歴史考古学大辞典

小野正敏・佐藤　信
舘野和己・田辺征夫　編

吉川弘文館

序

日本における「歴史考古学」は、近年めざましく発展している。「歴史考古学」は、かつては日本列島の古墳時代より後の、文字による記録のある時代、すなわち「歴史時代の考古学」と理解され、古代を中心に語られてきた。しかし、高度経済成長にともなう国土の開発に対応して発掘調査事例が急激に増加するとともに、日本列島の各地で古代・中世・近世・近代の各時代の遺跡と遺物の発見が相次いできた。今日では、中世考古学や近世考古学はいうまでもなく、近代化遺産や戦跡といった近現代の遺跡・遺物にまで、その対象領域を広げてきている。

　こうした通時代的な遺跡・遺物などの文化財破壊の危機に対応するためだけではなく、歴史学自身が史料・遺跡・遺物など多様な歴史資料を駆使して、多角的・立体的に歴史像を構成する方向へと展開してきたことが、今日の歴史考古学の発展に結びついている。ここでいう歴史考古学は、学問方法を異にする歴史学・考古学等の協業にもとづく「学」であり、けっして考古学の一分野でもなく、また歴史学に考古学が従属するというものでもない。

私たちは、「歴史時代の考古学」ではない、多様な歴史資料から豊かな歴史像を組み立てる歴史学的な営みの発展をめざして、こうした近年の歴史考古学の成果を辞典として体系的に整理し、研究成果を広く共有する必要があると考えた。

これまでにも、優れた内容をもつ歴史辞典・考古学辞典はいくつもあるが、単に遺跡や遺物の事実関係を解説するのみではなく、それらを日本史上に位置づけるところまで踏み込んだ文脈的記載をもつ辞典をめざす点で、本辞典はこれまでの辞典とは異なるものと考えている。

また、日本史学・考古学や民俗学・美術史・建築史など関連諸学のしかるべき協業のもとに、広義の歴史学的な立場に立った歴史考古学辞典を編纂することを通して、あたらしい歴史学の基盤形成につながることを期待している。

以上のようなあたらしい観点に立ち、まったくあらたに項目を選定して、今日の学問レベルの成果を盛り込んだ辞典として編集したものが、本辞典である。幸い、第一線で活躍されている多くの日本史学・考古学・関連諸学の研究者の方々の力強いご支援をいただき、このような大規模な辞典の編纂を進めることができた。

本辞典が、日本列島の各地で歴史や遺跡・遺物と向き合おうとする、研究者・教育者・文化財関係者・学生・歴史愛好者・旅行者などの多くの方々に利用され、これからのあたらしい日本歴史研究にいささかでも裨益し、その存在意義を発揮するようになることを希望するものである。

二〇〇七年二月

小野正敏
佐藤信
舘野和己
田辺征夫

凡例

項目

一　本辞典は、日本の歴史および文化に関心を持つ学生・教育者・研究者、そして一般読者を対象とし、日本史学・考古学のほか、民俗学・美術史・建築史など関連諸分野から項目を採録した。

二　一つの項目で、別の呼称や読みのある場合は、適宜その一つを選んで見出しを立て、他は必要に応じてカラ見出しとし、その項目を指示した。

三　関連項目は、適宜その一つを選んで見出しを立て、まとめて記述した場合もある。また、主題項目の中に中見出しを立てて記述する方法も用いた。

四　見出しは、かな見出し、本見出しの順に示した。

1　かな見出し

イ　現代かなづかいによるひらがな書きとした。

ロ　原則として、外国語・外来語はカタカナ書きとし、原語の読みに近いように表記した。長音は長音符号(ー)を用いた。

ハ　欧米人名は、ファミリー＝ネームをかな見出しとした。

ニ　北海道・沖縄関係の項目は、原則として北海道・沖縄での一般的な発音表記に従った。

2　本見出し

イ　日本読みのものは、漢字とひらがなおよびカタカナを用いた。

ロ　外国語・外来語は原語を用いた。

ハ　日本語と外国語・外来語と合成したものは、外国語・外来語の部分をカタカナ書きとした。

ニ　外来語で漢字表記が慣用されているものは、漢字を用いた。

ホ　欧米人名は、パーソナル＝ネーム、ファミリー＝ネームの順の欧文フルネームとした。

ヘ　かな見出しと全く一致する場合は、本見出しを省略した。

配列

一　かな見出しの五十音順とした。清音・濁音・半濁音の順とし、また、促音・拗音も音順に加えた。長音符号(ー)はその前のカタカナの母音をくり返すものとみなして配列した。

二　かな見出しが同じ場合は、本見出しの字数・画数の順とした。

三　かな見出し・本見出しが同じ場合は、㈠㈡…を冠して一項目にまとめた。

記述

一　文体・用字

1　記述は、平易簡潔な文章を心がけ、敬語・敬称の使用は避けた。

2　漢字まじりのひらがな書き口語文とし、かなづかいは引用文をのぞき、現代かなづかいを用いた。

3　漢字は、歴史用語・引用史料などのほかは、なるべく常用漢字・新字体を用いて記述した。また、必要に応じて適宜ふりがなを付けた。

4　数字は、漢数字を使用し、十・百・千・万などの単位語を付けた。ただし、西暦、西洋の度量衡、百分比、文献の編・巻・号などは、単位語を省略し、桁数が多い時は、万以上の単位語を付けた。壱・弐・参・拾・廿などの数字は、引用文などのほかには使用しなかった。横書きの場合は、アラビア数字を用いた。

二　年次・年号

1　年次表記は、原則として西暦を用い、( )内に日本年号を付け加え、月日は和暦を用いた。同一項目内で年号の変わらない場合は、年号の注記を省略した。ただし、文献引用で年月日条を示す場合は、和暦(西暦)と表記した。

2　日本年号で年間を示す場合は、( )内に西暦でその幅を付け加えた。

3　沖縄に関する年号の( )内注記は、廃藩置県以前は中国年号を用いた。

4　時代の呼称は、古代・中世・近世・近代・現代、もしくは奈良・平安・鎌倉・室町・戦国・江戸・明治・大正・昭和時代などとし、上代・上世・上古・中古・近古などは用いないこととした。

三　旧国名の項目に付した国略図は、『国史大辞典』(一九七九—九七年、吉川弘文館)所収の図に補訂を加えて作成した。図中の国境・郡境・駅・駅路の比定については必ずしも十分な考証を経ていない。

四　遺跡などの項目には、本文末尾に資料館の名称・所在地を記すようにした。

五　碑や墓誌などの項目には、本文末尾に碑文・銘文を示した。

六　叢書の項目には、本文末尾に収載書目一覧を示した。

七　記述の最後に、基本的な参考文献となる著書・論文・史料集をあげ、発行年、発行所を示し、研究の便を図った。

八　項目の最後に、執筆者名を( )内に記した。

九　記号

『 』　書名・雑誌名・叢書名などをかこむ。

「 」　引用文または引用語句、特に強調する語句、および論文名をかこむ。

( )　注をかこむ。角書・割注も一行にして、( )でかこむ。

⇨　カラ見出し項目について、参照すべき項目を示す。

→　参考となる関連項目を示す。

↳　別刷図版のあることを示す。

—　区間を示す。　例　江戸—長崎

〜　数の幅を示す。　例　二五〜三〇センチ

・　並列点および小数点に用いる。

=　原語の二語連形をカタカナ書きにする時に用いる。ただし、日本語として熟し切っていると思われるものは省略する。

例　ルイス=フロイス、ニューヨーク

函　写真

表　法隆寺　JTBフォト提供

長屋王家木簡　奈良文化財研究所所蔵

背　七支刀　石上神宮所蔵

裏　南蛮屛風(部分)　神戸市立博物館所蔵

別刷図版

あ

アーチ　建造物に用いられる中央部が上方向に突出した円孤、もしくはそれに類する曲線をなす構造で、曲線の中間に支持点をもたないものをいう。橋、門、窓、トンネルの坑門などに用いられる。石造やレンガ造を中心とする組積造において、無柱の空間(開口部)をつくるためにきわめて有効な方法である。それはアーチ形状を構成する構造物、すなわち両端から中央部を形成する迫石《せりいし》と、最後に打ち込む頂部の要石《かなめいし》とが、鉛直方向の荷重の大部分を圧縮力で伝達させ、両端の支柱で支持することができるためである。この技法で曲面の天井や屋根を構築したものをボールトといい、中国では後漢の磚《せん》室墓に、韓国では百済の武寧王陵などにみられるが、日本では同様のアーチ構造をもつ古墳石室はない。日本本土に導入された本格的なアーチは、近世九州で盛行したアーチ型石橋にみられ、一六三四年(寛永十一)に築かれた眼鏡橋(長崎市)が古例である。琉球(沖縄県)には、天女橋(那覇市、一五〇二年)をはじめとするアーチ橋のほか、首里城や座《ざ》喜味《きみ》城などの城門で十五世紀ごろの遺構がある。

（箱崎　和久）

あいづはんしゅまつだいらけぼしょ　会津藩主松平家墓所　会津藩主松平家歴代の墓所で、会津松平家初代の保《ほし》科《な》正之《まさゆき》(三代正容から松平氏を称す)を葬った見禰山奥院《みねやまおくいん》(福島県耶麻郡猪苗代町)と院内御廟《いんないごびょう》(同県会津若松市東山町)の二ヵ所にある。国指定史跡。見禰山は磐梯山を背にし猪苗代湖を見おろす景勝地にあり、保科正之が一六七二年(寛文十二)に死去する直前にみずから現地を訪れ選んだ場所である。正之の霊号をとった土津《はにつ》神社が墓域南端の岡に建てられ、本殿の南庭には山崎闇斎の撰文「土《はに》津霊神碑《つれいしんひ》」がある。正之の墓は「土津神墳鎮石」を墳頂に載せた円墳である。院内御廟は正之の長子正頼(一六五七年(明暦三)没)から九代容保《かたもり》に至るまでの歴代藩主の墓域である。それぞれ巨大な亀型石の台座の上に墓誌銘石と鎮石を建てる。吉川神道による葬法を伝える。院内御廟ぜんたいは鬱蒼《うっそう》たる森に覆われている。歴代藩主の正室の墓域も設けられている。

参考文献　『会津藩家世実紀』。『新編会津風土記』。福島県教育委員会編『福島県の文化財―国指定文化財要録』、一九六九。

（山名　隆弘）

あいづほんごうやき　会津本郷焼　福島県大沼郡会津本郷町を中心に会津地方で焼かれた陶磁器。会津焼、本郷焼ともいう。一五九〇年(天正十八)奥州仕置による蒲生氏郷の会津入部以降、黒瓦生産の会津若松市小田瓦窯跡、瀬戸美濃系大窯生産である会津大塚山窯跡にはじまる。『新編会津風土記』によると、一六四五年(正保二)に会津藩に招かれた水野源左衛門により、一六四七年に本郷村に開窯された。その跡を継いだ弟、長兵衛は、凍み割れしない赤瓦の焼成に成功し、水野家は幕末まで、瓦焼と石灰焼を本職とし、余暇に「粗物」を焼いたとされ、陶器生産を主とする。一八〇〇年(寛政十二)に佐藤伊兵衛が磁器の焼成に成功し、その弟子、手代木幸右衛門が文政年間(一八一八―三〇)には白磁の焼成に成功した。このころの酸化焰焼成で緻密な胎土の鉄絵・摺絵の陶器は「砕石手」「古新製」と称される。その後、陶器・磁器生産が会津藩の保護と統制のもとで発展し、現在に至る。

資料館　会津本郷焼資料展示室(福島県大沼郡会津美里町)

参考文献　福島県立博物館編『東北の陶磁史』、一九九〇。『会津若松市史』一四、二〇〇〇。

（飯村　均）

あいづやいち　会津八一　一八八一―一九五六　東洋・奈良美術史研究者、歌人、書家。号、秋艸道人。一八八一年(明治十四)八月一日、新潟県新潟区古町通(新潟市)に生まれ、正岡子規に俳句を学ぶ。一九〇二年、東京専門学校に入学。一九〇六年、早稲田大学卒業後、新潟県の有恒《ゆうこう》学舎に英語教師として赴任。一九〇八年、初の奈良地方旅行で短歌を始める。一九一〇年、早稲田中学校に転任し、早稲田大学などにも出講。一九二二年(大正十一)、寓居を秋艸堂と称す。一九三一年(昭和六)、早稲田大学文学部教授に就任し、東洋・奈良美術史を講じる。一九三四年、『法隆寺・法起寺・法輪寺建立年代の研究』により早稲田大学から文学博士の学位を授与される。一九四五年、同大学教授を辞し、新潟に帰る。一九四六年、夕刊新潟社社長、『夕刊にひがた』創刊。一九四八年、早稲田大学名誉教授、早稲田大学会津博士記念東洋美術列室(会津記念館)開設。一九五一年、新潟市名誉市民、『会津八一全歌集』にて読売文学賞。一九五六年十一月二十一日没、七十六歳。『会津八一全集』全十二巻(一九八二―八四年)が、中央公論社より刊行された。

参考文献　吉池進『会津八一伝』、一九六三、会津八一先生伝刊行会。

（新川登亀男）

アイヌ　主に北海道、千島列島、南サハリンに居住する民族名。アイヌ語を母語とする。アイヌ(Aynu)という語の意味は、㈠人間 a human-being.(神や動物などに対して)、㈡男 a man.(メノコ menoko《女》に対して)、㈢アイヌ an Ainu.(民族名、シサム sisam《和人》などに対して)だという。中世・近世日本語の「蝦夷」。白人の系統に属するとする説もあるが、北海道などの北日本の縄文文化人の後裔とする見解が有力。北海道やその周辺では、縄文文化以後、続縄文文化、擦文文化という変遷があり、アイヌ文化は直接には擦文文化を継承するものとされる。ただし四・五世紀以降、南サハリンに中心があるオホーツク文化が北海道や千島列島にまでひろがって、続縄文文化や擦文文化と共存していたことから、アイヌ文化の成立にあたっては、オホーツク文化の影響があったともいわれる。北海道では中世・近世に至っても大部分の地は幕府の直轄支配の外にあり、そのような地において、北海道縄文人の子孫が、和人やオホーツク文化人を含めた北方の人々とのさまざまな形での接触、交流の中で「われわれ意識」を高めてゆき、アイヌ民族が形成されたものなのであろう。なお、明治・大正時代にはアイヌが日本全土の先住民であったとする石器時代人アイヌ説が有力であったが、やがて石器時代人も日本人の形成に関与したと考えるべきだという説が唱えられるようになり、現在に至っている。また古代の蝦夷についても、アイヌ説と日本人説の二説がある。平安時代末期までの東北北部は、郡も設置されておらず、政治的にも文化的にも北海道と大差のない状態にあったが、十二世紀後半以後東北北部には郡が設置され、鎌倉時代以後は幕府の支配地になったのに対して、北海道には幕府の直接支配は及ばなかったので、東北北部の蝦夷の子孫は日本民族の仲間に入ることになったが、北海道の蝦夷の子孫は依然として蝦夷と呼ばれ続けて、この地でアイヌ民族を形成することになったと考えることができる。アイヌ民族の文化を特徴づける要素としては、イオマンテ、ユーカラ、チャシなどがある。アイヌ文化では、さまざまな動植物などはもともとは神であり、神の世界では人間と同じ姿をして人間と同じような生活をしていると考え、人間世界に出現する時には、熊であれば毛皮を衣装のようにまとうのだという。それを獲物として仕留めた人間は、毛皮などを神の土産としていただき、神の本体を鄭重に神の世界に送る儀礼を行う。これがイオマンテで、アイヌ文化では特に子熊を一定期間飼育して成獣に達した後に、神送りする子熊飼育型の儀礼が発達した。ユーカラには、さまざまな神が一人称の形式で自伝を語るカムイユーカラ、人間世界のはじまりにあたって神の世界から地上に降りてきて、魔物などと戦い、人間にさまざまな生活の技術を教えたカルチュラルヒーロー(文化英雄)の神の物語オイナ、人間の英雄が活躍する英雄叙事詩の(狭義の)ユーカラがある。チャシは砦で、ユーカラの主人公の英雄が育った山城もチャシとされている。アイヌ文化期になると食物を煮沸するための土器は姿を消し、本州方面からもたらされた鉄鍋が用いられるようになる。集落や墳墓の調査でも刀剣類・農工具など多量の鉄製品が出土し、神送りの儀礼でも漆器が用いられ、繊維製品も多く入っている一方で、北回りの交易によってもたらされた蝦夷錦(清朝の官服)・ガラス玉などの中国の品物も入っており、アイヌ文化の形成・展開には本州方面や北方との交易が重要な役割を果たしているのである。

参考文献 『金田一京助全集』、一九九二・九三、三省堂。『知里真志保著作集』、一九七三―七五、平凡社。久保寺逸彦『アイヌ叙事詩神謡・聖伝の研究』、一九七七、岩波書店。アイヌ文化保存対策協議会編『アイヌ民族誌』、一九六九、第一法規出版。アイヌ民族博物館『アイヌ文化の基礎知識』、一九八七、白老民族文化伝承保存財団。田村すず子『アイヌ語沙流方言辞典』、一九九六、草風館。宇田川洋『アイヌ考古学研究・序説』、二〇〇一、北海道出版企画センター。

(工藤 雅樹)

あえん 亜鉛 ⇩黄銅《おうどう》

あおきのさんりょうき 阿不幾乃山陵記 一二三五年(文暦二)三月に天武・持統天皇陵が盗掘された折の記録。京都高山寺の所蔵。奥書はないが高山寺方便智院第一世空達坊定真の筆と推定され、墳丘の記述から始まり、石室内の棺や副葬品・遺骨など詳細な記述があり、今は見ることのできない被葬者の確かな終末期古墳の内容を知る貴重な記録となっている。それによれば石室は外陣(羨道)と内陣(玄室)に分かれ、玄室内には天武天皇の夾《きょう》紵棺《ちょかん》と持統天皇の金銅製骨蔵器がある。天武天皇棺は金銅製の棺台にのる朱塗夾紵棺で、棺内には遺骨とともに、紅色の着衣、飾り帯、玉枕などが記される。持統天皇の金銅製骨蔵器も器台にのり鎖がかけられる。このほか、念珠や銅器の存在が知られる。この盗掘事件については藤原定家の『明月記』や『百練抄』にも詳しい記事がある。『(改定)史籍集覧』所収。

参考文献 飛鳥資料館編『飛鳥の王陵』(『飛鳥資料館カタログ』七、一九八二)。

(杉山 洋)

あおなえいせき 青苗遺跡 日本海の離島にある縄文から擦文時代の遺跡で、特に擦文時代としては稀な貝塚遺跡として有名。北海道檜山地方の奥尻郡奥尻町字青苗にある。第二次世界大戦後、一九五七年(昭和三十二)までに行われた早稲田大学などの発掘調査により内耳土器などが発見され、擦文文化終末の鍵を握る遺跡として注目された。一九七六―八〇年に行われた道路や住宅の建設に伴う町の調査では、円筒土器文化の集落と擦文文化のアワビの貝塚・鍛冶遺構・板囲いの水場遺構・溝遺構・配石墳墓などを確認している。墓から出土したヒスイの大型勾玉、水晶の切子玉、ガラス玉をはじめ、人と動物の線刻画のある浅鉢形土器、鉄製品、骨角器など多量の遺物が出土している。本州文化との関わりを示す資料として重要。北海道南西沖地震の後には、復興のための緊急発掘調査が行われた。最近、付近の青苗砂丘遺跡では沈線文や刻文のオホーツク式土器が発見された。

参考文献 佐藤忠雄編『奥尻島青苗遺跡』図版編、一九七九。同編『奥尻島青苗遺跡』、一九八一。北海道立埋蔵文化財センター編『奥尻町青苗砂丘遺跡』一・二、二〇〇二・〇三。

(畑 宏明)

あおり 障泥 鐙《あぶみ》と馬体の間に垂下する一対の板状馬具で、泥除けの機能をもつ。馬形埴輪や中国明器・朝鮮半島陶質土器の騎馬人物像などにみられるが、多様な形態で装飾性に富むものが多い。実物資料が乏しく、現状では起源や系統・変遷などは不明である。五―六世紀の朝鮮半島新羅では、天馬塚古墳出土の白樺樹皮製品・透彫金銅板装飾をもつ竹製品・漆塗板製品と、金鈴塚古墳出土の透彫金銅板装飾をもつ絹布貼網代製品がある。日本列島では、六世紀後半の奈良県藤ノ木古墳・牧野《ばくや》古墳、栃木県下石橋愛宕塚古墳出土例があるが、いずれも吊り下げ式で、吊金具と上縁部に浅い半月形刳込をもつ横長長方形有機質製品である。縁金具は藤ノ木古墳例が金銅製透彫板の一枚造りで、ほかは鉄地金銅張・銅地銀張部品の組合せである。吊金具は鉸具《かこ》をもち、座金具で板部に綴付ける。奈良時代正倉院には熊革製品があり、吊金具のみ出土する古墳も多く、実用的な有機質製品が多数存在していた可能性が高い。

参考文献 大韓民国文化広報部文化財管理局編『天馬塚―慶州市皇南洞第一五五号古墳発掘調査報告書―』、一九七五、学生社。楊泓「新羅〝天馬塚〟馬具復元研究―兼談中国古代馬具対海東的影響―」(『考古与文物』一九八五ノ二、一九八五)。河上邦彦「(三)障泥」(奈良県立橿原考古学研究所編『斑鳩藤ノ木古墳―第一次調査報告書―』所収、一九九〇、斑鳩町・斑鳩町教育委員会)。

(古谷 毅)

あかえ 赤絵 器面の釉下に描く染付などの下絵に対して、日本では釉上に描かれる多彩な上絵の総称として用いられる。本来は赤絵具主体の製品に冠された名称と推定されるが、今日では配色に関係なく色絵とほぼ同義語として用いられる。有田の「赤絵初リ口上覚」(『酒井田柿右衛門家文書』)によれば、赤絵は初代柿右衛門である喜三右衛門が完成し、一六四七年(正保四)に長崎ではじめて売ったという。これが上絵付けの開始を示す記述とは断じられないが、急速にこの赤絵の技術が有田のさまざまな窯場に普及し、次第に上絵の総称として用いられるようになったものと推定される。かつて有田の法恩寺にあった寛文十一年(一六七一)銘の鐘にはすでに赤絵町の名称がみられることから、それ以前に有田の中では赤絵の語が一般化したことが知られる。また発掘調査によって、現在では、この赤絵町の形成は一六五〇年代中ごろから始まったことが確認できる。

参考文献 『有田町史』陶業編一、一九八五。有田町教育委員会編『赤絵町』、一九九〇。村上伸之「磁器の編年(色絵・色絵素地)」(九州近世陶磁学会編『九州陶磁の編年』所収、二〇〇〇)。

(村上 伸之)

あかぎじょう 赤木城 三重県南熊野市紀和町《きわちょう》赤木にある安土桃山時代から江戸時代の城跡。天正―慶長年間(一五七三―一六一五)の北山一揆にかかる刑場である田《た》平子《びらこ》峠刑場跡とともに、一九八九年(平成元)に国の史跡に指定されている。城跡は山頂の主郭とそこから派生する三本の尾根上に展開し、それぞれに大規模な石垣を持っている。一九九五年度から石垣修理・史跡整備に伴う発掘調査が行われており、石垣のほか、礎石建物が検出されている。瀬戸美濃製品の天目《てんもく》茶碗・皿、土師器皿・鍋が出土しているが、出土遺物はきわめて少ない。表面での採集も含めて瓦が一点も出土していないことも特徴である。築城主体や時期については諸説があるが、発掘調査の成果から、豊臣政権が北山地方の統治を目的に、天正十年代後半に築城したものと考えられている。

参考文献 三重県紀和町教育委員会編『史跡赤木城跡保存整備事業報告』、二〇〇五。

(竹田 憲治)

あかぎじんじゃ 赤城神社 いわゆる上毛三山の一つで、群馬県の中央部に位置する赤城山(主峰黒檜《くろび》山、標高一八二八メートル)を神体とする神社。祭神は赤城神・大己貴《おおなむち》神・豊《とよ》城入彦《きいりひこ》命。山頂大沼湖畔の大洞から一九六八年(昭和四十三)に湖上の小鳥ヶ島に移築された大洞《だいどう》赤城神社(勢多郡富士見村赤城山)と、山麓に位置する三夜沢《みよさわ》赤城神社(前橋市三夜沢町)と、山の全容が見渡せる平野部に位置する二之宮赤城神社(前橋市二之宮町)の三社が特に有名であり、それぞれ奥宮・中社・里宮と位置付けることができる。史料上の初見は『続日本後紀《しょくにほんこうき》』承和六年(八三九)六月甲申条。この後『三代実録《さんだいじつろく》』にたびたび神階昇叙の記事がみえ、『延喜式《えんぎしき》』神名帳には名神大社として名神祭二百八十五座の一つに含まれ、班幣に預かっている。なお、三夜沢赤城神社の北の尾根上には櫃石《ひついし》と呼ばれる祭祀遺跡があり、周辺から古墳時代の土器や石製模造品が出土しており、磐座《いわくら》と考えられる(県史跡)。

参考文献 尾崎喜左雄『上野国神名帳の研究』、一九七四、尾崎先生著書刊行会。

(高島 英之)

あかさかじょう 赤阪城 楠木正成が、一三三一年(元弘元)討幕の最初の本拠地として築いた山城。国史跡。別称、下赤阪城あるいは楠木館あるいは赤坂城。大阪府南河内郡千早赤阪村大字森屋・水分所在。当城跡については本格的な発掘調査事例も少なく、東西約二〇〇メートル、南北約九〇〇メートルで標高一八〇メートル(比高約五〇メートル)の丘陵上に地形や字名などを参考にしてわずかに本丸、二ノ丸、三ノ丸のほか出丸などが構えられていたことが推測されているのみである。外郭は、城の東と北の二方を東条川が流れ、自然の堀を、西側は佐備川の深谷で画されていて南方のみ高塚山に続くため、堀切を設け、防御し、河内平野からの敵襲の第一関門の役を果たそうとしていたことが窺える。近年、約五〇〇メートル東の楠公生誕地の伝承が残る丘陵地の発掘調査で十四世紀の二重堀で囲まれた館跡が発見され、正成の館跡ではとして関連が注目されている。中世城郭史や鎌倉時代末期から南北朝時代の歴史を語る上で重要な遺跡である。 ↓楠木城《くすのきじょう》 ↓千早城《ちはやじょう》

参考文献 『日本城郭大系』一二、一九八一、新人物往来社。『国史跡千早城跡楠木城跡赤阪城跡保存管理計画書』、二〇〇〇、千早赤阪村教育委員会。

(堀江 門也)

あかしじょう 明石城 兵庫県明石市大明石町所在の近世の平山城。一六一五年(元和元)五月、大坂夏の陣で豊臣氏を滅ぼした徳川家康は、「一国一城令」「武家御法度」によって、大名の統制強化を図った。この統制強化で一六一七年の夏、信濃国松本八万石の城主であった小笠原忠真《ただざね》が十万石を賜って明石に入部した。その入部地は船《ふな》

上《げ》城であった。翌一六一八年二月、二代将軍徳川秀忠の命を受けて、築城されたのが明石城であった。この築城は、幕府の政策である西国大名への備えとなる「国堅め城」であった。築城工事は幕府の直轄で行われ、京・堺方面の商人による請負工事は、一六一九年正月から着手され同年の八月に竣工した。その城郭は、赤松山を削平し本丸・二ノ丸・東ノ丸を配置し、南に面した連郭式縄張りの平山城である。天守台は築城当時から石垣だけが築かれたが、天守が建てられることはなかった。重要文化財指定の巽櫓と坤櫓を中心に明石城跡の五四・八《ヘクタール》が、県立明石公園として県民に親しまれている。

参考文献 黒田義隆『明石市史』上、一九六〇。明石城史編さん実行委員会編『講座明石城史』、二〇〇〇、明石市教育委員会。『日本城郭大系』一二、一九八一、新人物往来社。

（大村　敬通）

あがたいぬかいもん　県犬養門　⇩宮城十《きゅうじょうじゅう》二門《にもん》

あがたぬし　県主　倭王権の地方行政組織である県を統括する長。県は畿内を中心として東海・北陸以西に多く分布する。県主をめぐっては多くの研究が蓄積されている。『隋書』東夷伝倭国条に軍尼の下に八十戸に一伊尼翼を置くとあり、『日本書紀』大化元年(六四五)八月庚子条に「県稲置」の語がみえることなどから、県主を国造の下部の長と考える説がある。また、県主を国造に先行する制度とする見解や、県に「あがた」と「こおり」の二通りの訓があることなどから、県主を大王の直轄地の長、稲置を国の下部組織の長とする説がある。大和盆地に設置された倭六県が大王の供御(食料)を貢納していたこと(『延喜式』祝詞)、『古事記』『日本書紀』にみえる県主の伝承に、河内の志幾大県主や三野県主などが、大王に対する不忠を償うために物産や領地を貢納したとあること、また大王の巡幸に際して吉備や筑紫の県がみえることから、県主が大王家の家政に直結し、産物貢納や労役を奉仕する存在であったことは明らかである。また壬申の乱に際して高市県主許梅《こめ》が神託を下すなど(『日本書紀』)、各地の県主に祭祀に関する伝承があるほか、県主・県神社の存在などから、祭祀の管掌者としての性格も考えてよい。県主の多くは地域における中小の豪族であった。七〇二年(大宝二)の『御野国加毛郡半布里戸籍』(『正倉院文書』)からは県造―県主―県主族で構成される県主の同族集団をうかがうことができる。県造は伊勢神宮関係の史料にみえ、伊勢神宮に奉仕する県を統括する長であったと考えられている。このほか、『賀茂禰宜神主系図』も、県主の実態を示す重要な史料である。

参考文献 佐伯有清・高嶋弘志編『国造・県主関係史料集』(『日本史料選書』二一、一九八二、近藤出版社)。井上光貞『日本古代国家の研究』、一九六五、岩波書店。上田正昭『日本古代国家成立史の研究』、一九五九、青木書店。吉田晶『古代日本の国家形成』、二〇〇五、新日本出版社。

（古市　晃）

あかどう　赤銅　⇩しゃくどう

あがのやき　上野焼　桃山時代以降、福岡県田川郡福智町上野で焼かれた陶器。藁灰釉・飴釉製品などが特に知られる。一六〇二年(慶長七)豊前国小倉藩主として入封した細川忠興(三斎)は、肥前唐津領内より朝鮮人陶工尊楷(上野喜蔵高国)を招聘、城下に御楽しみ窯(菜園場窯、北九州市小倉北区)を築かせたという。その後領内の上野村にも窯場が開かれ、この地で商業生産が行われた。上野では釜ノ口窯、岩谷高麗窯、皿山本窯などの窯場跡が発見されており、釜ノ口窯・岩谷高麗窯は慶長―元和年間(一五九六―一六二四)、皿山本窯は寛永年間(一六二四―四四)開窯と推定されている。一六三二年、尊楷と長男忠兵衛、次男藤四郎は細川氏の肥後転封に際して三斎に従い、奈良木村(熊本県八代市奈良木町)に窯場を開いて八代焼を興した。上野には喜蔵の三男十時孫左衛門と娘婿の渡久左衛門が残り、新藩主小笠原氏のもと皿山本窯で江戸時代を通じて製陶が続けられた。

参考文献 福岡県立美術館編『まぼろしの美古上野焼展』、一九八七。永尾正剛「細川菜園場窯と上野焼陶工」(『東洋陶磁』三〇、二〇〇一)。

（村上　伸之）

あかほぎかわらがまあと　赤保木瓦窯跡　岐阜県高山市の西北山麓に位置する瓦・須恵器を併焼した古代の窯跡。国史跡。一九七三年(昭和四十八)・七四年に、高山市教育委員会により発掘調査が実施された。調査の結果、窯跡は瓦窯四基(一・四・五・六号窯)、須恵器窯二基(二・三号窯)からなり、いずれも半地下式有階段登窯で、燃焼室部分に二～七回の改修の痕跡が見られた。出土遺物の大半は、丸瓦・平瓦で、ほかに軒丸瓦・軒平瓦・棰木先瓦・隅木蓋瓦・鬼瓦・雁振瓦が確認されている。軒丸瓦は単弁蓮華文を、軒平瓦は均整唐草文(七種類に分類可)を有する。丸瓦は行基葺・粘土紐巻き上げで、平瓦は粘土板糸切りによる一枚造りで、それぞれ成形されている。瓦類は、同じ高山市内にあった飛驒国分寺に供給されたことが確認されている。瓦窯が八―九世紀、須恵器窯が十一世紀代の操業と推定されている。

参考文献 高山市教育委員会編『飛驒国分寺瓦窯発掘調査報告書』、一九七五。『岐阜県史』考古資料、二〇〇三。

（大熊　厚志）

あかぼしなおただ　赤星直忠　一九〇二―九一　神奈川県の考古学者。一九〇二年(明治三十五)四月十七日、神奈川県三浦郡横須賀町(横須賀市)生まれ。在学した横須賀中学校(現横須賀高等学校)が白鳳期にさかのぼる宗元寺跡(現曹源寺境内)に隣接することから早くより古代瓦の採取に努め、のちに高橋健自に師事し、主に小学校教員をしながら考古学研究に努める。宗元寺跡・小田原市千代廃寺などの古代寺院跡や小田原市下曾我遺跡・伊勢原市大山山頂遺跡のほか、三浦半島を中心に横穴墓、やぐら、城郭など数多くの遺跡を調査して、神奈川県の地域史研究に多大な足跡を残した。この間、横浜国立大学講師・神奈川県文化財専門委員・神奈川県立博物館嘱託などを歴任し、また、横穴墓の形態による編年的研究をまとめ、一九六一年(昭和三十六)「横穴古墳の編年研究」で学位を得た。著作の一九五五年『三浦半島城郭史』(『横須賀市史』八・九)・一九七〇年『穴の考古学』(学生社)・一九八〇年『中世考古学の研究』(有隣堂)などのほか、「赤星ノート」と通称されるフィールドノートがあり、神奈川県立埋蔵文化財センターより目録が刊行されている。一九九一年(平成三)三月十一日没。八十八歳。 →大山《おおやま》寺《でら》 →千代廃寺《ちよはいじ》

資料館 赤星直忠博士文化財資料館(神奈川県横須賀市)

参考文献 小川裕久「赤星直忠先生と考古学」(根津美術館学芸部編『甦る鎌倉―遺跡発掘の成果と伝世の名品―』所収、一九九六)。横須賀考古学会「考古学者 赤星直忠の学問とその生きた時代」(神奈川県考古学会編『学史を語る』所収、二〇〇三)。 (荒井 秀規)

あかまつとしひで 赤松俊秀 一九〇七―七九 古代・中世史、および仏教史研究者。一九〇七年(明治四十)四月二十八日、北海道石狩国上川郡鷹栖村(旭川市)で生まれる。第三高等学校を経て、一九三一年(昭和六)京都帝国大学文学部史学科(国史学専攻)を卒業し、同大学院に進学。一九四〇年京都府主事に任じられ、以後長年にわたり、史蹟・寺宝など文化財調査に専念した。一九五一年同教育委員会文化財保護課長を退職、京都大学文学部助教授に就任し、一九五三年同教授となった。この間、鎌倉仏教や古代・中世の社会を実証的に講究し、一九五七年に『鎌倉仏教の研究』、続いて『続鎌倉仏教の研究』を刊行した。また史料の翻刻にも尽力し、『隔蓂記《かくめいき》』(一九五八年―六七年)や『教王護国寺文書』(一九六〇年―七二年)を公刊した。一九七一年定年により、京都大学を退官、その後、大谷大学教授、四天王寺女子大学教授を歴任した。この時期、一九七二年に『古代中世社会経済史研究』を刊行、一九七四年には紫綬褒章を受章した。また没後の一九八〇年には、晩年の成果が『平家物語の研究』としてまとめられた。

参考文献 「略年譜」「著作略目録」(『赤松俊秀教授退官記念国史論集』所収、一九七二、赤松俊秀教授退官記念事業会)。 (勝山 清次)

あきくさもんつぼ 秋草文壺 中世陶器唯一の国宝。愛知県の渥美半島に位置する渥美窯からは、大アラコ窯跡から「紅葉文大甕 破片」、また鴨森古窯跡からは「秋草文壺片」などが出土しており、十二世紀前葉に渥美窯でつくられたと判断される。壺の頸から肩、胴部にかけて、径二ミリほどの太目のヘラ書き陰刻でいわゆる秋草文が施されている。頸部には薄《すすき》・蜻蛉・規矩文、肩には薄を二株、柳・烏瓜、胴には大きく風にたなびく薄を三株描いている。神奈川県川崎市南加瀬から中世墓の蔵骨器として出土したが、当時中国の南方から輸入された白磁四耳壺や褐釉壺などの高級酒器と競合する和製の酒器としてつくられ、輸入品に対抗するために美しい和様の刻画文が描かれ、付加価値を高めたと判断されよう。特に秋草をクローズアップして描いている点より、秋の野の寂莫感がテーマとなっていると判断すべきであろう。この壺と同時代の「扇面法華経冊子」(四天王寺蔵)にも、やはり薄を大きくクローズアップする図様が認められる。

参考文献 吉岡康暢『中世須恵器の研究』、一九九四、吉川弘文館。荒川正明『やきものの見方』(『角川選書』三六七、二〇〇四、角川書店)。 (荒川 正明)

あきこくぶんじ 安芸国分寺 奈良時代、聖武天皇の発願によって造営された諸国国分寺の一つ。西条盆地の最北端部である広島県東広島市西条町吉行《よしゆき》の南向きの緩やかな斜面上に位置し、真言宗御室《おむろ》派国分寺の境内とその周囲に遺構が展開している。伝承では、治承・寿永の内乱の際に伽藍が消失したとする。一九三二年(昭和七)に聖武天皇の玉歯を埋めたと伝えられてきた塚の調査を広島県が実施し、奈良時代の古瓦群と塔の心礎を検出したため、一九三六年「安芸国分寺塔跡」として国史跡に指定された。塔周辺以外は未調査であったが、第二次世界大戦後の高度経済成長期以後、周辺の宅地化が進んだため、一九六九年から広島県教育委員会による発掘調査が実施され、南門・中門・金堂・講堂が南北に並ぶ伽藍の配置と寺域の推定がなされた。これをうけて一九七七年には「史跡安芸国分寺跡」として追加指定された。その後、史跡の保存と公開活用をはかる「史跡安芸国分寺跡整備基本計画」が策定されるとともに、九世紀代の掘立柱建物七棟と溝状遺構が確認され「講院」「松上家」など墨書土器十六点が出土した一九九五年(平成七)の東方遺跡や、一九九六年の金堂跡確認調査以後に推定主要伽藍地区の本格的な発掘調査が進展した。二〇〇〇年度の調査では、主要伽藍の完成を七五〇年(天平勝宝二)前後に推定させる「天平勝宝二年四月廿九日帳佐伯マ足島」と記したものなど木簡三十四点や、「講院」「勝千」「安居」「斎会」など法会の執行を想定させる墨書土器百余点が一括出土した。また二〇〇二年度の調査では、八世紀後半から九世紀初頭の南北に庇《ひさし》をもつ大型建物が確認され、その周囲から「国院」「国師院」「院」などと記す墨書土器が出土するなど、国分寺研究上重要な遺構・遺物の確認がされるとともに、一九七〇年前後の調査結果に大幅な見直しが行われている。なお、国分尼寺については一九七六年に「尼寺」という小字をふくむ国分寺東方地区が圃場整備事業計画の対象地となり、発掘調査が実施されたが、遺構・寺域を確認するには至っていない。 →国分寺《こくぶんじ》

参考文献 東広島市教育文化振興事業団文化財センター編『史跡安芸国分寺跡発掘調査報告書』Ⅴ、二〇〇三。 (西別府元日)

あきしのでら 秋篠寺 奈良市秋篠町にある寺。単立。史料上の初見は、『続日本紀』宝亀十一年(七八〇)六月戊戌条の寺封施入記事である。七八七年(延暦六)に「秋篠寺別当」が確認でき、八〇六年(大同元)四月に桓武天皇

五七斎が行われていることから、このころまでにおおむね造営はなっていたと推測される。光仁・桓武天皇の勅願、善珠を開基とする寺伝はなお検討を要するが、八〇五年に入寺した常楼が善珠の弟子であることなど、創建期の秋篠寺には桓武系王族との密接な関わりが認められる。七九八年には、寺辺所領秋篠庄の基礎となる「荒廃公田二十四町・旧池一処」が寺田として施入される。ここにみえる「旧池」は京北班田図に描かれる「勅旨池」と推測され、奈良市押熊町に二ノ池として現存している。同図によると、京北二条一里二十七・三十四坪、二里三坪に「内経寺」の号とともに「南大門」「金堂」「香水井」「講堂」がみえ、創建当初の寺地は、現寺地よりもかなり広大であったことが窺われる。なお、現在も東門脇に閼《あ》伽《か》井《い》として残る「香水井」は、常暁が大元帥明王を感得した所とされ、後に唐より請来された大元帥法が宮中で修される際、その故事により香水井の水と壇土の進上が行われた。平安時代以降の沿革は、寺伝来史料に乏しく詳らかにし得ないが、一一三五年(保延元)、講堂を残して焼亡したという。また、十一世紀後半から十三世紀にかけて南方約一キロにある西大寺とたびたび相論を繰り返していたことが知られ、相博・相論に際して作成されたと推測される鎌倉時代の古絵図が、東京大学文学部および同寺に現存する。伽藍配置は、薬師寺式。創建当初の建物はいずれも失われているが、講堂跡推定地に本堂(国宝)が建ち、本堂南の境内に金堂跡・東塔跡・西塔跡の基壇が残存する。東塔の基壇跡には塔心礎ほかの礎石が遺存するほか、西塔の心礎と思われる礎石が本堂東南の境内に残っている。一九六四年(昭和三十九)に行われた本堂の調査で小屋裏より発見された二百五十五点の木札は、一三二七年(嘉暦二)から一五二四年(大永四)に至る年号が認められ、中世の庶民信仰を垣間みる資料として貴重である。また、一九七〇年に本堂北側で行われた発掘調査では、奈良時代末から平安時代にかけてのものと思われる瓦積み基壇建物跡や、僧房ないし食堂の一部と推測される桁行(東西)四間以上梁行一間の廊状建物などが検出されている。

参考文献　奈良国立文化財研究所編『奈良国立文化財研究所年報』一九六五、一九六五。橿原考古学研究所編『秋篠寺—秋篠寺境内発掘調査報告』(『奈良県文化財調査報告書』一五、一九七二)。『大和古寺大観』五、一九七八、岩波書店。直木孝次郎「秋篠寺と善珠僧正」(『奈良時代史の諸問題』所収、一九六八、塙書房)。山本崇「秋篠庄と京北条里」(『続日本紀研究』三二四、二〇〇〇)。長岡篤「草創期の秋篠寺をめぐって」(『日本古代社会と荘園図』所収、二〇〇一、東京堂出版)。佐藤信編『西大寺古絵図の世界』、二〇〇五、東京大学出版会。

(山本　崇)

あきたじょう　秋田城　奈良・平安時代に律令国家が東北経営のために造営した、古代城柵の一つ。『続日本紀』天平五年(七三三)十二月条に「出羽柵を秋田村高清水岡に遷置す」(原漢文)とあるように、山形県庄内地方に造営された「出羽柵」を秋田市の通称高清水岡に遷置したのがはじまりである。その後、七六〇年(天平宝字四)ころに秋田城と改称された。遺跡は、秋田市街地の約四キロ北西の秋田市寺内地内に位置する。国指定史跡。地形は、最高所の標高が約五〇メートルの丘陵で旧雄物川の右岸、河口に近いことから丘陵全体は西側半分を中心に厚い飛砂で覆われている。秋田城の規模は、東西約五五〇メートル、南北約五五〇メートルであるが、丘陵という地形的な制約から北西のコーナー部が大きく内側に入り込んだり、直線部分がほとんどないなど、不整形である。秋田城は外郭と政庁の二重の区画施設で構成されている。外郭は、基底幅約二・一メートルの築地塀、中心部のやや西よりに位置する政庁は、東西九四メートル、南北七七メートルの範囲が、基底幅約一・二メートルの築地塀で囲まれている。さらに、東外郭の外側には、鵜ノ木地区と呼んでいる掘立柱建物跡が整然と配列された一画があり、秋田城の重要構成要素となっている。一九七二年(昭和四十七)から現在まで継続して行われている発掘調査の結果、掘立柱建物跡や竪穴住居跡、井戸、鍛冶などの遺構が発見されているほか、瓦、土器、鉄・木製品や漆紙文書・木簡など多くの遺物が出土している。興味ある遺構としては全国的にも例がない二間×三間の掘立柱建物跡の水洗便所が発見されている。建物の中は、三部屋に仕切られており、それぞれの部屋に直径約八〇センチ、深さ約六〇センチの便壺が掘られ、さらにそこから外に向かって直径約四〇センチ、長さ約六メートルの木樋とその先に便槽が掘られている。秋田城は、日本最北の古代城柵として律令国家の東北経営を考える上で重要である。

秋田城　水洗厠舎跡

資料館　秋田城跡出土品収蔵庫(秋田市)

参考文献　秋田市教育委員会・秋田城跡調査事務所『秋田城跡』、一九七二—二〇〇二。秋田市教育委員会・秋田城跡調査事務所『秋田城跡—政庁跡—』、二〇〇二。

(小松　正夫)

あきねいせき　秋根遺跡　山口県下関市秋根にある平安時代を中心とする集落跡。下関市の北郊、響《ひびき》灘にそそぐ綾《あ》羅《や》木《ら》川《ぎ》の河口から東へ二キロ、同川とその支流砂《すな》子《こ》多《だ》川に挟まれた標高一〇メートルの段丘上に広がる古墳時代から室町時代にかけての複合集落跡。古墳時代にはまとまった集落が存在したが、律令体制の開始とともに廃絶し、九世紀になってふたたび大規模な集落として登場し、室町時代まで存続した。数多くの掘立柱建物群の時期的な中心は平安時代。この時期の建物には四面庇・三面庇をもつ正殿や後殿にあたる壮麗な建物があり、平安時代末期まで位置を変えながら建てかえられ、一群の倉庫が並び建つ。硯・碁石や大量の緑釉陶器や輸入磁器などが出土していることから、一般の集落ではなく、官衙的性格の強い遺跡と考えられている。この地は瀬戸内の要衝関門海峡を真近に臨む地でもあり、また同遺跡から東へ三キロの位置には長門国府・長門鋳銭所などが置かれていることから、国司の邸宅および国府官人たちの居住地であったとする解釈もあり、また古代豊浦郡家に関係する遺跡とする説もある。新幹線新下関駅建設と市街地区画整備事業に先立ち一九七二年(昭和四十七)から五ヵ年にわたり下関市教育委員会が段丘上の約三万平方メートルを発掘した。

参考文献 下関市教育委員会編『秋根遺跡』、一九七七。

(中村 徹也)

あきのくに 安芸国 中国地方西南部に所在した令制国。山陽道に属し、備後・周防・石見諸国と境を接し、南は芸予諸島を隔てて伊予国をのぞむ。現在の広島県の西部にあたる。八一九年(弘仁十)の勅に「安芸国は土地墝薄にして、その田下々なり、百姓の農作いまだ盈儲あらず」(原漢文、『類聚国史』)とあるように、山間部が多く、『和名類聚抄』にみえる本田数は七千三百五十七町である。『延喜式』主計上には平安京までの行程を上り十四日、下り七日、海路十八日とし、調として、両面五疋・一窠綾十七疋・二窠綾、三窠綾各四疋・薔薇綾三疋・白絹十疋・帛四百疋・緋糸四十絇・緑糸十絇・縹糸二十絇・橡糸三十絇・練糸二百五十絇・糸五百絇のほか絹・糸・塩を、庸として白木韓櫃十合のほか糸・塩を、中男作物として紙・木綿・紅花・茜・黒葛・胡麻油・脯・比志古鰯などを、十二月末までに輸納する遠国とされていた。このうち庸糸は七一四年(和銅七)に諸国の庸綿が一丁あたり五

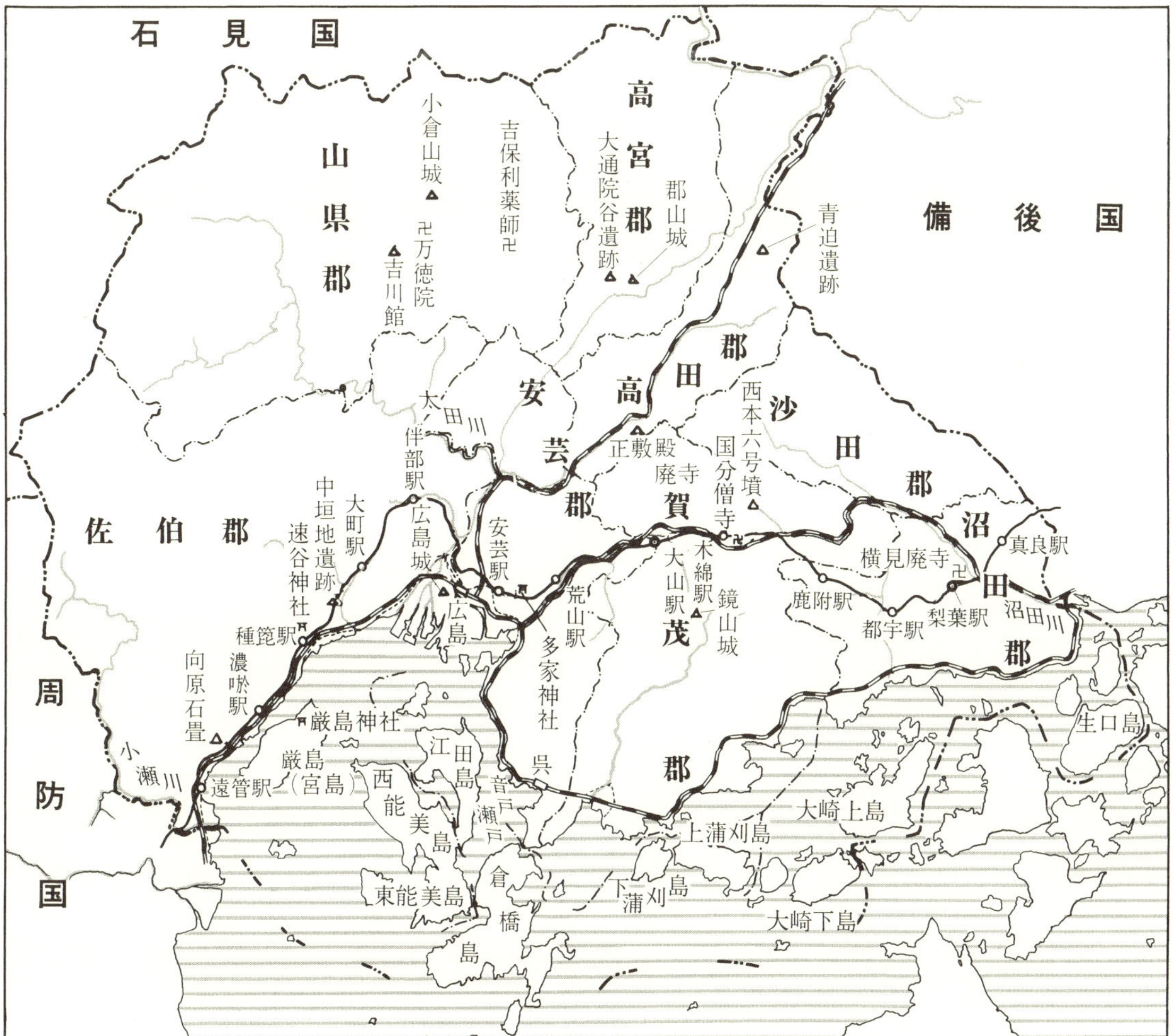

安芸国略図

両とされた際に、安芸国と遠江国が糸の輸納国とされた処置を継承したものといえよう。また中男作物の木綿は『養老令』賦役令にみえる安芸木綿を継承したものであり、祭祀奉幣用に重用されていた。さらに両面や薔薇綾・白絹など織物製品の輸納は、七一二年の伊勢以下備後、安芸ら「廿一国に始めて綾錦を織らしめ」(原漢文、『続日本紀』)た国家の方針が着実に実態化された反映と考えられる。なお出土文字資料としては藤原宮出土木簡によって「雑腊・塩」の輸納が知られる。記紀には、「安芸国可愛《え》の川上」(『日本書紀』神代宝剣出現章第二の一書)、「阿岐国之多祁理宮《たけりのみや》」(『古事記』神武天皇段)、「安芸国に至り埃《えの》宮《みや》に居す」(『日本書紀』神武天皇即位前紀)などの神話伝承がみられるが、これは安芸国地域が内海交通上と山陽・山陰交通上の要衝であったことを反映したものであり、また『日本書紀』推古紀には河辺臣某による安芸国での造船記事などもある。国名の確実な初見は、安芸・長門の二国が金青・緑青を献上したという『続日本紀』文武天皇二年(六九八)九月乙酉条の記事といえよう。八世紀前半には備後国守が按察使や知安芸守事として安芸国行政に影響力をもった時期もある。また七二四年(神亀元)には近流の地とされ、七三四年(天平六)に周防国との国境が「大竹河」(小瀬川)に確定されている。『延喜式』では上国とし、沼田《ぬた》・賀茂・安芸・佐伯・山県・高宮・高田・沙田《さた》の八郡を管轄するとしているが、国府はいまだ確定されていない。『和名類聚抄』には「国府は安芸郡にあり」とあることや、「国庁屋敷」の通称と「総社」の鎮座が想定されることから、現在の安芸郡府中町に比定する説と、安芸国分寺の所在から西条《さいじょう》盆地内(東広島市)に比定する説が対立している。府中町の比定地には『延喜式』兵部省にみえる安芸駅と考えられる下岡田遺跡(安芸郡府中町)があり、国府域の想定には地理的制約が大きいが、西条説にもめぼしい国衙推定地がないのが現状である。管内八郡の郡家も確認された例はないが、安芸高田市吉田町の郡山城下町遺跡からは「高宮郡解」木簡が出土し、さらに同町郡山大通院谷遺跡では、七世紀後半から九世紀初頭の掘立柱建物群が検出され、円面硯や墨書土器・石帯などが出土しており、周辺に高宮郡家跡が想定される。また墨書土器が出土した旧高田郡内にあたる安芸高田市甲田町青迫遺跡なども官衙的遺跡の可能性が高い。南部の沼田郡・賀茂郡・安芸郡・佐伯郡を東西方向に山陽道が通り、『延喜式』兵部省では真良《しんら》・梨葉・都《つ》宇《う》・鹿附《かむつき》・木綿《ゆう》・大山・荒山・安芸・伴《とも》部・大町・種箆《へら》・濃唹(唹濃の誤写)・遠管《おくだ》の駅名がみえる。山陽道駅家は八〇六年(大同元)の勅に「備後、安芸、周防、長門等の国の駅館は、もと蕃客に備え、瓦葺粉壁とする」(原漢文、『日本続紀』)とみえることや、兵庫県小犬丸遺跡(布勢駅家)など瓦葺きの駅家跡が確認されることから、安芸国内の駅家も「瓦葺粉壁」であったことが想定されている。下岡田遺跡が安芸駅家に比定され、広島市佐伯区五日市の中垣内遺跡も駅家跡の可能性が高い。なお、八〇七年の官符にも十三駅とみえることから、奈良時代以来十三駅と考えられる。また『万葉集』五にみえる高庭駅を唹濃駅と見なすのが定説である。このほかの古代瓦の出土地としては、発掘調査の結果、パルメット模様の軒丸瓦や火焔文をもつ軒丸瓦などが出土した七世紀中ごろの造営が確実視される横見廃寺(三原市本郷町)や、備後北部から安芸地域に特有の下端部に三角状の突起をもつ軒丸瓦(水切り瓦)が出土した正敷殿廃寺(安芸高田市向原町)や明官地廃寺(安芸高田市吉田町)、下岡田遺跡の北東に位置する道隆寺廃寺跡(安芸郡府中町)や、円面硯なども出土した道隆寺下遺跡などが注目される。式内社は速谷神社・伊都伎島神社・多家神社の三座のみであるが、武家勢力の台頭や海上交通の重要性のたかまりとともに、厳島神社(伊都伎島神社)が一宮とされ、平清盛一門の崇拝をうけた。鎌倉時代は宗氏・甲斐源氏武田氏・厳島神社藤原神主家・北条名越氏などが相ついで守護となり、承久の変などによる在地領主の没落や、東国御家人の移住なども相ついだ。南北朝時代には、東方からは山名・細川という幕府系勢力、西方からは地域大名大内氏の勢力が浸透して、国人衆は合従連衡をくり返し、次第に国人一揆による地域秩序形成がすすんだ。十六世紀前半この国人一揆の盟主的地位を確立した毛利元就が、大内氏や尼子氏との抗争を経るなかで戦国大名としての自立を達成、孫輝元の時代には中国七ヵ国の領有を豊臣秀吉から承認され、安芸・広島がその領国の中心となった。しかし、関ヶ原の合戦後、西軍総大将の毛利輝元は防長二ヵ国に減封され、安芸国は福島正則ついで浅野長晟が領することとなり、明治維新に至った。

参考文献　『広島県史』原始・古代、一九八〇。岸田裕之編『広島県の歴史』(『県史』三四、一九九九、山川出版社)。

(西別府元日)

あくなみのみや　飽浪宮　厩戸皇子晩年の宮で、奈良時代の離宮。『大安寺資財帳』に、推古天皇は田村皇子(後の舒明天皇)を飽浪葦墻宮へ遣わし聖徳太子の病を見舞ったと伝える。『日本書紀』推古天皇二十九年(六二一)二月癸巳条には「斑鳩宮」で没したとあるが、『日本書紀』編者には「飽波宮」も広義の「斑鳩宮」の一つと考えられていたらしい。さらに、奈良時代の離宮として、七六七年(神護景雲元)四月に称徳天皇が「飽浪宮」へ行幸し二日間ほど滞在し、その間に法隆寺の奴婢二十七人に爵を賜ったとある。七六九年十月にも河内国由義宮《ゆげのみや》へ向かう途中に立ち寄っている。『大和志』は飽波神社(奈良県生駒郡安堵村大字東安堵)、『大日本地名辞書』は高安《たかやす》寺(同村大字西安堵)、『斑鳩町史』は成福《じょうふく》寺に比定する。近年、奈良時代の宮殿遺構が発見された奈良県生駒郡斑鳩町の上宮遺跡が有力視されている。宮に関連する奴婢として、奈良時代に東大寺に施入された「飽波村」の常奴婢がみえる。

参考文献　仁藤敦史「上宮王家と斑鳩」(『古代王権と都

城』所収、一九六八、吉川弘文館)。 (仁藤 敦史)

あぐら 胡床 ⇩こしょう

あげなじょう 安慶名城 沖縄本島中部金武《きん》湾に注ぐ天願川河畔の琉球石灰岩独立丘に築かれたグスク。沖縄県うるま市安慶名所在。大川グスクとも通称する。国指定史跡。天願川沿いの琉球石灰岩からなる岩山の頂上を主郭に取り込み、その中腹に外郭を廻すいわゆる輪郭式である。城壁は人頭大の石灰岩塊を二～八メートルの高さで野《の》面《づら》に積み上げ、大手の虎口は自然の岩壁を穿ちその周辺を切石でもってアーチ状に組みあげてある。主郭の東北東隅の城壁には、隣接する小丘に照準を合わす形で鉄砲狭間が穿たれている。城の創建は不明。伝承によれば、琉球が三山に分かれていたころの豪族安慶名大川按司《あじ》の居城だったとされる。この大川按司は二男を屋良《やら》城、三男を喜屋武《きゃん》城に配し、付近一帯で相当の勢力を誇っていたと伝えられている。本格的な発掘調査はまだされていないが、十四―十五世紀ころの貿易陶磁器の破片が採集されており、遺跡の年代が推定できる。

参考文献 『図説日本の史跡』六、一九九一、同朋舎。 (當眞 嗣一)

あこうじょう 赤穂城 播磨国赤穂藩浅野・永井・森各氏の居城で、千種《ちくさ》川デルタの海岸部に築かれた平城。兵庫県赤穂市上仮屋《かみかりや》所在。加里屋《かりや》城ともいう。一六四五年(正保二)浅野長直《あさのながなお》が入部して池田氏時代の屋敷構を拡張することとし、一六四八年(慶安元)に着工、一六六一年(寛文元)完成した。縄張は甲州流軍学を修めた近藤正純《こんどうまさずみ》が行い、一六五三年(承応二)には山鹿素行《やまがそこう》が二ノ丸門周辺の設計を変更している。海寄りに置かれた本丸を二ノ丸で囲み、二ノ丸の北・西を覆うように三ノ丸を配する。天守閣は建造されなかったが、十の櫓、十二の門、本丸御殿、土塀などを備えていた。元和の一国一城令後に築かれた政庁的性格の強い城であるにもかかわらず、横矢《よこや》掛《がか》りの手法によって石塁を複雑に屈折させるなど、甲州流軍学の理論が積極的に縄張に応用された点に大きな特徴がある。明治の廃城後建造物はほとんど破却されたが、城郭全体の縄張はよく遺り、一九七一年(昭和四十六)城跡は国史跡に指定された。一九八二年以降発掘調査とそれに基づく整備が進められ、本丸門・本丸御殿間取・大手枡形などが復元された。二〇〇二年(平成十四)には本丸と二ノ丸の庭園が国名勝の指定を受けた。なお、大手門内三ノ丸跡には国史跡大石良雄宅跡長屋門が現存する。

資料館 赤穂市立歴史博物館(兵庫県赤穂市)

参考文献 『赤穂市史』二、一九八三。赤穂市教育委員会生涯学習課編『赤穂城跡二の丸庭園錦帯池発掘調査概要』(『赤穂市文化財調査報告書』五五、二〇〇三)。 (小野 真一)

赤穂城本丸跡

あさ 麻 狭義ではクワ科の大麻のことで、広義ではイラクサ科の苧麻《からむし》・赤麻《あかそ》・深山刺草などを含む植物の総称。また、その表皮下にある長く強い靭皮組織を利用した平組織の織物をいう。繊維は長いもので一・五メートル、太さは平均一五〇ミクロンである。中国では紀元前から布や紙の原料として広く用いられていた。『魏志』倭人伝によれば日本でも苧麻を栽培していたことがわかり、各地の縄文・弥生時代の遺跡からは苧麻や大麻を使った縄、編布や編み具、織布などが多数出土している。麻布は、栽培・苧《お》引《び》き(茎の皮を剝いたうえ水に浸して皮についた繊維をとる)・煮沸・苧《お》績《う》み(繊維どうしの先を撚って長く繋げる)・機織りなどの工程を経て完成に至る。律令制下では衣料品のほか、交換手段、租税(調・庸)として広範に用いられた。基本的には郡家工房を核とする集団労働によって生産され、国司による二度の検査を経たうえで調・庸として中央に貢進された。規格としては、調庸合成布の一端(大宝令制では二丁分で長さ五丈二尺)、庸布・租布・交易布・商布の一段(和銅六年制では二丁分で長さ二丈六尺)がある。七一七年(養老元)の調庸制改正により、前者は四丈二尺、後者は二丈八尺となった。幅はいずれも二尺四寸である。前者の幅は七三六年(天平八)に一尺九寸に改定されたが、正倉院伝来の七三六年以降に貢進された布も幅は二尺四寸であり、改定の実効性は疑問視される。国司による品質・数量の確認を中央に示すため、貢進される布には墨書銘・国印を付すよう賦役令に規定されていた。正倉院には各国の調庸墨書銘(貢進国・郡・里、人名、年月日など)・国印を有する布(調庸布・調布・庸布・交易布・商布)が多く遺される。貢進国は駿河・伊豆・相模・武蔵・安房・上総・下総・常陸・信濃・上野・下野・越後・佐渡などで、主に東国に集中する。大半は苧麻で大麻は少ないとされる。品質にはばらつきがあり精粗の差が目立つが、畿内からの遠近に応じたものではない。上総国望陀《もうだ》郡産の望陀布は高級品として知られるが、実際、上総国・安房国産の布は織密度が高く細密である。製品としては衫《さん》・袍《ほう》・袴《はかま》・襪《しとうず》などの衣類、幞、屛風袋、薬・顔料・伎楽面の袋類、山堺四至図や麻布菩薩などの絵画・絵図類、伎楽の乾漆面・屏風芯布などの工芸材料ほかさまざまなものが残るが、用途によって使用される布の品質は異なる。なお、奈良時代には、麻もしくはその布屑を原料とする麻紙《まし》が典籍・経巻用の高級紙として生産されていた。

参考文献 正倉院事務所編『(新訂)正倉院宝物―染織―』、二〇〇〇・〇一、朝日新聞社。

(飯田 剛彦)

あさがおつかこふん 牽牛子塚古墳 奈良県高市郡明日香村越に所在する終末期古墳。「けんごしづか」とも訓まれる。一九二三年(大正十二)に史跡指定。現況で径一四メートル、高さ三・八メートルの腰高の墳丘を有するが、墳形については確定していない。埋葬施設は凝灰岩の巨石を横方向に刳り抜いて墓室を作ったもので、内部は仕切り壁によって二つに分けられている。規模はほぼ同じで、長さ約二・一メートル、幅約一・二メートル、高さ一・二メートル。床面はわずかに削り残して棺台を造り出している。入り口の閉塞は二重構造で、開口部を凝灰岩の板石で塞ぎ、その外側を二・五メートル四方の巨石で覆う。閉塞石から外側へは版築で埋め戻された墓道が伸びている。出土遺物には、七宝亀甲形座金具、金銅製八花文座金具、金銅製六花文座金具、金銅製円形座金具、金銅製稜角金具、ガラス玉、夾紵棺《きょうちょかん》片があり、重要文化財に指定されている。墓室構造の特異性と相まって勘案すれば、飛鳥地域の終末期古墳の中で上位に位置づけられる古墳である。

参考文献 明日香村教育委員会編『史跡牽牛子塚古墳』、一九七七。

(卜部 行弘)

あざかじょう 阿坂城 三重県松阪市にある南北朝時代から戦国時代にかけての中世城館。「白米城」「椎の木城」の別名がある。標高三一二メートルの山頂に立地する。文献上の初見は一三五二年(正平七・文和元)であり(『鷲見家譜《すみかふ》』)、その後も一四一五年(応永二十二)の北畠満雅《みつまさ》挙兵の際の記録にも現れる(『満済准后《まんさいじゅごう》日記』)。城跡は南北二つの曲《くる》輪《わ》群から構成される。南曲輪群は山頂にあり、削平地・帯《おび》曲輪・竪堀《たてぼり》・堀切《ほりきり》から構成される。北曲輪群は山頂からやや下った所にあり、虎口《こぐち》や土塁が明瞭に残る。連続竪堀などもみられる。周辺の高城跡《たかじょうあと》・枳城《からたちじょう》跡とともに国の史跡に指定されている。

参考文献 伊藤裕偉「北畠氏領域における阿坂城とその周辺」(『ミエヒストリー』六、一九九三)。山本浩之「阿坂城・大河内城とその周辺諸城について」(『中世城郭研究』一三、一九九九)。

(竹田 憲治)

あさづまはいじ 朝妻廃寺 奈良県御所《ごせ》市朝妻に所在する飛鳥時代後半から奈良時代前期にかけての寺院跡。金剛山東麓、標高二五〇メートルの緩斜面地に営まれている。かねてより瓦が出土し、また塔心礎が掘り出されたことが知られ、『上宮聖徳法王帝説』などにみえる葛木《かつらぎ》寺に比定する見解があった。一九七七年(昭和五十二)、発掘調査が実施された。それによれば金堂と推定される基壇と回廊の一部が検出され、塔心礎出土位置からすると、金堂と塔は南北に並び東面する伽藍配置であったと推定される。創建瓦は七世紀後半に比定できる川原寺式系で、同様の所用は和歌山県佐野廃寺が知られる。創建瓦以外では巨勢寺式系が認められ、七世紀末から八世紀初頭にかけて葛城地域の在地寺院と関係を深める時期があったらしく、この点についても佐野廃寺と共通していることは興味深い。『新撰姓氏録』では朝妻を渡来人の居住地と記しており、彼らの氏寺として造営されたと考えられる。

参考文献 奈良県立橿原考古学研究所編『御所市朝妻廃寺発掘調査概報』、一九七八。

(卜部 行弘)

あさひなきりとおし 朝比奈切通 神奈川県鎌倉市十二《じゅうに》所《そ》と横浜市金沢区朝比奈町の間にある切通。いわゆる鎌倉七口の一つ。鎌倉鶴岡八幡宮脇から武蔵国久良岐郡六《むつ》浦《ら》(横浜市金沢区六浦《むつうら》町)に通じる「六浦道」のうち、朝比奈峠の前後をいう。国指定史跡。一九五五年(昭和三十)ごろ北側に新道ができるまで、鎌倉・相模と東京湾側の往還道として盛んに使われた。和田義盛の三男朝夷奈三郎義秀が一夜で開いたとの伝説からこの名があるという。六浦側には和田谷戸という地名もあり、彼が峠付近に住んでいたのは間違いのないところだろう。一二四〇年(仁治元)十一月三十日、北条泰時が道路建設を計画し、翌年の五月十四日には工事が遅滞しているとして、泰時みずから土石を運んだという。おそらく実際にはそれ以前から原形があったのであろう。頂上付近は高さ一〇メートル近い切岸や磨崖仏・石塔などが往時の景観をよく伝える。鎌倉側には岩盤を削り残した塁壁が太刀洗川左岸沿いに存在していたが、近年の造成で十二所神社前の二〇メートルほどしか残っていない。六浦側大道《だいどう》には、現在の県道に向かって岩塊の突き出した場所があり、通称「鼻欠け地蔵」という磨崖仏が残る。これが六浦側の切通入口であろう。峠前後の道沿いには中世の墳墓窟である「やぐら」がいくつかある。鎌倉側の道脇で近年三×三間の堂跡らしい礎石建物が発見され、中央に火葬骨の入った大きな常滑甕が埋められていたところから、鎌倉時代末期から南北朝時代の納骨堂として国史跡に追加指定された。近くには茶毘跡も見つかっている。

参考文献 鎌倉市教育委員会編『切通周辺詳細分布調査報告書』、二〇〇一。

(馬淵 和雄)

あさまやまきょうづかぐん 朝熊山経塚群 平安時代に伊勢国に築かれた経塚群。三重県伊勢市朝熊町所在。伊勢神宮内宮の東方にある朝熊山経ヶ峰の東斜面に位置し、伊勢神宮の奥院とされた金剛證寺の境内にあたる。明治年間に承安三年(一一七三)銘の陶製経筒が出土していたが、一九五九年(昭和三十四)の伊勢湾台風による倒木整理中に二基の経塚が発見され、これを契機に一九六二・六三年に発掘調査が行われ、四十三基の経塚が確認されるとともに、多種多量の遺物が出土した。特に、第三号経塚からは、平治元年(一一五九)在銘の鋳銅製経筒に納められた十三巻の経巻(『法華経』『般若心経』など)、陶製外筒と陶製片口鉢、銅提子のほか、線刻阿弥陀三尊来迎鏡像二面、線刻阿弥陀三尊鏡像一面、線刻阿弥陀如来鏡像一面が出土し、注目される。本経塚群は十二世紀後半に営まれた経塚群として重要であり、一九六六年国史跡に指定され、出土品の一部は一九六三年、国宝に指定された。

参考文献　伊藤久嗣「伊勢国朝熊山経ヶ峰経塚出土品」(『日本の国宝』八三、一九九八)。稲垣晋也「三重県伊勢市朝熊山経塚発掘ノート―経塚の構造と造営次第―」(『MUSEUM』四五一、一九八八)。

（望月　幹夫）

あしかががっこう　足利学校　栃木県足利市街地を南東流する渡良瀬川左岸の微高地上、市街地中心部に位置する中世から近世の学校跡。足利市昌平町所在。国指定史跡。創建は諸説があり定まらないが、一四三九年(永享十一)には上杉憲実が学規三条を定め、現在国宝に指定されている宋版『尚書正義』などの貴重書を納めるなど、このころにはその存在が確認できる。『鎌倉大草紙』によれば、現在の場所に移されたのは一四六七年(応仁元)のこととされる。戦国時代には来日したフランシスコ＝ザビエルらの宣教師により「坂東に学院あり、日本国中最も大にして最も有名なり」と西洋にも伝えられた。江戸時代には、徳川幕府に年筮を奉納し、所領を安堵されていた。現在残されている最も古い建造物は、一六六八年(寛文八)に建てられた学校門および大成殿である。三門および大聖殿のある西半分は保護されたが、東半分は、明治時代以降小学校とされていた。一九八一年(昭和五十六)にはこの小学校を移転、翌年より保存整備の資料を得るための発掘調査が行われた。その結果、江戸時代中期を中心とした方丈・庫裏・書院などの中心建物跡、衆寮、隠寮、土蔵、裏門などの付属建物跡、方丈の南北に位置する庭園跡、井戸跡、外郭の堀と土塁跡などが確認され、この成果と文献や絵図の分析成果をもとに一九九〇年(平成二)までにこれらの建物跡や遺構が、原位置に復原された。出土遺物は、肥前・瀬戸・美濃を中心とした国産陶磁器、瓦、硯などの石製品、古銭などの金属製品、漆椀・下駄などの木製品、人形などの土製品などがある。発掘調査は、江戸時代の遺構が中心であったが、それ以前の遺構として、北庭園の下層で確認された中世の池跡と推定される石敷遺構およびその東西二基の井戸跡などがある。また、近世以前の遺物として、舶載・国産陶磁器、かわらけ、石塔片などがある。学校というきわめて特殊な史跡として貴重である。

資料館　史跡足利学校事務所(栃木県足利市)

参考文献　足利市教育委員会編『史跡足利学校跡保存整備報告書』、一九九二。

（大澤　伸啓）

あしかがしたくあと　足利氏宅跡　⇨鑁阿寺《ばんなじ》

あしぎぬ　絁　古代の平組織の絹織物。律令制下では諸国より調として輸納され、官人への禄物や現物貨幣として利用された。『養老令』賦役令調絹絁条では、調絁の寸法は長さ五丈一尺、幅二尺二寸を一疋(六丁分)と規定していたが、七一九年(養老三)五月の格により一疋(四丁分)は長さ六丈、幅一尺九寸に変更された。正倉院にはこの養老三年格の寸法に合致した未使用の調絁のほか、幞、紐、袋、帯、袋・覆の裏地、天蓋の垂飾、灌頂幡の芯裂、道場幡の垂脚、半臂の襴などに加工された絁が現存する。輸納国を示す墨書銘や国印を有するものも多いが、その品質はさまざまである。『日本書紀』などは絁を「フトギヌ」と訓じ、『令義解』は「細きを絹となすなり、麁《あら》きを絁となすなり」とし、『和名類聚抄』には「阿之岐沼」(＝悪し絹)とあることなどから、絹より質の劣る品とみなされ、その区別の基準については、用いられた糸の質(太さなど)や製糸法の違い、織り目の精粗や織密度の違いなど、さまざまな説が提示されている。ただし、正倉院収蔵の絹との品質比較によっても糸・織組織ともに有意な差は認められず、また、用語としての「絹」と「絁」も史料上しばしば混用されている。

参考文献　正倉院事務所編『(新訂)正倉院宝物―染織―』、二〇〇〇・〇一、朝日新聞社。早川庄八「古代美濃の手工業」(『日本古代の財政制度』所収、二〇〇〇、名著刊行会)。

（飯田　剛彦）

あしたかやまきょうづか　愛鷹山経塚　⇨千鳥道経塚《ちどりみちきょうづか》

あしはせ　粛慎　中国東北地方およびロシアの沿海地方に住んでいたとされる古代の民族。「しゅくしん」とも読み、息慎・稷慎とも書く。中国の春秋戦国時代の歴史を記した『国語』魯語編をはじめとした古典に、粛慎が周の武王に「楛矢《こし》・石砮《せきど》」を献上したことがみえる。中国最古の地理書の『山海経《せんがいきょう》』には、粛慎の国は「白民の北」に位置するとし、西晋の郭璞の『山海経』の注には、粛慎は衣服は着ないが、中国で聖帝が即位すると、雄常の木の皮を剝いで衣服にしたとある。さらに『三国志』魏書三少帝紀には二六二年に遼東郡に入貢したことがみえる。その後、『後漢書』挹婁《ゆうろう》伝には「挹婁は、古の粛慎の国」、『魏書』勿吉《もっきつ》伝には「勿吉国は高句麗の北にあり、旧の粛慎国なり」、さらに『旧唐書《くとうじょ》』靺鞨《まっかつ》伝には「靺鞨は、蓋し粛慎の地、後に魏は勿吉と謂う」と、挹婁・勿吉・靺鞨が粛慎の後裔と認識された。一方、『日本書紀』にも、粛慎すなわち「あしはせ」に関わる記載がみえる。五四四年(欽明天皇五)に、佐渡島に粛慎人が来着し、六五八年(斉明天皇四)から六六〇年にかけて阿倍比羅夫《あべのひらふ》が粛慎と戦っている。さらに六七六年(天武天皇五)に新羅使が粛慎を伴って来た。その民族性は一律に論じられないが、蝦夷とは異なる集団でオホーツク文化の担い手とする見解もある。↓靺鞨《まっかつ》

（酒寄　雅志）

あしゅくじ　阿閦寺　石上宅嗣が自邸を改修し、建立した寺院。『日本高僧伝要文抄』所引『延暦僧録』五は、七六一年(天平宝字五)、遣唐副使に任じられた宅嗣が航海の安全を祈って、阿閦如来像を祀ったのが起源であるとする。その所在地は、十二世紀末の『建久御巡礼記』法華寺条に「此寺ノ鳥居ノ東南幾不レ去、田中ニ松一本生ル所、是昔ノ阿閦寺ノ跡也」とあることから、現在の奈良市法華

寺町内に比定されるが、平城京左京二条三坊とする説、二条二坊ないしは四坊とみる説などがあり、確定されていない。法華寺に近接していたため、鎌倉時代には光明皇后の施浴伝説ともかかわって、阿閦寺は彼女が建立したとの説もあらわれた。なお、『続日本紀』天応元年(七八一)六月辛亥条によれば、境内の東南隅には儒教関係の典籍を収蔵する書庫、芸亭《うんてい》が建てられ、希望者には閲覧が認められたという。→芸亭《うんてい》　（西村さとみ）

あじろべい　網代塀　杉皮・割竹・ひしゃげ竹・篠《しの》竹・檜《ひのき》薄板(檜垣《ひがき》)を斜めに組んで塀としたもの。網代の組み方には二手《ふたて》越し、三手越し、横組みがある。塀の建て方は、支柱に丸太・竹・角柱・玉縁《たまぶち》(荻の幹や竹穂・割竹の巻束《まきたば》)を用い、支柱間の下方を一本、上方を一～二本の胴縁で網代を固定する。支柱は地中に掘立てるのが一般的であるが、屋敷内の庭園区画塀には土台上に支柱を立てる例がある。網代垣は平安時代後期から室町時代初期にかけての絵巻などに、武家や社寺の邸宅に伴う区画塀として描かれる。特に、庭園の目隠《めかくし》塀は支柱上に冠木《かぶき》を渡して高欄を受ける檜垣を描き(『親鸞上人絵伝』『福富草子』など)、平安時代末から鎌倉時代に網代垣は高度に発達していたようである。塀としての網代垣の起源は明らかでないが、神戸市下小名田遺跡(平安時代)には幅一・二センチ、厚さ〇・三センチの檜材を三本組で網代に組む例と、富山県小矢部市桜町遺跡(縄文時代中期末)には檜の網代材薄板が出土している。

参考文献　渋澤敬三・神奈川大学日本常民文化研修所編『絵巻物による日本常民生活絵引』、一九六四、平凡社。『建築大辞典』、一九九三、彰国社。　（宮本長二郎）

あすか　飛鳥　奈良盆地東南部の地名。五九二年推古天皇の豊浦宮《とゆらのみや》即位から、六九四年(持統天皇八)の藤原京遷都までの約一世紀の間、王宮所在地が集中し、首都として整備された。この時代を飛鳥時代と称している。飛鳥の範囲については諸説あるが、「飛鳥」を冠する宮殿名などを参考にすると、現在の奈良県高市郡明日香村のうち、大字飛鳥・岡に相当する、平地部では南北一・六キロ、東西〇・八キロほどの飛鳥川右岸(東岸)の一帯をさす狭い空間であったことがわかる。その北の雷丘《いかずちのおか》を中心とする地域が「小墾田《おはりだ》」、「飛鳥」の南が「橘」であり、飛鳥川左岸(西岸)は「豊浦」、その南に渡来系氏族東漢氏《やまとのあやうじ》が居住した「檜前《ひのくま》」の地が広がっていた。「豊浦」には推古天皇の豊浦宮とその跡地に豊《と》浦寺《ゆらでら》(向原《むくはら》寺、桜井寺とも)が営まれ、「小墾田」には小墾田宮、「飛鳥」には舒明、皇極、斉明、天武、持統天皇の飛鳥諸宮と飛鳥寺、川原寺(斉明天皇の飛鳥川原宮の跡地)、「橘」には島宮《しまのみや》と橘寺《たちばなでら》が占地しており、飛鳥時代の宮都空間を総体的にとらえるためには、「狭義の飛鳥」だけではなく、隣接するこれらの地域との連関の中での機能を考えていくことが必要であるから、当時の宮都空間全体を広く「飛鳥」(「広義の飛鳥」)ととらえる説が一般的である。アスカの地名は全国各地に存在し、河内国にも安宿《あすかべ》(飛鳥戸)郡があった。飛鳥と表記するのは「飛ぶ鳥の」の句が「あすか」の枕詞に用いられたことによるもので(『万葉集』二―一六七など)、『万葉集』では「明日香」と書く例も多い。その語源に関しては、㈠アスカは鳥の一種イスカのことで、この鳥が多く飛来したことによる、㈡アは接頭語、スカは住拠(聚落)あるいは清浄な場所の意、㈢朝鮮諸国からの渡来人が日本で安住することを得た地を安宿と称し、これを日本人がアスカと読み、後に渡来系氏族の安住地を一般にアスカと称した、など諸説が存するが、確説はない。大和のアスカについては『続日本紀《しょくにほんぎ》』宝亀三年(七七二)四月庚午(二十日)条にみえる坂上苅田麻呂《さかのうえのかりたまろ》の奏言に、応神朝に高市郡檜前村に渡来系の東漢氏の人々が定住し、高市郡内には他姓の者は十の一、二であるとあり、五世紀以来東漢氏による開発が進められていたことが窺われる。六世紀中葉にはこの東漢氏など渡来系氏族を配下におき、ヤマト王権の財政などを担当した蘇我稲目《そがのいなめ》が台頭するが、稲目は向原《むくはら》家・小墾田家・軽曲殿《かるのまがりどの》家など飛鳥地域に拠点を有していた。その子馬子《うまこ》の代には五八七年に物部守屋《もののべのもりや》を討滅し、朝廷内での権力を掌握するとともに、上述の推古天皇の宮殿を豊浦＝向原の地に造営して、蘇我氏の拠点であった飛鳥地域に王宮を取り込む形で首都飛鳥が成立した。馬子―蝦夷《えみし》―入鹿《いるか》と続く本宗家は飛鳥寺を中心とする「狭義の飛鳥」や橘を拠点とし、その他稲目から馬子の代に分氏した一族も境部臣《さかいべのおみ》の軽寺《かるでら》、山田臣の山田寺、久米臣《くめのおみ》の久米寺、小墾田臣の小墾田寺(奥山久米寺)、田中臣の田中廃寺など、それぞれの拠点に寺院を建立した。また、チマタと称される交通の要衝を押さえており、飛鳥地域は蘇我氏によってまず開発・整備されたと見ることができる。蘇我馬子が建立した飛鳥寺は蘇我氏を中心とする仏教興隆や国家的仏教統制機関の役割を果たすだけでなく、のちに蘇我本宗家を討滅する中大兄皇子と中臣鎌足《なかとみのかまたり》が最初に接触したという蹴鞠など国家的行事が挙行される場として、飛鳥の中心になった。また奈良盆地を縦断する下《しも》ツ道《みち》・中ツ道・上《かみ》ツ道や大和と難波を結ぶ横大路《よこおおじ》などの広域的な交通路の整備も七世紀前半の推古朝に行われたと考えられており、飛鳥が首都として定着する過程で完成したのである。なお、推古朝に飛鳥を離れて斑鳩《いかるが》の開発に従事した厩戸《うまやと》皇子(聖徳太子)の斑鳩宮・斑鳩寺(法隆寺)との連絡路としての筋違道《すじかいみち》もこの時期に設定されている。その後、推古天皇の次の舒明天皇は飛鳥岡本宮《あすかおかもとのみや》、ついで田中宮への仮居を経て飛鳥の北方に百済宮《くだらのみや》・百済大寺《くだらおおでら》(桜井市吉備池廃寺《きびいけはいじ》)造営を行うが、百済宮遷居後すぐに死去し、皇極天皇は飛鳥板蓋宮《あすかいたぶきのみや》を造営しており、蘇我氏本宗家を討滅した乙巳《いっし》の変後の孝徳朝には難波長柄豊碕宮《なにわのながらのとよさきのみや》への遷都が行われるものの、皇極が重祚した斉明天皇は飛鳥板蓋宮、飛鳥《あすか》川原宮《かわらのみや》、そして飛鳥後岡本宮《あすかのちのおかもとのみや》に居住している。百済救援の派兵と白村江の敗戦を経た天智朝では近江大津宮遷都が行われるが、壬申《じんしん》の乱に勝利した大海人皇子が即位し

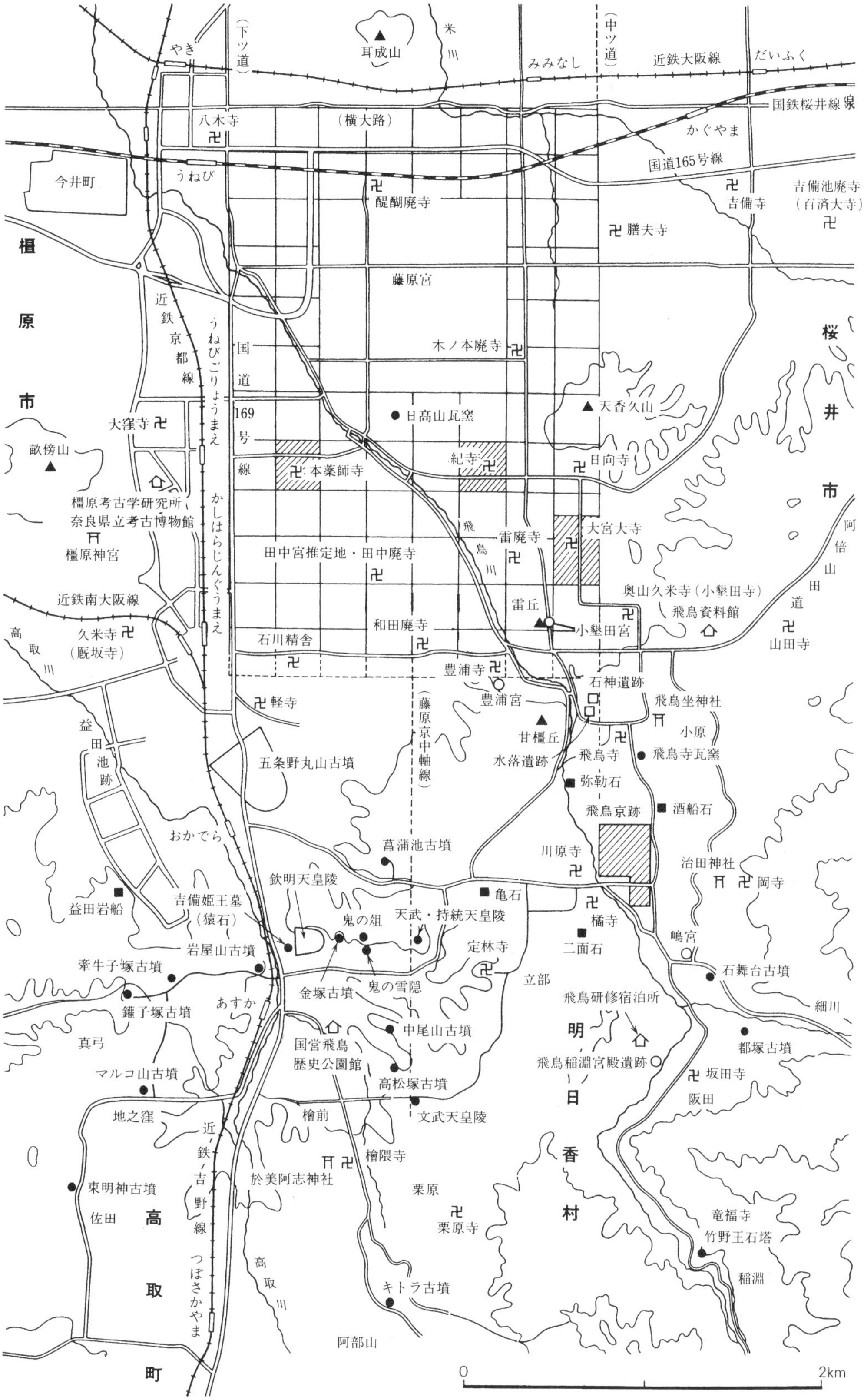

飛鳥遺跡図

た天武朝では島宮、後岡本宮への居住を経て、「岡本宮の南」に飛鳥《あすか》浄《きよ》御《み》原宮《はらのみや》が造営されることになる。これらのうち、舒明天皇の百済宮は蘇我氏からの独立を企図したためか、飛鳥からははずれるが、孝徳天皇の難波、天智の近江遷都の一時期を除いて、その他の宮室はいずれも飛鳥の範囲に存した。とくに「飛鳥」を冠する岡本宮、板蓋宮、後岡本宮、浄御原宮の所在地は同じ場所であり、伝承板蓋宮跡の発掘調査によって、「狭義の飛鳥」に位置するこの地に四つの宮殿遺構が重複することが判明しており、飛鳥京跡とも称されている。小墾田宮は壬申の乱の際に兵庫が存したことが知られ、八世紀後半にも朝廷管理の宮殿が存在しており、蘇我馬子の島の邸宅をも加えて整備された島宮は、斉明朝の中大兄皇子、天智朝の大海人《おおあま》皇子、天武朝の草壁《くさかべ》皇子など次期王位継承者の宮殿として位置づけられ、やはり八世紀以降も存続している。また斉明朝には『日本書紀』斉明天皇二年(六五六)是歳条に「狂心渠《たぶれごころのみぞ》」と非難された石組溝の開削、後岡本宮の東山での石垣造営、田身嶺《とうのみね》(多武嶺)に周垣を築き、嶺上に両槻宮《ふたつきのみや》を造営するなどの大土木工事が行われたことが描かれている。その他、石上池《いそのかみのいけ》に須弥山《しゅみせん》を造り粛慎を饗賜したことや漏刻《ろうこく》の造営なども記されている。石組溝は香具山《かぐやま》の西裾を北に流れる現在の「中ノ川」につながるものであり、宮の東山の石垣は酒船石《さかふねいし》遺跡や亀形石槽、石上池の饗宴施設は飛鳥寺西北の石神《いしがみ》遺跡、漏刻台はその南の水落《みずおち》遺跡に比定され、飛鳥の中心となる宮殿地域や国家的儀礼の場としての飛鳥寺の西の広場が整備されていった様子が窺われる。この段階で飛鳥は大王家の首都としての性格を確立するのである。この飛鳥の地における文化的営為としては、蘇我氏をはじめとする諸豪族や大王家による造寺に反映されている仏教興隆をまず指摘せねばならない。六世紀中葉の欽明朝における仏教伝来以来、仏教信仰を支持した蘇我氏が政治権力を掌握し、また蘇我氏の血筋をひく大王の治世になった飛鳥時代は、最初の仏教隆盛の時代であった。五九四年(推古天皇二)には三宝興隆の詔が下され、六二四年には寺四十六所、僧八百十六人、尼五百六十九人であったという。上述の諸寺院以外にも、蘇我馬子とともに推古朝の政治を支えた厩戸皇子発願の四天王寺、鞍部《くらつくり》氏の坂田寺《さかたでら》、秦氏の太秦寺《うずまさでら》(広隆寺《こうりゅうじ》)など数多くの寺院が造営されている。また厩戸皇子は高句麗僧慧慈《えじ》を師として仏教理解に努めたといい、法華経・勝鬘経《しょうまんぎょう》の講説と維摩経《ゆいまぎょう》を加えた『三《さん》経義疏《ぎょうぎしょ》』を作製し、その教理的到達を窺わせてくれる。ただし、『勝鬘経義疏』と酷似する注釈書として敦煌本『勝鬘義疏本義《しょうまんぎしょほんぎ》』(五七〇—九〇年ごろの写本)が知られ、ほかの二義疏も中国南朝系の学僧の注釈の系譜を引き、隋代に完成したものをもとにしており、けっして独創的な内容ではないといわれる。『上宮聖徳法王帝説《じょうぐうしょうとくほうおうていせつ》』に慧慈が製疏に参加したことが記されているように、『三経義疏』は厩戸皇子をある種の指導者としたものの、実際には当時の学僧の学問的活動の成果と位置づけるのがよく、超絶的なものとはいえないのである。百済から来日した寺工たちによる当時の最新技術を駆使して造営された飛鳥寺の塔心礎には、古墳の副装品と同様の品々が埋納されており、仏像の造像記に散見する祖先供養と現世利益の文言、最初の出家者は鞍部村主司馬達止《くらつくりのすぐりしばたつと》の女善信尼《ぜんしんに》ら女性であったことなどと合せて、当時一般の人々が仏教に期待したのはその呪術的験力であったと考えられる。蘇我本宗家が滅亡した乙巳の変後、大王家が仏教保護の中心となり、宮中で諸法会が行われ、仏教祭祀が国家祭祀の色彩を濃くしていくが、六五一年(白雉二)難波宮安鎮のための「安宅《あんたく》・土側《どそく》等経」の読誦や六五九年(斉明天皇五)京内諸寺での「七世父母」のための『盂蘭盆経《うらぼんきょう》』講経などは仏教の呪術力が依然重視されていたことを示しており、日本仏教の一つの特質を呈することになる。この仏教以外にも、六世紀代には百済から儒教や医学など諸学芸が導入され、飛鳥文化には百済や高句麗、あるいは遣隋使派遣による中国南北朝の文化的影響が大きいという特色も存する。仏像製作における北魏様式と南梁様式の存在、寺院の柱のエンタシスや工芸品に見られる忍冬唐草文様・ペガサス文様など、外来文化の影響は大きかった。その他、六〇四年(推古天皇十二)高句麗系の黄文画師・山背画師の選定、六一〇年高句麗僧曇徴《どんちょう》による彩色・紙・墨や碾磑《みずうす》の作製技法伝来、六一二年百済人路子《みちこの》工《たくみ》による須弥山・呉橋の構築、味摩之《みまし》による伎楽の伝来などが行われている。これらは当時の仏教興隆の場である寺院を荘厳化するものであり、一般の人々の生活と直接に結びつくものではなかった。したがってその精神面も含めて、飛鳥時代の文化には古墳時代以来の要素を残している面も大きかったことに留意しておく必要があろう。なお、六〇二年には百済僧観勒《かんろく》が暦本・天文地理書・遁甲方術之書を貢したとあり、暦法の修得による時間認識の成立もあってか、六二〇年には『天皇記』『国記《こっき》』などの歴史書編纂が開始された。また遁甲方術は道教的知識の流入を窺わせるものであり、仏教以外の思想も仏教の僧侶とともに大きな知識の体系の中で伝来していることに注目される。こうして飛鳥の地では古墳文化の遺風も残しながら、新しい首都の文化風土が形成されたのである。

参考文献　八木充『研究史飛鳥藤原京』、一九九六、吉川弘文館。門脇禎二『(新版)飛鳥』、一九七七、日本放送出版協会。小澤毅『日本古代宮都構造の研究』、二〇〇三、青木書店。森公章編『倭国から日本へ』(『日本の時代史』三、二〇〇二、吉川弘文館)。田村圓澄『飛鳥仏教史研究』、一九六九、塙書房。

(森　公章)

あすかいけこうぼういせき　飛鳥池工房遺跡　飛鳥寺の寺域東南の谷あいに立地する七世紀後半から八世紀初頭の工房遺跡。奈良県高市郡明日香村大字飛鳥所在。遺跡名は遺跡上に築かれた近世の溜池「飛鳥池」に由来する。遺跡一九九一年(平成三)の飛鳥池の埋め立て工事に伴う試掘調査によって発見され、一九九七年から二〇〇〇年度にかけて、奈良県立万葉文化館建設の事前調査として一万四〇〇〇平方メートルに及ぶ発掘調査が行われた。調査の結果、谷に面した丘陵斜面に各種工房が配置され、金・銀・銅・鉄を素材とした金属加工、ガラス・水晶・琥珀を組み合わせた玉類の生産、漆工、べっこう細工、屋瓦の焼成などが行われ、さらにわが国最古の鋳造貨幣「富本銭」の鋳造も確認されるなど、この遺跡が古代の手工業技術を集積した巨大な総合工房であることが判明した。工房の操業時期は、七世紀の後半、天武・持統朝を中心とする。二〇〇一年に国の史跡に指定。遺跡は、飛鳥盆地の東縁をなす低丘陵が酒船石遺跡の北で二つに分岐した谷筋に位置し、谷の出口付近に設けられた三条の東西塀を境に、工房群が展開する南地区と、官衙風建物の配置された北地区に分かれる。北地区は、飛鳥寺の南面大垣に平行して走る道路までの南北約七〇メートル、東西約五〇メートルの空間を占め、掘立柱塀で区画された内部に二基の石敷井戸、石組方形池と導・排水路、掘立柱建物群などが存在する。出土した八千点近い木簡の記載内容から、北地区は飛鳥寺や道昭が建設した飛鳥寺東南禅院との密接な関係が推測される。南地区は、二又に分岐する谷の丘陵斜面を雛壇状に造成し、西の谷筋の最奥部に金・銀・ガラス工房を、東の谷筋の両岸に銅・鉄工房を配置する。発見された炉跡は三百基以上に及び、工房の広がりは南北一三〇メートル以上に及ぶ。また谷の窪みには水溜状施設が一〇メートル前後の間隔で七段にわたって設けられており、貯水を工房で利用するとともに、工房廃棄物を順次沈殿させながら余水を下流に流す浄化施設の機能も果たしている。この水溜状施設に堆積した工房廃棄物層を中心に、金三十三点、銀五十四点をはじめ、金・銀熔解用の坩堝《るつぼ》、五百点近いガラスやガラス小玉鋳型、ガラス坩堝、銅製品や銅切り屑、鋳銅用坩堝、鋳型、溶銅、銅滓、鉄製品や製品見本とみられる木製の様《ためし》、鉄滓一・八トン、完形に近い鞴羽《ふいごは》口《ぐち》千五百点、砥石五千点、漆付着土器五千点など、膨大な量の工房関係遺物が出土している。中でもガラスの原料である長石・石英と酸化鉛の出土は、当工房で国産ガラスの製造が行われていたことを示す資料として重要である。また富本銭の未製品五百六十点をはじめ、富本銭の鋳型や鋳棹、鋳バリ、堰、銅滴、坩堝、羽口などの鋳銭関係遺物の出土により、当工房で富本銭が生産されていたことが判明した。その鋳造年代は、飛鳥寺東南禅院の瓦を焼成した瓦窯と富本銭鋳造工房の層位関係や、富本銭と共伴した紀年木簡などから、七世紀にさかのぼることが確認され、七〇八年（和銅元）発行の和同開珎に先行する鋳造貨幣であることが明らかになった。これにより、『日本書紀』天武天皇十二年（六八三）四月壬申（十五日）条にみえる「銅銭」の実体が解明され、貨幣史上の大きな発見となった。飛鳥池工房の性格に関しては、飛鳥寺東南禅院や飛鳥寺に付属する寺院工房とみる説もあるが、南地区出土木簡の中に「詔小刀二口　針二口」「内工釘」「大伯皇子宮」「舎人皇子」「穂積□□」「散支宮」「石川宮鉄」など、宮廷や皇族の宮に関係した木簡があることや、富本銭の生産などから、西南四〇〇メートルに位置する飛鳥浄御原宮に付属する国家的な工房であった可能性が高い。

[参考文献] 松村恵司「飛鳥池工房遺跡の発掘調査」（『続明日香村史』上所収、二〇〇六）。花谷浩「飛鳥池工房の発掘調査成果とその意義」（『日本考古学』八、一九九九）。

（松村　恵司）

あすかいたぶきのみや　飛鳥板蓋宮　皇極・斉明天皇の宮。六四二年（皇極天皇元）九月、皇極天皇は、遠江から安芸に至る広い地域に動員を命じて飛鳥板蓋宮の造営を開始し、翌六四三年四月に、新造なった宮に遷る。六四五年（大化元）六月に断行された大化改新のクーデター（乙《いっ》巳《し》の変）の舞台としても著名。ただ、『日本書紀』当該条にみえる「大極殿」「十二通門」は潤色である可能性が高い。つづく孝徳朝の難波《なにわ》への遷都を経て、六五五年（斉明天皇元）正月に彼女は飛鳥板蓋宮で重祚《ちょうそ》しており（斉明天皇）、難波に都がおかれた期間も、宮殿として機能しうる状態を保っていたことがうかがえる。しかし、同年冬にこの宮は焼失し、斉明天皇は飛鳥川原宮《かわらのみや》に遷った。板蓋宮という特異な宮名は、豪華な厚板で屋根を葺《ふ》いたことに対する感嘆に由来するものであろう。逆に、この点から、それ以前の宮殿の屋根は草葺であったと考えられる。板蓋宮の所在について、『扶桑略記《ふそうりゃくき》』は「丘本宮《おかもとのみや》」（岡本宮）と同地と記し、両者は年代的にも重複しないので、舒明天皇の飛鳥岡本宮（六三〇—三六年）とほぼ同一の場所に存在したとみて支障がない。その具体的な位置は、一七三六年（享保二十一）刊行の『大和志』が「岡《おか》飛鳥二村間に在り」として以来、飛鳥寺南方の国史跡「伝飛鳥板蓋宮跡」（飛鳥京跡、奈良県高市《たかいち》郡明日香村岡）の一帯に比定する説が有力である。ここでは、一九五九年以降、継続的に発掘が行われ、大きく三層に分かれる掘立柱の建築群を確認しているが、年代的に、そのうちのII期（中層）の宮殿遺構が板蓋宮に該当するものとみられる。調査では、東西一九三メートル、南北一九八メートル以上の方形の中心区画の存在が明らかになっており、天皇の私的空間と公的な儀礼空間を包括した区画と推定される。→飛鳥岡本宮《あすかおかもとのみや》　→飛鳥川原宮《あすかかわらのみや》　→飛鳥浄御原宮《あすかきよみはらのみや》　→後飛鳥岡本宮《のちのあすかおかもとのみや》

[参考文献] 奈良県教育委員会『飛鳥京跡』一・二、一九七一・八〇。林部均『古代宮都形成過程の研究』、二〇〇一、青木書店。小澤毅『日本古代宮都構造の研究』、二〇〇三、青木書店。

（小澤　毅）

飛鳥板蓋宮　東南郭正殿の発掘

あすかいなぶちきゅうでんあと　飛鳥稲淵宮殿跡　奈良県高市《たかいち》郡明日香村稲淵に所在する宮殿遺跡。飛鳥川西岸

の狭い平坦面に位置し、稲淵川西《かわにし》遺跡とも呼ばれる。国史跡。一九七六年(昭和五十一)から翌年の発掘で、正殿《せいでん》・後殿《こうでん》と二棟の東脇殿《わきでん》が確認された。いずれも、布掘り工法を多用した掘立柱建物で、西側にも、左右対称となるように脇殿が配されていたとみられる。また、これらに囲まれた空間は、全面に玉石敷の舗装が行われている。出土土器からみて、七世紀中ごろにつくられ、ほどなく廃絶したらしい。ちなみに、六五三年(白雉四)に中大兄皇子は、難波長柄豊碕宮《なにわながらとよさきのみや》に孝徳天皇を残したまま、皇祖《すめみおや》母尊《のみこと》(皇極)や間人《はしひと》皇后とともに飛鳥河辺行宮《かわべのかりみや》に入っており、本遺跡は、その有力な候補とされる。ただ、当時、飛鳥と呼ばれた地域とは隔たりがあり、島宮《しまのみや》をはじめとする皇子宮の一つであった可能性も想定されよう。飛鳥河辺行宮については、飛鳥川原宮《かわらのみや》と同一とみる説もある。↓飛鳥川原宮《あすかかわらのみや》

参考文献　奈良国立文化財研究所『飛鳥・藤原宮発掘調査概報』七、一九七七。狩野久・木下正史『飛鳥藤原の都』、一九八五、岩波書店。　(小澤　毅)

あすかおかもとのみや　飛鳥岡本宮　舒明天皇の宮。以後、「飛鳥」を冠した宮殿が集中する端緒となった。岡本宮という名称は、飛鳥岡のほとりに営まれたことによる。舒明天皇は六三〇年(舒明天皇二)十月、この宮に遷るが、六三六年六月には火災に遭い、田中宮《たなかのみや》に遷った。したがって、飛鳥岡本宮は六年に満たない短命に終わり、舒明はその後、各地を転々とすることになる。この宮の所在については、飛鳥板蓋宮《あすかいたぶきのみや》と同地とする『扶桑略記《ふそうりゃっき》』の記載があるが、宮号の由来となった飛鳥岡は、岡《おか》寺(竜蓋寺《りゅうがいじ》)が建つ山塊に比定でき、その西麓の国史跡「伝飛鳥板蓋宮跡」(飛鳥京跡、奈良県高市《たかいち》郡明日香村岡)では、重複した宮殿遺構が確認されている。よって、このうち最も古いI期(下層)の建物群が岡本宮に相当する可能性が高い。それらは、北で西に振れる方位をもち、明瞭な火災痕跡を有するが、いまだ断片的な把握にとどまっている。↓飛鳥板蓋宮《あすかいたぶきのみや》　↓飛鳥浄御原宮《あすかきよみはらのみや》　↓後飛鳥岡本宮《のちのあすかおかもとのみや》

参考文献　奈良県教育委員会『飛鳥京跡』一・二、一九七一・八〇。小澤毅『日本古代宮都構造の研究』、二〇〇三、青木書店。　(小澤　毅)

あすかかわらのみや　飛鳥川原宮　斉明天皇の宮。六五五年(斉明天皇元)正月、飛鳥板蓋宮《あすかいたぶきのみや》に重祚《ちょうそ》した斉明天皇は、同宮がその年の冬に焼失したため、飛鳥川原宮に遷居する。翌六五六年には、早くも後飛鳥岡本宮《のちのあすかおかもとのみや》を造営してそこに遷っているので、既存施設を利用した臨時の宮殿であろう。飛鳥川西岸の国史跡「川原寺跡《かわはらでら》」(奈良県高《たか》市《いち》郡明日香村川原《かわはら》)では、川原寺(弘福寺《ぐふくじ》)の遺構の下層で石組みの暗渠《あんきょ》や溝が検出され、飛鳥川原宮にかかわるものと推定されている。この場所は、飛鳥板蓋宮や後飛鳥岡本宮が位置した国史跡「伝飛鳥板蓋宮跡」から、飛鳥川を隔てた対岸にあたる。ちなみに、六六一年に死去した斉明の殯《もがり》は、飛鳥川原で行われており、その後、川原宮の跡地に川原寺を創建したとみるのが有力である。なお、六五三年(白雉四)にみえる飛鳥河辺行宮《あすかかわべのかりみや》を川原宮と同一とする考えもある。↓飛鳥板蓋宮《あすかいたぶきのみや》　↓後飛鳥岡本宮《のちのあすかおかもとのみや》

参考文献　奈良国立文化財研究所『川原寺発掘調査報告』、一九六〇。大脇潔『飛鳥の寺』、一九八九、保育社。　(小澤　毅)

あすかきょう　飛鳥京　⇩飛鳥浄御原宮《あすかきよみはらのみや》

あすかきょうえんちいこう　飛鳥京苑池遺構　奈良県高市郡明日香村岡にある庭園遺跡で、飛鳥京跡と呼ばれる宮殿遺跡の付随施設。一九九九年(平成十一)の発掘調査でその所在が確認された。飛鳥川の河岸段丘面に立地し、規模は南北二八〇メートル以上、東西一〇〇メートル以上と推定。南北二つの池とその間の渡堤、北池から派生する水路などで構成される。両池の平面は不整四角形で、形状がやや異なるが、ともに石積み護岸、敷石を備えた人工的な造形を特徴とする。南池には石造物を組み合わせた流水施設や曲線を基調とする中島を構築している。水路からは木簡が約百三十点出土しており、その内容には造酒、薬草名、薬品の処方など苑池の職能に関する記載がみられ興味深い。七世紀後半には完成しており、飛鳥京跡第III期遺構に対応する。遷都後も九世紀初頭まで機能していた。規模・構造の点で飛鳥地域の庭園遺跡を代表するので、二〇〇三年、国史跡・名勝に指定されている。

参考文献　奈良県立橿原考古学研究所編『飛鳥京跡苑池遺構調査概報』、二〇〇二。　(卜部　行弘)

あすかきよみはらのみや　飛鳥浄御原宮　天武・持統両天皇の宮。六九四年(持統天皇八)に藤原宮へ遷るまで用いられた。これに先だち六五六年(斉明天皇二)に造営された後飛鳥岡本宮《のちのあすかおかもとのみや》は、少なくとも六七二年(天武天皇元)の壬申の乱ののちまで存続したが、同年、その南に宮室が造営される。そして翌六七三年二月、天武は飛鳥浄御原宮に即位した。この宮号は、天武死去直前の六八六年(朱鳥元)七月にようやく命名されたもので、しかも地名によらない嘉号《かごう》であった。その間、天武紀には「新宮」「旧宮」の語がしばしば登場するが、「旧宮安殿の庭」が「新宮の西庁」「新宮の井」の後までみえることから、両者は同時に併存したこと、つまり平面的に分離していたことがうかがえる。おそらく「旧宮」は後岡本宮以来の中核部分を指し、「新宮」は天武朝に新設した部分を指すのであろう。よって飛鳥浄御原宮は、当時健在であった後飛鳥岡本宮を継承し、それを拡充・整備した宮殿と推定される。天武初年の造営から遷居までの期間がきわめて短く、かつ命名が遅延した末に特殊な宮号が定められたのは、こうした成立の経緯にかかわる可能性が高い。なお、この宮に関しては、大極殿、大安殿、外安殿、内安殿、向小殿をはじめとする数多くの殿舎名が記され、天武朝の官制の整備に対応した構造をそなえていたことがわかる。大極殿は、皇極朝の飛鳥板蓋宮《あすかいたぶきのみや》に関してみえるのが初出だが、潤色の疑いが強く、本例をもって確実な初例とするべきだろう。浄御原宮の所在については、

飛鳥寺(法興寺)と同じく「真神《まがみ》の原」に位置したことが知られ、同寺北方の石神《いしがみ》遺跡周辺(奈良県高市《たかいち》郡明日香村飛鳥)に求めるのがかつての通説であった。しかし、その後の発掘調査で、石神遺跡の性格は饗宴施設や客館《きゃっかん》(斉明朝)あるいは官衙《かんが》(天武朝)と判明する。一方、飛鳥寺南方の国史跡「伝飛鳥板蓋宮跡」(飛鳥京跡、奈良県高市郡明日香村岡《おか》)では、三層の宮殿遺構が重複し、そのうちIII期(上層)の遺構が、年代的に後飛鳥岡本宮と飛鳥浄御原宮に相当することが明らかとなった。また、この両宮の東には山が存在したことがみえ、飛鳥岡本宮《あすかおかもとのみや》の宮号の由来となった飛鳥岡にあたると考えられるが、そこに石を重ねて垣をつくったという記事(斉明天皇二年是歳条)に該当する版築《はんちく》土塁も、近年この遺跡の東側で確認されている(酒船《さかふね》石遺跡)。出土木簡の年紀および記載内容とあわせて、「伝飛鳥板蓋宮跡」III期遺構がこれらの宮に該当することは確実といえよう。遺構の状況から、III期はA・Bの二小期に区分できるので、III—A期=後飛鳥岡本宮、III—B期=飛鳥浄御原宮と考定される。ちなみに、II期遺構は飛鳥板蓋宮、I期遺構は飛鳥岡本宮にあてることができ、宮号に「飛鳥」を冠する宮殿は、ほぼ同地に重層的に営まれたことになる。発掘調査で判明した浄御原宮(III—B期)の構造は、東西一五二〜一五八メートルの内郭と、南北五五メートルの東南郭その南東に位置する東西九四メートル、南北五五メートルの東南郭(「エビノコ郭」)を中心とし、これを広大な外郭が取り囲む。内郭は後岡本宮以来の中核部分で、北側四分の三を占める玉石敷の空間と南側四分の一の砂利敷の空間からなり、それぞれに正殿とよびうる殿舎をそなえていた。浄御原宮段階では、内裏としての機能を果たしたらしい。一方、東南郭は天武朝の新設とみられる区画で、内郭中軸線の東に位置するのは、飛鳥川の河谷による制約を受けたためであろう。この正殿は九×五間の規模をもち、天武紀にみえる大極殿にあたる可能性が高い。外郭は、その多くが官衙域と推定されるが、内郭の北西では、大規模な苑池《えんち》も確認されている。ただ、構造的には、孝徳朝の難波長柄豊碕宮《なにわながらとよさきのみや》と推定される前期難波宮《なにわのみや》と異なる部分が多く、とくに朝堂《ちょうどう》や朝庭《ちょうてい》部分の相違は著しい。したがって、難波長柄豊碕宮から藤原宮へ至る宮都の系列のなかにどう位置づけるか、また、史料にみえる殿舎と発掘遺構をどう関係づけるかが課題となっている。↓飛《あ》鳥板蓋宮《すかいたぶきのみや》　↓飛鳥岡本宮《あすかおかもとのみや》　↓後飛鳥岡本宮《のちのあすかおかもとのみや》

参考文献　奈良県教育委員会『飛鳥京跡』一・二、一九七一・八〇。岸俊男『日本古代宮都の研究』、一九八八、岩波書店。今泉隆雄『古代宮都の研究』、一九九三、吉川弘文館。林部均『古代宮都形成過程の研究』、二〇〇一、青木書店。小澤毅『日本古代宮都構造の研究』、二〇〇三、青木書店。

(小澤　毅)

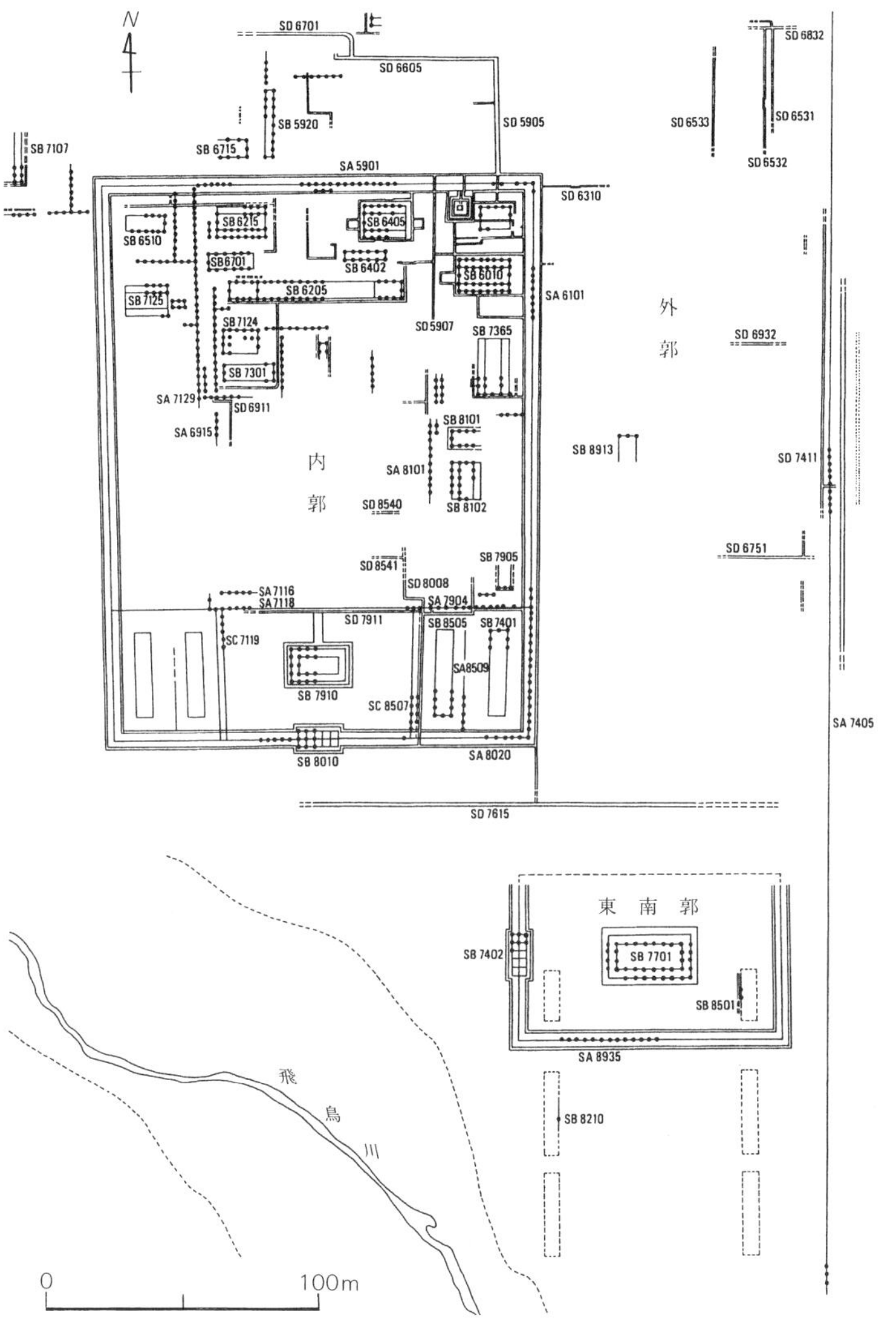

飛鳥浄御原宮遺構図

あすかじだい　飛鳥時代　政権所在地に基づく時代区分の最初で、奈良盆地南部の飛鳥の地に都があった時代をいう。五九二年推古天皇の豊浦宮《とゆらのみや》即位から、七一〇年(和銅三)平城京遷都までをさすことが多いが、六九四年(持統天皇八)には日本最初の都城である藤原京に遷都しているので、それ以降は藤原京時代と命名してもよいと思われる。ただし、一時期孝徳朝に難波宮《なにわのみや》、天智朝に近江大津宮へ遷都していたこともある。それまで各大王ごとにかなり変動があった王宮所在地が約一世紀の間飛鳥地域に固定され、首都として整備されるとともに、中国の隋・唐にならった中央集権的律令国家の建設に進む時

代であった。飛鳥地域はそもそも東漢氏《やまとのあやうじ》や蘇我《そが》氏の手で開発が進められており、推古朝では蘇我系の大王である推古女帝の下、大臣蘇我馬子《うまこ》と蘇我系の王族厩戸《うまやと》皇子が政治を輔けた。六〇〇年（推古天皇八）の遣隋使《けんずいし》により、六世紀代に部民《べみん》制・屯倉《みやけ》制・国造《くにのみやつこ》制などに基づく独自の国家体制確立に努めてきた成果が必ずしも評価されず、中国との懸隔が大きいことに気づいた倭国は、国制改革に乗り出す。六〇三年冠位十二階の施行、六〇四年憲法十七条の作成、その他礼式の整備も行い、宮廷の組織化を図った。冠位は個人に与えられ、昇叙も可能であったから、出身氏族や伝統的職務に基づくカバネにとらわれず、才用に応じた人材の登用と官僚機構の構築を目ざしたものであり、実際に部民制に基づく朝廷の職務分担を官司として整備しようとしている。しかし、蘇我本宗家は冠位授与の対象外で、国政における馬子の権勢は強大であった。推古天皇の死後、舒明天皇即位に際しては、推古天皇の遺詔とともに、馬子の子蝦夷《えみし》を中心とする群臣の意向が次期大王位決定に不可欠であったことが窺われる。その舒明天皇は宮室を飛鳥の北方の百済宮《くだらのみや》に移し、蘇我氏の氏寺で国家的役割も有する飛鳥寺《あすかでら》よりも巨大な百済大寺《くだらおおでら》（奈良県桜井市吉備池廃寺《きびいけはいじ》）を建立し、蘇我氏から自立を図ったようだが、遷居後すぐに死去してしまう。舒明天皇の皇后である皇極女帝即位後には蘇我蝦夷・入鹿《いるか》父子が権勢を誇り、六四三年（皇極天皇二）厩戸皇子の子山背大兄王《やましろのおおえのおう》らの上宮王《じょうぐうおう》家を討滅する事件が起こる。入鹿は朝鮮三国の抗争激化・唐の興起という東アジア情勢の激動の中で、蘇我氏を中心とする王権の専制化を構想したようである。しかし、六四五年（大化元）乙《いっ》巳《し》の変で蘇我本宗家は滅亡し、皇極から弟の孝徳に史上初の譲位が行われ、大王家の意志による王位継承が可能になった。孝徳朝では大王家を中心とする国制整備が行われたが、「大化改新」と称される改革の実態は、必ずしも中国的な律令国家構築に直結するものではなく、推古朝以来の宮廷の組織化を大王家の手で行おうとしたものであった。孝徳朝には難波遷都が行われているが、これは飛鳥での国制改変が難しかったことを示していよう。皇極天皇が重祚した斉明朝では飛鳥に還都し、「狂心渠《たぶれごころのみぞ》」と非難された石組溝、後岡本宮《のちのおかもとのみや》の東の山上の石垣、田身嶺（多武嶺《とうのみね》）上の両槻宮《ふたつきのみや》造営、漏刻《ろうこく》（水落《みずおち》遺跡）や石上池《いそのかみいけ》（石《いし》神《がみ》遺跡）による飛鳥寺の西の地域の荘厳化など、大王家による飛鳥の整備が実施された。酒船石《さかふねいし》北遺跡の亀形石の広場もその一環と推定される。また阿倍比羅夫《あべのひらふ》による北方遠征も行われ、蝦夷世界への版図拡大も図られた。ところが、六六〇年（斉明天皇七）百済が滅亡し、百済救援の出兵、六六三年（天智天皇二）白村江の敗戦によって、倭国は中央集権的律令国家建設の必要性を痛感し、天智朝には近江大津宮に遷都して、その方向に踏み出すが、依然蘇我氏などの中央豪族の力は強く、六七二年（天武天皇元）壬申の乱で近江朝廷によった彼らの権勢を打破し、「神」と謳われた天武天皇の下で律令体制構築に進むことになる。天武天皇は後岡本宮の地に飛鳥浄御原宮《あすかきよみはらのみや》を築き、部民制廃止・豪族の官僚化、律令の編纂、風俗の唐風化などを進めるが、首都としての飛鳥は手狭になり、中国風の都城建設をめざして、六八〇年代には藤原京造営計画が進められ、飛鳥時代は終幕を迎える。

参考文献　井上光貞・門脇禎二編『古代を考える飛鳥』、一九六七、吉川弘文館。森公章編『倭国から日本へ』（『日本の時代史』三、二〇〇二、吉川弘文館）。

（森　公章）

あすかしりょうかん　飛鳥資料館　奈良県高市郡明日香村奥山にある歴史系の博物館。明日香地域の遺跡や景観の保存を求める考えの中から、歴史系博物館の必要性が唱えられ、奈良国立文化財研究所の一部局として一九七五年（昭和五十）三月十六日に開館した。その後一九九四年（平成六）の増改築を経て、現在常設展示室二室、特別展示室一室、屋外展示で構成される。飛鳥地方と飛鳥時代を対象とした展示を行なっており、第一展示室では万葉集・宮都・石造物・古墳・寺院の各項目について、発掘調査成果を中心に展示している。第二展示室では山田寺からの出土品を展示するとともに、保存処理を施した東回廊の出土建築部材を組み立てて展示している。屋外には石人像・須弥山石・亀石・酒船石・猿石の複製品を展示し、一部は通水して当時の状態を復元している。特別展示室では、春秋二回の特別展示を行うとともに、随時企画展示を行なっている。

参考文献　奈良国立文化財研究所飛鳥資料館編『飛鳥資料館案内』、一九九九。

（杉山　洋）

あすかでら　飛鳥寺　奈良県高市郡明日香村飛鳥に存した飛鳥時代の寺院。遺跡は国指定史跡。日本で最初の本格的寺院で、法興寺《ほうこうじ》、大法興寺、元興寺《がんごうじ》とも号し、平城京の元興寺に対して本元《もと》興寺と呼ぶ。『日本書紀』によると、五八七年物部守屋《もののべのもりや》討滅時に蘇我馬子《そがのうまこ》が創建を発願し、五八八年百済から仏舎利、僧侶や寺工・鑪盤博士・瓦博士・画工らが来日して、飛鳥衣縫造《あすかのきぬぬいのみやつこ》の祖樹葉《このは》の家を寺地に選定し飛鳥真神原《まかみのはら》で造営が始まった。五九〇年山で寺材を取り、五九二年仏堂・歩廊を起工し、五九三年（推古天皇元）仏舎利を刹柱礎中に置き刹柱を立てたといい、この時蘇我馬子らは百済服を着して列席したとある（『扶桑略記』）。五九六年には高句麗僧慧慈《えじ》・百済僧慧聡《えそう》が飛鳥寺に居住し、馬子の子徳善《とくぜん》が寺司になったというので、このころには寺容が整っていたと考えられる。六〇五年には推古天皇と諸臣が共同で銅・繡の丈六仏像各一軀を発願し、この時高句麗王が黄金三百両を貢上したとみえる。翌年（『元興寺伽藍縁起』によると六〇九年）鞍作鳥《くらつくりのとり》（止利仏師）作の丈六銅像を金堂に安置した。飛鳥寺は一九五六年（昭和三十一）・五七年に発掘調査が行われ、塔を中にして北と東と西に金堂を配し、塔前の中門の左右から回廊が出て塔と三金堂を囲み、中門の前に南大門、回廊の北に講堂、回廊の西に西大門があるという中心伽藍の様相が判明しており、大門に続く外郭の築地が存した。この一塔三金堂形式の伽藍配置は、高句麗また百済にもその存在の可能性が指摘されており、文献史料が語る造営経緯との相関を窺わせる。現在新義真言宗の安居《あんご》院《いん》が所在する場所が中金堂跡地で、本尊の丈六銅造釈迦如来坐像(飛鳥大仏、重要文化財)は一一九六年(建久七)の雷火で破損、僅かに頭と手の一部が原形を留めているにすぎないが、旧位置の石座で安居院の本堂に残っている。東西金堂は上下二段の基壇で、下成基壇の上面に小礎石が並んでいるのは、高句麗・百済の寺院に類例があり、半島伝来の工法によることを示す。塔跡の地下の心礎の上面中央には舎利を納める方孔を穿ち、もとは石蓋があった。建久の火災後に再埋納された舎利や玉類・金環・金銀延板・金銅飾金具と鈴・銅馬鈴・鉄挂甲《けいこう》などが心礎上から発見され、古墳の副葬品と共通する内容から、従来の古墳造営に代わる豪族の権威を示すための造寺という見方が呈されている。当初の軒丸瓦の文様は百済の瓦と酷似しており、飛鳥寺東南の丘陵の飛鳥寺瓦窯跡は丘陵斜面をくり抜いて作った地下式有階有段登窯で、全長一〇《メートル》余、焼成室には二十の段が存し、百済の瓦窯と同形式とされ、百済工人の指導で創建瓦を焼成したのであろう。その他、飛鳥寺東南に存する飛鳥池《あすかいけ》遺跡で検出された工房跡も飛鳥寺の荘厳具を作製していたとする見方が示されている。飛鳥寺は首都飛鳥の中心に存し、寺の西の槻樹の広場は六四五年(皇極天皇四)の乙巳《いっし》の変で蘇我本宗家を滅ぼした中大兄《なかのおおえ》皇子と中臣鎌足《なかとみのかまたり》が出会ったという蹴鞠が行われるなど、国家的行事の場として機能した。六二四年飛鳥寺に居住する百済僧観勒《かんろく》が僧正に就任し、僧都は鞍部徳積《くらつくりのとくしゃく》、法頭は阿曇連《あずみのむらじ》某と、いずれも蘇我氏に関係の深い人物であり、また奈良時代までの受戒の場は飛鳥寺に限られていたので(『西琳寺文永注記《さいりんじぶんえいちゅうき》』)、この仏教機関は飛鳥寺に置かれたことが窺われる。飛鳥寺は蘇我氏の氏寺であるとともに、蘇我氏主導の仏教興隆の中心として、国家的役割も担っていたのである。乙巳の変後も六七一年(天智天皇十)天智天皇の病気平癒のため袈裟・金鉢や珍財を仏前に奉り、六七七年(天武天皇六)飛鳥寺の一切経会《いっさいきょうえ》に天皇が礼拝したという。六八〇年飛鳥寺は官司の治めるところではないが、先例や功績もあり、特に官治の扱いとすると定め、天武天皇の病気平癒や冥福祈願などの法会も行われた。また入唐僧道昭《どうしょう》が寺地東南隅に禅院を造って住した。七一八年(養老二)元興寺は平城京に移転したが、金堂・塔などは旧地に残し、一部の建物のみを移したらしい。→元興寺《がんごうじ》

[参考文献] 奈良国立文化財研究所編『飛鳥寺発掘調査報告』、一九五八。福山敏男『日本建築史研究』、一九六八、墨水書房。水野柳太郎『日本古代の寺院と史料』、一九九三、吉川弘文館。吉川真司「飛鳥池木簡の再検討」(『木簡研究』二三、二〇〇一)。

(森　公章)

あすかとゆらのみや　飛鳥豊浦宮　⇩豊浦宮《とゆらのみや》

あすかみずおちいせき　飛鳥水落遺跡　奈良県高市郡明日香村字水落に所在する飛鳥時代の水時計と水時計台の遺跡。飛鳥盆地の南北の中央で、日本最初の本格的寺院飛鳥寺の西方約八〇《メートル》、甘樫丘をすぐ西に見上げる飛鳥川右岸の川岸に立地。一九七二年(昭和四十七)、民家新築計画に伴う事前発掘によって「楼閣状の高殿遺構」が発見され、一九七六年国史跡に指定される。史跡整備に伴い、一九八一年から全面発掘を行い、遺跡の規模、構造、性格が判明。発見遺構は楼状建物と、建物と一体で設けられた水利用の諸施設、楼状建物の周囲に建つ四棟以上の掘立柱建物、掘立柱塀、建物周囲の石敷などである。建物群は飛鳥の宮殿建築の中でも一級の規模、内容をもつ。楼状建物は一辺一〇・九五《メートル》の四間四方の正方形平面で、中央を除き計二十四本の柱を立てる総柱様建物。柱は基壇面下約一《メートル》に据えた礎石上面にあけた径約四〇《センチ》、深さ約一三《センチ》の円形凹座に、基部を挿し込み、周囲に版築による基壇土を盛り上げて埋立てる。各礎石は、その間や外側に大石を並べる「地中梁工法」と呼べる特異な工法によって堅固に基礎固めされている。造営精度も非常に高く、建物が特殊な機能のものであることを窺わせる。基壇周囲は、〇・六～一《メートル》大の花崗岩自然石を用いた溝状の方形貼石構造物で化粧される。建物の中心で、基壇の半地下には、大きな花崗岩切石を台石にして大小二つの黒漆塗木箱が据えられている。大型木箱は、内法で南北長一・四《メートル》、東西幅〇・六《メートル》。上部は建物床面上に開口し、深さは〇・九《メートル》ほどと推定できる。小型木箱は内法一辺三七《センチ》で、大型木箱内の北寄りに入子状に納まり、その中心が建物の中心にピタリと合うように据えられている。基壇中には、東から建物の中央に導水する木樋暗渠が埋設してあり、大型木箱の手前に、木樋内の流水を塞き止める桝状施設がある。桝状施設を操作して導水用木樋内の上流に水を溜め、桝の上流一・八《メートル》にある先端を木樋内に挿入したラッパ状銅管によって、導水元との水位差を利用して樋内の水を建物内に揚水する仕掛けになっている。揚水後の余水は、桝状施設から大型木箱を迂

飛鳥水落遺跡全景（東より）

回して北へ延び、北辺貼石構造物の下を抜ける木樋によって石神遺跡へと導かれる。大型木箱の西辺南寄りには開閉可能な排水口があり、この排水口に別の木樋暗渠が取りつき、木箱からの排水を受けて西辺貼石構造物の下を抜けて流出するようになっている。大型木箱の西約一・二メートルの位置には、北へ真っすぐに延びる径〇・九センチの細い銅管が基壇内に埋設してある。北に続く石神遺跡に水を使う、たとえば噴水などの施設があって、そこへ導水する通水管と考えられる。遺構の年代は出土土器から七世紀第Ⅲ四半期の早い時期に造られ使用されたものと判断できる。以上を総合的に判断して、この遺構は『日本書紀』斉明天皇六年(六六〇)五月条に「皇太子(中大兄皇子)初造漏刻使民知時」とみえる、水時計と水時計台跡と判断できる。楼状建物の中心にある小型木箱を、時刻目盛を刻んだ「刻箭」を浮かべる受水槽(箭壺)、楼状建物の上階に飛鳥の京に時刻を報時する鐘や鼓が設置されたと考えるのである。水時計台や掘立柱建物群は南北六五メートル、東西推定約八〇メートルの一郭を構成したようで、時刻、暦、天文、占などの仕事を合わせ行う律令制下の陰陽寮にあたるものがすでに成立していた可能性が高い。とすれば、斉明天皇の後飛鳥岡本宮から離れた場所に官衙施設が所在したことになり、飛鳥の宮殿構造を理解する上でも重要な意義をもつ。斉明紀や天武紀などにたびたび登場してくる「飛鳥寺の西」での蝦夷、隼人などに対する服属・饗宴儀礼との関わりも注目される。水落遺跡の北に続く石神遺跡は、そうした服属・饗宴儀礼施設であり、両遺跡間には密接な関係がある。時の支配を象徴する水時計台と服属儀礼施設とを一体的に造った背景には、明確な政治改革の理念があったはずである。また、大規模、精緻な建設工事の様子は、斉明朝の飛鳥の都づくりが画期的な内容で行われたことを窺わせる。都づくりの本格化は飛鳥に「京」が成立したことと深く関わり、水時計台もまた、京内官人に宮殿・官衙への出退の刻限を報せる目的で建設されたものである。→石神遺跡《いしがみいせき》 →漏刻《ろうこく》

参考文献 狩野久・木下正史『飛鳥藤原の都』(『古代日本を発掘する』一、一九八五、岩波書店)。木下正史『飛鳥・藤原の都を掘る』、一九九三、吉川弘文館。奈良国立文化財研究所『飛鳥・藤原宮発掘調査報告―飛鳥水落遺跡の調査―』四、一九九五。木下正史「古代の水時計と時刻制」(高岡市万葉歴史館編『時の万葉集』所収、二〇〇一、笠間書院)。

(木下 正史)

あずさゆみ　梓弓　梓の材で製作された弓。主に奈良時代に大量に生産され、武器以外に祭料として用いられた。天皇の御弓の奏の儀や伊勢神宮の神宝にも用いられている。梓弓の製作技法については『延喜式』兵庫寮に詳しい。梓の材については諸説あるがヨグソミネバリの可能性が高い。特に信濃国から献上されていることから、梓川流域の原木が使用されたと考えられる。『東大寺献物帳』に「梓御弓八十四張」とあり、現在正倉院に三張残されている。『万葉集』には「ひく」「はる」「おと」「すえ」「よら」などにかかる枕詞として用いられている。九世紀中ごろには宮中の神楽の採物として梓弓が用いられ、謡曲「葵上」では梓弓を呪具とする巫女が登場し、江戸時代の梓巫女も呪具の(梓)弓からきた名称である。平安時代に合成弓が出現すると消えていった。法隆寺や春日大社・壺井八幡宮に現存しているが、材は不明であり名称のみ残って材は古来からの梓でない可能性もある。

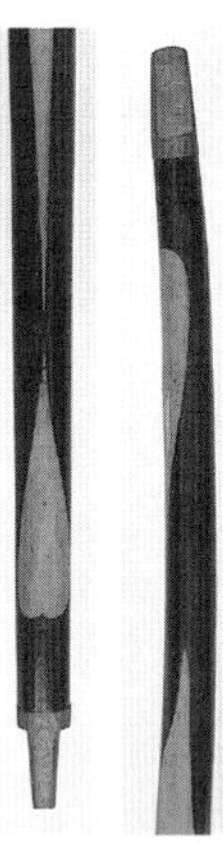

弓

梓

参考文献 西宮秀紀「信濃国と梓弓」(塚本学先生退官記念論文集刊行会編『古代・中世の信濃社会』所収、一九九二、銀河書房)。

(西宮 秀紀)

あずちももやまじだい　安土桃山時代　織田信長が中央政権において代表的な権力者であった時期を安土時代と呼ぶ。それに続く豊臣秀吉が代表的権力者であった時期を桃山時代と呼ぶ。安土桃山時代はこれらの総称である。織豊時代とも称する。織田信長が安土城を本拠地としたのは一五七六年(天正四)のことであるが、安土時代の開始は、信長が上洛した一五六八年(永禄十一)、あるいは信長によって足利義昭が追放され室町幕府が滅亡した一五七三年(天正元)とするのが一般的である。一五八二年の本能寺の変を画期に桃山時代へと移行し、秀吉の没年である一五九八年(慶長三)、あるいは関ヶ原の戦によって徳川家康の政権が確立した一六〇〇年が桃山時代の終わりとされる。

参考文献 永原慶二『日本封建社会論(新装版)』、二〇〇一、東京大学出版会。朝尾直弘『将軍権力の創出』(『朝尾直弘著作集』三、二〇〇四、岩波書店)。

(小林 信也)

あずまかがみ　吾妻鏡　一一八〇年(治承四)源頼朝《みなもとのよりとも》の挙兵から一二六六年(文永三)将軍宗尊親王《むねたかしんのう》の京都送還までを描いた鎌倉幕府の歴史書。途中十年分の欠巻を含む。編者は明らかではないが、執権北条《しっけんほうじょう》氏一族の金沢《かねざわ》氏や問《もん》注所執事《ちゅうじょしつじ》大田《おおた》氏の周辺で十四世紀初頭に製作されたと考えられている。現在に伝わるテキストは宗尊親王までの歴代将軍記により構成されているが、その後の将軍記も編纂が進められたか否かは不明であり、欠巻の問題も含めて未完成の可能性も指摘されている。政所《まんどころ》や問注所に残された記録、御家人《ごけにん》の家や寺社に伝来した文書、貴族の日記などを材料に、将軍周辺の出来事が吾妻鏡体《あずまかがみたい》と呼ばれる和風漢文で日記風に叙述されている。鎌倉幕府や鎌倉時代史研究の基本史料であるが、編纂に伴う記事の錯簡や執権北条氏寄りの政治的立場からする曲筆がままみられ、その利用にあたっては慎重な史料批判が必要である。『(新訂増補)国史大系』所収。

参考文献 五味文彦『(増補)吾妻鏡の方法』、二〇〇〇、吉川弘文館。五味文彦・井上聡「吾妻鏡」(皆川完一・山本信吉編『国史大系書目解題』下所収、二〇〇一、吉川弘

文館)。　（髙橋　典幸）

あぜくら　校倉　断面ほぼ三角形の材(校木《あぜき》)を積み重ねた井籠組《せいろうぐみ》の外壁を有する倉。束柱《つかばしら》の頂部を頭貫《かしらぬき》で繋ぎ、台輪《だいわ》を乗せた上に梁行と桁行の校木を交互に積み重ねて壁体とし、屋根は寄棟造を通例とする。壁体一組を一棟とする単倉の形式と、中の間を挾んだ二組の壁体を一連の屋根で覆った双倉《ならびぐら》の形式がある。一般に高床式とするが、平安時代後期の『信貴山縁起絵巻』には平地式の校倉を描く。校倉の名称は、丸木倉や板倉と区別して立派な倉を意味した甲倉《こうぐら》に由来し、平安時代から甲と音読みが同じ校の字が充てられた。漢代の家形銅器や高句麗の壁画古墳などから丸木倉形式の単倉や双倉の存在が知られ、わが国に影響を及ぼしたと考えられる。校木を使用した独自の形式は、平城宮跡出土転用古材から奈良時代初期には確立していたと考えられる。現存する古代の校倉には、東大寺旧境内に正倉院正倉・本坊経庫・勧進所経庫・法華堂経庫・手向山神社宝庫の五棟が、唐招提寺に宝蔵および経蔵、教王護国寺に宝蔵がある。正倉院正倉は七五六年(天平勝宝八)前後の建立当初から双倉の形式であり、古記録などから知られる奈良時代の校倉として最大の規模をもつ。目の通った長大な木材を大量に必要としたためか校倉の造営は次第に衰えるが、中世以降も組物の使用、入母屋造の屋根など一般建築の構成要素を採り入れながら命脈を保っている。特に近世初頭には京の大社における復古的な造営が行われ、久能山や日光における幕府の造営においては軸組構造の壁に校木を採り入れた化粧校木倉が生み出された。近代にはわが国の伝統を踏まえた近代建築の表現方法として、校倉の意匠を採り入れたコンクリート造建築が宝物殿などとして盛んに建設され、近代建築の一つのスタイルとなった。

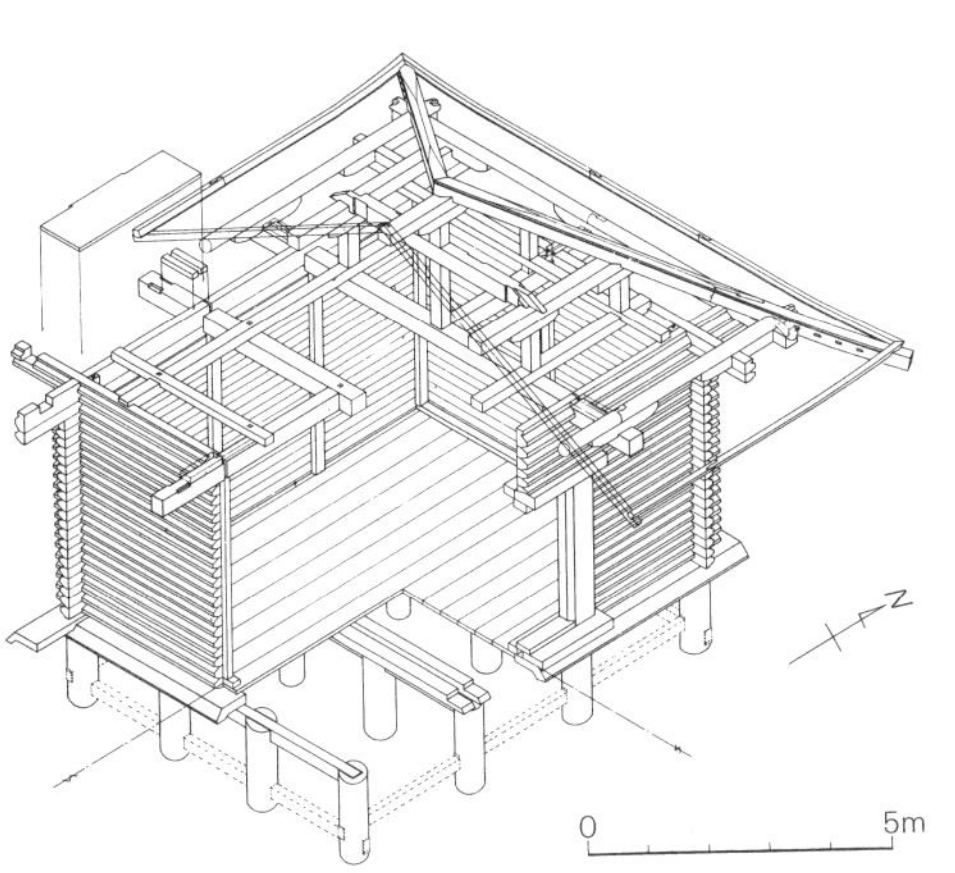

校　倉（東大寺勧進所経庫）

参考文献　清水真一『校倉』(『日本の美術』四一九、二〇〇一、至文堂)。　（清水　真一）

あそしはまごしょあと　阿蘇氏浜御所跡　肥後国にあった中世の阿蘇氏の居館の一つ。熊本県上益城郡山都《やまと》町矢部の県立矢部高等学校の敷地にある。一九七四年(昭和四十九)県文化課の発掘調査で、伝承どおりの館の遺構が数百年ぶりに見つかり話題となった。この調査で桁行七間、梁間四間の屋敷のほか、数棟分の家屋の礎石や庭園などが、火災に遭い倒壊したままの状態で発見された。また焼土中から燈明皿・青磁器・天目茶碗・水甕などの陶磁器類と中国の銭貨などが見つかった。さらに庭園の池のほとりに掘られた二つの穴から、館の最後の日に阿蘇氏が隠しておいたと思われる二十一点の宝物類が見つかった。第一の穴から黄金延べ板一個、玻璃製坏三個、白磁置物二個、第二の穴から三彩鳥形水注二対、緑釉陰刻牡丹文水注一対、染付牡丹唐草文瓶一対、青磁盒子一対が見つかった。中国明時代の十六世紀ごろ福建省か広東省付近で作られたもの。出土品は、一九七五年(昭和五十)に重要文化財に一括指定された。

参考文献　熊本県教育委員会『浜の館』(『熊本県文化財調査報告』二一、一九七七)。　（隈　昭志）

あそじんじゃ　阿蘇神社　熊本県阿蘇市宮地にある阿蘇開発の祖神健磐竜命《たけいわたつのみこと》をはじめ十二柱の神々を祀る由緒ある古社で、古くは肥後国一宮と称した。社伝によれば速《はや》瓶玉命《みかたまのみこと》が孝霊天皇の勅をうけて創建したといわれ、健磐竜命・阿蘇都媛命《あそつひめのみこと》と両者の子速瓶玉命の三神が重く祀られてきた。これらの神々の陵墳とされる古墳が神社の北方三《キロ》にある中通《なかどおり》古墳群(県指定史跡)とされる。前方後円墳二基の一つ長目塚《ながめづか》古墳は県では最大級で墳長一一・五《メートル》、四世紀後半の古墳である。古代豪族と古墳が結合する例はきわめて貴重である。大昔、大きな湖であったという阿蘇谷の水を熊本平野に落として美田を開き、農耕の道を教えたのが健磐竜命で、農耕の神として厚く尊敬され、県下には阿蘇の神を祀った分社、末社が約四十もある。境内は約三万三〇〇〇平方《メートル》あり、社殿はたびたび火災で焼失したが、現在の神殿・楼門は一八三五年(天保六)から十六年をかけて藩主細川氏によって再建されたものである。総ケヤキの白木造り、とりわけ楼門は神社建築には珍しい二層屋根で見事な彫刻が施された豪壮な建築。三神殿の結構配置は皇居の制に倣ったとも伝えられる。一九七五年(昭和五十)から二年半に及ぶ改修で屋根をすべて銅板に葺き替え、回廊も復旧、石玉垣(約七百本)が新設された。宮司の阿蘇家は、速瓶玉命の子惟人命がはじめて大宮司になって以来、現在まで九十代受け継がれた古い家柄で、中世以降は一時武家の統領としても肥後一円に勢威をふるった。主な祭典は次の三つで、いずれも国の重要無形民俗文化財に指定されている。節分祭では、豆の代わりにゴマ木を投げ与える。田作祭では、神の結婚式の夜の火振り神事が三月の申《さる》の日に行われる。御田植神幸式は、例年七月二十八日に行われる、四基の神輿が「宇奈利《うなり》」や獅子とともに青田の中を行列する牧歌的なのどかな祭り。地元では「おんだ」と呼ぶ。

参考文献　杉本尚雄『中世の神社と社領―阿蘇社の研究―』、一九五九、吉川弘文館。原田敏明「高千穂・阿蘇地方の宗教的考察」(『高千穂・阿蘇』所収、一九六〇、神道文化会)。阿蘇品保夫「阿蘇大宮司権力の推移と知行制」(『史学研究』八七、一九六二)。同「阿蘇十二神の成立」(『日本歴史』四九三、一九六九)。 (隈　昭志)

あだちこう　足立康　一八九八―一九四一　昭和戦前期の建築史学者。一八九八年(明治三十一)七月十日、神奈川県に生まれる。一九二四年(大正十三)、東京帝国大学工学部卒業。在学中から伊東忠太《いとうちゅうた》や関野貞《せきのただし》に師事。一九二八年(昭和三)、東京帝国大学文学部美術史学科卒業。工学博士。主に文献史料を駆使して、古建築・古美術を論じた。論争にたくみな論客として知られ、軒瓦の名称(現在使用されている軒丸瓦・軒平瓦は彼の命名)を巡る会津八一《あいづやいち》との論争や、薬師寺・藤原京・法隆寺についての喜田貞吉《きださだきち》との論争が有名。特に法隆寺については新非再建説を唱えて注目された。また黒板勝美が設立した日本古文化研究所による藤原宮大極殿の発掘を指揮して、後の宮都発掘事業の先鞭をつけた。伊東や関野を次ぐ世代に属し、同世代の福山敏男《ふくやまとしお》・大岡実《おおおかみのる》らと建築史研究会を組織するなど、建築史学の学問的方法論の確立に寄与した。一九四一年十二月二十九日没、四十四歳。主要著作に『日本建築史』(一九四〇)、『法隆寺再建非再建論争史』(一九四一)、『日本彫刻史の研究』(一九四四)、『足立康著作集』全三巻(一九八六―八七)などがある。 (若井　敏明)

あつかしやまぼうるい　阿津賀志山防塁　一一八九年(文治五)、源頼朝による奥州藤原氏追討の奥州合戦での最大の戦闘地。福島県と宮城県の県境、福島県伊達郡国見町から宮城県白石市にかけて、東山道を横断するように、奥州藤原氏によって築かれた、土塁と堀による四条の防御線の最前列をなす。「二重堀《ふたえぼり》」とも称され、厚樫山(国見山)中腹より滑川右岸段丘に沿って滝川(阿武隈川旧河道)に至る約三・二キロにわたって帯状に連続する遺構である。国指定史跡。発掘調査によって、二条の堀と三条の土塁で構成されるほか、一条の土塁と二条の堀で構成されることがわかり、堀は薬研形、土塁は版築で構築されている。一部に出丸的な施設や土橋が推定される。堀幅は約八～二〇メートルで、深さ一・五～二・二メートルとなり、「口五丈」という『吾妻鏡』文治五年八月七日条の記述にほぼ合致する。この構築には延べ二十五万人を要したと試算されている。

参考文献　福島県国見町教育委員会編『国指定史跡阿津賀志山防塁保存管理計画報告書』、一九九四。福島県教育委員会編『伊達西部地区遺跡発掘調査報告』(『福島県文化財調査報告書』八二、一九八〇)。 (飯村　均)

あつたじんぐう　熱田神宮　名古屋市熱田区神宮に鎮座。草薙剣を主神とする尾張国造家の守護神。尾張国三宮。旧官幣大社。記紀によると日本武尊《やまとたけるのみこと》は伊勢神宮で倭姫命《やまとひめのみこと》から草薙剣を授けられ東征を行なったが、その帰りに尾張国造の祖美夜受比売《みやずひめ》の許に御刀を置いて伊吹山の神を討ちに行き亡くなったとあり、『尾張国風土記』逸文には日本武命の剣を形見にし社を建てたとある。六六八年(天智天皇七)沙門道行が草薙剣を盗み新羅に逃亡しようとしたが中路に風雨にあい迷って戻ったとあり、六八六年(朱鳥元)草薙剣の祟りによりその日に熱田社に送り返されたとあるので、それまで宮中にあり、これ以降再び熱田社に存在したのであろう。平安時代初期の『古語拾遺』には奉幣の例に預かっていないと斎部広成の不満が述べられている。八二二年(弘仁十三)従四位下を授けられ、九六六年(康保三)に正一位となった。『延喜式』神名帳には名神大社とあり、神戸は三十戸あった(『新抄格勅符抄』)。のち上西門院領、宣陽門院領、持明院統領と伝領され、建武政権のとき停止されたが、その失敗とともに元に戻り一四三三年(永享五)以後伏見宮家領となった。十一世紀末に大宮司職が藤原氏に移り、源頼朝は母が熱田大宮司藤原季範の女であり外戚神として崇敬を高め、建武新政のおりには後醍醐天皇から官社と定められ、足利義持や織田・豊臣・徳川氏から遷宮・修理などの際援助を受け、近世には朱印地として大宮司領七百十七石のほか御供料四百五石であった。遅くとも九世紀中ごろには神宮寺が成立しており、『延喜式』に毎年春秋二節に転読を行う規定などがある。寺は現在の別宮八剣宮の北にあったが明治維新の廃仏毀釈で廃絶した。神剣は元土用殿に奉斎されていたが、明治になり正殿に遷されており、名称も熱田神宮に改められた。社殿は尾張造といわれる独特の様式であったが、一八九三年(明治二十六)伊勢神宮と同じ神明造に改造された。

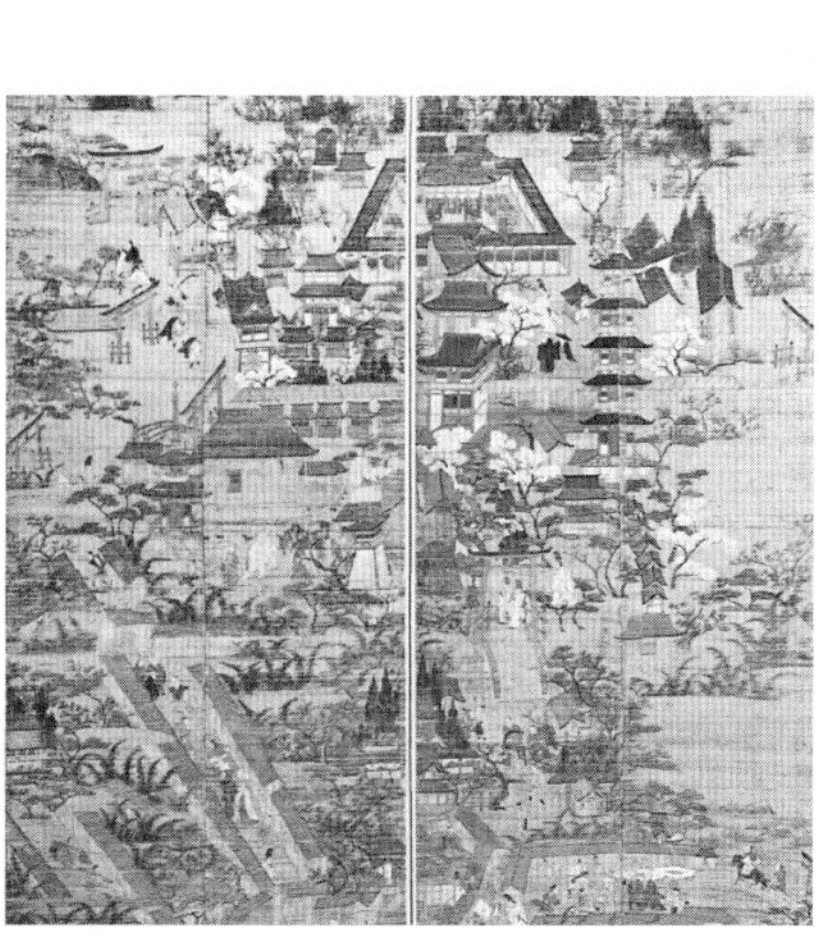

熱田参宮曼荼羅

参考文献　岡田精司『神社の古代史』、一九八五、大阪書籍。式内社研究会編『式内社調査報告』八、一九九〇、皇学館大学出版部。藤本元啓『中世熱田社の構造と展開』、二〇〇三、続群書類従完成会。上村喜久子「尾張三宮熱田社領の形成と構造」(『日本歴史』二九四、一九七二)。 (西宮　秀紀)

あったのめじょうりいせき　荒田目条里遺跡　福島県いわき市平菅波《たいらすぎなみ》字礼堂に所在する奈良―平安時代の河川跡。夏井川の下流域右岸に形成された沖積平野の後背湿地に位置する。遺跡の周辺には、延喜式内社の大国魂《おおくにたま》神社や国史跡の甲塚《かぶとづか》古墳、南東約一・五キロの地点には磐城《いわき》郡家に比定される根岸遺跡や付属寺院の夏井廃寺が確認され、古代磐城郡の中心地域にあたる。一九九三年(平成五)以降の調査で大量の木製品や土器が見つかり、なかでも、三十八点の木簡や二百八十七点の墨書土器をはじめとする出土文字資料は古代地方行政の実態を探る上で貴重な資料となった。磐城郡が「立屋津長」に宛てた一号郡符木簡、磐城郷の里刀自《さとのとじ》はじめ三十六人に郡司職田の田植えを命じた二号郡符木簡は、書式・内容ともに郡の行政の実態を如実に物語る。ほかに「地蔵子《ちくらこ》」「古僧子《こほうしこ》」など、古代の稲の品種名を記した付札木簡も出土しており、古代の農業経営の実態を知る資料として注目される。

参考文献　いわき市教育文化事業団編『荒田目条里遺跡―古代河川跡の調査―』(『いわき市埋蔵文化財調査報告』七五、二〇〇二)。

(三上　喜孝)

あづちじょう　安土城　一五七六年(天正四)織田信長によって築かれた居城。滋賀県蒲生郡安土町下豊浦、東近江市南須田所在。国指定特別史跡。戦国時代の城郭が土を切り盛りして造成されていたのに対して、この安土城からは石垣が導入された。さらに城域の中心には五重七階の天主が築かれ、諸建築には瓦が葺かれるなど後の近世城郭の諸要素を有していることから、近世城郭の始祖として位置付けされる。こうした石垣・瓦・礎石建物という三つの要素を持つ城郭は、戦国期城郭とは明らかに一線を画することから、織豊系城郭と呼んでいる。ところで、『信長公記』によると、天主は熱田御大工岡部又右衛門が、その内部の障壁画は狩野永徳が、瓦は唐人一観に命じて奈良衆によって焼かれたことなどが記されており、安土築城には中世の寺社造営に携わった諸職人たちが動員されていたことがわかる。石垣については古くより穴太衆《あのう》が関わったとされているが、そうした記録はすべて江戸時代になって編纂されたものであり、実際に安土築城に穴太衆が関わっていたことは疑わしい。おそらく近江の天台宗寺院の石工や観音寺築城に携わった石工たちを動員して築かせたとするのが正しい。瓦については、天主を中心に主要施設から金箔や桐紋・菊紋瓦が出土しており、瓦が権威の象徴として用いられていたことがわかる。築城を開始して三年後の一五七九年に天主が完成したが、その存続期間は短く、一五八二年、信長が本能寺で討たれた直後、何者かによって放火され、炎上焼失してしまった。その後一旦、信長の孫三法師が入城するが、翌年には岐阜へ移り、完全に廃城となった。一九四〇(昭和十五)―四一年、滋賀県によって発掘調査が実施され、平面不等辺七角形の天主台が明らかになるとともに、本丸御殿の礎石も検出された。この調査は、わが国で最も古い城郭の発掘調査となるものであった。近

安土城跡天主台・本丸検出遺構図

年、滋賀県教育委員会により継続的に発掘調査が進められ、山麓の大手門では両脇に桝形《ますがた》虎口《こぐち》が設けられた三門形式となり、そこから山頂に向かって一直線に幅六メートル、両側に側溝を有する大手道が長さ一三〇メートルにわたって石段によって築かれていることが判明した。この大手道の両側には家臣団の屋敷地が配されていた。このうち伝羽柴秀吉邸と伝前田利家邸で発掘調査が実施され、伝羽柴邸は上下二段の屋敷地で、上段は高麗門を配して主殿と櫓があり、下段は櫓門と内部に厩《うまや》を持つ構造であった。伝前田邸は大手道を挟んで伝羽柴邸の向かい側に位置し、三段の屋敷地から構成されていた。ところでこれらの屋敷地が家臣団の屋敷として記されたのは江戸時代以降であり、実際に家臣の屋敷であったのか、安土城の城郭施設なのかはいまだ決着がついていない。大手以外にも安土山にはいくつかの道が設けられていた。百々《どど》橋口道《ばしぐちみち》は城下と山上を結ぶ重要な登城路で、そのルート上には摠《そう》見寺《けんじ》が建立された。城郭内に寺院を配するという特異な構造として注目される。一方、搦手《からめて》は通称台所道と呼ばれ、安土山の北東面の谷に位置する道で、山裾で内湖に直結しており、発掘調査では浚渫《しゅんせつ》された航路や米の荷札木簡が出土しており、物資運搬のルートであったことがうかがえる。本丸御殿の調査では礎石配置から三棟の大きな建物で構成されていることが明らかとなった。柱間の寸法は一間が七尺二寸もあり、御所と同等であるとともに、その平面構造が秀吉の建てた御所の清涼殿に酷似していることも判明した。出土した遺物のなかで瓦以外で注目されるものとして、生け花に用いられる巨大な立花用の薄端《うすばた》がある。施釉の状態から最古の黄瀬戸《きぜと》と考えられる。つまり黄瀬戸の出現は安土城内の威信財として特注されて成立したものと考えられる。こうした構造や出土遺物から安土城は信長の居城であるとともに、正親町天皇の行幸も目的としていたようである。なお、城跡山麓には滋賀県立安土城考古博物館があり、出土遺物などが展示されている。

資料館　滋賀県立安土城考古博物館(滋賀県蒲生郡安土町)

参考文献　木戸雅寿『よみがえる安土城』(『歴史文化ライブラリー』一六七、二〇〇三、吉川弘文館)。同『天下布武の城―安土城―』(『シリーズ「遺跡を学ぶ」』二、二〇〇四、新泉社)。NHKスペシャル「安土城」プロジェクト『信長の夢「安土城」発掘』、二〇〇一、日本放送出版協会。柴田実・日名子元雄『安土城阯』(『滋賀県史蹟調査報告』一一、一九四二)。滋賀県教育委員会編『特別史跡安土城跡修理工事報告書』Ⅰ、一九六五。同編『特別史跡安土城跡発掘調査報告』一―一三、一九九一―二〇〇三。

(中井　均)

あつみでらあと　厚見寺跡　岐阜市の市街地の東、岐阜城を擁する金華山の山塊の南端、現在の瑞龍寺の寺域内にあったと想定される古代の寺院跡。美濃国厚見郡内(岐阜市の一部)にほぼ同時期(七世紀後葉―八世紀半)に存在したと考えられている、三ヵ所(厚見寺跡・大宝廃寺・鍵屋廃寺)の古代寺院跡の一つ。花崗岩製の塔心礎が、原位置ではないが、遺存している。出土遺物の大半は瓦類・鴟尾片であるが、平瓦の凸面叩きの文様に文字(「厚見寺」と「寺」の二種類)・花文(六種類、後述する窯跡出土事例を含めると十六種類)・花鳥文(二種類、同前五種類)が多数みられることが特筆される。これらの文字瓦は、一九四六年(昭和二十一)に瑞龍寺境内の工事中に発見され、現存する塔心礎が厚見寺のものであることが判明した。瓦類は、岐阜市の東隣の各務原市の柄山瓦窯跡で焼かれたことが、同種の遺物が大正年間(一九一二―二六)にここで出土していたことから、確認されている。

参考文献　『岐阜市史』史料編考古・文化財、一九七九。小川貴司『厚見中林寺・柄山窯跡の研究(美濃百踏記)』、二〇〇〇。

(大熊　厚志)

あつみやき　渥美焼　愛知県渥美半島全域に広がる瓷器系中世陶器窯で焼成された製品の総称。平安時代末期の十二世紀初頭から鎌倉時代前期の十三世紀前半にかけて稼働し、十三世紀後半には衰退した。器種は大甕をはじめとして短頸壺・小壺・長頸瓶や、蓮弁文や袈裟襷文をもつ壺や経筒外容器などの特殊器種、さらには山茶碗や山皿なども量産していた。篦による刻画文を描くのも渥美窯の特徴で、幾何学的な蓮弁文や袈裟襷文、花鳥草木あるいは洲浜の景(「葦鷺文三耳壺」重要文化財、愛知県陶磁資料館蔵)や秋の景(「秋草文壺」国宝、慶應義塾蔵、川崎南加瀬中世墓出土)を描いた優品も存在する。また常滑窯などには見られない、刷毛を使っての人工的な施釉が行われているのも渥美窯の特徴である。甕や壺、瓶の頸から肩にかけてややムラをもちながら刷毛塗りするものであるが、器全体に施釉したものは存在しない。和歌山熊野本宮出土の保安二年(一一二一)銘入りの経筒外容器や東大寺大仏殿再建瓦を焼成しており、院政期から鎌倉幕府成立期ころの寺院関係や経塚関連の製品生産が盛んであったことが知られる。ただし製品の流通は東日本に顕著で、特に奥州平泉などでは大甕や瓶が多量に出土している。また平泉では袈裟襷文壺などの高級器の出土がみられ、儀式における酒器として使用されていた可能性が考えられている。田原市の大アラコ窯跡では八基の古窯が確認されている。そのうち第二、三号窯内および第六号窯灰原から「正五位下行兵部大輔兼三河守藤原朝臣　顕長」銘の陶片が発見されており、藤原顕長の三河守在任期間(一一三六―五五)に製作されたとみられ、渥美窯にはこれら国衙領下での経営があったと考えられる。また、同じく田原市の壺や広口瓶などを生産した坪沢窯跡は、伊勢神宮神官領である加治御薗に位置しており、神宮領内の経済の一貫として窯業生産が営まれていたと判断される。

参考文献　吉岡康暢『中世須恵器の研究』、一九九四、吉川弘文館。『日本陶磁器全集』八、一九七七、中央公論社。

(荒川　正明)

あながま　窖窯　丘陵斜面を利用してトンネル状に掘りぬいた地下式のものと、斜面を掘り窪めて上部に天井を構築する半地下式のものがある。五世紀前半に朝鮮半島から伝播し、畿内を中心として須恵器の焼成が行われて以来、平安時代の灰釉陶器や中世の須恵器系陶器・瓷器系陶器に受け継がれ、大窯が登場する十五世紀後半までの長きにわたり築かれ続けた。基本的な構造は、斜面下方から焚口・燃焼室・焼成室・煙道部の各部からなる直炎式の単室構造である。これに加えて、愛知県の猿投窯《さなげ》では、八世紀初頭には燃焼室と焼成室の境の天井部に粘土を貼りつけて障壁とし、燃焼室からの炎の流れを焼成室下部まで行き渡らせる工夫がなされた。さらに八世紀後半には、障壁の下に分炎柱が設置されるようになる。分炎柱は、燃焼室からの炎を二手に分け、焼成室内に均等に広がるようにしたもので、障壁とともに窯内の熱効率を高める役割をもつ。古代には木芯をたててその周りにスサ入りの粘土を巻き付けたものが設置されたが、中世以降、築窯の際に分炎柱部分の地山を掘り残してつくるものもみられるようになる。分炎柱は、猿投窯の灰釉陶器窯やその生産技術を受け継いだ中世の瓷器系陶器窯、すなわち、瀬戸窯・常滑窯・渥美窯・志戸呂窯など東海地方の窯業地をはじめ、越前窯や信楽窯などで一般的にみられる。また、中世以降焼成室と煙道部の境に、窯内の空気量を調整するための火炎調節棒(ダンパー)が設けられる。その他、瀬戸窯では十五世紀に入ると、燃焼室の側壁に石を積み上げたものが現われ、さらに、近年調査された美濃窯や志戸呂窯の十五世紀後半以降に比定される窯の中には、焼成室の中軸上に天井支柱が構築され、窯体が半地上化するなど、この後に続く大窯への過渡的な構造を有する窯も確認されている。これに対して、古墳時代以来の須恵器生産の系譜を引く中世の須恵器系の窯業地では、備前窯や珠洲窯のように、須恵器窯に比べ、窯体が大型化する傾向がみられるところもあるが、基本的に窯体構造に大きな変化はなく、瓷器系陶器窯のように分炎柱が設けられるものもみられない。

参考文献　瀬戸市埋蔵文化財センター編『瀬戸・美濃系大窯とその周辺—大窯生産の成立と展開—』、一九九七。『川根沢古窯発掘調査報告』、二〇〇三、金谷町教育委員会。矢部良明他『角川日本陶磁大辞典』、二〇〇二、角川書店。

（河合　君近）

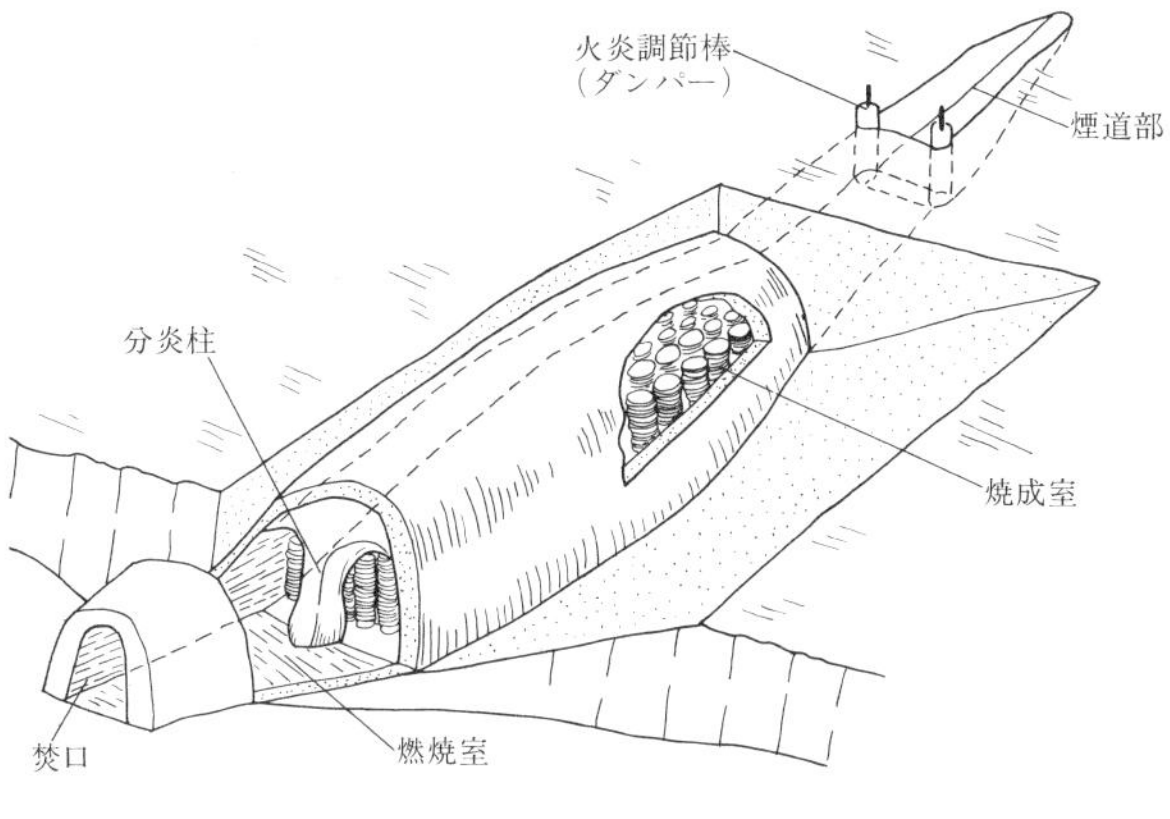

窖　窯　模　式　図

あのうづみ　穴太積み　近江国坂本に本拠を置く石工集団穴太衆が、戦国時代末期安土築城に際して編み出した法のある高石垣を呼び、石材は自然石や荒割石を用いて数石単位に横目地が通る布積み崩しで、野面積みの一形態である。特徴は、次の六点に要約される。㈠大小不揃いの自然石を水平に据える、㈡絶えず次に上に据える石を考えて据わりの良い築石を選ぶ、㈢重箱のような縦目地が通る重ね石はさける、㈣不揃いの築石を積むため、数石単位で左右の石より大きな石が積まれて、横目地が切れる(布積崩し)、㈤築石の面を前下がりにしない、㈥築石の面だけが接する端持ち石は避け、築石の胴(二番)が接するように積む。このような石垣は、織田信長が築いた安土城など、織豊期に築かれた各地の城郭に見られる。一般には、勾配が比較的緩やかで、反りが強くないとされるが、石垣の勾配や配石は、石垣高・根石地盤・盛土厚と地山の土質・石垣上部施設・築石石材の形状などの影響を強く受けるので、築石の使い方に注目すべきである。↓石垣《いしがき》

参考文献　北垣聰一朗『石垣普請』(『ものと人間の文化史』五八、一九八七、法政大学出版局)。中村博司「「穴太」論考」(『日本歴史』六九四、二〇〇六)。

（八巻与志夫）

あのうはいじ　穴太廃寺　渡来系氏族による氏寺および大津京造営とも深く関連する古代寺院跡。大津市穴太二丁目・唐崎四丁目にある。国史跡。推定大津京域の北端に位置し、時期を違えて三つの寺院跡が存在する。七世紀前半の最も古い寺院を前期穴太廃寺と呼び、伽藍は未確認であるが素弁系の軒丸瓦や鴟尾《しび》が出土する。その南東部に七世紀後半代の二つの伽藍が重複する形で検出された。古い方を後期穴太廃寺創建寺院、新しい方を後期穴太廃寺再建寺院と呼ぶ。この創建寺院は真北に対し約三五度東に振る方位をとるのに対し、再建寺院は真北に沿う方位をとり、後者は大津市錦織《にしこおり》で検出されている大津宮の建物方位に合致している。創建寺院は再建寺院建立の際、すべてが取り壊されたとみられるが、幾つかの基壇の一部は遺存していて、西に金堂、東に塔が並び、その北に建物が配され、これらを回廊で囲む伽藍配置であった。方二町の寺域が想定される。使用瓦は渡来系寺院の性格をもつ単弁系瓦を用いていた。再建寺院は西に金堂、東に塔、北に講堂を配する伽藍である。金堂・塔は地覆石の上に瓦を積み上げる瓦積基壇で、金堂の建物構造は奈良県山田寺や三重県夏見廃寺と同様の特異な構造を持つ。寺域は南北約二一六メートル、東西約二三六メートルが想

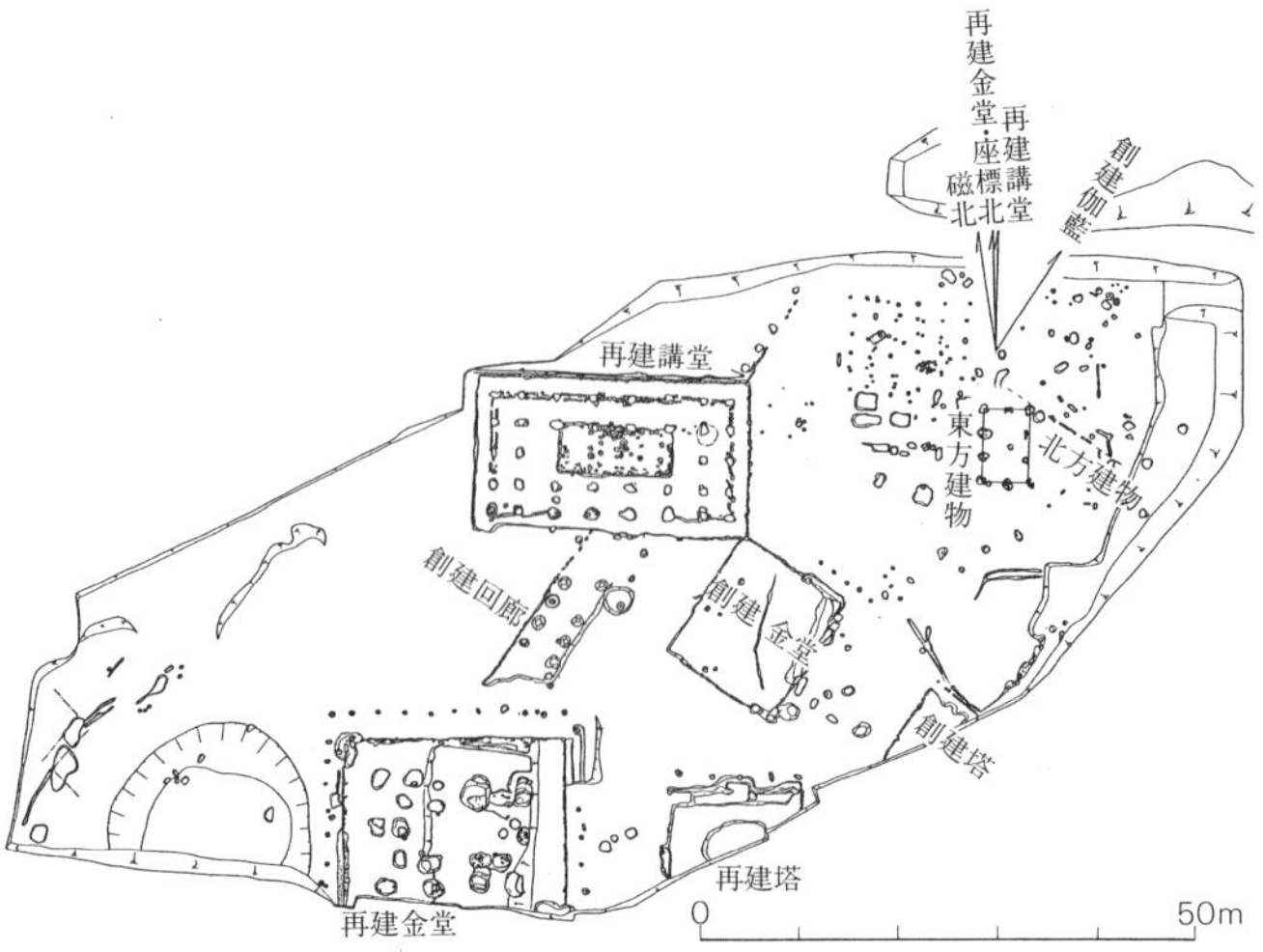

穴太廃寺遺構配置図

定される。使用瓦は創建寺院と全く同じ単弁系瓦と、新規に作られた複弁系瓦の二種類を併用していた。後期穴太廃寺の寺域の東側には瓦窯が、西側には青銅製品鋳造遺構も検出されている。こうした調査結果から、穴太廃寺は当初素弁軒丸瓦を用いた渡来系氏寺として建立され、大津京直前の時期にはその南東部に新たに単弁系の瓦を用いて建立し直したが、大津京遷都に伴いその都市計画に従って同位置に急遽方位をそれに合わせて再建されたものとみられる。そして、大津京内寺院用として新規に考案された複弁系瓦も併用されたものと判断され、大津京建設には地元の渡来系集団の強いかかわりが想定される。

参考文献　林博通『大津京跡の研究』、二〇〇一、思文閣出版。滋賀県教育委員会他編『穴太遺跡発掘調査報告書』Ⅳ、二〇〇一。

（林　博通）

あのつ　安濃津　伊勢国中部の港町。三重県津《つ》市《し》柳山《やなぎやま》津《つ》興《おき》とその周辺一帯。古代は安濃郡《あのうぐん》の郡津か。十一世紀には安濃津三郎を名乗る伊勢平氏《いせへいし》一族がおり、港に対する何らかの関与が考えられる。十二世紀末には安濃津神人《じにん》が伊勢神宮から「諸国往反」の免許を得ており(『神宮雑書』)、十五世紀ごろまで神宮領(祭主領)安濃津御厨《あのつのみくりや》として登場する。南北朝時代には市庭《いちば》がある(『安東郡専当沙汰文』)。中世後期は「三津七湊」(「廻船大法」)、「日本三津」(中国明代地誌類)に含まれており、国家的湊津《そうしん》と認識されていた。さらに、足利将軍家の伊勢参宮時に伊勢国守護饗応《きょうおう》の場となる一方、地蔵菩薩の霊験地《れいげんち》でもある(『地蔵菩薩霊験絵詞』教王護国寺蔵)など、さまざまな要素が融合していた。十五世紀後半には国人領主長野氏《こくじんりょうしゅながのし》による神宮領代官職の押領や海上警固役の設置がみられる。一四九八年(明応七)の大震災で被害を受けたとされるが、十六世紀には津四(三)郷の惣郷結合や、津廻船中《かいせんちゅう》などの組織もみえ(『大湊古文書』ほか)、その機能は復興している。発掘調査では、破損品・未使用品を大量に含む十三世紀中葉ころの東海系無釉陶器(山茶椀)が出土し、湊津の物資集散機能が確認された遺跡として重要である。十五世紀中葉—後葉ころには町場遺構が確認できる。織豊期以降は津城下町の一部および参宮街道沿いの宿場町に編成された。

参考文献　三重県埋蔵文化財センター編『安濃津』、一九九七。伊藤裕偉「安濃津の成立とその中世的展開」(『日本史研究』四四八、一九九九)。

（伊藤　裕偉）

あぶみ　鐙　鞍の両側や片側に垂下させて乗馬の際に足を掛けるための器具。鐙部と柄部からなり、鐙部下半の内面を踏込《ふんごみ》と呼ぶ。輪鐙・壺鐙の二形式があり、もっとも一般的な輪鐙は鐙部の形状にちなむ名称である。日本列島でとくに発達した壺鐙は、輪鐙部と足先を覆う壺部・

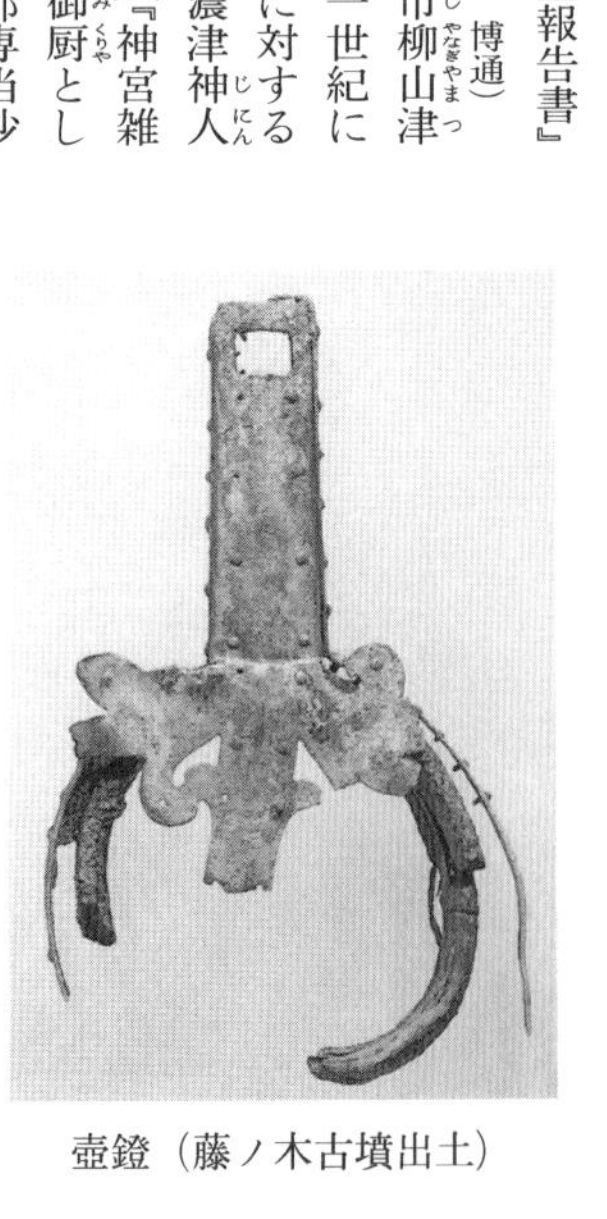

壺鐙（藤ノ木古墳出土）

舌部からなる。金属製では、鞍から垂下する力革と柄部を結合する鉸具《かこ》・兵庫鎖から構成される鐙靼《みずお》と一連の場合も多い。乗馬の風習は、紀元前一〇〇〇年ごろの中央アジアで始まるが、鐙は長らく騎馬民族や地中海世界では使用されず、その起源は明確ではないが、紀元前四世紀ごろのクリミア地方クルガン墓出土の首飾先端彫刻には、鐙に足を掛けるスキタイ人を表現した例があり、革紐などで試行されたことが窺える。ヨーロッパでは七世紀ごろのハンガリー墓例が最古とされ、東アジアでは三—五世紀に中国東北部・高句麗で片鐙が発生し、やがて左右一組となることから、乗馬を学んだ農耕民族の間で発明されたと考えられている。朝鮮半島では、五世紀に鉄板を局部や全体に鋲留した木芯鉄板張輪鐙が製作され、六世紀には一部で革製壺部をもつ壺鐙も出現した。日本列島でも、五世紀に木製輪鐙が製作され、六世紀には鉄製輪鐙が現れる。壺鐙は、五世紀後半に集落遺跡出土の木製品があり、六世紀初めには和歌山県大谷古墳などで木芯鉄板張壺鐙が出現した。同後半には、奈良県藤ノ木古墳例などが量産され、同末ごろ以降には福岡県宮地嶽古墳例のような輪鐙形の縁部分と壺部を鋲留して組合せた金属製壺鐙が製作された。八世紀ごろには舌部が発達し、奈良県法隆寺・正倉院の伝世品はこの系統上にあるとみられ、平安時代の踵を載せるまでに舌部が長大となったいわゆる半下鐙に発達した。なお、これらは足先方向に対して左右が非対称形で、踏込部分がそれぞれ外側にやや傾くものが多く、騎乗者の姿勢と使用時の鐙の方向性から生み出された形状と考えられる。

参考文献　増田精一「鐙考」(『史学研究』八一、一九七一、東京教育大学文学部)。樋口隆康「鐙の発生」(『青陵』一九、一九七二)。中敬㣲「古式鐙考」(『古代文化』三八ノ六、一九八六)。斎藤弘「古墳時代の壺鐙の系譜と変遷—杓子形壺鐙を中心に—」(森浩一編『考古学と技術』所収、一九八八、同志社大学考古学シリーズ刊行会)。柳昌喚「加耶古墳出土鐙に対する研究」(『韓国考古学報』三三、一九九五)。千賀久「日本出土の「非新羅系」馬装具の系譜—大加耶圏の馬具との比較を中心に—」(『国立歴史民俗博物館研究報告』一一〇、二〇〇四)。　(古谷　毅)

あぶみがわら　鐙瓦　⇩軒丸瓦《のきまるがわら》

あぶみや　鐙屋　最上川舟運《もがみがわしゅううん》と結びついた日本海海運の拠点港、山形県酒田市の中心市街地に所在する近世初期から続く廻船問屋《かいせんとんや》。国史跡。屋敷地は、元禄年間(一六八八—一七〇四)の亀《かめ》ケ崎城下《さきじょうか》大絵図や一八一一年(文化八)の鐙屋の『家之記』所載屋敷図によれば、最大間口三十三間、奥行き七十一間を占め、本町《ほんちょう》通りを挟み向い側に加賀屋与助《かがやよすけ》の屋敷があった。鐙屋の現家屋は、一八四五年(弘化二)の甘鯛《あまだい》火事後に建築された酒田の典型的な町家で、石置杉皮葺の形式を残す。本姓は池田。一六〇八年(慶長十三)、鶴岡三日町橋の渡り初めに際し、最上義《もがみよし》光《あき》から鐙屋の屋号を与えられ鐙屋惣左衛門と称す。元和のころ酒田町年寄役に就く。鐙屋の様子は、井原西鶴《いはらさいかく》の『日本永代蔵』巻二「舟人馬かた鐙屋の庭」に描写。米沢藩など出羽諸藩の蔵宿《くらやど》を勤める。一八〇七年(文化四)、荘内藩は蝦夷地《えぞち》西海岸警備のため藩士を派遣。同年、鐙屋は蝦夷地御用掛の藩命を受け、屋号を鐙谷《あぶみや》の姓とした。また湊口銭《みなとこうせん》取締方、船方《ふなかた》取締方、歩座方《ぶざかた》なども勤める。一九九〇年(平成二)—九七年に半解体調査と保存修理が行われ、一九九八年から公開されている。奥の細道行脚の松尾芭蕉を迎えた伊東不玉《いとうふぎょく》の居宅は鐙屋の東に接する。

参考文献　土岐正勝「江戸時代の鐙屋家」(酒田古文書同好会『方寸』九、一九九二)。清野誠「旧鐙屋の変遷について」(『山形地域史研究』二〇、一九九五)。酒田市教育委員会編『史跡旧鐙屋保存修理工事報告書』、一九九八。同資料篇、一九九九。　(小野　忍)

あぶやまこふん　阿武山古墳　摂津《せっつ》・三島《みしま》地域のほぼ中央の阿武山に派生する丘陵尾根につくられた終末期古墳。大阪府高槻市奈佐原、茨木市安威《あい》に所在。一九三四年(昭和九)に地震観測所施設の建設中に不時発見された。墳丘は尾根突端の自然の高まりを利用したもので、盛土はほとんどみられないが、周囲には幅二・三〜二・七メートル、深さ三〇〜七〇センチ、直径約八〇メートルの溝がめぐる。墓域を画したものと考えられている。埋葬施設は地盤を掘り下げて設けられた一種の横口式石槨《よこぐちしきせっかく》。内法《うちのり》で長さ二・五七五メートル、幅一・一メートル、高さ一・一メートルを示す。花崗岩と塼で構築された。内部には分厚く漆喰が塗られている。床面には棺台が備えられ、上に完形の夾紵棺《きょうちょかん》が置かれていた。棺内では南枕の男性人骨がみつかっている。金糸で刺繡された冠帽と衣服が伴う。頭位下ではガラス玉を組み合わせた「玉枕」も確認された。『多武峯縁起』には藤原鎌足を当初、「摂津安威山」に葬ったとあり、被葬者の有力候補となっている。

参考文献　梅原末治「摂津阿武山古墓調査報告」(『大阪府史蹟名勝天然紀念物調査報告』七所収、一九三六、大阪府)。　(今尾　文昭)

あぶら　油　常温で液状のものを油、固形状のものを脂と書く。油は主として植物性のもので、植物の種子に含まれる乳白色のものを、炒めたり、煮たり、絞ったりしてとった飴色で半透明・可燃性の液体である。日本では古代においてわずかに魚油を用いる程度で、動物性の油は僅少で、ほとんどは植物性の油を用いた。それは燈火用・食用・薬用・燃料として幅広く用いられる。油の原料としては荏胡麻《えごま》・胡麻・榧《かや》・椿などが多く、胡麻油はすでに奈良時代に平城京の東西両市で販売されていた。中世には燈火用として社寺や公家で油が多く使用されるようになり、重要な商品となったので、油を製造・販売する油座が生まれ、社寺を本所として燈油を献上するかわりに保護を受け、特権を与えられた神人《じにん》があらわれた。石清水八幡宮の保護を受けた山城国大山崎の離宮八幡宮の油座は、鎌倉時代末期から室町時代にかけて京都を中心に畿内近国から瀬戸内海沿岸にかけて、荏胡麻の仕入れ・製造・販売の独占権を得て活躍した。また大和国興福寺大乗院を本所とする符坂《ふさか》油座も勢威をふるった。だが中世末にはこれらの油座は特権を失い、大坂・堺の油商人に圧倒され、原料も荏胡麻・胡麻にかわって菜種・大豆が中心となった。近世になると江戸・大坂などの大都市の発達により庶民のあいだでの需要が増大し、絞油業が発達した。まず大坂の島之内と天満を中心とする絞油業の製品が大坂から諸国に積み出された。しかし大坂・摂津平野郷における絞油業は人力による小規模なものであった。これにかわるものとして摂津灘目において、享保年間(一七一六—三六)に搾油能力の大きい水車絞油業が急速に台頭した。それは干した種子を炒り、水車の動力で粉に搗き、蒸籠で蒸して袋に詰め、重しをかけて油を絞る方法であった。なお、食用油の民間における使用は安土桃山時代から江戸時代以降急速にひろまったが、美味な点から胡麻油が好まれ、燈火用油は江戸時代以降菜種油・綿実油が広く用いられた。

参考文献　八木哲浩「菜種と水油」(地方史研究協議会編『日本産業史大系』六所収、一九六〇、東京大学出版会)。　(岩井　宏實)

あぶらじませんぼんまつしめきりづつみ　油島千本松締切堤　江戸時代の宝暦年間(一七五一—六四)、揖斐川・

木曾川の分離工事の際に造られた、全長一キロ余にわたる堤防と松林。国史跡。岐阜県の最西南端である海津市海津町に所在する。揖斐川・木曾川・長良川の、いわゆる「木曾三川」下流域の治水事業の一環として幕府の命により、薩摩藩のお手伝普請として工事が実施された。ただし、最終的に現在見る形として完成したのは一九一二年(大正元)である。周辺市町村には、工事に携わった薩摩藩士の役館跡や彼らの墓が現在も残り、そのいくつかでは地元住民による顕彰活動が行われている。流域の町村の一つである平田町の町名は、薩摩藩の工事責任者で、完成後自刃した平田靭負の遺徳をしのんでつけられたものである。近世から近代の日本を代表する土木工事の遺跡である。なお、堤防と松林は、国土交通省により、維持・管理がなされている。

資料館 海津町歴史民俗資料館(岐阜県海津市)

参考文献 岐阜県『わかりやすい岐阜県史』、二〇〇三。

(大熊 厚志)

あべでら 安倍寺 奈良県桜井市阿部にあった寺院で、崇敬寺《すうきょうじ》ともいう。『東大寺要録《とうだいじようろく》』によれば、大化改新の時左大臣であった阿倍倉梯麻呂《あべのくらはしのまろ》(内麻呂《うちまろ》)が創建した、という。その後、崇敬寺は大和の十五大寺の一つに数えられたが、十二世紀初めに僧暹覚《せんがく》が寺の東北に別所を草創したといい、これが発展して現在の安倍文殊院《あべもんじゅいん》となったようである。したがって、安倍寺跡は文殊院から西南に約三〇〇メートル離れた所にある。一九六五年(昭和四十)―六七年に発掘調査が行われ、創建時の伽藍は、東に金堂、西に塔を配し、それを回廊が取り囲み、講堂は回廊の北にある法隆寺《ほうりゅうじ》式であったことがわかった。出土瓦は山田寺式が多くを占め、七世紀中ごろにさかのぼる。所在地の一帯は、大和朝廷の有力豪族、阿倍氏の本拠地とみられ、調査所見も『東大寺要録』の記述を裏付けるものと考えられる。一九七〇年に国史跡に指定され、現在、史跡公園として整備されている。

参考文献 『桜井市史』上、一九七九。

(寺崎 保広)

あべもんじゅいんにしこふん 阿部文殊院西古墳 奈良県桜井市阿部の安倍文殊院境内に所在する終末期古墳。特別史跡。小規模な円墳と考えられ、花崗岩切石積みの横穴式石室が南に開口する。石室は両袖式で、玄室の長さ五・一メートル、幅二・九メートル、高さ二・七メートル、羨道《せんどう》の長さ七・三メートル、幅二・三メートル、高さ一・八メートルを測る。玄室奥壁、両側壁は見かけ上横長の長方形に整形した切石を、レンガを積むように五段に互目積みにする。両側壁には各二ヵ所ずつ、一個の石材に刻線を入れて二個の石に見せかけた部分がある。羨道は両側壁とも切石四石一段とし、天井石は玄室一石、羨道三石の巨石を用いる。開口部の側壁から天井にかけて扉を嵌め込むための幅三センチの溝がある。七世紀後半の所産と考えられる。花崗岩切石積み石室における構築技術の頂点を示す貴重な資料である。

参考文献 奈良県立橿原考古学研究所編『飛鳥・磐余地域の後・終末期古墳と寺院跡』、一九六二。

(岡林 孝作)

あべやまだみち 安倍山田道 ⇩山田道《やまだみち》

あぼっけかまあと 木葉下窯跡 常陸国那珂郡にあった奈良・平安時代の須恵器生産窯跡群。この窯跡群は、水戸市木葉下町から谷《や》津《つ》町一帯に所在。金山支群、三ヶ野支群、高取山支群の三群に分かれている。調査は一九四九年(昭和二十四)・六二・七五・八一・八三年に行われ、確認された窯数は、三ヶ野支群が五基、高取山支群が三十三基である。操業が開始されたのは高取山支群の八世紀初頭が最も早く、九世紀前半までの操業が見られる。ついで三ヶ野支群が八世紀後半に開始し、九世紀中ごろまで続く。金山支群は表採遺物から、九世紀前半には操業が始まり、後半には生産が終っている。窯の構造は、高取山支群に地下式有段登窯が二基見られるが、あとは地下式無段登窯である。遺物の中に、「徳輪□」「□輪寺」と刻書された瓦や陶製水煙・風字硯・円面硯などがみられ、那珂郡衙に供給したもののほかに、郡寺である台渡《だいわたり》廃寺のものも臨時的に生産していたようである。

参考文献 水戸市木葉下遺跡発掘調査会編『常陸木葉下窯跡』、一九六六。水戸市編さん室編『水戸市木葉下町三ヶ野第二号窯址発掘調査報告書』、一九六三。茨城県教育財団編『常磐自動車道関係埋蔵文化財発掘調査報告書』六・八、一九六三・六四。大森信英「茨城県東茨城郡山根村の窯址群について」(『上代文化』二〇、一九五二)。橋本勉「水戸市木葉下窯跡調査報告」(『婆良岐考古』七、一九六五)。

(阿久津 久)

あま 海人 海を生業の場とする人々。その姿は、『魏志』倭人伝にも描き出されているが、古代においては、男女の区別なく、海人・海部・白水郎などと記されている。主として漁労に従事する集団と、水上交通に従事する集団に大別されるが、その生業のあり方は、画然と区別されるものではなく、入り混じったものであったろう。『古事記』『日本書紀』に採られた伝承によれば、応神天皇の時代に、海人に対する統率が進み、これらの集団は、海部として、海産物の貢納や航海技術の提供によって、朝廷に奉仕するようになった。海部を管掌する伴造氏族が安曇(阿曇)氏であるが、海人集団としてはこの系統のほかに、日本海沿岸に展開した宗像(宗形)氏の系統があり、さらに北方系の海人も存在した。宗像氏が奉斎したのが沖ノ島(福岡県)の沖津宮である。阿曇氏が沿岸と内陸・漁業系、宗像氏が海外志向・外洋航路系という指摘もあるが、なお検証を要するであろう。『和名類聚抄』では、尾張・紀伊・隠岐・豊後の四ヵ国に海部郡の名がみえるが、海部郡が存在しない筑前国に三ヵ所の海部郷があるのをはじめ、総計十二の海部郷が認められる。海人の存在・活動と深いかかわりを持つ地名だが、その中で、信濃国小県郡海部郷が、海人の移動・拡散の視点から注目されよう。律令制確立後の例外的存在として、海部による貢進の例が、平城京木簡によって確認されている。史料上は、天平期前後に限定されているが、三河湾(愛知県)の島嶼部の海部は、月料の贄の名目で海産物を貢進していた。この記載を持つ木簡は、平城宮内や二条大路ではかなりの数の出土がある。本来は海人一般を指した「あま」という語は、時代が下るにしたがって、素潜り漁法を中心に漁業を生業とする人々をさすものとなり、また男女の区別が立てられて、それぞれ、海士・海女と呼ばれるようになった。しかし、中世以降においても、海人の活躍は漁業の場に限られてはいない。

参考文献 大林太良編『海人の伝統』(『日本の古代』八、一九八七。中央公論社)。宮本常一『海の民』(『宮本常一著作集』二〇、一九七五、未来社)。網野善彦『海民と日本社会』、一九九八、新人物往来社。 (福岡 猛志)

あまいぬかいもん 海犬養門 ⇩宮城十二門《きゅうじょうじゅうにもん》

あまかしのおか 甘樫丘 奈良県高市郡明日香村豊浦《とゆら》にある丘陵。甘檮岡、味橿丘とも書く。現在は飛鳥川の西側にある標高一四八メートルの豊浦山を甘樫丘と呼んでいるが、『延喜式』神名帳にみえる甘樫坐神社《あまかしにいますじんじゃ》は丘の西北麓にあり、古代にはもう少し広い範囲を指したようである。『日本書紀』によれば、允恭《いんぎょう》天皇の時、氏姓の乱れをただすために、この丘に探湯瓮《くかへ》をすえて盟神探湯《くかたち》を行なったという。皇極天皇三年(六四四)十一月条に、蘇我蝦夷《そがのえみし》・入鹿《いるか》の父子が甘檮岡に家を並べ建てたと記す。斉明《さいめい》天皇五年(六五九)三月条には、甘檮丘の東の川のほとりに須弥山《しゅみせん》を造り、陸奥と越《こし》の蝦夷を饗応した、とある。丘の東の川とは飛鳥川であり、この時の須弥山にあたると見られる石造物が、丘の東北の石神で一九〇二年(明治三十五)に発見された。現在、甘樫丘は飛鳥歴史公園として整備されて、その展望台からは飛鳥を眺望できる。

参考文献 『明日香村史』、一九七四。 (寺崎 保広)

あまぎりじょう 天霧城 香川県善通寺市碑殿町・仲多度郡多度津町・三豊郡三野町にまたがる標高三八二メートルの天霧山山頂にある城跡。眼下に丸亀平野の条里耕地が一望できる。西讃を支配し、応永ごろには守護代で、明応ごろには讃岐十三郡の内六郡を領有した香川氏の城である。一五五八年(永禄元)九月三好長慶弟実休の攻撃を受けた。三野菅左衛門尉に宛てた永禄六年八月十日香川之景・同五郎次郎連署状(三野文書、『香川県史』八所収)に「天霧籠城之砌、別而御辛労候、殊今度退城之時、同道候而」とみえる。その後一五七八年(天正六)長曾我部元親の攻撃を受け、従った。物見台と呼ばれる本丸を中心に二ノ丸、三ノ丸、こしぐるわ、切岸が残っている。南麓からの採石のため消滅の危機にさらされ、発掘調査が行われて顕著な遺構遺物の検出を見た。一九七七年(昭和五十二)、文化財保護審議会において国史跡に指定する答申がなされ、一九九〇年(平成二)に史跡指定された。 (服部 英雄)

アマルガム ⇩金銅《こんどう》

あみだじょうどいん 阿弥陀浄土院 奈良時代、法華寺の南西隅に造営された伽藍。『続日本紀』によれば、同院は七六〇年(天平宝字四)に没した光明皇后の一周忌斎会のために造られたもので、斎会は翌七六一年六月七日に執り行われ、同八日には田十町が阿弥陀仏礼拝の料として同院に施入された。奈良時代の阿弥陀浄土院については、『正倉院文書』にある造金堂所解などの文書が、同院金堂の造営過程を示している可能性があり、古くから注目されてきた。一連の文書からは、法華寺関係の施設が造東大寺司主導のもと造営されていることが読み取れ、それは晩年の光明皇后が発願して造営が開始され、皇后の没後、周忌斎会に間に合うよう急ぎ建設が進められた阿弥陀浄土院の金堂とみられるという。一方で、当時の阿弥陀信仰のあり方、並行する時期の写経事業の様相、法華寺造営の進捗状況などからみて、これは阿弥陀浄土院ではなく法華寺本体の金堂に関する文書であるとの見方もあり、議論が分かれている。阿弥陀浄土院の平安時代以降の変遷はほとんど知られないが、一三〇四年(嘉元二)成立の『法華滅罪寺縁起』によれば、そのころ同院に往時の面影はなく、本尊の阿弥陀三尊像と二十五体の菩薩像は法華寺の講堂に移されていた。阿弥陀浄土院の推定地にあたる平城京左京二条二坊十坪には、同院の庭園石とされる石が水田の中に残され、付近の発掘調査も実施されてきたが、特に二〇〇〇年(平成十二)の調査では、推定地の中央付近に園池遺構が確認され、注目を集めた。最大長が四五メートルを超えると想定される池には中島が浮かび、複雑に出入りする池の汀線は石で護岸され、池底には敷石が並べられていた。また、池中には本格的な礎石建物が立っていたことも確認されている。出土遺物では、精巧な装飾の施された金銅製垂木先飾金具や釘隠金具が特筆されるほか、同じく金銅製の軸端金具が検出されており、華麗に荘厳された寺院がこの地に存在したことを十二分にうかがわせる。

参考文献 渡辺晃宏『平城京と木簡の世紀』(『日本の歴史』四、二〇〇一。講談社)。福山敏男『日本建築史の研究』、一九四三、桑名文星堂。 (野尻 忠)

あみもの 編物 ⇩織物《おりもの》

あめのかぐやま 天香具山 ⇩大和三山《やまとさんざん》

あゆ 鮎 北海道道南以南の日本列島および朝鮮半島・台湾南部・中国南部に分布するニシン目アユ科の魚類。秋に河川の中下流で生まれた稚魚はすぐに降海して沿岸で成長し、三月から五月に再び母川を上中流までさかのぼり、藻を食べて成長し、秋に成熟すると下りアユとなって中下流で産卵し、一年のうちに一生を終えることから年魚《ねんぎょ》とも呼ばれる。骨が脆弱で特徴のある部位に乏しいため、遺跡からの出土例は多くないが、広島県帝釈弘法滝洞窟(縄文時代早・前期)、京都府舞鶴市桑飼下遺跡(縄文時代後期)の包含層や、福井県大飯郡高浜町の二子山古墳(六世紀)や、京都府綾部市の荒神塚古墳(六世紀)の合口の須恵器の坏(浅鉢)からアユの骨の出土例がある。

文献上のアユの初出は『古事記』で、筑紫の記事中に年魚とみえる。また、『肥前国風土記』の松浦郡に年魚を釣る記事があり、『出雲国風土記』には、楯縫郡をのぞく、二十一河川に年魚が記される。『延喜式』には、西日本を中心とした二十七国から年魚の火乾・煮乾・煮塩・塩塗・漬塩・押・鮨・内子鮨が、山城と近江の二国からアユの幼魚である氷《ひ》魚《うお》が貢進されたことが記される。西日本のコイ科・アユ資源が、東日本のサケ・マス資源に劣らないとして、縄文文化の人口密度や文化内容が東高西低を示す現象を否定する見方があるが、捕獲のための効率性、労働量、肉量、保存処理の容易さのどれをとっても、サケ・マス資源の圧倒的な優位性は揺るがず、コイ科やアユが西日本の縄文人にとってサケ・マス資源に匹敵する保存食料として重要な役割を占めたとは考えられない。

参考文献 秋道智彌『アユと日本人』(『丸善ライブラリー』六一、一九九二、丸善)。 (松井 章)

あらいのせき 新居関 江戸時代、箱根関所とともに東海道に置かれた関所。今切《いまぎれ》関所ともいう。静岡県浜名郡新居町に所在。唯一、江戸時代の関所建物を残す。国指定特別史跡。南に遠州灘、北に浜名湖、東に海上一里の今切を控える。今切は一四九八年(明応七)に生じた浜名湖の海への開口部。戦国時代、今川氏により関銭徴収のための関所が置かれたこともあった。関ヶ原の戦い直後、徳川氏により設置。はじめ、関所奉行による直轄支配。一七〇二年(元禄十五)以降は三河吉田城主の管轄となる。一七〇八年(宝永五)、東南約一・六キロの地点から現在地に宿場ごと移転。「入り鉄砲」と女性のほか、今切湊に入る廻船の検閲などにあたった。大門、面番所、女改め長屋、船頭会所などの建物から構成され、東側に船着き場があった。現存する面番所は一八五五年(安政二)の建替え。一八六九年(明治二)の関所廃止後、小学校や町役場として利用され遺存。史跡整備事業が進められている。

資料館 新居関所史料館(静岡県浜名郡新居町)

参考文献 渡辺和敏『街道と関所(改訂版)』、一九九三、新居町教育委員会。新居町教育委員会編『特別史跡新居関跡調査報告書』一、一九九六。 (佐藤 正知)

あらいはくせき 新井白石 一六五七―一七二五 近世中期の学者・政治家。名は君美《きんみ》、字は在中・済美。通称は与五郎・伝蔵・勘解由。白石は号で、ほかに紫陽・錦屏山人・天爵堂・勿斎などと号した。明暦大火の翌日、一六五七年(明暦三)二月十日に江戸柳原で生まれた。上総久《く》留《る》里《り》藩の土屋氏、下総古河藩で大老の堀田正俊、甲府藩の徳川綱豊などに仕えた。また朱子学者の木下順庵の門下で学んだ。綱豊が六代将軍家宣となってからは、側用人間部詮房とともに幕府政治の改革に深く関与していった。良質の正徳金銀の発行や、長崎貿易の制限による金銀流出の抑制、朝鮮通信使の接待の簡素化などの制度改革を、儒教的理念にもとづいて推進した。家宣の死後、八代将軍吉宗の代になって失脚した。一七二五年(享保十)五月十九日没。六十九歳。代表的著作として『藩翰譜』『西洋紀聞』『折たく柴の記』などがある。

参考文献 宮崎道生『新井白石の研究(増訂版)』、一九六九、吉川弘文館。 (小林 信也)

あらくいせき 荒久遺跡 千葉県袖ケ浦市高谷に所在する中世の集落遺跡。一九九一年(平成三)・九二年の発掘調査で、掘立柱建物九棟、地下式坑二十四基、方形竪穴遺構六基、擂鉢状遺構八基、土坑百八十五基以上、井戸状遺構二基、溝二十八条などの遺構を確認している。出土した陶磁器では青磁の蓮弁文碗・盤、端反碗、白磁小皿などの貿易陶磁類、瀬戸窯の瓶子、仏具、碗・皿、擂鉢、常滑窯の甕、捏鉢、備前窯の擂鉢があり、遺跡の中心的な年代は十四世紀から十五世紀前半と推定できる。このほかの出土遺物には滑石製のスタンプや東海系の鍔釜、在地系内耳鍋やカワラケがある。また、不動明王の種子を墨書したカワラケに穀類を入れて埋納した地鎮遺構が確認されている。中世にさかのぼる延命寺の門前に位置し、地方寺院の門前に展開した宿としての性格が推定できる。

参考文献 千葉県文化財センター編『千葉県荒久遺跡』二、一九九八。 (笹生 衛)

あらしやま 嵐山 平安時代から現在の京都市西京区嵐山に至る地名。嵐山(標高三八一・五メートル)とその北から東麓の大堰《おおい》川(桂川)までの一帯。同地と大堰川対岸の一帯は秦氏が葛野《かどの》大堰を築いて開発した地域であるが、平安遷都後は天皇・貴族の遊覧の地となり、九〇七年(延喜七)九月の宇多法皇御幸・醍醐天皇行幸のころには、大堰川と北岸の小倉山が紅葉の名所となっていた。南岸の紅葉も愛でられ、十世紀末までには紅葉を散らす風を嵐と見立てて嵐山と命名されていたらしく、藤原公任の「朝まだき嵐の山の寒ければ紅葉の錦着ぬ人ぞなき」(『拾遺和歌集』『公任卿集』)以降、紅葉と詠みあわせる多くの和歌が作られた。現在も桜と紅葉の美しい観光地として有名で国史跡・名勝。嵐山山頂には室町時代後期に香西元長が築いた嵐山城(嵯峨城)跡、東麓には院政期に霊験所として知られた法輪寺と式内社櫟谷《いちだに》神社、北中腹には江戸時代初期に角倉了以が嵯峨中院から移建した千光寺(大悲閣)がある。 (古藤 真平)

あらちのせき 愛発関 越前国にあった古代北陸道の関で、三関《さんげん》の一つ。『令義解《りょうのぎげ》』軍防令《ぐんぼうりょう》置関《ちげん》条にその名がみえる。七六四年(天平宝字八)九月に起きた恵美押勝《えみのおしかつ》の乱で、越前に向かった押勝一行は愛発関に入ろうとしたが、追討軍が先回りしたため失敗し、敗走するに至った。七八九年(延暦八)七月三関は停止されたが、その後も八〇六年(大同元)三月の桓武天皇没時には関を閉じる固関《こげん》が行われた。しかし八一〇年(弘仁元)九月の薬子《くすこ》の変では、愛発関に代わり近江の関が固関され、これ以後逢坂関《おうさかのせき》が三関に入った。愛発関の位置については諸説あり、北陸道が近江から越前に入ったあたりに求め、福井県敦賀市追分や疋田《ひきた》・道《みち》ノ口《くち》などに比定する説がある。疋田を中心に発掘調査が行われたが、遺構は見つかっていない。また別に奈良時代の北陸道は近江―若狭―越前と続くので、若狭から越前への入り口である同市関付近に中心施設である大関を、近江から直接越前に入る道筋上の道ノ口付近に小関《こせき》を想定し、愛発関は複合的構造であったとする説もある。→三関《さんげん》

参考文献 愛発関発掘調査委員会・敦賀市教育委員会編『越前愛発関発掘調査概報』I―IV、一九九八-二〇〇一。舘野和己「古代越前国と愛発関」(『福井県文書館研究紀要』三、二〇〇六)。
(舘野 和己)

ありおかじょう 有岡城 十六世紀後半における荒木村重の城郭。兵庫県伊丹市所在。国指定史跡。もとは、摂津の有力国人伊丹氏の伊丹城と呼ばれ、一五二〇年(永正十七)の攻防戦をはじめ、幾度も戦火にみまわれた。一五七四年(天正二)、織田信長から摂津国守護に任命された荒木村重は、伊丹氏を追い、城を有岡城と改名した。しかし、一五七八年、村重は信長に反旗を翻し、有岡城は信長軍に激しく攻められ、翌一五七九年に落城した。村重は、伊丹台地の地形を利用して、東縁の城を核に、武家屋敷、町屋、台地縁の外郭線(惣構)を配置させた。その規模は南北九〇〇㍍、東西四五〇㍍に達し、戦国期畿内の平地城郭では最大を誇る。文献から「天守」の存在が確認できる本丸跡からは、石垣や虎口、礎石建物跡が検出された。外郭線内部も、早くから都市遺跡として認識され、順次発掘調査が行われている。北西隅の猪名野神社門前から短冊形地割による長方形街区の屋敷割が検出され、荒木氏の時代の特徴として評価された。しかし、最近は、この街区の成立が十七世紀前半まで下るという意見が出されている。

参考文献 『有岡城跡・伊丹郷町』I―VI、一九八七-九九。前川要『都市考古学の研究』、一九九一、柏書房。藤本史子「中世都市伊丹の考古学的研究」(『ヒストリア』一八八、二〇〇四)。
(福島 克彦)

ありかべじゅくほんじん 有壁宿本陣 仙台の北約七〇㌔、宮城県栗原市金成有馬字有壁本町に所在する奥州道中有壁宿の本陣。佐藤家が代々宿の本陣と町の検断を務めており、同家に残る関札などから、松前・八戸・盛岡などの諸大名や仙台藩の巡検使、箱館に下るロシア人などがこの本陣を利用したことが知られる。現在残る建物は、一七四四年(延享元)の火災で旧本陣が焼失した後に建てられたものである。その後、修理や屋根の葺替えがたびたびなされてはいるものの、街道に面した御成門・玄関から中座敷、御次の間、上段の間に及ぶ本陣部分と、長屋のくぐり戸、帳場の間、大台所、茶の間、座敷、納戸を含む私宅部分が一体となって母屋を構成しており、本陣の旧態をよく留めている。主要街道の数少ない本陣遺構として貴重であることから、一九七一年(昭和四十六)に敷地内にある米蔵・塩蔵などの諸蔵や馬屋などの附属施設も含めて、四五三四平方㍍が国史跡に指定された。

旧奥州街道と有壁宿本陣

参考文献 『金成町史』、一九七三。佐藤鉄太郎他編『史蹟旧有壁本陣(附属屋)修理工事報告書』、一九八三。
(白鳥 良一)

ありたてんぐだにこよう 有田天狗谷古窯 佐賀県西松浦郡有田町に残る江戸時代の窯跡の一つ。肥前磁器すなわち伊万里焼を焼いた窯であり、当時は上白川《かみしらかわ》山と呼ばれた。江戸時代後期の金ヶ江《かねがえ》家文書に先祖の三平が泉山石場を発見して天狗谷に窯を築いたことが記されていることから、肥前磁器誕生の窯と考えられたこともあった。一九六七年(昭和四十二)に初の本格的な考古学的調査が行われたのも、最初の窯と考えられていたからである。調査の結果、A～E、X窯の六基の窯体が重なり合って発見された。築窯順は層位関係などから推定され、絶対年代は熱残留地磁気測定結果などから慶長ごろを上限とし、三窯が順次築かれ、いったん廃絶した後に、二窯で順次生産され、十八世紀中葉から十九世紀初頭に廃窯になったと推測された。しかし、その後の研究結果で、一六三〇年代ごろから一六七〇年代ごろまでの間にほとんど絶え間なく続いたことが明らかになった。泉山の石場を発見し、磁器の量産を可能にした時代の窯であり、肥前磁器輸出の最盛期まで続いた。

参考文献 『有田天狗谷古窯』、一九七二、有田町教育委員会。
(大橋 康二)

ありたやき 有田焼 ⇩伊万里焼《いまりやき》

あわ 粟 イネ科の夏作の一年草で五穀の一つ。日本では縄文時代にすでに栽培されており、日本最古の作物の一つである。『古事記』『日本書紀』の農業神話にもたびたび登場し、なかでも保食神《うけもちのかみ》の死体からさまざまな穀物が生まれるという「死体化生型神話」では、粟は額の上から生じたとされる。『常陸国風土記』には「粟の新嘗《にいなめ》」がみられ、それは十世紀前期の国家的儀式書『延喜式』にも「新嘗祭に供えるところの官田の稲ならびに粟等」(原漢文)と規定されているから、古代においてはイネと並ぶ重要な穀物として認識されていた。律令制のもとで

は備荒食料とされ、備荒のために穀物を貯蔵する義倉《ぎそう》制では粟を貯蔵することと規定されていた(賦役令)。また、最初の畠作物奨励策である七一五年(霊亀元)の太政官符で栽培が奨励されたのも粟で、「諸穀の中でもっとも精好(巧)なり」と評されている。以後、近代に至るまで粟は備荒作物として栽培し続けられた。
(木村　茂光)

あわこくぞうひ　阿波国造碑　阿波国の国造で、名方郡の郡司大領を務めた粟凡直弟臣の墓に立っていた碑。碑は塼製で、四角柱状を呈し、身の高さは二九センチ。身の上下に枘状の張出部分があり、かつては頂部に笠を持ち、台石上に立つ構造であったと思われる。正面に「阿波国造／名方郡大領正□位下／粟凡直弟臣墓」、正面向かって左側面に「養老七年歳次癸亥／年立」の銘を陰刻する。喪葬令立碑条によると、墓には官職・姓名に「之墓」と記した碑を立てることが義務づけられており、この規定に合致する古代の墓碑としては本碑が唯一の現存例である。同条はさらに立碑者の条件として「三位以上、及別祖氏宗」を挙げ、四位以下の者には氏上を除いて墓碑の造立を認めていない。郡大領にあった弟臣は粟凡直氏の氏宗(氏上)だったのだろうか。碑は現在、徳島県名西郡石井町中王子神社の御神体となっている。同町から徳島市にかけての地域は古代阿波国の中心地で、神社の東方には国分寺・国分尼寺跡や、阿波国府比定地に広がる観音寺遺跡がある。

参考文献　松原弘宣「国造と碑—那須国造碑と阿波国造碑—」(平川南他編『文字と古代日本』一所収、二〇〇四、吉川弘文館)。
(野尻　忠)

あわこくぶんじ　安房国分寺　安房国に所在した国分寺。七四一年(天平十三)の聖武天皇の詔を受けて諸国で建立された国分寺の一つ。現在は、千葉県館山市国分に真言宗智山派の寺院として存続する。参道には円形の造りだしを持つ礎石が残っている。数次にわたる発掘により、何本かの溝、金堂跡と思われる版築基壇が確認されたが、伽藍配置・寺域などについては不明な点が多い。出土遺物には、瓦のほか三彩の獣脚・刻線土器などがある。軒丸瓦は、素縁単弁七葉蓮華文で、彫りが浅く瓦当面に布目痕が残る特異なものである。軒平瓦は出土しておらず、また軒丸瓦の出土量も少ないところから、総瓦葺きとは考えにくい。安房国は、七一八年(養老二)に上総国から独立、七四一年に上総国と合併、七五七年(天平宝字元)に再度独立する複雑な経緯を経ており、面積も狭いことなどから、本格的な国分寺は建造されなかった可能性が高い。国分尼寺は近くの地字尼坊《あまんぼう》に比定されているが、具体的な遺構・遺物は発見されておらず不明である。
↓国分寺《こくぶんじ》

参考文献　平野元三郎・滝口宏「安房国分寺考」(『史蹟名勝天然記念物調査』一二、一九三五)。館山市教育委員会『安房国分寺』、一九八〇。
(川尻　秋生)

あわこくぶんじ　阿波国分寺　阿波国の国分寺。遺跡は徳島市国府町矢野に所在する。県指定史跡。創建と変遷に関する文献史料はない。現在の国分寺境内には、大門、鐘楼、本堂、大師堂、庫裏などが建ち、本堂に隣接する庭園は国の名勝に指定されている。鐘楼の南に塔心礎と見られる巨大な緑泥片岩がある。発掘調査は、一九七六年(昭和五十一)と一九七八—八〇年に行われたが、調査範囲が限定されていたため、主要堂塔は明確となっていない。その中で、東回廊および北回廊の一部、金堂もしくは講堂と思われる建物跡の一部、南築地塀と南大門跡と推定される遺構の一部などが断片的にみつかっている。焼土層の存在から平安時代後期に一度、火災にあったと考えられる。遺物は、重圏文軒丸瓦、重郭文軒平瓦、鬼瓦などで、軒瓦には、平安時代末期から鎌倉時代にかけての時期のものがある。また土器類として、土師器、須恵器、黒色土器などのほかに、鎌倉から室町時代ごろの常滑系の甕・壺や同時代の輸入磁器がある。
↓国分寺《こくぶんじ》

参考文献　天羽利夫・一山典「阿波・国分寺」(角田文衛編『新修国分寺の研究』五上所収、一九八七、吉川弘文館)。
(田辺　征夫)

あわこくぶんにじ　阿波国分尼寺　阿波国の国分尼寺。遺跡は徳島県名西郡石井町石井字尼寺《みょうざい》に所在。国指定史跡。一九七〇年(昭和四十五)・七一年の調査で、金堂・北門跡が発掘され、寺域が一町半(約一五八メートル)であることが判明。二〇〇一年(平成十三)に行われた史跡整備に伴う調査で、講堂がみつかっている。金堂は、東西約二八メートル、南北約一八メートルの大きさで、基壇北面に凝灰岩切石造の地覆石六個と延石五個が遺存する。北門は、礎石痕跡のみがみつかり、桁行が中央柱間で三・六メートル、両脇間が三・三メートル、梁行は三・三メートルをはかる三間一戸の門である。講堂は、礎石痕跡が確認でき、東西七間、南北四間の建物である。各柱間は、桁行が二・七メートル、梁行が三・〇メートルである。出土遺物には、瓦類として、複弁八葉蓮華文軒丸瓦、均整唐草文軒平瓦、重圏文軒平瓦、重圏文鬼瓦などがあり、奈良時代から平安時代初めごろまでの時期のものである。土器類には、土師器、黒色土器、瓦器などがあり、十三世紀ごろまでのものが見られる。
↓国分寺《こくぶんじ》

参考文献　田辺征夫・松永住美「阿波・国分尼寺」(角田文衛編『新修国分寺の研究』五上所収、一九八七、吉川弘文館)。
(田辺　征夫)

あわじこくぶんじ　淡路国分寺　兵庫県三原郡三原町八木笶原国分《やはらこくぶ》にあった古代寺院。七四一年(天平十三)の聖武天皇の詔を受けて諸国で建立された国分寺の一つ。塔跡は国指定史跡。『続日本紀』天平勝宝八年(七五六)十二月己亥条に、淡路国分寺と紀伊国分寺の造営に灌頂幡と緋綱が支給されたことがみえ、すでに淡路国分寺の造営工事が始められていたことがうかがえる。淡路国分寺の瓦が紀伊国分寺の瓦と同笵であることは、笵が紀伊から淡路に国分寺建立のためにもたらされたことを物語っている。寺域確認調査の結果、塔基壇は旧地表を三〇センチから四〇センチ掘り込んだのち、平均四センチの厚さで版築したことがわかり、四〇センチの築成土の残存が確認された。心礎と礎石四個が残り、円形の柱座と出枘《ほぞ》を持ち畿内に見られる様式である。ほかに金堂基壇と寺域を限る溝が検出された。以上のことから中門・金堂・講堂が一直線上に並び塔を東に配置する伽藍配置であり、寺域は東西一町半、南北二町であることが確認された。なお、淡路国分尼寺は、同笵瓦の出土などから北方九〇〇メートルの稲荷神社周辺と推定されるが、未発掘のため実態は不明である。

↓国分寺《こくぶんじ》

参考文献 三原町教育委員会編『淡路国分寺』、一九三三。藤井保夫「紀伊国分寺跡出土の瓦」(安藤精一編『和歌山の研究』一所収、一九七九、清文堂)。

(大村　敬通)

あわじのくに　淡路国　兵庫県南部に位置する古代南海道の一国。西は播磨灘、東は大阪湾に面し、北は明石海峡を挟んで明石市に、南は紀淡海峡と鳴門海峡を挟んでおのおの和歌山県友ヶ島および徳島市に面している。地形的には北東から南西にかけて六甲山地と一連の津名山地と、和泉山脈および讃岐山脈に連続する南部の諭鶴羽《ゆづるは》山地との間に、東西に伸びる三原低地帯および三原平野がある。国産み神話に登場し、『古事記』神代では「淡道之穂之狭別島」、『日本書紀』神代では「淡路洲」と表記される。国名について『万葉集』では「粟路」、藤原宮跡出土木簡に「粟道」の表記がみられ、阿波国が古い用例では「粟」とされることから「粟道」が古い表記であり、阿波へ至る路の意味と理解される。考古学的には銅鐸が多く発見されたことで著名だが、島を縦断する神戸淡路鳴門自動車道建設に伴い、多くの遺跡が調査され新知見が得られている。縄文時代の遺跡は、まるやま遺跡、西日本最大級といわれる大規模な集落跡の佃遺跡、縄文時代早期から弥生時代後期に至る土器を出土した育波《いくは》堂ノ前遺跡、弥生時代中期の方形周溝墓も発見された武山遺跡などがある。弥生時代の遺跡は、方形・円形周溝墓が発見された下加茂遺跡・神子曾《かみこそ》遺跡があり、集落跡としては、弥生時代から室町時代にかけての寺中《じちゅう》遺跡、古墳時代中期を中心とした木戸原遺跡がある。下内膳《しもないぜん》遺跡では、弥生時代中期からの住居跡や水田跡、奈良時代から平安時代にかけての建物跡、奈良時代の官衙と考えられる大規模な掘立柱建物跡を検出している。また、嫁ヶ渕遺跡も、奈良時代前半の官衙跡といわれる。生産遺構としては、弥生時代から奈良時代にかけての製塩遺構である貴船神社《きぶねじんじゃ》遺跡、七世紀中ごろから後半まで須恵器を焼いた汁谷窯跡がある。古墳は大正末年に三角縁神獣鏡が出土したと伝えられるコヤダニ古墳が注意されるが消滅した。前期・中期の古墳はほとんどなく、多くは後期の横穴式石室を主体とし、大型の古墳も少なく、前方後円墳も見られない。そのなかで沖の島古墳群には、漁具が副葬されており、海人の古墳として注目される。淡路国は万葉集歌に「御食都国《みけつくに》」と呼ばれ、早くから天皇家に海産物を貢納するなど朝廷との関わりが深いことで知られるが、海上交通の瀬戸内海東部における要衝として重視され、淡路の「海人」はしばしば徴用されている。律令制下では下国で、津名・三原の二郡からなり、国府は三原郡榎列《えなみ》郷(南あわじ市神代《じんだい》国衙)に所在したと推定される。国分寺は養宜《やぎ》郷(同市八木国分の護国山国分寺)にあった。淡路への交通としては、紀伊の賀太《かだ》駅から海路をとり由良《ゆら》駅に上陸し、大野駅を経て、福良《ふくら》駅から阿波の石隈《いわくま》駅へと向かう南海道が主街道であるが、明石浜から津名郡岩屋浜へ渡る道もあり、八四五年(承和十二)には連絡用の船と渡子が常置されている。奈良時代には、淳仁廃帝・不破内親王・早良親王ら皇族が配流されたことでも知られる。平安時代には、権門勢家や寺社の勢力が強く新立荘園が充満し、国衙の権限が圧迫されている状況が、一一二七年(大治二)三月十日の「淡路国守平実親奏状」によって窺われる。鎌倉時代の様子は、一二二

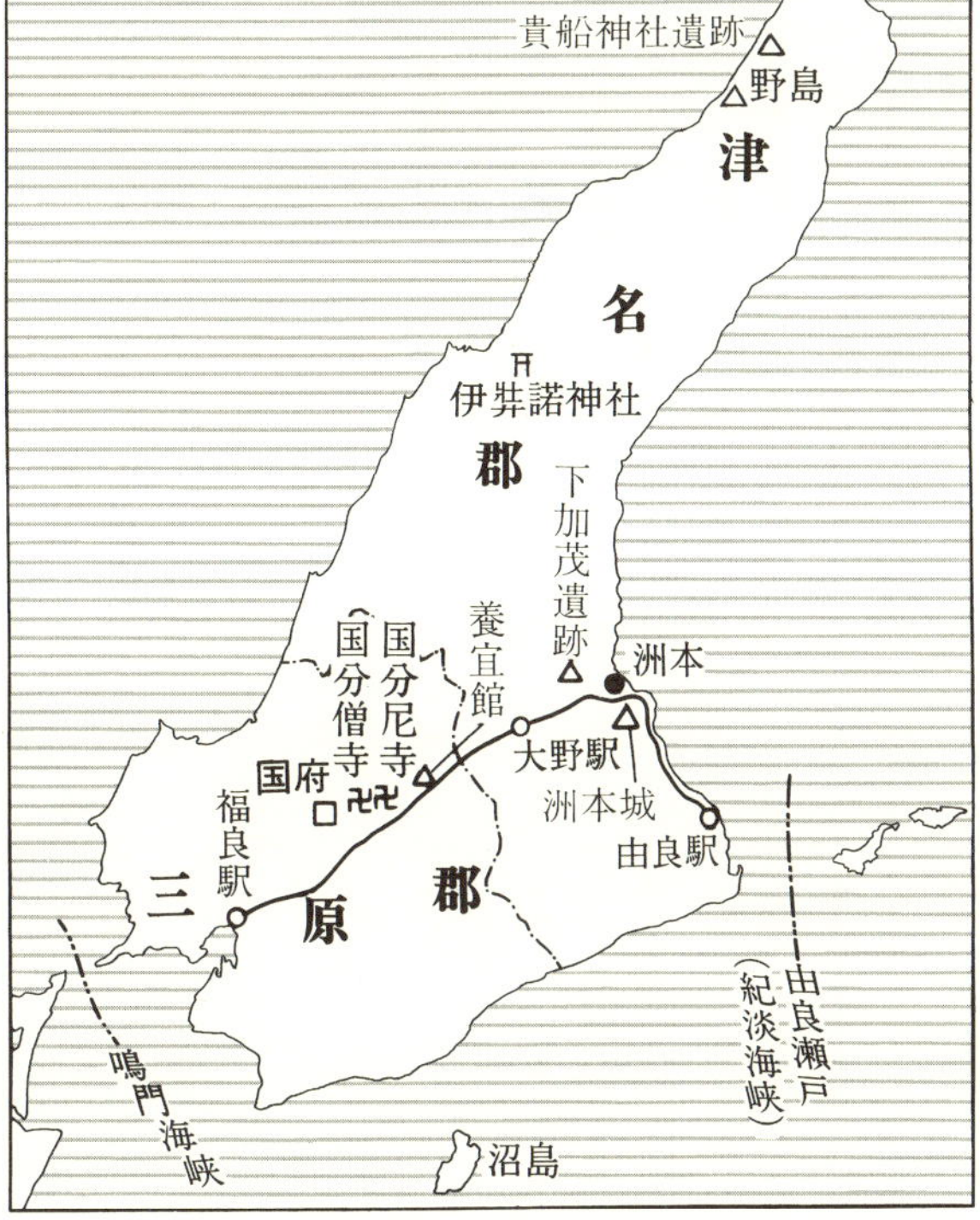

淡路国略図

三年（貞応二）の『淡路国大田文』によって知られ、二十三の荘園と、十四の国衙領があり、承久の乱では大多数の国御家人は上皇方となり没落したという。守護は、初期に横山時広・佐々木経高らが知られるが、承久の乱後、長沼宗政が摂津・淡路の守護となり、以後長沼氏が鎌倉幕府滅亡まで続いた。一三三六年（建武三）一月、長沼秀行に守護職が安堵されるが、まもなく細川師氏が守護となり、代々相伝した（守護所は養宜館《やぎやかた》）。一五〇七年（永正四）細川尚春が三好長輝（之長）に滅ぼされ三好氏の支配するところとなり、長慶の代には弟の安宅《あたぎ》冬康が由良城にあって淡路を管掌した。冬康の子信康は織田信長に降り、一五七七年（天正五）の木津川口の戦いに参戦、家督を継いだ弟の清康は毛利に傾き一五八一年豊臣秀吉の攻撃を受け降伏した。仙石秀久につづいて、一五八五年脇坂安治が洲本城に入り三万三千石を領した。安治が伊予大洲へ転封した後、一六一〇年（慶長十五）池田忠雄が由良城を与えられ六万三千石を領したが、一六一五年（元和元）岡山藩の家督をついだため淡路は収公され、徳島藩主蜂須賀至鎮に与えられ一八六九年（明治二）版籍奉還に至った。蜂須賀氏は洲本城を淡路統治の中心地として洲本仕置を置き一般行政を執らせ、家老の稲田氏を洲本城代として城の管理防衛にあたらせた。淡路国石高は『天保郷帳』では九万七千百六十四石余、『味地草』では一八三四年（天保五）に十二万七千三百四十二石余とある。一八七一年の廃藩置県に際して稲田騒動がおこり、津名郡のうち北部四十三ヵ村は兵庫県、そのほかは徳島県（名東県）に属したが、一八七六年に全島が兵庫県に移管された。

参考文献　櫃本誠一・松下勝『日本の古代遺跡』三、一九六四、保育社。兵庫県教育委員会埋蔵文化財調査事務所編『ひょうごの遺跡』三〇、一九九六。『兵庫県の地名』一（『日本歴史地名大系』二九ノ一、一九九九、平凡社）。

（福原栄太郎）

あわのくに　安房国　房総半島南部に位置し、現在の千葉県に属する。当国は、もともと上総国に属していたが、七一八年（養老二）に独立し、七五七年（天平十三）に併合、七五七年（天平宝字元）に再度独立した。『和名類聚抄』によると、平群《へぐり》・安房・朝夷《あさひな》・長狭の四郡から構成されており、田数は四千三百三十五町余である。大化前代には、安房・長狭の国造が置かれた。大規模な古墳はないが、洞窟遺跡が多く、館山市大寺山遺跡からは古墳時代の舟葬墓が見つかっている。国府は平群郡に所在したが詳細は不明。ただし、三芳村に府中の地名が残る。館山市に国分僧寺跡があり、金堂跡とみられる基壇跡が見つかっているが、軒丸瓦は瓦当に布目を残す簡素なもので、他の国と比べて小規模であったと思われる。国分尼寺は比定地があるものの遺構としては不明である。一宮は館山市の安房神社。正倉院に伝わる七三〇年の『安房国義倉帳』は当国長狭郡のものと推測される。財政は、正税・公廨各十五万束、薬師寺料二万束・文殊会料千束・安居僧供料千束・修理池溝料二万束、調としては、緋細布《さよみ》・細貲布《さよみ》・薄貲布、縹細布・鳥子鰒・都都伎鰒・放耳鰒・着耳鰒・長鰒・細布・調布・凡鰒、庸として海松《みる》・布、中男作物として紙・熟麻・枲《からむし》・紅花・堅魚・鰒《あわび》が規定される。駅としては、白浜・川上の各駅、牧には白浜馬牧・鈖師《おのし》馬牧がみえる。京までの行程は、上りが三十四日、下りが十七日の遠国である。東海道に属し、国の等級は中国である（以上『延喜式』）。安房郡は、安房神社のための神郡であり、七〇〇年（文武天皇四）には、安房郡司の父子兄弟の連任が許可された。景行天皇が安房を訪れた際、高橋氏（もと膳氏）の祖磐鹿六雁命が大きな白蛤を料理して出したところ喜ばれ、膳大伴部を賜り以後天皇の食事を担当するようになったとの説話がある（『高橋氏文』『日本書紀』）。説話自体は史実ではないが、安房国が鰒を中心とした海産物を貢納し、平城京から出土する安房国の貢進物付札木簡はほとんど鰒に関するもので、『延喜式』の税目は奈良時代までさかのぼる。この木簡には大伴部が多くみられ、説話の膳大伴部との関係が想定される。さらに、安房国造・安房郡司が大伴部直で、安房神社の祭神は宮中の大膳職に御食津神（天皇の食事を司る神）として勧請され、その祭祀のために、安房国造家の女性を中心とする阿房の刀自女という女性集団が上番していた。これらのことから、安房国が宮中の食膳に深く関わっていたことは史実であったと考えられ、このような小国を

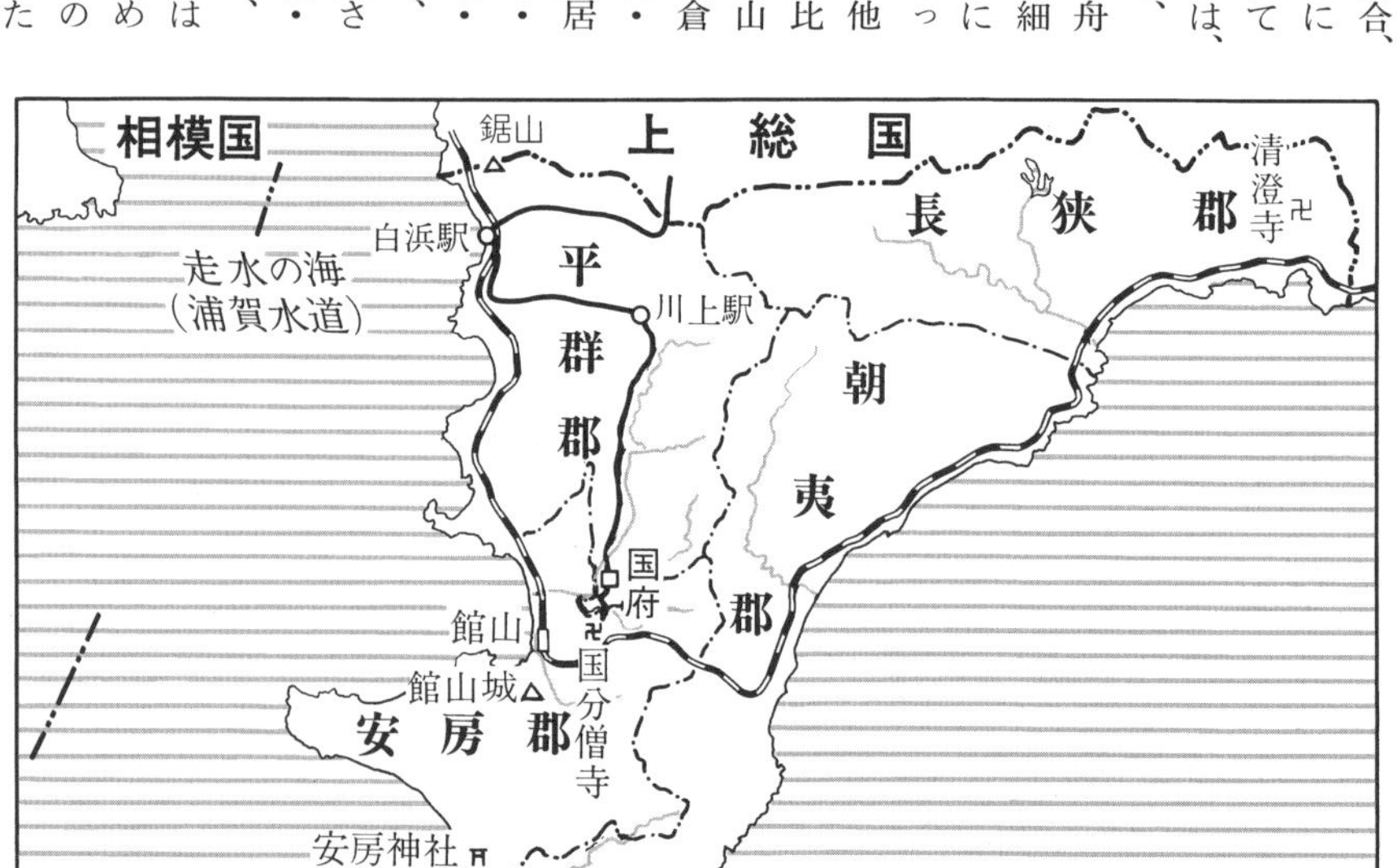

安房国略図

わざわざ上総国から分置したのもこの点に関係すると推測される。ところで、安房国については、忌部氏の祖天富命が四国の阿波の忌部を率いて当地に上陸し、忌部が居住するようになったことにちなんで安房郡と命名し、天富命の祖神の太玉命を祀ったのが安房神社であるとの伝承もある。これは、八〇七年(大同二)に斎部広成が著した『古語拾遺』にみえる説話であるが、『高橋氏文』と安房神社の位置づけを巡って齟齬がある。現在のところ、安房国に忌部の分布は認められず、安房国造・安房郡司も大伴部直とみられることから、『高橋氏文』の方が実態を伝えていると思われる。なお、安房国は、七二六年(神亀五)に遠流の地となり、以後、しばしば配流の地となった。当国には国分寺以外の古代寺院跡はほとんどない。奈良時代初期以来、坂東の一国として征夷に兵員・軍糧を支出した。九三九年(天慶二)に本格化した平将門の乱では、一時将門の占領領域に含まれた。一〇二八年(長元元)に起きた平忠常の乱の発端は安房守惟忠を殺したことにはじまり、この戦乱の結果、「亡国」といわれる状態になった。源頼朝が石橋山の合戦で敗れた後、当国の平北郡猟島に落ち延び、再起をはたしたことでも知られる。中世には、安西・神余などの小規模な在地領主がいて、一部に和田・足利氏などの有力な御家人の所領もあった。また、日蓮の生国としても知られる。里見氏がどのように安房国に入国したのかは不明な点が多いが、里見義堯は、小弓公方足利義明と結んで後北条氏と戦い敗退した(第一次国府台合戦)。その後、一時的に上総国に勢力を伸ばしたが、再度、後北条氏と戦い大敗し(第二次国府台合戦)、勢力は縮小した。後北条氏の滅亡により、里見氏は安房一国の支配を許されたが、後に転封され滅亡した。近世には、幕府・旗本領および小藩が置かれた。一七一一年(正徳元)、北条藩の過酷な仕打ちに対して、百姓が蜂起した(万石騒動)。当国は、江戸の台所として、各種の海産物の供給地となり、そのために、海上交通が発達した。

参考文献 『千葉県の歴史』資料編古代・通史編古代二、一九九六・二〇〇一。川尻秋生「古代安房国の特質―安房大神と膳神―」(『古代東国史の基礎的研究』所収、二〇〇三、塙書房)。

(川尻　秋生)

あわのくに　阿波国　南海道の一国。現在の徳島県全域にあたる。国内の北部には吉野川が、南部には那賀川ほかの大河川が、西から東へ向かって流れ、紀伊水道に注ぐ。河川に沿った沖積平野を中心に、旧石器時代、縄文時代以来の人々の痕跡が残るが、弥生時代にはこの地域で銅鐸が多くつくられたことが知られ、特に、のちの名方郡域に多くの出土例がある。古墳の分布からみると、阿波地域は大きく吉野川中流域、同下流・鮎喰川流域、那賀川・勝浦川流域と海岸部の三つの勢力圏で捉えることができる。この中で、吉野川下流・鮎喰川流域は五世紀中葉以前の前方後円墳が集中し、六世紀には前方後円墳がなくなり畿内文化の影響を受けるようになることから、のちの板野郡・名方郡域周辺が先進地帯であったと推定される。『旧事本紀』の『国造本紀』によれば、のちの阿波国の範囲には、粟《あわ》国造と長《なが》国造があり、国制の整備とともに両国が統合して阿波国となった。奈良時代には国内に板野郡・阿波郡・美馬《みま》郡・麻殖《おえ》郡・名方郡・勝浦郡・那賀郡の七郡があった。その後、八六〇年(貞観二)に美馬郡から三好郡が分置され、八九六年(寛平八)には名方郡が東西に分かれて名東郡・名西郡となり、平安時代末までに那賀郡から海部《かいふ》郡が分かれ、十郡となって近代に至る。『延喜式』によれば、阿波国は上国で、国内には南海道駅路沿いに石隈《いわくま》・郡頭《こおず》の二駅がある。式内社は五十座あり、うち大麻比古《おおあさひこ》神社(板野郡)・忌部《いんべ》神社(麻殖郡)・天石門別八倉比売《あめのいわとわけやくらひめ》神社(名方郡)三座は大社であった。国府・国分寺・国分尼寺は名方郡に置かれ、国分寺は現在の徳島市国府町矢野、国分尼寺は名西郡石井町石井に遺構が残る。国府は古くより徳島市国府町に比定されてきたが、近年の調査により同地の観音寺遺跡周辺が有力な比定地となった。観音寺遺跡では一九九七年(平成九)の調査で七世紀半から八世紀前半の木簡が出土し、記載内容から国府に関連する木簡と考えられており、二〇〇五年の調査でも国内各地からの荷札木簡や勘籍の申請解を記した木簡が検出され、付近には国司館と推定される敷地遺跡がある。このほか古代阿波国の様相を示す史料として、奈良時代には七五八年(天平宝字二)の阿波国名方郡新島荘図と同郡大豆処図があり(正倉院宝物)、吉野川下流平野部に広範に認められる、いわゆる条里制的地割とも関連して、古くから注目されてきた。平安時代では、九〇二年(延喜二)の『板野郡田上《たのかみ》郷戸籍』が、老人と女性が圧倒的に多く記載された偽籍として知られているが、当時の社会実態を反映した面もあり、貴重な研究史料となっている。平安時代前半には国司に藤原氏が補任されることが多かったが、後半になると在地土豪が成長し、彼らが国司職を担った。鎌倉時代には、承久の乱後に守護となった小笠原氏が在地に定着して阿波国を支配し、南北朝時代には足利一門の細川氏が入って南朝方の勢力を抑え、室町時代後半まで勝瑞《しょうずい》城(板野郡)を拠点に阿波国の守護を務めた。戦国時代に阿波国を支配した三好氏は、小笠原氏の後裔で、細川氏の有力な被官となって地盤を築き、京都にも進出した。三好長慶のとき、一五四九年(天文十八)に細川晴元の配下を脱して以降は畿内で勢力を伸ばし、阿波国の支配も細川氏から引き継ぎ、三好長治のときには分国法『新加制式』が制定された。三好氏の勢力は天正初年ごろから衰え、阿波国も長宗我部氏の侵入を受けて一五八二年(天正十)には勝瑞城が落ちた。長宗我部氏の支配は長く続かず、豊臣秀吉に敗れ、代わって蜂須賀正勝がこの地に封じられ、蜂須賀氏の支配は徳島城を拠点に幕末まで続いた。柴野栗山《りつざん》らの儒学者や能力の高い国学者が現れて学問が発展。蜂須賀家の書庫である阿波国文庫は、学問の発展を背景に、

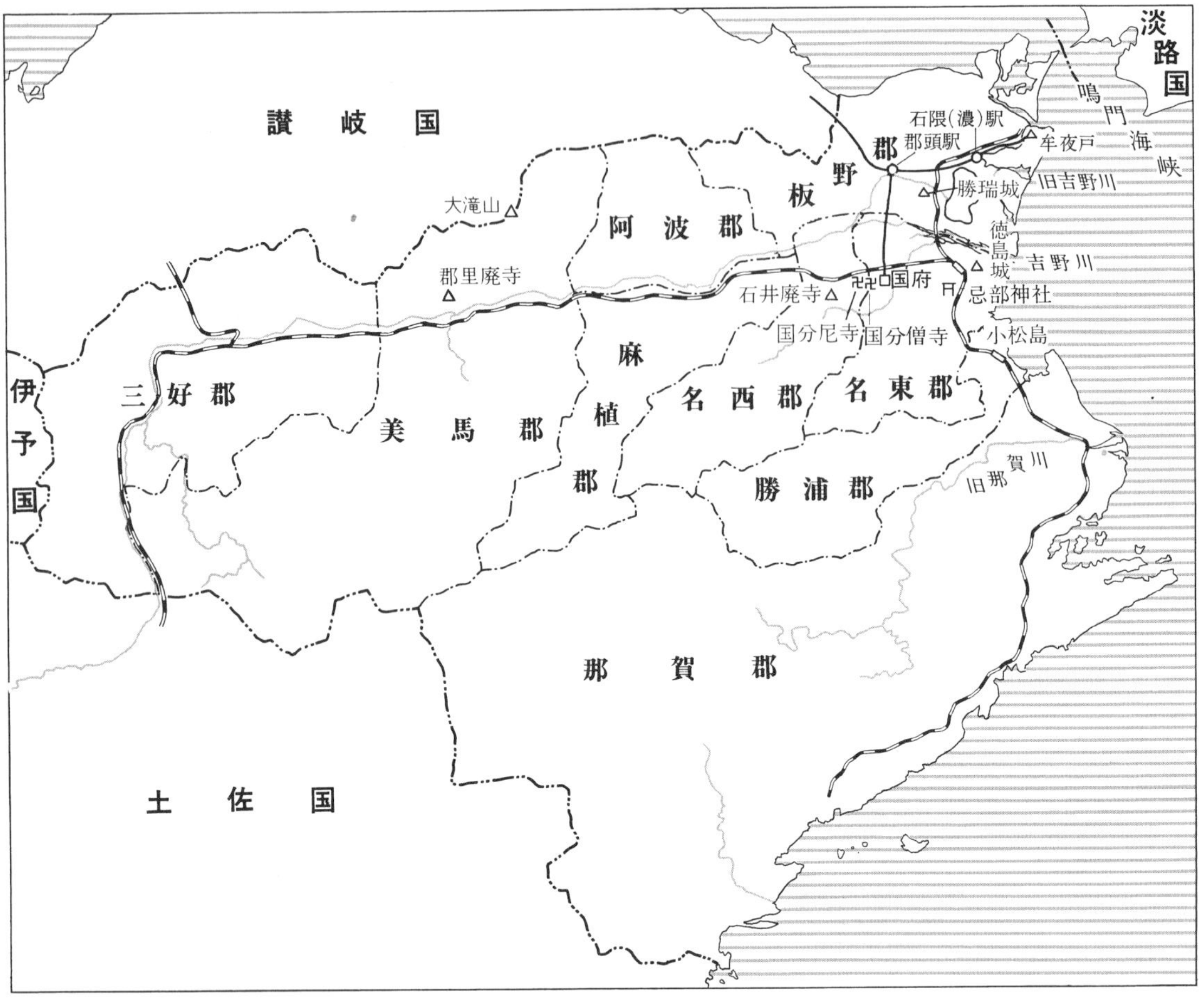

阿波国略図

さらに第十二代藩主斉昌のときには屋代弘賢《やしろひろかた》の旧蔵書を受け入れて、大いに充実した。幕末には小杉榲邨《こすぎすぎむら》らの学者を輩出している。一八六九年(明治二)、版籍奉還し徳島県となった。

参考文献 『徳島県史』、一九六四-六七。松原弘宣『古代の地方豪族』一九八八、吉川弘文館。 (野尻 忠)

あわのくにこせき 阿波国戸籍 法隆寺一切経のうち『成就妙法蓮華経王瑜伽観智儀軌巻第一』の紙背文書として伝わった戸籍。蜂須賀家所蔵。重要文化財。現状は十六紙からなるが、第一紙は第二紙以降と連続せず、二断簡に分かれる。一紙のみの断簡には「阿波国印」が捺されるが、継目裏書などはみられず郡郷名および作成年代は未詳。十五紙からなる断簡は、継目裏書によれば阿波国板野郡田上郷の九〇二年(延喜二)の戸籍で、戸口数にして三百十八口の記載が残る。奈良時代の戸籍と同様に、戸主を先頭に戸口の姓名・年齢・年齢区分などを記すが、各戸の冒頭に前戸籍からの戸口の出入りを詳記する点は、奈良時代の計帳の記載方式に近い。七十歳以上の耆老が三分の一を占め、女性が男性の六倍もいるなど、実態を反映した戸籍とはとても考えられないが、同一人物が年齢を違えて二重に記載される例や、一戸のなかに複数の所帯の存在が推定されるなど興味深い点もあり、当時の社会状況や戸籍作成の様相を探るための史料として重要である。『平安遺文』古文書編一、『大日本史料』一ノ三に収められている。

参考文献 泉谷康夫『律令制度崩壊過程の研究』、一九七二、高科書店。 (野尻 忠)

あわび 鮑 日本列島に生息する鮑は、メガイアワビ・マダカアワビ・クロアワビ(亜種エゾアワビ)の三種一型式。縄文時代以来の重要な海産物の一つであり、『魏志倭人伝』にも好んで採取する水人(海人集団)の姿が描かれる。『肥前国風土記』には白水郎(海人集団)の首長が王権に対する服属儀礼として、鮑を貢納する説話がみられる。

冷水域のエゾアワビを除く生息域は、古代海人集団(海女・海夫)の分布に重なり、『延喜式』にみえる鮑の貢進国ともほぼ一致する。東海道五国・北陸道二国・山陰道三国・山陽道一国・南海道二国・西海道六国で、主な貢進国は肥前・筑前・阿波・安房・伊予・豊後。貢進は乾物・漬物に加工され「長鮑」「短鮑」「御耳鮑」「薄鮑」「鮑腸漬」などの名称で四十種類におよぶ製品として納められた。古来、鮑は貴重な「海の幸」の表象であり、王権への服属の証として、また祭祀の神饌や饗宴などのもてなしの象徴としても重要な役割を担っていた。今日でも上進物や贈答品の「のし」として、その痕跡をとどめている。

参考文献 矢野憲一『鮑』(『ものと人間の文化史』六二、一九八九、法政大学出版局)。 (岡本 東三)

あん 案 (一)飲食物、文房具、衣装などを置くための机。主に神仏や貴人への献上品を載せる台として用いられた。その形状や材質はさまざまであるが、切案、高案、大案、八足案、中取《なかとり》案などと呼ばれる各種のものがある。神事では白木のものを使い、宮中の儀式では漆塗りで蒔絵や螺鈿《らでん》を施したものが用いられた。(二)ふつうは文書の草稿(下書き)のことをいう。ただし古文書では、手控えや証拠書類として作成された写しを指すことがある。中世には、正文(原本)からほぼ同じ時代に写されるものが多く、正文と同等の効力を持った場合が多い。

鳳凰蒔絵祝案

参考文献 佐藤進一『(新版)古文書学入門』、二〇〇三、法政大学出版局。 (安達 直哉)

あんか 行火 木製または土製の箱形の枠の中の火容《ひいれ》に火を入れて、手足を暖める小型の暖房具。簡単なものでは石製あるいは土製の火容に蓋をかぶせただけのものもあるが、一般には土製か木製の箱形の枠の中に火容が入れられる。室町時代に禅僧が中国から伝えたともいうが詳《つまび》らかでない。江戸時代には辻番所などでも用いたのでツジバン(辻番)とも呼ばれた。近代には土製のものが多く、火容を差し込むための一面だけを全部あけ、ほかの面には三日月形などの穴をあけて熱が四方に広がるように工夫された。また土製そのままだと過熱して火傷をする恐れもあるので、表面に和紙や布を貼ったりもした。火容には燠《おき》や炭火・炭団《たどん》などをいれ、上に蒲団をかけて温まるが、さらに大蒲団をかけると四方から足を伸ばして寝ることもできた。なお移動可能な置炬燵《こたつ》ができてから、行火と炬燵の区別がつかなくなってしまい、名称も混同されるようになった。 (岩井 宏實)

あんかくきゅう 安鶴宮 平壌の東北郊外、大城山城の南麓にある宮殿遺構。ひし形に近く、一辺約六二〇メートルの土築の城壁が囲む。北門跡の内側に造山があり、南門と造山をむすぶ線に、北宮・中宮・南宮とよぶ大きな三つの建物群がある。さらに城内東北隅に東宮、城内西北隅に西宮とよぶ建物群がある。殿跡としては二十一棟検出され、いずれも東西に長い。中宮は中央に最大規模の建物跡があり、七間×五間の主殿とその両側の五間×四間の翼廊、および後方の附属建物がある。建物跡のなかには、南北軸がほかと異なるものがあり、造営の時期差も考えられる。北朝鮮の学界では四二七年遷都時の高句麗の王宮と想定する。しかし宮殿遺構の下層に六世紀ののとみられる横穴式石室古墳があり、その上部を破壊して宮殿を造営していることから、宮殿の年代は早くても七世紀。出土瓦は、日本の学界では、高句麗瓦を模倣した高麗瓦とみる意見が有力で、位置から、高麗文宗代の左右宮の左宮の可能性がある。 (田中 俊明)

あんかもん 安嘉門 ⇩宮城十二門《きゅうじょうじゅうにもん》

あんぐう 行宮 天皇の行幸時に設営される、臨時の御所。「かりみや」とも読む。頓宮と同義で使われることが多い。行在所が臨時的な天皇の居場所を示すのに対して、建物を重視した用法。奈良時代には行幸臨時官司として造行宮司・造離宮司・造頓宮司などが設置され、ほぼ同義に用いられた。七一七年(養老元)の難波和泉行幸では「造行宮司」、七二四年(神亀元)の紀伊行幸では「造離宮司」、七二六年の印南野《いなみの》行幸では「造頓宮司」、七四〇年(天平十二)の関東行幸では「造伊勢国行宮司」、七四二年の紫香楽行幸では「造離宮司」が、それぞれ設置されている。どちらかといえば、離宮が永続的な使用を前提に造営されるのに対して、行宮は一回限りの利用を示す用語として用いられている。『延喜式』太政官の行幸条によれば、前数十日に「造行宮使」を定め、前十余日に行宮を検校する使者を諸国に下すと規定される。↓離宮《りきゅう》

参考文献 仁藤敦史「古代王権と行幸」(『古代王権と官僚制』所収、二〇〇〇、臨川書店)。 (仁藤 敦史)

あんざいしょ 行在所 臨時的な天皇の居所。古代では漢音により「こうざいしょ」と読む。和訓では「いでましどころ」。儀制令には「凡そ車駕の所に赴かむをば、行在所に詣づと曰へ」(原漢文)との規定があり、天皇が行幸した出先を「行在所」と称した。行宮が建物を重視する用語に対して、天皇の居場所を重視する。具体的には、恒常的な施設としての離宮だけでなく、臣下の居宅、寺院、駅家、国府・郡家などの官衙などを臨時に使用する

ことも多かった。七一七年(養老元)の美濃行幸に際して、近江国の琵琶湖を望み見ることができる場所を行在所とし、山陰・山陽・南海道の西国諸国司らが詣って土風歌舞を奏したとあり、美濃国でも東海・東山・北陸の東国諸国司らが詣って、風俗の雑伎を奏したとある。行在所の具体的な場所は記載されないが、美濃国の「不破《ふわ》行宮」および近江国志我《しが》郡の「禾津《あわづ》行宮」が行在所と表記された可能性が高い。→離宮《りきゅう》

参考文献 仁藤敦史「古代王権と行幸」(『古代王権と官僚制』所収、二〇〇〇、臨川書店)。 (仁藤 敦史)

あんしょうじ 安祥寺 京都市山科区御陵に所在する寺院。古義真言宗に属し、山号は吉祥山。八四八年(嘉祥元)に仁明天皇女御・文徳天皇母の藤原順子が発願し、恵運《えうん》を開基として建立(『安祥寺伽藍縁起資財《がらんえんぎしざい》帳』)。八五五年(斉衡二)定額寺に列して燈分料千束を施され、翌八五六年には宇治郡粟田山が寺領に施入、八五九年(貞観元)年度分者三人が定められるなど(『三代実録』)、順子の晩年に寺容が整えられた。八六七年作成の『安祥寺伽藍縁起資財帳』の写本が伝来し、成立過程や上寺・下寺から成る当時の施設・資財を記録している。中世には寺運が衰退し、上寺は廃絶、下寺は応仁・文明の乱の兵火で焼亡し、江戸時代初期に復興したが寺域は縮小した。下寺が伝えた五智如来像は重要文化財。また安祥寺山の南尾根上(通称、観音平)に上寺跡が残り、『資財帳』に載せる五大堂・礼仏堂・東西房などに相当するとみられる遺構が確認されている。

参考文献 八賀晋「安祥寺上寺跡」(『京都社寺調査報告』二、一九八二、京都国立博物館)。『安祥寺の研究』I、二〇〇四、京都大学大学院文学研究科。 (増渕 徹)

アンチモン 少し青味を帯びた銀白色を呈して、硬くて脆い。錫に似ている。融点は、六三〇・七度、比重六・六九。物性は、半金属。主に輝安鉱を原料とする。毒性が強い。古代エジプトでは、輝安鉱が睫毛の化粧などに使われた。現代では、軸受合金や活字用合金の重要な成分。古代の青銅器に微量に含まれ、近世の銅製品の色揚げ効果を上げる「白目」にも含まれる。最近、七世紀後半の富本銭に多量に含まれることが判明した。富本銭の基本は、主成分の銅に五～二〇%のアンチモンを含む合金。小型海獣葡萄鏡や仿製鏡の一部、古いタイプの和同開珎の一部が同様の組成をとる。アンチモンには、青銅における錫と同様の合金効果が期待された。しかし、八世紀前半には、この銅-アンチモンタイプの合金が姿を消す要因や、古代における名称など、実態はまだ解明されていない。正倉院に伝来し、白銅や銀と考えられていた塊がアンチモン塊であることが分析により最近判明。古代の輝安鉱の産地に愛媛県市ノ川鉱山をあてる考えもあるが、時代考証も含めて検討を要する。

参考文献 村上隆「材質から「富本銭」を考える―(銅-アンチモン)系合金をめぐって―」(『考古学ジャーナル』四五四、二〇〇〇)。 (村上 隆)

あんようじがきょうづか 安養寺瓦経塚 平安時代に備中国に築かれた瓦経塚。岡山県倉敷市浅原所在。一九三七年(昭和十二)、安養寺の裏山の斜面で偶然発見された。これを第一経塚と呼び、一九五八年に調査された、隣接する経塚を第二、第三経塚と呼ぶ。第一、第三経塚が瓦経塚である。第一経塚からは、瓦経二百八枚、仏像を刻んだ瓦板五枚、土製塔婆形題箋八本、土製宝塔一基、ガラス小玉、檜扇残片が出土した。書写された経典は『法華経』八巻分と『般若心経』である。第三経塚の瓦経は焼きが非常に甘かったため粘土塊に近い状態であった。書写された経典は『法華経』『仁王経』『薬師経』『金剛経』など十種に及ぶ。願文には、一〇八六年(応徳三)の年紀と『往生要集』の末尾が記されていた。このほか、塔婆形瓦経、仏画を刻んだ円形瓦板、土製宝塔形品などが出土している。瓦経塚の全容を知ることのできる資料として重要である。第一経塚出土品は、一九五六年、重要文化財に指定された。

参考文献 鎌木義昌編『安養寺瓦経の研究』、一九六三、安養寺瓦経の研究刊行委員会。倉敷市史研究会編『新修倉敷市史』一三、一九九四。 (望月 幹夫)

あんらくじ 安楽寺 (一)長野県上田市別所温泉にある曹洞宗の寺。万福山護国院。山号は崇福山ともいう。常楽寺、廃寺となった長楽寺とともに別所三楽寺の一つとされている。『北向山厄除観世音菩薩縁起』によれば、八二五年(天長二)に延暦寺三代座主円仁(慈覚大師)が別所の地に三楽四院を造営したとされ、当寺はその一つといわれている。当寺には鎌倉時代後期の禅宗様の国宝安楽寺八角三重塔や、一三二九年(元徳元)の開山樵谷惟仙和尚の木造座像(重文)、二世幼牛恵仁木造座像(重文)が残ることから、鎌倉時代後期に当寺が所在したことは確かだが、隣接する常楽寺について、近年発見された「三枝先祖相伝系図」(山梨県勝沼市大善寺蔵)によれば、十一世紀末から十二世紀前半の時期に「信州塩田庄常楽寺」が存在したことが理解され、当寺の創建も鎌倉時代をさかのぼる可能性が考えられる。

参考文献 『上田市誌』歴史編四、二〇〇一。 (福島 正樹)

(二) ⇩大宰府天満宮《だざいふてんまんぐう》

あんらくじゅいん 安楽寿院 京都市伏見区竹田内畑町に所在する真言宗智山派の寺。一一三七年(保延三)鳥羽上皇が鳥羽東殿の地に建立した御堂に始まり、二年後には藤原家成造進の三重塔(本御塔)が供養された。一一四一年(永治元)に出家した上皇は、一一五六年(保元元)同院で崩じて本御塔に葬られた。美福門院藤原得子のための新御塔も建立されたが、女院が一一六〇年(永暦元)に崩じる時の遺言で高野山に納骨されたため、洛北の知足《ちそく》院に葬られていた近衛天皇(女院所生)の遺骨が一一六三年(長寛元)に移された。ほかに九体阿弥陀堂・不動明王堂などがあった。膨大な安楽寿院領は皇室領荘園として

重要で、鎌倉時代後期には大覚寺統の経済的基盤となった。旧地に存する鳥羽・近衛両天皇陵と発掘調査の成果を踏まえた伽藍配置の復原が可能。現在の同院は子院の前松《ぜんしょう》院が慶長年間(一五九六―一六一五)に安楽寿院として再興されたもので、木造阿弥陀如来坐像(重要文化財)は創建本尊と伝える。

参考文献　中村直勝『荘園の研究』(『中村直勝著作集』四、一九七八、淡交社)。杉山信三『院家建築の研究』、一九八一、吉川弘文館。古代学協会・古代学研究所編『平安京提要』、一九九四、角川書店。

（古藤　真平）

い

いえひさいせき　家久遺跡　福井県越前市家久に所在する八―十六世紀にかけての集落跡。一九九二年(平成四)の調査で、南北三・六メートル×東西二・〇メートルの土壙に川原石を敷き、木棺を据え川原石で覆った珍しい礫槨墓一基を検出。土壙北側では白磁四耳壺、土師質皿(口径約一五センチ)の大皿四枚、八センチの小皿十四枚)、漆塗り折敷が出土。木棺内では黒漆塗り拵の太刀、短刀二本、黒漆塗り烏帽子、黒漆塗り手箱(縦一九センチ×横二〇センチ×高さ四・五センチで隅入形。印籠蓋。中に菊花双鳥文銅鏡、懸子の上には和鋏と毛抜)、その下に重なって黒漆塗り硯箱(仕切りの左に平面台形で抉り脚をもつ中国製石硯、上に平面楕円形で蝶番留めの蓋をもち、把手や注口座に菊花文様を施した金銅製水滴をはめ込む。右の中敷板の上には筆と墨)が出土。十二世紀末から十三世紀はじめの遺物である。墓に文房具を副葬する風習は中国や朝鮮半島では多く見られるが日本ではほとんどなく、被葬者は渡来系またはその一族で都から越前国府に派遣されてきた官人とみられる。

参考文献　武生市教育委員会『埋文たけふダイジェスト』一、一九九八。

（水野　和雄）

いおうさんふんぼぐん　夷王山墳墓群　⇩上之国勝山館《かみのくにかつやまだて》

いがこくぶんじ　伊賀国分寺　古代伊賀国に所在した国分僧寺の跡。七四一年(天平十三)の聖武天皇の詔を受けて建立された。三重県伊賀市西明寺《さいみょうじ》字長者屋《あざちょうじゃや》敷に所在する。大正時代に郷土史家らの手によって中心伽藍の基壇跡とされる土壇と、周囲を巡る土塁の測量調査が実施され、いち早く一九二三年(大正十二)には国史跡に指定された。現在も寺域の四方には、築地跡とされる土塁が残存し、その規模は東西二二〇メートル・南北二四〇メートル、高さ一～二メートルを測る。寺域やや西よりには、中門・金堂・講堂といった主要伽藍が一直線上に並び、その東方には塔の基壇が残存する。国史跡指定域内では発掘調査は実施されていないが、表採された瓦片の中には岩屋瓦窯《いわやがよう》(奈良山添村)出土の均正唐草文軒平瓦《きんせいからくさもんのきひらがわら》と同笵《どうはん》のものも見られる。国分寺跡の東方には国分尼寺の跡とされる長楽山廃寺跡《ちょうらくさんはいじあと》が所在し、寺域の南・西面には二重の土塁が、北・東面には一重の土塁が見られ、その内側には金堂・講堂の基壇の高まりが南北に並んで見られる。↓国分寺《こくぶんじ》

参考文献　山田猛「第二伊賀」(角田文衞編『新修国分寺の研究』二所収、一九九一、吉川弘文館)。福田典明「国史跡伊賀国分寺跡」「国史跡長楽山廃寺」(『上野市史』考古編所収、二〇〇五)。

（福田　典明）

いがた　鋳型　金属製品の鋳造に際して熔解した金属を流し込む型。范、鎔笵ともいう。ガラスの鋳造にも用いる。単范と合范があり、中空の器物の鋳造には外型と中《なか》子《ご》(中型)を必要とする。熔解した金属を鋳型に流し込むことを注湯《ちゅうゆ》、鋳型の注ぎ口を湯口《ゆぐち》、湯の流れる道を湯道《ゆみち》という。また湯道から分岐して製品に至る部分を堰《せき》とよぶ。鋳肌を綺麗に仕上げ製品を鋳型から取外しやすくするために、木炭の粉末を粘土水で溶いた黒味《くろみ》・油煙・雲母などの塗型剤《とかたざい》を鋳型の表面に塗る場合がある。鋳型の分類基準は必ずしも明確でなく、鋳型の材質によって石型・真土《まね》型(土型)・砂型・金型などに分かれ、鋳造法に応じて惣《そう》型・蠟《ろう》型・込《こみ》型などに分類される。さらに乾燥や焼成の度合によって乾燥型・焼型・生型に区分する場合もある。真土型は土型ともよばれ、粘土と砂を混練した鋳物土を使用する。最も一般的な鋳型で、製品と同形につくった原型(模・模型)を型押ししたり、器物の形や文様を直接彫り込むことができるため、弥生時代から広

く普及した。銅剣や銅戈、銅釧など比較的単純な形状の製品は、二つの外型を合わせた二枚型で製作されている。また銅鐸などの中空物は、別につくった中子を組み合わせ、型持《かたもち》で固定した空隙に注湯して製作する。真土は、その粒度によって粗真土、中真土、仕上げ(上・絹・肌)真土に分かれ、鋳肌面に接する部分には粒度の細かな仕上げ真土を用い、下地にはガス抜きのために粒子の粗い粗真土、中真土を使用する。九〇〇度程度に焼成した後に常温まで冷却して鋳込む場合を惣型、赤熱状態で鋳込むものを焼型という。惣型は修復によって繰り返し使用することが可能で、鍋、釜、梵鐘、風呂釜の製作など伝統産業に多用された。一般に回転体をした形状の器物の真土型は、断面の輪郭を形どった引(挽)板を回転させて造型する。梵鐘や釜などの外型はこの引型法で造型されたが、中子の製作には、外型を形どった土塊の表面を肉厚分だけ削る中子削り法と、中子も引型で作る二通りの方法が用いられた。これに対して蠟型や込型は、原型を真土で封じ込んで型取る技法である。蠟型は、蜜蠟と松脂などを混ぜた蠟で原型をつくり、真土の乾燥後に加熱して蠟を流出させ、原型を型取る技法。飛鳥時代の小金銅仏をはじめ薬師寺の薬師三尊像や聖観音像は、この蠟型による鋳造と推定されている。込型は近世に発達した技法で、複雑な形状の原型を分割して鋳型に転写し、これを一つに組み合わせる技法。近代の鋳造彫刻や工芸鋳物の多くはこの技法による。砂型は近世に伝来した技法で、比較的単純な形状の製品を大量生産する場合に用いられた。湿った鋳物砂に原型を上下半分ずつ型押しし、上下の鋳型を組み合わせて注湯する技法である。水分を含んだまま注湯する生型(生砂型)が一般的で、五〇〇〜六〇〇度で乾燥させて遊離水分を除いたものを乾燥型、さらに煉瓦状に焼成したものを焼型という。江戸時代には生型法で寛永通宝や柄鏡などが量産された。石型は青銅器生産の始まる弥生時代に多用され、砂岩製や片麻岩製の鋳型の遺存例が多い。石型は繰り返し使用できる反面、大型品や複雑な文様をもつ製品の造型には適さない。北部九州の広形銅矛の石型には、片面の鋳型を二個に分割して製作した例がある。古墳時代には倣製鏡をはじめ、直弧文鏡・家屋文鏡・狩猟文鏡など独自の鏡が製作されたが、それらの鋳型は未発見である。飛鳥時代に入ると、仏教文化の受容とともに仏像や仏具を製作する蠟型法が伝わり、鋳造技術は奈良時代にかけて著しい発展を遂げた。川原寺付属の金属工房からは、真土製で引型で造型された七世紀末前後の鉄釜(湯釜)の鋳型が発見されている。古代銭貨の鋳型は、奈良県飛鳥池工房遺跡から富本銭、山口県長門鋳銭所跡から和同開珎、平城京跡から和同開珎や神功開宝の鋳型が発見されているが、いずれも真土製の惣型である。奈良時代を代表する東大寺の盧遮那仏(大仏)の鋳造は、惣型により数回にわたって鋳継ぎをされたと推測されている。平安時代に入ると密教法具や和鏡の鋳造が盛んになり、中世になると梵鐘・燈籠などの仏具、鍋・釜などの日常用具、鍬・鋤などの農具を製造販売する鋳物師集団が各地に形成された。

参考文献　石野亨『鋳造―技術の源流と歴史―』、一九七七、産業技術センター。鹿取一男『美術鋳物の手法(新装版)』、二〇〇五、アグネ技術センター。中口裕『(改訂)銅の考古学』(『考古学選書』四、一九七四、雄山閣出版)。

(松村　恵司)

いがのくに　伊賀国　現在の三重県西部にあった国。東は伊勢国、西は山城国・大和国、北は近江国と接する。四方を山に囲まれ、木津川水系の柘植《つげ》川・長田川・服部川・名張《なばり》川沿いに盆地が開けている。中心地は上野(現伊賀市)、名張。律令制下においては東海道《とうかいどう》に属した。小国ではあるものの、畿内中心地に隣接することから政治上の要地であった。『旧事本紀《くじほんぎ》』の『国造本紀《こくぞうほんぎ》』には「難波朝の御世(孝徳朝)、伊勢国に隷し、飛鳥朝の代に割置くこと故の如し」(原漢文)とあり、『倭姫命世紀《やまとひめのみことせいき》』『扶桑略記《ふそうりゃっき》』には六八〇年(天武天皇九)に伊勢の四郡を割いて伊賀国を建置したとする。『延喜式《えんぎしき》』民部上では下国に位置づけられ、阿拝《あへ》・山田・伊賀・名張の四郡が記され、『和名類《わみょうるい》聚抄《じゅうしょう》』には阿拝郡に柘植《つみえ》・川合・印代《いじろ》・服部・三田・新居の六郷が、山田郡には木代《きじろ》・川原・竹原の三郷、伊賀郡に阿保《あお》・阿我《あが》・神戸《かんべ》・猪田・大内・長田の六郷、名張郡に周知《すち》・名張・夏身の三郷がみえる。縄文・弥生時代の遺跡・遺物などは伊賀各地で知られているが、それほど顕著な特徴はない。ところが古墳時代になると、三重県内の古墳の中で、第一位から三位までの大きさの古墳はすべて伊賀地域に築造されているように、有力集団の存在が推測される。第三位の石山古墳(全長一二〇メートル)は伊賀市才良《ざいりょう》にあり、発掘調査の結果、後円部に三基の粘土槨が見出され、石製腕飾類など豊富な副葬品が出土しており、およそ四世紀末ごろの築造と考えられている。第二位の馬塚古墳(全長一四二メートル)は、名張市の美旗《みはた》古墳群(国史跡)に所在し、五世紀後半から末ごろの築造とされる。第一位の御墓山《おはかやま》古墳(国史跡)は、旧阿拝郡の南部、現在の伊賀市佐那具《さなぐ》にあり、全長一八八メートル、後円部径一一〇メートル、高さ一四メートルという、東海地域屈指の前方後円墳である。発掘調査が行われていないため、内部構造などは不明であるが、五世紀前半の築造と考えられている。また、一九九一年(平成三)に発見された伊賀市比土《ひど》の城《じょ》之越《のこし》遺跡(国史跡)は、大規模な古墳時代の祭祀遺跡として注目される。律令制下の国府は、近年の調査の結果、柘植川北岸の伊賀市坂之下においてその所在を確認するに至った。国分寺・同尼寺跡(国史跡)もその南約五キロのところにある。古代の寺跡も各郡にあるが、多くの塼仏《せんぶつ》が出土したことで有名な名張郡の夏見廃寺(国史跡)は七世紀末ごろの創建と考えられている。平安時代には、在地領主藤原実遠《ふじわらのさねとお》が登場し、研究史上著名な東大寺領黒田庄をはじめ、興福寺・春日社などの荘園、伊勢神宮の御《み》厨《くりや》が多く置かれ、次第に国司の権限は縮小したと見られ

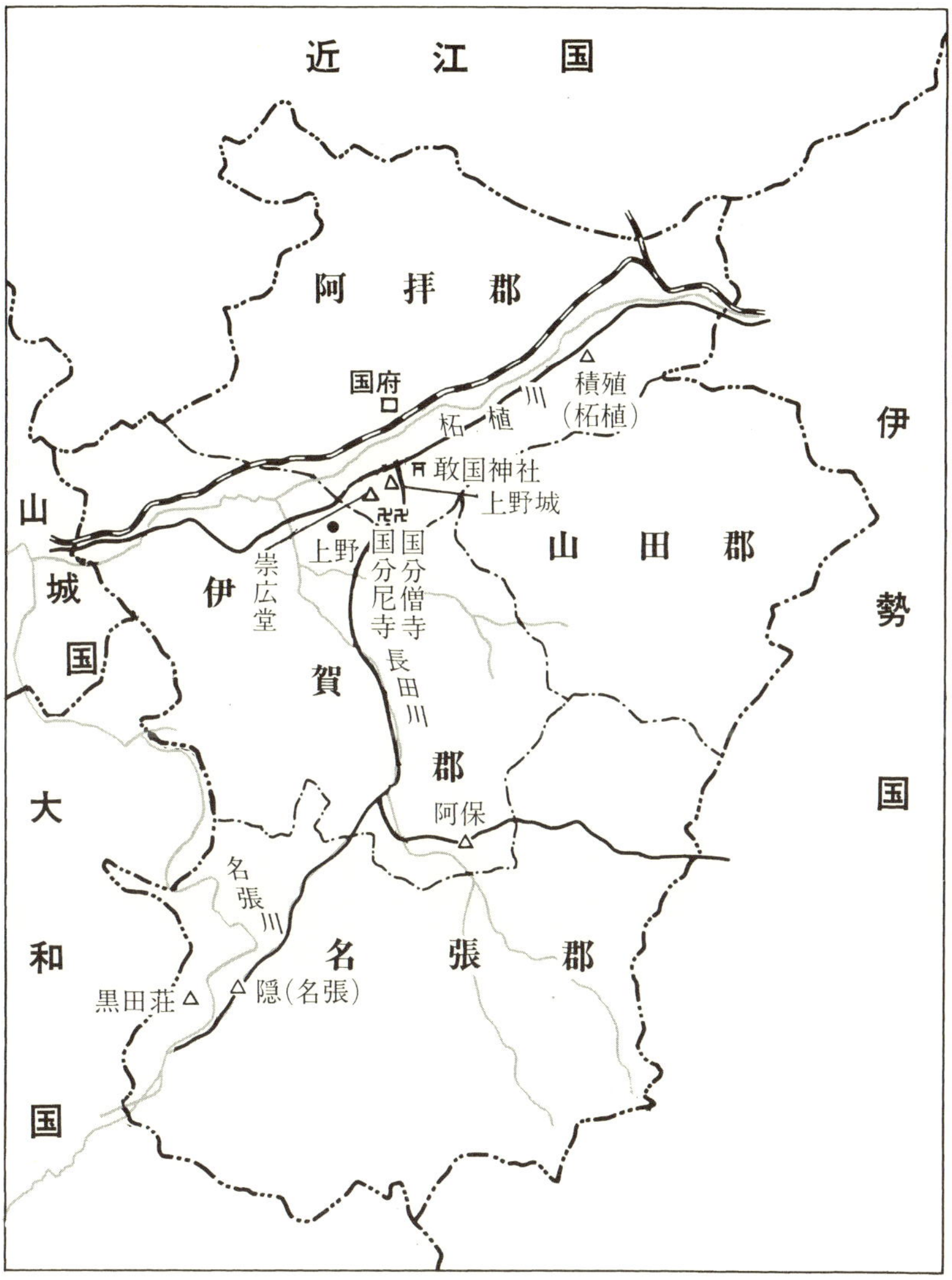

伊賀国略図

る。平安時代末期には平氏がこの地域に大きな勢力を有し、鎌倉時代初期には大内惟義《おおうちこれよし》が守護に任じられている。鎌倉時代から室町時代にかけては、伊賀の地侍たちが割拠し、惣が発展した。一五八一年(天正九)、織田信長《おだのぶなが》が伊賀に攻め込み地侍たちの反抗を圧倒した。伊賀の寺社などにはこの時に焼亡したとの伝承がしばしば見受けられる。こののち筒井氏による統治を経て、一六〇八年(慶長十三)に藤堂高虎《とうどうたかとら》が伊勢・伊賀三十二万三千石の大名として入部し、上野に城代(藤堂采女《うねめ》家)が置かれた。

戦国時代以来の伊賀者《いがもの》(伊賀衆)は、徳川家康《とくがわいえやす》のもとで江戸に屋敷を与えられ、幕府に仕える集団となり、伊賀においても郷士であった無足人《むそくにん》が農村の支配層を形成した。明治の版籍奉還後、いったん津県に属したが、一八七二年(明治五)に三重県が成立し、それに含まれることになった。人口は伝統的に北部の阿拝郡・伊賀郡に集中していたが、昭和の高度経済成長期に近鉄大阪線沿線の開発が進み、名張市に大規模な住宅団地が作られた。通勤など、現在も京阪神地区との繋がりが深い。

参考文献 藤堂元甫『三国地誌』(『大日本地誌大系』三二・三三)。『三重県史』、一九六七。伊藤久嗣編著『日本の古代遺跡』五二、一九九六、保育社。
(早川 万年)

いがやき 伊賀焼 三重県伊賀市(旧阿山郡阿山町)で焼かれた、古伊賀とよばれるやきもので、桃山時代から江戸時代初期の豪快な水指・花入が代表的である。いわゆる瓷器系窯で、焼き締め陶で美しい焼け肌に自然釉が流下する名陶が多数生まれる。文献による初見は一五八一年(天正九)の『天王寺屋会記』で、津田宗及が伊賀焼壺(茶壺か)を茶室に飾っている記録である。特に茶の湯で珍重される藤堂伊賀と呼ばれるものは、桃山時代後期から江戸時代前期にかけて伊賀国を支配した藤堂家の治世の伊賀焼をいう。一六〇八年(慶長十三)に前の伊賀国領主の筒井氏が改易になり藤堂氏の支配となるが、開窯から一六〇八年までを筒井伊賀、それ以後寛永年間(一六二四―四四)後半の廃窯までを藤堂伊賀という。この時期に桃山時代の気風がただよう豪快な作風の水指や花入がつぎつぎに誕生した。藤堂家伝来の水指である「銘 破袋」(五島美術館蔵、重要文化財)は茶匠古田織部が所持したもので、伊賀焼の真骨頂である堂々たる姿をみせている。

参考文献 『日本やきもの集成』六、一九八二、平凡社。三重県立美術館編『古伊賀と桃山の陶芸展』、一九九九。
(荒川 正明)

いかりいし 碇石 碇の錘石または木碇の部材として用いられた石製品。中世東アジアの木碇の碇石は木製の本体部に装着して用いられ、木碇を沈めるための重りであるとともに爪が水底に安定してかかるようにする役目をもっていた。国内では玄界灘周辺で数多く確認されており、蒙古碇石として元寇の際の遺物とされていたが、元軍船に限らず、交易船など広く船舶に使用されていたとする考えが有力である。角柱状に加工され、木部に固定するための溝が中央部にあるものが最も一般的であり、博多湾周辺や壱岐・小値賀島などの北部九州沿岸および周辺諸島、南西諸島などで広く確認されており、海外では中国沿岸部・フィリピン・ウラジオストクなどで確認されている。一方、鷹島海底遺跡(長崎県松浦市鷹島)では二つの角柱状の碇石を組み合わせて装着するものが大半を占め、一九九四年(平成六)の同遺跡の発掘調査では木碇がほぼ完全な形で出土し、全体構造が明らかになった。またインド洋以西では東アジア周辺と異なる形態の碇石の確認例が報告されている。

参考文献　柳田純孝「海から出土した碇石」(『よみがえる中世』一所収、一九八八、平凡社)。石原渉「中世碇石考」(『大塚初重先生頌寿記念考古学論集』所収、二〇〇〇、東京堂出版)。小川光彦「志賀島勝馬沖発見の碇石と碇石研究における諸問題」(西谷正他『玄界灘における海底遺跡の探査と確認調査』所収、二〇〇二)。　(野上　建紀)

いかるが　**斑鳩**　奈良県生《い》駒《こま》郡斑鳩町にある法隆寺《ほうりゅうじ》を中心とする地域の総称。鵤とも書く。地名は「イカルガ」もしくは「イカル」という鳥の名に由来するといわれる。その範囲は、現在の斑鳩町法隆寺、岡本、三井、幸前《こうぜん》で、平群《へぐり》郡夜麻《やま》郷とほぼ重なるか。ここには、法隆寺のほかに中宮寺《ちゅうぐうじ》、法輪寺《ほうりんじ》、法起寺《ほっきじ》などが集中する。太子道によって東南方の飛鳥《あすか》と連絡し、また竜田《たった》道を西に行けば河内に通じる交通の要衝に位置し、政治・文化の拠点の一つであった。『日本書紀《にほんしょき》』によれば厩戸《うまやと》皇子(聖徳太子《しょうとくたいし》)が六〇一年(推古天皇九)二月に「初めて斑鳩に宮室を興す」とあり、六〇五年から居住し、六二二年にそこで亡くなるまで住んだ。その間、斑鳩寺(法隆寺)、斑鳩尼寺(中宮寺、現在の地ではなく、東方約五〇〇《メートル》の幸前字旧殿にあった)などが造営された。斑鳩宮は子の山背大兄王《やましろのおおえのおう》が伝領したが、六四三年(皇極天皇二)に蘇我氏に攻め滅ぼされ、その時に焼失した。斑鳩には、そのほかにも、厩戸皇子の子の泊瀬王《はつせおう》の宮、岡本宮、中宮、飽浪葦垣宮《あくなみあしがきのみや》など、複数の宮があったらしく、上宮王家(厩戸皇子一族)の諸宮の総称としても「斑鳩宮」と称したらしい。『日本書紀』天智天皇九年(六七〇)四月条に、法隆寺(斑鳩寺)が全焼したことが記され、再建については記事がないため、明治になって、いわゆる「法隆寺再建非再建論争」が起こったが、現法隆寺とは造営方位の異なる若草伽藍の発掘によって、再建説が有力となった。天平年間(七二九―四九)に行信《ぎょうしん》がかつての斑鳩宮の地に再興したのが上宮王院《じょうぐうおういん》で、これが現在の法隆寺東院である。一九三九年(昭和十四)に東院の修理工事中に、地下の下層から掘立柱建物八棟などが検出され、建物は火災を受けており、これが斑鳩宮の遺構の一部と判断された。以上のことから、現在の法隆寺地域の変遷をまとめると、七世紀前半に、斑鳩宮を中心に西に斑鳩寺(法隆寺)、東方に斑鳩尼寺(中宮寺)を造営した。法隆寺は七世紀後半の焼失後、やや西にずらして再建され、斑鳩宮の地は八世紀に入って上宮王院(法隆寺東院)として再建。中宮寺は十六世紀初頭に法隆寺東院の東隣接地に移建されて、現在の状況になったのである。

参考文献　『斑鳩町史』、一九七九。仁藤敦史「上宮王家と斑鳩」(『古代王権と都城』所収、一九九八、吉川弘文館)。　(寺崎　保広)

いかるがでら　**斑鳩寺**　(一)兵庫県揖保郡太子町鵤《いかるが》にある天台宗の寺。『上宮聖徳法王帝説《じょうぐうしょうとくほうおうていせつ》』などには、五九八年(推古天皇六)、聖徳太子《しょうとくたいし》が播磨国揖保郡佐勢《させ》の地を法隆寺に施入したと伝えるが、この法隆寺の重要な経済基盤(のちの鵤庄《いかるがのしょう》)を管理するため別院として置かれたのが起源と推定される。創建は十一世紀の瓦が出土することから、平安時代とみられる。一一三八年(保延四)の大般《だいはん》若経《にゃきょう》奥書に鵤寺書写僧がみえ、一三二九年(嘉暦四)の法隆寺蔵鵤庄絵図には「斑鳩寺」と「太子堂」が記される。三重塔・仏像・記録(『峯相記《みねあいき》』)など文化財が多く、鵤の太子として信仰される。

参考文献　今里幾次「斑鳩寺の創建」(太子町史編集専門委員会編『太子町史』一所収、一九九六)。東郷松郎「斑鳩寺と鵤荘」(同所収)。「斑鳩寺の文化財」(同所収)。　(岩本　次郎)

(二)　⇩法隆寺《ほうりゅうじ》

いかるがにじ　**斑鳩尼寺**　⇩中宮寺《ちゅうぐうじ》

いかるがのみや　**斑鳩宮**　推古朝から皇極朝にかけて、聖徳太子と山背大兄王の親子を中心とする上宮王家一族が居住した王子宮。狭義には法隆寺東院地下遺構を示すが、広義には一族が分散居住する岡本宮・中宮・飽浪宮《あくなみのみや》を含む総称。『上宮聖徳法王帝説』が「斑鳩宮」に居住する山背大兄王および「昆弟」らは、合わせて「十五王子等」であると記すのは明らかに広義の用法である。斑鳩宮の創建について『日本書紀』によれば、六〇一年(推古天皇九)に「皇太子、初めて宮室を斑鳩に興てたまう」(原漢文)とあり、六〇五年に「皇太子、斑鳩宮に居す」(原漢文)と記す。その後、六二二年に、厩戸皇子は「斑鳩宮」で薨じたとある。ところが、『大安寺資財帳』などの記載によれば、没した場所は「飽浪宮」とされ、この場合の「斑鳩宮」も広義の用法としなければならない。厩戸皇子の没後は、子の山背大兄王らが引続き居住し、大夫らが出入りする政治の場ともなっていたが、六四三年(皇極天

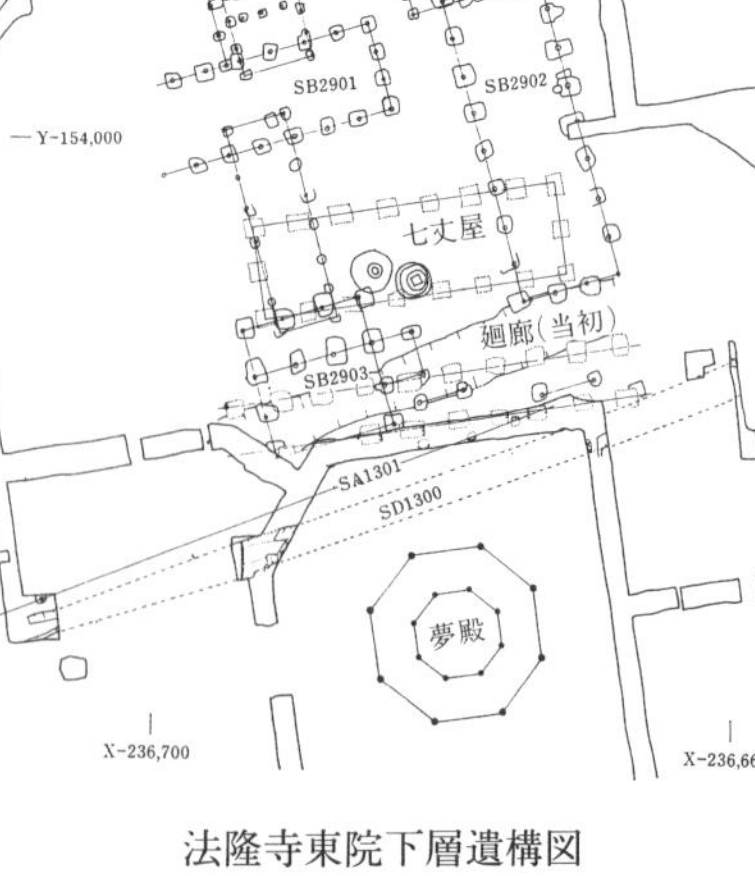

法隆寺東院下層遺構図

皇二）に至り蘇我臣入鹿らのために焼かれてしまったという。山背大兄王は宮から退去する時、馬骨を「内寝」に投げ置いたともみえ、寝室としての建物が存在したことが知られる。一九三九年（昭和十四）から一九四一年にかけて行われた浅野清らによる東院地下遺構の発掘調査によれば、北から西へ十一度の振れをなし斑鳩周辺の古地割の方位にほぼ等しい大小八棟の掘立柱建物跡と井戸跡が発見されている。六四三年における斑鳩宮の焼失記事と東院地下遺構の火災痕跡が一致するところから、この遺構が斑鳩宮の一部とされた。さらに、一九七八年から開始された法隆寺防災施設工事に伴う発掘調査により、宮の南限・東限・西限をそれぞれ区画する溝と推定されるものが確認され、斑鳩宮の規模について方二町（高麗尺で六百尺）であった可能性が指摘された。宮の中心部については現在の福園院北方に比定する見解もあるが、現状では不明な点が多い。

参考文献 仁藤敦史「上宮王家と斑鳩」（『古代王権と都城』所収、一九九八、吉川弘文館）。 （仁藤 敦史）

いかん 衣冠 ⇩服飾《ふくしょく》

いかんもん 偉鑒門 ⇩宮城《きゅうじょう》十《じゅう》二門《にもん》

いきのくに 壱岐国 長崎県壱岐島（壱岐市）の旧国名。佐賀県東松浦半島の北の玄界灘《げんかいなだ》上に位置し、対馬《つしま》とともに大陸・朝鮮半島との交通の要衝として重要な役割を担った。その名は、古く『魏志《ぎし》』倭人伝《わじんでん》に「一大（支）国」としてみえる。原《はる》の辻《つじ》遺跡では、その中心地と考えられる弥生時代中期から後期までの大規模な多重環濠集落《たじゅうかんごうしゅうらく》や船着き場跡が確認されており、国の特別史跡に指定されている。古墳時代には、島の中央部を中心に円墳を主体とした古墳群が築造されており、現在、二百五十余基の古墳が残存している。島内最古の大塚山《おおつかやま》古墳をはじめ、長崎県最大の円墳の鬼《おに》の窟《いわや》古墳、前方後円墳の双六《そうろく》古墳、華麗な金銅製馬具出土の笹塚《ささづか》古墳などがある。白村江《はくそんこう》の敗戦後の六六四年（天智天皇三）、筑紫《つくし》・対馬などとともに防人《さきもり》と烽《とぶひ》が置かれ、対外防衛の最前線であった。令制下の壱岐島は、西海道《さいかいどう》九国三島の一島として対馬島とともに国に準じる扱いを受け、のちには名実ともに壱岐国と称するようになった。国の等級は下国《げこく》で、壱岐・石田《いしだ》の二郡を管した。壱岐の国守は、日向《ひゅうが》・薩摩《さつま》・大隅《おおすみ》・対馬とともに一般の国司の職掌に加え「惣《そう》ニ知鎮捍《ちちんかん》、防守《ぼうしゅ》、及蕃客帰化《ばんきゃくきか》ニ」の任務を負った。国府《こくふ》の位置は明らかでないが、地名や印鑰社《いんやくしゃ》の所在から現在の壱岐市芦辺町国分《こくぶ》（壱岐郡）や石田町湯岳興触《ゆたけこうふれ》、同池田仲触（石田郡）などの諸説のほか、壱岐郡から石田郡への移転を想定する説もある。他方、原の辻遺跡をはじめ、その周辺の安国寺前《あんこくじまえ》A遺跡・椿《つばき》遺跡からは、木簡《もっかん》・墨書《ぼくしょ》土器・円面硯《えんめんけん》・石帯《せきたい》のほか、国産の施釉陶器《せゆうとうき》、初期貿易陶磁器《とうじき》などが出土しており、官衙《かんが》的な性格が指摘されている。島分寺《とうぶんじ》（国分寺《こくぶんじ》）跡は、芦辺町国分に所在し、礎石《そせき》十余個が現存している。島分寺は壱岐直《いきのあたい》の氏寺《うじでら》を転用したもので、発掘調査により、塔・金堂・講堂に比定される版築基壇《はんちくきだん》を持つ建物跡が確認されている。壱岐島には、弥生時代以来、卜骨《ぼっこつ》の伝統があることが原の辻遺跡やカラカミ遺跡などから知られており、令制下においては対馬とともに亀卜《きぼく》を行う卜部《うらべ》が中央および大宰府に上番していた。島の北端の串《くし》山《やま》ミルメ浦《うら》遺跡では、亀卜に用いられた亀甲が確認されている。対外防衛の拠点としては、奈良・平安時代を通じて対新羅《しらぎ》関係の悪化に伴い弩師《どし》の新設や防人の配置などの防備が強化された。一〇一九年（寛仁三）の刀伊《とい》の入《にゅう》寇《こう》では、島守《とうしゅ》藤原理忠《ふじわらのまさただ》の戦死をはじめとして大きな被害を受けた。鎌倉時代には、少弐《しょうに》氏（武藤氏）が守護《しゅご》となり、石田《いしだ》氏・草野《くさの》氏・浜田《はまだ》氏・吉永《よしなが》氏が在地領主であった。一二七四年（文永十一）と一二八一年（弘安四）のモンゴルの来寇では、激戦地となり甚大な被害を受けた。一三六九年（応安二）には松浦党《まつらとう》の佐志《さし》・鴨打《かもち》・呼子《よぶこ》・塩津留《しおつる》・志佐《しさ》氏などにより分治されるに至ったが、一四七二年（文明四）に上松浦《かみまつら》の波多泰《はたやすし》が武力によって壱岐を支配下に置き、その拠点として亀丘城《かめのおじょう》を修築し城代《じょうだい》を置いた。その家臣日高《ひだか》氏は、平戸松浦氏に通じ、壱岐の支配権を奪った。一五八七年（天正十五）、豊臣秀吉《とよとみひでよし》により平戸《ひらど》松浦領とされ、文禄《ぶんろく》・慶長《けいちょう》の役《えき》で朝鮮出兵の拠点として勝《かつ》本城《もとじょう》が築城された。江戸時代も平戸藩《ひらどはん》に属し、壱岐国城代が置かれ、捕鯨が重要な産業であった。一八七一年（明治四）に平戸県、ついで長崎県の所管となり今日に至る。

壱岐国略図

参考文献 『長崎県史』、一九六三-六六、吉川弘文館。『角川日本地名大辞典』四二、一九八七、角川書店。正林護編『長崎』（『日本の古代遺跡』四二、一九八九、保育社）。『原始・古代の長崎県』、一九九六-九八、長崎県教育委員会。瀬野精一郎他『長崎県の歴史』（『県史』四二、一九九八、山川出版社）。佐伯弘次「古代・中世の壱岐・対馬」（『歴史と地理』四九〇、一九九六）。川口洋平「壱岐島の古代の遺跡」（『古代交通研究』六、一九九七）。 （松川 博一）

いぐし 斎串 上端を圭頭《けいとう》状に、下端を剣先状に尖らせた薄板ないしは串状の木製品。長さ一五センチ前後、幅約二センチのものが一般的だが、長さ一メートルを越える大型品などもあって、規模の差は大きい。別に「削りかけ」とも呼ばれるように、圭頭部や側面に加えられた切り込みや削り欠きが特徴的で、これを『万葉集《まんようしゅう》』一三の「五十(斎《い》)串《くし》立て神酒《みわ》坐ゑ奉る神主部《かむぬし》の髻華《うず》の玉蔭見ればともしも」(原万葉仮名)にみえる「斎串」にあてる。すなわち、祭祀具として「神を招き降ろす依代《よりしろ》としての串」「神聖な場を標示する串」「祓いに用いる串」などの使途を想定する。奈良県平城宮跡・藤原宮跡を中心に、北は青森県から西は福岡県に至る全国約二百ヵ所の遺跡から出土しており、兵庫県出石町袴狭《はかざ》遺跡群や石川県七尾市小島西遺跡のように一遺跡から数百点から数千点がまとまって出土することもある。その大半は八・九世紀を中心とする時期の遺跡だが、六世紀後半の遺跡からも出土例が報告されている。このため斎串の初現時期に関しては、律令的祭祀と関連させた七世紀後半説と六世紀後半説とがある。しかし出土例の全国的な増加が律令制の成立と波及に関連することは明らかで、その意味では人形《ひとがた》などと共に律令的祭祀具の一典型として、七世紀後半説がより有力である。ただし、その原型が六世紀後半代に出現していた可能性までは否定できない。斎串は、井戸や河川・溝などの跡から出土することが多い。井戸の周囲に立てて清浄な湧き水を願った後に、その中に投げ入れたのであろうか。また河川や溝に臨む祭場の結界に用いたのであろうか。あるいは人形などと一緒に出土することも多いから、祓いによって穢れを負うた人形を悪霊などから守るために組み合わせて用いられたのであろうか。斎串は時代が新しくなるほど長大になったり、切り込みなどの加工が頻繁になったりする傾向がある。また古代では扁平な薄板が主流であるが、次第に立体的な作りとなり、箸状を呈する中世の串へと変化していく。

参考文献　黒崎直「斎串考」(斎藤忠編『日本考古学論集』三所収、一九六六、吉川弘文館)。金子裕之「古代の木製模造品」(『奈良国立文化財研究所研究論集』六所収、一九八〇)。

(黒崎　直)

いくはもん　的門　⇩宮城十二門《きゅうじょうじゅうにもん》

いくほうもん　郁芳門　⇩宮城十二門《きゅうじょうじゅうにもん》

いけ　池　窪地に自然に水のたまったところ、または、地面を掘りくぼめる、土手を築くなどの方法で人工的に水をためたところ。このうち人工のものは、灌漑を目的として築造される「溜池」と庭園の構成要素として築造される「園池」に分類できる。溜池は、水田耕作の進展に伴い、奈良盆地や大阪平野などでは古墳時代初頭にはすでに築造されるようになっていたものと見られる。古墳時代前期にあたる四世紀中ごろには、奈良盆地で行灯《あんど》山《やま》古墳(崇神天皇陵)、渋谷向山《しぶたにむこうやま》古墳(景行天皇陵)など周濠(水濠《みずぼり》)を持つ古墳が築造されるが、これは溜池築造技術の転用と考えられ、その技術水準は相当高かったと判断できる。溜池築造の技術については、『日本書紀』応神天皇七年九月条にみえる朝鮮半島からの渡来人による池築造の記事などにより、四世紀末―五世紀初頭に朝鮮半島からの渡来人によってもたらされたとする説が根強いが、この時期の渡来系技術を受け入れる基盤として、在来の技術がすでに相当高度であったことには留意しておく必要がある。飛鳥時代になると池の築造技術は一層高度化する。狭山《さやま》池(大阪狭山市)は、川をせき止めたダム状の池で、当初の面積が推定二六万平方メートル、最大貯水量が同八〇万立方メートル。木樋管の材の年輪年代測定結果が六一六年(推古天皇二十四)であったことから、それから程ない時期に築造されたものであることがわかった。狭山池の築造には、積土層の間に枝葉を挟み込む敷葉工法や土嚢《どのう》積み工法など中国・朝鮮半島から伝わった技術が用いられていた。その後、狭山池は、行基《ぎょうき》による改修(七三一年ころ)、天平宝字の改修(七六二年)、弘仁の改修(八一九年ころ)、重源《ちょうげん》による改修(一二〇二年)、慶長の改修(一六〇八年・〇九年)、大正・昭和初年の改修(一九二六―三〇年)など幾度にもわたる改修工事を経ながら広範囲の水田灌漑を担う溜池としての機能を保持、さらに平成の改修(一九八八年―二〇〇二年)により治水ダムへと機能転換したが、こうした経緯はわが国の溜池の歴史を知る上での貴重な事例となっている。なお溜池は、地域的には偏在性、構造的には多様性を見せながらも、古墳時代以降、近世・近代に至るまで、重要な灌漑手段の一つとして全国的に築造され続けた。一方、前述した四世紀中ころに始まる古墳周濠は、首長墓という特別な屋外空間である古墳に水面すなわち池を付加して修景しようという意図がうかがえ、わが国における園池的機能を持つ池のはじまりと位置づけうる。古墳周濠は奈良盆地および大阪平野で著しく発展、五世紀には美しい周濠をもつ巨大古墳が多く築造される。『日本書紀』には池築造の記事が散見し、履中《りちゅう》天皇三年十一月条には磐余市磯《いわれいちし》の池での舟遊びの記事がある。この記事自体の真偽はさておくにしても、五世紀初頭、園池的利用にほかならない舟遊びが奈良盆地の池で行われたことは十分に想定できる。飛鳥時代になると、斉明天皇(在位六五五―六六一)のころまでは、百済《くだら》の影響を受けた方池《ほうち》などの幾何学的な平面形の園池が築かれる。その後、新羅《しらぎ》や唐の影響を受けつつ、飛鳥時代末から奈良時代初頭には曲線的な平面形を持つ曲池の意匠が出現。奈良時代中ごろの改修を経た平城宮東院庭園(奈良市)では、緩勾配の礫敷護岸である洲浜《すはま》を備えた曲池や景石・石組といった意匠が完成の域に達しており、池庭様式成立の画期と認められる。平安時代になると、前期には湧水を水源とする神泉苑《しんせんえん》(京都市)や谷川をせき止めたダム状の嵯峨院大沢池(同)といった大規模な園池が築かれ、中期には貴族住宅である寝殿造《しんでんづくり》に伴う園池意匠が確立、その宗教的変型ともいえる浄土《じょうど》庭園《ていえん》においても池は不可欠・最重要の構成要素であった。鎌倉時代末期・南北朝時代には、禅僧夢窓疎石《むそうそせき》が力強い石組を伴う芸術的側面の強い園池意匠を確立。さらに、江戸時代になると、桂離宮に見られるような、大園池を中心に随所に茶亭を配し、庭内をめぐる回遊式庭園の様式が確立する。池が飛鳥時代以来、日本庭園の中心をなす要素であったことは、論を待たない。

参考文献　森浩一編『池』(『日本古代文化の探求』、一九七六、社会思想社)。狭山池調査事務所編『狭山池』史料編・埋蔵文化財編・論考編、一九九六・九八・九九。森蘊『日本の庭園』、一九六四、吉川弘文館。堀口捨己『庭と空間構成の伝統』、一九七七、鹿島研究所出版会。牛川喜幸『池泉の庭』(『日本の庭園』二、一九六一、講談社)。奈良文化財研究所編『東院庭園地区の調査』(『平城宮発掘調査報告』一五、二〇〇三)。　(小野　健吉)

いけじりでら　池後寺　⇩法起寺《ほっきじ》

いこう　遺構　過去の人間活動の所産のうち、土地に付属して遺存する構築物とその痕跡を指す。遺物とともに遺跡の構成要素である。建築史学では、現存する古建築を遺構と呼んできたが、この用語が基壇や掘立柱建物跡など地中の建物基礎痕跡に援用されるようになり、現存遺構と地下遺構とに呼び分けるようになる。考古学では、さらに広く、古墳、配石墓、土壙、溝などの施設一般の痕跡をもすべて含む概念として遺構を用いるようになった。そのため、建築史学では建物関係の施設を区別して建築遺構ともいう。　(田辺　征夫)

いこうじ　医光寺　島根県西端の益田市にある雪舟ゆかりの寺院。山号は滝蔵山。臨済宗東福寺派の寺院。益田市染羽《そめば》町に所在。寺伝ではもとは天台宗の崇観寺の塔頭、開祖は竜門士源という。創建は一三六三年(正平十八)益田氏七代兼弘の時代で、以後益田氏の菩提寺となった。文明年間(一四六九―八七)画聖雪舟は十五代益田兼堯の時に山口から益田市の万福寺に移り住み、後に崇観寺の第五世住職となったと伝える。雪舟作との伝えがある庭園は裏山を活かして作られた、書院の前から仏殿の後にひろがる池泉観賞半回遊式庭園。国指定史跡・名勝。池泉部は中央に蓬萊《ほうらい》島(亀島)、島の対岸に鶴石組み、西の山岸に須弥山《しゅみせん》石を置く。十七代益田宗兼の時、崇観寺の東に医光寺を建てたので、二つの寺が統合され崇観医光寺と呼ばれた。門は益田の七尾城の大手門にあったものを関ヶ原の合戦後に移築し、十七世紀後半に屋根を改築したという(県指定文化財)。大涅槃図、伝雪舟作松江水墨山水図などの寺宝を所蔵。医光寺、益田氏などと雪舟の関係が研究されているが論争がある。なお、益田氏は朝鮮半島などとの交易をした海洋領主的性格をもっていたという。

参考文献　『島根県大百科事典』、一九八二、山陰中央新報社。矢富熊一郎『益田市史』、一九六三。同『石見滝蔵山医光寺史』、一九六四、益田郷土史矢富会。岸田裕之「石見益田氏の海洋領主的性格」(『芸備地方史研究』一八五、一九九三)。　(勝部　昭)

いこまやま　生駒山　大阪府東大阪市と奈良県生駒市の境にある山。標高六四二メートル。古くは南北に伸びる生駒山地の全体を意味する語であったと思われるが、現在は最も高い峰のみを指す。『日本書紀』には神武天皇東征伝承のなかに「胆駒山」とみえ、山背大兄王は蘇我入鹿の攻撃を受けた際、ここに身を隠している。奈良時代には、平城京の西に聳える神秘の山として『万葉集』の歌にも詠まれ、難波津で新羅へ向かう準備をしていた男が、妻に会うため険しい「伊故麻山」を越えて都へ戻った歌や、難波津を出帆した防人が山頂に雲のかかる「伊古麻多可禰(生駒高嶺)」を詠んだ歌が収められる。航海を終えて難波に到着する船からも目に入る山であり、その向こうにある都への思いをかき立てられたであろう。生駒山頂南方の鞍部を通る暗峠《くらがり》越えは、大和と河内を結ぶ最短の交通路で、古来、人々の往来が多く、今も往時の道標や石碑が残る。東麓の暗峠越え街道沿いには、延喜式内社に比定される往馬坐《いこまにいます》伊古麻都比古《いこまつひこ》神社が鎮座し、また山頂から東北方の中腹に位置する宝山寺は、江戸時代に再興され、生駒聖天として庶民の信仰を集めた。

参考文献　『生駒市誌』、一九七一-八五。　(野尻　忠)

イザベラ＝バード　Isabella Lucy Bird　⇩バード

いざりばた　居坐機　⇩織機《しょっき》

いさわじょう　胆沢城　八〇二年(延暦二十一)坂上田村麻呂が造営した古代城柵遺跡。鎮守府が置かれた。岩手県奥州市水沢区佐倉河八幡地内所在。遺跡は東流する胆沢川と南流する北上川合流点の右岸平坦面に立地する。城は一辺六七〇メートルの築地で区画される外郭線と、その内側中央南寄りに一辺九〇メートル四方の大垣で区画された政庁域からなる。外郭外周には、幅五メートルの大溝が、内周には幅三メートルの内溝が巡り、築地各面には門や櫓《やぐら》が付設される。南外郭線中央に開く南門は正面五間×奥行三間の五間一戸の瓦葺き重層構造の十二脚門で、東北城柵の中での格式の高さを誇る。北外郭線中央の北門は八脚門で、掘立柱から礎石建ちに移るが瓦は葺かれない。櫓は一間四方から正面二間×奥行一間にかわる掘立柱建物である。外郭南門と政庁南門のあいだには正面五間×奥行二間の門構造の殿舎があり、「殿門」と呼ばれる建物である。この配置は鎮守府胆沢城特有のものである。政庁内には中央に正殿、その前方左右に脇殿を配置する。正殿は正面五間×奥行二間の東西棟で、四周に庇《ひさし》が付く。脇殿は正面五間×奥行二間の南北棟である。政庁域の門は棟門構造から八脚門に改められる。胆沢城の変遷は、三期に大別され、施設が充実する九世紀後半の二期に大きな画期がある。外郭内の政庁周辺には多くの官衙群が配され、なかでも府庁の厨《くりや》は地方官衙では唯一の発見例として貴重である。八〇八年(大同三)鎮守府が国府多賀城から分かれ、胆沢城に移ると、鎮守府官人も独立させた鎮官別任制となった。八一二年(弘仁三)新たに胆沢城司として将軍・軍監各一名、軍曹二名からなる三等官制が定められ、その下に医師・弩師《どし》(大弓の操作を教える人)各一名が置かれた。のち府掌・陰陽師各一名が追加され、さらに書生・訳語《おさ》もいた。八三四年(承和元)それまでの国府印から新たに鎮守府印を与えられ、しだいに国府とは独立し

た行政・軍事機関としての性格を強めていった。国史跡。（伊藤　博幸）

いし　倚子　宮中の立礼《りゅうれい》の儀式で、天皇以下が用いた腰を掛ける器具(つまりイス)である。「ゆす」、後には「いす」ともいい、また、天皇や皇太子用は「御倚子」と書いて「ごいし」と読んだ。構造は方形四脚で、背面に背もたれとして鳥居形《とりいがた》を設け、また左右と背面に欄干《らんかん》を設けた。左右の欄干がない無欄のものもあり、特に皇太子元服の際の倚子は、『重明親王天慶八年記』に「無欄」とあることから(『江家次第』一七・東宮御元服)、無欄か有欄かが問題とされることがあった。大きさは大小があり、『延喜式』木工寮によれば、それぞれの大きさは、大倚子が「高一尺三寸、長二尺、広一尺五寸」、小倚子が「高一尺三寸、長一尺五寸、広一尺三寸」であり、高さは同じで、幅と奥行きが異なっていた。また、ともに「切釘十二隻(各長一寸五分)、膠《にかわ》一両」とあり、長さ一寸五分の「切釘《きりくぎ》」(木製の釘)十二本と膠で組み立てたようである。材質は紫檀や黒柿で、尋常のものは螺鈿を施し、儀礼用は金銀の平文とし、さらに金銀の金物で装飾した。また、元日の御粧物所の小倚子は赤漆塗りとし、近世になると、高御座《たかみくら》や皇太子元服の倚子は朱塗を用いた。なお、公卿に昇格した者(初任の公卿)は、官庁と外記庁でみずからが着席するための倚子を、吉日を選んで新調した。倚子の上には、繧繝《うんげん》縁や高麗縁の綾の茵《しとね》を敷き、儀礼では倚子の下にも、錦や綾の毯代《たんだい》とよぶ敷物を敷いた。また、幼帝の場合、倚子の前に承足《しょうそく》を置いた。この承足とは、『江次第抄』一・正月によれば、大きさは「長一尺六寸許、高・広五寸許」で、赤の両面錦を張った木製の台である。これは、身長が低い幼帝が、倚子に着座する際の足かがりとなると同時に、着座中に足を乗せ掛けるためのものであった。

参考文献　『古事類苑』器用部二一。（近藤　好和）

いしいでら　石位寺　奈良盆地東南部、外鎌山の西麓に位置する寺院。奈良県桜井市忍阪《おつさか》に所在。発掘調査などは行われていないので、創建時期、建物などの詳細は不明。現在は本尊を祀る本堂と礼堂、庫裏がある。本尊の伝薬師三尊石像は、高さ一・一五メートル、幅一・二二メートル、厚さ〇・二二メートルの隅丸三角形である。半肉、陽刻彫りされる。中尊は倚像で、両手を膝前で重ね、法界定印を結ぶ。像高〇・六二メートル。天蓋が描かれる。そして、両側に合掌する脇侍菩薩立像を配する。尊像は寺伝では薬師如来、弥勒仏ともいわれ確証はない。飛鳥時代後半から奈良時代前半の塼仏や押出仏にその形態がきわめて似ており、飛鳥時代後半の作といわれる。兵庫県古法華寺の三尊仏とともに、わが国最古の石仏の優品。なお、この石仏には中世の擬古作という説もある。伝薬師三尊石像は重要文化財で、本堂(収蔵庫)に納められている。

石位寺本尊三尊石仏

参考文献　『桜井市史』上、一九七九。（林部　均）

いしいはいじ　石井廃寺　奈良時代の寺院跡。徳島県名《みょう》西《ざい》郡石井町石井字城ノ内に所在する。国指定史跡。一九五七年(昭和三十二)から三ヵ年にわたる発掘調査で、明確な遺構としては金堂跡、塔跡、西方回廊跡がみつかった。伽藍は、東に塔、西に金堂を配する法起寺《ほっきじ》式の配置をとる。寺域は不明。金堂は、基壇が東西一四メートル、南北一二メートルに復元され、この上に桁行五間(九・四メートル)、梁行四間(七・五メートル)の規模の建物が建ち、礎石二十八個が完存する。塔は、一辺一〇メートルの基壇に、一辺五・四メートルの建物が建つ。塔には、心礎のほか十個の礎石が残る。回廊は、基壇幅三・二メートルに復元できる。出土遺物は、複弁八葉蓮華文軒丸瓦、均整唐草文軒平瓦、鬼瓦、瓦塔、土器類、鉄釘などがある。

参考文献　徳島県教育委員会編『石井』、一九六二、吉川弘文館。（田辺　征夫）

いしうす　石臼　平たい円筒形の石を二段重ねにし、重ね面に臼目を切って回転して穀物などを磨りつぶす道具で、中国の漢代の墓に副葬した明器にも見られ、二千年の歴史をもつ。臼目は円を放射状に六ないしは八等分し、この分画線に平行に溝を切ったもので、上下重ねて回転させると臼目の交点が外に向かって移動して粉が排出される仕組みである。日本には奈良時代にも伝わったようだが本格的には鎌倉時代末に禅宗の喫茶の風習やうどん・そうめん・豆腐などの粉食文化とともに伝来し、禅宗寺院の台所から民間に広がったと考えられる。下臼には粉受けの張り出しをもつものがあり、排出口はとびでるので平面形は鍵穴形となる。茶葉をひいて抹茶にする茶臼は小振りで緻密な石材を用いて表面は平滑に仕上げられている。茶臼の粉受けは一般には排出口の付かない円形である。前方後円墳が地元で「茶臼山」と呼ばれることが多いが、平面形が前方後円墳に似ているのは茶臼よりは排出口つき粉受けのある石臼の方である。　↓臼《うす》　↓籾摺臼《もみすりうす》

参考文献　三輪茂雄『臼』(『ものと人間の文化史』二五、一九七八、法政大学出版局)。（河野　通明）

いしがき　石垣　石を重ね合わせて積み上げ、一方に面をもった一定の高さの壁を構築したものをいい、石積みとも石崖ともいう。石を積み上げて石垣を構築する目的

穴太積み石垣虎口(甲府城)　巨石を随所に縦に用いることで、横目地を切り、隅角部は明確な算木積みはまだ見られない。

穴太積み石垣(甲府城)　自然石と荒割石を用い、大石で横目地を切る横目地崩しの手法で積まれている。

打ち込みはぎ石垣隅角部(明石城)　隅角部は直方体の石材をその長辺と短辺を上下に積み分ける算木積みで、単辺の脇には隅脇石を配置している。

打ち込みはぎ石垣(島原城)　隅角部は直方体の切石を上下に長短交互に積んだ算木積みが見られ、その左右の面を構成する築石部は比較的同じ大きさの割石を積んでいる。

穴太積みと谷落積み(甲府城)　左半分が築城期(文禄年間)の穴太積み、右半分が大正年間の谷落積み、境界線は穴太積みの隅角部。

切り込みはぎ石垣(伊予松山城)　石材の面を平らに、周囲を上と左右の石材の形状に合わせて細かく加工して、目地に隙間が発生しないようにして積み上げ、築石部の面が平面となるように積んだ石垣。

谷落積みと間知積み(甲府城)　右奥が谷落積み、左手前が間知積み。

は、㈠斜面上部の平地を広くするために斜面勾配を急角度にする、㈡斜面の土砂崩落を防止するために水に強い石を積み上げる、㈢城郭などの防御性を高めるために、石を積み上げて斜面を急勾配にする、㈣基礎を強固にしてその上部に重量構造物を建設するため、などが考えられる。㈠は城郭の郭や住宅の敷地面積および棚田などの耕地面積の確保のために古代から構築された。㈡は土手の弱点を克服するためで、寺社の境内地や堤防などで中世以降盛んに用いられ、明治以後は道路や鉄道の法面保護に多用されている。㈢は古代の水城《みずき》や神護石《こうごいし》からみられ、戦国時代末期には山城を中心に発展し安土城で飛躍的な発展を遂げる。㈣は古墳の石室から寺社建築、近世城郭建築などに多用された。石垣は、石材を列べて積み上げた石垣面を構成する築石、その端で角となっている隅角部を構成する角石、石垣面の上辺の天端石、石垣面の最下部に据えられる根石等から構成される石垣本体、そして築石の背後には、築石の角度を固定する飼石・石尻を支える栗石層、さらに盛土の栗石層への混入防止と栗石層の固定を目的に栗石層と盛土の境界に積まれる裏石垣などからなっている。盛土は敷き広げた土を敲き締めて、何層にも盛り上げたもので、この工程は、石積み工事と並行して行われる。古墳の石室や戦国時代に関東地方の城郭を中心に構築された石垣には、八王子城などに代表される裏栗石層を伴わない石垣が見られるが、織豊大名の関東進出以後の城郭には、裏栗石層を伴う石垣が構築されるようになる。石垣の呼称は、積まれた形状や石材の種類から、野面積み・打ち込みはぎ・切り込みはぎに大別される。野面積みとは、自然石(野面石)と自然石を割ったまま成形しない石(粗・荒割石)を積み上げた石垣で、大きな反りは無く勾配も緩やかで、直線的に積まれたものが多い。打ち込みはぎとは、石山から切り出した石などの石材の割面を石垣の表面にするが、石材(築石)相互が不成形であるため目地に空間が生じないように築石より小さな石材を間に挟みながら積み上げていく石垣で、近世城郭では高さや反りも大きくなる。姫路城天守台石垣・小田原城天守台石垣などに代表され、近世城郭石垣の多くがこの技法で構築された。切り込みはぎとは、築石全てを目地に空間が生じないように加工した切石で積み上げた石垣で、古墳時代後期の石室・江戸城天守台石垣・大坂城大手門など慶長以後の石垣や社寺建築に見られる。また、石材の使い方でゴボウ積み・乱積み・布積み・谷積み崩し・谷落とし積み・矢羽根積み・算木積み、石材の種類から玉石積み・亀甲積み・間知積み等の呼称がある。ゴボウ積みは、面に対して控えが長い石材を積む技法。乱積みは、積み方に規則性が見られない積み方。布積みは、築石をできるだけ横長に水平に据えることで横目地を通して積む技法で、数石単位で横目地を切る技法を布積み崩しと呼ぶ。谷落とし積みは、築石を斜めに落とし込むように積み、矢羽根積みはこの技法で矢羽根のように左右から斜めに築石を落とす技法である。玉石積みは、自然石の中の角が取れた玉石を積み上げた野面積み。亀甲積みは、六角形に加工した築石を用いた切り込み剝ぎ石垣。間知積みは、約一尺四方の方形切石(間知石)を用いた切り込み剝ぎ石垣の一つで、石材を水平に列べて目地が横に通ると布積み、斜めにして積んだ場合には谷落とし積みとなる。算木積みは長い角石を左右順番に積む偶角部の技法である。間知石などの石尻をコンクリートで堅めて積み上げる近代技法を練り石積みと呼ぶ。さらに禁じ手として、巨石の周囲を囲むように石を積む「巻き石」、横目地と縦目地が交差する「四つ目地」がある。なお、使用する石材とその積み技術の特徴から「穴太積み」と呼称される技法がある。→穴太《あのう》積み

参考文献 大久保森一『石積の秘法とその解説』、一九六九、理工図書。北垣聰一郎『石垣普請』(『ものと人間の文化史』五八、一九八七、法政大学出版局)。

(八巻与志夫)

いしがきやま 石垣山 一五九〇年(天正十八)に豊臣秀吉の関東征伐に際し、小田原城攻略のために築かれた陣城。神奈川県小田原市早川に所在する。小田原城の南方約三キロの笠懸山山頂に築城された。秀吉は書状の中で聚楽第や大坂城にも劣らない城だと述べている。本丸や二ノ丸、南曲輪や井戸曲輪などの各曲輪は穴太《あのう》衆により築かれた総石垣となっており、本丸などからは瓦が出土し、礎石も確認されていることから、石垣・礎石・瓦葺きという要素を含んだ東国最初の近世城郭であったといえる。また、石垣山の築城には実際は八十一日を要したが、小田原城側の樹木を一気に伐採し、一夜にして城が完成したように見せかけて北条方の戦意を喪失させたことから、一夜城とも呼ばれている。なお、歴史上石垣山の使用期間は一五九〇年七月までであるが、出土した瓦の中には「天正十九年」という銘を持つ瓦もあり、謎を呼んでいる。一九五九年(昭和三十四)に国指定史跡となり、現在は石垣山一夜城歴史公園として整備されている。

(諏訪間 順)

いしがみ 石神 庶民の生活全般に関わる民間信仰の対象を石で表現したものを石神と総称する。柳田国男は『石神問答』で石に表現された神々について述べているが、それらはほとんどが近世後期から明治時代にかけてのものである。石に表現される神々の内、日本在来信仰として山の神・田の神・荒神・道祖神・しゃくじ・姥神《うばがみ》・子ノ神など路傍の神々が挙げられる。仏教的なものでは馬《ば》頭《とう》観音・大黒天、道教的なものとしては庚申《こうしん》などが挙げられるが、福神などのようにそれらが混交したものもあり、信仰の現場ではその系譜はあまり意識されてはいない。薬師石仏・歯痛地蔵・足痛地蔵など治病の石仏は石神として理解できる。墓地に存在する供養石仏は石神にはふくまれないが、中世の供養石仏が歯痛地蔵・足痛地蔵などに転用されている例もまた多い。それら石神信仰の背景には、石・岩の堅牢さ・永遠性・神秘性の故にそ

れらを神の依《よ》り代《しろ》としたり、さらには神そのものとする日本の在来信仰がある。各地の神社にみられる盤座《いわくら》のように自然のままの石・岩だけでなく、神のイメージをそれらの岩に彫り込んだり、さらには神のシンボルとしての器物を石で作ったりすることも行われてきた。縄文時代にみられる立石や石剣・石棒などは生殖イメージと重なりを有し、その要素は五穀豊穣・子孫繁栄の願いのもと現代の民間信仰にまで系譜的につながりを持っている。

参考文献 大護八郎『石神信仰』、一九七七、木耳社。

(藤澤　典彦)

いしがみいせき　石神遺跡　奈良県高市郡明日香村飛鳥にある古代の宮殿遺跡。飛鳥寺の北西に位置する。一九〇二年(明治三十五)と翌年に、小字石神の水田から須弥《しゅみ》山石《せんせき》・石人像《せきじんぞう》が掘り出された。斉明朝の饗宴場、また、天武天皇の飛鳥《あすか》浄御原宮《きよみはらのみや》推定地とされてきた。一九八一年(昭和五十六)以来の調査で検出された遺構は、大きく七世紀前半―中ごろ、七世紀後半、七世紀末―八世紀初に分けられる。最も遺構が整う七世紀中ごろは、南接する水落《みずおち》遺跡との間の東西掘立柱塀の北側に、細長い建物で囲う東西二つの区画がある。南の塀から約一八〇メートル北に東西掘立柱塀と石組大溝からなる北限施設がある。特異な建物構成や規模、石敷井戸、石組方形池の存在や、新羅産の硯・土器、東北地方産の内黒土器などの出土は、この時期の遺構を斉明朝の饗宴施設と考えるにふさわしい。七世紀後半には南北棟建物を中心とした官衙的な構成にかわり、七世紀末―八世紀初は、塀で囲まれた約七〇メートル四方の区画などが検出されている。また、七世紀中ごろの北限施設の北方では、天武朝から持統朝の木簡・木製品が多量に出土しており注目される。↓飛鳥《あすか》水落《みずおち》遺跡《いせき》

参考文献 奈良国立文化財研究所飛鳥藤原宮跡発掘調査部編『飛鳥・藤原宮発掘調査概報』一二―一九・二一―二四、一九八二―九四。『奈良文化財研究所紀要』二〇〇一―二〇〇四、二〇〇一―〇四。

(安田龍太郎)

いしかわのとしたりぼし　石川年足墓誌　奈良時代の上級貴族の墓誌。田中紀正(大阪府)所蔵。国宝。縦二九・七センチ、横一〇・四センチの幅広の長方形の鋳銅板で、全面に鍍金を施す。表面に縦の罫線を五本ひき、六行二十二字詰めで百三十字の銘文を刻む。文字は細く浅い鏨《のみ》彫り。整然とした楷書体で、王羲之風の秀麗な書風を特徴とする。表面の四周は、細い界線で縁取りしたうえ、各辺の中央部からそれぞれ両端にのびる唐草文を線刻し、さらに文様のすき間を細かい魚々子《ななこ》を打って埋め、華やかな装飾帯を作り出している。一八二〇年(文政三)、摂津国嶋上郡真上光徳寺(大阪府高槻市真上町)の荒神山から、火葬骨を納めた木櫃(残片が国宝の附として伝わる)とともに出土。銘文中に墓所と記される「嶋上郡白髪郷酒垂山」が出土地にあたるとみられる。当時の記録によれば、地下一・五メートルほどの穴に木櫃を置き、その周囲を木炭で埋め、墓誌を木櫃の上に置いていたらしい。火葬場所を墳墓にしたと推測される。銘文は、年足の系譜・没時の官位・死去の年月日・享年・埋葬の月日と場所などを記したあと、末尾に死を悼む短い銘を付す。この誌と銘を兼備した形式は、中国の墓誌に倣ったものである。誌の部分は、武内宿禰命を始祖とし、石足《いわたり》を父とする年足が、七十五歳の七六二年(天平宝字六)九月、御史大夫(大納言)正三位の官位をもって京宅で没し、十二月に埋葬されたことが記される。「平成宮御宇天皇」は淳仁天皇にあたる。一方、四字句からなる銘は、平声先韻の字である「年」と「煙」で押韻し、「嗚呼哀しき哉」で結ばれる。年足は蘇我氏の直系で、藤原仲麻呂政権下で要職を歴任した名門貴族。現存の古代墓誌に現れる人物としては最高の身分に属する。本墓誌は、その地位にふさわしい銘文と意匠を備え、年足の伝記や、上級貴族の葬制に関する重要史料であるだけでなく、年代の確かな彫金技法の資料としても貴重である。

銘文 武内宿禰命子宗我石川宿禰命十世孫従三位行左大／弁石川石足朝臣長子御史大夫正三位兼行神祇伯年／足朝臣当平成宮御宇天皇之世天平宝字六年歳次壬／寅九月丙子朔乙巳春秋七十有五薨于京宅以十二月／乙巳朔壬申葬于摂津国嶋上郡白髪郷酒垂山墓礼也／儀形百代冠蓋千年夜台荒寂松柏含煙嗚呼哀哉

参考文献 奈良国立文化財研究所飛鳥資料館編『日本古代の墓誌』、一九七九、同朋舎。上代文献を読む会編『古京遺文注釈』、一九八九、桜楓社。

(三谷　芳幸)

いしがんとう　石敢当　石敢当と刻字された比較的小さな石柱または石板のことで、T字路や三叉路など道の突き当たりに立てて魔除けとする。セキカントウとも読む。起源は中国で、『輿地紀勝』一三五に、唐の七七〇年に福建省莆田の県令が造立した石敢当が出土したとあるのが最古である。日本には近世以降に伝わり、現在、北海道から沖縄まで広く分布しているが、特に沖縄県、ついで鹿児島県に多く見られる。石敢当は「石敢えて当たる」の意味で、堅固な石が邪気や悪鬼を圧伏し災厄を防ぐという石に対する信仰にもとづく。石敢当を中国五代の後漢時代に活躍した力士(勇士)の名前とするのは俗説。中国には、上部に獅子頭を象ったものや八卦や「止煞」「神位」などの付属語の入った石敢当がある。沖縄では避諱の関係で尚泰王の泰の字が削られたものや、梵字・似字点等の入ったものがあり、奄美諸島でも、石眼當・石散當の文字と四縦五横の記号を並記したものなど、特異な石敢当も散見される。

参考文献 窪徳忠『中国文化と南島』(『南島文化叢書』一、一九八一、第一書房)。山里純一『呪符の文化史』、二〇〇四、三弥井書店。小玉正任『日本の石敢當』(『考古民俗叢書』、二〇〇四、慶友社)。

(山里　純一)

いじじょう　伊治城　⇩これはりじょう

いしだもさく　石田茂作　一八九四―一九七七　考古学研究者。一八九四年(明治二十七)十一月十日、愛知県碧

海郡矢作町(岡崎市)に生まれる。一九二五年(大正十四)一月から一九五七年(昭和三十二)二月まで、現東京国立博物館に勤務。同年三月から一九六五年三月まで奈良国立博物館館長。その間仏教考古学関係の研究を積極的に進めた。一九二六年刊行の『考古学講座』(雄山閣)には「経塚」を執筆、経塚を学問的に大系づけた。一九三〇年には高橋健自《たかはしけんじ》収集になる瓦を整理編集し、『古瓦《こが》図鑑』を刊行、歴史考古学研究の上での瓦の重要性を示した。一九三六年には『飛鳥時代寺院址の研究』(学位論文)を刊行、古代寺院研究の基礎を築いた大作である。一九五六年刊行の『日本考古学講座』六(河出書房)では「伽藍配置の変遷」を執筆し、飛鳥時代から江戸時代に至る伽藍配置の変遷を系統づけた。このほか仏教考古学の各分野の研究を進め、文献上でも『写経より見たる奈良朝仏教の研究』を発表、仏教文化研究の幅広い学識を示している。一九七七年八月十日没。八十二歳。

(森　郁夫)

いしついじ　石築地　⇩元寇防塁《げんこうぼうるい》

いしどうじ　石塔寺　近江の渡来文化研究に不可欠の三層の石塔のある寺院。滋賀県東近江市蒲生町石塔にある。丘陵南麓に石塔寺本堂が、丘陵頂部に重要文化財の三重の石塔が存在する。十一世紀初頭には寂禅という僧も住したことが知られ、石塔はインドのアショカ王の建立した舎利塔の一つとする信仰がある。三重の石塔は後補の相輪部を含めて総高約七・五メートルを測る。石塔の細部の手法や形態などから百済の系統を引く石塔とみて、天智朝に亡命した百済の遺臣たちが蒲生郡に遷居したことと関連させて白鳳期のものとする見解が強いが、韓国忠清南道扶余郡の長蝦里の三層石塔に相似するとして、十—十一世紀初頭のものとみる見解もある。また、この塔が製作当初からこの地点にあったものか、それに伴う伽藍はどうかなど、検討すべき点は多い。丘陵上のこの石塔の周辺にはおびただしい数の供養石塔が並んでいるが、これらは昭和初年ごろに集められたものといわれる。

参考文献　『蒲生町史』一、一九九五。西田弘「石塔寺」(小笠原好彦他『近江の古代寺院』所収、一九八九、近江の古代寺院刊行会)。

(林　博通)

いしどうろう　石燈籠　石製の燈籠。本来、仏堂の前に立てて本尊に献燈するための仏具であったが、平安時代以降、神社の社殿の前にも置かれるようになった。仏堂もしくは社殿の中軸線前方に一基立てるのが古制で、二基を一対とするのは桃山時代以降。祈願のために寺社に石燈籠を奉納するようになるのは室町時代以降で、江戸時代には、権力者によって造営された寺社やその廟などに、恩顧を受けた人々が多数奉献した。また、桃山時代になると、茶人によって庭園に持ち込まれ、照明および添景などの機能を帯びるようになった。この庭園系の石燈籠には、寺社系の石燈籠を変形させたユニークなものも現れた。寺社系の石燈籠は、自然石を加工したもので、下から基礎・竿・中台・火袋・笠・宝珠の各部を別材でつくり、簡単な仕口で接合させる。各部の平面形は八角形、六角形、四角形などで、しばしば竿のみ円形とする。現存遺品では、奈良時代と考えられる当麻《たいま》寺金堂前の凝灰岩製の八角石燈籠(奈良県葛城市)が最古だが、火袋が失われ基礎と笠・宝珠も風蝕が大きい。平安時代のものには、春日大社(奈良市)の、通称、柚ノ木石燈籠があるが、これも火袋と宝珠が後補である。鎌倉時代になると遺例が急増し、細部の造形も多彩となる。在銘最古の石燈籠は、個人蔵の石燈籠(京都市、一二三七年(嘉禎三))である。発掘調査による検出例は、基礎の石材そのもの、もしくは基礎の据付穴や抜取穴を確認した場合が多く、飛鳥寺中金堂前(奈良県明日香村、六世紀後期)、来美廃寺金堂前(島根県松江市、七世紀末—八世紀)、播磨国分寺金堂前(兵庫県姫路市、八世紀中期)、西隆寺金堂前(奈良市、八世紀後期)、興福寺中金堂前(奈良市、平安時代)などがある。山田寺(奈良県桜井市、七世紀中期)では、蓮弁をもつ八角形の基礎のほか、火袋および笠の石材断片が金堂前から出土した。火袋を上下二段に分割し、いずれも一石の内部をくりぬいたうえ、上段では連子窓の細いスリットを造り出すという、他例をみない精巧な造形で、石工集団の技術の高さをうかがわせる。

参考文献　天沼俊一『慶長以前の石燈籠』、一九三七、スズカケ出版部。川勝政太郎「燈籠の鑑賞」(座右宝刊行会編『燈籠』所収、一九七三、集英社)。福地謙四郎『日本の石燈籠』、一九七八、理工学社。

(箱崎　和久)

いしなべ　石鍋　滑石を削り出すことにより製作した煮炊容器。平安時代後期から中世にかけて、東北から沖縄に至る各地の遺跡で確認できる。生産遺跡は長崎県西彼《その》杵《ぎ》半島一帯、山口県宇部市などで確認されているが、規模は西彼杵半島のものが突出しており、大多数はこの地域で生産されたと考えられる。長崎県西海市ホゲット遺跡などの調査によって、滑石の露頭に四角錐台形を削り出して粗形を作り、その後別の場所で回転を利用しながら鏨《のみ》で形を整えていたことが明らかになった。成立は十一世紀ごろと考えられ、初期の製品は口縁部外面に一対あるいは二対の縦方向の耳をもつが、やがて口縁部外周に鍔《つば》の巡るものへと変化し、時期とともに鍔は次第に退化していく。十三世紀から十四世紀にかけては、九州から瀬戸内・近畿を中心とする地域で出土量が増えるが、戦国期にはほとんど見られなくなる。出土資料には煤の付着するものや、熱により変色したものが多く、煮炊具として利用されたことがわかる。『類聚雑要抄』『厨事類記』などには甘葛《あまずら》・薯蕷粥《いもがゆ》を煮るための容器と記される。鉄鍋・土鍋との用途の違いは明らかでないが、保温効率の高さが必要とされるものの加工に利用されたのであろう。温石・硯などに再加工されることも多い。

参考文献　森田勉「滑石製容器—特に石鍋を中心として—」(『仏教芸術』一四八、一九八三)。木戸雅寿「草戸千軒町遺跡出土の石鍋」(『草戸千軒』一二一、一九八二)。下川達彌「生活を変えた職人たち　石鍋」(網野善彦・石

石のカラト古墳　調査区近景
墓道埋土除去後(南西から)

井進編『中世の風景を読む』七所収、一九九五、新人物往来社)。鈴木康之「滑石製石鍋の流通と消費」(『鎌倉時代の考古学』所収、二〇〇六、高志書院)。　(鈴木　康之)

いしのカラトこふん　石のカラト古墳　古墳時代終末期(飛鳥時代)ないし奈良時代初期に奈良山丘陵に築かれた上円下方墳。奈良市神功一丁目・京都府相楽郡木津町兜台二丁目に所在し、カザハヒ(風灰)古墳とも呼ばれる。本格的な発掘調査は一九七九年(昭和五十四)に奈良国立文化財研究所が実施した。墳丘第一段基底部の一辺は一三・八メートル、墳丘の残存高二・九メートルを計る。墳丘は石槨の構築と併行して土嚢で端を抑えながら版築状に築きあげ、第一段斜面には葺石、その上面平坦部には敷石を施してある。なお、残存してはいなかったが、当初は第二段円丘部分にも石による外装があったものと思われる。墳丘外側の平坦面にも敷石が確認されていて、その下や墳丘下には周到に排水溝がめぐらされている。石槨は凝灰岩の板石を組み合わせて作った横口式石槨で、高松塚古墳やキトラ古墳と類似するが、内面に漆喰や壁画は施されていない。また、盗掘にあっていたために、副葬品としては金製と銀製の玉各一、琥珀玉片、大刀装具残欠、漆片、金箔片などが残っていたにすぎない。このほか墓道部分ではコロレール痕跡や墓前祭祀跡がみつかっており、築造規格や構築過程の詳細を含め、終末期古墳の研究に有益な情報を提供した。

参考文献　奈良文化財研究所『奈良山発掘調査報告』一(『奈良文化財研究所学報』七二、二〇〇五)。　(高橋　克壽)

いしのほうでん　石宝殿　兵庫県高砂市阿弥陀町生石字宝殿山所在の巨大な石造品。県指定史跡。高砂市の中央にある黄白色の石山に鎮座する生石《おうしこ》神社本殿奥に、御神体として祀られている。この石造品について『播磨国風土記』に、「原の南に作石があり、形は家のようで長二丈、広さ一丈五尺、高さも同じ、名付けて大石という」と記され、聖徳太子の時代に弓削大連《ゆげのおおむらじ》(物部守屋)が作ったものと伝えられている。また、宝殿山等の岩山は、竜山石と呼ばれ、古墳時代から石棺材として利用され、東は滋賀県、西は山口県の範囲に運ばれていることが確認されている。この石宝殿の最大幅は、東側で約六・四五メートル、高さ五・五五メートル、南北の側面は、幅約四・七五メートルで中央の東に幅約一・六五メートルの溝状のものがある。それは、家屋を横倒しにしたような形状で、しかも未完成品であるらしいところから、古来さまざまな解釈がなされているが、一種の墓室と考える説が有力である。

参考文献　間壁忠彦・間壁葭子『石宝殿—古代史の謎を解く—』、一九九六、神戸新聞出版総合センター。西谷真治『石の宝殿』(『天理大学学報』五八、一九六八)。　(大村　敬通)

いしびつ　石櫃　火葬骨を納めた骨蔵器《こつぞうき》(蔵骨器ともいう)の外容器で、おもに奈良時代の火葬墓に用いられた。形状はさまざまだが、四〇センチから一メートル前後の大きさで正方形のものが一般的である。蓋と身の二石からなり、それぞれに骨蔵器を納めるための空間を刳り抜いている。身蓋の合わせ部分は密着するように平滑につくられるが、特に蓋を受けるため身の中央部を一段高くした、いわゆる印籠《いんろう》式に合わせを作る例も多い。石櫃を用いた火葬墓は畿内から各地に伝播したとみられるが、小型化・粗製化しながら数を増して平安時代につづく地域と、古墳以来の墳墓の中心施設となる地域があるなど定着には多様性がある。金銅製骨蔵器を納めた兵庫県米谷《まいたに》古墓、三彩骨蔵器を納めた和歌山県名古曾古墓、また静岡県大北二四号横穴の「若舎人《わかとねり》」の刻銘のある石櫃は重要文化財に指定されている。なお舎利の埋納施設として用いられた石製容器を石櫃と呼称する場合もある。

参考文献　大阪府立近つ飛鳥博物館編『古墳から奈良時代墳墓へ』、二〇〇四。　(今尾　文昭)

いしびや　石火矢　西欧に起源をもつ青銅製の大型砲の一種。火薬を装塡する入れ子、子砲が付属し、わが国では石火矢、ときに仏狼機(フランキ)砲とよんだ。仏狼機砲の起源は西欧にあるが、明末の一六二一年の茅元儀編纂の『武備志』によれば、明の正徳年間(一五〇六—二一)、ポルトガル人によって広東に伝えられたとある。その後、中国から朝鮮にも伝播して普及したことは、朝鮮王朝の一六一四年(光海君六)の『火器都監設置儀軌』と『武備志』の記事が一致していることに明らかである。わが国における初見は一五六〇年(永禄三)三月、豊後の大友氏が室町将軍足利義輝に種子島の鉄炮とともに石火矢を贈答したそれである。大友氏と石火矢の関係は深く、一五六八年八月に外国に大砲を求め、天正初年には国崩しという大砲を外国から入手している。また織田信長が九鬼《くき》嘉隆《よしたか》に命じて伊勢の大湊で建造した軍艦には大砲三門が装備されているが、これは仏狼機砲、すなわち、石火矢である。石火矢の大量使用は文禄・慶長の対外戦に始まる。播磨の鋳物師野里五郎右衛門父子は朝鮮渡海の石火矢を鋳造するために上手な職人を召し連れて至急上京するようにと、豊臣氏に命ぜられている。一六〇〇年(慶長五)十二月、四国の長曾我部氏は関ヶ原の戦で豊臣方に味方して両国を没収されたが、浦戸城には大小の石火矢九挺があった。一六〇四年五月、徳川家康は石火矢師渡辺宗覚を召して、駿府において石火矢を鋳造させている。この時期になると、諸大名も自前で石火矢を鋳造して配備した。大坂冬の陣は一六一四年十月に再開するが、佐竹氏は五百目の石火矢を鋳造した。その図面には「惣長曲尺五尺五寸、筒長三尺八寸五分、差渡(外径)六寸六歩、(口径)弐寸二歩、箱長(薬室)一尺六寸五歩、銃尾壱尺壱寸七歩」(括弧筆者注)とあり、後装式の仏狼機砲とわかるが、子砲の図をみると、西欧に源流をもつ明と朝鮮王朝のそれとおなじではない。わが国の石火矢の源流は東南アジアの仏狼機砲に求められる。

参考文献 宇田川武久『鉄砲と戦国合戦』(『歴史文化ライブラリー』一四六、二〇〇二、吉川弘文館)、同『鉄砲と石火矢』(『日本の美術』三九〇、一九九八、至文堂)。

(宇田川武久)

いしぶたいこふん 石舞台古墳 奈良県高市郡明日香村島庄《しまのしょう》にある、日本を代表する大形の横穴式石室墳。古墳名は早くから封土が失われて天井石が露出しており、石の上で狐が踊ったとの伝承にちなむ。一九三三年(昭和八)と一九三五年に京都帝国大学と奈良県によって発掘調査が行われ、以後、復元整備や公園建設に伴う調査が数回実施されている。古墳の周囲には周壕と外堤が方形に巡っており、墳形は一辺五〇メートルの方墳と推定される。墳丘基底及び外堤斜面には人頭大の玉石を貼っている。石室は全長一九・四メートル、玄室長七・七メートル、幅三・五メートル、高四・七メートル、羨道《せんどう》長一一・七メートル、幅二・六メートル、高二・四メートル。平滑に加工した巨石で構築しており、天井石の一石は重量七七トンと推定。築造に伴って小古墳を数基破壊しており、被葬者の権力の強大さを物語る。古くから蘇我馬子の桃原墓にあてる説がある。遺構の構造解明を目的とした調査が行われた遺跡として、かつ飛鳥地域のおける記念碑的な遺跡として重要である。一九五二年(昭和二十七)特別史跡に指定。

参考文献 『大和島庄石舞台の巨石古墳』(『京都帝国大学文学部考古学研究報告』一四、一九三七)。

(卜部 行弘)

いしもだくようせきとう 石母田供養石塔 福島県伊達郡国見町に所在する石塔。国指定史跡。俗に「蒙古の碑」ともいう。安山岩製で高さ約一・八メートル、幅約四五センチの方柱状で、一面に六行二十六字詰百五十四文字と、上部中央に種子(梵字ウーン)が刻まれている。その趣旨は、僧智瑄が一三〇八年(延慶元)十一月二十日、先祖の百回忌命日にあたって塔婆を建立することを述べたものである。石母田には鎌倉期に臨済宗満福寺があり、智瑄はその寺の僧であったともされる。銘文は一山一寧の書として知られる。一山は、禅宗・朱子学に通じ、書家として知られ、五山文学の第一人者とされる。一山の書になる石塔はほかに、関東地方に三基、東北地方では宮城県松島町(頼賢の碑)がある。

銘文 竊以妙体本無相仮相以度生真理亦絶言憑言以顕道繇兹先仏後仏出興無息半満権実鑑機揆時世尊昔起道機匡箇鹿苑路逢于二商主説法度彼絳摺伽梨安地上一卓金錫覆鉢盂乃象妙体留為益未来今此塔婆以是為規本見之者永離苦趣造之者必生楽邦粤当于尊親一百諱辰潰於鐫鑿建造志願心冀感通以靡忒妄尽以澄真峕徳治三年十一月廿日 智瑄謹誌 一山一寧書

参考文献 『国見町史』一・二、一九七七・一九七三。福島県教育委員会編『福島県の文化財—国指定文化財要録—』、一九八九。

(飯村 均)

いしやまでら 石山寺 大津市にある東寺真言宗の別格本山。西国三十三所観音霊場の第十三番札所。山号は石光山。『石山寺縁起』には、東大寺大仏造立のとき、黄金の探索を命じられた良弁が、金剛蔵王の夢告により当地に草庵を建て、聖武天皇の念持仏の観音像を祀ると、陸奥国から黄金の出土をみたため、その草庵を寺としたことを起源とする。当初仏堂と板倉など数棟のみであったが、七六一(天平宝字五)—六二年ごろ、仏堂(本尊如意輪観音)・法堂・経蔵・僧房四宇・食堂・写経所・板堂・板屋などが造作され、堂舎が整備された。境内には寺名のごとく硅灰石の奇岩が多く、厨子内の本尊も岩上に立つ。先立つ七五九年には近辺に保良宮《ほらのみや》が造営され、その護持の役割もあった。平安時代初め、八〇四年(延暦二十三)には盛大な常楽会(涅槃会)が催されたと『石山寺縁起』にみえる。なお境内からは、白鳳時代の瓦が出土しており、それ以前に寺院が存在したことをうかがわせる。その後石山寺座主は聖宝《しょうぼう》・観賢とつづき、醍醐寺との関係が深まるとともに、真言密教の寺院化していった。平安時代中期には、宇多上皇の参詣や、藤原道綱母(『蜻蛉日記』作者)や菅原孝標の女(『更級日記』作者)などの参籠もみられた。このころから本尊如意輪観音の霊験は有名となり、平安貴族の参籠や庶民の参拝が盛んとなり、石山詣という言葉も生まれた。特に紫式部が当寺において、『源氏物語』を執筆した有名な伝承があり、本堂の一隅にこれにちなむ「源氏の間」と称する部屋が残されている。当寺の観音信仰は、中世以降もますます盛んになり、西国三十三所観音霊場の巡礼の風習が起こると、当寺は札所になり巡礼に賑わうこととなった。創建当初の建物は、一〇七八年(承暦二)の火災で全焼した。そのうち本堂(国宝)は一〇九六年(永長元)に再建され、それ以外の堂宇は鎌倉時代以降の建物が多い。なかでも源頼朝が寄進したといわれ、須弥壇に建久五年(一一九四)の墨書銘がある多宝塔(国宝、本尊大日如来は快慶作)は、優美で均整のとれた様式美をみせる。鎌倉武士との関係も深く、中原親能が謀反の輩を討つとき石山寺に詣で勝利したことにより勝南院を建立し、毘沙門天を安置した話が『縁起』にみられる。鎌倉時代後期建築の鐘楼や東大門も源頼朝の寄進と伝えられ、頼朝と、その女子三幡の乳母の亀谷禅尼(親能の妻)の供養塔といわれる宝篋印塔が、多宝塔の近くにある。鎌倉時代、寺領が寺周辺の寺辺、南郷に広がっていたことが、『建久年中検田帳』(重文)から知られる。南北朝時代には宝庫を破られる事件などもあったが、法流は護持され、一切経の虫払い補修などは着実に行われていた。その後一五七三年(天正元)、織田信長と足利義昭の争いに巻き込まれた当寺は戦後しばらく荒廃していたが、一六〇二年(慶長七)淀君の援助で本堂の礼堂が改築され、その他東大門など堂宇の修理が行われ、江戸時代には寺領高五百七十余石であり、寺観も安定を取り戻した。寺地は瀬田川の西方にあり、境内には石山の名にふさわしく奇岩怪石が多く、伽藍は山岳寺院形式で配置され、周辺は風光明媚で、古来石山秋月は近江八景の一つとして著名で、その門前の賑わいの風景は『近江名所図会』にみえる。当寺は三代座主淳祐《しゅんにゅう》をはじめ多くの学僧を排出したことが知られる。淳祐は、当時高野山別当であった師の観賢が高野山の空海廟に大師号宣旨と勅旨御衣を奉納したとき随伴し、その際大師の御衣の香気が淳祐の手に移ったため彼の認《したた》めた聖教にはその香りが残るといわれ、『薫聖教《におい　のしょうぎょう》』(国宝)と称される。『薫聖教』には、悉曇《しったん》書が多く、当時の悉曇学の状況がわかる貴重な資料である。また平安時代末期に念西・朗澄により収集され、欠巻については勧進補写された一切経は、そのほとんどが同時期制作の経函に収められて伝わる。さらに当寺伝来の平安・鎌倉時代書写の聖教類を江戸時代、明暦年間(一六五五—五八)に三十合の経函を新調し収納した『校倉聖教』(重文)など、多量の経巻・聖教を伝える寺として著名である。それ以外にも、聖教紙背に遺った『漢書』『史記』『玉篇』などの漢籍や、『延暦交替式』『越中国官倉納穀交替記残巻』『周防国玖珂郡玖珂郷延喜八年戸籍残巻』など単品で国宝指定の文化財も数多い。

参考文献　石山寺文化財総合調査団編『石山寺研究』、一九七八・八一・九一・九二、法蔵館。同編『石山寺資料叢書』、一九九六—、法蔵館。

(綾村　宏)

いしやまほんがんじ　石山本願寺　摂津国東成郡生玉庄大坂(石山、大阪市中央区)にあった寺院。一五三二年(天文元)から一五八〇年(天正八)まで真宗本願寺教団の本山だった。当時この地を石山と呼んだ史料は見出せないが、著名なので便宜的に用いる。真宗伝道のため、一四九六年(明応五)秋に本願寺第八世蓮如により建設が始められ、翌年に坊舎の完成をみた。近辺の森三ヶ庄にあった祐光寺の祖先が蓮如に寺地を寄進したと伝えられる。蓮如が死去したのちに、第九世実如がここを隠居所に定めたとも伝えられている。この寺院を中核に、現在の大阪城地の本丸・二ノ丸の地に、周囲に堀・土塁などの防備をした寺内町が蓮如の時代から形成され始め、「六町」と総称される北町・南町・西町・北町屋・清水町・新屋敷、および枝町とみられる檜物町・青屋町・横町などの町を単位とした町民の組織が形成されていった。一五三二年、京都の法華宗徒や細川晴元勢・六角定頼勢などに山科本願寺が焼討ちされると本願寺第十世証如らは大坂の坊舎に逃れ、ここが本山本願寺となった。本願寺は領主として、寺内の番屋を拠点に寺内町を支配し、ここに本願寺の掟書が掲げられ、本願寺に北陸など諸国から上番した番衆が常駐して警備が行われ、町民の訴訟は本願寺によって裁定された。こうした本願寺の支配下で町民が一定の自治を行なっていたと考えられる。領主が本願寺であったものの、町民が生玉社の祭礼を行なったことや、ほかの寺内町の事例からも推測されるように、他宗派の住民や寺院も居住を許されていたと考えられる。摂津守護から諸公事免除、徳政の適用除外、半済免許などの特権を承認され、不入権(治外法権)を獲得していたと判断される。一五八〇年、本願寺は正親町天皇の勅命に応じ、敗勢の中で寺地の譲渡を条件に織田信長と和睦して紀伊国雑賀に移動し、織田方に接収された寺内の敷地に豊臣秀吉が大坂城を建設した。

参考文献　峰岸純夫「一向一揆」(大澤研一・仁木宏編『寺内町の研究』一所収、一九九八、法蔵館)、大澤研一・仁木宏編『寺内町の研究』二、一九九八。鍛代敏雄『中世後期の寺社と経済』、一九九九、思文閣出版。

(神田　千里)

いずこくぶんじ　伊豆国分寺　伊豆国の国分寺。七四一年(天平十三)の聖武天皇の詔を受けて建立された。JR三島駅の南六〇〇《メートル》、静岡県三島市泉町にある旧蓮行寺(一九五五年(昭和三十)に国分寺と改称)本堂裏の墓地に塔の礎石が残る(国史跡伊豆国分寺塔跡)。塔跡の北半部分を構成するもので、残存する八個のうち東側の六個が原位置をとどめている。軽部慈恩によって僧房以下の配置が確認され、塔跡は中門の南西位置にあたるとされた。瓦は山田寺系のもので、伊豆の国市花坂《はなざか》古窯の製品。『延喜式』に山興寺を代用国分寺とすることがみえ、軽部は山興寺を三嶋大社東方の塔の森廃寺とした。国分尼寺は三島市大社町の祐泉寺を中心とした市ヶ原廃寺とされてきたが、軽部はそれが白鳳期の寺院であることから、本来の尼寺ではなく、尼寺焼亡後にあてられた定額寺《じょうがくじ》(大興寺)にあたるとした。そして本来の尼寺として旧蓮行寺南南東一《キロ》の六ノ乗廃寺をあげている。いずれの寺院跡も市街地化が進み実態の把握は困難をきわめている。

→国分寺《こくぶんじ》

参考文献　『三島市誌』上、一九五八。『静岡県史』資料編二、一九九〇。

(佐藤　正知)

いずしじょう　出石城　但馬国出石藩五万八千石の城として、一六〇四年(慶長九)藩主小出吉英《こいでよしひで》によって築城されたと伝えられる城郭。兵庫県出石郡出石町内町に所在。城は南にそびえる有子山《ありこやま》の山裾を利用し、上から稲荷台、本丸、二ノ丸上の郭、二ノ丸、二ノ丸下の郭と階段状の縄張りとなり、平地に三ノ丸をもつ。また東側に山里郭、西側に西ノ郭がとりついている。最上段の稲荷台は稲荷神社が祀られているだけであり、本丸に城主の居住に関する施設が、二ノ丸に城主と謁見する施設などが配された。この後、武蔵国岩槻から移封した松平氏は一七〇二年(元禄十五)三ノ丸に新たに対面所を建設。本丸・二ノ丸の機能をここに移すとともに以後藩主はここに居住した。ついで一七〇六年(宝永三)に信州上田から仙石氏が移封するが、一八三五年(天保六)に御家騒動が勃発。幕府の知るところとなり出石藩はその責めを受け三万石に減封された。一八六八年(明治元)廃城。

参考文献 出石町史編集委員会編『出石町史』一、一九八四。出石町教育委員会編『伝統的建造物群保存地区保存対策調査報告書(出石城下町地区)』、二〇〇一。

(小寺 誠)

いずのくに 伊豆国 東海道に属する旧国名。静岡県東南部の伊豆半島および東京都の伊豆諸島を含む地域。北西は駿河国、東は相模国に接する。西は駿河湾、東は相模湾に面する。国名は温泉が多いことから「湯出づ」が訛ったとの説がある。国府は田方《たがた》郡に所在し、現在の三島市三嶋大社付近に比定されるが、明確な遺構は発見されていない。国分寺については三島市泉町の国分寺(旧称蓮行寺)付近、国分尼寺については国分寺と同類の古瓦が出土する三島市南町の六ノ乗廃寺に比定され、前者では塔礎石の遺構が残る。廃寺跡としては、白鳳期の薬師寺式伽藍配置をもつ市ヶ原廃寺(三島市大社町)、奈良時代初めの創建と考えられる宗光寺廃寺(田方郡大仁町宗光寺)などがあるが、詳細は不明である。『延喜式』神名帳・民部上によれば田方・賀茂・那賀の三郡から構成される。郡家については、大規模な掘立柱建物が集中する三島市中島の中島遺跡が田方郡家として有力視されている。那賀郡家は松崎町付近、賀茂郡家は南伊豆町上賀茂・下賀茂付近にそれぞれ比定されるが、明確な遺構は発見されていない。『延喜式』民部上によれば国の等級は下国で、都からの遠近は中国に位置付けられる。『旧事本紀』の『国造本紀』には、神功皇后の時、若建命《わかたけるのみこと》を伊豆国造に定めたとあり、孝徳朝に駿河国に属し、天武朝に再び分置されたと伝承する。一方、『扶桑略記』によれば、六八〇年(天武天皇九)に駿河国の二郡を割いて伊豆国を置いたと記す。大型古墳や氏族の分布などからすれば、駿河国と伊豆国は古くから一帯であったと考えられ、天武朝に分置されたと考えられる。鰹製品の貢納、流罪の国、航海や火山・地震活動に対する班幣の必要などの理由から分国されたと考えられる。『日本書紀』応神天皇五年十月条に、「伊豆国」に命じて「枯野《からの》」という船を造らせたとあるのが国名の初見だが、潤色であろう。同三十一年八月条には後日談として枯野と名付けられた「官船」が朽ち果て、利用できなくなったので、薪として塩を焼き、燃え残りから琴を作ったと伝承する。『万葉集』四三三六番歌と四四六〇番歌には「伊豆手船」が詠まれ、伊豆地方特有の造船技術が存在した。ちなみに、『和名類聚抄』によれば伊豆国田方郡に狩野《かの》郷があり、『延喜式』神名帳には田方郡二十四座の一つに「軽野《かるの》神社」がみえる。『日本書紀』に六七五年、麻続王《おみおう》の子を伊豆島へ流したとあるのをはじめとして、伊豆国へは大津皇子の帳内砺杵《ときの》道作《みちつくり》や役小角らが配流されている。七二四年(神亀元)には遠流の地と定められ、奈良・平安時代には、源頼朝など多くの人々が流された。平城京の二条大路出土木簡などによれば、伊豆国の沿岸部の郷里からは調の荒堅魚が大量に都へ貢進されている。また伊豆諸島における噴火

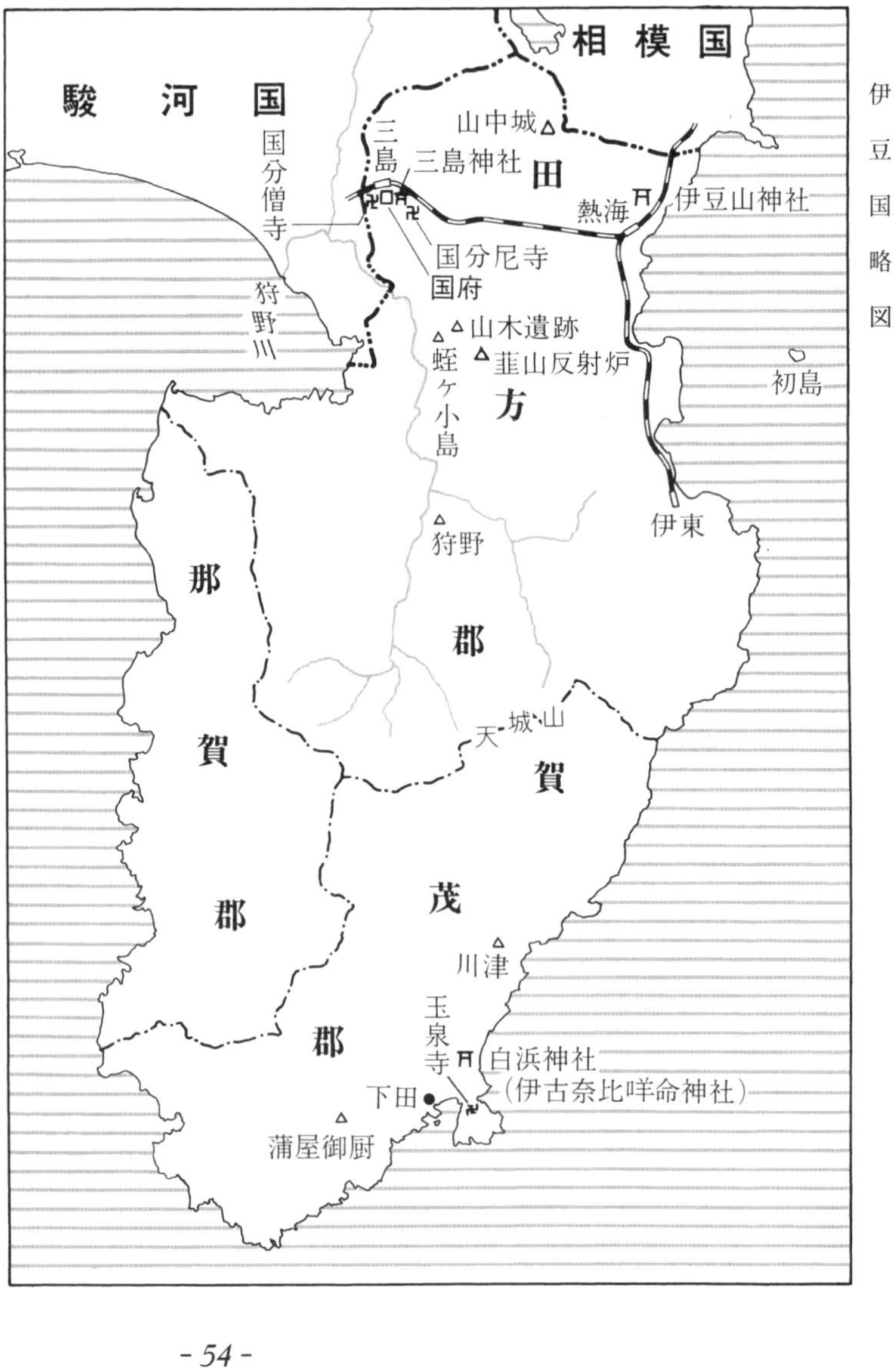

伊豆国略図

や地震の記載も多くあり、三嶋神を中心とする神祇信仰や卜部平麻呂を代表とする卜部集団の活動とは密接な関係が考えられる。七三九年(天平十一)の『伊豆国正税帳』には、蓄積された穀は七万六千四百七十石余が計上されている。『延喜式』主税寮の出挙稲額は合計十七万九千束で、その内訳は正税六万五千束、公廨六万五千束、国分寺料一万束、大安寺料三千束、三嶋神料二千束、禅院料千束、国分二寺供養料一万束、三神寺料二千束、文殊会料千束、修理池溝料一万束、救急料一万束とある。式内社の数は、三郡合計で九十二座あり、賀茂郡に属する西海岸および伊豆諸島に濃密な分布を示す。ちなみに、三嶋大社は『延喜式』では賀茂郡に所在したとあり、平安時代後期に田方郡へ遷座したと考えられる。一一八〇年(治承四)源頼朝の挙兵により北条氏などの在地領主の多くは鎌倉幕府の御家人となった。江戸幕府の滅亡により一八六八年(明治元)に韮山県、一八七一年に足柄県を経て、一八七六年静岡県となる。

参考文献　仁藤敦史「スルガ国造とスルガ国」(『裾野市史研究』四、一九九二)。同「伊豆国造と伊豆国の成立」(千葉史学会編『古代国家と東国社会』所収、一九九四、高科書店)。同「伊豆国の成立とその特殊性」(『静岡県史研究』一二、一九九六)。同「駿河・伊豆の堅魚貢進」(静岡地域史研究会編『東海道交通史の研究』所収、一九九六、清文堂出版)。原秀三郎『地域と王権の古代史学』、二〇〇二、塙書房。『静岡県史』通史編一、一九九四。　(仁藤　敦史)

いずみざきよこあな　泉崎横穴　福島県西白河郡泉崎村字白石山に所在する横穴墓の一基。一九三四年(昭和九)指定の国史跡で、阿武隈川の支流である泉川北岸沿いの凝灰岩斜面に穿たれている。一九三三年十二月に道路工事中に発見されたもので、羨道《せんどう》部は削平を受けて長さは不明である。玄門は幅六五センチ、高さ七六センチのアーチ形を呈し、玄室は幅一九五センチ、奥行き二一〇センチ、中央部の高さ一一二センチを測る宝形《ほうぎょう》造である。玄室の正面奥全面に幅六〇センチの一段高い棺床が造り出され、外側を区画する堤帯には二ヵ所の水抜き穴が穿たれている。その下の床面には水抜き溝が掘られ玄門へと続いている。この玄室の奥と左右の三壁面と天井四面には赤色顔料により壁画が描かれている。奥壁には騎馬で狩猟をする人物・手を繋ぐ人物・高坏を捧げ持つ女性像と珠文、右壁には馬・飼葉桶状のものと珠文、左壁には牽かれた馬二頭と騎馬像・渦文などが描かれている。天井には各面ともに渦文・円文群・珠文群が描かれている。遺物は鉄刀・土師器・須恵器があり、そのあり方から造営は六世紀末ごろと考えられる。　(木本　元治)

いずみし　和泉志　⇨五畿内志《ごきないし》

いずみのくに　和泉国　古代から近世の国名。現在の大阪府南部にあたる。東方には和泉葛城山系が広がり、和泉丘陵を経て、石津川・大津川・津田川・近木川・樫井川といった、山地から流下する川の河口部に狭小な平野が存在する。平野を縫うように旧南海道《なんかいどう》と推定される小《お》栗街道《ぐりかいどう》がのび、紀伊国につながる。大鳥・和泉・日根の三郡からなる。三郡はもとは河内国《かわちのくに》に属したが、七一六年(霊亀二)年に和泉・日根郡が珍努宮《ちぬのみや》(和泉離宮)に付属することになり、さらに大鳥郡を加えて和泉監《いずみげん》となった。その後、七四〇年(天平十二)に河内国に吸収されたが、七五七年(天平宝字元)年に再び分立した。監は離宮のための特別な行政区画で、ほかに芳野離宮のための芳野監《よしのげん》の例がある。長官正、次官はなく、判官佑、主典令史の四等官からなる。国府は大阪府和泉市府中町付近と推定され、周辺には国府・御館山などの地名が見られる。ここには府中遺跡が存在し、調査が進行しているが、明確な関連遺構などは検出されていない。また、和泉の地名の起源となったといわれる泉のある泉井上神社《いずみいのうえじんじゃ》も存在する。大鳥郡は現大阪府堺市・高石市にあたり、『和《わ》名類聚《みょうるいじゅう》抄《しょう》』では大鳥・日下部《くさべ》・和田《にきた》・上神《かみつみわ》・大村・土師《はにし》・蜂田・石津・塩穴・常陵《とこはか》の十郷。郡司として日下部首《くさかべのおびと》氏がみえる。和泉郡は和泉市・泉大津市・泉北郡忠岡町・岸和田市・貝塚市にあたり、『和名類聚抄』では信太《しのだ》・上泉《かみついずみ》・下《しもつ》泉《いずみ》・軽部・坂本・池田・山直《やまたえ》・八木・掃守《かにもり》・木島《きのしま》の十郷。郡司として珍《ちぬ》(茅渟)県主《のあがたぬし》氏。日根郡は泉佐野市・泉南市・泉南郡にあたり、近義《こぎ》・賀美《かみ》・呼唹《おお》・鳥取《ととり》の四郷。郡域が広いにもかかわらず、郷は少なく開発の遅れた地域であった。郡司として日根造《ひねのみやつこ》・別君《わけのきみ》(和気公)。弥生時代には全国でも有数の大規模な環濠集落である池上曾根遺跡(和泉市池上町・泉大津市曾根町)が形成され、大型の掘立柱建物やくりぬき井戸が検出されている。主要な古墳として和泉黄金塚《こがねづか》古墳(和泉市上代町)・摩湯山《まゆやま》古墳(岸和田市摩湯町)がある。黄金塚古墳は景初三年銘の銅鏡が出土したことで著名な前期の前方後円墳。摩湯山古墳も陪塚を伴う前期の大型の前方後円墳。堺市南部から和泉市・岸和田市・大阪狭山市に及ぶ泉北丘陵一帯に陶邑《すえむら》古《こ》窯跡《ようせき》群《ぐん》が広がる。わが国の須恵器生産の最初期の窯跡群を含み、平安時代までの約五百年間で千基に及ぶともいわれる数の窯が築かれた。海会寺《かいえじ》跡は和泉国を代表する寺院で、七世紀なかばの創建で法隆寺《ほうりゅうじ》式伽藍配置をもつ。国指定史跡。遺物は一括して重要文化財。和泉離宮は、允恭天皇にまつわる伝承を除けば、七一六年(霊亀二)が史料上の初見で、それ以降、天皇などの行幸があった。七三七年の『和泉監正税帳』には和泉宮の御田がみえ、周辺に田などの所領を付属させていたことがわかる。所在地は不明。上町遺跡(和泉市太町)でカニヤ塚古墳(古墳時代中期)を改変した奈良時代の苑地が検出され、和泉離宮との関連が注目されるが、慎重な検討が必要である。和泉国は行基《ぎょうき》の出身地(大鳥郡蜂田郷)でもあり、行基の活動の主要な舞台でもあった。生家を寺院にした家原寺《えばらでら》や神鳳寺《じんぽうじ》、大修恵院《おおすえいん》、清浄土院《せいじょうどいん》・尼院、檜尾院《ひのおいん》、大野寺《おおのじ》・尼院、鶴田池院《つるたいけいん》、久米田寺《くめだでら》、深井尼院《ふかいにいん》をはじめ、土室池《はむろいけ》・長土池《ながつちいけ》・薦江池《こもえいけ》・茨城池《いばらぎいけ》・鶴田池《つるたいけ》・久米多池《くめだいけ》および溝・物部田池《もののべのたいけ》および溝などの寺院、施設を造営した。大野寺

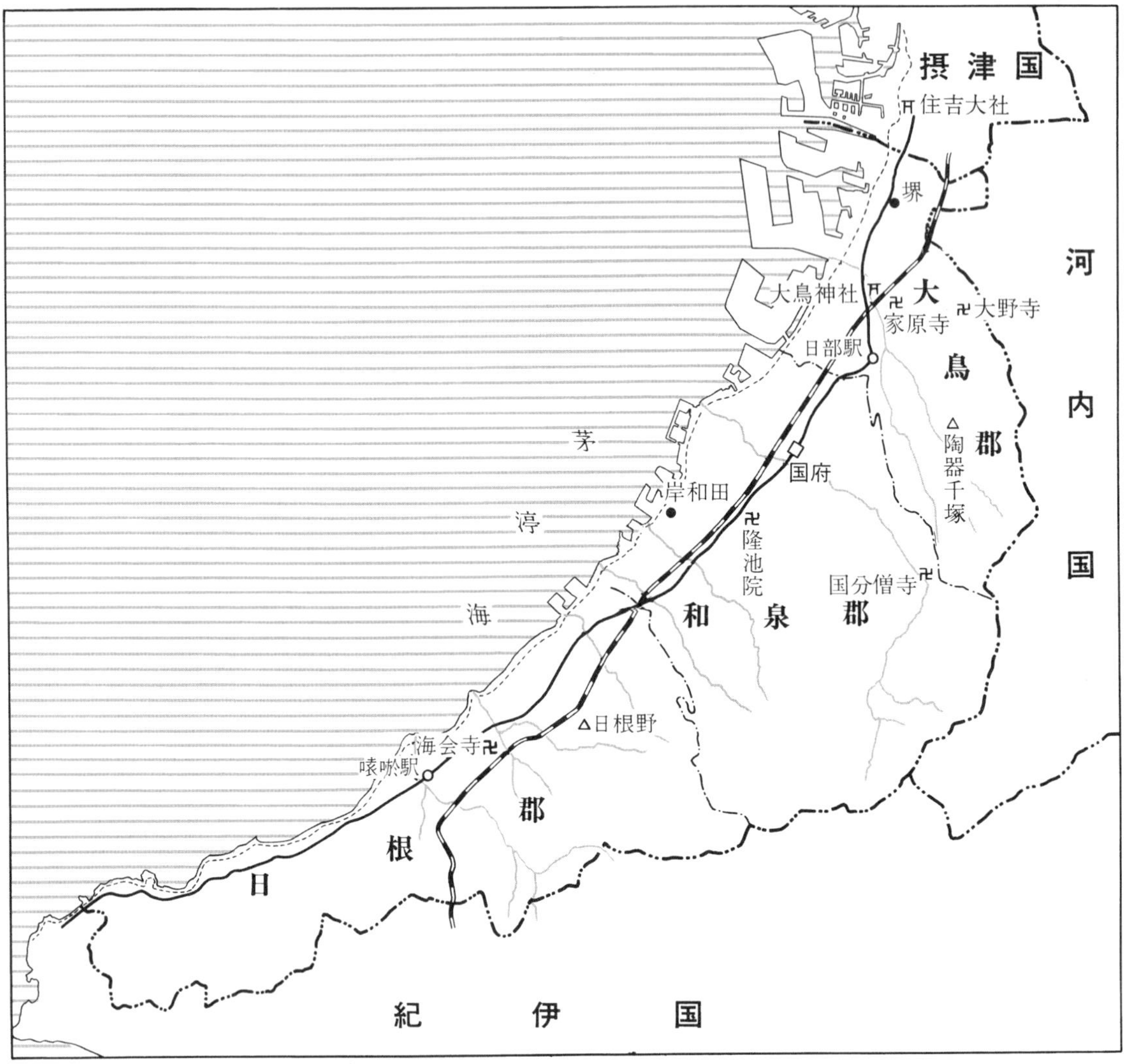

和泉国略図

（堺市土塔町）には土で作られた仏塔、土塔がある。瓦積み基壇の上に十三の層を築き、各層に瓦を葺くという構造で、文字の刻まれたものを含め大量の瓦が出土している。文字瓦は大野寺だけでなく、行基の活動を知る上で重要な文字史料である。平安時代以降、都に近いこともあって荘園の設置が進んだ。特に日根荘は戦国時代に領主九条政基《くじょうまさもと》が下向し、詳細な滞在日記を記したことで有名（『政基公旅引付《まさもとこうたびひきつけ》』）。同時期には対外的な貿易都市の堺の活動がめざましい。江戸時代には岸和田藩・伯太《はかた》藩などが置かれた。

参考文献 『大阪府史』、一九七八―九一。吉田晶『日本古代国家成立史論』、一九七三、東京大学出版会。井上薫「和泉離宮と網曳御厨」（『大阪府の歴史』一所収、一九七一）。

（鷺森　浩幸）

いずみのみや　和泉宮　『日本書紀』『続日本紀』などにみえる離宮。珍努《ちぬ》（茅渟）宮とも称するが、所在地も含めその実態は不詳。大阪府和泉市府中町所在か。和泉宮の初見は、『日本書紀』によると、允恭天皇八年二月条に「天皇則更興二造宮室於河内茅渟一、而衣通郎姫令レ居、因レ此、以屢遊二猟于日根野一」とあって、『和泉志』などは衣通郎姫伝談の残る日根郡上郷中村（大阪府泉佐野市上之郷）とするが、これまでの周辺の発掘調査などの結果では確認できていない。少なくとも奈良時代以降の和泉宮については、府中の地名が残り、一宮相当の泉井上神社が鎮座する国府比定地の当地が最も可能性が高いが、ここも発掘調査が本格的に行われていないため詳細は不明。しかし、和泉宮の造営・経営のため、和泉監・和泉分国が計られたようにも思えるほど、再々の行幸に際しての『続日本紀』の経費支出記載や『和泉監正税帳』（『正倉院文書』）にも経費が計上されていて、和泉宮が営まれていたことは確実で、今後の調査に期待したい。行宮・離宮などの制度・役割・経営などを考える上で重要な遺跡である。

参考文献 『和泉市史』一、一九六五。和泉市教育委員会編『和泉市埋蔵文化財発掘調査概報』八、一九九六。大阪府教育委員会編「和泉国府跡発掘調査概要」(『大阪府文化財調査概要』一九六五、一九六六)。 (堀江 門也)

いずみやまじせきば 泉山磁石場 ⇩肥前焼《ひぜんやき》

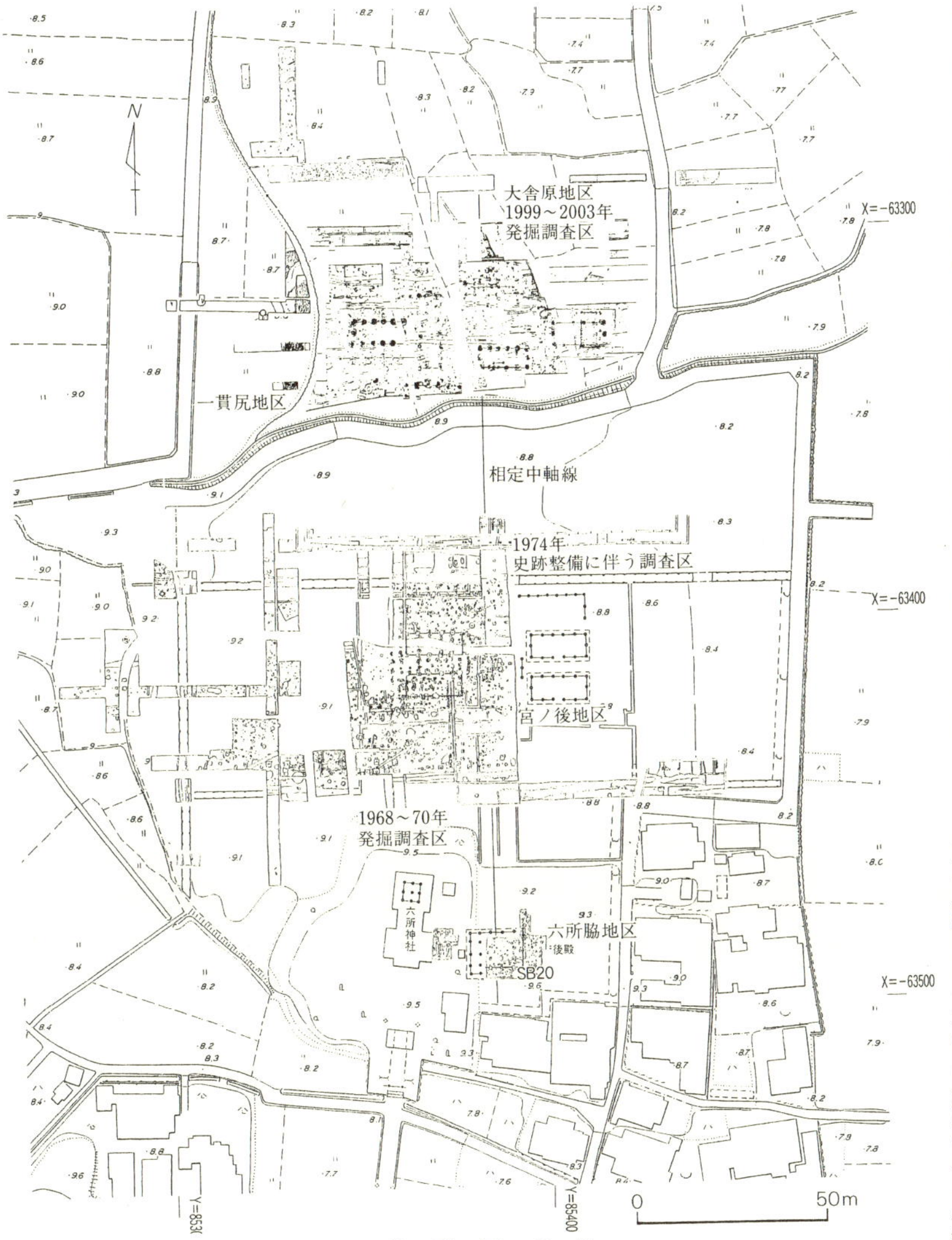

出 雲 国 府 跡

いずもこくふ 出雲国府 律令制下におかれた山陰道、出雲国の政治文化の中心地。『出雲国風土記』の記載によれば出雲国庁・意宇郡家《おうぐうけ》・黒田駅・意宇軍団の四役所がおかれた。松江市大草町・山代町あたり一帯がその所在地。四一ヘクタールが国指定史跡。出雲国府跡の場所については諸説あったが、朝山晧が大草町西端説を発表した後、恩田清が江戸時代の大草村検地帳に現在の字名「竹の後」が「こくてう」とあることを発見したことなどを契機に一九六八年(昭和四十三)—七〇年に松江市教育委員会によって発掘調査が実施された。その結果、幅三メートル、推定一辺一四九メートルで囲まれた大溝の区画の中に、七世紀後半から平安時代にかけて六時期の建物跡があることが判明した。出雲国府総社・六所神社の東隣接地で検出された正殿と推測される四間×五間の四面庇付掘立柱建物跡などのあるところが政庁跡、その北側に会所のある小溝で囲まれた区画の中に、柵が付く五間×二間の東西棟が南北に二棟並ぶ。東側にも対称形に同様の建物が存在すると推定され、曹司かと考えられている。則天文字の地を表す字「埊」や官職名の「少目」を書いた墨書などを含む大量の須恵器や土師器のほか、和同開珎、「大原評□磯部□」の木簡、硯などが出土した。その後、一九九九年(平成十一)から島根県教育委員会による発掘調査が実施され、政庁跡の北方一〇〇メートルの字「大舎原《おおじやら》」調査区で、八世紀から十二世紀後半ごろの建物跡群、井戸、溝などが検出されている。奈良—平安時代前期の建物は、前半は南北に主軸をおく建物、後半は東西に主軸をおく大型建物である。大型建物は五間×二間の掘立柱建物から同規模の礎石建物に建て替えられ、四方に庇がつき東西対称にならび立つ。北に門があるこれらの建物跡は国司の介《すけ》館である可能性が指摘されている。建物跡近くの土坑から斉串、木簡「東殿出雲積大山□□伊福部大□」、鹿の頭骨、編籠、「有」「意宇」の墨書土器、刀形代などの国府祭祀の遺物を検出。ほかに遺物は須恵器、土師器、瓦、硯、文書箱、「可勝九寸」などの文字が書かれた漆紙文書、扇、獣脚土器、朱墨痕のある土器、漆をいれた須恵器、分銅、水晶、瑪瑙、るつぼ、羽口、緑釉陶器、陶磁器など各種多量で国府の仕事を示す。周辺には条里制の地割跡をよくとどめる水田が残る。『出雲国風土記』記載の四役所跡の確認、出雲国府の範囲、山陰道や十字街《ちまた》の検出、出雲国府として選地された理由の解明などが課題である。

参考文献 朝山晧「出雲国風土記における地理上の諸問題」(『出雲国風土記の研究』所収、一九五三)。松江市教育委員会『出雲国庁跡発掘調査概報』、一九七一。町田章・近藤正「古代官衙跡」(『八雲立つ風土記の丘周辺の文化財』所収、一九七五、島根県教育委員会)。桑原公徳編『歴史景観の復原』、一九九二、古今書院。島根県教育委員会『史跡出雲国府跡』Ⅰ—Ⅳ、二〇〇三・〇四・〇五・〇六。 (勝部 昭)

いずもこくぶんじ 出雲国分寺 奈良時代、聖武天皇の

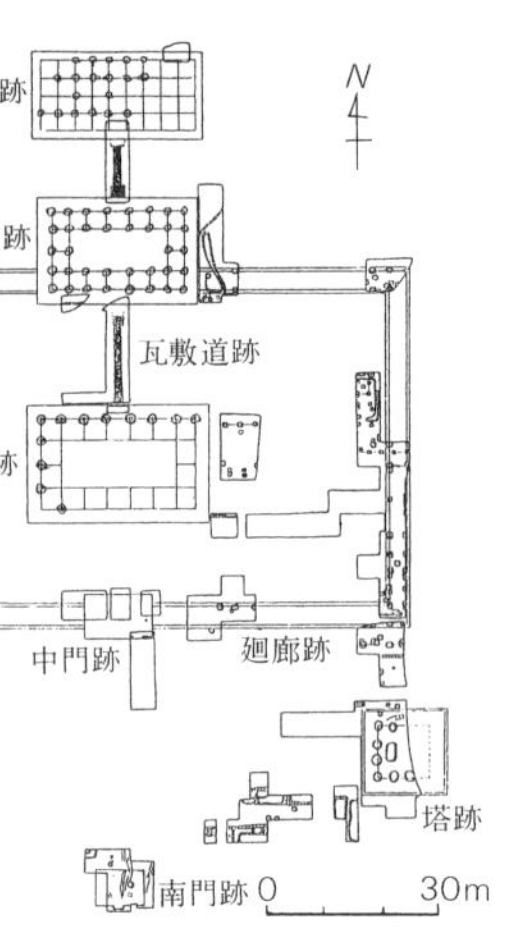

出雲国分寺跡

勅願によって全国の国ごとに建てられた寺院の一寺。松江市竹矢《ちくや》町字寺領他に所在。江戸時代の『懐橋談《かいきつだん》』に「竹屋と云所に昔国分寺在と語れども今は礎石のみにて其の形なし」、『雲陽誌』には「国分寺舊跡天平年中聖武天皇の建立古老伝云一国一寺の伽藍なり本尊薬師如来」と載る。一九二一年(大正十)に南門からのびる古道を含めて国指定史跡となる。伽藍配置は一九五五年(昭和三十)・五七年石田茂作らの調査によって南門・中門・金堂・講堂・僧房が南北に一直線に並ぶことが判明。塔は南門と中門を結ぶ中軸線の東方四九メートルの位置にある。金堂の規模は南北四間×東西七間。金堂跡に礎石の一部が残り、出柄式の柱座は径六〇センチである。南門から南に字丁ヶ坪(三軒家)へのびる幅六メートルの古道がある。僧房の東方では柱根の遺存する、門と推定される建物跡が検出されている。国分寺の中軸線は出雲国庁の中軸線から東に一里(五三四メートル)離れて位置するので、選地に計画性が認められる。出土遺物には瓦、塼・鬼瓦・須恵器・土師器・鉄釘・土師質土器などがある。文字瓦には「牛」「丞」、墨書土器には「西寺」などがある。瓦は軒丸瓦が四類、軒平瓦が五類に分類される。創建時の軒丸瓦は複弁蓮華文、軒平瓦は均整唐草文の瓦当文で特色ある新羅系瓦である。寺域はほぼ二町四方と考えられているが、伽藍の西側には丘陵が迫り、左右対称の敷地がとれない地形である。創建時期は八世紀中ごろ、廃絶は出土遺物から鎌倉時代ごろと考えられる。出雲国分尼寺跡は出雲国分寺跡の東方三〇〇メートル、松江市竹矢町字寺屋敷・字法華寺等に所在。ほぼ一町四方の寺域に、金堂と推測される基壇や築地遺構などが検出されたが、伽藍配置は未解明。多数の瓦や須恵器、文字瓦の「牛」「勝」、墨書土器の「子刀自」「東室」「秦館」などが出土。瓦は軒丸瓦、軒平瓦ともに五類に分類できる。平安時代の尼寺瓦は平安京にまで運ばれている。近くに出雲国分寺瓦窯跡(県指定史跡)や掘立柱建物跡などの中竹矢遺跡、才ノ峠遺跡がある。新羅系創建瓦の系譜、伽藍の全体像や寺域の解明、『出雲国風土記』記載寺院との関係の究明などが課題である。→国分寺《こくぶんじ》

参考文献 石田茂作「出雲国分寺の発掘」(地方史研究所編『出雲・隠岐』所収、一九六三、平凡社)。前島己基「古代寺院跡」(『八雲立つ風土記の丘周辺の文化財』所収、一九七五、島根県教育委員会)。山本清「出雲」(角田文衛編『新修国分寺の研究』四所収、一九九一、吉川弘文館)。

(勝部　昭)

いずもしんわ　出雲神話　『古事記』『日本書紀』の神話の中で出雲を舞台として語られる神話。『日本書紀』よりも『古事記』に詳しく語られており、『古事記』によってその内容をみると、㈠高天原《たかまのはら》を追われたスサノオが出雲に降り、八岐大蛇《やまたのおろち》を退治して霊剣草薙剣《くさなぎのつるぎ》を獲得する物語、㈡オオナムチ(オオクニヌシ)が兄神たちの虐待や根の国のスサノオの試練を克服して、スサノオから王者と認められる物語、㈢ヤチホコの神(オオクニヌシ)の越《こし》のヌナカワヒメへの妻訪いと正妻スセリヒメの嫉妬が歌で展開される物語、㈣オオナムチがスクナヒコナの協力を得て国作りする物語、㈤オオナムチが高天原の使者タケミカヅチの要求を受け入れて国譲りする物語という内容である。このうち『日本書紀』には㈡㈢は全くみえず、㈣も『日本書紀』本文にはなく、わずかに神代宝剣出現章第六の一書にみえるのみである。したがって『日本書紀』本文の出雲神話は㈠㈤の内容のみで構成されている。神話の舞台は出雲だが、出雲地方の地域的な伝承が記紀に取り込まれたものではない。『出雲国風土記』には八岐大蛇の話をはじめとする記紀の出雲神話の物語は一切みえず、逆に『出雲国風土記』にみえる国引きや神話や佐太大神《さたのおおかみ》誕生の神話などは記紀には採用されていない。また出雲神話に登場するスサノオ・オオナムチなどの神々も出雲土着の地域神ではない。オオナムチは、アシハラシコオ・ヤチホコ・オオクニヌシなどいくつもの名前をもつが、これはそれぞれの名をもつ各地の首長層の神話をオオナムチの神話に統合した結果であり、出雲神話におけるオオナムチの神格は諸地域の地方神格をこの神に集約したものである。またスサノオやオオナムチの神裔系譜には『延喜式』神名帳にみえる各地の神社の祭神名と一致するものが多数みられ、地方の神々が系譜によって統合されている。このように記紀の出雲神話はその系譜も含めて地方神話の集合体という性格があった。

参考文献 松前健『日本神話の形成』、一九七〇、塙書房。石母田正『日本古代国家論』第二部、一九七三、岩波書店。岡田精司「出雲神話の神々」(『新版古代の日本』四所収、一九九二、角川書店)。

(菊地　照夫)

いずもたいしゃ　出雲大社　島根県出雲市大社町に鎮座する神社。『延喜式』では名神大社。『延喜式』や『出雲風土記』にみえる杵築《きづき》大社が古代以来の正式な社名。一八七一年(明治四)に官幣大社に列せられ、出雲大社が正式な社名となる。『日本書紀』斉明天皇五年(六五九)条に「出雲国造《いずものくにのみやつこ》に命《おお》せて神の宮を修厳《つくりよそ》はしむ」(原漢文)という記事があり、この「神の宮」を杵築大社とみると、当社の成立ないし社殿成立をこの時期に求めることができる。なお現社地東側の摂社命主《いのちぬし》神社境内地からは弥生時代中期の銅戈と勾玉が出土し、また本殿玉垣前からは古墳時代前期の祭祀用土器・勾玉・臼玉が出土しており、当地は神社の成立する以前から聖地として祭祀の行われる場であった。当社の成立と祭祀の起源は『古事記』『日本書紀』の国譲《くにゆず》り神話に物語られており、『日本書紀』神代天

孫降臨章第二の一書によれば、タカミムスヒが、葦原中《あしはらのなかつ》国《くに》の支配を譲渡したオオナムチのために「天日隅宮《あめのひすみのみや》」(杵築大社の神話的な表現)を造り、出雲国造の祖神アメノホヒにその祭祀を司らせたという。葦原中国は天皇の支配すべき国土を神話的に表現したものであり、国譲り神話には天皇の国土支配権の正統性とそれを保障するためのオオナムチの祭祀の起源が語られている。杵築大社はこのような王権・国家の支配の論理にもとづいて創祀された神社であり、地域の信仰に根ざした神社ではない。祭神のオオナムチも『出雲国風土記』にその活躍が多くみられることから出雲地域で信仰された神とみられる傾向がつよいが、この神も出雲の地域神ではない。祭神は当初はオオナムチであったが、平安時代初期になるとスサノオに改まり、近世初頭再びオオナムチに戻されたが、その後大黒天の信仰を取り込むことによりオオナムチの別名のオオクニヌシを祭神の名称とするようになる。祭祀はアメノホヒの後裔とされる出雲国造が代々司り、古代には国造の代替わりの時には新任の国造が上京して天皇に神宝を献上し神賀詞《かんよごと》を奏上した。社殿の造営は、平安時代初期には造出雲社使が朝廷から派遣されて行われたが、一〇六二年(康平五)より国司の権限で一国平均役《いっこくへいきんやく》によって造営されるようになった。平安時代中期の九七〇年(天禄元)に書かれた『口遊《くちずさみ》』の大屋《おおや》の誦《となえ》に「雲太、和二、京三」とあり、当時の建築物の高さにおいて出雲国の当社神殿が太郎(一位)、大和国の東大寺大仏殿が二郎(二位)、平安京の大極殿《だいごくでん》が三郎(三位)とされている。当時の東大寺大仏殿の高さは十五丈(四五メートル)であったことがわかっており、当社の神殿はそれよりも高い建物であったことになる。社伝には当社の高さが古くは三十二丈(九七メートル)、のちに十六丈(四八メートル)と伝えられ、かなり高大であったとみられ、そのため平安時代から鎌倉時代にかけてしばしば神殿の転倒があった。二〇〇〇年(平成十二)に、境内の現社殿八足門前から一本一・三五メートルの杉の大木を三本束ねて直径三メートルにもなる一本の柱としたものが発見された。この柱と同じ仕組みが出雲国造の千家家に伝わる「金輪《かなわ》御造営差図《ごぞうえいさしず》」にも描かれている。出土した部材の科学的分析から一二四八年(宝治二)に造営された神殿の柱であることが明らかになった。これ以降神殿の規模は縮小され、倒壊の記録もみられなくなる。一六〇九年(慶長十四)の豊臣秀頼による造営よりそれまでの掘立柱から礎石による方式に改まる。この慶長度の社殿の遺構も二〇〇〇年の調査で発見されている。一六六七年(寛文七)の将軍徳川家綱による造営より現在と同規模の神殿となり、一七四四年(延享元)に現在の社殿が造営された。その本殿の高さは八丈(二四メートル)、平面は一辺三丈六尺(約一〇・九メートル)の方形で桁行・梁間とも二間であり、大社造を代表する建物として国宝に指定されている。

参考文献　千家尊統『出雲大社』、一九六八、学生社。『大社町史』上、一九九一。大林組プロジェクトチーム編『古代出雲大社の復元(増補版)』、二〇〇〇、学生社。　(菊地　照夫)

いずもたまつくりあと　出雲玉作跡　出雲の代表的な玉作遺跡。島根県松江市玉湯町玉造に所在する。宮垣地区、宮ノ上地区、玉ノ宮地区の三ヵ所は国指定史跡。わが国における古墳時代最大の玉作跡で平安時代中ごろまで玉が製作された。『出雲国風土記』意宇《おう》郡忌部神戸条に、「国造神吉詞奏しに朝廷に参向かふ時の御沐の忌玉作る、故、忌部といふ、即ち川辺に出湯あり」(原漢文)とあり、忌部神戸は玉湯町玉造あたりに比定される。出雲国の玉進上については七三三年(天平五)の『出雲国計会帳』に「八月十九日進上水精玉壱伯伍拾顆事」とある。また、平安時代、八〇七年(大同二)の『古語拾遺』には「櫛明玉命之孫、御祈玉を造る、その裔《えい》、今出雲国にいる、年毎に調物とともにその玉を貢進《たてまつ》る」(原漢文)、『延喜式』には「凡《およそ》出雲国の進るところの御富岐玉六十連は(三時の大殿祭料に三十六連、臨時に二十四連)毎年十月以前に意宇郡神戸の玉作氏に造り備えしめ、使いを差《つかわ》して進上《たてまつ》らしめよ」(原漢文)と記す。出雲の玉は毎年朝廷に進上され、宮中の祭祀に使用された特別扱いの品であった。宮垣地区では、古墳時代前期(四世紀)から平安時代(九世紀)に及ぶ五百年間の玉作工房跡がおよそ三十棟検出された。遺物は碧玉、瑪瑙、水晶製の勾玉、管玉、丸玉、平玉などの剝片、未製品、製品、筋砥石などが数万点出土。出土品は重要文化財。近くの蛇喰《じゃばみ》遺跡からは、玉やその未製品、「白田」「社邊《こそべ》」「林」「由」など多数のヘラ書き土器、墨書土器が出土している。宮ノ上地区は玉湯町では最古の弥生時代終末期ごろの玉作跡を検出。玉ノ宮地区では玉作遺物のほか七、九、十二世紀末の製鉄遺構が発掘されている。玉湯町内では玉作遺跡が三十ヵ所を超える。瑪瑙の原石産地は標高一九九メートルの花仙山一帯。花仙山産の瑪瑙は奈良県曾我遺跡などに、花仙山産碧玉は京都府園部垣内遺跡や遠く北海道の大川遺跡、宮崎県祇園原遺跡などから発見されている。出雲の玉作とヤマト王権との関係、流通ルート、奈良時代に特別な扱いを受けた意味などの検討課題がある。

参考文献　玉湯町教育委員会『史跡出雲玉作跡発掘調査概報』、一九七二。寺村光晴『古代玉作形成史の研究』、一九八〇、吉川弘文館。島根県古代文化センター『いにしえの島根ガイドブック』、一九九六。同『古代出雲における玉作の研究』Ⅰ、二〇〇四。　(勝部　昭)

いずものくに　出雲国　現在の島根県東部の地域に置かれた国。北側は、西端を日御碕、東端を美保関とする島根半島、南側は標高一〇〇〇メートルをこえる大万木《おおよろぎ》山、船通山などの山々が続く中国山地。その間に挟まれて西から順に、神戸《かんど》川と斐伊川(古名は出雲大川で西流)の注ぐ出雲平野、宍道湖、松江平野がひろがる。その東は大橋川で中海につながる。中海南側には、古代に出雲国府のあった意宇《おう》平野、飯梨川、伯太川の貫流する安来《やすぎ》平野などがひろがる。宍道湖、中海は日本海と通じ汽水湖で、魚介類の豊富な漁場。現在は宍道湖の蜆漁が中心でその水

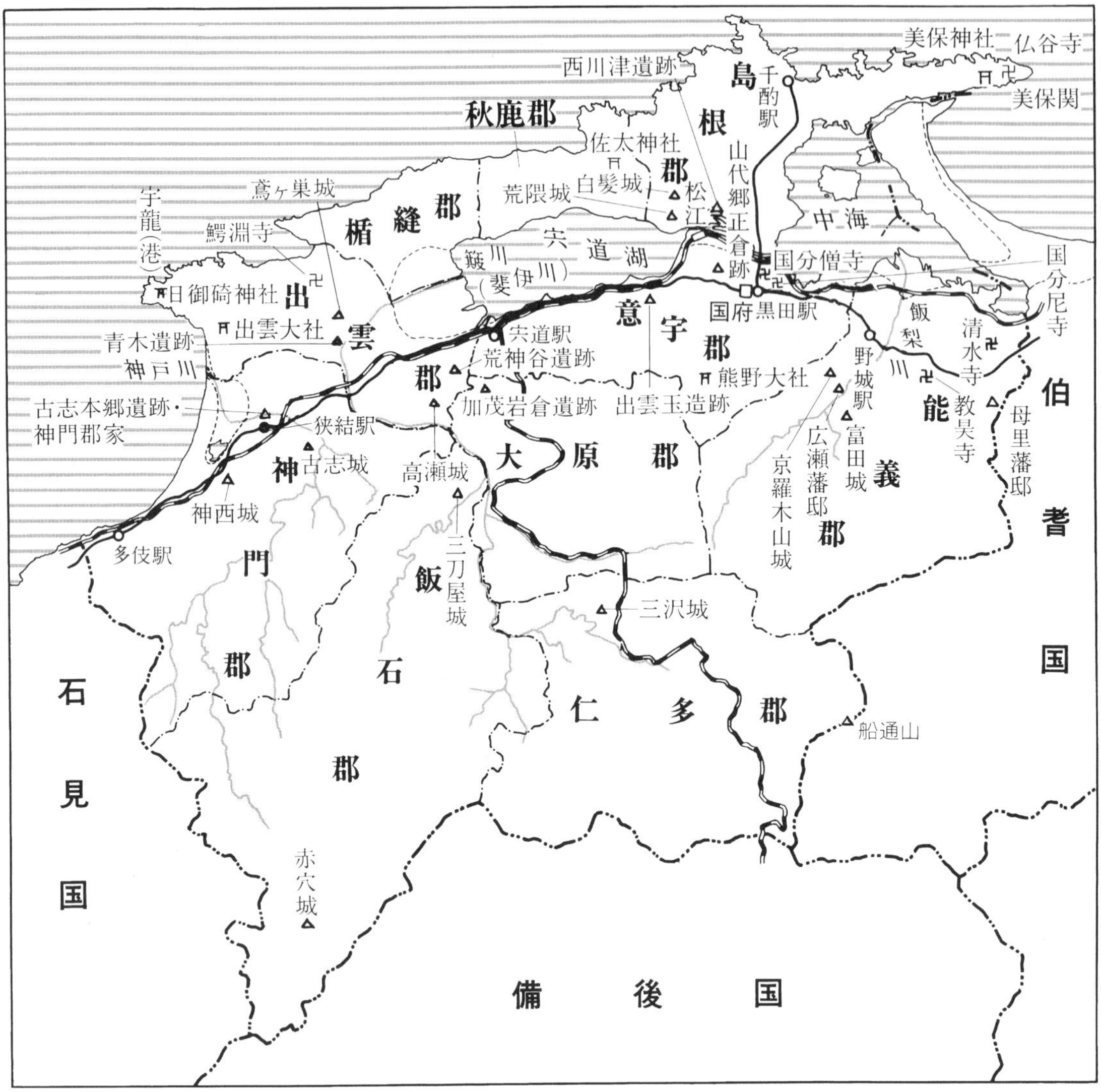

出雲国略図

揚げ量は日本一である。日本海や湖、河川は交通路として利用され、沿岸の港は中国との交易船、北前船などの寄港地として栄えた。出雲の地誌には『出雲国風土記』、江戸時代の『懐橘談《かいきつだん》』『雲陽誌』などがあり、近世の景観は「出雲国十郡絵図」(島根県立図書館)に詳しい。出雲の語源については厳藻、厳雲、夕つ方、伊都久毛、五面、アイヌ語などの説があるが、厳藻説が注目されている。出雲の神話には『出雲国風土記』の八束水臣津野命《やつかみづおみつののみこと》による国引きなどの出雲神話と、記紀のスサノオによるヤマタノオロチ退治、国譲りなどの出雲系神話とがある。出雲国成立をめぐっては東部の意宇勢力が西部の杵築《きづき》勢力を打倒し出雲国造に任じられたとする考えと、ヤマト勢力がまず西部出雲を平定しその後意宇が配下になり、本拠を意宇に移し出雲国造に任命されたとの考えがある。律令制下の出雲国は、山陰道八ヵ国の一国。東は伯耆国、西は石見国、南は備後国、北は日本海を隔てて隠岐国である。国の等級は上国。『延喜式』によれば京までの行程は上十五日、下八日。出雲に派遣された国守の最初は、壬申の乱で活躍し、天武天皇を輔け、『日本書紀』の編纂に関わるなどした忌部子首《いんべのこおびと》。その後奈良時代には門部王、石川年足、百済王敬福《きょうふく》、山背王などあわせて二十五名、平安時代末までを含めると八十二人が記録に載る。『出雲国風土記』によると出雲国は意宇《おう》(国府の所在地)・島根・秋鹿《あいか》・楯縫・出雲・神門・仁多・飯石《いいし》・大原の九郡(意宇郡から能義郡が分立して十郡)と郷六十二、余戸四、駅家六、神戸七からなっていた。意宇郡は神郡で出雲臣氏が出雲国造と意宇郡大領を兼務した。出雲国造館は松江市大庭町黒田畦が推定地である。兼務を禁じられた七九八年(延暦十七)以降のある時期に出雲西部の杵築に移転したようである。神門郡家跡は出雲市古志本郷遺跡、出雲郡家跡は斐川町後谷遺跡、島根郡家跡は松江市芝原遺跡に比定される。寺院は『出雲国風土記』に教昊《きょうこう》寺と十ヵ所の新造院が載る。『出雲国風土記』に大神は野城《のき》大神、熊野大神、佐太大神、所造天下大神《あめのしたつくらしし》(杵築大神)、神社は神祇官記載百八十四所、神祇官不記載二百十五、の合わせて三百九十九社である。『延喜式』神名帳には百八十七座、うち名神大は熊野坐神社と杵築大社の二座である。宮都出土の出雲国の荷札木簡は三十五点以上にのぼり、「出雲評支豆支里大贄煮魚須々支」などがある。旧出雲国地域では出雲国府跡、出雲市の青木遺跡、三田谷Ⅰ遺跡などから出土。墨書土器の量は六百点以上であり、中四国最大の量である。出雲国の山陰道の駅は東から野城《のき》駅、黒田駅、宍道駅、狭結《さよう》駅、多伎駅で、黒田駅から分かれた隠岐への連絡路には千酌《ちくみ》駅がおかれた。駅路跡は松江市松本遺跡で明らかになっている。出雲を『魏志』倭人伝の投馬国に比定する説がある。また、『出雲国風土記』に国引きや北陸遠征、北陸からの移住の記事がある。楽浪系遺物の出土や『続日本紀』の記事などから大陸・朝鮮半島と交渉があったことが知られる。出雲国成立過程や出雲国造と中央政権との関係の解明などの課題がある。国分寺・国分尼寺の跡は出雲国府の東北、松江市竹矢町に所在。建立には出雲国守石川年足の関与が推測されている。七五六年(天平勝宝八)、出雲の金光明寺に灌頂幡一具、道場幡四十九具、緋綱二条が納められ(『続日本紀』)、七六八年(神護景雲二)には出雲国分寺に吉祥天像一舗が安置されている(『三代実録』)。出土遺物から平安時代末から鎌倉時代初期ごろまで存続したようである。新羅との緊張関係により、八六七年(貞観九)に出雲・石見・隠岐等五ヵ国に四天王像が下された。出雲国の四天王寺遺構は松江市山代町の四天王寺跡が推定地である。中世出雲国一宮制は、一〇六二年(康平五)『百錬抄』に杵築大社(出雲市大社町)が出雲国を代表する神社「出雲大社」とある。以後一国平均役による造営が行われることになったことから十一世紀中ごろの成立と推定されている。杵築大社は「国中第一之霊神」で境内に寺院建築や僧の常住はなく、鰐淵寺(出雲市)が「国中第一之伽藍」と呼ばれ、寺院的要素をすべて担っていた。両者が一体となって出雲国一宮を構成していた点は特異である。十六世紀初頭尼子氏が戦国大名となった後は大社境内に三重塔が建つなど神仏習合となり大きく変化する。二〇〇〇年(平成十二)の発掘調査によって出雲大社境内から三本ひとからめで径三㍍に及ぶ巨大柱を用いた一二四八年(宝治二)造営遷宮の本殿跡が検出された。宝治造営以前の大社は幾度も顚倒、造営を繰り返している。出雲国造千家家蔵の「金輪御造営指図」に描かれた本殿や九七〇年(天禄元)源為憲著『口遊』に「雲太和二京三」と載る巨大神殿が実在していたことが判明した。荘園と公領は、十一世紀中ごろ以前(推定)の荘園が摂関家領の福依荘(奥出雲町か)や吉田荘(安来市)、十一世紀中ごろの公領に遙堪郷(出雲市)などがある。一二七一年(文永八)の杵築大社三月会相撲舞頭役結番帳などによると荘園は五十ヵ所余にのぼる。出雲の府中は、一二五五年(建長七)の出雲国司庁宣で確認できる。意宇平野一帯の中世の山代郷、大草郷、竹矢郷、出雲郷などに及ぶ範囲で、留守所、田所などの諸官衙、細工所、在庁官人屋敷、市場、津、国分寺、惣社、浄音寺などの寺社が都市的な機能をしていたと考えられている。出雲国総社(惣社)は松江市大草町の六所神社。承久の乱後、出雲国守護に佐々木義清が任じられた。南北朝時代の一時期に山名氏が任じられた以外は、近江佐々木氏による支配が続いた。義清の子泰清の時、神門郡塩冶郷(出雲市)に大廻城を築き、守護所としたと推定される。その子頼泰以後は塩冶氏と称した。頼泰の孫、塩冶高貞は隠岐脱出の後醍醐天皇に供奉、入京し活躍するがのち失脚する。室町から戦国時代初期には出雲・隠岐二国の守護は京極氏であったが、入部したのは守護代の尼子氏である。このころ守護所は富田城(安来市)で、尼子氏による領国支配の拠点となり、十六世紀初頭経久の時に戦国大名となる。孫の晴久の時代に最も勢力をのばすが、安芸国吉田攻めに大敗し、逆に大内氏や毛利氏に富田城を攻撃される。一五六六年(永禄九)尼子義久が開城し、毛利氏の支配となる。富田城跡や新宮党館跡、城下町遺構である富田川河床遺跡の発掘調査が実施され、貿易陶磁など豊富な大量の遺物が出土。一六〇〇年(慶長五)の関ヶ原合戦後は、浜松の堀尾忠氏が出雲・隠岐二十四万石の領主に移封される。忠氏は父吉晴と松江への移城計画をするが、一六〇四年(慶長九)急死。一六〇七年吉晴と孫の忠晴が松江城建設に着工し、五年後に完成する。忠晴に継子なく、若狭の小浜城主の京極忠高が移封されるが、継嗣なく一代で改易。一六三八年(寛永十五)に徳川家康の孫、松平直政が信州松本から出雲十八万六千石(幕府領隠岐国預かり)に入国する。以後親藩の松平氏が廃藩置県の一八七一年(明治四)まで十代、二百三十三年間続く。二代綱隆の時、支藩として広瀬藩と母里藩を設けた。七代治郷(不昧)は御立派《おたては》の改革と不昧流の茶人大名として知られる。松江城内の本丸跡、二ノ丸跡の櫓跡、石垣、城下町跡の発掘調査が行われ、往時の遺構、遺物が出土している。松江市の月照寺山内に松江藩主松平家墓所(国指定史跡)がある。

参考文献　速水保孝他『出雲の歴史』、一九七七、講談社。森浩一他『日本海と出雲世界』(『海と列島文化』二、一九九一、小学館)、関和彦『新・古代出雲史』、二〇〇一、藤原書店。内藤正中編『図説島根県の歴史』、一九九七、河出書房新社。松尾寿・井上寛司他『島根県の歴史』(『県史』三二、二〇〇五、山川出版社)。

(勝部　昭)

いずものくにふどき　出雲国風土記　七三三年(天平五)に成立した出雲国の地誌。別名出雲風土記。現存写本は全て一巻であるが、古写本には秋鹿郡記載の終わりに空白があり、本来二巻であったか。最古の写本は一五九七年(慶長二)書写の細川家本。古風土記の中では唯一ほぼ完全な形で残るが、島根郡加賀郷や同郡神社記載などに欠落部分がある。これを補った写本(補訂本)もあるが、補訂は近世で、これを用いた本文校訂には注意が必要である。内容は総記・郡別記載・巻末記の三部からなり、総記には国の概要、郡別記載には郷名の由来・寺社名・山川浜や動植物の分布が、巻末記には官道と軍団・烽などが記載され、勘造者神宅臣金太理・国造出雲臣広島の名が記される。記載の特徴としては、郷や山について郡家からの方角と距離を記している、神祇官社・不在神祇官社に分けて神社名を列記する、官道・軍団・烽・戍など交通・軍事施設の記載が詳細なことなどが挙げられる。特に交通についての記載は詳細で、駅路に相当する道路のほか、「通道」と記され主に郡家を結ぶ道、山陽道備後国に通じる道路、径、駅家・常関・権関が里程とともに記載される。この道路記載によって国府・郡家などの諸施設の位置も推定でき、律令国家の交通体系や地方支配を理解する上で欠かせない史料となっている。また、『古事記』『日本書紀』の影響が希薄で、国譲りなどの出雲神話に関わる伝承、天皇に関わる伝承も少ない。一方で、出雲国造の本拠地意宇郡には国引き神話が記され、杵築大社(出雲大社)の祭神大穴持命は「所造天下大神」として特別な位置付けがなされている。いずれも、当風土記が出雲国造によって編纂されたためであるとの理解がある。近世から盛んに研究がなされており、『出雲国風土記抄』『出雲国風土記解』などの注釈書が著されているほか、『雲陽志』など近世の地誌にも風土記の影響をうけた記載がみえる。テキストは、『日本古典文学大系』二、『修訂出雲国風土記参究』、『出雲国風土記諸本集』、『新編日本古典文学全集』五など。

（平石　充）

いずものくにやましろごうしょうそうあと　出雲国山代郷正倉跡　島根県松江市大庭町に所在する、古代の官衙正倉跡で国指定史跡。『出雲国風土記』意宇郡山代郷条に「正倉あり」と記載されているため山代郷正倉跡と呼ばれる(別称団原遺跡)。島根県教育委員会による発掘調査が行われ、三期にわたる官衙遺構が確認された。八世紀代に比定されるA期には四間×三間の総柱建物が南北に二列と、中央に側柱建物が検出され、正倉遺構であることが確認された。B・C期には、側柱建物が主体となる。南に隣接する下黒田遺跡でも同様の建物跡と、正倉を囲む南側の東西溝跡が検出されている。所在郡の意宇郡家は遺跡の約一・八キロ東南にあるとされ(『出雲国風土記』)、郡内に別置された郡家正倉の別院と考えられている。

参考文献　島根県教育委員会『史跡山代郷正倉跡』、一九八一。松江市教育委員会『下黒田遺跡発掘調査報告書』、一九八六。

（平石　充）

いせき　遺跡　〔定義と種類〕土地に刻まれた過去の人間活動のあらゆる痕跡のことをいうが、考古学研究や保護の対象として社会的関心のなかに位置づけられたときに、はじめて周知の遺跡として認識される。文化財保護法では、これを「周知の埋蔵文化財包蔵地」という。ふつう、遺跡は、不動産的な性格をもつ遺構と動産的な遺物から構成される。しかし、具体的な構造物が失われている場合が多く、単に遺物が散布する場所を指す場合もあり、土地に関わる空間的・地理的概念である。土石流や地震痕など人間に関わる自然災害の痕跡が考古学研究の対象になることもあるが、直接人間活動の痕跡ではないためそれ自体は遺跡には含めない。また遺跡は、ふつう、地下に埋もれるものだけでなく、古墳のように地上にその形状をとどめるものも多い。遺跡の対象領域と時代範囲は、考古学研究の進展や社会的関心の拡大とともに広がってきている。かつては、貝塚・古墳・寺院・都城・官衙など原始・古代の遺跡が大半を占め、せいぜいが中世の遺跡までが範疇に含まれる程度であったが、現在では、江戸時代の城跡・武家屋敷・都市遺跡などはもちろん、産業革命後の近代化遺産遺跡など、その対象は近現代まで及ぶようになった。遺跡の種類は、生産・流通・居住・戦闘・宗教・葬送など人間生活のあらゆる局面における活動形態の痕跡に及ぶ。その分類は、もとの機能別に、集落跡・寺院跡・墳墓・祭祀遺跡などと分類したり、遺跡の立地条件を基準に、低地遺跡・洞穴遺跡・水中遺跡などに分類するなど、基準の求め方によってさまざまである。〔遺跡の発掘〕遺跡の範囲や実態を解明するための発掘調査は、主に考古学的な技術を駆使して行われる。遺跡によっては、同じ場所に繰り返し構造物が構築されるなど複雑な変遷を示すものも多く、その解明には、高度の発掘技術が要求される。国の文化財保護法では、周知の遺跡での開発などの工事に際しては発掘届けを提出し、必要に応じて発掘調査を行うことを定めており、その結果、毎年一万件程度の発掘調査が開発の事前調査として実施されている。〔遺跡の保存〕国や都道府県・市町村では、遺跡の中で重要なものを史跡として指定し、現地保存の対象としている。この場合も、遺跡の範囲や指定範囲を確定するための発掘調査を行う。遺跡の現地保存は、土地の所有権に関わりまた公有化などに多額の経費を必要とするため、大変な困難を伴う。全国で四十万ヵ所を超える遺跡が把握・登録されているが、そのうちこれまでに国指定史跡として保存されたものは、二千件に満たない。しかも、そのほぼ全域を指定保存できたものは、きわめて少なく、大半は遺跡の一部の指定保存にとどまっている。新たに現地保存される遺跡は、毎年十数件で、その他は、遺構が移築保存される場合を含めて、すべて発掘調査が記録保存されるにとどまる。遺跡保存運動は、古くは一九二〇年(大正九)前後の平城宮跡保存にさかのぼることができる。近年は、一九六〇―七〇年代の高度経済成長期以後、国や自治体の努力もさることながら、学者・民間人・地域住民などによる保存運動が活発となり、その結果保存された遺跡も多い。〔遺跡の活用〕現地保存された遺跡については、何らかの活用が求められる。活用にあたっては、発掘成果にもとづき遺跡整備を行う。整備には、単に遺構を植栽や土盛り芝張りなどで表示する方法から、本来の構造物を実物大で復元し、その時代を体感できるようにした方法までさまざまである。遺跡を地域の中でどのように位置づけ活用しようとするかによってその手法が選択されている。現地保存された遺跡は、資料館などのガイダンス施設を隣接地に設け、出土遺物の展示や遺跡の解説を行なっている。最近では、その時代の生活体験学習やボランティアガイドによる解説を充実するなど、さまざまな遺跡活用の工夫が試みられている。

参考文献 藤本強『考古学の方法―調査と分析―』、二〇〇〇、東京大学出版会。文化庁文化財保護部『埋蔵文化財発掘調査の手びき』、一九六六、国土地理協会。
（田辺 征夫）

いせきせいび 遺跡整備 さまざまな技術を用いて、遺跡を構成する遺構・遺物を確実に保存し、遺跡の空間を適切に活用できるようにすること。遺跡の適切な「保護」は、その両面を成す「保存」と「活用」が調和の取れた状態を保っていることを意味し、そのような調和を維持するのが「整備」の技術である。同時に、遺跡を整備することは、遺跡の景観を整えることをも意味する。保存を目的とする整備には、地下の遺構・遺物の保存に必要な被覆土を確保するために行う地形の造成、地下水および表流水の確保または排除のために行う管渠の設置、遺跡を取り巻く日照・温湿度などの環境を調節するために行う覆屋などの設置などがある。いずれも遺跡の保存のために良好な環境を創造しまたは維持することを目的とする行為であり、さまざまな材料・工法を用いて行うすべての技術的手法を含んでいる。また、城郭の石垣をはじめ、古墳の石室、庭園など、地上に表出しまたは地下に埋蔵されている遺構の修復（解体修理・復元）を行うことも、当該遺跡の保存を目的として行う整備に含めて捉えることができる。活用を目的とする整備には、人間が遺跡に近づき、その雰囲気に触れることができるように環境を整える程度のものから、発掘調査などの成果に基づいて積極的に遺構の表現などを行うものまで、その手法は多種多様であるが、いずれも適切に活用することにより、遺跡の保存にも資するとの観点から行う整備である。前者に属するものとしては、遺跡を周回できる園路の設置、最小限の情報提供を目的とする説明版などの設置、遺跡の空間を快適に過ごすことができるように行う緑陰・広場などの造成および修景などがある。また、後者に属するものとしては、調査の結果判明した遺構の状況をさまざまな材料・工法のもとに象徴的に表現したり、失われた部分を復元したりする手法がある。その中には、今は失われた往時の建築物または工作物を調査成果に基づいて確度高く原寸大に復元する手法なども含まれる。
（本中 眞）

いせきたんさほう 遺跡探査法 地下に埋没している遺構や遺物を、地上から非破壊で探る方法をいうが、検出遺構面の土坑内土壌を分析して用途を特定する化学分析や、地上建造物の内部診断も含める場合には、文化財探査という言い方もある。遺構・遺物の探査は、目的とする対象と周囲の土とを、各種の物理化学的要素から判別する。㈠電気探査では地中へ電流を流して、電気抵抗の差異から遺構部分を特定する。測定には、汎用の地盤探査装置を応用する場合と、遺跡探査専用装置を使用する二種類がある。後者では抵抗の平面分布を知り、その形状から遺構の性格を推定するのが主体である。この探査法は深層探査にも対応できる。㈡磁気探査は地磁気を観測して局部的異常を限定することにより遺構を推定する。わが国では、熱残留磁化をした対象である窯跡や炉跡の探査に実績が多い。ノイズの多い都市部での応用は困難である。㈢地中レーダー探査では放射したマイクロ波の地中での反射や減衰状況から、遺構・遺物の存在を推定する。アンテナの周波数により探査深度と分解能が違う。迅速測定作業が特徴である。これら三種類が遺跡探査で採用する機会が多い方法である。㈣電磁誘導探査（ＥＭ法）は磁場（第一次磁場）を発生させて、その中に入り込んだ物質の電気伝導度に従って発生する磁場（第二次磁場）の大きさを観測する。浅い位置を対象にする場合には金属探査を目的に使用することが多いが、深い位置の土層判別探査にも応用する。磁場を発生させるので、磁気探査と同様の弱点がある。㈤弾性波探査は遺跡探査に応用機会が少ないが、深層にある規模の大きな対象の概要を把握する目的で使用される。土層の硬軟により振動の伝搬速度に差異のあることを利用する。探査の実際では、複数の探査方法を同一範囲へ応用して、結果を照合することが必要で、このことにより信頼ある成果を得ることが期待できる。

参考文献 足立和成・中條利一郎・西村康『文化財探査の手法とその実際』、一九九九、真陽社。西村康『遺跡の探査』（『日本の美術』四二二、二〇〇一、至文堂）。Handbook of Archaeological Sciences. Edited by D. R. Brothwell and A. M. Pollard, John Wiley & Sons Ltd, 2001.
（西村 康）

いせきはくぶつかん 遺跡博物館 遺跡を保存するとともに、その遺跡を研究・整備・活用の諸機能をあわせもつものとして社会の中に位置づけていく構想。かつて凍結保存とも呼ばれた保存第一主義から踏み出し、遺跡に関わる諸学問の成果を広く社会に還元する方法として提唱された考え方で、諸外国における遺跡の復元整備や調査・成果の公開システムに対する知見による刺激と、保存された遺跡の増加に伴い遺跡整備の重要性が高まったことを背景とする。遺跡を保存・整備するとともに、調査・研究・普及活動を担当する博物館・資料館を併設し、両者の緊密な関係により遺跡の体系的な調査・研究と多様な学習活動の場としての活用を可能にしようとするものである。わが国でいちはやく構想化されたのは平城宮跡であるが、現在は一乗谷朝倉氏遺跡・多賀城跡・斎宮跡・大宰府跡など、大規模な史跡の多くで底流に存在する構想といえる。

参考文献 狩野久「平城宮と京の保存」（『文化財保護の

実務』上所収、一九七九、柏書房。（増渕　徹）

いせこくふ　伊勢国府　古代伊勢国を管轄した国の役所である。伊勢国は三関国《さんげんこく》の一つで鈴鹿関《すずかのせき》の管理、また伊勢神宮を擁し斎宮《さいぐう》の管理という特別な任務を担っていた。奈良時代中期ごろの伊勢国府は、三重県鈴鹿市広瀬町を中心に、鈴鹿市西冨田町・亀山市田村町にかけ所在する長者屋敷遺跡であることが、一九九二年(平成四)から継続する発掘調査により確認された。遺跡は鈴鹿川支流の安楽川左岸台地上に立地する。国府政庁は東西六〇メートル×南北八〇メートルの遺跡南端に位置する。東西八〇メートル×南北一一〇メートルの築地塀を巡らせ、正殿・後殿・東西脇殿《わきでん》を配し軒廊《こんろう》で結ぶ。その配置は近江国府のものと近似し規模はやや大きい。軒先瓦には重圏文《じゅうけんもん》軒丸瓦・重郭文《じゅうかくもん》軒平瓦・平城宮六七一九A型式の均整唐草文軒平瓦が用いられる。しかし、基壇化粧《きだんけしょう》の痕跡が見られず未完成であった可能性が指摘されている。政庁の西には同規模の築地塀による区画(西院《さいいん》)が付属する。また、政庁から北方に約一五〇メートル離れ官衙《かんが》域が存在する。幅一二メートルの街路をへだて、一辺一二〇メートルの方画地割が少なくとも東西四区画、南北三区画が確認されている。最も南の四区画には、築地または土塁を巡らせ、礎石建ち瓦葺き建物が建ち並んでいたことが確認されているが、北方の区画では地割溝のみ確認され、整備が貫徹されていない状況がうかがえる。政庁および官衙域のうち二ヵ所が、伊勢国府跡として二〇〇二年三月国史跡に指定された。従来、伊勢国府の有力候補地は鈴鹿川中流右岸の鈴鹿市国府《こう》町であり、歴史地理学的に字長ノ城《ちょうのしろ》を政庁とする方八町の国府域が想定されている。国府町には三宅神社《みやけじんじゃ》遺跡ほか律令期の遺跡も多く、奈良時代前期および奈良時代後期以降の国府であろうと考えられる。

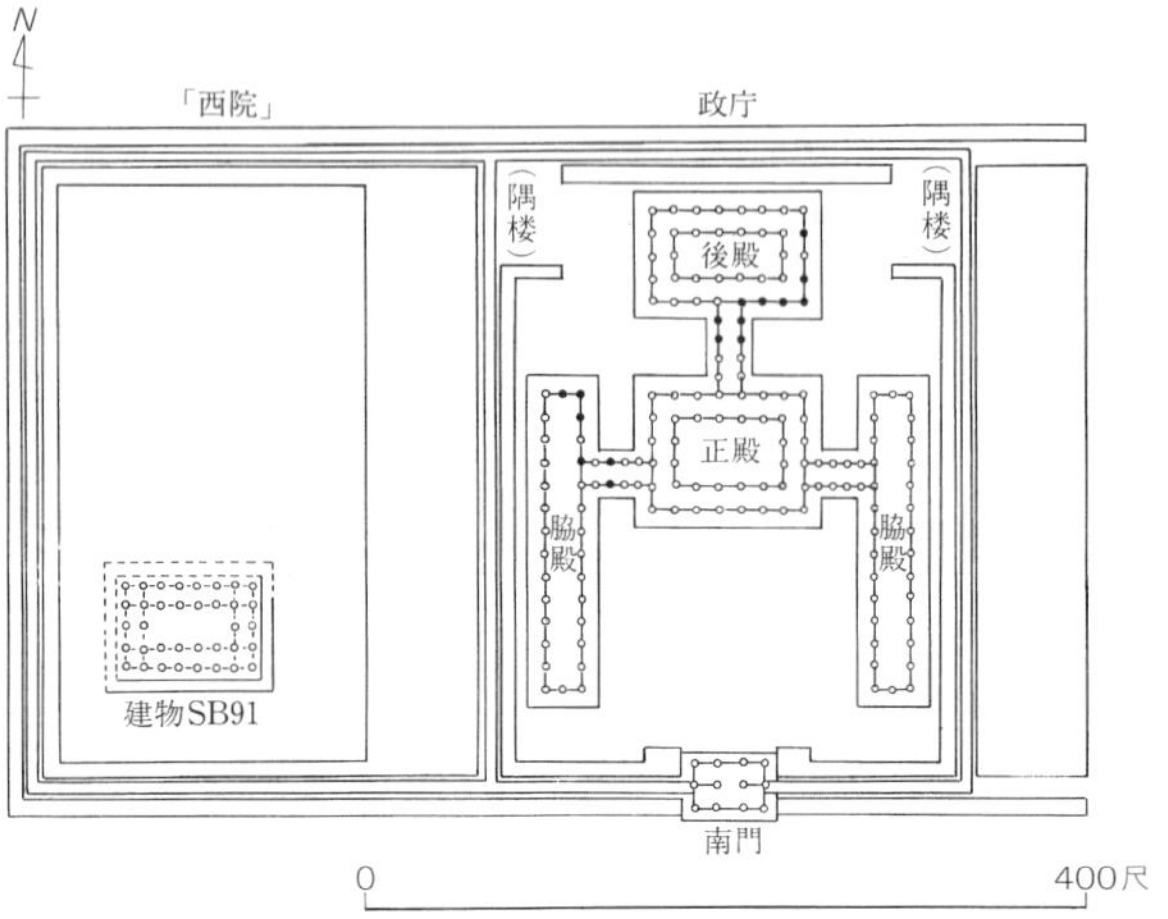

伊勢国府政庁遺構配置図

参考文献　鈴鹿市教育委員会編『伊勢国分寺跡(五次)・長者屋敷遺跡(一次)発掘調査概要報告』、一九九三。同編『伊勢国分寺・国府跡』一—一四、一九九四—九七。同編『伊勢国府跡』一—一八、一九九九—二〇〇六。（藤原　秀樹）

いせこくぶんじ　伊勢国分寺　七四一年(天平十三)の聖武天皇の詔を受けて諸国で建立された国分寺の一つ。三重県鈴鹿市国分《こくぶ》町字堂跡《どうあと》外に所在する。一九二二年(大正十一)に国史跡に指定された。国分僧寺跡とされ、一九八八年(昭和六十三)から発掘調査が継続されている。伽藍地は一辺一八〇メートルの正方形で築地塀を巡らせる。伽藍中軸線は伽藍地の西に大きく偏る。南門・中門・金堂・講堂・僧坊などは直線的に配置され、中門と金堂を回廊が結ぶ。塔については全く確認できなかった。基壇規模は、創建期金堂が東西三〇・五メートル×南北二一・九メートル、講堂は東西三二・七メートル×南北二〇・六メートルで、辺々で二二メートル離れる。僧坊は東西七二メートルと長大である。金堂および講堂は基礎地形などから最低一回の建て替えが推定される。伽藍地北東部には築地塀による東西六四メートル×南北九〇メートルの院が存在し、東西棟の大形両面廂掘立柱建物が確認されている。さらに回廊東には東西四五メートル×南北三〇メートルの小院も確認されたが性格は不明である。伽藍地南東隅には東西棟の掘立柱建物双堂が確認されている。主要伽藍の瓦は単弁八葉蓮華文軒丸瓦と均整唐草文軒平瓦を主体とする。次に、国分尼寺推定地は国分寺跡から真東に約(辺々で)二五〇メートル離れて立地する国分《こくぶ》遺跡とされるが、北辺区画溝・掘立柱塀が検出されたのみである。しかし、出土する軒丸瓦は単弁十二葉蓮華文が主体で均整唐草文軒平瓦も外区の珠文が密であるなど国分寺跡出土のものとは全く様相を異にする。国分寺跡の南東隅から南東方向に四〇〇メートル離れてこれまで尼寺推定地とされていた南浦遺跡(大鹿《おおか》廃寺)があるが、調査の結果、確実な遺構は未確認だが白鳳期にさかのぼる在地豪族の氏寺の可能性が高い。国分寺跡南方の狐塚《きつねづか》遺跡は大型掘立柱倉庫群が企画的に配置され奈良時代前半の河曲《かわわ》郡家の正倉院と確認された。これらから当地に国分寺が置かれた理由として郡司級の在地豪族の関与が推定され、『日本書紀』などに登場する大鹿《おおか》氏が有力候補とされる。　→国分寺《こくぶんじ》

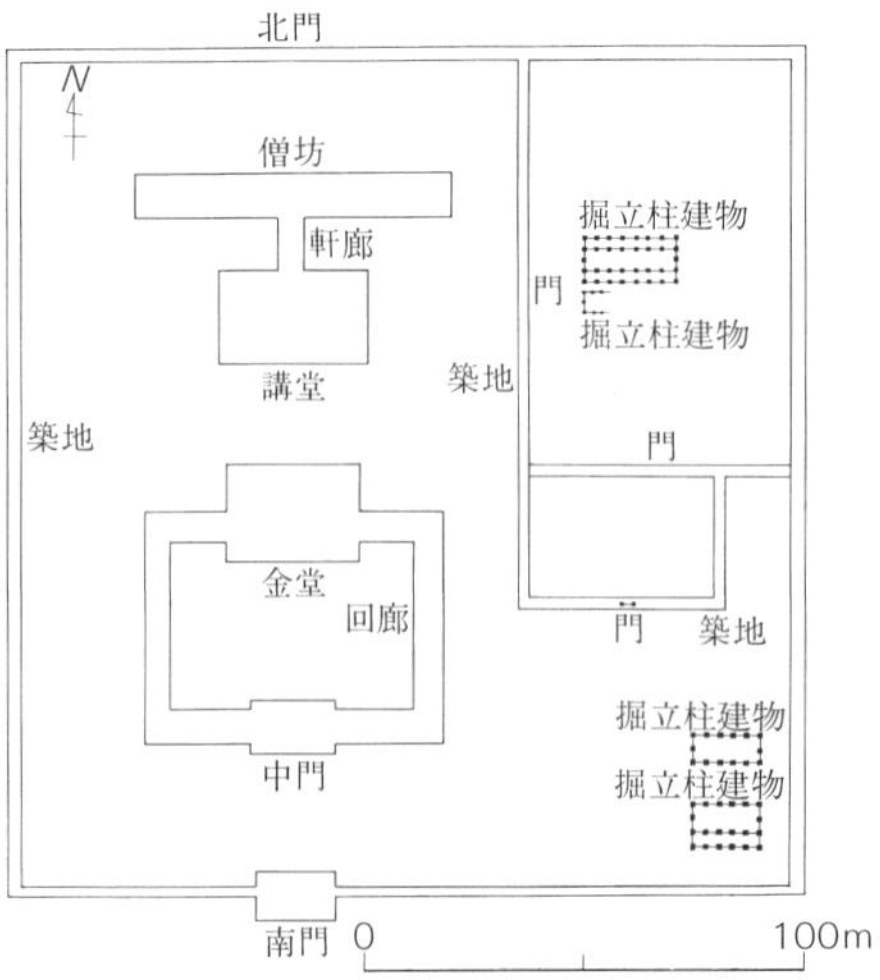

伊勢国分寺跡遺構配置図

参考文献　鈴鹿市教育委員会・鈴鹿市考古博物館編『伊勢国分寺跡』一—一六、二〇〇一—〇六。（藤原　秀樹）

いせじんぐう　伊勢神宮　三重県伊勢市に鎮座する皇大神宮(宇治館町)と豊受大神宮(山田)の二ヵ所をさし、前者は内宮《ないくう》、後者は外宮《げくう》と呼んでいる。現在は神宮を正式名称とし、伊勢神宮と一般に呼んでいる。内宮は天照大神を祭神とし、天手力男命《あめのたじからおのみこと》と万幡豊秋津姫命《よろずはたとよあきつひめのみこと》を合祀し、外宮は豊受姫命を祭神とし二神を合祀している。『延喜式』には、内宮に荒祭宮・伊佐奈岐宮・月読宮・滝原宮・滝原並宮・伊雑宮《いざわのみや》の別宮と摂社二十四座(社)があり、一方外宮に多賀宮の別宮と摂社十六座(社)があった。別宮の中で、伊佐奈岐宮は八〇四年(延暦二十三)の『皇太神宮儀式帳』にみえておらず月読宮に合祀されており、八六七年(貞観九)に伊佐奈伎・伊佐奈弥命社が宮に改められているので、これ以降に両宮は別宮とされたのであろう。内宮の風日祈宮《かざひのみのみや》と外宮の風宮は、蒙古襲来のおり神風が吹いたという理由で一二九三年(正応六)別宮に昇格し、また一九二三年(大正十二)に倭姫宮が別宮となった。現在内宮には、別宮十社、摂社三十三社、末社十六社、所管社三十社が属し、また滝原宮に三社、伊雑宮に五社所管社がある。一方、外宮には別宮四社と摂社十七社、末社八社があり、所管社四社が属する。内宮の起源については、『日本書紀』垂仁天皇二十五年三月丙申条に、天照大神を豊鍬入姫命《とよすきいりひめのみこと》から離して倭姫命《やまとひめのみこと》に託《つ》け、菟田《うた》の筱幡《ささはた》から近江国、美濃をめぐって伊勢国に至った。その時、天照大神は倭姫命に「この神風の伊勢国は、常世の浪の重浪《しきなみ》よする国なり、傍国《かたくに》のうまし国なり、この国に居らむとおもう」とのたまい、その祠を伊勢国に、斎宮《いわいのみや》を五《い》十鈴《すぎ》の川上にたて、磯宮といったとある。また、同記事の一書には倭姫命を御杖として天照大神に奉り、磯城《しき》の厳橿《いつかし》の本に鎮座させたが、のちに丁巳の年の冬十月甲子に伊勢国渡遇《わたらい》宮に遷座したとある。一方、外宮の起源は八〇四年(延暦二十三)の『止由気宮儀式帳』に、天照大神が雄略天皇の夢に現れ、丹波国比治の真奈井に坐す等由気大神を御饌都神《みけつかみ》として鎮座させるように告げたので、度会の山田原に遷し御饌殿を造立し、天照大神の朝の大御饌と夕の大御饌を毎日供奉《ぐぶ》したという伝承がある。以上のような伝承をもとに、伊勢神宮の成立をいつと捉えるか諸説ある。中でも大王雄略の治世四七七年に大王の守護神の祭場を河内・大和地方から伊勢に移したのが内宮の起源、すなわち伊勢神宮の成立とする説が有力であり、その歴史的背景には五世紀の社会変動や伝統的信仰の変質、また東国経営の進展が考えられるとし、国際的危機が大きな要因とする。一方、外宮の前身は伊勢地方の国造クラスの豪族度会氏の守護神で、古くからこの地方で崇敬されていた太陽信仰の対象であったとする。外宮の背にある高倉山の山頂には、六世紀末の巨大な横穴式石室をもつ高倉山古墳があり、度会氏の墓とする説がある。また、内宮の荒祭宮北の森から滑石製の臼玉が出土しており、祭場が存在したらしい。六七二年(天武天皇元)、壬申の乱の最中、大海人皇子は朝明《あさけ》郡の迹太《とお》川の辺で天照太神を遥拝したとあり(『日本書紀』)、『釈日本紀』引用私記の安斗智徳日記にもほぼ同文がある。迹太川の辺から南の伊勢湾ごしに神宮を遥拝したと考えられ、皇祖神としての神宮の性格が窺える。乱の勝利後の翌年、大来皇女を天照大神宮に仕えるための斎王とし、六九〇年(持統天皇四)・九二年には『太神宮諸雑事記』に遷宮記事がみえ、また六九二年には奉幣が行われた四神の筆頭に挙げられている(『日本書紀』)。奈良時代に入り、伊勢神宮は皇祖神かつ国家神としてさらに重視されだす。神祇令には、複数の社を対象とする国家祭祀が列記されているが、伊勢神宮に対する神祇祭祀として、四・九月の神衣《かんみそ》祭と九月の神嘗祭が規定されている。また、祈年祭・月次祭には官社の場合祝部が幣帛を受け取りに都に集合したが、神宮の場合は特に使が幣帛を届けることになっており、また天皇即位の年あるいは翌年の十一月に行われる大嘗祭や天神地祇の惣祭の場合の奉幣も同じであった。とりわけ神宮では、二度の月次祭と神嘗祭は重要で、三節(時)祭と称し、外宮で十五日から十六日にかけて、夕朝二回、正殿の床下の心柱を対象に由貴《ゆき》大御饌が奉られ、その後正午に朝廷の使の奉幣の儀があり、斎王の参拝が行われた。内宮では十六日から十七日にかけて同様の儀が行われた。なお、外宮の御饌殿では毎日の朝夕二度、内宮・外宮の祭神に神饌を供える日別《ひごと》朝夕大御饌祭が、大物忌たちの手で行われていた。それぞれ、宮司や奉幣の使が読む祝詞が『延喜式』に収められている。なお、国家の大事の際などには、天皇が臨時の奉幣の使(公卿勅使)を伊勢神宮に遣わしており、『延喜式』の規定によれば天皇以外の奉幣は禁止されていた。神宮では、十五世紀から十六世紀にかけて約百二十～三十年間中絶しているが、それ以外はほぼ二十年ごとに宮を東西宮地に移動する遷宮祭が行われている。遷宮祭の年の神嘗祭の夜、御神体は御船代の中の御樋代に納められ、新調の神宝などとともに旧正殿から新正殿へ移された。御神体を奉安する容器は、七世紀後半の終末期古墳の二重棺や棺槨構造から考案されたとする説がある。また、このとき全社殿や社殿内部の調度も新調された。社殿は、内宮では正殿の後方に東宝殿と西宝殿があり、それを瑞垣が囲み、さらに二重の玉垣と板垣がめぐる。内玉垣と外玉垣の間には勅使以下が着座する石壷と斎内親王侍殿

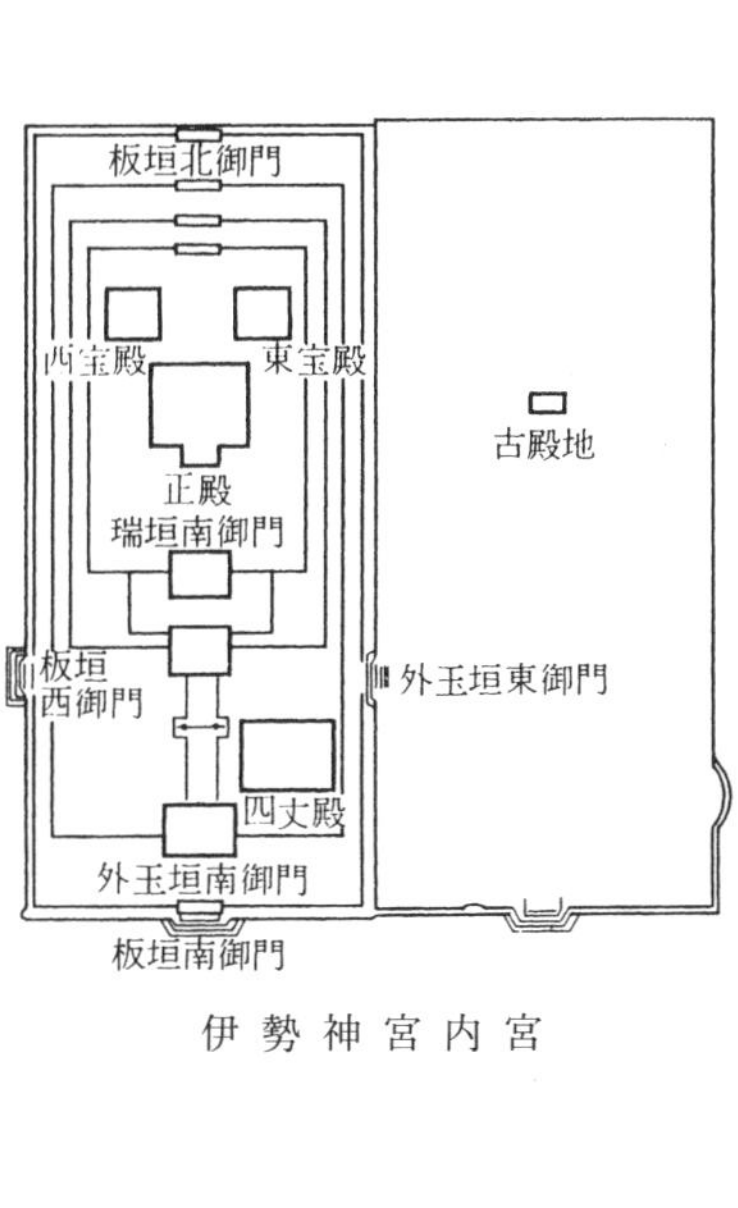

伊勢神宮内宮

と女儒侍殿がある。正殿は平入り切妻高床の神明造と呼ばれる建築様式である。一方、外宮は東西の宝殿が正殿の前方にあるほかは似た平面であるが、御饌殿は外宮のみにあり板倉の形式をとる。神宮の祭祀や雑務を担当していたのが、神宮司・禰宜・大内人《おおうちんど》・物忌らであった。神宮司は禰宜以下を統率し神宮祭祀に奉仕するとともに、神宮の政務や神郡・神領・神戸などの統轄を行い、都で補任され下向し、神祇官の統制下にあった。『皇太神宮儀式帳』には孝徳天皇の時代に神庤司を改め大神宮司と号したとあり、遅くとも奈良時代前期には成立していた。神郡支配をめぐって国司と争い、次第に神郡の支配権を掌握していった。また、中臣氏系氏族から、次第に大中臣氏が独占するようになった。実際に祭祀を担当したのは禰宜であるが、七世紀末に禰宜職が設置され、荒木田氏が内宮の職に、度会氏が外宮の職についた。その下には大内人、物忌・物忌父・小内人らが神事に奉仕した。大内人は禰宜を補佐する職、物忌は天照大神に近侍し奉仕していた職で、特に大物忌・宮守物忌・地祭物忌は天照大神らに奉仕するため三色物忌と呼ばれた。一方、祭主は平安時代初期に設置されたもので、『延喜式』によれば神祇官の五位以上の中臣氏から任ずるとされた。三節祭などに下向し祝詞奏上を勤めた。氏長者で神祇大副を兼務した者が多く、平安時代中期以降大中臣氏(一門)が独占した。『延喜式』には神祇官符に祭主の署名がなければ神宮司は奉行することができないとあり、次第に神郡の支配力を強めていった。神宮の経済基盤としては、『続日本紀』宝亀十一年(七八〇)五月壬辰条に封千二十三戸とあり、『新抄格勅符抄』大同元年(八〇六)牒によれば封戸は千百二十戸とある。『延喜式』によれば度会・多気・飯野郡の神郡のほか、飯高郡三十六戸・壱志郡二十八戸・安濃郡三十五戸・鈴鹿郡十戸・河曲《かわわ》郡三十八戸・桑名郡五戸とある。また、神田は三十六町一反で、伊勢国三十二町一段のほか大和国宇陀郡二町・伊賀国伊賀郡二町とある。神郡は当初度会・多気二郡であったが、九世紀末に飯野郡を加え神三郡と呼ばれ、さらに十世紀中に員弁《いなべ》・三重・安濃郡が、十一世紀には朝明郡が、十二世紀末には飯高郡が加えられ、八郡となった。十世紀以降、権禰宜層は神郡や神戸内に御厨《みくりや》・御園《みその》を形成していった。神領の形成が、東国・西国に本格化するのは十二世紀に入ってからであり、所領を神宮に寄進する仲介には口入神主(禰宜)があたった。十世紀末から十一世紀なかばにかけて、禰宜らが神人を率いて上洛し、都で祭主・宮司を糾弾する訴訟事件をおこしている。やがて禰宜庁を成立させるが、十一世紀後半には祭主が宮司庁と禰宜庁を支配する体制を確立した。その後、御厨や御園は『神宮雑例集』によれば、十三世紀初めには合わせて四百五十余とあるが、十四世紀前半に武家によって押領されつぎつぎと退転していった。十五世紀から十六世紀にかけて、朝廷や幕府の政治や経済基盤がゆるんでくると、両宮とも遷宮が延引され荒廃していった。一五九四年(文禄三)の太閤検地では、宮川以東の地は神宮の敷地として検地を免除されることになり、江戸幕府にも引き継がれ、一六一七年(元和三)の徳川秀忠の朱印状では三千五百四十石が認められた。一方、南北朝以降、御師の活動は一層広がり、大名から庶民までの諸階層に浸透する。そして伊勢講と御師の先達によるお伊勢参りが盛んになってゆき、民衆信仰の対象となった。江戸時代には民衆による大規模な伊勢参宮が一六五〇年(慶安三)から七回起こり、「お蔭参り」と呼ばれているが、最後の一八六七年(慶応三)のは「ええじゃないか」と呼ばれている。伊勢神宮が民衆宗教化するのは、内宮と外宮の祭神が農業と深く関わると考えられていたことや、神宮のお札や伊勢みやげを配付して全国を歩いた御師たちの活動によるものであった。明治維新後、一八六九年(明治二)に明治天皇が参拝して以後、天皇の参拝は慣例となり、国家神道化の中で特に重視され国費で運営されるようになった。第二次大戦後は国家から分離して宗教法人として再発足した。

参考文献　福山敏男『伊勢神宮の建築と歴史』、一九七六、日本資料刊行会。大西源一『大神宮史要』、一九六〇、平凡社。直木孝次郎・藤谷俊雄『伊勢神宮』(『新日本新書』四三四、一九九一、新日本出版社)。田中卓『神宮の創祀と発展』(『田中卓著作集』四、一九八五、国書刊行会)。岡田精司『古代王権の祭祀と神話』、一九七〇、塙書房。福山敏男他『神宮―第六十回神宮式年遷宮―』、一九七五、小学館。棚橋光男『中世成立期の法と国家』、一九八三、塙書房。西垣晴次『お伊勢まいり』(『岩波新書』黄二五二、一九八三、岩波書店)。同編『伊勢信仰』二(『民衆宗教史叢書』三、一九八四、雄山閣)。萩原竜夫編『伊勢信仰』一(『民衆宗教史叢書』一、一九八五、雄山閣)。岡田精司『古代祭祀の史的研究』、一九九二、塙書房。稲本紀昭他『三重県の歴史』(『県史』二四、二〇〇〇、山川出版社)。和田年弥「高倉山古墳」(森浩一編『探訪日本の古墳』西日本編所収、一九八一、有斐閣)。萱谷文則「終末期古墳と伊勢神宮の神体奉安形態」(『明日香風』一七、一九八六)。西宮秀紀「伊勢神宮成立論」(梅村喬編『伊勢湾と古代の東海』所収、一九九六、名著出版)。

(西宮　秀紀)

いせのくに　伊勢国　東海道の一国。現在の三重県にほぼ相当する。東は伊勢湾と志摩国、西は鈴鹿山脈・布引山地・台高山脈を隔てて近江・伊賀・大和国、南は熊野を境に紀伊国、北は木曾・揖斐・長良川を境とし尾張・美濃国と接する。古く河俣・安濃・壱志・飯高・佐奈の県造がみえ、孝徳天皇の時代に度会・竹(多気)の評が置かれ、六六四年(天智天皇三)には多気評から飯野評が分けられた(『皇太神宮儀式帳』)という。壬申の乱のおり、天武天皇は吉野から伊賀を越え鈴鹿に至り、朝明《あさけ》郡の迹《と》太《お》川(現朝明川か)の川辺で天照太神を遙拝し、桑名郡家に滞在ののち美濃国に向かった。六九二年(持統天皇六)、持統天皇は志摩国への行幸途中、伊勢国の国造らに冠位を賜い、当年の調役を免じている。「伊勢国」と記した天

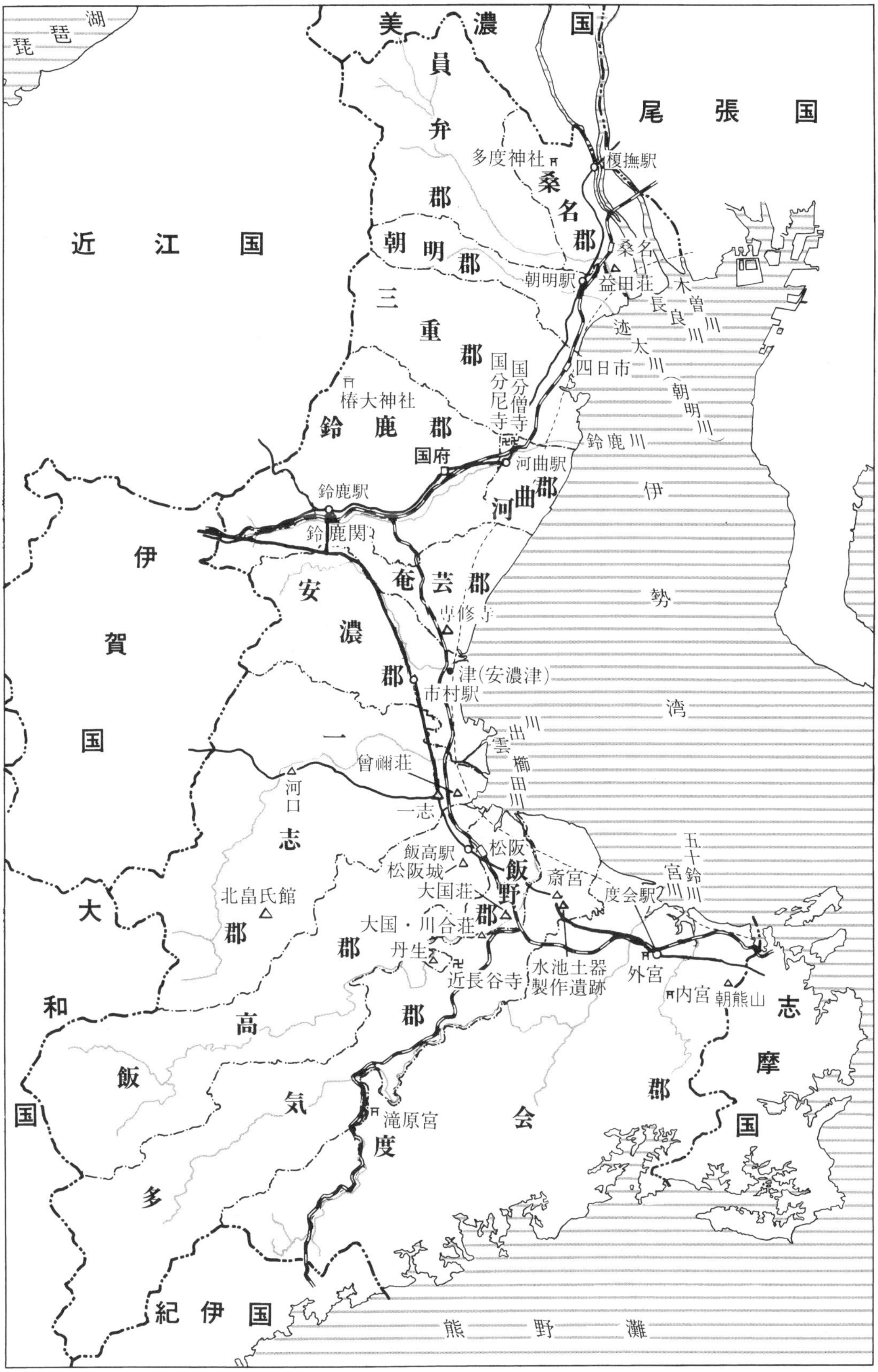
琵琶湖
美濃国
尾張国
員弁郡
多度神社
榎撫駅
桑名郡
近江国
朝明郡
桑名
朝明駅
益田荘
木曽川
長良川
三重郡
迹太川（朝明川）
四日市
国分僧寺
国分尼寺
椿大神社
鈴鹿郡
鈴鹿川
国府
河曲駅
河曲郡
伊勢湾
鈴鹿駅
鈴鹿関
伊賀国
奄芸郡
安濃郡
専修寺
津（安濃津）
市村駅
一志郡
雲出川
櫛田川
曾禰荘
河口
一志
飯高駅
松阪
松阪城
五十鈴川
宮川
斎宮
度会駅
大国荘
飯野郡
北畠氏館
大和国
大国・川合荘
丹生
近長谷寺
水池土器製作遺跡
外宮
内宮
朝熊山
志摩国
飯高郡
多気郡
度会郡
滝原宮
紀伊国
熊野灘

伊勢国略図

武朝の木簡の削り屑が飛鳥京跡から出土している。伊賀地方は『扶桑略記』によると六八〇年(天武天皇九)伊勢国から分かれたとあり、志摩国も元は一緒であった。『延喜式』には大国とあり、大東急記念文庫本『和名類聚抄』によれば桑名五・員弁《いなべ》五・朝明六・三重五・河曲《かわわ》八・鈴鹿七・庵芸《あんぎ》六・安濃九・壱志十・飯野六・飯高七・多気七・度会十三郷の十三郡九十四郷が置かれていた。国府は鈴鹿郡(長者屋敷遺跡)に、国分寺(鈴鹿市国分町)・国分尼寺は河曲郡に、また鈴鹿には関(亀山市)が置かれた。駅家は鈴鹿・河曲・朝明・榎撫・市村・飯高・度会の七駅で、伝馬は朝明・河曲・鈴鹿郡に設けられた。式内社は伊勢神宮など二百五十三座(二百三十二社)で一宮は椿大神社(鈴鹿市)であった。伊勢神宮のある度会郡・多気郡は神郡とされ八九七年(寛平九)に飯野郡が加えられ神三郡と称された。一一八五年(文治元)の飯高郡寄進までに員弁・三重・安濃・朝明郡が加えられ神八郡と称され、国司の支配した郡は五郡のみであった。また、伊勢神宮領の御厨《みくりや》・御園《みその》のほか近衛家領の益田荘(桑名郡)・栗間《くるま》荘(庵芸郡)、醍醐寺領の曾禰荘(壱志郡)、東寺領の大国荘・川合荘(多気・飯野郡)など多数の荘園があった。九九八年(長徳四)北伊勢で平維衡《これひら》と平致頼《むねより》の合戦があり、一〇三〇年(長元三)に維衡の子正輔《まさすけ》と致頼の子致経《むねつね》の合戦があり、伊勢平氏の祖とされる維衡流が北伊勢に勢力を確立した。正輔の弟の正度《まさのり》の子正衡の流れが主流となり、正盛・忠盛・清盛と続き、清盛は保元・平治の乱を経て平氏政権を樹立したが、その死後没落し伊勢の地は源頼朝の支配下に入った。一二〇四年(元久元)には伊勢・伊賀の平氏残党による反乱(三日平氏の乱)が起こったが鎮圧された。承久の乱(一二二一年)後は守護は北条一門に移り、南北朝時代に南伊勢の北畠親房軍などが北伊勢の幕府軍と対峙した。十四世紀末北畠氏が伊勢国司を称し南伊勢半国の守護となり、北伊勢を伊勢守護が管轄するという体制ができ、十五世紀後半まで継続した。応仁・文明の乱(一四六七—七七年)以後、伊勢も戦国の世となり、北畠・長野・梅戸・六角氏などが勢力を競ったが、一五六七年(永禄十)織田信長による伊勢侵攻が始まり、一五六九年には北畠氏に次男信雄を養子として入れ支配下に置いた。長島での一向一揆との戦いは、一五七四年(天正二)の三回目の攻撃でようやく鎮圧した。本能寺の変後信長の次男信雄が伊勢を領したが、小牧・長久手の戦い後所領を北伊勢に縮小され、転封を拒否したため大部分は豊臣秀吉の直轄領となり、南伊勢は秀吉によって大名が配置されていった。秀吉は一五九四年(文禄三)に検地を施行し、検地を除外された伊勢神宮領を除き、伊勢の中世的体制を大きく変えた。江戸時代、外様大名は津藩(支藩久居藩)の藤堂氏と菰野藩の土方氏のみで、ほかは家門・譜代大名で占められ、また宇治と山田には山田奉行が置かれた。一八六八年(明治元)天領・神宮領を統轄する度会府が置かれ、翌一八六九年度会県となった。一八七一年七月に廃藩置県が実施されて各藩は同名の県となったが、同年十一月には度会県と安濃津県の二県に統合され、一八七二年に安濃津県は三重県と改め、一八七六年に度会県を三重県に併合し現在の三重県が成立した。

参考文献　稲本紀昭他『三重県の歴史』(『県史』二四、二〇〇〇、山川出版社)。伊藤久嗣『日本の古代遺跡』五二、一九九六、保育社。『角川日本地名大辞典』二四、一九八三、角川書店。『三重県の地名』(『日本歴史地名大系』二四、一九八三、平凡社)。武部健一『完全踏査古代の道—畿内・東海道・東山道・北陸道—』、二〇〇四、吉川弘文館)。

(西宮　秀紀)

いそのかみじんぐう　石上神宮　奈良県天理市布留町に鎮座する神社。布留社・布留明神などともよばれる。旧官幣大社。主祭神は布都御魂大神《ふつのみたまのおおかみ》。『延喜式』神名帳には、大和国山辺郡の部に「石上坐布都御魂神社」とある。布都御魂大神は、神武天皇が武甕槌神《たけみかずちのかみ》から与えられた平国之剣とされ、『旧事本紀』には崇神天皇の時に石上の高庭の地に祀られたとある。当社の神庫には多数の武器が収蔵されており、古代の有力軍事氏族である物部氏が管理および祭祀を担った。『日本書紀』には垂仁天皇の時に大刀千口を作って収めたとある。『日本後紀』には、八〇四年(延暦二十三)、武器を山城国へ移すのに延べ十五万七千人余を要したとある。当社は元来本殿がなく、拝殿の奥に禁足地があった。禁足地の規模は東西約四〇メートル、南北約三〇メートルで、一八七四年(明治七)に大宮司菅政友によって発掘され、四世紀代の鉄製素環頭内反大刀や、鏡・勾玉・管玉・鈴などが出土した。一八七八年の幣殿新築、一九一三年(大正二)の本殿新築の際も遺物が出土し、一部は重要文化財に指定されている。このほか、伝世品に七支刀(国宝)、五世紀代の鉄盾二枚(重要文化財)などがある。七支刀は全長約七五センチ、左右にそれぞれ三本の枝をもつ。刀身表裏面に金象嵌された銘文には、東晋の泰和四年(三六九)、百済王の世子である奇生が倭王旨のためにこの刀を造ったとある。鉄盾は高さ約一四〇センチ、幅約七〇センチで、多数の鉄板を継ぎ合わせて鋲で止めたもの。拝殿は、一〇八一年(永保元)に白河天皇が宮中神嘉殿を移建したものと伝わるが、現在の拝殿(国宝)は鎌倉時代中期の建立。摂社出雲建雄神社拝殿(国宝)は、当社神宮寺であった内山永久寺(現在は廃寺)の鎮守社拝殿が一九一四年に移築されたものである。中央間は馬道となっており、馬道上に大棟と直交する唐破風屋根が乗る。一三〇〇年(正安二)に改築されたことが判明している。

参考文献　和田萃編『大神と石上』、一九八八、筑摩書房。同『日本古代の儀礼と祭祀・信仰』、一九九五、塙書房。

(竹内　亮)

いたいじ　異体字　本来の基準の字とは異なる字体であるのに、同一の字として通用している文字を指す。異字あるいは別字ともいう。たとえば、「總」(そう)が基準となる正字であるのに対し、かなり字体の異なる「惣」や「捴」などは異体字とする。同じく正字である「杉」(すぎ)

異体字一覧

あ哀‖哀惡‖悪い以‖㠯異‖吴异
違‖遠乙‖乚壹‖弌引‖扌丨扑印‖卬卬
因‖囙院‖院寅‖寅刁蔭‖蔭隱‖隠隠
う于‖亍亏え永‖𣱵叡‖叡亦‖亣
亣灸灸役‖役伇炎‖冬烟‖炯偃‖偃偃
掩‖掩淵‖渕園‖薗遠‖遠遠鹽‖塩塩
お於‖扵恩‖㤙穩‖穏穏か化‖伲
花‖苍臥‖卧峨‖峩刈‖苅苅苅怪‖恠
廻‖迴海‖海堺‖堺解‖觧觧觧亥‖亥
害‖害宮蓋‖盖盖隔‖隔覺‖覚鶴‖鸖
鶴樂‖乐乐學‖斈割‖剖干‖亍卷‖
弓弓看‖看幹‖𠏉寬‖寛翰‖翰還‖
遝逐關‖開觀‖观覌鴈‖鳫願‖頋顛顛
き企‖仚癸‖关喜‖㐂幾‖氿棄‖弃
毀‖毁綺‖綺歸‖帰皈櫃‖樻乞‖乞乞
迄‖迄訖‖訖喫‖喫橘‖橘橘橘休‖休
朽‖杇舊‖舊舊去‖厺虛‖虚虛墟‖墟
叫‖叫京‖亰協‖恊況‖况况胸‖胷胷
喬‖高喬強‖强篋‖篋橋‖槗競‖竸竟
仰‖仰局‖局局局く區‖區區勳‖勛
け兄‖兄契‖契契計‖斗徑‖俓俓径

卿‖卿經‖經経詣‖詣繼‖繼継迎‖迎
逆‖逆血‖皿決‖决次建‖建兼‖兼兼
乾‖乹堅‖坚憲‖憲憲縣‖縣獻‖獻
こ虎‖虍虎虎壺‖壷壷箇‖ケ顧‖頋頋
互‖牙牙吳‖吴吴弘‖弘弘光‖炗考‖
考岡‖罡崗後‖後候‖仆荒‖荒溝‖
溝溝綱‖綱綱興‖舆舆剛‖剛剛號‖號
谷‖谷刻‖剋剋哭‖哭國‖国囯婚‖婚
さ差‖差坐‖坐座‖座再‖再再災‖
灾最‖冣冣蓑‖蓑齊‖斉斎朔‖朔朔
殺‖致殺三‖弎杉‖杦相榅參‖参参参叅
算‖筭笇し四‖亖亖㐅旨‖旨台刺‖
剌刺判祇‖袛紙‖帋事‖叓亊時‖旹旾
爾‖爾尒尔失‖失失疾‖疾悉‖悉悉漆‖
渿蛇‖虵弱‖弱取‖耴須‖湏壽‖壽
州‖刕刕刄秋‖秌穐修‖修脩脩臭‖臰
執‖執执执衆‖衆众众充‖死宛從‖从刅
叔‖叔叔淑‖洙熟‖熟出‖出屮帥‖師
俊‖俊春‖萅旾旾駿‖駿閏‖壬所‖所
所所書‖昼處‖處處召‖㕲匠‖近
承‖乗兼昇‖昇松‖枀枩笑‖笑咲訟‖

詔　詔＝詔　傷＝傷　奬＝奨　稱＝偁偁　賞＝
賞　丞＝羨羨　條＝條　飾＝餝　職＝軄　臣＝
卜　森＝㚞　盡＝盡㐲　す　垂＝埀　雖＝雖
雑虽　せ　是＝昰　世＝丗　盛＝盛　勢＝勢
势　寂＝宗宲穷穷　跡＝跡跡　釋＝釋　節＝莭
攝＝攝攝　千＝仟　船＝舩　煎＝煎　遷＝遷迁
錢＝銭　薦＝薦　そ　蘇＝蘓穌　桑＝桒桒桒
窓＝窗　莊＝庄庄　曹＝曺　喪＝丧喪　插＝揷
遭＝遭　總＝総惣　叢＝菆　慥＝慥　雜＝雜襍
粂　足＝𧾷　俗＝俗　族＝族族　率＝卛　孫＝
孫　た　多＝夛　陀＝陁陁　袋＝帒　對＝對
對對　體＝體躰　丹＝丹　段＝段段叚　耽＝躭
談＝談　壇＝壇　ち　恥＝耻恥　置＝置置置
帙＝袠　弔＝吊　兆＝兆兆　牒＝牒牒　直＝直
勅＝勅勅敕　沈＝沉　珍＝珎珎　つ　追＝追
て　氐＝弖　廷＝迋　庭＝庭　第＝第　程＝程
泥＝泥涅　禰＝祢　敵＝敵　暇＝暇　鐵＝鐵銕
と　圖＝圗圗　睹＝覩　唐＝㘥　桃＝㭓　逃＝
逃迯　答＝荅　等＝等等才才　統＝綂　搭＝墖
頭＝乆　藤＝䕨藤　同＝仝　得＝淂　德＝㥁悳
に　尼＝𡰥　ね　寧＝寍　熱＝熱熱熱　年＝

季秊秊秊　の　惱＝悩　囊＝嚢　は　稗＝
稗裨　輩＝輩　梅＝楳楳槑　柏＝栢　覇＝覇覇
罰＝罸　判＝判判　班＝班　晩＝晩　番＝畨
ひ　卑＝畁　譬＝辟　美＝羙羙　備＝俻俻備
寐＝寐　微＝微微　鼻＝臰　彌＝弥　匹＝疋
畢＝畢畢　筆＝笔　憑＝凴凴　賓＝賔　嬪＝嬪
ふ　巫＝巫　封＝封　負＝負　富＝冨　部＝卩
へ　閉＝閇　片＝斤　邊＝邉邉　ほ　步＝歩
畝＝畞畆　法＝㳒㳒泣灋　寶＝珤瑤　亡＝亡亾
卯＝丣戼戼　某＝厶　勃＝敎　本＝夲　凡＝凢
ま　每＝毎　み　密＝宻宻　脈＝脉　妙＝玅
む　務＝務務　無＝无　め　命＝仐　面＝靣
も　罔＝冈冈罒　網＝網網緾　や　野＝壄埜
ゆ　友＝叐　酉＝酉　楢＝楢　憂＝憂　融＝螎
よ　飫＝飫　歟＝欤乚　夭＝夭　幼＝幼务务
庸＝庯　傭＝傭　腰＝䁿　養＝羪羪飬　沃＝浂
浴＝浴　欲＝欲欲欲　り　裏＝裡裡　陸＝陸
柳＝栁栁　流＝㳅　留＝畱畄畱　龍＝龒竜
兩＝両两　料＝斷　聊＝聊　糧＝粮　臨＝臨
れ　麗＝丽　靈＝灵灵　歷＝歴歴　ろ　老＝
老　牢＝窂　朗＝朖　鹿＝鹿鹿　わ　和＝咊

主要な異体字を示した。ただし、「当用漢字字体表」および「人名用漢字別表」に採用された字体は省いた。

（飯田瑞穂作成「異体字一覧」（『国史大辞典』一、一九七九年、吉川弘文館）より）

の異体字として知られる文字は「杦」「椙」である。古文書や日記類の解読に必要となるため、日本史や古文書の辞典類などに異体字一覧が付いていることがある。大部なものとしては、江戸時代の異体字研究についてまとめた杉本つとむ編『異体字研究資料集成』全二十巻（一九七三—七五・九五、雄山閣出版）が著名である。

参考文献　杉本つとむ『漢字百珍—日本の異体字入門—』、二〇〇二、八坂書房。
（安達　直哉）

いたび　板碑　中世に造られた石造供養塔婆の一形式。ほかの石塔が複数の石を組合せて造られたものが多いのに対して、一つの石からなる。加工石材と自然石材を使用する場合があるが、どちらも石の片面を利用して、梵字や図像で表された仏菩薩、紀年銘、造立趣旨などが刻まれ、中世という時間軸の中でとらえられるものをいう。典型的な板碑は、頂部を三角形にし、その下に二条の切り込みを入れ、表面上部に本尊となる仏の画像や仏・菩薩を表す梵字などを刻むことが大きな特徴とされる。これは主に板状に整形された関東などに分布する板碑の特徴であり、自然石などを使用した板碑にはあてはまらない。簡略化された石造供養塔婆である点から、ほかの石塔を圧倒して普及した。板碑の起源については、宝篋印《ほうきょういん》塔《とう》・五輪塔などが中国などに根拠を求めているのに対して、板碑の場合は、そのような根拠を見出すことは困難で、日本独自に成立したものと推測されている。その形態的特徴から五輪塔説、笠塔婆説、碑伝《ひで》説、宝珠説などがあるが、なかでも修験道関係で用いられる木製の塔婆を板碑の祖型とする碑伝説、板碑頭部の三角形とその下の二本の刻線などを五輪塔の各部の略式化とする五輪塔説が有力とされる。板碑の名称については、江戸時代には、碑・古碑・石塔婆・石塔・青石・板碑などさまざまに呼ばれていた。稲村坦元は板碑の多様な形態を分類する基礎的な作業の中で、板碑自体に「青石塔婆」の刻銘を見出したことなどから青石塔婆を提唱した。ただ、この名称は、地理的に武蔵を中心とした地域のことであり、提唱以後、各地の調査が進展した結果、この名称はあまり使われなくなったが、稲村は板碑の本質が卒塔婆であることを強調したことに意義がある。服部清道は、全国的な視野から、用材・形態によりその名称が左右されず、同一の目的をもって造立され、類型的内容を持ったものをすべて板碑と主張した。石田茂作は板碑を三種に分類した。緑泥片岩を板状に加工し、上部を三角形に加工し、中央に梵字などを配し、その下に年月日を刻んだ典型板碑、石質は異なるが典型板碑をまねて造られた類型板碑、河原石のように未加工の石を用いた自然石板碑の三類型である。板碑名称と分類において、武蔵を中心とした一元的考えは次第に変化しつつあり、名称は板碑に定着した感がある。板碑は北海道から九州南部までの各地に、それぞれの地域で産出する石を用いて、地域ごとに特徴ある形態で造られている。主なところでは、青森県弘前市周辺では板状の輝石安山岩を用いている。宮城県の石巻市や仙台市あたりでは安山岩のほかにアルコース砂岩や井内石と呼ばれる粘板岩など数種類の石材を使用し、分布に地域的特色がある。また山形県や福島県では凝灰岩製が多く磨崖板碑もみられる。福島県中通りを中心に阿弥陀来迎図などを彫りこんだ板碑が多いことも知られている。関東は、埼玉県秩父郡長瀞《ながとろ》町や比企郡小川町で産出する緑泥片岩を用いた武蔵型板碑が、埼玉県・東京都などを中心に分布し、その数は全国で確認された板碑の五割近くを占めている。茨城県では筑波山周辺で採取された黒雲母片岩製の板碑、千葉県では下総地方で粘板岩を用いた下総型板碑とされる板碑の分布がみられる。また山梨県では安山岩などを用いた特徴的なものがみられる。近畿地方では花崗岩や凝灰岩製で、自然石のままや角柱状のものがある。中国地方には、広島県や岡山県に分布がみられるが数は少ない。四国地方では、関東と同じ緑泥片岩を用いた板碑が徳島県周辺にみられ、阿波型板碑と呼ばれ、その形態は武蔵型ときわめて類似する。九州地方は、大分県国東《くにさき》半島の板碑が、埼玉県・徳島県のものとともに早くから研究の対象となっており、その数も九州全体の過半数を占めている。福岡県・佐賀県・宮崎県・熊本県では安山岩や砂岩を利用した板碑がみられる。板碑には以上のように地域と石材によりさまざまな形態が存在するが、武蔵型を中心にその類型をみると、頂部を三角形にし、二条の切り込みを入れ、表面上部に大きく種子《しゅじ》などで表された本尊と紀年銘を刻むのが基本で、これに願文などの造立目的を添えたり、仏の教えや諸仏菩薩の徳を称える詩句の形態を持った偈《げ》や梵字を用いた真言、天蓋・花瓶で荘厳したものなどがある。また、種子や銘文に金箔が施されたきらびやかなものもある。板碑の本尊についてみると、そのほとんどが梵字の種子で表されている。最も多いのは阿弥陀如来を示すキリークで、ほかに釈迦如来（バク）、地蔵菩薩（カ）、大日如来（金剛界はバン、胎蔵界はア）などが比較的多くある。また少数ながら来迎の阿弥陀如来や阿弥陀三尊像の図像、時宗の系統とみられる六字名号の「南無阿弥陀仏」、日蓮宗系の本尊である「南無妙法蓮華経」の題目が刻まれたものもある。板碑に刻まれた銘文から造立目的をみると、次の三つに分類できる。第一は、死者の冥福を願うための追善供養で、特に父母のためとするものが多い。第二に、造立者自身が自己の死後の安穏を願うための逆修《ぎゃくしゅ》供養である。第三には、これも逆修供養の一形態であるが、庚申待や月待などの信仰を同じくした人々が結衆して造立した民間信仰的要素をもつものなどがある。板碑全体からその推移をみると、まず追善供養から始まり若干遅れて逆修供養の板碑が増加する傾向がみられ、月待・庚申待などの結衆板碑は十五世紀後半から顕著になる。また十四世紀中ころから紀年銘に○○禅門・○○禅尼などの法名を持つものが増加する。やがて十六世紀後半には板碑は消滅する。その原因として、戦国時代末になって、板碑を造立してきた支配層、製作にあたった石工がともに城下町に集められたとする説、板碑形式が近世の石碑墓などに受け継がれたとする説、位牌の出現により板碑が減少したとする説などがある。しかし、武蔵型板碑の最密集地である関東地方に限って石塔のあり方をみると、鎌倉時代末期に安山岩質の宝篋印塔や五輪塔などの石塔が造られるようになるにしたがい、群馬県・栃木県・神奈川県などでは武蔵型の原材である緑泥片岩が手に入りにくく、かわりに安山岩の採石地に近い条件の地域から、これらの石塔に順次切り替えが行われている傾向がうかがえる。そして板碑終末期の十六世紀半ばになると、埼玉県南部、東京都区部など荒川、入間川の下流域に分布域が狭まり、先細りしながら消滅へと向かう。このように武蔵型板碑の衰退と消滅は、宝篋印塔・五輪塔の分布域の拡大に関連づけられ、従来の諸説とともに石塔全体のなかでさらに検討する必要があろう。板碑は、文字資料の少ない中世においてきわめて多くの情報を伝える。埼玉県入間市円照寺の板碑群は、武蔵七党丹党の加治氏の動向や在地領主と禅との関わりがわかるものである。また埼玉県東松山市青蓮《しょうれん》寺弘安四年(一二八一)銘板碑は、西国に赴いた小代氏一族の誇りと顕彰を伝える銘文が刻まれている。このような事例は決して多くはないが、史料として板碑の価値はきわめて高い。また、調査の進展に伴い、それぞれの地域における板碑のあり方が面的広がりをもって検討できるようになった。たとえば、宮城県には安山岩や粘板岩の井内石など六種類の石材があるが、このうち井内石製の板碑は陸奥《むつ》国衙《こくが》に関係する領域でのみ分布することが指摘されている。また武蔵型では蝶型蓮座をもつ板碑に代表されるように、本尊や花瓶の形態、銘文の文字などから同一の工房により大量生産されたと考えられる板碑群が各地域ごとに多数存在し、これらの分布域や存続期間を検討することによって、個々の板碑の生産拠点や商品としての板碑の流通経路、受容のあり方など、多角的に考察する素材を提供している。

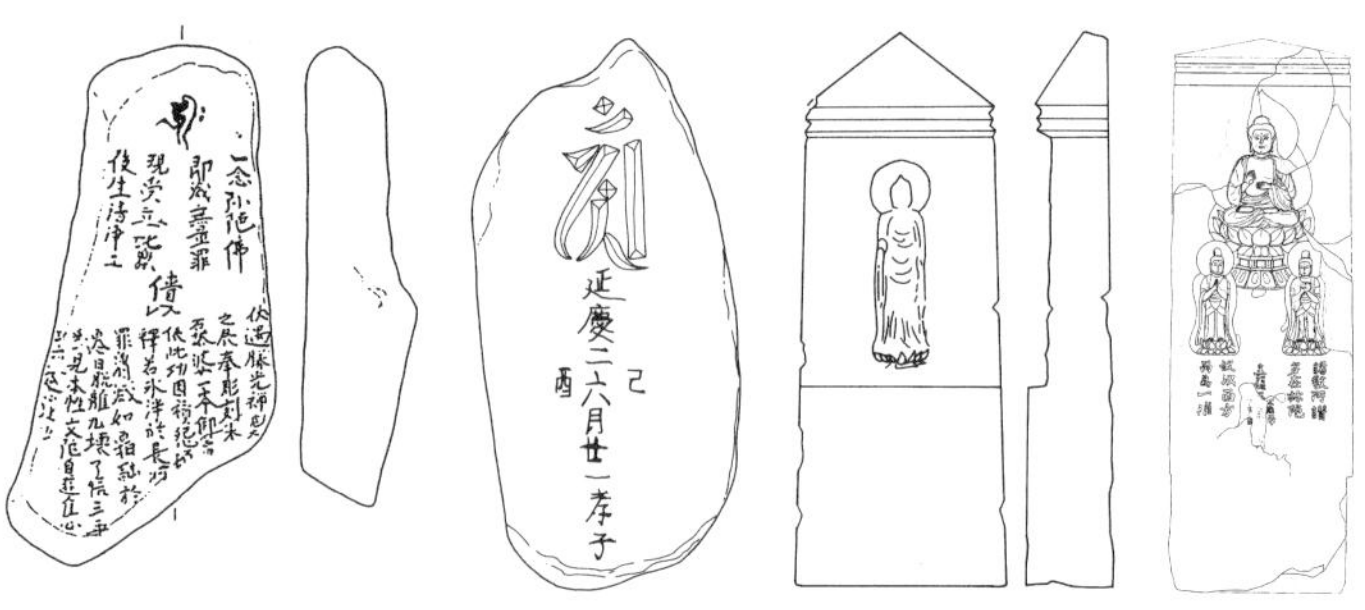

新潟県宝積寺館遺跡　宮崎県大門山遺跡　石川県普正寺遺跡　埼玉県江南町（嘉禄3年銘）

板　　碑

現在、板碑がある場所は寺社や墓地、路傍などに集められた状態である場合が多く、そのほとんどが原位置を保っていないと考えられる。発掘調査では、板碑造立の原位置や造立目的を推測させる資料が増加している。遺跡の性格としては中世墓地跡などからの出土例が圧倒的に多く、東京都大田区光明寺地区遺跡からは六百基を越える板碑が発掘され、おびただしい数の板碑が一ヵ所に立てられていたことを物語っている。埼玉県入間市円照寺裏中世墓跡、宮城県名取市大門山遺跡からは、板碑がほぼ原位置を保って出土し、その直下から火葬骨を納めた蔵骨器が検出され、板碑が墓標としての機能を果たしていたことを推測させる。また、埼玉県比企郡小川町一の入遺跡・和光市牛王《ごぼう》山遺跡などでは、丘陵の南側斜面に列をなして板碑が確認されており、付近に荼毘《だび》の跡が確認された。板碑直下からは蔵骨器などの埋葬跡は確認されていないことから、火葬地が供養地となったり、埋葬地とは異なる詣墓的な供養を行う場に板碑が立てられたと考えられる。山形県村山市土生田《とちゅうだ》館跡、埼玉県児玉郡児玉町中原遺跡などからは、板碑が土坑などに埋められた状態で確認され、新潟県新発田市宝積寺館跡、福島県田村郡三春町斎藤館遺跡など東北から北陸にかけて墨書された板碑が土坑から出土する例がある。これらは逆修供養や追善供養終了ののちに埋められたものと考えられている。その一方で、板碑の造塔供養が希薄となり、縁者が亡くなり無縁となると、井戸や堀に投棄されたり、扁平なものは排水施設や井戸の敷石などに転用されるなど、本来の目的からかけ離れたさまざまな場所から出土する事例もある。埼玉県北埼玉郡騎西町騎西城跡では、こぶし大に割った板碑片が大量に出土したが、これらは故意に打ち砕いてつぶてとして使用されたものと考えられている。

参考文献　服部清五郎『板碑概説』、一九三三、鳳鳴書院。千々和実『板碑源流考』、一九八七、吉川弘文館。千々和到『板碑とその時代』、一九八八、平凡社。播磨定男『中世の板碑文化』、一九八九、東京美術。坂詰秀一編『板碑の総合研究(増補改訂版)』、一九九一、柏書房。

（浅野　晴樹）

いたぶき　板葺　⇩屋根《やね》

いたみはいじ　伊丹廃寺　兵庫県伊丹市緑ヶ丘に所在する白鳳時代創建の寺院跡。一九五八年(昭和三十三)以降、甲陽史学会を中心として調査が行われ、一九六六年に国指定史跡となった。伽藍《がらん》配置は東に金堂、西に塔を置く法隆寺式で、金堂と塔をめぐる回廊、金堂の真北に講堂がある。金堂基壇は東西二一《メートル》、南北一六《メートル》で、丁寧な版築《はんちく》をして基壇化粧は半截した平瓦と栗石を交互に積みあげ、地覆と葛石に磚を用いる。柱間は桁行五間、梁行四間である。塔は丁寧な版築の一辺一三メートルの瓦積み基壇である。講堂の基壇はほとんど削平されている。金堂基壇の西面を利用して、十二—十三世紀ごろの瓦窯《かわらがま》三基が築造されていた。塔の相輪《そうりん》部のうち、銅製の水煙《すいえん》・九輪《くりん》・請花《うけばな》・刹管《さつかん》の一部や風鐸《ふうたく》などが出土している。軒瓦《のきがわら》は、創建時の単弁十六葉花文軒丸瓦と素文軒平瓦・重弧文軒平瓦、奈良時代後期の複弁八葉軒丸瓦と唐草文《からくさもん》軒平瓦、平安時代後期・鎌倉時代末期の巴文《ともえもん》軒丸瓦と唐草文軒平瓦などの組み合わせが想定されている。

参考文献　高井悌三郎『摂津伊丹廃寺跡発掘調査報告書』、一九六六、伊丹市教育委員会。　（五十川伸矢）

いち　市　人や物・情報が多く集まり、物品の交換や売買、祝祭、刑罰執行などが行われる場所。境界領域に立てられることが多く、単一の共同体や領主の支配下に属さない平和領域（アジール）としての性格をもつとされる。市の語源は諸説あるが、祭祀を意味する「斎」（イッキ）の転訛とみる説が有力である。その成立は古く、すでに原始社会から共同体間の余剰物資が交換されていた事実が考古学的に確認できるが、文献的に確かめられるのは、『魏志』倭人伝の「同国に市あり、有無を交易す」からである。八世紀以前の市としては、餌香《えが》市（河内）・阿斗桑《あとくわ》市（大和）・海石榴《つば》市（大和）・軽市（大和）・中市（大和）・粟津市（近江）などが知られる。七世紀末から律令国家が成立してくると、国家が必要とする物資の調達を主たる目的として、官設の市である東西市が設けられ、京職管轄下の市司によって管理された。鼓の音を合図に正午から日没まで開かれたが、九世紀以降は月の前半は東市、後半は西市のみの開設となる。東西市の内部は「行」と呼ばれる区画に分けられ、国家公認の「行肆《こうし》」や、机を並べた程度の仮設的な「案肆《あんし》」が立ち並んだ。行肆には市人や外五位・六位以下の派遣する家人や奴婢などによって物品が並べられ、私的な交換の場合は時価に従い、官と私の交易の場合は中估価を基準とした。市司は十日ごとに三等の時価を記録し、季節ごとに京職に報告した。平城京以後の東西市は宮の南方に設置されたが、藤原京では宮の北方にあった可能性があり、『周礼』のいう「面朝後市」との関連も指摘されている。なお紫香楽《しがらき》・難波・由義《ゆげ》の各宮にも市はあったが、東西には分かれていなかったらしい。畿内には泉津・宇治津・難波市など流通経済の要地が各所に分布しており、東西市はそれらとの有機的連関のもと機能したのである。一方、地方にもさまざまな市が置かれており、阿倍市（駿河）・小川市（美濃）・深津市（備後）・内市（大和）・木市（紀伊）などが著名である。地方市のなかには、国の交易活動を支える重要な役割を果たしたものがあり、国府市と称されることがある。国府市は政治的要請にもとづいて形成されたが、交通の要衝などに自然発生的に成立した市を再編成したものも多かった。これらの地方市は、国府域に置かれた市を中心に国府交易圏が形成され、国の境界を越えて展開することもあった。さて、平安京の東西市のうち、西市は早く廃れ、東市のみが残った。しかし平安時代末になると、京都では三条町・四条町・七条町など町通りでの店舗商業が中心となり、東市は衰えていく。地方では、平安時代末から鎌倉時代にかけて、国府、社寺の門前、地頭・荘官などの居館周辺、宿駅・港津など交通の要所において、月三回の定期市である三斎市が開かれた。南北朝時代以降は月六回の六斎市が主流となり、親市を中心に周辺の市が結びついて、地域的な市場網が形成された。荘園領主や守護大名にとって、そこからあがる市場税が大きな収入源となったため、積極的な保護・統制策が講じられた。やがて戦国時代になると、市場税を免除し、座の特権を否定する楽市・楽座令を発布して、領国内への商人の往来を促進するようになる。江戸時代には、城下町を中心に市が再編されていく。江戸・大坂・京都などの大都市では、穀物・青物・海産物などの卸売り市場が発達し、絹・繭・糸など特産物の生産地帯でも、それら特産物の市が栄えた。しかし一般の市は、町屋店舗の台頭や、卸売り市場の発達とともに、徐々に衰退していった。しかし市は、こうした経済的機能のほかにも、祝祭的機能も多分に有しており、後者の面は年市や寺社の縁日市などとして、現在に至るまで継承されている。

参考文献　豊田武・児玉幸多編『流通史』一（『体系日本史叢書』一三、一九六九、山川出版社）。網野善彦『（増補）無縁・公界・楽』（『平凡社選書』五八、一九八七、平凡社）。豊田武『中世日本の商業』（『豊田武著作集』二、一九八二、吉川弘文館）。栄原永遠男『奈良時代流通経済史の研究』、一九九二、塙書房。佐々木銀弥『日本中世の都市と法』、一九九四、吉川弘文館。　（市　大樹）

いちかわばしいせき　市川橋遺跡　宮城県多賀城市市川・浮島・高崎に位置する古代の遺跡。複数の河川により形成された自然堤防と後背湿地からなり、面積は約七〇ヘクタールに及ぶ。近年の発掘調査により、多賀城前面の本遺跡から山王遺跡東部に広がる方格地割りを持つ八—十世紀の都市の様相が明らかになった。古墳時代には集落が形成され、八世紀には基幹道路となる南北大路や東西大路が敷設され、九世紀には東西・南北大路を中心として東西南北の小路などが設置された。最終的には山王遺跡にかけて東西約一・五キロ、南北約〇・八キロにわたる方格地割りによる都市が形成された。一方、多賀城外郭西門がある丘陵が河川域に張り出す微高地には九世紀後半ごろの下級官人とその家族の墓域と推定される土坑墓群が形成されている。→山王遺跡《さんのういせき》

資料館　東北歴史博物館（宮城県多賀城市）、多賀城市埋蔵文化財調査センター（同）

参考文献　『市川橋遺跡の調査』（『宮城県文化財調査報告書』一八四、二〇〇一）。多賀城市埋蔵文化財調査センター編『市川橋遺跡』（『多賀城市文化財調査報告書』七五、二〇〇四）。　（田中　則和）

いちじいっせききょう　一字一石経　小さな川原石一個

に一字ずつ経典を書写したものである。室町時代から江戸時代に全国で盛んに行われた。自然礫に墨で書写したものが普通だが、朱書のものもあり、一字のみでなく複数の文字が記されたものもある。礫石経《れっせききょう》ともいわれる。目的は十二世紀以降盛んに造営された経塚の埋納の簡略化したものと考えられ、字を書いた小石は土坑内にまとめて埋め塚状にしたり、埋めた場所に由縁を刻んだ一字一石塔などを立てることが行われた。一字一石経碑としては、大分県大野郡朝地町の暦応二年（一三三九）、岩手県宮古市の永和二年（一三七六）銘のものなどが古いが、江戸時代に盛んに行われ、全国各地に見られる。追善供養、息災延命、疫病退散、豊作祈願、堂塔の地鎮など、様々な目的に変化していった。一般に法華経が多く書写されているが、中には文字のない石が納められている場合もある。

（浅野　晴樹）

いちじょういん　一乗院　大乗院と並び、興福寺別当を出す両門跡の一つ。興福寺中心伽藍の北側、平城京左京三条七坊（現奈良地方裁判所、奈良市登大路町）にあった。十世紀後半、定昭（本願僧都）の創建とされるが、定好（本願已講）創始ともいわれる。九八八年（永延二）には内裏の殿舎を移築する。「貴種入寺の始」とされる関白藤原師実男の覚信が入寺し、覚信以降も代々摂関家の子息が跡を継ぎ、門跡寺院となる。近衛家からの入寺が中心。大乗院が「飛鳥御殿」と称されたのに対し、「橘御殿」と称される。大和国内に大乗院をはるかに上回る所領を持つ。支配下に入る興福寺の子院・衆徒・国民なども、大乗院方より多い。また、一乗院にも池を中心とした庭園があり、この作庭にも善阿弥が関与した可能性が指摘されている。一六一〇年（慶長十五）に天皇家から入寺し、以後宮門跡となる。一六四二年（寛永十九）に大規模な火災にあい、寝殿も焼失。寝殿（宸殿）は、一六五〇年（慶安三）に再建される。近世の朱印地は約千四百九十五石であった。一八七一年（明治四）、興福寺全山復飾の際、一乗院も廃絶。門跡は水谷川を名乗る。一乗院の地は奈良県が借用し、奈良県庁として利用。一八七六年に奈良地方裁判所となった。一九六二年（昭和三十七）に裁判所立て替えに伴い、宸殿は唐招提寺に移築（現御影堂）。一九六三年には、旧一乗院遺構発掘調査委員会により発掘調査が行われ、寛永火災以前の寝殿などを確認。一九九六年（平成八）には裁判所の増築のために橿原考古学研究所が、二〇〇〇年以降庁舎建て替えに伴って奈良文化財研究所が、発掘調査を行い、園池の様相が明らかになった。池は、十一世紀以前にさかのぼる下層池と、中世にさかのぼる可能性がある上層池。上層池の護岸石組や、礫《れき》敷き、景石が多様に展開する様相が確認された。また、寛永の火災の痕跡が残り、当時の水面が知られる。上層池が中世にさかのぼるとするならば、善阿弥作庭の庭がほぼそのまま発掘されたことになる。同じく善阿弥作庭とされる旧大乗院庭園よりも遙かに状態はよい。→大乗院《だいじょういん》

参考文献　藤田祥光『一乗院』。『重要文化財旧一乗院宸殿・殿上及び玄関移築工事報告書』、一九六六、旧一乗院保存会。泉谷康夫『興福寺』、一九九七、吉川弘文館。『奈良文化財研究所紀要』二〇〇一―二〇〇六、二〇〇一-〇六。

（馬場　基）

いちじょうじ　一乗寺　兵庫県加西市坂本町所在の天台宗寺院。法華山と号し、西国三十三所の第二十六番札所。播磨名刹の一つである一乗寺は、平安時代末から鎌倉・室町時代にかけて、庶民の観音信仰の殿堂として最も繁栄をきわめた。一乗寺がはじめて紹介されたのは、一三二二年（元亨二）に虎関師練《こかんしれん》が著した『元亨釈書《げんこうしゃくしょ》』であるが、それ以前にあたる白鳳期の銅造聖観音立像数軀が現蔵するところから、開創は白鳳時代にさかのぼると考えられる。また、一乗寺が史料にはじめて出てくるのは、『寺門高僧記』に収められた一一六一年（応保元）の『覚忠三十三所巡礼記』で、十四番の「同国印南郡法華寺」が一乗寺である。境内には、県内最古で国宝の三重塔があり、その塔の伏鉢に承安元年（一一七一）の刻銘があり建立年代が明らかになっている。さらに護法堂・妙見堂・弁天堂の鎮守三社と本堂（金堂）の大悲閣も重要文化財に指定されている。なお、現在の本堂は本多忠政が一六二八年（寛永五）に再建したものである。二体の聖観音立像は県内最古の金銅仏で、重要文化財に指定されている。

参考文献　兵庫県立歴史博物館編『法華山一乗寺』（『兵庫県立歴史博物館総合調査報告書』一、一九八五）。同編『はりまの名刹―法華山一乗寺の秘宝―』、一九八四。

（大村　敬通）

いちじょうだにあさくらしいせき　一乗谷朝倉氏遺跡　福井県福井市に所在する戦国時代城下町の跡。主要部二七八《ヘクタール》が国特別史跡、四庭園が特別名勝に指定。一乗谷初代朝倉孝景は、一四七一年（文明三）守護斯波氏、守護代甲斐氏との戦いに勝利し、この一乗谷に入部し越前一国を支配したとされている。孝景のものとされる『朝倉孝景条々』は、日本最古の戦国家法としてよく知られている。二代氏景、三代貞景までは、甲斐氏や加賀の一向一揆との戦いに明け暮れたが、徐々に近国からの派兵要請を受けて、若狭や北近江、美濃、南加賀、京などへ援兵するようになり、戦国大名としての実力を遺憾なく発揮していった。十六世紀初め（永正年間、一五〇四―二一）には城下町の建設も始まり、四代孝景や五代義景の代になると、京や奈良の公家・僧侶・文人・武人・商工業者など多くの人々がこの地を訪れるようになった。「一乗谷朝倉文化」が花開き、発掘調査の結果からもかなりの繁栄をみたであろうと考えられる。また、約三千体以上の石造遺物からは、当時の京（十万人）や堺（三万人）に比べれば過少ではあるが、城下町の人口が「万を下らなかった」ことも想定される。一五七三年（天正元）、朝倉義景は刀根坂の合戦で織田信長に敗れ、一乗谷の城下町も焼亡した。一九六七年（昭和四十二）発掘調査が開始され、「洛中洛外図屏風」に描かれた細川管領邸とよく似た戦国

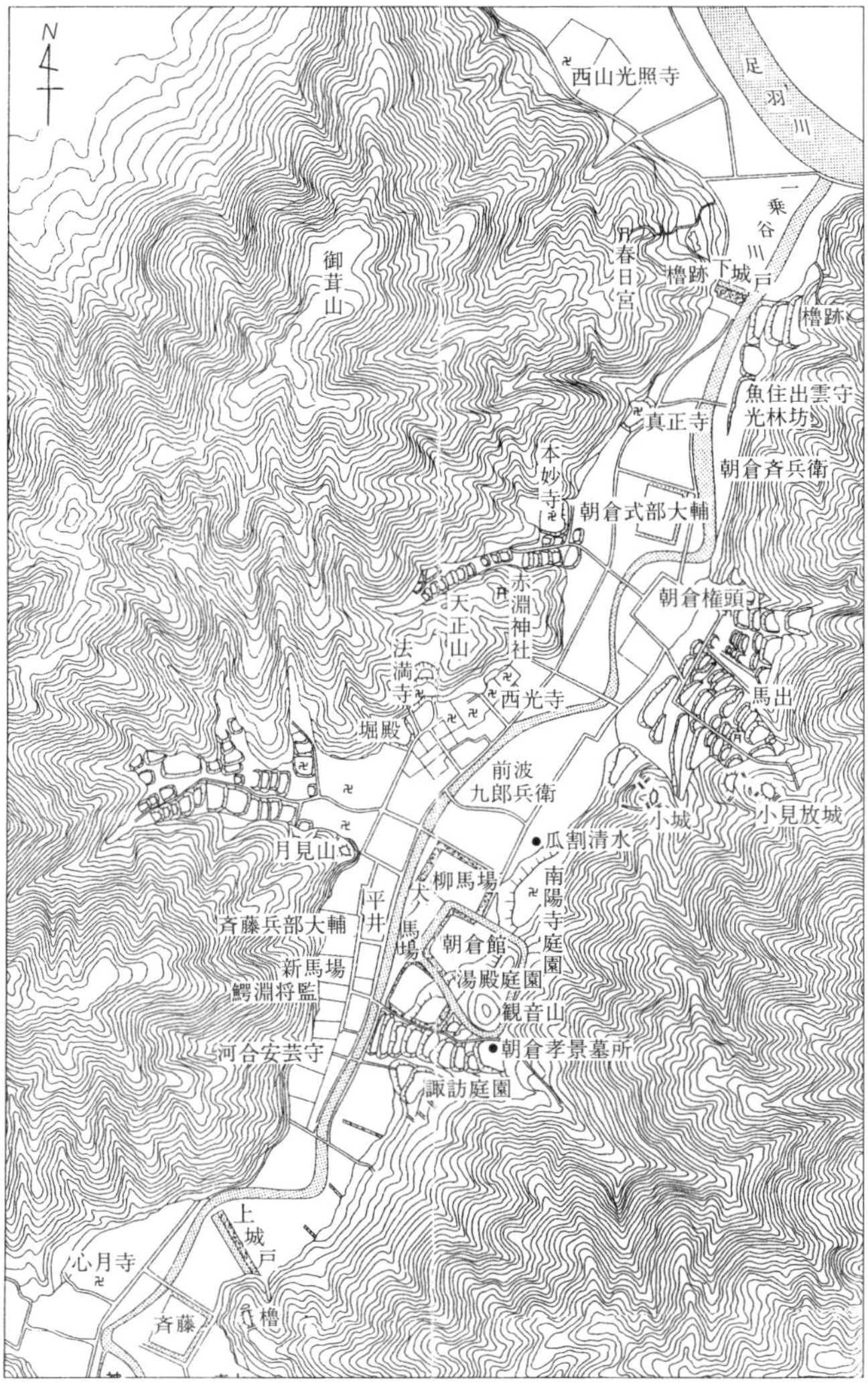

一乗谷城下町

大名朝倉義景の館跡の全貌がはじめて明らかとなった。また、谷の中は幅六〜八メートルや三メートルの道路が縦横に設けられており、その道路に沿って間口六メートル、奥行一五メートル程度の小規模建物の敷地が櫛目状に並んで二百軒以上発見されている。小規模建物の敷地からは、念珠挽（数珠玉・その未製品・玉砥石）、鉄炮鍛冶（鉄炮玉・鉛の延べ棒・火縄挟・弾き金）、塗師（ヘラ・残り漆の入った椀）、紺搔（八個の越前焼大甕が焼土中に埋められている）、檜物・曲物師（ヘギ板・桜の表皮・未製品）などの遺物がまとまって出土し、これらの職種に従事した職人の家と考えられている。山際には、武家屋敷や寺院が多く立地していることも明らかになった。一乗谷城下町の縄張（普請）は、土塁石垣、外堀、石組溝、石列、段差などで区画し、道路については、矩折れ、「T字」路、遠見遮断、幅員減、行き止まりなどの防御面を重視した作りを採用している。さらに、縄張りには約三〇メートル＝百尺の竿を基準としていたこともわかってきた。一乗谷城下町の建築（作事）については、一間を六尺二寸または六尺二寸五分等間を基準として建築されていることが明らかになり、普請には京尺、作事には越前尺を用いていたのではないかとの想定もなされている。当時、京から越前一乗谷朝倉氏遺跡へ下向するには、琵琶湖の西岸を北上し、敦賀郡に至り、木ノ芽峠を越え、南条郡の鯖波で北陸道から枝分かれした「朝倉街道」（十八世紀の寛保年間（一七四一―四四）成立の『越藩拾遺録』に記載がある）という朝倉氏が整備した軍用道路を利用した。「朝倉街道」は、鯖波から日野山の東方牧谷坂を越え、五箇、粟田部を過ぎ、文珠山の東方榎木坂を越え、大味、東郷から足羽川を越え、成願寺渡村に出るとされるが、途中、大味から鹿俣坂を越えて一乗へ出る道を「大手ナル由」と記している。以上のことから、戦国城下町一乗谷（朝倉氏遺跡）は、北の成願寺城（『朝倉盛衰記』には、一乗三ノ丸とある）、南の三峯城（南北朝時代に脇屋義助が立て籠もった）、東の一乗谷城（本城＝詰め城）、西の東郷槇山城・大味城（朝倉街道・大手道を守備し、『朝倉盛衰記』では大味城を一乗三ノ丸とする）で四至（範囲）が守備された約四〇〇〇ヘクタールの地であったことが想定可能となった。

[資料館] 福井県立一乗谷朝倉氏遺跡資料館（福井市）

[参考文献] 『よみがえる中世』六、一九八〇、平凡社。

（水野　和雄）

いちのたにちゅうせいふんぼぐんいせき　一の谷中世墳墓群遺跡　静岡県磐田市の中世を中心とする墳墓地。磐田原台地の南端、低地との比高差約一五メートルを測る丘陵上にある。東南方向には『十六夜日記』などに「見付の国府」とみえる国府推定地が広がる。見付端城遺跡はその中心と考えられ、平安時代中ごろから近世にかけての遺構・遺物が出土している。また、惣社である淡海国玉社の鎮座地も近い。一の谷にあるこの遺跡は、幕末ごろに作成されたと推定される絵図に「四ッ塚」とみえ、見付の町との間に「化粧坂」の記述がある。町の境界外を示す地名として注目される。区画整理事業に伴って一九八四年（昭和五十九）から一九八八年まで調査が実施され、遺跡の全貌が明らかとされた。その間保存運動もおこった。検出遺構に塚墓・集石墓・土坑墓などがある。塚墓は盛り土あるいは溝または削り出しによって区画された墓で、百六十二基検出された。十二世紀後半、遅くとも末ごろに造られ始め、十四世紀後半に及ぶものである。集石墓は火葬骨を石で覆うもので四百二十九基検出。時期は十三世紀後半から十六世紀末ごろまで。十四―十五世紀が盛期で、十五世紀前半ごろに石塔が樹立されるようになる。土坑墓は土葬墓で二百七十七基を数えた。時期的には集石墓と並行するが、十五世紀になると集石墓が圧倒的となる。その他に火葬遺構四十六基などがある。出土遺物には渥美・常滑・瀬戸産の陶器（甕・壺・鉢・碗・皿）、かわらけ、輸入陶磁器（青磁・白磁・黄釉）、石塔、鉄器（短刀・刀子・剃刀・鎌・鉄鏃・毛抜・釘）、石製硯、小型銅製五輪塔・和鏡などがある。塚墓の被葬者は在庁官人層の可能性が高く、室町時代後半の集石墓の盛行は、自由都市と評価されるほど発展した見付の町の町人層の台頭と関わりがあるとされる。江戸時代に入ると檀家制度により集団墓から町内の寺院へと墓地が遷り、遺跡は終末を迎えた。遺跡は現在、宅地となり、一ノ谷公園内に基本的な遺構の再現が、移築あるいは復元の方法により試みられている。

参考文献　磐田市教育委員会編『一の谷中世墳墓群』、一九八八。義江彰夫「国府から宿町へ—一の谷遺跡を手懸りに見る中世都市見付の構成と展開—」（『歴史学研究報告』二〇、一九八八）。『静岡県史』資料編二、一九九〇。

（佐藤　正知）

いちのみや　一宮　平安時代後期から中世にかけて各国を代表する最も有力な神社。この時期、国内の神社に対して一宮以下二宮、三宮などの社格が付されたが、第一の社格を与えられた神社を一宮といい、この社格制度を一宮制という。一宮は国鎮守として位置づけられた。「一宮」の語の初見は文献では『中右記』元永二年（一一一九）七月十四日条に「一宮」とあるものだが、このほかに十二世紀初頭成立の『今昔物語集』一七第二十三「依地蔵助活人、造六地蔵語」にも「周防国ノ一ノ宮ニ玉祖ノ大明神ト申ス神在マス」とみえる。考古資料ではもう少し早く、鳥取県倭文《しどり》神社で発見された康和五年（一一〇三）十月三日経筒銘に「伯耆国河村東郷御坐一宮大明神」（『平安遺文』金石文編一六三）とあるものが初見である。したがって一宮の語は十二世紀初頭ごろから用いられるようになったものと思われる。しかし安芸国厳島神社のように一一六四年（長寛二）に至るまで一宮と呼ばれない事例や出雲国杵築大社のように「一宮」と記した文書が存在しない事例などもある。一宮制は制度として全国一斉・一律に成立したわけではないので、このような事例や一宮だけが存在して二宮以下が存在しない事例など国ごとにさまざまなバリエーションがある。そのほか、武蔵国のように一宮が小野神社から氷川神社へ移った事例や薩摩国のように鎌倉時代後期になって枚聞神社と新田神社が一宮の地位を争って相論となるような事例もある。一宮は存在形態も歴史的変遷も多様である。一宮の選定基準については諸説があり、明確ではない。国司が着任後行う神拝に際してその参拝する順序によりつけられたとする説や国ごとに自然発生的に生じた神社の序列を国司が公認したものとする説などがある。多くは令制下、最高の神階を持った神社がそのまま一宮に転化したものだが（全体のおよそ七割程度）、国府との近さによって一宮から三宮が決まった尾張国のような例もあり、基準は一定ではない。『時範記』承徳三年（一〇九九）二・三月条によれば、因幡国一宮の宇倍社（『時範記』は同社を一宮とは表記していないが、実質上一宮であった）の社司は因幡介もつとめている在庁官人であった。守着任後の神拝では宇倍社は総社に次いで参拝され、さらにこれ以後も因幡守の参拝をたびたび受けている。このように一宮は国衙と密接な関係を有する神社なのであった。一宮社領に免田が多いこと、一宮と国府が同一郡内に存在する例が全体の四割見られることなども一宮と国衙の関係を裏付けるものである。同様に二宮・三宮、総社なども国衙と関連するものである。これら一宮、二・三宮、総社と国衙の関連については、一宮は在庁官人の守護神で在庁官人の結集の場、二・三宮は非在庁系の領主層・各郡郷にいる郡郷司層の守護神であり、彼らの結集の場、そして一宮と二・三宮の対立を防ぎ、国衙に統合するためのものが総社であったとする説もある。一宮と二宮以下の諸社、総社、あるいは国分寺などと国衙との関係、これらを含めた一国内の宗教秩序の追究は今後の課題である。国衙との関係とともに一宮を中央における二十二社との関係において位置づけようとする見解もある。二十二社とは伊勢神宮以下、畿内近国にある二十二の有力神社のことで、天皇と王城を鎮護するものである。この二十二社と各国の鎮守、一宮がともに中世の日本を支え、擁護すると考える説である。これらの見解を総合して近年では一宮には国レベルの側面（諸国一宮総社制）と全国レベルの側面（二十二社一宮制）とがあり、両者が一体となって中世的な宗教秩序を形作っていると考える見解が有力となっている。なお、国衙機能が守護によって吸収される南北朝・室町時代における一宮の存在形態など変質期・解体期についての研究は遅れており、今後の課題である。　↓総社《そうじゃ》　↓二十二社《にじゅうにしゃ》

参考文献　中世諸国一宮制研究会編『中世諸国一宮制の基礎的研究』、二〇〇〇、岩田書院。伊藤邦彦「諸国一宮・惣社の成立」（『日本歴史』三五五、一九七七）。井上寛司「中世諸国一宮制と地域支配権力」（『日本史研究』三〇八、一九八八）。岡田荘司『平安時代の国家と祭祀』、一九九四、続群書類従完成会。「特集一宮の信仰」（『季刊悠久』八四、二〇〇二）。

（戸川　点）

いちぼくづくり　一木造　わが国における木彫像の製作技法の用語の一つで、頭幹部を一本の木材から木取りして彫出する技法。腕や坐像の場合の脚部などを別材で造って、幹部材に接合するものが多い。また、干割れ防止と重量の軽減のために背中や坐像の像底から刳り入れて内部を空洞にする内刳《うちぐ》りが施されることも多い。この技法による木彫像の製作は各時代行われているが、彫刻制作に用いられる素材が木にほぼ限定されてくる平安時代初期から中期にかけては、木彫像は一部の特殊なものを除きこの技法で造られている。しかし、十一世紀に入り寄木造《よせぎづくり》や割矧造《わりはぎづくり》の造像技法が確立してくると、主要寺院

諸国一宮一覧

	国名	神社名	所在地
畿内	山城	賀茂別雷神社	京都市北区上賀茂本山町
	同	賀茂御祖神社	京都市左京区下鴨泉川町
	大和	大神神社	奈良県桜井市三輪町
	河内	枚岡神社	大阪府東大阪市出雲井町
	和泉	大鳥神社	大阪府堺市西区鳳北町
	摂津	住吉大社	大阪市住吉区住吉町
東海道	伊賀	敢国神社	三重県伊賀市一之宮
	伊勢	椿大神社	三重県鈴鹿市山本町
	同	都波岐神社	三重県鈴鹿市一ノ宮町
	志摩	伊雑宮	三重県志摩市磯部町
	同	伊射波神社	三重県鳥羽市安楽島町
	尾張	真清田神社	愛知県一宮市真清田
	三河	砥鹿神社	愛知県豊川市一宮町
	遠江	小国神社	静岡県周智郡森町
	同	事任八幡宮	静岡県掛川市八坂
	駿河	浅間神社	静岡県富士宮市大宮
	伊豆	三嶋大社	静岡県三島市大宮町
	甲斐	浅間神社	山梨県笛吹市一宮町
	相模	寒川神社	神奈川県高座郡寒川町
	武蔵	小野神社	東京都多摩市一ノ宮
	同	氷川神社	さいたま市大宮区高鼻町
	安房	安房神社	千葉県館山市大神宮
	上総	玉前神社	千葉県長生郡一宮町
	下総	香取神宮	千葉県佐倉市香取
	常陸	鹿島神宮	茨城県鹿島市宮中
東山道	近江	建部神社	大津市神領
	美濃	南宮神社	岐阜県不破郡垂井町
	飛騨	水無神社	岐阜県高山市一之宮町
	信濃	諏訪大社	長野県諏訪市中洲宮山
	上野	貫前神社	群馬県富岡市一ノ宮
	下野	(宇都宮)二荒山神社	宇都宮市馬場通
	同	(日光)二荒山神社	栃木県日光市山内
	陸奥	塩竈神社	宮城県塩竈市一森山
	同	都都古別神社	福島県東白川郡棚倉町
	出羽	大物忌神社	山形県飽海郡遊佐町
北陸道	若狭	若狭彦神社	福井県小浜市龍前
	越前	気比神宮	福井県敦賀市曙町
	加賀	白山比咩神社	石川県白山市三宮町
	能登	気多神社	石川県羽咋市寺家町
	越中	気多神社	富山県高岡市伏木一宮
	同	高瀬神社	富山県南砺市高瀬
	同	射水神社	富山県高岡市二上
	同	雄山神社	富山県中新川郡立山町
	越後	弥彦神社	新潟県西蒲原郡弥彦村
	同	居多神社	新潟県上越市五智
	佐渡	度津神社	新潟県佐渡市飯岡

	国名	神社名	所在地
山陰道	丹波	出雲大神宮	京都府亀岡市千歳町
	丹後	籠神社	京都府宮津市大垣
	但馬	出石神社	兵庫県豊岡市出石町
	同	粟鹿神社	兵庫県朝来市山東町
	因幡	宇倍神社	鳥取市国府町宮下
	伯耆	倭文神社	鳥取県東伯郡湯梨浜町
	出雲	出雲大社(杵築大社)	島根県出雲市大社町
	石見	物部神社	島根県大田市川合町
	隠岐	水若酢神社	島根県隠岐郡隠岐の島町
	同	由良比女神社	島根県隠岐郡西ノ島町
山陽道	播磨	伊和神社	兵庫県宍粟市一宮町
	美作	中山神社	岡山県津山市一宮
	備前	吉備津彦神社	岡山市一宮
	備中	吉備津神社	岡山市吉備津
	備後	吉備津神社	広島県福山市宮内
	安芸	厳島神社	広島県廿日市市宮島町
	周防	玉祖神社	山口県防府市大崎
	長門	住吉神社	山口県下関市一之宮住吉
南海道	紀伊	日前国懸神宮	和歌山市秋月
	同	丹生都比売神社	和歌山県伊都郡かつらぎ町
	同	伊太祁曾神社	和歌山市伊太祈曾
	淡路	伊弉諾神宮	兵庫県淡路市多賀
	阿波	一宮神社	徳島市一宮町
	同	上一宮大粟神社	徳島県名西郡神山町
	同	大麻比古神社	徳島県鳴門市大麻町坂東
	同	天石門別八倉比売神社	徳島市国府町矢野宮谷
	讃岐	田村神社	香川県高松市一宮町
	伊予	大山祇神社	愛媛県今治市大三島町
	土佐	土佐神社	高知市一宮
西海道	筑前	住吉神社	福岡市博多区住吉
	同	筥崎宮	福岡市東区箱崎
	筑後	高良大社	福岡県久留米市御井町
	豊前	宇佐神宮	大分県宇佐市南宇佐
	豊後	柞原八幡宮	大分市八幡
	同	西寒田神社	大分市寒田
	肥前	河上神社	佐賀市大和町
	同	千栗八幡宮	佐賀県三養基郡みやき町
	肥後	阿蘇神社	熊本県阿蘇市一の宮町
	日向	都農神社	宮崎県児湯郡都農町
	大隅	鹿児島神宮	鹿児島県霧島市隼人町
	薩摩	枚聞神社	鹿児島県指宿市開聞町
	同	新田八幡宮	鹿児島県薩摩川内市宮内町
	壱岐	天手長男神社	長崎県壱岐市郷ノ浦町
	同	興神社	長崎県壱岐市芦辺町
	対馬	海神神社	長崎県対馬市峰町
	同	厳原八幡宮	長崎県対馬市厳原町

(1)本表作成にあたっては中世諸国一宮制研究会編『中世諸国一宮制の基礎的研究』、2000年、岩田書院、「全国一宮一覧」(並木和子作成、國學院大学日本文化研究所編『神道事典』、1994年、弘文堂)、「諸国一の宮・総社一覧」(岡田荘司作成、別冊歴史読本事典シリーズ『日本「神社」総覧』、1996年、新人物往来社)、「一宮表」(伊藤邦彦作成、『角川新版日本史辞典』、1996年、角川書店)、「諸国一宮一覧」(『国史大辞典』1巻、1979年、吉川弘文館)その他の一宮表を参照した。

(2)一国に複数一宮があるのは時代の推移により変わった場合や論社となっている場合などである。

に安置されるような仏像はこの技法で造られることはほとんどなくなってくる。ただし、それ以降近世に至るまでこの技法で造られる彫刻は存在し、ことに素朴な造形を持つ仏像などにはこの種の技法で造られたものも多い。→寄木造《よせぎづくり》　→割矧造《わりはぎづくり》

参考文献　西川杏太郎「木彫仏」Ⅰ(『重要文化財』一所収、一九七二、毎日新聞社)。同編『一木造と寄木造』(『日本の美術』二〇二、一九八三、至文堂)。　(根立　研介)

いちゃにカリカリウスいせき　伊茶仁カリカリウス遺跡　円形や方形のくぼみを見ることのできる多数の竪穴住居跡からなる縄文から擦文時代の集落遺跡。北海道根室地方の標津《しべつ》郡標津町伊茶仁にある。湧水の周辺とポー川に面する段丘上に千以上の竪穴住居跡が分布し、アイヌ文化の砦といわれるチャシ跡も見られ、古道《ふるどう》遺跡やオホーツク文化の三本木《さんぼんぎ》遺跡とともに国史跡標津遺跡群の一部を構成している。根室海峡に注ぐ標津川をはじめとする河川はサケ・マスの回帰河川である。地名のイチャニとはアイヌ語で魚の産卵場所のことをいい、この遺跡はサケ・マス資源に依存して形成されたものとみられる。付近の伊茶仁孵化《ふか》場遺跡では縄文時代前期の漆製品が出土し、同チシネ遺跡などでは縄文時代後期の周堤墓も発見されている。伊茶仁カリカリウス遺跡と国天然記念物の標津湿原はポー川歴史自然公園として一体的に整備され、園内の歴史民俗資料館では出土品も見学することができる。→標津遺跡群《しべついせきぐん》

資料館　標津町歴史民俗資料館(北海道標津郡標津町)

参考文献　文化庁文化財保護部記念物課編『広域遺跡保存対策調査研究報告』一、一九七六。標津町教育委員会編『標津の竪穴』、一九七六。　(畑　宏明)

いちりづか　一里塚　里程の目安のため街道の両側に一里ごとに築かれた塚のこと。多くは塚の上に榎木が植えられていた。一里塚の起源は、中国の魏の文帝の時に大道の傍らに一里ごとに榎木を植えて五尺の銅表を立てた堠槐《こうかい》の制にある。日本での起源は、高野山の町石(国史跡)にあるとも、藤原清衡が陸奥白河関から外ヶ浜までの間に一町ごとに笠卒塔婆を立ててその面に金色の阿弥陀像を図絵したことにあるともいわれているが定かでない。一里の長さについては、六町・三十九町・四十八町・五十町・六十町など時代や地域によってまちまちであった。それを織田信長が領国内で一里を三十六町と統一して一里塚を築き、豊臣秀吉も三十六町ごとに五間四方の塚を築いて一里塚とした。しかし制度として確定したのは江戸時代になってからのことで、それは一般に一六〇四年(慶長九)のことといわれている。すなわち徳川家康は同年に秀忠に江戸日本橋を起点として東海道・東山道・北陸道へ榎木を植えた一里塚を築くことを命じたとされている。この一里塚の増築にあたっては大久保長安が総督し、東海道と東山道は永井弥右衛門白元・本多左大夫光重が奉行し、北陸道には山本新五左衛門重成・米津右衛門正勝が奉行して、これに江戸町年寄の樽屋藤左衛門・奈良屋市右衛門が従ったという。家康による一里塚増築指令は、信長・秀吉の施策の徹底であった。一里塚の木種については、家康が「余の木を植えよ」といったのを間違えて榎木になったとする俗説もあるが、榎木は確かに根が深く広がって塚の崩れるのを防止する作用がある。榎木の代わりに松や杉を植えた一里塚もある。家康が指令した一里塚増築と植樹はさらに徹底したらしく、一六〇九年に長崎・江戸間を旅したドン＝ロドリゴはその日記で里数を尋ねる必要がないと記し、一六一三年のジョン＝セーリスは一里ごとに東屋のように手入れされた松が植えてある塚があると記している。一里塚は主要街道だけでなく、全国各地の脇街道にも設置され、現在ではむしろこうした脇街道の一里塚の方がよく旧態を残し国指定の史跡に指定されているものが多い。確かに一里塚は、旅人にとって里程を知ることができて駄賃支払いの目安になり、強い日差しの時には木陰の休憩所となり、大名の参勤交代の際には供の交代場所に指定する場合もあった。この一里塚は江戸時代中期ごろから次第に荒廃しつつあったが、幕府が積極的に復興・再造成を命じた形跡はない。江戸時代後期の一八四三年(天保十四)ごろ、幕府道中奉行は五街道をはじめとする管轄下の街道とその宿駅を同一基準で調査し、それを『宿村大概帳《しゅくそんたいがいちょう》』としてまとめているが、それに一里塚の現状が記してある。それによれば道中奉行管轄下の全街道の中で、一里塚は三百五十七ヵ所にあり、その充足率は日光道中でほぼ完全に揃い、東海道・中山道・奥州道中は八〇%以上、甲州道中では六五%であり、付属街道では本坂《ほんさか》通・美濃路・日光御成道・壬生《みぶ》通が多く、佐屋路・例幣使《れいへいし》街道は少ない。全三百五十七ヵ所の一里塚のうち、両側に塚があるものが三百二十九ヵ所で圧倒的に多く、左右の片側だけに残るものが十四ヵ所ずつである。一里塚は往還の傍らにあるのが普通であるが、なかには往還から三十町も離れている例もあり、民家の裏側に位置するものもあった。

一里塚　国指定史跡一覧

名称	街道	所在地
須賀川一里塚	奥州道中	福島県須賀川市
小金井一里塚	日光道中	栃木県下野市
壬生一里塚	日光西街道	栃木県下都賀郡壬生町
志村一里塚	中山道	東京都板橋区
西ヶ原一里塚	日光御成道	東京都北区
垂井一里塚	中山道	岐阜県不破郡垂井町
阿野一里塚	東海道	愛知県豊明市
大平一里塚	東海道	愛知県岡崎市
富田一里塚	美濃路	愛知県一宮市
野村一里塚	東海道	三重県亀山市
四箇郷一里塚	大和街道	和歌山市
安来一里塚	山陰道	島根県安来市
伊志見一里塚	山陰道	松江市
出西・伊波野一里塚	山陰道	島根県簸川郡斐川町
真金一里塚	山陽道	岡山市
今町一里塚	今町街道	宮崎県都城市

(二〇〇六年九月現在)

一里塚に植えられた木については、三百五十七ヵ所のうち三百四ヵ所に何らかの木があり、両側の塚に植えてある場所は二百五十二ヵ所で、なかには一つの塚に二～三本も植えてある一里塚もあった。植えられた木種は榎木が五五％で圧倒的に多く、松が二七％、杉が八％と続き、その他では桜・栗・槻・椋・檜・樫・雑木などさまざまであった。明治以降、鉄道をはじめとするモータリゼーションの到来により、一里塚の存在意義が薄れて次第に失われたが、史跡に指定されていないものを含めてその保存に留意しなければ旧街道の位置もわからなくなる心配がある。

参考文献　児玉幸多『近世交通史の研究』、一九八六、筑摩書房。渡辺和敏『東海道交通施設と幕藩制社会』、二〇〇五、岩田書院。

（渡辺　和敏）

いっき　一揆　「一味同心」と呼ばれる連帯の心性を共有する人々の集団。一味同心とは通常の手段では解決困難な課題に対処するために行われた、日常の社会的立場を超えて一体化する一時的で特殊な団結を指し、目的の達成ないし挫折により消滅するのが普通だった。そのような団結に際しては、神社の境内など神前において起請文を作成し、神水を回し飲みして団結する一味神水という誓約の儀式が行われた。一揆は中国の言葉で「揆を一にする」との意味。一味同心の集団は平安時代後期の寺院大衆の強訴や、鎌倉幕府の有力武士たちの間に見出されるものの、これが「一揆」と呼ばれるのは十四世紀以降登場する武士たちの戦闘集団からである。一揆の構成員が戦場で立てた手柄について、互いに証人となり合う「見継ぎ、見継がれる」関係を結び、家紋など同じマークをつけた旗指物などで出で立ちを統一した武士の一揆が南北朝時代の戦場で活躍した。十四世紀は武士社会の親族結合のあり方が変化していく時代であったため、親族の集団や地縁的な集団の間で、一族一揆をはじめ、盛んに一揆が結成されたのである。十五世紀になると「土一揆」と呼ばれる、侍身分の牢人や大名被官などを指導者とする、「土民」（百姓身分の平民）の一揆が盛んになる。土一揆には室町幕府に徳政を要求して京都の土倉・酒屋などの金融業者を襲い、債務証文の破棄、質草の奪還、掠奪などを行うものや、大名や武士によって戦闘部隊として組織されたもの、村落住民が特定の政治勢力に味方して戦闘するために村の合議により結成したものもあった。十六世紀になると、土一揆は単に「一揆」と呼ばれるようになり、一揆はこのような「土民」を主力とするものを指す場合が圧倒的に多くなる。統一政権の成立後も一揆蜂起は散発したが島原の乱以降、江戸幕府の統制と禁止もあってみられなくなった。

参考文献　青木美智男他編『一揆』一―五、一九八一、東京大学出版会。勝俣鎮夫『一揆』（『岩波新書』黄一九四、一九八二）。神田千里『土一揆の時代』（『歴史文化ライブラリー』一八一、二〇〇四、吉川弘文館）。

（神田　千里）

いつくしま　厳島　広島湾の西南部に位置する周囲約三〇キロの島で、広島県廿日市市宮島町に属する。特別史跡・特別名勝。島の北東部にある厳島神社が、平安時代以来の神社建築や日本の宗教的風土を反映したものとして、一九九六年（平成八）世界文化遺産に登録されるとともに、主峰弥山《みせん》とその山麓にひろがり厳島神社をつつみこむように展開する原生林と神社前面の海面がバッファゾーン（緩衝地帯）として登録されている。厳島神社は、推古朝の垂迹とする縁起をもつが、史料的に確認されるのは、安芸国速谷神とともに伊都岐《いつき》島神を名神の例に入れ、兼ねて四時幣に預からせるという『日本後紀』弘仁二年（八一一）七月己酉条が初見である。その後、貞観年間（八五九―七七）に二度の昇叙が『三代実録』にみえ、『延喜式』では名神大社とされている。このような地方神が全国的崇敬をうける契機となったのは、平安時代後期の平清盛による厳島信仰以後であり、緑の山容を背景に海上に朱塗りの神社本殿・拝殿や大鳥居などが、寝殿造りの様式で展開する建築景観の基本的な構図も、清盛時代に確立したとされている。この時期以前の厳島は島全体に神霊が鎮まり人の居住しない島とされていたとする説もあるが、縄文・弥生・古墳時代の土器片や奈良・平安時代の製塩土器が採集される遺跡も確認されており、今後の検討が必要である。平氏滅亡後も、清盛と提携して社格を高めた佐伯景弘が神主として神社を統轄していたが、承久の乱以後は中原親実とその子孫が神主となった。この鎌倉時代に二度の社殿炎上があったが、造営のため一時期安芸国務が厳島社に委ねられたこともあり、神領や社務機構が整備される一方、三昧堂や夏堂などの仏教施設も出現し、神仏習合が進展し、修験者の島内修行もみられるようになった。南北朝時代以降は、国人領主らによる社領の蚕食に苦しんだが、周防国守護大内氏と提携し、かつ内海交通の要衝としての特性から参詣人による交易活動が進展して、門前町は港町としての機能も果たすようになった。戦国争乱期は、社家方棚守房顕が、大内・陶・毛利氏と変転する地域権力との関係を繕って神社への崇敬を維持し、江戸時代にも浅野家が厳島神社を崇敬庇護したため、内海交通の大社が鎮座する門前町・港町として繁栄した。

参考文献　松岡久人『安芸厳島社』、一九八六、法蔵館。

（西別府元日）

いっこういっき　一向一揆　本願寺門徒の戦国時代の一揆組織、およびその一揆組織による武力蜂起。加賀一向一揆のように、一定の地域や寺檀関係を単位とする門徒組織が主体となって行なった武力蜂起と、石山合戦のように、本願寺の蜂起指令に呼応した各地の門徒組織の武装蜂起との、二つの型がある。前者の代表例である加賀一向一揆は一四七四年（文明六）、守護富樫幸千代と富樫政親との抗争の中で、政親に味方して守護勢力を打破した。江沼郡・能美郡・石川郡・河北郡と呼ばれる郡単位の門徒組織が中心になっている。加賀一向一揆は一四八八年(長享二)富樫氏の一族泰高を擁立して政親を滅ぼし、さらに本願寺を大名同然に擁立してその下で在地支配を行うようになり、富樫氏は一揆の一員に埋没した。一五八〇年(天正八)織田信長の部将柴田勝家が加賀国を占領するまで一向一揆の在地支配は続いた。勝家に対する一揆の抵抗拠点となった鳥越城(石川県白山市三坂町)では発掘が行われ、鳥越城とその支城二曲《ふとげ》城跡(白山市出合町)は「鳥越城跡附二曲城跡」として国史跡に指定されている。一五六三年(永禄六)に本願寺一族の本宗寺および上宮寺・本証寺・勝鬘寺の三河三ヵ寺が、徳川家康と抗争した三河一向一揆もこれら寺院に結集した門徒による同質の蜂起とされる。一方、後者の例として、まず一五〇六年(永正三)に室町幕府における細川政元と前将軍足利義稙との対立に際し、政元に味方した本願寺の指令により、越前・美濃・越後をはじめ各地で門徒が蜂起した永正の争乱がある。一五三二年(天文元)から一五三五年にかけて本願寺と細川晴元との抗争の中で、各地の門徒が蜂起した享禄・天文の争乱も同様であり、また一五七〇年(元亀元)から一五八〇年にかけて、反織田信長勢力に属した本願寺が、諸国の門徒に蜂起を指令し、また大坂本願寺籠城戦のために諸国門徒を動員した石山合戦は著名である。

参考文献　井上鋭夫『一向一揆の研究』、一九六八、吉川弘文館。神田千里『信長と石山合戦』、一九九五、吉川弘文館。同『一向一揆と戦国社会』、一九九八、吉川弘文館。

(神田　千里)

いっこくいちじょうれい　一国一城令　徳川幕府が諸大名の軍事力を削減し、軍事的拠点を奪う目的で、居城以外の領内の城の破却を命じた法令。一六一五年(元和元)五月、大坂夏の陣で豊臣氏を滅ぼすと、閏六月十三日、幕府年寄衆の奉書をもって諸大名に宛てて「貴殿御分国中、居城をば被㆓残置㆒、其外之城者悉可㆑有㆓破却之旨、上意候」(『毛利四代実録公証』)と通達した。同じ日付で鍋島氏に宛てたものに「一国一城之外、破却候様にと被㆓仰出㆒候」(『鍋島勝茂譜考補』)とあるところから、一国一城令と呼ばれている。この場合の一国はそれぞれの大名の領地を指していた。もともと戦国大名は合戦に勝利し敵地を占領下におくと、新たな領有体制を作り上げ、その地域をみずからの領国に組み込んでいった。この時、それまでの武将が築いた本城と支城による支配体制を崩すこと、つまり多くの支城を壊すのが常であった。それは家臣団に反抗の機会を与えず、家臣団をみずからの城下町に集住させ、大名の手足になることを強制する政策の一環であった。こうした考えは古く「朝倉が館之外、国内に城郭を為㆑構まじく候。惣別分限あらん者、一乗谷へ引越、郷村には代官計可㆑被㆑置事」(『朝倉孝景条々』)にもみられる。徳川幕府はさらに、同じ年の一六一五年七月七日、将軍秀忠のいた伏見城に諸大名を集め、全十三ヵ条からなる『武家諸法度』を崇伝に朗読させて公布した。この第六条には、「諸国の居城、修補たると雖も必ず言上すべし。況や新儀の構営は堅く停止せしむる事」(原漢文)とある。居城以外の支城を破却することはもちろん、居城についても大名が自由勝手に修理することを禁じたのである。それだけ、この一国一城令・武家諸法度は徹底したものだった。なお、わずかな期間に全国で数百の城が破壊されたといわれているが、その実数、そして建物のみを壊したのか、堀や石垣までも破壊したのかなど実態は定かでない部分も多い。

(水藤　真)

いっさいきょう　一切経　⇨教典《きょうてん》

いっしげき　一志茂樹　一八九三—一九八五　近代の教育者・歴史家・地域史研究者。一八九三年(明治二十六)十一月十二日、長野県北安曇郡社村(大町市)生まれ。長野県師範学校(信州大学教育学部)在学中から白樺運動の影響を受け、卒業後長野師範付属小学校に赴任。白樺的自由教育を実践。昭和初期から郷土誌編纂や信濃教育会の郷土教育に関わるとともに、栗岩英治の影響を受け、戦前・戦中・戦後にかけて『信濃史料』の編纂・刊行を進め、さらに『長野県史』の修史事業を継続した。この間、戦前の信濃郷土史研究会、戦後の信濃史学会の設立運営の中心になり、会誌『信濃』を主宰、栗岩英治の「わらじ史学」を継承し、歴史学の隣接諸科学と連携し、現地踏査を重視した学際的な地方史研究を主張し続けた。一九八五年(昭和六十)二月二十七日没。九十一歳。著書に『美術史上より見たる仁科氏文化の研究』(一九三七年、信濃教育会北安曇部会)、『歴史のこころ—日本史学会に対する苦言—』(一九七四年、信濃史学会)、『地方史の道—日本史考究の更新に関連して—』(一九七六年、信濃史学会)、『随想にみる信州白樺運動のころ』(一九八一年、信濃史学会)、『地方史に生きる—聞き書一志茂樹の回想—』(一九八四年、平凡社)、『古代東山道の研究』(一九九三年、信毎書籍出版センター)などがある。

参考文献　『信濃』三七ノ一〇(一志茂樹会長追悼号)、一九九五。

(福島　正樹)

いっぺんしょうにんえでん　一遍上人絵伝　時宗の開祖一遍の伝記絵巻。二つの系統に大別される。まず『一遍聖絵』と呼ばれる十二巻本は、一遍の弟子聖戒が詞書を起草し、法眼円伊が絵を描いたとされる作品。全国を旅してまわる一遍の姿を各地の広い景観のなかにとらえて描写する。四季の移ろいや当時の都市生活の在り方なども活写されていて、一遍の伝記のみならず中世とはいかなる時代であったのかを探るための絵画史料としても注目される。一二九九年(正安元)作。清浄光寺《しょうじょうこうじ》・歓喜光寺蔵(巻七のみ東京国立博物館蔵)。国宝。本作品は一九九五年(平成七)から六ヵ年計画で大がかりな修理が施された。次に『一遍上人絵詞伝』あるいは『遊行上人縁起絵』と呼ばれる十巻本は、宗俊という僧が撰述編集したとされる作品。前半四巻に一遍の生涯を描き、後半六巻には時宗第二祖他阿上人の行状を描く。一遍の事績を讃えつつ、その後継者として他阿を尊重する本作品は、時宗教団の根本縁起として重視され、多数の転写本が制作された。一三二三年(元亨三)銘のある真光寺本(重要文化財)ほか遺品も少なくない。『新修日本絵巻物全集』一一・二三、『日本絵巻大成』別巻に収める。

参考文献 一遍研究会編『一遍聖絵と中世の光景』、一九九三、ありな書房。武田佐知子『一遍聖絵を読み解く—動きだす静止画像—』、一九九九、吉川弘文館。『一遍聖絵』(『岩波文庫』、二〇〇〇、岩波書店)。岡墨光堂編『修復』七、二〇〇三。砂川博『一遍聖絵の総合的研究』、二〇〇三、岩田書院。同『一遍聖絵研究』、二〇〇三、岩田書院。金井清光『一遍聖絵新考』、二〇〇五、岩田書院。 (加須屋 誠)

いど 井戸 地下水を得るために掘られた穴、またはその付帯施設を含めたもの。一般的に井戸は掘井戸(筒井戸)のことであり、地盤を掘り下げ、木材・石材・陶管・コンクリート(近代)などで井戸壁とし、土砂の崩壊を防ぐ。水は釣瓶《つるべ》、はね釣瓶などで汲み上げる。井戸は構造上、水平井戸(泉の水の利用が多い、代表例は中東地域のカナート・三重県鈴鹿地方のマンボ)と垂直井戸(浅井戸・不圧井戸、深井戸・被圧井戸)があり、また掘井戸と管井戸(打ち込み井戸)に大別できる。水平井戸と垂直井戸の中間形態には、「たけのこ構造」やらせん形の「まいまい構造」井戸があり、「上総掘《かずさほ》り」などに発展し、近代的な「管井《かんせい》」になる。また、水の取り入れ方で三種あり、一は水を底からだけ取り入れるもの(不完全井戸)で、この形態は底に砂利・砂礫を敷くほうが良い。二は側壁からだけ取り入れるもの(完全井戸)で、この形態は底は密に作り、水は側壁の継ぎ手・有孔管・特殊格子などから取り入れ、側壁の外側周囲には砂利を詰める。三は底と側壁の両方から取り入れる形態である。考古学的な調査での井戸は坑の底が湧水層まで達していることが要件であり、それ以外は貯蔵施設など別の施設の可能性が高い。井戸壁面の崩壊を防ぐ施設(井戸側《いどがわ》)、井戸底の浄水・集水施設(砂・礫を敷く、水溜《みずため》)の検出が中心になる。地上の各種施設である井桁《いげた》・覆屋・作業場・排水溝あるいは水を汲む装置(釣瓶、はね釣瓶)の確認は稀である。発掘調査での井戸の特徴は、井戸は集落の構成要素として不可欠な施設であり、全国的に広く分布していること、また遺構や遺物の残存状況が比較的良好であり、情報量が多いことである。井戸の歴史を概観すると、現段階では縄文時代の井戸は未確認で、弥生時代からである。弥生時代は、素掘《すぼ》り井戸が多いが、中期・後期には丸太刳《まるたく》り貫《ぬ》き・縦板組・石組井戸などもあり、特別な井戸として池上《いけがみ》・曾根《そね》遺跡(大阪府)の丸太刳り貫き井戸がある。古墳時代の井戸は素掘り井戸のほか、縦板組《たていたぐみ》井戸が多い。井戸側の部材には、建築部材(柱・扉など)・船などの転用材が含まれる。特別な井戸は、三ツ寺《みつでら》I遺跡(群馬県)の丸太刳り貫き井戸がある。飛鳥・奈良・平安時代には井戸が発達し、木組井戸の全盛時代となる。新たに横板組《よこいたぐみ》や曲《まげ》物積《ものづみ》井戸が出現し、宮・京・官衙関連施設などでは井戸の規模が大、中、小に分かれる。大は横板組、中は縦板組、小は曲物積井戸が多い。また、円形井戸が出現しており、厚手の板を縦に組み、板は「ほぞ」で留める。一部に、石組井戸が出現(平安時代末)している。中世の井戸は、井戸側構造の変化があり、木組井戸に加えて、石組井戸と結桶《ゆいおけ》井戸が発展した。石組井戸は京都では十二世紀代以降に盛んになる。結桶井戸は北九州の博多・大宰府では十一世紀後半に出現し、中国(宋)から導入されたと想定されている。最初は北部九州に限定されたが、戦国時代の技術革新を経て全国に展開していく。広島県草戸千軒町《くさどせんげんちょう》遺跡の例では、十四世紀代に始まるが十五世紀後半以後に本格化する。このように、中世は井戸の形態分布において地域性が顕著になる。江戸時代は、畿内は石組井戸、塼《せん》・瓦組《かわらぐみ》井戸、江戸は結桶井戸(上水管の水を汲み上げる)が盛行する。井戸を作る技術や集団の実態は、土木・石工・木工技術の発展段階との関係があり、文献や絵画資料なども含めて、解明すべき課題である。そのほか、井戸が呪詛《じゅそ》の場となったり、井戸を埋める際に節を抜いた竹を立てるなど、祭祀(湧水、豊作、治癒、火除など)の場ともなっていた。祭祀に使用した品は土製品(土馬、まじないの呪句を書いた土器)、金属製品(小型銅鐸・弥生時代、帯金具・奈良時代、古銭)、木製品(形《かた》代《しろ》、呪符《じゅふ》・木札《きふだ》、斎串《いぐし》、ミニチュア製品)、動物遺体(馬など)、ガラス小玉などがある。

参考文献 山本博『井戸の研究—考古学から見た—』、一九七〇、綜芸舎。宇野隆夫「井戸考」(『史林』六五ノ五、一九八二)。 (岩本 正二)

いとうじんさいたくあと 伊藤仁斎宅跡 京都市上京区の堀川通下立売上ルにある江戸時代前期の儒学者伊藤仁斎の旧宅跡。一九二二年(大正十一)国史跡に指定。伊藤仁斎(一六二七—一七〇五)は、京都の町衆、伊藤七右衛門長勝の長男で、幼名を源七、長じて維楨《これえだ》といい、仁斎を号とした。一六六二年(寛文二)、自宅に私塾、古義堂を開いて門弟の教育に努めた。仁斎の学派は、私塾の所在地によって堀川学派とも呼ぶ。また、儒教の漢籍などを共同研究する「同志会」を作り、友人・門弟と対等の立場で議論した。仁斎は、若くして朱子学を学んだが、その古典の解釈に満足せず、直接『論語』『孟子』をひもといて、儒家の思想の原義を求める、古学(古義学)を唱えるようになった。さらに、「愛」にもとづく「仁」を道徳の根本とし、日常生活における実践を重視した。主要な著書に、『童子問』『語孟字義』『論語古義』『孟子古義』などがある。古義学は、京都を中心に全国に広まり、長男の伊藤東涯(一六七〇—一七三六)など多くの門弟は、よく学風を受け継ぎ、古義堂での講義は、明治末年ごろまで続けられた。旧宅は、仁斎の死後火災にあったり、改築されるなどの変遷をたどったが、現在も住宅として利用されている。仁斎当時の建造物としては、二階建の土蔵風書庫一棟が現存している。この書庫には、伊藤家の蔵書が保管されていたが、現在は、天理図書館に移され、古義堂文庫となっている。

参考文献　石田一良『伊藤仁斎』(『人物叢書』、一九六〇、吉川弘文館)。　（磯野　浩光）

いとうちゅうた　伊東忠太　一八六七―一九五四　日本の近代的な建築史学を創始した建築学者。一八六七年(慶応三)十月二十六日、出羽国米沢の医者の家に生まれ、一八八九年(明治二十二)に東京帝国大学工科大学造家学科に入学、一八九二年に論文「建築哲学」をまとめて卒業する。師辰野金吾の影響によって大学院で日本建築史研究に志し、翌一八九三年「法隆寺建築論」を発表、実測に基づきヨーロッパ・アジアを視野に入れた法隆寺建築の様式とその系統を明らかにした。一九〇一年には『日本帝国美術史』の建築の部を書き上げ、日本建築史の一応の体系を確立。一方、古社寺保存法の成立をはじめ、古建築の保存にも尽力。一九〇二年から一九〇三年までアジアからヨーロッパを踏査、その後も調査を重ね東洋建築史の体系をも確立した。その知見は築地本願寺・大倉集古館などの設計活動にも反映されている。一九〇五年から東大教授。学士院会員・芸術院会員、文化勲章受章。一九五四年(昭和二十九)四月七日没。八十六歳。著書に、『伊東忠太建築文献』全六冊(一九三六―三七、龍吟社、一九八二、原書房復刻)などがある。

参考文献　『伊東忠太資料目録・解説』、二〇〇〇、日本建築学会。鈴木博之編著『伊東忠太を知っていますか』、二〇〇三、王国社。　（山岸　常人）

いとうのぶお　伊東信雄　一九〇八―八七　昭和時代の考古学研究者。一九〇八年(明治四十一)三月十七日、仙台市に生まれる。旧制第二高等学校を経て、東北帝国大学法文学部で国史学を専攻、喜田貞吉や原田淑人などから古代史・考古学・東洋史を学ぶ。また、当時医学部にいた山内清男に従い、宮城県大木囲貝塚・千葉県上本郷貝塚などの発掘に参加。卒業後は同大学講師、第二高等学校教授、東北大学第二教養部教授、同文学部長などを歴任。一九六二年(昭和三十七)文学博士。一九七一年に東北大学を定年退官し、一九八六年まで東北学院大学教授。会津大塚山古墳・陸奥国分寺跡など東北各地、各時代の遺跡の発掘調査や東北の弥生文化における稲作起源の研究などを行い、考古学・歴史学研究に大きな業績を残す。一方、文化庁文化財保護審議会専門委員や多賀城跡調査研究指導委員など文化財行政や史跡などの調査研究に関わる多くの委員に就任し、文化財保護や後進の指導育成にも尽力した。一九八七年四月十日、肺炎のため七十九歳で死去。著書・論文に『古代東北発掘』(一九七三、学生社)、「考古学上から見た東北古代文化」(古田良一博士還暦記念会編『東北史の新研究』所収、一九五五、文理図書出版社)などがある。

参考文献　「伊東信雄先生年譜」・「伊東信雄先生著書目録」(『伊東信雄先生追悼考古学古代史論攷』所収、一九九〇、今野印刷)。　（白鳥　良一）

伊東信雄

いとうひろぶみきゅうたく　伊藤博文旧宅　明治時代の政治家で初代の内閣総理大臣となる伊藤博文が、十四歳から二十八歳まで本拠とした家。山口県萩市椿東《ちんとう》にあり、松下村塾の東南一五〇メートルに位置する。居宅、湯殿、便所の三棟よりなり、居宅は茅葺き入母屋造り平屋建てで、建物面積二十七坪(約八九平方メートル)。各室の大きさは六畳一室、五畳半一室、四畳半一室、三畳三室、二畳一室、玄関土間で、典型的な下級武士の住居である。この建物はもと萩藩の軽卒伊藤直右衛門の居宅であったが、一八五四年(安政元)博文の父十蔵が伊藤家の養子となり、一家をあげてここに居住することになった。博文は十七才のとき松下村塾で吉田松陰に学び、以後志士として活躍、一八六八年(明治元)兵庫県知事となり居を兵庫に移すまでここを本籍とした。建物は翌年譲渡されたが、一九一九年(大正八)に博文の娘婿末松謙澄が買いうけ、当時の椿郷東分村(現萩市)に寄贈した。国指定史跡。未発掘。

参考文献　『萩市史』三、一九八七。　（渡辺　一雄）

いとかずじょう　糸数城　沖縄本島南部知念《ちねん》半島から西へのびる石灰岩台地の西端断崖上に築かれたグスク。沖縄県南城《なんじょう》市玉城《たまぐすく》字糸数に所在。国指定史跡。伝承によると、琉球の三山分立時代、この城から約一キロほど東の玉城城に居城していた玉城按司《たまぐすくあじ》が領土支配のため二男を大里按司に、三男を糸数按司に封じてそれぞれ城を創建させたという。城壁石積みは琉球石灰岩の野面《のづら》積みと切石《きりいし》積みの両方が用いられ、最も高い場所で切石積みの六メートルを測る。西側は琉球石灰岩の自然の崖を利用して、その天端部には野面の石垣を積み巡らし、東側に大手の櫓門、南に馬出状の搦手《からめて》を置き、北と南の高くなったところにそれぞれ「北(ニシ)のアザナ」「南(フェー)のアザナ」とよばれる見張りと展望を兼ねた櫓台を備えている。城内にはいくつかの平場があり、殿舎跡と思われる平場を中央に、東に隣接して「糸数城の御嶽《うたき》」と「グスクの殿《とん》」という聖域がある。一九八六年(昭和六十一)から城跡の保存整備事業が開始され、その一環としての発掘調査で十三世紀から十五世紀に至る遺構群や遺物が発掘された。

参考文献　『国指定史跡糸数城跡―発掘調査報告書―』一、一九九二、沖縄県玉城村教育委員会。　（當眞　嗣一）

いときり　糸切り　轆轤《ろくろ》や回転台の上で成形した製品を撚り糸等で切り離す技法、およびその痕跡をいう。轆轤や回転台が回転した状態で切り離す回転糸切りと、静止した状態で切り離す静止糸切りに大別でき、さらに切糸の掛け方で痕跡が微妙に変化する。回転糸切りは碗・皿などの小物、静止糸切りは壺や擂鉢《すりばち》などの大物生産で用いられることが多い。日本では、八世紀初頭に猿投《さなげ》窯の須恵器《すえき》生産の中で従来の回転ヘラキリに替わって静止糸切りが登場し、畿内では八世紀末葉に導入される。なお、糸切りの痕跡は、轆轤や回転台の回転方向によって逆になるが、須恵器や江戸時代の九州(肥前)産陶磁器は回転方向が一定していない。それに対し、瀬戸・美濃窯やその系譜を引く窯業地は常に右回転であるため、左回転の中国などの製品とは糸切りの痕跡で区別することができる。茶入では糸切りが重要な見所《みどころ》の一つとされ、『茶器弁《ちゃきべん》玉集《ぎょくしゅう》』では丸糸切・右糸切・丸糸切・渦糸切などの区別がなされている。（金子　健二）

いとじょう　怡土城　福岡県前原《まえばる》市に所在する古代山城。国史跡。城跡は、前原市東部の福岡市西区と境界を接する標高四一六メートルの高祖山《たかすやま》の山頂と西側斜面に築かれている。城跡の調査は、一九三六年(昭和十一)に日本古文化研究所の委嘱を受けた九州帝国大学の鏡山猛により行われ、西側山麓の土塁線、北側稜線の五ヵ所の望楼跡、南側稜線の建物礎石、門跡などが確認された。怡土城は、『続日本紀』には大宰大弐《だざいだいに》であった吉備真備《きびのまきび》を担当官として七五六年(天平勝宝八)に築城が開始され、七六五年(天平神護元)の大宰大弐佐伯宿禰今毛人《さえきのすくねいまえみし》の怡土城専知官への交代の後、七六八年(神護景雲二)に完成した。この時期の『続日本紀』の記事には、安禄山《あんろくざん》の叛乱を契機とした唐の国内情勢の混乱と対新羅関係の悪化により、新羅征討計画が準備されていることがみえる。築城開始三年後の七五九年(天平宝字三)六月には新羅を伐つために大宰府に行軍式を造り、同年九月に北陸道・山陰道・山陽道・南海道諸国に命じて五百艘の船を造らせている。また七六一年には美濃・武蔵二国の少年に新羅語を習わせ、前後して大宰帥や参議を香椎廟に遣わして征討の成功を祈っている。このため、二度の入唐により中国の諸学問を修めた吉備真備と遣新羅大使にもなった小野田守が中心となって新羅征討計画の拠点として怡土城が築城されたのである。一九三六年の調査により、高祖山の西斜面を取り入れ、尾根線を東の境としている城の構造が明らかになった。西斜面の南北を限る線は、峰伝いにあり外面はできるだけ自然の急峻な傾斜を利用し、所々に人工的な切り落としを造り土塁線の形を呈している。北側には、望楼跡と呼ばれる二間×三間を基本とする礎石建物が五ヵ所あり、南側にも二間×三間の一ノ坂礎石建物などが確認されている。また西側山麓には巨大な土塁が存在し、門跡からは大鳥居《おおとりい》口と染井《そめい》口の二ヵ所の門礎が確認された。土塁上には礎石建物群が点在する。その後の調査で土塁の内側から濠状の遺構と奈良時代の土器と下駄が出土している。また出土遺物は、瓦が大部分であり、軒丸瓦は筑前国分寺跡のものと同形式である。なお城跡は、中世原田氏が高祖城を築いて本拠としている。

[参考文献] 鏡山猛『怡土城阯の調査』(『日本古文化研究所報告』六、一九三七)。前原町教育委員会編『史跡怡土城跡保存管理計画策定報告書』、一九七九。（磯村　幸男）

いどちゃわん　井戸茶碗　朝鮮半島製の陶器碗で、日本で茶の湯に用いられた高麗茶碗の一種に対する歴史的呼称。全面に施された貫入《かんにゅう》のある枇杷《びわ》色の釉薬、「梅花皮《かいらぎ》」と称する高台周囲の釉薬の縮れ、外側面を竹の節状に削り出した高台、見込みに残る重ね焼痕跡の目跡、ロクロ目の目立つ胴部、「兜巾《ときん》」と呼ばれる高台内中央に削り残された突起などが約束と呼ばれて、見所であり条件とされているが、これらの特徴を完備していない例も散見される。大振りで背が高い大井戸、釉薬が青みを帯びた青井戸、小振りの小井戸(古井戸)、小井戸に似るが貫入が細かい小貫入に細分される。古来、侘茶の茶碗として珍重されており、「名物手」とも呼ばれる大井戸は特に評価が高い。文献上の初出は、『天王寺屋会記《てんのうじやかいき》』の天正六年(一五七八)十月二十五日条で、十六世紀ごろに生産されたものと考えられる。韓国慶尚南道で類似した特徴をもつ施釉陶器碗が生産されており、生産地の有力な候補と目されている。

[参考文献] 林屋晴三編『高麗茶碗』二、一九八〇、中央公論社。赤沼多佳「高麗茶碗」(『日本の美術』四二五、二〇〇一、至文堂)。（尾野　善裕）

いとのくに　伊都国　福岡県前原《まえばる》市を中心とした地域に比定される三世紀代に所在したクニ。「いとこく」ともいう。『魏志』東夷伝倭人条に、末盧《まつら》国(佐賀県唐津市付近)の東南五百里に位置し、千余戸あり、官を爾支《にき》、副官を泄謨觚《せもこ》・柄渠觚《ひここ》と称したことが記されている。また、国には世襲の王がいたが、女王国である邪馬台(壱)国に統属されており、ここは帯方郡使が常に駐まる所で、女王の代理である一大率が常駐し諸国を検察し、かつ帯方郡使らの応接にもあたっていた。このように、この地は外交・政治上の要地であり、邪馬台(壱)国所在論において重視されている。特に帯方郡使が伊都国以遠には赴かなかったとし、『魏志』倭人伝では伊都国以下の行程記事は、ここを起点として理解するべきとする邪馬台国北九州説の有力な論拠となっている。近年、伊都国の王墓といわれる平原《ひらばる》・三雲南小路《みなみしょうじ》・井原鑓溝《やりみぞ》遺跡の調査が実施され、解明が進められている。のちにこの地は『日本書紀』の「伊覩県」、『続日本紀』などの「怡土」へと変遷する。

[資料館] 伊都国歴史博物館(福岡県前原市)

[参考文献] 柳田康雄『伊都国を掘る』、二〇〇〇、大和書房。（磯村　幸男）

いなかま　田舎間　柱間尺度の一つ。大半が柱割制の設計にもとづき、柱間の心々《しんしん》距離を曲尺の六尺にとり、これを一間とするもの。また、六尺以下のものも示す場合がある。六尺の場合に畳寸法(長手)はおよそ五尺八寸になり、東北・関東・東海で主に用いられた。逆にこの畳寸法五尺八寸を基準にして柱間の真々距離を六尺にする田舎間系の畳割制は主に北陸で用いられた。田舎間は一間を六尺とする徳川検地や町割によって普及すると見られるが、江戸幕府が成文化したのは一六四九年(慶安二)であり、江戸も家康入国当初は京間(六尺五寸)が基準とされていた。田舎間が町割に見えだすのは明暦大火後であり、基準となったのは享保期と見られる。江戸間は田舎間の俗称で、江戸時代の末ごろから呼称された。→京間《きょうま》

参考文献　内藤昌『江戸と江戸城』(『SD選書』四)、一九六六、鹿島研究所出版会。玉井哲雄『江戸—失われた都市空間を読む—』(『イメージ・リーディング叢書』、一九八六、平凡社)。　(黒坂　貴裕)

いなでらはいじ　猪名寺廃寺　兵庫県尼崎市猪名寺字佐璞所在の古代寺院。標高一一メートルの洪積台地に位置する。この寺院は七世紀後半に猪名氏一族により創建されたものと考えられている。寺院跡の存在は、江戸時代から知られていたが、一九二三年(大正十二)、石田茂作が現地の踏査を実施したのがきっかけになって、一九五一年(昭和二十六)と一九五二年、さらに一九五八年の発掘調査で実態が明らかになった。伽藍配置は塔が西に金堂が東に並ぶ法隆寺式で、その間隔は約二〇メートルである。その北に講堂を配し塔が金堂と対峙する。金堂は、東西六十尺、南北約四五尺の規模で南北に階段を持つ基壇が確認された。塔跡は、北辺部のみしか確認されていないが、方四十尺と想定されている。中門は、北辺のみが確認された。塔心礎は現在、法園寺本堂の北側に保存されている。そのほかの遺構については不明である。なお、この廃寺は室町時代まで続き、それ以降は廃絶した。

参考文献　尼崎市教育委員会『尼崎市猪名寺廃寺跡』、一九八四。村川行弘編『兵庫県の考古学』、一九九六、吉川弘文館。　(大村　敬通)

いなのおおむらこつぞうき　威奈大村骨蔵器　江戸時代の明和年間(一七六四—七二)に大和国葛下《かつらぎしも》郡馬場村(奈良県香芝《かしば》市)西の穴虫山から出土したとされる球形の金銅製骨蔵器。高台を含め全高二四・二センチでほぼ上下半球の蓋と身からなる。大甕を伏せた下から見つかり中に火葬骨を入れた漆器があったと伝える。現四天王寺蔵で国宝。蓋頂部から放射状に三百九十一文字の墓誌文を陰刻する。題は「小納言正五位下威奈卿墓誌銘幷序」で文の後半は四言二十句の韻文からなり、中国式墓誌の体裁を正式に踏まえた本邦唯一の例。墓誌文によれば、被葬者大村は宣化天皇の子孫で持統朝(「後清原聖朝」)に出仕し、文武朝に「小納言」に抜擢され七〇五年(慶雲二)に左少弁・越後城司となったが、二年後に越後にて四十六歳で没し、同年「葛木下郡山君里狛井山崗」に葬られた。『続日本紀《しょくにほんぎ》』には猪名真人《いなのまひと》大村としてみえる。威奈氏は摂津国の旧猪名県が本拠で八色《やくさ》の姓制定時に真人に賜姓された。墓誌文の父「鏡」を『日本書紀』にみえる猪名公高見にあてる説もある。

威奈大村骨蔵器

銘文　小納言正五位下威奈卿墓誌銘幷序／卿諱大村檜前五百野宮／御宇　天皇之四世後岡／本聖朝紫冠威奈鏡公之／第三子也卿温良在性恭／倹為懐簡而廉隅柔而成／立後清原聖朝初授務広／肆藤原聖朝小納言闕於／是高門貴冑各望備員　／天皇特擢卿除小納言授／勤広肆居無幾進位直広／肆以大宝元年律令初定／更授従五位下仍兼侍従／卿対揚宸扆参賛絲綸之／密朝夕帷幄深陳献替之／規四年正月進爵従五位／上慶雲二年命兼太政官／左小弁越後北彊衝接蝦／虜柔懐鎮撫允属其人同／歳十一月十六日命卿除／越後城司四年二月進爵／正五位下卿臨之以徳沢／扇之以仁風化洽刑清令／行禁止所冀享茲景祐錫／以長齢豈謂一朝遽成千／古以慶雲四年歳在丁未／四月廿四日寝疾終於越／城時年卌六粤以其年冬／十一月乙未朔廿一日乙／卯帰葬於大倭国葛木下／郡山君里狛井山崗天潢／疏派若木分枝標英啓哲／載徳形儀惟卿降誕余慶／在斯吐納参賛啓沃陳規／位由道進栄以礼随製錦／蕃維令望攸属鳴絃露冕／安民静俗憬服来蘇遙荒／仚足輔仁無験連城析玉／空対泉門長悲風燭

参考文献　奈良国立文化財研究所飛鳥資料館編『日本古代の墓誌』、一九七九、同朋舎。長山泰孝「猪名県と猪名真人」(『古代国家と王権』所収、一九九二、吉川弘文館)。　(須原　祥二)

いなばこくふ　因幡国府　奈良から平安時代の官衙遺跡。鳥取市の東郊、国府町丁および中郷周辺に比定される。そこは、千代川の支流袋川が形成した沖積平野。古代の行政区画では、法美《ほうみ》郡稲葉郷にあたる。地籍図などをもとに、中郷集落と三代寺集落を結ぶ南北道路を中軸とする方八町ないし六町四方の国府域が想定されている。一九七二年(昭和四十七)から数次にわたる発掘調査が実施されているが、国庁跡や国分寺跡以外明確な遺構は確認されていない。国庁は推定される府域の中央北西寄り、国分寺は南西に位置し、未確認の国分尼寺が南端東寄りに位置すると考えられている。また、一〇九八年(承徳二)因幡守に補任された平時範の日記によれば、府内に惣社、惣社西仮屋、惣社西舎、国庁などの施設があり、国庁には調所・出納所・案主所・税所があったという。国庁跡の調査では、奈良時代末期から鎌倉時代初期の掘立柱建物や柵列・溝・井戸・石塁などの遺構が確認されている。

国庁域は、溝跡や石塁などからおおよそ東西一五〇《メートル》、南北二〇〇《メートル》と推定され、その中央付近に南北両面に庇が付けられた大型の東西棟掘立柱建物と、その北側に並行する掘立柱建物が検出されている。庇付建物が正殿、北側の建物が後殿と考えられている。ただし、二棟の軸線が異なることや、出土遺物に緑釉陶器の出土数が多いことなど、ほかの国庁跡と様相が異なる点があり正殿・後殿とすることに疑問もだされている。出土遺物は、土器類が中心で、ほかに石帯や円面硯など。また「仁和二年假文《けぶん》」と墨書された題簽《だいせん》や「千」「新」「厨」「丸」「南殿」などと記された墨書土器がある。国庁は国指定史跡。

資料館　因幡万葉歴史館(鳥取市)

参考文献　『国府町誌』、一九六七。　(真田　廣幸)

いなばこくぶんじ　因幡国分寺　奈良時代に造営された因幡国の国分僧寺。七四一年(天平十三)の聖武天皇の詔を受けて諸国で建立された国分寺の一つ。鳥取市国府町、千代川の支流袋川が形成した沖積平野に所在する。一九七二年(昭和四十七)から四次にわたって発掘調査が実施され、南門と塔跡が確認された。ほかの金堂跡や講堂跡などの主要な建物跡は、国分寺集落と重なり判明していない。南門の基壇はすでに削平され、版築の掘り込み地業が遺存。南門跡の北西五〇《メートル》に塔跡が位置する。塔跡には大型の礎石八個が存在していたが、現在は江戸時代に再建された因幡国分寺に移設されている。寺域は、地形的な特徴などから南門を中軸とする二二〇《メートル》四方が推定される。遺物は瓦類や塼・土器など。このうち軒瓦の出土は非常に少なく断片的。代表的な軒丸瓦は、上淀廃寺(鳥取県米子市淀江町)と同系統のものだが、以前に表採されたもの。国分尼寺は、国分寺跡の東側約六〇〇《メートル》に所在する法花寺集落周辺に想定されているが遺構は確認されていない。　→国分寺《こくぶんじ》

資料館　因幡万葉歴史館(鳥取市)

参考文献　亀井熙人「因幡」(角田文衞編『新修国分寺の研究』四所収、一九九一、吉川弘文館)。　(真田　廣幸)

いなばどう　因幡堂　京都市下京区因幡堂町にある寺院。正式には福聚山平等寺というが、建立者の因幡守橘行平にちなみ、この名がある。本尊の薬師如来は早くから霊験あらたかなことで知られ、中世には下京の町堂として町人自治の核となっていた。縁起を伝えるものに東京国立博物館所蔵の『因幡堂縁起』(重要文化財)や『阿娑縛抄』二(諸寺略伝)ほかがある。それらの所伝によれば、本寺は橘行平が因幡国に下向中、賀露津に浮木があるとの夢告を受け、海中より薬師像を引き上げ、これを本尊として創建したものであるという。本寺の創建については諸説あるが、行平は一〇〇五年(寛弘二)正月に因幡守に任じられており、本寺の創建はこれ以後のことであろう。『中右記』永長二年(一〇九七)正月二十一日条は本寺焼亡の記事を載せるが、本尊は運び出されて難を逃れている。以後本寺はたびたび火災に遭うがそのつど再建されている。本尊薬師如来立像は重要文化財に指定されている。

参考文献　「因幡堂縁起」(『新修日本絵巻物全集』三〇、一九八〇、角川書店)。村井康彦『王朝風土記』、二〇〇〇、角川書店。　(戸川　点)

いなばのくに　因幡国　山陰道に属し、現在の鳥取県東部地区を占める。北は日本海に面し、東は但馬国、南東は播磨国、南西は美作国、西は伯耆国に接する。東側と南側には中国山地が連なり、そこを源とする千代川などの河川がおおむね北流して日本海に注ぐ。全体に急峻な山地が折り重なる地形だが、千代川下流域には肥沃な鳥取平野が形成される。また、海岸部には砂丘が発達し湖山池などの潟湖がつくられている。海岸部に形成された砂丘の後背地は、その環境から縄文時代から弥生時代にかけて生活の場として利用され多くの遺跡が分布する。また、山地が急峻で尾根も痩せている地形の特徴から、河川の自然堤防上に遺跡が営まれる例が多い。古墳は、数十基から十数基のまとまりをもって谷深い山間部まで築造されているが、大規模な前方後円墳は湖山池の南岸と、千代川右岸の鳥取平野南端の丘陵上に分布する。律令制下の因幡国は、『延喜式』によると上国とされ、都との距離では近国、行程を上り十二日、下り六日とする。都と結ぶ交通路は海岸部を東西に走る山陰道のほか、千代川沿いにさかのぼって中国山地を越え美作・播磨へ抜ける交通路があった。前者には山埼・佐尉・敷見・柏尾の四駅が、後者には莫男《まくなむ》・道俣の二駅が置かれていた。正税・公廨各三十万束や国分寺料・俘囚料など計七十一万八百七十八束のほか、庸として白木韓櫃・木綿、調は白絹・緋帛など、中男は紙・紅花・漆などが課せられていた。『和名類聚抄』によれば、巨濃《この》郡・法美郡・八上郡・知頭《ちず》郡・邑美《おうみ》郡・高草郡・気多《けた》郡の七郡からなり、各郡には五〜十二郷、計五十郷がおかれていた。なお、『因幡国伊福部臣古志』によれば、六四六年(孝徳天皇二)水依《みより》評が建てられ、六五八年(斉明天皇四)同評が分割されて邑美郡と法美郡となり、別に高草郡が建てられたという。因幡国府は鳥取平野の西端部近くの法美郡稲葉郷に設けられた。発掘調査によって沖積平野に位置する国庁(国史跡、鳥取市国府町所在)の一部が確認されているほか、近くに国分寺跡が所在する。また、千代川の支流袋川対岸の丘陵には、七一〇年(和銅三)に火葬され埋葬された伊《い》福部徳足比売《ふきべのとこたりひめ》の墳墓(国史跡、鳥取市国府町)がある。郡衙跡は、八上郡衙と考えられる万代寺《まんだいじ》遺跡(鳥取市国府町)や気多郡衙の上原遺跡(鳥取市気高町)が発掘されている。また、気多郡衙の出先施設ないし郷衙と推定される上光遺跡群(鳥取市気高町)が確認されており、律令制下の地方支配の実態解明に資すると注目されている。奈良時代前後に建立された寺院跡は、九ヵ寺。邑美郡と知頭郡を除く各郡に分布するが、国府が所在する法美郡に集中する。二塔が建てられた栃本廃寺跡(国史跡、鳥取市国府町)や、渡来系の要素が強い岡益《おかます》石堂を有する岡益廃寺跡(鳥取市国府町)、塔基壇がよく残る土師《はじ》百井《ももい》廃寺跡(国史

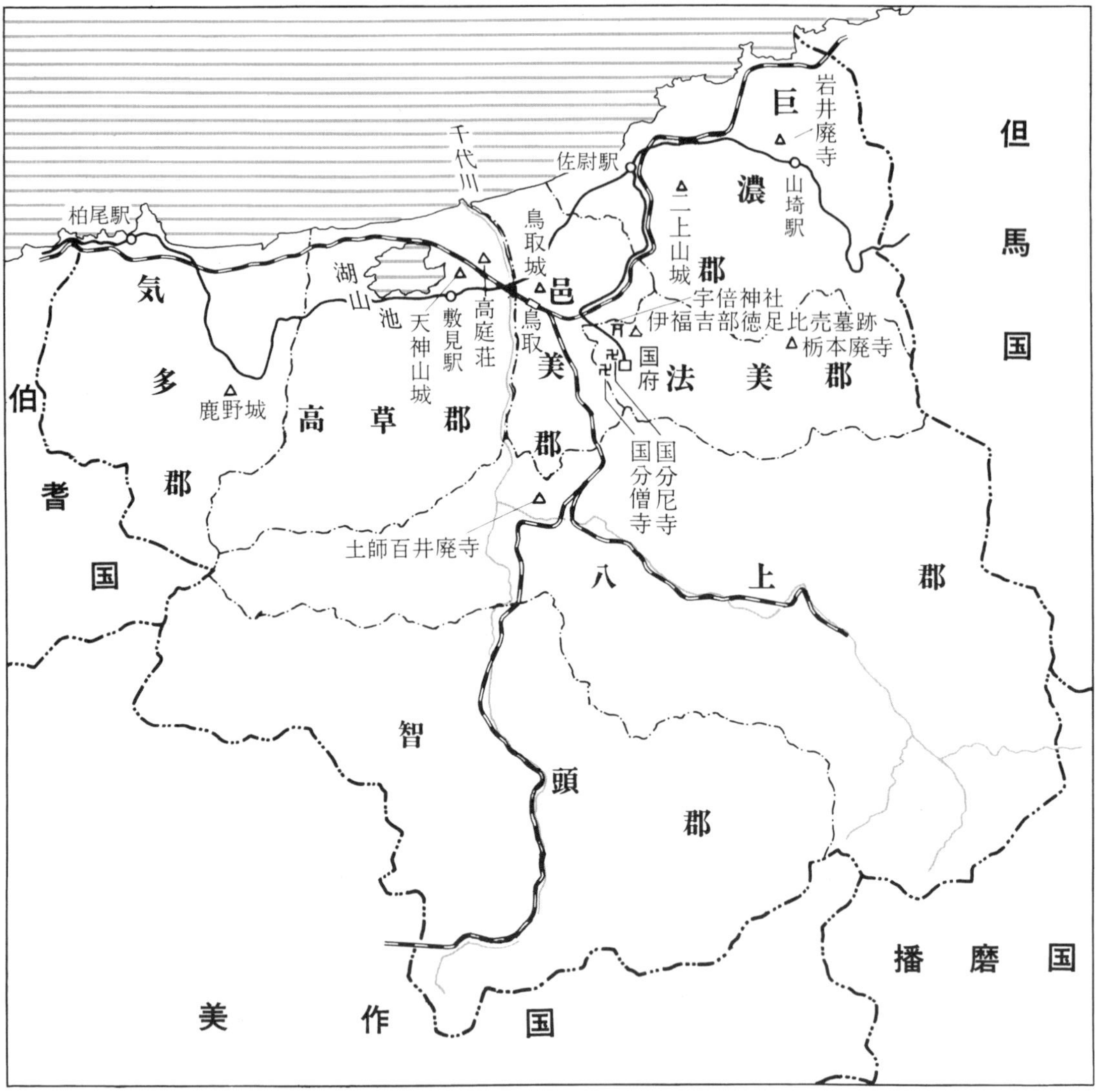

因幡国略図

跡、鳥取市国府町）が知られている。式内社は八上郡の十九座を最高にして五十座が所在する。このうち国府近くに位置する宇倍神社が大社でほかは小社となっている。一三六四年（貞治三）、室町幕府に帰参した山名時氏が因幡守護職に任じられ、翌年には子氏冬に伝えられ以後も因幡山名氏に相伝された。明徳の乱を契機に宗家である但馬山名氏の影響が強くなるが、このころの守護所は巨濃郡二上山城（岩美郡岩美町）おかれていたという。その後の守護所は湖山池の東岸、高草郡布施天神山城（鳥取市）に設けられた。城下には守護町の痕跡が残る。天文年間（一五三二―五五）、山名誠通《のぶみち》が天神山城の出城として鳥取久松山に鳥取城を築く。そして、山名豊国が一五七四年（天正二）久松山の城に移り、以後鳥取が因幡国の政治・軍事の中心地となった。一五八〇年、羽柴秀吉が因幡に進出。気多郡の鹿野城（鳥取市鹿野町）に亀井茲矩《これのり》を入れ守備を命じた。翌年、再度来襲した秀吉は、毛利方の武将吉川経家が立て籠もる鳥取城を包囲し開城させる。開城後、秀吉は宮部継潤《けいじゅん》を鳥取城に、鹿野城に亀井氏、若《わか》桜《さ》城（八頭郡若桜町）に木下重堅らを入部させた。関ヶ原の戦後、鳥取城主は池田長吉に移るが、一六一七年（元和三）に播磨姫路城主池田光政が鳥取城に入り因幡・伯耆の両国を領する。さらに、一六三二年（寛永九）同族の岡山城主池田光仲との国替が行われた。以後、幕末まで池田氏の支配下に置かれる。

（真田　廣幸）

いなばやまじょう　稲葉山城　⇩岐阜城《ぎふじょう》

いなりだいいちごうふんしゅつどてっけん　稲荷台一号墳出土鉄剣　千葉県市原市山田橋にある五世紀中ごろから後半にかけて築造された円墳（全長二七メートル）の埋葬施設内から出土。剣身の関《まち》部が欠損しており、推定長は七三センチ。一九八七年（昭和六十二）に千葉県佐倉市の国立歴史民俗博物館によるエックス線写真撮影で、銀象嵌《ぞうがん》の銘文を発見。書き出しにちなんで、「王賜」銘鉄剣と命名される。銘文は関部に近い下方の両面にあり、表五文字、裏

稲荷台一号墳出土鉄剣

銀象嵌銘（表）

二文字が残されているが、表裏に六文字ずつ記されていたものと推定される。規格性のある漢文形式で、王からの下賜《かし》刀の典型的な文型で、表は「王から下賜された剣です。敬んで持っていなさい」、裏は「此の延刀は□□□（吉祥句？）」の意味と考えられる。この鉄剣は、中国の『宋書』などにある「倭の五王」の濟《せい》か興《こう》から、畿内政権の国内統一に貢献した武人的性格を帯びた人物に授けられたものと推測されている。 →倭《わ》の五王《ごおう》

銘文 （表）王賜□□敬安 （裏）此延刀□□□

資料館 国立歴史民俗博物館（千葉県佐倉市）、市原市埋蔵文化財調査センター（千葉県市原市）

参考文献 市原市教育委員会・市原市文化財センター編『「王賜」銘鉄剣概報—千葉県市原市稲荷台一号墳出土—』、一九八八、吉川弘文館。 （佐久間 豊）

いなりやまこふんしゅつどてっけん 稲荷山古墳出土鉄剣 埼玉県行田市の埼玉《さきたま》稲荷山古墳から一九六八年（昭和四十三）に出土した鉄剣。金錯銘鉄剣ともいう。一九七八年に行われた保存処理に際して、表面に五十七文字（辛亥年七月中記乎獲居臣上祖名意富比垝其児多加利足尼其児名弖已加利獲居其児名多加披次獲居其児名多沙鬼獲居其児名半弖比）、裏面に五十八文字（其児名加差披余其児名乎獲居臣世々為杖刀人首奉事来至今獲加多支鹵大王寺在斯鬼宮時吾左治天下令作此百練利刀記吾奉事根原也）の計百十五文字の金象嵌銘文が存在することが明らかになった。現在では同古墳からのほかの出土遺物とともに、国宝に指定されている（所有は国、管理は埼玉県立さきたま資料館）。銘文中の「辛亥年」に関しては、当初五三一年とする見解もあったが、現在では出土須恵器の年代観などから、四七一年であることがほぼ定説となっている。銘文の内容は、「上祖」である「意富比垝（オホヒコ）」より「獲加多支鹵大王（ワカタケル大王）」すなわち雄略天皇に出仕した「乎獲居臣（ヲワケ臣）」に至るまでの「杖刀人」の「首」八代の系譜を記したものである。その解読の過程から、熊本県玉名郡菊水町の江田船山古墳出土の鉄刀に記された大王名もまたワカタケルであることが確定した。この銘文の解釈から、金錯銘鉄剣と稲荷山古墳の被葬者との関係についても諸説あり、⑴地元の首長であるヲワケ臣がみずからが作った鉄剣とともに葬られているとする見解はもとより、⑵中央の首長であるヲワケ臣が古墳の被葬者である武蔵の首長某と同祖同族関係を結んだ際に鉄剣を与えたとする見解、⑶中央の首長であるヲワケ臣自身が武蔵に移住し鉄剣とともに葬られているとする見解などが提出され、未だに決着をみていない。

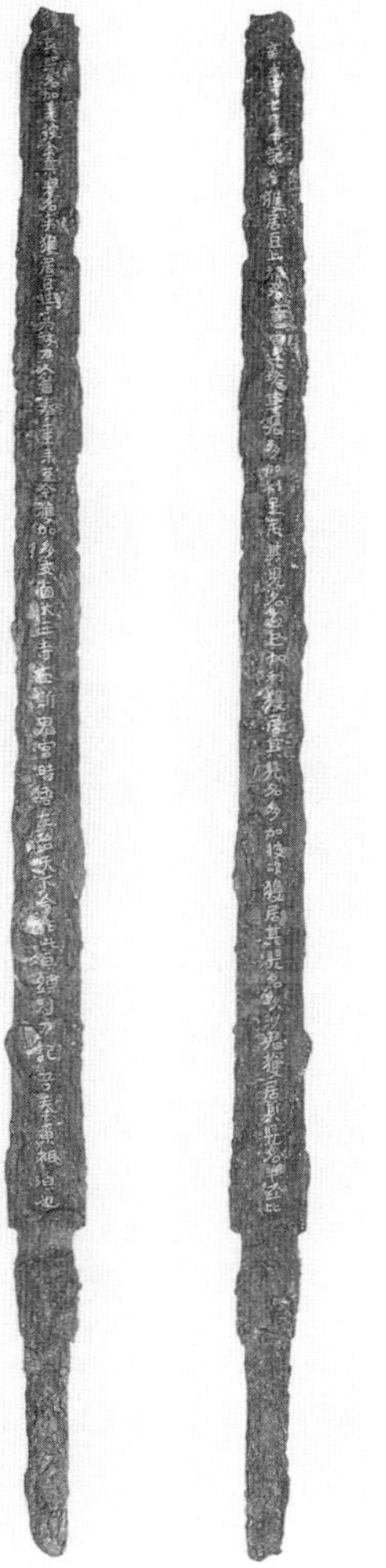

稲荷山古墳出土鉄剣

参考文献 金井塚良一編『稲荷山古墳の鉄剣を見直す』、二〇〇一、学生社。小川良祐・狩野久・吉村武彦編『ワカタケル大王とその時代—埼玉稲荷山古墳—』、二〇〇三、山川出版社。高橋一夫『鉄剣銘一一五文字の謎に迫る—埼玉古墳群—』（『遺跡を学ぶ』一六、二〇〇五、新泉社）。 （宮瀧 交二）

いぬ 犬 食肉目イヌ科オオカミを飼いならした最古の家畜。イヌの祖先はインドから中国に分布する小型オオカミとされ、西アジアから中央アジアにかけての中・後期旧石器時代の遺跡から、家犬の可能性のある小型化したイヌ科の化石骨が出土するが、一般的に遺跡から出土するのは一万二千年前以降である。オーストラリアにはディンゴがおり、三万年以上前に先住民とともに渡ってきたものと考えられる。日本では神奈川県夏島貝塚の九千七百年前（非補正）の夏島式土器に伴う破片骨が最古で、すでにオオカミよりもはるかに小さいことから、ニホンオオカミが飼いならされたものでなく、大陸から連れてこられたと考えられる。イヌの出土例は関東・東北地方に多いが、これは両地域に貝塚が多く分布する結果、出土例が多くなったと考えられる。埋葬例は人間の墓域に葬られることが特徴で、愛媛県上黒岩洞穴の押型文土器の包含層に伴う例が最古で、縄文時代中期から晩期にかけて増加し続ける。縄文犬は本州およびその周辺諸島では体高（前足から肩まで）、三八〜四五センチと小型で、北海道ではやや大きく、形質は現生シバイヌに類似するが、鼻筋が通った、キツネ顔が特徴である。長谷部言人は、国内外の先史遺跡からの出土例を集成し、家犬を大から

小の五段階に分け、そのうち縄文犬が「中小」「小」の二型に含まれるとしたが、現在では中小が雄で、小が雌であったと考えられている。弥生時代以降になると埋葬例は激減し、長崎県原《はる》ノ辻《つじ》遺跡で見るように、食用のために解体された後に環濠に棄てられたり、墓に伴う例も死者のための犠牲であった可能性が高い。大阪府亀井遺跡の溝からは縄文犬よりもやや大型の弥生犬が折り重なった状態で出土しているが、縄文犬の形質も残し、縄文犬以来、日本犬は一系統であったとされている。中世の広島県草戸千軒町では、多くのイヌが出土し、大きさは縄文犬とほぼ同じか、やや大きく、鼻筋のくぼみ(額段)が深くなる。中世から近世にかけて、遺跡によっては大型化したイヌが出土することがあるが、埋葬例は少なく、散乱状態で、関節付近に切り傷が残る例も少なくなく、多くが人間の食用となったことは明らかである。弥生時代になっても伝香川県出土の銅鐸や兵庫県桜ヶ丘銅鐸には、五頭の猟犬がイノシシを追いつめて囲み、射手が仕留める意匠が描かれ、古墳時代にも大阪府昼神車塚で見るように、イノシシを追う猟犬と射手が並んで配列される埴輪が存在する。古文献には、異なる種類のイヌが幾度も献上された記録があり、たとえば『日本書紀』には六八〇年(天武天皇八)に、新羅からの珍獣の中に「狗」が含まれ、六八六年にも「犬三頭」、六八七年(朱鳥元)にも「犬二狗」がみえる。さらに『続日本紀』の七三二年(天平四)には、新羅より「蜀《しょく》狗一口、猟狗一口」が、『類聚国史』八二四年(天長元)には、やはり渤海から「契丹大狗二口、猧《わい》子二口」が貢献され、「渤海大狗」を神泉苑に放って鹿を逐わせている。これらのイヌの多くは平城京長屋王木簡にみるように、米の餌を与えられ飼われていた鷹犬や、天皇家や貴族の遊興や儀式の一種である薬猟、武士の巻狩りの際の獲物を追いつめる猟犬であったと考えられるが、『枕草子』にみえる「翁丸」のように愛玩犬であった可能性もある。古代都市が建設され、そこに人口が集中すると、イヌは都市で生じる残飯や動物の死体、時には死者の始末も行う清掃役を担ったが、それ故、ケガレた存在として忌み嫌われた。古代・中世の絵画資料に見るように、都市のイヌは放し飼いにされ、琵琶法師や遊芸者などよそ者を威嚇する番犬の役割も担っている。イヌはまた、『日本書紀』六七五年(天武天皇四)の殺生肉食の禁止令に、四月一日から九月三十日まで牛馬犬猿鶏の肉を食うこと勿れ、とあるように、平時は犬も食用になっていたことをうかがわせ、中世の広島県草戸千軒町のように、食用とするために解体された多くのイヌがゴミ穴から出土する例も多くなりつつある。こうした例は平安京、鎌倉、兵庫県大物遺跡、明石城武家屋敷、岡山城二ノ丸など多くの中近世遺跡から知られ、さまざまな社会階層に犬肉食が根を張っていたことを示す。

参考文献　茂原信生「日本犬に見られる時代的形態変化」(『国立歴史民俗博物館研究報告』二九、一九九一)。塚本学『生類をめぐる政治』(『平凡社ライブラリー』、一九九三、平凡社)。

(松井　章)

いぬいはいじ　衣縫廃寺　飛鳥時代に渡来系の衣縫氏の氏寺としての創建が考えられる寺院跡。大阪府藤井寺市惣社小字イヌイ所在。当寺跡は、著名な国史跡国府《こう》遺跡の南北を貫く村道の中ほど東側に、古来塔心礎を露出していて研究者からも注目を集め、衣縫井上廃寺、僧恵灌の井上寺、志紀大県主の志紀廃寺跡ともいわれている。発掘調査は、国府遺跡の範囲確認調査に関連して行われた程度であるが、塔心礎はすぐ南の地中深い掘方から搬出されたことと、東側に廻廊跡を確認し、地形なども勘案して一町四方の法起寺式伽藍配置が推定されている。塔心礎は三×二・一メートルの自然石の中央に直径約一メートルの柱座とその中心に直径一七センチの舎利孔を穿ったもので、舎利容器は現在不明であるが、幸い実測図が残っていてきっちり納まることが確認されている。遺物は、飛鳥寺と同笵の屋瓦類のほか土馬や皇朝十二銭などである。蘇我氏と盛衰をともにした衣縫氏の歴史と最古クラスの寺院建立に至る経緯・経営などを知る上で重要な遺跡である。

参考文献　石田茂作『飛鳥時代寺院址の研究』、一九四四、大塚巧芸社。『国府遺跡発掘調査概要』(『大阪府文化財調査概要』一九七〇ノ六)、一九七一、大阪府教育委員会。安井良三「伝河内国分寺塔心礎出土の舎利容器」(『古代文化』三ノ一、一九五九)。

(堀江　門也)

いぬかいせきぶつ　犬飼石仏　大分県豊後大野市犬飼町に所在する磨崖仏。国史跡。南面する凝灰岩層の岩壁に、不動坐像を中心に左(向かって右)に衿羯羅《こんがら》、右に制多迦《せいたか》の二童子立像をそれぞれ厚肉彫りで表す。不動は像高三・七六メートルを測り、巻髪、天地眼、牙上下出の形相で岩座上に結跏趺坐《けっかふざ》する。大きめの頭部に小づくりの目鼻立ちを表し、二童子とともに穏やかな像容に平安時代後期の作風がうかがえる。後壁からの出は大きいがつくりが平板で、両足部の俯瞰的処理に成功していないなど、出来栄えは臼杵や元町などの像に較べてかなり劣り、それを製作年代の下降に結びつける考え方も出されているが、様式的には十二世紀の造立とみるのが穏当といえる。

(奥　健夫)

いぬばしり　犬走　宮城や寺院の築地《ついじ》塀、城郭の石垣、町家などの基部と、その外側の溝や壕との間を占める平らな部分。犬行とも書く。『延喜式』左右京職によれば、平安京では垣基(築地塀の基底部)三尺(約九〇センチ)に対して犬行《いぬばしり》の幅は朱雀《すざく》大路で一丈五尺、大路で五尺、小路で三尺とされた。特に宮城大垣では犬行を壖地《ぜんち》、溝を隍《ほり》と記して、大垣の垣基七尺に対して壖地の幅は二丈六尺五寸と定められた。中近世以降には、越前朝倉氏に伝わったとされる『築城記《ちくじょうき》』によれば「土居ノ塀ヨリ内ハ武者バシリト云也、外ハ犬バシリト云」とあり、城郭の垣と堀との間の平地を犬走と称した。また、都市部で町家の庇下部分も犬走と呼ばれた。土間たたきで仕上げ、各家の庇軒を連ねたため、雨天時でも傘をささずに往来できた。城郭外や都市部の犬走は元来公有地で、違法なものを造ると罰せられたが、後に私有地化され、さまざまな建築が建ち並んだ。

参考文献　古代学協会・古代学研究所編『平安京提要』、一九九四、角川書店。　（平澤麻衣子）

いぬやまじょう　犬山城　木曾川左岸の城山に築かれた戦国時代から近世にかけての平山城。白帝城ともいう。愛知県犬山市犬山に所在。一四六九年（文明元）織田広近が木之下に城を築き、一五三七年（天文六）織田信康が木之下から現在地に城を移したとされる。戦国時代の城主は織田・中川・池田・加藤・武田・土方・長尾・三輪・石川と替わり、関ヶ原の戦い後、小笠原吉次、平岩親吉と替わりついで成瀬正成が城主となった。以後成瀬氏が一八七一年（明治四）の廃城まで続く。城郭は木曾川に面する北部に本丸、その南に杉ノ丸、樅ノ丸、桐ノ丸、松ノ丸が築かれていた。本丸北西隅には国宝の天守閣が現存する。高田徹は本丸東尾根の堀切について、豊臣期以前にさかのぼる可能性を指摘している。木之下城については、犬山市役所の西に位置する愛宕神社が城跡とされ、堀状の遺構を留める。三光寺山御殿跡の発掘調査では御殿・番所・堀・井戸などの遺構が検出されている。

参考文献　田口美幸「犬山の城」（各務原市歴史民俗資料館編『中世山城サミット―中世のロマンを求めて―』所収、二〇〇一）。高田徹「木曾川流域の中世山城の縄張図」（同所収）。　（内堀　信雄）

いね　稲　イネ科の一年草。インド東北部から中国長江流域が原産と考えられる。品種・改良種が多く、主として中国の長江以南やインド大陸で栽培される長粒で粘り気の少ないインド型（インディカ）と、短粒で粘り気の強く、北緯五〇度付近まで栽培される日本型（ジャポニカ）との二大群がある。作付け地によって水稲と陸稲に、成熟期によって早稲《わせ》・中稲《なかて》・晩稲《おくて》に大きく区分される。また、デンプンの質によって粳《うるち》と糯《もち》に区分される。元来、水生植物で高温多湿を好み、日本列島には遅くとも縄文時代晩期までには中国ないし朝鮮半島を経由して渡来し、北九州で栽培が開始されたと考えられているが、最近の研究によれば、その開始時期はさらに五、六百年ほどさかのぼり、紀元前一〇〇〇年ころにはすでに栽培が始まっていたという。律令によれば田租は田一段につき「二束二把」と規定されており、籾を穂先に付けたまま刈り取った穎稲《えいとう》の束を単位として納入されるのが原則であったから、ほかの穀物に対する稲の地位の重要度が確定されることになった。穎稲一束は穀（籾殻付きの米）一斗、米（脱穀した稲）五升に相当した。奈良時代にはすでに粳・糯との区別、さらに早稲・晩稲の栽培が行われており、平安時代になると中稲も成立した。このような品種の改良によって、十二世紀には麦を裏作とする水田二毛作が確認でき、それは鎌倉時代にいっそう拡大した。中世を通じて品種の選択と改良が進められたが、稲が日本社会の根底を規定するようになったのは豊臣秀吉が実施した太閤検地以後のことである。太閤検地によって採用され、江戸幕府にも継受された石高制は、田地だけでなく畠・屋敷などの土地の生産諸力を米の生産量に換算して把握し、それを社会編成の原理とする制度であったから、江戸時代には石高制が社会の根幹を規定するようになった。それを維持するために幕府は田地に対する規制を強化するとともに、新田開発を奨励し、稲の増収に力を注いだ。その結果、享保年間（一七一六―三六）には田地面積が百六十四万町歩に達した。

参考文献　古島敏雄『日本農業技術史』（『古島敏雄著作集』六、一九七五、東京大学出版会）。　（木村　茂光）

いのうえみつさだ　井上光貞　一九一七―八三　古代史研究者。一九一七年（大正六）九月十九日、明治の元勲井上馨の孫として東京で生まれる。成蹊高校を経て、一九四二年（昭和十七）東京帝国大学文学部国史学科を卒業、同大学大学院に進学。この間、坂本太郎のもとで学ぶとともに和辻哲郎の影響も受ける。第二次世界大戦後の一九四六年、同大学文学部助手となり、一九四九年に東京大学教養学部講師、翌年同助教授となる。一九五九年に『日本浄土教成立史の研究』で文学博士の学位を得、一九六一年東京大学文学部助教授となる。一九六五年には『日本古代国家の研究』を刊行し、一九六七年教授に昇任する。古代史研究を主導するとともに、一九七〇年に文化財保護審議会専門委員となり、史跡の保存にも尽くした。一九七四年文学部長となり、一九七八年には東京大学を定年退官、文化庁国立歴史民俗博物館（仮称）設立準備室長となって、戦前から切望された国立の歴史博物館の設立に尽力する。同館の初代館長となり、一九八〇年紫綬褒章を受けるも、一九八三年二月二十七日に、三月の同館開館を直前にして六十五歳で急逝した。『井上光貞著作集』全十一巻（一九八五―八六）が岩波書店より刊行された。

井上光貞

参考文献　「年譜・著作目録」（『井上光貞著作集』一一所収、一九八六、岩波書店）。井上光貞『わたくしの古代史学』、一九八二、文芸春秋。　（佐藤　信）

いのうただたか　伊能忠敬　一七四五―一八一八　江戸時代の世界的地理学者。一七四五年（延享二）正月十一日に上総国山辺《やまのべ》郡小関《こせぎ》村（千葉県山武郡九十九里町小関）に生まれる。幼名は神保三治郎、または佐忠太。一七五五年（宝暦五）に父の実家上総国武射《むさ》郡坂田郷小堤《おんずみ》村の神保家に引き取られる。十七歳のときに下総国香取郡佐原村の酒造・米穀業を家業とする大地主伊能家の養子となり、忠敬と改名。一七八一年(天明元)に村の名主となり、天明の大飢饉の際に利根川の治水事業や村民の救済に尽力。その経験が算数・測量・天文などに高い関心を持たせたといわれる。五十歳のときに家督を長子景敬《かげたか》に譲り、翌年に江戸に出て、幕府天文方高橋至時《よしとき》に師事し、本格的に暦学・測量・地理を学ぶ。一八〇〇年(寛政十二)に幕府に願い出て、蝦夷地の測量を始める。それ以降、十七年間に及ぶ全国の測量に基づく日本地図の作成を手がける。忠敬は、全国地図未完成のまま一八一八年(文政元)四月十八日に七十四歳で没したが、遺業は門人の手によって『大日本沿海輿地全図《よちぜんず》』として完成をみた。忠敬が酒造・米穀業を営んだころをしのぶことができる旧宅は国指定史跡。商屋造・瓦葺平屋建で、表の店舗と奥の母屋からなる。店舗は忠敬以前に建てられ、土間・四畳半二室・三畳一室・七畳半一室で、東南の土間から母屋に続く。母屋は忠敬自身四十九歳のときの設計によるといわれ、八畳一間・六畳三室・三畳一室・玄関・内玄関・台所で店舗と独立。母屋の東南には、小さな堀を隔てて瓦葺の土蔵が建っている。忠敬は母屋を建ててまもなく江戸に出府したので、わずかしか住んでいないが、代々伊能家では、忠敬書斎として尊重している。遺品類は、旧宅の前を流れる小野川の対岸に建てられている伊能忠敬記念館で保管・展示。旧宅がある小野川沿い一帯には、重厚な土蔵造の家並みが残り、重要伝統的建造物群に選定されている。忠敬の墓(国指定史跡)は東京都台東区東上野源空寺の師高橋至時の墓(同)の隣りにある。

資料館　伊能忠敬記念館(千葉県佐原市)

参考文献　文化財建造物保存技術協会編『史蹟伊能忠敬旧宅(土蔵)修理工事報告書』、一九六五。

(佐久間　豊)

いのしし　猪　北アフリカおよびユーラシア大陸の熱帯から温帯の森林地帯に広く分布する偶蹄目イノシシ科の哺乳類。後期旧石器時代から重要な狩猟獣であったことがヨーロッパ後期旧石器時代の洞穴壁画や、各地の遺跡から出土する遺存体からわかる。早くから西アジアや中国で家畜化されブタとなった。日本列島には本州および九州・四国に、東アジアイノシシの亜種であるニホンイノシシが分布し、奄美諸島から沖縄諸島には小型のリュウキュウイノシシが分布し、津軽海峡のブランキストン線を隔てた北海道には分布しない。北海道と山岳地帯をのぞく日本列島には更新世から生息し、縄文時代以降、現代に至るまでシカと並ぶ代表的な狩猟獣である。イノシシは足が短いため多雪地帯での行動が苦手で、現在では北陸から東北地方の日本海沿岸部には分布しないが、縄文時代には本州の北端の遺跡からも出土する。更新世のイノシシは大型で、ニホンイノシシとは異なると考えられたこともあったが、現在では同種で、ユーラシア大陸に広く分布するイノシシに含まれるという考えかたが有力である。リュウキュウイノシシは、ニホンイノシシとの近縁関係が近いと考えられてきたが、遺伝子分析により東南アジアに分布するイノシシとの近縁関係が明らかにされた。北海道には元来、野生イノシシが生息しないが、縄文時代後期から続縄文時代にかけての遺跡からイノシシが出土し、島嶼のため生存が難しい伊豆諸島でも縄文時代早期から弥生時代の遺跡からイノシシが出土することから、縄文人が飼養したイノシシを船で運んだ可能性がある。縄文時代後期の宮城県田柄《たがら》貝塚ではイノシシの幼獣を土器に入れて埋葬したり、縄文時代晩期の山梨県金生《きんせい》遺跡では、土坑の中に百十八個体の焼けたイノシシの幼獣の下顎骨が入っていた例があり、飼養の可能性をうかがわせ、動物儀礼の一種と考えられる。東日本の縄文時代後晩期に多く見られるイノシシ型土製品も、縄文人にとってイノシシが特別な存在であったことを示唆する。オスの犬歯のエナメル質は上下とも大きくて光沢があり、牙斧、牙鏃、穴をあけて垂飾品や腕輪に加工され、尺骨は遠位部を尖らせ、近位部を握りにする刺突具に利用された。弥生時代になると複数のイノシシまたはブタの下顎枝に穿孔して、棒または紐で連ねて通した例があり、稲作とともに新しい動物儀礼が始まったことを示唆する。イノシシの下顎骨を特別に扱う例は、中国新石器時代の墓に伴ったり、宮崎県東臼杵郡椎葉村や台湾の民俗例に広く見られ、豊穣・豊猟や魔除けと考えられる。金子浩昌や牛沢百合子は、大阪府池上曾根遺跡から出土したイノシシの死亡年齢が若い段階に集中することを、中国の浙江省河姆渡遺跡との比較によって示し、弥生人がイノシシを飼養していた可能性を指摘した。その後、西本豊弘は、弥生時代のイノシシの中に歯周病が多発していること、頭蓋骨や頸椎など特定部位の形態の変化を根拠に、弥生ブタが多く飼われていたと報告し、さらに縄文ブタの存在まで提唱している。石黒直隆らは長崎県五島市富江町宮下貝塚(縄文時代前期)、愛媛県今治市阿方貝塚(弥生時代前期)、松山市宮前川遺跡群(弥生時代末、庄内期)から出土したイノシシの中に、東アジア系のブタの遺伝子を持つものが存在することを証明し、少数であるが、大陸からブタが移入されていたと論証した。弥生時代にもイノシシは重要な狩猟獣で、伝香川県出土銅鐸の絵画には猟犬がイノシシを取り囲む図がみえ、古墳時代の大阪府高槻市昼神車塚古墳(六世紀)には角笛を持った狩人と猟犬がイノシシを追う姿が埴輪で示される。北海道の、五世紀から十二世紀にかけてのオホーツク文化の遺跡からは、沿海州からサハリン経由で移入され、飼育されていたカラフトブタが出土する。イノシシを飼養した記録には、『播磨国風土記』賀毛《かも》郡の猪養《いかい》(飼)野《ぬ》の地名説話に、天照大神が猪を飼う場所を指示したと説明し、古代部民制に「猪養部」があり、『続日本紀』七二一年(養老五)の諸国の鶏猪を放生した記事、七三四年(天平四)の、畿内の百姓の私に畜いたる猪四十頭を買い集めて山野に放したとする記述がある。豚という文字は日本独自の漢字であるので、中国では猪を「野猪」、豚を「家猪」と使い分け、「猪」という字のみからはどちらとも判じ難い。古代・中世の文献にみえる、豕《いのこ》を豚とする意見もある。

参考文献　金子浩昌・牛沢百合子「池上遺跡出土の動物遺存体」(『池上遺跡・四ッ池遺跡発掘調査報告書』第六分冊、一九八〇、大阪文化財センター)。松井章他「野生のブタ?飼育されたイノシシ?考古学からみるイノシシとブタ」(高橋春成編『イノシシと人間』所収、二〇〇一、古今書院)。渡部琢磨他「弥生時代の遺跡から出土したイノシシの遺伝的解析—AncientDNA 解析に基づく考察—」(『動物考古学』二〇、二〇〇三)。

(松井　章)

いのまなりぼし　井真成墓誌　⇩せいしんせいぼし

いはい　位牌　死者の戒名・法名・俗名、死去の年月日などを記して供養祭祀の対象物で、台に立てられた牌(ふだ)状の仏具をいう。葬送儀礼での使用は臨時のもので白木に墨書が普通だが、仏壇で祀られるものは漆塗りで刻銘されるものが多い。中国・韓国の位牌が鎌倉時代に禅宗とともに伝えられたとされる。鎌倉時代から室町時代前期までの古位牌は禅宗寺院に多く残る傾向がある。鎌倉時代前期、位牌を作る風習は僧侶の範囲に限られたと考えられるが、鎌倉時代後期には武士階層にも拡がりをみせ、室町時代後期には上層庶民階層に、近世にはさらに下の庶民階層にも展開する。古位牌の遺例は鎌倉の諸寺に散見される。岐阜県多治見市の虎渓山永保寺《こけいざんえいほうじ》の位牌堂には室町時代の古位牌が多数残されている。出土例では元興寺《がんごうじ》極楽坊中世位牌や草戸千軒町《くさどせんげんちょう》遺跡などの例が知られる。形態的には牌身頭部の形態で分類が可能であり、大きな流れとしては圭頭から櫛形へと変化をみせるが、そのほか古くからある雲形以外に近世になると屋形・繰出《くりだし》位牌など位牌の頭部形態および構造は多様性をみせる。また江戸時代中期以降牌身以下の框《かまち》・脚部の装飾が派手になる傾向もみられる。雲形位牌の場合、牌身上部に湧き上がる雲形が表現されるが、雲中の日輪が時代の降下とともに上部に移動し、江戸時代後期には雲上に位置するようになるという興味深い現象がみられる。圭頭から櫛形への変化は近世墓標の形態変化と大筋で共通しており、位牌の多様化は近世墓標の形態変化と並行する動きといえる。近世墓標は個人的な持仏堂を持たない階層の人々にとっては野に立つ位牌としての性格も持ち、両墓制における詣墓《まいりばか》の祭祀場としての性格を示すものとなっている。葬送儀礼で使用される位牌は魂の依代《よりしろ》であり、葬列における位牌持ちは次の継承者の役割と考えられ重要な役割とされる。葬送儀礼の終了後寺院に納められることがある。また家の仏壇で祀られた位牌は三十三回忌の後、家での祭祀が終わると、焼却されたり、水に流したり、屋根裏に上げたり、寺院の本堂の背後に設けられた位牌堂に納められたりして、家の仏壇からは取りのけられることが多い。位牌堂に納められた位牌は数量の増加とともに焼却処理されることもあるが、今も多くの位牌が残されており、近世庶民の祖先祭祀・家族研究にとって重要な資料となりうる。寺院では特殊な位牌として天長地久を祈るための今上牌や徳川将軍家の安泰を祈るための位牌が須弥壇《しゅみだん》上に置かれていることもある。

参考文献　跡部直治「位牌」(『仏教考古学講座』六所収、一九三六、雄山閣)。

(藤澤　典彦)

いばいせき　伊場遺跡　静岡県浜松市東伊場二丁目から東若林町にかけて広がる縄文時代から中世の複合遺跡。JR浜松駅の南西約二キロ付近に位置。三方原台地南の海岸平野には六つの砂堤列が形成されているが、本遺跡は北から二番めの第二砂堤列上に立地する。一九四九年(昭和二十四)、米軍による艦砲弾炸裂孔付近から土器が採集されたのをきっかけに国学院大学による調査が実施された。一九五四年に県史跡となり、その後東海道線の高架化計画が具体化するなか、一九六八年浜松市教育委員会による第二次調査が実施された。一九七三年静岡県教育委員会は指定解除を行い、遺跡の大半は線路下となった。その間保存運動がおこり、解除取消しを求める訴訟も提起された。調査は一九八一年の第十三次調査まで継続。検出遺構に三重の環濠を伴う弥生時代後期の集落跡や、五世紀後半から六世紀にかけての古墳時代の集落跡(竪穴住居跡)がある。環濠内から出土した土器一括は伊場式土器として標準資料となり、渦巻文や三角文が彫刻された全国初の丹塗の木甲も出土した。古代には浜松市の城山遺跡を含めて地方官衙遺跡の一部と考えられる遺構・遺物がある。大溝(自然河道とする説が有力)の両岸から掘立柱建物や柵列などが検出され、木簡・墨書土器の出土から遠江国敷智郡家跡や栗原駅家跡もしくはそれに関連する施設と推定された。木簡百八点は辛巳年(六八一)など七世紀代のものが含まれ、律令制の形成過程を知る上で重要な資料となっている。近年、北に接する梶子北遺跡から平安時代前期の整然と配置された掘立

伊場遺跡　大溝と建物跡の発掘

柱建物十四棟が検出され、東南に接する九反田遺跡から奈良時代の瓦が大量に出土し、第三砂堤列上を通る旧東海道との関連など、より広範囲に遺跡を把握する必要があるとの認識が深められ、伊場遺跡群としてとらえるのが一般的。出土木簡は県指定文化財。遺跡の一部は公園として整備され、資料館が建つ。

資料館　伊場遺跡資料館（静岡県浜松市）、浜松市博物館（同）

参考文献　『静岡県史』資料編二、一九九〇。静岡県教育委員会編『静岡県の重要遺跡』、一九九八。（佐藤　正知）

いばらきはいじ　茨城廃寺　常陸国茨城郡にあった古代の寺院跡。茨城県石岡市小目代に所在。恋瀬川右岸の台地上に立地。調査は一九七九年（昭和五十四）より三ヵ年行われた。その結果、塔、金堂、講堂基壇跡を確認している。伽藍配置は法隆寺式である。塔基壇は、東西一二・二メートル、南北一一・五メートル、残存高五〇センチの規模である。基壇は約二〇センチの掘込地業の中に版築されたものである。地覆石は抜き取り跡が見られ、一部雲母片岩が残る。塔の心礎、礎石は抜き取られている。塔の東に位置する金堂は、住宅の下にあり、基壇規模は東西約一五メートル、南北約一二メートルである。掘込地業は約一メートルで、版築は砂質土と粘土からなる。講堂は塔から北に三〇メートルのところで、東西二八メートル、南北一五・八メートルである。基壇化粧の地覆石には雲母片岩が使われていたようである。礎石は現存していない。「茨木寺」の墨書土器が出土しており、郡名を冠していた寺院である。

資料館　石岡市民俗資料館（茨城県石岡市）

参考文献　小笠原好彦・黒沢彰哉『茨城廃寺跡』I―III、一九八〇、石岡市教育委員会。黒沢彰哉「郡の寺茨城廃寺跡の調査」（『語りかける古代の石岡』所収、一九八二、石岡ロータリークラブ創立二十五周年記念実行委員会）。（阿久津　久）

いふきべのとこたりひめぼし　伊福吉部徳足比売墓誌　七〇八年（和銅元）に卒し、火葬された伊福吉部徳足比売の略歴を骨蔵器の蓋に記す。一七七四年（安永三）、因幡国法美郡稲葉郷、現在の鳥取市国府町宮下から出土した。出土したところは、稲葉山から南東に延びる支脈の端部。南側には、因幡国庁跡や国分寺跡を臨むことができる。骨蔵器は鋳銅製、鉢形の身に円形で扁平な被せ蓋がつく。身の口径は二五・八センチ、高さ一三・二センチ。蓋は径二六・四センチ、高さ三・二センチの大きさ。骨蔵器の外面には蓋と身を固定した紐の痕跡が十文字形に残る。墓誌は蓋の上面、放射上に十六行、百八文字が刻まれている。内容は、因幡国法美郡の伊福吉部徳足比売臣は文武天皇に仕え、七〇七年（慶雲四）には従七位下の位を賜ったこと、七〇八年に亡くなり、七一〇年に火葬され埋葬されたことを記す。一九六〇年（昭和三十五）に出土地の調査が実施され、埋納の状況が明らかになった。その構造は、長方形の土壙の底部に粘土を敷き、長径一・四メートル、短径〇・八六メートルの扁平な台石を水平に据え、その上に台石とほぼ同じ大きさの蓋石を被せ石櫃するもの。蓋石の中央には、直径二九センチ、深さ二五センチの骨蔵器を納める円孔が穿かれ、蓋石と台石の合わせ目は白色粘土で目張りされていた。石櫃を覆う墳丘については明確ではないが、基底の直径が八メートル、高さ一メートル余りの小墳丘をなしていたものと推察されている。墓誌は重要文化財、墓跡は国史跡に指定されている。伊福吉部徳足比売の出自である伊福吉部氏は、古代因幡国の豪族。序文に七八四年（延暦三）の年紀が記される『因幡国伊福部臣古志』が伝わる。この古志は、大己貴神を始祖とする伊福部氏の系図。徳足比売については記載されていないが、第二十六代都牟自《つむじ》臣の項に「六四六年（孝徳天皇二）水依評《みより》を立て督に任じ小智冠を授く」（原漢文）などの記事があり注目される。

伊福吉部徳足比売墓誌

銘文　因幡国法美郡／伊福吉部徳足／比売臣／藤原大宮御宇大行／天皇御世慶雲四年／歳次丁未春二月二／十五日従七位下被賜／仕奉矣／和銅元年歳次戊申／秋七月一日卒也／三年庚戌冬十月／火葬即殯此処故／末代君等不応崩／壊／上件如前故謹録錍／和銅三年十一月十三日己未

資料館　因幡万葉歴史館（鳥取市）

参考文献　『国府町誌』、一九八七。（真田　廣幸）

いふくべもん　伊福部門　⇨宮城十二門《きゅうじょうじゅうにもん》

いぶつ　遺物　〔定義と種類〕過去の人間活動によって産み出されたもののうち、動産的性格を有し、すでに廃棄されたか、もしくは本来の機能を失ったものをいう。遺物には、人間が加工した各種道具類のほかに、遺跡から出土する人骨そのもの、糞石など人間の排泄した残滓、あるいは人間生活にかかわった樹木や葉などの植物遺体と、牛・馬・犬・魚の骨などの動物遺体も含まれる。さらに交易によって運ばれた瑪瑙《めのう》・硬玉などの石や銅・鉄などの鉱物もある。動植物遺体から、その時代の生活環境・自然環境をとくに研究する学問分野が新たに形成され、環境考古学と称する。また、ふつう、遺物は、地下に埋没し、発掘調査などによって取り出されるもので、地上に伝世されるものを遺物と呼ぶことはあまりない。〔遺存状態〕伝世品は、彫刻・絵画・工芸・古文書・書籍などに分類されるが、出土遺物にも、本来これらがすべて含まれる。しかし、土中にあったために、材質によって遺存状況が極端に異なる。石器や陶土器などは、土中に置いても腐敗せずによく遺存するが、紙製品・木製品・皮製品・金属製品などは、腐朽しやすく遺存状態はきわめて悪い。たとえば、紙は、漆紙文書のように、漆などが付着したことによって保護膜が形成された特殊な条件下で保存され、木製品は、地下水による還元状態下で保存され、金属製品は、古墳石室など密閉により酸化をまぬがれた状態の場合によく遺存する。したがって、出土遺物から、過去の生活や生産実態を復元したりする場合、材質による遺存のあり方を十二分に考慮する必要がある。〔資料価値と一括遺物〕遺物は、持ち運びが可能であるため、本来、置かれていた場所から切り離されて存在する場合も多い。研究資料としての価値は、出土地点が明確で、遺跡や遺構との関連が明らかなものを第一級とする。とくに個々の遺構からひとまとまりとして取り上げられた遺物のように同時に埋没されたと推定される遺物は、一括遺物と呼び、同一時代に使用された各種遺物の相互関係と文化的特性を解明する上で最も有効で重要な資料である。〔研究方法〕遺物の研究は、形態・機能・材質分析・出土状況など多角度から行われる。なかでも、種別ごとに型式分類し、いくつかの器種の組み合わせ関係やそれらが構成する様式の研究を通じて、編年や分布を調べる型式学的方法は、遺物研究の基本となるものである。遺存状況の良好な石器や陶土器は普遍的な存在であるため、その型式学的研究を通して遺跡の層位学ともども相対年代を構築する基準資料として用いられることが多い。〔整理から保存〕発掘調査によって出土した遺物は、洗浄して土を落とした後、出土地点などを注記し、破片の分類と接合を経て復元する。そして観察の上、実測、写真などで記録する。しかし、木製品や金属製品のように、脆弱な遺物は、保存科学的方法によって保存強化処置を講じる必要がある。木製品にはPEG溶液を含浸して水分と置換する方法や真空凍結乾燥法、金属製品にはPEG含浸法などがある。これらの整理・保存処置などを経て、博物館・資料館などで展示活用される。

参考文献　浜田耕作『通論考古学』、一九二二、大鐙閣。藤本強『考古学の方法―調査と分析―』、二〇〇〇、東京大学出版会。

（田辺　征夫）

いまかがみ　今鏡　鏡物(四鏡)と呼ばれる歴史物語の一つで、全十巻。作者は寂超(藤原為経)とみるのが定説となっており、成立年代については、異説もあるが、一一七〇年(嘉応二)とする説が有力。語り手として設定されているのが『大鏡』の語り手の一人大宅世継の孫である老媼であることからもわかるように、『大鏡』の後を承ける意識が明らかに認められる。紀伝体の体裁を採り、序文を除けば、本紀(「すべらぎ」)・列伝(「ふぢなみ」「むらかみの源氏」「みこたち」)・「むかしがたり」・「うちぎゝ」という構成になっている。記述年代は一〇二五年(万寿二)から一一七〇年にわたる。内容上の特徴として、風流韻事・芸能遊戯に対する関心の大きさなどが指摘されているが、これも平安時代後期における貴族の歴史意識・政治意識の反映と考えるべきであろう。古写本としては、鎌倉時代中期の書写とされる畠山記念館所蔵本などがあり、刊本としては新訂増補国史大系本などがある。

参考文献　歴史物語講座刊行委員会編『今鏡』(『歴史物語講座』四、一九九七、風間書房)。加納重文「今鏡」(皆川完一・山本信吉編『国史大系書目解題』下所収、二〇〇一、吉川弘文館)。

（石田　実洋）

いまこうじにしいせき　今小路西遺跡　鎌倉市街中心部西側の山裾にある遺跡。「今小路」という南北の通りの西側、市立御成小学校一帯を中心とする。神奈川県鎌倉市御成町所在。律令時代の鎌倉郡家とみられる遺構の上に、鎌倉時代後期の高級武家屋敷跡が発見された。鎌倉時代にこの一帯が「甘縄」と呼ばれていたことは、『吾妻鏡』の諸記事から知られる。現在では長谷の甘縄神明社周辺にのみ存在するこの遺称は、かつては西の稲瀬川から若宮大路二ノ鳥居の並び付近にまで及ぶ、鎌倉市街地西域の広い範囲を指す地名であった。甘縄でも当遺跡付近とおぼしいあたりには、安達氏や千葉氏をはじめとする有力武士の館が並んでいたとされる。武家屋敷はそのうちのどれかに相当するのであろう。遺跡は今小路から五〇～一〇〇《メートル》、若宮大路からでは約四〇〇《メートル》西に位置する。中世遺構面は六枚で、高級武家屋敷は第三面から四面にかけて検出された。南北に並ぶ二つの広壮な屋敷のうち北側のそれは、遣水のような屈曲溝に区画された敷地に、大小十棟の建物をはじめ小苑池や六角形の井戸など装飾性の高い施設が配される。母屋らしい大型礎石建物の周辺からは軒瓦を中心に瓦も出土しており、軒が瓦で装飾されていた可能性がある。屋敷からは最盛期龍泉窯や景徳鎮窯の高級調度品が多数出土。とくに龍泉窯青磁は豪奢をきわめ、十点余りの酒会壺や二点の太鼓胴水指などを含んでいる。屋敷の全容は現われていないが、遺構・遺物ともその豪華さは全国的にも際立っており、この住人が幕府中枢に近い第一級の武士であることを示唆している。屋敷は火災を受け、罹災後は一転して建物が疎《まば》らになって規模そのものも減少する。この大きな落差は、火事が屋敷にとって致命的打撃であり、それを機に居住者の断絶があったことをうかがわせる。このような状況から当初、火災を幕府滅亡時の戦乱に関わるものとする指摘もみられたが、現在では出土遺物から十三世紀後半とする見方に落ち着いている。豪華さは北側の屋敷に譲るにせよ、南側の屋敷もまた推定面積三六〇〇平方《メートル》、ほぼ八戸主《へぬし》という広大な敷地を有する。門から入ると空閑地の向う正面に母屋らしき大型建物があり、右手にやや小振りないくつかの従属的施設がある。この屋敷構造が、たとえば『一遍上人絵伝』にみえる筑前国の武士居館のそれに共通していることに注意したい。南側屋敷の下層(五面)には同様の構成を持つ屋敷があり、前代からの住民の連続性がうかがえる。さらにこれら屋敷の前面には竪穴建物を主体とした町場が広がる。中世都市の構造を示す好個の例である。

参考文献　今小路西遺跡発掘調査団編『今小路西遺跡(御成小学校内)発掘調査報告書』、一九九〇、鎌倉市教育委員会。　(馬淵　和雄)

いましろづかこふん　今城塚古墳　淀川中流域の北岸の三島平野に所在する六世紀前半の前方後円墳。大阪府高槻市郡家《ぐんげ》新町に所在する。北西向きの前方後円墳で二重の周濠と陪塚を有する。墳丘長一九〇㍍、後円部径一〇〇㍍、濠を含めた全長三五〇㍍で、墳丘の北側くびれ部に造出しが存在する。今城塚の名は、戦国時代に墳丘や濠を利用して城砦とされたことに由来する。一九九六年(平成八)以降に整備のための発掘調査が行われ、内部主体に関するものとして阿蘇溶結凝灰岩や二上山産凝灰岩の家形石棺片が確認されている。特に第五・六次調査では、北側の内堤の張り出し部において家・柵・蓋《きぬがさ》・大刀・盾・靫《ゆぎ》・武人・鷹匠《たかじょう》・力士・冠帽男子・座像男子・巫女・動物・鶏・水鳥などの形象埴輪が多数発見され、大王陵での埴輪祭祀の実態を示すものとして大きな注目を集めた。古墳の年代や条里制の研究から真の継体天皇陵との考えが定説化している。一九五八年(昭和三十三)に国史跡指定。

参考文献　高槻市教育委員会編『継体天皇と今城塚古墳』、一九九七、吉川弘文館。天坊幸彦「摂津豊能郡の条里」(『歴史地理』五二ノ五、一九二八)。　(山本　彰)

今城塚の墳丘

いまどやき　今戸焼　江戸時代にはじまる瓦や土器を焼いた窯。東京都台東区今戸にあり、天正年間(一五七三—九二)に始まるといい、貞享年間(一六八四—八八)に白井半七が土風炉や火鉢などの瓦器を作ったという。享保年間(一七一六—三六)には二代白井半七が瓦器に低火度釉を施釉して楽焼のようなものを作り、さらにいつのころからか京都伏見人形の影響を受けて、今戸焼人形も作り始めたという。一八二五年(文政八)以前には五軒の土風炉製作業者と九軒ほどの瓦製作業者があった。また現今戸神社に残る石造狛犬台座の碑文に、初造が一七五二年(宝暦二)、再興が一八二二年と刻まれ、今戸町の火鉢座十七軒、土器屋十二軒、焙烙屋七軒と、世話人六人の名が記され、同業者組合のような組織を結成し、栄えていたことがわかる。寛政年間(一七八九—一八〇一)には中条某が幕府に献上し御土器師と称され、嘉永年間(一八四八—五四)には、土風炉製作で作根弁次郎という名工が出た。　(大橋　康二)

いまばりじょう　今治城　海に面して建てられた本格的な近世城郭。愛媛県今治市にあった。宇和島から移封された藤堂高虎によって一六〇二年(慶長七)から普請が始められた三重の堀をもつ平城で、高虎が築いた宇和島城と同様に海水を取り入れた広い内堀(幅約六〇㍍)が掘られている。また、本丸の三方を取り囲む多聞櫓や四隅の二重櫓を特徴とする。多聞櫓の中央に築かれる予定であった五重五層の天守は、高虎の伊賀伊勢への転封によって完成をみず、のちに入城した伊予松山城主松平定行の弟定房から、十代二百三十年間にわたる江戸時代を通じて存在しなかったという説もある。この時用意されていた天守の建築部材は丹波亀山城に移された。藩主の館は二ノ丸に、「安永八年今治城絵図」によると内堀と中堀の間に上級武士、中堀と外堀の間には侍屋敷が配されている。城の前面に展開する瀬戸内海上ルートを意識した海城として、最高水準の完成度をもつ城である。

参考文献　「今治城」(北野隆他編『復元大系日本の城』七所収、一九九三、ぎょうせい)。　(中野　良一)

いまりやき　伊万里焼　肥前で焼かれた磁器をさす名称。江戸時代には佐賀県有田を中心として佐賀・長崎県一帯で焼かれた磁器が伊万里港から船で出荷されたために、消費地で肥前磁器のことを伊万里焼と呼んだ。一六三八年(寛永十五)、京都の俳人松江重頼の『毛吹草《けふきぐさ》』に「唐津・今利ノ焼物」とあるのが初見である。伊万里は「今利」「今里」とも表記された。文禄・慶長の役で連れて来られた朝鮮人陶工により、一六一〇年代ごろ、日本初の磁器として有田辺で焼成が始まる。一六三七年鍋島藩は陶業者が薪を取るため山を伐り荒すことを理由に日本人陶工八百二十六人を陶業から追放し、伊万里・有田地方の窯場のうち十三ヵ所を取り潰し、有田の十三の窯場に統合した。これによって有田から陶器生産が消え、磁器だけの生産体制ができあがった。一六四四年、中国の王朝交替に伴う内乱で中国磁器の輸入が激減した機に、肥前磁器は国内の磁器市場を独占する。さらに一六五〇年代にかけて色絵の技術が始まるなど、肥前磁器は著しい技術革新を果たし、朝鮮的技術から中国的技術に代わった。中国磁器並みの製品ができるようになった肥前に対して、中国、オランダは磁器注文を行い、日本国内向けとは異なる、輸出向け磁器が作られる。肥前磁器の海外輸出は十七世紀後半から十八世紀前半の約百年間に盛んであり、東南アジアから西アジア、ヨーロッパにまで輸出された。この間に技術は、より精巧な磁器ができるように変化していく。肥前の色絵は、初期の色絵から一六

染付山水花卉文輪花大皿

七〇年代には傷もゆがみもない、より完璧な白い素地ができ、この素地に明るい色調の繊細な色絵を施したものがいわゆる柿右衛門様式である。柿右衛門様式に代わって一六九〇年代ごろからは染付素地に金・赤を多用した金襴手様式が色絵の主流となる。肥前磁器の海外輸出は段階的に減退していった。一六八四年、中国清朝が国内統一を果たし、貿易禁止を解く展海令を発布すると中国磁器の海外輸出が本格化する。そのため東南アジア市場への輸出は頭打ちとなる。その後の肥前磁器の輸出は、オランダ東インド会社によりヨーロッパ市場への輸出が続き、そこで大量に輸出された中国磁器との競争が続いたが、一七五〇年代で公式輸出は終わった。十八世紀には長崎県波佐見《はさみ》窯中心に安価な磁器の食器を生産し、国内市場に徹底した普及を進めた。その結果、十八世紀後半には安価な磁器の碗・皿が全国津々浦々に流通するようになる。この普及により磁器需要が増大し、結果として各地で磁器生産を起こそうとする気運が高まった。こうして江戸時代後期にかけて京都や瀬戸・美濃、九谷をはじめとして、全国各地で磁器焼成の試みが行われ、肥前磁器の市場独占は終了を告げた。近代以降、次第に海上輸送から陸送に代わっていく中で、伊万里焼の名称は伊万里市域の窯で作られる磁器に限られるようになり、有田の窯で作られる磁器は有田焼、佐世保市三川内《みかわち》の磁器は三川内焼、波佐見の磁器は波佐見焼など、地域ごとの焼物名称で呼ばれるようになった。

参考文献　大橋康二『肥前陶磁』、一九八九、ニュー・サイエンス社。同『有田伊万里』、二〇〇二、淡交社。同『世界をリードした磁器窯・肥前窯』、二〇〇四、新泉社。

（大橋　康二）

いみごや　忌小屋　神事など神聖な勤めに備え、穢れに触れないために母屋とは別棟にし、別火で精進潔斎し忌み籠もるための建物。古代においては、大嘗祭に際し設定される悠紀《ゆき》院・主基《すき》院や、伊勢神宮に奉仕する斎王《さいおう》の滞在所である斎宮《さいぐう》や斎王が禊ぎの期間を籠もる野宮、記紀にみられる神に奉る神衣《かんみそ》を織る「忌服屋《きぶくや》」「斎服殿《さいふくでん》」や葬送に伴う喪屋《もや》・殯宮《ひんきゅう》なども広い意味で忌小屋の系譜に連なる。平安時代の貴族なども祭事に関わる直前は厳重に物忌みをしているが、多くの場合邸内の一室を利用しているようで、読書などをして静かに過ごしていたようである。中世では宗教者・荘園領主の世界で展開した物忌が、近世では村落祭祀の確立とともに庶民が司祭者となることが多くなり、当屋などの祭祀担当者が一定期間、忌籠もりの生活を送る場としての忌小屋が営まれるようになった。また祭祀担当者だけでなく、女性の月経・出産の場合も血の穢れの広がりを防ぐ意味で忌小屋が利用された。これらは産屋とか不浄小屋と呼ばれることもあり、福井県の海岸地帯では昭和四十年代ごろまで機能した地域がある。忌小屋には穢れに触れることを忌避するためと穢れの発生に伴う場合と双方向の性格が混合している。　→産屋《うぶや》

参考文献　井之口章次「物忌みと精進」（五来重編『講座日本の民俗宗教』一所収、一九七五、弘文堂）。上井久義『民俗信仰の伝統』、一九八五、人文書院。

（藤澤　典彦）

いもの　鋳物　目的の形状をもった石製、土製または金属製の鋳型の空間に、溶けた金属を注入して成形した器物の総称。日本の歴史時代の鋳物は、青銅を中心とする銅合金鋳物と鋳鉄鋳物に分けられ、基本的に前者は仏具・神具などの祭器や銭貨、装飾品、後者は鍋や釜などの一般の日用品として使用された。日本の歴史時代では、粘土と砂を素材として鋳型を成形し、乾燥・焼成して鋳込むという方法が一般的である。鋳型作りに原型《げんけい》を使う場合、粘土で型どりするが、製品を使って鋳型を製作する踏返《ふみかえ》し法、原型を蜜蠟で作る失蠟法《しつろうほう》などがある。回転体の形状をなす器物の場合は原型を用いず、引型《ひきがた》を用いて鋳型を成形することが多い。また、細かい文様を箆押《へらお》しによって付加することがある。銅鉄の鋳物の研究は、これまで製品そのものを対象として型式分類や製作技術の検討が行われてきたが、最近では鋳物を生産した鋳造遺跡の発掘調査にもとづく研究や文化財科学的な分析も進められている。日本における青銅鋳物の生産は、弥生時代にさかのぼるが、歴史時代にはいって、本格的な寺院や宮殿が造営されるようになると、仏像や梵鐘をはじめ、露盤《ろばん》・風鐸《ふうたく》などの建築部材などが鋳造された。とくに七―八世紀は青銅鋳物生産の最盛期であり、東大寺の大仏のような超大型の鋳造仏も製作された。大型の梵鐘などの鋳造には、鋳造土坑に鋳型を設置して鋳込みを行なった。小型品では唐から舶載された鏡を模倣した仿唐鏡《ぼうとうきょう》が生産されたが、原型もしくは現物を粘土に転写して鋳型を製作しており、失蠟法による鏡の鋳造も、「東大寺《とうだいじ》鋳鏡《ちゅうきょう》用度注文案《ようどちゅうもんあん》」（『正倉院文書』）によって確認できる。また、富本銭や和同開珎をはじめとする銭貨の鋳造には、多数の銭が連なった枝銭《えだせん》の状態の鋳型が作られた。奈良時代の銅鉱山には山口県長登《ながのぼり》銅山があり、ここで東大寺大仏鋳造の銅が採掘製錬された。古代の銅鋳物の素材には、砒素銅が圧倒的多数をしめており、長登銅山からのかなり一元的な供給が推定されている。鋳鉄鋳物の生産については、川原寺寺域北限で七世紀末に鋳鉄羽釜《はがま》が鋳造さ

れたことが最近判明した。また、九―十世紀には、近江・越中・武蔵・磐城などの地方において、製鉄工房の一郭で鍋や羽釜などが生産され、古代の鋳鉄鋳物の生産が開花した。しかし、古代の銅鉄の鋳物生産は、十一世紀には停滞期をむかえた。やがて、背面に絵画的な花鳥風月《かちょうふうげつ》をあしらった文様をもつ和鏡《わきょう》が成立するが、その鋳型の製法は、前述の仿唐鏡とは異なり、円盤状の粗型《あらがた》に真土《まね》をつけ、引型で円形を成形し、篦押しによって文様を加えるものであった。この技法は、京都の鏡師青家《あおけ》に伝えられた、江戸時代中期の鏡作りの秘伝書「御鏡仕用之控《おんかがみしようのひかえ》書並入用道具覚書《しょならびにいりようどうぐおぼえがき》」に記載されている技術に類似する。これらの鏡や仏具、刀装具などの銅鋳物を生産した工人は、銅細工《あかがねざいく》と呼ばれ、京都のような都市にその本拠を置いていた。また、十二世紀中葉には定形化した梵鐘の生産が高まり、鋳物師《いもじ》は、鋳鉄の鍋釜とともに梵鐘を鋳造するという銅鉄兼業を行なった。その有力なものが河内《かわち》丹南郡《たんなんぐん》に本拠を置く鋳物師である。中世の鋳鉄鋳物には、地方色があり、西日本では十二世紀に鋳鉄鋳物の羽釜や吊耳のない鍋が生産・流通し、少し遅れて吊耳付き鍋が現れた。一方、東国や東北地方では、内耳鍋《ないじなべ》のほか、鉄《てつ》鉢《はち》、鉄仏《てつぶつ》など特色ある鋳鉄鋳物が生産された。江戸時代には、吊耳付き鍋が全国的に盛行し、羽釜とともに現代につながる伝統的煮炊具が定着していった。青銅鋳物では、鈕《ちゅう》のない柄鏡が一般化し、寛永通宝などの銭貨も鋳造された。製品の種類や製作技術は、中世の延長線上にあったが、生産の拠点が都市に数多く築かれ、江戸・京都・大坂といった大都市では製品分業が進んでいった。また、大坂長堀の住友銅吹所では、別子《べっし》銅山から搬入した粗銅を輸出用の純度の高い銅に精錬した。　↓梵鐘鋳造遺構《ぼんしょうちゅうぞういこう》

参考文献　石野亨『鋳造―技術の源流と歴史―』、一九七七、産業技術センター。坪井良平『日本の梵鐘』、一九七〇、角川書店。杉山洋『唐式鏡の研究』、二〇〇三、鶴山堂。五十川伸矢「古代・中世の鋳鉄鋳物」(『国立歴史民俗博物館研究報告』四六、一九九三)。同「銅と鉄の鋳造」(『鉄と銅の生産の歴史』所収、二〇〇三、雄山閣)。　（五十川伸矢）

いよこくぶんじ　伊予国分寺　愛媛県今治市国分に所在する古代寺院跡。今治平野の南部、三方を山に囲まれた場所に位置する。四国八十八ヵ所第五十九番札所国分寺の東方に塔跡があり、基壇の上に心礎を含む十二個の礎石が残されている(国指定史跡)。一九六八年(昭和四十三)の発掘調査の結果、礎石はほぼ旧位置にあり、もとの基壇の大きさは一七・四《メートル》四方であることがわかった。また、塔の南方二七《メートル》の南面回廊に想定できる遺構からは軒丸瓦などの瓦や土器が出土し、それらから八世紀後半に創建され、九世紀に改修されたことが判明した。金堂や講堂などの位置は今のところ不明。なお『続日本紀』には七四九年(天平勝宝元)に知識物、七六六年(天平神護二)に稲・鍬・墾田の献納記事がみえる。国分尼寺の位置は、国分僧寺の南方約一三〇〇《メートル》にある桜井小学校の敷地から、国分僧寺と同笵の平安時代初期の唐草文軒平瓦が出土しているので、その付近と想定される。　↓国分寺《こくぶんじ》

参考文献　愛媛県教育委員会『伊予国分寺発掘調査概要』(『愛媛の文化』八、一九六八)。『愛媛県史』資料編考古、一九八六。角田文衞編『新修国分寺の研究』五上、一九八七、吉川弘文館。　（寺内　浩）

いよのくに　伊予国　律令制下の南海道の一国。現在の愛媛県。伊予は伊余、伊与、夷与とも表記される。伊予国は四国の北西部にあり、北は瀬戸内海、西は豊後水道に面している。大部分が山岳地帯で、四国山地と高縄半島の高縄山地があり、平野は瀬戸内海沿岸に新居浜平野、今治平野、松山平野などがあるにすぎない。年間を通して比較的気温が高く降水量も少ない温和な気候である。伊予の前期古墳には松山市の朝日谷二号墳、今治市の妙見山古墳・相の谷一号墳のように海を見下ろす丘陵や山頂に位置するものが多く、被葬者が瀬戸内海の海上交通に深く関わっていたことを示している。また、墳形が前方後円墳であることは畿内勢力とのつながりを示すが、それも瀬戸内海の交通・流通を介してであろう。五世紀後半になると古墳が内陸部につくられるようになるとともにその数が増加する。『国造本紀』によると伊予には伊余《よ》国造・久味《くみ》国造・小市《おち》国造・怒麻《ぬま》国造・風速《かざはや》国造の五国造が置かれた。この五国造にはのちの伊予郡・久米郡・越智郡・野間郡・風早郡を中心とする地域の支配者が任じられたと考えられるが、それぞれの地域には多くの古墳がつくられている。白村江の戦いの前、六六一年(斉明天皇七)には斉明天皇が北九州に向かう途中熟田津《にぎたつ》の石湯《いわゆ》行宮《かりみや》に立ち寄っているが、その場所は不明。古代山城遺跡である西条市の永納山遺跡は白村江敗戦後の国際関係が緊張した時期につくられたものであろう。松山市の来《き》住《し》台地上にある久米官衙遺跡群は「評衙跡」や「回廊状遺構」など国造制の時期から律令制下に至るまでの官衙遺構が連続して存在する貴重な遺跡である。律令制下の伊予国は、宇摩・新居・周敷《すう》・桑村・越智・野間・風早・和気・温泉《ゆ》・久米・浮穴《うけな》・伊予・喜多(八六六年に宇和郡から分置)・宇和の十四の郡からなり、『延喜式』では上国である。『和名類聚抄』によると伊予国の郷数は七十二で、その多くは東予・中予地域に属している。また同書に伊予国府は「国府は越智郡にあり」とみえるので、今治平野にあったと考えられる。しかし、その具体的な場所については、古国分《ふるこくぶ》、中寺、町谷、上徳《かみとく》、八町など諸説があり、その一部については発掘調査もなされたが、今のところ確定するには至っていない。国分寺は今治市国分にあり、塔跡が残っている。このほか周桑郡小松町にある飛鳥時代創建の法安寺をはじめ古代寺院跡は三十余にのぼる。『延喜式』によると伊予国には大岡・山背・近井・新居・周敷・越智の六駅が置かれた。小松町妙口の松ノ元遺跡では一〇〇《メートル》以上に及ぶ古代の道路遺構が見つかっている。道路遺構は条里地割と同一方向にのび

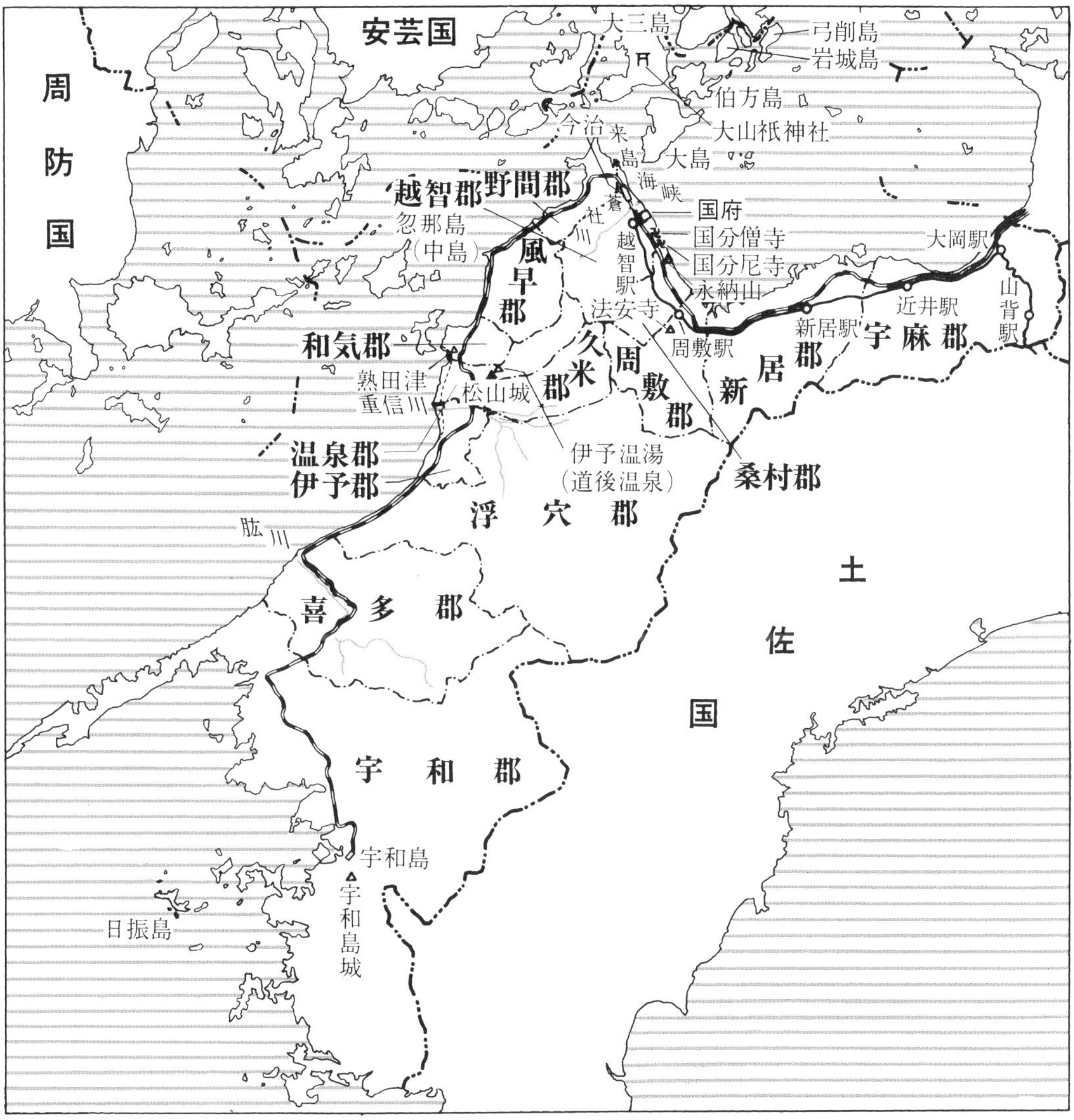

伊予国略図

ており、道路幅は四・五〜六メートルで、両側には側溝が設けられている。この道路が南海道そのものか、その支路かは今のところ不明。なお、この遺跡からは古代条里制の坪界溝も検出されている。風早郡河野郷出身の河野氏は盛衰はあったが南北朝時代には北朝方の有力武将となり、伊予国守護に任じられた。河野氏が本拠地を松山平野の湯築《ゆづき》城に移したのはこのころである。発掘調査により、湯築城は当初中央の丘陵を中心とした山城だったが、一六世紀前半ごろに大規模な拡張工事が行われ、二重の堀をもつ平山城になったことが判明した。また、内堀と外堀の間の平地部分からは多くの遺構や遺物が検出され、城の構造や武士の生活実態の一端が明らかになっている。関ヶ原合戦のあと加藤嘉明によって築かれた松山城は本丸・二ノ丸・三ノ丸からなるが、このうち二ノ丸は発掘調査がなされ、防火用の石積の池のほか多数の建物群が検出され、その内部構造が明らかにされている。十七世紀にいわゆる伊予八藩が成立し、幕末まで続く。東中予地域に紀州分家松平氏の西条藩、一柳氏の小松藩、久松松平氏の松山藩とその支藩の今治藩、南予地域に加藤氏の大洲藩とその支藩の新谷藩、伊達氏の宇和島藩とその支藩の吉田藩があった。廃藩置県後、西条・小松・松山・今治藩は石鉄県、大洲・新谷・宇和島・吉田藩は神山県となるが、一八七三年（明治六）に統合されて愛媛県になり、現在に至っている。

参考文献 『愛媛県史』、一九八二−八九。内田九州男他『愛媛県の歴史』（『県史』三八、二〇〇三、山川出版社）。

（寺内　浩）

いよのゆのおかのひ　伊予湯岡碑　聖徳太子一行が道後温泉に来浴した時に建てたといわれる碑。伊予道後温泉碑ともいう。碑そのものは現存せず、碑文が『釈日本紀』に引く『伊予国風土記』逸文にみえる。それによると五九六年（推古天皇四）に聖徳太子が恵慈と葛城臣（烏那羅とされる）を供として来湯し、温泉の霊妙に感嘆して伊社邇《いさに》波《わ》の岡に碑を建てたという。碑文の内容は、序文で碑を建てた由来を述べ、本文では中国の故事を踏まえつつ温泉を神仙境にたとえてその情景を描き賛美している。文体は対句を駆使した駢儷《べんれい》体で、中国六朝時代の温泉碑の影響を受けているといわれる。「法興」の年号がみえることも注目される。ただし、聖徳太子一行の来浴自体が疑問視されており、碑文も推古朝のものかどうかは不明である。

参考文献 小島憲之「失はれた伊予道後湯岡碑文記私見」(『愛媛国文研究』一五、一九六五)。松原弘宣『熟田津と古代伊予国』、一九九二、創風社出版。 (寺内　浩)

いらことうだいじかわらがまあと　伊良湖東大寺瓦窯跡　愛知県田原市伊良湖字瓦場に所在する鎌倉時代の瓦窯跡。太平洋に面した愛知県渥美半島には、十二世紀から十三世紀の百七十ヵ所ほどからなる渥美中世窯跡群が所在している。国指定史跡の伊良湖東大寺瓦窯跡は、渥美半島先端域の和名《わな》山と岩堂山に挟まれ、西南へ開析した初立谷に位置する。一九六六年(昭和四十一)に愛知用水初立《はったち》ダム関連で調査が行われ三基を確認している。出土遺物は、碗・小皿・鉢・壺甕のほかに瓦類が圧倒的に多い。「東大寺大佛殿瓦」と陽刻された軒丸瓦・軒平瓦や「大佛殿」「東」の丸瓦・平瓦があるので、重源により一一九五年(建久六)に再建された東大寺へ供給されたと考えられている。瓦塔や法華経・大日経を刻んだ瓦経も出土している。初立谷入口付近の低湿地が「平四郎田」と呼ばれているので、「三河国渥美郡伊良期郷」「瓦工三河国平四郎」と記された三重県伊勢市の小町《こまち》経塚出土の瓦経は、伊勢神宮領である伊良湖郷の当窯で焼成されたのであろう。

参考文献 愛知県教育委員会『渥美半島埋蔵文化財調査報告』、一九六六。小野田勝一「渥美町の古窯」(『渥美町史』考古編所収、一九九一)。 (後藤　建二)

伊良湖東大寺瓦窯跡出土軒丸瓦・軒平瓦

いりもやづくり　入母屋造　木造建築の屋根形式の一つ。大棟《おおむね》両端に妻を設け、下半部を四方葺下ろしとする形式で、構造としては、寄棟屋根の上部に妻を設けるものと、切妻屋根の四周に庇屋根を葺き下ろすものの二種の系統がある。日本における起源は、前者が竪穴住居、後者が飛鳥時代伝来の寺院建築ないし古代の住宅建築に想定される。古代の寺院および住宅建築では、隅木《すみぎ》を真隅《ますみ》(四五度)に納める必要から、各隅の間の平面が正方形となることが一般的である。「入母屋」の語については、「入り両《ま》下《や》」の転訛、すなわち屋根の内側に切妻屋根が納められた形式から来た語とする説があるが(『工業字解』)、十七世紀末の大工技術書ではこの語が入母屋造屋根の妻の螻《けら》羽《ば》部分の母屋桁を示す語として用いられており(「禅家伽藍図」(『甲良宗賀伝来目録』)など)、内側に入った母屋桁という意味より転じた語との解釈も可能である。→切《きり》妻造《づまづくり》 →寄棟造《よせむねづくり》

参考文献 中村達太郎『日本建築辞彙』、一九五〇、丸善出版。 (清水　重敦)

入　母　屋　造

いろなべしま　色鍋島　⇨鍋島焼《なべしまやき》

いろはじるいしょう　伊呂波字類抄　橘忠兼によるイロハ順に単語を配列した国語辞書。院政期成立で、『世俗字類抄』を増補・改編したものと見られるが、二巻本・三巻本・十巻本の写本系統があり、異本として『世俗字類抄』などがある。その関係については諸説あるが、おおよそ、原形本から二巻本『世俗字類抄』と七巻本『世俗字類抄』(後代の増益が顕著)・『節用文字』とに分かれ、二巻本『世俗字類抄』より原『伊呂波字類抄』が編まれてさらに二巻本・十巻本(鎌倉時代初期以前成立)とに分かれ、前者を増補して三巻本が生まれたと見られている。なお二巻本・三巻本は「色葉字類抄」、十巻本は「伊呂波字類抄」と表記される。写本には、原形本系統に川瀬一馬旧蔵本(影印『古辞書叢刊』所収)、二巻本・三巻本系統に尊経閣文庫本(三巻本は中巻欠、ともに『尊経閣善本影印集成』など所収)などがあり、三巻本の中巻は江戸時代書写の黒川本がある(中田祝夫・峰岸明による影印本あり)。また三巻本については佐藤喜代治『色葉字類抄略注』で校訂・注解がなされている。十巻本系統は鎌倉時代初期写の三条西家旧蔵学習院大学本(零本。影印『古辞書音義集成』所収)、室町時代写の大東急記念文庫本(影印『古辞書叢刊』所収)があり、また『日本古典全集』に伴信友校本を底本としたものが収められている。二巻本『世俗字類抄』は天理図書館本(三宅ちぐさによる影印本あり)・東京大学国語研究室本(影印『東京大学国語研究室資料叢

書』所収)がある。

参考文献　峰岸明「尊経閣文庫所蔵『色葉字類抄』二巻本解説」(『尊経閣善本影印集成』一九所収、二〇〇〇、八木書店)。川瀬一馬『古辞書の研究(増訂版)』、一九八六、雄松堂出版。三宅ちぐさ編著『天理大学附属天理図書館蔵世俗字類抄—影印ならびに研究・索引—』、一九九八、翰林書房。

(小倉　慈司)

いろり　囲炉裏　民家の中心的空間に設置された火所。主に暖房・煮炊のための施設だが、照明・乾燥といった機能も併せ持つ。竈が土間に直接据えられたのに対し、囲炉裏は居間の床を掘り窪めて作られる。したがって住居形態が竪穴式であった時代には存在せず、平地式で地面から離れた床を持つようになる平安時代後期以後に出現した。煮炊用としては竈とは異なって基本的に炊飯は行わず、雑穀や野菜など中世に生産の拡大した食材を、鍋を用いて煮るための施設であった。一方、竈は平安時代後期以降、考古資料としては存否が確認できなくなる。その意味で囲炉裏の出現こそが、台所施設における中世的風景の成立というべきであろう。鍋は自在鉤で天井から吊るされるか、または三脚(五徳・鉄輪《かなわ》)に載せられる。この二つの方式について民俗学では、前者が東日本、後者が西日本のものとするが、考古資料からもその傾向は確認できる。すなわち吊耳のついた内耳鍋は平安時代末期の津軽地方に出現して以来、ほぼ十五世紀までに東日本全域に及ぶ。また自在鉤の出土も、鎌倉を中心とした東日本に限られる。起源はおそらく前者がシベリヤにあり、後者は南アジアに求められる。囲炉裏本体の検出例は鎌倉に多く、十三世紀前半に出現している。形状は、横桟で組んだ一辺五〇～六〇センチ前後の方形木枠の内側に細い板を縦に並べたものがほとんどである。囲炉裏中にさらに丸型の火鉢を据えたものも珍しくない。鎌倉時代以降、火櫃《ひびつ》と呼ばれる土師質・瓦質の大型脚付方形火鉢があるが、これなどは可搬の囲炉裏とみることもできよう。暖房施設としては、人がいるときには火を焚き続け、寝るときには火を灰の中に埋め火種を絶やさないのが常であった。民俗学の知見によれば、囲炉裏は家族が集合する場所だったから、四面に成員の位置づけを示す座の呼び名があった。土間から見て奥(向かい側)を横座といい、家の主人が座った。その向かって右側が嬶《かか》座で、主婦が座る。嬶座の向かい側が客座であり、横座の向かい側が下座《げざ》または木尻と呼ばれた。嬶座と客座は左右入れ替わることもあるが、この呼称は全国的に共通するようである。

参考文献　馬淵和雄「囲炉裏と鍋と—中世鎌倉の煮炊き—」(『月刊百科』三二九、一九八九)。

(馬淵　和雄)

いわいのらん　磐井の乱　六世紀初めに起った筑紫国造磐井の反乱。『日本書紀』による乱の経緯は、五二七年(継体天皇二十一)六月に近江毛野臣が六万の軍を率い、新羅にとられた南加羅・喙己呑《とくことん》を復興しようと任那に行こうとした時、密かに叛逆の機会を窺っていた筑紫国造磐井は、新羅からの貨賂《かろ》を受け、毛野臣の軍を任那に行かせないため、火《ひのくに》・豊《とよのくに》二国に勢力を張って、高句麗・百済・新羅・任那の年ごとの貢物船を誘致し、海路を遮断して、毛野臣の軍と戦った。そのため天皇は、大伴大連金村・物部大連麁鹿火《あらかひ》・許勢大臣男人に詔して、征討の将を選ばせ、同年八月麁鹿火を将軍として派遣した。その結果、五二八年十一月に麁鹿火みずから磐井と筑紫の御井《みい》郡で戦い、ついに磐井を斬って乱を収めた。その後、磐井の子の葛子は、父の罪に連座して誅せられることを恐れ、糟屋屯倉《かすやのみやけ》を献じ死罪を贖《あがな》ったとある。一方『古事記』には「竺紫君石井《つくしのきみいわい》」が天皇の命に従わなかったため、物部荒甲《あらかい》と大伴金村を遣して殺したとだけある。また『筑後国風土記』逸文には磐井は殺されずに「豊前の国上膳《かみつみけ》の県に遁れ」たために「士《いくさびと》、怒泄《いかりや》まず、石人の手を撃ち折り、石馬の頭を打ち堕し」たとする。このように『日本書紀』では、ヤマト朝廷による朝鮮半島における領土復興と、磐井の乱が組み合わされて記載されているが、『古事記』『風土記』では朝廷に対する反逆という点だけでの記述となっている。近年の研究では、『日本書紀』の記事は潤色が多く、近江毛野臣の朝鮮半島への派兵と直接結びつく形で乱が起きたものではないとの見解が有力である。反乱を起こした筑紫君であるが、福岡県筑紫野市に所在する筑紫神社を祀り、この地を本拠地とする氏族であるとする。その一族の奥津城《おくつき》は、筑後の八女《やめ》丘陵で、風土記の石人・石馬を打ち壊した磐井の墓は岩戸山古墳である。磐井の乱は、当時のヤマト朝廷による西国統一の圧力に対する九州の在地勢力側の抵抗とみることができ、古代国家形成期に必然的に生起する領土統一戦争とみることができる。

参考文献　小田富士雄編『古代を考える磐井の乱』、一九九一、吉川弘文館。田村圓澄・小田富士雄・山尾幸久『古代最大の内戦磐井の乱(増補改訂版)』、一九九八、大和書房。

(磯村　幸男)

いわいはいじ　岩井廃寺　鳥取県岩美郡岩美町岩井に所在する奈良時代の寺院跡。蒲生川の北岸、河岸段丘上に位置する。近くには、『延喜式』神名帳に載る御湯《みゆ》神社が鎮座。宇治の長者が建立した弥勒寺の旧跡とも伝えられる。岩井小学校の校舎前に残る塔心礎とその周辺が国史跡に指定されている。推定される寺域の多くはすでに校地として造成されており、一九八五年(昭和六十)に塔心礎の南側を中心に行われた発掘調査などでも明確な遺構は確認されていない。ただし、以前の遺物の出土状況から法起寺式伽藍配置が想定されている。塔心礎は、地元で「鬼の碗」と呼ばれ親しまれているもの。長径三・六メートル、短径二・四メートルの規模で、上面に方形の柱座をつくり、柱座の中央に二重の円孔を穿つ。この塔心礎は、ほぼ元位置を保っているといわれるが、露出した状態であり基壇は失われた状態。軒瓦は、八世紀後半代から九世紀代の軒丸瓦が五種知られるが、軒平瓦の出土はみられない。

参考文献 岩美町教育委員会編『岩井廃寺跡発掘調査報告書』、一九六六。 （真田 廣幸）

いわいべしきどき 祝部式土器 ⇩須恵器《すえき》

いわえのぐ 岩絵具 日本画で用いる顔料。岩絵具は顔料を固着させるための展色剤を含んでいない顔料そのものを指し、絵具として用いるときには画家自身が膠水などの展色剤と混ぜ合わせなければならない。岩絵具には、天然の鉱物や土を粉砕して作る天然岩絵具、高温で焼いた色ガラスを粉砕した代用岩絵具、方解石を粉砕して染料で着色した人工岩絵具などがある。また、古くから伝わる化学的な合成技術によって生成される朱や鉛白などの人工顔料もある。天然岩絵具としては、塩基性炭酸銅を成分とする鉱物のアズライトからは青色の群青、同じく塩基性炭酸銅を成分とするマラカイトからは緑色の緑青、酸化鉄を成分とする黄色の土からは黄土、天然の赤色の酸化鉄からは弁柄、硫化水銀を成分とする赤色の辰《しん》砂《しゃ》からは朱が作られ、現在も主要な絵具として利用されている。白色には、牡蠣殻を粉砕して作る胡粉《ごふん》、天然の白色の粘土を用いた白土、人工的に鉛を腐食させて作る鉛白などがある。 （神庭 信幸）

いわきさんこうごいし 石城山神籠石 山口県熊毛《くまげ》郡の中央部、光市大和《やまと》町と田布施《たぶせ》町にまたがる石城山（標高約三六〇㍍）の山中にある古代の山城跡。遺跡からは古代山陽道や瀬戸内海を望むことができる。石城山では八合目付近を二・五㌔にわたってめぐる石列や石垣などが古くから知られており「神籠石論争」の対象になったが、一九六三年（昭和三十八）・六四年に文化財保護委員会（現文化庁）が実施した発掘調査によって、古代の朝鮮式山城であることが判明した。その構造は、いくつかの谷や尾根を取り込んで切石の列石を根固めにした土塁をめぐらし、東西南北の四つの谷には城壁の低下を防ぐための石垣壁を築き、ここに水門を、東と北の要所には門を設け、一部には巨大な空堀を設けたものである。城塁の内部にあったとみられる住居や倉庫は発見されていないが、山頂付近の平坦地に存在する可能性が高い。神籠石系山城の代表的な一例として重要な遺跡である。国指定史跡。

参考文献 『山口県史』資料編考古二、二〇〇四。 （渡辺 一雄）

いわきのくに 石城国 奈良時代に一時的に設置された令制国の一つ。『続日本紀《しょくにほんぎ》』によれば七一八年（養老二）五月に、陸奥国の石城・標葉《しねは》・行方《なめかた》・宇太・亘理《わたり》の五郡と常陸国の菊多郡を割いて石城国を置いたとあり、現在の福島県浜通り地方と宮城県山元町に比定される。同時に設置された石背《いわせ》国（福島県中通り地方と会津地方）とともに、七二〇年から七二八年（神亀五）四月の間に廃止された。両国の建国時期をめぐっては、かつて現存の養老令文に両国名がみえることを根拠に、建国時期を大宝年間（七〇一―〇四）以前とする喜田貞吉説と養老年中（七一七―二四）とする高橋万次郎説との間で論争が展開したが、のちに土田直鎮は、紅葉山文庫本『令義解《りょうのぎげ》』戸令新附条の紙背書入れに、七一八年に陸奥国を分けて三国となすとする古格の存在を指摘し、養老の設置記事が正しいことが証明された。廃止時期については、七二〇年秋に始まる蝦夷の反乱とその鎮圧の過程で、七二一年ごろに陸奥国に併合されたとする説が有力である。 ↓石背国《いわせのくに》

参考文献 土田直鎮「石城石背両国建置沿革余考」（『奈良平安時代史研究』所収、一九九二、吉川弘文館）。 （三上 喜孝）

いわきりじょう 岩切城 中世の山城。仙台市宮城野区岩切から利府《りふ》町神谷沢《かみやさわ》に及ぶ広大な面積を占める。高森城・鴻《こう》の館《たて》とも称する。後者は国府《こう》の館、すなわち陸奥国府の城という意味である。その中心部、東西六〇〇㍍、南北六五〇㍍が、国史跡に指定されている。城域は、東郭・西郭に大別される。それぞれに、数段の平場（曲輪《くるわ》）が設営されている。尾根筋は多数の堀切《ほりきり》によって切断されている。東郭・西郭を連結する鞍部も、堀切によって断ち切られ、土橋によって小人数の交通が確保されている。東郭には、大手口から登ってくる通路を遮断する馬《うま》出《だし》状の施設がつくられている。土塁などは多くない。西郭の最上位の平場は、本丸と呼ばれる重要拠点、一九三五年（昭和十）、伊東信雄らによる発掘・調査が行われ、掘立柱建物をかたちづくる多数の柱穴が検出されている。日本最初の城館跡の発掘であった。最近では、十五世紀ごろと思われる瀬戸瓶子の破片が表面採集されている。一三五一年（観応二）には、陸奥国府に在勤する奥州管領二人のうち、畠山国氏が足利尊氏に与して「岩切城」に立て籠もり、もう一方の管領で足利直義に与する吉良貞家に攻め落とされている。その合戦の様子が伝えられて

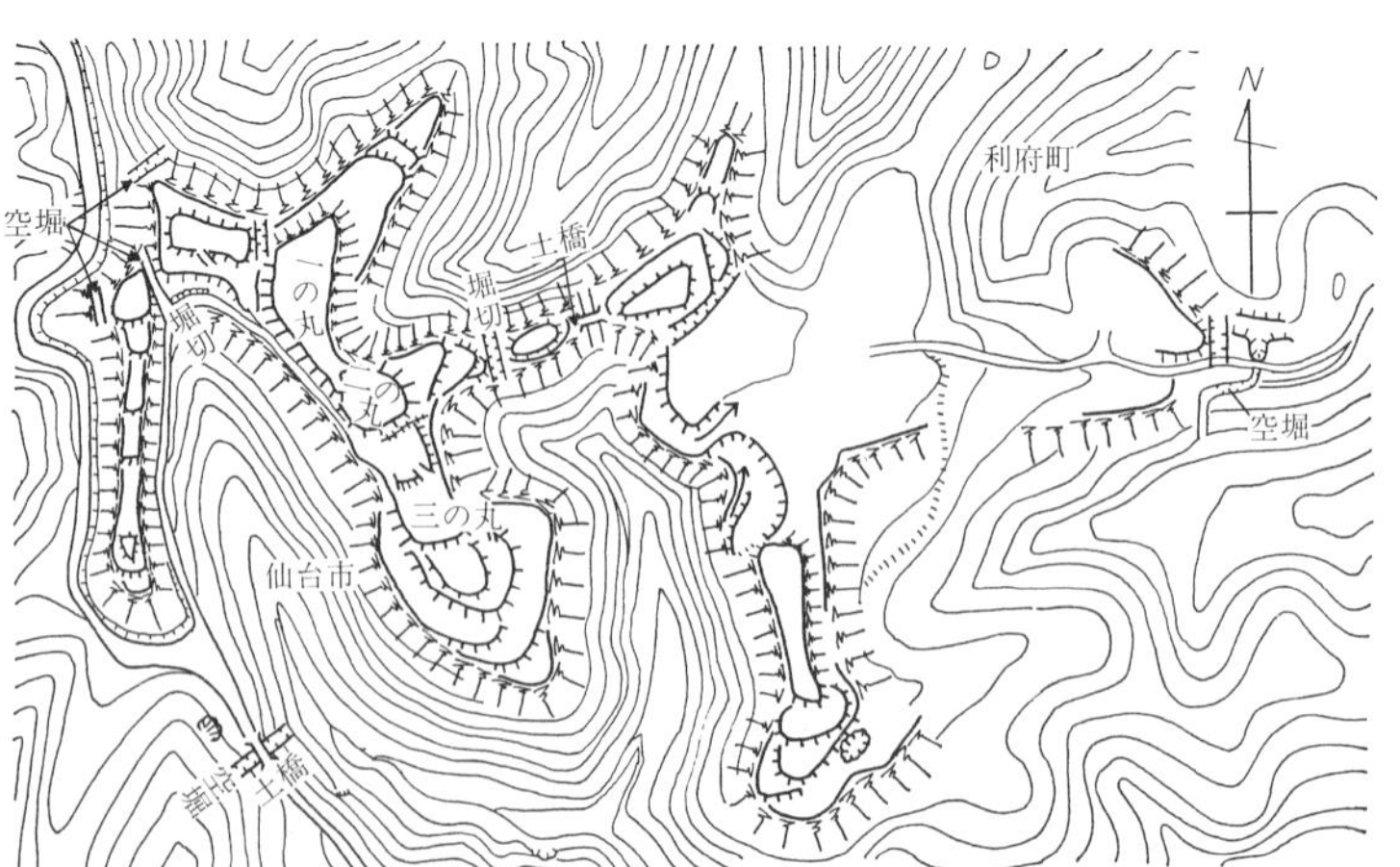

岩切城要図

いる(「鬼柳文書」ほか)。「大仏南脇壁岸」「搦手太田口」などの表記が注目される。本丸付近に設営された臨時の野戦基地が、攻防の焦点だったらしい。室町時代(十五—十六世紀)には、陸奥国留守職(在庁官人の首席)から転進した「大名」、留守氏が恒常的に住まいする政庁的な城館として整備している。そのために、留守氏の当主は、「高森殿」と呼ばれている。そのころには、「宿所うわたて(上館)」、その下の「中城」など、複数の平場が設営されていたことが知られる(『余目《あまるめ》氏旧記』)。戦国時代、一五七〇年(永禄十三)には、留守氏の本拠が利府城に移され、岩切城は廃棄されることになった。

参考文献 『日本城郭大系』三、一九八一、新人物往来社。『史跡岩切城跡—保存管理計画—』、一九六五、仙台市教育委員・岩切町教育委員会。入間田宣夫・大石直正編『よみがえる中世』七、一九九二、平凡社。『仙台市史』特別編二考古資料・特別編七城館、一九九五・二〇〇六。

(入間田宣夫)

いわくにじょう　岩国城　一六〇八年(慶長十三)、毛利元就の孫吉川広家によって横山山頂に築かれた毛利領支城。七年後の一六一五年(元和元)、一国一城令により廃城となる。山口県岩国市大字横山所在。別名横山城。錦川が大きく屈曲する形状にあわせて突き出た標高二一六メートルの横山山頂に、天守閣を有する本丸・北の北ノ丸・南の二ノ丸を中心とする要害施設を、山麓に上・下御土居を巡らせた大規模な居館を設ける。山上の要害の中心には東西八〇メートル、南北六〇メートルの方形区画の本丸があり、白壁瓦葺き四層三階南蛮造の高石垣の天守を有す。本丸の北には空濠を越えて矢倉をもつ北ノ丸、南には一段低く長方形の二ノ丸を備え、ここに大手門を配する。各曲輪《くるわ》の石垣には横山産の石灰岩およびチャートの粗割石が使用されている。瓦および建築材は近郷の社寺を廃して集められ、短期間の造営工事を忍ばせる。一六三八年(寛永十五)島原の乱を機に石垣はさらに破壊をうけた。

参考文献 山口県埋蔵文化財センター編『岩国城跡(天守)』、一九九五。木島孝之「毛利領における岩国城・長府城の「城割」の実態と意味」(『織豊城郭』三、一九九六)。

(中村　徹也)

いわくら　磐座　霊天降域、すなわち天から降臨する神を迎える神籬《ひもろぎ》のうち、石や岩で構築されたもので、全国に四百ヵ所以上知られる。その起源は弥生時代にさかのぼるとされるが、多くは古墳時代に明瞭となり、中世以降には御座石《ございし》・腰掛石・影向石《ようごういし》などと称される石や、信仰・伝説を伴う岩や石もかつては磐座であったものが多い。延喜式内社にも磐座・石宮・岩石・石上・生石など磐座を神体とし、その名を冠する神社が各地に点在する。磐座の形態はさまざまであるが、㈠巨大な岩壁、㈡単独で屹立する大岩、㈢対をなす岩、㈣重ね岩、㈤亀裂や空間を有する岩、㈥大小の岩が散在、㈦巨岩・大石の集積など幾つかに分類できる。『日本書紀』に伊弉冉尊《いざなみのみこと》の葬所として記される三重県熊野市有馬に所在する花の窟《いわや》は高さ・幅約五〇メートルの山腹の巨大な岩壁を海の彼方から来臨する神の依り代として祀る。和歌山県新宮市神倉《かみくら》神社の神体である通称「ごとびき岩」は、熊野灘を一望する神蔵峯の頂上に占地する巨岩で、周辺からは、銅鐸の破片が発見されており、信仰の古さを物語っている。茨城県鹿島神宮の要石《かなめいし》は、中央が凹んだ直径三〇センチほどの丸石で、古来より霊石として祀られている一種の磐座と理解される。三輪山を神体とする奈良県桜井市の大神《おおみわ》神社には、山頂の奥津《おきつ》磐座・中腹の中津《なかつ》磐座・麓の辺津《へつ》磐座の三ヵ所に磐座が知られ、山中には三十以上の摂社末社が鎮座するとともに、自然の岩群が諸所に存在する。その内、狭井《さい》川の水源付近の山中に所在する山ノ神遺跡は、高さ二メートル、幅一・五メートルの巨岩を取り囲むように幅一メートルほどの岩が五個据え置かれ、一面に割栗石が敷き詰められた磐座で、これまで、偶発的あるいは発掘調査によって小型銅鏡・碧玉製勾玉・水晶勾玉・子持勾玉・滑石製模造品・土製模造品などの祭祀遺物が多数検出され、四世紀後半から六世紀初頭に至る磐座祭祀の実態が明らかにされている。

参考文献 大場磐「磐座・岩境等の考古学的考察」(『神道考古学論攷』所収、一九七二、雄山閣)。和田萃編『大神と石上』、一九八八、筑摩書房。

(内川　隆志)

いわさか　磐境　古代に神を迎えまつるために岩石・礫石などを用いて設けた臨時の祭場設備のこと。比較的小型の石を多数用いて一定の範囲を区画すること。平面形は方形または円形を呈し、塚状に盛り上がったものや中央にやや大型の石を置くものなどがある。簡単な施設を随時設けてまつりが終わるとそのまま放棄したため残存率が低く、遺構として見出せないとする説や、磐座《いわくら》と同義であるとするなどの説があったが、これまでに福岡県沖ノ島遺跡や和歌山県白浜町坂田山遺跡などで確認されており、遺構からは祭祀用の遺物が出土している。また、かつて強固な石組みの神籠石《こうごいし》を磐境とする説があったが、近年の調査によりこれは山城であることが確認された。文献上には、『日本書紀』神代下天孫降臨章第二の一書に、タカミムスヒが天津神籬《あまつひもろぎ》・天津磐境をたてて、まさに吾孫のみために斎奉らむと神籬とともに磐境を造ったことが記されている。

参考文献 大場磐雄「磐座・磐境等の考古学的考察」(『神道考古学論攷』所収、一九四三、葦牙書房)。

(加藤　里美)

いわしみずはちまんぐう　石清水八幡宮　京都府八幡市八幡高坊に所在する神社。八五九年(貞観元)奈良大安寺の僧行教が宇佐八幡宮の託宣を受け、翌八六〇年山城国男山に八幡宮を勧請したのが起源と伝える。誉田別命《ほんだわけのみこと》・息長帯比売命《おきながたらしひめのみこと》・比咩大神《ひめのおおかみ》を祀る。神仏習合の影響が創建期より色濃く、神宮寺の護国寺が明治の神仏分離まで実質管理をしており、そのためか『延喜式』神名帳には名がみえない。朝廷から崇敬を受け、九七九年(天元二)円融天皇の行幸後、皇室の尊崇は特に篤く、歴代の天皇・上皇らが参詣し、伊勢神宮に次ぐ宗廟とされた。弓矢の神、戦勝祈願の神として、源氏、特に源頼義、義家が篤く崇敬し、義家はここで元服して八幡太郎と呼ばれたと伝えられ、各地に八幡宮の勧請が源氏の氏神として行われた。その後、武士を中心に戦勝、守護神として八幡信仰がさらに広まった。元寇では異敵追討の祈禱が当神社で行われた。近世においても、一八六三年(文久三)孝明天皇は攘夷祈願に行幸している。男山は交通軍事上の要地でもあり、南北朝の争乱などにより社殿を焼失し、現社殿は江戸時代初期に再建された。その後も一八六四年(元治元)の禁門の変では、長州藩の拠点にもなっている。また、男山から淀川を挟んだ北岸大山崎では、平安時代末ごろから室町時代に、末社の大山崎離宮八幡宮で神人が油座を結成し、大きな影響力を持っていた。一八六八年(明治元)神仏分離令により神号八幡大菩薩が禁止となり、八幡大神と改称。さらに松花堂昭乗の松花堂も含め、江戸時代四十八坊を数えた山上の寺坊などを境内地から追放した。重要文化財の現社殿は八幡造と呼ばれる形式で、正面に楼門が立ち、複廊に囲まれた内部に、外殿・本殿が、ともに桁行三間、梁行二間の建物を三棟連結し、桁行十一間規模である。宝物では鎌倉時代後期の五輪塔一基・石造燈籠一基のほか所蔵品の『石清水八幡宮文書』、『類聚国史』が重要文化財である。

参考文献 『石清水八幡宮史』、一九三九。 (有井 広幸)

いわせおやまこふんぐん 石清尾山古墳群 高松市旧市街地西部郊外の石清尾山の摺鉢谷をめぐる尾根上に分布する古墳群。一九七一年(昭和四十六)・七二年の調査により百十二基の古墳が確認。一九三四年に石船塚古墳が国の史跡に指定され、一九八五年に猫塚、姫塚、鏡塚、北大塚が追加指定。史跡名称も「石清尾山古墳群」に変更。さらに一九八九年(平成元)に鶴尾神社四号墳が追加指定される。盛土墳もあるが、主要な古墳はいずれも積石塚であり、形は、前方後円墳(姫塚・石船塚・北大塚)、方墳、円墳に加え、双方中円墳(猫塚・鏡塚)がみられる。これら二十四基の積石塚は、四世紀、古墳時代前期から中期前葉のものと考えられている。古墳群中最長の猫塚(九六メートル)は、中円部に竪穴式石室が九基あったと推測されている。出土品は、長宜孫子内行花文鏡・内行花文精白鏡・四獣鏡・獣帯鏡・三角縁三神三獣鏡、ほかに銅剣十七点、筒型銅器三点、銅鏃八点、鉄剣四点、鉄鏃三点、鉄刀、鉄斧、鉄鑿、鉇、石釧、土師器壺(いずれも東京国立博物館所蔵)が知られる。また、鶴尾神社四号墳出土の方格規矩四神鏡は、後漢代の鏡が伝世したものとされ、その墳墓は三世紀末から四世紀造営の最古級の前方後円墳と考えられる。尾根づたいに東に連なる紫雲山や南の浄願寺山にも古墳群があり、特に浄願寺山山頂付近には、六世紀代の横穴式石室墳が五十基以上分布している。

参考文献 香川県教育委員会編『香川の文化財』、一九九六。 (渋谷 啓一)

いわせせんづかこふんぐん 岩橋千塚古墳群 和歌山県紀ノ川流域左岸の紀ノ川平野が一望にみわたせる丘陵上に存在する六百基以上からなる古墳群。和歌山市岩橋に所在し、その範囲は花山地区・大谷山地区・大日山《だいにちやま》地区・岩橋前山地区・井辺前山地区・井辺《いんべ》地区・寺内地区のおよそ三キロ四方で約七百基の古墳が知られる。古くから著名で、一九〇六年(明治三十九)には坪井正五郎が分布調査、一九〇七年には大野雲外が発掘調査を行なったほか、一九二三年(大正十二)にはイギリス人のマンローが石室を報告したことでも知られる。古墳群は前方後円墳、円墳、方墳で構成されるが、円墳が圧倒的に多い。このうち前方後円墳は山頂の稜線部を中心に造られ、その規模に応じて天王《てんのう》塚・将軍塚・知事塚・郡長塚など地元での名称が残る。また円墳や方墳は斜面に密集する。これまでに判明した埋葬施設には粘土槨・箱式石棺・竪穴式石室・横穴式石室があるが、粘土槨や箱式石棺は古墳群の出現期に限られる。横穴式石室は古墳群周辺で採取される緑泥片岩の割石を小口積にして造られるが、壁面を構成する途上で石棚や複数の石梁が架構される例が多く、本古墳群の横穴式石室を特徴づける。石梁は内傾する壁面を補強する役割を果たしているが、前方後円墳の天王塚古墳では、高さが五・九メートルの玄室に一枚の石棚と八本の石梁が認められる。また、石棚の上には玉類・鉄鏃・雲珠などを置いた例もある。このような横穴式石室は「岩橋型」と呼ばれ、県内での分布範囲は、紀ノ川流域の東では紀ノ川市の竹房古墳、南側は有田川流域の有田市宮原古墳までとされ、地域的な色彩が強い。古墳群は五世紀中ごろから七世紀前半にかけて造られたが、その最盛期は六世紀で、七世紀になると古墳は急激に減少する。古墳群の造営主体は、県内最大の平野である紀ノ川平野を支配していた紀氏などを中心とする豪族と考えられる。特別史跡に指定され、中心部は和歌山県立紀伊風土記の

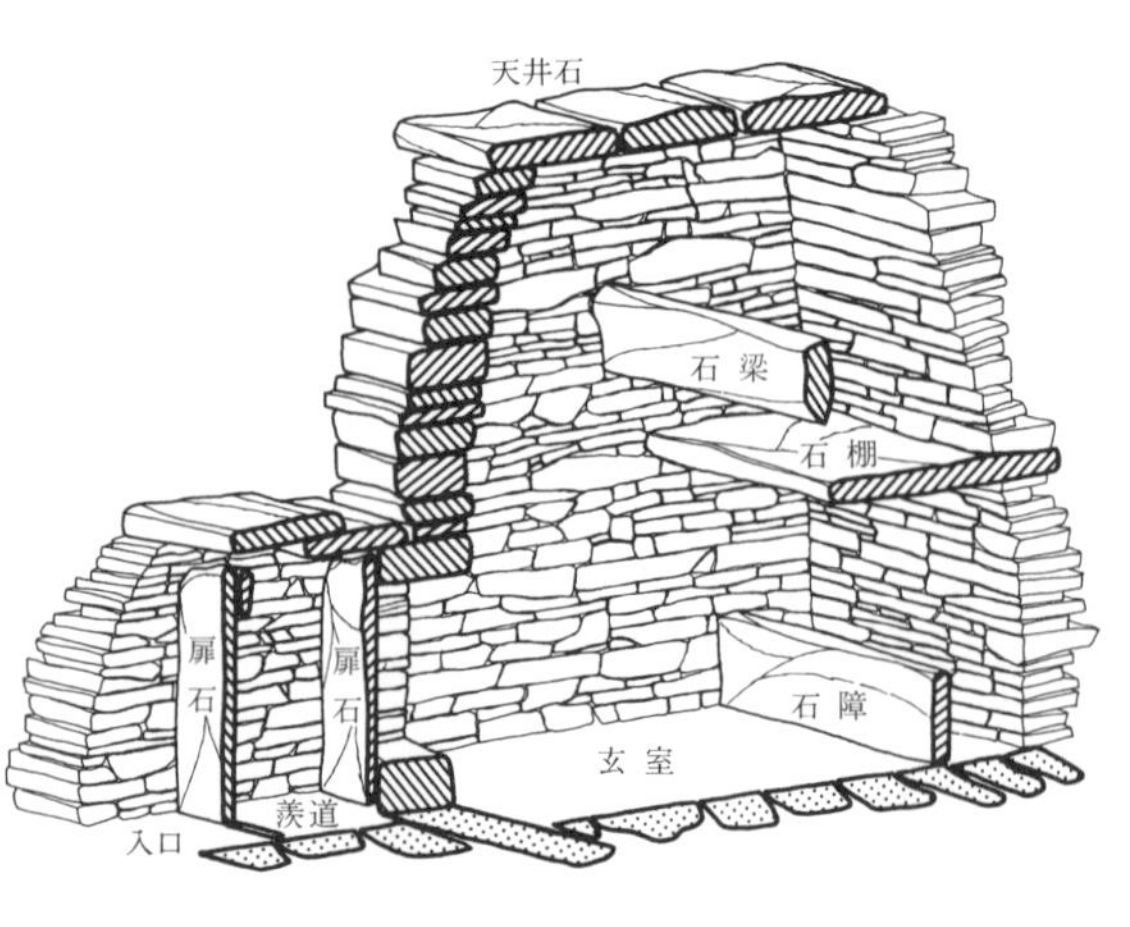

岩橋型の横穴式石室

丘として整備公開されている。また出土品を展示する資料館を併設する。

資料館　和歌山県立紀伊風土記の丘資料館(和歌山市)、和歌山市立博物館(同)

参考文献　関西大学文学部考古学研究室編『岩橋千塚』、一九六七、和歌山市教育委員会。紀伊風土記の丘管理事務所編『岩橋千塚とその周辺』、一九八一。（山本　彰）

いわせのくに　石背国　奈良時代初期に、短期間設置された律令制下の国。現在の福島県中通り地方にあたる。七一八年(養老二)、陸奥国白河・石背・会津・安積《あさか》・信《しの》夫《ぶ》の五郡を割いて、石城《いわき》国とともに設置された。石背郡を磐瀬郡とも表記するので、「いわしろ」と読むのは誤りで、「いわせ」が正しい。『続日本紀』には停廃の記事はないが、七二八年(神亀五)四月以前に白河軍団が陸奥国の管轄になっているので、これ以前に陸奥国に再併合された。おそらく多賀城が創建される七二四年(神亀元)前後に、石城国とともに陸奥国に併合されたと推定される。かつて喜田貞吉は石城・石背両国は大宝以前から存在したことを主張したが、土田直鎮が指摘したように、『続日本紀』以外にも紅葉山文庫本『令義解』戸令新附条の紙背の書き込みに七一八年に陸奥国を分割して三国としたという古格が引かれているので、喜田説は成り立ちがたい。→石城国《いわきのくに》

参考文献　喜田貞吉「石城石背両国建置沿革考」(『喜田貞吉著作集』四所収、一九八二、平凡社)。土田直鎮「石城石背両国建置沿革余考」(『奈良平安時代史研究』所収、一九九二、吉川弘文館)。工藤雅樹「石城・石背両国の分置と広域陸奥国の復活」(『蝦夷と東北古代史』所収、一九九八、吉川弘文館)。（熊谷　公男）

いわとやまこふん　岩戸山古墳　福岡県八女《やめ》市大字吉田に所在する北部九州最大の前方後円墳。国史跡。八女市・八女郡広川町・筑後市にかけて東西に延びる八女(長峰)丘陵一帯は、人形原《にんぎょうばる》とも呼ばれ、多くの古墳が所在する。岩戸山古墳は、その古墳群中最大の古墳で、墳丘は東西に主軸を置き、前方部を西に向け、二段築成で周囲には空濠と外堤が巡る。また後円部の東北部には一辺約四三メートルの方形の別区が造られている。墳丘は全長一三二メートルで、後円部径七〇メートル、前方部幅九五メートルを測る。主体部は不明であるが、墳丘上には円筒埴輪《はにわ》がめぐり、その内側に武装石人・裸体石人・馬・鶏・靭・盾・刀などの多数の石人・石馬などが置かれていた。また、別区にも形象埴輪・石人・石馬類が置かれており、全国の古墳の中で稀な別区をもち、多量の石人・石馬などで表飾されている古墳は例をみないものである。『筑後国風土記《ちくごのくにふどき》』逸文に記されている上妻県《かみつやめのあがた》の項の筑紫君磐井《つくしのきみいわい》の墳墓の内容と、古墳の実際が一致しており、被葬者の明らかな古墳として貴重である。筑紫君磐井は、五二七年に朝廷に対し反乱をおこし、一年後に平定された。『風土記』には、磐井が逃げたために朝廷軍は腹いせに石人・石馬などを破壊したとあり、出土した石人・石馬などは、そうした状況を物語るものであった。なお、全国的に類例を見ない別区は、『風土記』では衙頭《がとう》と呼ばれ、政治を行う場所を表わしており、盗人が裸でひれ伏している様子などが表現されている。古墳の周濠と周堤は整備され、別区も整備されているレプリカの石人・石馬が置かれている。近くには岩戸山歴史資料館が置かれ、重要文化財に指定されている石人・石馬などが展示されている。八女丘陵一帯の古墳は、八女古墳群として岩戸山古墳をはじめとして石人山《せきじんさん》古墳・乗場《のりば》古墳・弘化谷《こうかだに》古墳・善蔵塚《ぜんぞうづか》古墳・丸山塚古墳・丸山古墳・茶臼塚古墳などの石人・石馬をもつ古墳、装飾古墳などが国史跡として指定されている。

資料館　岩戸山歴史資料館(福岡県八女市)

参考文献　九州大学文学部考古学研究室編『岩戸山古墳』、一九七三、八女市教育委員会。森貞次郎「筑後風土記逸文に見える筑紫君磐井の墳墓」(『考古学雑誌』四一ノ三、一九五六)。（磯村　幸男）

いわはし　石橋　⇩橋《はし》

いわふねのさく　磐舟柵　『日本書紀』大化四年(六四八)是歳条に、柵を治《いとな》み蝦夷《えみし》に備え、越と信濃の民を選んではじめて柵戸《きのへ》を置いたとあるが、柵跡の発見はない。『和名類聚抄《わみょうるいじゅうしょう》』越後国磐船《いわふね》郡名より新潟県村上市などに遺称地を求め、浦田山《うらたやま》丘陵・石船《いわふね》神社・諸上寺《しょじょうじ》・七湊《ななみなと》・乙《おつ》宝寺《ぼうじ》などに比定したりするが推定の域を出ない。『日本書紀』大化三年是歳条にみえる渟足柵《ぬたりのさく》とともに改新政府の版図拡大の征夷として設けられたとする通説がある。しかし最近、村上市浦田山二号墳は六世紀前半―七世紀前半の竪穴系横口石室《たてあなけいよこくちせきしつ》で北九州・若狭系首長墓と同系と見られ、柵以前より大和の支配が及んでいたことが知られた。また渟足柵付近でも出土木簡で柵以前に高志深江国《こしのふかえのくに》造《みやつこ》の存在が判明した。最近では両柵が海路と内水面とで連絡するよう造営されたとし、六四二年(皇極天皇元)の越辺の蝦夷の内附や対外関係により、柵の造営で間接支配から直轄支配への転換をはかったとする見解もある。

参考文献　『村上市史』通史編一、一九九九。新潟大学考古学研究室編『磐舟浦田山古墳群発掘調査報告書』、一九九六。小林昌二『高志の城柵』、二〇〇五、高志書院。（小林　昌二）

いわみぎんざんいせき　石見銀山遺跡　島根県大田市大森町に位置する銀鉱山跡を中心に、戦国時代に銀山支配の拠点となった山城、戦国時代から江戸時代に銀や銀鉱石の搬出や物資搬入の主要な経路となった銀山街道、戦国時代から江戸時代初期に銀や銀鉱石を積み出した港湾など、銀生産システムの総体をのこす産業遺跡である。遺跡の中核をなす銀鉱山跡は標高五三八メートルの仙ノ山《せんのやま》一帯に分布し、採鉱から製錬までの生産遺跡、工房や住居の宅地を示すテラス群に代表される生活関連遺跡、社寺跡や祠・墓所などの信仰遺跡、山城や番所跡などの支配関連遺跡から構成され、それらが有機的に関連する複合遺跡である。遺跡の調査は一九九六年(平成八)から発掘・

科学・石造物・文献・民俗などの各分野からなる総合調査として行われ、遺跡の全体像を明らかにし、銀生産の採鉱から製錬までの技術体系を解明することを目的としている。生産遺跡のうち採鉱・採鉱の遺構は、地表近くの岩盤にある鉱脈を採掘した露頭掘り跡と、坑口を設け坑道で採掘した坑道掘り跡があり、合せて約六百ヵ所以上が確認されている。選鉱の遺構は鉱石を粉成する要石《かなめいし》とよばれる磨臼や、比重選鉱に利用した土坑や溝などがある。製錬遺構は銀製錬工程を示す炉跡が多数あり、そのほか科学分析により証明された灰吹《はいふき》炉として使われた骨灰を詰めた鉄鍋、生産された灰吹銀、中間製品である貴鉛などの遺構・遺物がある。生活関連遺跡に集落跡と考えられる造成された宅地等を示す約三千ヵ所のテラスがあり、その中には井戸や石垣を伴うものもみられる。これらのテラス群のうちには坑口前に位置するテラスもあり、生産遺跡と重複するものがある。信仰遺跡では社寺跡、墓所・墓石などがあり、墓石を中心とした石造物は約六千基以上が確認されている。山頂近くの石銀藤田《いしがねふじた》地区の調査(一九九六―九八年)では十棟の製錬所跡が検出され、そのうち一棟では建物内で土間に埋設された要石、楕円形の土坑、土坑と屋外を繋ぐ浅い溝、数基の炉跡などが、建物外では素掘り井戸、土坑が検出され、選鉱から製錬までの工程が行われ、また出土遺物に、生産に関連する道具類とともに、供膳具・貯蔵具として使用された陶磁器、土器があることから職住同一の製錬所建物跡と考えられている。同地区の調査で明らかにされた側溝が敷設された道に面して建物が連続して配置されている状況や、建物背後の丘陵裾に位置する坑道、調査区外の池、井戸、水路、寺跡(墓地)などの分布は鉱山集落の町立てを示すものである。山頂南から中腹に位置する本谷《ほんだに》地区の釜屋間歩《かまやまぶ》周辺の調査(二〇〇三年―)では、谷斜面の岩盤を加工した平坦面、平坦面上の建物跡や土坑、坑口、平坦面を繋ぐ石段など、主に採鉱と選鉱に関連する遺構群が検出され、またこれらの岩盤加工遺構近くの造成された平坦地では炉跡をもつ建物跡が確認されている。両地区にみられる採掘から製錬までの遺構群は、鉱山の空間利用の実相、特に採掘と製錬が隣接した場所で行われたことを示す顕著な例である。石見銀山は十六世紀に東アジアの伝統的な製錬技術である灰吹法を導入することによって、現地における銀生産を可能にし良質な銀を大量に生産した。その技術と生産方式は国内の諸鉱山に伝播し、日本史上稀な銀生産の隆盛をもたらした銀鉱山である。また東アジアを中心に大量の銀流通をもたらすことによって東アジア交易の重要な役割を果たした銀鉱山と位置づけられている。遺跡のうち約三八七ヘクタールが国史跡に指定され保護されるとともに、二〇〇七年の世界遺産登録を目指している。

資料館 石見銀山資料館(島根県大田市)

参考文献 『石見銀山遺跡発掘調査報告書』一・二、一九九九・二〇〇五、島根県教育委員会・大田市教育委員会。

(遠藤　浩巳)

いわみこくぶんじ　石見国分寺　七四一年(天平十三)の聖武天皇の発願により、諸国に置かれた国分寺の一つ。島根県浜田市国分《こくぶ》町国分の丘陵上に位置する。付近に、大門・門前などの小字が残る。律令時代の行政区分では、石見国那賀郡伊甘《いかい》郷に含まれていた。僧寺跡は現在浄土真宗松林山金蔵寺《こんぞうじ》の境内となっているが、塔の礎石が古くより知られており、一九二一年(大正十)三月に国の史跡指定を受けている。一九六七年(昭和四十二)には同一丘陵上、国分僧寺跡の南西八五メートルの位置に瓦窯跡が一基確認され、一九八五年三月には塔跡の一部とその付近が浜田市教育委員会によって発掘され、国分僧寺に関係すると考えられる掘立柱建物跡が検出された。ただし、伽藍配置や寺域の全貌などはいまだ不明。翌一九八六―八八年の調査では、塔跡の北方六〇メートルの調査区から大量の瓦片と七世紀後半の銅造釈迦誕生仏立像が発見された。この仏像は頭部と両腕の先を欠き完形品ではないが、灌《かん》仏会《ぶつえ》が行われていたことを示すものとして重視されている。瓦は軒丸瓦や軒平瓦などが出土しているが、伯耆国と同類のものや新羅系のものなどがある。これらの出土遺物は浜田市教育委員会で保管されている。なお、国分尼寺は、国分寺跡の東北東三四〇メートルの丘陵上にあったと考えられている。この地には、現在の曹洞宗国分寺が存在するが、字名として尼所や比丘尼所などが残るため、未発掘ではあるが国分尼寺が存在した可能性はきわめて高い。軒丸瓦や軒平瓦などが発見されており、石見国分寺のものと同系である。このほか、この地から出土したとされる誕生釈迦仏が個人の宅に伝えられている。→国分寺《こくぶんじ》

参考文献 内田律雄「石見国分寺瓦について」(山本清先生喜寿記念論集刊行会編『山陰考古学の諸問題』所収、一九八六)。内田律雄・江川幸子「石見」(角田文衞編『新修国分寺の研究』七所収、一九九七、吉川弘文館)。

(森田喜久男)

いわみのくに　石見国　律令制下の山陰道において、現在の隠岐を除く島根県域の西半分を占めていた国。東は出雲国・備後国、南は安芸国・周防国、西は長門国、北は日本海に接する。『延喜式』によれば、安濃《あの》・邇摩《にま》・那賀《なか》・邑知《おおち》(智)・美濃《みの》・鹿足《かのあし》の六郡から構成されているが、鹿足郡は、八四三年(承和十)五月八日に美濃郡から分立したという記録が『続日本後紀』に記されている(同年同日条)。高山寺本『和名類聚抄』によれば六郡三十四郷が存在し、『延喜式』兵部省諸国駅伝馬条によれば、波禰《はね》・託農《たくの》・樟道《くすち》・江東・江西・伊甘《いかい》の六駅が存在した。国の等級は中国で、山陰道の遠国として扱われた。『延喜式』神名帳に載せられている式内社の数は三十四座である。石見国府の所在地については、古くは邇摩郡仁摩町から浜田市下府《しもこう》町に移ったとする説や江津市二宮から浜田市下府町に移ったとする説が唱えられたことがある。仁摩

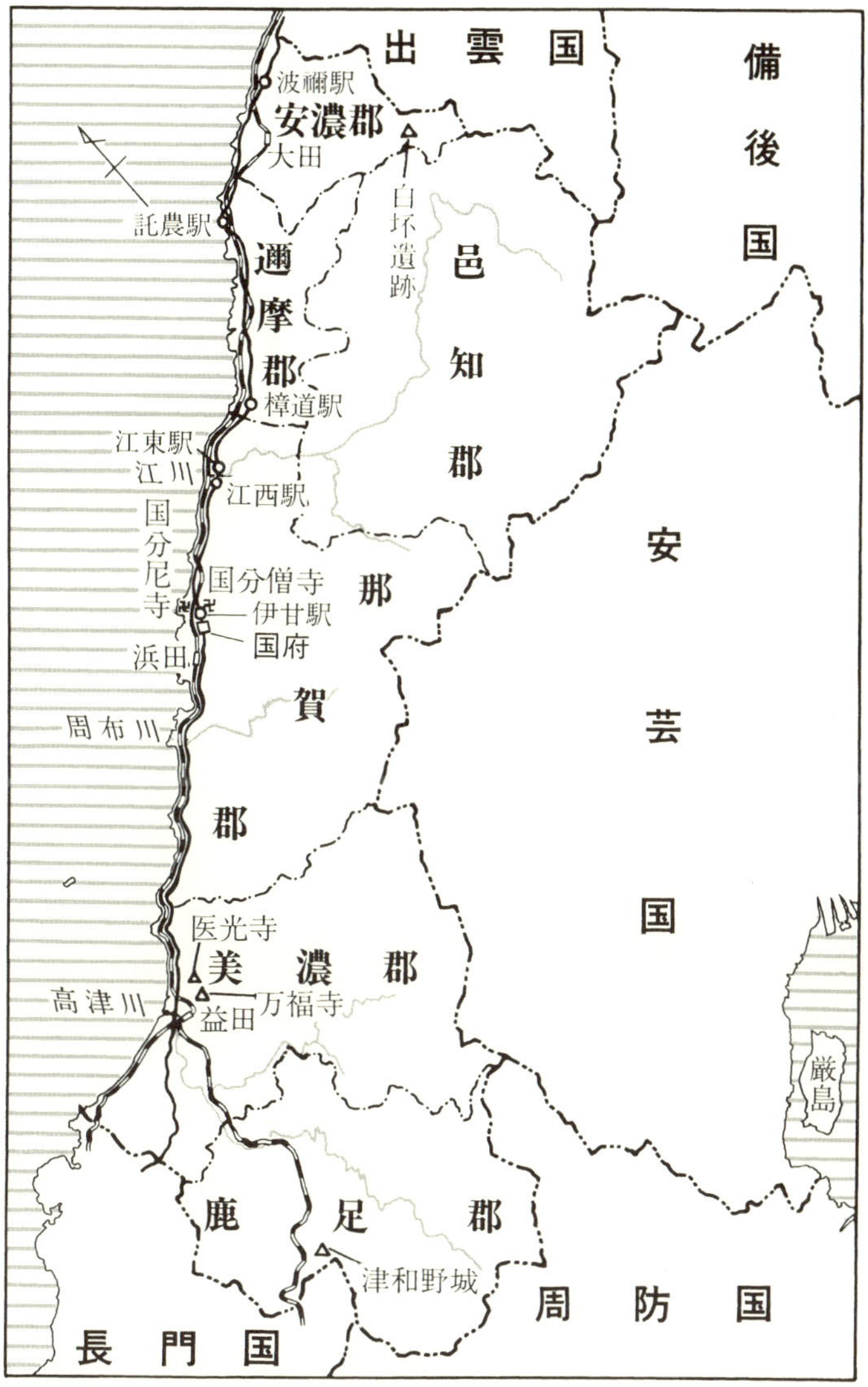

石見国略図

町には、「ミカド」という小字名があり、江津市二宮には国司交替時に発給される解由《げゆ》状を連想させる「ゲヤ」や柿本人麻呂の妻恵良媛を思わせる「恵良《えら》」といった地名が存在することがその根拠とされている。ただし、これらの地区に国庁が存在したことを裏付けるような決定的な証拠は検出されていない。一方、浜田市下府地区には伊甘駅という地名にも通ずる伊甘《いかん》神社が鎮座し、その境内には印鎰社も祀られている。このように国司に関わる地名が存在することから一九七七年(昭和五十二)から一九七九年度にかけて、島根県教育委員会の手で、浜田市下府町横路地区や伊甘神社脇、上府町三宅地区などにおいて発掘調査が行われた。現段階では中世や近世の遺構がほとんどであるが、伊甘神社脇から古墳時代中期の土師器や奈良時代の若干の瓦片が出土し、柱穴状のピットを検出した。国府に関連する遺跡である可能性は否定できないものの、国庁の本体かどうかについてははっきりしない。ただ、中国山地から派生する山々が海岸近くまで迫り広い平野がほとんど見られない中で、浜田市の下府川下流域には比較的広い沖積平野が展開しており、伊甘神社のほかに、下府廃寺や横穴式石室を主体とする七世紀代の片山古墳なども分布していることなどを踏まえると、浜田市下府地区は石見国府所在地としてなお有力な可能性を秘めているといえよう。このほかに、国庁の所在地として浜田市国分町の唐鐘地区を想定する説もある。国分寺や国分尼寺については、島根県浜田市国分町国分の標高約五五メートルの西方に日本海が展望できる丘陵上にあって、約三四〇メートルの距離を置き僧寺跡と尼寺跡が東西に存在している。このほかに、石見国の公的施設としては、山陰道節度使の鎮所が置かれたことが、七三四年(天平六)の『出雲国計会帳』の分析から指摘されている。その場所については「門ノ前」「鎮守ノ前」「鎮守ノ門」「アゼチ」などの字名の存在から、浜田市国分町の石見国分寺付近に存在したという説がある。ただし、発掘調査などで確認されたわけではない。また、大田市水上町に位置する白坏《しらつき》遺跡からは、自然流路の岸辺付近から木簡二十五点と墨書土器、ヘラ書き土器などが出土し、史料の乏しい石見の古代史の間隙を埋めるものとして脚光を浴びた。その中でも注目されたのが、「止知一斛　尚世名」と書かれた木簡や「延喜九年十一月四日」の年紀を有する木簡、あるいは「九九」木簡などである。この遺跡の性格については、郷(里)の集落、および集落ごとに置かれた倉庫と見るか、負名《ふみょう》の私宅の倉(=里倉)あるいは納所ではないかと考えられている。八八四年(元慶八)六月には邇摩郡大領伊福部安道や那賀郡大領久米岑雄らが権守上毛野氏永を襲撃する事件を引き起している。その後、中世に入り国衙領が再編される中で、摂関家領益田荘・大家荘、天皇家領長野荘、延暦寺領桜井荘、上賀茂社領久永荘、石清水八幡宮領大国荘などが成立した。在地領主としては、益田氏・三隅氏・福屋氏・周布氏などが知られるが、特に益田氏の場合、国衙支配機構を梃子に発展したことで知られる。また周布氏は対朝鮮交易を行うなど海洋領主としての性格をなしていた。石見銀山は、江戸幕府の直轄地となり、その他の地域は浜田藩や津和野藩に分割された。その後、明治に入ると旧銀山領、浜田藩は隠岐と共に大森県に編成され、さらに浜田県と改称された。

参考文献　石井悠「古代石見の役所跡について」(山本

清先生喜寿記念論集刊行会編『山陰考古学の諸問題』所収、一九八六。島根県大田市教育委員会編『白坏遺跡発掘調査概報』(『大田市埋蔵文化財調査報告』八、一九六九)。『温泉津町誌』上、一九九四。下向井龍彦「一〇世紀はじめの「負名」木簡」(稲田孝司・八木充編『新版古代の日本』四所収、一九九二、角川書店)。

(森田喜久男)

いわや　岩屋　角礫岩の崖を穿った石窟寺院。別に二上山廃寺ともいわれる。大和と河内を往来する峠道のうち二上山《にじょうさん》(「ふたがみやま」とも)の雌岳《めだけ》の南側を迂回するのが岩屋越えである。岩屋は標高約三六〇メートルの岩屋峠の南斜面にある。大阪府南河内郡太子町所在。一九四八年(昭和二十三)一月に国史跡となる。間口七・六メートル、奥行四・五メートル、高さ六・一四メートル、石窟内部には岩盤から直接、削りだした多層塔がある。高さ一・四メートルの基壇上に現存高二一・一メートルの塔がのるようにつくられている。塔は本来、五重の層塔であったともみられているが、いまは三層分が遺存する。北壁には座像の本尊と立像の脇侍が浮き彫りされたとみられる。小規模ながら中国などの石窟寺院の影響を受けて奈良時代に造作されたものではないかと考えられているが、記録類はなく縁起については不明。西方には同様に基盤の凝灰岩《ぎょうかいがん》を削り込んで十三重塔を造り出した国史跡鹿谷寺《ろくたんじ》がある。

参考文献　『図説日本の史跡』五、一九九一、同朋舎出版。

(今尾　文昭)

いわやじょう　岩屋城　福岡県太宰府市に所在する中世山城。城跡は、七世紀に築造された特別史跡大野城跡の指定地内に所在し、山塊の南山腹に築かれ、筑前から筑後に入る主要道を制する要衝の地にある。天文年間(一五三二―五五)に当城の東に位置する宝満《ほうまん》城の支城として高《たか》橋鑑種《はしあきたね》により整備された。鑑種は、立花山城の立花(大友)鑑載《あきとし》とともに筑前における大友方の中心として毛利氏に対抗したが、一五六七年(永禄十)鑑載らと反大友・親毛利氏となり、豊後大友氏に攻められる。その後、一五七〇年(元亀元)高橋の名跡は吉弘鎮理《しずまさ》が継ぎ、宝満・岩屋両城主となり、高橋鎮種《しずたね》(紹運《しょううん》)と名乗る。同年立花山城主となり道雪と号した戸次鑑連とともに筑前における大友方の中心となる。天正年間(一五七三―九二)になると島津氏による北上が始まり、一五七八年の日向耳川の戦いによる大友軍の敗北、一五八四年の肥前島原における肥前の龍造寺《りゅうぞうじ》隆信《たかのぶ》の敗死により、島津氏は筑前に進出した。一五八六年七月五万余の島津軍は、大宰府観世音寺に着陣し、岩屋城を包囲した。高橋紹運以下七百六十三名の城兵は同月十四日から始まった総攻撃に、半月に及ぶ籠城の末、全員討死した。この戦いは、紹運の戦国武将としての力を発揮した合戦として後世に語り継がれるものとなる。城跡は、紹運の後裔である筑後柳川藩主による「嗚呼、壮烈岩屋城」の石碑がある本丸と、林道を挟んで山麓に紹運の墓がある郭群が所在する。

参考文献　『太宰府市史』考古資料編、一九九二。

(磯村　幸男)

いわれ　磐余　『日本書紀』などに表れる古代の地名。現在の奈良県桜井市南部から橿原市東部にかけての地域と考えられる。伊波礼・石村・石寸なども記されている。『日本書紀』神武天皇即位前紀己未年二月条に、「磐余邑」がでてくる。また神武天皇の和風諡号は神日本磐余彦天皇と称した。宮地名にも磐余稚桜宮《いわれのわかざくらのみや》(神功皇后・履中天皇)、磐余甕栗宮《いわれのみかくりのみや》(清寧天皇)、磐余玉穂宮(継体天皇、以上『日本書紀』)、十市郡磐余訳語田宮《いわれのおさだのみや》(敏達天皇、『帝王編年記』)などがあり、橘豊日命(用明天皇)が磐余に池辺双槻宮《いけのべのなみつきのみや》を定めたともある。また履中天皇二年に磐余池が造られたと伝える(『日本書紀』)。『万葉集』にも、磐余道や磐余山などがみえる。このような使われ方からみて、古代日本の中心的な場所であったと考えられる。

(河上　邦彦)

いわれのいけ　磐余池　紀記などに記される古代の池。現在この池がどこにあったのかはっきりしないが、天香具山の北東、奈良県桜井市池之内から橿原市の東北部あたり一帯が磐余池の跡だと考えられている。磐余市磯池《いわれのいちしのいけ》・市師池とも称された。『日本書紀』履中天皇二年十月条に「磐余池を作る」(原漢文)とあり、同三年十一月辛未条に履中天皇が両枝船を作って池に浮かべたとある。また垂仁天皇が、二俣榲《ふたまたすぎ》で二俣小舟を作り倭の市師池と軽池に浮かべたとある(『古事記』垂仁天皇段)。『日本書紀』継体天皇七年九月条にも仁賢天皇の娘春日皇女が詠んだ歌のなかに磐余の池がみえる。『万葉集』にもこの池を歌ったものがあり、大津皇子が謀反の科によって刑死する時に「ももづたふ磐余の池に鳴く鴨を今日のみ見てや雲隠りなむ」(原万葉仮名・『万葉集』四一六)と詠んでいる。池の推定地では中世までは池の一部が残っていたらしいが、現存しない。現地形からみて池は米川支流の戒外川を堰き止めたものらしく、橿原市東池尻町の字島井には堤の痕跡らしいものがある。稚桜《わかざくら》神社と御厨子《みずし》神社のある丘陵の間に堤が作られたらしい。また桜井市池ノ内町の稚桜神社東北の水田から巨大な木樋が発掘されている。さらに磐余遺跡群からは池の堆積土層と飛鳥時代の遺物が発見されている。

(河上　邦彦)

いんしょう　印章　俗に「はんこ」とも呼ばれるが、文書などに捺し、証拠の表示や自己の所有表明する手段として用いられる。古くは紀元前四〇〇〇年代のメソポタミア社会に、粘土板に捺して所有物を表示した印章がみえるが、日本に直接的に影響を与えたのが中国の印章制度である。中国では春秋戦国時代以降、官吏の任官に璽を用いる制度が行われたが、秦の始皇帝が天下を統一すると、印章の制度を確立し、璽を皇帝専用のものとし、臣下のそれを印と称して区別した。漢代になると官印の制度が順次整備され、官の高下により、印の材質・鈕式・印綬《くみひも》が厳然と区別された。紙の未発達なこの時代にあっては、もっぱら木竹による簡牘《かんとく》が用いられ、その封検のために、簡牘を縄で結んだその結び目に丸泥をつけて押印した。したがって丸泥に印文が浮き上がるように印面が陰刻で製作される場合が多く、また個々の官吏に賜与されるものであることから、方一寸程度の小型の印であった。福岡県志賀島で発見された「漢委奴国王」金印は、こうした漢代の官印制度や封泥の制をふまえて作られている。紙の発明とともに印章も紙に押印する役割を果たすようになり、隋代以後、官印は個々の官吏に班給するのではなく、官署に常置するようになり、それに伴い大型化した。わが国の公印(官印)制度は、こうした隋唐の制度の影響を受けて、七〇一年(大宝元)制定の大宝律令より始まった。同年、「新印の様(見本)」を頒布し、その後ただちに内印(天皇御璽)と外印(太政官印)が鋳造されたらしく、七一一年(和銅四)にはすでに外印の偽印が作られている。ついで七〇四年(慶雲元)、鍛冶司《かぬちし》が「諸国印」を鋳し、諸国での公印の本格的使用が始まった。七一九年(養老三)に中務省を除く七省(式部・治部・民部・兵部・刑部・大蔵・宮内)と春宮坊に印各一面が支給され、中央諸司でも本格的に公印制度が施行された。中務省印に関する記事がみえないのは、七省に先行して鋳造されたためであろう。このようにして八世紀初頭には各官司の公印が出揃うが、古代の律令国家が高度な官僚制を構築し、文書行政を貫徹していく上で、公印制度の整備が不可欠であったことをこれは示している。古代の公印はすべて、銅をはじめとする複数の金属元素を主要な成分とする、いわゆる青銅製の鋳造印で、令制官司のうち典《てん》鋳司《ちゅうし》・鍛冶司・内匠寮《たくみりょう》などがその製作にあたった。『養老令』公式《くしき》令によれば、内印(天皇御璽)は方三寸(約八・七センチ)、外印(太政官印)が方二寸半(約七・二センチ)、諸司印が方二寸二分(約六・四センチ)、諸国印が方二寸(五・八センチ)と、権威の大きさが印面の大きさをそのまま示しており、現存する印影からも令の規定通り実行されていたことがわかる。各印の用途は、内印が五位以上の位記と諸国に下す公文に、外印が六位以下の位記と太政官の文案に、諸司印・諸国印は各官司発行の文書(国印の場合は調物にも)に、それぞれ押捺することになっていたが、内印の請印の手続きが煩瑣であったため、七二〇年(養老四)に諸国に下す小事には一部外印を捺すように改められている。このほか、公印に準ずる印として、律令の規定にはないが、倉印、郡印、軍団印、寺印などがある。なお、『拾芥《しゅうがい》抄《しょう》』には「郷印一寸」という記載があり、郡印の下に郷印が存在したことも想定される。古代の印章は官印が主体であり、私印の使用は当初原則として認められていなかった。印の鋳造は国家の特権と考えられていたのである。このことを象徴的に示す事例が奈良時代の藤原仲麻《ふじわらのなかま》呂《ろ》政権である。七五八年(天平宝字二)、藤原仲麻呂が恵《え》美押勝《みのおしかつ》の名を賜った際に、同時に「恵美家印」や挙稲・鋳銭の権限が付与されており、印の使用は稲穀出挙や鋳銭とならんで国家の特権であったと考えられていた。だが実態としては私印の捺されている文書が奈良時代の正倉院文書にも散見し、出土印としても私印が各地から発見されている。八六八年(貞観十)には家印・私印の使用は公認されるが、このときに印面の法量を方一寸五分以内と規定している。実際に出土した私印の法量も方一寸五分以内がほとんどであり、公印に抵触しない範囲で私印が使用されていたらしい。公印・私印を含めたこれらの印は、奈良時代の正倉院文書をはじめとする古代の公文書に捺される例や、出土・伝世されているものもあり、それらによって印章制度の実態を知ることができる。まず文書に捺された印影に着目すると、いずれも陽刻、かつ朱肉で捺されるのが原則で、黒印の使用は中世以後である。印文の書体は原則として篆書《てんしょ》体だが、郡印は八世紀後半の一時期に楷書体に改鋳されている。また、同じ印文の篆書体でも文書の年代によりその書体が微妙に異なる場合があり、そこから印の改鋳時期を特定できる。つまり印影によって、ある程度の編年作業が可能となる。次に印の捺し方についてみると、公印制度が成立した当初の奈良時代の文書には、印が文書の字面全体に整然と捺されているが、平安時代以降は次第に乱雑になり、やがて捺印の数も字面全体ではなく文書のはじめ・中ほど・末尾の三ヵ所程度に捺されるにすぎなくなり、平安時代末期の公文書に至っては無印の文書も多くあらわれるようになる。すなわち律令制の弛緩とともに、公印制度の原則も崩れていったのである。次に出土印・伝世印に着目すると、古代公印の形状をとどめている倉印や郡印が実物で残っており、鈕《つまみ》の形が弧鈕無孔(頭部が円弧状を呈し、孔のあいていないもの)である点が特徴である。これに対して、これまで見つかっている私印の多くが莟鈕有孔(頭部が花弁状を呈し、孔のあいているもの)であり、公印とは鈕の形を意識的に違えていた可能性がある。逆にいえば、弧鈕無孔であるか、莟鈕有孔かは、公印系統であるか私印であるかを区別する際の指標となりうる。出土印の中には木印や丸印や焼印などもあり、『日本書紀』持統天皇紀に「木印」の存在がみえることからも、鋳銅印や方形印面という一般的な印だけでなく、さまざまな形状や材質の古代印が存在したことを想定しておく必要がある。なお、「璽印」の古訓に「オシテ」という言葉があり、これが「押し手」、すなわち手印を意味すると解釈し、手形の伝統がわが国に古くからあったとみる考え方もあるが、現存の手印資料は平安時代以降、院政期のものが多く、必ずしも古い伝統であるとはいえない。中世以降、令制的な官印は引き続き使用されてはいたが、その数は著しく減少し、花押《かおう》がこれに代わる役割を果たすようになる。鎌倉時代以降の武家文書にはまったく印章がみられず、足利幕府においても原則的に印を使用しなかったのは、捺印の手続きによる煩わしさを排除したためであろう。しかし戦国時代の武将は印章を持つようになり、これを用いた「印判状」が作成された。これらの印章は、方形印、丸印などさまざまな形をもち、印面にも虎・竜・馬などの図柄や佳字・神仏名などが用いられるなど、官印とは系譜を異にする。事の軽重により二種以上の印章を使い分けることもあり、やがてこれを代々襲用して家印としても使用される場合もあった。この一方で、鎌倉時代には渡来の禅宗僧によって文人印がもたらされるようになり、これを機に私印(個人印)が盛行した。近世以降は、中国清代の篆刻《てんこく》流行の影響を受け、好事家の間でさまざまな種類の印章が用いられ、広く庶民の間にも浸透した。明治時代になって、新政府が太政官制度を整備すると、それに伴い印章制度も復活した。「大日本国璽」をはじめとして、「太政官印」、諸官省印、府藩県印などが作られ、法量もおおむね律令の公式令に準拠した。このように近世における「はんこ」の普及、近代における印章制度の復活は、現代の「はんこ行政」の盛行へとつながっている。近世には古物・古文書への関心から、「大和古印」ともよばれた古代印への関心が高まり、古印譜集が作られるようになる。藤貞幹《とうていかん》『公私古印譜』はその先蹤だが、松平定信『集古十種』印章部は、奈良時代の古文書に捺された官印の模刻や、社寺伝世古印、私印なども広く収集している。穂井田忠友《ほいだただとも》は、古印譜への関心から正倉院文書の整理を行い、のちに『埋麝《まいじゃ》発香《はっこう》』において精緻な古印譜集を作成している。ただこうした近世の印譜集は、これをもとに模古印が作られたこともあったように、古物愛玩的な関心で収集されているものが多く、古文書学・考古学の中に印章を位置づけるようになるのは近代以降である。とくに近年では、印影の研究に長らく影響を与えていた近世古印譜を相対化し、古文書の中であらためて印影を検討しなおす試みがなされ、印影にもとづく編年研究が行われるようになってきている。また、発掘調査で出土する古代印の考古学的な検討も行われている。さらにはこうした古代印の現存資料(出土資料・伝世資料)を非破壊分析手法である蛍光X線分析によって科学的に調査し、古代印に特徴的な製作技法をさぐる試みもなされており、印章研究は印影資料と現存資料の有機的、総合的な検討を通じて今後も解明されるべきであろう。

→花押《かおう》 →郡印《ぐんいん》 →軍団印《ぐんだんいん》 →国印《こくいん》 →私印《しいん》 →寺印《じいん》 →倉印《そういん》 →焼印《やきいん》

参考文献 荻野三七彦『印章』(『日本歴史叢書』、一九六六、吉川弘文館)。木内武男編『日本の古印』、一九六四、二玄社。木内武男『日本の官印』、一九七四、東京美術。木内武男『印章』、一九八三、柏書房。国立歴史民俗博物館編『日本古代印集成』、一九九六。『国立歴史民俗博物館研究報告』七九(日本古代印の基礎的研究)、一九九九。

(三上　喜孝)

インチン　影青　⇩青白磁《せいはくじ》

いんのしょうやかたあと　院庄館跡　岡山県津山市神戸《じんご》に所在する鎌倉時代初期から室町時代にかけての館跡。国史跡。出雲街道と吉井川の交差する場所に位置する。『作陽誌』には、「諺曰、作州府院庄、四方高而地塞、即此地也」との記載があり、本遺跡が美作国守護所であった可能性が高い。発掘調査により、土塁とその内部から井戸、掘立柱建物の存在が明らかになった。青磁、白磁、墨書磁器、備前焼、勝間田焼などの遺物も出土し、その活動をうかがい知ることができる。『太平記』には、一三三二年(元弘二)に隠岐島に配流される途上、後醍醐天皇がここに滞在し、備前の武士、児島高徳が「天莫レ空二勾践一、時非レ無二范蠡一」と桜の木に刻み、天皇への忠誠心を示したという伝説があり、後に川上音二郎の新劇の題材としてもとりあげられ広く知られた。

参考文献 津山市教育委員会編『史跡院庄館跡発掘調査報告』、一九七四。『津山市史』二、一九七七。津山市教育委員会編『史跡院庄館跡』(『津山市文化財発掘調査報告』七、一九八二)。

(金田　明大)

いんばん　印判　⇩印章《いんしょう》

いんぶつ　印仏　同一の仏菩薩像を多数図示するために印章のように木片(形木)の表面に像を刻して紙上に押捺《おうなつ》したもの。形像が仏菩薩以外に宝塔や五輪塔、阿弥陀号名などもある。ただその形像がやや大型で、印章のように手で紙上に押印しがたいものは、版木に刻して摺刷する方法もあり、それを別に摺仏《すりぶつ》とも呼ばれる。日本では版画の技法自体は、奈良時代に中国・朝鮮から輸入されるが、平安時代に僧侶や貴族により、末法思想と結びついた多数造仏による功徳を得るとの考えにより膨大な量の印仏・摺仏が作られ、仏像の胎内に納められた。また一般庶民ではお札やお守りとして印仏を所持した。鎌倉時代では日課印仏(毎日印を押す修行)や故人の追善供養に印仏を用いる、また印仏を束ねて守護札とすることなどが流行し、今日も莫大な量の印仏を残している。奈良元興寺や京都浄瑠璃寺などが有名であるが、今日では全国的に所在が確認されている。

(吉井　敏幸)

いんぷもん　殷富門　⇩宮城十二門《きゅうじょうじゅうにもん》

いんべみなみおおがまあと　伊部南大窯跡　岡山県備前市伊部の姑耶山《こやさん》北麓にある江戸時代を中心に操業された備前焼の窯跡。一九五九年(昭和三十四)国史跡に指定されている。安土桃山時代から江戸時代の備前焼の大窯跡は、南大窯跡のほかに、北大窯跡(市指定史跡)・西大窯跡(市指定史跡)の二ヵ所があり、南大窯跡が最も大きな規模である。一九四三年・一九五一年一部調査が行われ、三基の大窯跡が発見されている。一九九九年(平成十一)から二〇〇五年まで、市教育委員会によって史跡整備のための調査が行われ、新たに三基が確認されている。東側窯跡は、備前焼の窯跡の中では最も大きく全長五三・八メートル、幅三～五・二メートル、傾斜角度一七度の規模である。十七世紀初めごろから明治初年まで操業されている。中央窯跡は、全長三五メートル、幅二・二～二・三メートルで、十七世紀を中心に操業されている。西側窯跡は、全長三五・三メートル、幅二・三～二・六メートルで十八世紀から操業されている。これらの物原は窯跡の両側に小山状を呈し、江戸時代を通じての破損品が捨てられている。天保期の有段式登り窯跡、平安時代後半の窯跡、安土桃山時代の大窯(東三号窯跡)などが新たに発見されている。東三号窯跡は全長四〇メートル、幅三・四〜四メートルの規模である。

参考文献　桂又三郎『伊部南大窯跡址発掘資料』、一九五二、日本陶磁協会。備前市教育委員会『伊部南大窯跡周辺窯跡群確認調査報告』Ⅰ、二〇〇三。石井啓「生産地—伊部南大窯の調査を中心に—」(『備前歴史フォーラム資料集「備前焼研究最前線」』、二〇〇五、備前市教育委員会)。備前市教育委員会『国指定史跡「伊部南大窯跡」発掘調査現地説明会資料』、二〇〇五。　　（伊藤　晃）

いんべやき　伊部焼　⇩備前焼《びぜんやき》

いんやくしゃ　印鑰社　中世の国府(府中)・国庁周辺に祀られた神社。印は国印を鑰は府庫の鍵を表し、国政の象徴とされた。『朝野群載《ちょうやぐんさい》』には、平安時代末期の印鑰の扱いに関する記事がみえるが、この当時は、鑰は、国印を収める箱の鍵になっている。いずれにせよ十一世紀末までは一応は実務的な意味を持っていた印鑰であるが、十二世紀中ごろから国司制度の変化に伴って実用されなくなった。そして、国衙における印を扱う際の請印《せいいん》作法が次第に独立した印鑰神事に発展する過程で、印鑰神なる神が創出され、これが南北朝時代以降、国府関係施設の傍らに勧請されて建立されたのが、印鑰社の起源と考えられる。したがって、印鑰社は、中世の国府の所在を示し、下野・出羽・能登・丹後・播磨・阿波・讃岐・筑後・豊後・肥前・日向・壱岐・対馬の諸国に存在する。なお、筑前・筑後・肥前・肥後などの諸国では、国府以外の地にも印鑰社が祀られることが多く、これらは、戦国時代に背振《せふり》山の修験者によって勧請されたと推測されている。

参考文献　木下良『国府』(『教育社歴史新書』四四、一九六八、教育社)。牛山佳幸『「小さき社」の列島史』(『平凡社選書』二〇三、二〇〇〇、平凡社)。　　（木本　雅康）

う

うえすぎのりかたのはか　上杉憲方墓　神奈川県鎌倉市極楽寺の極楽寺坂頂上南側山裾にある安山岩製七層塔。国指定史跡。上杉憲方墓と伝えるものとしては、もう一つ北鎌倉明月院やぐら内の宝篋印塔がある。層塔の北側は極楽寺子院の西方寺跡と伝え、憲方逆修《ぎゃくしゅ》の宝篋印塔が立っている。上杉憲方は山内上杉家の祖憲顕の子で、明月院の開基でもある。鎌倉公方足利氏満のもとで関東管領を務め、山内氏を称した。一三九四年(応永元)六十歳で死去、墓所は『鎌倉管領九代記』によれば極楽寺であった。本塔は総高二九二センチ。相輪先端の宝珠と請花《うけばな》を欠く。基壇はなく、基台が直接地面に立っている。基台は二区には分かれず、四面に輪郭を取り、それぞれに大きな格狭間《こうざま》を刻む。塔身には輪郭をめぐらし、四面に金剛界四仏を陽刻する。七層の屋蓋は四隅がゆるく反り上がる。これらはいずれも鎌倉時代後—末期の様式を示す。九輪の表現やその下の請花の蓮弁はいくらか退化しているが、総体的にみて鎌倉時代最末期から南北朝時代初期までにおさまるといってよい。したがって上杉憲方の没年とは半世紀以上の懸隔があることになる。明月院やぐら内の上杉憲方墓とされる宝篋印塔も鎌倉時代末期の様式なので、彼の墓についてはなお検討を要しよう。

参考文献　『鎌倉国宝館図録』一三、一九八〇、鎌倉市教育委員会。　　（馬淵　和雄）

うえださんぺい　上田三平　一八八一—一九五〇　一八八一年(明治十四)福井県遠敷郡国富村(小浜市)生まれ。農業に従事しつつ苦学して福井県師範学校を卒業、小浜高等小学校勤務ののち福井県師範学校訓導となり、地理科の中等教員免許を得て教諭となる。三十五歳で歴史科免許を得、一九一六年(大正五)小浜の西塚古墳を調査、翌一九一七年にはじまる福井県の史蹟勝地調査を担当して報告書を刊行した。その成果が評価され、一九二一年石川県史蹟名勝天然紀念物調査嘱託となり、報告をまとめる。一九二四年には奈良県史蹟名勝天然紀念物調査嘱託に招かれ、内務省が進めた奈良の平城宮跡や古墳・寺跡・薬園の調査を行い、報告書をまとめた。一九二七年(昭和二)には内務省地理課の史蹟調査嘱託となり、『奈良県に於ける指定史蹟』二冊を編集するほか全国の史跡の調査・保護にかかわり、日本薬園史を研究した。翌一九二八年業務移管とともに内務省から文部省に移り、一九三〇年の払田《ほった》柵跡・城輪《きのわ》柵跡、一九三四年の春日山城など全国各地の史跡を調査し、その保存に努めた。一九三九年からは紀元二千六百年記念事業とかかわる神武天皇聖蹟の調査に従事、一九四三年には静岡市登呂遺跡の発掘調査を指導した。翌一九四四年には神籠石《こうごいし》を調査、一九四五年には戦況悪化と持病の神経痛から小浜に疎開、終戦後の九月に文部省史蹟調査嘱託を退き史蹟名勝天然紀念物調査会臨時委員となった。一九五〇年十二月十九日横浜市で没した。六十九歳。主な著書に『日本薬園史の研究』(改訂増補版、一九七二、渡辺書店)などがある。

参考文献　上田三平『史跡を訪ねて三十余年』、一九七一、上田三平先生顕彰会。　　（佐藤　信）

うえだじょう　上田城　長野県上田市にある城跡。上田市大手二丁目に所在。上田盆地の北部の太郎山を背に、比高約一二メートルの尼ヶ淵の、千曲川によって形成された段丘上に立地する。はじめ松尾城とも、千曲川の尼ヶ淵に臨むことから尼ヶ淵城とも、また背後の伊勢山にあった山城と区別して伊勢崎城ともいった。城跡は国史跡。この地にはもと海野氏一族常田氏の居館があったが、近世城郭としての整備築城は、一五八三年(天正十一)に小県《ちいさがた》郡一円を支配下に入れた真田昌幸による。一五八三年八月、城郭建設を計画し、翌一五八四年もしくは翌々一五八五年五月に竣工したと伝える。この城は関ヶ原の戦い後に破却され、その詳細は不明であるが、この時のものと思われる金箔瓦などが出土していることから、天守の有無は不明だが瓦葺きの本格的な城郭建築がなされたものと考えられる。また昌幸は海野郷(東御《とうみ》市本海野)、原之郷(上田市真田町本原)の人々を城下に移住させ中心街(海野町、原町)をつくった。その後、一六二二年(元和八)に入封した仙石忠政が一六二六年(寛永三)より工事を開始し、天正年間(一五七三—九二)の城に復することを計画したが、一六二八年の忠政の死去により中断された。現存最古の正保城絵図によれば、本丸には天守は無く、七棟の隅櫓などが建てられているが、二ノ丸には建物がつくられていないことがわかる。また、三ノ丸の南には藩主の屋形が描かれている。その後大きな変化はなく、明治維新の際廃城となり、現在は南・北・西の三つの隅櫓(長野県宝に指定)、旧屋敷表門、壕、石垣などを残し、本丸跡には松平神社、二ノ丸跡には市立博物館、市民会館、運動場、三ノ丸跡には市役所、学校などがある。一九九四年(平成六)には南櫓と北櫓の間を結ぶ東虎口櫓門と袖塀が古写真などを元に復元された。

[参考文献]『上田市誌』歴史編六・七、二〇〇二。 (福島　正樹)

うえのじょう　上野城　近世初頭に築かれた平山城。国指定史跡。三重県伊賀市上野丸之内にあり、上野盆地底より一段高い低丘陵の先端に位置する。一五八五年(天正十三)に伊賀へ移封された筒井定次が、平楽寺《へいらくじ》が所在したこの丘陵に本丸・二ノ丸・三ノ丸を築いた。その後、一六〇八年(慶長十三)に伊賀に移封された藤堂高虎が、一六一一年に大改修に着手した。本丸を西に拡張し、高石垣を築いて五層の天守閣を建てたが、暴風雨により倒壊したといわれる。現在の天守閣は一九三五年(昭和十)復興されたもので「伊賀文化産業城」と名づけられている。南側に東西の大手門を設け、その外側に城下町を建設した。一六四〇年(寛永十七)以降に筒井氏時代の旧本丸に、伊賀の治政を執り行う城代家老屋敷が築かれた。発掘調査によりこの建物や門・石溝・水溜などの遺構が検出されている。

[参考文献] 伊賀文化産業協会編『伊賀上野城史』、一九七一。 (中浦　基之)

うえのはいじ　上野廃寺　紀ノ川河口に近い和泉山脈山麓部に造営された奈良時代前期の双塔寺院跡。和歌山市上野薬師段所在。紀伊薬師寺跡とも呼ばれている。国指定史跡。山麓部を段状に造成し伽藍を営んだため、南門(不明)から延びる石敷き参道と中門との比高は約三メートル。中門の北東に塼積基壇の東塔、北西に瓦積基壇の西塔をおく。両塔の中間地点である金堂正面に木製燈籠跡が検出された。瓦積基壇南辺中央に乱石積の階段をもつ金堂は正面五間、奥行き四間。講堂は西塔の西にあり正面七間、奥行き四間で東面し、内陣には正面三間、奥行き一間強の須弥壇基礎と、その中央に六角形の仏像台座基礎が検出された。出土品は仏像断片、風鐸《ふうたく》などのほか瓦類には法隆寺西院瓦の系統をひく軒瓦と外縁に珠文を密に配した新羅様式の軒瓦や、正面と左右側面に扇形のパルメット文様などを浮彫りにする隅木蓋《すみきふた》瓦がある。『日本霊異記』にいう紀伊国名草郡能応《のお》村の弥勒寺か。

[参考文献] 和歌山県教育委員会編『上野廃寺跡発掘調査報告書』、一九六六。 (藤井　保夫)

うえのはらかわらがまあと　上野原瓦窯跡　常陸国新治《にいはり》郡新治廃寺に供給した瓦生産窯跡。茨城県桜川市上野原に所在。国指定史跡。新治廃寺の東方八〇〇メートルの低平な台地に位置する。一九四〇年(昭和十五)新治郡上代遺跡研究会(主宰藤田清)によって調査される。確認されたのは一基で、平窯で焼成室は平面形、隅丸方形に近く、径約三・五メートル、壁高約一メートルである。焼成部の前面には、窯底とほぼ同じ平面に長い煙道をつくり、その入り口が焚口をなす構造である。ここで生産された瓦には、新治廃寺の創建期の複弁軒丸瓦、重弧文軒平瓦、蓮華文鬼瓦などが見られる。また、廃寺から出土しているのと同じ箆書きの文字瓦「大」「島」「前」「神」「眞」「川」「十」が出土している。後期の瓦の中に常陸国分寺系のものが見られ、八世紀後半まで生産されていたようである。このほか、新治廃寺の瓦窯は、寺地の西斜面の久地楽《くじら》長町窯跡、北二キロには岩瀬町内山瓦窯跡がある。

[参考文献] 西宮一男『国指定史跡新治廃寺付上野原瓦窯跡確認調査報告』、一九七五。 (阿久津　久)

うえのみやいせき　上之宮遺跡　奈良県桜井市上之宮で発掘された六世紀後半から七世紀初頭の居館あるいは宮殿的な遺跡。五世紀代の遺構もあるがその中心は四～五期に分けられる掘立柱建物群であり、なかには四面庇付大型建物や長棟建物などがあり、西側には園池とされる遺構と石溝・祭祀遺構などもある。園池遺構とされているのは馬蹄形にめぐる溝と、それに囲まれたなかに組まれた一見横穴式石室の天井石のないものに似た長方形の石組みと、これに繋がる排水溝から成る例のない施設である。これは明らかに水源であり、導水施設で、園池と考えるのは早計であろう。この遺跡が発掘されて、地名や遺構の時期などから聖徳太子の上宮という説が提唱された。しかし一方で、阿倍氏の豪族居館であるとの説もある。

[参考文献] 桜井市教育委員会編『奈良県桜井市阿部丘陵遺跡群』、一九八九。 (河上　邦彦)

ウォーナー　Langdon Warner　一八八一—一九五五　アメリカ人の東洋美術研究者。一八八一年八月一日、マサチューセッツ州ケンブリッジに生まれ、ハーバード大学を卒業。ボストン美術館・クリーブランド美術館を経て、一九一七年にフィラデルフィア美術館長となり、一九二三年にはハーバード大学付属フォッグ美術館東洋部長となり、しばしば中国や日本を訪れた。第二次世界大戦前来日の際に日本古美術について岡倉天心や新納忠之《にいろちゅうの》介《すけ》に学んだ。一九四三年にアメリカ政府の戦争地域における芸術的歴史的遺跡の保護・救済に関するアメリカ委員会(ロバーツ委員会)委員となり、日本の文化財の一覧(いわゆるウォーナー＝リスト)を作成。終戦後の一九四六年には連合国総司令部民間情報部美術顧問として来日した。ウォーナー＝リストに基づき大統領に働きかけた結果、京都・奈良などは戦災を免れたと考えられ、来日した際は大歓迎を受け、一九五五年六月九日に七十三歳で死去すると日本政府は勲二等瑞宝章を授与し、また一九五八年に法隆寺に供養の五輪塔と記念碑(ウォーナー塔)が作られるなどの動きがあり、現在は全国で六ヵ所に供養塔や記念碑がある。しかしリストは占領政策に関わるものであり、ウォーナー伝説には明確な論拠がない。著書に『推古彫刻』(寿岳文章訳、一九五八、みすず書房)、『不滅の日本芸術』(同訳、一九五四、朝日新聞社)などがある。

参考文献　吉田守男『日本の古都はなぜ空襲を免れたか』(『朝日文庫』、二〇〇三、朝日新聞社)。　(舘野　和己)

うおずみのとまり　魚住泊　兵庫県明石市魚住町に存在した五泊の一つ。初見は『万葉集』六の「名寸隅《なきずみ》の船瀬ゆ見ゆる」(原万葉仮名)である。九一四年(延喜十四)の『意見封事十二箇条』には、河尻・大輪田泊・魚住泊・韓《から》泊・檉生《むろう》泊の五泊制は行基集団によって設置されたが、「而今公家唯修造韓泊・輪田泊、長廃魚住泊、由是公私舟船、一日一夜之内、兼行自韓泊指輪田泊」ため に難破船が多いことが記され、魚住泊は弘仁末に破損し、天長年間(八二四—三四)の修造と貞観初年の東大寺僧賢《けん》和《わ》による修理が行われたが、港としての機能を維持することは非常に困難であったという。そこで、諸司の判官のなかで「事を処理するのに良い考えを持った」者を派遣し、播磨・備前国の正税で修造すべきことを申請している。このように、魚住泊はほかの四泊に比べて修造が困難であったが、それは律令国家の魚住泊に対する姿勢によるのではなく、魚住泊の立地条件に起因すると考えられる。

参考文献　千田稔『埋れた港』、一九七四、学生社。　(松原　弘宣)

うきはし　浮橋　⇨舟橋《ふなばし》

うきぼり　浮彫　文字や文様を地よりも高く浮き出るように表わす技法。石を彫る、金属を彫る、裏から打ち出す、土器など器に貼り込んで出すなどの方法がある。浮彫といっても、すべて彫るというのではなく、薄肉に突出させて文様を表わすことや、鋳造によって突出させた場合も浮彫の範疇にはいる。外国では、アッシリアのアッシュールバニバル王の王宮壁面装飾が大規模な事例として有名である。日本では、縄文時代の人面装飾鉢がこの技法の早い例といえ、飛鳥時代には奈良県高市郡明日香村の岡寺の天人文塼・鳳凰文塼など寺院の装飾として盛行した。金属では、人物画像鏡・狩猟文鏡・家屋文鏡にみえる人物や家屋が浮彫表現であるが、金属板を裏から打ち出して立体的に表わすことは古墳時代には見られない。飛鳥時代から奈良時代の押出仏は、裏から打ち出した浮彫であるが、これは浮彫で鋳造した仏像に銅板をのせ、上から鎚で叩いて仏像の概要を写し取る技法であり、量産が可能であった。鋳造品では、甲寅銘(五九四年)の東京国立博物館法隆寺献納宝物の光背が年代の知れる作としては古く、法隆寺の阿弥陀如来像(橘夫人念持仏)の台版と後屏の蓮池、蓮華化生の表現がこの技法による傑作といわれる。　(原田　一敏)

ウサクマイいせきぐん　ウサクマイ遺跡群　擦文時代初頭の墳墓としては最初に本格的な発掘調査が行われ、のちに千歳川と苗別《なえべつ》川の流域に広く分布することがわかった大遺跡群。北海道石狩地方の千歳市蘭越《らんこし》にある。国史跡。付近はかつての烏柵舞《うさくまい》村にあたり、遺跡名は旧村名にちなむ。遺跡の地点はAからWまでの二十三ヵ所にのぼり、時代は縄文から擦文そして近世アイヌ文化に至る。ウサクマイA遺跡の土壙墓は、南東頭位の横臥屈葬で、頭の近くには二個の扁平な石が置かれ、頭付近の墓壙の壁に掘られた小さな穴には土器が供えられる特徴がある。このような埋葬法は特にウサクマイ葬法と呼ばれている。墓からは、土師器・初期の擦文土器、蕨手刀・横刀・刀子などが出土している。ウサクマイC遺跡は千歳川に面する低位段丘にあり、七十五の竪穴住居跡が確認されている。ウサクマイN遺跡では、アイヌ墓のほか石狩低地帯では珍しいオホーツク式土器も出土している。

参考文献　ウサクマイ遺跡研究会『烏柵舞—考古学調査報告—』、一九七五、雄山閣出版。西連寺健他編『ウサクマイ遺跡群』、一九七六-七七、千歳市教育委員会。　(畑　宏明)

うさじんぐう　宇佐神宮　全国八幡社の惣本社。大分県宇佐市、御許《おもと》山の北西山麓に所在する。現在の境内地は、寄藻《よりも》川と御食《みけ》川に挟まれた場所にある。境内には、上宮・若宮・下宮・頓宮・八坂社・弥勒寺跡・大尾社・護皇社・その他の小社・宮司邸がある。上宮の本殿の建物は国宝、境内地は国指定史跡である。史跡は現境内地のみならず、その南の宮迫の坊跡集落、御許山の山頂の坊跡、禁足地にも及んでいる。これは本来の境内地をできる限り取り込んだものであるが、中世、「宮中」と呼ばれた境内地は、神宮周辺の宇佐町も含まれ、さらに広い範囲であった。かつては、西参道すなわち宇佐大路(勅使街道)と呼ばれる官道が正参詣道であった。町に入る宇佐大路の切り通しは、社頭「松隈」とよばれ、放生会の行われる和間《わま》の浜へ向かう放生会道の分岐点であった。また、ここには、放生会で重要な役割をした傀儡の化粧をしたという化粧井戸、凶首塚(隼人の首塚)、百体社(傀儡子の神を祀る百太夫社)などがあり、宇佐宮境内の境界と認識されていた。そこから、宇佐大路を西へ進むと、駅館川《やくかんがわ》があり、この東のほとりに八幡宮の最初の社、鷹居社があり、その川向こうに勅使の宿舎、駅館があったと推定される。松隈から放生会道を東へ向かうと、寄藻川に出る。ここは、かつて川の河口であり、江海と呼ばれる入り江の出口で、放生会や御祓会が行われた和間の浮殿《うきでん》があり、豊前と豊後の国境でもあった。この駅館川と寄藻川の間が向野郷と呼ばれ、この中に鷹居社・小山田社の宇佐宮の元宮があり、広い意味での境内地であった。さらに、宇佐宮の封戸が配置された封郷がその外側にあり、ここに、瀬社・泉社・乙女社・大根川社・妻垣社・田笛社・薦社・奈多宮の摂末社が点在した。確かな史料の宇佐宮の初見は、『続日本紀』天平九年(七三七)四月乙巳条である。新羅の無礼を国内の諸大社に訴えた際に、伊勢・大神・住吉・香椎などとともにその名がみえ、七四九年(天平勝宝元)には、八幡神が平城京に入京し、八幡と比売神に一品と二品の位が奉られ、国家神となる(『続日本紀』)。しかし、それまでは、国史にはまったくその名がみえない謎の神である。宇佐側の史料でも、最初の神社、鷹居社がつくられたのは、和銅年間(七〇八—一五)であり、その後、南東の小山田社へ移り、七二五年(神亀二)には、現社殿のある小倉山の社殿へ移動したといわれる。まもなく、一山越えた東の日足《ひあし》の谷に僧法蓮によって、神宮寺弥勒禅院も建てられる。当時、九州では、南部の隼人の同化と北の新羅との対立が問題となっており、八幡神は、まず、豊国という境界の地に対隼人神の軍神として出現したと考えられる。八幡宮のもっとも重要な祭礼放生会も、七二〇年(養老四)の隼人の乱平定が契機となり弥勒寺初代別当法蓮によって始められたといわれる。法蓮は、七〇三年(大宝三)と七二一年に、医術の褒賞として豊前国野四十町と一族に宇佐君の姓を与えられるが、この医術は投薬や呪術的医療ではなく、対隼人戦争の殺生行為によって引き起こされた病から人々を救う放生と呼ばれる仏教的医療行為であった。ここに、律令国家の隼人政策を通じて、神と仏は結合を始めた。さらに、対新羅関係の緊張の中で、七三七年(天平九)、天然痘が発生すると、弥勒寺は現境内地に移され、八幡神は西方鎮守の神として世に認識されるに至った。聖武天皇は鎮護国家と仏教普及のため、東大寺に大仏を建立するが、この際に、日本の神々と仏をつなぐ存在として、この八幡神に注目し、国家神に仕立て上げる。しかし、孝謙朝の政争の中で、八幡神は、没落の憂き目に会い、宇佐の地を十数年離れたとされる。再び脚光を浴びるのは、天皇制崩壊の危機となった道鏡事件である。その後、桓武朝のはじめ、社殿が小倉山の地に再建され、弥勒寺の整備も進む中で、八幡神は大菩薩を称するようになる。八二〇年(弘仁十一)の駿河・遠江の新羅人の反乱と新羅海賊などの問題を契機に、第三神、大帯《おおたらし》姫(神功皇后霊)が祀られ、八幡大菩薩・比売大神・大帯姫(神功皇后霊)の三殿となり、八幡は応神霊とみなされるようになる。菩薩となった八幡神は、軍神の役割を低下させるが、対新羅の神として大帯姫霊や新しい軍神若宮を生み出し、八六九年(貞観十一)には、若宮社が建立される。ここに今日の境内の原型ができあがる。十一世紀に入ると、藤原道長の主導の下、弥勒寺を中心に宝塔など新しい建物が建設され、封戸や寄進を利用して、寺方、宮方の二万町歩を越える膨大な荘園が形成される。やがて、弥勒寺は石清水八幡宮と結合し、宮方は摂関家を本家と仰ぎ、宇佐氏が大宮司職を独占するようになる。平家政権下では、大宮司が平家に加担したため、所領没収の危機に直面するが、幕府は源氏の氏神であることから、安堵する。しかし、ほかの権門荘園と同じく、武家の押領が続く。モンゴル軍の撃退の祈禱の功績を利用して、幕府に神領興行法を出させるが、その衰退は如何ともしがたいものであった。延慶二年(一三〇九)正月の大火は松隈から起こり、町を火に包み、境内の建物の多くを焼き尽くし、その後の幕府滅亡と南北朝の内乱は、再建はもとより、遷宮・宇佐勅使・放生会・行幸会などの儀式を廃絶または長く途絶させることになった。応永年間(一三九四—一四二八)から豊前国守護となった大内氏が建物と儀式の再興に努めるが、かつての伽藍を復興することはできなかった。大内氏の後の大友氏は、神宮を保護せず、近世に入り、豊前に入った細川氏が元和年間(一六一五—二四)に再興を図るが、千石の知行地では建物の維持もままならなかった。弥勒寺は早くから衰退し、明治の神仏分離で寺院の歴史を閉じた。

資料館 大分県立歴史博物館(大分県宇佐市)

参考文献 中野幡能『八幡信仰の研究』、一九七六、吉川弘文館。中野幡能編『宇佐神宮史』、一九八四—二〇〇一、宇佐神宮庁。飯沼賢司『八幡神とはなにか』(『角川選書』三六六、二〇〇四、角川書店)。

(飯沼　賢司)

うし　牛　偶蹄目ウシ科ウシ属に属す森林性の草食獣。ヨーロッパの後期旧石器時代の洞穴壁画には、馬とならんでオーロックス(原牛)やバイソン(野牛)が描かれ、重要な狩猟獣であった。ウシ属の家畜種にはオーロックスを家畜化した家牛が広く飼われているが、地域的にはスイギュウ、ヤク、ガヤルがそれぞれの在来の野生種から家畜化されている。最初に家畜化されたのは西アジアで、ヤギやヒツジにやや遅れ、前九千年紀の遺跡から出土した骨に家畜化の痕跡がある。牛は穏和で力があり御しやすいため、役畜として農耕や土木工事を助け、乳用や肉用としても広く利用され、トルコ・チャタル・ヒュイック四層の牛の角芯を埋め込んだ祭壇に見るように重要な犠牲獣でもあった。中国でも前殷前期の河南省鄭省二里岡遺跡や後期の安陽市殷墟でも、ウシが犠牲獣で最多を占め、ヒツジ・ウマの上位に位置した。儒教の釈奠《せきてん》でも三牲と呼ばれる犠牲獣は、中国では牛・羊・豚であったが、日本の古代国家は、『続日本紀』七四一年(天平十三)の詔に、牛馬は人に代わって勤労するという理由で屠殺を禁止したことから、大鹿・小鹿・豕《いのこ》に変化したと考えられる。日本では岩手県花泉からバイソンの一種、ハナイズミモリウシが出土しているが、完新世を迎えて絶滅した。在来牛としては鹿児島県口之島に再野生化した牛が、山口県萩市の沖、見島には黒毛で朝鮮半島の伝統種と共通性を持つ温和な性質をもった見島牛が天然記念物として繁殖保護されている。縄文時代の貝塚からウシの出土が報告されているが、ウマと同様に後世の混入の可能性が強い。近年では東京都伊皿子《いさらご》貝塚(弥生時代中期)の方型周溝墓の傍らの出土例が最古だが、一般的に出土するのは古墳時代中期以降で、畿内では馬に遅れて六世紀にようやく遺跡から一般的に出土し、六世紀の奈良県羽子田《はこだ》古墳では牛の埴輪、八世紀の香川県下川津遺跡では唐鋤(犂)が出土し、正倉院には鋤が残される。文献では『魏志』倭人伝に、牛馬虎彪鵲《かささぎ》なしとあり、『日本書紀』安閑紀の、牛を難波の大隅島と姫島の松原とに放すという牛牧の設置の記事が初出である。『延喜式』には兵部省の官牧のうち、牛牧は十一ヵ国十五牧と島に多いという特徴があり、宮内省には典薬寮の別所として乳牛院が設置され、そこで牛乳を生産したことが記される。また、但馬・周防・尾張の『正税帳』には、牛乳を煮詰めた乳製品(蘇・酪)の貢進がみえる。『養老令』厩牧令《くもくりょう》には、官の馬牛が死んだ場合、皮・角・脳・膽(胆囊)を取れと、さらに牛黄《ごおう》があれば別に収めよとあり、また遠方で死なせた場合には、皮と肉を売って代金をもとの役所に収めよという規定がある。牛黄は牛の胆石で漢方薬の材料となる。『和漢三才図会』には牛の用途を次のように記す。牛の角は東海地方では、鰹の釣り(疑似餌)に使い、皮は太鼓の皮、雪駄の裏に張り、皮容器にし、古くなると膠《にかわ》にする。角は水で煮て軟らかくし、竪に破り広げて、徐々に踏み押さえ、板のようにして、櫛に挽き、黒い文に染めて磨いてタイマイと偽る。油は蠟燭を作り、骨は匣《して》具《ぐ》の衡《さお》とする。雨乞い・止雨に、牛馬を殺して神に捧げる儀礼が『日本書紀』六四二年(皇極天皇元)に初出し、『日本後紀』八〇一年(延暦二十)にもみえる。『古語拾遺』には田を作るにあたって豊穰を祈念し、田人に牛宍(肉)を食べさせ、蝗《いなご》の害を除くために水田の水口に男茎と牛宍を備えるとある。こうした伝統は近現代まで残り、各地に雨乞いや雨を止める際に、牛馬を神に捧げた民俗が残る。沖縄諸島では村の広場で殺した牛の血をススキの葉につけ、各家の壁・便所・門に塗りつけたり、その葉を家の四隅にさしたり、牛の骨片を左よりに撚った縄にぶら下げて集落の四隅や境界につるし、悪魔払いをするシマクサラシという儀礼がある。

参考文献 佐伯有清『牛と古代人の生活』(『日本歴史新書』一三一、一九六七、至文堂)。栗田奏二編『うし小百科』、一九六六、博品社。高谷重夫『雨乞習俗の研究』、一九八二、法政大学出版局。 (松井 章)

うじ 氏 日本古代に形成された社会集団の呼称。ヤマト王権に一定の職務をもって奉仕する族長を中心に形成された血縁(親族)集団で、集団個々の名称は居地、職務内容に由来するものの二種に大別されるが、職務に基づく方が本質を良く示すと考えられている。熊本県江田船《えだふな》山《やま》古墳出土大刀銘文の「典曹人《てんそうじん》」、埼玉県稲荷山《いなりやま》古墳出土鉄剣銘文の「杖刀人《じょうとうじん》」などがヤマト王権への奉仕の具体的姿と考えられ、このような族長の奉仕をもとに、氏は五世紀中ごろから後半にかけて形成された。集団名を表す氏名《うじな》に加え、ヤマト王権への奉仕者本人である族長(氏上《うじのかみ》)には、その政治的地位に応じて「カバネ(姓)」が与えられた。「氏」と「姓」を合わせて「氏姓制度《しせいせいど》」という呼び方が一般に行われてきたが、カバネは本来個人に付与されるもので、集団全体に広げて使われるようになったのは七世紀後半、律令制の成立期に中国的な「姓《せい》」の概念が導入されてのちのことと考えられている。氏は、同祖系譜《どうそけいふ》に基づく、あるいは父系の血縁集団としての親族組織と、ヤマト王権の世襲《せしゅう》的職務を分掌《ぶんしょう》する政治的組織という二面性を有し、その経済基盤にヤケ(農業経営地)・ヤツコ(隷属民《れいぞくみん》)が存在したことから、従来は七世紀後半の私有財産の否定、官僚制による世襲的職務分掌の否定によって、氏は解体に向かったと考えられてきた。しかし、七世紀後半の天智期には氏を基盤とする施政方針が示された。そして、官僚登用に氏の大小が重んぜられ、経済的な特権も食封制《じきふせい》として保障されるなど、この時期に再編されたものと見られる。また、稲荷山鉄剣銘文の系譜を地位継承次第《ちいけいしょうしだい》と理解し、氏の本質として当然視されてきた血縁集団としての側面に疑問を呈する考えも示されている。氏は共同体を母体とする地域集団としてまず成立し、のち、血縁関係が組織原理として加えられた可能性も考えねばならない。

参考文献 津田左右吉『日本上代史の研究』、一九四七、岩波書店。阿部武彦『氏姓』(『日本歴史新書』、一九六〇、至文堂)。義江明子『日本古代の氏の構造』、一九八六、吉川弘文館。 (大平 聡)

うじ 宇治 京都府南部の地名。宇治川下流の谷口部、特に宇治橋の周辺地域をさす。古代国郡制では、宇治川の東側が山城国宇治郡、西側が久世郡である。宇治川の上流は琵琶湖から流出する瀬田川であり、下流はかつては巨椋《おぐら》池に注いでおり、そこからさらに淀川によって大阪湾に通じていた。大和から北への道は奈良山を越え、宇治川を渡って山科盆地から近江の逢坂山へ続いていた。宇治は巨椋池に入る直前の渡河点であり、早くに宇治橋が架橋された。巨椋池をめぐる水路は物資の輸送路としてよく利用されており、宇治橋付近が水上輸送の中継地宇治津として開けた。『日本書紀』仁徳即位前紀にみえる菟道稚郎子《うじのわきいらつこ》の伝承にも、宇治川水上交通が現れている。このように宇治は水陸交通の要衝であり、軍事上の要地としては、壬申の乱や、治承・寿永、承久や建武の争乱において、宇治川渡河や宇治橋の確保をめぐる戦いが行われている。平安遷都後は平安京からの興福寺や長谷寺詣りの中継地となり、また風光明媚な地であることから、貴族の別荘地となった。平安時代初期、宇治川左岸には源 融《みなもとのとおる》の所領があり、それを藤原道長から受け継いだ頼《より》通《みち》が寺院として平等院を建てた。宇治と藤原北家とのかかわりは深く、北部の木幡《こはた》は北家とそのゆかりの皇族の埋葬地とされ、一〇〇五年(寛弘二)には藤原道長が一門の供養のために浄妙寺《じょうみょうじ》を建立した。平等院の対岸には現存する最古の神社建築宇治上《うじがみ》神社本殿がある。宇治茶として有名な茶葉の生産は鎌倉時代に始まり、現代に至る。豊臣秀吉の伏見城築城に伴う交通路の再編によって交通の要衝は伏見に移り、江戸時代には茶業中心の在郷町となり、幕府領として代官が支配した。一六六一年(寛文元)には黄檗山万福寺が創建された。漢字表記としては「菟道」「宇遅」などもあり、「宇治」が定着するのは平安時代からである。 →宇治橋断碑《うじばしだんぴ》 →巨椋池《おぐらいけ》 →太閤堤《たいこうづつみ》 →平等院《びょうどういん》 →万福寺《まんぷくじ》

参考文献 『宇治市史』一—六・年表、一九七三—八三。

(榎　英二)

うじでら　氏寺　氏族の発願によって建立され、その氏族およびその子孫の帰依を受けた寺。仏像の造像銘や民間発願の写経の理由と同じように、寺院の建立も追善供養や氏族の繁栄を祖霊に祈願する祖先信仰に基づいて行われ、また家産を結集する機能も持った。したがって氏族の本拠地周辺や、さらにはその居住地に寺院を建立する例が多い。また氏寺ではその一門が住僧となる例が多く、蘇我馬子《そがのうまこ》の子善徳《ぜんとく》が法興寺《ほうこうじ》(飛鳥寺、奈良県高市郡明日香村)の寺司《じし》となっており、『日本霊異記《にほんりょういき》』下巻二十三縁でも、大伴氏が一族のために里の中に「氏の寺」を建立したとあり、檀越《だんおつ》と住僧が同族関係にある。蘇我本宗家の法興寺、蘇我倉山田石川麻呂《そがのくらやまだのいしかわまろ》の山田寺《やまだでら》(奈良県桜井市)、上宮王家《じょうぐうおうけ》の斑鳩寺《いかるがでら》(奈良県生駒郡斑鳩寺)などは氏寺の代表とされる。氏寺に対応する語は「官寺」であるが、官寺が得令体制の成立を前提とするならば、舒明天皇家の百済大寺もその範疇に含まれよう。とくに飛鳥寺塔心礎《とうしんそ》からは古墳出土遺物と同様な埋納物が発見されており、伝統的な祖先信仰を基盤として氏族層が寺院の建立を行なったことを示している。

参考文献 速水侑『日本仏教史 古代』、一九八六、吉川弘文館。義江明子『日本古代の氏の構造』、一九八六、吉川弘文館。奈良文化財研究所『地方官衙と寺院—郡衙周辺寺院を中心として—』、二〇〇五。中村英重『古代氏族と宗教祭祀』、二〇〇四、吉川弘文館。

(三舟　隆之)

うじのすくねぼし　宇治宿禰墓誌　奈良時代の畿内豪族の墓誌。東京国立博物館所蔵。重要文化財。きわめて薄い鍛造の銅板に、被葬者の死後の平安と子孫の安泰を願う銘文を刻む。現状では縦九・三センチ、横五・六センチだが、上下両辺を欠損し、原形をとどめていない。一九一七年(大正六)、現在の京都市西京区大枝塚原町の丘陵中腹から、銅製蔵骨器を納めた石櫃に伴って出土。被葬者とみられる宇治宿禰氏は、山城国宇治郡を本拠とし、同郡郡司や中央下級官人を出した豪族で、銘文中の「物部神」は、『新撰姓氏録』山城国神別条に同氏の祖神とある饒速《にぎはや》日《ひ》命を指すと考えられる。末尾にある年紀の「雲二年」は、慶雲二年(七〇五)と神護景雲二年(七六八)の二つの可能性があるが、縦の罫線を刻む形式などから、後者が有力視されている。和風の文体と、「誓願」「子孫安坐」などの仏教的表現が大きな特徴で、古代の墓誌のなかでも特異な位置を占める。

銘文 □前誓願物部神□／□八継孫宇治宿禰□／□大平子孫安坐□／□雲二年十二月□

参考文献 梅原末治『日本考古学論攷』、一九四〇、弘文堂。奈良国立文化財研究所飛鳥資料館編『日本古代の墓誌』、一九七九、同朋舎。

(三谷　芳幸)

うじばし　宇治橋　京都府宇治市にあり宇治川にかかる橋。かつては巨椋池《おぐらいけ》に流入していた宇治《うじ》川の河口に近い。六七二年(天武天皇元)の壬申の乱時に菟道の守橋者《はしもり》がみえ、すでに宇治橋のあったことがわかる。その架橋については、『続日本紀』文武天皇四年(七〇〇)三月己未条は唐への留学後元興寺(飛鳥寺)東南禅院に住んだ道昭の創建というが、同市橋寺放生院にある宇治橋断碑は六四六年(大化二)に山尻(山背)の恵満《えまろ》の家の出身の道登《どうと》が架橋したと伝える。この道登架橋説は『日本霊異記』上一二にもみえる。当時の架橋技術を勘案すれば、橋はしばしば流されるのでいずれかを否定する必要はなく、両者ともに架橋したとしてよかろう。奈良時代の東山道・北陸道は宇治橋を通る。『延喜式』雑式によれば近江・丹波国が毎年修理用の板材を供出しており、その修造に国家が関与していた。その後もしばしば流失と架橋が繰り返され、一二八六年(弘安九)叡尊が修造し橋供養を行うとともに近くの浮島に十三重石塔を建てた。また織田信長も一五七九年(天正七)架橋を命じている。現在の橋は一九九六年(平成八)造営によるものである。 →橋寺《はしでら》

参考文献 寺西貞弘「宇治橋架橋をめぐる問題」(『日本書紀研究』一三所収、一九八五、塙書房)。和田萃「道昭と宇治橋」(『藤井寺市史紀要』一一、一九九〇)。宇治市歴史資料館編『宇治橋』(『宇治文庫』五、一九九四)。

(舘野　和己)

うじばしだんぴ　宇治橋断碑　京都府宇治市宇治東内の宇治川東岸にある放生院《ほうじょういん》常光寺(橋寺)境内に立つ古代の石碑。重要文化財。一七九一年(寛政三)ころその上部のみが発見されたため、断碑という。『帝王編年記《ていおうへんねんき》』大化二年(六四六)条に載せる碑文により一七九三年に下部を復元した。碑文は研磨された平滑面に罫線を施し四字一句で全二十四句を三行に分けて刻し、原碑部分は各行第三句目の第一字より上である。内容は山尻《やましろ》(山背)の恵満《えまろ》の家出身の沙門道登《どうと》が六四六年に橋を架けたとする。この橋は宇治橋のことで、碑は現宇治橋より上流に架かっていた古代の橋の東詰にあったとみられる。道登の宇治橋架橋については『日本霊異記』にもみえるが、『続日本紀《しょくにほんぎ》』では七〇〇年(文武天皇四)死去の道照(昭)が架橋したと

する(同年三月己未条)。そのため碑の信憑性をめぐり論議がある。しかし橋がしばしば流れることを考えると、いずれかを否定する必要はなく、両者ともに架橋したとしてよかろう。また『帝王編年記』諸本間で碑文の文字には相違があるうえ、碑建立の主体・時期についても道登が架橋時に建立したとするか、別人が後に立てたとするか、大化年号の使用もからみ説が分かれるが、後時建立説が妥当であろう。

銘文 浼浼横流 其疾如箭 脩(脩征人 停騎成市 欲赴重深 人馬忘命 従古至今 莫知航竿)/世有釈子 名曰道登 出(自山尻 恵満之家 大化二年 丙午之歳 構立此橋 済度人畜)/即因微善 爰発大願 結(因此橋 成果彼岸 法界衆生 普同此願 夢裏空中 導其昔縁)(( )内は補刻部分)

参考文献 国立歴史民俗博物館編『古代の碑―石に刻まれたメッセージ―』、一九九七。和田萃「道昭と宇治橋」(『藤井寺市史紀要』一一、一九九〇)。上代文献を読む会編『古京遺文注釈』、一九八九、桜楓社。 (舘野 和己)

うじやまだ 宇治山田 三重県伊勢市の旧市名で、天照皇大神宮(内宮)門前の宇治と、豊受大神宮(外宮)門前の山田の総称。山田は外宮門前に展開した吹上・継橋・箕曲など複数の郷が、中世後期以降次第に一体化したものである。中世には「陽田」とみえ、「やうだ(ようだ)」と呼ばれていた。十四世紀後半に八日市庭・三日市庭の名がみえ、十三世紀代には町場が成立していたと見られる。十五世紀中葉には多数の屋号商人屋敷や麴座《こうじざ》・魚座・瀬戸物座などの座が路地沿線にみえ(『輯古帖』)、地下人《じげにん》層による自治組織「山田三方《ようださんぼう》」も成立している。神宮御師《おんし》はとくに山田で発達し、為替《かわし》などの金融構造も整えることで遠方の参詣者をも集めた。十六世紀後半には、それまで担っていた物資集散機能が大湊に移動する一方、山田への商人集住はますます顕著となった。このため、山田の経済的影響力は列島規模で拡がった。近世初期には人口三万人を越える巨大都市となる。宇治は、山田よりも小規模だが、十五世紀中葉以降に町場が発達して周辺諸郷と惣結合し、会合による自治が行われた。山田と比べて神宮組織との結びつきが強く、北畠氏とも連携して山田とはたびたび対立した。

参考文献 大西源一『大神宮史要』、一九六〇、平凡社。西山克『道者と地下人』、一九八七、吉川弘文館。 (伊藤 裕偉)

うす 臼 臼と呼ばれる道具には、広い意味では㈠杵で餅などをつく臼、㈡稲の籾を籾殻と米とに分離する籾摺臼、㈢豆や麦あるいは茶葉などを粉にする石臼があり、㈠は臼《うす》、㈡は摺臼《するす》、㈢は石臼、茶葉用は茶臼とよばれる。ここでは㈠について解説する。臼は木の幹を輪切りにして上部を彫りくぼめたもので、胴体が中ほどで細くくびれたくびれ臼と同じ太さのままの胴臼に分類される。くびれ臼は弥生時代に稲作とともに伝えられたもので、棒状の竪杵でつき、穂摘みした稲を搗きながら脱穀から精白までを行なっていた。餅搗き・米搗きのほか、小型の臼は薬の材料を砕くなどにも使った。古くから使われてきたため伝統行事では一般にくびれ臼と竪杵が使われている。胴臼は中世に中国から伝わったと考えられ、太い杵に直角に柄を差し込んだ横杵と組み合わせて使う。餅つきや米の精白に用い、米つきには藁製の輪を入れて米の混ざりを良くする工夫がなされている。なお丸太を横たえ、上面に穴をうがった横臼が東南アジアで使われており、『古事記』にも横臼《よくす》の語はみえるが、民具には継承されていない。 ↓石臼《いしうす》 ↓碓《からうす》 ↓籾摺臼《もみすりうす》

参考文献 三輪茂雄『臼』(『ものと人間の文化史』二五、一九七八、法政大学出版局)。 (河野 通明)

うすいとうげ 碓氷峠 上野・信濃国境にあたる群馬県碓氷郡松井田町と長野県北佐久郡軽井沢町にまたがる峠。現在は近世中山道が通り、碓氷川上流の中尾川水源近くの国道十八号線と旧JR信越本線碓氷トンネルが通る峠を指す。標高九六八メートル。史料上の初見は『日本書紀《にほんしょき》』景行天皇四十年条の、日本武尊《やまとたけるのみこと》が妻の弟橘媛《おとたちばなひめ》をしのんで「碓日《うすひ》嶺に登りて、東南を望《おせ》りて三たび嘆きて曰く、「吾《あ》嬬《づま》はや」とのたまふ」という記事。『万葉集《まんようしゅう》』一四に載せる上野国歌の中にも「碓氷山」「碓氷坂」と詠まれている。東山道駅路上の難所として、また坂東への入り口の一つとして古来より著名であった。昌泰二年(八九九)九月十九日付太政官符には上野国碓氷坂に関所が設置されたことがみえ、『貞信公記《ていしんこうき》』天慶三年(九四〇)四月六日条には碓氷関使の停止の記事がみえる。なお、『延喜式《えんぎしき》』兵部省《ひょうぶしょう》諸国駅伝馬《しょこくうまやてんま》条に、碓氷峠を上野側に下った上野国碓氷郡坂本の地に坂本駅家が設置され、十五匹の駅馬が配備されていたことが知られる。なお、古代の碓氷峠の場所については、古来より入山《いりやま》峠とする説もある。入山峠は現在の碓氷峠からは大きく南に寄った位置にあたる群馬県碓氷郡松井田町北野牧・入山から長野県北佐久郡軽井沢町潜岩に位置し、標高は一〇三四メートル。一九五五年(昭和三十)から数回にわたって発掘調査が行われ、古墳時代から近世にかけての祭祀遺跡が検出された。出土遺物は管玉・勾玉・丸玉・臼玉・水晶製棗玉・ガラス玉などの玉類、双孔円板・単孔円板・剣形・刀子形などの石製模造品、弥生式土器、土師器、宋銭・明銭などの渡来銭などである。これまでの発掘調査によって出土した遺物のほとんどが古墳時代のものであり奈良・平安時代の遺物がみられないことから、奈良・平安時代の東山道駅路上の碓氷峠を現在の入山峠とみることについて否定的な考え方も強い。

参考文献 軽井沢町教育委員会『入山峠』、一九八三。黒坂周平『東山道の実証的研究』、一九九二、吉川弘文館。木本雅康『古代の道路事情』、二〇〇〇、吉川弘文館。 (高島 英之)

うすいのせき 碓氷関 群馬県碓氷郡松井田町横川の霧積川右岸の崖上に設けられていた近世中山道の関所。横

川関ともいう。関の初見は昌泰二年(八九九)九月十九日付太政官符で、上野国碓氷坂に関所が設置されたことがみえ、『貞信公記《ていしんこうき》』天慶三年(九四〇)四月六日条には碓氷関使停止の記事がみえる。古代の碓氷関の場所は現在のところ不明であり遺構なども見つかっていない。また、中世にもたびたびこの付近に関が設けられたことが知られるが、現在に遺構が残る近世中山道の碓氷関が整備されたのは一六二三年(元和九)、江戸幕府二代将軍徳川《とくがわ》秀《ひで》忠《ただ》上洛に際して安中藩主井伊《いい》直勝《なおかつ》の代であり、以後、安中藩が管轄・整備にあたった。東門と西門との距離は五二間二尺(約九四メートル)で、両門の間を中山道が通り、北側に番所・番頭役宅、南側に同心長屋などが設置されていた。一八六九年(明治二)廃関。一九五七年(昭和三十二)に東門が復元された。県史跡。

参考文献　群馬県教育委員会文化財保護課編『歴史の道調査報告書　中山道』、一九六二。峰岸純夫・田中康雄・能登健編『両毛と上州諸街道』(『街道の日本史』一六、二〇〇二、吉川弘文館)。　(高島　英之)

うすきまがいぶつ　臼杵磨崖仏　大分県臼杵市大字深田にある磨崖仏群。付たりとして前田の磨崖仏もその群に含まれている。大分県の石仏群の頂点に立つ秀逸の磨崖仏群。深田の石仏群はホキ石仏第一群(堂ヶ迫《どうがさこ》石仏群)・ホキ石仏第二群・山王山石仏群・古園石仏群の四群からなり、国特別史跡・国宝に指定されている。さらに、谷の向かいにある満月寺《まんがつじ》と日吉塔(宝篋印塔)も磨崖仏群と密接な関係にある。入口に近いホキ石仏第二群は、不動明王と観音菩薩・九体の阿弥陀仏のある第二龕《がん》と、阿弥陀三尊像(中尊二・八メートル)の第一龕からなる。その上には、ホキ石仏第一群があり、下から第四龕は地蔵・十王像群、第三龕は宝冠の大日如来群、第一龕第二龕は、三体の如来群からなる。山王山石仏は、その名のごとく山王社の下に位置し、谷の一番奥にあり、如来像ではあるが、「隠れ地蔵」と呼ばれている。古園は、その入口に仁王像があり、その先にある長い岩壁には横一列に十三仏が彫られている。中央の大日如来は頭部が像の前に置かれ、磨崖仏の象徴的景観となっていたが、一九九三年(平成五)に頭部が接合され、復原された。接合にあたっては賛否両論があったが、この一連の工事で磨崖仏群は全面的な修復が行われ、保護のための覆屋が完成し、石仏は国宝に昇格した。また、この際、発掘が実施され、その成立時期・造立方法・造立者をめぐる研究も進んだ。この磨崖仏そのものには銘文はなく、これまで、造立年代は磨崖仏のある迫(小谷)の尾根部に置かれた二基の五輪塔の銘文「嘉応二年(一一七〇)七月二十三日」「承安二年(一一七二)」が基準となっていた。今回の発掘で、古園石仏群において、その造成の際に置かれた可能性のある土師器が見つかり、古園は、十二世紀半ばから後半の成立が推定された。また、造立においては、岩盤を削り、磨崖を彫る面を造り出し、その岩で手前にテラス面を造成し、当初とはいえないが、十二世紀終わりから十三世紀初までに覆屋的建物が建設されていたと明らかになった。仏像彫刻としての検討も行われ、これまで土俗的な彫像として注目されなかった山王山石仏が一番初期の造立であるとの説が出され、山王社と山王山磨崖仏の関係、天台の信仰の展開と磨崖仏の造立の関係が注目された。大分県の磨崖仏群は、山を御神体とする三輪信仰をもつ豊後大神氏の拠点と密接な関係があるといわれ、臼杵磨崖仏の造立者は、満月寺境内に石像のある真野の長者といわれるが、その実は、治承・寿永の内乱で活躍した臼杵惟隆・緒方惟栄《これよし》・佐賀惟憲を出した大神系臼杵氏と考えられる。

臼杵磨崖仏　ホキ第二群阿弥陀三尊像

参考文献　賀川光夫編『臼杵石仏』、一九九五、吉川弘文館。臼杵市教育委員会編『国宝臼杵磨崖仏保存修理工事報告書』、一九九七。　(飯沼　賢司)

うすだま　臼玉　石製模造品の玉の一種。円筒形を呈し、直径のわりには高さが低い。上下両面は平らで、側面との境に陵を持つ。中央に孔がある。管玉《くだたま》を輪切りにしたような形状である。直径五ミリ前後、高さ二〜三ミリほどを標準とする。材料として、滑石など軟質の石材を使用する。臼玉は、祭祀遺跡・古墳・住居跡などから出土する。祭具としての要素が強いが、装身具としての使用も想定される。主に古墳時代中期から後期にかけて、北海道と沖縄を除く日本列島各地で出土する。古墳時代前期あるいは奈良・平安時代の遺跡にもみられるが、出土例は極端に少ない。

参考文献　篠原祐一「臼玉研究私論」(栃木県埋蔵文化財センター『研究紀要』三、一九九五)。　(勝部　衛)

うずまさ　太秦　古代から現在の京都市右京区太秦に至る地名。『日本書紀』雄略天皇十五年条に秦酒公《はたのさけのきみ》が多量の庸調絹縑を貢上して禹豆麻佐《うつまさ》と賜姓されたとあり、秦氏の根拠地としての太秦の地名由来記事ともなっている。国郡制下では山城国葛野《かどの》郡に属した。推古朝に秦河勝《はたのかわかつ》が建立した広隆寺は平安遷都に際して同郡の北野から太秦に移転してきたと考えられるが、薬師信仰・聖徳太子信仰の寺として貴族・庶民から崇敬を受けて今日に至る。この地には式内社二社が鎮座するが、秦始皇帝の祖神大《おお》酒《さけ》明神を祀る大酒神社は中世に広隆寺桂宮《けいきゅう》院の鎮守社となり、木島坐天照《このしまにますあまてる》御魂《みたま》神社は摂社として養蚕《こかい》神社(通称蚕の社)を持つなど、秦氏・広隆寺との関係が深い。中世には広隆寺をはじめ大覚寺・法金剛院・二尊院などの領地が散在していた。太秦を冠称する近世の四ヵ村(門前・中里・市川・安養寺)が一八七四年(明治七)に合併して太秦村となり、一九三一年(昭和六)に京都市に編入された。

参考文献 『史料京都の歴史』一四、一九九四、平凡社。(古藤 真平)

うずみもん 埋門 石垣や土塁の中を暗渠のように潜って出入りする門で、非常時には土砂で埋めることで封鎖できる門。姫路城の「る」の門が著名である。

参考文献 『日本城郭大系』別巻II、一九八一、新人物往来社。(八巻与志夫)

うたき 御嶽 奄美諸島から八重山諸島に分布する聖域。ほとんどが村落の聖域であるが斎場《せーふぁ》御嶽《うたき》のような国家的聖域やニライ・カナイ神、航海神を祀ったものもある。奄美・沖縄諸島ではグスクとも呼ばれている。八重山諸島ではウガミ(拝み)・オン、宮古諸島ではムトゥなどと呼ばれる。グスク時代のグスクや集落に起源するものが多く、現在も村落の聖域として機能している。森の中の巨岩や樹木の前に香炉を置いただけのものや、これらを低い石積みで囲ったものなどがある。村落の御嶽には祖先神が祀られ、御嶽の神を招聘して村人が参集して祭祀を行う場所は殿《とぅん》または神アサギと呼んでいる。一七一三年(康熙五十二)編集の『琉球国由来記《りゅうきゅうこくゆらいき》』には、王府が公認した各村の御嶽(嶽《たき》・森《むい》)・殿・神アサギが網羅されている。同書によると一村に一御嶽・一殿(または神アサギ)があるのが基本だが、複数の御嶽や殿がある村も少なくない。これらの村は複数の集落が統合されたものと考えられている。

参考文献 仲松弥秀『古層の村・沖縄民俗文化論』(『タイムス選書』四、一九七七、沖縄タイムス社)。(安里 進)

うたひめかわらがまあと 歌姫瓦窯跡 平城《へいじょう》宮・京の背後にあたる北方には奈良山丘陵があり、この丘陵には平城宮・京用の屋瓦を焼いた奈良山瓦窯群が点在している。歌姫瓦窯は、それらのうちの一つで、歌姫瓦窯のほか、平城宮の瓦を焼いた中山《なかやま》瓦窯・押熊《おしくま》瓦窯・市坂瓦窯、興《こう》福寺《ふくじ》の瓦を焼いた梅谷瓦窯、法華寺《ほっけじ》阿弥陀浄土院《あみだじょうどいん》の瓦を焼いた音如《おんじょ》ヶ《が》谷《だに》瓦窯などがある。木津川の支流鹿川を南下する道の西側の丘陵で、奈良市歌姫町と京都府相楽《そうらく》郡木津町との境に歌姫瓦窯は位置している。この瓦窯は、一九六四年(昭和三十九)からの平城ニュータウン計画で明らかになり発掘調査された多くの奈良山瓦窯跡群より、さらに以前に発掘された窯として、学史的にも貴重な意味をもっている。一九五二年に奈良県教育委員会により発掘され、南北に連なる六基の平窯の存在を確認し、その南に二、三基の平窯の存在が確認されている。完掘した南端の一基の窯をみると、全長四・二メートルの平窯で、焼成室は燃焼室より一段高く作られ、火床の比高差は五五センチである。焼成室は七条の分焔牀《ぶんえんしょう》と分焔孔から続く八条の分焔道からなるロストル式平窯である。窯壁には平瓦と粘土を用い、焚口には石材を用いている。本瓦窯跡で焼成された瓦は、主として丸瓦・平瓦で、軒瓦から考える供給先が必ずしも明らかではないが、窯の構造から奈良時代後半の窯跡と考えられ、平城宮改築の瓦窯ではないかと一般的に考えられている。一九七六年に国指定の史跡となり、国道バイパス沿いに保存されている。奈良山瓦窯群は、今日、ニュータウン建設あるいは学研都市構想が進められる中で、発掘後、消滅したものと保存処置を講じられたものとがある。保存処置を講じられたものでも、現在国史跡になっているものは少ないが、文化財側はその努力をしているところであり、近い将来その数は増加するであろう。しかしその周囲の歴史的環境としては危機的状況となっている。

参考文献 『図説日本の史跡』四、一九九一、同朋舎出版。(山崎 信二)

うちがたな 打刀 中世の刀は、刀身は現在でいう短刀で、平造《ひらづくり》などの短寸・無反りで刺突を主機能とした。外装は鐔《つば》は入れず、鞘に栗型《くりがた》(下《さげ》緒《お》を通す)や返角《かえりづの》(折金《おりがね》とも)などの佩帯装置が付き、刃側を上に腰に差す(懐中も)様式である。かかる刀様式の外装で、刀身はある程度の寸法と反りがあり、打撃・斬撃を主機能とするのが打刀で、鐔を入れて鐔刀《つばがたな》ともいう。初見は一一〇七年(嘉暦二)と考えられる「僧頼源解」という文書で、『伴大納言絵巻』で検非違使の下部達が佩帯し、藤原清衡の遺体にも打刀と考えられる刀身が置かれていた。また、奈良春日大社には、付属の箱蓋の銘から「菱作打刀」と名称がわかる遺品が存し、中世の打刀の名称と構造の基準となっている。打刀刀身と考えられる遺品は応永年間(一三九四―一四二八)ごろから極端に数が増え、以後は作刀の中心となり、刃長が二尺以上の遺品も現れる。やがて打刀大小二本差が身分を問わず流行し、豊臣秀吉の刀狩り令を経て、鑓《やり》とともに近世武士身分の象徴となっていった。

参考文献 近藤好和『中世的武具の成立と武士』、二〇〇〇、吉川弘文館。東京国立博物館編『打刀拵』、一九六七、東京国立博物館。(近藤 好和)

うちがわまがいひ 宇智川磨崖碑 奈良県五條市小島町の宇智川左岸河床に露出する結晶岩の岩塊上に刻まれた八行百余字の石碑。国指定史跡。碑面の法量は上下約一メートル、左右約一・二メートル。宝亀九年(七七八)(または宝亀七年)の年紀がある。碑文の内容は、冒頭に『大般涅槃経《だいはつねはんぎょう》』の経題を記し、ついでその一部である「聖行品」「高貴徳王菩薩品」の一部を引用して記す。碑文にこの経文が書かれた理由として、「聖行品」に「我於爾時深思此義、然後処々若石若壁、若樹若道書写此偈文」という一節があることによると狩谷棭斎《かりやえきさい》は指摘している。碑文作成の目的については不明だが、南一・二キロの所には、藤原武智麻呂《ふじわらのむちまろ》創建と伝えられる古刹栄山寺《えいざんじ》があり、両者の関係が想定される。日本古代における唯一の磨崖碑であり、しかも年代が明記されている点からも、当時の仏教信仰を知る上できわめて貴重な資料といえる。

銘文　大般涅槃経／諸行无常　是生滅法　生滅々已　寂滅為楽／如是偈句乃是過去未来現在諸仏所説開空法道／如来証涅槃永断於生死若有至心聴／常得无量楽／若有書写読誦為他能説一経其身於却後七劫不堕悪道／宝亀九年二月四日工少□□知識□□

参考文献　上代文献を読む会編『古京遺文注釈』、一九八九、桜楓社。国立歴史民俗博物館編『古代の碑—石に刻まれたメッセージ—』、一九九七。

（三上　喜孝）

うちこみはぎ　打込矧ぎ　⇩石垣《いしがき》

うつぼ　空穂　雨湿炎乾から矢を保護するために、矢全体を竹網代などで覆った中世の矢の容器。竹網代製を大和空穂と総称し、塗漆した塗空穂と、猪や鹿などの毛皮を張った皮空穂がある。構造は穂《ほ》・竈《かまど》・筒間《つつあい》からなり、穂と竈・筒間は別個に作り、皮空穂では穂と筒間・竈は別皮を使用した。竈は矢の取り出し口で、内部に鏃を差し込む筬《おさ》という竹簀子と、矢を束ねる矢把《やたば》ね緒を取り付け、竈の口は、内側に替弦《かえづる》を入れる弦袋《つるぶくろ》を設けた間塞《まふたぎ》で覆った。筒間の右側面には板革《いたがわ》を置き、空穂を佩帯するための後緒《うしろお》と受緒を取り付けた。後緒は腰革とその先端に取り付けた懸緒《かけお》と待緒《まちお》からなり、腰革を背後から正面に廻し、懸緒を受緒に懸けて引き戻し、待緒と正面で結んだ。空穂に限らず、矢の容器は右腰に佩帯するものだが、後緒と受緒を同じ側に施すのは、空穂を右腰に佩帯した際に、竈の口を上に向かせるための処置である。空穂は本来は狩猟用で、軍事用となるのは中世後期以降である。なお、靫とも表記するが、これは、靫《ゆき》と空穂を混乱し、さらに靫と靱の表記を混乱した誤用である。

参考文献　鈴木敬三「箙と空穂」（『国学院高等学校紀要』二、一九六〇）。

（近藤　好和）

うづみね　宇津峰　南北朝時代に、陸奥国南部における南朝方の拠点となった山城。星ヶ城とも呼ばれる。国指定史跡。福島県須賀川市大字塩田字雲水峯と郡山市田村町の境に所在。阿武隈山地西縁で、南朝方の在地領主田村庄司の本拠である田村町守山から六キロほど南東に位置する。標高六七六メートル、比高差四二六メートルの独立峰で、山頂からは周囲の田村・安積・岩瀬・白河地方が一望できる。山上には、高さ約五メートルの土塁に囲まれた約二〇メートル四方の千人溜りと呼ばれる平場があり、長平城・鐘撞堂・御井戸沢といった平場や、東乙森《ひがしおともり》・西乙森などの郭が尾根筋に展開し、さらに麓には数多くの出城が残されている。田村氏は、北畠顕信や守永親王らを宇津峰に迎えて攻防を繰り返し、奥羽における南朝最後の拠点となるが、一三五三年（文和二・正平八）に落城する。比高が大きいだけではなく、大規模な土塁や切岸・堀切などの遺構が見られ、南北朝時代の山城の姿を伝える城跡である。

参考文献　福島県教育委員会編『福島県の中世城館跡』（『福島県文化財調査報告書』一九七、一九八八）。『日本城郭大系』三、一九八一、新人物往来社。

（平田　禎文）

うとじょう　宇土城　熊本県宇土市中心地から南西約二キロに立地した独立丘陵上に位置する中世城郭。宇土市神馬町所在。国指定史跡。この丘陵頂上部には東側と西側に小高い部分があり、これが宇土城の曲輪《くるわ》である。東側が「千畳敷《せんじょうじき》」と呼ばれる主郭で、東西約五〇メートル、南北約六五メートル、標高三七メートルの削平地である。その周囲は二重の空堀や切土で守りを固めている。西側部分は「三城《さんのじょう》」と呼ばれている郭で、東西約八〇メートル、南北約三五メートル、標高三七メートルの削平地である。空堀や土塁などは確認されていないが、発掘調査で掘立建物跡、門跡、柵跡などが見つかっている。宇土城西側に城域を区画するように、地元で「からほり」と呼ばれる長さ約三〇〇メートル、最大幅約一五メートル、深さ約一五メートルの堀切《ほりきり》がある。丘陵南側は比較的広い平坦地が棚田のようになり、家臣団の屋敷跡といわれている。東側「千畳敷」は、『肥後国誌』にいう「伯耆殿屋敷跡」といわれる。宇土氏や名和氏が相ついでここを拠点とした。

（今村　克彦）

うねじょうたてぼり　畝状縦堀　戦国時代末期の北陸地方の山城に多く見られる防御施設で、上杉流との関係を指摘する説がある。主要曲輪の外側の斜面や緩斜面などに、数メートル程度の間隔で掘られた並行する空堀群を呼ぶ。帯曲輪から下斜面に構築されている例が多いため、斜面全体に展開して攻撃する敵兵の横方向の動きを遮断する目的が考えられる施設である。畝状阻塞・畝状空堀・連続縦堀・畝堀などの呼名がある。一方中部地方の山城には放射状竪堀群を持つ山城があり、これは武田流との指摘もある。

参考文献　伊藤正一「戦国期山城跡の畝状施設について」（『日本城郭大系』七所収、一九七〇、新人物往来社）。「武田氏系城郭と白山城」（白山城跡学術調査研究会編『白山城の総合研究—白山城総合学術調査報告書—』所収、一九九九、韮崎市教育調査委員会）。高井勝己「山城における畝状施設についての考察—石川県の事例から—」（『城郭史研究』二三、二〇〇三）。

（八巻与志夫）

うねだいせきぐん　畝田遺跡群　奈良時代から平安時代前期の港湾関係遺跡。金沢市の畝田と戸水《とみず》地内を中心に、奈良から平安時代前期の遺跡が群集。犀《さい》川の旧河道に沿って金石本町遺跡（七—八世紀）や畝田・寺中《じちゅう》遺跡（八世紀）があり、畝田・寺中遺跡から「津」「津司」「天平二年」などの墨書土器が出土。加賀郡津と推定されている。大野川の河口付近の戸水C遺跡（八—十世紀）では、「津」の墨書土器が出土。加賀立国（八二三年（弘仁十四））に際して置かれた国府津の可能性がある。近くの畝田ナベタ遺跡（九—十世紀）では、多数の建物跡とともにパルメット文を施した渤海製と推定している帯金具が出土。渤海使節を安置した「便処」跡の可能性がある。『日本霊異記』下の「女人《おみな》濫《みだりかは》しく嫁《とつ》ぎて子をして乳《ちち》に飢《う》ゑしめて故《このゆえ》に現報《げんぽう》を得る縁《ことのもと》第十六」に記された「加賀郡大野郷畝田村」は、奈良時代の畝田遺跡群の様子を伝える説話である。

参考文献　石川県埋蔵文化財センター編『大野郷を掘る』、二〇〇三。

（小嶋　芳孝）

うねびやま　畝傍山　⇩大和三山《やまとさんざん》

うねめしえいいきひ　采女氏塋域碑　官人の墓所を標示するために造られた古代の石碑。天武朝の大弁官で直大弐の位を有した采女竹良《ちくら》の墓所として、形浦山の地を与えられたこと、墓域への他人の侵入や毀損を禁ずることを刻銘する。年紀の「己丑年」は六八九年（持統天皇三）。現在の大阪府南河内郡太子町春日の小丘（片原山に比定）から発見され、付近の妙見寺に置かれていたと伝えるが、現在原碑は所在不明で、数種の拓本のみが伝存する。静岡県立美術館に原碑から採った真拓があり、頭部を三角形に尖らせた圭首形の碑形が復原できる。大きさは高さ五三センチ、幅二四センチ程度。竹良は『日本書紀』に竹羅・筑羅とみえる人物で、遣新羅使を務めた後、六八四年（天武天皇十三）に朝臣の姓を賜り、六八六年（朱鳥元）の天武崩御時には内命婦のことを誄している。七世紀の墓制や成立期の太政官制、町段歩以前の地積単位である代制などに関する貴重な史料である。

銘文　飛鳥浄原大朝庭大弁／官直大弐采女竹良卿所／請造墓所形浦山地四千／代他人莫上毀木犯穢／傍地也／己丑年十二月廿五日

参考文献　近江昌司「采女氏塋域碑について」（『日本歴史』四三一、一九六四）。上代文献を読む会編『古京遺文注釈』、一九八九、桜楓社。東野治之『日本古代金石文の研究』、二〇〇四、岩波書店。

（三谷　芳幸）

うぶや　産屋　出産には穢れが伴うとされたので、穢れが他に及ばないように、産婦を別火で生活させ、出産させるための施設。大きな屋敷では邸内の一室を使用することもあったが、近世から近代にかけては村落のはずれなどに建てられることが多く、囲炉裏・竈、鍋・釜など生活のための設備・道具が常備された。個人的道具としての茶碗や箸、布団などは持ち込みが多かった。産の穢れは死の穢れに匹敵すると考えられ、さらに火を通じて転移すると考えられたので別火生活を行なったのである。地域によっては月経期間中に使用する施設として共用するところもあった。神祇令では践祚大嘗祭に際して一ヵ月間の散斎《あらいみ》が設定され、その期間中の禁忌事項の一つに出産した婦女を見ることが挙げられている。『古事記』『日本書紀』所載の鵜草葺不合尊《うがやふきあえずのみこと》・豊玉姫《とよたまひめ》の話にみられるように、出産には「見てはならない」とのタブーが伴う。この二つの例から産屋習俗の起源が古代にさかのぼり、「見ること」の禁忌から「穢れ」に展開したことがうかがえる。忌みが終わり普段の生活に戻ることを「産明《うぶあ》け（産屋明け）」「床ばらい」「コヤアガリ」などと称し、それまでの期間は三十日から百日程度までさまざまであった。福井県敦賀市では一九七〇年代まで産屋の使用が認められるが、全国的には一九五〇年代以降、医療設備の一定レヴェルの整備とともに病院での出産が一般的となり、穢れの意識も希薄化し産屋利用習俗も廃れていった。

参考文献　大藤ゆき『児やらい』（『民俗民芸双書』二六、一九六六、岩崎美術社）。谷川健一・西山やよい『産屋の民俗―若狭湾における産屋の聞書―』、一九八二、国書刊行会。

（藤澤　典彦）

うま　馬　奇蹄目ウマ科に属す草原性の草食獣。現代のウマ科はすべて北アメリカ原産で、鮮新世末期（百七十万年前）から更新世の氷河期の海面低下により、幾度か出現したベーリング陸橋をわたってユーラシア大陸に広がった。ウマは草原を求めて群れをなして季節移動を行うため、その途上で群れを対象とした集団による追い込み猟が行われたことが、フランスの後期旧石器時代のソリュートレ遺跡に残る大量のウマの遺存骨からわかり、ヨーロッパ各地の洞穴壁画や多くのウマを意匠とした遺物からも、その経済的重要性が推定できる。黒海の北、ドニエプル川に沿った六千年前の新石器時代後期、ウクライナのデレイフカ遺跡から出土したウマの遺存骨や馬具と思われる骨角製品の出土から、この遺跡ではすでにウマが家畜化されていたことが指摘され、多くの賛同者を得たが、近年ではデレイフカ遺跡には新しい時代の文化層が存在し、ウマの遺存骨は、後の時代の層からの混入ではないかと指摘されている。北アフリカとアラビアに生息する同じウマ科に属す野生ロバも家畜化されたが、オナガーやアフリカ原産のシマウマはついに家畜化されなかった。楔形文字によると、シュメール人は雑種強勢の利点を知悉し、野生ウマと家畜ロバを交配させてラバを作り、ロバと野生オナガー、オナガーとポニーなどを交配させて、それぞれ従順で望ましい形質を兼ね備えた家畜を創出させていた。中国にウマやロバが移入されたのは、前三千年ごろに始まる竜山文化で、おそらく乗用として伝播し、殷後期の河南省安陽市殷墟では二頭立ての二輪戦車も用いられていた。林田重幸は縄文時代後期に体高一一〇センチ程度の矮小馬が移入されて飼われていたが、五世紀の古墳時代になると、現在の木曾馬に近い、体高一三〇～一四〇センチ程度の中形馬が大陸から移入されて畿内を中心に広がったため、縄文時代以来の矮小馬はトカラ・対馬・宮古・与那国島などにわずかに残ったと、在来馬二系統説を説いたが、遺伝子分析によって両者に系統上の差がないことが明らかになり、さらにフッ素年代測定法やAMS放射性炭素年代測定法などの発達により、骨自体の年代測定が可能となり、千葉県余山《よやま》貝塚をはじめ、縄文・弥生馬のいずれもが中世以降の新しい骨の混入であったことがわかった。『魏志』倭人伝に「其の地、牛馬虎豹羊鵲《かささぎ》なし」とする記事について、真偽が問題とされてきたが、近年の西日本の大規模な弥生集落の発掘でもウマは見られず、実際にウマが移入され、普及したのは、古墳時代中期、四世紀末から五世紀初めの可能性が高いことが明らかになった。これは『日本書紀』応神天皇十五年、百済王が阿直岐を遣わし、良馬二匹を貢ぐという記事や、また古墳へ馬具が副葬され始める時期とも一致する。日本におけるウマの用途は、道路網の貧弱さ故か、戦車は伝わらず、古墳時代の金属器や木器に車馬具や車輪の出土が見られないことから、騎乗や橇《そり》の牽引が主であったと考えられる。しかし、ひとたびウマが移入されると、歩兵に対する騎馬戦法の優位さや、権威の象徴として、支配者層は競ってウマの生産に努め、遺跡からのウマの出土例や、古墳への馬具の副葬例が急激に増加する。『日本書紀』大化の薄葬令には、亡き人のためにウマを殉殺することを禁止するとあり、六世紀前半の円墳、千葉県大作三一号墳の周濠に接するように掘られた土坑から銜《くつわ》と鞍を装着したまま首を斬られたウマが出土し、類例も増加しつつある。『養老令』厩牧令《くもくりょう》には、官の馬牛が死んだ場合、その皮・角・胆・脳をとれとあり、遠地で死んだ場合は皮と宍(肉)を売りに出し、代金をその馬牛を所轄する役所へ収めよとの規定があり、その注釈書である『令義解』や『令集解』には、「脳とは馬の頭の中の髄也」とされている。その用途は、『延喜式』内蔵寮の鹿皮を鞣《なめ》す際に、脳を和えて槎り乾かすために使われたと考えられる。この鞣し技法は鹿革に柔軟性と独特の肌理を与えるとされ、近畿地方では第二次世界大戦後しばらく牛の脳を使った脳漿鞣しが行われていたが、悪臭や汚水、さらに化学薬品による鞣し技法の普及により終焉を迎えた。『日本書紀』六四二年(皇極天皇元)に、日照りの際、漢神を祀るために牛馬を殺して、さまざまな社の神を祭ったとあり、以後も同様の記事が散見されるが、『続日本紀』七四一年(天平十三)に、馬や牛は人に代わって勤労して人を養うという理由で、国家が牛馬を屠殺するところとなる。しかし、民間では近世に至るまで雨乞いの際に、牛馬を殺して神に捧げたり、牛馬鹿の骨や血で水神の宿る滝や淵といった聖地を汚して神の怒りをかって雨を請う習俗が残り、発掘でも牛馬を犠牲にしたと考えられる例が少なくない。『石山寺縁起』や『一遍上人絵伝』には厩《うまや》の中や傍らに猿が飼われている様が描かれているが、猿は馬の気を鎮めるといい、近世には納屋や厩の柱に猿の頭骨を打ち付ける習俗が存在した。

参考文献 石田英一郎「新版河童駒引考」(『石田英一郎全集』五所収、一九七〇、筑摩書房)。川又正智『ウマ駆ける古代アジア』(『講談社選書メチエ』一一、一九九四、講談社)。高谷重夫『雨乞習俗の研究』、一九八三、法政大学出版局。松井章「馬の生産」(石野博信他編『古墳時代の研究』四所収、一九九〇、雄山閣出版)。

(松井　章)

うまだし　馬出し　虎口に、防御と攻撃能力を高めるために附設した施設を呼ぶ。八巻孝夫は「一つは虎口前の堀を隔てた対岸にあること、堀で囲まれた小さな曲輪(保塁)ともいうべき空間であること」と規定している。江戸時代初期に成立していた『甲陽軍鑑』本編一六に「城取の事　一、ちいさくまろく。△すミ馬出しの事。付、よこぐるわの事。一、すミかけの城内せばし。一、丸馬だしの事。一、丸馬出に、三間のかき大極意也。口伝。一、辻だしの事。」とある。施設の形態によって「安土《あずち》(的山)馬出」「丸《まる》馬出」「角《かく》馬出」「重《かさね》馬出」、「辻の馬出」「曲尺《かね》の馬出」、附設された位置によって、内《うち》馬出・隅《すみ》馬出などの呼称がある。「草の丸馬」や「草の角馬出」など「草」が冠に付く場合は、馬出施設が城郭の堀より外側に張り出した馬出を、「真」とは逆に内側に入り込んだ馬出を呼ぶ。平虎口は、出入りには便利であるが、城内の動きを直接見ることができ、また堀外から直線的に城内に侵入できるため、防御の面からは不利である。その欠点を補うために堀外に附設した虎口幅より長い直線の土塁を安土土居と呼び、この土塁の外側に堀を備えた施設を安土馬出と呼ぶ。直線の安土土居を半月形とし、その外側の堀も三日月堀と呼ばれて半月形の孤を描く。これが丸馬出である。主に武田信玄が侵攻した信濃・駿河・上野などの占領地に築いた城に見られることから、武田流縄張りの典型といわれる。山梨県内では、一五八一年(天正九)に築城された国史跡新府城跡の大手門下と二〇〇六年(平成十八)に国史跡武田氏館跡の大手馬出の下部遺構として確認された。一方角馬出は、コの字状の土塁と外側の堀が虎口の外側に設置された形式で、後北条氏系の城郭に普遍的縄張りであり、石垣の普及とともに江戸時代には各地の城郭に広がった。重馬出は、馬出が連続して設置された形態、辻の馬出は馬出内部から直行する二つの虎口に通じている形態、曲尺馬出は辻馬出形態で、虎口が一つの馬出を呼ぶ。沖縄県のグスクでも十六世紀前半から虎口の発達が見られるが、その姿は顕著ではない。

参考文献 酒井憲二編著『甲陽軍鑑』、一九六四、汲古書院。萩原三雄「丸馬出の研究」(『甲府盆地―その歴史と地域性』所収、一九八四、雄山閣)。八巻孝夫「馬出を考える」(『中世城郭研究』三、一九八九)。山本正昭「グスクの出入口に関する覚書―織豊系城郭との比較を通して―」(『中世城郭研究』一四、二〇〇〇)。『日本城郭大系』別巻II、一九八一、新人物往来社。

(八巻与志夫)

うまや　駅家　⇩えきか

うまや　厩　牛馬を飼育する建物。馬屋とも。『和名類聚抄』に「牛馬舎也」とある。『日本書紀』では聖徳太子生誕の伝承として厩がみえる。律令制下では、中央の馬寮、地方官衙・城柵・駅などに設けられたと推測される。武家では中世以降、家格により厩の大きさに差を設けるようになり、細川家では十三ヵ国を拝領したので、十三間の規模であったとされ、彦根城馬屋は二十一間である。

厩の形態は、主屋に一体で設けられる内厩と別棟の外厩に分けられる。内厩は民家において十八世紀ごろから確認でき、曲屋や中門造りの成立を促す。民家では藁や草を敷き込んで厩肥を作るため、床を掘り下げる深厩にするが、均等に踏ませるために放し飼いが多い。一方、『慕帰絵詞』では中世寺院の板敷きの厩で板飼いが行われているが、この場合はあばれぬように馬を繋いでいる。また、厩の周辺では雇人の居室が設けられることが多い。なお猿を馬の守護神とする信仰が認められ、中世より絵巻に描かれるほか、絵札や頭蓋骨を戸口に吊り下げる民俗事例がある。

参考文献　渋沢敬三『絵巻物による日本常民生活絵引』、一九六八、角川書店。

（黒坂　貴裕）

うまやばしじょう　厩橋城《りょうぼせい》　⇩前橋城《まえばしじょう》

うめばか　埋墓　⇩両墓制《りょうぼせい》

うめはらすえじ　梅原末治　一八九三―一九八三　考古学者。一八九三年（明治二十六）八月十三日、男ばかりの七男、末子として大阪府古市郡古市村（現羽曳野市《はびきの》）に生まれる。誉田高等小学校時代すでに歴史と地理に熱中。病弱のため、同志社普通学校（中学校）を卒業後進学せず、内藤湖南《ないとうこなん》、喜田貞吉《きたさだきち》、富岡謙蔵《とみおかけんぞう》らの援助を受け独学で考古学の道を歩んだ。一九一四年（大正三）、浜田耕作《はまだこうさく》の推挙により京都帝国大学文学部考古学講座助手となり、一九二八年（昭和三）東方文化学院京都研究所研究員を経て一九三三年京都帝国大学考古学講座助教授、一九三九―五六年教授。退官後一九六三年まで天理大学おやさと研究所の研究員。主たる研究対象は鑑鏡と中国・朝鮮の青銅器および日本の古墳文化であったが、ノイン・ウラなど古代騎馬民族文化にも関心を寄せた。また、歴史考古学の分野でも寺院跡や瓦窯などの調査報告、古瓦、墓誌、塼仏《せんぶつ》などの遺物にかかる論攷は多い。目が不自由であったが、遺物の一点一点を子細に観察し情報を引き出す学風を生涯貫いた。一九八三年二月十九日没。八十九歳。

参考文献　梅原末治『考古学六十年』、一九七三、平凡社。

（山本　忠尚）

うらそえじょう　浦添城　グスク時代の大型グスクで首里城以前の初期琉球王国（中山《ちゅうざん》）の王城といわれている。沖縄県浦添市所在。国指定史跡。沖縄島中部を東西に走る標高一四〇《メートル》の琉球石灰岩丘陵上に立地する。第二次世界大戦前から高麗系瓦が大量に出土することで知られていた。一九八二年（昭和五十七）―八四年の発掘調査で遺跡変遷の概要が明らかになった。十三世紀に野面積《のづらづ》みの城塞的グスクとして出現し、十四―十五世紀初期には最盛期を迎えた。規模が拡大して切石積みの城郭内に高麗系瓦葺建物も建てられていたと考えられている。その後は規模が縮小したが十八世紀までの遺構が確認されている。一九九三年（平成五）―二〇〇〇年までの発掘調査によって、十三世紀の野面積み城郭が大規模だったこと、十四世紀には石積み城郭の外側にも石積みを伴わない物見状郭が配置され、さらにその南側外縁を堀がとりまいていたことが明らかになった。城郭総面積は四万平方《メートル》を超える。また、グスク周辺の発掘調査や地形調査で、浦添城の周辺には王陵（浦添ようどれ）、寺院（極楽寺）、大きな人工池、豪族屋敷、集落などが存在し、十五世紀の王都首里と同様な王都的構成だったと考えられている。特に浦添城の北側崖下にある初期中山王陵の浦添ようどれは、一九九四年―二〇〇三年までの発掘調査によって、十三世紀後半ごろに造営された王陵で琉球王権の出現を示す遺跡として注目されている。琉球王国第二王統の英《えい》祖《そ》王統（十三世紀後半―十四世紀前半）と次の察度《さっと》王統（十四世紀後半―十五世紀初期）が浦添城を居城にしていたと考えられる。察度王は一三七二年（洪武五）に明朝への朝貢を開始したが、その子武寧《ぶねい》王の一四〇六年（永楽四）に察度王統は第一尚氏《しょうし》によって滅ぼされた。十六世紀には尚《しょう》維衡《いこう》を祖とする浦添家の居館となり、その四代目の尚《しょう》寧《ねい》は琉球国王に登位した。一六〇九年（万暦三十七）の島津氏の琉球侵攻で焼き討ちされて以後は廃城となった。

参考文献　浦添市教育委員会『浦添城跡発掘調査報告書』、一九八五。安里進「文化財レポート　首里城以前の王城・浦添グスクの調査」（『日本歴史』五八五、一九九七）。

（安里　進）

うらない　占　前近代社会において国家などの集団が大事を決する際、または個人が何かを行う場合などに、その結果を神の神意や天体の運行の摂理などによる事例がみられる。その手段として用いられたものが占（うらない・せん）である。占は世界各地に見られる現象で、多種多様な形態があり、たとえば、神に犠牲として動物を捧げ内臓の色や骨の形態などを見て占うものなどがある。また、漢字では卜・占・卦・兆・貞・筮などが占の意味を持つ。わが国とその周辺諸国地域の占を見ると、中国大陸では、紀元前十四世紀ごろから動物の骨を灼いて卜する灼骨《しゃっこつ》という方法が盛行した。特に、河南省安陽の殷墟《いんきょ》からは灼骨に使用された卜骨が一万点以上発見され、そこには殷王朝が占に使用した亀甲や牛骨に彫った文字で記された甲骨文が刻まれており、その内容は占についての記録であり、農作物の豊凶・祖先の祭祀・戦いの吉凶などの不定期なものと、癸《みずのと》の日以降十日間の吉凶を判断する定期的なものとがある。現在解読できているものは甲骨文字のうち全体の二〇％程度だが、この発見により、それまで文献上の記録でしかなく、実在したことが明らかにできなかった殷王朝の存在が確認できたことから、これらの資料は中国における王朝研究の重要な一翼を担う、学術的に非常に価値の高いものとなった。また、灼骨とはまったく異なる原理に基づく占としての易がある。易は、古からの占の知恵を体系化して組織化したもので、古代中国において行われた五十本の筮竹《ぜいちく》を用いて八卦や六十四卦によって世界を解釈する占である。これはのちに儒教の経典に組み込まれ、政治と非常に強いつながりを持った。この易について解説した書物が『易経』である。

儒教では基本とされる教書である四書五経の一つであり、古文系統の経学において五経の筆頭に挙げられる経典である。考古学の調査で出土した資料としては、馬王堆漢墓で発見された帛書『周易』写本がある。一方、わが国に関する記録として、文献上最も古いものは、『三国志』の『魏書』東夷伝倭人条にある「其俗挙事行来有所云為輙灼骨而卜以占吉凶」との灼骨の記事で、これによれば行事や旅行にあたって骨を灼いて吉凶を占ったものであったと考えられる。さらに、わが国の文献では『古事記』に初出する天つ神が布斗麻邇《ふとまに》を行ったことや、布刀玉命《ふとたまのみこと》が天の香具山《かぐやま》の鹿の肩骨をとって同山の天之波々迦《ははか》(宋桜《かにわざくら》)で灼いたことがみられ、古くは鹿卜《しかうら》が盛んに行われ、これらを太占《ふとまに》とも称していたことが知られている。考古資料としては、弥生時代前期以降に卜骨が出土していることから、わが国の占の開始は弥生時代前期と推定されており、発生は朝鮮半島・中国大陸からの影響によると考えられている。その直接的な伝播ルートや日本列島における骨卜の様相についての詳細は不明で、これに関する研究は現在も進められている。骨卜に使用した動物の種類(骨料)の大部分はシカで、ついでイノシシが多く、その他にイルカやサルなども見られる。このように、日本列島でシカの骨が用いられることが多いことについては、中国大陸では亀甲やウシの骨などが多く使われていることと比較して、シカに特別の意味を認めていたことが指摘されている。ただし、中国大陸の卜骨のように甲骨文字が刻まれていないことから、当時の占の詳細な目的や方法については明確にされえず、農作物の豊凶や天候の良悪などと推定されている。古墳時代以降には、シカやイノシシなどの獣骨を用いたものに替わって、カメの腹甲を用いた亀卜《きぼく》が対馬・壱岐地方をはじめとした沿海地域で行われるようになり、次第に盛行するようになる。焼灼法も時代により差異があり、弥生時代には原材料に手を加えないで用いていたものが、古墳時代には薄板状に整形して用いる方法への変化が見られる。しかし、これらがともに単に点状の灼骨をするだけであるのに対して、古墳時代後期からは亀卜・骨卜も片面に方形の小穴を彫り、これを灼いてひび割れを見る方法が出現していることから、新しい方式の伝来も考えられ、幾度かにわたって中国などからもたらされたことが推測されている。律令期に至ると、古代中国で発生したさまざまな占術が、わが国に適した形で組織的に移入され、行政機構が整備されるとともに占の目的別に職掌分担が定められた。朝廷内の大事を卜占によって決定するため、神祇官の下に卜部《うらべ》が置かれ、主として亀卜を用いた吉凶判断が行われた。このほかに中務省被管の陰陽寮では式占・易筮・相地、治部省では占断など、さまざまな占が行われた。なお、それぞれ僧侶や陰陽師がこれにあたったが、特に陰陽師は令制段階の本来の職務であった諸司公事問と私問に加えて、後に神祇官卜部の専管であった勅問への奉仕も行うようになり、その職務内容を拡大し、より大事の占に参加することで地位を向上させていった。また『万葉集』三「夕卜《ゆふけ》尒《に》毛《も》　占《うら》尒《に》毛《も》告有《のれる》　今夜《こよひ》谷《だに》　不《きま》ㇾ来《さぬ》君《きみ》乎《を》　何時《いつとか》将《ま》ㇾ待《たむ》」と、夕占が行われていることが歌われており、貴族の日常生活でも占は頻繁に行われていることがわかる。なお、占の種類は多種にのぼり、このほかに、琴占・竈占・米占・飯占・夕占・辻占・石占・足占・橋占・歌占・水占・銭占などがみられるようになる。近世になると占はより多様化し、政治的な仕組みの中にある占が、階層が上位の者のなかで行われる一方、農村では農作物の豊凶占が定着した。都市部では、複雑化する社会の中であらゆる人々の間で目的や関心がより個人的な運勢の判断へと広がり、占が流行した。つまり、寺社奉行および陰陽師家に認められた、いわゆる陰陽師や僧侶などの公の占師が行う占とともに、民間においても前代より根付いていた農作物の豊凶を占う年占《としうら》が行われていたとされる。年占とは、一年間の吉凶を卜する占の総称で、作物の豊凶とそれに関係の深い月々の天候を占うことが主目的で、正月十五日の小正月に行われる事例が多い。年占の方法はさまざまであるが、全国的な広がりを見せていたのは粥占《かゆうら》で、小正月に炊く粥の中に竹管などを入れ、炊き上がったころにそれを取り出し、中に入った粥の多少で豊凶を占う方法や、炊き上がった粥に粥棒、粥箸などと呼ばれる先端を縦に裂いた柳の枝を入れて掻き回し、付着した米粒の数によって作柄の豊凶を占う方法や、粥を数日間放置し自然に生えてくるカビの生え具合で占う方法などがある。また、豆占も広く行われた年占の一つであり、節分の夜や小正月に囲炉裏《いろり》の灰の上に豆を十二個並べてその焼け具合で月々の天候や吉凶を占った。明治期までは全国各地の村落などでみられた。豆の代わりに餅を使って占う餅占や、栗や胡桃《くるみ》などの実を焼く十二焼などもこれと似た趣向で、作物と火を組み合わせて占うという共通点がある。また、村落などの共同体対抗で行う形式のものもあり、綱引きや凧揚げ・相撲・弓射・競馬・競船などの勝負の結果、勝者に豊作が約束されるのが通例である。一方、江戸や大坂・京都などの大都市においては庶民に流行した人相・手相・家相などをみる多種の占の存在がわかっている。またそれに伴って、八卦師や辻占売などこれを生業にする者も多く現れた。現在では、農作物の豊凶を占う、貫前《ぬきさき》神社(群馬県)の鹿占、御嶽《みたけ》神社(東京都)の太占祭など、砥鹿《とが》神社(愛知県)や弥《や》彦《ひこ》神社(新潟県)などで五穀豊穣を祈願する粥占などが神事として継承されている。また、粥占の結果を、社頭に貼り出したり刷り物にして配布している神社もある。

参考文献　小坂眞二「古代・中世の占い」(村山修一他編『陰陽道叢書』四所収、一九九三、名著出版)。林淳「近世の占い」(同所収、一九九三、名著出版)。和田萃「夕占と道饗祭」(『日本古代の儀礼と祭祀・信仰』中所収、一九九五、塙書房)。

(加藤　里美)

うらまつこぜん　**裏松固禅**　一七三六—一八〇四　江戸

時代後期の公家、故実家。正五位下蔵人左少弁。本名光世。一七三六年(元文元)十一月十一日、前内大臣烏丸光栄の子として京都に生まれる。一七四七年(延享四)前権中納言裏松益光の養子となった。一七五八年(宝暦八)、竹内式部の講筵に列した徳大寺公城ら桃園天皇の近習公家たちが天皇に『日本書紀』神代巻を進講したことによって処罰された宝暦事件に連坐して幕府より永蟄居を命じられた。一七六〇年、家督を養子謙光に譲って落飾し固禅と号した。蟄居の間、文献・絵図・絵巻物などの史料による平安宮大内裏に関する研究を進め、一七八八年(天明八)の内裏焼亡に際し、再建造営担当の老中松平定信によってその研究成果が資料として採用されるに至って大きくこれに寄与し、三十年間の永蟄居を赦された。一七九七年(寛政九)、研究成果を『大内裏図考証』三十巻五十冊として献上。ほかに『皇居年表』など多数の著作がある。一八〇四年(文化元)七月二十六日没。六十九歳。裏松家に伝来した固禅の研究成果の草稿や指図類、蒐集した儀式書・記録類は、現在その多くが東京大学史料編纂所に架蔵されている。

参考文献 西井芳子「裏松固禅とその業績」(『平安博物館研究紀要』二、一九七二)。 (渡辺 晃宏)

うり 瓜 果実を利用する植物で、ふつうウリ科キュウリ属のメロン一種を指す。メロンは瓜の植物学的な名称である。時代や地域によってまれに同属のキュウリやヒョウタン属のユウガオなども瓜と呼ぶことがある。弥生時代に日本に伝播した外来の植物で、食用としてだけでなく、祭祀とも深くかかわってきた。メロンはアフリカを起源とし、西アジアからヨーロッパに伝わった西洋系、中国や日本に伝わった東洋系、インドから東南アジアに伝わった熱帯アジア系の三つに分けられる。世界に四十以上の変種が記録され、果実がウズラの卵ほどの小球形から長さ二メートルに及ぶ長大なものまで著しく形状が多様化しているが、種内ではどの変種とも自由に交雑でき、稔性が後代も正常な雑種ができる。そのため、同一種とは思えないほど多様化が進み、たくさんの品種が作りだされてきた。メロンの歴史は、遺跡から出土する種子と文献史料から知ることができる。日本には小球形の変種ザッソウメロンが弥生時代初頭に九州に最初に伝えられた。これはその後衰退し、現在では五島列島や瀬戸内海の島々に残存する。古代にかけては変種マクワウリとシロウリが伝えられた。また、水分も甘味も乏しいモモルディカメロンという特異な変種が伝わり、古代の貴族社会で流行したが、現在では八丈島と福江島のみに残存する。一方、甘いマクワウリは生果として、甘味のないシロウリは漬物用として、中世以降に流行した。果実が傷つきやすく長期保存ができないため、各地で固有の品種が多数作りだされた。マクワウリの名は、中世末に美濃国真桑村産のものを上等としたことにより、近世初頭以降は京都を中心に贈答用として流行した。近世までに日本に伝わった変種はいずれも東洋系で、中国・朝鮮半島から伝わったことがわかってきた。新潟など日本海側では現在でも旧盆に仏前の飾り物として供えられる。桃と同様に神霊が宿るものとして古くから基層信仰と密接なかかわりをもってきたと考えられる。

参考文献 藤下典之「出土種子からみた古代日本のメロンの仲間」(『考古学ジャーナル』三五四、一九九二)。 (辻 誠一郎)

うりんいん 雲林院 山城国愛宕郡紫野(京都市北区紫野)に所在した寺院。「うんりんいん」とも読む。本尊は千手観音像。はじまりは皇室の離宮紫野院で、八一九年(天長六)の淳和天皇の出御記録に初見し、八三二年雲林亭と改称。その後仁明天皇が常康親王に与えたが、親王は八六九年(貞観十一)遍照に付託し、八八四年(元慶八)天台宗元慶寺の別院となった。九六三年(応和三)には村上天皇が五仏像を安置する多宝塔を供養した。『大鏡』の物語の場として有名な菩提講は、寛和年間(九八五—八七)に源信が始め、無縁聖人が続けたと伝える。一三二四年(正中元)後醍醐天皇がその敷地を宗峰妙超に与えて旧来の雲林院は廃絶するが、妙超が開いた大徳寺(一三二六年法堂開堂)の塔頭《たっちゅう》として再興。一六八四年(貞享元)焼失後、一七〇七(宝永四)に再建された堂宇のうち、観音堂が京都市北区紫野雲林院町に現存。二〇〇〇年(平成十二)同町内で九世紀前半—十世紀前半の雲林院の建物(釣殿と推定)と園池の遺構が検出された。

参考文献 柴田実「雲林院の菩提講」(『古代文化』二六ノ三、一九七四)。杉山信三『院家建築の研究』、一九八一、吉川弘文館。『雲林院跡』(『京都文化博物館調査研究報告』一五、二〇〇三)。 (古藤 真平)

うるし 漆 ウルシの木が分泌する樹液。ここでは、それを利用した漆技術・漆文化全般について記述する。漆技術・漆文化は、照葉樹林文化の構成要素として、稲作文化の縁辺に位置するものと考えられてきており、当然ながら、日本の漆文化は中国から渡来したものとの認識

6800年前の漆（夫手遺跡出土）

9000年前の漆（垣ノ島B遺跡出土）

が大勢を占めていた。ところが国内での漆資料の出土事例が増えるに従い、この考え方は通用しなくなった。一九九八年(平成十)に発掘調査された夫手《それて》遺跡(島根県松江市)から、クロメ加工された漆が付着した土器(西川津式)が出土し、漆を試料とした^{14}C年代測定の結果、今からおおむね六千八百年前のものと判明した。この漆液容器には良質なベンガラ顔料も付着しており、当時ベンガラ漆が用いられていたことも類推された。中国で最も古いとされる漆資料は、ほぼ同時期のものと考えられる浙江省河姆渡遺跡出土の赤色漆塗木胎漆器である。夫手遺跡の事例からは、この木胎漆器を凌ぐ優品の存在が期待できること、漆の原初的利用はこれよりはるかにさかのぼるとみられることから、この時点で、日本の漆文化は中国よりも古い存在になった。さらに、二〇〇〇年に発掘調査された垣ノ島B遺跡(北海道函館市南茅部地区)の今からおおむね九千年前(^{14}C年代測定法による)の土壙墓からは、ベンガラ漆塗の糸・紐からなる漆製品(装飾品)が出土し、現時点では中国よりも二千年以上古くなることが確定した。漆の木は、日本の自然植生の中では淘汰され消滅すると考えられるので、漆の木の管理栽培は、すでに九千年以上前から行われていたことになろう。緯度差・高度差に恵まれた日本の多様な自然植生のなかで、どこか限られた地域には漆の木が自生しており、その樹液の利用に気が付いたとの想定も十分成り立つのであり、今後旧石器時代の石器接合剤の事例を丹念に検証していく必要がある。日本の漆技術・漆文化の研究は、九千年以上にわたってそれらがどのような経緯で推移し、変遷し、また大陸の影響を受けたのか等々を検証する作業である。縄文時代の漆は、その豊富さと技術的高さ、地域的広がりに特徴がある。全国各所の遺跡から漆液容器(漆要具)が出土しており、それぞれ在地の文化として根付いていたことがわかるが、ごく近年の調査では下宅部《しもやけべ》遺跡(東京都東村山市)から漆掻き痕跡を残す漆の木が多数見つかっている。縄文時代後期に属するが、全国ではじめての確認例である。漆技術ではゴミを漉すことが重要な工程になるため、漆漉し布も見つかっているが、縄文時代の布文化を知る重要な手がかりでもある。縄文時代における高度な漆文化の存在は、関連する各種の技術、たとえば木材利用技術などが相応した発達段階にあったことを意味するのであり、漆を手がかりとした文化の解明が有効であることを物語る。弥生時代から古墳時代にかけては、総じて漆が目立たない時代であり、あまり多くはない資料を手がかりに議論することになる。しかしながら漢・楽浪風の技術が認められること、漆をクロメ加工する技術が稚拙であること、赤色漆の利用が少ないこと、土器に漆を塗った例がほとんど認められないことなど、縄文時代とは対極的に捉えることができる。縄文的な漆から大陸的な漆へと変化したのである。古代にあっては、隋・唐の漆文化が色濃く反映したものとなり、それを象徴的に示すのが正倉院の漆工芸品である。古代も後半に入ると、蒔絵的な漆技術が発達し、和風化の様相が一段と進むとともに、一方では、それまではあまりに高価すぎてごく一部の階層によってのみ独占されていた漆工芸品は、より多くの人に受容されるべく技術革新の道を歩み始めるのである。その画期となる技術が、漆技術への柿渋汁利用技術の導入であり、中世以降の漆文化の広がりは、この技術によること大である。その基本は、炭粉渋下地の利用にある。量産した木地に漆を使用せずに下地を作り上げることで、材料費と工程とを大幅に節約し、表面には乾性油などで極力薄めた漆を塗る。できた漆器は外観的には従来の高級品と遜色ないものである。耐久性にはやや欠けるものの、その安さは大きな魅力であった。人工朱が造られ始めると(十三世紀ごろか)、その柔和な色調の朱漆を普及品型漆器に多用することで、文様などの華やかさを演出し、一段と受容者の好みを引き出すこととなった。この普及品型漆器の製作法は、現在でも多くの漆器生産地に受け継がれている。江戸時代にこれを丁寧に製作したものが会津漆器であり、藩内において漆の木の栽培から商品製作に至るまでの一貫した生産を行うことで、藩の財政に寄与した。一方、地の利の悪い輪島(石川県)では、地元に産する珪藻土を利用した堅牢な堅地漆器(漆下地)を生産し、壊れても修理することを掲げて販路を開拓した。このように、漆はさまざまな歴史情報を有する素材であり、出土品・伝世品を問わず、多くの漆資料を見ていくことで歴史的世界への還元がはかれるのである。

参考文献　小野陽太郎・伊藤清三『キリ・ウルシ—つ

くり方と利用―』、一九五五、農山漁村文化協会。松江市教育委員会・松江市教育文化振興事業団編『夫手遺跡発掘調査報告書』(『松江市文化財調査報告書』八一、二〇〇〇)。南茅部町埋蔵文化財調査団編『垣ノ島B遺跡』(『南茅部町埋蔵文化財調査団報告』一〇、二〇〇二)。浙江省文物考古研究所編『河姆渡』、二〇〇三、文物出版社。北野信彦『近世漆器の産業技術と構造』、二〇〇五、雄山閣。四柳嘉章『漆』(『ものと人間の文化史』一三一、二〇〇六、法政大学出版局)。『季刊考古学』九五(特集縄文・弥生時代の漆)、二〇〇六。

(永嶋　正春)

うるしがみもんじょ　漆紙文書　漆容器の蓋紙として用いられた反古《ほご》文書。漆塗作業において紙を使用することは、古代から現代まであるが、実際の資料は古代のものがほとんどである。漆は空気に触れて硬化したり、ほこりをかぶったりすると使えなくなるので、これを防ぐために漆の液面に密着するように紙をかぶせて蓋とする。蓋紙には新品の紙ではなく反古文書が使われることが多い。蓋として用いた紙にはおおむね円形に漆が付着する。蓋紙が最終的に不要になって廃棄された後も、漆の浸みこんだ円形の部分だけは漆の作用により保護されて土中でも腐ることなく遺存する。このため通常は残ることのない紙の文書が発掘調査により出土することになるのである。出土した状態では漆に覆われて茶褐色を呈し、肉眼で文字を読みとることは困難である。このため墨痕の確認には、漆膜を透過する赤外線を用いて観察することが有効である。漆を入れる容器には、運搬・保管用の須恵器壺、木製曲物、小分け用やパレット用の木製曲物、杯・椀・皿などの土器があるが、このうち、壺は栓を用いるため、紙が蓋として用いられるのは曲物、杯類などに限られる。それぞれの容器を使用する仕方は、漆の生産・流通・保管・使用の各段階で異なり、それに応じて付される反古紙の調達経路も変わってくる。端的にいえば、蓋紙としての漆紙文書が廃棄される場は、反古紙が文書として廃棄された場と同一であるとは限らない。漆紙文書が文書として廃棄されてから漆塗作業現場に流れるまでの来歴を考えるためには、文書の内容だけではなく漆工房の手工業史的分析を踏まえなければならない。研究史を繙《ひもと》くと、一九七〇年(昭和四十五)に平城京跡および多賀城跡ではじめて確認され、調査研究が緒についたが、多賀城で大量に出土した資料に基づき、漆塗作業との関係で紙が遺存した理由が明らかとなった。その後、東北の城柵遺跡のほか、下野《しもつけ》国府跡、鹿の子C遺跡などで大量に出土した事例が注目され、東日本を中心に研究が進むこととなった。一方、一九八〇―九〇年代に、平城京跡や長岡京跡でも出土が相つぎ、漆塗作業における反古紙の調達経路を考える必要性が指摘されるに至っている。また、都城や官衙遺跡以外の集落遺跡でも出土例が報告されており、漆塗作業が行われ、反古紙の調達が可能なところでは、どこでも出土し得る資料であることも認識されるようになった。文書の内容は多岐にわたるが、毎年大量に廃棄され、かつ、一定量の紙が巻子装の形でまとまっている、計帳や具注暦などが用いられる蓋然性が高い。実際の傾向としてもこれらの例を多くみることができる。保管期間の短いこれらの文書、特に具注暦は、出土遺構の年代を判断するための根拠資料となる。また、前述したごとき反古紙の調達経路を復原することができれば、出土遺跡全体の性格を考えるための有力な手がかりとなり得る。一方、伝世の紙背文書などと同様に、保存すべくして残された文書ではないため、断片的な資料であるという限界を有するが、地方官衙における文書の作成過程で作られた草案や、作成・発信元にとどめおかれた控えなど、通常残されている資料群では知り得ない資料が含まれており、律令国家の文書行政を考察するための重要資料となる。

参考文献　平川南『漆紙文書の研究』、一九八九、吉川弘文館。古尾谷知浩「都城出土漆紙文書の来歴」(『木簡研究』二四、二〇〇二)。奈良国立文化財研究所編『平城京漆紙文書』一、二〇〇五。

(古尾谷知浩)

うわぐすり　釉　⇨釉薬《ゆうやく》

うわじまじょう　宇和島城　海と山の両面を意識した平山城。愛媛県宇和島市に所在。現市街地のほぼ中央、標高七三メートルの独立丘陵は一五四六年(天文十五)には板島丸串城として文献に登場する。その後西園寺宣久や戸田勝隆の居城を経て、一五九五年(文禄四)当地に入封した藤堂高虎は、翌年から本格的に板島丸串城の築城に着手し、一六〇一年(慶長六)に完成する。丘陵を取り囲むように掘られた外堀は、当初は丘陵の形状に合わせて五角形を成し、北堀は海をそのまま利用しており、堀には海水を引き入れている。最頂部の本丸には三重三階の天守(重要文化財)が建てられ、周囲の北半は石垣が築かれているが、南半は土居造りのままである。また、八つの櫓《やぐら》と大台所が築かれている。本丸下の山腹には帯曲輪《おびくるわ》や狭い曲輪が多数配されており、中世山城の特徴を有している。丘陵の北東山裾には藩主が日常を送った三ノ丸御殿が取り付き、周囲をコの字形に内堀が巡る。また堀の内には重臣屋敷が立ち並ぶ。一六一四年仙台伊達藩から伊達秀宗が十万石で入封し、以後一八六九年(明治二)まで九代にわたり伊達家の居城となる。藤堂の建築した天守は、二代藩主伊達宗利によって全面的に建替えが行われ現在に至る。三重三階の構造以外に踏襲されたものはなく、防備上必要な鉄砲狭間などは一切ないが、装飾性の強い唐破風造の玄関(万延年間(一八六〇―六一)に建替え)を設けるなど泰平の世ならではの造りである。この寛文の大改修をはじめ現在に至るまで、石垣や櫓などは地震や台風などの自然災害による破損を受け幾度かの修復が行われている。特に石垣では、藤堂期の上部に寛文期および幕末期の積み直しが行われている箇所があり、また野面積・打込はぎ・切込はぎ・しのぎ・算木積などの多様な工法の石垣が現存していることが、最近の調査で明らかとなってきた。宇和島城は中世山城の曲輪構造をそのまま踏襲し、近世城郭へと変貌していった城といえる。国指定史跡。

参考文献 「宇和島城」(北野隆他編『復元大系日本の城』七所収、一九九三、ぎょうせい)。「石垣調査」(宇和島市編『史跡宇和島城事前遺構調査報告書』、一九九八)。

(中野　良一)

うんげん　暈繝　淡色の上に濃色を段階的に重ねて一種の立体感や装飾効果を生みだす彩色法。原則的に外から内へ向かって淡色から濃色へと配色する。中国では唐代に盛行し、日本でもその影響を受けて奈良時代から建築や仏像の彩色、染織品などに盛んに見られるようになる。『続日本紀《しょくにほんぎ》』和銅六年(七一三)六月辛亥条に右京の住人、支半于刀と河内国志紀郡人の刀母離余叡色奈の二人が暈繝色を染め作ったとあり、このころから暈繝染が始められた。正倉院宝物の「粉地彩絵八角几《ふんじさいえのはっかくき》」(中倉)は暈繝彩色の典型を示し、また同宝物の染織品のうち、錦や刺繡の花や葉の文様にも暈繝が効果的に用いられている。奈良時代以後は主に天蓋・光背・諸尊の着衣の文様や寺塔の建築装飾など仏教関係のものに施された。なお、暈繝は日本独自の用語であり、中国では同種の錦を「暈錦」と称し、また『営造法式』一四によれば、同種の彩色法を「畳暈之法」と呼んでいる。

参考文献 野間清六「暈繝彩色の源流」(『国学院雑誌』五七ノ五、一九五六)。同「暈繝彩色の展開とその法則」(『仏教芸術』三七、一九五八)。

(河上　繁樹)

うんこんし　雲根志　江戸時代の奇石研究書。木内石亭《きのうちせきてい》著。前編(一七七三年(安永二)刊)、後編(一七七九年刊)、三編(一八〇一年(享和元刊)よりなる。各種の奇石、鉱物、化石、縄文時代の石器、古墳時代の石製品などを、前編では霊異類、采用類、変化《へんげ》類、奇怪類、愛玩類に、後編では光彩類、生動類、像形類、鐫刻《せんこく》類に、三編では寵愛類、采用類、奇怪類、変化類、光彩類、鐫刻類、像形類にわけて紹介している。後編の像形類の部には霹靂碪《へきれきちん》の名で石斧を図示し、石人、車輪石、鍬形石の項があり、鐫刻類の部には鏃石《やじりいし》、曲玉《まがたま》、天狗飯匕《てんぐのめしがひ》(石匙)、神代石(独鈷石)、劔石《けんせき》(磨製石剣か)、神の鑓《やり》(石槍)を図示している。さらに三編の鐫刻類の部では曲玉、車輪石、神代石(独鈷石・鍬形石・琴柱形石製品・石棒)、石劔頭《せきけんとう》(子持勾玉)、神代筒石、神代手斧石、石刀(滑石製模造品)、異志都ゝ《いしつつ》伊《い》(石棒)、青龍刀石などを図示、解説している。考古学史上でも貴重な文献。刊本に『雲根志』(『日本古典全集』、一九三〇。覆刻、一九七九、現代思潮社)、『雲根志』(一九六九、築地書館)がある。

参考文献 斎藤忠『木内石亭』、一九六二、吉川弘文館。

(工藤　雅樹)

うんてい　芸亭　奈良時代の貴族で、著名な文人だった石上宅嗣《いそのかみのやかつぐ》が、自宅に設けた図書館。宅嗣はみずからの旧宅を阿閦寺《あしゅくじ》と称する寺としたが、その東南隅を芸亭と名づけて庭園を整備し、多くの書物を収蔵して好学の者に閲覧を許したという。鎌倉時代前期の『建久御巡礼記』によると、そのころには阿閦寺は消滅していたが、その遺跡が法華寺の鳥居の東南にあったという。その比定地は、現在一般的には、平城京左京二条三坊の小字堂の前(一条高校南側)付近と考えられている。ただし、法華寺の鳥居を平城京一条大路と東三坊大路の交差点に比定する説もあり、その説に則れば、その東南の、平城京左京二条四坊の小字愛正寺付近がふさわしいことになる。

→阿閦寺《あしゅくじ》

参考文献 水木要太郎「石上宅嗣宅趾」(『奈良県史蹟勝地調査会報告書』七所収、一九三〇)。福山敏男「阿閦寺」(『奈良朝寺院の研究(増訂版)』所収、一九七八、綜芸舎)。桑原蓼軒『芸亭院—日本最初の公開図書館—』、一九六三、理想社。吉川聡「法華寺の鳥居」(奈良文化財研究所編『奈良の寺—世界遺産を歩く—』所収、二〇〇三、岩波書店)。

(吉川　聡)

うんばん　雲版　禅宗寺院で使用される雲形をした板状の梵音具。銅や鉄製の鋳造品がほとんどである。火版・長版・大版・斎版・板鐘などともいい、版は板の字も用いる。中国に源流を持ち、寺院の庫裏《くり》や斎堂に掛け、衆僧の起床・坐禅・斎食の合図などに打ち鳴らす。両面式と片面式のものがあるが、基本的な形状は、懸吊するための突出部と打面からなり、その境に、蕨手《わらびて》形をした深い刳込みを入れている。懸吊部は頂が花先形をした撥《ばち》状となり、打面はハート形となるものが多く、懸吊部には吊るための孔、打面の下方に蓮華を表わした撞座《つきざ》を設ける。形式は、打面の裾の縁を丸くするもの、裾の先端を尖らせたものがあり、腰部の刳込みは深浅がある。その他、懸吊部を大きくしたものなど、これらが組み合わされて多種に及んでいる。日本における最古の紀年銘の雲版は福岡太宰府天満宮の鉄製の両面式のもので、左右の肩部から縁に沿って「奉寄進安楽寺」「文治三年(一一八七)八月日」と陽鋳銘がある。

参考文献 『新版仏教考古学講座』五、一九八四、雄山閣出版。『仏具大事典』、一九八二、鎌倉新書。

(原田　一敏)

うんも　雲母　火成岩、変成岩、堆積岩に至る広範な岩石の造岩鉱物として知られており、白雲母、パラゴナイト、黒雲母、絹雲母などさまざまな種類がある。へき開が発達して板状を呈し、剝がれやすく、モース硬度で二・四〜四、比重は二・七五〜三・二前後を示す。白、黒、黄色(金色)、褐色、緑、紫などさまざまな色調を呈する。花崗岩やペグマタイトが風化した堆積土壌の中に、半透明できらきら光って見える鱗片状、六角板状の鉱物。古くはキラ(キララ)とも呼ばれて、顔料の一種として胡粉などに混ぜられて用いられた。また、石薬としても利用された。一方、光の効果を得るために土器や瓦の表面にも雲母が塗布されている例がある。工業的には、電気の絶縁抵抗が高く、熱に対しても強いので、アイロンのニクロム線を挟み込んでいたり、電気炉の窓にも利用され

ている。（肥塚　隆保）

うんもん　雲文　雲をモチーフとした中国生まれの文様の総称。龍、鳳凰《ほうおう》、畏獣などの周りに散らして天上にある神々の世界を象徴する雲気文や、仙人・飛天を乗せて飛翔している様を表わす飛雲文などがある。日本へは仏教に伴って伝わり、法隆寺の玉虫厨子台座絵や金堂壁画、大阪四天王寺の七星剣、奈良壺阪寺《つぼさかでら》出土の鳳凰文塼《せん》、正倉院宝物麻布菩薩図など飛鳥・奈良美術に取り入れられた。正倉院宝物の絵紙の中には、今しも鳳凰や麒麟《きりん》の姿に変わろうとする白色顔料で表した雲文が見える。平安時代には、絵巻物や工芸品に見えるように、風景や建物などの一部を隠す棚雲や霞文が用いられた。唐代に生み出された霊芝雲《れいしぐも》のように複雑に模様化したものは近世になって工芸意匠として取り入れられ、金襴《きんらん》の雲文などに見える。なお、漢鏡や画像石に施された流雲文は龍文から展開した別系統のものであり、雲形文は磨消縄紋の一手法に限って用いる。（山本　忠尚）

え

えいがものがたり　栄花物語　平安時代中期から後期に成立した、編年体の体裁を採る歴史物語。『世継』『世継物語』などともいう。四十巻からなるが、正編三十巻と続編十巻に分かれる。正編は宇多天皇（本格的な記述は村上朝）から後一条天皇の一〇二八年（長元元）までで、編者としては赤染《あかぞめ》衛門《えもん》が有力候補とされ、長元年間（一〇二八―三七）の成立かと推定されている。続編は後一条天皇の一〇三〇年から堀河天皇の一〇九二年（寛治六）にわたるが、数次にわたる書き継ぎが行われ、現状のようなかたちになったのは最終記事からあまり隔たらない時期か、とも推測されているが確証はない。また、出羽弁《いでわのべん》などが編者の候補としてあげられているが、これも推測の域を出ない。記述対象として藤原道長が中心的位置にあることは否定できないが、本書の著述目的を道長賛美のため、と限定することには異論も多い。古写本としては、鎌倉時代中期および後期書写の二種を取り合わせたいわゆる梅沢本（三条西家旧蔵。現在東京国立博物館所管）などがあり、刊本としては新編日本古典文学全集本などがある。

参考文献　歴史物語講座刊行委員会編『栄花物語』（『歴史物語講座』二、一九九七、風間書房）。（石田　実洋）

えいそん　叡尊　一二〇一―九〇　鎌倉時代の僧侶で、中興西大寺の初代長老。字は思円。一二〇一年（建仁元）、興福寺の学侶慶玄の子として大和国箕田里（現在の奈良県大和郡山市）に生まれる。一二一七年（建保五）、醍醐寺の恵操のもとで剃髪出家する。その後長岳寺静慶に師事し、灌頂を授けられている。一二三五年（嘉禎元）初めて西大寺に住し、その翌年に同志の覚盛・円晴・有厳と東大寺羂索院において自誓授戒し比丘位となる。一二三八年（暦仁元）、西大寺の復興に着手、寺域を結界するとともに、布薩を行なった。四十代から五十代にかけて、大和・河内・和泉の寺院を中心に盛んに布教活動を行い、行基や聖徳太子ゆかりの古代寺院の復興にも力を注いだ。一二六二年（弘長二）、鎌倉幕府前執権北条時頼らの招聘に応じ、関東に下る。一二八一年（弘安四）の蒙古襲来に際しては、老齢を厭わず石清水八幡宮において七日間不断の祈禱を行なった。一二八六年、宇治橋の修築に合わせ、高さ約一五メートルに及ぶ巨大な十三重石塔を樹立した。一二九〇年（正応三）八月、西大寺において没。享年九十歳。

参考文献　奈良国立文化財研究所編『西大寺叡尊伝記集成』、一九五六。和島芳男『叡尊・忍性』（『人物叢書』、一九五九、吉川弘文館）。細川涼一訳注『感身学正記』Ⅰ（『東洋文庫』六六四、一九九九、平凡社）。奈良国立博物館編『興正菩薩叡尊』、二〇〇一。（山川　均）

えいのうさんいせき　永納山遺跡　古代山城遺跡。愛媛県西条市北部の沿岸部にある。永納山の標高は一三二・四メートルで、隣接する医王山を取り込みながら山頂を囲むように列石が約二五五〇メートルにわたって続いている（一部は欠損）。列石には花崗岩の割石が使用され、曲線部における配石は直線的であることが特徴。列石の上には土塁が版築工法で築かれ、山城の外郭線を形成していた。水門や建物遺構などは今のところ見つかっていない。海陸交通の要衝に位置しており、山頂から眼下に東は燧《ひうち》灘、北は来島海峡や今治平野、南は道前平野を望むことができる。築城時期については今のところ確定できないが、白村江の敗戦後の対外関係が緊張した時期につくられたとする説が有力である。

参考文献　東予市教育委員会編『永納山城遺跡調査報

告書』、一九八〇。『愛媛県史』資料編考古、一九八六。（寺内　浩）

えいふくじ　永福寺　⇩ようふくじ

えいふくじ　叡福寺　大阪府南河内郡太子町に所在する聖徳太子墓（叡福寺北古墳）の墓前寺。単立寺院で磯長《しなが》山聖霊院と号す。下の太子（勝軍寺《しょうぐんじ》）、中の太子（野中寺《やちゅうじ》）とならび上の太子と称される。鎌倉時代にさかのぼる名称は御廟寺・転法輪寺・科長（磯長）寺・石河（石川）寺などで、室町時代以降に叡福寺・普門寺・太子寺、江戸時代以降に上太子《かみのたいし》寺などの呼称が用いられた。一三四八年（正平三）と一五七四年（天正二）の二度の兵火に遭い、現存寺構は豊臣秀頼寄進の聖霊殿（重文）をはじめ近世中ごろまでに成立したもの。鎌倉時代後期以降の文書類を伝える。一六八八年（元禄元）の「叡福寺境内惣絵図」には東西約九〇〇メートルにわたる寺域に跡地も含め二十を超える塔頭《たっちゅう》がみえ、その一つ西方院現蔵の「建久四年（一一九三）古図」（興福寺蔵の原本（現存せず）を転写）には、東の転法輪寺と西の叡福寺の東西二院を中核とした多数の堂塔が描かれている。寺伝では、伽藍の建立は聖徳太子没後とも七二四年（神亀元）ともするが、確実な文献史料は平安時代中期以降にくだり、現叡福寺境内地からは平安時代後期以降の遺物や遺構しか確認されていない。一〇五四年（天喜二）に太子墓の傍から『太子御記文』が「発見」され、貴顕による太子墓参詣の端緒となることから、現境内地に堂塔が建設されたのもそれ以降とする見解が有力になっている。「建久四年古図」についても、一一九三年以降に成立した施設が描かれていること、転法輪寺は明らかに叡福寺の別称だったこと、絵図の伝来過程などの史料上の問題点が指摘されている。ただし周辺からは七世紀後半にさかのぼる瓦も見つかっており、周辺地域も含めた調査の進展が待たれる。↓聖徳太子墓《しょうとくたいしぼ》

参考文献　小野一之「聖徳太子墓の展開と叡福寺の成立」（『日本史研究』三四二、一九九一）。太子町立竹内街道歴史資料館編『叡福寺の縁起・霊宝目録と境内古絵図』（『太子町立竹内街道歴史資料館調査報告』二、二〇〇〇）。（須原　祥二）

えいらくつうほう　永楽通宝　一四〇八年に初鋳された中国明王朝の銭貨。小平銭のみで大銭はない。鋳造当初から日本への渡来量は多く、標準的な通貨として広く流通しており、大量出土銭（備蓄銭・埋納銭）の最新銭による時期区分の指標の一つになる。永楽通宝は明国内での流通がほとんどなく、中世にわが国に渡来しているものの大半は正規銭であるため、国内出土銭の中には中国の私鋳銭が混在せず、かつ正規銭は書体の変化も少なく、銭形・銭容も一定であるため、模鋳銭との識別が比較的容易な銭種である。また、後北条氏は永楽通宝を優遇し二倍の価値で通用させ、結城氏も永楽通宝を基準銭貨と認めるなど、関東地方では永楽通宝が高い評価を受け、特別な銭貨として扱われ、後には年貢の収穫高を永楽通宝の価値を標準に算定した永高制が成立していくものと考えられている。考古学的にも大量出土銭（備蓄銭・埋納銭）や六道銭《ろくどうせん》の銭種構成を検討していくと、十六世紀以降の東国では、大量出土銭中における永楽通宝の占有率は他地域よりも高く、六道銭においても六枚全てが永楽通宝で構成される「永楽単一完全セット」の分布は東国に集中していることから、永楽通宝は関東地方では超精銭と見なされ、ほかの銭種を凌駕していたと捉えられている。このように永楽通宝の東国集中現象が列島内で起こってくると、九州では永楽通宝を補完する形で洪武通宝が優位に立ち、同じ明銭といえども、永楽通宝と洪武通宝とでは列島内で棲み分けが生じていると指摘する学説も存在するが、遺跡出土の個別発見貨を中心とした今後の更なる考古学的検証が必要であると思われる。

参考文献　鈴木公雄『出土銭貨の研究』、一九九九、東京大学出版会。中島圭一「西と東の永楽銭」（石井進編『中世の村と流通』所収、一九九二、吉川弘文館）。永原慶二「伊勢商人と永楽銭基準通貨圏」（日本福祉大学知多半島総合研究所編『知多半島の歴史と現在』五所収、一九九三、校倉書房）。（嶋谷　和彦）

えかがみ　柄鏡　円形の鏡に細長い柄を付けた青銅鏡。古代ギリシアやエジプトでは柄鏡が多く使用されたが、中国では長らく柄のない円鏡が主体を占めた。宋鏡やその影響を受けた高麗鏡に初期の柄鏡が見られる。日本の柄鏡はそれらの影響を受け室町時代後期に登場した。当初は面径一〇センチ内外の小型の円鏡に長い柄を付ける形態であった。江戸時代後期には女性の髪型が大きく結われるようになったことから、次第に鏡面が大きくなるとともに、柄が短くなる傾向を示す。鏡面中央の鈕がなくなることによって、鏡背面全面を文様面とした絵画的な多種多様な鏡背文様が登場する。なかでも後期の柄鏡は婚礼道具として発達したところから、鶴亀・松竹梅といった吉祥文や、各種の家紋、寿・高砂・鶴亀などの文字など、婚礼にふさわしい文様を大きく表出するものが多く作られた。また「天下一」を名乗る鏡師名を入れる例が多くなる。江戸時代の柄鏡には、鏡箱や鏡台などが残される例も多い。なかには大名の婚礼道具として螺鈿や蒔絵によって華麗に装飾された作品が残される。柄鏡の生産は、江戸時代の鏡師である青家の記録に詳しい。近年京都市内の遺跡では柄鏡の鋳造遺跡が調査され、青家文書にみられる粗型《あらがた》など柄鏡の製作に関わる多くの遺物が発見されている。

参考文献　青木豊・内川隆志『柄鏡大鑑』、一九九四、ジャパン通信社。（杉山　洋）

えがのいち　餌香市　河内国にあった古代の市。餌香は地名で恵我・恵賀・衛我・会賀とも書く。『日本書紀』雄略天皇十三年三月条に「餌香市辺」の橘の木の下に罪人の資財を置かせ「餌香長野邑」を物部目大連に賜ったとみえ、顕宗天皇即位前紀の室寿詞には酒への旨詞として「餌香市不以直買」とある。八世紀に称徳天皇が由義《ゆげ》宮を

西京とし河内国を河内職に格上げした翌年、会賀市司の官人が任命され、志紀《しき》・丹比《たじひ》・古市郡近辺を根拠とする渡来系氏族が歌垣に奉仕した(『続日本紀』宝亀元年(七七〇)三月条)。『日本霊異記』下巻第五話の「河内市」もこれに比定される。所在地は大津道が石川に到達する河内国府付近が有力。ただし餌香は石川の別名にも使われ(衛我川)、恵我長野西陵(仲哀)などの陵墓の比定地、近代以降の恵我村や恵我之荘の地名が会賀牧や会賀荘に由来することなどから、羽曳野《はびきの》市・藤井寺市・松原市におよぶ広域地名とも考えられ、前記の渡来系氏族の分布から丹比道が石川へ到達する地点にある古市との関係も考慮する必要がある。

参考文献 『大阪府の地名』II(『日本歴史地名大系』二八、一九八六、平凡社)。『藤井寺市史』一、一九九七。 (須原 祥二)

えがみやかた 江上館 ⇩奥山荘城館《おくやまのしょうじょうかん》遺跡《いせき》

えきか 駅家 古代律令駅制の中核施設。「うまや」とも読む。駅馬の乗り継ぎや、駅使の宿泊・饗宴などに供される。規定数の駅馬・馬具・雨具などが備えられる。令の規定では、駅路沿い三十里ごとに設置。駅家は、経営拠点の駅家、責任者の駅長、人的集団の駅戸集団、財源の駅田・駅稲から形成される。制度的には、国―郡―郷という通常の律令地方行政体系から相対的に独立した経営で、郡を介さずに国司の監督下にあることが特徴。駅家の施設は、中心となる駅館院と、周辺の雑舎群からなる。駅館院は、周囲を築地などの区画施設で囲まれ、儀礼空間と宿泊機能を併せ持つ。楼閣を伴う場合もある。雑舎群は、倉庫・厩舎、井戸など。山陽道の駅家は外国使者への対応のため「瓦葺粉壁」であった。発掘調査で明らかになった駅館院は、礎石建ち・瓦葺き。基本的にコの字型の建物配置をとる。周囲は築地で囲まれる。駅路とは、直接接して門が開く場合のほか、連絡路がとりつく場合もある。時期による変遷も認められ、掘立柱から礎石へ、道路に合わせた方位から南面する方位へ、という変化が確認されている。一方雑舎群は、井戸などが見つかっているものの、具体的な様相はあまりわかっていない。駅館院から若干離れた場所に展開する場合もあるか。なお、「駅家」と確定している発掘事例は山陽道のみであり、山陽道駅家の特殊性を考慮する必要がある。駅家遺構は未確認ながら、駅家関連の文字資料が出土し、周辺の駅家の存在や、駅家経営の実態を示す例もある。これらのなかには、駅家が郡家あるいは郡家関連遺跡と隣接し、経営上も密接に関連する事例があり、法規定とは異なった実態の一面を窺わせ、注目される。その他、駅家周辺での「遊女」の存在を示す事例も興味深い。駅家遺跡認定の方法は未確立である。小規模な城柵や、郡の出先機関と考えられているものも含め、主要交通路上に位置する官衙遺跡は、いずれも駅家の候補地たり得よう。

参考文献 龍野市教育委員会編『布勢駅家―小犬丸遺跡発掘調査概報―』二(『龍野市文化財調査報告』一一、一九九四)。古代交通研究会編『日本古代道路事典』、二〇〇四、八木書店。『駅家と在地社会』、二〇〇四、奈良文化財研究所。『落地遺跡』、二〇〇五、上郡町教育委員会。『古代山陽道野磨駅家』、二〇〇六、上郡町教育委員会。 (馬場 基)

えきでんせい 駅伝制 古代律令制下の交通・通信制度。主要街道沿いに一定間隔で交通拠点を置き、公的使者の交通に供する制度は、広く世界的に存在し、特に強力な中央集権を目指す国家で発達が顕著。日本の駅伝制は、唐制の模倣である。ただし、多くの点で日本独自の在り方が認められる。日本の駅伝制は、駅制と伝馬制のほか、伝(各郡の交通機能に依拠する交通。この呼称は通説的位置を得ていないが、便宜上用いる)からなる。伝馬制は伝の一部分が律令に規定されたものと捉えられる。〔駅制〕駅家に置かれた駅馬を用いる。利用できる駅馬数は、使者の位階に応じて規定し、利用証である駅鈴の「剋数」によって示される(公式令)。駅馬は細馬(上質の馬)を選ぶ(厩牧令)。駅馬数は、大路(山陽道)二十匹・中路(東海・東山道)十匹・小路(北陸・山陰・南海・西海道)五匹を原則とし(『令集解』厩牧令条)、交通量の多寡を国司が検討し調整する(厩牧令)。都からの距離ではなく、道路の格に応じて駅馬数を規定する点が特徴的だが、交通制度としては必ずしも合理的ではない。駅馬の飼養は駅戸が行うとされる(厩牧令)。律令に規定された駅制の利用体系は、「有事急速」という言葉に象徴されるように、緊急事態に際しての高速の連絡や移動が中心。遠国の朝集使の利用や、五位以上官人の駅家への止宿などの利用法もある。駅使は、駅鈴を鳴らしながら通行し、上位者への致敬も免除された(『八十一例』、『延喜式』雑式)。駅使が本来のルートをそれたり、規定以下の速度で移動した場合などは、罰則の対象であった。駅制の通路は、駅路。駅路は都から放射状に伸びる七道を中心とする、大規模・直線的な計画道路。歴史地理学的な研究のほか、発掘調査も行われている。それらの成果によると、道路規模は、大路・中路で一二メートル、小路で九メートルほど(いずれも側溝心々)。なお、後述するように、九世紀初頭以降は側溝心々で約九メートル。路面部分で波板状の凹凸がみられることがあるが、性格は不詳。平野部では目標となる山などを直線で結ぶように造られる。国郡界や条里の基準線になる例もみられる。丘陵部や山間部では、しばしば切り通しで通過し、湿地帯では土手を築いて通過する場合もある。村落などは無視し、最短距離で目標地点を結んだと考えられる。駅路沿いには果樹を植える規定となっている(『延喜式』雑式)。〔伝・伝馬制〕伝に関する律令規定はない。正税帳で、駅馬や伝馬の利用者以外も正税からの支出によって供給を受けていることなどから、郡が交通機能をもっていたこと、それに依拠してさまざまな往来があったことが知られる。また、奈良時代の交通量は、駅制による往来より、郡に依拠するものの方が遥かに多かった。これらの通行者が「伝使」と称されている例などから、郡の交通機能に依拠した制度を伝と称し、伝馬との関係も含め体系的に評価しようとする説が提示されている。伝は、在地社会による王権やマレヒトに対する供給が本来的な姿と考えられ、国造以来のものとされる。こうした性格上、利用証などを含む利用規程は存在しない。伝馬は各郡ごとに五匹。伝馬に関する規定はきわめて少なく、詳細が窺いにくい。伝馬は、令の規定上は郡家に置かれたと考えられるが、主要道路沿いに「伝馬所」を設置し、そこに置いたことを想定する見解もある。利用できる伝馬の数も駅馬同様位階によって規定され、伝馬の利用証である伝符の「剋数」によって示される(公式令)。伝符は原則的として中央にのみに置かれる。新任国司は代表的な伝馬利用者だが、上国の守で十四利用できることになり、不足する。また、帯駅路郡(駅路が通過する郡)とそれ以外の郡で馬の数に差がないなど、交通量の多寡を無視しており、毎郡五匹という伝馬数は交通制度としてはきわめて不合理である。各地で、駅路とは異なるルートで、側溝心々で六メートルほどと規模もやや小さい直線道路が発見されており、これを伝・伝馬制の通路とみる見解が有力。さらに、『出雲国風土記』での国内主要道路記載法から、駅路・伝馬路・伝路という三段階を想定する見解もある。なお、駅路は史料上にもみられる用語だが、伝馬路・伝路は史料上は確認できない。一方、伝馬も駅路を利用し、伝・伝馬制に固有の通路はなかったとする見解もあり、議論が分かれている。〔律令駅伝制の構造・意義〕駅制は、駅家の経営や労働力・財源の確保、利用法など、在地社会から一定の自律性を有する、王権直属の交通制度である。在地社会から卓越し、都との空間的連続性を視覚的に示した駅路、独自の経営と設備を用意した駅家、駅鈴という霊器といった装置によって、ほかの通行者との間や、通過点でのさまざまな儀礼の省略を可能にした。駅制は儀礼の省略・在地社会との分離により、閉塞性も有していた各在地社会を超越し、王権の意志のみによって運用され得るものとなった。使者の速度もこれらによって裏付けられていた。また、駅制と神社は関係が深いが、神社関係の駅制利用も、神と王権中枢が直結するための利用と理解できる。一方、伝・伝馬制は、通過する在地社会と接触し、王権との外交・服属を繰り返し強化する交通制度であり、在地社会と王権の外交儀礼的な側面も有している。伝馬制は、在地社会側が用意する「供給(=伝)」の一部分を強制的に制度化したところに最大の意義がある。毎郡の伝馬設置は、全ての郡に、常時王権に対して一定以上の供給を用意して待機することを命じたものと考えられる。〔駅伝制の成立〕史料上の「駅使」の初見は推古朝にさかのぼる。以後、大化改新詔に駅馬・駅鈴が、壬申記(『日本書紀』天武天皇元年(六七二)条)に駅鈴・駅家がみえる。壬申記では、「駅家」があるのは名張横川以西(改新詔における畿内)のみであり、以東では「郡家」を通過する。駅家の整備状況と、駅家整備以前の供給・交通拠点を示しているといえよう。駅鈴により各地で供給を受けつつ移動する状況から、駅路・駅家が徐々に整備されていったと考えられる。伊場木簡には、ミヤケ的経営を行い、令制下の里制駅家と直接むすびつくと考えられる「駅評」という語がみえる。駅家は成立当初から、在地社会からの自律性を強く指向していたといえよう。ただし、制度的にミヤケ型の経営が確立し得たのは、『大宝令』まで降るであろう。伝馬制は、『大宝令』で成立したと考えられる。大化以来、駅制は徐々に在地の交通機能から分離されたのであり、国造の持つ権能を分断したとされる律令郡司成立の過程と類似する。伝馬も、基本的には同じ流れの中で理解できる。また、国司制度と伝馬制度の間の密接な関係が指摘されており、国司制度の成立と併せて考えることができるかもしれない。〔駅伝制の実態と変遷〕七一二年(和銅五)には国司に対する供給の仕方が決められるが、これは郡の交通機能の自律性が失われていく、あるいはすでに失われていたことを意味する。伝馬も、他の馬とどの程度峻別されていたかは不明。一方駅制は、実態としては多く在地社会から十分に分離していなかったと考えられる。駅家と郡の役所が隣接していたり、一体的であった可能性を示す例が各地で発見されている(新潟県八幡林遺跡など)からである。また、たとえば陸奥と出羽の通路沿いなど、地方支配が不徹底で交通拠点が先行する場合では、駅家を中心に拠点的施設が展開していく可能性も想定できよう。八世紀半ば以降、駅伝制の不正利用禁止の法令が多く出される。この時期以降、駅伝制は大きく変化し、九世紀には八世紀のそれとは異質な構造をもつ制度となる。駅制・伝馬制ともに国に一元的に管理され、郡司は国司の下僚としてそれらの経営に携わる。駅制は、あらたな在地社会の結集単位である「国」の交通機能を実現する場となり、儀礼空間としての側面を強くする(たとえば御馬逓送)。駅路も変化する。道路の規模が一回り小さくなり、側溝心々九メートルほどが主体となる。一方ルートも変更されることがあり、伝・伝馬制が用いていたルートと統合される傾向がある。道路の面からも、駅制と伝・伝馬制は一体化していった。駅伝制は、理念的な支配制度としての側面を失う一方、実際的な支配の道具としての性格と機能を強化していったといえよう。その過程で駅馬・伝馬は一体化し、国の交通機能を実現する制度となっていった。また、駅の経営に直接関わる駅長も、国衙につながる下級官人的性格を強くしていく(たとえば美濃国恵那郡)。駅伝制の変化は、積極的に評価すれば律令国家の地方支配の深化に伴うものだが、結果的に、駅使の到達速度は遅くなっており、機能を低下させていた面があることもまた確かであろう。

参考文献　坂本太郎『古代の駅と道』(『坂本太郎著作集』八、一九八九、吉川弘文館)。永田英明『古代駅伝馬制度の研究』、二〇〇四、吉川弘文館。『駅家と在地社会』、二〇〇四、奈良文化財研究所。

(馬場　基)

えきれい　駅鈴　日本古代律令駅制の利用証。駅鈴の「剋《きざみ》」(字義からは、きざみを入れて数を示したものと考えられるが、詳細は不明)によって、利用できる駅馬数が示される。都では内裏に保管され、出納には少納言・主鈴らが関わる。同じく内裏に保管され、少納言・主鈴が押印に関わる内印と併せて鈴印と称される。鈴印は、天皇の意志を示す重要な器物とされ、厳格に管理された。律の規定によると、駅鈴を盗んだ場合は、関契・内印と同じく遠流であり、神璽に次ぐ重刑が科せられた(賊盗律)。行幸の際にも、基本的に運ばれ、常に天皇の身辺に置かれる。藤原仲麻呂の乱では鈴印の争奪が発生し、鈴印奪取に失敗した仲麻呂側は敗北している。地方では、大宰府は二十口、三関《さんげん》国と陸奥国は各四口、その他の諸国は大上国は各三口、中下国は各二口の駅鈴が給された。これら、地方では長官が駅鈴を管轄する。藤原広嗣は反乱に際し、駅鈴を携行し、嵐の中で神に捧げている(『続日本紀』天平十二年(七四〇)十一月戊子条)。中央で駅使を発遣する際には、駅鈴を鳴らしながら廊下を走る。駅鈴が自然に鳴る怪異の記録もある(『日本後紀』大同三年(八〇八)四月辛巳条ほか)。駅使は道中で駅鈴を鳴らしながら走る。駅鈴は、音を出す「鈴」としての性格を強く維持していた。古代東アジアで、駅制の利用証として鈴を用いる例はほかに知られず、鈴を利用証とするのは日本独自。鈴の音に示される霊的な力に依拠して、在地社会との接触・摩擦を避け、交通の円滑を確保したものであろう。駅鈴の初見は大化改新詔。改新詔の駅伝制利用規程は、『養老令』とほぼ同文であるが、駅鈴や駅馬を設置する部分では、駅家の設置に関して一切言及がないなど、一定の独自性がみられる。各地に馬を用意させ、駅鈴を利用証として急使を発遣する制度の存在は想定できよう。隠岐国駅鈴は、駅鈴の遺品と称されるもののうち、隠岐国造家に伝わったもの。二点あり、どちらも八角形。一点は高さ八・五センチ、幅六・七センチ、奥行四・九センチ。もう一点は高さ・幅は同じで奥行が五・二センチ。「駅」「鈴」の文字を鋳出す。下部に表裏両側に各二つずつの突起がある。真贋両説あり、特に問題視されているのは、「剋」の有無。真物とする説では、㈠下部の突起を「剋」と考える、㈡「剋」は実際に駅鈴に刻まれていたのではなく文書に書き込まれて示された、㈢駅制の末期の駅鈴のため令の規定が遵守されなかった、などと考える。これらも必ずしも決定的ではないが、贋物とする根拠も見当たらない。少なくとも律令駅鈴の様相を伝える遺品と考えられよう。

参考文献　樋畑雪湖『日本駅鈴論』、一九三九、国際交通文化協会。滝川政次郎「駅鈴伝符考」(地方史研究所編『出雲・隠岐(増補版)』所収、一九六二、原書房)。馬場基「駅制の基本的性格と成立について」(『古代交通研究』七、一九九七)。

(馬場　基)

えきろ　駅路　⇩駅伝制《えきでんせい》

えぐち　江口　古代の難波津《なにわのつ》に近接する地名。難波堀江《なにわのほりえ》の河口の意味。難波堀江は現大川に比定され、堂島川にかかる玉江橋の北にかつて字「江之口」があり(大阪市)、この付近が当時の河口で、江口にあたるとされる。六〇八年(推古天皇十六)、隋使の裴世清《はいせいせい》らを飾船を送って江口に迎え、難波の館に置いており(『日本書紀』)、難波津への入り口にあたる地であった。ただし、難波津の正確な位置には諸説があり、いまだ不明である。奈良時代でも外交使節の発着などに利用されたが、遣唐使船が灘に乗り上げて破損したこともあり、砂堆の拡大によって航行に支障が生じていた可能性がある。七八五年(延暦四)、淀川と三国川の間に水路が開かれ、淀川は川尻で瀬戸内海に出ることになり、難波津や江口の役割は低下した。八〇五年、摂津国府が江頭に移転している。江頭も江口の周辺と思われる。しかし、八二五年(天長二)には国府は豊島郡に移転した。

参考文献　直木孝次郎『難波宮と難波津の研究』、一九九四、吉川弘文館。

(鷺森　浩幸)

えごうろ　柄香炉　底から口縁へと外反した円筒形の火炉と台座、長柄からなる香炉で、手炉ともいう。構造は火炉底から支柱によって台座につなぎ、長柄は火炉と接するところから細くなって、火炉の側にそって折り曲げ、先を支柱に挿して固定する。長柄の元には心葉形の金具に丸鋲を二個打って飾る。聖徳太子孝養像に見られるように手で持ち、仏の供養や開経の時、経典を薫じ、僧侶みずからも清めるために用いる。法隆寺の玉虫厨子の須弥座に描かれた舎利供養図の中にも僧が持して薫香する姿が描かれる。飛鳥時代に比定されている法隆寺献納宝物の真鍮製の鵲尾《しゃくび》形柄香炉(国宝)が最も古式で、火炉はやや深めの朝顔形を呈し、柄は両側が波状に出入りがあり、先を折り曲げて先端に三又に切れ目をいれている。この形が鵲《かささぎ》の尾に似ているところから鵲尾形とよばれる。この形式は飛鳥時代から奈良時代に流行し、正倉院宝物にも作例がある。このほかの形式に、柄の先端に獅子形の鎮子を置く獅子鎮柄香炉、炉の丈が低く先端に瓶形の鎮子を置く瓶鎮柄香炉があり、前者は奈良時代、後者は平安時代に盛行した。鵲尾、獅子鎮、瓶鎮ともに同様式

鵲尾形柄香炉

の作が中国から出土しており、その祖形は中国にあることが知られている。また、鎌倉時代には火炉が蓮華の開いた形で、柄が蓮茎の形をした蓮華形柄香炉がある。

参考文献 『新版仏教考古学講座』五、一九六四、雄山閣出版。『仏具大事典』、一九八二、鎌倉新書。 （原田 一敏）

えせん 絵銭 銭貨の形状を模して、表面に絵・模様・文字を表現した金属製品で、経済的な通貨ではない。近世遺跡の中でも、特に墓地跡からの出土が顕著で、経済外的(非経済的)な六道銭《ろくどうせん》の一種として機能している場合が多い。「南無阿弥陀仏」と記した念仏銭、「南無妙法蓮華経」と記した題目銭のほかに、大黒天・釣恵比寿・駒曳きをモチーフにした絵銭の出土例が増加しているが、古代の銭名である「和同開珎」と記したものも存在する。念仏銭・題目銭については、念仏銭は百六十二枚、題目銭は十六枚の全国出土例が知られるが、これらは一枚単独で墓中に副葬されたり、寛永通宝などほかの六枚組の六道銭中にこれらが一枚別途納入されたりする場合もしばしば確認されるため、念仏銭・題目銭には特別な呪力が付加されているものと思われる。念仏銭の一種で、表面外縁部に「心外無別法寛文四年甲辰八月日元光」と記された元光念仏銭と呼ばれる一群が存在するが、一六六四年(寛文四)という実年代を有する資料として注目されよう。また、絵銭の中で、肉厚で裏面に「一」の字と分銅状の図柄が描かれたものを穴一銭というが、近年、堺環濠都市遺跡・向泉寺跡遺跡といった大阪府堺市の近世墓地跡から数多く出土している。なお、煙管《キセル》の雁首《がんくび》を叩き潰して平らにした雁首銭や、金貨・銀貨・銭貨を模した貨幣模造土製品も近世遺跡から出土するが、これらは絵銭とは区別している。

参考文献 嶋谷和彦「近世の墓と銭—六道銭と葬送墓制—」(国立歴史民俗博物館編『お金の不思議—貨幣の歴史学—』所収、一九九八、山川出版社)。同「出土六道銭からみた近世・堺の墓地と火葬場」(江戸遺跡研究会編『墓と埋葬と江戸時代』所収、二〇〇四、吉川弘文館)。同「念仏銭・題目銭の集成」(『出土銭貨』二二、二〇〇五)。鈴木公雄「念仏銭・題目銭と六道銭」(『史学』六三ノ三、一九九四)。 （嶋谷 和彦）

えぞ 蝦夷 平安時代末期以降の北海道など列島北部の住民に対する呼称。古代には蝦夷はエミシまたはエビスと読み、エゾの読みはなかった。エミシという語については、アイヌ語の自称であるエンチゥに由来するという金田一京助の説もあるが、『日本書紀』神武紀の歌謡にもエミシという語がみえるので、古い日本語である可能性が高い。エミシの漢字表記ははじめは毛人であったが、七世紀ころから蝦夷と記されるようになる。このころには太平洋側では阿武隈川河口以北、日本海側では新潟平野の主要部以北の住民が蝦夷といわれていた。朝廷は平安時代初期までに盛岡市・秋田市以南の地域に城柵を設置し、郡を建てて直接支配地に編入した。しかし平安時代末までは、岩手県北部・秋田県北部・青森県は北海道とともに朝廷の直接支配の外にあり、この地域の住民が蝦夷といわれていた。平安時代末にエゾという語がみられるようになり、徐々にエミシという語は用いられなくなる(エミシが転訛したエビスは、関東地方の住民に対する蔑称、神名として用いられ続ける)。一〇八六年(応徳三)の「前陸奥守《さきのむつのかみ》源《みなもとの》頼俊《よりとし》申文《もうしぶみ》」に衣曾別嶋荒夷という語がみえ、このなかの衣曾がエゾの用法の早い時期の例である可能性がある。平安時代末期から鎌倉時代初期の和歌にも「えぞ」「ゑぞ」の語が用いられているものがあり、中世になるとエミシにかわってエゾが北日本の住民に対する呼称として定着するようになる。ただしこの時期には北海道だけではなく、津軽など本州北端の人々も蝦夷とされていたらしい。鎌倉時代末期の一三二二年(元亨二)に勃発した津軽安藤氏の乱も、蝦夷の乱と認識される側面があった。さらに戦国時代から江戸時代になっても、青森県の津軽半島部・下北半島部を中心にエゾ(狄と記されることが多い)が居住していた。中世・近世にはアイヌ民族またはその祖先を和人側から呼ぶ場合に蝦夷の語を用いた。北海道においては、渡島半島南西部を中心に中世末ころから和人地が形成されはじめ、江戸時代には和人地と蝦夷地とは明確に区別されるようになる。松前藩の成立以後の蝦夷地は、和人地以北の北海道のことで、サハリン(樺太)は北蝦夷地といわれた。したがって近世のアイヌ関係の文献の多くは蝦夷という語を冠するものが多い。以下に江戸時代の北海道に関する主な文献をあげておく。北海道についての最古のまとまった記述は新《あら》井《い》白石《はくせき》『蝦夷志《えぞし》』(一七二〇年(享保五))である。アイヌの風俗を図示したものとしては、秦檍丸《はたあわきまろ》『蝦夷島奇観《えぞとうきかん》』(十八世紀末)、秦檍丸撰、間宮倫宗《まみやりんぞう》(林蔵)増補『蝦夷生計図《えぞせいけいず》説《せつ》』(十九世紀はじめ)がある。松前藩に関するものでは、幕府の命によって編纂された松前家系図を松前景広《まつまえかげひろ》が補正した松前藩最古の歴史書『新羅之記録《しんらのきろく》』(一六四三年(寛永二十))がある。一六六九年(寛文九)のシャクシャインの蜂起に関する史料には、弘前藩主の命により編纂された『津軽一統志《つがるいっとうし》』(一七三一年(享保十六)完成)があり、巻十に事件に際して弘前藩士が出兵した記録などが集められている。また弘前藩士則田安右衛門《のりたあんえもん》が事件の際に松前に派遣された折に収集した情報を書き留めた『寛文拾年狄蜂起集書《えぞほうきしゅうしょ》』もある。近藤重蔵《こんどうじゅうぞう》が一七九九年(寛政十)から一八〇七年(文化四)まで五度にわたって蝦夷地へ赴いた際の史料は『大日本近世史料』近藤重蔵蝦夷地関係資料一—三(東京大学史料編纂所)にまとめられている。北蝦夷地関係では、間宮倫宗(林蔵)『北蝦夷図説《きたえぞずせつ》』(一八五五年(安政二))がある。幕末に松浦武四郎《まつうらたけしろう》が行なった蝦夷地の旅日記には種類が多いが、数度の旅日誌を地域ごとに編集した『東西蝦夷山川地理《とうざいえぞさんせんちり》取調紀行《とりしらべきこう》』(後方羊蹄《しりべし》・石狩・夕張・十勝・久摺《くすり》・納紗布《のしゃっぷ》・知床《しれとこ》・天塩《てしお》の各日誌と東蝦夷《とうかい》日誌・西蝦夷《せいかい》日誌からなる)と『東西蝦夷山川地理《とうざいえぞさんせんちり》取調図《とりしらべず》』(二十八枚からなる北海道の詳細な地図)は有名。

↓蝦夷《えみし》

参考文献 工藤雅樹『古代蝦夷』、二〇〇〇、吉川弘文館。海保嶺夫『中世の蝦夷地』、一九八七、吉川弘文館。高倉新一郎『新版アイヌ政策史』、一九七二、三一書房。 （工藤 雅樹）

えぞち 蝦夷地 広義には古代・中世のエミシ、エゾの住地という意味で用いることもあるが、厳密には幕藩体制下の北海道のうち、松前藩の直轄地（和人地）を除外した部分の呼称。蝦夷地は西蝦夷地（上蝦夷地）と東蝦夷地（下蝦夷地）に分かれる。その境界は当初は漠然としたものであったが、一七九九年（寛政十一）東蝦夷地が幕領となると、海岸では函館付近から襟裳《えりも》岬を経て知床《しれとこ》岬までの部分を東蝦夷地、熊石《くまいし》から宗谷《そうや》岬を経て知床岬までを西蝦夷地、内陸では石狩低地帯では漁《いざり》（恵庭市）付近、釧路・斜里《しゃり》間ではカンチウシ（中標津町）付近が境とされた。また一八〇七年（文化四）に西蝦夷地も幕府直轄となると、一八〇九年には樺太を北蝦夷地と呼ぶことにした。なお松前に近い部分を口蝦夷、遠い部分を奥蝦夷地といい、両者の境は東では襟裳岬、西では神威《かむい》岬（積丹《しゃこたん》町）であった。和人地の原型は中世末には形成されており、一五五一年（天文二十）に松前に拠点を置く蠣崎季広《かきざきすえひろ》は知内《しりうち》（知内町）の族長チコモタインを「東夷の尹《いん》」に、セタナイ（瀬《せ》棚《たな》町）の族長ハシタインを上《かみ》ノ国《くに》（上ノ国町）の天河《あま》（天の川《かわ》）の郡内に呼び寄せて「西夷の尹」とし、諸国の商人から徴収する税の一部を彼らに与えることとし、天の川から知内までの地を和人の居住地、それ以外をアイヌの居住地とする協定を結んだ。一五九三年（文禄二）蠣崎《かきざき》（松前《まつまえ》）慶広《よしひろ》は豊臣秀吉から朱印状を得て和人地における独占的交易権を保障され、一六〇四年（慶長九）には徳川家康より黒印状を得て、アイヌとの独占的交易権をさらに確実なものとした。蠣崎（松前）氏の権力が安定するにつれ和人地の範囲も拡大し、寛永期には西海岸では乙部《おとべ》（乙部町）、東は汐首《しおくび》岬近くの石崎（函館市）の近くまでひろがり、一六六九年（寛文九）ころには西海岸では熊石（熊石町）に番

蝦夷地絵図（近藤重蔵）

所が設置されている。一七九九年東蝦夷地が幕領となると、翌年には和人地の東部の境を噴火湾沿岸の山越内《やまこしない》(八雲町《やぐも》)まで拡大した。和人の村が拡大していたことを追認したのである。松前藩は城下・江差《えさし》・箱館(函館市)の港と熊石に番所を設け、出入の船と旅人を取締り、みだりに蝦夷地に赴くことを規制し、蝦夷地に赴く者には切手を与え、運上金の納入を条件に鷹打、砂金採取・鮭・鱒漁、海鼠引《らっこ》、紫根掘など特定の産業に従事することを許可し、また藩自体もこれを行なった。藩はまた上級藩士に蝦夷地の一定の場所を給地として与えてアイヌとの交易を行なわせ、藩自体も直接経営を行なった(商場知行制《あきないばちぎょう》)。商場の経営は当初は藩や藩士の直営であったが、後には商人による請負経営に移行し、経営形態も交易から漁場経営に変わっていった(場所請負制《ばしょうけおい》)。東蝦夷地が幕府直轄となると、各場所に武器を配置し、津軽・南部の両藩をして各地を警備させた。また場所請負制を廃止し、交通網を整備し、各場所には会所《かいしょ》を置いた。ただし西蝦夷地では場所請負制を廃止することはなかった。一八二一年(文政四)、蝦夷地は再び松前領となり場所請負制も復活したが、これによるアイヌの酷使は限界に達し、アイヌ社会への打撃は大きかった。一八五四年(安政元)日米和親条約が締結されると箱館は開港場となり、箱館周辺の地は上知となった。さらに蝦夷地の疲弊がロシアに対する国防上の最大の弱点であることから、翌年には松前周辺の一部を残す蝦夷地全域を直轄支配地とし、一八五九年には東北地方の六藩に蝦夷地を分割した。幕府は蝦夷地に対する開拓政策を推進し、一八五七年には箱館において「箱館通宝」の鋳造などを行なった。そして一八六一年(文久元)には蝦夷地と和人地との往来も自由となって、和人地と蝦夷地の相違はほぼ消滅し、一八六九年(明治二)北海道が置かれ、蝦夷地の名は廃止された。

参考文献 高倉新一郎『蝦夷地』(『日本歴史新書』、一九五九、至文堂)。榎森進『北海道近世史の研究増補改訂版』、一九九七、北海道出版企画センター。菊池勇夫『幕藩体制と蝦夷地』、一九八四、雄山閣出版。海保嶺夫『中世の蝦夷地』、一九八七、吉川弘文館。

(工藤 雅樹)

えたふなやまこふんしゅつどたち　江田船山古墳出土大刀　熊本県江田船山古墳から出土した、七十五文字の銀象嵌銘文をもつ大刀。五世紀末ごろの製作と考えられる。江田船山古墳は熊本県玉名郡和水町《なごみ》江田に所在する前方後円墳で、菊池川左岸の清原《せいばる》台地上にあり、すぐ北側を江田川が流れる。周囲の塚坊主古墳・虚空蔵塚古墳・京塚古墳などと清原古墳群を形成するが、その中で最大の規模である。現在の墳丘は削られているが、確認調査の結果、本来の墳丘は全長六二メートル、後円部径四一メートル、前方部幅四〇メートルで、くびれ部両側に造り出しをもち、後円部三段、前方部二段築成であったと考えられる。周溝は盾形で、その外側に周庭帯が巡っていた可能性がある。円筒埴輪が樹立されていた。主体部は後円部の横口式家形石棺で、阿蘇凝灰岩の切石を組んで造り、妻側に入口を設け、北側のくびれ部に向けて開口している。石棺内部は全面に赤色顔料が塗られている。遺物が出土したのは一八七三年(明治六)で、夢で神のお告げを聞いたという池田佐十が石棺をあけて中にあった遺物を取り出した。鏡、冠帽・冠、耳飾、帯金具、沓、玉類、刀剣、矛、鉄鏃、甲冑、馬具、土器など多岐にわたり、五面の舶載鏡や、金製・金銅装の豪華な装身具や馬具は、畿内や中国・朝鮮半島との結びつきを感じさせる。これらの遺物をみると、冠・耳飾にそれぞれ三種類、帯金具・甲冑・馬具にも複数のセットが考えられ、被葬者は三人だったのではないかと推定される。最初の被葬者が五世紀後半、二番目が五世紀末～六世紀初頭、三番目が六世紀前半と考えられる。大刀のうち一本には、発見当初から、棟に銀象嵌で文字があることがわかっていた。釈読については明治以来、多くの試みがなされてきた。一八九九年にはじめてこの大刀を学界に紹介した若林勝邦は六十六文字を認識したが、その後の研ぎ出しの結果、現在では七十五文字が確認されている。ここに掲げるのは東野治之による読み下しである。「天の下治らしめしし獲□□□鹵大王の世、典曹に奉事せし人、名は无利弖、八月中、大鉄釜を用い、四尺の廷刀を幷わす。八十たび練り、九十たび振つ。三寸上好の刊刀なり。此の刀を服する者は、長寿にして子孫洋々、□恩を得る也。其の統ぶる所を失わず。刀を作る者、名は伊太和、書する者は張安也。」大王の名は三文字が欠けており、古くは福山敏男の「復□□□歯」(タジヒノミズハ)と読む反正天皇説が有力であったが、埼玉県行田市稲荷山古墳から出土した金象嵌鉄剣の銘文に「獲加多支鹵」大王と記されていることから、同じく「獲□□□鹵」(ワカタケル)と読み、雄略天皇にあてる説が有力になった。この大刀を作らせた无利弖《むりて》がどういう人物だったのかについては議論がある。銘文を作成した書者の張安は中国系渡来人と考えられ、漢字を扱う能力が重要視されていたことを感じさせる。なお、この大刀には、文字のほかに、刀身の一面に馬形と花形が、反対側に魚形と鳥形が銀象嵌で描かれている。銘文との関係は不明である。この大刀は、二番目の被葬者の副葬品であったと考えられる。文字資料の乏しい古墳時代にあって、当時の社会を知る上で貴重な資料である。一九六五年(昭和四十)国宝に指定。

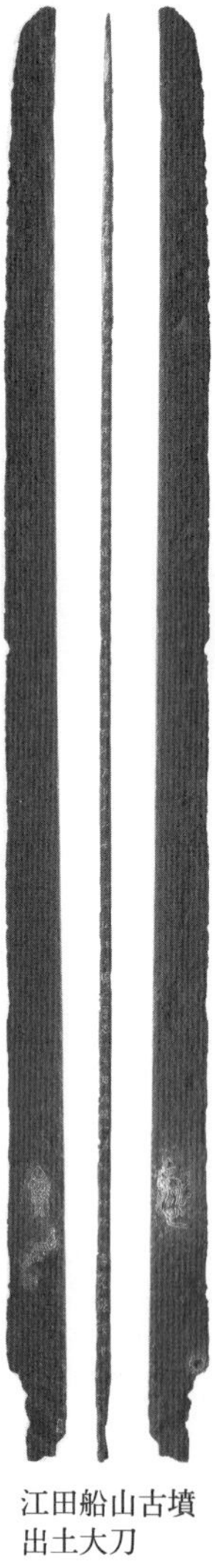

江田船山古墳出土大刀

銘文　台天下獲□□□鹵大王世奉事典曹人名无利弖八月中用大鐵釜并四尺廷刀八十練九十振三寸上好刊刀服此刀者長壽子孫洋々得□恩也不失其所統作刀者名伊太和書者張安也　（東野治之による）

資料館　東京国立博物館（東京都台東区）

参考文献　東京国立博物館編『江田船山古墳出土国宝銀象嵌銘大刀』、一九九三、吉川弘文館。　（望月　幹夫）

えちごのくに　越後国　北陸道の最北の一国で、以前の高志《こし》＝越《こし》国の北東に位置した。現在の佐渡島を除く新潟県全域にあたる。古代の国郡里制以前の越国は、『日本書紀』では天智天皇七年（六六八）七月条を最後とする。持統天皇六年（六九二）九月癸丑条に越前国がみえ、『続日本紀』文武天皇元年（六九七）十二月条に越後国がはじめてみえるので、六六八―六九二年の間に越後国が成立したと見られる。当初の越後国は、七〇二年（大宝二）三月に越中国の頸城《くびき》・古志《こし》・魚沼《いをぬま》・蒲原《かんばら》の四郡を割いて越後国につけるまでは、阿賀野川以北にあって、渟足柵《ぬたりのさく》（越後城）と磐舟柵《いわふねのさく》（石船柵）とによって支配したと見られる。その後七〇八年（和銅元）九月に出羽郡の立郡が、また七一二年九月に出羽国の建置があり、国域が固定した。また七四三年（天平十五）二月に佐渡国を越後国に編入したが、七五二年（天平勝宝四）九月の渤海使《ほっかいし》の佐渡島漂着を機に、同年十一月に越後国から再び佐渡国を建置した。越後国は、十世紀の『延喜式《えんぎしき》』や『和名類聚抄《わみょうるいじゅしょう》』に七郡三十三郷とあるが、三島郡が『延喜式』神名帳三嶋郡条の注記により、それ以前に古志郡から分郡したことが知られ、八世紀は六郡であったことが判明した。それは、頸城・古志・魚沼・蒲原・沼垂・磐船の六郡である。このうち郡家として遺跡の判明しているのは古志郡だけであり、八幡林遺跡と下ノ西遺跡がそれにあたる。郷数については、七四五年二月の民部省解《げ》で、仕丁《じちょう》の役を負担しない佐渡を除き、仕丁三十二人、廝丁《しちょう》三十二人（一郷各一人計二名を負担）との記載から、この時期には三十二郷であっ

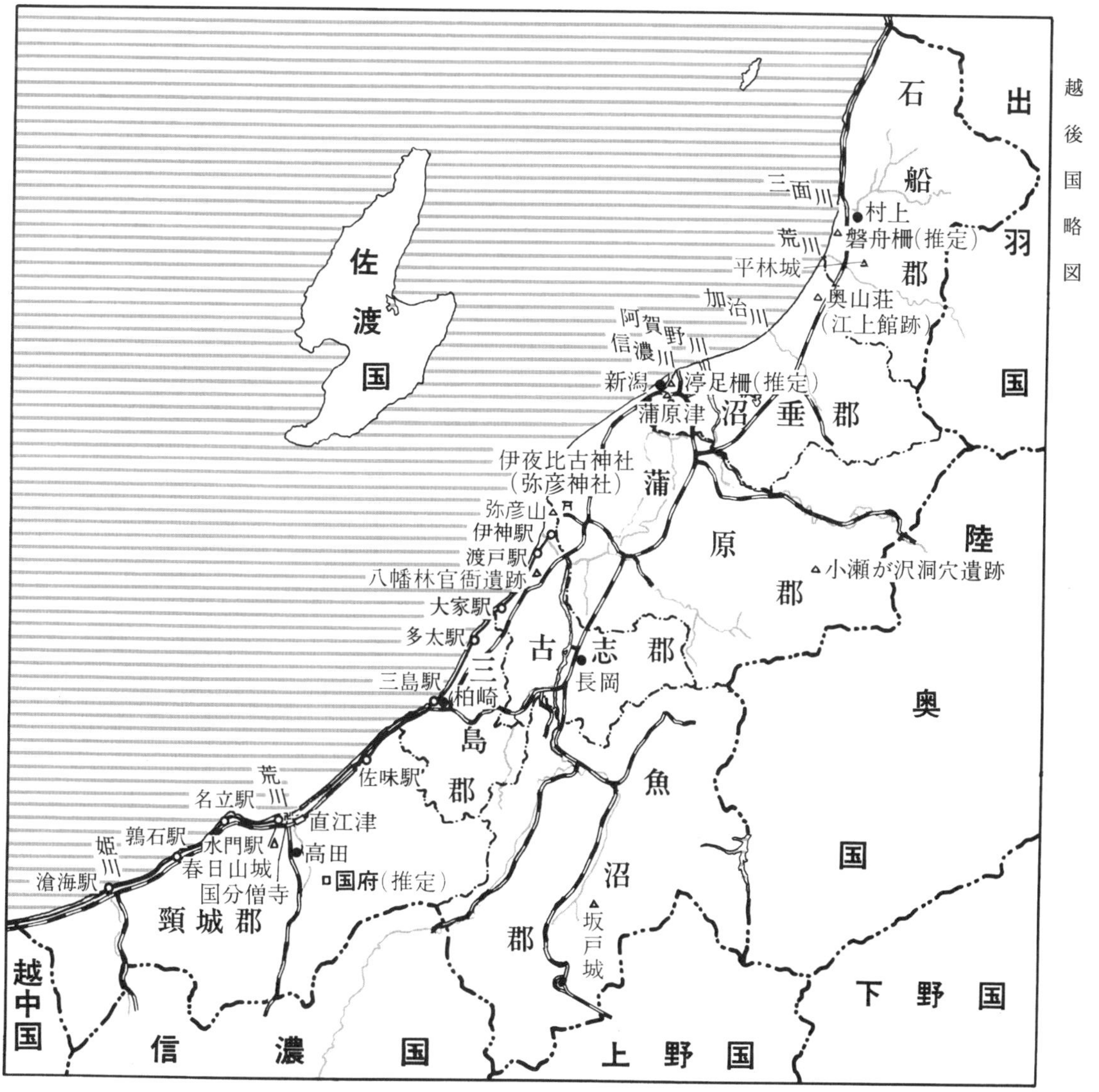

越後国略図

たとされている。近年平城京二条大路より「越後国沼足郡深江□」を記した七三六年ころの木簡が出土し、沼垂郡にこれまで知られていない深江《ふかえ》郷の存在したことが判明した。駅制では、北陸道は越後で未発見だが、八幡林遺跡から「大家駅《おおやけのうまや》」を記す墨書土器が出土し、北陸道が内陸側を通っていたことが明らかになった。神社は『延喜式』に、大社の伊夜比古神《いやひこのかみ》一座と小社五十五座とがみえ、また田数では『和名類聚抄』に一万四千九百九十七町とある。都までの給粮規定は、上り三十四日、下り十七日が知られる。国府の位置は『和名類聚抄』刊本に頸城郡とあるが、詳細は不明である。国府の頸城郡への移動を出羽国分立後に推定する養老年号を伴う「沼垂城《ぬたりのき》」木簡が一九九〇年(平成二)に新潟県長岡市和島から出土した。これによって高志＝越国から初期越後国、さらに出羽国成立が、㈠「渟足柵」段階(六四七年(大化三)―)、㈡「越後城」段階(―七〇七年(慶雲四)―)、㈢「沼垂城」段階(―養老年間(七一七―二四)―)が知られることとなった。㈡高志国からの越後国の分立(初期越後国ともいう)・越中四郡の編入、㈢出羽国の分立と国府の頸城郡移転という変動期が対応したものと思われる。頸城郡への国府移転後の所在も未発見であり、上越市直江津説、妙高市新井国賀説、長岡市寺泊付近説もあるが、近年では上越市今池遺跡が注目されている。また越後国司には、陸奥国や出羽国が蝦夷に対すると同様、北狄《ほくてき》への饗給《きょうきゅう》や征討《せいとう》、斥候《せっこう》の特別の職掌があった。特に饗給は、近年新潟市的場遺跡から「狄食」の習書、また阿賀野市笹神地区発久遺跡からは「饗食」の墨書木簡が出土し、その裏付けとなる発見が相ついでいる。中世の荘園公領制は平安時代中期に成立した。国府のある頸城郡と近くの三島郡や古志郡などには国衙在庁官人が事実上の所領となる公領の保が多数成立した。他方、はなれた中・下越に寄進地系の院・摂関家の大荘園が成立した。その後越後国は、鎌倉幕府の下では名越氏が、建武政権下で新田氏が、さらに室町幕府の下では上杉氏が守護となった。そして戦国期には守護上杉氏と守護代長尾氏が争い、永正の乱で長尾為景は上杉氏から権限を奪った。その子長尾景虎(上杉謙信)は「越後国主」となり、一五六八年(永禄十一)に揚《あが》北《きた》の本庄氏の乱を制圧して越後国内を統一した。近世の越後は、一五九八年(慶長三)に上杉景勝が会津に移封され、越前北庄から堀秀治が春日山城に入って、越後一国四十五万石を支配して始まった。堀氏は与力の大名溝口秀勝を新発田に、村上頼勝を村上に配し、領内の総検地を実施したが、一六一〇年に改易された。その後松平忠輝が入封したが、これも一六一六年(元和二)に改易となり、遺領は幕府領、八大名、一旗本に分かたれ、小藩分立の歴史を歩んだ。一五九八年の越後国総石高は四十五万石と会津領約一万石とであったが、元禄郷帳では八十一万余石、天保郷帳で百十四万余石、また旧高旧領で百十五万余石と増大した。一八六八年(慶応四)の戊辰戦争後に政府軍は、越後国を支配下に収めて新潟府を置いた。一八六九年(明治二)の藩籍奉還、一八七一年の廃藩置県を経て、越後国に新潟県と柏崎県とが設置されて近代的な行政区画への移行が進められた。

[参考文献] 『新潟県史』通史編一、一九八六。『新潟市史』通史編一、一九九五。新潟市教員委員会『的場遺跡報告書』、一九九三、笹神村教育委員会編『発久遺跡発掘調査報告書』、一九九一。

(小林 昌二)

えちぜんのくに 越前国 北陸道の一国。『和名類聚抄』に「古之乃三知乃久知《こしのみちのくち》」(古活字本)と訓まれている。福井県の東半部で、嶺北部と嶺南部の若狭を除いた東部地域をしめる。九頭竜川、足羽川、日野川の三大河川が広範な平野を形成して三国付近で合流している。古代の北陸一帯はコシと呼ばれたが、奈良県明日香村の飛鳥池遺跡、飛鳥京苑池遺跡出土木簡により七世紀後半には「高志国」が成立しており、六八一年(天武天皇十)ごろまでは未分割であったことが知られる。六八三年から六八五年にかけての国境確定事業により、越前・越中・越後の三国に分割されたと推測される。七〇四年(大宝四)の国印頒布以前は「高志前《こしのみちのくち》」(『古事記』仲哀天皇段、藤原宮跡出土木簡)、もしくは「高志道前」と表記されたと推測され、頒布以後は「越前」と公定表記されるようになる。「越前」の初見紀年木簡は和銅六年(七一三)である(『平城概報』一〇)。成立当初の越前国は能登・加賀両国を含む広大な国であったが、七一八年(養老二)五月に羽咋郡など四郡を割いて能登国を分置(『続日本紀』)、ついで八二三年(弘仁十四)三月に江沼・加賀二郡を割いて加賀国を分置して(『日本紀略』。『類聚三代格』では二月)、越前国の境域が確定した。また同年六月、越前五郡のうち丹生郡を割いて今立《いまだち》郡を分置した(『日本紀略』)。『延喜式』では大国とされ、所管の郡は敦賀《つるが》・丹生《にう》・今立・足羽《あすは》・大野・坂井の六郡である。このうち丹生郡の郡家《ぐうけ》を高森遺跡(越前市高森町付近)に比定する説がある。『和名類従抄』(古活字本)に国府は丹生郡とあり、越前市街に推定されているが、確証には到っていない。大虫廃寺(越前市)は国分僧寺の有力候補とされているが、深草廃寺(越前市)を国府付属寺院から国分僧寺に転用したとする説もある。なお、国府推定域、越前市幸町の府中城跡遺跡の調査で「国大寺」、「国寺」、「大寺」などの墨書土器が出土している。平安京までの行程は、上り七日、下り四日、海路六日とされる(『延喜式』主計上)。北陸道の三関の一つの愛発関《あらちのせき》を管理する関国《げんこく》であった。駅制は八駅を設置、松原駅に八疋が置かれたほか、鹿蒜《かへる》(平城京跡出土木簡に「返し」と記す)、淑羅《しくら》、丹生《にう》、朝津《あそうづ》、阿味《あちま》、足羽《あすわ》、三尾《みお》の七駅に各五疋(『延喜式』兵部省)が置かれたが、『延喜式』の記載は丹生・今立郡の順で記したもので実際には淑羅(敦賀郡)―阿味(今立郡)―丹生・朝津(丹生郡)の順であったとする見解が有力である。奈良時代にあった「桑原駅」(天平神護二年(七六六)「越前国司解」)は三尾駅(坂井郡)の前身とみられている。伝馬は敦賀、丹生、足羽、坂井郡に各五匹が置かれた。松原・鹿蒜駅間は奈良時代には五《いつ》幡《はた》・杉津《すいづ》・山中峠を通ったが(『万葉集』一八)、八三〇年(天長七)二月に木ノ芽峠を越える「鹿蒜嶮道」が開かれた(『類聚国史』)。海上交通では加賀国分立後は、三国湊が国津的役割を果したとみられる。また、北陸諸国と京とを結ぶ結節点に敦賀津があった。松原駅が重要視されたのは若狭・近江との分岐点であり、しかも後背地に敦賀津があったためであろう。七三〇年(天平二)には送渤海郡使一行が帰国して加賀郡に滞在した(天平三年「越前国正税帳」)。対渤海外交では、彼我の使者が入京・出航までの間、多く加賀郡に滞在したが、「津」、「津司」墨書土器などから金沢市大野川河口付近に「便処《べんしょ》」(施設)が想定される。七五八年(天平宝字二)には緊急連絡用の飛駅の鈴が国府に配置され、七七八年(宝亀九)には送渤海使が渤海使とともに坂井郡三国湊に帰着し(『続日本紀』)、八一五年(弘仁六)には渤海使の帰国のための大型船を越前国で択んでいる(『日本後紀』)。八〇四年(延暦二十三)ごろには敦賀郡に松原客館が置かれ(『日本後紀』)、気比《けひ》神宮司が管理した(『延喜式』雑式)。九一九年(延喜十九)十二月、若狭丹生浦に着いた渤海使は松原駅館に移されているが(『扶桑略記』)、客館と駅館は併置されたとみられている。また、東大寺領の初期荘園は足羽・坂井両郡に集中しており、足羽郡道守《ちもりの》荘・糞置《くそおきの》荘(福井市)、坂井郡桑原荘(あわら市桑原付近)、中世では興福寺領坂井郡河口荘(坂井市付近)、坪江荘(坂井市丸岡町付近)などが知られる。また、『延喜式』神名帳には気比神宮をはじめ百二十六座(大八座・小百十八座)が記されるが、敦賀郡に四十三座、坂井郡に三十三座が集中する。神宮寺は藤原武智麻呂が建立したとされる気比神宮寺(『家伝』下)や剣神社(越前町織田)の剣御子寺(剣神社梵鐘銘)が八世紀後半には成立していた。鎌倉時代の守護は比企氏、承久の乱以降は島津氏、後藤氏が歴任したが、室町時代には斯波氏が歴任した。のち朝倉氏が権力を掌握し、一乗谷(国史跡「一乗谷朝倉氏遺跡」)に居城を構えて戦国大名へと成長し、約百年間越前を支配した。中世の寺院跡に白《はく》山平泉寺城《さんへいせんじじょう》跡(国史跡、勝山市)、吉崎御坊《ごぼう》跡(国史跡、あわら市)、南北朝から戦国時代にかけての城跡に杣山城《そまやまじょう》跡(国史跡、南越前町)、金ケ崎城《かながさきじょう》跡(国史跡、敦賀市)などがあり、発掘調査・整備が行われている。近世には徳川家康の子の結城秀康を藩祖とする越前藩が支配、一八八一年(明治十四)に福井県となった。

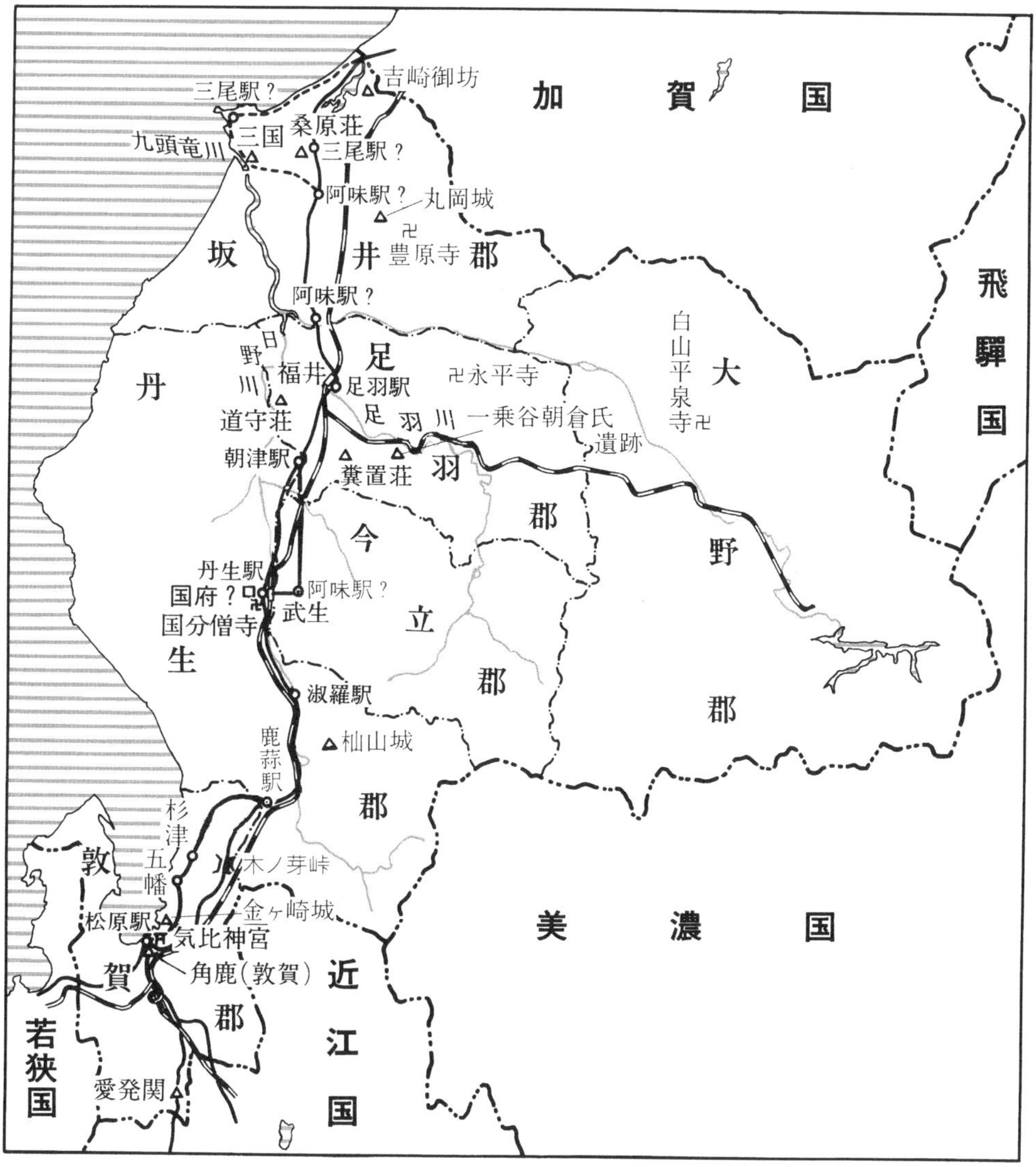

越前国略図

参考文献 『福井県史』通史編一―四・資料編一―九・一三、一九八二―九六。金坂清則「北陸道―その計画および水運との結びつき―」(『古代を考える古代道路』一九九六、吉川弘文館)。愛発関調査委員会・敦賀市教育委員会編『越前愛発関調査概報』I―IV、一九九八―二〇〇一。 (川崎 晃)

えちぜんやき 越前焼 福井県丹生郡越前町(旧織田町・宮崎村)に所在する平安時代後期から現在まで続けられているやきものの総称。明治時代には室町時代のものを熊谷焼、江戸時代のものを織田焼と分類していた。「越前」の名称をつけたのは陶磁研究者の小山冨士夫で、一九四七年(昭和二十二)に「越前の古窯」として中世六古窯の一つに挙げた。その後地元の陶磁研究家水野九右衛門の努力により、織田町平等で細々と稼動していた織田焼が、中世にまでさかのぼることが明らかになった。越前窯は中近世を通じて稼動した日本海域最大の窯業地で、茶陶の生産はほとんど行われず、壺・甕・擂鉢の三器種の生産を基本としており、ほかに米・味噌・茶などの貯蔵容器、蔵骨器・甕棺・藍甕・備蓄銭容器の特殊容器、そして調理具などの日常品が生産された。越前焼の粘土は、珪酸分の含有量が高く鉄分が少ないことから、高温で焼き締まる。鎌倉・室町時代の越前焼の製品に硬く焼き締まって自然釉がかかり、肩の張った器形が多くみられるのは、この耐火度の高い粘土を使用していることに関係している。この越前窯で最も古い窯跡は旧宮崎村の土屋窯跡群・上長佐窯跡群などで、窯構造は東海地方の瓷器系中世窯の影響を受けた分焔柱を有するもので、焼成品は甕・壺・擂鉢を主体とし、瓶子・水瓶・経筒外容器などの宴器や宗教器的な色彩の強い器種が焼かれている。特に中世前期の製品は常滑窯との識別が困難な個体が少なくない。鎌倉時代中期には旧織田町西山窯跡群などへ窯が分布し、窯そのものも大型化する傾向がみられる。南北朝時代になると壺の分化と大形化が進み、長胴型壺・短胴型壺・片口壺・片口小壺などが出現する。さらに中世後期には独自の器種・器形と櫛篦描き・花押状刻文や文字形押印など固有の装飾が発達した。十六世紀には平等村を中心として全長二五メートル寸胴形の地下式大窯を構築し、大甕と擂鉢を主体にした大量生産時代に突入する。このころには能登半島の珠洲《すず》窯を駆逐し、北海道南部から出雲地方にまで広がる日本海域を商圏として、甕・壺・擂鉢が船で運ばれていった。越前の甕や壺の成形技法は「ねじたて成形」というロクロを使用しない独特のものである。これは粘土塊を「ふね」という作業台の上で円盤状に伸ばし底部をつくり、陶工みずからが「ふね」の周りを回りながら、直径約六センチ、長さ約五〇センチの粘土紐を積み上げていく作業である。円筒状に積み上げられた粘土は「はがたな」とよばれる木鏝を使って伸ばされ、叩きの工程が含まれないのが特徴的である。

参考文献 『日本陶磁全集』七、一九七六、中央公論社。福井県陶芸館編『越前の名陶』、一九九五。 (荒川 正明)

えっしゅうよう 越州窯 中国の後漢から南宋にかけて、浙江省慈渓市の上林湖付近を中心として青磁を焼造した窯。同系統の窯の分布が、春秋時代の越国の故地と重なっているためこの名があり、越窯とも呼ばれる。中国の青磁は、原始瓷器(施釉陶器)の系譜の中から特にこの地方で発展し、後漢時代にかなり安定した緑色の釉色となり、唐代後半期にはさらに成熟して青緑色の美しい「秘色」と形容される精品が現れ、陸羽の『茶経』などの当時の文献でも賞賛されている。また、五代十国時代の呉越国は越州窯をその統制のもとに置いて経済基盤としたため、窯業生産はますます発展し、線彫りの洗練された文様も見られるようになる。九―十世紀にかけて中国の初期貿易陶磁の主要な製品として、邢窯《けいよう》系白磁や長沙窯《ちょうさよう》陶磁とともに、朝鮮・日本から東南アジア・南アジア・西アジアに広くもたらされた。越州窯の生産は、北宋後期以降衰弱に向かい龍泉窯青磁に繁栄を奪われるが、南宋時代に官窯風の青磁を焼造した窯が上林湖付近で発見されている。 →邢窯《けいよう》 →長沙窯《ちょうさよう》 →龍泉窯《りゅうせんよう》

参考文献 亀井明徳『日本貿易陶磁史の研究』、一九八六、同朋舎出版。林士民『青瓷与越窯』、一九九九、上海古籍出版社。 (金沢 陽)

えっちゅうごかやまあいのくらしゅうらく 越中五箇山相倉集落 富山県南砺市相倉(旧東《ひがし》礪《と》波《なみ》郡平《たいら》村)に所在する「合掌造《がっしょうづくり》民家」集落。「五箇山」とは、東礪波郡の山間で岐阜県飛騨との境にある赤尾谷・上梨《かみなし》谷・下梨谷・小《お》谷《たん》谷・利《と》賀《が》谷の五地域を指す総称で、相倉は下梨谷に散在する十二の集落の内の一つ。集落は、庄川左岸の南面台地上に位置し、南西には高坪山(一〇一四メートル)がある。『正保郷帳』(一六四六年)によれば石高は百二十一石余、畑方のみで八町余とあり、家数は一六七〇年ごろ(寛文期)には十五(「五ヶ山廻帳」加越能文庫)、一七五九年(宝暦九)には二十七(「後見要集」鉢蠟家文書)、一八六七年(慶応三)には四十(「村々草高家数帳」生田家文書)を数えた。加賀藩への貢納は金納制で、主たる生業である塩硝(火薬の原料)、養蚕、紙漉きをこれにあてた。合掌造民家とそれを維持する村落共同体を保存するため、集落周辺を含めた約四二ヘクタールが国の史跡に指定され、また一九九五年(平成七)には「白川郷と五箇山の合掌造集落」の名称で世界遺産にも登録された。

参考文献 『越中五箇山・平村史』上、一九八五、富山県平村。 (黒崎 直)

えっちゅうごかやますがぬましゅうらく 越中五箇山菅沼集落 富山県南砺市菅沼(旧東《ひがし》礪《と》波《なみ》郡上平《かみたいら》村)に所在する「合掌造《がっしょうづくり》民家」集落。「五箇山」とは、東礪波郡の山間で岐阜県飛騨との境にある赤尾谷や上梨《かみなし》谷など五地域の総称で、「五ヶ山」「五架山」とも書く。菅沼集落は赤尾谷に属し、庄川が屈曲する右岸の河岸段丘上に位置する。一六三〇年(寛永七)の石高は五十三石余(「検地見図帳並免定目録」川合家文書)で、家数は一六七〇年(寛文期ころ)には七(「五ヶ山廻帳」加越能文庫)、一七五九年(宝暦

九)には十二(「後見要集」鉢蠟家文書)、一八六七年(慶応三)には十四(「村々草高家数帳」生田家文書)を数えた。五箇山のうち、庄川右岸の集落は一六九〇年(元禄三)以降、加賀藩の流刑場に指定され架橋は禁止された。このため対岸の漆谷間には、全長二十一間(約三八メートル)の籠渡しが架けられていた。一九七〇年(昭和四十五)、集落景観および村落共同体の機能を保存するため、屋根に葺く茅の畑(茅場《かやば》)を併せて約一一・五ヘクタールが国史跡に指定され、また一九九五年(平成七)には、「白川郷と五箇山の合掌造集落」の名称で世界遺産にも登録された。

参考文献 『富山県史』通史編三近世上、一九八二。 (黒崎 直)

えっちゅうこくふ 越中国府 律令制下、越中国におかれた地方行政の要となる国の役所。富山県高岡市伏木古《ふしきふる》国府《こくふ》には浄土真宗本願寺派勝興寺《しょうこうじ》があり、その境内を中心に周辺が越中国府跡に比定されている。発掘調査は、一九六六年(昭和四十一)、一九八五年から一九九〇年(平成二)および一九九八年と断続的に実施され、奈良・平安時代と戦国時代を中心にする遺構・遺物が発見された。古代の遺構には掘立柱建物や塀、溝などがあり、あわせて瓦類や土器(円面硯・施釉陶器など)が出土した。ただし遺構の全貌や性格は不分明で、国庁など施設の位置や構造を窺うまでには至らない。境内の南に接しては、小《こ》杉丸山《すぎまるやま》遺跡で焼成した七世紀後半の瓦を出土する「御亭《おちん》角廃寺《かどはいじ》」があり、国府造営以前の歴史を物語る遺跡として注目できるが、堂塔の遺構は未確認。また勝興寺の東約二〇〇メートルにある字「東館《ひがしたて》」(国守館跡推定地)の調査(一九九〇年)では、奈良時代末ころの掘立柱建物と塀の一部が発掘されたが、面積狭小なこともあり詳細は不明。勝興寺が末友・安養寺(小矢部市)からこの地に移転する一五八五年(天正十三)以前には「古国《ふるこ》府城」が存在したようで、発掘などで検出される溝や濠、八尾焼きなどの土器片はこれに関連するものであろう。

参考文献 高岡市教育委員会『越中国府関連遺跡調査概報』一―五、一九八七―九一。 (黒崎 直)

えっちゅうこくぶんじ 越中国分寺 七四一年(天平十三)の聖武天皇の詔を受けて諸国で建立された国分寺の一つ。富山県高岡市伏木一宮《ふしきいちのみや》一丁目には高野山真言宗国分寺(通称薬師堂)があり、その境内および周辺が越中国分寺跡に比定され、県史跡に指定されている。一九三六年(昭和十一)、一九六六年、一九八六・一九八七年、一九八九年(平成元)など数次にわたり発掘調査が実施されたが、後世の攪乱が激しく、伽藍の復元などに必要な成果は得られていない。出土遺物には単弁蓮華文軒丸瓦、均《きん》整《せい》唐草文軒平瓦、灰釉土器などの瓦・土器類があり、これらは奈良時代後半から平安時代の時期を示す。一九六六年の「薬師堂」東隣接地の発掘では、版築状の盛り土とその上に並ぶ礎石の根石六ヵ所が発見された。これを金堂跡とする説や、周辺に残る「大門」「国分堂」などの地名や地形、遺物の分布状況から四町四方(一辺約二一五メートル)の寺域復元案があるが確定には至らない。寺跡の南東約六〇〇メートルには越中国府跡と推定される勝興寺《しょうこうじ》があり、この両者が立地する伏木台地上には他にも十ヵ所ほどの古瓦などの出土地点がある。越中国分尼寺の所在地も不明であり、これらの遺跡群についての総合的な調査・研究が今後の課題である。 →国分寺《こくぶんじ》

参考文献 越中国分寺とその周辺の遺跡調査団編『越中国分寺とその周辺の遺跡調査報告書』、一九六七、富山県教育委員会。 (黒崎 直)

えっちゅうせとやき 越中瀬戸焼 富山県の東部で焼かれた瀬戸美濃系の陶器。はじまりは出土品から一五八二年(天正十)前後とみられ、一五八八年には前田利家が、越中の新川郡上末《いわずえ》村で陶器を焼成させた記録がある。瀬戸美濃焼の大窯生産を導入した施釉陶器で、「瀬戸焼」と呼ばれた碗・皿・擂鉢を焼成したが、製品と匣鉢《さやばち》には独自の技法もある。十七世紀前半に連房式登窯と唐津焼の技法を採用した窯場が、新川郡上瀬戸・下瀬戸・新瀬戸(中新川郡立山町)の三ヵ村に置かれ、江戸時代末まで操業が続いた。製品は前田氏の金沢藩・富山藩・大聖寺藩の領内に流通した。十七世紀後半には、海運により北海道道南まで運ばれたが、伊万里焼の流入から生産規模が縮小した。 (垣内光次郎)

えっちゅうのくに 越中国 北陸道の一国。『和名類聚抄』に「古之乃三知《こしのみち》乃奈加《のなか》」(古活字本)、『万葉集』に「美知《みち》乃奈加」(一七―三九三〇)、「古思能奈可《こしのなか》」(一七―四〇〇〇)とある。東は越後・信濃国、西は能登・加賀国、南は飛驒国、北は日本海に接する。現在の富山県にあたるが、時に新潟県の一部、および石川県の能登地方を含んだ。古代の北陸一帯はコシと呼ばれたが、奈良県明日香村の飛鳥池遺跡、飛鳥京苑池遺跡出土木簡から七世紀後半に「高志国」が置かれ、六八一年(天武天皇十)ごろまでは未分割であったことが確認され、六八三年から六八五年にかけての国境確定事業により、越前、越中、越後の三国に分割されたと推測される。七〇四年(大宝四)の国印頒布以前には「高志(道)中」などと表記されたとみられ、頒布以後は「越中」と公定表記された。「越中国」の初見紀年木簡は和銅三年(七一〇)である(『平城概報』六)。『続日本紀』大宝二年(七〇二)三月十七日条には「越中国の四郡を分けて越後国に属《つ》く」(原漢文)とある。これによれば越中国は七〇二年以前は広大な八郡であったが、『大宝令』の施行に伴い頸城《くびき》・古志《こし》・魚沼・蒲原《かんばら》の四郡が越後国に編入され、礪波《となみ》・射水《いみず》・婦負《めい》・新川《にいかわ》の四郡となったと推定される。その後、七四一年(天平十三)十二月十日に能登国(羽咋《はくい》・能登・鳳至《ふげし》・珠洲《すず》四郡)を越中国に併合し、以後十五年余の間八郡となったが、七五七年(天平宝字元)五月八日に能登国が分置されて再び四郡となった(『続日本紀』)。国の等級は八〇四年(延暦二十三)に上国とされ(『日本後紀』同年六月十日条)、『延喜式』民部上にも上国とある。国府は『和名類聚抄』(古活字本)、

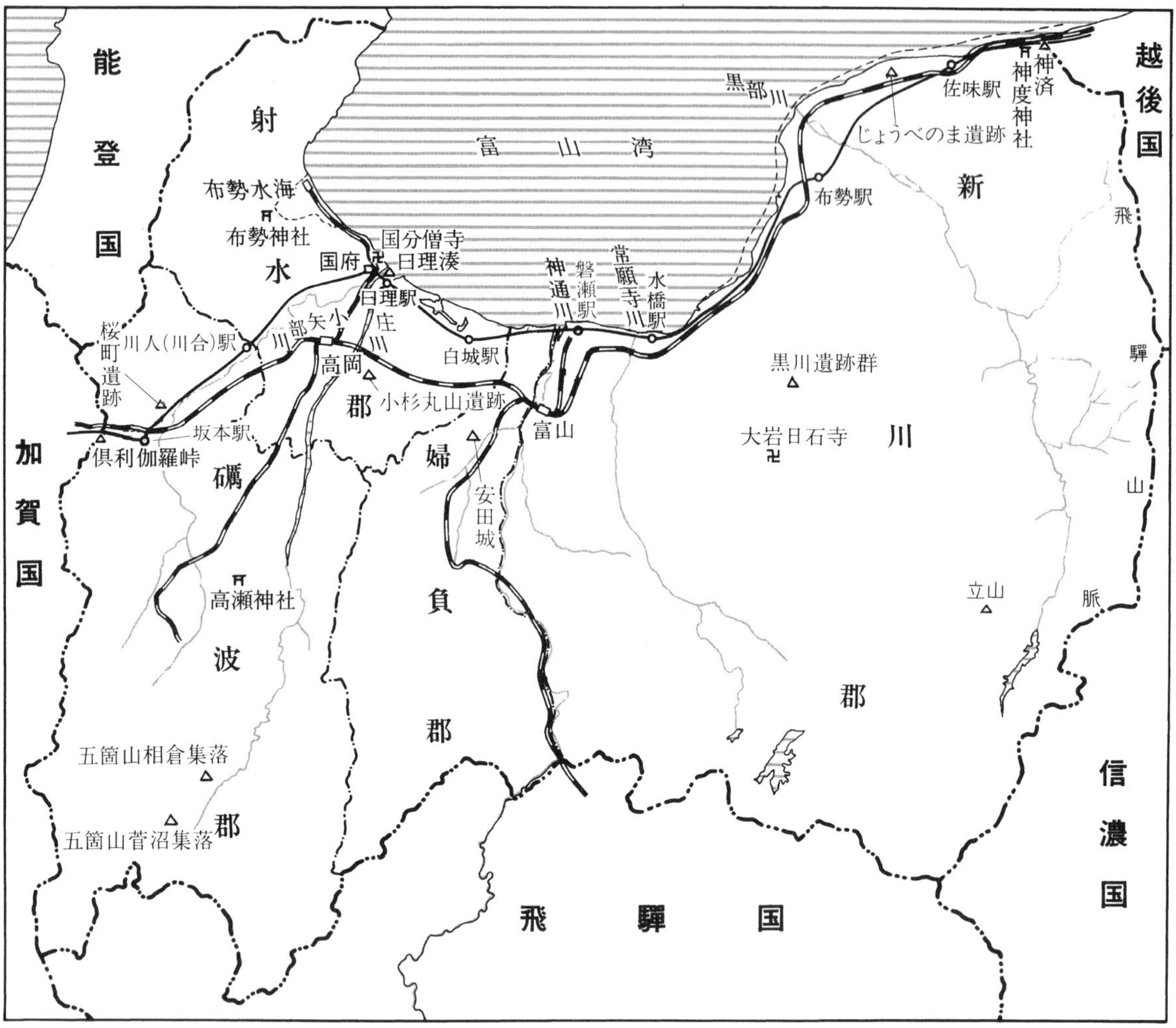

越中国略図

『伊呂波字類抄』に射水郡と記され、高岡市の伏木中部台地、古国府に所在する勝興寺《しょうこうじ》一帯に比定されている。部分的な発掘調査により勝興寺周辺から奈良・平安時代の規格性をもった掘立柱建物遺構や硯が検出されているが、確証には至っていない。なお、『和名類聚抄』(東急本)郡名下注、三巻本『色葉字類抄』注には国府を礪波郡としており、平安時代末に国府が射水郡から礪波郡へ移った可能性も指摘されている。また、国分僧寺は伏木一宮の薬師堂の地に比定されており、発掘により越中国分寺瓦や平安時代末期以前の土壇が確認されている。国分尼寺は不明。『延喜式』神名帳には射水郡気多《けた》神社、礪波郡高瀬神社など三十四座(大一座小三十三座)が記されている。平安京までの行程日数は、陸路上り十七日、下り九日、海路二十七日(『延喜式』主計上)とされる。駅制は北陸道の西から坂本、川人《かわと》(川合)、曰理《わたり》、白城《しらき》、磐瀬《いわせ》、水橋、布勢《ふせ》、佐味《さみ》の八駅が配置され(佐味八疋、他五疋)、各郡に伝馬五疋が置かれた(『延喜式』兵部省)。このうち水橋駅は水橋荒町辻ヶ堂遺跡に比定されている。また、小矢《おや》部《べ》市桜町遺跡、高岡市麻生谷《あそや》新生園遺跡で古代北陸道とみられる道路遺構が検出されているが、石川県津幡町加茂遺跡の古代北陸道と推測される道路遺構、出土した牓《ぼう》示札《じさつ》の「深見村」、その南の北中条《きたちゅうじょう》遺跡出土の「深見駅」墨書土器などから、その付近に深見駅が想定され、古代北陸道は越前深見駅から倶利伽羅峠を越えて越中坂本駅に向かったと推測される。国境の越中側に礪波関があり(『万葉集』一八―四〇八五)、小矢部市石坂付近に比定される。「郡《ぐう》家《け》」墨書土器を検出した小矢部市道林寺《どうりんじ》遺跡付近に礪波郡家があったとすると両者は近接することになる。海路は曰理湊(高岡市伏木か)が国津とされた(『延喜式』主税上)。また、初期荘園として礪波郡に東大寺領伊加流《いかる》伎《ぎ》(狩城)・石粟《いしあわ》・井山・杵名蛭《きなひる》荘、射水郡に楔田《こてだ》、須加《すか》(須賀)・鳴戸《なると》(成戸)・鹿田《かだ》荘(「開田図」など)、西大寺領榛山《はりやま》・中野荘(『西大寺資財流記帳』)、新川郡に東大寺領丈部《はせつかべ》・大判《おおやぶ》荘、西大寺領佐味《さみ》荘が設けられた。須田藤の木遺跡(高岡市)は須加荘に、北高木遺跡(射水市)は中野荘に、じょうべのま遺跡(国史跡、入善町)は佐味荘、丈部荘などに関連するとみられている。鎌倉時代には比企氏、承久の乱以後は名越氏、室町時代には畠山氏が守護となり、守護所は国府・放生津(射水市)などに置かれた。戦国時代には佐々成政《さっさなりまさ》が一国支配を実現したが、豊臣秀吉に降り、一五八七年(天正十五)に前田利長が越中を支配、以後、江戸時代を通じて加賀藩の支配下に置かれた。戦国時代末期の城跡として安田城跡(国史跡、富山市婦中町)が整備されている。一六三九年(寛永十六)加賀藩三代目利常の次子利次《としつぐ》が婦負《ねい》・新川二郡の大名に封ぜられ、支藩富山藩が成立した。一八八三年(明治十六)富山県となった。

参考文献 『富山県史』通史編一—四・史料編一—五、一九七〇—八三。米沢康『北陸古代の政治と社会』、一九八九、法政大学出版局。藤井一二『初期荘園史の研究』、一九八六、塙書房。金田章裕他『日本古代荘園図』、一九九六、東京大学出版会。

（川崎　晃）

えと 干支 ⇩かんし

えど 江戸 東京の前称。平安時代末期の地名。十二世紀に江戸氏が居館をつくり、一四五七年(長禄元)扇谷《おうぎがやつ》上杉氏の武将太田道灌が江戸城を築いた。戦国時代には後北条氏の支城がおかれた。一五九〇年(天正十八)徳川家康が入城し、一六〇三年(慶長八)に征夷大将軍に任じられて幕府を開いて以降、日本の政治的中心となり、明治期になって江戸城の跡に皇居が置かれ、東京と改称した。家康入城までは、江戸の中心は、江戸城とその近辺の集落、浅草寺と品川湊であったが、入城後、家康は道三堀を開削して江戸湊と江戸城を結び、町《ちょう》を成立させ、麴町に家臣団の住む番町を作った。さらに、開幕以後寛永期にかけては、幕府は諸国の大名に命じて大規模な都市建設を行い、江戸城を本格的に築城するとともに、神田山(現駿河台・お茶の水辺)を崩し、土砂で日比谷入江を埋め立てて日本橋・京橋地域を造成し、町人地を設定した。ここに六十間(約一二〇メートル)四方の正方形街区を設け、主に通りを挟んだ両側を一つの範囲とした町(両側町)を設けた。町は、町人身分の者が居住する最も基礎的な行政単位かつ共同体であり、後に古町《こちょう》と呼ばれたこの約三百の町には、当時三十万人が居住したといわれる。また、参勤交代の制度化、将軍直属家臣団の集住などによって武家屋敷が作られ、寺社も相ついで建立され、五街道の開設など交通の整備も相まって、市街は急速に発達した。さらに江戸は拡大を続け、江戸城の天守閣をはじめ市街の多くが焼失した明暦の大火(一六五七年)も経て、大規模な都市改造がなされた。明地・広小路の確保に伴って江戸周辺部に町地が移転拡大し、武家屋敷・寺院も周辺部に分散化することによって、本所・深川地域や周辺部(場末)にも市域が拡大した。江戸は一大消費市場であると同時に、関東・東北地方に対する中央市場、上方と結ぶ中継市場としても機能することで発展をとげ、一七四五年(延享二)には寺社門前町も併せて町数が一六四八に達し、十八世紀半ばには、人口百万人をこえる巨大都市となった。こうして成立した江戸は、城を中心に、武家地(大名・幕臣の屋敷/幕府の与力・同心〈武家奉公人〉の足軽町)・寺社地・町人地という身分別の空間＝社会からなる分節的な構造をとった。このうち、全面積の約七〇％が武家地、約一五％ずつが寺社地・町人地となっており、武家地の占める割合が突出していた(一八六九年(明治二)のデータによる)。やがて、十八世紀以降、町人地を越え、さらに都市間をも越えた大店・市場社会、および民衆社会(零細な商・手工業者・雑業層が町屋敷の裏店空間を獲得)が成立し、分節的な社会構造は変容していった。こうした江戸時代最大の都市であった江戸について、発掘調査が本格化したのは一九八〇年代の後半である。そして、江戸の発掘は近世考古学の進展に大きな役割を果たしてきた。すでに浜田耕作は『通論考古学』(一九二二年、大鐙閣)において、文献史料の登場後の時代も考古学の対象としていたが、実際には近世遺跡の調査は形質人類学による墓地の調査(増上寺将軍墓など)、陶磁史や技術史・産業史の立場からの生産遺跡の調査(有田など)、城郭史の立場からの城の調査に限られてきた。江戸においても、高度成長期の開発に伴って一部の古人骨や上水管などの収集が行われるにとどまった。こうした中で、一九六九年(昭和四十四)に、中川成夫・加藤晋平が日本考古学協会総会において行なった発表「近世考古学の提唱」は、近世考古学の出発点となった。その後、中川・加藤は松山廃寺《しょうざんはいじ》・日枝神社など東京都内において小規模な学術調査を実施したが、本格的な江戸遺跡の調査として画期となったのは一九七五年の一橋高校地点の緊急調査である。さらに、一九八〇年代前半には、麻布台三丁目遺跡(米沢藩邸跡・臼杵藩邸跡)などの武家屋敷の調査が行われ、東京大学構内遺跡(加賀藩邸跡ほか)においては学際的な研究の有効性が確認された。やがて、一九八〇年代後半より一九九〇年代にかけて、都心部の再開発に伴って江戸遺跡の緊急調査が激増し、事例が蓄積され、さまざまな事実が明らかになった。その結果、学会の設立(一九八六年の江戸遺跡研究会発会など)、企画展示の開催、一般書の刊行、調査の全国化など近世考古学の認知も高まった。都市の大規模開発の実態、武家屋敷の空間構成、上下水といった都市施設の実相、諸階層の生活文化・精神世界の具体相(ゴミ処理の問題、仏参を前提としない下層民の埋葬など)、災害の実態など、多岐にわたる江戸遺跡の調査成果の到達点は、『図説江戸考古学研究事典』(江戸遺跡研究会編、二〇〇一年、柏書房)に総括されている。こうした調査成果は、文献史料が残存していない場合の補完、文献史料に記されないことの解明のみならず、文献史学が欠落させていた視点を明らかにした。たとえば、それまで研究の立ち後れていた江戸

寺社地(池之端七軒町遺跡)　重複する早桶が、都市下層民の投げ込み同然の墓制を物語る。

町人地(日本橋一丁目遺跡)　町屋敷の境が石組の下水で確認できる。長方形の土蔵跡や穴蔵がみえる。

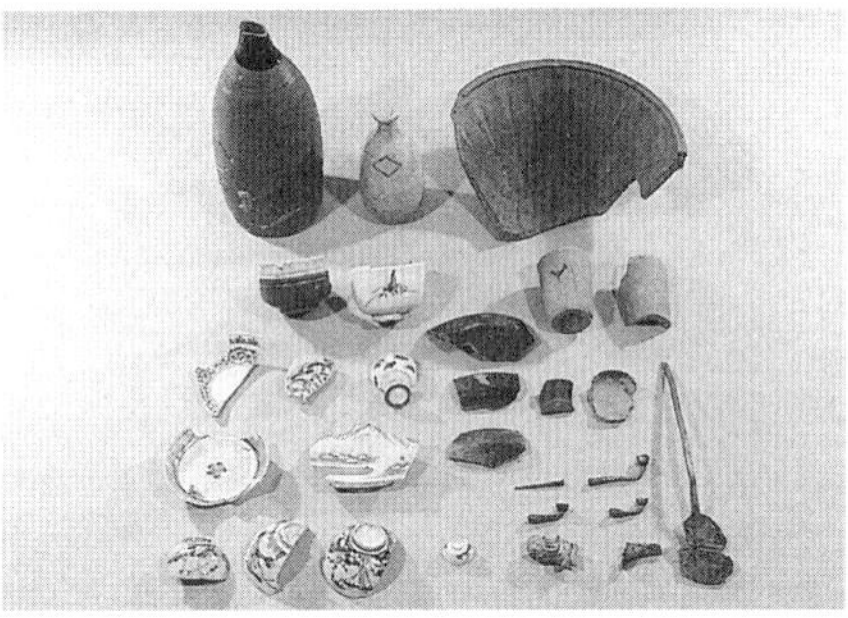

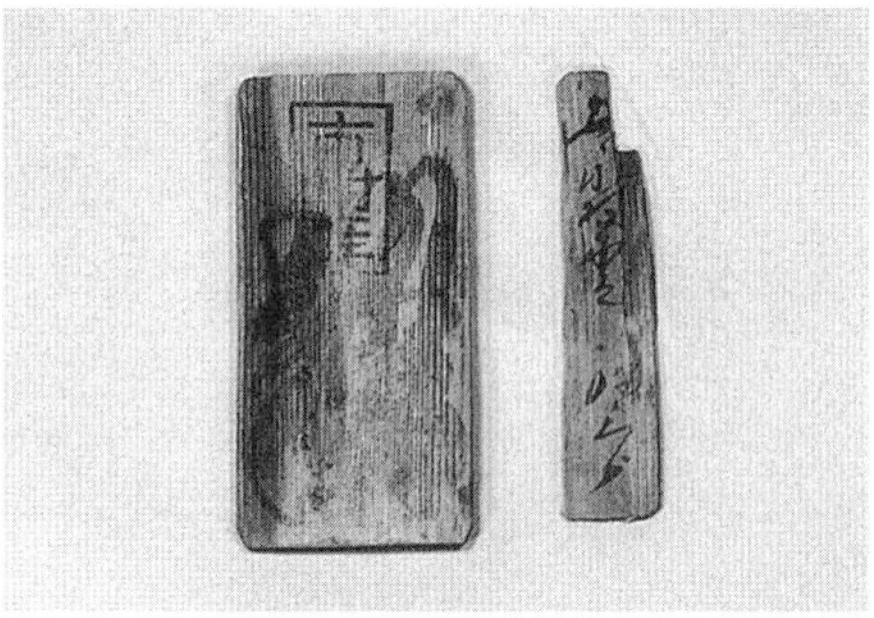

町人地の生活用具(日本橋二丁目遺跡)　近世遺跡からは、膨大な遺物が検出される。写真は、18世紀前半の穴蔵(東西1.8m、南北2.1m、深さ1.3m)に廃棄された647点の遺物の一部。徳利・すり鉢・碗・皿・焼塩壺・きせるのほか、芝居小屋(市村座)の入場券(切落札)が出土した。

大名屋敷の儀礼と消費(東京大学本郷構内遺跡医学部診療棟地点)　将軍御成の宴会で用いられた道具が池に一括廃棄されている。折敷や箸、かわらけがみえる。

武家地(東京大学本郷構内遺跡御殿下地点)　加賀藩上屋敷の御守殿跡。御殿の礎石列がみえる。

土留遺構(汐留遺跡)　大名屋敷地の大規模な土地造成を示している。

上水遺構(汐留遺跡)　上水本管から大名屋敷内に水を引き込んだ枝管。

の武家地・寺社地については、発掘調査がきっかけとなって、文献史学でも検討がすすめられることとなったのである。しかし、都市再開発の進行に比して、江戸遺跡の保存は一部の遺構にとどまり、調査体制も十分には調わなかった。やがて、バブル経済に伴う大規模開発の終焉によって発掘調査自体が減少を始め、さらに「地方分権一括法」に伴う二〇〇〇年(平成十二)四月の文化財保護法の改正・施行によって、埋蔵文化財の調査の実施自体が厳しい局面を迎えた。こうした中で、近世以降の遺跡調査は困難な状況となってきている。寺島孝一は文化財保護法改正に先立って一九九五―九九年に出された三度の文化庁通知のうち、「出土品の取扱いについて」(一九九七年)、「埋蔵文化財の把握から開発事前の発掘調査に至るまでの取扱いについて」(一九九九年)が、とくに近世考古学、近世遺跡の発掘に重大な問題を投げかけるとして、警鐘を鳴らしている。前者は、遺物を保存・管理すべき文化財とそれ以外に選別することをうたい、後者は「近世の遺跡については地域において必要なものを対象とすることができる」「近現代の遺跡については地域において特に重要なものを対象とすることができる」として、近世以降の遺跡について調査対象の選別が行われる可能性を孕んでいるのである。たとえば、東京都では、二〇〇〇年に「「江戸遺跡」調査基準」を定め、朱引内の近世遺跡を「江戸遺跡」として明確に調査対象と定めたが、それ以外の地域の近世遺跡は当該区市町村との協議によるとした。また、近代・現代の遺跡については原則として対象とせず、地域における産業・都市形成のうえで極めて重要で、地域の歴史に欠くことができない遺跡など、特に定める遺跡は対象とすることができるとしている。今後は、他分野の研究者も、よりいっそう、近世・近現代考古学への関心を高め、成果を学び、その重要性を訴えていく必要がある。

参考文献 中川成夫『歴史考古学の方法と課題』、一九八五、雄山閣。吉田伸之『巨大城下町江戸の分節構造』、二〇〇〇、山川出版社。吉田伸之「城下町の構造と展開」(佐藤信・吉田伸之編『新体系日本史』六所収、二〇〇一、山川出版社)。岩淵令治「日本近世考古学と文献史学」(『江戸武家地の研究』所収、二〇〇四、塙書房)。

(岩淵 令治)

えどじだい 江戸時代 徳川氏が征夷大将軍として江戸に幕府をおいて全国統治の実権を掌握していた時代をいう。徳川時代とも称する。また、江戸時代とそれに先立つ安土桃山時代とを併せて、この時期を近世と呼ぶことが一般的である。江戸時代の開始年代は、一般に徳川家康の将軍補任が行われた一六〇三年(慶長八)とされるが、一六〇〇年の関ヶ原の戦の勝利によって徳川家康の政権が事実上確立したことに注目して、この年から江戸時代が始まったとする考え方も広く受け入れられている。終了年代は、徳川慶喜が大政奉還を行なった一八六七年(慶応三)とされる。その江戸時代をさらに時期区分するにはいくつかの考え方があるが、主として政治史的な観点から前期・中期・後期に三区分する場合は、徳川氏の政権掌握から五代将軍綱吉補任の一六八〇年(延宝八)までが江戸時代前期、それから十代将軍家治の没年の一七八六年(天明六)までの約百年間を江戸時代中期、それ以降、大政奉還までを江戸時代後期としてとらえる考え方が広く受け入れられている。また特に一八五三年(嘉永六)のペリー来航以降の時期を幕末期と呼ぶことも多い。中央政府である幕府と各地の諸藩とによって形成された幕藩体制が、江戸時代の基本的な政治・社会体制である。人々がそれぞれの属する身分をもとに社会的な位置づけを有していたことから、江戸時代の社会を身分制社会としてとらえる視角が重要である。また江戸時代は、家族労働を中心とする農民などの小経営が社会の土台として広汎に展開する時期である。このような小経営を基礎とする社会のあり方は、その後、二十世紀末に至るまでの日本社会の特質を強く規定してきた。

参考文献 三上参次『江戸時代史』(『講談社学術文庫』、一九九二)。尾藤正英『江戸時代とはなにか』(『岩波現代文庫』、二〇〇六)。山口啓二『鎖国と開国』(『岩波現代文庫』、二〇〇六)。

(小林 信也)

えどじょう 江戸城 徳川十五代の将軍の居城で、江戸幕府の中心となった城館。起源は平安時代にさかのぼり、江戸重継《えどしげつぐ》が居館を構えたことに始まる。現在の東京都千代田区及び中央区が範囲。一部が国特別史跡に指定される。城域内での発掘調査では竹橋門地区の調査が著名。中世では龍泉窯劃花文青磁碗が出土するほか蓮弁文碗・白磁皿・染付碗および皿が出土し、鎌倉時代以降江戸時代までの様相が窺える。中心部では本丸および三ノ丸で調査が実施された。鎌倉時代以降江戸氏が江戸の地に本拠を構えたことは確実であるが、具体的な場所は確認されていない。江戸氏は十五世紀の動乱のなかで没落し、江戸の地は扇谷《おうぎがやつ》上杉氏が把握する。一四五七年(長禄元)に扇谷上杉氏の家宰太田道灌《おおたどうかん》が江戸城の修築を行う。古《こ》河《が》公方《くぼう》は利根川水系内陸部の要衝である古河を拠点としたため、河口部に位置する江戸を抑えることは政治経済的に重要な意味を持った。道灌の築いた江戸城は子城・中城・外城で構成され、城内には静勝軒・泊船亭・含雪斎などの建物があった。江戸城を訪れた禅僧が江戸城の構造を含め江戸の景観を漢詩に読み込んでいる。道灌死後も扇谷上杉家が活用し、一五二四年(大永四)に上杉朝《うえすぎとも》興《おき》が開城するまで、同氏の重要拠点であった。一五二四年以降は後北条氏の領有するところとなり、一時期は隠居後の北条氏政《ほうじょううじまさ》が拠点とするなど、領国内でも重要性の高い支城であった。「江戸宿」「大橋宿」の語も古文書にみることができ、徳川家康《とくがわいえやす》期の江戸城に連なる城下町が北条氏段階で形成されていたと考えられる。また近辺には多くの村落が存在したことが『小田原衆所領役帳《おだわらしゅうしょりょうやくちょう》』などの史料に窺える。一五九〇年(天正十八)、徳川家康が入城する。ただし、織豊大名の段階では一五九二年(文禄

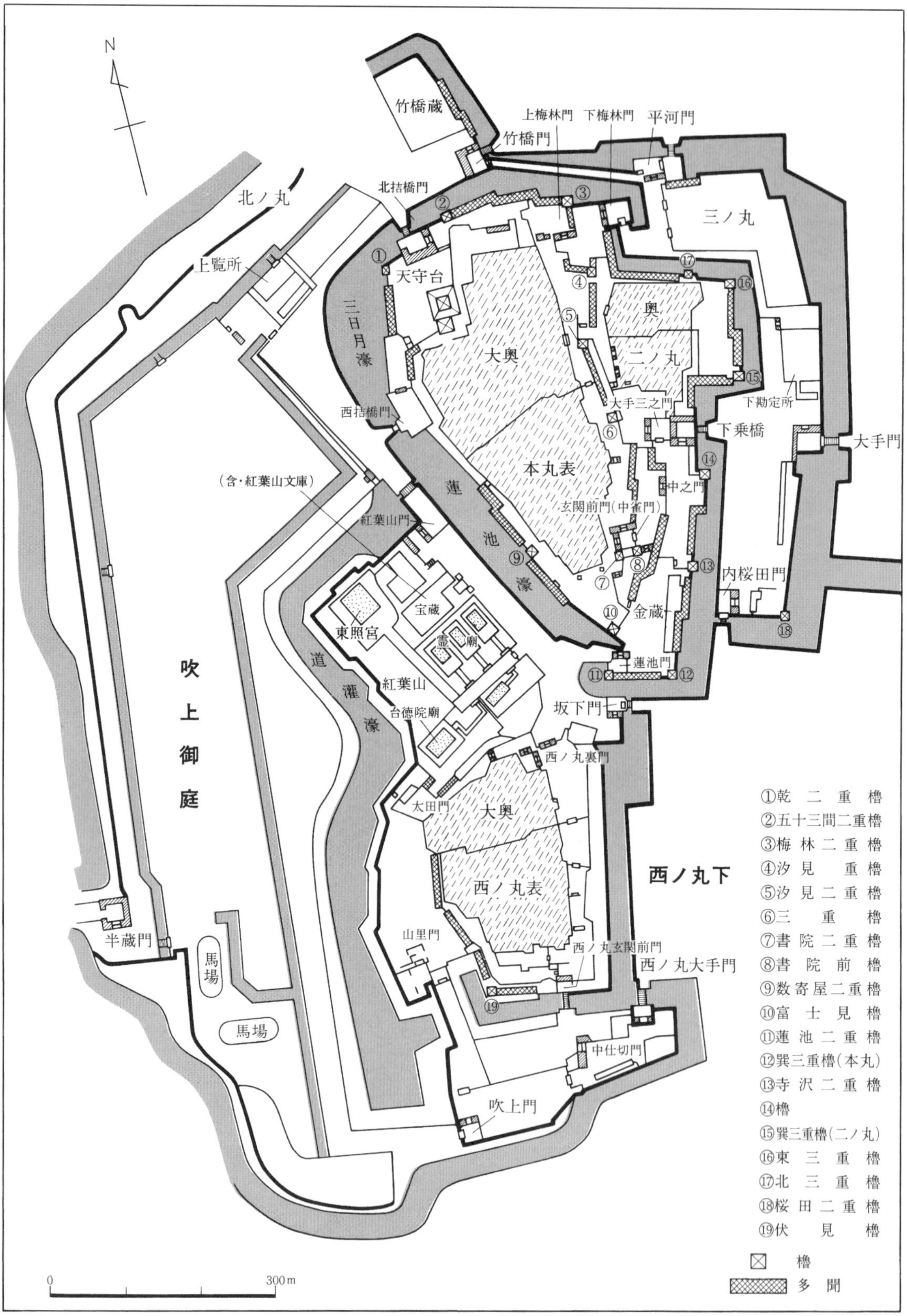

江戸城本丸・西ノ丸殿舎・櫓配置図

元)開始の西ノ丸造営を除き、中心部の大規模な普請は実施していない。本格的な改築は、一六〇三年(慶長八)以後で、江戸は徐々に首都としての機能を整えていく。当初は日比谷入江の干拓が実施され、城下町の拡張が行われた。中心部の普請は一六〇六年に本丸から開始された。本丸石垣はこの時に普請され、台所三重櫓下の石垣もこの時のものに比定される。その後、一六一一・一二年の西ノ丸工事、一六二〇年(元和六)・一六二二年・一六二四年(寛永元)・一六二九年・一六三五年の二ノ丸拡張などと工事が断続的に行われた。最終的には徳川家光《いえみつ》期の一六三六年に外堀普請の工事が行われ、現在に至る規模の江戸城が完成した。城下町は武家地・寺社地・町人地に分けられ、身分と対応する住み分けがなされていた。城下町は明暦の大火後に、寺社地の移転が行われ、大規模な拡張が実施された。普請に関わる石材は、相模国西部から伊豆半島で産出する安山岩が主として用いられている。同所には各大名家の石切丁場が割り当てられ、切り出された石材は船で江戸へと搬出された。その様子は絵画にも残されている。城の中心となる天守は慶長期・元和期・寛永期の三度にわたって建築された。寛永期の天守は明暦の大火で焼失する。直後に天守台は普請されたが、幕閣の判断により再建されることはなかった。その後、正徳期に天守再建が計画されたが、実現には至っていない。現在、富士見三重櫓や伏見櫓等の櫓や桝形門が随所に残り、幕府の権威を伝えている。幕政は本丸などの御殿で行われた。殿舎は表・中奥・大奥に区分される。表は儀式を行う広間(大広間・白書院・黒書院など)と諸役人の執務室からなる。中奥は将軍の公邸にあたる。大奥は御台所を中心とする将軍の子女や女中が生活し、将軍の私邸にあたる。本丸御殿はたびたび被災したが、頻繁に修築工事が行われた。しかし、一八六三年(文久三)の焼失以後、再建されることはなかった。一八六八年(明治元)九月、明治天皇は行幸に出発、翌月に江戸城に入城した。それに際し、江戸城は東京城と改称された。

参考文献 村井益男編『日本名城集成』四、一九八六、小学館。東京国立近代美術館遺跡調査団編『竹橋門江戸城址北丸竹橋門地区発掘調査報告』、一九九一、東京国立近代美術館遺跡調査委員会。『江戸城』(『歴史群像名城シリーズ』七、一九九五、学習研究社)。深井雅海『図解・江戸城をよむ』、一九九七、原書房。北原糸子『江戸城外堀物語』(『ちくま新書』、一九九九、筑摩書房)。 (齋藤 慎一)

えどず 江戸図 江戸図の定義は明確ではない。都市江戸の全体、あるいはその一部分を平面的に表現した地図状の図像、すなわち絵地図を、一般に江戸図と呼ぶ。それに加えて、ある程度広い範囲の江戸の景観を描いた風景画としての絵画類を江戸図の範疇に入れる場合もある。こうした絵画的な江戸図としては、江戸の俯瞰を屏風に描いた都市図屏風が、その作品数は少ないが重要である。「江戸図屏風」(国立歴史民俗博物館所蔵)・「江戸名所図屏風」(出光美術館所蔵)・「江戸京都絵図屏風」(江戸東京博物館所蔵)が、近世初期の江戸を描いた都市図屏風として有名である。この時期の江戸に関する文献史料は乏しく、江戸を対象とする都市史研究においてこれらは貴重な図像史料となっている。このほかに、時代が下って一八〇九年(文化六)に完成した絵師鍬形蕙斎《くわがたけいさい》による「江戸一目図屏風」(津山郷土博物館所蔵)がよく知られている。同じく文化年間(一八〇四―一八)の日本橋通りの景観を詳細に描いた絵巻「熙代勝覧《きだいしょうらん》」(ベルリン東洋美術館所蔵)も注目される。また、天保年間(一八三〇―四四)に刊行された『江戸名所図会』の挿図も、その写実性の高さから、都市史研究において利用価値が高い図像史料とされている。絵地図としての江戸図で、信頼できる最も古いものは「慶長江戸図全」(東京都立中央図書館所蔵、写本)とされている。その後、寛永期(一六二四―四三)になって、版行の江戸図としては最古とされる「武州豊嶋郡江戸庄図」があらわれる。先に挙げた「江戸図屏風」はこの図を利用して描かれたという説もある。このころの江戸の絵地図は基本的に測量によることなく描かれ、絵画的な性格が強い。いわゆる「正保江戸図」(作成年代は慶安年間(一六四八―五二)にまでさかのぼるという説が有力)において測量成果の反映がみられるようになる。同じく測量にもとづいて作成された「寛文十年以前江戸市街図」と「明暦江戸大絵図」には、明暦大火前後における江戸の都市構造の変化が反映されており町名などの記載情報も豊富である。その後、実測をもとに高い精度の絵地図として登場したのが、一六七〇年(寛文十)になって刊行された遠近道印《おちこちどういん》(富山藩の藩医藤井半知)の「新板江戸大絵図」「新板江戸外絵図」である。一般に「寛文江戸図」「寛文五枚図」などと称されるこれらの絵地図の精度についての評価は高く、近代になって作成された東京の実測図と比べても、大きな誤差はないとされている。絵画的な表現も図中からほとんど排されている。遠近道印が作成したこの江戸図とは対蹠的に、絵画的な表現を豊富に盛り込んだ極彩色の「江戸図鑑綱目坤」「新板分間江戸大絵図全」などが、石川流宣によって一六八九年(元禄二)から一七一二年(正徳二)にかけて出された。その後、享保(一七一六―三六)期以降は、主として遠近道印の寛文江戸図を下敷きにした分間図が刊行されるようになる。ただし、実測にもとづく精度の面では寛文江戸図を凌駕するものは作られない。また、ハンディな懐中図なども多く作られるようになっていく。一八〇七年(文化四)に幕府普請方が編纂を開始した、いわゆる「御府内沿革図書」は、一部未完ながら「御府内往還其外沿革図書」「御府内場末往還其外沿革図書」からなり、延宝年間(一六七三―八一)以降、幕末に至るまでの江戸の道路割や町割の変遷を詳細に記録している。一八一七年の伊能忠敬による「江戸府内実測図」は、精度の高い実測にもとづく江戸図であるが、一般に公表されることはなかった。一八一八年(文政元)には、江戸の都市域の境界についての幕府の公式見解を示す「江戸朱引図」(東京都公文書館所蔵)が作られた。この地図では、寺社勧化場としての江戸の範囲が朱引で、町奉行支配地域としての江戸の範囲が墨引で表現され、複合的な江戸の境界認識が示されている。江戸の区分図である江戸切絵図は近世中期から刊行され始めるが、これらは幕末になると盛んに出版された。近年、江戸図と現代の東京の地図とを重ね合わせた復元図として『江戸復原図』(東京都教育委員会)や『復元江戸情報地図』(朝日新聞社)が作成され活用されている。

参考文献　飯田龍一・俵元昭『江戸図の歴史』、一九八八、築地書館。日本地図資料協会編『古地図研究』、一九八八。金行信輔「寛永江戸全図―臼杵市所蔵の新出江戸図について―」(『建築史学』四六、二〇〇六)。　(小林　信也)

えどずびょうぶ　江戸図屏風　近世江戸の景観を描いた屏風の総称。寛永期(一六二四―四四)、徳川家光の治世下を描いた「江戸名所図屏風」(出光美術館蔵)および「江戸図屏風」(国立歴史民俗博物館蔵)が最古のものとされる。うち成立年代が古いと考えられている前者が市井の風俗描写に重点を置く一方、後者は江戸城を中心とする武家社会の様相を詳細に描き出しており、あわせて明暦大火以前の都市空間や社会を考察する上で不可欠な史料となっている。両図とも技法的には代表的な景観ごとに都市空間を分割して、俯瞰《ふかん》を基調としてそれぞれを描き、中間を靄《もや》でつなぐという洛中洛外図屏風の手法を引き継ぐ。その後も同様の江戸図屏風が描かれていたが、一八〇九年(文化六)の鍬形蕙斎「江戸一目図」は鳥瞰技法を駆使して江戸の空間を一体的に描き出すことに成功し、その後の江戸を描く絵画に大きな影響を与えた。

「江戸名所図屏風」左隻１・２扇

参考文献　小木新造・竹内誠編『江戸名所図屏風の世界』(『ビジュアルブック江戸東京』一、一九九二、岩波書店)。小澤弘『都市図の系譜と江戸』(『歴史文化ライブラリー』一三六、二〇〇二、吉川弘文館)。水藤真・加藤貴編『江戸図屏風を読む』、二〇〇〇、東京堂出版。　(千葉　正樹)

えどま　江戸間　⇩田舎間《いなかま》

えどめいしょずえ　江戸名所図会　江戸町名主、斎藤幸雄・幸孝・幸成(月岑)三代による挿図入り木版地誌。七巻二十冊。一八三四年(天保五)・三七年の二回に分割刊行され、補追を含む増刷も行われた。版元は須原屋茂兵衛・伊八。記述は江戸朱引を超え、千葉・埼玉・神奈川の一部に及ぶ。一七八〇年(安永九)の『都名所図会』に刺激され、一七九八年(寛政十)に出版許可を得たが、幸雄・幸孝は作業半ばで死去し、文政末期から月岑による編纂が本格化して刊行に至った。寛政期(一七八九―一八〇一)を中心とする第一期の名所図会を質・量ともに凌駕したとされ、その影響により第二の名所図会流行期となる。挿画六百五十六景は漢画家長谷川雪旦とその子雪堤による。写生による精密な描写は十九世紀初頭の江戸を知る上で最上質の史料であるが、絵画表現を優先させた部分もあり注意を要する。各地の図書館・史料館に所収されているほか、『日本名所風俗図会』四(一九八〇、角川書店)、『新訂江戸名所図会』(一九九六・九七、ちくま学芸文庫)など活字本も多い。

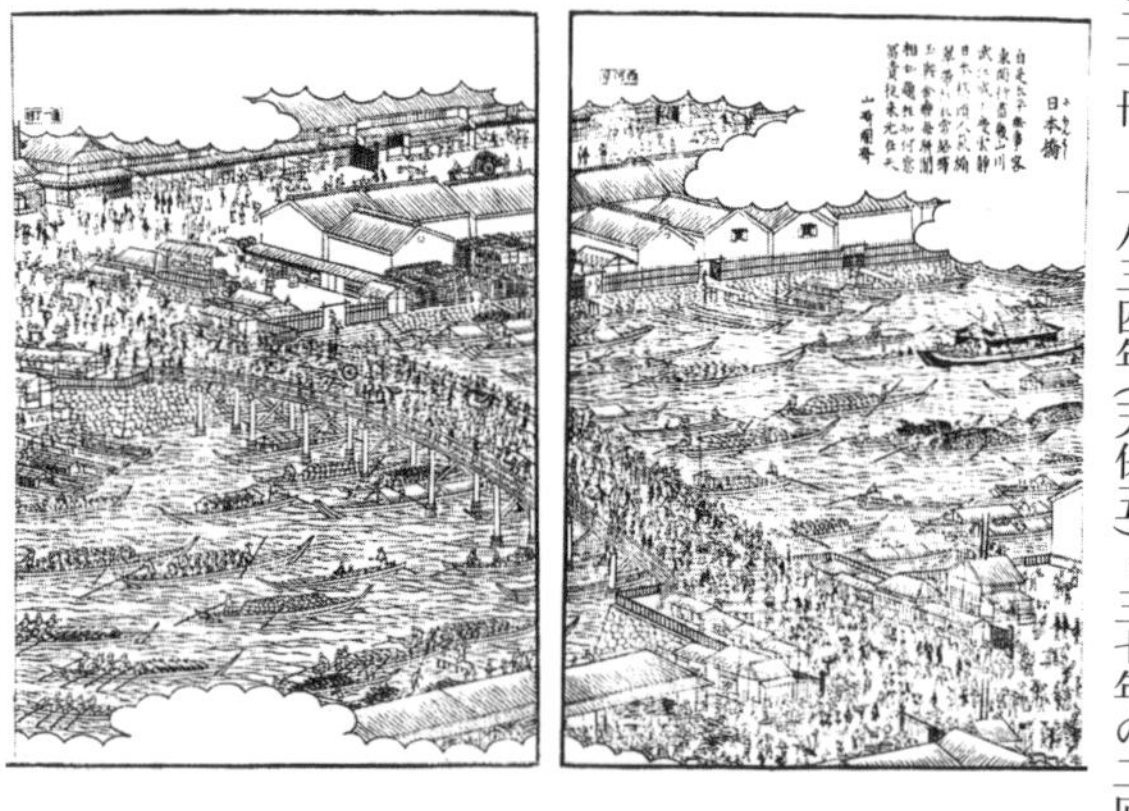

『江戸名所図会』日本橋図

参考文献　朝倉治彦「解説」(鈴木棠三・朝倉治彦校註『新版江戸名所図会』所収、一九七五、角川書店)。鈴木章生『江戸の名所と都市文化』、二〇〇一、吉川弘文館。千葉正樹『江戸名所図会の世界―近世巨大都市の自画像―』、二〇〇一、吉川弘文館。　(千葉　正樹)

えなつぼ　胞衣壺　胞衣とは後産《あとざん》、いわゆる胎盤のことで、胞衣壺とは胎盤を埋納するための容器をいう。近年までの民俗例では藁・桟俵《さんだわら》・紙などで包んだり、壺・土瓶・二枚合わせの焙烙《ほうろく》などに入れ、洗米・小魚・鰹節などとともに埋められた。さらに男児の場合は筆墨、女児の場合は針・鋏《はさみ》を一緒に埋める場合もあった。筆墨の場合は奈良時代の遺跡から出土例が知られ、おそらく針・鋏も古い伝統の引き継がれてきたことと思われる。埋納位場所は厩《うまや》・床下・便所の脇・墓地・屋敷内・恵方の山野などさまざまだが、最も多いのは門口の敷居の下や敷居のすぐ外など人が踏みしめる所である。門口埋納は縄文時代の住居遺跡にもみられ、胞衣あるいは小児埋葬が想定されている。後世にも小児の門口埋葬がみられ、胞衣埋納と小児埋葬に共通した意識が見られる。また踏み固める行為を通して小児霊の鎮魂さらには門口の守りを意図したと考えられる。平城京での出土例として、右京五条四坊三坪では須恵器製の薬壺底部に銭を四枚・墨・筆管が、左京三条一坊十四坪では墨挺・筆管・銅刀子などが出土している。それら古代資料は中世の文献史料の「銭五文新筆一管」(『玉蘂《ぎょくずい》』)、「金銀犀角墨筆小刀」(『大記』)「銭卅三文筆一管墨一丁」(『御産所日記』)の記載から胞衣壺と考えられ、それらが古代を通じての在り方で、中世上層階層もそれを継受していたことがわかる。近世では伊達家墓所(東京都)出土の胞衣容器が近世上層階層の在り方を示している。銅製筒形容器の内部に桶が入れ子になっており、銅製容器・桶ともに外面に松と鶴の絵が描かれている。内部には胞衣とともに臍《へそ》の緒《を》を切るときに使用した竹製の刀と銭一緡《さし》が入れられていた。近世庶民の例は京都・大坂・江戸などの都市遺跡から多く出土している。京都・大坂では胞衣壺が用いられるが、当時の土師質蔵骨器と同質品、またはそれより器形の低い胞衣専用容器を利用することが多い。江戸では十八世紀以降、「壽」字を型押しした合わせ口のカワラケが多く見られ(それ以前は桶)、胞衣容器専用の商品として売られていたことがわかる。またそれらは近代に及んでも使用されている。現代では病院での出産がほとんどで、そこで処理されるので、胞衣が手元に残ることがなくなり、胞衣埋納の習俗は廃れたが、胞衣にはすべての細胞になりうる幹細胞を含むことから再生医療の分野で注目されている。

参考文献 伊勢貞陸『産所之記』(『群書類従』二三)。母子愛育会編『日本産育習俗資料集成』、一九七五、第一法規出版。戸田哲也・小松清「胞衣容器についての一考察」(『考古論叢神奈河』五、一九九六)。水野正好「想蒼籬記」一(『奈良大学紀要』一三、一九八四)。横井清『的胞と衣—中世人の生と死—』、一九八八、平凡社。『出土銭貨』四(特集胞衣壺と銭貨)、一九九五。

(藤澤 典彦)

えにちじ　慧日寺　福島県耶麻郡磐梯町字本寺にある寺院。恵日寺とも書く。磐梯山と号す。南都興福寺の徳一が八〇六年(大同元)または八〇七年に開いたといい、はじめ清水寺のち慧日寺に改めたとも、あるいは空海が開いたともいう。のち天台宗さらに真言宗に改めている。一一八二年(寿永元)には慧日寺衆徒頭乗丹坊が会津四郡の兵を率いて木曽義仲と戦っており、当時の慧日寺は会津を代表する勢力であった。「絹本著色恵日寺絵図」(南北朝時代末期から室町時代初期)をみると中世にもなお広大な寺領と伽藍を有していたらしい。一四一八年(応永二十五)・一五八九年(天正十七)・一六二六年(寛永三)など何度か火災に遭って衰退し、一六八九年(元禄二)の境内絵図では薬師堂のほかには鐘楼と数棟の鎮守しかない。明治の神仏分離では坊の一つ観音院が本坊跡に移って慧日寺を嗣ぎ、薬師堂には鎮守の磐梯明神を祀って磐梯神社とした。一九七〇年(昭和四十五)中心伽藍跡の本寺地区と少し離れた戒壇地区(戒壇の存否は不明)が国史跡に指定、一九八六年観音寺地区(尾根上の小寺院跡)が追加指定された。一九八五年度より本寺地区を中心に発掘調査が行われ中軸線上に中門・金堂・講堂・食堂(?)の跡、講堂の東に中堂跡が確認され、中門前方から金堂前にかけて広い石敷が検出された。金堂跡は七間×四間で版築基壇をもち、講堂跡には三間堂、中堂跡には塔(ともに後設)の跡が重複して残り前出の絵図ともよく符合する。中心伽藍の後方には徳一廟とされる平安時代の五重石塔がある。慧日寺は磐梯山から西へ延びる山稜南麓の標高四〇〇《メートル》のほぼ平坦な地に中心伽藍があり、背後の山中にかけて広い範囲に戒壇地区・観音寺地区をはじめ多くの堂舎跡が散在する。おそらく中心伽藍を布教の拠点、山中の堂舎を修行の場とした山岳寺院の一形態を示すものであろう。古来の山岳信仰ともつながりがあり、のち磐梯修験とも深く関わってきた。地方の私寺でありながら金堂を七間堂として南都の大寺院と肩を並べる格式をもたせ、一方金堂前庭の広い石敷や各建物の構造形式は雪深い会津の土地柄に適応させたものと考えられる。

資料館　磐梯山慧日寺資料館(福島県耶麻郡磐梯町)

参考文献　磐梯町教育委員会編『史跡慧日寺跡』Ⅰ—ⅩⅧ、一九八六-二〇〇三。磐梯山慧日寺資料館『恵日寺絵図平成の大修復』、二〇〇三。高橋富雄『徳一と恵日寺』、一九七五、FCT企業。

(濱島 正士)

えばらでら　家原寺　奈良時代創建の寺院。大阪府堺市家原寺《えばらじ》町に存在。古代の行政区画では和泉国大鳥郡蜂田《はちだ》郷に含まれる。『行基年譜《ぎょうきねんぷ》』慶雲元年(七〇四)条では、行《ぎょう》基《き》が生家を掃清して仏閣となし、それが家原寺であるとされている。行基が蜂田首《はちだのおびと》氏の女性を母として、和泉国大鳥郡に生まれた(『大僧正舎利瓶記《だいそうじょうしゃりびょうき》』)ことから、生家を母の家と理解し、この記述はほぼ信頼できるとされる。ただし、七〇四年という創建年代が正確かどうかは不明。本寺所蔵の『行基菩薩行状絵伝《ぎょうきぼさつぎょうじょうえでん》』は十四世紀に成立した行基の絵伝で、行基研究の基本的な史料。重要文化財。本寺に関して、創建の記述は『行基年譜』と似るが、神崎《かんざき》院《いん》という別名を持つこと、堂一宇と三重塔があること、文殊菩薩を安置することも記され、入母屋造りの本堂や三重塔が描かれている。現在は、江戸時代再建の本堂(文殊堂)や新築の三重塔などがある。

参考文献　井上薫編『行基事典』、一九九七、国書刊行会。

(鷺森 浩幸)

えびら　箙　中世の代表的な矢の容器。儀仗の平胡籙《ひらやなぐい》の容器も箙というが、ふつうは衛府官や武士使用の兵仗《ひょうじょう》の容器をいう。構造は、方立《ほうだて》と端手《はたて》からなり、方立には鏃を差し込む筬《おさ》とよぶ竹簀子をはめ、端手には前緒・矢把《やたば》ね緒・後緒《うしろお》・受緒《うけお》・表帯《うわおび》が付く。矢は前緒に左右から斜め交互に差し入れ、矢の交叉部分を矢把ね緒で束ねた。後緒は腰革・懸緒《かけお》・待緒《まちお》からなり、腰革に替弦《かえづる》を巻く弦《つる》巻《まき》を下げた。箙に限らず、矢の容器は右腰に佩帯するものだが、腰革を背後から正面に廻し、懸緒を受緒に懸けて引き戻し、待緒と正面で結んで佩帯した。表帯は通常は結び束ね、動揺が激しい時に腰にめぐらした。葛製の葛箙《つづらえびら》や猪の毛皮張の逆頬箙《さかつらえびら》などの種類があり、衛府官はいずれかに狩矢《かりや》を差した狩胡籙《かりやなぐい》を佩帯し、武士は逆頬箙などに征矢《そや》を差した。中世の遺品としては、愛媛大山祇神社の革箙、愛知熱田神宮の葛箙、滋賀兵主大社の大永四年（一五二四）の年紀の記されている錦箙などがある。なお、「えびら」は本来養蚕具の蚕簿の和訓で、のちに矢の容器名に転化した。

参考文献 鈴木敬三「箙と空穂」（『国学院高等学校紀要』二、一九六〇）。近藤好和「箙の成立」（『歴史学研究』七三〇、一九九九）。

（近藤 好和）

えぶり 田植え前に田面を押し引きして均す道具で、横長の板に長い柄をT字形につけたものである。板は長さ一《メートル》前後、幅一〇《センチ》前後で、柄をT字形につけたものと柄の先を割ってY字形にして二ヵ所で取り付けるものがある。また板を柄に固定したものと、柄穴を大きくして押し引きにあわせて板が前後に倒れるようにしたもの、また横板の下端をのこぎりの歯のように加工したものもあり、地域によりさまざまである。籾を日に干す際に、筵の上の籾を広げるさらえ類との境目はあいまいである。

（河野 通明）

えぼし 烏帽子 天皇・皇太子を除き、上皇から一般庶民までが貴賤の別なく被った日常の被り物。構造は同じながら、被り方で、立《たて》烏帽子・平礼《へいれい》（烏帽子）・風折《かざおり》烏帽子・揉《なえ》烏帽子・折《おり》烏帽子などの種類がある。材質も身分や立場で羅《ら》・平絹《へいけん》・布とさまざまだが、いずれも色は黒が原則である。かかる材質二枚を縫い合わせ、縫い目を前後に被るが、そのまま被るのが平礼、全体を膨らませて、前方をへこませた（「敬《うや》を作る」という）のが立烏帽子、頭頂部を左右どちらかに折ったのが風折烏帽子、柔軟な揉烏帽子、揉烏帽子を折り畳んだのが折烏帽子であり、折烏帽子はもっぱら武家用で侍《さむらい》烏帽子ともいう。室町時代には武家を中心に、揉烏帽子をのぞいて烏帽子が硬化し、紙製漆塗となって様式ごとに形状固定され、烏帽子表面の皺さえ固定化して、皺の状態で使用を別にするなどの複雑な故実を生じた。やがて肩衣袴《かたぎぬばかま》などの新しい服装様式の流行と表裏で、正式装束以外は露頂《ろちょう》（被り物をなにも被らない状態をいう）がふつうとなった。烏帽子を被る装束は、公家装束の直衣《のうし》・狩衣《かりぎぬ》・水干《すいかん》、武家装束の直《ひた》垂《たれ》・大紋《だいもん》・素襖《すおう》などで、庶民は水干や直垂に烏帽子を被った。装束と烏帽子種類の大まかな対応は、直衣は立烏帽子、狩衣は立烏帽子か風折烏帽子、水干は、公家は立烏帽子か風折烏帽子、庶民は揉烏帽子、武家は折烏帽子もあり、直垂は、庶民は揉烏帽子、武家の日常は折烏帽子、軍陣では揉烏帽子か折烏帽子、大紋・素襖は折烏帽子である。平礼は上皇も被ったが、召具《めしぐ》装束の正式の被り物となった。江戸時代の武家では、直垂・狩衣・大紋・布衣は風折烏帽子で、素襖だけが侍烏帽子である。烏帽子の固定は、縁の最後部よりやや内側に付けた風口《かざぐち》の緒（懸緒《かけお》とも）を後頭部で縛った。さらに折烏帽子には、頭頂からの緒を顎の下で結ぶ晴の頂頭懸《ちょうずがけ》と、髻《もとどり》を束ねた緒の結び余りを烏帽子に孔を開けて外に出し、後頭部で結んだ日常の小結懸《こゆいがけ》という烏帽子懸《えぼしがけ》があり、十三世紀後半以降、軍陣では揉烏帽子に鉢巻を用いはじめ、室町時代には、乱髪《らんぱつ》・揉烏帽子・鉢巻が軍陣の式正《しきしょう》となった。

参考文献 『古事類苑』服飾部。『群書類従』装束部。

（近藤 好和）

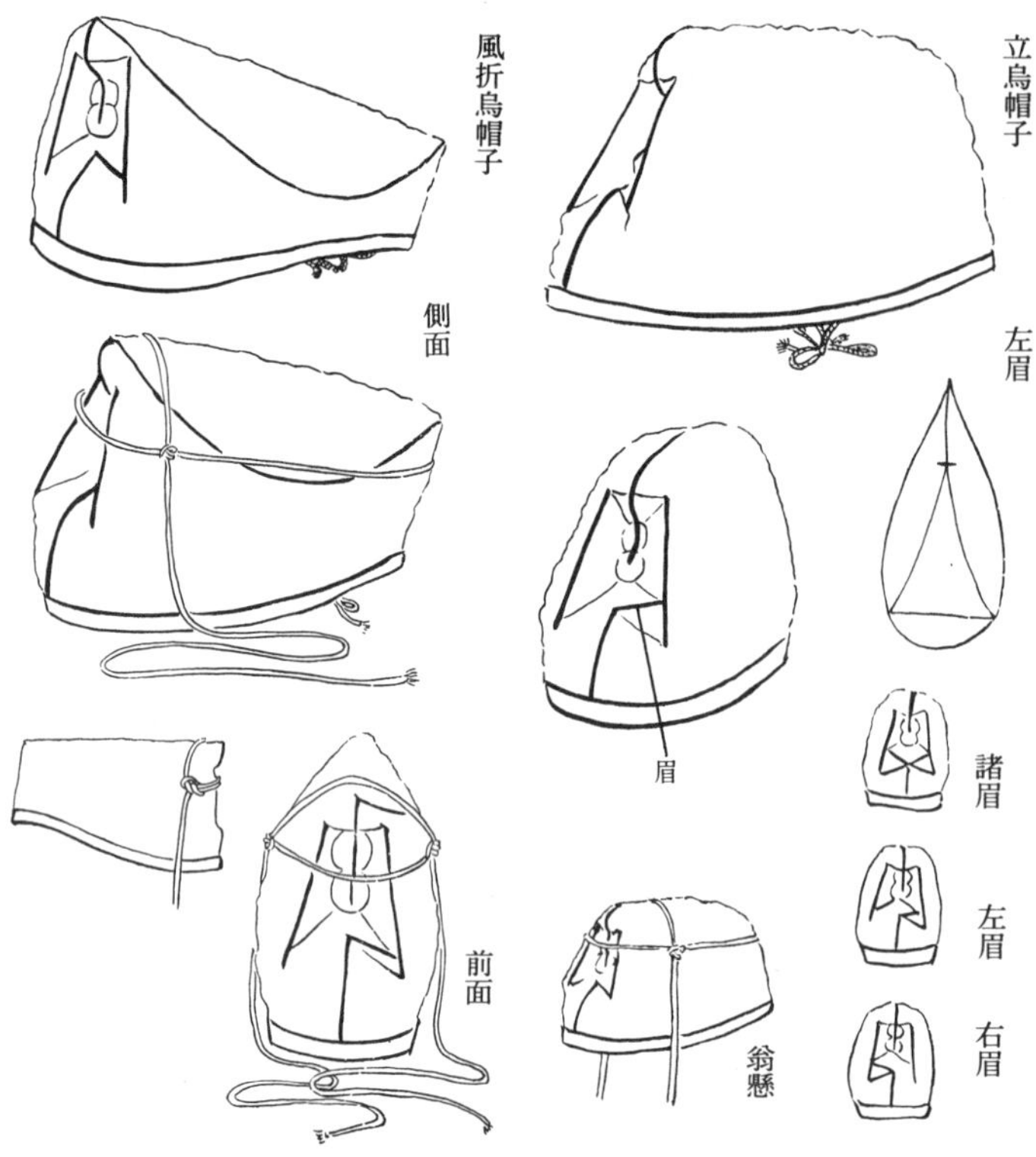

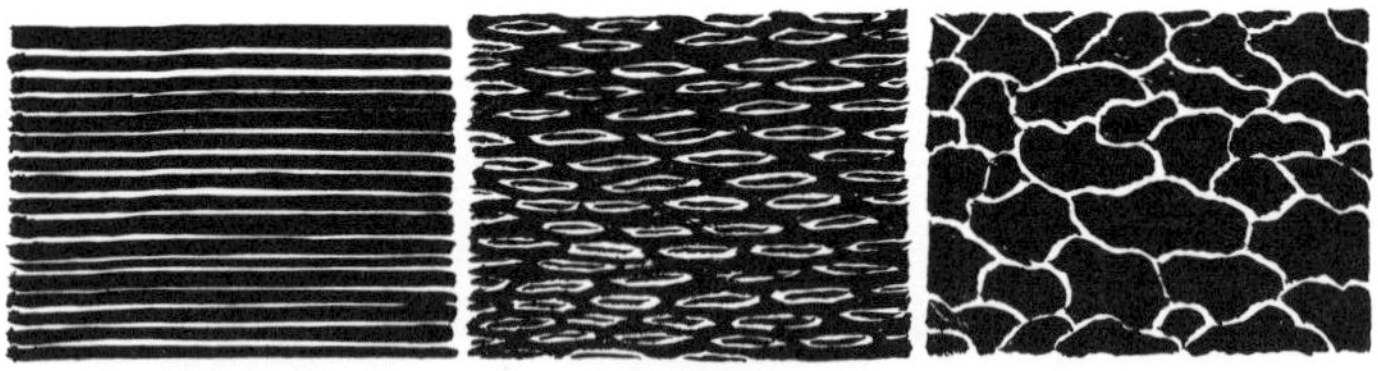

横皺　柳皺　大皺

烏帽子の皺

烏帽子

えま 絵馬 神仏に祈願・報謝のために奉納する板絵。

近世の折烏帽子

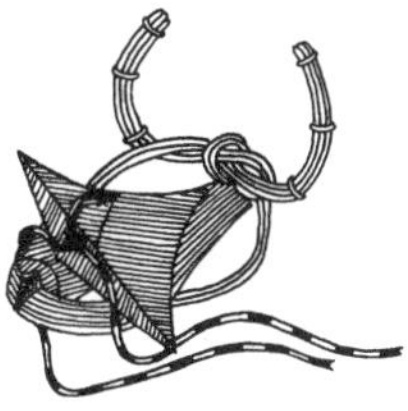

長小結の折烏帽子

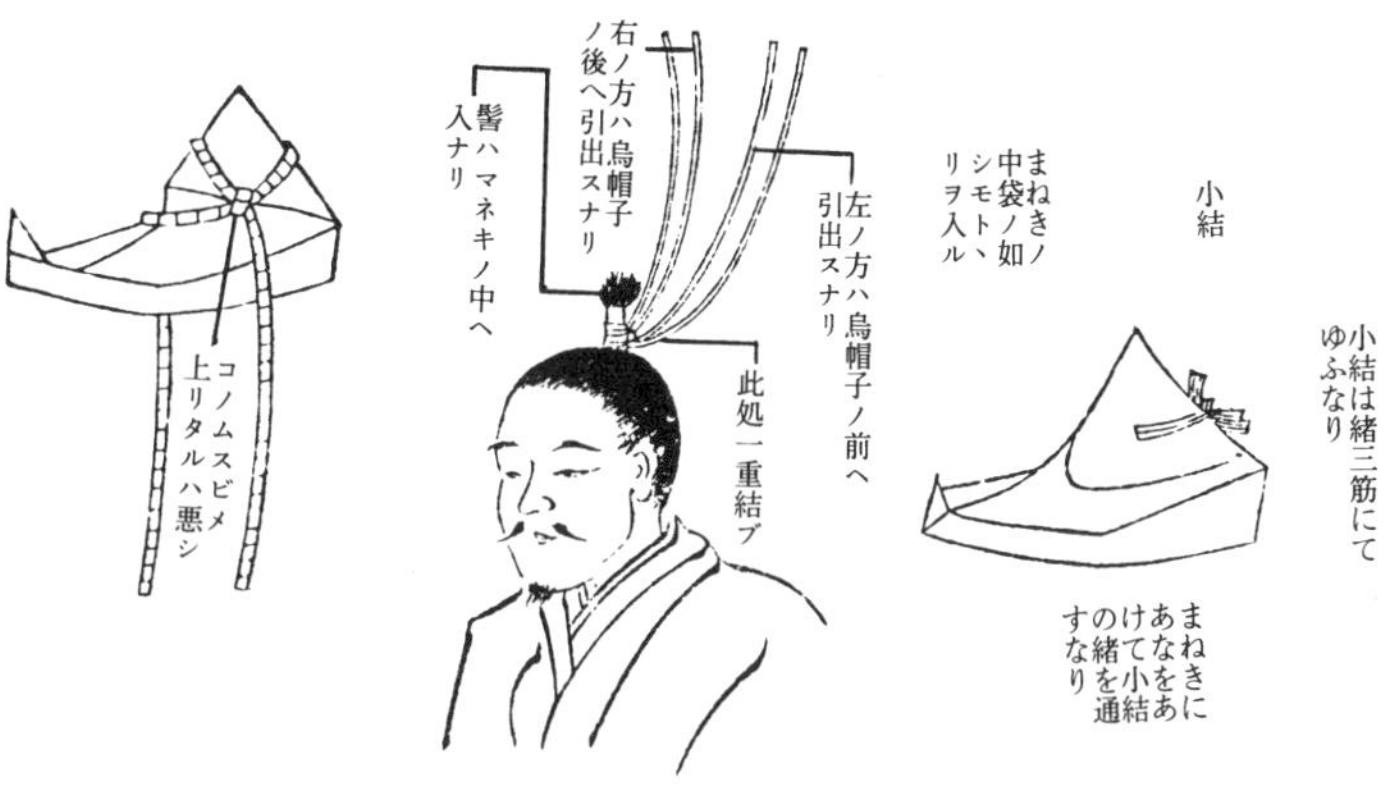

小結懸の折烏帽子の付様

吊懸形式の小絵馬と扁額形式の大絵馬がある。起源は古代における神への生馬献上の習俗に発する。わが国では古くから馬を神の乗物として神聖視する風習があり、祈願・報謝や神事・祭礼の際に神霊の降臨を求めて、生馬を奉献することが行われた。この生馬献上については『常陸国風土記』に、崇神天皇の時代に鹿島大明神にはじめて馬を献じることになったと記しており、『続日本紀』をはじめとする古文献には実に多くの献馬の記事がみえる。この生馬献上が簡略化されて馬形《うまがた》献上の風が生まれた。馬形には土馬《どば》・木馬《もくば》などがあり、これらは古代の祭祀遺跡から多数出土する。その風は長く続き伝世品の木馬では厳島神社の鎌倉時代中期作の馬形が著名である。

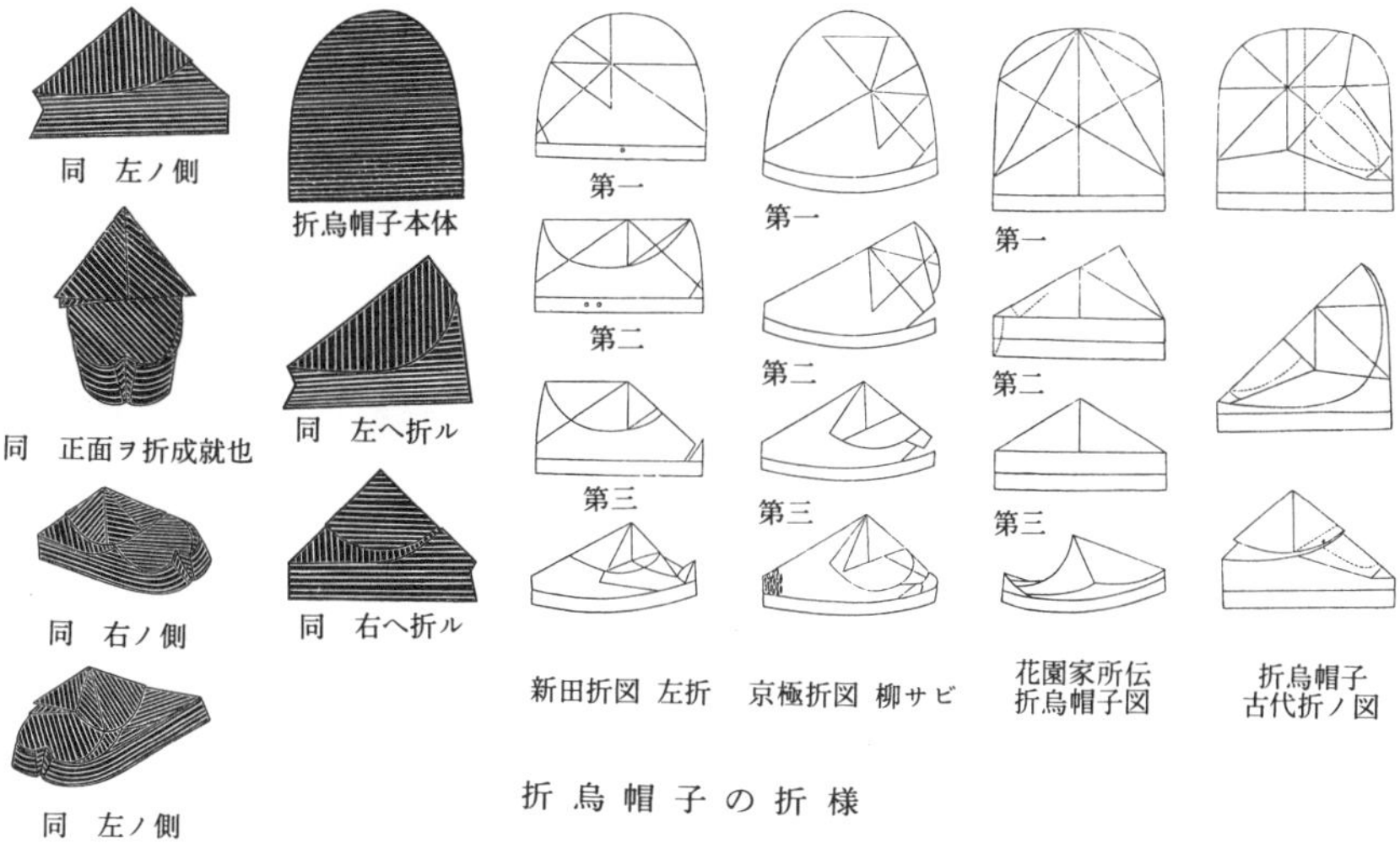

折烏帽子の折様

また同時代のものとして滋賀県の岳主《ひょうず》大社、御上《みかみ》神社にも伝わる。江戸時代の木馬は各地の神社に数多く見られる。こうした馬形はさらに簡略化され、板を馬の形に裁断して彩色して台をつけて立てるようにした板立馬《いただてうま》が現われる。その代表的なものは奈良の手向山《たむけやま》八幡宮に伝えられている。そこからさらに簡略化した板に描いた馬、すなわち絵馬が生まれた。この絵馬はすでに奈良時代に存在し、静岡県浜松市の伊場遺跡、奈良県大和郡山市の稗田遺跡、山形県東置賜郡川西町の道伝《どうでん》遺跡、秋田県大仙市の払田柵《ほったのさく》遺跡、奈良市の平城京跡長屋王邸宅跡など十数遺跡から出土しており、平安時代を含めると今日三十数遺跡からの出土が認められる。それは今日の小絵馬と同じような板切れで、馬の図である。平安時代になると『本朝法華験記』や『今昔物語』などに絵馬奉納習俗にかかわる話が記されており、かなり広い範囲に絵馬奉納が行われていたことが推察される。そしてこのころから雨乞い・日乞いなどの共同祈願から、現世利益を求める個人祈願の絵馬奉納が一般的となった。そうした絵馬奉納の状況は平安時代末から鎌倉・室町時代にかけての『年中行事絵巻』『天狗草紙絵詞』『一遍聖絵』『春日権現験記絵巻』『不動利益縁起絵巻』『慕帰絵詞』などの絵巻によく描かれている。また、平安時代末からは神仏習合思想の影響から寺院にも馬の図の絵馬が奉納されるようになり、奈良県の当麻寺《たいまでら》の曼荼羅堂から発見された鎌倉時代の絵馬、奈良市の秋篠寺《あきしのでら》の本堂から発見された室町時代の絵馬などの実物遺品も見られる。なお春日大社に伝わる天文・天正銘の五面の神馬図絵馬は南都絵所の絵師の描いた格調高い絵馬である。室町時代中期以降は仏寺の板絵仏像の影響などもあって馬以外の図があらわれ、形状・仕様も多種多様となり、扁額形式の大型絵馬もでき、著名画家も絵馬に筆を揮うようになる。奈良県の石上神宮の一四三二年(永享四)の渡御祭礼図《とぎょさいれいず》、滋賀県の白山神社の一四三六年土佐監物筆の三十六歌仙図、兵庫県

出土した絵馬（縮尺は不同）

平城京跡二条大路北側溝出土絵馬

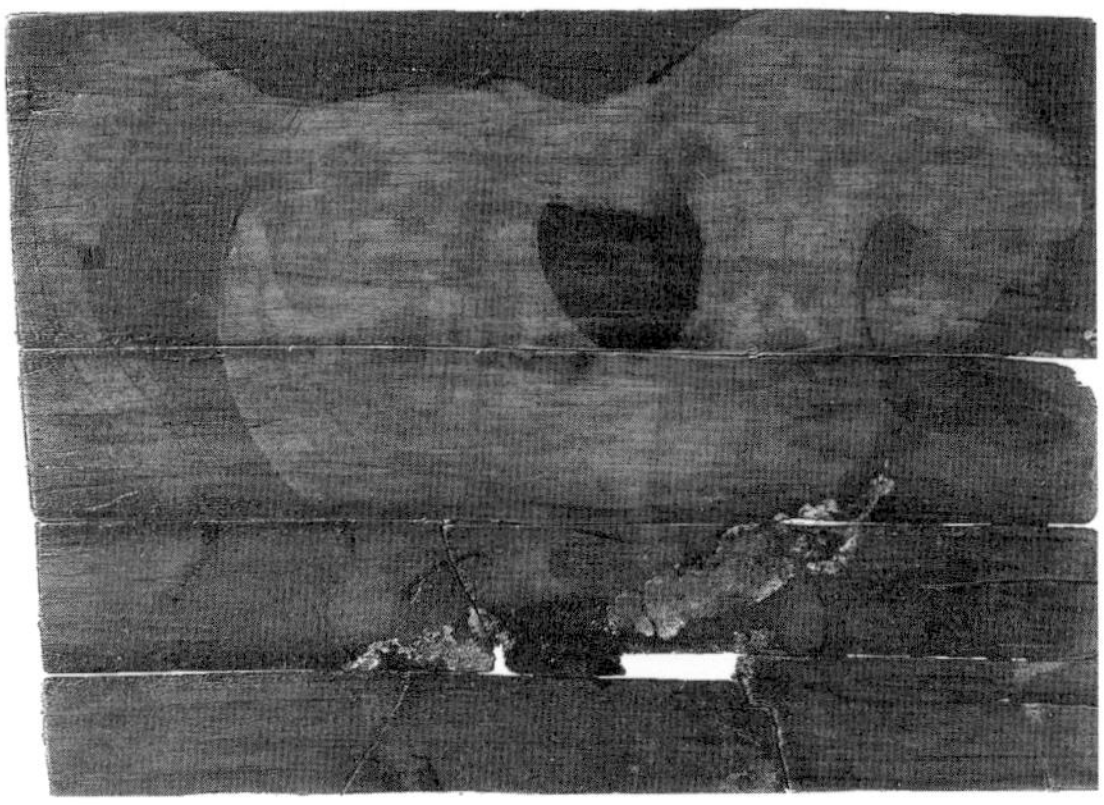

奈良県日笠フシンダ遺跡出土絵馬

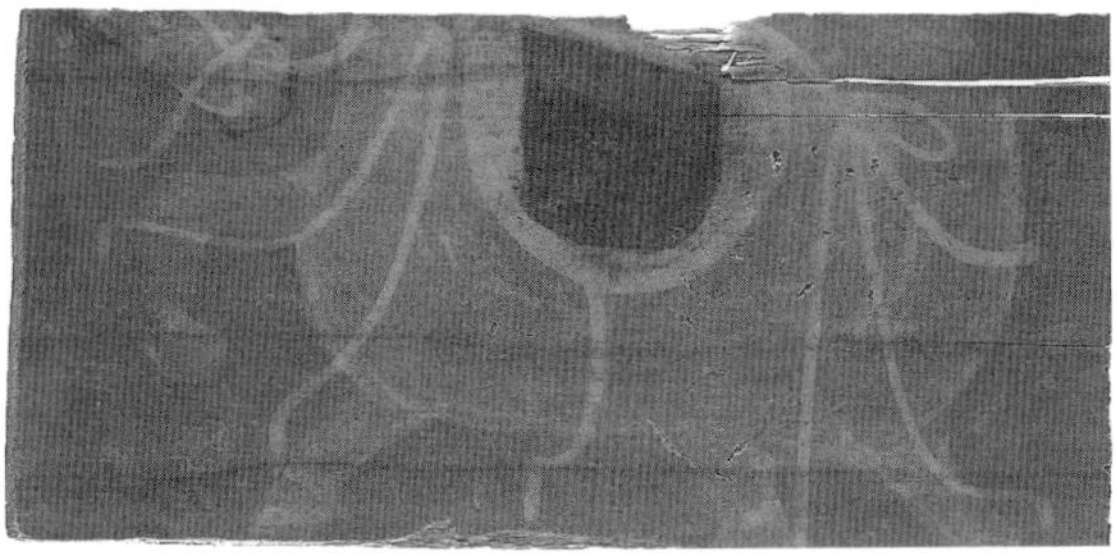

難波宮跡北西部出土絵馬

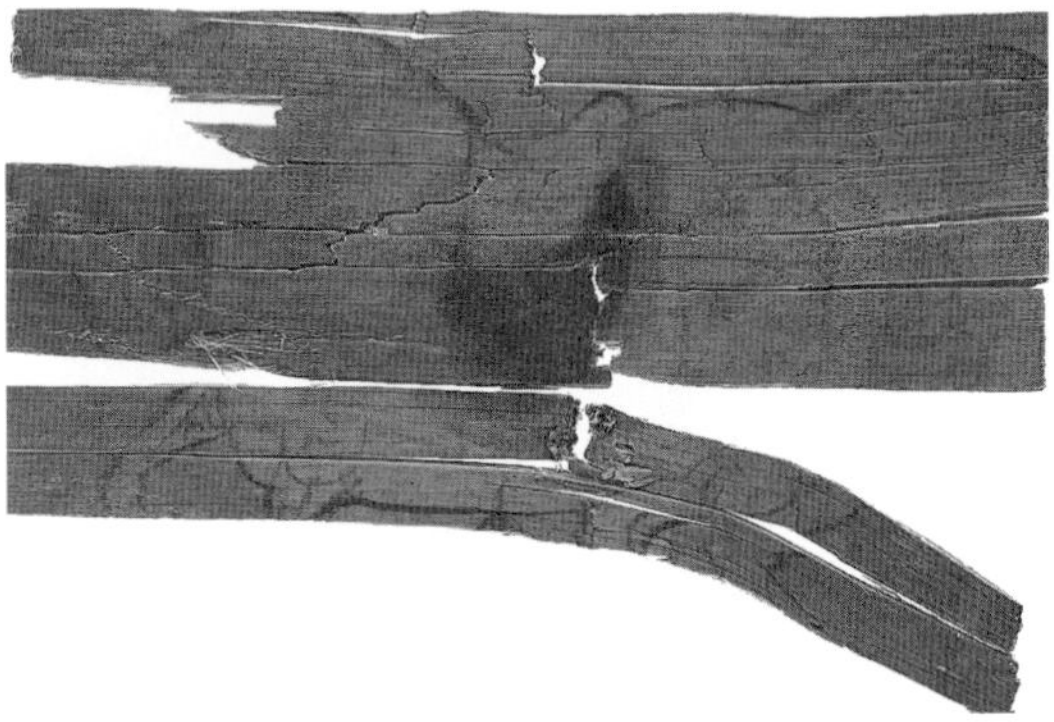

難波宮跡北西部出土絵馬

伊場遺跡出土絵馬　左上に２本の角が見える

静岡県伊場遺跡出土絵馬

滋賀県大将軍遺跡出土絵馬　右向き

滋賀県十里町遺跡出土絵馬　左向き

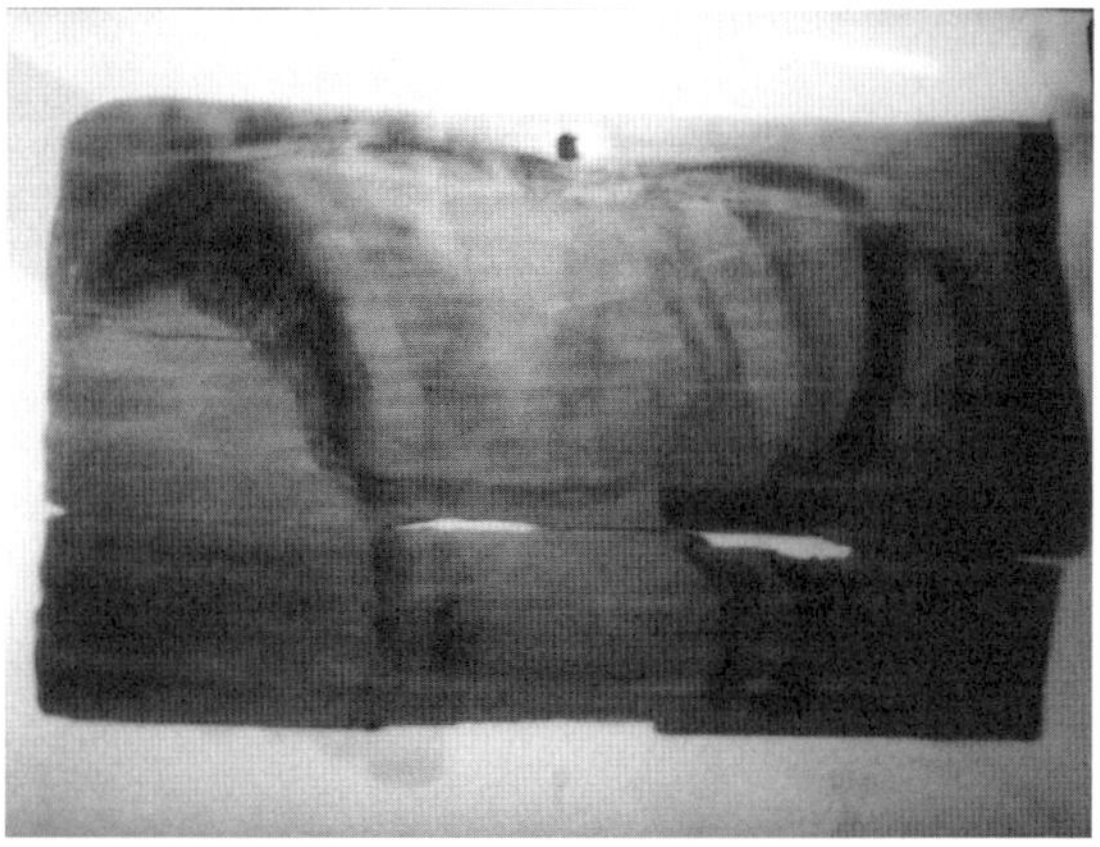

静岡県清水遺跡出土絵馬（X線写真）

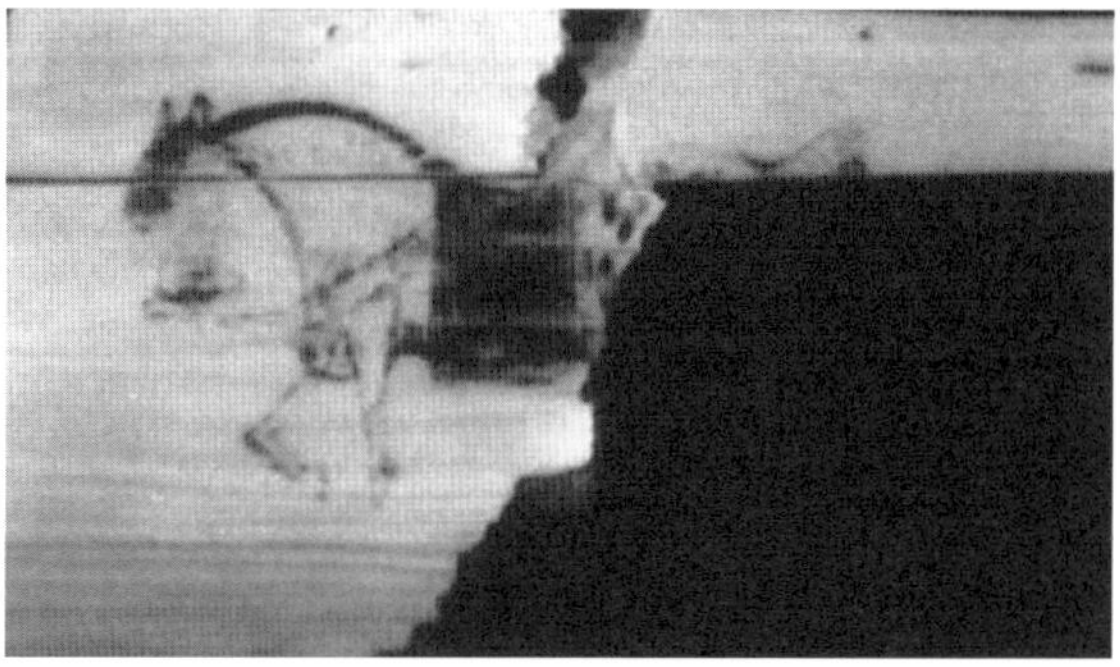

秋田県払田柵跡出土絵馬（X線写真）

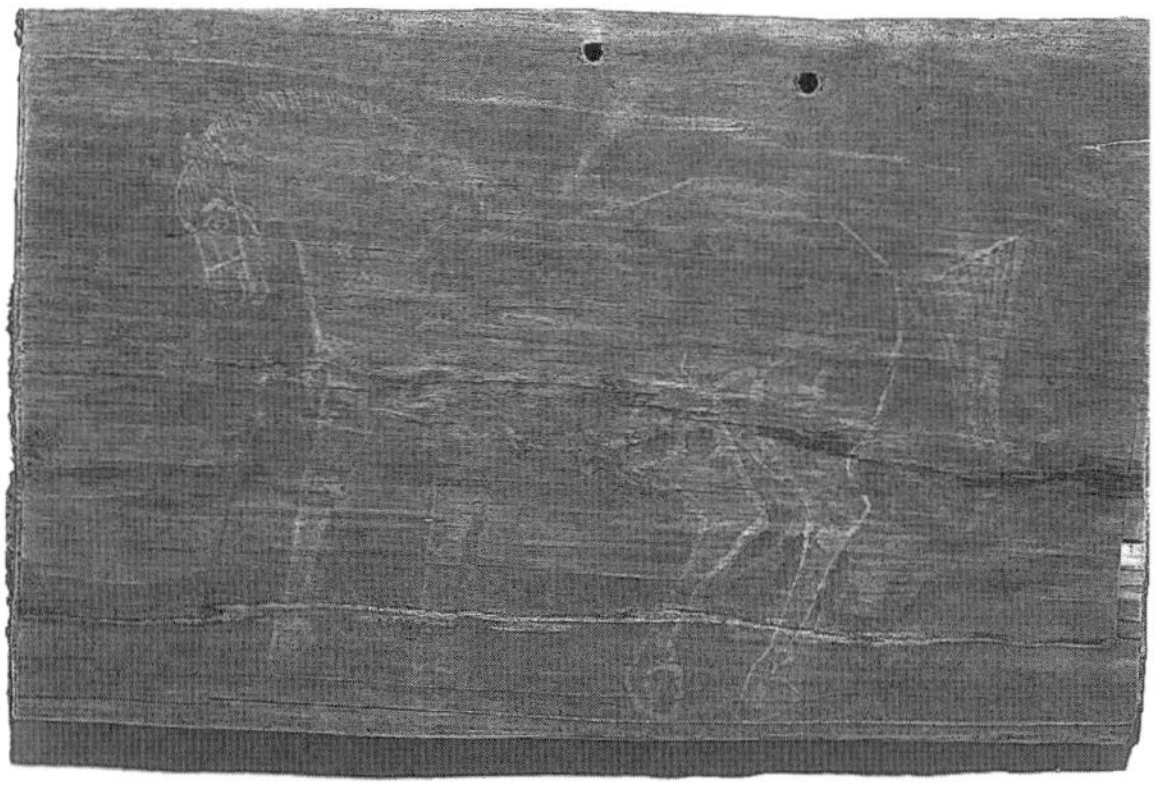

福島県荒田目条里遺跡出土絵馬　左向き

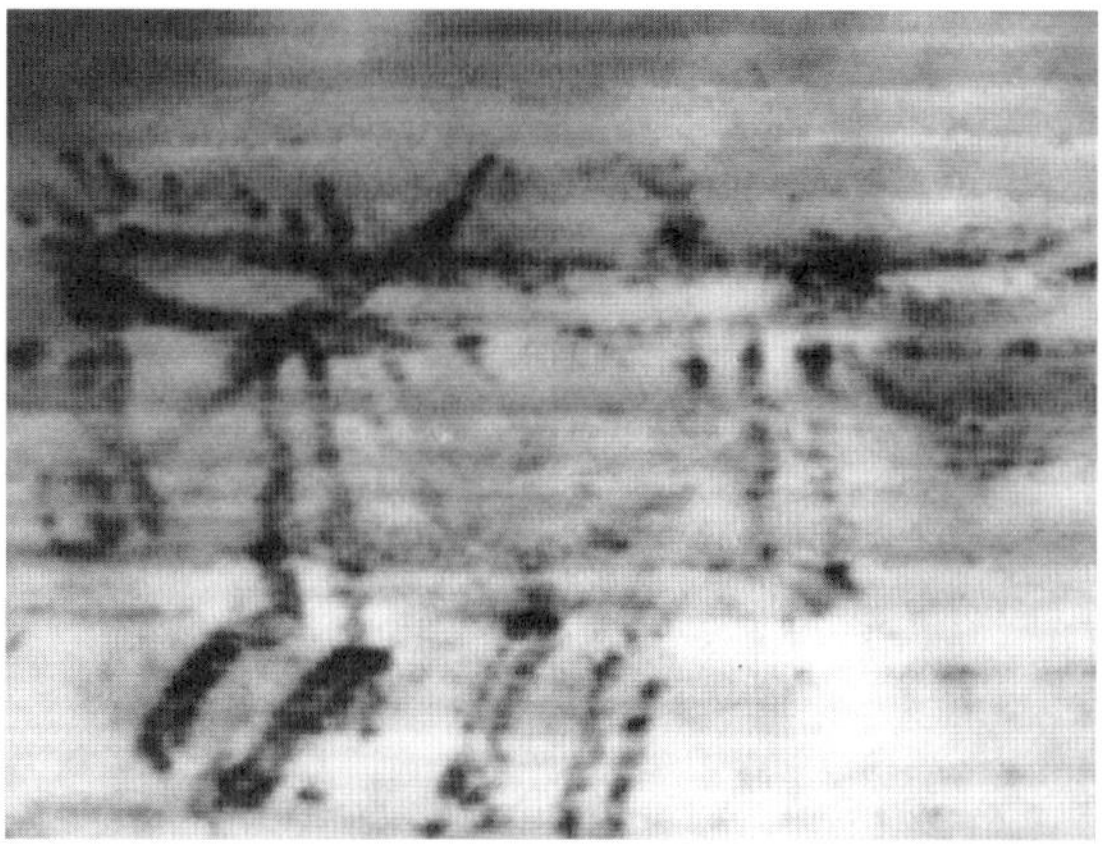

山形県道伝遺跡出土絵馬（X線写真）

の室津賀茂神社の狩野元信筆の神馬図などは著名である。桃山時代になるとさらに豪華な大絵馬が現われ、芸術的色彩も強くもつようになり、ここに絵馬を懸ける特定の建物として絵馬堂が成立する。江戸時代になると図柄がさらに多彩となり、馬図、神仏の像やその眷属《けんぞく》・持物を描いた図、祈願・祭礼図、社寺参詣図、武者絵、歌仙絵、船絵馬、芸能図、物語絵、武道絵馬、算額、生業図、風俗図、風景図などさまざまある。一方民間信仰的要素を強くもつ小絵馬も、馬図、神仏の像を描いた図、神仏を象徴する持物や眷属を描いた図、礼拝姿を描いた図、祈願内容を描いた図、干支の図などさまざまあるが、文化・文政年間(一八〇四―三〇)からことに祈願内容を描いた図は多数となり、それが今日の小絵馬の図柄の原型で、切実な願いをこめながらもその表現は微笑をさそうようなものである。小絵馬の材料はその地方でもっとも入手しやすいものを用いたから、松・杉・槇・樫や雑木類が多い。なかには木曾の五木《ごぼく》を使ったり、兵庫県の城崎のように桐を用いた例もある。板製のほかに地方によっては紙製・布製・押絵・土製・陶製・鉄製などもある。形状は屋根形と方形とに分けられる。関東地方は概して黒枠の縁の出た屋根形が多く、関西は黒枠がなく四角形とくに長方形が多い。彩料には墨・胡粉《ごふん》・黄土・丹・群青・緑青など安価な材料を用い、板に直接描いたものが多いが、木地に胡粉か黄土を全面に塗って下地を作り、その上から描いたものもある。また信州の漆絵馬のように特産の漆を用いたものもある。

参考文献 岩井宏實『絵馬』(『ものと人間の文化史』、一九七四、法政大学出版会)。
（岩井 宏實）

〔出土品〕馬の全体像が描かれた板状木製品。馬具を着けていない裸馬《はだかうま》が描かれた絵馬と鞍《くら》や轡《くつわ》を装着した飾り馬が描かれた絵馬がある。また、牛を描いた絵馬も出土している。奈良・平安時代の場合、都城や地方官衙《かんが》に関連した遺跡から見つかる例が多く、現在までに二十ヵ所以上の遺跡から約七十点出土している。そのほとんどが井戸跡・溝・自然流路・自然谷地形から出土している。おそらく井戸跡や溝・自然流路付近で何らかの祭祀《さいし》が行われ、その後に廃棄されたと考えられる。また、絵馬の中には上部中央に穴の穿《うが》たれたものもあり、ある一定期間何かに吊り下げたか、打ちつけた後に廃棄したものか。穿孔《せんこう》のないものは、どこかに置かれていたのであろうか。絵馬の材質は杉《すぎ》あるいは檜《ひのき》で、大きさについては一部が欠損したり、腐蝕《ふしょく》している場合が多いものの、小さいもので縦約八センチ、横約九センチ(山形県道伝《どうでん》遺跡から出土した絵馬)、大きいものでは縦約二〇センチ、横約二七センチ(奈良県平《へい》城京《じょうきょう》跡から出土した絵馬)で、規格は遺跡によって異なり統一されていない。馬や牛の描かれ方は、都城関連遺跡から出土した絵馬の場合、右向きのものと左向きのものと両方あり、この左右の違いは雌雄を区別しているという考え方がある。それに比べて地方官衙関連遺跡から出土した絵馬の場合、理由は定かではないが、左向きに描かれた絵馬が多い。近年、大阪府の難波宮《なにわのみや》跡北西部に位置する自然谷地形より、奈良時代の絵馬が三十三点出土した。そのほとんどが折損した状態だが、幅は二〇～二四センチに収まるものが多い。高さは完形品で約一六センチである。描かれた馬は基本的には飾り馬で、赤色顔料《がんりょう》で手綱《たづな》などを描いたり、体部に塗布している例もある。なお、右向きの絵馬が十五点、左向きの絵馬が十点確認できる。一ヵ所の調査地からの出土例としては過去最多であり、難波宮周辺で絵馬をどのように用いたかを考察する上で、重要な発見といえる。

参考文献 岡部昌見「絵馬」(『茨城県立歴史館報』二六、一九九九)。江浦洋「難波宮跡北西部出土の絵馬」(『大坂城址』III、二〇〇六、大阪府文化財センター)。北條朝彦「出土遺物に描かれた動物」(『動物考古学』三・六・一七、一九九四・九六・二〇〇一)。
（北條 朝彦）

えまき 絵巻 横長の巻物に絵と詞(文字・もしくは文章)によって構成された美術作品の総称。図巻・画巻と呼称されるものは中国などにもあるが、わが国では独自の発展を遂げたと考えられている。本来「絵巻」という呼称は江戸時代のものであり、古代末から中世においては「……絵」と呼ばれていた。江戸時代では掛幅装の絵と区別する必要から「絵巻」という呼称が一般的になったという。絵巻を「絵詞《えことば》」とも呼ぶことがあるが、これは誤りで、この語の本来の意味は絵巻の詞書(文字の部分)を指す。現在、美術史・歴史学を中心に「……絵巻」へ統一しようする傾向にある。絵巻では多様な主題が扱われたが、代表的なものをあげると、物語(『源氏物語絵巻』『男衾三郎絵』など)、説話(『信貴山縁起絵巻』『大山寺縁起絵』など)、軍記(『平治物語絵』『結城合戦絵』など)、高僧伝(『一遍上人絵伝』『日蓮聖人註画讃』など)、経典・仏教思想の絵画化(『過去現在因果経絵』『地獄絵』など)、神仏の霊験譚(『粉河寺縁起絵』『春日権現験記絵』『北野天神縁起絵』など)、寺社縁起譚(『山王霊験記絵』『石山寺縁起絵』など)、年中行事・歳事などの記録(『年中行事絵巻』『中殿御会図』など)、などの物語性を持つものがある。その一方で、『三十六歌仙』などの歌仙絵、『天子摂関影』などの肖像画的なものなどがある。

絵巻は、唐代の原本に基づく、京都上品蓮台寺に伝わる八世紀の『絵因果経』(国宝)を最古の遺品として盛んに作られた。おそらく絵巻の草創期は仏典などの絵画化、あるいは遣唐使などにより持ち込まれる中国の画巻の模写などがもっぱらであったと推測される。平安時代に入ると当時の朝廷や貴族社会を中心に物語や説話などの国文学作品が題材として選ばれるようになる。いわゆる大和絵が平安時代を通じて熟成されるが、その温床の一つが絵巻であり、制作の盛行と歩みを一にして絵巻はその独自性や芸術性を高めた。平安時代末期から鎌倉時代を通じ南北朝時代は優れた絵巻が数多く作られ、その最盛期と考えてよい。その制作者の多くは宮廷の絵所に所属

絵巻一覧

(一) 経典絵

名称	数量	所蔵	指定	備考	収載書
絵因果経	一巻	上品蓮台寺(京都府)	国宝	奈良時代、巻二上	複製本・続日本絵巻物集成・(新修)日本絵巻物全集
同	一幅	藤木家(大阪府)	重要文化財	奈良時代、巻二上	(新修)日本絵巻物全集
同	一巻	奈良国立博物館	重要文化財	奈良時代、巻二上	複製本・続日本絵巻物集成・(新修)日本絵巻物全集
絵因果経	一巻	醍醐寺(京都府)	国宝	奈良時代、巻三上、報恩院本	複製本・続日本絵巻物集成・(新修)日本絵巻物全集
絵因果経	一巻	MOA美術館(静岡県)	重要文化財	奈良時代、巻四上、旧益田家本	複製本・続日本絵巻物集成・(新修)日本絵巻物全集
絵因果経	一巻	東京芸術大学	国宝	奈良時代、巻四下	複製本・続日本絵巻物集成・(新修)日本絵巻物全集
絵因果経	一巻	根津美術館(東京都)	重要文化財	建長六年奥書、巻二下、絵慶忍・聖聚丸筆	複製本・日本絵巻物集成・(新修)日本絵巻物全集
同	一巻	大東急記念文庫(東京都)	重要文化財	建長六年奥書、巻三下、絵慶忍・聖聚丸筆	複製本・(新修)日本絵巻物全集
絵因果経	一巻	中沢義一(東京都)	重要美術品	永正十三年智祥書写、巻二下、建長本の模写本	
華厳五十五所絵巻	一巻	東大寺(奈良県)	国宝		複製本・日本絵巻全集・日本絵巻物集成・(新修)日本絵巻物全集
同	一巻	藤田美術館(大阪府)	重要文化財		(新修)日本絵巻物全集
同	一巻	上野家(兵庫県)	重要文化財		(新修)日本絵巻物全集
同	一巻	個人蔵(神奈川県)	重要文化財	旧友田家本	(新修)日本絵巻物全集
同	二幅	東京国立博物館	重要文化財		(新修)日本絵巻物全集
華厳五十五所絵巻	一巻	同	重要文化財	旧原家本	(新修)日本絵巻物全集
十二因縁絵巻	一巻	根津美術館(東京都)	重要文化財		複製本・日本絵巻物集成・(新修)日本絵巻物全集
法華経絵巻	一巻	香雪美術館(兵庫県)	重要文化財		(新修)日本絵巻物全集
同	一巻	京都国立博物館	重要文化財	旧上野家本	(新修)日本絵巻物全集
同	一巻	畠山記念館(東京都)	重要文化財		(新修)日本絵巻物全集
阿字義	一巻	藤田美術館(大阪府)	重要文化財		
金光明経(目無経)	一巻	逸翁美術館(大阪府)	重要文化財	白猫物語下絵	
同	一巻	個人蔵(兵庫県)	重要文化財	白猫物語下絵	
同	一巻	京都国立博物館	国宝	建久三年奥書、白猫物語下絵	
同	一巻	鳥海家旧蔵(東京都)	重要文化財	白猫物語下絵	
同	一巻	東京国立博物館	重要文化財	白猫物語下絵	
理趣経(目無経)	一巻	大東急記念文庫(東京都)	国宝	建久四年奥書、白猫物語下絵	

(二) 六道絵

名称	数量	所蔵	指定	備考	収載書
地獄草紙	一巻	東京国立博物館	国宝	旧安住院本	複製本・日本絵巻物集成・(新修)日本絵巻物全集・日本絵巻大成
地獄草紙	一巻	奈良国立博物館	国宝	旧原家本	複製本・日本絵巻物集成・(新修)日本絵巻物全集・日本絵巻大成
地獄草紙	一幅	福岡市美術館	重要文化財		(新修)日本絵巻物全集・日本絵巻大成
餓鬼草紙	一巻	東京国立博物館	国宝	旧河本家本	複製本・日本絵巻物集成・(新修)日本絵巻物全集・日本絵巻大成
餓鬼草紙	一巻	京都国立博物館	国宝	旧曹源寺本	複製本・日本絵巻物集成・(新修)日本絵巻物全集・日本絵巻大成
病草紙	十面	京都国立博物館	国宝	旧関戸家本	複製本・日本絵巻物集成・(新修)日本絵巻物全集・日本絵巻大成
同	一幅	広田家(東京都)	重要文化財	旧原家本	(新修)日本絵巻物全集・日本絵巻大成
同	一幅	福岡市美術館	重要文化財		(新修)日本絵巻物全集・日本絵巻大成
病草紙	一幅	香雪美術館(兵庫県)	重要文化財		(新修)日本絵巻物全集・日本絵巻大成

㈢ 社寺縁起・霊験絵

名称	数量	所蔵	指定	備考	収載書
当麻曼荼羅縁起	二巻	光明寺(神奈川県)	国宝		複製本・日本絵巻物集成・(新修)日本絵巻物全集・日本絵巻大成
当麻寺縁起	三巻	当麻寺(奈良県)	重要文化財	享禄四年奥書、絵土佐光茂筆	日本絵巻大成
頬焼阿弥陀縁起	二巻	光触寺(神奈川県)	重要文化財	文和四年施入奥書	(新修)日本絵巻物全集
真如堂縁起	三巻	真正極楽寺(京都府)	重要文化財	大永四年奥書、絵掃部助久国筆	
因幡堂縁起	一巻	東京国立博物館	重要文化財		続日本絵巻物集成・(新修)日本絵巻物全集
桑実寺縁起	二巻	桑実寺(滋賀県)	重要文化財	天文元年奥書、絵土佐光茂筆	
粉河寺縁起	一巻	粉河寺(和歌山県)	国宝		複製本・日本絵巻物集成・(新修)日本絵巻物全集・日本絵巻大成
石山寺縁起	七巻	石山寺(滋賀県)	重要文化財	巻六・七谷文晁筆	複製本・日本絵巻全集・日本絵巻物集成・(新修)日本絵巻物全集・日本絵巻大成
長谷寺縁起	三巻	出光美術館(東京都)	重要美術品		
清水寺縁起	三巻	東京国立博物館	重要文化財	絵土佐光信筆	日本絵巻物集成
不動利益縁起	一巻	東京国立博物館	重要文化財		(新修)日本絵巻物全集
泣不動縁起	一巻	清浄華院(京都府)	重要文化財		
矢田地蔵縁起	二巻	矢田寺(京都府)	重要文化財		(新修)日本絵巻物全集
星光寺縁起	二巻	東京国立博物館	重要文化財	絵土佐光信筆	(新修)日本絵巻物全集
地蔵菩薩霊験記	一巻	妙義神社(群馬県)	重要文化財		(新修)日本絵巻物全集
地蔵縁起絵巻	一巻	個人蔵(東京都)	重要美術品	旧法然寺本	(新修)日本絵巻物全集
地蔵菩薩霊験記	一巻	フリア美術館(米国)			(新修)日本絵巻物全集
地蔵縁起	一巻	根津美術館(東京都)	重要美術品		(新修)日本絵巻物全集
釈迦堂縁起(清涼寺縁起)	六巻	清涼寺(京都府)	重要文化財	永正十二年奥書	日本絵巻全集
東大寺大仏縁起	三巻	東大寺(奈良県)	重要文化財	天文五年奥書、絵芝琳賢筆	
東大寺大仏縁起	一巻	MOA美術館(静岡県)	重要美術品		
歓喜天霊験記	二巻	個人蔵(兵庫県)	重要文化財		複製本
光明真言功徳絵巻	三巻	延暦寺(滋賀県)	重要文化財	応永五年奥書	
道成寺縁起	二巻	道成寺(和歌山県)	重要文化財		複製本・日本絵巻物集成・(新修)日本絵巻物全集
道成寺縁起	二巻	内貴家旧蔵	重要美術品		
道成寺縁起	一巻	安藤鉦司(岐阜県)	重要美術品	賢学草子の類	(新修)日本絵巻物全集
北野天神縁起					
北野天神縁起	八巻	北野天満宮(京都府)	国宝	承久本	複製本・日本絵巻物集成・(新修)日本絵巻物全集・日本絵巻大成
荏柄天神縁起	三巻	前田育徳会(東京都)	重要文化財	元応元年奥書	複製本(尊経閣叢刊)
北野天神縁起	三巻	杉谷神社(三重県)	重要美術品	応永二十六年観阿弥奉納奥書	
北野天神縁起	三巻	津田天満神社(兵庫県)	重要文化財	永仁六年奥書	
北野天神縁起	三巻	北野天満宮(京都府)	重要文化財	絵土佐光信筆	
北野天神縁起	三巻	常盤山文庫(神奈川県)	重要美術品		
北野天神縁起	三巻	北野天満宮(京都府)	重要文化財	弘安本	日本絵巻大成
同	二巻	東京国立博物館	重要文化財	弘安本	日本絵巻大成
同	三幅	大東急記念文庫(東京都)	重要文化財	弘安本	日本絵巻大成
同	一幅	新津家旧蔵(新潟県)	重要文化財	弘安本	
松崎天神縁起	六巻	防府天満宮(山口県)	重要文化財	応長元年奥書	日本絵巻物集成
北野天神縁起	六巻	宮内庁			
北野天神縁起	六巻	根津美術館(東京都)	重要美術品		
北野天神縁起	一巻	出光美術館(東京都)	重要美術品	応永十年奥書、伊保庄本	
北野天神縁起	一巻	耕三寺(広島県)	重要美術品		

名称	数量	所蔵	指定	備考	収載書
北野天神縁起	一巻	北野天満宮(京都府)	重要美術品		
春日権現霊験記	二十巻	宮内庁		延慶二年目録、高階隆兼筆	日本絵巻物集成(模本)・(新修)日本絵巻物全集
山王霊験記	一巻	日枝神社(静岡県)	重要文化財	弘安十一年奥書	複製本
山王霊験記	一巻	延暦寺(滋賀県)	重要文化財		
同	二巻	久保惣記念美術館(大阪府)	重要文化財	旧蓮華寺本	
同	一巻	頴川美術館(兵庫県)	重要文化財	旧井上家本	
箱根権現縁起	一巻	箱根神社(神奈川県)	重要文化財		
若狭国鎮守神人絵系図	一巻	京都国立博物館	重要文化財		
浦島明神縁起	一巻	宇良神社(京都府)	重要文化財		日本絵巻大成
誉田宗廟縁起	三巻	誉田八幡宮(大阪府)	重要文化財	永享五年奥書	(新修)日本絵巻物全集
神功皇后縁起	二巻	誉田八幡宮(大阪府)	重要文化財	永享五年奥書	

㈣ 高僧伝絵

名称	数量	所蔵	指定	備考	収載書
華厳宗祖師絵伝(華厳縁起)	六巻	高山寺(京都府)	国宝		複製本・日本絵巻物集成・(新修)日本絵巻物全集・日本絵巻大成
東征絵伝(鑑真和上東征絵伝)	五巻	唐招提寺(奈良県)	重要文化財	永仁六年施入銘、絵蓮行筆	日本絵巻全集・(新修)日本絵巻物全集・日本絵巻大成
玄奘三蔵絵(法相宗秘事絵巻)	十二巻	藤田美術館(大阪府)	国宝		(新修)日本絵巻物全集
浄土五祖絵伝	一巻	光明寺(神奈川県)	重要文化財	嘉元三年奥書	
浄土五祖絵	二巻	藤田美術館(大阪府)	重要文化財	導綽巻・善導巻	
同	一巻	光明寺(神奈川県)	重要文化財	善導巻	
羅什三蔵絵伝	一巻	細見家(大阪府)	重要文化財		
弘法大師絵伝					
弘法大師絵伝	一巻	小川家(兵庫県)	重要文化財		
高野大師行状図絵	六巻	地蔵院(和歌山県)	重要文化財		
弘法大師行状絵巻	十二巻	教王護国寺(京都府)	重要文化財		
法然上人絵伝					
法然上人絵伝	四十八巻	知恩院(京都府)	国宝		日本絵巻物集成・(新修)日本絵巻物全集
法然上人行状絵巻	四十八巻	奥院(奈良県)	重要文化財	知恩院四十八巻伝の副本	
法然上人絵	二巻	増上寺(東京都)	重要文化財		日本絵巻全集
法然上人絵伝	三巻	個人蔵(京都府)	重要文化財	弘願本	
同	一巻	知恩院(京都府)	重要文化財	弘願本	
法然上人絵伝	一巻	栗林家(東京都)	重要文化財		
法然上人絵伝	一巻	東京国立博物館	重要文化財		
拾遺古徳伝	九巻	常福寺(茨城県)	重要文化財	元亨三年奥書	日本絵巻全集
拾遺古徳伝	一巻	無量寿寺(茨城県)	重要文化財		
拾遺古徳伝	一巻	西脇家旧蔵(新潟県)	重要文化時		
親鸞上人絵伝					
善信上人絵	五巻	専修寺(三重県)	重要文化財	永仁三年奥書	(新修)日本絵巻物全集
善信上人絵	二巻	西本願寺(京都府)	重要文化財		(新修)日本絵巻物全集
本願寺聖人伝絵	四巻	東本願寺(京都府)	重要文化財	康永二年奥書、絵宗舜・円寂筆	複製本
親鸞上人絵伝	四巻	照願寺(千葉県)	重要文化財	康永三年奥書	複製本
本願寺聖人親鸞伝絵	四巻	東本願寺(京都府)	重要文化財	貞和二年奥書、弘願本	

慕帰絵(覚如上人絵伝)	十巻	西本願寺(京都府)	重要文化財	観応二年奥書、絵藤原隆章・隆昌筆、巻一・七は文明十四年藤原久信筆	複製本・続日本絵巻物集成・(新修)日本絵巻物全集
一遍上人絵伝					
一遍上人絵伝(一遍聖絵)	十二巻	清浄光寺(神奈川県)	国宝	正安元年奥書、絵法眼円伊筆、巻七江戸時代補写	複製本・日本絵巻物集成・(新修)日本絵巻物全集・日本絵巻大成
同	一巻	東京国立博物館	国宝	歓喜光寺本の巻七	複製本・日本絵巻物集成・(新修)日本絵巻物全集・日本絵巻大成
同	一幅	個人蔵(神奈川県)	重要文化財		(新修)日本絵巻物全集・日本絵巻大成
一遍上人絵巻	七巻	前田育徳会(東京都)	重要文化財	御影堂本	
同	四巻	個人蔵(奈良県)	重要文化財	御影堂本	
一遍上人絵伝	一巻	金台寺(長野県)	重要文化財		
遊行上人絵巻	四巻	金光寺(京都府)	重要文化財		
遊行縁起	十巻	真光寺(兵庫県)	重要文化財	元亨三年奥書	日本絵巻全集
遊行縁起	一巻	遠山記念館(埼玉県)	重要美術品	永徳元年奥書	
一遍上人絵伝	十巻	光明寺(山形県)	重要文化財	絵狩野宗秀筆	(新修)日本絵巻物全集
遊行上人絵	四巻	常称寺(広島県)	重要文化財	白猫	
融通念仏縁起	一巻	シカゴ美術館(米国)		上巻	
同	一巻	クリーブランド美術館(米国)		下巻	
融通念仏縁起	一巻	根津美術館(東京都)	重要美術品	永徳三年奥書	
融通念仏縁起	二巻	大念仏寺(大阪府)	重要文化財	明徳二年奥書、木版	
融通念仏縁起	二巻	清涼寺(京都府)	重要文化財	応永二十一年—三十年の年記	日本絵巻全集・日本絵巻物集成
融通念仏縁起	二巻	禅林寺(京都府)	重要文化財	寛正三年—六年の年記	
聖徳太子絵伝	一巻	上宮寺(茨城県)	重要文化財		複製本

(五) 物語絵

名称	数量	所蔵	指定	備考	収載書
源氏物語絵巻	四十三面	徳川美術館(愛知県)	国宝		複製本・日本絵巻物集成・(新修)日本絵巻物全集・日本絵巻大成
同	十三面	五島美術館(東京都)	国宝		複製本・日本絵巻物集成・(新修)日本絵巻物全集・日本絵巻大成
源氏物語絵巻	一巻	天理図書館(東京都)	重要美術品		
寝覚物語絵巻	一巻	大和文華館(奈良県)	国宝		複製本・日本絵巻物集成(模本)・(新修)日本絵巻物全集・日本絵巻大成
紫式部日記絵巻	一巻	蜂須賀家(東京都)	重要文化財		複製本・日本絵巻物集成・(新修)日本絵巻物全集・日本絵巻大成
同	一巻	藤田美術館(大阪府)	国宝		複製本・日本絵巻物集成・(新修)日本絵巻物全集・日本絵巻大成
同	六面	五島美術館(東京都)	国宝		複製本・日本絵巻物集成・(新修)日本絵巻物全集・日本絵巻大成
同	一幅	東京国立博物館(東京都)	重要文化財		複製本・日本絵巻物集成・(新修)日本絵巻物全集・日本絵巻大成
同	一幅	森川家(愛知県)	重要文化財		複製本・日本絵巻物集成・(新修)日本絵巻物全集・日本絵巻大成
同	一巻	日野原家(東京都)	重要文化財		複製本・日本絵巻物集成・(新修)日本絵巻物全集・日本絵巻大成
はつきの物語絵巻	十二面	徳川美術館(愛知県)	重要文化財		複製本・(新修)日本絵巻物全集・日本絵巻大成
西行物語絵巻	一巻	徳川美術館(愛知県)	重要文化財		複製本・日本絵巻物集成・(新修)日本絵巻物全集・日本絵巻大成
西行物語絵巻	一巻	萬野美術館(大阪府)	重要文化財		複製本・日本絵巻物集成・(新修)日本絵巻物全集・日本絵巻大成
住吉物語絵巻	一巻	東京国立博物館	重要文化財		日本絵巻物集成・日本絵巻大成
同	一幅	同	重要美術品		
住吉物語絵巻	二巻	静嘉堂(東京都)	重要文化財		日本絵巻大成
駒競行幸絵巻	一巻	静嘉堂(東京都)	重要文化財		(新修)日本絵巻物全集・日本絵巻大成
同	一巻	久保惣記念美術館(大阪府)	重要文化財		(新修)日本絵巻物全集・日本絵巻大成
小野雪見御幸絵巻	一巻	東京芸術大学	重要文化財		複製本・(新修)日本絵巻物全集・日本絵巻大成
伊勢物語絵巻	一巻	久保惣記念美術館(大阪府)	重要文化財		(新修)日本絵巻物全集・日本絵巻大成

名称	数量	所蔵	指定	備考	収載書
狭衣物語絵巻	五幅	東京国立博物館	重要文化財		複製本・日本絵巻物集成(模本)・日本絵巻大成
同	一幅	藤木家(大阪府)	重要美術品		複製本・日本絵巻物集成(模本)
なよ竹物語絵巻	一巻	金刀比羅宮(香川県)	重要文化財		(新修)日本絵巻物全集・日本絵巻大成
隆房卿艶詞絵巻	一巻	国立歴史民俗博物館(千葉県)	重要文化財		日本絵巻大成
枕草子絵巻	一巻	浅野家(東京都)	重要文化財		複製本・日本絵巻物集成・(新修)日本絵巻物全集・日本絵巻大成
豊明絵草紙	一巻	前田育徳会(東京都)	重要文化財		複製本(尊経閣叢刊)・(新修)日本絵巻物全集
尹大納言絵巻	二巻	福岡市美術館	重要美術品		

(六)戦記絵

名称	数量	所蔵	指定	備考	収載書
前九年合戦絵巻	一巻	国立歴史民俗博物館(千葉県)	重要文化財		
同	一幅	五島美術館(東京都)	重要文化財		
後三年合戦絵巻	三巻	東京国立博物館	重要文化財	貞和三年序文、絵飛騨守惟久筆	複製本・日本絵巻大成
平治物語絵巻	一巻	ボストン美術館(米国)		三条殿夜討巻	複製本・日本絵巻物集成・(新修)日本絵巻物全集・日本絵巻大成
同	一巻	静嘉堂(東京都)	重要文化財	信西巻	複製本・日本絵巻物集成・(新修)日本絵巻物全集・日本絵巻大成
同	一巻	東京国立博物館	国宝	六波羅行幸巻	複製本・日本絵巻物集成・(新修)日本絵巻物全集・日本絵巻大成
蒙古襲来絵巻(竹崎季長絵詞)	二巻	宮内庁		永仁元年奥書	複製本・日本絵巻物集成(模本)・(新修)日本絵巻物全集・日本絵巻大成
結城合戦絵巻	一巻	細見家(大阪府)	重要文化財		
将軍塚絵巻	一巻	高山寺(京都府)	重要文化財		複製本

(七)説話絵

名称	数量	所蔵	指定	備考	収載書
信貴山縁起	三巻	朝護孫子寺(奈良県)	国宝		複製本・日本絵巻全集・日本絵巻物集成・(新修)日本絵巻物全集・日本絵巻大成
伴大納言絵巻	三巻	出光美術館(東京都)	国宝		複製本・日本絵巻物集成(模本)・(新修)日本絵巻物全集・日本絵巻大成
吉備大臣入唐絵巻	四巻	ボストン美術館(米国)		もと一巻	複製本・(新修)日本絵巻物全集・日本絵巻大成
直幹申文絵巻	一巻	出光美術館(東京都)	重要文化財		複製本・(新修)日本絵巻物全集・日本絵巻大成
長谷雄草紙	一巻	永青文庫(東京都)	重要文化財		複製本・日本絵巻物集成(模本)・(新修)日本絵巻物全集・日本絵巻大成
能恵法師絵巻	一巻	広隆寺(京都府)	重要文化財		複製本・(新修)日本絵巻物全集・日本絵巻大成
破来頓等絵巻	一巻	徳川美術館(愛知県)	重要文化財		
善教房絵巻	一巻	サントリー美術館(東京都)	重要文化財		
児観音縁起	一巻	香雪美術館(兵庫県)	重要文化財		複製本・日本絵巻大成
芦引絵	五巻	逸翁美術館(大阪府)	重要文化財		続日本絵巻物集成
男衾三郎絵巻	一巻	東京国立博物館	重要文化財		複製本・(新修)日本絵巻物全集・日本絵巻大成
はいすみ物語絵巻	二巻	徳川美術館(愛知県)	重要文化財		
絵師草紙	一巻	宮内庁			複製本・日本絵巻物集成・(新修)日本絵巻物全集・日本絵巻大成
福富草紙	二巻	春浦院(京都府)	重要文化財		複製本・(新修)日本絵巻物全集・日本絵巻大成
福富草紙	一巻	クリーブランド美術館(米国)			日本絵巻大成
大江山絵巻	二巻	逸翁美術館(大阪府)	重要文化財		続日本絵巻物集成
土蜘蛛草紙	一巻	東京国立博物館	重要文化財		日本絵巻物集成

(八)肖像・行事絵

名称	数量	所蔵	指定	備考	収載書
天子摂関御影	三巻	宮内庁書陵部			複製本・(新修)日本絵巻物全集

名称	数量	所蔵	指定	備考	収載書
天皇摂関影図	二巻	徳川美術館(愛知県)	重要文化財		(新修)日本絵巻物全集
公家列影図	一巻	京都国立博物館	重要文化財		(新修)日本絵巻物全集
随身庭騎絵巻	一巻	大倉文化財団(東京都)	国宝	宝治元年銘	複製本・日本絵巻物集成(模本)・(新修)日本絵巻物全集
中殿御会図	一巻	個人蔵(奈良県)	重要文化財		(新修)日本絵巻物全集
中殿御会図	一巻	出光美術館(東京都)	重要美術品		
駿牛図	一幅	個人蔵(奈良県)	重要文化財		
同	一幅	東京国立博物館	重要文化財		
同	一幅	藤田美術館(大阪府)	重要文化財		
同	一幅	五島美術館(東京都)	重要文化財		
同	一幅	個人蔵(神奈川県)	重要文化財		
馬医草紙	一巻	東京国立博物館	重要文化財	文永四年奥書	複製本
馬医草紙	一幅	同	重要文化財		
馬医草紙	一幅	小坂家(東京都)	重要文化財		
祭礼草紙	一巻	前田育徳会(東京都)	重要文化財		複製本(尊経閣叢刊)
年中行事絵巻	十六巻	田中家(東京都)		住吉如慶他模写、他に諸本あり	複製本・日本絵巻物集成・(新修)日本絵巻物全集・日本絵巻大成

(九) 歌仙・歌合絵

名称	数量	所蔵	指定	備考	収載書
三十六歌仙絵(佐竹本)		諸家分蔵	(重要文化財)		複製本・(新修)日本絵巻物全集
三十六歌仙絵(上畳本)		諸家分蔵	(重要文化財)		(新修)日本絵巻物全集
三十六歌仙絵(後鳥羽院本)		諸家分蔵	(重要文化財)		(新修)日本絵巻物全集
釈教三十六歌仙絵	一巻・一幅	東京国立博物館	重要文化財	貞和三年序文	(新修)日本絵巻物全集
東北院職人尽歌合	一巻	東京国立博物館	重要文化財		複製本・(新修)日本絵巻物全集
鶴岡放生会職人歌合	一巻	個人蔵(兵庫県)	重要文化財		(新修)日本絵巻物全集
伊勢新名所絵歌合	一巻	神宮(三重県)	重要文化財		複製本・(新修)日本絵巻物全集・日本絵巻大成

(十) 風刺・戯画

名称	数量	所蔵	指定	備考	収載書
鳥獣戯画巻	四巻	高山寺(京都府)	国宝		複製本・日本絵巻物集成・(新修)日本絵巻物全集・日本絵巻大成
天狗草紙	二巻	東京国立博物館	重要文化財		複製本・(新修)日本絵巻物全集
同	一巻	個人蔵(石川県)	重要文化財		複製本・(新修)日本絵巻物全集
同	一巻	個人蔵(東京都)	重要文化財		(新修)日本絵巻物全集
同	一巻	根津美術館(東京都)	重要文化財		(新修)日本絵巻物全集
魔仏一如絵巻	一巻	日本大学総合学術情報センター	重要文化財		(新修)日本絵巻物全集
是害房絵巻	二巻	曼殊院(京都府)	重要文化財		(新修)日本絵巻物全集
是害房絵巻	一巻	泉屋博古館(京都府)			
十二類絵巻	三巻	個人蔵(京都府)	重要文化財		(新修)日本絵巻物全集
仏鬼軍絵巻	一巻	十念寺(京都府)	重要文化財		
百鬼夜行絵巻	一巻	真珠庵(京都府)	重要文化財		日本絵巻物集成・日本絵巻大成

本表は、国宝・重要文化財・重要美術品を中心に、『国史大辞典』二巻(一九八〇年、吉川弘文館)所収の「絵巻一覧」および宮次男他編『角川絵巻物総覧』(一九九五年、角川書店)を参考にして作成した。

する絵師や、その周辺の人々と想定される。このころまでの絵巻の受容層は宮廷を中心とする貴族やその周辺などの支配者層と見られる。室町時代に入り、絵巻は伝統的な大和絵の画風や技法から変化して「御伽草子」「御伽草子絵巻」と呼ばれる作品群が出現する。前代の大和絵による絵巻に比してその画面はやや稚拙で技法的にも劣るような印象を得るが、大和絵の伝統に縛られない自由で奔放な作風ともいえる。公家・僧侶・武家・庶民・異国・異類など扱う内容も広範であり、支配者層以外の世俗の描写にも積極的で、大衆的な作品という印象を受ける。制作者も受容層もともに大衆にまで広がってきたことを意味するだろう。しかし、御伽草子を含め、絵巻という絵画様式は次第に衰え、冊子などの様式に替わられていく。絵巻から御伽草子へと変化していく過程で、制作者や受容層の得た世俗への興味とその表現は、より大画面で一覧性に長じた屏風絵や襖絵、あるいは掛幅装などの絵画作品に継承され、初期風俗画へと変化していった。近世以後は冊子本が主流な中で、豪華な冊子本としての位置づけを得て、少量が作られ続けていった。

絵巻は横に長大な構造であることから、鑑賞者はこれを肩幅ほど(四〇～六〇㌢程度)に右から左へと広げては巻き、という動作を繰り返していく。また広げていかなくては絵巻の内容の全貌が見えないことも特色で、鑑賞者の好奇心を喚起する。こうした点において絵巻は鑑賞者が主体的に作品とかかわりを持つことで成立する芸術の一形態と言い換えることも可能だろう。この右から左への移動は作画に時間的・空間的推移表現の可能性を与え、絵巻独自の鑑賞法は絵巻の構成法にさまざまな可能性を育んだ。最も一般的な構成法として次の二種類がある。一つめは「段落式」とも呼ばれる、一つの詞書とこれに対になる一つの絵が組となるもの。これには時間的推移はない。この場合、『源氏物語絵巻』や一連の『病草子』のように詞書中の話の筋を一つの絵に凝縮したり、話のなかの象徴的かつ印象的な一場面を選んで絵画化する。挿絵のイメージに近い。もう一つは、『伴大納言絵巻』『粉河寺縁起絵巻』『信貴山縁起絵巻』に代表される一対の詞書と絵を連続させて時間の推移を表現する「連続式」と呼ばれる形式である。前者は一枚の絵に登場人物の心情や情景を凝縮することから静的な画面構成をとりながらも、心象風景的で印象的な画面作りをすることが多い。観る者は詞書と絵を交互に見ながらその作品世界に深い感情移入の可能な作図といえるだろう。後者は対照的で、話の筋の面白さを動的な作画で表現するもので、その展開に引き込まれていく作図だろう。いずれも絵巻の横長に長大な画面の構成と、詞書と絵の組み合わせという様式を有効に活用した表現方法といえるだろう。

近年、さまざまな研究分野が絵巻に注目している。美術史はもとより、歴史学では社会史や風俗史、また建築史・芸能史・国文学・宗教史など、各専門分野から絵巻を用いた目覚しい研究成果があがっている。たとえば社会史では、絵画史料論に基づいた絵巻の研究が非常に盛んである。近世以来、考証学などでは有識故実的なモノの理解のために絵画を用いることが多かったが、近年の社会史では身分制や社会構造を可視的に示す、理解するための情報源として絵巻に注目している。文献史料にはさまざまな物品、人間のしぐさや行動・習慣などが記録されている。その多くはどのようなものをさすのか、読んでいる者には具体的な像を結ばないことが多い。モノにしても、これを使う人間とその使っている様子が伴ってはじめて真に理解が可能になるといえるだろう。絵巻ではモノとそれを使う人、そして使われる状況など、周辺情報が一括して表示されている点に計り知れない意義がある。また文献史料は支配者側の見地から記されたものが多い。したがって支配者側以外の、たとえば市井の一般の人々の姿や風俗・習慣などはよくわからない。こうした文献史料の欠を補足する意味で絵巻を中心に絵画史料は有効に活用される。歴史考古学などでも、遺構とそこから出土する多種多様な「物言わぬ」物品類の理解に絵巻物は欠かせない。また、現在では災害や近年の造成などにより失われてしまったり姿を変えてしまった自然景観の復元などに絵巻が用いられることも少なくないのである。

絵巻はこうした諸専門分野からの研究では、種類の豊富さや主題の多様さなどにおいて、実にさまざまな人・モノ・場・状況・景観などを絵画化しており、魅力的で貴重な情報源と理解されている。しかし絵巻を研究資源として利用するためには注意するべき多くの問題がある。まず、絵巻は絵画であり創作されたものである以上は写真(スナップショット)ではないことを念頭におく必要がある。また史料学的な視点で見た場合、現在、われわれが目にしている絵巻の現状が、作成当時のままとは限らない。制作された当初より長い年月の経過した現在まで、罹災したものは修補を受け、そうでないものも表具替を受けたものが多く、その過程で時に恣意的な、あるいは単純な誤解による錯簡が生じたりした結果が現在の我々の眼前にあることには十分な注意を払う必要があろう。また、描かれた画容が必ずしも絵巻の作期を示すものではないことも留意しなければならない。たとえば当該時点より古い時代の話を絵巻として絵画化するときは、画容のすべてを古風に描くことは作画の常套法なのである。

絵巻とはこうした諸点をよく理解しつつ研究資源、あるいは参考資料として利用することで、はかり知れない可能性を潜在する歴史資料となる。詞書が付随するものであれば、絵とよく比較検討し、制作者の作画の意図などを注意深く読み取る作業は必須であるとともに基礎作業の一歩である。可能な限り文献史料の裏づけを得ながらの利用が望ましい。　→別刷〈絵巻〉

[参考文献] 奥平英雄『絵巻』、一九五七、美術出版社。神奈川大学日本常民文化研究所編『新版絵巻物による日本

常民生活絵引』一―六、一九六四、平凡社。若杉準治編『絵巻物の鑑賞基礎知識』、一九九五、至文堂。千野香織・西和夫『(新装版)フィクションとしての絵画―美術史の眼建築史の眼―』、一九九七、ぺりかん社。宮次男他編『角川絵巻物総覧』、一九九五、角川書店。黒田日出男『(増補)姿としぐさの中世史』(『平凡社ライブラリー』、二〇〇二、平凡社)。藤原重雄「中世絵画と歴史学」(石上英一編『日本の時代史』三〇所収、二〇〇四、吉川弘文館)。

(佐多　芳彦)

えましじょうかんあと　江馬氏城館跡　岐阜県飛驒市神岡町大字殿に所在する中世の居館跡。現在の飛驒市神岡町・高山市旧上宝村一帯を領有した江馬氏により造営された、庭園や堀を有する居館跡(下館跡)と周辺の山城跡。一九七三年(昭和四十八)から下館跡の範囲確認調査が実施され、一九八〇年に、周辺の山城(高原諏訪城跡・土城跡・寺林城跡・政元城跡・洞城跡・石神城跡)とともに国の史跡に指定された。一九九四年(平成六)から公園整備を目的とした下館跡の発掘調査が実施され、中世における地方領主の館跡の実態が明らかになった。下館跡は東を除く三方を堀と土塀で囲まれた一町四方の区画からなる。館の正面は西側で、二ヵ所の土橋とこれに対応する礎石建ちの主門と掘立柱建ちの脇門が検出された。土橋で区切られた堀は、脇門南側では最深部で約三メートルの深さの薬研堀に、脇門北側では箱堀となっている。区画内部東側には礎石建物、西側には立石と池を配した庭園を有し、「洛中洛外図」に描かれた細川管領邸や、足利将軍の花の御所との類似が指摘されている。堀の外側には、掘立柱建物跡・竪穴住居跡が検出されている。柱の配置や出土遺物から、館を警護する武士の宿直屋や馬屋・職人の作業場が計画的に配置されたことがうかがえる。出土遺物は、十三世紀後半から十六世紀半ばまでの、かわらけ(素焼きの皿)・瓦器・青磁・白磁・壺・瓶・すり鉢(瀬戸美濃・珠洲・八尾・常滑産)が発見されている。館が機能していた時期は十四世紀末―十六世紀初めで、十四世紀―十五世紀前半が最盛期と想定されている。出土遺物の年代観から、同じ北飛驒の有力者であった三木氏に江馬氏が滅ぼされたとされる一五八二年(天正十)には館の機能はほかの場所に移されて廃絶していたことがうかがえる。二〇〇〇年より、神岡町教育委員会により下館跡の整備工事が実施されている。

参考文献　神岡町教育委員会編『江馬氏城館跡発掘調査概報』、一九七九。同編『江馬氏城館跡発掘調査概報』II―V、一九九五―二〇〇一。

(大熊　厚志)

えみし　蝦夷　倭王権・律令国家が、越後国(新潟県)北部、陸奥国北部(宮城・岩手県)・出羽国(山形・秋田県)、およびさらに北方の津軽・渡島《わたりのしま》(北海道)などの地域の住民をよんだ呼称。エビスともいい、毛人・蝦蛦とも表記された。その語源については諸説があり、アイヌ語起源説と日本語起源説に大別される。アイヌ語起源説には、刀剣の意味のエムシに由来するとする説(坪井九馬三)や、人という意味のアイヌ語エンジュ・エンチュウに由来するとみる説(金田一京助)があり、日本語起源説には、長いひげをもつ蝦夷をエビ(蝦)になぞらえたとする説(本居宣長)、「弓師」という日本語に起源するとみる説(新村出)などがある。蝦夷とは何かという問題に関しては、これまでアイヌ説と非アイヌ説(辺民説)とがあったが、現在ではいずれも一面的で正確でないことが明らかになっている。蝦夷はおおむね続縄文文化の系譜をひく北方系の文化要素と南方系の倭人(和人)の文化要素の双方を保持していたが、その文化・生業は地域によって異なる。居住域の南部(宮城・山形・新潟県域)はほぼ古墳文化圏に含まれ、基本的に東国と同質であるが、北海道の蝦夷(渡島蝦夷)は続縄文文化・擦文文化など北方文化の担い手であった。古代蝦夷の主要部分を構成する両者の中間の地域(青森・秋田・岩手県域)の蝦夷は両系統の文化を合わせもっていたが、言語・宗教・喪葬などの基層文化では伝統的な北方文化を濃厚に保持し、続縄文文化の系譜をひく狩猟も一定の重要性をもっていたのに対し、物質文化においては稲作農耕・土器製作・馬飼など、大幅に南方の倭人文化を受容していた。古代国家は華夷思想の影響のもとに、このように多様な実態をもつ蝦夷の異質な部分を意図的に強調して、蝦夷は狩猟を生業として農耕を行わず、野蛮で道徳をわきまえない、異俗・異相の民であると喧伝して、その征服・同化政策を正当化しようとした。蝦夷観念は、このような政治イデオロギーとしての性格を濃厚にもつ。蝦夷社会は族長に率いられた小規模な「村」から構成され、さらにそれが郡程度の規模のゆるやかな同盟を形成していたが、中央政府との対立が先鋭化して武力衝突が起こると、さらに広範な蝦夷集団が連合して政府軍と戦った。王権による蝦夷支配は、六世紀代に蝦夷集団を個別に服属・朝貢させることからはじまるが、大化改新以降はそれに加えて蝦夷との境界領域に城柵を設置し、東国などから柵戸《さくこ》を計画的に移配することによって領域支配の拡大がはかられる。これに対して蝦夷はしばしば反乱を起こして抵抗した。はやくも奈良時代初期に断続的に蝦夷の反乱が起こるが、特に按察使《あぜち》が殺された七二〇年(養老四)の陸奥の蝦夷の反乱は大規模であったとみられる。乱後、律令国家は多賀城の創建、鎮守府―鎮兵制の創設、玉造などの五柵の設置、黒川以北十郡の建郡など、一連の蝦夷支配の強化策を実施する。これによって蝦夷支配は、しばらく安定期を迎えるが、七七四年(宝亀五)の海道の蝦夷の桃生《ものう》城襲撃をきっかけに八一一年(弘仁二)まで長期にわたって戦乱がつづく。陸奥の海道・山道、出羽の山北地方などの蝦夷が広範に連合して頑強に抵抗するが、八〇一年(延暦二十)の征夷大将軍坂上田村麻呂の征討で大勢が決し、胆沢城・志波城が築かれて山道地域が制圧される。

その後も陸奥国奥郡では承和年間(八三四―四八)を中心に騒乱状態が現出し、出羽側では八七八年(元慶二)に俘囚が反乱を起こし秋田城を襲撃するという事件が起こる(元慶の乱)。しかし中央政府が在地の蝦夷系豪族の支配力を積極的に利用する政策に転換したことで、しだいに支配体制は安定し、やがて安倍・清原・藤原氏といった在地権力が成長してくる。また十世紀初頭には鎮守府胆沢城の管郡として奥六郡が成立し、さらに十二世紀には陸奥国北部の津軽・糠部《ぬかのぶ》地方にまで郡が建てられる。こうした流れの中で、蝦夷の居住地として独自の文化的・政治的領域を構成していた東北北部が東北南部と同質化していき、その住民も蝦夷とは呼ばれなくなっていく。そして十二世紀には夷島(北海道)を中心とした中世的なエゾ観念が成立する。→蝦夷《えぞ》

参考文献　高橋富雄『蝦夷』(『日本歴史叢書』、一九六三、吉川弘文館)。工藤雅樹『古代蝦夷の考古学』、一九九八、吉川弘文館。阿部義平『蝦夷と倭人』、一九九九、青木書店。熊谷公男『古代の蝦夷と城柵』(『歴史文化ライブラリー』一七八、二〇〇四、吉川弘文館)。　(熊谷　公男)

えりぜに　撰銭　中世から近世初期にかけてみられた、取引の際、精銭(善銭・良銭)を撰び、悪銭を排除する行為のこと。また、撰ばれた精銭そのものを意味する場合もある。「えりせん」「せんせん」ともいう。中世では、主に中国(唐・宋・元・明)から流入した渡来銭が国内に流通していた。しかし、次第に悪銭と呼ばれる品質の劣った銭貨が出回るようになった。悪銭とは、長期間の使用により磨滅・損傷した破《わ》れ銭・欠け銭・焼け銭、中国の私鋳銭と思われる南京銭、国内の私鋳銭、一部の明銭などのほか、うちひらめ、コロ(コロコロ)と呼ばれる劣悪な銭貨のことである。十六世紀後半からは「びたせん(鐚銭)」とも呼ばれた。これらの悪銭は室町時代後半から増加した。そのため、商品取引や金銭貸借などの際、撰銭が横行し、悪銭の受け取りを拒否する事態が多くなり、取引に混乱が生ずるようになった。そこで、幕府や戦国大名は撰銭を禁止する撰銭令《えりぜにれい》を発布するようになった。最も早い撰銭令は一四八五年(文明十七)の大内氏によるものである。室町幕府も一五〇〇年(明応九)に日本新鋳の私鋳銭を除き、撰銭を禁止する撰銭令を出した。幕府はその後、一五〇五年(永正二)、一五〇六年、一五〇八年、一五一二年と条件を変えながら、一五四二年(天文十一)まで撰銭令を出した。戦国大名では、大内氏のほかに相模の北条氏、甲斐の武田氏、近江の浅井氏、下総の結城氏や織田信長が出している。寺院では京都の東福寺、奈良の興福寺が出している。一五六九年(永禄十二)の織田信長の撰銭令は、悪銭を種類分けし、それぞれについて異なる割合の増歩《ましぶ》で悪銭を流通させようとする内容で、それまでの撰銭令とは異なる特徴的なものであった。しかし、これらの撰銭令はほとんど効果がみられず、最終的には江戸幕府による寛永通宝《かんえいつうほう》の発行によって撰銭はようやく終息した。

参考文献　小葉田淳『日本貨幣流通史』、一九六九、刀江書院。滝沢武雄『日本の貨幣の歴史』(『日本歴史叢書』、一九九六、吉川弘文館)。　(浦長瀬　隆)

えんがくじ　円覚寺　㈠神奈川県鎌倉市山ノ内にある寺院。臨済宗円覚寺派大本山。瑞鹿山円覚興聖禅寺と号す。北条時宗が、宋より招いた無学祖元を開山に迎えて創建、一二八二年(弘安五)仏殿の落成供養が行われた。建立の目的は、弘安の役による両軍戦死者の慰霊のためであるが(『仏光録』)、一説には帰国の意思を示した無学祖元を慰留するためともいう。一二八三年には、時宗により幕府祈願所とされ、寺領として尾張国富田庄富吉加納と上総国畔蒜《あひる》南庄内亀山郷(いずれも地頭職分)が寄進された。なお、鎌倉時代後期ごろの富田庄絵図(重要文化財)が当寺に伝わる。一二八四年に北条時宗が没すると、その墓堂が当寺内に建立され、塔頭《たっちゅう》仏日庵となった。一二八七年、続いて一二九〇年(正応三)に火災に見舞われているが、一二九六年(永仁四)までには再建されている。一三〇一年(正安三)には鋳物師物部国光の手で、鎌倉一の大梵鐘(国宝)が作成され、鐘銘に当寺僧衆は二百五十名と記されている。さらに、一三二三年(元亨三)には北条貞時十三回忌法要が盛大に行われ、同時に法堂が完成した。室町時代には、公武の信用厚い夢窓疎石が住持を務めたこともあって、鎌倉公方の保護を受け、鎌倉五山の第二位に列せられた。また、夢窓疎石の塔所黄梅院は、夢窓派の拠点として栄えた。しかし、一三七四年(応安七)の全山焼失以後、たびたびの火災や鎌倉公方の古河退去などにより衰微に向かう。一五六三年(永禄六)にも火災が発生しているが、現在残る舎利殿(国宝)は、この火災後に太平寺より移築したもの。現在は舎利殿・山門・仏殿・鐘楼などのほか十七の塔頭が存続。境内最奥部の続燈庵境内の発掘調査では、中世の地下式壙二基が確認されている。その他の文化財としては、絹本無学祖元像、銅造阿弥陀如来及両脇侍立像、紙本淡彩境内図、『円覚寺文書』など多くの重要文化財が存する。境内は国史跡、庭園は国史跡・名勝に指定されている。

参考文献　『鎌倉市史』社寺編、一九五九、吉川弘文館。玉村竹二・井上禅定『円覚寺史』、一九六四、春秋社。鎌倉市教育委員会・鎌倉考古学研究所編『集成鎌倉の発掘』六、一九九五、新人物往来社。　(高橋慎一朗)

㈡琉球国王の居城首里城の北に隣接して創建された沖縄第一の巨刹。かつての琉球国の臨済宗総本山で第二尚《しょう》氏の宗廟。那覇市首里當蔵町《とうのくらちょう》に所在。この寺は沖縄戦によって破壊される前まで伽藍のほとんどを備えており、一九三三年(昭和八)国宝指定を受けていたが、戦災と戦後の破壊によって建物はもちろん地形も変更され旧観をまったく失ってしまった。しかし放生《ほうじょう》池とそこに架された放生橋、山門に至る石階の一部および総門などが復元され、沖縄における貴重な仏教遺跡として一九七二年沖縄の日本復帰と同時に国の史跡に指定された。寺は、尚真《しょうしん》王が父尚円《しょうえん》王の霊を祀るため一四九二年(弘治五)より三年の歳月を費やして創建。京都の臨済宗の僧芥隠《かいいん》を開山

とし、寺の規模は鎌倉の円覚寺にならい、いわゆる禅宗七伽藍を備えていた。なお、山門から奥の主要な伽藍については、戦後、琉球大学の敷地として厚い土砂で埋まっていたが、大学移転後の現在、発掘調査が行われ遺構の整備が進められている。

参考文献　田辺泰『琉球建築』、一九七二、座右宝刊行会。

（當眞　嗣一）

えんぎこうたいしき　延喜交替式　九二一年（延喜二十一）正月二十五日に撰進された京官・外官の交替に関する規則集。正式には『内外官交替式《ないげかんこうたいしき》』。勘解由使《かげゆし》において、九一一年以来、約十年を費やして編纂され、その中心にあったのは勘解由長官 橘 清澄《たちばなのきよすみ》であったとみられる。内容的には八〇三年（延暦二十二）施行の『延暦交替式《えんりゃくこうたいしき》』、八六八年（貞観十）施行の『貞観交替式《じょうがんこうたいしき》』を受け継いでいるが、その後の官符などを新たに取り入れている。全百九十二条。延暦・貞観の交替式との大きな違いとして、先行する二つの交替式が、太政官符などの単行法令を列挙しながら「今案」「新案」を付加しているのに対し、『延喜交替式』においては各条文を「凡《おおよそ》」で始まるかたちに整理している点があげられる。それは『延喜式《えんぎしき》』の体裁とも共通する。ただし条文によっては必ずしも先行法令を十分に反映していない場合もあり、慎重な取り扱いを要する。『（新訂増補）国史大系』所収。　↓延暦交替式《えんりゃくこうたい》　↓貞《じょう》観交替式《がんこうたいしき》

参考文献　福井俊彦『交替式の研究』、一九七八、吉川弘文館。早川庄八「延暦交替式・貞観交替式・延喜交替式」（『日本古代の文書と典籍』所収、一九九七、吉川弘文館）。

（早川　万年）

えんぎしき　延喜式　律令制下における諸規定を官司別に集成、配列した法典。令や格の細則にあたる法令集と見なされ、奈良・平安時代史の基本史料。全五十巻。九〇五年（延喜五）に左大臣藤原時平《ふじわらのときひら》のもとで編纂が開始され、九二七年（延長五）に撰進されたが、施行されたのは九六七年（康保四）であった。『延喜式』に先立つ式として、八二〇年（弘仁十一）に撰進された『弘仁式《こうにんしき》』、八七一年（貞観十三）に撰進・施行された『貞観式《じょうがんしき》』があったが、両者は今日、逸文・断簡しか残存しない。これに対して『延喜式』は、巻十三（中宮《ちゅうぐう》式）の冒頭一部が欠けるのみで、ほぼ完本が残されている。内容的にも『弘仁式』『貞観式』双方を『延喜式』編纂の段階において取り入れているので、律令格の施行細則としての式はこの『延喜式』において集成されたと見なせよう。その体裁は「凡《おおよそ》」ではじまる箇条書きを原則とし、全体で三千五百を越える条文が列挙されている。巻一から十を神祇とし、年中恒例・臨時の祭儀、伊勢神宮《いせじんぐう》、斎宮《さいぐう》、賀茂斎院司《かもさいいんし》、大嘗祭《だいじょうさい》関係の規定とともに、祝詞《のりと》および班幣対象の神社（式内社《しきないしゃ》）が掲出されており、とくに巻九・十は神名帳《じんみょうちょう》としてよく知られている。巻十一の太政官《だいじょうかん》式以降は、八省、その被管諸司、弾正台《だんじょうだい》、勘解由使《かげゆし》、六衛府、馬寮《めりょう》などの式があり、巻五十は直接これら官司に該当しない条文が雑式として収められている。これらから明らかなように、式は官司ごとに配列されている点で、令とは大きく異なる。その内容は、官司の政務手続きなど、かなり具体的であって、主計式における諸国の調庸物一覧、木工《もく》式にみられる金属製品を含むさまざまな物品調達、典薬式の薬品名列挙、内膳式などにおける多くの食品名など、『延喜式』においてはじめてまとまった知見が得られる事柄も少なくない。また数量を示す規定が数多くみられるところも重要である。ただし『延喜式』を扱う際には、一連の規定が編纂時点においてどれほどの実効性があったかという点に考慮が求められる。『（新訂増補）国史大系』『神道大系』所収。

参考文献　虎尾俊哉『延喜式』（『日本歴史叢書』、一九六四、吉川弘文館）。虎尾俊哉編『延喜式』上（『訳注日本史料』、二〇〇〇、集英社）。

（早川　万年）

えんぎつうほう　延喜通宝　⇩本朝十二銭《ほんちょうじゅうにせん》

えんきょうじ　円教寺　兵庫県姫路市書写所在の古代寺院。姫路市西北の標高三〇〇メートル余りの書写山にある天台宗の寺で、山号は書写山。西国三十三所の第二十七番札所。康保年間（九六四―六八）に性空《しょうくう》上人によって開かれ、比叡山・大山とともに天台宗の三道場とうたわれた古刹である。境内地は、国指定史跡になっている。また、天台密教の仏堂である大講堂や常行堂、食堂《じきどう》など、建築史上に見逃しがたい古建築がある。開創後九八六年（寛和二）、花山法皇の行幸時の布施で三間四面の講堂が建てられたのが堂宇建築のはじまりである。法皇は一〇〇二年（長保四）にも行幸し、性空の伝と肖像を作らせた。このように、貴族社会の関心を集める著名な霊場寺院となった。大講堂・食堂・常行堂の三講堂のほか、護法堂・金剛堂・鐘楼・寿量院などの建造物とともに、釈迦如来・両脇侍像・四天王像・阿弥陀如来像の彫刻も合わせて重要文化財に指定されている。

参考文献　兵庫県立歴史博物館編『書写山円教寺』（『兵庫県立歴史博物館総合調査報告書』三、一九八八）。

（大村　敬通）

えんざ　円座　円い形をした敷物の一種。蒲の葉・菅・藺《い》・藁などで渦巻形に平たく編んだもの。のちには縁に模様をつけたり、布・綿・綾などで包んだものもある。古くから用いられており、『和名類聚抄』の座臥具の頃に「円座　一云和良布太、円草褥也」とあり、「わさうだ」「わろうだ」と呼んでいて、主として公家のあいだで用いられた。今日も神社の祭式には用いられている。民間にも用いるものがあり、座蒲団の異名としても残っている。円座の呼称は敷物だけでなく、米俵の両端の蓋として、また俵の形を整えるために使う円形の桟俵も円座という。また背負梯子を負うときに背に当てる藁で編んだ円状の背中当も円座という。

（岩井　宏實）

えんしょうじ　円勝寺　六勝寺の一つ。待賢門院璋子の御願で、一一二四（天治元）・五年ごろから造営が始まっ

た。場所は現在の京都市左京区岡崎の地で、いわゆる白河と呼ばれる地域にあたる。ほかの五つの寺院が存在する白河の地で、待賢門院がみずからの御所であった場所を寺院として発願したのが造営のはじまりといわれている。その後、円勝寺の工事は順調に進み、一一二六年(大治元)・二七年には金堂などの主要な建物が完成していたようで、さらに三重塔、五重塔および西塔などの塔が建ち並び、いろいろな説があるが、その頃には寺院の供養まで行われた。供養後も五大堂が建てられたり、小規模な造営は続けられた。その後の円勝寺については記録が少なく、一二一九年(承久元)の火災で塔・鐘楼・西門が焼失したことがみえるくらいで、いつごろ廃絶したかよくわかっていない。一説には応仁の乱で廃寺になったとすることもある。一九七〇年(昭和四十五)ごろから発掘調査がなされ、平安時代末期の瓦が多数出土した。また、供養の記事などから、伽藍が復元されており、塔が三基もあるという特異な形態をしている点が注目される。→六勝寺《りくしょうじ》

[参考文献] 福山敏男「六勝寺の位置」(『日本建築史研究』所収、一九六六、墨水書房)。同「円勝寺の歴史の概要」(『寺院建築の研究』下所収、一九八三、中央公論美術出版)。「円勝寺の発掘調査」(『仏教芸術』八二・八四、一九七一・七二)。

(土橋　誠)

えんしょうじ　延勝寺　六勝寺の一つ。近衛天皇の御願寺で、現在の京都市左京区岡崎に位置した。一一四六年(久安二)年八月の木作始から工事が始まり、一一四九年三月に供養が行われた。藤原信西の編纂した『本朝世紀』には、造営から供養にかけての記事が残されており、金堂・鐘楼・経蔵のほか、金堂には東西の軒廊・回廊が付き、金堂の正面には塔があったことがわかる。また、南大門・東門・西門・北門があり、相当大規模な寺院があった。また、一一六三年(長寛元)には近衛殿の寝殿を同寺内に移して、九体の丈六仏を安置して、阿弥陀堂とした。阿弥陀堂は同じ六勝寺の一つである尊勝寺にもあり、平安時代末期に流行した仏殿であった。鎌倉時代以降、寺勢が衰え、廃絶した。一九七二年(昭和四十七)に数回の発掘調査が実施され、平安時代末期の瓦が多数出土するとともに、庭園遺構の一部や寺院建築に用いられた建物基壇が部分的に見つかるなど、多くの成果が得られている。→六勝寺《りくしょうじ》

[参考文献] 福山敏男「六勝寺の位置」(『日本建築史研究』所収、一九六六、墨水書房)。杉山信三『院家建築の研究』、一九八一、吉川弘文館。

(土橋　誠)

えんじょうじ　円成寺　奈良市忍辱山町《にんにくせんちょう》にある寺院。山号忍辱山。一〇二六年(万寿三)に命禅により創建、一一五三年(仁平三)に寛遍が入山して以来、真言宗寺院としての寺観が整えられた。その後、一四六六年(文正元)の兵火により諸堂を焼失したが、知恩院主栄弘の尽力により直ちに復興に着手した。現在の本堂・楼門(ともに重要文化財)はこの時の再興になる。本堂は一四七二年(文明四)の上棟であり、旧堂の礎石をそのまま採用して三間阿弥陀堂からさらに発展した平面形式を踏襲している。楼門は一四六七年(応仁元)に着工したものの造作の一部は未完のままであったらしい。本堂東脇に並び建つ春日堂・白山堂(ともに国宝)は、同形同大の春日造の小社殿で両社殿間を袖板壁で連結している。鎌倉時代初期にさかのぼると考えられる春日造最古の遺構であり、細部の形式などから春日大社造替時に旧殿を移した可能性も考えられている。楼門前の庭園は、谷筋を堰き止めて営まれた広大な池の伽藍中軸線上に中島を配している。一九七五年(昭和五十)・七六年に行われた発掘調査と環境整備工事により、平安—鎌倉時代初期の草創期の旧観に修復された。

[参考文献] 『大和古寺大観』四、一九七七、岩波書店。奈良県教育委員会編『重要文化財円成寺本堂及楼修理工事報告書』、一九六一。

(清水　真一)

えんしょうせん　厭勝銭　⇨ようしょうせん

えんでん　塩田　砂を利用して濃い海水を得る(採鹹《さいかん》)ため、海辺の一定範囲に設定した田様の土地。塩田の成立年代は、滝《たき》・柴垣《しばがき》遺跡(石川県羽咋市滝町滝崎)において塗浜《ぬりはま》系の揚浜《あげはま》塩田の築造年代が八世紀前半である可能性が指摘されていることを考慮すると、現状では奈良時代ころと考えられる。塩田成立以前に砂を利用した採鹹は、『法隆寺伽藍縁起幷流記資財帳』(天平十九年(七四七))に「海浜弐渚」などとあるように、奈良時代以前に存在が想定でき、この段階は塩尻《しおじり》法とも呼ばれている。また、土器製塩の衰退現象から判断すれば、採鹹に砂を利用し、煎熬《せんごう》(濃い塩水を煮詰める)や焼塩《やきしお》(にがり分などの不純物を取り除く)に大型容器(土釜、石釜、鉄釜)を採用した塩生産が、西日本の瀬戸内海沿岸部を中心に、七世紀頃始まり、八世紀に展開し、九世紀後半ころから盛行したことは推定可能であるが、その実態は依然として明らかでない。十一世紀ころには全国で採鹹は藻利用から砂利用に移行したのであろう。塩田の形態は揚浜系と入浜《いりはま》系に大別できる。どの系列が展開・発展するかは、その地域での潮の干満の差や海岸地形に拠るため、多様な形態がある。瀬戸内海沿岸部では、おおむね中世までは揚浜系、近世以降は入浜系に変遷している。また、干満の差の少ない日本海や太平洋沿岸部では揚浜系が発展した。揚浜系塩田は、人力で海水を汲み上げ、砂の上に撒いて水分を蒸発させ、砂に付着した塩を海水で溶出して濃い塩水(鹹水)を作り、大きな釜で煮つめた。揚浜系塩田は堤防や砂浜の地盤の形態などで、自然揚浜、古式汲潮浜《くみしおはま》、汲潮浜、塗浜(置浜)がある。兵庫県赤穂市堂山《どやま》遺跡で発掘された塩田(十一世紀後半から十四世紀前半)は揚浜系汲潮浜である。古式汲潮浜が発達した形態で、堤防を築き、砂地盤は満潮面よりやや高く構築し、満潮時に潮を撒いた。海水を貯めた粘土漕を作り、そこに鹹砂《かんしゃ》をかきこみ、そ

の上澄みを取って鹹水とした。おそらく石釜などで煮沸したのだろう。汲潮浜は生産性が高く、特に瀬戸内で古代・中世に盛行し、畿内に流通した塩の大半を生産していた。入浜系塩田は、潮の干満を利用して、海水を塩浜に引き入れ、毛細管現象で砂に海水を付着させるので、揚浜系よりは労働力が軽くなる。入浜系塩田は塩田の区画形態、地盤などにより、古式入浜、塗浜的入浜、入浜塩田がある。伊勢神宮の御園浜のように、古式入浜塩田は防潮堤と海水を導入する樋があり、毛細管現象を利用しているが、単位が不揃いで、小規模である。釜は石釜、貝釜、鉄釜などで、石釜系統が多い。入浜塩田は江戸時代初期に播磨国(兵庫県)で開発された。潮の干満を利用して塩田の溝に引き入れた海水を、毛細管現象で砂の表面に付着させ、太陽熱と風で水分を蒸発させる。鹹砂をかき集め、筵《むしろ》やすのこの上にあけて海水をかけ、沼井《ぬい》に鹹水を取っていた。近世の完成された入浜塩田は干潟・デルタを防潮堤で囲い、砂面地盤は干潮と満潮の中間で、干満の水位差が一～二メートルの地帯にある。塩田は浜溝で短冊に区画し、労働の単位になっている。浜溝に樋から満潮時に海水を導入し、干潮時に雨水を排水した。作業の大半は爬砂《はしゃ》作業(砂を引いて乾燥させ塩分付着を促進する)で、沼井に鹹砂を集め海水で溶出し鹹水を得る。これを堤防上の鹹水槽まで桶を担って運搬した。近世末には鹹水を樋で集め、はね釣瓶などで鹹水貯蔵小屋へ移す方法が採用された。堤防上に粘土製の鹹水槽、鹹水を煮つめて塩を取る塩釜(石釜あるいは鋳鉄釜)を設置した釜屋、俵詰めした塩を収納する納屋がある。塩は海運により、江戸・大坂などの大消費地に運搬した。入浜式塩田は一九五二年(昭和二十七)以降に流下式塩田に転換されたが、イオン交換膜法による製塩法の出現によって、長期にわたってわが国の塩生産を担ってきた塩田製塩も一九七二年、ついにその幕を閉じることになった。

参考文献 『日本塩業大系』特論民俗、一九七七、日本塩業研究会。広山堯道『日本製塩技術史の研究』、一九八三、雄山閣出版。富山大学人文学部考古学研究室編『能登滝・柴垣製塩遺跡群』(『富山大学考古学研究報告』五、一九九二)。

(岩本　正二)

えんぷくじ　円福寺　宮城県宮城郡松島町に所在する瑞巌寺の前身の寺。平安期から中世にかけて松島寺と呼ばれた。松島延福寺は、八二八年(天長五)、慈覚大師円仁により創建されたと伝えられる。松島の岬の五大堂に祀られていた五大明王像は十世紀末から十一世紀初頭の作とされ、延福寺の再興期と重なると考えられている。十二世紀の奥州藤原氏の時代には、その外護を伝える。建長年中(一二四九—五六)に臨済宗に改められ、寺号も円福となったが、その檀那は北条時頼であり、開山は法身(心)性西である。一二六二年(弘長二)—六三年には関東御祈禱所となり、当時の住持は鎌倉建長寺の開山である宋僧蘭渓道隆(大覚禅師)であった。平安から鎌倉時代にかけて歌枕となった松島の代名詞である雄島《おしま》(御島)は円福寺に近接する霊場で、平安時代末期の見仏上人の再来と讃えられた妙覚庵主頼賢《らいけん》の碑(一山一寧撰・筆、重要文化財)をはじめ六十余基の板碑群(鎌倉時代後半から南北朝時代)がある。近年、瑞巌寺境内の発掘調査が行われ、最下層より九世紀ごろの製塩炉跡、十三世紀中～後半ごろには寺院付属の居住域、十四世紀初めごろには伽藍の一画と考えられる礎石建物が建てられ、その後、切石組基壇・瓦葺建物・池などが整備されたことが明らかとなった。鎌倉時代の多量の舶載陶磁器やスタンプ文を持つ漆器椀の出土、さらに鎌倉の「やぐら」に近似する石窟も確認され、「小鎌倉」の様相を呈す。また、出土した瓦は十四世紀の巨大寺院の存在を裏付けるとともに、茨城県三村山極楽寺や南都の寺院との結びつきが指摘されている。同様の特徴を持つ瓦は陸奥国府の西端に位置する東光寺にも葺かれている。これらのことから、鎌倉時代の松島寺は陸奥国府の北端の海陸の結節点の要衝と霊場に位置し、建長寺の法統と結んだ北条政権の物流・宗教政策の一翼を担ったと考えられる。円福寺は室町時代においても地方の名刹(「諸山」)であったが戦国時代末期には衰退し、一六〇四年(慶長九)、伊達政宗により、瑞巌寺《ずいがんじ》として再興された。　→瑞巌寺

資料館　瑞巌寺宝物館(宮城県宮城郡松島町)

参考文献　入間田宣夫「中世の松島寺」(渡辺信夫編『宮城の研究』三所収、一九八三、清文堂出版。補正版、『展望日本歴史』九所収、二〇〇二、東京堂出版)。七海雅人「鎌倉・南北朝時代の松島」(入間田宣夫編『東北中世史の研究』下所収、二〇〇五、高志書院)。

(田中　則和)

えんぶり　⇩えぶり

えんぼ　遠墓　⇩遠陵《えんりょう》・遠墓《えんぼ》

えんまんいん　円満院　大津市園城寺にある園城寺三門跡の一つ。皇族などが出家して居住する特別寺院を門跡と称し、最高の寺格を有する。平安時代末ごろから園城寺に皇族の入室が相つぎ、聖護院・実相院・円満院・照高院が成立したが、照高院はのちに廃絶した。円満院は明尊により一〇四〇年(長久元)に開創されたという。江戸時代には門跡寺院を制度化し、宮門跡・精華門跡・摂家門跡などに分け、円満院は親王の居住する宮門跡に属した。一時期はこの園城寺三門跡で坊数八百数十院を数えたが、江戸時代中期ごろには約五十院が存在したといわれる。現在、境内を入った正面には一六四七年(正保四)に御所の明正天皇の御殿を賜って移建された宸殿があり、重要文化財に指定されている。これは桁行十間、梁間七間の桃山時代の建築で、当時の邸宅建築の特色をよく保っている。その背後には国史跡・名勝に指定されている林泉庭園があり、石組みの意匠も豪華で建物ともよく調和していることから、作庭時期も宸殿移建時と考えられている。

(林　博通)

えんめんけん　円面硯　硯の一種。平面円形の形状を持ち、磨墨を行う円形の陸の周囲に墨を貯える海を完周さ

せたものを指す。須恵器のものがほとんどで、一部に施釉陶器などの存在も知られる。陸部を傾斜させない水平硯であり、平面円形であるが、傾斜させて陸と海を分ける円形硯と区分される。脚部の有無で大別でき、脚部をもつものは、その形状から透脚、低脚、蹄脚、獣脚といった細分が可能である。中国大陸、朝鮮半島に同形の資料が存在し、その交流によって成立したものと考える。日本においては七世紀から八世紀に定形硯として主体的な位置を占めるが、九世紀以降衰退し、風字硯《ふうじけん》にその座を譲る。特殊なものとして中空の胴部を持ち、把手が付く中空円面硯がある。

参考文献　内藤政恒『本邦古硯考』、一九四四、養徳社。楢崎彰一「日本古代の陶硯—とくに分類について—」(小林行雄博士古稀記念論文集刊行委員会編『考古学論考』所収、一九八二、平凡社)。

(金田　明大)

えんめんけん　猿面硯　硯の一種。主に平面偏楕円形や隅円方形の形状を持ち、磨墨面に円形当具の痕跡を、裏面に平行や格子目状のタタキ痕跡を残すものを指す。磨墨面を傾斜させて陸と海とする傾斜硯である。製作方法は大きく二つに分類でき、須恵器の壺、甕の胴部破片を利用してつくられたものと、意識的に製作されたものが存在する。また、法隆寺献納宝物、熊野速玉大社蔵の資料など、伝世資料を中心として外縁が取り付けられ、漆塗などの装飾がなされている例も存在し、硯の中でも特別な用途を意識されて用いられたものである可能性が高い。『延喜式』四四に「猿頭硯」、内宮長暦送官符に「陶猿頭形硯」とある記載から、それらをこの形態の硯にあてる考えもある。

参考文献　楢崎彰一「猿面硯について」(『MUSEUM』三四一、一九七九)。

(金田　明大)

えんりゃくこうたいしき　延暦交替式　国司の交替についての法令集。八〇三年(延暦二十二)二月二十五日に勘《か》解由使《げゆし》の長官であった菅野《すがのの》朝臣真道《まみち》らによって撰定奏上された『諸国司交替式《しょこくしこうたいしき》』のこと。全四十一条。『養老令』選叙令・田令条文をはじめ、和銅元年(七〇八)閏八月十日太政官符から延暦二十二年二月二十日太政官符に至る、およそ百年間に出された国司の解由《げゆ》・公廨《くがい》制などにかかわる規定を集成する。地方行政にさまざまな問題が生じるなかで、国司に対する監察を強め、交替に関わる実務の整備を図ったものであろう。その体裁は、令文のほか、勅・太政官符・太政官奏などをそのまま列挙しており、式といいながら格と同様の引用形式となっている。この点はのちに編纂される『貞観交替式《じょうがんこうたいしき》』も同じである。これらの格に「今案」が付せられている箇所があり、編纂時点での問題解決が試みられている点に注目される。なお、本書所収格はのちに編纂される『弘仁格《こうにんきゃく》』に含まれていないことからして、本交替式は『貞観交替式』の施行まで効力を有したと考えられる。『(新訂増補)国史大系』所収。　→延喜交替式《えんぎこうたいしき》　→貞観交替式《じょうがんこうたいしき》

参考文献　早川庄八「延暦交替式・貞観交替式・延喜交替式」(『日本古代の文書と典籍』所収、一九九七、吉川弘文館)。福井俊彦『交替式の研究』、一九七八、吉川弘文館。

(早川　万年)

えんりゃくじ　延暦寺　大津市坂本本町にある天台宗総本山。国指定史跡。伝教大師最澄が、七八五年(延暦四)、近江比叡山頂に創建した比叡山寺をはじまりとする。八二二年(弘仁十三)六月四日、最澄は亡くなるが、没後念願であった戒壇設立の勅許が下り、翌八二三年、延暦寺と改称された。最澄が願った天台仏教の確立は、その意志を継承した円仁・円珍・良源たちにより実現し、比叡山中には東塔《とうどう》・西塔《さいとう》・横川《よかわ》の三塔の組織体制と堂舎の整備がなされる。それとともに延暦寺が平安京の鬼門にあたることから、王城の鎮護とされ、朝廷・政府の大きな庇護を受けることになり、天台宗はその後も発展を続け、わが国最大の教団となった。そしてその中からは、法然・親鸞・一遍・栄西・道元・日蓮などその後の日本仏教の新しい潮流を生み出す人々を輩出している。最澄は、おそらく比叡山の麓坂本の地で生まれたとみられるが、延暦二年正月二十日付の最澄度縁案に、「近江国滋賀郡古市郷戸主正八位下三津首浄足戸口同姓広野」とみえるように、親族の戸口となり、滋賀郡古市郷に居住していたとみられる。三津首氏は、『叡山大師伝』に、「先祖は後漢孝献帝の苗裔登万貴王なり」(原漢文)とあるように、滋賀郡内に広く分布する渡来氏族、志賀漢人の一族であった。その代表的な伝記『伝教大師行業記』や『叡山大師伝』には、最澄が七七七年(宝亀八)十二才で近江国分寺に入り、十五才の時(七八〇年)に国昌寺僧になったことがみえる。延暦二十四年九月二十八日の日付をもつ賜向唐求法最澄伝法公験にも、「国昌寺僧最澄」とある。そして七八五年に国分寺を離れ、比叡山中に隠遁したとされている。最澄が最初に草庵を結んだのは、父三津首百枝が最澄の出生を祈願したとされる神宮善院で、その後七八八年、虚空蔵尾に小堂を建て、薬師如来を安置したとある

延暦寺根本中堂

(根本薬師堂)。のちにこの堂の左右に経蔵と文殊堂を建て、これらを総称して一乗止観院と呼び、中央の根本薬師堂を、のちに根本中堂と称することになったとされる。最澄は山中で仏典の研究をすすめ天台教学に注目し、南都仏教とは異なる天台仏教の樹立をめざした。七九四年、都が平安京に移り、新都にふさわしい仏教を求める桓武天皇により見出された最澄は、七九七年、三十一歳のとき、内供奉十禅師となり、朝廷に登用されるが、八〇四年、遣唐使に同行して、天台の典籍を求めるべく渡唐している。天台山をはじめ各地を訪ね、第一級の学僧の教えを受け、在唐八ヵ月で帰国した。経論二百三十部四百六十巻などを持ち帰った最澄は、朝廷に働きかけ八〇六年(大同元)には、天台法華宗と年分度者二名を公認され、日本天台宗は確立した。その後も比叡山独自の大乗戒壇設立をめざしたが果たせず、八二二年六月四日に亡くなったが、没後ようやく戒壇設立の勅許が下った。延暦寺の堂塔については、最澄がその構想を『弘仁九年比叡山寺僧院等之記』に述べており、全国六ヵ所に計画した宝塔院のうち、中央の山城宝塔院(西塔)と、日本国総安鎮の近江宝塔院(東塔)を、比叡山上に造立すべきとし、さらに東塔を中心に、一乗止観院・戒壇院・山王院など多くの堂塔の造立(九院十六院)を考えていた。その多くはその後完成をみているが、最澄の構想はあくまで東塔中心であり、七八八年創建の一乗止観院を中心に堂塔の整備がいち早くすすめられた。西塔は第二代座主円澄により釈迦堂が創建されて以降堂塔が整備されているし、最澄の構想にはなかった横川は、第三代座主円仁が、首楞《しゅりょう》厳院《ごんいん》・根本観音堂を創建したことに始まり、堂塔の整備がすすんだ。ここにいわゆる三塔が成立し、以後、「堂舎僧坊三千」と呼ばれる堂舎が、三塔十六谷に造られることになる。山門の堂舎に関する諸記録によると、織田信長による山門焼き討ち前後の堂舎の動向が窺える。まず主要堂塔の中心的な建物である惣堂では、東塔の場合二十一件から二十四件に、西塔の場合は二十二件から九件に、横川の場合は十二件から十三件と、増減しているのに対し、いわゆる十六谷の堂舎僧坊は、東塔五谷で二十二件から百四十七件に、西塔五谷で七件から五十六件に、横川六谷で十七件から三十五件と、大幅に増加しており、焼き討ち後の叡山復興のめざましい様相が窺える。なお山門焼き討ちは、一五七一年(元亀二)九月十二日、前年の浅井・朝倉軍の山内たてこもりで、窮地にたった信長が、延暦寺の排除のため周到な計画の下、行なったもので、山上の三塔はもとより、上坂本・日吉大社、和迩・堅田の建物・財物のことごとくを焼き払い、死者は千人を超えたといわれる。長くわが国の宗教上、政治上の一大勢力をなしていた山門は、一時的に廃絶し、その再興は信長の死を待たねばならなかった。こうした延暦寺の堂塔に考古学のメスが本格的に入ったのは、第二次大戦後になってからであるが、早く比叡山頂や横川などで偶然発見された経塚については、一九二三年(大正十二)ごろより報告がなされており、その重要性は注目されていた。そして一九五五年(昭和三十)前後から始まる延暦寺主要伽藍の指定建造物解体修理の際にも、部分的に試掘溝による地下遺構の調査が行われた。しかし、その大半はあくまで建物基礎の土層確認の範囲で、焼失した大講堂や横川中堂のように、建物の再建時に、建築学の立場から地下遺構が調査されているものも一部あった。たとえば、寛永年間(一六二四—四四)再建の大講堂は、一九五六年に焼失したが、その後、現大講堂(旧讃仏堂)を跡地に移築するのに先立って、地下遺構の調査が行われ、寛永造営の大講堂と主軸を同じくする、二棟の先行する建物が発見された。その内の一棟は、礎石はすでに失われていたが、根石が残っておりその規模を推定することができ、寛永再建の大講堂より小さい七間四面の建物であることが判明した。もう一棟の建物も、やはり礎石が失われ、根石のみが残っていたが、さきの七間四面の建物に一部を壊されていた。大講堂の位置が、寛永の再建以前も同じ場所であったとするなら、この二棟の建物を文献・記録と照合すると、根石のみ残る七間四面の建物が天文年間(一五三二—五五)に造営され、一五七一年の織田信長による焼討ちで焼失した大講堂で、規模不明の根石のみ残る建物は、それに先行する応永年間(一三九四—一四二八)造営で、一四九九年(明応八)焼失の大講堂の可能性が推定されている。昭和四十年(一九六五)代ころからは、山内において施設の新設や新たな堂塔の建築が始まり、事前の発掘調査が行われるようになった。その皮切りとなり多くの知見が得られたのは、奥比叡ドライブウェイの建設に伴う西塔の堂・坊群の調査である。調査の結果、転宝輪堂(釈迦堂)の背後、東北方約三四〇メートル余の地点に所在した第一号堂跡は、廊で連繫された南北二棟の建物と東方建物からなり、いずれの建物跡も全く火災を受けていなかった。また、出土した緑釉陶器などから、その創建から廃絶までの期間は短く、平安時代に収まると考えられた。第二号堂跡は、釈迦堂の背後、北方二〇〇メートルの位置にあり、中央建物・東方建物・西方建物の三棟からなっており、おのおのその創建は平安時代と考えられている。このうち中央建物は、基壇南半部に焼土が認められ火災を受けたものと思われるが、再建されたかどうかについては明確でない。東方建物は、二時期確認されているが、年代など詳細は不明である。西方建物は、三時期にわたる建物が検出されており、第一期の遺構には緑釉陶器など平安時代の遺物が伴い、第二期の遺構には鎌倉時代の土師質土器の皿、そして第二期遺構焼失後に建つ第三期遺構は江戸時代以降に属するものと考えられている。坊跡群は、第一号から第三号坊跡まで三ヵ所の調査がなされ、おのおの数棟の建物よりなるとされているが、その廃絶は室町時代末の焼亡によるとされている。延暦寺の調査で、平安時代までさかのぼる遺構の発見は、これ以後もなく貴重な発見となった。ついで東塔法華総持院の再建が計画され、一九八〇年には、それに伴う調査がなされた。阿弥陀堂の南側の平坦地に試掘溝を設けて発掘調査がなされ、阿弥陀堂の南の道路より北側は、地山の岩盤かその崩れた層で、また道路より南側の平坦地も大半が一九三七年の埋め立てで、その間にはさまれるようにして、ごく小面積であるが遺物包含層が残存していた。一九三七年の埋め立以前の堆積は大きく六層あり、Ⅰ・Ⅱ層とⅤ・Ⅵ層は斜めに土が流れた状態で堆積していたが、Ⅲ・Ⅳ層は水平な堆積を示していた。各層より出土した土器を法華総持院の被災年表と照合すると、Ⅱa層が十五世紀前半、Ⅱb層が十一世紀後半、Ⅲ・Ⅳ層が十世紀半ばと考えられている。昭和五十年代に入ると、延暦寺の寺域全体を対象とする大規模な防災工事が計画され、それに伴う発掘調査が一九八一年度から一九八九年(平成元)度まで九年をかけて実施された。これは部分的ではあるが、延暦寺境内のほぼ全域を対象とする本格的な考古学的調査であり、延暦寺の長い歴史の解明が期待された。まず平安・鎌倉時代の延暦寺については、東塔・西塔の主要建物に関連する遺構の一部がかろうじて残存するだけで、建物の全容を知ることのできるものはなかった。また、主要建物周辺の堂舎についても同様で、平坦地で礎石や石列の一部を検出したにとどまった。東塔・西塔の主要建物周辺の調査で明らかになったことは、伽藍を構成する建物の多くが、建替えを行うたびに、建物の規模や建物の建つ平坦地を拡大していることである。もともと山地で平坦地が少ないため、拡張にあたっては山の斜面を削って広げるだけでなく、これまでの建物の建っていた平坦地をも削平して谷を埋め、平坦地の拡張を行なったとみられる。このため前身建物やそれに関連する遺構は、再建の造成時に、壊されたり、削り取られたりしたようである。このため、出土遺物も遺構に伴うものは少なく、古い時期のものが整地層から出土することも少なくなかった。平安時代の遺物を含む整地層は、東塔では大講堂・法華総持院跡、西塔では転法輪堂(釈迦堂)周辺で認められた。大講堂は創建年代は不詳であるが、『天台座主記』によれば、八二四年(天長元)には建立されており、当初の平面構成は五間四面であったとされる。この建物は、九五〇年(天暦四)に改造がなされるが、十数年後の九六六年(康保三)に焼失している。そして九七一年(天禄二)に再建され、翌年に落慶供養が営まれている。この再建された大講堂は、七間四面に改められており、建物の規模が大きくなったと推測される。大講堂が、現在と同じ位置で建て替えられているとするなら、再建の際に創建時の敷地では当然狭く、現在の大講堂の西から北西の谷を造成して、平坦地を拡幅した可能性が高い。現大講堂移築前の地下調査と今回の調査で確認された整地層は、その時のもので、層中に灰や炭などが混じっていることから九六六年の火災後、創建大講堂に伴う遺物の堆積が、七九一年以前に埋立てられたものと考えられる。平安時代の建物については、出土遺物を見る限り、瓦葺きではないようである。ただ法華総持院に関しては、まとまった量の瓦が出土しており、創建時には総瓦葺きではないにしても、部分的に瓦の使用がなされていたとみられる。大講堂でも、整地層から少量の瓦が出土しており、九七一年の再建では檜皮葺とあることから、九世紀前半の創建時には部分的に瓦の使用がなされていたとみられる。しかし、こうした現象も、延暦寺初期の特定建物にみられるだけで、それ以降は、まれに棟飾りに瓦を使うこともあったようであるが、その量もごく限られている。平安時代の遺物は、東塔では大講堂・法華総持院およびその付近、西塔では転法輪堂(釈迦堂)付近から出土したが、最澄時代の延暦寺に関連するものはみられない。それ以降については、九世紀後半から十世紀前半ごろのものがあり、大講堂整地層の遺物などが相当する。中心をなすのは緑釉陶器・灰釉陶器・須恵器・土師器・黒色土器などで、土師器・黒色土器など軟質の土器は少ない。ただこの時期の遺物は、量の多少はあるものの各所で認められ、おそらくこの時期から山内の堂坊の整備が本格化したことの反映であろう。いずれにしても、遺物が普遍的に出土するのは十―十二世紀にかけてで、十三世紀を境にして、出土量は再び激減する。出土する土器の器種は、近江の同時期の集落とは大きく異なり、甕・鍋などの煮沸器はほとんど出土しない。椀は各時期とも普遍的に認められるが、使用される器種に相違がある。十―十二世紀までの各時期を通して、須恵器と土師器や近江型黒色土器・瓦器などの軟質の土器は少ない。十世紀では緑釉陶器・灰釉陶器・黒色土器が、十一世紀では緑釉陶器・灰釉陶器・白磁が中心となる。緑釉陶器・灰釉陶器はしだいに少なくなり、白磁碗がしだいに多くなる。十二世紀では白磁・山茶碗がごくわずか認められ、瓦器椀もごく少量認められるが、この時期近江の湖南でごく普通にみられる近江型黒色土器椀はほとんど出土しない。東播磨産のこね鉢は増加している。十三世紀では白磁が中心であるが、青磁も加わり、瀬戸や常滑も各種みえ、しだいに陶器が増えてくる。輸入陶磁器は十世紀から越州窯の製品などが入るが、量的には少なく、そのほとんどが小破片である。十一世紀末から十二世紀になると、福建産といわれる白磁碗がごく一般的に出土するようになり、量も多くなる。室町時代の延暦寺は、平安・鎌倉時代と同様、主要建物の周辺で、遺構の一部が検出されただけで堂舎の全体が明らかになったものはない。東塔では前唐院の北側で、東塔常行堂跡の伝承をもつ場所から、遺存状況はよくないが建物の存在が明らかになった。この建物は、一五七一年以前にすでに廃絶しており、一五七一年の織田信長の焼打ち以前における、山内での建物の衰退を物語るものである。西塔では、にない堂(常行堂・法華堂)の調査で、わずかではあるが、二面の中世の焼土層が確認され、下層の焼土を記録にある一二七一年(文永八)の火災によるものと考えた場合、一二七一年以降一五七一年の焼失まで現在地に建っていた可能性が推測されている。前身建物が常行堂・法華堂と断定はできないが、重要な発見といえる。室町時代の遺物で多く出土するのは、十五世紀中ごろから十六世紀前半にかけてのもので、織田信長による一五七一年の焼打ちと関連する遺物は多くない。これも山内の建物の衰退を示している。遺物の出土量も、平安・鎌倉時代と比べても少なく、土器も土師質土器の皿が大半となる。土師質土器の皿は、京都市内の遺跡から出土するものと同じものも多いが、近江の在地土器の可能性が高いものも認められる。近世の延暦寺に関しては、東塔の北谷と西塔の北谷で、江戸時代の十八世紀ごろの僧坊を三ヵ所調査し、建物の全貌が明らかになった。建物の平面プランは、坂本にある里坊と類似することが指摘されている。また、同様の平面プランは、元亀の焼打ち以降に再建され、現存する建物においても認められている。礎石には廃絶した堂舎のものを利用しているものも少なくない。この時期で注目すべきは、寛永年間に再建され、一九五六年に焼失した大講堂の周囲に、安鎮法にのっとった国家鎮護の儀式を行なったと考えられる、密教法具を納めた遺構が確認されたことである。この遺構は、地中約五〇センチに掘方一辺約八〇センチの穴を掘り、天台宗の作法どおりその中央に輪宝を置き、その上から橛《けつ》を立て、五宝を散らし、輪宝のまわりに土器を配置したものである。調査では五ヵ所で確認されたが、おそらく作法からみて、大講堂の周囲八方に配置したものと考えられている。この儀式を行なった時期については、記録と陶製燈明皿など遺物の年代観からみて、一八五四年(安政元)八月十五日のペリー再来航時の国家安穏を祈願して執り行われたものである可能性が指摘されている。東塔北谷にある坊跡群より出土した陶磁器は、その大半は十八―十九世紀の日常生活に使用されたものであった。善光院推定地出土資料では、煎茶に用いられる道具が、破片ではあるがまとまって出土していることが注目された。しかし、同じお茶でも、抹茶の道具については全く出土していない。出土した煎茶の道具は、清水焼の煎茶碗、色絵の柿右衛門の菓子鉢、比良焼の浅鉢、信楽の茶壺などがある。また、在銘品で作者のわかるものもあり、道八(京焼)の煎茶碗、久太(岡田久太、素焼き)の白泥の急須などがある。こうした道具は、おそらく五脚程揃いで用いられたとみられるが、道具の質は高く、坊に居住する僧の格式の高さがうかがえる。 ↓比叡山《ひえいざん》 ↓日吉《ひよし》大社《たいしゃ》

参考文献 滋賀県教育委員会編『延暦寺防災施設工事・発掘調査報告書』一九九〇、延暦寺。水野正好「延暦寺西塔堂坊跡群の発掘調査」(『仏教芸術』六一、一九六六)。景山春樹『比叡山寺』、一九七八、同朋舎。薗田香融『平安仏教の研究』、一九八一、法蔵館。

(大橋 信弥)

えんりょう・えんぼ　遠陵・遠墓　朝廷が管理した陵墓のうち、年終荷前《のざき》の常幣のみを奉る陵墓のことで、近陵・近墓の制度が定められたことに伴い生じたもの。近・遠は時の天皇から見て親疎かどうかを表しているとするが、『延喜諸陵寮《しょりょうりょう》式』では遠近の区別の基準を一応光仁天皇に置いている。天皇の代替わりや父母・皇后の崩御、外戚や功臣の没後に加除があり、疎遠になった陵墓から遠陵・遠墓に移された。『延喜諸陵寮式』には陵七十三所、墓四十七所を列記し、そのうち遠陵は六十三(天皇四十一、皇后十二)、遠墓は三十六(皇族二十、外戚十六)とする。若干の例外を除いて、近陵・近墓と同様にそれぞれ兆域《ちょういき》が定められ、陵戸《りょうこ》・墓戸《ぼこ》・守戸《しゅこ》を配置する。毎年二月十日に朝廷から巡検の派遣はあるが、年終荷前の際、内蔵《くら》寮からの別貢幣献上はない。中世に入り荷前が次第に行われなくなると、遠陵・遠墓のことも忘れ去られてしまう。 ↓近陵《きんりょう》・近墓《きんぼ》

(北條 朝彦)

お

おいそのもり　老蘇森　古くから東山道あるいは中山道を往来する旅人に親しまれてきた歴史的に著名な自然林。『源平盛衰記』をはじめ紀行文に登場したり、歌枕の地として、また、ホトトギスの名所として『新古今集』や『新勅撰集』『新後撰集』などに多くの歌が詠まれている。滋賀県蒲生郡安土町東老蘇にある。国史跡。もとは現在地から西老蘇にかけた平地に広がる大森林で、現在はかなり縮小されているが、樹齢五百年を越すスギの神木をはじめ、ヒノキ・マキ・カシ・クスノキなど幹回り一メートル以上の大木が千四百本以上あり、シダ類や水生植物も豊富である。静寂で尊厳な森の中には天児屋根命を祭神とする延喜式内社奥石《おいそ》神社が祭られ、代々守護佐々木氏などの保護を受けて今日に至っている。本殿は檜皮葺三間社流造で、重要文化財。

(林 博通)

おいぼら・あさくらすえきかまあと　老洞・朝倉須恵器窯跡　全国で唯一、国名入りの須恵器を焼成した古代の窯跡。古代窯業生産地の一つであった美濃須衛古窯跡群の西端部にあたる、岐阜市東北部の芥見地区に位置する。老洞古窯跡には三基の窯跡が遺存し、朝倉古窯跡については、刻印須恵器の出土が知られているが、未発掘のため規模などは不明である。一九七七年(昭和五十二)に老洞古窯跡が発見され、一九七八年に一号窯の窯体と灰原、三号窯の窯体焚口以下の部分が岐阜市教育委員会により発掘調査され、「美濃国」「美濃」刻印須恵器を焼成した窯跡であることが確認された。出土遺物の器種としては、

無台坏・有台坏・坏蓋・盤・埦・高坏・鉢・平瓶・台付き長頸壺・双耳壺・四耳壺・𤭯・短頸壺・甕・陶馬・瓦・提瓶・横瓶・水瓶・陶印・成形具があった。陶硯は出土していない。有台・無台の須恵器の坏が多数を占める。刻印須恵器の出土は千二百九十点を数え、三種類三十タイプに分類される。刻印が施された須恵器は二十五器種に見られるが、大半は無台の坏で、一号窯のみから出土している。文献における「美濃」国名の初現(七〇八年(和銅元))から、一号窯の操業年代は七世紀末から八世紀初頭と想定されている。当時の美濃国国司は、元正天皇の養老行幸とそれに伴う改元、吉蘇路の開削などの業績を残し十五年という異例の長期の在任となった笠朝臣麻呂であり、この刻印須恵器の製作も彼の指揮下で実施されたことは確実であろう。窯跡以外からの刻印須恵器の出土例については、五十九遺跡から八十五点の出土が確認されている(二〇〇二年(平成十四)現在、都道府県名では岐阜・愛知・三重・長野・奈良・大阪)。老洞古窯跡群は一九七九年に朝倉古窯跡群とともに国の史跡に、一号窯出土の刻印須恵器片は一九九三年に重要文化財(考古資料)に、それぞれ指定された。

参考文献 岐阜市教育委員会編『老洞古窯跡群発掘調査報告書』、一九八一。『岐阜県史』考古資料、二〇〇三。

(大熊　厚志)

おう　襖　㈠奈良時代の朝服《ちょうふく》のうち、武官が着用した上着をいう。奈良時代の朝服は唐代の胡服《こふく》の様式を受け継いだ盤領《まるえり》の衣であったが、文官が腋を縫い合わせた上着(これを袍《ほう》という)を着用したのに対して、武官は腋を縫い合わせない上着を着用し、これを襖と呼んだ。襖は武官の位によって浅緋・深緑・紺・縹など位階相当の色に染められたため位襖《いおう》と称した。平安時代以降、朝服が束《そく》帯《たい》と呼ばれてからは、襖は闕腋《けってき》の袍と称され、背後の裾を長く仕立てた。また、狩猟や遠行の時に着た狩衣《かりぎぬ》も腋を縫い合わせないため、狩襖《かりおう》と称した。㈡無位の下司や庶民が用いた襖は防寒用の袷の衣をいう。『令義解《りょうのぎげ》』十雑令に「凡官戸奴婢三歳以上、毎年給衣服、春布衫・袴・衫・裙各一具、冬布襖・袴・襦・裙各一具」とあり、春の衫《さん》に対して、襖は冬の衣服であった。衫は裏なしの単衣、襖は裏付きの袷で、襖子《おうす》とも称した。

参考文献『古事類苑』服飾部。

(河上　繁樹)

おうぎ　扇　あおいで風を送る折りたたみ式の簡易な用具。扇子ともいう。涼をとるための具であるとともに、神事・礼式の具として用いられる。平安時代前期にわが国で創製されたが、束帯のとき右手に持つ笏から生まれたという説、貴人の外出の際従者がさしかざして貴人の顔を隠す長柄の団扇である翳《きしば》から生まれたという説などがある。最初は幾枚かの檜の薄板を糸で繋いだ檜扇で、男子用は式次第を書くこともあるため素地の白檜扇であるが、天皇・皇太子は蘇芳《すほう》染の赤檜扇、老人用には香染があった。婦人用は表裏に極彩色の絵を描き、綴じ糸も色糸を使い、のちには親骨から五色の組紐を垂らした。この檜扇は冬扇で夏扇として蝙蝠《かわはり》が作られた。蝙蝠は檜扇の骨を細くして紙を片面だけ貼りつけたものであった。骨数も平安時代は五本であったが、室町時代には十二本ぐらいになった。平安時代末期から朝鮮半島や中国に輸出され、ついにはヨーロッパにも及んだが、中国で考案された骨を紙の中に入れる製法が逆輸入され、骨は次第に薄くなり、地紙の貼り方も工夫され種類も多くなった。平安時代の宮中の典礼に扇の拝があり、天皇が臣下に政治に対する意見を聞き、扇を与える儀があった。扇を祝儀として贈答する風習は室町時代から起こった。また容儀服飾の具として身近に所持し、その扱いにも一定の作法があった。四天王寺の扇面古写経に見られるように、写経をしたり絵をかく文雅の具ともされた。室町時代においても詩や歌が書かれ、その風は近世・近代にもうけつがれた。平安時代にはまた扇を用いた遊戯が流行し、扇に歌を書いて競《くら》べたり、扇全体の趣向を競いあう扇合わせ、多くの色の扇を川に流す扇流し、扇を投げて銀杏形の的にあてる投扇興《とうせんきょう》などが行われた。武家の社会では日の丸を描いた軍扇や、鉄の骨を用いた鉄扇があり、民間では仕舞や舞踊その他芸事には必ず扇が手にされた。こうした扇の用途の広さから、室町時代から町に扇屋ができた。それは京都に多く、いまに至る扇の老舗は京都にかたまっている。

参考文献 中村清兄『扇と扇絵』(『日本の美と教養』二三、一九六九、河原書店)。

(岩井　宏實)

おうさかのせき　逢坂関　山城国と近江国の国境付近に設置された古代の関跡。所在地は現在の大津市逢坂付近に推定されるが具体的には明らかでない。平安京への遷都後に関となり三関《さんげん》の一つとされた。奈良時代には関に次ぐ施設である「相坂剗《おうさかのせん》」が置かれたが、七八九年(延暦八)に交通の妨げを理由に廃止されている(『日本紀略』)。ただし有事における固関《こげん》は以後も続き、八一〇年(弘仁元)に起った平城上皇の遷都企図の際には越前(愛発《あらち》関)にかわって近江(逢坂関)に固関使が派遣され(『日本後紀』)、不審者の地方潜入などに備えられた。以後はおおむねこの三関が固定され、平安時代を通じて天皇の崩御や譲位などの際には固関されている。しかしそれも徐々に儀礼化し、中世には園城寺《おんじょうじ》の所管するところとなった。関施設の実態は明らかでないが、鎌倉時代に成立した『石山寺縁起』三の菅原孝標女が逢坂を越える段には、関連施設とおぼしい柵や小屋が描かれている。　↓三関《さんげん》　↓関《せき》

参考文献 武藤直「相坂山と勢多橋」(『新修大津市史』一所収、一九七八)。

(吹田　直子)

おうしゅうどうちゅう　奥州道中　江戸時代の五街道の一つ。道中奉行が管轄した厳密な意味での奥州道中は日光道中宇都宮宿から分岐し白沢・氏家・喜連川《きつれがわ》・佐久山・大田原・鍋掛・越堀・芦野・白坂・白河宿に至る十ヵ宿の街道を指すが、白河宿より以北の道筋も奥州道中と称

することもあり、宇都宮宿以南の日光道中も奥州道中を兼ねる機能を有していた。当初は宇都宮から板戸・鴻野山・鹿子畑・福原・余瀬・寒井・稲沢・伊王野・蓑宿・旗宿・白河の十一宿経由であったが、寛永年間（一六二四―四四）ごろより前記の道筋に改められた。各宿の常備人馬は原則的に二十五人・二十五疋、助郷も指定されていた。設置された宿場機能に比して参勤交代で利用した大名が多く、江戸時代後期には三十七家、高二百五十七万石に及び、その数は東海道に次いでいるが、一般の旅人の利用は比較的少なかった。商品経済の発達により諸物資の運送量が増大したが、それらは脇道や河川舟運による場合が多く、その輸送権をめぐって争論が頻発した。

参考文献 『奥州道中宿村大概帳』（『近世交通史料集』六、一九七三、吉川弘文館）。　（渡辺　和敏）

おうてき　横笛　⇩笛《ふえ》

おうてんもん　応天門　平安宮朝堂院南面の正門。五間三戸瓦葺き二重屋根の基壇建物。朱雀門の北に位置し、朝堂院（八省院）に南接する朝集堂院を仕切る。門の東西に回廊が延び、途中で南に折れ栖鳳楼・翔鸞楼が取り付いていた。元日朝賀や践祚大嘗祭において、門の左右に隼人らが陣した。門号は、「大伴門」に由来し、京城南面中門の門号が朱雀門に固定された後、平城宮朱雀門の中側にあたる中央区朝堂院南門を称した「中大伴門」（平城宮跡出土木簡）を継承したものと推測される。初見は、『扶桑略記抄』大同元年（八〇六）八月条の、空海が宮城南面諸門および応天門の額を書いたとする記事。八六六年（貞観八）閏三月十日夜、応天門とその東西の棲鳳・翔鸞両楼が火災にみまわれた。この事件は、はじめ左大臣源《みなもとの》信《まこと》に放火の嫌疑がかけられたが、左京人大宅鷹取が大納言伴善男らによる放火と告発。その取り調べの最中、鷹取の娘が善男の従者に殺される事件が発生し、応天門の火災も善男らの放火として決着した。主犯の善男とその男中庸ら五人は大逆罪に問われるも罪一等を減じ遠流、縁坐した紀夏井らも配流に処せられたが、事件の真相は不明である。『伴大納言絵巻』は、この事件を素材とした絵巻物で、十二世紀後半の作。そこには、炎上する応天門とそれを見物する群衆が活写されている。なお、応天門に相当する朝集堂院南門の調査は、平城宮跡（東区）・恭仁《くに》宮跡で行われているほか、平安宮応天門の推定地、現在の千本通と夷川通の交差点付近から、凝灰岩の切石が出土しており、明確な遺構は検出されていないものの関連が注目される。

参考文献 『日本三代実録』。『大鏡裏書』。裏松固禅『大内裏図考証』三下（『（新訂増補）故実叢書』二六）。横田健一「朱雀門、応天門と大伴氏」（『続日本紀研究』九ノ九、一九六三）。佐伯有清『伴善男』（『人物叢書』、一九七〇、吉川弘文館）。舘野和己「大伴氏と朱雀門」（『高岡市万葉歴史館紀要』一〇、二〇〇〇）。　（山本　崇）

おうどう　黄銅　銅を主成分とする銅と亜鉛の合金。現行の五円硬貨が黄銅製。真鍮《しんちゅう》は俗称。耐食性がよく、展延性に富み、鍛造、鋳造にも向き、現代でも重要な銅合金の一つ。工業的には亜鉛を二〇％まで含むものを丹銅と呼ぶ。黄銅としては、三〇％の亜鉛を含むものが一般的である。正倉院や法隆寺に、黄銅製の合子や柄香炉が若干伝世している。なお、八世紀ごろ、「鍮石」と呼ばれていた。地中海地域で古くから使われた黄銅は、銅と亜鉛の鉱石を混ぜて得られていたのだろう。亜鉛単体の製錬は十六世紀以降、日本での黄銅の使用は近世になって本格化する。什器や仏像などの鋳物や、キセルなどの細工物などに多用された。黄銅の特徴として、亜鉛の含有量に伴い、銅赤色から金色まで色相が変化するため、金の代用としても使われた。洋銀は、黄銅にニッケルを添加した合金で、銀器の代用品。日本では、十九世紀以降の登場。トタンは、鉄板の表面を亜鉛で被覆したもの。

参考文献 村上隆『金工技術』（『日本の美術』四四三、二〇〇三、至文堂）。　（村上　隆）

おうばらでら　粟原寺　奈良県桜井市大字粟原に所在した寺院。粟原の集落の南側、天満神社の南方の一段高い場所が通称コンドーで、ここに伽藍遺構がある。現状から ここが塔と金堂跡と推定される。移動させられた塔心礎があり、この西には鎌倉時代後半の十三重の石塔が建てられている。この寺の塔の露盤の伏鉢（国宝）が、談山神社に所蔵されていて、それに陰刻の銘文がある。「寺壱院四至（限東竹原谷東岑　限南大岑／限西樫村谷西岑　限北忍坂川）／此粟原寺者仲臣朝臣大嶋惶惶誓願／奉為大倭国浄美原宮治天下天皇時／日並御宇東宮敬造伽檻之尓故比売／朝臣額田以甲午年始至於和銅八年／合廿二年中敬造伽檻而作金堂仍造／釈迦丈六尊像／和銅八年四月敬以進上於三重宝塔／七科鑪盤矣／仰願籍此功徳／皇太子神霊速証无上菩提果／願七世先霊共登彼岸／願大嶋大夫必得仏果／願及含識倶成正覚」。これによると、天武天皇の時、仲臣大嶋が草壁皇子のために、伽藍を造営することを発願し、六九四年（持統天皇八）に起工し、金堂を造り、丈六仏も置かれ、七一五年（和銅八）に三重塔が建てられたことなどがわかり、寺の造営とその経過がわかる希有な例である。なお「寺壱院四至」と四至の記載は追刻との説がある。塔と金堂周辺は国史跡となっている。

参考文献 保井芳太郎『大和上代寺院誌』、一九三三、大和史学会。福山敏男『奈良朝寺院の研究』、一九四八、高桐書院。天沼俊一「廃粟原寺礎石」（『奈良県史蹟勝地調査報告』二、一九二四）。足立康「粟原寺の露盤に就いて」（『建築史』四ノ一、一九四三）。藪田嘉一郎「粟原寺塔銘について」（『考古学雑誌』三七ノ四、一九五二）。　（河上　邦彦）

おうみおおつのみや　近江大津宮　天智天皇が近江国に造営した宮都（六六七―七二年）である。『日本書紀』によると、遷都は六六七年（天智天皇六）三月に行われ、翌年正月天智天皇はこの宮で即位し、六七一年十二月崩御した。大津宮は六七二年（天武天皇元）の壬申の乱で近江朝廷側が敗れたことにより滅亡した。このころの東アジアの国際情勢は中国の唐を中心としてその周辺諸国は激しく揺れ動き、朝鮮三国(高句麗・百済・新羅)や日本もそれに翻弄された。こうした中でわが国は「乙巳《いっし》の変」「大化の改新」を経て、律令制による強力な中央集権国家の確立を目指していた。大陸では百済が唐・新羅に滅ぼされ、日本は百済に援軍を送ったが白村江で大敗した(六六三年)。このため、日本は唐・新羅の侵略に備えて西日本各地に防御施設を構えることになる。近江遷都はこうした情勢下になされたものである。文献史料の大津宮に関連する記事はわずかに散見される程度で、それらから窺うと、近江朝廷では律令制国家の基礎台帳ともいえる全人民を把握するための戸籍『庚午年籍』を完成させ、律令体制建設のための法令をつぎつぎと出したとみられる。

大津宮には唐や新羅の遣使が訪れ、亡命した百済の遺臣たちも出入りして国際色豊かな都であった。また、漏剋《ろうこく》(水時計)で時を測り、時を知らせる太鼓や鐘の音が鳴り響き、漢詩集『懐風藻』にもみられるように、先進的中国文化も満ちていた。宮内には仏殿や織物の仏像、百仏などがあり、近くには天智天皇勅願により崇福寺も建立されるなど仏的色彩にあふれ、琵琶湖では盛んに船を繰り出して歌を詠み、湖畔に設けられた浜台(浜楼)で天皇や重臣たちはたびたび酒宴をはっていた。大津宮の位置について文献史料では不分明で、旧滋賀郡内で現在の大津北郊付近、辛崎(唐崎)とはさほど離れてなく崇福寺の南東方向にあたる位置という程度が知られるのみであった。このため大津宮の所在地については江戸時代から近年まで諸説入り乱れる状況であったが、一九七四年(昭和四十九)、大津市錦織《にしこおり》二丁目字御所之内で滋賀県教育委員会による発掘調査によってはじめて大津宮の宮殿遺構(内裏南門)が検出された。これをきっかけに、大津北郊の錦織・南滋賀・滋賀里・穴太にかけては住宅等の新・増・改築等に伴い、網羅的に発掘調査が実施されることになり、大津宮の宮殿などのある中枢部は錦織にあったことが確定的となった。一帯は、近江大津宮錦織遺跡として国史跡に指定されている。現在までに判明した大津宮中枢部の構造については次のごとくである。中枢部は断片的に掘立柱の遺構群が検出され、東西棟の三つの建物が、園城寺のすぐ東から錦織を縦断して南滋賀廃寺の中軸線に至る南北に延びる古道上に存在し、これらが宮

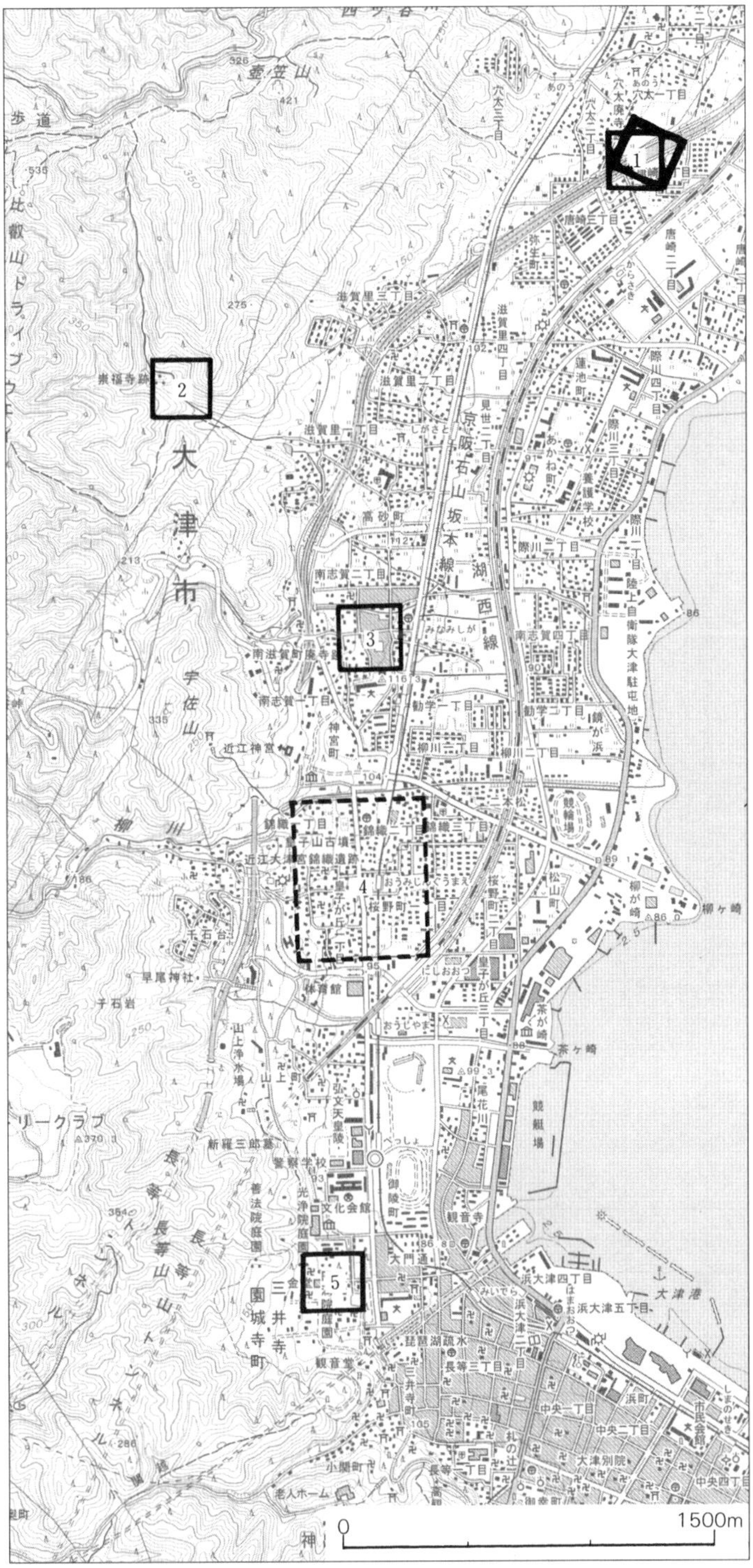

1 穴太廃寺 2 崇福寺跡 3 南滋賀廃寺
4 大津宮(宮城) 5 園城寺前身寺院

大津宮と推定大津京域内の寺院

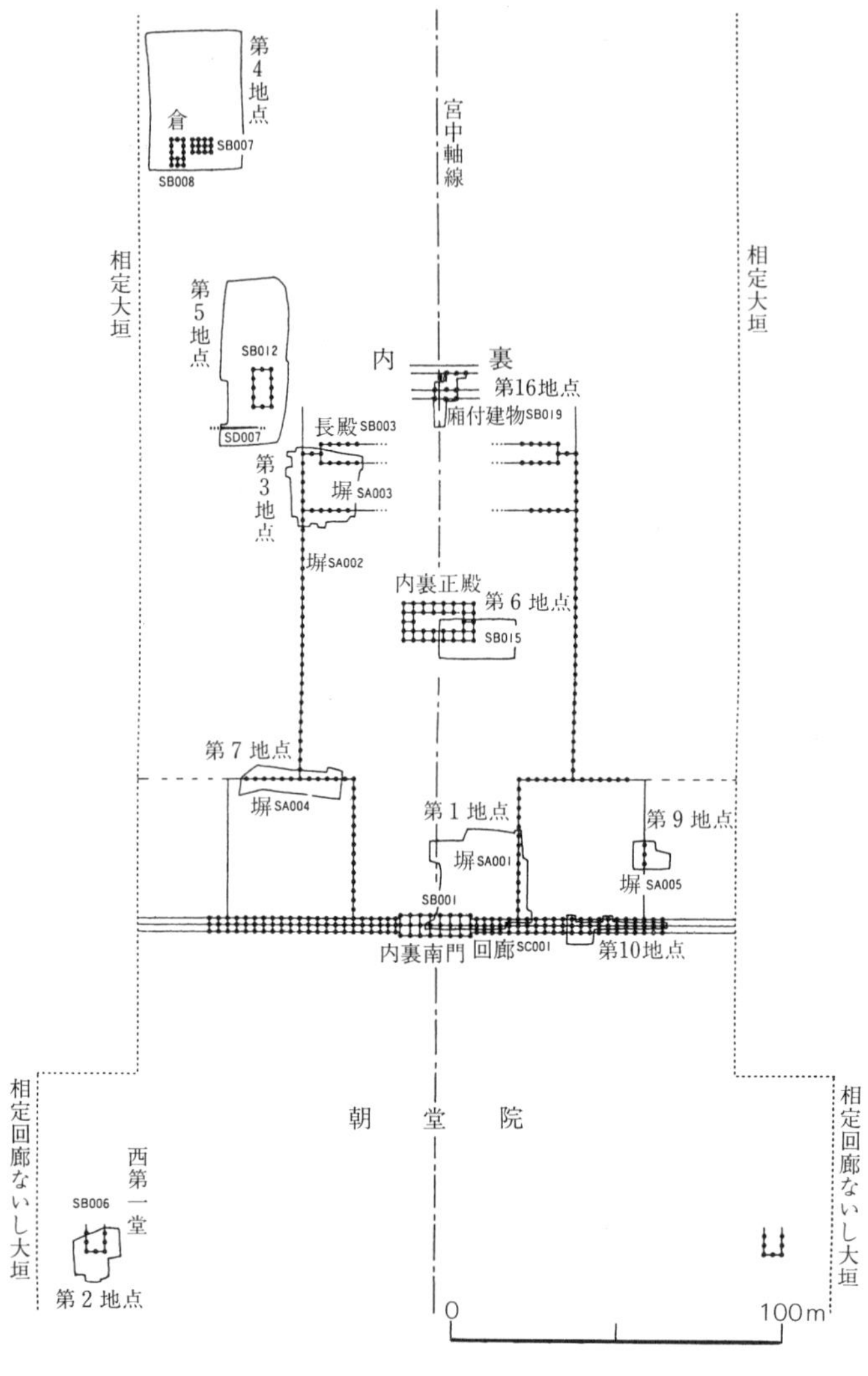

大津宮中枢部推定復原図

の中軸線上に置かれた主要殿舎と判断される。文献史料は大津宮に「内裏」と、朝堂院の南に開く門、「宮門」の存在を記しているため、北に内裏、南に朝堂院を備えた宮と理解される。これら三つの殿舎の内、最も南の建物は門とそれから延びる回廊(複廊)であるため、これを内裏南門に比定し、これより南側が朝堂院とみなされる。内裏南門の北にあるほかの二つの建物は四面庇の建物とみられ、南側のそれが一回り大きいことから、それが内裏正殿と判断された。これら主要殿舎を中心として一本柱による塀で内裏は東西南北に区画され、ほかに東西棟の長殿や南北棟の建物、倉とみられる建物、雑舎などが検出されており、朝堂院地区では西第一堂と推定される南北棟の建物などが検出されている。現時点ではこれらを含む主要施設設置可能範囲は東西約四〇〇メートル、南北約七〇〇メートルが推定されている。しかし、これらはいずれも断片的な資料でしかないため、今後見直される余地は残されている。京域に関しては、これまで藤原京や平城京のごとき碁盤目条に区画された条坊が復元されてきた経緯があるが、現状ではそうした遺構は確認されていない。ただ、穴太廃寺の調査により、後期穴太廃寺の再建寺院は錦織で検出された大津宮の遺構群に合わせた方位に急遽建て直された状況が窺われるため、大津京建設には一定の都市計画は存在したとみられる。南滋賀廃寺もこの方位に合致する。京域を示す遺構はほとんど検出されていないが、地形や現在の地表に残された畦畔・道などから京域の北端には穴太廃寺が、南端には園城寺前身寺院があり、ほかに京内には南滋賀廃寺と天智天皇勅願とされる崇福寺が存在した。そして、西は比叡山、東は琵琶湖がその限りと考えられる。

参考文献 林博通『大津京跡の研究』、二〇〇一、思文閣出版。滋賀教育委員会他編『錦織遺跡—近江大津宮関連遺跡—』、一九九二。 (林 博通)

おうみこくふ 近江国府 わが国の律令期における地方機関として、近江国の行政府の置かれた所である。大津市大江三丁目・六丁目・三大寺とその周辺で、現在は国庁跡とその関連遺跡は「近江国庁跡附惣山《そうやま》遺跡・青江《あおえ》遺跡」として国史跡に指定されている。近江国の国司に関しては、六九四年(持統天皇八)に四等官の存在が『日本書紀』に記されるのがその初出であり、国司の守の名前が最初に文献に現れるのは七〇八年(和銅元)の多治比水《たじひのみず》守《もり》である。近江国庁の位置に関しては、わずかに『和名類聚抄』や『拾芥抄』によって栗本(太)郡内にあったことが知られる程度であったが、一九三五年(昭和十)、歴史地理学者米倉二郎が大津市瀬田(旧栗太郡)の大江三丁目付近に方八町域で存在すると考定した。その後、一九六三年と一九六五年に滋賀県教育委員会によるこの比定地の一画での発掘調査で、国庁跡の中枢部が検出され、歴史地理学の研究成果を裏付ける形となった。その後、一九九六年(平成八)からは国庁域における整備事業に伴う発掘調査が滋賀県教育委員会によって進められ、具体的内容が判明しつつある。また、近江国庁と関連する東南方の惣山遺跡や南方の青江遺跡でも注目すべき遺構が検出されている。中枢部である国庁は舌状に延びる洪積台地上に東西二町、南北三町の範囲に設けられている。政庁区正殿は丘陵中央部の最高所に位置し、南門は丘陵南斜面に、推定北門は丘陵北斜面に配置される。政庁区は国府域の中心部に設けられ、東西約七二メートル(約三分の二町)、南北推定約一〇八メートル(約一町)で、四方を築地塀で囲まれた一院をなす。この政庁区の建物は、中軸線上に東西棟の建物を前後(南北)に置き(前殿・後殿)、その両脇に南北に長い建物(東脇殿・西脇殿)を対称に配置する。これらの建物は瓦積基壇上に瓦葺きの壮大な殿舎が想定されている。前殿はいずれの建物とも廊で結ばれている。前殿は東西七間(二三・一メートル)、南北五間(一五・〇メートル)の建物と推定され、後殿はそれより一回り小さい七間×四間とみられる。脇殿の基壇は南北四八・五メートル、東西九・二メートルを測り、この上に長大な建物が建てられていた。この政庁区の東隣接地には政庁区と並列する形に瓦積基壇をもつ築地塀に囲まれた一院(東郭)がある。規模は東西五八メートル、南北一〇一メートルで、その中央南域には瓦葺きの大型建物を建立した基壇が検出され、その基壇は縦板を並べて外装された特殊なものであった。基壇規模は東西二三・九メートル、南北一三・二メートルを測る。その背後は板塀で仕切られ、その北側に幾つかの掘立柱建物が配されている。また、政庁区の北西方の一画では初源期からの掘立柱建物群が重複して検出され、政庁内の実務的役所の姿が明らかにされている。これら国庁域の諸施設の初源は八世紀中ごろと想定されており、平安時代初めころには大改修が施され、その後幾つかの変遷を経て、十一世紀初頭ころには国庁の機能は終えたものとみられる。国庁政庁区の東南方約四〇〇メートルの惣山遺跡での大津市教育委員会の発掘調査では、礎石建ち総柱の七間(二一・〇メートル)×四間(約六・〇メートル)の南北棟の瓦葺き建物が国庁の建物群の方位に合わせて、南北に一列に十二棟が三〇〇メートルにわたって整然と配されている。瓦は国庁の主要殿舎と同様の流雲文系の軒瓦が使用され、国庁と密接な機能的関連を持つ倉庫群とみられている。また、国庁とは谷筋を隔てた南側の丘陵には青江遺跡が存在する。これまでの大津市教育委員会の発掘調査で、国庁南門の真南約二四〇メートルの地点で幅約二四メートルの南北に延びる道路跡とみられる遺構やそのすぐ東の地点では国庁と方位を合わせた大型掘立柱建物、その南西の地点では築地塀や塀に囲まれて、掘立柱から礎石建ち建物に変遷する三時期の瓦葺き建物などが検出され、国庁との関連の強い官衙が広がっている。近江国庁を取り巻く国府域は、米倉二郎により地割などに基づいて方八町の府域あるいはその後各辺に半町の広がりを想定して九町の府域が想定されていたが、この発掘調査でその中軸線がちょうど合致することが判明し、その府域が妥当なものであったと考えられた。しかし、その後想定府域の範囲内ではその地割に合致する遺構は確認されていない。この方位に合う遺構は想定府域の南側と南西外側の青江遺跡や堂ノ上遺跡、野畑遺跡、瀬田廃寺などの官衙遺跡や寺院で認めることができる。方八町ないし九町の整然とした碁盤目状の府域については再検討の必要が生じてきている。

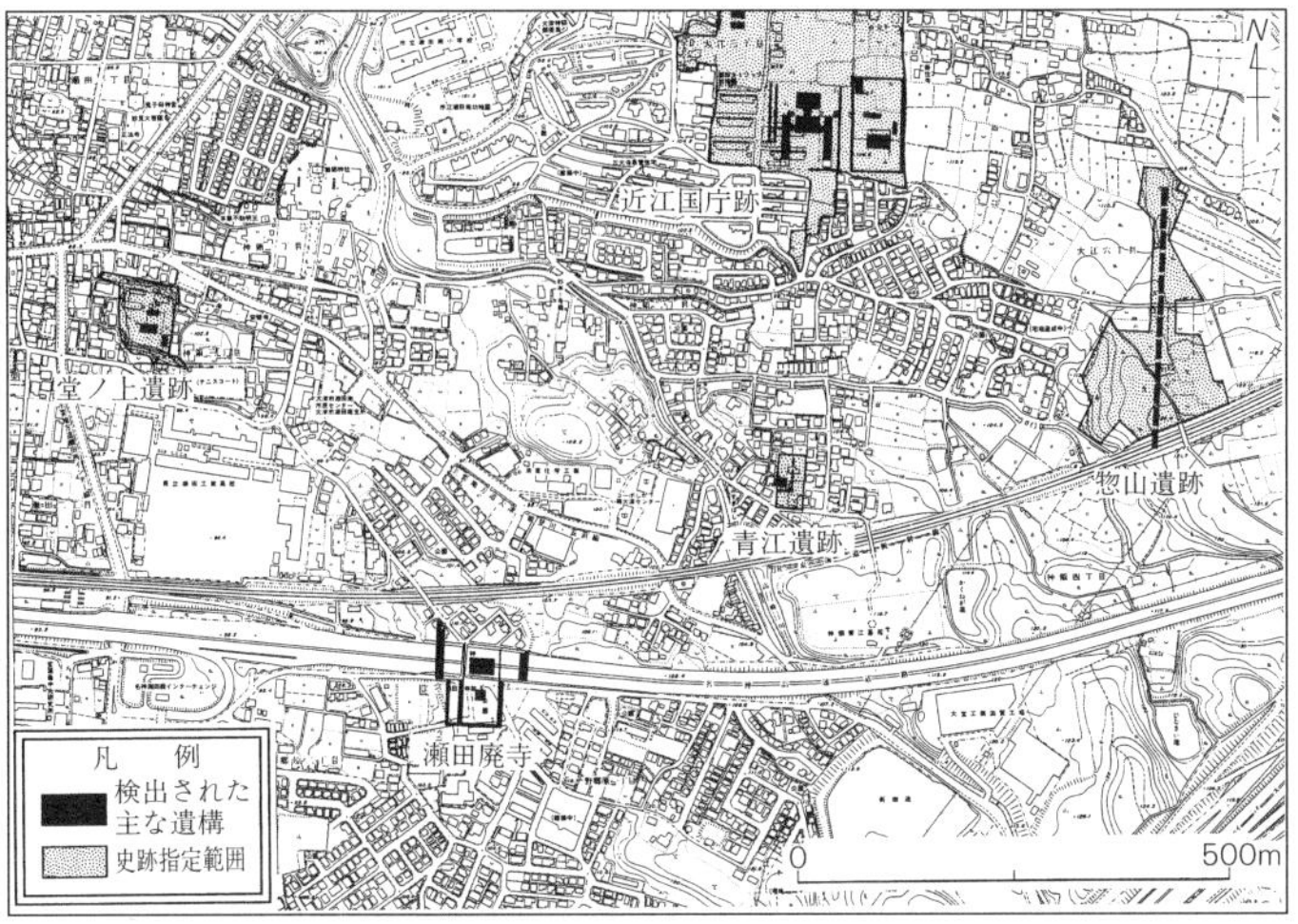

近江国府関連遺跡

参考文献　米倉二郎「近江国府の位置について」(『考古学』六ノ八、一九五五)。滋賀県教育委員会編『史跡近江国衙跡発掘調査報告』、一九七七。滋賀県教育委員会編『史跡近江国庁跡附惣山遺跡・青江遺跡調査整備事業報告書』Ⅱ、二〇〇四。

（林　博通）

おうみこくぶんじ　近江国分寺　七四一年(天平十三)の国分寺建立の詔により、近江国に造営された古代寺院。聖武天皇の七四三年(天平十五)ころ、甲賀郡信楽《しがらき》の地で、紫香楽宮《しがらきのみや》の造営が開始され、総国分寺として甲賀寺《こうがでら》の造営と大仏造立が始められた。しかし、七四五年(天平十七)、聖武天皇が紫香楽宮を去り、総国分寺は平城京の東大寺に引き継がれ、甲賀寺が近江国分寺になったとみられている。現在、国指定史跡となっている紫香楽宮跡は、甲賀寺の遺構とみられ、伽藍《がらん》配置は、中門・金堂・講堂が南北一直線に並び、金堂の東側に塔がある東大寺式伽藍配置の変形とみられる。また二〇〇一年(平成十三)・二〇〇二年には、甲賀寺の東北約四〇〇メートルの丘陵縁辺部で、その造仏所とみられる鍛冶屋敷遺跡の調査がされ、奈良時代中ごろ(八世紀中ごろ)の仏像・梵鐘・仏具を製作した鋳造関連遺構・遺物を多数検出した。一方これとは別に、紫香楽宮廃止後、国分寺は瀬田の近江国庁近辺に移ったとする見解もある。一九六一年(昭和三十六)名神高速道路の建設に伴い調査された瀬田廃寺(神領桑畑廃寺)は、塔・金堂・講堂が南北一直線に並ぶ四天王寺式の伽藍配置をとり、国庁と同じ飛雲文の軒先瓦を使用しているが、寺域の南側に隣接する野畑遺跡(東大寺領勢多庄推定地)との中間地域で、「国分僧寺」と墨書した土器が出土したこともあって、その可能性が指摘されている。『日本紀略』弘仁十一年(八二〇)十一月二十二日条によると七八五年(延暦四)、近江国分寺は焼失したが、再建されることはなく、その機能を瀬田川西岸の国昌寺《こくしょうじ》に移し、八二〇年(弘仁十一)近江国司が、定額国昌寺を正式に近江国分寺とすることを願い出て許されたとある。これ以後、『扶桑略記』の天延四年(九七六)六月十八日条には大地震で大門が倒壊したこと、『小右記』寛仁元年(一〇一七)十二月十四日条には、国分尼寺の火災が飛び火し、国分寺が焼失したことがみえる。ここから国分寺の近くに尼寺のあったことがわかるが、これ以前の尼寺については、記録もなく所在地も判明しない。ただし、『源平盛衰記』五に「粟津ノ国分寺ノ毘沙門堂」とあり、他の文献からも鎌倉時代までその法燈が引き継がれていたことが確認される。この瀬田川西岸の国分寺(国昌寺)の故地については、「粟津」という地名や伊勢斎宮使が国分寺前や勢多橋で下馬しないという記載などから、大津市光が丘町の丘陵一帯が有力である。丘陵部やその斜面からは、奈良時代・平安時代の瓦が大量に出土しており、北大路一丁目の西方寺境内には寺院の礎石が残っている。 ↓国分寺《こくぶんじ》

参考文献 小笠原好彦・田中勝弘・西田弘・林博通『近江の古代寺院』、一九八九、同刊行会。 (大橋 信弥)

おうみじまくじらばか 青海島鯨墓 江戸時代の鯨供養墓。山口県青海島の漁村通浦《かよいうら》(長門市大字通)にある。一六九二年(元禄五)に建立された花崗岩製の石塔で、総高約二・四メートル。墓碑は高さ一・六七メートル、幅〇・四六メートルで、正面に「南無阿弥陀仏 業尽有情雖放不生 故宿人天同証仏果」、側面に「元禄五年壬申五月 願主 設楽孫兵衛 池永藤右衛門 早川源右衛門」の陰刻がある。青海島のある日本海沿岸地域では、近世以降に長州捕鯨と呼ばれる本格的な捕鯨業が発展したが、通浦にはその中心をなす鯨組があった。この鯨墓は、通浦向岸寺《こうがんじ》の讃誉上人が鯨回向《えこう》のために観音堂を建立していた隠居所清月《せいげつ》庵に、鯨組網頭連中が建立したものである。墓の背後の空き地には、一六九二年以降に捕獲された鯨の胎児が埋葬されている。ちなみに、観音堂には元禄五年五月十二日銘の「鯨位牌」一基と一七一九年(享保四)から一八三七年(天保八)まで書き継がれた『鯨鯢過去帳』がある。国史跡。

資料館 くじら資料館(山口県長門市)

参考文献 長門市教育委員会編『長門市の文化財』、一九九一。 (渡辺 一雄)

おうみのくに 近江国 近江国は現在の滋賀県の領域とほぼ一致し、「畿内」中枢部と北陸道・東山道・東海道諸国とを結ぶ要衝を占めている。そして近江国守でもあった藤原武智麻呂《むちまろ》の『武智麻呂伝』は、「近江国は宇宙に名あるの地なり」とし、近江の交通・軍事に占める重要性を述べ、肥沃で広い耕地をもち、人口も多いことを記している。事実律令時代の近江国は「大国」(『延喜式』)とされ、滋賀・栗太《くるもと》・甲賀《かふか》・野洲《やす》・蒲生《かまふ》・神埼・愛知《えち》・犬上・坂田・浅井・伊香《いかこ》・高島の十二郡・八十七郷(『和名類聚抄』)からなる。水田面積は畿内近国中最大の三三四〇二町(『和名類聚抄』)で、人口も推計で十四万人とするものもある。そして近江の国名は『大宝令』により確定したもので、もともと琵琶湖に因んで「近淡海《ちかつあふみ》」と呼ばれていたとみられる。その名のとおり近江の歴史も琵琶湖の存在を抜きにしては考えられない。湖国で人の営みが始まったのは、後期旧石器時代終末の一万四千年前のことで、ナイフ形石器を使う人々の痕跡が確認されている。そして今からおよそ七千年前、大津市石山貝塚を形成した縄文人は、湖辺にいち早く定住的な集落を形成している。弥生時代は二千三百年前ころ湖辺から始まったらしい。守山市服部遺跡では、約二万平方メートルにわたって、弥生時代前期の小区画の水田跡三百面余りが発見されている。中期になると内陸部に新しい集落が形成される。拠点集落は深い環濠で囲まれた防御的なムラで、守山市下之郷遺跡のように九重の濠を廻らすものもある。後期になると守山市伊勢遺跡のように、中心部に巨大な建物遺構をもつものも現れ、大岩山遺跡からは二十四口にのぼる銅鐸が出土している。そして、後期後半には、小松古墳・熊野本6号墳・神郷亀塚古墳など、古墳と見まがうような、大型の墳丘墓が造られるようになる。四世紀前後に始まる近江の古墳文化は、地域差はあるものの、各地域の豪族を葬ったとみられる首長墓が後の郡単位に一〜二の群を形成している。そして、百基近くを数える首長墓のうち、全長が一〇〇メートルを越える古墳は安土瓢箪山《ひょうたんやま》古墳・膳所《ぜぜ》茶臼山古墳・荒神山古墳などわずか三基にすぎず、大半が五〇メートル前後の小規模なものである。一方文献資料によると、近江の古代豪族は、古墳群の分布とほぼ対応して、郡単位に一〜二の氏族が分布し、後には郡の長官・次官(大領・少領)を世襲している。そして大半の豪族が息長《おきなが》君や三尾《みお》君のように君《きみ》という姓《かばね》をもち、大和政権と直接同盟関係を結び、大王に奉仕していたとみられる。また近江は大和・河内と並んで、渡来人の居住が著しく、大津北郊・愛知郡とその周辺に集中して居住している。それぞれの地域では、特異な構造や副葬品をもつ古墳や大壁造建物など特異な建物を含む村が発見されている。近江の古代豪族は、六世紀初頭の継体大王の即位にあたって、中心的な支持勢力であったため、それ以降中央に進出するものが増加している。六六〇年(斉明天皇六)唐・新羅連合軍は百済を滅ぼし、百済の遺臣の要請を受けた倭国は、六六三年(天智天皇二)、国力を挙げて救援戦争に乗り出したが白村江で大敗し、倭国は存亡の危機に見舞われた。唐・新羅の進攻に備えるとともに、高句麗との提携の目的もあり、天智天皇は六六七年(天智天皇六)近江に遷都した。近江遷都の結果、近江は文字どおり畿内中枢となり、近江朝廷に出仕するものも増えた。近江大津宮は壬申《じんしん》の乱の後、「灰燼《かいじん》」に帰し、所在地も長く不明となったが、一九七四年(昭和四十九)、大津市錦織付近で、大規模な門跡が発見されて以降、企画性のある柵列で区画された建物群を検出し、この地に宮跡がある可能性が強まった。六七二年天智天皇が亡くなり、その後継をめぐって古代史上最大の内乱、壬申の乱がおこった。壬申の乱は近江のほぼ全域が戦場となったため、近江の豪族は究極の選択を余儀なくされた。乱の決戦場

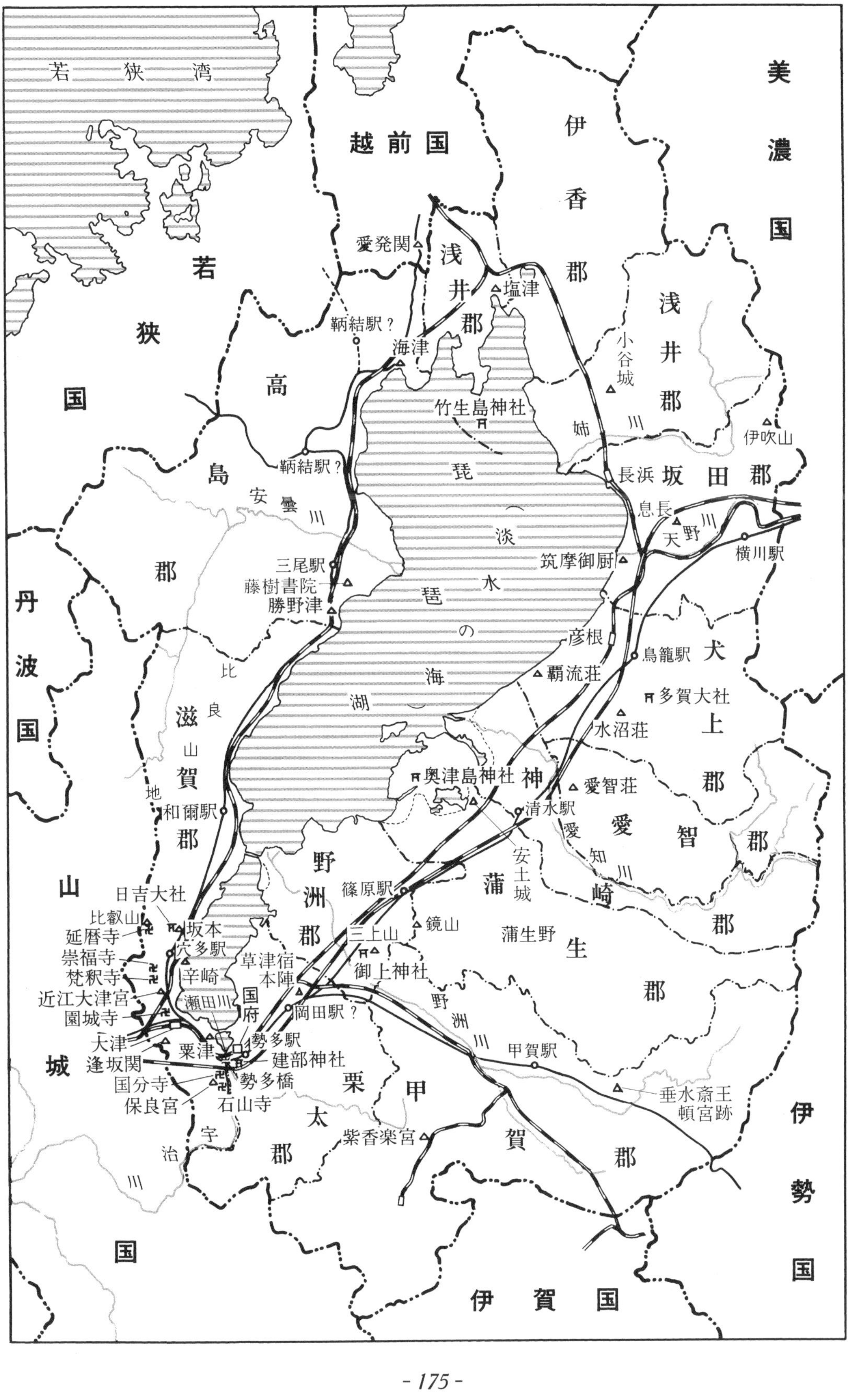
若狭湾
越前国
伊香郡
美濃国
愛発関
浅井郡
塩津
若狭国
鞆結駅？
海津
浅井郡
小谷城
高島郡
竹生島神社
姉川
伊吹山
鞆結駅？
長浜
坂田郡
琵琶湖
（淡水の海）
安曇川
息長
天野川
横川駅
筑摩御厨
三尾駅
藤樹書院
勝野津
丹波国
彦根
鳥籠駅
犬上郡
比良山地
滋賀郡
覇流荘
多賀大社
水沼荘
奥津島神社
神崎郡
愛智荘
和爾駅
清水駅
安土城
愛知川
愛智郡
野洲郡
篠原駅
蒲生郡
山城国
日吉大社
比叡山
延暦寺
坂本
穴多駅
崇福寺
梵釈寺
辛崎
近江大津宮
園城寺
大津
逢坂関
国分寺
保良宮
瀬田川
国府
草津宿
本陣
三上山
鏡山
御上神社
蒲生野
岡田駅？
勢多駅
粟津
建部神社
勢多橋
石山寺
野洲川
甲賀駅
垂水斎王
頓宮跡
栗太郡
甲賀郡
宇治川
紫香楽宮
伊勢国
伊賀国

近江国略図

となった勢多橋の遺構は、一九八八年(昭和六十三)、現在の唐橋から八〇メートル下流の川底で、韓国慶州の半月城に架かる月精橋・日精橋の遺構とほぼ同形式の橋台が発見された。奈良時代には七四三年(天平十五)ころ、甲賀郡信楽《しがらき》に聖武天皇の紫香楽《しがらき》宮が、七五九年(天平宝字三)には栗津に淳仁天皇の保良宮《ほらのみや》が造営されるなど、再び宮都が近江に営まれた。紫香楽宮は、近年史跡紫香楽宮跡の北方の宮町遺跡で宮殿クラスの建物群や多くの木簡が出土し、ほぼこの地で確定、現在の史跡地は甲賀寺《こうがでら》跡と確定した。また近江の国庁・郡庁など律令国家の地方政治に関わる施設のうち国庁は、一九六三年(昭和三十八)瀬田神領の三大寺山で、平城宮跡の朝堂院をミニチュア化した、政庁跡の礎石立ち瓦葺の建物群が発見された。これとは別に、一九九六年(平成八)国庁政庁跡の東南五〇〇メートルに所在する惣山遺跡で、南北に長い礎石立ち瓦葺の倉庫跡が、南北一列に一二棟並んで検出されている。一方、栗太郡家の中枢部とみられる岡遺跡では、長大な建物に囲まれた大型の正殿と見られる掘立柱建物が発見され、「大国」としての近江の格式を示している。なお近江では、飛鳥時代の終わりころから各地で古代寺院が数多く造営されるが、代表的なものとしては、六六八年(天智天皇七)天智天皇の勅願により造営された崇福寺《すうふくじ》跡(志賀山寺)、七六一年(天平宝字五)に保良宮の鎮護として、良弁が増改築した石山寺、七八八年(延暦七)滋賀郡古市郷出身の伝教大師最澄が開いた延暦寺などがある。鎌倉幕府の成立にあたって、頼朝の挙兵に功のあった蒲生郡の武士佐々木氏が近江守護に補任され、以後中世末まで四百年にわたって近江を支配した。承久の乱で広綱と信綱が幕府方と朝廷方に別れ戦ったが、弟の信綱が守護職を受け継ぎ、その諸子が所領を分割され、後に朽木、京極氏となった。一三三三年(元弘三)、鎌倉幕府は滅亡するが、足利尊氏と結んだ京極道誉(佐々木高氏)が勢力をのばし、近江守護にも任じられるが、それも一時的で、近江南部に本拠をもつ佐々木六角氏が、依然本宗としての地位を維持している。応仁・文明の乱後、室町幕府はその威信回復と所領の支配を復活すべく、六角征伐に乗り出すが失敗に終わった。近江北部では京極氏の相続争いに乗じて、浅井氏が頭角を表し、天文年間(一五三二—五五)下克上により支配権を確立し、六角氏と対峙するようになる。六角氏は定頼・高頼の時代には、幕府の政治に介入するなど、大きな力をもつ時期もあったが、伊庭氏をはじめとする重臣の勢力は強く、戦国大名化は達成できなかった。一五六八年(永禄十一)織田信長の近江侵攻により、あっけなく観音寺城は落城した。観音寺城跡は、観音寺山の山頂から山腹にかけ、多数の郭を持つ巨大な城で、石垣を多用するなど、安土城に先行する構造をもち、発掘調査により茶道具をはじめとする戦国時代の武将にふさわしい遺物や、礎石立ちの多くの建物が発見されている。当初信長と結んだ浅井氏も、その後越前の朝倉氏と結び信長と対立、一五七三年(天正元)、小谷城は落城し浅井氏は滅亡した。六角氏を倒した信長は、安土にはじめて天主をもつ大規模な城郭を築き、天下統一の仕上げをめざすが、本能寺の変で倒れ、その事業は豊臣秀吉に受け継がれることになった。安土城は文献によると、五層七重の天主は金と黒漆で荘厳され、内部は狩野永徳をはじめとする当世一流の絵師の筆による障壁画で飾られていたとされ、安土城を築くため大きな石を上げるのに、数千人の人が必要であったといわれる。安土城炎上の痕跡は、石垣・礎石などの石林や瓦などの遺物にとどめられている。その炎の威力は、瓦や陶磁器さえも変形・溶解させている。これまでの発掘調査の結果、炎上の痕跡は山上の主郭部に限られており、天主から崩れ落ちた大量の瓦によって押しつぶされた建物跡からは、炭化した柱材などの建築部材や建ったままの壁が見つかっている。信長の死後、後を継いだ秀吉は、近江を拠点として天下統一をすすめるが、徳川幕府により、拠点である彦根には譜代の井波氏が封ぜられ、湖南の膳所藩には戸田氏、後に本多氏が封ぜられた。この他近江は、近江の諸藩・他国の大名領のほか、天領・旗本領・宮家領・寺社領も多く、一村が数人の所領であることも少なくなかった。古代以来の物流の大動脈をなしていた琵琶湖の水運は、寛文ごろから西回り航路が開発され、衰退したが、中世以来活発化していた近江の商業活動は、近世になると八幡・日野・五箇荘を中心とする近江商人が東北・関東から全国に販路をのばし、蝦夷地の松前にも進出している。一八六八年(明治元)正月、旧大津代官所に大津裁判所が置かれ、つづいて大津県が設置され、天領・旗本領・宮家領、上地した藩領を統治した。その後二十三県になるが一八七一年十一月大津県と長浜県に統合され、一八七二年正月大津県が滋賀県に、二月に長浜県が犬上県に改称され、九月に両県が滋賀県に統合された。

(大橋　信弥)

おおアラコこようせき　大アラコ古窯跡　愛知県田原市芦村町郷津に所在する平安時代末期の古窯跡群。太平洋

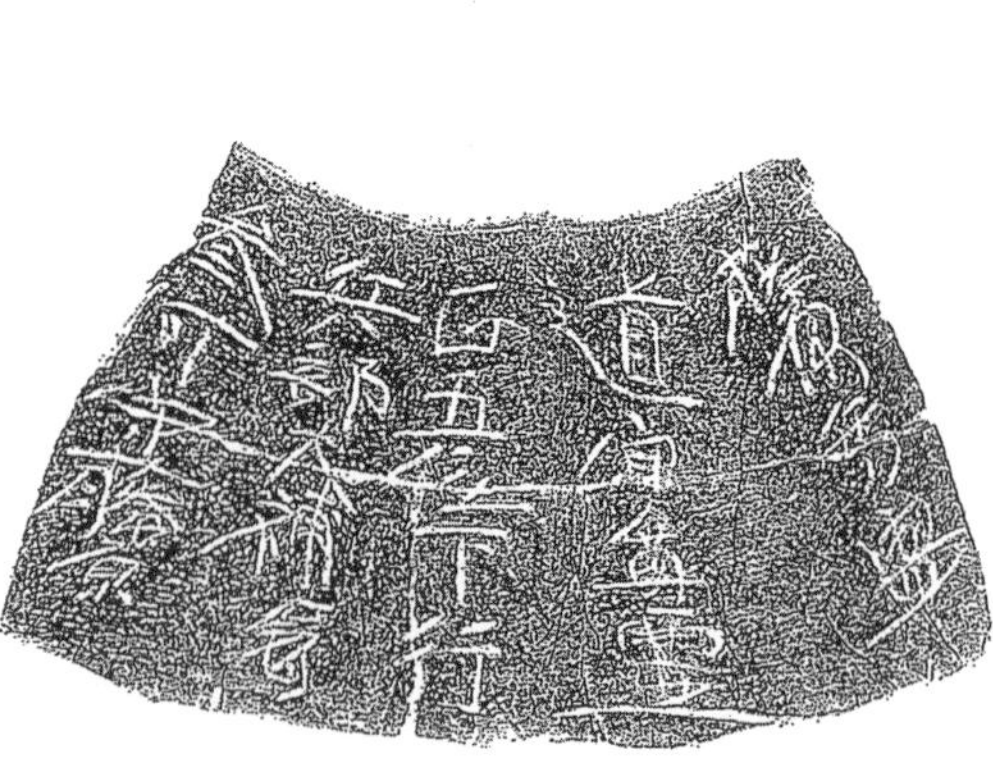

大アラコ3号窯出土壺片

に面した愛知県渥美半島には、十二世紀から十三世紀の百七十ヵ所ほどからなる渥美中世窯跡群が所在している。国指定史跡の大アラコ古窯跡は、渥美半島の中ほど芦ヶ池西南の台地に位置する。一九五五年(昭和三十)から一九六五年に八基確認され、第一、二、三、六号窯が学術調査された。山茶碗・小皿・鉢・壺甕類などの雑器のほかに、施釉壺や菊花文・唐草文の押印、紅葉の絵画文などほかの窯に見られない装飾性豊かな壺甕が多く出土している。第二、三号窯内および六号窯灰原からは「正五位下行兵部大輔兼　三河守藤原朝臣　顕長」銘の壺片が発見された。藤原顕長は『公卿補任』によると、一一三六年(保延二)—一一四五年(久安元)と一一四九年—一一五五年(久寿二)に三河国守となっている。大アラコ窯の操業年代もこのころと推定される。伊勢神宮領の多い渥美半島にあって、芦ヶ池周辺領域は国衙領と考えられている。

参考文献　小野田勝一「古代・中世の窯業」(『田原町史』上所収、一九七二)。愛知県教育委員会『愛知県古窯跡群分布調査報告』V、一九八六。

(後藤　建一)

おおいしよしたかたくあと　大石良雄宅跡　播磨国赤穂《あこう》藩主浅野家の家老大石良雄の屋敷跡。兵庫県赤穂市上仮《かみかり》屋《や》の赤穂城三ノ丸跡に所在する。国指定史跡。一六四五年(正保二)浅野《あさの》長直《ながなお》の入部から一七〇一年(元禄十四)浅野家断絶に至るまで、大石良欽《よしたか》・良昭《よしあき》・良雄の三代が居住した。大石家は代々浅野家の家老職を継ぎ、良雄は赤穂事件の際浪士の中心的指導者として同志四十六人を吉《き》良《ら》邸討入りに導いた。屋敷地は間口二十八間、奥行四十五間余、面積千五百坪で、畳数三百八畳の屋敷であった。開城後の龍野《たつの》藩在番時は次席家老脇坂民部《わきさかみんぶ》が城代として入居し、一七〇二年から一七〇六年(宝永三)の永井氏時代は家老篠原長兵衛《しのはらちょうべえ》の居宅となった。一七〇六年以降森氏の時代は藩札製造所、藩札会所に使用され、長屋門は中級家臣の住居に充てられた。一七二九年(享保十四)失火により屋敷は焼失、長屋門のみが残された。その後邸内池泉とその周囲は紙漉場となり、一八五六年(安政三)長屋門は建替に等しい大修理が行われた。明治に入り花岳寺釈種仙珪《しゃくしゅせんけい》和尚らが旧大石邸の保存に努め、長屋門は一九一二年(大正元)大石神社の創建以後宝物展示場などとして改変・補修が加えられたが、一九七八年(昭和五十三)解体修理により一八五六年当時の姿に復した。

(小野　真一)

大石良雄宅跡　長屋門

おおいたもとまちせきぶつ　大分元町石仏　臼杵石仏と並んで平安時代後期和様彫刻の典型をなす磨崖仏。大分市大字元町に所在し、市街地南の上野丘陵東端の崖面にある。古代は豊後国府が置かれた区域にあたり、「勝津留《かちがづる》畠」と呼ばれる荒地であったが、十一世紀半ばごろから開発の手が入り、一〇七七年(承暦元)宇佐宮領となる。薬師堂と呼ばれる覆堂には、奥壁の熔結凝灰岩に岩薬師と呼ばれている丈六の伝薬師如来坐像を中心に、向かって左に不動明王が矜羯羅《こんがら》・制吒迦《せいたか》の二童子を従えた不動三尊立像、右に毘沙門天とされる天部立像とその脇侍である吉祥天・善膩師《ぜんにし》童子とされる三尊立像が陽刻される。堂内の尊像とは別に、右側の壁に二組三尊形式の磨崖仏の痕跡が残る。丸彫りに近い厚肉彫りで丸顔の穏やかな円満相の伝薬師如来像の作風から十一世紀後半ごろ、宇佐宮の後立てによる造立と考えられる。定朝様《じょうちょうよう》の木彫物を思わせる都ぶりの強い作風から、初期円派《えんぱ》の仏師の手による可能性も指摘される。国指定史跡。

大分元町石仏　伝薬師如来坐像

参考文献　渡辺文雄「大分元町石仏について—初期円派の作例として—」(『大分県立歴史博物館研究紀要』二、二〇〇一)。岩尾順「ふるさとの美術文化」(『大分市史』下所収、一九八八)。

(玉永　光洋)

おおいわにっせきじせきぶつ　大岩日石寺石仏　富山県中新川郡上市町に所在する磨崖仏。立山連峰の北端にある大岩山の麓、日石寺の本尊として祀られる。国史跡・重要文化財。凝灰岩層の壁面に、不動坐像を中心に左(向かって右)に衿羯羅《こんがら》、右に制多迦《せいたか》の二童子立像、また不動と衿羯羅の間に阿弥陀如来、同じく制多迦との間に僧形の各坐像、計五体を並べ刻む。中尊不動は像高三・一三メートルを測り、半肉彫りで表され、巻髪で両目を見開き上歯牙を下出する坐像で、目鼻立ちの大きな相貌は古様であるが、定型化した条帛の形式などから十一世紀後半から十二世紀前半ごろの製作と考えられる。衿羯羅・制多迦童子は厚肉彫りで表され、不動と同時か、さほど隔たらぬ時期に刻まれたとみられる。阿弥陀・僧形像は浅く龕を穿って厚肉彫りされ、平安時代末から鎌倉時代前期ごろの追刻。立山修験との関係については史料を欠くが、真言系の立山修験者が関わって造営された可能性が考えられており、追刻像二軀を立山の開山縁起に登場する慈興上人と阿弥陀の組み合わせとする説が出されている。

参考文献 岩佐光晴「日石寺磨崖仏」(『国華』一二一六、一九九七)。 (奥 健夫)

おおうちしいせき　大内氏遺跡　周防国山口を本拠とした守護・戦国大名大内氏関連遺跡の総称。狭義では、一九五九年(昭和三十四)十一月二十七日付で、史跡「大内氏遺跡附《つけたり》凌雲寺跡《りょううんじあと》」として指定された、「館跡《やかたあと》」「築山跡《つきやまあと》」「高嶺《こうのみね》城跡」「凌雲寺跡」の四ヵ所をいう。指定地の総面積は約一〇万平方メートルと広大である。一族の氏寺興隆寺跡や滴水瓦が大量に出土した乗福寺跡(ともに山口市大内御堀)などの寺院跡、七尾山城(山口市上宇野令・宮野下)などの城郭、守護城下町遺跡とされる大内氏関連町並遺跡(山口市大殿地区)など、未指定の大内氏関連遺跡も数多く存在する。指定地四ヵ所の概略は以下のとおりである。館跡は、領国における大内氏の拠点で、山口市大殿大路にある。山口盆地北東部にあり、北から流れこむ一ノ坂川が形成した扇状地の扇央付近に立地する。遺跡の中央には、大内義隆(一五五一年(天文二十)没)の菩提寺龍福寺(本堂、重要文化財)が現存する。発掘調査が一九七八年度より継続して行われており、およそ十五世紀中ごろから大内氏滅亡までの間、大内氏の本拠であったことが判明している。検出遺構には、空堀・土塁・庭園(池泉・枯山水)、溝・土坑・柱穴・竈・塼《せん》列建物などがある。庭園遺構は作庭時期を異にして、少なくとも三ヵ所は存在している。東南隅の池泉庭園は、足利義稙の御成に伴い、作庭された可能性がきわめて高く、北西隅の枯山水庭園作庭の背景には、大徳寺九十二世玉堂宗條と大内義隆との親交が想定される。遺物は京都系土師器皿を主体とするかわらけが大量に出土するとともに、高麗青磁陶枕、青磁の酒海壺・花生などいわゆる威信財もあり、館が足利将軍邸を規範としつつ、京文化を強く志向したものであったことが判明している。館の規模は、指定区域のみで一町半四方あるが、おそらくこれは内郭部分のみであり、最大二町四方程度と推測される。廃絶は、大内義長が毛利軍によって自刃に追いこまれた一五五七年(弘治三)四月。庭園の復元などを行う史跡整備事業が進行中である。築山跡は一般に十五世紀中ごろ、大内教弘が別邸として館北側に隣接して築造したといわれる。連歌師宗祇が築山(大内京兆亭)で「池はうみこずゑは夏の深山かな」(『老葉《わくらば》』所収)の句を詠んだとされ、大規模な庭園の存在が考えられている。山口市上竪小路所在。現在、指定地の八割弱は八坂神社所有地である。築山跡の規模について『大内家古実類書』には八拾間四面とあるが、古老の伝えであり、直ちに信用することはできない。江戸時代中期の一七二〇年(享保五)―一七五五年(宝暦五)の間に作成された『防長地下上申』のうち山口宰判絵図では、西と南面の外郭ラインに石垣が描かれている。現在では築地跡と伝えられる盛土が、敷地北西隅に鍵の手状に残っている。しかし、この盛土は幕末の文久年間(一八六一―六四)に、毛利氏が萩から藩庁を移し、屋形を造営した際、築山跡の石垣の多くを運んで転用し、後に残土を掻きあげた結果である(『山口県地理誌料』)。一九八五年に実施された発掘調査でも、盛土内部に石垣の一部とみられる遺構を確認している。ほかの遺構としては柱穴・土坑・溝・方形石組などを検出しているが、後世掘削された箇所も多い。出土遺物は十六世紀代のかわらけが大半を占めており、築造時期については今後の検証が必要である。高嶺城は、一五五一年のクーデターで大内義隆を倒した周防国守護代陶隆房の擁立で大内の家名を継いだ大内義長(大友宗麟の実弟晴英)が、一五五六年より、普請をはじめ、毛利軍の侵攻に備えた山城である。遺構は、山口市街の西北にそびえる鴻ノ峰(標高三三八メートル)山頂付近一帯にひろがる。大内氏滅亡後は、毛利軍が城番をおいたが一六三八年(寛永十五)に廃城となった。石垣や建物礎石など、現存する遺構の大半は毛利軍の普請によるものと考えられる。近年、史跡指定地周辺で、石垣を持たない郭や、堀切の遺構が確認されたため、指定地周辺の遺構群についての詳細測量調査が実施され、報告書が刊行されている。指定地の大半は山林で、植林されている。凌雲寺は、宗派・山号ともに不明で、開山は了奄桂悟、開基は大内義興と推定される。義興の菩提寺であるが、廃寺となった年月などのわかる文献史料なども現存しない。遺跡は山口市吉敷中尾の南面に開けた舌状台地上にあり、指定地の南端部には、自然石を用いた惣門跡と称される総延長約六〇メートル、高さ三メートル余りの巨大な石垣が、台地状を横切るように残っている。指定地中央北寄りには、開山塔、義興およびその室家の墓と伝えられる宝篋印塔三基がある。凌雲寺跡指定地の大半は、休耕地であったが、近年、山口市が公有化した。

参考文献 山口市教育委員会編『大内氏遺跡調査資料』、一九六二。同編『大内氏館跡』一―一〇、一九八一―二〇〇〇。同編『大内氏築山跡』一―四、一九八六―九〇。同編『大内氏関連遺跡分布調査』、一九八七。同編『史跡大内氏遺跡保存管理計画策定報告書』、一九八二。古賀信幸「防州山口の城・館・寺」(中世都市研究会編『中世都市研究』七所収、二〇〇〇、新人物往来社)。 (古賀 信幸)

おおかがみ　大鏡　平安時代中期の歴史物語。『世継物語』『世継の翁が物語』などともいう。いわゆる鏡物(四鏡)の嚆矢となった。一〇二五年(万寿二)、紫野雲林院《うりんいん》の菩提講の場で行われた古老の昔語り、という設定で叙述が展開されるが、実際の作者や成立年代は未詳。本来の巻次構成などについても諸説がある。記述年代の多くが重なる『栄花物語』が編年体の体裁を採るのに対し、紀伝体の体裁を採り、序文を除けば、本紀(文徳天皇から後一条天皇の十四代)・大臣列伝(藤原冬嗣から藤原道長の二十人)・藤氏物語(藤原鎌足から藤原頼通の十三代)・昔物語の四つの部分から構成される。序文によれば、藤原道長の栄花とその由来を語ることが主題とされるが、記事の分量や逸話の豊富さなど内容の面からみても、大臣列伝に重きがおかれていたと考えられる。なお、成立後間もなく付されたと推測されている裏書にも、貴重な内容が含まれている。諸本は古本系統・増補本系統・異本系統の三つに大別されるが、古本系統に属する東松《とうまつ》了禿氏旧蔵の六巻本が現存最古の完本である。刊本としては新編日本古典文学全集本などがある。

[参考文献] 歴史物語講座刊行委員会編『大鏡』(『歴史物語講座』三、一九九七、風間書房)。松本治久「大鏡」(皆川完一・山本信吉編『国史大系書目解題』下所収、二〇〇一、吉川弘文館)。 (石田　実洋)

おおがきじょう　大垣城　岐阜県大垣市内の中心部に築かれた戦国時代から近世にかけての平城。大垣市郭町ほか所在。築城時期は天文年間(一五三二―五五)とされ、初代城主には宮川氏という説と竹腰氏という説がある。その後、氏家氏や池田氏などが城主となり、関ヶ原合戦時石田三成が在城した。江戸時代には徳川譜代の戸田氏と続き、一八六九年(明治二)に廃城となった。明治以降も天守閣と隅櫓は残っていたが一九四五年(昭和二十)の空襲で焼失し、現在は復元天守が建っている。太鼓門跡付近で行われた発掘調査では十六世紀後半ころの焼土面や堀とみられる落ち込みなどが見つかっている。出土遺物には陶磁器や土師器皿(かわらけ)、瓦などがある。軒瓦には岐阜城、清須城と一致するものが見られる。ほかに漆器の椀、皿などが出土した。外堀の北西隣接地に位置する城主の菩提寺円通寺で実施した確認調査では、近世瓦や陶磁器が出土した。

[資料館] 大垣城郷土博物館(岐阜県大垣市)

[参考文献] 大垣市教育委員会編『大垣城跡』Ⅰ、二〇〇〇。同編『大垣市埋蔵文化財調査概要』平成十二年度、二〇〇二。 (内堀　信雄)

おおがま　大窯　十五世紀後半以降、瀬戸・美濃窯、常滑窯、信楽窯、越前窯、丹波窯、備前窯のいわゆる中世六古窯で成立した窯を指す。「大窯」という名称は、各窯業地で連房式登窯(小窯)が導入された際に、その時点まで使用されていた窯に対する総称と考えられている。最も発掘調査の進んでいる瀬戸・美濃窯における大窯の基本的な窯体構造は、焚口・燃焼室・火炎室・焼成室・煙道部からなり、窯体は側壁と天井が地上に構築される地上式、あるいは半地上式で、製品の出し入れ口が焼成室の側壁に造られ、燃焼室の床面は石積みとなる。窖窯にみられない火炎室は、分炎柱両側の天井に粘土を貼り付けた障壁、分炎柱左右の床面に一定間隔で配された小分炎柱、焼成室との境に段を設けた昇炎壁からなる。この構造は、後の連房式登窯にみられる縦狭間構造に通じるもので、これによって焼成室内の炎の流れは倒炎式となっている。一方、越前窯では焼成室が最大幅五メートルを測る胴張りの強い前室と、幅が狭く、煙道部に向かって直線的にすぼまる後室に分かれ、信楽窯は、焼成室中軸上に障壁が設けられ、焼成室が左右に二分される。また、備前窯は他の窯業地と比べ焼成室が長大で、平面形が細長いものとなり、常滑窯は大窯期に比定される窯体の調査は為されていないものの、天井が高く、寸胴形の窯体であったと考えられている。これらはいずれも瀬戸・美濃窯とは異なる独自の窯体構造を有しているが、燃焼室が石積みとなり、天井が掘り抜きではなく後から架構されること、さらに、それまで使用されていた窖窯に比べ焼成室の容積が拡大されるなど、大量生産に適した窯構造を完成させている点では瀬戸・美濃窯と共通している。また、丘陵部に広く展開していた窖窯に対して、大窯は基本的に集落部もしくはその周辺に集中する傾向にあるが、このことは、専業度の高い組織化された工人集団の成立に伴い、労働力の集約など、新たな生産体制が確立されたことによるものと考えられている。

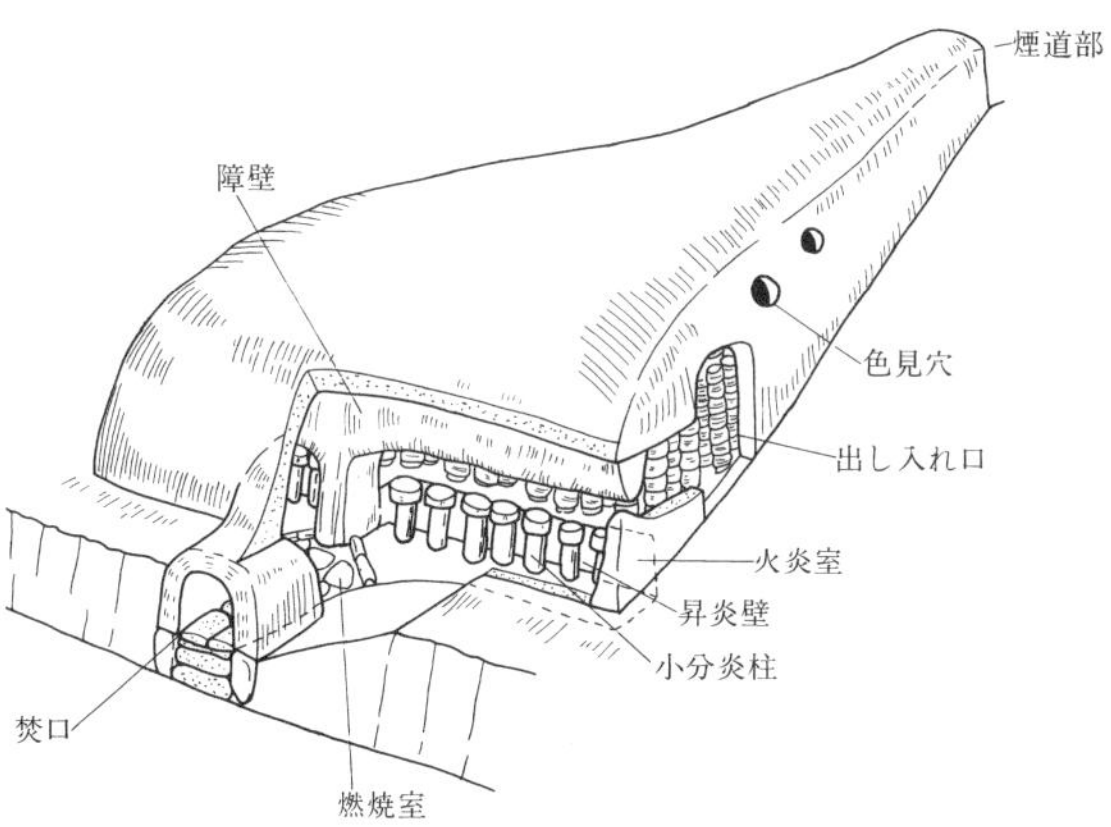

大窯模式図（瀬戸・美濃窯）

[参考文献] 瀬戸市史編纂委員会編『瀬戸市史』陶磁史篇四、一九九三。瀬戸市埋蔵文化財センター編『六古窯の時代』、一九九八。同編『瀬戸大窯とその時代』、二〇〇二。 (河合　君近)

おおかわいせき　大川遺跡　北海道余市郡余市町大川町に所在。余市川河口右岸の砂丘上に立地する、縄文時代から近代までの複合遺跡。左岸の入船遺跡とあわせて調査が進められている。一九五八年(昭和三十三)の発掘では、縄文時代晩期の土器の基準資料として余市式が設定されている。一九八九―九四年度にかけて、余市川改修事業に伴う調査が実施され、八十九軒の住居・建物跡、九百五十基以上の土壙墓など多数の遺構・遺物を検出し

大川遺跡出土銙帯金具（巡方・丸鞆）

た。縄文文化期は晩期の墓群が主体となり、副葬品としてヒスイ玉などがある。続縄文文化期(前三―紀元六世紀)には、恵山文化期の墓群が中心で、多量の土器・石器・琥珀平玉などが出土している。後北文化期・北大文化期の遺物も豊富である。擦文文化期(七―十二世紀)の墓・住居も多数検出されており、須恵器、刻書・墨書土器、直刀・刀子、銙帯金具(巡方・丸鞆)など本州・日本古代国家との関わりを示す遺物や、大陸系の青銅製風鐸など外来遺物の多彩さは特筆される。『日本書紀』の阿倍臣北航記事に登場する「後方羊蹄《しりへし》」(斉明天皇五年(六五九)三月条)、渤海使の漂着した「志理波村」(『類聚国史』延暦十四年(七九五))との関連が指摘されることもある。中世には中国磁器や本州産の瀬戸系・珠洲《すず》系陶器など、陶磁器の出土量が傑出する。日本海交流の要衝として、道南や津軽安藤(東)氏と結びついた交易基地としての役割が想定され、道南十二館に先駆けた早い段階における和人集団の侵入・居留を推測する見解もある。近世には漆器・キセル・太刀・ガラス玉などを副葬するアイヌ墓が多い。場所請負制下では付近に上ヨイチ運上家、対岸に下ヨイチ運上家が設置される。伊万里焼を多量に出土し、キテなどの漁労具や古銭も多い。近代にも、主として鰊《にしん》漁に関わる多数の遺構・遺物を有する。前近代の長期間にわたって、北海道を代表する北日本海交流の中心的港湾拠点としての性格が顕著である。

参考文献 余市町教育委員会編『大川遺跡における考古学的調査』、二〇〇〇―〇一。 (蓑島 栄紀)

おおきたよこあなぐん 大北横穴群 国史跡北江間横穴群の一つ。墓制の変遷のみならず、北伊豆地域における政治的推移を解明する上で重要。静岡県伊豆の国市北江間に所在。凝灰岩で構成される丘陵の南向き斜面に造られた。東に大北東、南西六〇〇《メートル》に大師山、その西に割《わり》山《やま》横穴群がある。大師山横穴群(十基)は切妻形家形石棺を納める横穴もあり、古くから知られていた。大北横穴群は総数四十七基(五～六段)で構成される(三群に分類)。いずれも玄室と羨道の区別のないフラスコ形あるいは長方形の平面形を呈し、造り付けの石棺を有するもの一基のほか、石櫃を納めるもの、長さ二〇《センチ》程度のミニ横穴など多彩である。二四号横穴から「若舎人」と陰刻された石櫃が出土している(重要文化財)。大北東横穴群(十五基)、割山横穴群(十四基)も石櫃を納める横穴を含んでいる。大北横穴群の時期は七世紀後半から八世紀にかけてと考えられる。

参考文献 静岡県教育委員会編『大師山横穴群』、一九七六、伊豆長岡町教育委員会。大北横穴群調査団編『大北横穴群』、一九八一、伊豆長岡町教育委員会。『静岡県史』資料編二、一九九〇。 (佐藤 正知)

おおきど 大木戸 都市の正面入口の門は大木戸と称されることがある。しかし、具体的なことは、まだよくわからない。『吾妻鏡《あずまかがみ》』文治五年(一一八九)八月条に、源《みなもとの》頼朝《よりとも》が陸奥の藤原泰衡《ふじわらのやすひら》を攻めた時、弟国衡《くにひら》等が伊達郡国見宿の脇の大木戸において戦ったことがみえる。阿津賀《あつが》志《し》山の東南、阿武隈川までの中間に、大木戸と称する場所がある。しかし中世においては大木戸の語彙の使用はほとんどない。江戸時代では江戸に二つの大木戸が設けられた。江戸の南の高輪《たかなわ》大木戸(東京都港区)と西の四谷《よつや》大木戸(同新宿区)である。高輪大木戸は東海道からの入口にあたる。芝口門とともに、一七一〇年(宝永七)の朝鮮通信使の参府に際して設置された。この地は伊能忠敬《いのうただたか》が実施した全国測量の基点となったともいう。四谷大木戸は江戸から内藤新宿に至る道筋にある。甲州街道・青梅街道からの入口であった。街路を挟み両側には石垣が築かれ、高札が掲げられた。ともに江戸城下町への入口という標識的な存在になっていた。 (齋藤 慎二)

おおごおりのみや 大郡宮 七世紀中葉、孝徳朝に難波に置かれた宮の一つ。『日本書紀』白雉三年(六五二)正月朔条に、難波長柄《なにわのながら》豊碕宮《とよさきのみや》における元日の礼の後、孝徳天皇が行幸したとある。前日の六五一年(白雉二)十二月晦日、孝徳天皇は「大郡」から新たに造営された難波長柄豊碕宮に遷っているので、大郡宮と大郡は同一であったと考えられる。大郡の初見は『日本書紀』欽明天皇二十二年(五六一)是歳条で、百済・新羅の使節の迎接の場としてみえる。六〇八年(推古天皇十六)には、帰国する隋使裴世清《はいせいせい》らを難波大郡で饗応するなど、外交使節を迎え、儀式や饗宴を行う施設であったらしい。六三〇年(舒明天皇二)にも、大郡と三韓館の修造記事がみえる(以上、いずれも『日本書紀』)。大郡宮は、外交使節のための迎接施設を宮殿に改作して利用したものであろう。所在地については諸説あるが、その機能からすると、難波津や外交使節が滞在する難波館《なにわのむろみ》から遠からぬ地点にあったものと考えられる。なお、『日本書紀』皇極紀に朝鮮諸国の使者を迎接したとする「難波郡」も、難波大郡を指すとする説がある。 ↓小郡宮《おごおりのみや》

参考文献 直木孝次郎『難波宮と難波津の研究』、一九九四、

吉川弘文館。吉川真司「難波長柄豊碕宮の歴史的位置」(大山喬平教授退官記念会編『日本国家の史的特質』古代・中世所収、一九九七、思文閣出版)。　（古市　晃）

おおさか　大坂　〔大坂と大阪〕大坂は中・近世の歴史地名であり、近・現代の大阪とは地名として指し示す範囲が全く異なる。江戸時代の大坂は、大坂城と城下町大坂に限定された幕府直轄都市としての地名で、周辺はすべて近郊農村として区別されていた。明治維新直後に設置された大阪府(公印に「阪」を使用)は、当初、旧大坂をそのまま引き継いだものであったが、次第にその管轄区域を拡げ、紆余曲折ののち、一八八七年(明治二十)に至ってほぼ現在の大阪府域が確立。一方、一八八九年市制・町村制施行とともに大阪市が発足。数次の市域拡張ののち一九二五年(大正十四)にほぼ現在の大阪市域が確立した。そのため、現在一般に大阪といえば、二二〇平方キロ余の大阪市域を指すか、一八九〇平方キロ余の大阪府域全体を指すか、いずれかである。しかし、いずれも面積一五平方キロ程度の近世の大坂とは規模が違いすぎて同列に論じることはできない。そこで本項では、主として狭義の歴史地名大坂について述べる。〔原始・古代・中世〕大坂という地名が歴史に登場するのは十五世紀末のことで、本願寺八世法主蓮如《れんにょ》がその晩年、一四九六年(明応五)、「摂州東成郡生玉庄内大坂トイフ在所」に「一宇ノ坊舎ヲ建立」(蓮如の手紙)したのがはじまりである。この大坂御坊は十世証如《しょうにょ》・十一世顕如《けんにょ》時代一向宗(浄土真宗)の総本山＝大坂本願寺として栄えた。なお、大坂本願寺は石山本願寺とも呼ばれるが、それは江戸時代以降の通称である。寺院と寺内町十町から成る大坂の地は、後の大坂城の中心部とほぼ重なり合う地域と推定しうる。この地域を含む上町《うえまち》台地北端部一帯は古来難波《なにわ》と通称されてきた。八世紀に成った『日本書紀』によれば、神武天皇東征の折、難波の碕《みさき》に至ると潮の流れがあまりに速いのでここを浪速国《なみはやのくに》と呼び、浪華《なみはな》(浪花)とも呼んだが、後に訛《なま》って難波《なにわ》と呼ばれるようになったという。難波の地には、森の宮遺跡のような縄文・弥生時代から近世に及ぶ複合遺跡も見られ、高台には五世紀に多くの米倉が建ち並び、七世紀に入ると聖徳太子の遣隋使が難波津を発着し、朝鮮三国の使者を応接する難波の館《むろづみ》(迎賓館)が建設されるなど、統一国家の要地となった。六四五年(大化元)、政変により都が飛鳥から難波に遷され、六五二年(白雉三)には難波《なにわ》長柄《ながら》豊碕宮《とよさきのみや》が完成。孝徳天皇の前期難波宮《なにわのみや》である。天武天皇も陪都《ばいと》(副都)として難波を重視したが、六八六年(朱鳥元)、失火により難波宮は全焼。奈良時代の七二六年(神亀三)より、聖武天皇によって難波宮が復旧され、難波京の整備も進められた。七八四年(延暦三)の長岡京遷都に至るまで難波は陪都として継続した。これが後期難波宮で、大阪城公園の南側に前期と重なり合うその遺構が史跡公園として整備公開されている。長岡京遷都につづく平安京遷都(七九四年)によって、難波宮と難波京の歴史は終り、平安時代以降およそ七百年にわたり難波の地は古代のにぎわいと較べればいかにもさびれた僻地《へきち》と化した。中世末期、大坂本願寺の繁栄が新たな大坂の歴史を生み出したのである。〔織田・豊臣時代の大坂〕一五六八年(永禄十一)、天下統一を目指す織田信長が入京、畿内一円の軍事支配に着手したが、大坂本願寺の抵抗に遭い、一五七〇年(元亀元)信長・本願寺戦争が勃発した。本願寺は寺域の城郭化と武装門徒増強を一層強め、反信長勢力との連携も図ったため、戦争は長期化。ようやく一五八〇年(天正八)に講和が成立、本願寺は信長に寺地を明け渡して紀州へ移った。このときの火災により寺院も寺内町も全焼。その跡地に信長が一定の整備を施し、これを大坂城として丹羽長秀らに守らせ、二年後に本能寺に倒れたあと、池田恒興が城主として入った。さらにその一年後の一五八三年、羽柴(後の豊臣)秀吉が大坂を接収し、ここを天下取りの拠点とすべく、旧城を改造・拡張した新たな大城郭の築造と大城下町の建設に取りかかった。秀吉の築城は最初から石造りの巨城を目指したため大がかりな石集めから始められ、前例のない深く広い堀と高石垣を備えた豪壮なもので、本願寺以来の旧城はあくまでその前身と呼べるにすぎない。秀吉は支配下の諸大名を動員して築城工事を重ね、城域が次第に拡張され、大坂という地名の示す範囲も拡張していった。秀吉の晩年に骨格の固まった城と城下町は、まずおよそ二キロ四方の惣構堀《そうがまえほり》の内側全域が広義の大坂城であり、武家屋敷や町屋《まちや》も多く包含している。これが狭義の大坂であり、最晩年に城下町の再編整備のため新たな展開を見せる船場《せんば》と天満《てんま》の両地区は、秀吉在世中は大坂とは区別して呼ばれる地であった。秀頼時代に大坂(狭義の大坂)と船場・天満との城下町としての一体化が進み、大坂の陣当時の史料には「大坂の天満」という表現もみられる。その意味からも大坂の地名の示す内容が秀吉死没の一五九八年(慶長三)を境に豊臣前期と豊臣後期に分かれ、近世の大坂は、基本的には豊臣後期の継承発展といえる。〔近世の大坂〕大坂夏の陣の戦火で豊臣時代大坂城と城下町大坂は潰滅し、豊臣氏も亡び去った。戦後大坂城と城下の焼跡整理ならびに復興の基礎固めを命ぜられた徳川家康の外孫松平忠明は、在坂四年間でほぼその任務を終えたと見られ、一六一九年(元和五)、大坂は幕府直轄領に組み込まれるとともに、二代将軍徳川秀忠によって大坂城および城下町の再建が命令された。この翌年着工の築城工事は、西日本の六十四大名を動員した三期にわたる天下普請で進められ、幕府直営の建築工事を含め一六二九年(寛永六)には完了した。本丸・二ノ丸・北外曲輪《きたのそとくるわ》(三ノ丸)から成る新城は、面積規模においては秀吉築造大坂城の四分の一にも満たないものの、石垣も堀もその後の技術的進歩をふまえ全く新しく、全面的、徹底的に築き直され、格段に豪壮なものに生まれ変わった。大天守も場所を変えてはるかに巨大なものに作り変えられ、その他すべての建造物も一新された。縄張《なわばり》(基本構造)そ

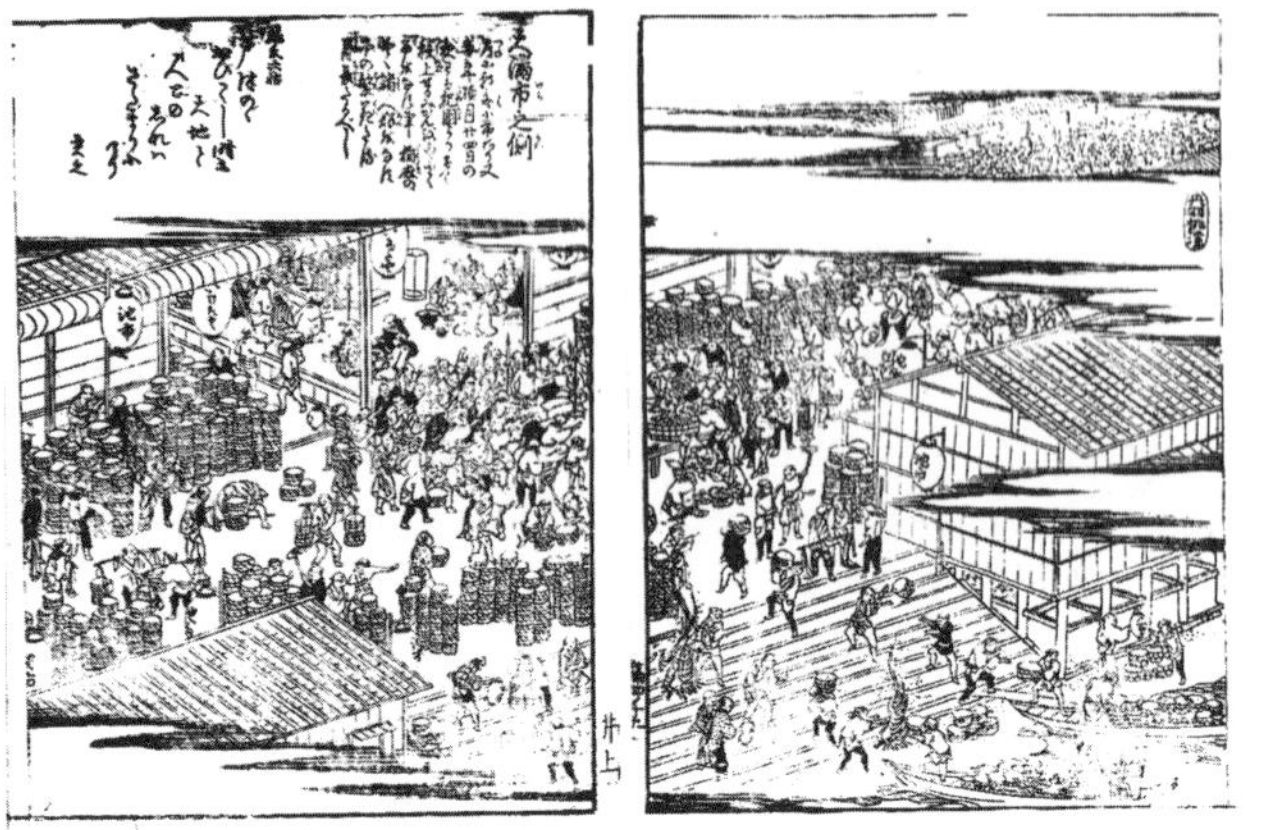

天満市之側(『摂津名所図絵』四より)

のものの変更が大きく、徳川期の城は豊臣期の城とは全く別個の新城と考える必要がある。それでは、築城と並行して進められた城下町の再建・拡張はどうか。その前提となる夏の陣の焼亡以前の城下町大坂についてここでいくつかの史料をとり上げておくこととする。『当代記』によれば、一六〇〇年の関ヶ原の戦い当時、東横堀に大坂内町と船場をつないで北から「浜の橋・高麗橋・平野町橋・淡路町橋・備後橋・本町筋橋・久太郎町橋・久法(宝)寺町橋・かんとうし(安堂寺(?))町橋・うなき(鰻)谷町橋・横橋」が架かっていたという。橋名から推測される各町名が江戸時代以降も船場あるいは船場・大坂内《うち》町《まち》双方に見られる。また、一六一五年の『大坂濫妨人幷落人改帳』には、右の『当代記』東横堀橋筋関連町名が収録されているほか農人橋筋・御堂筋・瓦町・安土町・唐物町・博労町・塩町などの町名が記され、いずれも江戸時代の町名と重なる。これらの事実からも豊臣後期の慶長末期には船場の原形が形成されていたことがうかがわれる。さらに、一六一〇年(慶長十五)に大坂を訪れたドン＝ロドリゴの『日本見聞録』によれば、「当地は日本国中最も立派なる所にして人口は二十万あり」とされ、一六一五年の夏の陣決戦の日すなわち大坂落城当日大坂市中から脱出したコーロス神父の報告書によれば、戦火で全焼した城下町は九万軒もあったという。これが事実なら人口は二十万をはるかに越していたであろう。こうした旧城下町の復興は容易なことではない。松平忠明の下で、戦災により四散した大坂住民の帰住促進、有力富豪を元締衆に任命して新たな町割りと水帳作成を命じ、中断していた南堀川(道頓堀)の竣工や京町堀・江戸堀などの開削促進などが行われ、西船場の開発も始まった。一六一九年の大坂幕領化以後、城下町整備が一層本格化した。同年の伏見城廃城決定に伴う伏見城下八十町の町人の大坂移住の影響も大きい。長堀川も当初ふしみ川といわれたように伏見町人の開発によるものである。幕府は、西日本に対する軍事拠点としての大坂城の警衛を重視し、一六一九年以来、初代内藤信正・二代阿部正次以下、譜代の重臣を大坂城代に任命し、その下に定番《じょうばん》・大《おお》番《ばん》・加番《かばん》その他諸奉行を配して守りを固めるとともに、大坂を全国的経済支配の拠点と位置づけ、初代久貝《くがい》正俊・島田直時以下、町奉行二名を置き、その下に有力町人を惣年寄・町年寄などに組織して、町方支配を強化した。松平忠明時代の一六一六年に惣会所の設立された船場の北組・南組が町人自治組織のはじまりと考えられ、少し遅れて天満組も発足。幕領化以後、伏見からの移住町人による伏見組が一時形成されたが、やがて北・南両組に吸収され、急増する新町も北・南・天満の三組(三郷《ごう》)のいずれかに所属して統括される大坂三郷の制が寛永年間(一六二四―四四)には確立した。大坂三郷の商工金融都市としての発展とともに人口も増大し、一六六五年(寛文五)の二十六万人余から一六九九年(元禄十二)の三十六万人余へ、さらに一七六五年(明和二)には四十二万三千人に達する。このころをピークに人口は江戸時代後期には減少傾向をたどるが、九〇%以上を町民が占める最大の経済都市としての繁栄は明治維新まで続き、町数も一七八二年(天明二)以降合計六百二十町を数えた。大坂町人の業種・規模はまちまちで、山村与助・寺島藤右衛門・尼崎又右衛門などの御用町人、淀屋常庵・个《こ》庵に代表される初期特権開発商人、十七世紀末ごろ以降頭角を現す鴻池・住友・三井などの新興大商人、その他無数の新興中小商工業者が盛衰を重ねる。廻船・鉱工品・木綿その他農産物・水産物などの問屋・仲買の成長が著しく、正徳年間(一七一一―一六)には問屋五千五百軒以上、仲買とそれに近い諸商が一万千軒以上を数えた。天満青物市場・雑喉《ざこ》場魚市場・北浜ついで堂島の米市場・靫《うつぼ》海産物市場などの発達、さらに何よりも中之島・堂島・土佐堀川・江戸堀川の河岸などに諸大名の蔵屋敷が建ち並び、十八世紀初にはすでにその数八十五を数え、大町人がそれらの蔵元として活躍した。天王寺屋・鴻池など両替商の発展も目立つ。こうした商品経済の担い手たちの成長・富裕化を背景に学問・文学・美術・芸能などの町人文化も大いに発達した。大坂城と大坂三郷から成る近世の大坂は、幕末の動乱期を経て明治維新とともに幕府直轄経済都市としての役割を終える。

参考文献 『新修大阪市史』一―五、一九八八―九一。大阪町名研究会編『大阪の町名―大阪三郷から東西南北四区へ―』、一九七七、清文堂出版。井上正雄『大阪府全志』、一九七五―七六、清文堂出版。

(渡辺　武)

おおさかじょう　大坂城　豊臣秀吉築城から大坂夏の陣の落城に至る豊臣期大坂城と徳川将軍の城として再建され明治維新まで続いた徳川期大坂城の総称。〔豊臣期大坂城〕中世の大坂本願寺(石山本願寺は近世以降の通称・俗称)とその遺構を利用した織田信長(約二年間)・池田恒興《つねおき》

大坂城（「大坂夏の陣図屛風」より）

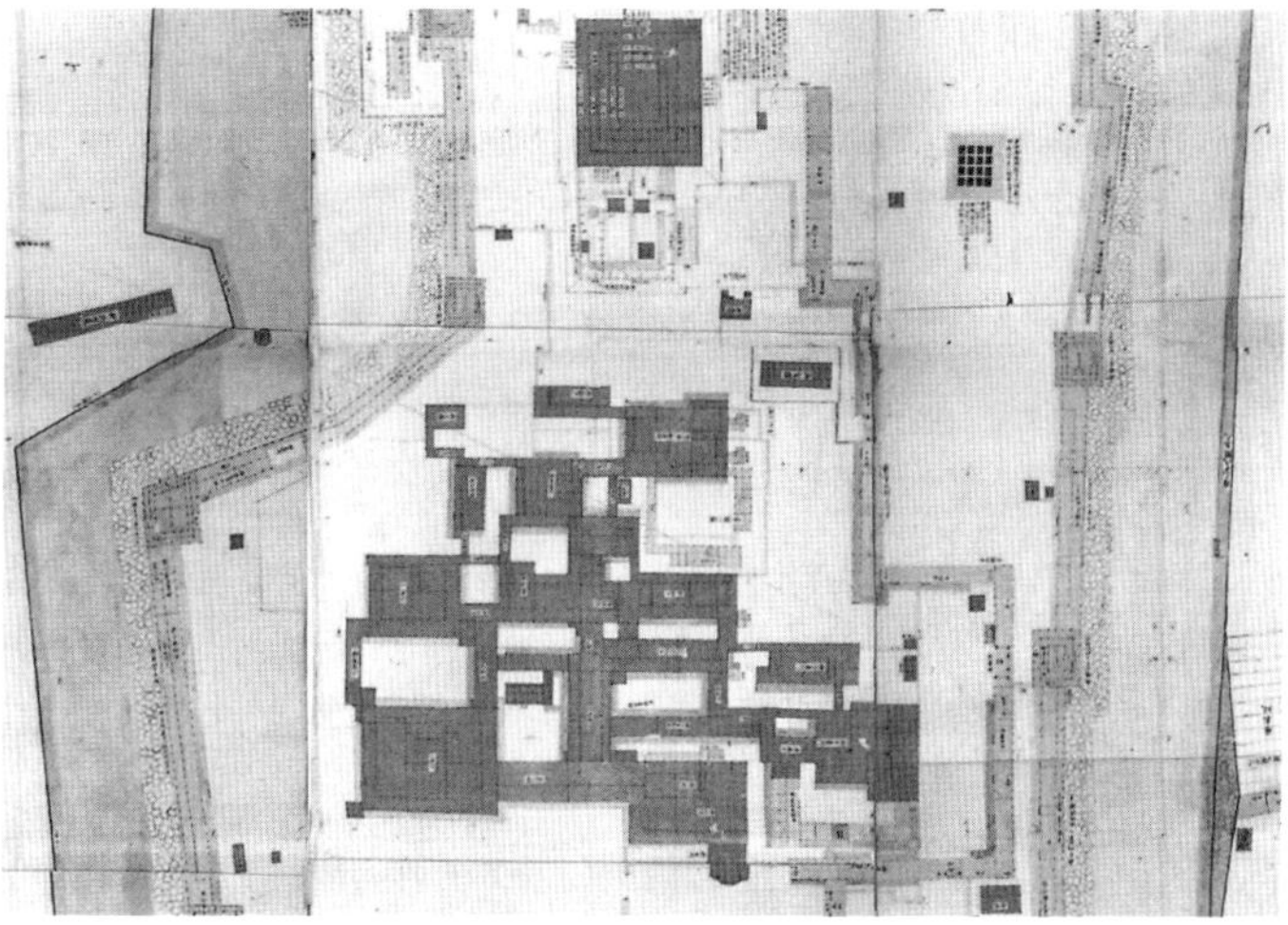

大　坂　御　城　図

（約一年間）の大坂城を「旧城」と呼んだポルトガル人宣教師ルイス＝フロイスによれば、一五八三年（天正十一）秋着工した豊臣秀吉の大坂築城は、すべて「旧城」を改造して塔や櫓などを付け、新規築城同然の効果を挙げているとのことである。この時の工事は第一期の本丸築造工事を指しているが、約一年半後の一五八五年の春先には完成したことが知られる。まさに大坂本願寺を前身として秀吉の大坂城は築かれたのである。しかし、天下人の居城にふさわしい石造りの巨城を目指す秀吉の大坂築城は、この後、拡張を重ねて、その死の翌年に至りようやく完成を見る。すなわち、一五八六—八八年に外郭の二ノ丸築造（第二期工事）、天下統一達成後の一五九四年（文禄三）から惣構堀《そうがまえぼり》築造（第三期工事）に着工、完了は二年後と推定される。これによってほぼ二キロ四方の城地をもつ大城郭となった。さらに一五九八年（慶長三）六月病床から命令を発し、二ノ丸と惣構との間に大規模な三ノ丸を築造する工事（第四期工事）を始める。これは城の構造と城下町の規模および構造に大きな変更をもたらすもので、同年八月の秀吉没後も工事は続き、翌年までかかった模様。この最後の大工事によって、四重構造の難攻不落の大城郭が完成し、城下町も惣構内の内町《うちまち》と船場《せんば》・天満《てんま》地区から成る基本構造ができ上がったといえる。豊臣秀頼城主時代の十七年間は城も城下町も以前と異なり、豊臣後期と呼ばれている。さらに秀頼時代には、江戸幕府成立後、大坂在住の諸大名が江戸へ移住し、大名屋敷が空いて、城下町の様相が一変する。最後に冬の陣（一六一四年）・夏の陣（一六一五年）の戦火で城も町も壊滅《かいめつ》状態となり、三十二年間の豊臣期大坂城が終る。〔徳川期大坂城〕夏の陣による落城後、松平忠明が十万石で大坂城主に任命され、戦災で荒廃した大坂や周辺農村の復旧に努めたが、大坂城には手をつけた形跡がない。一六一九年（元和五）、大坂は幕府直轄地となり、二代将軍徳川秀忠の号令の下、翌一六二〇年春から西日本の諸大名を動員して大坂城を再建する天下普請《てんかぶしん》が始まった。藤堂高虎《とうどうたかとら》を普請《ふしん》（土木工事）総奉行《そうぶぎょう》に、一六二〇年、一六二四年（寛永元）、一六二八年の三次にわたる石集め・石垣築造などの土木工事に六十四大名が参加、また、小堀政一《こぼりまさかず》（遠州）・山岡景以《やまおかかげもち》を作事《さくじ》（建築）奉行として幕府直営の建築工事が進められ、一六二九年にはすべて竣工した。このとき豊臣期大坂城の本丸・二ノ丸・内堀・外堀など中心部のみ、場所はほぼ踏襲しながらも縄張を改め、すべての石垣を基礎から新しい石材と新しい技術で築き直し、完全に一新。建築も全部新築。豊臣期の遺構はゼロである。一六六五年（寛文五）落雷で天守焼亡、一七八三年（天明三）には同じく落雷で大手門と多聞櫓を焼失。幕末（一八四五—五八）、大坂・堺・西宮・兵庫の町人の御用金で大手門・多聞櫓の再建ならびに全城の建物の大改修が行われ面目を一新したが、一八六八年（明治元）一月、戊辰《ぼしん》戦争の中で起こった城中大火により、ほとんど全焼、徳川期大坂城は幕を閉じた。〔大坂城跡の現状〕現在の大阪城は、大阪市中央区大阪城一～三の町域に属する約一〇七ヘクタールの大阪城公園全体を指す。そのうち外堀外周部以内の約七三ヘクタールが一九五五年（昭和三十）「特別史跡大坂城跡」に指定され、徳川期大坂城の遺構（本丸・二ノ丸・北外曲輪《きたのそとくるわ》・内堀・外堀・石垣などの土木遺構）を比較的よく残している。特別史跡の敷地内には、大手門一棟・塀三棟（大手門南方矩折《かなおれ》、大手門北方、多聞櫓北方）・多聞櫓《たもんやぐら》一棟（矩折、一部櫓門《やぐらもん》）・千貫櫓《せんがんやぐら》一棟・乾櫓《いぬいやぐら》一棟・一番櫓一棟・六番櫓一棟・焔硝蔵《えんしょうぐら》（石造）一棟・金蔵《きんぞう》一棟・金明水井戸屋形《きんめいすいいどやかた》一棟・

桜門《さくらもん》一棟、以上合計十三棟の城郭古建築が現存し、一九五三年、一括で「重要文化財大阪城」の指定を受けた。すべて徳川期の建築遺構である。その他、青屋口《あおやぐち》多聞櫓一棟と桜門両翼の塀二棟は現代の模擬復元建造物のため指定外。また、鉄骨鉄筋コンクリート造りの天守閣(模擬復興)一棟(一九九七年登録有形文化財)と同じく旧陸軍第四師団司令部庁舎遺構は、いずれも一九三一年竣工の近代建築である。

参考文献　岡本良一『大坂城』(『岩波新書』、一九七〇、岩波書店)。岡本良一編『大坂城の諸研究』(『日本城郭史研究叢書』八、一九八二、名著出版)。渡辺武『図説再見大阪城』、一九九〇、大阪都市協会。　(渡辺　武)

おおさかじょういしがきいしきりちょうばあと　大坂城石垣石切丁場跡　大坂城石垣修築用の石を切り取った丁場跡。香川県小豆郡小豆島町岩谷《いわたに》に所在する。国史跡。岩谷における丁場跡は、南谷《みなみだに》、天狗岩《てんぐいわ》、天狗岩磯豆腐石《いそとうふいし》、亀崎《かめさき》、八人石の六丁場跡がある。各丁場跡には種石《たねいし》(石垣用石を切り出すための原石)・角取石《かどとりいし》(石垣用石)・そげ石(残余石)として分類される花崗岩が散在し、それぞれ切り取るための大型の「やあな」痕跡があり、さらに中には弦桝《げんます》・輪違《わちがい》・丸丁《まるちょう》などの符号約四十種二百一個の刻印が刻まれている。岩谷丁場からの石の搬出がいつごろのものであるかは確証がないが、大坂城の一六二〇年(元和六)修築以降は筑前福岡黒田藩の受け持ち丁場で、一八六三年(文久三)の記録に番人七兵衛が置かれ、「御用石員数寸尺改帳」に角取三百七十七、そげ石二百七十七、〆六百五十四とある。現在およそ四百個が数えられている。

参考文献　『史跡大坂城石垣石切丁場跡保存管理計画報告書』、一九七九、内海町教育委員会。　(松本　豊胤)

おおさかふゆのじん・なつのじん　大坂冬の陣・夏の陣　江戸時代初期、一六一四年(慶長十九)—一六一五年(元和元)、徳川家康が全国の諸大名を動員して豊臣秀頼の居城大坂城を包囲攻撃した二度の大戦の通称。一六一四年十月一日、家康が近江(滋賀県)・美濃(岐阜県)などの諸大名に大坂出陣を命じてから、十一月二十六日の鴫野《しぎの》・今《いま》福《ふく》合戦、十二月四日の真田丸《さなだまる》攻防戦、同月十六日の本町《ほんまち》橋夜討《ばしよう》ちなどを経て、同月二十二日の和議(講和)調印に至るまでの徳川軍(東軍)約二十万・豊臣軍(西軍)約十万の対陣・対戦を「大坂冬の陣」と呼ぶ。ついで、翌一六一五年四月五日の家康より秀頼の国替えまたは浪人追放要求から諸大名動員令、同月二十九日の樫井《かしい》合戦、五月六日の道明寺《どうみょうじ》・八尾《やお》・若江《わかえ》合戦、翌七日、大坂城南部一帯での決戦、大坂落城。八日、秀頼・淀殿ら自刃。これらをまとめて「大坂夏の陣」と呼ぶ。東軍十五万五千、西軍五万五千の死闘であった。なお、冬・夏の陣の呼称は旧暦の用法(冬=十一—十二月、夏=四—六月)によっている。ひるがえって、大坂城を居城に天下統一を果たした豊臣秀吉が一五九八年(慶長三)病没した時、後継者秀頼はまだ数え年六歳。そのため豊臣政権は、徳川家康を筆頭とする五大老と中央官僚たる石田三成ら五奉行が担当したが、たちまち家康派と反家康派に分裂。一六〇〇年の内戦(関ヶ原の戦い)を制した家康は、一六〇三年みずから征夷大将軍となり江戸に幕府を創設、その二年後には息子秀忠に将軍職を継がせ徳川政権の永続化を図った。全国の百九十余大名がすべてこれを慶祝する中、秀頼成人後の豊臣政権再興に望みを抱く豊臣氏のみ臣従を拒否し続けたのである。そのため、将来秀頼が反徳川勢力の求心力となる危険を察した家康が強引な武力打倒にふみきったのが冬の陣・夏の陣の原因ということができる。方広寺の鐘銘問題が冬の陣の直接のきっかけとされたが、大坂攻めの口実はいくらでも作られたであろう。

参考文献　岡本良一『大坂冬の陣夏の陣』、一九七二、創元社。桑田忠親他編『大坂冬の陣図・夏の陣図』(『戦国合戦絵屏風集成』四、一九八〇、中央公論社)。二木謙一『大坂の陣—証言・史上最大の攻防戦—』、一九八三、中央公論社。　(渡辺　武)

おおさわのいけ　大沢池　平安時代初期、嵯峨《さが》天皇が平安京西郊に造営した離宮、嵯峨院(のちの大覚寺)の園池。京都市右京区嵯峨大沢町の大覚寺境内(国指定史跡)に所在、「大沢池」として国名勝にも指定されている。北方の上嵯峨山中の観空寺谷から流れ出る渓流を、南から東にかけて長大な堤を築くことでせき止めた広大な池で、面積は約三万三〇〇〇平方メートル。池の北部には西に天神島《てんじんじま》、東に菊島《きくしま》の大小二島を配し、それらをつなぐようなかたちで庭湖石《ていこせき》と呼ぶ立石が池中に並び立つ。また、池の北方約一〇〇メートルのところには藤原公任《ふじわらのきんとう》の和歌「滝の音は絶えて久しくなりぬれど名こそ流れてなほ聞こえけれ」(『拾遺和歌集』八)で有名な「名古曾滝《なこそのたき》」の滝石組が残る。近年の発掘調査では、この滝石組から池に至る嵯峨院造営当初の素掘り遣水《やりみず》(流路)が見つかったほか、造営当初の池北岸が確認され、天神島がもともとは北岸から突き出す出島であった可能性の高いことなどが明らかになった。

参考文献　旧嵯峨御所大覚寺『史跡大覚寺御所跡発掘調査報告』、一九九七。　(小野　健吉)

おおすみこくぶんじ　大隅国分寺　聖武天皇の発願により大隅国に建立された国分寺。鹿児島県霧島市国分《こくぶ》中央に「康治元年(一一四二)壬戌十一月六日」の銘を持つ六重の石塔(本来は五重か七重)があり、これによって大隅国分僧寺は、この地に所在したと考えられ、一九二一年(大正十)に国の史跡に指定された。創建時期は八世紀末以降とされており、創建瓦は日向国分寺のものに類似し、『弘仁式』に大隅国分寺料二万束が日向国において出挙されている状況と符合する。『延喜式』段階では、国分寺料は大隅国内で出挙されている。寺域や伽藍配置も不明であるが、同市鍛冶屋馬場《かじやばば》遺跡では寺域の北限を示すとされる大溝が検出されている。瓦窯として於里窯跡(霧島市、大正期に破壊)と宮田ヶ岡瓦窯跡(始良《あいら》郡始良町船津、二〇〇四年(平成十六)に大隅国分寺の関連遺跡として国史跡に追加指定)が知られる。大隅国分寺は、宇佐弥勒寺の

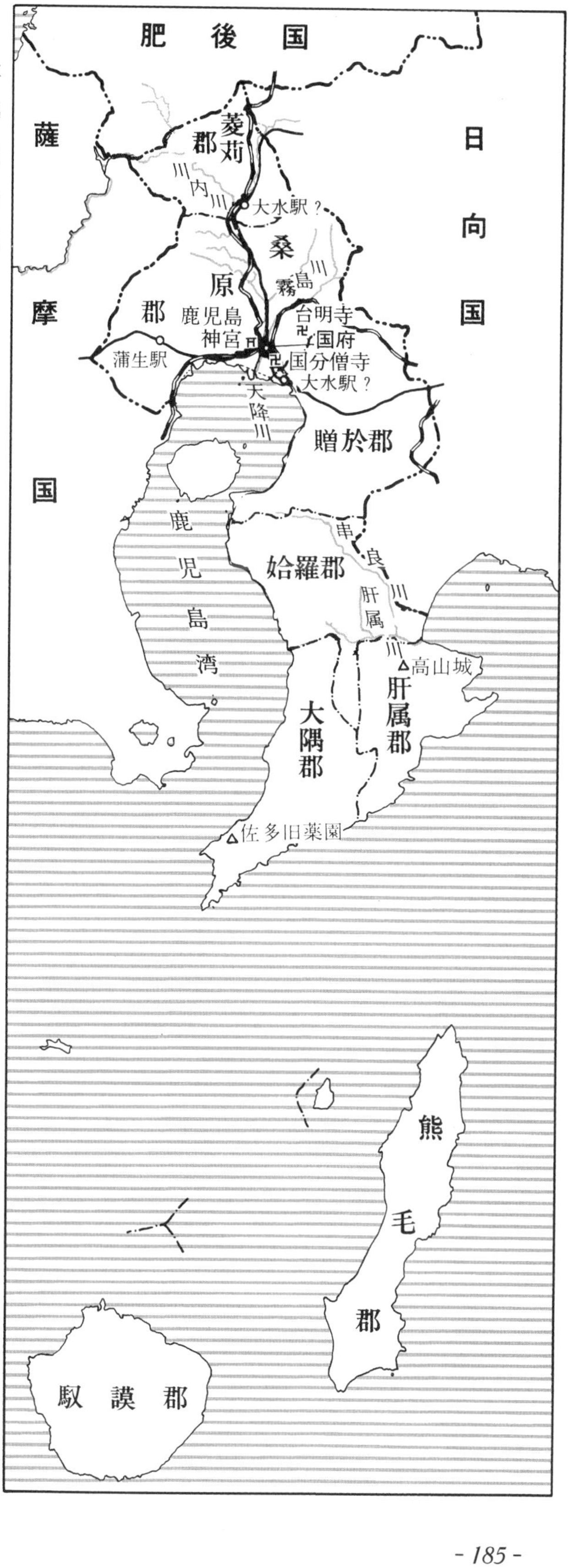

大隅国略図

末寺となり、鎌倉時代の文献で薩摩国鹿児島荘を領していたことが確認できるが、その後衰微したようである。なお大隅国分尼寺の比定地はいくつかあるが、詳細は全く不明である。 →国分寺《こくぶんじ》

参考文献 寺師見国・木村幹夫「大隅」(角田文衛編『新修国分寺の研究』五下所収、一九六七、吉川弘文館)。国分市教育委員会『大隅国分寺跡』(『国分市埋蔵文化財発掘調査報告書』一〇、二〇〇五)。 (永山 修一)

おおすみのくに 大隅国 七一三年(和銅六)に日向国から分置されて成立した鹿児島湾奥沿岸部から大隅半島を主域とする国。六八二年(天武天皇十一)に大隅隼人が朝貢を開始した記事がみえる。六九九年(文武天皇三)に修治された稲積《いなづみ》城は、当国域(桑原郡稲積郷付近)にあったと考えられる。令制国の設置とともに日向国の一部に編成された。七一〇年には、日向隼人曽君細麻呂がみえる。七一三年に、日向国の肝坏《きもつき》・贈於《そお》・大隅・姶纙《あいら》の四郡を分けて、大隅国が設置された。その際起こった隼人の抵抗を鎮圧し、翌年政府は隼人教導のため、豊前国から二百戸の移民を行い、これをもとに桑原郡を設置した。大隅国設置以降にみえる大隅隼人は、国単位で把握されたものである。『養老令』職員令大国条は、「鎮捍、防守、蕃客、帰化」などの特殊な任務を大隅国守の職掌として規定している。大隅国は、大宰府および日向国などからの財政支援を受けたが、国の等級は、設置当初以来隼人対策から中国とされ、『律書残篇』には五郡十九郷とみえる。七二〇年(養老四)の大隅国守殺害を発端とする隼人と政府との軍事衝突は、大伴旅人率いる政府軍により約一年半で鎮圧された。『宇佐託宣集』には、隼人七城がみえるが、その実態は全く不明である。その後も、七三〇年(天平二)に班田制導入が断念されるなど、隼人に対しては律令制の諸原則の適用が留保された。七五五年(天平勝宝七)、未編戸の隼人と考えられる菱刈村の浮浪九百四十余人により菱刈郡が建てられた。八〇〇年(延暦十九)に、大隅国にも班田制が全面的に導入され、八〇五年に隼人の朝貢が終了し、律令制の完全適用が実現した。八二四年(天長元)、多褹《たね》島が廃止されて熊毛《くまげ》・馭謨《ごむ》の二郡が大隅国に編入された。『和名類聚抄』には、八郡三十七郷がみえる。国府の位置を、『和名類聚抄』は桑原郡とし、『色葉字類抄』は「桑原国府 曾於府」、『拾芥抄』は曾於郡とする。『延喜式』が載せる大隅国内の駅は、蒲生《かもう》(現姶良郡蒲生町)・大水《おおむつ》(比定地不明)の二駅のみで、多くの脱漏が推測される。また、八六〇年(貞観二)には、馬が

増えすぎたとの理由で吉多《よしだ》・野神《のがみ》(ともに比定地不明)の二牧が廃止された。郡家も全く確認されていないが、小《こ》瀬戸《せと》遺跡・小倉畑遺跡(ともに姶良郡姶良町)・高井田遺跡(同郡加治木町)は、公的施設・富豪層の居館あるいは寺院の可能性がある。式内社は、大社として鹿児島神社(現霧島市隼人町鹿児島神宮)が、小社として大穴持《おおなむち》神社(霧島市国分広瀬)・韓国《からくに》宇豆峯《うずみね》神社(霧島市国分井上)・宮之浦《みやのうら》神社(霧島市福山町)・益救《やく》神社(熊毛郡上屋久町)がみえる。『延喜式』段階で、財政は自立したかにみえるが、『北山抄』から十世紀末には里倉負名の存在が知られ、『小右記』によれば一〇二八年(長元元)ころ、島津荘の大隅国への拡大に絡むと考えられる大宰大監平季基による大隅国府焼き討ち事件が起こっている。一一九七年(建久八)の図田帳によれば、島津一円荘が七百五十町、同寄郡が七百十五町余、正八幡宮領が千二百九十六町余となっており、近年の発掘調査によって中世以降の桑幡家・留守家など正八幡宮社家の状況が明らかになりつつある。一一八五年(文治元)、惟宗(島津)忠久が島津荘下司に任じられ、大隅国守護職は最初島津氏が補任されたが、大半は北条氏がその地位にあった。鎌倉幕府滅亡後、島津氏が大隅国守護職を回復したが、南北朝の対立に足利直冬勢も絡んで抗争が激化した。こうした中で、島津氏が拠った志布志内《しぶしうち》城(志布志市)、肝付《きもつき》氏の高山《こうやま》城(肝属郡肝付町)など数多くの城郭がつくられた。戦国時代には諸勢力が割拠し、一時的には肝付氏が大きな力を握った。十六世紀に入ると薩摩国を押えた島津貴久は本格的に大隅攻略を進め、一五七四年(天正二)肝付氏などを降し、大隅国を領国化した。一五八七年島津義久が豊臣秀吉に降伏すると、秀吉は、義久の弟義弘に大隅一国を安堵した。島津氏は、一六〇〇年(慶長五)の関ヶ原合戦で西軍に属したものの赦されて薩摩・大隅・日向諸県郡を宛行われた。うち大隅国は十七万石余とされた。武士は一七四四年(延享元)に定まった百十三の外城のうち、大隅国には地頭所三十五、私領七の四十二外城が置かれた。また一六六四年(寛文四)の郷長によれば、大隅国には二百三十ヵ村があり門割制度という農村支配制度がとられた。新田開発やシラス台地の開拓も活発で、西目(薩摩半島)から東目(大隅半島)への強制移住(人配)も行われた。一八七一年(明治四)の廃藩置県をうけて大隅国は都城県とされ、翌一八七二年姶良・菱刈両郡は鹿児島県とされた。一八七三年都城県が廃されて、旧都城県所轄の大隅は鹿児島県とされた。さらに、一八九六年、日向国南諸県郡は、大隅国曾於郡に編成された。

参考文献 原口泉他『鹿児島県の歴史』(『県史』四六、一九九九、山川出版社)。『鹿児島県の地名』(『日本歴史地名大系』四七、一九九八、平凡社)。

(永山 修一)

おおだかじょう　大高城　名古屋市南部の小丘陵に築かれた平山城。名古屋市緑区大高町所在。大高城は永正年間(一五〇四―二一)に築かれたが、一五五九年(永禄二)に今川氏が奪取し西方進出の拠点とした。一方、織田信長は、大高城の東方に丸根砦と鷲津砦を築き同城の孤立化を図った。一五六〇年の桶狭間合戦の折には、松平元康(のちの徳川家康)が今川方として入城していたが、今川氏の敗北に伴い岡崎に戻り、大高城は廃城となった。現状は、宅地化が進み改変が著しいが、本丸・二ノ丸の平坦面とそれらを囲む土塁の一部をみることができる。丸根砦と鷲津砦は、いずれも尾張に侵攻した今川方の松平元康らに攻略された。これら二つの砦跡もあわせて、国史跡に指定されている。

参考文献 名古屋市教育委員会編『名古屋の史跡と文化財(新訂版)』、一九九〇。

(赤羽 一郎)

おおだて　大館　北海道南部、津軽海峡沿いに立地する中世後期の館。道南十二館の一つ。初め松前守護安藤定季の、後に檜山安藤氏夷島代官蠣崎(後松前)氏の居館。松前郡松前町字神明・福山所在。徳山館とも。国史跡。前方の小館と、大館からなり、その間および大館の背後に堀切がある。標高四〇〜六〇メートル。面積八万三〇〇〇平方メートル。十五・十六世紀の陶磁器が採集され、中央を縦貫する通路、左右の段差なども見られるが詳細は不明。一四四三年(嘉吉三)夷島へ逃れた、北条氏夷島代官下《しも》ノ国《くに》安藤氏の末裔安藤盛季の居館ともされる。『新羅《しんら》之記録』などによると、一四五六年(康正二)安藤政季は秋田小鹿《おが》島《しま》へ移る時、夷島を松前・下之国・上之国に三分、盛季の一族ともされる定季を守護とする。大館はこれ以前に成立か。一四五七年(長禄元)コシャマインの攻撃で陥落、その後回復。一四九六年(明応五)定季の子恒季が檜山安藤氏によって誅殺され、(松前)安藤氏は断絶、相原・村上氏が承継。一五一三年(永正十)陥落、翌年蠣崎光広(松前氏二代)が上ノ国から松前に進出、檜山安藤氏夷島代官職を手中にする。蠣崎氏はこの館にあって道南の諸館を統一し近世大名松前氏(藩)へ成長する。一六〇六年(慶長十一)福山館が完成し、大館は慶広の隠居所となる。

参考文献 『日本城郭大系』一、一九八〇、新人物往来社。八巻孝夫「北海道の館―縄張り研究からの視点―」(『中世城郭研究』五、一九九一)。

(松崎 水穂)

おおたぶみ　大田文　中世において各国ごとに作成された国衙領・荘園の目録。「図田帳」「田数目録」「作田惣勘文」など呼称はさまざまであるが、一国内の国衙領・荘園すべてについて田地面積を記載しており、さらに所当米や領有関係、特に地頭の氏名を記したものもある。完形のもの十三種と数種の断簡が現存するが、すべて鎌倉時代の年記を有する(ただし一種の内容は室町時代のもの)。院政期に一国平均の役賦課などのために国衙が作成したことに始まり、鎌倉幕府は地頭の補任状況の把握や御家人役の賦課などのために、守護に命じて国衙に作成させた。御家人制の編成(一一九〇年代)、承久の乱(一二二一年)、モンゴルの襲来(一二七四年・八一年)などの時期に、幕府は諸国大田文の整備を意図している。しかし一度編成されたものは長期間使用されるのがふつうで、特に大田文に登録された田数は「公田」として、開発などによる実面積の変動にかかわらず、諸役賦課の基準に用いられた。（近藤　成一）

おおたらよせみや　大多羅寄宮　岡山市大多羅町に所在する江戸時代の寄宮。国史跡。岡山藩主池田光政は儒学を基礎とした仁政理念を藩政の基本としたが、その一環として神社整理を行なった。一六六六年(寛文六)、藩内一万千百三十社を調査し、産土神、氏神である六百一社を除いて廃祀を行い、七十一社の寄宮に合祀した。子の綱政は一七一二年(正徳二)に大多羅村に新たな寄宮を造営して従来の寄宮の五社を残し、残りの六十六社を合祀した。以後、藩の援助を受けて発展したが、廃藩置県後荒廃し、一八七五年(明治八)に近在の布勢神社に合祀され、社殿は廃棄された。現状では基壇と鳥居を残すのみになっている。（金田　明大）

おおちばとうげはいじ　大知波峠廃寺　静岡県浜名湖の北西部、南北に連なる弓張《ゆみはり》山脈に所在する山林寺院跡。国指定史跡。静岡県湖西市にあって、愛知県と接する標高三四〇メートルの尾根近く、北と西・南を尾根に囲まれた三ヘクタールほどの緩斜面に伽藍が展開している。大知波峠廃寺に関連する古文書や伝説は皆無で、一九八九年(平成元)より七年間行われた発掘調査によって、十世紀中ごろから十一世紀前半に伽藍が整えられ十一世紀末に廃絶したことが明らかとなった。境内の中央には小谷を堰き止めた上下二段の池跡と、それを取り囲んだ礎石建物十二棟が発見されている。斜面の岩盤を切り盛り造成し方位に沿った建物は、須弥壇を伴う石垣基壇の仏堂や僧坊・厨・門などと推定され、規模も五間四面や三間四面あるいは三間二面などさまざまである。陶器製の六器や花瓶・鉢などの緑釉供養具、日常生活に使われた碗・鍋の灰釉陶器・土師器、「寺」などと記された墨書土器などが数多く出土した。

大知波峠廃寺　礎石建物Ｂ１

参考文献　湖西市教育委員会編『大知波峠廃寺跡確認調査報告書』、一九九七。静岡県教育委員会編『静岡県の古代寺院・官衙遺跡』、二〇〇三。（後藤　建二）

おおつ　大津　琵琶湖の南西部の湖辺に所在する水陸交通の要衝。縄文時代のはじめより、各時代の遺跡が集中しているが、六世紀前半から七世紀中葉、山麓部にミニチュア炊飯具を副葬する、ドーム形天井の横穴式石室を主体とする、特異な群集墳が多数築造され、平地にもオンドルなどを伴う特異な大壁造建物や礎石建物を中心とする集落が広がる。そして七世紀中葉から後半には、穴太《あのう》廃寺・南滋賀廃寺など独特の文様をもつ軒先瓦を使用する古代寺院が造営される。これらは文献にみえる渡来氏族で、倭漢《やまとのあや》氏の配下の漢人村主《あやひとのすぐり》(志賀漢人)の集中的な居住を示すものである。そして六六七年(天智天皇六)、天智天皇がこの地に都を移したことから、一躍政治的な中心となる。この地にあった志賀津が近江大津宮の大津となり、この後地名にもなった。近江大津宮は壬申《じんしん》の乱により、灰燼《かいじん》に帰し、所在地も長く不明になっていたが、一九七四年(昭和四十九)大津市錦織付近で、大規模な門跡が発見されて以来、企画性のある柵列で区画された建物群がつぎつぎ検出され、宮跡である可能性が強まった。大津宮廃絶後、大津は一時「古津《こづ》」と呼ばれていたが、『日本紀略』延暦十三年(七九四)十一月八日条に、天智天皇直系の桓武天皇が、かつての大津が「古津」と呼ばれているのを惜しみ、旧称に復したことがみえる。事実平安遷都により、大津はその外港として繁栄することになる。『延喜式』主計寮には、若狭国の貨物は、高島郡の勝野津から、北陸道諸国の荷は、塩津から船で大津に運ばれ、京進されたことがみえ、中世においても、大津浦が荘園からの年貢・公事《くじ》物の運送中継地として大きな役割を果たしている。十一世紀ごろから、山門と寺門の対立が顕在化するのに伴い、大津と大津浦の住人のなかにも分裂が生じているのも、こうした大津の重要性を裏付けている。なお十二世紀ごろから大津の東浦を延暦寺が、西浦を園城寺《おんじょうじ》が分割支配するようになっている。一五八六年(天正十四)、現在の浜大津付近に、羽柴秀吉により大津城が造られ、その後も五奉行の浅野長吉・増田長盛が城将となり、関ヶ原の合戦時の城将京極高次は東軍に味方し奮戦している。一六〇一年(慶長六)の膳所《ぜぜ》城築城に伴い大津城は廃止されたが、近年の発掘調査によりその構造の一部が明らかになった。そして近世には大津百町が形成され、湖上交通の物資集積地として栄えるが、同時に京都に最も近い東海道の宿駅として大津宿が置かれ、近江国と畿内の幕府領を統括する大津代官所もおかれた。（大橋　信弥）

おおつかせんじゅぼしょ　大塚先儒墓所　東京都文京区大塚五丁目にある江戸時代儒学者の儒葬による墓所。国指定史跡。一六七一年(寛文十一)水戸藩儒臣人見卜幽軒《ひとみぼくゆうけん》は死後私邸であったこの地に埋葬され、室鳩巣も一七三四年(享保十九)に没すると人見家に近接した旧宅地に埋葬された。一七九四年(寛政六)柴野栗山《しばのりつざん》・岡田寒泉《おかだかんせん》・尾《び》藤二洲《とうじしゅう》は、幕府に儒葬を営むことのできる葬地の確保を願い出て許可され、この地に人見・室・柴野・尾藤・岡田・古賀の六儒家の墓所が集中することになった。明治以降は墓所の荒廃が進み、一九〇一年(明治三十四)浜尾《はまお》新《あらた》(のちの東京帝国大学総長)によって「大塚先儒墓所保存会」が組織され、墓所の整備が進められた。一九一四年(大正三)には荏原《えばら》郡池上村(現在の大田区)から木下順《きのしたじゅん》庵《あん》の墓もこの地に改葬され、翌年墓所は保存会から東京市に寄付された。現在六十二基の墓石と井亀泉《せいきせん》の鐫刻による「修築大塚先儒墓記」が保存されている。

参考文献 大塚先儒墓所保存会編『大塚先儒墓所保存会報告書』、一九一七。岡田有邦・富田啓温・稲村担元「名家墓所」(東京府編『東京府史蹟調査報告』七、一九三〇)。『文京区史』二、一九六八。

(亀田 駿一)

おおづつ 大筒 大筒にはふたつの意味がある。一つは火縄式の鉄炮の呼称で、玉の大きさの大小から小筒・中筒・大筒とよぶばあいの大筒である。炮術流派によって一様ではないが、口径三一・八ミリ以上、玉目五十目以上の口径をもつ鉄炮を大筒と称した。百目玉、二百目玉、三百目玉、大きいものになると、口径八六・六ミリの一貫目玉にもなる。元和年間(一六一五―二四)に上杉氏の炮術師丸田九左衛門盛次から秘伝をうけた関八左衛門之信《ゆきのぶ》は二百五十目(口径五四ミリ)を抜山銃《ばつさんじゅう》と名づけて愛用しており、その子軍兵衛昌信は一六七四年(延宝二)九月に上総国の久留里《くるり》(千葉県君津市)で国友《くにとも》鉄炮鍛冶の手になる八百五十目(口径八二・一ミリ)、重さ一二〇キロの大筒を抱え打ちして、距離三十町、玉の地中にはいること九尺におよんだという。大和郡山藩士の稲葉重政は、一七一一年(正徳元)に郡山富緒川において頰付で一貫目玉を放っている。しかし、これは江戸時代の炮技で実戦的ではない。そこで重量過多になるために銃床の部分が安定するように工夫した台に固定し、ときに火縄挟みを外して使用するばあいもあった。これを置筒《おきづつ》とか仕掛けの大筒とよんだ。はじめの鉄炮は全長一メートル前後であったが、十六世紀末から十七世紀初頭にかけて大型の大鉄炮・大筒・石火矢《いしびや》が出現した。通常の鉄炮は対人用であるが、大型砲は城郭や陣所、あるいは軍船など軍事的施設の破壊が目的であった。もう一つの大筒は永禄十年(一五六七)代に出現したもので、銃身は鉄炮に比べて太く、木製の台に固定し、銃身を前後に移動できる摺台に載せてもちいた。火縄式のように火縄挟みを使わずに、火縄を手で直接、あるいは棒の先につけて火門に点火する指火式の大型砲である。肥後熊本の小西行長の宇土《うと》城(熊本県宇土市)から破裂した大筒が出土し、石見《いわみ》国の津和野には津和野城に配備されていた亀井家伝来の石火矢とともに角柑子《かくこうじ》で角銃身、銃身に雲竜象嵌《うんりゅうぞうがん》のある大筒が残されているくらいで現存する遺品は僅少である。

参考文献 宇田川武久『鉄砲と戦国合戦』(『歴史文化ライブラリー』一四六、二〇〇二、吉川弘文館)、同『鉄砲と石火矢』(『日本の美術』三九〇、一九九八、至文堂)。

(宇田川武久)

おおつのみこのはか 大津皇子墓 天武天皇の第三皇子で、草壁皇子に次ぐ地位にあった大津皇子は六八六年(朱鳥元)に謀反のかどで死を賜った。『万葉集』二に収載の斎王《さいおう》であった姉の大伯皇女《おおくのひめみこ》の歌の詞書から、大津皇子の屍が葛城の二上山《にじょうざん》(「ふたがみやま」とも)に「移葬」されたことが知られる。一八七六年(明治九)には、二上山の雄岳《おだけ》(標高五一五メートル)頂上の葛木二上神社東側に二上山墓として治定され、宮内庁陵墓として管理される。奈良県葛城市大字染野《そめの》に所在。高さ約三・四メートル、直径約一〇~一二メートルの東西に長い円丘で、表土の下には山石が積まれているという。ただし、現在地を飛鳥時代の墳墓とする根拠に乏しく、別に二上山麓の終末期古墳のうち一九八三年(昭和五十八)に新たに確認された鳥谷口《とりたにぐち》古墳(葛城市大字染野)をその有力候補と考える意見がある。雄岳から東南方向にのびる尾根の先端にあり、風水思想にもとづく占地を示す。一辺約七・六メートル、高さ二・一メートルの方墳で、凝灰岩の石棺部材を組み合わせた特異な横口式石槨を備える。

参考文献 和田萃「大津皇子の墓」(『日本古代の儀礼と祭祀・信仰』上所収、一九九五、塙書房)。

(今尾 文昭)

おおでらはいじ 大寺廃寺 鳥取県西伯郡伯耆町大殿に所在する奈良時代の寺院跡。石製鵄尾《しび》(重要文化財)の存在がよく知られている。米子平野の南東隅、丘陵裾部に位置する。一九六六年(昭和四十一)、道路改良工事に伴う発掘調査で東を正面とする法起寺式伽藍配置が明らかになった。寺域のほとんどが集落と重なるため不明な部分も多いが、塔跡・金堂跡・講堂跡・講堂に取り付く回廊跡の一部が確認されている。塔跡は塔心礎が残る。心礎は長径二・四メートル、短径二・〇メートルの大きさで、中央に円形の蓋受けが設けられた舎利孔を有する。金堂跡と講堂跡は、地覆石《じふくいし》を並べた上に平瓦を積んで化粧する瓦積基壇。出土遺物は瓦類が中心でほかに塑像断片など。瓦類は七世紀後半から九世紀代のもの。そのうち創建時の軒瓦は複弁八弁蓮華文軒丸瓦と重弧文軒平瓦の組み合わせ。ただし、軒丸瓦の蓮弁先端が尖り、ほかに類例のない形式。また、方形軒丸瓦断片も出土しており注目される。

資料館 鳥取県立博物館(鳥取市)

参考文献 鳥取県教育委員会編『鳥取県西伯郡岸本町大殿大寺廃寺発掘調査報告書』、一九六七。

(真田 廣幸)

おおともしやかた 大友氏館 豊後国の守護大友氏の館。大分市顕徳《けんとく》町三丁目所在。国指定史跡。大友氏は、蒙古襲来に備え、三代頼泰が入国したとされ、北部九州六ヵ国の守護に補任された二十一代義鎮(宗麟)のころ盛期を

大友氏館跡

むかえる。一五八六年(天正十四)、島津氏の豊後侵攻後、豊臣秀吉から豊後一国を与えられるが、文禄の役での失態により豊後を没収され大友氏三百二十年余の時代は終わる。館は、大分川の河口左岸の微高地にあり、方二町、約二〇〇メートル四方に復原でき、戦国時代には南方の上原《うえのはる》館と西方の高崎城をセットとする。最古の府内古図には東に礼門と脇門が描かれ、発掘調査では東南隅で石組みの護岸に安山岩製の景石を配した庭園(東西約六六メートル、深さ約二メートルの池庭)跡、北辺を画する築地塀跡、礎石を使ったと考えられる中央の建物跡などを検出。将軍邸をモデルにした館空間や京都系土師器を採用する儀礼など、室町将軍を頂点とする規範の世界を忠実に具現している。

↓豊後府内町《ぶんごふないまち》

参考文献 『南蛮都市・豊後府内―都市と交易』、二〇〇一、大分市教育委員会・中世都市研究会。『大友府内―よみがえる中世国際都市』、二〇〇一、大分県立先哲史料館。

(玉永　光洋)

おおとももん　大伴門　⇩朱雀門《すざくもん》

おおとよう　大戸窯　福島県会津若松市大戸町にある古代・中世窯。八世紀から十四世紀に至る二百二十五基の窯跡群で、東北地方では最大である。古代須恵器窯は百八十四基あり、八世紀後葉から十世紀まで杯・高台杯・杯蓋・高杯・椀・双耳杯・双耳瓶・長頸瓶・短頸壺・甕・盤・焼台などを生産し、会津盆地を中心に流通している。九世紀中葉までは焼成器種も豊富で、東海地方の猿投窯の影響を強く受けている。頸部の接合部にリング状凸帯を有し、高台を包み込む焼台で焼成する特有の長頸瓶は、東北地方の官衙遺跡などに広く流通する。この特徴的な長頸瓶を指標とすると、東北地方北部の須恵器窯にまで、その影響がみられる。十世紀以降は焼成器種が減少し、杯類の生産も減少し、瓶・甕類の生産が主となる。九世紀中葉までは有階有段の地下式の窯構造で、それ以降は有階有段の半地下式の窯構造である。粘土採掘坑や粘土溜まり、轆轤ピットを伴う工房跡も確認され、生産体制も把握できる窯跡群である。中世窯は十二世紀後葉から十三世紀初の須恵器系窯跡が一支群二基で、有階有段で地下式の窯構造である。十三世紀前半から十四世紀前半の瓷器《しき》系窯跡が六支群三十四基あり、分焔柱を有する地下式窖窯《あながま》である。十三世紀前葉に須恵器系から瓷器系へ窯業技術が転換する。擂鉢《すりばち》・壺・甕を中心に、卸皿《おろしざら》・硯・火鉢・小皿なども生産し、会津盆地を中心に流通した。卸し目のある擂鉢も定量あり、須恵器系の影響がみられる。須恵器系窯は珠洲窯や新潟県北沢窯の影響が、瓷器系窯は越前窯・加賀窯、新潟県北越窯の影響が指摘される。ほかに製鉄遺跡、修験関係の寺院と推定される礎石建物、中世の集石墓なども確認される。その経営主体については、磐梯町慧日寺《えにちじ》などの宗教勢力との関係が推測される。

参考文献 東北中世考古学会編『中世奥羽の土器・陶磁器』、二〇〇三、高志書院。『会津若松市史』一四、二〇〇〇。会津若松市教育委員会編『会津大戸窯大戸古窯跡群保存管理計画書』(『会津若松市文化財調査報告書』五九、一九九八)。

(飯村　均)

おおのじ　大野寺　現在の大阪府堺市中区土塔町に所在する寺院跡で、行基建立四十九院の一つ。かつての河内国(のち和泉国)に属する。一一七五年(安元元)に記された『行基年譜』によると、七二七年(神亀四)建立とある。現在は高野山真言宗に属し、江戸時代中期再建の本堂と奈良時代以来の土塔が残るのみである。大野寺の様子を描いたものに、鎌倉時代の巨勢金岡筆と伝える重要文化財の家原寺蔵『行基菩薩行状絵伝』があり、これには本堂をはじめ、土塔、門などが描かれている。推定寺域内の発掘調査では、土塔以外の堂舎が奈良時代にさかのぼる遺構はみつかっておらず、土塔以外の堂舎が奈良時代に存在した可能性は低い。八葉複弁蓮華紋軒丸瓦の中房部分に、「神亀四年□〔丁〕卯年二月□□〔三日起〕」(□は欠字、〔　〕は復元)と陽刻されたものが出土しており、これは『行基年譜』記載の大野寺建立開始年代の記事と合致し、『行基年譜』の信憑性を高めた点で特筆できる資料である。また、付近で創建期および補修期の瓦窯がみつかっている。

↓土塔《どとう》

参考文献 「大野寺跡発掘調査概要報告」(堺市立埋蔵文化財センター編『堺市文化財調査概要報告』八〇・八四、一九九九・二〇〇〇)。近藤康司「和泉大野寺の造瓦集団と知識集団」(『瓦衣千年―森郁夫先生還暦記念論文集―』所収、一九九九)。同「大野寺を考古学する」(摂河泉古代寺院研究会編『行基の考古学』所収、二〇〇二、塙書房)。

(近藤　康司)

おおのじょう　大野城　大宰府防衛施設の一つとして筑前国に築かれた古代山城。福岡県糟屋郡宇美《うみ》町四王寺、太宰府市坂本所在。国指定特別史跡。六六五年(天智天皇四)八月、百済の亡命高官憶礼福留《おくらいふくる》・四比福夫《しひふくぶ》によって椽《き》城(基肄《きい》城、佐賀県三養基《みやき》郡基山《きやま》町所在)と同時に築城された朝鮮式山城。大宰府政庁背面の四王寺山《しおじやま》の尾根線を土塁で繋ぎ、谷部に石塁を設けた包谷式の山城で、約六・五キロの外郭線を有する。土塁は基部幅一一・四メートル、高さ六・四メートルほどの規模で、外郭線の南と北側は土塁を二重に巡

大野城　大宰府口城門跡

らせる。土塁本体は版築盛土により、外壁は約七〇度と急傾斜である。また、太宰府口土塁頂部には径二〇センチほどの柱穴を一〜二メートル間隔で設けており、柵とみられる。谷部には水ノ手口石垣・大石垣・百間石垣・北石垣・小石垣などの大規模な石塁を築くが、屯水《とんすい》石垣を除き石組暗渠《あんきょ》を設けておらず、雨水の処理を自然排水としている点が神籠石《こうごいし》山城とは大きく異なる。百間石垣は最も大規模な石塁で、全長約一八〇メートル、基底部幅九メートル、高さ約八メートル。大石垣は全長約六四メートル、幅約四メートル、高さ約四・五メートル。北石垣は全長約五〇メートル。水ノ手口石垣は全長約二〇メートル、基底部幅約七メートル、高さ約五・八メートル。なお、二〇〇三年(平成十五)七月十九日の集中豪雨により大石垣・北石垣・小石垣は全壊し、原地区土塁・尾花地区土塁の一部も崩壊し、猫坂地区礎石建物群は丘陵法面が崩れるなど大野城に限らず大宰府史跡は甚大な被害を被った。城門は南側の土塁線上に三ヵ所(太宰府口・坂本口・水城《みずき》口)と北側に一ヵ所(宇美口)設けており、太宰府口城門跡では三時期の門遺構が発見された。I期の城門は掘立柱形式で、間口三間(桁行八・八五メートル)、奥行四間(八・七メートル)で、中央間が五・二五メートルと広く、三間一戸の八脚門が想定される。門扉には円形刳込式門礎(唐居敷《からいじき》)が用いられたと推定され、柱根の年輪年代は西暦六四八年の分析結果を得ているが、伐採された年代は不明。II・III期は礎石形式の瓦葺城門であるが、間口・奥行とも一間(桁行五・二五メートル、梁行五・一メートル)。年代的にI期城門は大野城築城時のものであり、II期城門には鴻臚館《こうろかん》式の瓦が使用されており、八世紀前半ごろとみられる。また、III期城門築造に際しては、鉇《やりがんな》・鍬《くわ》先・鏡の鉄製模造品と釘を地鎮具として埋納していた。城内の六地区(増長天・八ツ波・猫坂・主《しゅ》城原《じょうばる》・村上・尾花地区)からは礎石形式の建物を主体として約七十棟の建物跡が検出された。主城原地区SB〇六四建物跡は、梁行三間(六・二八メートル)、桁行七間(一七・七二メートル)の掘立柱形式の建物で、柱穴からは百済系単弁八弁軒丸瓦が出土しており、六六五年から六七〇年の間の築造とみられる。礎石建物は梁行三間、桁行は四間ないしは五間規模の総柱建物であり、尾花地区礎石建物群からは炭化米が発見されており、付近は焼米原《やきごめがはら》と呼称されている。これらのことから、礎石建物は穀物・武具などを貯蔵した倉庫と考えられ、大野城は防御施設であると同時に一大備蓄基地でもあり、籠城としての性格を有する。大宰府の防衛には、北に大野城があり、南に基肄城があり、玄界灘からの侵攻に対しては水城大堤および小水城が備えた。これら三拠点間は山並みが連なり、天然の要害をなす。大宰府防衛プランは、百済亡命者による故国扶余《ふよ》の山城・土塁・河川で構成された防衛体制が祖型になったものと推察される。

資料館　九州歴史資料館(福岡県太宰府市)

参考文献　福岡県教育委員会編『特別史跡大野城跡』I—VII、一九七六-九一。横田義章「大野城の建物」(九州歴史資料館編『大宰府古文化論叢』上所収、一九八三、吉川弘文館)。横田賢次郎「大野城の城門」(『月刊考古学ジャーナル』三六九、一九九三)。小田和利「神籠石と水城大堤」(『九州歴史資料館研究論集』二二、一九九七)。

(小田　和利)

おおのでらせきぶつ　大野寺石仏　奈良県宇陀市室生区大野の、宇陀川に面した西向きの石英安山岩の大岩壁に刻まれる大磨崖仏。対岸にある大野寺の管理になる。国史跡。挙身光の形に彫込んだ平面に像容および足下の踏割蓮華座を線刻し、またその向かって左下方におなじく線刻で梵字尊勝曼荼羅を表す。興福寺別当を勤めた僧雅縁が一二〇七年(承元元)に発願、同寺伝法院領であった大野郷に笠置寺の五丈弥勒磨崖仏(現在消滅)を模して造り、一二〇九年三月に完成。供養には後鳥羽院の行幸があった。蓮華座および本体の高さが三十八尺、彫込みの総高が四十五尺五寸を測る。鳩尾の位置に孔を刳り小巻子を納入してあるのが確認されている。下生時の弥勒を表す如来形立像で左斜側面からみた姿に表され、衲衣は胸を寛げた通肩に着け、左手屈臂し第一・二指を捻じ、右手垂下し与願印を結び、右足を踏み出して歩行の態を表す。その図様は東大寺大仏台座蓮弁の線刻画などと通じる点があり、奈良時代に造られたとみられる笠置寺像のそれをかなり忠実に伝えていると思われる。

参考文献　『奈良県史跡勝地調査会報告書』四、一九二七、奈良県。

(奥　健夫)

おおのやすまろぼ　太安萬侶墓　奈良市此瀬町四七三番地の丘陵の南斜面にある奈良時代の火葬墓。国史跡。一九七九年(昭和五十四)に茶畑の開墾中に発見され、ただちに発掘調査された。墓地のある地点は傾斜角度二〇〜二五度のかなり急な斜面で、本来は小墳丘があったと考えられるが発見時にはすでに流出してなかった。北側に幅三〇センチ、深さ一〇〜一五センチの弧状にめぐる溝があり、これが墳丘裾にあたると考えられる。地山に一九〇〜一六〇センチほどのほぼ正方形で深さ一六〇センチほどの穴を掘り、この中に炭を詰めて焼骨の入った木櫃を埋める。つまり木炭槨のように炭で覆うのである。こうしてそのうえは版築土で付き固める。発見時、木櫃は消滅していたが、炭の中で空洞となってその痕跡があった。これから、木櫃の大きさが推定でき、長さ六五センチ、幅三六センチ、高さ三七センチ程度と推定された。墓誌(重要文化財)は木櫃の底の外側に置かれていた。長辺二九一ミリ、幅六一ミリ、厚み一ミリ、重量七六・五二グラムの銅板の表に二行にわたって銘文が刻まれている。「左京四条四坊従四位下勲五等太朝臣安萬侶以癸亥/年七月六日卒之　養老七年十二月十五日乙巳」。副葬品は焼骨の中に混じって、真珠が四個あった。

資料館　奈良県立橿原考古学研究所附属博物館(奈良県橿原市)

参考文献　奈良県立橿原考古学研究所編『太安萬侶墓』(『奈良県史跡名勝天然記念物調査報告』四三、一九八二)。

(河上　邦彦)

おおばいわお　大場磐雄　一八九九―一九七五　大正・昭和期の考古学者。神道考古学の提唱者。一八九九年(明治三十二)九月三日、東京市麻布区(東京都港区)に生まれる。一九二二年(大正十一)国学院大学文学部国史学科を卒業、中学校の教諭となる。一九二五年以降は内務省神社局において神社に関する資料の調査や考証にあたり、一九二九年(昭和四)から国学院大学講師を兼務する。この間に、考古学的立場からわが国固有の古代祭祀に関する遺跡・遺物の研究を進め、新たに宗教考古学の一分野を開拓し、神道考古学を提唱した。一九四八年には『祭祀遺跡の研究』で文学博士の学位を取得し、一九四九年に国学院大学教授となる。一九六九年から一九七一年までは日本考古学協会委員長、一九七二年より文化財保護審議会専門委員を務めるなど、要職を歴任する。一九七五年六月七日、七十五歳にて没する。主要著書に『神道考古学論攷』『まつり』『祭祀遺蹟―神道考古学の基礎的研究―』『大場磐雄著作集』全八巻などがある。

参考文献　『楽石大場磐雄先生略年譜并著作論文目録』一九七五、大場磐雄先生記念事業会。国学院大学日本文化研究所学術フロンティア推進事業「劣化画像の再生活用と資料化に関する基礎的研究」プロジェクト編『大場磐雄博士資料目録』、二〇〇四、国学院大学日本文化研究所。同編『大場磐雄博士写真資料目録』一・二、二〇〇五・〇六、国学院大学日本文化研究所。大場磐雄編『神道考古学講座』、一九七二―八一、雄山閣。

(加藤　里美)

おおはたかまあとぐん　大畑窯跡群　出羽国にあった須恵器系陶器窯跡。秋田県大仙《だいせん》市南外に所在する大畑窯・檜山腰窯・赤平平家窯・甕コ沢窯を包括した名称。これらのうち発掘調査が実施されたのは、大畑窯と檜山腰窯のみである。大畑窯は全長一四・四メートルの地上式窖窯《あながま》一基を検出。焼成器種は片口鉢、壺、甕、分銅形陶製品、陶錘などがある。檜山腰窯は全長一二メートルの半地下式窖窯一基を確認。焼成器種は壺、片口鉢、甕が主体で、椀、小皿、提子、四耳壺、水注、陶硯、分銅形陶製品、陶製五輪小塔などを併焼する。両窯の操業時期は、檜山腰窯が考古地磁気調査による年代では一二一〇年(承元四)±六〇年とされ、大畑窯はこれに後続する。製品は県内のほか、山形県庄内平野、青森県域にも流通する。本窯成立の背景には、南西約一二キロに位置する式内社波宇志別《はうしわけ》神社(横手市大森町)の存在が推測される。

参考文献　高橋学「大畑・檜山腰窯跡」(東北中世考古学会編『中世奥羽の土器・陶磁器』所収、二〇〇三、高志書院)。

(高橋　学)

おおはらはいじ　大原廃寺　鳥取県倉吉市大原に所在する奈良時代の寺院跡。天神川の中流域の右岸、丘陵端部に位置する。一九三四年(昭和九)、耕作中に塔心礎が発見され、翌年、国史跡に指定された。塔心礎は長径二・九メートル、短径二・八メートル、厚さ〇・三メートルと山陰地方最大級のもの。その後、一九八五年以降、倉吉市教育委員会によって六次にわたる発掘調査が実施され主要堂塔の配置が明らかになった。伽藍配置は、金堂の東に塔を配し、金堂の北に講堂を置く法起寺式の伽藍配置。しかし、講堂が金堂の真北に位置し、かつ梁行四間、桁行七間の東西棟四面庇付掘立柱建物と変則的。寺域を画する施設は明確でないが、周辺の地形などから約七六メートル四方の寺域が想定される。遺物は、軒丸瓦・軒平瓦をはじめとする瓦類が中心。ほかに方形の塼面に如来像を二段三列配する六尊連立塼仏《せんぶつ》や塑像の螺髪《らほつ》などがある。創建期の軒丸瓦は奈良川原寺の系統に属するもの。

資料館　倉吉博物館(鳥取県倉吉市)

参考文献　倉吉市教育委員会編『史跡大原廃寺発掘調査報告書』、一九九九。

(真田　廣幸)

おおはらゆうがくいせき　大原幽学遺跡　千葉県香取郡干潟町にある大原幽学の旧宅・墓および宅地耕地地割の総称。国指定史跡に指定され、大原幽学関係史料は重要文化財。大原幽学記念館があり一般に公開されている。大原幽学は、江戸時代後期の農業復興をめざした実践的思想家で、一七九七年(寛政九)、尾張藩に生まれた。易学・医学・農学を学び一八三〇年(文政十三)に信州上田で農村復興活動を始めた。一八四二年(天保十三)に当地(長部村)に定住し、平田篤胤の影響を受けた下総国学および天保の飢饉による農村の荒廃に影響され、儒学的な性学による実践的運動を開始した。先祖株組合、宅地や耕地を移転しての模範集落の造成、農作業の合理化などを指導した結果、村は立ち直った。しかし、不動産の移動を伴う性学などが問題となり、一八五一年(嘉永四)関東取締出役に捕らえられ、押込めの罪に問われた。一八五八年(安政五)長部村に戻るが定住および活動を禁止されたため、同年切腹して果てた。六十二歳。現在、大原幽学遺跡には、大原幽学旧宅、幽学の高弟だった林伊平(十日市場村名主)が幽学の指導を受けて建てた旧林家住宅、幽学墓所、幽学が門人の協力を得て耕地整理を行なった遠藤伊兵衛(長部村名主)の水田、幽学が門人の指導を行なった改心楼跡地などが存している。

参考文献 中井信彦『大原幽学』(『人物叢書』、一九六三、吉川弘文館)。木村礎『大原幽学と門人たち』(『木村礎著作集』九、一九九六、名著出版)。 (川尻 秋生)

おおばん・こばん 大判・小判 江戸時代の金貨。枚数を数えて使用する計数貨幣である。通常、大判といわれるものは、一五八八年(天正十六)に豊臣秀吉が発行した天正大判が最初である。この大判は量目が四四匁(一六五グラム)であった。しかし、一般の取引にはほとんど使用されず、主に贈答・賞賜用に用いられた。江戸時代には、幕府の命により後藤家が大判座で鋳造した。一枚が十両。慶長・元禄・享保・天保の各大判は量目が四十四匁(一六五グラム)で、品位(金の含有率)は慶長大判六七%、元禄大判五二%、享保大判六八%、天保大判六七%であった。万延大判は量目三十匁(一一二グラム)、品位三六%であった。これら江戸時代の大判も主に贈答・賞賜用に用いられた。小判も大判と同様、豊臣政権下で発行された天正小判が最初である。江戸時代には、一六〇一年(慶長六)幕府によって全国通用の金貨として慶長小判が鋳造され、元禄の改鋳まで大量に発行された。一枚が一両。慶長小判は量目四・七六匁(一八グラム)、品位八四%であったが、貨幣不足と幕府の財政難を解決するため、一六九五年(元禄八)、品位を五七%に下げて改鋳された。そのため、物価が上昇し民衆の生活を圧迫した。一七一四年(正徳四)新井白石の建議により、品位を慶長小判と同じ割合に戻して改鋳した。一七三六年(元文元)には、物価調節のため再び品位を六五・七%に下げて改鋳された。この元文小判発行以後、約八十年にわたって改鋳は行われなかったが、十九世紀に入り、再び幕府の財政難が問題となったため、改鋳に伴う利益(改鋳益、当時は出目《でめ》と呼んだ)を目当てに、文政・天保・安政と品位を引き下げて改鋳が繰り返された。これらの改鋳により物価が上昇したが、一八六〇年(万延元)には金の海外流出を防止するため、量目を三分の一にして改鋳したため、さらに物価が上昇し、農民一揆や打ちこわしがおこった。

参考文献 日本銀行調査局編『図録日本の貨幣』三、一九七四、東洋経済新報社。滝沢武雄『日本の貨幣の歴史』(『日本歴史叢書』、一九九六、吉川弘文館)。 (浦長瀬 隆)

おおびき 大引 ⇩床《ゆか》

おおひびナツミカンげんじゅ 大日比ナツミカン原樹 安永年間(一七七二―八一)に播種されたと伝えられる山口県萩地方のナツミカンの原樹。山口県青海《おうみ》島の大日比(長門市仙崎字大日比)にある。安永年間、大日比の西本チョウが海岸に漂着した果実の種を播いたものとの伝承がある。一八四七年(弘化四)の家屋改築の際にいったん伐採されたが、残った根元から再び発芽して成長した。ナツミカン(ナツダイダイ・ナツカンともいう)が食用として広く栽培されるようになるのは、萩の地においてである。安政年間(一八五四―六〇)以後、接木繁殖法の技術が採用され、萩藩主毛利敬親《たかちか》の奨励もあって、ナツミカンは萩の特産となった。特に明治維新後は士族授産事業と結びついて、小幡高政らがその普及に尽力し、城下町の景観と融合した地場産業になった。第二次世界大戦後、台風などにより樹勢が衰えたが、現在は回復し、老木ながら毎年結実がある。国指定史跡および天然記念物。

参考文献 長門市教育委員会編『長門市の文化財』、一九九一。 (渡辺 一雄)

おおみどうはいじ 大御堂廃寺 鳥取県倉吉市駄経寺《だきょうじ》町に所在する古代の寺院跡。天神川によって形成された自然堤防上に位置する。一九九六年(平成八)から実施された調査により内容が明らかになっている。伽藍配置は、金堂の東に塔を、北に講堂、その背後に僧房を配置するが、金堂が南北棟となる。いわゆる、川原寺式を簡略化した観世音式と共通する形式。寺域は東西一三五メートル、南北二一〇～二二〇メートル。東限と西限は築地塀と溝で画し、北限は段によって画す。その他の遺構は、講堂に取り付く回廊や、長さが九六メートルに及ぶ木樋を埋設した上水施設などが出土する。出土遺物は、瓦類や土器類をはじめ、塑像断片・塼仏・仏具・木器・木簡など。軒瓦は七世紀中ごろから八世紀後半まで四段階の変遷が認められる。伽藍が最も整備されるのは七世紀後半の第二段階。川原寺系の軒丸瓦・軒平瓦が用いられる。郡名を冠した「久米寺」の墨書土器や刻印土器などが見られる。国指定史跡。

資料館 倉吉博物館(鳥取県倉吉市)

参考文献 倉吉市教育委員会編『史跡大御堂廃寺跡発掘調査報告書』、二〇〇一。 (真田 廣幸)

おおみなと 大湊 三重県伊勢市の地名。史料の初見は一二〇四年(元久元)十月の「神宮使解」の「大湊平潟浜」か。現在の宮川河口部を中心に、広義には、伊勢市二見から多気郡明和町大淀にかけての沿岸部が含まれる。中世には東海から関東に設置された神宮領(御厨《みくりや》・御薗《みその》)からの貢納物や門前町である宇治山田で消費される物資が揚陸される神宮の外港として、また、付近を一大産地とする塩の搬出港として、近距離・遠距離航路の廻船が発着する太平洋海運の拠点となった。一四九八年(明応七)の大地震と津波で甚大な被害を受けたが、やがて復興し、十六世紀後期には同地を拠点に今川氏・北条氏などの戦国大名の御用をつとめた廻船商人角屋ら有力商人が老衆《ろうしゅう》(会合《えごう》衆、老分衆とも)として自治を主導した。一六九五年(元禄八)の大地震と津波による沿岸地形の変容などで、次第に遠隔地航路の拠点としての機能を鳥羽に譲ったが、造船業を基礎に近現代に至るまで金属・機械工業などの製造業が興隆した。 ↓伊勢神宮《いせじんぐう》 ↓廻船《かいせん》 ↓御厨《みくりや》

参考文献 阿部猛「中世塩業史に関する一考察―伊勢国度会郡大塩屋御薗―」(『日本歴史』五四、一九五二)。永原慶二『戦国期の政治経済構造』、一九九七、岩波書店。綿貫友子『中世東国の太平洋海運』、一九九八、東京大学出版会。 (綿貫 友子)

おおみねさん　大峯山　奈良県吉野郡吉野町から和歌山県東牟婁郡本宮町にかけて連なる山々の総称。修験道の行場として名高い。山内には「大峯七十五靡《なびき》」と呼ばれる聖地があるが、七十五ヵ所に固定したのは中世末期のことで、山頂祭祀遺跡・経塚・修行窟・宿《しゅく》跡などさまざまな宗教遺跡が含まれる。山上ヶ岳や弥山《みせん》には山頂祭祀遺跡があり、山上ヶ岳では石組護摩壇・灰溜・階段状遺構・石組溝・石垣などの遺構が発掘され、金仏・銅鏡・鏡像・懸仏・仏具・銅板経・経軸端《はな》・飾金具・銭貨・緑釉陶器・黒色土器・青磁・白磁など豊富な遺物が出土した。また、山上ヶ岳には金峯山《きんぶせん》経塚が営まれ、藤原道長をはじめとする貴族が埋経したことが知られる。山内には多数の修行窟が存在するが、なかでも笙《しょう》の窟《いわや》は冬季に修験者が参籠した行場として著名で、発掘調査の結果、中世には銅造不動明王立像を祀る懸崖造《けんがいづくり》の建築が営まれていたことが判明した。前鬼《ぜんき》の三重《みえ》の滝付近にある修行窟から発見された丸木碑伝《まきひで》には、一二九五年(永仁三)に長成盛慈聖房が四度目の冬籠りを成就した旨の銘文が刻まれており、厳冬に山内に籠る苦行を繰り返し行う行者がいたことが知られる。宿跡は山上ヶ岳・小篠《おざさ》・深仙《じんせん》・前鬼など山内の要所にみられ、黒色土器などの散布がみられるところから、その開発は平安時代にさかのぼり、中・近世に整備されたと推測される。それらの場所には湧水があり、長期間の滞在が可能なことから、修験者の山岳修行の拠点とされ、宿が設定されたものと考えられる。宿と宿は峰入《みねいり》道でつながり、沿道に配されたさまざまな行場を経て、宿から宿へと移動できるように工夫されている。このように、大峯山は古代から近世にかけての宗教遺跡が複合して存在しており、日本の山岳信仰の歴史を探るうえで欠かすことのできない重要な遺跡である。

参考文献　菅谷文則「熊野と大峯信仰」(和田萃編『熊野権現―熊野詣・修験道―』所収、一九六八、筑摩書房)。

(時枝　務)

おおみわじんじゃ　大神神社　奈良県桜井市三輪に鎮座する神社。三輪神社・三輪明神などとも呼ばれる。大和国一宮。旧官幣大社。主祭神は倭大物主櫛𤭖玉命《やまとおおものぬしくしみかたまのみこと》(大物主神)。境内は国史跡に指定されている。『延喜式』神名帳には、大和国城上郡《しきのかみ》の部に「大神大物主神社」とあり、名神大社に列せられている。出雲国造が奏上した神賀詞《かんよごと》(『延喜式』祝詞)では、大穴持命《おおなもちのみこと》(大己貴神《おおなむちのかみ》、大国主命)の和魂《にぎみたま》である大物主櫛𤭖玉命を三輪山に鎮座させたとする。『日本書紀』には、崇神天皇の時に大物主神の子である大《おお》田田根子《たたねこ》が祭祀への奉仕を命じられたとあり、その子孫が当社祭祀氏族の三輪君氏であるとする。この伝により、当社は日本最古の神社とされる。当社への朝廷の信仰は厚く、七六五年(天平神護元)には五ヵ国にわたる神戸百六十戸が与えられた(『新抄格勅符抄』)。神位は八五〇年(嘉祥三)に正三位、八五九年(貞観元)には正一位を授けられた。当社には本殿がなく、東方の三輪山を神体として遥拝するという古態をとどめる。拝殿の奥には三つ鳥居(神門、重要文化財)がある。三つ鳥居は三輪鳥居とも称し、明神鳥居の両側に小型の脇鳥居が接続する形態をなす。中央の本鳥居には内開きの板扉がある。山中・山麓には磐座《いわくら》・磐境《いわさか》と称する祭祀巨石遺跡が存在し、祭祀遺物が出土している。また、当社は大物主神が造酒神とされたことから造酒家の信仰を集め、神木である杉の葉を球形に作った杉玉は酒造店の標識として流布している。神宮寺には大御輪寺と平等寺の二寺があった。中世以降、この二寺を中心として両部神道系の三輪神道が成立した。両寺とも明治初年に廃されたが、大御輪寺の本尊であった奈良時代の木心乾漆十一面観音像(国宝)が桜井市の聖林寺に伝わる。大御輪寺は明治以降神社に改められ、摂社の大直禰子《おおただねこ》神社となった。本殿(重要文化財)は元の大御輪寺本堂で、建立は奈良時代にさかのぼるとみられる。

↓三輪山《みわやま》

参考文献　和田萃編『大神と石上』、一九八八、筑書房。同『日本古代の儀礼と祭祀・信仰』、一九七五、塙書房。

(竹内　亮)

おおむしはいじ　大虫廃寺　福井県越前市大虫本町に所在する奈良時代の寺院跡。一九六六年(昭和四十一)、一辺約一二《メートル》の乱石積塔基壇を検出した。基壇は掘り込み地業の後、粘質土を互層にした版築工法を採用。寺域の規模や伽藍配置は不明であるが、翌年、福井県の史跡に指定し、塔心礎を据えた。軒丸瓦は三型式ある。I型式は三亜式あり、Ia は素弁八葉蓮華文で花弁は隆起した線で表現し花弁中央に稜線を通した細弁型式に近い。Ib や Ic は、Ia の花弁や界線を彫り直したもの、II型式は二亜式ある。III型式は素弁八葉蓮華文の花弁が丸みをおびている。軒平瓦は一型式で、花弁様の楕円形板を自由に押圧し適当な所で切断している。平瓦は、叩き原体や二次調整手法で格子叩き八類、斜格子叩き三類、平行叩き二類、叩き目を消した一類や十四類に分類される。八世紀前半から後半に下降するような縄目叩きや一枚造り平瓦は確認されておらず、国分寺転用説の根拠が薄らぎつつある。

参考文献　武生市教育委員会『越前国分寺推定遺跡』、一九六七。同『大虫廃寺発掘調査概要』、一九六六。北陸古瓦研究会編『北陸の古代寺院』、一九八七、桂書房。

(水野　和雄)

おおやがようせき　大谷瓦窯跡　埼玉県東松山市大谷の比企《ひき》丘陵東南斜面に所在する、七世紀中葉から後半の瓦窯跡。国指定史跡。一九五五年(昭和三十)に発掘調査が実施され、半地下式有段登窯跡二基が検出された。一基は林道による破壊が顕著であったが、他方の一基は発掘調査の結果、全長七・六八《メートル》、幅一・〇《メートル》を測る半地下式有段登窯跡であり、ほぼ原形を保っていることが明らかとなった。その内部は、高さ三〇《センチ》、十三段の階段状構造を呈し、各段には瓦が敷かれていた。傾斜角度は約三〇度を測る。窯内部からは、七世紀中葉から後半のものとされる素縁十葉単弁蓮華文軒丸瓦や平瓦などが数多く出土した。「奈」や「瓦」と焼成前に刻書された文字瓦も確認されている。現在、この一基には覆屋が設置され、保存・公開されている。

参考文献 金井塚良一「東松山市大谷瓦窯址の発掘調査概報」(『台地』七・八合併号、一九五八)。『新編埼玉県史』資料編三、一九八四。　(宮瀧　交二)

おおやまがいぶつ　大谷磨崖仏　宇都宮市大谷町大谷寺(天台宗)境内の凝灰岩四窟に直接彫像された磨崖仏。千手観音立像(像高三八九センチ)および釈迦三尊・薬師三尊・阿弥陀三尊と伝えられる諸像三群がある。国特別史跡・重要文化財。大谷奇岩群が国名勝。諸仏の像容は、岩壁面を龕状に彫り窪めたなかに半肉彫で刻出されており、その上に粘土を着せて細部が整えられていた。表面には彩色の痕もかすかに残る。造像年代は平安時代初期から鎌倉時代に入るころまでとみられ、様式上は薬師三尊、千手観音が古く、釈迦三尊がこれに次ぎ、阿弥陀三尊が新しい。磨崖仏を覆う脇堂の再建時(一九六五年(昭和四十))には洞穴遺跡の調査が行われた。古瓦、古銭「富寿神宝」、懸仏、一三六三年(貞治二)に観音堂へ納めた経石、「天文廿年(一五五一)辛卯三月吉日」銘の銅鋺、五輪塔ほかの奈良から江戸時代にわたる信仰遺品や縄文時代草創期の土器(大谷寺式)、石器などが発見されている。出土品は宝物館に展示。

参考文献 「大谷石窟仏」(『栃木県史蹟名勝天然紀念物調査報告』一所収、一九二六)。野中退蔵『栃木県の彫刻』、一九七七、栃木県教育委員会。塙静夫「大谷磨崖仏と仏像彫刻」(『宇都宮市史』一所収、一九七九)。　(田熊　清彦)

おおやまつみじんじゃ　大山祇神社　愛媛県今治市宮浦に鎮座する神社。大三島神社ともいう。式内社。伊予国一宮。瀬戸内海航路の要地である芸予諸島の中心に位置するため古くから航海神として、また在地豪族である越智氏(のちの河野氏)の氏神として崇敬された。『釈日本紀』所引の『伊予国風土記』逸文には、祭神の大山積神は一名和多志《わたし》神ともいい、仁徳朝に百済から渡来し、摂津国の三島を経てこの地に至ったとある。本来山の神である大山積神が海の守護神となったのは、越智氏が海上で活躍するようになり、同氏の氏神である大山積神をまつったことによるものであろう。大山積神は七六六年(天平神護二)従四位下に叙され、神戸五戸をあてられた。八三七年(承和四)に名神に列し、八六〇年(貞観二)に従三位、八六六年に正三位、八七五年に正二位に叙された。神仏習合も早くから進み、大通智勝仏が大山積神の本地仏とされ、鎌倉時代初期には塔頭《たっちゅう》が置かれ多くの供僧がいた。中世になると瀬戸内海一帯から航海守護神に加え武神としても崇められ、多くの武器・武具が奉納された。現在国宝館には現存最古の大鎧といわれる沢瀉威鎧をはじめ多くの国宝・重文の武器・武具が収蔵されているが、これらはいずれもそうした奉納物である。このほか、国宝の禽獣葡萄鏡は中国初唐ごろの制作とみられる白銅製鋳造鏡である。また、重文の法楽連歌二百七十四帖は中世伊予における連歌の隆盛を物語っている。社殿はたびたび焼失したが、室町時代に復興。現存する本殿および拝殿はこの時再建されたもので、ともに重文に指定。境内には楠の巨木が多く、一括して国天然記念物に指定されている。

参考文献 『式内社調査報告』二三、一九八七、皇学館大学出版部。　(寺内　浩)

おおやまでら　大山寺　神奈川県伊勢原市にある真言宗大覚寺派の寺。もとは相模国大住郡の式内社大山阿夫利《あふり》神社の別当寺。七五五年(天平勝宝七)に良弁《ろうべん》の開基と伝える。その経緯が数種ある『大山寺縁起(絵巻)』に描かれているが、実際には平安時代の神仏習合の風潮とともに成立したもので、当初は礎石や瓦を持たず山岳修験者の草庵程度のものであったらしい。その後、関東の山岳信仰の拠点として栄え、江戸時代には江の島とも合わせた大山詣が盛行した。なお、大山は丹沢山系の標高一二五二メートルの神奈備型単独峰で、伊勢原・厚木・秦野三市の境界をなす。南が開けた平野となっていて相模湾上からも望むことができ、相模国の象徴として『万葉集』一四に「相模嶺の小峯」と詠われている。山頂出土の縄文土器片をめぐって議論があり、その信仰が縄文時代にさかのぼるとする説もあるが、これらは後代の修験者が埋めたものとするのが妥当で、大山に人が登るようになったのは出土する杯からみて七世紀代のこととされている。

参考文献 石野瑛『相模大山縁起及文書』(『武相叢書』三、一九二七、武相考古会)。小出義治「相模大山」(『季刊考古学』六三、一九九八)。　(荒井　秀規)

おおやまはいじ　大山廃寺　尾張東北部の山地に造営された古代山岳寺院跡。愛知県小牧市大字大山所在。昭和初期に塔跡の心礎と礎石列が発見され、一九二九年(昭和四)に国史跡に指定された。一九七五年に発掘調査が行われ、児神社境内から瓦葺き掘立柱建物跡が発見され、塔と並立する七世紀末から八世紀初頭のものと考えられている。また、塔跡周辺の斜面に数ヵ所の造成面が確認され建物跡も検出された。瓦や陶磁器も数多く出土しており、白鳳時代から室町時代に及ぶ存続期間が推定されている。大山廃寺の法燈を継いでいるとされる近隣の江岩寺の縁起には、「大山三千坊」という記述があり、発掘調査の結果とともに、同寺が大規模な山岳寺院であったことを物語っている。

参考文献 小牧市教育委員会編『大山廃寺発掘調査報告書』、一九七九。　(赤羽　一郎)

おおよろい　大鎧　中世の甲《よろい》。大鎧は近世以降にもっぱらになる名称で、中世では単に「鎧《よろい》」といい、物具《もののぐ》・着《き》背長《せなが》・式正《しきしょう》の鎧などとも。騎射戦での矢に対する防御をもっとも考慮した構造で、冑《かぶと》が必ず付属し、遺品では冑と合わせて三〇キロを超える重厚な騎兵用の甲である。具体的には、前後と左側が一連で、右側を大きく間隙とした右引合《ひきあわせ》の衡胴《かぶきどう》に、前後・左側で各一間の草摺《くさずり》が垂れる。右側の間隙には、脇楯《わいだて》とよぶ独立した付属具を当てた。脇楯は、壺板《つぼいた》とよぶ金具廻《かなぐまわり》(甲の鉄板製部分)に草摺一間からなり、これと胴の草摺を合わせて全体で草摺四間となる。前立挙《たてあげ》と衡胴正面には画革《えがわ》を張って弦走《つるばしり》といい、後立挙二段目は通常とは逆に三段目に上重ねに威して逆《さか》板《いた》という。逆板の中央には鐶《かん》を打って総角《あげまき》結びの太組紐を下げて総角といい、左右の肩上《わたがみ》には障子板《しょうじのいた》とよぶ金具廻を立てた。付属具として、右胸に冠板《かんむりのいた》とよぶ金具廻と札板からなる梅檀板《せんだんのいた》、左胸には鳩尾板《きゅうびのいた》とよぶ金具廻、両肩には冠板と札板からなる袖が付く。古代の文献にみえる「挂甲《けいこう》」は両当《りょうとう》系鉄札甲と考えられるが、両当系甲は、前後胴に左右の脇楯を加えた構造で草摺が四間となる。草摺四間という共通性から大鎧は挂甲つまり両当系鉄札甲から成立したと考えられ、十一世紀ごろには成立していたらしい。その根拠は、『太神宮諸雑事記』治暦二年(一〇六六)十二月十六日条を初見として「綴牛皮《てごい》」という名称が文献に数例みえ、それが、成立当初の大鎧の異称であるらしい点。また、奥州藤原氏の発願で書写されたいわゆる中尊寺経のうち『大般若波羅密多経』一六七・一八二の各見返り絵に鍬形《くわがた》を打った冑と大鎧が描かれ、それらが初代清衡発願の経であるとすると、それは一一二六年(天治三)には完成している点などからである。かかる大鎧は、十四世紀には騎兵も弓箭ではなく打物主体の戦闘を行うようになって、それまでの寸胴型から身体密着型へとシルエットの変化をきたすなど、いくつかの部位で様式が変化した。しかし、やがて騎兵の甲も腹巻が主流となり、大鎧は式正《しきしょう》の鎧として儀仗化していくのである。

参考文献 鈴木敬三「式正の鎧の形成について」(『国学院雑誌』六三ノ四、一九六二)。同編『中村春泥遺稿甲冑写生図集』、一九七九、吉川弘文館。近藤好和『中世的武具の成立と武士』、二〇〇〇、吉川弘文館。 (近藤 好和)

大鎧の名所

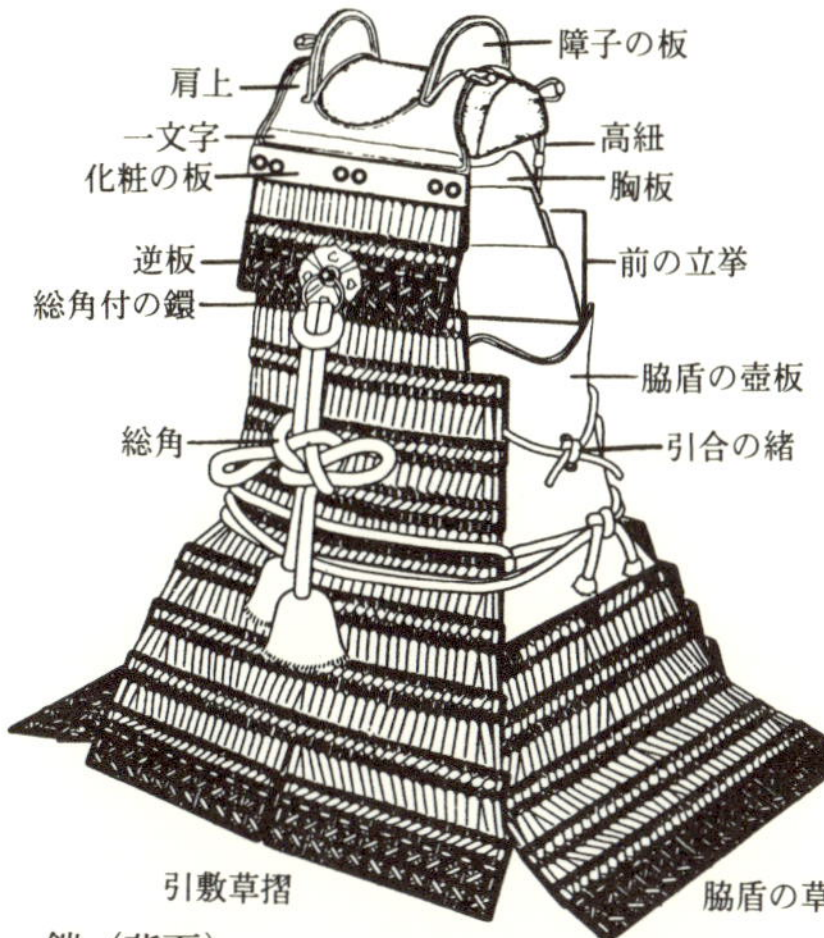

鎧（背面）

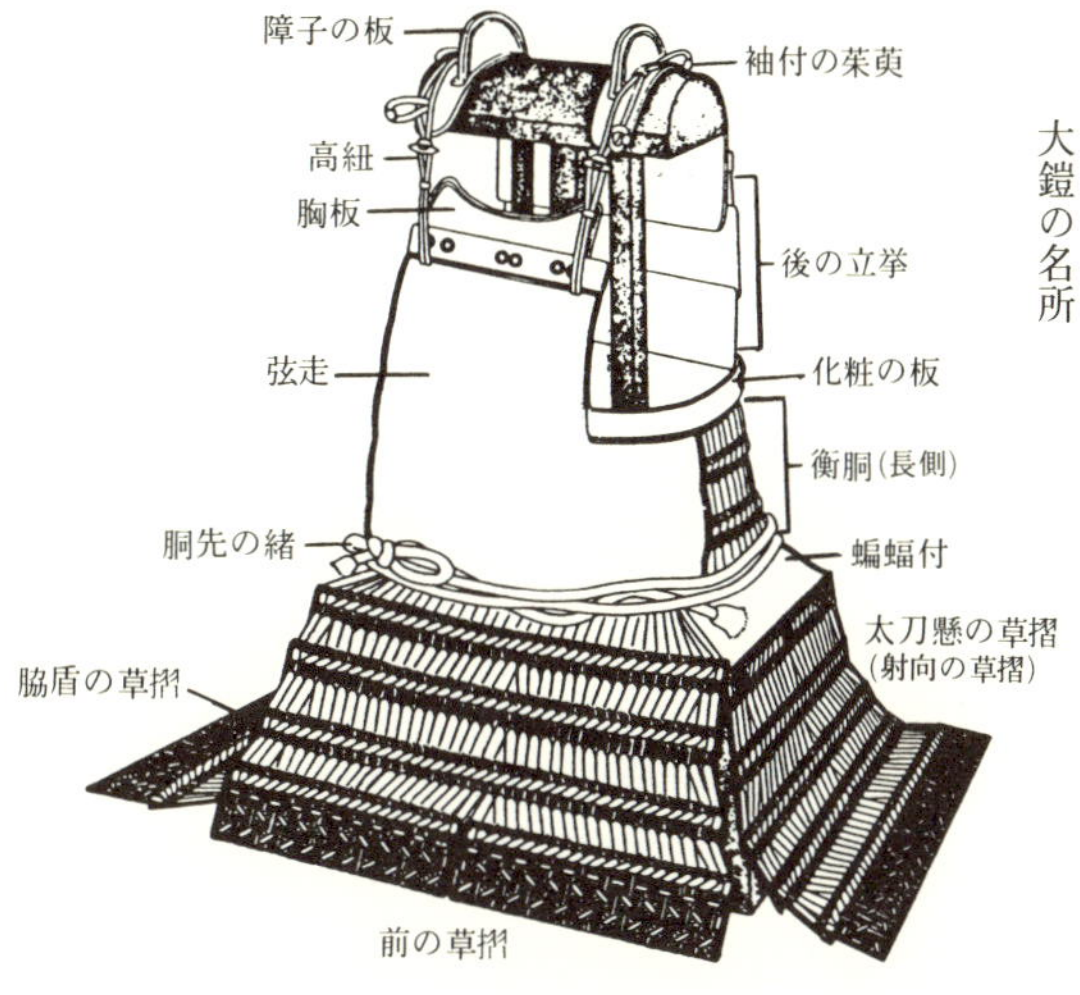

鎧（正面）

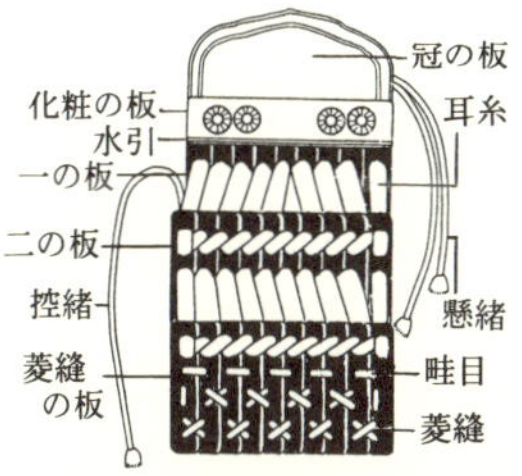

梅檀の板

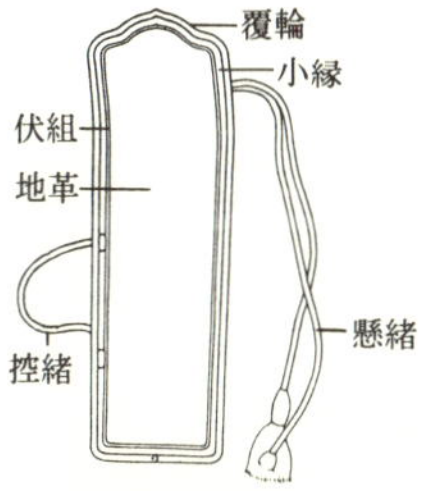

鳩尾の板

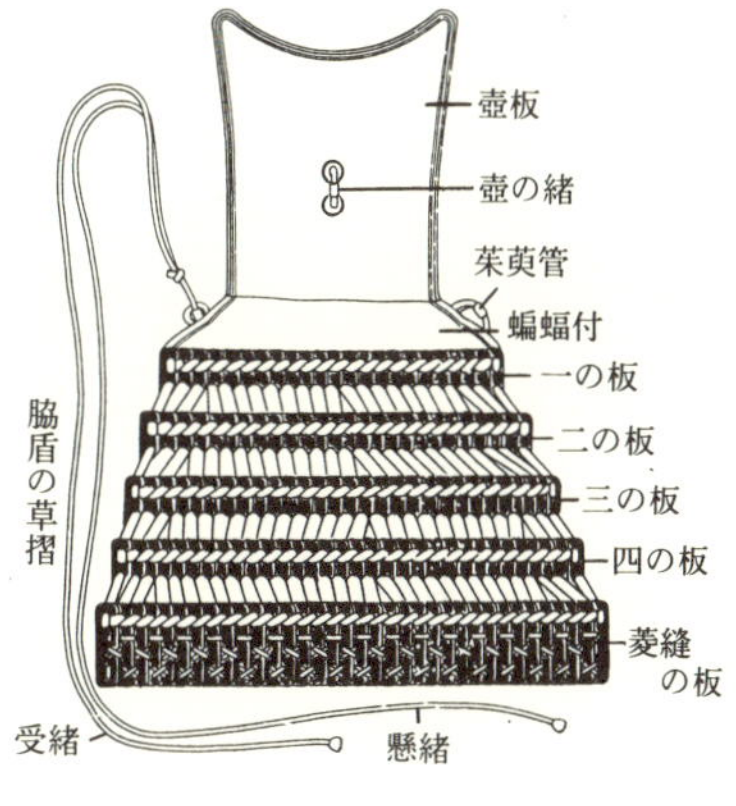

脇　盾

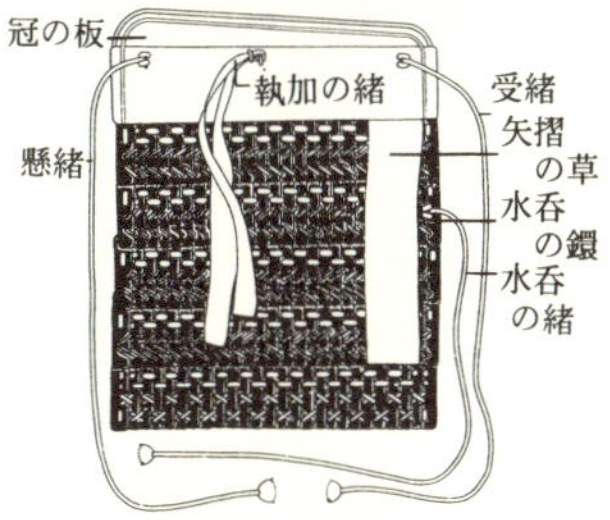

馬手の袖（裏面）

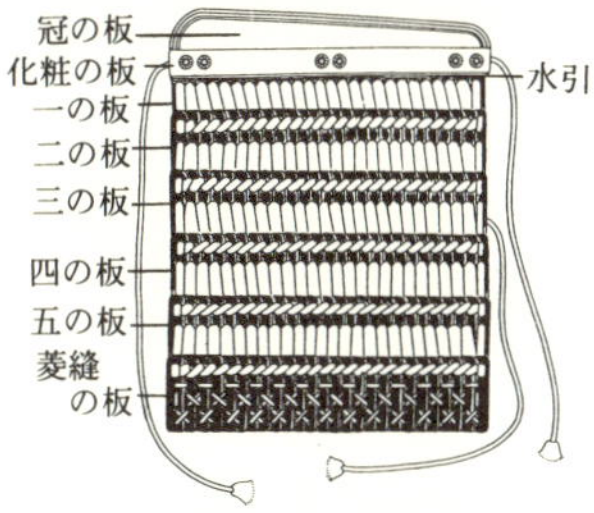

射向の袖（表面）

おおるいのぶる　大類伸　一八八四―一九七五　大正から昭和時代の歴史学者。とりわけ大正期に取り組んだ近世城郭の研究は、日本における城館研究の先駆けとなった。一八八四年(明治十七)二月二日(戸籍上は二十一日)、東京市神田区に生まれ、第一高等学校卒業後、東京帝国大学文科大学史学科に入学し、一九〇六年に卒業する。一九一四年(大正三)に『戦争と城塞』、翌年に『城郭之研究』を発刊。同年文学博士の学位をうける。東京帝大・

東北帝大・日本女子大・明治大で教鞭をとる。一九三六年(昭和十一)に発刊した『日本城郭史』(鳥羽正雄共著)は戦前の城館研究の到達点を示している。また、西洋史学における文化史の創始者で、『西洋中世の文化』(一九二五年(大正十四)、改稿一九五三年(昭和二十八))、『ルネサンス文化の研究』(一九三八年)を著す。一九三七年、学士院会員。一九七五年十二月二十七日没。九十一歳。

参考文献　保坂栄一「大類伸先生と大類史学」(『日本歴史』三三七、一九七六)。西村貞二「本会顧問大類伸先生を偲ぶ」(『史学雑誌』八五ノ三、一九七六)。八巻孝夫「明治から敗戦までの城郭研究の流れについて」(『中世城郭研究』一〇、一九九六)。

(齋藤　慎一)

おおわだのとまり　大輪田泊　摂津国兎原《うはら》郡(神戸市兵庫区)にあった港。後の兵庫津、現在の神戸港の前身。阪神・淡路大震災以降、発掘調査が進められ、江戸時代の「元《げん》禄兵庫津絵図《ろくひょうごつえず》」に依拠していた中世の港の位置などに見直しが迫られている。『万葉集《まんようしゅう》』にみられるが、七八五年(延暦四)淀川が神崎川に直結して以降栄えたといわれる。同じく『万葉集』にみえる「武庫泊《むこのとまり》」は武庫郡(兵庫県西宮市)付近と考えられ、異なる。西側の和田岬《わだみさき》によって潮流や風から守られるものの、南東風に弱く、八一二年(弘仁三)以降、修築の記事が『類聚三代格《るいじゅうさんだいきゃく》』などにみられる。平清盛《たいらのきよもり》が博多に代わる日宋貿易の基地とするため、本格的な改修を行い、一一七三年(承安三)ごろ、経島《きょうのしま》と呼ばれる島を築き、福原京への遷都の一一八〇年(治承四)には、畿内・山陽道・南海道の諸国に人夫を課し雑物運上の梶取《かこ》や水主に夫役《ぶやく》を命じ、改修を進め、福原京の外港として用いられた。その後、一一九六年(建久七)、東《とう》大寺《だいじ》大勧進《だいかんじん》の重源《ちょうげん》が改修を行い、瀬戸内海航路の東の拠点となる。鎌倉時代以降、大輪田泊の名はすたれ、兵庫津・兵庫島の名で呼ばれる。

参考文献　『兵庫県史』二、一九七五。歴史資料ネットワーク編『歴史のなかの神戸と平家』、一九九九、神戸新聞総合出版センター。

(宇佐見隆之)

おが　大鋸　コヒキ(木挽)が縦挽製材に使用する道具。中世の文献で「大鋸・ヲガ」(『下学集』)と、近世の文献で「大鋸・ヲガ」「前挽・マエビキ」「台切・ダイキリ」(『和漢三才図会』)と、それぞれ記されている。これらの内、「大鋸」と「前挽」が木材繊維を挽き割る縦挽用、「台切」が木材繊維を切断する横挽用である。二人使いの大鋸を使用している描写は、十三世紀末ごろの絵画資料(『極楽寺六道絵』)にみられ、十四世紀末の建築部材(清水寺本堂)に大鋸と推定される刃痕が残っている。十七世紀の文献(『愚子見記《ぐしけんき》』)に、「大仏殿成ル」ころ(方広寺《ほうこうじ》大仏殿、一五八八年(天正十六)着工)、「世ニ前引ト云物」が「出来」た、との記述がある。これらの資料より、二人使いの大鋸は十三世紀ごろ大陸から伝来し、限られた地域や集団で使われはじめ、十五世紀以降、普及していったと考えられる。一人使いの前挽は十六世紀後半ごろに出現し、しばらくは大鋸と併用されるが、十七世紀以降、縦挽製材鋸の主役は前挽に移ったと考えられる。→鋸《のこぎり》

参考文献　渡邉晶『大工道具の日本史』(『歴史文化ライブラリー』一八二、二〇〇四、吉川弘文館)。

(渡邉　晶)

おかくらてんしん　岡倉天心　一八六二―一九一三　明治期の美術史家、美術指導者、思想家。一八六二年(文久二)十二月二十六日、横浜生まれ。本名は覚三。東京大学文学部で政治学、理財学を学び、フェノロサの日本美術研究を助ける。一八八〇年卒業とともに文部省に出仕。東京美術学校を設立し、一八九〇年校長となる。新たな伝統美術の創出、初の日本美術史の講義を行い、また帝国博物館美術部長、古社寺保存会委員として、古美術の保護と模写・模造を行う。一八九八年東京美術学校騒動で同校を辞職し、日本美術院を設立。以後、活動を海外に広げ、一九〇一年渡印。一九〇四年から日米を往復し、ボストン美術館で日本美術コレクションの整理にあたった。同時に英文著作『東洋の理想』(一九〇三年)、『日本の目覚め』(一九〇四年)、『茶の本』(一九〇六年)を、英米で出版。政治、歴史、美術、美学にわたる文明論的な視点から、アジアの解放と日本文化の意義を唱え、世界に対する近代日本のビジョンを提示した。一九一三年(大正二)九月二日没。五十二歳。『岡倉天心全集』全九巻(一九七九―八一年、平凡社)がある。

参考文献　岡倉一雄『父岡倉天心』、一九七一、中央公論社。宮川寅雄『岡倉天心』(『日本美術叢書』八、一九五六、東京大学出版会)。

(佐藤　道信)

おかざきたかし　岡崎敬　一九二三―九〇　東洋考古学者。一九二三年(大正十二)七月二十二日、札幌で生まれる。一九四四年(昭和十九)に京都帝国大学文学部を卒業、同大学大学院に進学。一九五一年に京都大学人文科学研究所助手、一九五七年に名古屋大学教養部助教授、一九六〇年に九州大学文学部助教授、一九七二年に同大学教授となった。一九八六年に紫綬褒章を受章。一九八七年に定年退官し、名誉教授の称号を授与された。一九九〇年(平成二)六月十一日死去。六十六歳。北部九州における原始古代の地域社会形成と対外交渉、漢～唐代の中国と周辺地域との文化的・経済的関係、漢～唐代の中国内部における政治史的・社会経済史的問題などの研究を推進した。考古資料のみならず中国の文献史料を駆使する歴史考古学的研究に本領があった。著書に『東西交渉の考古学』(一九七三、平凡社)、『中国の考古学』隋・唐篇(一九八七、同朋舎出版)、編書に『立岩遺跡』(一九七七、河出書房新社)、『宗像沖ノ島』(一九七九、宗像大社復興期成会)、『松盧国』(一九八二、六興出版)などがある。

(岩永　省三)

おかじょう　岡城　大分県竹田市にある城跡。岡の城、竹田城ともいい、その形状から臥牛城ともいわれる。大野川の支流稲葉川が還流する平坦な溶岩台地を利用した城。四面を断崖に囲まれた天然の要害である。国指定史跡となっている。城の歴史は古く、源頼朝と源義経が対立し、九州に義経が向かった際、その手引きをした緒方

惟栄《これよし》ら豊後武士団が用意した城という伝承をもつ。緒方惟栄の館跡といわれる場所（大分県豊後大野市緒方町上自在）とも近接しており、その可能性はないともいえない。南北朝時代に入ると、肥後の南朝方勢力と対峙する最前線の城として、大友氏の支族志賀氏が城を整備し、一三六三年（貞治二）ころの菊池氏らの高崎山攻防の際には、北朝方の城として攻撃を受けた。志賀氏は九州の情勢が次第に北朝優位となる一三六九年（応安二）には、大友惣領家から直入郷代官職に任ぜられ、最初騎牟礼の城に移るが、一三七九年（康暦元）にこれを召し上げられ、その後、岡城に移ったといわれる。北志賀氏は代々この城を居城とし、直入・大野・海部の南郡衆中の最有力国人として活動した。一五八六年（天正十四）の島津侵攻の際は、城主志賀親次《ちかよし》（親善）は支塁を使い、岡城を死守した。しかし、大友氏除封後は、志賀氏も日田に千石を与えられ、城を去り、岡城には、豊後の南郡七万石を与えられた中川秀成が入城した。志賀氏の段階の城下は城の東の挟田《はさだ》・十川《そうがわ》地区であったが、中川氏は入部後まもなく、山藤左衛門を奉行として、城下の整備を行い、西の竹田側に町を新設し、さらに、西の玉来の五十余軒の商家を移し、次第に七万石の城下にふさわしい竹田の町を造り上げていった。町は、上町・田町・新町・本町・府内町・代官町・魚町・古町・下町などがある。これに伴い大手門は西に移され、城の拡張整備が進められた。一九八三年（昭和五十八）から石垣など修理に伴い、城の調査が実施され、家老などの屋敷などが発掘され、この城整備の様相が少しずつ解明されている。

資料館　竹田市立歴史資料館（大分県竹田市）

参考文献　『竹田市史』、一九八三―八七。大分県教育庁管理部文化課編『大分県の文化財』、一九九一。　（飯沼　賢司）

おがたこうあんきゅうたく　緒方洪庵旧宅　⇩適塾《てきじゆく》

おがたみやさこにしせきぶつ　緒方宮迫西石仏　三世信仰を表す尊像配列を反映した磨崖仏。大分県豊後大野市

緒方宮迫西石仏

緒方町久土知《くどち》に所在。西石仏は、覆屋を差しかけた高さ約四メートル、幅六、七メートルの仏龕《ぶつがん》に須弥壇状の高まりを設け、その奥壁に向かって右が阿弥陀如来像、中央が釈迦如来像、左端が薬師如来像の如来坐像三体を並列させて陽刻する。いずれも、方形の裳懸《もかけ》座に右足を上に結跏趺坐《けっかふざ》し、丸彫りに近い厚肉彫りに刻出され、背後に両肩にくびれのある挙身光背を線刻する。各像は、肉取り豊かな体部には量感があるが、角張った両膝や簡略な衣文さばきなどの形式化の状況から、東石仏よりやや後出する十二世紀末ころの造立と推定される。この薬師・釈迦・阿弥陀を並座させた尊像配列は、薬師に過去をかえりみ、釈迦に現世をたのみ、阿弥陀に来世を託す三世仏の信仰を表したと理解され、この信仰を反映した初期の作例として注目される。地方色の強い作ぶりを示す両石仏は、在地勢力である荘官緒方氏の造営と考えられる。国指定史跡。

参考文献　渡辺文雄「磨崖仏」（『緒方町誌』総論編所収、二〇〇一）。　（玉永　光洋）

おがたみやさこひがしせきぶつ　緒方宮迫東石仏　豊後地方に特有な信仰に根ざす磨崖仏。大分県豊後大野市緒方町久土知《くどち》に所在。大野川の支流緒方川右岸の丘陵南側に位置する。石仏群は、間を二〇メートルほどはさんで宮迫東・西石仏からなる。東石仏は高さ約五メートル、幅約七・二メートルの仏龕《ぶつがん》に覆屋を差しかけ、その奥壁には如来坐像を中心に、向かって右に剣を持つ不動明王立像、左に武装方の天部立像の三尊物が厚肉彫りされ、その外側左右の側壁に各一体ずつの仁王立像を彫出される。中尊は像容から釈迦如来ないしは薬師如来と考えられるが、本地域では大日如来とも呼ばれている。無病息災祈願などの本尊である薬師如来に対する信仰に密教の主尊である大日如来の信仰が融合し、豊後に特有な信仰形態が醸成されたと理解される。平安時代後期の和様彫刻の形骸化した側面と地方仏独特の大らかさが併存する同磨崖仏の造立年代は、平安時代末期の十二世紀後半に位置づけられる。国指定史跡。

緒方宮迫東石仏

参考文献　渡辺文雄「磨崖仏」（『緒方町誌』総論編所収、二〇〇一）。　（玉永　光洋）

岡田山一号墳出土大刀（部分）

おかだやまいちごうふんしゅつどたち　岡田山一号墳出土大刀　島根県松江市大草町に所在する、全長約二一・五メートルの小型の前方後方墳から出土した銘文入りの銀象嵌円頭大刀で、ほかの大刀や馬具類とともに重要文化財に指定されている。古墳は国指定史跡。岡田山一号墳は、一九一五年(大正十四)に、有地区の一住民によって発見され、梅原末治による調査が行われた。そののち一九七〇年(昭和四十五)・七五年の二次にわたり学術的な発掘調査が行われ、一九八三年にエックス線写真撮影により、刀身に銘文が刻まれていることが判明した。現存長は約五二センチであるが、発見当初は八二センチで、刀身も完存していた。銘文は、切先から鐔方向にむかい銀象嵌によって施され、鬼頭清明が木簡などとの比較から「各田部臣□□□素□大利□」と釈読し、九文字目は人偏、十二字目は「刀」である可能性を指摘する。大刀に紀年銘はないものの製作年代は六世紀の後半と考えられるので、現存する最古の部民制の存在を示す資料である。岸俊男は本資料を用いて『出雲国風土記』に大原郡司として額田部臣がみえることなどから額田部臣は当地の有力者であり、出雲国造出雲臣と同じ臣姓であることから額田部臣と出雲国造出雲臣は同族関係にあったとした。このほか、古墳のある山代・大庭古墳群には二重の周溝を持つ山代方墳があることとあわせて、出雲東部の首長層と蘇我氏との関係性を推測する見解も出されるに至っている。大刀は八雲立つ風土記の丘資料館に保管展示されている。

[参考文献]　岸俊男「『額田部臣』と倭屯田」(『日本古代文物の研究』所収、一九八八、塙書房)。渡邊貞幸「山代・大庭古墳群と五・六世紀の出雲」(山本清先生喜寿記念論集刊行会編『山陰考古学の諸問題』所収、一九八六)。『出雲岡田山古墳』、一九八七、島根県教育委員会。大谷晃二「『出雲国』の支配者たち」(『古代出雲文化展』、一九九七、島根県教育委員会)。
（平石　充）

おがちじょう　雄勝城　出羽国北部にあった古代の城柵。小勝柵《おがちのさく》などともいう。七三七年(天平九)に造営が計画されたが中止。そののち藤原仲麻呂《ふじわらのなかまろ》による積極的な東北政策の一環として、陸奥国の桃生《ものう》城とともに七五九年(天平宝字三)に造営された。同年北陸・坂東諸国などの浮浪人二千人が柵戸《きのへ》として移配され、七六七年(神護景雲元)には城下の俘囚《ふしゅう》四百人が帰服している。北方支配の拠点の一つで、出羽国府・秋田城とあわせ一府二城と称され、八七八年(元慶二)に起きた元慶の乱のおりには、俘囚軍による攻撃の対象にされるとして雄勝城の確保が命じられている。史料上は『三代実録』仁和三年(八八七)五月二十日条にみえるのが最後である。所在地については、秋田県雄勝郡羽後《うご》町の足田《たらだ》遺跡や大仙市・美郷町の払田《ほったの》柵《さく》跡に比定する説などがあるが、創建期の雄勝城は旧雄勝郡内に造営され、のちに払田柵跡に移転された(第二次雄勝城)とする有力説がある。　→払田柵《ほったのさく》

[参考文献]　新野直吉・船木義勝『払田柵の研究』、一九九〇、文献出版。鈴木拓也『古代東北の支配構造』、一九九八、吉川弘文館。
（熊田　亮介）

おかでら　岡寺　奈良県高市郡明日香村岡にある真言宗豊山派の山岳寺院。龍蓋寺ともいわれる。現在見られる伽藍はすべて再建立によるもので、寺務所の建て替えの折りわずかに発掘調査が行われ、創建時の基壇と考えられる建物遺構の存在を明らかにしたが、あまりにも小さな範囲だけの調査で具体的なことはわかっていない。むしろ、古い遺構は山門の西方にある、治田《はるた》神社境内やその周辺にあるらしい。境内には礎石が散在し、また古瓦が見つかっている。この瓦は複弁五弁蓮華文軒丸瓦と葡萄唐草文軒平瓦で、岡寺式軒瓦としてよく知られている。同様の瓦は、加守廃寺や駒帰《こまかえり》廃寺など奈良県下の山岳寺院に多く見られる。また同寺には須弥壇の化粧として使われたと思われる鳳凰文磚や天人文磚が伝えられている。現在の本尊は高さ三六三・七センチの如意輪観音座像で、天平の作で、最大の塑像として知られている。醍醐寺本『諸寺縁起集』の竜門寺縁起には龍蓋・竜門の両寺は義淵僧正が建立したとしている。しかし、僧道鏡の開山説もある。
（河上　邦彦）

おかますいしどう　岡益石堂　鳥取市国府町に所在する七世紀代に建立されたと考えられる特異な石堂。鳥取平野の東端部近くの丘陵上に位置する。石堂の記録は江戸時代の地誌類にもみられ、現在は、安徳天皇御陵参考地(宇部野陵墓参考地)として宮内庁が管理。石堂は、基壇上に板石状の石障を方形にめぐらし、その中央に礎石を置いて円柱を建てるもの。円柱の上に枡形を呈した中台状石、斗形状石その他を載せるが、斗形状石より上は層塔や五輪塔などの石材が積まれる。一八九九年(明治三十二)に修営工事が行われ現在の体裁になったという。基壇は、切石を使用した一辺六メートル、高さ〇・九メートルの一成基壇。基壇上の周縁に幅一メートル前後の犬走りを設け、その内側に地覆石《じふくいし》を置いた上に一辺約四・三メートル、高さ約二・一メートル、厚さ〇・四メートルの石障を立てる。石障東辺中央には、幅約一・二メートルの出入口が設けられる。礎石は二メートル前後の長方形プランを呈し、中央部に円形柱座を造り出す。円柱は裾部に

二重の蓮弁を浮き彫りしたもので、中央部が胴膨らみの形状を有するエンタシス柱。円柱の最大径は約七一センチ、高さ一・七六八メートル。円柱に載る中台状石は上面幅一・四三メートル、奥行き一・二〇メートルの規模で、下面には円柱との接合部を中心に薄肉のパルメット文が浮き彫りされる。これら石堂に用いられている石材は、凝灰岩で風化が著しい。円柱の形状や中台状石の文様の特徴、使用された尺度が高麗尺と推定されることなどから、中国の六朝から唐代、または朝鮮半島の仏教文化の大陸の影響を強く受けて建立されたものと考えられている。なお、石堂の西側隣接地は以前より瓦が出土することから寺院跡の存在が考えられていた。一九九七年(平成九)から数次の発掘調査が実施され、金堂基壇の掘り込み地業やその北側に位置する掘立柱建物の講堂跡・回廊状遺構などが確認され、石堂を塔跡とする法起寺式の伽藍配置を有する岡益廃寺が想定されている。

岡益石堂

資料館 因幡万葉歴史館(鳥取市)

参考文献 宮内庁書陵部陵墓課編『書陵部紀要所収陵墓関係論文集』Ⅳ、二〇〇〇、学生社。 (真田 廣幸)

おかもとのとうり　岡本桃里　一八〇六—八五　江戸時代から明治時代にかけて活躍した日本画家。一八〇六年(文化三)に大和国高市郡八木(奈良県橿原市)で生まれ、のち桜井町(奈良県桜井市)に移住する。四条派に属した。得意とする画題は鮎で、繊細な筆致をもって、数匹の鮎が清流で遊ぶ姿を多く描いた。みずから陶器をつくり、古瓦や土器・珍石などを採集したり、茶をたしなみ、尺八を奏でるなど、好古家であり風流人であった。尊皇思想をもっており、大和の陵墓を巡拝して、『大和各山陵絵』『大和各山陵図』などの画集を残した。一八六三年(文久三)、神武天皇御陵修築の際には、出土遺物を精密に模写したが、寸法も記入するなど、考古学の遺物の図としての価値が高い。これ以後、官命を受けて御陵守戸となり、晩年には橿原神宮の創建にも奔走した。一八八五年(明治十八)十二月二十一日に死没した。八十歳。桜井市の共同墓地には、台石の上に四角柱形の花崗石材を置いた墓碑が残る。法名は桃誉里山義方禅居士。雅号は武陵斎。

参考文献 土井実「岡本桃里」(『大和志』八ノ二、一九四一)。島本一「岡本桃里」(『桜井町史』所収、一九五四)。 (市 大樹)

おかやまじょう　岡山城　岡山市にある近世城郭。築城時期は定かではないが、十六世紀前半には金光《かねみつ》氏の居城となっており、現在の本丸の西、石山を中心とした縄張りであったとされる。一五七〇年(元亀元)宇喜多直家《うきたなおいえ》が金光宗高《むねたか》より城を奪取し、みずからの居城とした。宇喜多直家のころの文献史料上には、直家の居城のことをすでに「岡山」と表現しており、本丸が石山の東方の岡山に移されていた可能性がある。直家の子秀家《ひでいえ》の時、豊臣秀吉の指導の下、岡山城は近世城郭へと姿を変えた。岡山にある本丸には三重六層の天守閣が建築され、また縄張りも、西の毛利氏への対抗のため防御正面を西側とする配置となるなど、現存する岡山城の原形が作られた。関ヶ原の戦ののち、小早川秀秋《こばやかわひであき》、池田忠継《ただつぐ》・忠雄《ただかつ》が入城しさらに改築され、一六三二年(寛永九)鳥取から池田光政が移り、以後池田氏の居城として大きな改築もなく明治維新を迎える。完成時の岡山城は本段・中の段・下の段からなる本丸を中心に、堀を隔てて西ノ丸および二郭からなる二ノ丸内屋敷の曲輪が西から南に設けられ、この外側に内堀を置いて南に二ノ丸、さらに二ノ丸から堀を隔て、内部を堀によって三廓に区切られた逆「コ」の字状の三の曲輪が配置され、その外を外堀が囲んでいる。岡山城は明治維新の時存城となったものの、つぎつぎと建造物は破壊され、さらに一九四五年(昭和二十)の岡山空襲によって天守閣・石山門も焼失した。江戸時代の建造物は現在、本丸中の段にある月見櫓と西ノ丸の西手櫓(ともに重要文化財)を残すのみである。一九八七年に国の史跡に指定された岡山城の整備事業として、一九九二年(平成四)から本丸の発掘調査が開始され、岡山城本丸が宇喜多直家期を含む十六世紀末から池田忠雄期の一六二〇年代までに曲輪が目まぐるしく変遷していることが判明した。また、旧城域の再開発に伴う発掘調査も行われており、考古学からの岡山城解明が進みつつある。

参考文献 『日本城郭大系』一三、一九八〇、新人物往来社。岡山市教育委員会文化財課編『史跡岡山城跡本丸下の段発掘調査報告』、二〇〇一。 (横山 定)

おかやまはんはんがく　岡山藩藩学　岡山市蕃山町に所在する近世岡山藩の教育機関跡。国指定史跡。岡山藩では、藩主池田光政の強化主義的政策により教育機関の一層の整備が図られ、一六六六年(寛文六)に仮学校が開設されるが手狭となり、一六六九年に御祈禱所円城院の跡地に開設された。開校にあたり、学校領として二千石が措置され、この学校が一八七一年(明治四)まで継続した。

藩学校の敷地はおよそ東西六十一間半(一一二メートル)・南北百十二間半(二二〇メートル)に及び、中央には中室と大講堂・食堂が位置し、菊舎をはじめとする十の房舎が五つずつ左右に配され、講堂の前には左右の塾と泮池《はんち》が設けられた。学校の精神的中枢をなす中室の龕中には中江藤樹親筆の至聖文宣王の書軸が納められ、中室では釈菜が執り行われた。一六七一年には家臣の宗子で十一歳以上の者の入学が義務付けられたが、庄屋など村役人・上層農民の子弟も藩の行政の末端をになう者として入学が認められた。

参考文献 ひろたまさき他編『岡山県の教育史』、一九六六、思文閣出版。

(今津 勝紀)

おがわら　男瓦 ⇩丸瓦《まるがわら》

おきこくぶんじ　隠岐国分寺　島根県の日本海上の隠岐国におかれた国分寺。七四一年(天平十三)の聖武天皇の詔を受けて諸国で建立された国分寺の一つ。隠岐郡西郷町原田字風呂前に所在。現在も隠岐国分寺と称する。参道脇に南門跡や中門跡と伝える礎石があり、境内から軒平瓦が出土しているが、未発掘のため寺域の範囲や伽藍配置など詳細は明らかでない。一八六九年(明治二)の廃仏騒動によって仏像などが壊され、本堂が焼失した。現在は再興の本堂などが建ち、一部分損壊した木造四天王像等が伝存する。隠岐国分寺は『増鏡』や平田市鰐淵寺頼源文書などから、後醍醐天皇が元弘の変により隠岐に配流となった時の行在所《あんざいしょ》になったと推定され、隠岐国分寺境内は国史跡。しかし、隠岐行在所については隠岐郡西ノ島町の黒木御所説もある。なお、隠岐国分寺には「隠岐国分寺蓮華会舞」(国指定重要無形民俗文化財)が伝わる。隠岐国分尼寺跡は隠岐国分寺の東南方の隠岐郡西郷町有木《あらき》字野中に所在。発掘調査によって、庇をもつ三間×七間の掘立柱建物(推定金堂)、二間×一間の建物跡(中門)などの遺構と多数の瓦、奈良三彩、須恵器、土師器などが出土。周吉《すき》郡家跡の可能性もある。近世には近くに尼寺がおかれ、礎石が残る。国分寺創建は山陰道の他国より遅れ八世紀後半から九世紀中ごろの間と推測されるが、今後の課題。八六七年(貞観九)山陰道の伯耆、出雲、石見、長門、隠岐の五ヵ国に、八幅の四天王像を安置して新羅の賊心を調伏し、災変を消却するよう命じている(『三代実録』)。隠岐国では国分寺内に置かれたと考えられる。『延喜式』に隠岐国の国分寺料五千束、文殊会料一千束とある。元弘の変によって一三三二年(元弘二)隠岐に配流された後醍醐天皇は、鰐淵寺僧頼源文書や『増鏡』にもとづき、隠岐国分寺が行在所であったとされ、隠岐国分寺境内は国指定史跡であるが、西ノ島町の黒木御所跡(県指定史跡)との見解もある。一三六九年(応安二)には前肥後守が国分寺内四王寺田の寄進をしたことがみえる。「国分寺住持憲舜阿舎梨置文」(写本)には十六世紀初め、国分寺の本堂が大破。僧憲舜の尽力で一五〇七年(永正四)、檀那を隠岐宗清とするなどして再建されている。『増補隠州記』の国分寺村条に「四天王寺有、仁王門有、鎮守山王二社、寺家六坊在り、大乗坊、本蔵坊、安楽坊、玉蔵坊、大楽坊、岸本坊、昔ハ寺領百石之由、慶長年中より五石ニ成、三重ノ塔。鐘楼堂ハ絶テ、今礎計残ル」。一六七六年(延宝四)、僧来誉のとき本堂を再建するが、一八六九年(明治二)に隠岐島全体に広がった廃仏毀釈に遭い、堂宇が焼失し仏像が破壊された。一八七九年に仮本堂が建てられ、昭和になって今の本堂が建立された。禅尾山隠岐国分寺は真言宗(東寺派)、本尊は釈迦如来。本堂内には廃仏毀釈の傷跡を残す四天王像、仁王像等が保存されている。毎年四月二十一日に隠岐国分寺蓮華会舞が催される。→国分寺《こくぶんじ》

参考文献 田中豊治「隠岐国分寺」(『西郷町誌』上所収、一九七五)。近藤正他『隠岐国分尼寺調査報告』、一九七一、隠岐島後教育委員会。内田律雄「隠岐」(角田文衞編『新修国分寺の研究』七所収、一九六七、吉川弘文館)。

(勝部 昭)

おぎとちこぼ　荻杼古墓　出雲平野で発見された中世の古墓。島根県出雲市荻杼町八九番地に所在。一畑電鉄武志駅の西南三〇〇メートルにおいて一九六五年(昭和四十)四月、土地改良工事中に発見された。もとは三〇平方メートルばかりの周辺よりもいくらか高い土地であったという。ここから拳大の礫が一〇〇個、骨片、宝篋印塔を含むいくつかの石塔が発見された。さらに、径四〇〜四六センチ、厚さ六〜七センチの扁平な蓋石を置いた総高八六・二センチの大瓶とその中に入れられた青磁碗二、青磁皿一が出土している。二メートル四方の範囲で深さ二メートルばかりの方形墓坑を掘ったあと、その中央部に三個の河原石をおき、その上に大瓶の蔵骨器を据え、周囲に粘土を詰めて納められていたと推定される。大瓶は、愛知県知多半島の常滑焼の系統のもの。青磁碗は翠青色で小さくしまった高台と蓮弁文をもち、日本出土の中国陶磁の中にあっては極上品である。青磁皿は内面に印花の樹木文をもつ。これら中国青磁は十三世紀後半ころのもの。出土品は重要文化財で、奈良国立博物館に保管。古墓発見地は出雲守護佐々木氏の所領で、古墓と深い関係があると想像される。

参考文献 近藤正『山陰古代文化の研究』、一九七六、近藤正遺稿集刊行会。『島根県大百科事典』、一九八二、山陰中央新報社。

(勝部 昭)

おきなわ　沖縄 ⇩琉球《りゅうきゅう》

おきのくに　隠岐国　島根半島の沖合、約四〇〜八〇キロの日本海上に位置する山陰道の国名。島前《どうぜん》の知夫里《ちぶり》島、西ノ島、中ノ島と島後《どうご》の四島を中心とする群島。宮都出土の古代木簡の表記はすべて隠伎国である。『延喜式』に隠岐は遠国、等級は下国、京までの距離は上三十五日下十八日。隠岐国と連絡する駅路は出雲国嶋根郡の千酌《ちくみ》駅からの航路。隠岐は国生み神話に登場し、『古事記』に「隠伎之三子島、亦の名は天之忍許呂別」、『日本書紀』に「億岐洲と佐渡洲とを双子に生む」と載る。『国造本紀』は軽嶋豊明《かるしまのとよあきら》(応神天皇)御代に十挨彦命《とうえのひこのみこと》を意岐国造に任じ

たとする。『播磨国風土記』餝磨《しかま》御宅条に、朱雀(仁徳)天皇の世に意伎国造ら五国造が播磨国に追放されたことが載る。国府は『和名類聚抄』に「国府在周吉郡」とある。国府跡は西郷町下西に字「甲ノ原」「国府原」「国府井」などの地名があること、甲ノ原遺跡能木原地区において検出された大形の掘形をもつ掘立柱建物跡が企画的なコの字状に配置されていることなどから、甲ノ原遺跡周辺と推定される。億岐国造家に隠岐国倉印と駅鈴(重要文化財)が伝存する。補任国司としては七三二年(天平四)の『隠伎国正税帳』に目県犬養宿禰大万呂《さかんあがたのいぬかいすくねおおまろ》の名がみえ、国守の初見は七六二年(天平宝字六)の下道朝臣黒麻呂(『続日本紀』)である。隠岐国は七二四年(神亀元)に遠流地(『続日本紀』)となり、以後、遣唐副使小野篁《たかむら》、後鳥羽上皇、後醍醐天皇などが配流されるなど、古代から近世に至るまで多数の流人が流された。『和名類聚抄』によれば隠岐国の郡郷について、知夫(知夫利、智夫、千波)郡は宇良郷・由良郷・三田郷、海部《あま》郡は布勢郷・海部郷・佐作《ささ》郷、周吉《すき》郡は賀茂郷・庵可《あむか》郷・新野《にいの》郷、穏地《おち》(役道)郡は都麻《つま》郷・河内《かむち》郷・武良《むら》郷、あわせて四郡十二郷。郡司は七三〇年の『隠伎国周吉郡郡稲帳』(正倉院文書)に海部郡司少領海部直《あたい》大伴、主帳日下部保智万呂、七三二年の『隠伎国正税帳』に智夫郡司大領海部諸石、主帳服部《はとりべ》在馬、海部郡司少領安曇三雄、周吉郡司大領大私真継、役道(隠地)郡司大領磯部直万得がみえる。『延喜式』によれば調は御取鮑・短鮑・烏賊・煎海鼠《いりこ》・鮹・雑腊《ぞうのきたい》・紫菜・海藻・嶋蒜、庸は布、中男作物は雑腊・紫菜である。藤原宮や平城京などから出土した隠岐関係の木簡は百点以上の多数で、郡(評)郷里名、貢進氏族名、産物、年紀などを記載する。貢進物は『延喜式』記載以外に海松《みる》・擬海藻・螺などがあり、宮廷祭祀用や若狭国などと同じように朝廷への食料供給地であったようである。木簡記載の氏族には島前では津守部・安曇部・勝部など。各田部《ぬかたべ》・壬生部、島後では私部・蝮王部・孔王部・檜前部・大伴部・宗我部・物部等、大王家に関わる名代やヤマト王権を構成する豪族の部民である。ヤマト王権の支配は、周吉郡では氏族名から五世紀代に及び、島前には海部郡三家里、知夫郡三田里等の存在から六世紀後半に屯倉が設置されたと推測される。『延喜式』神名帳には十六座が載り、明神大社は知夫郡の由良比女神社、海部郡の宇受加《うつか》神社、隠地郡の伊勢命神社、水若酢命神社の四座である。古代の寺院跡は国分寺跡のほか島後の隠岐の島町に権得《ごんとく》廃寺、五箇村に郡廃寺があり、瓦は鳥取県米子市淀江町の上淀廃寺系の特徴をもつ。隠岐は石器の原石となる黒曜石を産する。また旧石器遺跡はじめ縄文時代の宮尾遺跡、郡山遺跡、弥生時代の月無遺跡、竹田遺跡(銅剣出土)、大城遺跡(四隅突出型墳丘墓)などが知られる。古墳は島内全体で約二百基。前方後円墳は十基で西郷平野の周辺に八基分布し、前方後方墳は未検出。最大の古墳は後期の隠岐の島町平《へい》神社古墳(前方後円墳、四八メートル)である。横穴墓群は二十群以上分布し、多数の玉類や鉄器、土器など豊富な副葬品をもつものや墨書土器も認められる。知夫村高津久や海士《あま》町御波などの横穴墓群からは畿内産の土師器が出土し、畿内と隠岐の関係を示している。中世においては西郷町国府尾《こうのお》城跡、西ノ島町の高田峯経塚、中国陶磁出土の浦谷遺跡、海士町の村上氏館(森固屋城)などがある。朝鮮半島との関係では、七六三年(天平宝字七)渤海国からの帰路漂着した高内弓等(『続日本紀』)、八

隠岐国略図

五二年(天長二)渤海使高承祖等百三人の到来、八九〇年(寛平二)新羅国人三十五人漂来(『日本紀略』)等がある。海士町郡崎《くんざき》遺跡や矢原《やんばら》遺跡から奈良時代の瓦片、「多倍」などの墨書土器が出土しており、海部郡衙跡の可能性がある。西ノ島町珍崎《ちんざき》の伝聖岩出土の陶質土器(焼火《たくひ》神社蔵)は半島との関わりを示唆する。考古学的な調査が進み隠岐の歴史像が徐々に明らかになっているが、中央政権や他地域との関係など未解明の点が多い。隠岐国一宮は隠地郡の水若酢神社(隠岐の島町郡)、惣社は周吉郡の玉若酢命神社(隠岐の島町下西)であった。荘園は摂関家領の重栖荘、知夫利荘などや平家領の犬来牧、宇賀牧がおかれた。南北朝時代には海士郡に安国寺が設けられた。一一九三年(建久四)、佐々木定綱が石見・長門両国の守護と隠岐国地頭に補任され、以後佐々木氏が国地頭、隠岐国守護となる。その後南北朝期の一三四三年(康永二)京極流の佐々木高氏が、出雲・隠岐二国の守護になったが、高氏と対立していた山名時氏が高氏の目代を出雲から追放し、一三五二年(文和元)から隠岐と出雲は山名氏が領有した。明徳の乱で山名氏が負けたため、一三九二年(明徳三)京極高詮が出雲・隠岐両国守護に就いた。その後、泰清以降の佐々木氏は隠岐氏と称し、守護代として勢力を拡げた。十五世紀中ごろには国府尾城(隠岐の島町)を拠点に尼子氏の支援を得て隠岐国一円の支配を確立した。毛利氏の出雲進出後の一五八三年(天正十一)に滅亡し、一五九〇年以降は吉川氏が代官を派遣し直接支配した。関ヶ原合戦後は出雲・隠岐両国を堀尾氏三代、京極忠高氏一代が支配。その後出雲国守松平直政の時以降、隠岐国は幕府領の松江藩預かりとなった。一時、石見国の大森代官所の代官支配地とされた時期もあった。また、日本海を行き交う西日本海運の寄港地となり、西郷、大山脇の港などが栄えた。村々の様子は一六四五年(正保二)の「出雲・隠岐国絵図」や「隠岐国村鑑帳」などに詳しい。正保国絵図には村数六十一、惣高一万一千六百一石余。隠岐の俵物(干鮑、煎海鼠、鯣)は清国に輸出され幕府の財政を助けた。一八六八年(明治元)隠岐国島後の神官、農民ら三千人余が決起、隠岐島正義党が自治政府を設立する(隠岐騒動)が、松江藩の鎮圧によりまもなく崩壊する。一八六九年版籍奉還に先立ち隠岐県が設置されるが、同年大森県、翌七〇年廃藩置県直前に浜田県、同じ年島根県、さらに鳥取県に編入するが、のち島根県となる。

参考文献 『西郷町誌』上、一九七五、西郷町誌編さん委員会。和田萃「古代の出雲・隠岐」(『日本海と出雲世界』所収、一九九一、小学館)。佐藤信「古代隠伎国と木簡」(『日本古代の宮都と木簡』所収、一九九七、吉川弘文館)。同『古代の遺跡と文字資料』、一九九九、名著刊行会。

(勝部　昭)

おきのしま　沖ノ島　福岡県宗像市大島に属する神体島。宗像市神湊《こうのみなと》の北北西約六〇キロの玄界灘に浮かぶ東西約一キロ、南北約〇・五キロ、周囲約四キロの孤島で、宗像大社の沖《おき》津《つ》宮《みや》を祀り、国史跡宗像神社境内の一部となっている。祭神は宗像三女神の一、田心姫《たごりひめ》命で、島の中腹に白木造り・板葺きの社殿が所在する。島の回りを対馬暖流が流れ、常緑樹に覆われており、全島国指定天然記念物にもなっている。島は標高二四三メートルの一ノ岳を添い最高所とし全島石英斑岩でおおわれ、東南斜面は巨岩が露頭し急峻な地形を形成している。神体島である沖ノ島は、宗像大社の神官が交代で勤務する無人の孤島で、現在も厳格に女人禁制を守っている。『旧事本紀《くじほんぎ》』には「遠瀛島」、『筑前国続風土記』には「奥津島」とし、一六三九年(寛永十六)から筑前黒田藩は、防人を置き監視と防衛にあたらせたが、警備にあたった国学者青柳種信は『瀛《おき》津《つ》島防人日記』としてその体験を著わしている。入島には、まず社務所横の浜辺でみそぎを行う。社務所の西側の高台には旧社務所と正三位社が置かれていた。この場所は、縄文・弥生時代の土器や石器、魚貝類やアシカの骨を含む獣の骨などが出土しており、島内で唯一の生活遺跡である。ここから沖津宮までは四百段の石段があり、沖津宮を経て一ノ岳の燈台へと通じている。沖津宮周辺には高さ十数メートルの巨岩が累々と所在し、二十三ヵ所に及ぶ沖ノ島祭祀遺跡を形成している。屹立する巨岩が磐座《いわくら》として神の降臨する場と考えられ祭祀が行われたもので、沖津宮の左にそびえたつ巨岩は御金蔵《おかなぐら》と称される。一八九一年(明治二十四)に博多の神官江藤正澄《まさずみ》は、沖ノ島の祭祀遺跡を『東京人類学会雑誌』に学術報告として最初に載せたが、沖ノ島は軍事的にも重要な地点であったことから、一九〇五年の日本海海戦もこの周辺海域で行われ、見聞した記録が『沖つ宮日記』に書かれている。一九三七年(昭和十二)には砲台が置かれ、陸海軍の兵士が常駐するようになる。第二次世界大戦後になり、宗像大社復興期成会による『宗像神社史』の編纂が実施され、その事業の一環として沖ノ島祭祀遺跡の発掘調査が実施されることとなる。調査は一九五四・五五年、一九五七・五八年、一九六九—七一年の三次にわたって実施された。第一次の調査の主任は鏡山猛で、七号・八号・一六号の三遺跡を調査し、第二次は一五号・一七号・一八号・一九号を、第三次は岡崎敬を調査団長として、二一号・二二号を調査している。遺跡は巨岩の岩陰にあるもの、岩上にあるもの、半岩陰・半露天のもの、露天のものに大別される。第一次で調査した七号・八号は岩陰で、一六号と第二次の一七号・一八号は岩上、第三次の二一号は岩上、二二号は岩陰である。このうち七号遺跡からは、金製指輪、金銅製の馬具類、鉄製の武器、武具類、水晶製の三輪玉、ガラス製の玉、唐三彩などが出土し、一六号遺跡からは鏡や鉄剣・鉄刀・鉄斧、碧玉製の玉類などが、一七号遺跡からは二十一面の鏡をはじめとして鉄剣・鉄刀・蕨手刀子、各種の玉類などの装身具類が、二一号遺跡からは、方形の祭壇を構成し、鉄製の剣や刀、斧や鎌、玉類、鏡の破片などが、北東の離れた場所に位置す

絵　巻

絵巻とは、絵とその内容を文章で説明する詞書によって構成されるメディアである。「絵巻物」とも呼ばれるように、巻子装という形態をとることから、独特の表現形式や鑑賞形態がとられた。すなわち、左右に長大な形態となることから、鑑賞者は右から左へと巻物を繰り広げながら読み進めることになる。これに対応して画面構成においても、基本的には右から左へと時間・空間が進行していく。『伴大納言絵巻』上巻の応天門炎上のシーンは絵巻のこうした特性を巧みに利用した表現である。これに対して、左から右という逆の動線を持ち込んだり、「異時同図法」を用いたりして右から左へという時間軸・空間軸の制約を相対化して視覚効果を高めることも行なわれた。現存の絵巻には補筆や加筆、書き換えといった改変が行なわれた形跡もしばしば認められるが、伝来の過程で欠失や錯簡が生じる巻子装特有の「予期せざる」改変を受けた絵巻も少なくない。　　（髙橋　典幸）

絵巻の製作・鑑賞

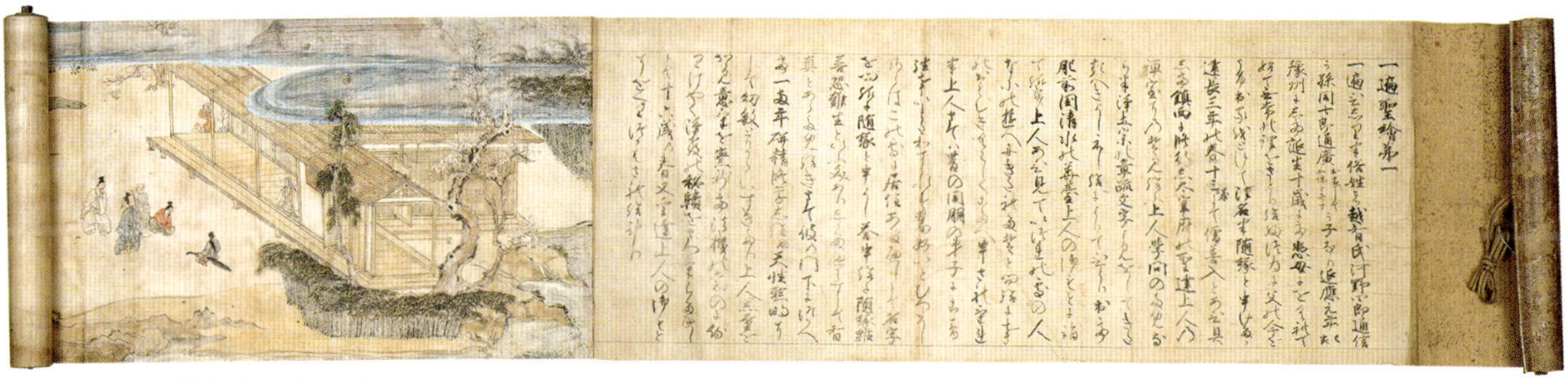

一遍上人絵伝(御影堂本)　重要文化財　　東京都目黒区　前田育徳会所蔵

時宗の開祖一遍の伝記絵巻。『一遍聖絵』とも呼ばれ、一遍の弟聖戒が詞書を撰述し、画僧円伊が絵を担当して1299年(正安元) 8 月に完成させた。図に掲げたものは、その良質な古模本の一つ。絵巻における絵と詞書の構成方法はいくつかあるが、図に見られるように、詞書とそれに対応する画面を交互に貼り継いで巻子に装丁する交互式がもっとも一般的であった。

慕帰絵詞(第 5 巻)　重要文化財　　京都市　西本願寺所蔵

本願寺第三世覚如の伝記絵巻。図は覚如が浄土真宗開祖親鸞の伝記絵巻『親鸞伝絵』を作成する場面で、自らが撰述した詞書を手にして画僧に指示を出すのが覚如である。絵巻作成の具体的なシーンを伝えている点、とくに詞書と絵の密接な関係がうかがわれて興味深い。

春日権現験記絵披見台　　奈良市　春日大社所蔵

6 曲の小屏風状に仕立てられ、広げると2mほどの長さになる。春日明神の霊験を描いた絵巻、『春日権現験記絵』とともに伝来し、高さ(42.5cm)も『春日権現験記絵』とほぼ一致すること、裏面の表装の文様が絵巻の表具裂と一致することなどから、『春日権現験記絵』を鑑賞するための台と考えられている。こうした台の上で右から左へ少しずつ繰り広げていくのが絵巻鑑賞のスタイルであった。

伴大納言絵巻（上巻）　国宝　　東京都千代田区　出光美術館所蔵
内裏応天門炎上事件と大納言伴善男の失脚を題材とした絵巻。図は冒頭の燃え上がる応天門と、それを応天門の北から眺める官人たちの場面。掲載し切れなかったが、本図の右には応天門炎上を聞きつけ、その南に駆けつける庶民たちの姿が描かれる。絵巻特有の右から左へという画面構成を巧みに利用して、南から北へという空間構成とともに時間の経過が表現されている。応天門炎上シーンは日本絵画における三大火焔表現の一つと評される。

伴大納言絵巻（中巻）　国宝　　出光美術館所蔵
伴大納言に仕える出納の子どもと舎人の子どもの喧嘩を描いた画面。子どもの喧嘩に飛び出す出納、取っ組み合いをする子どもたち、舎人の子どもを蹴飛ばす出納、子どもを家に連れ帰る出納の妻という一連の経過が時計回りに描かれる。右から左へという絵巻の時間軸の制約の中で、一人物の異なる時間の場面を一画面に描く「異時同図法」という手法が用いられている。

信貴山縁起（延喜加持の巻）　国宝　　奈良県平群町　朝護孫子寺所蔵

信貴山で修行した命蓮にまつわる奇跡譚を描いた絵巻。図は延喜帝（醍醐天皇）の病気平癒の祈禱をする命蓮に代わって内裏に向かう剣の護法童子を描いた場面。空中を疾駆する護法童子の動きが左から右へと描かれることにより、絵巻を読み進めてきた者の目には護法童子が飛び込んでくるような印象を与える。右から左という絵巻の基本的な時間軸・空間軸に逆行することによる視覚効果を狙ったものである。

一遍上人絵伝（第4巻）　国宝　　神奈川県藤沢市　清浄光寺所蔵

図は、自分の留守中に妻が一遍の教化によって出家したことに立腹した備前吉備津宮神主の子息が、一遍を追いかけて、同国福岡市で彼を斬り殺そうとしている場面。注目されるのは主人の後に控える従者の一人で、もともと弓に矢を番える姿で描かれていたことが痕跡から判明する。一遍と主人との緊張関係をより強調するために、現在の姿への書き換えが行われたと考えられている。

蒙古襲来絵詞（前巻第23紙・第24紙）　　東京都千代田区　宮内庁所蔵

モンゴル襲来における肥後国御家人竹崎季長の活躍を描いた絵巻。図は文永の役の鳥飼浜における戦闘場面で、『蒙古襲来絵詞』の中でももっとも有名なシーンであるが、第23・24紙の継ぎ目の上に描かれている３人のモンゴル兵は後の加筆であることが指摘されている。すなわち、第23紙と第24紙はもともと連続する画面ではなかったが、何らかの理由により接合され、その上に３人のモンゴル兵が描き加えられた可能性が指摘されている。

甲　冑

日本の甲冑は、弥生時代に木製や革製の甲があり、３世紀以降の古墳時代に鉄製の甲冑が伝来した。古墳時代の甲冑には鉄板甲・鉄札甲（てつざねよろい）・衝角付冑（しょうかくつきかぶと）・眉庇付冑（まびさしつきかぶと）があり、特に鉄札甲は５世紀後半に伝来した新様式の甲で、それと入れ替わるように鉄板甲は消滅した。鉄札甲には方領系（ほうりょうけい）と両当系（りょうとうけい）の二様式があった。このうち７世紀以降の律令制下へ継承されたのは鉄札甲と衝角付冑である。律令制下の甲には、文献に挂甲（けいこう）・短甲（たんこう）・綿甲（めんこう）がみえる。このうち綿甲は鉄札甲ではなく、挂甲・短甲は鉄札甲であり、挂甲は両当系、短甲は方領系の可能性がある。一方、律令制下の冑の名称は不明だが、発掘品によれば、鉢の構造は鉄板縦矧鋲留式（たてはぎびょうどめしき）であった。中世の甲冑は、11世紀ごろまでに大鎧・腹巻・星冑（ほしかぶと）、ついで腹巻鎧、13世紀後半に胴丸・腹当が成立し、14世紀には筋冑（すじかぶと）が成立した。16世紀末には、中世の腹巻を基調に多様な個性を持つ当世具足と、当世冑という近世様式の甲冑が成立した。（近藤　好和）

衝角付冑・方領系鉄札甲　古墳時代　大阪府藤井寺市長持山古墳出土　京都大学総合博物館所蔵
冑に頸甲（あかべよろい）と肩甲（かたよろい）を完備した、発掘品には珍しい完存の鉄札甲である。冑は小鉄板横矧鋲留式の鉢に、帯金式の𩊱も一部残存している。甲・頸甲・肩甲はいずれも鉄札製で、甲は正面中央に引合を設けた方領系で、草摺は一連で分割していない。

眉庇付冑・鉄板甲　古墳時代　熊本県鹿本郡植木町マロ塚古墳出土　重要文化財　千葉県佐倉市　国立歴史民俗博物館所蔵
冑は小鉄板縦矧鋲留式の鉢で、𩊱（しころ）は欠失している。眉庇には透彫を入れ、頂辺（てっぺん）には円形鉄板を鋲留めし、さらに受鉢付きの伏鉢を取り付けている。甲は帯金横矧鋲留式であり、草摺は欠失し、正面中央に引合（ひきあわせ）を設け、右脇の蝶番で開閉式としている。

武人埴輪　古墳時代　群馬県太田市世良田出土　重要文化財　奈良県天理市　天理参考館所蔵
完全武装の歩兵を表現した、武人埴輪である。𩊱付の衝角付冑を被り、方領系鉄札甲と肩甲を着用し、甲の胴正面には上下に引合の結び目が明瞭である。左右の腕に籠手（こて）をする。右腰には矢を入れた胡籙（やなぐい）を佩帯し、左腰には蕨手刀らしき大刀を佩き、左手に弓を持っている。

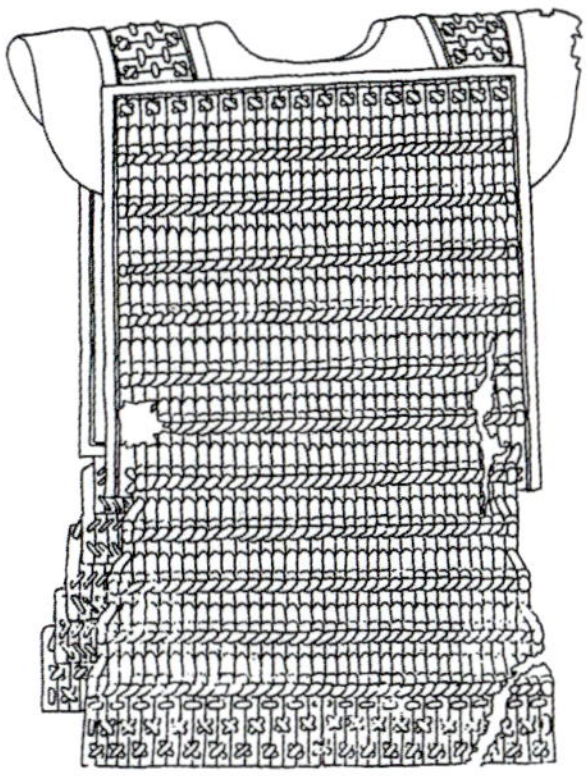

両当系挂甲図　鎌倉時代
近衛の次将（ししょう）が即位式で着用した儀仗の挂甲図である。江戸幕府の御用甲冑師春田家に伝来し、1289年（正応２）写しという。中世一般的な縄目取という方法で威した両当系札甲で、札は金漆（こしあぶら、透き漆）塗（材質は鉄か）で白革威という。

赤糸威大鎧・同星冑　鎌倉時代　国宝　東京都青梅市　御獄神社所蔵
平安時代末期～鎌倉時代初期の典型的な様式を示す大鎧と星冑である。時代の特徴は、大鎧では、幅広の札、草摺長という裾開きとなった胴のシルエット、上下同幅の鳩尾板(きゅうびのいた)、栴檀板(せんだんのいた)の大きな冠板(かんむりのいた)、小さな胸板(むないた)、札板6段威の袖、弦走(つるばしり)などに張られた菱襷文様の画革(えがわ)などに現れている。一方、冑では、小型の鉢、大きな空星(からぼし)、葺き下ろしの𩊱、ゆるやかに湾曲した吹返(ふきかえし)などに特徴がでている。この遺品には畠山重忠奉納の伝承があり、これらの特徴はそれを首肯させる。ただし、現状は1903年(明治36)の大修理を経ており、赤糸の威毛のほとんどと𩊱のすべてがその際の新補で、本来の𩊱は別に保管されている。また、右脇に本来はない脇板(わきいた)が取り付けられた。

黒韋威腹巻・同筋冑　南北朝時代　国宝　　奈良市春日大社所蔵
札頭(さねがしら)を矢筈型(やはずがた)に切り込んだ２行14孔札を黒韋(実際は濃い藍韋)で威した腹巻。鎌倉時代までの腹巻には具備しなかった袖と冑を具備し、両胸に杏葉(ぎょうよう)を垂らした三物完備(みつものかんび)の様式である。鍬形を取り付けた冑は筋冑で、𩊱は胴と同じく黒韋で威した笠𩊱である。

赤糸威腹巻鎧　鎌倉時代　国宝　　愛媛県今治市大山祇神社所蔵
右引合・草摺８間の腹巻様式の胴に大鎧の特徴をすべて備えた、腹巻鎧の唯一の遺品。ただし、草摺は１間欠けて７間であり、また金具廻に札板を直接威し下げるなどの特殊様式を含んでいる。源義経奉納の伝承があるが、時代はそれよりも下がるであろう。

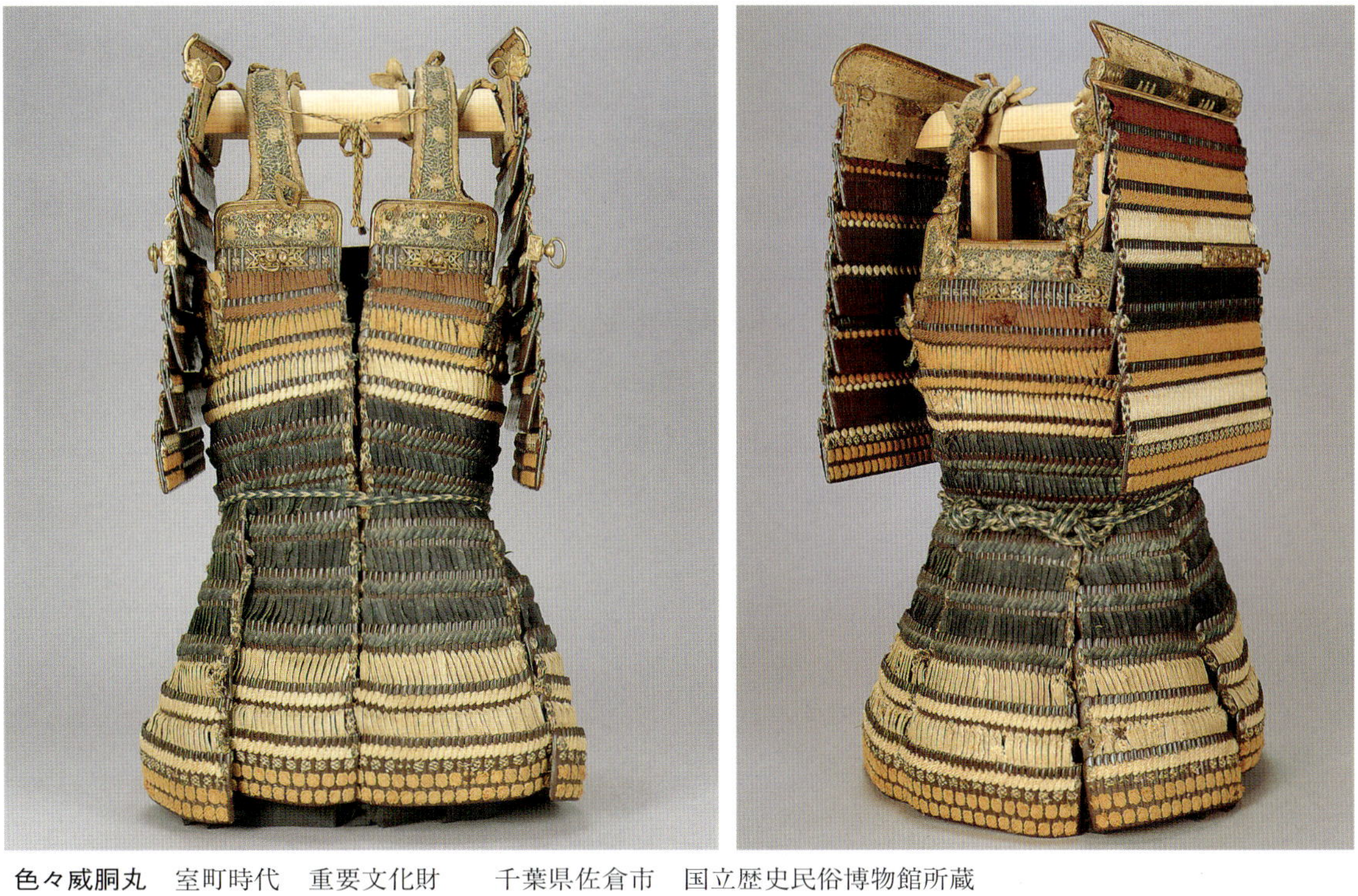

色々威胴丸　室町時代　重要文化財　　千葉県佐倉市　国立歴史民俗博物館所蔵
前後の立挙(たてあげ)から草摺までを札板ごとに威毛(おどしげ)を変え、上から紫糸・紅糸・白糸・黒韋５段・白糸２段に威した胴丸(背中引合様式)である。腰の部分が締まったシルエットに室町時代の特徴が現れている。また、両袖が具備し、その威は上から紫糸・紅糸・白糸・黒韋・紅糸・白糸である。

銀伊予札縫延白糸素懸威胴丸具足　桃山時代
重要文化財　仙台市博物館所蔵

1590年(天正18)、北条征伐の後、会津に向かった豊臣秀吉が、宇都宮で出迎えた伊達政宗に送ったという遺品である。２行14孔の革札を縫延べて銀箔押とし、白糸で素懸威とした、中世の腹巻様式(右引合・草摺８間、近世以降でいう胴丸様式)の具足である。冑は、椎形鉢(しいなりばち)に熊毛を植え、前後の立物は金箔押の軍配団扇である。𩊱は銀箔押の帯金二段で、菊や桐の金蒔絵が施されている。小具足は、朱漆塗の頬当に胴と同様の縫延札を白糸で素懸威とした喉輪を重ね、諸籠手・脛当・佩楯は、いずれも白綾の家地に銀箔押の筏金(いかだがね)を取り付けている。伊達政宗の事績をまとめた『貞山公治家記録』にこの具足のことを記し、具足の威毛を「卯の花威」としている。

南蛮胴具足　桃山時代　重要文化財　和歌山市　東照宮所蔵

南蛮渡来の甲冑を改良した徳川家康所用という遺品である。冑・胴と肩の満知羅(まんちら)は、西洋風の線刻が施された分厚い鉄板製である。冑は桃形鉢(ももなりばち)に、𩊱は黒漆塗帯金５段茶糸素懸威である。胴は前後２枚の二枚胴で、正面に高く鎬を出し、こうした胴を鳩胸胴(はとむねどう)ともいう。草摺は正面の２間のみで、佩楯との折衷様式である。黒漆塗帯金13段を茶糸素懸威とし、下９段は蝶番を入れて三枚割としている。付属の小具足は面具と脇引(わきびき)だけである。面具は、鉄錆地の目の下頬当で、垂は黒漆塗帯金２段紺糸素懸威である。脇引は、中央に蝶番を入れた黒漆塗鉄板４段茶糸素懸威である。胴正面には３ヵ所の凹みがあり、これは家康が鉄炮で胴の強度を試した痕という。

る二二号遺跡からは金銅製の壺や高杯・盃・人形《ひとがた》、金銅板を切ってつくったミニチュアの紡織具などが出土した。このように沖津宮周辺の巨岩群で認識された祭祀遺跡は、膨大な遺物をもち、鏡の総数は六十面を数え、多くの金銅製品をもつ。一七号・一八号を中心とする岩上祭祀遺跡は最も古い段階に属し、四世紀後半—五世紀初と考えられる。その後、祭祀は岩陰へと移り、奈良時代以降は露天へと展開する。沖ノ島で最大規模の遺跡は、遺跡群の一番手前にある一号遺跡で、奈良・平安時代のものである。多量の奈良三彩の小壺を含む土器類や人形・馬形・舟形の滑石製品をもつ遺跡であり、多くの舟形をもっているのは航海の祭祀の遺跡としての性格を表している。このように沖ノ島は、国家的祭祀の場として多量の遺物をもつ遺跡が所在する島である。なお、出土遺物は一括して国宝に指定されている。→宗像神社《むなかたじんじゃ》

資料館　宗像大社神宝館(福岡県宗像市)

参考文献　第三次沖ノ島学術調査隊編著『宗像沖ノ島』、一九七九、宗像大社復興期成会。弓場紀知『古代祭祀とシルクロードの終着地—沖ノ島—』(『シリーズ「遺跡を学ぶ」』一三、二〇〇五、新泉社)。

(磯村　幸男)

おぎわらせん　荻原銭　⇨寛永通宝《かんえいつうほう》

おくやまくめでら　奥山久米寺　奈良県高市郡明日香村奥山に所在する七世紀前半創建の寺院跡。集落内に浄土宗久米寺があり、奈良県橿原市の久米寺や聖徳太子の弟来目皇子との関わりを説く説などに基づき奥山久米寺とよばれてきたが、その名称が古くさかのぼる確証はなく、近年は奥山廃寺という呼称が定着しつつある。現本堂の南に塔跡の礎石が残り、鎌倉時代の十三重石塔が凝灰岩製の石造露盤《ろばん》上に立つ。調査で南から塔・金堂・講堂が一直線上に並ぶ四天王寺式伽藍配置であることがほぼ確定。一九八七年(昭和六十二)、明日香村雷《いかづち》の雷丘東方遺跡で「小治田宮《おはりだのみや》」という墨書土器が出土し、飛鳥川右岸に小治田宮(小墾田宮)が存在し、雷から奥山にかけての一帯が、小墾田の範囲に含まれることが判明した。また、寺域北東の井戸跡から出土した「少治田寺」と読める墨書土器や、創建期の軒瓦に飛鳥寺や豊浦《とゆら》寺との同笵関係が認められる点などから、蘇我氏傍系の小墾田氏の氏寺ではないかとする説がある。→久米寺《くめでら》

参考文献　小澤毅「小墾田宮・飛鳥宮・嶋宮」(奈良国立文化財研究所創立四〇周年記念論文集刊行会編『文化財論叢』二所収、一九九五、同朋舎出版)。大脇潔「蘇我氏の氏寺からみたその本拠」(『堅田直先生古希記念論文集』所収、一九九七、真陽社)。

(大脇　潔)

おくやまのしょうじょうかんいせき　奥山荘城館遺跡　越後国奥山荘に展開した武士団、三浦和田一族が残した遺跡群で、歴史的には北から北条《きたじょう》(黒川氏)、中条《なかじょう》(中条氏)、南条(関沢氏)に大別される。新潟県胎内市・新発田市の十二地点が一九八四年(昭和五十九)以降に国史跡指定を受けている。ただし荘域は、岩船郡関川村などにも広がっている。指定地は、江上館・坊城館・鳥坂《とっさか》城・倉田城・黒川城・古舘館・金山城館といった城館跡、野中石塔婆群・蔵王権現遺跡・小鷹宮境内地・韋駄天山遺跡といった宗教関連遺跡、中世文書に地名がみられる臭水《くそうず》遺跡からなる。江上館跡は、六年間に及ぶ発掘調査の結果、奥山荘歴史の広場として公開されている。水堀と高い土塁が遺存しており、十五世紀代の中条総領家の居館と想定される。一町四方の主郭の南北に郭が付属する連郭式の館となっており、主郭南北の虎口は、折れを伴う先進的な構造となっている。主郭内部は、最盛期には北方の日常空間と南方の晴《はれ》の空間(広場)が塀で区切られており、京の武家屋敷の空間構成をとっていたことが明らかとなっている。出土遺物としては、青白磁梅瓶・黄褐色釉四耳壺・朝鮮陶瓶などをはじめとする大量の貿易陶磁器、都の土器儀礼を示す多数の京都系土器などが注目され、館内では都市的な生活が営まれていたことが判明している。なお、周辺に平安時代から戦国時代にかけての下町・坊城遺跡が存在しており、本拠の変遷が明らかとなってきている。そして二〇〇三年(平成十五)度の発掘の結果、江上館の南方二〇〇メートルに鎌倉時代の領主館である坊城館がみつかり保存された。鳥坂城跡は、文献から平安時代末期の城氏段階、室町時代初期・戦国時代に中条氏が使用したことが判明している山城で、麓に館をもっている。韋駄天山遺跡は、平野部の独立丘陵頂部に営まれた中世墳墓で、発掘調査の結果、珠洲焼《すずやき》製の骨壺や層塔・宝篋印塔・板碑などが発見され、その規模および位置関係から黒川氏関係の一族墓ではないかと考えられている。古舘館は、屈曲をもつ土塁が良好に残り、発掘調査の結果十五世紀代に中心をもつ大規模居館であることが判明した。このように、奥山荘城館遺跡は、豊富な文献とともに多数の遺跡が残っていることから、中世を研究する上で重要なフィールドとなっている。

資料館　奥山荘歴史館(新潟県胎内市)、黒川郷土文化伝習館(同)

奥山荘城館遺跡　江上館跡

参考文献 胎内市教育委員会編『奥山荘の歴史と江上館』、二〇〇六。水澤幸一「城館と荘園・奥山荘の景観」(小野正敏・萩原三雄編『戦国時代の考古学』所収、二〇〇三、高志書院)。水澤幸一『奥山荘城館遺跡』、二〇〇六、同成社。

（水澤　幸一）

おぐらいけ　巨椋池　京都府南部に存在した湖。干拓により一九四一年(昭和十六)に消滅。かつては桂川・木津川・宇治川が流入していて、大型船が航行できるほど水量も豊富であった。また淀川となって流出し、大阪湾に通じていた。藤原京や平城京造営の際、近江や丹波などから木材を運ぶには、宇治川や桂川を下っていったん巨椋池に入り、木津川(泉川)をさかのぼり大和へ運んだ。平安京と大和とを結ぶ交通路の中間にあり、湖上を渡るか、東側の宇治あるいは西側の淀・山崎を迂回する必要があった。そのため水上交通が発達し、淀・岡屋・宇治の津は重要な交通拠点であった。一五九四年(文禄三)の豊臣秀吉の伏見城築城に関連しての太閤堤の築造などで分割され、また宇治川の流入が止められたことにより、交通路としての機能は縮小し、水深も次第に浅くなった。干拓直前は、周囲約一六キロ、面積約八〇〇ヘクタール、平均水深約一メートルの浅い池沼であり、漁労が行われていた。→宇《う》治《じ》　→太閤堤《たいこうづつみ》

参考文献 『巨椋池干拓史』、一九六二、巨椋池土地改良区。『巨椋池』(『宇治文庫』三、一九九二、宇治市歴史資料館)。

（榎　英一）

おけ　桶　円筒形木製容器のうち、上面に固定された蓋がなく、液体などの一時的な保管や短距離の移動に使われるもの。固定された蓋をもつものが樽。胴部の構造からは、丸太材を刳り抜く刳桶、薄板を円筒形に丸める曲《まげ》桶《おけ》、短冊形の板材を竹などの箍《たが》で締める結桶《ゆいおけ》があり、いずれにも底には円形板がはめ込まれる。刳桶は弥生時代から存在し、径の大きな木材があれば大型品の製作も可能である。曲桶は七世紀ころには製作技術が確立し、その後中・近世にも多く利用されるが、薄板を利用するため大型品には適さない。結桶は大型品の製作が可能で木材が有効に活用できるが、側板相互の密着を可能にする正確な加工が必要で、その出現・普及の時期は古代末から中世に降ると考えられる。結桶出現以前には大型品が刳桶、小型品が曲桶という機能分担がみられるが、結桶出現後にはすべての寸法で結桶の占める割合が高まる。中国では結桶が宋代までに普及していたことが確認でき、十一世紀後半の日宋貿易によって、博多の中国人居留地にもたらされたことが予想される。その後、十三―十四世紀にかけて瀬戸内から関東地方へと広がり、文献・絵画資料でも確認できるようになる。このころから刳桶の利用は衰退し、曲物も柄杓などの小型品に限定されていくようになる。結桶は十五世紀代に急速に普及するが、板材の正確な加工を可能にする台鉋状工具の導入や、それに伴う専門工人の確立がその背景にあったと考えられる。近世になると結桶の利用はさらに拡大し、醸造業をはじめとする産業・生活の諸分野で不可欠の存在となる。

吉川元春館跡出土の結桶

参考文献 石村真一『桶・樽』(『ものと人間の文化史』八二、一九九七、法政大学出版局)。小泉和子編『桶と樽―脇役の日本史―』、二〇〇〇、法政大学出版局。鈴木康之「日本中世における桶・樽の展開」(『考古学研究』四八ノ四、二〇〇二)。

（鈴木　康之）

おけはざまこせんじょうでんせつち　桶狭間古戦場伝説地　尾張と三河を画する境川西方の低丘陵に位置する今川義元と織田信長の古戦場跡。愛知県豊明市栄町に所在。今川義元の墓と伝えられる塚をはじめ、合戦にまつわる石碑も多く建立されていることから、一九三七年(昭和十二)に伝説地として国史跡に指定された。また、死者を葬ったとされる同市前後町所在の戦人塚《せんにんづか》も併せて指定された。今川義元は一五六〇年(永禄三)五月十八日に沓掛城(豊明市沓掛町)に到着し、翌十九日、松平元康(のちの徳川家康)が護る大高城に向かった。しかし、休息中の桶狭間で織田信長の襲撃を受け、義元は討ち死にし今川軍も敗走したと伝えられている。桶狭間古戦場については、名古屋市緑区有松町にもその旨を記した石碑がある。おそらく織田軍と今川軍の戦いは、豊明・名古屋市境の広範な丘陵で展開されたのであろう。

（赤羽　一郎）

おこうじょう　岡豊城　中世土佐国大名、長宗我部氏の居城。築城年代は不明であるが、永正年間(一五〇四―二一)に初出する。高知県南国市岡豊町の標高九七メートルの岡豊山と呼称される孤立丘陵に築かれる。山頂部が主郭となり尾根続きの西側に伝厩跡曲輪《うまやあとくるわ》、南斜面をやや下った所に伝家老屋敷曲輪が配された複郭式の平山城である。主郭部は頂上の詰《つめ》を中心に東下に二ノ段、詰の南下から西下にかけて帯曲輪状の三ノ段、三ノ段西下に多少の高低差をもつ小曲輪を三つつなげた四ノ段が配される。四ノ段北部下には横堀が巡り虎口が取り付く。横堀下の西斜面には十六本の連続竪堀がみられるほか、南斜面にも本

数の差はあるが竪堀が穿たれている。主郭を中心に六次の調査が行われた。詰は西南端に土塁の痕跡が確認され、中央部西南寄りには東西四間・南北五間の礎石建物が検出された。礎石の間隔は一・五～一・八メートルである。この建物に付帯する幅一メートル前後で長さ一六メートルの石敷遺構は、建物の外壁基礎と解釈すれば天守に先立つ櫓《やぐら》などの存在も考えられる。詰下段や三ノ段においても土塁に接するように礎石建物が検出されている。また詰の切石遺構北側では、瓦が出土していることから、瓦葺建物の存在が明らかである。一方土塁は小規模なものがほとんどであるが、裾部にかけての表面には割石が配されていたり、一部石垣状の箇所も存在するなど工夫がみられる。城の基本構造は中世山城で普遍的な土造りの城としての在り方であるが、瓦葺の礎石建物や石垣の導入など城造りの新しい要素は天正年間(一五七三―九二)ころのものと考えられ、検出された遺構は大半が岡豊城最終段階に位置付けられる。『長宗我部地検帳』によると城下に岡豊新町の形成が行われており、城の再整備と無関係ではないであろう。また城の北麓に瓦工人がいたことも記されている。しかし岡豊での城下町経営の限界を感じた長宗我部元親は、一五八八年岡豊城を廃し大高坂《おおだかさ》城(現高知城)への移転を行うのである。

参考文献 高知県教育委員会・高知県文化財団埋蔵文化財センター編『岡豊城跡』一・二、一九九〇・九二。

(中野 良一)

おごおりかんがいせき 小郡官衙遺跡 筑後国御原《みはら》郡衙跡に比定される遺跡。福岡県小郡市小郡字向築地・八反田に位置する。国史跡。一九六七年(昭和四十二)、宅地造成工事の際、多量の鉄鏃が出土したことを契機に発掘調査が実施される。確認された遺構はI期以前(七世紀前半―中ごろ)・I期(七世紀中ごろ―後半)・II期(七世紀末―八世紀前半)・III期(八世紀中ごろ―後半)の四期に分期できる。I期以前は集落に伴うとみられる小規模な総柱建物群が散在する。I期からIII期は官衙の様相を示すもので、各時期ごとに遺構(建物)の計画方位がI期は真北から約一六度西偏、II期は同じく四三度西偏、III期はおよそ真北と大きく変化するという特徴をもつ。I期は南北に柱筋を揃えて並ぶ三間×四間の総柱建物三棟とその北側の溝、また東方の廂付建物・竪穴式住居などから構成される。II期は約方二町域の範囲に、長大な建物を□字形に配した郡庁域、その郡庁建物と計画方位を揃えて規則正しく配置された館の建物群、柵列・溝に区画された内部に総柱建物群を配置した正倉域、湧水地(通称長者ヶ泉)に隣接して倉庫と有廂側柱建物からなる厨家域の四ブロックで構成される。III期は真北に軸をもつ建物群と、その北方に築地で囲繞された長方形区画からなるが、内部からは建物は未検出である。I期は評家段階、II期は郡家段階と考えられるが、III期はII期の斉一的な配置と異なり前代の機能が継承されたとは考えにくい。郡衙はII期終了後、福岡県三井郡大刀洗《たちあらい》町の下高橋《しもたかはし》官衙遺跡に移転したことが想定されている。小郡官衙周辺では東北東約一五〇メートルに位置する大板井《おおいたい》遺跡X地点で本遺跡II期に並行する総柱建物三棟が検出されている。→上岩《かみいわ》田遺跡《たいせき》

参考文献 小郡市教育委員会編『小郡遺跡』(『小郡市文化財調査報告書』六、一九八〇)。松村一良「西海道の官衙と集落」(下条信行他編『古代の日本(新版)』三所収、一九九一、角川書店)。中島達也「小郡官衙遺跡」(『小郡市史』四所収、二〇〇一)。

(松村 一良)

おごおりのみや 小郡宮 七世紀中葉、孝徳朝に難波に置かれた宮の一つ。『日本書紀』大化三年(六四七)是歳条に、小郡を壊して造営したとある。同条にみえる、有位者の朝参規定である「礼法」には「南門」「庁」「鐘台」「中庭」などの施設名がみえ、宮の構造をある程度うかがうことができる。この他『日本書紀』大化四年(六四八)三月辛酉条に阿倍倉梯麻呂(内麻呂)薨去に際して葬送儀礼の場となった。「朱雀門」も小郡宮の施設であった可能性が高く、六五〇年(白雉元)二月、穴戸国(長門国)で見つかった白雉を貢進する儀礼の舞台となったのも小郡宮と考えられる。『日本書紀』に小郡宮がみえるのは本条のみであるが、大化二年(六四六)正月是月条にみえる「子《こ》代離宮《しろのかりみや》」を、小郡宮の別称とする説もある。小郡の名は、『日本書紀』天武天皇元年(六七二)七月辛亥条にもみえ、壬申の乱に際して西国の官の鑰《かぎ》や駅鈴・伝印を「難波小郡」に進上させたとある。小郡宮は、この小郡を利用して造営したものと考えられる。小郡は西国支配のための朝廷の出先機関とする説があるが、詳細は不明。所在地については、天平宝字四年(七六〇)「摂津国西生郡美怒《せつつのくににしなりぐんみぬ》郷庄地売買券《ごうしょうちばいばいけん》」(『大日本古文書』四)の四至記載などから、難波堀江南岸、上町台地北端付近に比定される。小郡宮は六五二年(白雉三)の難波長柄豊碕宮《なにわのながらとよさきのみや》完成まで、孝徳天皇の常の宮として機能したと考えられる。→大郡宮《おおごおりのみや》 →難波宮《なにわのみや》

参考文献 直木孝次郎『難波宮と難波津の研究』、一九九四、吉川弘文館。吉川真司「難波長柄豊碕宮の歴史的位置」(大山喬平教授退官記念会編『日本国家の史的特質』古代・中世所収、一九九七、思文閣出版)。

(古市 晃)

おこづせいえんいせき 岡津製塩遺跡 若狭国に所在し、七―八世紀に営まれた大規模な土器製塩遺跡。福井県小浜市岡津字塩汲場《しおくみば》所在。国史跡。小浜湾の奥まった海岸部に位置し、遺跡範囲は約五ヘクタール。一九七八(昭和五十三)・一九七九年の小浜市教育委員会の発掘調査によって、岡津式製塩炉跡(敷石炉・七世紀)四面や船岡《ふなおか》式製塩炉跡(敷石炉・八世紀)五面がL字形に配置され、海水の濃縮に関係する焼土面や旧海岸部遺構が確認された。若狭湾沿岸一帯には七・八世紀の土器製塩遺跡が集中しているが、そのなかでも遺跡規模が大きく、古代土器製塩の作業工程(海水の汲み上げ、海水の濃縮、土器による煮沸)の全容が解明できる遺跡である。また、生産された塩は、当

時の首都である奈良県の藤原京・平城京に運ばれたことが出土木簡から判明しており、律令国家の食生活を支えた代表的な遺跡である。現地では遺跡の環境整備が行われている。

参考文献　小浜市教育委員会文化課編『岡津製塩遺跡』、一九八〇。大森宏・森川昌和「藻塩焼く浜—岡津製塩遺跡の調査—」(『月刊文化財』一八五　一九七九)。　（岩本　正二）

おさ　筬　⇩織機《しょっき》

おざききさお　尾崎喜左雄　一九〇四—一九七八　古代史研究者。一九〇四年(明治三十六)神奈川県足柄上郡山北町生まれ。一九三六年(昭和十一)、東京帝国大学文学部国史学科卒業。東大では黒板勝美に師事。同年、群馬県内古墳調査のため群馬県嘱託として赴任。一九四三年群馬県師範学校教授嘱託、一九四四年同校教授。第二次世界大戦後、一九七〇年まで群馬大学学芸学部教授として多くの後進を育てる一方、群馬県内の各種審議委員、自治体史編纂委員などを多数歴任、群馬県における文化財保護行政や自治体史編纂、地域史の研究と振興に貢献した。一九六二年『古墳から見た東国文化』により東京大学から文学博士の学位を受ける。群馬大学退官後、同大学名誉教授、長岡女子短期大学教授。研究対象は東国の古墳文化を中心に、上野国を中心とした古代・中世東国史に広く及ぶ。主な著書に『横穴式古墳の研究』『古墳のはなし』『上野国長楽寺の研究』『上野国神名帳の研究』『上野三碑の研究』『上野国の信仰と文化』など。

参考文献　尾崎喜左雄著・右島和夫解説『古墳のはなし　解説付新装版』、一九九五、学生社。群馬大学教育学部編『尾崎喜左雄博士調査収集考古遺物調査資料目録』、二〇〇四、雄山閣。　（高島　英之）

おさきまえやまいせき　尾崎前山遺跡　下総国結城郡の平安時代の製鉄遺跡。茨城県結城郡八千代町尾崎に所在。遺跡は浅い谷に南面した標高一六～二四メートルの斜面から台地縁辺部に位置する。確認された遺構は、製鉄跡三ヵ所、粘土堆積箇所一ヵ所、木炭置き場一ヵ所、竪穴住居跡四軒である。製鉄炉は、二号炉と三号炉が構造的には同じである。ゆるい斜面(傾斜角一〇度)に簡単な地下構造を持ち炉床規模は主軸長二・二メートル、北辺幅一・五メートル、南辺幅一・二メートルである。地下構造は、斜面を浅く掘り込んだ中に焼土、木炭、鉄滓《てっさい》、窯壁などを詰めてその上に粘土を貼っている。三号炉はテラス状に整形したところに地下構造として掘り込み、主軸線上に川原石で暗渠《あんきょ》を作り、その中に木炭、鉄滓などを詰めてその上に粘土を貼って床としている。窯壁は鉄滓などと一緒に下に流されている。住居跡の二軒には鍛冶炉が設けられており、製品加工を行なっていたようで、鉄鏃《てつぞく》が出土している。

参考文献　八千代町教育委員会編『尾崎前山』一九八二。　（阿久津　久）

おしいた　押板　和室における座敷飾《ざしきかざり》の一つ。厚い板を床上一尺程度に固定してその下を塞ぎ、側面と背後は格子に紙を貼り障壁画《しょうへきが》を描いた壁とする。板そのものを押板と呼ぶこともある。間口は二～三間あり、奥行きは二尺未満で、板の上に香炉・花瓶《けびょう》・燭台からなる三具足《みつぐそく》を飾り、背後の壁には二～五幅の掛軸を飾る。こうした機能の面では床の間の前身であるが、床の間よりも高い位置に板があり、その先端が突きだし、奥行きが浅いのは、机を作りつけたことに起因するといわれ、床の間とは起源が異なる。平安時代後期ごろから盛んになった宋元画や唐物《からもの》の輸入に対して、それらを飾る装置として普及したが、鎌倉時代後期の『法然上人《ほうねんしょうにん》絵伝《えでん》』などにそうした机の用法や初期の押板が描かれている。当初は建物の北側の居室などに導入されたが、室町時代に会所《かいしょ》などの接客空間で使用されるうちに、違棚《ちがいだな》や付書院《つけしょいん》などとともに座敷飾を形成し、書院造《しょいんづくり》の要素となった。近世になると床の間へと変化する。　↓床の間《とこのま》

参考文献　太田博太郎『床の間』(『岩波新書』黄六八、一九七八、岩波書店)。　（藤田　盟児）

おしかのさく　牡鹿柵　奈良時代前半に律令政府が蝦夷支配を目的として陸奥国沿岸部に造営した城柵。『続日本紀』天平九年(七三七)四月戊午(十四日)条に、多賀柵・玉造柵・新田柵・色麻《しかま》柵とともに初見し、「天平五柵」ともされる。鎮守将軍大野東人《あずまひと》が陸奥国から出羽柵に至る直路を開こうとした際、これらの五柵に鎮兵と指揮官を派遣して守らせた記事に「国大掾正七位下日下部宿禰大麻呂鎮牡鹿柵」とあり、海道の蝦夷に備えた柵として存在していたことがわかる。牡鹿郡はこの牡鹿柵を核として建郡されたものとみられる。所在地については、材木塀で区画された掘立柱建物跡群など、七世紀後半から九世紀前葉にかけての官衙遺構が広範囲にわたって検出されている、宮城県東松島市の赤井遺跡が最も有力である。赤井遺跡からはこの地方の有力氏族で牡鹿郡大領の道嶋氏に関わる「牡舎人」の墨書土器などが発見されており、牡鹿郡衙の可能性もあるとされている。

参考文献　矢本町教育委員会編『赤井遺跡』(『矢本町文化財調査報告書』一—一六、一九八七—二〇〇四)。佐藤敏幸「赤井遺跡—古代牡鹿柵・牡鹿郡家の概要—」(第二九回古代城柵官衙遺跡検討会資料)、二〇〇三。　（白鳥　良一）

おしき　折敷　楕円形ないし方形の底板に低い側板《がわいた》を結合したもので、各種の品物をのせるのに用いる。曲物《まげもの》の一種。古代、中世の遺跡からの出土例は多く、長径が七〇センチにおよぶ大型製品もある。作り方には円形曲物と同じく、底板の周縁に低い段をめぐらせて側板を樺皮紐《かばかわ》で結合するものと、段をつけないものとがあり、前者のほうが古い手法である。側板は薄いヘギ板を曲げて、両端の重ね合わせ部分を樺皮紐でとじ合わせたもので、方形のものは内面の四隅に縦平行線のケビキを入れることが多い。底板の表面には直線状の無秩序な刃物痕跡が無数に残ることも少なくなく、まな板のような使用法のあったこともわかる。材質は底板、側板ともに、ほとんどが

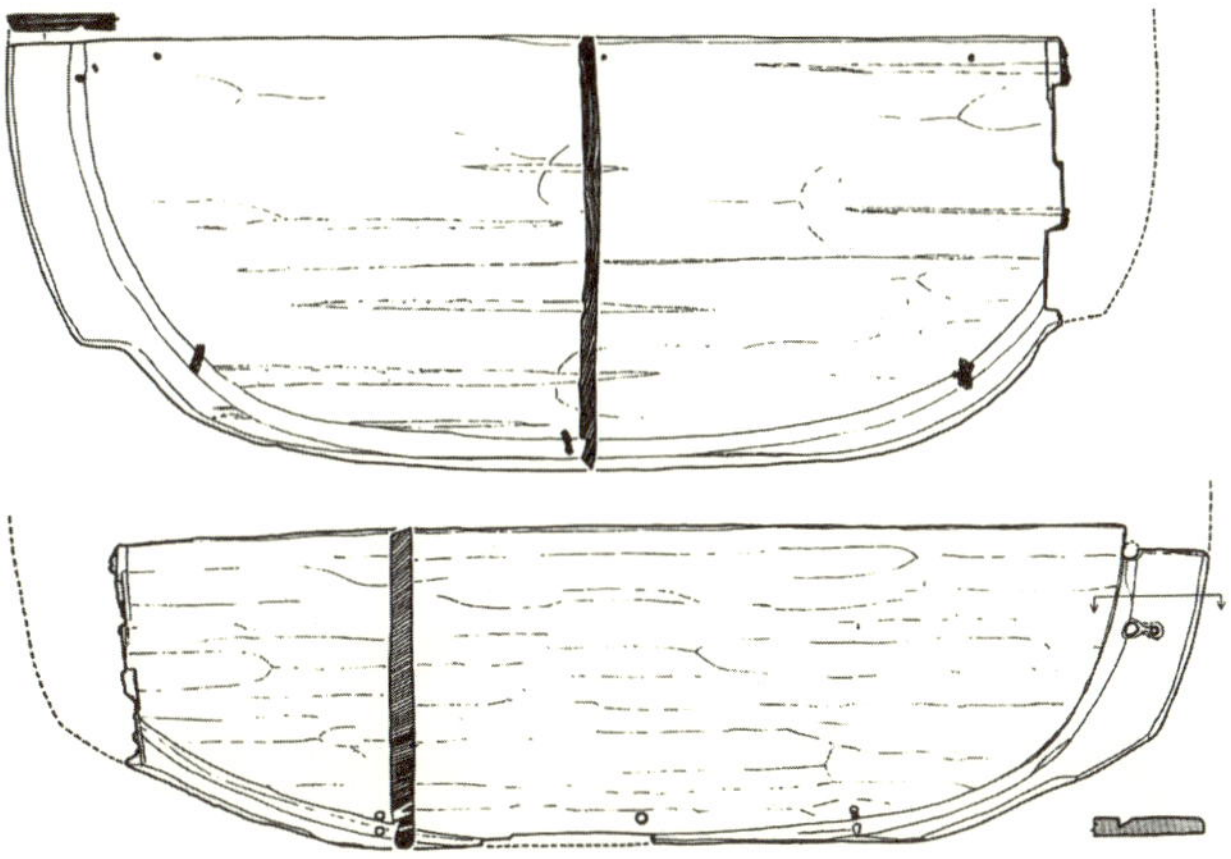

平城京出土品実測図

折　敷　(右)『春日権現記』より
(左)『病草子』より

ケヤキである。木取り法をみると、側板、底板ともに板目取り、柾目取りの両者がある。絵画資料にもしばしば現れ、頭上にのせて運搬する場面が多い。

参考文献　奈良国立文化財研究所『木器集成図録』古代篇、一九八五。

(井上　和人)

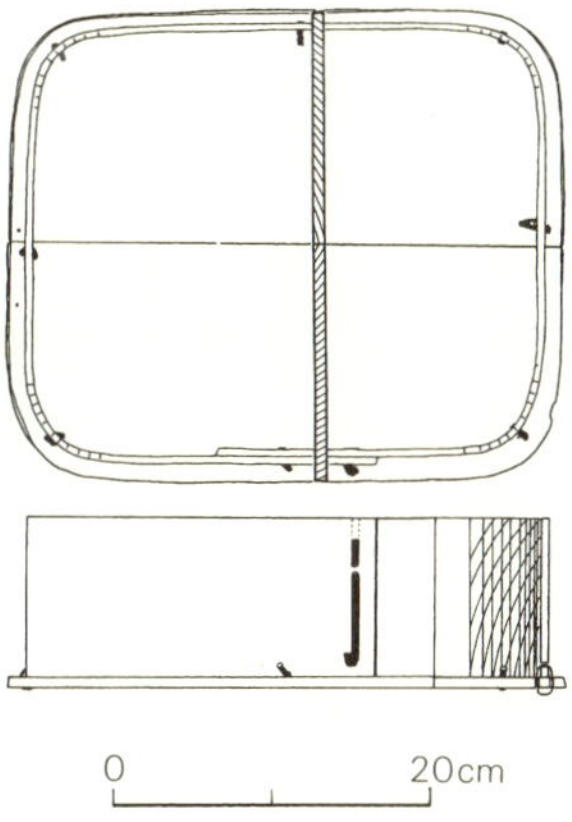

平城宮出土品実測図

おしだしぶつ　押出仏　半肉浮彫で表わした鋳造仏像の上から薄い銅板を押し当てて、その上から鎚で叩いて、鋳造仏像の形を写し取った仏像。一つの型からいくつも量産することができ、天蓋を変えたり、省略したり、また別の仏像の型とも組合せることも可能である。飛鳥時代から奈良時代に盛んに作られ、法隆寺や東京国立博物館の法隆寺献納宝物には、阿弥陀三尊および僧形像をはじめ、観音像、如来像、三十三身示現形観音像などの多くの遺品がある。また法隆寺の玉虫厨子の内壁には、小形の仏像が全面に貼られているが、それらはすべて、同一の形をしており、いくつか型を用意して押出したものである。また、三〇〜四〇センチの大形のものは、大形の厨子などに貼られていたほか、単体で、それ自身を礼拝用の念持仏として、板に鋲留して、厨子などに入れていたとみられる。原型となる仏像の遺品は、正倉院宝物に仏像型とよばれる如来形坐像、和歌山県那智山経塚から出土した薬師如来立像がある。それらは、ともに長方形の板に余白をとって像を浮彫で表わしており、耐用できるよう板を前者で四センチ、後者で一・五センチと厚くしている。像の表出には抜勾配《ぬけこうばい》といって、衣の内側など、銅板を細部まで打ちこんだ後、銅版を剝がすことができるよう、細部の線に傾斜を付けるのが特徴である。

参考文献　光森正士『仏教美術論考』、一九九八、法蔵館。

(原田　一敏)

押出仏（阿弥陀三尊及び比丘形像）

おしま　雄島　⇩円福寺《えんぷくじ》

おだじょう　小田城　筑波山地南端の低段丘に立地する平城で、小田氏の居城。茨城県つくば市小田所在。小田氏は八田《はった》知家《ともいえ》を祖とし、鎌倉時代に守護を歴任した常陸南部の伝統勢力である。小田氏が小田を拠点とした時期には、十二世紀末ごろの初代知家のころ、十三世紀中ごろの四代時知《ときとも》のころという二説がある。南北朝時代の一三三八年(暦応元)には北畠親房《きたばたけちかふさ》が入城し、一時は関東の南朝方拠点となる。親房が『神皇正統記《じんのうしょうとうき》』を執筆した地としても著名である。戦国時代、十五代小田氏治《うじはる》は後北条氏と同盟し、佐竹氏・上杉氏と対抗した。小田城は何度も戦闘の舞台となり、一五六九年(永禄十二)に佐竹氏・真壁氏の攻撃を受けて落城、以降は佐竹氏の持ち城となり、一六〇二年(慶長七)の佐竹氏移封に伴い廃城となった。現在の地割りなどに反映している最終段階の小田城跡は、堀内側で南北一四二メートル、東西一二六メートルの方形の主曲輪《くるわ》を堀がほぼ三重に囲むもので、歴史性や大規模で保存状況のよい平城跡であることから、一九三五年(昭和十)

に約二二ヘクタールが国指定史跡となった。一九九七年(平成九)度から史跡整備のために行なっている確認調査及び本発掘調査では、主曲輪で五面に整理できる中世の遺構面を確認した。うち十五世紀中ごろ以降の上層三面で大規模な土塁が認められる。十六世紀中ごろ以降の最上面では、火災の痕跡や園池跡、門跡、虎口内側の石垣、橋跡等が確認され、堀跡は障子堀と判明した。また、下層の断片的な調査では、十四世紀ごろの石敷きや方形に巡る堀跡が確認され、以降の主曲輪の原形となることがわかった。鎌倉時代に遡る中世最下面では、石敷や石列、かわらけの出土が認められたが、遺跡の性格は不明である。遺物では、多量のかわらけや青磁・高麗青磁を含む豊富な陶磁器に特色があり、十五世紀代での丸底かわらけの使用も関東では異例である。家格の高さに関わる遺構・遺物の内容が注目されるほか、有力氏族の活動や、その拠点の長期間に渡る変化が一ヵ所に内包されている点で、希少な価値を持った遺跡といえる。　(石橋　充)

参考文献 『筑波町史』上、一九六九。つくば市教育委員会編『史跡小田城跡—調査概要報告—』、一九九九—二〇〇五。

おだにじょう　小谷城　湖北の戦国大名浅井亮政《すけまさ》・久政・長政三代の居城。滋賀県東浅井郡湖北町伊部・郡上《ぐじょう》・美濃山・丁野《よおの》・下山田・上山田、長浜町須賀谷所在。国指定史跡。その築城は詳らかでないが、一五二五年(大永五)の六角定頼による湖北侵攻に亮政が小谷城を拠点としていることから、このころにはすでに築城されていたことがうかがえる。一五三四年(天文三)、亮政は主君京極高清・高延父子を小谷城に招き、饗宴を催した。事実上、湖北の支配者が京極氏より浅井氏に移った時である。一五七〇年(元亀元)、長政は織田信長に反旗を翻し、越前朝倉氏に与した。このため、信長による小谷城攻めが開始された。一五七三年(天正元)八月二十七日、羽柴秀吉を先陣とする総攻撃に落城した。その後、秀吉が長浜城を築城するまで数年間在城した後、廃城となった。その構造は標高四九五・一メートルの大嶽《おおずく》から南東および南西に馬蹄形にのびる尾根上に階段状に曲輪《くるわ》を配している。各曲輪の虎口《こぐち》両脇には巨石が点在しており、虎口部分は石垣が導入されていたことがうかがえる。また、山王丸には高さ四メートルにおよぶ高石垣が築かれており、安土城に先行する石垣構築技術が存在したことを示している。こうした山城部分に対して、山麓の清水谷と呼ばれる谷筋が平時の居館部分であった。ここには浅井氏の屋敷をはじめ、重臣の屋敷、寺院などが配されていた。大広間の発掘調査では一間を六尺四寸とする柱間の建物群が検出されており、山上における主殿に相当する施設であろうと考えられる。大広間からの出土遺物は総量三万点に及んでおり、なかには梅瓶などの威信材なども多く含まれていた。出土遺物の大半は土師器皿であり、山上に饗宴する空間の存在したことを物語っている。戦国時代の山城のあり方は通常防御施設としての詰城と、山麓の居館という二元的構造となるが、小谷城では山麓に居館を有しながらも山頂部でも居住空間を有していた。　(中井　均)

参考文献 湖北町教育委員会・小谷城址保勝会編『史跡小谷城跡—浅井三代の城郭と城下町—』、一九八八。湖北町教育委員会編『史跡小谷城跡環境整備事業報告書』、一九七六。

オタフンベチャシあと　オタフンベチャシ跡　太平洋に面する海岸丘陵上に造られたお供え餅型のチャシ跡。北海道十勝地方の十勝郡浦幌《うらほろ》町字直別《ちょくべつ》にある。国史跡。海岸丘陵が海に向かって突き出した尾根の先端部にある。頂上には一本の壕が巡り、外界から隔離した場所となっている。高さは約二七メートル、広さは約二〇×七メートルある。ここは、広く太平洋を見渡すことができ、良好な眺望地点となっている。伝説によれば、むかし白糠《しらぬか》アイヌが厚岸《あっけし》アイヌに攻められたとき、最後までこの地を死守したので、厚岸側が寄りクジラに見せかけた砂のクジラを造って白糠アイヌをおびき出したといわれる。オタ・フンベとはアイヌ語で砂・クジラの意味である。チャシ跡の後背地は牧草畑として削平されたが、以前は馬の背状の尾根が連なっていたといわれ、遠目には鯨のように見えたのであろう。別称を乙部チャシコツといい、「おとんべ」あるいは「おとべ」と読む。オタフンベの転訛である。

参考文献 後藤秀彦「オタフンベチャシ」(『日本城郭大系』一所収、一九八〇、新人物往来社)。　(畑　宏明)

おだるき　尾垂木　⇩組物《くみもの》

おだわらじょう　小田原城　神奈川県小田原市城内・城山などに所在する中世—近世の城郭。小田原城は一四九六年(明応五)から一五〇一年(文亀元)の間に大森藤頼を追い、伊勢宗瑞(北条早雲)の領する城となった。二代目氏綱が家督を継ぐと本格的な城の整備が行われ、三代目氏康の代には一五六一年(永禄四)に長尾景虎(上杉謙信)、一五六九年に武田信玄に攻められたが、いずれも籠城戦でこれを退けている。一五九〇年(天正十八)に豊臣秀吉が小田原城を包囲した際には、周囲九キロにも及ぶ堀と土塁をめぐらせた総構で城下町をも取り囲み、中世城郭としては最大規模の城となっていた。戦国時代の小田原城は総構を含む堀の底に障壁(障子)を持つ障子堀が特徴的である。北条氏滅亡後、小田原城には徳川家の重臣大久保忠世が入り、三ノ丸低地部を中心に北条氏とは異なったプランの障子堀や玉石積みの石垣を築くなどの改修整備を行なったが、一六一四年(慶長十九)に大久保忠隣が改易されると小田原城は破却された。その後、一六三二年(寛永九)に徳川家光の寵臣稲葉正勝が城主となると、切石積みの石垣に水堀、白亜の天守という近世城郭へと改修し、現在の小田原城の姿を完成させた。小田原城および城下の発掘調査は、これまでに二百地点にも及び、豊富な出土遺物は大きく七期に分けて編年されている。城下は、検出された遺構軸から北条時代にはほぼ正方位で区画されていたと想定されるが、稲葉氏による改修以後は、現在までその街割りが踏襲されている様子が古絵図などの検証から確認される。一六八六年(貞享三)に再び大久保氏が城主となって、そのまま明治維新を迎え、一八七〇年(明治三)に廃城となる。一九三八年(昭和十三)には国指定史跡に指定され、一九八三年から本格的な史跡整備に着手し、一九九七年(平成九)には二ノ丸住吉堀と銅門が復元されるなど、現在も幕末期を想定した継続的な復元整備が行われている。 (諏訪間　順)

おちゃや　御茶屋　戦国時代末期から江戸時代初期にかけて、将軍や大名が旅行や外出の際に使用した休憩用施設。加賀・能登などでは御旅屋《おたや》とも呼ばれる。特に近世の多くは、大御所・世子を含む将軍家のための施設をいう。これらの施設は御殿あるいは御茶屋といわれているが、一般的には、宿泊に使用する施設を御殿、休憩に使用する施設を御茶屋と呼び、特に南関東では明確に区別されていたようである。ただし近世の間には、千葉の御茶屋、美濃赤坂や近江永原の御殿が「御茶屋御殿跡」と通称されるなど、両者の区別は不明確なものとなっていったといわれる。戦国大名は、その領国支配を強固なものとするための鷹狩・巡察などの際に、街道筋や交通の要衝、社寺などに御殿・御茶屋・陣屋を設置。徳川家康も、後北条氏の宿駅制度を踏まえながらも、三河以来の交通政策を導入して、江戸を起点とした日光街道・日光御成道《おなり》・中原街道・東金《とうがね》御成街道などに直営の御殿・御茶屋を設定しつつ、各街道において道橋や宿場集落の形成・整備を進めていった。御殿・御茶屋は、特に宿駅制度が未発達な地域における中核的な機能とともに、行政・警察・裁判などの面における地方役所的存在として、農民支配に重要な役割を果たした。こうした戦国時代末期や近世の御茶屋などの先行形態としては、中世の接待所などが考えられている。三代将軍徳川家光による参勤交代制の開始に伴う交通体系の急速な発達によって、新たな宿駅制度が整備され、戦国時代から近世への過渡的形態ともいえる御茶屋などの役割は終りを迎える。それ以降、次第に民間経営の本陣に取って代わられ、元禄期まではそのほとんどは廃絶される。八代将軍徳川吉宗は、家康を模範として鷹狩をこよなく愛好し、江戸内府や近郊に限られてはいるが、享保期に御殿・御茶屋を設けていることから、元禄期以前を前期、吉宗の時代を後期に分ける研究者もいる。

参考文献　丸山雍成「近世の陸上交通」(豊田武・児玉幸多編『交通史』所収、一九七〇、山川出版社)。中島義一「徳川将軍家御殿の歴史地理的考察」一(『駒澤地理』一四、一九七八)。千葉御茶屋御殿跡調査会編『千葉御茶屋御殿跡―第七次調査概報―』、一九九五。 (佐久間　豊)

おちゃやごてん　御茶屋御殿　江戸時代の初期、徳川家康の東金《とうがね》における狩猟のために建設され、秀忠・家光の時代まで使用された幕府直営の休憩・宿泊施設の一つ。千葉市若葉区御殿町に所在。下総国船橋から上総国東金に至る下総台地上の直線約三六キロの御成街道《おなりかいどう》(東金新道)沿いに、船橋御殿・東金御殿とともに設置。正確な設置時期は不明だが、『徳川実紀』に一六一四年(慶長十九)に家康が下総国千葉に宿泊したと記されていることから、そのころには設置されていたものと推測される。施設の使用当時には千葉御茶屋と呼ばれていたようだが、元禄のころに廃止されて以降は、将軍家御殿の所在地として御茶屋御殿跡と通称され、今日に至っている。規模・構造に関する史料としては、一六九八年(元禄十一)の『下総国千葉郡仲田村指出帳』の「御殿惣構六拾間四方」以外にはないが、一九七三年(昭和四十八)以降一九九五年(平成七)までの七次にわたる発掘調査によって、全容がほぼ解明されている。

参考文献　千葉御茶屋御殿跡調査会編『千葉御茶屋御殿跡―第七次調査概報―』、一九九五。 (佐久間　豊)

おつぼやまこうごいし　おつぼ山神籠石　佐賀県武雄市に所在する古代山城。国史跡。佐賀平野の西方の杵島《きしま》山系から延びた低丘陵上に築かれており、一九六二年(昭和三十七)発見され、神籠石と称される遺跡としてははじめて発掘調査により構造解明が行われた。遺構は、土塁・列石・礎石・柱列・水門・門である。土塁・列石は、標高六六メートルのおつぼ山を中心として、一八〇〇メートル余巡っている。その構造は、九メートル間隔で二列の列石を配し、その内側に版築で土塁を築いている。土塁前面に礎石を、さらにその前面に柱列を配していることも確認されている。水門は、東南と西南隅で確認され、いずれも谷口に築かれている。通水口を基底部の一ヵ所に設け、幅約九メートルの築堤を石材で構築している。門跡は、東南隅の第一水門西側(南門)と、第一水門北側(東門)の二ヵ所で確認されている。東門跡では、奥行九メートル、幅一・四メートルの床面に三対六本の柱穴がある。この調査により、神籠石が、山城跡とする見解が有力になり、「神籠石論争」が一つの終着点を得た。ただ築造時期については、唐尺の使用時期(七世紀中ごろ以降)が推定されたが、不明な点も多い。

参考文献　佐賀県教育委員会『おつぼ山神籠石』(『佐賀県文化財調査報告書』一四、一九六五)。 (磯村　幸男)

おどい　御土居　豊臣秀吉が京都の町を修理・復興するにあたり、京都を「洛中」「洛外」に分ける目的で造営した土塁による囲い。東は鴨川の西岸に沿い、北は上賀茂から鷹ヶ峰、西は紙屋川沿いに北野・壬生《みぶ》を通って東寺の南を通るように造られた。御土居は土で搗き固めた一種の城壁で、聚楽第《じゅらくだい》を中心とする秀吉政権の根拠地である京都を防衛する目的で作られたといわれている。近年は軍事や治安維持の目的以外に、京都を水害から守る役目も果たしたとする見解もある。『近衛信尹公記』(『三藐院記』)によれば、一五九一年(天正十九)年正月から始められ、二月には半分以上の工事が終了したという驚くべき早さで事業が進められた。五月十八日には秀吉みずからが御土居の巡検を行なっていることから、五月にはほぼ完成したと見られる。江戸時代の『京都旧記録』では文禄の役後に朝鮮式の構えをまねて工事が始められたかのような記録があるが、一次史料による限り、一五九一年中には完成していた。また「元禄十五壬午年(一七〇二)十一月」の御土居の古絵図が残されており、この頃に詳細に調査したことがわかる。この絵図には間尺・形状の差異などを記載している。これらから見ると、御土居はすべて同一の規格で造営されたものではない。東辺部には鴨川があったためか、西辺部に比べて薄く造られている。御土居の完成後は、どのように管理されたかは不明な点が多い。付近の寺院や大官などが支配地内のものとして管理にあたったのではないかと推測されるが、実態は管理というよりは放っておかれたような状態であったとみられる。御土居の破壊は町屋の拡張などのために、すでに慶長ころから始まっていたようで、聚楽第の破却と関係するかもしれない。現状では、御土居の痕跡は北東部・西辺部・東辺部などのほんの一部しか残存していない。南辺部のほとんどは大正年間(一九一二—二六)にはすでに存在していなかったが、それ以外のところも、第二次世界大戦後になり、京都市街地の都市化が西へ延びるに従い姿を消した。京都市北区鷹ヶ峰旧土居町など九ヵ所が国史跡に指定されている。

[参考文献] 西田直二郎「御土居」(京都府編『京都府史蹟勝地調査会報告』二所収、一九三〇)。西田直二郎『京都史蹟の研究』、一九六一、吉川弘文館。魚澄惣五郎『京都史話』、一九三六、章華社。　(土橋　誠)

おとくにでら　乙訓寺　京都府長岡京市今里《いまさと》に所在する古代寺院跡。現在も元禄年間(一六八八—一七〇四)に再興された真言宗豊山《ぶざん》派の末寺が法燈を継いでいる。史料上の初見は、『日本紀略』延暦四年(七八五)九月条に造長岡宮史藤原種継《たねつぐ》暗殺の嫌疑により早良《さわら》親王が寺に幽閉されたとする記事であり、のちの八一一年(弘仁二)には、空海が一年間この寺の別当をつとめ伽藍の修理を行なっている(『高野雑筆集』)。寺の創建は、単弁八葉蓮華文軒丸瓦・三重弧文軒平瓦などが出土することから飛鳥時代後期にさかのぼり、長岡京期に伽藍が再整備されたと考えられる。以降、中世後期ごろまでは諸堂の修繕が行われている。発掘調査では、主要伽藍の一部および僧坊や雑舎に比定できる掘立柱建物が現境内外の広い範囲で発見されており、かつての寺域は東西二町以上・南北二町を占めていたと考えられている。講堂跡と想定される礎石建物は、四間×九間の四面庇で、掘立柱建物の複廊が東西に取り付く。また、現南門の東延長線上にあたる幅三〜四メートルの素掘溝は、主要伽藍を画する回廊関連の遺構と推定されている。

[参考文献] 吉本堯俊「乙訓寺発掘調査概要」(京都府教育庁文化財保護課編『埋蔵文化財発掘調査概報』所収、一九六七)。中尾秀正「乙訓寺窯跡・乙訓寺」(『長岡京市史』資料編一所収、一九九二)。　(吹田　直子)

おとめふどうはらかわらがまあと　乙女不動原瓦窯跡　栃木県小山市乙女の思川左岸に所在する奈良時代の瓦窯跡。台地北斜面に有牀式(ロストル式)平窯四基、灰原を確認。台地上からは工房跡、粘土採掘坑跡、住居跡などが発見されている。出土瓦類の大半は平瓦であったが、少量の丸瓦と軒丸瓦二種(八葉複弁蓮華文、八葉単弁蓮華文)、軒平瓦一種(均正唐草文)が確認されている。平瓦は桶巻き作りであり、凸面(瓦が葺かれた際の裏面)には格子文あるいは縄巻き叩き板の痕跡が残る。軒瓦(八葉複弁蓮華文、均正唐草文)と格子文平瓦は、宇都宮市水道山瓦窯跡出土品と同笵関係にある。笵の傷みなどからみて本窯品が後出する。おそらく笵型のみならず瓦工人を含めての移動があり、生産が行われたのであろう。瓦類の主な用途先は下野薬師寺であり、下野国府・国分寺などにも供給されていた。国史跡「乙女かわらの里公園」として復元整備され、近くに市博物館がある。

[資料館] 小山市立博物館(栃木県小山市)

[参考文献] 坂詰秀一「小山市不動原瓦窯跡」(『日本考古学年報』一七、一九六九)。『乙女不動原瓦窯跡確認調査報告』、一九七七、小山市教育委員会。松浦宥一郎「乙女不動原瓦窯跡」・熊倉直子「古瓦」(『小山市史』史料編原始古代所収、一九八一)。『史跡下野薬師寺』、二〇〇〇、国士舘大学考古学研究室。　(田熊　清彦)

おなり　御成　宮家・摂家・将軍家など貴人の外出や訪問を表す尊敬語。室町幕府三代将軍足利義満(在任一三六八—九四)以降、将軍の出行を称する言葉として頻繁に用いられるようになった。管領以下有力大名邸への訪問は、やがて室町幕府の年中行事として定例化し、毎年正月の定日に畠山・斯波・赤松・山名・細川・京極各邸への御成が行われ、その最初である正月二日の管領邸訪問は「御成始《おなりはじめ》」とよばれた。一方、義満は東寺など有力寺社にも御成を行い、それが後の足利将軍にも踏襲されて、特に禅宗寺院などへの御成が盛んに行われるようになった。御成の場は、陶磁器・絵画など輸入品を中心とする財で飾られ、さらに将軍には大量の礼物が献上されたので、将軍御成を迎えることは大変な費用負担を要するものであった。しかし同時に幕府・将軍家との親密性を確認する儀礼空間として重要であり、かつ文化的交流の場ともなった。戦国時代になると『細川亭御成記』(一五二四年(大永四))『三好亭御成記』(一五六一年(永禄四))など御成の記録が作成されるようになるが、これは御成の武家故実化を示している。豊臣秀吉の時代には、前田・毛利氏ら臣従した大名邸訪問も御成とよばれ、やはり御成記が残る。江戸時代になると日光社参や寛永寺などの参詣、あるいは江戸近郊への鷹狩りの出行など将軍の御成が頻繁に行われた。そして、御成に参加する者たちの構成や服装など細かな規則が定められたが、さらに規制は御成の行列が通過する町方・村方にまで及んだ。江戸屋敷への将軍の御成は、諸大名にとっては最高の栄誉とされ、御成の行列が通過するための豪華な御成門や御成の間などが新築されたり、特別に能が上演されるなど、室町時代同様、政治的・文化的に重要な意味を持った。

参考文献 佐藤豊三「将軍家『御成』について」一―九(『金鯱叢書』一―四・六―八・一一・一三、一九七四-八六)。

(久留島典子)

おに **鬼** 中国では鬼《き》とは帰《き》であり、死者の魂・霊を意味した。日本では隠・陰・兄からの転訛とする説が膾炙している。いずれにしても目に見えない恐怖の対象であるが、同時にその恐ろしさ故に、また死者＝祖霊との観念から人々を守る性格も備えており、恐怖・畏怖されてきた霊的存在である。古代文献では「鬼」に対して「もの」「かみ」「しこ」などと訓じられ、さまざまな恐怖概念の複合したものが鬼であったが、平安時代以降次第にそれぞれの概念が固定化し、鬼＝オニに収斂する。しかし鬼の形姿には各時代の恐怖イメージが重なっており、それは時代の文化的背景により異なる。古代から近世まで一貫して鬼を表現したものとして鬼瓦があるが、その顔表現の変化に各時代の鬼観の変遷がうかがえる。以下、鬼瓦を通じて鬼の歴史的展開をみる。鬼瓦の出現は白鳳時代末になってからで、それ以前は鬼瓦はなく、鬼板部分には軒丸瓦と共通する蓮華文が配されていた。鬼の視覚化がなされていなかったのである。最初期の代表的な鬼瓦である平城宮・薬師寺出土の手足を有する遺品は、顔だけを表現する後世の鬼瓦とは異なり、四天王に伴う邪鬼などの表現と共通する。また「舌出し」表現の鬼瓦の一群があるが、舌出しは口を大きく開けた威嚇表情の様式化したものであり、ヨーロッパのゴルゴン以来の系譜を引くものと考えられる。また奈良時代の鬼瓦の目の表現は伎楽の力士面に共通するところがあり、古代の鬼イメージ形成は大陸文化の受容そのものであった。平安時代後期には中国的鬼神はその表現も含めて退化する方向で推移する。平安時代が鬼という物に異常なまでに関心を示した時代であることを考えると不思議な現象だが、物怪・鬼・怨霊などの概念の分化と関係しており、日本的鬼の形成段階にあったといえる。そしてできあがった平安時代末から鎌倉時代前期の鬼瓦は独特の憂鬱な表情を示すが、それこそ日本人の心の表現であったといえるだろう。それ以降の鬼のイメージは地獄卒のイメージを中心に盗賊・賤民など中世のアウトロー的存在などを重ねて展開したといえる。鎌倉時代後期から室町時代の中世の鬼瓦は古代の型作りとは異なり、手捏ねであり、立体感が強くなり、内部を空洞に作る。怖さをより強調せんとの意図がみられる。角・牙・髪・髭などの表現が次第に派手になってくる。また室町時代の鬼には般若の面に共通した表現もみられ、文学世界にみる怨恨・愛憎などの室町時代人の心の内面を映したものもある。また同時に『百鬼夜行絵巻』的な少しおどけた表情の鬼もみられるようになり、近世になると後者の表現はさらに煩雑になり、かえって怖さが薄らいでくる。これも世俗化した江戸時代の鬼観を示している。近・現代は擬古作を除くと特有の鬼瓦の様式はなくなった。

参考文献 近藤喜博『日本の鬼―日本文化探求の視覚―』、一九六六、桜楓社。馬場あき子『鬼の研究』(『ちくま文庫』、一九六九)。山本忠尚『鬼瓦』(『日本の美術』三九一、一九九八、至文堂)。

(藤澤 典彦)

おにがわら **鬼瓦** 屋根の棟端を塞いだ板状の瓦。前面に恐しい顔をした、いわゆる鬼面文を飾ることが多いので一般に鬼瓦と呼んでいるが、蓮華文や鳳凰文などを飾ることもあるから棟端飾板《むなはしかざりいた》という名称を用いる人もいる。鬼瓦の名称は一三二七年(嘉暦二)の『金沢文庫古文書』五三五八号に「をにかわら」とあるのが初出らしい。奈良県法隆寺では、中・近世の鬼面文鬼瓦の裏面に、「ヲニ」「鬼瓦」「鬼」と刻書した例がある。鬼瓦は建物の規模によって大きさが異なり、同一建物でも大棟《おおむね》用は長大、降《くだ》棟《むね》・隅棟《すみむね》用は小型。前面を飾る図像は、古代では型を用いるため平板だが、中世以後は粘土を盛ってつくり立体的になる。日本で最古の鬼瓦は、七世紀前半の奈良県奥山廃寺(奥山久米寺《くめでら》)出土品で、蓮華文を飾る。蓮華文鬼瓦は、七世紀後半に寺院で盛行し、八世紀には平城宮や近江国衙などの役所の一部でも用いられるが、以後衰退する。七世紀末ごろから八世紀には、弧線を重ねた重弧文や鳳凰文を飾る鬼瓦もあるが、数は少ない。八世紀初

鬼面文鬼瓦(平城宮跡出土)

蓮華文鬼瓦(奥山廃寺出土)

頭には、平城宮や大宰府で鬼面文鬼瓦が出現して諸宮殿・役所に使用され、その影響が八世紀中ごろまでには地方の役所や諸寺院にも強く波及する。中国や朝鮮半島の状況はまだ十分には解明されていないが、七・八世紀に蓮華文鬼瓦から鬼面文鬼瓦に主流が移ったことは確かで、その影響が日本に及んだと推測できる。日本最古の鬼面文鬼瓦は、平城宮出土の有翼の半裸像であり、酷似した図像が中国の北朝・隋唐代の石窟《せっくつ》彫刻や墓誌線刻画などに見られる。それらは、併記された文字や器物から、雷神を示す「掣雷《せいらい》」のほか、「長舌《ちょうぜつ》」「嚙石《こうせき》」「壽福《じゅふく》」などと呼ばれた道教的な僻邪《へきじゃ》・招福《しょうふく》の神像であったことがわかる。その起源を獅子や龍に求める説もあるが、唐の懿徳《いとく》太子墓の石槨線刻画や高句麗の古墳壁画に、上記の神像と獅子あるいは龍がともに描かれていることから首肯できない。中世に「鬼」と認識したのが末法思想による地獄の鬼であったとすると、それは大きな錯誤だったといえる。

参考文献　毛利光俊彦「日本古代の鬼面文鬼瓦」(『奈良国立文化財研究所研究論集』Ⅵ所収、一九八〇)。毛利光俊彦「鬼瓦」(『法隆寺の至宝』一五所収、一九九二、小学館)。山本忠尚編『鬼瓦』(『日本の美術』三九一、一九九八、至文堂)。

(毛利光俊彦)

おにのまないた・せっちん　鬼の俎・雪隠　奈良県高市郡明日香村野口にある終末期の古墳。古くに封土を失い露出・転落した石室材の様子からその名が付けられ、「鬼が旅人などを捕らえて俎で料理して食べ、雪隠で用をたした」との俚諺を生んだ。原型は里道上方にある平坦な「俎」を底石に、下方にある箱形の「雪隠」を蓋石とする横口の石棺式石室墳(鬼の俎・雪隠古墳)である。この二石から復元できる石室の内寸法は長さ二・八メートル、幅一・五メートル、高さ一・三メートルで、入口部には失われた第三の石室材「扉石」を嵌める仕口が残る。底石は原位置にあり、蓋石のみが下方へ転落している。早くに開口し副葬品などは全く知られていない。本古墳の西方約一八〇メートルには「カナ塚」とよばれる方墳(一辺約六〇メートル)が、東約二三〇メートルには「天武・持統陵古墳」(檜隈大内陵)があり、王陵を含む古墳群の一つを構成している。なお「俎」に近接して出土したと伝える同種の底石が存在し、本古墳が双室墳である可能性も推測されている。

参考文献　奈良国立文化財研究所飛鳥資料館編『飛鳥時代の古墳』、一九七九。

(黒崎　直)

おにわやき　御庭焼　江戸時代に諸藩の藩主や家老らが、自ら用いる調度品や贈答品を焼かせるために、城内や邸内に特設した窯で生産させた趣味的性格の強い焼きもの。著名な陶工を招聘して生産にあたらせるほか、藩主らがみずから作陶を行うこともあった。具体的な事例としては、樂焼の樂旦入《らくたんにゅう》や京焼の永楽保全《えいらくほぜん》・二代高橋道八《たかはしどうはち》を招いたという紀伊徳川家の偕楽園焼《かいらくえんやき》、主家の偕楽園焼に倣って紀州藩付家老水野忠央《みずのただなか》が江戸下屋敷で焼かせた三楽《さんらく》園焼《えんやき》、藩主義直《よしなお》が瀬戸から工人を呼び寄せ名古屋城の御深井丸で焼かせたとされる尾張徳川家の御深井焼《おふけやき》、江戸の尾張藩戸山別邸で焼かれた戸山焼《とやまやき》(楽々園焼《らくらくえんやき》)、江戸小石川の水戸藩上屋敷に窯があった後楽園焼《こうらくえんやき》、永楽保全が携わった摂津高槻永井家の高槻焼《たかつきやき》、伊部の陶工を招いたという備前岡山池田家の後楽園《こうらくえん》御庭焼《おにわやき》などが挙げられる。御庭焼には、御深井焼のように開窯が十七世紀代にさかのぼるものもあるが、多くは江戸時代でも化政期から幕末に焼かれたものである。

参考文献　仲野泰裕「御庭焼と御用窯について」(『愛知県陶磁資料館研究紀要』一〇、一九九一)。愛知県陶磁資料館編『江戸時代を彩る御庭焼と御用窯の世界』、一九九一。

(尾野　善裕)

おの　斧　ソマヒト(杣人)が樹木の切断や原木の荒切削に用いる道具。小型の斧はコタクミ(木工)も使う。古代・中世の文献では、刃幅が狭い切断用の斧を「斧・ヲノ・ヨキ」(『和名類聚抄』)と、刃幅が広い荒切削用の斧を「鐇・タツキ」(同前)と、それぞれ記述している。ヨキの斧身と柄との装着形式は、石斧からの流れをくむ茎《なかご》式(斧身端部を柄にあけた穴に装着)、袋式(斧身端部につくったソケットに柄を装着)、そして孔式(斧身にあけた孔に柄を装着)の三種類に分類できる。ヨキは、弥生時代から十四世紀ごろまで袋式を基本とし、弥生・古墳時代に茎式が、古墳時代に孔式が併用されていた。十三世紀から十四世紀にかけての実物・絵画資料に孔式のものが再び見られるようになり、十五世紀ごろから孔式に統一されていったと考えられる。タツキは、斧身に肩がついた(有肩)袋式のものが古墳時代に見られるが、古代・中世の形状・構造は不明である。近世になると有肩・有顎の斧身で、孔式のタツキが見られるようになる。

参考文献　渡邉晶『大工道具の日本史』(『歴史文化ライブラリー』一八二、二〇〇四、吉川弘文館)。

(渡邉　晶)

おののえみしぼし　小野毛人墓誌　七世紀の官人の墓誌。崇道神社(京都市)所蔵。国宝。縦五八・九センチ、横五・九センチの著しく縦長の鋳銅板に、表裏にわたり四十八字の銘文を刻み、鍍金を施す。一六一三年(慶長十八)、現在の京都市左京区上高野西明寺山にある土葬墓から出土。出土地は『和名類聚抄』にいう山城国愛宕《おたぎ》郡小野郷に属し、小野氏の蟠居した地域と考えられる。『続日本紀』和銅七年(七一四)四月辛未条によれば、毛人は遣隋使で有名な妹子の子で、小錦中の位を有していたが、さらに本墓誌から、天武朝に「太政官兼刑部大卿」の官にあったことが知られる。「太政官」は納言とみる説が有力で、「刑部大卿」は令制の刑部省長官に相当する。墓が営まれた「丁丑年」は、六七七年(天武天皇六)にあたるが、死後の贈位とみられる「大錦上」の位階や、六八四年に小野氏に与えられた「朝臣」の姓を記すことなどから、墓誌は持統朝以降の追納と考えられている。

銘文　飛鳥浄御原宮治天下天皇御朝任太政官兼刑部大

卿位大錦上（表）
小野毛人朝臣之墓　営造歳次丁丑年十二月上旬即葬
（裏）

参考文献　梅原末治『日本考古学論攷』、一九四〇、弘文堂。奈良国立文化財研究所飛鳥資料館編『日本古代の墓誌』、一九七九、同朋舎。上代文献を読む会編『古京遺文注釈』、一九八九、桜楓社。（三谷　芳幸）

おのみち　尾道　現在の広島県尾道市に位置する港町。備後国大田荘の下司・沙汰人らの申請により、一一六九年（嘉応元）「御調郡内尾道村田畠五町」が倉敷地として認められたことをきっかけに、瀬戸内有数の港湾都市として発展する。当初は後白河院領であったが、一一八六年（文治二）には大田荘とともに高野山領に編入された。室町期には守護山名氏の支配が強く及ぶようになり、日明貿易の基地としても利用された。戦国時代には毛利氏の直轄領として尾道奉行が置かれ、近世には広島藩領となる。現在の久保から土堂にいたる市街地一帯は尾道遺跡と呼ばれ、中世以来の町跡が埋もれている。一九七五年（昭和五十）以降、建て替えなどの機会に発掘調査が継続され、町の発展過程が明らかになりつつある。発掘調査の成果からは、中世には防地口・長江口が大きく湾入し、ここが港として早くから利用されたことが想定できる。倉敷地が成立した十二世紀後半の遺構は明らかでないが、十三世紀の遺構は現在の防地口あたりに集中し、十四世紀以降には長江口や土堂にも広がる。十五世紀以降には出土資料も増加し、この時期、町が大きく発展したことがわかる。遺跡からは各種の陶磁器類や木簡などが出土し、港町での生活や経済活動を知る上での貴重な資料となっている。

参考文献　松下正司編『埋もれた港町草戸千軒・鞆・尾道』（『よみがえる中世』八、一九九四、平凡社）。八幡浩二「中世『尾道』における都市の成立と展開」（『考古学研究』五〇ノ四、二〇〇四）。（鈴木　康之）

おはりだのみや　小墾田宮　推古天皇の宮。「小治田宮」（『古事記』『続日本紀《しょくにほんぎ》』）、「少治田宮」（『日本霊異記《にほんりょういき》』）とも表記する。六〇三年（推古天皇十一）十月に、推古天皇は豊浦宮《とゆらのみや》から小墾田宮に遷った。豊浦宮が蘇我氏の邸宅を利用したと推定されるのに対し、天皇の宮にふさわしく、新たに造営したものとみられる。一方、六〇八年に隋使裴世清《はいせいせい》、六一〇年には新羅《しらぎ》使・任那《みまな》使が小墾田宮を訪れており、六〇〇年にはじまる隋との国交など、外国との通交と使節の来朝が建設の背景にあったことも確実であろう。宮の構造については、それらの記事を通じて復元が行われている。すなわち、南門を入ると朝庭があり、左右に庁（朝堂）が並ぶ。その奥には大門があって、天皇の座す大殿へと通じていた。以後の宮都に連続するこうした基本構造をそなえた小墾田宮は、その点でも画期的な宮殿であった可能性が高い。なお、推古の死後も、小墾田宮の名は六四二年（皇極元）、六四九年（大化五）の記事にみえ、六五五年（斉明元）には瓦葺の宮殿建設が図られたが、結局中止されている。また、六七二年（天武天皇元）の壬申の乱に際しては「小墾田兵庫《ひょうご》」が登場する。その後、奈良時代の後半に至り、七六〇年（天平宝字四）から翌年にかけて、淳仁天皇が一時ここに滞在し、七六五年（天平神護元）には、称徳天皇が紀伊国へ行幸する途中、二泊して近辺を巡歴している。小墾田宮の位置は、従来、飛鳥川西岸の古宮《ふるみや》土壇（奈良県橿原《かしはら》市和田町）周辺に比定するのが通説であったが、一九八七年に、対岸（東岸）にあたる雷丘《いかずちのおか》東方遺跡（奈良県高市《たかいち》郡明日香村雷《いかずち》）の井戸から「小治田宮」と墨書した土器が多数出土し、その一帯であることが確定した。発掘調査では、『続日本紀』から存在がうかがえる奈良時代の倉庫群の一部や築地《ついじ》塀、推古朝の池の一部なども見つかっている。→豊浦宮《とゆらのみや》

参考文献　岸俊男『日本古代宮都の研究』、一九八八、岩波書店。直木孝次郎『飛鳥―その光と影―』、一九九〇、吉川弘文館。木下正史『飛鳥・藤原の都を掘る』、一九九三、吉川弘文館。（小澤　毅）

おはりだのやすまろぼ　小治田安萬侶墓　奈良県山辺郡都祁《つげ》村甲岡《こうか》の丘陵の南斜面に築かれた奈良時代の火葬墓。国史跡。一九一二年（明治四十五）の春頃開墾中に見つかり、一九五一年（昭和二十六）に発掘調査された。一辺三・六《メートル》ほどの方形の穴を掘って、ここで火葬し、焼骨を一度取り上げて、底に礫石を敷き、粘土や木炭を交互に突き固め、その途中で、遺骨を納めた木櫃とその外側に墓誌を埋納し、さらに粘土などを突き固め、地表に小さな墳丘を築いた墓である。突き固めた粘土の中からは和同開珎の銀銭十枚以上と、三彩陶器の破片が出土した。墓誌（重要文化財）は主板一枚と副板二枚があり、金銅鋳造製品である。主板は長さ二九・七《センチ》、幅六・二《センチ》で、鍍金している。「右京三条二坊従四位下小治田朝臣安／萬侶大倭国山辺郡都家郷郡里崗安墓／神亀六年（七二九）歳次己巳二月九日」とあり、副板には「左琴神亀六年二月九日」「右書神亀二月九日」とある。小治田氏は蘇我氏の同族で飛鳥の豊浦あたりが出自であるとされている。

参考文献　奈良県教育委員会編『奈良県総合文化調査報告書』一、一九五三。（河上　邦彦）

おび　帯　帯は呪術的な意味で腰に結んだ紐に起源をもつとされるが、衣服の発達に伴い、衣服を縛るという実用性とともに装飾性を兼ね備えるようになり、時には身分表象の装身具にもなった。奈良時代の礼服《らいふく》では皇太子が白帯、文官が條帯《くみおび》、武官が金銀装腰帯、女官が紕帯《はたおび》を用い、朝服《ちょうふく》にも金銀装腰帯や烏油《くろつくりの》腰帯などの別があった。平安時代になり、男が朝服に束帯《そくたい》を着用するようになると、袍のうえに石帯《せきたい》を締め、さらに太刀を佩くために平《ひら》緒《お》を結んだ。石帯は玉や金銀の飾りをつけた黒漆塗の革帯、平緒は唐組や新羅組による組紐や綺《かんばた》と呼ばれる織物が用いられた。平安時代には女性の帯が発達せず、中世以降に小袖が着用されるようになって装飾性の強い帯が発達した。中世末から近世初期にかけては小袖に細帯や

名護屋帯と呼ばれる組帯を結んだ様子が当時の風俗画などにみられる。江戸時代前期には一般に幅二寸五分ほどの帯を良しとしたが、遊女などが幅広の帯を結ぶようになり、寛文末年から延宝ごろには町人の帯も幅が広がり、また帯の結び方に流行が生まれた。歌舞伎の女形上村吉弥が流行らせた吉弥結の影響を受けて、帯の長さは一丈二尺と長くなり、帯幅も五、六寸に広がった。以後、水木結、平十郎結、路考結などが歌舞伎から流行した。元禄ごろには若い女性は振袖に後帯、年配の女性は留袖に前帯を結ぶことが慣例化していたが、江戸時代後期には帯幅が一尺前後に広がったために一八一〇年(文化七)の『飛鳥川』に「町の女房は昔は皆前帯にしたるが、近来は後帯多く見ゆる」とあるように後帯が多くなった。一八一三年(文化十)刊行の『都風俗化粧伝《みやこふうぞくけわいでん》』では二十一種類の帯結びが紹介されている。また、帯そのものの種類も増し、繻子・綸子・縮緬をはじめ、博多・ビロード・更紗など多様になり、表と裏で生地を違えて仕立てた鯨帯(昼夜帯)も広く用いられた。その他、武家の掛下帯、公家の付帯などもある。

参考文献 江馬務『帯の変遷』、一九二七、友織会。馬場まみ・森理恵「美を結ぶ 心を結ぶ」(『西陣グラフ』四九一—四九六、一九九六、西陣織工業組合)。 (河上 繁樹)

おびかなぐ 帯金具 革製の腰帯にとりつけられた飾金具。留金具である鉸具《かこ》、表面を飾る銙《か》、帯先金具、帯端に装着する鉈尾《だび》などの総称。ユーラシア大陸の騎馬民族に起源を発し、日本からヨーロッパまで広範囲に分布する。中国では西周時代に取り入れられ、晋代には龍文や唐草文などの文様を持つ装飾性に富んだ帯金具が発達し、朝鮮三国や日本の古墳時代の帯金具に影響を与えた。奈良時代には朝廷の服制に、鉸具・銙(半円形の丸鞆《まるとも》・方形の巡方《じゅんぽう》)・鉈尾の構成を基本とする唐の腰帯＝銙帯が導入された。唐制では銙の材質と銙数で位階の差を設けているが、わが国の『養老令』衣服令朝服条では、五位以上が金銀装腰帯、六位以下が烏油《くろつくり》腰帯とのみ定められ、銙数による差が存在したかは不明。烏油腰帯は、平城宮跡出土品や正倉院伝存品から、黒漆塗の銅製の銙を配した革帯であったことがわかる。正倉院伝存品は、細長い革を袋状に仕立て、上下の縁に麻縒り紐を縫い込んで芯とした長さ一五〇～一七〇センチの革帯で、両端に鉸具と鉈尾、その間に十一もしくは十二銙を配し、黒漆を全面に塗布している。金銀装腰帯は、現在のところ、大阪府伽山《とぎやま》遺跡の銀製銙帯が唯一の出土例である。丸鞆と巡方の下端にあく方形孔(透かし孔)は、唐制を参考にすると、刀子や砥石、算袋などの腰佩《ようはい》を垂下するための垂孔と考えられる。史料上の初見は、『扶桑略記』慶雲四年(七〇七)三月甲子条で、「天下始用革帯」とあるが、『西宮記』には「和銅四年(七一一)、皮帯始用云々」とあり、また『続日本紀』和銅五年(七一二)五月癸酉条に「禁六位已下以白銅及銀銙革帯」とあることから、平城京遷都前後に銙帯の使用が始まったとみてよい。七九六年(延暦十五)には鋳銭用の銅を確保する必要から、銙帯の使用が禁止され(『日本後紀』同年十二月辛酉条)、石帯へと転換する。銙帯具は、平城京跡などの都城をはじめ、沖縄県を除く全国の官衙、集落、墳墓遺跡などから約三千点が出土し、郡領など各地における有位者の存在を示す資料となっている。これまでの研究では、出土銅銙の大小の規格に基づく位階の復原案が提示されてきたが、最近では位階差ではなく、時期差に対応するという見解も出されている。

→石帯《せきたい》

参考文献 奈良文化財研究所飛鳥藤原宮跡発掘調査部編『銙帯をめぐる諸問題』、二〇〇二、奈良文化財研究所。町田章「古代帯金具考」(『考古学雑誌』五六ノ一、一九七〇)。 (松村 恵司)

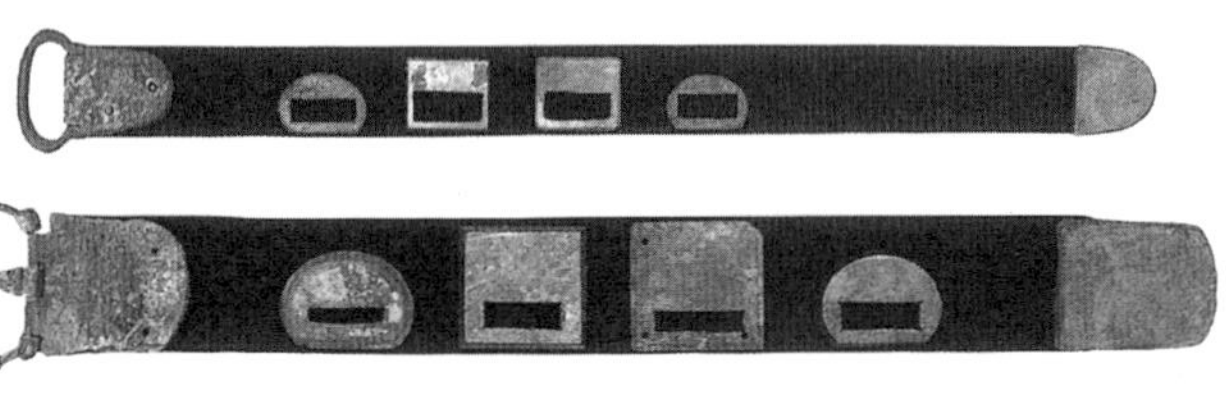

帯　金　具（平城京跡出土）

おびきかま 苧引き鎌 麻や苧《からむし》の繊維を取り出すため、木製の板や台の上でしごくために使う道具。苧《お》引金《ひきがね》・苧《お》引鋸《ひきのこ》ともいう。鉄製刃部と木製柄からなる。刈り取った苧を蒸したのち、清流などに浸して柔らかくした上で皮剝ぎをするが、この皮を剝いだり繊維を引いたりする苧引き作業でイトの良し悪しが決まる。出土資料としては、十世紀ころから認められ、中世・近世を通じて使用され、

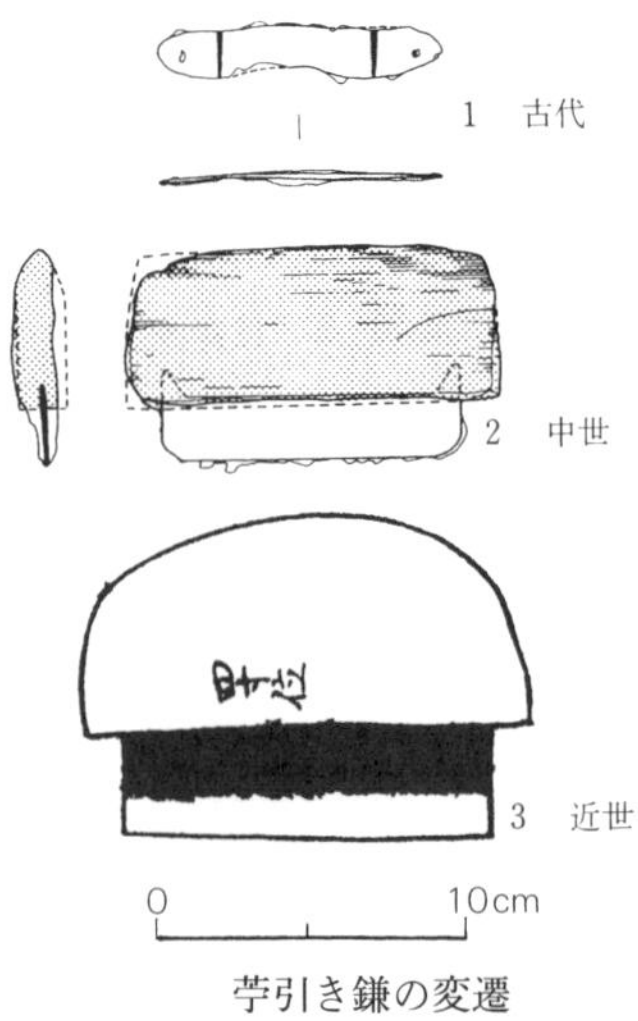

苧引き鎌の変遷

近代に至るまで全国各地でみられた。古代のものは、木部と鉄製刃部を二ヵ所の目釘で固定する形態であり、「手鎌《てがま》」という表現で穂《ほ》摘《つ》み具と共用している可能性もある。中世以降は刃部がカスガイ状の形態になり、木製の柄に差し込んで使用する。出土例は北奥の遺跡に多い。木質部が残存しないで出土した場合は、火打金《ひうちがね》(刃部は打撃のため厚くなっている)とまちがいやすいため、刃部の厚さなどを検討しながら判断しなければならない。

(工藤　清泰)

おびくるわ　**帯曲輪**　細長い通路のような曲輪を呼び、鉢巻状に曲輪全体を囲むものや半周程度のものなど形状はさまざまであるが、特に長さが短い場合や山城の麓付近の施設は、腰郭と呼ぶ。中世の山城では、尾根上の主要曲輪を一段下がって帯のように取り囲む細長い平坦部を指す。このような曲輪を発掘調査すると、斜面外側に土塁を築き、中央部が箱堀状となる通路であることが多い。このような帯曲輪には、上部にある主要曲輪への虎口と下部にある施設への通路が設置されている。戦国時代末期の山城では、帯曲輪の斜面下に畝状竪堀が附設されることが多いので、通路と攻撃の機能を持つ施設である。また、天正年間(一五七三―九二)には、新府城や能見城に見られるように、その幅は広く三間程度となり、外側に土塁が築かれる。近世城郭でも、主要曲輪の一部を囲むように外側にある帯状の曲輪を呼ぶが、例は少ない。

参考文献　『日本城郭大系』別巻II、一九八一、新人物往来社。萩原三雄編『定本山梨県の城』、一九九一、郷土出版社。

(八巻与志夫)

おびじょう　**飫肥城**　飫肥藩五万一千石の居城で藩主は伊東氏。宮崎県日南市飫肥十丁目に所在し、酒谷川に囲まれたシラス台地の先端に位置する。築城は南北朝時代。薩摩の島津忠国は、伊東氏の南下に備え、一四五八年(長禄二)に新納忠続を城主に封じるが、一四八四年(文明

飫肥城縄張り図（江戸時代前期）

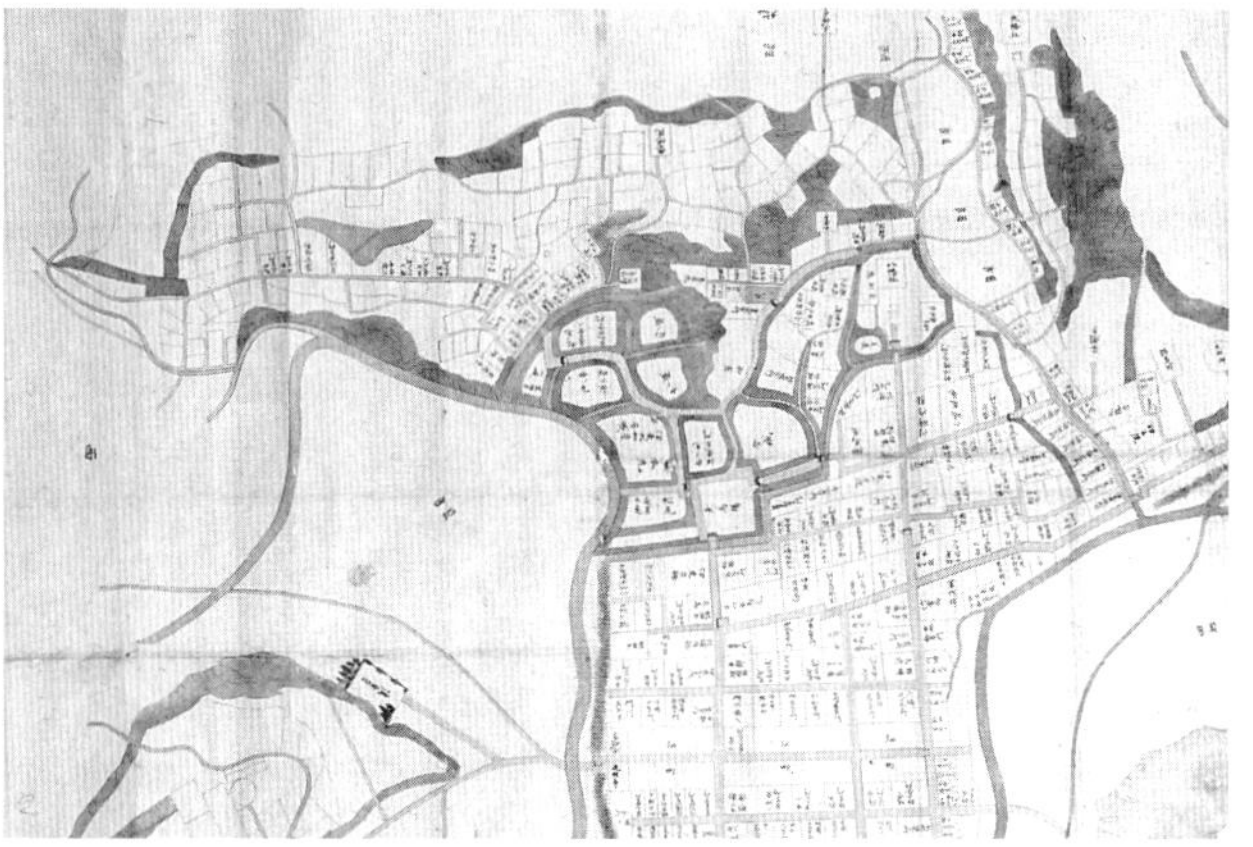

飫肥城下古図部分（承応年間）

十六）伊東祐尭《すけたか》・祐国父子が飫肥城を攻撃する。以後、飫肥城を舞台とする争奪戦が戦国時代まで繰り広げられる。一五六八年（文禄十一）、伊東義祐《よしすけ》が攻略するが、島津氏に奪還され、日向への覇権が一旦は確立する。一五八八年（天正十六）豊臣秀吉の九州平定で再び伊東祐兵《すけたか》が入り、以後飫肥藩主累代の居城となる。城は、空堀で区画される今城、松尾ノ丸、中ノ丸などの大規模な曲輪《くるわ》群が並立し、曲輪相互の独立性が高い戦国時代の南九州に特徴的な群郭型城郭のプランを、一六八六年（貞享三）に高石垣や桝形虎口の設置、中ノ丸の拡大など、本格的な近世城郭へ改修したものである。

参考文献　日南市教育委員会編『飫肥城跡』（『日南市埋蔵文化財調査報告書』三、一九九四）。『飫肥の町並み保存―二〇年間の記録』、一九六八、日南市教育委員会。

（玉永　光洋）

おぶくまやまこうごいし　帯隈山神籠石　佐賀市の北部山麓に築かれた古代山城。佐賀市久保泉町川久保、神埼郡神埼町西郷所在。一九五一年（昭和二十六）国史跡指定。標高一七五メートルの帯隈山を取り巻くように延長約二・四キロの列石が巡る。「神籠石」の遺跡に特徴的なこの列石は、高さ約六〇センチの花崗岩で、その背後に築かれた土塁の土留め石である。一九六四年の九州大学鏡山猛教授の発掘調査によると土塁の高さは約二・六メートルで、その前面には木柵を建てるための柱穴があることなども確認されている。谷部には排水施設の水門が構築されることが多いが、本遺跡では確認されていない。帯隈山の山頂部北側には列石が幅三・五メートルにわたって切れている北門跡がある。佐賀県内には武雄市におつぼ山神籠石もある。神籠石の築造時期は文献史料に確実に現れないために明らかでないが、各地の調査結果などから七世紀代の築造という見方が大勢をしめているようである。　→神籠石《こうごいし》

参考文献　『帯隈山神籠石とその周辺』（『佐賀県文化財調査報告書』一六、一九六七）。

（東中川忠美）

オホーツクぶんか　オホーツク文化　六―十世紀ごろに北海道のオホーツク海沿岸部とサハリンやクリル諸島に広がっていた海獣狩猟民による北方文化の一つ。サハリンでは刻文系のオホーツク土器であるが、北海道では粘土紐の貼付文（通称ソーメン文）土器が独自に展開する。刻文系土器群に類するものはオホーツク海北岸地域でも出土しており、環オホーツク海古代文化の一環としてこの文化を考える必要が問われている。竪穴住居跡は五～六角形の平面形で、長軸は一〇メートルを超える大型のものが多く複数家族が同居していたと思われる。クジラ漁などの共同作業を行っていた結果であろうか。石組み炉を中央にもち、それを囲みコの字形の粘土貼り床をもつ。奥壁に近い場所にクマの頭骨などを積み重ねた骨塚を設置している。集落の単位は二～三軒であったと思われる。墓域は集落の外側に設けられることが網走市モヨロ貝塚、北見市常呂《ところ》町トコロチャシ跡遺跡、枝幸《えさし》町目梨泊《めなしどまり》遺跡などで確認されている。埋葬は屈葬で、頭は北西側に向けている。頭に壺を伏せて乗せておくことも一般的である。出土遺物の中にはシベリア大陸の靺鞨《まつかつ》文化（四―十世紀）や女真《じょしん》文化（七―十三世紀）の製品が含まれ、それらとの交流が深かったことを思わせる。たとえば青銅製品や鉄製品などの帯金具・鉾・斧・鈴・鐸・柄が下方に曲がった曲手刀子などがある。牙製婦人像も大陸との関係を物語っている。交易品としてオホーツク人が提供したのは、ラッコやオットセイなどの海獣の毛皮であったであろう。骨塚やクマや海獣などを表現した動物意匠遺物が他の時代に比較して多く見られることは、動物信仰の存在を示し、それは後のアイヌ文化に継承されていく。オホーツク文化は時代が一部重複するアイヌの直接の祖先の擦文《さつもん》人が残した擦文文化と接触し、新たなトビニタイ文化を形成し終焉を遂げる。形態人類学的にはアムール川下流域集団の中でもウリチ族に近いというが、ニヴフ説などもあり、人種論はまだ結論が出せない状況である。

参考文献　野村崇・宇田川洋編『続縄文・オホーツク文化』（『新北海道の古代』二、二〇〇三、北海道新聞社）。

（宇田川　洋）

おみしんかんじこふん　小見真観寺古墳　埼玉県行田市小見、埼玉《さきたま》古墳群の北方約三・五キロに所在する全長一〇二メートルの前方後円墳。国指定史跡。これまでに二つの石室が確認されており、後円部に南面する複室構造を有する横穴式石室（第一主体部）は、一六三四年（寛永十一）に発見されている。緑泥片岩を組合わせて作られた二室が現存するが、かつては三室であったものと推定されている。一八八〇年（明治十三）に後円部北側から発見・調査された第二主体部は、緑泥片岩を組合わせて作られた箱式石棺で、金銅装頭椎大刀二振、圭頭大刀一振、衝角付冑、蓋及脚付銅椀、銅碗など、数多くの遺物が発見された（そのほとんどは現在、東京国立博物館収蔵）。これらの

遺物の年代観から、第二主体部の年代は六世紀末から七世紀初頭に位置付けられ、第一主体部は若干これに先行するものと考えられている。このように小見真観寺古墳は、埼玉古墳群最終段階の首長墓とされる将軍山古墳(六世紀後半)に続く時期の大規模な首長墓であり、埼玉古墳群終焉の意味を検討する上で重要な位置を占める古墳である。

参考文献 『新編埼玉県史』資料編二、一九八二。塩野博『埼玉の古墳』北埼玉・南埼玉・北葛西、二〇〇四、さきたま出版会。

(宮瀧　交二)

おもがい　面繋　⇩馬具《ばぐ》

おやまじょう　小山城　⇩祇園城《ぎおんじょう》

おゆどののうえにっき　御湯殿上日記　禁中常御殿の御湯殿上の間に出仕し、天皇に近侍した女房による職掌日記。室町時代中期より江戸時代末期までのものが現存するが、欠年も多い。天皇の動静を中心に、恒例・臨時の公事、天皇からの下賜・天皇に対する進献や、皇族・女官の動静などが、女房詞を用いた漢字仮名交じり文で記されている。なかには天皇みずから記された部分も含まれている。原本は京都御所内の東山御文庫や御池庭文庫などに蔵されている。写本は五十余種に及ぶとされるが、それらは、やはり東山御文庫に蔵されている転写本や、東京大学史料編纂所と国立歴史民俗博物館とに分蔵されている高松宮家旧蔵本などがもとになって派生していったとみられている。また、抜書などのかたちで伝来したものもあり、それらによって原本・写本の欠を補い得る部分もある。一六八七年(貞享四)以前の部分は『群書類従』補遺所収。なお、同様の性格のものとして、『仙洞御湯殿上日記』『女院御湯殿上日記』『東宮御湯殿上日記』などがある。

参考文献 是澤恭三「御湯殿上日記に就て」(『歴史と国文学』七ノ五・六、一九三三)。同「皇居「御湯殿上」の間の性格」一・二(『日本学士院紀要』九ノ三・一〇ノ一、一九五一・五二)。同「壬生院筆「御湯殿上日記」の年度」(『国学院雑誌』五五ノ二、一九五四)。同「御湯殿上日記の研究—伝播編—」一—六(『日本学士院紀要』一五ノ二—一七ノ一、一九五八—六〇)。同「群書類従に収められた御湯殿上日記」(『史学文学』一ノ四、一九五八)。小高恭『お湯殿の上の日記の基礎的研究』、一九八五、和泉書院。同『お湯殿の上の日記』ほかの言葉をめぐって』、二〇〇二、岩田書院。

(石田　実洋)

おりがみ　折紙　古文書の料紙の使い方の一つ。通常の一紙を横長に用いるのを竪紙《たてがみ》と呼ぶが、折紙はその竪紙を横方向に二つ折し、外側の面に文章を書き付ける。まず折り目を下にして右から書き、書ききれない場合には折り目を下にしたまま裏返して続きを書くのである。したがって、この場合広げると上段と下段では文字が逆向きになる。そのため、掛幅に表装する時には、読みづらさを考慮して上下を切り離して、さらに下段を逆さにして上段と同じ向きにして貼り継ぐことがある。折紙は、武家文書には鎌倉時代から見られるが、室町時代に入って広範に用いられた。室町幕府奉行人連署奉書では、竪紙と折紙を用いる二形式があるが、竪紙形式の方が厚礼で内容が重くなる。なお、竪紙を縦に二つ折りにしたものを縦折紙といい、室町幕府将軍の文書にみられる。

参考文献 中村直勝「古文書の折紙に就いて」(日本古文書学会編『日本古文書学論集』二所収、一九八七、吉川弘文館)。田中稔「本紙・礼紙と料紙の使用法について」(同所収)。笠松宏至「「日付のない訴陳状」考」(『日本中世法史論』、一九七九、東京大学出版会)。

(安達　直哉)

おりくちしのぶ　折口信夫　一八八七—一九五三　民俗学・国文学・神道学者、歌人。歌人としての名は釈迢空《しゃくちょうくう》。一八八七年(明治二十)二月十一日、大阪府西成郡木津村(大阪市浪速区敷津西町)に商家の四男として生まれる。一九〇五年大阪府立天王寺中学を卒業後、国学院大学予科に入学、卒業後大阪府立中学の教員となるが、上京し柳田国男の知遇を得、一九一九年(大正八)国学院大学専任講師を経て教授、後に慶応義塾でも教鞭を執る。折口の思索は、民俗学・国文学・神道思想を融合した独創的なもので、ことに民俗学・国文学を主たる分野としたその研究は折口学と称された。中でも、日本人の神観念に常世より来るマレビトの概念を持ち込み、日本の古代信仰の根源を認め、マレビトが訪れた際に語る来歴や祝言のなかに文学の原初的形を見た。ここに折口学の土台が築かれた。詩人的な直感に支えられた方法論に、折口の強烈な個性が存在する。一九五三年(昭和二十八)九月三日没。六十六歳。『折口信夫全集』(一九五四—五九、中央公論社)などがある。

参考文献 民俗学研究所編『民俗学辞典』、一九五一、東京堂。池田弥三郎『折口信夫』(『日本民俗文化体系』一、一九七八、講談社)。吉成直樹『マレビトの文化史—琉球列島文化多元構成論—』(『Academic series new Asia』一五、一九九五、第一書房)。有山大五・石内徹・馬渡憲三郎編『迢空・折口信夫事典』、二〇〇〇、勉誠出版。

(内川　隆志)

おりべやき　織部焼　古《ふる》田《た》織部正《おりべのかみ》重然《しげなり》(一五四四—一六一五)の好みによって、慶長年間(一五九六—一六一五)から寛永年間(一六二四—四四)に美濃窯で生産されたとされる斬新奇抜な陶器群。器種は沓形を主体とする茶碗類と向付・鉢などの食器類とに大別され、前者では織部黒(引き出し黒の技法により黒釉の掛かるもの)・黒織部(織部黒に鉄絵を加えたもの)が代表的存在で、後者は青織部(緑釉と透明釉の掛け分けで透明釉下に鉄絵のあるもの)・鳴海織部(赤土と白土を繋ぎ合わせ、白土には緑釉、赤土には透明釉を掛け片身替わりとしたもの)・総織部(緑釉を総掛けしたもの)・赤織部(赤土上に白泥や鉄絵で文様を描き透明釉を掛けたもの)・志野織部(志野の系譜を引き鉄絵に透明釉を施したもの)などに分類され、そのほかに美濃唐津（唐津焼風のもの）・美濃伊賀（伊賀焼風のもの）などがある。かつては志野製品もその範疇に含められていたが、現在では大窯期の製品を含まず、元屋敷窯をはじめとする久尻・大平・大萱地区など、美濃窯でも土岐川以北の連房式登窯初期の製品に限定して用いられることが多い。しかし、織部焼を当時の社会・文化を反映した特殊な陶器群（織部様式）と捉えるならば、織部黒は大窯末期に出現することが確認されており、特殊品という意味では同時期の志野茶碗・向付なども同様であることから、志野製品の一部を織部焼の範疇に含めるべきであること、一方、志野織部は、技術的には織部焼の系譜に属するものであるが、一般的な量産品が多くみられ大部分は織部焼の範疇に含むべきでないこと、それに対して青織部は、瀬戸窯では十七世紀後半以降も向付類の存在が確認され、その生産技術は現在まで引き継がれており、生産時期は江戸時代初期に限定すべきでないことなど、織部焼の範疇については新たな線引きが必要となってきている。また、織部様式の成立について、当該期の美濃焼の独自性を強調する見解が主流であるが、京都の軟質施釉陶器や唐津焼にも同様の陶器群があり、京織部・唐津織部という名称も存在したことから両窯との関係からも検討を加える必要があろう。

織部獅子鈕香炉　慶長17年銘

参考文献　加藤唐九郎「瀬戸焼」（『茶道全集』一五所収、一九三七、創元社）。加藤土師萠『織部』（『陶説』五、一九五三、日本陶磁協会）。美濃古窯研究会編『美濃の古陶』、一九七六、光琳社出版。

（藤澤　良祐）

おりほん　折本　書物の装丁方法の一種。貼り継いだ料紙を均等な幅に蛇腹状に折りたたみ、首と末に折り幅より一回り大きな表紙を付けるものである。その表紙には厚紙や布製のもの、あるいは板でできたものなどがみられる。書法の手本にこの装丁がよくみられるので、法帖《ほうじょう》、法帖綴じとも呼ばれる。古くからの装丁法である巻子装では、奥を見る場合に巻き広げる必要があり、非常に不便なこともあってこの装丁が発達した。現存する折本のなかには、南北朝時代や室町時代に巻子本から改装されたものを見出すことができる。たとえば、大般若経などには披見の便を考慮してこの形に改められたものがみられる。　↓巻子本《かんすぼん》

折本　大般若経

参考文献　吉岡真之「折本のヴァリエーション―田中本『春記』の旧装訂」（『日本歴史』六〇〇、一九九八）。森県「書籍の構造から見た冊子の発生と折本の位相について」（『書陵部紀要』四二、一九九〇）。

（安達　直哉）

おりもの　織物　経糸《たていと》に緯糸《ぬきいと》（よこいと）を交叉させて織りだしたもので、この組み合わせ方を組織と呼ぶ。

【織物の四原組織】四原組織とは、平組織《ひらそしき》、綾《あや》組織、繻子《しゅす》組織、綟《もじり》組織をいう。平組織は、組織の単位が経糸二本（経糸は一本、二本と数える）と緯糸二越《こし》（緯糸は一越、二越と数える）で、互いに一本ずつ交叉させたもの。織物組織のなかで最も基本となり、帛面《はくめん》は平らで、堅牢《けんろう》。この組織は一番古く、複雑な織機を必要としないことから、いつの時代でも織られ、幅広く使われた。綾組織は、組織の最低単位は経糸三本、緯糸三越で、経糸を緯糸二越浮かせて一越沈め、これを斜めに連続させる。または緯糸が経糸二本をまたぎ一本沈め、斜めに連続させたもので、斜文《しゃもん》組織とも呼ぶ。平組織に比べて地質が柔らかである。繻子組織は、組織点がまばらに飛んでいる織物で、経糸の浮きが綾よりも長く、表面が経糸の浮糸で覆われるため、帛面は滑らかで光沢に富む反面、摩擦に弱く、堅牢性に欠ける欠点がある。綟組織は、隣り合う経糸が互いに絡み合いながら緯糸と組織する。したがって表面に隙間を生じるのが特徴で、羅《ら》や紗《しゃ》、絽《ろ》が含まれる。

【織物の素材】繊維の原料として、古代では植物繊維と動物繊維があり、植物繊維には、麻や木綿など、動物繊維としては絹や羊毛などがある。このうち植物繊維は、草皮繊維として大麻、イラクサ、苧麻《ちょま》（からむし）などがあり、樹皮繊維には梶《かじ》の木、楮《こうぞ》、山藤、葛《くず》、オヒョウ、科《しな》木《のき》などがみられ、日本では大麻や苧麻はすでに縄文時代に筵《むしろ》のように糸を絡ませて編むアンギンのような編物や織物に用いられている。オヒョウも編物に使われ、この

繊維で織った織物をアットゥシと呼び、後世ではアイヌの衣料として使用される。なお、木綿と羊毛は、法隆寺《ほうりゅうじ》に伝えられた染織品（法隆寺裂《ぎれ》）と正倉院《しょうそういん》の染織品（正倉院裂）のなかにみられるが、舶載品とみなされる。〈紡績と織物〉樹皮や草皮を細く裂《さ》いただけでは、長さや強度が十分ではない。このため、裂いた繊維に撚《よ》りをかけることにより、ある程度の強さと長い繊維が得られる。繊維に撚りをかけ、糸にすることを紡《つむ》ぐという。撚りをかけるには、指先や掌《たなごころ》で縄をなうようにすればよいが、効率よく均等な糸を大量に作るために、錘《つむ》（紡錘車《ぼうすいしゃ》）が考えられた。日本では唐古《からこ》遺跡（奈良県磯城郡田原本町）など、弥生時代の遺跡から錘が多数出土しており、この頃にはすでに使われていたことが知られる。

【日本の織物】〔古墳時代以前の織物〕日本において繊維遺物の存在が確認できる最古の例は、布目順郎の調査では、現在のところ鳥浜貝塚（福井県三方《みかた》郡三方町）と押出遺跡（山形県東置賜《ひがしおきたま》郡高畠町）より出土したアカソを用いたアンギン様の編物で、いずれも縄文時代前期までさかのぼる。縄文時代後期から晩期においても、これらアンギン様の編物は、北海道の忍路《おしょろ》土場遺跡（小樽市）や米泉《よないずみ》遺跡（石川県金沢市）から発見されている。九州の有明海周辺地域から縄文時代晩期ころと考えられている土器片に、編物に混じって布目の圧痕がみられ、二次的資料ではあるが、織物の存在が認められる。したがって、織物より編物が先行したという説が一般的になっている。弥生時代になると、各地の遺跡から麻などを用いた平織の織物（布）の出土例が多く報告され、吉野ヶ里遺跡（佐賀県神埼郡三田川町）からは、有柄銅剣や腕輪、人骨に付着した麻布の報告があり、一センチ間の織り密度が経糸三十本前後、緯糸二十越（以下、経糸の本数×緯糸の越数で表記）程度。また、同遺跡からは、絹織物（平絹《へいけん》）も出土する。甕棺《かめかん》内より衣服の袖付け部分とみなされる縫い目のある平絹も発見されている。この袖付け部分は、身頃の端（織耳《おりみみ》部分）と三つ折りにした袖の端をつき合わせ、まつるようにして縫っている。こうした縫い目のある平絹は、近年青谷上寺《あおやかみじ》地《ち》遺跡（鳥取県気高《けた》郡青谷町）でもみられ、用途はわからないが、二枚の裂の織耳同士をつき合わせ、同じくまつるように縫い合わせる。また、裁《た》ち目の場合は、両者の端をわずかに裏へ折り返してつき合わせ、やはりまつるように縫う（現在では、二枚の裂を重ねてぐし縫い〈運針《うんしん》縫い〉して裏側で縫い代分を両側へ開く場合が多い）。この時代になると平絹の出土例が多くなり、立岩遺跡（福岡県飯坂市）では素環頭刀子の柄に、宮の前遺跡（福岡市西区）からは鉇、須玖岡本遺跡（福岡県春日市）では重圏文鏡に付着した例が報告されている。日本では三世紀ごろ、稲や麻を栽培し、養蚕が行われ、糸を紡いで絹織物などが織られていたことを知る史料として、よく『魏志《ぎし》』倭《わ》人伝《じんでん》の「禾稲《かとう》、紵麻《ちょま》を種《う》え蚕桑《さんそう》し緝績《しゅうせき》す、細紵《さいちょ》、縑《けん》、緜《めん》を出す」のことが引用される。また、二三八年（景初二）には、倭の女王卑弥呼《ひみこ》が班布を魏へ贈った見返りに、魏の王から錦《にしき》をはじめ、多くの染織品などを賜った記述もあるが、実態は明らかではない。古墳時代になると、非常に高密度になる平絹の報告がある。その多くは鏡に付着したもので、銚子塚古墳（福岡県糸島郡二丈町）からは、仿製鏡付着として六十×三十五と七十×三十という非常に密度の高い平絹が報告されている。また、大和天神山古墳（奈良県天理市）からは、直刀に四十八×二十六の平絹が付着する。いずれも経糸が緯糸より密な経地合《たてじあい》の平絹となるのが特徴である。『古事記《こじき》』や『日本書紀《にほんしょき》』の文献によると、五世紀ころには中国大陸や朝鮮半島より新技術が伝えられ、染織技術は進歩発展したことが推測される。これまで見られなかった経錦《たてにしき》や筬目《おさめ》のある平絹（隣り合う経糸が二本ずつ引き寄せられて織られた平絹）が鏡などに付着して出土するのもその現れといえよう。十善の森古墳（福井県遠敷《おにゅう》郡上中町）からは鉄器断片に付着した経錦の報告があり、角山幸洋によると複様平《ふくようひら》組織《そしき》経錦《たてにしき》とある。また、但馬考古資料館所蔵の「吾作」銘の四神四獣鏡には、平絹の上に筬目のある平絹が何層にも重なっているのが注目される。筬目のある平絹の例は、伝仁徳陵（大阪府堺市）出土の獣帯鏡（ボストン博物館蔵）にもみられる。この他にも近年、鏡に付着した織物の報告例が数点あり、宮崎県下の地下式横穴墓より出土した三角縁神獣鏡（個人蔵）には、一番内側（鏡に接した面）に織り目の細かい平絹、その外側に筬目の平絹が層をなし、その間には赤色顔料付着の織物が確認されており、鏡をこれらの織物で包んだことが確認できる。また、下池山古墳（奈良県天理市）から出土した内行花文鏡を包んでいた織物は、縞《しま》織物一枚、平絹二枚、絹綿《きぬわた》、毛織物の順に重ねた五層構造と報告されている。また、島内《しまうち》地下式横穴墓（宮崎県えびの市）からは、織物が付着した短甲や剣、鉄鏃《てつぞく》などが出土し、短甲に付着した平絹の状況から、ワタガミ受緒《うけお》と懸緒《かけお》の装着方法が推定され、剣や鉄鏃も麻布で巻き包まれていたことが確認されている。古墳時代後期の藤ノ木古墳（奈良県生駒《いこま》郡斑鳩《いかるが》町）からは大量の織物などが出土した。石棺外より精巧な鞍金具をはじめとする馬具や挂甲片など、棺内からは二体の人骨と金銅製の冠や履、筒形製品、ガラス製の頭飾り（この頭飾りは、ガラス玉の連を簾《すだれ》状に連ね、各連は途中まで平絹で包まれていた）などの装身具、遺骸に掛けられた掛け布、錦製の腕輪などの染織品が発見されている。掛け布には、複様平組織経錦や絹綿などが用いられており、遺骸は筬目の平絹で幾重にも巻きくるまれていた。さらに、棺底には、絹綿や数種類の織物が敷かれていたようである。なお、大刀の刀身には、袋に使われたと考えられている入《いり》子菱文《こびしもん》綾が遺っており、同種の文様の綾は、七世紀後半から八世紀前半にかけて制作された法隆寺献納宝物の広《かん》東綾幡《とんあやばん》などに用いられている。

〔飛鳥から奈良時代の織物〕これまで出土品ばかりであっ

たが、この時代にあっては伝世品として法隆寺や正倉院に伝えられている大量の染織品があり、当時の織物の技法が飛躍的に発展した様子を知ることができる。この時代は律令制の下、錦や綾、羅などの高級織物の生産は、主に大蔵省の織部司《おりべのつかさ》で行われた。七一一年(和銅四)には、技術指導者である挑文師《あやのし》、技術者の挑文生《あやのしょう》を諸国に派遣し、翌年には東は伊豆から西は安芸、四国の伊予などに及ぶ二十一ヵ国で錦や綾の製織が始まり、近江国からは調綾の銘文を記した唐花《からはな》文綾が貢納され、正倉院に現品が遺っている。地方でも紋織《もんおり》を織る技術が広まっていたことを物語る貴重な資料。この時代の織物は、無文《むもん》の平織物をはじめ、地組織の変化で文様を表わした綾や羅、多色の色糸で華やかな文様を織りだした経錦と緯錦《ぬきにしき》、浮《うき》文《もん》錦、綴織《つづれおり》、さらに経絣《たてがすり》など多岐に及ぶ。時代の上がる法隆寺裂には、綾のなかでも地が平組織で、文様を綾組織で表わした平地浮文綾、平地綾文綾、平地変り綾文綾が多く、これらの綾より発展した地・文様とも綾組織になる綾地綾文綾は正倉院裂で占められている。しかし、綾地綾文綾のうち、年代が明らかなものが法隆寺の和銅七年(七一四)銘の幡に用いられていることから、この技法の上限がおさえられる。綾の文様を大別すると、㈠山形や菱、亀甲などの幾何学系の文様、㈡連珠などをめぐらした円文内に、別な文様を納める円文系の文様、㈢花文や唐花文、㈣唐草系の文様、㈤唐花や唐草に鳥獣を組み合わせた文様など。一方、錦については、古い技法の経錦は古墳時代から織られており、これらは地・文様とも平組織風になる複様平組織経錦で、法隆寺裂にはこの技法が多い。また、地・文様とも綾組織のようになる複様綾組織経錦も次第に現れる。経錦は大きな文様を織りだしにくく、色数も制限されることから、次第に新出技法の緯錦へと移行する。緯錦の上限は、天平十四年(七四二)の銘をもつ経帙《きょうちつ》の縁に使われた錦で、これ以降急速に発展し、正倉院裂にあっては経錦より緯錦が中心となる。しかし、経錦のなかでも複様綾組織経錦は、量は少ないが織り続けられている。緯錦の特徴は、大型の文様も製織可能で、彩糸を豊富に使用できる点にあり、経錦に比べ一層華やかなものになる。錦の文様を大別すると、㈠幾何学系の文様と広東裂、㈡連珠などをめぐらした円文内に、別な文様を納める連珠円文系、㈢花文や唐花文、㈣花文と唐草文などを組み合わせた文様、㈤和風化した花文、㈥唐草文と花文に禽獣《きんじゅう》を組み合わせた文様、㈦唐草文、㈧縦縞のなかに花文や禽獣文などを表わした暈繝《うんげん》の文様など、多種多様な文様がみられる。

〔平安時代以降の織物〕遣唐使の廃止を契機に、わが国固有の文化が発展し、貴族の生活様式や服飾品に独自のスタイルが生まれた。貴族の服飾は、男子が束帯《そくたい》、女子が女房装束(十二単《ひとえ》)という高級絹織物を何枚も重ね、グラデーションの配色に美を求め、春は梅重、秋は萩、菊というように、一定の配色を四季の草花にたとえて呼んでいた。当時の服飾品はほとんど遺っていないが、記録によると、固織物(地は経三枚綾、紋は緯六枚綾で文様を織りだした紋織物)をはじめ、二陪《ふたえ》織物(浮織物に別の絵緯糸で縫取風に上紋を表す)、綟《もじり》組織の顕紋紗《けんもんしゃ》や透《すき》紋紗などの薄物と呼ばれる織物が織られていたようで、これらは有職織物として後世に受け継がれた。また、前代の緯錦は、組織が簡略化されて倭錦《やまとにしき》へと変化していった。鎌倉時代になると、錦はさらに変化し、二重組織の風通《ふうつう》(表裏の文様が色違いで表される)様の緯錦へと推移していった。室町時代になると、中国の明との貿易、いわゆる勘合貿易が盛んになり、彼地の唐錦《からにしき》や唐綾、金襴《きんらん》(金糸を織り込んで文様を表した絹織物)、緞子《どんす》(繻子《しゅす》組織で文様を表した絹織物)、印金《いんきん》(布帛に金泥や金箔で文様を表す)等々の絹織物が舶載された。また、中国へ渡った禅僧によってこうした織物で仕立てられた高貴な伝法衣がもたらされ、現在も一部は京都の寺に遺されている。日本へ舶載された染織品(インドや東南アジアなどのものも含まれる)は、「名物裂《めいぶつぎれ》」として茶の湯の世界で名画等の表具の表装《ひょうそう》や名物茶器の仕覆《しふく》などに使われ、服飾品にとどまらず鑑賞用としても珍重された。江戸時代の元禄ころには、錦では嵯峨戸張切、大燈《だいとう》袈裟切、緞子では金春《こんぱる》、ささつる等と特定の名称をつけて呼ぶようになった。名物裂には、松平不昧《ふまい》によって『古今名物類聚《るいじゅう》』が編纂され、各種の裂が分類されて収められている。一方、桃山時代から江戸時代にかけて、能楽の発展とともに、華麗な能装束がみられ、役柄によって織物の種類が区別されていた。特に女役の表着に用いられた唐織《からおり》(地は経三枚綾、紋は絵緯を浮織で表した絹織物)は、のちには金糸も織り込まれるようになって、いっそう豪華絢爛さを誇った。ところで、江戸時代の服飾は、小袖《こそで》が中心で、多色の紋織物よりもむしろ染物が主になった。このため、染めに用いる白生地もいろいろ製織されるようになり、綸子《りんず》(経糸・緯糸とも生糸で、地・文様とも綸子組織で表し、織り上がったのちに精練《せいれん》した光沢のある絹織物)や縮緬《ちりめん》(経糸は生糸、緯糸に強撚糸《きょうねんし》を用いて平組織で織り、製織後に精練すると撚りが戻って帛面に凹凸状のしぼが生じる絹織物)、紗《さ》綾《や》(平地に経四枚綾で文様を表す。この組織はすでに飛鳥・奈良時代にみられるが、江戸時代には紗綾と呼んだ)などがみられる。これらの織物は染めの用途に応じて使い分けられた。このように織物はいつの時代でも衣製品のみならず、他の用途にも使われ、織機の改良や技術の進歩とともに時代によってさまざまな技法や文様が生まれた。

参考文献　松本包夫『正倉院裂と飛鳥天平の染織』、一九八四、紫紅社。布目順郎『目で見る繊維の考古学』、一九九二、染織と生活社。角山幸洋「繊維—織物・組紐—」(奈良県立橿原考古学研究所編『斑鳩藤ノ木古墳第二・三次調査報告書』所収、一九九三)、沢田むつ代「出土遺物に付着した繊維について」(えびの市教育委員会編『島内地下式横穴墓群』所収、二〇〇二)。同『上代裂集成—古墳出土の繊維製品から法隆寺・正倉院裂まで』、二〇〇一、中央公論美術出版。小笠原小枝『染と織の鑑賞基礎知識』、一九六八、至文堂。河上繁樹・藤井健三『織りと染めの歴史』、一九九九、昭和堂。（沢田むつ代）

おわりこくふ　尾張国府　律令制下の尾張国における地方行政官庁。『和名類聚抄《わみょうるいじゅしょう》』によれば「在中島郡」とある。現地比定については、愛知県稲沢市下津《おりづ》説、岩倉市国衙説など諸説あるが、現在有力な説は、大国霊《おおくにたま》神社が所在し、これまで「尾張国府跡」として発掘調査が行われている稲沢市松下町から国府町付近である。出土遺物として、八世紀の蹄脚硯、「国料」銘ヘラ書きをもつ十二世紀の風字二面硯、「珎冨」「冨」銘の銅印、乾元大宝《けんげんたいほう》を納入した白色陶質土器、緑釉円塔、石帯、習書木簡など、国府にふさわしい注目すべき資料がある。しかし、遺構の時代の中心は平安時代後期から中世にかけてのものであり、初期の国府の位置については問題が残る。

参考文献　『新修稲沢市史』資料編六・本文編上、一九八四・九〇。（古尾谷知浩）

おわりこくぶんじ　尾張国分寺　古代、尾張国にあった国分寺。七四一年（天平十三）の聖武天皇の詔を受けて建立された。『続日本紀《しょくにほんぎ》』によれば、七四九年（天平勝宝元）と七六七年（神護景雲元）に、造営に関して献物叙位が行われており、このころ造営事業が進んでいたことがうかがえる。降って八八四年（元慶八）には火災により焼亡し、愛知郡定額寺《じょうがくじ》の願興寺《がんごうじ》（名古屋市中区元興寺跡に相当か）を国分金光明寺としていることが『三代実録』にみえる。十世紀前半には空也《くうや》が尾張国分寺で剃髪したことが源《みなもとの》為憲《ためのり》『空也誄《くうやるい》』にみえるなど、存在が確認されるが、九八八年（永延二）の「尾張国郡司百姓等解《おわりのくにぐんじひゃくせいらげ》」や、『本朝文粋《ほんちょうもんずい》』所載一〇〇九年（寛弘六）の大江匡衡《おおえのまさひら》（一〇〇一（長保三）―一〇〇四年尾張権守在任）奏状によれば、国分尼寺は言及されているが国分寺については触れられておらず、機能を喪失していることが推定されている。僧寺の遺構は愛知県稲沢市矢合《やわせ》町に所在し、塔跡、金堂跡が発掘調査されている。それぞれ基壇の積土、瓦積外装の一部などが検出されたが、塔基壇積土は瓦片を含んでおり、創建当初のものではないと考えられている。また、火災の痕跡が検出され、元慶の火災との対応が推定されている。なお、国分尼寺の位置は、稲沢市法花寺町と推定されているが、未確認。↓国分寺《こくぶんじ》

参考文献　『新修稲沢市史』資料編六・本文編上、一九八四・九〇。（古尾谷知浩）

おわりのくに　尾張国　東海道の一国。現在の愛知県西部の旧国名。南は伊勢湾、東は美濃・三河両国、北は美濃国、西は美濃・伊勢両国に接し、木曾川を境としていた。木曾川・庄内川の河川がもたらした沖積平野が尾張国の約六割を占める。東国と西国の中間地点として、政治・軍事・交通の要衝となった。旧石器時代から縄文時代を経て、弥生時代には朝日遺跡（清洲市）などの巨大な環濠集落が存在した。古墳分布から西部の海部郡や北東部の丹羽郡の首長が勢力をもち、やがて古墳時代半ば以降味美《あじよし》古墳群が約一世紀近く継続し、中でもあゆち潟に面した熱田台地の断夫山古墳（名古屋市熱田区）は東海地方最大規模で、尾張国造であった尾張氏の墳墓と見なされている。尾張氏はヤマト王権と結び日本武尊・草薙剣伝承とも相まって絶大な勢力を誇った。七世紀中ごろ評制が施行され、七世紀末には「尾治国」も確立した。白鳳寺院としては長福寺廃寺（一宮市）、尾張元興寺（名古屋市中区）、東畑廃寺（稲沢市）などがある。『延喜式』によれば上国で、天理図書館蔵本『和名類聚抄』によれば郡名と郷数は中島八・海部《あま》十二（中世には海東・海西に分割）、葉栗五・丹羽《にわ》十二・春部《かすがべ》五・山田七（中世末に消滅）・愛智八・智多五の八郡六十二郷であった。国府・国分寺・国分尼寺は中島郡（稲沢市）に置かれた。駅家は馬津・新溝・両村の三駅が設けられた。式内社は百二十一座で、一宮は真清田《ますみだ》神社（一宮市）、二宮は大県神社（犬山市）、三宮が熱田神社（名古屋市熱田区）であった。『掌中歴』には尾張田籍は上田一万千九百四十町とある。八世紀中ごろから木曽川の氾濫が問題となり美濃国との堺争いが起こっている。十世紀末の「尾張国郡司百姓等解文」は国司藤原元命《もとなが》の悪政を告訴し解任要求しており、当時の国情を知ることができる。また五世紀から始まった須恵器生産は九世紀に施釉陶器の生産が本格化したことが猿投《さなげ》古窯（東山・岩崎・折戸・黒笹など）でわかっている。平安時代には摂関家領の富田荘（海東郡）や醍醐寺領の安食《あじき》荘（春部郡）など寄進地系荘園が立てられた。十二世紀初頭、熱田大宮司職が尾張氏から藤原季範《すえのり》およびその子孫に移り、季範の娘は頼朝の母で外戚の地位を占めた。鎌倉幕府が成立すると小野成綱が守護になったが、承久の乱には京方に属したため、乱後守護職は中条氏、そして名越氏に移った。守護所は萱津に置かれた。南北朝の内乱期、尾張の武士は分裂し、守護は中条氏から高師泰へ、観応の擾乱で高氏が没落すると土岐氏へ、その土岐氏は一三九〇年（明徳元）の土岐氏の乱で没落した。畠山・今川氏が短期で交代ののち、一四〇〇年（応永七）ころに斯波義重が任ぜられ以後継承されるも内紛が起こり、応仁の乱をはさんで守護代織田氏も絡み守護斯波氏の権威は失墜した。岩倉と清洲に分かれた織田氏の中から十五世紀末、勝幡《しょばた》（安西市）の織田家が台頭、信秀の跡を継いだ信長は一五五九年（永禄二）に国内統一を達成し、翌年の桶狭間の戦で今川義元を討ち取ったが、本能寺の変で倒れたあと次男信雄領となった。信雄は一五八四年（天正十二）徳川家康と組み豊臣秀吉と長久手の戦いで戦果を挙げたが講和し、一五九〇年秀吉の国替え命令を拒否し追放された。代わって清洲城主となった豊臣秀次は一五九五年（文禄四）に謀反の疑いを受け切腹し、福島正則が清洲に入った。一六〇〇年（慶長五）関ヶ原の戦いののち、徳川家康の四男松平忠吉が、その死後は九男徳川義直が継いだ。一六〇九年名古屋に新城が築かれ清洲から移転した。十八世紀前半には七代藩主宗春が出て繁栄を誇った

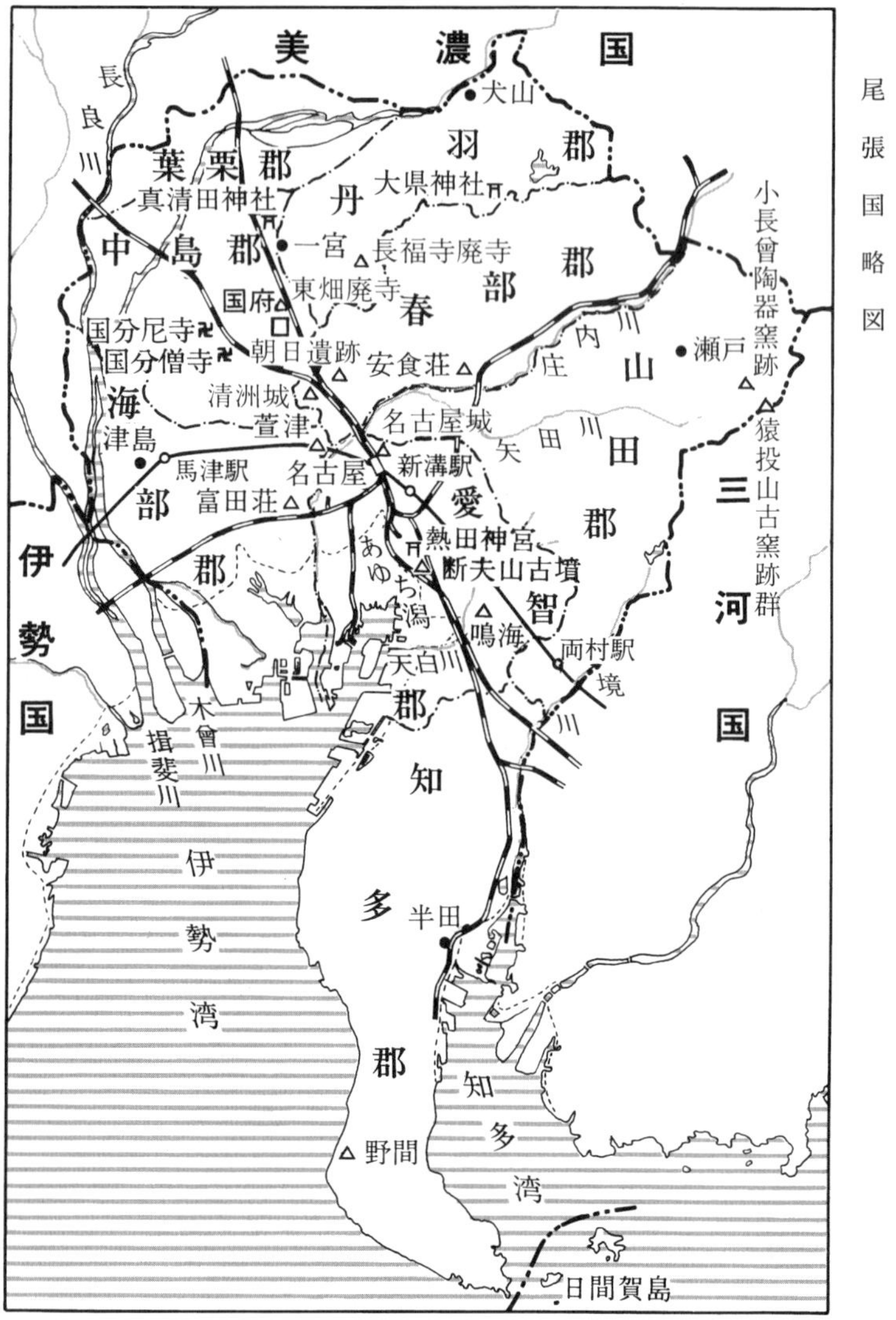

尾張国略図

が約十年しか続かなかった。幕末には勤王倒幕を選択し、一八六八年(明治元)名古屋藩のほか犬山藩・今尾藩が成立し、一八七一年七月の廃藩置県で名古屋・犬山の二県となるが、十一月合併して名古屋県、一八七二年四月に愛知県と改称、十一月に額田県(三河)を合併して現在の愛知県となった。

参考文献 林英夫編『図説愛知県の歴史』(『図説日本の歴史』二三、一九八七、河出書房新社)。岩野見司・赤塚次郎『日本の古代遺跡』四八、一九九四、保育社。三鬼清一郎編『愛知県の歴史』(『県史』二三、二〇〇一、山川出版社)。『角川日本地名大辞典』二三、一九八九、角川書店。『愛知県の地名』(『日本歴史地名大系』二三、一九八一、平凡社)。 (西宮 秀紀)

おんがだんいん 遠賀団印 ⇩軍団印《ぐんだんいん》

おんじゃく 温石 板状の石を加熱して布などに包み、その保温力を利用して暖房や医療の用途に利用したもの。焼石とも呼ばれる。蛇紋岩・軽石・滑石などを利用する。古代末から中世にかけての遺跡では、滑石を方形の板状に加工した製品が西日本を中心に広く分布しており、これが温石に相当するものと考えられる。滑石製石鍋を再加工したものも多く、鍋体部の湾曲や、回転を利用した鑿《のみ》による加工痕、煤の付着などが認められる。一端に孔を穿つ例もある。 (鈴木 康之)

おんじょうじ 園城寺 大津市園城寺町に所在する天台寺門宗の総本山。三井寺とも呼ばれる。八世紀末に当地の大友村主氏の氏寺として始まった。八五九年(貞観元)に檀越の大友都堵牟麿《つとむまろ》と住僧教待がこの寺を円珍(八一四―九一)に附属したのを契機に、円珍が再興した。円珍はまずはじめに唐院を建立してみずから中国より請来した経論を収蔵した。八六六年には天台別院とし、その別当に円珍が就いた。続いて八七五年に堂舎と新羅明神社を修造した。円珍が八九一年(寛平三)に寂した後は、寺の別当(のちに長吏という)には円珍の門徒が就いた。九二七年(延長五)に智証大師の諡号が円珍に与えられたが、それを認めた勅書(東京国立博物館所蔵)は能書で知られる小野道風(八九四―九六六)が書いたことでも知られる。九九三年(正暦四)には、円珍門徒が比叡山上の坊舎を破却されたので、師の遺骨や経論などを持って下山し、この別院を本拠とした。この事件が以後延暦寺の山門派と激しく対立する端緒となったのである。一〇三九年(長暦三)には寺門派の明尊の天台座主補任をめぐって、山門派は関白藤原頼通第に強訴し、寺門派は戒壇の別立を朝廷に奏請するなど対立は激化した。そして、一〇八一年(永保元)に山徒は園城寺を焼き払い、以後院政期から鎌倉時代にかけて七度も園城寺は山門派の焼き打ちを受けた。ただし、皇室や摂関家の尊崇を受け、院政期以後には皇族の親王の入室が相つぎ、聖護院や円満院などの門跡が成立した。一三三六年(建武三)には新田義貞軍に、一五五二年(天文二十一)には佐々木氏に焼かれたが、豊臣秀吉や徳川家康の尽力によって多くの堂舎が再建された。金堂、新羅善神堂、唐院、毘沙門堂、釈迦堂、子院の勧学院や光浄院など見るべき建造物が多い。また絵画では不動明王像(黄不動尊)、五部心観、彫刻では智証大師坐像(御骨大師)や新羅明神坐像など、さらに智証大師関係文書典籍や園城寺境内古図など多数の古文書を収蔵する。

参考文献 高楠順次郎編『園城寺伝記・寺門伝記補録』(『大日本仏教全書』一二七、一九三〇、大日本仏教全書刊行会)。東京国立博物館編『三井寺秘宝展』、一九九〇、日本経済新聞社。瀬戸内寂聴・福家俊明『三井寺』(『古寺巡礼近江』四、一九八〇、淡交社)。 (安達　直哉)

おんせん　温泉　地下から湧き出る温水、あるいはその場所。日本は火山列島であるため、『万葉集』の山部赤人の歌に「国のことごと　湯はしも　多にあれども」(原万葉仮名)(三—三二二)とあるように、古くから全国各地で温泉が湧出していた。古代の文献史料にも有間温泉、道後温泉、別府温泉など現在でも著名な温泉をはじめとして数多くの温泉がみえている。古代の温泉は人々によって病気の治療・保養に利用されていた。『伊予国風土記』(湯郡)には道後温泉の湯を用いて大穴持命《おおあなもちのみこと》が少彦名命《すくなひこなのみこと》を蘇生させたとみえ、『出雲国風土記』(意宇郡玉造温泉)には「一たび濯げば、形容端正しく、再び沐すれば、万の病悉に除ゆ、古より今に至るまで験を得ずといふことなし、故、俗人、神の湯といふ」(原漢文)とある。貴族・官人も同様であり、有間皇子は療病と称して白浜温泉に行き(『日本書紀』斉明天皇三年(六五七)九月条)、小野朝臣は病のため那須温泉に出かけている(『駿河国正税帳』)。天皇も保養のためしばしば温泉に行幸している。『日本書紀』によると舒明天皇が有間温泉・道後温泉に、孝徳天皇が有間温泉に、斉明天皇が白浜温泉に行っている。熱湯が地中から湧き出し、しかも病気治療に効果があった温泉は、古代の人々によって「神の湯」と称され、信仰の対象となっていた。各地の温泉には神社が建てられ、『延喜式』には湯神社(道後温泉)をはじめ温泉にちなむ神社がいくつもみえている。また、温泉は仏教とりわけ薬師信仰とも結びつき、各地に温泉寺が建てられた。温泉寺には薬師堂を持つものが多いのはこのためである。古代以来の温泉寺としては城崎温泉と有間温泉の温泉寺が有名である。こうした温泉寺は鎌倉時代以降さらに発展し、治病のために温泉を訪れる人々の信仰の中心になるとともに、温泉の経営に関与する寺院もあらわれるようになった。

参考文献　伊藤克己「中世の温泉と「温泉寺」をめぐって」(『歴史学研究』六三九、一九九二)。寺内浩「温泉の歴史—古代の温泉—」(『歴史と地理』五二四、一九九九)。 (寺内　浩)

オンドル　建物の床下に煙を通し、その熱で部屋を暖める採暖法《さいだんほう》。朝鮮半島や中国吉林省など冬の寒さが厳しく、しかも湿度の少ない地域にみられる。構造は数条の坑道を作り、その上に薄い板石をのせ、泥を塗って床をはり、室内外の焚き口で火を焚き、煙を通して部屋を暖め、煙だしから排煙する。『水経注《すいけいちゅう》』に記され、『旧唐書《くとうじょ》』にも冬に長い坑を作り、火を焚いて暖房としたと記す。朝鮮半島では平安南道の大坪里遺跡の第二号住居で一世紀ないし三世紀の遺構が見つかっており、紀元前後から採用されたことが想定される。中国吉林省東台子遺跡では、四世紀末の四室からなる高句麗《こうくり》の貴族の邸宅に設けたL字状のオンドルが検出されている。日本では、滋賀県大津市穴太《あのう》遺跡で、東西八メートル、南北六メートルの盛土上にL字型に四メートルほど長く石組みした七世紀前半の遺構が検出されているなど、朝鮮半島からの渡来系氏族の集落で一時的に使用されている。

参考文献　林博通『大津京跡の研究』、二〇〇一、思文閣出版。 (小笠原好彦)

おんなぼり　女堀　群馬県の赤城山南麓の標高九〇〜一〇〇メートルの等高線の間をほぼ東南東方向に開削された中世初期の農業用水路跡。前橋市上泉町を取水点とし、前橋市東部の荒口町《あらくちまち》、二之宮町《にのみやまち》、佐波郡赤堀町下触《さわぐんあかほりまちしもふれ》などを経て佐波郡東村西国定《にしくにさだ》まで、荒砥川《あらとかわ》・神沢川《かんざわがわ》・粕川《かすかわ》などの南流河川を横切って全長は約一三キロに及ぶ。堀幅は一五〜三〇メートル前後、深さは三〜四メートル。途中での分水はなく、終点までの送水を目的とする。「女堀」という名称については、推古《すいこ》天皇あるいは北条政子《ほうじょうまさこ》の時代に作られたとする伝承や、女が一夜にて簪で掘ったとする伝説が古くから伝えられている。しかしながら、特定の用水路を指す固有名詞ではなく、古くなって役立たなくなった堀を指す「おうな堀」という言葉が転訛したもので、廃溝を意味する一般名辞に由来する名称と考えられる。一九七九年(昭和五十四)から行われた発掘調査の結果、開削の時期は、浅間山大噴火直後の十二世紀初頭であり、全体としては工事途中で計画が中断し放棄された未完成の用水路であったことが判明した。開削の目的は、一一〇八年(天仁元)の浅間山大噴火の降灰によって壊滅した大間々扇状地地域の農地、淵名荘《ふちなのしょう》の再開発のための農業用水の供給にあったと考えられ、開削の主体は、淵名荘の開発と経営を担った秀郷流藤原氏の淵名氏を中心とする豪族連合であるとみられている。十一世紀末から十二世紀にかけて、秀郷流藤原氏は下野国西部から上野国東部にかけて一大勢力を形成し、上野国衙にも多大な影響力を有し、在庁官人の主要な位置を占めていたと推測される。開削が未完に終わった理由については、自然条件的に無理が多い計画であったことや、土木技術の未熟さによる工事の破綻、開発主体層の政治的・社会的地位の消失などの要因が想定できる。一九八三年、前橋市から佐波郡赤堀町にかけての一部が国指定史跡に指定された。

参考文献　群馬県埋蔵文化財調査事業団編『女堀』、一九八五。能登健・峰岸純夫編『よみがえる中世』五、一九八九、平凡社。 (高島　英之)

オンネモトいせき　オンネモト遺跡　根室半島の先端部にある竪穴住居と貝塚からなるオホーツク文化の遺跡。北海道根室地方の根室市温根元《おんねもと》にある。遺跡は、納沙布《のさっぷ》岬の手前約三キロにある温根元漁港の西側、高さ一五メートルの台地にある。一九六六年(昭和四十一)・六七年、筑波大学の前身であった東京教育大学が竪穴住居跡二ヵ所と貝塚の発掘調査を行なった。竪穴住居跡は、一号が五×四メートル、二号が一五×一二メートルの五〜六角形で、いずれも床は粘土貼り、中央に石組みの炉があり、壁際には二列以上の周溝が巡る。貝塚は貝よりも骨が多く、魚類、海獣類、鳥類の骨が出土している。中にはクマ・シカ・カラフトブタなども見られる。人工遺物は、貼付け文様のオホーツク式土器、鏃・斧などの石器、銛・鏃・釣鈎・箆・斧などの骨角器のほか、人物女性やアザラシ・キツネなどを象った骨角歯牙製の彫刻像も出土している。台地の先端部には、国史跡オンネモトチャシ跡がある。

参考文献 『オンネモト遺跡』(『東京教育大学文学部考古学研究報告』四、一九七四)。 (畑 宏明)

か

かいあわせ　貝合　左右にわかれ、物品を出し合ってその優劣を競う物合《ものあわせ》のうち、貝殻の優劣を競う遊技。主に平安時代に行われた。物品の出し方にも趣向が凝らされ、また、歌合が行われることも多い。二十巻本『類聚歌合』所載の一〇四〇年(長暦四)五月六日の伊勢斎宮良子内親王(後朱雀天皇皇女)の貝合が最古で、出された十六種の貝は貝類の分類学上からも貴重という。中世になると、貝合にかわって貝覆《かいおおい》が盛んとなり、貝合と混同されるようになる。貝覆は、蛤の貝殻三百六十セットを二分し、一方を地貝《じがい》、一方を出貝《だしがい》とし、地貝は内側を伏せて置き、出貝を一つずつ出して地貝を翻し、セットが合えば取り、多く取ったほうを勝ちとした。のちには貝の内側に源氏絵などの絵が描かれた。出貝・地貝それぞれを入れる、二個一組で多くは八角形・印籠蓋《いんろうぶた》の貝桶《かいおけ》も、源氏絵や吉兆文様が描かれたり、漆工装飾が施された。貝桶は、蛤が貞節の象徴とされた近世では、婚礼調度ともなった。

参考文献 『古事類苑』遊技部。江馬務「貝合せの遊び」(『江馬務著作集』一一所収、一九六五、中央公論社)。萩谷朴『平安朝歌合大成』三、一九九六、同朋社。 (近藤 好和)

かいえじ　海会寺　大阪府泉南市信達《しんだち》に所在し、七世紀の中ごろから後半に造営された寺院跡。東に金堂、西に塔、背後に講堂を配する法隆寺式伽藍配置をとり、また回廊・南大門の位置が明らかにされている。金堂出土の単弁八葉蓮華文軒丸瓦は百済大寺《くだらおおでら》の可能性が高い吉備池《きびいけ》廃寺《はいじ》や摂津四天王寺の軒丸瓦と同笵で、同じ笵型を用いて製作されている。その後、川原寺式の軒丸瓦を採用している。遺物は瓦のほか、金銅製風鐸《ふうたく》・相輪《そうりん》片、塼仏《せんぶつ》・塑像《そぞう》などがある。寺域東辺には、合計十一期三十二軒の掘立柱建物が確認され、これは寺院建立氏族を主体とした集団の居住空間と考えられる。吉備池廃寺や四天王寺と同笵の軒丸瓦の存在から、海会寺の性格についての議論は多く、大伴《おおとも》氏など畿内中央との関係で理解する見解、紀《き》氏の所在する紀伊との位置関係から説明する見解などがある。一九八七年(昭和六十二)に国指定史跡となった。

参考文献 泉南市教育委員会編『海会寺』、一九八七。 (山崎 信二)

かいがらきょう　貝殻経　経典はさまざまなものに書写された。写経の素材としては紙はもちろんのこと礫石にまで及ぶ。中に二枚貝の内面に一字～数字を墨書あるいは朱書するものがあり、それらを貝殻経と称する。貝の種類はハマグリ・カガミガイ・ハイガイなど内面が平滑で文字の書きやすいものが選ばれている。書写方法そのものは礫石経に共通する。貝殻が選ばれた理由の確実なところは不明だが、平安貴族の間で行われた貝覆いの遊びで貝殻に文字を書くことがすでに行われており、貝殻に文字を書くことへの違和感がなかったこと、凹面に書かれるものを入れる容器として利用されたこと、貝殻がもつことにより文字が保護されるイメージがあったことなどが考えられる。さらにはインドではタラジュの葉(貝多羅《ばいたら》葉《よう》)に経典を記すことがあり、それを貝多羅・貝葉《ばいよう》・貝書《ばいしょ》などと呼ぶが、これに事寄せた営みかもしれない。『玉葉』養和二年(一一八二)二月十八日条に「経者蛤貝書レ之、聖霊、平日殊令レ好二貝覆之戯一給、仍為レ翫二彼罪一所レ写二真実之妙文一也、且先例多存故也」と蛤貝に経文を書写した事例がみられる。被供養者が「貝覆之戯」を好んだことが貝殻経書写を行なった理由とされるが、「先例多存故也」にみられるように、それほど特殊な営みではなかったことがわかる。出土例としては上小菅経塚(山形県米沢市)、小轡《こぐつわ》経塚(千葉県茂原市)・小町経塚(同)、阿弥陀寺経塚(山口県防府市)などが知られる。いずれも海に近い地域とはいえる。

参考文献　三宅敏之「経塚の遺物」(『(新版)仏教考古学講座』六所収、一九七七、雄山閣出版)。

(藤澤　典彦)

かいきしょうほう　開基勝宝　七六〇年(天平宝字四)三月に発行された古代銭貨唯一の金銭。銅銭万年通宝《まんねんつうほう》、銀銭太平元宝《たいへいげんぽう》とともに、藤原仲麻呂《ふじわらのなかまろ》政権によって発行された。和同開珎《わどうかいちん》の価値の下落により、新銅銭である万年通宝を旧銭の十倍、銀銭を新銅銭の十倍、金銭を銀銭の十倍にあて、新たに銭貨の流通促進をはかった。この時期に金銭・銀銭が発行された背景には、これより先の陸奥からの黄金貢上や、同時代の開元《かいげん》通宝金銭を意識した仲麻呂の唐風趣味によるところが大きいと思われるが、七五八年に仲麻呂は鋳銭の権限を与えられており、この権限を最大限に行使したものであろう。開基勝宝の流通の実態については不明だが、一七九四年(寛政六)に西大寺《さいだいじ》塔跡から一枚、一九三七年(昭和十二)に西大寺付近の畑地から三十一枚発見されている(東京国立博物館蔵、重要文化財)。なお、銀銭太平元宝の現物はこれまで発見されておらず、通貨として使用されていたか疑問である。→万年通宝《まんねんつうほう》

参考文献　国立歴史民俗博物館編『お金の玉手箱』、一九九七。山川均「西大寺畠山の開基勝寶」(『出土銭貨』一四、二〇〇〇)。

(三上　喜孝)

かいげんつうほう　開元通宝　六二一年に初鋳された中国唐王朝の銭貨。唐の初期には漢―隋の貨幣が混在して流通していたが、六二一年に新たに開元通宝を発行してこれを整理した。銭文の読み方については対読(「開元通宝」)か回読(「開通元宝」)かで議論があるが、当初は回読されていたものが後に対読するのが一般化したとする説に従い、ここでは開元通宝としておく。唐代を通じて鋳造され、流通期間も長いためにさまざまな開元通宝が存在し、大きさも銭径も一定でなく、書体の変化も多く、背面に意味不明の月・星などの文様もあり複雑であると同時に、堺出土の銭鋳型の採用銭種の第一位にあたる約二五%が開元通宝であるように、中世の出土銭には模鋳銭も数多く混在しているためにその識別・分類は容易ではない。また、開元通宝の中には、八四五年に補鋳した背面に鋳造地の地名である「昌」「京」「洛」「益」「藍」「襄」「越」「宣」「洪」「潤」「平」「興」「梁」「梓」「福」「丹」「桂」など二十二種類の文字を持つ、俗に会昌開元銭あるいは紀地銭と呼ばれる一群があるとともに、篆書《てんしょ》体の開元通宝は南唐の九六〇年に鋳造されたものであるので注意が必要である。一方、沖縄や南西諸島の古代遺跡からは開元通宝の本銭が、本州に比べ数多く出土するが、経済的な流通貨幣とするよりは威信財的な側面が強いものと思われる。

参考文献　木下尚子「銭貨からみた琉球列島の交流史」(『古代文化』五二ノ三、二〇〇〇)。鈴木公雄『出土銭貨の研究』、一九九九、東京大学出版会。高宮廣衛「開元通宝から見た先史終末期の沖縄」(大川清博士古稀記念会編『王朝の考古学―大川清博士古稀記念論文集―』所収、一九九五、雄山閣)。東野治之「開元通宝の銭文―高昌・日本の銭貨との関連から―」(『辰馬考古資料館考古学研究紀要』二、一九九二)。

(嶋谷　和彦)

かいこくぶんじ　甲斐国分寺　山梨県笛吹《ふえふき》市一宮町国分《こくぶ》にある奈良・平安時代の寺院跡。国分尼《に》寺とともに国ごとに建立《こんりゅう》された官営寺院の一つ。現在、臨済宗護国山《りんざいしゅうごこくさん》国分寺旧境内地を中心に約四万六〇〇〇平方㍍が国指定史跡。これより北約五〇〇㍍には国分尼寺跡があり、両寺は伽藍《がらん》中軸線をそろえ南北直列に計画的に配置されている。伽藍地は南北二五五㍍、東西二二〇㍍と推定されてきたが、発掘調査で北辺想定線の北約八〇㍍の地点から、築地《ついじ》跡が発見され、南北が三三五㍍に範囲が広がると想定されている。伽藍配置は金堂を中心に回廊《かいろう》に囲まれた塔が金堂の南東に、講堂が金堂の背後に配される大官大寺《だいかんだいじ》式である。塔は礎石三個を欠くが遺存状況が最も良好で、柱間《はしらま》は一辺九・八㍍、十一尺等間に復元できる。基壇《きだん》は平面規模一辺一六・九㍍の河原石外装《がいそう》で、東辺に幅三・八㍍の階段が検出された。講堂も礎石の遺存状況が良好で、七間四面の建物に復元できる。金堂は移転前の現国分寺本堂および薬師堂の下にあったため規模などは不明である。造営《ぞうえい》方位は国土座標に対し東に五度余り傾く。軒瓦《のきがわら》は軒丸瓦十二型式、軒平瓦十型式に分類され、南都七大寺《なんとしちだいじ》系鬼瓦が知られる。創建時期は七四七年(天平十九)から七六〇年代初めころまでと考えられ、出土した杯に書かれた墨書「大伴《おおとも》」から造営に大伴氏が深く関与していたことが推定されている。また周囲の国分寺関連遺跡より「金光明四天王護国之寺《こんこうみょうしてんのうごこくのてら》」の略称とされる「金寺」や「国分寺」と書かれた墨書土器が出土している。武田氏が再建した現国分寺本堂ほかの建物および墓地移転が進み、今後遺構の本格的調査と史跡の整備が期待される。→国分寺《こくぶんじ》

参考文献　『山梨県史』資料編一、一九九八。

(猪股　喜彦)

かいこくぶんにじ　甲斐国分尼寺　山梨県笛吹市一宮町東原にある奈良・平安時代の寺院跡。国ごとに国分寺とともに建立された官営寺院。約五〇〇㍍南には伽藍《がらん》中軸線を揃《そろ》え、国分寺跡が位置する。現在、南北に配された金堂・講堂両基壇《きだん》部分を中心に約二万九〇〇〇平方㍍余りが国指定史跡。金堂基壇は講堂よりも一段高く築かれ、礎石十八個が現存し、講堂にも礎石が十二個残る。両基壇とも道路工事により西側柱列を欠失するが五間四面の建物が復元できる。伽藍地は東辺を除く三辺が確認され、南・北辺が築地《ついじ》、西辺は二本の溝で区画されており、やはり築地であった可能性が高い。伽藍の範囲は南北一八〇㍍で、東辺が未確認のため東西の規模は不明であるが、

およそ一八〇メートル四方と推定され、史跡の追加指定が行われた。北辺築地北側には尼寺の造営・維持に関わった人々の居住域とそれらを区画する溝が確認され、居住地からは「法華《ほっけ》滅罪《めつざい》之《の》寺《てら》」の略称と考えられる「法寺」「花寺」をはじめ人名や地名が書かれた墨書土器が多数発見された。造営方位は国土座標より東に五度余り傾き、国分寺の方位と一致する。軒瓦《のきがわら》は、軒丸瓦四型式、軒平瓦四型式が知られ、それらの特徴から国分寺創建より若干遅れて造営が開始されたと考えられている。 ↓国分寺《こくぶんじ》

参考文献 『山梨県史』資料編一、一九九八。

（猪股 喜彦）

かいじゅうせんじ 海住山寺 京都府相楽郡加茂町例幣にある真言宗智山派の寺院。山号は補陀落《ふだらく》山。京都府の南端、西に流れる木津川の北の山地中腹に位置する。寺伝によれば、奈良時代に聖武天皇の勅願により良弁が建立したというが、不詳である。一一三七年（保延三）の火災で多くの堂宇を失って衰微したが、一二〇八年（承元二）解脱上人貞慶が笠置寺からこの寺に移って再興、多くの子院も存在した。貞慶を継いだ覚真は、寺の南方の平野部に大井手用水という灌漑水路を建設し、この用水は現在も用いられている。その後、安土桃山時代に所領を削減されて衰退し、明治維新後は真言宗寺院となった。境内には一二一四年（建保二）建立の五重塔（国宝）、鎌倉時代の文殊堂（重要文化財）、本堂、薬師堂などの建造物がある。五重塔は、建立年代が明らかな鎌倉時代の唯一のもので、初重に裳階《もこし》が付き、心柱は初重には通らず、二重以上にある構造である。また、裳階付き五重塔で現存する唯一の遺構でもある。寺宝の美術工芸品には本尊の木造十一面観音立像（平安時代）、木造四天王立像（鎌倉時代）、法華経曼荼羅図（鎌倉時代）、海住山寺文書（鎌倉―室町時代）などがあり、いずれも重要文化財に指定されている。

参考文献 田中稔「海住山寺の歴史」（『大和古寺大観』七所収、一九七八、岩波書店）。

（磯野 浩光）

かいじゅうぶどうきょう 海獣葡萄鏡 鏡背面に葡萄唐草文と獅子に類する猛獣を文様化した狻猊文を配置する青銅鏡。唐代初期に成立し、唐代を代表する鏡式として大量に生産され同型鏡も多い。一部の生産は後の時代まで続く。円鏡が一般的であるが方鏡や八稜鏡もある。鈕は初期には半球鈕であるが後に獣鈕が一般的となり龍鈕も見られる。界圏によって鏡背面を内区と外区に分け、それぞれに葡萄唐草文を巡らした中に狻猊文を配置する。狻猊文には横方向を向く走獣形と、うずくまる仰獣形や伏獣形に二大別される。日本では奈良県明日香村高松塚古墳や高取町松山古墳など、飛鳥時代の終末期古墳副葬品に見られるのを嚆矢とし、天理市杣之内遺跡や大阪市大阪城三の丸遺跡の火葬墓副葬品や、奈良市春日大社や千葉県香取神宮など、寺社への奉納品として奈良時代に盛んに使用された。明日香村飛鳥池遺跡において鋳型が出土しており、日本における生産も確認される。

海獣葡萄鏡（高松塚古墳出土）

参考文献 勝部明生『海獣葡萄鏡の研究』、一九九六、臨川書店。小窪和博『海獣葡萄鏡』、一九六五、刀剣春秋新聞社。

（杉山 洋）

かいしょ 会所 一般に人や物が集まり出会う場所・組織を会所と呼ぶ。そのほかに道路や土地境界、あるいは占有権などが交差した空間を会所（地）と呼ぶこともある。近世、商人たちが仲間組織の運営や利害調整その他の目的で設置した会所は多くあるが、その例として大坂の米方会所や江戸の三橋会所などを挙げることができる。三橋会所は、十組の問屋商人たちの出金で江戸の大川（隅田川）に架けられた三つの橋の維持管理を行うための組織であるが、この会所の運営を梃子に問屋仲間組織の再編・強化が図られた。商人たちの会所のほかに、個別の町、あるいはそれら町の連合体の事務所・集会所としての会所もあった。大坂三郷の惣会所などがその例である。江戸では、町々が積み立てた資金をもとに運営される窮民救済・低利貸付のための町会所が設けられた。各地の米会所・油会所・木綿会所などのように特定の商品取引を独占的に集中させて行う会所もあった。

参考文献 林玲子『江戸問屋仲間の研究』、一九六七、お茶の水書房。吉田伸之『近世巨大都市の社会構造』、一九九一、東京大学出版会。

（小林 信也）

かいしょうもん 会昌門 平安宮朝堂院内郭の南門。五間三戸、入母屋造の屋根を持つ楼門、基壇建物。東西に延びる回廊により、大極殿・朝堂のある朝堂院（八省院）と朝集堂のある朝集堂院を仕切る。元日朝賀において、左右衛門府が会昌門外に陣した。初見は、八二三年（弘仁十四）に行われた淳和天皇即位の記録である。大伴・佐伯が開門し、官人の出入りは門の東西扉が用いられた。ついで、『続日本後紀』承和七年（八四〇）五月九日条には、門の前庭において淳和太上天皇崩御に際しての挙哀が行われたとみえる。八六六年（貞観八）の応天門焼亡、あるいは再建に際して、会昌門前で大祓が行われた。また、『伴大納言絵巻』には、会昌門とその前から応天門の火災を見物する群衆が活写されているが、ここには、門の連《れん》子《じ》窓、大棟の鴟尾《しび》などが描かれている。近年に至るまで、会昌門に相当する朝堂院南門の調査は、前期難波宮跡・

藤原宮跡・平城宮跡(中央区・東区)・恭仁《くに》宮跡・長岡宮跡で行われている。

参考文献 裏松固禅『大内裏図考証』三中(『(新訂増補)故実叢書』二六)。福山敏男『大極殿の研究』、一九五五、平安神宮。

(山本　崇)

かいせん　廻船　沿岸航路や河川・湖沼を交易目的で運航した商船・輸送船。「廻船」の呼称は鎌倉時代以降の史料にみえるが、青谷上寺地《あおやかみじち》遺跡(鳥取市)で大小五隻からなる船団が線刻された弥生時代中期末の杉板や丸木船に側板が付けられた準構造船型の木製品が出土したり、袴《はか》狭《ざ》遺跡(兵庫県豊岡市出石町)で十六隻の準構造船船団が線刻された古墳時代前期の杉板が出土したりしている例から、先駆形態は三世紀以前にさかのぼって存在したと考えられる。『日本霊異記』の説話に、都での売買の帰路、難波津から船を雇い備後へ向かう者や大船に荷物を載せ尾張国の草津川を航行する商人、敦賀で仕入れた交易品を琵琶湖経由で奈良に輸送する商人が描かれており、同書が成立する九世紀初頭までには九州北部、瀬戸内海、北陸沿岸はもとより内陸水系においても船での私的な輸送や商業が行われていたとみられる。七九六年(延暦十五)の太政官符に、七四六年(天平十八)の太政官符で「官人百姓商旅之徒」による私的な物品輸送が太宰府の解をもって禁じられたことが記されているのも、そうした航行実態の裏書であろう。十世紀前期、瀬戸内海の海賊が藤原純友の乱の主戦力となり、紀貫之の『土佐日記』中でもその活動が脅威とされる前提には、畿内への貢進や商業を目的とした基幹航路での頻繁な廻船の航行があった。十二世紀末までには、伊勢・越前・筑前などの各地で、耕地の狭小により従前から船による交易を生業としてきたとして、荘園公領制下、権門配下の神人《じにん》・供御人《くごにん》となり、貢納物輸送や遠隔地商業で権門への奉仕を果たすことへの反対給付として津料や関料の減免などを保障され活動する廻船人も現れた。堺津を拠点に鋳造と商品の販売を目的に廻船で瀬戸内海から九州へ、あるいは山陰・北陸沿岸を巡り琵琶湖を経て畿内へ戻る左方燈炉供御人(廻船鋳物師)や十四世紀初頭、北条氏から保障を得て、津軽十三湊《とさみなと》と北陸との間を航行した「関東御免津軽船」の例が著名。十五世紀、伊勢や三河においては廻船に大小の区別があり、大廻船は遠隔地航行が可能な大型船、小廻船は湾内や近距離航行を行う小型船とみなされる。十五世紀、大鋸の導入は大型部材の伐り出しを可能にし、また、木綿栽培の普及により、従来の莚帆にかわる軽量で縫製が容易、耐久性にすぐれた木綿帆が用いられるようになり、大型帆船の就役は積載量・航行距離の拡大につながった。通航量を背景に各地で関所が濫立され、通航税徴収をめぐって紛争が頻発した。十五世紀後期以降、戦乱状況が拡大するなかで旧来の権門にかわり土豪層や戦国大名からの通航保障を得た新興勢力が、情報伝達、軍需物資の調達と輸送など軍事力の一翼を担い台頭したが、廻船商人としての命脈を近世まで保てたものは稀である。十七世紀以降、江戸開幕とともに江戸と上方を結ぶ海運への需要が高まり、河村瑞賢は、一六七一年(寛文十一)から翌年にかけて既存の日本海・太平洋海運を基礎に刷新を加え、西廻・東廻航路を整備し、諸藩からの廻米輸送を主に流通が展開されるなかで全国的海運網が確立された。江戸と大坂の間では一六一九年(元和五)に菱垣廻船が、寛文年間(一六六一―七三)には樽廻船が運航を開始した。菱垣廻船は、両舷に菱組の竹格子を備えた船体にちなむ名称で、紀伊や摂津からの雇船で構成され、木綿・油・酒・酢・醬油・塗物・紙・金物・畳表などの日常雑貨を混載して江戸に廻漕した。樽廻船は、大坂の廻船問屋が駿河の廻船を雇い、伊丹酒・木綿などを積み江戸に運んだのを端緒とするが、一七三〇年(享保十五)江戸の酒問屋が十組問屋を脱退し樽廻船問屋として独立、酒専用の廻船として運航されるようになった。混載により出帆準備に時間を要する菱垣廻船に比べ迅速で安全な運航が信頼され、やがては酒以外の荷物をも積み、菱垣廻船との競合では優位にたった。大坂と北国・蝦夷地を結ぶ奥羽廻船・北国廻船も運航され、十八世紀以降には内海船など、各地で地廻り廻船も発達した。遠隔地間を航行する廻船の規模は近世の石高で二百石積以上の大船が主流であった。経営形態は船頭みずからが積荷を売買する買積と、荷主が運賃を支払い船主の指示で売買する運賃積とに大別され、荷主と船主の間を廻船問屋が仲介した。明治以降は新政府が汽船の普及策をとり、鉄道網が整備されてゆくなかで廻船は次第に衰退した。

参考文献 杉山宏『日本古代海運史の研究』、一九七八、法政大学出版局。松原弘宣『日本古代水上交通史の研究』、一九八五、吉川弘文館。新城常三『中世水運史の研究』、一九九四、塙書房。綿貫友子『中世東国の太平洋海運』、一九九八、東京大学出版会。渡辺信夫『幕藩制確立期の商品流通』、一九六六、柏書房。柚木学編『日本水上交通史論集』一・二、一九八六・八七、文献出版。柚木学『近世海運史の研究』、一九七九、法政大学出版局。上村雅洋『近世日本海運史の研究』、一九九四、吉川弘文館。斎藤善之『内海船と幕藩制市場の解体』、一九九四、柏書房。渡辺英夫『東廻海運史の研究』、二〇〇二、山川出版社。

(綿貫　友子)

かいそう　改葬　一度葬った死者の遺体を取り出し、骨を洗うなどして改めて定められた場所に葬るやりかた。それは死者の霊魂を一段と浄化させるという観念の表れと考えられる。沖縄地方ではそのような洗骨を行うことを、「よりきれいにする」「より軽くする」などと表現している。火葬が普及する前は、葬った遺体が死後数年白骨化するのを待って、定められた日に洗骨を行う。また、沖縄本島糸満《いとまん》市の父系親族集団(門中《むんちゅう》)の共同墓、いわゆる「門中墓」では旧暦十月に過去に墓に収められた死者の骨を取り出し水と酒で清め、墓室の奥にある「イキ」と呼ばれる場所に収め、先に死んだ先祖の骨と一緒になる。この洗骨の習俗は糸満では火葬が一般的になった今日でも、火葬後に墓室に収められた遺骨を取り出し、酒で浄めて再び「イキ」に収める形で行われている。沖縄にこの洗骨の習俗が伝わったのは、中国との交流によるものと思われるが、墓地などの調査によれば古くから遺骨とくに頭蓋骨を崇拝する観念がありそれを受け皿にして受容・伝播したものといわれている。（比嘉　政夫）

かいそう　海藻　広くは海生の葉・茎・根の区別が明瞭でない隠花植物の総称、狭くは「め」「にぎめ」と読んで主としてワカメを指す。平城宮跡その他で、諸国から貢納された海藻類の付札木簡が多数出土している。『養老令』賦役令には調の雑物として、海藻《め》・紫菜《むらさきのり》・海松《みる》・凝海菜《こるもは》・滑海藻《あらめ》・末滑海藻《かちめ》・海藻根《まなかし》・海菜《もは》が指定され、『延喜式』主計式では調・中男作物として海藻・海松・紫菜・海藻根・大凝菜《こるもは》・小凝菜《いぎす》・滑海藻《あらめ》・於期菜《おごのり》・角俣菜《つのまた》・鹿角菜《ふのり》・海菜があげられているが、両者での海藻《め》はワカメを主としたニギメのこと。ニギメ(和海藻)の若芽がワカメ(稚海藻・和布)だが史料上混乱があり、今日ではワカメと呼んでニギメを指すことが多い。褐藻《かっそう》の海藻《め》は、貢納される海藻類の主体で神饌に供されるほか給与としても多用された。栄養価が高く乾燥させて保存や運搬に便利であり、縄文時代以前から食用されたようである。紫菜は『常陸国風土記』信太郡の記事に「乾海苔(俗云乃理)」とあるようにアマノリ(神仙菜)が乾いて紫色になったもので主に紅藻《こうそう》のアサクサノリ。干し海苔の総称を浅草海苔というのは江戸時代初期からで、東京湾沿岸の品川・大森あたりで養殖採取した海苔を浅草で製品化し、その質の良さがうたわれたためとされる。緑藻《りょくそう》の海松は『今昔物語集』三〇に酢に入れて食すともあるが今日食用は稀である。紅藻の大凝菜はテングサの古称で心太《ところぶと》とも書きトコロテンの原料。同じく紅藻の小凝菜は今日よく刺身のつまにされ、賦役令の凝海菜が式制の大凝菜・小凝菜を総称する。褐藻の滑海藻は荒海藻・荒布とも書かれ、海藻《め》に比べて堅く食材としての質は落ちる。木簡をはじめ諸史料によく「未滑海藻」と誤記される末滑海藻を『和名類聚抄』は「俗用搗布、搗者搗末之義也」として滑海藻を搗《つ》いたものとするが植物分類ではカジメ属とアラメ属とは別種。海藻根はニギメの根で、メカブとも読まれる。紅藻の於期菜は今日刺身のつまや寒天の原料にされる。ともに紅藻の角俣菜(角俣)と鹿角菜(海羅)は、鹿の角に似ているのはむしろ鹿角菜なので古訓に混乱があり、植物の特定にも異説もあるが、ともに食用のほか生地の糊料や漆喰の接着剤、塗料の混入物など多用される。海菜は賦役令が「雑の海菜」とするように海藻類の汎称で、ここでは鹿尾菜《ひじき》や鶏冠菜《とさかのり》・水雲《もずく》・神馬藻《なのりそ》などを指すか。そのほか、昆布の貢納が『延喜式』民部式にみえる。海藻の付札木簡には海に面しない内陸部からのものがある。たとえば、「紀伊国伊都郡中男輸海藻六斤(後略)」や「出雲国意宇郡飯梨郷中男作物海藻参斤籠重漆両(後略)」であるが、伊都郡は紀ノ川上流、飯梨郷も中海からは離れている。これらは、伊都郡や飯梨郷の中男が国司・郡司の監督のもとに海岸で海藻を共同採取して中男作物として貢納したものと考えられ、この場合に木簡に記載される地名は中男が属している郡郷であって海藻の採取地ということではない。また、「長門国豊浦郡都濃島所生穉海藻(後略)」や「阿波国進上御贄若海藻壱籠　板野郡牟屋海」など特定地域からの海藻貢納もあるが、これらは地域首長がヤマト王権への服属儀礼としてワカメを貢納したことを律令制下に受け継いだものと考えられる。

↓製塩《せいえん》

参考文献　宮下章『海藻』(『ものと人間の文化史』一一、一九七四、法政大学出版会)。同『海苔』(『ものと人間の文化史』一一一、二〇〇三)。瀧川政次郎「海藻根考」(『日本社会経済史論考』所収、一九八三、名著普及会)。神道宗紀「『海藻』『海菜』考」(『皇学館論叢』一九ノ四、一九八六)。同「古代の『滑海藻』と『末滑海藻』」(皇学館大学神道研究所編『続大嘗祭の研究』所収、一九八九、皇学館大学出版部)。（荒井　秀規）

かいだん　戒壇　授戒(正式な僧の資格を授けること)が行われる空間をいう。土盛や石積、塼《せん》積によって壇を築き、その上で授戒の儀式が執行された。中国唐代の道宣が六六七年、長安の浄業寺に戒壇を築いた際に著した『関中創立戒壇図経』によれば、戒壇は三段築成で、下壇は二十九尺八寸四方で高さ三尺、中壇は二十三尺四方で高さ四・五尺、上壇は七尺四方で高さ二寸、壇上には仏舎利を納めた宝塔を置くのが例であった。そこに三人の戒師と七人の証明師の合計十名が上がり、戒を受けようとする者に授戒するのである。七五四年(天平勝宝六)鑑真が東大寺大仏殿前に戒壇を築き、聖武天皇ほか四百余名に授戒したのが、わが国の戒壇のはじまり。翌年、大仏殿の西方に常設の戒壇が設けられ、七六一年(天平宝字五)には観世音寺(筑前)と薬師寺(下野)にも設置された。その後、最澄は、自身が受戒した東大寺を含む三戒壇を小乗戒壇として批判、延暦寺に大乗戒壇の設置を企て、八二二年(弘仁十三)それに成功する。平安時代に薬師寺の戒壇が機能を失って以降、国家公認の戒壇は東大寺・観世音寺・延暦寺の三ヵ所となった。鎌倉時代には戒律復興運動のなかで、唐招提寺中興の祖、覚盛《かくじょう》が戒壇の建設を志し、その意思を継いだ証玄が一二八四年(弘安七)に完成させている(これは再建であり、唐招提寺には創建以来戒壇があったとの見方もある)。現在、当初の戒壇がそのまま残る例はない。そのなかで東大寺の戒壇は、一七三三年(享保十八)の再建だが、中央に多宝塔を置き四周に四天王像を配する構成が『東大寺要録』や『七大寺巡礼私記』から知られる平安時代の内部構成と基本的に一致しており、さらにさかのぼって奈良時代の様相を推定する手掛りを提供している。また、唐招提寺の戒壇は、発掘調査の結果、当初構築された時期は特定できないものの、現状の三段築成のうち第二段以上は、元禄年間

(一六八八－一七〇四)の大規模修築時に積み加えられたことが判明している。

参考文献 東野治之「鑑真和上と東大寺戒壇院」(『戒律文化』三、二〇〇五)。徳田明本「唐招提寺戒壇考」(『南都仏教』一〇、一九六二)。

(野尻　忠)

かいづか　貝塚　人間の食料となった貝類の殻が堆積した遺跡。日本では縄文時代早期初頭、約一万年前に古東京湾岸に千葉県西之城貝塚、神奈川県夏島貝塚などが形成され、以来、関東地方には多くの貝塚が密集して残る。縄文時代前期初頭には栃木県藤岡貝塚が最奥部に形成され、現海岸線と比較して広大な干潟が存在したことを示す。特に縄文時代中後期の千葉県側には、堀之内、加曾利、曾谷などの大規模な馬蹄形貝塚が連なり、干し貝を専業的に生産したとされる。関東以外では道南噴火湾、三陸海岸、仙台湾、いわき湾、東海地方の伊勢・三河、瀬戸内海、有明海の沿岸部に集中が見られ、北上川下流域、琵琶湖南湖には淡水性貝塚が形成される。しかし日本海沿岸は潮の満ち引きが小さく、貝類の生息に適した潮間帯、干潟が発達しないため貝塚は少ない。貝塚の貝層は短期間に人為的に連続して形成されたため、貝層を層位的に発掘することによって、遺物の時間的変遷を追いやすく、縄文土器の型式編年に大きな役割を果たした。さらに通常の遺跡では残らない動物遺存体も保存され、環境考古学研究にも大きな役割を果たす。歴史時代の貝塚には、古墳時代の愛知県松崎遺跡・和歌山県西ノ庄遺跡、古代には兵庫県金楽寺貝塚・三重県白浜遺跡・島根県上長浜貝塚・神奈川県浜磯遺跡・福岡県海の中道遺跡、中世には青森県浜尻屋貝塚などが存在し、文献史との対比、特に贄《にえ》の生産にあたった御厨《みくりや》、権勢との庇護・従属関係、漁撈集団の自立性の解明が待たれる。

参考文献 鈴木公雄『貝塚の考古学』(『UP考古学選書』五、一九八九、東京大学出版会)。網野善彦「古代・中世・近世初期の漁撈と海産物の流通」(永原慶二他編『講座・日本技術の社会史』二所収、一九八五、日本評論社)。

(松井　章)

かいづかじだい　貝塚時代　旧石器時代以後からグスク時代以前の奄美・沖縄諸島の先史時代。早期・前期・中期・後期に区分する考えと、前期と後期に二区分する考えがある。前期は縄文時代、後期は弥生時代から平安時代前期(十一世紀)に並行する。確実な最古の文化は約六千四百年前の爪形文土器文化である。その後は九州の曾《そ》畑《ばた》式土器文化圏に取り込まれたが縄文時代後期には地域性が強くなる。貝塚時代後期にはサンゴ礁の内海に面した砂丘に集落が形成され漁労も活発になる。集落背後の石灰岩台地には畑跡が確認されている。後期前半には腕輪の素材としてゴホウラやイモガイなどサンゴ礁の大型巻貝が九州弥生社会と盛んに交易された。後期後半には、螺鈿《らでん》素材や貝匙に加工したヤコウガイを唐や大和国家と交易した。貝の交易を通して鉄器が普及していったと考えられている。貝塚時代後期社会を発達した交易社会と評価する見方がある。

(安里　進)

かいでんず　開田図　律令国家によって設定・認可された寺社領などの荘園の開発状況を報告するために描かれた絵図。多くは、条・里・坪(坊)を示す方格図の各方格の中に田主・地種・面積などを書き込んだ田図(班田図・校田図)をもとに、その領域の田図を集成して一図となし、文字記載、土地の境界や川・池・水路・道・建物・地形などを示す線、山や樹木などの景観描写を書き加えて作製されている。国司解の形式を取り、図の前後に事書・集計記載、解《げ》の本文、年月日、国司などの署名が書き込まれ、全面に国印が捺されている形が一般的である。紙を用いるものもあるが、大きさを確保しやすい麻布に描かれている例が多い。奈良時代に諸国に占定された東大寺領の田地を描いた絵図が「開田地図」「墾田地図」と題されて正倉院に伝来している。そのほとんどが東京大学史料編纂所編『東大寺開田図』に収められ、このことからそれらを東大寺開田図と総称する。同書には、越中国丈部・大藪(大荆村)・須加(村)・鳴戸(村)・椬田《くぼた》・鹿田村・石粟《いしあわ》村・井山村・伊加流伎《いかるぎ》(伊加留岐)・杵名蛭《きなひる》村、越前国糞置《くそおき》村・道守《ちもり》村・高串《たかくし》村、近江国水沼《みぬま》村・覇流《へる》村、摂津国猪名所(写)など計二十五点の図を収める。そのうち東大寺山堺四至《しいし》図は田地を描いた図ではない。なお東大寺領の摂津国島上郡水無瀬荘《みなせのしょう》、阿波国名方郡新島荘・同大豆処《まめどころ》の三図も、東大寺の田地に関する同種の図である。作製された年紀としてみえるのは七五一年(天平勝宝三)から七六七年(神護景雲元)までで、越中・越前の図は八図が七五九年(天平宝字三)、十三図が七六六年(天平神護二)から七六七年である。同種の図は東大寺領以外の荘園についても作製されたと思われ、「弘福寺《ぐふくじ》領讃岐国山田郡田図」などが現存する。『西大寺資財流記帳《さいだいじしざいるきちょう》』などの寺院の資財帳などに書き上げられている諸国の荘園の図からも、同種ないし類似する図の存在がうかがえる。

参考文献『大日本古文書』東大寺文書二・四。金田章裕他編『日本古代荘園図』、一九九六、東京大学出版会。東京大学史料編纂所編『日本荘園絵図聚影』、一九八八－二〇〇二、東京大学出版会。

(山口　英男)

かいどう　街道　町の広い道のことで、転じて一般には都市と都市・地方を結ぶ主要道路のこと。地元民はそれを往還ともいう。古代律令制では京師から全国へ通じる七道が定められ、そのうち山陽道を大路《たいろ》、東海道・東山道を中路《ちゅうろ》、北陸道・山陰道・南海道・西海道を小路《しょうろ》としてそれぞれの駅に一定の駅馬を常備させた。各地の国府と郡家を伝馬で結ぶ道も街道といってよいであろう。律令制崩壊後は、国司や荘園領主がこれらの街道を管理した。鎌倉時代には、京都と鎌倉を結ぶ東海道が最重要の街道となり、そのほかの各地と鎌倉を結ぶ街道は鎌倉道と呼ばれた。戦国大名のなかには領内の重要な街道に宿を設置して伝馬を配備した例もあり、それを徳川政権が拡大的に継承した。幕府は江戸を中心に東海道・中山道・

甲州道中・日光道中・奥州道中のいわゆる五街道を設定して道中奉行の管轄とし、各宿に一定の伝馬を常備させた。人々は中山道を中仙道・木曾路、甲州・日光道中を甲州海道・日光街道などとも称したが、一七一六年(享保元)に幕府は前記のような名称に正式決定した。東海道には美濃路・佐屋路・本坂《ほんさか》通、日光道中には壬生《みぶ》通・水戸佐倉道・例幣使《れいへいし》街道・御成道の付属街道があり、これらも道中奉行の管轄であった。五街道とその付属街道以外のものを一般に脇街道・脇往還といったが、それにも重要度の高いものと低いものがあった。幕府からみて特に重要度の高い脇街道は、東海道四日市と伊勢山田を結ぶ伊勢路、大坂から小倉を経て長崎を結ぶ中国路・長崎路、江戸から中山道高崎や追分《おいわけ》を経て佐渡と結ぶ佐渡路(それぞれ三国通・北国街道ともいう)で、これらは五街道とその付属街道に匹敵し、幕府勘定奉行の差配の下に代官などが管掌した。ただし一般には道の重軽度はそれぞれの当該領主役所やその住民の判断によるもので、村人からみれば近隣の都市と通ずる往還が最重要の街道であった。それらの街道名称は、たとえば秋葉《あきは》道とか仙台・松前道というようにその到達地で呼ぶことが多かった。これらの街道名称は、現在では国道何号線というようになっているが、地元では根強く残っている。

参考文献　児玉幸多『宿駅』(『日本歴史新書』、一九六六、至文堂)。

(渡辺　和敏)

かいのくに　甲斐国　旧国名。現在の山梨県域に相当。武蔵・相模・駿河・信濃四国と国境を接し、周囲は関東山地・富士山・赤石山脈(南アルプス)・八ヶ岳などに囲まれる。国内は、甲府盆地を中心とする国中《くになか》と、大菩薩嶺の山並と御坂山地より東側の郡内《ぐんない》の二地域に大別される。縄文時代には、華麗な装飾付土器を出土した中期の釈迦堂遺跡群(笛吹市・甲州市)など著名な遺跡が多数確認されており、高い文化が展開した。弥生時代前期には稲作が導入され、宮ノ前遺跡(韮崎《にらさき》市)で今から二千五百年前の水田跡が発見されている。古墳時代の四世紀後半には、甲府盆地南端の曾根丘陵周辺(甲府市・笛吹市)に銚子塚古墳(国史跡)・岡銚子塚古墳など大型の前方後円墳が営まれ、ヤマト政権と地域勢力の政治的関係をうかがわせる。五世紀以降、古墳の築造はより広い範囲に展開・拡散した。甲府盆地の東西などで大型の横穴式石室の展開がみられ、また積石塚の分布がみられることも特色である。文献では、日下部・三枝部・矢作部《やはぎべ》・物部・

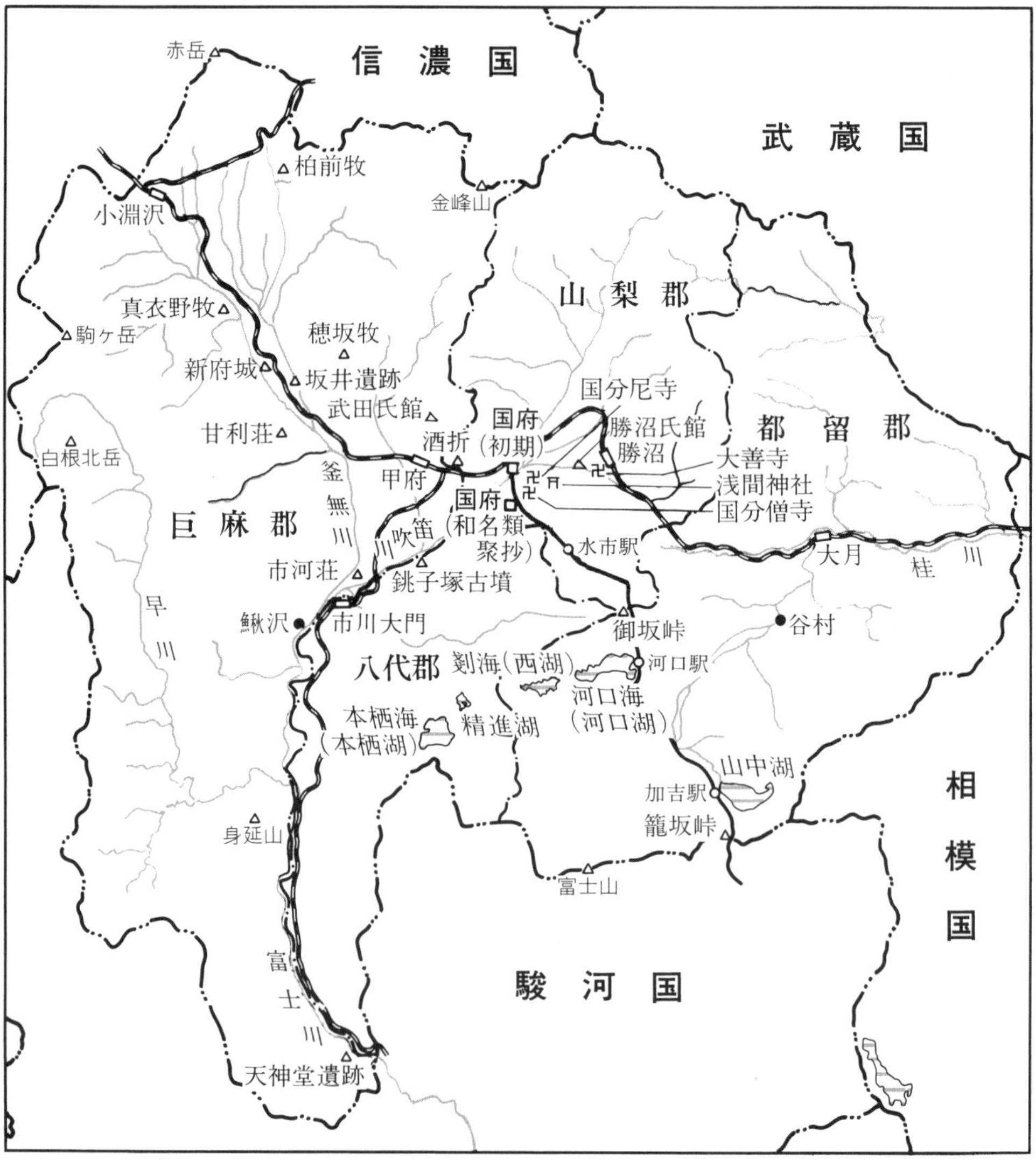

甲斐国略図

大伴部・漢人部《あやひとべ》などの部民がみえ、その管理氏族として甲斐国造とその同族氏族が直姓を称していたと考えられる。ヤマトタケルと酒折宮《さかおりのみや》、雄略天皇・聖徳太子と甲斐の黒駒《くろこま》の伝承など、ヤマト王権の東国経営とこの地域の緊密な関係を示している。七世紀後期の壬申の乱では甲斐の勇者の活躍がみられる。まもなく律令制の国の確定が行われ、甲斐国は東海道に属し、山梨・八代・巨麻《こま》・都留《つる》の四郡で構成された。里(のち郷)の分布は甲府盆地中心部の山梨・八代両郡に密であり、国府・国分寺もこの地域に営まれた。国府の所在を『和名類聚抄《わみょうるいじゅうしょう》』は八代郡とする。有力な比定地として春日居町国府《こう》と御坂町国衙の二説があるが、確実な遺跡などは未発見である。また二ヵ所とも山梨郡であることから、国府所在地および郡界の移動を含めた検討が必要である。国分寺・国分尼寺は笛吹市に所在する。甲斐国へは、駿河国横走《よこばしり》駅(御殿場市)で東海道の本路から分岐し富士山東麓を経由する支道(甲斐路)が通じており、『延喜式《えんぎしき》』には水市《みずいち》・河口《かわぐち》・加吉の三駅がみえる。甲斐国の等級は当初下国であったらしく、奈良時代末に中国、九世紀半ばに上国としてみえ、国司の定員は変則的であった。甲斐国は黒駒の伝承があるように当時から良馬の産地として知られ、長屋王家の馬司には甲斐のトネリが出仕していた。九世紀初めまでに御牧《みまき》(勅旨牧)の置かれる四ヵ国の一となり(ほかは武蔵・信濃・上野)、御牧経営に関する専任官である牧監が設置された。『延喜式』には柏前《かしわざき》(八ヶ岳山麓か)・真衣野《まきの》(北杜市)・穂坂(韮崎市)の三つの御牧がみえる。御牧からの貢馬が内裏に到着すると駒牽《こまひき》の儀式が行われた。このほか、冷泉院領小笠原牧(北杜市)や逸見牧(北巨摩郡)など後院の牧、権門の牧も存在した。平安時代には法勝寺領市河荘をはじめ、長寛勘文《ちょうかんかんもん》が提出される舞台となった熊野大社領八代荘《やつしろのしょう》など多くの荘園が展開した。十二世紀には甲斐源氏が勃興し、源義清(源義家の弟・義光の子)・清光親子および清光の子の世代が国内各地に勢力を扶植した。治承寿永の内乱では武田氏の祖信義が一族を率いて挙兵。鎌倉幕府成立後は甲斐守護職に任じた。南北朝時代には信武が足利尊氏について活躍し、上杉禅秀の乱後の一時期を除き、武田氏が守護職を継承した。戦国時代には、信虎が郡内の小山田氏を従えるなど国内を統一し、本拠を移して甲府を城下町とした。その後、民心を失った信虎を追放した子の晴信(信玄)は、信濃・駿河に版図を広げ、富国強兵につとめて戦国大名として強大な地位を確立した。しかし、その子勝頼の代に、長篠の戦で織田・徳川連合軍に敗れ、まもなく織田信長に滅ぼされた。本能寺の変後は徳川家康が領有したが、豊臣秀吉の政権下には浅野長政・幸長《よしなが》らが入部し、甲府城と城下町の整備が進んだ。江戸時代には幕府の直轄となるか、親藩・譜代大名が配され、徳川綱豊(のちの六代将軍家宣)・柳沢吉保らが城主となった。その後は天領とされ、甲府勤番支配が甲府城に置かれた。一八六八年(明治元)、維新政府は甲府鎮撫府ついで甲斐府を設置し、知府事を任じた。翌年、甲府県(県知事)となり、一八七一年、廃藩置県により山梨県と改称、県令がおかれた。

[参考文献] 『山梨県史』通史編一、二〇〇四。　（山口　英男）

かいばらはんじんやあと　柏原藩陣屋跡　兵庫県氷上郡柏原町柏原所在の近世の陣屋敷。国指定史跡。一六九五年(元禄八)大和国宇陀より丹波国に国替えとなって、柏原藩を再興した織田信休《のぶやす》によって、一七一四年(正徳四)当地に造営されて以来、一八六八年(明治四)の廃藩置県までの織田氏十代の陣屋跡である。四代目藩主の信憑《のぶより》の一八一六年(文化十三)、火災によって長屋門を残し、建物すべてが焼失した。しかし、四年後の一八二〇年(文政三)、再建上棟式が挙行された。現在の表御殿は、一部に後世の改修が施されているが、檜皮葺唐破風の玄関と桟瓦葺寄棟造の大書院は当時の姿が現在まで残されている。なお、そのほかの玄関之間・使者之間・書院之間・長柄之間・溜之間などについても当時の面影を偲ばせるたたずまいを残している。さらに、表御門は長屋門と呼ばれ、番所・馬見所・砲庫の三室からなり、創建当初の姿を残す唯一の建物である。

[資料館] 柏原町歴史民俗資料館(兵庫県氷上郡柏原町)

[参考文献] 柏原町歴史民俗資料館『常設展示ガイドブック』、一九九五。『日本城郭大系』一二、一九八一、新人物往来社。　（大村　敬通）

かいふうそう　懐風藻　七五一年(天平勝宝三)成立の現存最古の漢詩集。編者未詳。書名は「先人の遺風を懐《おも》い残す文藻」の意とされる。目録は収載詩数を百二十首とするが、現存諸本はいずれも釈道融五首のうち四首を欠く。作者は六十四人で、天皇・皇族以下高級官僚・僧侶などの知識人が占める。題材は侍宴従駕詩三十四首、宴詩二十二首、遊覧詩十七首、述懐詩九首、間適詩八首、七夕詩六首、贈答詩六首、詠物詩五首、憑弔三首、憶人二首、算賀二首、釈奠一首、臨終一首であるが、長屋王宅における詩宴の作が二十首と抜きん出て多い。詩形は五言詩百九首、七言詩七首で、五言詩が圧倒的に多く、また四句からなる絶句形式(十八首)よりも、八句からなる律詩形式(七十二首)が多い。平安朝初頭の勅撰三詩集『凌雲集』『文華秀麗集』『経国集』では七言詩が中心をなすのに対し、五言詩が多いのはこの時代に愛読された『文選』の影響が指摘されている。技法面では完全に平仄《ひょうそく》にかなう詩は稀で、単に押韻のみが行われるにすぎない。表現面では中国六朝詩・初唐詩に学んだ形跡が認められるが、表面的な模倣にとどまる。序文は天智朝を文運隆盛の聖代と讃美し、詩宴が頻繁に行われたと伝えるが、『懐風藻』収載詩のこうした情況は、漢詩の受容・創作がいかに困難なものであったかを如実に物語っている。収載詩にみる未熟さは、漢詩の受容・創作がなお初期的な段階にとどまっていたことを表わしていよう。『日本古典文学大系』六九所収。江口孝夫訳注『懐風藻』(『講談社学術文庫』、二〇〇〇、講談社)、辰巳正明編『懐風藻漢字索引』

(一九七八、新典社)なども刊行されている。

参考文献　辰巳正明編『懐風藻―漢字文化圏の中の日本古代漢詩―』、二〇〇〇、笠間書院。　(栃尾　有紀)

かいみょう　戒名　仏門に帰入した者に与えられる法名をいう。起源説のうち有力なのは中国に入ってからである。インドでは俗名のままであったが、生者を尊んで呼ぶ場合には本名をいわずに字《あざな》で呼ぶように、死後の別名を諱《いみな》とする風習をもっていた中国から日本へと導入され、俗名を改めて法名を用いることが早くから行われた。戒名と法名は区別なく用いられたが、戒名に対して法名と称した浄土真宗が広まるにつれ、法名は戒名をも含める広義の場合と、戒名に対する法名という狭義の場合との二通りの意味をもつようになった。後にはもともと二字であった戒名を法号とよび、法号を狭義に、戒名・法名を広義にとるようになった。戒名ないし法名は、加藤清正の戒名を「浄地院殿永運日乗大居士」というように、法号の上に院殿号・院号・宗派法号・道号、法号の下に居士《こじ》・大姉《だいし》・信士《しんじ》・信女《しんにょ》といった位号や、性別を表わす尊称・性称がついて構成されるようになっていった。

↓法名《ほうみょう》

参考文献　『法名戒名データブック』俗名対応篇・人柄対応篇、一九九六・九八、四季社。藤井正雄『戒名のはなし』(『歴史文化ライブラリー』二一七、二〇〇六、吉川弘文館)。　(藤井　正雄)

かいゆうとうき　灰釉陶器　植物灰を熔媒とした高火度の釉薬が施された陶器。近代以降には植物灰に代えて、石灰を用いることもあった。原則として、人工的に施釉されたものを指すが、燃料として用いられた薪の灰が火炎に煽られて降りかかり、結果的に釉薬(自然釉・降下釉)がかかった器物についても、この呼称を用いることがある。瀬戸焼《せとやき》・美濃焼《みのやき》・唐津焼《からつやき》など中・近世の国産施釉陶器の中にも、広い意味での灰釉陶器に属するものは少なくないが、歴史考古学では、平安時代に東海地方の窯で焼かれた一群の陶器を指して用いられることが一般的である。日本における灰釉陶器の生産開始年代については、永らく論争されてきたが、現在では、奈良三彩《ならさんさい》の系譜を引く低火度鉛釉陶器の施釉技術が、九世紀前半に畿内から尾張へ伝わった際に、在来の須恵器《すえき》生産の中で蓄積されてきた自然釉についての経験的知識と結びつくことによって、猿投《さなげ》窯で創始されたと考えられるようになった。灰釉施釉技術は、九世紀後半から十世紀に近隣地域へ広がり、尾張の尾北《びほく》窯、美濃の東濃《とうのう》窯(美濃窯)・美濃須衛《すえ》窯、三河の二川《ふたがわ》窯、遠江の宮口《みやぐち》窯・清ケ谷《せいがや》窯・旗指《はたさし》窯などでも灰釉陶器が焼かれた。窯によって若干の違いはあるが、いずれも碗・皿類が生産の主体であることは共通しており、その他に広口瓶や短頸壺などの壺・瓶類や特殊器形などが併焼されていた。施釉技法は、初期には刷毛塗りが一般的であるが、小型器形に関しては、量産化が推し進められる中で、漬け掛けへと変化してゆく傾向にある。ただし、さらに量産化が志向される十一―十二世紀になると、多くの窯で灰釉の施釉自体が放棄され、「山茶碗《やまちゃわん》」と呼ばれる無釉の碗・皿類の専業的生産へと転換していった。なお、大場磐雄が最初に提唱して以来、『小右記《しょうゆうき》』『伊呂波字類抄《いろはじるいしょう》』など平安時代の古文献上にみられる「白瓷《しらし》」を、灰釉陶器にあてる説が有力視されているが、異論もあり、なお今後の研究がまたれている。

参考文献　『日本陶磁全集』六、一九七六、中央公論社。齊藤孝正「施釉陶器年代論」(『論争・学説日本の考古学』六所収、一九八七、雄山閣)。尾野善裕「灰釉陶器生産技術の系譜」(楢崎彰一先生古希記念論文集刊行会編『楢崎彰一先生古希記念論文集』所収、一九九八、真陽社)。大場磐雄「灰釉陶器について」(平出遺跡調査会編『平出―長野縣宗賀村古代集落遺跡の総合研究―』所収、一九五五、朝日新聞社)。　(尾野　善裕)

かいようまるいせき　開陽丸遺跡　函館戦争において、幕府脱走軍の榎本《えのもと》釜次郎《かまじろう》武揚《たけあき》が率いた軍艦開陽の沈没地点となった海底遺跡。北海道檜山地方の檜山郡江差《えさし》町中《なか》歌《うた》町沖合三五〇メートル。一八六二年(文久二)、徳川幕府は国内諸藩ならびに諸外国に対して威信と体面を保つ必要からオランダに軍艦の建造を発注した。一八六七年(慶応三)四月、日本に到着した開陽は、バーク型三本マストの木造機帆船で、搭載したクルップ砲十八門は最新鋭の武装であった。しかし、翌年一月には鳥羽伏見の戦いをはじめとする戊辰戦争が勃発し、八月には、榎本が開陽ほかの幕府軍艦を引き連れて新天地の蝦夷地へ向かった。開陽は函館・松前《まつまえ》を制し、十一月十四日の夜、江差沖に投錨した。しかし、折からの猛吹雪に流されて座礁。軍艦としての短い命を終える。一九七四年(昭和四十九)から一九八二年に町が行なった海底発掘による大砲や調度品は、開陽丸青少年センターで見学することができる。

資料館　開陽丸青少年センター(北海道檜山郡江差町)

参考文献　江差町教育委員会編『開陽丸―海底遺跡の発掘調査報告―』一所収、一九八二。　(畑　宏明)

かいらくえん　偕楽園　⇩常磐公園《ときわこうえん》

かいりゅうおうじ　海竜王寺　奈良市法華寺町にある寺院。古くは隅(角)院、隅(角)寺と呼ばれ、その存在は『正倉院文書』により七三六年(天平八)まではさかのぼる。現在は真言律宗。寺地は条坊以前の旧地割により定められていると考えられ、境内からは平城京造営以前の古瓦が出土している。前身の寺院が存在し、京の造営に伴って藤原不比等の邸宅ができてその東北隅にあたるようになったらしい。不比等邸は光明皇后に受け継がれて皇后宮となり、七四五年には寺に施入されて法華寺となった。以来、法華寺の東北隅に位置することとなった。中金堂の前面に東西に金堂が相対する三金堂式の伽藍配置が復原され、奈良時代の西金堂(重要文化財)が現存する。西金堂は鎌倉時代に軸部の全てを取り替えるなどの改変があるが、二重虹梁蟇股の架構などに奈良時代の面影を残し、小規模仏堂の姿を伝える。内部に安置する五重小塔

(国宝)は、様式上薬師寺東塔に継ぐ時期のもので、海竜王寺創立期の天平年間(七二九—四九)の作とみられる。

参考文献『大和古寺大観』五、一九七六、岩波書店。奈良県文化財保存事務所編『重要文化財海竜王寺西金堂・経蔵修理工事報告書』、一九六七。 (清水 真一)

かいろう 回廊 寺院をはじめ、宮殿や古代官衙、神社などにおいて、主要建物を囲むように、もしくは建物間を結ぶように設けられる廊下。廻廊とも書き、また古代の寺院資財帳では、歩廊・廡廊と書かれる。梁行が一間のものを単廊、二間のものを複廊という。また回廊から派生して主要建物の側面にとりつく回廊や、前後にならぶ建物の正背面どうしをつなぐ短い回廊を、特に軒廊と呼ぶ。古代寺院のように、回廊が中門からのびて伽藍建築を囲うとき、単廊の場合は外側の柱筋を、複廊の場合は中央の棟通りを連子窓や壁で遮蔽する。このような回廊は通行や隔壁の機能のほかに、儀式における座としても使用された。一〇四八年(永承三)の興福寺(奈良市)供養の儀式では、連子などをはずして複廊内外を衆僧の座としている(『造興福寺記』)。現存最古の回廊は、法隆寺西院の回廊(奈良県斑鳩町、国宝)で八世紀初頭の単廊。法隆寺東院の回廊(単廊、一二三七年(嘉禎三))がそれにつぐ。複廊の遺例は少なく、春日大社本社の回廊(奈良市、十七世紀初頭)がもっとも古い。一方、建物間を結ぶ回廊には、厳島神社回廊(広島県廿日市市、十六世紀後期、国宝)や長谷寺登廊(奈良県桜井市、一六五〇年(慶安三))などがあり、通常は吹き放ちの単廊とし、通行の機能を主とする。奈良時代以降は礎石建ちが一般的だが、能登国分寺(石川県七尾市)のように掘立柱で建てられることもある。宮殿では、前期難波宮の中枢部が掘立柱の複廊であり、藤原宮でも大極殿や朝堂の周囲を礎石建ちの複廊で囲んだ。奈良時代前半の平城宮大極殿院および奈良時代後半の同内裏では、中央棟通りを築地とした複廊(築地回廊)で、これは『年中行事絵巻』にみえる平安宮の内裏、さらに現在の京都御所紫宸殿を囲む回廊にも使われる宮殿独特のものである。一方、古代官寺の回廊は、平城京遷都とともに複廊が用いられるようになる。薬師寺(奈良市)では、造営途中に単廊から複廊へ設計変更したことが発掘調査で確認された。回廊基壇は、雨落溝側石を兼ねた川原石とするなど比較的簡単で、高さも低く、床面も土間とする場合が多い。 (箱崎 和久)

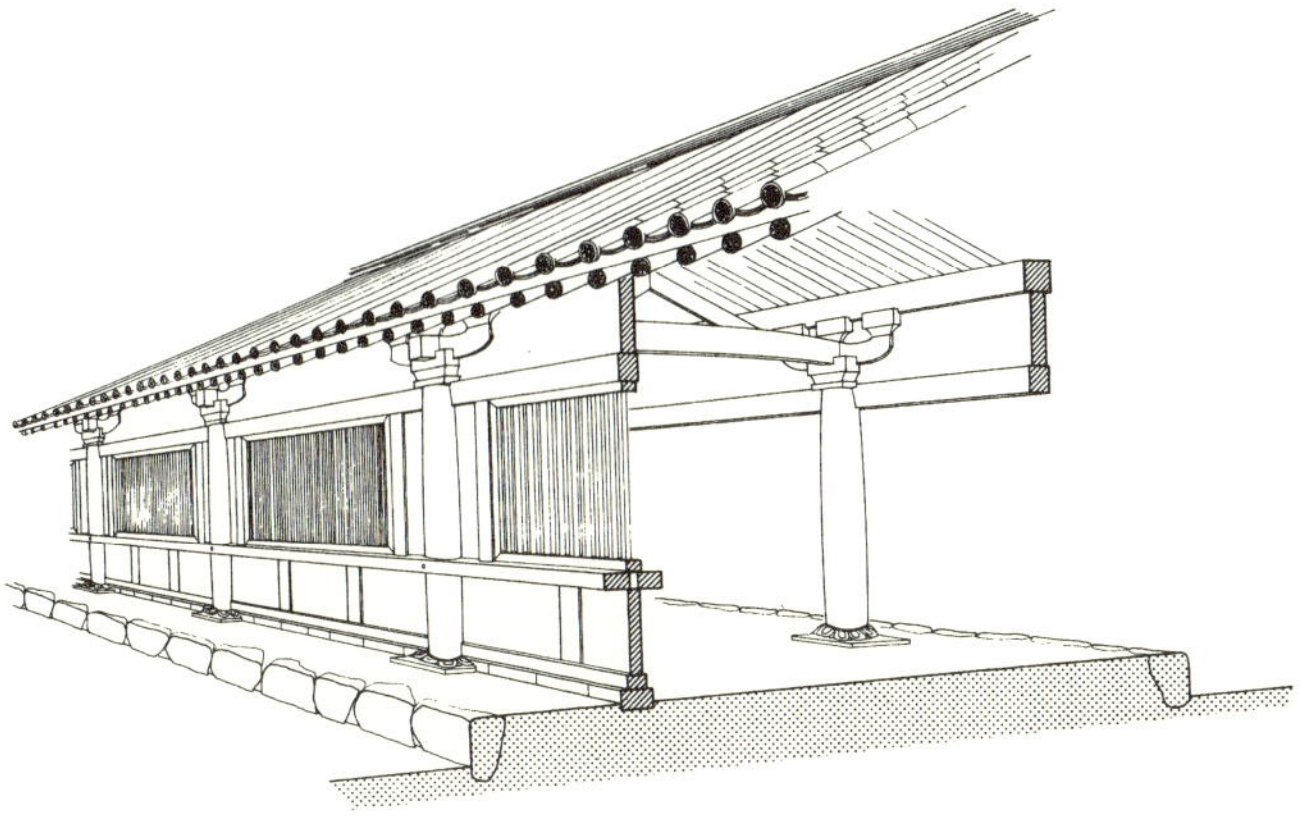

回 廊(単廊)

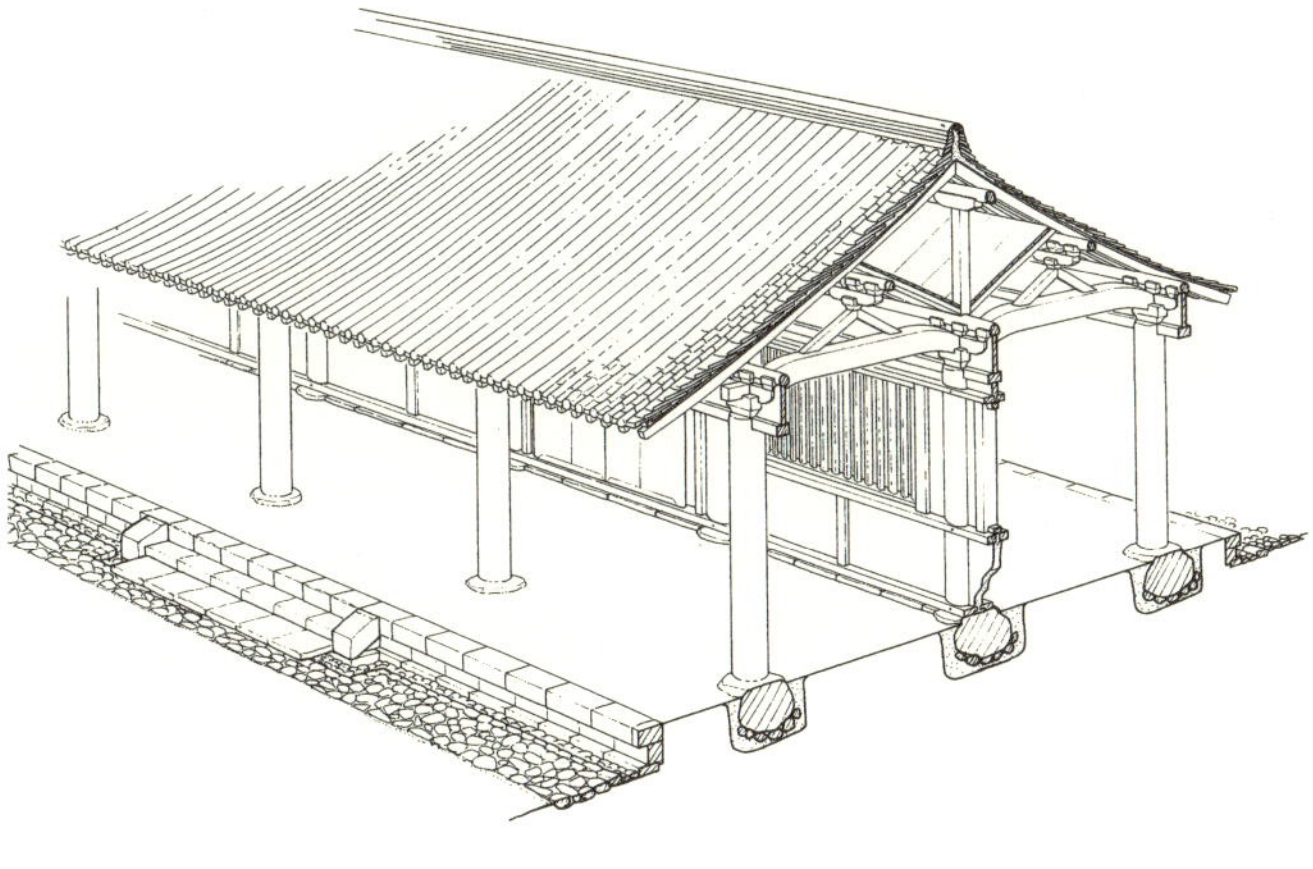

回 廊(複廊)

がいろじゅ 街路樹 主として都市の街路の沿道に、列を成して植栽された樹木のことをいう。古く奈良時代の街路樹に関しては、七五九年(天平宝字三)の太政官符(『類聚三代格』)に、街道往来における休息を目的として、特に果樹の植栽を奨励した記事がみえる。また、『延喜式』や『催馬楽』によると、平安京朱雀大路の路傍にはヤナギの木が列植されていたことが知られる。中世の諸都市における街路樹の実態は不明であるが、江戸時代に諸国を結んで開かれた街道沿いに樹木が列植されていたことは明らかである。たとえば、東海道豊川宿付近には、一部ではあるが、現在でも列を成して植えられたマツの木が旧街道沿いに残され、天然記念物御油《ごゆ》のマツ並木(愛知県豊川市)に指定されているほか、日光街道・例幣使街道・会津西街道の沿道には計三五・四キロにわたって植えられたスギの古木が列状に残され、特別史跡および特別天然記念物日光杉並木街道附並木寄進碑(栃木県日光市・今市市)に指定されている。街道沿いの一里塚に植えられたエノキ・ケヤキなどの樹木は単木ではあるが、広義には街路樹に含めて捉えることもできる。また、街路樹ではないが、小金井堤や墨田川堤など河川の堤防などにサクラの並木が育成され、江戸とその近郊における花見や散策の場として庶民に開放された。明治時代以降は、近代都市計画の一環として街路樹が植えられるようになり、一九二一年(大正十一)に完成した東京の明治神宮表参道のケヤキ並木や一九二三年に完成した東京の明治神宮外苑のイチョウ並木をはじめ、一九三七年(昭和十二)に大阪市長関一によって完成した御堂筋のイチョウ並木などが有名である。一九二三年の関東大震災により、街路樹が防火効果を持つことが証明され、都市生活における緑陰・修景などの効果とともに、その後の街路計画においても重要な施設として多用されるようになった。 (本中 眞)

かえるまた 蟇股 寺社および宮殿建築に用いられる部材の一種。蛙が股を広げたような輪郭をもつことから、この名称がある。上下の水平材間に設け、この上に載せた巻斗で上材を受ける。厚板でつくられる板蟇股と、内部を刳りぬいた形状となる本蟇股がある。板蟇股は、奈良時代の法隆寺東大門(奈良県斑鳩町、国宝)、同寺東院伝法堂(国宝)のように、虹梁《こうりょう》上において二重虹梁蟇股という特徴的な架構をつくり出し、また屋根勾配に影響する重要な構造材である。唐招提寺講堂(奈良市、国宝)として施入された平城宮朝集殿にも板蟇股が用いられており、宮殿建築にも使われていた。本蟇股は中尊寺金色堂(岩手県平泉町、一一二四年(天治元)、国宝)、醍醐寺薬師堂(京都市、一一二一年(保安二)が現存最古で、そののちは内部に彫刻を配すなど構造的役割はほとんどなく、装飾細部として次第に発展した。輪郭の曲線や彫刻が建築の年代鑑定の基準として用いられることがある。坂田寺跡(奈良県明日香村)では、回廊の板蟇股と想定される建築部材が出土している。

参考文献 近藤豊『古建築の細部意匠』、一九七二、大河出版。

(箱崎 和久)

板蟇股（法隆寺東院伝法堂）

本蟇股（中尊寺金色堂）

かおう 花押 間違いなくみずからの意思や責任であることを示すために、みずからの名前を署記すること、また署記したものを自署といい、楷書で書いた自署をくずしてデザイン化したものを花押という。花押は、古記録・典籍・聖教類の表紙などに「(花押)之」と記されて、その所蔵を示す場合もあるが、多くは古文書に据えられており、その本質的構成要素として、発給者特定や真偽判定の根拠となる。成立時期である十世紀初頭は、平仮名・片仮名が成立した時期と近接し、日本の花押は中国におけるそれとは全く異なっていることから、仮名の発明や三蹟などの和風書道の成立と同様なレベル、すなわち国風文化の一つと考えられる。花押が据えられた伝世品として、金装花押散兵庫鎖太刀(国宝、奈良市春日大社所蔵)は著名であるが、鞘と柄に描かれた墨書花押はいわゆる「足利様」の中でも室町時代から戦国時代特有の形体を示しているから、南北朝時代とされる成立時期については再考の要がある。石川県輪島市町野町西時国の岩倉寺に伝わった珠《す》洲《ず》焼きの大壺には、花押状の文様が刻されており、富山県中新川郡出土壺(東京国立博物館保管)には能登国若山荘を舞台に南北朝時代に活躍した本庄宗成の花押に類似する文様があるという。花押の形体的特徴は、古文書に限らず年代推定の有力な根拠となる。出土木簡に記された花押は早くから注目されているが(大阪府守口市大庭北遺跡など)、近年、神奈川県鎌倉市の千葉地遺跡

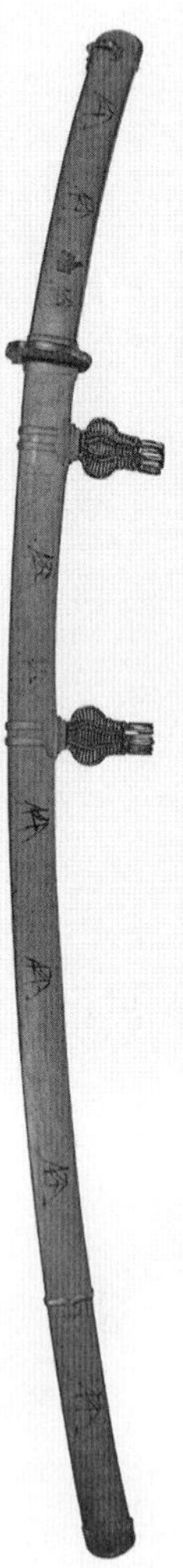

金装花押散兵庫鎖太刀

の硯底面、中田池古窯跡群A地点の硯底面、蔵屋敷遺跡の2号井戸木桶、岩手県西磐井郡平泉町の柳之御所遺跡の白磁壺底面、志羅山《しらやま》遺跡の白磁壺底面、泉屋遺跡の白磁壺底面、兵庫県姫路市の英賀保《あがほ》駅周辺遺跡の井戸枠など、発掘された遺物に据えられた墨書花押の事例が報告されている。所蔵を示す意味以外に、それらに花押が据えられていることの意味については、今後の検討課題である。

花押状文大壺

参考文献 佐藤進一「花押小史」(『増補花押を読む』所収、二〇〇〇、平凡社)。林譲「花押覚書―研究の周辺―」(『歴史地理』四四二・四四五、一九九二)。珠洲市立珠洲焼資料館編『珠洲の名陶』、一九八九。岡陽一郎「中世文書史料・出土文字資料の総合的情報化の研究」(『前近代日本史料の構造と情報資源化の研究―二〇〇〇年度～二〇〇四年度文部科学省科学研究費補助金特別推進研究(COE)研究成果報告書―』所収、二〇〇五)。奈良文化財研究所「木簡データベース」。
(林　譲)

かがのくに　加賀国 北陸道に属し、北は能登国、東は越中国と飛驒国、南は越前国に接する。古くは越《こし》と呼ばれる地域に含まれ、六世紀ごろには加我《かが》(宜)・江沼《えぬ》の二国造が置かれた。大化改新後に建評が行われたらしく、石川県小松市の窯跡から「与(?)野評」と箆《へら》書きされた土器が出土している。大宝令制下では江沼《えぬま》・加賀の二郡が成立し、越前国に属したが、東大寺領荘園が蝟集する福井平野に比して、幡生《はたう》荘・横江《よこえ》荘など少数が知られるにすぎない。八二三年(弘仁十四)三月「部内闊遠、民人愁苦」の故をもって、中国として独立した。さらに同年六月越前国司言上により、「地広人多」として江沼郡から能美《のみ》郡を、加賀郡から石川郡を分立させた。八二五年(天長二)には課丁田数の優越により、上国に昇格する。八四九年(嘉祥二)の牓示《ぼうじ》札で知られる加賀四郡のうち、八四九年(嘉祥二)の牓示札で知られる加賀郡は、室町時代以降河北《かほく》郡と呼ばれた。国府は『和名類《わみょうるい》聚抄《じゅうしょう》』に「在能美郡」と記され、現在の小松市古府《こふ》町辺かと考えられるが、はじめ金沢市大野川河口に置かれたとの説もある。八四一年(承和八)加賀国勝興寺を国分寺とし、越前国分寺の僧員を割いて充てた。所在地は未詳である。管郷数は『和名類聚抄』諸本によって出入りがあるが、後世の石川・加賀郡境の変更によっても変化があった。駅家は『延喜式』兵部省によれば朝倉、潮津《うしおつ》、安宅《あたか》、比楽《ひらか》、田上、深見《ふかみ》、横山の七駅である。神名帳記載の官社は四十二座ですべて小社。一宮は石川郡の白山《しらやま》比咩《ひめ》神社(石川県白山市)、二宮は江沼郡の菅生石部《すごういそべ》神社(石川県加賀市)である。なお平安時代初期にしばしば渤海使節が来着し、その応接を命ぜられることが多かった。平安時代後期になると藤原利仁《としひと》の後裔と称する林氏や富《と》樫《がし》氏などの武士団が形成されるが、小規模な在地領主から成長しなかった。治承・寿永の内乱時には平氏知行国であったが反乱が起り、一一八三年(寿永二)には源義仲の指揮下に入った。義仲滅亡後は源頼朝の配下に置かれ、承久の乱で林氏らが京都側に属して没落した後は、鎌倉時代末まで北条一門が守護となった。地頭の多くは東国御家人である。南北朝時代になると足利尊氏に従った富樫氏が守護に任じられ、以後その地位を継承するが、一時斯波《しば》氏に取って代わられ、応仁の乱前には北加賀半国が赤松政則《まさのり》に与えられるなど、不安定な状勢が続いた。また領国内には室町幕府料所などが散在し、国人にも幕府奉公衆となるものが多く、守護大名の支配は困難であった。守護所は石川郡野市《のいち》(石川県石川郡野々市町)に置かれ、流通経済の中心もここに移ったらしい。寺社勢力としては、鎌倉時代まで白山宮加賀馬場《ばんば》(天台宗)が強勢であったが、内部抗争による衰えに乗じ時宗や曹洞宗などが浸透する。浄土真宗諸派はこれについで教線を伸ばし、一四七一年(文明三)に蓮如が吉崎《よしざき》御坊(福井県あわら市)を開いた後は、本願寺派による国人・地侍・百姓の教化が進んだ。同派は守護家の内紛に絡んで高田派を圧し、さらに一四八八年(長享二)に守護富樫政親を高尾《たこう》城に滅ぼし、約一世紀にわたる支配体制を確立している。この間、一五四六年(天文十五)には尾山《おやま》(金沢)御坊が築かれ、政治・経済の中心はここに移った。しかし一五八〇年(天正八)には織田信長軍に制圧され、翌々年には抵抗を続けた一派も虐殺されて、「百姓ノ持タル国」はここに跡を絶った。一向一揆鎮圧後の領有関係は複雑だが、賤ヶ岳合戦の後、前田利家に河北・石川二群が与えられた。ついで関ヶ原の戦功により二代利長《としなが》が江沼・能美両郡を与えられ、加賀一国は能登・越中と併せ、前田氏の領となった(加賀藩)。ただし境界争論が続いた白山麓は幕領に組み込まれている。一六三九年(寛永十六)には三代利《とし》常《つね》が大聖寺《だいしょうじ》藩(七万石、のち十万石)を分立するが、以後幕末に至るまで大名・領国の変化はない。利常が採った改作仕法《かいさくしほう》と呼ばれる政策により、給人は土地・農民との

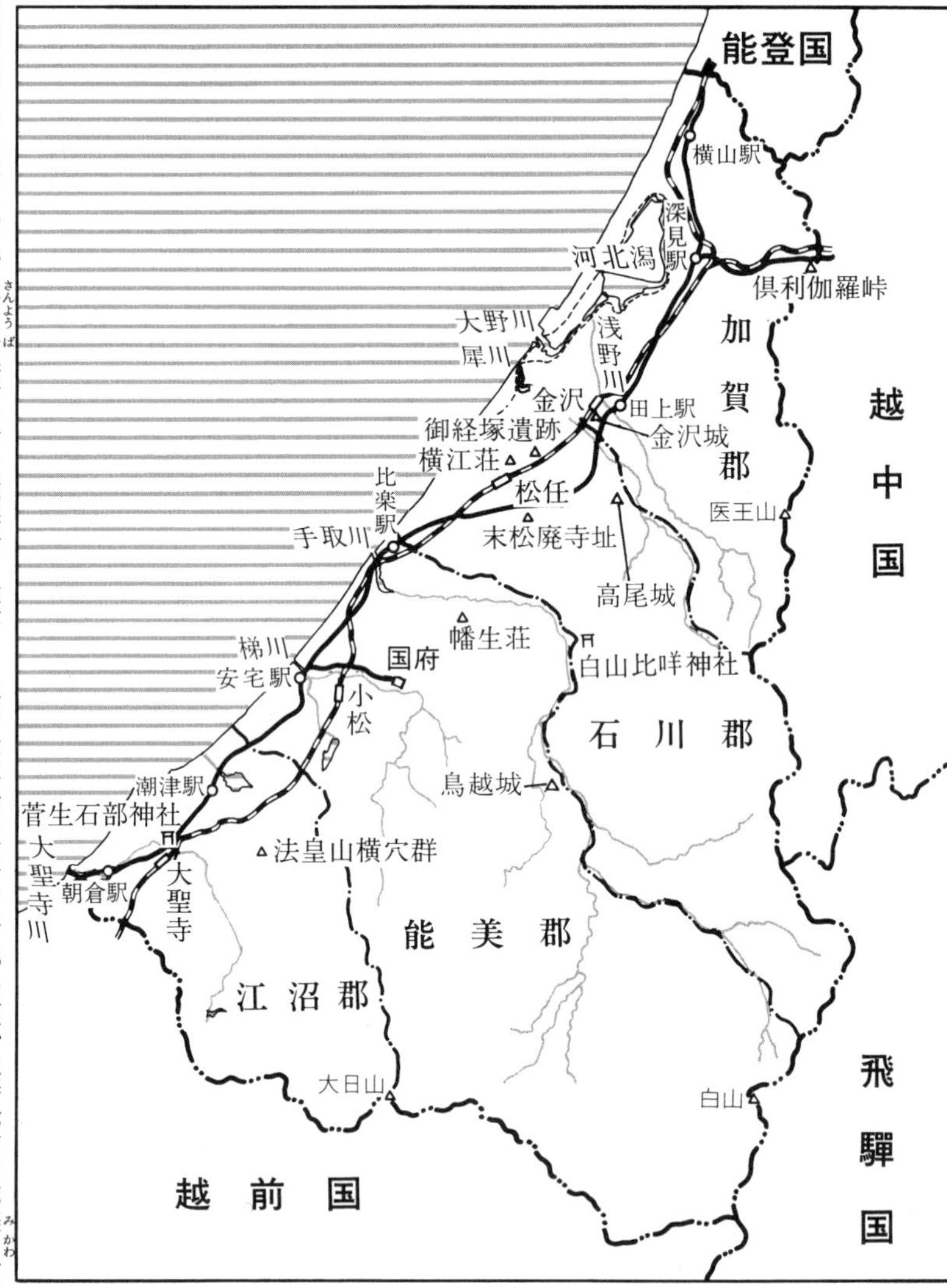

加賀国略図

直接的関係を絶たれた。算用場《さんようば》奉行の下に郡奉行・改作奉行などが置かれ、その下で百姓身分の十村《とむら》が村々を管轄している。また、金沢などには町奉行が置かれた。金沢城下の人口は十万余と推定され、三都につぐ大都市であった。なお近年の調査により、金沢城築造の諸段階が明らかになっている。一八六九年(明治二)の版籍奉還で正式名を金沢藩とされ、一八七一年の廃藩置県に際し金沢藩は金沢県、大聖寺藩は大聖寺県となったが、白山麓は本保《はんぽ》県(のち福井県、足羽《あすわ》県)に属した。同年、大聖寺県は金沢県に合併される。翌年、県庁が石川郡美川《みかわ》町に移転したので(一八七三年まで)県名を石川県と改めた。この年、白山麓は能美郡に編入された。

参考文献 高澤裕一・河村好光・東四柳史明・本康宏史・橋本哲哉『石川県の歴史』(『県史』一七、二〇〇〇、山川出版社)。加能史料編纂委員会編『加能史料』、一九八二-。『金沢市史』、一九九六-。『石川県の地名』(『日本歴史地名大系』一七、一九九一、平凡社)。 (笠井 純一)

かがみ 鏡 光を反射して姿を映す道具として、古くはエジプトや中国で使用された。前者では文様がなく柄の付くものが多く、後者では円形で鏡背に文様を鋳出すものが多い。中国では殷代に幾何学文様を鋳出す小型の鏡が登場し、以後、戦国時代の細地文鏡、前漢時代の重圏文鏡、後漢時代の連弧文鏡や方格規矩鏡、三国時代の神獣鏡や画像鏡、唐時代の海獣葡萄鏡など、各時代に特徴的な鏡式を生み出しながら発達した。日本には弥生時代前期に朝鮮半島から多鈕細文鏡が輸入されたのをはじめに、弥生時代を通して漢から重圏文鏡・連弧文鏡・方格規矩鏡が輸入され、甕棺墓などに副葬された。弥生時代後期には小型の連弧文鏡が日本で製作されるようになった。古墳時代になると三角縁神獣鏡や画文帯神獣鏡などが前期古墳の副葬品として発見される。特に三角縁神獣鏡は邪馬台国の所在地論争との関係で多くの議論を巻き起こしている。後期古墳では鏡の副葬が一時少なくなるが、飛鳥時代には終末期古墳に海獣葡萄鏡が副葬されるようになる。奈良時代から平安時代前期にかけて寺院などの地鎮鎮壇具として唐式鏡が埋納される例が多くなる。平安時代中期には一時鏡の使用が少なくなる時期があるが、平安時代後期になると日本独自の文様構成を持った和鏡が成立し寺社への奉納や墳墓への副葬などの用途に盛んに使用されるようになる。中世を通して和鏡の時代が続くが、室町時代末には柄鏡が成立し江戸時代には大量に生産されるようになる。 →柄鏡《えかがみ》 →海獣葡萄鏡《かいじゅうぶどうきょう》 →唐式鏡《とうしききょう》 →和鏡《わきょう》

参考文献 樋口隆康『古鏡』図録、一九七九、新潮社。梅原末治編『唐鏡大観』(『京都帝国大学文学部考古資料叢刊』三、一九四五、美術書院)。広瀬都巽『和鏡の研究』、一九七四、角川書店。 (杉山 洋)

かがみいた 鏡板 馬口にくわえさせ手綱で制御する轡《くつわ》の一部。中国の鑣《ひょう》と同じく、銜《はみ》両端に結合して操作時に銜が外れるのを防ぎ、轡を面繫《おもがい》に固定する機能をもつ。鑣は、紀元前四〇〇〇年ごろの南西ロシアの埋葬馬骨に

有孔棒状鹿骨製品の装着例がある。紀元前一五〇〇年ごろには青銅製品がオリエント全域に普及し、イラン地方では動物意匠をもつ製品も現れた。中国では、殷代には多様な青銅製品が現れ、西周は動物・角形、戦国時代は棒状、漢代はS字状製品が多い。朝鮮半島・日本列島では、四世紀後半にS字状製品や楕円形鏡板が現れた。五世紀にはf字形、ついで楕円形・鐘形が消長するが、金銅装を中心に銜先と引手の結合部を外側から一貫して内側へ隠す工夫が加えられ、列島独自に発達した。六世紀後半には半島の影響で結合部を外側にもつ心葉形鏡板が盛行し、七世紀には実用的な轡と金銅板製の杏葉《ぎょうよう》が発達した。なお、円環式(素環)鏡板は六世紀以降、実用的轡として普及し、奈良・平安時代を通して複環式鏡板とともに盛行した。七世紀中ごろ以降には、複環式に類似したいわゆる蒺蔾《いばら》轡とよばれる眼鏡状鏡板が出現し、平安時代には中世において盛行した杏葉轡に続き、透彫りなどの金工技法を駆使する鏡轡が出現した。また、室町時代以降には鏡轡から発達した透轡が広く用いられた。

参考文献　王魏「両出土馬具看三至六世紀東亜諸国的交流」(『考古』一九九七ノ一二、一九九七)。千賀久「日本出土初期馬具の系譜」(『橿原考古学研究所論集』九・一二所収、一九八八・九四、吉川弘文館)。片山寛明「和式轡の展開」(日本馬具大鑑編集委員会編『日本馬具大鑑』三所収、一九九二、日本中央競馬会・吉川弘文館)。滝瀬芳之「轡について」(『光山遺跡群―首都圏中央連絡自動車関係埋蔵文化財発掘調査報告II―』所収、一九九四、埼玉県埋蔵文化財調査事業団)。鈴木一有「律令時代における轡の系譜」(浜松市博物館編『下滝遺跡群―浜松市半田土地区画整理事業に伴う埋蔵文化財発掘調査報告書II―』所収、一九九九、浜松市文化財協会)。　(古谷　毅)

かがみやまたけし　鏡山猛　一九〇八―八四　日本考古学者。一九〇八年(明治四十一)十月二十日、福岡県で生まれる。一九三二年(昭和七)に九州帝国大学法文学部を卒業、一九三四年に同大学助手、一九三六年に同大学講師となる。一九三九年に応召し、一九四六―五一年に教職を離れたが、一九五二年に九州大学助教授、一九五八年に同大学教授となった。一九七二年に定年退官し、九州歴史資料館館長に就任。北部九州の古代都城・山城・寺院、弥生時代の集落・墳墓・水田、沖ノ島祭祀遺跡、古代・中世における対外関係などの研究を推進した。特に大宰府の条坊復元研究が著名である。一九八四年(昭和五十九)十月二十四日死去。七十六歳。著書に『北九州の古代遺跡』(一九五六、至文堂)、『大宰府都城の研究』(一九六八、風間書房)、『九州考古学論攷』(一九七二、吉川弘文館)、共著書に『安国寺弥生遺跡の調査』(一九五八、毎日新聞社)、『沖ノ島』(一九五八、宗像神社復興期成会)、『続沖ノ島』(一九六一、宗像神社復興期成会)などがある。　(岩永省三)

かき　垣　家敷地や敷地内の仕切り、目隠しとして造られる工作物。防禦施設の塀とは異なり、侵入可能で見通しのよい場合が多い。生垣・柴垣《しばがき》・透垣《すいがい》・間垣《まがき》・建仁寺垣・玉垣・網代《あじろ》垣などの種類がある。(一)生垣は樹木を植え並べた垣。カシ・スギ・ヒノキ・サクラ・ムクゲ・イヌツゲ・マキ・カヤ・サンゴジュ・クコ・ウコギ・カラタチ・ヒイラギを用いる。『粉河寺縁起』(十二世紀中期)・『法然上人絵伝』(十四世紀初期)などには樹木の幹の上部を横木や玉縁《たまぶち》(柴の巻束)で繋ぐ形式や、竹・灌木の生垣が描かれる。(二)柴垣は荻やクロモジの柴を編んで造った垣。青葉付きを青葉垣、クロモジを用いたものを鶯垣という。平安時代末期から室町時代初期の絵巻物には青葉垣が多く描かれ、直立型と交叉型がある。交叉型は中央の杭列上に横木を渡して、柴を両側から立て掛け、柴の交点両側を玉縁で挟み付ける形式。(三)透垣は土台上に支柱を立て、支柱上に冠木《かぶき》を渡して横桟《よこざん》二本を支柱間に引通し、横桟の表裏に縦板と竹を交互に打ち付けたもの。『親鸞上人絵伝』(平安時代末期)などには横桟を軸にして薄い縦板を網代に編み付け、冠木上に高欄を設けた庭園の目隠塀として描かれる。(四)間垣は杭の間隔を粗く配る垣。民家・庭園・田畑・菜園を区画する垣として、古代・中世絵画に多く描かれる。田畑・菜園を囲う間垣は低い杭上に横木を架け渡す形式、家敷地の塀には高い杭を横木二段でつなぐ形式と、杭を一本おきに下段横木までの低い杭とする形式が多い。また杭間に柵木を配る例(『慕帰絵詞』(一三五一年)や庭園用の竹間垣(『春日権現記』『法然上人絵伝』)がある。(五)建仁寺垣は支柱間に竹を隙間なく立て並べた垣で、『法然上人絵伝』『慕帰絵詞』に描かれて十四世紀初期には成立している。(六)玉垣は神社の周囲をめぐる垣の総称。長短の角杭を交互に掘立て、二～三本の貫《ぬき》を角杭間に引通す形式。

参考文献　渋澤敬三・神奈川大学日本常民文化研修所編『絵巻物による日本常民生活絵引』、一九八四、平凡社。『建築大辞典』、一九九三、彰国社。　(宮本長二郎)

かぎ　鍵　錠の鍵穴に差し込んで解錠する器具。古代から中・近世の主要な施錠具には大きく見て二種類ある。一つは牡金具・牝金具で一体となるバネ構造の錠(ロック)と鍵(キー)で一具となるもので、全体に海老に似る形状から一般に海老錠ともいわれる。文献に表れる鏁《さ》(鎖)子《す》が錠、匙《し》が鍵に相当する。正倉院には四十三具が伝世されている。錠は、牡金具のバネが筒状の牝金具の中で開いて施錠し、鍵穴に差し込んだ鍵を押してバネを窄めることで解錠する。海老錠は時代が下るにつれて形が変化し、特に近世には多様なものが現れるが、構造原理は変わらない。鉄製が普通だが、鍍金銀・銀・金銅・銅製もあり、金銅製以上の錠には昆虫意匠を飾るなど装飾性の高いものが多く、実用とともに工芸的にも秀でた奢侈品的要素が強い。建造物・櫃・厨子・箱などに用いられる。もう一つは、先端がフックになっている細長い鉄棒をL字形に折り曲げ、木柄を付けた枢《くるる》鉤(鍵)で、文献では鑰《やく》・鎰《いつ》と表されるものと考えられている。クルル鉤(鍵)を扉の鉤(鍵)穴に差し込み、扉の裏に取り付けられた落とし

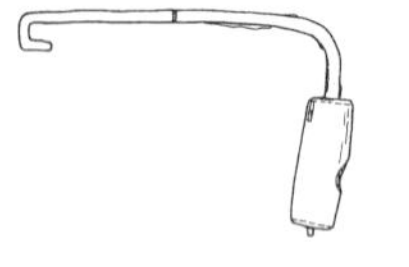

グルル鍵（兵庫県但馬国分寺跡出土　1/9大）

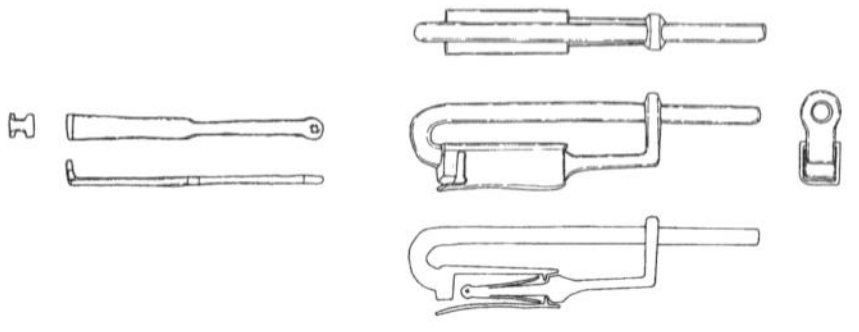

鍵　　錠

（神奈川県海老名市本郷遺跡出土　1/6大）

桟(猿ともいい、敷居に穿たれた臍穴に落とし込んで施錠)を、鍵の回転操作で引き上げて解錠する仕組みの施錠装置。クラなどの建造物の鍵とされ、今日も社寺・旧家の土蔵などで用いられている。これも近世に複雑な形状のものが考案されるが基本的な構造は同じである。上記以外の特殊な例に、大阪府羽曳野市古市古墳群の峯ヶ塚古墳(五世紀末—六世紀初頭)の錠と鍵がある。竪穴式石室内で大刀などの副葬品が納められた木箱と伴出した施錠具は、いわゆる栓錠状に復元される。栓錠はバネ構造という点では海老錠と同じ原理だが、施錠対象自体が牝金具筒部の機能を果たし、海老錠が鍵を押して解錠するのに対し、引いて解錠するという相違がある。唯一の出土例で、時期的にも突出して古く、海老錠よりも百五十年さかのぼる。わが国最古の海老錠は、現状では大阪府羽曳野市野々上遺跡出土例の七世紀中葉である。日本の錠の起源は中国にある。中国では唐代以降に報告例が多くなるが、形状は異なるもののバネ構造の錠は秦代には出現している。したがって、七世紀中葉以前の仏教の伝来や遣隋使に代表される公私の盛んな交流を勘案すれば、さらに古くさかのぼることが予測される。おそらく中国・朝鮮半島からもたらされた品々を収納した櫃や箱などを施錠していたものが、日本に入ってきた最初の海老錠と推測され、まもなく日本でも製作されるようになったものであろう。錠・鍵が出土する古代遺跡は、都城跡・官衙関連遺跡・寺院関連遺跡・荘園を含む地方の有力大規模集落などがある。量的には八世紀以降増加する。『続日本紀』大宝二年(七〇二)二月乙丑条の「諸国司等、始給レ鎰而罷、(先レ是、別有二税司主鎰一、至レ是始給二国司一焉)」の記事にみるように、鍵は実質的に一国の財政を管掌し、「印」とともに国権の象徴ともなっている(印鑰)。官での普及の背景には、そうした律令機構の物品管理・運用の要請に伴う大量の需要の増大があり、その管理体制を整えていたことは、『日本書紀』持統天皇七年(六九三)四月の詔や『令義解』『延喜式』の監物と典鑰などに示されている。一方、民では全国各地の社寺での需要、ならびに荘園や富豪層など有力階層の台頭による財物管理の必要がある機関・階層の拡大によって広く普及していったものと考えられる。東大寺写経所の『奉写二部大般若経銭用帳』天平宝字六年(七六二)には、市で購入した施錠具の価格が記載されており、商品として流通していたことが知られる。施錠具研究の課題は、たんに道具としての検討だけでなく、出土遺跡の性格を探る資料の一つとして、文献史学と提携し、財物管理の実態を明らかにすることである。また、中国や朝鮮半島の錠との比較は、東アジア的広がりの中での位置付けが可能で、中国の墳墓出土例には墓誌が伴うことがあり、年代の定点が得られる利点がある。さらに、錠・鍵は文献史料・文学・絵巻などにも表れ、その観念性・象徴性にも論及されており、多角的な検討が要求される。

参考文献　合田芳正『古代の鍵』、一九九八、ニューサイエンス社。加藤順一「和錠の歴史」(『世界の鍵と錠』所収、二〇〇一、里文出版)。

(合田　芳正)

かきえもんかまあと　柿右衛門窯跡　江戸時代、いわゆる「柿右衛門」の高級磁器を生産した階段状連房式登窯《かいだんじょうれんぼうしきのぼりかま》。佐賀県西松浦郡有田町下南川原《しもなんがわら》山、現在の酒井田柿右衛門陶房の裏山に所在。一九八九年(平成元)国史跡指定。A・Bの二基があり、窯の上位に向かって右がA窯、左がB窯である。B窯の左側には小山状の堆積をなす不良品捨て場の物原《ものはら》がある。堆積層の厚い箇所では三・八メートルにもなる。操業年代は一六六〇年代から一六八〇・九〇年代で、B窯がA窯より古い。B窯は残存長約六九メートル、焚き起こしの部屋の胴木間《どうぎま》と十八以上の焼成室からなる。焼成室の平均幅は五・三メートル。A窯は残存長約四二メートル、焼成室の平均幅は約五・八四メートルである。出土品は染付・白磁・青磁・色絵素地・色絵などであるが、染付の皿類が多い。物原の下層からは藍九谷《あいくたに》風の製品が出土するが、上層では花鳥風月などの文様を繊細に美しく表現した高級な「柿右衛門」が数多く見られるようになる。

柿右衛門窯跡　B窯跡

参考文献　有田町教育委員会編『柿右衛門窯跡』、一九七七—七九。『有田町史』古窯編、一九八八。

(東中川忠美)

がきょう　瓦経　経文を書いて焼成した粘土板。最古の瓦経は一〇七一年(延久三)の鳥取県倉吉市桜大日寺経塚例、最新例は一一七四年(承安四)の三重県伊勢市小町塚経塚例で、十一世紀後半から十二世紀後半まで盛んに製作されたことが知られる。方形か長方形の偏平な板状の

瓦経（願文） 極楽寺経塚出土

ものが基本で、大きさは経塚によってまちまちである。岡山県倉敷市安養寺経塚出土の頭部が三角形の瓦経は例外的な存在である。界線と罫線を引き、そのなかに経文を書写するものが多い。縦罫のみのものが基本で、碁盤目状の罫線を引く例もある。経文の行数は十行か十五行が主体で、三行から十六行まで振れ幅が大きい。一行の字数は十七字が主流で、九字から二十一字までのものがみられるが、仏像形のなかに経文を書いた一字一仏の場合はその限りでない。経文は瓦経の表裏両面に書写されるが、末尾部分や短いものでは片面のみの写経がみられ、福岡市愛宕山経塚例など片面写経のみの場合もある。罫線の欄外や瓦経の小口などに、経典の種類・巻数・丁付などを記載し、それが何枚目であるか判明するものがある。書写された経典は『法華経』が主体であるが、『無量義経』『観普賢経』『阿弥陀経』『般若心経』『大日経』『金剛頂経』『蘇悉地経』『金光明経』『仁王経』『理趣経』『顕無辺仏土経』『八名普密陀羅尼経』『文殊師利発願経』『三千仏名経』『梵網経』『普賢十願経』『薬師経』『金剛般若経』『寿命経』『不動経』などさまざまなものがあり、真言・陀羅尼・曼荼羅・仏画などもみられる。一ヵ所の経塚に埋納された瓦経の総数は、兵庫県神崎郡香寺町極楽寺経塚が四百八十九枚、大日寺経塚が四百二十七枚、徳島県板野郡板野町犬伏《いぬぶし》経塚が三百十四枚、福岡市飯盛山経塚が二百九十七枚、京都市盆山経塚が二百五十三枚と推測される。副納品には、宝塔・五輪塔・仏像・光背・六器・曼荼羅・仏画があるが、いずれも瓦経と同様の焼き物である。 ↓経塚《きょうづか》

（時枝　務）

参考文献　三宅敏之「経塚の遺物」（『新版仏教考古学講座』六所収、一九八四、雄山閣出版）。

がきわん　瓦器椀　黒色土器B類の器形や製作手法を踏襲し、器表面に炭素を吸着させた土器椀。黒色土器と異なり、低火度還元焰焼成のため胎土は灰白色である。畿内と九州北部で生産され、土師器《はじき》皿とともに中世前期供膳具の中心をなす。四国東部などで類似する土器椀も存在するが炭素を吸着させたものではなく区別した方がいい。畿内では粘土紐巻き上げを基礎とする土師器製作技術の延長で生産され、九州では底部押出しの回転台技法である。一九六〇年代から稲垣晋也や白石太一郎などが研究を進めてきた。一九八〇年代初期に、橋本久和が地域的な特徴や分布状況から楠葉型・大和型・和泉型・紀伊型・丹波型を設定した。以後、地域ごとの編年・分布論的研究が進展し、九州においても森隆が筑紫型・豊前型・肥後型・肥前南部型を設定している。地域により多少の差があるが、畿内では十一世紀中ごろに出現している。初期のものは内外面のヘラ磨きが丁寧であるが、法量の縮小とともに簡略化が進む。終末期は十四世紀中ごろとみられるが、土師器皿などの研究動向もあり、なお流動的である。十二世紀初期の藤原忠実家年中行事を記す『執政所抄』に「黒器」の奉納を楠葉《くずは》牧に下知した記載があり、これが瓦器椀とみられる。大阪府枚方市に所在した楠葉牧は「楠葉の御牧の土器つくり（下略）」（『梁塵秘抄』）の里として知られ、権門勢家に従属した土器つくり集団の一端を知ることができる。瓦器椀は規格化された法量や製作技法から、一国単位で大量生産されたものと考えられたこともある。しかし、大阪府堺市平井遺跡や大分県宇佐市小部《おべ》遺跡で検出された焼成窯や胎土分析から小規模な生産状況にあり、注文に応じて瓦器椀工人が出作した可能性がある。また、西国一帯の沿岸部や鎌倉・平泉など東国の都市遺跡で出土し、中世物資流通の実態を解明するうえで重要な資料を提供している。 ↓瓦質土器《がしつどき》 ↓黒色土器《こくしょくどき》

（橋本　久和）

参考文献　高槻市教育委員会編『上牧遺跡発掘調査報告書』、一九八〇。

がくあんじ　額安寺　奈良県大和郡山市南部の額田部丘陵南端付近（額田部寺町）に立地する寺院。伝承では聖徳太子開基の熊凝《くまごり》寺を前身とする。鎌倉時代の史料（『大塔供養文』）によれば、奈良時代に大安寺の僧道慈（俗姓額田氏）が虚空蔵菩薩を本尊とし、寺名を額安寺と改めたとされる。旧境内で採集された瓦の中には七世紀中葉にさかのぼる単弁蓮華文軒丸瓦があり、この時期に額田部地域を拠点とする豪族額田氏の氏寺として建立されたものと考えられる。同じく旧境内採集の瓦によれば、その所用瓦は法隆寺式複弁蓮華文軒丸瓦と均整忍冬唐草文軒平瓦の組み合わせ（七世紀末）を経て、奈良時代の複弁および単弁蓮華文軒丸瓦と均整唐草文軒平瓦の組み合わせに移行したものと考えられる。このほか、これらを補完するものとして平城宮との同笵瓦も出土することから、奈良時代の額安寺は、額田氏の氏寺として本格的に堂舎が整備されたものと思われる。このことを明確に示す史料として『額田寺伽藍並条里図』がある。同図は七六一年（天平宝字五）の班田の結果を受けて描かれたと思われ、麻布上に金堂、講堂、三重塔などの主要伽藍のほか、周辺寺領や瓦屋、食堂などの雑舎も詳細に描かれる。要所には「大和国印」が見られ、現存する数少ない寺領図として国宝に指定されている。中世の額安寺は浄土教系勧進聖の拠点の一つとなっており、同寺において出家した極楽寺長老忍性はその師叡尊の死後、大和に一時的に還

住するとともに、額安寺の本格的な復興に着手した。寺の北西には計三ヵ所ある忍性墓の一つ(五輪塔)がある。発掘調査では古代の中心伽藍の遺構は未発見だが、現本堂の北側で十三世紀代の大規模な整地痕跡が発見され、中世の道路敷設技術との関連が指摘されている。中世額安寺の復興に際し、配下に優れた土木や石工などの技術集団を持った忍性や、その周辺の勧進聖が濃厚に関与したことを示す事例として注目されよう。→忍性墓《にんしょうばか》

参考文献 『国立歴史民俗博物館研究報告』八八、二〇〇一。大和郡山市教育委員会編『額安寺第八次発掘調査報告書』、二〇〇三。 (山川 均)

がくえんじ 鰐淵寺 山陰の名刹で天台宗の寺院、浮浪山鰐淵寺。出雲大社と関係の深い寺。島根半島の日本海側、島根県出雲市別所町に所在。開創は寺伝によると五九四年(推古天皇二)智春上人。平安時代末ごろには摂津の箕面・勝尾、播磨の書写山、紀伊の那智とともに全国有数の霊場(『梁塵秘抄』)。一二五四年(建長六)の守護佐々木泰清下知状に「国中第一之伽藍」とある。南院と北院があったが、南北朝時代に両院の本尊をあわせて根本堂に安置したという。戦国時代に尼子氏の富田城で清水寺と法華経読誦の座次争いをしたが、毛利氏の出雲進出に伴い、鰐淵寺は緊密に連携した。江戸時代には鰐山四十二坊といわれ、多数の坊を擁するが、現在は根本堂、鐘楼・常行堂・釈迦堂、本坊などわずかの堂宇を残すのみ。奥の院、浮浪滝の岩窟に蔵王堂がある。寺所蔵の銅像観世音菩薩立像(重要文化財)は、台座の框部分に「壬辰年五月出雲国若倭部臣徳太理為父母作奉菩薩」の銘がある。壬辰年は六九二年(持統天皇六)と推定。新羅仏の影響を受けたものといわれる。若倭部《わかやまとべ》氏は出雲郡の郡司主政等にみえ、出雲西部の豪族一族であった。石製経筒は、「釈迦文佛末法弟子僧円朗、仁平元年」などの銘文があり、僧円朗が写経した「法華経」を入れ埋納したもの。このほか紙本墨書後醍醐天皇御願文(重要文化財)など寺宝を数多く所蔵。遺構は未調査である。

参考文献 鷲塚泰光編『仏像を旅する「山陰線」』、一九六九。至文堂。『出雲国浮浪山鰐淵寺』、一九九七。 (勝部 昭)

かくおんじ 覚園寺 神奈川県鎌倉市二階堂にある真言宗泉涌寺派の寺院。山号は鷲峰山《じゅぶせん》。当寺の前身は北条義時が建立した大倉薬師堂で、一二一八年(建保六)に退耕行勇を導師として薬師如来像を安置供養している(『吾妻鏡』)。その後、一二九六年(永仁四)に、執権北条貞時がモンゴル軍の襲来を退けるために寺院として整備し、泉涌寺系の律を嗣ぐ智海心慧を住持として迎えた(『覚園寺文書』)。以後、真言・律・禅・浄土の四宗兼学の寺院として栄え、後醍醐天皇や足利氏の保護を受けた。本尊薬師如来坐像及び脇侍日光・月光菩薩坐像、地蔵菩薩立像、開山心慧及び二世源智宝篋印塔、『覚園寺文書』が重要文化財。また、中世後期以降のものと思われる伽藍古図(模本)が残る。背後の山中一帯には、大小百七十七の墳墓洞窟が存在し、「百八やぐら」と称する。一九八一年(昭和五十六)の境内発掘調査では、多量の塼が出土し、中国風の建物が存在したことが判明した。境内は国史跡に指定されている。

参考文献 大森順雄『覚園寺と鎌倉律宗の研究』、一九九一、有隣堂。『鎌倉市史』社寺編、一九五九、吉川弘文館。鎌倉市教育委員会・鎌倉考古学研究所編『集成鎌倉の発掘』一〇、一九八六、新人物往来社。 (高橋慎一朗)

かくひつ 角筆 古くから毛筆と並んで書記用に使用されてきた筆記用具の一つ。毛筆は、竹管などに動物の毛などをすげて作られ、その穂に墨液などを含ませて、紙面などにその墨液を塗布することによって文字などを記すが、角筆は、象牙、鹿角などや竹、硬質の木材を利用して作られ、紙面などを凹ませることによって文字などを表記する。毛筆に比べ簡便に使用できることにより角筆文献の遺物も多い。また文字が見え難いことから秘密の文書にも使われた例がある。東京国立博物館所蔵の角筆は、竹製で、長さ一九センチ、径五・五ミリであるが、おおね、素材を筆記具として使用できる程度の大きさ、太さに整形し、先端を削り尖らせたものである。蒙古居延から出土の「居延筆」も筆毛のすげられた筆管の反対側は、先端の尖った木が冒せてあり、角筆としての用途があったのではないかと考えられている。本邦では、藤原宮木簡に角筆による記入かと見られる凹みが存し、江戸時代に至るまで角筆による文字や絵図の遺物がある。角筆による記入と見られる資料は、本邦に限らず、韓国、中国、チベットの貝多羅《ばいたら》、コーラン、羊皮紙文書などにも残されている。

参考文献 小林芳規『角筆文献の国語学的研究』、一九八七、汲古書院。同『角筆文献研究導論』、二〇〇四、汲古書院。 (松本 光隆)

かくべつじょう 覚鱉城 奈良時代末期に律令政府が蝦夷支配を目的として陸奥国内陸部に造営しようとした城柵。『続日本紀』宝亀十一年(七八〇)二月丁酉(二日)条に、「宜造覚鱉城、得胆沢之地」とあるのが初見で、このとき政府は陸奥国からの求めにより胆沢《いさわ》地方(岩手県南部)を獲得するための拠点として覚鱉城を造ることにしている。また、同二月丙午(十一日)条では、陸奥国に三月中旬に兵を発して賊を討ち覚鱉城を造営して兵を置くことを認可している。さらに、同三月丁亥(二十二日)条には、蝦夷出身で上治郡大領の伊治公呰麻呂《あざまろ》が覚鱉城造営のために伊治城に来ていた按察使参議紀広純などを殺害するという事件のことが記されている。こうしたことから、覚鱉城が実際に完成したのかどうかは疑問とされている。推定地として、宮城県大崎市の宮沢遺跡、同登米市の上沼遺跡、岩手県奥州市の明後沢遺跡などがあるが、未だ確定はしていない。→宮沢遺跡《みやざわいせき》

参考文献 工藤雅樹『城柵と蝦夷』(『考古学ライブラリー』五一、一九六九、ニューサイエンス社)。 (白鳥 良一)

かぐやま　香具山　⇩大和三山《やまとさんざん》

かぐらおか　神楽岡　京都市左京区吉田神楽岡町の丘陵名。吉田山とも呼ばれる。七九四年(延暦十三)桓武天皇が「康楽岡」で猟を行なったことが地名の初見である(『類聚国史』)。平安京近郊に点在する葬送地の一つであり、『文徳実録』斉衡三年(八五六)六月丙申(二十五日)条には嵯峨太上天皇の女源朝臣潔姫が賀楽岡白川の地に葬られていることがみえるほか、九四九年(天暦三)には陽成天皇がその東麓に葬られている(『日本紀略』)。また、一〇三六年(長元九)に薨じた後一条天皇は、東面の浄土寺西原で火葬された後、翌年に母上東門院藤原彰子によって同地に建立された菩提樹院に納骨されたことが知られる(『左経記』)。ただし付近は陵墓地となる以前から付近住民の葬送地であったことが、『三代実録』貞観八年(八六六)九月二十二日条に賀茂御祖神社に近いという理由で神楽岡への葬送が禁じられていることによりわかる。また丘陵西麓に鎮座する吉田神社は、平安時代中期以降中世を通じて藤原氏の氏神の一つとして奉幣を集めた。

参考文献　山田邦和「墓地と葬送」(古代学協会・古代学研究所編『平安京提要』所収、一九九四、角川書店)。(吹田　直子)

かくりんじ　鶴林寺　兵庫県加古川市北在家所在の天台宗寺院。山号は刀田山。鳥羽天皇(在位一一〇七—二三)が一一一二年(天永三)に行幸した時、当寺を勅願寺と定め、「鶴林寺」の勅額を賜わり四天王寺を鶴林寺と改めたのが創建とおもわれる。以後、歴代天皇の勅願寺として栄えた。現在、国宝の本堂を中心に七堂伽藍が建ち並ぶ。太子堂は、国宝に指定され三間四面・単層の宝形造りで修理銘から一一一二年建立と判明し、県下最古の建造物である。また、堂内の釈迦三尊像および仏天蓋と聖徳太子図(付来迎図・涅槃図)は重要文化財に指定されている。また、常行堂も重要文化財である。さらに本堂は、桁行七間・梁行六間の単層四柱造で本瓦葺、室町時代初期の一三九七年(応永四)の建築で鶴林寺様式といわれる。一四〇六年建立の行者堂と一四〇七年の鐘楼も重要文化財である。

参考文献　兵庫県立歴史博物館編『はりまの名刹—刀田山鶴林寺—』、一九九一。(大村　敬通)

かけがわじょう　掛川城　戦国時代今川氏親の重臣朝比奈泰熙によって築かれた戦国時代から江戸時代の平山城。静岡県掛川市に所在。城は、掛川盆地の中ほどにある標高五七メートルの城山を中心として築かれている。一五六八年(永禄十一)、駿府館を逃れた今川氏真が籠ったことにより、一躍名をはせた。天守再現と整備のために、大規模な発掘調査が実施されている。この調査により、天守をはじめとする主要部が、一五九〇年(天正十八)に入封した山内一豊によって大改修を受けたことが判明した。特筆されるのは、本丸から天守に至る直径三〇センチほどの玉石張りで造られた階段と側溝を持つ通路を検出したことである。この通路は、天守曲輪へ至るまでに、二度Uターンを繰り返す複雑な構造であった。また、三日月堀からは水位調整のための暗渠施設が、本丸からは、中世墳墓群が検出され、墳墓を埋め立て本丸造成が成されたことも確認された。天守曲輪などから、朝比奈時代と推定される大規模な掘立柱建物跡の痕跡も検出されている。

参考文献　掛川市教育委員会編『掛川城復元調査報告書』、一九九八。同編『掛川城址発掘調査概要報告書』、二〇〇一。(加藤　理文)

かけのうまこうごいし　鹿毛馬神籠石　福岡県飯塚市頴《かい》田《た》町に所在する古代山城。国史跡。遠賀川の一支流である庄内川に面した標高八〇メートル弱の馬蹄形の低丘陵上に形成され、全長約二キロの列石線を有する。列石は、約千八百個の花崗岩の切石が使われ、土塁の腰石となっている。丘陵の西側に開口する谷には、暗渠式の排水施設を二カ所有する水門が設けられている。水門は、前面の列石に並行して九メートル背後にも列石が確認されている。その間に土塁が築かれ、背後列石の内側の土塁中に列石に並列する三メートル間隔の柱根が確認されている。こうした柱列は、列石前面にも遺存する。二カ所の石組み暗渠は、列石前後に突出し、取水口部分には集水施設がある。ここから七世紀初めから前半に比定できる須恵器甕破片が出土している。遺跡は、貝原益軒の『筑前国続風土記』には牧場として紹介されている。

参考文献　頴田町教育委員会『鹿毛馬神籠石』Ⅰ・Ⅱ・Ⅲ(『頴田町文化財調査報告書』一・二・四、一九八四・八六・八八)。(磯村　幸男)

かけはきのたち　懸佩刀　古代の「たち」。『万葉集』九の長歌(一八〇九番)に「懸佩《かけはき》之《の》小釼《こだち》」がみえ、七五六年(天平勝宝八)に光明皇太后が聖武天皇の遺愛品を東大寺に献納した際の目録である『国家珍宝帳《ちんぽうちょう》』にも、黒作一口・宝荘一口・金銅作一口・金銀作二口・銀作二口・金漆銅作二口の計九口がみえ、注記によれば、帯執《おびとり》はすべて韋緒で、金漆銅作の一口には「帯執鐶《かん》」とある。そこから、通常の「たち」は、一対の足金物《あしがなもの》に取り付けた帯執に佩緒《はきお》を通す様式であるのに対し、これは足金物上部がバックル式(鉸具《かこ》という)であり、佩緒に韋製の帯執が取り付けられ、帯執には孔を開け、足金物の鉸具にベルト式に取り付けた様式と考えられる。この様式の「たち」は正倉院には伝世していないが、一九一一年(明治四十一)に出土した東大寺金堂鎮壇具のうち金銀荘大刀二点はこの様式である。『珍宝帳』によれば、懸佩刀は、刃長が最長で二尺一寸九分、最短で一尺一寸九分であり、短寸である。

参考文献　鈴木敬三「万葉刀剣考」(『国学院雑誌』五七ノ六、一九五六)。正倉院事務所編『正倉院の大刀外装』、一九七七、小学館。(近藤　好和)

かけばん　懸盤　膳の一種。四隅を切り込んだ入角《いりずみ》折敷《おしき》形の盤に、畳ずりのある四脚置台をとりつけたのが定形である。四脚のあいだを格狭間《こうざま》形に大きく刳り抜いた四脚が、弧を描いて盤面より外に大きく張り出し、安定性を示すのが特徴的である。『江家次第』には「殿上人懸盤居之」とあり、用い始められた平安時代には、昇殿を許された五位以上のものに限り宮中の宴席などで使用されたらしい。懸盤は黒漆地に朱漆を上塗りをほどこした、いわゆる根来塗《ねごろぬり》の手法によるのが一般的であるが、なかには蒔絵や螺鈿をほどこしたものがある。また折敷の部分の内側に織物を貼ったもの、紫檀や香木で作ったものもある。鎌倉の長勝寺に伝わる応永五年(一三九八)銘の懸盤が、今日に伝世される最古のものである。なお、江戸時代になると民間でも用いられるようになり、本膳の一の膳とされた。　(岩井　宏實)

かけぼとけ　懸仏　一般的に、鏡状の円盤に立体的な尊像を表し、両肩には吊環を設けて懸垂するもの。懸仏の名称は近代以降のもので、それ以前は、鏡の鏡面に尊像を線刻したいわゆる「鏡像《きょうぞう》」とともに御正躰《みしょうたい》(体)と称された。神仏習合《しんぶつしゅうごう》の本地垂迹説《ほんじすいじゃくせつ》に基づく諸神の本体である本地仏の姿を表したものであるが、中には諸神を表したり、尊像を種子《しゅじ》で表すものもある。また、秘仏の代替品としてのお前立《まえだち》像として奉懸礼拝されるものや、神仏への立《りゅう》願《がん》・報賽品《ほうさいひん》としてのものなど多様である。その製作は平安時代後期に始まるが、初期の形式は、最古の遺例として知られる一一五六年(保元元)の鋳出し銘がある島根県安来《やすき》市宮島神社蔵の金銅地蔵菩薩懸仏《こんどうじぞうぼさつかけぼとけ》のように、鏡に似た銅板製鏡板(擬鏡)に薄肉打出し製の尊像を鋲止めしたり、特異な例としては、鏡板から尊像を直接打出す例も見られる(宮城県、熊野那智神社懸仏の内)。また、時代が下るに従って尊像は円形板材に薄い銅板を張った鏡板に鋳成像鋲止めとなり、鎌倉時代後期以降は、より立体的な尊像を枘《ほぞ》止めするのが通例となり、さらには鏡板共一鋳で表すことも行われるようになる。懸垂法としては、初期においては鏡板背面上部に素鈕《そちゅう》を鋳出したり、両肩に小孔を開けて吊る方式であるが、鎌倉時代になると両肩に四葉形吊鐶座を設けて吊鐶を付すようになる。その鐶座も鎌倉時代後期には獅噛《しがみ》形が現れ、以後この形が普及する。鏡板の形は円形が主であるが、中には四角や扇形なども見られる。材質は銅製が主で、木製浮彫彩色・木製彩画・鋳鉄製などもある。懸仏の形式は、鏡そのものに本地仏などを線刻した御正躰たる鏡像から派生したとされるごとく、初期の懸仏の鏡板背面には、素鈕とともに鏡のごとく縁辺を鋳出し突出させているが、次第に別製覆輪《ふくりん》を掛けるようになり、また、表面覆輪部に笠鋲などの装飾を施すようにもなる。しかし、懸仏には例外も多く、その発展形式も一様ではない。

金銅虚空蔵菩薩懸仏（岐阜県新宮神社所蔵）

参考文献　『鏡像と懸仏』、一九八三、東京国立博物館。田邊三郎助「総持寺・蔵王権現鏡像の周辺―鏡像から御正躰へ―」(『MUSEUM』三九二、一九八三)。鈴木規夫「重文・彦山三所権現御正体をめぐって」(『金沢文庫研究』二九九、一九九七)。　(鈴木　規夫)

がけん　瓦硯　⇩硯《すずり》

かこ　鉸具　⇩帯金具《おびかなぐ》

かこうがん　花崗岩　一般的にはマグマが地下深いところでゆっくり冷えて固まった岩石であるが、砂岩や泥岩などの堆積岩が地下深部で花崗岩化作用を受けて形成されたとする説もある。主要造岩鉱物は石英、長石、雲母で角閃石をごく少量含むこともある。造岩鉱物の特徴から黒雲母花崗岩、両雲母花崗岩などと呼ぶことがある。各鉱物は数ミリ大で等粒状組織を示し、数センチに及ぶ大きな結晶を有するものは巨晶花崗岩と呼ぶ。花崗岩は広範な地域で産出し、堅牢なことから古くから寺院や宮殿の礎石として用いられている。また、御影石に代表されるように磨いた面も独特な美しさを有しており、記念碑や墓石などとして利用されている。古くは、エジプトでもオベリスクなど巨大なものが作られ、現在もアスワン市の近郊に古代の石切り場が保存されている。古代遺跡で見られる花崗岩の風化の多くは、鉱物粒子間の結合力がなくなり砂粒状を呈し、外形が崩壊することが多い。　(肥塚　隆保)

かごしまぼうせきしょぎしかん　鹿児島紡績所技師館　鹿児島市吉野町磯にある一八六七年(慶応三)に薩摩藩が建設した洋風建築。鹿児島紡績所技師館(異人館)として国史跡に指定されており、建物は旧鹿児島紡績所技師館として重要文化財。薩摩藩は、一八六六年、現在の尚古集成館本館(旧集成館機械工場)の南隣に洋式紡績工場を起工した。技師館は、この鹿児島紡績所の建設および操業の技術指導のために招いた七名のイギリス人技師の宿舎として造られた。木造、総二階建、建築面積三四二・七平方メートル。基壇は石敷き、屋根は和小屋組み、瓦葺きで、一部に亜鉛鉄板葺き。四方に解放のベランダを設けたコロニアルスタイルをとる。完成当時は、裏手に、台所・浴室・便所・馬小屋の二棟の付属建物があった。一八八二年(明治十五)、鶴丸城跡に移築され、鹿児島学校、鹿児島県立中学造士《ぞうし》館(後に第七高等学校)の施設として用いられた。一九三六年(昭和十一)再び磯に移築されたが、位置はその間に敷設された鉄道などの関係で旧地とはややずれている。

参考文献 鹿児島市『重要文化財旧鹿児島紡績所技師館修理工事報告書』、一九七九。（永山 修二）

かこちょう 過去帳 死者の戒名ないし法名、死亡年月日、俗名、世帯主との続柄、行（享）年などを記載する帳簿。霊簿《りょうぼ》・霊名簿・点鬼簿《てんきぼ》などともいう。菩提寺にとっては、檀家の回向《えこう》のための台帳であり、年次別のものと、檀家の毎月の命日ごとにまとめたものとがある。その原型は比叡山円仁《ひえいざんえんにん》による結衆の名前を記した結衆名簿に求められる。中央に阿弥陀如来像ないし六字名号が描かれ、その左右の短冊型の区画に戒名を記入していく、掛軸型過去帳の形式である。この形式は二十五三昧講《にじゅうござんまいこう》の後身である六斎念仏講《ろくさいねんぶつこう》に残っている。奈良当麻寺《たいまでら》の当麻曼荼羅《たいままんだら》厨子の扉がこの形式になっている。江戸時代に入ると、過去帳は檀家制度の成立とともに檀家を掌握するための基本台帳となり、各家ごとに備えられていった。一ヵ月三十日の一日ごとにそれぞれ守護の神仏が配当され、戒名ほかがその下に列挙されていく日割回向帳形式である。当時の状況、人口動態を知る手掛かりとなる貴重な史料である。

参考文献 圭室諦成『葬式仏教』、一九六三、大法輪閣。五来重『葬と供養』、一九九二、東方出版。（藤井 正雄）

かこのふなせ 水児船瀬 兵庫県の加古川河口に存在した港。印南大津江と同じ。古墳時代に竜山《たつやま》製石棺の積み出し港として発展した。八世紀後半になると、律令政府は造船瀬所を設置して水児船瀬の造営・維持にあたった。『続日本紀』延暦八年（七八九）十二月乙亥条と同十年十一月壬戌条によると、水児船瀬の造営には、播磨国美嚢《みなぎ》郡大領韓鍛首《からかぬち》広富や播磨国の出雲臣人麻呂が私物を献じ、造営・維持に協力したことが知られる。水児船瀬の建設・維持のために私物を献上した氏族に美嚢郡大領の韓鍛首広富や大初位下佐伯直諸成《もろなり》など加古川の上・中流域を本拠地とする郡領氏族がいたことは、加古川河口の港は河口や沿岸の人々だけでなく、内陸部の氏族にとっても重要なものであったことを示している。こうした加古川河川交通の存在は、『播磨国風土記』にみえる、「荒ぶる神」がいて瀬戸内海交通を妨害したため、加古川をさかのぼり明石川を下ったという記事からも想定できる。

参考文献 千田稔『埋れた港』、一九七四、学生社。松原弘宣『日本古代水上交通史の研究』、一九八五、吉川弘文館。（松原 弘宣）

かさがみのもじいわ 笠神の文字岩 船の航路を確保するために河床開鑿《かいさく》の難工事を果たしたすえ、苦難の経緯を後世に伝えようと刻まれた記念碑。この碑は、岡山県中西部の川上郡備中町を東流する成羽《なりわ》川（高梁《たかはし》川の支流）の笠神の瀬にある。大きな自然石を用いて、その中央部、縦一・八メートル、横二・四メートルの範囲に碑文を刻む。碑文のはじめに「笠神船路造通事」とあり、鎌倉時代末期の一三〇七年（徳治二）七月二十日に着工し、笠神の龍頭瀬の上下に連なる十余ヵ所の瀬に船路を開いたとみえるほか、工事の概況や工事関係者の氏名などが刻字されている。大勧進は地元成羽の善養寺の尊海があたり、その本山である奈良西大寺からも実専が応援に来て、力を尽くしている。仏教の法化と社会事業が結びつき、上流域で産する鉄や銅、農産物などの輸送を視野に入れ、この難工事を成就させたらしい。一九四一年（昭和十六）国指定史跡。文字岩は現在、新成羽川ダムの水底に没して見られない。

参考文献 藤沢晋「十四世紀の成羽川水運開発記念碑「笠神文字岩」について」（『岡山大学教育学部研究集録』一八、一九六四）。藤井駿「中世の産業・交通と笠神の文字岩」（『備中町史』本編所収、一九七二）。藤沢晋「文字岩銘文（備中町笠神）」（同資料編所収、一九七四）。（葛原 克人）

かさぎやま 笠置山 京都府南部、相楽《そうらく》郡笠置町の木津川岸にある山。標高二八八メートル。木津川上流、山城・大和の国境にそびえ、伊賀・伊勢にも通じる交通の要衝である。全山ほとんど風化を受けやすい花崗岩で構成され、風化・浸食を受けた奇岩が散在する。山上には高さ約一六メートルの切り立った崖に彫った弥勒《みろく》菩薩や、高さ一二メートルの岩に彫った虚空蔵菩薩《こくうぞうぼさつ》など巨大な磨崖《まがい》仏が多い。山頂に弥勒の磨崖仏を本尊とする真言宗智山派の笠置寺《かさおきでら》（鹿鷺山《ろくろざん》）が存在する。早くから巨石信仰があったとみられ、天智天皇の皇子や役小角《えんのおづの》、東大寺の良弁《ろうべん》、実忠などにかかわる伝承がある。平安時代以降、同寺の磨崖仏は天人彫刻の仏として信仰を集め、弥勒信仰の霊地として、花山院や藤原道長をはじめとする貴族・庶民の参詣が盛んに行われた。鎌倉時代初め、興福寺の貞慶（解脱上人）が住んだことで、諸堂が建立され住僧も増加した。また修験道の道場として信仰を集めた。元弘の変（一三三一年）において後醍醐天皇が挙兵する拠点となったのは、笠置山が交通の要衝で天然の要害であるとともに、修験道勢力の援助に期待したからと推定できる。この戦乱により笠置寺は全山ほとんど焼失、弥勒仏も光背を残すのみとなった。その後、室町時代に修験道の中心として復興されたが、再び火災に遭い、再興されるという経緯をたどる。近世に入ると笠置は伊勢国津藩領となり、伊賀上野までのびる伊賀街道が伊勢詣での街道として賑わった。笠置寺には重源の寄進による建久七年（一一九六）銘の銅鐘、石造十三重塔、紙本墨書地蔵講式・弥勒講式（以上、重要文化財）など、多数の文化財が伝わる。またサクラの木が多く、国の史跡・名勝、府立自然公園に指定されている。

参考文献 『笠置町と笠置山―その歴史と文化―』、一九八〇、笠置町教育委員会。（榎 英一）

かさとうば 笠塔婆 小規模な石造塔の一種で、柱形の塔身に笠をのせたもの。塔身は断面を方形または長方形に仕上げるのが普通で、方形の場合は笠が宝形造となり上に宝珠をのせるが長方形の場合は笠が寄棟造となり宝珠はのらない。遺品は鎌倉時代からあり、高さは二メートル前後が大きい方であるが、奈良般若寺笠塔婆二基（一二六一年(弘長元)は四・七メートルもある。大分富貴寺笠塔婆五基(鎌倉時代前期)は塔身が自然石を細長い台形状に截ち割ったやや不整形なもので、正面に阿弥陀三尊などの種子と造立年次を刻む。本格的な基礎をもつものは少ないが、岡山大光院笠塔婆(一二四五年(貞和元))は側面三方に格狭《こうざ》間《ま》を刻み上面に二重の段形を造った立派な基礎をもち、方形の塔身には三方に日蓮宗の題目南無妙法蓮華経を刻んでいる。奈良談山《たんざん》神社摩尼輪《まにりん》塔(一三〇三年(嘉元元))は塔身が断面八角形で正面上部に大輪を造り大日如来の種子を刻んだ独特の形式をもつが、これは石幢に類するものといえよう。→石幢《せきとう》

参考文献 川勝政太郎『日本石材工芸史』、一九五七、綜芸舎。 (濱島 正士)

かざりたち 餝剱 勅授帯剣《ちょくじゅたいけん》の文官や高位の武官が主に束帯《そくたい》で佩帯する儀仗《ぎじょう》の「たち」。神宝《じんぽう》ともなる。主に金物の精粗で如法餝剱《じょほうのかざりたち》・螺鈿剱《らでんのたち》・細剱《ほそだち》に分かれる。如法餝剱は正倉院北倉に伝世する金銀鈿荘唐大刀の様式を継承するもっとも整った様式で、狭義の餝剱である。兜金《かぶとがね》・足《あし》金物《がなもの》・責金《せめがね》・石突《いしづき》を透彫玉荘の長金物とし、金物間に螺鈿を入れ、白鮫皮包柄に手貫緒《てぬきのお》を施し、足金物には山形《やまがた》金《がね》が付き、鐔は唐鐔《からつば》で、帯執は七つ金様式である。手貫緒と帯執は赤韋が正式で、藍韋もあり、佩緒《はきお》は平緒《ひらお》である。螺鈿剱は長金物部分を螺鈿に替えた様式で、如法餝剱の代用として代剱《だいのたち》ともいう。奈良春日大社の紫檀地螺鈿餝剱はこの様式である。細剱は螺鈿剱から長金物相当部分の螺鈿と山形金を省略した様式で、総体に細身である。鞘の漆技法で、木地螺鈿剱・蒔絵螺鈿剱・樋螺鈿《ひらでん》剱・蒔絵剱などがある。こうした各餝剱の使用の区別は、併用の石帯《せきたい》の種類とも関わり複雑な故実があり、洞院実煕の『名目抄』などにまとめられている。

参考文献 鈴木敬三「公家の剱の名称と構造」(『刀剣美術』三四三、一九八五)。 (近藤 好和)

かじ 鍛冶 鉄素材を炉内で高温に加熱して素材内の炭素量を調整する工程。鍛冶の開始は、弥生時代中期の福岡県赤ノ井手遺跡で炉が確認され、北部九州を中心に列島西部に急速に広がり、古墳時代前期には関東まで鍛冶炉が確認される。弥生時代の鉄製品が北部九州を中心に大量に出土することや、鍛冶炉がこの地域に多く発見されていることからも、畿内地域の鉄器保有の貧弱さは明らかである。かつて、畿内地域の石器消滅＝鉄器普及説が横行したが、留意を要する。弥生時代の鉄製品は、鉄鏃・鉇《やりがんな》・刀子《とうす》などの工具が主流を占め、古墳時代に鉄剣・鉄刀・鉄鏃のほかに甲冑・馬具などの威信財が王権・地域政権の居館・専業工房で生産され、銅製品などの非鉄金属生産と技術の融合が進む。製鉄技術と異なり、高度なものや武器・武具生産などに携わる鍛冶工人は、権力の中枢に掌握される。史料によると、『古事記』応神天皇段に韓鍛冶《からかぬち》卓素が渡来し、鍛冶の技術を伝えたとみえ、それ以前の工人を倭鍛冶《やまとかぬち》として区別する。伽耶地域からの工人伝来の伝承であろうか。古墳時代の畿内では、王権中枢の拠点集落に鍛冶工房が配置されるが、中期になるとこれら以外に、大阪府大県遺跡・森遺跡、奈良県布留遺跡・脇田遺跡・南郷遺跡群などの専業工房が形成される。冶金学の分析で、大県遺跡・森遺跡などでは大量の精錬鍛冶滓の出土が確認され、素材生産から鉄器生産が行われていたと考えられる。韓式系土器などを出土するものが多く、朝鮮半島南部の渡来系工人集団による技術の伝播と理解される。古墳時代後期には、その生産が飛躍的に増加したことが確認できる。飛鳥時代には、大阪府田辺遺跡でも素材生産が確認されるが、奈良県飛鳥池遺跡のように製品加工と鋳銅・ガラス生産などとを複合的に行う初期官営工房が出現する。畿内においても素材生産・鉄器製作の大量生産を目的とするものと、高度な技術を保有する官営工房の二極化が窺える。令制以前の初期官営工房において、技術労働者の中核をなすのは手人を称する集団であった。その具体的な存在形態を示す史料はきわめて少ないが、五九六年(推古天皇四)の飛鳥寺造営に動員された金属加工技術者に関して「爾時使作金人等、意奴弥首名辰星也、阿沙都麻首名未沙乃也、鞍部首名加羅爾也、山西首都鬼也、此四部首為将、諸手作奉也」と伝える『元興寺伽藍縁起幷流記資財帳』に引用される「塔露盤銘」の記載は、その原型を示すものといえる。忍海首・朝妻首・鞍作首・河内首の「四部首」に率いられた「諸手」とは、いうまでもなく忍海手人・朝妻手人・鞍作・河内手人などに理解すべきものである。律令国家の官名に宮内省鍛冶司のもとに京内・大和・山城・摂津・河内・近江・播磨など畿内およびその周辺に集住する鍛戸《かぬちこ》を編成し、工人が上番によって国家需要をみたした。河内の場合、『続日本紀』養老三年(七一九)十一月戊寅条に若江郡人の旧雑戸が改姓を求めた記事があり、同四年六月戊申条に「河内国若江郡正八位上河内手人刀子作広麻呂、改賜下村首姓、免雑戸号」とある。同年、河内手人大足が改姓を要求しており、八世紀まで河内手人姓を持つものが確認できる。このうち、『延喜式』木工寮によると令制以後雑戸に組みこまれた鍛戸が四十六戸である。鍛戸の墓跡は、大阪府太平寺三号墓・田辺四号墓の鉄滓副葬がみられる火葬墓が該当するのであろう。畿内周辺の雑工戸・鍛戸関係に韓鍛冶百島(近江)、韓鍛冶谷法麻呂(丹波)、韓鍛冶百依・忍海漢人麻呂(播磨)などの氏名も認められ、渡来系工人の姓を有している点が注目される。平安時代になると、鉄の国内産出額も増加し、鍛冶集団の自立化・定住化も進み地方豪族の武装や開発に多大な役割を果たした。中世には、武士の刀剣の鍛造技術が発達し、大和・山城・備前・美濃・相模といった刀鍛冶の集中地で優れたものが生産される。戦国時代には、刀鍛冶に対して鉄砲鍛冶も出現する。

参考文献 花田勝広『古代の鉄生産と渡来人』、二〇〇二、雄山閣。 (花田 勝広)

がしつどき 瓦質土器 中世から近世にかけて生産され

た、表面に炭素を吸着させた土器。京都では十二世紀、河内・和泉では十三世紀と、地域により生産されはじめた時期は異なるが、初期は西日本を中心として出現した在地土器で、十四世紀以降は全国的に広がる。特に中世後期において、日常生活に用いられた土器類構成に重要な役割を果たしていたことが、近年の中世遺跡・遺物の研究で明らかになりつつある。この用語については、瓦器の中に含める考えや、瓦器椀と区別する考えがあり、明確に定義されていないのが現状である。基本的な器種は台所で使用される中・大型の日常品である。甕・壺などの貯蔵具、鍋・釜などの煮炊具、擂鉢《すりばち》・片口鉢などの調理具がある。このほかに喫茶具の茶釜、花瓶《けびょう》・燈台・仏像などの仏具、暖房具の火鉢や、硯・香炉・十能・井戸枠などの特殊品がある。瓦質土器が生産された技術的系譜は瓦生産のほか、器種によっては須恵器・土師器・瓦器椀の工人とのかかわりが想定されるなど複雑な様相を呈す。特に大和国では、火鉢が出現する十四世紀前半は、瓦器椀の消滅していく時期にあたっており、両者の生産体制の関連が早くから注目されてきた。製品は基本的には在地が供給先であり、旧国規模であるが、中には奈良火鉢のように広い流通圏をもったものもある。また、台所用具の器種や器形などには地域性を認めることができる。たとえば、西日本は甕中心だが、北関東では壺が使われる。鍋と釜でも地域差が認められる。また瀬戸内では足付の鍋・釜が分布し、東日本では内耳鍋が広く使われている。中世後期に全盛を迎えるが、近世に入ると衰退していく。これは陶磁器類・鉄製品などの全国的な普及によるものであろう。同時期の他の材質の製品を模し、粗製で安価なことを特色として登場した瓦質土器は、陶器生産や金属生産の発展によって消滅する宿命にあったと考えられる。→瓦器椀《がきわん》

参考文献 鋤柄俊夫「各地の瓦質土器」(中世土器研究会編『概説中世の土器・陶磁器』所収、一九九五、真陽社)。菅原正明「西日本における瓦器生産の展開」(『国立歴史民俗博物館研究報告』一九、一九八九)。　(安田龍太郎)

かしはらこうこがくけんきゅうしょ　橿原考古学研究所　奈良県橿原市畝傍町に所在する考古学の研究機関。一九三八年(昭和十三)九月の橿原神宮外苑整備事業に伴う橿原遺跡の発掘調査を契機に考古学者末永雅雄によって創立された。一九七四年には奈良県条例にもとづく県立機関となる。調査・研究部門とともに公開展示施設として旧石器時代から江戸時代に至る考古資料約五千点を展示した附属博物館を併設する。奈良県内の遺跡調査をおもに手掛け、唐古・鍵遺跡、纒向《まきむく》遺跡、メスリ山古墳、新《にい》沢《ざわ》千塚古墳群、藤ノ木古墳、高松塚古墳、飛鳥京跡、太安萬侶墓などの調査成果は各時代の研究基準となっている。なかでも一九七二年の高松塚古墳の発掘調査は、国民的話題となり機関の存在を周知させることになった。歴代所長は末永雅雄、有光教一、岸俊男、樋口隆康。常勤職員約七十名のほか非常勤の指導研究員、共同研究員など約百名によって構成される。多方面の研究分野の所員が集い、特色のある活動を今日まで刻んでいる。

参考文献 橿原考古学研究所編『大和の考古学五〇年』、一九八八、学生社。奈良県立橿原考古学研究所調査研究部編『橿原考古学研究所一九三八～一九九八』(『橿原考古学協会調査研究成果』四、一九九八)。　(今尾 文昭)

かしまぐうけ　鹿島郡家　古代における常陸国鹿島郡の郡役所。遺跡名は神野向《かのむかい》遺跡。国指定史跡「鹿島神宮境内附郡家跡」。鹿島神宮から南約一・五キロの標高三二メートルの高台に所在。発掘調査により郡庁、正倉院、厨家などの建物群を発見。郡庁は三時期の建替えが行われ、三期目は周囲を回廊で囲み、正殿、前殿を配する。三時期とも左右対称形の建物形態をとる。正倉院は、郡庁南西に位置し周囲を大溝で巡らす。三時期の建替えが行われる。一期目は掘立柱建物、二期目は掘込地業《ほりこみじぎょう》版築《はんちく》基壇《きだん》をもつ礎石建物、三期目は掘立柱建物と変遷する。厨家は、郡庁東にあり三時期の掘立柱建物群で構成される。主な出土遺物は、厨家周辺地区から「鹿嶋郡厨」「鹿厨」「神宮」「祝家」「東殿」「舘」などの墨書土器、正倉院から軒丸瓦、平瓦、帯金具ほか大量の炭化米が出土した。本郡家跡は『常陸国風土記』香島郡の条にみえる新郡家である。旧郡家跡は鹿島神宮北西の沼尾池(田谷新田)周辺と推定する。

参考文献 鹿島町教育委員会編『神野向遺跡』I—VI、一九八一—八七。茂木雅博編『風土記の考古学』一、一九九四、同成社。　(本田 勉)

かしまじんぐう　鹿島神宮　茨城県鹿嶋市大字宮中字鹿島山に鎮座する常陸国の一宮。境内は『常陸国風土記』記載の沼尾神社・坂戸神社境内および鹿島郡家跡を含めて、国指定史跡「鹿島神宮境内附郡家《つけたりぐうけ》跡」となる。祭神は武甕槌《たけみかずち》神。大和朝廷が東国に勢力を伸張していった際の武神として古代以来篤く朝廷の尊信を受けてきた。武甕槌神とは、記紀によれば天孫降臨の際、天神の勅により、経津主《ふつぬし》神とともに出雲国を平定し、神武天皇東征にあたっては霊剣を降してこれを授けたと伝えられる英雄神。この神を祭ってきた常陸中臣氏は、藤原氏の権威が中央において強化するにつれてその従属者となり、その後、鹿島・香取の神は藤原氏の氏神と化し、平城京遷都の際、鹿島・香取の神を春日山に勧請してその造営となし、鹿島神は春日社の第一殿(香取神は第二殿、祖神である天児屋根《あめのこやね》神は第三殿)と定まった。七七四年(宝亀五)には、藤原氏の氏神ということで叙位を受け、のちに正一位になった。『延喜式』神名帳では、伊勢大神宮は別として、宇佐神宮・筥崎神宮とならんで「神宮」と称し、名神大社に列せられ、毎年二月の春日祭には朝廷から鹿島《かしま》使《つかい》が鹿島神宮に参る定めとなった。中世に入り祭神の軍神的性格により東国武士の崇敬も篤く社領を増大していった。現在の社殿は一六一八年(元和四)の造営である。現在は西方からこの社に参るが、境内や社殿の配置から元来は東方御手洗《みたらし》から参る形であったと考えられる。西

方からの参りは、神宮西方に常陸大掾平氏の流れを組む鹿島政幹が鹿島城(吉岡城)を構え、一一八一年(養和元)源頼朝から鹿島神宮の総追捕使《そうついぶし》に補任されたころからと推定する。また、地形上制約するにもかかわらず台地北側に社殿を造営し、本殿を北向きにするのも東国経営上の守護神であった由来に起因するものがある。鹿島神宮境内の発掘調査は一九六九年(昭和四十四)に参道南側で行われている。祭器庫遺跡と呼ばれていた。古墳時代後期の竪穴遺構と考えられる。出土遺物は杯、特殊な手捏《てづく》ね高杯、甕が出土している。手捏ね高杯は特徴的な形をしており、祭祀に用いられたと推定する。鹿島神宮宝物館には国宝直刀黒漆平文太刀拵《こしらえ》があり「ふつのみたまのつるぎ」と称し、奈良時代の作と伝えられている。また、重要文化財工芸品として源頼朝寄進と伝える「梅竹蒔絵鞍」、建造物として本殿・石の間・幣殿・拝殿や楼門、仮殿がある。また鹿島神宮関連遺跡には次のようなものがある。

[宮中《きゅうちゅう》野《の》古墳群] 鹿島神宮の谷津を挟んで北西の北浦に突き出た台地に約百二十基余の古墳が分布する。代表的な古墳は、『新編常陸国誌』に記載のある帆立貝形古墳である勅使塚古墳(大塚古墳)、前方後円墳の夫婦塚古墳がある。

[鹿島神宮寺《じんぐうじ》跡] 鹿島神宮から東南二キロの鉢形に所在する。鹿島神宮の本地堂として、七四九年(天平勝宝元)に修行僧満願によって建てられたと伝えられる。一九七四年の発掘調査により磚積基壇跡が発見されている。

[春内《はるうち》遺跡] 鍛冶工房跡。長屋状の連房式鍛冶工房跡で複数の鍛冶炉が検出。時期は七世紀後半から末と推定。大量の鉄製品を短期間で製作するための施設と考えられ、鹿島神宮や郡家の造営に関わる遺跡と推定する。類似する連房式鍛冶工房跡は、石岡市鹿の子C遺跡でも検出しており出土遺物・墨書などから兵器製作ための工房と推定している。

[厨台《くりやだい》遺跡] 鹿島神宮の北、谷を隔てた台地に位置する原始古代の大規模な複合遺跡。奈良時代から平安時代後期の集落跡が中心。「神厨」「中臣宅處(成)」「鹿嶋郷長」の墨書土器出土。また、鹿島神宮に関連すると推定する前殿、後殿を配し、西に倉庫群を配する大規模建物群がある。このほか石製紡錘車に「申田・右・左」と刻まれた文字がある。この「申田」は鹿島神宮の御神璽《ごしんじ》と伝えられる茨城県指定文化財銅印「申田宅印」に刻まれた文字と同一である。

参考文献 『鹿島神宮文書』、一九四二、鹿島神宮。『鹿島町史』一、一九七二。茂木雅博編『風土記の考古学』一、一九九四、同成社。青木和夫・田辺昭三編『藤原鎌足とその時代』、一九九七、吉川弘文館。 (本田 勉)

かしゃ 火舎 仏殿の仏像の前に置いて、仏に対し薫香して供養するための香炉。一般的に腰の低い桶状の容器で、口縁に大きく鍔《つば》を出し、底に三本ないし四本の脚を付ける。蓋は当初から備えているものと、ないものとがあるが、蓋は段をいれた笠形で、頂に宝珠鈕《ほうじゆちゆう》を付け、笠に雲形・猪目《いのめ》・蓮華などの煙出しを透かすことが多い。法隆寺の玉虫厨子の須弥座に描かれた舎利供養図のなかに五本の脚をもつ火舎が描かれており、飛鳥時代には使われていたと思われるが、遺品としては、正倉院宝物の白石香炉がもっとも古い。これは火炉を大理石で作り、五頭の鋳銅鍍金の獅子が脚として火炉を支えている。密教では、大壇や密壇に六器・華瓶《けびょう》とともに配置されて一面器を形成する。密教法具の火舎の遺品としては伊豆修禅寺のものが最古で、平安時代前期と推測されるが、これは唯一四脚となっている。それ以外はすべて三脚であり、鎌倉時代の作には、身と蓋の間にさらに甑《こしき》を重ねて、鍔が二段になった重厚な形式が盛行した。

参考文献 『新版仏教考古学講座』五、一九八四、雄山閣出版。『仏具大事典』、一九八二、鎌倉新書。 (原田 一敏)

かしょうじ 嘉祥寺 京都市伏見区深草真宗院山町・深草瓦町付近に所在した平安時代前期の寺院。八五〇年(嘉祥三)三月の仁明天皇崩御により、同天皇深草山陵そばに創建され、年号を寺名としたらしい。八五一年(仁寿元)二月に清涼殿を「嘉祥寺堂」として移築し、同年三月には仁明天皇の法要が営まれている(『文徳実録』仁寿元年二月丙辰(十三日)条、同年三月壬辰(二十日)条)。開基は、空海の実弟の真雅。仁寿年間(八五一—五四)には藤原良房と真雅が嘉祥寺西院を建立し、西院は八六二年(貞観四)に独立して貞観寺となり、本寺を凌いで栄えた。伴善男は、仁明天皇の冥福を祈り、同天皇深草山陵前の嘉祥寺に食堂《じきどう》を建立していたが、応天門の変により配流されたため、食堂も破却された(『三代実録』貞観八年九月二十五日条)。八七八年(元慶二)定額寺となり、八八四年には五重塔造営料を与えられるなど多くの寄進を受けて栄え、平安時代末期には仁和寺別院となった。十五世紀半ばごろまでは存続したようであるが、その後は廃絶し、善福寺(深草瓦町所在)境内の十数個の礎石はその遺構ではないかと想定されている。なお、現在の嘉祥寺(深草聖天《しょうてん》、深草坊町所在)は、一六六二年(寛文二)に再興された天台宗の寺院。

参考文献 西田直二郎「嘉祥寺址」(京都府編『京都府史蹟勝地調査会報告』一所収、一九一九)。川勝政太郎「深草新発掘廃寺址の考察」(『史迹と美術』一八、一九三二)。 (磯野 浩光)

かすがい 鎹 建築部材などの側面に打ち込んで、接合部を補強する金具。古代・中世の文献では、「挙鎹・あげかすがい」「鎹舌・かすがいした」(『延喜式』)の記述がある。十三世紀の建築部材(法隆寺東院礼堂)の中で、柱と頭貫との接合部を補強している鎹が古い例に属し、中世以降、多く使われるようになった。鎹は、断面角形で棒状の鉄の両端を尖らせ、直角に折り曲げた形状である。断面が角型のものを角鎹、扁平なものを平鎹と呼称している。中世は角鎹が多く使われた。折り曲げ部分は、肩の肉が厚く盛り上がるように鍛造されており、部材接合部の補強材として大きな強度を有していた。近世になると平鎹が増え、両端の角部分も単に折り曲げただけで、補強材として引張力が弱かった。その他に、床板や縁板と、床下材(根太など)との接合を補強するために使った目鎹《めかす》がある。一端は尖らせて折り曲げ、他端は少し叩き広げて釘穴をあけてある。折り曲げた方を板側面(コバ)に打ち込み、他端を床下材に釘打ちで固定させる。いわゆる「うぐいすばり」は、この目鎹がゆるんで音を立てている場合が多い。

参考文献 安田善三郎『釘』、一九二六。山野満喜夫「釘のいろいろ」(大阪建設業協会編『建築もののはじめ考』所収、一九七三、新建築社)。細見啓三「建築金具」(伊藤延男他編『文化財講座日本の建築』三所収、一九七七、第一法規出版)。

(渡邉　晶)

かすがごんげんれいげんき　春日権現霊験記　鎌倉時代後期制作の絵巻物。付属の目録奥書によれば、一三〇九年(延慶二)に西園寺公衡《きんひら》が発願し春日大社に奉納、絵は宮廷の絵所預《えどころあずかり》であった高階隆兼が描き、詞書を公衡の弟である覚円法印が起草して、前関白鷹司基忠とその子息の摂政冬平・権大納言冬基・興福寺一乗院良信僧正が書写したという。内容は藤原氏の氏神である春日明神に関する霊験譚や藤原氏の氏寺である興福寺の寺僧に関する説話を数多く収録する。絵は平安時代以来の絵画の伝統を継承し、それを集大成した中世大和絵の到達点を示す。また当時の風俗を知るための史料としても注目される。一三〇九年の奉納以来、長く春日大社に秘蔵されていたが、一八七五年(明治八)と一八八一年の二度に分けて皇室に献上、現在は三の丸尚蔵館が所蔵する。絹本着色、二十巻。『新修日本絵巻物全集』一六、『続日本絵巻大成』一四・一五に収める。

参考文献 五味文彦『『春日験記絵』と中世—絵巻を読む歩く—』、一九九八、淡交社。神戸説話研究会編『春日権現験記絵注解』、二〇〇五、和泉書院。

(加須屋　誠)

かすがたいしゃ　春日大社　奈良市春日野町に鎮座する神社。延喜式内社で二十二社の一つ。また旧官幣大社。藤原氏の氏神で、祭神は武甕槌《たけみかづち》命・経津主《ふつぬし》命・天児屋根《あめのこやね》命・比売神の四座。四座とも他所より勧請された藤原氏の氏神で、武甕槌命は常陸国の鹿島神宮、経津主命は下総国の香取神宮、天児屋根命・比売神は河内国の枚岡《ひらおか》神社より勧請されている。つまり奈良時代に藤原氏が、各地の氏神を勧請して創始した神社である。古社記によると、春日大社は七六八年(神護景雲二)に成立したという。すなわち、春日の神は七六七年に鹿島より渡御し、伊賀国名張郡夏見郷・同国薦生山・大和国安部山を経て同国御蓋《みかさ》山に至り、そこで七六八年十一月九日に神殿を造営したという。『三代実録』元慶八年(八八四)八月二十六日条の記述などによれば、この所伝はそれなりに信憑性があると思われる。ただし、当社は御蓋《みかさ》山を神体山とするが、御蓋山に対する信仰は春日大社成立以前から存在しており、たとえば七一七年(養老元)には遣唐使が神祇を御蓋山に祀っている。また七五六年(天平勝宝八)成立の東大寺山堺四至図には、現社地の近くに神地が描かれている。なお春日大社を取り囲むようにめぐる、奈良時代の築地塀跡も確認されている。平安時代にも春日大社は藤原氏の氏神として重視され、二月・十一月上申日を祭日とする春日祭は、勅祭として重んじられた。平安時代中期以降は、天皇による春日行幸、摂関家の春日詣も盛んに行われた。一〇〇三年(長保五)には若宮が出現し、一一三五年(保延元)には若宮社殿が建立、翌年からは若宮祭(おん祭)が開始される。平安時代後期には興福寺との一体化が進行しており、若宮祭も、興福寺のもとに組織された大和武士の祭として、盛大に執り行われるようになる。中世興福寺の衆徒が、春日の神体である春日神木を奉じて強訴したことも著名である。その後、明治初年の神仏分離・廃仏毀釈によって興福寺から分離され、官幣大社に列している。春日造の本殿は国宝。また本宮・若宮の古神宝は、平安時代に貴族らにより奉献された工芸品を多く含み、国宝に指定されている。その他古文書など、多くの文化財を所有している。国指定史跡。

参考文献 『神道大系』神社編一三、一九八五。永島福太郎「春日社興福寺の一体化」(『日本歴史』一二五、一九五八)。『奈良公園史』、一九八二、奈良県。黒田昇義『春日大社建築史論』、一九七八、綜芸舎。

(吉川　聡)

かすがづくり　春日造　神社建築の一形式で、春日大社本殿(奈良県、一八六三年)に代表される。切妻造、妻入の主体部の正面に庇《ひさし》を設け、柱を井桁に組んだ土台上に載せる。平面は方一間の小規模なものが一般的で、庇は主体部と構造的に一体化されておらず、あとから庇が付加されたこの形式の成立過程を物語る。十一世紀までさかのぼりうる形式で、現存最古の遺構は円成寺春日堂・白山堂(奈良県、十二世紀末ころ)。また、庇の取付部に隅木《すみぎ》を入れ正面側を入母屋造とした隅木入春日造の形式もある。春日造は流造について全国に数多くみられる形式であるが、春日大社の各社殿を定期的に建て替える式年造替に際して旧社殿を関連する神社に下げ渡した慣習と関連し、奈良県を中心とする地域に集中して分布する。近世には「春日造」「王子作」といった神社名を冠した呼び名のほか、「向妻作」「向作」といった構造形式に由来する呼称も用いられた。

参考文献 黒田昇義『春日大社建築史論』、一九七八、綜芸舎。稲垣栄三『神社と霊廟』(『原色日本の美術』一六、一九六八、小学館)。『日本建築史基礎資料集成』一、一九九八、中央公論美術出版。

(清水　重敦)

かすがやまじょう　春日山城　越後守護上杉氏の戦国時代の居城。新潟県上越市中屋敷などに所在する。国史跡。守護代長尾氏は、謙信の父為景の代から守護勢力に代わるのにあわせて十六世紀前半に春日山城を整備し始め、守護権力を手中にした上杉謙信によって、山城部分に常住機能をもつ城郭になったと考えられる。そして景勝の代に至って、ほぼ現状の遺構規模に整備されたものと想定される。山城部分は、主尾根部分だけで九〇〇メートルに及び、一〇〇〇平方メートルを越える大郭が十二を数える。城中最大規模の堀切は、全長一三〇メートル以上、最大幅二五メートルを測る。連続竪堀は認められず、土塁の構築はほとんどめだたない。郭群は、そのまとまりから三群六単位に分けられる。最高部を中心とした実城《みじょう》郭群は、最古の築城部分と考えられるが、あまり大きな郭がなく、そこに東西の郭群が追加整備されることにより、戦国期城郭への歩みを始めたといえる。さらに周辺に大郭を擁する郭群が加えられることにより、家臣団・家族(人質)を多数収容できるようになり、越後国城としての位置を確立したものと評価できる。発掘調査は、部分的に実施されているが詳細は明らかとなっていない。城下の総構は、発掘調査の結果からは御館《おたて》の乱後の景勝段階のものか、堀秀治段階のものか判然としないが、出土遺物から内堀地区が十六世紀の早い段階から継続して営まれていたことがわかる。春日山城を考える上でさらに重要なことは、山城が単独で存在していたのではなく、その前代から続く府中(直江津地区)が常に重要な位置を占めていたということである。それは、謙信が春日山城に常住し、さらに本格的な城の整備が行われたと考えられる景勝段階に至っても、その位置を喪失することがなかった。津としての経済的基盤であり、越後国守護上杉氏の守護所でもあった府中は、築城技術の高まりとともに、ついには堀氏の福島城をも招き寄せてしまうのである。

資料館 春日山城史跡広場ものがたり館(新潟県上越市)、上越市埋蔵文化財センター(同)

参考文献 池享・矢田俊文編『定本上杉謙信』、二〇〇〇、高志書院。水澤幸一「越後戦国期城郭の中の春日山城」(笹本正治監修『川中島合戦再考』所収、二〇〇〇、新人物往来社)。金子拓男・戸根与八郎「春日山城」(『上越市史叢書』八所収、二〇〇三)。

（水澤 幸一）

かすがやませっくつぶつ　春日山石窟仏　奈良県春日奥山(奈良市高畑町)に所在する石窟仏。通称、石切峠穴仏。国史跡。凝灰岩の岩壁に南面する東西二窟を彫込む。東窟は中央に角柱を彫残し、その下部に四方四仏(推定。西面の阿弥陀のみ同定可能)を表す。東壁には聖観音立像三軀および神将形像、西壁には地蔵菩薩像四軀および神将形像の、いずれも三尺の立像を並べ表す。西窟は正面壁に金剛界五仏(推定)を左右に並べ(三軀残存、また一軀の光背痕跡が確認できる。中尊の大日が等身で、ほかはやや小さい)その向かって左方に三尺の多聞天立像を表す。五仏間の壁に一一五五年(久寿二)の刻銘(年紀部分は現存せず)および一一五六年(保元元)の墨書銘(現在ほとんど判読不能)により造立のことが記されており、刻銘には今如房という作者名が記される。像はいずれも厚肉彫りで、ことに西窟諸像は丸彫りに近く立体的に表され、優れた出来ばえを示している。東窟諸像はやや彫りが硬く、また地蔵の着衣形式などに進んだ要素が認められ、製作は西窟諸像よりも遅れる十二世紀末ごろかとみられる。

参考文献 『奈良県史跡勝地調査会報告書』三、一九一六、奈良県。

（奥 健夫）

かずさおおてらはいじ　上総大寺廃寺　千葉県木更津市大寺字本郷に所在する古代寺院跡。一九三三年(昭和八)・三四年に部分的な発掘調査が行われているが、伽藍配置は不明。ただし、遺跡内には石製露盤があり、塔は存在したと考えられる。現存する石製露盤は、一三五・二センチ×一四〇・八センチの方形で、中央に上面径四四・八センチ、下面径四八・四センチの円孔があけられている。石材は火山礫凝灰岩である。また、発掘調査などで約四百五十点の瓦が出土している。文様の確認できるものには奈良県川原寺と同じ鋸歯文縁複弁八葉蓮華文軒丸瓦、千葉県君津市九十九坊廃寺と同じ三重圏文縁単弁四葉軒丸瓦、重圏文軒丸瓦、重弧文軒平瓦が存在する。出土瓦や土器から六七〇年代には造営が開始されていたと推定でき、その造営にはのちの望陀《もうだ》郡司、馬来田国造《まくたのくにのみやつこ》の関与が推定されている。

参考文献 宮本敬一「上総大寺廃寺」(『千葉県の歴史』資料編考古三所収、一九九八)。

（笹生 衛）

かずさこくぶんじ　上総国分寺　上総国に所在した国分寺。七四一年(天平十三)の聖武天皇の詔を受けて諸国で建立された国分寺の一つ。現在は、千葉県市原市惣社に真言宗豊山派の寺院として存続する。国指定史跡。僧寺の造営は大きく二時期に分けられる(A期・B期)。A期は、七四一年の国分寺建立詔に対応した仮設的な段階で、B期が本格的な造営段階に対応する。A期には、寺院地を画する変則的な素掘り溝と、寺院地の北辺部で建て替えが認められない建物群が確認されている。B期には、大官大寺式に近い、瓦葺きの本格的な七堂伽藍が造営された。全国的にみて、付属院地に政所院・修理院・薗院・花苑院の存在が推定されたことは注目されており、国分寺研究において当国分寺の価値は高い。創建期の軒先瓦には、単弁二十四葉細弁蓮華文軒丸瓦と均整唐草文軒平瓦、有心三重圏文軒丸瓦と重郭文軒平瓦の組み合わせがみられ、いずれも平城宮のそれを模している。その他の出土遺物で注目されるものに、付属院の名や造営に関わると推定される地名を記した墨書土器がある。↓国分《こくぶん》寺《じ》

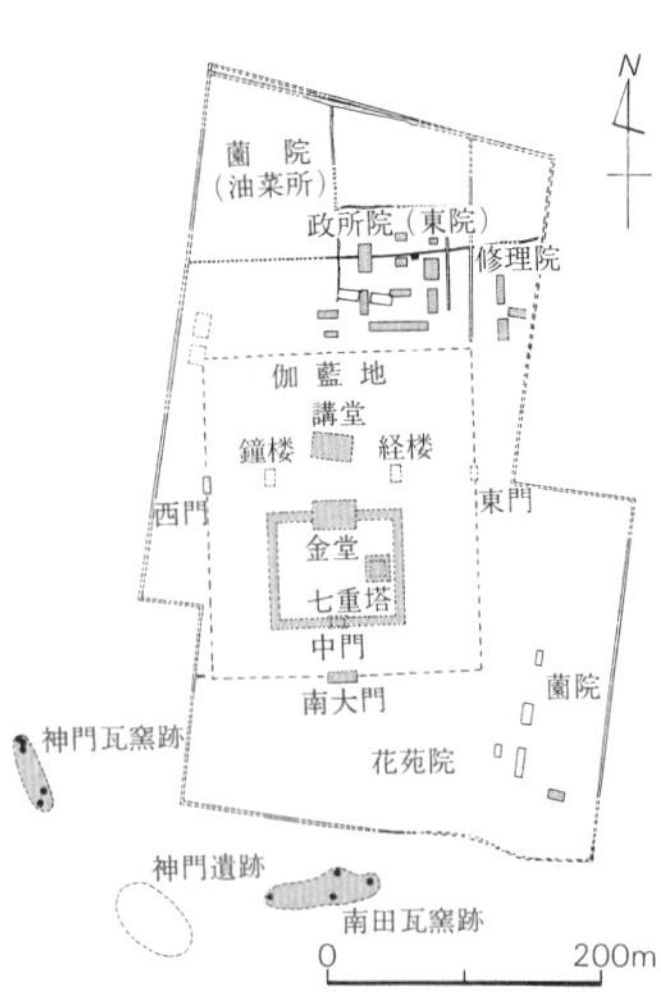

上総国分僧寺　B期寺院地全体図

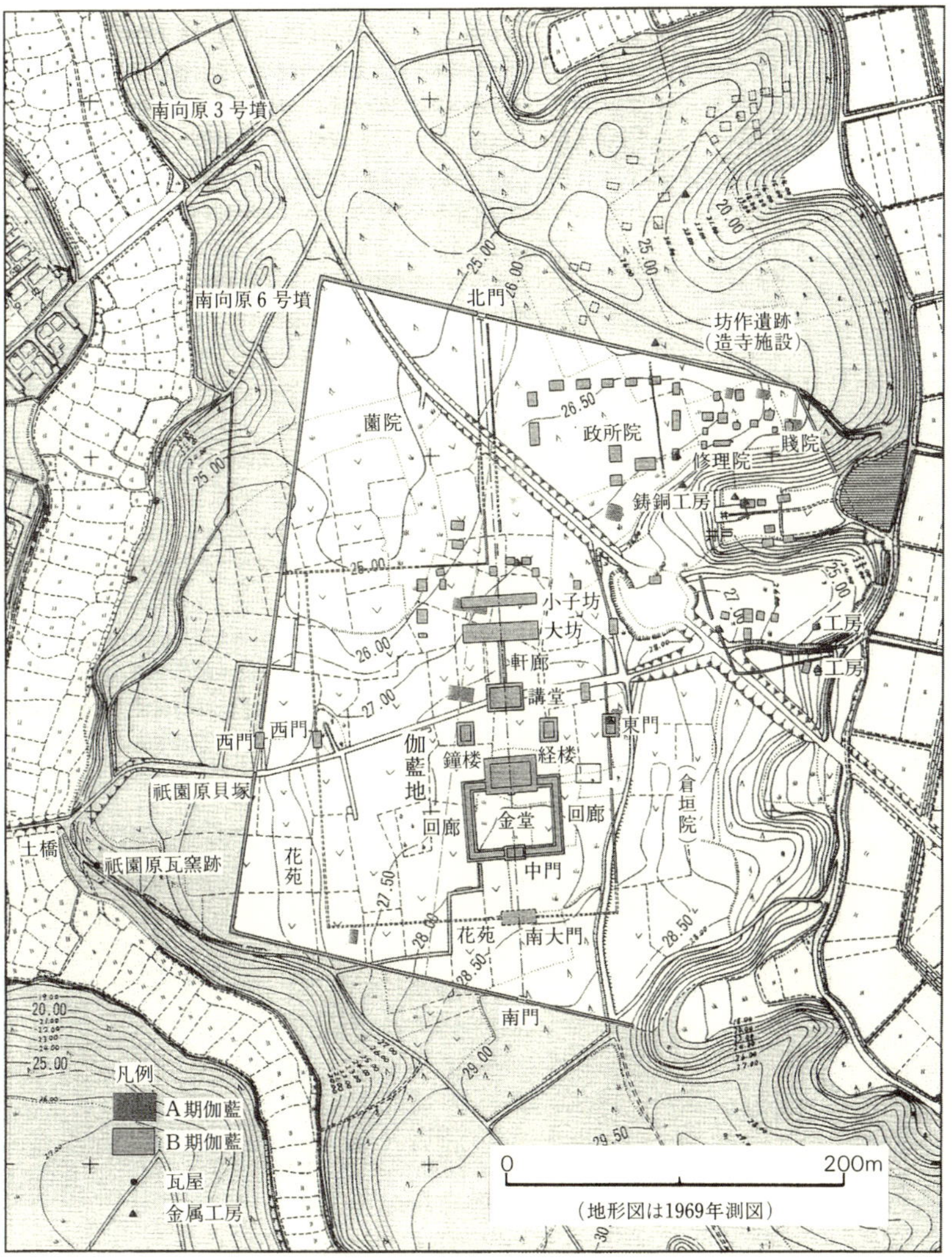

上総国分尼寺遺跡全体図

参考文献　滝口宏『上総国分寺』、一九七三、早稲田大学出版部。須田努「国分寺造営期にみる中央と在地」(『古代』九七、一九九四)。同「上総国分僧寺跡」(『千葉県の歴史』資料編考古三所収、一九九八)。

(川尻　秋生)

かずさこくぶんにじ　上総国分尼寺　上総国に所在した国分尼寺。七四一年(天平十三)の聖武天皇の詔を受けて諸国で建立された国分尼寺の一つ。千葉県市原市根田祇園原に所在し、現在その一部が史跡公園となり、伽藍の一部が復元されガイダンス施設がある。国指定史跡。尼寺の造営は大きく二時期に分けられる(A期・B期)。A期は仮設的な段階で、B期が本格的な造営段階に対応する(B期はさらに四期に分けられる)。A期には寺院地を画する素掘り溝と、掘建柱の仮設的伽藍が確認されている。B期には瓦葺きの本格的な七堂伽藍が造営された。学史的にみても、全国ではじめて尼寺の全貌が明らかにされた意味は大きく、付属院地に政所院・修理院・薗院・賤院・倉垣院・花苑の存在が推定されたことは特筆される。創建期の軒先瓦には、有心三重圏文軒丸瓦と重圏文軒平瓦、単弁二十四葉細弁蓮華文軒丸瓦と均整唐草文軒平瓦の組み合わせがみられ、いずれも平城宮のそれを模している。その他の出土遺物で注目されるものに、付属院の名や地名を記した墨書土器があり、造営に関与した地域が具体的に知られる。→国分寺《こくぶんじ》

参考文献　宮本敬一「最近の調査成果から見た上総国分尼寺の伽藍と付属諸院」(『月刊歴史教育』三〇ノ三三、一九八〇)。同「上総国分寺の成立—尼寺の造営過程を中心に—」(栃木県教育委員会編『東海道の国分寺—その成立と変遷—』所収、一九九四)。同「上総国分尼寺跡」(『千葉県の歴史』資料編考古三所収、一九九八)。

(川尻　秋生)

かずさのくに　上総国　房総半島中央部に位置し、現在の千葉県に属する。安房国はもともと当国に属していたが、七一八年(養老二)に独立し、七五七年(天平十三)に併合、七五七年(天平宝字元)に再度独立した。『和名類聚抄』によると、市原・海上《うなかみ》・畔蒜《あひる》・望陀・周淮《すえ》・天羽・夷隅《いしみ》・長柄・山辺・武射《むざ》・埴生の十一郡から構成されており、田数は二万二千八百四十六町余である。大化前代には、須恵・馬来田・上海上・伊甚《いじみ》・武社《むさ》・菊間《くくま》の国造が置かれた。国府の位置は諸説があり不明だが、市原郡に所在した。市原市惣社の近くに、国分二寺・総社・六所神社が存在するところから、この近辺と推定される。特に、国分僧寺と尼寺は、寺院の主要伽藍のみならず付属雑舎のようすまで判明する貴重な遺跡で、ともに史跡に指定されている。一宮は一宮町の玉前神社である。一九八七年(昭和六十二)、市原市の稲荷台一号墳から出土していた鉄剣から、表「王賜□□敬□」、裏「此廷□□□」という銀象眼の銘文が発見された(王賜銘鉄剣)。この古墳は五世紀後半築造の直径三〇メートルほどの円墳で、銘文は埼玉県稲荷山鉄剣銘や熊本県江田船山鉄剣銘よりも古い。財政は、正税・公廨各四十万束、国分寺料四万束・薬師寺料三万四千束・文殊会料二千束・薬分料一万束・修理池溝料四万束・救急料十二万束・俘囚料二万五千束

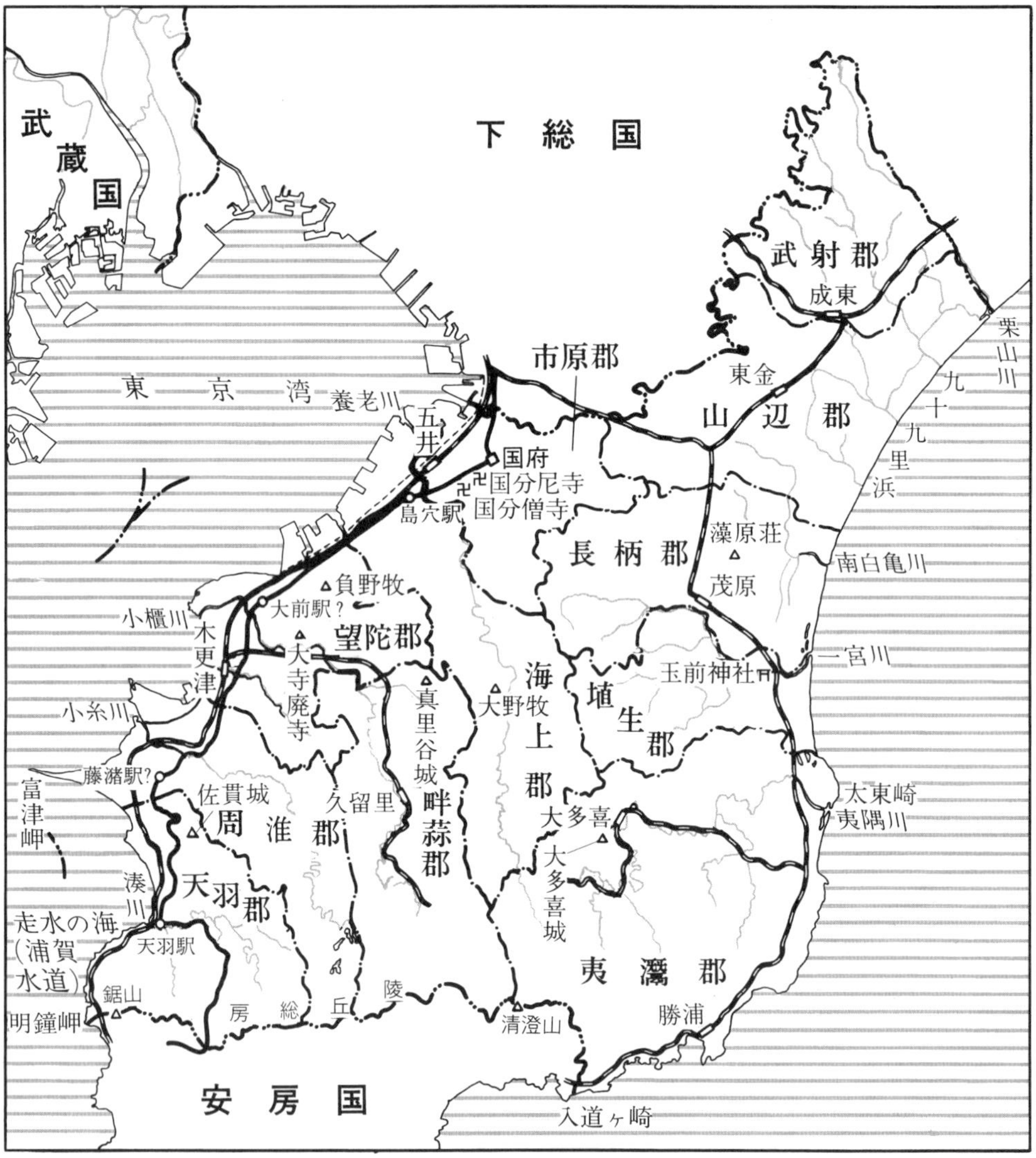

上総国略図

であり、調としては、絁《あしぎぬ》・緋細布《さよみ》・薄貲布・細貲布・小堅貲布、紺望陀布・縹望陀布・縹細布・望陀貲布・貲布・望陀布・細布・調布・鰒、庸として麻、中男作物として麻・紙・熟麻《にお》・白暴《しろくさらせる》熟麻《にお》・枲・紅花・漆・芥子・雑腊《くさぐさのきたい》・鰒・凝海藻《こるもは》が規定される。特に、望陀布は、本来、馬来田国造のツキに遡源すると推測され、一般の調布より幅広で良質な布であった。ために、遣唐使が唐皇帝への献上品としたり、践祚大嘗祭などの重要な祭儀に用いられたりした。駅としては、大前・藤潴・島穴・天羽の各駅、牧には大野馬牧・負野牛牧がみえる。京までの行程は、上りが三十日、下りが十五日の遠国である。東海道に属し、国の等級は大国である（以上『延喜式』）。八二六年（天長三）より、当国の守は在京の親王が任じられることになり（親王任国）、介が実質上の受領となった。本来、東海道は相模国から走水（浦賀水道）を渡り、房総半島を経て北上し、陸奥国に達するものであった。細部は記紀で異なるが、日本武尊が蝦夷を東征するために、相模から走水を渡って上総に渡り、海路で房総半島沿岸を廻って玉浦（九十九里沿岸か）を経て陸奥に向かったとの説話は、その経路についてはほぼ史実を踏襲していると考えられる。しかし、七七一年（宝亀二）に武蔵国の所管が東山道から東海道に変更になったのに伴って、上総国は東海道の本道ではなくなり、武蔵国から下総を経て安房国に至る支路となった。古代寺院も多く、市原市の光善寺廃寺（市原郡）・今富廃寺・二日市場廃寺（以上海上郡）、木更津市の大寺廃寺（望陀郡）、君津市の九十九坊廃寺（周淮郡）、夷隅町の岩熊廃寺（夷隅郡）、成東町の真行寺廃寺（武射郡）などがある。なかでも、大寺廃寺は、大和川原寺の瓦当文様と酷似する面違鋸歯文縁八葉複弁蓮華文軒丸瓦と三重弧文軒平瓦を有する白鳳寺院で、畿内勢力との密接な関係が想定される。奈良時代初期以来、坂東の一国として征夷に兵員・軍糧を支出し、また配置された俘囚の反乱などもあった。九三九年（天慶二）に本格化した平将門の乱では、一時将門の占領領域に含まれた。一〇二八年（長元元）に起きた平忠常の乱の直接の舞台であり、忠常は一時当国の介を帯びていたこともあったらしい。この戦乱の結果「亡国」になった。忠常の子孫から上総氏が誕生し、その上総広常は源頼朝の鎌倉武家政権樹立に大きな貢献をはたしたが、謀反の疑いをかけられて殺害された。宝治合戦以後、北条得宗家の支配が及んだ。室町時代には足利氏の所領が多くなったが、鎌倉公方と守護の確執から、一四一六年(応永二十三)に上杉禅宗の乱が起き、また、その戦後処理の不満から、一四一八年には上総本一揆が起きた。戦国時代には、上総武田氏が勢力を持ったが、安房国からは里見氏、相模国から後北条氏が進出し、戦乱がしばしば起こった。近世になり、徳川家康が江戸城に入ると、上総国には幕府の直轄地および徳川家譜代の小藩が置かれた。それぞれの存廃はめまぐるしく、また、検知も実施された。この時代、上総国は江戸の台所となり、食料をはじめとする物資を輸送するために、陸上・海上交通が発展した。

参考文献 『千葉県の歴史』資料編古代・通史編古代二、一九九六・二〇〇一。 (川尻 秋生)

かずさぼり　上総掘　江戸時代後期に大坂方面から上総地方に伝わった鉄棒を利用した突き掘り法を、明治中ごろに工夫・改良した井戸掘り技術。用具類二百五十八点は重要有形民俗文化財。鉄棒の自重で孔底を突き抜く突き掘り法は、明治に入ると、竹ヒゴ、掘鉄管、スイコ、鉄棒の代わりの樫棒が利用され、ハネギ装置も導入されるなどつぎつぎに改良される。一八九四年(明治二十七)ころには竹ヒゴを巻取るヒゴ車も発明され、裸孔のままで掘削が可能な粘土水の利用などと一体となり、簡単な道具と三〜四人の少数で数百メートルの深さまで掘削できる技術体系が成立。この技術により、上総地方の河川水の利用が困難であった河岸段丘上に多くの自噴井戸が掘られ、耕地の水田化を促進。技術の習得が容易で、費用もあまりかからないことから、全国的にも急速に普及し、油田の掘削や鉱石の探査などにも広く応用される。水不足に悩む東南アジアやアフリカなどでは、いまだに需要が多い。

資料館 千葉県立上総博物館(千葉県木更津市)、袖ヶ浦市郷土博物館(千葉県袖ヶ浦市)

参考文献 大島暁雄『上総掘りの民俗』、一九八六、未来社。千葉県立上総博物館編『上総掘り─伝統的井戸掘り工法─』(『民俗文化財伝承・活用等事業報告書』、二〇〇〇)。 (佐久間 豊)

かずらき　葛城　大和盆地西南部の地名の汎称。「葛木」とも。律令制下には、南から北に葛上《かずらきのかみ》・忍海《おしのみ》・葛下《かずらきのしも》の三郡が置かれた。狭義には金剛・葛城山山麓から二上山山麓に及ぶ範囲を指す。紀伊へ抜ける際の交通の要衝で、鴨神遺跡では五世紀ごろの道路遺構がみつかっている。大化前代には、襲津彦《そつひこ》を始祖とする葛城氏の勢力下にあった。葛城氏は、襲津彦の女とされる磐之姫《いわのひめ》が仁徳天皇の大后となり、履中・反正《はんぜい》・允恭《いんぎょう》を生むなど、天皇の外戚として権勢をふるったとされる。葛城氏は、南葛城を拠点とする玉田宿禰系と、北葛城を拠点とする葦田宿禰系に分かれるが、本宗家の玉田宿禰系は五世紀半ばに雄略天皇によって滅ぼされる。その際、贖罪として献上された土地に、大和六御県の一つ葛城県が置かれたらしい。祈年祭・六月月次祭には県の甘菜・辛菜を天皇の御前に献じ、広瀬大忌祭・竜田風神祭には県の刀禰が参集した。また、葛城氏の滅亡後は蘇我氏が進出した。桑原・佐糜・高宮・忍海の四邑などには金工の技術をもった渡来系工人が居住しており、当初は葛城氏が掌握したが、滅亡後は東漢氏の配下におかれ、律令制下には雑戸として編成された者が多い。

参考文献 井上光貞『日本古代国家の研究』、一九六五、岩波書店。和田萃「紀路と曾我川」(亀田隆編『古代の地方史』三所収、一九七九、朝倉書店)。塚口義信「葛城県と蘇我氏」(『続日本紀研究』二三一・二三二、一九八四)。 (市 大樹)

かせん　貨泉　前漢を滅ぼした新の王莽《おうもう》(在位八─二三)によって発行された王莽銭の一つ。円形方孔で、方孔の左右に篆書《てんしょ》で「貨」「泉」の字をほどこしている。『前漢書』食貨志によれば、一四年にはじめて発行した際の法量は径一寸、重量は五銖であったが、実際には型式や法量がまちまちであったらしい。後漢の四〇年に五銖銭が復活するまで、「大泉五十」銭と並んで最もよく流通した。限られた時期に発行されていたにもかかわらず、西は中国の新疆《しんきょう》地方から東は朝鮮半島、日本に至るまで幅広く分布している。特に日本では、長崎県原《はる》の辻遺跡、同県シゲノダン遺跡、福岡県御床松原《みとこまつばら》遺跡、岡山県高塚遺跡、大阪府瓜破《うりわり》遺跡、京都府函石浜《はこいしはま》遺跡など、九州や近畿の弥生時代後期の遺跡から数多く出土している。紀元後一世紀という短期間しか製作されなかったことから、伴出の弥生式土器の年代を知る手がかりとなる。

参考文献 山田勝芳『貨幣の中国古代史』(『朝日選書』六六〇、二〇〇〇、朝日新聞社)。国立歴史民俗博物館編『お金の玉手箱』、一九九七 (三上 喜孝)

かそう　火葬　仏教の宗儀によって行われる死体の火化を指し、通常、遺体を火化し、骨を拾い、容器に埋納するなどの一連の行為が伴う。仏教の影響下にない窯塚《かまどづか》などの死体火化習俗は、これに含めない。わが国では七〇〇年(文武天皇四)、僧道昭が粟原《おうばら》(奈良県桜井市粟原付近)で執行されたのが最初とされ、七〇三年(大宝三)に持統天皇が火葬されて以後、奈良時代を中心に皇族や僧侶、中央官人、地方豪族の一部に広がったが、平安時代に入ると天皇や貴族の一部を除いて土葬に回帰する。十二世紀後半ごろに至り再び火葬が受容され、十三世紀中ごろから後半以降には全国各地に広がり、火葬墓の造営が盛んとなる。戦国時代には火葬を行なった土坑をそのまま墓とする遺構(火葬土坑、火葬施設などと呼称)が群集して見つかることが多く、火葬執行階層の拡大傾向と捉えられるが、江戸時代には土葬へ回帰し、そして法的に強制された宗教色の薄い現代の火葬へと移行する。火葬は短時間で遺体を骨化させることに意味があると考えられ、平安時代末期以降は骨を用いた信仰形態が多様化してくる。十二世紀中ごろ以降、高野山のような霊場への納骨がはじまるほか、十二世紀後半には大型容器を地下に埋設し、結縁者が遺骨を同じ容器内へつぎつぎと納める納骨方法が各地でみられるようになる。十三世紀には寺院の堂内へ骨の一部を納骨する慣習も定着し、分骨を行なって複数の寺院に納めることも並行して行われた。いずれも骨の全部または一部を取り出して別空間に納めるものであり、火葬し小片化した骨であるからこそ行える信仰形態といえる。火葬の受容拡大は、そうした骨の取り扱い方法に大きな変化がおきてきたことに要因を求めることができ、奈良時代では薄葬の一環で受け入れられたが、平安時代後期以降に流行する背景には舎利信仰の高揚が、また最盛期にはそれに加えて極楽往生を願う思想の中で、拡大していったものと考えられる。

参考文献 藤澤一夫「火葬墳墓の流布」(『新版考古学講座』六所収、一九七〇、雄山閣)。藤澤典彦「納骨信仰の展開」(『日本仏教民俗基礎資料集成』二所収、一九七八、中央公論美術出版)。

(狭川 真一)

かたい 銙帯 ⇩帯金具《おびかなぐ》

かたおかおうじ 片岡王寺 奈良県北葛城郡王寺町に所在する七世紀前半創建の寺院跡。法隆寺蔵の銅板造像記(重文)に「甲午年(六九四年=持統天皇八年)三月十八日、鵤《いかるが》大寺徳聡法師、片岡王寺令弁法師、飛鳥寺弁聡法師(中略)族大原博士、百済在王、此土王姓」とあり、その存在が知られる。『法隆寺伽藍縁起』にみえる片岡僧寺、一三〇二年(乾元元)に僧審盛が撰した『放光寺古今縁起』にみえる放光寺も同じ寺をさすと思われる。その遺跡は王寺小学校敷地内にあり、一八八七年(明治二十)ごろまで現在の黄檗宗放光寺の南の水田中に四天王寺式伽藍配置の土壇が残されていたという。出土した軒瓦には、この寺特有のもの以外に、藤原宮や平城宮、本薬師寺・興福寺・東大寺式などが多い。『放光寺古今縁起』に、かつて放光寺が大原氏を代々長者としたと記すところから、百済系の渡来系氏族である大原史、あるいは敏達天皇の後裔である大原真人氏の氏寺とする説がある。

参考文献 保井芳太郎「放光寺」(『大和上代寺院志』所収、一九三二、大和史学会)。石田茂作「片岡王寺」(『飛鳥時代寺院址の研究』所収、一九三六、聖徳太子奉賛会)。

(大脇 潔)

かたぎはらはいじ 樫原廃寺 京都市西京区樫原内垣外《うちがいと》町に所在する古代寺院跡。京都市西方の山地から連なる向日《むこう》丘陵の東側斜面に立地する。一九六七年(昭和四十二)に寺域の南半部が調査され、平面八角形の瓦積基壇を持つ塔、中門および南面回廊の土壇、東西築地の雨落溝などが確認され、国指定史跡となった。伽藍配置は塔と中門が南北一直線上に配されることから四天王寺式であったと考えられる。八角塔基壇は一辺五・〇七メートル、対辺距離一二・二七メートルを測り、高さは一・一七メートル残存していた。四天柱の礎石は遺存しないが、据付痕から四天柱間約二・二メートル側通柱間二・二メートルであることと、基壇ほぼ中央に地下式心礎を持つことが明らかにされた。心礎は基壇表面下約二・〇メートルに残り、一辺約二・〇メートルの花崗岩が使われていた。心柱の掘込みを持つ。中門土壇の規模は東西二〇メートル×南北一一メートル、南回廊土壇幅は五メートル、東築地両雨落溝間幅は二・五メートルを測る。一九九三年(平成五)には塔の北側約二〇メートル地点に所在する推定金堂跡地が調査された。東西一四・三メートルと小規模な基壇状の高まりで礎石や外装も失われていたが、砂泥と砂によって版築状に突き固められていること、周囲に溝が巡ることが明らかになった。さらにその北方では五×二間の掘立柱建物や北回廊築地雨落溝なども確認された。なお出土瓦から創建は七世紀中ごろにさかのぼり、平安時代中期から後期ごろに焼失したものと推測される。

参考文献 杉山信三「樫原廃寺発掘調査概要」(京都府教育文化庁文化財保護課編『埋蔵文化財調査概報』所収、一九六七)。久世康博「樫原廃寺第四次調査」(京都市埋蔵文化財研究所編『京都市内遺跡発掘調査概報』平成九年度所収、一九九八)。久世康博・東洋一「樫原廃寺」一・二(京都市埋蔵文化財研究所編『京都市埋蔵文化財調査概要』平成九年度所収、一九九九)。

(吹田 直子)

かたしろ 形代 神を祭る時、神体の代わりに据えたものの意味である。本物になぞらえ小型粗造に作ることが多いが、極端に大型とする福岡県宮地嶽《みやじだけ》古墳の大刀も形代の一種であろう。形代の原型はひとや動物、各種の器物であり旧石器時代以降、さまざまな材料で作られ意味も一様ではない。縄文時代には各種の動物土偶がある。犬、猪、猿、亀、鳥があり、珍しい物に海獣(札幌市美々《びび》遺跡)、シャチ(函館桔梗《ききょう》第二遺跡)などがある。古くは玩具説があったが、犬が猪を追う群馬県藤岡神社遺跡例など狩猟漁労の祈願用であろうか。水田農耕が本格化する弥生時代には木製の鳥形が出現する。思想的な変革であろう。古墳時代には動物形に加えて各種器物も揃う。いわゆる土製模造品である。出現は六世紀代とされたが(亀井正道説)、静岡県明《みょう》ヶ島《じま》五号墳の模造品は多彩で人、犬、猪、猿、鎧、兜、楯、鞆《とも》、大刀、靫《ゆぎ》、弓矢、琴、紡織具、斧、鍬、鏡、勾玉、手捏土器などがあり、しかも四世紀代という。通説は再検討が必要である。年代からみて、形象埴輪が一部模造品の原型であろうか。日本神話では神々が武器・武具、紡織具などを求める。神の性格が定まったのであり、多様な土製模造品はそれ以前の状態を示すのであろう。七世紀末以降には藤原・平城・長岡・平安京という古代都城が成立し、前代とは異なる形代類が出現する。木製祭祀具には人形《ひとがた》、馬形、鳥形、舟形、刀形、斎串などがあり、土製品には土馬、竈《かまど》形セット(竈・甑《こしき》・鍋形)、唐式鏡の模造品などがある。これらは神祇令《じんぎりょう》に規定がある律令的祭祀との関わりが問題に

平城宮壬生門前の大祓跡における木製形代類

なる。木製祭祀具の馬形、鳥形、舟形、刀形、斎串などは祓《はらえ》（解除）人形の道具立てであろう。すなわち、罪穢を負う人形を馬や舟が担い、鳥が先導する場面で斎串が結界し、刀形が空間を浄化する。馬形はその腹部を細棒上に挿し立てる型（静岡県神明原《しんめいばら》・元宮川《もとみやかわ》遺跡など）と四本脚に作る型（長野県屋代《やしろ》遺跡など）があり、前者は『日枝《ひえ》山王霊験《さんのうれいげん》絵巻《えまき》』（一二八八年（弘安十一））の板立馬に連なるのであろう。これら木製模造品は律令制の形成と関わり、七世紀後半の天武・持統朝に従来の伝統に新たな祭祀具を加えて成立すると思われる。他方、律令制とは無関係に成立するとの説がある。舟形は弥生時代からあり、七世紀中葉の例は前期難波宮西南の住友銅吹所《すみともどうふきしょ》下層遺跡にある。ここには一部の斎串もあり、この説を支持するかのようであるが、前期難波宮は近年、孝徳朝難波宮（六五二年（白雉三））説が有力である。この宮は六四五年（大化元）の「大化改新」後に成立し、六四六年（大化二）の改新詔には京師制への言及がある。律令的祭祀の先駆形態がこの宮で実施されたと考えるべきであろう。土馬や竈形セットは原型が古墳時代にある。土馬の祖形は福島県天《てん》王壇《のうだん》古墳などにみる小型埴輪馬であろうか。中空に作る例が各地にある。竈形セットは滋賀県などの古墳副葬品にあり、渡来系氏族の葬送習慣ともいう。都城遺跡の大和形土馬や竈形セットはこれらを一新した。大和形土馬は小型で頭の側面形を三日月型に作る。成立は八世紀初頭。竈形セットも大幅に小型・粗造化する。ともに出土数が多い。土馬には降雨止雨の供物説と、疫神撃退の乗物説がある。前者は馬と水神の関わりが汎世界的であることによる。大陸由来の竈には竈神《かまどがみ》がおり、竈形セットはこれを和《なご》める品であろう。大和形土馬や竈形セットは都城遺跡とその周辺に集中的に分布するが、八世紀の副都である聖武朝難波宮（後期難波宮）や斎王の宮殿である三重県斎宮《さいぐう》遺跡、他の地域ではほとんど分布しない。都城に特有の祭祀遺物であり、都の治安行政を担った京職《きょうしき》との関わりが課題である。

参考文献 金子裕之「考古学からみた律令的祭祀の成立」（『考古学研究』四七ノ二、二〇〇〇）。 （金子 裕之）

かたな 刀 ⇩刀剣《とうけん》

かたの 交野 河内国の北端に位置する交野郡内の地名。大阪府枚方市・交野市の一部で、生駒山系を東限、淀川を西限とする低丘陵地帯。水陸の要衝地で早くから開け、中心は葛葉野から渚岡、鳥立原《とだちのはら》（禁野《きんや》・中宮《なかみや》）あたりとされる。地形を示す片野、肩野を古来の地名とし、在地の氏族として物部氏系の肩野連がみえ、式内社に片野神社がある。八世紀中ごろには、摂津国百済郡から百済王氏の主流が移住し、氏寺として百済寺を建立した。寺跡は枚方市中宮にあり、発掘調査で双塔式伽藍の遺構を確認、国特別史跡として公園整備されている。地名としての「交野」初見は『続日本紀』宝亀二年（七七一）二月庚子条の光仁天皇の行幸記事。ついで七八三年（延暦二）には桓武天皇が行幸し、百済王氏一族の位階を進め、百済寺に正税を施入した。翌年の長岡京遷都に伴い、京南郊にあたる交野で七八五年・七八七年冬至に唐制に倣った郊祀が執行された。渡来系の母をもつ桓武天皇は外戚として百済王氏を厚遇し、その本拠地である交野にいくども行幸し、鷹狩を行なった。『凌雲集』嵯峨天皇の詩題「和㆘左金吾将軍藤緒嗣過㆓交野離宮㆒感旧作㆖」に、桓武天皇の「離宮」がみえる。平安時代には京近郊の伝統的遊猟地として、惟喬親王が赴いた渚院の桜をはじめ、美しい風景が多くの和歌や文学に詠まれ親しまれた。

参考文献 『枚方市史』九、一九七四。 （清水 みき）

かだのあずままろきゅうたく 荷田春満旧宅 伏見稲荷大社の一画にある、江戸時代中期の国学者・歌人、荷田春満の旧宅。京都市伏見区深草藪之内町に所在。国指定史跡。荷田春満（一六六九―一七三六）は伏見稲荷大社の神官荷田（羽倉）信詮《のぶあき》の子として生まれたが神官にはならず、霊元天皇皇子妙法院宮に仕官、のちに江戸に出て幕臣と係わりを持つなど、有職故実や神道、『古事記』『日本書紀』『万葉集』など古典・国史の研究を行い、多数の著作を通じて国学を発展させた。主な著書に『古事記劄記』『日本紀神代巻劄記』など。門下には『万葉集』研究で知られる賀茂真淵がいる。旧宅は、荷田春満を祭神とする東丸《あずままろ》神社に隣接し、伏見稲荷神社の神官荷田家（羽倉家）の旧屋敷地で周囲を土塀に囲まれ、門と建物一棟（書院）などが残っている。建物は、外観が四柱造を連ねた桟《さん》瓦葺、内部は、玄関・内玄関・主室・書院・次の間などで構成されている。建設年代不詳。

参考文献 『図説日本の史跡』八、一九九一、同朋舎出版。 （有井 広幸）

かたやまはいじ 片山廃寺 古代駿河の有力寺院。静岡駅より南東約三・四キロ、静岡市駿河区片山の有度《うど》丘陵西麓に所在。伽藍地を東名高速道路が高架で跨ぎ、県道が南北に走る。国指定史跡。一九三〇年（昭和五）の発見以来、駿河国分寺とする説と有度郡の有力豪族、有度君の氏寺とする説とがある。一九五六年の調査で金堂・講堂・僧房の配置がほぼ把握され、東名高速道路建設に伴う一九六六年の調査で講堂・僧房の精査が行われた。伽藍地は一六〇メートル（五百二十尺）四方と想定された。塔跡は未確認。金堂は乱石積み基壇、講堂は土壇で中央部に須弥壇《しゅみだん》跡を確認。全面が焼土で覆われている。僧房は土壇上の間口推定七〇・三メートル以上の長大な建物である。伽藍地の範囲はなお不明確な点が少なくない。近年の調査では西側推定線の内側八メートルの地点に柱列が検出されている。創建期の瓦は平城京所用瓦の系譜をひくもので、南五〇〇メートルに位置する宮川瓦窯の製品である。伽藍中心の整備が進行中である。

参考文献 『静岡県史』資料編二・通史編一、一九九〇・九四。 （佐藤 正知）

かちく 家畜 日本の家畜はイヌ・ブタ・ウマ・ウシであり、家禽にはニワトリがある。イヌは、縄文時代から飼育されており、最古の縄文犬は今から約七千年前の縄文時代早期末のものである。縄文犬は、体高四〇センチほどの小型犬で、額から鼻面にかけての窪みが少ないことが特徴である。埋葬されたイヌにはケガが治った痕跡がみられるので、主に狩猟用として飼育されていたと推測される。弥生時代になると大陸から新たなイヌが渡来し、縄文犬と混血した。その後も大陸からさまざまなイヌが渡来して大小さまざまな在来犬が形成された。ブタは、弥生時代に稲作とともに渡来人によってもたらされた。古墳時代から古代にかけては猪飼部で飼育されて食用とされていたが、古代の肉食禁止令によって飼育されなくなる。しかし、江戸時代には江戸・広島・鹿児島などでブタが飼育されていたことが知られている。ウマは、弥生時代後期から古墳時代に大陸から移入されたと推測される。最古の出土例は四世紀後半である。その後、農耕用・荷車用・騎馬用として飼育された。それらは体高一一〇センチ～一三〇センチ程度の小型のモウコウマ系のウマであった。ウシはウマと同様に弥生時代に大陸からもたらされた可能性が高い。牛飼部が存在したことから古墳時代に飼育されていたことは確実である。農耕用や荷車用に飼育され、中世以降の西日本で出土例が多くなる。体高一一〇センチ程度の小型のウシである。ニワトリは、弥生時代前期から出土しており、稲作とともに大陸から渡来した。弥生時代のニワトリは、現在のニワトリよりも小さくチャボ程度の品種であった。その後、闘鶏用のシャモやさまざまな品種が渡来し、また日本で作られて各地で飼育されてきた。それらは主に闘鶏や観賞用であったが、江戸時代には食肉用として用いられ、また卵も食用とされていた。　↓犬《いぬ》　↓牛《うし》　↓馬《うま》　↓鶏《にわとり》　（西本　豊弘）

かつお　鰹　黒潮の北上に伴う魚で、刺身や酒盗・鰹節となり、わが国の味覚の基本の一つとなる。二月ごろ奄美大島からトカラ列島、二月後半から三月、伊豆諸島まで北上し、さらに黒潮にのって三陸沖まで達し、初秋、いわゆる戻りカツオとなって南下する。縄文時代から漁の対象となり、奈良時代には日向から安房までの太平洋沿岸の十一ヵ国がカツオ節やその煎汁の納税国となった。藤原京・長岡京・平城京で発見されたカツオ木簡二百十六点のうち国名がわかるのは百四十五点、うち伊豆・駿河国の木簡が七六・五％を占め、カツオ節とその煎汁を多く納税した。鎌倉時代には下の魚、江戸時代には「初鰹」と珍重され、伊豆の新島から生のカツオを早船で運び、粋な江戸生活の一端を支えた。鰹節は元禄のころ紀州で青カビつけに成功して旨味が増し、江戸時代後半は土佐節と屋久島節が有名であった。現在では薩摩半島南部と伊豆半島で生産される。（橋口　尚武）

かつおぎ　堅魚木　古墳時代の豪族居館や神社建築本殿の棟上に並べられた円形断面を持つ水平材。堅緒木、葛緒木、勝男木とも表記される。草葺き屋根の棟覆を押さえるために設けられた部材が起源とみられる。古いものでは古墳時代の家形埴輪において使用が確認されるが、埴輪に堅魚木が登場する五世紀前半の段階においてすでに装飾化がみられ、このころには堅魚木が形骸化し、豪族の権威を象徴する部材に転化しつつあったことがうかがえる。また『古事記』では、五世紀後半にあたる雄略天皇の時代に堅魚木が豪族居館一般に用いられる部材から、天皇の地位の象徴へと昇華していたことを示す記事もみられる。神社建築には、すでに形骸化していた堅魚木が千木《ちぎ》などとともに象徴的に導入されたものとみられ、以降は神社建築のみに見られる装飾部材となる。

参考文献　三輪嘉六・宮本長二郎『家形はにわ』(『日本の美術』三四八、一九九五、至文堂)。宮本長二郎『日本原始古代の住居建築』、一九九六、中央公論美術出版。
（清水　重敦）

かつおじ　勝尾寺　奈良時代に創建された真言宗の古刹寺院。国史跡勝尾寺旧境内牓示八天石蔵および町石。別称応頂山勝尾寺。「かちおじ」ともいう。大阪府箕面市粟生所在。勝尾寺の創建については、十数種類の寺伝や縁起があり定かではない。しかし、『三代実録』清和天皇八八〇年（元慶四）の巡幸や『梁塵秘抄』の歌などから平安時代には都まで名を馳せていたことが知られ、境内の発掘調査事例はないものの出土古瓦や堂内仏像などによって奈良時代末創建を窺うことができる。現観音堂（本堂）などは一六〇三年（慶長八）に豊臣秀頼が再建したものである。八天石蔵は、一二三〇年（寛喜二）前後に寺領の侵犯を期に寺領の明示と寺域の守護を願って山頂や谷合の八ヵ所に設けられた底辺三～四メートルの方形三段積み基壇に青銅製の四大明王か四天王像を一躯ずつ陶製壺の中に入れて納めたものである。町石は、一町ごとに三十六石建てられていて、一二四七年（宝治元）のものは八石が残存している。中世文書を多く残していて、山間寺院の建立や経営の歴史を知る上で重要な寺院である。

参考文献　『箕面市史』二、一九六六。『箕面市史』史料編一、一九六八。鳥越憲三郎・藤井直正『勝尾寺の牓示・八天石蔵発掘調査概要』、一九七三、箕面市。
（堀江　門也）

がっさん　月山　⇩出羽三山《でわさんざん》

がっさんとだじょう　月山富田城　⇩富田城《とだじょう》

かつじ　活字　文字を印刷するために、木や金属の面に一字ずつ左右逆に刻んだものである。それらを集めておのおの頁を印刷し書物を仕上げるのであるが、そのためには膨大な数と種類の活字が必要となる。漢字・平仮名・片仮名のみでなく、アルファベットなど、しかもさまざまな大きさのもの、さまざまな書体（明朝体、ゴシック体など）のものがある。わが国では、安土桃山時代から江戸時代初期に朝廷や武家・寺社などで活字の利用による印刷が盛んとなったが、その後はまた版木による印刷が主流で、ようやく明治時代以降に西洋式の鉛活字が導入されて、印刷方法として一般的となった。しかし、最近ではコンピューターの利用による印刷が主となり、活字による印刷はほとんど行われなくなっている。活字そ

のものとして多数現存しているのは、駿河版銅活字(東京凸版印刷所蔵)、伏見版木活字(京都円光寺所蔵)などである。↓版木《はんぎ》

参考文献　西野嘉章編『歴史の文字—記載・活字・活版—』、一九九六、東京大学総合研究博物館。

(安達　直哉)

かっせききょう　滑石経　⇩石経《せききょう》

かっちゅう　甲冑　「よろい」と「かぶと」の総称。「よろい」の意味に用いるのは間違い。「よろい」は胴部の防具で、「かぶと」は頭部の防具である。『古事記』や『日本書紀』では「よろい」を「かわら」とよぶ例もあるが、「よろい」と「かぶと」の意味は古代以来変化しない。一方、表記と和訓の対応は、九三四年(承平四)ころに源順《したごう》が編集した『和名類聚抄』で、甲の和訓を「与呂比《よろい》」、冑を「賀布度《かふと》」としているように、漢字本来の意味は、甲が「よろい」で、冑が「かぶと」である。しかし、この表記と和訓の対応はしばしば混乱し、すでに七九四年(延暦十三)以前に書写されたという法華経の用語辞典『新訳法華経音義私記』や昌泰年間(八九一—九〇一)成立という『新撰字鏡』などでは、甲を「かぶと」、冑を「よろい」と訓読し、逆転を示している。十世紀以降は、この表記と和訓の対応は恣意的となり、文脈ごとでの判断が必要になって現在に至っている。もとより漢字表記は多様である。誤解のない表記に鎧と兜がある。しかし、鎧は中世では大鎧《おおよろい》という「よろい」の一様式に限定使用され、兜は、前近代の文献では「かぶと」の意味ではみかけない。そこで、「よろい」と「かぶと」に対し、どの漢字表記を用いるかが問題となるが、ここでは、本来の対応通り、甲を「よろい」、冑を「かぶと」とする。日本の甲冑の部位名称などは中世の甲冑のそれを基礎とする。

中世の甲は、まず十一世紀以降に大鎧(中世では鎧)と腹《はら》巻《まき》、ついで腹巻鎧《はらまきよろい》が成立し、十三世紀後半以降に胴丸《どうまる》と腹当《はらあて》が成立する。それぞれ構造が異なるが、各甲に共通する基本構造は、胴本体である衡胴《かぶきどう》(長側《ながかわ》とも)、衡胴の前後に立ち上がった立挙《たてあげ》、衡胴から垂れ、複数間に分割している草摺《くさずり》からなる。冑は、大鎧の付属具として星冑《ほしかぶと》があり、十四世紀に筋冑《すじかぶと》も成立する。冑の基本構造は、鉢、鉢から垂れる𩊱《しころ》、鉢正面に施す真向《まっこう》(眉庇《まびさし》とも)である。こうした甲冑の各基本構造に共通する基本構成要素は札《さね》・金具廻《かなぐまわり》・革所《かわどころ》であり、そのうち根本要素となるのが札である。札は、二行十三孔・三行十九孔(三目札《みつめざね》という)・二行十四孔(中世後期成立。鍛鉄製のものを伊予札《いよざね》という)などの孔を開けた小片で、材質は牛の生革を衝き固めた撓革《いためがわ》(煉革)か鍛鉄で、撓革製を革札《かわざね》、鍛鉄製を鉄《てつ》札《ざね》という。中世の甲冑は、かかる札をまず横に連結して韋緒で綴じ(横縫《よこぬい》という)、それを札板《さねいた》といい、さらに札板を縦に連結して(威《おどし》という)形成される。威には組紐・韋緒・布帛の畳緒などを用いて威毛《おどしげ》という。中世の甲の衡胴・立挙・草摺、冑の𩊱はすべて札威で形成されている。革札と鉄札はふつうは混ぜて使用するが、主体は革札で、愛媛大山祇神社の逆沢瀉威《さかおもだかおどし》鎧のように革札だけの遺品がある一方で、鉄札だけの中世の確実な遺品はない。革所は甲冑の韋革製の部分で、画革《えがわ》という染革を札威や生革のうえに張った。金具廻は甲冑の鍛鉄製の部分で、ここにも画革を張った。鉄札や冑鉢も鍛鉄製だが、それらは金具廻とはいわない。いずれにしろ革所と金具廻は、甲冑のごく限定された部分にすぎない。中世の各甲の相違点の要点は、衡胴の引合《ひきあわせ》(甲着脱のための開閉部分)の位置と構造、草摺の間数、付属具の種類であり、冑は、鉢表面の鋲頭の有無と、鉢を形成する地板《じいた》とよぶ台形状の鉄板の縁の処理法の相違である。日本の甲冑は、弥生時代に木・革・植物繊維などの有機質製の甲があり、三世紀後半に、中国からの伝来が考えられる小鉄板革綴冑が出現する。四世紀後半に、朝鮮半島からの影響のもとで鉄板革綴甲が製作され、また小鉄板革綴甲も出現する。四世紀末から五世紀前半には、甲冑ともに帯金の枠組に鉄板を革綴した様式が現れ、冑は鎬《しのぎ》のある帯金を鉢正面においた、考古学用語でいう衝角《しょうかく》付冑が現れる。五世紀中葉から末には、帯金式鉄板革綴式の甲冑がともに革綴ではなく、鋲留式となる一方で、新しく鉄札製甲が現れ、庇のある考古学用語でいう眉庇《まびさし》付冑も現れる。六世紀には、帯金式鉄板鋲留甲冑は消滅し、甲は鉄札製だけとなり、衝角付冑から鉄板縦矧鋲留式冑が成立する。この六世紀前後が古墳時代の武具の画期で、この時期成立の様式が律令制下の武具に継承される。七世紀後半から十世紀初頭の律令制下の甲は、文献に挂甲《けいこう》・短甲《たんこう》・綿甲《めんこう》の名称がみえる。遺品は正倉院伝世の鉄札甲残欠(正倉院甲とする)のみで、発掘品も東大寺出土鉄札甲残欠(東大寺甲とする)など多くはなく、すべて残欠である。しかし、遺品・発掘品はいずれも鉄札であり、六世紀に鉄板製甲が消滅し、鉄札製甲だけとなったことを考慮しても、当時の甲が鉄札製主体であったことは予想できる。問題は文献の名称との対応である。このうち挂甲は、『延喜式』兵庫寮の製作工程に、「挂甲一領(札八百枚)」とあり、「打札」「麁磨」「穿孔」「錯穴幷裁札」「錯稜」「砥磨青砥磨幷瑩」「横縫幷連」などの文言から、鉄札製甲であることは確実である。考古学で鉄札製甲を挂甲とよぶ根拠はこれである。また、七五六年(天平勝宝八)に光明皇太后が聖武天皇の遺愛品を東大寺に献納した際の目録である『国家珍宝帳《ちんぽうちょう》』には挂甲九十領がみえ、「白磨白線組貫」や「金漆塗橡線組貫」などの注記がある。このうち白磨・金漆塗などは鉄札の状態、白線組貫・橡線組貫などは威毛のことと考えられ、ここからも挂甲が鉄札製甲であったことがわかる。さらに、律令制下では毎年諸国に一定数の武具(器仗《きじょう》という)を製作させ、規格品(様《ためし》という)一種ずつを中央に献上させる諸国年料器仗制という制度があった。二十五通が現存する天平期(七二九—五〇)の『正税帳』のうち、七三四年尾張国、七三七年但馬国、七三七・三八年駿河国、七三八年周防国、七三九年伊豆国の

各『正税帳』からは、その器仗の材料がわかる。そのうち七三七年『駿河国正税帳』には、挂甲一領の材料として「鉄四十斤」・「組糸三両三分四銖」がみえ、鉄は鉄札料、組糸は威毛料と考えられる。一方、短甲は、『珍宝帳』では短甲十具とあり、冑と行縢《ぎょうとう》・覆臂《たおおい》などの小具足《こぐそく》と皆《かい》具《ぐ》として記述されている。また、七三七年『但馬国正税帳』では、短甲は「年料修理器仗」(つまり新作でない)としてみえ、行縢と膊覆という小具足が付属することもわかる。さらに、『弘仁式』主税やそれと同文の『延喜式』主税上、『三代実録』元慶五年(八八一)四月二十五日条などには「革短甲」がみえる(革挂甲は未見)などの特徴がある。しかも『珍宝帳』では短甲すべてに挂甲と同様の「白磨白線組貫」の注記があり、短甲も鉄札製甲であったことがわかる。古墳時代の鉄板製甲を考古学では慣例的に短甲とよんでいるが(命名者は関保之助)、文献の短甲と考古学的理解の短甲では実態が異なり、考古学的理解で文献の短甲の構造を解釈するのは本末転倒である。綿甲は、七三四年『出雲国計会帳』所収の天平五年十月十五日節度使符・『続日本紀』天平宝字六年(七六二)二月乙卯(六日)条(「綿甲冑」とみえる)・『続日本後紀』承和二年(八五三)三月丁巳(十二日)条にみえる。また、『続日本紀』天平宝字六年正月丁未(二十八日)条に「綿襖冑」がみえ、「唐国新様」での製作が大宰府に命じられた。それは「五行之色」に分けて「甲板之形」を描いたものという。この綿甲と綿襖が同一のものか否かは、それぞれの実態考察とともに近世以来議論があり、結論は出ていない。しかし、これらは札製甲ではないらしい。律令制下の冑は、文献に固有名称も実態考察の手掛かりもみえない。遺品も皆無だが、京都大枝と福島八幡横穴一四号墳出土の発掘品があり、それらによれば、少なくとも当時の冑鉢は鉄板縦矧鋲留式であったことがわかる。かかる律令制下の甲冑を基礎に中世の甲冑が成立したと考えられるが、甲冑中世化の過程は不明な点が多い。ただし、同じく札製である点から、挂甲や短甲から大鎧と腹巻が成立したと考えられる。もっとも同じ札でも古代と中世では様式が大きく相違し、また、古代では鉄札のみで、中世では革札主体となる。札の中世化の過程は、七世紀から十一世紀に及ぶ鉄札の編年から体系化されており、八世紀中葉と九世紀初頭の各画期を経て、十一世紀に中世の札(二行十三孔札など)が成立するという。また、鉄札から革札主体への転換は、『続日本紀』宝亀十一年(七八〇)八月庚戌(十八日)条の光仁天皇の勅(翌天応元年四月十日太政官符)にみられる。そのなかで、革札にする利点として、牢固・軽便・易成とともに、矢に対する防御性があげられている点が注目される。この勅が中世で革札主体となることと直接関連するかは不明だが、少なくとも革札主体となる原点ではある。文献ではその後、革短甲や革甲の名称が散見するようになる。今後は、鉄札の編年と革札化をどう切り結ぶかが課題となろう。一方、六世紀以来、鉄札製甲の構造として、大阪長持山古墳出土遺物や武人埴輪などにみられるような、胴が一連で正面中央引合の方領《ほうりょう》系(胴丸式とも)とよばれる様式と、和歌山椒浜経塚古墳出土遺物のような、前・後を肩上《わたがみ》でつないだサンドイッチマンの看板のような胴に、左右の間隙に脇楯《わいだて》を使用し、草摺が四間となる両当《りょうとう》系(裲襠式とも)とよばれる様式の二様式がある。『延喜式』左右近衛府大儀条には「供奉御輿少将」の挂甲着用規定があるが、後世の史・資料からその挂甲は両当系であることがわかる。また弘仁六年(八一五)二月二十六日太政官符では「諸国所造進甲冑」から腋楯《わいだて》・小手《こて》・脚纏《あまき》の製作停止が命じられ、腋楯は方領系には不要であるから、「諸国所造進」の甲のなかに両当系が含まれていたことがわかる。また近年の研究では、正倉院甲・東大寺甲はともに両当系鉄札甲という。つまり、律令制下でも両当系の存在がうかがわれ、また、文献の挂甲は両当系らしい。これに対し、律令制下では方領系の存在は不明だが、論理的帰結として短甲は方領系の可能性があり、草摺四間という共通性で両当系から大鎧が、胴が一連という共通性で方領系から腹巻が成立したと考えられ、また、鉄板縦矧鋲留式鉢から星冑鉢が成立したと考えられる。翻って、中世の武具は十四世紀で大きく変化し、甲は大鎧に代わって腹巻が主流となり、腹巻にはそれまで付属しなかった冑(筋冑)や両袖が加わる。この傾向はやがて胴丸にも及ぶが、鉄炮の普及した十六世紀後半以降、腹巻の様式を基礎に小具足と一体となった多様な個性を持つ当世《とうせい》具足《ぐそく》と、やはり多様な個性をもつ当世冑(現在では変り冑とも)という近世様式の甲冑が成立するのである。→別刷〈甲冑〉

[参考文献] 鈴木敬三編『中村春泥遺稿甲冑写生図集』、一九七九、吉川弘文館。末永雅雄『(増補)日本上代の甲冑』、一九八二、木耳社。鈴木敬三『武装図説』(『(改訂増補)故実叢書』三五)。津野仁「挂甲小札と国衙工房」(『太平台史窓』、一九九五)。松木武彦・宇田川武久編『戦いのシステムと対外戦略』(『人類にとって戦いとは』二、一九九九、東洋書林)。近藤好和『中世的武具の成立と武士』、二〇〇〇、吉川弘文館。津野仁・森幸彦「八幡横穴一四号墓の甲冑〈付記〉八幡一四号横穴出土資料の調査について」(『福島考古』四一、二〇〇〇)。

(近藤　好和)

かつぬましやかた　勝沼氏館　山梨県甲州市勝沼字御所にある戦国時代の勝沼信友の館跡。一九八一年(昭和五十六)に国指定史跡となり、以後継続的な発掘調査と史跡整備事業が行われている。地元で、武田信玄の叔父である勝沼五郎信友の館跡と伝えられていた内堀に囲まれた主郭跡に、一九七三年県立ワインセンター建設に先立つ発掘調査で大型礎石建物群などが発見された。地元を中心に館跡の保存を求める声が高まり、内堀に囲まれた主郭部から堀を挟んだ東郭に建設地を変更することで、主郭は保存されることとなった。その後館跡の範囲確認調査が行われ、一九八一年に県立ワインセンターを含む約四・八ヘクタールが国史跡に指定された。深さ五メートル、幅一〇メートルを超える内堀に囲まれた主郭部は東西南北の方形で北西側に虎口を開く。内部には棟と建物跡とその間を縫うように石組み水路が走り、所々に石組み水溜がある。一九九二年(平成四)―九五年の調査では、主郭から内堀を隔てた北東で工房跡が確認された。周囲には水上屋敷などの地名が残る。出土品は、貿易陶磁や鉄砲玉・土師質土器・瓦器・漆器碗など多種多様で、当時の生活を物語る。

参考文献 萩原三雄編『定本山梨県の城』、一九九一、郷土出版社。勝沼氏館跡発掘調査団編『勝沼氏館跡調査概報』I―III、一九七五・七七・七八、山梨県教育委員会。『史跡勝沼氏館跡』、一九九八、勝沼町教育委員会。 (八巻与志夫)

かつのおじょう 勝尾城 戦国時代に肥前・筑前国境一帯に勢力を保った国人領主筑紫《つくし》氏の居城で、現在の佐賀県鳥栖《とす》市に所在する山城。『北肥戦誌』など近世の編纂史書によれば、十五世紀前半ごろに九州探題渋川氏が築城し、対抗勢力である少弐《しょうに》氏一門の筑紫氏がこれを攻略し拠点化したとされるが、確たる史料はない。筑紫氏は十六世紀前半になると自立性を強め、毛利氏・大友氏・龍《りゅう》造寺《ぞうじ》氏など大勢力鼎立の狭間で自領拡大の動きを示しており、このころから拠点経営を本格化させたものと考えられる。戦国時代最末期の筑紫広門《ひろかど》の代に全盛を迎えるが、一五八六年(天正十四)七月に島津氏の侵攻を受けて落城(『上井覚兼日記』など)。翌年の豊臣秀吉による九州「国割」で家領存続のかわりに筑後上妻《こうづま》郡への転封を余儀なくされ、勝尾城は廃城となった。城跡は鳥栖市の北西山間、牛原町の城《じょう》山に位置し、標高五〇一メートルの山頂にある主郭を中心に、南北約二七〇メートル×東西約三〇〇メートルの範囲にわたって曲輪群・堀切・空堀などが展開している。石垣・石塁の発達が顕著で、主郭では塁線のほぼ全周に石積みを施しており、伝二ノ丸には空堀底と直結した枡形虎口を構えるなど、肥前地方の在地系城郭の最終発展レベルを明示する遺構群を、良好な状態で残している。城の南麓には平時の居館跡が存在し、これより東方へ向かって開口する総長約二キロの谷地形内には、被官層の屋敷跡や寺社境内、惣構などの区分施設に相当する大規模な空堀群、町屋跡(山浦新町遺跡)などを構成要素とする城下空間が展開している。さらには城下を囲む山系に鏡城、葛籠《つづら》城などの支城群も分布しており、戦国時代における地方大名の城と城下の全体景観をとどめた広域遺跡として稀少である。その具体的な保護措置を講ずるため、一九九五年(平成七)度から十ヵ年にわたって鳥栖市教育委員会が試掘調査を実施し、館跡や武家屋敷地内で建物の焼亡痕跡などが発見されている。国指定史跡。

参考文献 千田嘉博「勝尾城下町の形成」(『日本歴史』五二四、一九九二)。鳥栖市教育委員会編『勝尾城下町遺跡』、一九九九。 (宮武 正登)

かつののつ 勝野津 古代から近世にかけての琵琶湖における主要な港。「かちのつ」とも訓じる。滋賀県高島市勝野にあり、現在の大溝港に相当するとみられる。『延喜式』主税上には、若狭国の物資や、小浜港で陸揚げされ京都方面へ輸送される官物は、勝野津まで陸送され、そこから航路で大津まで運び、再び陸路で京都に運ぶことが規定されていた。『万葉集』ほかの文献史料にも勝野原や三尾勝野、勝野浜という用語が頻出し、多くの人に親しまれていたことが窺われる。恵美押勝の乱では船で戦った藤原仲麻呂が捕らえられ、斬首されたのは勝野鬼江であった。中世には現高島市新旭町の木津《こうつ》や同市今津町の今津に主要な役割は移ったものの、一五七八年(天正六)、織田信長の命により勝野の湖畔に大溝城が築城されると再び大溝湊として活況を呈し、近世を通じて琵琶湖における主要港として栄えたが、昭和初期、鉄道が開設されるに及び次第に衰退していった。

参考文献 『高島町史』、一九八三。 (林 博通)

かつま 羯磨 密教の修法で用いられる法具。大壇の四隅に立てる橛《けつ》の内側に合計四個、羯磨台とよぶ台に置いて配置される。正しくは羯磨金剛といい、羯磨輪・羯磨杵・十字金剛などの異称がある。形状は、中心に轂《こく》とよぶ円形の蓮弁ないし菊花をめぐらした軸をつくり、そこから四方に三鈷を出した三鈷杵を十字に組んだ姿であり、厚さは五～一〇ミリほどで扁平である。弘法大師の請来目録に「金剛羯磨二口」とみえ、密教請来時にこの法具が伝わったことを示している。遺品としては、京都東寺にある平安時代初中期の一具が最も古く、請来様を写したものと推測されている。和歌山県那智山から出土した一具は、僧行誉が一一三〇年(大治五)に造営した大壇具中のもので、年代の知れる作例としては最古である。

参考文献 『新版仏教考古学講座』五、一九八四、雄山閣出版。『仏具大事典』、一九八二、鎌倉新書。 (原田 一敏)

かつやまだて 勝山館 ⇩上之国勝山館《かみのくにかつやまだて》

かつらがおかチャシあと 桂ヶ岡砦跡 網走市立郷土博物館の敷地にあるお供え餅型のチャシ跡。北海道網走地方の網走市桂《かつら》町にある。国史跡。チャシ跡は、網走市街地の南側に広がる台地に小沢が刻まれてできた、西から東へ伸びる尾根の上に築かれている。北側は急崖、南側は斜面となっている。崖に向かって開くC字状の内壕と斜面を東西に横切る外壕がある。幅は内外ともに約二メートルで、深さは内壕が約八〇センチ、外壕が約二メートルある。壕の中にはシジミやアサリの貝層があるといわれる。チャシの内部には二つの竪穴住居跡があったといわれるが、今は埋めたてられて見えない。桂ヶ岡砦《チャシ》跡の命名は初代博物館長の米村喜男衛といわれ、古くは沢を流れる川の名からイシメンナイ・チャシとも、桂岡の古称であるニクル・チャシとも呼ばれていたという。なお、博物館側の丘の高まりと合わせて二つのチャランケ・チャシとする説もあるが、信憑性は低いようだ。

参考文献 畑宏明「桂ヶ岡チャシ」(『日本城郭大系』一所収、一九八〇、新人物往来社)。 (畑 宏明)

かつらぎ 葛城 ⇩かずらき

かつれんじょう　勝連城　グスク時代の大型グスクで阿《あ》麻《ま》和《わ》利《り》の居城として知られている。国指定史跡。沖縄県うるま市所在。琉球石灰岩の小高い丘陵上に築城された連郭式の城郭。貝塚時代後期後半の防御的な遺跡の上にグスク時代の大型グスクが形成されている。琉球政府時代の発掘調査で貝塚時代後期から十五世紀までの遺物が出土している。特に元様式染付を含む大量の中国陶磁の出土は勝連城の繁栄を象徴する遺物として注目された。このほか、鉄鏃、骨鏃、鎧の小札《こざね》、鉄鍋、刀子、鉄釘、玉《たま》類、カムィヤキ、東南アジア・朝鮮の陶磁器、日本の瓦質《がしつ》土器、高麗系瓦や大和系瓦、グスク土器などが出土している。最頂部の一の郭には瓦葺き建物が建っていたと推定され、二の郭と三の郭には正殿跡と御庭《うなー》遺構が確認されている。正殿は南東向きで、正面一七メートル奥行き一四・五メートルの板葺き礎石建ちの建物と推定されている。御庭(三の郭)に入る門は飾りのあるアーチ門で東に向いていた。伝承では城主は勝連按司《かつれんあじ》系—浜川按司《はまかわあじ》系—茂知附按《もちづきあ》司《じ》と続いた後に阿麻和利の居城となったという。『おもろさうし』には勝連城の繁栄ぶりが京・鎌倉にたとえられている。また、太陽に向かって城門を開いているとも謡われている。一四一八年(永楽十六)には、「賀通連寓鎮」が琉球国王二男と称して、丹木《たんぼく》・白幡《はくはん》・青磁・沈香《ちんこう》などの舶来品を持参して朝鮮王に通交を求めている。『海東諸《かいとうしょ》国紀《こくき》』所収の一四五二年(景泰三)ごろの「琉球国之図」には「賀通連城」とある。阿麻和利は一四五八年(天順二)に中城城の宿敵護佐丸《ごさまる》を首里《しゅり》王府軍とともに討ったが、同年に首里王府軍に攻め滅ぼされ、以後廃城となった。勝連城の南側にはグスク時代から近世の南風原村《はえばるむら》跡がある。近世には南風原村の御嶽《うたき》として機能した。一七一三年(康熙五十二)編集の『琉球国由来記《りゅうきゅうこくゆらいき》』には城内の御嶽として玉ノミウヂ嶽《たき》と肝《きむ》タカノ嶽の名がある。

参考文献　琉球政府文化財保護委員会編「勝連城第一次発掘調査報告書」(『琉球文化財調査報告書』、一九六五)。同編「勝連城第二次発掘調査報告書」(『琉球文化財調査報告書』、一九六六)。

（安里　進）

がとう　瓦当　軒先に用いる軒瓦《のきがわら》の先端部分の名称。当(當)は璫《とう》に通じ、端の飾りを意味する。中国では瓦当を軒丸《のきまる》瓦にだけ用いているが、日本では軒平《のきひら》瓦の先端部分も瓦当と呼んでいる。中国の軒丸瓦の瓦当文様は、漢代までは雲文や吉祥句を入れた文字文が主だが、南北朝からは蓮華文が主流となる。軒平瓦は西晋代に広端下縁に波状文を飾る例が出現し、やがて弧線を加えた重弧文にかわる。これが唐代でも主流を占める。日本での本格的な瓦製作は、六世紀末の奈良県飛鳥寺の建設によって始まる。中国南朝の影響を受けた百済の技術援助によるもので、軒丸瓦の瓦当文様は一重の花弁を表現した素弁《そべん》蓮華文。その後七世紀第II四半期に子葉《しよう》をもつ単弁蓮華文、七世紀第III四半期に二個の単弁を一組にした複弁蓮華文が登場し、ともに平安時代末まで寺院や宮殿・役所において盛行する。中・近世は巴《ともえ》文が主流。軒平瓦は奈良県の法隆寺(若草伽藍《わかくさがらん》)や坂田《さかた》寺で忍冬《にんどう》文を飾る例が朝鮮半島の影響を受けて七世紀前半に出現。七世紀第II四半期には重弧文が普及し、七世紀末以降は唐草《からくさ》文が主流となる。

単弁軒丸瓦・重弧文軒平瓦（山田寺出土）

参考文献　稲垣晋也編『古代の瓦』(『日本の美術』六六、一九七一、至文堂)。森郁夫『瓦』(『考古学ライブラリー』四三、一九八六、ニューサイエンス社)。上原真人編『蓮華紋』(『日本の美術』三五九、一九九六、至文堂)。

（毛利光俊彦）

がとう　瓦塔　粘土を素材として焼成した総高一～二メートルの瓦製の塔。五重の木塔を模したものが主であり、通常は軸部《じくぶ》・屋蓋《やがい》部・相輪《そうりん》部に分けてつくる。内部は中空であり、木製の心柱を芯として立て、軸部・屋蓋部を交互に積み重ねたのち、頂部に相輪部を差し込んだと推定。内壁に仏像を表現した例もある。ほかに六角塔や円形の宝塔のような例も出土しているが、破片である例が多く詳細は明らかでない。一九七五年(昭和五十)ごろからは金堂を模した「瓦金堂」もいくつか例が知られるようになっている。この瓦金堂を含めて瓦塔と総称することもある。これまでに出土した瓦塔は総数で約三百九十例に達する。分布は宮城県から大分・熊本県に及ぶが、関東・北陸・東海地方に集中的である。年代的には鎌倉・室町時代の例も少しあるが、奈良・平安時代が主であり、最も古い例は七世紀後半にさかのぼる。奈良時代には灰色・須恵《すえ》質のものが多く、まれに畿内では二彩《にさい》や緑釉《りょくゆう》を施した例もあるが、平安時代には褐色・土師《はじ》質のものが主となる。瓦塔の変遷については一九八三年に建築史家の松本修自が軸部の組物に注目し、八世紀から九世紀の間で斗栱《ときょう》の簡略化や大斗《だいと》表現の消失がみられることなどを明らかにした。これを契機として以後は各地で研究が進展し、建物としての構造的簡略化は平安時代に入って進むこと、それは需要の増大と量産化に起因することなどが提示されている。瓦塔の用途については三説が有力。第一は墓上か墓の近辺に造立した「墳墓標式説」。のちの五輪塔・宝篋印塔《ほうきょういんとう》などの祖形ともなったとする魅力的な説だが、確実な検証例がなく異論も多い。第二は寺院の塔基壇上に立っていた例があることから、木塔にかえて瓦塔を用いたとする「塔婆代用説」。本格的な寺院をつくれなかった集落などでは瓦塔・瓦金堂を用いたとみる。第三は瓦塔・瓦金堂を厨子《ずし》とみて押出仏などを納めたとみる「厨子説」。確実なのは「塔婆代用説」だが、出土点数の多さや分布の広さからすると厨子もかなりあったと推測される。

参考文献 石村喜英「瓦塔と泥塔」(『新版考古学講座』八、一九七二、雄山閣)。松本修自「小さな建築―瓦塔の一考察―」(『文化財論叢』、一九八三、同朋社)。高崎光司「瓦塔小考」(『考古学雑誌』七四ノ三、一九八九)。

(毛利光俊彦)

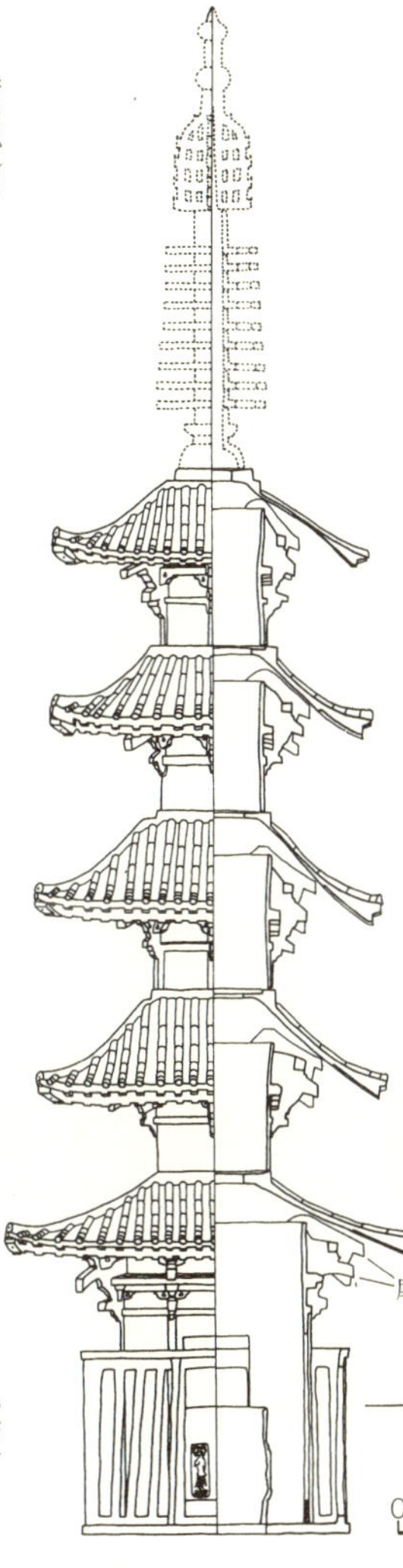

静岡県三ヶ日出土瓦塔

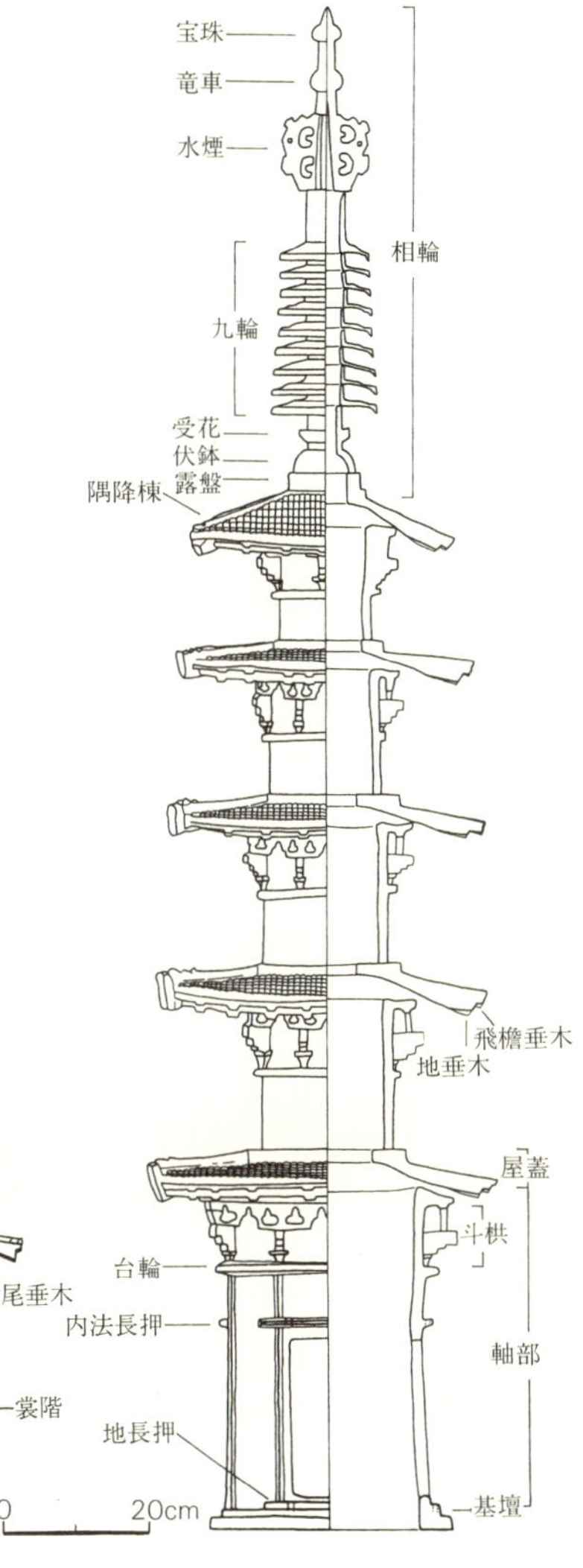

東京都東村山出土瓦塔

がとう 瓦燈 土製の照明具。素焼きの行燈《あんどん》で、油受けを置く身と釣鐘形の蓋に分かれ、蓋に設けた横窓で、明かりの向きと光量を調節できる機能をもつ。内部の光源には燈明を使い、菜種油などの燈油が増産された戦国時代に普及し、卓上や枕元の照明に使用されたとみられる。手あぶりの火鉢と同じ瓦質土器で焼かれることが多く、戦国時代は都市・城館・寺院跡での出土が確認される。江戸時代は城下町の周辺で生産され、江戸の今戸焼が知られた。

(垣内光次郎)

かとうまど 花頭窓 窓枠上部を尖頭アーチ形とする窓で、鎌倉時代に伝来した中国宋様式の建築細部。火燈窓とも書く。禅宗寺院の主要仏堂や書院などに用いられたが、桃山時代になると権力者が好んで採用し、しばしば城郭(天守閣)の窓にも使われた。仏堂の場合、窓枠内に縦横の桟をわたし内部に明障子を立てることが多いが、瑞巌寺《ずいがんじ》本堂玄関(宮城県松島町、一六〇九年(慶長十四)、国宝)では、窓枠内に七宝繋ぎの文様をはめ込む。書院や城郭では、通常、窓枠内に桟を設けず、内もしくは外に引き分けの戸を立てる。円覚寺舎利殿(神奈川県鎌倉市、室町時代中期、国宝)のように、下方裾の左右が直線で広がらない形態が古制で、また古くは窓だけではなく戸口にも使用された。一三三一年(元弘元)の鎌倉建長寺指図では、山門から仏殿に連なる回廊内側の柱間すべてに花頭窓が描き込まれている。

(箱崎 和久)

瑞巌寺本堂玄関

円覚寺舎利殿

花 頭 窓

かとりじんぐう 香取神宮 千葉県佐原市に鎮座する神

社。下総国一宮。古来から、茨城県鹿嶋市にある鹿島神宮とともに、王権の篤い信仰を受け、『延喜式』では、数少ない神宮という高い社格を与えられている。祭神については二説あり、八〇七年(大同二)に斎部広成が著した『古語拾遺』では経津主命とするが、正史や『延喜式』では「伊波比主命」とし、『日本書紀』神代天孫降臨章第二の一書は「今東国の楫取の地に在り」(原漢文)と記す。前者とすれば、鹿島神宮の祭神武甕槌命とともに、天尊降臨に先立って国土を平定した武神となり(『日本書紀』神代)、大和政権の東国・東北進出に伴う軍神として位置づけられる。一方、後者とすれば、祭祀者を神格化したものとなり、もともとは鹿島神宮を奉斎する祭祀集団であったとみる説もある。宝亀年間(七七〇—八八一)には、平城京に勧請され、春日大社の祭神の一つとなった。当社は藤原氏の氏神としても著名であり、毎年、春日祭に先立って、鹿島使(鹿島香取使ともいう)が鹿島神宮とともに派遣された。また、藤原摂関家が女子の立后や皇子の誕生を祈願するために、私的に鹿島使を遣わすこともあった。平安時代初期以降、上級の神職は大宮司(神主)と大禰宜に分かれ、前者の補任には太政官符が、後者の補任には藤原氏氏長者の下文が必要になった。十二世紀以降、藤原摂関家の動揺を背景に、大宮司職をめぐって、鹿島神宮大宮司家の一族中臣氏と、香取在来の大中臣氏が争うようになった。社宝には、唐からの舶載品で、正倉院所蔵のものと同笵関係にある国宝海獣葡萄鏡、重要文化財の古瀬戸黄釉狛犬・双竜鏡があり、社殿も一七〇〇年(元禄十三)の建造にかかる重要文化財である。また、個人蔵の重要文化財『香取大禰宜家文書』は、平安時代末から中近世にかけての一大文書群で、東国の歴史を知る上でも欠かすことはできない。

参考文献 『千葉県の歴史』通史編古代二、二〇〇一。岡田精司「香取神宮の起源と祭神」(『千葉県の歴史』一五所収、一九七八)。川尻秋生「香取大中臣氏と鹿嶋中臣氏—古代末期の香取神宮神主職をめぐって—」(『佐原の歴史』一所収、二〇〇一)。

(川尻　秋生)

かないざわひ　金井沢碑　群馬県高崎市山名町字金井沢に現存する古代の碑。「山名村碑」「高田里結知識碑」とも称される。同町に現存する山ノ上碑《やまのうえひ》、群馬県多野郡吉井町に所在する多胡碑《たごひ》とともに、上野三碑に数えられる。碑身・台石ともに輝石安山岩で、形状は、高さ約一・一メートル、巾約〇・七メートル、厚さ約〇・六五メートルの角が丸みを帯びた岩塊であり、一面を縦約〇・六五メートル、横約〇・六四メートルにわたって扁平に面取り調整を施した上で、九行百十二文字が刻書されている。この石文は、十八世紀中葉ころから、金石文考証研究の隆盛に伴って世に知られるようになったが、元来の所在地や状況については諸説あり不明である。現在は烏川右岸の丘陵中腹の南斜面に南面して建つ。銘文は、「上野国群馬郡下賛郷高田里／三家子□為七世父母現在父母／現在侍家刀自□君目□刀自又児□／那刀自孫物部君午足次馸刀自次□馸／刀自合六口又知識所結人三家毛人／次知万呂鍛師礒マ君身麻呂合三口／如是知識結而天地誓願仕奉／石文／神亀三年丙寅二月廿九日」。内容は、「上野国《こうずけのくに》群《ぐん》馬《ま》郡《ぐん》下賛郷《しもさぬごう》の三家子□が中心となり、七世父母らのために家刀自ら計六名と知識を結んだ三家毛人ら三名とで、天地に誓願し仕え奉るいしぶみ」との意であり、文末に年紀を「神亀三年(七二六)丙寅二月廿九日」と結ぶ。建碑発願の中心者「三家子□」の三家氏は、本碑と地理的に近い山ノ上碑にみえる「佐野三家」のミヤケ管掌に関わる氏族とみられる。彼らが「七世父母」のために「知識」を結うとあるように仏教を紐帯として氏族結合をはかり、それを在地に公示する機能を有したものとみることができる。八世紀前半の東国における氏族の結合のあり方や、信仰の具体相を知る上で重要な手がかりとなる。一九五四年(昭和二十九)国指定特別史跡。

参考文献 尾崎喜左雄『上野三碑の研究』、一九八〇、尾崎先生著書刊行会。勝浦令子「金井沢碑を読む」(『日本古代の僧尼と社会』所収、二〇〇〇、吉川弘文館)。東野治之「上野三碑」(『日本古代金石文の研究』所収、二〇〇四、岩波書店)。

(高島　英之)

かなざわじょう　金沢城　金沢市を流れる犀川と浅野川に挟まれた小立野《こだつの》台地の西端に位置する平山城。天正期には尾山城とも称した。規模は東西・南北とも約七〇〇メートル、標高三五〜六〇メートルを測り、堀を含めた面積は約二八ヘクタールで、百万石の石高に対し大きくはない。戦国時代に加賀一向一揆の要害となり、一五四六年(天文十五)には本願寺が加賀国の別院とした金沢御堂(金沢坊舎とも呼ぶ)が本丸周辺に建立され、本丸付近の「極楽橋」や石層塔が面影として残る。一五八〇年(天正八)に織田方の柴田勝家が金沢御堂を陥落させ、城主となった佐久間盛政が城形を整えた。一五八三年の賤ヶ岳の合戦後に前田利家が入城し、一八六九年(明治二)までの約二百九十年間、金沢藩の前田氏十四代の居城となった。一五八七年までに天守が建てられ、一五九二年(文禄元)には本丸の高石垣を築き、近世城郭として整備を進め、金箔瓦も利用されている。二代利長が内惣構を造成し、三代利常が一六一〇年(慶長十五)に外惣構を開削して城下町の防備を固めた。曲輪には本丸・東ノ丸・本丸付段、二ノ丸、鶴ノ丸、三ノ丸、玉泉院丸、新丸・藤右衛門丸、金谷出丸があった。大手門は西町口から河北門へ変更となったが、搦手は石川門とされた。一六〇二年の落雷で本丸の天守を焼失し、代わりに三階櫓が造営され、元和・寛永・宝暦・文化と四度の大火を受けるごとに城の形が変容した。特に一六三一年(寛永八)後は、二ノ丸に御殿を創建し藩政の中枢機関とし、城水の確保を目的に、犀川上流から辰巳用水を引いた。石垣はすべて金沢南東の戸室山で採掘した角閃石安山岩(通称戸室石)を用材として築き、一六六二年(寛文二)を含め七度の地震で崩れたものの、幕府の許可を得て石垣修築が行われた。一八七一年の廃藩で明治政府に接収され、翌年兵部省所管となり、その後陸軍の駐屯地となった。現在は藩政期の建物として石川門と枡形を囲む菱櫓、三十間長屋(重文)が残り、絵図は城の全域図を中心に、幕府報告絵図や施設図など約五百五十点が伝えられる。

(垣内光次郎)

かなざわのさく 金沢柵 平安時代後期に出羽国北部の有力豪族であった清原《きよはら》氏の城柵・居館。「かねざわのさく」ともいう。後三年合戦で、源 義家《みなもとのよしいえ》の支援をうけた異父兄の清衡《きよひら》と対立した清原家衡《いえひら》が、一〇八六年(応徳三)に沼柵《ぬまのさく》の戦いで勝利したのち、叔父の武衡《たけひら》の進言によって当柵に移ったものの、翌一〇八七年(寛治元)に義家軍による包囲・兵粮攻めで敗れ、滅亡した。比定地としては、秋田県横手市金沢の標高一七二メートルの丘陵に位置する金沢柵跡がある。一九六四(昭和三十九)―七一年にかけて行われた発掘調査で、本丸・西ノ丸・北ノ丸(いずれも通称)地区で掘立柱建物跡・柵木・壕跡などの遺構のほか、須恵器・青白磁・木製品や刀子などの鉄製品、焼米などが出土しているが、年代は鎌倉時代末から室町時代にかけてのものである。ただし、関連遺跡の見直しが行われており、清原氏との関係が注目されている。

参考文献 秋田県教育委員会・横手市教育委員会編『金沢柵跡発掘調査概報』(『秋田県文化財調査報告書』二五、一九七二)。

(熊田 亮介)

かなまり 銅鋺 ⇩どうわん

かなやまじょう 金山城 群馬県の東部、太田市街地の北に位置する独立丘陵金山に展開する、北関東における代表的な戦国時代の山城の一つ。国史跡金山城跡。現在の群馬県太田市域は隣接する栃木県足利市域と合わせ、源義家の三男義国を祖とする源氏の開発地である。新田荘は、義国の「足利別業」への退去に伴って下向した子息義重が、一一五〇年(久安六)ころに新田入郡して成立し拡大したとみられている。ちなみに足利は弟義康に委ねられた。金山丘陵は新田荘を一望の下にできるため古くから何らかの城砦が存在したものと考えられるが、現状で確認できる遺構を鎌倉時代のものとすることはできず、記録と縄張りの両面から戦国時代の所産とみられる。義重の子義季開基である長楽寺住松陰軒西堂の残した『松陰私語』によれば「文明元己丑二月廿五日 金山城事始 源慶院殿為御代官 愚僧立钁始 地鎮之次第 上古之城郭保護記為証之(下略)」とあり、一四六九年(文明元)から新田氏庶流の岩松家純が古城を改修築城したことが録されている。その後岩松氏の被官横瀬(改姓して由良)成繁は下剋上によって城主となり、以降由良氏がこの城を支配したが、一五九〇年(天正十八)の豊臣秀吉による小田原役後に城地没収となり以後廃城となった。金山城は、金山丘陵上に放射状に展開する城砦群で、複雑な郭構成を示す。新田神社のある主郭を中心に六筋の尾根上に郭を連ね、南西方向の尾根端には西城、南には八王子砦を配して南の大手口からの侵入を挟撃するほか、長手口など十におよぶ諸口に対応する出丸や砦を設けている。由良成繁は新田郡域のほか桐生や伊勢崎まで支配下におき、この全盛期を通じて整備がなされたものと考えられよう。また、大手口筋の南の谷が居住空間とみられる。現在、史跡整備の一環として中核部の発掘調査が進められており、御台所郭日の池周辺など、戦国時代の堅牢な石積み遺構が甦りつつある。

参考文献 『群馬県史』通史編三、一九八九。群馬県教育委員会文化財保護課編『群馬県の中世城館跡』、一九八九。

(唐澤 至朗)

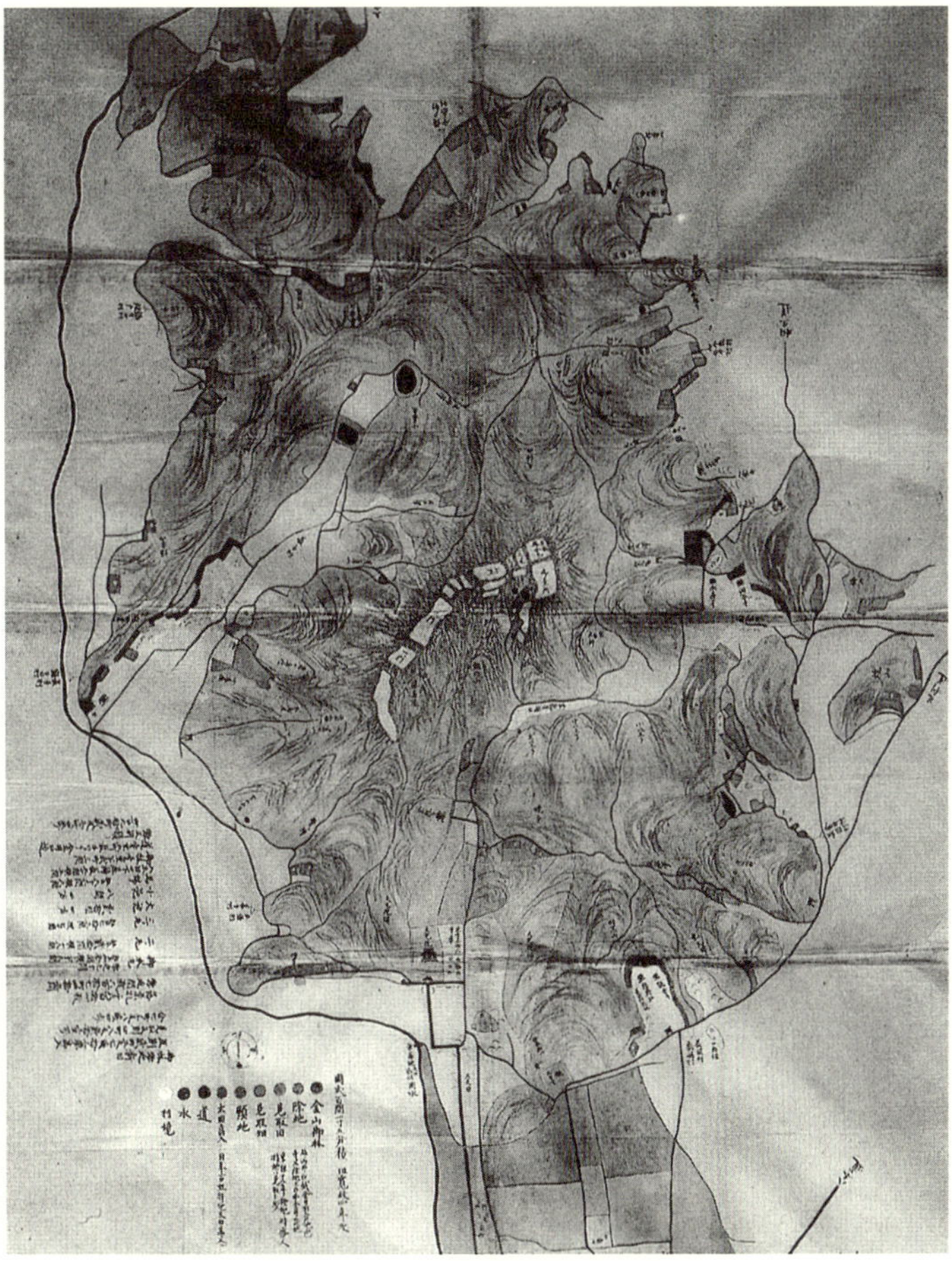

「寛政太田金山絵図」(寛政4年)

かなんさんさい 華南三彩 明代中国の華南地方で焼造

された軟質の鉛釉陶器で、わが国で交趾《こうち》三彩、欧米でトラディスカント＝ジャーと呼ばれるものもこれに含まれる。生産地は漠然と福建・広東地方と考えられてきたが、一九九二年(平成四)以降、少なくとも漳州窯《しょうしゅうよう》の一角である平和県田坑窯で磁胎の小型香合(交趾香合)や合子《ごうし》が焼造されていたことが確認された。貿易陶磁として海外に輸出されており、フィリピンやマレーシアなどの東南アジア方面での出土例が多いが、わが国にも輸入されており、陶胎の瓶や鴨型水注の一括遺物が熊本県の阿蘇氏の居館浜乃館跡や、沖縄県首里城跡から出土している。交趾香合類は、長崎貿易を通じて輸入されている。→漳《しょう》州窯《しゅうよう》

参考文献 亀井明徳「明代華南三彩陶をめぐる諸問題」(『日本貿易陶磁史の研究』所収、一九八六、同朋社出版)。平和県博物館・福建省博物館編「福建平和県田坑素三彩窯跡調査」(『福建文博』一九九七ノ一)。

(金沢 陽)

かにまんじ 蟹満寺 京都府相楽《そうらく》郡山城《やましろ》町にある真言宗智山派の寺院。山号は普門山《ふもんさん》。縁起では、観音菩薩を信仰する娘が蛇に求愛されて困っているところ、以前に助けた蟹の恩返しによって危難を免れる。死んだ蛇と蟹を埋め、弔うために建てられたのが寺の起源であるとしている。この話は一〇四三年(長久四)ごろ成立の『大日本国法華経験記』下に「蟹満多寺」「紙幡寺」としてはじめて現れる。以後、『今昔物語集』『元亨釈書』などに記され、仏教説話として広く知られている。この蟹の恩返しの説話と、地名「蟹幡《かむはた》郷」(『和名類聚抄』)とが結びついて縁起となったものであり、元来は地名寺院であろう。本尊釈迦如来像(国宝)は、白鳳あるいは奈良時代初期の作で、像高約二四〇センチの金銅坐像。釈迦三十二相中の螺髪《らほつ》、白毫《びゃくごう》がなく、手足指縵網相《しゅそくしまんもうそう》(手の指の間の水掻きのようなもの)がある。本尊は他寺から後で移された客仏であるという伝承があったが、発掘調査の結果では、現在の蟹満寺の地に瓦積基壇を持った大規模な白鳳時代の建物跡が発見された。現在の本堂は一七五九年(宝暦九)建立であるが、想定される建物はその前と左右に広がり、そのほぼ中央に現本尊が位置している。また周囲に二・五町×三町の広い回廊跡も検出されている。これらによれば、早くから現在地に大寺院があり、釈迦如来像は当初からの本尊だったことになる。また境内には観音堂があり、平安時代後期の木造聖観世音菩薩坐像をまつる。

参考文献『山城町内遺跡発掘調査概報』蟹満寺第一次調査・第二次調査、一九九一・九二。山城町教育委員会『山城町史』本文編、一九八七。

(榎 英二)

かね 鐘 ⇩梵鐘《ぼんしょう》

かねがさきじょう 金ヶ崎城 福井県敦賀市金ヶ崎町の敦賀湾に突き出た天然の要害に築かれた山城跡。国史跡。南東に延びる尾根上には支城の天筒山城がある。築城時期は不明であるが、『玉葉』養和元年(一一八一)九月十日条にみえる「津留賀城」は当城のこととされる。一三三六年(延元元)、新田義貞が恒良・尊良親王とともに当城を根拠としたことや、翌年三月六日に足利尊氏に攻められ落城したことなどは『太平記』に詳しい。室町時代には越前守護代甲斐常治の居城となり、朝倉孝景が越前一国を領国支配してからは、一族の朝倉景冬が敦賀郡司となり、以後、歴代郡司支配の居城となった。一五七〇年(元亀元)四月、朝倉中務大輔景恒は、織田信長との戦いに敗れ当城を明け渡したが、その数年後に廃城となった。金前寺《こんぜんじ》背後の尾根には一の木戸(堀切)、反対斜面には十条ほどの畝状竪堀があり、海に突き出た西側には二の木戸、三の木戸、それに数ヵ所の曲輪が残っている。

(水野 和雄)

かねざわぶんこ 金沢文庫 鎌倉時代中期の武士北条実時が、蔵書保管のために所領武蔵国久良岐《くらき》郡六浦《むつら》荘金沢郷内(横浜市金沢区金沢町)の別邸に設置した書庫。実時は、一二七〇年(文永七)には鎌倉の書庫を焼失しており、金沢文庫の設置は火災などの災害を回避するためであったともいわれる。その蔵書は、和漢の歴史・文学・法制・儒学・仏教・農学・医学にまたがる大蔵書群で、「金沢文庫」の蔵書印が捺されたことでも知られ、鎌倉時代後期には国内随一の文庫の一つとして知られていた。このころ、金沢貞顕は蔵書の管理を称名寺長老釼阿《けんあ》に委ねており、一三三三年(元弘三)の北条氏滅亡後は称名寺が全面的に管理したが、その蔵書は南北朝時代以降の寺院の衰退とともに和書・漢籍を中心に寺外に流出した。近代になるとその復興が企てられ、一八九七年(明治三十)には伊藤博文らにより称名寺大宝院内に書見所と石倉が建造されたが関東大震災で打撃をこうむったため、一九三〇年(昭和五)に称名寺境内に大橋新太郎の協力を得て県立金沢文庫が設置され、一九九〇年(平成二)には現在地に新館を建築し移転した。現在の金沢文庫のある場所は、称名寺から丘陵一つ西側の谷で、谷の前面部を御所ヶ谷《ごしょがやつ》、谷の奥部を文庫ヶ谷と呼び、「文庫」の小字があったり、付近からは北条氏の家紋である三ツ鱗文様の入った瓦が発見されるなど、金沢氏の屋形と文庫が所在したと伝承された地にあたる。新館建設に際しては発掘調査が行われ、称名寺絵図の西側にみえる隧道(現存)の所在地点から西に直線で伸びる側溝を伴った道状遺構、道状遺構より南側に大規模な土丹敷き地業面、北部には掘立柱遺構群が確認された。土器類は十四世紀中期から十五世紀初頭に比定されている。遺構発掘の際には瓦や土器類も出土し、鎌倉時代の金沢氏屋形と断定はできないが、当地に金沢氏の屋形と付帯施設としての金沢文庫があった可能性が高い。なお、金沢文庫の後山には台など城郭関連の地名や崖を人為的に加工した跡などがみられる。

参考文献『金沢文庫遺跡』(『神奈川県立埋蔵文化財センター調査報告』一九、一九八八)。関靖『金沢文庫の研究』(『日本教育史基本文献・史料叢書』一七、一九九二、大空社)。

(福島 金治)

かねだじょう　金田城　長崎県対馬市美津島《みつしま》町に所在する古代山城。国特別史跡。対馬の中央部南寄り、朝鮮海峡より湾入した浅茅《あそう》湾の南岸にあり、城山《じょうやま》とも称する。標高二七五メートルの険阻な岩山で、天険を利用した山城である。『日本書紀』天智天皇六年(六六七)十一月条に、大和の高安城、讃岐の屋島城とともにこの城を築くとある。遺構は、頂上から東北に延びる稜線に沿い、北側の急斜面に築いた石垣が断続的に降下し、狭水道の断崖に出た所で折れ、東南の緩い山腹を横切る間に、三ヵ所の城戸を越え、西南角の断崖に出たところで右折して、頂上へと一周する構造になっている。石垣の延長は約二・八キロで、一八〇九年(文化六)撰の『津島紀事』に記されている「周概九百四十三丈余」とおおむね一致する。石垣の高さは、約六～七メートルで、自然の絶壁も利用し、全城壁が石垣である。城戸は谷の狭部を閉塞し、城門を設けており、門礎石が残る。谷底には水門があり、水を伏流させている。城内には三ヵ所の谷があり、湾口から一ノ城戸・二ノ城戸・三ノ城戸と称し、各城戸には海岸に下る山道が通る。城内には頑丈な出張《でばり》や石塁があり、望楼の跡と想定されている。また『津島紀事』に火立隈《ほたてぐま》と記している個所があり、烽《とぶひ》があったと考えられている。一ノ城戸の海辺には『三代実録』記載の大吉刀《おおきど》神社が所在し、城の鎮守となっていた。白村江敗戦の翌年(六六四年)対馬・壱岐・筑紫に防人《さきもり》と烽を置いた天智天皇は、国防戦略の要として大宰府を固め、瀬戸内の長門・讃岐、大和の高安、そして最前線の対馬に金田城を築いたのである。最初に金田城を城山に比定したのは、一七二七年(享保十二)改訂『津島紀略』で、当時島内で金田《かんだ》という地名がある別の場所を比定する説もあった。一九二二年(大正十一)の後藤守一の門礎の調査、一九四八年(昭和二十三)の東亜考古学会の報告書を踏まえ、近年対馬市教育委員会による継続的調査が実施され、全体像が解明されつつある。

参考文献　永留久恵「対馬金田城考」(九州歴史資料館編『大宰府古文化論叢』所収、一九八三、吉川弘文館)。

(磯村　幸男)

かのうじょう　加納城　荒田川の西岸に築かれた戦国時代および近世の平城。岐阜市加納丸之内ほか所在。戦国期加納城は一四四五年(文安二)、美濃国守護代斎藤利永によって築かれたとされる。当時の守護所革手の北西に位置する。近世加納城は一六〇二年(慶長七)に築城を開始した。初代城主は奥平信昌である。以後、一八七一年(明治四)に加納藩が廃されるまで存続する。近世加納城本丸の下から、十五世紀中ころから十六世紀初頭ころの戦国期加納城本体の一部と考えられる遺構が見つかっている。近世加納城は十七世紀初頭ころ大規模な土木工事によって築かれた。本丸、二ノ丸などではチャートの自然石を用いた野面積みの石垣を築き、その前面に水堀を巡らしていた。発掘調査により、本丸では南門の枡形遺構、二ノ丸では御殿の一部と考えられる礎石建物などが見つかり、近世の大量の瓦類や陶磁器類が出土している。本丸跡は国史跡に指定されている。

参考文献　岐阜市教育委員会・岐阜市教育文化振興事業団編『史跡加納城跡』、二〇〇三。

(内堀　信雄)

かのこシーいせき　鹿の子C遺跡　常陸国茨城郡にあった奈良・平安時代の常陸国衙工房遺跡。茨城県石岡市鹿の子に所在。遺跡は、常陸国府跡から北に一キロ、常陸国分寺跡から北西に一キロ、常陸国分尼寺跡から北西に四〇〇メートルに位置する。確認された遺構は、溝によって東西に区画され、建物の配置から西側が官衙ブロック、東側が工房ブロックに分けられる。官衙ブロックは、北東部だけの調査であるが、一辺約一三〇メートルの方形区画に囲まれている。東辺中央部は溝が切れ、四脚門が見られる。区画内には掘立柱建物跡二十二棟、竪穴住居跡七軒、連房式竪穴遺構一棟、工房跡一棟などが確認され、出土遺物や重複関係から三期の変遷が考えられる。I期は小規模な掘立柱建物と竪穴住居、工房が見られる。I期後半からII期にかけては竪穴住居がなくなり、掘立柱建物のみになる。III期には竪穴住居のみになって官衙的性格がなくなる。工房ブロックは、官衙ブロックと同じように三期に分けられる。I期は竪穴住居と鍛冶工房が整然と配

鹿の子C遺跡出土田籍文書

鹿の子C遺跡　掘立柱建物跡

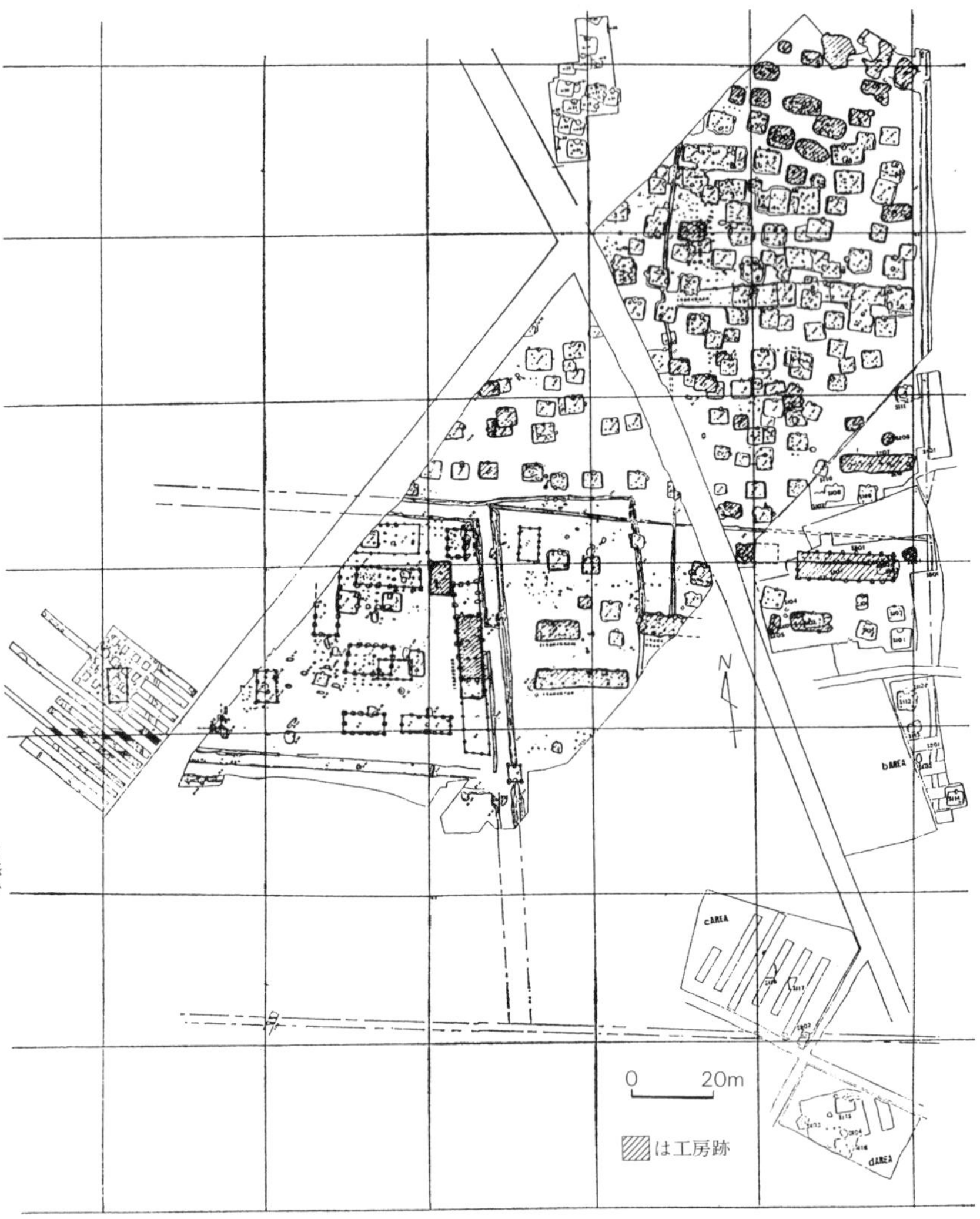

鹿の子C遺跡遺構構成図

置される。Ⅰ期後半からⅡ期前半にかけては、竪穴住居が北から東側に拡散し、工房が官衙ブロックの東と北東側の二ヵ所に集中する。Ⅱ期後半には東西五五メートル、南北四・五メートルの一号連房式竪穴遺構が営まれる。この遺構には北壁に沿って七基の竈《かまど》がある。Ⅲ期には小規模な住居跡が数軒見られるだけである。年代は、Ⅰ期は八世紀第4四半期。Ⅱ期は九世紀第1四半期から第2四半期。Ⅲ期は九世紀第3四半期である。出土した遺物は、多くの土器類のほかに鉄製品・銅製品・陶硯・鞴羽口《ふいごはぐち》・瓦・砥石・漆紙文書がある。漆紙《うるしがみ》文書は約二百八十九点出土しており、解読できたものは、戸籍・計帳類、田籍関係文書、出挙帳、調帳、人口集計文書、兵士自備戎具検閲簿、具注暦（七四二年（天平十四））などである。当遺跡は、八世紀後半に蝦夷征伐のため武器などの製作を担当し、加えて兵站基地としての役割を課せられた常陸国衙の直営工房と考えられる。

資料館　石岡市民俗資料館（茨城県石岡市）

参考文献　茨城県教育財団編『鹿の子C遺跡』（『常磐自動車道関係埋蔵文化財発掘調査報告書』五、一九八三）。川井正一「石岡市鹿の子C遺跡」（『茨城県史研究』五二、一九八四）。石岡市教育委員会編『鹿の子遺跡発掘調査報告書』、一九八五―八七。阿久津久「国衙工房に見る鉄器生産について―鹿の子C遺跡を中心として―」（『茨城県立歴史館報』一七、一九八九）。

（阿久津　久）

かのむかいいせき　神野向遺跡　⇨鹿島郡家《かしまぐうけ》

かばさきでらあと　樺崎寺跡　源姓足利氏二代足利義兼が鎌倉時代初頭に創建した中世寺院跡。栃木県足利市樺崎町にあり、市街地北東約五キロの山間地、中央を樺崎川が流れ、東西には山が迫る谷地に位置する。国指定史跡。『鑁阿寺《ばんなじ》文書』によれば、義兼が一一八九年（文治五）奥州平泉の藤原氏との戦いに出陣する際、寺領を寄進、創建したもので、その後義兼は当地にて入定。樺崎八幡宮本殿床下には現在も足利義兼公御廟の墓標が立つ。義兼入定以後、足利氏代々の惣領の供養塔である五輪塔が建てられるなど、足利氏によって廟所として保護され、室町時代を通して繁栄した。一九八四年（昭和五十九）より遺跡の内容および範囲を確認するための発掘調査が行われ、八幡山を背景として東面する、浄土庭園をもつ寺院であったことが明らかになった。八幡山東山麓の高台には、足利氏代々の五輪塔を瓦葺の覆屋に納めた足利氏廟所など四棟の礎石建物跡がある。これらの建物群の東側平地には南北に長く、中島をもつ浄土庭園があり、その北側平場には、東に向拝をもつ一間四面堂の下御堂跡など、三棟の礎石建物跡がある。この北側は、小溝で区画され、井戸を伴う掘立柱建物跡群があり、また、樺崎川東側にも、礎石建物跡や掘立柱建物跡が広がり、これらは、部屋や御坊などと呼ばれた寺院運営のための坊跡と考えられる。遺物は、ほぼ完形の青白磁四耳壺二個体をはじめとして多くの舶載陶磁器、国産陶器が出土し、かわらけも多く出土し、栃木県南西部における中世前半期のかわらけ編年の指標となる遺跡である。また、中世瓦も多量に出土しており、一四一三年(応永二十)のヘラ書きを有する瓦があるなど、中世瓦研究にも欠かせない遺跡である。さらに柿経《こけらきょう》や漆椀などの木製品の出土も豊富で、中世寺院の生活を垣間見ることができる。『鑁阿寺文書』という文献上での記述と発掘調査の内容が合致し、さらに豊富な出土遺物があり、関東でも屈指の中世寺院の遺跡として貴重である。

参考文献 足利市教育委員会編『法界寺跡発掘調査概要』、一九九五。 (大澤 伸啓)

かびらかいづか 川平貝塚 沖縄県石垣市字川平仲間原にあり、川平集落に隣接した獅子森と呼ばれる小丘陵に所在する遺跡。一九〇四年(明治三十七)に鳥居龍蔵が行なった、琉球列島におけるはじめての考古学的発掘調査対象遺跡の一つであり、土器・青磁・石器・貝殻・獣骨・魚骨などが出土した。出土した青磁により、現在では十五・十六世紀に位置付けられる。出土土器の中には耳たぶ状の横長把手が付くものがあり、外耳土器と命名した鳥居は、これを手がかりに、八重山諸島と沖縄諸島以北の島々では先史文化の系統が異なるとした。その後の研究によって、八重山諸島と宮古諸島には、台湾諸島以南との関連性が強いと考えられる先史文化が存在し、日本先史文化の影響は沖縄諸島までにしか及ばないことが明らかとなり、鳥居の指摘の正しさが確認された。一九五六年(昭和三十一)琉球政府指定埋蔵文化財となり、一九七二年沖縄の施政権が米国から日本へ返還されたのに伴い、国指定史跡となった。

参考文献 鳥居龍蔵「八重山の石器時代の住民に就て」(『太陽』一一ノ五、一九〇五)。 (池田 榮史)

かびん 花瓶 供養具の一つで供花を挿すための瓶。華瓶とも書き、華生《はないけ》・華入《はないれ》ともいう。密教法具では華瓶を使うことが多く、「けびょう」と呼ぶ。元来、諸種の宝薬を容れるインドの迦羅舎(宝瓶)であったが、花を供養するための花瓶へと転化した。素材には、金・銀・銅・玻璃・陶器などがある。形式は、広口で頸が細く、胴に膨らみを持ち、腰を細くして裾開がりとなって台脚に至る亜字形花瓶と、細長い頸と下膨れをした胴に丸底で低い高台を付した徳利形花瓶がある。また、中国銅器に似た広い口に両耳をつけ、胴や細部に文様を鋳出したものや、口が大きく外に広がるものがあり、これらは香炉・燭台と一具をなす三具足《みつぐそく》や五具足の中にみられる。静岡修善寺蔵の華瓶は頸と腰に紐飾がなく、もっとも古式の密教法具華瓶である。概して、口が広く肩が張り、頸と腰が締まり、紐飾が細いものが古い。亜字形花瓶では、奈良法隆寺所蔵の乾元元年(一三〇二)、埼玉慈光寺の徳治二年(一三〇七)、徳利形花瓶では大阪観心寺蔵に元徳二年(一三三〇)の銘があり、年代や形式を見極めるための基準作となる。 (原田 一敏)

かぶきもん 冠木門 二本の柱の上部に冠木《かぶき》と呼ばれる横木をのせるか貫き通し、柱と冠木との間に門扉を設けた門。衡門とも書く。冠木門は中世には出現していたといわれているが、古くは冠木を用いた門形式全般のことを称し、江戸時代には高麗《こうらい》門や薬医《やくい》門なども含まれた。ただし、平内《（へいのうち）》家の木割《きわり》書『匠明《しょうめい》』には、高麗門の脇柱上に屋根をかけない門が冠木門と記され、冠木を貫状に用いて屋根をかけない門は木戸門《きどもん》と記され区別されていた。冠木門は、現代では通常、冠木を用いて屋根をかけない簡略形の門を指す。『一遍上人絵伝』や『粉河寺縁起《こかわでらえんぎ》』など中世の絵巻物にみえるように、主として武家住宅の門に用いられ、室町時代には守護大名の館に建てられた。しかし、江戸時代に下ると、比較的下級の武家住宅や庶民住宅の門形式としても用いられるようになった。→高麗門《こうらいもん》

参考文献 小泉和子・玉井哲雄・黒田日出男編『絵巻物の建築を読む』、一九九六、東京大学出版会。 (平澤麻衣子)

かぶと 冑 頭部の防具。十世紀以降、甲と冑の表記と訓読の対応が逆転することが多いが、漢字本来の意味は、冑が「かぶと」である。ここでも冑を用いる。なお、兜の表記が一般的になるのは近代以降である。中世には星《ほし》冑《かぶと》と筋冑《すじかぶと》があり、ともに鉢と鞠《しころ》からなる。鉢は、一枚鉄板を打ち出して筋金《すじがね》を鋲留めした一枚張筋伏《いちまいばりすじぶせ》と、地板《じいた》とよぶ台形状鉄板を鋲留めした張合《はりあわせ》の二様式があり、後者がふつうである。鉢の下端には、鞠を付設する腰巻板(鞠付板とも)とよぶ帯金を鋲留めする。鋲は笠鋲《かさびょう》を使用し、鋲頭を星といい、星の並ぶ冑が星冑で、大鎧《おおよろい》の付属具である。本来、鉢は小型で星が大型であったが、時代の下降ともに、鉢が大型化し、地板の幅が狭くなって枚数が増加する一方、星は小型化した。十三世紀後半には、地板の片縁を折返して鋲留し、十四世紀には、星が消滅して折り返しの筋だけが残った筋冑が成立した。これは腹巻《はらまき》や胴丸《どうまる》の冑となり、十五世紀中ごろからは大鎧でも使用した。鉢の頂辺《てっぺん》には孔(頂辺の孔)が開く。孔の径は本来は大型である。これは鉢が小型なうえに、髻《もとどり》を作った頭に烏帽子を着けて冑を被ったためで、孔は髻の逃げ口であった。これが鉢の大型化ともに孔は小型化し、鉢裏に直張していた革を、十四世紀には、打物の打撃への緩衝として、浮張《うけばり》といって鉢裏と空間を作って張るようになった。同時に、髻を解いた乱髪《らんぱつ》(大童《おおわらわ》とも)に烏帽子を着けて鉢巻をすることが流行するなどの理由で、孔は形骸化していく。この鉢の大型化・孔の小型化・浮張化は星冑から筋冑の流れに対応し、筋冑はそのすべての要素を持った。腰巻板正面には真向《まっこう》(十六世紀以降は眉庇《まびさし》とよぶ)という金具廻《かなぐまわり》を鋲留した。真向は鉢正面の総称でもある。鉢の背後には鐶を打ち、遺品では小型の総角《あげまき》を下げて笠印《かさじるし》というが、これは大鎧の袖に付ける袖印《そでじるし》とともに戦場で敵・見方を判断するための標識で、実際には総角とは限らない。鉢の装飾に篠垂《しのだれ》という花先形の筋金がある。これを一～五条、鉢の真向や前後・左右の地板に伏せたが、篠垂には共鉄《ともがね》と金鍍金があった。さらに後者

では篠垂を伏せた地板にも金鍍金することが多く、真向のみ金鍍金したのを片方白《かたほうじろ》、前後は二方白、前後左右は四方白といい、遺品では八方白まである。また、遺品はないが文献には白星がみえ、これは星に銀鍍金したものと思われる。筋冑では筋に金覆輪し、地板の下端に半切の八双《はっそう》金物を置いて斎垣《いがき》とよんだ。冑の立物に鍬形《くわがた》がある。鍬形は台と角からなり、台を真向に装着し、角を台に装着する。古様な台は平板で象嵌を施し、角は鋲留めや、角・台一体型もあり、十三世紀には、獅噛《しがみ》などの立体的な台となり、細長い角を差し込み、長鍬形《ながくわがた》とよんだ。十四世紀以降は八双形の台を鋲留し、太短い大鍬形を差し込んだが、やがて八双台の中央に祓立《はらいだて》とよぶ筒が発生し、そこに剣・日輪・半月・開扇などのさまざまな意匠を差した三鍬形《みつくわがた》が成立し、ついに鍬形が消滅して祓立のみとなった。祓立の成立は、本来鍬形は一部の上層武士のみの使用であったが、十四世紀以降は冑必備のものとなり(したがって、筋冑は八双台以降の鍬形が必備)、鍬形では個性を発揮できなくなったからである。錣は通常札板五段で、両端を折り返して吹返《ふきかえし》といい、その正面には画革《えがわ》を張る。錣は腰巻板に鋲留した。本来はそのまま鋲留したが、十四世紀以降、腰巻板の裾を折り返して鋲留し、錣が扁平に広がり、吹返は潰れた状態になった。これを笠錣《かさじころ》といい、打物使用の腕の動きを考慮したというのが通説だが、背後からの打物攻撃を考慮したという説もある。これも星冑から筋冑への流れに対応し、筋冑はすべて笠錣である。古墳時代の冑には眉庇付《まびさしつき》冑と衝角《しょうかく》付《つき》冑という二様式があるが、律令制下の冑は、文献に考察の手掛かりがなく、遺品も皆無で不明だが、京都大枝と福島八幡横穴一四号墳出土の発掘品があり、これによれば、当時の冑鉢は、六世紀以来の衝角付冑鉢と同様の鉄板縦矧鋲留式であったらしく、この手法が星冑鉢につながるらしい。なお、星冑の遺品は、徳島旧観音庵蔵の遺品が最古だが、近年、九世紀にさかのぼらせる説が出されている。

参考文献　鈴木敬三編『中村春泥遺稿甲冑写生図集』、一九七九、吉川弘文館。鈴木敬三『武装図説』(『(改訂増補)故実叢書』三五)。津野仁・森幸彦「八幡横穴一四号墓の甲冑〈付記〉八幡一四号横穴出土資料の調査について」(『福島考古』四一、二〇〇〇)。津野仁「平安時代兜鉢の一例」(『とちぎ生涯学習文化財団埋蔵文化財センター研究紀要』九、二〇〇二)。

(近藤　好和)

かぶらや　鏑矢　⇩鏃《やじり》

かふんぶんせきほう　花粉分析法　地層中に遺存している花粉や胞子遺体(化石ともいう)を堆積土中から選別し、プレパラートに包埋後、光学顕微鏡や走査型電子顕微鏡などによる同定結果から過去の森林植生や古気候の変遷を解析する方法をいう。花粉分析研究は、ヨーロッパで地質学の分野から始まったが、日本では昭和三十年代から第四紀研究の一分野として盛んに行われるようになった。その後、全国各地の低湿地遺跡の発掘調査が増加し、この方法が広く応用されるようになった。花粉分析法は、その同定結果から当時の森林植生の変遷を復原する方法と、指標となる種やその出現頻度によって農耕が行われていたかどうかの検証を行う方法とがある。植生環境を復原する方法としては、花粉をはじめプラント＝オパール(植物珪酸体)・珪藻などの微遺体が分析対象となる。花粉遺体では同定される種類が多く、包括的な植生環境を知ることができるが、その同定の精度において属または科までしか同定できない点が短所である。

参考文献　木下正史・石上英一編『古代資料研究の方法』(『古代の日本』一〇、一九九三、角川書店)。

(光谷　拓実)

かべ　壁　建築物において、空間を分離している垂直の構造物。屋根あるいは床を支え、地震などの横力に対抗する構造的役割をもつものと、単に空間を間仕切るだけのものに二分できる。前者を耐力壁、後者を非耐力壁という。耐力壁には組積造、鉄筋コンクリート造のように一体として働くものと、柱・貫などの縦・横の材を組み合わせて(以下、これを軸組という)働くものがある。日本の伝統的建造物は礎石立建物と掘立柱建物の二種存在するが、両者とも耐力壁は基本的には、軸組の壁である。礎石立建物においては軸組の間に土壁を施し空間を分離する。土壁には構造的な要素があり、軸組を補強する。土壁の構造的役割は時代が古いものほど強く、新しいものほど小さくなり、装飾性が増す。古代においては貫材がないため、太い柱と土壁によって求められる耐力を発揮する必要があった。中世以降の土壁の芯材は、まず縦横に約三〇センチ間隔で木または竹材を組み、それに三～四センチ間隔で割竹などを取り付ける。前者を間渡し、後者を木舞という。古代においては間渡し・木舞とも木の割材である。法隆寺金堂、山田寺回廊などで古代の割木を用いた壁の芯の仕様を知ることができる。掘立柱建物は字のごとく柱を掘っ立てるので、軸組材を補強する土壁などは必要でなく、空間を分離するための材を張り付けるか、充塡する。板、網代、樹皮、茅などが用いられた。この種の建物は構造的に耐久性に乏しく、礎石立建物のように古い時代のものの直接的資料に乏しいが、銅鏡や銅鐸、家形埴輪、絵巻物などにより、板壁、網代壁の存在を確認できる。四世紀後半の築造と推定される佐味田《さみた》宝塚古墳出土の銅鏡の高床建築には柱間に板壁、床下に網代が描かれている。富山県小矢部市桜町遺跡からは縄文時代中期の網代壁が出土している。

参考文献　山田幸一『日本壁のはなし』、一九八五、鹿島出版会。

(村田　健二)

かま　釜　煮炊容器の一つ。鍋が基本的に囲炉裏で使われるのに対し、釜は竈《かまど》に架けて使われる。口縁下の外側に落下を防ぐための鍔《つば》(羽)が廻らされているので、羽釜《はがま》ともいう。したがって胴部径は鍔の径よりも小さくなければならない。釜の淵源は古墳時代の長胴甕で、もとは米を蒸すための甑《こしき》（蒸籠《せいろう》）と組み合わせて使われる湯沸し容器として始まり、のちこれで直接米を炊くようになった。羽釜としては鋳鉄製が最も古く、製品の遺存例こそ少ないが、鋳型に八世紀末から九世紀初頭の出土例がいくつかある。また鉄釜を模したとみられる須恵器製品が、十世紀前半ごろの群馬から長野にかけて分布する。長胴甕は十世紀後半から十一世紀にかけて近畿から東海を中心に丈夫な口縁部が横に短く伸びる形態に移行して終焉を迎え、代わって出現した土釜が中世後期まで存続する。陶器では十二世紀前半から十三世紀後半にかけて、常滑を中心とした東海諸窯に製品がある。このほか湯沸し用の土製茶釜が中世後期各地に出てくるが、これは囲炉裏にかけられるものである。なお中世後期の東国に鍔の径よりも胴部径の大きい土器煮炊具が普及し、これを「鍔釜」と称したりもするが、正しくは「鍔鍋」とすべきであろう。

参考文献　鋤柄俊夫『中世村落と地域性の考古学的研究』、一九九九、大巧社。

（馬淵　和雄）

かま　鎌　稲や麦、牛馬の飼料となる草、建築などの有用材であるススキやアシなどを刈り、草木や枝を払うための刃物で、柄に対して刃が直角に近い角度でつき、手前に引いて刈り取る。鎌刃は三日月形の刃部と柄に差し込む柄込み部（込み、中子《なかご》）からなり、柄首に口金（輪金）を嵌め、目釘で止める。刃部は地金の裏に刃金を鍛接した片刃と、刃金を地金に割り込ませて鍛接した両刃がある。鉄鎌は弥生時代から出土するが、平安時代初期まで柄込み部はなく、刃部の根元を柄の薄穴に差し込んで末端を曲げ、抜けないように固定していた。十七世紀中葉と推定される石川県大野湊神社に奉納された木製雛形農具の鋸鎌には、口金と目釘が表現されている。近世の農書では鎌の用途について、たとえば、三河の『百姓伝記』（一六八一―八四年）は稲・麦刈り、草刈り、竹木伐りのほか夏から秋の見回りには猪・猿などに出合うので、「用心むき」つまり護身用に刃渡りが長く、刃を厚く樫の丈夫な柄を付けた手鎌を持てと記している。また加賀の『耕稼春秋』（一七〇七年）には鋸鎌（稲刈り）・草刈鎌・木鎌・株懸鎌（株割り）の四種があげられている。民俗の世界では稲刈り鎌と草刈り鎌は一つの鎌を使い、減るのに応じて使い分けていたが、東日本と西日本でこの方法が異なっており、東日本では春に新鎌を購入して草刈りに十分使ってから稲刈りに下ろすのに対して、西日本では秋に新鎌を購入してまず稲刈りに使ったのち草刈りに用いた。この違いは西日本では草を稲や麦のように左手でつかんで刈るのに対して、東日本では手でつかまず払い刈りするという違いにも連動するという指摘がなされている。鎌は城下町や村の鍛冶屋が打ったが、近世にも三河吉田宿の吉田鎌や越前鎌・土佐鎌などの産地が知られていた。播州鎌は明治以降の成立であるが、軟鉄と鋼を重ねた複合鋼板を型抜きして加工する量産の道を進み、とくに軽くて廉価な鋸鎌は稲刈り鎌の主流となった。

参考文献　古島敏雄『日本農業技術史』（『古島敏雄著作集』六、一九七五、東京大学出版会）。大日本農会編『日本の鎌・鍬・犁』、一九七九、農政調査委員会。朝岡康二『鍛冶の民俗技術（増補版）』（『考古民俗叢書』、二〇〇〇、慶友社）。

（河野　通明）

かまえ　構　堂塔や邸宅・屋敷とそれを囲む区画、または防御用の堀・塁・塀。構は自然なものに対して人為的につくられたものをさす一般的な語であったが、十二世紀ごろから邸宅・屋敷またはそれらを囲む区画を構と称する用例が増え、十六世紀以降は防御用の堀や壁をさす用例がめだつようになる。特に戦国時代の京都において、戦乱や強奪に備えて構築された堀、土塀や柵、木戸や櫓《やぐら》などからなる防御施設を構と称した。武家だけでなく自衛の必要にせまられた公家のなかにも自邸とその周囲に構を構築したものが少なくない。文献から武衛構・実相院構・白雲構・柳原構・讃州構・山名構などが知られ、なかでも足利義政の室町殿を中心に構築された構は最大の規模をもち、「御構」とも称された。また、田中構のように庶民が自衛のために構築した構もある。のちには上京・下京をまとめて囲郭する惣構《そうがまえ》も建設されるようになった。各地の城下町にも構あるいは惣構と称される遺構は少なくない。なお、『築城記』によれば、城門内に設けられた塀を「構の塀」と称する故実もあった。

参考文献　高橋康夫『京都中世都市史研究』、一九八三、思文閣出版。今谷明『京都・一五四七年―描かれた中世都市―』、一九八八、平凡社。

（中澤　克昭）

かまくら　鎌倉　現在の神奈川県鎌倉市を中心とする地域名。神奈川県南東部の三浦半島の付け根に位置し、相模湾に面する。古代の鎌倉は、駿河・伊豆方面からの古東海道が相模中央部を経て三浦半島を横切り、海路を用いて房総へ抜けるルート上の要地であり、地域の中心となる集落が形成されていたと考えられる。七三五年（天平七）の『相模国封戸租交易帳』（『正倉院文書』所収）には、鎌倉郡の鎌倉郷（鎌倉市中心部）、尺度郷《さかと》（鎌倉市山ノ内・大船・藤沢市坂戸）、荏草郷《えがや》（鎌倉市二階堂・名越）の名前がみえている。また、正倉院御物のうちの七四九年（天平勝宝元）進納の調庸布に、鎌倉郡の沼浜郷《ぬはま》（逗子市沼間）、方瀬郷（藤沢市片瀬）の名がみえている。これらの五郷が鎌倉郡を成しており、中でも鎌倉郷がその中核であったことは名称からも推測されるが、鎌倉駅西口に近い今小路西遺跡から七三三年の付札木簡とともに鎌倉郡衙の中心的建物の遺構が出土したことで、古代鎌倉の中心的機能が確認された。しかし、鎌倉郡衙遺構は十世紀には消滅し、それと入れ替わるようにして源氏と鎌倉のつながりが形成される。そもそも武門として鎌倉に屋敷を構えていたのは平直方であったが、直方は一〇二八年（長元元）に起きた平忠常の乱の鎮圧に失敗、鎮圧に成功した源頼信の子頼義を婿として鎌倉の屋敷を譲った。頼義は鎌倉を拠点として東国武士へ影響力を行使し、一〇六三年

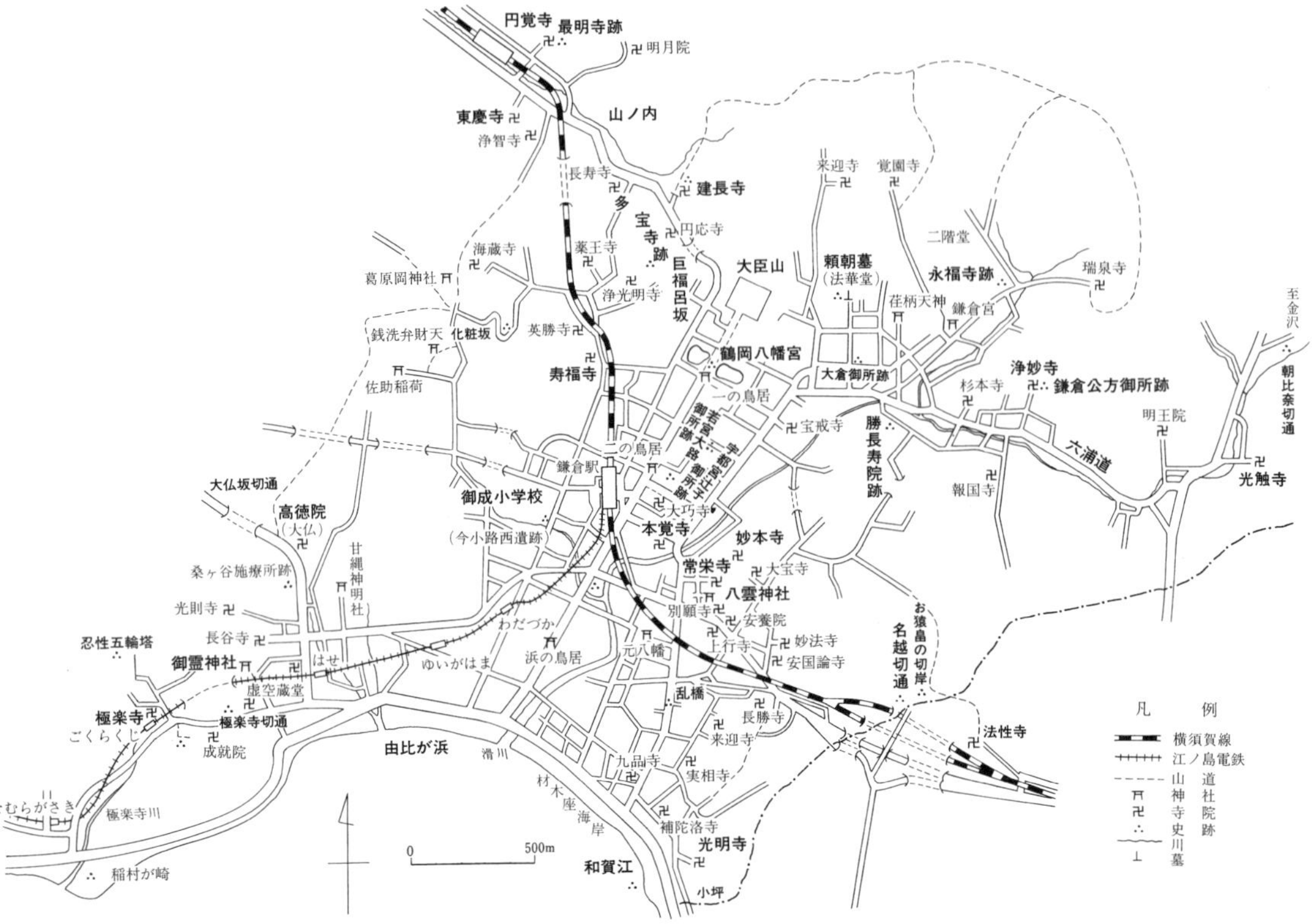

鎌倉遺跡地図

(康平六)に由比に石清水八幡宮を勧請した。頼義の子義家は、一〇八一年(永保元)に八幡宮を修復、その子為義の代にも鎌倉は源氏の拠点として機能していた。さらにその子義朝は、亀谷に館を構えて東国一帯に勢力を伸ばした。こうした先祖代々の由緒を背景に、一一八〇年(治承四)に頼朝は鎌倉へ入り、幕府を設置して本格的な御所を構え、鶴岡八幡宮を由比から現在地の小林郷北山へ移した。以後、鎌倉時代を通じて、幕府の所在地として鎌倉は東国の中心都市として繁栄する。中世の鎌倉の地形を概観しておくと、一〇〇《メートル》ほどの丘陵が東西北の三方を囲み、南側が海に面していた。海岸線は現在よりは内陸へ入り込んでいたものと思われる。丘陵の麓には「谷《やと》」(「やつ」とも)と呼ばれる入り組んだ小谷が存在し、いくつもの小河川が流れ出て、中心河川である滑川に注いでいた。狭小な平野部は北から南へ緩やかに傾斜し、海岸線近くには砂丘が形成されていた。このような地形のため、鎌倉は自然の要害となり、外部から中心部へ入る陸路は、丘陵の尾根を開削して越える切り通しと呼ばれる坂道に限定された。切り通しは、極楽寺坂・大仏坂・化粧《けわい》坂・亀谷坂・小袋坂・朝比奈・名越の七ヵ所がその主なもので、近世には鎌倉七口と総称された。鎌倉時代の都市鎌倉の範囲は、本来は切り通しの内側であったと考えられるが、十三世紀の陰陽道祭祀における境界は、北は山ノ内、東は六浦、南は小坪、西は稲村(のちに片瀬)で、切り通しの外側まで拡大していることがわかる。鎌倉時代の鎌倉の人口がどの程度であったかは、正確なところはわからないが、一二五二年(建長四)に幕府が鎌倉中の民家の酒壺を調査したところ、三万七千二百七十四個あったというから、民家のみで一万戸前後は存在したと推測される。鎌倉の幹線道路は、海岸沿いを稲村方面から三浦半島へ抜ける古東海道と、山側の亀谷から大倉を経て六浦へ抜ける道との二本の東西ラインが古くから存在したと考えられる。頼朝が鎌倉へ入ってからは、宗教的中心としての鶴岡八幡宮が北側の東西ライン上に造営され、その東隣に将軍の御所(大倉御所)が建設されている。さらに、頼朝が建立した勝長寿院と永福《ようふく》寺、頼朝の墳墓堂である法華堂、実朝建立の大慈寺は、全て山沿いの東西ラインに沿って存在しており、初期の鎌倉が東西ラインを軸に展開していったことがわかる。一方で、頼朝は、一一八二年(寿永二)に八幡宮の参詣道として浜から社前へ至る若宮大路を整備し、新たに南北ラインの幹線が誕生した。若宮大路は幅が三〇メートル前後、両側には木組みの護岸構造を持ち幅が約三メートルの側溝が設けられていた。側溝からは御家人名を記した木簡が出土しており、溝整備が御家人の課役となっていたことがわかる。大路は市街戦における防衛線や火災の拡大を防ぐ緩衝地としても機能していたようである。鎌倉時代中期の執権北条泰時の代に、都市の基本構造が変化し、従来の東西ラインから南北ラインへと機軸が替わる。一二三六年(嘉禎二)に将軍御所が大倉から若宮大路東へ移った(宇都宮辻子御所・若宮大路御所)ことは象徴的な出来事である。御所の移転に伴い御家人の屋敷も多くは大倉周辺から若宮大路方面へ移転していった。御所跡地の一部は、御家人屋敷や庶民の住居として転用されていくが、法華堂は大倉御所裏山に存在し、西御門の地名も現在まで続いており、御所の記憶はその後も残る。御所移転後に造営されたと思われる武家屋敷の跡が若宮大路にほど近い今小路西遺跡から発掘されている。ここからは南北二つの大規模な武家屋敷と家臣の屋敷と思われる遺構が発掘され、玉砂利敷きの庭や奥座敷を備えた北側屋敷は、あるいは北条氏関係の屋敷かと思われる。御所移転に先がけて、一二三二年(貞永元)には、泰時の後援を得た往阿弥陀仏の手により、人工の港湾施設である和賀江島が完成している。中世の鎌倉の海岸には多くの船が寄港していたが、より安定的な寄港地として石積みの人工島が建設されたのである。和賀江島から滑川旧河口・由比ヶ浜にかけての海岸沿いは、前浜と称され、港湾関係者が居住するとともに、商業・工業活動が活発に行われる地域となった。現在に残る材木座の地名も、これにちなむものと思われる。浜には、高御倉と呼ばれる幕府管轄の倉庫も存在した。このような浜と市街中心部を結ぶ南北ラインとしての若宮大路の重要性が増し、将軍御所も浜方面との連絡に至便な場所へ移転されたのである。このほかにも、泰時の時代には都市鎌倉の整備が積極的に進められた。土地の面積を計測するための長さの基本的な単位として、丈・尺を使用し、宅地面積の基本単位として五十平方丈を一戸主《へぬし》とする制度を、京都より導入している。鎌倉は幕府の直轄する都市であったが、市内の行政区画としては、やはり京都にならって保の制度が導入され、各保ごとに保奉行人が置かれた。保奉行人を統括して鎌倉市政を司る責任者として二名の地奉行が任命され、住人への法令は地奉行・保奉行人を通じて施行された。一二四〇年(延応二)に保奉行人を通じて鎌倉中に出された法令では、旅人への警戒、盗人・人さらい・押し買いなどの犯罪の禁止、行商の制限、道路への家屋のはみ出し禁止、辻での琵琶芸能と相撲の禁止などが命じられている。小袋坂と朝比奈切り通しの整備も泰時の時代の事業である。鎌倉の宗教に目を転じると、幕府によって最も重要視されたのは、幕府の守護寺院ともいうべき鶴岡八幡宮寺(明治以前は神仏習合で、寺社一体であった)と、将軍御願寺の勝長寿院・永福寺・大慈寺であった。これらの寺院の人事には幕府が直接関与し、真言・天台系僧侶が任命されて幕府主催の祈禱の中核を担った。一方、摩擦の多い京都を避けて、いわゆる新仏教系の宗派も鎌倉へ流入してきた。鎌倉時代中期ころまでは浄土宗西山派など念仏系の僧の活動が目立ち、和賀江島建設に関与した往阿弥陀仏も念仏系の勧進聖であった。続いて、一二六二年(弘長二)の西大寺叡尊の鎌倉下向を契機に、律宗が大きな影響力を持つ。とりわけ、極楽寺を拠点とした忍性とその教団は、幕府と密接なつながりを持ち、和賀江島や前浜の管轄権を掌握、関銭や津料の徴集にも関わり、当時鎌倉の商工業・港湾関係者を対象に積極的な布教活動を行なっていた日蓮と対立することにもなった。鎌倉時代後期に大きく力を伸ばすのが、中国から鎌倉に流入した唐物とともに、鎌倉武士の嗜好するところとなった中国伝来の禅であった。北条氏も禅僧を保護し、建長寺・円覚寺・寿福寺・浄智寺・浄妙寺などののちに鎌倉五山と称される寺院をはじめ、多くの禅寺が建立された。建長・円覚両寺は、中国の渡来僧を招いて北条氏得宗が建立した本格的中国風の禅寺であった。また、念仏から律へ勢力交替が起こったころ、幕府の強力な支援によって完成したのが鎌倉大仏で、背後に律僧と幕府のつながりが推測されている。中世の鎌倉中では原則として墓所の設置が規制されていたと考えられ、寺院の境内や、谷の奥の岩壁などに横穴を掘削して納骨した「やぐら」と呼ばれる遺構が、武士や僧侶の墓所となった。繁華街であった前浜も庶民の墓所として使用された時期があり、由比ヶ浜中世集団墓地遺跡や由比ヶ浜南遺跡から、多数の中世人骨が出土している。浜の墓地の中には、埋め立てられた後、方形竪穴建築跡と呼ばれる半地下式の建物が構築されている例も多い。この建築の用途は倉庫もしくは庶民の住居と考えられる。同じく庶民の住居と考えられる遺構が掘立柱建築跡で、ともに鎌倉で多数検出されている。鎌倉幕府が滅亡して室町時代になった後も、鎌倉には鎌倉府が置かれて東国の政治的中心として機能し、浄妙寺付近に関東公方の屋敷が設けられた。しかし、一四五五年(康正元)に、京都の幕府と対立して追討を受けた関東公方足利成氏が下総古河に逃れてからは、大きく衰退することになった。ただ、鶴岡八幡宮は依然として東国武士の精神的中心として尊重され、戦国時代には後北条氏により保護された。近世の鎌倉は主として名所旧跡を遊覧するための観光都市として推移し、近代に入ってからは、海岸沿いの気候温暖な立地条件から保養地・別荘地としての性格が加わった。さらに近年は、首都圏へ通勤する人々の住宅地として開発が進んでいる。

参考文献 『鎌倉市史』総説編、一九五九、吉川弘文館。石井進・大三輪龍彦編『武士の都鎌倉』(『よみがえる中世』三、一九八九、平凡社)。鎌倉考古学研究所編『中世都市鎌倉を掘る』、一九九四、日本エディタースクール出版部。河野眞知郎『中世都市鎌倉―遺跡が語る武士の都―』(『講談社選書メチエ』四九、一九九五、講談社)。馬淵和雄『鎌倉大仏の中世史』、一九九八、新人物往来社。五味文彦・齋木秀雄編『中世都市鎌倉と死の世界』、二〇〇二、高志書院。

(高橋慎一朗)

かまくらいぶん　鎌倉遺文　竹内理三の編による鎌倉時代の編年体史料集。東京堂出版刊。古文書編は、本編四十二巻と補遺編四巻の全四十六巻からなり、一九七一年(昭和四十六)から二十四年をかけて刊行された。その後、索引編として人名・地名索引全五巻が刊行されている。一一八五年(文治元)から一三三四年(元弘四)までの文書を網羅し、原則として年月日順に翻刻収録したもので、各文書は、文書番号・文書名・出典・本文からなり、無年号文書は、関連の場所に適宜収録されている。狭義の「文書」に加えて、記録や編著に収録されている文書や、金石文や仏像の墨書銘などの文字史料も含まれ、収録文書数は約三万五千点に上る。むろん、未収録の文書も存在するが、それらについては、一九九三年(平成五)設立の鎌倉遺文研究会の会誌『鎌倉遺文研究』や、瀬野精一郎作成のカードを基にした「『鎌倉遺文』未収録文書目録データベース」(ネット上で公開中)などの形で紹介されつつある。

参考文献 瀬野精一郎編『鎌倉遺文無年号文書目録』、一九九三、東京堂出版。『鎌倉遺文研究』一、一九九八。

(高橋慎一朗)

かまくらかいどう　鎌倉街道　関東・中部・東北地方から鎌倉へ向けて設けられた中世の古道群、もしくはそのような中世古道を踏襲するとの伝承を有する近世以降の古道群の総称。主要な幹線道路のみならず、そこから枝分かれする支線道路も同様に鎌倉街道と称される。関東各地では網の目状に分布する。鎌倉幕府開設により軍事的・経済的必要から発達した。鎌倉道・鎌倉往還などともいわれるが、鎌倉街道も含めこれらの呼称はすべて近世になってあらわれるもので、中世の史料にはみられない。中世の史料上の名称としては、新田義貞の鎌倉討ち入りの際に幕府勢が防御のために武蔵方面へ軍勢を派遣した道筋が知られる。『太平記』には「上ノ道」「下ノ道」がみえ、『梅松論』には「武蔵路」「中ノ道」「下ノ道」が記されており、武蔵路は上ノ道と同一と思われる。上ノ道は、鎌倉の化粧《けわい》坂から常盤、藤沢の東の村岡、俣野、小野路、関戸を経て武蔵府中に至る。下ノ道は、北鎌倉の山ノ内から弘明寺《ぐみょうじ》、保土ヶ谷を経て鶴見へ至る。中ノ道は、下ノ道から分かれて、戸塚、二俣川、鶴ヶ峰、長津田を経て、町田付近で上ノ道に合流するものと推定されている。これらの三線は、武蔵方面へ伸びる鎌倉周辺における主要幹線であるが、そのほかの各地へ伸びる路線の存在が知られている。すなわち、上ノ道の延長として入間、上野を経て信濃善光寺方面へ至る信濃街道、下ノ道の延長として水戸もしくは宇都宮を経て奥州へ至る奥州街道、鎌倉由比ヶ浜づたいに片瀬へ出て藤沢から西へ京都方面へ向かう東海道筋、足柄峠から御坂峠、三国峠を越え甲斐に至る東山道筋などである。関東地区の鎌倉街道は、戦国時代には後北条氏の伝馬道としても利用された。近年、とりわけ上ノ道についてはさまざまな研究がすすみ、宴曲「善光寺修業」によって上ノ道筋の地名が明らかになり、埼玉県入間郡毛呂山町の堂山下遺跡は上ノ道沿いに形成された苦林宿の遺跡に比定されている。

参考文献 埼玉県立歴史資料館編『歴史の道調査報告書』一、一九八三。阿部正道「鎌倉街道について―その分布と遺跡―」(小牧実繁先生古稀記念事業委員会編『人文地理学の諸問題』所収、一九六八、大明堂)。服部英雄「鎌倉街道・再発見」(『歴史と地理』四六九、一九九四)。宮瀧交二「北武蔵地域における中世道路研究の現状と課題」(藤原良章・村井章介編『中世のみちと物流』所収、一九九九、山川出版社)。

(高橋慎一朗)

かまくらじだい　鎌倉時代　政治史的観点からの時代区分の一つで、中世の前期に相当する。鎌倉に幕府が置かれ、政治の中心となったことからの命名であるが、実際には京都の公家政権も依然として支配権を保持しており、公武政権が並立していた時代である。ただし、幕府の自立性を重視する学説(東国国家論)と朝廷の全国的支配を重視する学説(権門体制論)とでは幕府の位置づけは異なっている。時代の終期は鎌倉幕府の滅亡する一三三三年(元弘三)で共通するが、始期については諸説がある。すなわち、幕府の成立はいつかということであり、一一八〇年(治承三)、一一八三年(寿永二)、一一八五年(文治元)などの説がある。政治史概観としては、前期には、源頼朝が挙兵して幕府を興し、その存在を朝廷にも受容させた。幕府と後鳥羽上皇は国政の主導権を争って衝突するが、幕府の勝利に終わる(承久の乱)。中期には、幕府の朝廷に対する優位が確立し、皇位継承にも介入するようになる。朝廷では院政が継続、将軍九条頼経の父道家らが実権を握る。幕府内では、執権北条氏が主導権を持ち、時頼の時代には、九条氏関係者が幕府・朝廷から一掃される。後期には、北条家督(得宗)の独裁が強まり、モンゴル襲来を契機に、幕府は外交権を独占するとともに軍事動員を通じて全国的にその支配を拡大していった。一方で、幕府への不満は社会各層で増加し、幕府倒壊へと向かうのである。社会経済史的には、まず全国の土地が荘園と公領(国衙領)という単位で細分化され、土地所有と徴税制度の基本となった点(荘園公領制)が特徴である。

荘園・公領は、公家・武家・寺社によって重層的な支配を受けていた。京都・鎌倉のほか、各地の政治的拠点を中心に多くの都市が形成され、商品の流通が促進された。また、東国を中心に、銭が米や絹などに替わって貨幣として浸透するようになったのもこの時代であった。

参考文献 石井進『鎌倉幕府』(『日本の歴史』七、一九六五、中央公論社)。上横手雅敬『日本中世国家史論考』、一九九四、塙書房。五味文彦編『京・鎌倉の王権』(『日本の時代史』八、二〇〇三、吉川弘文館)。近藤成一編『モンゴルの襲来』(『日本の時代史』九、二〇〇三、吉川弘文館)。（高橋慎一朗）

かまくらふ 鎌倉府 南北朝・室町時代に関東を統括した政権。一三三三年(元弘三)に鎌倉幕府が滅亡すると、足利尊氏は直ちに鎌倉を押さえ、子の義詮をここに置いた。一三三六年(建武三)に尊氏が京都に室町幕府を開くと、鎌倉の政権は足利氏の全国支配の一角を担うものとして、関東八ヵ国(相模・武蔵・安房・上総・下総・上野・下野・常陸)に伊豆・甲斐を加えた十ヵ国を統括することになった(のち陸奥と出羽も管国に加わる)。長官の鎌倉公方は足利一門の世襲で、義詮ののち弟の基氏、ついで氏満・満兼・持氏・成氏と継承された。また公方の補佐役の関東管領は上杉一門の中から選任された。この時代も鎌倉は関東の中心として繁栄し、公方に仕える武士たちや、鶴岡八幡宮寺や建長寺・円覚寺などの寺院の僧侶、さらには商人や職人など、多くの人々が生活していた。政庁である御所は鎌倉の東部の谷あい、御所ノ内の地にあった。鎌倉公方と関東管領を中心とする政権はそれなりに安定し、平和も長く続いたが、やがて公方が将軍と対立、さらに公方と関東管領も対立して政権は瓦解に向った。一四五四年(享徳三)の管領暗殺と、翌年の公方の下総古河移座により鎌倉府は解体し、鎌倉も関東の中心の地位を失った。（山田邦明）

かまど 竈 煮炊施設の一つ。上部に開けた円形の穴に煮炊具の釜を差し、下の焚き口から火を焚いて加熱する。カマドとは釜をかけるところの意。地方によってはクド、ヘッツイともよび、火所《ひどころ》、もしくは家の火所を意味する。煮炊きの設備のある住いがイヘすなわち家だから、カマドの語は家の単位ともなった。東日本で、資産家を「大カマド」、破産を「カマドが倒れる」、分家を「カマドを分ける」などと表現することがあるのはそのためである。囲炉裏との機能分担は必ずしも明確ではないが、竈は本来米を蒸すための煮沸施設だったので、その発生には稲作の普及が関係しているのであろう。中国大陸では初期稲作農耕文化に属する河姆渡《かぼと》遺跡に釜あるいは甑《こしき》があり、竈の存在が予想できる。竜山文化には、底のない円筒形土器の側壁下部に焚き口を開けた可搬の竈がある。陝西省の後期竜山文化には作り付けの竈が出現している。日本列島には古墳時代の五世紀ごろ大陸から伝わったとされるが、最近北部九州で四世紀末とみられる例が発見されている。当初は竪穴住居の壁際に現れ、室内で火を焚いて、煙は地中に通した煙道から外に出す形式であったが、平安時代後期以後住居形態が平地式に変化するに従い、壁から離れ土間の中寄りに築かれるようになる。しかし、考古学的にはこのころから竈は姿を消していく。何軒かが共同利用する竈屋が生まれた可能性も指摘されるが、実態はわからない。おそらく家個別には次第に床に掘り抜かれた囲炉裏に移行したのであろう。古墳時代以来五百年以上も続いてきた炊事の場に起きた大変化であり、これをもって生活様式における中世的風景の出現ということもできよう。中世の竈は絵巻にはしばしば登場するものの、考古資料からは鉄釜や土釜によってその存在が推測されるにとどまる。鎌倉佐助ヶ谷遺跡で十三世紀後半の職人工房らしき建物跡から石敷き二連のものが発見されているが、風呂や手工業など大量の湯を必要とする作業に使われた可能性がある。西日本の中世遺跡からは可搬の竈がしばしば出土するが、これは土間の存在を示唆している。（馬淵和雄）

かまどうぐ 窯道具 陶磁器を焼成する際に、汚損を防ぎ、効率良く窯詰めするための道具。時代・地域(工人集団)・焼成品・窯体構造・焼成技法によってさまざまな機能・形態・名称の窯道具があり、窯体構造とともに各窯業地の技術系譜を知る上で重要な手掛かりとなる。古代から中世の窖窯《あながま》では、焼成室の床面が傾斜しているため、製品を水平に保つ道具として、まず製品の破片や自然石が使われ、東海地方ではやがて十世紀になると馬の爪形の粘土塊(焼台)が現われた。また、九世紀には奈良三彩の焼成技法の影響下に緑釉陶器が生産され、降灰などよる製品の汚損を防ぐ匣鉢《こうばち》と重ね焼き時の溶着を防ぐトチン類が登場し、三叉《さんさ》トチンは後続する灰釉陶器生産でも用いられた。ついで古瀬戸生産においては、十三世紀から重ね焼き用のトチンや小型品用の皿形匣鉢が、十四世紀からは天目茶碗用の匣鉢が用いられた。戦国時代に天井の高い地上式の大窯に移行すると、量産を目指して匣鉢を高く積み上げるようになり、個々の匣鉢には輪ドチやピン類を用いて複数の碗や小皿が詰められた。また、天目茶碗量産のため、底部穿孔、あるいは丸底化した匣鉢が登場する。江戸時代の連房式登窯では、大窯期の匣鉢積みと窯道具が踏襲され、瀬戸窯では焼成室床面が水平化する十八世紀まで馬の爪形の焼台が用いられた。また、十九世紀中ごろには新たに棚板とツクを組み合わせた棚板積みが導入され、さらなる量産化を促した。一方、朝鮮半島の影響下に生産が始まった九州の窯業地では焼台・トチン・匣鉢の形態も半島と共通性が見られ、匣鉢は十七世紀後半以降、高級磁器製品生産に多用された。また、中国の影響を受け、蛇の目釉剝ぎ技法とセットでチャツが導入され、十八世紀には日常雑器を量産するため足付きハマが現れた。十八世紀後半以降には、天井高を有効に利用し量産を可能にするため大型トチンとタコハマを用いた天秤積みと呼ばれる窯積め技法が始まった。（金子健一）

かみ　紙　紙のはじまりについて、『後漢書』には後漢の蔡倫が樹皮、麻、ぼろきれ、魚網などから造り出し、一〇五年に和帝に献上したと伝えている。ただし、最近の中国における発掘の成果によれば、文字を書くためではないものの、すでに紀元前の時期から紙が使用されていた事実が指摘されている。わが国には、『日本書紀』によれば、六一〇年（推古天皇十八）高句麗の僧曇徴《どんちょう》が紙を伝えたという。おおよそこのころ製紙術が中国から朝鮮を経て伝来したものと考えられる。続いて『大宝令』の規定によれば、中務省の図書寮の管轄下にある製紙場が設置され、造紙長上、造紙手のもとで紙戸が製紙の作業に従事していた。ただ『正倉院文書』によれば、越、美濃、播磨、美作などが紙の生産地として挙げられているので、奈良時代には地方においても製紙が行われていたことが判明する。平安時代には、『延喜式』の中の税制の規定によると、中男作物として和紙を貢納する国々が東国から九州諸国までの四十二ヵ国も列挙されており、当時製紙業が全国各地に広がっていたことがわかる。一方中央では、大同年間（八〇六―一〇）に図書寮に紙屋院《かみやいん》が置かれ、そこではすぐれた最高級紙を製造していた。しかし、平安時代中期以降に東北地方から上質な陸奥紙《みちのくがみ》が入ってくると、紙屋院では漉返紙（宿紙）を専門に製造するようになっていった。鎌倉時代に入るとますます地方での製紙が盛んになり、陸奥から讃岐や備中に主産地を変えていった。さらに中世後期には、もともと播磨国杉原荘《すぎはら》（兵庫県多可郡多可町加美区）で漉かれていたことにちなんで名付けられた杉原紙《すいばら》が各地で漉かれるのみでなく、越前国五箇（福井県越前市）が奉書紙《ほうしょ》の生産で有名となるなど名産地も拡大した。さらに雁皮《がんぴ》紙系の紙も文書料紙に盛んに用いられるにつれて各地での生産量を増加させ、大和や美濃では大量の雑紙《ざつし》も生産された。近世に入ると、紙の生産が諸藩の財政に資するものとして注目され、長州藩や土佐藩では早くから専売制をとった。江戸時代中期以降には商品としての流通も盛んになり、中部以東で生産された紙は江戸の紙問屋に、西日本で生産されたものは大坂の紙問屋に集積されていった。そして明治時代初期に洋式機械による製紙業がはじまり、以後和紙にかわって洋紙の生産・使用が次第に拡大し現在に至っている。

わが国で主に漉かれた紙の種類を原料によって分けると以下の四種類になる。麻紙《まし》、楮《ちょ》紙、斐《ひ》紙、三椏《みつまた》紙である。まず麻紙は、強くて長い麻の繊維を原料とし、特に奈良時代の写経などの料紙として使われた。聖武天皇（七〇一―五六）自筆の『雑集』（宮内庁正倉院所蔵）や『紫紙金字金光明最勝王経』（和歌山県竜光院所蔵）など現存作品も多い。しかし、平安時代中ごろからはほとんど使用されなくなる。次に楮紙は楮《こうぞ》の繊維を原料とする紙で、麻紙に代わって文書の料紙などに広く用いられた。記録類などに「陸奥紙」「紙屋紙」「檀紙」「杉原紙」「奉書紙」などという名で現れる。ただし、それらの紙を現存遺品の紙と照合する作業はまだ緒についたばかりで、今後の大きな課題である。中世以降、公家・幕府や寺院の公文書ばかりではなく、一般の文書や典籍、あるいは絵巻などにも場合によっては打紙して広く用いられた。斐紙は、雁皮を原料とするので雁皮紙ともいうが、きめ細かく表面が滑らかなのが特徴である。平安時代後期からは典籍や写経の料紙として使われ、多彩な色で染めた色紙、打曇《うちぐもり》紙や飛雲《とびぐも》紙などいろいろな意匠を凝らした紙としても見られる。これらは、『平家納経』（広島県厳島神社所蔵）や『本願寺本三十六人家集』（京都府西本願寺所蔵）などの中に見出せる。文書の料紙としては、戦国時代の武将の書状などに鳥ノ子紙として広く使われはじめた。近世には、雁皮に泥を混ぜた間合《まにあい》紙が料紙としてよく用いられた。三椏紙は三椏を原料とするもので、中世や近世にはあまり用いられず、明治時代以降紙幣や証券の料紙として使用されたものである。

参考文献　寿岳文章『日本の紙』（『日本歴史叢書』、一九六六、吉川弘文館）。綾村宏「記録からみた文書料紙の用語」（上横手雅敬編『中世公武権力の構造と展開』所収、二〇〇一、吉川弘文館）。上島有「檀紙・引合・杉原考―中世の紙に関する研究の動向―」（『和紙文化研究』八、二〇〇〇）。吉野敏武「中世における書籍の装幀と料紙」（『和紙文化研究』八、二〇〇〇）。江上綏『料紙装飾―箔散らし―』（『日本の美術』三九七、一九九八、至文堂）。高埜利彦「和紙」（永原慶二他編『講座・日本技術の社会史』一所収、一九八三、日本評論社）。

（安達　直哉）

紙が用いられている文化財資料は、屛風や襖、掛け軸などの表具、巻子本、書籍など数多い。これらのほとんどは伝世品であるが、考古資料の中にも若干例が認められる。紙の主成分はセルロースとヘミセルロースであり、これらは埋蔵中に菌類により容易に分解されるため、埋蔵環境中ではそのほとんどが失われてしまう。しかしながら、銅を主成分として含有する金属製品と接触している場合、銅の抗菌性により紙の腐朽が抑制されることがあり、これまでに銅鏡を包んでいた紙、経筒中の経巻などが確認されている。紙で構成される文化財資料の保存修復に際しては、繊維の同定、坪量測定、劣化状況の調査などが行われ、これらの情報を基に保存修復に用いる材料の選定が行われるようになってきた。繊維の同定はわずかな繊維をサンプリングし、ヘルツベルグ染色液やC染色液を用いて染色し、顕微鏡下でその繊維形状と呈色を標準試料と比較することで行われる。紙は主成分としてセルロースおよびヘミセルロースなどの多糖類を多く含むことから、虫害やカビによる被害を受けやすい。特に茶色のシミ状の斑点となるフォクシングといわれる現象はカビとの関連性が高いことが指摘されている。紙質文化財の保存修復は、表面の汚れや埃などのクリーニング、顔料の剝離・剝落止め、裏打ち紙の除去と新たな裏打ち、欠損部分の補塡、補彩などの工程が必要に応じて施される。これらの工程は日本において古くから伝わる伝統技術によるところが大きい。近年では、これらの伝統技術の科学的検証が行われてきており、その技術の妥当性が証明されてきた。また、これらの研究と相まって、漉《す》き嵌《ば》め法などの新しい技術の開発も進められてきている。紙質文化財の保管は、現在、燻蒸《くんじょう》後に温湿度管理された収蔵庫などにおいて保管する方法のほかに、不透性フィルムバッグ中で脱酸素剤と調湿剤を用いて封入する方法などにより行われている。

参考文献　田邊三郎助・登石健三監修『美術工芸品の保存と保管』、一九九四、フジテクノシステム。紙のはなし編集委員会編『紙のはなし』、一九八五、技報堂出版。

（高妻　洋成）

かみあらやいせき　上荒屋遺跡　金沢市上荒屋六丁目に所在する古代荘園遺跡。手取川が形成する扇状地の北辺、安原川流域の沖積平野に位置する。一九八七年（昭和六十二）度から五年間に約一万七五五〇平方メートルを発掘。縄文時代から中世に至る複合遺跡だがそのうち奈良・平安時代の遺構には、三十一棟の掘立柱建物、八棟の竪穴建物、七条の溝などがある。西へ流れた後にほぼ直角に北へ曲がる幅約八メートル、深さ約二メートルの人工的な大溝の東北岸に建物は集中し、複数の船着き場遺構もある。大溝を中心に千九十五点の墨書土器と五十七点の木簡が出土。墨書土器は九世紀を中心とする時期のもので、そのうち「東庄」と書かれたものが四百点をこえ九世紀中葉ごろに属す。木簡には白米・黒米の付札が多く、天安元年（八五七）の年紀を有するものもある。本遺跡は東大寺領横江荘の荘家の一つと考えられ、西南約六〇〇メートルの所に位置し一九七二年に国史跡に指定された同荘荘家跡（石川県白山市横江町）に引き続き、二〇〇六年（平成十八）に追加指定され、両者合わせて東大寺領横江荘遺跡と指定名称も変更された。同荘は八一八年（弘仁九）に桓武天皇妃の酒人内親王が、娘の朝原内親王の遺志により東大寺に施入したもので、時に百八十六町五段二百歩の墾田を有していた（『正倉院文書』同年三月二十七日「酒人内親王家御施入状」）。施入以前は墨書土器に名がみえる「綾庄」と呼ばれていたとみられる。現地は史跡公園として大溝や建物などが復元整備されている。　→横江荘《よこえのしょう》

参考文献　金沢市教育委員会編『上荒屋遺跡』一―四、一九九三―二〇〇〇

（舘野　和己）

かみいわさきいせき　上岩崎遺跡　銭貨出土遺跡。山梨県甲州市勝沼町上岩崎に所在。右方には日川の渓流が流れ、対岸上には戦国時代に営まれた国史跡勝沼氏館跡がある。一九七一年（昭和四十六）、葡萄畑の地下約四〇センチの地点から金貨二十点と多量の渡来銭が相ついで発見された。収納容器は特にみあたらないが、一括して埋蔵されたものとみられている。金貨は、碁石金と呼ばれる不定形を呈した灰吹金十八点と蛭藻《ひるも》金と呼ばれる小判形金貨二点で、刻銘は特にない。渡来銭は二千六百余枚で、さし状態でおかれていたという。最新銭は宣徳通宝である。金貨の重量にはややバラツキがみられるが、おおよそ四匁《もんめ》前後で統一されている。渡来銭の銭種から十五世紀後半以降に埋蔵されたものと推定される。埋蔵に至った経緯は明らかでない。碁石金および蛭藻金の特徴から戦国時代に作られた初期甲州金とされ、幣制史上貴重な資料である。

参考文献　山梨県埋蔵文化財センター編『埋蔵銭貨出土遺跡群詳細分布調査報告書』、二〇〇四。

（萩原　三雄）

かみいわたいせき　上岩田遺跡　福岡県小郡市上岩田に位置する。一九九五年（平成七）度から実施された工業団地造成に伴う発掘調査によって確認されたもので、縄文時代から歴史時代に及ぶ複合遺跡である。一部国史跡。中心となるのは七―九世紀前半の集落・官衙遺構で、竪穴式居跡・掘立柱建物・道路遺構・基壇・柵列・基壇築造のための土採り穴跡などがある。調査は一六・六ヘクタールにもおよび、北に接する井上薬師堂《いのうえやくしどう》・薬師堂東《やくしどうひがし》遺跡などとは一連の遺跡である。遺構は大きくA～Gの七地区からなり、やや大型の掘立柱建物を中心として竪穴住居を伴うA・C地区、寺と推定される基壇上の礎石建物とその北方に大型の掘立柱建物・竪穴住居などで構成されるG地区、竪穴住居を中心とし掘立柱建物が付随するB・E・F地区などがある。中心となるのはG地区で、遺構配置や出土遺物などから官衙的機能を有する地区、その北方のA地区は官人の居館的性格の濃い地区とされる。A地区からやや東方のC地区は当初から渡来色の強いL字形カマドを採用し、鉄器や鍛冶関係遺物を伴う住居が集中することから渡来系の技術者集団の集落の可能性が指摘されている。本遺跡は西方約二・一キロに位置し、筑後国御《み》原《はら》郡衙跡と目される小郡官衙遺跡の前身、すなわち評家の可能性が強いとされる。G地区にあった初期官衙は六七八年（天武天皇七）の筑紫国地震で基壇が倒壊し、寺は北方の井上の地に再建されたが（井上廃寺）、行政機能は

上岩田遺跡　「平塚」基壇

やや遅れ飛鳥浄御原《きよみはら》令の行政整備により小郡官衙遺跡に受け継がれたというものである。さらに御原郡衙は全国規模で国衙・郡衙が整備される八世紀中ころ、福岡県三井郡大刀洗《たちあらい》町の下高橋官衙遺跡に移ったとする。→小《お》郡官衙遺跡《ごおりかんがいせき》

参考文献 小郡市教育委員会編『上岩田遺跡調査概報』(『小郡市文化財調査報告書』一四二、二〇〇〇)。中島達也・柏原孝俊・宮田浩之「上岩田遺跡」(『小郡市史』四所収、二〇〇一)。 (松村 一良)

かみうえきはいじ 上植木廃寺 群馬県伊勢崎市本関町・上植木本町に所在する、七世紀後半に創建された白鳳寺院跡。明治年間(一八六八―一九一二)以来、柴田常恵・石田茂作・相川竜雄などの研究があったが、多くの礎石が四散していることから全体が不明のままであった。一九八二年(昭和五十七)以降は伊勢崎市教育委員会などにより寺域確定の調査が進められ、それによると金堂・講堂・塔・回廊のほか僧坊か食堂《じきどう》と思われる掘立柱建物などが確認されている。発掘範囲が狭いために出土遺物は少ないが土器のほかに奈良三彩や釘があり、瓦のうち山田寺系ともいわれる単弁八葉蓮華文軒丸瓦と三重弧文軒平瓦をもって七世紀後半を創建期としている。なお、この寺は『上野国交代実録帳』などにみえる定額寺《じょうがくじ》の一つと推定されている。この遺跡は古代上野国佐位郡内にあり、出土瓦には佐位郡内の佐位郷や淵名郷のほかに隣接する山田郡山田郷を示す文字瓦もある。なお、上植木は東山道駅路佐位駅の推定地でもある。

参考文献 村田喜久夫「上植木廃寺」(『群馬県史』資料編二所収、一九八六)。 (能登 健)

かみがた 髪型 頭髪を整えた形。性別・年齢・地位・職業などによって異なり、時代によって変化する。幼年は短髪、少年以後は長髪にすることが多い。縄文時代の遺跡から簪《かんざし》や櫛などが出土しており、土偶頭部の形状からは結髪が想定される。古墳時代の埴輪では、男性が上《あげ》美豆良《みずら》や下《さげ》美豆良(後頭部の髪を垂らすことも)、女性は潰し島田髷である。六〇三年(推古天皇十一)冠位十二階が施行され、位冠を着ける際は頭頂に髷《まげ》を結うことになる。服制に伴って髪形にも規制ができ、六八二年(天武天皇十一)には男女に結髪が命ぜられ、男性は漆紗冠《しっしゃかん》を着用した。後に女性は垂髪に戻されるが、前髪をとり垂髪の末端を結い上げることもあった。奈良時代には、男性は冠下の髻《もとどり》、女性は高髻《こうけい》(金・銀の髪飾りを挿した礼装を宝髻《ほうけい》という)や垂鬟《すいかん》を結った。平安時代に装束の和様化が進み、男性は貴賤の別なく髻を結って烏帽子《えぼし》を着けた。女性は垂髪になり、貴族は身丈に余る黒髪を理想としたが、庶民は腰丈ほどの髪を後頭で束ねた。小児は男女とも髪を剃り、三才の髪置き(近世に民間にまでゆきわたった祝いの行事)から伸ばし始め、目刺《めざし》や振分髪(男子は美豆良)に整えた。鎌倉時代には男性に月代《さかやき》を剃る風習が始まる。女性の垂髪は短くなり、公式の場では髢《かもじ》で補足した。労働の際は鉢巻や桂包《かつらまき》が工夫された。中世から近世の幼児は頭頂や額・鬢《びん》に髪を少し残して剃り、目刺も頭の中央を丸く剃った。武家の若党や稚児は唐輪《からわ》に結った。桃山時代になると男性の烏帽子着用の風習がすたれ、茶《ちゃ》筅《せん》髷や銀杏髷が現れる。女性の垂髪の束ね方も多様化し、遊女を中心に男髷を模倣した唐輪髷が広まった。江戸時代には、役者の野郎髷など職業や身分を象徴するさまざまな髷形が生じた。髪結が職業として成立し、本多髷など流行の髪形も個人の好みで変化がつけられた。女性も結髪が主流となり、御殿風・武家風・町方風など階級を象徴する独自の髷形を生んだ。結び方では大きく兵庫髷・島田髷・勝山髷の三つの系統に分かれ、時代の下降につれて鬢や髱《たぼ》に紙型を入れて外に反らせることが流行した。櫛・笄《こうがい》・簪などは髪形にあわせて意匠や細工を凝らしたものが考案された。

参考文献 橋本澄子『日本の髪形と髪飾りの歴史(改訂版)』、二〇〇一、源流社。 (武田佐知子)

かみくりすてらまえいせき 上栗須寺前遺跡 群馬県藤岡市上栗須に所在する、奈良・平安時代の住居や掘立柱建物を中心とした集落遺跡が中・近世には人や牛馬犬などが葬られた墓域になった遺跡。このうち、五九二号土坑から中世の密教法具十三点が出土している。この土坑は五四センチ×四六センチの楕円形をした小さなもので、遺物は集中して重なり合わせたように出土していることから、廃棄ではなく意識的に埋納されたものであろう。出土した法具は鎌倉時代から南北朝時代にかけてのもので、日本製の銅製火舎香炉と銅製柑子口花瓶、中国龍泉窯製の青磁鎬蓮弁文見込唐草文丸碗・青磁鎬蓮弁文小皿・青磁見込蓮唐草文印花小皿が各一点、中国製の白磁小皿三点・白磁角杯五点である。出土地点は十四世紀ごろの掘立柱建物群に接しているが、この遺構との関連性は不明である。

参考文献 群馬県埋蔵文化財調査事業団『上栗須寺前遺跡群』三、一九九六。 (能登 健)

かみこうぬし・もばらかんがいせき 上神主・茂原官衙遺跡 古代下野国の河内郡衙跡と推定される遺跡。栃木県河内郡上三川《かみのかわ》町上神主地内から宇都宮市茂原地内にかけて所在。国指定史跡。人名文字瓦が多量に出土することから古くより注目され、長い間寺院跡(上神主廃寺または茂原廃寺)と考えられてきたが、一九九五年(平成七)―二〇〇二年に渡る発掘調査の結果、官衙跡であることが明らかにされたものである。官衙跡全体は、南辺および西辺が溝、東辺が自然の台地端部をもって区画され、北辺は未確認であるが、その規模は東西約二五〇メートル・南北約三九〇メートル(推定)を計る。区画内は、大きく南から正倉域・政庁域・北方建物群の三ブロックに分かれ、西辺中央には当初の正門と考えられる西門(八脚門)が確認されている。まず正倉域からは、約五十棟の建物跡が確認されている。この大部分は高床式倉庫に復元される総柱式掘立柱建物跡であり、東西あるいは南北に整然と配列さ

桂包（『七十一番職人歌合』模本より）

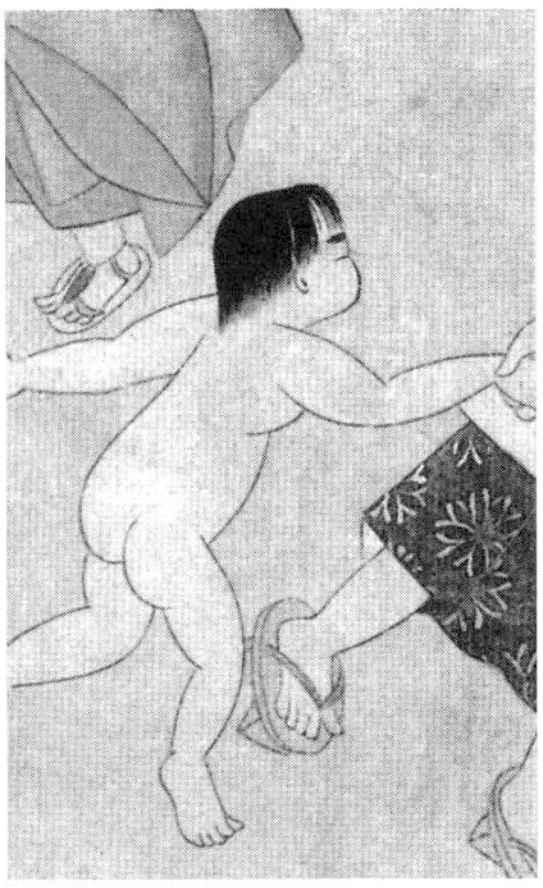

目刺（扇面古写経下絵より）

宝髻（薬師寺吉祥天像）

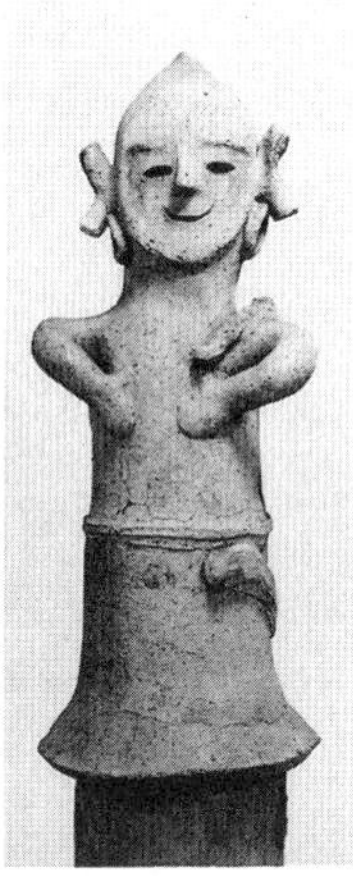

上美豆良（群馬県赤堀村出土埴輪）

唐輪髷（「彦根屏風」より）

茶筅髷（「彦根屏風」より）

勝山髷（浮世美人花見立）

兵 庫 髷

島田髷（短冊持立美人）

れたものである。また、これらの中心部からは、本官衙遺跡唯一の瓦葺建物跡が確認されているが、平面積が二八〇平方メートルを超える大型倉庫跡であり、多量な人名文字瓦はこの屋根に葺かれていたものである。次に官衙中央部で確認された政庁跡は、正殿を中心に東西に長大な脇殿を配したいわゆる「コ」の字状配置のものである。いずれも掘立柱建物跡であるが、正殿跡は南面庇から四面庇に建替えられたことが確認されている。それぞれの建物跡は、四面庇の正殿跡が東西二一メートル・南北一〇・二メートル、脇殿跡が双方とも東西四・二メートル・南北三六メートルで、政庁跡全体の規模は東西約七〇メートル・南北約四〇メートルを計る。この政庁跡の北方からは、井戸跡なども伴う約三十棟の建物跡が確認されているが、その内訳は掘立柱建物跡と竪穴建物跡がほぼ半々であり、正倉域や政庁域とは大きく様相を異にしている。掘立柱建物跡はすべて側柱式のものであるとともに、竪穴建物跡の中には、一般の集落跡にはみられない長大なものも多数確認されている。本官衙遺跡は出土遺物や重複関係などから、七世紀後葉から九世紀中ごろまでの存続が推定されるが、その変遷はおおむね次の四時期に区分される。一期は官衙の創設期で、七世紀後葉と考えられる。正倉域・政庁域・北方建物群の三ブロックが当初から設定され、それぞれ配置計画に基づいたとみられる建築が開始されるが、政庁は南面庇の正殿と東脇殿との二棟構成である。二期は八世紀前半で、官衙としての発展・充実期である。正倉域では東西・南北に整然と配列された倉庫建設が進められ、その数は三十数棟にのぼっている。また、政庁は正殿が四面庇に建替えられるとともに、西脇殿も建て加えられ、いわゆる「コ」の字配置の構成となる。三期は八世紀後半で、官衙としての様相が大きく変わる時期である。この時期、正倉域に人名文字瓦を多量に葺いた大型倉庫が建設されるとともに、政庁および北方建物群の消失(または移転か)が確認されている。正倉別院として、官衙機能が変質したものと捉えられる。四期は官衙の終焉期で、九世紀前半と考えられる。正倉域内の中心建物としては、大型瓦葺倉庫に代わって、長大な掘立柱建物が建設されるが、この時期どれほどの倉庫群が維持管理されていたかは定かではない。なお人名文字瓦の出土数は、発掘調査だけでも千二百点近くに上っている。これまでのところ氏の名で十九種類(酒部、雀部、白部、神主部など)、人名で百人弱(酒部得足、雀部牧男、白部立、神主部牛万呂など)が確認されているが、人名刻字は瓦一枚に対し原則一名で、ほぼ男性に限られている。おそらく下野国河内郡内各郷の戸主名が刻字されたものと考えられるが、この意味するところとしては、本官衙の大型瓦葺倉庫の造営に際し、瓦製作に係る費用負担が郡内の戸主層に課せられ、その証として人名が明示されることにあったものと推測される。

上神主・茂原官衙遺跡　政庁域全景（北上空から）

参考文献　上三川町教育委員会・宇都宮市教育委員会編『上神主・茂原官衙遺跡』、二〇〇三。

（梁木　誠）

かみさむらいづかこふん　上侍塚古墳　⇩侍塚古墳《さむらいづかこふん》

かみしま　神島　三重県の孤島。伊良湖渡海といわれる志摩半島から渥美半島への海路上にあり、海上交通の要衝だったらしい。渥美半島の方が距離は近いが、現在は鳥羽市神島町となっており、もとは志摩国答志《とうし》郡に属していた。全周は約四キロで、周囲はほとんどが岩場である。『皇太神宮儀式帳《こうたいじんぐうぎしきちょう》』にみられる神宮領の北の神堺の一つとされる瓶島、または歌島《かじま》がこの島ではないかとされるが明らかではない。明治に統合され、島で唯一の神社となった八代神社には、多くの神宝が伝世され、一括して重要文化財の指定を受けていることで知られる。その種類は、鏡・紡織具・太刀・馬具・武具・陶器・経塚遺物と見られるものなど多彩であるが、なかでも鏡は全六十六面を数え、漢代の画文帯神獣鏡から、唐代の海獣葡萄鏡、平安時代の伯牙弾琴鏡や種々の八稜鏡などを経て鎌倉時代の和鏡まで、形式的には一千年余にわたる。また、平安時代中期の兜の部品である鉄獅子嚙文銅象嵌鍬形は、鍬形としては日本最古のものと考えられている。しかし、この神宝の中で特筆すべきは、タタリ・カセヒといった紡織具である。これらは伊勢神宮の神宝とも共通するものである。これらの神宝の中には、銅製経筒の蓋などもあることから、伝世経路は一様ではない。おそらく当初は福岡県の宗像沖ノ島遺跡のように、航海安全を祈願して島の神、または海の神に神宝を奉納したものであろう。紡織具を奉る事例は、宗像沖ノ島でも見られ、宗像三神は女神であることから考えて、本来は海の女神への奉献物だったものが、ある時期に経塚遺物などとともに神社に入ったと考えられる。しかしその経緯は明らかではなく、磐座になる巨岩のような、本来の奉納場所と考えうる所も確認されておらず、その性格については今後の調査を待つべき点が少なくない。

（榎村　寛之）

かみちょうさようあと　上長佐窯跡　⇩越前焼《えちぜんやき》

かみつみち　上ツ道　奈良盆地を南北に貫く三本の古代の主要道路(上ツ道、中ツ道《なかつみち》、下ツ道《しもつみち》)のうち東側を走る道路。三道は約二・一キロ間隔で造られており、これが高麗尺のほぼ六千尺(=千歩、令制の四里)にあたることから、計画的な設営であると考えられる。設定年代は明らかではないが、『日本書紀』天武天皇元年(六七二)の壬申の乱の記事に、大海人《おおあま》皇子方の大伴吹負《おおとものふけい》が三道に兵を駐屯させたことや、三輪君高市麻呂《みわのきみたけちまろ》・置始連菟《おきそめのむらじうさぎ》が上ツ道沿いの箸陵付近での戦闘で近江軍に大勝し、廬井造鯨《いおいのみやつこくじら》軍が敗走したことがみえる(七月是日条)ことから、それ以前に設定されたと考えられている。なお、推古天皇十六年(六〇八)八月条にみえる隋使裴世清《はいせいせい》入京に関する記事によれば、隋使は舟運で初瀬川をさかのぼり海石榴市《つばきいち》に上陸し、上ツ道のコースをとって小墾田宮《おはりだのみや》に至ったと考えられ、外国使節の入京を契機に推古朝のころに上ツ道などが整備されたとの説もある。上ツ道のルートの南半は、部分的に現在の天理市佐保庄町から柳本町を経て、桜井市大字箸中の箸墓《はしはか》の東を通り、大字芝に至る近世のいわゆる上《かみ》街道《かいどう》の一部に踏襲されている。上ツ道はさらにまっすぐ南下し、大字谷の仁王堂《におうどう》付近で横大路《よこおおじ》と交差し、安倍山《あべやま》田道《だみち》に続き飛鳥に至ると考えられる。平安時代以降は初瀬詣に利用されたため、芝付近から東に曲がり、三輪山西南麓を経て長谷寺《はせでら》へも向った。上ツ道の北半は、天理市役所北方の豊田町以北では大和高原からの丘陵の張り出しがあり、そのまま北上していたかは疑問である。道幅が下ツ道や横大路のように地割として遺存する部分はほとんどなく、わずかに桜井市大字上之庄付近に道路敷とみられる細長い地割があり、その東西幅は約三五メートルをはかるが、いわゆる「条里余剰帯《じょうりよじょうたい》」は認められず、この点で下ツ道とは異なる。なお、上ツ道より東の山麓を古代の山辺《やまのべ》の道《みち》が縫うように走っていた。

参考文献　岸俊男「大和の古道」(橿原考古学研究所編『日本古文化論攷』所収、一九七〇、吉川弘文館)。岸俊男「古道の歴史」(坪井清足・岸俊男編『古代の日本』五所収、一九七〇、角川書店)。

(出田　和久)

かみのくにかつやまだて　上之国勝山館　十五―十六世紀に北海道南西部を統一し、後に松前藩を形成する蠣崎氏の居館。檜山郡上ノ国町勝山所在。脇館、上之国館、勝山城とも。国史跡。標高一五九メートルの夷王山《いおう》東前方、東西を宮ノ沢と寺ノ沢が刻む標高七〇～一一〇メートルの丘陵部に作出された三段の平坦面が主体部。一九七九年(昭和五十四)から史跡整備事業により、第二平坦面、南東側方下部華ノ沢地内、空壕、ゴミ捨場、夷王山墳墓群など約二万五〇〇〇平方メートルの発掘調査と遺構整備を継続。掘立柱建物跡約二百、竪穴建物跡約百、礎石建物跡、井戸、土壙、門、櫓、火・土葬墓などを検出。出土遺物は陶磁器約四万五千点、銅・鉄製品約一万千点、木製品約一万点、骨角器約六百五十点、自然遺物を合わせると十万点ほど。主体部中央を幅三・六メートルの通路が縦貫し、通路に直行して両側に溝で区画した一〇〇平方メートル前後の長方形地割が階段状につくられ、掘立柱と竪穴建物が立つ。第二平坦面北部の地割は、九間二室をもつ、「客殿」が建つ館主らの占有空間と推測された。出土遺物は、武器・武具、文具、茶道具、喫煙具、建築・加工具、狩猟・漁労具、鍛冶関連品、宗教具、食膳具、化粧具、家畜、食料その他、武士、職人、男女、子供などあらゆる階・年齢層の日常的占地居住を示す。六百点余の骨角器類は、館内での作成・使用と考えられ、夷王山墳墓群中から検出されたアイヌ墓と併せ、館内にアイヌが混住していたことを示す。また、検出される地割や建物跡は三～五回の作り替えや建て替えが見られ、出土陶磁器の示す年代も十五世紀後半から十六世紀末の間である。勝山館跡は、後方に夷王山を擁して日本海航路や眼下の湊を押さえ、その山麓には六地区に六百五十余からなる墓地夷王山墳墓群を配し、館主体部の前後を空壕と柵などで防御し、中央通路やその両側の建物敷地、客殿空間などの地割と、諸種の人たちの配置を館築造の早い時期から計画的に行い、十六世紀末まで日本海交易の拠点として存続していたことが推測される。上之国守護蠣崎季繁の居館で道南十二館の一つである花沢館に逗留していた武田信広は、一四五七年(長禄元)コシャマインとの戦いに辛勝して蠣崎氏の娘婿となり、天ノ川河口右岸に洲崎館を築き、潟湖や大澗の港湾施設を整備・掌握し、季繁が没した一四六二年(寛正三)から一四七〇年(文明二)ごろに勝山館を築いたと推測される。信広の息男松前氏第二代蠣崎光広は一五一四年(永正十一)松前大館に進出、安藤氏夷島代官の地位を獲得したが、勝山館には慶長の初めまで城代が置かれ、松前大館の脇館として日本海交易を統括し蠣崎氏を支えた。史跡地内での空壕、橋、柵、建物跡などの復元・平面表示、ガイダンス施設内のDVD、全体模型、墓壙レプリカ、出土品の一部公開などの展観を通して、発掘調査により明らかとなった遺跡の内容や、北の中世世界が具体的に示されるところとなった。

資料館　上之国勝山館跡ガイダンス施設(北海道檜山郡上ノ国町)

参考文献　網野善彦・石井進編『北から見直す日本史―上之国勝山館跡と夷王山墳墓群からみえるもの―』、二〇〇一、大和書房。石井進『中世のかたち』(『日本の中世』一、二〇〇二、中央公論新社)。

(松崎　水穂)

かみよどはいじ　上淀廃寺　鳥取県米子市淀江町福岡に所在する三塔一金堂という特異な伽藍配置を有する古代寺院跡。国指定史跡。淀江平野の東端、丘陵の南側緩斜面に位置する。一九九一年(平成三)からの発掘調査で壁画などが出土し全国的に知られた。寺域は、南限が明確ではないが、地形などから東西二一二メートル、南北一〇六メートル。北限と西限は溝で区画し、東限は丘陵をカットする。寺域のほぼ中央部、約半町四方に中心伽藍が配置される。金堂は瓦積基壇の外周に石列をめぐらす二重構造。上面は削平されており建物規模は不明。金堂の東六・六メートルに中塔が位置する。基壇構造は金堂と同じ。塔心礎の中央には円孔が穿たれ、円孔の中央に蓋受けを有する長方形の舎利孔が設けられている。中塔の南二一・三メートルに南塔がある。

基壇構造・規模とも中塔と同じ。塔心礎には浅い円孔が穿かれているが舎利孔はなく、心柱の根巻瓦が遺存していた。中塔北側に北塔の塔心礎が残る。中塔心礎より一二・三メートルのところ。心礎の規模は中塔や南塔のものよりやや小型。基壇は築造されておらず、何らかの理由で建立が中断されたものか。塔・金堂の南側では中門と回廊基壇の一部、東側では築地塀の一部が確認されているが、講堂はその所在が明確になっていない。中心伽藍の北、一段高所に政所院ないし食堂《じきどう》、鐘楼ないし経蔵と考えられる掘立柱建物が分布する。出土遺物は瓦類・彩色壁画・塑像・銅製品・土器類など。創建期の軒瓦は、地方色の強い単弁十二弁蓮華文の軒丸瓦と重弧文軒平瓦の組み合わせ。軒丸瓦の瓦当文様は「上淀廃寺式」と呼ばれ、山陰地方の寺院跡に同系統のものが分布する。また、六八三年（天武天皇十二）と推定される「癸未年」と刻まれた平瓦が出土している。彩色壁画は、塔と金堂周辺から出土。火災の痕跡を残すもので、描かれているのは菩薩・神将などの尊像や天衣《てんね》・台座・天蓋《てんがい》・樹木・下草・遠山など。造営は七世紀後半、十世紀代に焼失した。

資料館 淀江歴史民俗資料館（鳥取県米子市）

参考文献 淀江町教育委員会編『上淀廃寺』、一九九五。

（真田 廣幸）

カムィやき カムィ焼 鹿児島県大島郡伊仙町阿三の山中に分布する窯跡群で生産された中世陶器の総称。一九八三年（昭和五十八）鹿児島県農政部が計画した溜池等整備事業の工事中に、地元研究者の四本延宏・義憲和が二支群からなる窯跡を発見し、一九八四年および翌年に確認調査と第一支群の緊急調査が行われた。その報告に際して、地元の地名呼称に基づき、「カムィヤキ古窯跡群」とされたことから、カムィ焼と呼ばれる。一九九一年（平成三）に第二支群が鹿児島県指定史跡となり、これを受けて一九九六―九九年には、周辺地域の分布範囲確認調査が行われた。この結果は二〇〇一年に報告され、新たに九支群が確認されて十一支群となったが、二〇〇二年と二〇〇三年にはさらに一支群ずつが追加されたことから二〇〇五年の報告に際して、七支群十九地区二十四地点に呼び改められた。カムィヤキ古窯跡群の発見以前において、奄美諸島や沖縄諸島、宮古・八重山諸島の遺跡からこの種の陶器が出土することが知られており、その遺跡数は四百近くに上る。白木原和美はこれが日本の須恵器に類似しながらも、器種や器形などが異なることを踏まえ、「類須恵器」と命名した。カムィヤキ古窯跡群の調査成果によって、琉球列島から出土する類須恵器のほとんどは、カムィヤキ古窯跡群で生産されたカムィ焼である可能性が高くなった。カムィヤキ古窯跡群の製品は壺を中心とし、鉢・甕・碗や注口製品が見られる。二〇〇一年の報告書では、器壁が厚手のものをⅠ類、薄手のものをⅡ類とし、壺六類、鉢四類、甕二類、碗三類に分類する。窯跡における物理学的調査成果によれば、十一―十三世紀代の年代が得られている。カムィ焼の分布範囲は十六世紀代に確立する琉球王国の版図とほぼ重なることから、琉球王国成立前史を研究する上で重要な資料の一つと考えられる。

参考文献 白木原和美「陶質の壺とガラスの玉」（『古代文化』二三ノ九・一〇、一九七二）。伊仙町教育委員会『カムィヤキ古窯跡群』Ⅰ―Ⅳ（『伊仙町埋蔵文化財発掘調査報告書』三・五・一一・一二、一九八五・九五・二〇〇一・〇五）。

（池田 榮史）

かめ 亀 爬虫綱カメ目の動物。背腹両面に甲羅があり、水中や陸上に棲息。十世紀の『和名類聚抄《わみょうるいじゅうしょう》』は『大戴礼《だたいらい》記《き》』を引用して、三百六十四種の甲虫のうちで神亀が最上位であると説く。和名は加米（カメ）。新井白石は『東《とう》雅《が》』でカミ（神）の転訛説を提唱した。記紀伝承では、亀に乗って水上や水中を進む人間ないし神の話があり、浦島伝説も生まれた。亀形の土器製品や銅鐸に描かれた亀もある。これらは、スッポンと区別しにくい場合もある。スッポンも亀の一種であるが、鼈と記されて、和名は加波加米（カワカメ）。亀のような堅い甲羅はなく、円形で首が長い淡水産のカメ。薬用。七世紀には、奈良県明日香村酒船石《さかふねいし》遺跡の亀形石や、天寿国曼荼羅繡帳《てんじゅこくまんだらしゅうちょう》の銘文を配した亀甲文様がつくられた。一方、古墳時代後期からアカウミガメの腹甲を用いた亀卜《きぼく》が太平洋沿岸（とくに東海・関東）や壱岐・対馬で行われ、八世紀以降は神祇官の卜部が執業し、『新撰亀相記《しんせんきそうき》』が書かれた。のち、伴信友の『正卜考《せいぼくこう》』がある。また、亀の字を含む年号には、霊亀（七一五―一七）、神亀（七二四―二九）、宝亀（七七〇―八一）、文亀（一五〇一―〇四）、元亀（一五七〇―七三）があり、天平改元（七二九）も亀の献上による。奈良市薬師寺出土木簡には、霊亀の亀を亀の絵であらわしたものがある。これらの年号は、亀そのものに吉凶の兆を読み取り、吉の場合は祥瑞《しょうずい》として採用された。さらに、七世紀後末期から現われる四神のうちの玄武は亀と蛇が合体した形姿をなしており、北方や黒、のちには冬を表象した。薬師寺金堂の薬師三尊像中尊台座下框《かまち》や、明日香村高松塚古墳とキトラ古墳に造形描写がみられ、七〇一年（大宝元）の元日朝賀では藤原宮に四神幢が立てられた。平城遷都にあたっても四神相地の亀筮《きぜい》（卜占《ぼくせん》）が行われ、のちには、天皇即位儀で四神幢が用いられる。東大寺正倉院には、木画紫檀棊《き》局（碁石を入れる亀とスッポンの二種の亀形器が対をなして内蔵されている）とその箱である金銀亀甲龕《がん》や青斑石鼈合子《べつごうす》（スッポン形の背中に北斗七星を描く）、瑇瑁《たいまい》螺鈿《らでん》八角箱などが伝わる。瑇瑁（玳瑁）は亜熱帯・熱帯の大海にいるウミガメであり、その背甲の薄板を加工して貼り付けた。腰帯などの装飾に珍重されて奢侈を競った。江戸時代には、高価な瑇瑁細工が禁止され、スッポンの甲と偽って生産したため、鼈甲《べっこう》と称されるようになった。

参考文献 矢野憲一『亀』（『ものと人間の文化史』一二六、二〇〇五、法政大学出版局）。

（新川 登亀男）

かめ　甕　現代の考古学では、甕は土師器の場合には煮沸具を、須恵器の場合には貯蔵具を表す用語として用いているが、古代文献史料では、須恵器の大型貯蔵具を指す呼称として限定的に使用されている。『正倉院文書』では、受量一石以上の貯蔵容器には、瓺《みか》と甕があるが、両者が同一文書の中で共存する例は、七六〇年(天平宝字四)八月三日の『後一切経料雑物納帳』を除いてほかにない。『和名類聚抄』では大甕を瓺とし、ミカと訓じ、浅甕を𤭖とし、サラケと訓じている。『正倉院文書』では、大型貯蔵器を表示する場合には、瓺、甕のいずれかを用い、瓺の用例が圧倒的に多く、甕の用例文書は、『大倭国正税帳』など数例にすぎない。それらよりやや受量の小さいものは、別に𤭖としていることから、少なくとも奈良時代には、両者は同義に用いられていたと見てよい。『法隆寺流《る》記資材帳《きしざいちょう》』では、𤭖百口、瓺十口の法量を口径と高さで表し、出土資料との対比ができる格好の史料である。『正倉院文書』や『延喜式』にみえる両者の受量は、瓺の方が大きいが、『資材帳』では𤭖は瓺よりも法量が大きくなっている。これは『資材帳』の錯簡とみなすべきであり、そうすると、瓺は、口径が三〇センチ以上で器高が八〇センチ以上のもの、𤭖は、口径が三〇センチ～四五センチ、器高が四五センチ～七二センチの範囲に納まるものとなり、出土資料とも整合する。『正倉院文書』から知られる瓺と甕の内容物を見ると、いずれも酒・醬《ひしお》(末醬《みそ》を含む)・酢・糟交酒であり、それらの醸造や貯蔵に使用されたことが知られる。また、『正倉院文書』や木簡史料では、瓺の割注に、「不動」と記すものがあるが、これは、当時の大型貯蔵器は、全すべて丸底であり、地面を掘り窪めて据え付けねばならず、一旦据え付けると動かすことはなかったことに関連する記載である。また、平城宮造酒司《ぞうしゅし》跡や長岡京跡では、内部の床面に甕を据え付けたと見られる窪みが整然と並ぶ掘立柱《ほったてばしら》建物が発見されていて、貯蔵倉・醸造倉と考えられている。また、「二条六瓺」ような瓺の番付を示す木簡が平城宮造酒司や長屋王邸から出土しているが、このような倉での甕の番付を示すものであろう。

参考文献　巽淳一郎「奈良時代の瓺・𤭖・缶・由加—大型貯蔵用須恵器の記名考証—」(奈良国立文化財研究所創立四〇周年記念論文集刊行会編『文化財論叢』二所収、一九九五、同朋舎出版)。　(巽　淳一郎)

かめいし　亀石　奈良県高市郡明日香村川原にある古代の石造物。花崗岩の巨石(長四・五メートル、幅二・八メートル、高二メートル)の下端に顔と目・口および前肢を彫り込むことにより、うずくまる姿勢の亀を上手く表現する。その他は自然石風で未完成のようにみえるが、裾の輪郭を線彫りしたり、下面に線彫りの痕跡を残すなど加工は全体に及んでおり、完成品であろう。平安時代の川原寺関連文書に「字亀石垣内」とあり、亀石が大和条里・東三十条四里の東南隅にあたる六ノ坪に存在したことがわかる。これにもとづき条里の境界を示したとの説があり、同様に川原寺寺域西南隅や古道の交差点(衢《ちまた》)に置かれた「牓示《ぼうじ》石」説がある。また、亀の顔が王陵地域に向くところから現世と黄《よ》泉国《みのくに》を分ける結界石説や、塔心礎未完成品説などがある。なお現在、亀石は顔を西南に向けるが、これが西を向けば大和盆地が水没するとの俚諺が伝えられている。

参考文献　奈良国立文化財研究所飛鳥資料館編『あすかの石造物』、二〇〇〇。　(黒崎　直)

かめがたせきそう　亀形石槽　酒船石遺跡で検出された亀形を呈した石造物。奈良県高市郡明日香村大字岡に所在。材質は石英閃緑岩で地元では「飛鳥石」と呼ばれている。亀形石槽は全長二・二八メートル、幅一・九二メートルで亀の背には外径一・六八メートル、内径一・二六メートル、深さ二〇センチの水盤がありすり鉢状を呈している。水盤の周囲には幅一八センチの縁があり、尻尾側には幅三センチの溝が彫られている。水槽部分には約二〇〇リットルの水を溜めることができる。水槽の周囲には顔や手足が半肉彫りで表現されている。口にあたる側面からは上下二段に穿孔があり、鼻からあけられた長さ一九センチ、幅六センチの長円形の孔が二段目の孔まで貫通している。口から水槽までの延長は五八センチを測る。亀形石槽の平面形は左右対称に刻まれており、左前足だけ原石の関係で指の途中からやや外側に開いている。尻尾は平面V字状を呈し、水槽との接合部には幅一・五センチ、高さ二～四センチの孔が穿たれている。→酒船石遺跡《さかふねいしいせき》

参考文献　明日香村教育委員会『酒船石遺跡発掘調査報告書』、二〇〇六。　(西光　慎治)

かめがやつざか　亀ヶ谷坂　神奈川県鎌倉市内の扇《おうぎ》ガ《が》谷《やつ》と山ノ内を結ぶ切通道。国指定史跡。いわゆる鎌倉七口の一つで、化粧坂《けわいざか》とともに、武蔵方面に通じる出入り口である。亀ヶ谷は現在の扇ガ谷の古地名で、坂が急なあまり亀がひっくり返ったというので、「亀返り坂」と呼んだという俗伝もある。近年まで旧状をよくとどめていたが、現在は舗装されている。江戸時代初期の『玉舟和尚鎌倉記』には、「亀ガ井坂」として「建長寺ノ西二町バカリニアリ、七口ノ切通ノ一ツ也、建長ノムカイガハ也」とある。いつ開削されたかは不明だが、北条泰時が一二四〇年(仁治元)に山ノ内道を修造しているので(『吾妻鏡』同年十月十日・十九日条)、この折に一緒に整備された可能性もあろう。あるいは、十二世紀中ごろには扇ガ谷側の入口に近い現在の寿福寺の地に源義朝館が存在しているから、このころには何らかの往還路が山ノ内との間に通じていたのかもしれない。坂の扇ガ谷側入口には岩船地蔵堂、山ノ内側には臨済宗の長寿寺がある。

参考文献　鎌倉市教育委員会編『亀ヶ谷坂周辺詳細分布調査報告書』、一九九八。　(馬淵　和雄)

かめこうばか　亀甲墓　墓の上部・屋根の部分が亀の甲羅に似ていることから、沖縄の方言で「カーミヌクーバカ」(亀の甲墓)と呼ぶ墓のこと。沖縄ではそのほかに四角い屋根を持ったハーフーバカ(破風墓)があり、いずれも個人の墓でなく、「門中《むんちゅう》」などの血縁集団で共有使用する門中墓などが一般的である。亀の甲羅に似せた形式の墓

は現在、福建省や広東省など中国や、マラッカなど中国系の人々の墓にもみられるが、その内容・使用法などには著しい違いがみられる。すなわち、中国の墓は個人や夫婦単位で埋葬されたもので、沖縄の場合は前述の門中墓のように血縁で結びつく集団共有のものが一般的である。それは、沖縄の墓は、村落の成員が共有する「村墓《むらばか》」など個人単位より集団共用の形式が古くからあり、大陸から受容した形式も、沖縄の様式にのっとった形式に変えたものと思われる。なお、亀の甲羅に似た形が母胎に似ていることから、死後母胎に戻るという信仰を示しているというのは俗説にすぎない。（比嘉　政夫）

かめばら　亀腹　寺社建築の基礎部分や多宝塔《たほうとう》の上層部、鳥居の柱下などを饅頭《まんじゅう》形に丸く盛り上げて白漆喰《しっくい》で固めた部分のこと。基壇は通常、基壇土の周囲を雨水や湿気からの保護と化粧の目的で石などにより外装したが、中世以降、社寺建築の内部の床に板が張られ、外周に縁がまわるようになると、基壇が隠されて雨水に直接あたることもなくなった。その結果、基壇の築成方法が簡略化され、基壇土上面を丸くして化粧石の代わりに漆喰で固めたのが縁下の亀腹のはじまりである。一方、多宝塔は円形塔身の周囲に庇《ひさし》を回し、塔身上に宝形造《ほうぎょうづくり》屋根と相輪《そうりん》をのせた建物であるが、密教とともに九世紀ごろに日本に伝わったとされる。通常、初層平面は円形ではなく四角形に簡略化され、庇上部にのみ円形が表現されており、この円形部分を漆喰で覆い饅頭形にしたものを亀腹と称した。鳥居の柱では根元の足固めに漆喰を用いて饅頭形にしたものを指す。

参考文献　日本建築学会編『日本建築史図集(新訂版)』、一九八〇、彰国社。（平澤麻衣子）

かめやまやき　亀山焼　㈠岡山県倉敷市にある須恵器系陶器で、現在約三十基の窯跡が確認されている。平安時代末期から鎌倉時代にかけて操業し、碗・皿を欠き、紐叩き成形による甕、壺・鉢・瓦などを焼造した点に特色がある。窯の構造は焚口を絞り焼成室が袋状を呈する半地下式の穴窯である。流通圏は備前・美作・備後などの周辺地域で、京都や鎌倉などの都市部でも少量ながら見つかっている。十三世紀後半以降には軟質の瓦質製品に転じて煮沸器を量産し、十五―十六世紀には続亀山焼ともいえる土師質の鍋・鉢・擂鉢などが主体になっている。㈡長崎市伊良林で江戸時代後期に焼かれた陶磁器。はじめ炻器《せっき》質の陶器を焼いていたが、一八一一年(文化十一)から一八六五年(慶応元)の間に、天草陶石を使用した精美な染付磁器を生産している。窯の経営は民間が主体ながらも、長崎奉行所の長崎会所から資金援助がなされていた。製品は文人趣味を反映した懐石道具や酒器、煎茶道具が主体となり、文様は主に中国趣味の山水・花鳥・人物などのモチーフが描かれている。特に長崎に集まる画家や文人墨客などが、競って絵付けを行なった。そのなかには田能村竹田や長崎幕末の三画人(木下逸雲・日高鉄翁・三浦梧門)らの手による文様もある。さらに中国蘇州の土を用いた蘇州土亀山・青磁・捻り細工・色絵磁器もみられ、螺鈿《らでん》細工と一帯となったものもある。（荒川　正明）

かも　賀茂　京都盆地の北東部、賀茂川と高野《たかの》川の合流点付近から上流にあたる賀茂川扇状地一帯、現在の京都市北区・左京区の一部に相当する地域。『和名類聚抄』に山城国愛宕《おたぎ》郡の郷名として記される賀茂郷・蓼倉《たでくら》郷あたりが相当すると考えられる。賀茂郷の初見は天平六年(七三四)七月二十七日付優婆塞貢進解(『正倉院文書』)に「加茂郷岡本里」とあるもの。賀茂県主が奉斎した賀茂別《わけ》雷《いかずち》神社(上賀茂神社)・賀茂御祖《みおや》神社(下鴨神社)が所在し、同氏の勢力の中心地域であった。一〇一八年(寛仁二)には、蓼倉・栗野《くるすの》・上粟田・出雲の四郷が下鴨社に、賀茂・小野・錦部《にしごり》・大野四郷が上賀茂社に寄進され、中世にはこのうちの上賀茂社領四郷を中心として賀茂六郷と呼ばれる上賀茂社領に編成され、太閤検地まで続いた。地域内には、上賀茂・下鴨の両社(国史跡)とその末社や、上賀茂から下鴨にかけての大規模な集落跡である植物園北遺跡、賀茂川西岸部に平安宮・平安京に瓦を供給した西賀茂瓦窯跡群、豊臣秀吉の築いた御土居《おどい》の一部(国史跡)などがある。

参考文献　須磨千頴『賀茂別雷神社境内諸郷の復元的研究』、二〇〇一、法政大学出版局。（増渕　徹）

かもいせき　加茂遺跡　古代の北陸道に面して置かれた駅家関連の官衙遺跡。石川県河北《かほく》郡津幡《つばた》町の加茂と舟橋地内に所在。国道八号線津幡北バイパスが遺跡の南端を通過することになり、一九九一年(平成三)から発掘調査を実施。側溝中央間が幅約九メートルの古代北陸道跡を検出。道路の両側を中心として、奈良時代(八世紀)から平安時代前期(九世紀)の掘立柱建物が多数検出されている。木簡が六点出土。なかでも、八四九年(嘉祥二)二月十二日の文書施行日が書かれた「加賀郡牓示札《かがぐんぼうじさつ》」(五号木簡)には、律令政府が命じた村里に住む人々の生活規範と加賀国司の郡司に対する指示や、これを受けた加賀郡司が部下の田領丈部浪麿《でんりょうはせつかべのなみまろ》に国の命令を「深見村の諸郷と駅の長や諸刀弥《とね》等」に伝達し、このことを人々に周知するため道に掲示して口頭で伝達することを指示したことなどが詳細に書かれており、九世紀中ごろの世相や文書行政と情報伝達の実体を伝える重要な史料である。ヒノキ板に二十七行三百四十九文字が墨で書かれていた。墨痕はほとんど消えているが、墨の防腐作用で文字痕跡が微妙なふくらみを残しており、暗所で斜め光線を当てると文字を判読できる。この状態は「加賀郡牓示札」が長期間、屋外に掲示されたことを示している。生活規範は八ヵ条あり、早朝から日暮れまでの農作業従事、農業労働者確保のため贅沢に魚酒を振る舞うことの禁止、人々が溝堰管理の労役を忌避することの禁止、五月末までの田植え完了の奨励、逃亡農民の探索、ヤミ養蚕の禁止などが記され、自由な経済活動を求める人々の動向と、律令体制を守り

加茂遺跡出土加賀郡牓示札

税収確保に努める官人の様子を読みとることができる。七四九年(天平勝宝元)に大伴池主が大伴家持と書状を交換した「深見村」(『万葉集』一八)や、『和名類聚抄』に記された加賀郡深見《ふかみ》駅との関連が注目される遺跡である。

参考文献　平川南監修・石川県埋蔵文化財センター編『発見!古代のお触れ書き―石川県加茂遺跡出土加賀郡牓示札―』、二〇〇一、大修館書店。
（小嶋　芳孝）

がもうくんぺい　蒲生君平　一七六八―一八一三　江戸時代後期の学者。通称伊三郎、名は秀実で君平は字。一七六八年(明和五)下野《しもつけ》宇都宮藩《うつのみやはん》の町人福田又右衛門正栄の子として生まれた。祖先が蒲生氏郷《うじさと》の子孫という所伝から、蒲生と改姓した。鹿沼の儒者鈴木石橋に儒学を学び、林子平《はやししへい》とも交流をもって、蝦夷地、ロシア問題にも関心を抱いたが、歴史にも関心を有し、一七九六年(寛政八)京都に赴いて歴代天皇陵の実地調査を行なった。この時、山陵の荒廃を憂えて著したのが『山陵志《さんりょうし》』で、その後水戸に遊学して『大日本史《だいにほんし》』に志部がないことを知ると、九志の編纂を決意、その一として『山陵志』を完成させるため、一八〇〇年再度京都に赴いた。生涯貧困に苦しみ、『山陵志』の出版も費用不足から一八〇八年(文化五)にようやく実現した。九志の企てはほかに『職官志《しょっかんし》』のみ完成。一八一三年七月五日、四十六歳で病死し、谷《や》中臨江寺《なかりんこうじ》(東京都台東区谷中一丁目)に葬られた。藤田幽谷の手になる碑文を刻んだ墓は、国史跡に指定されている。

参考文献　岡部精一・三島吉太郎編『蒲生君平全集』一九二二、東京出版。雨宮義人「蒲生君平の『山陵志』」(森浩一編『考古学の先覚者たち』所収、一九六五、中央公論社)。
（大平　聡）

かもみおやじんじゃ　賀茂御祖神社　京都市左京区下鴨泉川町の賀茂川と高野川の合流点北側に鎮座する神社。通称、下鴨神社。境内は一九八三年(昭和五十八)国史跡に指定。世界文化遺産「古都京都の文化財」を構成する十七社寺城の一つ。糺《ただす》の森と呼ばれる境内は、都市部では珍しく古い植生を保った森であり、ケヤキ、ムク、エノキなど約六百本の巨木、古木が残っている。この神社は『山城国風土記』逸文にみられるカモ伝承で知られる。それは、大和葛木(奈良県御所市付近)、山城岡田の賀茂(相楽郡加茂町付近)をへて、この地に鎮座したカモタケツノミ命の娘タマヨリヒメが、上流から矢に変身して流れてきた雷神と結ばれて、賀茂別雷神を産んだというものである。この子神を祭っているのが賀茂川上流の賀茂別雷神社(上賀茂神社、京都市北区)である。したがって、伝承上両社は親子の関係であり、下流にあって、別雷神の母タマヨリヒメと祖父にあたるカモタケツノミ命をまつるこの神社に、御祖《みおや》の名がつけらている。山背《やましろ》盆地に勢力を有したカモ県主家が、古代以来祭っており、のちにその祭りの日には多くの人々が集まって、禁止令が出されている(『続日本紀』文武天皇二年(六九八)三月辛巳条など)。平安遷都後は、王城鎮護の神として、国家の神社となり、朝廷から伊勢神宮につぐ崇敬をうけた。そして、祭りを勅祭とするとともに伊勢神宮同様、内親王を斎王として祭祀に奉仕させた(初代は嵯峨天皇皇女有智子内親王)。斎王の御殿は紫野につくられ賀茂斎院といわれた。また、『延喜式』の名神大社に位置づけられ、二十二社の一つにも数えられた。さらに式年遷宮も行われ、山城国愛宕郡の四郷を神郡として寄進されるなど、全国に多くの社領を有して栄えた。中世以降、山城国一宮でもあった。現在の社殿は、一八六三年(文久三)造営の東西の本殿二棟が国宝に、幣殿、祝詞舎、東西廊、舞殿、楼門など三十一棟は大部分が寛永年間(一六二四―四四)の造営で、重要文化財に指定されている。神仏習合の影響が少なく、古い神事が数多く伝わっている。毎年五月十五日の賀茂祭(葵祭《あおいまつり》)は京都三大祭の一つとして有名。さらに、境内の瀬見の小川や奈良の小川などは古代以来歌枕としても有名で、その一部は現在環境整備事業が進められている。

参考文献 井上光貞「カモ県主の研究」(『日本古代国家の研究』所収、一九六五、岩波書店)。岡田精司「県主の神から王城鎮護の神へ」(『京の社』所収、二〇〇〇、塙書房)。

(磯野　浩光)

かもわけいかずちじんじゃ　賀茂別雷神社　京都市北区上賀茂本山に鎮座する奈良時代から史料にみえる神社。神体山である神山《こうやま》の南方にある。通称、上賀茂神社。境内は一九九三年(平成五)国史跡に指定。世界文化遺産「古都京都の文化財」を構成する十七社寺城の一つ。『山城国風土記』逸文のカモ伝承では、カモタケツノミ命の娘タマヨリヒメは、上流から矢に変身して流れてきた雷神と結ばれて子神を産むが、この神社はその子神を祭っている。したがって、賀茂川下流の賀茂御祖《みおや》神社とは伝承上親子の関係である。カモ県主《あがたぬし》家が古代以来祭っていたが、平安遷都後は、王城鎮護の神として、朝廷から伊勢神宮につぐ崇敬をうけた。『延喜式』の名神大社に位置づけられ、二十二社の一つにも数えられた。式年遷宮も行われ、山城国愛宕郡の四郷を神郡として寄進されるなど、全国に多くの社領を有して栄えた。中世以降、山城国一宮でもあった。現在の社殿は、一八六三年(文久三)造営の本殿、権殿の二棟が国宝に、幣殿、祝詞舎、東西の渡廊、舞殿、楼門など三十四棟は大部分が寛永年間(一六二四—四四)の造営で重要文化財に、境外末社の大田神社のカキツバタ群落は天然記念物に、境内南の明神川沿いに残る社家の町なみは、重要伝統的建造物群保存地区に選定、社家やカモ県主の子孫に関係する系図十六巻(『賀茂禰宜神主系図』)、『賀茂別雷神社文書』約一万三千六百通は重要文化財に指定されている。また、神仏習合の影響が少なく、古い神事が数多く伝わっており、毎年、賀茂競馬(五月五日)、賀茂祭(葵祭《あおいまつり》、五月十五日)、烏相撲(九月九日)などが行われている。

参考文献 井上光貞「カモ県主の研究」(『日本古代国家の研究』所収、一九六五、岩波書店)。岡田精司「県主の神から王城鎮護の神へ」(『京の社』所収、二〇〇〇、塙書房)。

(磯野　浩光)

かもん　家紋　⇩紋章《もんしょう》

かや　伽耶　古代の朝鮮半島南部で興亡した諸国の汎称。『魏志』韓伝にみえる三韓の一つ弁韓がおよそ四世紀になって転化したものとみられるが、もう少し広い範囲を想定する意見もある。具体的には、慶尚南道を中心とする地域とみる立場と、慶尚北道にまで広げて考えようという立場がある。『日本書紀』は加羅、『三国史記』は多く加耶と表記する。伽耶は、『三国遺事』で多く用いられる。ほかに迦羅・賀羅・加良・伽落・駕洛などがあり、いずれも同じ語の異表記。語義は不明。それぞれの国はいくつかの邑落から構成。慶尚道の地形的条件もあって、一つの盆地を基盤とし、中心に王宮を配し、近くの丘陵斜面に古墳群を、周囲の山には山城を築く。ただし現在、王宮推定地があるのは金官国(現在の金海)と大加耶国(高霊)と安羅国(咸安)のみ。諸国は最後まで一つにまとまることなく、百済と新羅とに分割されてしまうが、いくつかの連合体は形成された。加耶のなかで、大加耶と呼ばれた国が二つある。金官国と大加耶国である。それはこの二国が諸国のなかで有力であることを自他ともに認めたことによるが、そう呼ばれた時期は異なる。金官国は五世紀初以前、大加耶国は五世紀半ば以降である。それぞれの時期に、それぞれを盟主とし、ほぼ全体を含む諸国連合があったとみて、前期加耶連盟・後期加耶連盟とよぶ意見があるが、それは認めがたい。『三国遺事』には、六伽耶・五伽耶とよばれる地名群があり、それぞれ金官国・大加耶国を盟主とする諸国連合体を指すという意見もあるが、それらが有機的に結びついていたと見ることができる材料はなく、単なる国名の羅列とみるべきであろう。それらとは違い、金官国を中心とする加耶南部の海岸に近い諸国の連合体、大加耶を中心とする北部加耶から蟾津江流域に至る諸国の連合体は、具体的な展開も含めて、想定が可能である。それ以外にも、別の諸国連合があったと考えることができる。金官国は、任那ともよばれ、半島の東南端に位置する関係もあり、倭国が最初に外交関係を結んだのがこの国であった。そのため日本では任那が広義に加耶全体を指すかのように使われるようになった。弁韓十二国の狗邪国が前身。倭との関わりは終始深く、倭はここを拠点としてさらに内陸に進出を試みることもあった。五二〇年代後半に新羅の侵攻を受け、五三二年に降った。新羅からは破格の待遇をうけ、金姓を賜り、王の子孫は新羅の貴族として活躍する。金武力や金庾信が著名。『駕洛国記』(『三国遺事』所引)が始祖首露王の降臨や王系を伝える。大加耶は、本来の名が伴跛。大加耶という呼称が、加耶諸国の消滅時までつづいたため、一般的に大加耶といえば、これを指す。弁韓十二国の中の半路国が前身。建国神話では、伽倻山神の正見母主と天神との間に生まれた兄弟の兄が大加耶の、弟が金官国の始祖になったと伝える。四七九年に南斉に遣使した荷知は、大加耶の嘉悉王を指す。その時までに加耶西部の諸国を糾合して連合体を形成し、盟主となっている。連合体の広がりは高霊型とよばれる土器が分布する文化圏とも一致。当初は百済と対抗し、新羅と連携した。五一〇年代に百済が加耶へ進出しはじめ、蟾津江流域の己汶・多沙を攻撃。大加耶は連合諸国とともに抵抗したが止めることができなかった。そのため新羅といっそう提携すべく、五二二年には異脳王が新羅王女をめとる婚姻同盟を結んだ。しかし新羅もまた加耶へ進出しはじめ、両大国いずれとも敵対するようになり、連合体は両国にしだいに分割されていった。五四〇年代から百済と結んだが、五五四年に百済が新羅との戦いで敗れて命運が決した。五六二年に新羅の攻撃によって大加耶が降伏し、残っていた諸国も最終的に滅亡。高霊で最大規模の池山洞古墳群が王陵群と考えられる。直径三〇メートルを越える大型古墳も多い。金冠(湖巌美術館蔵)や金銅冠が出土。四四号墳・四五号墳では、殉葬とみられる副槨が多く見つかっている。成長基盤は鉄生産であろうが、ようやく製鉄遺構が見つかり始めている。

参考文献 田中俊明『大和耶連盟の興亡と「任那」』、一九九二、吉川弘文館。 (田中 俊明)

かやつのしゅく 萱津宿 東海道の宿駅であり、かつ美濃路が合流する交通の要衝。現在の愛知県海部郡甚目寺《じもくじ》町のうち。現地名は五条川下流の右岸に位置するが、かつては左岸もその領域に含まれていたと推測される。鎌倉時代より史料に登場し、室町時代後期に清洲にその地位を奪われるまで殷賑を極めた。鎌倉幕府の正史たる『吾妻鏡』によると、源頼朝はじめ歴代将軍が上洛・下向の際、当宿に宿泊するのが常であった。一二四二年(仁治三)八月、東海道を鎌倉へ下った『東関紀行』の著者は、当宿に市が立ち多くの人で賑わっている様を歌に詠んでいる。このころ萱津には、遊女たちのいたことや(『春能深山路』など)、「徳人」とよばれる富裕民のあったことが知られている(『一遍上人絵伝』)。また鎌倉時代末期の当宿の様子は、円覚寺が所有する「尾張国富田荘絵図」に描かれており、光明寺はじめ多くの寺院の存在が窺われる。なお室町時代に萱津は「かいつ」とも称されていた(『経覚《きょうがく》私《し》要鈔《ようしょう》』)。

参考文献 『甚目寺町史』、一九七五。 (井上 聡)

かやどき 伽耶土器 朝鮮三国時代に伽耶諸国が存在した洛東江流域で生産・使用された土器の総称。四世紀代は、丸底短頸壺・炉形器台・無蓋高杯などの器種からなり、釜山・金海地域の一部の土器を除き、顕著な地域色はみられない。五世紀に入ると、洛東江以東地域には、透孔が上下交互に配置された有蓋高杯をはじめとする土器群(これらを新羅土器の影響を受けたものとみる説もある)、洛東江以西地域には、透孔が上下垂直に配置された有蓋高杯をはじめとする土器群が出現する。さらに、高霊・咸安・固城などの小盆地ごとに、土器の地域色が顕在化する。中でも、特徴的な有蓋高杯・蓋杯・有蓋長頸壺・高杯形器台・筒形器台などからなる高霊地域の土器群は、黄江流域から南江流域および全羅道の一部にまで分布する。こうした土器の広がりが、伽耶諸国の領域を反映しているとみる説がある。六世紀に入ると、次第に新羅土器に取ってかわられ、六世紀半ばには消滅。

参考文献 李盛周『新羅・伽耶社会の起源と成長』(木村光一編訳・原久仁子共訳)、二〇〇五、雄山閣。 (吉井 秀夫)

かやのみや 河陽宮 現在の京都府乙訓郡大山崎町付近に所在した離宮。山崎離宮・河陽離宮ともいう。もともと山崎駅の所在地で、八一三年(弘仁四)二月、嵯峨天皇の交野《かたの》遊猟に際して山崎駅が行宮とされ(『日本後紀』)、後に離宮が造営、たびたび行幸が行われた。『文華秀麗集《ぶんかしゅうれいしゅう》』には河陽宮で嵯峨天皇と群臣が詠んだ詩文が収載されており、それによれば南に山崎橋や相応寺《そうおうじ》があり、淀川河畔の景勝をのぞむ地であった。八六一年(貞観三)六月、久しく行幸が行われず破壊が進行していることから、宮名存続のまま山城国府として使用されることになり(『三代実録』)、延喜八年(九〇八)十一月十一日付太政官符《だじょうかんぷ》(『朝《ちょう》野群載《やぐんさい》』)によって五間瓦葺殿一宇・三間楼一宇など雑舎四宇が山城国司に移管され、山城国府に吸収されている。遺跡は大山崎駅付近一帯の天王山と淀川に挟まれた大山崎遺跡群に含まれ調査されているが、遺構の特定には至っていない。離宮八幡宮に宮跡の碑がある。 (増渕 徹)

かやぶき 茅葺 ⇩屋根《やね》

がようせき 瓦窯跡 瓦を焼いた窯跡。瓦工房を構成する一要素で、遺構として識別しやすいが、工房全体像のなかで窯の占める位置がわかった例は稀である。需要があった寺院隣接地や境内に瓦窯を築く場合、消費地から遠く離れた場所で瓦を生産した場合、特定地域に一円的に製品をもたらす場合などがあり、同笵瓦を手掛かりに、各時代、各地域の瓦の生産・流通・消費の実態を解明する上で、要となる遺跡である。日本古代・中世の瓦窯には、登窯(窖窯)と平窯とがある。いずれも地面を掘り込んで築く。焚口は一ヵ所で、薪を燃やす燃焼室は一段低い。製品を焼く焼成室床面は、登窯が煙出しに向けて上り勾配なのに対し、平窯は平坦である。日本最古の奈良県明日香村飛鳥寺瓦窯(六世紀末)は、地山を掘り抜いた地下式登窯で、焼成室床面に階段を設けて瓦を密に配置できる構造になっている点が、古墳時代以来の須恵器窯と異なる。以後、おもに大和豊浦寺所用瓦を生産した京都府宇治市隼上り窯や、おもに摂津四天王寺所用瓦を生産した京都府八幡市と大阪府枚方市にまたがる楠葉平野山窯など、七世紀前半の瓦陶兼業登窯においては、須恵器焼成時に焼成室の階段を除去したり、焼成室に瓦を階段状に並べて須恵器窯を瓦窯に改造するなどの工夫が認められる。平窯は藤原宮造営時(七世紀末)の奈良県橿原市日高山瓦窯で出現し、平城遷都に伴い興福寺創建瓦を生産した京都府木津町梅谷瓦窯に継承される。八世紀中葉に出現する有牀式(ロストル式)平窯では、燃焼室と焼成室との間にある障壁下部の通焔孔を抜けた炎が、焼成室床面に設けた複数の牀と牀の間(焔道)を通るが、日高山・梅谷瓦窯は障壁や焔道を欠く無牀式平窯である。八世紀前半の平城宮所用瓦を焼いた奈良市中山町中山瓦窯では、さまざまな形状・規模の登窯や無牀式平窯が、作り替えを含めて同じ場所に混在し、瓦窯構築技術の模索期だったと考えられる。しかし、八世紀中葉の大和法華寺・阿弥陀浄土院所用瓦を焼いた木津町音如ヶ谷瓦窯・五領池東瓦窯では、二基の有牀式平窯が整然と並んで操業しており、同様の操業形態は、平安京関連瓦窯にも踏襲される。出現期の有牀式平窯には、奈良県山添村岩屋瓦窯(毛原廃寺瓦窯)や奈良市杉山瓦窯(大安寺瓦窯)、兵庫県東条町椅鹿谷廃寺瓦窯のように、焼成室の奥壁下部から煙出しが斜めに外へ抜ける例もあるが、八世紀後葉以降は、窯詰め後、焼成室天井をふさぐ時にその一部を煙出しに当てたらしい。有牀式平窯の焼成室奥壁や側壁は、天井に向けてすぼまる無牀式平窯とは異なり、高く直立する。窯詰めした生瓦の上を簡単に覆う構造だったのだろう。神戸市神出窯群など、古代末期の瓦陶兼業の窯業地帯では、十三世紀ごろまで登窯で瓦を生産した例もある。しかし、八世紀末から十五世紀の瓦窯は有牀式平窯が主流で、特に国分寺造営を契機にその構築技術が日本各地に伝わった。十一世紀以降、有牀式平窯は小型化する。寺社境内で臨時に築いた小型の有牀式平窯が発見される例が多く、中世に一般的な瓦大工の出張製作に対応する操業形態と考えられる。十六世紀から近代には、焼成室をはさんだ両側に焚口・燃焼室のあるダルマ窯が普及する。ダルマ窯は地表に構築するため遺存しにくく、その発生・普及過程など不明な点が多い。なお、十八世紀末から近代の石見瓦などは、陶磁器と同じ連房式登窯で焼成した。瓦窯を含む工房跡の全体像がほぼ明らかになった隼上り窯や、富山県小杉町丸山遺跡（七世紀後半）は遠隔地の寺院所用瓦を生産した瓦陶兼業窯、大津市榿木原瓦窯は隣接する南滋賀廃寺の瓦専業窯で、いずれも小規模な建物跡や粘土溜が併存する。木津町上人ヶ平遺跡（八世紀後半）は、平城宮所用瓦を焼成した市坂瓦窯（瓦専業有牀式平窯）の工房で、九間×四間の大規模掘立柱建物が四棟も並び、古墳周濠を粘土溜とし、粘土採掘坑が池となって残る。同様の官営瓦工房の大規模建物は豊前国分寺所用瓦を生産した福岡県築城町堂がへり遺跡（八世紀後半、瓦専業登窯）でも発見されている。

参考文献　大川清『日本の古代瓦窯』、一九七二、雄山閣。宇治市教育委員会『隼上り瓦窯跡発掘調査概報』、一九八三。京都府埋蔵文化財調査センター『京都府遺跡調査報告書』一五・二七、一九九一・九九。築城町教育委員会『船迫窯跡群』（『築城町文化財調査報告書』四・六、一九九七・九八）。藤原学『達磨窯の研究』、二〇〇一、学生社。（上原　真人）

から　加羅　⇩伽耶《かや》

からいじき　唐居敷　主として門や回廊において扉の回転軸を下方で受ける部材。現存建築での使用例は木製の厚板とするものが多いが、石製のものもみられ、近世に至るまで併存している。これらは扉の入る柱筋をまたいで長方形の盤を柱に添わせて置き、辺付《へんづけ》や方立《ほうだて》を受け、扉の軸摺穴《じくづりあな》を設ける。通常、土間仏堂では用いないが、門はしばしば蹴放《けはなち》をとりはずして床面を連続させる必要があるために用いられた。七世紀後半から八世紀の西日本にみられる古代山城の唐居敷は、いずれも石製で、上面を平らにするものの平面は不整形で、掘立柱に添わせるために柱形をつくるもの、礎石自体に軸摺穴をうがつものなどがあり、軸摺穴も円形のほか方形のものがある。川原寺（奈良県明日香村）、山田寺南門（同桜井市）の出土品は、石製でこれらによく似るが、山田寺の講堂と回廊では、地覆石に軸摺穴をうがっている。また、藤原宮西面中門出土の唐居敷は、石製で蹴放の段差を設け、礎石と組み合わせる突出部を造り出すなど他例がない。平城宮跡の出土品には、現存建物で使用されている長方形盤状の石製唐居敷がある。

参考文献　向井一雄「石造唐居敷の集成と研究」（『地域相研究』二七、一九九九）。（箱崎　和久）

石製唐居敷（京都市教王護国寺北大門）

からうす　碓　長い角材の中ほどを軸で支え、一方の端に杵をつけ、他方の端をシーソーのように踏んで米など穀物などを搗く道具。中国の漢代の墓に副葬した明器《めいき》にも見られ、二千年の歴史をもつ。日本でカラウスと呼ぶのは、中国あるいは朝鮮半島から伝わったことを示しており、中国では角材の棹は一本の棒、朝鮮半島では手前がY字形に分かれて二人で踏むのが一般的で、日本の碓の棹は一本棒なので中国伝来と考えられる。『万葉集』や『日本霊異記《にほんりょういき》』にすでにみえることから、奈良時代以前には伝来していたと考えられ、遣唐使による導入も考えられる。碓には石製の臼を土間に埋め込んだものと、木製の胴臼を土間に据えるタイプがあり、後者は臼の位置が高いのに対応して本体も木組みの枠の上に据える形となる。徳島県の吉野川上流には人が棹の上に乗って支点の前後を行き来して重心移動で搗くタイプが使われていた。関東地方では土摺臼をカラウス（唐臼）と呼んでいるが、これは江戸時代に土摺臼が伝わったときに名称が置き換わってしまったもので、関東方言であり、これを標準名扱いすると研究界に混乱を持ち込むことになるので注意を要する。

参考文献　三輪茂雄『臼』（『ものと人間の文化史』二五、一九七八、法政大学出版局）。（河野　通明）

からくさもん　唐草文　藤や蔦《つた》のような植物の茎や蔓《つる》が作る波状の連続曲線を主軸とし、それに花や葉・果実などのモチーフを絡め、巻き込み反転しながら伸びる文様。流れるようにしなやかでリズミカルなところにその生命がある。主文ではなく、縁あるいは境をなす細長い空間や環状の空間に副次的に用いる場合が多い。主軸に絡むモチーフによって、パルメット唐草、忍冬《にんどう》唐草、蓮唐草、葡萄唐草、牡丹唐草などと呼ぶ。パルメットは扇状に広がる棗椰子《なつめやし》の葉を図案化した西アジア生まれのデザインである。この一単位あるいは縦に半裁した半パルメットを主軸に絡めて唐草に仕立てたのは前六世紀のギリシア人であった。パルメット唐草はサーサーン朝ペルシアで愛好され、銀器やストゥッコの壁面装飾などさまざまな造形が残る。中国へは仏教美術の一環として、中央アジアを経て南北朝時代に伝わった。敦煌《とんこう》、雲岡、龍門などの石窟寺院はパルメット唐草の宝庫である。世俗の美術にも取り入れられ、墓室の内壁や墓誌蓋、石棺などを飾った。これらが直接あるいは朝鮮半島を経由して飛鳥時代の美術にも影響を与え、仏像光背や飾金具のほか軒平瓦の瓦当《がとう》文として採用された。盛唐代になるとパルメット系の唐草文は衰退し、かわってサーサーン朝ペルシアから中央アジアを経由して入ってきた葡萄唐草や、新たに生み出された八重咲きの花をモチーフとし翻転する花弁を伴う花唐草や、蓮華などの円花形を中心に花唐草をメダイヨンのような円形構図に配置した、いわゆる団華文形式の唐花が盛んになった。正倉院宝物など天平の遺品にはこれらの影響が色濃く見える。中国では宋代、日本では平安時代末期以降も唐草文は愛好され続け、大柄で装飾性をますます濃くしながら、仏像光背のほか、建築内部の装飾、青磁の刻花などに取り入れられた。なお、今日用いている風呂敷のように平面のすべてを唐草で埋め尽くした地文の類は唐草模様と呼んで区別したい。

参考文献　山本忠尚『唐草紋』(『日本の美術』三五八、一九九六、至文堂)。　(山本　忠尚)

からさわやまじょう　唐沢山城　下野国の領主佐野氏の戦国時代の本拠とされる山城。栃木県佐野市富士町周辺を城域とする。十五世紀後半以降に築城された。西側の城下地区で発掘調査が実施され、十五世紀以降の遺構・遺物を検出し、近世初頭の城下の様相を確認した。一五六四年(永禄七)二月には上杉謙信《うえすぎけんしん》が唐沢山城を攻めて開城させ、上杉領国の北関東における重要拠点となっている。謙信は一時的に撤退するが、越相交渉の時には再度入城する。一五六四年以降は上杉家および佐野家が活用し、反北条方の拠点として北関東で重きをなしていた。一五八六年(天正十四)八月、佐野家は戦国大名北条家から氏忠《うじただ》を養子に迎える。これにより佐野領は北条領国に組み込まれ、唐沢山城は北関東の重要な支城となった。一五九〇年以降、豊臣家の助力を得て、佐野氏一族の天《てん》徳寺宝衍《とくじほうえん》(佐野房綱《さのふさつな》)が佐野に復帰する。宝衍は豊臣家臣富田家より信吉《のぶよし》を養子に迎え、家督を譲った。豊臣期の関東平野は徳川領国が広がっており、唐沢山城の佐野家は徳川家を北から監視する役割を担った。関ヶ原の合戦の前年にあたる一六〇二年(慶長七)、信吉は徳川家の命を受けて唐沢山城を廃城とし、新たに築いた佐野(春日)城に拠点を移した。

参考文献　齋藤慎一『中世東国の領域と城館』、二〇〇二、吉川弘文館。　(齋藤　慎一)

からす　烏　古代、太陽の精、また神の使いとして崇められた動物。古代中国では太陽の中に三足烏が棲み、烏は太陽の精と観念され、青烏・赤烏・三足烏などの烏の出現は瑞兆とされた。大陸・朝鮮の古墳壁画などの太陽(日輪)の図像中に多く描かれている。わが国においてもこの影響をうけたことは、天武朝以後、赤烏が祥瑞として朝廷に献上されるようになったり、キトラ古墳(奈良県明日香村)壁画の日輪に烏と思われる黒色の図像が描かれていたことから窺える。一方、記紀などによれば、神武天皇の東征を助けるため天照大神が「八咫烏」を遣わして紀伊熊野から大和菟田まで神武を道案内させたとある。この東征説話における烏の役割はわが国固有のものであるが、元日朝賀や即位時に大極殿に立てた、銅烏幢(銅で烏を象った幢)はこれにかかわるとの説がある。なお後代、伊勢神宮や熊野大社などでの烏を神使とする信仰が広がっていくことは有名である。→幢幡《どうばん》

参考文献　橋本義則『平安宮成立史の研究』、一九九五、塙書房。　(山下信一郎)

ガラス　珪砂(石英砂)に炭酸ソーダ・酸化鉛などの溶剤を加えて作った非結晶、透明質の固熔体物。一般に炭酸ソーダを加えたものをアルカリ石灰ガラス(ソーダガラス)、酸化鉛を加えたものを鉛ガラスという。ガラスの発生はメソポタミアのアッカド期(前二十四—前二十二世紀)にさかのぼり、エジプトでは第十八王朝(前十六—前十四世紀)に始まる。中国では西周(前十一世紀—前七七一年)の墓から鉛ガラスの玉と管が発掘されており、戦国時代(前五世紀—前三世紀)にはトンボ(蜻蛉)玉が流行した。日本では弥生時代の遺跡から、舶載された璧《へき》や塞杆《そっかん》、釧をはじめ、管玉・勾玉・丸玉・小玉・棗玉《なつめだま》・粟玉などの玉類が出土する。福岡県赤井手遺跡からは、中国戦国期の璧などと同じ組成の鉛バリウムガラス製の勾玉と、それを鋳造した砂岩製の鋳型が出土し、中国のガラス素材を再熔解して玉類が製作されたことを示している。ガラス勾玉の鋳型は、福岡県須玖《すぐ》五反田遺跡、ヒルハタ遺跡、赤井手遺跡、山口県下七見遺跡、大阪府東奈良遺跡などから発見されている。古墳時代に入ると装身具として多彩なガラス玉が発達し、新たにトンボ玉が登場する。トンボ玉は、丸玉の表面に異なった色ガラスを円文に象嵌したもので、色文様を縞状に飾ったものは雁木玉とよばれる。四—五世紀のガラス玉は、青緑色・紺色のアルカリ石灰ガラスで、六世紀に黄色・赤色の玉が加わり、七世紀に緑色の鉛ガラスが現れる。福岡県宮地嶽《みやじだけ》神社境内の古墳から出土した緑色ガラス板は、鉛同位対比分析により韓国産と推定されており、ガラス素材として輸入され、国内でガラス玉などに加工されたと考えられる。玉以外では、伝安閑天皇陵や福岡県沖ノ島出土の白瑠璃碗、橿原市新沢千塚一二六号墳出土の白色カット碗、紺色平

皿などの容器があり、前者は四—五世紀のササン朝ペルシア産、後者は二—四世紀のエジプト産とみられている。古代になるとガラスは瑠璃《るり》（琉璃）と呼ばれて七宝の一つとなり、仏具や荘厳具、地鎮具などに多用される。奈良県飛鳥池工房遺跡からは、ガラス坩堝《るつぼ》とともに、原料とみられる長石・石英や酸化鉛・方鉛鉱が出土し、遅くとも七世紀後半には国産ガラスが製造されていることが判明した。遺跡からはガラス小玉の鋳型や、緑色、褐色、黄色、青色、紺色をしたガラス玉の未製品が大量に出土している。仏具としては奈良県法隆寺、滋賀県崇福寺、三重県縄生《なお》廃寺などの塔跡から出土したガラス製小型舎利容器がある。また七〇九年（慶雲四）卒の墓誌をもつ文禰麻呂のガラス製骨蔵器が鋳造法によって造られるが、大型容器の製造は短期に終わり継続しない。奈良時代の正倉院宝物中には、膨大なガラス玉とそれらによって装飾された器物、ガラス製魚形・小尺などが存在する。また白瑠璃碗、紺瑠璃坏、白瑠璃水瓶、緑瑠璃十二曲長坏など六点のガラス容器があるが、白瑠璃水瓶が九世紀のイスラム産、紺瑠璃壺が十世紀の中央アジア産とみられるなど、いずれも献物帳に記載がなく入倉の経緯は明らかでない。奈良時代のガラス製法は、興福寺西金堂の造営に関わる七三四年（天平六）の『造仏所作物帳』から復原でき、白石と黒鉛をガラスの主原料とし、朱沙と緑青を着色剤としたことがわかる。奈良時代のガラス製造遺物としては、坩堝やガラス小玉の鋳型が平城京内の各所から出土している。こうしたガラス生産は平安時代になると急速に衰退する。唐物としてガラス器が輸入され、実用に供された様子が文学作品に描かれているが遺品は少なく、中世には空白期を迎える。近世になると西洋ガラスの製法が長崎から各地に伝わり、ビードロ、ギヤマンの名で珍重され、幕末には薩摩切子などが発達した。

参考文献　小林行雄「瑠璃」（『古代の技術』続所収、一九六四、塙書房）。正倉院事務所編『正倉院のガラス』、一九六五、日本経済新聞社。由水常雄『ガラスと文化—その東西交流—』（『ＮＨＫライブラリー』、一九九七、日本放送出版協会）。

（松村　恵司）

からすき　犂　牛馬に引かせて田畑を耕す農具。土中の犂先が起こした土塊をへらとよぶ鉄板で反転させ、畝立《うねた》てをした。地面と接するそりのような部材を犂床《りしょう》とよび、犂床の長いものは長床犂《ちょうしょうり》、短いものは短床犂《たんしょうり》、犂床のないものは無床犂《むしょうり》と分類されている。また犂先《すきさき》・犂《すき》へら以外は木製の在来型と、鉄製のジョイントやボルトを加えた近代短床犂とに分けられる。牽引する家畜は近畿や中国・四国地方では主に牛、関東・北陸や北九州では主に馬が用いられていた。犂は世界でひろく使われており、日本へは古代に朝鮮半島や中国大陸から伝来した。犂へらで土を進行方向の左に返すのを左反転、右に返すのを右反転とよぶが、アジアでは朝鮮半島は左反転、中国は右反転で、日本は高知県をのぞいて左反転であった。古代日本への犂の伝来には、㈠六世紀ごろに朝鮮系渡来人が三角枠無床犂を持ち込んだ、㈡七世紀中葉の大化改新政府が遣唐使を通して唐の長床犂を入手し、それに改良を加えた政府モデル犂を各地の評督のもとに送って普及をはかった、㈢七世紀後半の百済・高句麗滅亡に伴う難民が三角枠無床犂を入植地に持ち込んだ、という三つの波があったと想定される。兵庫県梶原遺跡《かじわらいせき》や香川県下川《しもかわ》津《づ》遺跡などから、一木造りの犂へらをもつ長床犂が出土しているが、一木犂へらはアジアの日本に近い地域には見られない特異な形態であること、ほぼ同形同大で、アジアにはない鍛造V字形犂先を装着した痕跡をもつことなどから、これらは政府モデル犂にもとづくコピー犂と考えられる。また民具の犂には一木犂へらや鍛造V字形犂先が継承されたものや痕跡を残すものが九州から関東まで多数見つかっており、以上の推定を裏付けている。その後中世に諸国を回った鋳物師《いもじ》の営業活動によって鍛造V字形犂先が鋳造犂先《ちゅうぞうすきさき》に置き換わったものと考えられる。通説では近世になると小農民の鍬農業が名主の犂農業を圧倒して、浅耕《せんこう》しかできない長床犂は廃れたと説かれてきたが、事実はこれに反して加賀藩《かがはん》や薩摩藩《さつまはん》では藩当局によって長床犂の普及がはかられており、長床犂はむしろ分布を広げていた。近代になると、明治十年代から二十年代にかけて福岡県の林遠里《はやしおんり》らが湿田の乾田化と馬耕の採用を呼びかけて馬耕教師を全国に派遣し抱持立《かかえもったて》犂《すき》という無床犂の使用法を指導をした。それまで犂を使っていなかった東北地方では特に歓迎されたようで、犂のことをバコウ（馬耕）と呼び、抱持立犂や九州系の単鞍・馬鍬が資料館に多く残されている。この抱持立犂は深く耕すことはできたが安定が悪く使いにくかった。そこで一九〇〇年（明治三十三）ごろから深耕ができて安定のいい犂の開発競争がおこり、犂柱を鉄製ボルトにして深さを調節したり鉄製ジョイントで耕幅の調節するなどの工夫を加えた熊本の大津末次郎の㋙犂、レバー操作で左反転・右反転どちらも可能にした長野の松山源造の双用犂などの近代短床犂が生まれ、近代農業を支える柱となった。ただ近代短床犂が在来犂に完全に置き換わったわけでもなく、関西では長床犂が近代短床犂と併用して耕耘機出現まで使われた地域もあった。なお犂の和訓は古辞書ではカラスキで、人力の鋤（スキ）と呼び分けられていた。明治二十年代の馬耕教師活躍時に九州の抱持立犂が農政関係者によって深耕犂として高い評価を得たことから、農政・農学関係者の間で犂をスキと呼ぶ慣習がひろまったものと考えられるが、本来はカラスキであろう。

参考文献　清水浩「牛馬耕の普及と耕耘技術の発達」（『日本農業技術発達史』一、一九五三、中央公論社）。飯沼二郎・堀尾尚志『農具』（『ものと人間の文化史』一九、一九七六、法政大学出版局）。河野通明『日本農耕具史の基礎的研究』（『日本史研究叢刊』四、一九九四、和泉書院）。河野通明「民具の犂調査にもとづく大化改新政府の長床犂導入政策の復原」(『ヒストリア』一八八、二〇〇四)。

(河野　通明)

からすみ　唐墨　⇩墨《すみ》

からたち　唐大刀　古代の「たち」。七五六年(天平勝宝八)に光明皇太后が聖武天皇の遺愛品を東大寺に献納した際の目録である『国家珍宝帳《ちんぽうちょう》』に十三口みえ、うち金銀鈿荘の一口が正倉院北倉に伝世する。兜金《かぶとがね》・足金物《あしがなもの》・責《せめ》金《がね》・石突《いしづき》を銀地金鍍金透彫玉荘の長金物とし、柄は白鮫皮包で白韋の手貫緒《てぬきのお》を下げ、鞘は黒韋包で末金鏤《まつきんる》(蒔絵の原型)を施している。鐔は唐鐔《からつば》で、足金物に山形金が付き、帯執《おびとり》は赤韋の七つ金様式で、刀身は身反りのある(『珍宝帳』に「偃尾《えんび》」とある)鋒《きっさき》両《もろ》刃《は》造《づくり》である。また、中倉にも明治期の命名による金銀鈿荘唐大刀二口が伝世する。やはり白鮫皮包柄・唐鐔・黒韋包鞘だが、金物は覆輪型の兜金に石突と山形金だけで、北倉の遺品とは意匠が大きく異なり、帯執は欠失し、刀身は切《きり》刃《は》造《づくり》である。また、『珍宝帳』には唐様《からよう》大刀六口もみえ、そこに注記されている様式は唐大刀と相違ない。そこでこれまでは、唐大刀が舶来品で、唐様大刀はそれを模した国産品と考えられてきた。しかし、近年の研究では、唐大刀も国産品といえよう。

参考文献　正倉院事務所編『正倉院の大刀外装』、一九七七、小学館。津野仁「唐様大刀の展開」(『とちぎ生涯学習文化財団埋蔵文化財センター研究紀要』一一、二〇〇三)。

(近藤　好和)

からつやき　唐津焼　肥前で焼かれた陶器をさす名称。窯は佐賀・長崎県一帯に分布するが、出荷港の名から唐津焼と呼ばれた。開窯年代は諸説あったが、天正年間(一五七三―九二)の可能性が高い。草創期の窯は佐賀県唐津市北波多《きたはた》の岸岳《きしだけ》城周辺に分布する。城主で松浦党の波多氏の保護のもとで、朝鮮人陶工による陶器生産が始まった。轆轤成形による碗・皿類には白濁した藁灰釉《わらばいゆう》を施すものが多い。窯は割竹式登窯《わりだけしきのぼりがま》のほか、叩き成形の壺・甕・鉢を焼いた単室登窯が一基発見されている。この初期の叩き成形は胴部内壁に同心円状の当て具痕が残る。一五九四年(文禄三)城主波多氏が豊臣秀吉によって改易されると、陶工は離散し、以後の窯は伊万里市や武雄市など佐賀県南部に移り、窯は増加する。藁灰釉は急速に消え、一五九〇年代から一六一〇年代にかけて鉄絵を施した陶器が量産され、広く国内各地に流通した。この時期の碗・皿類の窯詰め法は胎土目積《たいどめづみ》であったが、文禄・慶長の役後に連れて来られた朝鮮人陶工によって砂目積《すなめづみ》の窯詰め法がもたらされ、急速に砂目積に変わる。この段階には、窯は連房式《れんぼうしき》登窯となり、鉄絵装飾は消えてき、碗・皿は無文となる。大皿などの装飾として、新たに、白化粧土を用いた象嵌《ぞうがん》の三島手《みしまで》、褐色(鉄)と緑色(銅)の二色で表した二彩手などが行われる。二彩手や三島手の大皿は重量があるので、窯詰めには砂目と胎土目を組み合わせた砂・胎土目積を行う。十七世紀後半にはこうした大皿が東南アジアにも輸出されたことが、インドネシア、タイでの出土例などから知られる。一六三七年(寛永十四)、鍋島藩は陶業者が燃料の薪を取るため、山を切り荒らすことを理由に、日本人陶工八百二十六人を陶業から追放した。その上で、伊万里・有田地方の窯場の多くをつぶし、有田の十三の窯場に統合した。この事件を境に無文の粗放な陶器碗・皿が消えたため、追放された日本人陶工の多くは、この陶器生産に携わっていたと考えられる。この窯場の整理・統合事件で粗放な陶器碗・皿生産は一時消えるが、一六五〇年代ごろから鉄釉陶器が増え、十七世紀後半には京焼の影響を受けた京焼風陶器、玉子色の釉を施した呉器手碗や、嬉野《うれしの》市内野山《うちのやま》窯で量産された、銅緑釉(青緑釉)と透明釉を掛け分けた碗・皿、刷毛目《はけめ》陶器碗などが量産され、広く流通した。この碗・皿生産は十八世紀前半まで続くが、新たに長崎市の現川《うつつがわ》窯で磁器の影響を受けた高級陶器が作られた。窯詰めには、見込を蛇目釉剝ぎして直接重ねる方法のほかに、足付ハマを据えて、上に製品を積む方法もみられる。下の製品の見込に足付ハマの熔着痕が残る。こうした肥前陶器の食器となる碗・皿生産は十八世紀後半になると、磁器の安価な食器の普及に押されたため消える。その後の肥前陶器窯では、轆轤成形では瓶や大鉢などと、新たに土瓶などが加わる。一方、叩き成形では大型の壺・甕・擂鉢生産が続く。大甕は十八世紀後半にオランダ東インド会社がインドネシアのバタビアなどで必要な水甕として輸出した。こうして肥前陶器は、慶長から十七、十八世紀にかけて全国に流通したが、十九世紀には衰退した。

型紙刷毛目唐花唐草文大皿（二彩手）

参考文献　大橋康二『肥前陶磁』、一九八九、ニュー・サイエンス社。同『唐津』、二〇〇三、淡交社。

(大橋　康二)

からのとまり　韓泊　現在の兵庫県姫路市的形《まとがた》町の的形川河口右岸に存在した港。古代の五泊《いつのとまり》の一つである。その論拠は、㈠九一四年(延喜十四)に三善清行《みよしきよゆき》が提出した『意見封事十二箇条』において、五泊は行基が作ったと記している。㈡的形の南に位置する岬先端の字が「行基鼻」であり、行基伝承で結びついている。㈢七四七年(天平十九)の『法隆寺伽藍縁起并流記資財帳』から法隆寺の所有した山に「加良止麻利山《からとまりやま》」が存したことが知られ、その遺称地が現在の「字東泊り山」「字西泊り山」と考えられる。同地には「奥浜塩田」「新居浜塩田」「相生塩田」などの地名が残り、古くから塩の生産地であった。また、この地が古墳時代から津であったことは、御旅山六号墳・兼田大塚古墳・見野長塚古墳という前方後円墳の存在からも想定できる。おそらくは、法隆寺による塩の積み出し港として発展したと考えられる。

参考文献 千田稔『埋れた港』、一九七四、学生社。

（松原 弘宣）

からはし 唐橋 中国風の橋のことで高欄を持った橋を意味しよう。辛橋・韓橋とも書く。その例の一つである鴨川に架かる辛(韓・唐)橋は、八七九年(元慶三)九月にその大半を焼失したが、その後修築され八八七年(仁和三)五月に山城国の徭丁二人が守橋者として置かれた(『三代実録』)。その位置は平安京九条坊門小路が辛橋とも呼ばれたことから(『帝王編年記』桓武天皇延暦十五年(七九六)条)、九条坊門小路の延長が鴨川を渡る地点にあったとみられる。ただしその構造は不明。また琵琶湖から流れ出る瀬田川に架かり六七二年(天武天皇元)の壬申の乱で戦場となった勢多橋は、『承徳本古謡集』(一〇九九年(承徳三)書写)に載せる神楽歌に「せた乃加良者之《からはし》」とみえ、『平家物語』寿永三年(一一八四)三月十日条に「勢田の唐橋」とあるなど、唐橋の表記が散見する。赤い高欄、金銅の擬宝珠でゆるく反った勢多橋の姿が『石山寺縁起』に描かれている。なお六一二年(推古天皇二十)百済から来た路子工《みちこのたくみ》が宮の南庭に造ったと『日本書紀』が伝える呉橋《くれはし》は、中国江南地方風の反りを持つ弓状の橋であろう。

勢多の唐橋（『石山寺縁起絵』より）

参考文献 村井康彦『平安京と京都』、一九九〇、三一書房。

（舘野 和己）

からびつ 唐櫃 脚付きの櫃。脚は普通長側面に二本ずつ、短側面に一本ずつ、計六本ついているが、正方形の小櫃では四本脚もある。正倉院には奈良時代の唐櫃が多数残っているが、木地のままの実用的なつくりである。平安時代になると漆塗りや螺鈿などを施した美術的な唐櫃が発達、室内装飾としても用いられた。中世に入ると唐櫃は運搬具としてもさかんに用いられるようになる。道路や流通機構、宿泊施設や飲食店などが未発達だった上、車が発達していなかったため、飲食物をはじめとしてあらゆる物資を人力で運ばなければならなかった。それには地面に置いたり、持ち上げたりするのに唐櫃が便利だったのである。また人に物を贈る場合も唐櫃に入れて運び、蓋を返して、贈り物をのせて差し出した。これが後に広蓋となった。しかし近世に入ると長持が中心になり、唐櫃はあまり使われなくなった。 ↓長持《ながもち》 ↓櫃《ひつ》

（小泉 和子）

からようけんちく 唐様建築 ⇩禅宗様建築《ぜんしゅうようけんちく》

がらんはいち 伽藍配置 寺院の堂塔を伽藍と呼び、その配置の様相をいう。近代の寺院研究において、堂塔配置の史的変遷への注目から成立した用語で、二十世紀後半の地方寺院における発掘調査の進展を通して一般化した。近世以前には主要堂塔を示す七堂伽藍《しちどうがらん》の語があるが、時代と教義を反映して、寺院内のどの建物を指すかは一定しない。たとえば、南都六宗では金堂、講堂、塔婆、鐘楼《しょうろう》、経蔵《きょうぞう》、僧房《そうぼう》、食堂《じきどう》とし、禅宗では仏殿、法堂《はっとう》、僧堂、庫裡《くり》または方丈《ほうじょう》、三門《さんもん》、浴室《よくしつ》、東司《とうす》とする。伽藍配置は寺院中枢部の建物配置を中心に議論されてきており、その形式は、代表的な寺院名を冠して、四天王寺式、川《かわ》原寺《はらでら》式、法隆寺式、薬師寺式のように呼ぶ。わが国初の本格寺院である飛鳥寺(五八八年(崇峻天皇元)、奈良県高市郡明日香村)は、発掘調査により塔婆を中心に東・北・西に金堂を配す一塔三金堂式が確認された。塔婆の南正面の中門から廻廊が延びて三金堂を囲み、廻廊北方に講堂がある。高句麗の清岩里《せいがんり》廃寺(六世紀)に類似する。六世紀末の四天王寺(大阪市)は中門、塔婆、金堂、講堂が一直線に並び、廻廊は中門から講堂に接続する。法隆寺若草伽藍(奈良県生駒郡斑鳩町)も同形式と推定される。七世紀中葉の山田寺(奈良県桜井市)は四天王寺に似るが、講堂が廻廊後方に出る。吉備池廃寺(七世紀前期、桜井市)は舒明《じょめい》天皇発願の百済大寺《くだらおおでら》に比定される。東に金堂、西に塔婆を南面して置き、これを廻廊が囲む。百済大寺には九重の塔婆が建設された記録があり、吉備池廃寺の巨大な基壇跡はこれを裏付ける。中門は金堂正面やや西寄りに開くが、いわゆる法隆寺式伽藍の原初的形態と見なしうる。法隆寺式の成立と伝播は研究史上の主題の一つであったが、わが国初の勅願寺である百済大寺の形式が七世紀の地方寺院や八世紀の国分寺の伝搬に強い影響を与えた可能性がある。大陸に祖形のない形式として、成立の背景についてはさらに検討を要する。法隆寺西院伽藍では、金堂、塔婆と中門の位置関係が整い、法隆寺式

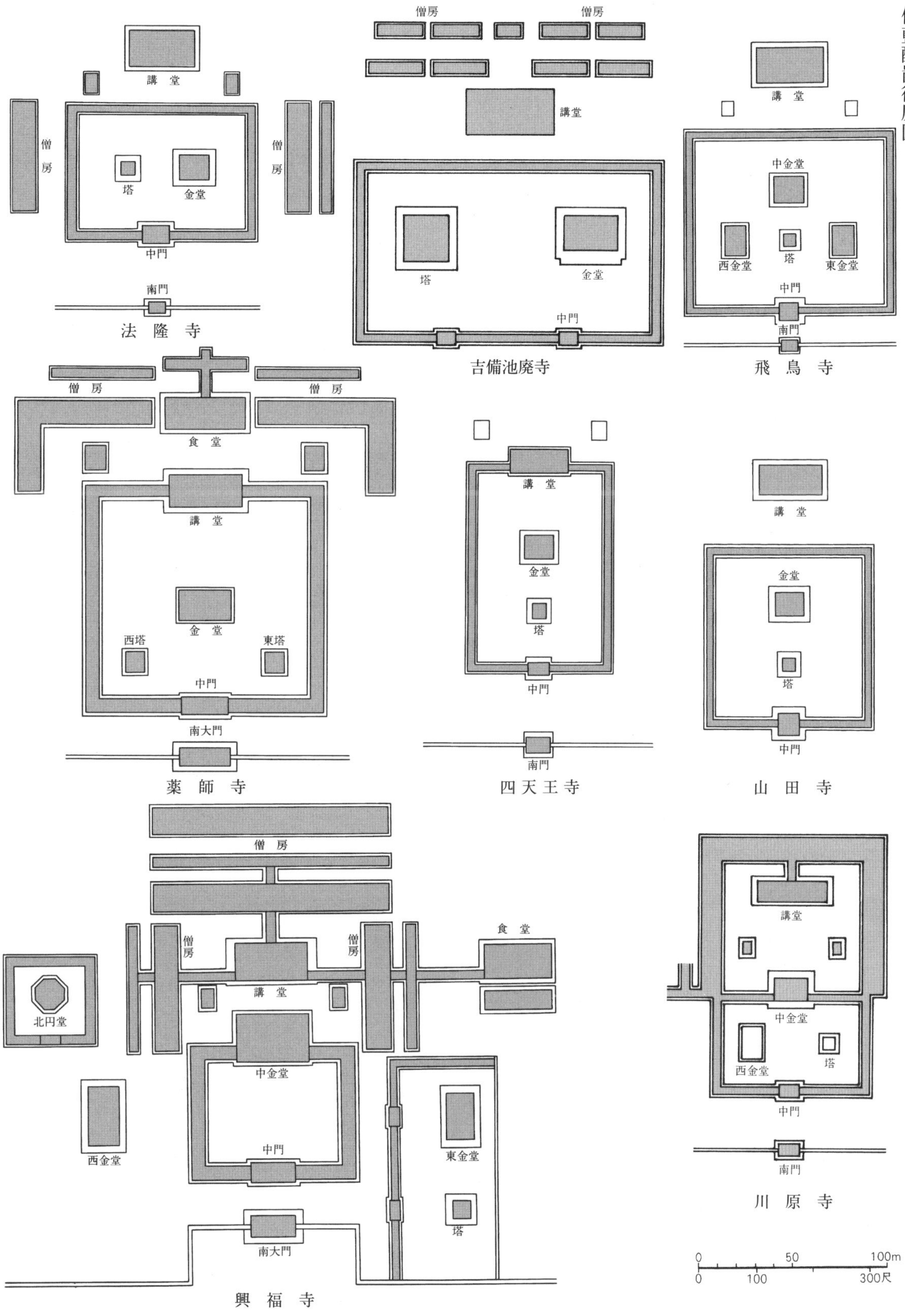
講　堂
僧房
僧房
塔
金堂
中門
南門
法　隆　寺
僧房
僧房
講堂
塔
金堂
中門
吉備池廃寺
講　堂
中金堂
西金堂
塔
東金堂
中門
南門
飛　鳥　寺
僧　房
僧　房
食　堂
講　堂
金　堂
西塔
東塔
中門
南大門
薬　師　寺
講　堂
金堂
塔
中門
南門
四天王寺
講　堂
金堂
塔
中門
山　田　寺
僧　房
僧房
僧房
食　堂
講　堂
北円堂
中金堂
中門
西金堂
東金堂
塔
南大門
興　福　寺
講堂
中金堂
西金堂
塔
中門
南門
川　原　寺
0
50
100m
0
100
300尺
伽藍配置復原図

の完成をみる。現状の廻廊は鐘楼と経蔵を経て講堂に達するが、当初は金堂と塔婆の北側で閉じていた。斑鳩の法起寺《ほっきじ》では金堂と塔婆が入れ替わり法起寺式の呼称もある。七世紀後半の川原寺(明日香村)では中門から中金堂に至る廻廊の内に塔婆と西金堂を対面して配置する。廻廊は後方に延びて講堂を囲み、廻廊外側に僧房が取り付く。七世紀末の大官大寺(明日香村)では金堂の南東に塔婆を配し、川原寺で西金堂にあたる位置は空閑地となる。ここに何らかの施設を建設する意図があったのか否かは明らかでない。七世紀末の本薬師寺(奈良県橿原市)で、金堂の前方左右に塔婆を配す二塔一金堂式が現れる。大陸との交流再開で導入された形式である。平城薬師寺でも同じ配置をとるが、廻廊は複廊とされ、講堂の背後に食堂、その左右に僧房が並ぶ。大安寺や東大寺では二基の塔婆が南大門の南方外に塔院を形成した。八世紀の興福寺では中門に発した廻廊が中金堂で閉じて内部は空閑地となり、塔婆は廻廊外に置かれる。金堂背後には講堂を置き、これを取り囲むように三面僧房が成立する。七世紀中期の東大寺では金堂の周囲に廻廊を巡らせて金堂院とし、南北に中門を開く。北中門の北方には講堂を囲んで三面僧房を配す。食堂は東僧房の東方である。平安時代には京内の東寺(教王護国寺)と西寺の二寺が整然とした配置を示す。一方、延暦寺や金剛峯寺などの山岳寺院が発達し、常行堂、多宝塔など教義や儀式に応じた新たな堂塔が現れ、地形なりに配置される。中世には禅宗、近世には黄檗宗の伝来に伴い、中軸上に主要建築を整然と配する大陸風の配置が再出する。その姿は建長寺指図写(祖本一三三一年(元弘元))、瑞龍寺(一六四五年(正保二)創建、富山県高岡市)や万福寺の遺構(一六六一年(寛文元)創建、京都府宇治市)に見ることができる。一方、地方の小寺院や、近世の都市施策として都市縁辺部に寺町を形成した寺院等では敷地の制限から整然とした建物配置は望めなかった。

参考文献　奈良国立文化財研究所編『飛鳥寺発掘調査報告』、一九五八。同編『川原寺発掘調査報告』、一九六〇。奈良文化財研究所編『吉備池廃寺発掘調査報告—百済大寺跡の調査—』、二〇〇三。　(長尾　充)

かりみや　行宮　⇩あんぐう

かりやえきさい　狩谷棭斎　一七七五—一八三五　江戸時代後期の考証学者。一七七五年(安永四)十二月一日、江戸池之端《いけのはた》に生まれ、津軽藩御用達の米問屋である津軽屋の家督を継ぎ、商売に携わる傍ら、律令の学問から始めて、和漢の古典籍に通暁した。初めは高橋姓であり、真末《まさやす》を名乗ったが、湯島の狩谷家(津軽屋)を継いでからは望之《もちゆき》を名乗り、棭斎のほか求古楼《きゅうころう》などとも号した。通称は三右衛門《さんえもん》。屋代弘賢《やしろひろかた》などに学び、清水浜臣《しみずはまおみ》・市野迷《いちのめい》庵《あん》・松崎慊堂《まつざきこうどう》・近藤正斎《こんどうせいさい》・伊沢蘭軒《いざわらんけん》らとの交友が深かった。一八一五年(文化十二)、家督を長男懐之《ちかゆき》に譲り、その後は学問に一層精励した。業績として、一八一六年の『日本国現報善悪霊異記《にほんこくげんぽうぜんあくりょういき》』上中下三巻の校訂(『群書類従』雑部所収)、その注釈たる『日本霊異記攷証《にほんりょういきこうしょう》』、『和名類聚《わみょうるいじゅう》抄《しょう》』の注釈である『箋注倭名類聚抄《せんちゅうわみょうるいじゅしょう》』などがあり、『本朝《ほんちょう》度量権衡攷《どりょうけんこうこう》』は中国の制度も考慮に入れ日本の古制を述べたもので、浩瀚なその「附録」とともに大きな成果である。『上宮聖徳法王帝説証註《じょうぐうしょうとくほうおうていせつしょうちゅう》』も本文校訂の精密を期して慎重な検討がなされている。これらの著述は『狩谷棭斎全集』(正宗敦夫ほか校訂、『日本古典全集』、一九二五—二八)に収められているが、本文研究にもっとも力をそそぎ、信頼できる典籍のみによって考証を行うという着実な手法をもって取り組まれている。生涯六度にわたって伊勢・奈良・京などの上方、西国をまわり、稀覯本の入手や史跡・遺物の実見につとめ、それらをみずからの研究に生かした。平安京遷都以前の金石文《きんせきぶん》を集めた『古《こ》京遺文《きょういぶん》』にもその成果が盛り込まれている。蔵書家としても知られたが、没後それらは散逸した。現在、各地の図書館に所蔵される棭斎所持本には校異などの書き入れが多く見られる。また棭斎の書き入れが転写されている事例もしばしば見られ、棭斎の研究が広く影響を及ぼしたことが知られる。一八三五年(天保六)閏七月四日没。六十一歳。　↓古京遺文《こきょういぶん》

参考文献　梅谷文夫『狩谷棭斎』(『人物叢書』、一九九四、吉川弘文館)。　(早川　万年)

かりやどはいじ　借宿廃寺　福島県白河市借宿に所在する白鳳期から奈良時代にかけての寺院跡。この北側約七〇〇メートルを阿武隈川が東西に流れており、その北東側対岸一五〇〇メートルには白河郡家の正倉院・館院である関和久遺跡が位置している。遺構としては東側に東西一三・六メートル、南北四・五メートル以上の基壇跡、西側には小型の基壇跡と思われる高まりがみられ法隆寺式の伽藍配置が推定されてい

借宿廃寺出土塼仏

借宿廃寺出土複弁蓮華文軒丸瓦

る。出土遺物としては瓦類・塼仏・土器類がある。創建瓦は関和久遺跡と同類の六葉蓮華文軒丸瓦と重弧文軒平瓦の組み合わせであり、七世紀第Ⅳ四半期と考えられる。このことから関和久遺跡とほぼ同時期に建立された寺院で、白河評家・郡家と関連するものである。またその北西約五〇〇《メートル》には郡内最大の古墳である六世紀後葉の前方後円墳下総塚《しもふさつか》古墳と、六世紀末から七世紀前半の居館跡が所在し郡内最有力首長層の本拠地にその氏寺的性格も有し造営されたものと考えられる。　→白河郡家《しらかわぐうけ》

（木本　元治）

かるいち　**軽市**　『日本書紀』や『万葉集』にみられる市の名。軽街《かるのちまた》・軽路など、同じ地域を指す言葉もある。現在の奈良県橿原市大軽町あたりと考えられている。『日本霊異記』上一に小子部栖軽《ちいさこべのすがる》が、鳴雷を探すのに、「阿部の山田から、豊浦寺を経て、軽の諸越《もろこし》の衢《ちまた》に至った」とあるから、下ッ道と山田道の交差したあたりにあった市とわかる。『日本書紀』推古天皇二十年（六一二）二月条に欽明天皇の皇太夫人堅塩媛《きたしひめ》を天皇の檜隈大陵へ改葬する時、軽に殯宮を建て、「軽の街」で誄《しのびごと》を奉ったと記されている。市には広場があったのでここを利用したのだろう。『万葉集』の歌にも、柿本人麻呂が、妻の死にあたって悲しんで詠んだ歌（二〇七）があり、この中で、「軽の市」がでてくる。同じ柿本人麻呂の歌に、軽路ともでてくる。軽の路は『日本書紀』天武天皇十年（六八一）十月条に大山位の者は乗馬して「大路」を行列したとあり、これが軽の路と考えられている。なおこのあたりには、軽寺や、軽池などもあったと考えられている。

（河上　邦彦）

かれさんすい　**枯山水**　日本庭園の局部的手法または庭園様式の呼称。平安時代、寝殿造《しんでんづくり》住宅に伴う庭園では、池や遣水などの水辺とは離れたところに配された石組を指して枯山水と呼んだ。こうした庭園局部としての手法は後世にも受け継がれ、南北朝時代に築造された西芳寺《さいほうじ》庭園《ていえん》（京都市西京区）の洪隠山《こういんさん》や、室町時代に築造された北畠《きたばたけ》氏《し》館跡《やかたあと》庭園《ていえん》（三重県一志郡美杉村）の石組などにその姿を見ることができる。一方、こうした庭園の局部手法としてではなく、わが国固有の庭園様式としての枯山水、すなわち、水のある池や流れを作らず、石組を主体として白砂や苔や刈込みなどで自然景観を象徴的に表現する枯山水が成立するのは室町時代中期のことである。その成立の要因としては、局部手法としての従来の枯山水の伝統に加え、限られた紙幅の中に遠大な景をおさめる咫《し》尺千里《せきせんり》の観念を持つ北宋山水画の流行や、東山文化の重要な担い手であった禅僧が狭小で水の得にくい寺院の屋外空間に庭園を築造したこと、などが挙げられる。さらに、室町時代の武家住宅において客への重要なもてなしとされた室内飾り（室内の床や棚への美術品の飾り付け）のいわば屋外版として、当初は盆景が、続いて意匠を凝らした庭園が用いられたことも、枯山水の成立・展開に寄与したと考えられる。様式としての枯山水の代表的事例としては、大仙院書院《だいせんいんしょいん》庭園や龍安寺《りょうあんじ》方丈庭園《ほうじょうていえん》が挙げられる。前者は、山・滝・川・海といった風景を石や白砂、刈込みなどを用いて具象的に表現した、いわば山水画の三次元化といえるものであるのに対し、後者は白砂敷きに五群十五石を配した抽象的な構成・意匠を持つ。様式としての枯山水は、立地や敷地の広狭を問わず、管理も容易なうえ、観念的な造形も可能である。このため、近世以降も寺院庭園などを中心として多様に、かつ多数築造され、日本庭園を代表する様式の一つとして広く知られるようになった。

[参考文献]　吉川需『枯山水の庭』（『日本の美術』六一、一九七一、至文堂）。森蘊『「作庭記」の世界』（『ＮＨＫブックス』Ｃ二七、一九八六、日本放送出版協会）。

（小野　健吉）

かろ　**火炉**　⇩火舎《かしゃ》

カロート　納骨室 niche をいう。福島県南会津郡檜枝岐村では男女とも十五歳になると、親から唐櫃を与えられた。嫁入りの際には長持となり、所有者が死亡すると棺として用いられた。唐櫃が訛ってカロートになったといわれる。「墓地、埋葬等に関する法律」第一〇条〔墓地、納骨堂又は火葬場の経営等の許可〕を改正する昭和五八年一二月一〇日法律第八三号「行政事務の簡素合理化及び整理に関する法律」の施行に伴い、墓地の許認可権は機関事務から団体事務に、すなわち厚生大臣から都道府県知事に移管され、二〇〇〇年（平成十二）四月からの地方分権による地方自治体の「自治事務」となって結実した。墓地は地方色豊かな習俗によってさまざまであることによる。「墓地、埋葬等に関する法律」によって墳墓は埋蔵施設であると定義づけられていたことから、台石の下に地下式カロートを設けたり、墓壇を地面から数十《センチ》の高さに盛り上げて下台石の下から地面までの高さの範囲にカロートを設ける地上式カロートが一般的であったが、奄美群島では箱型のタイル張りの地上納骨壇を造り、その上に墓石を置く形態など多様化が進んだ。

[参考文献]　早川孝太郎「福島県南会津郡檜枝岐村採訪記」（『早川孝太郎全集』一一所収、二〇〇〇、未来社）。宮内貴久「長持と棺桶」（『民具研究』八二、一九八九）。

（藤井　正雄）

かわ　**皮**　動物の身を包む皮膚組織。獣皮はヒトが手に入れることができた最も古い素材の一つで、その形のまま、細く紐状にして、また、さまざまな形に裁断したものをつなぎ合せて使えるという利便性をもつ。そうした特性と材質としての強靱性から、皮は木材や金属などと組み合わせてさまざまな製品や道具を作り出す素材としても貴重であった。ただ、脂肪や蛋白質を豊富に含む有機物で腐敗しやすく、素材や製品そのものとして残存する例が少ないことから、その利用の実態については不明な部分が多い。そのため考古資料としては、三重県石山古墳・大阪府和泉黄金塚古墳出土の盾のように漆膜の残存から皮革製品とわかるもの、和歌山県岩橋千塚出土

の皮袋形提瓶のように土器として表現されたもの、土偶や埴輪などの造形や線描から皮革製と推定されるもの、さらに文献史料に記載されるものまで含めて検討する必要がある。その中にあって、正倉院宝物には皮革製品が多数含まれており、『正税帳』『延喜式』などにみられる素材・製品名・加工技術・用途などと照合することが可能な資料として貴重である。また、加工の用具や方法では、旧石器時代以来の掻器などの遺物のほか、『粉河寺縁起』『天狗草紙』などに描かれたものや生業用具として伝承されているものが参考となる。古代の日本では「皮」と「革」は区別して扱われており、『和名類聚抄』では「皮」は身体を被うもので「加波《かわ》」、「革」は毛を取り去ったもので「都久利加波《つくりかわ》」とされ、『延喜式』内蔵寮造皮功条では「革」は鞣《なめ》しの工程を経て製品化される段階のものとしている。これらにより日本では馬・牛・鹿・猪・熊・羆《ひぐま》・虎・豹・貂《てん》・羊・山羊・狸・犬・海豹《あざらし》・葦鹿《あしか》などの皮を使って、革・葦・洗葦・洗革・皺文革・薫革・白革・黄革・紫革・緋革などが作られていたことが知られる。その用途では、正倉院宝物から馬鞍に鹿革・牛革・海豹革・熊皮、鞆に鹿革・牛革、刀剣に鹿革・牛革・鹿皮、履物に牛革・鹿革、革帯に馬革、皮箱に牛皮・猪皮、伎楽面に鹿革・熊毛皮などが使われていたことがわかる。加工の基本となる鞣しの技法には、原始的な水洗いや奥歯での嚙みしめのほか、木灰やタンニンの塗りこめ、糞尿や脳漿《のうしょう》への浸け込み、タラ肝油や明礬《みょうばん》溶液への浸け込み、松葉などの煙で燻すなどがあった。『日本書紀』仁賢天皇六年是歳条に、大和国山辺郡額田邑の熟皮高麗《かわおしこま》は高麗から招いた工匠の須流枳《するき》・奴流枳《ぬるき》らの子孫であると記されるように、高度な鞣し技法は朝鮮半島からもたらされたとされる。このことは、律令制度での皮革関係官司である内蔵寮に百済手部、大蔵省に百済手部と狛部が置かれていることにも示されている。これ以外にも中央官司には、造兵司に甲作戸・靫作戸・鞆張戸・楯縫戸、漆部司に泥障戸・革張戸などの工人が配置されており、平城京ではこれらは左京に集中して置かれていた。また、平城京右京八条一坊や平安京右京八条二坊では多量の馬牛の骨が出土しており、この近辺に皮革工房が在ったと見られている。皮革は武具や馬具、祭祀用品や調度具に多用されており、どの時代においても基幹物資として扱われてきたであろう。したがって、為政者にとってはその安定した供給源の確保と高度な加工技術の掌握は重要事項であったに違いない。古くは鹿・猪・熊皮が多く使われていたが、これらは狩猟や捕獲によって得られるもので資源的には不安定であった。その状態は、律令制度下で進められた馬牛の組織的飼育によって克服されていった。『養老令』厩牧令には官馬牛が死んだ際に皮・脳・角・胆を回収することが定められ、八世紀の『正税帳』に「死馬皮」や「死伝馬皮」を扱った報告が記録されているのはそのことを示している。つまり、馬牛の飼育は同時に安定した皮革の供給の確保を意味したのであり、七八〇年(宝亀十一)八月の皮革製甲冑への切り替えなどはこの進行を示すものと見てよい。これによって皮革は基幹物資として政治性を強めるようになり、権力的な統制下に置かれる状況を生み出していった。そうした関係が、後世に産業構造やそれに従事する人々をほかの手工業から区別し、差別観をもたらす一因となったと考えられる。

参考文献　小林行雄『古代の技術』、一九六二、塙書房。『正倉院紀要』二八、二〇〇六。

（前沢　和之）

かわごえやかた　河越館　埼玉県川越市上戸《うわど》に所在する館跡。国指定史跡。河越館跡は坂東八平氏の内、河越氏の館であり、入間川北岸に接して現存する。史跡の指定範囲は常楽寺を中心とする東西一九〇メートル、南北二五〇メートルの長方形の範囲であるが、実際の館跡は東西約三三〇メートル、南北約二五〇メートル以上の大規模な範囲が想定される。しかし、入間川に接する南西側は大きく削り取られている。

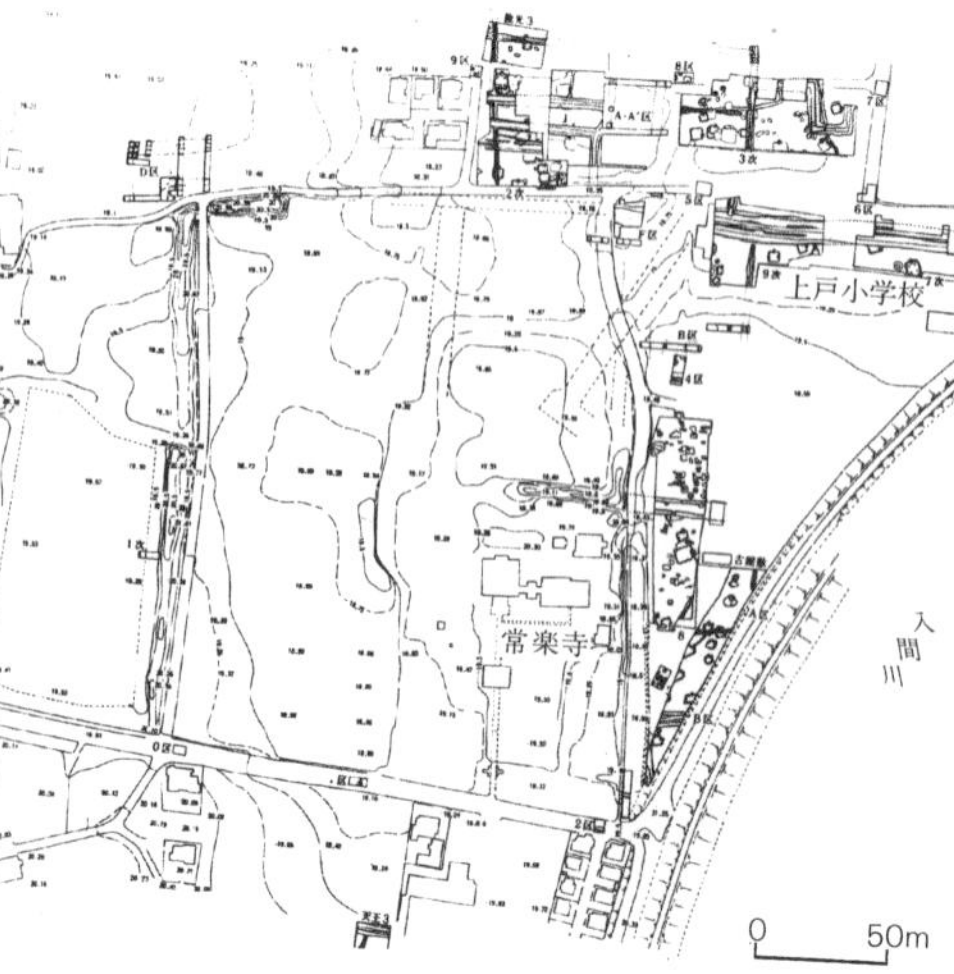

河越館遺構図

河越氏の出現は十二世紀中ごろとされ、武蔵国留守所総検校職を相伝した有力武将で、足利尊氏によって相模国守護にまでなっている。河越氏は一三六八年(応安元)に起こった平一揆の乱で没落する。館跡には常楽寺東側南半分に深さ一メートルほどの空堀と、西辺に高さ一～一・五メートルの土塁が残る。館の出現期は河越氏の時代で十二世紀後半から十三世紀中ごろと見られ、方五〇メートルほどの区画が想定されるという。特に常楽寺東側の入間川北岸の区域では上幅二メートルほどの堀が確認され、輸入陶磁器や白カワラケの出土が見られる。十三世紀後半から十四世紀中ごろの平一揆の乱段階(第二期)では館として重要な機能を有している主要な地区となる。幅三～四メートルの薬研堀で方一町ないし、五〇メートルほどに区画されるいくつかの方形館の存在が知られる。常楽寺周辺の指定地内は史跡整備に伴う事前調査が行われているが、川越合戦時における山内上杉氏の上戸陣(第三期)(一五〇〇年前後)の遺構や遺物が発見され、大規模な二重堀によって囲郭される館跡が確認されている。河越館終期段階の第四期(十六世紀中ごろ―末)は、河越城代大道寺氏の墓所が作られる時代となる。

参考文献 川越市立博物館『河越氏と河越館』、二〇〇〇。川越市教育委員会『河越館跡』Ⅸ、一九九〇。

(梅沢太久夫)

かわじりのとまり 河尻泊 平安京と瀬戸内海を結ぶ三国川の河口に存在した港。『高倉院厳島御幸記』の「さるの時に川しりのてら江といふところにつかせ給ふ」との記事や、『山槐記《さんかいき》』の「今日、御河尻寺所に着くべし、前大納言邦綱《くにつな》卿山庄は件の所に在り」(原漢文)との記事より、神崎川河口で現在の兵庫県尼崎市今福と考えられる。河尻が律令国家の重要な港となったのは、『続日本紀』延暦四年(七八五)正月庚戌条に「遣レ使堀二摂津国神下《かみした》、梓江《あづさえ》、鯵生野《あじふの》一、通二于三国川一」と記されるように、八世紀末に三国川(神崎川)とがつながったことによる。淀川と三国川淀川との連結工事は、都を平城京から長岡京・平安京へ遷都することに伴うもので、長岡京・平安京と西国とを結ぶ交通路として、旧淀川交通ではなく、三国川河口の河尻よりさかのぼる河川交通が開発されたことによる。『延喜式』によると、平安時代以後の難波津は大宰府と結ぶ港として使用されたが、ほかの諸国との交通は全て河尻を経由した。このように九世紀以後の河尻は平安京の外港としての役割を果たした。

参考文献 千田稔『埋れた港』、一九七四、学生社。松原弘宣『日本古代水上交通史の研究』、一九八五、吉川弘文館。

(松原 弘宣)

かわずのかりみや 蝦蟇行宮 七世紀中葉、孝徳朝に難波に置かれた宮殿の一つ。『日本書紀』大化二年(六四六)九月是月条に、孝徳天皇が御したことがみえる。「蝦蟇」は「川津」の音を表したものとして、難波堀江に面する朝廷の施設を宮殿に利用したものとする説がある。そうであれば、淀川の旧本流にあたる大川沿岸に所在したことになるが、詳細は不明。

参考文献 直木孝次郎『難波宮と難波津の研究』、一九九四、吉川弘文館。

(古市 晃)

かわちし 河内志 ⇨五畿内志《ごきないし》

かわちのくに 河内国 旧国名。大阪府北東部から南東部に及ぶ地域。古くは川内とも書いた。畿内の一部。律令制下では交野《かたの》・茨田《まんだ》・讃良・河内・若江・渋川・高安・大県《おおがた》・志紀《しき》・安宿《あすかべ》・古市・丹比《たじひ》・石川・錦部《にしごり》の十四郡からなり、大国に相当。七五七年(天平宝字元)まで和泉国を含む。また河内国造である凡河内《おおしこうち》直の本拠地が摂津国西部から河内国志紀郡に移動したと考えられること、河内国造と密接な関係をもつ河内国魂神社が摂津国菟原《うはら》郡に所在することなどから、律令制以前の河内は摂津・和泉を含む地域名であった可能性が高い。七一六年(霊亀二)、和泉監《いずみのげん》が設置されるが、七四〇年(天平十二)河内国に復した。また七六九年(神護景雲三)河内国出身の道鏡が法王の地位にあった際、由義宮《ゆげのみや》・西京が設置されて河内職に改められるが、七七〇年(宝亀元)、道鏡の失脚に伴って河内国に復した。古墳時代前期には生駒山西麓に沿っていくつかの前方後円墳が築かれるほか、大和川が大阪平野に流入する付近には玉手山古墳群(大阪府柏原市・羽曳野市)・松岳山《まつおかやま》古墳(柏原市)などの前方後円墳が分布する。しかし古墳時代中期には古市古墳群(羽曳野市・藤井寺市)、後に和泉国に含まれる百舌《もず》古墳群(堺市)という大王墓群が営まれるに至る。こうした大王墓の継続的築造、難波を舞台とする即位儀礼の存在(八十島祭《やそしままつり》)、物部・大伴など、河内を本拠とする連系氏族の存在などから、五世紀代に倭王権が河内を本拠とする勢力から大和を中心とする勢力に交替したとする、いわゆる河内政権論(河内王朝論)が提起されているが、決着には至っていない。古墳時代後期から終末期にかけては生駒山西麓に高安千塚(八尾市)、平尾山千塚(柏原市)などの大群集墳が造営される。これらの群集墳は渡来系集団の墳墓とされる。河内平野のこの時代の集落遺跡からは韓式系土器やウマ遺体などが多く出土しているほか、大県遺跡群(柏原市)などの大規模な鉄生産遺跡が存在し、多くの渡来人が集住していた状況がうかがえる。文献史料からも西文《かわちのふみ》、船・津・葛井《ふじい》氏や田辺史など、多くの渡来系氏族の活躍がみえる。河内平野の開発は五世紀代以降進展したと考えられるが、淀川と大和川の悪水対策として、淀川には茨田堤、大和川には伎人《くれひと》堤が築かれていた。しかし治水は容易ではなく、六国史には両堤防の決壊記事が散見する。こうした開発を受けてのことと思われるが、河内には茨田屯倉、依網《よさみ》屯倉など多くのミヤケが設定されていた。このほか羽曳野市から藤井寺市にかけて古市大溝があり、五世紀の造営とする説もあるが、近年では七世紀代の開発の所産とする説が有力である。河内は瀬戸内海と大和を結ぶ交通の要衝であり、水陸の交通網が整備されていた。東西の道路として磯歯津《しはつ》道・大津道・丹比道などがあり、これらの道路と難波宮を結ぶ南北の難波大道が大和川今池遺跡(松原市)で検出されている。このほか、大和川流路の一つ、長瀬川に沿って設けられた渋河《しぶかわ》路などもあった。律令制下、河内国府は志紀郡の国府遺跡(藤井寺市)から船橋遺跡(藤井寺市・柏原市)に置かれたと推定されている。国分寺は安宿郡の東条廃寺(柏原市)がそれにあたり、国分尼寺は柏原市内とする説もあるが不明。河内は大和と並んで早くから仏教の栄えた地であり、新堂廃寺(富田林市)・渋川廃寺(八尾市)をはじめとする古代寺院が飛鳥時代から多く造営された。また道照や智光など、多くの名僧を輩出している。長岡・平安遷都後、水陸交通の要衝としての河内の重要性は低下し、河内に本貫を持つ官人の多くが京内へ移貫する。河内には有力寺社・貴族らの荘園や宮廷直結の御厨《みくりや》が多数設置されるようになった。平安時代後期以降、河内源氏が本拠を石川郡内に置き、鎌倉時代後期には楠木正成をはじめとする悪党が活躍した。南北朝内乱の際、天野山金剛寺や観心寺は一時南朝方の行宮となる。一三九二年(明徳三)の南北朝合体後、守護大名畠山氏が若江城(東大阪市)を守護所とし、戦国時代には三好氏が飯盛城(四条畷市)に本拠を置くが、やがて織田信長により制圧された。一六一五年(元和元)の大坂夏の陣では、河内は主戦場となり、道明寺、西郡(八尾市)など各地で激戦が展開された。江戸時代には幕府領といくつかの藩領があり、一国の石高は『元禄郷帳』で二十七万六千三百二十九石余。一七〇四年(宝永元)、大和川の付替え工事が行われ、それまで河内平野を北上していた大和川は西に流れることになった。江戸時代の河内は、木綿の産地としても全国的に著名であった。一八七一年(明治四)、廃藩置県によって堺県の一部となり、一八八二年以後大阪府に属した。

[参考文献] 直木孝次郎『古代河内政権の研究』、二〇〇五、塙書房。花田勝広『古代の鉄生産と渡来人』、二〇〇二、雄山閣。『大阪府史』二、一九九〇。吉田晶『日本古代国家成立史論』、一九七三、東京大学出版会。岡田精司『古代王権の祭祀と神話』、一九七〇、塙書房。

(古市　晃)

かわなかじま　川中島　長野県の旧更級郡の東北部の千曲川と犀《さい》川とに挟まれた地域で、犀川によって形成された扇状地に位置する。河中島とも書く。古代からの交通の要衝で、域内を信濃国府から越後国府へ通ずる東山道支道が通り、東は千曲川をさかのぼって小県《ちいさがた》郡、佐久郡から上野国へとつながる。平安時代末期の横田河原の戦い、室町時代の大塔合戦、戦国時代の数度にわたる川中島合戦などがこの地で戦われ、軍略上の要衝でもあった。地名の初見は、一四〇〇年(応永七)の『市河文書』(応永七年十一月十五日市河興仙軍忠状)で、「河中島横田御陣」とみえる。戦国時代後期には広域にわたる地域呼称とし

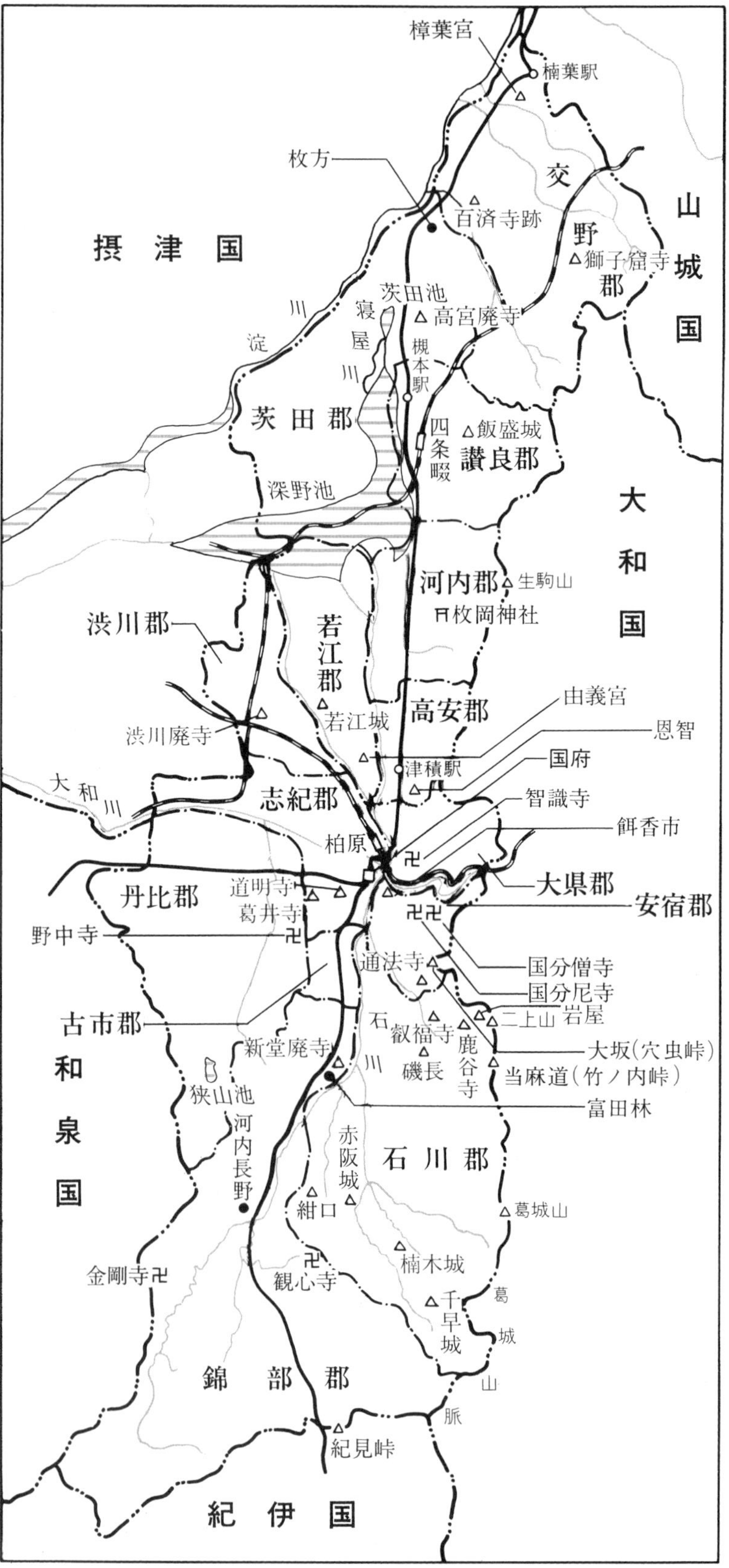

河内国略図

ても使われ、更級《さらしな》・水内《みのち》・高井・埴科《はにしな》の四郡を総称して「川中島四郡」などと表記されることもあった。

資料館　長野市立博物館(長野市)

参考文献　『長野市誌』九、二〇〇一、東京法令出版社。

(福島　正樹)

かわはらでら　川原寺　奈良県高市郡明日香村川原にあった寺院で、弘福寺《ぐふくじ》ともいう。寺の創建時期には諸説があるが、確実な史料上の初見は『日本書紀』天武天皇二年(六七三)三月条で「書生を聚めて始めて一切経を川原寺に写さしむ」(原漢文)とあり、これ以前にさかのぼる。同年に封戸五百戸を施入されたのをはじめ、天武《てんむ》・持統《じとう》朝には厚遇されていることが史料に散見し、大官大寺《だいかんだいじ》・飛鳥寺《あすかでら》・薬師寺《やくしじ》とともに四大寺の一つとされた。平城遷都の際に、ほかの三寺は新京に移ったのに対して、川原寺だけは旧地にとどまり、そのためか徐々に寺格が低下していったものとみられる。とはいえ、七〇九年(和銅二)の『弘福寺《ぐふくじ》田畠《でんぱた》流記帳《るきちょう》』によれば、その寺領は大和のほか、河内・山背・尾張・近江・美濃・讃岐に及び、総計水田百五十八町余、陸田四十九町余にのぼっている。また、七三五年(天平七)の「弘福寺《ぐふくじ》領《りょう》讃岐《さぬき》国《のくに》山田《やまだ》郡《ぐん》田図《でんず》」は現存最古の田図として著名である。平安時代初期には、空海《くうかい》が当寺を賜り、東南院に止住したと伝え、その後は東寺《とうじ》の末寺となった。その後、十二世紀末に焼失、十三世紀末ごろまでに一度は再建されたようだが、戦国時代に再び焼け、江戸時代には草堂を残すのみとなった。寺域内に礎石が多く残っていたことから、一九二一年(大正十)に国史跡に指定された。一九五七年(昭和三十二)—五九年に発掘調査が行われ、創建時の姿が明らかになった。伽藍配置は一塔二金堂という従来にない型式で、川原寺式と呼ばれるようになった。すなわち、中軸線上に南から、南大門・中門・中金堂・講堂が並び、中門から中金堂に取り付く回廊に囲まれた中に塔と西金堂が向かい合う。そして講堂の周囲を三面僧坊が取り囲むという配置である。川原寺の下層には七世紀中ごろの遺構も見つかり、これが斉明《さいめい》天皇の川原宮と推定されることから、寺の創建はそこまではさかのぼらず、天智朝ごろと見るべきことも判明した。一九七三年の調査では、東門と東南院が発掘され、東門は南大門よりも大規模で、中ツ道に面する東門が正門と考えられるに至った。現在は、発掘成果をもとに、礎石を復元して整備し、往時の大伽藍をしのぶことができる。一九七四年、寺域西北の川原寺裏山で、径三メートル以上の大きな穴が発見され、中から焼けた塑像・塼仏などの破片が千点以上も見つかった。銅銭の承和昌宝(八三五年初鋳)が含まれることから、それ以降に川原寺の堂舎に火災があり、焼け跡から拾い集められた仏像の破片を一括投棄したものと見られる。したがって、創建期の仏像を推定する手がかりとなる遺物である。

参考文献　『川原寺発掘調査報告』、一九六〇、奈良国立文化財研究所。大脇潔『飛鳥の寺』(『日本の古寺美術』一四、一九八九、保育社)。

(寺崎　保広)

かわや　厠　⇩トイレ

かわよけ　川除　治水工事一般を意味する語。水害を未然に防止するために築堤や浚渫を行なったり、決壊した箇所を復旧するための作業を指す。特に堤と同義で用いる場合もある。近世史料に頻出する用語で、戦国時代から多く使用され始めたと推定される。中世前期にさかのぼる用例はほとんど確認できないことから、村落社会の成長を背景に成立してきた用語と見られる。

参考文献　永原慶二他編『講座・日本技術の社会史』六、一九八四、日本評論社。

(井上　聡)

かわら　瓦　屋根葺材の一つ。普通は焼物だが、木・石・金属製もある。中国西周に起源し、日本では大和飛鳥寺造営のために、五八八年に百済から渡来した瓦博士が瓦を作り始めた。耐火性・耐久性に富むので、瓦葺倉庫は七世紀後半以降、汎時代的に存在した。古代・中世の瓦屋根は寺院に一般的であるが、外観が壮麗なため、六九四年(持統天皇八)の藤原宮以降は宮殿や官衙、十六世紀後半以降は城郭でも瓦屋根を採用した。これらは緩やかに彎曲した平瓦を葺き重ね、隣り合う平瓦列の隙間を半円筒形の丸瓦列で覆う本瓦葺で、この屋根を支える軸部の構造は頑丈で柱も太かった。本瓦葺は平瓦・丸瓦を基本として、軒先などを飾る軒平瓦・軒丸瓦、棟を覆う熨斗瓦や棟下の隙間をふさぐ面戸瓦、棟端を飾る鬼瓦や鴟尾などで構成される。また、大和山田寺や奈良市中山瓦窯(平城宮関連瓦屋)では、屋根の妻部分に使う特異な形態の螻羽《けらば》瓦が出土している。さらに、隅木や垂木先の腐蝕を防ぐための、隅木蓋瓦や棰先瓦もある。日本考古学では、軒丸瓦と軒平瓦の瓦当紋様を、年代や系統を理解する資料として重視する。これらは、おもに木型(笵)で紋様を施す。飛鳥寺創建時には、百済扶余《ふよ》に起源する弁端が桜花状(花組)と弁端に点珠を置く(星組)二種類の軒丸瓦(飛鳥寺式)を採用した。飛鳥寺式軒丸瓦は七世紀前半の畿内で展開し、大和豊浦《とゆら》寺金堂、法隆寺若草伽藍、摂津四天王寺、河内新堂廃寺などの創建瓦となる。これらの百済系軒丸瓦に対し、京都府宇治市隼上り窯で生産し豊浦寺に供給した軒丸瓦の蓮華紋は、花弁中軸に鎬があり、弁間に珠紋や楔形の間弁を置く。その特徴から、高句麗系、高句麗百済系、高句麗新羅系と捉える説もあるが、直接の祖型となる瓦当紋様は朝鮮半島になく、七世紀前半の畿内で独自に採用したものと考えられる。軒平瓦は七世紀前半には未発達で、おもに普通の平瓦もしくは広端部をやや厚手にした平瓦を軒先に用いた。しかし、七世紀初頭の法隆寺若草伽藍創建時に、型紙で輪郭をなぞった紋様を箆で彫り起こした手彫り唐草紋軒平瓦が考案され、後に紋様一単位分のスタンプを交互に反転して押捺し、唐草紋とする手法も生まれた。しかし、これらの施文法は流行しなかった。六三九年起工の大和百済大寺(吉備池廃寺)と六四一年起工の大和山田寺では、周縁に圏線がめぐる単弁八葉蓮華紋軒丸瓦(山田寺式)を、

奈良市梅谷窯出土興福寺創建瓦

奈良県明日香村川原寺創建軒瓦

奈良県明日香村飛鳥寺創建瓦（花組）

奈良市平城京第II期大極殿所用瓦

法隆寺西院創建瓦

奈良県斑鳩町法隆寺創建瓦（星組）

大阪市後期難波宮大極殿創建瓦

奈良県明日香村小山廃寺(紀寺)創建瓦

奈良県明日香村豊浦寺「高句麗系」軒丸瓦

奈良市東大寺創建瓦

奈良県橿原市藤原宮瓦

奈良市百済大寺創建軒瓦

京都市六波羅蜜寺瓦

京都府宇治市平等院鳳凰堂創建瓦

京都市平安京豊楽殿瓦

福岡県太宰府市観世音寺子院出土瓦
中世Ⅴ期(1333—80年)

大阪府堺市新金岡更池遺跡出土瓦
中世Ⅱ期(1210－60年)

神奈川県鎌倉市永福寺出土瓦
中世Ⅰ期(1180—1210年)

奈良県斑鳩町法隆寺出土瓦
中世Ⅵ期(1380－1430年)

沖縄県浦添市浦添ようどれ出土瓦
1350—70年ごろ

京都市常盤仲ノ町集落跡出土瓦
中世Ⅱ期前半(1210－35年)

六六〇年代に造営された大和川原寺では外区に面違鋸歯紋がめぐる複弁八葉蓮華紋軒丸瓦(川原寺式)を採用する。両式の系譜下にある軒丸瓦は、東は関東、西は北部九州にまで波及し、独自の在地型式を生んだ地域もある。七世紀後半には、これ以外にも、外区に線鋸歯紋帯が巡る法隆寺式や雷紋が巡る紀寺式などの複弁蓮華紋軒丸瓦が各地に波及した。これらの軒丸瓦には、おもに重弧紋軒平瓦が伴う。七世紀末から八世紀中葉の軒丸瓦は複弁八葉蓮華紋、軒平瓦は唐草紋が主流である。藤原宮・平城宮の造営や興福寺・東大寺などの官寺創建に用いた新たな瓦当紋様が各地に影響を与えた。たとえば、藤原宮式・興福寺式の系譜をひく老司式・鴻臚館式の二系統の紋様が、大宰府管内の北部九州における寺院・官衙所用瓦の主流を占めた。また、八世紀中ごろの国分寺造営時には、興福寺式、平城宮式、東大寺式などの系譜をひく蓮華紋軒丸瓦と唐草紋軒平瓦、あるいは重圏紋軒瓦(難波宮式)を創建瓦とした国が多い。しかし、七世紀後半に伝播した紋様系譜をひく軒瓦や、中央にない斬新な紋様の瓦を採用した国もある。二枚の花弁が一単位となることが認識できないと、複弁は単弁になる。八世紀後半以降は単弁蓮華紋軒丸瓦の比率が増し、十世紀の平安宮所用軒丸瓦のほとんどは単弁蓮華紋となり、唐草紋も反転が緩やかで、製作技術も拙劣なものが多い。十一・十二世紀には、蓮華紋・宝相華紋に加えて、梵字紋・密教法具紋・塔紋・仏像紋・巴紋や年号・寺院名を入れた軒丸瓦が出現する。十三世紀以後は蓮華紋軒丸瓦は衰退し、巴紋軒丸瓦と唐草紋軒平瓦の組合せが主流となる。

参考文献　関野貞「日本古瓦文様史」(『日本の建築と芸術』上所収、一九四〇、岩波書店)。藤澤一夫「摂河泉出土古瓦様式分類の一試企」(『仏教考古学論叢』考古学評論三所収、一九四二、東京考古学会)。上原真人『瓦を読む』歴史発掘一一、一九九七、講談社。
（上原　真人）

中世瓦は一一八〇年(治承四)平重衡《しげひら》の東大寺・興福寺

の焼き打ち以降、織田信長の安土《あづち》築城開始前（一五七五年（天正三））までとする。この時代は、和泉・大和・京都が本州での瓦生産の中心であり、鎌倉時代には鎌倉が一つの中心地である。本州ではこのほかに、摂津・河内・播磨・紀伊・備前・備後・讃岐・常陸・上野・下野・武蔵などで比較的継続した瓦生産が行われたが、日本海側では全く中世瓦が存在しない。大和と摂河泉では平安時代末期に確立した顎貼りつけ式の技法をもつ軒平瓦が鎌倉時代初期から前半にかけて継続する。京都では平安時代末期から折り曲げ式の技法をもつ軒平瓦が継続している。和泉では中世を通じて顎貼りつけ式の技法をもつ軒平瓦が継続して作られるが、大和・京都・鎌倉では一二六〇年（文応元）ごろから平瓦部粘土を斜めに接合する瓦当貼りつけ式軒平瓦に変化する。その後、二百年余り大和・京都では瓦当貼りつけ式軒平瓦が続くが、播磨や紀伊では大和系瓦工は瓦当貼りつけ、和泉系瓦工は顎貼りつけというように、瓦工の系列によって両技法が混在している。関東各地も両技法の混在地域である。丸瓦では、中世になって布袋と粘土円筒の附着力を強くするために吊り紐が用いられるようになるが、はじめは布袋の内外に通し縫いするものが、一三〇〇年（正安二）を越えたころから布袋の外に出る紐の部分が多くなり、一三七〇年（建徳元）ころ以降には吊り紐はすべて布袋に対して外側に出るようになる。これは山口を除く本州各地で共通した特徴である。また丸瓦玉縁部側縁の面取りによって、時期差を読みとることができる。軒瓦の文様では、軒丸瓦は巴文軒丸瓦が圧倒的に多く、ついで個々の寺院名を書く文字文軒丸瓦がこれに次ぎ、鎌倉時代中ごろまでは蓮華文軒丸瓦が若干存在している。軒平瓦では唐草文軒平瓦が圧倒的に多いが、唐草文とはいっても中心部が蓮華や菊花や宝珠などさまざまな文様に、時代とともに変化する。唐草文軒平瓦の次に多いのは、鎌倉時代には剣頭文・連珠文・寺院名を書く文字文軒平瓦であり、室町時代には波状文・菊水文・寺院名を書く文字文軒平瓦である。中世には瓦工人の専業化が行われ、瓦大工としては大和の橘吉重《たちばなよししげ》が多くのヘラ書き瓦を残した人物として著名であり、瓦職人の典型である。中世の瓦生産を職人による瓦生産と規定すれば、その製作方法および新たに考案した手法が次世代に伝達されるのは当然であり、さらによりよい改良品を作ることになり、種類の少ない古代の瓦に比べて、多くの道具瓦を考え出しており、それはまた近世へと伝達されることになる。丸瓦吊り紐の改良、軒平瓦の各部分の面取りを行うこと、鬼瓦の中空化と立体化、軒瓦における引掛け瓦の発案、隅用軒平瓦の接合品の存在、軒平瓦における水返し用の段や屈曲する突帯の出現、鳥衾《とりぶすま》・雁振《がんぶり》瓦の定型化、小形鯱《しゃち》の出現などが行われ、近世瓦へ移行する基本的な改良はこの本州の中世瓦生産の中で行われた。一方、九州の中世瓦は本州の中世瓦と若干異なっている。まず、九州の中世瓦は、南北朝時代以降独自の吊り紐をもつようになり、本州の軒平瓦でみられる細部の面取りが九州では一部の地域でしかみられず、軒平瓦の顎形態が古式であり、鬼瓦の中空化も中世を通じてみられない。この九州瓦の独自性は、南北朝時代に確立され、室町時代を通じて行われ、豊臣秀吉の時代になって急速に本州化していく。沖縄の中世瓦は、浦添《うらそえ》城跡の瓦を代表とする高麗系瓦と崎山御嶽《さきやまうたき》遺跡の瓦を代表とする九州系瓦とが存在する。高麗系瓦は非開閉式円筒桶の桶巻作りによって製作され、平瓦に「癸酉年高麗瓦匠造」の叩き文が印されている。浦添城跡の瓦と直接連結する朝鮮半島の瓦は、まだ知られていない。沖縄の九州系瓦は、九州的要素のみをもった崎山御嶽段階から高麗的要素を加えた勝連《かつれん》城跡の段階へと変化していく。

参考文献　山崎信二『中世瓦の研究』（『奈良国立文化財研究所学報』五九、二〇〇〇）。

（山崎　信二）

かわらがまあと　瓦窯跡　⇩がようせき

かわらけ　釉をかけずに焼いた素焼きの土器皿で、高台を付した椀を含める場合もある。土器・瓦器・瓦笥とも表記する。中世に使用されたものであることを強調するために「土師質《はじしつ》土器」あるいは「かわらけ」と呼称する研究者もいる。考古学的には土師器《はじき》皿と呼称する場合が多い。口径一〇㌢未満の小皿と口径十数㌢の大皿の大小二法量に大別でき、大皿は杯とも呼称される。小皿が出現する十世紀以降のものから、近現代のものまで含む。日用雑器として用途は多岐にわたり、副食を入れたり、飯を盛ったり、燈明に使用されたりしている。しかし、江戸時代の文献に「古代は食盤皆白木にて食物は皆土器に盛るに是れ一度用ひて後は捨て用ひず清浄を貴ぶなり」（『安斎随筆』）とあり、また室町時代の『大乗院寺社雑事記』に年中行事に多量の土器を注文していることから、寺社における年中行事で土器の使い捨てが指摘され、土器の用途に儀器的性格を求めようとする考えも根強い。事実、今日でも神社仏閣における祭祀の「奉器」、宮中の「ハレ（晴）」や「ケ（褻）」の儀礼的な場での使用も行われている。昭和初期に島田貞彦が「山城幡枝《はたえだ》の土器」において文献史料の探査・民俗学的調査を行い土器つくりを論じている。近年、中・近世遺跡の発掘調査の増加により、出土量も飛躍的に増加し、分類・編年作業が進展している。研究は一九七〇年代から福岡県太宰府周辺の発掘調査で開始され、特に京都を中心に平安時代から江戸時代にかけて三十〜四十年単位で編年が可能となり、中近世土器・陶磁器の編年研究の軸になっている。また、生産集団や周辺地域への形態・技法の伝播などに関する研究も活発である。平安京内膳《ないぜん》町跡出土資料を検討した伊野近富《いのちかとみ》は形態によって土師器皿を十型式に大別し、十世紀から十二世紀初めには特徴的な「て」字状口縁のBタイプが目立ち、口縁部を二段ナデするAタイプは十二世紀後半まで続く。このAタイプは京都の製品に特徴的で、積極的に模倣する地域もある。十三世紀には深身の

Gタイプが出現し、小型で底部の突出するGbタイプはいわゆる「へそ」皿で十五世紀まで続く。十五世紀には浅身で口縁の外反するIタイプが出現し、十七世紀後半以降にも続く。生産地について、Aタイプは京都市伏見区深草付近、Bタイプは左京区岩倉幡枝付近、Gタイプは右京区嵯峨野付近、Iタイプは幡枝付近とみられる。洛中から約一〇キロの平安京周縁部の洛外にあり、土器つくり集団の商圏を復元することができる。なお、岩倉木野の愛宕神社境内には土師器皿焼成窯が復元・保存されている。鎌倉や平泉など中世都市遺跡からも多量の土師器皿が出土する。畿内を除く地域、特に東日本では十二世紀ころに京都の形態・手法を模倣した土師器皿が出現し京都系土師器皿と呼称される。この時期、畿内以外では土器生産そのものが衰退し、国産陶器や貿易陶磁器の普及とあわせて時代を画すものでもある。また、その使用形態については非日常的で儀器的要素、特に都市的な場における使い捨てという側面が強調され「かわらけ」と意識的に呼称するのも一理ある。一時姿を消すが十五―十六世紀に全国各地で出現し、武家儀礼である式三献の普及と重ねあわせる見解が強く、小野正敏は権威を示す器としての武家儀礼に際し、大量に消費され、その存在は京都との文化的・政治的距離を示すと位置付けている。これに対し、中井《なかい》淳史《あつし》は京都で成立する献杯儀礼や酒宴は多法量の土師器皿を必要としたが、各地で出土するものの多くは武家儀礼で必要な法量を満たさないとする。中世前期と後期では京都系土師器皿の受容に質的な差が存在する可能性もあり、今後、用途論の深化により文化的評価を行う必要がある。

参考文献　伊野近富「かわらけ考」(京都府埋蔵文化財調査研究センター編『京都府埋蔵文化財論集』一所収、一九八七)。中井淳史「武家儀礼と土師器」(『史林』八三ノ三、二〇〇〇)。

(橋本　久和)

かわらのいん　河原院　嵯峨天皇の子源融《とおる》(八二二―八九五)の邸宅。平安時代前期の典型的な貴族の大邸宅で、風流をつくして造営し、鴨川の水を引き入れて陸奥国の塩釜のさまを写した。また難波江から海水を運び、塩を焼かせてその風情を楽しんだと伝える。融はこれにちなみ河原《かわらの》左大臣と呼ばれる。融の死後、宇多上皇の御所となり、上皇の死後は荒廃するが、融の子孫が住み、のちに寺となった。やがて数度の火災に遭い消滅する。関連史料には、六条院・東六条院・中六条院・河原院が登場し、これらがどのような関係にあるのか錯綜している。また時代により変遷もあるらしい。本来は、南北は六条坊門と六条大路、東西は万里小路と東京極大路に囲まれた四町であったとするのが通説であるが、八町あったとする説もあり、また東京極大路からさらに東の鴨川までの土地なので「河原」であるとも考えられる。『源氏物語』で光源氏の六条院のモデルとなったとされる。

参考文献　藤村潔「河原院考」(『源氏物語の研究』所収、一九八〇、桜楓社)。増田繁夫「河原院哀史」(『源氏物語と貴族社会』所収、二〇〇三、吉川弘文館)。

(榎　英二)

かわらぶき　瓦葺　⇩屋根《やね》

かんいん　官印　⇩印章《いんしょう》

かんえいじ　寛永寺　東京都台東区上野にある天台宗寺院。一六二五年(寛永二)に、徳川家康の帰依を受けた天海が江戸幕府の命で江戸の鬼門(北東)にあたる位置に建立し、江戸城鎮護と国家安穏長久を祈願した。山号の東叡山は、京都の比叡山による。住職は、一六四七年(正保四)に後水尾天皇皇子守澄法親王が入山し、一六五五年(明暦元)に輪王寺宮となってのち、代々輪王寺宮が勤めた。輪王寺宮は日光門主を兼ね、また天台座主として全国の天台宗寺院を支配した。伽藍は、本坊円頓院のほか子院三十六坊など、将軍家・御三家のほか諸大名の寄進によって広大なものとなった。さらに徳川氏は、家光以後計八人の将軍および夫人の廟所を設けた。この大伽藍は、主に一万二千石におよぶ寺領によって維持された。一八六八年(明治元)の彰義隊の戦いによって堂社の大半は焼失したが、五重塔・清水堂などが現存し、境内の大部分は一八七三年に上野公園となっている。一九九〇年代の博物館・美術館・大学の増改築に伴って、主に本坊・子院跡にあたる十三ヵ所について発掘調査が行われ(上野忍岡遺跡群、二〇〇一年現在)、境内空間の復原のほか、御三家・大名・大名家臣・旗本・町人などの多様な埋葬施設と身分の対応関係が分析されている。

参考文献　『東叡山寛永寺護国院』I・II、一九九〇、都立学校遺跡調査会。

(岩淵　令治)

かんえいつうほう　寛永通宝　一六三六年(寛永十三)に初鋳された日本の銭貨で、江戸幕府最初の公的通貨。一六三六年に幕府が銭貨の公鋳を決定し、江戸と近江坂本に鋳銭所を設け、寛永通宝の鋳造を開始して以来、幾度かの中断はあるものの、幕末まで同じ寛永通宝という銭文の銭を全国各地で鋳造したため、鋳造時期と鋳造地によって、材質・形状・書風などに微妙な変化があり、多種多様な寛永通宝が存在する。寛永通宝は銅銭と鉄銭の一文銭と、真鍮銭と鉄銭の四文銭に大別され、四文銭の裏面には波紋様が描かれるが、真鍮四文銭には二十一波と十一波、鉄四文銭には十一波が存在する。銅一文銭の鋳造時期については、I期が一六三六年―一六五九年(万治二)、II期が一六六八年(寛文八)―一六八三年(天和三)、III期が一六九七年(元禄十)―一七四七年(延享四)および一七六七年(明和四)―一七八一年(天明元)の三時期に区分される。この内、I期が古寛永、II期以降が新寛永と称されるが、両者は「寛永通寳」という銭文の「寛」字と「寳」字の書風に大きな相違点がある。すなわち、古寛永は「寛」字の十二画目と十三画目(「儿」)の頭が接し、「寳」字の貝画末尾の足がカタカナの「ス」になり、新寛永は「寛」字の十二画目と十三画目(「儿」)の頭が離れ、「寳」字の貝画末尾の足がカタカナの「ハ」になるという特徴を有するため、俗に古寛永を「ス(貝)寳」、新寛永を「ハ(貝)寳」と呼んでいる。また、II期以降の新寛永の内、II期の一群に限って、裏面に「文」字が記され、その識別・細分が可能であることから文銭と呼ばれている。以上のことから、寛永通宝銅一文銭の基本分類としては、I期が一六三六―五九年の古寛永、II期が一六六八―八三年の文銭、III期が一六九七―一七四七年および一七六七―八一年の文銭以外の新寛永という設定が可能になるが、近世遺跡出土の寛永通宝はどの鋳銭所でどの時期に鋳造されたかは必ずしも明確でなく、各遺構の実年代を決定する資料とするには問題点が多いのも実情であるため、出土した寛永通宝の帰属時期区分の初鋳年が出土遺構の上限年代を示すといった基本姿勢で捉えるのが賢明かつ肝要であると考える。各時期の鋳造地(銭座・鋳銭所)としては、I期の古寛永は一六三六年に江戸と近江坂本で鋳銭を開始し、翌年に水戸・仙台・吉田・松本・高田・備前・長門・豊後の八ヵ所に鋳銭所を増設し、一六五六年(明暦二)には江戸浅草鳥越と駿河沓谷に鋳銭所を開設しているほか、京建仁寺と大坂でも鋳銭されていたが詳細は不明である。この内、備前については、岡山市二日市遺跡で寛永通宝枝銭などの鋳造資料が発掘されており注目に値する。II期の文銭は一六六八―八三年の十六年間、江戸亀戸において鋳銭されている。III期の新寛永は一六九七年から江戸亀戸で増鋳され、正徳期には江戸亀戸・佐渡相川、享保期には佐渡相川・江戸深川・京七条・仙台石巻・摂津難波で鋳銭され、元文期の鋳銭所は現在判明しているだけでも全国二十一ヵ所にも及んでいるが、その後、明和期の江戸亀戸・佐渡相川・長崎を経て、天明期の佐渡相川の鋳銭を最後に寛永通宝銅一文銭の鋳造は終焉する。なお、III期の新寛永には無背銭のほかに、「佐」「仙」「小」「元」「足」「長」といった背文字があるものや、表面外縁に「㊉」の極印を打ち込んだものも存在する。鉄一文銭については銅素材の不足により、一七三九年(元文四)から江戸深川・江戸亀戸で鋳造が始まり、一七四五年(延享二)で一旦終わるが、その後、明和期・天保期・文久期にも鋳銭されている。鉄一文銭も銅一文銭同様、無背のものと「久」「千」といった背文字のあるものとが存在するが、出土銭は鉄錆が強いために不鮮明な場合が多い。真鍮四文銭については一七六八年に裏面二十一波のものが鋳造されたが、翌一七六九年から十一波に変更され、その後、文政期と安政期にも裏面十一波のものが鋳銭された。鉄四文銭については一八六〇年(万延元)に江戸深川の新銭座にて鋳造されたが、その後も慶応期に仙台藩・盛岡藩・水戸藩などで鋳銭された。裏面は全て十一波で、「盛」などの背文字があるものも存在するが、鉄一文銭同様、出土銭の場合は鉄錆が強くその識別は困難である。

参考文献 川根正教「寛永通宝銅銭の様式分類」(出土銭貨研究会編『出土銭貨研究』所収、二〇〇二)。川根正教・石川功・植木真吾「寛永通宝銅銭の形態的特徴と金属成分分析」(『日本考古学』二〇、二〇〇五)。鈴木公雄「渡来銭から古寛永通宝へ―出土六道銭からみた近世前期銭貨流通史の復元―」(坪井清足さんの古稀を祝う会編『論苑考古学―坪井清足先生古稀記念論文集―』所収、一九八三、天山舎)。鈴木公雄「寛永通宝」(『アエラムック考古学がわかる』所収、一九九七、朝日新聞社)。永井久美男編『近世の出土銭』一・二、一九九七・九八、兵庫埋蔵銭調査会。

(嶋谷 和彦)

かんぎえん 咸宜園 江戸時代の学者広瀬淡窓の私塾。国指定史跡。大分県日田市淡窓にある。咸宜園は、淡窓が豆田裏町に興した桂林荘《けいりんそう》を、一八一七年(文化十四)に現地に移したもので、塾名の咸宜園の「咸宜」とは「皆《み》な宜《よ》ろし」という意味である。塾舎は東塾・西塾からなり、東塾には講堂や宿舎などがあった。現在東塾では秋風庵、遠思楼、井戸などが往時の面影をとどめている。西塾跡は井戸のみが残る。近年の発掘調査では東塾の塾舎跡と見られる遺構が検出されている。淡窓の教育は、身分、年齢、学歴を問わない「三奪」の法で知られ、入門者も豊後・豊前・筑前・筑後その他の国から参集し、一八九七年(明治三十)に閉塾されるまで、塾生は四千八百人に及んだ。高野長英・大村益次郎らも、その門を叩いている。近年秋風庵の修理が終わり、さらに史跡全体の整備に向けて作業が進められている。淡窓の墓(長生園・国史跡)は近くの日田市中城町にある。

参考文献 『日田市史』、一九九〇。井上義巳『広瀬淡窓』(『人物叢書』、一九八七、吉川弘文館)。

(後藤 宗俊)

かんぎこういん 歓喜光院 平安時代後期、平安京東郊の白河の地に建立された寺院。現在の京都市左京区聖護院山王町・聖護院円頓美町付近(京都市武道センターおよびその西側付近)の東西二町・南北一町の範囲が推定地とされている。白河街区における第二位規模の寺院である尊勝寺の北側に隣接する。一一四一年(永治元)、美福門院藤原得子(鳥羽天皇皇后)の御願寺として創建された(『百錬抄』)。美福門院の崩後はその皇女の八条院暲子内親王に伝領され、その御所に宛てられることもあった(『玉葉』建久元年(一一九〇)八月十七日条・元暦元年(一一八四)四月十九日条、『明月記』建永元年(一二〇六)六月二十一日条)。その後は荒廃し、鎌倉時代後期の一三二一年(元亨元)の再興を経て、応仁・文明の乱のころに廃絶したらしい。推定地では発掘調査が五回実施されており、寺院の北限の東西溝、小規模な南北方向建物跡、井戸、木棺墓などが検出されている。

参考文献 杉山信三『院家建築の研究』、一九八一、吉川弘文館。上村和直「院政と白河」(古代学協会・古代学研究所編『平安京提要』所収、一九九四、角川書店)。高橋昌明編『院政期の内裏・大内裏と院御所』、二〇〇六、文理閣。

(山田 邦和)

かんきょうこうこがく 環境考古学 過去の人間が生活を送った舞台(環境)を復原し、その環境と人間との相互作用を明らかにする考古学の一分野。主としてヨーロッパで発達し、第四紀学の諸分野、特に古生物学・動物学・植物学・地理学・土壌学などとの学際的研究が特徴。英国に環境考古学会があり、学会誌として*Journal of Environmental Archaeology*を刊行する。環境考古学が具体化したのは、十九世紀中ごろのデンマークのウォルソーやスティンストルップによる貝塚研究や、ラボックの英文によるその成果の紹介、ケラーによるスイス湖畔住居跡の報告などからであった。その影響を受けたE・S・モースも一八七七年(明治十)の大森貝塚の発掘の際に、古環境復元にも注意を払っている。実際に環境考古学が確立されたのは、一九五〇年代にロンドン大学考古学研究所に環境考古学科が設立され、年代学・動物学・植物学・土壌学の研究者が考古学研究に加わって以降である。一九六〇年代にはシカゴ大学のブレイドウッドらが、メソポタミアにおける農耕・牧畜の調査に、地質・動物・植物の専門家を加えて大きな成果を挙げたことも、環境考古学の確立に大きな寄与をなした。生態学が考古学へも影響を与えるようになると、人間と環境との相互作用を重視するようになり、それまで主流であった古環境復元だけでなく、自然環境と人間活動の相互作用のシステムを重視する生態考古学と呼ぶべき新しい分野に生まれ変わりつつある。日本では江上波夫が一九七六年(昭和五十一)に環境考古学を訳出し、その実践は、一九六二年に始まる縄文時代草創期から中期にかけての湿地性貝塚の福井県鳥浜貝塚の発掘で試みられた。しかし以後の発掘も含めて、個々の環境考古学の分析はばらばらで、その成果が考古学者、環境考古学者によって統合されることはなかった。環境考古学は考古学者が中心となって、関連諸分野の成果を統合したうえで、遺跡を中心とした環境復元や人間活動を解明することが要求される。

参考文献 松井章編『環境考古学マニュアル』、二〇〇三、同成社。安田喜憲編『環境考古学ハンドブック』、二〇〇四、朝倉書店。

(松井　章)

がんぎょうじ　元慶寺　陽成天皇の母后藤原高子が陽成天皇を出産したとき、建立した寺院。京都市山科区にあった。『三代実録』元慶元年(八七七)十二月の僧正遍照の上表文によれば、陽成天皇の安産祈願に遍照が祈りを捧げ、その結果元慶寺が建立されたことを記す。この上表文で正式に定額寺となり、度者三人を当てられ、さらに翌年二月には別当や三綱が置かれ、定額寺としての組織が整った。経済的な基盤としても、元慶年間(八七七―八五)に乙訓郡・宇治郡に官田や公田が当てられ、近江国高島郡の荒廃田も施入されたり、陽成天皇との関係もあって、朝廷の保護があった。その後、八九二年(寛平四)には『花山元慶寺式』が発布されて、僧侶で受戒してから六年間は元慶寺に住むことが定められた。花山天皇が藤原兼家の謀略で宮中から連れ出され、この寺院で出家したことは歴史上有名な事件。その後、次第に寺勢は衰え、室町時代の応仁の乱で焼失した。現在の元慶《がんけい》寺は江戸時代の安永年間(一七七二―八一)の建築である。

(土橋　誠)

がんごうじ　元興寺　七一八年(養老二)、平城京左京四・五条七坊に建設された寺院で、平城遷都に際して飛鳥寺を移転したもの。現在は奈良市中院町と芝新屋町に同名の寺院があり法燈を伝えている。塔跡・小塔院跡・極楽坊境内が国指定史跡。当初の寺域は興福寺の南に接し、東西約二五〇メートル、南北約五〇〇メートルの広大なものであった。七四九年(天平勝宝元)に定められた墾田地は二千町で東大寺の半分だが、大安寺・薬師寺・興福寺の倍であり寺格の高さが窺われる。伽藍は中門・金堂・講堂が南北に並び、回廊は中門から派生して講堂に取り付く。その北には食堂と鐘楼、その東西におのおの四列になる僧房と小子房が配される。伽藍の南東部には東塔院を構え五重塔を置き、それに対する南西部には小塔院を置く。小塔院の本尊は現在も元興寺に伝わる五重小塔(国宝)との意見もあるが定かでない。寺域の北半部には中院・温室院・大衆院などと称する付属施設があったこともわかっている。平安遷都とともに衰退を始め、一四五一年(宝徳三)の土一揆で金堂と小塔院が焼失した前後から境内に町屋

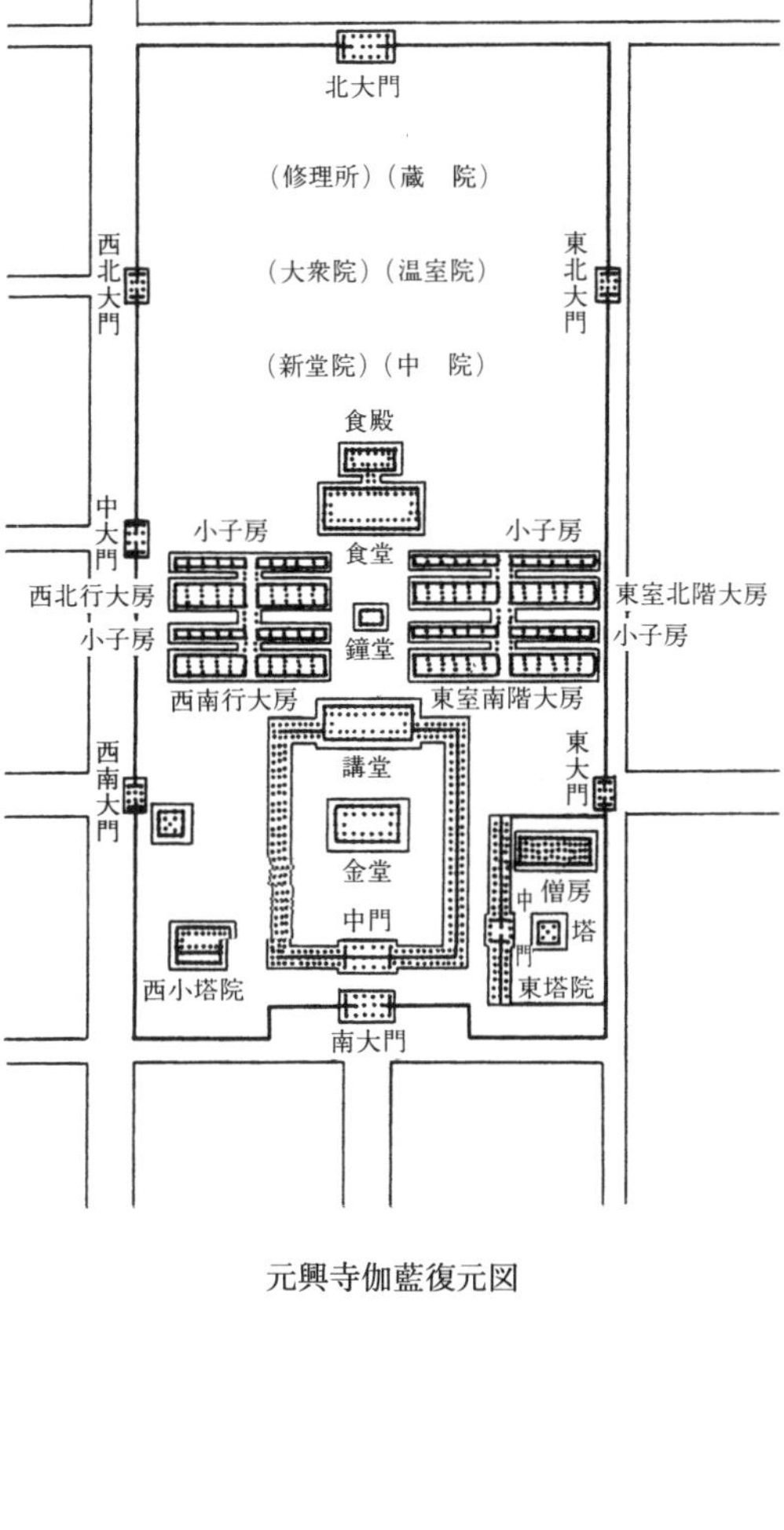

元興寺伽藍復元図

が進出し、景観が一変した。ただ、智光曼荼羅の信仰を中心に念仏道場となった極楽坊は、中世以降の元興寺の中心となり現在に至っている。創建時を知る建築遺構は僧房（東室南階大房、現在の禅室で国宝）の一部が残存しているだけだが、五重小塔に焼失した東塔の面影を偲ぶことが出来る。遺跡では東塔跡と小塔院の跡があり、奈良町に残る変則的な道路の痕跡が金堂の位置を教えてくれる。また発掘調査で、講堂や鐘楼のものと考えられる巨大な礎石が出土したほか、元興寺禅室に残されていた建築部材を年輪年代法で計測したところ、巻斗《まきと》の一つが五八八年以降ほどなくして伐採されたものであることが明らかとなった。さらに、平瓦や丸瓦にも明らかに飛鳥寺で出土したものと同一の技法や道具によって制作されたものがあり、飛鳥寺の移転は寺籍だけでなく、一部ながら建物も移築したことを資料の上から証明した。

参考文献　岩城隆利『元興寺の歴史』、一九九九、吉川弘文館。『大和古寺大観』三、一九七七、岩波書店。

（狭川　真二）

がんごうじごくらくぼう　元興寺極楽坊　鎌倉時代、元興寺僧房を改造して念仏道場とし、中世庶民信仰の中心地として栄えた寺院。奈良市中院町に所在。真言律宗。現称は元興寺。境内は国指定史跡。元興寺僧房に智光曼荼羅が奉られ浄土信仰が盛んとなり、一二四四年（寛元二）に僧房を改造して東向きの本堂（極楽堂・国宝）と禅室（国宝）に分離した。十三世紀から十七世紀にかけて庶民の納骨信仰の場として栄え、遺物には羽釜形の蔵骨容器や五輪塔形をした納骨容器が多数みられるほか、物忌札や千体仏、こけら経、印仏などがあり、現在は重要民俗資料の指定を受けている。中世から近世初頭には境内に墓地も形成され、五輪塔や板碑も残されている。江戸時代には幕府が朱印所としたため庶民の色は消え、明治維新を迎えて寺院を維持する経済基盤を失うと、一気に衰亡し荒廃した。昭和に入り辻村泰圓が住職となり、一九四三年（昭和十八）から始まった解体修理をはじめとする昭和の復興を経て甦り、一九九八年（平成十）には世界遺産に登録された。

資料館　元興寺総合収蔵庫（奈良市）

参考文献　『日本仏教民俗基礎資料集成』一―七、一九七六―八〇、中央公論美術出版。岩城隆利『元興寺の歴史』、一九九九、吉川弘文館。

（狭川　真二）

元興寺極楽坊本堂

がんごうじぶんかざいけんきゅうじょ　元興寺文化財研究所　文化財の保存処理・修復・調査・整理などを総合的に行う民間の研究機関。当初は奈良市の元興寺極楽坊本堂や禅室の解体修理および防災工事に伴う調査で出土した仏教民俗資料を調査研究する目的で、一九六一年（昭和三十六）に中世庶民信仰資料調査室を同寺境内に設置。一九六七年に文化財保護委員会（現在の文化庁）から財団法人元興寺仏教民俗資料研究所として認可を受け、一九七一年には日本育英会法の規定による研究所として文部大臣より指定を受けた。研究所内には人文・考古・保存科学の三部門が置かれ、特に保存科学部門は全国で出土した埋蔵文化財の保存処理を受託するようになって大きく発展し、一九七四年には奈良県生駒市に文化財保存処理センターを建設、一九七八年には財団法人元興寺文化財研究所と改名した。現在は埋蔵文化財だけでなく、古文書や民具、建築彩色資料の修復や点検も実施し、より総合的な形で文化財の保護と研究に努めている。

参考文献　元興寺文化財研究所編『要覧―創立二十周年のあゆみ―』、一九八七。

（狭川　真二）

かんごうしゅうらく　環濠集落　大和や山城南部など畿内の平野部を中心に分布する形態の集落で、その周囲を溝や水路などで囲繞することを特徴とする。これを広義に理解すれば寺内町や城下町も含まれることになるが、一般的には農村のみを指すことが多い。ほとんどの事例が条里地割の中に存在することから、形態的にはその方格地割の影響を受けており、集落の縁辺は条里の坪境や里境に置かれる場合が多い。面積は条里地割の一町から六町程度が一般的である。かつては条里制も含めてその源流を中国の隋唐に求め、「垣内式村落」とも呼ばれた。その後歴史地理学や文献史学の研究では、環濠は中世後半期において軍事・防御施設として出現するという考えが主流をなした。この説の根底には当該期における農民惣観念の高揚と、それによって惹起される荘園領主層との対立という構図があった。環濠集落とは屋敷地の集合体であり、これは歴史地理学的には集村という概念が適用される。現在では集落の環濠は集村の多くが有する一つの属性として認識されるのが一般的であり、かつての環濠集落の起源論は集村の起源論へと移行している。近年の発掘調査では、こうした集村化の画期が十三世紀前後にあることが判明しており、集落を囲う溝や集落内部の区画溝は、その出現と同時に集落に附随することが明らかとなっている。さらにその主たる機能については、軍事・防御的なものとみるより、灌漑施設と想定することが妥当と考えられる。軍事施設としての居館やそれを取り巻く堀は中世後半期に出現し、集落の一部にそうした区画が存在するか、それとやや離れた位置に半町四方程度の規模で置かれている事例が多い。集落全体が防御的な堀で囲まれていたというケースは、戦国時代後期において集落全体が惣堀で囲繞されるようになる城下町や寺内町などの例を除き、農村の実態としてはほとんど存在しなかったものと考えてよかろう。

参考文献 渡辺澄夫『(増訂)畿内庄園の基礎構造』上、一九六九、吉川弘文館。金田章裕『条里と村落の歴史地理学研究』、一九八五、大明堂。『中世集落と灌漑』(『大和古中近研究会研究資料』三、一九九九)。『琵琶湖集水域における中世村落確立過程の研究』(『琵琶湖博物館研究』調査報告二一、二〇〇四)。

(山川 均)

かんこざっちょう 観古雑帖 江戸時代後期の故実家であった穂井田《ほいだ》忠友《ただとも》による古代文物の図録。一帖。一八四一年(天保十二)九月二十五日の自序がある。穂井田は一八三三—三六年の間、奈良奉行のもとで正倉院《しょうそういん》の古文書を調査した経歴を有している。『観古雑帖』には、玉箒野生の図をはじめ、法隆寺蔵沈水香刻字、正倉院蔵壺鉢銘、正倉院蔵天平勝宝八歳具注暦、法隆寺蔵百万塔中刻版経、正倉院蔵新羅墨、中宮寺《ちゅうぐうじ》蔵天寿国曼荼羅繡銘、東大寺蔵菅野真道墨跡、法隆寺蔵摩耶夫人像、東大寺蔵伊賀国柘植郷長解文(田券)の十点が収められている。それぞれ精巧に描写、版刻されており、忠友の解説が付されている。冒頭に東大寺(正倉院)宝物玉箒・辛鋤の図が添えられていたようで、一九二八年(昭和三)、同じく穂井田忠友の『埋麝発香《まいじゃはっこう》』などとともに正宗敦夫編『日本古典全集』第三期に収められた際にはそれらが併載されている。なお『観古雑帖』の目次には初編とあるが二編以降は刊行されなかったようである。→穂井田《ほいだ》忠友《ただとも》

(早川 万年)

かんざし 簪 髪飾りの一種。語源は定かでないが、『万葉集』『日本書紀』などにみえる挿頭花《かざし》と同様、「かみさし(髪挿)」からくるといわれる。簪の祖型は、中国から伝わった二叉の釵《さ》(簪)で、これを釵子《さいし》と呼んで、唐風の結髪《けっぱつ》が行われた奈良時代ごろに、高髻《こうけい》に挿して飾りとした。二本足の簪の遺品は、頭部に飾りが付いた木製漆塗のものが出土しているほか、孝謙天皇所用と伝えられる銀製雲形釵子《ぎんせいくもがたさいし》(法隆寺献納宝物・東京国立博物館蔵)が有名である。平安時代にはいると、女性は髷《まげ》を結わず後ろに長く垂らした垂髪《すいはつ》を基本とするようになるため、簪をはじめとする装身具は衰退する。京都の稲荷山経塚ほかから頭部に耳かきが付いた棒状金属製品が出土しているが、これらが女性の頭髪を飾るための装身具であったかどうかは定かでない。簪が広く女性の間に流行するのは、結髪が一般化し、頭上に髷を整える髪型が複雑に展開する江戸時代からである。櫛《くし》・笄《こうがい》・簪などの髪飾りは、変化する髪型とともに、女性の装いを彩った。「かんざし」の語は、井原西鶴の『好色一代女』(一六八六年(貞享三)刊)にみられるのが早い例で、画中資料としては、菱川師《ひしかわもろ》宣《のぶ》の見返り美人図などの初期の浮世絵美人に、多くはないが小振りの質素な簪が描かれる例がある。しかし、簪が広く庶民にまで一般化するのは宝暦年間(一七五一—六四)ごろからといわれ、これ以降、簪の形状は多様となり、頭部に耳かきを付けた形式を基本として、玉簪《たまかんざし》・平打簪《ひらうちかんざし》・花簪・びらびら簪・変わり簪などが発達した。季節感や文学的情趣、吉祥の意味や遊び心を添えた装飾や、技巧を凝らしたものが喜ばれ、素材には金銀などの金属、鼈《べっ》甲《こう》、象牙、ガラス、木、竹のほか骨、角、珊瑚《さんご》、玉《ぎょく》などが用いられた。幕府は、数回にわたる禁令により、金銀や大型の鼈甲、精巧な花簪などに制限を加えて奢侈を戒めている。明治以降は、プラチナ、セルロイドなど新素材によるものも登場するが、日本髪の衰退により廃れていった。

参考文献 岩瀬百樹『歴世女装考』(『日本随筆大成』一期六)。生川春明『近世女風俗考』(同一期三)。江馬務『装身と化粧』(『江馬務著作集』四、一九七六、中央公論社)。

(日高 薫)

かんし 干支 十干十二支のこと。六十進法に基づき日月年を表すもので、支は時刻・方位にも配される。十干(甲《こう》乙《おつ》丙《へい》丁《てい》戊《ぼ》己《き》庚《こう》辛《しん》壬《じん》癸《き》)はもと旬日十日の、十二支(子《ね》丑《うし》寅《とら》卯《う》辰《たつ》巳《み》午《うま》未《ひつじ》申《さる》酉《とり》戌《いぬ》亥《い》)は十二月の名称で、両者を組み合わせ日を表す干支紀日法が殷代の甲骨文に見られる。戦国時代に仮想天体の太歳《たいさい》の位置で年に支を割り付ける太歳紀年法が起こり、秦漢移行期ごろに干支紀年法に発展した。漢代以後の暦法は干支を数字化した大余を用いて暦日を計算する。また漢易では干支が卦爻《かこう》と複雑に結びついて神秘性を深め、支に十二獣(鼠牛虎兎竜蛇馬羊猿鶏犬猪)をあてるのも一世紀の『論衡《ろんこう》』が初見とされる。弥生・古墳時代の遺構より出土する鏡には十二支が見られ、倭人社会には大陸からの移住者や外交により干支が持ち

乙丑年(天智天皇4年)12月三野国ム下評木簡(明日香村石神遺跡出土)

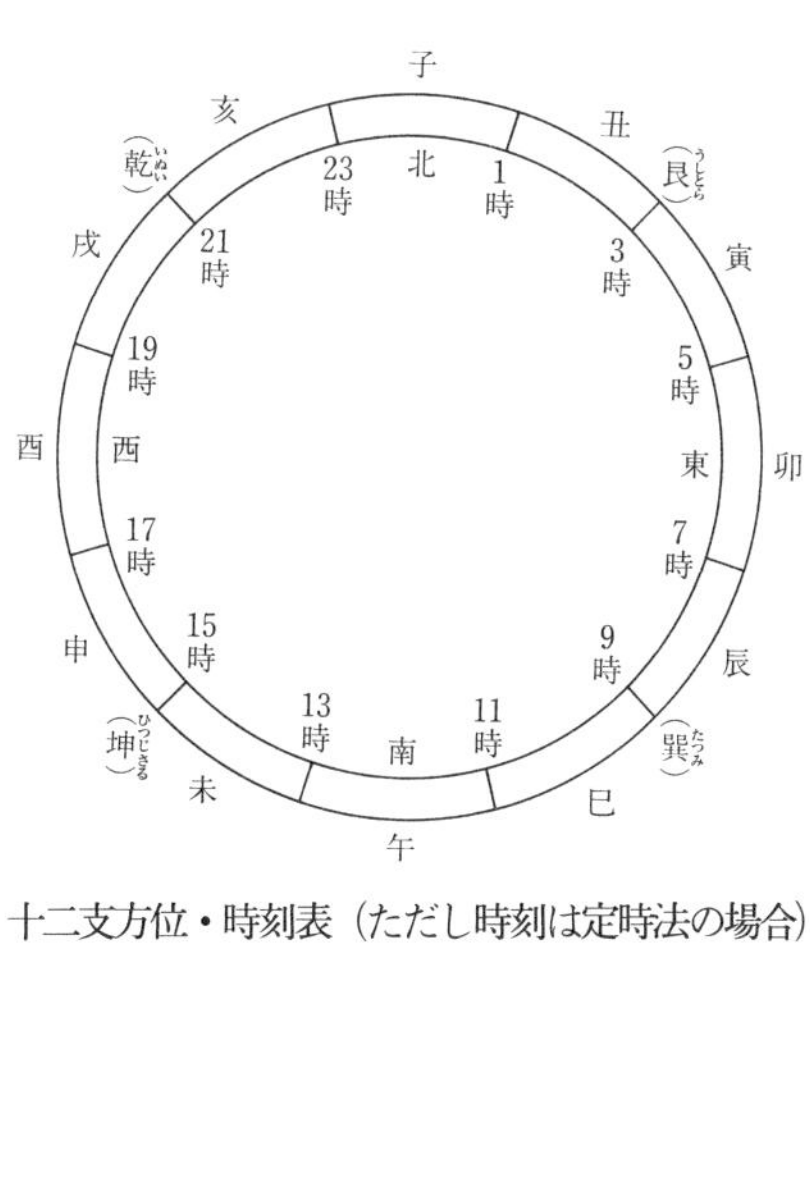

十二支方位・時刻表(ただし時刻は定時法の場合)

干支表

0 甲子《きのえね》	10 甲戌《きのえいぬ》	20 甲申《きのえさる》	30 甲午《きのえうま》	40 甲辰《きのえたつ》	50 甲寅《きのえとら》
1 乙丑《きのとのうし》	11 乙亥《きのとのい》	21 乙酉《きのとのとり》	31 乙未《きのとのひつじ》	41 乙巳《きのとのみ》	51 乙卯《きのとのう》
2 丙寅《ひのえとら》	12 丙子《ひのえね》	22 丙戌《ひのえいぬ》	32 丙申《ひのえさる》	42 丙午《ひのえうま》	52 丙辰《ひのえたつ》
3 丁卯《ひのとのう》	13 丁丑《ひのとのうし》	23 丁亥《ひのとのい》	33 丁酉《ひのとのとり》	43 丁未《ひのとのひつじ》	53 丁巳《ひのとのみ》
4 戊辰《つちのえたつ》	14 戊寅《つちのえとら》	24 戊子《つちのえね》	34 戊戌《つちのえいぬ》	44 戊申《つちのえさる》	54 戊午《つちのえうま》
5 己巳《つちのとのみ》	15 己卯《つちのとのう》	25 己丑《つちのとのうし》	35 己亥《つちのとのい》	45 己酉《つちのとのとり》	55 己未《つちのとのひつじ》
6 庚午《かのえうま》	16 庚辰《かのえたつ》	26 庚寅《かのえとら》	36 庚子《かのえね》	46 庚戌《かのえいぬ》	56 庚申《かのえさる》
7 辛未《かのとのひつじ》	17 辛巳《かのとのみ》	27 辛卯《かのとのう》	37 辛丑《かのとのうし》	47 辛亥《かのとのい》	57 辛酉《かのとのとり》
8 壬申《みずのえさる》	18 壬午《みずのえうま》	28 壬辰《みずのえたつ》	38 壬寅《みずのえとら》	48 壬子《みずのえね》	58 壬戌《みずのえいぬ》
9 癸酉《みずのとのとり》	19 癸未《みずのとのひつじ》	29 癸巳《みずのとのみ》	39 癸卯《みずのとのう》	49 癸丑《みずのとのうし》	59 癸亥《みずのとのい》

(数字は大余番号、振り仮名はえと)

込まれたと考えられる。隅田八幡宮《すだはちまんぐう》人物画象鏡には「癸未年(四四三年?)」の銘があり、稲荷山古墳《いなりやまこふん》出土鉄剣銘「辛亥年七月中記」から四七一年のヤマト政権が干支紀年法を使用したことは確実である。さらに陽胡史祖玉陳《やごのふひとのおやたまふる》の暦法修得や天寿国繡帳《てんじゅこくしゅうちょう》、法隆寺《ほうりゅうじ》金堂釈迦三尊像光背銘などは、七世紀初頭前後の推古朝における干支紀日・紀年法の普及を窺わせる。木簡によれば大宝律令制定(七〇一年)以前の年紀は干支で記され、その後も年号を主としながら併用され、室町幕府の朝鮮宛外交文書では干支年(竜集)が使われた。十世紀初めごろに日本で生まれた通称「えと」は、五行説《ごぎょうせつ》で十干に五行(木火土金水)を配し兄《え》・弟《と》(正確には女弟、『五行大義《ごぎょうたいぎ》』二)とすることに由来し、甲《きのえ》・乙《きのと》・丙《ひのえ》・丁《ひのと》・戊《つちのえ》・己《つちのと》・庚《かのえ》・辛《かのと》・壬《みずのえ》・癸《みずのと》と呼ぶ。以後流行する陰陽道は五行説に基づき、干支を媒介に時間の循環と方位を結びつけて種々の占いや禁忌を行なった。また九〇一年(昌泰四)に文章博士三善清行《みよしきよゆき》が六甲(六十年)を一元、二十一元を一蔀《ほう》として、一蔀ごとに大変革が起こると主張し延喜と改元されて以来、辛酉・甲子年に改元する革命・革令説が、近世末まで行われた。

参考文献 藪内清『(増補改訂)中国の天文暦法』、一九九〇、平凡社。川原秀城『中国の科学思想』、一九九六、創文社。大谷光男『東アジアの古代史を探る』、一九九九、大東文化大学東洋研究所。

(細井　浩志)

かんじざいおういん　観自在王院　平安時代後期の阿弥陀堂。岩手県西磐井郡平泉町所在の国特別史跡。奥州藤原氏二代基衡《もとひら》妻の建立とされる(『吾妻鏡』文治五年九月十七日条、「寺塔已下注文」)。同じく基衡の建立になる毛《もう》越《つう》寺に隣接する位置関係から、本来は基衡の邸宅であったものを未亡人の意志によって阿弥陀堂に改めたとする説が、藤島亥治郎により提起され、論争を呼んでいる。堂内の四壁には、「洛陽霊地名所」(石清水八幡放生会《ほうじょうえ》・賀茂祭・鞍馬・醍醐桜会・宇治平等院・嵯峨・清水)が図絵されて、遠く離れた京都の風情を伝えていた。境内には小阿弥陀堂が併設されていた。境内西側を走る大路には、「数十宇車宿《くるまやどり》」(牛車の格納庫)が設置されていた。南大門を出た大路の両側には、「数十町」に及ぶ「倉町」が造り並べられ、「数十宇高屋(宝蔵)」が建てられていた。一九五四—三〇年、七二—七七年に発掘・調査が行われ、堂宇・園池・車宿等の遺構が検出されている。

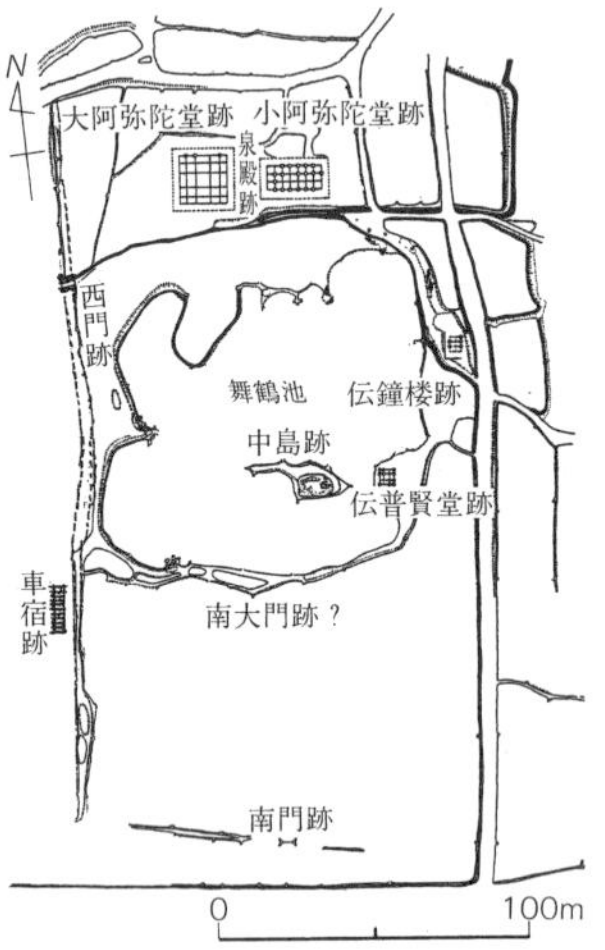

観自在王院遺構図

参考文献 藤島亥治郎編『平泉—毛越寺と観自在王院の研究』、一九六一、東京大学出版会。『特別史跡観自在王院跡整備報告書』、一九七九、平泉町。藤島亥治郎『平泉建築文化研究』、一九九五、吉川弘文館。

(入間田宣夫)

かんしつかん　乾漆棺　⇩夾紵棺《きょうちょかん》

かんしつぞう　乾漆造　漆で貼り重ねた麻布《まふ》の上に、漆に挽粉《ひきこ》や繊維質の繋ぎを混ぜ合わせた乾漆を盛って塑形する技法。大陸から伝えられた技法で、中国では夾紵《きょうちょ》と呼ばれ、奈良時代のわが国の文献には即《そく》・塞《そく》の名で登場するが、わが国では主に仏像などの仏教彫刻の製作技法としての認識が強い。わが国の仏教彫刻に用いられたこの技法をもう少し詳しくみていくと、脱活《だっかつ》(脱《だつ》)乾漆造と木心《もくしん》乾漆造の二つに大別される。前者は七世紀後半から遺品が確認でき、まず木製の心木を組んで土で概形を造り、その上に麻布を漆で貼り重ねた段階で、背面などを切り開いて内部の土を除去して(さらに心木も一旦除去し、代わりに像の形を保持する心木を組み入れるという見解も出されているが、詳細は明らかではない)内部を空洞にし、開口部を縫い合わせて張り子状の像を造る。その後、この像の表面に乾漆を盛り上げ細部の塑形を行い、黒漆を塗った上で漆箔《しっぱく》を押したり、彩色を施したりして完成する。この種の遺品としては、七世紀第Ⅳ四半期ころに造られたとみられる奈良県当麻寺四天王像が最古例で、以後八世紀末まで仏像の主要な造像技法となっていた。一方、八世紀半ばころから遺品がみられる後者の技法は、木材で概形を造り、これを心木として麻布を漆で貼って、その上に乾漆を盛り上げていく技法である。内部の心木の根幹部を、一材から造る場合も、また複数材で造る場合もある。この技法の代表作としては、八世紀半ばころの作とみられる奈良県聖林寺十一面観音像が挙げられる。九世紀初頭ころまで仏像製作の主要技法の一角を占めており、また平安時代初期の木彫像の中にはこの造像技法の影響を強く受けているものも認められる。なお、乾漆造は、飛鳥・奈良時代に盛行する技法であるが、鎌倉時代になると新たな大陸からの影響を受けて脱活乾漆造の技法も一部復活する。

参考文献　久野健『乾漆仏』(『日本の美術』二五四、一九八七、至文堂)。本間紀男『天平彫刻の技法』、一九九八、雄山閣出版。　　(根立　研介)

かんじゅじ　勧修寺　京都市山科区にある真言宗山階派の寺院。「かじゅうじ」とも読む。草創については不明な点もあるが、『類聚三代格』延喜五年(九〇五)九月二十一日付の太政官符によれば、醍醐天皇の母后藤原胤子が醍醐天皇を守らんがため、建立を始めた。その後、胤子が崩じたことにより、弟の右大臣藤原定方が胤子追善のため、事業を引き継いで延喜年間(九〇一—二三)に完成させた。そして、この九〇五年になって、正式に太政官符によって定額寺に列せられたのである。山科の地が選ばれたことについても、『勧修寺縁起』では、胤子や定方の母親が山城国宇治郡大領の宮道弥益《みやじのいやます》の娘であり、宮道氏の邸宅のあった場所に寺院を建立したとしている。もとより、伝承の域をでないが、一つの可能性はあろう。勧修寺はその後定方の子孫が管理し、その官位第一の者を「勘修寺長者」として、一族の結束を固めた。藤原氏の中でも、勧修寺流と呼ばれる門流が成立し、この系統の藤原氏を勘修寺家という。また、勘修寺の開山には東大寺の承俊律師を迎えて法要を行なった関係もあり、承俊の弟子済高が初代の別当職(長吏)に任じられた。その後、代々の長吏は勧修寺家の任命するところとなり、勧修寺家の氏寺として隆盛を極めた。特に、八代長吏寛信は興福寺別当も兼ね、摂関家にも大きな影響力を持った。勧修寺の草創時の堂塔についてもよくわかっていない。『勧修寺旧記』には、御願堂、御塔、本堂などの名前がみえる。大きな寺院であるため、九〇五年に一度に完成したものではなく、徐々に堂塔も増えていったようである。灌頂堂が醍醐天皇の御願であるのに対して、薬師堂は一条天皇の御願で一〇〇七年(寛弘四)に落慶法要が行われ、関白藤原頼通も列席した。寺領も「保元三年(一一五八)山城国勧修寺領田畠検注帳案」によれば、中心は勧修寺周辺の二百五十四町の田畑であるが、最盛期には山城国内だけでなく、大和、河内、伊賀、尾張、三河、甲斐、武蔵、近江、美濃、加賀、越中、美作、備前、淡路の二十ヵ所に及んでいた。応仁の乱後、所領が散逸し、勧修寺境内も荒れるようになった。太閤検地以後は、その支配地も鎮守八幡宮の宇治郡十一郷および安祥寺周辺の山科七郷に限られるようになった。

参考文献　橋本義彦「勧修寺流藤原氏の形成とその性格—古代末期中流貴族の一典型として—」(坂本太郎博士還暦記念会編『日本古代史論集』下所収、一九六二、吉川弘文館)。　　(土橋　誠)

かんじょ　漢書　中国の史書。後漢の班固《はんご》著。百巻。八二年ころ成立。前漢王朝の成立から王莽《おうもう》政権の滅亡までの歴史を記す。紀(皇帝の年代記)・表(各種年表)・志(地理、官制など分野ごとの歴史)・列伝(個人の伝記)に分かれた全体の構成と、前漢前半期の記述は、基本的に『史記』を踏襲する。著述は班固の父班彪《はんぴょう》によって計画され、班固が後漢の明帝の公認の下で編纂を続け、彼の死後、妹の班昭《はんしょう》によって完成された。詔勅など原史料を活かした詳細な記述と、儒教的色彩の強い端正な文章により、『史記』と並ぶ史書の名著とされる。以後中国の史書は『漢書』にならって、王朝ごとに編纂されるようになった。なお、地理志には「楽浪《らくろう》海中に倭人あり、分かれて百余国と為る」という記事があり、日本に関する最古の文献史料として知られている。唐代、顔師古《がんしこ》の注釈が有用。現在標準的なテキストは、『漢書』(一九六二、中華書局、全十二冊)。

参考文献　小竹武夫訳『漢書』一—八(『ちくま学芸文庫』、一九九七—九八、筑摩書房)。　　(佐原　康夫)

かんじょういた　巻数板　大般若経《だいはんにゃきょう》や仁王般若《にんのうはんにゃ》波羅蜜多《はらみた》経《きょう》などの経典を記した護符・祈禱札。「かんずいた」ともいう。巻数は年頭の修正会《しゅしょうえ》や仁王会、大般若会などの国家安泰、天変地異・疫病除災などを祈念する法会に読誦された経典の目録を記した文書を指し、依頼者に祈念の証として花枝に添えて御札とともに届けられた。こうした法会は、中世には次第に領主や村落、個人など広く民間に広がり、巻数や御札が護符・祈禱札として認識されるようになり、それに伴い真読《しんどく》から転読《てんどく》へと簡素化した様子がうかがわれる。金沢市堅田B遺跡(館)の堀から、吊す孔をもつ、般若心経の全文を記した二枚の板が出土している。「建長第三　正」、「弘長参年正月八日」銘をもち、前者には、加えて書写・講読した経文の目録も記される。この出土例が、『色部《いろべ》氏年中行事』にある、越後の国人領主色部氏が正月八日の修正会結願に際し、般若心経を記した板を当主みずから館の門にかける儀式「巻数板つり」に比定される。絵画資料では、鎌倉時代に成立

巻数板(『法然上人絵伝』より)

した『一遍聖絵』『北野天神縁起絵巻』『法然上人絵伝』などに館や屋敷の門に張った縄に吊された巻数板が描かれる。民俗例では、「カンジョウガケ」「カンジョウツリ」と呼ばれる、村の入り口に縄を掛けそれに「シンギョウイタ」「カンジョウイタ」や木枝、わら細工などのツリ物をする習俗があり、それらが絵画資料と共通することが指摘されている。御札は、戦国時代以降、たとえば高知県芳原城堀出土「ジニャ(種字)奉転読大般若経□一部明応二年　七月」のように、特に万能の功徳が信じられた大般若経転読の御札の出土例が増加する。そのなかには、福井市一乗谷朝倉氏館堀出土例のように、頭部に釘穴をもち文字が浮き上がり、長く屋外に貼り付けられたことを示す例もある。『色部氏年中行事』や民俗例では「蘇民将来」信仰とも結合しており、出土状況とともに、館・屋敷や村の境界を結界し、その除災招福・家内安全・五穀豊穣などを祈願する機能を示している。

参考文献　中野豈任『祝儀・吉書・呪符』(『中世史研究選書』、一九八八、吉川弘文館)。渋沢敬三・神奈川大学日本常民文化研究所編『(新版絵巻物による)日本常民生活絵引』、一九八四、平凡社。金沢市埋蔵文化財センター編『堅田B遺跡発掘調査概報』、一九九九。
（小野　正敏）

がんじょうじゅいん　願成就院　静岡県伊豆の国市寺家《じけ》にある真言宗寺院。独立丘陵守山の東裾に位置する。国指定史跡。行基開創の伝承をもつ古刹で、本尊阿弥陀如来。一一八九年(文治五)、源頼朝の奥州攻めの大願成就を祈って北条時政が再建。体内銘札から、それに先立つ一一八六年、時政が壇越となって仏師運慶に不動明王・毘沙門天像などを造らせたことが知られる。発掘調査の結果、現本堂から宝物館にかけて東向きの大御堂が確認され、その南に南新御堂と南塔(南塔は整備がなされている)が確認された。これらの堂塔の前面には南北約一五〇メートル、東西約一〇〇メートルの浄土庭園が想定されている。一四九一年(延徳三)(一四九三年(明応二)とする説もある)に足利茶々丸《あしかがちゃちゃまる》が伊勢長氏(北条早雲)に攻められ、ここで自害したと伝えられる。境内に北条時政や足利茶々丸の墓がある。運慶作と推定される木造阿弥陀如来坐像、木造不動明王及二童子立像・毘沙門天立像はいずれも重要文化財。木造地蔵菩薩坐像と木造阿弥陀如来坐像は県指定文化財。

参考文献　『静岡県史』通史編二、一九九七。
（佐藤　正知）

かんじょうふだ　勧請札　⇩巻数板《かんじょういた》

かんしんじ　観心寺　大阪府河内長野市にある高野山真言宗の寺院。山号は檜尾《ひのお》山。寺伝では役小角《えんのおづの》による創建で当初は雲心寺《うんしんじ》と称した。東寺と高野山の中継地点として空海と弟子実恵《じちえ》、さらにその弟子真紹《しんじょう》らによって伽藍の整備が進められて観心寺と改称、八六九年(貞観十一)に定額寺となった。その後南朝の勅願寺となり一三五九年(正平十四)から翌年にかけての十ヵ月間、塔頭惣持《たっちゅうそうじ》院に後村上天皇の行宮が置かれ、塔頭中院《ちゅういん》も楠木家の菩提寺となった。所蔵文書は後醍醐・後村上天皇綸旨、北畠《きたばたけ》親房《ちかふさ》や楠木正成《くすのきまさしげ》・正行《まさつら》自筆文書など南朝関係文書を多数擁するが、『観心寺縁起資財帳』(『観心寺勘録縁起資財帳』とも。八八三年(元慶七)成立、国宝)をはじめ平安時代にさかのぼるものもある(『大日本古文書』家わけ六『観心寺文書』、江戸時代以降の文書は一部が写本として東京大学史料編纂所に架蔵)。本尊で秘仏の彩色の如意輪観音像(国宝)は弘仁・貞観文化を代表する仏像で、これを含め『資財帳』と照合できる仏像が計四体現存する。十四世紀後半に造られた金堂(国宝)は、和様・大仏様・禅宗様の諸様式を採り入れた折衷様の代表的遺構に数えられている。境内にはその他、後村上天皇の陵墓(檜尾陵)をはじめ訶梨帝母天堂、建掛塔、書院(いずれも重文)や正成首塚などがあり、現在国史跡に指定されている(史跡観心寺境内)。なお本寺旧蔵の戊午年(六五八年＝斉明天皇四年)銘光背が根津美術館に所蔵されている。銘文は亡夫らの追善のため「弥陀仏像」を造像したという内容で、阿弥陀信仰の早い実例とされている(観心寺阿弥陀如来像銘)。本寺も雲心寺時代の白鳳—奈良時代にさかのぼる金銅仏を四体所蔵している。

参考文献　奈良国立文化財研究所飛鳥資料館編『飛鳥・白鳳の在銘金銅仏』、一九七九、同朋舎。『大阪府の地名』II(『日本歴史地名大系』二八、一九八六、平凡社)。『大阪府史』二、一九九〇。
（須原　祥二）

かんすぼん　巻子本　書物の装丁方法の一種で、料紙を横に長く貼り継ぎ、その左端から巻き取ったものである。巻物ともいう。多くの場合、末に木や象牙、あるいは金属製の軸があり、漆を塗ったものや蒔絵を施したものなどもある。首には紙や布製の表紙が付けられている。さらに表紙の端には、巻子本を巻くための紐、細い押え竹(八双という)が加えられている。平安時代末期の一一六四年(長寛二)に作られたいわゆる『平家納経』(広島県厳島神社所蔵)は、表紙や軸などに豪華な趣向を凝らした巻子本としてよく知られている。奈良時代から鎌倉時代までの書跡の遺品にはこの形がよく見られる。

参考文献　藤本孝一『明月記—巻子本の姿—』(『日本の美術』四五四、二〇〇四、至文堂)。杉浦克己『書誌学』、二〇〇三、放送大学教育振興会。
（安達　直哉）

かんぜおんじ　観世音寺　天智《てんじ》天皇が筑紫《つくし》で没した母帝斉明《さいめい》天皇の追善のために発願建立した寺。福岡県太宰府市観世音寺所在。「観世音寺境内および子院《しいん》跡」として国史跡指定。大宰府政庁《だざいふせいちょう》の東に位置し、方三町を占めた。寺としての完成は、七四六年(天平十八)とされるが、瓦の出土状況から主要な伽藍《がらん》は八世紀初頭までに整備されていた可能性も指摘されている。創建時の伽藍配置は、現存する塔・金堂・講堂などの礎石《そせき》群および発掘調査の成果と九〇五年(延喜五)の『観世音寺資財帳』(東京芸術大学所蔵)・室町時代書写の「観世音寺絵図」(観世音寺所蔵)を照合することでおおむね復元することができる。その配置は、東に塔、西に金堂、北に講堂を配し、講堂と中門を回廊で結ぶ法起寺《ほっきじ》式の配置をとるが、金堂が東面する点が特異で近江の崇福寺《すうふくじ》や陸奥《むつ》の多賀城廃寺《たがじょうはいじ》とともに観世音寺式とされる。これまでに金堂・講堂・塔・僧房・南門・回廊跡などの発掘調査が行われ、金堂・講堂の再建や基壇《きだん》拡張など個々の建物の変遷も明らかにされている。七六一年(天平宝字五)には、西海道《さいかいどう》の僧尼が受《じゅ》戒《かい》する戒壇《かいだん》が置かれ、奈良の東大寺《とうだいじ》・下野《しもつけ》の薬師寺《やくしじ》とともに天下の三戒壇と称された。さらに九世紀初め、西海道管内の僧尼・寺院を監督する講師・読師が置かれ、「九国二島之僧統《そうとう》」としての役割を担った。十一世紀以降、大宰府の衰退やたび重なる火災・大風により衰微し、やがて一一二〇年(保安元)ごろ奈良東大寺の末寺となる。鎌倉時代に入り興隆期を迎え、盛時には四十九の子院を擁したとされる。これまでに学業寺《がくぎょうじ》・金光寺《こんこうじ》などの推定地の発掘調査が行われ、その実態が解明されつつある。寺勢は再び南北朝を境に衰えをみせ、一五八六年(天正十四)の島津勢の兵火により建物や寺宝の多くは失われた。その後、十七世紀、黒田藩主などにより金堂・講堂・戒壇院が再建され、現在の寺容に至っている。

資料館　観世音寺宝蔵(福岡県太宰府市)

参考文献　『太宰府市史』、一九九二-二〇〇五。高倉洋彰『大宰府と観世音寺』、一九九六、海鳥社。九州歴史資料館編『観世音寺』、二〇〇五-〇七、九州歴史資料館。　(松川　博一)

がんせんじ　**岩船寺**　京都府相楽《そうらく》郡加茂《かも》町にある真言律宗の寺院。山号は高雄山《こうゆうざん》。地理的には平城京郊外北東に位置する。江戸時代初期頃成立の『岩船寺縁起』では七二九年(天平元)聖武天皇の発願により行基が建立したと伝えるが詳細は不明である。寺名の初見は、寺の周辺に存在する不動明王立像の磨崖仏の弘安十年(一二八七)刻銘「岩船寺」である。最盛期には三十九の坊舎を数えていたが、承久の変(一二二一年)やその後の兵火により大半が焼失、衰退した。のち江戸時代初期に復興。本尊の阿弥陀如来座像は、九四六年(天慶九)銘。剥落がはげしいが金箔、朱塗りの衣である。ほかに平安後期作の普賢菩薩騎象像がある。また境内には、一四四二年(嘉吉二)建立の三重塔、一三一四年(正和三)の十三重石塔、一三一二年(応長二)銘の不動明王立像のある石室(以上、重要文化財)等がある。また寺の周辺や浄瑠璃寺への山道には笑い仏と呼ばれる阿弥陀三尊磨崖仏はじめ、鎌倉時代と推定される多数の石仏、磨崖仏がある。→浄瑠璃寺《じょうるりじ》

参考文献　『加茂町史』一・四、一九八四・九七。『大和古寺大観』七、一九七八、岩波書店。　(榎　英一)

かんだかせい　**貫高制**　貫高とは、銭貨の量(貫文単位)で表示された土地の価値をいうが、この貫高を百姓の年貢・諸役負担、家臣の軍役負担などの基準量とする制度を貫高制とよび、近世の石高制に対比される戦国大名の支配制度の一つとして位置づけるのが、研究史上の通説的な使用方法である。貫高が何に由来するのかは明らかではないが、年貢の代銭納と、室町幕府の将軍―守護、守護―国人間の知行充行、軍役賦課のために徐々に形成されてきたものとされる。この代銭納年貢額と公田面積をもとにした所領の貫高表示方式は、戦国大名にも引き継がれ、貫高制は、年貢収取と軍役収取を統一的に実現するための基準高として設定された戦国大名の家臣団と領民支配の基軸となる政策と位置づけられた。特に後北条氏領国では、田地一反五百文、畠地一反百六十五文を標準年貢高として面積をかけることで貫高が算出され、年貢収納額は貫高から若干の免を引いた額であり、給人の軍役も貫高から一定の免高を引いた知行役高に対して賦課された。さらに大名は田地貫高を基準に全領国一律に段銭賦課を行うなど、貫高制が最も整備されていたことが明らかにされている。また後北条氏領国では、実際に収める年貢の形態は、銭だけに限らず、一定の換算値で多様な物を収めており、軍役についても、多様な軍役の内容・量が貫高に応じて決定されていたとされ、貫高の統一的基準値としての性格が指摘されている。こうした貫高制を確実に行うには検地による大名の土地把握が不可欠であるが、自立性の強い国人や有力家臣領に対してこれを実現することは困難であり、同じように所領が貫文表示されていても、その内容は地域的差違がきわめて大きいといえる。また、後北条氏のような整備された貫高制はむしろ特殊例であり、多くの戦国大名では、特に貫高と年貢収取額との関係は多様であって、主として軍役賦課基準として機能していたとされる。

参考文献　則竹雄一『戦国大名領国の権力構造』、二〇〇五、吉川弘文館。　(久留島典子)

かんだじょう　**神田城**　⇒那須神田城《なすかんだじょう》

かんだじょうすい　**神田上水**　玉川上水とともに江戸の代表的な水道施設。井の頭池(東京都三鷹市)を水源とし、善福寺川、妙正寺川さらに玉川上水からの助水と合流し、文京区関口に設けた大洗堰《おおあらいのせき》で取水し、余水は神田川(江戸時代は中流を江戸川、下流を神田川と呼称)となる。上水は小日向台《こひなただい》下を通り、常陸水戸藩徳川家上屋敷の泉水(後楽園《こうらくえん》)に給水し、水道橋から神田川に沿ってお茶の水坂を東進し、途中掛樋《かけひ》で江戸城外堀(神田川)を渡り、神田、日本橋方面に給水されていた。一五九〇年(天正十八)徳川家康《とくがわいえやす》が江戸入府に際し、良質の飲料水を得る目的で、大久保藤五郎忠行《おおくぼとうごろうただゆき》に命じて開削させたといわれているが、開発者や創設起源については諸説があり定かではない。一九八七(昭和六十二)・八八年に発掘された水道橋際の石樋《せきひ》の規模は、内法上部一・五メートル、下部一・二メートルで、梯子《はしご》胴木《どうぎ》の上に三段から四段の石垣石を積み、蓋石を載せたものである。底石は敷設されていなかった。十九世紀前半の改修時のものと推定され、移築復元されている。

資料館　東京都水道歴史館(東京都文京区)

参考文献　東京市編『東京市史稿』上水篇一、一九一九。文京区神田上水遺跡調査団編『神田上水石垣遺構発掘調査報告書』、一九九一。　(亀田　駿一)

かんだみょうじん 神田明神 江戸の総鎮守として信仰された神社。東京都千代田区外神田に所在。一八七二年(明治五)に神田神社と改称。祭神は大己貴命《おおなむち》・少彦名命《すくなひこな》・平将門。天平年間(七二九―四九)に豊島郡芝崎《しばざき》村に鎮座し、慶長年間(一五九六―一六一五)に駿河台へ、さらに一六一六年(元和二)に現在地に移転したという。徳川家康は関東に入部した一五九一年(天正十九)に社領三十石を与え、秀忠は武州の総鎮守として信仰した。また、市街の発展に伴って、京橋と日本橋の一部、神田・下谷の大半が氏子町となった。こうして、神田明神は江戸城内の将軍の産土《うぶすな》神である山王権現とともに江戸の大社として並び称されることとなった。また祭礼(神田祭)は、行列が江戸城内に入って将軍家の台覧を得たため、天下祭と称され、一六八一年(天和元)以降は山王祭と隔年で行われた。

(岩淵 令治)

かんでん 乾田 ⇩水田《すいでん》

かんでんあん 菅田庵 江戸時代、松江藩につくられた茶室。島根県松江市街の北東部、松江市菅田町に所在。国指定史跡名勝・重要文化財。松江藩松平氏初代の直政から家老有沢織部直玄が拝領した広大な敷地の山荘に、六代有沢宗意(弌善《かずよし》)の時、第七代藩主となる松平治郷(不昧)の指図によって一七九〇年(寛政二)ごろ菅田庵と御風呂屋が、治郷の弟雪川(瓢庵)の好みで向月亭と庭がつくられた。藩主が鷹狩りなど山遊びの帰途、御風呂屋の蒸し風呂で汗を流したあと、石段を下りて菅田庵または向《こう》月亭《げってい》の茶席に入るという建物配置になっている。菅田庵は茅葺きの入母屋造り。破風に不昧筆の陶製丸額の「菅田庵」を掲げ、その下は柿葺《こけらぶ》きの庇。茶室は一帖台目中板で、中板に中柱が立ち、炉は隅切り。洞床《ほらどこ》、台目畳の上は網代の落ち天井、床の前は竿縁天井。木割は細いのが特徴である。眺めのよい位置につくられた向月亭は茅葺き寄せ棟造りで、柿葺きの庇がつく。四帖半台目の茶室に入側を廻し、その外側に細い竹を用いた縁をめぐらす。南向きの台目床、床脇の地袋と天袋、柱の大きさ、天井高さなど調和がとれた室のつくりである。庭には飛び石と延べ段があり、お止め砂を敷いている。なお、不昧好みの茶室である明々庵が、松江市北堀町赤山に移築保存されている。

参考文献 中村昌生「菅田庵と向月亭」(『仏教芸術』六〇、一九六六)。岡田孝男『松江の茶室』、一九七〇、茶室研究会。

(勝部 昭)

カントンわん 広東碗 肥前磁器で天明年間(一七八一―八九)ころに作られ始めた碗形の一つ。清朝時代に中国磁器が広東から輸出されたため、わが国でこの中国磁器を広東焼と呼んだ。十八世紀の中国磁器で多く作られた碗形の影響を受けて、肥前・有田窯で作り始めた。口径に対する高台径の割合がふつうの碗より大きく、高台が高く作られ、口縁部にかけて直線的に開く形状である。肥前磁器の器種としての「広東」の名は、波佐見の一八一九年(文政二)の売付写に「大広東」とみえ、一八三八年(天保九)の「細工賃極め」に「小広東」「中広東」の名がみえる。大正―昭和三十年(一九五五)に作成と推測される中島浩氣著『肥前磁器銘款文様集』には碗の一種として広東形とあり、蓋付碗の絵が描かれている。広東碗は蓋付が普通であるが、波佐見窯などでより安価な磁器を作る窯では蓋なしで作られ、また、同じころに新たに始まる窯詰め道具の一つ、足付ハマを用いて量産することも行われた。この場合、見込に三つ足の熔着痕が残る。この広東碗は肥前で十九世紀前半にかけて作られたほか、このころ、肥前の技術が移転した各地の磁器窯でも作られた。

(大橋 康二)

染付宝珠雲龍文蓋付碗

かんな 鉋 コタクミ(木工)が建築部材表面を仕上げ切削する道具。わが国では、歴史上、形状・構造が異なる二種類のカンナが使われていた。一つは双刃系の刃部を有する穂部分を茎《なかご》で柄に装着したカンナ(近世に「鐁・ヤリカンナ」と表記・呼称)、いま一つは鑿の穂先を広くした刃部を台に彫った溝に装着したカンナ(近世に「鉋・ツキカンナ」と表記・呼称)である。十八世紀初めの文献(『和漢三才図会』)に、鐁と鉋の性能を比較して、鉋の方が「甚揵且精密」という記述がある。建築部材の最終仕上げ面に対して、どれだけの精度や平滑さを求めるか、ということを主たる要因として鐁から鉋への移行が生じたと考えられる。鐁は、切削対象である木の繊維の状態に応じて刃部が動くため、切削面の精度や平滑さという点では、性能の低い道具といえる。性能を向上させるためには、刃部を固定して部材を移動させる必要があり、ここから鉋の発想が生まれたものと推定される。初期の鉋は、鑿や刀子《とうす》を何らかの方法で台に固定させた形状であったかもしれない。 ↓台鉋《だいかんな》 ↓鐁《やりかんな》

参考文献 渡邊晶『日本建築技術史の研究』、二〇〇四、中央公論美術出版。

(渡邊 晶)

かんのわのなのこくおうのいん 漢委奴国王印 一七八四年(天明四)に筑前国那珂郡志賀島《しかのしま》叶崎《かのさき》(福岡市東区志賀島)の石室と思われる巨石の下より出土した「漢委奴國王」と三行に分けて陰刻された純金製の印。国宝。総高二・二センチ、印面は二・三センチ四方。高さ〇・八センチの印台の上に蛇の

漢委奴国王印　印影

形をした鈕《ちゅう》がつく。俗に「金印」と呼ばれている。『後漢書《ごかんじょ》』の東夷《とうい》伝倭《わ》条によれば、西暦五七年（建武中元二）に倭の奴国王が漢都の洛《らく》陽《よう》に朝貢して、光武帝より金印紫綬《しじゅ》を賜与されたとあり、ここに記す金印こそ「漢委奴國王」印とする。また、『魏書《ぎしょ》』の東夷伝（『魏志』倭人伝）には、二三九年（景初三）に邪馬台《やまたい》国の女王卑弥呼《ひみこ》が魏都の洛陽に遣使、翌年「親《しん》魏倭王《ぎわおう》」の称号と金印紫綬が賜与されたとある。ここに記す金印は未発見で、邪馬台国がどこかという論争も決着に至っていない。蛇鈕の金印の出土例がないことから、発見された当初より真偽について論争が続く。蛇鈕については、一九五六年（昭和三十一）に中国雲南省の漢墓から発見された、前漢の武帝が滇《てん》族の王に紀元前一〇九年に賜与した蛇鈕の金印（「滇王之印」）により、一応の解決を見る。古代中国の印章制度は、漢の時代に皇帝を頂点とした集権国家の一環として整備される。官印は官職によって材質や鈕形、印文が細かく定められ、皇帝は虎鈕《こちゅう》の玉璽《ぎょくじ》、皇太子や高官は亀鈕《きちゅう》の金印、下級官吏は鼻鈕《びちゅう》の銅印とした。辺境の異民族にも官位と印綬を与えることで、皇帝中心の秩序に組み入れ、その脅威を取り除こうとする。そのため北方の匈奴《きょうど》の王には客臣として「匈奴単于璽《ぜんうじ》」を与え、西域《さいいき》の烏孫《うそん》族などには金印紫綬を与えた。異民族に与えた印の鈕には、それぞれの民族を象徴する駱駝《らくだ》や羊、蛇などが象《かたど》られる。「漢委奴國王」の印文については、三宅米吉が提唱した「かんのわのなのこくおう」との読み方が定説となっている。福岡市博物館所蔵。

参考文献　大谷光男『研究史金印』、一九七四、吉川弘文館。木内武男『印章』、一九八三、柏書房。三宅米吉「委奴國王金印偽作説の批評」（『考古学会雑誌』二ノ五、一八九八）。田中弘之「「漢委奴国王」金印の出土に関する一考察―亀井南冥の動静を中心に―」（『駒沢史学』五五、二〇〇〇）。

（北條　朝彦）

かんのんじ　観音寺　⇩観世音寺《かんぜおんじ》

かんのんじいせき　観音寺遺跡　徳島市国府町観音寺に所在する、阿波国府推定地内の遺跡。阿波国府の位置は、小字名や地割などの検討から、「印鑰大明神《いんやく》」と呼ばれた大御和《おおみわ》神社周辺に求める説が近年まで有力とされてきた。

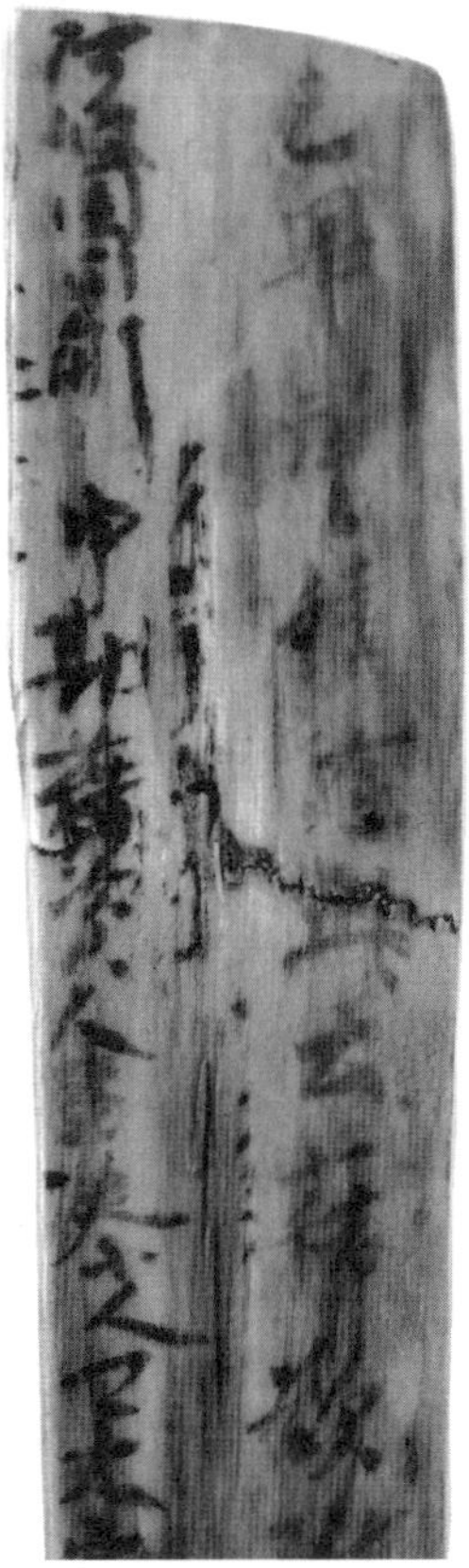

「勘籍」

「論語」

「板野国守」

「難波津の歌」

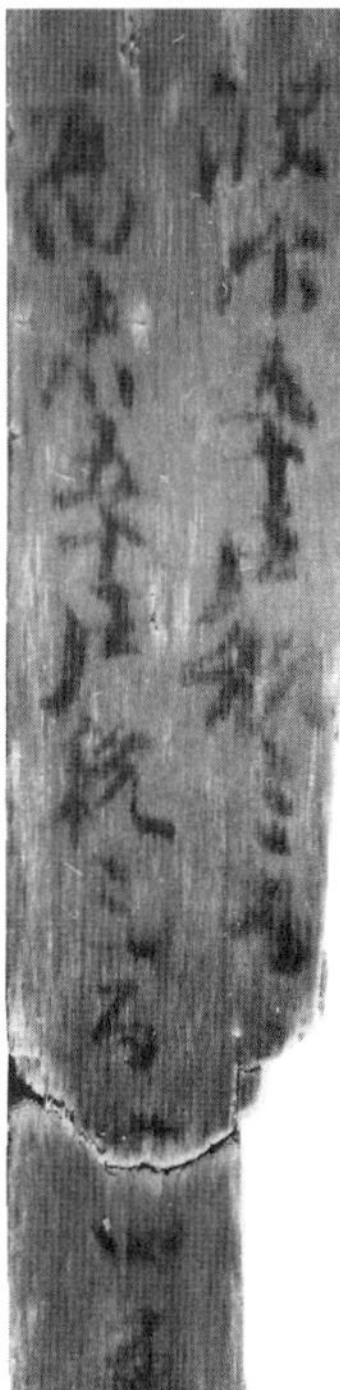

「五十戸税」

観音寺遺跡出土木簡

しかし、一九八二年(昭和五十七)以降の範囲確認のための発掘調査によって、四国霊場十六番札所観音寺周辺もその候補地に加えられるようになった。徳島県埋蔵文化財センターが実施した一九九六年(平成八)以降の発掘調査では、政庁などの中心的な官衙施設は検出されないものの、国司館とみられる多数の掘立柱建物群が発見された。複数の自然流路の堆積から、大量の土器・木製品とともに木簡が出土したことが特筆される。これまでの木簡は二百点以上に及び、国府出土のものとして屈指の内容をもつ。木簡の第一の特徴は、付札や戸籍、勘籍に関わる木簡を含むことである。それらは国府の政務内容を反映し、政庁が調査地点に隣接する位置にあることを明らかにした。第二の特徴は、七世紀後半の「板野国守」や「五十戸税」など令制前の地方支配の実態を示す木簡がある点である。第三の特徴として、「難波津《なにわづ》の歌」や『論語』などの七世紀の木簡から、漢籍文化の受容や日本語表記上の資料が豊富なことがあげられる。第四の特徴は、形態・内容面から祭祀的な性格をもった木簡が多い点である。斎串《いぐし》や人形《ひとがた》・舟形《ふながた》などの形代《かたしろ》も共伴して出土しており、流路は国府近傍の祓えの場でもあった。第五の特徴として、『論語』木簡が七世紀前半にさかのぼり、遺跡が六世紀末以降から継続することなどを関連づけて、大化前代の粟国造から評衙・国府への変遷を推定できるようになった点が上げられる。周辺調査の蓄積により、方何町というような方格府域をもたないこと、工房や国司館などの施設が散在的な配置を示すこと、七―八世紀と九―十世紀では建物などの施設配置が大幅に改変されることなどが判明している。古代史・考古学のみならず、地理学・国語学など諸分野からみて一級の内容をもつ遺跡といえるだろう。

参考文献　徳島県埋蔵文化財センター編『観音寺遺跡』Ⅰ、二〇〇二。

（藤川　智之）

かんのんじじょう　観音寺城　近江守護佐々木六角氏の居城。滋賀県蒲生郡安土町石寺・宮津、東近江市川並・清水鼻所在。国指定史跡。近江国は守護設置以来、そのほとんどを佐々木氏の総領家である六角氏が世襲した。その居館は最初東近江市小脇に構えられたが、南北朝の内乱に平地居館では対処できないと、標高四三二・七メートルの繖《きぬがさ》山に観音寺城の築城を開始した。一五六三年(永禄六)には、六角義弼《よしすけ》(義治)が重臣後藤賢豊《かたとよ》父子を討ったことにより、城内にあった重臣たちは屋敷を引き払って領地へ帰還するという事件が起こっている(観音寺騒動)。一五六八年、上洛する織田信長軍によって一日で落城。以後廃城となる。その構造は繖山の山頂に選地するのではなく、やや下がったところに中心の曲輪《くるわ》群を配している。したがって山頂は自然地形を残す特異な構造となっている。このあり方は城郭よりも、むしろ山岳寺院の構造に似る。中心部より山麓に至る谷筋には無数の曲輪群が配されているが、これらの曲輪群には伊庭・蒲生・鯰江・目賀田ら重臣の名が伝わり、家臣団の屋敷と考えられる。戦国大名の城郭内に家臣団を集住させた先駆的事例として注目される構造である。曲輪の大半は巨大な石材を用いた高石垣によって構築されている。この石垣は『下倉米銭下用帳』(金剛輪寺所蔵)に「御屋形様石打申」と記されており、一五三六年(天文五)に築かれたものと考えられ、安土築城四十年前のもので、湖東の天台山岳寺院の技術によって築かれたと考えられる。発掘調査の結果、本丸では六棟の礎石建物が、平井丸では礎石建物一棟と庭園遺構が、池田丸では礎石建物七棟・地下石倉一基などが検出され、土師器皿をはじめ貿易陶磁や国産陶器が大量に出土している。『鹿苑日録』や『宗長日記』に「屋形二階」「座敷二階」と、重層建物の存在も記されており、検出された遺構とともに、山上にも居住空間が存在していたことを示している。

参考文献　田中政三『まぼろしの観音寺城』(『近江源氏』一、一九七九、弘文堂書店)。村田修三「観音寺城と中世城郭史」(『五個荘町史』一所収、一九九二)。滋賀県教育委員会編『観音寺城跡整備調査報告書』、一九七一。

（中井　均）

かんのんしょうじ　観音正寺　滋賀県蒲生郡安土町石寺所在の天台宗寺院。繖《きぬがさ》山福聚院と号す。西国三十三所観音霊場の第三十二番札所。本尊は千手観音。寺伝によると聖徳太子の建立と伝える。西国観音霊場として皇室・公家・武家らがさまざまな祈願を行なっている。また、一三三三年(正慶二)には、敗走する六波羅探題北条仲時と光厳天皇一行が観音正寺を一夜の皇居としている。一四七三年(文明五)に当地を通った一条兼良は、『藤川の記』で「観音寺といふ山寺を見やりて」と記しており、山頂付近に伽藍があったようである。しかし、その後繖山には守護六角氏が観音寺城を築いたため、観音正寺は山麓へ移ったようである。現在も山麓の石寺と栢尾《かやお》間にある谷を観音谷と呼ぶのは、この観音正寺が移ったところだからだといわれている。一六〇六年(慶長十一)再び伽藍は山上に移った。なお、本尊千手観音菩薩立像は重要文化財であったが、一九九三年(平成五)に焼失。

（中井　均）

かんのんどうせきぶつ　観音堂石仏　福島県南相馬市小高区にある磨崖仏。「薬師堂石仏」「阿弥陀堂石仏」「観音堂石仏」の三ヵ所の磨崖仏を総称して大悲山の磨崖仏という。中世相馬氏の庶流大悲山氏の本拠であったことに由来する。様式的には平安時代後期の作。国指定史跡。阿武隈高地東縁の低丘陵の南・東崖の第三紀凝灰岩質砂岩に龕を穿ち、その奥に光背・諸尊・台座などを肉彫・線彫している。現在は黄土・丹彩の彩色がわずかに残るが、かつては金箔・群青もあったとされる。阿弥陀堂石仏はほぼ崩壊しているが、阿弥陀如来坐像があったとされる。観音堂石仏は高さ三メートル、間口三メートル、奥行約二・七メートルの龕に、剥落が著しいが、十一面千手観音坐像とその左右に多数の化仏が彫られている。化仏には台座に座り、二重円光の光背が伴い、賢劫三千仏とみられている。大同年間(八〇六―一〇)徳一創建と伝えられ、一三五四年(文和三)焼失したとされる真言宗慈徳寺が隣接する。

参考文献 『小高町史』、一九七五。西徹雄監修『図説相馬・双葉の歴史』、二〇〇〇、郷土出版社。（飯村　均）

かんぴょうたいほう　寛平大宝　⇨本朝十二銭《ほんちょうじゅうにせん》

かんぺいしゃ　官幣社　神祇官から幣帛《へいはく》を班《わか》たれた神社。『延喜式』四時祭上に祈年祭神三千百三十二座が挙がっている。大座四百九十二座のうち三百四座が案上の官幣で、宮中三十座・京中三座・畿内二百三十一座・東海道十九座・東山道五座・北陸道一座・山陰道一座・山陽道四座・南海道十座が対象であり、小二千六百四十座のうち四百三十三座は案下の官幣で、宮内六座・畿内四百二十七座が対象であった。その他は国司のまつるところと記されている。官幣社は祈年祭・月次祭・新嘗祭の際班幣(奉幣)に預かった。その具体的な神社名は『延喜式』神名帳に列記されている。各祭祀のおり各神社の祝部は都城に集まり、神祇官衙で中臣の祝詞を聞き、忌部から幣帛を班たれ、それを各神社に持ち帰り奉幣を行なった。伊勢神宮へは奉幣の使が派遣された。大座と小座、あるいは主神とそれ以外の神との間には幣帛の量的・質的な差があった。また祈年祭のおり、小社の中には鍬・靫を特に班たれる神もあった。天武・持統朝には祈年祭が成立しており、遅くとも大宝令制下では全国的な祈年祭班幣が行われているところから、このころには官幣社として登録され出したのであろう。七三三年(天平五)年撰進の『出雲国風土記』には官社百八十四所とあり、『延喜式』神名帳の百八十七座とほぼ同数である。七九八年(延暦十七)、祝部が幣帛を受け取る際、道路が僻遠で往還に困難が多いので、当国物を用いよと定められた。これがいわゆる国幣を定めたとされる記事(『類聚国史』一〇)で、それ以前は全て官幣社であったと推定されている。官幣に預かるという記事は、祈年祭の班幣に預かることであり、神名帳に登録されることでもあった。明治以後は、一八七一年(明治四)官社九十七社が制定され、その内官幣社は大社二十九社・中社六社であり残りは国幣社とされた。翌年別格官幣社が制定され官幣小社に准じた。一九四六年(昭和二十一)社格制度は廃止された。

参考文献 坂本健一編『明治以降神社関係法令史料』、一九六六、神社本庁明治維新百年記念事業委員会。西宮秀紀「律令国家の神祇祭祀の構造とその歴史的特質」(『律令国家と神祇祭祀制度の研究』所収、二〇〇四、塙書房)。（西宮　秀紀）

かんぼう　冠帽　頭に被る冠と帽子をいう。中国上古では冠は髪髻に載せるもので、髻を巻く冠圏、冠圏上で髻を包む冠梁、冠圏の両側から垂れ顎下で結ぶ冠纓の三部分からなる。日本では弥生時代以前に明確な冠は認められず、古墳時代から埴輪の表現や古墳副葬品として知られ、北方の系譜をひくものである。代表的な埴輪に群馬県高崎市八幡原町出土胡坐男子像があり、冠は縁に勾玉などの飾りが付き山形文様が刻まれる。福島県神谷作一〇一号墳出土胡坐男子像は、朝鮮半島三国時代の被りものに似た特徴的な冠を被る。また帽子を表現したとみえる埴輪は千葉県芝山姫塚古墳文人像、群馬県塚廻り古墳群男子像などで、山高帽子・丸帽子・頭巾状がある。出土金銅冠には茨城県三昧塚古墳の透彫冠、群馬県二子山古墳の出字形立飾付冠、奈良県藤ノ木古墳の樹木状飾付冠などがあり二～三種に大別される。七世紀には冠位制が定まり絁《あしぎぬ》製の位冠を用いたが、大宝律令施行で冠位制は廃止、律令制下では隋唐の制に基づく冠帽制を採用した。大阪府阿武山古墳では、埋葬された六十歳前後らしき男性遺骸の頭から顔にかけて金糸が出土、冠を刺繡していたとして復元が行われ、大織冠ではないかともされる。奈良県高松塚古墳壁画男子像にみる黒い冠は唐代の幞頭に似て、『養老令』衣服令にみえる頭巾もこのようなものと考えられる。奈良県平城京東二坊坊間路西側溝跡からは荒目の布を漆で固めた遺存良好な奈良時代前半の冠帽が出土し、漆紗《しっしゃ》冠と考えられている。正倉院には奈良時代の「礼服御冠残欠」として鳳凰形などの金銅製・金製・銀製金具や玉類が残り、礼冠の一部と考えられる。天皇即位礼での冕《べん》冠着用事例は江戸時代末まで記録が認められるが、古代冕冠も金具類などで加飾されたであろう。平安時代の束帯や衣冠、また直衣であっても着装する場合は冠を着用し、狩衣や略装の直衣には烏帽子を組み合わせた。

参考文献 木下尚子「頭飾り」(金関恕他編『弥生文化の研究』八所収、一九八七、雄山閣出版)。後藤守一『日本古代文化研究』、一九四二、河出書房。関根真隆『奈良朝服飾の研究』、一九七四、吉川弘文館。（小池　伸彦）

かんまさとも　菅政友　一八二四―九七　江戸時代末から明治時代にかけての歴史学者。一八二四年(文政七)正月十四日、水戸の医家に生まれ、会沢正志斎《あいざわせいしさい》・藤田東湖《ふじたとうこ》らに師事し、幕末、水戸彰考館《しょうこうかん》に出仕、『大日本史』志表などの編纂に従事した。史料の考証を重視する学風はこ

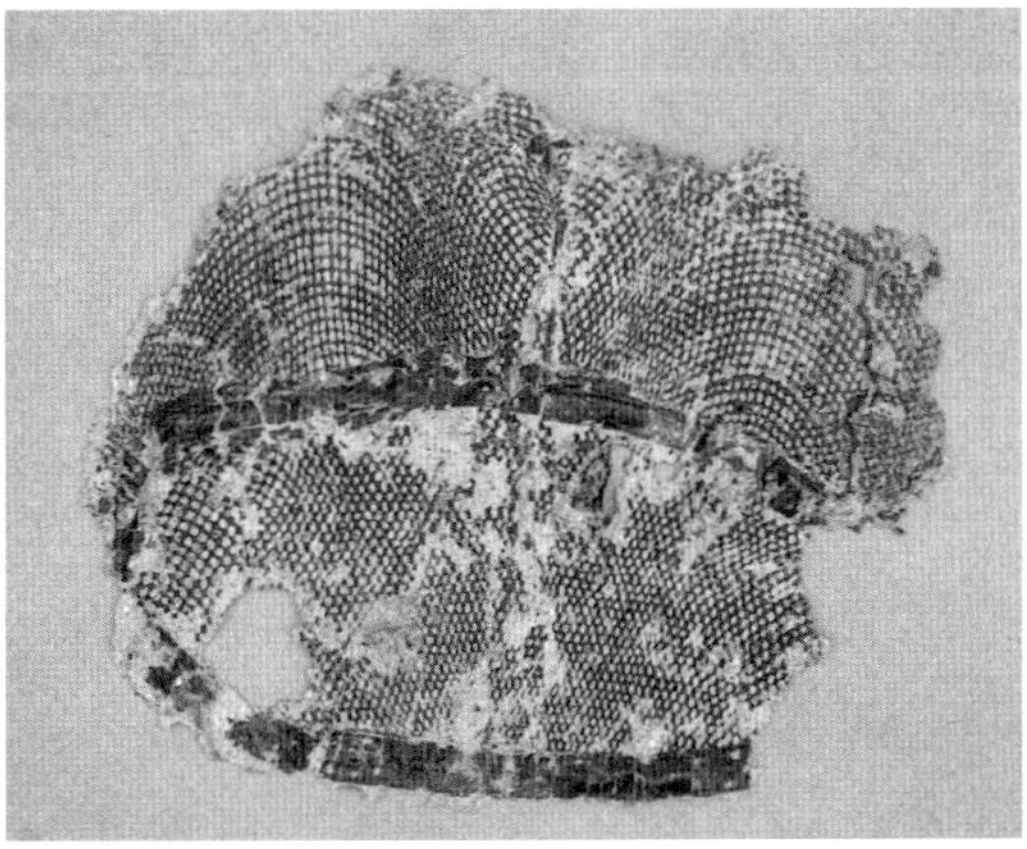

漆紗冠（奈良県平城京東二坊坊間路西側溝跡出土）

の時に身につけたのであろう。維新後の一八七三年(明治六)には奈良県石上神宮《いそのかみじんぐう》の大宮司となる。その際、伝承上の神剣を発見すべく、神域内の拝殿背後の禁足地を発掘したことはよく知られており、七支刀《しちしとう》銘文の考証も試みている。一八七七年に太政官修史館の掌記となり、一八八八年には修史事業の帝国大学移管に伴い、大学の書記となったが、翌々年に職を辞して水戸に帰り、一八九七年十月二十二日に没。七十四歳。著作として、南朝関係史料の考証を行なった『南山皇胤譜《なんざんこういんふ》』などがあるが、平安時代前期に至る藤原氏の権勢を述べた『藤原氏擅権考《ふじわらしせんけんこう》』において不比等《ふひと》の役割を重視するなど、注目すべき考察がしばしばみられる。著作の多くは『菅政友全集』一巻(黒川真道《くろかわまみち》ら校訂、一九〇七、国書刊行会)に収載されている。

(早川　万年)

かんむり　**冠**　参内には不可欠の被り物。律令制以来、成人男子は髻《もとどり》を作り、その保護のために被り物を被った。被り物は装束様式と対応し、律令制下の公服である礼服《らいふく》・朝服《ちょうふく》・制服にも対応する被り物があり、朝服・制服の被り物である頭巾《ときん》(幞頭《ぼくとう》などとも)が、平安時代以来、朝服・制服が束帯《そくたい》へと変化する過程で冠となった。束帯のほかに冠を被る装束は、布袴《ほうこ》・衣冠《いかん》・直衣《のうし》で、狩衣《かりぎぬ》も一部で布衣冠《ほういかん》といって被った。頭巾は前後二本ずつの紐付の帽子で、巾子《こじ》とよぶ筒を髻に被せて頭巾を被り、後の纓《えい》とよぶ二本の紐を後頭部で結び、前の上緒《あげお》とよぶ二本を頭上に結んで固定した。その様は奈良法隆寺の伝聖徳太子画像(唐本御影)に明瞭である。この一連の動作を簡便化し、形状を固定させたのが冠である。そのため、冠は髻を入れる巾子の部分が突出した構造となり、上緒も纓も形式化し、上緒は後綱《うしろづな》と笹紙《ささがみ》とよぶ痕跡のみとなり、纓は後頭部に垂下するだけの燕尾型の飾り紐となった。そこで冠の固定には巾子の根の左右に簪《かんざし》を差した。しかし、やがて簪も形式化し、近世は紙捻《こびねり》による懸緒《かけお》(顎紐)を用いた。材質は黒漆薄塗の羅《ら》で、五位以上は有文、六位以下は無文である。纓は、垂下したままを垂纓《すいえい》、内巻で黒漆塗の夾木《はさみぎ》で留めたのを巻纓《けんえい》といった。原則的に天皇・皇太子・文官が前者、武官の晴儀や文官の凶事では後者を用いた。地下の武官は幅の狭い細纓《さいえい》(のち細棒二本)を巻纓とし、武官はさらに緌《おいかけ》とよぶ付属具を用いた。文官は内裏焼亡などの非常時には、外巻で白木で留めた柏夾《かしわばさみ》とした。天皇は、内々では金泥塗の巾子紙で纓を巾子ごと夾んで御金巾子《おきんこじ》とよび、神事の斎服《さいふく》では白平絹の帯で束ねて御幘《おさく》といった。強装束以降、冠の後頭部に纓壺《えつぼ》ができ、そこに独立した纓を上から差し込むようになり、纓は根元が一度上がってから垂下するようになった。また、近世の天皇では垂下しない御立纓《ごりゅうえい》となった。なお、額とよぶ冠側面の部分の高低や、応仁の乱以降、有文羅を織る技術が衰退したことに伴う冠の文様のあり方には時代的な変遷がある。

参考文献　『古事類苑』服飾部。『群書類従』装束部。

(近藤　好和)

かんよう　**官窯**　中国で皇帝および宮廷、もしくはその周辺の官衙のために陶磁器を供給するために置かれた官署で、民間の窯業生産者とその工房である「民窯」と区別される。官窯的な機能としては古代の帝王の什器や副葬品などを専門に焼造した行為もそれにあたるが、御用陶磁器を専門に焼造する官営工房を伴う官窯が成立した記録は北宋官窯から現れる。また南宋の都、杭州では小規模な官窯の窯跡が発見されている。官営工場の存在とその生産機構を論証できるのは、明時代の宣徳年間(一四二六―三五)の初頭に江西省景徳鎮に置かれた「御器廠」と呼ばれる工房からであるが、明代後期まで民窯に注文して御用陶磁器を焼かせる「官搭民焼」制が常態となる時期もあり、官窯が工房を伴わない御用器調達用官署であった期間も相当あったと考えられる。官窯の作品は、その性格上陶磁工芸の枠を集めたものとなり、中国陶磁の発達を加速させる要因の一つとなった。朝鮮には朝鮮王朝の広州官窯があり、日本では鍋島藩窯が官窯的内容をもっている。

参考文献　金沢陽「中国官窯考」(大阪市立東洋陶磁美術館編『皇帝の磁器―新発見の景徳鎮官窯―』所収、一九九五、大阪市美術振興協会・出光美術館・MOA美術館)。同「景徳鎮官窯の成立」(東洋陶磁学会編『東洋陶磁史―その研究の現在―』所収、二〇〇二、東洋陶磁学会)。

(金沢　陽)

がんりょう　**顔料**　着色に用いる絵具や塗料などの色材の成分。水や油に溶解しない有色の微粒子を指し、溶解するものは染料という。壁画や絵巻物の彩色に用いる絵具は、有色の粉末である顔料と呼ばれる微粒子と、顔料を塗り広げ定着させるための展色剤から成り立っている。岩絵具は、絵具という名がついているが、展色剤を含まない顔料そのものである。顔料は水・油・樹脂・有機溶剤などには溶けない粒子で、成分によって無機顔料と有機顔料に大別される。無機顔料には、天然の鉱物を利用した土性系顔料、金属を化学的に合成した合成顔料がある。有機顔料には、天然染料や合成染料を体質顔料に染め付けて不溶にしたレーキ顔料、染料自体を不溶性にした顔料色素などがある。体質顔料は炭酸カルシウム、硫酸バリウム、アルミナ、クレーなど、屈折率が小さい白色の顔料を指す。顔料の種類は時代とともに次第に増加するが、大きな節目は産業革命前後である。それ以降、合成顔料やレーキ顔料の種類が爆発的に増加することになる。古くから使用された合成顔料には、鉛白やバーミリオンなどあるが、紀元前にはエジプトブルーと呼ばれる銅を含んだ顔料がすでに製造されている。天然の鉱物や土を使用した土性系顔料の歴史も古い。

(神庭　信幸)

き

きいこくぶんじ　紀伊国分寺　和歌山県紀の川市東国分に所在する国指定史跡。七四一年(天平十三)の国分寺建立詔によって全国に建立された内の一つ。寺域は方二町で南北中軸線上に南門・中門・金堂・講堂・僧房を一直線に配し、中門と金堂の中間東よりに塔を配する。『続日本紀』によれば七五六年(天平勝宝八)に、紀伊など二十六ヵ国に灌頂幡《かんじょうばた》などが支給されており、この時までに紀伊国分寺建立事業は完了したと思われる。その運営には、『弘仁式』諸国本稲条にみえるように、公廨稲二万束が設定されていた。『三代実録』によると、八七九年(元慶三)に火災で全焼した。その後成立の『延喜式』にも、『弘仁式』同様紀伊国分寺に二万束が設定されており、焼失後再建されたと思われる。ただし、発掘調査によると、講堂は再建されなかったと思われる。国分尼寺の初見は、『三代実録』貞観十六年(八七四)九月二十日条に、「紀伊国分二寺」とあるもの。所在は不明であるが、同遺跡西一キロに所在する西国分《にしこくぶ》塔跡(同県岩出市西国分、国指定史跡)だとする説がある。　↓国分寺《こくぶんじ》　↓西国分塔跡《にしこくぶとうあと》

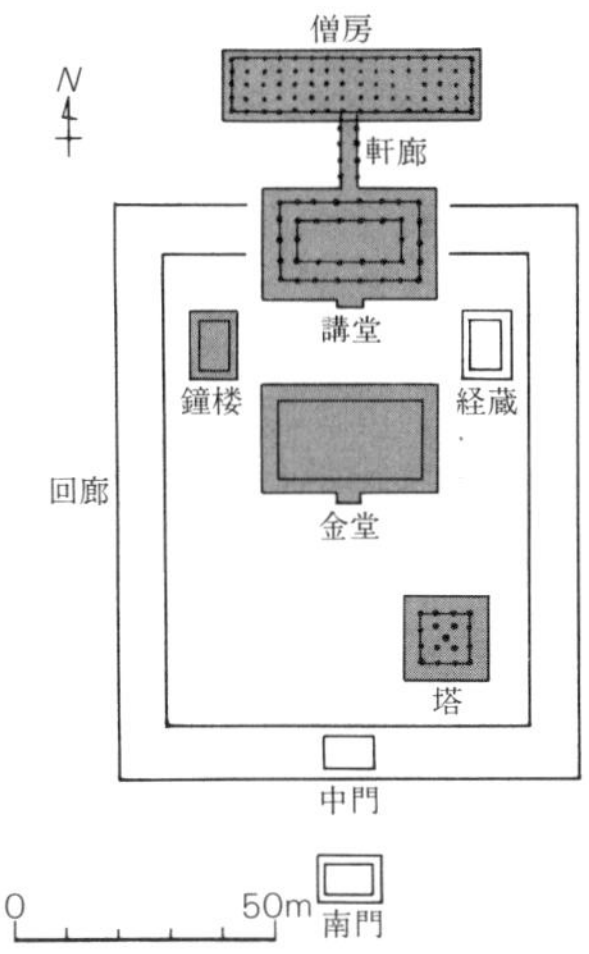

紀伊国分寺伽藍配置図

資料館　紀の川市歴史民俗資料館(和歌山県紀の川市)

参考文献　和歌山県文化財センター編『史跡紀伊国分寺跡保存整備事業報告書』、一九九二、打田町。『打田町史』三、一九八六。羯磨正信・小賀直樹・藤井保夫「紀伊」(角田文衞編『新修国分寺の研究』五上所収、一九八七、吉川弘文館)。

(寺西　貞弘)

きいじょう　基肄城　白村江での敗戦を契機に唐や新羅の侵攻に備えて、大野城と同時に築かれた古代山城。『日本書紀』天智天皇四年(六六五)八月条は百済高官の憶礼福留と四比福夫を遣わして大野城とともに椽城を築いたと記す。「基肄城」の名は『続日本紀』文武天皇二年(六九八)五月甲申条の修繕記録にみえ、『万葉集』八では「記夷城」の字もあてられている。山城は大宰府政庁から南へ約八キロ、現在の佐賀県三養基郡基山町と福岡県筑紫野市の一部にまたがる。筑紫平野を望む格好の地に位置する。博多湾側を指向する大野城に対して有明海側の防衛拠点となっている。土塁は総延長四・五キロ、標高四〇〇メートル前後の基山と坊住山の二峰の稜線に沿って巡り、南へ開く谷筋を大きく取り囲む。この谷筋の最も下がった位置には南水門と呼ばれる強固な石塁がある。基底部には人が通れるほどの長さ九・五メートルの通水孔を設け、その構造が終末期古墳の石室とよく似ていることが指摘されている。大宰府へ至る古道との関係や他の山城の例からみて、この南水門には南門が付設されていたと考えられるが、門礎などは失われている。こうした内外と通じる城門はほかに北と東北部の二ヵ所で確認されている。城門礎石や土塁は残存状態もよい。発掘調査はごく一部で実施されただけで、築城時の詳細な様相は明らかではない。これまでに城内では四十棟以上の礎石建物が発見されている。これらは西側の山稜から東へ延びる尾根筋を中心に七群のまとまりをなして分布しており、そのほとんどが規模や礎石の配置から倉庫と考えられる。これらの規模と構造は大野城と共通するが、大野城のように土塁に接した尾根には造営されていないなど立地条件が異なる。なお、大宰府政庁前面の奈良時代の溝からは、基肄城に備蓄されている稲穀を西海道の諸国に分かち与えるよう命じた木簡が出土している。奈良時代以降は飢饉などの非常事態にも対応できる大宰府管内の備蓄倉庫としても機能していたことがわかる。特別史跡指定。

参考文献　『筑紫野市史』上、一九九九。田平徳栄「基肄城考」(『九州歴史資料館開館十周年記念大宰府古文化論叢』上所収、一九八三、吉川弘文館)。

(赤司　善彦)

きいのくに　紀伊国　律令時代南海道の一国。紀伊半島外縁部を囲むように位置し、西部で和泉・河内、東部で伊勢、中央部で大和の各国と接する。大和政権の中枢が、大和盆地南部を転遷していた五世紀ごろ、王権が外洋に出るための河川交通を吉野川・紀ノ川に求めたため、紀ノ川河口は王権の出入口に位置していた。そのころの施設と思われる七棟の巨大倉庫群、鳴滝《なるたき》遺跡が、紀ノ川河口付近の和歌山市内で発見されている。令制下の紀伊国は、『和名類聚抄』によると、伊都《いと》・那賀《なが》・名草《なぐさ》・海部《あま》・在田《ありだ》・日高《ひだか》・牟婁《むろ》の七郡を管していた。伊都郡は四郷と一神戸、那賀郡は六郷と一神戸、名草郡は十二郷ないし十三郷と多くの神戸、海部郡は二郷と一余戸、有田郡は五郷、日高郡は五郷と一余戸、牟婁郡は四郷と一神戸を管轄した。国府は名草郡に所在したとあり、和歌山市府中と推定されている。一方、国分寺は那賀郡(現紀の川市)に所在した。国府と国分寺が郡を異にしていることから、初期国府は那賀郡に所在し、その後名草郡に移転したとする説もあるが、根拠に乏しいといわざるを得ない。各郡家の所在地は、那賀郡が紀の川市、名草郡が和歌山市、日高郡が御坊市、牟婁郡が田辺市と推定されているが、御坊市の堅田遺跡が郡家相当遺跡と推定される以外は遺構確認されておらず、伊都・海部・有田三郡は推定地も

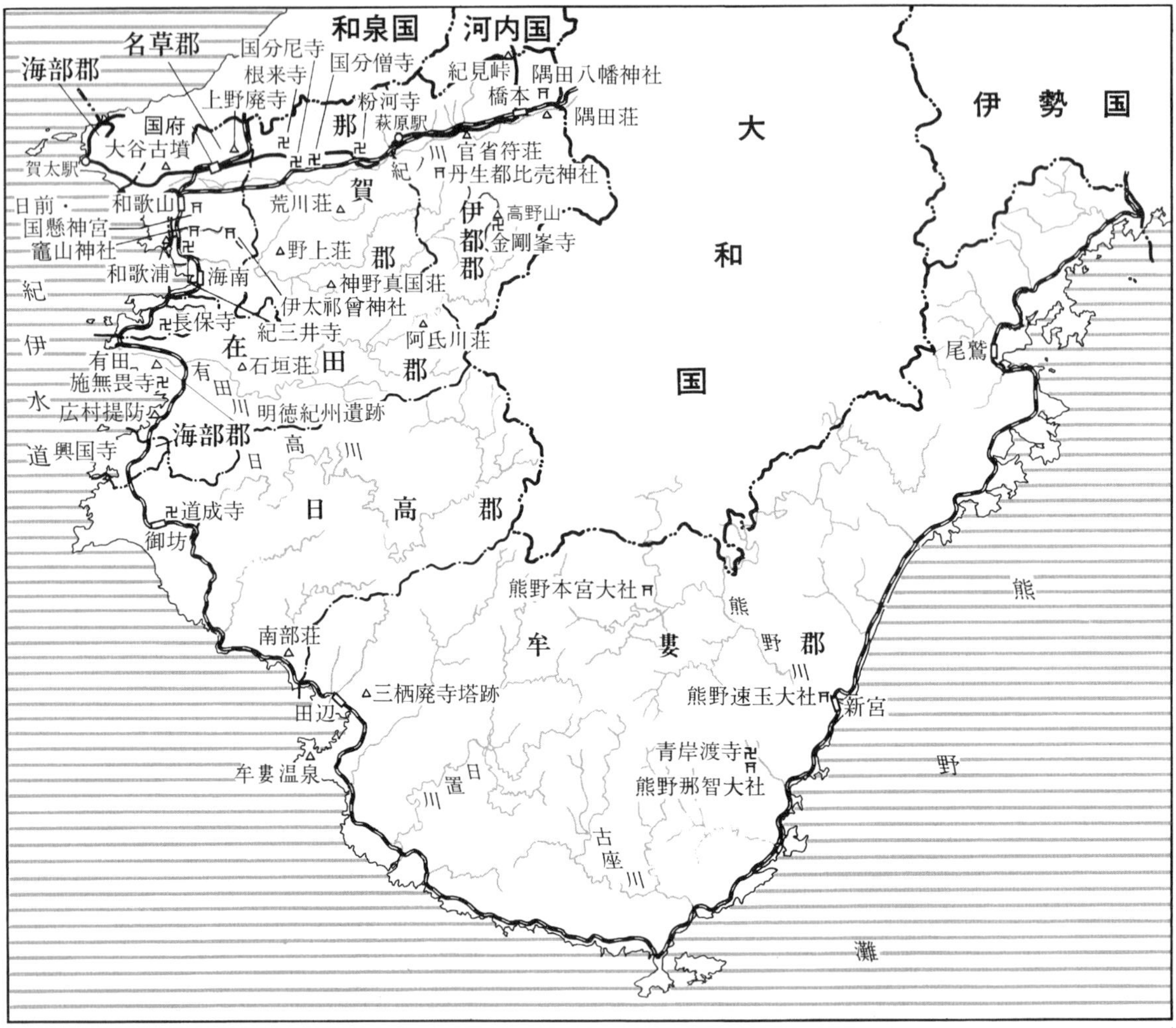

紀伊国略図

言及されていない。『旧事本紀』によると紀伊国には紀伊国造と熊野国造が配されていた。紀伊国造は紀直《きのあたい》氏が、熊野国造は熊野直《くまのあたい》氏が代々世襲した。支配領域は、それぞれの同族分布状況から、熊野国造が牟婁郡を、紀伊国造がほかの六郡と思われる。六四六年(大化二)の大化改新詔で、畿内の南限が紀伊兄山《せのやま》に設定された。兄山は現伊都郡かつらぎ町背山《せやま》に比定されており、令制下でも紀伊国は四国四ヵ国・淡路とともに南海道に包括された。正倉院伝来の七三〇年(天平二)『紀伊国正税帳』によると、総租稲量が四千四十斛余であるから、推定できる耕地面積は約二千七百町になる。しかし、『和名類聚抄』は当時の耕地面積を七千百九十八町余と明記しており、その隔たりが大きな問題である。官道としての南海道は、都から紀伊国を経て淡路国に渡海する。『日本後紀』弘仁二年(八一一)に、紀伊国の萩原・名草・賀太三駅が廃されている。よって、奈良時代にはこれら三駅が配置されていたことになる。萩原は現かつらぎ町萩原、名草は現和歌山市山口、賀太は同市加太と考えられている。『律書残篇』によると、平城京と紀伊国府の行程を三日としている。一方、『延喜式』は平安京との行程を上り四日、下り二日としている。奈良時代の行程三日が平安時代の上りに相当するとするならば、平安遷都によって南海道経路の改変があったものと考えられ、八一一年の三駅廃止もこれに伴う措置と理解される。すなわち、大和を経由せず、和泉・河内・摂津を経て平安京に至る南海道に変更されたと思われる。この場合、萩原駅が現岩出市、賀太駅は同前となると思われる。なお、平安時代の南海道は、律令制の弛緩に伴い、官道としての役目を終えるが、そのころから隆盛する熊野参詣の参詣道の一部としてその後も長らく利用される。律令地方制度の弛緩に伴って郡が解体すると、平安時代から紀伊国では院という行政単位が文献資料に散見される。名草郡では郡許《ぐんこ》院・神宅《しんたく》院・三上《みかみ》院・河北《かほく》院の四院、那賀郡では河南院の存在が確認されており、当然那賀郡にも河北院の存在が推定される。これらの院は、郡倉院が分散配置されていたことから名づけられた単位であると思われる。したがって、その官衙遺構は穀倉を主としたものであっただろうが、遺構は確認されていない。なお、院は郡の解体に伴って新たに細分化された単位であるという説と、郡下部組織として奈良時代から存在していたが、郡の解体によって文献資料上に確認されるようになったものとする説がある。また、国内には大寺社・権門貴族の荘園が多く、神《こう》野真国《のまくに》荘のように荘園絵図を残す荘園もある。このように、国内に荘園が多かったことと、戦国大名へと発達するはずの紀州守護畠山氏が、応仁の乱の原因となる相続争いで早くに没落したため、紀州では戦国大名の出現を見ることはなかった。そのため、戦国時代末期まで小勢力の乱立する時代が続いた。一六〇〇年(慶長五)の関ヶ原合戦の後、浅野幸長が三十七万石を領して紀州に入国、続いて一六一五年(元和元)の豊臣氏滅亡後の一六一九年に、徳川家康の第十男徳川頼宣が南伊勢を含め五十五万石で入国し、以後御三家の一つとして幕末まで十四代の藩主を数える。明治維新になると、一八七一年(明治四)の廃藩置県によって、紀州徳川家支配領域が和歌山県、家老安藤家(田辺城主)支配領域が田辺県、家老水野家(新宮城主)支配領域が新宮県、さらに高野山寺領が五条県の一部となった。しかし、その直後同年十一月の県統廃合によって、田辺県全域・五条県の内旧高野山寺領、さらに新宮県の熊野川以西が、和歌山県に統合され、南北牟婁郡は渡会県(後に三重県)に分割された。なお、この時旧新宮県の北山村と熊野川町が、和歌山県に統合されたため、全国でも稀有な飛地が存在することになり、現在に至っている。

参考文献 『和歌山県史』原始・古代、一九九四。『和歌山県史』中世、一九九四。薗田香融「岩橋千塚と紀国造」(『日本古代の貴族と地方豪族』所収、一九九二、塙書房)。栄原永遠男「律令時代紀伊国における経済的発展」(『古代を考える』三三、一九八三)。寺西貞弘「紀伊国府遺構試論」(『和歌山地方史研究』二、一九八二)。寺西貞弘「紀伊国名草郡家の所在地について」(『和歌山地方史研究』二七、一九九四)。磯貝正義「古代交通路の一研究—紀伊萩原駅の所在をめぐって—」(『郡司及び采女制度の研究』所収、一九七八、吉川弘文館)。

(寺西　貞弘)

きうちせきてい　木内石亭　⇩きのうちせきてい

きおろしべっしょはいじ　木下別所廃寺　千葉県印西市別所に所在する古代寺院跡。一九七七年(昭和五十二)・七八年に発掘調査が実施され、基壇三基と基壇の北と東側で竪穴住居群が確認されている。基壇の配置は、北側に講堂に相当する2号基壇、その南に金堂に相当する1号基壇、その東に方形の3号基壇が並び、2号基壇が先行すると考えられる。出土遺物には、三重圏文縁単弁八葉蓮華文軒丸瓦、三重弧文軒平瓦、「道」の文字瓦を含む瓦類、瓦塔片、八世紀代から九世紀代の土器類がある。中でも、瓦塔片は、3号基壇周辺で出土し、3号基壇に瓦塔が据えられていた可能性が考えられる。創建年代は、軒丸瓦の年代から七世紀後半と考えられ、竪穴住居は土器から八・九世紀代の年代が推定される。なお、瓦は隣接する曾谷《そや》ノ窪《くぼ》瓦窯跡から供給されている。

参考文献 辻史郎「木下別所廃寺」(『千葉県の歴史』資料編考古三所収、一九九八)。

(笹生　衛)

ぎおんしゃ　祇園社　京都市東山区祇園町に鎮座する、現在の八坂神社のこと。近世期まで「祇園社」「祇園感神院」などの名称を持ったが、明治維新時の神祇官復興と神仏分離政策により八坂神社と名を改めた。『社家条々記録』(『八坂神社記録』)によると、その創祀は、八七六年(貞観十八)に常住寺僧の円如が託宣を受けて山城国愛宕郡八坂郷に観慶《かんぎょう》寺を建立したのち、藤原基経が精舎を寄進したことに始まるという。平安時代には、御霊信仰の高まりを受け、祇園御霊会が盛んとなり、二十二社の一つに数えられている。また延暦寺と本末関係を結び、院政期には祇園社長官の検校座主は天台座主が務め、座主配下の天台僧が祇園別当として置かれた。同じころ、祇園社の実務経営の中心者として社務《しゃむ》執行《しぎょう》も置かれ、紀氏一族が代々執行職を継承した。執行は南北朝時代以降、室町幕府将軍の御師職となって「宝寿院」を名乗るに至り、次第に社内における本寺延暦寺の影響力を排除していった。このほか中世の祇園社には、堀川左右方神人、綿本座・新座神人、小袖座神人をはじめとする神人が所属し、座を形成して商工業上の特権を得ていた。近世期においても、朱印高百四十石を数える神社として引き続き人々の崇敬を集めた。

参考文献 久保田収『八坂神社の研究』、一九七四、臨川書店。脇田晴子『中世京都と祇園祭』(『中公新書』、一九九九)。三枝暁子「南北朝期京都における領域確定の構造—祇園社を例として—」(『日本史研究』四六九、二〇〇一)。

(三枝　暁子)

ぎおんじょう　祇園城　下野国の領主小山《おやま》氏の中世後期の本拠。小山城ともいう。栃木県小山市の思《おもい》川東岸、現在の城山公園の地を中心に所在した。公園の北側に隣接する市民病院の場所では夥《おびただ》しい武蔵型板碑とカワラケが出土した。また本丸内および市役所北側でも確認調査が実施され、古瀬戸後期の陶器碗のほか十四—十六世紀の遺物が出土した。とりわけ足利家の家紋である二引き両紋の鎺が打たれた小札が発見され、話題となった。小山氏は下野府中(栃木県下野市)や神鳥曲輪(小山市)周辺に拠点を構えたとされる。一三八〇年(康暦二)にはじまる小山義政《よしまさ》の乱に際し、義政の拠点の一つに祇園城が確認される。戦国時代の祇園城は、戦国大名上杉謙信《うえすぎけんしん》と北条氏に翻弄される。一五七七年(天正五)には、北条氏照《ほうじょううじてる》が入城し、かつ北条領国の「境目の城」として機能することになった。一五九〇年以後の詳細は明らかではない。結城秀康が管理したのち、本多正純が入城し、城を再興。

一六一九年(元和五)に本多氏は宇都宮へ転封となり、祇園城は廃城になったと考えられている。

参考文献 鷲城・祇園城跡の保存を考える会編『鷲城・祇園城・中久喜城 小山の中世城郭』(『ずいそうしゃ新書』、一九九五、随想舎)。小山市教育委員会編『祇園城跡・鷲城跡の調査』、二〇〇一。 (齋藤 慎一)

ぎがく 伎楽 百済人味摩之《みまし》によって伝えられたとされる舞踊劇的芸能。呉楽《くれがく》ともいい、妓楽とも書く。味摩之は六一二年(推古天皇二十)に呉《くれ》で学んで習い得た「伎楽《くれがくの》儛《まい》」を桜井(豊浦寺あたり)において少年に伝習し、真野《まのの》首弟子《おびとでし》と新漢済文《いまきのあやのさいもん》が舞を習い伝えたという(『日本書紀』同年是歳条)。しかし、すでに欽明天皇の時代、和薬使主が伎楽調度一具などを持って来朝し大寺(大安寺)にあるとされている(『新撰姓氏録』左京諸蕃下、和薬使主条)。六八六年(朱鳥元)四月には新羅客らを饗するために川原寺の伎楽を筑紫に運んだとある(『日本書紀』朱鳥元年四月壬午条)。令制では雅楽寮に伎楽師一人が置かれ、伎楽生は楽戸より採られた(『養老令』職員令雅楽寮条)が、八〇九年(大同四)三月二十一日には伎楽師は二人に定められる(『類聚三代格』同日付太政官符)。同寮にはまた、伎楽の伴奏として使われた腰鼓《くれつづみ》を教える腰鼓師二人が置かれていた。七五二年(天平勝宝四)四月に行われた東大寺大仏開眼供養会の際には、東大寺に唐楽・高麗楽・散楽とともに呉楽が施入されており(「大仏殿碑文」『東大寺要録』所収)、ほかに他の南都七大寺や橘寺・太秦寺・四天王寺などにおいて伝習されたと伝える(『教訓抄』四)。奈良時代の『法隆寺伽藍縁起幷流記資財帳』や『西大寺資財流記帳』などには伎楽の仮面・衣服・楽器などの楽具の収蔵記録が残されている。ことに七八〇年(宝亀十一)十二月二十五日付の西大寺の資財流記帳によると、治道・師子頭・師子児・呉公・金剛・迦楼羅・崑崙・呉女・力士・婆羅門・太孤父・太孤児・酔胡王・酔胡従の仮面や装束が複数セットあり、鉦盤二口・呉鼓六十具の楽器などが収蔵されていたことが知られる。芸態は未詳だが、『西大寺資財流記帳』や鎌倉時代初頭の興福寺楽人狛近真による『教訓抄』四の伎楽記事から、横笛一・鉦盤一・腰鼓(呉鼓)十ほどの伴奏によって、およそ次のように行われたものと推察される。治道による露払いのあと、師子頭・師子児による師子舞、呉公・金剛・迦楼羅・崑崙・呉女・力士・婆羅門によるいくつかの舞踊的寸劇、太孤父・太孤児による仏門帰依の舞踊、酔胡王・酔胡従による締めくくりの舞踊などが奏されたであろう。平安時代に入り雅楽寮での教習はしだいに行われなくなるが、東大寺では七月に伎楽会が設けられるなど、寺院を中心に教習されていったものと察せられる。このころから地方への伝播もみられるようになり、七世紀にすでに伝えられていたと思われる筑紫観世音寺では、九〇五年(延喜五)の資財帳によると「旧伎楽」のほかに「新伎楽」が記載されており、新たに整備されていたことが窺われる(「筑前国観世音寺資財帳」『平安遺文』一九四)。東国では上野国法林寺・弘輪寺に伎楽装束・仮面・楽器が整えられており(「上野国交替実録帳」『平安遺文』四六〇九)、実際に演技されていたことが推測される。しかし、寺院での奏楽も、鎌倉時代以降しだいに雅楽系の舞楽が主流となっていったようで、衰退する。伎楽面などは、法隆寺・正倉院・東大寺・興福寺などに現存する。

参考文献 林屋辰三郎『中世芸能史の研究』、一九六〇、岩波書店。芸能史研究会編『日本芸能史』一、一九八一、法政大学出版局。山路興造「伎楽・舞楽の地方伝播」(『民俗芸能研究』一、一九八五)。新川登亀男「伎楽と鎮護国家」(『大系日本歴史と芸能』二所収、一九九〇、平凡社)。『芸能史』(『体系日本歴史叢書』二一、一九九八、山川出版社)。 (荻 美津夫)

ぎがくめん 伎楽面 伎楽に使用された面。伎楽は呉楽《くれがく》ともいい、もと中国の呉《ご》の地方に興《おこ》ったのに由来する名称であるが、わが国には六一二年(推古天皇二十)に百済《くだら》の人味摩之《みまし》が伝えたとされる。『大宝令』によると、治部《じぶ》省《しょう》雅楽寮《ががくりょう》に伎楽師《ぎがくし》・伎楽生《せい》が置かれているが、南都の寺院でも盛んに伎楽が奏せられていた。伎楽は面を被って演技されるいわゆる仮面劇で、現存の面によると、古代ギリシャから東南アジア、チベット、あるいは西域を経て中国に伝わったインド・西アジアの楽舞劇も含まれていたらしい。伎楽面は法隆寺系と東大寺系に分けられる。前者の材質はおおむねクスノキ、後者はそれはキリが多く、時期も前者が七世紀代、後者が八世紀代に制作・使用されたもので、特に後者の面には面の種類や制作者・地域を墨書しているものがある。正倉院には東大寺の大仏開眼法要などに用いられた面が百七十一面あり、面の種類も、治道《ちどう》、獅子《しし》、師子児《ししこ》、呉公《ごこう》、金剛《こんごう》、迦楼羅《かるら》、崑崙《こんろん》、呉女《ごじょ》、力士《りきし》、婆羅門《ばらもん》、太孤父《たいこふ》、太孤児《じ》、酔胡王《すいこおう》、酔胡従《じゅう》の十四種あり、重複するものも含めるとそれら二十三面を一グループとして行道《ぎょうどう》、所作《しょさ》を行なっている。しかし伎楽は平安時代以降次第に衰退し、演奏されなくなった。

参考文献 正倉院事務所編『正倉院の伎楽面—宮内庁蔵版—』、一九七二、平凡社。東京国立博物館編『法隆寺献納宝物伎楽面』、一九八四。 (米田 雄介)

きくすいもん 菊水文 中国生まれの文様で、菊花が水に流れる様を表わした長生を寿ぐ吉祥文の一種といわれるが、古代の実例はない。漢代に応劭《おうしょう》の撰した『風俗通義《ふうぞくつうぎ》』や晋の葛洪《かっこう》が著した『抱朴子《ほうぼくし》』仙薬篇に、河南省南陽酈県の山中にある甘谷水に関する説話が収録されてい

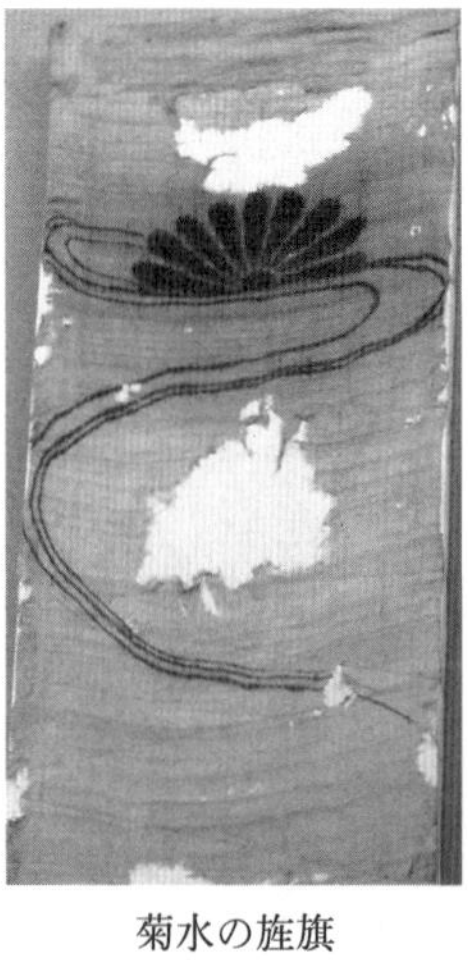

菊水の旌旗

る。谷の上に咲く菊花が落ちたその川の水を飲んだ人々に長寿者が多いという。中国においては、菊は延命長寿の仙薬であった。この一種の神仙思想に基づく伝説は日本に移され、『甲斐国風土記』逸文の中に地名説話として残っている。菊は中国原産であるが、奈良時代の漢詩集『懐風藻《かいふうそう》』に菊を詠ったものがあり、このころまでには伝来していたと思われる。しかし、菊水文の出現はかなり遅れ、鎌倉時代以降のこととされ、南北朝時代の十四世紀に楠木氏の紋所となって世に知られるに至った。これから菊浪や菊花流水文ができて、近世には小袖の柄や蒔絵のデザインとして採用された。 （山本　忠尚）

きくたのせき　菊多関　⇩勿来関《なこそのせき》

きくちじょう　鞠智城　熊本県の北部にある古代山城。大半は山鹿《やまが》市に、一部が菊池市に存在する。六六三年(天智天皇二)の白村江の海戦で大敗した大和朝廷が造った城跡で、国指定史跡。「くくちのき」とも読む。文献では『続日本紀』文武天皇二年(六九八)五月甲申条の修理の記事が初見で、以降『文徳実録』『三代実録』『類聚国史』などに記事がみえ、八七九年(元慶三)を最後に文献から消える。鞠智城の所在地については古くから考証されてきたが、昭和に入ってから、山鹿市菊鹿町米原《よなばる》を中心に菊池市堀切一帯に遺構が存在することがわかった。一九六七年(昭和四十二)―一九六九年の調査で鞠智城の所在が決定づけられた。城の中心は、米原字長者原《ちょうじゃばる》・長者山にかけてあり、城の面積は五五㌶。周辺は崖線と土塁線でかこまれ、土塁は削り出しと版築とがある。門は堀切門、深迫門、池の尾門があり、深迫門が正門、堀切門が東門、池の尾門が西門と推定される。現在も発掘中で、これまでに八角形建物跡、貯水池跡が見つかり、貯水池跡から「秦人忍□五斗」と墨書された木簡も出土している。この木簡は古代山城からの出土としては初例である。貯水池に隣接する貯木場からは建築部材や農機具などの木製品が出土している。現在確認されている建物跡は七十二棟を数える。地理的には、大宰府から南方へ八〇㌔離れ、菊池川河口からも三〇㌔の距離にあり、有事の際に大宰府に後方から武器や食糧を供給する兵站基地としての役割を担ったと考えられる。出土遺物としての須恵器や土師器は、七世紀後半を上限とする。城以前では六世紀後半の竪穴住居跡が確認されている。周辺整備は熊本県によって、一九九四年(平成六)度から進行中で、八角形建物の鼓楼、米倉、武器庫、兵舎が復元されている。また整備の中核施設として温故創生館が完成し歴史公園の建設が進行中である。

資料館　歴史公園鞠智城・温故創生館(熊本県山鹿市)

参考文献　坂本経堯「鞠智城考」(『熊本地歴研究』一〇ノ五、一九三五)、熊本日日新聞社『熊本の歴史』、一九四八。熊本県教育委員会『鞠智城跡』(『熊本県文化財調査報告』五九、一九八三)。 （隈　昭志）

きぐつ　木沓　⇩履《くつ》

きこうじ　喜光寺　奈良市菅原町にある寺院で、菅原寺《すがわらでら》ともいう。『行基菩薩伝《ぎょうきぼさつでん》』『行基年譜《ぎょうきねんぷ》』などによれば、七二一年(養老五)に寺史乙丸《てらのふひとおとまる》が居宅を行基に喜捨し、翌年から精舎を建てて菅原寺と号したという。寺域は平城京右京三条三坊の西北部を占める。当寺は、行基集団の大和国における布教活動の拠点となっていたようで、行基自身も七四九年(天平二十一)、この菅原寺の東南院で寂した。平安時代初期まで史料に散見するが、その後の動向は不明で、中世には興福寺一乗院の末寺となり、一四九九年(明応八)の兵乱で焼失。その後再建されたのが現在の本堂(重文)である。本堂は桁行五間、梁間四間で、前面一間は吹放し。重層にみえるが、裳階《もこし》がついている。屋根は寄棟造り。その姿から、東大寺大仏殿の雛形として造られた「試の堂」という伝説もある。一九六九年(昭和四十四)に一部発掘調査が行われ、現本堂の位置に、当初の金堂があり、基壇規模などが判明した。

参考文献　福山敏男『奈良朝寺院の研究』、一九四八、高桐書院。『奈良市史』社寺編、一九八五。 （寺崎　保広）

きざきあいきち　木崎愛吉　一八六五―一九四四　在野の金石文研究家。号を好尚《こうしょう》という。一八六五年(慶応元)、大阪に生まれる。一八九三年(明治二十六)に大阪朝日新聞社に入社し、一九一四年(大正三)に退社後、金石学の研究に打ち込み、古代から江戸時代前期までの金石文を集成した通史『大日本金石史』を出版して帝国学士院賞を受賞した。晩年は頼山陽《らいさんよう》や田能村竹田《たのむらちくでん》の研究に努め、一九四四年(昭和十九)六月二十六日に八十歳で没した。

↓大日本金石史《だいにほんきんせきし》

参考文献　木崎愛吉編『大日本金石史』、一九七二、歴史図書社。 （三上　喜孝）

きじし　木地師　木を利用してさまざまなものを作る職人、なかでも轆轤《ろくろ》を使って木工品を作る人をいう。木材はもっとも身近な生活用具の材料なので、日常生活の中で木工製品が多く用いられた。地中では腐ることが多いため陶磁器ほどには遺物として出土しないが、木地師の製品は一般民衆の日常生活にまで深く浸透していたのである。古代には轆轤師の多くが国家支配のもとにおかれ、宮廷や大寺社などの飲食用具や容器、調度品などの製作にあたっていた。早い時期の大量轆轤製品として有名なのは、『続日本紀』宝亀元年(七七〇)四月二十六日条に称徳天皇が発願したと出てくる百万塔である。律令国家の解体とともに木地師たちは荘園領主や地方豪族に雇われ、また各地を移動して木工品の需要に応じるようになっていった。近江国愛知郡《えちぐん》小椋《おぐら》荘(滋賀県東近江市永源寺町)の君ヶ畑《きみがはた》・蛭谷《ひるたに》などに住んだ木地師の間には、文徳天皇の第一皇子惟喬《これたか》親王が、異母弟の惟仁《これひと》親王(のちの清和天皇)との皇位継承争いに敗れ、所領を持っていた小椋荘に隠棲して人々に轆轤の技術を教え、木地師の祖神になったとの伝承がある。君ヶ畑の木地師は小椋姓を、蛭谷の木地師は大岩姓を名のった。中世後期には領主によって領域支配が進み、広い活動をする木地師たちの動きが制限されるようになったので、木地師たちの中には積極的に惟喬親王との関わりを示し、これに対抗しようとする動きもあった。近世になると君ヶ畑では太皇《おおきみ》大明神(太皇器地祖《きじそ》神社)の年番神主小椋信濃と金竜寺住職とが総支配所高松御所を作り、蛭谷では筒井正八幡宮神主大岩氏が総支配所筒井公文所を起こし帰雲庵住職とともに活動し、それぞれが氏子狩《うじこがり》(氏子駆)をして木地師たちと連絡を取り、支配に組み込んだ。その過程で朱雀天皇や正親町天皇の綸旨などが配布されたので、木地師たちは積極的に天皇家との関係を主張するようになり、墓石に菊の紋を付すことも行われた。

参考文献　杉本壽『木地師支配制度の研究』、一九七二、ミネルヴァ書房。同『木地師制度の研究』一・二、一九七四・七八、清文堂。橋本鉄男『ろくろ』(『ものと人間の文化史』三一、一九七九、法政大学出版局)。同『木地屋の民俗』、一九八二、岩崎美術社。同『漂泊の山民—木地屋の世界—』、一九九三、白水社。

(笹本　正治)

きしとしお　岸俊男　一九二〇—八七　昭和時代の日本古代史研究者。一九二〇年(大正九)九月十五日、京都市上京区に生まれる。父は建築史の岸熊吉。第三高等学校を経て一九四四年(昭和十九)京都帝国大学文学部史学科国史学専攻を卒業。在学中、学徒出陣し、海軍予備学生として応召。一九四五年海軍中尉で復員後、京都帝国大学大学院に入学。一九四六年同大学文学部助手。一九五一年奈良女子大学文学部講師、一九五三年助教授、一九五五年京都大学教養部助教授、一九五八年同文学部助教授、一九六七年「日本古代政治史研究」により京都大学より文学博士の学位を取得。一九六九年同教授、一九八四年同定年退官、名誉教授。愛知学院大学文学部教授。奈良県立橿原考古学研究所長。一九八七年一月二十一日に没した。六十六歳。一九七八年稲荷山鉄剣銘の解読を行い、一九七九年の木簡学会の創設に尽力した。堅実な実証と斬新な着想で知られる。著書は、『日本古代政治史研究』(一九六六、塙書房)、『藤原仲麻呂』(一九六九、吉川弘文館)、『日本古代籍帳の研究』(一九七三、塙書房)、『日本古代文物の研究』(一九八七、塙書房)など多数。

(小林　昌二)

きしはいじ　来住廃寺　愛媛県の松山平野北東部の微高地である来住台地にある白鳳寺院。その北に複数の七世紀後半の古代官衙《かんが》遺跡が隣接する。松山市来住町の長隆《ちょうりゅう》寺境内には、その西南に高く塔基壇と礎石が遺存し、その東に堂跡(金堂)があり、本堂部分に講堂が想定されることから、七世紀後半の法隆寺式伽藍が存在したことが推測され、国史跡に指定されている。軒瓦は、単弁蓮華文と法隆寺式軒丸瓦が出土している。この寺は地域の国造、郡司を担った久米直《くめのあたい》によって造営された氏寺とみなされる。この主要堂塔の西北部では、一九七七年(昭和五十二)の調査で、寺院の堂塔に先行する大型掘立柱建物群と掘立柱式による南北回廊が重複して検出された。そのうち、数棟からなる大型掘立柱建物群は、寺院の造営前にあった造営氏族の居宅の一部とみてよい。また、南北回廊は東西一〇三・五メートル、南北約九八メートルという大きな区域を方形状に囲むもので、寺院に先行する回廊状遺構であることが判明した。これは南回廊の中央部で門、北端部付近で東西棟建物の一部が検出され、方形に回廊をめぐらす構造、規模、七世紀後半の須恵器が出土することから、『日本書紀』斉明天皇七年(六六一)条に記す、百済再興のため斉明天皇が九州に行幸した際に、伊予に二ヵ月間逗留した石湯行宮《いわゆのかりみや》の遺構とみなす考えが有力視されている。その北に隣接する久米高畑遺跡では、回廊状遺構のすぐ北に隣接して回廊北方官衙の建物群、また、その北方にも官衙の政庁に関連する規模の大きな建物群が検出されている。また、この政庁の東南にも塀に囲まれた官衙を構成する建物群があり、南塀に門が設けられていた。ここでは「久米評《くめのこおり》」と線刻した須恵器が出土したことから、久米評衙《ひょうが》の政庁関連のものと推測されている。さらに政庁の西南には、東西一二〇メートル、南北一四〇メートルの塀に囲まれた正倉院に想定される一郭が検出され、官衙に関連するものが集中する。

久米官衙遺跡群　北回廊部分

参考文献　松山市教育委員会『来住廃寺』、一九七九。

(小笠原好彦)

きしべかわらがまあと　吉志部瓦窯跡　平安宮造営当初の屋瓦を供給した官窯的規模・性格を備えた瓦窯跡。国史跡。別称、岸部紫金山瓦窯跡。大阪府吹田市岸部四丁目所在。発掘調査などの結果、通称千里紫金山丘陵の南斜面の上段に窖窯四基、下段に平窯十基を整然と配置し、裾部には工房が展開していた。窖窯には、床全面に敷きつめられた平均片全てと窯道具の三叉脚に明瞭に緑釉の点滴が認められ、平窯には、緑釉瓦や点滴が認められないことから平窯は、通常の瓦と緑釉瓦の第一次焼成を、窖窯は、施釉した緑釉瓦の第二次焼成の分業体制が考えられている。また窖窯からは、緑釉陶器片が床面に散見され、瓦陶兼業窯でもあった。出土瓦は、軒平瓦五種軒丸瓦四種で、いずれも平安時代初期のもので、最近発見された大山崎瓦窯跡とともに急ぎ多量の需要を必要とした創建時だけの造営に係わったことを窺わせ、難波宮瓦を焼成した七尾瓦窯跡との関係と、約三五キロも遠く離れた平安宮への瓦供給体制や宮造営の実態を考える上で重要な遺跡である。

参考文献 『岸部瓦窯跡発掘調査概報』、一九六七、大阪府教育委員会。吹田市教育委員会編『吉志部瓦窯跡(工房跡)』(『都市計画道路千里丘豊津線工事に伴う発掘調査報告書』I、一九九八)。 (堀江 門也)

きしよう 岸窯 福島市飯坂町の館ノ山にある近世の陶器窯跡で、一九八七年(昭和六十二)に発見された。周辺にも窯跡の存在が予測され、岸・大鳥丘陵窯跡群とも称される。未調査のため窯構造は不明だが、物原《ものはら》の調査で丸碗・丸皿・大皿・鉢・香炉・手付水注・壺・甕・擂鉢《すりばち》などが出土した。製品や窯道具から瀬戸美濃、肥前、両者の影響を受けて成立したとされる。物原の調査では「正保□年」の紀年銘のある壺が出土し、一六四〇年前後に操業したとされ、消費地遺跡の調査から、その成立が寛永年間(一六二四―四四)にさかのぼる可能性があり、下限は十八世紀とされている。十七世紀前半には擂鉢が東北地方南部に広域に流通し、十七世紀中葉には多様な器種が福島盆地を中心とした信達地方などで流通した。十七世紀後半にかけて流通量を増やしたが、相馬焼・本郷焼などの台頭により、十八世紀には急速に姿を消す。瀬戸美濃・肥前や漆器との競合を避け、碗・小皿をほとんど生産しない点に特徴がある。

参考文献 東北中世考古学会編『中世奥羽の土器・陶磁器』、二〇〇三、高志書院。福島市振興公社編『岸窯跡』、一九九八。 (飯村 均)

ぎしわじんでん 魏志倭人伝 中国の史書『三国志《さんごくし》』にみえる倭人に関する史料の通称。正しくは『三国志』魏書巻三十、烏丸《うがん》鮮卑《せんび》東夷《とうい》伝、倭人の条。邪馬台国《やまたいこく》と卑弥《ひみ》呼《こ》について記された、唯一のオリジナルな史料として知られる。『三国志』は晋の陳寿《ちんじゅ》著、六十五巻。このうち烏丸鮮卑東夷伝は、三国の魏王朝に朝貢した、烏丸・鮮卑・夫余《ふよ》・高句麗《こうくり》・馬韓《ばかん》・辰韓《しんかん》・弁韓《べんかん》・倭人など、中国東北方の周辺諸民族について記したもの。内容は魚豢《ぎょかん》の著した『魏略《ぎりゃく》』に基づく。各民族の記事は、地理的位置と人口、社会の仕組みと風俗習慣、物産、魏との関係などの要素からなる。倭人の条は大きく三つの部分に分かれ、帯方郡《たいほうぐん》(朝鮮半島西岸中部)から島づたいに「女王国」の都である邪馬台国に至る道程、社会秩序と習俗、魏への朝貢の記録が記される。その内容は、帯方郡から倭国に派遣された使者の実見記録に、多様な伝聞も交えていると見られ、整然と記述されてはいない。しかしこの記事は、『三国志』以後に編纂された多くの史書(『後漢書《ごかんじょ》』を含む)に、必ず何らかの形で引用されている。また日本では古く『日本書紀《にほんしょき》』が、邪馬台国の女王卑弥呼を、日本の神功皇后《じんぐうこうごう》にあたるとして、魏への朝貢に関する倭人伝の記事を引用している。江戸時代には、この比定に疑義が唱えられ、邪馬台国が北九州にあったという説が生まれた。これをきっかけに、邪馬台国の地理的位置について、多様な解釈が提出され、現代に至るまで論争が絶えない。また魏から卑弥呼に下賜された銅鏡が、日本の古墳だけから出土する三角縁神獣鏡《さんかくぶちしんじゅうきょう》と関係するとの説も出されるなど、考古学的見地からの研究も注目されている。とはいえ魏志倭人伝の解釈に、定説といえるものはまだないのが現状である。標準的テキストは『三国志』(一九五九、中華書局、全五冊)。訳注として、石原道博編『新訂魏志倭人伝・後漢書倭伝・宋書倭国伝・隋書倭国伝』(一九八五、岩波書店)がある。

参考文献 井波律子他訳『正史三国志』一―八(『ちくま学芸文庫』、一九九二―九三、筑摩書房)。佐伯有清『魏志倭人伝を読む』上・下(『歴史文化ライブラリー』一〇四・一〇五、二〇〇〇、吉川弘文館)。石野博信『邪馬台国の考古学』(同一一三、二〇〇一)。 (佐原 康夫)

きぜと 黄瀬戸 瀬戸・美濃窯で生産された黄色い釉薬の掛かった陶器群。かつては瓷器手《しきで》(従来の灰釉が酸化炎焼成により黄味を帯びたもの)・ぐい呑み手(釉に光沢があり胆礬《たんばん》を伴わないもの)・菖蒲手《あやめで》(印花・画花などの手法で文様が描かれ、胆礬(緑彩)や鉄彩が施されたもの)・菊皿手(光沢の強い釉に緑釉を流し掛けたもの)の四種類に大別され、この順に出現すると考えられていたが、一般的には古瀬戸の範疇に含められる瓷器手は除外される。典型的な黄瀬戸は小皿・小杯・向付・鉢などの食器類を主体とし、瀬戸黒・志野・織部にある茶碗類はみられない。このうち、華南三彩の影響が指摘されている菖蒲手の黄瀬戸には、文禄二年(一五九三)銘や慶長八年(一六〇三)銘の向付が存在し、かつ、一五八二年(天正十)に落城した安土城から、印花・画花などの文様がないにもかかわらず胆礬が施され、ぐい呑み手と菖蒲手の中間に位置するものが出土したことから、十六世紀末に出現した可能性が高い。また、旧来の灰釉とは異なる黄色の釉の出現を黄瀬戸の範疇に含めるならば、錆釉を塗った後に灰釉を施した黄天目や筒形碗がぐい呑み手以前から確実に存在することから、十六世紀中ごろには黄瀬戸が成立したことになる。なお、黄瀬戸を美濃窯における桃山茶陶生産の代表の一つとみる立場から、土岐川以北の地域の大窯で生産されたぐい呑み手と菖蒲手に限定して用いる見解がある。確かに両者を典型的な黄瀬戸とみることは衆目の一致するところであるが、美濃窯を中心に生産された菊皿手が菖蒲手の技術系譜を引くことは確実で、さらに江戸時代後期には瀬戸窯で菖蒲手が復活することなどから、連房式登窯以降も黄瀬戸は生産され、その技術的伝統は現在まで存続していると見た方がよいであろう。

参考文献 加藤唐九郎『黄瀬戸』、一九八四、講談社。加藤唐九郎「瀬戸焼」(『茶道全集』一五所収、一九三七、創元社)。美濃古窯研究会編『美濃の古陶』、一九七六、光琳社出版。 (藤澤 良祐)

キセル 煙管 たばこ(煙草)を吸うための道具で、喫煙具の一つ。成り立ちには、諸説があるが、日本で独自に発生したものとは考えにくく、たばこ同様に、江戸時代初期に日本へヨーロッパ諸国のパイプや東南アジア諸国の喫煙具が何らかの形で伝えられ、その後に独特の発達があったと見るべきであろう。刻んだたばこを先に詰め、煙の通る中空部(煙道)を有する基本的な部分は東アジアに広く分布するキセル形の喫煙具に共通している。各部の呼称は、たばこを詰めるところが「火皿《ひざら》」、火皿を支える部分を「雁首《がんくび》」(火皿をを含め「雁首」と称する場合もある)。口を付けたばこを吸う部分を「吸口《すいくち》」、雁首と吸口の中間部分の管を「羅宇《らう》(または「らお」)」と呼び多くは竹が使用された。火皿・雁首・吸口は金属で制作されたものが多いが、陶磁器や硬石のものも見られる。また、キセル全体が同一の素材で制作されたものを「延《のべ》」という。古くは火皿が大きく、羅宇が長く、雁首が大きく湾曲していた。この様子が雁(鳥)の首に酷似していたところから、雁首の名が付けられたといわれる。たばこの喫味の変化から羅宇は短くなり、また、火皿はたばこの細刻みが可能になったことから小さくなったといわれている。ヨーロッパのパイプの刻み幅に比べ、アジアのたばこは細く刻まれるが、日本の細刻みはその中にあって毛髪と同じ程度までに至り、最も細いものである。この独特の細刻みが影響を与え、日本のキセルの形成に結び付いた。外来のものに対し、受容の過程で創意工夫を加え小型化し、日本人の使い勝手に便利なように改変していくという、日本の外来文物の受け入れ方の典型の一例であろう。キセルの小形化により携帯に便利になり、たばこ入れなどにキセルを入れる筒などが付けられるようになった。携帯できることにより、形にこだわりそれから装飾に気を使うようになったと思われるが、ほかの喫煙具同様にキセルも持ち手の美意識・趣味趣向などによりさまざまに加飾された。

参考文献　岩崎均史・小松大秀『喫煙具』(『日本の美術』四一二、二〇〇〇、至文堂)。たばこと塩の博物館編『きせる』、一九六八。

（岩崎　均史）

きたいん　喜多院　埼玉県川越市小仙波町に所在する天台宗寺院。八三〇年(天長七)に慈覚大師円仁《えんにん》が建立したと伝えられる。一時荒廃後、一二九六年(永仁四)には尊《そん》海《かい》により中興されたようであるが、一五三七年(天文六)の北条氏康《ほうじょううじやす》の河越城攻略に伴い再び荒廃した。一五九九年(慶長四)、徳川家康の厚い信任を受けていた天海《てんかい》が第二十七世住職として入山し、徐々に寺容が整えられたが、一六三八年(寛永十五)の川越大火で、山門以外の諸堂宇は灰燼と化した。このため、客殿・書院は江戸城内から移築され、それぞれに「徳川家光誕生の間」と「春日局《かすがのつぼね》化粧の間」と伝えられている部屋が遺されている。現在、重要文化財に指定されているのは、客殿(付渡廊一棟)、書院、庫裏(付玄関・玄関広間・渡廊及び接続室一棟)、慈眼堂(付厨子一基)、鐘楼門(付銅鐘一口)、山門(付棟札一枚)と、紙本著色職人尽絵(一双)、太刀(付糸巻太刀拵)、銅鐘、宋版一切経などであり、川越の名所の一つとして多くの観光客が訪れている。

参考文献　有元修一『喜多院』(『さきたま文庫』二七・二八、一九九一、さきたま出版会)。

（宮瀧　交二）

きたうらさだまさ　北浦定政　一八一七―七一　幕末維新期の国学者。一八一七年(文化十四)三月三十日、大和国添上郡古市村(奈良市古市町)の津藩の掛屋《かけや》(金銭出納業)に生まれ、同藩城和奉行所の銀札手代として勤務の傍ら、和歌を能くし、また天皇陵の比定、平城京条坊、大和国条里など土地区画の実証的研究に傾倒し、一八六三年(文久三)に藩士に列せられた。著作に『打墨縄《うちすみなわ》』『平城宮《へいじょうきゅう》大内裏跡坪割之図《だいだいりあとつぼわりのず》』『大和国坪割細見図《やまとのくにつぼわりさいけんず》』ほか多数。平城宮跡の位置の確定、平城京左右両京九条四坊の地割画定と大和盆地全域の条里復原は今日の考古学的調査の基礎的資料といえる。残存資料の多くが重要文化財。一八七一年(明治四)正月七日没。五十五歳。

参考文献　奈良国立文化財研究所編『北浦定政関係資料』(『奈良国立文化財研究所史料』四五、一九九七)。

（岩本　次郎）

きたさだきち　喜田貞吉　一八七一―一九三九　歴史学者。一八七一年(明治四)五月二十四日、阿波国那賀郡櫛淵村(徳島県小松島市)に生まれる。一八九六年帝国大学文科大学国史科卒。一八九九年日本歴史地理学会を創設し、雑誌『歴史地理』を発刊。一九〇一年文部省に入り、国定国史教科書の編集に携わったが、同年南北朝正閏問題で南北朝両立の記述が問題化し、休職処分。以後京大、東北大で古代史の教鞭をとる。この間、法隆寺再建論を若草伽藍の発掘調査前に主張するなど、古代史、歴史地理に止まらず、考古学・民俗学、部落問題・民族問題にも論考を展開した。一九三九年(昭和十四)七月三日没。六十九歳。『喜田貞吉著作集』全十四巻(一九七九―八二)が平凡社より刊行された。

参考文献　「六十年の回顧」「著作目録」(『喜田貞吉著作集』一四所収、一九八二、平凡社)。

（岩本　次郎）

きたざわいせき　北沢遺跡　新潟県北部の笹神丘陵に立地する、中世の陶器・鉄・木材の生産遺跡。新発田市本田に所在。一九九〇年(平成二)にゴルフ場建設に伴い、豊浦町(現新発田市)教育委員会が発掘調査。小さな谷斜面の、長さ二〇〇メートルほどの間に、陶器窯五基、製鉄炉三基、製鉄に伴う木炭窯四基などが集中して出土。陶器は須恵器系で、能登の珠洲窯の系譜。珠洲編年のII期に相当し、十二世紀末から十三世紀前半ころと推定される。五基の窯のうち二基は木炭窯を再利用した特異なもので、陶器と鉄の生産の関連を明確に示す。長さ約二、三メートルのごく小型ものもある。生産された器種は、大半が片口擂鉢と大小の壺で、わずかに浄瓶・陶硯があるが、大型の甕は認められない。製鉄関係の遺構は、製鉄炉・木炭窯・排滓場がある。製鉄炉は谷の底から六メートル上位の比較的平坦な面に、三基が三～四メートル間隔で並ぶ。各炉の三方を囲む溝は側辺を共有し、炉が連続して営まれたことを示唆する。炉の形態は竪型炉である。炉低は幅五〇センチ、奥行六〇センチほどで、その下部に炉壁ブロックを敷いた穴が伴う。炉の前方から谷底にかけては排滓場となる。炉壁を含む鉄滓が約八〇トン出土した。木炭窯は、長さ五メートルほどの羽子板状で、奥と左右に煙道が付く。排滓場の下層からは、加工された多量の板・杭・杉皮などのほか、鋤やエブリ、箸、楔などとみられるものが出土した。遺跡全体のあり方からみて、同一の工人により、木・鉄・陶器の順に生産されたとみられる。笹神丘陵周辺は、越後国唯一の中世陶器の生産地で、本遺跡以外に須恵器系と瓷器系の窯跡があり、「北越窯」「笹神窯」などと称される。窯のほかに製鉄遺跡も分布するが、この遺跡調査により、中世の製鉄の実態、陶器・木材との一体的生産が確認されたことの意義は大きい。なお、ここの鉄生産については、砂鉄を原料にした製錬とみる説と、他所から持ち込んだ鉄素材を成分調整するための精錬とみる説があるが、多量の鉄滓の出土などから製錬説が有利か。

参考文献　豊浦町教育委員会編『北沢遺跡』、一九九二。

（坂井　秀弥）

きたしらかわはいじ　北白川廃寺　京都市左京区北白川大堂《だいどう》町から東瀬ノ内町にかけて存在した寺院跡。すでに寺院名がわからなくなっていたため、所在地の地名から「北白川廃寺」と命名された。所在地が愛宕《おたぎ》郡粟田郷になることから、粟田氏の氏寺である粟田寺ではないかと推定する説もある。一九三四年（昭和九）に京都市の区画整理事業に伴って発見されたことから、調査がなされた。その後、一九七四年から一九七五年まで再調査され、基壇の上に立つ金堂らしき建物の遺構が見つかった。この基壇は化粧石の替わりに瓦を用いて基壇を装飾していることから、瓦積基壇と呼ばれる。基壇の南北中央に一尺の階段を持っている。塔跡と推定される場所からは、円形の柱座を持つ花崗岩製の礎石も出土しており、大きな寺院が存在したと推定されている。出土した瓦には山田寺式の単弁蓮華文や雷文複弁蓮華文を持つ軒丸瓦などがあり、創建年代が七世紀後半までさかのぼると推定されている。

参考文献　梅原末治「北白川廃寺阯」（京都府編『京都府史蹟名勝天然記念物調査報告』一九、一九三八）。京都市文化観光局文化財保護課編『北白川廃寺塔跡発掘調査報告』、一九七六。

（土橋　誠）

きたのしょうじょう　北庄城　織田氏の将、柴田勝家が越前支配の拠点として築いた城。福井市中央一丁目。柴田氏滅亡後、丹羽《にわ》、堀、青木の諸氏が短期間在城したが、一六〇一年（慶長六）に始まる結城秀康による新城建設により消滅した。築城は、一五七五年（天正三）に開始され、一五八一年に北庄を訪れた宣教師ルイス＝フロイスの報告から、まだ工事中であったことや、城の屋根を全て石で葺いている立派なものであったことなどが知られる。また、羽柴秀吉による一五八三年の北庄城攻略に際して、小早川隆景や毛利輝元に宛てた書状からは、天守が九重であったことも知られる。近世の地誌類などは、城は旧吉野川と足羽《あすわ》川の合流点を背にしたとすることから、現在の柴田神社（福井市中央一丁目）付近が本丸と推定されている。一九九三年（平成五）から始まった境内の公園整備事業（―二〇〇〇年）に先行する発掘調査では、近世の福井城に先行する堀・石垣などの遺構の一部を検出しているが、本丸位置などを確認するに至っていない。↓福井城《ふくいじょう》

参考文献　『福井市史』資料編一、一九九〇。

（吉岡　泰英）

きたのてんまんぐう　北野天満宮　菅原道真を主祭神とし、京都市上京区馬喰町に所在する神社。北野神社・北野天神・天満宮・天満天神・天満大自在天神・北野聖廟などとも呼称。宇多・醍醐両天皇に重用され右大臣になっていた菅原道真は、九〇一年（延喜元）藤原時平などの讒言により大宰権帥に左遷され、九〇三年大宰府で死亡。その後、道真の左遷に関わった人々が次々に他界し、清涼殿に落雷して死傷者が出たことなどから、怨霊となった道真が祟りをなしているとされた。朝廷では道真の霊を鎮めるとして正二位右大臣を贈った（九二三年）。『北野天神縁起』によれば、その後、夢告を受けた人々の手により北野に神社を創建。社殿は時平の甥藤原師輔により整備され、道真は学問・文芸の神として信仰された。現在の本殿は豊臣秀頼が奉納した八棟造で、拝殿とともに国宝指定。中門ほかは重要文化財指定。国宝『紙本著色北野天神縁起』ほか多数の宝物を所蔵。

参考文献　所功『菅原道真の実像』（『臨川選書』二〇、二〇〇二、臨川書店）。

（有井　広幸）

北野天満宮本殿

きたのはいじ　北野廃寺　㈠矢作川中流の右岸台地上に造営された古代寺院跡。愛知県岡崎市北野町所在。露出していた塔心礎周辺の測量調査、採集された瓦類の検討

から飛鳥時代後期に創建された寺院跡と推定され、一九二九年(昭和四)に国史跡に指定された。その後の発掘調査によって、寺域は東西一二四㍍、南北一四七㍍、伽藍中軸線上に僧坊・講堂・金堂・塔・中門・南大門が並び、回廊が講堂と中門に連結する四天王寺式伽藍配置であることが判明した。出土した瓦類は高句麗様式の素弁六葉蓮華文軒丸瓦と三重弧文軒平瓦が大半を占めているが、塔跡付近の瓦類は少なく、塔が瓦葺きでなかった可能性もある。また、出土した陶磁器類には九世紀前半から十世紀前半にわたる三彩・緑釉・灰釉陶器が見られ、この寺院の存続期間が推定される。指定地の大半は公有化され、史跡公園としての整備も行われている。

資料館　岡崎市郷土資料館(愛知県岡崎市)

参考文献　『新編岡崎市史』一六、一九八九。

(赤羽　一郎)

(二)京都市北区北野にかつて存在した寺院。一九三六年(昭和十一)に調査がなされ、注目を集めた。第二次世界大戦後、一九六〇年代に京都大学や京都府によって、発掘調査が実施され、多くの瓦や、瓦積基壇の建物が見つかり、ここが寺院跡であることが確定した。一九七〇年代の調査では墨書土器も見つかっており、中には「野寺」と書かれたものがあり、奈良時代から平安時代の記録にみえる野寺跡ではないかとする意見が有力になった。野寺は別名を常住寺といい、『日本霊異記』第三十五話に初めてみえる。また、『日本後紀』延暦十五年(七九六)十一月辛丑条にも、新しく作った銭貨を七大寺とともに野寺に施されたことを記しており、平安時代の史料に集中してみえる。場所も『政事要略』五にみえる「北山野」が野寺の東で宮城の北と記されていることから、現在の北野白梅町付近にあったことが推定される。したがって、今では北野廃寺が平安時代初頭の史料にみえる「野寺」であることは確実になった。また、一九七〇年代の調査では「鵤室」とする墨書土器も出土しているため、飛鳥時代の蜂岡寺にあたるのではないかとする説もある。

参考文献　福山敏男「野寺の位置について」(『日本建築史研究』所収、一九六八、墨水書房)。『北野廃寺』(『京都市埋蔵文化財研究所調査報告』七、一九八三)。

(土橋　誠)

きたばたけしやかた　北畠氏館　三重県津《つ》市《し》美《み》杉町《すぎちょう》に所在する中世後期の大名、北畠氏の館跡。史料では多気館とある(『大乗院寺社雑事記』)。北畠氏は、南北朝時代初期に南朝方の有力大名として伊勢に入部し、十五世紀前葉の後南朝の争乱を経て足利幕府に恭順する。一五六九年(永禄十二)、織田氏に併合され、一五七六年(天正四)に宗家は族滅する。その間、南伊勢を中心に北伊勢・大和宇陀郡・南伊賀・志摩国に影響を及ぼし、木造《こつくり》・坂内《さかない》・大河内《おかわち》・岩内《ようち》らの一族を配置して領域支配を行う一方、内部では独自の官僚制を組織した。足利幕府から断続的に伊勢国守護に任命される一方、当主は従三位前後の位階を持つ公家でもあった。一四〇三年(応永十)ころまでに山間小盆地の多気《たげ》を拠点とする。館は多気中央の、八《は》手俣川《てまたがわ》と丘陵に挟まれた南北約二〇〇㍍、東西約一二〇㍍の台地上にある。発掘調査で、十五世紀中葉ころの石垣と虎口《こぐち》が確認された。石垣は高さ二㍍の野面積みで、二列が並走する。中世の居館遺構に伴うものでは最古級である。館の整地層から三度の造成工事が確認でき、敷地は次第に拡張されている。敷地内からは、石垣のほかに礎石建物、土師器《はじき》皿類を大量に投棄した遺構などが検出された。出土遺物には、金箔装引手金具や元代青磁の水鳥形香炉などがある。敷地の南部には北畠氏館跡庭園(国指定名勝)がある。複雑な園池と枯山水・築山を付加した曲水池泉の鑑賞式庭園で、発掘調査から十六世紀代の造成と考えられる。武家様式の代表庭園とされるが、北畠氏被官《ひかん》等は奈良興福寺大乗院の庭園をしばしば見学に訪れており(『大乗院寺社雑事記』)、関連も考えられる。館跡のある多気には、北畠氏関連の多数の寺院跡、館跡の推定地、計画的な地割、町屋や市庭を示す地名などが残る。多気は大和から伊勢神宮への主幹街道沿いで、北畠氏館の成立で大名拠点と交通要衝地としての機能が融合した場となっていた。

資料館　津市美杉ふるさと資料館(三重県津市)

参考文献　藤田達生編『伊勢国司北畠氏の研究』、二〇〇四、吉川弘文館。

(伊藤　裕偉)

きたまえぶね　北前船　(一)北国《ほっこく》廻船の総称、(二)面木《おもき》造りの北国船の別称、(三)弁才《べざい》船の一地方型の呼称、(四)海運史の用語として江戸時代中期以降に北海道交易に従事した日本海沿岸の買積船、の四つの意味がある。面木とは一木から刳り出したL字形に近い断面形状をもつ船材をいう。北国船は樽のように板を丸く矧いだ船首に特徴があり、船の形から俗に「どんぐり船」と称された。近世前期には面木造りの商船が日本海で多用されていたが、森林資源の枯渇による面木の入手難のため十八世紀前期に姿を消した。弁才船の一地方型としての北前船は、日本海で生まれ、日本海沿岸の買積船として北海道交易に従事したことで有名であるが、運賃積船にも使われたし、日本海に限らず各地で造られた。特徴は大きくそらせた船首尾と大きくふくらませた胴の間で、十九世紀に入って顕著になる。なお、歴史的な用語として北前は北国と同義なので、北前船と北国船は同義であるが、北国船に海運史の用語としての(四)の意味はない。

参考文献　牧野隆信『北前船の研究』、一九八九、法政大学出版局。石井謙治『図説和船史話』(『図説日本海事史話叢書』一、一九八三、至誠堂)。同「北国地方における廻船の発達―とくにハガセ船・北国船・弁才船について―」(福井県立図書館・福井県郷土誌懇談会共編『日本海海運史の研究』所収、一九六七、福井県郷土誌懇談会)。

(安達　裕之)

きたやまじゅうはちけんど　北山十八間戸　鎌倉時代に創建された癩者《らいじゃ》(ハンセン病患者)救済施設。奈良市川上町に所在。奈良から北へ京都にぬける古代以来の幹道の一つである奈良坂丘陵の入口付近にある。当初は現在地よりも五〇〇メートル北奥へ上った般若寺《はんにゃじ》の東北にあった。『元亨釈書《げんこうしゃくしょ》』所収伝記などをもとに叡尊《えいそん》の高弟良観房忍性《りょうかんぼうにんしょう》の創建とされてきたが、近年は同じく叡尊弟子の般若寺僧勧良房良恵《かんりょうぼうりょうえ》の創始説も提唱されている(字《あざな》の類似により忍性創始と混同されてきた)。いずれにしても西大寺叡尊教団による救癩施設である意義は変わらない。一五六七年(永禄十)八月、三好・松永の戦乱で焼失し、その後、寛文年中(一六六一—七三)に現在地に再建されたという説があるが、十六世紀中から十七世紀初には移転していたとする説もある。現在の建物は、南面する東西十八間、幅二間の棟割長屋風の建物で、屋根は切妻で本瓦葺。東端に仏間を付設し、北側の裏戸すべてに「北山十八間戸」の刻書がある。南庭に古井戸が二つあり、その間に空風呂跡がある。一九二一年(大正十)国史跡に指定された。

参考文献 山村雅史「「北山十八間戸」の移転に関する考察」(『奈良県立同和問題関係史料センター研究紀要』五、一九九八)。

(佐伯 俊源)

きだん 基壇 建物を雨水や湿潤から守り、永く安定した状態に保つ目的で、建物を周囲の地面より高く持ち上げ、柱の根元を強固に地固めした台の総称。一般的には土で本体をつくった後、上面には石や磚《せん》を敷き外装には石や瓦を積んで飾るなど、建物の荘厳さや壮大さを表現する装飾的な役割も担った。基壇の築成に関しては中国や朝鮮半島より寺院建築の伝来とともに日本に移入されたと考えられる。ただし、基壇を一般の住宅建築などにも幅広く用いた中国とは異なり、日本では宮殿建築や寺院建築にのみ用いられた。基壇の本体である基壇土は通常、粘土や石、砂などを一定の厚さで敷き、突き固めて層状に積み重ねる版築《はんちく》工法が採用された。軟弱な地盤や大重量建築の場合には、基壇築成前に一定範囲を掘りくぼめて版築などで地盤を強固にする掘込《ほりこみ》地業を行うこともあった。古式の基壇には二重のひな壇状に重ねる二重基壇がある。二重基壇の下段を下成《かせい》基壇、上段を上成《じょうせい》基壇と呼ぶ。二重基壇の例は飛鳥寺、法隆寺西院金堂・五重塔などがあるが、飛鳥寺では下成基壇に礎石とみられる石が据わっていた。基壇外装には切石を用いるのが一般的で切石積基壇と呼ばれたが、八世紀に入ると、羽目《はめ》石《いし》の押さえとして四隅と一定間隔で束石《つかいし》を置き、地覆石《じふくいし》の下に延石《のべいし》をかませる壇正積《だんじょうづみ》基壇という形が最も格式が高い形式として用いられた。その他にも外装に用いるものによって、玉石積基壇(飛鳥寺東西金堂、兵庫県伊丹廃《いたみはい》寺《じ》など)、瓦積基壇(大阪府田辺《たなべ》廃寺西塔跡、京都府高麗《こま》寺《でら》塔跡など)、磚積基壇(岐阜県美濃国分寺など)、木造基壇(岩手県毛越寺《もうつうじ》)などの種類がある。やがて建物に縁や床ができると、足元が雨水に濡れることもなくなり、基壇は隠れて外側から見えにくくなったことから、次第に亀腹《かめばら》に代わっていった。中世以降では、寺院建築においても縁のまわらない塔や門で主に用いられた。→亀腹《かめばら》 →版築《はんちく》 →掘込地業《ほりこみじぎょう》

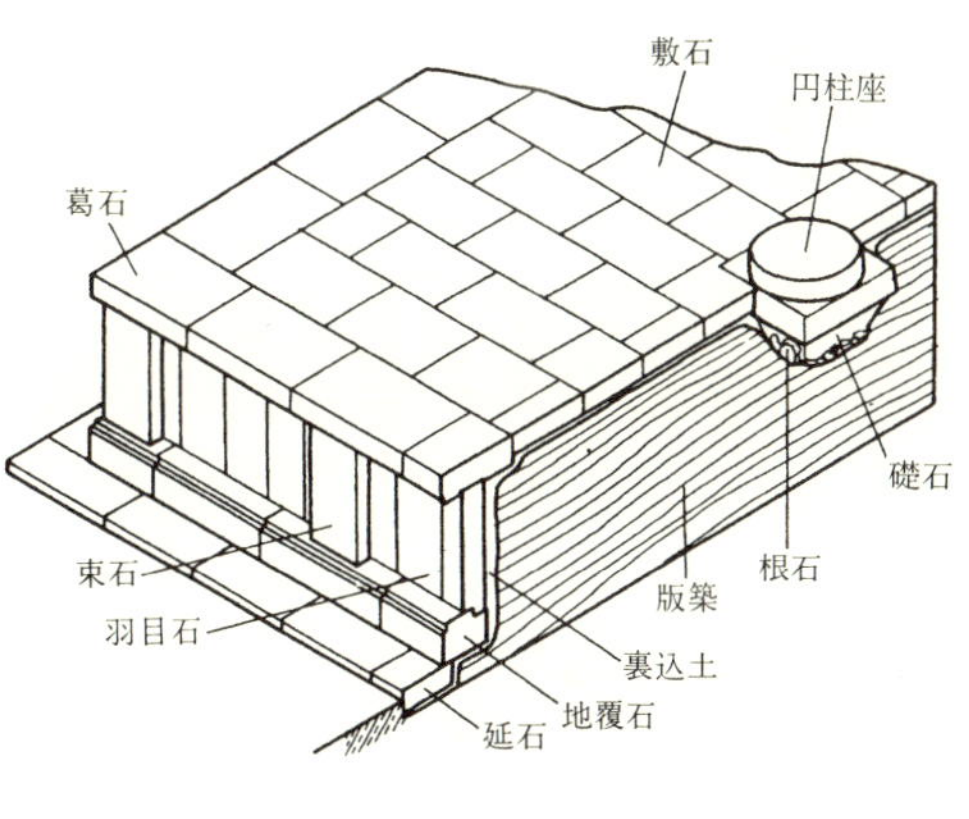

壇正積基壇

参考文献 坪井清足・鈴木嘉吉編『埋もれた宮殿と寺』(『古代史発掘』九、一九七四、講談社)。田辺征夫「古代寺院の基壇—切石積基壇と瓦積基壇—」(原始古代社会研究会編『原始古代社会研究』四所収、一九七八、校倉書房)。日本建築学会編『日本建築史図集(新訂版)』、一九八〇、彰国社。

(平澤麻衣子)

ぎちゅうじ 義仲寺 大津市馬場一丁目に所在する寺院。寺伝によると、平氏を破り上洛を果たした木曾義仲《きそよしなか》が、一一八四年(寿永三)源頼朝《みなもとのよりとも》の命により派遣された、源範頼《のりよし》・義経《よしつね》の追討軍により、粟津の地で敗死し、この地に葬られた。その後名もない尼僧が庵を建てその供養をしていたが、尼の死後この庵は「無名庵」「巴寺」「木曾寺」「義仲寺」などと呼ばれた。室町時代の終わりころ、近江守護佐々木六角《ろっかく》氏が、義仲供養のためこの寺を建て「義仲寺」と号したとある。時は移り一六八九年(元禄二)十二月、奥州の旅を終えた俳聖松尾芭蕉が大津を訪れ、一六九一年九月まで、主として義仲寺の草庵(無名庵)と玄住庵に滞在、多くの俳人が入門し、湖南蕉門が形成された。その後芭蕉は一六九四年にも大津を訪れ、その年の十月、大坂で亡くなったが、遺言によりこの寺に埋葬されることになった。これを契機として湖南蕉門の俳諧は再び活発化し、一七六九年(明和六)には翁堂(芭蕉堂)と芭蕉の乾漆像が作られ、一七九一年(寛政三)には蕉門の遺品や俳書などを収めた粟津文庫が建てられた。現在義仲寺境内には、義仲と芭蕉の墓をはじめ、朝日堂(本堂)、翁堂、無名庵、粟津文庫、巴地蔵堂のほか、多くの句碑が立ち並び、一九六七年(昭和四十二)、国指定史跡となった。

(大橋 信弥)

きちょう 几帳 布を使った衝立《ついたて》。土居《つちい》という台の上に棒を二本立て、上にT字形に横木をつけ、横木から帷《かたびら》を垂らす。土居や棹は黒塗。高さによって三尺几帳、四尺几帳とあり、三尺には四幅帷、四尺には五幅帷をかける。帷は袷《あわせ》仕立で、たるまないように上部を袋にして棒を通

してある。表は夏は生絹《すずし》地に秋草などを胡粉彩色で描き、冬は朽木形《くちきかた》文様を蘇芳《すおう》で描くが、その他裾濃《すそご》、纐纈《こうけち》、綾、刺繡などもあった。凶事には濃い鼠色を用いた。裏と野《の》筋《すじ》は平絹《へいけん》で、野筋は二つ折りにして折山の方を帷の裏側に垂らす。几帳は寝殿造で発達したもので、庇《ひさし》や母屋《もや》の御簾の前に立てるのには四尺几帳が使われ、枕屏風のように身近に置いて使うには三尺几帳が用いられた。

(小泉　和子)

きっかわしじょうかんあと　吉川氏城館跡　安芸国大朝新荘の地頭から戦国武将に成長した吉川氏の発展段階を示す城跡、館跡、菩提寺跡など九遺跡からなる。広島県山県郡北広島町に所在。国史跡。小倉山城跡は新荘にある。吉川経見は一三七二年(応安五)、「大朝新庄地頭」を名乗っており、吉川氏はこのころには大朝新荘にいたらしい。「城」の記述は一四五二年(享徳元)の吉川経信の文書が初見で、一四九〇年(延徳二)の文書には「要害」の記述がある。一五四四年(天文十三)には城内に当主興経のほかに三ノ丸から興経を後見・補佐する「三重の上様(国経)」がいたことが知られる。その後一五四六年までの間に興経は本拠を日山《ひのやま》城に移した。小倉山城は低丘陵の尾根鞍部を各所で掘切り、内部に多数の郭群を配置する。発掘調査の行われた中心部郭群では礎石や掘立柱の建物に伴って十五世紀―十六世紀前半の土器・陶磁器類が出土しており城内での居住があったことを思わせる。小倉山城跡の西南麓には吉川氏の菩提寺である西禅寺跡、北側の谷には洞仙寺跡がある。日山城跡は新庄と舞綱の境界の日野山にある。一五五〇年、毛利氏から吉川氏に入った元春が入城し、一五九一年(天正十九)の出雲移封まで吉川氏の本拠として使われた。火野山城、火城とも称される。城は山上の「城」と山麓の「麓」の二つの空間からなる。「城」は比高約三〇〇㍍の日野山の頂部に長さ約七〇〇㍍にわたって郭を連ねたもので、諸所に石垣や石塁が見られるほか、城域内には万徳院跡に類似し同時期と考えられる浄泌寺跡もある。「麓」は日野山の南西麓一帯で館跡や屋敷跡がある。吉川元春館跡は日山城の南西山麓の海応寺にある。元春が隠居した一五八三年に着工後、普請・作事が続けられたが、一五九一年の吉川氏の出雲移封とともに廃絶。跡地は元春の菩提寺海応寺となった。館跡は志路原《しじわら》川の河岸段丘を利用したもので、発掘調査によると規模は間口一一〇㍍(六十間)、奥行八〇㍍(四十五間)で東側正面は「石つき之もの共」による石垣で画す。館内には礎石を中心とした十数棟の建物があり庭園を伴う。主殿を中心とした表向きの空間と、台所・中居などの奥向きの空間の別がある。元春の妻をさす「かかいさま」と記した墨書木札をはじめ、土器・陶磁器など多量の遺物が出土している。館跡の対岸には元春の妻の屋敷とされる松本屋敷跡があり、土地の区画から見ると、周辺一帯が都市的景観をなしていたことがうかがわれる。日山城への登城路沿いには元長の菩提寺である万徳院跡がある。　→万徳院跡《まんとくいんあと》

参考文献　大朝町教育委員会編『史跡吉川氏城館跡―保存管理計画策定報告書―』、一九九〇。広島県教育委員会編『吉川元春館跡―史跡吉川氏城館跡発掘調査概要―』一―五、一九九六―二〇〇〇。同編『吉川元春館跡の研究』(『中世遺跡調査研究報告』二、二〇〇二)。同編『小倉山城跡発掘調査報告書・小倉山城跡の研究』(同三、二〇〇三)。

(小都　隆)

ぎっしゃ　牛車　牛に牽引させた車で、乗用のものと運搬用のものとに大別されるが、史料上「牛車」としてあらわれるものは一般的には乗用の車をいうことが多い。乗用の車は、九世紀以降、主に貴族層において利用に供された。糸毛車《いとげのくるま》、檳榔毛車《びろうげのくるま》、板車、網代車《あじろのくるま》など牛車製造の材料にちなんだ名称のほか、唐庇車《からびさしのくるま》、八葉車《はちようのくるま》など牛車の構造に意匠をこらしたことにちなむ名称の牛車もあった。九世紀段階では乗車が許されているのはすべて女性で、この前提のもとで過差の禁制が出されていることに特徴がある。この後、八九五年(寛平七)に至り男性にも乗車が許可されるが、十世紀段階までは特に許可された者のほかは、男性は乗馬が基本であったと思われる。十一世紀ごろになるとこの傾向は変化する。一〇〇一年(長保三)には、四位は網代車、五位は薦張車《むしろばりのくるま》、六位は板車とされ、床塗の禁止や轂《こしき》の細工にいたるまでが禁制の対象とされるなど、位階に応じた牛車の形態が規定されており、身分標識として牛車が機能していたことを示している。鎌倉時代においても在京御家人の京内での牛車乗用の禁令が出されるなど、武士の間にも乗車の傾向の広がりがあった。しかし、牛車利用の主要な階層であった貴族層の財政的凋落による牛の飼育の困難、牛の荷車輸送や農耕での利用の拡大により、十四世紀ごろから乗用の牛車の利用がすたれてくるといわれる。ただ豊臣秀吉・徳川家康も牛車に乗って参内しており、威儀をととのえる装置としては利用されていたが、日常的な乗用の手段としては時代とともにすたれてくる。

参考文献　遠藤元男『路と車』(『日本人の生活文化』五、一九八〇、毎日新聞社)。加藤友康「日本古代における交通・輸送と車―大会テーマ「古代の車」検討のために―」(『古代交通研究』一三、二〇〇四)。

(加藤　友康)

ぎっちょう　毬杖　中世に広く行われた遊技の一つ。木製の毬《まり》を、長い柄の付いた打杖によって打って遊ぶ。毬打ともいう。古代に中国から伝わった儀礼的な遊技である打毬《だきゅう》が、中世までに主に男児による節句の遊びとして発展・普及したものと考えられる。『年中行事絵巻』『西行物語絵巻』にその様子が描かれるほか、草戸千軒町遺跡などでは出土資料も確認できる。打杖は木の枝分かれした部分を切断し、枝を柄、幹を槌として利用している。毬は丸木を短く切断し、両端を削り形を整えたものである。具体的な遊び方には不明な点が多いが、追い羽根同様に双方に分かれて毬を打ち合ったものと考えられる。

毬杖（『西行物語絵巻』より）

近世に入り急速に廃れていった。小正月の行事であるとんど焼・左義長は、正月に使った毬杖を注連《しめ》飾りなどとともに焼いた火祭りに由来する。（鈴木　康之）

きでら　紀寺　奈良県高市郡明日香村小山にある七世紀後半創建の寺院跡。これまでの発掘調査で、南門・中門・金堂・講堂が南北に並ぶ配置が明らかとなった。中門からのびる回廊は講堂に取り付く。金堂東側には明治初年ごろまでは塔跡が残っていたという。寺域は藤原京の条坊に揃い、左京八条二坊を占める。出土瓦では外縁に雷紋を施した軒丸瓦が特色である。小字名「キデラ」が残り、『続日本紀《しょくにほんぎ》』天平宝字八年（七六四）の紀寺の奴婢の訴えの記事により、六七〇年（天智天皇九）には存在した紀氏の氏寺にあてられてきた。また高市大寺《たけちのおおでら》（天武朝大官大寺《だいかんだいじ》）にあてる説もある。しかし、寺域が藤原京条坊に一致することから、両説の年代より創建が下り、年代的に合わないとする説も強い。平城京遷都にあたり、外京五条七坊（奈良市紀寺町付近）に移る。現在も紀寺の地名が残り、西紀寺町にある璉城寺《れんじょうじ》はその後身といわれる。奈良

毬杖と毬（草戸千軒町遺跡出土）

時代の軒瓦も発見されているが、一帯は人家密集地であり、考古学的調査は進んでいない。

参考文献　泉森皎『大和古代遺跡案内』、二〇〇一、吉川弘文館。奈良県立橿原考古学研究所編『奈良県遺跡調査概報』一九七七・七八・九二年度、一九七八・七九・九三。（安田龍太郎）

きど　木戸　城戸ともかかれ、文献に散見する語彙。門にあたる。鎌倉時代初頭の衣笠城（神奈川県横須賀市）や阿津賀志《あつがし》山（福島県国見町）などに木戸が存在した（『吾妻《あづま》鏡《かがみ》』）。南北朝時代には「一之木戸」「二之木戸」「三之木戸」「木戸口」などの語彙が、軍忠状を中心とする文献史料に頻出する。以後、戦国時代に至るまで使用されている。中世を通して合戦に伴う施設として、木戸が城館などに構えられ、戦闘が集中する地点になっていることが古文書などに確認される。また城館に限らず町にも木戸が構えられていた。菅浦（滋賀県西浅井町）には「大門」に木戸が存在した。戦国時代の北関東では六人の木戸番が定められ、昼夜の管理が行われていた宿の事例がある。考古学的事例としては、荒井猫田遺跡（福島県郡山市）の街道上に門跡が検出されており、集落入口の木戸と評価されている。（齋藤　慎一）

きどかわらがまあと　木戸瓦窯跡　八世紀前半に多賀城・多賀城廃寺創建期の瓦・須恵器を焼成した窯跡で、宮城県大崎市田尻沼部に所在する。A～Cの三地点があり、北端のA地点（国史跡）で十四基、南西のB地点で三基、南東のC地点で七基の窯跡が確認されている。発掘調査は、このうちA地点の二基（二〇〇四年（平成十六）調査）、B地点の三基（二〇〇五・〇六年）、C地点の七基（一九七四（昭和四十九）・二〇〇五・〇六年）を対象に実施された。いずれも地下式窖窯である。出土瓦は重弁蓮花文軒丸瓦二種と重弧文軒平瓦、桶巻き作りの平瓦、紐巻き作りの丸瓦で、地点ごとの様相に大きな違いはみられない。ただし、A地点ではほかに上部がアーチ型となる重弁蓮花文鬼板がある。また、B地点の採集瓦には、「□」郡仲村郷他辺里長　二百長丈部呰人」とヘラ書きされた平瓦がある。文字瓦の上部は「新田郡」と推定され、多賀城創建期に多賀城の北四〇キロの地域まで郷里《ごうり》制・軍団制が施行されていたこと、また、里長兼軍団の校尉が造瓦に関わっていたことが知られる。本窯の瓦は新田柵《にったのさく》跡（大崎市）にも供給されている。→大吉山瓦窯《だいきちやまがよう》

参考文献　宮城県多賀城跡調査研究所編『木戸窯跡群』一・二（『多賀城関連遺跡発掘調査報告書』三〇・三一、二〇〇五・〇六）。同「木戸窯跡群　第三次発掘調査現地説明会資料」、二〇〇六。（髙野　芳宏）

キトラこふん　キトラ古墳　奈良県高市郡明日香村大字阿部山字ウェヤマに所在する終末期古墳。一九八三年（昭和五十八）十一月七日にファイバースコープによる第一次内部探査が行われ、横口式石槨の北壁に玄武像が描かれていることが確認された。この時の探査では計器類の故障で玄武以外の壁画については確認できなかった。一九九七年（平成九）には墳丘の範囲確認調査が実施され、

直径約一三・八㍍、高さ三・三㍍の二段築成の円墳であることが明らかとなった。一九九八年には多間接マニュピュレーターシステムによる第二次内部探査が実施され、北壁に玄武、西壁に白虎、東壁に青龍、そして天井には世界最古の天文図が確認された。さらに二〇〇一年のデジタルカメラによる第三次内部探査では南壁に朱雀が、さらに四神図の下には十二支像が描かれていることも明らかとなった。その後、二〇〇四年には石槨内の発掘調査が実施され、漆塗木棺片や金象嵌鉄製刀装具、金銅製鐶座金具、琥珀玉、人骨等が出土している。発掘に伴って行われた壁面調査で漆喰は劣悪な状況となっており、剝落寸前の状態であることが判明したことから現地保存ではなく、剝ぎ取りによる保存対策が現在も続けられている。二〇〇〇年七月には国史跡、同年十一月には特別史跡に指定された。

参考文献　明日香村教育委員会『キトラ古墳学術調査報告書』、一九九九。独立行政法人文化財研究所『キトラ古墳』、二〇〇五。

（西光　慎治）

きない　畿内　律令制下を中心に国家の中枢地域に設けられた特別行政区域。大化改新の際に制度化され、『日本書紀』大化二年(六四六)正月甲子朔条のいわゆる改新詔では、東は名墾《なばり》の横河、南は紀伊の兄山《せのやま》、西は赤石《あかし》の櫛《くし》淵《ふち》、北は近江の狭狭波《ささなみ》の合坂山を「畿内国」の境界としている。この畿内を、四地点を通る東西線と南北線で囲まれた理念的な長方形の境域とみる説もあるが、四地点は畿内と畿外を結ぶ交通路上の要地と考えられ、実体を伴った区画とする見方が一般的。大化前代にウチックニと呼ばれた地域単位を継承したとの推測もある。その後、律令制の形成とともに国郡制が成立すると、畿内は大和・河内・摂津・山背《やましろ》の四国から構成される地域となり、四畿内とも呼ばれるようになる。七一六年(霊亀二)に河内国の三郡を割いて和泉監《いずみのげん》が設けられ、さらに大和国吉野郡が芳野監《よしののげん》となった時期には、「四畿内及二監」とも称される。やがて芳野監が廃止され、七四〇年(天平十二)に和泉監が一旦廃されて、七五七年(天平宝字元)に再び和泉国として分立してからは、畿内は五国から構成され、五畿・五畿内と呼ばれるようになる。五国の序列の第一は、はじめ大和であったが、平安遷都後の八二六年(承和三)に山城に改められた。この律令制下の畿内では、調の半免や庸の全免など民政上の特別措置がとられている。畿内は王畿・都畿・邦畿などとも呼ばれ、もともと都の周囲の一定範囲を天子の直轄領域として区別する中国の伝統的な制度。日本の畿内制もその影響を受けているが、畿外の大津宮に遷都しても境域が変わらなかったように、範囲が固定していて都の移動に影響されなかった点が、中国と異なる大きな特徴とされる。中央豪族の居住地域という特質が指摘される一方、天皇の食膳用の官田が設置されるなど、王権の存立基盤という側面も認められ、地域の歴史的性格をめぐって多くの議論がある。

参考文献　関晃『大化改新の研究』下(『関晃著作集』二、一九九六、吉川弘文館)。大津透『律令国家支配構造の研究』、一九九三、岩波書店。西本昌弘『日本古代儀礼成立史の研究』、一九九七、塙書房。

（三谷　芳幸）

きぬ　絹　広くは蚕の繭からとった繊維(生糸)ないしは、生糸で織った絹織物を指し、その種類に平絹・錦・綾・羅などがある。狭くは平絹(経糸と緯糸が一本ずつ交互に浮沈交替する組織の絹織物)のうちで目の細かい固く織った絹布を指す。狭義の絹は『和名類聚抄』に「岐沼」とあり、同じく『和名類聚抄』が「加止利」とする「縑《かとり》」も固織りの絹として絹と同義に用いられることがある。また、絁《あしぎぬ》は『和名類聚抄』に「阿之岐沼」とあり、狭義の絹に対して、不均一な太糸で織った粗製の平絹とされるのが一般的であるが、『日本書紀』の古訓は絹をカトリ、絁をフトギヌとしている。『令義解』には「細、為絹也。麁、為絁也」とあるので、平絹のうちで絹糸細・組成密なものが絹で、絹糸太・組成粗なものが絁となろう。しかし、各種の史料に絹と絁は明確な区別がなく、同じものを双方に記している例もある。正倉院に伝わる「調絁」と記されたものを東大寺の聖武天皇遺品の絹と比較すると絹は絁よりも細密ではあるが、顕著な差異は認められない。実際の貢納に際しては両者の区別はなされなかったようである。『魏志』倭人伝に養蚕が行われ、二四三年には倭王が「倭錦」「絳青縑」を魏に献上したとあり、また吉野ヶ里遺跡ほか弥生時代の遺跡から絹製品が出土しているが、これら日本独自の弥生絹に対して、大陸の技術を受ける絹の生産は『日本書紀』が応神朝や雄略朝に百済や呉の縫衣女《きぬぬいめ》が渡来したとするように古墳時代になってからである。令制下では、織部司に挑文師《あやとりし》・挑文生が置かれて絹織物が生産され、諸国への普及と品質向上が計られ、蚕の食料の桑の栽培も促進されて、絹・絁とともに税として貢納された。絹・絁の規格は賦役令に規定され、特殊なものとして広絹・長絹などもあったが変遷消長が多い。中世には荘園の年貢・雑公事として収取され、近世には高級絹織物が京都西陣を中心に商品生産として発達していく。

参考文献　布目順郎『絹の東伝』、一九八八、小学館。布目順郎『絹と布の考古学』、一九八八、雄山閣。梅村喬「平安時代における絹貢納の実態」(『日本古代財政組織の研究』所収、一九八九、吉川弘文館)。伊藤智夫『絹』一・二(『ものと人間の文化史』六八、一九九二、法政大学出版局)。

（荒井　秀規）

きぬがさじょう　衣笠城　神奈川県横須賀市衣笠町に構築されていたと考えられる中世城郭。横浜・横須賀道路の衣笠インターチェンジ北側の丘陵が城跡と考えられ、東へくだる斜面に何段もの平場が続く。鎌倉幕府の有力御家人三浦氏の拠点で、康平年間(一〇五八—六五)、三浦為通《ためみち》によって築かれたという伝承がある。『吾妻鏡《あづまかがみ》』や延慶本《えんぎょうぼん》『平家物語』によれば、一一八〇年(治承四)八月、畠山重忠《はたけやましげただ》軍の来襲に際して三浦一族は衣笠城に籠城。激戦となった。三浦義澄《よしずみ》らがここから安房《あわ》に逃れ源頼朝と合流したことは、この城が久里浜の入江に近く、古代の東海道および太平洋交通の要衝に位置していたことを示す。また、かつては城域内に蔵王権現社《ざおうごんげんしゃ》や不動堂がまつられており、山頂部の巨岩の裾に経塚も造営されていたことから、この丘陵は山岳信仰の対象であったと考えられる。経塚から出土した経筒・合子《ごうす》・鏡・刀子《とうす》などは十二世紀のものとみられ、聖地に城が構えられた好例といえよう。なお、地表にみられる平場は、十六世紀に北条氏のもとで構築された城郭の遺構である可能性が高い。

参考文献 赤星直忠『三浦半島城郭史』上(『横須賀市史』八、一九五五)。横須賀市教育委員会編『衣笠城跡』(『横須賀市文化財調査報告書』一五、一九六七)。石井進「相武の武士団」(『鎌倉武士の実像』所収、一九六七、平凡社)。

(中澤 克昭)

きぬがわはいじ 衣川廃寺 滋賀県大津市衣川二丁目にある七世紀中ごろの古代寺院。一九二三年(大正十二)に江若鉄道《こうじゃくてつどう》の敷設《ふせつ》中に瓦類が出土し、遺跡の存在が知られた。湖西線の建設工事に先立って一九七一年(昭和四十六)に一部調査され、また一九七五年の調査で、金堂とその西南で塔跡が検出された。金堂の西南部では有段式窖窯《あながま》の構造をもつ瓦窯も一基検出されている。一九九五年(平成七)から一九九七年に史跡整備に関連して補足調査されている。軒瓦には、奥山久米寺系の素弁八葉蓮華文、単弁八葉蓮華文、山田寺系の単弁八葉蓮華文、八弁忍冬蓮華文などの軒丸瓦、重弧文軒平瓦がある。ほかに瓦塔が出土。七世紀後半に焼失しており、計画した伽藍が未完成のまま終わったものとみられる。創建時に葺かれた奥山久米寺系軒丸瓦と付近に築造されている春日山古墳群の群構成からみて、在地の有力氏族である近江臣《おうみのおみ》の氏寺に想定される。国指定史跡。

参考文献 丸山竜平他『衣川廃寺発掘調査報告』、一九七五、滋賀県教育委員会。

(小笠原好彦)

きね 杵 臼と組み合わせて、穀物を打って脱穀や籾殻《もみがら》外し、精白、餅つきなどをするための道具で、棒形の竪《たて》杵《ぎね》と、打撃部にほぼ直角に柄の付いた横杵《よこぎね》がある。竪杵は棒の中ほどを握って打つもので、握り部分を細く削り、残りは太いままで打撃部とする。この竪杵は胴体にくびれをもつくびれ臼と組み合わされて用いられるが、弥生時代の竪杵やくびれ臼が出土しており、銅鐸絵画にも竪杵をふるう人物が描かれていて、稲作とともに伝来したと考えられる古いタイプである。伝統的な民俗行事のなかの餅つきでは竪杵を使うことが多く、月のなかの兎の餅つきも、この竪杵のイメージである。他方、横杵は室町時代ごろに中国から伝来したと考えられる新しいタイプで、今日の餅つきで広く見られる。近世までの米の精白には、足踏みの碓《からうす》がひろく用いられたが、碓を使わない地方では大きくて重い打撃部のついたコメツキギネ、コメカチギネをふるって人が搗いた。

参考文献 古島敏雄『日本農業技術史』(『古島敏雄著作集』六、一九七五、東京大学出版会)。

(河野 通明)

きのうちせきてい 木内石亭 一七二四—一八〇八 江戸時代の弄石家。一七二四年(享保九)十二月一日、近江国志賀郡下坂本村(滋賀県大津市坂本)の拾井《ひろい》家に生れるが、母の実家、草津市北山田の木内家の養子となる。幼名は幾六《きろく》、名は重暁《しげあき》、小繁《こはん》と称した。物産学の者であった京都の津島恒之進《つしまつねのしん》(如蘭《じょらん》)、江戸の田村元雄《たむらげんゆう》(藍水《らんすい》)に学び、恒之進の門人木村蒹葭堂《きむらけんかどう》、元雄の門人平賀源内《ひらがげんない》とも交わりをもった。若年より奇石を好み、蒐集、交換、購入などによって集めた奇石は三千点に達し、「石の長者」と称された。蒐集した奇石には縄文時代の石器、古墳時代の石製品などの考古資料も多く含まれる。『雲根志《うんこんし》』(前編(一七七三年安永二)、後編(一七七九年)、三編(一八〇一年(享和元)))などの著述にはそれらについての考証が記されており、考古学史的にも重要な位置を占める。ほかに『曲玉《まがたま》問答』(一七八三年(天明三))『百石図巻』(一七八八年)『舎利辨』(一七九二年(寛政四))『竜骨記』(一七九四年)『鏃石《やじりいし》伝記』(一七九四年)『天狗爪石《てんぐのつめいし》奇談』(一七九六年)の著述もある。一八〇八年(文化五)三月十一日没。八十五歳。

参考文献 斎藤忠『木内石亭』(『人物叢書』、一九六二、吉川弘文館)。

(工藤 雅樹)

きのじょうさん 鬼城山 岡山県総社市奥坂に所在する古代山城。国史跡。遺構や出土遺物から七世紀のものと考えられている。山城の施設は標高三九六メートルの山の平坦な頂部に所在する。城壁は約二・八キロにわたって確認されており、石垣や土塁を巡らす。城壁の谷部にあたる部分には水門や門が築かれている。城内は約三〇ヘクタールで、総柱礎石建物や溜井が確認されている。正史にはその名が知られていないが、早くから百済あるいは新羅の王子温羅が吉備津彦命との戦いの後、討滅されたという温羅伝説と関連付けられその存在が知られていたことが、『吉備津宮縁起』にみられる。近年の発掘調査によって、東西南北四ヵ所に設けられた城門には、礎に方立《ほうだて》・軸摺穴・蹴放の加工がみられ、防御施設と考えられる角楼の詳細が明らかにされ、加えて水門や城壁などの実態も明らかになってきており、その成果を用いた整備が進められている。

参考文献 鬼ノ城学術調査委員会編『鬼ノ城』、一九八〇。総社市教育委員会編『古代山城鬼ノ城』(『総社市埋蔵文化財発掘調査報告』一八、二〇〇五)。同編『古代山城鬼ノ城』二(『総社市埋蔵文化財発掘調査報告』一九、二〇〇六)。村上幸雄・乗岡実『鬼ノ城と大廻り小廻り』(『吉備考古ライブラリィ』二、一九九九、吉備人出版)。

(金田 明大)

きのへ 柵戸 古代、蝦夷・隼人が住む辺境地域において、城柵の造営に伴って他地域から送り込まれた移民。「さくこ」ともいう。柵戸の出身地は、陸奥国では坂東諸国、越後・出羽国では北陸・坂東諸国が多く、日向・大隅・薩摩国には豊前・豊後・肥後国などから移民が行われた。城柵の周辺では、柵戸をもとに郡・郷が編成されるので、それらの郡・郷名には出身地の国・郡・郷名に一致するものが多い。柵戸は公民であり、兵役・力役、租・調・庸、出挙《すいこ》など律令的諸負担を負って城柵に人と物を提供し、非常の際には常備兵とともに城柵の守衛にあたったとみられる。柵戸は移住後数年間の課役を免除されたが、これは賦役令《ぶやくりょう》人在狭郷条に基づく処遇である。柵戸の移配は、六四七年(大化三)に渟足柵《ぬたりのさく》に対して行われたのが最初で、八世紀初頭には戸単位での移配が盛んに行われた。しかし八世紀後半になると、浮浪人や罪人を人単位で移配したり、移住希望者を募る方式に転換し、八〇二年(延暦二十一)の胆沢城《いさわじょう》への移民を最後に、移民政策は停止された。 →城柵《じょうさく》 →渟足柵《ぬたりのさく》

参考文献 熊谷公男「近夷郡と城柵支配」(『東北学院大学論集』歴史学・地理学二一、一九九〇)。同「平安初期における征夷の終焉と蝦夷支配の変質」(『東北文化研究所紀要』二四、一九九二)。高橋崇『古代東北と柵戸』、一九九六、吉川弘文館。

(鈴木 拓也)

きのよしつぐぼし 紀吉継墓誌 大阪府南河内郡太子町の妙見寺裏山から江戸時代に出土した塼《せん》製の墓誌。重要文化財。縦二五・三センチ×横一四・九～一五・八センチ×高さ六・二～六・六センチの本体とほぼ同サイズの蓋からなる。本文と五行分の罫線を刻してから焼成されており、一部布目も残る。銘文は「維延暦三年歳次甲子朔癸酉丁／酉参議従四位下陸奥国按察使／兼守鎮守副将軍勲四等紀氏／諱廣純之女吉継墓志」と四行にわたり最終行に文字はない。紀朝臣は古来から外交と軍事で活躍した名族で、光仁天皇の母の橡《とち》姫を出した。吉継はほかにみえないが、父の広純は地方官を歴任し七七四年(宝亀五)以降は蝦夷経略で功績を重ねたものの七八〇年に伊治《これはり》公呰麻呂《あざまろ》に殺害された。延暦三年は七八四年。出土地の磯長《しなが》谷は六世紀以降の皇族や官人の墳墓が多数営まれており、本資料は、それが奈良時代末まで継続していたことを物語る。出土地付近からは高屋枚人《たかやのひらひと》墓誌(宝亀七年銘)も発見されている。

参考文献 奈良国立文化財研究所飛鳥資料館編『日本古代の墓誌』、一九七九、同朋舎。新野直吉『古代東北の兵乱』(『日本歴史叢書』、一九八九、吉川弘文館)。

(須原 祥二)

きのわのさく 城輪柵 古代の東北経営のために出羽国《でわのくに》に置かれた約七二〇メートル方形の外郭《がいかく》施設を備える平安時代の地方官庁。山形県酒田市城輪《きのわ》・刈穂《かりほ》・大豊田《おおとよだ》にあり、庄内平野北部に位置する。国史跡。江戸時代後期から木《き》野内《のうち》の地名や城輪神社の存在で注目され『出羽国風土略《でわのくにふうどりゃっ》記《き》』は官人の居城と記した。明治以降も城輪・木ノ内・門屋《かどや》・政所《まんどころ》などの地名をもって柵戸《きのへ》や郡衙《ぐんが》の存在を説き、また瓦や円柱根の出土から出羽国分寺《こくぶんじ》や出羽柵《でわのさく》、国府の説が論じられた。一九三一年(昭和六)、発掘が行われ規模や形態、各辺中央に八脚門《やつあしもん》、四隅に櫓《やぐら》を配置することが判明。当初、外郭角材列《かくざいれつ》の状況から出羽柵と考えられたが、史跡指定にあたっては古代の東北拓殖のために築かれた柵跡と見做した。一九六四年、遺跡の中央に残る低い台地で予備調査が行われ掘立柱建物を確認。一九七一年以降の継続調査によって政庁《せいちょう》が明らかになった。政庁は約一一五メートル方形の規模をもち板塀や築地《ついじ》で区画され、正殿《せいでん》・脇殿《わきでん》・後殿《こうでん》・後殿付属建物・目隠塀《めかくしへい》・広場を配置。政庁の各門は外郭の東西および南北の各門を結ぶ線上にあって、幅六～一〇メートルの道路で通じる。東大路《ひがしおおじ》は外郭東門を越え市条《いちじょう》の東西道路へ延びる。政庁南門の外では広場や道路・付属建物・井戸を検出。政庁域外にも二十棟を超える掘立柱建物や道路・井戸などが確認されている。外郭の築地を跨ぐ櫓や道路の広がりなどから、外郭線辺長の六分の一にあたる四百尺単位の方格地割《ほうかくちわり》計画が推定される。赤焼土器《あかやきどき》を主とした土器や緑釉《りょくゆう》・灰釉《かいゆう》・三彩《さんさい》陶器、瓦、石帯《せきたい》、陶硯《とうけん》、墨書《ぼくしょ》土器・木簡《もっかん》・漆紙《うるしがみ》など文字資料、土馬《どば》・斎串《いぐし》など祭祀具《さいしぐ》、羽口《はぐち》、砥石《といし》、刀子《とうす》・釘など鉄製品、鋤《すき》・曲物《まげもの》・皿・椀・箸など木製品や瓢箪、縄・莚など藁工品のほか食用の種子類が多種出土。九世紀前半に創建され十一世紀まで存続。平安時代の出羽国府と考えられる。政庁域は南門や東門などの復元が行われ整備されている。なお、東側近傍に八森《はちもり》遺跡や国史跡堂《どう》の前《まえ》遺跡などの官衙《かんが》・寺院遺跡が、また南東には、九世紀半ばの祭祀遺構を検出した俵田遺跡がある。

参考文献 酒田市教育委員会『城輪柵跡第二次発掘調査概要』、一九七一、ほか各年度調査概報。柏倉亮吉・小野忍「城輪柵遺跡の内郭と性格について」(山形県民俗歴史論集編集委員会編『山形県民俗歴史論集』二所収、一九七八、東北出版企画)。小野忍「城輪柵跡の構造と性格」(『庄内考古学』一九、一九八五)。酒田市教育委員会『国指定史跡城輪柵跡―史跡城輪柵跡保存整備事業報告書―』、一九九八。

(小野 忍)

城輪柵跡全景（中央が政庁域。背後は鳥海山）

きび 黍 イネ科の夏作の一年草。五穀の一つとする説と五穀に入れない説とがある。縄文時代晩期ころより栽培されていたが、文献史料には少なく、記紀神話にもみえない。『万葉集』一六に「梨棗 黍に粟嗣ぎはふ田葛の後も(下略)」(原万葉仮名)と詠われているのが早い例と思

われる。しかし、八四〇年(承和七)の太政官符では「黍・稷・稗・麦・大小豆及び胡麻等の類を植えるべきこと」が命じられているから、黍の存在そのものは知られていたし、「凶年を支える」とも記されていたから、黍もまた備荒作物であったと考えられる。十世紀前期の国家的儀式書『延喜式』によれば、釈尊祭や盂蘭盆会の料物として、また正月十五日の七種粥料などとしても黍が支給されており、宮中の儀式にも用いられたことがわかるが、皇族の食事を準備するために設置された内膳職の園圃で栽培する畠作物二十五種には含まれていないから、食料としてはあまり普及していなかったようである。

(木村　茂光)

きび　吉備　現在の岡山県・広島県東部、律令制下における備前国・備中国・備後国・美作国を包摂する地域の総称。また、律令制以前の古称。北に中国山地、南に瀬戸内海が位置し、吉井川・旭川・高梁川・芦田川によって形成された沖積地が広がる。早くから活発な人間の活動痕跡を見て取ることができ、交通の要衝として、また水稲耕作や鉄などの物資の豊富な生産力を背景に発展した。古墳時代には造山・作山・両宮山古墳に代表される大規模な前方後円墳が築造された。吉備氏と総称される豪族が栄え、いくつかの反乱伝承をもつ。七世紀には吉備総領(大宰)が任免され、中央政府からの支配の強化が行なわれ、ついで備前・備中・備後の三ヵ国に分割された。七一三年(和銅六)備前国から六郡を割いて美作国を立国し、四ヵ国に分割された。

(金田　明大)

参考文献　近藤義郎・河本清編『吉備の考古学』、一九八七、福武書店。

きびいけはいじ　吉備池廃寺　奈良県桜井市吉備にある七世紀前半創建の寺院跡。国史跡。吉備池とよばれる溜め池の南岸に古瓦出土地があり瓦窯跡と考えられていたが、一九九七年(平成九)の発掘で、金堂と塔跡の基壇が池の南堤に取り込まれた破格の規模をもつ寺跡であることが判明した。二〇〇二年までの調査で、金堂を東、塔を西に配し、まわりを東西幅約一五六メートルの回廊で囲む伽藍配置が確認されている。金堂の南正面や西に寄って小規模な中門が開くが、講堂は池の掘削により破壊されたためか未確認。北で僧房と推定される東西棟掘立柱建物が三棟検出されており、南では南門かと思われる遺構も検出されているが確証は得られていない。金堂基壇の規模は、掘り込み地業の範囲から東西約三七メートル、南北約二八メートルに復元できる。この規模は、七世紀末に大官大寺の金堂が登場するまで最大であった。塔の基壇も一辺約三二メートルの巨大なもので、中心から塔心礎の抜き取り穴が検出されている。出土した軒丸瓦は、六四三年(皇極天皇二)に金堂の造営が始まった山田寺(奈良県桜井市)出土の山田寺式より大型で、紋様もわずかにさかのぼる特徴をもつ。その同笵例は四天王寺(大阪市)と海会寺《かいえじ》(大阪府泉南市)にある。軒平瓦は忍冬紋を彫り込むスタンプを押したものや、三重弧紋上に忍冬紋を押したものがあるが、このスタンプは六四三年以前に完成した若草伽藍で使われたものを再利用したものである。したがって、軒瓦からは六四〇年(舒明天皇十二)ごろの年代が与えられる。ただし出土量がきわめて少なく、また後続する軒瓦がないこと、焼失した痕跡がないことなどから、短期間のうちに移建された可能性が高いと考えられている。こうした所見は、この寺跡が、六三九年に舒明天皇によって発願され、六七三年(天武天皇二)に移建されて高市大寺となった百済大寺の遺構である可能性がきわめて高いことを物語る。塔基壇の大きさも、百済川の側に建てられたという九重塔にふさわしい規模である。なお高市大寺の所在地については、木之本廃寺(奈良県橿原市)をあてる説、大官大寺西方の飛鳥川右岸に求める説があるが未確認である。　→百済大寺《くだらおおでら》　→大官大寺《だいかんだいじ》

参考文献　奈良文化財研究所『吉備池廃寺発掘調査報告』、二〇〇三。

(大脇　潔)

きびつじんじゃ　吉備津神社　岡山市吉備津に所在する式内社・吉備国総鎮守・備中国一宮。旧官幣中社。祭神は孝霊天皇の皇子大吉備津彦命。成立は不詳であるが、八四七年(承和十四)従四位下、八五二年(仁寿二)四品となり官社に列せられた。藤原純友の乱鎮定後の九四〇年(天慶三)一品になる。現存する本殿・拝殿は一四二五年(応永三十二)のもの。本殿は比翼入母屋造または吉備津造と呼称される特異な形式をもつ。拝殿とあわせて国宝。南北随身門は重文。例祭は五月と十月。温羅伝説にかかわる鳴釜神事があり、釜から出る音により吉凶を判断する。

(金田　明大)

参考文献　藤井駿『吉備地方史の研究』、一九八一、法蔵館。

きびつひこじんじゃ　吉備津彦神社　岡山市一宮に所在する備前国一宮。旧国幣小社。中山の北東側に位置する。祭神は孝霊天皇の皇子大吉備津彦命。式内社としての記載はないが、平安時代に安仁《あに》神社にかわり備前国一宮になる。八四〇年(承和七)に一品となる。宮司職は平安時代より明治維新まで大守氏によって世襲されている。境内には神宮寺・神力寺や、鎌倉時代初期に重源が建立した常行堂が存在した。岡山藩主池田氏の崇敬を集め、現存する本殿は一六九七年(元禄十)に池田綱政が改築したものである。例祭は十月。

(金田　明大)

きびでら　吉備寺　岡山県倉敷市箭田《やた》に所在する寺院。前身寺院(箭田廃寺)は飛鳥時代に創建されている。寺院の位置する小田川流域は吉備氏の一族の下道氏の勢力基盤であり、隣接する箭田大塚古墳とあわせて下道氏との強い関連が想定されている。現存する寺院は江戸時代には真蔵寺と呼ばれていたが、元禄年間(一六八八―一七〇四)に岡田藩主伊東長貞が吉備真備の墓とされる吉備公墓所を掘り、これを真廟として寺名を吉備寺と改称したと伝えられている。出土資料の蓮華文鬼瓦、四葉蓮華文鐙瓦、花枝文宇瓦は重文。

(金田　明大)

ぎふじょう　岐阜城　岐阜市金華山（山上部）および山麓千畳敷（居館部）に築かれた中世戦国時代から近世初頭にかけての山城。稲葉山城・井ノ口城ともいう。二階堂山城守行政によって建仁年間（一二〇一―〇四）に築かれたとされる。その後、斎藤道三や織田信長の居城となり、一六〇〇年（慶長五）織田秀信が城主の時、関ヶ原合戦の前哨戦にて落城し、廃城となる。山上部は現在観光施設化しており、遺構の改変が著しいが、曲輪・堀切・竪堀・土塁・石垣などが残存している。山上部の考古学的調査はわずかであり、遺跡の構造、存続期間などはわからない。軍用井戸への通路で実施した試掘調査では、焼けた瓦や土器などがまとまって出土し、関ヶ原合戦の際山上の建物が類焼したものと考えられる。中井均は現存遺構の観察により、岐阜城の構造は金華山という天然の要害そのものが城郭構造であったと評している。千畳敷周辺の岐阜城主居館伝承地では三回の発掘調査が行われている。十三世紀―十五世紀ころのものとしては建物の土台や通路・階段・梵鐘鋳造遺構・五輪塔・懸仏・「大寺」墨書土器などが見つかり、伊奈波神社関連寺院の存在が推定できる。十六世紀代の遺構は大きく上層、下層に分かれる。下層遺構は十六世紀前―中葉ころで、以前の遺構に比べて格段に規模が大きく、出土遺物も豊富になる。上層遺構は十六世紀中―後葉ころで、巨石列で画された虎口や近世的な石垣、瓦葺建物などが出現する。上層遺構、下層遺構とも火災ののち廃絶している。下層遺構は状況や年代などから斎藤道三・義龍・龍興に関わる居館関連遺構、上層遺構は織田信長以降の歴代城主居館に関連する遺構と考えられる。千畳敷は中世を通じて宗教施設が営まれた空間が戦国時代に至り戦国大名の居館へと変転した過程をたどることができる点で貴重である。

［資料館］　岐阜城資料館（岐阜市）

［参考文献］　岐阜県教育委員会編『岐阜県中世城館跡総合調査報告書』二、二〇〇三。岐阜市教育委員会編『千畳敷』I・II、一九九〇・九一。岐阜市教育文化振興事業団編『千畳敷』III、二〇〇〇。　（内堀　信雄）

きへいじませいえんいせき　喜兵衛島製塩遺跡　古墳時代の土器製塩遺跡。香川県香川郡直島町喜兵衛島所在。国史跡。瀬戸内海の小島において、近藤義郎らは土器製塩遺跡と後期古墳を、一九五四年（昭和二十九）から一九六六年にかけて十一次にわたって発掘調査し、原始・古代において土器（当時この地域では師楽式《しらくしき》土器と呼ばれていた）による製塩が存在したことを解明し、立証した。遺跡では敷石炉や作業場であるタタキ面が検出され、製塩炉を中心とする作業場とその周囲に廃棄された莫大な量の製塩土器や背後の居住空間などの存在から、古墳時代後期における土器製塩の実態が明らかになった。土器製塩研究の出発点となった遺跡である。また島には十九基の古墳があり、出土遺物に製塩土器や釣針などが含まれていた。古墳群は製塩集団によって築造された可能性が高く、製塩遺跡と後期古墳が一体となった遺跡である。発掘資料は岡山大学が保管。

［参考文献］　近藤義郎編『喜兵衛島―師楽式土器製塩遺跡群の研究―』、一九九九、喜兵衛島刊行会。喜兵衛島調査団「謎の師楽式―瀬戸内海喜兵衛島の考古学的調査―」（『歴史評論』七二、一九五六）。近藤義郎「師楽式遺跡における古代塩生産の立証」（『歴史学研究』二二三、一九五八）。　（岩本　正二）

ぎほうれき　儀鳳暦　李淳風《りじゅんぷう》制作の暦法で、唐では六六五年（麟徳二）―七二八年（開元十六）に施行の麟徳暦《りんとくれき》のこと。朔時刻が遅い場合に朔日を翌日にする進朔法や基本常数に共通分母（総法）を用いる点などに特徴があるが、前者は日本では採用されなかった。元嘉暦《げんかれき》の平朔法に対して実際の朔の時刻を算出して暦日を定める定朔法を、また章法（十九太陽年＝二百三十五朔望月）に対し、太陽年と朔望月の長さを独立に定める破章法を採用する。儀鳳年間（六七六―七九）に新羅経由で伝来したため日本では儀鳳暦と呼ばれ、七六三年（天平宝字七）まで使われた。六九〇年（持統天皇四）に出された同暦の使用命令は日食予報のためで、儀鳳暦日の採用時期には諸説があるが、一応六九六年の可能性が高いと考えられる。なお『日本書紀』安康紀以降の暦日が元嘉暦によるのに対し、より古い巻のものは儀鳳暦を使い平朔法で算出したものである。

↓元嘉暦《げんかれき》

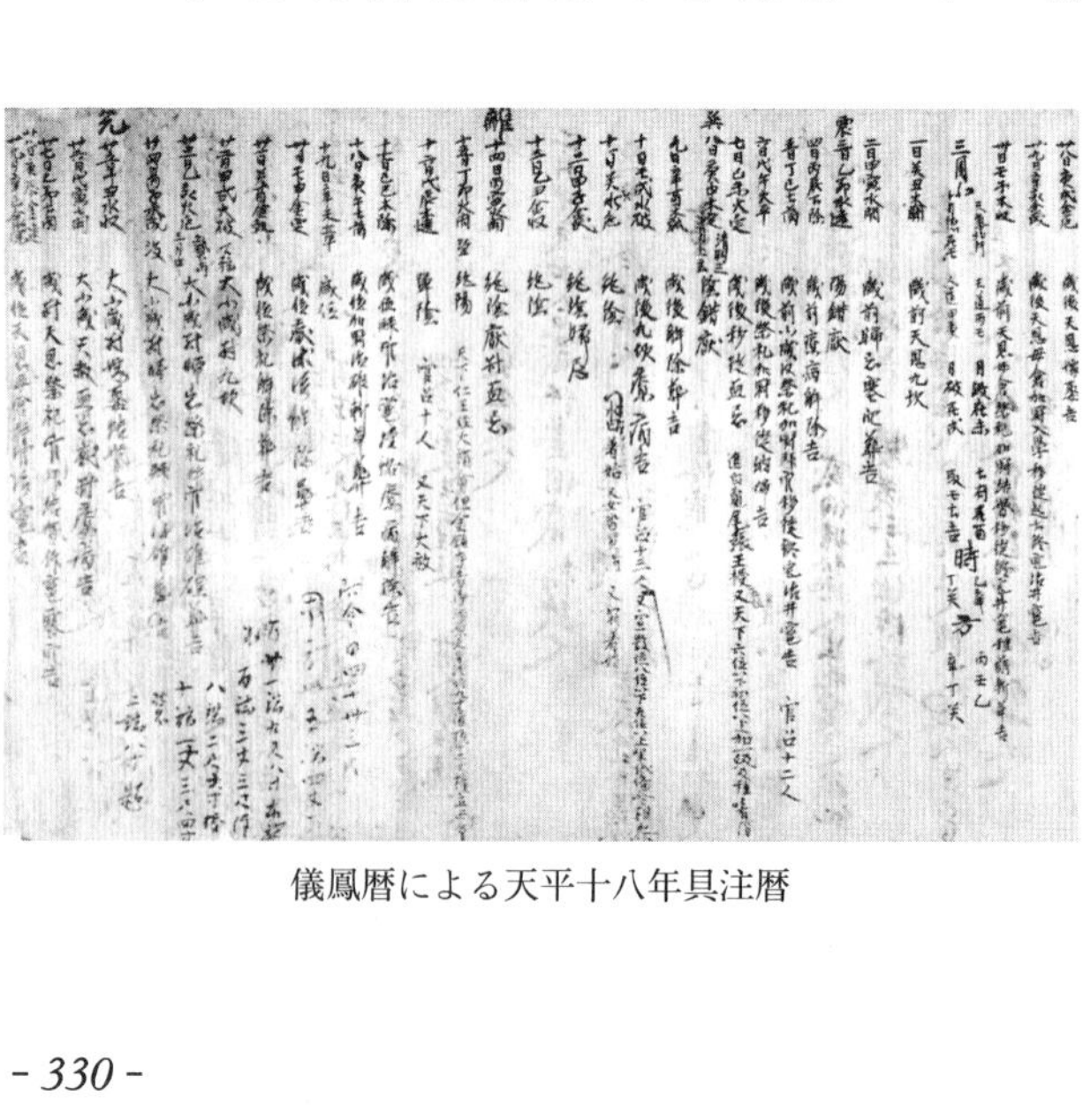

儀鳳暦による天平十八年具注暦

［参考文献］　内田正男編著『日本書紀暦日原典』、一九七八、雄山閣。藪内清『（増補改訂）中国の天文暦法』、一九九〇、平凡社。細井浩志「日本古代の改暦の政治・制度史的研究」（『九州史学』一三一、二〇〇二）。　（細井　浩志）

きぼく　亀卜　亀の甲羅に焼けた棒状のものを当てて生ずる亀裂をみて物事の吉凶を判断する占い。亀甲を用いたのは、甲羅を天とし、腹を地として亀の形の中に「天円地方」をみ、甲羅にできる亀裂を天の示す兆しと見たからである。『説文解字《せつもんかいじ》』では「卜」について「亀を灼いて剝くなり、亀を灼くの形に象る、一に曰く、亀兆の縦横なるに象るなり」とあり、亀と卜の関係の深さを示している。『日本書紀』崇神天皇七年春二月条に「命神亀」を「ウラヘテ」と読ませているが、亀卜がなされたことを考えさせる。『万葉集』でも山上憶良の「沈痾自哀文《ちんあじあいぶん》」に「亀卜之門」(八九七番)とあり、三八一一番には「亀もな焼そ」とみえ生活の中に亀卜が根付いていた様子をうかがわせる。律令国家では神祇官に亀卜を職掌とする卜部が所属し、伊豆・壱岐各五人、対馬十人とされた。『延喜式』では毎年六月と十二月に行う御体御卜《おおみまのみうら》の料が記載されている。対馬国豆酘《つつ》の雷《いかづち》神社(長崎県対馬市)では現代までもそのやり方が伝承されている。また昭和天皇の大嘗祭でも亀卜で悠紀《ゆき》・主基《すき》が選定された。間口洞窟《まぐちどうくつ》遺跡(神奈川県三浦市)で亀卜痕跡と思われるアオウミガメの腹甲が出土している。

参考文献　伴信友『正卜考』(国書刊行会編『伴信友全集』二、一九七七、ぺりかん社)。藤野岩友「占卜に関する二、三の問題」(『中国文学と礼俗』所収、一九七六、角川書店)。赤星直忠「海蝕洞窟―三浦半島における弥生式遺跡―」(神奈川県教育庁文化財保護課編『神奈川県文化財調査報告』二〇所収、一九五三)。　(藤澤　典彦)

ぎぼし　**擬宝珠**　主として橋や階段、縁などの高欄親柱頂部に置く装飾。親柱の木口《こぐち》を保護する機能をもつ。銅・鉄・瓦・木などでつくり、通常、親柱にかぶせるが、木製のものでは親柱と一体に造り出すものもある。上部の宝珠と下部の胴を欠首《かきくび》と呼ばれる細まりでつなぐ形状が一般的である。名称に関して、『和名類聚抄』では、橋の親柱頭部が葱花に似るため、この柱を「葱台」と呼び、また実例では「木帽子」(広島県厳島神社、一五四六年(天文十五))、「金帽子」(京都府北野天満宮、一六〇七年(慶長十二))、「金宝珠」(石川県長谷部神社、一六六四年(寛文四))と称する銘がある。平城京二条大路の橋跡から出土した八世紀の瓦製擬宝珠は、胴がほとんどなく、底部にホゾ穴をうがっている。外形は、中世以降の禅宗寺院や禅宗様須弥壇に蓮花状の彫刻が現れるものの、葱花形が主流である。時代がくだるにつれて宝珠が大きくなるとともに欠首が細くなり、また、胴よりも親柱が太くなる傾向がある。親柱とは胴側面から釘または鋲打ち、もしくは帯金具で固定することが多い。なお、中国敦煌の壁画には花蕾形をした擬宝珠が描かれており、組高欄の束位置にも置いている。韓国慶州の雁鴨池から出土した蓮蕾形の金銅製擬宝珠はこれに相当するが、日本では一般的でない。

瓦製擬宝珠 (平城京二条大路橋跡出土)

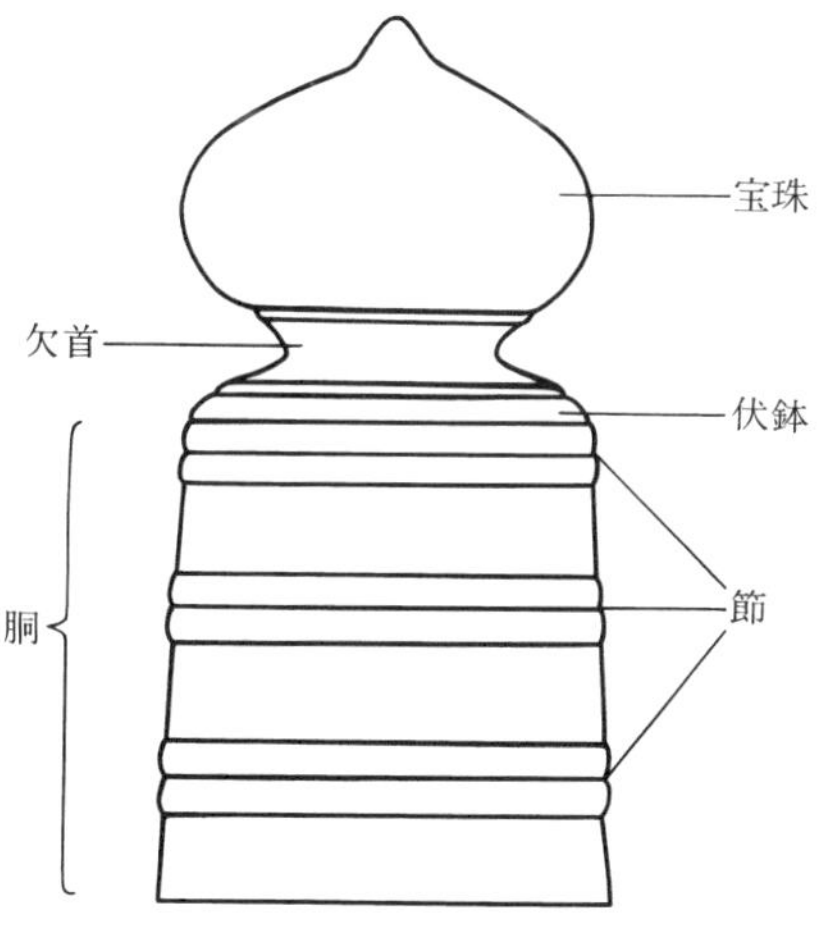

擬宝珠　各部の名称

参考文献　関忠夫「宝珠の造形意匠」(『東京国立博物館紀要』一〇、一九七五)。久保常晴「擬宝珠名称考」(『仏教考古学研究』所収、一九六七、ニューサイエンス社)。　(箱崎　和久)

きみいでら　**紀三井寺**　和歌山市紀三井寺、紀ノ川平野南部の名草山《なぐさやま》中腹に位置する寺院。紀三井山金剛宝寺《こんごうほうじ》と号し、現在の法人名称は護国院《ごこくいん》。前近代には真言宗勧修寺末。寺伝によると唐僧為光《いこう》上人が、七七〇年(宝亀元年)当地で千手観音を感得し、さらに等身の十一面観音を刻み、当寺を開創したとする。十一面観音(平安時代中期作、重文)が本尊、千手観音(平安時代中期作、重文)は秘仏、そのほか二天像(平安時代中期作、重文)など多くの仏像群を祀る。仏像の作期から、寺伝をそれほど下らない時期に開基されたと思われる。所在する名草山は日前《ひのくま》宮の膝下荘園内に位置し、平安時代以降は同宮を奉祭する紀伊国造の影響下で運営されたと思われる。平安時代以後隆盛する西国三十三箇所観音巡礼の二番札所に数えられ、多くの参詣者を受け入れた。山門・多宝塔は、室町時代、鐘楼は安土桃山時代の建造で、いずれも重要文化財である。

参考文献　『和歌山市史』一、一九九一。安藤精一編『和歌山県の文化財』二、一九八二、清文堂出版。　(寺西　貞弘)

ぎゃくしゅ　**逆修**　生前にあらかじめ自身の死後の七七日の仏事を修すること。預修《よしゅう》ともいう。没後に遺族の手で営まれるのではなく、生存中にみずからの手で営むところが追善《ついぜん》と異なる。『灌頂経《かんじょうきょう》』『地蔵菩薩本願経《じぞうぼさつほんがんきょう》』などにその功徳が説かれ、後者によれば没後の追善の功徳は七分の一しか亡者に達せず残り六分は供養者に帰すが、逆修の功徳は自身に全得と説かれている。わが国では九世紀後半以降の史料に散見するようになり、その後に末法意識の中で深刻な堕地獄《だじごく》の恐怖心が社会に蔓延していったことや、来世の冥福のみならず現世の延命長寿の勝業として唱導されたことなどが要因となって、十一世紀後半ごろから貴族社会に本格的に浸透し、仏菩薩像の造立、経典の書写・摺写などの作善が盛んに行われるようになった。室町時代ごろには逆修仏事の際に法名を題書(多くは朱書)した位牌や石塔が調製・造立されることもあり、これを逆修牌・逆修塔という。江戸時代中期ごろには下火になったが、その後は生前に法名・戒名を付けることを逆修と俗用されるようになった。

参考文献 高木豊「仏事営為の増大」(『平安時代法華仏教史の研究』所収、一九七三、平楽寺書店)。　(佐伯　俊源)

きやま　城山　香川県坂出市と丸亀市飯山町に位置し、坂出市の東南部、綾川下流に広がる平野部の南を限る標高四六二メートルの高地(溶岩台地)。讃岐国の中央部に位置し、瀬戸内海の要衝である備讃瀬戸に面し対岸の児島までを一望できる。東山麓には讃岐国府跡があり、東南から南にかけての麓には南海道が推定される。山頂付近の標高三〇〇メートル付近と四〇〇メートル付近に二重の塁壁があり、それぞれ谷あいに石塁、山腹斜面に土塁が築かれ、塁壁内側に車道と呼ばれる幅五メートルほどの平坦部がある。記録にはみえないが、国府跡に隣接することから古代山城と推定される。標高四〇〇メートル付近の車道の西北端には、幅四・五メートルの通路をはさんだ両側に二メートルの高さまで安山岩割石を整層積みにした城門跡が残る。また東麓や西麓には安山岩を加工した石造物が十五個散在しており、組み合わせて門柱座となると考えられ、城門施設の存在が推定されている。東尾根には明神原と呼ばれ旧城山神社が鎮座していた場所があり、讃岐国司菅原道真が八八八年(仁和四)に祈雨祭文を奉った(『菅家文草』七)場所と伝えられている。一九五一年(昭和二十六)に国の史跡に指定された。

参考文献 香川県教育委員会編『香川の文化財』、一九九六。　(渋谷　啓二)

きゅうきゅうにょりつりょう　急々如律令　悪魔や邪気を退散させる呪文で、誓文や誦詞の末句として用いられる。本来は「はやく律令のごくせよ」の意味で、漢代の公文書にみられた表現であるが、のちに巫者の呪文となり、「早く退散せよ」という意味で用いられるようになった。日本ではかなりはやくからこの呪文が受容されたらしく、藤原京《ふじわらきょう》右京五条四坊の下《しも》ツ道《みち》側溝や、平城宮《へいじょうきゅう》第一次大極《だいごく》殿《でん》の西北(七二三年(養老七)ごろ)、静岡県浜松市伊場《いば》遺跡出土の七世紀代の木簡などにすでに「急々如律令」と記された呪符木簡がみえる。また、宮城県多賀城《たがじょう》跡出土木簡に「急々如律令須病人呑」、東京都足立区伊興遺跡出土木簡に「急々如律令腹病」と記されたものがあるなど、病気の治癒の目的で邪気を退散させる呪文として用いられた例が確認できる。このほか、物忌札に記される例もある。これらをはじめとして、古代、中世、近世の呪符木簡にこの句を記したものが全国から出土している。

参考文献 滝川政次郎「急々如律令」(『律令の研究』、一九六八、名著普及会)。　(三上　喜孝)

きゅうしゅうれきししりょうかん　九州歴史資料館　福岡県立の博物館相当施設。福岡県太宰府市石坂四丁目に所在。福岡県を中心とする九州各地の歴史資料の収集や調査・研究、および展示を行う目的で、一九七二年(昭和四十七)四月に設立され、翌年の二月二十四日に開館。学芸一課(美術工芸)、学芸二課(考古・保存処理)、調査課(大宰府跡・歴史)および総務課の四課二十名の体制で発足。一九六八年に福岡県教育委員会が開始した大宰府跡の発掘調査を、開館と同時に引き継ぎ、その成果を展示していることが館の特色となっている。一九七五年には九州ではじめての国宝・重要文化財の勧告・承認出品館となる。一九八五年に県内の求菩提資料館(豊前市)、その後、甘木歴史資料館(朝倉市)や柳川古文書館(柳川市)が分館に位置づけられた。さらに、福岡県教育委員会が発掘調査した出土遺物の復元や写真撮影、保存処理など埋蔵文化財センターの役割も果たしている。　(赤司　善彦)

きゅうじょう　宮城　⇩宮《みや》

きゅうじょうじゅうにもん　宮城十二門　宮城四周に各辺三つずつ開く門。『延喜式』陰陽寮土牛条などによると、宮の東辺北門から時計回りに、陽明門・待賢門・郁芳門(以上東辺)、美福門・朱雀門・皇嘉門(以上南辺)、談天門・藻壁門・殷富門(以上西辺)、安嘉門・偉鑒《いかん》門・達智門(以上北辺)である。しかしこれらの門号は八一八年(弘仁九)に殿閣と諸門の名を唐風に改めて以後のものであり、それ以前は『貞観式』逸文(『撰集私記』所引)同条によれば、山門・建部門・的《いくは》門、壬生門・大伴門・若犬養門、玉手門・佐伯門・伊福部門、海犬養門・猪使門・丹比門となり、いずれも氏族名が門号となっていること、『延喜式』の門号はそれらの訓を好字二文字で表現したものであることがわかる。氏族名門号は藤原宮以来確認できるが、『弘仁式』逸文(『年中行事秘抄』所引)同条では東辺が県犬養門・山門・建部門となり、『貞観式』と異なっている。これは『弘仁式』は長岡宮の門号を表すためとみられる。藤原宮では出土木簡などから、東辺は北から山部門・建部門・小子部門、南辺中央は朱雀門、西辺中央は佐伯門、北辺は西から海犬養門・猪使門・丹比門であったことが判明している。平城宮は東辺の一部が張り出し東院を形成するという特異な形態をとるが、その東院東辺に県犬養門、東院南辺に建部門・小子部門(後に的門に変更)があり、ほかの三辺には『弘仁式』と同じ門があ

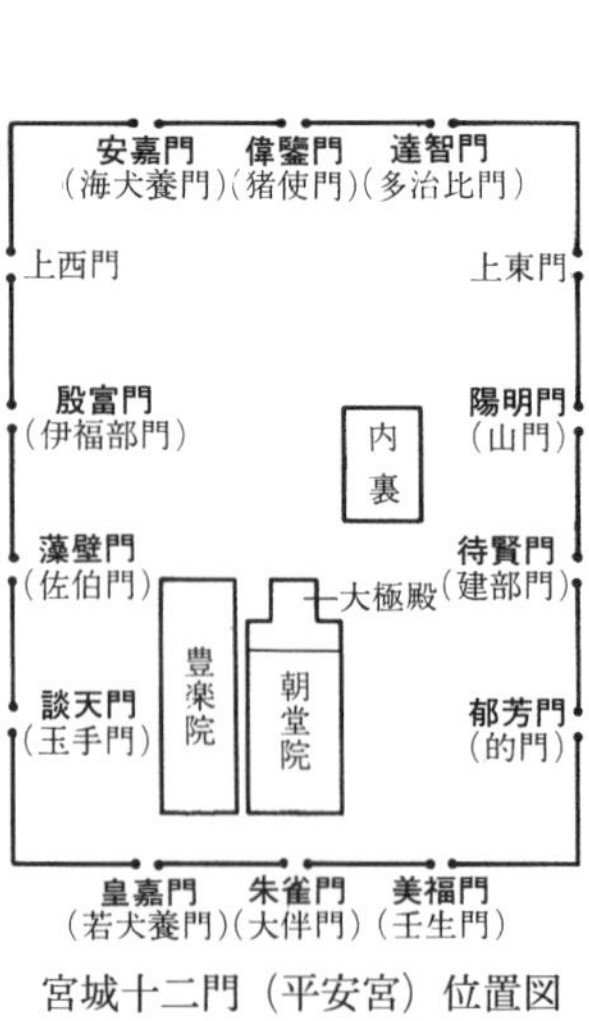

宮城十二門（平安宮）位置図

ったとみられる。南辺中央門は大伴門から『延喜式』で朱雀門に変化したかのようであるが、藤原・平城宮とも朱雀門の名が使われていた一方、平城宮木簡によって大伴門とも呼ばれたことがわかる。こうした氏族名門号は、その氏族が門を建造したことによるとか、その氏族が古くより宮の門の守衛にあたっていたことによるとの説があるが、律令制下では宮城門の守衛には負名氏である衛門府門部があたったから、後者の説が妥当である。ただし十二門および氏族名門号の成立は、それほど古くはさかのぼらず藤原宮からとみられる。また平安宮では、宮域が北に延びた結果、東西両辺の北門の北側に簡素な門が付け加わり、上東門・上西門と呼ばれた。

参考文献 今泉隆雄『古代宮都の研究』、一九九三、吉川弘文館。渡辺晃宏「平城宮東面宮城門号考」(虎尾俊哉編『律令国家の政務と儀礼』所収、一九九五、吉川弘文館)。舘野和己「大伴氏と朱雀門」(『高岡市万葉歴史館紀要』一〇、二〇〇〇)。

(舘野 和己)

きゅうじょうず 宮城図 宮の殿舎・殿舎名が描かれた図面。内裏図・朝堂院図・豊楽殿図など、一部の殿舎のみを描いた図も存在する。古記録では、指図・宮城指図・皇居指図・大内指図・八省院指図・豊楽殿指図などと称されている。木工寮・修理職の官人が作成・保管していたと考えられる。また、宮城の図面という性格上、太政官にも保管されていたであろう。造営時の割り当てや(国充指図)、儀式の指図(儀式指図)などの原図として利用された。造営時の国充に用いられる場合、図面の記載が直接各国の負担に直結するため、正確な図面であることが求められた。故実を伝える目的などで書写された場合、図面としての精度は低下する。今日に宮城図が伝わるのは、平安宮のみ。おそらくそれ以前の都城でも宮城図は作成されたであろう。書写年代のわかる最古のものは、陽明文庫に伝わる。一三一九年(元応元)に鎌倉で書写。後に近衛家に伝来した。九六〇年(天徳四)から一〇八二年(永保二)までの内裏焼亡を書き上げた年表や、殿舎の造営を担当する国の記載などが付されており、国充指図と考えられる。九条家本『延喜式』紙背に書写された宮城図も、陽明文庫本と同系統で、記載はより詳細。これらは、永保の焼失以後の成立と考えられ、平安時代後半あるいは平安時代後半に計画されていた平安宮を描いた図である。一方、「南都所伝宮城図残欠」といわれる宮城図は、平安時代初期の平安宮を描いた図である可能性が指摘されている。ただし、同図は現存せず、『大内裏図考証』などに引用されて伝わるのみ。なお、これら以外にも数種類の宮城図類が伝来している。平安宮跡は都市化が進み面的な発掘調査は難しいが、これら古図との突き合わせも行い、成果を挙げている。また、平城宮も平安宮と建物・官衙配置が類似する部分があるため、発掘調査によって明らかになった官衙を式部省・兵部省と特定するなど、これらの古図が威力を発揮している。

参考文献 栄原永遠男「平安京研究の現状と問題点―条坊復原研究を中心に―」(『日本史研究』一五三、一九七五)。古代学協会・古代学研究所編『平安京提要』、一九九四、角川書店。『宮城図』(『陽明叢書』記録文書篇別揖、一九九六、思文閣出版)。東野治之『日本古代史料学』、二〇〇五、岩波書店。

(馬場 基)

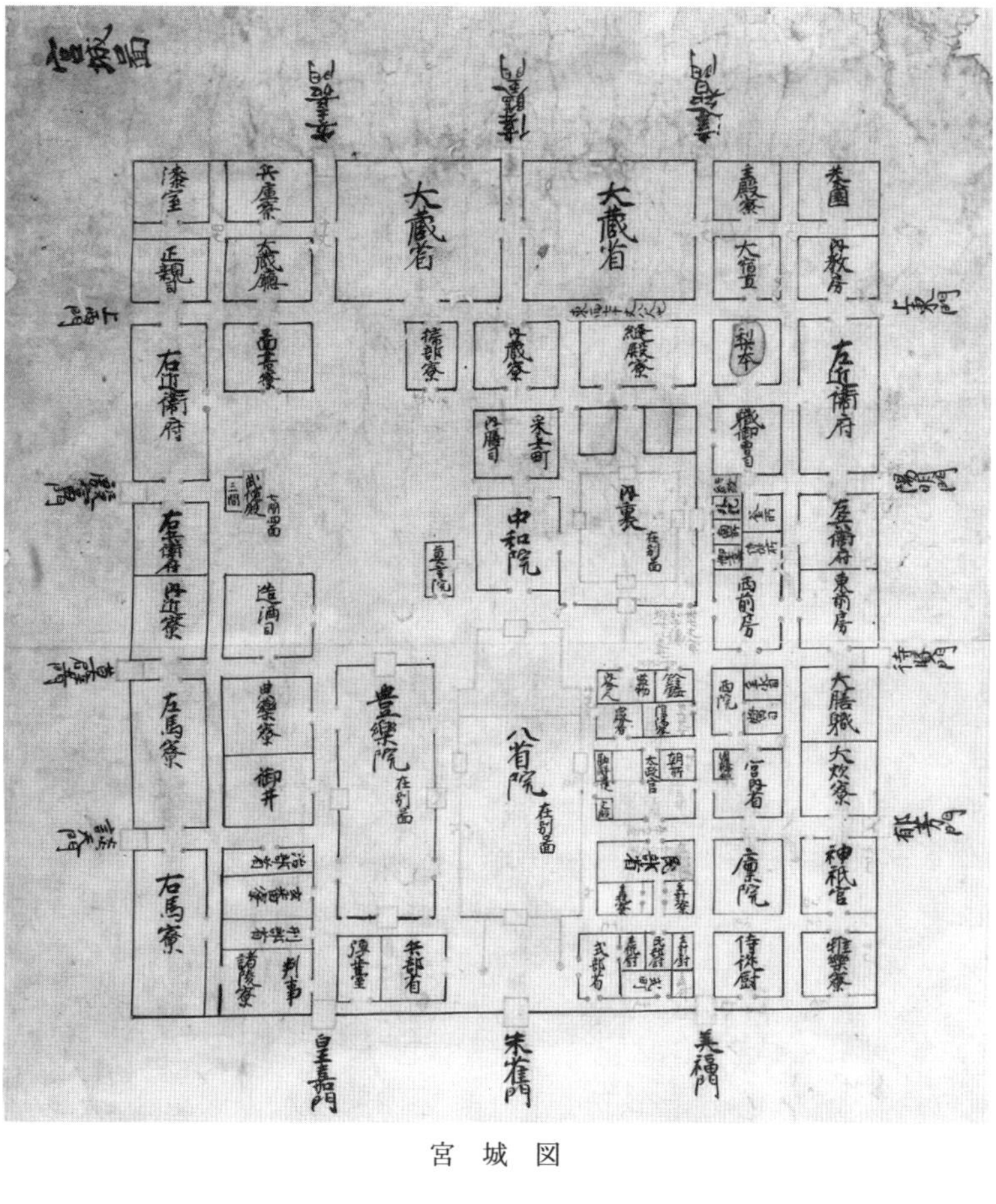

宮城図

きゅうせん 弓箭 弓・矢と矢の容器からなる。弓箭使用時に着用する鞢《ゆがけ》や鞆《とも》なども弓箭の具である。弓箭の用途は、狩猟・軍陣・競技(遊技)・儀仗《ぎじょう》と様々で、はじめ狩猟用であった弓箭の日本での武具としての使用は、戦いの始まった紀元前四世紀以降である。競技としては、歩射《ぶしゃ》の初見が『日本書紀』清寧天皇四年九月朔日条(六世紀前半ごろ)、騎射《うまゆみ》の初見は同じく天武天皇九年(六八一)九月辛巳(九日)条である。日本の弓は木製弓を基礎とし、十二世紀ごろに木に苦竹《まだけ》を張り合わせた伏竹弓《ふせたけゆみ》が成立する。当初は外竹弓《とだけゆみ》で、ついで三枚打弓《さんまいうちゆみ》から弓胎弓《ひごゆみ》(一部に四方竹弓《しほうちくゆみ》も)へと竹部が増加していった。それらの特徴は長寸である点と弓把《ゆつか》が真ん中よりも本弭《もとはず》寄りにある点である。また、弦《つる》は両端を輪状(弦輪《つるわ》という)として弓弭《ゆはず》に掛けるが、これは弓の威力を増すために弥生時代に採用された方法という。矢は用途で、軍陣用の征矢《そや》、狩猟用の狩矢《かりや》(野矢《のや》とも)、歩射の競技用の的矢《まとや》などに大別され、それぞれ鏃の形状や矢羽の枚数(三立羽《みたてば》か四立羽《よたてば》)を相違する。鏃の形状は多様だが、機能で大別すれば、射通す・射切る・射当てる・射砕くとなり、征矢は細長い鏃で射通す、狩矢は扁平な鏃で射切る、的矢は鏃ではなく、先端が扁平な平題《いたつき》で射当てる、的矢の機能を征矢に応用すれば射砕くとなる。この分類は主に中世以降の分類だが、征矢と狩矢の区別は弥生時代以降のすべての矢で適用できそうである。的矢にしても、先端が平題類似の形状を持つ矢の発掘品が、すでに縄文時代にあり、考古学では栓状鏃《せんじょうぞく》とよぶ。鏃は本来は石製で、紀元前二世紀前半に九州北部地方で鉄鏃が使用され、三世紀ころには全国的に普及する。その後、五世紀中葉以降に、刃部が小型で片刃を含む、ケラ首の長いいわゆる長頸鏃《ちょうけいぞく》の征矢が成立し、狩矢も狩俣《かりまた》形式などが成立して律令制下に継承される。狩矢に鏑《かぶら》(律令制下では哮《こう》とよぶ)を加えるのもこのころからである。これが十世紀以降、征矢では刃部が大型な無頸鏃となり、鉄火箸のような長根《ながね》なども成立し、また狩矢を含めて篦被部《のかつぎ》が篦口の形状に合わせた環状関となり、強い衝撃により耐えられる矢となっていく。容器は、兵仗《ひょうじょう》では、律令制下では靫《ゆき》と胡簶《やなぐい》、中世では箙《えびら》と空穂《うつぼ》があり、十世紀以降の儀仗に平胡簶《ひらやなぐい》や壺胡簶《つぼやなぐい》がある。もっとも古くからある容器は靫で、『日本書紀』神代上巻に千箭靫《ちのりのゆき》と五百箭靫《いほのりのゆき》がみえるが、古代の遺品はなく、また、八世紀には靫よりも胡簶が一般化する。古墳時代の容器には、鏃を上向きに矢を収納する深い矢筒と、鏃を下に矢を収納する浅い矢筒があり、前者は容器自体の器物埴輪もあり、武人埴輪では、前者は背中中央に、後者は右腰に表現されている。考古学では、前者を靫、後者を胡簶とし、近年では一括して矢盛具ともいう。この考古学でいう靫と胡簶は、確かに文献の靫と胡簶それぞれの祖型を思わせる面もある。しかし、鏃を上に矢を収納し、背中中央での佩帯は非実用的であり、文献にみえる靫の方法ではない。文献の靫は、胡簶と同様に鏃を下に収納し、右腰に佩帯するもので、正面中央に大きく開いた窓(手形《てがた》とよぶ)から矢を取り出した。中世以降、容器には主体とする矢(中差《なかざし》という)に一、二隻の異種類の矢を表差《うわざし》として加える習慣がある。征矢の中差に狩矢の表差一隻を加えることは正倉院遺品にもみられ、律令制下でも行われていたことがわかるが、かかる習慣はすでに五世紀ごろからみられ、それは鏃の出土状況からもわかる。また、福岡月ノ岡古墳から一八〇五年(文化二)に発掘されたという、胡簶の前板を思わせる金銅板には、表差を斜めから加えた鏃の錆跡が残存している。ところで、日本での騎兵の成立は六世紀ころと考えられ、それは弓箭を佩帯する弓射騎兵で、一方で弓射歩兵がおり、ともに律令制下を通じて存続し、十世紀に成立した武士は弓射騎兵で、弓射歩兵は減少し、十四世紀以降、弓射騎兵が衰退する一方で弓射歩兵がふたたび増加し、鉄炮の普及以後も弓箭の軍陣使用は衰えずに続いた。

参考文献 鈴木敬三「靫と胡簶」(国学院大学編『古典の新研究』二、一九九四、明治書院)。松木武彦・宇田川武久編『戦いのシステムと対外戦略』(『人類にとって戦いとは』二、一九九九、東洋書林)。近藤好和『中世的武具の成立と武士』、二〇〇〇、吉川弘文館。『古代の武器・武具・馬具』(『季刊考古学』七六、二〇〇一)。津野仁「中世鉄鏃の形成過程と北方系の鉄鏃」(『土曜考古』二五、二〇〇二)。

(近藤 好和)

ぎゅうにゅう 牛乳 乳牛の生乳を加工したもの。わが国で、牛乳が広く普及したのは第二次世界大戦後に学校給食で採用されたのを受けるものであるが、その生産のはじまりは飛鳥時代に遡る。『新撰姓氏録』左京諸蕃下に孝徳朝に呉国王の子孫の善那使主《ぜんなのおみ》が牛乳を献じて和薬使主《やまとくすしのおみ》の姓を賜ったとあり、『類聚三代格』弘仁十一年(八二〇)二月二十七日太政官符では善那使主と同一人物であろう和薬使主福常が「取乳術」をもって乳長上《ちちのちょうじょう》に任ぜられ子孫が襲ったとある。律令制下には典薬寮に乳戸が置かれたが、『続日本紀』和銅六年(七一三)五月丁亥条に山背国に乳戸五十戸が置かれている記事がある。飲用のほか蘇など乳製品が諸国から貢納されて食された。肉食を禁じる仏教でも牛乳の飲用は許され、『正倉院文書』に奈良時代に東大寺で飲まれていたことが確認される。牛乳は主に薬用として飲まれたようで、『医心方』によれば生乳は飲まず煮て飲んだようである。→蘇《そ》

参考文献 佐伯有清『牛と古代人の生活』(『日本歴史新書』、一九六七、至文堂)。廣野卓『古代日本のミルクロード』(『中公新書』一二三九、一九九五、中央公論社)。

(荒井 秀規)

きゅうもん 宮門 日本古代の宮城を取り囲む三重の区画施設のうち、二重めに位置する宮垣に開くとされる門。『大宝令』では中門といった。『令集解』宮衛令《くえいりょう》宮閤門条は、宮門の警備は衛門府の担当とするが、奈良時代の実態を伝える古記のみ衛門府と衛士府が共同で警備したとする。衛禁律《えいきんりつ》闌入《らんにゅう》宮門条と闌入踰閾為限条によると、無

許可で宮門のしきみを越えて侵入する(これを闌入という)と徒《ず》一年、また宮門ではなく宮垣を越えて侵入した場合は近流に処される規定であった。宮城外周には各面三基ずつ計十二の宮城門(『大宝令』では外門)があり、八一八年(弘仁九)に唐風名称に統一されるまでは、門号氏族名を冠して呼ばれた。一方、出土文字資料から知られる平城宮の門号には、宮城門としてはこれまで知られていない曾雅《そが》門、私門《きさい》などもあり、宮門にも氏族名を冠した門号が用いられていた可能性がある。（渡辺　晃宏）

きょう　京　日本古代の王権の所在地に設けられた行政区画の称。六世紀から七世紀に歴代の宮室が営まれた飛鳥地域は史料上は倭《わ》京と呼ばれ、王権のもとに、官の施設、豪族の居宅、寺院などが集中して設けられ、周辺の農村とは質的に異なる恒久性をもった都市的な空間を構成していた。それは七世紀半ばの斉明朝ごろには完成していたとみられ、現在飛鳥京と呼称している。ただ、この段階の京は、まだ漠然とした領域概念であった。明確な領域をもつ行政区画としての京の成立は、天武朝に降る。六七六年(天武天皇五)以降史料に「京」や「京師」の語がみえるようになり、六八五年には京を管轄する行政機構「京職」の長官の存在も確認される。これらは藤原京の前身である「新城」の造営に伴うものとみられる。条坊制に基づく明確な領域をもつ行政区画としての京は、藤原京を嚆矢とする。六七六年の新城の造営開始後、天武天皇の死去や草壁皇子の早逝による中断をはさむが、持統朝にその造営は引き継がれ、六九四年(持統天皇八)の遷都に至る。その規模は、一坊を四町(一辺約二六五メートル四方)とし、横大路・下ツ道・中ツ道に規制された南北十二条(約三・二キロ)、東西八坊(約二・一キロ)とする岸俊男による復元案が従来有力とされてきたが、その後の発掘調査の進展に伴い、想定域の外側での条坊道路の確認が相つぐようになり、大藤原京として認識されるに至る。現在ではその京極にあたる道路遺構が東・西・北の三方で確認されており、南北十条(約五・三キロ)、東西十条(約五・三キロ)の正方形に復元する小澤毅の復元案が通説となりつつある。小澤説では、一坊は平城京以降の京と同じ十六町(約五三〇メートル四方)となり、また四坊の規模をもつ藤原宮がその中央部を占めていたことになる。また、左右京各四十八坊となり、『大宝令』で左右京各十二人とされる坊令の数も合理的に説明できる。ただ、このような形態は平城京以後の京とは大きく異なり、同時期の中国にも例を見ない。『周礼』考工記の記述に基づく理念先行型の京と評価でき、平城京遷都の要因ともなった。藤原京遷都時の現行法は『飛鳥浄御原令《あすかきよみはらりょう》』であったが、『大宝令』の規定も基本的に藤原京に対応するとみられる。京は東西中軸を南北に走る朱雀大路によって、東の左京と西の右京に二分され、それぞれ左京職、右京職によって管轄された。各京職は大夫一人、亮一人、大進一人、少進二人、大属一人、少属二人、坊令十二人、使部三十人、直丁二人から構成される。京内には、京―条―坊の行政組織が設けられ(坊の管掌者が坊長、四坊からなる条の管掌者が坊令)、京職は国―郡―里からなる国における国司と同様の職掌を担ったが、京内には口分田がないため勧農の職務がなく(ただし京戸の口分田は周辺諸国に班給されるので租の徴収は担当)、一方被官の東西市司を通じて、各京に置かれた官市を管掌した。平城京は七一〇年(和銅三)の遷都。下ツ道を踏襲した朱雀大路を中軸とする南北九条(約四・八キロ)、東西八坊(約四・三キロ)の長方形の部分と、その東側北部に付設される南北四条分(約二・一キロ)、東西三坊分(約一・六キロ)を占める近代以後外京《げきょう》と呼称している部分から構成される。平城京は、北が高く南が低い地形や、宮を中央北部に設ける配置など、藤原京の不合理性を唐長安城の知見に基づいて修正した京といえる。長岡京は七八四年(延暦三)の遷都。南北九条(約五・一キロ)、東西八坊(約四・三キロ)で、中央北端に宮を置く。平安京は七九四年の遷都。実質的に最後の京。南北九条(約五・三キロ)、東西八坊(約四・六キロ)で、中央北端に宮を置く。長岡京までの京では、道路幅と無関係に条坊を設定したため、規模の大きな道路に面する部分は面積が小さくなっていたが、平安京では周囲の道路の規模によらず坊の面積を一定にする計画で構成されている。

参考文献　小澤毅「古代都市」(上原真人他編『列島の古代史』三所収、二〇〇五、岩波書店)。（渡辺　晃宏）

きょうおうごこくじ　教王護国寺　京都市南区九条町に所在する真言宗の寺院。東寺《とうじ》ともいう。東寺の名は平安《へいあん》京《きょう》遷都の時に羅城門《らじょうもん》の左(東)に創建されたところからの名がある。同門の右(西)には、西寺《さいじ》が建立された。正確な創建年次はあきらかでないが、後世の『東大寺要録《とうだいじようろく》』は七九三年(延暦十二)に東・西両寺に「食封千戸」が施入されると伝える。また『東宝記《とうぼうき》』によれば、七九四年の平安遷都直後に西寺とともに建立が始まり、七九六年には大納言藤原伊勢人《ふじわらのいせひと》が「造寺長官」に任じられたという。正史では『日本後紀』延暦二十三年四月壬子(八日)条にみえる多治比真人家継《たじひのまひといえつぐ》の「造東寺次官」への任命が建立に関わる記事としてもっとも古い。ちなみに西寺については、『類聚国史』一〇七左右京職の延暦十六年四月己未(四日)条に「造西寺次官信濃守笠朝臣江人」の名がみえている。官寺として創建された東寺が嵯峨天皇から空海《くうかい》に勅賜されたのは、八二三年(弘仁十四)のことで、やがて太政官符をもって真言僧五十人の寺住が認められ、国家的な修法の場、鎮護国家の寺院としての地位が確定する。「教王護国寺」の寺号がみえるもっとも古い例は空海に仮託して十世紀に作られたといわれる『御遺告《ごゆいこく》』で、真言密教の根本道場としての東寺の立場を強調する必要からこう呼ばれるようになったものであろう。その教王護国寺が庶民信仰の寺院として発展するのは、鎌倉時代になってからのことである。平安時代末、荒廃の危機に瀕していた当寺は、源頼朝《みなもとのよりとも》の援助をうけた文覚《もんがく》の尽力によって復興を果たし、一二三三年(天福元)、寺務親厳《しんごん》僧正が仏師康勝《こうしょう》に制作させた弘法大師像を西院不動堂(一二四〇年(延応二)に御影堂に移動)に安置するとともに弘法大師信仰の聖地となる。大師に深く帰依した宣陽《せんよう》門院《もんいん》(一一八一—一二五二、覲子《きんし》内親王、後白河天皇皇女)は幾多の庄園を東寺に寄進し、御影堂における生身供を始行するなどしている。一三一三年(正和二)十二月、真言密教を学びみずからも灌頂を受けた後宇多法皇は山城国拝師《はいし》庄・上桂《かみかつら》庄、播磨国矢野庄などの諸庄園を寄進。南北朝時代になると、一三三七年(建武四)六月、足利尊《あしかがたか》氏《うじ》が河内国新開《しんがい》庄を寄進し、一三五二年(観応三)四月には足利義詮《よしあきら》が山城国植松庄を、また一三七七年(永和三)十一月には足利義満《よしみつ》が山城国東西九条女御田地頭職を寄進している。これら貴紳の寄進に呼応して、鎌倉時代から南北朝時代にかけて十八口供僧・廿一口供僧・最勝光院方、さらには学衆方・鎮守八幡方・植松方・宝荘厳院方・不動院方といった数多くの寺僧組織が結成・整備されている。しかし、応仁の乱後は諸庄園からの収入も途絶えがちとなり、一四八六年(文明十八)九月には堂舎を占拠した土一揆による放火で金堂・食堂・講堂・回廊・鐘楼・経蔵・鎮守八幡・中門などが灰燼に帰し、下っては一五六三年(永禄六)に五重塔が雷火によって焼失する。堂塔の本格的な復興が始まるのは桃山時代以降のことで、一五九一年(天正十九)九月、豊臣秀吉《とよとみひでよし》は寺領二千三十石を安堵、こののち一五九四年(文禄三)には五重塔が、また一六〇三年(慶長八)には豊臣秀頼《ひでより》の援助によって金堂が再建されている(国宝)。なお、五重塔は一六三五年(寛永十二)十二月に再び焼失するが、江戸幕府の支援を受けて一六四四年に往事の姿を取り戻している(国宝)。境内は国指定史跡。講堂安置の五大菩薩像四軀(五軀のうち一軀は後世の補作)、五大明王像五軀はいずれも平安時代前期の作で国宝。絵画では空海が唐から持ち帰った真言七祖像、また書跡では空海が最澄に宛てた尺牘《せきとく》(書状)三通(風信帖)が国宝の指定をうけている。

教王護国寺　五重塔

参考文献　網野善彦『中世東寺と東寺領荘園』、一九七八、東京大学出版会。朝日新聞社編『東寺』、一九九六、朝日新聞社。
(下坂　守)

ぎょうかいがん　凝灰岩　火山の噴出によって火山灰などが地表や水中で固結してできた岩石で、火山砕屑《さいせつ》岩に分類される。構成礫《れき》の大きさと種類などによって凝灰角礫岩、浮石凝灰岩などと呼ばれている。軟らかくて加工しやすいことなどから、古墳時代の石棺、石室、飛鳥・奈良時代などにおける寺院や宮殿の基壇化粧石など建築部材として広く用いられた。壁画古墳として知られる高松塚古墳、キトラ古墳の石室も二上山の凝灰角礫岩が用いられている。一方、火山灰が堆積したのちにも高温と圧力によって火山ガラスが再溶融して溶結したものを溶結凝灰岩という。阿蘇の安山岩質溶結凝灰岩は、石棺材や石塔などに使われている。また、新生代新第三紀に起こった大規模な海底火山の活動に伴う緑色凝灰岩は山陰から中部・関東・東北に広く分布するもので、山陰から北陸にかけての地域の遺跡から発見される緑色の管玉もこれらの緑色凝灰岩で作られている。
(肥塚　隆保)

ぎょうきぶき　行基葺　⇨屋根《やね》

ぎょうきぼし　行基墓誌　奈良時代の僧行基(六六八—七四九)の墓誌銘文残欠。縦一〇六ミリ、横六七ミリ、厚六ミリの鋳銅製円筒の断片で、表面に陰刻の二十一文字分と約二・二センチ間隔の縦罫線が残る。外面は轆轤引きして鍍金する。内側は鋳放しのまま。奈良国立博物館蔵。「僧寂滅注申状」によれば、一二三五年(嘉禎元)八月、奈良県生駒市の行基墓が発掘された際に出土した。当時、墓には新しい石塔が建てられていたが、塚自体は奈良時代から維持されていたらしい。埋葬施設は外側から八角形の石筒・鑰と鎖の繋った二重の銅製筒型容器・水瓶型の銀製瓶が入れ子になっており、遺骨を納めた瓶の首には瓔珞と「行基菩薩遺身舎利之瓶」と刻んだ銀札が掛かっていた。室町時代に模造した瓶が唐招提寺に残る。銘文は、内側の金銅製筒型容器外面に刻まれ完存していたが、粉砕し一片のみ現存。全文は『大僧上舎利瓶記』に記録され、一行約二十字詰十七行に復原される。ほかの史料にはない記述を含み、行基研究の重要な史料。全文は次のとおり。

行　基　墓　誌

「和上、法諱法行、一号行基、薬師寺沙門也、俗姓高志氏、厥考諱才智、字智法君之長子也、本出於百済王子王爾之後焉、厥妣蜂田氏、諱古爾比売、河内国大鳥郡蜂田首虎身之長女也、近江大津之朝戊辰之歳誕於大鳥郡、至於飛鳥之朝壬午之年、出家帰道、苦行精勤、誘化不息、人仰慈悲世称菩薩、是以天下蒼生上及人主、莫不望塵、頂礼奔集如市、遂得聖朝崇敬法侶帰服、天平十七年別授大僧上之任、并施百戸之封、于時僧綱已備特居其上、雖然不以在懐勤苦弥厲、寿八十二、廿一年二月二日丁酉之夜、右脇而臥、正念如常奄終於右京菅原寺、二月八日火葬於大倭国平群郡生馬山之東陵、是依遺命也、弟子僧景静等、攀号不及、瞻仰無見、唯有砕残舎利然尽軽灰、故蔵此器中、以為頂礼之主、界彼山上、以慕多宝之塔　天平廿一

年歳次己丑三月廿三日、沙門真成」 資料館 奈良国立博物館(奈良市)

参考文献 奈良国立文化財研究所飛鳥資料館編『日本古代の墓誌』、一九七九、同朋舎。井上薫編『行基事典』、一九九七、国書刊行会。『奈良六大寺大観(補訂版)』一二、二〇〇〇、岩波書店。 (鈴木 景二)

きょうけち 夾纈 奈良時代に行われた文様染めで、三《さん》纈《けち》(纐纈《こうけち》、﨟纈《ろうけち》、夾纈)の一つ。今日その技法が伝えられていないため、詳細は判然としないが、染め上がった文様が左右または四方相称で、各文様ごとの色の境目が、輪郭線で縁取られたように白く現れるのが特徴。こうした点から技法を推測すると、二枚の版木の片面あるいは両面に文様を彫り込んでおき、一方の版木の背面に、各色に応じて染料を流し入れる孔を穿つ。この版木の間に、何重かに折り畳んだ裂《きれ》を挾んで染めたものとされている。裂を折り畳んで染めるため、下地裂は薄い羅《ら》が最適であるが、平絹《へいけん》も使われている。しかし、表面に多少の凹凸のある綾《あや》には例をみない。夾纈は、纐纈や﨟纈のように色数の制約が無いことから、当時最も華やかな染物で、正倉院には唐花《からはな》文や花文、動植物などを表した大型の文様が多数散見され、『東大寺献物帳《とうだいじけんもつちょう》』には夾纈屛風の記載もみえる。この技法は平安時代以降衰微し、以後全く行われなかった。 (沢田むつ代)

きょうしょでん 校書殿 平安宮内裏殿舎の一つ。文殿《ふどの》とも。弓場殿《ゆばどの》の西、清涼殿と安福殿の間に位置する九間三面の南北棟。身舎《もや》の南北二間分は塗籠、中央部は納殿《おさめどの》で、累代の書籍・文書が納められ、その出納は蔵人が管掌した。東廂には右近衛陣・額間《がくのま》・孔雀間が、その北東に弓場がある。西廂には蔵人所、出納・小舎人の候所や校書所があった。『公卿補任《くぎょうぶにん》』承和五年(八三八)阿倍安仁任参議条尻付《しづけ》に、「弘仁年中依校書殿労任山城大掾」とみえ、弘仁年間(八一〇―二四)にすでに存在したことが確認できる。『台記別記』康治二年(一一四三)正月十八日条に賭弓の指図がみえるほか、『年中行事絵巻』四賭弓・六御斎会右近陣饗などに描かれている。

参考文献 裏松固禅『大内裏図考証』一二上(『(新訂増補)故実叢書』二七)。所京子「「所」の成立と展開」(『平安朝「所・後院・俗別当」の研究』所収、二〇〇四、勉誠出版)。 (山本 崇)

校書殿(『年中行事絵巻』より)

きょうぞう 経蔵 寺院において教典類を収蔵した建築。経庫、経堂、経楼と呼ばれることもある。古代の伽藍においては講堂を中心に、時を知らせる鐘楼と対称位置に建てられることが多かった。規模は桁行三間、梁間二間、楼造が一般的であった。現存遺構には八世紀建立の法隆寺経蔵(奈良)があり、一二四〇年(仁治元)建立の唐招提寺鼓楼(奈良)は前身建物が経蔵であり、建物形式を踏襲している。経蔵には楼造のほかに校倉もある。現存遺構としては奈良時代の唐招提寺経蔵(奈良)、東大寺本坊経庫(奈良)などで、いずれも建築当初別の用途として建てられ、後世に用途変更したものである。中世に入り、禅宗とともに建築様式も大陸から輸入される。その経蔵の形式は、内部に回転する書棚の輪蔵《りんぞう》をもつものが一般的である。遺構には一四〇八年(応永十五)建立の安国寺経蔵(岐阜)などがある。

参考文献 濱島正士『寺社建築の鑑賞基礎知識』、一九九二、至文堂。 (村田 健一)

きょうそく 脇息 すわった時、身体の前や脇に置いて肘をのせ、身体をもたれさせる道具で、細長い凭板《ひょうばん》の両端に脚がついている。凭板が真直なものと内彎しているものがある。また古くは凭板が半円形にカーブして、三本脚のものもあった。古代からあったもので『古事記』や『日本書紀』には「わきつき」または「おしまつき」としてもしばしば出てくる。奈良時代には挾軾《きょうしょく》という言葉が使われ、遺物としては正倉院の「紫檀地木画挾軾」などがある。身体の前に置いて使った。当時は天皇や貴族の調度で、紫檀地木画のほか、紫檀地螺鈿、沈《じん》黄金、蒔絵、彫刻などきわめて贅沢に作られていた。脇息と呼ばれるようなったのは平安時代からである。鎌倉時代になると柔脇息といって、凭板の幅が広く、長さが短く、上に綿をのせ、唐錦や綾などで包んだものが作られるようになった。このころから脇に置くようになった。一般も使うようになるのは江戸時代からである。 (小泉 和子)

きょうちょ 夾紵 ⇩乾漆造《かんしつぞう》

きょうちょかん 夾紵棺 夾紵とは麻布を漆で何重にも貼り重ねて造形する古代の漆工技法。その源は戦国時代の中国に求められ、耳杯、盤などの漆器や棺が製作された。わが国では七世紀代にまず棺製作にその技法が導入され、続いて仏像彫刻に多用されて脱乾漆像や木心乾漆像が製作された。現在夾紵棺を使用した古墳は大阪阿武山古墳と奈良牽牛子塚古墳の二例が知られ、他に大阪安福寺蔵品や伝聞資料として大阪叡福寺北古墳(現聖徳太子墓)、奈良野口王墓古墳(現天武・持統陵)を加えることができる。阿武山古墳の夾紵棺は完形で、長さ一九五センチ、幅六〇センチ、麻を二〇枚以上張り合わせ、内面には朱、外面には黒漆を塗って仕上げている。牽牛子塚古墳では断片の出土で全形は分からないが、三十五枚の麻を重ねて二・三センチの厚さにし、表面にクロメ漆を塗って仕上げ内面には朱を塗っている。終末期古墳では他に漆を使用する棺も見られるが、夾紵棺はその中で最上位に位置づけられる。

参考文献 猪熊兼勝「夾紵棺」(『関西大学考古学研究年報』一、一九六七)。

(下部 行弘)

きょうづか 経塚 経典を主体として埋納した遺跡。平安時代後期に天台宗の法華経護持信仰から発生したとされる。最古の経塚遺物としては金峯山経塚に藤原道長が埋納した寛弘四年(一〇〇七)銘経筒が有名である。道長ははじめ九九八年(長徳四)に金峯山詣を計画し写経までしたが「世間病悩により」中止した。一〇〇七年の経塚造営の様子は日記である『御堂関白記』に詳しく記される。これに先立つ平安時代前期に、円仁が比叡山横川《よかわ》で書写した如法経が小塔に入れられ如法堂に安置された。以後、法華経保護のためのさまざまな策が構ぜられ、一〇三一年(長元四)に覚超が小塔を入れる銅筒を作り、結縁した藤原道長の娘上東門院彰子が経箱を奉納した。円仁に見られる法華経書写と写経護持の信仰が、十世紀末から十一世紀初頭に至って、延暦寺の僧と貴族層との間で、経筒に入れて埋納するという方法にまとめられ、経塚の創始につながったと考えられる。十一世紀初頭に創始された経塚は、まず北部九州で第一次の隆盛期を迎える。一〇七一年(延久三)長崎県鉢形嶺経塚、一〇八三年(永保三)大分県津波戸《つわと》山経塚、一〇八九年(寛治三)福岡県弘誓寺経塚、一〇九二年福岡県雷山経塚など北部九州に初期の経塚が造営され、十二世紀前半に特定寺社の僧侶・神職による大規模な経塚群が造営される。十二世紀中ごろから後半代には、近畿地方をはじめ東北地方まで、全国的に経塚の造営が広がる。以後江戸時代まで経塚はその姿を変えながら造営が続けられるが、時代や様相から平安時代末から鎌倉時代の埋経の経塚、室町時代から江戸時代の納経の経塚、江戸時代の一石経の経塚の三種に大別される。

埋経の経塚は紙本経を銅製の経筒に入れて埋納する場合が多い。一般的には直径数メートルから十数メートルの大きさの盛土を有し、中央に小型の石室を構えるのを典型とする。盛土上には石塔を建てる場合があり、京都鞍馬寺経塚では石製宝塔が出土している。石室内には外容器に入れられた経筒や副納品が埋納される。外容器は経筒を保護する目的で使用され、陶器の甕や壺を用いる例が多いが、北部九州では付近で産出する滑石を用いた石製外容器が多く用いられる。外容器に用いられた甕や壺は、中世窯業の生産と流通を知る上で好資料を提供している。たとえば近畿地方から関東地方の経塚では、東海地方の猿投《さなげ》や瀬戸・常滑・渥美の製品が外容器として使われる場合が多い。経塚の出土品の特徴である紀年銘の存在によって、これら外容器の年代も明らかになり、猿投窯の終末から中世窯への移行を証する資料として、重視される場合が多い。副納品は多種にわたるが刀子・鏡・合子が多い。刀子は経筒や外容器を取り囲むように並べられることが多く、おもには長さ一〇～二〇センチほどの小刀が埋納されるが、長さが五〇センチ以上の太刀が埋納される場合もある。鏡では和鏡が埋納される場合が多いが、西日本の経塚では湖州鏡の埋納例も見られる。また奈良時代の唐式鏡が伝世の後に経塚に埋納される例も知られる。合子は中国製の青白磁合子がほとんどであるが、京都府稲荷山経塚では銀製合子が出土している。中にガラス小玉を入れる場合がある。経筒は銅製・鉄製・陶製・石製とさまざまな素材と型式を持ち、地域ごとの特徴を有する。埋経の経塚は多く群集して存在し、各地に経塚が集中して営まれる群集地が存在する。九州では大宰府の北側、四王寺山《しおうじやま》の稜線上から南山腹に十二世紀前半を中心とする多数の経塚が営まれた。ここでは四王寺型と呼ばれる節(突帯)を有する銅鋳製経筒や、中国で注文生産されたと推定される陶製経筒などが出土している。北部九州では修験道の霊山に経塚が集中的に造営される場合も多い。佐賀県脊振山《せふりさん》霊仙寺経塚群、福岡県求菩提《くぼてさん》山経塚群などが有名である。求菩提山では山頂の上宮周辺に保延年間(一一三五―四一)から康治年間(一一四二―四四)にかけて、山内のおもだった僧が参加して、求菩提型と呼ばれる細身の経筒を用いた経塚造営が行われるとともに、一山をあげて銅板経の奉納も行われた。近畿地方では藤原道長が経塚を造営した金峯山山頂から多くの経塚遺物が出土している。京都市周辺にも著名な経塚群がある。鞍馬寺経塚群では鉄製と青銅製の宝塔型経筒が出土した。稲荷山経塚群は藤原兼実の造営ではないかと考えられている。金峯山と並び当時の信仰の中心であった熊野でも多くの経塚が発見されている。新宮では神倉《かみくら》山経塚群、庵主池経塚群など周辺を含めた複数箇所に経塚群がある。那智では神体である滝への参道に沿って多くの経塚遺物が出土している。なかでも金銅仏や密教大壇を構成した三摩耶形《さんまやぎょう》などは那智山の特異な遺物として注目される。本宮では大般若経六百巻を五十巻ずつ十二個の経筒と外容器に入れて埋納した経塚が知られている。東海・関東地方では在俗の土豪層と思われる伴・源・藤原・紀氏が夫婦で造営した静岡県三明寺経塚や、武蔵国に数例が現存する銅細工藤原守道の作った経筒の存在が注目される。東北地方では奥州藤原氏との関係が推定される岩手県平泉の経塚群や、石製外容器が特徴の福島県木幡山経塚群などがある。埋経の経塚では紙本経を経筒に入れる一般的な経塚のほかに、銅板に経文を刻んだ銅板経、粘土板に経文を刻んで焼成した瓦経《がきょう》、滑石に経文を刻んだ滑石経といった特殊な経塚も知られる。銅板経は福岡県求菩提山経塚と英彦山《ひこさん》経塚、大分県長安寺経塚の三例が著名である。求菩提山では一一四二年(康治元)に頼厳をはじめとする一山の僧侶が参加して銅板経を供養した。長安寺では宇佐宮神主大中臣氏らが中心となり一一四一年(永治元)に、彦山では一一四五年(久安元)龍南坊が中心となって銅板経が供養された。近接する三寺で同じ時期に銅板経が作られた背景には、それらの製作に携わった細工者紀重永の存在がある。滑石経は福岡県若菜八幡宮経塚が著名である。一枚一枚を湾曲した滑石板で作り、それを同心円状に幾重にも重ねた円形の特異な経塚である。瓦経は大きさ二〇〜三〇センチ、厚さ一〜二センチの長方形の粘土板に、二十行前後の書写を行う。『法華経』だけでなく『大日経』や『金剛頂経』『蘇悉地経』などの経典が書写され、兵庫県極楽寺経塚では総数四百八十九枚に復元される。一〇七一年鳥取県大日寺経塚から一一七四年(承安四)三重県小町塚経塚までの約百年間に、全国で六十ヵ所あまりの出土地が知られる。著名な例としては右記二例のほかに、一一一四年(永久二)福岡県飯盛山経塚、一一四四年(天養元)佐賀県筑山経塚などがある。

納経の経塚は六十六部廻国納経を奉納した経塚で、廻国聖と呼ばれる遊行の僧侶が、願主の依頼を受けて写経の入った小型経筒を奉納した。小型の盛土のなかに小石室を設け埋納する場合や、寺社の本堂や鉄宝塔に奉納した例も多い。島根県大田市南八幡宮鉄塔からは天文年間(一五三二―五五)を中心とする紀年銘をもつ小型経筒が百六十個発見された。奈良市中之庄町では備前焼外容器に入った一六五五年(承応四)銘経筒が発見され、なかから木版刷法華経一巻とともに、納経請取状三十六通、願文一枚が見つかった。納経請取状とは、三十六ヵ国の納経所に木版刷法華経一巻を奉納した証拠に各社寺が発行したものである。俗名をきくといった願主尼妙香が父母の菩提を弔うために、西国三十六ヵ所の社寺への納経を計画したものである。実際の納経は下野国半田村出身の廻国聖元秀坊に依頼した。大和の春日大社から納経を開始。四国から播磨・備前・備中・備後を経て、九州に入り、最南の地大隅国新田神社を経て帰りに山陰を経由し、願主の住地で最後の供養を行なった後埋納したのだろう。廻国納経の実際を知る資料として貴重である。

一石経の経塚は小型の川原石に一字から数字の経文を墨書して埋納するもので、礫石経・一字一石経と呼ばれる。大型の土壙に埋納し経碑を伴う場合が多い。富山市塚根経塚では、一辺約七メートルの塚中央に、一・九メートル×一・三メートル、深さ〇・五メートルの穴があり、一石経を埋納していた。一石経は全部で七万三百八十個あり、骨片が付着していた。故人の追善のために一石経を加えて納骨したと推定される。また佐賀県多久市等覚院では、境内の堂の床下に一石経を入れた甕が埋納してあった。甕の中には一石経に埋もれるように白磁の骨壺があった。このような故人への追善がもっとも一般的な目的であるが、雨乞いや、冷害による飢饉のあった年に埋納(山形県安久津八幡宮)、疫病流行の際に、病魔退散を祈って埋納(長野県南佐久郡南相木村)、海難防止(青森県三戸郡階上町)と、さまざまな目的で埋納されている。

[参考文献] 関秀夫『経塚の諸相とその展開』、一九九〇、雄山閣。

(杉山　洋)

きょうづつ　経筒　経塚に埋納する紙本経を直接入れた経容器。鋳銅製が一般的だが、銅板製・鋳鉄製・陶製・滑石製・木製などさまざまな材質と型式がある。埋経の経塚では藤原道長が埋納した寛弘四年(一〇〇七)銘経筒を最古とし、以後鋳銅製・銅板製経筒を主体に地域によって材質や型式に特徴がある。経塚造営が最も早く普及した北部九州では、まず十一世紀後半に大形で筒身に装飾を有しない鋳銅製経筒が登場する。滑石製経筒では一〇七一年(延久三)長崎県鉢形嶺経塚の仏像型経筒、一〇九二年(寛治六)福岡県雷山経塚の櫃型経筒がある。十二世紀前半代の隆盛期には各地に特徴的な経筒が登場する。北部九州の経塚造営の中心地である大宰府地域では、筒身に三本の突帯を持つ四王寺《しおうじ》型の鋳銅製経筒が現れる。観世音寺の寺院工房での生産が推定される。筒身が二〜四個の円筒に分割される積上式経筒もこの地に分布の中心を持つが、四段積上式経筒は山口県松尾山経塚、岡山県岩屋経塚、奈良県金峯山経塚など東への広範な分布が見られる。また福岡県武蔵寺《ぶぞうじ》経塚群では積上式経筒とともに銅板製経筒が使用され、後に肥前地方へと分布を広げていく。求菩提山では細身の求菩提型経筒が康治年間(一一四二―四四)を中心に盛んに埋納される。近年、求菩提型経筒と考えられる鋳型が福岡県宮田遺跡で出土している。四王寺型経筒と類似するがやや細身で突帯の配置の異なる経筒が福岡県宗像郡や鞍手郡を中心に分布している。宗像宮神職の関与が推定され鎮国寺型経筒と呼ばれる。滑石製経筒は肥前地方を中心に分布するが、経筒か外容器かの判別が困難な場合が多い。陶製経筒には中国で生産された褐釉系陶製経筒や白磁経筒・青磁経筒があり、四王寺山経塚群を中心に分布する。四王寺山南麓で発見された褐釉系陶製経筒の底部には天永元年(一一一〇)の墨書銘がある。白磁経筒と青磁経筒は四王寺山周辺のみに見られる特殊な経筒だが、出土地の詳細な情報を欠く。四国地方では火炎宝珠を撮《つま》みとする銅板製経筒が分布する。近畿地方中央部には大形で筒身に突帯を持たない近畿型の鋳銅製経筒が分布する。北部丹波地方を中心に細身の銅板製経筒が分布し、同じ分布域で土師質の土製経筒も分布する。伊賀地方では筒身に丁寧なミガキを行う瓦質経筒の存在も知られる。古代以来の一大窯業生産地である中部地方では、陶製経筒に特徴を見ることができる。まず筒身に三筋文を有し一部灰釉のかかる陶製経筒が分布し、一部は近畿地方にも分布を広げる。渥美窯産の陶製経筒は筒身径が大きく外容器としての使用も見られるが、焼成前にヘラで銘文を刻む例が多い。三重県朝熊山《あさまやま》経塚群でまとまって発見されている。渥美窯では瓦経《がきょう》の生産も知られている。関東から東北にかけては底まで一鋳とする鋳銅製経筒や鋳鉄製経筒が分布する。これらは九州地方や近畿地方の鋳銅製経筒と比べると、比較的作りが粗雑で底部に湯口の痕跡を残す例が多い。納経の経塚では小型円筒形経筒が一般的だが、六角宝幢形経筒も見られる。いずれも銅板製で六角宝幢形経筒では蓋の先端から瓔珞《ようらく》を垂下する。銘文は定式化しており、経筒身上方に釈迦の種字を置き、その下に「奉納大乗妙典六十六部」と記す。右上に「十羅刹女」、右下に奉納者の生国と名前、左上に「三十番神」、左下に年月日を記す。一石経の経塚では経石を陶器の甕に入れる場合もあるが、一般的に経筒の使用は見られない。

参考文献　奈良国立博物館編『経塚遺宝』、一九七七。　（杉山　洋）

きょうてん　経典　さまざまな宗教で祖師などが根本的な教えを説いた書物をいうが、ここでは仏教の経典のみを述べる。狭義には、釈迦の教えを記した文章や書物、すなわち経をさす。広義には、仏教にかかわる典籍全般をさし、仏典とほぼ同義として用いられる。仏教典籍の中心となるのはもちろん釈迦の教説をまとめた経であるが、文の最初が「如是我聞」で始まることが一般的である。わが国で広く用いられてきたものでは、『華厳経』『涅槃経』『維摩経』『法華経』『阿弥陀経』『阿含経』などがあり、密教の経典としても『大日経』や『金剛頂経』などがある。さらに特筆されるべきものとして、六百巻と大部な『大般若経』があげられる。奈良時代から江戸時代にかけて『大般若経』を転読する法会が盛んに行われたため、その残存例は多い。長屋王の発願のもとで七一二年(和銅五)と七二八年(神亀五)に書写された『大般若経』は有名である。また最近滋賀県をはじめ各地で管内の『大般若経』の調査が実施され、中世以後の遺品が相ついで発見されつつある。わが国現存最古の経として知られるのは、六八六年(朱鳥元)の奥書を記す『金剛場陀羅尼経巻第一』(国宝、個人所蔵)である。経のほかに、仏教典籍の中で重要なものに律や論がある。律とは、釈迦によって制定された僧尼が守るべき規則に関するもので、奈良時代の写経にもすでによく見られる。たとえば、七四〇年(天平十二)の光明皇后御願経である『十誦律巻第三十八』(重要文化財、個人所蔵)、七六八年(神護景雲二)の称徳天皇勅願経である『十誦律巻第五十二』(重要文化財、滋賀石山寺所蔵)が著名である。また論とは経を註釈したものをさし、わが国に残る最古の論は七〇六年(慶雲三)に書写された『浄名玄論』(国宝、京都国立博物館所蔵)である。さらに経や論の註釈書としての章・疏も重要な位置を占めている。中国でこれらの漢訳された書物がまとめられて、隋時代以降には一切経あるいは大蔵経と称された。その際に歴代の王朝が編入すべき書物を決め、記録することがしばしばなされた。また唐時代の七三〇年に智昇が撰述した『開元釈教録』では、大蔵経に入れられるべき経典を五千四十八巻としている。これが後の宋版一切経などの基準となったことは特筆される。わが国では、七三五年(天平七)に唐から帰朝した僧玄昉が持ち帰った五千巻以上の経典は、当時の中国で決められた大蔵経であったと考えられる。以後も中世初期には宋版一切経が輸入され、近世には黄檗版一切経が印刷されるなど、経典の整備が進められた。一九三四年(昭和九)には『大正新脩大蔵経』百巻が編纂され、中国で撰述された書物やわが国で各宗派を開いた祖師などの撰述書も含め、以後の規範となっている。

参考文献　田上太秀編『仏教の経典』(『日本人の仏教』三、一九八三、東京書籍)。小林芳規他『経典』(『(岩波講座)日本文学と仏教』六、一九九四、岩波書店)。　（安達　直哉）

きょうと　京都　首都や帝都という意味の普通名詞としての「京都」が、地名を示す固有名詞として定着するのは院政期のことで、一〇八六年(応徳三)、白河上皇が白川(左京区)で院政を行うようになり、いわゆる平安京域をかの地と並べて「京・白川」と称するようになってからのことという。つまり、政治的に作られた都市平安京が人々の日々の営みのなかで独自の発展を遂げ始めた結果、それに対応する形で地名として「京都」が用いられるようになったものである。ちなみに「京」も「都」も微妙なニュアンスの違いはあるものの、ともに本来は天子の住む所を意味した文字であり、この点で首都・帝都を表現してこれほどふさわしい言葉はない。平安京は中央を南北に走る朱雀大路《すざくおおじ》を境として左京と右京の二つの地区から構成されたが、その湿潤な自然環境から右京の都市化は進まず、慶滋保胤《よししげのやすたね》『池亭記《ちていき》』(九八二年(天元五))によれば、十世紀後半には右京は荒れ果てていたという。このような左京に偏向した都市化は、一〇七七年(承暦元)の法勝寺《ほっしょうじ》の創建に始まる六勝寺《ろくしょうじ》の出現によって、さらに拍車がかかる。白河天皇が御願寺として法勝寺を鴨川の東、白河の地に建立して以降、同地には最勝寺《さいしょうじ》、尊勝寺《そんしょうじ》、円勝寺《えんしょうじ》、成勝寺《じょうしょうじ》、延勝寺《えんしょうじ》が相ついで創建されたからである。鴨川を挟んだ左京と白河の居住地区としての発展がここに始まる。一一六一年(応保元)四月になると後白河上皇が鴨東の法住寺殿《ほうじゅうじどの》を、また同じころそのすぐ北に平《たいらの》清盛《きよもり》が六波羅《ろくはら》邸を営むなど、鴨川以東の居住地区としての膨張はこの後も続く。また、この間、一〇八六年(応徳三)七月、「あたかも都遷りのごとし」といわれた白河上皇による鳥羽離宮の造営が行われており、京都の南部、鳥羽の地に多数の貴族の住居や寺院が立ち並ぶという事態が持ち上がっていたことを忘れてはなるまい。左京における都市化はやがて北と南の二つの地域に分かれて進展するようになり、平安時代末には「上辺《かみのわたり》」「下辺《しものわたり》」という表現が『今昔物語集《こんじゃくものがたりしゅう》』などにみえるようになる。一一七七年(治承元)四月と翌一一七八年四月の二度の大火(太郎焼亡《じょうもう》と次郎焼亡)や、一一八〇年六月の平家による福原(神戸市)への遷都にもかかわらず、この左京における南北に分かれての居住地区の発展は続き、鎌倉時代になる

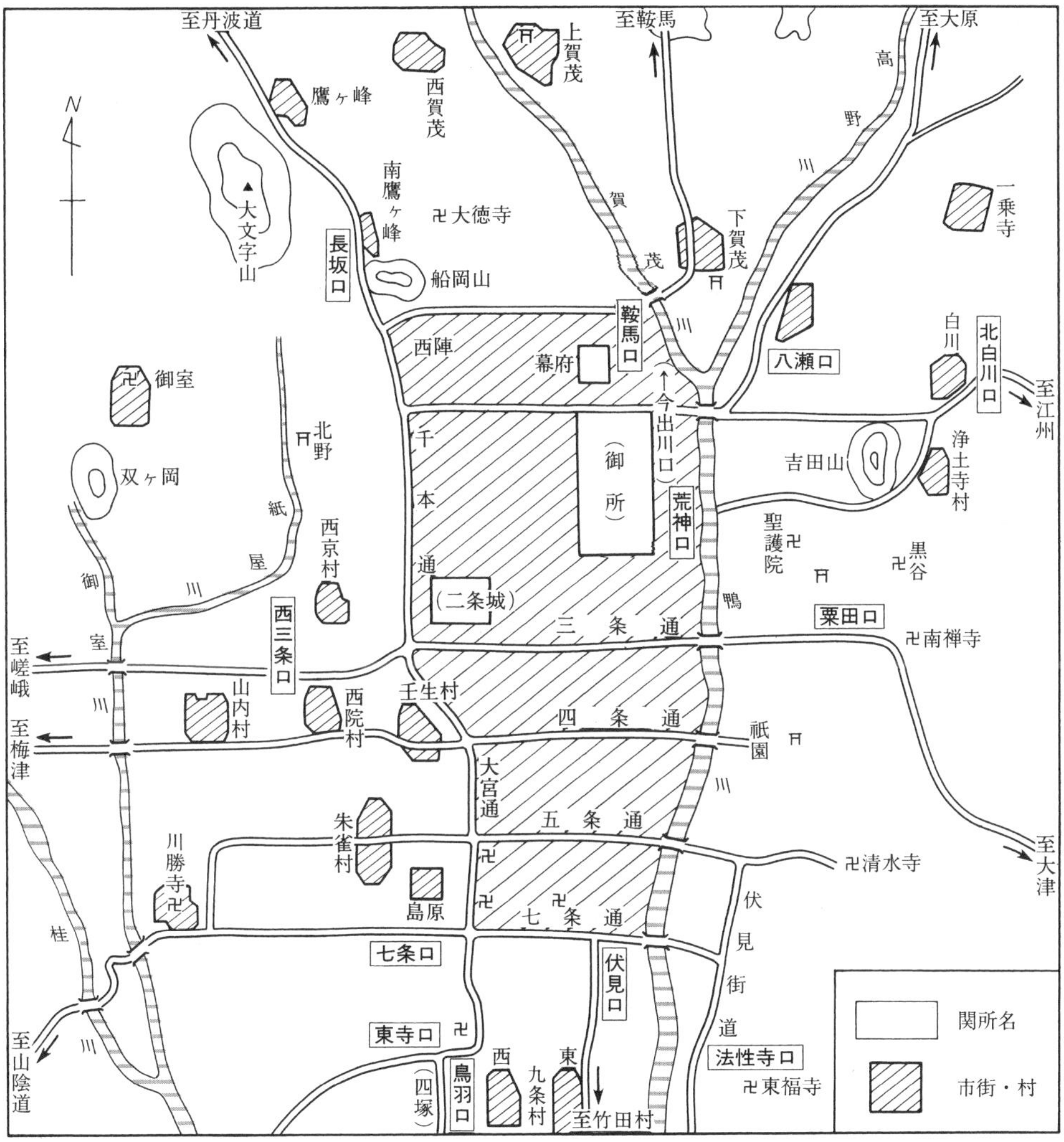

京都七口略図

とあわせて「上下町中」という表現も用いられるようになっている(『金剛仏子叡尊感身学正記』、一二七五年(建治元)成立)。一二二一年(承久三)六月の承久の乱後、鎌倉幕府はかつて平家一族が邸宅を構えていた六波羅の地に六波羅《ろくはら》探題《たんだい》を設置、鴨東は政庁の地として定着する。左京に偏向した都市のあり方は前代とかわらず、一二三八年(暦仁元)六月、鎌倉幕府が市中の夜間警備強化のために設置した篝屋《かがりや》四十八ヵ所は東大宮通以東をその範囲としており、それより以西が市外となっていたことがわかる。この時代になって京都周辺の景観を大きくかえることになったのは、一二〇五年(元久二)の建仁寺《けんにんじ》建立に始まる相つぐ禅寺の創建である。鎌倉時代には東福寺《とうふくじ》、万寿寺《まんじゅじ》、南禅寺《なんぜんじ》が、また南北朝時代に入ると天竜寺《てんりゅうじ》、相《しょう》国寺《こくじ》といった禅寺の伽藍が京域隣接地につぎつぎと姿を現し、その巨大な大陸風の建造物は新たな時代の到来を人々に強く印象付けている。さらに鎌倉時代末、一三三一年(元徳三)九月、土御門東洞院殿《つちみかどひがしのとういんどの》に践祚・即位した北朝の光厳天皇が入って同所が内裏として定着し、一三七八年(永和四)三月、足利義満《あしかがよしみつ》が今出川室町に室町殿《むろまちどの》(花の御所)を営むと、この二つの御所を核とした新たな「上京《かみぎょう》」の発展が始まる。貴紳の居住地区としての上京の定着である。一方、南の三条・四条には新町・室町辺りを中心に商家が集まり、商人の町としての「下京《しもぎょう》」が確立する。一四〇一年(応永八)五月には連合体を意味する「惣町《そうちょう》」なる言葉が史料の上に現れ、一四一九年には「町人」が町の保証人として登場してくるのは、そのような上京・下京で生活共同体としての町が次第に成長しつつあったことを示すものといえよう。室町時代になると、京都の出入り口を示す「京都七口」なる言葉が用いられるようになる。たとえば、一四四一年(嘉吉元)の土一揆は「七道口」の通路を止め(『管見記《かんけんき》』)、これに対して幕府は「七道口々」に制札を立てている(『建内記《けんないき》』)。一四六二年(寛正三)の土一揆でも「京都七口」が塞がれており、主な京都への出入り口がこのころから七ヵ所と理解されていたことがわかる。ちなみに一四四一年の時点での「七道口」としては、長坂口、七条口、鳥羽、法性寺、東寺口、今道下、八瀬などの名があがっているが(『建内記』)、「口」で呼ばれた通路はこの七カ所にとどまらない。粟田口、北白川口、大原口、木幡口、鞍馬口、荒神口などである。これは「口」が道の呼称としてではなく、通過地点に位置する集落名をもって称せられていたことによるのであろう。なお、のち一五九一年(天正十九)に豊臣秀吉《とよとみひでよし》が洛中を取り巻く御土居《おどい》を構築したとき、そこに洛中と洛外を結ぶ「十ノ口」が作られている。室町時代に入り都市として順調な発展を遂げていた京都は、応仁の乱によって、かつてない無秩序の時代を迎える。乱では劣勢にたった東軍が花の御所を中心として一条以北の一画に陣地を構築、西軍がこれを三方から包囲する形で推移するが、両陣営の間には深い堀と高い塁が築かれて、両地区は完全に遮断されている。特に東軍の「御構」と呼ばれた狭い陣地には公家をはじめ裕福な商売人たちが移り住み混乱を極めている。乱が終わり「御構」が解体されたのちも、一条以北の「上京」と二条以南の「下京」の間にはながく市街化されない地区が残され、その有様はのちの「洛中洛外図《らくちゅうらくがいず》」にも克明に描かれている。戦国時代この二つの居住地区はしばしば兵火をこうむっており、なかでも「下京」は一五三六年(天文五)七月の天文法華の乱で、また「上京」は一五七三年(元亀四)四月の織田信長《おだのぶなが》による焼き討ちでほとんど全域が焦土と化す。両地区に住宅が建ち並び景観としてようやく一つの京都を作るようになるのは江戸時代に入ってからのことで、その出発点となったのは豊臣秀吉の京都の都市改造計画である。一五八七年(天正十五)九月、かつて内裏のあった内野《うちの》に聚楽《じゅらく》第《てい》(一五九五年(文禄四)に破却)を築いた秀吉は、一五九〇年には碁盤目状に走る京都の街路に南北の道路を新設、短冊形の町並みをつくりだす。また、諸寺院を寺町・寺之内など特定の地区に集め、一五九一年には東は寺町東辺、西は紙屋川、北は鷹ヶ峯・上賀茂、南は九条を限る範囲を土塁で取り囲むいわゆる御土居を構築する。洛中と洛外を明確に分かったこの御土居の構築によって、京都は新たな都市としての領域を確定させることとなったのである。江戸時代、都市京都の核となったのは、一六〇二年(慶長七)、徳川家康《とくがわいえやす》が二条堀川に築いた二条城である。同城の大手となった二条通を東に直進すれば鴨川に突き当たり、そこから水路を利用すれば、伏見・大坂まではすぐであった。一六一四年高瀬川が二条を出発点として開削されたのもむろんこのためで、伏見・大坂を結ぶ京都の拠点として二条城がいかに大きな位置を占めていたかがうかがえる。その一方、江戸時代になると京都は急速に観光都市としての性格を色濃く持つようになっていく。一六六五年(寛文五)刊の『京雀《きょうすずめ》』に始まる観光案内書の相つぐ出版はそのもっとも象徴的な出来事である。東西本願寺《ほんがんじ》をはじめとする寺院の諸本山が京都に集中していたことも、地方から多くの人々を集める大きな要因の一つとなり、今日に至る観光都市京都としての発展がここに始まる。江戸時代、京都は一七〇八年(宝永五)、一七八八年(天明八)、一八六四年(元治元)の三度にわたり大火にみまわれている。最初の宝永の大火で京都の中心部はほとんど焼失するが、その復興に際しては公家町を作るために御所周辺の町屋が寺町通東側や鴨東二条などに強制移転となっている。三日にわたって市中を焼き尽くした天明の大火では罹災家屋約三万七千軒を数え、今も京都の中心部に古い建物が皆無に近いのはこの大火によるところが大きい。幕末の元治元年の大火はいわゆる蛤御門《はまぐりごもん》の変による戦闘によって引き起こされたもので、一名「どんどん焼け」とも呼ばれたこの火災でも三万余の家屋が焼失している。

参考文献 『京都の歴史』、一九六八–七六、学芸書林。『史料京都の歴史』、一九七九–九四、平凡社。 (下坂　守)

きょうとこうぐう　京都皇宮　⇨京都御所《きょうとごしょ》

きょうとこくりつはくぶつかん　京都国立博物館　京都市東山区に所在する博物館で日本および東洋の古美術品を中心に展示する。一八八八年(明治二十一)、宮内省の全国宝物取調局による古社寺の文化財調査の結果をうけ、翌一八八九年五月、官制によって帝国博物館(東京)、帝国京都博物館、帝国奈良博物館の設置が決定される。京都では敷地を七条大和大路御料地(旧恭明宮《きょうめいきゅう》跡)に決定し、一八九二年六月から宮内省内匠《たくみ》寮の技師片山東熊《かたやまとうくま》の設計による陳列館(本館)の建設が始まり、一八九五年十月に竣工、二年後の一八九七年五月に開館している。当初、展示には主として社寺から寄託された作品があてられたが、収蔵品は京都博物館からの寄贈品がその大きな部分を占めていた。京都博物館は一八七五年に京都府が社寺相伝の古器物保護を目的として建設を予定していたが、一八八二年には中断を決定。それまでの収集品を当館が引き継いだ。一九〇〇年六月、官制改正によって「京都帝室博物館」と名称を変え、さらに一九二四年(大正十三)二月には皇太子の成婚を記念して運営が京都市に移管されるに伴い「恩賜京都博物館」と再度その名を変えた。運営が再び国に移ったのは第二次大戦後の一九五二年(昭和二十七)四月のことで、「京都国立博物館」として文化財保護委員会(現在の文化庁)の付属機関となった。一九六五年三月、老朽化の著しい本館(旧館)に変わる常設展示場として森田慶一博士の設計による陳列館(新館)が竣工。本館はその後、大規模改修を加え特別展覧会会場として使用され、現在に至っている。一九六八年六月、文化庁の付属機関となり、翌一九六九年三月には本館、表門、同改札場および袖塀が「旧帝国京都博物館」として重要文化財の指定を受けた。二〇〇一年(平成十三)四月、独立行政法人国立博物館法の施行に伴い、東京国立博物館、奈良国立博物館とともに独立行政法人国立博物館となり、二〇〇七年四月、独立行政法人国立博物館は、独立行政法人文化財研究所と統合されて、独立行政法人国立文化財機構(仮称)となる予定である。

参考文献　京都国立博物館編『京都国立博物館百年史』、一九九七。 (下坂　守)

きょうとごしょ　京都御所　一八六九年(明治二)の東京遷都まで、天皇および公家たちの居所だったところで、京都市上京区に所在する。京都皇宮ともいう。天皇の居所としての内裏《だいり》は平安京では大内裏《だいだいり》の東北に営まれた。しかし、諸殿舎の衰退によって次第に天皇が貴族の私邸を里内裏《さとだいり》として利用するようになり、一二二七年(安貞元)

四月の再建途中の焼失(『百錬抄』)を最後として宮城内に内裏が再建されることはなかった。里内裏には十一世紀半ばから堀川院、一条院、枇杷殿《びわどの》、京極殿、東三条殿などが用いられたが、そのなかの一つ土御門東洞院殿《つちみかどひがしのとういんどの》に一三三一年(元弘元)九月、践祚・即位した北朝の光厳天皇が入ってのち同所が内裏として定着した。土御門内裏とも呼ばれたこの内裏の敷地はもともとは土御門大路北、東洞院大路東の一町四方の北半分で、また建物も紫宸殿《ししんでん》と清涼殿《せいりょうでん》を一つで兼用するという小規模なものであった。それが土御門大路に面するまでに敷地を広げるのは一四〇一年(応永八)の火災後の再建時のことである。一四四三年(嘉吉三)九月、南朝の遺臣の侵入・放火によって紫宸殿・清涼殿などが焼失(『看聞御記』)。応仁の乱では、一四六七年(応仁元)八月に後土御門天皇が幕府(東軍)の花御所《はなのごしょ》に移ってのちは無人となり、乱が終了する一四七七年(文明九)十一月までその状態は続いている。一四七九年十月に再建された御所はきわめて小規模なもので、建物は清涼殿のほか二、三の附属施設だけで築地・門などは一切造られていない(『大乗院寺社雑事記』)。こののち本格的な修理は長く行われず、一五七〇年(元亀元)になってようやく織田信長がこれを実施(『信長公記』)。その後、豊臣秀吉も一五八九年(天正十七)から一五九一年にかけて大規模な改築工事を実施するが、これは同じころ進められていた京都の都市改造事業の一環としての行われたもので、公家邸が周辺に集住するようになるのはこの時に始まる。江戸時代には、慶長・寛永・承応・寛文・延宝・宝永・寛政・安政と、八度にわたり内裏の修復・造営が行われたが、このうち最初の慶長・寛永の二回を除き、ほかはすべて火災による焼失をうけての再建であった。一八六九年(明治二)の東京遷都により公家の多くが東京へ移転するに伴い、敷地内の公家町は荒廃するにまかせる。このため京都府は一八七七年から一八八三年にかけて東は寺町通、西は烏丸《からすま》通、南は内椹木町《うちさわらぎちょう》通見通し(のち丸太町通まで拡張)、北は今出川通によって囲まれた地区の保全を目的とした「大内保存事業」を実施、周囲に石垣が設置され、空閑地に芝生や樹木が植えられた。一九一五年(大正四)の大正天皇の即位大礼にあたり大規模な改修が行われ、一九四九年(昭和二十四)、国民公園となるに及び現在見るような姿に整備された。

参考文献 『京都の歴史』三―八、一九六八―七五、学芸書林。藤岡通夫『京都御所』、一九六七、中央公論美術出版。

(下坂　守)

きょうとななくち　京都七口　⇩京都《きょうと》

きょうばこ　経箱　経典を入れる箱。寺院で経典を保管する目的で使用され、木製や金属製の細長い形状の蓋物となる場合が多い。寺社に保管される例とともに、平安時代末の経塚から出土する例も多い。比叡山横川経塚から出土した経箱は、表面を毛彫宝相華唐草文で飾り、蓋表に妙法蓮華経の五文字を刻む。上東門院が円仁や源信の如法経書写に結縁して一〇三一年(長元四)に奉納した法華経の経箱と推定されている。金峯山経塚からは完形の経箱五例の出土が知られる。なかでも金銀花鳥唐草毛彫経箱は一〇九二年(寛治六)白河上皇が奉納したと推定され、銅製鍍金銀の地に魚々子を打ち、花鳥文と宝相華文で飾る。

参考文献 三宅敏之『経塚論攷』、一九八三、雄山閣出版。

(杉山　洋)

きょうびつ　経櫃　寺院で経典を保管する目的で使用され、経箱より大形で複数巻の経典を納める構造となる。脚のない和櫃と四脚ないし六脚のある唐櫃の二種がある。著名な類例としては宋版一切経を納めた岩手県中尊寺唐櫃や、広島県厳島神社の平家納経の唐櫃がある。平家納経は長寛二年(一一六四)平清盛筆の奥書を有し、金銀荘雲龍文銅製経箱に入り、現在は一六〇二年(慶長七)福島正則奉納の蔦蒔絵唐櫃に納められている。これら木製の経櫃とは作りを異にするが、平安時代の経塚からは経巻を納めた大形の経櫃が出土することがある。粗雑な作りの滑石製が多く、福岡県佐谷《さたに》経塚や佐賀県千々賀《ちぢか》経塚などがある。いずれも十二世紀前半に位置づけられる。

(杉山　洋)

きょうま　京間　柱間尺度の一つ。大半が畳割制の設計であり、柱間の心々《しんしん》距離を曲尺の六尺五寸にとり、これを一間とするもの。基準となる畳寸法(長手)は六尺三寸になり、この畳を京畳あるいは京間畳と呼び西日本で主に用いられた。成立は書院造の形式整備の過程で、畳が床に敷き詰められるようになり、柱間が六尺五寸にまで収束したことによると考えられている。したがってもともとは柱割制による設計であり、慈照寺東求堂(一四八五年)や銀閣(一四八九年)で認められる。『匠明』から京間の語がみえ始めるので、慶長年間(一五九六―一六一五)にはこの呼称が成立していたと見られる。また、六尺三寸は太閤検地の一間でもあり、六尺五寸を検地尺とした地方もあった。このように中世末期から近世初期では建築尺と検地尺の間に密接な関係をうかがわせ、徳川検地尺(六尺)も加わり地域色を示した。尾張などは六尺の畳を基準(畳割)とした中京間《なかきょうま》が用いられていた。↓田舎間《いなかま》

参考文献 内藤昌『江戸と江戸城』(『SD選書』四、一九六六、鹿島研究所出版会)。

(黒坂　貴裕)

きょうやき　京焼　広義には京都で焼かれるやきものの総称ともされるが、主には近世以来の京都市街周辺で生産された陶磁器を指している。京都で本格的な陶器生産が開始されたのは、十六世紀末期から十七世紀初期ころと推定され、一六〇五年(慶長十)には「京ヤキ」肩衝茶入の記述が登場している(『神屋宗湛日記』)。また、鹿苑寺住持鳳林承章が綴った日記である『隔蓂記』(一六三五―一六八年)には、東山山麓の粟田口焼をはじめ清閑寺焼・八坂焼・清水焼・音羽焼・修学院焼・御菩薩《みぞろ》焼などの記載がある。これらのいわゆる初期京焼は登窯による高火度焼成の茶入・茶碗など茶器の製作を主とし、唐物・高麗

物・瀬戸物などの写しを作風の柱としていた。また初期京焼にはこれら登窯の製品以外にも、中国華南から技術が伝播したいわゆる交趾《コーチ》焼の影響を受けた、小規模な内窯による低火度鉛釉陶である押小路焼などが存在した。さらに十七世紀中期には、仁和寺の門前に野々村仁清の活躍した御室窯が開窯した。仁清は京焼においてはじめて本格的な色絵装飾の技術を確立し、当時の京都で人気を博した絵師を雇用しながら、流行の先端をいく絵画をうつわの上に表現させた。この仁清の色絵装飾は、江戸時代中期以降はいわゆる古清水とよばれる様式に継承され、京都の工芸の粋を尽くしたような調度的な要素が備わっている。また江戸時代中期には、京都の呉服商雁金屋の三男に生まれた尾形乾山が仁清から陶技を学び、京都鳴滝泉谷に窯をおこした。乾山陶の特徴として、やきもののデザインに絵画および書の世界を取り入れ、詩・画・陶の三つが一体化した造形を展開したのであった。そして江戸時代中期以降の京都では煎茶の流行があり、奥田潁川《えいせん》が京都で初の本格的な磁器焼成に成功している。また潁川を慕って青木木米や仁阿弥道八らが集まり門人となり、江戸時代後期の京焼の全盛時代を築いていた。彼らの代表作には中国明代様式による各種の精巧な煎茶器や懐石器が多いが、色絵の作風としては中国風意匠とともに仁清風や乾山風などの和様の意匠の伝統をも継承している。 ↓清水焼《きよみずやき》

(荒川　正明)

ぎょうよう　杏葉　胸繋《むながい》・尻繋《しりがい》から垂下する板状の飾り馬具の一種。本体・吊金具から構成され、本体は鉄製地板の上に金銅製飾板を挟んで金銅製や金銅装の枠金を重ね、三者を金銅製または金銅・銀装鋲で鋲留する。新しくなると飾板を省略して、地板・枠金を一体で鉄地金銅張とした。五世紀に朝鮮半島で扁円魚尾形、日本列島で剣菱形の杏葉が現れ、金銅装f字形鏡板などとセットをなすが、同時期に形骸化した鉄板一枚の模倣品も製作された。六世紀には、列島では金銅装のf字形鏡板・剣菱形杏葉のセットが製作され、以後f字形・楕円形・鐘形・心葉形などの鏡板が順次大型化しながら同形の杏葉とセットで発達した。ほかに、金銅装では棘葉形・剣菱形を付加したf字形の鏡板・杏葉、鋳造製品では剣菱形杏葉から発達した鈴杏葉など、さまざまな杏葉が製作された。七世紀になると、多様な透彫と蹴彫文様を施した金銅板一枚の金銅製杏葉が現れた。同中ごろには古墳副葬品の急減とともに姿を消したが、平安時代以降の唐鞍にも多数取り付けられた。

参考文献　小野山節「鐘形装飾付馬具とその分布」(『MUSEUM』三三九、一九七九)。斎藤弘「鈴杏葉の分類と編年」(『日本古代文化研究』一、一九八四)。宮代栄一「五・六世紀における馬具の「セット」について―f字形鏡板付轡・鉄製楕円形鏡板付轡・剣菱形杏葉を中心に―」(『九州考古学』六八、一九九三)。李尚律「三国時代杏葉小考―嶺南地方出土品を中心に―」(『嶺南考古学』一三、一九九三)。桃崎祐輔「棘葉形杏葉・鏡板の変遷とその意義」(『筑波大学先史学・考古学研究』一二、二〇〇二)。

(古谷　毅)

ぎょぐ　漁具　漁労の用具。漁獲の対象・環境・素材・時代等により種類・形状は多様である。考古資料に見られる主なものには、網漁に用いる土錘・石錘・浮子・網《あ》針《ばり》、刺突漁に用いる銛・ヤス、釣り漁に用いる釣り針・タモ網、誘導漁に用いるヤナ・ウケ・エリ・蛸壺、突きおこし漁に用いるアワビオコシなどがある。このほか、考古資料では見分けがつかないものとして、弓矢による刺突漁、鎌によるワカメ刈り漁などが推定される。資料が多く研究が進んでいるのは、土錘・石錘・釣り針・銛・ヤスである。このうち釣り針・銛・ヤスはいずれも縄文時代の早い段階で出現し、骨角製が中心で一部に木製ないし石製のものも混じるが、弥生時代に鉄製、ごく一部に青銅製のものが現れ、古墳時代以降は鉄製品が一般化する。釣り針は釣り漁に使う針状の漁具。鉤状に曲がる

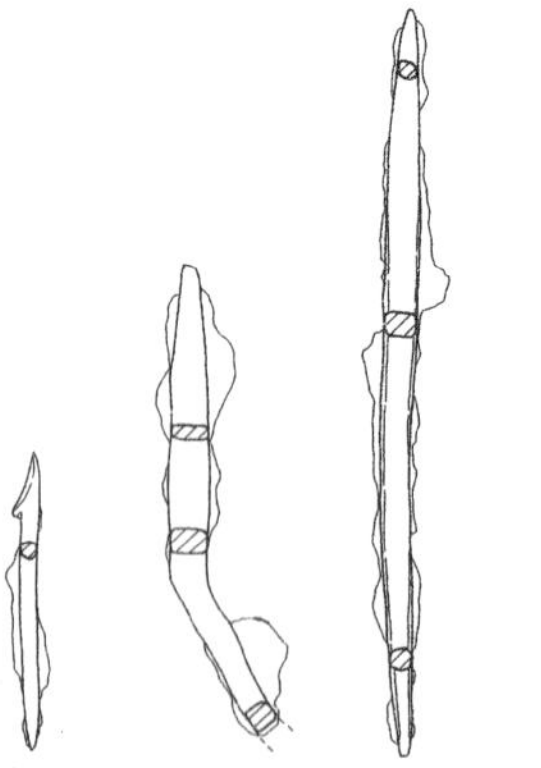

銛　福岡市海の中道遺跡出土(古代)

釣り針(碇形)　広島県福山市草戸千軒町遺跡出土(中世)

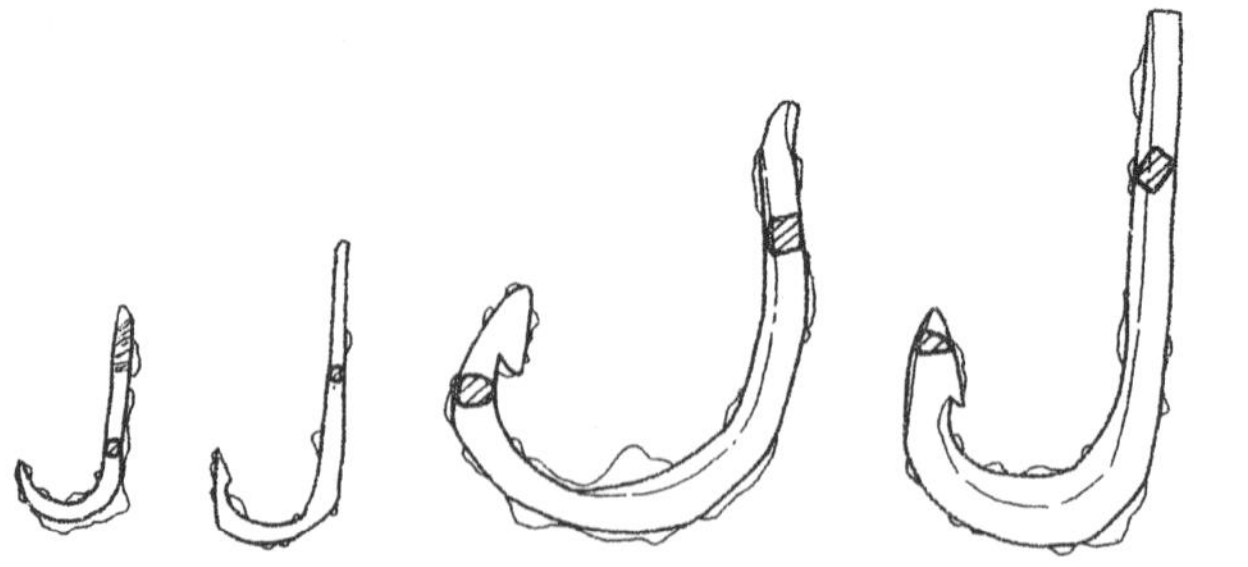

釣り針　福岡市海の中道遺跡出土(古代)

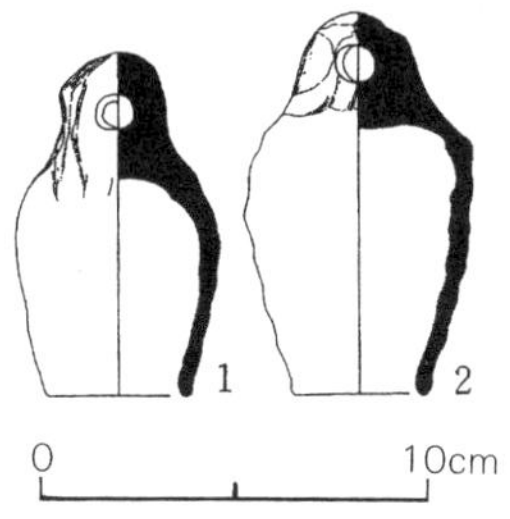

たこつぼ　大阪府堺市陶邑古窯跡群出土(古代)

形状がほとんどであるが、まれに碇形のものがある。おもに逆刺《あぐ》の有無・位置で分類され、全体の大きさ・長幅比・湾曲部・軸部のねじれなどによりさらに細分される。銛は刺突漁に用いる刺突具の総称。本来、長い柄の先端に銛頭を付けた刺突具全体を指す名称であるが、柄は木製のため残存がきわめてまれであり、一般的に考古資料としては先端の銛頭のみを指す。狭義には手に持ったまま使用するヤスと、獲物に向かって投げつける銛とに分類されるが、考古資料でこうした使用方法まで見分けることは困難である。銛はさらに魚に命中したときに柄と銛頭が離れる離頭銛と柄が離れない固定銛がある。

参考文献　金田禎之『日本漁具・漁法図説』、一九七七、成山堂。堺市博物館編『漁具の考古学―さかなをとる―』、一九六七。福岡市教育委員会『海の中道遺跡―福岡市東区海の中道(塩屋)―』(『福岡市埋蔵文化財調査報告書』八七、一九八二)。大阪府立泉北考古資料館編『大阪府文化財調査報告書』三三、一九八〇。広島県草戸千軒遺跡調査研究所編『草戸千軒町遺跡発掘調査報告』I、一九九三。

(清野　孝之)

きょくすいのえん　曲水宴　三月上巳ないし三月三日(節日)に行われた遊宴。緩やかに曲流する遣水《やりみず》に浮べた酒盃が自分の前を通り過ぎるまでに詩歌を詠み、できない場合には罰酒を飲んだ。「ごくすいのえん」とも、流觴《りゅうしょう》曲水ともいう。『荆楚歳時記』に「三月三日、士民みな江渚池沼の間に出でて、杯を流す曲水の飲を為す」(原漢文)とみえ、古代中国で行われた水辺における禊祓《けいよつ》習俗を遊宴化して受容した行事。史料上の初見は『日本書紀』顕宗天皇元年条であるが、確実なものは『続日本紀』神亀五年(七二八)三月己亥条で、鳥池塘《とりのいけのつつみ》に出御した聖武天皇は五位以上の官人に賜宴し、文人を召して「曲水之詩」を賦せしめている。ただし、推定飛鳥浄御原宮跡・石神遺跡などから園池遺構が検出されており、曲水宴は天武・持統朝までさかのぼる。八世紀の代表的庭園遺跡には平城宮東院などがある。八〇八年(大同三)二月桓武天皇の忌月にあたるため節会としては停廃され、嵯峨天皇が弘仁年間(八一〇―二四)に宴のみ行うこととし、摂関時代には貴族の私邸でも盛んに催された。

参考文献　山中裕『平安朝の年中行事』、一九七二、塙書房。荒木伸介「史跡の整備と活用―毛越寺庭園遣水と曲水宴」(『日本歴史』四七七、一九八八)。奈良県立橿原考古学研究所編『発掘された古代の苑池』、一九九〇、学生社。吉田恵二「日本古代庭園遺跡と曲水宴」(『国学院雑誌』一〇〇ノ一一、一九九九)。

(齋藤　融)

ぎょくせんじ　玉泉寺　わが国最初の領事館開設の地。国史跡。静岡県下田市柿崎所在の曹洞宗寺院。下田市街地の東方約二キロに位置。一八五四年(安政元)の日米和親条約により下田は箱館とともに開港され、同年の下田条約で、了仙寺とともにアメリカ人の休息所となり、玉泉寺境内にアメリカ人用の埋葬所を設けることとなった。同年、ディアナ号によって入港したプチャーチンとの交渉三回めはここで行われた。一八五六年七月、初代アメリカ総領事としてタウンゼント＝ハリスが来日、玉泉寺が領事館となった。ハリスは下田奉行と交渉し、一八五七年下田協約を締結、同年江戸へ参府し、通商条約の締結交渉を行なった。日米修好通商条約締結後、下田は閉港、領事館も移転された。本堂は間口七間、奥行六間の寄棟造で、内部にハリスらの居室が残されている。本堂に向かって左手にアメリカ人の墓五基、ハリス記念館の裏手中腹にロシア人の墓四基がある。→了仙寺《りょうせんじ》

参考文献　『静岡県史』通史編四、一九九七。

(佐藤　正知)

ぎょくほういんていえん　玉鳳院庭園　⇩妙心寺《みょうしんじ》

きょしもん　鋸歯文　鋸《のこぎり》の歯のように三角形が並んだ文様のこと。線で表現する線鋸歯文、同一方向の三角形を一段高く表現する突鋸歯文、一辺が高く他辺が低い斜面からなる三角形を内外に文互に連ねた面違《めんたが》い鋸歯文、鋸歯文の中を斜辺平行線で埋めた複合鋸歯文がある。弥生土器・銅鐸には複合鋸歯文がみられ、歴史時代では古代の軒瓦の文様に鋸歯文が多用される。軒丸瓦の文様では、まず七世紀後半に川原寺の軒丸瓦に面違い鋸歯文があらわれ、この文様は全国的に波及する。面違い鋸歯文の軒丸瓦の下限は長屋王《ながやおう》邸の所用瓦である。線鋸歯文軒丸瓦は法隆寺西院創建軒丸瓦や藤原宮所用軒丸瓦に採用され、奈良時代中ごろまで軒丸瓦文様に採用されるが、八世紀末には姿を消す。突鋸歯文軒丸瓦は藤原宮で採用され、平城宮ではごく一部しか採用されない。複合鋸歯文軒丸瓦は紀伊上野《うえの》廃寺の七世紀末の例が古い。平安時代以降、軒瓦に鋸歯文は採用されない。

参考文献　藤沢一夫「摂河泉出土古瓦様式分類の一試企」(東京考古学会編『仏教考古学論叢』所収、一九四一、桑名文星堂)。

(山崎　信二)

きよすじょう　清洲城　尾張守護所が設置された東海地方屈指の城郭。平城。清須城とも表記される。本丸は愛知県清須市に所在し、城下町の一部が西春日井郡春日町にまたがる。一四〇五年(応永十二)ごろ尾張守護職の斯波義重が守護所下津《おりづ》城の別郭として築いたのをはじまりとし、一四七六年(文明八)に下津が戦乱で焼亡して守護所が移転したのを契機に栄えた。一五五五年(弘治元)に織田信長が入城し尾張統一の足固めとした。本能寺の変後の一五八二年(天正十)に清洲会議が行われ、織田信長二男の信雄が尾張と伊勢を支配することとなり、信雄は

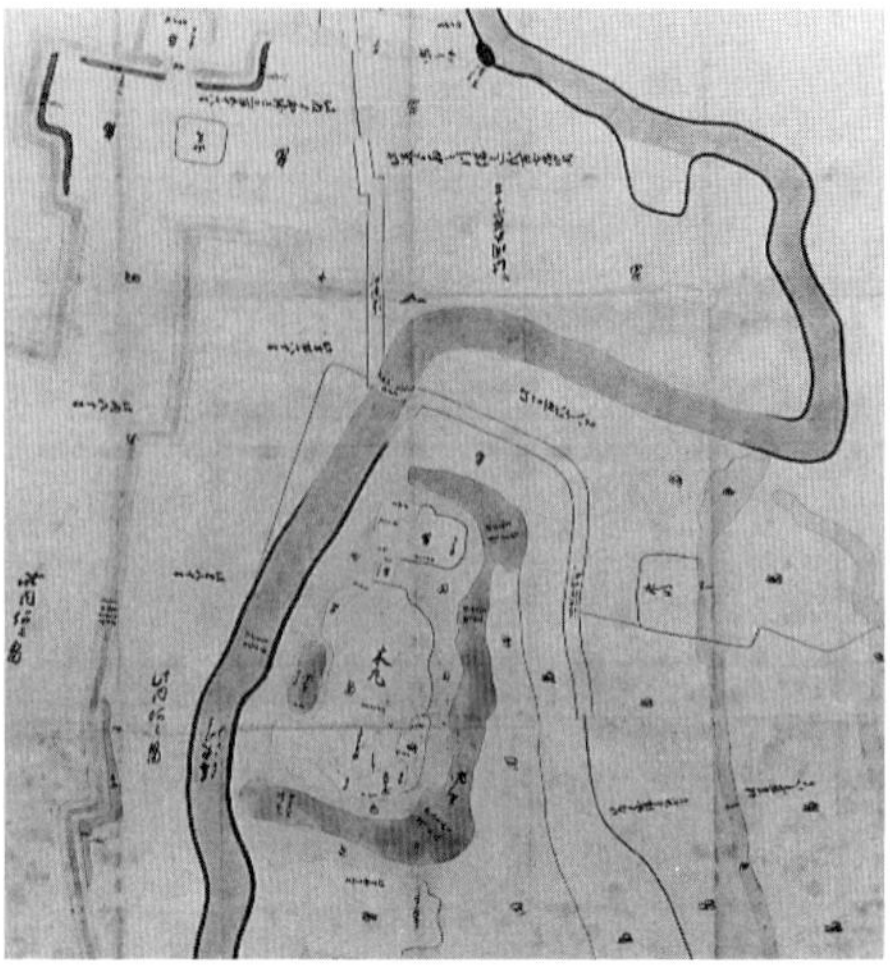

清須村古城絵図（部分）

天正地震後の一五八六年に清洲城に入城し城郭の大改修を行なったとされる。これにより本丸には天守などの石垣を伴う瓦葺建物が建てられたと想定され、城と城下町は三重の総構えの堀で囲まれたと考えられる。信雄以降、豊臣秀次・福島正則・松平忠吉・徳川義直らの有力大名を迎え、城下には約六万人が住んだと伝えられ「関東の巨鎮」と呼ばれる全国随一の都市となった。徳川家康の九男義直は一六一〇年（慶長十五）に名古屋城を築城、城と城下町を丸ごと移転し（清洲越し）清洲城は廃城となった。最盛期の城下町の範囲は東西約一五〇〇メートル、南北約二七〇〇メートルに及ぶ。沖積低地の自然堤防上に立地し中央に五条川が南流する。発掘調査は一九八二年（昭和五十七）から本丸や武家屋敷・町屋推定地などの多数の調査地点で実施され多くの成果が得られた。遺跡の時期区分は諸説があるが一般的には信雄の大改修を境に前後二期に大別される。前期清洲城下町は、主郭の評価で意見が分かれるが、五条川東岸に居館、堀を巡らす方形武家屋敷、神社門前などで開かれた市場などで構成され、二元的な構造を呈すると考えられる。後期清洲城下町は五条川西岸に本丸を持ち、同心円状に武家屋敷、定型化した短冊型地割を呈する町屋や寺社などが展開する求心的な構造と考えられている。

参考文献 『清洲町史』一九六九。第五回東海埋蔵文化財研究会編『清須―織豊期の城と都市―』資料編・研究報告編、一九八八・八九。清洲町教育委員会編『清洲城下町遺跡』I―IV、一九八七―二〇〇三。愛知県埋蔵文化財センター編『清洲城下町遺跡』I―VIII、一九九〇―二〇〇二。

（鈴木　正貴）

きよたきでらきょうごくけぼしょ　清滝寺京極家墓所

滋賀県米原市山東町清滝にある鎌倉時代に始まる守護大名京極家歴代の墓所。国史跡。氏祖京極氏信が清滝寺を創建し、墓をこの寺に作ってから幕末までの歴代当主の墓石が並んでいる。大津城主となった高次は清滝村徳源院に種々の保護を加え、一五九九年（慶長四）、当寺山林の安堵を石田正継に託した。一六七二年（寛文十二）、丸亀藩主京極高豊は清滝の地が祖先墳墓の地であることから、ほかの領地との交換を願い出て許され、寺観の整備につとめ、現在の京極家墓所を形成した。墓所には三十七基の墓塔が上下二段に整然と並べられ、下段に三基の五輪塔があるほかはすべて宝篋印塔である。下段には三基の五輪塔を含め十九基の塔があるが、南北朝と推定される一基を除き、すべて江戸時代のものである。上段にある十八基はすべて中世の宝篋印塔で、このうち紀年銘のあるものは十二基あり、残り六基は無紀年銘塔であるが、寺に伝わる伝承をもとに歴代当主順に並べられている。しかし、この六基の無紀年銘塔の年代比定には型式学的検討から異論がある。

参考文献 『山東町史』、一九九一。黒田惟信「京極家墳墓考」（『滋賀県史蹟調査報告』五所収、一九三三）。

（林　博通）

きよのけんじ　清野謙次　一八八五―一九五五　人類学者。一八八五年（明治十八）八月十四日岡山に生まれる。一九〇九年京都帝国大学医科大学卒。一九一二年にドイツのフライブルグ大学に留学し一九一四年帰国。一九二一年には京都帝国大学教授となって微生物学講座を担当、一九二四年（大正十三）からは病理学講座兼担、一九二八年（昭和三）からは病理学教室専任となって一九三八年の辞職にいたっている。幼少のころから考古趣味があり、一九一八年ころから古人骨の蒐集と研究に力を注ぎ、単純な石器時代人アイヌ説を批判して、石器時代人も日本人の形成に関与しているという立場から、人骨の計測結果を統計学的に処理し、大陸から渡来した人々との混血を重視する説（混血説）を唱えた。清野説は長谷部《はせべ》言人《ことんど》の変形説と並ぶ二十世紀前半の日本人起源論の双璧とされる。一九五五年（昭和三十）十二月二十七日没。七十歳。主要著書には『日本原人の研究』（一九二五）『日本石器時代人研究』（一九二八）『日本民族生成論』（一九四六）『古代人骨の研究に基づく日本人種論』（一九四九）などがある。

参考文献 「学歴及び業績略記」（清野謙次先生記念論文集刊行会編『清野謙次先生記念論文集』三所収、一九五六）。寺田和夫『日本の人類学』、一九七五、思索社。工藤雅樹『東北考古学・古代史学史』、一九九八、吉川弘文館。

（工藤　雅樹）

きよみずでら　浄水寺　十―十五世紀の山林寺院。石川県小松市八幡《やわた》地内に所在。白山《はくさん》の前山に続く標高約六〇メートルの里山（通称キヨミズ山）にある。国道八号線小松バイパス建設工事に伴い、一九八四年（昭和五十九）に発掘。キヨミズデラと呼ぶ寺院の伝承が地元に伝わり、発掘調査で「浄水寺」と墨書された土器が出土。谷間に面する緩斜面に四段の平坦面を造成し、多数の建物群が造営されている。最上段で仏殿跡と思われる五×四間の礎石建物が検出され、「仁坊」「前院」の施設名などを記した墨書土器多数や、晩唐の長沙銅官窯水注や越州窯皿などの中国磁器が出土している。十世紀に加賀郡から江沼郡に移転した加賀国府が、寺院の造立に関わった可能性がある。金沢市から小松市の里山で多数発見されている十世紀前後の山林寺院跡の中では最大規模で、中世の白山五院など白山信仰との関係も考えられる。

参考文献 石川県立埋蔵文化財センター編『浄水寺墨書資料集』(『浄水寺跡発掘調査報告書』第一分冊、一九六九)。

(小嶋 芳孝)

きよみずでら 清水寺 京都市東山区の清水坂を登った音羽山山麓にある寺院。現在は北法相宗の総本山。山号は音羽山で、西国三十三所の第十六番札所。世界文化遺産「古都京都の文化財」を構成する十七社寺城のひとつ。創建は不詳であるが、寺伝では平安時代初頭に坂上田村麻呂が大和の僧、延鎮を開山として建立、のちに勅願寺や鎮護国家の道場となり、周辺の山地を賜って寺観を整えたという。以降、朝廷や幕府などの保護を受けて寺勢を保った。東山の名勝地にあり、観音霊場として平安時代から貴族、庶民の篤い信仰を集め、『枕草子』や『源氏物語』など多くの文学作品にも登場した。観音霊験譚も数多く、「清水詣」の語も生まれた。境内の音羽の滝は、霊水、名水として有名で、清水の名の由来となったという。しかし、法相宗寺院として南都興福寺に属したため、平安時代以来たびたび延暦寺や付近の寺院との紛争による被害や応仁の乱による火災などを蒙り、再建を繰り返した。「清水の舞台」として有名な本堂は、徳川家光の援助による一六三三年(寛永十)の再建であるが、平安時代以来の様式をとどめる。桁行九間梁行七間、周りに裳階《もこし》や翼廊をつけ、内部は密教本堂の平面を持つ大規模な舞台造(懸造)で、国宝に指定されている。その他、仁王門、馬駐(室町時代後期)、鐘楼(桃山時代)と寛永年間(一六二四―四四)の造営による三重塔、釈迦堂、阿弥陀堂、経堂、田村堂など計一五棟の建造物と本尊木造十一面観音立像、木造大日如来坐像(ともに平安時代)、嘉禎二年(一二三六)銘の鉄鰐口、文明十年(一四七八)銘の梵鐘、江戸時代初期の御朱印貿易の史料である渡海船額四面などは重要文化財に、もとは本坊であった成就院には、東山を借景とした名園があって名勝に指定、参道につながる産寧坂付近の町並みは重要伝統的建造物群保存地区に選定されている。なお成就院からは幕末の勤王僧月照と弟信海が出た。また、桜、紅葉の名所としても知られており、境内には本殿等三棟が重要文化財に指定されている地主神社も鎮座。

(磯野 浩光)

きよみずやき 清水焼 京都市東山区清水で焼かれている京焼。清水焼は江戸時代後期には五条坂を含めた広域の名称で、近代には五条・清水地域のやきものの総称となった。現在では京焼全体を指す場合もある。記録上の初見は一六四三年(寛永二十)の「清水焼之水建」(『隔蓂記』)である。十七世紀後半から十八世紀初頭の消費地遺跡からは「清水」「きよ水」の小判印をもつ染付や銹《さび》絵の碗片が出土している。一六七八年(延宝六)には「茶碗屋清兵衛」とよばれる陶工清兵衛が清水三町目の産寧坂にあり、茶碗・釜・建水・香箱・花入などの茶器や猪口や皿なども焼いていたという(『茶湯評林』)。江戸時代後期に清水焼や五条坂焼の窯で磁器が量産され始めると、それ以前の京焼陶器を総称するものとして古清水の呼称が出現した。古清水は、黄白色の地に濃い緑彩・藍彩に金彩を加えてた彩色で、松竹梅などの吉祥文や有職文を華麗に上絵付している。器種には花入・香炉・段重・食籠などの調度的なものが多く、元禄時代以降に台頭する富裕町人らの需要に応えたと判断される。

↓京焼《きょうやき》

(荒川 正明)

きり 錐 建築部材などに釘打ち用の穴をあける道具。古代・中世の文献では、「鑽」(『正倉院文書』)、「鍒・モチ」「錐・キリ」(『和名類聚抄』)などの記述があり、近世の文献では総称が「錐・キリ」に統一される。十八世紀中ごろには「方錐・ヨハウキリ」「鑽・ミツメキリ」「壺錐・ツボキリ」「鍒・モヂ」(以上『和漢船用集』)などが、用途に応じて使われていた。古墳時代以降の実物資料を見ると、鉄製の穂部分と木製の柄との装着法は茎《なかご》式を基本とし、その使用法は揉み使い(往復回転)であったと考えられる。道具使いのむずかしさの順序を「一錐《いちきり》二《に》鉋三釿《かんなさんちょうな》」と表現したことばがある。これは錐の使用にあたって、定めた方向に正確な穴をあけるむずかしさと、揉み使いの肉体的苦痛とを表わしたものである。近代以降、西洋から深くて大きな穴をあけるボールト錐(オーガー)などが伝来した。この使用法は単方向回転で、伝統的な揉み使いの錐と併用された。

参考文献 渡邉晶「近世の建築用の錐について」(『竹中大工道具館研究紀要』二、一九九〇)。

(渡邉 晶)

きりえず 切絵図 全体を示した図に対して、部分を区切って示した図のことをいう。耕地の位置・形状、秣《まぐさ》場や用水施設の位置・境界などを示すために、村絵図の一形態として作成・使用されたもののほか、一般には江戸の市街を、地域ごとに表した手の平サイズの地図の携帯版である「江戸切絵図」を指すことが多い。各切絵図は方位・縮尺が必ずしも同一ではなく、実際には離れている場所や施設を近接して描くなど、現代の一般的な部分図とは異なる表現方法をとることも多い。江戸のような大都市では、全体を一枚の絵図に詳細に示そうとすると、図幅が大きくなりすぎて取扱いに不便であるために、分割して携帯に便利なようにして刊行され、「江戸切絵図」と称された。「江戸切絵図」の大きさは折りたたむと一六センチ×九センチ程度のものが多く、その各図には町や通りの名称、大名屋敷や著名な料理屋、寺社や武士の屋敷などが記載されている。単なる区分地図の枠にとどまらず、当時の江戸観光のポケット版ガイドマップともいえることから、参勤交代などで地方からやってきた各藩の藩士や旅行者から江戸土産として大変人気があった。吉文字屋次郎兵衛が「東都番町絵図」を一七五五年(宝暦五)に刊行したのが江戸切絵図の最初であるが、吉文字屋は一七七五年(安永四)までの間に八枚の切絵図を出版しただけにとどまった。江戸時代後期を代表する江戸切絵図は、近江屋五平が出版した近吾堂板(当初三十一図、のち三十八図)と、金鱗堂尾張屋清七が出した尾張屋板(三十一図)がよく知られている。

参考文献 市古夏生・鈴木健一編『江戸切絵図集』(『ちくま学芸文庫』、一九九七、筑摩書房)。 (出田 和久)

きりこみはぎ 切込矧ぎ ⇩石垣《いしがき》

キリシタンいぶつ キリシタン遺物 キリスト教布教および信仰維持のために用いられて近・現代まで伝存されてきた教理書、宗教画や工芸品、信心道具、墓碑などを指す。教理書には長崎奉行所が寛政年間(一七八九—一八〇一)に没収した『耶蘇《やそ》教叢書』(原本不明、転写本は東大附属図書館蔵)、水戸藩が寛永年間(一六二四—四四)に藩領下野国那須郡で没収した教理書、大阪高槻所在の東藤次郎家から発見された祈禱書などがある。島原の乱の際に没収されたラテン語の祈禱文を平仮名に音写した祈禱書『サンタ゠マリアの小聖務日課』が東京国立博物館に伝わる。十八世紀末ごろ成立の日本独自の教理書『天地始まりの事』が長崎西彼杵《そのき》と五島に写本で伝存する。ポルトガルのエヴォラとリスボンの両図書館には同じ屏風の裏打に使われた文書、いわゆる屏風文書があり、「日本ノカテキズモ」「入満《いるまん》心得ノ事」などを含む。コレジオの教育用にゴメスが編纂した『講義要綱《コンペンディウム》』のラテン語手稿本は一九三九年(昭和十四)にヴァチカン図書館で確認され、その日本語本が一九九五年(平成七)にオックスフォード大学モードリアン図書館で発見された。キリシタン版は三十二点が確認され、十二点が日本に現存する。教会などの建物の遺構跡については一九七三年に同志社大学の考古研究室が京都南蛮寺跡地の調査を行い、二〇〇〇年から発掘の長崎聖ドミンゴ教会跡地からは花十字瓦約七十点とメダイ一点が出土した。宗教画などの遺品では、紙本着色「聖フランシスコ゠ザビエル像」(神戸市立博物館蔵)、紙本着色「聖母マリア十五玄義図」(京大総合博物館蔵・茨木市立キリシタン遺物史料館蔵)、銅版油彩「キリスト画像」(東大附属図書館蔵)、船橋市覚王寺旧蔵の画布油彩「聖ペドロ画像」(大阪南蛮文化館蔵)はいずれもセミナリオに学んだ日本人画家の製作とされる。船載品の画布油彩「悲しみのマリア像」(南蛮文化館蔵)は同じ船載品の銅版画二十枚(東京国立博物館)、「教会暦祝日図絵」(神戸市立博物館蔵)と一緒に福井で発見された。東京国立博物館所蔵の画布油絵「三聖人像」、銅版油絵「聖母子像」、シドッチ将来の銅版油絵「親指の聖母」は長崎奉行所旧蔵品である。「支倉常長《はせくらつねなが》肖像」「教皇パウロ五世肖像」(仙台市博物館蔵)も船載品である。「聖体讃仰天使図」(天草切支丹史料館蔵)、ローマジェズ教会所蔵「長崎大殉教図」「日本イエズス会員殉教図」はいずれもセミナリオ出身者の製作とされる。銅版画はキリシタン版の扇絵や「バレト写本」(ヴァチカン図書館蔵)に挿入され、一五九七年(慶長二)に有家《ありえ》で製作の「セビリアの聖母子」(大浦天主堂蔵)はプティジャン司教により一八六九年マニラで発見された。蒔絵には聖体《オスティア》を納める「聖餅箱」(鎌倉東慶寺蔵)がある。一九六四年に長崎小干《こぼし》の浦で殉教者遺骨壺とその銅版標が、翌年大分市丹生《にう》で「木彫聖母子」が出土した(二十六聖人記念館蔵)。キリシタンの信心道具の内、十字架やメダイがキリシタン検索のための道具に代用され、絵踏のための踏絵に利用された。板踏絵がこれで、さらに長崎奉行所が鋳物師に作らせた真鍮踏絵二十枚の内の十九枚が東京国立博物館に現存する。同館保管の長崎奉行所旧蔵キリシタン関係品は一九七七年に歴史資料重要文化財に指定された。墓碑は大別すると日本の板碑型の流れをくむ立碑型とヨーロッパの影響を受けた蒲鉾型からなり、碑銘にクルス、氏名、洗礼名、命日、聖人の祝日が刻まれている。銘のある最古の墓碑は「天正九年(一五八一)八月七日　礼幡」、すなわち田原レイマンの墓碑で二〇〇二年二月に大阪四條畷市で出土した。碑銘をもつ墓碑四十一墓は京都・大阪・長崎・熊本・大分で確認される。墓碑は迫害の激化に伴い明らかにキリシタン墓碑と分かるものは地下に埋められるか破壊され、自然石を利用した碑名のない墓石へと変化していった。大分県由布院のキリシタン墓地はその典型である。

参考文献 海老沢有道・松田毅一『エヴォラ屏風文書の研究』、一九六三、ナツメ社。中村質『近世長崎貿易史の研究』、一九八八、吉川弘文館。上智大学キリシタン文庫編『イエズス会日本コレジョの講義要綱』、一九九七、大空社。『京都市中京区姥柳町遺跡(南蛮寺跡)調査概報』(『同志社大学文学部考古学調査記録』二、一九七三)。大阪毎日新聞社編『吉利支丹叢書』、一九二八-二九、毎日新聞社。『南蛮美術と洋風画』(『原色日本の美術』二五、一九七〇、小学館)。『東京国立博物館図版目録』キリシタン関係遺品篇、二〇〇一。坂本満『初期洋風画』(『日本の美術』八〇、一九七三、至文堂)。岡田章雄「踏絵について」(『キリシタン研究』二、一九四四、東京堂)。片岡弥吉「長崎県下キリシタン墓碑総覧」(『キリシタン研究』一、一九四二、東京堂)。片岡弥吉「キリシタン墓碑の源流と墓碑型式分類」(『キリシタン研究』一六、一九七六、吉川弘文館)。 (五野井隆史)

キリシタンとうろう キリシタン燈籠 近世以降現われた茶庭に置かれた石燈籠や柱状の石碑などが誤称されたものである。織部燈籠はその一形態で通常は基礎を置かず竿を地中に埋めたため、宝珠・笠・火袋・中台・竿の部分からなり、その数は五輪塔に一致する。竿石の上部が左右に突き出し、下部に人物像が刻まれている。年紀のある最も古い燈籠は慶長二十年(一六一五)であるが、織部流石燈籠図についての説明の初見は、千宗旦の死後(万治元年、一六五八)にその弟子によって書かれた『茶譜』二においてとされる。織部型燈籠などがキリシタンと結び付けられキリシタン燈籠と称されるようになったのは大正末年ごろからで、竿石の上部の突き出しを十字架の変形と見、人物を宣教師と見做して潜伏キリシタンがこれを礼拝したとするが、これを立証する根拠はまったくない。なお三百基以上が北海道から九州までの全国の庭園、寺社、墓地などに見られる。

参考文献 松田毅一『キリシタン―史実と美術―』、一九六九、淡交社。松田重雄『切支丹燈籠の研究』、一九六九、同信社。松田毅一『キリシタン研究第二部』論攷篇、一九七五、風間書房。 (五野井隆史)

キリシタンぼひ 吉利支丹墓碑 十六世紀のキリスト教伝来とともにポルトガルから伝わったヨーロッパ式のキリスト教墓碑。禁教時代の弾圧策によって徹底的に破壊され、日本国内に百数十基が現存する。その多くは長崎県島原半島にあり、南島原市西有家町の「ディオゴ作右衛門の墓碑」は、グレゴリウス暦と日本の元号がローマ字と日本語で刻まれており、金石文研究の資料的価値や形態の美しさから国指定の史跡。墓碑には立碑もあるがそのほとんどは伏碑で、形状から箱型、樽型、台付樽型、平蓋石型、半円筒寝棺型、切妻寝棺型、半円柱蓋石型、切妻蓋石型、偏平蓋石型の分類がある。禁教時代も信仰を捨てなかった長崎市浦上地区の潜伏キリシタンの墓碑は、名前や年号の彫字はないが伏碑の形式を踏襲し、長崎代官の取調べ記録には「變形候墓石」「石碑は建てず、野石を据」などとある(『異宗一件』第一号甲第六号簿冊、長崎県立長崎図書館蔵)。

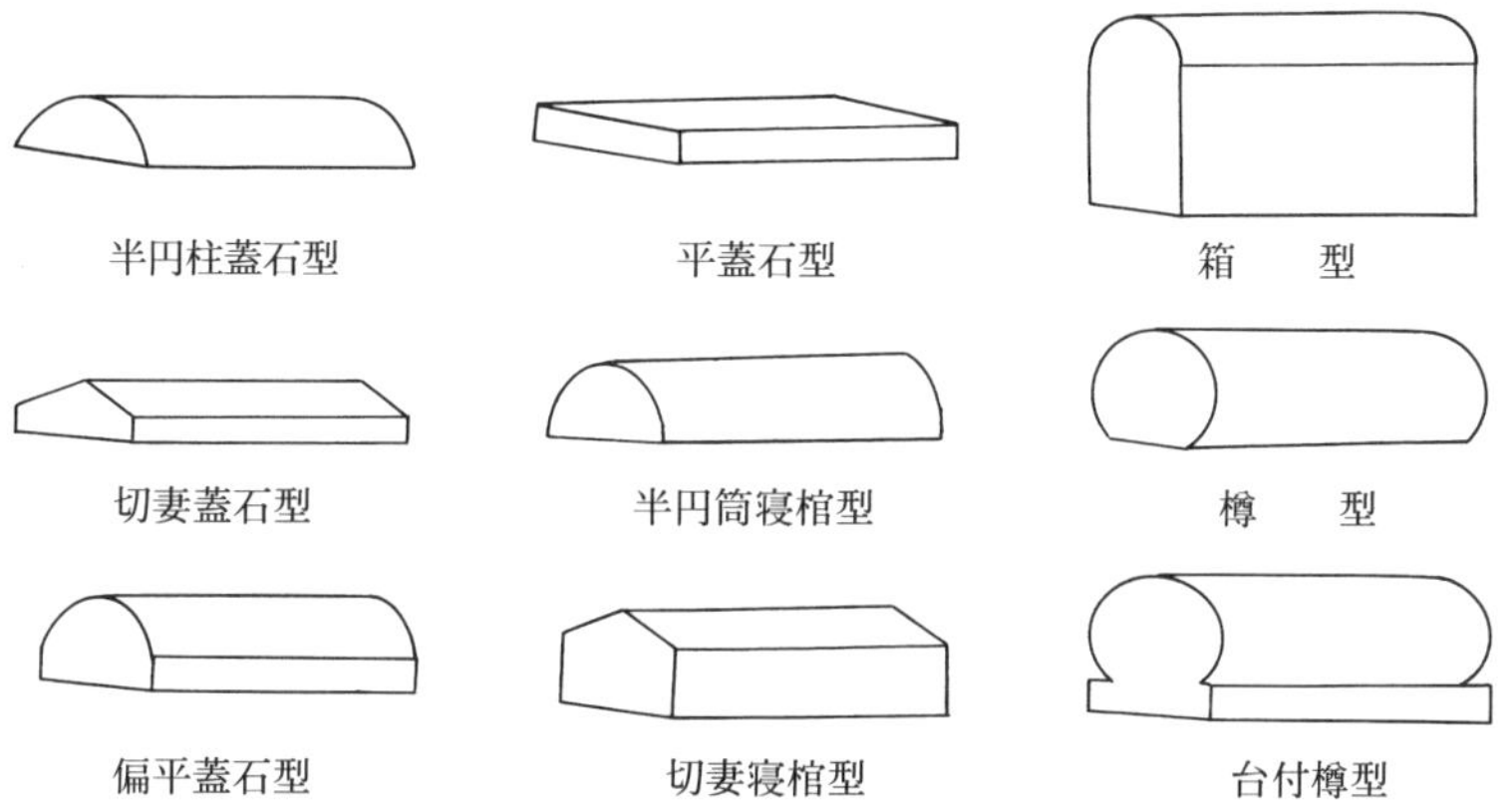

切支丹墓碑（伏碑）の形式

参考文献 片岡彌吉「キリシタン墓碑の源流と墓碑型式分類」(『キリシタン研究』一六、一九七六)。下川達彌「キリシタンの考古学」(『季刊考古学』五九、一九九七)。 (下川 達彌)

きりつぼ 桐壺 ⇩淑景舎《しげいしゃ》

きりづまづくり 切妻造 木造建築の屋根形式の一つ。大棟《おおむね》を中心に両側に屋根が葺き下ろされる屋根形式。平面は通常、身舎《もや》のみか、あるいは身舎の平側のみに廂《ひさし》を設ける形式をとる。古代には「真屋《まや》」と呼んでおり、寄棟造を「東屋《あずまや》」と呼ぶのに比して格の高い形式として認識されていた。このほかに「両下《まや》」という呼称もある(『和名類聚抄』)。「切妻」の語は、中世には住宅の中門廊の妻を指す語として用いられていたことが知られ(『永享九年十月二十一日行幸記』)、近世初頭の大工技術書『匠明』門記集でも「妻ハ切妻ニシテ」のごとく妻の形状を指す語として用いられており、その後転じて屋根形状を指す語となったようである。語源としては、「つま」が端の意であることから、屋根の端が切られる形式であるためとする解釈が一般的である。 ↓入母屋造《いりもやづくり》 ↓寄棟造《よせむねづくり》 (清水 重敦)

切　妻　造

きりやまじょう 霧山城 三重県津市美杉町にある室町時代から戦国時代の城跡。山麓の北畠氏館跡、その周囲の中世都市である多気《たげ》と一体のものである。また、峰続きには剣ヶ峰《けんがみね》城跡があり、これらも含めて多気防衛のための城郭群を形成している。城跡は標高約五六〇㍍の山頂に立地する。南北二つの曲輪《くるわ》群から構成される。南曲輪群は山頂の平坦地と堀切《ほりきり》、周囲の小規模な曲輪などから構成され、北曲輪群は二つの土塁を持つ曲輪、堀切などから構成されている。一九三六年(昭和十一)に国の史跡に指定され、二〇〇六年(平成十八)には館跡から霧山城までが追加指定されている。城に関する中世の文献史料は残っていない。 ↓北畠氏館《きたばたけしやかた》

参考文献 竹田憲治「中世北畠氏関連の城郭群」(『ミエヒストリー』一一、二〇〇〇)。山本浩之「防御パーツの組み合わせによる城郭遺構の分類」(『中世城郭研究』一六・一七、二〇〇二・〇三)。 (竹田 憲治)

きん 斤 質量の単位。秦の度量衡統一に際し、権衡の単位として銖《しゅ》、両の単位とともに体系化された。日本では律令国家の成立とともに、隋・唐代のものを本格的に導入。『養老令』によると、二十四銖＝一両、小三両＝大一両、十六両＝一斤と換算した。両の単位と同様に、大斤・小斤の二種類(大斤一斤＝小斤三斤)が存在したが、その使用区別については判然としない。『養老令』では、大斤・大両は銀・銅・穀の計量に限定しているのに対して、『延喜式』では、小斤・小両を湯薬の調合に限定し、

大斤・大両の一般化を定める。ところが、史料・資料からは、令制・式制に規定されるような明確な使い分けは確認できない。正倉院宝物の銀器から、大一斤は六七〇グラムと復原されている。中世以降は、茶、薬種など物品ごとに一斤の基準量が異なり、商品の取引単位として斤の呼称が残った。一八九一年(明治二十四)制定の度量衡法により、一斤は百六十匁(六〇〇グラム)に統一された。

参考文献 松嶋順正「正倉院宝物より見た奈良時代の度量衡」(『正倉院よもやま話』、一九六九、学生社)。木本秀樹「権衡の運用」(『越中古代社会の研究』、二〇〇三、高志書院)。中国国家計量総局主編『中国古代度量衡図集』(山田慶児・浅原達郎訳、一九八五、みすず書房)。

(大隅亜希子)

きん 金 黄金色の輝きのある金属。比重一九・三、摂氏一〇六三度で溶解する。展延性が高く、厚さ〇・〇〇〇一ミリの箔にすることができ、一グラムの金は約三キロの針金に延ばすことが可能である。空気中でも水中でも錆びることがなく、常に美しい光沢をもち、産出量が少ないため、貴金属として尊ばれる。日本にあるもっとも古い金製品は、福岡県志賀島から出土した「漢委奴国王」金印であるが、日本製ではなく、五七年(中元二)、後漢の光武帝から贈られたものである。日本では、古墳時代から金の使用が認められるが、製品としては少なく、耳飾・指輪・腕輪など小さな装身具がほとんどであり、これらにも朝鮮半島製が含まれていると見られる。むしろ日本では、象嵌《ぞうがん》や鍍金など加飾に用いられたことが多く、象嵌は大刀の刀身や柄頭、鐔《つば》、鎺《はばき》など刀装金具の文様表現に使われ、鍍金は水銀と混ぜあわせてアマルガムとして、おもに銅製品の表面に塗布された。鍍金は、金を表面に付着させるだけで、全体が黄金と同じような感覚があるため、飛鳥時代から奈良時代の仏像や仏具に施された。日本で産金が始まったのは古墳時代からであろうが、文献では、『続日本紀』大宝元年(七〇一)、陸奥で産金を始めたこと、また対馬から金が貢ぜられて大宝に改元されたことが最も古い記録で、七四九年(天平勝宝元)には陸奥からはじめて黄金が貢ぜられ、これは東大寺大仏の鍍金に使用された。これらは、精錬された金ではなく、砂金であったとされているが、日本の産金は近世になるまではほとんど砂金採集であり、陸奥をはじめ、下野・陸奥白河・佐渡でも採れた。 ↓金銅《こんどう》 ↓鍍金《ときん》

(原田 一敏)

ぎん 銀 銀色の輝きのある金属。比重一〇・五、摂氏九六一度で溶解する。展延性は金について高く、厚さ〇・〇一五ミリの箔にすることができ、一グラムの銀は理論的には約一・八キロの針金に延ばすことが可能である。金が酸化しないのに対し、銀は空気中でも簡単に酸化し、すぐに表面が黒色に変化する。銀製品は、古墳時代には国産されており、大刀の鞘の地板や、柄頭、鐔《つば》、鎺《はばき》など刀装金具に文様を線象嵌《ぞうがん》で表すことが行われた。純粋の銀製品は意外に少なく、法隆寺五重塔心礎出土舎利容器や、六六八年(天智天皇七)に創建された滋賀県崇福寺の塔心礎から出土した舎利容器のうちの銀製中箱、東大寺金堂出土鎮壇具の銀製狩猟文小壺などがあり、正倉院には狩猟文大銀壺一対が伝存している。文献では、『日本書紀』天武天皇三年(六七四)三月条に「対馬国司守忍海造大国言、銀始出于当国」とみえるのが初見である。銀は古代では対馬が唯一の産出地であったが、精錬が難しく、中世まで中国から輸入していたとみられる。室町時代になると各地の大名によって銀山が開発され、一五四二年(天文十一)に生野銀山が発見された。また十四世紀初めの発見と伝える石見銀山では、博多の神谷寿禎が灰吹法という新精錬法を採用して生産量が増大した。銀の鍍金《めっき》は、金とは異なり銅に直接銀鍍金するのは難しく、一度金鍍金をした後で銀鍍金をすることが行われた。

(原田 一敏)

きんいん 金印 ⇩漢委奴国王印《かんのわのなのこくおうのいん》

きんざん 金山 ⇩鉱山《こうざん》

ぎんざん 銀山 ⇩鉱山《こうざん》

きんせきぶん 金石文 元来は金属および石材に記された文字や記号の総称。古来、中国では陰刻のものを款、陽刻のものを識と称した。広義の金石文として、瓦や土器などの土製器物、木材、布帛《ふはく》などに記された文字を範疇に入れる場合もあるが、近年の研究では、それぞれ文字瓦、墨書・刻書土器、木簡、布帛墨書銘などと称することが多く、金石文といった場合には金属製あるいは石製の素材に文字などが記された資料に限る用例が主である。また、金属製品で文字を有するものに印章があるが、最近の研究では、印章は独立した資料項目として扱われることが多く、わが国における金石文とは、鏡鑑《きょうかん》・刀剣・梵鐘・経筒・仏像・塔露盤《とうろばん》・石碑・墓誌《ぼし》などの銘文を指す概念と捉えてよいだろう。素材の堅牢性を反映して、記された文字・文章を永久的に固定させようとの意志が強く現れているところに、史料としての特質をうかがうことができる。また、文字が記される対象が金属や石材・塼《せん》など木・紙以外の素材であるため、圧倒的に刻書されたものが多いが、福岡県太宰府市宮ノ本遺跡出土の買地《ばいち》券《けん》(八世紀)のように金属製の板に文字が墨書された事例も少数ながら存在する。わが国の金石文は、古くはいずれも中国・朝鮮半島から伝来した鏡鑑・刀剣銘などに限られていた。前漢鏡に記された銘文という形で、わが国にも早く弥生時代から金石文がもたらされている。わが国最古の紀年銘を有する金石文は、中国後漢の中平《ちゅうへい》(一八四―九〇)の年号を有する奈良県天理市東大寺山古墳出土鉄刀銘であるが、中国大陸から伝来したもので、文字も彼の地で記されたものである。わが国で作成された最古級の金石文は、千葉県市原市稲荷台一号墳出土の「王賜」銘鉄剣(五世紀中葉)、埼玉県行田市稲荷山古墳出土鉄剣銘(辛亥年＝四七一年)、熊本県玉名郡菊水町江田船山古墳出土鉄剣銘(五世紀後半)などであり、さらにまとまった量の文章を有するものとしては和歌山県橋本市隅田八《すだはち》

幡宮蔵人物画象鏡《まんぐうぞうじんぶつがぞうきょう》(癸未年＝五〇三年)が古い。六世紀中葉の仏教の伝来に伴い、六―七世紀にかけて各地で仏像が造像されるようになると、造像の目的や発願の由来、発願者名や実際に仏像を制作した工人の名などが記されるようになってくる。仏教の浸透とともに、仏教思想の伝達手段として知識階級である僧侶を通じて、文字と文章が一気に社会に広がっていくことになり、また中央集権的な律令国家の成立による徹底した行政上の文書主義の採用により、わが国の官僚社会において文字は支配の手段として定着を見るようになり、七世紀後半ごろから一躍金石文資料は多くなる。七世紀末から八世紀の律令国家の完成期にかけて、造像銘に加えて石碑や墓誌(骨蔵器銘を含む)、仏塔露盤《ろばん》銘、買地券など金石文は、量的にもまた種類の上でも、記された素材の面からもバリエーション豊かに広範囲に現れるようになるが、九世紀以降は減少し、おおむね仏教関係の燈籠銘、碑銘、梵鐘銘などに限られるようになってくる。金石文の研究は、わが国では早く江戸時代から隆盛をみており、十八世紀には松平定信《まつだいらさだのぶ》の『集古十種《しゅうこじっしゅ》』、狩谷棭斎《かりやえきさい》の『古京遺文《こきょういぶん》』などの資料集が早くも刊行されている。金石文は、基本的に同時代史料としての性格を有しており、木簡や漆紙文書、墨書土器など出土文字資料一般と同様、後世の潤色や脚色がない生の史料である。文字資料が極端に少ない七世紀以前を研究するには、金石文は決定的な重要性を有するが、それだけに字形の判別を含め、厳密な史料批判が要求される。また、文字内容が記された物、その物の性格や属性に左右されることもあり、文字内容を解釈する場合には、記された物の属性についても検討することが重要である。金石文は文字使用の広がり、字体・文体・用語法の変遷など国語学・書道史上の諸問題を解明する上でもきわめて有効な資料である。

参考文献 福山敏男「飛鳥・奈良時代の金石文」(『世界考古学大系』四所収、一九六一、平凡社)。岡崎敬「日本古代の金石文」(岡崎敬・平野邦雄編『古代の日本』九所収、一九七一、角川書店)。斎藤忠『古代朝鮮・日本金石文資料集成』、一九八三、吉川弘文館。佐伯有清『古代東アジア金石文論考』、一九九五、吉川弘文館。佐藤信「金石文」(『日本古代の宮都と木簡』所収、一九九七、吉川弘文館)。東野治之『日本古代金石文の研究』、二〇〇四、岩波書店。

(高島 英之)

ぎんせん 銀銭 ⇩無文銀銭《むもんぎんせん》

きんそくち 禁足地 神域、寺域、陵墓《りょうぼ》地などで現代または過去において一定の区域を画し濫りに進入を禁じた場所を指す。三輪山を神体とする奈良県桜井市の大神《おおみわ》神社では、拝殿東方に位置する三ツ鳥居奥の禁足地は、往古より絶対不可侵の霊域として、尊崇護持されてきた。山中には、山ノ神遺跡、奥垣内《おくがいと》祭祀遺跡、箕倉山《みのくらやま》祭祀遺跡など二十数ヵ所以上の祭祀遺跡が存在し、子持勾玉をはじめ、勾玉・臼玉などの石製模造品・土製品・土師器・須恵器などの祭祀遺物が多数発見されている。奈良県天理市の石上神宮《いそのかみじんぐう》は、一九一三年(大正二)に本殿が造営されるまで剣先状の石玉垣で囲まれた「禁足地」を拝していた。規模は、東西四四・一メートル、南北二七・九メートル。柿本人麻呂の詠んだ「袖布留山《そでふるやま》の瑞垣《みずがき》」は、この地を指したものとされ、ここからは、大宮司菅政友《かんまさとも》による一八七四年(明治七)の発掘やその後の本殿建設の際に、剣・矛・勾玉など四世紀後半にさかのぼる祭祀遺物が出土している。

参考文献 和田萃編『古代を考える山辺の道』、一九九九、吉川弘文館。

(内川 隆志)

きんぶせんじ 金峯山寺 奈良県吉野郡吉野町吉野山に所在する修験道寺院の総称。『金峰山草創記《きんぶせんそうそうき》』『金峰山秘《きんぶせんひ》密伝《みってん》』などの寺伝によれば、役小角《えんのおづの》(役行者《えんのぎょうじゃ》)が感得した金剛蔵王菩薩《こんごうざおうぼさつ》(蔵王権現)を祀る山上および山下《さんげ》の蔵王堂を前身とし、山上蔵王堂が山上ヶ岳《さんじょうがたけ》の大峯山寺《おおみねさんじ》本堂、山下蔵王堂が吉野山の金峯山寺本堂となる。国宝の金峯山寺本堂(蔵王堂)は、一五九二年(天正二十)に竣工(外陣扉八双金具の年紀刻銘による)した正面五間、側面六間、裳階一重付、檜皮葺入母屋造で、東大寺大仏殿につぐ規模の木造建築。一九八四年(昭和五十九)に大峯山寺本堂の解体修理に伴う内陣・外陣の地下の発掘調査が行われ、護摩の石組み、登り階段などの遺構が検出されたほか、金の阿弥陀如来坐像(三・一二センチ、二五・七四グラム)などの仏像類、蔵王権現を線刻した銅鏡破片、仏具、皇朝十二銭や渡来銭、中国から輸入された白磁・青磁片などが出土し、平安時代前期から中期に本堂があり、幾度か火災に遭いながらその位置を踏襲して建て替えられていることが判明している。金峯山は吉野山から山上ヶ岳を経て小篠に至る峰々の通称で、『万葉集《まんようしゅう》』一三に「み吉野の御金の嶽に(下略)」(原万葉仮名)と詠まれるなど、古来より原始的な山岳信仰の対象であった。八世紀以降には空海《くうかい》ら多くの山林修行者によって崇拝されるようになり(『三教指帰《さんごうしいき》』)、貞観年間(八五九―七七)に天台系修験の祖と仰がれる比叡山無動寺《むどうじ》の相応《そうおう》が金峰山に三年間安居し(『相応和尚伝《そうおうおしょうでん》』『拾《しゅう》遺往生伝《いおうじょうでん》』)、醍醐寺《だいごじ》開山の聖宝《しょうぼう》が九〇六年(延喜六)に金峰山の要路を開き、吉野川に舟を設けて渡子傜丁六人を置いた(『聖宝僧正伝《しょうぼうそうじょうでん》』)ことなどによって十世紀になると陽勝《ようしょう》・貞崇《じょうすい》・道賢《どうけん》・浄蔵《じょうぞう》ら多数の修行者が現れる。『釈氏《しゃくし》六帖《ろくじょう》』(十世紀中葉に宋の義楚《ぎそ》が編纂した仏教用語の要文集)には、金峯山の山頂に弥勒の化身である金剛蔵王菩薩が住み、その霊威は第一であること、数多くの住坊があり、高道節行の僧侶が修行すること、女人禁制で、金峯山詣に際しては三ヵ月間「酒肉欲色」を断つなどの精進潔斎が必要であることなどが記されており、金峰山に対する信仰は中国にまで喧伝されていた。中世に成立した和歌注釈書などには金峯山飛来伝承がみえ、飛来した元を五台山あるいは漢土金峯山とする二説があった。宇多法皇(九〇〇年(昌泰三)七月)を嚆矢として十世紀以降、藤原道長《ふじわらのみちなが》・藤原頼通《ふじわらのよりみち》・藤原師通《ふじわらのもろみち》・白河法皇ら貴紳による御嶽詣《みたけもうで》が流行するが、それは金剛蔵王菩薩常住の霊地に対する霊地巡礼信仰、「金」との連想による現世利益的信仰に起因し、十一世紀以降には浄土思想の進展に伴い金峰山は「金峰山浄土」と認識されるに至り、弥勒下生信仰により弥勒浄土と看做されたためである。特に一〇〇七年(寛弘四)八月に金峰山詣をした藤原道長は『法華経《ほけきょう》』、『無量義経《むりょうぎきょう》』、『観普賢経《かんふげんきょう》』、『阿弥陀経《あみだきょう》』、『弥勒上生経《みろくじょうしょうきょう》』・『弥勒下生経《みろくげしょうきょう》』・『弥勒成仏経《みろくじょうぶつきょう》』、『般若心経《はんにゃしんぎょう》』を山上ヶ岳宝前(蔵王権現が坐すところ)に埋納するが、行程・経供養・埋納の様子などは『御堂関白記《みどうかんぱくき》』に詳しい。その経筒は一六九一年(元禄四)に経巻とともに出土した(国宝)。この道長の金峰山詣の目的については諸説あり、『栄花物語《えいがものがたり》』(はつはな)および埋経に先立って子守三所に詣でていることなどに依拠した皇子誕生祈願説、金峯山経塚の遺物より窺われる蔵王権現に対する現実的な信仰(子孫繁栄、厄除け、施福延命)を指摘した上で、当時道長は四十二歳(厄年)であることによる厄除け説、弥勒信仰により埋経することが仏教上の本懐で、これに加えて皇子誕生、厄除けの意味の含むとする複合説などに分類される。皇子誕生祈願説・厄除け説には批判も寄せられているが、初心を償い、始願の志を復するために埋納したという『法華経』(九九八年(長徳四)書写)に対する道長の信仰についてさらに検討を加える必要があろう。一山の運営には検校(別当)・僧綱・三綱・執行を中心に学侶(寺僧)・供僧が携わり、その下で堂衆・行人(満堂)が法会などに奉仕した。十一世紀半ば以降は興福寺《こうふくじ》(のちに一乗院《いちじょういん》門跡)の支配を受けたが、修験道の隆盛に伴い熊野三山検校の聖《しょう》護院《ごいん》などの勢力も及んだ。数多くの僧兵(吉野大衆)を擁して強訴などもしばしば行なったが、源 義経《みなもとのよしつね》・後醍醐天皇が吉野に入ったのも、その武力を頼ったためである。十七世紀初めに金峯山は天海《てんかい》との関係から日光輪王寺《りんのうじ》門跡の支配となり、明治維新の神仏分離により廃寺となった。一八七九年(明治十二)から東南院・竹林院などが再建され、一八八八年に延暦寺《えんりゃくじ》末寺として金峯山寺が再興し、一九四八年に修験本宗として独立した。

参考文献 石田茂作・矢島恭介『金峰山経塚遺物の研究』(『帝室博物館学報』八、一九三七)。奈良県立橿原考古学研究所編『大峯山寺の出土遺宝』、一九八四。宮家準編『御嶽信仰』、一九八五、雄山閣出版。首藤善樹『金峯山』、一九八五、金峯山寺。山本謙治「金峰山飛来伝承と五台山信仰」(『文化史学』四二一、一九八六)。齋藤融「藤原道長の金峰山信仰」(『日本歴史』五五三、一九九四)。首藤善樹編『金峯山寺史料集成』、二〇〇〇、国書刊行会。

（斎藤　融）

きんや　禁野　公私共用が原則とされた山野河海に対して、王権が狩猟用地として特別に他者の用益を制限した野地。土地占有を標識「しめ」で行なったので標野《しめの》ともいう。山海での用益確保は、漁猟による供御料確保を通じて天皇の山野領有を象徴する意義があったと考えられる。初見は六六八年(天智七)天智天皇の蒲生野《がもうの》縦猟時の額田王の歌で、野守《のもり》も置かれていた(『万葉集』)。五世紀末までさかのぼるとする見解もある。六八九年(持統三)八月には、河内国大鳥郡高脚海《たかしのうみ》に准じて摂津国武庫海、紀伊国阿提郡那耆野《なぎの》、伊賀国伊賀郡身野《みの》に漁猟禁断の海・野を設け守護人を置いた(『日本書紀』)。七九八年(延暦十七)に保護が命じられた平安京周辺の高顕の山野、行幸時に望見される山岡も禁野の類い。禁野は住人の放牧や樵《しょう》蘇《そ》などの用益は許容されていた。天長・承和年間(八二四―四八)に増設されたが、九世紀半ばには預による妨害や用益の独占が進んだらしく、他方で貴族官人の密猟も行われ、禁止令がたびたび発せられ(『類聚三代格』)、八八二年(元慶六)十二月、各地の禁野の扱いが整理され、蔵人所猟野も設定された。『西宮記』には、遊猟の野行幸・北野行幸、禁野として北野・交野《かたの》・宇陀野が掲げられ、交野検校として百済王氏がみえる。一一六一年(応保元)十二月には片野御鷹飼下毛野《しもつけの》武安らが免田を経営していた(『山槐記』)。大阪府枚方《ひらかた》市に禁野の地名が残る。

参考文献 三谷芳幸「律令国家の山野支配と王土思想」(笹山晴生編『日本律令制の構造』、二〇〇三、吉川弘文館)。田島公「美濃国東大寺領大井荘の成立事情」下(『ぐんしょ』再刊六一、二〇〇三)。

（鈴木　景二）

きんよう　鈞窯　中国の北宋から元時代にかけて、失透性の青釉や、銅呈色の紫紅釉の陶器を焼いた窯。河南省の明代の鈞州地域にあたる禹州《うしゅう》市の鈞台窯が主要な窯であるためこの名があるが、実態は磁州《じしゅう》窯系・耀州《ようしゅう》窯系の諸窯で鈞窯風の陶器が広く生産されており、青磁をめざして焼造され始めた可能性もあろう。伝世品では、北宋時代末の徽宗《きそう》皇帝の朝廷で用いられたとされる、「一」から「十」のサイズ記号を刻した花盆(植木鉢)や水盤などの一群が有名であるが、碗皿類を中心とした金・元代のほうが生産は盛んであった。清時代の宮廷に宋代の名窯として収蔵されたものの声望が高かったため、景徳鎮窯や宜興窯(宜鈞)・広東石湾窯(広鈞・泥鈞)などで、盛んに倣焼された。華北の陶磁器であるため同時代に貿易陶磁として輸出されることはほとんどなかった。→磁州《じしゅう》窯《よう》 →耀州窯《ようしゅうよう》

参考文献 河南省文物研究所編『河南鈞瓷汝瓷与三彩―一九八五鄭州年会論文集―』、一九八七、紫禁城出版社。河南省博物館・趙青雲「河南省鈞台窯址的発掘」(『文物』一九七五ノ六)。

（金沢　陽）

きんらんで　金襴手　釉薬の上に絵具を焼き付ける上絵付けに加えて、金彩の装飾を施した磁器をいう。金を磁器の装飾に用いることは、中国の定窯《ていよう》において北宋時代に始まっているが、金襴手は明時代の十六世紀中ごろに、景徳鎮《けいとくちん》の民窯《みんよう》で完成された華麗な作風の一群を指す。変化に富んだ器形や、窓枠を設けて主文様を配し、周囲を細かい地文で埋める文様構成に特色がある。金襴手は日本における呼び名であり、その華麗な趣が、金糸で文様を織り出した金襴を連想させることによる。日本では元

禄年間(一六八八—一七〇四)に九州の肥前において古伊万里金襴手が完成された。中国の金襴手に倣いながらも、型物と呼ばれる鉢にみられる器形や、文様の題材などに独自の要素が認められる。

参考文献　矢島律子『中国の陶磁』九、一九九六、平凡社。

(今井　敦)

きんりょう・きんぼ　近陵・近墓　朝廷が管理した陵墓のうち、時の天皇に近い血縁の方の陵と外戚や功臣の墓のこと。制度上では年終荷前《のざき》の際、常幣のほかに内蔵《くら》寮から別貢幣が献じられた陵墓を指す。起源は明らかではないが、古代中国の宗廟《そうびょう》制の影響と考えられる。これに該当する陵墓は、天皇の代替わりや父母・皇后の崩御、外戚や功臣の没後に新旧加除があり、疎遠になったものから遠陵・遠墓に移された。この加除は平安時代末ごろまで行われたが、清和天皇践祚《せんそ》後の八五八年(天安二)に陵所十と墓所四(〜九)が制定されてからは数の増減がなくなる。十陵のうち天智・弘仁・崇道(早良《さわら》親王)・桓武・仁明・光孝・醍醐天皇陵の七陵および多武峯《とうのみね》墓(藤原鎌足墓)は固定され、ほかの三陵は国母陵となり、多武峯墓以外の三(〜八)墓とともに加除が行われる。一一四四年(寛元二)に二条天皇母懿《い》子陵の代わりに後嵯峨天皇母通子陵を加えた後、山陵の加除は行われなくなる。→遠陵《えんりょう》・遠墓《えんぼ》

参考文献　北垣聰一郎「諸陵寮式の近陵近墓制について」(『伝統文化研究』四、一九六九)。西牟田崇生「山陵祭祀の一考察—十陵四墓の変遷を中心として—」(『神道宗教』九九、一九八〇)。北康宏「律令国家陵墓制度の基礎的研究—『延喜諸陵寮式』の分析からみた—」(『史林』七九ノ四、一九九六)。

(北條　朝彦)

ぎんろう　銀鑞　⇩鑞《ろう》

く

ぐうけ　郡家　古代の郡におかれ、郡司をはじめとする役人が執務した役所のこと。郡衙と呼称することも多いが、郡衙の語は歴史的名辞ではなく、国衙と対比した作られた学術用語である。律令国家の地方行政単位として国の下に設けられた郡(七〇一年(大宝元)以前は「評」)の制度は、七世紀代中ごろから進められた国家による地方支配体制確立の一環として、従来の地方豪族の支配を再編する形で進められた。発掘調査によって孝徳朝の立評に関わるとみられる七世紀中ごろの郡(評)家の前身となる官衙が見つかっているが、飛鳥浄御原令や大宝令が制定される七世紀末—八世紀初頭にかけての時期を、郡家成立の大きな画期とするのが一般的である。郡家の施設は、大きくわけて郡庁、館、厨家、正倉、その他附属施設から構成される。郡庁は、郡の長官である大領以下の郡司らが執務を行い、時に儀式・饗宴の場として機能した郡家の中枢施設である。郡庁の建物は郡家建物中でも規模が大きく、正殿・脇殿などの殿舎などが建ち並び、正殿の前には庁庭(広場)があり、周囲を区画する溝や塀かそれがない場合でも建物を連ねるように並べるなどして、周囲から区別される院ないしは郡庁域を形成していた。山中敏史の研究によれば、郡庁の類型として正殿・両脇殿などが方形に配置され、左右対称形を意識して整然とした計画性の高いロの字型(茨城県神野向遺跡(常陸国鹿島郡家)II・III期など)、数棟の殿舎が、コの字の形のように並べられたり塀によって結ばれたりして、左右対称の方形の一院を形成しているコの字型(広島県下本谷遺跡(備後国三次郡家)など)、正殿・脇殿が左右対称形の品の字形に配置された品字型(宮城県東山遺跡(陸奥国賀美郡家)など)、およびそれぞれを省略して左右非対称の配置となる省略変形型などからなるといい、多様な類型があったことが知られている。館は、国内を巡行する国司や伝馬を利用して郡内を往来する役人が宿泊する施設として、また郡司の宿所として機能したと考えられている。平安時代の史料であるが、郡家の施設を窺う上で重要な史料である『上野国交替実録帳』によれば、各郡に一〜四館があり、宿屋・向屋・福屋・厩・厨などの官舎名がみえている。発掘事例として、栃木県梅曾遺跡(下野国那須郡家)南東部の建物群、御子ヶ谷遺跡(駿河国志太郡家)II期東南部の建物群が館であろうと推定されている。厨家は、郡内を巡行する国司に対する給食を行なったほか、郡役人らへの食事の調理・供給、食料品の調達などを担当したと考えられている。正倉は、田租を永年貯蔵し、また出挙稲や郡家経費の穎稲を保管するなどの機能を有するもので、天平年間(七二九—四九)の諸国正税帳にその具体的状況が窺える。総柱式高床建物である倉、側柱建物である屋などからなり、郡家に正倉院を設けて郡の正倉を集中したものや、『出雲国風土記』からも知られるように郡家とは別の場所に置く場合(島根県団原遺跡(出雲国意宇郡山代郷正倉)など)もある。調査例によれば八世紀半ばごろまでは掘立柱建物の倉庫が多数を占め、同後半以降になると礎石建ち建物の比率が増すようである。正倉建物は方位をそろえ直列を基本とした整然とした配置をとるのが一般的であり(福島県関和久遺跡(陸奥国白河郡家)など)、九世紀代ごろまでその配置が維持されていた。その他郡家付属施設として、武器を納める兵庫や鍛冶・漆・織物など各種の生産工房等各種施設が設けられたほか、郡家に隣接して寺院が設けられる例も多い。現在、常陸国鹿島郡家跡(茨城県鹿嶋市)、摂津国島

上郡家跡(大阪府高槻市)、下高橋官衙遺跡(筑後国御原郡家跡、福岡県大刀洗町)などが国指定史跡となっている。

参考文献 山中敏史『古代地方官衙遺跡の研究』、一九九四、塙書房。 (山下信一郎)

くうちゅうしゃしん 空中写真 空中から地上を撮影した写真のことで、航空機から撮影した航空写真がほとんどである。最初の空中写真は一八五八年にフランスの写真家ナダールによって、繋留気球から撮影された。航空機からの最初の写真は、一九〇九年にフランスのミュリヒによって撮影された。垂直に真下を撮影した垂直写真と、斜めから俯瞰《ふかん》した斜め写真とがあり、前者は主として写真測量や地形や土壌などの各種判読に利用され、後者は大縮尺の細部測量や景観を見るなど種々に利用される。前者は専用の航空カメラを使い、一直線上を一定の高度で飛びながら、自動的に連続して地表が約六〇%ずつ重複して写るように撮影され、実体視できる。これを利用して写真測量により地図が作製される。最初の地図製作は、一九一〇年、アメリカ合衆国がアラスカにおいてはじめて空中写真を使用して地図作製を行なった。日本では一九一一年(明治四十四)に陸軍が、飛行機からはじめて写真撮影を行ったが、本格的な空中写真の利用は、一九二三年(大正十二)の関東大震災に際して、陸地測量部が東京全域の被害状況を空中写真で撮影し、復興計画に利用したものである。また、一九三〇年(昭和五)から一九三三年の陸地測量部による樺太の二万五千分一略測図作製が空中写真による日本最初の地図製作といえよう。第二次世界大戦終了後、アメリカ軍占領下において、米軍は一九四六年から一九四九年にかけて日本全土の空中写真を四万分一で、主要都市や鉄道沿線、海岸部などは一万分一で撮影し、五万分一地形図(特定五万といわれる)を作製した。一九五二年の講和条約締結後、米軍撮影空中写真が日本の地理調査所に移管されるとともに、日本独自での空中写真の撮影が可能となった。一九五九年以降は、地理調査所独自で空中写真の撮影が開始され、地図製作に使用されるとともに、翌年四月からは一般に利用可能となった。これらの空中写真は、密着写真の寸法が縦・横各二三㌢(一部一八㌢)で、解像度は一㍉の間に百二十本から二百本の線が区別できるものである。なお、空中写真は白黒写真だけではなく、カラー写真や赤外線写真、あるいはマルチスペクトル写真(赤外カラー写真)なども土地利用調査や植生調査など目的に応じて使用される。日本では国土地理院をはじめ、地方自治体、各種の企業や個人により自由に空中写真が撮影され、公開・市販されているが、外国では軍事上の秘密保持などのために空中写真の撮影や所持などには制約があることも多い。

参考文献 高崎正義編著『空中写真の見方と使い方―空中写真判読―』、一九六六、全日本建設技術協会。財団法人日本地図センター編・発行『空中写真の知識』、一九九九。 (出田 和久)

くがい 公界 元来禅宗寺院で使用された語で、中国宋の禅宗教団から鎌倉時代に日本の禅宗教団の中に持ち込まれたと考えられる。禅宗寺院内で共同で利用する手巾を「公界手巾」と称したり(『勅修百丈清規』)、修行僧が一堂に会しての定例の座禅を「雲堂公界の座禅」と呼んでいること(『正法眼蔵』)などから、「公共的領域」のような意味として用いられたことがわかる。南北朝時代以降、禅宗寺院外の世俗社会にも広がり、「内々」や「内証」に対する「おおやけ」「表向き」「目につく状態」「世間」などの意味で使用されるようになる。とりわけ戦国時代には、「無縁」や「楽」という言葉と意味的に重なり合うような用例がみられる。この場合、公界を冠した場所・人・集団は、主従関係や親族関係などの世俗のさまざまな「縁」から切れた状態にあることを示している。例えば、狂言『居杭《いぐい》』に登場する算置(遍歴の陰陽師)のように、特定の主人を持たず職能をもって諸国を往来する職人は、「公界者」と呼ばれている。また、『結城氏新法度』では、「公界寺」に結城氏家臣の者が子息兄弟を送り込み住持と為すことをいましめ、結城氏やその家臣が建立した「氏寺」と区別して、公界寺における特定の「縁」を否定している。さらに、「公界所」と呼ばれた相模江ノ島は、後北条氏の直轄領とされ、奉行人・代官の干渉を排除し、住民が個々の武士と主従関係を持つことが禁止されている。このように、厳密には「公界」は「無縁」と同義ではなく、公権力とまったく別個の公共的領域を直ちに意味するわけでもない。あくまでも根本的には、個別で内々の関係にとらわれない「表向き」の場であり、時にそれが領主の公権力の支配下にあることもあったということになる。しかしながら、近世になると「公界」は「苦界」という語に転じて遊女の意味で用いられるようになり、近代以降には「公界」の語はみられなくなるのである。

参考文献 網野善彦『(増補)無縁・公界・楽―日本中世の自由と平和―』(『平凡社ライブラリー』一五〇、一九九六、平凡社)。佐藤茂「〈公界〉といふ語―その語史的考察―」(『福井大学学芸学部紀要』人文科学一一、一九六二)。新田一郎「中世後期の秩序構造の特質―「公界」の国制史的位置づけをめぐって―」(『日本史研究』三八〇、一九九四)。 (高橋慎一朗)

ぐかんしょう 愚管抄 九条兼実の弟で天台座主を務めた僧慈円の著した鎌倉時代前期の歴史書。全七巻から成り、巻一・二の神武天皇から後堀河天皇に至る「皇帝年代記」と題される部分、巻三―六の本文部分、巻七の総論、という三部構成をとっている。成立年代については、一二二一年(承久三)の承久の乱の直前とする説と、直後とする説が対立しているが、近年は乱直前説が有力である。ただし、「皇帝年代記」の末尾のみは、乱後に加筆されたことが確実である。本書は、漢字仮名混じりの独特な文体で叙述されているが、「道理」という概念が多用される点に、大きな特徴が見られる。第二部の本文部分では、慈円の同時代を中心に、道理の推移によって歴史の推移を分析する。とりわけ、保元の乱以降、「ムサ(武者)ノ世」となってしまったとする巻四の一節は有名である。一四七六年(文明八)書写の宮内庁書陵部蔵本が最古写本。『(新訂増補)国史大系』『日本古典文学大系』所収。

参考文献　大隅和雄『愚管抄を読む―中世日本の歴史観―』(『講談社学術文庫』一三八一、一九九九、講談社)。石田一良『愚管抄の研究』、二〇〇〇、ぺりかん社。

(高橋慎一朗)

くぎ　釘　二つ以上の建築部材を接合させるための金具。古代・中世の文献では、「釘・くぎ」(『万葉集』)、「釘・クキ」「鐵杙」、「鏩・キリクキ」「無蓋釘」、「鈄鏂・ノシカタノクキ」「頭高大釘」、「栓・キクキ」「木釘」(以上『和名類聚抄』)、「切釘」「打合釘」「呉釘」「平釘」「丸頭釘」(以上『延喜式』)などの記述がある。近世の文献では、「釘・クギ」「鐕・キリクギ」「頭巻釘・カシラマキクギ」「鈄鏂・ノシカタノクギ」「泡頭丁・ヒヤウ」(以上『和漢三才図会』)などの記述がある。七世紀後半の寺院建築(法隆寺金堂・五重塔)に使われていた釘は、頭部形状によって次のように分類できる。㈠方形断面をそのままやや大きくしたもの、㈡頭を叩きのばし折り曲げたもの、㈢頭を丸くつくったもの、㈣頭を四角形につくったもの。文献記述の名称と照合させると、㈠がキリクキ、㈡がカシラマキクギ、㈢がマルガシラクギ、㈣がヒラクギ、と推定される。中世以降は、キリクギが姿を消し、カシラマキクギが多く使われた。

参考文献　安田善三郎『釘』、一九二六。細見啓三「建築金具」(伊藤延男他編『文化財講座日本の建築』三所収、一九七七、第一法規出版)。

(渡邉　晶)

くぎがき　釘書　⇩刻書《こくしょ》

くぎぬき　釘貫　柱に貫を二、三本通した垣。鳥居や門の左右、墓の周囲、関所などに設けられた簡単な柵。『延喜式《えんぎしき》』掃部寮《かもんりょう》が春日神社中門前の垣を釘貫と記しているように、神社の垣を「釘貫」という例は少なくない。『餓鬼草子《がきぞうし》』第四段「疾行餓鬼《しっこうがき》」に描かれた、五輪塔《ごりんとう》をのせた石積墓の周りの簡単な柵も釘貫に相当しよう。『更級《さらしな》日記《にっき》』は「関屋《せきや》どもあまたありて、海までくぎぬきしたり」と海辺の関所の柵を釘貫と記しており、『石山寺縁起絵巻』三に描かれた逢坂《おうさか》の関に木戸と釘貫がみえる。室町時代にはそうした関所と同様のものが京都をはじめとする都市にも構築され、防御施設として機能した。『日葡《にっぽ》辞書《じしょ》』は「クギヌキ」を「一つ一つの街路の入口にあって、夜になると閉ざす門」と解説しており、上杉本「洛中洛外図屏風」などにそうした町の釘貫をみることができる。なお、『匠明《しょうめい》』門記集は、両方の柱の上部に二本の貫を通し下に扉をつけた門を「釘貫門」と称しているが、扉の有無にかかわらず簡単な門を「釘貫(門)」と称した例も多い。

参考文献　西川幸治『日本都市史研究』、一九七三、日本放送出版協会。高橋康夫『京都中世都市史研究』、一九八三、思文閣出版。今谷明『京都・一五四七年―描かれた中世都市―』、一九六八、平凡社。

(中澤　克昭)

くぎょうぶにん　公卿補任　神武天皇の代から一八六八年(明治元)までの公卿の職員録。編者・成立時期ともに不明。八一一年(弘仁二)以前の部分は、主に同年成立の『歴運記《れきうんき》』に基づき、それ以降は順次書き継がれ、今日の流布本のような体裁に改められたか。流布本では、持統天皇までは代ごとに、六九七年(文武天皇元)以降は年ごとに、摂政・関白、左右大臣、大中納言、参議および非参議三位以上の位階・姓名・年齢を列記し、各人の兼官やその年内の叙位、任官などについて注記を加える。初出の人物については、公卿となった最初の年に出自や略歴が付されており、これを尻付《しづけ》という。『歴運記』を基にした古い形態を残した異本として安貞・寛喜年間(一二二七―三二)成立の九条家旧蔵本『中右記部類』の紙背(『異本公卿補任』、宮内庁書陵部・天理図書館に分蔵、『新訂増補国史大系』付録所収)が知られるが、尻付が公卿を離れた年にみえるという違いがある。このほか古写本に冷泉家時雨亭文庫所蔵の平安時代末・鎌倉時代初期写本(重要文化財)がある。刊本の『公卿補任』五冊(『(新訂増補)国史大系』五三―五七、吉川弘文館)は、宮内庁書陵部本を底本とし、多くの異本と校合補訂したもの。

参考文献　宮内庁書陵部編『図書寮典籍解題』続歴史篇、一九五一、養徳社。斎木一馬「公卿補任」「公卿補任雑感」(『古記録の研究』下所収、一九八九、吉川弘文館)。土田直鎮「公卿補任の成立」「異本公卿補任」(『奈良平安時代史研究』所収、一九九四、吉川弘文館)。美川圭「公卿補任」(皆川完一・山本信吉編『国史大系書目解題』下所収、二〇〇一、吉川弘文館)。

(田島　公)

くきりゅういち　九鬼隆一　一八五二―一九三一　日本近代の美術行政官僚。一八五二年(嘉永五)八月七日摂津国三田藩の藩士の家に生まれる。父は星野貞幹。丹波国綾部藩家老九鬼隆周の養子となる。慶應義塾に学び、一八七二年(明治五)文部省に入る。大学南校監事、文部大丞、文部書記官などを歴任し、七八年にパリ万国博覧会に派遣され、あわせて諸国の教育・美術の事情などを視察して帰国、八〇年文部少輔となった。さらに外務省の特命全権公使として四年間ワシントンに赴任、帰国後岡倉天心らと各地の社寺などの美術品調査を活発に行った。八七年宮内省に転じ、八八年宮内省図書頭、臨時全国宝物取調委員長となり、翌年帝国博物館発足とともにその初代総長となった。一九〇〇年まで総長の職にあり、その間一八九六年には古社寺保存会会長となり、翌年の古社寺保存法の制定に尽力した。また九五年には枢密顧問官となり、翌年には男爵を授けられた。一九三一年(昭和六)八月十八日没。八十歳。哲学者九鬼周造はその子。

参考文献　東京国立博物館編『東京国立博物館百年史』、一九七三、第一法規出版。

(中村　順昭)

くぐつ　傀儡　くぐつとは本来木製の人形のことで、歌などにあわせて踊らせるあやつり人形となり、それを使う人々をも呼ぶようになった。十世紀前半につくられた辞書の『倭名類聚抄《わみょうるいじゅしょう》』には「傀儡」を和名で「久々豆《くくつ》」というとある。『古事記』などには木の神がククノチノカミ、木の霊がククノチノミコトと出てくるが、木の人形は霊力を持つものであったために、宗教的行為に用いられた。その状況は現在も東北地方のおしら様に見ることができる。こうした在来の人形に大陸から渡来した散楽《さんがく》系の人形が習合して、「傀儡」の字があてられたのであろう。十一世紀末ごろの状況を示す大江匡房《まさふさ》の『傀儡子記《くぐつき》』によると、彼らは漂泊生活をしながら人形を使う芸能をもって生活し、それ以外に男は狩猟・曲芸幻術、女は歌舞や売春をしていたようである。同じ大江匡房の『遊女記』には、道祖神の一名だとある。一四四五年(文安二)から四六年にかけてできた『壒嚢鈔《あいのうしょう》』には、「傀儡《クワイライ》トハ術《ジュツ》芸《ケイ》也ト釈セリ、傀《クワイ》ヲハアヤシトヨム。奇《キ》術《ジュツ》ヲ施コス義也」などとある。『梁塵秘抄《りょうじんひしょう》』には「てくぐつ」が出てくるが、手くぐつの全盛は室町時代の初頭である。寺社に隷属した者は仏まわしともいわれた。中でも室町時代の末に現れた摂津西宮の戎《えびす》神社の布教のために、恵比須の人形や首にかけた箱に小型の人形を入れて繰った「夷舁《か》き」は有名である。江戸時代にはでく(でこ)まわし、山猫などと呼ばれた。大坂では竹本義太夫によって義太夫節《ぎだゆうぶし》を地とする人形浄瑠璃《じょうるり》が、貞享年間(一六八四―八八)に創立された竹本座で始まった。淡路から大坂に出た植村文楽《うえむらぶんがく》軒《けん》は、寛政年間(一七八九―一八〇一)に人形浄瑠璃を始めたという。一八七二年(明治五)に文楽座を名乗り、その後諸座が統合されて文楽が人形浄瑠璃の代名詞となった。

参考文献 角田一郎『人形劇の成立に関する研究』、一九六三、旭屋書店。永田衡吉『日本の人形芝居』、一九六九、錦正社。網野善彦他編『遊女・傀儡・白拍子』(『週刊朝日百科日本の歴史』三、一九八六、朝日新聞社)。
(笹本　正治)

くご　箜篌　東アジアの弦楽器で、竪箜篌・臥箜篌・鳳首箜篌の三種類があった。日本では篳篌・竽篌などとも書かれた。竪箜篌は角形ハープ系の弦楽器で、メソポタミアのアッシリアのハープが起源と考えられ、ペルシャ・西域を経由して漢代もしくは南北朝時代までに中国に伝えられた。ササン朝ペルシャのターク゠イ゠ブスタンの浮彫、シルクロード北道の亀茲に近いキジル石窟寺院の壁画にその祖形が描かれている。日本へは中国もしくは朝鮮から伝えられたと思われ、正倉院にその残欠が収蔵されている。平安時代後期の『信西古楽図』には竪箜篌の奏楽図がみられる。弦の数は二十一～二十三本ほどで、左右の手の指で弾いたものと推察される。臥箜篌は四～六弦のチター系の弦楽器で、櫛形のフレットをもち、箏や琴のように臥して弾いた。『三国史記』の新羅にみられる玄琴は臥箜篌系統の楽器で、高句麗の舞踊塚の壁画にみることができる。朝鮮では現在もコムンゴとして使われている。日本の令制では唐楽・百済楽の中にそれぞれ竽篌師、高麗楽の中に箜篌師とみえる(『令集解』職員令雅楽寮、大属尾張浄足説)。八〇九年(大同四)三月二十一日付太政官符などでは、唐楽師・百済楽師の中にそれぞれ箜篌師、高麗楽師の中に篳篌師とみえる(『類聚三代格』)。この中の箜篌は竪箜篌、篳篌は臥箜篌を示している可能性が考えられる。一方、鳳首箜篌は弓形ハープ系弦楽器で、インド起源とされ、敦煌の壁画にもみられ、南北朝時代に中国へ伝えられたが、日本へ伝来したか否かは未詳である。

参考文献 正倉院事務所編『正倉院の楽器』、一九六七、日本経済新聞社。林謙三『東アジア楽器考』、一九七三、カワイ楽譜。岸辺成雄『天平のひびき 正倉院の楽器』、一九八四、音楽之友社。同『唐代音楽の歴史的研究 続巻』、二〇〇五、和泉書院。
(荻　美津夫)

くさつじゅくほんじん　草津宿本陣　五街道の東海道と

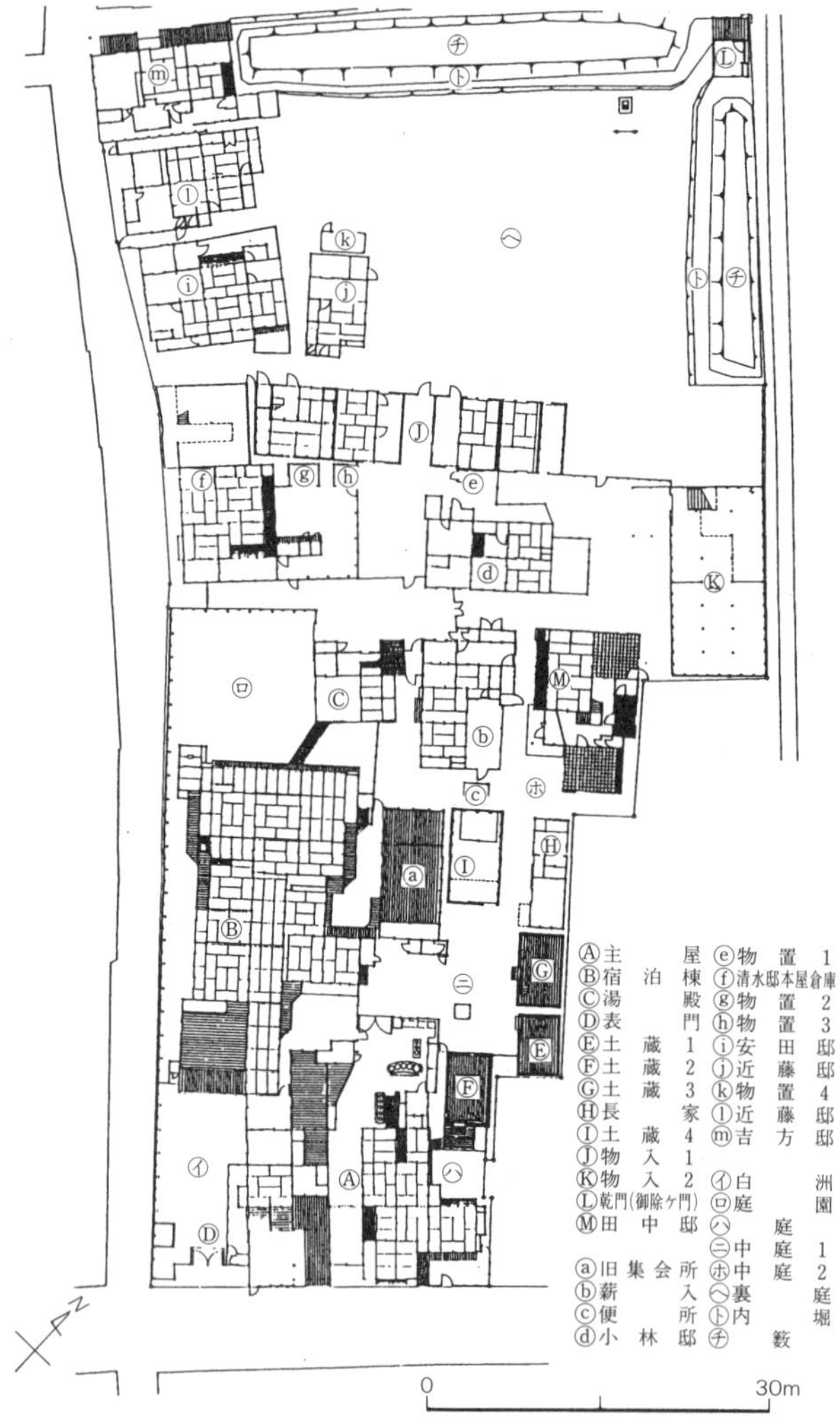

草津宿本陣平面図

中山道の分岐である近江草津に所在する宿場草津宿には、本陣二軒、脇本陣二軒のほか大小七十二軒余の旅籠屋《はたごや》が置かれた。このうち田中九蔵本陣は早く失われ、田中七左衛門本陣(木屋《きや》本陣)のみが現存し、近世交通史を代表する遺構「草津宿本陣」として国指定史跡となっている。本陣の建物は、一七一八年(享保三)の焼失後、膳所《ぜぜ》藩主の瓦ヶ浜御殿を拝領して移築したもので、建物面積約一五四〇平方メートル、畳敷部屋数三十九室で延べ二百六十八畳と、全国有数の規模をもつ。その敷地は約四三〇七平方メートルである。建物の様式は書院造で、表門を入ると白砂が敷かれ、玄関に至る。玄関は十六畳敷きの板間(敷台)で、玄関の横に細長い畳廊下がつづく。奥は一段高くなっており、左に四畳半の茶室が、その奥に上段の間(御居間)がある。その廻りには警護の武士の詰所や、十三畳の御膳所が配されている。敷地の南側に堀の役割を持つ川が引かれ、西と東には外堀と内堀がめぐらせてある。なお本陣に残された「大福帳」や「宿札」などから、江戸と京を往来する将軍・公家《くげ》をはじめ参勤交代の大名などの宿泊・休息が知られ、朝鮮通信使や琉球使節の通行もみえる。

(大橋　信弥)

くさどせんげんちょういせき　草戸千軒町遺跡　広島県福山市草戸町に所在する中世の集落遺跡。瀬戸内海のほぼ中央、芦田川《あしだがわ》が福山湾に注ぐ河口近くのデルタ地域に立地し、十三世紀後半から十六世紀初頭ころに、広島県東南部(備後《びんご》南部)の流通拠点として繁栄した港町・市場町。一九二〇年代後半に、芦田川の河川改修工事で、江戸時代中期の地誌『備陽六郡志《びようろくぐんし》』に一六七三年(延宝元)の洪水で壊滅したと伝える「草戸千軒」の町跡が発見された。最初の発掘調査は一九六一年(昭和三十六)に実施された。その後、新たな河川改修工事に伴い、一九九五年(平成七)まで、河川敷部分の約六・七ヘクタールが広島県草戸千軒町遺跡調査研究所を中心に発掘された。建物・柵・溝・井戸・墓や道路・橋・水路・桟橋などが見つかった。また、土器・陶磁器・曲物・漆器・下駄・箸などの日常生活品、鞴《ふいご》の羽口・漆塗りへら・木の葉形鋸などの生産関連品、食物の滓である動植物遺体(たとえばムギ・ウリ・ウメなどの種子、魚・動物の骨)、木簡、信仰・呪術・遊戯具、茶・花・香の関係品などをはじめとする膨大な資料が出土した。木簡からは米・麦などの農産物の取引や金銭の貸借が活発に行われていたことが判明した。また、物資の流通が予想以上に活発であったことが、瀬戸・常滑・備前・魚住などの陶器、対馬産砥石などの豊富な出土資料の存在から推定できる。さらに、中国・ベトナム・朝鮮産の陶磁器や中国銭が大量に出土し、東アジア地域の製品が広く流通していたことも明らかになった。芦田川流域には弥生時代以来の備後国南部の中心地である府《ふ》中《ちゅう》・神辺《かんなべ》の平野部が存在する。また、南に約一一キロには瀬戸内海有数の港である鞆《とも》が存在する。陸上交通との関係では、府中・神辺・備中《びっちゅう》(岡山県西部)と鞆・尾道《おのみち》を結ぶ交点にある。草戸千軒は備後南部の福山湾岸にあって、内陸部の河川交通と陸上交通および海上交通の接点にあり、水陸両者の交通の要衝地にあるといえる。草戸千軒の旧地名は、数少ない文献や出土木簡から草津《くさづ》(一三四三年(康永二))・草井地《くさいち》(一三五一年(観応二))・草出《くさいづ》(一三九一年(明徳二))→草土《くさど》(一四七一年(文明三))→草戸《くさど》(一五九一年(天正十九))と変遷していたことを確認している。名前の通り、港・市場を主体とした町であった。草戸千軒は十三世紀中ごろに成立した。成立の契機の一つは長《なが》和荘《わのしょう》の荘園倉出し港であったと考えられるが、西側丘陵裾にある常福寺《じょうふくじ》の門前町的要素さらに市的要素も加わっている。十四世紀になると問《とい》・土倉《どそう》が地域に土着化して成長した。周辺の農産物を中心とする物資を取り扱い、港機能や流通・金融・情報機能が飛躍的に強化され、港町としての性格が増加してきた。これらは、小船が接岸し倉庫なども備えた「中心区画《ちゅうしんくかく》」・「柵囲区画《さくがこいくかく》」を拠点に、他地域との広域流通の接点・窓口となり、同時に地域内流通・経済の軸として存在した。中心・柵囲区画を核に展開し、町は面的広がりを見せ、寺院なども確認できる。十五世紀後半ごろまで流通・金融活動の高まりを見せ、地域内流通と広域流通の接点として機能したが、十五世紀末ごろにその活動は急速に衰え、南の方形環濠《かんごう》区画にある領主拠点の消滅とともに、十六世紀初頭ごろ一気に消滅する。草戸千軒の性格を端的に示しているのは出土した木簡《もっかん》であり、町の機能・活動に関連する木簡を紹介する。木簡が量的に出土しているのは、草戸千軒のII期後半(十四世紀中ごろ)からIII期(十五世紀前半から中ごろ)、そしてIV期前半(十五世紀後半)にかけてである。II期後半(十四世紀中ごろ)の主な木簡の出土遺構は、「中心区画」東南部にある荷揚場に引き込んだ水路、中心区画内の屋敷地・広場で使用していた物を廃棄した穴(土坑)などである。記載事項のうち、品物は「あふら」(油)、「こめ」(米)、「ミそのまめ」(味噌の豆)、「ミそのしらけむき」(味噌の精麦)、「あらむき」(荒麦)、「しやう・むき」(醤か・麦)など、大半は米・麦・豆などの農産物である。品物を見ると、「みそ」などの食品加工・醸造業などにも関係したことが推定できる。また、金銭の貸付、未進・代価・期限や清算の記載から、年貢・租税などの収納に関与していたことも想定できる。III期(十五世紀前半から中ごろ)には、中心区画内の屋敷地・広場で使用していた物を廃棄した池がある。削屑が大半で、数量・日付、容量・金額などのメモが多く、内部経済の収支や勧進が示されており、寺院の経営や物品・金銭の取引が記載されている。IV期前半(十五世紀後半)は、II期(十四世紀代)以来の中心区画を引き継いだ「柵囲区画」に接続する水路からたくさん出土した。そのうち、主な品物は、水路から「うり」(瓜)・「くしかき」(串柿)・「つほ」(壺)、土坑から「大麦」・「米」・「白米」・「もミ」(籾)・「くろめ」(黒海草か)・ます・「もミしろいね」・「わたくし」(綿公事)、水路から「米」・「大麦」・「さけ」・「もミ」などがある。農産物を中

草戸千軒町遺跡出土調理具

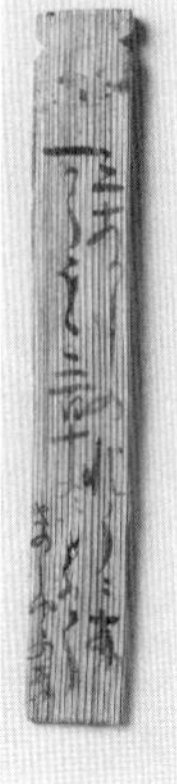

草戸千軒町遺跡出土木簡

心とする品物が多く、内容は金銭や物品の代価の貸付などである。草戸千軒の最大の特徴は港の存在であり、この点を中心に遺構の様相と変遷を紹介してみる。草戸千軒には水路や船の接岸施設がある区画は大きく二区画あり、一つは中心(柵囲)区画、もう一つは中心区画の南に隣接する短冊形《たんざくがた》区画である。北方にある中心(柵囲)区画とは、草戸千軒の中枢機能を担った区画で、区画内には町の管理を担当していた屋敷が存在する。この中心区画を軸に周囲に短冊形区画が広がり、町として繁栄した。中心区画の規模は南北約一四三メートル、東西約九〇〜一一二メートル程度になる。II期後半(十四世紀中ごろ)になると中心区画内東南部に水路が接続し、水路周辺一帯は港施設を備えた流通関連区画になる。各屋敷に蔵の存在が予想できる。各屋敷に広場・流通施設・大型土坑・池の存在する空間が接し、水路が直接乗り入れてきている。中心区画は問・土倉、管理者(寺的空間を含む)の集合である。III・IV期(十五世紀から十六世紀初頭)になると区画全体は大規模な整地を実施し、新たな区画として成立している。IV期(十五世紀後半)段階は区画全体が堅固な柵・土塀で構える。北部に屋敷群と広場(流通施設か)および水路が存在し、壁に瓦を使用した建物(土蔵《どぞう》か)の存在が想定可能である。柵囲区画は管理屋敷・寺院を核に問・土倉を含めた集合体であり、水運を主体にした流通・収納活動や金融活動を活発に行なっていた。堅固な区画施設で周囲を固めた形態は「構《かまえ》」的形態と呼べるだろう。IV期前半末ごろ(十五世紀後半)に区画割の変化がある。水路網が大幅に変化し、柵囲区画内部に乗り入れていた水路は消滅し、突堤状遺構(桟橋か)に船が接岸することになる。一方、中心(柵囲)区画の南には、II期後半(十四世紀中ごろ)段階には、東西に細長い短冊形区画が八区画存在するようになる。その南には幅約六メートルの東西水路がある。この短冊形区画の東側に東西水路から派生した南北方向の水路がある。これらの短冊形区画には船の接岸施設の存在が想定できる。短冊形区画は、南北(間口)八・五〜一五・五メートル、東西七〇メートル以上(西端は発掘調査で未確認)の規模があり、五区画を確認している。区画は基本的には居住区画(屋敷地)である。区画には漆・鍛冶関係などの生産活動痕跡や空間地などがあり、生産活動や商業活動、船を利用した何らかの活動を行なっていた者の屋敷地であろう。以上、概観したように検出した船着場・船入あるいは船が接岸可能な水路は、主要河川・流路からは水路を通じて奥まった位置にある。草戸千軒の港施設は、小船(船の積荷は二〜十石程度)が接岸する小規模な船着場・水路である。水路で張り巡らされた小規模な船着場・接岸施設の複数存在とその複合体が草戸千軒の港であり、大型船が接岸・入港できるような港ではなかったと考えられる。さらに、草戸千軒は河口部のデルタ地帯に存在し、地域との連結度は高いが絶えず沖積化が進み、港としての自然的条件の悪化が進行した。「津」としての草戸千軒は広い後背地がある地域密着型の港である。河口型で小規模な港施設の複合体であり、整備した水路網を小さな船が活動する世界であり、河川を下って河口港で荷物を下ろし、積み替え荷物を整備し、今度は海船に積み替えて京阪神に送り出す形態である。その際、草戸千軒の小型海船が、たとえば鞆などの拠点港に運ぶ場合、あるいはほかの港の小型船が集荷し自分の港に運んで再度荷物をしつらえる場合、またほかの港の大型船が草戸千軒の沖合に停泊して荷物を積み込む場合など、諸条件によって物資などの搬入・搬出形態が異なると考えられる。いずれの場合も、広域流通網に参加することはほかの港を経由することによって可能になる形態である。

草戸千軒町遺跡は、中世歴史学において、考古学的研究がきわめて有効な方法であることを実証し、それまで重視されていなかった民衆生活や都市・流通の問題を研究する大きな潮流の契機となった記念すべき遺跡である。現在は、一定の広い面積とまとまった時代を発掘し、遺構と遺物が一体となって分析できる稀な遺跡である特徴を生かした研究・解明が求められている。特に、地域社会の中で草戸千軒の果たした役割の解明を基軸に、出土遺物の詳細な研究、物流・交易拠点の構造や寺院・政治勢力との関係および未発掘地域(発掘終了部分は想定遺跡範囲の一部のみ)を含めた総合的な考察などが必要になってくる。遺跡は調査終了後、河川改修のため一部を残して消滅したが、広島県立歴史博物館(福山市西町)に町並みの一角が実物大で再現されている。また、出土遺物の大部分は、同博物館が保管し、一部は福山市教育委員会(福山城博物館で公開)が保管している。

資料館 広島県立歴史博物館(広島県福山市)

参考文献 松下正司編『よみがえる中世』八、一九九四、

平凡社。広島県草戸千軒町遺跡調査研究所編『草戸千軒町遺跡発掘調査報告』I—V、一九九三—九六、広島県教育委員会。岩本正二『草戸千軒』(『吉備考古ライブラリィ』六、二〇〇〇、吉備人出版)。 (岩本 正二)

くし 櫛 髪を梳《す》き整えたり、汚れを取り除いたり、また髪飾りとする用具。日本における櫛の歴史は、まずは出土品によってその流れをたどることができる。縄文時代から古墳時代中期ごろにかけての遺跡からは、木や竹、動物の骨で作られた竪櫛が多数出土しており、青森県八戸市是川《これかわ》遺跡出土の櫛のように、漆を塗ったり装飾を加えたものもみられる。『古事記』神代「黄泉《よみ》の国」の段に登場する「湯津々間櫛《ゆっつまぐし》」の神話に代表されるように、古来、櫛には呪術的な力があると信じられていた。縦長で歯の部分が長いこれらの櫛も、その形態から推測すれば、髪を梳くという実用性よりも、髪に挿し留めて飾りとする挿櫛《さしぐし》としての性格が強かったと考えられる。しかし六—七世紀ごろからは、大陸から新たに横長の挽歯櫛《ひきばぐし》が伝来し、ツゲやイスノキなど木製の横櫛が主流となっていく。鎌倉時代から室町時代にかけての手箱《てばこ》には、他の化粧道具とともに、横櫛のセットが納められ、なかには棟《むね》山《やま》に螺鈿《らでん》や蒔絵《まきえ》の装飾が施されたものもみられるが、これらはすべて実用的な梳櫛《すきぐし》、解櫛《ときぐし》として用いられた。江戸時代になり結髪《けっぱつ》が一般的となると、簪《かんざし》・笄《こうがい》と同様、装身具としての櫛が脚光を浴びるようになり、貴重な素材を用い、あるいは工芸的装飾を加えた華美な挿櫛が登場する。挿櫛は、鬢《びん》や髱《たぼ》が特徴的な島田髷《しまだまげ》などの流行に伴って、貞享—元禄年間(一六八四—一七〇四)ごろから一気に流行し、これらの複雑な髪型をバランスよく仕上げる役割を担った。櫛の形態は時代によって変化するが、棟山や棟幅を広くとり、そこに四季の情感や古典文学の世界、吉祥などを表す装飾を加え、木、金属、鼈甲《べっこう》、象牙、ガラスなど多様な素材を用いた櫛が人気を呼んだ。とくに鼈甲や象牙の櫛は女性たちの垂涎の的となり、貞享年間(一六八四—八八)ごろから流行し、奢侈禁止令によってしばしば贅沢品として諌められている。明治以降、洋髪の流行とともに洋風の櫛やセルロイドの櫛も登場するが、伝統な挿櫛は、日本髪の衰退とともに次第に活躍の場を失っていった。

参考文献 岩瀬百樹『歴世女装考』(『日本随筆大成』一期六)。生川春明『近世女風俗考』(同一期三)。江馬務『装身と化粧』(『江馬務著作集』四、一九七六、中央公論社)。 (日高 薫)

くじ 公事 中世の荘園公領制下において、年貢以外に課される雑税のこと。雑公事《ぞうくじ》・万雑公事などとも呼ばれる。経済的負担と労役があり、労役については夫役とも称された。もともと公事の語は、平安時代までは文字通り「おおやけのこと」すなわち朝廷の政務一般、とりわけ年中行事化した儀式を指した。平安時代後期には、朝廷の行事および院の行事のための費用を諸国から徴収するようになり、そうした課役が公事と呼ばれるようになった。さらに、国衙領や荘園においても、国司や領主が行事を遂行するための課役を公事として領民に課すようになり、公事は年貢と並ぶ中世の平民百姓の基本的負担となった。公事による行事には、百姓も領主とともに参加することも多かった。また、鎌倉幕府も行事のための負担を御家人に課し、関東公事と称された。一方、室町時代には訴訟のことを公事と称する例があらわれ、江戸時代にはこの用法が一般化する。

参考文献 網野善彦『日本中世の百姓と職能民』、一九九八、平凡社。安田元久「「関東御公事」考」(御家人制研究会編『御家人制の研究』所収、一九八一、吉川弘文館)。 (高橋慎一朗)

ぐしかわじょう 具志川城 (一)沖縄本島最南端の海岸に突き出た琉球石灰岩の断崖上に築かれたグスク。沖縄県糸満《いとまん》市喜屋武《しきゃん》に所在。国指定史跡。城内からは太平洋が一望のもとに見渡せ、海上を航行する船の動静をうかがうのに最適の場所に立地する。北・西・南の三方は海に囲まれ断崖絶壁になっている。東は内陸に接して平坦となりそこに城門を開く。城壁は琉球石灰岩の野面《のづら》積みの石垣をめぐらし、海に面する断崖の上には低い石垣、内陸部に続く平坦面には五~六メートルもある高い石垣が積み上げられている。現在、保存整備事業が進められ、その一環としての発掘調査では十四・十五世紀の貿易陶磁器が出土した。伝承によると、久米《くめ》島の具志川城主真金声《まかねくい》按《あ》司《じ》が伊敷索《ちなは》按司の二男真仁古樽《まにくたる》に攻められた際に島を脱出してこの地に逃れ、故郷と同じ名の具志川城を築いたとされる。海岸に突出しているという地理的特異性と城壁の積み方にも特徴があり、歴史上にも価値のある古城跡である。

参考文献 『ぐすく—グスク分布調査報告—』一、一九八三、沖縄県教育委員会。

(二)沖縄県久米《くめ》島北西海岸、東シナ海に突出する琉球石灰岩の独立丘に営まれたグスク。国指定史跡。沖縄県島尻《しまじり》郡久米島町具志川所在。三方が二〇メートル余の断崖に面して孤立し、城内に通じる道は南側の一方だけでそこに大手の虎口を開く。城壁石積みは、琉球石灰岩と板状に割れた安山岩からなり、積み方は野面《のづら》積みである。一九九九年(平成十一)から城跡の保存整備事業がはじまり主郭殿舎跡の発掘調査が実施され元様式の青花とともに十五世紀中葉ごろの貿易陶磁器が多量に出土した。『琉球国由来記』には、仲地《なかち》にやという人物が占地しマダフツ按司《あじ》の創建にかかるが、その子真金声《まかねくい》按司の代になって伊敷索《ちなは》按司の三男真仁古樽《まにくたる》按司に乗っ取られたとされる。城を追われた真金声按司は沖縄本島南部に逃れグスクを築き、故名をそのままとって具志川城と名付けたと伝えている。城は中山《ちゅうざん》王尚真《しょうしん》が進める中央集権化政策によって、十六世紀初期中山軍に滅ぼされ廃城になったと伝承され、発掘調査の成果と若干の年代差が見られる。

参考文献 『具志川城跡発掘調査報告書』一、二〇〇五、沖縄県久米島町教育委員会。

（當眞　嗣一）

ぐしけんき　愚子見記　法隆寺所属の建築工匠、平(今奥)政隆が書き、江戸時代前期の御所造営などに関わった法隆寺の棟梁長谷川家に伝来した大工技術書。一六八二年(天和二)の奥書があるが、一六六九年(寛文九)から一九八六年(貞享三)ごろまで書き継がれて成立したものと考えられる。九冊からなり、家相、禁裏女院御所、寺社、京・大和の主要な建物、城・橋・舞台など雑多な建物、道具、数の概念や尺度の体系、『巧匠根源』・『雲上記』・『三代巻』の写し、積算について記され、設計や施工に関わる幅広い知識の体系が記録されている。この内、『三代巻』は一四八九年(延徳元)に春巌・昌椿・藤原吉定・藤原縄重によって著された中世にさかのぼる古い大工技術書である。『愚子見記』は中世の大工組織の変質に伴い技術書が作成されるようになった過程や、幕府配下の高い地位の建築技術者が持っていた知識と技術の体系を知る貴重な史料である。四種の写本が現存する。幕府作事方大棟梁平内家の伝書『匠明《しょうめい》』など、ほかの類書が木割を中心とするのに対して、大きく内容を異にする。

参考文献　内藤昌編著『愚子見記の研究』、一九六八、井上書院。

（山岸　常人）

くじら　鯨　哺乳類クジラ目に属する鯨類の総称で、慣例的には体長四メートル以上の大型種をクジラ、それ以下の小型種をイルカと呼び分けている。現生の鯨種は国際捕鯨委員会科学委員会によれば、ヒゲクジラ類とハクジラ類との二亜目十四科八十四種が確認されているが、新種の発見や系統分類の進展などにより、流動的である。上顎の櫛状に重なって並んだくじらひげを有するヒゲクジラ類と犬歯状の歯を有するハクジラ類とでは、その形態やえさの種類・捕食法が異なるだけでだけでなく、生理・生態や回遊の規模や範囲なども異なる。鯨類からは大量の肉と油が得られるので、世界各地で古くから資源として利用されてきた。日本列島周辺海域は北半球に生息する鯨類の回遊路にあたるため、偶発的な漂着鯨や寄り鯨の利用や小型鯨類の捕獲が古くから行われていた。中世以後、対象となる鯨種に応じた能動的な捕獲法が開発され、各地で継続的な捕鯨活動が行われるようになると、各地で鯨食文化や鯨にちなんだ儀礼が生まれた。特にヒゲクジラを対象に網取り法を行なった地域では、膨大な人員による職業集団が形成され、鯨類の発見から捕獲、解体などの一連の作業は分業化され、世襲化されたため、体系的な捕鯨文化が継承されていくことになった。鯨類はそのものが資源となるばかりでなく、餌であるイワシなどを追って湾内などに出現したため、沿岸域の漁民たちからは豊漁をもたらすエビス神として信仰の対象にもされた。

参考文献　笠松不二男・宮下富夫『鯨とイルカのフィールドガイド』、一九九一、東京大学出版会。大隅清治『クジラと日本人』(『岩波新書』、二〇〇三、岩波書店)。

（小島　孝夫）

グスク　奄美大島から八重山《やえやま》列島に至る南西諸島で十三世紀から十五世紀に構築した城。奄美諸島と沖縄島ではグスク、宮古島では「ジョウ」、石垣島などでは「スク」ともよび、いずれも「城」の字をあてる。多くは海や集落を見下ろす見晴らしのよい丘陵上にある。グスクの分布状況は、一九八三年(昭和五十八)に実施したグスク分布調査の結果、沖縄本島とその周辺離島で二百二十三ヵ所を数え、北部地域で四十五ヵ所、中部で六十五ヵ所、南部で百十三ヵ所であって、南部の糸満《いとまん》市では四二平方キロに四十三ヵ所で一平方キロに一ヵ所の割合になるように、北部に薄く、南部に厚く分布している。宮古諸島では十六ヵ所報告されているが、その他の地域では分布調査が不十分で実数は不明である。このように沖縄県内には多数のグスクが分布している。グスクのなかには御嶽《うたき》(拝所)として今なお地域住民の信仰する聖域になっているところがあり、その性格について宗教性を強調する説もある。

グスクが造営された時期は、農業と東アジア諸国との貿易で得た富を基盤に地方領主である按司《あじ》が出現し、互いに貿易の利権や支配領域の拡大をめぐって争った国家胎動期であった。グスクは占地・縄張・構造・出土遺物などから城と見るべきであり、その多くは地域領主ともいうべき按司が地域支配と領民保護のために築いた軍事施設であった。グスクに拠った按司たちは互いに抗争をくり返し、按司の中の按司ともいうべき「大世の主」に成長し、十四世紀には今帰仁《なきじん》城を居城とする北山《ほくざん》、最初は浦添《うらそえ》城ついで首里城を居城とした中山《ちゅうざん》、島尻大里《しまじりおおざと》城を居城とした南山《なんざん》の三大政治勢力にまとまっていった。三山分立時代である。グスクは、防御に適した場所に立地するものが多く、地形を巧みに利用し、峻険な所はそれを生かし、平地に続く所は高い石垣や土塁、堀切をもって障壁とする。沖縄本島の中・南部や先島《さきしま》諸島の石灰岩地帯では石垣を多用するグスクが多く、奄美や沖縄本島北部の非石灰岩地帯では土築のグスクが多い。グスクの代名詞ともなっている石築グスクの城壁には、人頭大の琉球石灰岩の岩塊を積み上げる野面《のづら》積みの石垣と人工的に加工を施した切石《きりいし》積みとがある。野面積みは自然石を加工せずそのまま積む技法である。他方、切石積みは横方向に目地が通るように積む布積《ぬのづ》みという技法と、多角形になった切石の接合面を適宜調整しながら積む相方《あいかた》積みという沖縄独特の石積みの二つの技法がある。一般的には野面積みから布積みへ、そして相方積みにという技法的な変遷が見られる。土築は土の山を成形して造られたいわゆる土より成るグスクで、斜面を削って崖とし、台地や尾根が続く地続きの地形のところでは堀を設けて遮断する。沖縄での石築グスクの初現は十四世紀の前半から中ごろにかけてのことであり、中世において本土の城郭が石垣を採用する時期より約百年から百五十年ほど古い。グスクの城壁では、平面形で見ると外面が曲線を描き、角の部分も曲面で処理し、縦断面はほぼ直線的であ

糸数城の城壁（馬面）

り、本土の近世城郭の直線状に延び、角が稜になり、弓状の勾配になるものと異なる。一部のグスクでは石垣上に胸壁《きょうへき》を設け、石造拱門《きょうもん》を開口しているものがある点も異なる。あるいは城壁石垣の一部を櫓台のように突出させるあたりも本土の城にみない。こうした城壁にみる突出部は中国で馬面、朝鮮半島では雉とよび、大陸の築城技術が直接琉球に伝わったことを物語る証拠で、大陸からの軍事技術の導入を裏付けるものとなっている。発掘調査が実施されたグスクの成果をみると、どのグスクからも多量の貿易陶磁器が出土する。量的には中国産の陶磁器が多く、その他朝鮮、ベトナム、タイ、日本産のものも含まれている。この輸入陶磁器にみられるように当時の琉球は「大交易時代」を迎えており、グスクの築城・維持過程には日本を中心として中国・朝鮮半島からの技術導入があったことは確かである。今帰仁城跡・座喜味《ざきみ》城跡・中城《なかぐすく》城跡・勝連《かつれん》城跡・首里城跡など五つのグスクと関連遺産群が二〇〇〇年(平成十二年)世界遺産として登録された。

参考文献 當眞嗣一「グスクとその構造」(石井進・萩原三雄編『中世の城と考古学』所収、一九九一、新人物往来社)。同『城―城に語らせたい地域の歴史―』、一九九三、沖縄県立博物館。沖縄県教育庁文化課編『世界遺産琉球王国のグスク及び関連遺産群』、二〇〇一、「琉球王国のグスク及び関連遺産群」世界遺産登録記念事業実行委員会。

（當眞 嗣一）

グスクじだい　グスク時代　奄美・沖縄諸島から先島諸島の島々に城塞的グスクが形成された時代。農業社会の成立と海外交易の展開の上に政治的社会が成立し琉球王国が形成された時代で、十一世紀後半から中山《ちゅうざん》王国が沖縄島統一(一四二〇年代)を達成するまでの期間を指す。グスク時代以前は、奄美・沖縄諸島の貝塚時代後期文化圏と先島(宮古・八重山)先史文化圏に分かれていたが、十一世紀後半に徳之島のカムィヤキ(亀焼)と長崎産の石鍋《いしなべ》が琉球一円に流通し始めるとともに奄美・沖縄諸島と先島諸島はグスク文化圏に統合された。城塞的グスクは十二世紀頃から形成され、十三世紀には正殿《せいでん》と御庭《うなー》を中核施設として定型化した大型グスクが沖縄島に出現する。大型グスク出現以前のグスク文化形成期を原グスク時代、以後を大型グスク時代に区分する考えがある。

（安里 進）

くすのきじょう　楠木城　楠木正成が一三三二年(元弘二)に討幕の本拠として千早城とともに築城した本格的山城。国史跡、楠木城跡(上赤阪城跡)。別称、楠木本城、大・小根田城跡、桐山城跡。大阪府南河内郡千早赤阪村大字桐山所在。東西、南北各約四〇〇《メートル》の城跡は、これまで発掘調査などが行われていないが、尾根筋を順次平坦化した地形や字名などから本丸、二ノ丸、出丸、帯郭などの縄張りを窺い知ることができる。本丸跡は、東西約三〇《メートル》、南北約一三〇《メートル》の長方形の平坦地をつくり標高は三五〇《メートル》(比高一〇〇《メートル》)と最高所にありその周囲に幅約一五《メートル》の帯郭跡が巡っている。二ノ丸跡は「東の城」ともいわれ、やはり袖郭跡が認められる。そのほか陣小屋、炊事場、水溜池などの伝説地もある。このほか、正成は千早城を詰めの城とし、金剛山中に数多くの城砦を臨時的に要害の地形に築いて一大要塞を形成し、臨戦体制を整えたことが知られている。鎌倉時代末期から南北朝時代の歴史と城郭史などを研究する上で重要な遺跡である。

→赤阪城《あかさかじょう》　→千早城《ちはやじょう》

参考文献 『日本城郭大系』一二、一九八一、新人物往来社。『国史跡千早城跡楠木城跡赤阪城跡保存管理計画書』、二〇〇〇、千早赤阪村教育委員会。

（堀江 門也）

くそおきのしょうあと　糞置荘跡　越前東大寺領荘園跡。芦田伊人は、正倉院に現存する七五九年(天平宝字三)の越前国足羽《あすわ》郡糞置村開田図と七六六年(天平神護二)の越前国足羽郡糞置村東大寺田を足羽郡の条里にあてはめ、文珠山北麓の福井市帆谷町・太田町・半田町・二上町に糞置荘域を比定した。七四九年(天平勝宝元)、東大寺は全国四千町の墾田所有を認められ、寺家野占使《じけやせんし》平栄・越前出身の生江臣東人らを越前に派遣し、溝江・桑原・鯖田国富・高串・子見・田宮・鴫野・栗川・椿原・道守・糞置荘など約七百七十町の荘園を設置した。糞置荘は小さな荘園であるが、二枚の開田図を比較することによって七五九年では十五町一段二百四十四歩の荘園中開田面積は二町五段三百十六歩、七年後の七七六年では十五町八段二百六十八歩の荘園中開田面積四町二段十一歩とさほどの増加がないことがわかる。糞置イコール人糞を日本で最初に施肥した実験田であったということも想定され、今後の発掘調査が期待される。

参考文献 芦田伊人「越前国足羽郡東大寺田図考」(『歴史地理』一四ノ一、一九〇八)。福井の文化財を考える会編『越前の古代荘園』、一九七六。

（水野 和雄）

ぐそく　具足　甲冑を中心とする武装具全体を指す言葉。本来は、装束や器具において一揃いの構成をもつ物の具をいうが、中世以降に武装具の諸様式を指すようになった。武具としての呼称は、平安時代以降の大鎧(式正鎧《しきしょう》)・胴丸・腹巻・腹当などの甲冑諸様式の兜・鎧を完備したものをいい、室町時代後期に出現した全身を覆う新様式の甲冑は当世具足(具足)と呼ばれた。また、籠手《こて》・臑当《すねあて》などのいわゆる付属具は小具足、攻撃用の武器は長具足と呼んだ。このほか、揉烏帽子《もみえぼし》・鉢巻・小袖・下袴・脛《は》巾《ばき》・鞢《ゆがけ》・貫《つらぬき》・太刀・腰刀・弓矢などや当世具足の喉輪《のどわ》・面具《めんぐ》・手甲などが付属した。平安時代の大鎧の胴や胴丸を例にとると、小札《こざね》で構成される胴部は立挙《たてあげ》・長側《ながわき》または衡胴《かぶき》・草摺から構成される。引合せて着用する右脇部には、上半部を壺板とする独立した脇楯《わいだて》を配し、下端部には四枚の草摺の内、一枚が付属した。小具足は、肩部を護る大袖や杏葉、脇部左には板状の鳩尾《きゅうび》板、右には札仕立ての栴檀《せんだん》板を用いた。一方、兜は鉢と𩊱《しころ》からなり、鉄板を加工して筋金を伏せる一枚張筋伏と鉄板を重ね合せる張合《はりあわせ》形式があり、裾部に腰巻板をめぐらし、腰巻板正面には真向《まっこう》(眉庇《まびさし》)を付ける。いずれも筋金・張合目や腰巻板に星と呼ばれる大型鋲を打つことから星兜といった。鉢部の拡大とともに、丸鉢様式から楕円形の頭形《ずなり》様式に変遷し、鋲も平頂形に変化したものを筋兜と呼んだ。𩊱は札仕立てで、吹返しは𩊱より一段少ないものが多い。細部の構成は、まず小札以外の板金使用の部位を総称した金具廻がある。胴部上縁の胸板・脇板・押付板、脇楯上部の壺板、肩部の障子板・杏葉のほか、大袖や鳩尾板上縁の冠板、兜の眉庇などがあり、多くは表裏を韋《かわ》で包み、外縁部には覆輪《ふくりん》を施す。とくに韋革を用いた部分は革所《かわどころ》とよばれ、後胴立挙部に付属する肩上《わたがみ》や前胴部を覆う弦走《つるはしり》、壺板・草摺の間や喉輪の上縁部に付属する蝙蝠《こうもり》付《づけ》、兜の錣前端部の吹返しなどがある。いずれも兜鉢の裏張韋以外には小縁《こべり》という縁取りの韋をめぐらす。また、着用するための緒紐は、主に染韋の絎《くけ》緒と絹糸の組緒が用いられた。前後を結んで着用される袖部や胴部では、前方を受緒、後方を懸緒という。胴部を引合せる緒は、衡胴の第一段両端の引合緒、最下段両端の胴先緒がある。具足は、時代により構成が異なり、その変遷は背景の戦闘形態や軍事的組織の変化に対応したものである。飛鳥から奈良時代には、奈良県飛鳥寺塔芯礎埋納品や東大寺出土品の挂甲《けいこう》が知られ、小札が小規模である点を除けば、古墳時代の挂甲に近い構成である。令制下では、諸国年料として毎年、甲・横刀・弓・征矢・胡簶が製作されるが、『東大寺献物帳』には短甲・挂甲の記述がみえ、短甲は冑・甲・行縢《むかばき》・覆臂《たおおい》で皆具とする。いずれも有機質材質を多用し、材料に大差はなく構造は不明であるが、挂甲と胡簶を合せて製作しており、短甲や靫《ゆき》は儀礼的意義をもつ古式の武具であったと考えられる。平安時代は騎射戦が主流で、大鎧が成立した。裾部が開く乗馬に適した形態で、矢戦に備えて兜・袖・草摺が大きく造られた。兜頂部には八幡座とよばれる髻《もとどり》を出す穴を備えたが次第に縮小化するなど各部に工夫が凝らされ、機能を追求した変遷がみられる。鎌倉時代初期には、眉庇に鍬形を付した兜が出現し、以後前立とよぶ各種の飾りが発達した。また、胴丸に兜を備え、杏葉に代わって袖を付けた三物《みつもの》と呼ばれる具足も成立した。同後期には大鎧の脇楯・壺板が狭小化する一方、ほかの金具廻は大型化して小縁幅が増加したり、地韋に直接小桜鋲を打つ例も増加した。南北朝時代になると、歩兵戦が主流となり、背部で引合せる腹巻が袖・兜を具備するようになり、室町時代後期には、さまざまな立物を付す兜を備え、鉄砲などに対応した全身を覆う当世具足が現れた。

参考文献 鈴木敬三『武装図説』(『(新訂増補)故実叢書』三五)。山上八郎『日本甲冑の新研究』、一九三六。

(古谷 毅)

くたにやき 九谷焼 加賀(石川県)で焼かれた磁器。始まりは山中町所在の九谷古窯で一六五〇―七〇年代ころである。後藤才次郎が肥前で技術を学び、始めたと言うが明らかでない。二基の窯体が発見された九谷磁器窯跡(国史跡)の調査結果によれば、窯体構造、窯道具などの基本的技術は肥前の十七世紀中葉のそれに近い。窯跡から「明暦弐歳九谷」(一六五六)銘が染付された陶片が出土したことも、この年代を裏付けている。当時は徹底した分業生産を行っていたことからみて、肥前から複数の陶工集団が来て、地元の陶器の陶工とともに開窯した可能性が高い。九谷は大聖寺《だいしょうじ》藩領、肥前・有田窯は佐賀・鍋島藩領であり、両藩主の妻は佐賀藩初代藩主鍋島勝茂の孫娘で姉妹という濃い姻戚関係であったから、鍋島藩から一時的に陶工集団派遣があった可能性が高い。この九谷古窯では染付などとともに白磁も出土している。白磁は色絵素地になりうるのであり、実際に色絵片も出土していることから色絵磁器の製作が試みられたことが明らかである。しかし、その色絵の特徴をもつ伝世品は確認されておらず、なおどのような色絵が作られたのかが問題として残っている。九谷古窯はいったん廃窯になり、百年以上を経た一八二三年(文政六)大聖寺の豪商吉田屋伝右衛門により、九谷古窯に隣接して吉田屋窯が築かれた。これ以後、石川県南部に拡がる磁器窯を再興九谷と称す。代表的な窯として、江沼郡の吉田屋窯、宮本屋窯、松山窯、能美郡の若杉窯、小野窯、蓮代寺窯、金沢の春日山窯、民山窯などがあり、発展を遂げた。再興九谷には京都の陶工が参加するなどの交流があった。この再興九谷窯のはじめに手本として、約百七十年前の肥前の初期色絵が、古い九谷焼として誤解されるままに選ばれ、その色絵の装飾法が再興九谷諸窯の中で定着した。それが肥前の初期色絵の多くを古九谷と見なす原因となったのであろう。

参考文献 『九谷古窯第一次・第二次調査概報』、一九七一・七三、石川県教育委員会。『山中町九谷A遺跡』I、二〇〇五、石川県埋蔵文化財センター。

(大橋 康二)

くだら 百済 古代朝鮮の国名。四世紀前半―六六〇年。『日本書紀』の古訓は「くだら」と読み、「大国」を意味する。『三国史記』によれば、始祖王温祚は高句麗と同じく夫余の出身で、漢江下流域の慰礼城を都として、前一八年に建国したと伝える。『魏志』韓伝によれば、帯方郡の支配下にあった馬韓五十余国の一つに伯済国がみえる。四世紀後半、急速に台頭し、三七一年には近肖古王(余句)

が高句麗の平壌城に侵攻して高句麗王斯由(釗、故国原王)を戦死させた。そして都を漢山城(ソウル市夢村土城)に移し、東晋に遣使をして鎮東将軍・領楽浪太守・百済王に冊封された。この間、倭王に七支刀(奈良県天理市石上神宮)を贈って連携を深めた。さらに『広開土王碑』には「百残」と書かれ、三九七年には倭とともに高句麗と戦っている様子がうかがえる。その後、高句麗に対抗するために南宋に遣使をして関係強化を図ったが、四七五年、高句麗の長寿王(巨連・巨璉)に漢山城を攻められて蓋鹵《がいろ》王は殺害された。あとを継いだ文周王は、都を南方の熊津(忠清南道公州)に移して百済を再興した。しばらく反乱が起こり混乱したが、朝鮮半島南西部への侵出を果たして一応の安定をみた。一方、東アジアにおける百済の国際的地位の強化につとめ、五二一年に武寧王(余隆)が、南朝梁に朝貢して「寧東大将軍」号を与えられたことが、一九七一年に公州の宋山里古墳群で発見された未発掘の武寧王陵出土の墓誌(買地券)にみえる。全羅北道竹幕洞祭祀遺跡は、中国南朝とを結ぶ海上交通に関わる百済の祭祀の様子を伝える。武寧王は加羅諸国へも迫り、また倭との関係も、五経博士などを派遣して強化した。武寧王の子の聖王は、五三八年に都を泗《し》沘《ひ》城(忠清南道扶余)に移して国号を「南扶余」とし、十六等の官位を基本に、六佐平によって二十二部司を統括したほか、王都と地方とを五部五方に分ける行政制度なども整えた。しかも新羅と加羅との連携を深めて高句麗と戦い、五五一年、一時的に漢山城を回復した。それも束の間、新羅によって漢山城が奪われたため、倭に釈迦金銅仏や経論を伝えて軍事支援を求めた。五五四年、聖王は出兵して漢山城の奪還をめざしたが、新羅によって管山城(忠清北道沃川)で殺害された。五八一年、隋が起ると、威徳王はただちに使者を送って朝貢し、隋の冊封を受けた。そして五九八年の隋の高句麗征討に際して、隋軍の道案内を申し出た。隋にかわって唐が成立すると、六二四年には、武王は唐に遣使をして冊封を受け、高句麗が唐への朝貢の道を塞いでいることを訴えた。武王の子の義慈王は、弟王子一家と内佐平ら四十人を追放して権力体制を整えるとともに、六四二年には新羅の大耶城(慶尚南道陜川)を奪い、両国は厳しく対立した。新羅はこの百済の攻勢に対抗するため唐に救援を求め、唐の高宗は六六〇年、ついに百済征討を決断した。水陸十万の兵を率いた唐の大総管蘇定方と新羅の金庾信に泗沘城を攻められた義慈王らはついに降伏した。百済は滅亡したが、唐の占領政策に不満を持った百済の遺臣鬼室福信は、百済復興を目指して倭に滞在していた王子豊璋を迎えて抵抗運動を展開した。だが豊璋が福信を殺すなどの内紛が続き、結局、六六三年に白村江で倭の救援軍が唐と新羅の連合軍に敗北すると百済の残存勢力は完全に鎮圧された。一九九三年、扶余東郊外の陵山里古墳群と羅城との間で、寺跡が発掘された。南北に中門・塔・金堂が並ぶ一塔式の伽藍配置で、第三建物跡(工房)からは金銅竜鳳蓬萊山香炉などが出土した。また一九九五年には、木塔跡の心礎石の上から昌王(威徳王)十三年(五六七)銘の石造舎利龕が出土した。ほかに扶余の王宮跡と推定される官北里遺跡や宮南池などから木簡が出土している。

参考文献　坂元義種『百済史の研究』、一九七八、塙書房。東潮・田中俊明『韓国の古代遺跡』二、一九八九、中央公論社。早乙女雅博『朝鮮半島の考古学』、二〇〇〇、同成社。

（酒寄　雅志）

くだらおおでら　百済大寺　舒明天皇発願の寺院。『日本書紀』によれば、舒明天皇は六三九年(舒明天皇十一)七月に百済川の側に大宮と大寺の造営を発願し書直県《ふみのあたいあがた》を大匠としたという。同年十二月には九重塔を建て、六四〇年には百済宮に移ったが、翌年、崩御した。皇極天皇は六四二年(皇極天皇元)に百済大寺の造営のために近江と越《こし》の役民を動員した。その後、六四五年(大化元)には恵《え》妙《みょう》法師を寺主としたという。『大安寺伽藍縁起』には、六五〇年(白雉元)に大繡仏を作り翌年完成したと伝える。『扶桑略記』には、六六八年(天智天皇七)天智天皇が乾漆《かんしつ》丈六仏像一具と四天王像を造立したと記す。舒明朝における造営がどこまで進められたかは疑わしいが、この間、約三十年かかって完成したとみられる。しかし、六七三年(天武天皇二)には、美濃王と紀臣《きのおみ》訶多麻呂《かたまろ》を造寺司として高市大寺を造る、と『日本書紀』にみえるので、高市郡内に移建されたと思われる。その理由は明らかではないが、新しい都作りの一環として計画された可能性が高い。その所在地については、北葛城郡広陵町百済の百済寺説、橿原市木之本町の木之本廃寺説、桜井市の吉《き》備池廃寺《びいけはいじ》説があるが、第三説が有力視されている。→吉備池廃寺　→大官大寺《だいかんだいじ》

参考文献　大脇潔『飛鳥の寺』(『日本の古寺美術』一四、一九八九、保育社)。大脇潔「大安寺一—百済大寺から大官大寺へ—」(『シンポジウム古代寺院の移建と再建を考える』所収、一九九五、帝塚山考古学研究所)。

（大脇　潔）

くだらでら　百済寺　㈠奈良時代、渡来系の百済王氏が創建したことが確実視されている寺院。国特別史跡百済寺跡。大阪府枚方《ひらかた》市中宮西之町所在。百済寺の創建については、室町時代に書写された『興福寺官務牒疏』によると、義淵僧正の高弟宣教大師が開基とも、また『百済王霊祠廟由緒』によると、聖武天皇が七三七年(天平九)九月に百済王神社とともに造営したとも記されている真偽のほどは定かではない。むしろ、光仁天皇に始まり桓武天皇のたびたびの交野行幸・遊猟やその際の百済寺への施米記事などが『続日本紀』や『日本続紀』『類聚国史』などにしばしば認められることから、時期的には、南典を継いだ百済王敬福が河内守を兼任した七五〇年(天平勝宝二)ないしは、二年後の百済王氏一族が摂津百済郡から交野郡に移住した時期の創建とすると、発掘調査結果とも合致する。また調査では、南大門から築地大垣が方一

六〇メートルで囲み、内には中門があり回廊が出て金堂に取り付く内側に東西三重の両塔を配し、金堂の北に講堂・食堂が連なる、いわゆる薬師寺式伽藍配置を確認した。そして東南隅に別院かと思われる遺構も検出されている。遺物は、多数の瓦類のほか、各種土器類とともに二彩や緑釉などの施釉陶器、鍍金飾金具、和同開珎などの古銭類が出土している。特に軒瓦は、十数種類に分類でき、創建瓦は八世紀後半で、平安宮瓦もみられものの新しい瓦は平安時代の中ごろ(十一—十二世紀)のもので、それらは全て罹災の痕跡をとどめていることから、この時期に焼失し、再建されなかったものと推測されている。また、当寺院の周辺の調査によって北後方約五〇〇メートルの地点(禁野本町遺跡)まで奈良—平安時代の道路遺構や祭壇状大方形区画、掘立柱建物群などが発見され、交野離宮との関連も検討されていて、八世紀—九世紀前半に隆盛を迎えた建立氏族の百済王氏の世界を明らかにしつつある。当寺院を中心に盛衰をともにした百済王氏とその関連する歴史を研究する上で重要な遺跡である。

参考文献 大阪府編『百済寺阯の調査』(『大阪府史蹟名勝天然紀念物調査報告』四、一九三四)。『河内百済寺跡発掘調査概報』、一九六五、大阪府教育委員会。『大阪府枚方市禁野本町遺跡』II(『枚方市文化財調査報告』四二、二〇〇三、枚方市文化財研究調査会)。 (堀江 門也)

(二) ⇩ひゃくさいじ

くだらどき 百済土器 朝鮮三国時代において、百済の王都を中心として生産・使用された土器。漢城(大韓民国ソウル特別市)に王都がおかれた時期には、肩部に斜格子文帯をもつ直口短頸壺・広口壺・三足土器・有蓋高杯・筒形器台などが主な器種として用いられた。青灰色を呈する還元炎焼成の土器が多いが、黒色磨研土器や赤褐色軟質土器も存在する。ソウル風納土城・夢村土城出土土器が典型例。その主たる分布範囲は、漢江中・下流域と牙山湾沿岸地域で、錦江中・下流域や黄海道にまで影響が認められる。四七五年に熊津(大韓民国公州市)に王都を移してからは、直口短頸壺・広口壺・瓶・三足土器・蓋杯などが主な器種となり、その分布範囲は栄山江流域まで及んだ。五三八年に泗沘(大韓民国扶余邑)に遷都してからは、有蓋碗や鍔付土器などを主な器種とする白色軟質土器が、扶余官北里遺跡や扶蘇山城など、王権と関係が深いと考えられる遺跡を中心に用いられた。

参考文献 朴淳發『百済国家形成過程の研究』(木下亘・山本孝文訳)、二〇〇三、六一書房。 (吉井 秀夫)

ぐちゅうれき 具注暦 暦面を上中下の三段に分け、暦日に二十七宿(貞享暦以後は二十八宿)、節気、その他吉凶禍福などに関わる暦注を記した暦のこと。日月五惑星の位置を記す七曜暦《しちようれき》に対しては日常使用するカレンダー、仮名暦(一名仮名具注暦)に対しては漢字のみで書かれた真名暦《まなごよみ》である。中国の太陰太陽暦は黄道上の太陽の位置による季節の変化(節気)と日常生活の目安となる月のみちかけを同時に示すもので、また漢易により暦中の干支に神秘的意味づけが施された結果具注暦が生まれた。日本では六八九年(持統天皇三)の木簡暦が現存最古のものである。律令国家においては暦博士が計算して陰陽寮が作成し、中務省によって毎年十一月一日の御暦奏《ごりゃくのそう》で天皇用の具注御暦二巻、頒暦(人給暦《ひとだまいのこよみ》。一年一巻か)百六十六巻が奏上され、後者を諸官司に頒布することで天皇支配の象徴とした。頒暦をさらに書写したものが、国郡・寺院・在地有力者に使用され、また利用に便利なようさまざまな形で抜書した木簡暦が作られた。七六三年(天平宝字七)に大衍暦《だいえんれき》が採用されると、以後は『大唐陰陽書《だいとうおんようしょ》』すなわち大衍暦注(両者を別とする意見もある)が宣明暦《せんみょうれき》行用時代をも通じて用いられる。八世紀はあまり重視されない暦注も、八〇七年(大同二)の廃止が貴族の反対で三年後に復活したように平安京では重視の風潮が強まり、貴族は具注暦へ儀式関係記事を主とする日記を書き込むようになる。このため数行の間空きをもつ暦が現れ、有力者ほど行数の多い傾向がある。一方十世紀末に頒暦制度が崩壊すると、貴族は陰陽師に私的に具注暦作成を依頼するようになった。具注暦の数は鎌倉時代が最も多く、以後仮名暦の普及により減少するが、明治初年まで存続する。また書写暦が基本だが、版暦も見られた。なお貞享改暦を契機に一六八六年(貞享三)より暦注は大幅に簡素化され、また七十二候は日本の気候とあったものに名称が変更された。 ↓暦《こよみ》

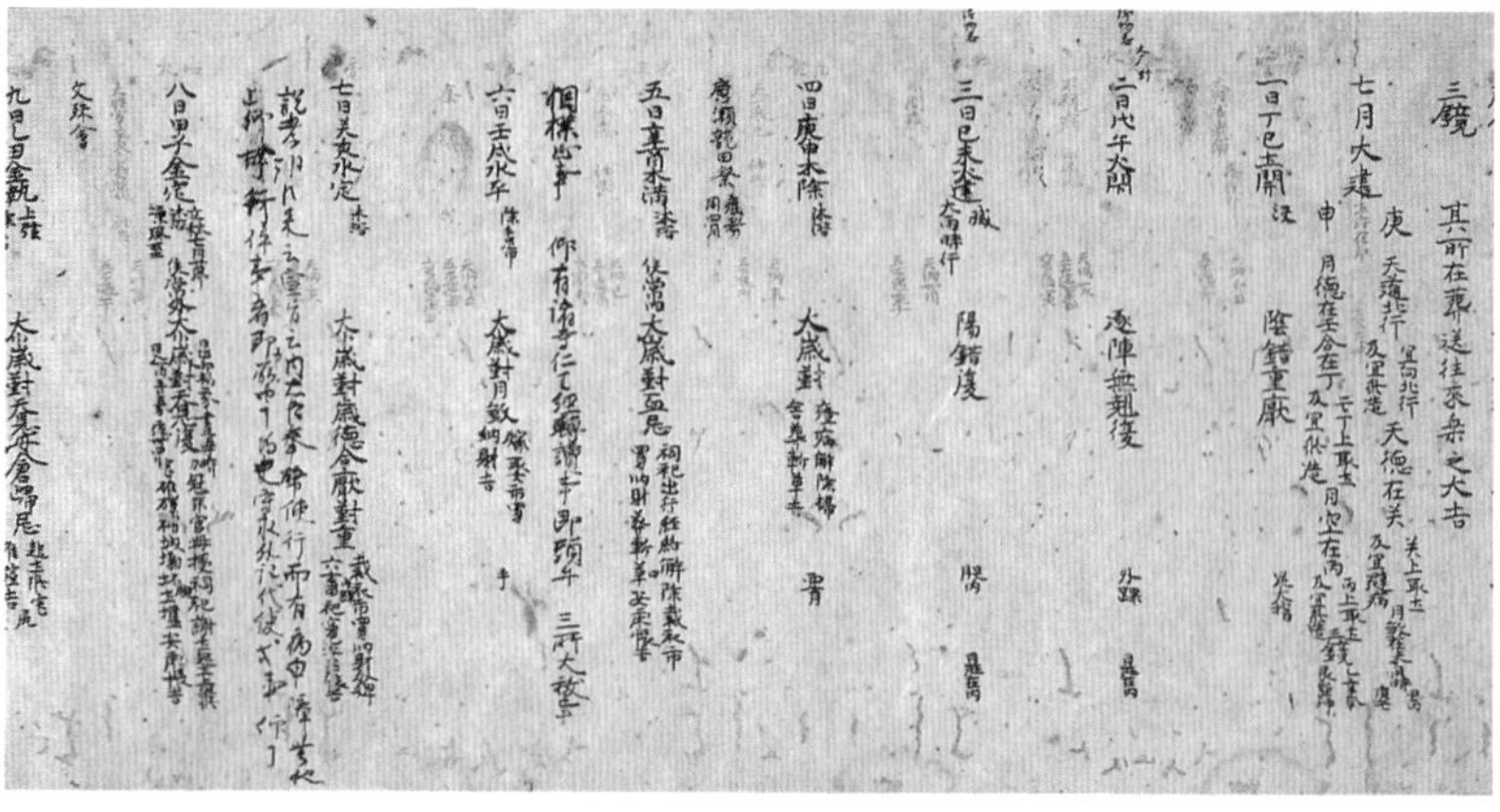

長徳四年具注暦(『御堂関白記』)

参考文献 渡邊敏夫『日本の暦』、一九七六、雄山閣。桃裕行『暦法の研究』(『桃裕行著作集』七・八、一九九〇、思文

閣出版)。山下克明『平安時代の宗教文化と陰陽道』、一九九六、岩田書院。　　(細井　浩志)

くつ　**履**　古代から用いられてきた閉塞性の履物を総称していう。日本の「くつ」は中国大陸や朝鮮半島から伝来したものであり、舃《せき》や履《り》・鞋《かい》・靴《か》などと表記され、舃は二重底、履は一枚革の底など細かく定められていた。記録には、六三六年に成った『隋書《ずいしょ》』倭国伝に「履如屨《く》形、漆其上繫之於脚」とあり、漆塗りの浅くつが想定されるが、革製か木製かは定かでない。形状を伝えるには藤ノ木古墳などから出土する金銅製履がある。八世紀になると、衣服令《いふくりょう》で「礼服に舃、朝服に履」とされ、『令義《りょうのぎ》解《げ》』によると「烏皮舃　皇太子禮服　謂烏皮者皀皮也舃者高鼻履」と、烏皮《くりかわ》舃が「黒(漆塗り)革製の爪先の高い履」とわかる。また、「武官禮服　烏皮靴」ともあり、これは黒革の深くつである。舃は、正倉院《しょうそういん》宝物の納御礼《のうのごらい》履に比しうるように、日本ではしだいに履《り》に集約されて、履は革製の浅くつをいうようになる。宝物には履・錦履・繡線鞋《ぬいのせんがい》があり、履は爪先の反った革製のくつで、表に錦を貼ったものを錦履という。繡線鞋は刺繡を施した布製の浅くつである。鞋は植物繊維を用いた浅くつをいい、糸を編んだ糸鞋《しかい》、植物を編んだ草鞋《そうかい》などがある。これらは平安時代になると日本風に変化していき、十世紀に成った『和名類聚抄《わみょうるいじゅしょう》』には「履(中略)音李和名久豆用　踏字音沓」と和名を「くつ」とされ、総称となるようである。日本風に変化したくつには「沓」が用いられ、舃の系譜として木製漆塗りの浅沓、布製の出頭沓があり、草鞋が転じた挿鞋《そうかい》は木製錦貼りとなる。深くつでは靴は「かのくつ」と呼称を変え、馬上沓・物射沓・貫《つらぬき》などがある。その他、植物を編んだ多種のわら沓、革製の綱貫《つなぬき》・足袋沓などもある。なお、日本では早く革が木に代えられ、奈良・平安時代の遺跡から出土する、下駄のような歯を有することもある木沓は「木履　紀具都」に比定しうる。木履は浅履→浅沓と表記を変える。早い例では、

繡　線　鞋

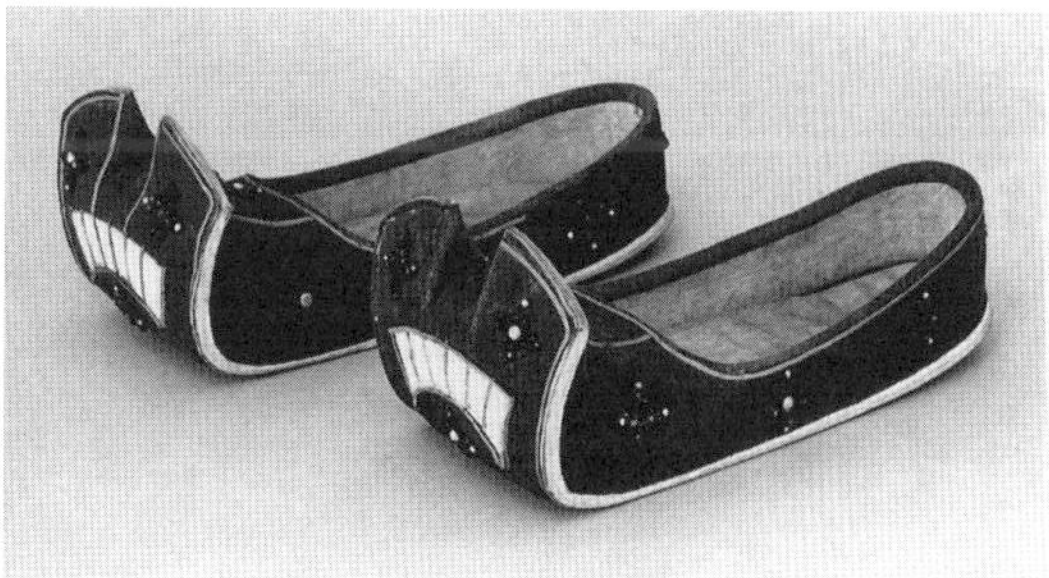
衲　御　礼　履

綱　　貫

草　　鞋

靴（かのくつ）

木　　沓

弥生時代の被甲部をもたない木製のものも報告されている。

参考文献 『古事類苑』服飾部。『正倉院宝物』、一九九六、毎日新聞社。比佐陽一郎「木製履物雑考—福岡市雀居遺跡・那加君休遺跡出土資料の紹介を中心として」(『九州考古学』七二、一九九七)。 (市田 京子)

くつわ 銜 全世界共通で、馬などの動物に騎乗したり、動物に車を牽引させる際に、動物の口に喰せ、手綱を取り付け、騎乗者や御者の意志を動物に伝える具。轡などとも。面懸《おもがい》で固定する。通常は鉄製で銅製もある。騎乗具(以下、馬具と汎称)のうち、鞍橋《くらぼね》や鐙《あぶみ》に先んじて最初に発明された。日本には、通説では四世紀末ころに、馬や乗馬技術とともに、馬具の一要素として北九州に伝来した。構造は、日本の中世以降の用語で、馬の口に喰せる連結式の棒状の部分を喞《はみ》、喞の左右に取り付ける板状の部分を鏡板《かがみいた》(鏡とも)、鏡板を介して喞とつながり、手綱を取り付ける部分を水付《みずつき》(引手《ひって》とも)、鏡板上部の面懸を取り付ける部分を立聞《たちぎき》という。鏡板の形状や透かし彫りの状態で、蕨薬《うばら》衡・杏葉《ぎょうよう》衡・鏡衡・十文字衡などのさまざまな種類がある。なお、馬は臼歯と犬歯の間に歯槽《しそう》間縁《かんえん》とよぶ広い隙間があり、喞はそこに喰せるため、鉄などの金属製でも馬は苦痛を感じない。

参考文献 日本馬具大鑑編集委員会編『日本馬具大鑑』一—四、日本中央競馬会、一九九〇・九二。 (近藤 好和)

くとうじょ 旧唐書 中国五代晋の九四一年、高祖の勅命により編纂が開始され、九四五年に完成した唐朝の正史。監修国史趙瑩の下に張昭遠、賈緯、趙熙らが編纂にあたった。本紀二十巻、志(礼儀・音楽・暦・天文など十一志)三十巻、列伝百五十巻の合計二百巻から成る。高祖から武宗の初期までは内容的に充実しているが、唐後期は原史料の欠落から不備が目立つ。巻一九九上、東夷伝中にわが国の三世紀から九世紀にかけての中国との交流史を記載する「倭国日本伝」がある。倭国と日本が併記されている点など、日本に対する理解の混乱がみられるが、粟田真人の武則天への朝貢記事や、阿部仲麻呂の長安滞留を記した部分など、当時の日中交流史では最も信頼すべき史料として研究論文などに引用されることが多い。 ↓新唐書《しんとうじょ》

参考文献 石原道博編訳『新訂旧唐書倭国日本伝・宋史日本伝・元史日本伝』(『岩波文庫』、一九八六、岩波書店)。早稲田大学文学部東洋史研究室編『中国正史の基礎的研究』、一九八四、早稲田大学出版部。 (山川 均)

くないちょうしょりょうぶ 宮内庁書陵部 宮内庁の一組織で、皇統譜の登録・保管、図書および記録等の保存・編纂・調査、ならびに陵墓の管理と調査等を行う機関。一八八四年(明治十七)設置された図書寮と一八八六年設置の諸陵寮が第二次世界大戦後の改革で合体し、一九四九年(昭和二十四)書陵部となった。明治維新後京都よりもたらされた禁裏本のほか、宮家、公家・地下、幕府、大名、学者、宮内省各部局等の旧蔵本からなる和漢の蔵書、および明治以来の宮内省・庁各部局の保存文書(公文書)があり、これらの総数は五十万点をこえる。また全国に所在する陵墓については、陵墓課および地域別の五監区の各事務所によってこれを管理する一方、調査考証を掌り、陵墓の保全・整備に伴う事前調査・立会調査等の調査を実施して、その結果は毎年刊行する『書陵部紀要』に報告している。現在定期的な刊行物としては前記『書陵部紀要』のほか、『皇室制度史料』『図書寮叢刊』、コロタイプ複製等がある。

参考文献 『書陵部紀要』一、一九五一。『図書寮典籍解題』文学編・続文学編・歴史編・続歴史編・漢籍編、一九四八-六〇。 (北 啓太)

くに 国 律令制における地方行政区画。全国は六十数カ国に分けられ、それぞれは畿内と七道に所属する。律令制以前は国造に任じられた各地方豪族の支配する範囲を、それぞれ国と呼んだと考えられるが、国造の勢力によって大きさはまちまちであった。律令制につながる国は、七世紀半ばのいわゆる大化改新ごろから形成されたとみられ、確実な表記の初見は、六六五年(天智天皇四)の石神遺跡出土木簡における「三野国」(=美濃国)。六八三(天武天皇十二)—八五年にかけて、全国を対象として国境画定が行われ、この際に高志・吉備・筑紫・豊・肥の諸国が前中後ないし前後に分割された。七〇一年(大宝元)の大宝令施行以後は、大・上・中・下の四等級に分けられ、それぞれの等級に応じて定員が定められた国司に中央から官人が派遣され、諸国の行政を担当した。また国ごとにおかれた官吏養成のための学校である国学では、国博士が一般教育を担当し、国医師が医学教育を担当した。諸国の行政は、各国で管理されている正税などの稲穀を財源として運営される。大宰府管轄下には、多褹《たね》島・壱岐島・対馬島など、島と称される単位があるが、これは下国と同格に扱われ、島司が行政を担当する。各国内はいくつかの郡から構成され、各郡の行政を担当する郡司を国司が統括した。八世紀前半のうちに諸国の行政の中心地には国庁を中心とする国府が形成され、また八世紀半ばごろからは国ごとに国分寺・国分尼寺が建立・整備された。さらに国ごとに神社の格付けも行われており、諸国で最も重視された神社は一宮と呼ばれた。八世紀前半から半ばにかけてはいくつかの国が分立・併合される動きがあったが、九世紀半ばまでにはほぼ固定化する。十世紀初頭の『延喜式』では総計六十六国二島となっており、以後この体制が受け継がれていった。

参考文献 吉村茂樹『国司制度』、一九六二、塙書房。鎌田元一「日本古代の「クニ」」(朝尾直弘他編『日本の社会史』六所収、一九八八、岩波書店)。鐘江宏之「「国」制の成立」(笹山晴生還暦記念会編『日本律令制論集』上所収、一九九三、吉川弘文館)。 (鐘江 宏之)

くにえず 国絵図 古代以来の「国」を単位として作成された絵図。一般には江戸幕府が諸国の主要大名に命じ

て調進させた国ごとの地図を指し、これについては江戸幕府撰国絵図と称す。江戸幕府は一六〇四年(慶長九)、一六四四年(正保元)、一六九六年(元禄九)、一八三五年(天保六)の四度にわたって国絵図作成の命を下し、その際には国ごとに各郡村の石高を列記した郷帳も同時に編集させた。慶長度は徳川家康が伏見在城中に命令を発しており、この時の国絵図徴収は西日本諸国を対象としたらしく、残っているのは西日本の十ヵ国の国絵図の控ないし写であるが、関連する絵図や史料からは少なくとも十三ヵ国で作成された。正保度には幕府は国絵図と郷帳の作成要領を示達し、国絵図・郷帳ともに二部ずつ(慶長度は三部)の提出、縮尺は一里六寸(二万千六百分の一)、一里山の描示、交通・海辺注記の記載など細かな指示により、国絵図の様式の統一を図った。この時は諸国の城郭とその周辺を描いた城絵図の調進も求めた。元禄度には、正保度よりもさらに詳細な指示と改訂の指針が示され、先の正保国絵図の貸し出しと変地の箇所の改訂および国境・郡境の論地を解決した上での絵図作成を求めた。また、幕府は本郷に絵図小屋を設けて下絵図の点検にあたり、様式の一層の統一を図るとともに、隣接国に国境の縁絵図を持ち寄らせ、双方を照合して国境に齟齬《そご》がないことを確認し、国境記載の厳密化を図った。これらの点検作業の後に、幕府御用絵師の狩野派絵師によって国絵図の清書が作成された。天保度にはそれまでの絵図元の大名から幕府への調進とは異なり、郷帳の改訂を先行させ、諸国から提出された変地資料を基に幕府みずからが全国の国絵図を調製した。この時、表高から実高表記に変更されたが、藩側の抵抗があり、実高記載は徹底を欠いた。これらのほか一六三三年(寛永十)の諸国への巡見上使派遣に伴い国絵図を徴収したとの見方もある。幕府はこれらの国絵図を元に(慶長度を除く)日本総図を作成した。なお、豊臣秀吉も一五九一年(天正一九)前後に絵図を国郡単位でまとめて作成している。幕府撰国絵図の影響を受けて、民間では旅行案内的な目的を加えた木版刷りの国絵図が刊行された。また、明治政府も一八七〇年(明治三)に「御国絵図新規御改正」を布達し、国絵図の改訂を図った。「天保国絵図」全部と「元禄国絵図」の一部は国立公文書館内閣文庫に保存されており、その控図や縮写図をはじめ、諸藩が調進のためにつくった関連地図類が各地の図書館に所蔵されている。

参考文献 川村博忠『江戸幕府撰国絵図の研究』、一九八四、古今書院。黒田日出男「現存慶長・正保・元禄国絵図の特徴について」(『東京大学史料編纂所報』一五、一九八〇)。

(出田 和久)

くにきょう 恭仁京 山背国相楽郡に聖武天皇によって造営された奈良時代の宮都。今の京都府相楽郡加茂町の西部一帯にあたる。七四〇年(天平十二)の藤原広嗣の乱を機に行幸があり、同年十二月に遷都、七四四年二月に難波宮が都とされるまでの三年余の都。正しくは大養徳《やまと》恭仁大宮《くにのおおみや》。大極殿は、七四六年九月山背《やましろ》国分寺に施入された。宮の中心部分は、山城国分寺跡として一九五七年(昭和三十二)国史跡に指定。発掘調査によって宮の大極殿など一部の主要殿舎の規模、詳細が明らかとなり、四至が確定したが、京は想定案にとどまっている。遷都の理由は、瓶原《みかのはら》の地が交通至便で風光明媚であったことに加えて、藤原氏の権勢が低下した時に台頭してきた橘《たちばな》諸兄《もろえ》が、自分の別業の近くに都を建設したものと考えられている。なお、紫香楽宮《しがらきのみや》が造られるなど経費支出が増大したため七四三年十二月に造営が停止され、翌年二月

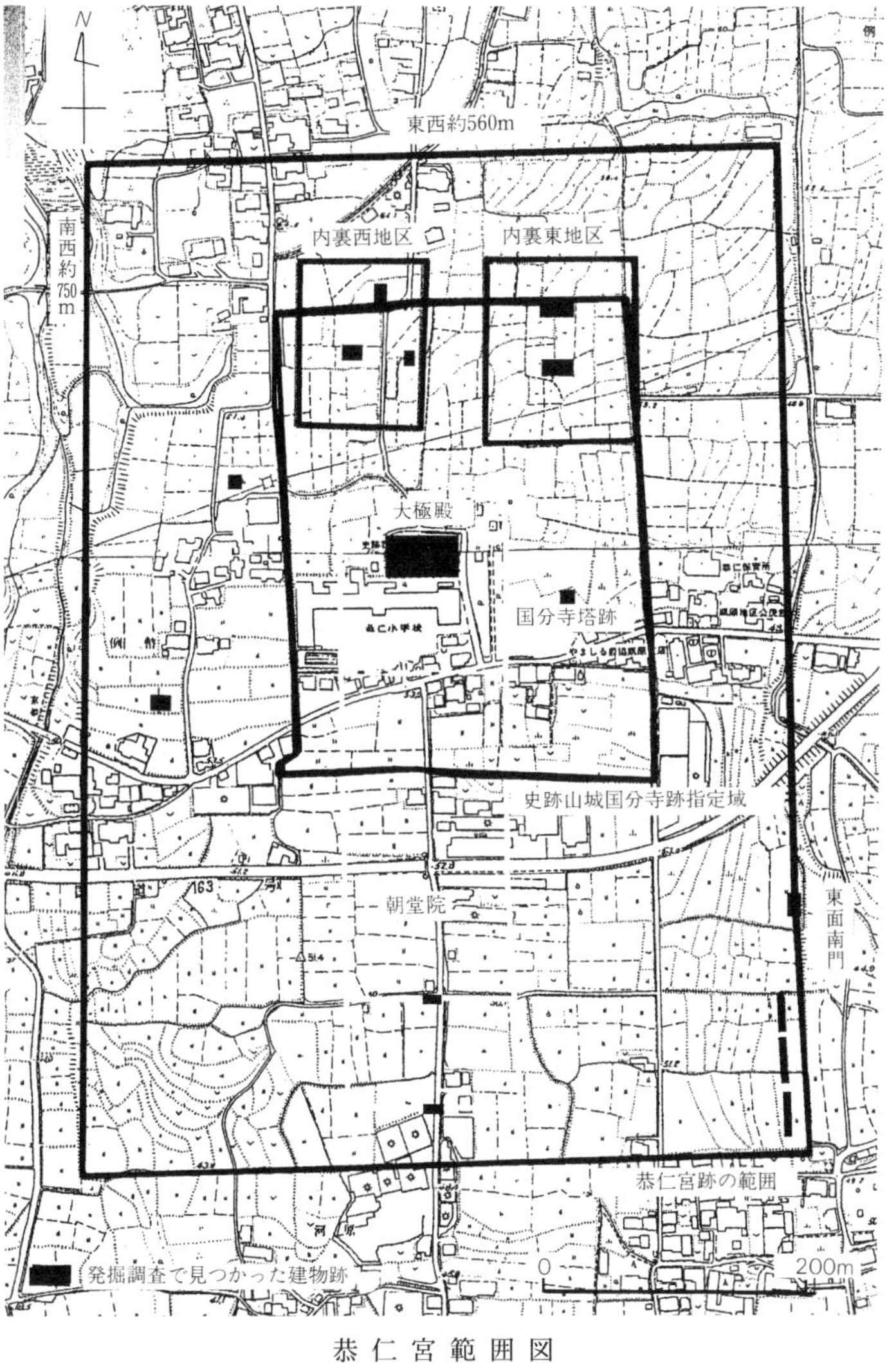

恭仁宮範囲図

廃都となった。この都において国分寺建立の詔《みことのり》(七四一年三月)や墾田《こんでん》永年《えいねん》私《し》財法《ざいほう》(七四三年五月)が出された。宮は、加茂町の木津川北岸、大字例幣の加茂町立恭仁小学校に北接する土壇を大極殿《だいごくでん》とする説のほか、万葉歌の解釈から木津川の南に求める河南説などがあった。足利健亮は、地理学的研究と平城宮を参考にして、その土壇を大極殿跡と考え、大極殿の南に朝堂院、北に内裏《だいり》を想定し、これらを含む八町(約一キロ)四方を宮域として提示した。京都府教育委員会は、一九七三年度から発掘調査を継続して実施しており、遺跡の実態が明らかになりつつある。まず、その土壇が大極殿跡であり、大極殿は『続日本紀』の記事どおり国分寺に施入されて、金堂に再利用されたことが確かめられた。大極殿は、東西約五三メートル×南北約二八メートルの基壇上に、九間×四間(約四五メートル×約二〇メートル)の規模で、『続日本紀』天平十五年十二月辛卯条にあるように平城宮(第一次・中央区)大極殿を移築したと考えられる。次に朝堂院の範囲がわかり、大極殿の北の内裏相当地域には、東と西の二つの区画が存在した(内裏西地区、同東地区と仮称)。その他、大極殿院回廊の一部、朝堂院南門、朝集殿院南門、内裏西地区と同東地区の掘立柱建物などが検出されている。そして宮の東西南北全ての大垣(築地)、側溝の一部と宮城門の一つ東面南門が確認され、東西約五六〇メートル、南北約七五〇メートルの宮の範囲が確定した。この宮域は、縦長で面積は平城宮の約三分の一である。立地は、北方の山地から南に下がる傾斜地で、約一五メートル(標高約六〇メートル～四五メートル)の比高差があり、宮の西辺付近は深い谷で区切られている。この地は、東国方面、山背、河内方面に通じ、南は低い奈良山丘陵を隔てて直線距離約一〇キロで平城宮に到り、七四二年二月に開かれた「恭仁京東北道」によって紫香楽宮(直線約二七キロ)と結ばれていた。宮が造営される以前に、近辺にはすでに岡田離宮、甕原《みかのはら》離宮が営まれており、奈良時代に天皇や太上天皇の行幸がしばしばあった。また、宮や京に関連して城北苑、皇后宮、石原宮などが存在したことも『続日本紀』に見える。京域は、『続日本紀』天平十三年九月己未条に「賀世《かせ》山(鹿背山)の西路より東を左京とし、西を右京とす」という記事をもとに検討された。さらに同書には東西の市、官人、百姓を移住させたことなど京に関する多くの記事が見られる。足利健亮は、基本的に南北九条、東西八坊の平城京原初プランをあてはめて計画されたものとし、木津町、山城町、加茂町に及ぶ京域を想定した。すなわち右京中軸線を木津町の「作り道」に、左京中軸線を大極殿および宮域の中軸線として復原し、左、右京とも各四坊の条坊と推定した。その結果、木津町鹿背山付近に、京内ではあるが、条坊の敷かれていない方形の地域をもうけ、この東西に左京と右京を分割し、左京の北端に宮を配置するという独自の説となり、その規模は東西約六・一キロ、南北約四・八キロとなる。しかし、京に関する遺構は、宮に隣接する東面大路・南面大路の一部と推定朱雀大路《すざくおおじ》側溝の可能性のある溝以外は検出されていない。出土遺物には大量の瓦類、土器、木簡八点等がある。瓦類の中には「真依」、「乙万呂」などの人名と考えられる文字が、瓦の凹面に押印された丸・平瓦が千点以上出土している。これらの文字瓦は恭仁宮造営時のもので、人名は瓦工人のもので、瓦工ごとの作瓦量の把握のために押印されたと考えられている。→山城国分寺《やましろこくぶんじ》

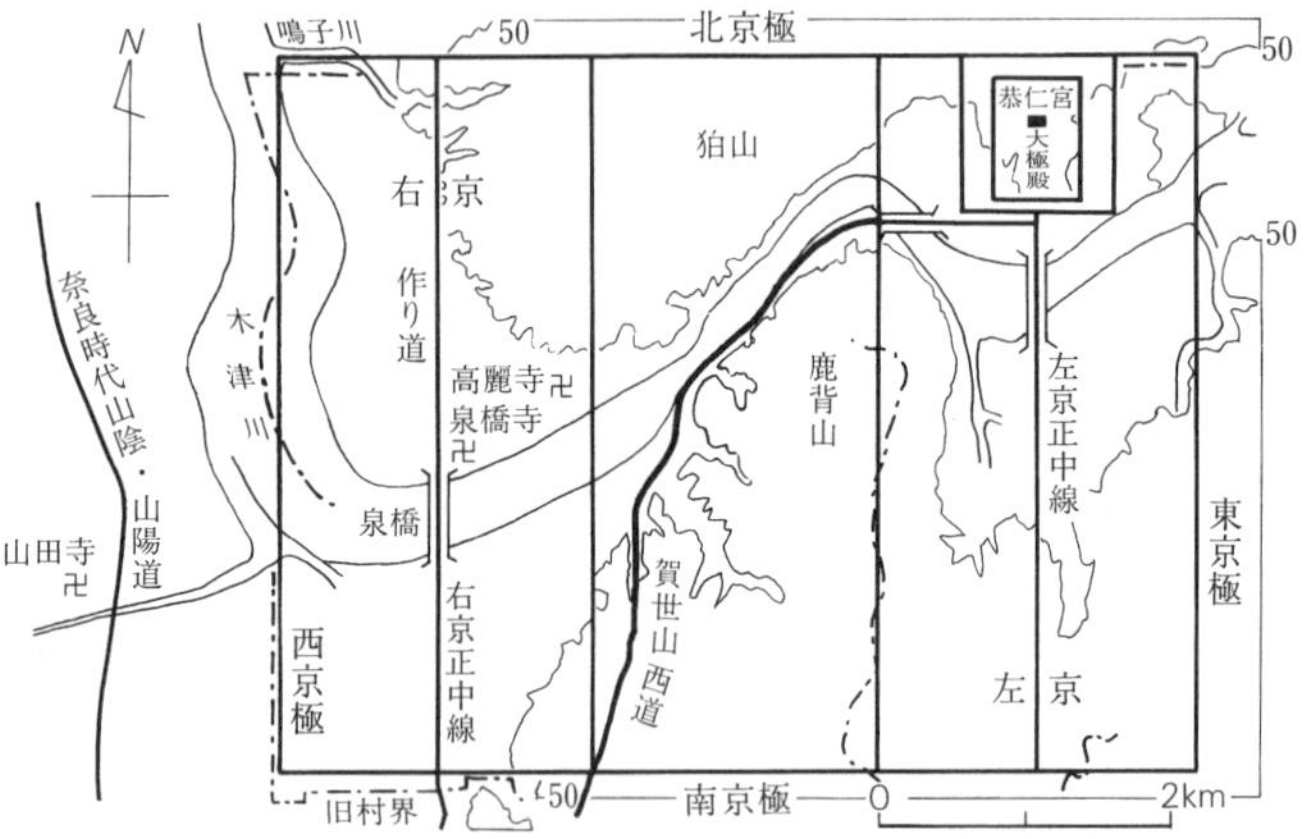

恭仁京復元図(足利健亮説)

参考文献 『恭仁宮跡発掘調査報告―瓦編―』、一九八四、京都府教育委員会。『恭仁宮跡発掘調査報告』II、二〇〇〇、京都府教育委員会。『埋蔵文化財発掘調査概報(一九七四)』―『同(二〇〇六)』、一九七四-二〇〇六、京都府教育委員会。足利健亮『日本古代地理研究』、一九八五、大明堂。加茂町史編さん委員会編『加茂町史』一、一九八八。磯野浩光「恭仁宮」(『歴史と地理』五五〇、二〇〇二)。

(磯野 浩光)

くにさきとう 国東塔 おもに大分県国東半島に分布する石造宝塔の一種で、建築史家の天沼俊一が一九一四年(大正三)に名付けた。宝塔は円形の塔身に方形の屋根を架けた一重塔で、元来は二重の多宝塔(塔身が下重方形上重円形で屋根はともに方形)と同じく多宝塔とよばれたが、中世末近世初ごろから区別されるようになった。石造の宝塔は基礎・塔身(上部がくびれる)・笠・相輪からなるのが一般形式で、基礎の下に基壇をもつものもある。国東塔は基礎と塔身の間に蓮弁を刻んだ台座が加わり、全体として細長い比例をもつのが特徴で、さらに一般の宝塔と比べると塔身は下方がすぼまった壺形で上部のくびれるところが角張る、笠の隅が強く反る、相輪の宝珠に火炎が付く、必ず基壇があるなどの違いがある。台座は蓮弁が上に開く受花、逆に伏せた形の反花、その二つを合わせたものと三種ある。一般の宝塔でも基礎上面に薄

い蓮華座を刻み出したものや、低い反花の台座をもつものがまれにみられる。塔身には四仏などの種子や銘文を刻んだりするが、一般の宝塔のように扉形を造出したものはない。これは一般の宝塔の塔身が円筒形であるのに対し国東塔は壺形をしているからであろう。笠は上面が反る(照る)のが普通であるが照り起りをもつものがあり、下面には垂木を表した薄い段を造出すものもある。相輪は露盤・伏鉢・受花・九輪・受花・宝珠からなり、露盤はふつう笠石から造出すが国東塔は別石で比較的高く側面に格狭間《こうざま》を刻むものが多く、伏鉢には台座と同じように反花を刻んでいる。基礎の側面は二区または三区に分けて格狭間を刻むものが多い。造立の目的はほかの石造塔と同じく墓塔・供養塔・納経塔などである。石質は安山岩または凝灰岩がほとんど。最古の岩戸寺宝塔(一二八三年(弘安六))・最大の別宮八幡宮宝塔(一二九〇年(正応三))・照恩寺宝塔(一三一六年(正和五))・長木家宝塔(一三二一年(元亨元))などが代表的な遺品で、高さは三メートルを越えるものも珍しくない。

参考文献　酒井冨蔵『国東半島の石造美術』、一九七八、第一法規。　(濱島　正士)

くにさきのつ　国埼津　国東半島の大分県国東市の田深川河口付近に置かれたと推定される古代の津。七九六年(延暦十五)十一月十五日の太政官符に引用された七四六年(天平十八)七月二十一日の官符に豊前草野《かやの》津と豊後坂《さか》門《と》津とともにみえる。この官符では、これらの津から出港した公私の船が、過所(通行手形)、門司の勘過(通行証明書)がなく、勝手に難波津に集まることを禁制しているが、豊後・日向の兵衛・采女の資物を搬送する船については、国埼津の往来があれば、航行を認めるとしている。この津は、草野津や坂門津が国府の津として機能していたのに対して、南からの船の監視を行う特別な役割があったことが窺える。一九九九年(平成十一)、国東市の飯塚遺跡で木簡や人面の描かれた斎串などが大量に発見された。当初、初期荘園の関連を指摘する説が有力であったが、その場所が現在の港にも繋がる低湿地でもあることが指摘され、発掘された倉庫群と思われる遺跡の存在を考え合わせると、国埼津、国埼郡家関連施設であるとの見方が有力となった。また、遺物の中には、宇佐宮の封戸の置かれた「武蔵里」や宇佐弥勒寺のことと思われる「□寺米日記」などと書かれた宇佐宮関連の木簡、「大弐従四位上藤原朝臣□□」銘の檜扇があり、この施設と宇佐宮・大宰府との関係が注目されている。

参考文献　『飯塚遺跡』、二〇〇二、国東町教育委員会。　(飯沼　賢司)

くにのみやつこ　国造　五世紀代の首長間連合体制が崩壊したのに伴って、六世紀前半ごろから設置された倭王《わおう》権《けん》の地方行政官。略して「こくぞう」とも称す。五世紀の地域首長は、大王や中央の有力首長と婚姻などの人格的関係を結んで提携し、みずからの外交・軍事権を大王に委任することで鉄資源など威信財《いんしんざい》の安定的供給を実現させ、それによって各地域のヘゲモニーを掌握する一方、大王権力からは相対的に自立した存在であった。しかし六世紀初頭前後になると、鉄資源の供給源であった朝鮮半島南部の加耶《かや》地域が百済《くだら》と新羅《しらぎ》によって東西から挟撃され、滅亡に追い込まれるという政治的変動が生じ、ついには日本列島への鉄資源の安定供給が途絶したことで、地域首長が主体的存在から転落する事態になったのである。従前の地域(上位)首長は、大王への権限委譲の対価として中央からもたらされる威信財を権威の源泉とし、それらを地域内の下位首長に再分配することで政治的地位を保っていたのであるが、その供給が不安定になったことで下位首長の突き上げをうけ、政治的権威を徐々に喪失していった。それに対して下位首長は、半島から地域首長経由で導入した新技術によって生産性を増大させ、六世紀初頭前後にみられる前期(古式)群集墳の出現に象徴されるように、政治的にも次第に台頭しつつあった。そのため地域全体の利害を体現できなくなった地域首長は、在地の再分配センターとしての機能を放棄せざるを得ず、従来の威信財に代わる新たな権威として大王に従属する道を選択し、それまでみずからに集約させてきた地域の貢納・奉仕関係を大王に中継する地方行政官、すなわち国造に退転することになったのである。なお国造の成立時期に関しては、西日本においては磐井《いわい》の乱後の六世紀中葉に、東日本においては半世紀後の六世紀末ごろに、それぞれほぼ一斉に成立したとみる見解がある。確かに磐井の乱は国造成立の一つの画期と考えられるが、それは『日本書紀』によれば五二七年(継体天皇二十一)に起きた事件であり、しかも国造制施行の目的が「朝鮮半島派遣軍の確保」にあるならなおのこと、半島情勢の激化は六世紀初頭から始まっているのであるから、国造成立を六世紀中葉まで引き下げる必要はなく、また東日本においても、前述した下位首長による上位首長への抵抗事例である武蔵国造《むさしこくぞう》の乱は五三四年(安閑天皇元)に起きており、それを六世紀末とする必要もないであろう。その後、国造制は『隋書《ずいしょ》』倭国伝に「軍尼《くに》一百二十人あり。なお中国の牧宰のごとし。八十戸に一伊尼翼《いなき》(冀)を置く。今の里長のごときなり。十伊尼翼は一軍尼に属す」とあるように、七世紀初頭ごろには全国的な地方行政制度として確立していたように描かれている。しかし実態は、それほど整然かつ斉一的な制度であったわけではなく、また在地においても政治秩序の変動は続いていた。すなわち、六世紀以来の下位首長の台頭はとどまるところを知らず、なかには個別経営や賃租行為を行うことで、私富の追求をはじめる新興首長(有力家長)層も出現するなど、在地における国造の地位は有名無実化していた。六世紀末から七世紀初頭にかけての後期(新式)群集墳の盛行は、このような在地の新たな動きに対応するものであるが、これ以上の共同体的機能の崩壊をおそれた倭王権は、七世紀中葉に至って斉一的な地方行政組織である評制の導入にふみきり、ここに国造は下位首長や一部の新興首長とともに評の官人(評督・助督)に任命され、ほぼその歴史的役割を終えるのである。なお国造の権限については、在地における軍事権・裁判権・祭祀権などが考えられているが、そのうち軍事権については平時に労働力としての役丁《えきてい》を徴発していたのと同じく、戦時に兵士を徴発する権限を有していたにすぎず、常設的な軍事組織が存在し、その指揮権を有していたというわけではない。

参考文献 篠川賢『日本古代国造制の研究』、一九九六、吉川弘文館。鎌田元一『律令公民制の研究』、二〇〇一、塙書房。佐藤長門「倭王権の列島支配」(都出比呂志・田中琢編『古代史の論点』四所収、一九九八、小学館)。同「倭王権の転成」(鈴木靖民編『日本の時代史』二所収、二〇〇二、吉川弘文館)。
(佐藤 長門)

くにみやまはいじ 国見山廃寺 ⇩極楽寺《ごくらくじ》

くのうざん 久能山 静岡市駿河区の東端、有度《うど》丘陵南辺にある標高二一六メートルの山。久能寺、久能城さらに東照宮が創建され現在に至る。国史跡。補陀落山《ふだらくさん》久能寺は推古天皇の時開かれ、行基が中興したと伝えられる。中世には園城寺末の天台宗寺院で、『海道記』は「三百余宇の僧房」があったと記す。一五六八年(永禄十一)十二月、駿河に侵攻した武田信玄はここに城郭を構え、今福浄閑斎《いまふくじょうかんさい》らに守らせたという。持舟城《もちふねじょう》と江尻城とを結ぶ海上支配のための城と考えられる。久能寺は武田氏の占領により矢部(清水区)の妙音寺の地に移されていたが、一八八三年(明治十六)山岡鉄舟《やまおかてっしゅう》が再興して鉄舟寺としてから臨済宗となった。法華経十九巻(国宝)、錫杖(重要文化財)などを所蔵。久能城は現在博物館の建つ段の北側および南側(勘助井戸がある)を中心とする。徳川家康の死後創建された久能山東照宮の社殿十三棟は重要文化財。また徳川家康関係資料も一括して重要文化財に指定。

資料館 久能山東照宮博物館(静岡市)

参考文献 久能山東照宮・静岡古城研究会『久能山城―久能山城跡現況遺構確認調査報告書―』、一九九四。
(佐藤 正知)

九戸城　本丸隅櫓石垣

くのへじょう 九戸城 陸奥国の豪族九戸氏の居城。岩手県二戸市所在。築城年代は明応年間(一四九二―一五〇一)以前。同じ中世糠部の城館である根城・浪岡城・七戸城と類似した広大な平山城である。ただし、後述する一五九一年(天正十九)の改修により中心部は石垣や枡形を伴う近世城郭に改変されている。本丸・二ノ丸・三ノ丸・松ノ丸・若狭館・石沢館から成る。馬淵川右岸段丘上に築かれ、馬淵川とその支流の白鳥川・猫渕川を外堀とし、河川側は比高差二〇～三〇メートルの絶壁。南側は最大幅四〇メートルの堀を隔て武家屋敷跡の在府小路遺跡に臨む。総構約三四万平方メートル。一九三五年六月七日国史跡指定。九戸氏は南部氏の傍流であったが、宗家跡目を巡り城主の九戸政実《まさざね》と田子《たっこ》信直《のぶなお》が南部を二分して争った。田子城(青森県田子町)は三戸城の要の支城であり、代々南部宗家に近い身内人が城主を務め田子姓を名乗った。信直も二十四代南部晴信の従兄弟であった。しかし、いち早く豊臣秀吉から領地安堵の朱印状を賜った信直が南部宗家二十六代目を襲名。一五九一年九月、秀吉の奥州再仕置軍六万五千を相手に、籠城した九戸方五千は激しい攻防戦の末に落城。直後に秀吉は上方軍の軍鑑蒲生氏郷に命じ城を普請させ、名実ともに配下の戦国大名となった南部信直に交付した。信直は拝領した城の名を福岡城とあらため南部の本城とし、三戸城から移り住んだが、南に勢力を拡大しつつあった南部の本城として新たに盛岡城築城を開始。盛岡城築城がなり群臣を率いて移り住む一六一五年(元和元)までの約二十年間が福岡城の機能した期間である。近世には奥州街道の切り替えで三ノ丸は宿場町となり、そのまま市街地となり今日に至る。一九八九年(平成元)から開始された史跡環境整備事業に伴う発掘調査で本丸・二ノ丸の堀や土塁、枡形に築かれた石垣が福岡城のものであることが判明。さらに二ノ丸調査では、塀で囲まれた九戸氏時代の工房跡が立ち並ぶ区画と大規模な門跡などが発見され、工房跡からは金泥を施した漆塗りの鎧札が工具とともに出土しており南部の大身であった九戸氏の栄華が偲ばれる。

参考文献 二戸市教育委員会編『史跡九戸城跡』、一九九五―二〇〇二。
(関 豊)

くびき 首木 牛の首筋にかけて農具を引かせる道具で、長さ六〇～七〇センチ前後の曲がった丸木を用いる。アジアでは牛や水牛に農具を引かせる場合、首木のみで引かせるが、日本では西日本についていえば、首木だけで引かせていたのは紀伊半島と山口県だけで、近畿地方でも奈良県・大阪府・京都府・滋賀県・兵庫県は首木と背中の鞍を併用する首引き胴引き法、山陽地方・四国・九州は鞍のみによる胴引き法である。このうち紀伊半島は朝鮮系の首かせ付き首木、山口県は東部の沿岸部に朝鮮系の突起つき首木があり、山間から西部には中国系の引綱渡し首木が使われてきた。また近畿中央部の首木は朝鮮系首かせ付き首木から変化した首紐付き首木であり、七世紀末の藤原宮跡から出土したのは、この朝鮮系首かせ付き首木である。また世界的には牛は二頭を並べて首に棹状の首木を渡し、その中点に犂をつないだ二頭引きが起源で、東アジアでは中国と朝鮮半島で北方の二頭引き犂が南に伝わる過程でそれぞれ独自の一頭引き首木がうまれ、それが日本に朝鮮系首木は渡来人によって無床犂とともに持ち込まれ、中国系首木は七世紀に政府によって中国系長床犂とともに導入され普及がはかられたものと考えられる。日本では五世紀に馬鍬が導入されて馬の背鞍による胴引き法が定着しており、その上に朝鮮系渡来人が牛と首木と無床犂を持ち込んだため、首木を採用する地域、旧来の胴引き法のまま無床犂だけを受け入れた地域、また併用する地域などの多様性が生まれたものと推定される。近代になって、滋賀県土山の丸田兵太郎《まるたひょうたろう》が合板製の首木を開発し、牡牛用の大型、牝牛用の中型、子牛調教用の小型と規格品をつくって「牛曰《いわ》く極楽首木」の商標で売り出し、全国に遊説して広めた。山をもたない平地農村や、戦時中に軍馬の徴用によって新たに牛を導入した地域に広まり、各地の資料館に見ることができる。

参考文献　河野通明『日本農耕具史の基礎的研究』(『日本研究叢刊』四、一九九四、和泉書院)。　(河野　通明)

ぐふくじ　弘福寺　⇩川原寺《かわはらでら》

くぼたじょう　久保田城　秋田県秋田市に所在する秋田藩主佐竹氏の居城。別称を秋田《あきた》城または矢留《やどめ》城ともいう。一六〇二年(慶長七)秋田に転封となった佐竹義宣《さたけよしのぶ》が、翌一六〇三年に久保田神明山に築城を開始した平山城で、一六〇四年に湊城より移った。以後明治維新まで佐竹氏十二代の居城となった。秋田平野の中央部、標高約四〇メートルの独立台地上に位置し、東側は沼沢地、西側は掘り替えを行い外堀の一部とした仁別川(現旭川)にはさまれていた。縄張りは曲輪《くるわ》郭式と連郭式の併合配置で、本丸、二ノ丸、北ノ丸、三ノ丸、別郭からなる本城全体を外堀が囲んでいた。天守閣はなく、石垣ではなく土塁を巡らした構造にも特色を持つ。これまで本丸表門跡や御隅櫓《おすみやぐら》跡、二の丸南東部などにおいて部分的な発掘調査が実施され、肥前系を主とした陶磁器類のほかに、かわらけ、焼塩壺、瓦類などが出土している。一八八〇年(明治十三)には本丸が全焼するなど、当時の建築物のほとんどが失われている。現在は秋田市の千秋《せんしゅう》公園となっている。

資料館　佐竹史料館(秋田市)

参考文献　秋田市教育委員会『久保田城跡』、一九六九・九二・九七・二〇〇一。　(伊藤　武士)

くぼてさん　求苦提山　福岡県豊前市に所在する標高七八二メートルの山で、円錐台形状をなす特異な山容をもち、修験道の山として著名。国史跡。『求苦提山縁起』によると猛覚魔卜仙《もうかくまぼくせん》が五二六年に開山したとするが、遺物などから確認できるのは平安時代後期の頼厳の時期からである。頼厳とその弟子が勧進した一一四二年(康治元)の紀年銘のある国宝銅板法華経と銅筥は、当時の求苦提山の活動の様子を知る上で貴重である。この時期に堂社の修復や多宝塔の建立が行われ、盛んに埋経が行われた。一一四〇年(保延六)銘を含む十七口の経筒は重要文化財に指定されている。中世以降修験道の山として発展したが、十五世紀末には聖護院末となり、明治の神仏分離により国玉神社となっている。遺跡としては、中宮のある八合目は護国寺の跡とされ、山頂には磐座《いわくら》を物語る巨石群や、求苦提五窟を中心とする修行のための窟や多くの経塚が所在する。五窟のうち普賢窟からは大永年間(一五二一—二八)に銅板法華経が出土している。また山内には七つの谷に修験者の集落である坊跡が残る。

資料館　求苦提資料館(福岡県豊前市)

参考文献　重松敏美『豊州求苦提山修験文化攷』、一九六九、豊前市教育委員会。重松敏美『山伏まんだら—求苦提山修験遺跡にみる—』、一九八六、日本放送出版協会。　(磯村　幸男)

くまごりしょうじゃ　熊凝精舎　⇩大安寺《だいあんじ》

くまそ　熊襲　『古事記』『日本書紀』の景行天皇の時代を中心に登場する南九州に居住してヤマト王権に服属しない人々の称。記では熊曾、紀では熊襲、『播磨国風土記』では久麻曾、西海道の諸風土記では球磨曾於などと表記する。『古事記』神代大八島国生成の条には筑紫島の四面の一つとして熊曾国が現れる。記では景行天皇が倭建命《やまとたけるのみこと》を派遣してクマソを討たせ、紀ではまず天皇みずからが征討し、のち再び日本武尊《やまとたけるのみこと》を派遣して討たせたとし、いずれにもクマソタケルがヤマトタケルの称号を贈ったとする。名義に関し、地名のクマ(肥後国球磨郡)とソ(大隅国曾於郡)の連称とする説もあるが、紀には熊襲と「襲国《そのくに》」が同義で用いられており、地名・居住者を示すソに猛々しい様を示すクマの語を冠したとする説が妥当である。クマソは、ソ地域の強固な勢力である曾君などが、ヤマト王権によって征服された存在であることを、過去にさかのぼって物語的に造作したものとする説もある。

参考文献　本居宣長『古事記伝』五。津田左右吉『日本古典の研究』(『津田左右吉全集』一・二、一九六三、岩波書店)。中村明蔵『クマソの虚像と実像—つくり出された反逆者像—』、一九九五、丸山学芸図書。　(永山　修一)

くまのかいどう　熊野街道　熊野三山(熊野本宮・熊野新宮・熊野那智《なち》)への参詣道。国指定史跡。後白河法皇の『梁塵秘抄《りょうじんひしょう》』に「熊野へ参るには、紀路と伊勢路のどれ近し、どれ遠し」とあるように、紀伊国と伊勢国を経由する経路があった。伊勢路は東国から、紀伊路は京都・西国からの参詣者に用いられたとする。しかし、平安時代中期十世紀の成立と思われる歌僧増基《ぞうき》法師の紀行文『い

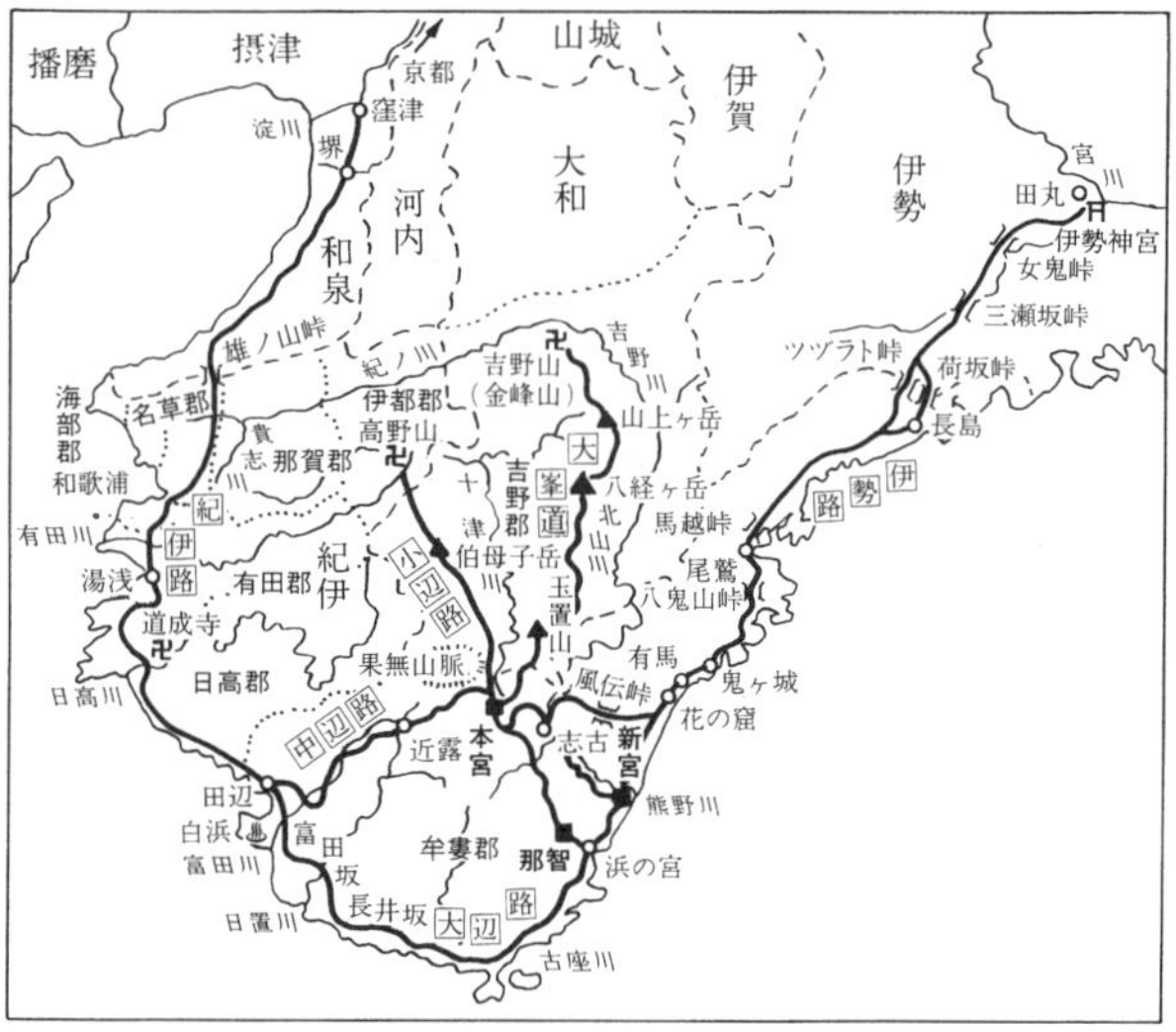

熊野街道関連地図

ほぬし』によると、いほぬしは京都を出発し、紀路を取って本宮に参り、熊野川を下った後、伊勢路をとって帰洛している。参詣記を残した京都の貴族は、ほとんど紀路を用いているが、『権記』によると、九九九年(長保元)の花山法皇の熊野参詣に際しては、「行歩堪へがたく、紀路に向かはず、密々船に乗りて参らんがため、伊勢を経るべし」とあることから、両路とも早くから用いられていたと思われる。伊勢路は、田丸から伊勢長島に出て、以後海岸に近い山道を新宮に向かう。紀路は大坂天満近くの窪津《くぼつ》王子からほぼ住吉街道をたどり、雄ノ山峠を越えて紀伊国に入り、以後海岸沿いに南下する。その後田辺から山間部に入って本宮に至る中辺路《なかへち》、田辺から那智浜の宮に至るまでの海岸沿いの道を大辺路《おおへち》という。また、高野山から本宮を直線的に結ぶ山間部の道を小辺路《こへち》という。これら参詣道には、熊野御子神を勧請したとされる王子社が配されている。総じて九十九王子と呼ばれるが、時代によってその名称・位置は変遷する。その初見は『いほぬし』に花の窟《いわや》を訪れた際、「わうじのいはや」とあるもの。一〇八一年(永保元)に参詣を果たした藤原為《ため》房《ふさ》の『為房卿記』には、藤代王子の名が一ヵ所みえるのみであるが、一一〇九年(天仁二)に参詣を果たした藤原宗忠《むねただ》の『中右記』には、多数の王子社が記されている。このことから、この間に王子社が出現したものと考えられる。なお、二〇〇四年(平成十六)に、熊野参詣道は、紀伊山地の霊場と参詣道の一部として、ユネスコ世界遺産に登録された。

参考文献 小山靖憲『熊野古道』(『岩波新書』、二〇〇〇、岩波書店)。寺西貞弘『古代熊野の史的研究』、二〇〇四、塙書房。小山靖憲『世界遺産吉野・高野・熊野をゆく』(『朝日選書』七五八、二〇〇四、朝日新聞社)。

(寺西 貞弘)

くまのごこうき　熊野御幸記　御幸とは上皇・法皇もしくは女院の外出をいい、熊野御幸記は上皇などの紀伊国熊野社への参詣記録をいう。十世紀から十三世紀に多くの熊野御幸が行われたが、現在残る御幸記は、『後鳥羽院熊野御幸記』『修明門院《しゅうめいもんいん》熊野御幸記』『後鳥羽院・修明門院熊野御幸記』である。『後鳥羽院熊野御幸記』は、一二〇一年(建仁元)の後鳥羽上皇の熊野御幸に随従した藤原定家の参詣記で、参詣の行程や王子での和歌会など御幸の動向を詳細に記す。『熊野御幸記』をこの定家筆のもののみを指す場合もある。三井文庫所蔵、国宝。ほかの二つの熊野御幸記はともに、後鳥羽上皇後宮の修明門院と同上皇の御幸に供奉した四辻頼資《よつつじよりすけ》の記録を子経元《つねもと》が書写したもので、前者は一二一〇年(承元四)、後者は一二一七年(建保五)の参詣記。国立歴史民俗博物館所蔵。ほかに江戸時代前期に源《みなもとの》 通村《みちむら》が現存しない史料も含めて熊野御幸関係の記録を編纂した『熊野御幸略記』もある。一九八四年(昭和五十九)『神道大系』文学編五として刊行。

(播磨 良紀)

くまのまがいぶつ　熊野磨崖仏　大分県豊後高田市の南、熊野地区にある磨崖仏。国指定史跡。不動明王像(約八メートル)と頭上に三面の種字曼荼羅が刻まれた大日如来とみられる如来像(約七メートル)、さらに、両像の間に彫られた二軀の神像からなる。一二二八年(安貞二)の六郷山の寺院目録に「不動石屋、本尊不動、五丈石身、深山真明如来自作」「大日石屋、本尊大日、五丈石身、深山同尊種子岩切顕給也」と記されており、像の造立は、十三世紀はじめより前にさかのぼる。両像は年代が異なるという説もあり、大日如来像は十一世紀、不動明王は十二世紀半ば過ぎともいわれる。半肉彫で彫り出された像は、首より上はきわめて精緻に彫られているが、それより下は岩質の荒さもあり、ほとんど彫られていない。このことが、かえって山の神が仏として岩から権現する姿を現しているよう

不動明王像

如来像

熊野磨崖仏

にみえる効果を与えている。磨崖仏の右上には熊野神社があり、四〇〇メートルほど北には胎蔵寺があり、神仏分離以前は全体が今熊野寺という国東六郷山(天台宗)の一つの寺院であった。成立当初は、熊野の山の尾根が田染《たしぶ》盆地に出た場所の麓にある真木大堂(十一世紀末から十二世紀初の丈六の阿弥陀如来、不動明王、大威徳明王などを安置)すなわち、真木山伝乗寺と密接な関係にあるという説もある。

資料館 大分県立歴史博物館(大分県宇佐市)

参考文献 『豊後高田市史』特論編・通史編、一九九六・九八。

(飯沼 賢司)

くまのもうで 熊野詣 熊野三山(熊野本宮・熊野新宮・熊野那智)に参詣する信仰行為。初見は九〇七年(延喜七)に宇多法皇が熊野詣を行なったとするもの(『日本紀略』)。また、九一五年から三年間、三善清行の子で天台僧の浄蔵が、熊野で修行した記録がある(『扶桑略記』)。さらに、『図書寮叢刊』所収『粉河寺《こかわでら》縁起』によると、九九一年(正暦二)に熊野から下向途中に、花山法皇が粉河寺に立寄ったとする。その後、藤原隆家が、一〇一四年(長和三)と一〇二五年(万寿二)に熊野詣を遂げたことがわかるが(『小右記』)、いずれも記述が簡略なため、詳細は不詳。一〇八一年(永保元)に熊野詣を遂げた藤原為房の詳細は、その日記『為房卿記』によって、日程・路次などが詳細に判明する。それによると、一〇八一年九月二十一日に出洛後淀川をくだり、四天王寺を経て、和泉国を南下し、雄ノ山峠を越えて紀伊国に入り、以後海岸沿いに南下し、現田辺市付近で中辺路《なかへち》をとって熊野本宮に至っている。帰路は、本宮からほぼ往路と同じ経路で十月十三日に帰洛しており、総行程は二十三日間であった。この参詣は、紀北以北では、後代の熊野参詣道を辿っており、紀南では途中舟を利用するほか、新宮・那智を巡拝していないなど、後代のそれとは異なっている。ところが、一一〇九年(天仁二)に熊野詣を遂げた藤原宗忠は、熊野王子社をめぐり、三山を巡拝している。このことから、熊野詣は、一〇八一年から一一〇九年の間に、定型が確立したものと思われる。また、このころから、白河上皇十回、鳥羽上皇二十一回、後白河上皇三十四回、後鳥羽上皇二十八回と、四代にわたってその回数を競うほどに頻繁に熊野詣を行なっている。そのほとんどは、出洛から帰洛まで約三十日を要することが一般的であった。さらに、『為房卿記』をはじめとして、一四二七年(応永三十四)の足利義満側室の北野殿の『熊野詣日記』に至るまで、十指に余る熊野参詣記が見られる。ほかに、十世紀の作と見られる歌僧増基《ぞうき》法師の紀行文『いほぬし』があり、平安時代末から室町時代までの熊野詣の詳細を知ることができる。しかし、北野殿の『熊野詣日記』を最後に、参詣記は残されなくなる。しかし、そのことは熊野詣の衰退を意味するものではない。荘園制の崩壊により、荘園に経済基盤をおいていた貴族たちの没落とともに、参詣記を残す階層の熊野詣が衰退したにすぎない。むしろ、参詣記が消えるころから、『熊野縁起』(『熊野の本地』)が盛んに描かれ始める。『熊野縁起』は、熊野三山の由来と霊験を、絵と詞書で解説し、庶民を熊野詣に誘うものであり、これによって多くの人々が動員されたものと思われる。その証左として一九一八年(大正七)に発見された那智大社滝壺への参詣道鳥居近傍で発見された那智経塚遺跡がある。この遺跡からは、二十二種類もの永楽銭に至る中国銭貨が大量に出土した。これらは、中世の参詣者がもたらしたものであろう。すなわち、荘園制崩壊により、その領域を飛び出した参詣記を残すこともない庶民は、銭貨を携えて熊野詣を行なったのである。江戸時代に編纂された『太閤記』によると、中国鳥取城を攻める豊臣秀吉の大軍を、「蟻の熊野参り」と表現している。このことから、近世においても大量の民衆が熊野詣に動員されていたことがわかる。近代になると、熊野三山の祭神が記紀神話にみえることから、熊野詣を皇室崇拝と関連付ける理解も生まれた。しかし、中世に庶民を熊野詣に動員する役割を果たした『熊野縁起』には、インドマガダ国の大王が熊野に垂迹《すいじゃく》したと記し、記紀所出の祭神との整合性には言及していない。熊野詣には、古代以来法華経を主要経典とする寺門派の僧侶が先達《せんだつ》を勤めており、『熊野縁起』も法華経の功徳を強調している。このことから、熊野詣と法華経修行の関係が考えられる。

参考文献 小山靖憲『熊野古道』(『岩波新書』、二〇〇〇、岩波書店)。寺西貞弘『古代熊野の史的研究』、二〇〇四、塙書房。小山靖憲『世界遺産吉野・高野・熊野をゆく』(『朝日選書』七五八、二〇〇四、朝日新聞社)。

(寺西 貞弘)

くまもとじょう 熊本城 一五八八年(天正十六)六月二十七日、肥後半国の領主として入国した加藤清正が、現熊本市の中心地にある標高四九メートルの熊本平野に北から南西へ突出した京町台地先端の小丘陵、茶臼山全体を縄張りして築いた平山城である。日本三名城の一つに数えられている。清正が入国した時の城は、後に古城《ふるしろ》と呼ばれる隈本城で、鹿子木《かのこぎ》親員《ちかかず》が永正初年ごろに茶臼山の西南の小丘陵に築いた城である。清正による築城は一六〇一年(慶長六)から一六〇七年にかけてといわれているが、一五九一年(天正十九)、一五九六年(慶長元年)、一五九八年、一五九九年、一六〇一年と諸説があり特定には至っていない。熊本城は周囲の地形を巧みに利用して築城、市中心を東から西へと貫流する白川を外堀とし、北から南へ流れる坪井川を内堀とした。城の西側には井芹川が流れていたが、これを掘り変えて坪井川と合流させ人工の堀に井芹川の水を引き込み水堀とした。さらに丘陵地続きであった北側は、京町台地の南端を堀り切って守りを固めた。また茶臼山の浸食谷を利用し堀を設け稜線を削って土塁や石垣を築いた。茶臼山の最高部を中心に本丸を置き、緩傾斜の西側は出丸・二ノ丸を設けて防備を固めた西向きの城である。清正は一六〇七年の城の完成

1870年ころの熊本城(西南戦争で焼失以前)　右から飯田丸、天守、百間櫓、数寄屋丸五階櫓、同三階櫓

時に隈本を熊本と改めたと伝えられる。加藤家は清正の子忠広の時、一六三二年(寛永九)に改易され、小倉から細川忠利が入国、維新まで続いた。一八七七年(明治十)西南戦争起り、熊本城は同年二月二十二日・二十三日薩軍の猛攻を受け官軍は五十二日の籠城に耐えた。この西南戦争により熊本城は難攻不落の城として実証された。城域は九八ヘクタール、周囲五・三キロで築城当時天守二、櫓四九、櫓門一八、城門二九を数えたといわれる。特に石垣は、勾配の美しさから「武者返し」として知られる。一九三三年(昭和八)国の史跡、一九五五年特別史跡となる。現在熊本市では、築城四百年となる二〇〇七年(平成十九)にむけて、飯田丸五階櫓・未申櫓・戌亥櫓・本丸御殿等の復元が進められている。

(今村　克彦)

くまもとはんしゅほそかわけぼしょ　熊本藩主細川家墓所　熊本藩の藩主、細川家代々の墓所。熊本市黒髪・横手に所在。熊本城から北東方向(鬼門)にあたる泰勝《たいしょう》寺跡と南西方向(裏鬼門)にあたる妙解《みょうげ》寺に分かれて建立されている。一六三二年(寛永九)に初代藩主として入国した細川忠利《ただとし》が一六三七年(寛永十四)に祖父藤孝《ふじたか》夫妻と母玉子の供養のため一寺を建立し藤孝の院号から泰勝寺と名付けた。二代藩主光尚《みつなお》は京都妙心寺の大淵和尚を招いて住職とし、一六四六年(正保三)忠興《ただおき》が亡くなると墓を玉子の傍に作り寺名を瑞雲山泰勝寺と改めた。維新の神仏分離令により廃寺となり細川家別邸として今日に至る。境内は旧寺域・墓地・庭園からなる。墓地には江戸時代末期の藩主や家族が祀られている。妙解寺は忠利の菩提を弔うため一六四二年(寛永十九)に北岡に建立された寺。忠利の院号により妙解寺と名付けられた。維新の神仏分離により廃寺となり北岡別邸となる。両寺跡は一九九五年(平成七)熊本藩主細川家墓所として国指定史跡となる。

(今村　克彦)

くまやまいせき　熊山遺跡　奈良県の頭塔に似た特殊な石積み遺構。岡山県赤磐郡熊山町と備前市にまたがる霊峰熊山の山中に分布し、大小およそ三十五基を数える。標高五〇〇メートル余の山頂にあって、一九五六年(昭和三十一)に国指定史跡となった一基は、最大の規模を誇る。それは、あらかじめ岩盤を削り均して一辺約一二メートルの基壇をつくりだし、縁石を整然と据え置き基壇化粧となす。その内に、戒壇状に見える石積み三段を構築する。下段は一辺が八×七・六六メートル、高さ九八センチ。中段は各辺とも五・四メートルで、高さ一・二五メートルをはかり、四面中央に仏像を安置したと思われる龕《がん》が設けてある。上段は三・三×三・六メートル、高さ一・〇メートル。その中央は七四×八一センチ、高さ二・〇メートルの竪穴状を呈し、そこから一九三七年陶製筒形容器、三彩施釉の小壺、経巻のような遺物などが掘り出されたという。外観は戒壇に類似するものの、奈良時代に築かれた一種の仏塔と見る説が有力である。

参考文献　梅原末治「古代施釉窯器の新資料―備前熊山戒壇出土品其他―」(『史迹と美術』二〇二、一九五〇)。近江昌司「備前熊山仏教遺跡考」(『天理大学学報』八五、一九七三)。坪井清足・正岡睦夫・難波俊成他『熊山遺跡』、一九七四、熊山町教育委員会。

(葛原　克人)

くみもの　組物　斗《ます》と肘木《ひじき》を組み合わせたもので、柱上にあり、屋根、小屋組の荷重を柱にスムーズに流す役割をもつ。一般的には軒下部分のみを呼ぶことが多い。斗と肘木の組み合わせ方により、それぞれ名称がある。柱上に肘木を置いて丸桁《がぎょう》を支える舟肘木、柱上に大斗《だいと》を置き、肘木を介して丸桁を受ける大斗肘木、これの肘木と桁の間に斗を三つ置く平三斗。以上は桁が柱筋にあるものであるが、肘木を壁とは垂直に迫り出しその上に斗・肘木を組み上げ桁を置くものがある。この桁を迫り出すことを「手先を出す」といい、一段手先を出したものを出組《でぐみ》、二段出したものを二手先《ふたてさき》、三段出したものを三手《みて》先《さき》と呼ぶ。以上の組物の種別は、外見上の種類分けで、構造的役割が薄れ、装飾的なものへの変化が進んだ中世、特に近世においてはよいが、組物が純粋に構造材である古代においては構造的視点での捉え方が必要となる。古代建築においては、建物の伽藍あるいは宮殿内での位置付けにより、建物の構造形式が選択され、組物は構造形式により定まる。寺院・宮殿建築において礎石立建物は、三手先建物と手先を出さない建物の二つに分類できる。手先を出す建物には出組、二手先、三手先の三種類があるが、奈良時代以前においては遺構を見る限り、三手先だけの可能性が高い。奈良時代建立の東大寺法華堂は出組であるが、平安時代後期に大きな改造がなされ、出組が当初までさかのぼるか確証がない。伽藍全体が古代の建築である法隆寺西院伽藍においては中心建物である金堂・五重塔および中門は三手先であるが(三手先とみない見方もある)、それ以外の講堂・廻廊・鐘楼・経蔵などは平三斗で、中間的な出組、二手先はない。三手先建物と手先を出さない建物では、組物形式だけではなく、根本的に構造の形式が異なる。すなわち、前者は柱と小屋組の間に、各柱上の組物とそれらを通肘木で連結している部分が層状に置かれる。それに対して後者は、柱は母屋のすぐ下まで延びて、母屋との間にピンポイント的に組物が置かれる。さらに、前者には組入天井が内部はもとより軒下まで張られる。それに対し、後者には天井がない。この両者の違いは単に意匠的な問題ではなく、構造的な理由がある。前者の軒の出は後者の倍以上となり、当然屋根の重みは格段に重くなり、頭でっかちの建物となる。これを構造的に納めるためには軸部を強化することが必要で、垂直方向の倒れに対しては強固な土壁を造り、水平方向の捻れには水平構面を設ける必要がある。この水平構面として組入天井があるのである。組入天井は通肘木の間に、一辺九センチを越える断面の角材を約三〇センチ間隔で格子に組み込んだ天井である。寸法的に見ても単なる装飾材ではなく構造材であることは明らかである。古代における三手先は、「側柱、入側柱上に組まれた枠肘木の上に通肘木を置き、それを外に迫り出す。次に入側柱上の高い位置から先ほどの外に迫り出した肘木に斜めの材(尾垂木)を架け、その先端に斗肘木を組上げ、桁を受ける構造。」と定義できる。法隆寺金堂などの雲斗・雲肘木を組んだ組物は外見的には薬師寺東塔以降のものとは異なるが、構造原理的には同じである。したがって法隆寺金堂などの組物も古代における三手先の一バリエーションとしてよい。中世にはいると、大陸から二種類の建築様式が入る。一つは禅宗様とともに入ったもので、柱上だけではなく、中間位置にも組物が配される。これを詰組《つめぐみ》という。禅宗様はそののちの建築に多大な影響を与えた。もう一つは東大寺大仏殿などの再建時に大規模建築に相応しい中国の建築様式が取り入れられた。ほかの様式が柱上に組物を置き、軒を支えるのに対し、大仏様は柱に何段もの通肘木を貫通させて迫り出し桁を迫り出す。中世、近世を通して、組物は軒とともに次第に構造的役割が小さく、化粧化する。近世初頭には建て登せ柱が生まれ、組物は装飾的に外から貼りつける存在となってしまう。

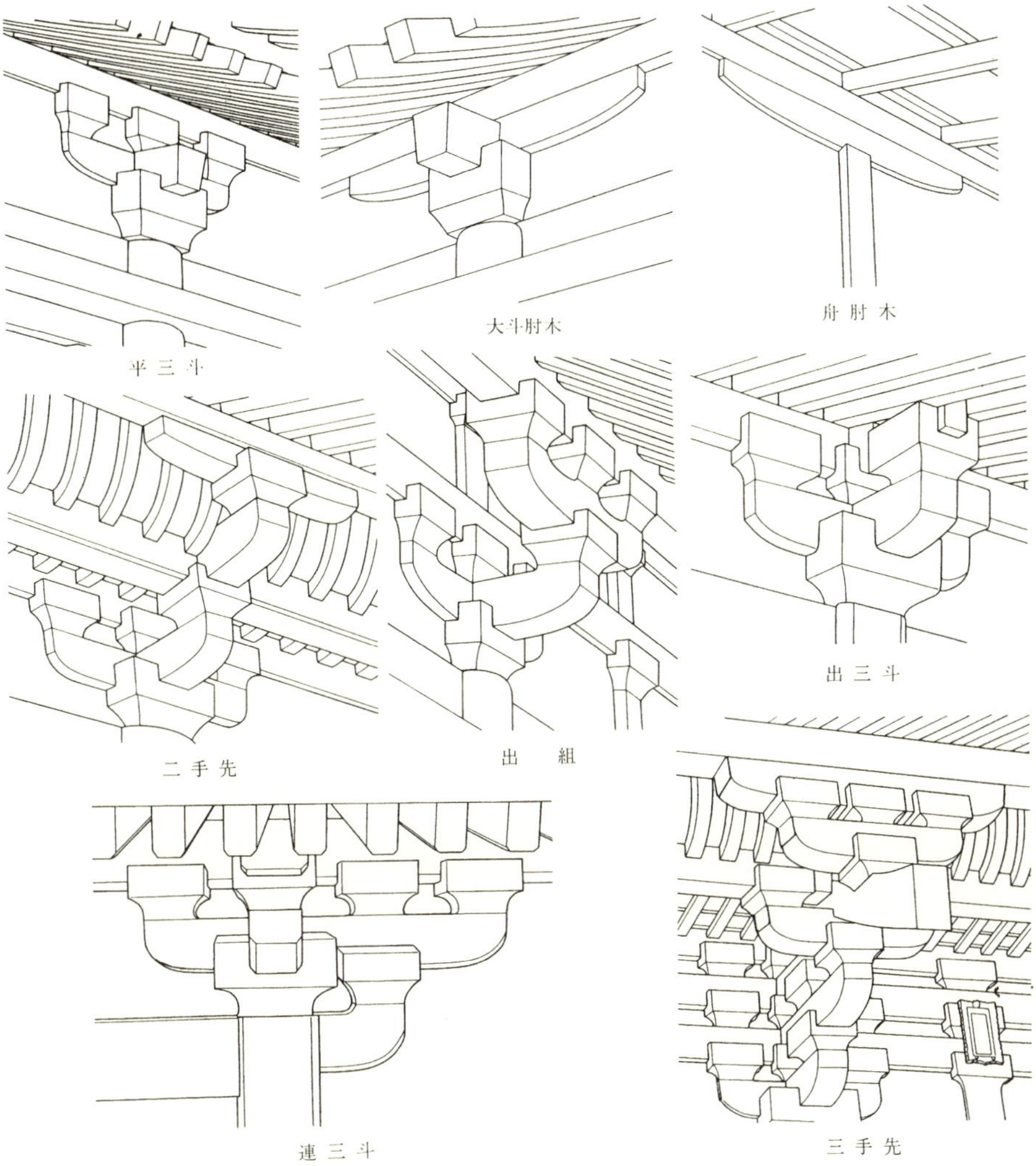

組　　物

参考文献　村田健一「古代の建築技法の変遷と終焉」(『古代社会の崩壊』所収、二〇〇五、東京大学出版会)。
(村田　健一)

くめかんがいせきぐん　久米官衙遺跡群　⇨来住廃寺《きしはいじ》

くめだでら　久米田寺　奈良時代創建の寺院。大阪府岸和田市池尻町に所在。行基《ぎょうき》の創建で、いわゆる行基四十九院《いん》のひとつ。『行基年譜《ぎょうきねんぷ》』天平六年(七三四)条には隆池《りゅうち》院の名で、天平六年創建、和泉国泉南郡下池田村にありとされている。天平十三年条には久米多(田)池(「泉南郡丹比《たじひ》郡里にあり」(原漢文))・久米多(田)池溝がみえる。

久米田池は岸和田市池尻町・岡山町にあり、面積約六三ヘクタールに及ぶ大阪府下では最大のため池で、行基の開発事業のなかでも主要なもののひとつといえる。隆池院という名が示すように、本寺はこれと深く関わり、池に隣接して立地する。所蔵の星曼荼羅図や『久米田寺文書』は重要文化財。『久米田寺文書』のなかに、天平勝宝元年(七四九)十一月十三日の日付を持つ「久米多寺領流記坪付帳」があり、領田五十六町余とあるが、当時の所領の状態を示すものかどうかは不明。現在は金堂・開山堂・御影堂などがある。これらの建物は戦国時代の三好氏と畠山氏の戦火で焼失した後、江戸時代中期に再建されたもの。

参考文献 井上薫編『行基事典』、一九九七、国書刊行会。

(鷺森 浩幸)

くめでら 久米寺 ㈠奈良県橿原市久米町に所在する真言宗御室派の寺院。霊禅山東塔院と号し、境内には本堂や京都の仁和寺から移建された多宝塔(重文)などがある。多宝塔は現在北へ移築され、七世紀後半創建の巨大な心礎を有する塔跡の礎石群をみることができるが、その他の建物の存在は不明。保井芳太郎によれば、境内西の狭い谷を隔てた集落中にもかつて礎石が多数存在し、藤原宮と同笵の軒瓦などが出土しているという。こちらにも寺跡があったことは確実で、その西で瓦窯も発見されている。これが一体の寺とすれば、かなり大規模な寺であったと想像される。『久米寺略記』によれば、推古天皇の勅願で、聖徳太子の弟である来目《くめ》皇子の創立と伝えるが年代的にあわない。久米仙人の伝説とも深く結びついているが、これも疑わしい。地名から久米氏の氏寺とする説や、同笵軒瓦が興福寺から出土するので、その前身である厩坂寺にあてる説もある。↓奥山久米寺《おくやまくめでら》

参考文献 保井芳太郎「久米寺」(『大和上代寺院志』所収、一九三二、大和史学会)。

(大脇 潔)

㈡ ⇩奥山久米寺《おくやまくめでら》

くようぐ 供養具 仏殿において、仏や菩薩像を供養するための道具。もともとインドの貴人に対して儀礼として、あるいは日常生活の中で行われていたことが仏教に取り入れられて、通行するようになった。その基本は、熱暑のインドでは、においが臭く、それを緩和するため香をたくことが行われ、また貴人の来臨に臨んで花を捧げ、また家屋内にあっては、明かりを燈すことであった。これらが仏教に取り入れられて、香・華・燈が仏への供養の三大要素となり、それに飲食物を捧げる飲食供養が加えられる。それらを実践するための諸道具が供養具である。香供養は、『大智度論』に「天竺国熱、又以身臭、故以香塗身、共養諸仏及僧」とあり、また『金光明経』四天王護国品には、香をたくことで、その煙気が三千世界に至ると薫香の功徳をたたえている。香供養具は、据香炉と柄香炉に大別される。据香炉は一定の場所に置いておくもので、火舎香炉・蓮華形香炉・紇哩字香炉《きりくじこうろ》・金山寺香炉・蛸足香炉・鼎形香炉・三足香炉・袴腰《はかまごし》香炉・香印盤などと種類が多い。柄香炉は僧が手に執って仏前で薫香する持ち運びができる香炉で、鵲尾《しゃくび》形・獅子鎮・瓶鎮《びょうちん》・蓮華形などの形式がある。華供養具には、仏殿を荘厳清浄するために生花を散らす散華供養に用いられる華籠《けこ》や華鬘《けまん》がある。華鬘ももともとは仏供養具であったが、長押《なげし》や柱に懸けられるようになり、仏殿荘厳具へと変化していった。花を生ける花瓶は、亜字形・徳利形が中世に隆盛したが、室町時代には中国明から請来した中国古銅器の形・文様を模倣したものがある。燈供養具には、燭台・燈台・置燈籠・釣燈籠などがある。燭台は、蠟燭を立てる台で、台と竿、その上に蠟燭を立てる鋲を付けた皿をのせるのが一般的で、木製漆塗が多く、江戸時代には竿が丸餅をいくつも積み重ねたような塔形燭台が流行した。燈台は、燭台の蠟燭立のかわりに油皿をおいた形式のもので、木製漆塗がほとんどであり、岩手中尊寺には台・竿に螺鈿《らでん》で宝相華を表わした装飾的な作が伝わっている。置燈籠は、仏殿の前庭に置かれ、銅あるいは石製である。東大寺大仏殿前の、火袋に音声菩薩を配した金銅製八角燈籠が最も古い。釣燈籠は仏殿あるいは廊下の軒先に懸吊して使用するもので、東大寺二月堂や春日大社には今も多くの釣燈籠がかかげられている。銅・鉄製のほか、木製、ガラス玉製、陶製もある。年代の知られるものでは京都国立博物館の元応元年(一三一九)銘の鉄製が最古で、春日大社には青ガラスの瑠璃燈籠が華麗な作として知られる。これら香炉・花瓶・燭台をセットとしたものが三具足《みつぐそく》であり、奈良唐招提寺、滋賀聖《しょう》衆来迎寺《じゅらいごうじ》には明から請来された一具がある。また、花瓶・燭台を一対としたものを五具足と称しており、江戸時代の寺院や在家の仏壇供の基本となった。飲食供養具は、鉢・鋺・水瓶・仏供盤・飲食器《おんじきき》が主なものであり、鉢・鋺・水瓶が奈良時代における飲食供養具の中心であった。仏供養の鉢は金銅製で、口から底へとすぼまり、底で尖る形状で、安定のいいように輪台の上に置かれる。水瓶は、奈良時代には王子形・仙盞形が主な形式で、平安時代から布薩形が流行し、鎌倉時代には全盛期となる。仏供盤と飲食器は、ともに密教の大壇におかれ、前者は扁平な皿に三足をつけた形状で、後者は腰の締まった台脚に深皿をのせたような形状となる。

(原田 一敏)

くようとう 供養塔 亡くなった人の菩提を弔う(追善供養)あるいは自分の死後の冥福を祈る(逆修《ぎゃくしゅ》)ために建てる塔婆。小規模な石造塔がふつうであるが、木造の塔建築でも造立目的からみると供養塔といえるものがある。特定の個人のためばかりでなく不特定多数の人々や動物のために建てたものもある。塔の形式は多重塔・多宝塔・宝塔・宝篋印塔・五輪塔・笠塔婆などいろいろで、形式にはとらわれない。現存最大の石造十三重塔である京都浮島十三重塔(一二八六年(弘安九))は叡尊が宇治川橋を再興した時に漁猟の供養として、滋賀長安寺宝塔(鎌倉時代)は旧関寺の牛仏供養のために建てたものであり、京都

笠置寺十三重塔(南北朝時代)は元弘の戦乱による死者を弔うために建てたといわれる。木造塔では戦死した大内義弘の供養のために弟盛見が建立を計画した山口瑠璃光寺五重塔(一四四二年(嘉吉二))、元弘戦乱の死者の供養も建立目的の一つとした足利尊氏・直義の利生塔などがある。

(濱島　正士)

くら　倉　物品を収納するための建物の総称。収納物を湿気や害獣から保護するために、高床構造とすることが多い。銅鐸などの絵画資料や静岡県登呂遺跡の出土部材などから復原される弥生時代の高床式倉庫は、梁間一間の小規模な側柱構造の建物。古墳時代に入ると妻柱や束柱をもつ総柱建物の構造となり、和歌山県鳴滝遺跡や大阪府法円坂遺跡のように梁間四～五間にも及ぶ巨大な倉が出現する。古代の倉は、平面形が正方形に近い総柱建物となり、郡衙正倉に見るように、桁行三～四間、梁間三間の規格性ある倉が整然と建ち並ぶ。こうした正倉の規格性は、倉の内法面積と穀の積高を乗じた体積計算で収納穀量が算出されたことによる。文献史料にみえる倉は、丸木倉・板倉・甲(格)倉・土倉のように、壁体の構築材の表示を原則としたものが多く、これに瓦葺・檜皮葺・草葺・板葺など屋根葺材を併記したもの、小倉・長倉・雙倉など形状の特徴を表記したものがある。また正倉の「長・広・高」の内法寸法と稲穀の収納量を記した『和泉監正税帳』『伊予国正税帳』『越中国官倉納穀交替記』は、正倉の構造や規格、稲穀の収納方法、斛法などを解明するための基礎資料となっている。稲倉には穂付きの稲を収納した頴倉と、脱穀後の籾米を収納した穀倉があり、糒倉、粟倉、油倉なども存在した。中・近世には、防火性や耐久性に優れた土蔵が発達する。　↓土蔵《どぞう》

参考文献　松村恵司「古代稲倉をめぐる諸問題」(奈良国立文化財研究所創立三〇周年記念論文集刊行会編『文化財論叢―奈良国立文化財研究所創立三〇周年記念論文集―』所収、一九八三、同朋社)。富山博「正倉建築の構造と変遷」(『日本建築学会論文報告集』二一六、一九七四)。

(松村　恵司)

くら　鞍　牛馬の背部に固定された人体や荷物を載せるための革・木製の器具。馬具の一種で、人体を安定させる座《くら》の意を表す。本体は鞍橋《くらぼね》とよばれ、腰を掛ける偶数の居木《いぎ》と、これを横に繋ぐ前輪・後輪《しずわ》からなる。また、鞍橋の下に馬体を保護する下鞍《したぐら》(韉または切付《きっつけ》)を置き、居木の上には人体を保護する鞍褥《くらじき》・鞍覆《くらおおい》を重ね、両側には鐙《あぶみ》と障泥《あおり》を下げて一組(一具)とする。中世以降には、前輪・後輪の上部は山形、下部は馬膚、下端は爪先《つめさき》とし、外面外半部の山形部分を海《うみ》、内半部の爪先部分を除いた馬膚部分を磯《いそ》と呼んだ。居木部分には力革《ちからがわ》通孔に通された力革《ちからがわ》(逆鞊)を介して鐙が吊り下げられ、磯部分には胸《むな》繋《がい》・尻繋《しりがい》を連結する鞖《しおで》が装着される。馬体への固定方法は、乗馬用・運搬用を問わず腹帯《はるび》・胸繋・尻繋で行われたと考えられ、現代の荷鞍のような棒状居木ではなく、古代東アジアの鞍は人体の加重を面で支持する板状居木をもつと考えられる。五世紀の朝鮮半島では、韓国の天馬塚古墳から稀少な木製居木が出土しており、左右に二枚の居木板をもつ鞍が知られている。主に、実用の木製鞍と儀仗用の金属装鞍があるが、両者は鞍橋の構成が相違する。とくに金属装鞍は墳墓の副葬品として数多く埋納された。鞍金具は銀・金銅製または鉄製が一般的で、山形を被う覆輪《ふくりん》と前輪・後輪外面に装着される磯金具・海金具があり、磯金具にはしばしば鞖(四方手)金具およびその座金具などが伴う。稀に、海金具には金銅製透彫金具や銀象嵌鉄製金具が使用される例もある。東アジアにおいては、漢代後半ごろに革製品から木製品に転換したと考えられている。秦代の兵馬俑には革製韉(下鞍)が表現されており、漢代の銅製馬や画像石には前輪・後輪の有無はあるが鞍の表現があり、南北朝期の馬俑には鞍左側に片鐙の表現のある例が認められる。四世紀後半ごろには、中国東北部のいわゆる三燕文化遺跡において、金銅製馬具とともに金銅製鞍金具が出土している。また、高句麗でも、同様な鞍金具などがあるがいずれも前輪・後輪が居木に対して垂直であることが特徴である。源流は中国中原地域とみられ、その起源が騎馬民族や騎兵以外の農耕民上流階層人の騎乗に伴って発生したことを示唆している。五世紀前半ごろには、朝鮮半島において鉄製・金銅製鞍金具があり、次第に海金具の分割・省略などの変化が起きた。日本列島においても、金銅製透彫鞍金具や鉄製鞍金具・木芯鉄板張輪鐙があり、以後、半島出土例と同様な変化を示し、さらに六世紀末ごろまで金銅製・鉄製の鞍金具が多数出土する。古墳時代の金属装鞍は、二枚居木の先端部上面の段に前輪・後輪を落し込み、両者を革紐などで結束する構造をもつと想定され、馬形埴輪にもみられるような後輪垂直鞍と考えられている。平安時代以降は、儀礼用の唐鞍《からぐら》と平常・軍事用の和鞍(大和鞍)が知られるが、中国唐代の唐鞍は幅広い板状居木で、居木部の先端上面の溝や段に前輪・後輪下面を落し込み、両者を革紐などで結束して固定する古墳時代の金属装鞍や奈良県春日大社伝世例、またいわゆる現代の蒙古鞍などと共通する構造である。一方、いわゆる和鞍と呼ばれる正倉院鞍には四枚居木がみられ、居木先端部は枘《ほぞ》穴または切組により前輪・後輪と固定される形式で、以後、日本における中近世の木製鞍の基本形となった。このほか、官人などが馬寮《めりょう》の公用馬に使用する移鞍《うつし》や略儀に用いた略装の水干《すいかん》鞍などがある。

参考文献　リン・ホワイト・Jr『中世の技術と社会変動』(内田星美訳)、一九八五、思索社。増田精一「古墳出土鞍の構造」(『考古学雑誌』五〇ノ四、一九六五)。鈴木治「日本鞍の様式的変遷について」(『国華』八三七、一九六二)。田立坤「高橋型鞍の復元と関連問題」(奈良文化財研究所編『東アジア考古学論叢―日中共同研究論文集―』所収、二〇〇六)。鹿野吉則「古墳時代馬鞍の再検討―木製鞍と金属装の鞍―」(森浩一編『考古学と技術』所収、

一九六八、同志社大学考古学シリーズ刊行会)。宮代栄一「古墳時代の金属装鞍の研究―鉄地金銅装鞍を中心に―」(『日本考古学』三、一九九六)。　(古谷　毅)

牛馬の背中に置いて、乗馬の際の座席や荷物を載せる台、農具を引かせる縄掛けとして用いる道具で、乗馬鞍、荷鞍、農耕鞍に大別される。乗馬鞍は前輪《まえわ》と後輪《しずわ》をつなぐ居木《いぎ》が馬体と接するが、荷鞍や農耕鞍の横木は、枠木の厚さの中ほどに枘《ほぞ》組《ぐ》みされていて、牛馬の体から浮かせてあるところが構造上の違いである。古墳時代の乗馬鞍は後輪が直立しているのが基本であるが、遣唐使を通して唐鞍《からくら》が導入されて以降は、後輪が後傾する。荷鞍は前後枠の外法が四〇センチ前後の大型で、横木が左右各一本で、枠木《わくぎ》の下端に外側から荷受け棒を括りつけるのが一般的である。農耕鞍は枠木の構造が多様で、荷鞍のように橋状の枠木が前後に揃ったものを双橋鞍《そうきょうぐら》、後枠の頂部が開いて背をまたぐ橋が前枠だけのものを単橋鞍《たんきょうぐら》、後枠に相当するものがなく、横木だけが後方に伸びるタイプを独橋鞍《どっきょうぐら》と名づける。これに枠木が一本の曲がった木を利用したものを山枠《やまわく》、二本の材を頂部で交叉させたものを千木枠《ちぎわく》と呼ぶことにすれば、山枠双橋鞍・千木枠単橋鞍のように六種類に分類できる。自製の時代には山枠であったものが、職人の製作になるにつれ千木枠に移行したと想定され、民具では山枠の農耕鞍は稀である。農耕用の双橋鞍は荷鞍の前後寸を縮めて小型化したものと考えられ、鞍のみで引かせる胴引き法の鞍は中型、首木と併用される首引き胴引き法の鞍は小型で小鞍とも呼ばれている。単橋鞍・独橋鞍はアジアには見られない日本独自のタイプで、その形態や縄のかけ方から中国系の引綱渡し首木を鞍と勘違いして背中に置いたことに始まり、独橋鞍→単橋鞍と進化したと想定される。単橋鞍は九州や山陰地方に分布するが、独橋鞍の民具例は稀である。明治二十年代に北九州の馬耕教師が全国を回って乾田化と抱持立犂による馬耕を広めるが、この時に単橋鞍を使った結果、九州系の単橋鞍が在来鞍に混じって各地で見られる状況が生まれた。

参考文献　河野通明『日本農耕具史の基礎的研究』(『日本史研究叢刊』四、一九九四、和泉書院)。　(河野　通明)

くらぼね　鞍橋　馬などの動物に騎乗の際に騎乗者が腰掛ける具。鞍とも。腹帯《はるび》や鞦《しりがい》で動物の背に固定する。日本では木製で、ふつうは塗漆・蒔絵・螺鈿・沃懸地《いかけじ》などの漆工装飾を施すが、素地のままや、響銅《さわり》(銅と錫の合金)や金銅板で包んだ鏡鞍《かがみぐら》(水晶鞍とも)などもある。構造は、前輪《まえわ》・後輪《しづわ》と居木《いぎ》からなる。前輪・後輪は前後のアーチ状の部分で、両者をつなぐ騎乗者が腰掛ける部分を居木という。居木は、正倉院伝世の鞍橋や、十世紀以降の皆《かい》具《ぐ》の馬具のうち移鞍《うつしぐら》の鞍橋が、左右二枚ずつの四枚居木であるほかは、左右一枚ずつの二枚をふつうとし、そこに鐙《あぶみ》を吊す力革や韉《したぐら》を装着し、鞍褥《くらしき》置き、鞍壺《くらつぼ》という。また、前輪・後輪のアーチの両端(鞍爪《くらづめ》という)近くには、それぞれ胸懸《むながい》と尻懸《しりがい》を取り付けるための四緒手《しおで》(鞖とも)を付設する。四緒手は茱萸管《ぐみかん》を通した丸絎《まるぐけ》の韋緒で、茱萸管に金銅製小円盤を取り付けたものを鏡四緒手という。

参考文献　日本馬具大鑑編集委員会編『日本馬具大鑑』一―四、日本中央競馬会、一九九〇・九二。　(近藤　好和)

くらまでら　鞍馬寺　京都市左京区鞍馬本町に所在する寺院。鞍馬弘教の本山。鞍馬蓋寺、松尾山金剛寿命院と号する。草創は『鞍馬蓋寺縁起《くらまがいじえんぎ》』によれば、鑑真《がんじん》の弟子鑑禎《がんてい》が七七〇年(宝亀元)正月四日、寅の日の夢に導かれてこの地に至り、生身の毘沙門天を拝し草庵を結んだのに始まる。『伊呂波字類抄《いろはじるいしょう》』、『今昔物語集《こんじゃくものがたりしゅう》』一一は平安京遷都後まもない七九六年(延暦十五)、「造東寺長者」の役職にあった藤原伊勢人《ふじわらのいせひと》が貴船明神《きぶねみょうじん》の教示によってこの地で毘沙門天と出会い、堂舎を建て同像を安置したのをその始まりとする。寛平・延喜のころには東寺十禅師峯延《ほうえん》が根本別当として寺務を司ったという。鞍馬寺の広域の寺域である「四至内山」は九六九年(安和二)、左大臣藤《ふじ》原在衡《わらのありひら》の寄進によって成立したといわれ、一二〇六年(元久三)、官が同領内の「株木」を伐採しようとした時には鞍馬寺衆徒が激しくこれに抗議している(『含英私集《がんえいししゅう》抜萃《ばっすい》』)。平安時代には観音・毘沙門天の霊地として貴賤の信仰を集め、『更級日記』(康平ごろの成立)の作者藤原《ふじわらの》孝標女《たかすえのむすめ》は春・秋に鞍馬寺参籠している。また、一〇九一年(寛治五)九月には白河法皇(『中右記』『為房卿記』)、一〇九九年(康和元)正月には関白藤原師通《ふじわらのもろみち》が参詣している(『後二条師通記』)。はじめ真言宗であった当寺が天台宗に改められたのは、天永年間(一一一〇―一三)の天台座主忠尋《ちゅうじん》の来山を契機とし、以後、延暦寺《えんりゃくじ》西塔の末寺となり、検校職も西塔の僧が青蓮院《しょうれんいん》門跡の補任のもとにこれを勤めるようになったという(『華頂要略補遺《かちょうようりゃくほい》』)。一一七八年(治承二)四月、鞍馬寺住僧が延暦寺衆徒とともに大谷の「風早禅師房」を攻撃する事件が起きているが(『百《ひゃく》錬抄《れんしょう》』)、延暦寺との本末関係に基づいたものであろう。平安時代から室町時代にかけて伽藍は何度かの火災にみまわれており、記録に残るものだけでも五回を数える。京都の北方という地理的な位置から、戦乱時には朝廷・幕府から鞍馬寺の寺僧(衆徒)に丹波路・若狭路など確保のための軍事出動がしばしば命じられている。豊臣秀吉《とよとみひでよし》は朱印状で「鞍馬門前」の百九十三石余と野中村(左京区)の三十三石余の計二百二十六石余を寺領として安堵(『鞍馬寺文書』)。この石高は江戸時代を通じて引き継がれている。江戸時代、寺僧は衆徒と中方の二つの階層から構成され、それぞれ十院・九坊と呼ばれた僧房に分かれて

鞍馬寺経塚出土
保安元年銘経筒

住んだ。また、鞍馬村には大惣仲間・名主仲間・宿直仲間・僧達仲間・大工仲間・大夫仲間・脇仲間の七仲間があり、鞍馬寺に奉仕していた。鞍馬寺背後の山腹に所在する鞍馬寺経塚は、平安時代末期の経筒埋納に始まる遺跡で、年紀のあるものとしては、清原信俊《きよはらののぶとし》が父母の追善供養のために埋納した保安元年（一一二〇）在銘の円筒形経筒がもっとも古い。経筒のほかには、鎌倉時代以降の遺物としては、多聞天立像を毛彫りした文応元年（一二六〇）七月八日の刻銘を有する銅製扉板や、文和二年（一三五三）の年号をもつ鏡を転用した懸け仏なども発掘されている。江戸時代の遺物も少数ではあるが発見されており、当該地区が長く特別な霊域として信仰の対象となっていたことがうかがえる。なお、遺物の大部分は国宝に指定されている。

参考文献　橋川正『鞍馬寺史』、一九二六、鞍馬山開扉事務局出版部。

（下坂　守）

くらわんかぢゃわん　くらわんか茶碗　十八世紀以後の厚手で粗製の磁器碗。京都・大坂を結ぶ水運の要であった淀川の枚方《ひらかた》浜（大阪府枚方市）では、船客相手に「酒くらわんか、餡餅くらわんか」と呼びかけながら、船上から飲食物を売る商売が流行した。その際、使い捨ての容器として安価な粗製の陶磁器が用いられたため、転じて粗製製品自体をくらわんかと称するようになった。よって、製品の質的な幅は時期によっても異なるため、必ずしも本来は特定の質の製品を指す呼称ではないし、特定の生産地の製品に冠されたものでもない。しかし今日では、その主産地であった波佐見《はさみ》（長崎県東彼杵郡）で十八世紀初頭以降量産されたような、厚手の磁器のみをその範囲とする捉え方が一般的である。波佐見と隣接し類品を生産した三川内《みかわち》（長崎県佐世保市）製品も使用されたほか、江戸時代後期には四国の砥部《とべ》焼（愛媛県伊予郡砥部町）や地元の古曾部《こそべ》焼（大阪府高槻市）などが用いられたことも知られる。

参考文献　世界・焱の博覧会波佐見町運営委員会編『波佐見青滋展・くらわんか展』、一九九六。中野雄二「波佐見」（九州近世陶磁学会編『九州陶磁の編年』所収、二〇〇〇）。

（村上　伸之）

くり　栗　クリはブナ科クリ属に属し、果実がいわゆるどんぐりとなるコナラ属とともに、縄文時代から生活文化と深くかかわってきた重要な有用植物である。クリは果実と木材が頻繁に利用されてきた。果実は甘味を有する種子が食用とされ、遺跡からはしばしば多量の廃棄された果皮からなるクリ塚として確認される。木材にはタンニンが多く含まれるため保存がよく、柱など建築用材のほか、杭や櫂など土木・用具材が確認されている。多量の木炭の出土から燃料として利用されたこともわかってきた。近・現代では鉄道の枕木に大量に消費された。クリの利用は縄文時代草創期から早期にさかのぼり、西日本を中心に照葉樹林への移行期に成立したクリ林が利用された。縄文時代前期以降では、居住開始とともにクリ林に変化し、長期間存続することから、人為的に作られた栽培林の可能性が高くなってきた。弥生・古墳時代では利用が下火となるが、古代以降では果実・木材利用とも復活した。

参考文献　鈴木三男『日本人と木の文化』、二〇〇二、八坂書房。

（辻　誠一郎）

くりや　厨　古代の宮殿・官衙《かんが》・寺院・貴族豪族居宅など、多くの勤務者・作業従事者を抱える施設において、一括して食事を準備し供給する部署。八世紀、平城宮では、勤務する多くの官人のため各官司において調理施設が成立し、太政官厨家、侍従厨、女官厨などの他、中務省、民部省、大学寮、主計寮、主税寮、兵部省、兵衛府、中衛府、京職、造東大寺司などの諸司厨《しょしのくりや》が存在していたことが史料から確認できる。平安京では、諸司厨の一部は宮外に設置されることが多く、「厨町」と称された。京都府向日市の長岡京跡では、宮外から太政官厨家の遺構が発見されている。地方官衙では、大宰府に主厨司が置かれていたことが史料から知られるが、また、近年、各地から「国厨」「郡厨」などと記された墨書土器が相ついで発見されており、国府・郡家にも厨が置かれていたことが確認できる。

参考文献　前沢和之「『上野国交代実録帳』郡衙項についての覚書」（『群馬県史研究』七、一九七八）。平川南「厨墨書土器論」（『墨書土器の研究』所収、二〇〇〇、吉川弘文館）。山中敏史『古代地方官衙遺跡の研究』、一九九四、塙書房。

（高島　英之）

くりやがわのさく　厨川柵　前九年合戦（一〇五一―六二）で安倍貞任《あべのさだとう》と源頼義《よりよし》・清原武則《たけのり》連合軍との決戦場となった安倍十二柵の一つ。隣接するように七、八町ほど離れた嫗戸《うばと》柵もあった。盛岡市安倍館町・天昌寺町に擬定地があるが、発掘調査では当該期の遺構、遺物はまだ確認されていない。『陸奥話記《むつわき》』には、厨川柵は二面を川によって画され、比高一〇メートルほどの段丘上に立地、外郭施設として堀・柵・櫓が設けられていたことが記されている。厨川次郎を冠する惣領の貞任がこの柵を居館とし、鳥海《とのみ》柵《さく》とならぶ安倍氏の重要な地域支配の拠点であった。また奥六郡最北の岩手郡に位置し、北の蝦夷社会への玄関口ともなっていた。このころ北海道島との北方交易の窓口であった津軽が陸奥国に編入され、交易の権益は安倍氏が掌握していたと考えられる。なお古代末には「柵」はタテと呼ばれていた可能性が高い。　↓衣川関《ころもがわのせき》　↓鳥《との》海柵《みのさく》

参考文献　盛岡市教育委員会編『安倍館・里館遺跡』、一九八八。

（八木　光則）

くりん　九輪　⇩相輪《そうりん》

くるすのがようせき　栗栖野瓦窯跡　京都市左京区岩倉幡枝《はたえだ》町に所在する平安京付属の官営瓦工房跡。京の東北郊外にある岩倉盆地の西南部、通称城山《じやま》と呼ぶ独立丘陵南斜面に立地し、有牀式平窯を主体とする推定数十基に

およぶ平安時代全時期の瓦窯跡が密集する。緑釉瓦を含む各種の瓦が出土しており、「木工」「栗」の文字瓦から、木工寮《もくりょう》が管轄した栗栖野瓦屋と判明した。一九三四年（昭和九）に国史跡に指定されたが、瓦窯の分布は指定地外にも及ぶ。その製品は平安宮をはじめとする京内だけでなく、皇族・貴族が造営した平安京周辺の定額寺や御願寺などの諸寺や、嵯峨御所・白河院・鳥羽離宮などの離宮や別業にも供給された。『延喜式』木工寮車載条の「自小野栗栖野両瓦屋至宮中車一両賃四十文」の小野瓦屋は、同盆地の東端、上高野付近と推定され、両瓦屋以外にも右京区西賀茂の河上瓦屋など、史料にない平安京付属の官営瓦工房が、平安京の周囲に散在していた。なお、岩倉盆地では、七世紀初頭の瓦陶兼業登窯である元稲荷窯を嚆矢として、七―八世紀を通じて窯業生産の伝統があり、栗栖野瓦屋の設置もその延長上に考えられる。

参考文献 木村捷三郎「山城幡枝発見の瓦窯址」（『史林』一五ノ四、一九三〇）。『栗栖野瓦窯址調査報告』（『京都府史蹟名勝天然紀念物調査報告』一五、一九三四）。

（上原 真人）

くるま 車 車は、紀元前三〇〇〇年ごろにはメソポタミアで登場したといわれており、四輪または二輪で車輪は輻《や》（スポーク）のない板状の車であった。中国河南省安陽市の殷墟の車馬坑から発掘された車は、二つの車輪に一本の輈《ちゅう》があり、両側に一対の馬をつないだ二頭立ての馬車の構造をとっていたが、後漢になると後世にも一般的な方式として継承される二本の轅《ながえ》の間に一頭の馬を入れる構造に変化していった。朝鮮においても、高句麗では舞踊塚古墳壁画から牛に引かせた荷車の様相が窺われ、六四五年の唐・高句麗の戦争や六六二年の高句麗・新羅間の戦闘に際しても軍事物資の輸送手段として車が使用されていた（『三国史記』）。日本の場合には、藤原京跡から出土した七世紀後半から八世紀初の軛《くびき》、吉田南遺跡（神戸市西区森友）（八世紀後半―九世紀の遺跡）出土の丸い木を輪切りにして作った車輪、長岡京跡の轍痕跡などの考古学の遺物、『正倉院文書』などの文献史料、絵画史料などから車の使用は知られるが、家畜や人力を動力とした車の利用について詳細が判明するのは、荷車は奈良時代、乗用の車である牛車《ぎっしゃ》は九世紀に入ってからである。牛車は平安時代を中心に発達をみたが、部材にちなんださまざまな名称の車がみえ、地位に応じて利用可能な車の種類は異なっていた。車利用の規制が当初は女性を対象としたものであったことから、男性は本来は乗馬が基本であったと思われる。その後、男性の間にも牛車乗用の傾向は広がり、鎌倉時代には在京御家人など武士にも乗車の傾向は広がった。十四世紀ごろから牛車の利用はすたれてくるが、豊臣秀吉・徳川家康も牛車に乗って参内するなど、儀式の威儀をととのえる装置としては利用され続けていた。時代とともに発達をみたのは運搬用の車であった。律令国家のもとでは渡河のための橋の維持整備は困難を極めたため、隔地間交通の輸送手段としての車は全国的な展開をみなかったが、古車の売買や部品を購入して車の修繕を行なったこと（『正倉院文書』）や、東大寺への献物の中にも車がみられ（『東大寺要録』）、平城京やその周辺地域では物資輸送の車の利用が盛んであった。「賃車之徒」「傭賃之輩」と呼ばれた輸送労働に従事する人々の活動の延長上に、十一世紀ごろまでには輸送業者としての車借《しゃしゃく》が本格化し、鳥羽の車借や白河の車借など、中世の車借へと発展を遂げていく。八世紀にはすでに「車匠」という車の生産を行う手工業技術者もみられる（『正倉院文書』）が、十五世紀末の『七十一番職人歌合』のなかには、木づちとのみで木材を加工して車輪を製作している車作が描かれている。車輪の構造は牛車・荷車とも同一で、繋いで円形とした孤状の板を輪木またはは羽といい、輻は矢ともいう。絵巻などの表現では、羽八個に矢二十四本、羽七個に矢二十一本、羽六個に矢十八本のものが多くみられる。そのほか車輪の部品として、轂《こしき》・軸や、引くための部品として轅などがあった。

参考文献 林巳奈夫「中国先秦時代の馬車」（『東方学報』二九、一九五九）。山本昭弘「奈良、平安時代における流通・運送について」（『遠藤元男博士還暦記念日本古代史論叢』所収、一九七〇、日本古代史論叢刊行会）。遠藤元男『路と車』（『日本人の生活文化』五、一九八〇、毎日新聞社）。加藤友康「「くるま」の比較史」（荒野泰典他編『アジアのなかの日本史』六所収、一九九三、東京大学出版会）。同「日本古代における交通・輸送と車―大会テーマ「古代の車」検討のために―」（『古代交通研究』一三、二〇〇四）。

（加藤 友康）

くるみだていせき 胡桃館遺跡 秋田県北秋田市に所在する平安時代の埋没家屋遺跡。市指定史跡。十和田火山のシラスが米代川の洪水で運ばれ、埋没した遺跡である。一九六三年（昭和三十八）に町営野球場造成の際に木柱等が発見されたことから、一九六七―六九年に秋田県教育委員会・鷹巣町教育委員会によって発掘調査が実施された。発掘調査の結果、建物跡四棟（B一・二・三、C建物）、柱列跡、柵列跡が発見された。B一建物は、梁間二間、桁行三間で板を縦に立て並べた壁板の掘立柱建物跡、B二・C建物は土居桁の上に、厚さ約五㌢の板を井籠組み（板校倉）にした板壁で、特に太い柱は用いていない。扉が取り付けられてあり、B一は内側に、Cは外側に開く構造になっている。B三建物は、一木造りの梯子が出土していることから高床式と考えられている。また三本一組の柱が、約一二㍍の間隔をおいて発見されており、その構造から祭礼用構築物と考えられている。出土遺物には、土器や木簡、斎串等がある。建築部材がほぼ原形のまま遺存しており、建築史的に重要である。

資料館 胡桃舘埋没建物収蔵庫（秋田県北秋田市）

参考文献 秋田県教育委員会『胡桃舘遺跡第一次～三次』、一九六八―七〇。

（小松 正夫）

くるわ 曲輪 軍事的・政治的な意図をもって、削平・

盛土された城館内の平面空間。郭とも書かれ、史料には廻輪とも記載される。曲輪外部とは通路をもって連結し、虎口《こぐち》を構える。縁辺部には土塁・石塁や堀が廻らされることがある。戦国時代の城館は複数の曲輪が意図的に配置され、ひとつの城館を構成した。十五世紀後半には「実城《みじょう》」「中城」「外城」等の語が見られ、このころから曲輪を連ねる構造が発達し始めたと思われる。考古学的には並立した曲輪群が注目される。篠本城(千葉県光町)は主従の関係が明確でない空間で構成される。また根城《ねじょう》(青森県八戸市)は対面の座次第と曲輪配置が比較され、一族横並びのイエ構造が表現されていると考えられている。戦国時代当初には、曲輪間の関係に主従の関係はなかったと思われるが、列島中央部を中心に、「一之曲輪」「二之曲輪」などと、主郭を中心に曲輪間が明確な主従の関係を示すようになる。曲輪内部の構造は一様ではなく、用途・機能によってさまざまであった。戦国期の山城の場合、尾根上および緩斜面に、居住に適さず、軍事的な目的と考えられる小曲輪や細長い曲輪を数多く普請する。小山城(東京都町田市)のように中心となる曲輪内から遺構・遺物が全く確認されなかった例もある。他方、居住施設が確認される事例も多い。根城北曲輪では居住ブロックが確認されることから、家臣団の居住地が想定されている。江戸時代には中心的な曲輪に本丸・二ノ丸・三ノ丸などの名称が付く。近世初頭においては御殿空間が大きくなり、中心の曲輪が拡張される傾向がある。

(齋藤 慎一)

くろいじょう　黒井城　兵庫県氷上郡春日町黒井所在の中世の山城。国指定史跡。範囲は春日町と市島町にわたる一二〇ヘクタールで黒井城跡と名称統一。黒井市街北の城山(標高三五六メートル)山頂の曲輪群は堅固な石垣で護られ、ほかの山稜上に城砦を配し、要塞化している。赤松筑前守貞範によって南北朝時代の建武年間(一三三四—一三三七)に築城されてから、明智光秀の丹波攻めで落城した一五七九年(天正七)、さらに明智氏滅亡後に入城した堀尾吉晴転封の一五八五年までの約二百五十年間存続した。現在まで発掘調査が実施されていないが、南北朝時代から戦国時代前期までは城山山頂部の砦で、戦国盛期には広大な山塊に展開する大規模な居城に発達し、安土桃山時代に再び石垣で固められた山頂部の本丸を中心とする近世的な城郭に変貌したとみられる。山麓の居館と支配領域の性格および近隣の諸城館との関係も変化をとげたのであろう。

参考文献　春日町歴史民俗資料館編『史跡黒井城—保存管理計画策定報告書—』、一九九四。

(大村 敬通)

くろいたかつみ　黒板勝美　一八七四—一九四六　日本史・古文書学研究者。一八七四年(明治七)九月三日、長崎県彼杵郡下波佐見村(東彼杵郡波佐見町)生まれ。大村中学校、第五高等学校を経て、一八九六年帝国大学文科大学国史科を卒業し、同大学院に入学、古文書を研究しつつ田口卯吉のもとで『国史大系』の校訂に従事した。一九〇一年東京帝国大学史料編纂員となり、翌一九〇二年東京帝国大学文科大学講師となる。一九〇五年には助教授となって史料編纂官を兼ねるとともに、「日本古文書様式論」で東京帝国大学から文学博士の学位を得た。一九〇八年から一九一〇年にかけ欧米に渡って研究を深め、一九一九年(大正八)史料編纂官兼東京帝国大学教授となり、翌一九二〇年教授専任となる。一九三五年(昭和十)定年退官して名誉教授となった。体系的な日本古文書学をうち立て、東京帝国大学で多くの学生を育てるとともに、『(新訂増補)国史大系』を編纂し刊行した。また、史蹟名勝天然紀念物調査会・国宝保存会・朝鮮総督府宝物古蹟名勝天然紀念物保存会などの委員として、日本・朝鮮の史跡など文化財の保護に尽力した。晩年は一九三四年にみずから創設した日本古文化研究所の所長として藤原宮跡の発掘調査などを指導したが、一九三六年、史跡調査で訪れた群馬県高崎市で倒れて病床につき、一九四六年十二月二十一日に没した。七十三歳。号は虚心。『更訂国史の研究』全三巻(一九三一-三六、岩波書店)、『虚心文集』全八巻(一九三九-四〇、吉川弘文館)、『黒板勝美先生遺文』(一九七四、吉川弘文館)などがある。

(佐藤 信)

くろいみねいせき　黒井峯遺跡　群馬県渋川市北牧に所在する古墳時代後期の集落遺跡。国指定史跡。六世紀中葉に噴火した榛名《はるな》山二ッ《さんふた》岳《だけ》軽石に埋まった集落で、被覆された軽石によって当時の地表面が良好に保存されていた。集落は竪穴住居と平地住居で構成されており、このほかに家畜小屋や納屋、竈屋をおもわせる平地建物群や高床式の倉庫がある。これら平地建物群の多くは平地住居とともに垣根で囲まれていた。集落内の空間には畠がつくられており、住居群や畠につながる道が検出され、その道の端には小さな祭祀場もみつかっている。また台地周辺の開析谷《かいせきこく》では水田がみつかっているが、建物群に接していた短冊状区画の畠は植物珪酸体《けいさんたい》分析によって陸《おか》(畑)苗代であると判定され、この時代に田植え農法があったこともわかった。谷を隔てた台地にある西組《にしぐみ》遺跡でも黒井峯遺跡と同様な古墳時代の集落がみつかっている。

参考文献　子持村教育委員会『黒井峯遺跡』、一九九〇。能登健・杉山真二・内田憲治「古墳時代の陸苗代」(農耕文化研究振興会編『農耕の世界その技術と文化』六所収、一九九九、大明堂)。

(能登 健)

くろかわきんざん　黒川金山　戦国時代から江戸時代前期に盛んに操業された甲斐を代表する金山。山梨県甲州市塩山柳沢峠の東方、標高一七一〇メートルの黒川鶏冠《けいかん》山東面の黒川谷源流に所在する。近在に竜喰《りゅうばみ》金山、牛王院平《ごおういんだいら》金山などがある。黒川千軒、寺屋敷、女郎《じょろう》ゴーなどの地名も残る。中山金山とともに国指定史跡。『王代記』明応七年(一四九八)条の「金山クツレ」を黒川金山にあてる見方もある。一五七一年(元亀二)の駿河深沢城攻めに対する諸役免許の武田氏印判状や一五七七年(天正五)の採金量減少に対する武田氏印判状など黒川金山に関わる史料は多い。衰退期に入った江戸時代前期の寛永年間(一六二四—四四)ごろには隣接の丹波山金山の金山衆らと猿橋の修理や上ノ原用水の土木工事に進出している。一九八六年(昭和六十一)から一九八九年(平成元)にかけて黒川金山遺跡研究会による総合調査が実施され、金山遺跡の概要が明らかにされた。それによれば、黒川谷源流に広がる黒川千軒地点は中央を流れる沢を中心に上下六〇〇《メートル》、最大幅四〇〇《メートル》の広範囲に遺構が及んでおり、採掘坑である坑道や緩斜面に雛壇状に造成されたテラスがある。テラス内からは掘立柱建物跡などの遺構群とともに、国内外の各種陶磁器・かわらけ・銅銭・キセル・刀子・茶臼など多種多様な日常生活用具や、金鉱石粉砕用の各種鉱山臼が多数検出され、操業の一端が浮きぼりにされた。金や銅の付着したかわらけ片も検出され、金山では粉成のほか精錬作業も行われていたことが確認された。寺屋敷地点からは多量の一字一石経が発見され、宗教的空間であることが判明した。黒川金山での具体的な操業実態は未だ詳らかではないが、鉱山臼など各種の鉱山道具類の特徴から家内工業的な小規模経営の集合体であったとされる。黒川金山は、わが国の金山遺跡に対する総合調査の端緒となった遺跡であり、そのなかでも特にベールに包まれていた戦国期金山の実態を明らかにした点に大きな意義が見いだせる。 →湯之奥金山《ゆのおくきんざん》

参考文献 黒川金山遺跡研究会編『甲斐・黒川金山』、一九九七。今村啓爾『戦国金山伝説を掘る』、一九九七、平凡社。

(萩原 三雄)

くろかわはるむら 黒川春村 一七九九—一八六六 江戸時代後期に活躍した国学者。一七九九年(寛政十一)六月九日、江戸浅草田原町の陶器商に生まれ、もとは狂歌作者として知られていたが、次第に国学、特に歌文への造詣を深めた。まとまった著述として、音韻学の分野の『音韻考証《おんいんこうしょう》』『五十音三内所発図解』がある。また、信濃須坂藩主堀直格《ほりなおただ》の命を受け春村が中心となって編纂したものに『歴代残闕日記《れきだいざんけつにっき》』がある。これは『宇多天皇宸記』をはじめとして天皇公家武家らの日記残闕を集成したもので、今日でも参照される史料集である。春村の学問は、交友のあった狩谷棭斎《かりやえきさい》の影響を受けているとされるが、当時の江戸の古典学者らとの交渉を背景に、考証重視の学風が養われたのであろう。特に多くの門弟を抱え一学派を形成したというほどではないが、桐生出身の門人を養子とし、蔵書、歌学を伝えた。これがのちに東京帝国大学教授となる黒川真頼《まより》である。一八六六年(慶応二)十二月二十六日没。六十八歳。

(早川 万年)

くろかわまより 黒川真頼 一八二九—一九〇六 江戸時代末から明治時代の国学者。一八二九年(文政十二)十一月十二日生まれ。現群馬県桐生市の金子家の出身で、江戸に出て黒川春村《はるむら》のもとで学び、その家名を継いで学統を担った。明治維新後、大学に出仕、ついで文部省・元老院・内務省などを歴任したが、特に博物局博物館(のちの東京国立博物館)において活躍した。真頼の編述になる『工芸志料《こうげいしりょう》』(増補版が平凡社『東洋文庫』所収)も、一八七八年(明治十一)のフランス博覧会への日本の参加・出品を契機としてまとめられたものである。そのほか多くの著述があり『黒川真頼全集』(巻一・二『考古画譜』一・二、巻三美術編・工芸編、巻四歴史編・風俗編、巻五制度編・考証編、巻六論説編・文学編・語学編、一九一〇—一一、国書刊行会)に収められている。近世国学から近代的な学問への橋渡し的な役割を行なった一人である。一八八八年文学博士、一八九三年帝国大学文科大学教授となるものの、一八九九年以降、病床につき、一九〇六年八月二十九日没。七十八歳。

(早川 万年)

くろつくりのたち 黒作大刀 古代の刀剣外装の一つ。遺品として見られるのは奈良時代で、正倉院には外装を備えた大刀が三十三口伝わるが、そのうちもっとも多いのが黒作大刀で、十八口を数える。この十八口は恵美押勝の乱後に入庫された『東大寺献物帳』記載外の品である。同献物帳には、「御大刀一百口」のうち黒作大力は四十一口を掲げており、作風からみて実用的な大刀であったと推測される。鞘は木製黒漆塗とし、双脚の足金物を装着し、柄は牟久木などを使用し、刃と棟方の中ほどを立鼓状に細く絞り、苧麻糸を撚って、密に巻詰めさらに太い糸で巻き重ねたものがほとんどで、樹皮を薄く切って、それを螺旋状に巻いた作も見られる。京都鞍馬寺には坂上田村麻呂所用と伝える平安時代初期の黒作大刀があるが、これは柄鞘ともに黒漆塗としている。刀身が直刀から湾刀になった以降も、簡素、堅牢で実用的な太刀として、黒漆太刀、黒塗太刀などと呼ばれて武家の間で盛んに用いられた。

参考文献 正倉院事務所編『正倉院の大刀外装』、一九七七、小学館。末永雅雄『日本上代の武器』、一九四一、弘文堂書房。

(原田 一敏)

くわ 鍬 人力で土を掘り起こす道具で、農作業のほか土木工事にもひろく使われた。鍬は刃先の付く板部分(鍬平《くわびら》)と柄が角度をもって付けられているが、この角度は直角に近いものから三〇度ほどの狭いものまでさまざまで、刃と柄の角度と柄の長さの組み合わせから、打ち鍬、打ち引き鍬、引き鍬に分類されている。鍬は弥生時代から使われており、鍬平には鉄の刃先の付かない木製の鍬が出土している。古墳時代にはナスビの断面のような薄板に短い柄を縄で縛りつけたナスビ形鍬が使われたが、この鍬にU字形の刃先を付けたのが鍬の鉄器化のはじまりである。平安時代になると、U字形鍬先を付けた鍬平に長い柄を付け、柄尻を曲げて滑り止めとしたタイプの鍬が描かれており、中世の絵画資料にひろくみられる。このような刃先をはめる木製鍬平を風呂《ふろ》と呼び、風呂に刃先をはめた鍬を一般に風呂鍬《ふろぐわ》と呼んでいる。風呂鍬に大きな技術革新が訪れるのは戦国時代の末期で、戦国大名は軍隊の移動のための道路の整備や城郭づくり、城攻めのために黒鍬衆《くろくわしゅ》とよぶ鍬を担いだ工兵隊を組織し

ていた。中世の鍬は古墳時代以来のU字形鍬先のやや大きくなったもので刃先は丸く、これを丸先鍬《まるさきくわ》と呼ぶことにするが、これに対して近世の鍬は刃先が四角く、これを角先鍬《かどさきぐわ》と呼ぶことにする。民具の鍬はこの角先鍬を継承したもので、刃先には刃金を鍛接するか堅い鋳物鉄を熔着させるかして切れ味をよくしており、この切れ味の向上が刃先が四角く大きな角先鍬を可能にしたもので、黒鍬衆を抱えた戦国大名の攻城戦のなかで鍬の刃物化という技術革新が進んだものと考えられる。この戦争の生んだ角先鍬が江戸時代初期には農村に広まって、農業の発展を支えた。江戸時代中期には、中国からヒツと呼ぶ柄を差し込む鉄製のソケットをそなえた鉄鍬が伝わり、唐鍬《とうぐわ》と呼ばれて開墾や土木用に用いられた。刃先が三本や四本に分かれた備中鍬、二本に分かれたたこ備中もヒツをもつタイプで、中国の鉄搭という四本鍬をもとに日本で展開したものと考えられる。近代になるとヒツをもち鍬平が鉄製の金鍬が広まって、今日の園芸用の金鍬につながる。他方、風呂鍬も金鍬と並行して使われ、民具には各地で多様な風呂鍬が見られる。

参考文献　古島敏雄『日本農業技術史』(『古島敏雄著作集』六、一九七五、東京大学出版会)。大日本農会編『日本の鎌・鍬・犁』、一九七九、農政調査委員会。朝岡康二『鍛冶の民俗技術』、一九八四、慶友社。河野通明「角先鍬の成立―織豊期技術革新の一事例―」(『日本農耕具史の基礎的研究』所収、一九九四、和泉書院)。

（河野　通明）

くわなのつ　桑名津　伊勢国北端、揖斐《いび》・長良川河口西部の港町。三重県桑名市。史料上は「桑名」とのみ記される。古代は桑名郡の郡津。十一世紀初頭に伊勢平氏《いせへいし》が藤原頼通《ふじわらのよりみち》に寄進した益田荘《ますだのしょう》の一角。益田荘海浜部の「蠣貢御江」では供御人《くごにん》が活動し、禁裏御料所として十五世紀後半まで機能する(『御湯殿上日記』)。平安時代末期には荘内に星川市庭があり、荘下司による津料徴収のもと、鰯《いわし》・米・稲などが交易された(『平安遺文』)。十五世紀には、鎌倉円覚寺《えんかくじ》や伊勢内宮などの造営にあたり、木曾川上流部の材木がここで集荷・搬送された(『内宮引付』『円覚寺文書』)。また、近江～尾張・美濃間の物資を中継する商人宿もあり(『今堀日吉神社文書』)、伊勢神宮への年貢など各種の物資がここに集散した。十六世紀前半には伊勢中部の国人領主長野氏《こくじんりょうしゅながのし》の侵攻に逃散《ちょうさん》で抵抗する「老若」の存在が知れ、永禄年間(一五五八―七〇)までに「十楽の津」と呼ばれるなど、町場の成長とともに自治組織が見られた。一六〇一年(慶長六)の本多忠勝の入部で城下町に編成され、近世は東海道宿場町でもあった。

参考文献　網野善彦『日本中世都市の世界』、一九九六、筑摩書房。

（伊藤　裕偉）

ぐん　郡　律令制における地方行政区画で、諸国において国の下位の区画にあたる。「こおり」とも呼ばれる。地方豪族を長官に任じる形で七世紀半ばに地方組織として評が形成され、七〇一年(大宝元)の大宝令施行とともに評は郡となった。郡は規模によって大郡・上郡・中郡・下郡・小郡の五等級に分けられ、等級に応じて郡司の定員が設けられている。郡司の長官には国造に任じられた伝統を持つ家柄の者などが任じられ、在地首長としてその地域に伝統的な支配力を持つ地方豪族を任じることで、国家による各郡の人々への賦課や労働の徴発などが実現された。郡司の下では、在地出身者からなる郡雑任が各郡の行政実務を担当した。雑任である書生によって作成された帳簿は、諸国や政府が作成する膨大な帳簿の基礎情報とされた。また、郡には正倉が置かれて郡内の収穫稲が蓄積されて、出挙《すいこ》の際には正倉から稲が出納され、雑任である税長による出挙の実務運営などが想定される。郡は国家の組織の末端にあり、国家による支配や収取活動の基盤となる単位であった。郡の行政の場となる施設は郡家《ぐうけ》と呼ばれ、その中心で儀礼や政務が行われる建物は郡庁と呼ばれる。広域の郡や、山地など地形的に郡内が分かれて把握される場合には、郡家に準じる施設を郡家本体から離れた地域に置き、行政の便宜をはかったとみられる事例も知られる。八世紀初頭には往来に不便な地域を郡として新立する事例がみられ、八世紀前半から半ばにかけては渡来系住民の移住による建郡の例が多く知られる。またこれと並行して、八世紀初頭から東北地方の辺境地帯においては移民や蝦夷の内民化による建郡が多く見られる。九世紀以降、在地社会の変化によって、国家の支配基盤としての郡の意義は変化し、十一世紀になると郷・保とともに地域の単位として再編されていく。

参考文献　米田雄介『郡司の研究』、一九七六、法政大学出版局。渡部育子『郡司制の成立』、一九八九、吉川弘文館。

（鐘江　宏之）

ぐんいん　郡印　律令制下の行政単位である郡の使用した印。律令には規定されていないが、奈良時代以降、国印などにならって各郡で作成されたとみられ、公印に准じていた。七四八年(天平二十)の山城国宇治郡作成の家地売券に捺された「宇治郡印」を初見とし、現存する奈良・平安時代の古文書には約三十種の印影が確認できる。おもに郡作成の文書や土地売券などに郡印が捺されている例が多い。印影を検討すると、規格はおよそ一寸五分(約四・五㌢)で、律令が規定する国印の規格である方二寸よりも小さく、『拾芥抄《しゅうがいしょう》』の記す「郷印一寸」よりも大きい。印面の形状はほとんどが正方形だが、例外として八角形印(七六一年(天平宝字五)の文書に捺された「十市郡印」)や円形印(一〇五四年(天喜二)の文書に捺された「筈志郡印」)もある。印影の書体に注目すると、最古の「宇治郡印」は篆書《てんしょ》体だが、八世紀後半の天平宝字年間(七五七―六五)の一時期に文書に捺された郡印はそのほとんどが楷書《かいしょ》体であり、九世紀以降、再び篆書体に戻っている。一時的に楷書体が用いられた背景として、藤原仲麻呂《ふじわらのなかまろ》政権による唐風化政策に伴い、篆書体を国印以上に限定したためとする説がある。出土・伝世資料として現存する古代の郡印には上総国「山辺郡印」(国立歴史民俗博物館

郡印一覧

郡印名	残存形態	材質	印面の法量(㎜)	高(㎜)	鈕	書体	所在等
山辺郡印	出土印	青銅	47×47	55	弧鈕無孔	楷書体	国立歴史民俗博物館所蔵　重要文化財
御笠郡印	伝世印	同	50×50	48	同	篆書体	天理大学附属図書館所蔵　重要文化財
児湯郡印	同	同	44×44	56	弧鈕有孔	楷書体	個人蔵。西都市教育委員会保管　重要文化財
牟婁郡印	同	同	46×45	58	莟鈕無孔	篆書体	熊野那智大社宝物館所蔵　重要文化財
宇治郡印	印影	不明	49×48	不明	不明	篆書体	天平20年(748)山背国宇治郡加美郷家地売買券
阿拝郡印	同	同	42×42	同	同	楷書体	天平勝宝3年(751)伊賀国阿拝郡柘植郷墾田売買券
坂井郡印	同	同	54×51	同	同	同	天平宝字2年(758)越前国坂井郡司解
宇治郡印	同	同	45×44	同	同	同	天平宝字5年(761)矢田部造麻呂家地売券
十市郡印	同	同	43×42	同	同	同	天平宝字5年(761)大和国十市郡池上郷家地売買券
山田郡印	同	同	47×44	同	同	同	天平宝字7年(763)讃岐国山田郡弘福寺校出注文
足羽郡印	同	同	49×49	同	同	同	天平神護2年(766)越前国足羽郡司解
津高郡印	同	同	40×40	同	同	篆書体	宝亀5年(774)備前国津高郡蒬垣村常地畠売券
愛智郡印	同	同	45×45	同	同	同	延暦15年(796)近江国八木郷墾田売券
坂井郡印	同	同	47×47	同	同	同	延暦15年(796)越前国坂井郡符
那賀郡印	同	同	49×49	同	同	同	承和12年(845)紀伊国那賀郡司解
伊都郡印	同	同	41×41	同	同	同	仁寿4年(854)紀伊国在田郡司解
名草郡印	同	同	46×46	同	同	同	貞観3年(861)紀伊国直川郷墾田売券
添下郡印	同	同	42×42	同	同	同	元慶3年(879)大和国矢田郷長解
添上郡印	同	同	38×43	同	同	同	延喜11年(911)東大寺上座慶賛愁状
高草郡印	同	同	46×45	同	同	同	天慶3年(940)因幡国東大寺領高庭荘坪付
足羽郡印	同	同	46×45	同	同	同	天暦5年(951)越前国足羽郡庁牒
紀伊郡印	同	同	46×45	同	同	同	安和2年(969)法勝院領目録
平群郡印	同	同	41×43	同	同	同	正暦2年(991)法隆寺僧某家地売券
添上郡印	同	同	49×48	同	同	楷書体	正暦2年(991)大和国添上郡牒
答志郡印	同	同	径43	同	同	篆書体	天喜2年(1054)石部松春畠地売券
可児郡印	同	同	43×41	同	同	同	承暦2年(1078)大宰大貳藤原経平宅解
磐城郡印	鋳型	不明	54×54	不明	不明	楷書体	(財)いわき市教育文化事業団

蔵）、筑前国「御笠《みかさ》郡印」（天理大学附属図書館蔵）、日向国「児湯《こゆ》郡印」（個人蔵）、「牟婁郡印」（熊野那智大社蔵）がある。鈕の形態は弧鈕無孔が原則だが、「児湯郡印」は弧鈕有孔、「牟婁郡印」は莟鈕無孔である。印文の書体は、「山辺郡印」「児湯郡印」が楷書体、「御笠郡印」「牟婁郡印」が篆書体である。また、福島県いわき市の番匠地遺跡からは、「磐□郡□」と楷書体で記された銅印印面と、鈕部の鋳型が出土しており、郡印の作成過程を知る上できわめて貴重な資料である。

参考文献　国立歴史民俗博物館編『日本古代印集成』、一九九六。『国立歴史民俗博物館研究報告』七九（日本古代印の基礎的研究）、一九九九。（三上　喜孝）

ぐんが　郡衙　⇩郡家《ぐうけ》

ぐんじ　郡司　律令制下で郡ごとに置かれた地方官。四等官は大領・少領・主政・主帳だが、小郡には領が置かれ、大領・少領・領は郡領と総称される。孝徳朝に設置された評（和訓は郡と同じ「コホリ」）が先行する制度で、評督（督造）が大領、助督（助造）が少領に相当する。評は大宝令で郡と改められた。郡司は終身官で郡内から起用されるのが通例だが、選叙令が郡領の要件を「時務に堪えたる者」としつつ国造の優先的任用を注記し、主政・主帳の要件を「書算にたくみなる者」とするように、前者は郡内の政務を掌握する能力、後者は事務処理能力が重視されていた。また官位相当制の埒外にあり、大領が外従八位上、少領が外従八位下、主政・主帳が外少初位下未満の場合のみ、就任時に同位に叙するという初授規定が設けられていた（主政・主帳は七六七年（神護景雲元）制定）。任用手続きとしては、国司の選定（国擬）した候補者（擬任郡司）が上京し式部省で銓擬を受けたが、郡領は特に郡司読奏を経て任官となった。任用法令は何度も改められたが、七九八年（延暦十七）から八一一年（弘仁二）までの十三年間を除き、「譜第」が最も重視された要件で、銓擬対象者は立郡譜第・傍親譜第・労効譜第・無譜など

郡司の定員

	大　領	少　領	主　政	主　帳
大郡(16—20里)	1人	1人	3(1)人	3(2)人
上郡(12—15里)	1	1	2(1)	2(1)
中郡(8—11里)	1	1	1(0)	1
下郡(4—7里)	1	1	0	1
小郡(2・3里)	領1		0	1

(　)は739年(天平11)5月の減員措置だが、養老律令施行(757年、天平宝字元)後、ほどなく旧に復した。

に分類されていた(『西宮記』『北山抄』)。実例からも、正員郡領をつとめた氏族は郡内の一～数氏に限定されている。国擬や考課を国司に握られたり、国司への下馬礼を規定されている(儀制令)一方で、国司に対し「自勘自申」の職(『類聚三代格』弘仁十年官符)とされたように、郡行政における裁量権は大きかった(裁判権は笞罪以下)。また郡領には兵衛や采女として子女の出仕も定められていた(軍防令・後宮職員令)。このように地方豪族の伝統的民衆支配の姿をとどめているのが特徴だが、前代の制度との関連では、国造制を細分化しつつ令制に取り込んだもの、ないし屯倉制度を全国に及ぼしたものという二つの見方がある。八世紀以来の国衙機能の拡充に加え九世紀以降の富豪層の台頭に伴い、次第に郡務は国衙に吸収され、実体上も国司下僚化が進行していった。荘園公領制下では、荘官のような荘園や公領の支配機構の末端を担う職としてその名称をとどめた。

参考文献　山口英男「地域社会と国郡制」(歴史学研究会・日本史研究会編『日本史講座』二所収、二〇〇四、東京大学出版会)。大町健『日本古代の国家と在地首長制』(『歴史科学叢書』、一九六六、校倉書房)。森公章『古代郡司制度の研究』、二〇〇〇、吉川弘文館。　(須原　祥二)

ぐんじ　郡寺　郡司層などの地方豪族によって建立された地方寺院で、郡名のつく寺院、または郡司の氏寺など、その郡を代表する寺院を通称「郡寺」という。『日本霊異《にほんりょうい》記《き》』には「三谷寺《みたにでら》」「磐田寺《いわたでら》」「三木寺《みきでら》」など郡司氏族が建立し、郡名と同名の寺院の存在が記されている。最近の発掘調査でも墨書土器《ぼくしょどき》や文字瓦などの文字資料の出土から、「郡名」で呼ばれていた寺院が知られる。田中重久は「郡名とその名を等しくする寺」に注目し、これらの寺を「郡寺」と呼び、米沢康も郡名寺院の例をあげてその建立は郡司層によるものと論じている。また最近の考古学的調査の結果から山中敏史は、郡衙《ぐんが》遺跡の周辺に近接する寺院を「評《ひょう》・郡衙周辺寺院」の語で表し、これらの寺院が「評・郡衙」と密接な位置関係にあることから「評・郡衙」の公の寺(郡寺)としての性格を有していた、と指摘した。とくに天武天皇十四年三月壬申詔によって地方寺院の建立が拡大したとみられること、考古学的見地からこの時期の地方寺院が郡衙遺跡に隣接する例が多いこと、また一郡に一寺存在する例などもあるところから、最近ではこれらの地方寺院を「郡寺」と呼び、天武朝を頂点として地方にも国家仏教体制が確立したと考える説が多い。しかし文献史料には「郡寺」の公的機能については何一つ記されておらず、その公的機能を否定する説も出されている。「郡寺」が郡司層を中心とする地方豪族の「氏寺」なのか、または、公的機能が付加されているものなのか、議論が存在する。

参考文献　田中重久「郡名寺院の性格」(『学海』二〇ノ一、一九四六)。米沢康「郡名寺院について」(『大谷史学』六、一九五七)。井上薫「郡寺と国分寺」(『続日本古代史論集』上所収、一九七三、吉川弘文館)。山中敏史「評・郡衙の成立とその意義」(『古代地方官衙遺跡の研究』所収、一九九四、塙書房)。三舟隆之「古代地方寺院造営の背景」(『日本古代地方寺院の成立』所収、二〇〇三、吉川弘文館)。奈良文化財研究所『地方官衙と寺院—郡衙周辺寺院を中心として—』、二〇〇五。　(三舟　隆之)

ぐんしゅうふん　群集墳　五世紀の後半以降、日本列島の各地に小古墳が墳丘の裾を接するように密集して造られた。中には山や丘陵のほぼすべてに小古墳が累々と築かれている例もある。これら小古墳が密集し墓地の様相を呈したものを群集墳と呼ぶ。全国各地に見られる千塚や百塚・八十《やそ》塚、あるいは塚原などの地名は群集墳をさす場合が多い。群集墳は一般に円墳または方墳で構成される場合が多く、前方後円墳や前方後方墳のみで構成されることはほとんどない。また、複数の古墳がかたまって造営され、歴史的地域や地形によって一単位にまとめられるものを古墳群と呼んで群集墳と区別するが、群集墳も古墳群の一形態である。群集墳としてつくられた古墳は六世紀後半に築造のピークをむかえるが、その数は日本の古墳の九割近くにも及ぶ。このことは、古墳がごく一部の支配する側の人たちの物から、より広い人々のものへ変化したことを示す。一世代の首長やその一族の有力者が一基ずつ数世代にわたって一定の場所に古墳を造れば、複数の古墳からなる群集墳が生まれる。このため群集墳を構成する単位は血縁的な単位に基づく同族の集団であり、大和政権の政治的な組織としての性格を合わせ持っていたと理解できる。特に大和政権が首長以外の有力な家父長層をその身分秩序に組み入れようとした結果が爆発的な小古墳の増加をもたらしたのだが、大和政権の支配は、有力な氏族が在地の共同体内の有力家父長との間に擬制的な同族関係を設定することで進められた。この具体的な表現が群集墳である。群集墳はその大小の差はあるものの、一定の区画の中で造営されており、どこに古墳を造っても良いということはなかった。したがってあらかじめ墓域の範囲が指定されていたと思われる。群集墳の成立は以上のように考えられるが、横穴式石室の採用で一つの古墳に幾人もの家族を追葬できるようになったことも群集墳の増加に拍車をかけたのだろう。

参考文献　『佐良山古墳群の研究』、一九七七、津山市教育委員会。西嶋定生「古墳と大和政権」(『岡山史学』一〇、一九六二)。白石太一郎『古墳と古墳群の研究』、二〇〇〇、塙書房。
（山本　彰）

ぐんしょるいじゅう　群書類従　国学者塙保己一《はなわほきいち》により古代以来の記録・文学作品などの古典籍の公刊・普及を目的として刊行された叢書。一七八六年(天明六)から刊行が開始され、一八一九年(文政二)までの間に、千二百七十六編の文献が二十五部門、目録とともに五百三十巻にまとめられ、六百七十冊が刊行された(現在は校定を経て六百六十六冊)。「群書類従」という名称は、『三国志』所収『魏志《ぎし》』応劭《おうしょう》伝の「五経群書、以類相従」に由来するという。活字本には続群書類従完成会から刊行されたものがある。なお保己一は『群書類従』の刊行に並行して続編の刊行を構想したが、経費などの問題から生前には実現しなかった。その事業は子の忠宝《ただとみ》、孫の忠韶《ただつぐ》へと継承され、一八八三年(明治十六)に至って写本が宮内庁に納められたが、当初の予定書目(二千百二十八編、千巻、千百八十五冊)を網羅しきるものではなかった。『続群書類従』の活字本も続群書類従完成会から刊行された。なお、『群書類従』の版木一万七千二百四十四枚は、東京都渋谷区の温故学会に保存されており(今なおこれを用いた刷り立ても行われている)、重要文化財に指定されている。

→塙保己一《はなわほきいち》

1　神祇部

一　皇太神宮儀式帳
二　止由気宮儀式帳
三　太神宮諸雑事記
四　神宮雑例集
五　二所太神宮例文
六　内宮長暦送官符・外宮嘉禄三年山口祭記
七　貞和御餝記・内宮臨時仮殿遷宮記
八　治承元年公卿勅使記・正応六年七月十三日公卿勅使御参宮次第
九　神鳳鈔
一〇　古老口実伝・詔刀師沙汰文
一一　元亨元年十一月廿二日高宮仮殿日記・高宮御装束奉餝日記
一二　小朝熊社神鏡沙汰文
一三　八幡愚童訓
一四　石清水八幡宮護国寺略記・宮寺縁事抄・石清水放生会記・権別当宗清法印立願文・石清水宮御願書
一五　賀茂皇太神宮記・文永十一年賀茂祭絵詞・賀茂社御願書

2　神祇部

一六　春日権現験記
一七　春日社記・春日大明神垂跡小社記・春日神木御入洛見聞略記・さかき葉の日記
一八　大三輪神三社鎮座次第・大倭神社註進状・広瀬社縁起・日吉社神道秘密記・日吉神輿御入洛見聞略記
一九　北野縁起・北野縁起・両聖記・菅神入宋授衣記
二〇　天満宮託宣記・菅家御伝記・最鎮記文・梅城録
二一　廿二社本縁
二二　二十二社註式
二三　大和豊秋津嶋卜定記・大日本国一宮記・延喜式神名帳頭註・尾張国内神名牒・伊豆国神階帳・上野国神名帳
二四　藤森社縁起・尾張国熱田太神宮縁記・荏柄天神縁記・宇都宮大明神代々奇瑞之事
二五　竹生嶋縁起・走湯山縁起・筥根山縁起・松浦廟宮先祖次第幷本縁起
二六　造殿儀式・八幡御幸次第・平野行幸次第・神馬引付
二七　太神宮参詣記・八幡社参記・春日社参記
二八　東家秘伝・宝鏡開始・詠太神宮二所神祇百首和歌・雲州樋河上天淵記

3　帝王部

二九　神皇正統記
三〇　続神皇正統記・椿葉記
三一　皇代記
三二　皇年代略記
三三　践祚部類鈔・天祚礼祀職掌録
三四　本朝世記・庭槐抄
三五　皇帝紀抄
三六　六代勝事記
三七　五代帝王物語
三八　元徳二年三月日吉社幷叡山行幸記・舞御覧記
三九　書写山行幸記・さかゆく花・北山殿行幸記・北山殿行幸記
四〇　室町殿行幸記・永享九年十月二十一日行幸記
四一　聚楽第行幸記・天正二十年正月廿六日行幸聚楽第之行列
四二　御幸始部類記・後光厳院御幸始記・高野御幸記・両院熊野御詣記
四三　賀茂御幸記・賀茂御祖皇大神宮御幸記・石清水臨幸記・両院石清水宮御参籠記・石清水御幸記・八幡御幸記・亀山殿御幸記・臨幸私記・応永廿二年御幸記

4　補任部

四四　斎宮記・賀茂斎院記・摂関補任次第
四五　弁官補任
四六　職事補任
四七　蔵人補任・楽所補任
四八　将軍執権次第・足利家官位記

四九 関東評定衆伝
五〇 若狭国守護職次第・若狭国税所今富名領主代々次第
五一 類聚大補任
五二 豊受太神宮禰宜補任次第
五三 鶴岡八幡宮寺社務職次第・八幡宮御殿司職次第・御殿司職一方系図・当社執行次第・当社学頭職次第・社家執事職次第
五四 僧綱補任抄出
五五 僧官補任
五六 東大寺別当次第
五七 天台座主記
五八 東寺長者補任
五九 仁和寺諸院家記

5 系譜部・伝部・官職部

系譜部

六〇 本朝皇胤紹運録
六一 諸門跡譜
六二 中臣氏系図
六三 菅原氏系図・大江氏系図・橘氏系図・紀氏系図・小野氏系図・高階氏系図・清原氏系図・中原氏系図・小槻氏系図・和気氏系図・丹波氏系図・安倍氏系図・加茂氏系図・豊原氏系図・巨勢氏系図

伝部

六四 上宮聖徳法王帝説・上宮聖徳太子伝補闕記・家伝・和気清麻呂伝・田邑麻呂伝記・白箸翁伝
六五 女院小伝・三十六人歌仙伝・中古歌仙三十六人伝
六六 日本往生極楽記・続本朝往生伝
六七 仁和寺御伝
六八 明匠略伝
六九 唐大和上東征伝・天台南山無動寺建立和尚伝・慈恵大僧正伝・道場法師伝・性空上人伝・南天竺婆羅門僧正碑・興正菩薩伝

官職部

七〇 官職秘鈔
七一 職原鈔
七二 百寮訓要抄・詠百寮和歌
七三 官職難儀・女房の官しなの事
七四 任官勘例・任太政大臣記

6 律令部・公事部

律令部

七五 律
七六 金玉掌中抄・裁判至要抄
七七 法曹至要抄
七八 令抄

公事部

七九 内裏式
八〇 新儀式
八一 本朝月令
八二 雲図抄
八三 九条年中行事
八四 小野宮年中行事
八五 建武年中行事
八六 年中行事秘抄
八七 年中行事歌合
八八 神祇官年中行事・東宮年中行事

7 公事部

八九 三節会次第・釈奠次第
九〇 建久九年五節記・綾小路俊量卿記・朔旦冬至部類記
九一 後鳥羽院御践祚次第・後光厳院御践祚記・後三条院御即位記・正親町院御即位略次第
九二 永仁御即位用途記・文安御即位調度図
九三 大嘗会御禊節下次第・延慶二年大嘗会御禊記・大嘗会御禊日例・大嘗会御禊事
九四 康治元年大嘗会記・正安三年大嘗会記
九五 永和大嘗会記・永享大嘗会記・大嘗会延引勘例・長元大嘗会御屏風本文
九六 御譲位部類記・寛元御譲位記・永徳御譲位記
九七 天皇冠礼部類記・天子冠礼部類記惣録
九八 天皇元服部類・主上御元服上寿作法抄
九九 立坊部類記・東宮御書始部類記
一〇〇 上卿故実・作法故実
一〇一 四節八座抄・参議要抄
一〇二 羽林要秘抄
一〇三 新任弁官抄・結政初参記
一〇四 貫首秘抄・蓬莱抄
一〇五 夕拝備急至要抄
一〇六 柱史抄
一〇七 内局柱礎抄
一〇八 清獬眼抄・大夫尉義経畏申記
一〇九 除目抄
一一〇 蟬冕翼抄・大間書
一一一 伝宣草

8 装束部・文筆部

装束部

一一二 満佐須計装束抄
一一三 助無智秘抄
一一四 餝抄
一一五 後照念院殿装束抄
一一六 装束抄
一一七 次将装束抄・三条家装束抄・雁衣鈔・布衣記
一一八 連阿口伝抄・連阿不足口伝抄・装束雑事抄・物具装束鈔
一一九 深窓秘抄・撰塵装束抄・袷帷着用時節

一二〇 法中装束抄・法体装束抄・女官飾鈔・曇花院殿装束抄
一二一 御禊行幸服飾部類
文筆部
一二二 懐風藻
一二三 凌雲集
一二四 文華秀麗集
一二五 経国集
一二六 扶桑集
一二七 本朝麗藻

9 文筆部・消息部

文筆部
一二八 本朝無題詩
一二九 都氏文集
一三〇 田氏家集
一三一 菅家後集
一三二 江吏部集
一三三 法性寺関白御集
一三四 雑言奉和・粟田左府尚歯会詩・賦光源氏物語詩・天徳三年八月十六日闘詩行事略記・善秀才宅詩合・侍臣詩合・殿上詩合・資実長兼両卿百番詩合
一三五 泥之草再新・続千字文・富士山記・狐媚記・源府君所蔵銅雀研記・暮年記・遊女記・傀儡子記・浦嶋子伝・続浦嶋子伝記
一三六 玉造小町子壮衰書・新猿楽記
一三七 作文大体・童蒙頌韻
消息部
一三八 雲州消息
一三九 貴嶺問答・十二月往来・新十二月往来
一四〇 異制庭訓往来・雑筆往来
一四一 尺素往来
一四二 釈氏往来・山密往来
一四三 後花園院御消息・贈定家卿文・定家卿消息・越部禅尼消息・東野州消息・東素山消息
一四四 消息耳底秘抄・書札礼
一四五 書札作法抄・細川家書札抄・大館常興書札抄

10 和歌部

和歌部
一四六 拾遺抄
一四七 後葉和歌集
一四八 続詞花和歌集
一四九 玄玉和歌集
一五〇 現存和歌六帖
一五一 秋風抄
一五二 雲葉和歌集
一五三 新和歌集
一五四 続門葉和歌集
一五五 続現葉和歌集
一五六 臨永和歌集
一五七 藤葉和歌集
一五八 玄々集・今撰和歌集・柳風和謌抄
一五九 新撰和歌・金玉集・三十六人撰・後六々撰・新三十六人撰
一六〇 為家卿千首
一六一 詠千首和歌
一六二 詠千首和歌

11 和歌部

一六三 為尹卿千首和歌
一六四 千首和歌太神宮法楽
一六五 白河殿七百首
一六六 亀山殿七百首
一六七 堀川院御時百首和歌
一六八 永久四年百首
一六九 久安六年御百首
一七〇 正治二年第二度百首和歌
一七一 内裏名所百首
一七二 弘長百首
一七三 丹後守為忠朝臣家百首
一七四 木工権頭為忠朝臣家百首
一七五 句題百首・朗詠百首
一七六 俊成卿文治六年五社百首・秋日陪社壇同詠祈雨百首・為兼卿鹿百首・南都百首
一七七 道助法親王家五十首和歌
一七八 新古今和歌集竟宴倭歌・続古今和歌集竟宴倭歌・文治六年女御入内御屏風和歌・昭慶門院御屏風押色紙和歌・最勝四天王院障子和歌
一七九 句題和歌・三月三日紀師近曲水宴・三百首和歌・七夕七十首

12 和歌部

一八〇 在民部卿家歌合・寛平御時后宮歌合・亭子院歌合・陽成院歌合・亭子院有心無心歌合
一八一 内裡歌合・堀川中納言家歌合・一条大納言家歌合・大納言家歌合・賀陽院水閣歌合・源大納言家歌合・弘徽殿女御十番歌合・祐子内親王家歌合・皇后宮春秋歌合・備中守定綱朝臣家歌合・禖子内親王家歌合・禖子内親王家歌合・呂保殿歌合
一八二 気多宮歌合・摂津守有綱家歌合・内裏歌合・若狭守通宗朝臣女子達歌合・高陽院七番歌合・東塔東谷歌合・山家五番歌合・散位源広綱朝臣歌合・六条宰相家歌合
一八三 内大臣家歌合・内大臣殿歌合・関白内大臣家歌合
一八四 永縁奈良房歌合・西宮歌合・南宮歌合・住吉歌合・中宮亮顕輔家歌合・右衛門督家歌合・太皇大后宮大進清輔朝臣家歌合
一八五 中宮亮重家朝臣家歌合・太皇太后宮亮平経

二四八　業平朝臣集・敏行朝臣集・宗于朝臣集・公忠朝臣集・頼基朝臣集・猿丸大夫集・紀友則集・坂上是則集・藤原清正集・藤原元真集
二四九　信明集・藤原義孝集・藤原仲文集・源順集
二五〇　能宣朝臣集・為頼朝臣集・元輔集・兼盛集
二五一　実方朝臣集・高光集・相如集・重之集
二五二　藤原長能集・源兼澄集・源道済集
二五三　橘為仲朝臣集・讃岐入道集・故侍中左金吾家集・津守国基集

15　和歌部

二五四　散木奇歌集
二五五　藤原為忠朝臣集・式部大輔菅原在良朝臣集・藤原基俊家集
二五六　清輔朝臣集・源師光集
二五七　源有房朝臣集・平忠度朝臣集・惟宗広言集・鴨長明集
二五八　藤原隆信朝臣集
二五九　藤原隆祐朝臣集・藤原光経集
二六〇　源孝範集・常縁集・慕景集・桂林集
二六一　赤人集・躬恒集・興風集
二六二　忠峰集・忠見集・曾禰好忠集
二六三　桜井基佐集
二六四　出観集
二六五　北院御室御集・遍昭集・源賢法眼集・夢窓国師御詠草
二六六　慶運法印集・堯孝法印集
二六七　素性法師集・恵慶法師集・安法法師集・登蓮法師集・登蓮法師集補
二六八　林葉和歌集
二六九　寂然法師集・寂蓮法師集・兼好法師集・兼好法師集補
二七〇　元可法師集・宗祇法師集
二七一　嘉喜門院御集・斎宮女御集・経信卿母集・俊成卿女集
二七二　小町集・檜垣嫗集・本院侍従集・小馬命婦集・馬内侍集
二七三　伊勢集・中務集
二七四　加茂保憲女集・小大君集・清少納言集・紫式部集
二七五　和泉式部集
二七六　相摸集
二七七　赤染衛門集
二七八　伊勢大輔集・康資王母集・弁乳母集・出羽弁集・祐子内親王家紀伊集
二七九　二条大皇太后宮大弐集・待賢門院堀川集・待賢門院堀川集補・二条院讃岐集・二条院讃岐集補・小侍従集
二八〇　建礼門院右京太夫集

16　和歌部

二八一　中殿御会部類記
二八二　晴御会部類記・貞治六年中殿御会記
二八三　柿本朝臣人麻呂勘文・柿本影供記・柿本講式・柿本像綵色勧進状
二八四　新撰万葉集
二八五　古今和歌集目録
二八六　古今集序注
二八七　古今集童蒙抄
二八八　僻案抄・三代集之間事
二八九　拾遺抄註
二九〇　散木集注・蔵玉和謌集
二九一　悦目抄
二九二　後鳥羽院御口伝・近代秀歌・詠歌一体・よるのつる
二九三　九品和歌・歌仙落書・続歌仙落書・正治奏状・定為法印申文・延慶両卿訴陳状
二九四　無名秘抄
二九五　水蛙眼目
二九六　今川了俊和歌所え不審条々・了俊弁要抄・落書露顕
二九七　徹書記物語
二九八　東野州聞書
二九九　兼載雑談
三〇〇　西公談抄・桐火桶
三〇一　愚秘抄
三〇二　三五記

17　連歌部・物語部

連歌部

三〇三　筑波問答・吾妻問答
三〇四　さゝめこと
三〇五　老のくりこと・老のすさみ
三〇六　若草山・連歌本式・連歌新式追加並新式今案等・漢和法式

物語部

三〇七　伊勢物語
三〇八　大和物語
三〇九　竹とりの翁物語
三一〇　住吉物語
三一一　秋の夜の長物語・鳥部山物語・松帆浦物語・児教訓
三一二　無名草子
三一三　拾遺百番歌合・百番歌合・源氏物語願文
三一四　伊勢源氏十二番女合・源氏人々の心くらへ
三一五　源氏物語奥入
三一六　原中最秘抄
三一七　弘安源氏論議
三一八　仙源抄
三一九　源語秘訣・源氏物語竟宴記

18　日記部・紀行部

日記部
三二〇　和泉式部日記
三二一　紫式部日記
三二二　讃岐典侍日記
三二三　弁内侍日記
三二四　中務内侍日記
三二五　堯孝法印日記・玄与日記
三二六　宗長手記
紀行部
三二七　土左日記・いほぬし
三二八　さらしな日記
三二九　高倉院厳嶋御幸記・後鳥羽院熊野御幸記
三三〇　海道記・南海流浪記
三三一　東関紀行・うたゝねの記
三三二　いさよひの日記・都のつと
三三三　小島のくちすさみ・住吉詣・道ゆきぶり・鹿苑院殿厳嶋詣記
三三四　なくさめ草・伊勢紀行
三三五　富士紀行・覧富士記・富士御覧日記・富士歴覧記
三三六　善光寺紀行・ふち河の記・正広日記・平安紀行・筑紫道記・北国紀行
三三七　廻国雑記
三三八　高野参詣日記・吉野詣記・九州道の記・九州のみちの記
三三九　あつまの道の記・むさし野の記行・東国陣道記・蒲生氏郷紀行・東路の津登・紹巴富士見道記
三四〇　東国紀行

19　管絃部・蹴鞠部・鷹部・遊戯部・飲食部
管絃部
三四一　管絃音義・五重十操記
三四二　竜鳴抄
三四三　懐竹抄
三四四　胡琴教録
三四五　舞楽要録
三四六　雑秘別録・舞曲口伝
三四七　夜鶴庭訓抄・残夜抄
三四八　糸竹口伝・木師抄
三四九　秦箏相承血脈・琵琶血脈・順徳院御琵琶合・八音抄
三五〇　東遊歌図・風俗・郢曲抄
三五一　新撰朗詠集
三五二　梁塵秘抄口伝集
蹴鞠部
三五三　承元御鞠記・貞治二年御鞠記・享徳二年晴之御鞠記・後鳥羽院御記
三五四　成通卿口伝日記・蹴鞠略記・蹴鞠簡要抄
三五五　遊庭秘鈔
鷹部
三五六　新修鷹経・嵯峨野物語・白鷹記・養鷹記
三五七　後京極殿鷹三百首・鷹三百首和歌・鷹百首・鷹百首・小鷹部・禰津松鷗軒記
遊戯部
三五八　薫集類抄
三五九　後伏見院宸翰薫物方・むくさのたね・五月雨日記・名香合・名香目録
三六〇　囲碁口伝・囲碁式・仙伝抄
三六一　君台観左右帳記・御飾記
三六二　作庭記
三六三　洛陽田楽記・文安田楽能記・紀河原勧進猿楽日記・異本紀河原勧進申楽記・粟田口猿楽記
飲食部
三六四　厨事類記
三六五　世俗立要集・四条流庖丁書
三六六　武家調味故実・大草家料理書・庖丁聞書
三六七　大草殿より相伝之聞書
三六八　喫茶養生記・喫茶往来・酒茶論・亭子院賜酒記・酒食論・北野大茶湯之記

20　合戦部
三六九　将門記・純友追討記・陸奥話記・奥州後三年記
三七〇　承久軍物語
三七一　梅松論
三七二　伯耆之巻
三七三　明徳記
三七四　応永記・嘉吉記
三七五　新撰長禄寛正記・文正記
三七六　応仁記
三七七　応仁略記
三七八　応仁別記・永禄記
三七九　豊鑑
三八〇　細川両家記
三八一　勢州四家記・内外両宮兵乱記
三八二　鎌倉大草紙
三八三　結城戦場物語

21　合戦部
三八四　相州兵乱記
三八五　豆相記・河越記・深谷記
三八六　さゝこおちのさうし・なかおゝちのさうし・房総治乱記・鹿島治乱記
三八七　江濃記・江北記・船田前記・船田後記
三八八　上野国群馬郡箕輪軍記・羽尾記
三八九　蘆名家記・蒲生氏郷記
三九〇　伊達日記
三九一　柴田退治記・富樫記・小松軍記
三九二　荒山合戦記・末森記
三九三　赤松記・赤松再興記・別所長治記・播州御

征伐之事
三九四 大内義隆記・中国治乱記
三九五 阿州将裔記・三好家成立之事・三好別記・十河物語
三九六 予章記
三九七 大友記
三九八 難太平記・上月記・荒木略記
三九九 親房卿被贈結城状・吉野御事書案・阿蘇大宮司惟澄申状・菊池武朝申状・上杉輝虎注進状・豊臣太閤御事書・沙弥洞然長状

22 武家部
四〇〇 御成敗式条・御成敗式目追加
四〇一 建武式目条々・建武以来追加
四〇二 侍所沙汰篇・大内家壁書・政所壁書
四〇三 早雲寺殿廿一箇条・信玄家法・長曾我部元親百箇条・朝倉敏景十七箇条
四〇四 鹿苑院殿御元服記・普広院殿御元服記・光源院殿御元服記・常徳院殿様御馬召初らるゝ事
四〇五 宝篋院殿将軍宣下記・普広院殿任大臣節会次第・普広院殿左大臣御拝賀記・普広院殿大将御拝賀雑事・鹿苑院殿御直衣始記
四〇六 長禄二年以来申次記
四〇七 殿中申次記・年中定例記・公方様正月御事始之記
四〇八 殿中以下年中行事
四〇九 飯尾宅御成記・畠山亭御成記・祇園会御見物御成記・伊勢守貞忠亭御成記・三好筑前守義長朝臣亭江御成之記・朝倉亭御成記・文禄三年卯月八日加賀之中納言殿江御成之事・文録四年御成記
四一〇 諸大名衆御成被申入記・供立之日記・御供古実・走衆故実
四一一 大内問答・奉公覚悟之事
四一二 今川大双紙
四一三 宗五大艸紙

23 武家部
四一四 簾中旧記・大上臈御名之事・娵入記・よめむかへの事
四一五 法量物・射礼私記・大的体拝記・流鏑馬次第・笠掛記・鹿足之次第
四一六 目安・騎射秘抄・八廻之日記・出法師落書
四一七 就弓馬儀大概聞書
四一八 家中竹馬記・土岐家聞書
四一九 矢開之事・就狩詞少々覚悟之事・空穂之次第・随兵日記・随兵之次第事・中原高忠軍陣聞書・築城記
四二〇 御産所日記・産所之記
四二一 建治三年(丁丑)日記・文明十一年記・六波羅御下知・摂津親秀譲状
四二二 斉藤親基日記
四二三 御随身三上記
四二四 見聞諸家紋・義貞記・武具要説・馬具寸法記

24 釈家部
四二五 初例抄
四二六 釈家官班記
四二七 太神宮御相伝袈裟記・石清水不断念仏縁起・賀茂社桜会縁起・春日社三十講最初御願文・太上法皇御受戒記・後宇多院御灌頂記・七仏薬師御修法記
四二八 宸筆御八講記・後嵯峨院宸筆御八講之記・延徳御八講記・和久良半の御法
四二九 雲井の御法・よろづの御のり・魚山の御のり・後光厳院三十三回聖忌記・後土御門院十三回聖忌記・陽禄門院三十三回忌の記
四三〇 仁和寺諸堂記・山城州葛野郡楓野大堰郷広隆寺来由記・清水寺縁起・醍醐寺縁起・安楽光院行事・楞伽寺記・勧修寺縁起・般舟三昧院記
四三一 天下南禅寺記・天竜寺供養記・東福紀年録・京城万寿禅寺記・覚雄山大福田宝幢寺鹿王院記
四三二 法勝寺供養記・尊勝寺供養記・無量寿院供養記・法成寺金堂供養記・薬師堂供養記・東北院供養記・東寺塔供養記
四三三 東寺塔供養記
四三四 相国寺供養記・相国寺塔供養記
四三五 大安寺伽藍縁起流記資財帳・大安寺縁起・薬師寺縁起・東大寺大仏記・東大寺造立供養記・東大寺金銅碑文・興福寺縁起
四三六 多武峯縁起・多武峯略記
四三七 長谷寺縁起文・当麻曼陀羅縁起・観心寺縁起実録帳
四三八 山門堂舎
四三九 叡岳要記
四四〇 九院仏閣抄
四四一 天元三年中堂供養願文・永正十五年中堂供養記・弘安八年大講堂供養記
四四二 木下川薬師仏像縁起・中禅寺私記・白峯寺縁起・聖福寺仏殿記・高野山焼失記
四四三 近江国栗本郡金勝寺官符・仏牙舎利記・鹿王禅院如意宝珠記・二荒山千部会縁起・日光山三月会縁記・慈恵大僧正御遺告・阿弥陀院宝物目録・観世音寺資財帳
四四四 左記・右記・追記
四四五 発心和歌集・法門百首

25 雑部
四四六 古語拾遺・古語拾遺攷異

四四七　日本国現報善悪霊異記
四四八　新撰姓氏録抄
四四九　大鏡裏書
四五〇　康平記
四五一　宇槐雑抄
四五二　達幸故実鈔
四五三　寛治二年記・永久元年記・醍醐寺雑事記・鳩嶺年代記
四五四　文保三年記・劔璽渡御記・光明寺残篇・関城書裏書・建武年間記
四五五　鳩嶺雑事記・祇園執行日記・醍醐雑抄
四五六　快元僧都記

26　雑部

四五七　慶長三年(つちのへいぬのとし)御ゆとのゝうへの日記〔欠＊〕
四五八　保暦間記
四五九　花営三代記
四六〇　如是院年代記
四六一　編御記・革命勘文
四六二　諸道勘文
四六三　長寛勘文
四六四　法曹類林
四六五　濫觴抄
四六六　代始和抄・日中行事
四六七　禁秘鈔
四六八　禁腋秘抄・名目鈔
四六九　世俗浅深秘抄
四七〇　類聚雑要抄

27　雑部

四七一　桃花蘂葉
四七二　弘安礼節・二判問答・三内口決
四七三　大饗略次第・大饗御装束間事・大饗雑事・大饗次第・大饗次第
四七四　十七箇条憲法・建暦二年三月廿二日宣旨・意見十二箇条・封事三箇条
四七五　寛平御遺誡・九条殿遺誡・渋柿・竹馬抄
四七六　小夜のねさめ・文明一統記・樵談治要
四七七　乳母のふみ・めのとのさうし
四七八　身のかたみ・慈元抄
四七九　枕草紙
四八〇　艶詞・方丈記・十楽菴記・夢庵記・三愛記・宇津山記
四八一　三塔巡礼記・石山月見記・嵯峨記・唐崎松記・夢想記・さか衣
四八二　多武峯少将物語・鳴門中将物語
四八三　時秋物語・今物語
四八四　野守鏡
四八五　吉野拾遺
四八六　江談抄
四八七　続古事談
四八八　東斎随筆

28　雑部

四八九　大槐秘抄・おもひのまゝの日記
四九〇　真俗交談記・驢嘶余
四九一　門室有職抄
四九二　海人藻芥
四九三　駿牛絵詞・国牛十図
四九四　夜鶴庭訓抄・才葉抄・入木抄
四九五　本朝書籍目録・仙洞御文書目録・倭片仮字反切義解・通憲入道蔵書目録・諸家点図
四九六　桂林遺芳抄
四九七　新撰字鏡
四九八　中正子
四九九　常陸国風土記・豊後国風土記
五〇〇　対馬国貢銀記・伊勢国風土記・駿河国風土記
五〇一　安東郡専当沙汰文・康正二年造内裏段銭幷国役引付
五〇二　東北院職人歌合・鶴岡放生会職人歌合・三十二番職人歌合
五〇三　七十一番歌合
五〇四　十二類哥合・調度哥合・狂哥合・常盤嫗物語・精進魚類物語・柿本氏系図・後奈良院御撰何曾
五〇五　公武大体略記・世諺問答
五〇六　暦林問答集

29　雑部

五〇七　紹運要略・立太子月立
五〇八　本朝女后名字抄・女院記
五〇九　本朝諡号雑記
五一〇　歴名土代
五一一　御評定着座次第・永享以来御番帳・文安年中御番帳・永禄六年諸役人附・長享元年九月十二日常徳院殿様江州御動座当時在陣衆着到
五一二　東大寺奴婢籍帳
五一三　常楽記
五一四　近江国番場宿蓮華寺過去帳・相州鎌倉松岡過去帳・常陸国茨城郡六段田村六地蔵寺過去帳・常陸国田嶋村伝燈山和光院過去帳
五一五　類聚雑例
五一六　高倉院升遐記・四条院御葬礼記・亀山院御葬礼記
五一七　伏見上皇御中陰記・後光厳院御中陰以下御仏事記
五一八　後小松院崩御記・山の霞・山賤記・後奈良院御拾骨之記・新待賢門院七七忌御願文
五一九　鹿苑院殿薨葬記・鹿苑院殿追善記・鹿苑院殿をいためる辞・将軍義尚公薨逝記

五二〇　万松院殿穴太記・総見院殿追善記
五二一　あしたの雲・宗祇終焉記・幽斎尊翁御葬礼記・玄旨法印をいためることば
五二二　吉事次第・吉事略儀・贈官宣下記・諷誦願文草案
五二三　文保記
五二四　永正記
五二五　婚記
五二六　中宮御産部類記
五二七　后宮御着帯部類・御産御祈目録・安徳天皇御五十日記・春華門院御五十日記
五二八　新院姫宮御行始記・北山院御入内記
五二九　安元御賀記・俊成卿九十賀記
五三〇　称名院右府七十賀記・暮春白河尚歯会和歌

〔続群書類従〕

1上　神祇部
一　神皇雑用先規録
二　伊勢二所皇太神宮御鎮座伝記・天照座伊勢二所皇太神宮御鎮座次第記・豊受皇太神御鎮座本紀
三　倭姫命世記・造伊勢二所太神宮宝基本記・伊勢二所皇太神宮神名秘書
四　皇字沙汰文
五　内宮御神宝記・外宮御神宝記
六　外宮遷御奉仕来歴・康暦二年外宮遷宮記
七　建久九年内宮仮殿遷宮記
八　文永三年御遷宮沙汰文
九　正中御餝記・永享元年己酉十一月廿日山口祭記
一〇　応永廿六年外宮神宝送官符
一一　寛正三年内宮神宝送官符
一二　建久三年皇太神宮年中行事
一三　二宮年中行事
一四　四度幣部類記

1下　神祇部
一五　伊勢公卿勅使雑例・参議綏光卿記
一六　康和以来公卿勅使記・仁安四年公卿勅使記
一七　嘉暦三戊辰年九月十日公卿勅使御参宮日記・永正十五年一社奉幣使参向記
一八　高宮盗人闖入怪異事・離宮院記
一九　内宮子良館記・外宮子良館旧記
二〇　公文抄
二一　応永以来外宮注進状
二二　延徳記
二三　永正以来宮司引付
二四　内宮禰宜荒木田氏経引付
二五　内宮禰宜荒木田守晨引付
二六　度会常有家引付
二七　宇治土公家引付・有爾日記
二八　大神宮参詣記・釈尊寺旧記

2上　神祇部
二九　榊葉集
三〇　八幡愚童訓
三一　鳩嶺雑日記・石清水八幡宮末社記
三二　石清水臨時祭之記・文永六年兼文宿禰勘文・大永五年石清水八幡遷宮日時定・石清水放生会記・貞応二年宗清法印立願文・嘉禄元年宗清法印勧進文
三三　嘉元年中賀茂祭記・賀茂祭ざうようの引付色目・延文元年賀茂臨時祭記・稲荷鎮座由来
三四　春日御詫宣記・春日祭旧例・嘉慶元年春日臨時祭記・天文年中春日祭次第
三五　弘安四年春日入洛記・貞治三年春日御動座記・永徳二年春日焼失記
三六　当社御造替日記
三七　春日若宮神殿守記
三八　応安二年春日卅八所造替記・若宮殿臨時御遷宮日記・社頭御八講日記・率川御社御遷宮日記
三九　春日社司祐重記
四〇　至徳二年記

2下　神祇部
四一　明応六年記
四二　春日正預祐範記
四三　春日拝殿方諸日記
四四　春日詣部類記
四五　明徳二年室町殿春日詣記
四六　三輪大明神縁起・竜田大明神御事
四七　住吉太神宮諸神事之次第記録
四八　耀天記
四九　厳神鈔
五〇　日吉山王利生記
五一　続日吉山王利生記
五二　日吉本記・日吉山王新記・元応元年(大社小比叡社)社家注進状
五三　御礼拝講之記
五四　日吉社室町殿御社参記

3上　神祇部
五五　祇園牛頭天王縁起・祇園三鳥居建立記・御霊会山鉾記〔欠＊〕
五六　祇園社記〔欠〕・祇園社記録〔増補〕・天台座主祇園別当幷同執行補任次第〔同〕・祇園社記続録〔同〕・祇園社記続録〔同〕・祇園社古文書写〔同〕
五七　北野宮寺縁起・北野本地・天神講式・天満大自在天神宝号記・北野神君画幀記・五岳賛語・二十二社幷本地
五八　惟賢比丘筆記・神祇正宗・神祇拾遺・類聚既験抄
五九　麗気記
六〇　神階記

六一　恒例修正月勧請神名帳・清滝宮勧請神名帳・神名帳

六二　和泉国神名帳・三河国内神明名帳・若狭国神名帳・隠州神名帳・南海道紀伊国神名帳・筑後国神名帳

六三　赤城大明神縁起・豊国大明神祭礼記

六四　東大寺八幡験記・東大寺八幡転害会記

六五　大和葛城宝山記・大和国城下郡鏡作大明神縁起・菅神初瀬山影向記

六六　霊安寺御霊大明神略縁起

六七　誉田八幡縁起

六八　熱田宮秘釈見聞・熱田講式・足助八幡宮縁起

六九　曾我両社八幡宮并虎御前観音縁起・弘安四年鶴岡八幡遷宮記

3下　神祇部

七〇　香取大神宮造営目録・下総国香取社造進注文事・香取社造営物注文・香取社年中神事目録

七一　香取宮遷宮用途記・⿰女盧殿遷宮用途記

七二　鹿島宮社例伝記・鹿島宮年中行事・中郡庄賀茂大明神縁起・久慈郡薩都宮奉加帳・那珂郡甲明神奉加帳

七三　諏訪大明神絵詞

七四　近江国別浦八幡縁起・兵主大明神縁起・信濃国埴科郡檞原庄中条宮弁財天由来記・会津高倉社勧進帳・加州石川郡白山縁記

七五　厳島御本地

七六　熊野権現金剛蔵王宝殿造功日記・熊野本宮古記・丹生大神宮之儀軌・正応六年大政官牒・伊予三島縁起

七七　北野天神御縁起・筑前州大宰府安楽寺菅丞相祠堂記・由原八幡縁起

七八　唯一神道名法要集

七九　兼邦百首哥抄

八〇　諸社禁忌・伊勢大神宮参詣精進条々・太神宮ぶつきりやう・八幡宮社制・稲荷社家物忌令之事・新羅社服忌令・日光山物忌令

八一　触穢問答・触穢考・神祇道服紀令秘抄

〔増補〕　通海参詣記・重校神名秘書

4上　帝王部・補任部

帝王部

八二　皇代略記

八三　朝覲行幸部類

八四　御方違行幸御供奉雑事・朝覲行幸御供奉事・元亨四年三月廿三日石清水行幸供奉人数・応永二十一年御方違行幸記・永享九年十月廿一日行幸記・天正年中聚楽亭両度行幸日次記

八五　御幸始部類記

八六　御幸始次第・正安元年新院両社御幸記・延慶二年八幡御幸記・応永廿九年八幡御幸次第・宇治御幸記

八七　建仁元年熊野山御幸記・後宇多院御幸記

八八　内裏遷幸部類・永久五年遷幸記・法住寺殿御移徙部類

補任部

八九　検非違使補任・春宮坊官補任〔増補〕・外記補任〔同〕

九〇　蔵人補任・相国歴名・菅儒侍読年譜・院司補任次第

九一　将軍次第・執事補任次第・長門国守護職次第

九二　二所太神宮正員禰宜転補次第記・天台座主祇園別当並同執行補任次第・熊野別当代々記・宗像大宮司次第

九三　護持僧補任・護持僧次第・任僧綱土代

九四　法中補任・探題次第

4下　補任部

九五　仁和寺御室系譜・菩提院門跡列祖次第・勝宝院門跡列祖次第・大覚寺門跡次第・大覚寺門跡略記

九六　天台正嫡梶井門跡略系譜・青蓮院門跡系譜・妙法院門跡相承次第・円満院門跡相承次第・曼殊院門跡伝法師跡次第

九七　勧修寺長吏次第・安井門跡次第・醍醐寺座主譲補次第・金剛王院門跡列祖次第・理性院院務次第

九八　三宝院列祖次第・東寺長者幷高野撿挍等次第・金剛峯寺執行検校阿闍梨補任略記・伝法院座主補任次第

九九　法琳寺別当補任・竜宝山住持位次

一〇〇　天台座主記

一〇一　園城寺長吏次第・天王寺別当次第・大乗院門跡次第・興福寺寺務次第

一〇二　興福寺三綱補任

一〇三　法隆寺別当次第

一〇四　鶴岡八幡宮寺供僧次第

一〇五　鶴岡両界壇供僧次第・鶴岡脇堂供僧次第・日光山門跡次第

〔増補〕　八九　外記補任

5上　系図部

一〇六　皇胤系図

一〇七　日本皇帝系図・後嵯峨院皇統系図

一〇八　尊卑分脈脱漏

一〇九　武蔵七党系図

一一〇　清和源氏系図

一一一　足利系図・古河御所（元号鎌倉御所今号喜連川）之伝・古河公方系図・喜連川古河宮原之系図

一一二　喜連川判鑑

一一三　武衛系図・奥州斯波系図・若州湯川彦衛門覚書・大崎系図〔欠〕・最上系図・山野辺氏系

図
一一四　細川系図・細川系図・細川系図
一一五　畠山系図・両畠山系図・二本松系図・山名系図・山名系譜
一一六　吉良系図・吉良系図・今川系図・渋川系図・一色丹羽系図・里見系図・里見系図・里見系図・由良系図
一一七　吉見系図・木曾系図・小田系図・宍戸系図・奥州石河系図・島津系図・島津系図・島津歴代歌
一一八　佐竹一門系図〔欠〕
一一九　佐竹系図・佐竹系図・佐竹支族系図・佐竹系図
一二〇　御当家系図・御当家系図・美乃佐竹系図・革島系図・革島家伝覚書・佐竹白石系図

5下　系図部

一二一　武田系図
一二二　武田系図・武田系図
一二三　両武田系図・若州武田系図・若州武田系図・若州武田之系図・武田系図・紀州武田系図・武田法印系図・大井系図
一二四　小笠原系図
一二五　小笠原系図・小笠原系図・小笠原諸流系図・小笠原三家系図
一二六　高天神小笠原系図・高天神小笠原家譜・三好系図・三好系図・十河系図
一二七　南部系図・秋山系図・保田系図・竹内系図
一二八　土岐系図・土岐系図・土岐系図・舟木氏系図・明智系図・多治見系図
一二九　多田系図・山県系図・川那部系図・川那部系図・下間系図
一三〇　高梨系図・高梨系図・山岡系図・赤井系図・赤井系図・三上系図・和田系図・本郷系図
一三一　渡辺系図・渡辺系図・松浦系図・大仏師系図〔欠＊〕
一三二　佐々木系図
一三三　佐々木系図
一三四　佐々木系図・駒井氏系図・上坂氏系図・平井系図・児島三宅系図
一三五　北畠系図・星合系図・名和系図・村上源氏那波系図
一三六　赤松系図・赤松系図・赤松系図・赤松略譜・赤松家系図・赤松系図・赤松系図・赤松系図
一三七　有馬系図・石野系図・上月系図・本間系図・本間系図・本間系図・本間略系図・海老名荻野系図・田代略系図

6上　系図部

一三八　桓武平氏系図・三浦系図・和田系図・大多和系図・三戸系図・佐原比田藤倉系図・横須賀系図・千葉上総系図
一三九　常陸大掾伝記・常陸大掾系図・常陸大掾系図・石川系図・小栗系図・磐城系図・岩城系図
一四〇　北条系図・北条系図・北条系図・北条系図・福嶋系図
一四一　伊勢系図・勢州系図・伊勢系図・安村系図
一四二　織田系図
一四三　江戸系図・千葉系図・大須賀系図・千葉系図
一四四　千葉支流系図・東系図・鹿嶋当禰宜系図・君島系図・般若院系図
一四五　相馬系図・相馬系図・奥州相馬系図・相馬則胤覚書
一四六　笠井系図・熊谷系図・熊谷系図・長尾系図・平群系図・土屋系図・土屋・土屋系図・土屋・曾我系図・曾我系譜・湯浅系図
一四七　日野一流系図
一四八　御子左系図〔欠〕・飛騨国司系図
一四九　武藤系図・内藤系図・山内首藤系図・那須系図・那須系図・千本系図・千本系図・粟生系図
一五〇　大友系図・大友系図・大友系図・戸次系図・立花系図

6下　系図部

一五一　菊池系図・菊池系図・菊池系図・大森葛山系図・大森葛山系図・大森系図
一五二　宇都宮系図・宇都宮系図・宇都宮系図
一五三　上杉系図・上杉系図
一五四　上杉系図・上杉系図・深谷上杉系図・宅間系図・加々爪系図・糟谷系図・糟谷系図
一五五　秀郷流系図
一五六　小山系図・小山結城系図・結城系図・結城系図・結城系図・結城系図・結城家譜・白川結城系図・長沼系図・岡本系図
一五七　蒲生系図・蒲生系図
一五八　佐野系図・佐野松田系図・下河辺系図・荒木系図・奥州御館系図・佐藤系図・小野崎系図・常州江戸系図
一五九　利仁流系図〔欠〕・桐原系図・長井系図
一六〇　吉川系譜
一六一　工藤二階堂系図・二階堂系図・二階堂系図〔欠〕・伊東系図・河津系図・天野系図・天野系図・相良系図
一六二　遠藤系図・井伊系図・成田系図・竜造寺系図・有馬系図・浅井系図
一六三　熊野別当系図・中岩氏系図・本願寺系図・本願寺系図・松谷光徳寺系図

7上　系図部

一六四　橘氏系図・橘氏系図・橘氏系図・橘氏系図・

橘氏系図・橘氏系図

一六五　阿蘇三社大宮司系図・多氏系図・中原系図・江州中原氏系図・中原系図

一六六　小野氏系図・小野系図・小野氏系図

一六七　大宅系図・越智系図・河野氏系図・河野系図・賀茂系図・賀茂氏系図・蘇我石川両氏系図

一六八　紀氏系図・紀氏系図・堀田芳賀系図・芳賀系譜・浦上系図

一六九　石清水祠官系図

一七〇　安倍氏系図・安倍氏系図・藤崎系図・安藤系図

一七一　和気氏系図・和気氏系図・和気氏系図・和気氏系図・小槻系図・小槻系図・綾氏系図

一七二　日下部系図・日下部系図・日下部系図・私市氏系図・春原系図

一七三　清原系図・清原系図・清原系図・清原系図・清原系図・清原系図・豊後清原系図・石島系図

一七四　高階氏系図・堀尾系図・豊原氏系図・良峰氏系図・在原氏系図・滋野氏系図・信州滋野氏三家系図・増田望月系図

7下　系図部

一七五　菅原氏系図・菅原〔氏〕系図・菅原系図・菅原氏系図

一七六　菅原氏系図・大江氏系図・大江氏系図・大江系図本

一七七　大中臣氏系図・大中臣氏系図・大中臣系図

一七八　和田系図・和田系図

一七九　中臣氏系図・鹿島大宮司系図・鹿島大禰宜系図・香取大宮司系図・香取大禰宜系図・卜部氏系図

一八〇　賀茂神官鴨氏系図・河合神職鴨県主系図

一八一　松尾社家系図・住吉社神主幷一族系図

一八二　大伴系図・伴氏系図・伴氏系図・伴氏系図・伴氏系図・鶴岡社職系図

一八三　紀伊国造系図・伊香氏系図・広峯氏系図・大神系図・大神系図・戸部系図・御神本系図

一八四　丹波氏系図・丹波氏系図・丹波氏系図

一八五　坂上系図・坂上系図・長宝寺系図

一八六　大蔵氏系図・秋月系図・田尻系図

一八七　惟宗氏系図・長曾我部系図・長曾我部系図・三善氏系図〔欠＊〕・大内系図・大内系図・狛氏系図・百済氏系図〔欠〕

一八八　坊官系図〔欠＊〕・仁和寺候人系図

〔増補〕一七九　度会氏系図

8上　伝部

一八九　上宮皇太子菩薩伝・聖徳太子伝暦

一九〇　文応皇帝外紀・恒貞親王伝・光台院御室伝

一九一　橘逸勢伝・藤原保則伝・畊雲老人寿像賛・竹田雄誉光英法印寿像讃

一九二　故左金吾兼野州太守平公墳記・宇喜多和泉守三宅朝臣能家像賛・山県源七郎元之伝

一九三　本朝神仙伝・入唐五家伝

一九四　法華験記

一九五　仁和寺諸師年譜

一九六　拾遺往生伝

一九七　後拾遺往生伝

一九八　三外往生記

一九九　本朝新修往生伝

二〇〇　高野山往生伝

二〇一　真言烈祖表白集

8下　伝部

二〇二　浄土法門源流章

二〇三　阿娑縛三国明匠略記・日本名僧伝

二〇四　行基菩薩伝・行基大菩薩行状記・大和国生馬山(有里村)行基菩薩御遺骨出現事・鑒真和上三異事

二〇五　叡山大師伝・伝教大師行業記・伝教大師行状

二〇六　空海僧都伝・贈大僧正空海和上伝記・大師御行状集記

二〇七　弘法大師御伝

二〇八　弘法大師行化記

二〇九　高野大師御広伝

二一〇　弘伝略頌抄

二一一　延暦寺故内供奉和上行状・慈覚大師伝

二一二　智証大師伝

二一三　聖宝僧正伝・尊意贈僧正伝・慈慧大師伝

二一四　空也誄・自伝・和州多武峰寺増賀上人行業記・谷阿闍梨伝

二一五　大伝法院本願聖人御伝

9上　伝部

二一六　黒谷源空上人伝

二一七　隆寛律師略伝・聖光上人伝・鎌倉佐介浄刹光明寺開山御伝・泉涌寺不可棄法師伝

二一八　三輪上人行状・本願寺聖人親鸞伝絵

二一九　最須敬重絵詞

二二〇　日蓮聖人註画讃

二二一　元祖蓮公薩埵略伝・蓮公大師年譜

二二二　一遍聖絵

二二三　一遍上人行状・一遍上人年譜略・浄阿上人行状・開山無人和尚行業記・杲宝僧都事実・大雲院開山貞安上人伝

二二四　頼印大僧正行状絵詞

二二五　日本国千光法師祠堂記・洛城東山建仁禅寺開山始祖明庵西公禅師塔銘・初祖道元禅師和尚行録・永平寺三祖行業記

二二六　水上山万寿開山神子禅師行実・肥前国勅賜水上山興聖万寿禅寺開山勅特賜神子禅師栄尊大和尚年譜・東巌安禅師行実

二二七　巨福山建長禅寺開山蘭渓和尚行実・源翁禅師伝・大日本国皇城東五山之上瑞竜山大平興国南禅々寺開山第一世祖仏心禅師大明国師無関大和尚塔銘・仏光禅師塔銘・鷲峰開山法燈円明国師行実年譜

二二八　仏照禅師塔銘・肥後州大慈寺開山寒岩禅師略伝・仏智禅師伝・大日本国東海道相州路鎌倉県巨福山建長興国禅寺第十代勅諡大通禅師行実・浄智第四世法海禅師無象和尚行状記・大円禅師伝・東福第八世法照禅師十乗坊行状・東明和尚塔銘・大慈庵仏通禅師行状・勅諡南院国師規庵和尚行状・前住相模州巨福山建長興国禅師勅諡仏国応供広済国師行録

二二九　一山国師妙慈弘済大師行記・大日本国特賜仏燈国師約翁和尚無相之塔銘・東福第十世勅賜仏印禅師直翁和尚塔銘・太秦海生寺開山深山和尚行状・円通大応国師塔銘・古林和尚行実

9下　伝部

二三〇　東福第十一世南山和尚行実・双峰国師年譜略・大燈国師行状・仏日焔恵禅師明極俊大和尚塔銘・河東祇樹一源統禅師行状・清拙大鑑禅師塔銘・越之中州黄竜山興化護国禅寺開山勅諡仏林恵日禅師塔銘

二三一　日本国京師建仁禅寺高山照禅師塔銘・丹波州氷上郡佐治庄瑞岩山高源寺開山遠渓祖雄禅師之行実・謹具東海和尚行実・勅諡宝覚直空禅師前住大唐京兆翠微寺後住日本京城東山建仁禅寺雪村大和尚行道記・平田和尚伝・建長禅寺竺仙和尚行道記

二三二　海蔵和尚紀年録

二三三　天竜開山夢窓正覚心宗普済国師年譜・西山夜話・臨川家訓・天竜開山特賜夢窓正覚心宗国師塔銘并序・日本国天竜禅寺開山夢窓正覚心宗普済国師碑銘

二三四　大梅山開山月林皎禅師行状・大陽和尚行実・智覚庵開山大道和尚行状・真源大照禅師竜山和尚行状・無極和尚伝・固山鞏和尚行状・下野竜興開山仏厳禅師行状

二三五　孤峰和尚行実・広智国師乾峰和尚行状・青井山高成禅寺開山大年大和尚伝・東福廿三世無徳和尚行実・総持第二世峨山和尚行状・日本国建仁禅寺住持月篷見禅師塔銘・東福廿五世古伝和尚伝・日本故建仁別源和尚塔銘並序・寂室和尚行状・無雲天禅師行実・江洲永源寺開山円応禅師行状

二三六　天応大現国師行状・不聞和尚行状・仏観禅師行状・尾州応夢山定光禅寺開山勅諡覚源禅師平心処斉和尚年譜略・友山和尚伝・古先和尚行状・宗鏡禅師伝・仏種慧済禅師中岩月和尚自歴譜

二三七　約庵久禅師略伝・日本南禅寺仏恵広慈禅師在庵大和尚行業・妙興開山円光大照禅師行状・正統下南海和尚伝・弘宗定智禅師行状・吉祥庵清谿和尚行実・芸州永福寺天関沖禅師行実・安養開山勅諡正眼智鑑禅師年譜・甲州塩山向岳庵開山抜隊和尚行実

二三八　宝幢開山知覚普明国師行業実録・竜湫和尚行状・大明禅寺開山月庵和尚行実・深奥山方広開基無文選禅師行業・密伝正印禅師言外和尚行状・太清和尚履歴略記

二三九　東福四十三世性海和尚行実・仏智広照浄印翊聖国師年譜・別峯殊禅師行道記・勝定国師年譜・慧鑑明照禅師道行記・万松山泉竜禅寺普覚円光禅師伝・南禅哲岩浚禅師行状・（千光第四世竜山見禅師法嗣）前南禅一庵麟禅師行状・常光国師行実・普済禅師行記

二四〇　前相国無求伸禅師行実・松嶺秀禅師行状・岐陽自賛・玉竜山福昌禅寺開山石屋禅師塔銘并叙・東漸和尚伝

二四一　勅諡大機弘宗禅師行状・万歳山成道寺寰中和尚伝・前天竜心関大禅師祖道履歴之記・雲章和尚行状・綿谷瓞禅師行状・特賜宗恵大照禅師行状・前南禅瑞岩禅師行道記・周防路鹿王山竜文寺開山竹居禅師塔銘・器之禅師塔銘

二四二　興宗明教禅師行状・一休和尚行実・東海一休和尚年譜・双林二世中興開山一州和尚行実記

二四三　横川和尚伝・正続大宗禅師行状・大興心宗禅師行状・曇英和尚行状・幻住九世一華碩由大禅師行実之状・故大徳仏宗大弘禅師実伝和尚道行記・故大徳正法大聖国師古岳大和尚道行記・春林和尚行実・和泉州大鳥郡堺南荘竜興山南宗禅寺開山前住大徳特賜正覚普通国師大林和尚塔銘

10上　官職部・律令部・公事部

官職部

二四四　百官和秘抄

二四五　諸司職掌

律令部

二四六　法曹類林〔明法肝要鈔〕

二四七　後妙華寺殿令聞書

公事部

二四八　年中行事御障子文

三二三　鉄舟和尚閣浮集
三二四　旱霖集
三二五　碧雲稿
三二六　豩菴集
三二七　続翠詩集
三二八　猿吟集
三二九　心田詩藁
三三〇　九淵詩稿・竹居清事
12下　文筆部
三三一　村菴小稿
三三二　狂雲集
三三三　続狂雲詩集
三三四　蘿蔔集
三三五　薝蔔集
三三六　島隠漁唱
三三七　宜竹残藁
三三八　梅花無尽蔵
13上　文筆部
三三九　天陰語録
三四〇　黙雲詩藁
三四一　日下一木集
三四二　幻雲稿・幻雲詩藁〔増補〕・月舟和尚語録〔同〕・幻雲文集〔同〕
三四三　角虎道人文集
三四四　三益稿
三四五　三益艶詞
三四六　松蔭吟稿
三四七　冷泉集
13下　文筆部・消息部
文筆部
三四八　梅渓稿
三四九　梅屋和尚文集
三五〇　三脚稿
三五一　枯木稿
三五二　策彦和尚詩集
三五三　金鉄集
三五四　清渓稿
三五五　万瑛和尚文集
三五六　宿蘆稿
三五七　南陽稿
三五八　水拙手簡・大覚禅師鏡像紀実・雨珠記・法燈国師踍跳賛・頂相霊験記・洛陽知恩寺松蔭硯銘幷序〔重複省略〕
消息部
三五九　東山往来
三六〇　続東山往来〔欠〕
三六一　庭訓往来
三六二　遊学往来
三六三　新札往来
三六四　新撰類聚往来
三六五　蒙求臂鷹往来
〔増補〕三六四　新撰類聚往来
14上　和歌部
三六六　金葉和謌集
三六七　金葉和謌集
三六八　月詣和歌集
三六九　東撰和歌六帖
三七〇　拾遺風体和歌集
三七一　安撰和歌集
三七二　菊葉和歌集
三七三　飛月集
三七四　二八要抄
三七五　中古六歌仙・秀歌大略・自讃歌・新百人一首
三七六　為相卿千首
三七七　雅縁卿千首〔欠＊〕
三七八　耕雲千首
三七九　詠千首和歌
14下　和歌部
三八〇　千首和歌
三八一　宗尊親王三百首〔重複省略〕・宗尊親王三百六十首〔増補〕
三八二　正治二年院御百首
三八三　後花園院御百首・文明十五年将軍家百首
三八四　応永廿一年頓証寺法楽百首・永享九年住吉社奉納百首・永享十年石清水社奉納百首・永享十一年石清水社奉納百首・永享十三年松尾社法楽百首
三八五　玉津島社法楽仮名題目百首和歌・文明九年石清水法楽百首・明応四年水無瀬宮法楽百首・後土御門院長州一宮住吉社御法楽和歌・明応七年長門国住吉社法楽百首〔重複省略〕
三八六　後鳥羽院御百首・土御門院御百首・順徳院御百首
三八七　伏見院御百首・後小松院御百首・後土御門院御百首・後奈良院御百首・正親町院御百首
三八八　後崇光院御百首・陽光院御百首〔欠〕・宗尊親王御百首・邦高親王御百首・貞常親王御百首
三八九　等持院殿御百首・等持院殿御百首〔増補〕・宝篋院殿御百首・後普光園院殿御百首・三条相国御百首・称名院殿句題御百首
三九〇　俊成卿述懐百首・俊成卿祇園百首〔欠＊〕・定家卿藤川百首・為家卿藤川題百首
三九一　為相卿百首・為相卿百首・為定卿藤川題百首・師兼卿百首〔欠〕
三九二　前参議雅有卿百首〔欠〕・入道大納言雅世卿百首〔欠＊〕・入道

三九三　中納言雅康卿百首・入道中納言雅康卿百首〔増補〕・入道大納言雅庸卿百首
三九四　前大納言親長卿百首・入道大納言為広卿百首〔欠＊〕・従三位資直卿百首〔欠〕
三九五　長綱百首・花月百首・詠百首和歌・十市遠忠百首
三九六　寂蓮法師百首・登蓮法師恋百首・慶運法師百首・堯孝法印百首
三九七　正徹百首・正広百首〔欠〕
三九八　心敬僧都百首・道堅法師百首・牡丹花百首〔欠〕・四吟百首
三九九　殷富門院大輔百首〔欠＊〕・安嘉門院四条百首
四〇〇　仙洞五十首
天正五年親王家五十首・大永二年八月四日御会和歌・詠五十首和歌

15上　和歌部
四〇一　高陽院行幸和歌・嘉応元年宇治別業和歌・最勝四天王院名所障子和謌・北山行幸倭歌・厳島社頭和歌
四〇二　詠法華経和歌・竹内僧正句題歌・内裏御屛風上帖・同御屛風下帖・中書王御屛風・長寿院内府九十賀和歌
四〇三　高野山金剛三昧院短冊・経旨和歌・心敬僧都十体和歌
四〇四　日本紀竟宴和歌・日本紀竟宴和歌〔増補〕
四〇五　蒙求和謌
四〇六　百詠和歌
四〇七　規子内親王家歌合・故小野宮右衛門督斉敏君達歌合・男女房歌合・越中守頼家朝臣家歌合〔欠＊〕・内裏歌合右方後番・治承二年賀茂社歌合〔重複省略〕・治承二年八月二種歌合〔欠〕
四〇八　三百六十番歌合
四〇九　正治二年十月一日歌合・正安元年五種歌合・歌合
四一〇　前摂政家歌合
四一一　三十番歌合・天正七年内裏歌合〔重複省略〕
四一二　陽成院歌合・河原院歌合・多武峯往生院千世君歌合・源大納言家歌合・範永宅歌合・歌絵合・金玉歌合・頓阿勝負付歌合
四一三　定家卿百番自歌合
四一四　百番歌合
四一五　三百六十番自歌合

15下　和歌部
四一六　歌合
四一七　歌合
四一八　百五十番歌合
四一九　岩山道堅自歌合・五十番自謌合・貞徳翁自歌合
四二〇　長承二年相撲立詩歌・三十六番相撲立詩歌・和漢名所詩歌合
四二一　定家卿独吟詩歌・朗詠題歌
四二二　永徳元年室町第行幸和歌集・寛正五年仙洞三席御会詩歌・文明年中応制詩歌・文亀二年春日社法楽詩歌・永禄五年一乗谷曲水宴詩歌・畠山匠作亭詩歌
四二三　後鳥羽院御集
四二四　順徳院御集
四二五　光厳院御集・式部卿邦高親王御集
四二六　等持院殿御集
四二七　慈照院殿義政公御集
四二八　後福照院殿(持基公)御詠艸・後妙華寺殿(冬良公)御詠草
四二九　洞院公賢公家集
四三〇　権中納言定頼卿集

16上　和歌部
四三一　藤谷和歌集
四三二　為兼集・為兼集
四三三　前大納言為広卿集
四三四　為広卿詠草
四三五　貧道集
四三六　為冬集
四三七　時慶卿集
四三八　参議時直卿集
四三九　藤原為頼朝臣集・大江匡衡朝臣集・藤原家経朝臣集
四四〇　平忠盛朝臣集・信実朝臣家集
四四一　和歌・松田丹後守平貞秀集
四四二　心珠詠草
四四三　大江元就詠草・木下勝俊朝臣集
四四四　法印珍誉愚詠・寂身法師集
四四五　閑谷集・閑放集
四四六　権大僧都心敬集
四四七　道堅法師詠草
四四八　和泉式部続集

16下　和歌部
四四九　馬内侍集・源重之むすめの集・殷富門院大輔集・後堀川院民部卿典侍集・権大納言典侍集
四五〇　俊成卿万葉集時代考・定家長歌短歌之説
四五一　万葉集難事
四五二　古今集序註
四五三　古今和歌集隠名作者次第・撰集作者異同考
四五四　後撰集正義
四五五　難後拾遺抄
四五六　古今打聞・新撰髄脳
四五七　和歌深秘抄・桂明抄
四五八　古来風体抄

四五九　今来風体抄・愚問賢注
四六〇　袋草紙
四六一　袋草紙遺編
四六二　井蛙抄
四六三　清巌茶話

17上　和歌部・連歌部

和歌部

四六四　竹園抄・時秀卿聞書・かりねのすさみ
四六五　定家卿和歌式〔重複省略〕・愚見抄・隆源口伝・耕雲口伝
四六六　釣舟
四六七　綺語抄
四六八　師説自見集
四六九　歌林良材集
四七〇　和歌現在書目録・和歌合略目録・明月記抄出

連歌部

四七一　竹林抄
四七二　紫野千句
四七三　月千句
四七四　宝徳千句
四七五　河越千句
四七六　熊野法楽千句
四七七　太神宮法楽伊与千句
四七八　石山千句
四七九　出陣千句
四八〇　石山百韻・三代集作者百韻・以呂波百韻・将軍家百韵・水無瀬三吟百韵・新撰筑波祈念百韵・本式連歌百韵・伊勢物語詞百韵
四八一　尼子晴久夢想披百韵・永原筑前守重興興行百韻・永禄五年飯盛城百韵〔欠＊〕・元亀三年林中務少輔興行百韵〔同〕・天正二年水野監物丞守隆興行百韵〔同〕・同三年蜂屋兵庫助頼隆興行百韵〔同〕・同四年甲斐左京入道宗柳興行百韵〔同〕・天正七年正月十六日定家卿色紙開百韻
四八二　明智光秀張行百韻・源氏国名百韻・後小松院御独吟・法皇御独吟百韻・後土御門後柏原両院御百韻・慈照院殿御吟百韻・兼載独吟百韻・宗長独吟
四八三　賀茂社法楽宗牧独吟名所百韻・肖柏独吟観世音名号百韻・文章連歌五十韻・真壁道無闇礫軒追善・細川高国朝臣六々歌仙〔欠＊〕・出陣万句三物〔同〕・白川万句発句〔同〕

17下　連歌部

四八四　老葉
四八五　萱草
四八六　下草
四八七　園塵
四八八　春夢草
四八九　壁草
四九〇　永仙句集〔欠＊〕
四九一　荒木田守武句集・荒木田守農句集〔欠＊〕
四九二　贈従三位元就卿句集〔欠〕・安宅冬康句集〔欠＊〕
四九三　梵燈庵主返答書・梵燈庵主袖下集
四九四　宗祇袖下
四九五　花能万賀喜・馬上集
四九六　うす花さくら・白髪集
四九七　心敬僧都庭訓・ひとり言
四九八　連珠合璧集
四九九　雨夜記・淀乃和当理〔欠＊〕
五〇〇　連歌極秘之書・闇夜一燈・連歌執筆次第

18上　物語部

五〇一　伊勢物語
五〇二　松浦物語
五〇三　唐物語
五〇四　堤中納言物語
五〇五　宇治大納言物語
五〇六　忍音物語
五〇七　岩屋能草紙・いはやのさうし〔増補〕
五〇八　転寝草紙・初瀬物語
五〇九　嵯峨物語・幻夢物語
五一〇　山路乃露
五一一　知顕集
五一二　伊勢物語愚見抄

18下　物語部・日記部・紀行部

物語部

五一三　山口記
五一四　伊勢物語肖聞抄
五一五　伊勢物語惟清抄
五一六　源氏物語千鳥抄
五一七　類字源語鈔
五一八　源氏和秘抄
五一九　帚木別注
五二〇　布勢屋乃塵・源氏物語竟宴記〔重複省略〕

日記部

五二一　さごろも下紐
五二二　はるのみやまぢ
五二三　高野日記・宗長日記

紀行部

五二四　室町殿伊勢参宮記・白河記行・さのゝわたり・美濃路記行
五二五　湯本記行〔欠＊〕・〔小堀遠州〕辛酉記行
五二六　丙辰紀行・高野の道の記

19上　管絃部

五二七　御遊抄
五二八　文永五年院舞御覧記・貞治三年舞御覧記・明応二年鳳管灌頂記・横笛譜裏書・御遊部

類記
五二九　教訓抄・舞楽小録
五三〇　掌中要録・掌中要録秘曲〔増補〕
五三一　新撰要記鈔・音律具類抄
五三二　吉野吉水院楽書
五三三　神楽血脈・和琴血脈・鳳笙師伝相承・篳篥師伝相承・郢曲相承次第・催馬楽師伝相承・大家笛血脈
五三四　神楽注秘抄
五三五　催馬楽注秘抄
19中　蹴鞠部・鷹部
蹴鞠部
五三六　内外三時抄・蹴鞠条々大概
五三七　晩学抄・蹴鞠百首和歌
五三八　蹴鞠百五十箇条
五三九　蹴鞠之目録九拾九ヶ条
五四〇　松下十巻抄
鷹部
五四一　鷹経弁疑論
五四二　小倉問答・基成朝臣鷹狩記
五四三　鷹口伝・鷹聞書
五四四　鷹秘抄
五四五　養鷹秘抄
五四六　責鷹似鳩拙抄・斎藤朝倉両家鷹書
五四七　根津家鷹書〔重複省略〕
五四八　荒井流鷹書
五四九　竜山公鷹百首
五五〇　後普光院殿鷹百韻連歌・梵燈菴鷹詞百韻連歌・箸鷹和歌文字抄
19下　遊戯部・飲食部
五五一　三条家薫物書・四辻家薫物書
五五二　香炉之巻・某家香合
五五三　池坊専応口伝・百瓶華序・小盧石詩・盆松詩
五五四　撰要目録巻・宴曲集
五五五　宴曲抄
五五六　真曲抄・究百集
五五七　拾菓集
五五八　拾菓抄・別紙追加曲
五五九　玉林苑
五六〇　平家勘文録・和謡分国記・文禄弐(癸巳)年(十月五日)於禁裏御能組
五六一　申楽聞書・禅林小歌
五六二　閑吟集
飲食部
五六三　式三献七五三膳部記・山内料理書
五六四　食物服用之巻
五六五　料理物語
五六六　神谷宗湛筆記
五六七　長闇堂記及家伝遺誡
五六八　紹鷗袋棚記・紹鷗茶湯百首・利休台子かざり様之記・利休客之次第
五六九　茶器名物集
五七〇　茶道秘伝・喫茶雑話
20上　合戦部
五七一　将門純友東西軍記・泰衡征伐物語
五七二　承久兵乱記
五七三　竹崎五郎絵詞・舟上記
五七四　異本伯耆巻
五七五　永享記
五七六　永享後記・上杉憲実記・結城合戦絵詞
五七七　嘉吉物語
五七八　長禄記・応仁乱消息
五七九　細川勝元記
五八〇　官地論・長享年後畿内兵乱記
五八一　細川大心院記・瓦林正頼記
五八二　道家祖看記・立入左京亮入道隆佐記
五八三　舟岡山軍記
五八四　豊臣記
20下　合戦部
五八五　豊内記
五八六　佐久間軍記
五八七　柴田退治記
五八八　賤岳合戦記・江州余吾庄合戦覚書・余吾庄合戦覚書
五八九　惟任退治記・紀州御発向之事・四国御発向並北国御動座事・任官之事
五九〇　朝鮮記
五九一　島津家高麗軍秘録・吉野甚五左衛門覚書・本山豊前守安政父子戦功覚書
五九二　細川忠興軍功記
五九三　脇坂記
五九四　中村一氏記・一柳家記
五九五　渡辺水庵覚書
五九六　大和記
五九七　和田系図裏書〔重複省略〕・関岡家始末
五九八　勢州軍記
五九九　伊勢峯軍記・祖父物語・清須合戦記・名古屋合戦記
21上　合戦部
六〇〇　牛窪記
六〇一　今川家譜
六〇二　今川記
六〇三　今川記
六〇四　謙信家記
六〇五　甲乱記
六〇六　武田勝頼滅亡記・深沢城矢文・依田記
六〇七　湘山星移集
六〇八　関東合戦記

六〇九　北条記

21下　合戦部

六一〇　里見代々記・里見九代記
六一一　里見軍記
六一二　土気古城再興伝来記・土気城双廃記・土気東金両酒井記
六一三　国府台戦記・鴻台後記
六一四　長倉追罰記・園部状・常陽四戦記・水谷蟠竜記・水谷蟠竜記〔増補〕
六一五　土岐累代記
六一六　土岐斎藤軍記
六一七　兼山記・堂洞軍記
六一八　飛驒国治乱記
六一九　大塔物語・蘆田記・蘆田記追加
六二〇　寿斎記・河中島五箇度合戦記
六二一　赤羽記・附録

22上　合戦部

六二二　松陰私語
六二三　由良家伝記〔欠＊〕
六二四　新田老談記
六二五　館林盛衰記・反町大膳訴状
六二六　唐沢軍談
六二七　唐沢城老談記
六二八　那須記・仙道記
六二九　藤葉栄衰記
六三〇　東奥軍記
六三一　和賀一揆次第・九戸記
六三二　最上義光物語

22下　合戦部

六三三　矢島十二頭記
六三四　越州軍記
六三五　賀越登記
六三六　謙信軍記
六三七　丹州三家物語
六三八　三刀谷田辺記
六三九　播州佐用軍記
六四〇　備前文明乱記・妙善寺合戦記
六四一　備中兵乱記
六四二　毛利記
六四三　太田水責記・若州湯川彦右衛門覚書
六四四　三好記

23上　合戦部

六四五　長元物語
六四六　長曾我部元親記
六四七　高橋記
六四八　宗像軍記
六四九　豊後陣聞書
六五〇　豊後崩聞書・黒田長政記
六五一　安西軍略・有馬晴信記
六五二　清正記
六五三　加藤家伝清正公行状
六五四　島津家記

23下　武家部

六五五　新編追加
六五六　新御式目・長曾我部元親式目
六五七　将軍宣下記・将軍宣下次第
六五八　慈照院殿御髪置記・常徳院殿御髪置記・慈照院殿大将拝賀篇目
六五九　慈照院殿年中行事
六六〇　年中恒例記・御散飯供御調進次第
六六一　長禄年中御対面日記・天正年中御対面記
六六二　室町殿上醍醐御登山日記・大永二年祇園会御見物御成記〔重複省略〕・細川亭御成記・天文十七年細川亭御成記〔欠＊〕・天文十八年佐々亭御成記〔同〕・三好亭御成記
六六三　文禄三年前田亭御成記・浅井備前守宿所饗応記・天正十年安土御献立・天正十八年毛利亭御成記
六六四　御内書案
六六五　御内書引付
六六六　玄以法印下知状
六六七　御的日記
六六八　百手次第・射御拾遺抄・弓馬問答
六六九　佐竹宗三聞書・武田弓箭故実・武田射礼日記
六七〇　弓張記
六七一　矢代之記・円物之事・挟物之記・丸物草鹿之記
六七二　岡本記

24上　武家部

六七三　山名家犬追物記
六七四　犬追物撿見記・撿見故実
六七五　犬追物葛袋・犬追物日記勢鏡・犬追物明鏡之記
六七六　犬追物益鏡・犬追物付紙日記・犬追物草根集・犬追物手組日記
六七七　笠懸射手体配記・笠懸聞書
六七八　羽形図
六七九　諸鞍日記・大坪道禅鞍鐙事記・鞍鐙寸法記・枢要集
六八〇　斎藤流手綱之秘書・小笠原流手綱之秘書
六八一　三議一統大双紙
六八二　了俊大草紙
六八三　京極大草紙
六八四　小笠原入道宗賢記
六八五　伊勢貞親以来伝書
六八六　伊勢兵庫守貞宗記

24下　武家部

六八七　伊勢備後守貞明覚悟記・伊勢六郎左衛門尉

貞順記・貞順豹文書
六八八　伊勢貞興返答書・武雑記
六八九　伊勢加賀守貞満筆記・伊勢貞助雑記
六九〇　常照愚草・道照愚草
六九一　中嶋摂津守宗次記・河村誓真聞書・河村誓真雑々記
六九二　沢巽阿弥覚書・懐妊着帯之事・宮参之次第
六九三　豊記抄・故実聞書
六九四　鳥板記・魚板記
六九五　人唐記・人賢記
六九六　諸大名出仕記・諸家参会記
六九七　風呂記
六九八　酌幷記
六九九　酌之次第
七〇〇　嫁取故実・女房故実
七〇一　女房進退・女房筆法
七〇二　今川了俊書札礼・曾我兵庫頭八十五箇条品々不好事
七〇三　書簡故実
25上　武家部
七〇四　沙汰未練書・式目聞書
七〇五　兵具雑記幷幕星呪・出陣日記・軍陣之聞書・軍中故実
七〇六　兵将陣訓要略鈔・〔武将記〕・〔弓箭記録〕
七〇七　伊勢守貞孝誓約〔欠＊〕・武田家諸士起請文・佐竹氏旧記・海津城主次第
七〇八　慶長三年大名帳・慶長十六年禁裏御普請帳
七〇九　織田信雄分限帳
七一〇　浮田家分限帳・京極高次分限帳
七一一　小田原衆所領役帳
七一二　成田家分限帳
七一三　里見家分限帳
七一四　福島正則家中分限帳
七一五　加藤清正侍帳・相馬義胤分限帳
25下　釈家部
七一六　仏法伝来次第・仏法由来集・如来歯舎利伝来
七一七　日本感霊録
七一八　地蔵菩薩霊験記
七一九　御質抄
七二〇　後七日御修法由緒作法・後七日御修法部類
七二一　永治二年真言院御修法記・養和二年後七日御修法記
七二二　文治五年（己酉）真言院御修法（胎蔵界）日記・建保三年（乙亥）後七日御修法（胎蔵界）私記・禅信僧正後七日修法記
七二三　維摩会記・維摩会日記
七二四　諸法要略抄
七二五　祈雨日記
七二六　雨言雑秘記
七二七　永久五年祈雨日記・建久二年辛亥祈雨日記
七二八　祈雨法記・永久五年請雨経法記・永久五年請雨経法支度注進状・永久五年請雨経御修法支度記・水天供現行記・止風雨法記
七二九　孔雀経御修法記・孔雀経御修法記
七三〇　孔雀経御修法記・孔雀経御修法記〔増補〕・孔雀経御修法記
七三一　安鎮法日記・安鎮法日記
七三二　安鎮法日記
26上　釈家部
七三三　普賢延命法日記・建久二年普賢延命法日記・建保五年普賢延命法日記
七三四　熾盛光法日記・六字河臨法・永仁年中北斗法記〔欠＊〕・徳治二年北斗法記〔同〕
七三五　五壇法日記
七三六　五壇法日記・七仏薬師法現行記・四天王法記
七三七　承久元年仁王法記〔欠＊〕・正元元年仁王法記〔欠〕
七三八　正元元年仁王経法雑事・仁王経法勤例
七三九　仁王経修法問答
七四〇　保延六年如法尊勝法記・寿永二年転法輪法記・応安三年如意輪法記・長星御祈記〔欠〕・弘安四年異国御祈禱記・大永三年室町殿護摩記・応長元年竪義記
七四一　如法経手記
七四二　文治二年神宮大般若経転読記・康正二年八社仁王経御読経記
七四三　上皇御落餝部類・後白河院御落餝記〔欠〕・伏見院御落餝記・大宮院御得度記
七四四　開田准后御得度記〔欠＊〕・後中御室御得度記〔同〕・桂蓮院宮得度記〔同〕・嘉吉三年若宮入室次第〔欠〕
七四五　伝法灌頂日記
七四六　弘仁三年高雄山灌頂暦名・亀山院御灌頂記・後宇多院御灌頂記
七四七　大御室御灌頂記〔欠〕・紫金台寺御室御灌頂記〔欠＊〕・中御室御灌頂記・入道親王尊快御灌頂事
七四八　遍智院法印灌頂資記・中性院法印頼瑜灌頂資記・蓮蔵院僧正実深灌頂資・妙法院尊性親王御入壇記・応永廿七年門主上綱義賢御入壇記
七四九　報恩院入壇資・遍智院僧正入壇資
七五〇　覚洞院僧正入壇資記・宝池院前大僧正入壇資記・東南院授与記・岳西院授与記
七五一　光明峰寺殿伝法灌頂記
七五二　三宝院伝法灌頂私記・仏母心院伝法灌頂記〔欠〕

七五三　嘉元四年結縁灌頂記
七五四　建武二年結縁灌頂記
七五五　永和二年結縁灌頂記
七五六　延文四年結縁灌頂記・康暦元年結縁灌頂記
七五七　観音院恒例結縁灌頂記・東寺宝泉院結縁灌頂雑記

26下　釈家部

七五八　宸筆御八講記
七五九　文永七年宸筆御八講記
七六〇　応安三年禁中御八講記
七六一　公武御八講部類
七六二　武家御八講部類・等持院御八講記
七六三　大治二年曼陀羅供次第
七六四　法守親王曼陀羅供次第
七六五　応安七年曼荼羅供見聞略記・永享十一年曼荼羅供記
七六六　永享十二年曼荼羅供雑記・永禄元年曼荼羅供雑記
七六七　文亀二年曼荼羅供記・仏経供養表白〔増補〕
七六八　応安元年禁中御懺法講記〔欠＊〕・応永十三年禁裏御懺法講記・仙洞御懺法講記
七六九　諸寺略記
七七〇　諸寺供養部類
七七一　法綱儀・金剛抄
七七二　清水寺縁起・同仮名縁起〔欠＊〕・清水霊験記
七七三　東要記
七七四　東寺要集
七七五　東長儀
七七六　東寺長者拝堂記・栄海僧正拝堂幷御影供記・禅信僧正拝堂幷御影供記

27上　釈家部

七七七　至徳二年道快僧正拝堂下行物記・建武二年道我僧正加任拝堂下行物日記・長保二年東寺宝蔵目録〔欠＊〕・東寺大塔升形銘・東寺造営文書符案
七七八　醍醐寺要書・醍醐寺初度具書・憲深座主拝堂記
七七九　弘鑁口説
七八〇　澄心寺縁起・勧修寺旧記・安祥寺資財帳
七八一　法勝寺金堂造営記・法勝寺阿弥陀堂造立日時定記・承暦元年法勝寺供養記・永久二年白川御堂供養記
七八二　護国寺供養記
七八三　洛陽誓願寺縁起
七八四　真如堂縁起・廬山寺縁起
七八五　壬生寺縁起
七八六　大雲寺縁起・鞍馬蓋寺縁起・大悲山寺縁起
七八七　広隆寺供養日記・広隆寺資財交替実録帳
七八八　神護寺旧記・高山寺縁起
七八九　清涼寺縁起
七九〇　二尊院縁起・天竜紀年考略・西方寺縁起
七九一　常住寺仏舎利記・三鈷寺拘留如来縁起・三鈷寺修造勧化疏・即成院縁起・羽賀寺縁起・羽賀寺縁起〔増補〕
七九二　七大寺年表・七大寺日記
七九三　東大寺縁起

27下　釈家部

七九四　東大寺具書
七九五　大仏御頭供養日記・享徳二年東大寺供養記〔欠〕・勅封蔵開撿目録
七九六　興福寺伽藍縁起・興福寺旧記・興福寺現住僧帳・二月堂絵縁起
七九七　西大寺資財流記帳・西大寺光明真言縁起
七九八　法隆寺縁起資財帳
七九九　長谷寺霊験記
八〇〇　薬師寺縁起・法蓮院釈迦堂修造勧進帳・内山寺記・和州久米寺流記・宀一山記・室生山御舎利相伝縁起・隆池院縁起
八〇一　河内国小松寺縁起・師子窟縁起・西琳寺文永注記・西琳寺流記・藤井寺勧進帳
八〇二　荒陵寺御手印縁起・天王寺旧記・勝福寺鋳鐘勧進帳・広厳寺縁起・中山寺縁起
八〇三　伊勢国多度神宮寺伽藍縁起幷資財帳・宏徳寺記・朝熊山縁起
八〇四　尾張国笠寺縁起・妙興報恩寺記〔欠＊〕・久能寺縁記・大山寺縁記・鎌倉五山記・光触寺頬焼阿弥陀縁起
八〇五　武蔵国浅草寺縁起・多田薬師縁起〔欠〕・川口善光寺縁起
八〇六　山家要記浅略
八〇七　延暦寺護国縁起
八〇八　三塔諸寺縁起
八〇九　応永三年山門大講堂供養記・文明七年天台座主補任式・天台座主登山次第・応保二年叡山衆徒披陳状

28上　釈家部

八一〇　寺徳集
八一一　寺門高僧記・三井寺金堂東大門勧進帳
八一二　石山寺縁起
八一三　葛川縁起・関寺縁起・桑実寺縁起・補陀洛山建立修行日記・日光山滝尾建立草創日記・満願寺三月会日記
八一四　善光寺縁起
八一五　越後国乙宝寺縁起・伯耆国大山寺縁起
八一六　播磨国書写山縁起〔欠＊〕・峯相記
八一七　高野山記・高野山官符・高野山奥院興廃記・金剛峯寺建立修行縁起
八一八　後白河院御起請・高野山御幸御出記・高野山順礼記

八一九　粉河寺縁起
八二〇　道成寺絵詞・淡路国諭鶴羽山勧進状・阿波国井戸寺勧進帳・阿波国太竜寺縁起・阿波国摩尼珠山高越寺私記・蹉跎山縁起
八二一　和漢禅刹次第
八二二　伝教大師消息
八二三　真言諸山符案
八二四　表白集
八二五　表白集
八二六　願文集
八二七　江都督願文集
八二八　願文集
八二九　巻数集
〔増補〕八一二　石山寺石記
八一一　寺門高僧記
28下　釈家
八三〇　泉涌寺諷誦類・代々先皇法語集〔増補〕
八三一　鷲林拾葉集・請諷誦文・御諷誦御願文案
八三二　晦庵稿
八三三　長弁私案抄
八三四　三家撰集目録・勅選法相宗章疏目録
八三五　東域伝燈目録
八三六　北院御室拾要集・妙香院宮御参務日記
八三七　愚迷発心集・為盛発心集
八三八　無住妻鏡
八三九　我慢抄
八四〇　一言芳談
八四一　仁空置文・真恵上人御定
八四二　真言血脈
八四三　三宝院伝法血脈
八四四　醍醐報恩院血脈・醍醐無量寿院法流相承
八四五　入唐記・先徳略名口決
八四六　東寺長者御祈賞記〔欠＊〕・諡号雑記
八四七　諸宗勅号記
八四八　素絹記
八四九　僧用集
八五〇　肝心集
29上　雑部
八五一　神皇正統録
八五二　神明鏡
八五三　仁寿鏡
八五四　十三代要略
八五五　北条九代記
29下　雑部
八五六　東寺王代記
八五七　興福寺略年代記
八五八　法琳寺年代記〔欠〕
八五九　立川寺年代記
八六〇　奈良年代記・暦仁以来年代記
八六一　享禄以来年代記
八六二　永禄以来年代記・永禄以来大事記
八六三　天正中年代記〔欠〕
八六四　天延二年記
八六五　南都大衆入洛記・仁和寺御日次記
八六六　貞和四年記・観応二年日次記
八六七　祇園社旧記〔欠〕・松田貞秀筆記〔欠＊〕
八六八　延文四年記・正長元年記・長禄二年記・永正十七年記・永禄九年(丙寅)記
八六九　看聞御記〔欠＊〕
30上　雑部
八七一　厳助大僧正記
八七二　見聞私記・見聞雑記
八七三　和漢合図抜萃・弘長記
八七四　天正事録
八七五　聚楽物語
八七六　鶴岡事書案
八七七　会津塔寺村八幡宮長帳
八七八　妙法寺記
八七九　善隣国宝記
八八〇　善隣国宝後記〔欠＊〕
八八一　続善隣国宝記
八八二　続善隣国宝外記
〔増補〕八八〇　善隣国宝別記
30下　雑部
八八三　秘府略
八八四　日本国見在書目録
八八五　世俗諺文
八八六　明文抄
八八七　平他字類抄
八八八　反音抄・琱玉集
八八九　撮壌集
八九〇　類集文字抄
八九一　薬経太素
八九二　輔仁本草
八九三　康頼本草
八九四　香字抄
31上　雑部
八九五　香要抄
八九六　香薬抄・香薬抄裏書
八九七　医略抄・遐年要抄
八九八　長生療養方
八九九　医家千字文註
九〇〇　衛生秘要抄
九〇一　延寿類要
九〇二　延寿撮要
九〇三　伝屍病廿五方・家伝心牛脈治秘決・両目秘伝書
九〇四　金瘡秘伝・金瘡秘伝集・金瘡秘伝
九〇五　新撰六旬集

九〇六　簠簋内伝
九〇七　方角禁忌
九〇八　宿曜運命勘録・本命抄・建天全書
31下　雑部
九〇九　大膳大夫有盛記・行幸反閉作法図
九一〇　三宝吉日
九一一　吉日考秘伝
九一二　永久三年暦・建暦四年具注暦日・〔貞永二年暦〕・延慶三年かのえいぬのとしのこよみ・応永十八年頒暦断簡・長禄三年暦
九一三　麒麟抄・麒麟抄増補〔増補〕
九一四　烏羽玉霊抄・定家卿筆諫口訣
九一五　心底抄・唐書日書文字次第〔増補〕・夜鶴庭訓抄〔同〕・右筆条々・世尊寺侍従行季二十ヶ条追加
九一六　鳳朗集・筆法礼義集
九一七　玉章秘伝抄
九一八　金玉積伝集
九一九　梅庵古筆伝
九二〇　儒林拾要
九二一　妙香院宮御院参引付
九二二　仁和寺諸記抄
九二三　醍醐寺雑事記
九二四　醍醐枝葉抄
九二五　醍醐雑抄・重酉抄・浄修坊雑日記
九二六　姓名録抄・諱訓抄
九二七　明翰抄・雑訴決断所結番交名
32上　雑部
九二八　諸国鍛冶寄
九二九　諸国鍛冶系図
九三〇　口遊
九三一　掌中歴
九三二　大内裏抄・内裡抄〔欠〕
九三三　桃華雑抄
九三四　富家語談・立車記・後三条相国抄・後押小路内府抄・上杉問答
九三五　多々良問答
九三六　塵滴問答
九三七　人鏡論
九三八　世鏡抄
九三九　童訓略頌類纂
九四〇　百椿集
九四一　道鏡法師絵詞・清少納言絵詞〔欠＊〕・西行物語絵詞
九四二　西行物語
九四三　四季物語
九四四　歌林四季物語
九四五　至要鈔・仲文章
32下　雑部
九四六　菅家遺誡・実語教・童子教・君子集・君慎・仮名教訓
九四七　伊勢貞親教訓・多胡辰敬家訓・尾籠集
九四八　五常内義抄
九四九　金言類聚抄
九五〇　注好選集
九五一　世継物語
九五二　宝物集〔増補〕・康頼宝物集
九五三　撰集抄
九五四　閑居友
九五五　三人懺悔冊子
九五六　蕉窓夜話
九五七　蠡測集
九五八　戴恩記
33上　雑部
九五九　貞徳翁乃記・寒川入道筆記
九六〇　月刈藻集
九六一　桂川地蔵記
九六二　鹿嶋問答
九六三　旅宿問答
九六四　後鳥羽院御霊託記・先代破裂集
九六五　後宮略伝・院号定部類記
九六六　公宴部類記
九六七　初任大臣大饗雑例・任大臣大饗部類・大臣大饗記
九六八　建暦二年大饗次第・永享四年大饗定・大饗雑具目録
九六九　三条中山口伝
九七〇　諸芸方代物附・東寺庄園斗升増減帳〔欠＊〕
九七一　出雲国風土記
九七二　風土記・伊賀国太田文〔欠〕
九七三　常陸太田文・淡路国太田文
九七四　豊前国太田文〔欠＊〕・豊後国図田帳
九七五　後宇多院御領目録〔欠＊〕・承知二年東寺領国判・文明十八年洛中東寺領目録〔欠＊〕
九七六　遠江国御神領記
九七七　貞治七年宮田前大宮司家領記・弘長元年下総国小野織幡地帳・応永六年香取諸名帳・正応四年香取検田帳
九七八　東大寺越前国桑原荘券・嘉保二年大江仲子解文・信濃国水内曲橋勧進帳・播磨国大部庄公文職旧記・讃岐国万農池後碑文
九七九　日本得名
九八〇　正元二年院落書・延陀丸おとし文・拾烈集・十番物あらそひ・四十二のものあらそひ
33下　雑部
九八一　滑稽詩文
九八二　若気勧進帳・十番狂詩合・躬恒自歌合・職人歌仙・詠百首狂歌
九八三　金言和歌集

九八四　虫歌合・鳥歌合
九八五　鵄鷺物語
九八六　昨日波今日の物語
九八七　曾々路物語
九八八　尤双紙
九八九　色音論
九九〇　鎌倉順礼記
九九一　堀河院昇霞記〔欠＊〕・凶事部類・明応凶事記
九九二　貞治四年諒闇終記・長享三年諒闇終記・後成恩寺関白諒闇記・長享二年渡御倚廬次第・長享二年還御次第
九九三　郁芳門院崩御記〔欠＊〕・相親卿送葬記〔欠＊〕・建保年中無縁葬記〔欠〕
九九四　東寺光明講過去帳・本法寺過去帳
九九五　下総国小金本土寺過去帳
九九六　常陸国赤浜妙法寺過去帳・書写山十地坊過去帳
九九七　御産御祈目録
九九八　御産部類記
九九九　康和元年御産部類記・后宮御産当日次第
一〇〇〇　仁平御賀記〔欠＊〕・俊成卿九十賀記〔重複省略〕・北山准后九十賀記・長寿院内府九十賀記

34　拾遺部
一〇四　鶴岡八幡宮寺供僧次第・鶴岡八幡宮寺諸職次第
三二一　北斗集
五二五　湯本紀行
六一四　長倉追罰記・勝下合戦記・勝下合戦記
七〇七　伊勢守貞孝誓約
七三四　永仁年中北斗法記・徳治二年北斗法記
七四四　後中御室御得度記
七七二　清水寺仮名縁起
七九一　本浄山羽賀寺之仮名縁起・宇がじえんぎ
八一二　石山寺石記
八一六　播磨国書写山縁起・書写山旧記
九七〇　東寺庄園斗升増減帳
九九五　下総国小金本土寺過去帳
一〇〇〇　仁平御賀記

35　拾遺部
五五　祇園御霊会山鉾記
一三一　大仏師系図
一四五　相馬家伝
一八七　三善氏系図
一八八　坊官系図
二七六　応永大嘗会記
二七七　後嵯峨院御譲位記
六二三　由良家伝
六六二　天文十七年細川亭御成記・天文十八年佐々木亭御成記
七三七　承久元年仁王法記
七四四　開田准后御得度記・桂蓮院宮得度記
七四七　紫金台寺御室御灌頂記
七六八　応安元年禁中御懺法講記
七七七　長保二年東寺宝蔵目録
八〇四　妙興報恩寺記
八四六　東寺長者御祈賞記

36　拾遺部
四八一　永禄五年飯盛城百韻・元亀三年林中務少輔興行百韻・天正二年水野監物丞守隆興行百韻・天正三年蜂屋兵庫助頼隆興行百韻・天正四年甲斐左京入道宗柳興行百韻
四八三　細川高国朝臣六々歌仙・出陣万句三物・白河万句発句
四八五　萱草
四八八　春夢草
四九〇　永仙句集
四九一　荒木田守晨句集
四九二　安宅冬康句集
四九九　淀乃和当里

37　拾遺部
三七七　雅縁卿千首
三九〇　俊成卿祇園百首
三九二　入道大納言雅世卿百首
三九三　入道大納言為広卿百首
三九八　殷富門院大輔百首
四〇七　越中守頼家朝臣家歌合
四六七　松田貞秀筆記
八八〇　善隣国宝後記
九四一　清少納言絵詞
九七四　豊前国太田文・豊後国図田帳
九七五　後宇多院御領目録・文明十八年洛中東寺領目録
九九一　堀河院昇霞記
九九三　郁芳門院崩御記・相親卿送葬記
補遺1　八七〇　応永十八年具註暦日・満済准后日記
補遺2　八六九　看聞日記
補遺3　御ゆとのゝ上の日記

参考文献　太田善麿『塙保己一』(『人物叢書』、一九六六、吉川弘文館)。さいたま文学館編『塙保己一と『群書類従』』、一九九六。
（宮瀧　交二）

くんだいかんそうちょうき　君台観左右帳記　足利将軍家に仕えた同朋衆の能阿弥・相阿弥がまとめたとされる唐物の座敷飾りに関する書。足利義政の東山殿がモデルといわれる。三部より成り、第一部は中世の日本で評価の高かった宋・元の中国画家百数十名の画題と上・中・下のランクづけ、二部は押板・書院・違い棚・茶の湯棚などの座敷飾りの規範、三部は漆彫・茶碗や茶入などの唐物解説から構成され、二・三部は図説される。現在では、永禄九年(一五六六)の奥書を持つ興福寺本の成立が最も古く、およそ三系の異本四十本の伝世が確認されている。その一本の奥書には、相阿弥から越前朝倉宗俊に伝授されたと記すものがあり、足利将軍を頂点とする唐物の規範が各地へ伝わった一端を示している。室町から戦国時代の会所の室礼《しつらい》を具体的に図示する資料として発掘建物や遺物の実態を考証するための好資料である。

参考文献 谷晃「『君台観左右帳記』の成立に関する一考察」(『野村美術館研究紀要』三、一九九四)。

(小野 正敏)

ぐんだんいん 軍団印 律令制下の軍団が使用した印。律令の規定にはみえないが、郡印などと同様、公印に准ずる印として、軍団が独自に発給する文書に捺されたものと考えられる。文書に捺した例は現存しないが、大宰府《だざいふ》跡から「御笠《みかさ》団印」と「遠賀《おんが》団印」が完形で出土している(ともに東京国立博物館蔵、重要文化財)。いずれも現存高が五・二㌢、印面が方四・三㌢程度、鈕の形は弧鈕無孔で、現在知られている古代の郡印とくらべ、印面がわずかに小さいものの、ほぼ同規格といえる。印文の書体はいずれも篆書《てんしょ》体だが、注目されるのは「印」の文字が古代の諸司印や郡印のそれとは異なり、奈良時代の国印に使われている「印」の文字と同じ書体であることである。規格や書体における軍団印のこうした諸特徴は、古代地方社会における軍団そのものの位置づけを考える上でも示唆的である。

参考文献 国立歴史民俗博物館編『日本古代印集成』、一九九六。『国立歴史民俗博物館研究報告』七九(日本古代印の基礎的研究)、一九九九。

(三上 喜孝)

ぐんぴょうろんそう 郡評論争 『日本書紀』の改新之詔にみえる「郡」の文字の表記について、それが当時の表記か、後世の知識による書き換えかをめぐって、繰り広げられた論争。改新之詔の表記については、すでに戦前から津田左右吉によって、近江令による修飾が提起されていたが、一九五一年(昭和二十六)、史学会第五十回大会での井上光貞「大化改新詔の信憑性」の報告において、『日本書紀』以外の金石文や古い史料に基づく別な文献の記載では、「郡」に相当するものが「評」と記される事例のあることを根拠に、改新之詔における「郡」の用字が大宝令によって修飾されたとする説が発表された。これ以前から改新之詔を当時そのままの文章とする見解を堅持していた坂本太郎は、即座に反論を発表し、以後、改新之詔におけるほかの条項の記載の信憑性も絡んで、多くの研究者が加わる論争となった。井上は、坂本の反論を受けて、浄御原令段階での「郡」字の使用の可能性も視野に入れた形に自説を改めたが、この点は結果的には改めないほうが正しかった。その後の論争の展開の中では、改新否定論など、多様な学説が提起されることとなる。文献史料による検討だけでは、なかなか論争の決着がつかないままであったが、一九六六年以降、藤原宮跡で出土した木簡の事例が増えるにつれて、ほぼその動向が定まった。藤原宮は浄御原令制下から大宝令制下にかけて使われたが、出土した荷札木簡に記された地方行政区画の表記は、浄御原令制下のものが「評」、七〇一年(大宝元)施行の大宝令制下のものが「郡」というように、截然と分かれたのである。七世紀においては「評」という表記であったことがほぼ確定し、『日本書紀』は、編纂された時点の現行法である大宝令の知識で修飾されていることが明らかとなった。

参考文献 野村忠夫『研究史大化改新』、一九七三、吉川弘文館。

(鐘江 宏之)

け

けい 磬 寺院で磬架《けいか》に懸けて打ち鳴らす梵音具。鉦ともいい、俗に「うちならし」と称する。銅や鉄製の鋳造品が多い。仏堂内において導師の右脇の磬架に懸けて読経の際にたたき鳴らすのが通例で、また密教・顕教のどちらにおいても使用される。磬は元来、中国の古い楽器であり、石・玉製であった。これが金属に変化した時期は不明であるが、六朝時代には銅製の磬が公式の楽器になっていた(『楽家録』)。これが仏教伝来とともに日本にもたらされたとみられる。七四七年(天平十九)に成立した『法隆寺伽藍縁起幷流記資財帳』『大安寺伽藍縁起幷流記資材帳』にも記載がある。形状は、古くは「への字」形であったが、その後、左右均等の山形となった。中央に撞座《つきざ》がつき、上縁に鈕孔が二個付く。低い山形で素文の片面磬が古式である。このほかの形式として蝶形・蓮華形・円版形・雲形などがある。文様は、蓮華文の撞座を中心に、相対する孔雀が配される事例が多い。

(原田 一敏)

けいあんのはか 桂庵墓 鹿児島市伊敷町梅ヶ淵、東帰庵の故地にある朱子学の一派薩南学派の祖である桂庵玄樹の墓。桂庵は、一四二七年(応永三十四)周防国に生まれ、南禅寺に入り、一四六七年(応仁元)明に渡り朱子学を修めた。帰国後、石見国から九州を歴訪し、一四七八年(文明十)島津忠昌の招きで薩摩に入り朱子学を講じた。翌年創建の桂樹院島陰寺に住し、一四八一年わが国で最初に朱子新註の『大学章句』を伊地知重貞とともに刊行、一四九二年(明応元)に再刊した。その後、日向国などで朱子学を講じ、一五〇〇年(明応九)建仁寺住持となった。翌年に薩摩に戻り、東帰庵に隠棲し、一五〇八年(永正五)この地で永眠した。東帰庵につくられた桂庵の墓はながく顧みられず、一七二二年(享保七)「正興三十九世前南禅桂菴大和尚禅師墓」の墓碑が、一八三八年(天保九)石塔が、また佐藤一斎の撰文を刻んだ石碑も建てられた。一九三六年(昭和十一)に国の史跡に指定された。

参考文献 『鹿児島県史』一、一九三九。伊地知季安「漢学起源」(『新薩藩叢書』五所収、一九七一、歴史図書社)。和島芳男『中世の儒学』(『日本歴史叢書』、一九六五、吉川弘文館)。

(永山 修一)

けいこう 挂甲 古代の甲。『養老令』衣服令《いぶくりょう》武官朝服《ちょうふく》条や『延喜式』中務《なかつかさ》条・六衛府各大儀条に、武官や内舎人《うどねり》の着用が規定され、天平六年(七三四)尾張国・同九・十年駿河国・同十年周防国の各正税帳に諸国年料《ねんりょう》器仗《きじょう》としてみえる。また、七五六年(天平勝宝八)に光明皇太后が聖武天皇の遺愛品を東大寺に献納した際の目録である『国家珍宝帳《ちんぽうちょう》』に九十領みえ、その「白線組貫」などの注記や、『延喜式』兵庫寮の製作工程や各正税帳の用度料の分析などから、鉄札《てつざね》を威した甲と考えられる。古墳時代以来、鉄札製甲には、前後胴を肩上《わたがみ》でつないだ両当系《りょうとう》(裲襠《りょうとう》式とも)と、正面中央引合《ひきあわせ》の方領《ほうりょう》系(胴丸《どうまる》式とも)の二様式が知られる。挂甲は十世紀以降儀仗《ぎじょう》化し、即位式での近衛次将の甲に継承されるが、それが後世の史・資料から両当系と判断される点や、正倉院の鉄札甲残欠や東大寺出土の鉄札甲などの奈良時代の遺品・発掘品が両当系と考えられる点などから、挂甲の構造は両当系と考えられる。

参考文献 鈴木敬三編『中村春泥遺稿甲冑写生図集』、一九七九、吉川弘文館。近藤好和『中世的武具の成立と武士』、二〇〇〇、吉川弘文館。

(近藤 好和)

けいしきがく 型式学 考古資料分類の方法論の一つ。主として先史時代の土器分析に長い研究史をもつ。型式は、ある限定される時間と空間を属性としてもつ類型分類で、「どこで、いつ」作られたかという生産における概念である。縄文土器では、一定の同じ特徴と同時性をもつ甕や鉢など複数の器種からなる土器セットに対して「型式」(Type)を設定している。一方、弥生土器では、器種ごとに型式を分類し、同時性をもつ土器セットに対する型式群に地域名を冠した「様式」でまとめる。縄文の型式や弥生の様式は、その相対的な前後関係による編年=時間軸としても利用された。さらに、この型式や様式に仮託された時間や空間を共有する人間活動の背景に文化・社会活動の実態をみようとする。一方、焼物だけをとっても土器・陶器・磁器など多種の製品がある歴史時代においては、統一した分類法にはなっていない。たとえば、土器は、椀・杯・皿などの器種ごとに型式分類され、小地域名が冠される。常滑焼や瀬戸窯などの陶器は、産地名を冠して器種群に型式を設定している。中国産磁器では、青磁・白磁などの大分類があり、その下で碗・皿などの器種ごとに型式分類がなされる。また、それらの組み合わせがもつ時間的な画期に「期」という、いわば様相名をつけることもある。少数の特別な現象を除いて、土器の生産と消費の時空がほとんど重なる先史時代と異なり、さまざまな生産地の製品が複雑に多様な手段や社会的条件のもとで流通・消費される歴史時代の分析においては、流通と消費段階の分析概念が重要となる。そこでは生産地のみならず骨董品や二次利用などの時間的にも多様なあり方が認められる。むしろ、より積極的に、型式という生産情報をもつ個々の品物が複数集合し、結果としてどのように消費の場にあったか、どのような機能分担をしていたかを、多様なランクの場=空間単位に、「組成」(Assemblage)の概念で比較することにより、行為や社会性を検討しようとするものである。流通の各段階も同じ分析が有効である。

(小野 正敏)

けいしゅんいんていえん 桂春院庭園 ⇩妙心寺《みょうしんじ》

けいちゅうきゅうあんあと 契沖旧庵跡 江戸時代初期の国学者契沖がその晩年に隠栖し、もっぱら古典の研究に没頭したところで、円珠庵には墓と遺品も数多く保存されている。国史跡、契沖旧庵(円珠庵)跡ならびに墓。大阪市天王寺区空清町所在。庵はもと、養寿庵と称し和泉国泉北郡万町村(現和泉市)伏屋長左衛門重賢の庭内にあったものを、一六八一年(天和元)に移築したもので、江戸時代初期の建物として珍しかったが惜しくも第二次世界大戦の空襲で全焼してしまった。契沖は、一六四〇年(寛永十七)尼崎に生まれ、十一歳で大阪今里の妙法寺で出家し高野山で仏学を修め、四十歳で妙法寺住職となったが、五十一歳で、未寺の円珠庵に隠居し古典を研究し、国学研究史上、新たな時代を画した。『万葉集代匠訳』などはその代表作で、その復古思想は、荷田春満・賀茂真淵・本居宣長などに引継がれ、後世の国学研究の主流となった。墓には「契沖阿闍梨墓」と刻まれている。江戸時代、国学研究の発展の基礎をつくった契沖の足跡を顕彰するところとして重要である。

参考文献 大阪府学務部編『大阪府史蹟名勝天然紀念物』五、一九三三。安藤為章『円珠庵契沖阿闍梨行実』(『年山紀聞』所収)。

(堀江 門也)

けいちょう 計帳 律令制下、民の支配のために作成された公文の一つ。「籍帳」「帳籍」のごとく、戸籍と並ぶ国家支配上の重要文書。中国では、戸籍より遅れて、六世紀に北朝の西魏において整備され、戸籍・計帳相並んでの人民支配は、隋唐に至って完成、この段階で律令制とともに日本に導入された。大化改新詔が史料上の初見で、以後、『大宝令』に至るまでは、制度・実態ともに不明。現存するのは、『養老令』の規定とその解釈(『令集解』)であるが、『大宝令』『唐令』の対応条文の復原や、計帳の現存例から、大宝令制の骨格が知られる。基本的規定は、戸令造計帳条で、毎年六月三十日以前に京・諸国は

現存計帳一覧

年次	種別	国郡里(郷)	原本	断簡数	印	継目裏書	刊本	備考
七一五年(霊亀元)	計帳の軸	大倭国志癸上郡大神里	平城京左京二条二坊五坪東二坊坊間路西側溝出土	1	―	―	『木簡研究』一二、三頁	軸両端木口に「大倭国志癸上郡大神里」「和銅八年/計帳」の墨書があり
七二四年(神亀元)	手実	近江国志何郡古市郷	続修九、続々修四七ノ四	2	なし	なし	『古文書』一、三一九-三二〇頁	
七二五年(同二)	同	同	続修九	1	なし	なし	『古文書』一、三二一-三二三頁	
七二九年(天平元)	同	同	続修九	1	なし	なし	『古文書』一、三八七-三八九頁	端裏書「志何郡手実」
七三〇年(同二)	同	同	続修九	1	なし	なし	『古文書』一、三九一-三九二頁	「天平二年六月帳」と題す
七三一年(同三)	同	同	続修九、続々修四六ノ七	2	なし	なし	『古文書』一、四四〇-四四二頁	「天平三年六月手実」と題す
七三二年(同四)	同	同	続修九	1	なし	なし	『古文書』一、四五〇頁	
七三三年(同五)	同	同	続修九	1	なし	なし	『古文書』一、五〇四-五〇五頁	端裏書「天平五年手実」
七三四年(同六)	同	同	続修九	1	なし	なし	『古文書』一、六一二-六一三頁	
七四二年(同十四)	同	同	続修九	2	なし	なし	『古文書』二、三一六-三一九頁	「死天平十五年二月十一日」の記あり
七二六年(神亀三)	計帳歴名	山背国愛宕郡出雲郷雲上里	正集一一・一二	6	「山背國印」字面に捺す	あり	『古文書』一、三三三-三五二、三八〇頁。『寧』上、一四四-一五三、一六六頁	
	同	山背国愛宕郡出雲郷雲下里	正集一二	3	同	あり	『古文書』一、三五三-三八〇頁。『寧』上、一五四-一六六頁	
八世紀前葉	計帳歴名	陸奥国	宮城県山王遺跡出土漆紙文書	1	なしか	―	『山王遺跡 第十七次調査出土の漆紙文書』四号	漆紙文書が付着した土器は八世紀前葉のもの
七三三年(天平五)	計帳歴名	山背国愛宕郡(郷里未詳)	続修一〇・一一・一二、続々修二八ノ八・三五ノ五、静岡県所蔵(重文)	13	なし	なし	『古文書』一、五〇五-五四九頁。『寧』上、一六七-一八六頁	天平四年歴名を加筆修正。『古文書』が写本から所載した断簡の一部は原本所在不明
七三三年(天平五)	手実(歴名)	右京三条三坊	正集九	7	「右京之印」字面に捺す	なし	『古文書』一、四八一-四九〇、四九三-四九四、五〇二頁。『寧』上、一三五-一三九、一四〇、一四四頁	手実を貼り継いで歴名に転用
	同	右京八条一坊	正集九、角田文衛旧蔵	6	同	なし	『古文書』一、四九〇-四九三、四九四-五〇一。『古文書』二四、一六八頁。『寧』上、一三九-一四〇、一四〇-一四四頁	同
七三四年(天平六)	計帳歴名	出羽国出羽郡井上郷	秋田県秋田城跡出土漆紙文書	1	なしか	あり	『秋田城出土文字資料集』二、九号	年代は継目裏書による。紙背は天平宝字三年具注暦
七三五年(天平七)	計帳歴名	(山背国綴喜郡大住郷か)	続修一三	4	なし	なし	『古文書』一、六四一-六五二頁。『寧』上、一八七-一九一頁	あるいは「隼人計帳」か
七四〇年(天平十二)	計帳歴名	越前国江沼郡山背郷	続々修四四ノ四	1	「越前國印」字面に捺す	あり	『古文書』二、二七三-二八〇頁。『寧』上、一九一-一九四頁	
七四〇年(天平十二)以前	計帳(目録)	阿波国	正集三七	1	「阿波國印」字面に捺す	―	『古文書』一、五四九-五五〇頁	総計記載

年次	種別	国郡里（郷）	原本	断簡数	印	継目裏書	刊本	備考
七四〇年（天平十二年）以前	計帳歴名	陸奥国	宮城県山王遺跡出土漆紙文書	1	なしか	—	『山王遺跡　第十七次調査出土の漆紙文書』三号	「駅家里」の表記あり
七四九年（天平末）以前	計帳歴名か	（国郡郷未詳）	平城左京三条一坊出土漆紙文書	1	なしか	—	『木簡研究』三（『鹿の子C遺跡漆紙文書』に釈文の訂正あり）	年次は伴出土器の編年による推定。戸籍の可能性もあり、その場合は、養老年間以前か。あるいは別種の文書か
八世紀前半か	戸籍ないし計帳	不明	平城京跡左京三条一坊一六坪出土漆紙文書	1	なしか	—	『木簡研究』九	
七五七年（天平宝字元）以降 七六五年（天平神護元）以前	戸籍か	（国郡郷未詳）	続修四四、続修別集三五	2	なし	—	『古文書』一、三三三−三三五頁	丹波国多紀郡のものか。計帳歴名あるいは別種の文書か
七五七年（天平宝字元）以降 七七二年（宝亀三）以前	計帳歴名か	因幡国（郡郷未詳）	正集二九	2	「因幡國印」「因幡倉印」字面に捺す	なし	『古文書』一、三一八−三三三頁	あるいは別種の文書か。天平宝字六年（七六二）のものか
七五七年（天平宝字元）以降 七七三年（宝亀四）以前	計帳歴名か	讃岐国（郡郷未詳）	続修後集二	1	「讃岐國印」字面・継目裏に捺す	—	『古文書』一、三一七−三一八頁	
七五七年（天平宝字元）以降	大帳案	出羽国	秋田県秋田城跡出土漆紙文書	1	なしか	—	『秋田城跡出土文字資料集』二、八号	
奈良時代後半か	戸籍ないし計帳か	不明	平城京跡左京八条一坊六坪出土漆紙文書	1	なしか	—	『木簡研究』九	
不明	戸籍ないし計帳か	不明	長岡京跡左京四条四坊六町出土漆紙文書	2	なしか	—	『木簡研究』九	
七八〇年頃（宝亀末・延暦初）	計帳歴名	陸奥国（郡郷未詳）	宮城県多賀城跡出土漆紙文書	1	なしか	—	『多賀城漆紙文書』九六号	年次は推定
七八二−八〇六年（延暦年間）	計帳歴名	常陸国（郡郷未詳）	同	2	なしか	—	『鹿の子C遺跡漆紙文書』五四・五五号	年次は推定
	計帳歴名か	同	同	1	なしか	—	同七四号	年次は推定。あるいは別種の文書か
	計帳歴名	同	同	1	なしか	—	同九五号	年次は推定
	計帳（目録）	同	同	3	なしか	—	同二三七号	年次は推定。戸口集計部
	計帳歴名か	同	同	2	なしか	—	同二四三号	年次は推定。あるいは別種の文書か
八二三年（弘仁十四）以降	計帳歴名	陸奥国	宮城県多賀城跡出土漆紙文書	1	なしか	—	『宮城県多賀城跡調査研究所年報一九九〇』	年代推定は「伴部」の表記による
九世紀前半	計帳	陸奥国	宮城県山王遺跡出土漆紙文書	1	なしか	—	『山王遺跡三　多賀前地区遺物編』六号	年代は遺構からの推定

年次	種別	国郡里(郷)	原本	断簡数	印	継目裏書	刊本	備考
不明	計帳歴名	陸奥国	宮城県山王遺跡出土漆紙文書	1	なしか	—	『山王遺跡三　多賀前地区遺物編』七号	紙背は『古文孝経孔子伝』
九世紀半ば	計帳歴名	出羽国	秋田県秋田城跡出土漆紙文書	1	なしか	—	『平成十年度秋田城跡調査概報』一八号	俘囚計帳か
一一二〇年(保安元)頃	計帳(目録)	摂津国	九条家本『中右記』紙背文書、宮内庁書陵部所蔵	不明	なし	—	『平』一〇、補六一-六六頁	案文

(一)本表は岸俊男『日本古代籍帳の研究』所収の「現存古代籍帳一覧表」および『国史大辞典』五(一九八五年、吉川弘文館)所収の「現存古代戸籍一覧」(南部昇)、「現存計帳一覧」(鎌田元一)をもとに、多少の私見を加えて作成した。

(二)原本のうち正倉院文書に属するものは、その所属巻次のみを原本欄に示した。正集・続修・続修後集・続修別集の写真は、『正倉院古文書影印集成』(八木書店)として刊行されている。正倉院伝来で、現在正倉院以外の所蔵に帰している分は、『正倉院文書拾遺』(国立歴史民俗博物館)に写真を掲載する。

(三)継目裏書について、有無を確認できない場合は—で示した。

(四)刊本は、読者の参照の便を考えて、代表的な次の三種を中心に示した。刊本欄にはカッコ内に記した略称を用いた。『大日本古文書』編年文書(『古文書』)『寧楽遺文』(『寧』)『平安遺文』(『平』)

(五)漆紙文書については、計帳関連の公文を多く含むと推定されるが、まとまった分量のものに限った。多数の断片に分かれていても接続可能なものは一断簡として扱う。出土事例は全国の遺跡にわたり、たえず増加しているので、「漆紙文書」をキーワードに調査報告書を参照されたい。

所部(所管の意。管下の坊・郡・里・戸を全て包含)の手《しゅ》実《じつ》提出をもとめ、それに基づいて『帳』(『大宝令』では国帳)を作成し、八月三十日までに太政官に申送する。手実は戸主が戸口(唐制では田宅も)の実情を申告した文書。唐制の里正への提出が、日本では京・国が徴収すると変更され、戸籍も手実から作成されたこととあわせて、籍帳制の要が郡司層にあることが導かれる。一方、この条文の「帳」は、全戸不在のため手実提出のない戸は、前年の計帳ではなく前回の戸籍を転写して代用せよ、とあり、計帳は分類集計の結果のみを国・郡単位で記した統計文書(目録)を指し、戸口を列挙した内容を含まない。この統計は、民部省主計寮に送られ、課戸数・課口数に基づいて庸の収入予定額を算出する基礎となる。『延喜式』主計寮大帳条には詳細な書式があるが、淵源は、大計帳ほかの式が全国に頒下された七一七年(養老元)の制度までたどられる。この新書式は、中国則天武后朝の新制度にならった整備であろう。この大計帳を略した「大帳」の語が、中央に進上する目録形式の帳簿の名称として、以後一般化した。計帳の広義の用例・用語としては、戸主から提出された手実と、それを集めて浄書した歴名《れきみょう》も含める。歴名については、中央政府への進上を常態・限定的のいずれと見るか、議論が分かれる。実例としては、『正倉院文書』の中に、八世紀初めの計帳数種(右京・山背・近江・阿波)が残るほか、近年の出土例では漆紙文書、計帳の軸などがある。九世紀以降、申送の遅滞に始まって、計帳の制度は次第に衰退していった。

参考文献　岸俊男『日本古代籍帳の研究』、一九七三、塙書房。南部昇『日本古代戸籍の研究』、一九九二、吉川弘文館。鎌田元一「計帳制度試論」(『律令公民制の研究』所収、二〇〇一、塙書房)。池田温『中国古代籍帳研究』、一九七九、東京大学出版会。杉本一樹『日本古代文書の研究』、二〇〇一、吉川弘文館。

(杉本　一樹)

けいちょうつうほう　慶長通宝　慶長年間(一五九六—一六一五)に初鋳された日本の銭貨。公鋳銭である寛永通宝以前に発行された銭貨の中では出土例も多く注目されるが、その実態については不明な点が多い。初鋳年についても、一六〇六年初鋳説が有力だが確実ではなく、ここでは慶長年間としておく。永楽通宝の「永楽」の二字を削り、「慶長」の文字をはめ込んだものを種銭として鋳銭している。直径は二四ミリを超えるものは少なく、大半が二三・五ミリ前後で、二一ミリ代のものもあり、かなり模鋳(鋳写し)を繰り返していると考えられる。出土例の中では、大阪府堺市堺環濠都市遺跡(SKT448—3地点)の大量出土銭四千八百五十一枚中に七十枚を一括で検出しており特筆される。

参考文献　嶋谷和彦「慶長通宝出土遺跡集成表」(『出土銭貨』五、一九九六)。永井久美男編『近世の出土銭』一・二、一九九七・九八、兵庫埋蔵銭調査会。

(嶋谷　和彦)

けいとくちん　景徳鎮　中国江西省東北部の昌江上流域の窯業中心地で、陶土・陶石を豊富に産し、長江に通じる昌江水運の便にも恵まれて、唐末・五代から白磁が、宋代には青白磁が発達した。一〇〇四年(景徳元)に至って、昌江左岸に形成された小商業都市(鎮)に「景徳」の名が与えられ、現在では一大窯業都市として景徳鎮市が周囲の県を含む上級行政区となっている。白磁の基礎上に元代に白磁青花・釉裏紅が、明・清代には各種の色釉や色絵技法が発達し、明代後半期には質量ともに国内の磁器市場を席巻するに至る。元代に白磁がモンゴル族支配層によって官窯製品(御用磁器)に取り上げられ、のちには御器廠(官窯専門工房)が設置されると、技法の発展に拍車がかかり、世界的な名声を確立した。十一世紀以降始まる海外輸出も、元青花の輸出が始まると景徳鎮磁が龍泉青磁とともに中心的商品となり、諸外国の窯業にも影響を与え、倣景徳鎮磁も含めて貿易陶磁史研究の重要な資料となっている。

参考文献 香港大学馮平山博物館・景徳鎮市陶瓷考古研究所編『景徳鎮出土五代至清初瓷展』、一九九二、香港大学馮平山博物館。佐久間重男『景徳鎮窯業史研究』、一九九九、第一書房。

（金沢　陽）

けいほくはんでんず　京北班田図　西大寺《さいだいじ》に伝来した鎌倉時代作製の荘園絵図。二図あり、現在は西大寺と東京大学文学部の所蔵。重要文化財。十三世紀後半に行われた西大寺と秋篠寺の所領相博（交換）を示す図。西大寺本は西大寺作製、東大本は秋篠寺作製の図で、十四世紀初頭の両寺の所領相論でも利用され、その後二図とも西大寺に引き渡されたとみられる。西大寺北方の大和国添下《そうのしも》郡京北条里の一〜四条、一〜六里の地域を描き、条里方格線の中に地種・地積などが文字で書き込まれ、池や川・溝・道および地形などを示す線が赤・緑・青などの彩色で描かれている。条ごとに一巻をなす古代の校班田図を上下四段に並べて一図に引き写した集成図をもとに、西大寺・秋篠寺の所領に関する記載や彩色を書き加えて作製された。三条図には八一一年（弘仁二）、四条図には七七四年（宝亀五）の年紀がみえ、冒頭記載や末尾の署名をはじめ校班田図の様態を伝える。大和国条里や平城京条坊復原の基礎資料としても重要。

参考文献 金田章裕他編『日本古代荘園図』、一九九六、東京大学出版会。石上英一『古代荘園史料の基礎的研究』、一九九七、塙書房。金田章裕『古代荘園図と景観』一九九八、東京大学出版会。山本崇「秋篠庄と京北条里」（『続日本紀研究』三二四、二〇〇〇）。佐藤信編『西大寺古絵図の世界』、二〇〇五、東京大学出版会。

（山口　英男）

けいよう　邢窯　中国河北省臨城県・内丘県にかけての地域にあった、北魏から五代にかけての青磁・白磁・黒磁・三彩などを焼造した窯。隋代ごろから白磁（精製白磁）や白土がけを施した粗製白磁が中心となり、特に八世紀から九世紀の中唐期から焼造され始めた精製白磁がきわめて精良で、唐、陸羽『茶経』などで高く評価されるに至った。そうした白磁の一部は、臨城県祈村窯などで焼造されたことが確認されている。五代以降は急速に衰えたとみられ、河北白磁の中心は晩唐期以降発展した定窯《ていよう》に移った。唐代の白磁の産地はなお不確定だが、いわゆる邢窯系白磁は、八世紀末ごろから越州窯青磁・長沙窯陶磁とともに海外に輸出され始める初期貿易陶磁の一角を形成している。玉璧（蛇の目）形高台から直線的に立ち上がり、口縁が肥厚して玉縁状になる碗形器を中心に、東南アジア・南アジア・西アジアの遺跡から発見されており、わが国でも奈良薬師寺跡などから出土している。

→越州窯《えっしゅうよう》　→長沙窯《ちょうさよう》

参考文献 河北臨城邢瓷研制小組「唐代邢窯遺址調査報告」（『文物』一九八一ノ九）。内丘県文物保管所「河北省内丘県邢窯調査簡報」（同一九八七ノ九）。

（金沢　陽）

げぎょ　懸魚　木造建築の妻において、棟木、母屋桁《もやげた》、軒桁の木口を隠し、保護するために破風《はふ》板の下に取り付ける装飾的繰形を施した板。取付位置により、棟木位置のものを懸魚ないし拝み懸魚、母屋桁および軒桁位置のものを桁隠ないし降《くだり》懸魚と呼び分ける。唐破風の棟木位置に取り付けるものは特に兎《う》の毛《け》通しと呼ぶ。懸魚の意匠は、六角形の梅鉢、ハート形に似た刳り抜きのある猪目《いのめ》、猪目に似た形状で刳り抜きのない蕪《かぶら》、蕪が三つ配された三花《みつばな》の四形式を基本とする。中心に六葉《ろくよう》という飾りが付くことが多く、元来はこの位置で木口に釘打ちして留めたものとみられるが、時代が降ると桁位置からずれた箇所に化粧として取り付けることも行われ、破風板に釘ないし鎹《かすがい》で留めるのが一般的となる。中世後半以降には、両側に若葉などを彫刻した鰭《ひれ》という装飾を付け、華美な形式を採るようになる。風雨に曝される部材のため、現存遺例は当麻寺曼荼羅堂閼伽棚など、鎌倉時代以降のものしかない。

参考文献 近藤豊『古建築の細部意匠』、一九七二、大河出版。

（清水　重敦）

げきょう　外京　⇩平城京《へいじょうきょう》

けこ　華籠　供養具の一つで、仏事法会に際して使用される花を盛る皿形容器。華皿・華篋・華盤・華筥などともいわれる。インドの習俗で、貴人の来訪に際し、入口や室内に生花を散らして清めたことに由来する。これが仏教において、生花を壇上に散らして荘厳清浄し、法会に際して偈を唱えて仏を供養するために行われる散華供養で、僧侶が華籠に花を盛り捧げるようになった。また、花は生花から紙や布で作られた蓮の花弁をかたどったものへ変化して、散華とよばれた。華籠の材質は竹製・木製・金属製・紙胎製・珠玉製などがある。正倉院には、大仏開眼供養会や聖武天皇一周忌斎会などに用いられた竹製のもの五百六十五口とガラス玉を連ねたもの、また緑金箋とよぶ紙製の造花が伝わっている。奈良時代には実用の竹籠に生花を盛ったが、次第に儀式的、装飾的になって、珠玉を連ねたものや金銅板を透彫したもの、紙胎漆塗りに彩色をしたものなどが作られるようになった。滋賀神照寺の華籠は銅版に宝相華唐草を透かし、金銀鍍金を施した華麗な作であり、このほか、愛知万徳寺には紙胎漆塗、羯磨文を彩色した鎌倉時代の作がある。

（原田　一敏）

けさ　袈裟　僧侶が出家者の標識として着用する僧服の一種。元来は衣服として左肩から右の腋下に巻きつけた長方形の布で、一般の人と区別するために五正色や五間色を避けて壊色《えじき》を用いたので、濁った色という意味の袈裟とよばれた。仕事着の安陀会《あんだえ》（内衣）・日常着の鬱多羅《うったら》僧《そう》（上衣）・晴着の僧伽梨《そうぎゃり》（大衣）の三種があり、三衣《さんえ》ともいう。麻や木綿の布を裁断・縫合して縦に条例をそろえ、安陀会は五条、鬱多羅僧は七条、僧伽梨は九条から二十五条までの奇数条に仕立てたため、割截衣《かっせつえ》ともいう。中国では、袈裟の下に着ける法衣《ほうえ》が整い、官僧には紫緋などが賜色され、絹製も許された。日本にはこの服装が古制に近いものとして伝来し、次第に日本独自のものが生み出された。有文絹織物製の衲衣《のうえ》や、古裂《こぎれ》を細密に刺縫して仕立てた糞掃衣《ふんぞうえ》など、僧尼令の規定を越えて色や素材の豪華なものも許された。五条袈裟の簡略形として、肩紐(威儀)を付けた巾・丈の短い小五条をはじめ、絡子《らくす》、威儀細《いぎぼそ》、輪袈裟などが生じた。修験道で首に懸ける結袈《ゆいげ》裟《さ》は九条袈裟の変型である。

参考文献 久馬慧忠編『袈裟の研究(新装版)』、二〇〇一、大法輪閣。井筒雅風『袈裟史』、一九七七、雄山閣。

(武田佐知子)

けた 桁 柱上部などに架け渡され荷重を受ける水平材の一つ。梁が二点支持で架け渡され屋根荷重などを集中的に受ける部材であるのに対し、桁は多数並ぶ柱・束《つか》・組物などの上に架け渡され、垂木《たるき》・天井・束などで分散された荷重を支持する比較的長い部材をいう。切妻造では大棟《おおむね》の通る方向に桁が、それと直角方向に梁が架け渡されるため、前者の方向を桁行、後者の方向を梁間(梁行)と呼び、切妻造以外の建物でもこの呼び方が用いられる。桁の種類には、垂木を支える丸桁《がぎょう》ないし軒桁・母屋桁、小屋内や床下などの見え隠れ部に置かれる敷桁・旅桁・土居桁・洞桁《ほらげた》などがある。このうち軒桁は、一般的にせいが幅より大きいが、古墳時代にはせいが幅より小さい五平《ごひら》の材があり、稀に中世以降の民家にもみられる。なお、側柱筋における桁と梁との組み方には、柱上に梁を載せ、その上に桁を架け渡す方法(折置組《おりおき》)と、その逆(京《きょう》呂《ろ》組)とがある。 →梁《はり》

(清水 重敦)

げた 下駄 木あるいは竹製の台に鼻緒あるいは端棒《はなぼう》(前緒部に付けた短い突起)を付けた履物をいい、基本的には台裏に二枚の歯が付く。ただ、「下駄」の呼称は近世以降のものであり、古くは「足駄」といわれた。十世紀に成った『和名類聚抄《わみょうるいじゅしょう》』には「屐《げき》 一名足下 和名阿師太」とあり、「足駄」をあてたものは十三世紀になってみられる。「さしあしだ」「平足駄」「塗足駄」の語もあり、下駄の総称であったと考えられる。近世には「下踏」「木履」の語もみられ、民俗例には下駄の総称として「ボクリ」の使用もみられる。『守貞謾稿《もりさだまんこう》』(十九世紀中ごろ)によると、それまで雨天・湿地用であった足駄が晴天にも用いられるようになって、新たな晴天用の形態に下駄があてられ、足駄は雨天用となった差歯《さしば》高下駄の呼称として残ったようである。実物資料としては、日本では古墳時代の遺跡から出土がみられるようになる。早い報告例では古墳副葬品の滑石《かっせき》製模造品があり、近年、五世紀代の一木作り二枚歯の実用品の出土例が聞かれる。この時期の下駄は台が不定形で大型であり、前緒穴が左右に片寄ってあけられること、歯の側面形が「ハ」の字状を呈することに特徴がある。九世紀になると、台長がおおむね二五センチ以下となり、前緒穴が台中央にあけられるようになる。この時期まではほぼ一木二枚歯の連歯《れんし》下駄のみであるが、十二世紀後半には、岩手県柳之御所《やなぎのごしょ》跡から台に別材の歯を差す差歯下駄や漆塗りの下駄が出土してい

連歯下駄(9世紀前半、平安時代初期、平城京出土)

江戸時代の中刳り下駄

露卯差歯下駄(室町時代、広島県草戸千軒町遺跡出土)

る。十三世紀以降になると、同一遺跡からの出土例が増え、台平面形が各遺跡で共通性をもつようになる。歯に枘《ほぞ》を切り出した露卯《ろぼう》差歯下駄、枘のない陰卯《いんぼう》差歯下駄も出土をみている。長円形の台平面に長方形が加わるのは近世になってからであり、一木作りに二枚歯だけではなく、多様な形態を生む。なお、下駄の分布は中国南部・東南アジアからインド・中近東・アフリカまでみられるが、前緒穴が中央に位置せず左右の別のある台となっている。

参考文献 『古事類苑』服飾部。後藤守一「古代の下駄」(『日本古代文化研究』所収、一九四二、河出書房)。岩手県文化振興事業団埋蔵文化財センター編『柳之御所跡』(『岩手県文化振興事業団埋蔵文化財調査報告書』二二八、一九九五)。

(市田　京子)

けぬ　毛野　七世紀後期に現在の群馬県域は上毛野《かみつけの》、栃木県南西部域は下毛野《しもつけの》と呼ばれたが、古くはこの両者を合せた地域が毛野と称されていたとされる。『常陸国風土記』新治郡条や『続日本紀』神護景雲二年(七六八)八月の記事に「毛野河(川)」、『旧事本紀』の『国造本紀』下毛野国造項に「難波高津朝(仁徳天皇)の御世に、元毛野国を分けて上下と為す」とあるのがその史料的根拠となっている。ここには東日本最大の前方後円墳である太田天神山古墳(群馬県太田市、五世紀中期)をはじめ、大型前方後円墳・前方後方墳が多数分布していること、『古事記』『日本書紀』に上毛野君氏・下毛野君氏の始祖は、崇神天皇の皇子で東国統治を命じられた豊城入彦命とされていることから、ヤマト王権から重視された地域であることは間違いあるまい。ただし、こうした認識と呼称はヤマト側からのものであり、実体として統一された地域政治勢力が存在したことを確証するものは見つかっていない。

参考文献 『群馬県史』通史編一・二、一九九〇・九一。

(前沢　和之)

けぬきがたたち　毛抜形太刀　刀身の柄(茎《なかご》)に古代の毛抜に似た形の透かしを施した太刀。茎に細長く透かしをいれた刀身は、中尊寺の悪路王所用と伝える蕨手刀があるが、前後に輪を二つ重ねて並列したような毛抜状の透かしを入れた作例は、長野県塩尻市出土品(国学院大学蔵)、滋賀宝厳寺、福岡太宰府天満宮のものなどが知られる。これらは刀身だけが残るが、奈良春日大社には沃懸地《いかけじ》竹に猫雀螺鈿の外装を伴った毛抜形太刀、三重伊勢神宮には錦包の毛抜形太刀が伝存している。この二口の太刀は、平安時代中期ごろの作と比定されているが、茎を木製の柄に入れずに、直接茎に金銅製の金具を装着して、毛抜の形を露出するようにしている。鎌倉時代以降は、刀身に毛抜形透を施した事例は見られず、鞘に毛抜形の透彫金具を装着して毛抜形太刀とした。毛抜形太刀は、天皇を警護する衛府の官人の佩用する太刀として衛府太刀と呼ばれ、殿上においては平緒《ひらお》、外出時には韋緒《かわお》を用いて身に装着した。京都神護寺の源頼朝像は、平緒で毛抜形太刀を佩用した姿を表している。

参考文献 石井昌国『蕨手刀』、一九六六、雄山閣出版。末永雅雄「刀装の研究」(『日本刀大鑑』刀装篇所収、一九七一、大塚巧芸社)。

(原田　一敏)

けはらはいじ　毛原廃寺　奈良県山辺郡山添村毛原に所在する八世紀前半建立の寺院跡。古くは伊賀国名張郡所属。国史跡。山麓の平坦地に南大門と中門、金堂の礎石群が南面して一直線上に並ぶ。その西に講堂と西塔、さらに谷を隔てた北西に食堂《じきどう》、金堂の東に鐘楼や東塔と推定される礎石群が埋没しているが、正式の発掘調査が行われておらず伽藍配置は未確定。出土する軒瓦は平城宮第二期(七二一―四七年)の前半に編年されるもので、約三キロ北東の山添村岩屋瓦窯で生産されたものを含む。山間部に営まれた希有の規模をもつ寺院として、その性格や造営者が古くから注目されている。この地域が、東大寺領の板蠅杣《いたなわのそま》に含まれることから、その関係を説く説、在地豪族の氏寺説、山林修行の場としての道場説などがあるが、古代にさかのぼる史料を欠き、手がかりはえられていない。

参考文献 松田真一・近江俊秀「毛原廃寺の研究―基礎資料の集成と若干の考察―」(『橿原考古学研究所紀要考古学論攷』一五、一九九二)。

(大脇　潔)

けびいし　検非違使　平安時代から室町時代にかけて京中の警察・裁判・治安維持を担当した令外官。左右衛門府の官人が兼任するのを通例とし、宣旨によって補任される天皇直属の官人であった。弘仁年間(八一〇―二四)に設置され、その役所を検非違使庁(使庁)という。職員構成は『弘仁式』では官人・府生・火長のみであったが、後には別当・佐・大少尉・大少志・府生・看督長・案主・放免から構成されるようになった。このうち放免は捜査・追捕にあたらせるため前科者を組織したもので、卑賤視されていた。検非違使の職務や管轄は次第に拡大し、犯人追捕のため京都近郊に出かけたり、あるいは国司の租税徴収を補佐することもあった。河原者や非人などを統括しケガレをはらうキヨメにもあたっている。中世においては京都市政のさまざまな側面に関わるようになり、洛中支配の要となったが、室町幕府が成立すると侍所などにその権限が吸収され衰退した。

参考文献 丹生谷哲一『検非違使』、一九八六、平凡社。渡辺直彦『日本古代官位制度の基礎的研究』、一九七二、吉川弘文館。森田悌『平安時代政治史研究』、一九七八、吉川弘文館。

(戸川　点)

けひじんぐう　気比神宮　福井県敦賀市曙町に鎮座する式内社。主祭神は去来紗別《いざさわけ》大神。神功皇后が太子(のちの応神天皇)を遣わして笥飯大神《けひのおおかみ》を参拝させたが(『日本書紀』神功皇后摂政前紀)、大神と太子が名換えをした結果、大神は去来紗別神といい、太子は誉田別尊《ほむたわけのみこと》と称したという(応神天皇即位前紀一云)。また伊奢沙和気大神が太子にイルカを献上したことから御食津《みけつ》大神と名付け、今は気比大神と呼ばれると記す(『古事記』仲哀天皇段)。ケヒは食(ケ)霊(ヒ)の意か。朝鮮半島との境界領域にあることから防疫神、海上交通の守護神として重要視されたが、神仏習合が早く認められ、王権の護法善神の観念、聖武・孝謙(称徳)の仏教信仰と合致することからも厚い崇敬をうけた。六九二年(持統天皇六)九月に封戸が増封され(『日本書紀』)、七三一年(天平三)従三位(『新抄格勅符抄』所引大同元年牒)、八三九年(承和六)正三位勲一等から従二位(『続日本後紀』)、八五〇年(嘉祥三)正二位(『文徳実録』)、八五九年(貞観元)従一位(『三代実録』)、さらに八九三年(寛平五)には正一位勲一等(『類聚三代格』)に叙されている。この間の七七〇年(宝亀元)八月には称徳天皇の病気平癒祈願のために気比神に奉幣があり、七七六年九月には神宮司《じんぐうじ》(神職、従八位官に準ずる)が置かれた(『続日本紀』)。気比神宮司は松原客館の管理にもあたった(『延喜式』雑式)。八三九年(承和六)には遣唐使の安全祈願が行われた(『続日本後紀』)。『延喜式』神名帳には「七座並名神大」とある。鎌倉時代以降も一の宮として重んぜられ、一二八一年(弘安四)の蒙古襲来に際しては朝廷による国家安穏の祈願が行われた。社領は皇室領として敦賀郡を中心に、一部は越中・越後に及んだ(建暦二年「越前気比宮政所作田所当米等注進状」(『鎌倉遺文』五—一九四五)。なお、『藤氏家伝』には藤原武智麻呂《むちまろ》が霊夢により七一五年(霊亀元)に神宮寺を建立したと伝え、八五五年(斉衡二)五月には詔により気比大神御子神宮寺に常住僧が置かれ(『文徳実録』)、八六〇年(貞観二)には定額寺として十僧が認められた(『三代実録』)。一五七〇年(元亀元)織田軍により社殿が焼失したが、一六一四年(慶長十九)結城秀康が社殿を造営したのをはじめ、北陸諸大名が崇敬保護を加えた。一九四五年(昭和二十)に空襲で社殿が焼失したが、一九五〇年に再建された。

参考文献 『福井県史』通史編一、一九九三。式内社研究会編『式内社調査報告』一五、一九八六、皇学館大学出版部。舘野和己「若狭・越前の塩と贄」(『日本海域歴史大系』一所収、二〇〇五、清文堂出版)。

(川崎 晃)

けふきぐさ　毛吹草　近世初期に松江重頼が著した七巻五冊からなる俳諧の先駆的作法書。一六三八年(寛永十五)に成立し、一六四五年(正保二)に刊行された。一六四七年には三冊が追加刊行されている。松江重頼(一六〇二—八〇)は京都出身の俳人。はじめ松永貞徳門下にいたがのちに独自の境地を切り拓いていった。『毛吹草』には、季語・付合・恋の詞などの語彙のほかに、ことわざや諸国の名産品に関する解説、句作の実例などが多数掲載されている。たとえばことわざの部は、「聞くは一時の恥聞かぬは一生の恥」「猿も木から落ちる」といった現用のものも含め、日本独自のことわざ・慣用句に関する最古の注釈書となっている。また江戸の浅草海苔・京都の西陣織といった、同書が取り上げる諸国の名産品は約千八百種にも及ぶ。

参考文献 新村出校閲・竹内若校訂『毛吹草』(『岩波文庫』、一九七二)。

(小林 信也)

けほうじ　華報寺　新潟県北部の信仰の山、五頭《ごず》山の西麓にある曹洞宗の寺院。周辺に中世の経塚や墓地などの大規模な関連遺跡が伴う。阿賀野市出湯に所在。弘法大師が五頭山に登り、五頭山海満寺福性院以下三十八坊を開いたと伝える。華報寺現本堂を取り囲む南側の目洗沢、北東側の経沢、やや距離をおいた南西側の蓮台野では、古くから経筒・蔵骨器、石塔・石仏が多数出土することが知られていた。目洗沢の伝高阿廟跡では一九〇五年(明治三十八)に徳治三年(一三〇八)銘の青銅製蔵骨器が出土。一九五八年(昭和三十三)に立教大学が発掘し、方七《メートル》の石敷に土壇をもち石櫃を伴う墓が確認された。蔵骨器銘文から被葬者は華報寺の三代素喆和尚とされる。小仏像・和鏡・古瀬戸小壺、珠洲焼の甕、壺・鉢が伴う。近接して正安元年(一二九九)銘の経筒、甕や壺の蔵骨器、五輪塔・宝篋印塔・石仏が伴出した。経沢では白磁四耳壺・古瀬戸梅瓶なども出土している。

参考文献 中川成夫「越後華報寺中世墓址群の調査」(『立教大学文学部史学科調査報告』四、一九五九)。

(坂井 秀弥)

けまり　蹴鞠　径約二〇《センチ》の鹿皮製中空の鞠を地に落とさず蹴上げ続けることを目的とする球戯。「しゅうきく」ともいう。この種の蹴鞠の記録は『西宮記《さいきゅうき》』延喜五年(九〇五)三月二十日条が初見。院政期に貴族社会でとみに盛行。故実が蓄積されて鎌倉時代初期には蹴鞠道が成立し、難波《なんば》・飛鳥井《あすかい》・御子左《みこひだり》の三家が道家を立てた。飛鳥井家の秘伝書『内外三時抄《ないげさんじしょう》』によると、鞠場または鞠庭と呼ばれる蹴鞠場は御所・寺社・貴族の邸などの南庭に設けられた。方八丈九尺から五丈六尺の地域の中央部二丈三尺の正方形の各頂点に懸《かかり》と呼ばれる樹木を一本ずつ計四本植え、桜(艮)柳(巽)楓(坤)松(乾)を正規の木(式木)とした。懸は、鞠がこれに当たって飛行線を変えるので蹴鞠を技術的に高度化する効果があった。正式の鞠会は八人の演技者(鞠足《まりあし》という)で行われ、蹴上げ続けた鞠の回数を数える役人がついた。室町時代以後全国の武士層に、近世には町方・村方の富裕な庶民層にまで広まり、閑雅な遊戯として行われた。

参考文献 渡辺融・桑山浩然『蹴鞠の研究—公家鞠の成立—』、一九九四、東京大学出版会。村戸弥生『遊戯から芸道へ』、二〇〇二、玉川大学出版部。

(渡辺 融)

けまん　華鬘　供養具の一つで、梵語で倶蘇摩摩羅《くすままら》という。倶蘇摩は華、摩羅は鬘の意味とされる。インドでは生花を輪にして首にかけて装身具とし、また高貴な人に花輪を送る習俗があった。その習俗から、釈迦に花輪を捧げ、塔に献じることを経て、仏への供養物となり、さらに仏殿の長押《なげし》や柱に懸けることで、仏殿の荘厳具となった。本来、材質は生花であったが、恒久性を図り、木・皮・糸・玉・金属などへ変化した。また、形態は花輪状のものから、輪郭と中央の総角《あげまき》を残し、間に唐草文や迦《か》陵頻伽《りょうびんが》・菩薩・種子《しゅじ》・蓮池などを配し、下部に鈴や垂飾を下げたものが作られるようになった。鎌倉時代前期ころまでは横幅の広い安定した形姿であるが、次第に丈高になり肩の張りと腰の締りのバランスが崩れ、極端な倒卵形や膨方形・膨三角形・円形のものが出現する。意匠は、古いものは宝相華文が中心で鎌倉時代以降には蓮華文に蓮池をあらわしたものや梵字など新しい文様があらわれ、多様となる。　(原田　一敏)

けりぼり　蹴彫　彫金の線彫技法の一つ。鏨《たがね》先が、二本の鑿《のみ》を背中合わせにした形で、先端は切刃状を呈する。地板にこの鏨の片側の角を接面させ、もう片側はうかせて、蹴るようにして線刻する。彫跡が毛彫のように連続した細い線にはならず、細い楔形の点が連続するのが大きな特徴である。日本では古墳時代からみられ、千葉県木更津市大塚山古墳から出土した金銅眉庇付冑《まびさしつきかぶと》の腰巻板に彫られた魚・怪獣・鳥がこの技法によっている。中国では唐時代に盛んに行われ、銀器の線彫に多用されるが、日本の奈良時代には、この技法による線彫は意外に少なく毛彫が圧倒的に多い。平安時代になると、蹴彫は繊細な感覚が出せるため、最も流行し、鏡像や仏具の文様を表わすのに用いられた。江戸時代の寺社の建造物にみる八双金具など大形金具の線彫は、この技法によるものがほとんどである。　(原田　一敏)

けわいざか　化粧坂　鎌倉鶴岡八幡宮の西六〇〇〜七〇〇《メートル》にある坂道。神奈川県鎌倉市扇ガ谷所在。国指定史跡。西郊の梶原や北郊の山ノ内に通じる出入り口で、現在の源氏山公園北面にある。いわゆる鎌倉七口の一つ。凹凸激しい岩盤の露頭した、つづら折の急な隘路である。将軍宗尊親王が解任されて上京する際や、『とはずがたり』作者の二条尼(久我雅忠女《こがまさただのむすめ》)が京都から来た際にここを経由している。また鎌倉側の麓に「武蔵大路」と名づけられた道路があるのは、おそらく武蔵国に通じる入口でもあったことを示すものだろう。すなわち化粧坂は東海道に接続する重要な入口であった。かつては気和飛・仮粧・毛和井・気生などと記された。一二五一年(建長三)に鎌倉幕府が定めた市中七カ所の小町屋および売買所の一つに「気和飛坂山上」とあり、九年後の一二六五年(文永二)の「町御免所」指定の際には除外されているものの(いずれも『吾妻鏡』)、この付近は鎌倉時代後期、人の往来が盛んであった様子がうかがえる。また、化粧坂上にある葛原ヶ岡で公卿日野俊基が処刑されていること、源氏山公園の源頼朝像前面で十三世紀末から十四世紀前半の埋葬人骨が発見されていることなどから、一帯が刑場や葬地でもあったことがわかる。

参考文献　鎌倉市教育委員会編『化粧坂周辺詳細分布調査報告書』、一九九六。　(馬淵　和雄)

けん　剣　⇩刀剣《とうけん》

けん　塤　土を焼いて作った陶製の土笛。陶塤ともいう。中空の卵形で上端に吹き口があり、前面に四孔、背面に二孔の指穴をもつ。中国周代に起源をもつ塤と同類の楽器と考えられる。日本では弥生時代の遺跡からのみ出土している。山口県下関市綾羅木郷《あやらぎごう》台地遺跡から出土したのを初例とし、五十数例みられる。出土地は、西の福岡県宗像市光岡長尾遺跡から東の京都府竹野郡丹後町竹野遺跡まで、いずれも日本海側の遺跡に分布しており、ことに山口県下関市付近、島根県出雲地方、丹後半島付近に集中している。そのうちの四十例近くが、出雲地方から出土しており注目される。器面は丁寧なヘラ磨きがされ、中には沈線や隆帯の装飾を施したものもある。吹き方は前面の四孔を両手の中指・人指し指で、背面の二孔を両手の親指で押さえて吹いたものであろう。

参考文献　山田光洋『楽器の考古学』、一九九八、同成社。笠原潔『埋もれた楽器』、二〇〇四、春秋社。　(荻　美津夫)

けん　権　⇩分銅《ふんどう》

げん　元　ユーラシア大陸を席巻したモンゴル帝国の宗《そう》主国《しゅこく》の国号。正式には大元《だいげん》。クビライ＝カアンの時(一二七一年)に定められた。チンギス＝カンによる建国(一二〇六年)以来、モンゴル帝国は各地に遠征を繰り返し、十三世紀半ばには地中海から日本海に至る大帝国を形成するに至った。広大な領域内部にはジョチ＝ウルス、チャガタイ＝ウルス、フレグ＝ウルス、チャガタイ＝ウルスといった半独立国が建てられていったが、それらはモンゴル高原を根拠地とする皇帝(カアン)の下に束ねられ、モンゴル帝国としての統一性が保たれていた。国号を元と定めたクビライ＝カアンは首都を大都《だいと》(現在の北京《ペキン》)に移し、金《きん》や南宋《なんそう》を制圧し中国本土をも領有するに至ったため、元はモンゴル帝国の宗主国とともに中華王朝《ちゅうかおうちょう》としての側面も帯びることになった。二度の日本遠征も試みられたが、元は積極的な貿易振興策をとったため、日本との交流は前後の時代に比べて特に活発であった。一三六八年に朱元璋《しゅげんしょう》率いる明により中国本土から追われるが、その後もモンゴル帝国は一六三四年まで大元の国号を使い続けた。

参考文献　本田実信『モンゴル時代史研究』、一九九一、東京大学出版会。杉山正明・北川誠一『大モンゴルの時代』(『世界の歴史』九、一九九七、中央公論社)。杉山正明『モンゴル帝国と大元ウルス』(『東洋史研究叢刊』六五、二〇〇四、京都大学学術出版会)。　(髙橋　典幸)

げんかれき　元嘉暦　中国南朝宋の何承天《かしょうてん》が作成した暦法で、四四五年(元嘉二十二)—五〇九年(天監八)の宋・斉・梁で使われた。長期の観測資料を基にした冬至日躔《にってん》(太陽位置)の修正や調日法の創始などに特徴があり、正月朔に平均朔望月約二九・五三日を足して朔日を定める平朔法を使用した。またメトン周期と同じ章法(十九太陽年＝二百三十五朔望月)を用いる。南朝に入貢した百済が元嘉暦を使ったことは『周書《しゅうしょ》』『隋書《ずいしょ》』百済伝や金石文の暦日から知られる。倭五王が宋に入貢し、また五五四年(欽明天皇十五)に百済から暦博士王保孫《おうほそん》が来ている点などから、倭国でも早くから使用したと考えられる。六九〇年(持統天皇四)に儀鳳暦《ぎほうれき》との併用が命じられるが、暦日は従来通り元嘉暦が使われた。また儀鳳暦日への切り

元嘉暦による持統天皇三年木簡暦（明日香村石神遺跡出土）

替え時期をめぐっては論争があるが、六九六年の可能性が高いと考えられる。なお『日本書紀』安康紀以降の暦日は、元嘉暦に基づいている。

参考文献　藪内清『(増補改訂)中国の天文暦法』、一九九〇、平凡社。内田正男『日本暦日原典』、一九七五、雄山閣。細井浩志「日本古代の改暦の政治・制度史的研究」(『九州史学』一三一、二〇〇二)。　(細井　浩志)

げんかん　**阮咸**　丸い胴と長い棹をもつリュート系(琵琶系)の弦楽器。四弦で、十二～十四の柱《じ》(フレット)がある。指で弾いたか。その起源については西域説、中国説があるが、阮咸と言われるようになるのは唐代からと考えられる。日本へは七・八世紀ごろに唐楽とともに伝えられた。正倉院には螺鈿紫檀阮咸と桑木阮咸の二面が収蔵されている。しかし、平安時代に入ると次第に使われなくなる。中国では明・清時代に、胴が八角形の小さいものになり、棹が短いものもあらわれる。種類によっては月琴と称された。江戸時代に明楽・清楽が伝来すると、八角胴で長い棹をもつものを明楽では月琴、清楽では阮咸と呼んだ。清楽の阮咸は四弦で十三の柱をもつのに対し、明楽の月琴は四弦で十四の柱をもち、ともに長めの爪(プレクトラム)で弾いた。

参考文献　正倉院事務所編『正倉院の楽器』、一九六七、日本経済新聞社。林謙三『東アジア楽器考』、一九七三、カワイ楽譜。岸辺成雄『天平のひびき　正倉院の楽器』、一九八四、音楽之友社。　(荻　美津夫)

けんげんたいほう　**乾元大宝**　⇨本朝十二銭《ほんちょうじゅうにせん》

げんこう　**元寇**　⇨蒙古襲来《もうこしゅうらい》

けんこうじ　**建興寺**　⇨豊浦寺《とゆらでら》

げんこうしゃくしょ　**元亨釈書**　東福寺《とうふくじ》の僧虎関師錬《こかんしれん》により著された日本仏教史。全三十巻。一三二二年(元亨二)成立。仏教伝来以来の高僧伝からなる伝(一―十九巻)、欽明天皇《きんめいてんのう》から順徳天皇《じゅんとくてんのう》までの天皇家関係の仏教年代記の表(二十―二十六巻)、仏教の制度や寺院史を扱う志(二十七―三十巻)の三部からなるその構成は『史記《しき》』や『漢書《かんじょ》』、宋の『仏祖統記《ぶつそとうき》』などに、また僧伝を十科に分類して編集する方法は梁の『高僧伝《こうそうでん》』など中国の史書の体裁に倣ったものである。日本仏教史を総合的に捉えた点で特筆されるが、僧伝の最初に達磨《だるま》を、最後に栄西《ようさい》を配するなど、禅宗を強調する意図も見受けられる。成立直後に後《ご》醍醐天皇《だいごてんのう》に献呈され大蔵経《だいぞうきょう》に加えられることを求めたが許されず、虎関師錬没後の一三六〇年(延文五)に大蔵経に加えられた。さらに一三六四年(貞治三)から一三七七年(永和三)にかけて、室町幕府の援助も受けた虎関師錬の弟子無比単況《むひたんきょう》によって版行された。『(新訂増補)国史大系』『大日本仏教全書』所収。

参考文献　今枝愛真「元亨釈書」(坂本太郎・黒板昌夫編『国史大系書目解題』上所収、一九七一、吉川弘文館)。今泉淑夫・早苗憲生編『本覚国師虎関師錬禅師』、一九九五、東福寺派海蔵院。　(髙橋　典幸)

げんこうぼうるい　**元寇防塁**　一二七四年(文永十一)の第一回目の蒙古襲来《もうこしゅうらい》(文永の役)の後、鎌倉幕府が一二七六年(建治二)再度の来襲に備えて博多湾岸の砂丘上に築造した石積みの遺構。当時の史料には石築地《いしついじ》(要害石築地《ようがいいしついじ》)とみえるが、一九一三年(大正二)今津地区が発掘された際、中山平次郎が「単なる石塁や石垣と区別して高く砂堤を盛った構造物」を表わすため元寇防塁と仮称して以来、この用語が定着するようになった。元寇防塁は九州の九ヵ国に対し一・五～三キロの長さが割当てられた。博多湾の西に位置する今津は日向と大隈の両国、今宿は豊前国、生《いき》の松原は肥後国、姪浜《めいのはま》は肥前国、博多は筑前国と筑後国、箱崎は薩摩国、香椎は豊後国の分担で、今津か

復元された生の松原地区の元寇防塁

ら香椎までの全長は約二〇キロに及ぶ。発掘調査によると元寇防塁の築造法や構造は、分担地区によって相違がみられる。今津地区は高さ三メートル、下の幅が三メートル、上の幅が二メートルの台形状に積み上げている。砂丘の両側から運んだ石材を利用しているが玄武岩と花崗岩を使い分けているのが特徴で、「段別一寸」の原則に従い、御家人の所領に応じて分担の長さが割当てられたことを示している。生の松原は石積みの幅が一・五メートルと狭いため、その後方を粘土で補強しており、高さは二・五メートルに復元されている。西《にし》新《じん》は基底部幅が三・五メートルと広く、砂丘の上に粘土を敷くという独特の工法が用いられている。築造後はおのおのの分担地区の警備にあたっているが、一二八一年(弘安四)の弘安の役では上陸されておらず、元寇防塁の果たした役割が大きかった。多々良川などの河口には乱杭・切立を打込んで船の進入を防いだ。一九三一年(昭和六)今津・今宿・生の松原・姪浜・西新・地行《じぎょう》・箱崎の七ヵ所が国の史跡に指定され、今津・生の松原・西新の三ヵ所が復元整備されている。

参考文献 柳田純孝「元寇防塁と博多湾の地形」(中山平次郎『古代乃博多』付篇、一九六四、九州大学出版会)。柳田純孝「元寇防塁」(『はかた学』四、一九九〇、葦書房)。西園禮三・柳田純孝『元寇と博多―写真で読む蒙古襲来―』、二〇〇一、西日本新聞社。 (柳田 純孝)

けんごしづか 牽牛子塚 ⇩牽牛子塚古墳《あさがおつかこふん》

けんざお 間棹 一般には寺院や官衙など歴史時代遺跡における遺方《やりかた》測量に際して、実測の便を図るために地面におき使用する長尺の物差しのことをいう。遺方測量では、水平に展開した水糸位置にあわせて、その直下に設定、それからの距離をオフセット測量の要領で読みとり描画する。現場の用途に合わせて長さを決める木製が普通だが、金属製の既製品も出現している。木製の場合は、幅五センチ程度で長さ三メートルを基本にし、方向を定めるための直線を長手方向に墨打ちして、それと直角方向に三センチ間隔程度の目盛りをうつ。三センチ、三メートルという長さは歴史時代遺跡の寸尺を意識するもので、およそ天平尺の一寸と十尺に相当する。実測用としては、太閤検地で使用した安土桃山時代(十六世紀後半)の例が歴史的に著名で一間は六尺三寸であった。伊能忠敬の測量(十八世紀末から十九世紀初頭)では、起伏のある地形や長距離の測距に間縄も併用している。間棹はすでに『春日権現験記絵巻』にみえるので、大工用として少なくとも十四世紀初頭以前には存在している。木造建物における使用は実測が目的ではなく、建築時の基準を設定するもので、主要部材や建具寸法が不揃いとなって、構架や組立てに不都合が発生することを防止する点にある。この用途の間棹には、一定間隔の目盛りではなく、部材の寸法を示す符丁が表裏に刻んである。これを基礎に、複数の大工が同類の部材製作を同時並行で進めることが可能となる。 (西村 康)

げんせん 元銭 中国元王朝(一二六〇―一三六八)が発行した銭貨。元朝の貨幣制度の特徴は、中国で伝統的な銭貨をごくわずかしか発行せず、それに代わって紙幣を発行し、さらに銀の使用が前代に比べて拡大したことである。銭貨については至元通宝・至大通宝・至大元宝・大元通宝・至正通宝を鋳造しているが、日本への渡来銭は至大通宝・大元通宝・至正通宝だけであり、中でも一三一〇年初鋳の至大通宝は大量出土銭(備蓄銭・埋納銭)の最新銭による時期区分の指標の一つとなる。また、大元通宝は当十銭で、その銭文はパスパ文字を用いるが、国内では福岡市博多遺跡群(第三十五次・第六十二次)で二枚、対馬市美津島町水崎遺跡で一枚の計三枚しか出土していない。至正通宝にも背面上部に鋳造した年の干支を意味する寅(庚寅＝一三五〇年)・卯(辛卯＝一三五一年)・辰(壬辰＝一三五二年)・巳(癸巳＝一三五三年)・午(甲午＝一三五四年)の五種のパスパ文字があるが、寅と午については日本での検出例は未だない。

参考文献 国立歴史民俗博物館編『東アジア中世海道―海商・港・沈没船―』、二〇〇五、毎日新聞社。鈴木公雄『出土銭貨の研究』、一九九九、東京大学出版会。永井久美男編『中世の出土銭―出土銭の調査と分類―』、一九九四、兵庫埋蔵銭調査会。同編『中世の出土銭』補遺一、一九九六、兵庫埋蔵銭調査会。 (嶋谷 和彦)

元銭一覧

銭種	初鋳年	国内出土例	備考
至元通宝	一二八五年	なし	
至大元宝	一三一〇年	なし	
至大通宝	一三一〇年	あり	大量出土銭の時期区分の指標
大元通宝(当十銭)	一三一〇年	あり	パスパ文字の銭文。三枚(博多二枚、対馬一枚)のみ出土
至正通宝	一三五〇年	あり	背面に鋳造年の干支をパスパ文字で示す

けんちくず 建築図 建築の設計図。主として、配置図・平面図は「指図《さしず》」、断面図・立面図は「建地割図《たてじわりず》」と称される。また実際の工事の時には、大きな板に実物と同じ大きさで原寸引付図《げんすんひきつけず》が描かれる。最古の指図は、正倉院に収められている東大寺講堂とその周辺の建物の外形が記されたもので、これは配置図に相当し、個々の建物の設計図とはなり得ない。古代では模型(「本様《ほんよう》」「様《よう》」)が建物の設計図の代りで、奈良時代の元興寺極楽坊《がんごうじごくらくぼう》五重小塔(国宝)や、平城宮出土の木製小型部材などが実物の十分の一で製作された模型と考えられている。中世になると設計図に相当する図が描かれ、建地割図の最古例は一五三一年(享禄四)の「善光寺造営図」で、実物の十分の一の大きさで描かれている。原寸引付図の最古例は一四七

二年(文明四)の御霊神社本殿のもので、これら建地割図や原寸引付図は大工が施工図として描いたものであろう。近世になると、それぞれの部材の大きさや位置関係を示した伏図《ふせず》などの多種類の図が描かれるようになり、図を描く専門の大工が存在した可能性もある。

参考文献　国立歴史民俗博物館編『古図にみる日本の建築』、一九八九、至文堂。浜島正士『設計図が語る古建築の世界』、一九九二、彰国社。

(島田　敏男)

けんちょうじ　建長寺　神奈川県鎌倉市山ノ内にある寺院。臨済宗建長寺派大本山。巨福山建長興国禅寺と号す。開基は北条時頼、開山は宋からの渡来僧蘭渓道隆で、日本初の本格的禅宗寺院。一二四九年(建長元)に造立が開始され、一二五三年に仏殿落成供養が行われている。山号は、寺地が小袋(巨福呂)坂の入り口にあることにちなみ、寺号は創建時の元号に由来する。以前のこの場所は、地獄谷と呼ばれる罪人の処刑場で、地蔵堂が存在した。建立の趣旨は、天皇家と将軍以下重臣の千秋万歳・天下太平、そして源氏三代将軍と北条一門物故者の追善を祈るためという(『吾妻鏡』)。一二五五年に鋳物師物部重光の作である梵鐘が完成。ほかの諸堂も順次整備され、一二七五年(建治元)の法堂落慶供養を以て一応伽藍の完成をみたと思われる。一二九三年(永仁元)の大地震の際に炎上。再建されたものの、一三一五年(正和四)に再び火災に遭う。直後より北条高時の主導で再建事業が進められ、その過程で建長寺造営料唐船が中国へ派遣されている。寺に残る一三三一年(元弘元)書写の指図は、この再建後の伽藍を描いたと思われるが、惣門・三門・仏殿・法堂が中心線上に並んだ左右対称の伽藍配置であり、柏《びゃく》槇《しん》も植えられ、中国風伽藍であったことがわかる。境内の発掘調査の結果からは、草創期にはこの指図とは異なる伽藍配置であったことが判明している。室町時代には、鎌倉五山の第一位の位置を占めて隆盛を誇り、塔頭の数は四十九を数えたという(『鎌倉五山記』)。しかし、一四一四年(応永二十一)の焼失以後、何度か焼失し、鎌倉公方の弱体化により衰退が進行、江戸時代に入りようやく復興の兆しが見られた。現在は、仏殿(重要文化財)・法堂・山門などのほか十の塔頭が存する。そのほか、国宝の梵鐘・絹本蘭渓道隆像・蘭渓道隆墨蹟や木造北条時頼坐像など多数の重要文化財を有す。境内は国史跡。

参考文献　『鎌倉市史』社寺編、一九五九、吉川弘文館。鎌倉市教育委員会・鎌倉考古学研究所編『集成鎌倉の発掘』一〇、一九九六、新人物往来社。

(高橋慎一朗)

けんとうし　遣唐使　七世紀から九世紀にかけて日本から唐《とう》に派遣された外交使節。六三〇年(舒明天皇二)発遣の大使犬上御田鍬《いぬかみのみたすき》に始まり、八九四年(寛平六)任命の大使菅原道真《すがわらのみちざね》に至るまで約二百六十年間におおよそ二十回計画され、その内、実際に渡海したのは十六回である。唐以前にも六〇〇年(推古天皇八)を最初として遣隋使《けんずいし》が派遣され、小野妹子《おののいもこ》・高向玄理《たかむくのくろまろ》・僧旻《みん》らが中国の先進文化の摂取に務めた。遣隋使および遣唐使派遣の目的は、東アジアにおける国際的な地位の向上と先進的な制度・文物の移入にあった。奈良時代には遣唐大使が唐朝廷での席次を他国の使節と争うこともあったが、時代が下るにつれて政治外交上の役割は薄れ、先進文化の受容と交易による実質的な利益を目的として派遣されるようになった。日本としては隣国への対等な遣使のつもりであっても、中国側にとってはあくまで朝貢にすぎなかった。派遣の間隔は一定していないが、八世紀以降、特殊な使節を除けば平均して約二十年に一度となり、二十年一貢の取り決めの存在も指摘されている。日本からは、金・銀・水晶などの自然の産物や真綿・絹糸・絹織物をはじめとした単純な繊維製品などが唐へ運ばれたとみられる。唐の都であった長安《ちょうあん》や洛陽《らくよう》の遺跡からは、和同開珎《わどうかいちん》銀銭の出土が確認されている。一方、唐からは、書籍や経典のほか、金銀器・陶磁器・ガラス器・高級絹織物など、芸術性の高い工芸品やアジア各地原産の香木・香料・薬物など、唐文化の先進性や国際性を示す品々がもたらされた。日本の使節が特に書籍の入手に熱心だったことは当時から有名であった。唐からの具体的な将来品は、正史や入唐僧らの将来目録の記述のほか、正倉院宝物や法隆寺献納宝物に代表される伝世品、唐三彩・越州窯青磁などの中国陶磁や唐鏡などの出土品から知ることができる。使節の構成は、大使一名を長官として、副使一名、判官《じょう》・録事《ろくじ》若干名のほか、史生《ししょう》・雑使《ぞうし》・傔人《けんじん》などの下級使節、訳語《おさ》・主神《しゅしん》・医師・陰陽師《おんみょうじ》・卜部《うらべ》・射手《しゃしゅ》・音声長《おんじょうちょう》などの特殊技能者、知乗船事《ちじょうせんじ》・船師《せんし》・船匠《せんしょう》・柂師《かじし》・挾抄《かじとり》・水手長《かこおさ》などの船員、音声生《おんじょうしょう》・玉生《ぎょくしょう》・鍛生《たんしょう》・鋳生《ちゅうしょう》・細工生《さいくしょう》などの先進技術を学ぶための工人、そして、留学生《るがくしょう》・請《しょう》益生《やくしょう》・学問僧・還学僧《げんがくそう》などの留学者からなる。時には大使の上に執節使《しっせつし》や押使《おうし》が置かれた。使節一行の人数は、約二百五十人から六百五十人とされ、二隻もしくは四隻の船に約百二十名から百六十名が分乗した。各船には責任者となる大使以下の上級使節が配置され、万が一の遭難に備えた。遣唐使船は、『吉備大臣入唐絵詞《きびだいじんにっとうえことば》』や『東征《とうせい》絵伝《えでん》』に描かれた船姿がよく知られるが、描かれた当時の宋船をモデルにした可能性が高い。史料から明らかなのは、隔壁を持った尖底の航洋船で、網代帆《あじろほ》と布帆を併用し、風が弱いときは櫓《ろ》を漕ぎ航行したということである。中国泉州や韓国新安沖で発見された宋・元代の沈没船から全長約三〇メートル、排水量約三〇〇トンと推定されている。遣唐使船は難波津《なにわつ》(大阪湾)を発して瀬戸内海を航行し、筑紫《つくし》の大津(博多湾)から唐を目指した。福岡市鴻臚《こうろ》館《かん》跡の発掘調査により、国内外の使節の滞在施設である筑紫館《つくしのむろつみ》(鴻臚館)の構造や変遷が明らかにされつつある。遣隋使と初期の遣唐使の航路は、壱岐《いき》・対馬《つしま》を経て朝鮮半島西岸伝いに北上し山東《さんとう》半島に至る北路をとったが、八世紀以降、新羅《しらぎ》との関係悪化により五島列島から東シナ海を横断して揚子江《ようすこう》岸に至る南路に変わった。留学生・僧には、山上憶良《やまのうえのおくら》・吉備真備《きびのまきび》・空海《くうかい》・最澄《さいちょう》など、日本文化の形成を語る上で重要な人物が多い。阿倍仲麻呂《あべのなかまろ》のように唐朝で重用される者もいた。二〇〇四年(平成十六)、西安出土とされる「井真成《せいしんせい》」の墓誌が公表され、日本人留学生の墓誌として注目された。九世紀以降、唐の衰退や唐・新羅商人との私貿易の活発化により派遣の意義が低下し、八九四年、大使菅原道真により停止の要請があり承認された。以後、遣唐使の任命は行われず、自然消滅する。

参考文献 森克己『遣唐使』(『日本歴史新書』一一、一九五五、至文堂)。佐伯有清『最後の遣唐使』(『講談社現代新書』五二〇、一九七八、講談社)。東野治之『遣唐使と正倉院』、一九九二、岩波書店。同『遣唐使船』(『朝日選書』六三四、一九九九、朝日新聞社)。古瀬奈津子『遣唐使の見た中国』(『歴史文化ライブラリー』一五四、二〇〇三、吉川弘文館)。東京国立博物館・朝日新聞社編『遣唐使と唐の美術』、二〇〇五、朝日新聞社。

(松川　博一)

けんとうもん　剣頭文　剣先状の文様を並列したもの。巴《ともえ》文と組合せた剣巴《けんは》文は、古代から中世にかけての絵画の中で、太鼓や橋の欄干の文様などに数多く描かれ、また寺院の須弥壇の飾金具文様にも多用されている。しかし多くの絵画は書き直され、飾金具も取り替えがあり、平安時代中ごろまでさかのぼる剣頭文様があるのかどうか確定していない。瓦の文様では、鎌倉時代に剣頭文が流行し、軒平瓦の文様に多用されている。瓦における剣頭文風の初源的な文様は十二世紀中ごろの京都と奈良にあり、十二世紀末では外形が剣先形で中央に鎬《しのぎ》のある典型的な剣頭文軒平瓦が出現している。剣頭文軒平瓦は個々の剣頭文内の鎬を除く地の部分のみ一段低い表現(肉彫り表現)から、外区が一番高く、剣の外形・鎬部分を次に高くするもの(線描き表現)へと変化する。鎌倉における鎌倉時代末の剣頭文軒平瓦の文様は簡略・退化文様化する。瓦文様における剣頭文は、南北朝時代以降全国的に採用されなくなる。

参考文献 山崎信二編『中世瓦の研究』(『奈良国立文化財研究所学報』五九、二〇〇〇)。

(山崎　信二)

げんなつうほう　元和通宝　江戸時代初期に鋳造された銭貨。一六一七年(元和三)を初鋳年とする説が有力であるが、確証できる文書はない。母銭から鋳造し、銀・銅銭の二種が現存する。銭銘は楷書体で銘字は大字、小字、肥字に分類でき、対読である。銭径は二・四センチ、重量は二・六～三・六八グラム。銀銭は永楽銀銭と同様に背上に「一」から「卌」が配され、永楽銭の模倣と考えられる。銅銭は「一」のみが背下にある。また、「一」は徳川家康の天下統一を表すものと考える説もあるが、これも確証できない。鋳造地は後出する寛永通宝の特徴に近似することから水戸において鋳造されたと考えられるが、幕府の命によるものかは定かではない。出土例は確認されておらず、基準貨幣である寛永通宝以前に試鋳されたものか慶事などを目的とする鋳造であったことが考えられる。

参考文献 『三貨図彙』三。日本銀行調査局編『図録日本の貨幣』二、一九七三、東洋経済新報社。

(竹尾　進)

けんにんじ　建仁寺　京都市東山区に所在する臨済宗《りんざいしゅう》建仁寺派の本山寺院。山号は東山《とうざん》。「けんねんじ」ともいう。一二〇二年(建仁二)に土御門天皇《つちみかどてんのう》の勅願《ちょくがん》として創建され、鎌倉幕府の将軍源頼家《みなもとのよりいえ》が開基となって寺地を施入、明《みょう》庵栄西《あんようさい》が開山に迎えられた。二度の入宋経験の中で栄西が学び取ってきた臨済禅に対しては延暦寺《えんりゃくじ》の反発が強く、栄西の京都での布教活動は当初は成功しなかった。しかし、博多聖福寺《しょうふくじ》を拠点とした九州における布教活動に続き、源頼家やその母北条政子《ほうじょうまさこ》らの帰依を受け鎌倉での布教に成功した栄西は、鎌倉幕府の支援を受けて再び京都での布教に乗り出すことになり、その第一歩が「本朝禅院最初」(『帝王編年記《ていおうへんねんき》』)建仁寺の創建であった。創建当初の建仁寺は禅・天台・真言三宗兼学《さんしゅうけんがく》を標榜しており、それは禅宗の布教に反発する延暦寺に対する配慮によるものと考えられているが、栄西の宗教思想そのものが兼修性の強いものであったことも指摘されている。一二五九年(正元元)に蘭渓道隆《らんけいどうりゅう》が住持として入寺したのを契機として建仁寺は純粋修禅の寺院となっていった。南宋の官寺制度に倣った五山十刹《ごさんじっさつ》制が行われるようになると、建仁寺は五山に位置づけられるようになり、一三八二年(永徳二)には京都五山第三位に列せられ、以後室町幕府の強い保護と統制の下におかれることになる。南北朝時代以降の建仁寺はたびたび火災に遭い、室町幕府や安国《あんこく》寺《じ》恵瓊《えけい》・豊臣秀吉《とよとみひでよし》らの支援を受けて伽藍を復興してきたが、特に一四三五年(永享七)の焼失後は、将軍足利義政《あしかがよしまさ》が高麗《コリョ》に使節を派遣し、高麗国からの奉加銭《ほうがせん》によって再建が果たされたことが注目される。この時に請来された高麗版大蔵経《こうらいばんだいぞうきょう》は今も建仁寺に伝わっている。中世の建仁寺は「学問づら」とも呼ばれたように、仲方円伊《ちゅうほうえんい》や江西《こうせい》龍派《りゅうは》など数多くの学僧を輩出したことでも知られ、五山《ござん》文学《ぶんがく》の中心となっていた。また「風神雷神図《ふうじんらいじんず》」「竹林七賢《ちくりんのしちけん》図《ず》」など数多くの文化財も伝えられている。

参考文献 建仁寺編『東山建仁略寺誌』、一九二三。秦恒平・伊藤東慎『建仁寺』(『古寺巡礼京都』六、一九七六、淡交社)。

(髙橋　典幸)

けんめんきほう　間面記法　十世紀から十四世紀にかけて使用された建物平面の表記方法。古代から中世にかけての建物は構造的に、身舎《もや》と称される本体部分と、それに取り付く庇《ひさし》によって構成される。平面は、身舎の桁行《けたゆき》方向の柱間の数を「間《けん》」で示し、庇の取り付く面の数を「面《めん》」で示し、「何間何面」と表記される。この時期、身舎の梁行《はりゆき》方向の柱間の数については、二間とするものが圧倒的に多く、あえて表記する必要がなかったのであろう。なお、この場合の「間」はあくまでも柱間の数を示すもので、長さを示すものではない。八世紀の文献上で確認できる建物の平面表記方法は、建物規模を柱間の数ではなく「長(桁行)何尺何寸」「広(梁行)何尺何寸」と実

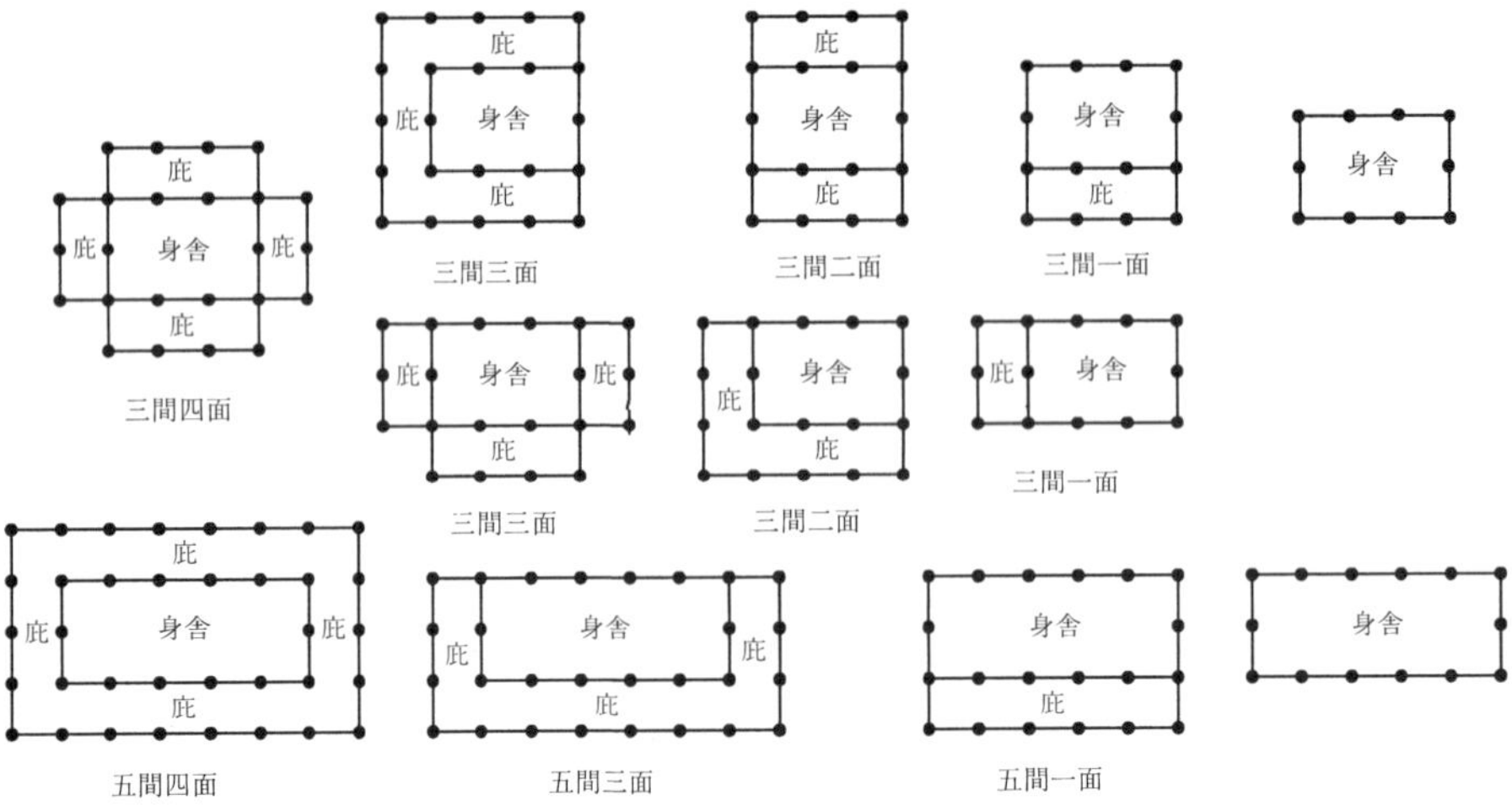

間面記法

寸法で示すことが多く、庇が取り付く場合は「在庇」などと記していた。九世紀になると、さまざまな意味で使われていた「間」が主として柱間の数を示すようになり、平面規模を桁行柱間数で示すことが一般化し、「五間檜皮《ひわだ》葺《ぶき》堂」のような表記が主流となる。庇の取り付く面の数も「面」で示すようになり、「在庇四面」などの表記がなされるようになるが、この段階ではまだ「何間何面」という表記は定型化していない。十世紀中期になると、「何間何面」という表記があらわれ、その後十四世紀までは定型的に使用されるようになる。このようななか、平安時代から鎌倉時代の建築が一般的に梁行二間の身舎と庇で構成されていたものが、その後は平面・構造ともに身舎と庇による構成がくずれるとともに、奥行(梁行)の大きな建物が増える。そのため十三世紀後期ごろから、「東西五間、奥端三間」のように、平面を建物全体の正面と奥行の柱間の数で表記する方法もあらわれる。そして、十四世紀中期以降になると、間面記法では表記しきれない建物が多くなったために、間面記法は使用されなくなる。その後、「間」を建物全体の桁行柱間数、「面」を建物全体の梁行柱間数と誤って解釈されていた時期もあったが、一九三三年(昭和八)に発表された足立康の研究によって間面記法の解釈が定着した。なお、現在の考古学界においても、遺構の年代にかかわらず、発掘された建物の平面規模は、桁行方向の柱間の数と梁間方向の柱間の数で「桁行何間、梁行何間」と表現され、同時に実寸法が示されるのが一般的である。身舎と庇で構成される建物については、庇の取り付く面の数を「何面」と数えて、「何間何面」のように慣用的に間面記法が使用されている。このとき、庇が取り付く数が一面の場合は「片庇《かたびさし》」、二面の場合は「両庇《りょうびさし》」、四面の場合は「四面庇《しめんびさし》」と称し、平面を「身舎桁行何間、梁行何間、片庇付建物」などと表記することも多い。

参考文献 足立康「中古に於ける建築平面の記法」(『考古学雑誌』二三ノ八、一九三三)。三浦正幸「間面記法の成立と終焉」(河瀬正利先生退官記念事業会編『考古論集—河瀬正利先生退官記念論文集—』所収、二〇〇四)。

(島田　敏男)

けんよう 建窯 中国福建省建陽市水吉鎮一帯にあった、黒釉陶器を中心とする窯。唐末から元時代まで操業し、一部青磁や青白磁も焼造されたが、大部分が宋・元代の黒釉陶器、特に「建盞《けんさん》」と呼ばれる碗形器(天目茶碗)を焼造する窯であった。口縁下にくびれをもち小さな高台がつく深碗形が中心で、酸化第二鉄を呈色料とする黒釉が冷える際にさまざまな結晶を生じることによる、曜変・油滴・禾目《のぎめ》(兎毫)などと呼ばれる斑文をもつものがもてはやされた。建盞は抹茶の喫茶に用いられたと考えられ、その流行とともに需要が増大したと見え、建窯周辺の閩《びん》江《こう》系水系を中心とする諸窯でも盛んに焼造された。また喫茶法とともに十二世紀ごろから盛んにわが国に輸入され、喫茶に関わる性格をもった遺跡から出土し、また茶の湯に用いられたことから、伝世品も多い。

参考文献 James. M. Plumer『Temmoku』、一九七二、出光美術館。福建省博物館・茶道資料館編『特別展 唐物天目—福建省建窯出土天目と日本伝世の天目—』、一九九四、茶道資料館。

(金沢　陽)

けんろくえん 兼六園 加賀藩主二代前田利長の蓮池を五代綱紀《つなのり》・十二代斉広《なりなが》・十三代斉泰《なりやす》が改修整備した、金沢城の外苑として造られた大名庭園。金沢市兼六町所在。国の特別名勝。斉泰が一八三七年(天保八)に兼六の名にふさわしい名園を完成した。園名は松平定信により『洛陽名園記』にある湖園にちなんで、宏大《こうだい》・幽邃《ゆうすい》・人力《じんりき》・蒼古《そうこ》・水泉《すいせん》・眺望《ちょうぼう》の六つを兼ね備える園として命名された。辰巳用水をサイフォン式伏流であげた東西に曲がって流れる曲水、瓢池《ひさごいけ》・霞池《かすみがいけ》の二つの池、さざえ山・七福神山などの築山《つきやま》、茶室、橋の景を回遊して楽しむ大名庭園。霞池南の千歳台は藩校や十二代藩主の隠居所であった竹沢御殿があった所で七福神山などにその遺構を残す。園西北部からの眺望も山並みなど雄大である。

参考文献 『特別名勝兼六園—その歴史と文化—』、一九九七、橋本確文堂。

(田中　哲雄)

こ

ご　碁　黒白二色の碁石を駒に用いる伝統的な盤上遊戯の一つで、囲碁・棋・棊・囲棋などともいう。相手の駒を包囲するゲームから発展して中国で完成したとされる。日本へは中国または朝鮮半島から伝来したと考えられる。聖武天皇愛用の碁石と碁盤が『国家珍宝帳』に記載され、碁盤(木画紫檀棊局)と碁石が正倉院に残る。囲碁の記述は『続日本紀』天平十年(七三八)条や『懐風藻』などにみえ、七世紀末には行われていたものと思われる。平安時代にはますます盛んになったようで、六国史をはじめ、公家の日記や『源氏物語』『枕草子』などの文学作品にも記されている。『今昔物語集』には最初の名手といわれる寛蓮法師が醍醐天皇と賭囲碁を行い、その賞金で一寺を建立したことが記されている。この寛蓮法師は九一三年(延喜十三)囲碁の理論書といわれる『碁式』を献上している。鎌倉時代初期の編纂とされる『二中歴』に碁の名人の名前が列挙されている。十三世紀には武士が、十四世紀には庶民も愛好したようで、十五世紀の『看聞御記』には対局記事と勝負にさまざまな賭物を賭けて競ったことが記され、碁打ち重阿と小法師がみえる。中世には公家や僧侶の社交手段となるなど一層普及したようである。十六世紀には碁の上手の僧侶や京の町衆の仙也および「仙」の字を冠した碁打ちが現れ、しばしば寺社や公家の邸で碁会が催された。『梵舜日記』慶長十一年(一六〇六)条によると、吉田兼見邸に本能寺の利玄坊や寂光寺の本因坊ら碁の上手十八人が招かれている。一六一二年に徳川家康は将棋指しとともに碁打ちにも扶持を与えた。その後、碁家は本因坊家・安井家・井上家・林家の四家となり、頭役を「碁所《ごどころ》」と称した。一六三五年(寛永十二)寺社奉行が設置され、その後、一六六二年(寛文二)碁家はその管轄下に置かれて家禄を与えられ御用達商人に格づけられた。各家は年に一度御城碁に出仕し、一六六七年に江戸本庄町に幕府から屋敷を与えられて京都から移住した。京都に残留した碁打ちたちも道場を開いて碁の普及に努力した。碁家は最強の者を名人と称し、本因坊道策によって八段から初段までの段位制も確立された。なお、碁はしばしば賭事として行われていたので各藩は賭博を禁止した。各種の棋書の出版に伴い碁は広く普及し、一七五三年(宝暦三)刊の『碁立絹篩』に全国の有段者は九百九十人で、武士と苗字帯刀の者が約七割、商人と僧侶がおのおの約一割、その他一割と記されている。幕府の崩壊で碁家への俸禄は廃止され、明治時代には安井家と林家は断絶し、井上家は大阪に移住し、本因坊家も内紛が起こるなど各家とも衰退したが、膨大な数の碁の愛好者に大きな影響はなかった。碁石の白石と推定されるものは礫や貝殻製であり、黒石とされるものは大きさと形が整った黒色の小礫が多いが、加工痕がなく断定できないものも少なくない。神奈川県鎌倉では黒石とともに貝殻を磨いた白石が、奥州藤原氏が居を構えた岩手県平泉遺跡では白黒あわせて十六個の小礫が柱穴からまとまって出土している。碁盤は滋賀県小谷城下跡から発見されている。囲碁の場面を描いた絵画史料のうち、『鳥獣人物戯画』丙巻には囲碁に熱中する僧侶や観戦している子どもの姿、『西行物語絵巻』には下級官吏の家で囲碁に興じる僧侶と稚児、『男衾三郎絵詞』には囲碁の対局をしている様が描かれている。また、『慕帰絵詞』には畳の上に置かれた碁盤が、『厩図』には将棋・双六とともに囲碁に興じる人が描かれている。

参考文献　増川宏一『盤上遊戯』(『ものと人間の文化史』二九、一九七八、法政大学出版局)。同『碁』(『ものと人間の文化史』五九、一九八七、法政大学出版局)。同『碁打ち・将棋指しの誕生』、一九九五、平凡社。佐助ヶ谷遺跡発掘調査団『佐助ヶ谷遺跡発掘調査報告書』、一九九三。長谷小路南遺跡発掘調査団『長谷小路南遺跡—鎌倉市由比ヶ浜三丁目二〇二』、一九九三。
(志田原重人)

こあどの　小安殿　平安宮朝堂院の一殿。大極殿《だいごくでん》の背後に位置し大極殿後殿、大極殿後房なども称された。初見は『日本紀略』大同四年(八〇九)七月乙巳条で、同殿にて薬師法を修したとある。大極殿の後殿は平城宮や後期難波宮においても、その存在が確認されるが、それが大極殿と結ばれ、回廊から切断されるのは長岡宮以降である。そして、平安宮の小安殿は元日朝賀や伊勢奉幣などの行事に用いられた。また、『年中行事絵巻』御斎会に同殿および登廊の外観が描かれているほか、『山槐記』永万元年(一一六五)七月十七日条に、六条天皇即位の奉幣に際しての小安殿の指図がみえる。なお、『百錬抄』治承元年(一一七七)四月二十八日条によれば、幾度かの火災に大極殿と興廃をともにした小安殿は、このとき焼失したのち、再建されることはなかった。　(西村さとみ)

こいしかわこうらくえん　小石川後楽園　東京都文京区にある江戸初の廻遊式庭園。国指定特別史跡・特別名勝。水戸藩主徳川頼房《とくがわよりふさ》が一六二九年(寛永六)に上屋敷に造営し、二代光圀《みつくに》の代に完成した。かつては神田上水を池泉の原水としていた。「後楽園」とは、光圀が明の遺臣朱舜《しゅしゅん》水《すい》に選名させたといわれ、「士当先天下之憂二而憂後三天下之楽而楽」(武士はまさに天下の憂いに先立って憂い、天下の楽しみに後れて楽しむ)という宋の范希文《はんきぶん》(仲淹《ちゅうえん》)の『岳陽楼記《がくようろうのき》』から来ている。蓬萊島《ほうらいじま》を中心とする大泉水、西湖堤《せいこのつつみ》・渡月橋《とげつきょう》・大堰川《おおいがわ》・通天橋《つうてんばし》を結ぶ川の風景、清水観音堂・小盧山《しょうろざん》・得仁堂《とくじんどう》・円月橋《えんげつきょう》を繋ぐ山中の風景、稲田・菖蒲田《しょうぶだ》・松原などの田園の風景、この海・川・山・野の四つの構成要素を空間的にも見事な手法で集大成した総合庭園である。明治時代初期の兵器工場拡張計画で庭園湮滅の危機が迫った時、庭園廃止に反対した陸軍卿山県有朋《やまがたありとも》の背景には、当時フランスから招聘されていたジョルジュ＝ルボン大尉の進言が大きかったといわれている。

参考文献 田村剛『後楽園史』、一九二八、刀江書院。吉永義信「小石川後楽園」(文部省編『名勝調査報告』三、一九三七)。工華会編『兵器技術教育百年史』、一九七二。吉川需『小石川後楽園』、一九八一、郷学舎。

(亀田 駿一)

こいずみいせき 小泉遺跡 岩手県陸前高田市高田町字法量地区に所在する古代の遺跡。出土遺物には、須恵器《すえき》・土師器《はじき》・赤褐色土器・石器・鉄製品、土錘《どすい》やふいご口などの土製品、植物遺存体がある。出土した土器全体のなかで墨書・刻書の率が高く、「吉」「主」「具」「千」「集」「木」「一」「生」「土」「浄」「厨」などがある。発掘調査区が非常に狭く、詳細な年代は確定できていないが、土師器・須恵器の特徴からおおよそ九世紀代と考えられている。遺跡の性格についても今後の詳細な調査が待たれる。出土した燈明皿や転用硯、「厨」銘墨書土器は、官衙または寺院施設が出土地点の近隣に存在していた可能性を示す資料として注目できる。ただし、円面硯や風字硯が出土していないことには注意を要する。遺跡の性格について、官衙的なもの、それ以外のものの二つの可能性があるが、基本的に遺跡周辺に厨施設が存在して、大規模な供膳を伴う儀礼が行われていたことがうかがえる点は重要である。「厨」銘の墨書土器の出土は、官衙あるいは寺院施設の可能性のみならず、交易の拠点としての可能性をも示唆していると考えられ、律令制との関わりが問題になる。小泉遺跡が位置する古代の気仙郡の建郡についての記事はみられないが、気仙郡の初出史料は『日本後紀』弘仁元年(八一〇)十月甲午条であり、そのころはすでに令制郡として存在していたことが知られている。

参考文献 『陸前高田市立博物館紀要』九、二〇〇四。『法政大学国際日本学研究所研究報告』四、二〇〇三。

(畠山恵美子)

こいぬまるいせき 小犬丸遺跡 古代山陽道の播磨国布勢駅に比定される遺跡で、全国的にも最も解明が進んだ駅家遺跡の一つ。兵庫県たつの市揖西《いっさい》町小犬丸に位置する。当初、瓦が採集されることから、鎌谷木三次は小犬丸廃寺と名付けたが、その後、今里幾次はこの瓦が「古大内式」の国府系瓦であるとして、駅家の可能性を指摘した。さらに高橋美久二は、瓦の分析や文献史料の検討を通じて、その見解を深めていたが、一九八二年(昭和五十七)から一九九三年(平成五)にかけて、兵庫県教育委員会および龍野市教育委員会による発掘調査が行われ、布勢駅であることが確定した。駅館院は、一辺約八〇メートルの築地塀で区画され、内部には七棟の礎石瓦葺建物が検出されている。このうち、ほぼ中央北寄りに位置する双堂形式の建物が正殿にあたると考えられる。『日本後紀《にほんこうき》』大同元年(八〇六)条などの史料から、山陽道の駅家は外国使節の通行に備えて「瓦葺粉壁《がしゅうふんぺき》」であったことがわかるが、丹の付着した瓦や白土が採集されていることから、これらの建物は、瓦葺で赤塗り柱・白壁の壮麗なものであったことが証明された。建物遺構の年代は八世紀後半から十一世紀ごろと考えられるが、礎石建物の下層には七世紀後半ごろの掘立柱建物も存在し、これらは瓦葺になる以前の駅家の遺構の可能性がある。駅館院の東方では、「布勢駅戸主□部乙公戸参拾人」と書かれた木簡や「駅」「布勢井辺家」と記された墨書土器が出土し、この遺跡が布勢駅であることを確実にした。また、駅館院の東方約一二〇メートルの地点では、山陽道駅路の北側溝も検出され、駅館院の前面では、幅約一八メートルに広がると考えられている。なお、近年、小犬丸遺跡の西方約五〇〇メートルの地点で、小犬丸中谷廃寺と称する古代寺院が発掘され、駅家との関係が注目されている。

参考文献 龍野市教育委員会編『布勢駅家』、一九九二。同編『布勢駅家』II、一九九四。岸本道昭『山陽道駅家跡』、二〇〇六、同成社。

(木本 雅康)

こいん 古印 ⇩印章《いんしょう》

こう 香 香木を焚き、その香りを一定の作法にのっとって鑑賞する芸道を香道という。六世紀に仏教とともに香木が伝来し、奈良時代にかけては神仏に対する供香として儀式的に用いられた。平安時代になると、香りそのものを楽しむことが始まり、宮廷を中心に上流貴族階級の間で部屋や衣服に香を焚きしめる風習が流行し、空薫《そらだき》物《もの》と称した。この薫物には各種の香料を粉末にして練った練香《ねりこう》が用いられたが、その調合法によって香りに微妙な差があり、やがてその香りの差異や優劣を競う薫物合《たきものあわせ》が広まり貴族の教養の一つとされた。中世になると、練香にかわって香木そのものを焚いて香りを賞翫するようになり、二種以上の香木の香りの優劣を競う香合《こうあわせ》が行われ、寄合の楽しみとして茶寄合(飲茶勝負)とならんで香の名を聞き当てて賭物を競う聞香《もんこう》が盛んとなった。十種の香木を順不同に焚き、それを聞き当てる十炷香《じっちゅうこう》が流行したようである。東山文化のころには、仏前を荘厳する三具足《みつぐそく》と献茶の扱いから香・茶・花が独立した芸能となり、唐物道具が珍重された。十五世紀ごろには香合と、そこから派生した炷継香《たきつぎこう》が流行したが、三条西実隆や志野宗信らが文学的主題を導入することにより、従来の香遊びは香道としての性格を持ち始め、組香へと発展する。組香とは典拠となる和歌の主題を二種以上の香を用いて表現したり解釈したりして文学的教養と香の技巧を競い合うもので、主題と香名・香量などは一定の定法規矩を有するように洗練され統合されていった。組香創成期の安土桃山時代には、文学的素養を要することから公家・大名・文化人に限られていたが、江戸時代の元禄年間(一六八八—一七〇四)以降は町人・庶民の間にも普及していった。流派としては実隆を流祖とする三条西流(御家流)と宗信を流祖とする志野流の二派があり、前者は実隆以来の堂上公家の相伝から神道家・茶道家を経て庶民へ広まった。これに対し、後者は江戸時代中期に家元制度を確立して繁栄をみた。このほか、志野流の建部隆勝が桃山時代に建部流を興したが、この流れから江戸時代初期に米川常白の米川流が分かれた。組香の充実に伴い稽古の階梯や方式も整備され、その集成も必要となり、多くの香書が著された。志野宗信・宗温・省巴・宗入や建部隆勝の手書を集めた『香道秘伝書』が一六六九年(寛永九)開版されている。享保年間(一七一六―三六)以降になると、大枝流芳の『香道秋の光り』など、菊岡沾涼の『香道蘭之園』十巻など多数が著された。幕末から明治時代には香も茶と同様衰退したが、第二次大戦後繁栄した。香道で組香を行うのに必要な諸道具を香道具という。主なものには香を焚く香炉のほか、香木片を包む香包、何種類もの香包を収める惣包、香木を割り刻む香割り道具、香炭団《たどん》を入れておく炭団入、香木を扱う香筋《こうじ》(香箸)や香匙、火を扱い灰を整える火道具としての火筋《こじ》(火箸)、香炉の中の灰を押す灰押《はいおし》、香炉の灰を落とす羽箒《はぼうき》、灰の中に埋められた炭田の深さを計る火味見《ひあじみ》(火味とも)、火道具類を立てて入れておく器の香筋建《きょうじたて》、香を焚く時に使用する雲母の板(銀葉)、銀葉を摑む道具の銀葉鋏、試香に使用する銀葉を置く試香盤、本香に使用する銀葉を置く本香盤、大きな組香や特別な組香の時に使用する香札、香札を集めるための札筒・折据《おりすえ》、香記録を書くための香元硯(執筆硯)、連衆の筆記用具の重硯、こうした道具類一切を収める香箱がある。出土品を見ると、香炉は広島県福山市の草戸千軒町遺跡、福井市の一乗谷朝倉氏遺跡、大阪府堺市の堺環濠都市遺跡をはじめ各地の遺跡から出土している。また、灰匙は神奈川県鎌倉市の保寧寺跡、広島県北広島町の万徳院跡、堺環濠都市遺跡から発見されている。

参考文献 三条西公正『香道―歴史と文学―』、一九七一、淡交社。北小路功光『香道への招待』、一九七八、宝文館出版。香道文化研究会編『香と香道』、一九六六、雄山閣出版。神保博行『香道の歴史事典』、二〇〇三、柏書房。朝倉氏遺跡調査研究所編『特別史跡一乗谷朝倉氏遺跡発掘調査報告』I、一九七六、福井県教育委員会。堺市教育委員会『堺環濠都市遺跡調査概要報告』、一九九一。広島県教育委員会事務局教育部文化課中世城館遺跡調査班編『史跡吉川氏城館跡万徳院跡―第三次発掘調査概要―』、一九九三。

(志田原重人)

こう 鉤 ⇩鍵《かぎ》

ごう 郷 律令制下における、郡の下の地方組織。大宝令施行当初は、郡の下に五十戸からなる里が組織され、国―郡―里という重層的な地方支配機構が設けられたが、七一七年(養老元)の郷里制施行によって国―郡―郷―里の四段階の組織に改編され、律令制当初の五十戸からなる編成単位は郷となった。さらに七四〇年(天平十二)ころ、里が廃されて国―郡―郷の三段階となり、この後は、郷は最末端の編成単位として位置づけられた。八世紀の状況を反映するとみられる『律書残篇』では、全国で四千十二郷とみえる。十世紀前半に編纂された『和名類聚抄』には全国の郷名が記され、これ以前のもので網羅的に郷名の知られる史料がないことから、諸国の郷名を知るための基本史料となっており、全国は四千四十一郷とされる。近年、八・九世紀の木簡資料などで『和名類聚抄』段階の郷名が個別に確認され、各地方における八・九世紀の郷編成の実態が少しずつ解明されつつある。こうした出土文字資料によれば、『和名類聚抄』にない郷名も知られるようになり、八世紀段階の郷がさらに再編された後の姿として、『和名類聚抄』段階の郷名を考えなければならない。また、郡の行政機能を持つ郡家《ぐうけ》のように、郷にも行政機能を持つ拠点の存在を想定する考え方がみられるが、史料上に「郷家」の語は知られず、各郷に律令支配機構の上での拠点組織が形成されたとは言い難い。しかし、郡符木簡の宛先が郷長となっているように、各郷に一人ずつ任じられた郷長を介して、郡の行政機能が実現されており、郷は八世紀から十世紀にかけての地方支配を人的編成の面で支えていた。九世紀後半以降の戸籍編成の放棄とともに、郷編成のあり方も変質し、十世紀から十一世紀にかけて諸国内での編成が変わる中で、郷は郡とならぶ所領の単位として位置づけられていくようになる。

参考文献 宮本救「編成される郷里」(『古代の日本』七所収、一九七〇、角川書店)。鎌田元一『律令公民制の研究』、二〇〇一、塙書房。

(鐘江宏之)

こういんねんじゃく 庚寅年籍 六九〇年(持統天皇四)庚寅の年、すなわち飛鳥浄御原令施行の翌年に、その戸令の規定に基づいて作成された戸籍。実際の完成は翌六九一年であった。全国規模のものとしては、六七〇年(天智天皇九)の『庚午年籍』作成以来、二度目の造籍である。六年に一度の定期的造籍の原形であり、隋・唐に倣った、律令制下戸籍制度の直接的な起点としての意味をもつ。その様式・内容の詳細は不明であるが、『続日本紀』や『播磨国風土記』の記事からは、戸や里の編成を確定し、また、良賤身分を確立する事業を伴っていたことがわかる。前年の持統天皇三年閏八月詔によれば造籍の前提として浮浪の糾捉が命じられており、本貫地と居住地を一致させ、地域的原理に基づく造籍が指向された。良賤の別が明記されており、氏姓の台帳として改氏姓・定氏姓や良賤訴訟の際に拠り所とされたが、『庚午年籍』によりその決定が覆される場合があった。なお、『飛鳥浄御原令』に基づくと考えられる七〇二年(大宝二)作成の『御野国戸籍』から『庚寅年籍』の記載形式や内容を窺い知ることができるとする説もある。

参考文献 弥永貞三「大化大宝間の造籍について」(『日本古代社会経済史研究』所収、一九八〇、岩波書店)。

(飯田剛彦)

こうがい 笄 女性の髪飾りの一種で、平たい棒状をなすものをいう。語源は、「かみかき(髪搔き)」で、鬢《びん》の毛を搔き整えるための道具をさし、古くは男女ともに携帯する実用の具であった。『和名類聚抄《わみょうるいじゅしょう》』には「かみかき」、『宇津保《うつほ》物語』『源氏物語』には「かうがい」の語がみられる。このような本来の用途のなごりとしては、日本刀の鞘《さや》に挿入される刀装具の笄があり、髪や耳の中を搔いたり、草鞋の緒をたてるのに用いられた。女性の髪飾りとしての笄は、室町時代に、宮中の女官たちが下げ髪の煩わしさから髪を棒状の笄に巻き付けたことに始まるといわれ、江戸時代になると、櫛《くし》・簪《かんざし》とともに、結髪《けっぱつ》に伴う装身具として本格的に流行する。元禄年間(一六八八—一七〇四)ごろに京坂で笄髷《こうがいまげ》という髪型が流行し、材質や装飾も多彩になった。木、竹、金属、鼈甲《べっこう》、象牙、ガラスのほか、鯨鬚《くじらひげ》や鶴の脛骨製、棒の中央に髪を巻き付けるため両端にのみ装飾を加えた形式や、櫛と揃いの笄もみられる。

参考文献　岩瀬百樹『歴世女装考』(『日本随筆大成』一期六)。生川春明『近世女風俗考』(同一期三)。江馬務『装身と化粧』(『江馬務著作集』四、一九七六、中央公論社)。

(日高　薫)

こうかいどおうひ　広開土王碑　高句麗広開土王の業績を顕彰し、守墓人体制を維持するため、あとをついだ長寿王が四一四年に建立した碑。好太王碑ともよぶ。王都のあった中国吉林省集安市に立つ。角礫凝灰岩で六メートル余の巨碑で、四面に文字を刻む。内容はおよそ三部分に分かれ、まず高句麗の建国伝説から広開土王の即位・薨去までを簡略に述べて全体の序としたあと、年次(永楽幾年十干支で表記。永楽は王の年号)ごとに、王の事績を記し、最後に守墓人について記す。王は、諡号に示されるように、広く土境を開き平安な治世を築いた大王であり、碑文に記された事績も領土拡大に関わることが中心。三九五年に稗麗(契丹族の匹黎尓部)を討ち、六、七百営の野営集落を獲得、三九六年に百済を攻撃して五十八城・七百村を奪取、三九八年に粛慎を討ちその朝貢をひきだし、三九九年に平壌まで南下し、四〇〇年に新羅の要請によって対倭の救援軍を派遣し、新羅の朝貢をよびこみ、四〇四年に帯方界に侵入した倭軍を駆逐、四〇七年に、文字が欠けて不確かながら、おそらく百済に再征して六城を獲得、四一〇年に東夫余に親征して降伏させている。実際の領土拡大としては、百済からの六十四城と七百村で、すべて百済からである。六十四城の名をすべて記す。弥鄒城(仁川)・関弥城(漢江河口付近)・阿旦城(ソウル東部あるいは忠北丹陽)など。年次記事は王の軍事行動を伝えるが、三九五年・三九六年・四〇一四年・四一〇年は王の親征、三九八年・四〇〇年・四〇七年は軍を派遣するだけ、と分類でき、前者は「王躬率」(王みずから〇〇軍を率いて)という文字を書き、また親征の理由を記す。後者は「教遣」(王が教を出して〇〇軍を派遣して)と記すのみで、理由を記さない。王が親征する理由は、高句麗にとって不利な状況で、王の親征によってそれが解消されたとすることで、王の偉大さを示す修辞をなす。倭が登場することで知られるいわゆる辛卯年条は、そうした理由を記した部分にあたり、誇張が考えられる。現地の拓工が石灰を塗って字画を鮮明にしたことがあり、拓本もそれ以前のもの(原石拓本)がよい。

広開土王碑

碑文　〔第一面〕惟昔始祖鄒牟王之創基也出自北夫余天帝之子母河伯女郎剖卵降世生而有聖□□□□□命駕／巡幸南下路由夫余奄利大水王臨津言曰我是皇天之子母河伯女郎鄒牟王為我連葭浮亀応声即為／連葭浮亀然後造渡於沸流谷忽本西城山上而建都焉不楽世位天遣黄竜来下迎王王於忽本東岡履／竜首昇天顧命世子儒留王以道興治大朱留王紹承基業遝至十七世孫国岡上広開土境平安好太王／二九登祚号為永楽太王恩沢洽于皇天威武振被四海掃除□□庶寧其業国富民殷五穀豊熟昊天不／弔卅有九宴駕棄国以甲寅年九月廿九日乙酉遷就山陵於園立碑銘記勲績以示後世焉其辞曰／永楽五年歳在乙未王以稗麗不□□□躬率往討過富山□□至塩水上破其三部洛六七百営牛馬群／羊不可称数於是旋駕因過□平道東来□城力城北豊五備海遊観土境田猟而還百残新羅旧是属民／由来朝貢而倭以辛卯年来渡□破百残□□新羅以為臣民以六年丙申王躬率□軍討滅残国軍□□／南攻取寧八城臼模盧城各模盧城幹氏利□□城関弥城牟盧城弥沙城□舎蔦城阿旦城古利城□／利城雑珍城奥利城句牟城古須耶羅城莫□□□□城□而耶羅□瑑城□□城□□□豆奴城沸□□

〔第二面〕利城弥鄒城也利城大山韓城掃加城敦□城□□□壹婁売城散那城那旦城細城牟婁城□婁城蘇灰／城燕婁城析支利城巌門□城林城□□□□□□□利城就鄒城□抜城古牟婁城閏奴城貫城彡穰／城□□城□□盧城仇天城□□□□□其国城残不服義敢出□戦王威赫怒渡阿利水遣刺迫城横□／□□□便□城而残主困逼献□男女生口一千人細布千匹□王自誓従今以後永為奴客太王恩赦先／迷之愆録其後順之誠於是□五十八城村七百将残主弟幷大臣十人旋師還都八年戊戌教遣偏師観／帛慎土谷因便抄得莫□羅城加太羅谷男女三百余人自此以来朝貢□事九年己亥百残違誓与倭和／通王巡下平穰而新羅遣使白王云倭人満其国境潰破城池以奴客為帰民歸王請命太王恩慈矜其忠誠／□遣使還告以□□十年庚子教遣歩騎五万往救新羅従男居城至新羅城倭満其中官軍方至倭賊退／□来背急追至任那加羅従抜城城即帰服安羅人戍兵□新羅城□城倭満倭潰城□／□尽更□来安羅人戍兵満□□□□其□□□□□□言

〔第三面〕□□□□□□□□□□□□□□□□□□□□□

□□□□□□辞□□□□□□□□□□□□□潰／□以
随□安羅人戍兵昔新羅寐錦未有来□□□□□□□開土
境好太王□□□□寐錦□□僕句／□□□□朝貢十四年
甲辰而倭不軌侵入帯方界□□□□□石城□連船□□□
□□率□□□平穰／□□□鋒相遇王幢要截盪刺倭寇潰
敗斬殺無数十七年丁未教遣歩騎五万□□□□□□□□
□師／□□合戦斬殺蕩尽所穫鎧鉀一万余領軍資器械不
可称数還破沙溝城婁城□□城□□□□□□那／□城廿
年庚戌東夫余旧是鄒牟王属民中叛不貢王躬率往討軍到
余城而余城国駭□□□□□□□／□□王恩普覆於是旋
還又其慕化随官来者味仇婁鴨盧卑斯麻鴨盧樒社婁鴨盧
粛斯舎鴨盧□□□／鴨盧凡所攻破城六十四村一千四百
守墓人烟戸売句余民国烟二看烟三東海賈国烟三看烟五
敦城／民四家尽為看烟于城一家為看烟碑利城二家為国
烟平穰城民国烟一看烟十訾連二家為看烟□婁／人国烟
一看烟卅三□谷二家為看烟□城二家為看烟安夫連廿二
家為看烟□谷二家為看烟新城三／家為看烟南蘇城一家
為国烟新来韓穢沙水城国烟一看烟一牟婁城二家為看烟
豆比鴨岑韓五家為／看烟句牟客頭二家為看烟求底韓一
家為看烟舎蔦城韓穢国烟三看烟廿一古□耶羅城一家為
看烟／炅古城国烟一看烟三客賢韓一家為看烟阿旦城雑
珍城合十家為看烟巴奴城韓九家為看烟臼模盧／城四家
為看烟各模盧城二家為看烟牟水城三家為看烟幹氐利城
国烟一看烟三弥鄒城国烟一看烟
〔第四面〕七也利城三家為看烟豆奴城国烟一看烟二奥利
城国烟二看烟八須鄒城国烟二看烟五百／残南居韓国烟
一看烟五大山韓城六家為看烟農売城国烟一看烟七閏奴
城国烟二看烟廿二古牟婁／城国烟二看烟八瑑城国烟一
看烟八味城六家為看烟就咨城五家為看烟彡穰城廿四家
為看烟散那／城一家為国烟那旦城一家為看烟句牟城一
家為看烟於利城八家為看烟比利城三家為看烟細城三／
家為看烟国岡上広開土境好太王存時教言祖王先王但教
取遠近旧民守墓洒掃吾慮旧民転当羸劣／若吾万年之後
安守墓者但取吾躬巡所略来韓穢令備洒掃言教如此是以
如教令取韓穢二百廿家慮／其不知法則復取旧民一百十
家合新旧守墓戸国烟卅看烟三百都合三百卅家自上祖先
王以来墓上／不安石碑致使守墓人烟戸差錯唯国岡上広
開土境好太王尽為祖先王墓上立碑銘其烟戸不令差錯／
又制守墓人自今以後不得更相転売雖有富足之者亦不得
擅買其有違令売者刑之買人制令守墓之

参考文献 武田幸男『高句麗史と東アジア』、一九八九、岩波書店。同『広開土王碑原石拓本集成』、一九八八、東京大学出版会。 （田中 俊明）

ごうがく 郷学 近世から明治初年にかけて全国で作られた教育機関。近世初期から作られるが、特に近世後期以降に全国で増加した。郷学以外に郷校・郷学校・郷学所その他の呼び方がある。個人経営の教育施設である寺子屋や塾などとは区別して、諸藩や有志集団などが組織的に経営する教育機関を郷学という。有志集団が経営する郷学については、幕府や諸藩の認可や保護が与えられた。これらの郷学のうち諸藩が経営するものは、藩校の一種に分類されることもあるが、一般の藩校に対してその分校に位置づけられたものについては、藩校とは別に、これらを郷学の一種としてとらえる場合がある。郷学の先駆とされる岡山の閑谷学校のほかに、江戸の会輔堂《かいほどう》・大坂の懐徳堂などが有名である。藩校と比較すると、処世の心得や生活倫理に教育内容の特色があった。

参考文献 石川謙『近世の学校』、一九五七、高陵社書店。 （小林 信也）

こうかでら 甲賀寺 滋賀県甲賀市信楽町にある聖武天皇が盧遮那仏《るしゃなぶつ》の大仏造立を行なった際に造営した古代寺院。七四三年（天平十五）十月十五日に盧遮那仏《るしゃなぶつ》の造立が信楽で発願され、行基を中心に智識結《ちしきゆい》によって造営が進められた。『続日本紀』天平十六年十一月壬申条に、甲可寺で盧遮那仏の骨組みの柱をたてたことを記す。また、『正倉院文書』に「造甲可寺所」「甲可寺造仏所」の記載がある。国指定史跡となった紫香楽宮跡は、当初は紫香楽宮の遺構として一九二六年（大正十五）国史跡に指定されたが、一九三〇年（昭和五）、肥後和男による調査で塔跡が検出され、東大寺式の伽藍跡であることが判明した。以後、この廃寺を甲可寺とみなす説と近江国分寺に改修したものとする説とが出されている。このうち、近江国分寺説には有力な否定説があり、甲可寺にみなしうる可能性が高い。二〇〇二年（平成十四）に北五〇〇《メートル》にある鍛冶屋敷《かじやしき》遺跡で見つかった梵鐘《ぼんしょう》、仏像の台座を鋳造した遺構は、甲可寺造仏所に付属するものであろう。

参考文献 肥後和男「紫香楽宮の研究」（『滋賀県史蹟調査報告』四、一九三二）。 （小笠原好彦）

こうがのみや 甲賀宮 ⇩紫香楽宮《しがらきのみや》

こうかもん 皇嘉門 ⇩宮城十二門《きゅうじょうじゅうにもん》

ごうきん 合金 金属単体ではなく、金属元素などを溶かし合わせたもの。二種とは限らず、三種以上の元素を合わせることも多い。実用的な金属製品の材料が純金属であることは稀で、普通は何らかの合金でできている。合金化により、硬くなる、折れにくくなるなど、さまざまな効果が期待できる。銅を主成分とする銅合金は、歴史的にみても重要であり、銅とスズの合金である青銅、銅と亜鉛の合金である黄銅などが挙げられる。また、人類の発展に最大の寄与をした鉄は、わずかな炭素が加わって合金化することによって、硬く強靱な性質を備えるようになる。古代における金は、銀との合金が主である。これは、もとの自然金にかなりの銀を含んでいることによるのだろう。人類が、合金を合目的的に開発するのは時代が下がってからのことであり、古くは試行錯誤と偶然の出合いの産物として経験的に用いだしたと考えられる。

参考文献 村上隆『金工技術』（『日本の美術』四四三、二〇〇三、至文堂）。 （村上 隆）

こうくうしゃしん 航空写真 ⇩空中写真《くうちゅうしゃしん》

こうくり 高句麗 朝鮮古代の国名。高句驪とも書き、高驪、高麗と書いて「こうり」「こま」ともいう。前二世紀—六六八年。『三国史記』は、始祖王を東明聖王(朱蒙)とし、夫余(東夫余)から出たとする。しかしその興起は不明。前一〇七年、高句麗を封じ込めるため前漢は玄菟郡(咸鏡南道咸興地方)を置いているが、それだけ紀元前二世紀には高句麗の活動が活発であったことを物語る。後一二年、新の王奔は「高句麗侯」の騶を殺害し、その首が長安に届けられると王奔は喜び、「高句麗」を改めて「下句麗」にしたという。その後、後三二年に後漢に朝貢して光武帝から「高句麗王」に叙爵された。高句麗の発祥の地は、沸流水のほとりの「卒本」といわれ、現在の渾河流域の遼寧省桓仁県に比定され、五女山城をその中心とする。しかし王族内の紛争により、その一部が南下して「新国」を建て、丸都城(吉林省集安市)を築いた。『三国史記』は、山上王十三年(二〇九)のこととするが、今日、山城子山城と呼ばれるこの城は、総延長六九五一メートルにもおよぶ石積みの城壁が山稜をめぐる壮大な城である。山上王の子の東川王は魏と対立し、二四二・四四・四五年の三回にわたり魏の武将毌丘倹の攻撃を受け大打撃をこうむった。四世紀に入ると高句麗は、楽浪・帯方二郡を占領し、三四二年には丸都山城の南の鴨緑江に面する平地に国内城を築いた。しかし同年、鮮卑族の慕容皝の攻撃を受けて故国原王は敗北し、丸都は蹂躙されて父の美川王の墓が暴かれた。また故国原王は、三七一年に百済とも戦い、王は平壌で戦死したが、あとを継いだ小獣林王は仏教を起し、大学を建て、律令を施行して文化国家建設に力を入れた。三九一年に永楽大王が即位し、王は「広開土王」という諡のとおり領域拡大に努めたことは、四一四年に建てられた『広開土王碑』に詳しい。この碑文中の「倭以辛卯(三九一)年来渡海破百残□□新羅以為臣民」の解釈や碑文の改ざん論など、学界で論議を呼んだ。広開土王の子の長寿王は、四二七年、集安から平壌へ遷都して清岩里土城と大城山城を築き、南下政策を明確にした。一九七九年に忠清北道中原で発見された「中原高句麗碑」によって、高句麗が朝鮮半島の中央部まで領域を拡大し、新羅領内に軍司令官を駐留させたことがみえる。さらに四七五年、長寿王は百済の都漢山城(ソウル市夢村土城)を陥落させ、百済の蓋鹵王を殺した。しかし六世紀に入ると王位をめぐる対立が相ついで王権が弱体化する一方、五五一年には百済と争って漢山城を失い、また新羅の侵攻を受けることとなった。その後、陽原王は新たに平壌南部の三角州に長安城の造営を行い、五八六年、平原王の時に遷都した。五八九年に、隋が中国を統一するとただちに冊封を受けたが、五九八年、遼西に侵攻して隋と対立した。そこで高句麗は突厥に支援を求めたが、煬帝による征討を三度(六一二・一三・一四年)受けることとなった。高句麗はその攻撃をしのぎ、隋にかわった唐と関係回復を図った。ところが六四二年、泉蓋蘇文が栄留王とその臣百八十余人を殺害して権力を掌握した。これを機に唐の太宗は、高句麗征討を決意して六四四—四六年・四七年・四八年の三回断行したが、成果を上げることはなかった。さらに高宗による四回(六五五・五八・六〇—六二・六六—六八年)にわたる征討を受けたが、六六六年に泉蓋蘇文が没すると、その長子の泉男生と男建・男産の二弟が対立して権力の弱体化が急速に進み、六六八年、李勣の率いる唐軍に攻められて平壌城は陥落し、宝蔵王は降伏して高句麗は滅びた。唐は平壌に安東都護府をおいて高句麗を九都督府・四十二州・百県に改めて羈縻支配を行なった。二〇〇四年七月に、中華人民共和国の桓仁の五女山城や集安の国内城・丸都山城、洞溝古墳群など「高句麗の首都と古墳群」が、そして安岳三号墳をはじめとした朝鮮民主主義人民共和国平壌周辺の「高句麗古墳群」がユネスコの世界遺産に登録された。

参考文献 武田幸男『高句麗と東アジア—『広開土王碑』研究序説』、一九八九、岩波書店。東潮・田中俊明『高句麗の歴史と遺跡』、一九九五、中央公論社。早乙女雅博『朝鮮半島の考古学』、二〇〇〇、同成社。
（酒寄 雅志）

こうけち 纐纈 ⇩夾纈《きょうけち》

こうこ 考古 ⇩考古学雑誌《こうこがくざっし》

こうごいし 神籠石 西日本、特に瀬戸内・北部九州に分布する古代山城。『国史大辞典』では「大きな切石を密接並列せしめて山をかこみ、谷にまたがるところには石垣を設け水を流す暗渠《あんきょ》的な施設がある」遺跡であるとする。一八九八年(明治三十一)に小林庄次郎が高良山《こうらさん》神籠石(福岡県久留米市)について『東京人類学会雑誌』一五三に霊地として区別された地との報告をしたことにより、学術的に注目を集めた。この説は霊域説と呼ばれ、のちに喜田貞吉が一九〇二年に『歴史地理』四ノ五に発表した論文で補強された。一方で八木《やぎ》奘三郎《そうざぶろう》はほかの同種の遺跡を踏査し、一九〇〇年に『東京人類学会雑誌』一七三・一七五に報告し、山城説を主張した。この霊域説・山城説の論争は、神籠石論争と呼ばれ、久米《くめ》邦武《くにたけ》・大類《おおるい》伸《のぶる》・関野《せきの》貞《ただし》・谷井済一らも加わり、大正初めまで展開された。同種の遺跡は、高良山のほかに雷山《らいざん》(福岡県前原《まえばる》市)・女山《ぞやま》(同県山門《やまと》郡瀬高《せたか》町)・鹿毛馬《かけのうま》(同県飯塚市)・御所《ごしょ》ヶ谷《たに》(同県行橋《ゆくはし》市ほか)・石城山《いわきさん》(山口県光市)で確認されていた。論争は決着のつかないまま、昭和に入ると、各神籠石の列石の形状・規模・個数などの詳細な現状調査が実施され、その報告を踏まえ、国史跡として保存されることとなった。一九六二年(昭和三十七)に発見され、引き続き発掘調査が実施されたおつぼ山神籠石(佐賀県武雄市)の調査結果が、神籠石の性格に一つの結論をもたらした。調査によって確認された遺構は、土塁・列石・柱列・水門・門跡などで、列石は版築《はんちく》された基底幅九メートルの土塁の基礎石として置かれ、谷間には水門を設け、その基底部に通水口が確認された。また門跡は柱穴を伴い、二ヵ所あること、列石の前面に柱列が三メートル間隔で並んでいることも確認された。この成果は、その後の石城山・帯隈《おぶくま》山《やま》(佐賀県佐賀市)・女山の各遺跡でも確認され、神籠石が山城跡であることがほぼ確定した。さて、神籠石の名称の由来であるが、最初に報告された高良山に鎮座する筑後一宮の高良大社の由来を記した鎌倉時代以前に成立したとされる『高良玉垂宮縁起《こうらたまだれのみやえんぎ》』に神籠石の名がみえ、中世末に大祝保房によって書かれた『高良記』には神籠石は、八葉の石畳を造っている間、神の居た場所であるとする。つまり、現在神籠石と称している遺跡は八葉の石畳(列石)のことであり、神籠石とは神霊を招祭した磐《いわ》座《くら》(馬蹄石)につけられた名称であった。近世の『筑後志《ちくごし》』『筑後将士軍談《ちくごしょうしぐんだん》』では、八葉の石畳を神籠石と呼ぶようになっており、それが明治の神籠石論争の端緒になった報告へと引き継がれるのである。神籠石の発掘調査は、おつぼ山に始まるが、一九六七年に発見された杷木《はき》神籠石(福岡県朝倉市)では、土塁・列石の築造工程が確認され、一九八三年から始まった鹿毛馬神籠石の調査では水門跡とその前後の構造が明らかにされた。また御所ヶ谷の調査では土塁と列石、列石を伴わない版築土塁が確認され、近年新たに発見された唐原(福岡県築上《ちくじょう》郡上毛《こうげ》町)や宮地岳(福岡県筑紫野《ちくしの》市)でも列石や土塁、水門・門跡などが確認されている。瀬戸内地域の史書に記されていない古代山城を神籠石もしくは同種のものとして一括整理してよいかどうかは別として、永納山《えいのうざん》(愛媛県西条市・今治市)、大廻《おおめぐり》・小廻《こめぐり》山(岡山県岡山市・赤磐《あかいわ》郡瀬戸町)は、より神籠石に近い山城跡で、鬼城《きのじょう》山(岡山県総社市)の一部はその性格を有しているが全体的には朝鮮式山城に近いものといえる。讃岐城山(香川県坂出市ほか)も朝鮮式山城に近く、播磨城山(兵庫県たつの市新宮町ほか)は門礎・石塁などは確認されるが、性格については不明な点も多い。こうした遺跡のうち、宮地岳と播磨城山を除いてはすべて国史跡に指定されている。ただし、杷木神籠石までは神籠石の名称が付与されているが、瀬戸内の遺跡は鬼城山、城山であり、近年指定されたものは大廻・小廻山城跡、永納山城跡、唐原山城跡の名称となっている。これは、この種の遺跡の性格の確認および国指定基準の改正などによるものである。なお、こうした遺跡の築造時期については、共伴関係にある土器などの出土が一部を除きほとんどないことから諸説あるが、おおむね七世紀半ばの時期を想定するのが大勢であり、史書にあらわれる朝鮮式山城へと繋がる時期、もしくは共存する時期を考えるのが妥当か。遺跡の呼称も北部九州の神籠石を研究していた人たちの神籠石式山城、もしくは神籠石系山城と瀬戸内の研究者の神籠石型山城、神籠石系山城と使用もさまざまである。近年は、神籠石の呼称をなくして古代山城跡として一括整理する研究者が多い。ただ、明治・大正期の神籠石論争を踏まえた国指定名称であることを認識するべきであろう。

参考文献 小田富士雄編『北九州瀬戸内の古代山城』(『日本城郭史研究叢書』一〇、一九八三、名著出版)。同編『西日本古代山城の研究』(『日本城郭史研究叢書』一三、一九八五、名著出版)。

(磯村 幸男)

こうごう　香合　香を入れる蓋付きの容器。古くは「こうばこ」と呼んだ。最初は当然、香を入れるのに使用されたが、茶の湯では慶長のころから炭点前の際に持ち出され、香を焚いたのちに拝見に出された。炭点前のない時は床に飾られた。『喫茶往来』には「香台は衝朱《ついしゅ》・衝紅《ついこう》の香箱を並べ」(原漢文)と出てくる。『山上宗二記』には「香筥」と記されている。また江戸時代中期の『源流茶話』(藪内竹心著)には、「古へ香箱は、唐物の堆朱・堆紅・堆烏・堆漆・沈金・青貝之品々、和物には時代切り金・梨地・高蒔絵・研出しのたくひに候へとも、佗に不取合により、利休、びぜん・しがらき・楽・志野焼之香箱をも被用候」とあり、唐物中心であった香箱が、安土桃山時代ごろから和物が使用されるようになったと記されている。材料は、陶磁器・漆器・木製品・金属・貝などがある。舶来の唐物陶磁器では、交趾《コーチ》・染付・祥瑞《しょんずい》・呉須《ごす》・青磁などがあり、和物陶磁器では、志野・黄瀬戸・織部・伊賀・備前・唐津・仁清・乾山《けんざん》・保全・仁阿弥道八・楽焼・御庭焼などがあげられる。また、唐物漆器では、堆《つい》朱《しゅ》・堆黒・紅花緑葉・青貝・屈輪《ぐり》・存星《ぞんせい》などがあり、中国以外の到来物には蒟醤《きんま》・独楽《こま》がある。足利義政が立布《たちほ》袋《てい》・居布袋《すわりほてい》という香合を明に注文して作らせたという逸話も残されている。徳川美術館所蔵の居布袋堆朱香合は、その逸話の居布袋と伝えられている。江戸時代には、唐物の陶磁器製品が大量に輸入され、後期にはその型物香合の写しがたくさん作られた。一方で、京焼・仁清などでは装飾性の豊かな作品が多く作られた。

参考文献 池田巌編『香合』(『茶道具の世界』一〇、二〇〇〇、淡交社)。

(中村 修也)

こうこかい　考古界　⇩考古学雑誌《こうこがくざっし》

こうこがく　考古学　遺跡・遺物など過去の人間活動に関わるすべての物質を対象とする学問。英語のアーケオロジィの訳語。ギリシャ語のアルカイオロギアに由来し、古物学の意味。〔考古学の対象〕考古学は、過去の人間活動にかかわるすべての物的資料・証拠を対象に、人間の歴史と社会を研究する。人間が、かつて活動の産物として残したものは、不動産的な構築物であったり、動産的な各種道具類であったりする。これらが、土中すれば遺構であり、遺物である。また、遺構と遺物を含む総体は、遺跡である。遺跡には、貝塚・古墳・集落跡・宮殿跡・寺院跡・官衙跡などがあり、遺構には、建物跡・竪穴住居跡・溝跡・井戸跡・土坑などがある。遺物には、石器・土器・木製品・金属製品・皮製品などの完成した加工品だけでなく、加工するための原材、製作途中の未成品、失敗品、製作中に発生した屑なども含まれる。また、人間が食べ残した魚や動物の骨、果物の種子、排泄物の残滓、時には水田に残された足跡なども対象になる。人間自身の遺体である人骨も例外ではない。人間の過去の歴史と社会を研究する学問としては、人文・社会科学としての歴史学と自然科学に属する人類学がある。ヨーロッパやアジアなど多くの国で、主に歴史学の一分野として考古学が位置づけられ、日本もまた同様である。これに対し、アメリカの考古学は人類学の一分野として位置づけられている。これは、アメリカの歴史が浅く、考古学の対象が、ほとんど先住民の遺跡遺物になることと無関係ではない。〔考古学が扱う時代〕考古学が対象とする時代は、人間が誕生してから今日までのすべての時代である。考古学と関連の深い文献史学は、文字が誕生して以後の時代しか対象とできないし、また、民俗学は、現代に残る習俗・風習から時代を遡上して研究するためおのずから時間的制約がある。〔考古学の方法〕考古学を特徴づける第一の方法は、過去のデータを取り出すために発掘をすることである。考古学の対象である不動産的な遺構は、遺跡として土中にあるために、発掘調査によってしかその実態が把握できない。また、動産である遺物についても、出土地点が明確なものが確かな資料価値をもつため、正しい発掘調査によって、取り出されることを重視する。しかし、一度発掘したところは二度と元に戻らないため、ただ闇雲に掘ったのでは、遺跡を破壊するだけで、宝物探しの盗掘者とかわらない。科学的にデータを引き出し、過去の歴史と社会を復原するためには、発掘の方法論が確立していなければならない。考古学は、トレンチ発掘と層位的発掘、広域の平面発掘など、試行錯誤を繰り返しながら発掘方法を確立してきた。とくに層位学の確立は大きな意味をもつ。また、遺物の研究において、それらを配列し分類する上で、型式学的方法を用いる。個々の遺物の型式を認識し、その発展過程や組み合わせを探ることで、人間の社会関係を復原しようと試みる。ここに蒐集自体が目的の骨董家との大きな相違がある。層位学と型式学は、考古学の二つの重要な方法論である。発掘を通じて得られた遺跡と遺物に関する資料を発掘調査報告書にまとめてはじめて、考古学的資料は、万人が使える共通の資料となる。〔考古学の歴史〕考古学は、世界中どこにでもある古くからの古物収集に由来するが、学問としては、ヨーロッパで発達した。最初に本格的な考古学的方法を用いたのは、ドイツのヴィンケルマンである。彼は、一七六四年にその著『古代美術史』において、作品自体の観察からギリシャ・ローマ美術の様式的発展を説明した。これは古典考古学といわれ、その内容においては美術考古学とでもいうべきものであった。また、同じころオリエントを中心とする研究も始まる。十八世紀末には、有名なナポレオン遠征に随行した学者によってロゼッタストーンが発見され、ここに書かれた象形文字を、一八二二年にシャンポリオンが解読した。このころ、アッシリアの楔形文字も解読された。十九世紀中ごろには、エジプト、メソポタミアで大規模な調査が行われ、エジプト学、アッシリア学の基礎が確立される。これらは今日でいう文献記録の残る時代を対象とする歴史考古学にあたる。一方、十九世紀前半に、北欧を中心に先史考古学が発達してくる。コペンハーゲン国立北方古物博物館のトムゼンは、膨大な発掘資料を石器時代・青銅器時代・鉄器時代の三時期に区分して展示し、道具の発達段階について、はじめて秩序だった理解を示した。トムゼンの区分は、発掘調査における層位の観察のなかで確認され、支持されていった。十九世紀末までに、層位学的方法論が確立され、またダーウィンの進化論の影響を受けた考古学者によって型式学的方法論も考え出された。その後、この二つの方法論は、考古学を支える車の両輪の役割を果たしている。シュリーマンがトロイ遺跡の発掘によって、古典時代をさかのぼる先史時代を明らかにすることで、それまで別個に発展してきた先史考古学と古典考古学がつながり、今日でいう考古学が成立し、世界に広がっていく。〔日本の考古学〕日本の考古学は、一八七七年（明治十）、アメリカ人モースによる大森貝塚の発掘に始まる。一八八六年、坪井正五郎は、東京大学理学部を中心に東京人類学会を結成、一八九五年には、三宅米吉らによって帝室博物館を中心に考古学会が結成された。この二つの学会を中心に初期の考古学が推進され、日本の先住民をめぐる論争などが交わされた。一九一〇年代に入ると、京都大学の浜田耕作が、ヨーロッパで確立された考古学の方法論を紹介するに至り、日本における考古学の体裁が整った。一九二〇年代以降は、山内清男による縄文土器、小林行雄による弥生土器などの編年が確立されていく時期で、森本六爾は、弥生農業論を展開した。また、一九三〇年代になると歴史時代の遺跡である藤原宮跡や寺院跡の発掘も行われる。法隆寺再建非再建論争においては、若草伽藍の発掘調査が論争に一区切りをつけ、考古学が歴史学に果たす役割の大きさが示された。法隆寺解体修理に伴う発掘調査で、掘立柱の発掘技術の基礎が確立されたことは、第二次世界大戦後の発掘調査の進展の中で、集落遺跡や官衙遺跡などの調査にとって大きな意味をもっていくこととなる。しかし、大戦前は、皇国史観による制約下、考古学は歴史学として十分開花することはなかった。皇国史観から解放された戦後の考古学は、多くの考古学者が共同で発掘した登呂遺跡が出発点となった。一九四九年（昭和二十四）、はじめて日本の旧石器時代の可能性を明らかにした岩宿遺跡の発掘が行われた。一九六〇年代以降は、高度経済成長期に入り、全国各地の開発に伴う発掘調査が活発となり、未曾有の発掘調査ブームになっていく。年間一万件前後の発掘は、世界的にも類例のない事態で、日本の考古学界を一変させた。大学の考古学講座もつぎつぎと開設され、地方自治体に勤務する発掘担当者を含めた考古学研究者は、二〇〇〇年ごろには約七千人にも達するに至った。古代以前だけでなく中世から近現代に至るまでの膨大な発掘資料は、日本の歴史をさまざまに塗り替え、地域史までも豊かにした。そのため、町づくり・村おこしの素材として、発掘による新発見への過剰な期待が生じ、なかには、考古学的方法の十全な検証のされないまま発掘がすすめられる場合もあり、旧石器ねつ造事件なども起こった。〔考古学の分科〕考古学は、対象範囲がきわめて広いため、一人の考古学者ですべてを担うことができない。地域や時代によって、あるいはテーマによって、さまざまな分科が生じている。各国考古学のほかヨーロッパ考古学、東アジア考古学などの大まかな地域区分による分科があり、また仏教考古学・神道考古学・聖書考古学などの宗教考古学から、産業考古学、環境考古学、水中考古学などがある。〔考古学と周辺科学〕考古学は、その性格上、人文科学・自然科学のあらゆる分野と関連する。最も関係の深い、歴史学・文献史学・経済史学・人文地理学などのほかに、考古学の対象となる遺跡・遺物は、本来の機能を有していたときには、建物・橋・道路・溝やあるいは彫刻・絵画・工芸品・文書などで、それぞれが独立した学問分野を有するため、建築史・美術史・技術史にかかわる諸学とも何らかの関連をもたざるを得ない。また、発掘から報告書の作成までの作業のなかで、遺跡の正確な測量、写真撮影など技術に関わる知識も要求される。また対象が物質的な素材であるため、材質分析や環境による変化についての研究も必要となる。最も密接に関係する科学は、遺跡や遺物の保存と材質分析などに深い関係をもつ保存科学である。保存科学は、一九六〇年代ごろから世界的に発達してきた新しい学問分野であるが、考古学のみならず、文化財の保存のための科学としてますます重要な分野となりつつある。また、文字資料のない時代に威力を発揮する考古学にとって絶対年代の決定は、つねに大きな課題である。ここでも自然科学の方法に大きく依拠している。放射性炭素法・年輪年代法などの自然科学的年代決定法は、もっとも活用される方法である。遺跡については、地質学・土壌学・土木工学などのほか、遺跡から地震痕跡が見つかる事例が増え、地震学との連携も密になってきている。高松塚古墳やキトラ古墳に描かれた世界最古の天文図は、天文学との連携ももたらした。人間活動のすべての物的痕跡を対象とする限りにおいて、考古学はその対象範囲が限りなく広がっていく学問である。

参考文献 浜田耕作『通論考古学』、一九二二、大鐙閣。V・G・チャイルド『考古学の方法』(近藤義郎訳)、一九六四、河出書房新社。鈴木公雄『考古学入門』一九八八、東京大学出版会。 (田辺 征夫)

こうこがく　考古学　森本六爾《もりもとろくじ》が主宰する東京考古学会が刊行した学術雑誌。一九三〇年(昭和五)一月に第一巻第一号を創刊、一九四一年一月に第十二巻第一号を刊行して、その後『古代文化』と改題した。当初は隔月刊であったが、第三巻以降は年一〇～一二冊に『考古学年報』を加えた。森本六爾が研究の中心課題としていた弥生時代の研究論文のみならず、当初から歴史時代に関する論文も掲載されていたが、森本六爾死去後、坪井良平《つぼいりょうへい》が編集事務を担当した第七巻第一・二号以降は、奈良時代特輯(第七巻第五号)、高麗寺創立の研究(第九巻第六号)、法隆寺建立年代の研究(第十巻第六号)などの特集も組まれ、坪井良平、藤澤一夫《ふじさわかずお》、川勝政太郎《かわかつせいたろう》、田中重久《たなかしげひさ》などが寄稿した。また、別冊として刊行された坪井良平『慶長末年以前の梵鐘』(『東京考古学会学報』第二冊・一九三九年)、『仏教考古学論叢』(『考古学評論』第三冊・一九四一年)は、歴史考古学研究の方法論を確立するものであった。 (五十川伸矢)

こうこがくけんきゅう　考古学研究　考古学研究会(岡山)の機関誌。年四回発行。一九五四年(昭和二十九)に『私たちの考古学』と題して創刊された。一九五九年通巻二十一号より現呼称に改題。『考古学雑誌』と並び日本を代表する総合的な研究誌である。創刊時の題に表現されているとおり、研究会はその成立時より専門研究者だけでなく、考古学に興味を持つ幅広い人々の参加による運営を意識しており、多彩な会員を有している。このため、論文、研究ノートに加え、研究の動向や文化財保護・陵墓問題・核兵器廃絶運動に関連する記事をとりあげる展望、総会記録、遺跡紹介や会員からの通信記事、そしてテーマ別にシリーズ連載など、幅広い内容を取り上げていることが特徴である。通巻一〇〇号までの総目録が『考古学研究』二六ノ一(通巻一〇一、一九七九)に、一〇一―一六〇号までの総目録が『展望考古学』(一九九五、考古学研究会)に収録されている。 (金田 明大)

こうこがくざっし　考古学雑誌　日本考古学会刊行の機関誌。一八九五年(明治二十八)四月二十八日に考古学会が発足し、翌一八九六年十二月に最初の雑誌である『考古学会雑誌』第一編第一号が刊行された。その時の会員数は百四十二名であった。その後、雑誌は『考古』(一九〇〇年より)、『考古界』(一九〇一年より)、『考古学雑誌』(一九一〇年より)と名称を変えた。第二次世界大戦終了直後の二年半の休刊を経て、現在は年間四冊が刊行されている。学会名も一九四一年(昭和十六)に日本考古学会と名称変更し、一九四七年からは東京国立博物館に事務局が置かれている。発足時の会則に、「遺跡遺物に拠り、本邦歴世の風俗、制度、文物、技能を明らかにする」とあるように、歴史学への志向がみられ、考古学・美術史・民俗学・建築史学・文献史学などの広い分野の論文が掲載された。第二次世界大戦後になると、先史時代から歴史時代に及ぶ考古学や考古学理論、自然科学との共同研究などの論文が目立つようになった。日本で最も古い伝統をもつ考古学の学術誌であり、常に学界をリードして来た。『考古学雑誌』第一編第一号から『考古学雑誌』第三十巻第十二号までを収めた『考古学雑誌総目録一』、第三十一巻第一号から第六十巻第四号までを収めた『考古学雑誌総目録二』、第六十一巻第一号から第八十巻第四号までを収めた『考古学雑誌総目録三』がある。 (早乙女雅博)

こうこがっかいざっし　考古学会雑誌　⇨考古学雑誌《こうこがくざっし》

こうこくしかん　皇国史観　天皇が統治する「国体」とその存続という史実に絶対の価値を置く歴史観。易姓革命を経験せず皇室が存続してきたことをもって、周辺諸国とは異なる日本の独自性・優秀性と見做す考え方は、中世の『神皇正統記《じんのうしょうとうき》』にもみられる思想である。この思想は江戸時代に発展するが、大別して、儒教の大義名分論からそのことの意義が強調される場合(山崎闇斎《あんさい》学派など)、儒教イデオロギーとともに修史事業のなかから確認される場合(水戸学)、日本の古典研究のなかから主張される場合(復古神道)などがあった。これらが明治維新、王政復古のイデオロギーとなったため、国体思想は明治国家を支える絶対的価値をもつ正統思想となり、特に初等教育において修身や歴史(国史)を通じて国民に浸透がはかられた。したがって明治以降の歴史学はみな多かれ少なかれその枠内にあるのであって、その意味ではみな皇国史観に属するともいえる。しかし狭義の皇国史観は、大正から昭和初期にかけて自由主義や個人主義あるいは民主主義・社会主義が勃興するなかで、それへの対抗としての日本精神の強調を歴史的に裏付けるものとして現れてきたものを指す場合が多い。青年層の思想善導として過去の日本精神が強調されたのもその一例であるが、特に国体明徴運動のなかから生まれてきた『国体の本義』にその典型がみられる。その一方、従来から皇国史観の代表とされてきた平泉澄《ひらいずみきよし》がその編集に係わっていないなど、皇国史観とされる思想の内実については種々のバリエーションがあった。その場合、国体を擁護してきた人々(忠臣)に重点を置き、臣民としての生き方を論ずる平泉史学は、皇国護持史観とも呼べるものであり、文部省を中心とした国体の精華を謳歌する史観を皇国美化史観として区別する見方もある。これらは歴史の価値評価の問題であるが、しばしば歴史の研究の分野にも桎梏《しっこく》となり、自由な研究を阻んだことは否めない。(若井　敏明)

こうこしょうろく　好古小録　江戸時代中期の歴史家である藤貞幹《とうていかん》(一七三二—九七)の著作。二巻二冊。橋本経《はしもとつね》亮《すけ》の序を冠して一七九五年(寛政七)刊。金石・書画・雑考の見出しのもと、百九十項目余にわたって実物の紹介、簡単な考察を行なっている。金石においては、内印・大学寮印、隠岐国駅鈴《えきれい》、船氏墓誌、小野毛人墓誌《おののえみしぼし》、上野三《こうずけさん》碑《び》、那須国造碑《なすこくぞうひ》や多賀城碑《たがじょうひ》などを取り上げている。いずれも銘文を示して語句の略注を施しただけであるが、この時期における金石文への注目と考証の姿勢は評価できよう。書画では、空海《くうかい》の書、橘逸勢《たちばなのはやなり》の書などを論じ、平安京の都城図、大内裏図、各種の絵巻や神社関係の絵図、寺院縁起などの簡単な紹介を行なっている。雑考では古典籍や古代史に関する随筆風の短編を集成しており、貞幹の広い関心が知られる。さらに付録として各種古器物などの図が列挙されている。なお同じ著者の『好古日《こうこにち》録《ろく》』と併せて刊行されたこともあった。『日本随筆大成』(一期)、『日本芸林叢書』三などに所収。　↓好古日録《こうこにちろく》　↓藤貞幹《とうていかん》　(早川　万年)

こうこせつりゃく　考古説略　「考古学」という名称で、その学問内容を紹介した初の概説書。ヘンリー＝フォン＝シーボルト著。一八七九年(明治十二)六月刊。緒言・三丁(六頁)、本文・三十二丁(六十四頁)、図版解説・十七丁(三十四頁)、折込図版六葉(百十八図)から構成される和製本(A5版)。訳者は緒言を記した吉田正春か。原稿に基づいたものか、口述したものを訳したのか不明。欧州考古学を三時期区分法や旧石器・新石器の時代区分(石属世期甲・乙・丙、金属世期)に沿って概観し、石器・骨角器・土器・巨石建造物・化石人骨等について解説。図版の一部はJ・ラボックの『先史時代』第二版から引用したことが知られる。日本民族の生成や東京近傍(村野)貝塚について簡単にふれ、貝塚出土の土器の文様などからアイヌ(毛人)説を唱える。あわせて日本における科学的な考古学の啓蒙を促す。本書は、同年(一八七九)刊行された本格的な概説書『日本考古学』("Notes on Japanese Archaeology with Especial Reference to the Stone Age")の導入編ともいえる。

参考文献　佐原真「日本近代考古学の始まるころ」(守屋毅編『共同研究モースと日本』所収、一九八八、小学館)。関俊彦「ハインリヒ・シーボルトと日本考古学」(『中央公論歴史と人物』一三ノ一、一九八三)。(岡本　東三)

こうこにちろく　好古日録　江戸時代中期の歴史家である藤貞幹《とうていかん》(一七三二—九七)の著作。二巻。一七九七年(寛政九)に藤原資同《ふじわらのすけとも》の序を付して刊行。同じ著者の『好古小《こうこしょう》録《ろく》』の続編的な内容であって体裁も同様である。秦璽以下、相感に至る百十九項目をあげて簡単な解説、考証を加えたものであって、貞幹の関心の広さと考古遺物への造詣の深さを窺うことができる。たとえば「漢委奴国王《かんのわのなのこくおう》」印《いん》を取り上げ図示紹介しながら、「幹按ニ」として委奴国は『後漢書《ごかんじょ》』倭伝の倭奴国であるとする。ほかに、古銭、古瓦、石人・石室などの実例の提示、考察を行い、諸家に伝わるところの具注暦として仮名暦日・活字暦日・片仮名暦日を紹介する。『好古小録』と併せて刊行されることもあり、当時、考古趣味の諸家に大きな影響を与えた。『日本随筆大成』(一期)、『日本芸林叢書』三などに所収。　↓好古小録《こうこしょうろく》　↓藤貞幹《とうていかん》　(早川　万年)

こうごねんじゃく　庚午年籍　六七〇年(天智天皇九)庚午の年、ほぼ全階層を対象とする、全国規模で造られた最初の戸籍。現存しないため、様式・内容などの詳細は不明であるが、氏・部民制などに基づいた編成であったものと考えられる。七〇三年(大宝三)には定姓の根本台帳と規定され、六年ごとの造籍に際して『庚午年籍』における氏姓の記載を妄りに改変することが禁じられた。以後、身分・氏姓の根本台帳として、改氏姓や良賤訴訟の際にその主張の根拠として利用されることとなる。大宝・養老令制下では非常に重視され、通常の戸籍の保存年限が三十年であるのに対して永久保存と定められていた。その後、七二七年(神亀四)には筑紫諸国の『庚午年籍』七百七十巻に官印が捺され、また、八〇六年(大同元)、八一一年(弘仁二)には保管の徹底が命じられ、八三九年(承和六)、八四三年には全国規模でその写しを進上させるなど、その保存・管理に長らく力が注がれていた。長元年間(一〇二八―三七)の『上野国交替実録帳』には「已無実」とあって十一世紀には散逸していたことがわかるが、永久保存すべき戸籍としての意識は残っていた。なお、近年、石神遺跡より出土した木簡により『庚午年籍』以前に編戸が行われた可能性も指摘されているが、その性格については議論が分かれている。

参考文献　井上光貞「庚午年籍の対氏族策」(『日本古代史の諸問題』所収、一九七三、思索社)。平田耿二『日本古代籍帳制度論』、一九八六、吉川弘文館。(飯田　剛彦)

こうこるいさん　好古類纂　江戸時代の好古的な伝統を引き継いだ博物的な雑誌。和装本(A5判)季刊誌。その前身は『好古叢誌』(一八九二年(明治二十五)―一八九八年)。第一集は一九〇〇年九月発行。十二集を一編とし、三編計三十六集を刊行(一九〇八年)。翌年、『好古事彙』と改題、B5判の和装本として二集まで続行。再版にあたり『総目録』を刊行。発行は好古社(小石川区大門二五)、社中創立は一八八一年。その社長は伯爵松浦詮(のち男爵細川潤次郎)、副社長小杉榲邨《こすぎすぎむら》・井上頼圀《いのうえよりくに》、編集者宮崎幸麿。年四回の好古会(展覧会)を開催、社中(会員)一千余名。掲載内容は諸家説話・文学部類・史伝部類・系譜部類・暦数部類・儀礼部類・書画部類・装束部類・武器部類・工芸部類・建築部類・風俗部類・古蹟部類・貨幣部類・金石部類・印章部類・遊戯部類・地理部類・園芸部類・附録(夜話)と学芸全般にわたる。一集が一つの部類の特集で編集される場合もある。法隆寺・正倉院・平安宮・宇治平等院・山陵・墓所に関するもの、刀剣・甲冑・馬具・古瓦・漆器・硯・皇朝銭など歴史考古学に関する掲載が多い。校閲者でもある小杉榲邨が表紙口絵を解説し、執筆論文も多い。(岡本　東三)

こうさい　鉱滓　鉱石から銀・銅などの金属を製錬する工程で取り除かれたもの。江戸時代において特に銀山、銅山において「からみ」と呼称され、石見銀山では鉱石の金属部分を意味する「正実」に対して「空(柄)実」の字を当てていた。石見銀山遺跡の調査では、銀製錬技術の解明のために、乾式製錬工程で排出される鉱滓(製錬滓)のうち、非鉄金属製錬のものをカラミと呼び、炉内で目的金属から分離された鉱石中の脈石成分や木炭中の灰分などを主体とするものとし、融点の低下と流動性の改善のために加えられる造滓剤の成分も含むものと位置付け科学的な調査が実施されている。炉跡等の遺構に伴う資料を中心に、蛍光X線分析・定量分析・物理量測定などの分析結果と形態から、岩石の組成に近い発砲質のもの、鉄を多く濃集する塊状のもの、マンガンを顕著に含む板状のもの、銀や鉛を多く含む塊状のもの、という四つのタイプに分類している。これらの分類と分析値による炉の形態の特定までは至っていないが、選鉱・製錬工程のフローチャートが示されている。そのほか非鉄製錬関係の遺跡では、古代の奈良県飛鳥池遺跡、山口県長登銅山跡、北九州市尾崎遺跡、中世末の兵庫県石垣山遺跡、近世初頭の広島県寺尾遺跡、近世の大阪市長堀銅吹所跡などの調査で出土鉱滓について科学的な調査が行われている。

参考文献　『石見銀山遺跡科学調査報告書』、二〇〇二、島根県教育委員会・大田市教育委員会。村上隆『金工技術』(『日本の美術』四四三、二〇〇三、至文堂)。(遠藤　浩巳)

こうざしじょう　神指城　上杉景勝が、若松城に替わる居城として築いた城。福島県会津若松市神指町所在。若松城から北西に二キロほど離れた阿賀川東岸に位置する。二重の堀と土塁に囲まれた方形の城で、内堀を挟んで本丸と二ノ丸からなる。阿賀川の氾濫で南西部を失い、圃場整備で二ノ丸隅部と本丸の土塁の一部を残して失われた。一九九〇年(平成二)・九一年に発掘調査が行われ、堀跡が検出された。二ノ丸は東西約六〇〇メートル、南北六四〇メートルで、外堀は幅約四四メートルである。本丸は東西約二〇四メートル、南北約二四六メートル、内堀は幅約五七メートルで、東辺の北から三分の一の地点で土橋跡、北東隅で石垣が発見された。堀跡からは、志野折縁菊皿や漆器椀などが出土した。上杉景勝は、一五九八年(慶長三)に越後から会津へ移され、神指城の建設を一六〇〇年三月から開始した。しかし、徳川家康の会津攻めが迫ったため、他の支城工事を優先し、関ヶ原の合戦後、米沢へ転封となり、未完のまま廃城となった。

参考文献　福島県教育委員会編『福島県の中世城館跡』(『福島県文化財調査報告書』一九七、一九八八)。福島県文化センター遺跡調査課編『国営会津農業水利事業関連遺跡調査報告』X(『福島県文化財調査報告書』二五〇、一九九一)。同編『国営会津農業水利事業関連遺跡調査報告』XII(『福島県文化財調査報告書』二七一、一九九二)。(平田　禎文)

こうざま　格狭間　台脚の側面にある装飾的な曲線文様。その内部に施された彫刻・絵画などを指すこともある。香狭間・香様などとも書く。『東大寺献物帳』『西大寺資財流記帳』『和名類聚抄』には「牙床《げしょう》」とみえ、江戸時代の建築雛形本には「外定」「眼象」「花乗」「花如」などの字をあてる。露盤・須弥壇・厨子・仏像の台座・大壇・礼盤・机・筥・石塔・燈籠など使用範囲は幅広い。水平材を支持する短柱(束)の補強材が装飾化したものと考えられ、日本には仏教関係品とともにもたらされた。発掘出土品では坂田寺金堂跡(奈良県明日香村)の石製須弥壇格狭間がある。輪郭の曲線および突起(茨)の形状、および内部の装飾が時代によって変化するため、年代鑑定にしばしば用いられる。鎌倉時代後期から室町時代になると、装飾が複雑化し蝙蝠狭間《こうもりざま》と呼ばれるものも現れるが、これらは蟇股の複雑化、装飾化と軌を一にする。

坂田寺金堂跡須弥壇格狭間

中尊寺金色堂須弥壇格狭間

参考文献　近藤豊『古建築の細部意匠』、一九七二、大河出版。

（箱崎　和久）

こうざん　鉱山　金・銀・銅などの有用鉱物を鉱床から採掘した場所で、前近代では粉成や精錬などの関連する鉱山作業が一体的に行われているところが多い。わが国では七世紀ごろからこれらの鉱物を採掘した記録が記紀などにみえる。六七四年（天武天皇三）に対馬より銀が献じられたのをはじめとして、六九八年（文武天皇二）には因幡や周防から銅が、ついで七〇八年（和銅元）には武蔵国秩父郡から銅、やがて七四九年（天平勝宝元）になると陸奥国から金が産出しそれぞれ献じられたという。わが国の鉱業発展期はこれら古代のほか、戦国時代から江戸時代前期と明治年間であり、特に江戸時代初期から前期の産銀高は世界的に優位を占めた。古代の砂金採取に始まった産金活動は、十六世紀に入ると山金の採掘に移行し産金量が急激に増加する。山梨の黒川金山や湯之奥《ゆのおく》金山の調査では十六世紀前後に開発されたことが判明しており、新潟の越後黄金山などの諸金山もすでにそのころには開発の手が及んでいたと推定される。その後、十六世紀から十七世紀にかけて金山開発は北海道から南九州にまで及んだ。山金採掘の開発初期には表土に近い酸化富鉱帯を対象にした露天掘りが行われ、その後地中深く掘り進む坑道掘りに転換したとされるが、しかし山金の開発へいつ移行し鉱山技術はどうであったのか未解明な点が多い。佐渡金銀山では上相川地区に整然とした鉱山町が形成され、大規模な操業の様子をみせている。一方、佐渡の西三川や、宮城から岩手にかけての砂金地帯、静岡の安倍川や大井川の流域では、山野や河岸段丘上に堆積した柴金の採取が古くから行われ、現在でも採掘坑が各所に残る。ただし、この柴金についてはどのような方法で操業されていたのか、研究課題は多い。銀山では十六世紀に多量の産銀量を誇った島根の石見銀山のほか兵庫生野《いくの》銀山や多田銀山、佐渡の新穂・鶴子《つるし》銀山、東北では秋田の院内《いんない》銀山や山形の阿仁《あに》・延沢の両銀山、福島の半田銀山などが戦国時代から江戸時代前期にかけて稼業された。産銅は山口の長登《ながのぼり》銅山が八世紀初頭に開発されたのをはじめ、兵庫や岡山などの銅山が文献に現れ、十七世紀代になると秋田尾去沢《おさりざわ》、山形の阿仁、愛媛の別子《べっし》などの銅山が盛況を極め、産銅高は世界の首位を占めたとされる。近年、鉱山遺跡の考古学調査が進み、さまざまな知見が得られている。鉱床から採掘された鉱石は、主として搗き臼・挽き臼・磨り臼などの鉱山臼によって粉成され、微粉化されたのち精錬される。これら一連の鉱山作業は初期には採掘場所に近いところで行われている。黒川・湯之奥の両金山では標高の高い山中に造成されたテラス群が雛壇状に展開し、これらの場所で採掘から精錬まで一貫した作業が行われていたことが建物などの遺構群や陶磁器類・鉱山臼などの出土遺物から明らかにされている。石見銀山でも仙ノ山《せんのやま》を中心とする地域から開発初期のさまざまな遺構群が検出され、採鉱から粉成・精錬に至る操業過程が判明した。一五三三年（天文二）にはわが国ではじめて大陸系の技術である灰吹法《はいふき》がこの石見銀山に導入されたといわれる。相川金銀山では、鉱山を支配下においた相川奉行所跡が整備事業に伴って発掘調査され、近世初頭に始まる大規模で組織的な操業の実態が明るみになっている。銅山では、八世紀初頭に開発され十世紀にまで及んだ古代の銅採掘・製銅遺跡の長登銅山が調査され、十五ヵ所の採鉱跡と十一ヵ所の製錬跡などが確認されている。九世紀に記録上にあらわれる長門国の採銅所とされる。兵庫の妙見山麓にある石垣山遺跡なども早くから調査されている銅山関係の遺跡群である。一九八〇年代から始まったこれらの鉱山遺跡の考古学調査は鉱山の開発時期や操業の方法などを一層鮮明にしたが、鉱山の経営のあり方や具体的な鉱山技術など残された課題も多い。

参考文献　今村啓爾「鉱山臼からみた中・近世貴金属鉱業の技術系統」（『東京大学文学部考古学研究室研究紀要』九、一九九〇）。湯之奥金山遺跡学術調査会編『湯之奥金山遺跡の研究』、一九九二。黒川金山遺跡研究会編『甲斐・黒川金山』、一九九七。萩原三雄「鉱山史研究における考古学」(『帝京大学山梨文化財研究所研究報告』八、一九九七)。石見銀山歴史文献調査団編『石見銀山』、二〇〇二、思文閣出版。（萩原　三雄）

こうざんいせき　鉱山遺跡　金、銀、銅、鉄、鉛、錫《すず》などの鉱物の採掘などにかかわる遺跡。古代より陸奥、長門、対馬、武蔵など各地で開発された様子が文献上に記録されるが、中世では特に金・銀山が隆盛となり遺跡数が増加する。金山遺跡は東国に多く、岩手・山梨・静岡・新潟・福井などで目立つ。山梨県内では黒川・湯之奥両金山を中心に十六世紀初頭から江戸時代前期まで操業される。新潟では鳴海《なるみ》金山など越後黄金山が大規模かつ広範囲に操業され、静岡県内では安倍・井川両河川の流域などに柴金採掘跡が多数残されている。銀山遺跡は石見・佐渡両金銀山遺跡が突出し、秋田の院内、兵庫の多田銀山などが著名。石見銀山は十六世紀前半から仙ノ山を中心に開発された。近年の調査で銀鉱石の露天掘り跡や坑道跡、精錬炉などの精錬関連遺構などが確認された。佐渡金銀山遺跡は新穂《にいぼ》銀山や鶴子《つるし》銀山・相川金銀山などが操業され、山中に露天掘り跡や坑道跡が多数散見される。相川奉行所跡の調査では粉成《こなし》場や精製錬関連遺構が検出されている。銅山については古代では中国地方西部から北九州に銅鉱床が集中する。山口県長登《ながのぼり》銅山跡は八世紀から十世紀の銅生産遺跡で、露天掘りや追坑道などの採掘跡、選鉱および精錬作業場跡が発見されている。鉄生産は古代以来の砂鉄精錬が主体で、石川県給分《きゅうぶん》クイナ谷遺跡など全国各地で操業される。錫では大分県木浦《きうら》鉱山などが調査されている。露天掘り主体の採掘遺構は中世史料には掘間・掘場などとみえ、近世で盛んになる坑道は間歩《まぶ》と称された。鉱山内には金掘らの墓石や挽臼などの鉱山臼、ズリと呼ばれる鉱石の滓、粉成後の残滓であるユリカス、精錬によるカラミなどがみられ独特な歴史景観がつくられる。黒川金山や湯之奥金山、石見銀山などではこれまで未解明であった金銀山遺跡の実態が明らかになりつつあり、鉱山内で採掘、粉成、精錬などの一連の鉱山作業が行われていたことも判明している。

参考文献　小葉田淳『日本鉱山史の研究』、一九六八、岩波書店。黒川金山遺跡研究会編『甲斐・黒川金山』、一九九七。（萩原　三雄）

こうざんじ　高山寺　京都市右京区梅ヶ畑栂尾《とがのお》町にある寺院。古義真言宗に属したが、現在は単立の寺院。山号栂尾山。境内は一九六六年(昭和四十一)国史跡に指定。世界文化遺産「古都京都の文化財」を構成する十七社寺城の一つ。清滝川に臨んだ山麓に位置し、境内は、樹木におおわれ、近くの高雄神護寺とならんで紅葉の名所。平安時代初期に存在した天台宗度賀尾寺がその前身と考えられている。鎌倉時代初頭に文覚《もんがく》が神護寺の一院とし、一二〇六年(建永元)、後鳥羽上皇の院宣により明恵《みょうえ》が華厳宗の復興をめざして再興、高山寺とした。一二三〇年(寛喜二)の高山寺絵図(重要文化財、神護寺蔵)によると、清滝川をはさんだ広大な寺域に、本堂、塔、阿弥陀堂、羅漢堂、大門などの多くの建造物が存在し、山の尾根の各所に境界を示す榜示《ぼうじ》(標識)が建てられていたことがわかる。そののちも寺領を多く寄進され寺勢を拡大したが、応仁の乱で衰退、近世になって再び寺観を整えた。現在は、金堂、開山堂、石水院などの建造物がある。石水院(五所堂)は、鎌倉時代前期の建立で、経蔵と社殿が合体した他に例のない構造で国宝に、石造の宝篋印塔、如法経塔各一基は、重要文化財に指定されている。寺宝の美術工芸品も数多く(国宝、重要文化財指定物件五十九件)、「仏眼仏母像」、『鳥獣人物戯画』、『華厳宗祖師絵伝』、「明恵上人像」、『玉篇』巻第廿七、『冥報記』、『篆隷万象名義』が国宝。平安時代から江戸時代の九千二百九十三点にも及ぶ高山寺典籍文書類(重要文化財)は、歴史や国文学の貴重な資料になっており、その他、絵画、彫刻、書跡、典籍、古文書、聖教なども多い。なお、明恵が栄西から茶の種を送られ、境内に植えたことも有名である。（磯野　浩光）

ごうし　合子　蓋付きの小型容器の総称。身と蓋を合せることから命名された。「ごうす」とも称する。形状は饅頭形・円筒形・輪花形などがあるが扁球形のものが多い。材質は陶磁器・漆器・金属器などさまざまである。用途は香木・薬品・化粧品・食品などを入れた。『大安寺伽藍縁起幷流記資財帳』(天平十九年(七四七)二月十一日)に「合合子参拾捌合」と記されているのが古い例である。『東大寺献物帳』にもみえ、現在も正倉院に残る銀平脱《ぎんへいだつ》合子が有名。また、『枕草子』に「いみじうきたなきもの、なめくじ、えせ板敷《いたじき》の帚《ははき》の末《すえ》、殿上の合子」とあり、平安時代には古びた合子は不潔なものの代表と意識されていたことがわかる。この合子は清涼殿の殿上の間に備え付けられたもので、朱塗りの蓋付碗であった。五年に一度新調されるが宿直の殿上人は、これを枕代わりにしたらしい。『平家物語』八「猫間」に「田舎合子《ゐなかがふし》のきはめて大きにくぼかりけるに、飯《はん》うづたかくよそひ、御菜三種《ごさいさんじゅ》して、平茸の汁で参らせたり」と給仕の様子が記されており、食べ物を入れた容器も蓋付きの場合は合子と呼んでいる。中世には、茶席で建水《けんすい》として使用された。蓋をはずし身の部分を利用した。『日葡辞書』に「Goxi(ガウシ)茶の湯で水を棄てるのに使う銅製の器で「ごき」に似たもの」とある。茶会での使用例は『天王寺屋会記』天文二十年(一五五一)正月十九日の若狭屋宗可の茶会で「がうし、始而」とみえるのが早い例である。

参考文献　野場喜子「合子について」(『名古屋市博物館研究紀要』一二、一九八九)。（中村　修也）

こうじむろ　麴室　麴を製造するための保温室。麴は蒸した米・麦・大豆などの穀類に麴菌を繁殖させたもので、味噌・醬油・酒・甘酒・焼酎・酢・漬物などを造るのに用いる。麴の文献上の初見は、奈良時代に編纂された

『播磨国風土記』宍禾郡《しさは》庭音村《にわと》条の大神の神饌である乾飯《かれいい》が濡れて麹が生えたので、酒を醸して神に奉げ宴したという記事とされる。しかし、日本列島の麹の使用はおそらくそれ以前にさかのぼるものであろう。古代の麹室については、『延喜式』践祚大嘗祭条の施設の中に「麹室一宇」とあり、造酒司条には新嘗祭の施設として「麹室一宇、(草葺)、構以黒木」と記載されているところから、宮廷儀礼である大嘗祭や新嘗祭のときに、酒造りに関わる麹室が建てられたことがわかる。中世になると、北野天満宮に所属した西京麹座など、麹を製造し販売した麹座には麹室があったことが文献から知られる。麹菌を繁殖させるためには、外気を遮断し温度・湿度を保つ必要があるので、麹室の構造もこうした条件を備えていた。一七九九年(寛政十一)に刊行された『日本山海名産図会』の伊丹《いたみ》の酒造りの工程には、地上に建てられた土壁の麹室が描かれている。また、讃岐《さぬき》の醬油造りの麹室も地上に建てたもので、土壁を二重構造にし、その間に保温のための籾殻を詰める例もある。一方、江戸の麴町・四谷・牛込・小石川・本郷・湯島・駒込などの山の手台地の町屋・武家屋敷の遺跡からは、地下に掘られた麹室が発掘されている。その形態は出入口にあたる方形の竪坑から、狭く短い通路を経て室部につながり羽子板状を呈する。室部の側壁は直立し、天井はドーム状を呈する場合が一般的である。また、竪坑から複数の室部が放射状にのびる形態のものも多い。竪坑にははしごを掛けて出入りしたと考えられる。こうした麹室は、江戸では十七世紀前半から幕末まで認められ、江戸における麹の製造の実態を示す遺構である。　→地下倉《ちかぐら》

参考文献　古泉弘『江戸の穴』、一九九〇、柏書房。

（谷川　章雄）

こうしゅうどうちゅう　甲州道中　江戸時代の五街道の一つ。道中奉行が管轄した。江戸日本橋を基点に、内藤新宿・高井戸・八王子・大月・甲府柳町・上諏訪宿を経て中山道下諏訪宿へ合流する約五十五里の道筋。宿場の数は内藤新宿から上諏訪まで四十五宿あるが、内藤新宿のように途中で宿立されたり廃宿されたり、下高井戸と上高井戸のように二宿以上の宿場が合宿して一宿の機能を有したところも多いので、その数え方には異論が多い。各宿の常備人馬は原則的に二十五人・二十五疋であったが、甲府柳町は五十疋を常置した。合宿の場合には、複数の宿場が交代で人馬役を勤めたり、上り・下りで分担したりしていて一様ではない。甲州道中を参勤交代で利用する大名は信州の高遠《たかとお》・高島・飯田の三藩だけであるが、軍事的意味合いが強く、途中には小仏関所をはじめ、その脇道に多くの関所・口留所が設置された。商品流通が盛んになると、九一色郷や信州中馬《ちゅうま》との荷物争奪が激しくなった。

参考文献　『甲州道中宿村大概帳』(『近世交通史料集』六、一九七三、吉川弘文館)。

（渡辺　和敏）

こうじょういん　光浄院　三井寺の名で知られる園城寺の子院。滋賀県大津市園城寺町所在。光浄院は室町時代中ごろに近江国の小領主であった山岡氏が開創、園城寺子院のなかでも格式が高い。現在の客殿は、その子孫に当たる山岡道阿弥により一六〇一年(慶長六)に建立されたもの。構造形式は正面七間、側面六間、一重、入母屋《いりもや》、柿葺《こけらぶき》。同じく園城寺の子院である勧学院客殿とともに、典型的な主殿造として国宝に指定されており、内部の一之間床貼付絵「松に滝図」(狩野山楽筆)は重要文化財に指定されている。また、客殿の南面に山を背景として広がる庭園も「光浄院庭園」として国指定名勝・史跡に指定されており、池が客殿の広縁の下まで入り込むという建物と庭園が一体化した構造を持つことから、客殿の建築にあわせての作庭とみなすことができる。この庭園は、江戸時代中期の作庭書『築山庭造伝《つきやまていぞうでん》』前編で園城寺内のほかの二つの庭とともに紹介されており、当時すでに名庭として知られていたことがわかる。

参考文献　座右宝刊行会編『延暦寺・園城寺と西教寺』(『日本古寺美術全集』一〇、一九八〇、集英社)。

（小野　健吉）

こうしょくじょうりいせき　更埴条里遺跡　長野県北部、千曲川の中流域善光寺平南部の後背湿地に形成された水田域と集落跡。長野県更埴市屋代・雨宮に所在。北側に接する屋代遺跡群とは五十里川によって区分されるが、発掘調査の結果、一体の遺跡として考えた方がよい。四世紀代築造の森将軍塚古墳の直下から北へ二・三キロ、広大な遺跡である。高速道路に関連して全面調査されたが、昭和三十年(一九五五)代後半に宝月圭吾らを中心に条里制の総合的な学術調査がなされた学史的な遺跡でもある。縄文時代後期から中近世に至るまで連続的に一部集落、水田、畑地と変遷をくりかえした。現水田面から地下四～五メートルに至る。主として水田として利用されてきたが、発掘調査の結果大規模な水田開発は、各時代有力者が出現したときに始まり、気候変動や管理者の統括力により左右された。古墳時代前期には水田域が拡大し、七世紀後半には近接する屋代遺跡群で木簡が出土し、国符・郡符などふくむ百三十点が出土している。九世紀後半には、条里水田が拡大し、条里地割が確認された。中世では中世荘園領主による畑地の開発が進んだ。各時代ともに開発と災害のくりかえしで、更埴条里遺跡は水田域、屋代遺跡群は集落域として発達した。九世紀第Ⅳ四半期におきた大洪水(仁和の大洪水)によって砂層が全面に広がり、取り除いた結果東西九条、南北一条の大畦が確認された。大畦はやや西にふれるが約一〇九メートル間隔で区画されていた。大畦の規模には、幅約四～五メートルと二メートルの二者があり、後者は、中央に水路を伴う構造のものである。水田区画は半折型である。

参考文献　国立歴史民俗博物館編『「共同研究」日本歴史における災害と開発』Ⅰ(『国立歴史民俗博物館研究報告』九六、二〇〇三)。長野県埋蔵文化財センター編『更

埴条里遺跡・屋代遺跡群』総集編（『上信越自動車道埋蔵文化財発掘調査報告書』六、二〇〇〇）。（小林　秀夫）

こうしょでん　校書殿　⇨きょうしょでん

こうしんとう　庚申塔　庚申待の供養のために造立された塔婆。一般には六十年ごとの庚申の年に建てられる庚申塔は、多く石塔であるが木製のものも見られる。関東や中部地方では庚申塚が築かれるが、七庚申ごとに塚を築きなおすというところもある。庚申は十干の庚と十二支の申を合わせたもので、それを年にあてはめると六十年ごと、また六十日ごとにも回ってくる。干支のなかでもことに庚申は中国の道教の思想にもとづいて特殊な禁忌を要求する信仰がある。それは人の体の中に潜む三尸《さんし》という三匹の虫が、庚申の日ごとに人の睡眠中をうかがって天にのぼり、その人の罪を宇宙の主宰神である天帝に告げるので、その夜は眠らずに慎むのだというのである。これを守り庚申といい、すでに平安貴族のあいだで行われていた。その礼拝の対象は特定の神仏に固定していたわけでなく、はじめは庚申の申から猿の信仰と結びつき、猿を神使とする山王二十一社権現とし、阿弥陀三尊や帝釈天としたこともあった。しかし室町時代中期以降は日蓮宗系をはじめとする僧侶たちによって『庚申縁起』などが作成され、月待・日待の習俗と結合して仏教的な庚申待に転化して次第に一般化した。民間にも庚申講という信仰集団ができ、庚申待といって庚申を礼拝し、夜を徹して語り明かす風がひろまった。そして江戸時代になると青面《しょうめん》金剛の姿が庚申様と観念され、庚申待に青面金剛の画像を掛けて礼拝する風がひろまった。青面金剛というのは病魔・悪魔を払う大威力をもつ、顔の色の青い金剛童子とされている。庚申の年に庚申供養塔を建てることは、庚申待が民間にひろまる室町時代から行われるようになった。その形態は多様で板碑型や光背型が一般的であるが、石幢《せきとう》・層塔・石祠・磨崖碑などさまざまである。江戸時代になると定型化し刻像塔と文字塔が主流となった。刻像塔は忿怒相で多臂の青面金剛をはじめ、帝釈天や猿田彦の像、猿や鶏、あるいは日月を配したものが多く、稀には四夜叉や二童子を彫刻したものもある。文字塔は庚申の文字を主作としたもの、青面金剛の尊名を記したものもある。

参考文献　窪徳忠『庚申信仰の研究』、一九六〇、原書房。（岩井　宏實）

こうずけこくふ　上野国府　律令制度下での上野国の行政官所の所在地。遺跡は、群馬県中央部の前橋市元総社町の総社神社を中心とする一帯にある。ここは律令制下の群馬郡にあたり、榛名山東南麓の東を牛池川、西を染谷川に挟まれた台地に占地している。地形などから八町四方の範囲が想定され、また、元総社町内には宮鍋・草作など国府に関わる地名が残るが、中世の上野守護代長尾氏による蒼海《おうみ》城の築城と近世以降の住宅地化のため、四至の範囲や内部の建物配置などは明瞭でなくなっている。発掘調査は、一九六一年（昭和三十六）の群馬大学による元総社小学校校庭での掘立柱建物の発見がはじめてであるが、その後周辺部の河川改修や区画整理事業に伴う調査によって国府の様相が少しずつ明らかになってきている。特に、一九八三年の閑泉樋遺跡の調査で見つかった上部幅五メートル、下部幅三・二メートル、深さ一・二メートルの東西方向の溝は、埋没状況から律令期のものと判断され国府の北辺を限る大溝である可能性が高いことで注目される。また、元総社寺田遺跡から出土した「国厨」「□曹司」の墨書土器は国府の官衙施設の内容を示すもので、今後の遺構の確認と併せた実態の解明を期待させるものである。その歴史的環境を見ると、北方約一・五キロには五世紀後期の遠見山古墳から七世紀後期の蛇穴山古墳まで続く関東地方屈指の古墳群である総社古墳群、さらに七世紀中後期創建の有力地方寺院である放光寺（山王廃寺）がある。また、北西側近くには国分二寺が建立されるなど、この一帯は五世紀後期以降に上野国域の政治的中枢となり、ヤマト王権や中央政権と強い結びつきをもっていたことがわかる。しばらく後のことになるが、九三九年（天慶二）に上野国府を占拠した平将門は、ここで新皇を名乗り諸国の国守を任命するなど坂東政権の版図を鮮明にしている。その背景には、上野国府が東国統治の上で重要な役割をもった場所とする歴史意識があったと考えられる。

参考文献　山武考古学研究所編『閑泉樋南遺跡』、一九八六、前橋市埋蔵文化財発掘調査団。群馬県埋蔵文化財調査事業団編『元総社寺田遺跡』Ⅰ―Ⅲ、一九九三・九四・九六。（前沢　和之）

こうずけこくぶんじ　上野国分寺　七四一年（天平十三）の聖武天皇の詔を受けて諸国で建立された国分寺の一つ。遺跡は群馬県中央部の前橋市と高崎市に跨る場所にあり、律令制下の群馬郡内の榛名山東南麓末端の小河川に挟まれた微高台地上に、西に僧寺、東に尼寺が並んで造られている。伽藍域は東西約二一八メートル・南北約二三〇メートルの長方形を為し、この全体を含む約六・二ヘクタールが一九二六年（大正十五）に国史跡に指定された。一九八〇年（昭和五十五）から始まった史跡の保存整備に伴う発掘調査により、主要伽藍の様相がほぼ明らかになった。伽藍域のほぼ中央に桁行七間（二四メートル）×梁間四間（一三・五メートル）の金堂、その西南西約七五メートルに初層が三間（一〇・八メートル）四方の塔が配置されている。金堂の創建期の軒瓦と基壇の化粧石は笠懸地区（みどり市・旧新田郡、山田郡）のものが使われ、一方、塔では軒瓦は藤岡市（旧緑野郡）・吉井町（旧多胡郡）の生産品、基壇の化粧石は榛名山の噴出物が使われているなど、建立にあたって地域的な分担が行われた様子が窺える。伽藍域は中世以降の土採りと耕作による撹乱が著しく、金堂の北側に講堂の痕跡と見られる根石が散在していたが、回廊・中門・僧房・食堂などの遺構は確認されていない。南面築垣の基部と南大門の東半部が残っており、その一部が古代工法によって再現されている。『続日本紀』には、七四九年（天平勝宝元）に碓氷郡の石上部君諸弟と勢多郡の上毛野朝臣足人が当国国分寺に知識物を献じた記事があり、このころに伽藍は一応の姿が整ったと見られる。また、出土する文字瓦からは、補修用の瓦の生産には多胡郡の物部・伴氏などが関わったことがわかる。そして、一〇三〇年(長元三)の上野国守交替の際に作られた不与解由状の草案(『上野国交替実録帳』)には、主仏の釈迦丈六像や大衆院などの破損、僧房・築垣などの全壊が記されており、遺構からもこの状況が確認された。金堂南側で見つかった多数の墓坑からは十四―十五世紀の年号を持つ宝篋印塔などが出土しており、このころには廃絶状態にあったことがわかる。　→国分《こくぶん》寺《じ》

参考文献　群馬県教育委員会事務局文化財保護課編『史跡上野国分寺跡発掘調査報告書』、一九六九。

（前沢　和之）

こうずけさんぴ　上野三碑　現在の群馬県南西部に所在する七世紀から八世紀にかけての古代の碑三基の総称。高崎市山名町字山神谷に所在する「辛巳歳」(六八一年)銘の山ノ上碑《やまのうえひ》、多野郡吉井町大字池に所在する和銅四年(七一一)銘の多胡碑《たごひ》、高崎市山名町字金井沢に所在する神亀三年(七二六)銘の金井沢碑《かないざわひ》の三碑を指す。三碑は半径五キロ以内の非常に近接した位置に存在している。亡母の記念碑である山ノ上碑、多胡建郡記念碑である多胡碑、仏教を紐帯として氏族結合を在地に公示した金井沢碑と、それぞれ建碑の目的や内容・性格を異にし、さらに自然石をベースに文字を記載する面だけを加工した山ノ上碑・金井沢碑と、四角柱状に加工され頂部に笠石を有する多胡碑と、碑の大きさや形状も各々であるが、金井沢碑に記された「下賛郷《しもさぬごう》」あるいは「三家《みやけ》」が、山ノ上碑文の冒頭にみえる「佐野三家《さののみやけ》」とかかわるとみられるなど、関連点も少なくない。　→金井沢碑《かないざわひ》　→多胡碑《たごひ》　→山ノ上碑《やまのうえひ》

参考文献　尾崎喜左雄『上野三碑の研究』一九八〇、尾崎先生著書刊行会。東野治之「上野三碑管見」(『日本古代金石文の研究』所収、二〇〇四、岩波書店)。あたらしい古代史の会編『東国石文の古代史』、一九九九、吉川弘文館。

（高島　英之）

こうずけのくに　上野国　律令制度による国名で、現在の群馬県のほぼ全域にあたる。古くは下野国と併せて毛野(けの、けぬ)と呼ばれていたが、古代国家の形成が進む中で渡良瀬川を境に上・下に区分され、西半部が上毛《かみつけ》野《の》と称されるようになった。藤原宮跡出土木簡に「上毛野国」とあり、八世紀初頭の国名表記の整理に伴い上野国となったが、『万葉集』などによると呼び方は従来のままであった。管内には碓氷・片岡・甘楽・多胡(七一一年設置)・緑野・那波・群馬・吾妻・利根・勢多・佐位・新田・山田・邑楽の十四郡があり、古代には九十前後の郷と駅家郷四、俘囚郷三があった。国府は中央部の群馬郡(前橋市元総社町周辺)に置かれ、その北西近くに国分二寺が造られた。もとは上国であったが八一一年(弘仁二)に大国となり、八二六年(天長三)には上総・常陸国とともに国守には親王が任ぜられるようになった。広域行政区分では東山道に属し、その駅路は信濃国から碓氷峠を下って関東平野に入り、上野国を東に進んで下野国を北上して陸奥国に至るが、新田駅(太田市付近・旧新田郡)からは武蔵国に至る分岐路が出ていた。関東平野の北西隅に位置し、ヤマトと東国さらに蝦夷地とを結ぶ経路での要地にあることが、古代国家の形成の中で政治的立場を高いものとした。国内には四―七世紀に八千四百基以上に及ぶ古墳が築かれたが、東日本最大の前方後円墳である五世紀中期の太田天神山古墳(太田市・旧新田郡)、五世紀後期から六世紀初期の首長居館である三ツ寺Ｉ遺跡(高崎市・旧群馬郡)、五世紀後期から七世紀後期まで続く総社古墳群(前橋市・旧群馬郡)の存在は、ヤマト王権とこの地域との政治的結びつきの強さを伝えるものである。史料では、『日本書紀』崇神天皇紀に東国統治を命じられた皇子の豊城入彦命が上毛野君氏・下毛野君氏の始祖とされ、景行天皇紀では入彦命の曾孫の御諸別王が現地に出向いて善政を行い蝦夷を平定し、その子孫が今も東国に居るとされているのに注目される。また、同じく安閑天皇元年条にみえる武蔵国造をめぐる内紛では、一方の側の小杵が上毛野君小熊に援助を求めたとある。こうした上野国域を本貫地とする上毛野君氏のあり方は、考古学上の所見と表裏の関係にあるものと見てよかろう。この政治的な立場は多賀城設置や坂東の成立といった動きの中で失われていくが、七五〇年(天平勝宝二)の田辺史氏をはじめとする諸氏族の豊城入彦命系譜への参入、九三九年(天慶二)に上野国府を占拠した平将門がここで新皇を名乗るといったことに、上野国域に対する歴史認識の存在を見ることができる。人々の暮らしに関わる面では、山王廃寺(＝放光寺、七世紀後期、前橋市・旧群馬郡)・山上碑(六八一年、高崎市・同)・金井沢碑(七二六年、同)に見られるように、南西部では早くから氏族の間に仏教が受け容れられていた。これを引き継ぐように、八世紀後期には緑野寺(藤岡市・旧緑野郡)を拠点に鑑真の弟子の道忠を中心とする布教活動が盛んに行われ、最澄による天台宗の興隆にも大きな影響を与えた。また、中央部の榛名山周辺の遺跡では五世紀後期から馬の飼育が行われていた痕跡が認められ、『延喜式』によると九ヵ所の御牧から毎年五十頭の馬が貢進されるなど、全国でも有数の馬の供給地であった。この馬が中央政権による蝦夷地経営に利用されたと見られるが、九世紀になると物資運送者である僦馬之党による強盗の横行が律令地方支配の動揺をもたらし、後の坂東における武士団の形成にも影響を及ぼした。そして、『中右記』の一一〇八年(天仁元)に記録される浅間山の噴火は、中央部から東部にかけて大量の火山灰を降らせ田畑や水路に壊滅的な打撃を与えたが、その生々しい状況が各地の遺跡の発掘調査で見つかっている。十二世紀になるとこれら荒廃地の

上野国略図

再開発が行われて荘園や御厨が成立し、一一五七年(保元二)ごろに新田荘(太田市周辺・旧新田郡)が置かれて新田義重が下司職に任じられ、上野国での武士団展開の途が開かれた。十六世紀には後北条氏・上杉氏・武田氏により覇権が争われたが、一五九〇年(天正十八)の豊臣勢の侵攻によって争乱は幕を閉じた。一六〇三年(慶長八)に江戸幕府が開かれると、北辺防衛の要地として箕輪城(高崎市)に井伊直政、館林城(館林市)に榊原康政が配されたが、中期以降は幕末まで九藩と旗本領が分散する支配体制が続いた。

参考文献　『群馬県史』通史編一―二、一九八九―九一。

(前沢　和之)

こうぞうちょうさ　構造調査　文化財分野における構造調査とは、金属・ガラス・木製遺物をはじめ仏像から建造物に至る構造(製作法など)に関する調査をいう。非破壊的手法が原則であることから、X線やγ線を用いたラジオグラフィが一般的な方法として広く知られている。最近ではデジタルラジオグラフィも取り入れられ、大型で複雑なものは高エネルギーX線CT、小型のものはマイクロフォーカスX線CTも利用される。またイメージングプレートを用いたCR法(コンピューテッドラジオグラフィ)や遺物自身から発せられる微弱な放射線を利用したAR法(オートラジオグラフィ)なども導入されている。大阪府阿武山古墳から出土した玉枕(一九三五年(昭和十))に構造調査が適用されたのが最初で、その後、木彫、乾漆塑像などの美術・工芸品、考古遺物に利用されて、象嵌遺物など貴重な文化財資料が数多く発見された。

(肥塚　隆保)

こうたいおうひ　好太王碑　⇩広開土王碑《こうかいどおうひ》

こうだいじ　高台寺　京都市東山区下河原通八坂鳥居前下ル下河原町にある臨済宗建仁寺派の禅刹。一六〇五年(慶長十)、豊臣秀吉の菩提を弔いたいとする夫人高台院(北政所《きたのまんどころ》)の志を受けて徳川家康が酒井忠正・土居利勝らに命じ創建した。創建当初は壮麗な寺観を誇ったが、度重なる火災で多くの建物を失った。それでも開山堂や蒔絵で有名な霊屋《おたまや》(ともに重要文化財)などが残る。庭園は江戸時代初期のものと考えられ、池泉観賞式である。南面する開山堂を中心にして西庭と東庭に分かれる。西庭の偃月《えんげつ》池には石組みの護岸が施され、北側には亀島が配される。池の南寄りには開山堂と西側の庫裡を連絡する廊橋が架けられ、その中央には四方唐廂《からびさし》の小亭観月台が建って景観を調える。東庭の臥龍池《がりょう》は南北に細長く、中島も護岸石組みもない。北寄りには開山堂から東側の高所へ導く急傾斜の廊橋がある。高所には霊屋と特殊な構造の数寄屋である時雨亭《しぐれてい》と傘亭《からかさてい》（ともに重要文化財）がある。庭園は国の史跡および名勝に指定されている。

参考文献 重森三玲「高臺寺庭園」（『日本庭園史大系』一四所収、一九七三、社会思想社）。　（内田　和伸）

こうちじょう　高知城　遠江掛川から土佐に移封された山内一豊が築いた城。高知市に所在。城のそびえる標高四四《メートル》の大高坂《おおだかさ》山には、中世末期に長宗我部元親が岡豊《おこう》から移り城を築いた。南方に鏡川、北方に江の口川が流れ、いわば自然の堀を形成している環境であった。しかし治水に苦労し間もなく浦戸に城を築いた。山内氏の築城は一六〇一年（慶長六）に始まり、三ノ丸の完成をみるのが一六一一年である。山上に本丸・二ノ丸・三ノ丸を配する連郭式の平山城で、本丸御殿も備える。天守は四重六階の望楼型で一七二七年（享保十二）に焼失したが、一七四七年（延享四）旧来の形式で復興された。山下の内堀内には下屋敷と侍屋敷が設けられている。近年、伝下屋敷跡や黒鉄門前、伝御台所屋敷跡や石垣修復のための発掘調査が行われた。伝下屋敷跡では近世前期の土橋をもつ素掘りの堀や、享保期の大火で被熱したと考えられる遺物を含む土層が検出された。黒鉄門前の調査では門に至る階段状の石段が検出されたが、現在の門との位置関係に整合性がないうえに、享保期の大火層の上に盛土が行われていることから、現黒鉄門は享保期以降の建築であることが判明した。伝御台所屋敷跡では、近世初頭の肥前系陶器や魚貝骨などの出土がみられ郭の名称どおりであるが、十六世紀の陶磁器なども出土していることから、長宗我部期にも曲輪の一角として利用されていたことがうかがえる。三ノ丸ではシノギ角をもつ中世末期の造りと考えられる石垣が検出され、盛土から桐紋軒丸瓦が出土している。この石垣は上二石目が山内期に改修されており、二石目以下の盛土からは中世の遺物しか出土していないことから、長宗我部期の石垣と認定でき、ここに立つ礎石建物に桐紋瓦が使用されていたことが明らかとなった。近世城郭としての高知城は本丸部が良好に遺存していることで貴重であるが、中世段階の遺構も一部は良好に埋没しており、変遷を実証的に追及できる。天守閣など十五棟が重要文化財。城跡は国史跡。

参考文献 「高知城」（北野隆他編『復元大系日本の城』七所収、一九九三、ぎょうせい）。高知県文化財団埋蔵文化財センター『高知城跡』、一九九五。同編『高知城三の丸跡―石垣整備事業に伴う試掘確認調査概要報告書―』、二〇〇一。『高知県埋蔵文化財センター年報』一一、二〇〇二。　（中野　良一）

こうちょうじゅうにせん　皇朝十二銭　⇨本朝十二銭《ほんちょうじゅうにせん》

ごうてんじょう　格天井　天井の一種。格縁《ごうぶち》と呼ばれる角材を縦横に組み合わせてできる正方形の格間に板を張った天井をいう。法隆寺金堂・講堂（奈良県斑鳩町）などに用いられている組入《くみいれ》天井と形態は似るが、組入天井が構造材の一部を周囲の枠とするのに対し、格天井は小屋（屋根裏）の梁から吊られる。格間をさらに繊細な格子で分割するものを小組《こぐみ》格天井と呼び、また天井周辺部を斜めに折り上げた格天井を折上《おりあげ》格天井、その小組格天井を折上小組格天井と称する。栄山寺八角堂（奈良県五條市、国宝）にある天蓋状の格天井がもっとも古い奈良時代の遺例で、平安時代には折上小組格天井を用いて仏堂の上部構造を隠し、落ちついた空間をつくり出した。格縁には面取りを施し、仏堂の格間には宝相華などを描くことがある。安土桃山時代から江戸時代初期には、複雑な面取りをもつ格縁に飾金具をつけ、極彩色の絵を描いた格間をもつ二条城二ノ丸御殿（京都市、国宝）のような格天井も現れた。　（箱崎　和久）

小組格天井（霊山寺本堂）

折上格天井（二条城二ノ丸御殿大広間）

こうどう　革堂　一〇〇四年(寛弘元)皮聖《かわひじり》行円によって建立された寺院。正式には行願寺という。創建時には三蹟の一人藤原行成が寺額を書いている。現在は京都市中京区行願寺門前町にあるが、創建時は平安京一条大路の北側にあった。そのため一条北辺堂ともいわれる。革堂の名は行円が常に皮衣をまとい、皮聖と呼ばれたことにちなむ。本尊は千手観音。革堂では法華八講や四十八講などの法会が盛んに催され、一〇一八年(寛仁二)には法華経の文字数六万九千三百余と同じ数の燈明を点す万燈会が催され、上下市をなしたという。このように衆庶の信仰を集め、藤原実資など結縁する貴族も多かった。一二〇四年(元久元)には後鳥羽上皇が、一四六三年(寛正四)には足利義政が参詣している。中世後期には上京の町衆の信仰を集め、町堂として非常時の集会所になっている。平安時代以来何度も火災に遭い、現在地には江戸時代に移転している。

参考文献　平林盛得『聖と説話の史的研究』、一九八一、吉川弘文館。木村茂光『平安京くらしと風景』、一九九四、東京堂出版。　(戸川　点)

こうどう　講堂　古代寺院における説教、講義のための施設。七堂《しちどう》伽藍《がらん》に数えられる主要堂宇の一つである。一般に金堂《こんどう》の背後に配置され、多数の僧尼を収容するため、桁行《けたゆき》の長い建物となる。飛鳥寺(奈良県高市村明日香村)講堂の発掘遺構は桁行六間の四面廂である。山田寺(奈良県桜井市)には飛鳥時代講堂の礎石と地覆石《じふくいし》が残り、桁行六間の四面廂である。東大寺の創建講堂は礎石が残り、桁行九間、四面廂で、東西軒廊《こんろう》で僧房に接続していた。唐招提寺講堂(八世紀中期移築、奈良市)は桁行七間、四面廂の建物で、平城宮の東朝集殿《ひがしちょうしゅうでん》を移築改造したものである。現存最古の講堂遺構であると同時に、古代宮殿建築の唯一の遺構である。法隆寺伝法堂は東院伽藍の講堂にあたり、『法隆寺東院縁起資財帳』(七六一年(天平宝字五))に橘夫人宅奉納と記録され、古代住宅建築からの転用例としても興味深い。法隆寺西院大講堂は平安時代唯一の講堂遺構で、当初の桁行六間、四面廂を後世に一間増築して現在の規模となった。

参考文献　奈良県文化財保存事務所編『唐招提寺講堂他二棟修理工事報告書』、一九七二、奈良県教育委員会。奈良文化財研究所編『山田寺発掘調査報告―創立五十周年記念―』、二〇〇二。　(長尾　充)

こうどうかん　弘道館　近世末期に設置された水戸藩の藩校。水戸市三の丸所在。藩主徳川斉昭のもとに同藩における天保改革諸策の一環として、一八四一年(天保十二)に仮開館。その後の斉昭の失脚・復権を経て、一八五七年(安政四)に本開館となった。江戸小石川の藩邸内にも江戸弘道館が設置され、藩士とその子弟のうち十五歳から四十歳までの者に対して教育が行われた。教育理念の中心はいわゆる水戸学の思想であり、その理念にもとづいて、尊皇攘夷思想の実践とともに西洋医学などの実用的な学問も取り入れられた。斉昭の命を受けて藤田東湖が作成した『弘道館記』とその解説書である『弘道館記述義』にその建学理念が示されている。一八七二年(明治五)の学制発布とともに閉館。その後、同館の施設は県庁などとして利用され、その史跡は一九五二年(昭和二十七)国指定特別史跡に指定され、現在、茨城県営の弘道館公園となっている。

参考文献　瀬谷義彦『弘道館記』解題(『日本思想大系』五三、一九七三、岩波書店)。『水戸市史』中三、一九七六。　(小林　信也)

こうどはいじ　広渡廃寺　兵庫県小野市鹿喜町・鹿野町・広渡町にある古代寺院跡。一九七三年(昭和四十八)―七五年に三次の発掘調査が行われ、国指定史跡となる。白鳳時代創建、平安時代前半まで存続した。金堂の前面に東西二塔を置く薬師寺式伽藍《がらん》配置をとり、金堂跡と西塔跡の基壇が残る。金堂基壇は当初東西約一五メートル、南北約一三メートルで、平安時代に北面と南面が拡張された。当初の東面、西面と北面には河原石を横長に積む基壇化粧を施す。西塔基壇は方約一〇メートルで河原石積みの基壇化粧をし、抜取られた心礎は小野市中央公民館前に保存されている。東塔は掘込地業の南東端が確認された。講堂は削平されているが、東西約二三メートル、南北一二メートル程度の基壇が推定される。金堂の南の中門跡では根石が検出された。出土瓦には単弁六葉蓮華文軒丸瓦・単弁九葉蓮華文軒丸瓦、重弧文軒平瓦・唐草文《からくさもん》軒平瓦などがあり、周辺の寺院出土品と同文のものがあり、古代寺院が多数存在する播磨国賀毛郡《かもぐん》内の複雑な瓦の供給関係を示している。

参考文献　高井悌三郎『播磨広渡寺廃寺跡発掘調査報告』一九七七、小野市教育委員会。　(五十川伸矢)

こうにんきゃく　弘仁格　日本で最初に編纂された本格的な格(律令の追加・修正法)。全十巻。七〇一年(大宝元)から八一九年(弘仁十)の間に発布された詔・勅・太政官符・太政官謹奏などを、神祇官・八省・弾正台・京職など官司別に集成したもの。八二〇年、式とともに撰進されたのち、八三〇年(天長七)に一旦施行されたが、並行して改訂がすすめられ、八四〇年(承和七)、「改正遺漏紕繆格式」として完成をみた。編纂にあたっては、編纂時点の有効法を採録するという立場から、内容に改正削除を加えた形跡が認められる。今日ではその目録ともいうべき『弘仁格抄』二巻が伝わるにすぎないが、個々の格については『貞観格』『延喜格』とあわせて再編成された『類聚三代格』などによって、ほぼ復原することができる。『弘仁格抄』は『(新訂増補)国史大系』二五に収録されている。　→類聚三代格《るいじゅうさんだいきゃく》

参考文献　吉田孝「類聚三代格」(坂本太郎・黒板昌夫編『国史大系書目解題』上所収、一九七一、吉川弘文館)。鎌田元一「弘仁格式の撰進と施行について」(大阪歴史学会編『古代国家の形成と展開―大阪歴史学会二十五周年記念―』所収、一九七六、吉川弘文館)。福井俊彦『弘仁格の復原的研究』民部上・中・下篇、一九八九―九一、吉川

弘文館。川尻秋生「弘仁格抄」(坂本太郎・黒板昌夫編『国史大系書目解題』下所収、二〇〇一、吉川弘文館)。 (笠井　純一)

こうにんしき　弘仁式　日本で最初に編纂された体系的な式(律令の施行細則)。全四十巻。奈良時代以来、「民部省式」「式部省例」など、官司別の細則は作られていたが、桓武天皇の命により本格的な法典編纂が始められた。いったん中絶の後、嵯峨朝に編纂を再開。八二〇年(弘仁十一)、『弘仁格』とともに一応完成し、改訂を経て八三〇年(天長七)に施行された。しかしその後も修訂が続けられ、八四〇年(承和七)に至って「改正遺漏紕繆格式」として完成した。『本朝法家文書目録』によって知られるその内容は、巻一から巻十を神祇官式にあて、以下太政官、八省およびその品官・被管(巻十一―巻三十六)、弾正台、左右京、衛府、馬寮、兵庫等(巻三十七―巻四十)の式文からなる。現存の写本は九条家本『延喜式』(東京国立博物館蔵)紙背に残された、巻十九(式部下)および巻二十五(主税上)の残簡にすぎないが、諸文献から逸文が蒐集されている。残簡は『(新訂増補)国史大系』二六に収録。

参考文献　虎尾俊哉「弘仁式」(坂本太郎・黒板昌夫編『国史大系書目解題』上所収、一九七一、吉川弘文館)。同編『弘仁式貞観式逸文集成』(『古代史料叢書』六、一九九二、国書刊行会)。 (笠井　純一)

こうのいけしんでんかいしょあと　鴻池新田会所跡　江戸時代、一七〇四年(宝永元)の大和川付替工事の完成に伴い可能となった五十ヵ所余の新田開発・経営地の内の鴻池屋が土地管理や監督を行なった現地事務所。国史跡。大阪府東大阪市鴻池元町所在。現在の会所の建物は、重要文化財の指定も受けている本(母)屋、土蔵、納屋、門長屋のほか、蔵(米・道具・文書)、神社、庭園、裏門、舟着場、周濠などが保存・修理・公開されている。本(母)屋は、会所の中心的役割を果たす建物で、一七〇八年ごろの建築で、入母屋二重本瓦葺で桁行二九・八メートル、梁間一二・八メートルの身舎部に下屋・庇などが取りつき、土間部は豪壮な梁組を見せている。開発された新田は幕府の直轄領となるが、米・綿などがつくられ、任命された新田支配人が会所西側の役宅に住み庄屋事務も行い、小作料の取り立て、水路・道路などの改修、宗門改帳(戸籍住民票)整備、幕府からの伝達や時には村内の裁判などを行なった。江戸時代の困難な新田開発・経営管理などの歴史を知る上で重要な建物や遺跡である。

参考文献　藤井直正「鴻池新田会所」(『月刊文化財』一二九、一九七四)。原田修・成尾セツ子『鴻池新田と会所』、一九六六、東大阪市教育委員会。『重要文化財旧鴻池新田会所・史跡鴻池新田会所跡修理工事報告書』、一九六六、東大阪市。 (堀江　門也)

こうはい　光背　⇩仏像《ぶつぞう》

こうはい　向拝　⇩ごはい

ごうばか　郷墓　近畿地方の中心部大和・山城・河内・和泉などの平野部に展開する複数村落の共同墓地。惣墓《そうばか》とも呼ばれる。墓地に結集する村落を墓郷と呼ぶ。惣墓は中世後期村落の惣組織を背景とした呼称で、墓郷は在地領主の支配領域としての郷と重なる場合も多く領域を中心にみた呼び方といえる。多くは十三世紀末から十四世紀前半に成立するが、中には十二世紀末から十三世紀初頭にさかのぼるものもある。近世以降部分的に墓郷の解体した地域もあるが、現代もかつての領域をほぼ踏襲した共同墓地として機能しているところが多い。墓地には墓地全体の供養塔としての惣供養塔の立つことが多く、それら石塔を郷墓と呼ぶこともある。惣供養石塔の変遷を通じて墓地の展開を知りうる。平安時代末から鎌倉時代初期に成立した墓地では凝灰岩製の層塔が、ついで鎌倉時代末から南北朝時代の墓地では念仏講衆により造立された大型の五輪塔がその役割を果たす。室町時代以降は各種念仏講碑類が墓地経営主体を示している。惣供養五輪塔の紀年銘遺品は十三世紀末から十四世紀前半に集中し、また地輪下に納骨施設としての甕を埋設することも多く、さらに行基菩薩供養塔の伝承を有するものも多い。念仏講を指導した聖《ひじり》の系譜伝承が附加されたものと考えられる。

参考文献　野崎清孝「奈良盆地における歴史的地域に関する一問題―墓郷集団をめぐって―」(『人文地理』二五ノ一、一九七三)。坪井良平「山城木津惣墓墓標の研究」(『歴史考古学の研究』所収、一九八四、ビジネス教育出版社)。高田陽介「泉州惣墓めぐり―墓郷の構成と結衆の契機―」(石井進編『中世の村と流通』所収、一九九二、吉川弘文館)。吉井敏幸「大和地方における惣墓の実態と変遷」(石井進・萩原三雄編『考古学と中世史研究』三所収、一九九一、名著出版)。新谷尚紀『両墓制と他界観』(『日本歴史民俗叢書』、一九九一、吉川弘文館)。『国立歴史民俗博物館研究報告』一一二、二〇〇四。坂本亮太「惣墓からみる中世村落―『惣』と惣墓との関連を中心に―」(『ヒストリア』一八二、二〇〇三)。 (藤澤　典彦)

こうふくじ　興福寺　奈良市登大路町にある法相宗大本山。南都七大寺の一つ。国指定史跡。『興福寺流記』には、六六九年(天智天皇八)藤原鎌足の病気平癒のために、妻の鏡女王が山背国山科に伽藍を建てたのに始まり、飛鳥に還都後に大和国高市郡の厩坂に移り、さらに七一〇年(和銅三)平城遷都にあたって藤原不比等により春日野の現地に移建されたと伝える。最初は山階寺、藤原京では厩坂寺といわれた。興福寺は最初は藤原氏の氏寺であり、官寺ではないが、平城移建のときに、大官大寺などと同じ大寺扱いになった。平城京での興福寺の寺地は外京の左京三条七坊を占め、中枢の堂舎である中金堂は不比等が、北円堂は勅命で長屋王が、東金堂は七二六年(神亀三)聖武天皇が、五重塔と西金堂は光明皇后が天平年間(七二九―四九)に造営し、天平年間には七堂伽藍をそなえるようになった。また南隣の四条七坊の一画が南花園(猿沢池)の園池や、西隣の三条六坊の一画が西果園として、また東松原二十七町(春日野)が寺地とされ、南方は元興寺、北東方は東大寺と寺地を接していた。奈良時代の仏像では、西金堂の釈迦十大弟子像と八部衆像が現存する。平安京遷都後も、八一三年(弘仁四)藤原北家の冬嗣が南円堂を建立するなど、藤原氏氏寺として一門の崇信をあつめた。さらに中断されていた維摩会を光明皇后が七三二年に復興し、それが勅会として興福寺で毎年行われ、その講問の講師問者をつとめることが上層僧侶の登竜門となり寺威があがった。維摩会は、大極殿の御斎会、薬師寺の最勝会とともに三会と称された。平安時代には藤原氏の氏神春日社と一体化し、興福寺は春日大明神を法相宗擁護の神といい、春日社を支配するようになった。また一一三五年(保延元)に春日若宮社を創始、翌年九月には春日野に御旅所を設け、若宮祭を行なった。平安時代、興福寺伽藍にくわえて、春日野には春日東西両塔がそびえ、春日曼荼羅にみえる神仏習合の様を示した。所領として厖大な雑役免田畠を大和国に有し、堂衆・衆徒や春日神人《じにん》(国民)を僧兵として編成し、春日神輿をかかげて強訴するなど、延暦寺と並んで南都北嶺と称されるように、十二・十三世紀には全盛期を迎える。十一世紀には三度の火災により、多くの堂舎が焼失したが、すぐ復興され、一一八〇年(治承四)平氏の南都焼き討ちのときも、東大寺とともに全焼するが、復興も早かった。しかしその後も鎌倉時代の二度の火災、一四一一年(応永十八)、一七一七年(享保二)の火災があり、その都度多くの堂塔が罹災し、現在は、鎌倉再建時の北円堂・三重塔、応永再建時の東金堂・五重塔、一七八九年(寛政元)再建の南円堂などの堂塔が遺る。なお鎌倉時代には興福寺が大和国守護職の立場にあり、守護は設置されなかった。僧侶は奈良時代には僧房に居住したが、平安時代になると伽藍周辺に院家を構え、そこに居住するようになる。貴族の子弟の入寺が盛んになったが、特に摂関家子弟の住持した一乗院(近衛流)、大乗院(九条流)の両院家を門跡《もんぜき》と称し、興福寺を両分した。この両門跡が対立し、永仁年間(一二九三―九九)には大規模な闘乱を起こしている。十四世紀以降、寺内での武力を支えていた衆徒・国民らが自立・成長し、次第に興福寺の支配力も低下した。近世には、他の寺院に比して破格の二万千石が交付された。しかし一七一七年出火、東金堂・五重塔・北円堂などを残して大焼亡した後は復興は遅れた。そのうえ明治政府の神仏分離令によって社寺一体化組織の解体が強行され、興福寺僧徒のすべてが還俗離寺して無住寺院となり、境内地は官没され、堂舎は官庁に転用され、その間に道路が通るなど、境内地の体をなさなくなった。一八八一年(明治十四)、興福寺復興が許可され、堂塔も返還されたが、境内地は奈良公園となった。現在、仮金堂であった中金堂をはじめ伽藍の中枢部につき整備が進められ、再建計画が進行しつつある。なお中金堂の発掘調査では、五間×二間の身舎に四面庇がつく建物規模が判明するとともに、その下層に奈良時代ごく初期の金堂遺構の存在が確認されている。

興福寺五重塔

参考文献 『奈良六大寺大観』七・八、一九六九・七〇、岩波書店。泉谷康夫『興福寺』(『日本歴史叢書』、一九九七、吉川弘文館)。

(綾村　宏)

こうふじょう　甲府城　甲府市丸の内一丁目地内にある近世城郭。一九六四年(昭和三十九)に都市公園舞鶴城公園に、一九六八年十二月二十二日に県指定史跡に指定される。一五八三年(天正十一)に徳川家康の命で築城を開始し、一五九〇年羽柴秀勝、翌一五九一年に加藤光泰、一五九四年(文禄三)に浅野幸長と受け継がれ、一六〇〇年(慶長五)七月には一応の完成を見たと考えられていた。一九九〇年(平成二)からの舞鶴城公園整備事業に伴う発掘調査で、金箔瓦の出土および石垣調査によって、一五九一年以降に築城された豊臣系城郭と考えられるようになった。城主は、一六〇〇年から一六〇三年まで徳川家直轄、一六〇七年まで徳川義直、その後城番制が敷かれ、一六一六年(元和二)から徳川忠長、一六六一年(寛文元)から徳川綱重綱豊父子、一七〇五年(宝永二)から一七二四年(享保九)まで柳沢吉保・吉里父子、以後一八六六年(慶応二)まで甲府勤番支配、一八六八年まで甲府城代が置かれた。加藤光泰は一五九三年(文禄二)に浅野長政宛の書状で「国端」と記しており、豊臣政権にとっては、関東の徳川に対峙する重要な拠点として甲府城を捉えていたといえる。また江戸時代の甲府は、柳沢時代を例外として将軍家連枝か直轄地であり、一八六八年(明治元)には江戸に向かう官軍を迎え撃つ目的で近藤勇率いる甲州鎮撫隊は甲府入城を目指した。これらからは、江戸幕府には西の防衛拠点でもあった。安山岩からなる一条小山を核として築かれた平山城で、大手を南に開き、搦め手(山の手門)を北に配置し、西には柳御門を置く。最も整備された時期は江戸時代中期の柳沢時代である。中央の最も高い所に天守台、その西に本丸がある。本丸には本丸櫓(内側三重、外側二重)と西に開く銅門、南に開く黒鉄門《くろがねもん》、中央には本丸御殿があった。天守台の北下に袋小路の人質曲輪、東から本丸南に巡る天守曲輪、本丸西下に帯曲輪が巡る。本丸の北下には稲荷曲輪と稲荷櫓、西には三重の月見櫓(宝蔵櫓)がある二ノ丸と台所曲輪、天守曲輪を隔てた南下には井戸と米蔵がある鍛冶曲輪があり、この東で稲荷曲輪の南東には数寄屋櫓を持つ数寄屋曲輪がある。二ノ丸の西下は大手門と柳門がある楽屋曲輪、楽屋曲輪の北には屋形曲輪、その北西には山の手門を北東に開き北西に清水櫓を持つ清水曲輪がある。一九九〇年―二〇〇二年まで行われた発掘調査では、解体修理される石垣の裏盛土を含む石垣裏構造の調査が継続的に行われ、石垣を構成する築石、その石尻を支える栗石、裏盛土の栗石の間に築かれた裏石垣、これらが何層にも敷き広げられて敲き締められた裏盛土が背後から支えている様子が明らかとなった。整備工事で復元された建物は、鍛冶曲輪門・稲荷曲輪門・内松陰門・稲荷櫓である。稲荷櫓は、基礎杭工法を採用せずに基礎となる稲荷櫓台石垣とともに伝統工法で寛文年間(一六六一―七三)の建物を復元したものである。出土資料は、甲府城稲荷櫓・山梨県立考古博物館に展示している。

参考文献　『県指定史跡甲府城』Ⅰ―Ⅷ(『山梨県埋蔵文化センター調査報告書』六五・七四・八四・九三・九八・一四〇・一五五・一五六、一九九一―九六、山梨県教育委員会)。山梨県埋蔵文化センター編『県指定史跡甲府城跡』(『山梨県埋蔵文化センター調査報告書』二三二、二〇〇五、山梨県教育委員会)。甲府城総合学術調査団編『甲府城総合調査報告書』、一九六九、山梨県教育委員会。

(八巻与志夫)

こうぶつうほう　洪武通宝　一三六八年に初鋳された中国明王朝の銭貨。明が建国され、洪武と改元されると同時に、小平・折二・当三・当五・当十の大小五等の銭が鋳造された。小平銭については銭文の変化が著しく、銭形も大小あり、無背のほかに、「北平」「福」「豫」「桂」「京」など鋳造地を表わす十種の背文字や、「一銭」の背文字が存在する。小平銭の渡来量は多く、大量出土銭(備蓄銭・埋納銭)の最新銭による時期区分の指標の一つになっている。一方、折二銭には「二銭」、当三銭には「三銭」「三」、当五銭には「五銭」「五」、当十銭には「一両」「十」の背文字があり、沖縄県今帰仁《なきじん》村今帰仁城跡で折二銭・当三銭、沖縄県那覇市天界寺跡と沖縄県名護市城《ぐすく》古銭出土地で当三銭、宮崎県えびの市六部市遺跡で当五銭がそれぞれ出土しているが、当十銭は未見である。なお、洪武通宝の銭文をそのまま用い、背面に「加」「治」「木」の一文字を有した銭は、島津氏が中世末から近世初頭に大隅国姶良《あいら》郡加治木《かじき》において鋳造したといわれている加治木銭であり、明の洪武通宝とは全く異なる。

参考文献　櫻木晋一・赤沼英男・市原恵子「洪武通宝の金属組成と九州における流通問題―黒木町の出土備蓄銭を中心に―」(『九州帝京短期大学紀要』七、一九九五)。櫻木晋一「洪武通宝の出土と成分組成」(『季刊考古学』六二、一九九八)。鈴木公雄『出土銭貨幣の研究』、一九九九、東京大学出版会。

(嶋谷　和彦)

こうみょうこうごうりょう　光明皇后陵　光明子《こうみょうし》は藤原不比等と県犬養橘《あがたのいぬかいのたちばな》三千代《みちよ》の子、聖武天皇の皇后。七六〇年(天平宝字四)六月に没し、「大和国添上郡佐保山《さほやま》」に葬られたことが『続日本紀』にみえる。『延喜式』諸陵寮には陵名を「佐保山東陵」とする。現陵は奈良市法蓮町にある。奈良市街地を北から見下ろすかのように佐保丘陵の南面を利用する形で設けられている。付近では戦国時代末期の一五六〇年(永禄三)前後に、松永久秀によって多聞城《たもんじょう》が築かれることになる。南都支配の拠点となった平山城である。現陵域は南に突き出た丘陵で西南隅に土塁ないしは櫓台の存在を指摘する意見もある。このように中世城郭によって本来の陵所はすでに損なわれた可能性もある。なお現陵は聖武天皇の佐保山南陵《さほやまのみなみのみささぎ》の東北に設けられており、尊号にもとづき天平応真仁正皇太后の佐保山東陵として、一八七九年(明治十二)に至って治定されたものである。

参考文献　上野竹次郎『山陵』、一九二五、山陵崇敬会。村田修三「多聞城」(『日本城郭大系』一〇所収、一九八〇、新人物往来社)。

(今尾　文昭)

こうもん　閤門　日本古代の宮城を取り囲む三重の区画施設のうち、最も内側の閤垣に開くとされる門。閤門には本来、くぐり戸、小門の字義があるが、宮城の最も内側に位置する天皇の居住空間、すなわち内裏の門を指したと考えられる。『大宝令』では内門といった。『令集解』宮衛令《くえいりょう》宮閤門条の註釈によると、閤門の警備は一貫して兵衛府《ひょうえふ》が担当した。衛禁律闌入《えいきんりつらんにゅう》宮門条と闌入踰閾為限条によると、無許可で閤門のしきみを越えて侵入する(これを闌入という)と徒《ず》三年、また閤門ではなく閤垣を越えて侵入した場合は絞《こう》に処される規定であった。なお、平城宮東区の第二次大極殿《だいごくでん》院の南門を閤門と称することがある(『続日本紀』延暦二年(七八三)正月癸巳条のように「大極殿閤門」と連称されることもある)。これは第二次大極殿が、その北に所在する内裏の前殿とも見なし得る内裏南外郭に位置しているため、大極殿院南門が大きくみると内裏外郭の南門の位置にあったことによると考えられる。第一次大極殿院の南門を大極殿閤門と称する記事もある(『続日本紀』天平元年(七二九)六月癸未条)が、大極殿院の門は本来殿門と称されたこと、第一次大極殿院は内裏とは独立した区画を構成していることからみて、当時第一次大極殿院南門が閤門と称されたかどうかは疑わしい。

(渡辺　晃宏)

こうやさん　高野山　紀伊国伊《い》都《と》郡、現在の和歌山県伊都郡高野町にある山岳霊場。広義には地主神の丹生津比売命から譲渡されたという東は大和国堺(奈良県境)、南は南海(太平洋)、西は応神山(和歌山市の東)、北は大和川(紀ノ川)にわたる広大な範囲をいい、狭義には内の八葉・外の八葉と称する山々に囲まれた海抜約八五〇㍍の山上の平地、西の大門(重要文化財)から奥院御廟に至る東西約四㌔、南北約二㌔をいう。高野山は両壇とよばれる西の壇上伽藍と奥院を中心に、西から西院谷・南谷・谷上院谷・本中院谷・一心院谷・五之室谷・千手院谷・小田原谷・往生院谷・蓮華谷の十谷から構成され、盛時にはこれらの谷に千を超す子院・庵が軒を列ねていたが、大火・統廃合により今日では百十七寺が残る。高野山の歴史は、八一六年(弘仁七)六月空海が嵯峨天皇に修禅の道場の建立地として下賜を請うたことに始まる。同年七月の勅許後、直ちに弟子の実恵《じちえ》・泰範《たいはん》を派遣して開創に着手、丹生津比売命を祭祀する丹生《にう》祝《はふり》氏にも協力を要請された。八一八年十一月、空海は勅許後はじめて登山し、結界の法を修し伽藍配置を決めた。その伽藍は、南北中心線上に中門・講堂(のちの金堂)・僧房をおき、僧房を挟んで東西に大塔・西塔を胎蔵・金剛界に配する空海独自の密教理論に基づくものであった。八三二年(天長九)八月、最初の法会である万灯万花会が修された。八三五年(承和二)二月定額寺となったが、空海は完成を見ないまま同年三月閉眼した。閉眼を前に、後事を真然に託したとする説があるが、史実とは考えがたい。同年八月、真言宗におかれた年分度者三人の課試・得度とも高野山で行い、以後六年間の籠山を課した。八三六年五月紀伊国司が俗別当を兼ね、八四一年二月には実恵の奏請により灯明料・仏餉二座料二千八百束が支給され、八七六年(貞観十八)七月紀伊国伊都・那賀・名草・牟婁《むろ》四郡に散在する三十八町が不輸租田となり荘園が成立した。伽藍の建設は山上に位置し私寺であったこと、年分度者の課試制度の変更などで進捗しなかったが、講堂は嵯峨天皇の助成により八三九年ごろ成り、大塔は八七六年ごろに完成、西塔は光孝天皇の助力と真然の尽力により八八七年(仁和三)落慶した。ここに至り、空海が計画した伽藍は完成をみた。一方、真然は高野山中心主義に立ち、八七四年『三十帖策子《さんじゆうじようさくし》』を高野山に持ち帰り、東寺を模して春秋二季の伝法会を始修し、年分度者の課試制度を旧に戻し、八八九年(寛平元)には金剛峯寺に座主職を置いて弟子の寿長を任じた。九一六年(延喜十六)『三十帖策子』の返還を東寺から執拗に迫られた第二代座主無空が門徒を率いて下山したため、一時衰退したとする説があるが、これも史実とは考えがたい。九一九年九月東寺長者観賢は金剛峯寺座主に補されたのを機に高野山に別当職を置き、座主に替わって山務を執らせた。これ以後、東寺長者が座主職を兼帯し、高野山は東寺の末寺となった。九二一年十月醍醐天皇から空海に弘法大師の諡号が下賜された。その報告に訪れた観賢が、禅定の姿の空海を拝したとの説が喧伝されて空海の入定留身信仰が興り、高野山は修行の山から信仰の山へと変貌していった。九五二年(天暦六)奥院が炎上、検校《けんぎよう》雅真《がしん》が復興し御廟の傍らに丹生高野明神が祀られた。丹生津比売命からの高野山譲渡説は、これと軌を一にするものであろう。九九四年(正暦五)七月御影堂をのぞく壇上の諸堂が焼失、雅真は天野に曼荼羅院を建てて下山し、山上には住む僧がいなくなったという。一〇〇四年(寛弘元)ごろ、復興の財源確保のために『御手印縁起』が創られ、一〇一六年(長和五)興福寺系勧進聖の持経上人定誉《じようよ》が登山し本格的な復興がはじまった。その起爆剤となったのが一〇二三年(治安三)の藤原道長と一〇四八年(永承三)の藤原頼通の登山であり、莫大な布施物とともに道長は政所河南の地を、頼通は同河北の地を寄進、これらを基礎に一〇四九年官省符荘が成立した。これを嚆矢に白河・鳥羽上皇をはじめ貴顕の参詣が相つぎ、莫大な布施物とともに埋経、納髪・納骨、寺領荘園の寄進、堂塔の再建・建立が発願されるなど、十一世紀後半から十二世紀にかけて高野山は面目を一新した。御廟東北隅から出土した一一一三年(永久元)銘の比丘尼法薬の経筒(重要文化財)は、奥院の位置を知る資料としても貴重である。この時期、空海の入定留身信仰と高野山の浄土説により聖の登山が急増し、南・中・小田原・五之室・千手院・東・往生院の各別所が置かれ、白河・鳥羽上皇がそれぞれ三十口聖人を設置するなど、浄土教の山の様相を呈していた。十二世紀初頭、鳥羽上皇の信任を得て高野山の革新に挑んだ覚鑁《かくばん》は、大伝法院を建てて伝法大会を復興し、みずから金剛峯寺座主職につき東寺からの独立を果したが金剛峯寺側の反感を買い、一一四〇年(保延六)ごろ根来寺に下山した。覚鑁は秘密念仏を主唱するなど教学面でも活躍した。一一五九年(平治元)美福門院から「御手印縁起」が寄進されると、これを根拠に寺領荘園の獲得にのりだし、南北朝時代にかけて紀ノ川筋の膝下荘園をほぼ手中にした。これら堂塔の建立・寺領の確保・別所の成立をうけ鎌倉時代初期にかけて一山の組織が整備され、学侶を中心に総分方(行人)・聖方の三派への分化と年預・預・行事を中心とした僧侶集会制度が確立した。今日みる高野山の寺域も、ほぼこの時期に確立した。北条政子は源頼朝をはじめ一族の菩提を弔うために禅・律・密教の三宗兼学の寺、金剛三昧院を建立、一二二三年(貞応二)多宝塔(国宝)・経蔵が完成し、初代長老に栄西の弟子行勇《ぎようゆう》をおいた。鎌倉幕府の重臣安達泰盛は一二五二年(建長四)高野板の刊行に着手、一二六五年(文永二)からは覚斅《かくきよう》発願の町石《ちよういし》卒塔婆の造立事業を助け(卒塔婆の初出は一〇八八年(寛治二)の白河上皇の参詣記)、金剛三昧院内に勧学院を設けて学道の奨励をはかった。高野山における学道は、覚鑁の伝法会の復興以来、五辻斎院による蓮花乗院の建立、道範ら高野八傑の活躍、勧学院・後醍醐天皇による愛染堂の設立を経、応永年間(一三九四—一四二八)に宥快・長覚が出て最高潮に達した(応永の大成)。南北朝時代、高野山は北朝に近い立場をとったが、中立主義を貫き、教団・寺領荘園の安泰を堅持した。以後室町時代にかけて、遠隔地荘園の維持が困難になると、寺領有

金剛三昧院多宝塔

力者の子弟を出家させて小集会衆とし、血縁関係を利用して寺領の保護と治安維持に努め、膝下荘園を死守する一方、地方の有力者・大名などと寺檀関係・宿坊契約を結び、高野山への参詣を勧め収入源の確保につとめた。その表れであろうか、奥院には十五世紀の銘をもつ一石五輪塔が多数伝存する。一五八五年(天正十三)、豊臣秀吉は織田信長につづき高野攻めの挙にでたが、木食応其《もくじきおうご》の交渉により、高野山は兵火から免れた。秀吉は三千石を寄進して金堂を再建したが、検地の結果、五万石に及んだため全寺領を没収された。応其の奔走により二万一千石が返され、うち六千五百石は行人分となった。江戸時代、応其の活躍により発言力を強めた行人方と学侶・聖方の三派は堂上灌頂などをめぐってしばしば対立をみたが、一六九二年(元禄五)幕府は行人千二百二十六人中六百二十七人を九州諸国に配流し、行人寺千百二十軒余を廃し、二百八十軒を存続させた。これを元禄聖断といい、これより学侶・行人の争いは鎮静した。一八六八年(明治元)九月、三派を解体して学侶の支配とし年預坊を総宰庁としたが落ち着かず、翌年三月、青厳寺(学侶方)と興山寺(行人方)を統合して金剛峯寺と称し、大徳院(聖方)を講学所とするに及んで、三派の争いは終焉した。一八七二年三月、太政官布告により女人禁制が解除されたが、女性の登山が公認されたのは一九〇六年のことであった。一八八八年三月の大火により寺院の統廃合がすすみ、明治初年の六百八十余寺から一気に百三十余寺に減少した。→金剛峯寺《こんごうぶじ》

参考文献 松長有慶他『高野山—その歴史と文化—』、一九八四、法蔵館。五来重『(増補)高野聖』、一九七五、角川書店。愛甲昇寛『高野山町石の研究』、一九七三、高野山大学密教文化研究所。和歌山県教育委員会編『高野山奥之院の地宝』(『和歌山県文化財学術調査報告書』六、一九七五)。

(武内 孝善)

こうやまじょう 高山城 大隅国中部の領主肝付《きもつき》氏の南北朝時代から戦国時代にかけての居城。別名、肝付城・本城《ほんじょう》・山之城。鹿児島県肝属郡高山町大字新富《しんとみ》の本城地区に所在。城地は高山川中流、本城川と栗山《くりやま》川に挟まれたシラス台地にあり、国指定史跡である。肝付氏は南北朝時代には南九州南朝方の中心武家として、室町・戦国時代には島津氏と対抗して大隅半島の領域支配を進め、多くの支城も築いており、当城はその本拠として南北五五〇《メートル》、東西六五〇《メートル》の大規模な構造をもつ。城跡東端の野首《のくび》に堀切《ほりきり》を入れて台地を遮断し、館《やかた》が置かれた西側平地との比高差が五〇〜六〇《メートル》の六つの曲輪《くるわ》に分かれる。本丸跡とされる最も広い曲輪の虎口前面の広場から放射状に四本の堀切が延びて台地を分割し曲輪群を形成。各曲輪は斜面の切岸《きりぎし》や土塁《どるい》によって個別に防御され、南九州に特徴的な群郭式《ぐんかくしき》城郭の代表例である。

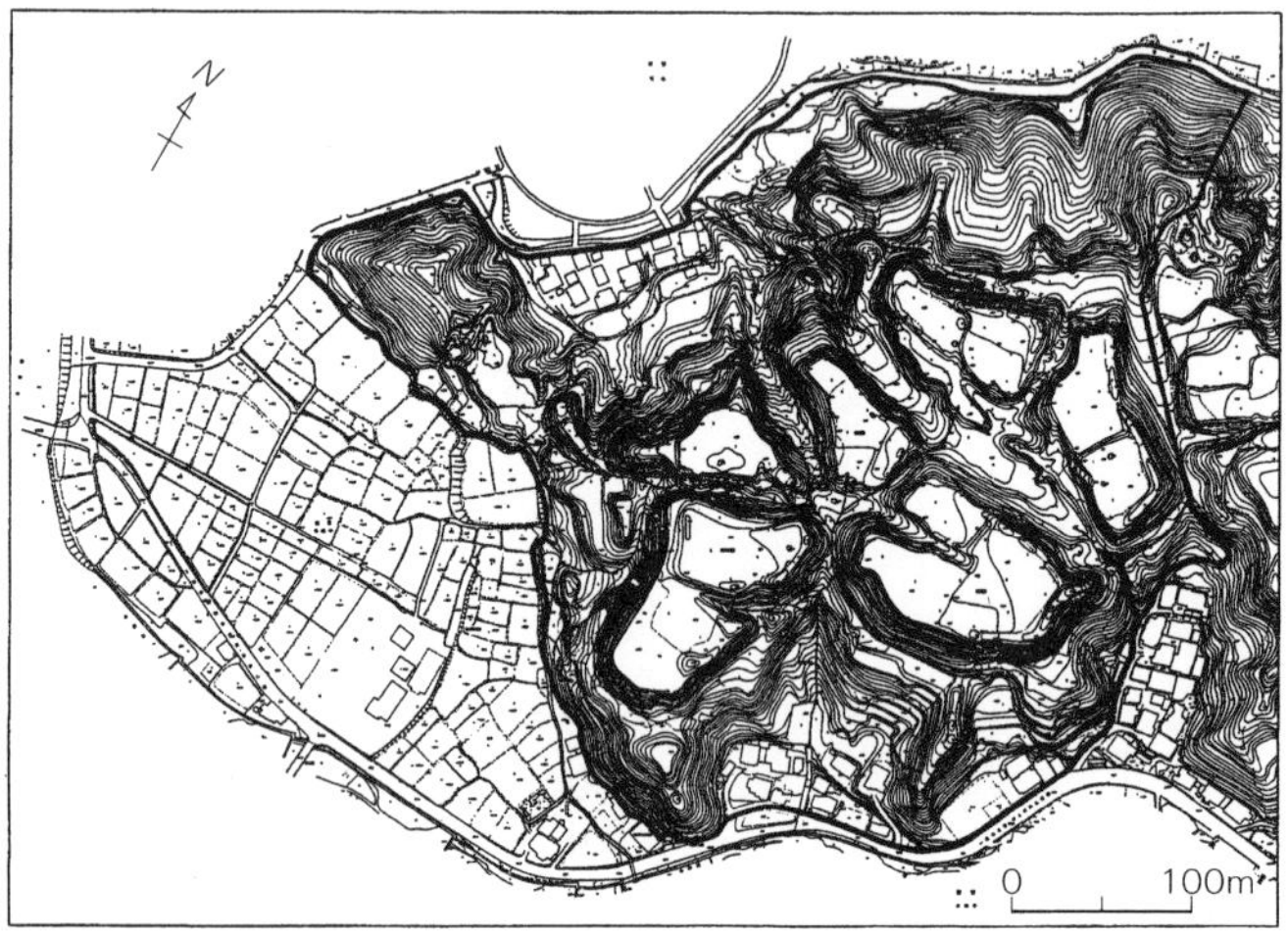

高山城跡史跡指定範囲図

資料館 肝付町歴史民俗資料館(鹿児島県肝属郡肝付町)

(鶴嶋 俊彦)

こうらい 高麗 九一八年から一三九二年にかけて朝鮮半島に存在した王朝。朝鮮語ではコリョとよむ。国号は古代の高句麗《こうくり》《コグリョ》を継承するものだが、混同を避けるため、一般に古代の王朝を高句麗、後代の王朝を高麗と呼びわける。九世紀末以降、新羅《しらぎ》《シルラ》では各地に自立的な豪族が割拠し、なかでも泰封《たいふう》《テボン》を建てた弓裔《きゅうえい》《クンイエ》と後百済《ごくだら》《フペクチェ》を建てた甄萱《けんけん》《キョンフォン》が有力であった(後三国)。高麗を建国した王建《おうけん》《ワンゴン》(太祖)は当初弓裔の部将だったが、九一八年に弓裔を追放してみずから即位し、半島中西部の松嶽《しょうがく》《ソンアク》(開城市《かいじょう》《ケソン》)に定都した(開《かい》《ケ》京《けい》《ギョン》)。そして九三五年に新羅を帰順させ、翌年には後百済を滅ぼし、後三国を統一した。建国直後の高麗では王権が不安定で、地方統治も豪族の手に委ねた状態であった。しかし十世紀後半より科挙《かきょ》をはじめとする中国の政治制度を導入して徐々に集権的な官僚制国家へと成長し、そして十世紀末から十一世紀初における契丹《きったん》の侵略を克服して、十一世紀後半に最盛期を迎えた。高麗盛時の政治体制は、官僚機構など多くの点に中国唐宋の制度を参照しつつも、独自性をもって整備・運営された。官僚は文《ぶん》班《はん》(文臣)と武班《ぶはん》(武臣)にわかれたが(両班《りょうはん》)、文治主義のもとで要職は文班が独占し、貴族的な門閥家門が形成された。中国を支配する大陸王朝に対しては朝貢を行なって王位の承認(冊封《さくほう》)をうけたが、一方では君主を天子・皇帝に擬した格式を用いるなど、独自の姿勢を堅持していた。地方行政では、州府郡県に地方官がおかれる主邑《しゅゆう》とおかれない属邑《ぞくゆう》の別があり、その下に特殊負担をおう集落である雑所《ざっしょ》(郷《きょう》・所《しょ》・部曲《ぶきょく》・駅《えき》・館《かん》・津《しん》・江《こう》など)が付属する複雑な編成がとられた。また公権力担当者に対しては独特な土地支給制度(田柴科《でんさいか》)が存在した。十二世紀に入ると、支配層が内訌を繰り返し(一一二六年、李資《りし》《イジャ》謙《けん》《ギョム》の乱、一一三五年、妙清《みょうせい》《ミョチョン》の乱)、また流民現象が深刻化するなど民衆支配が動揺してくる。こうしたなか、一一

七〇年には李義方《りぎほう》《イウイバン》・鄭仲夫《ていちゅうふ》《チョンチュンブ》ら武臣のクーデタがおこり(庚寅《こういん》の乱)、武臣執権期が始まった。やがて一一九六年に崔忠献《さいちゅうけん》《チェチュンホン》が執権すると、教定都監《きょうていとかん》・都房《とぼう》などの機構が整備され、武臣権力は政権としての内実を備えていく。しかし一二三一年にはモンゴル帝国の侵略が始まり、政府は江華島《こうかとう》《カンファド》に避難して、国土荒廃のなか約三十年間にわたり抗戦を余儀なくされる。そして一二五八年に主戦派の崔氏政権が倒され、直後にモンゴルでフビライ政権(元《げん》)が誕生すると、高麗は元との講和にふみきり、復権した国王を中心に元との協調路線を進め、二度の日本侵略(文永《ぶんえい》・弘安《こうあん》の役)にも多大な犠牲を払って協力した。その代償として、歴代国王は元の皇族女性を娶り、帝室の駙馬《ふば》(女壻《じょせい》)としてモンゴル王侯の一員となり、また元の高官職を兼ねるなど、元の体制内における地位の上昇と安定を得たのである。ただ元との緊密な関係は、やがて国内における王権の求心力を低下させ、王位継承に元が介入するなどの混乱もまねいた。一三五六年以降、高麗は元の直接の影響下から脱し、国家秩序の再定立をめざしてゆく。しかし改革が停頓する一方で、倭寇《わこう》や元明交替により流動化した国際情勢への対応におわれるなか、その過程で浮上してきた武将李成桂《りせいけい》《イソンゲ》とその支持者により、一三九二年に命脈をたたれた。君主を頂点とする集権的な国家をめざした高麗では、儒教が尊重されたが、とりわけ為政者の規範・学識として重視され、そのもとで学術・文芸が隆盛した。また仏教が鎮護国家の宗教として手厚く庇護され、さまざまな仏事が盛行し、『高麗大蔵経《こうらいだいぞうきょう》』をはじめとする文化財が生みだされた。さらには風水地理《ふうすいちり》・陰陽図讖《いんようとしん》などのマジカルな信仰も、人々の心を捉えて離さなかった。工芸品としては高麗青磁《せいじ》が名高く、翡翠《ひすい》色を発する釉薬《ゆうやく》、象嵌《ぞうがん》による紋様《もんよう》など、独自の技法を発展させた。印刷文化も発達し、とりわけ世界最古の金属活字の使用例で知られている。

参考文献 鄭麟趾等撰『高麗史』。金宗瑞等撰『高麗史節要』。『高麗名賢集』一—五、一九七三・八〇、成均館大学校大東文化研究所。『影印標点韓国文集叢刊』一—七、一九八〇、民族文化推進会。武田幸男編『朝鮮史』(『新版世界各国史』二、二〇〇〇、山川出版社)。『한국사』一二—二一、一九九三—九六、国史編纂委員会。
(森平　雅彦)

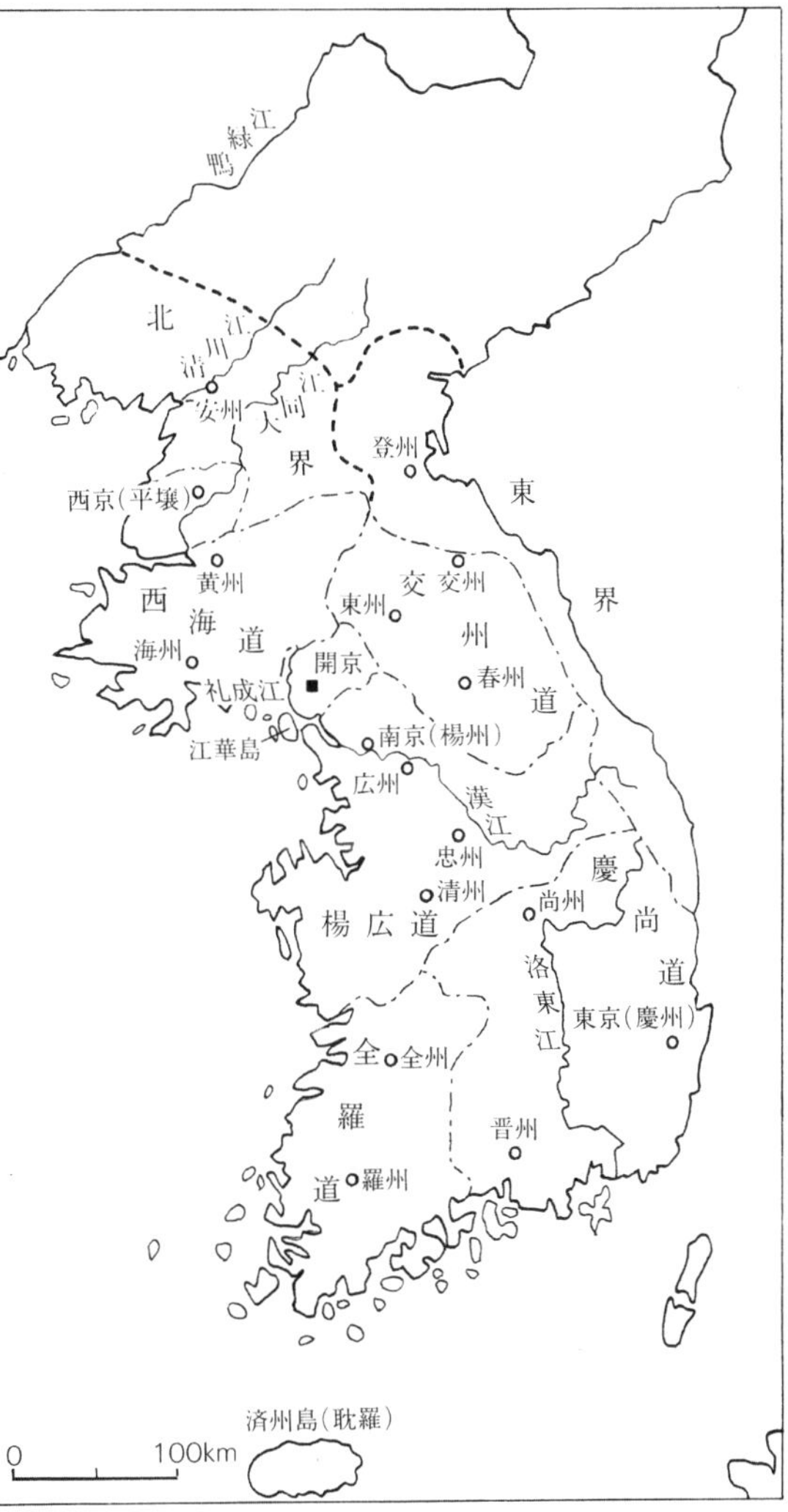

高麗末期の版図

こうらいせいじ　高麗青磁　高麗時代(九一八—一三九二)に作られた青磁。中国の越州窯《えつしゅうよう》青磁の大きな影響のもとに創始された。近年黄海南道鳳川郡円山里、全羅南道康津郡龍雲里などにおいて最初期の窯址が調査され、青磁誕生の時期を統一新羅時代末期の九世紀まで遡らせる説が提示されているが、今なお定説をみるに至っていない。高麗青磁は次第に中国の青磁の影響を離れ、独自の様式が形成されていった。十二世紀になると、釉は澄んだ青緑色を呈するようになり、陰刻、陽刻、透彫などのさまざまな彫り文様や型押し文様、あるいは彫塑的な手法で多彩な装飾が加えられるようになった。これらは貴族の需要に応えたもので、全羅南道康津郡沙堂里窯と全羅北道扶安郡柳川里窯において製作された。一一二三年に宋の使節の一員として高麗の都である開城を訪問した徐兢《じょきょう》が著した旅行見聞録である『宣和奉使高麗図経《せんわほうしこうらいずきょう》』には、「翡色《ひしょく》」と呼ばれる美しい青磁が作られていること、獅子と蓮弁文で飾られた精巧な香炉があることなどが記されており、高麗青磁がきわめて高い水準に達していたことが窺われる。十二世紀後半より、器面に文様を彫り、そこに白土や鉄分の多い土を埋め、いったん素焼きをしたのちに、青磁釉を掛けて焼成する象嵌《ぞうがん》の技法が盛んになり、文様装飾の主流となっていった。また、銅を含んだ顔料を用いて赤い彩色を加える辰砂《しんしゃ》の技法も行われた。鉄分を含んだ顔料を用いて文様を描く青磁鉄絵は、十一世紀から十二世紀にかけてさかんに作られた。このほか、全羅南道海南郡山二面珍山里窯などでは緑青磁と呼ばれる粗製の青磁が焼かれ、地方官吏や寺院などの需要に応えた。高麗青磁は十三世紀代より釉、胎土、成形や文様などあらゆる面で粗雑化していった。下降線を辿りはじめる時期については諸説があるが、一三六五年に没した恭愍王妃《きょうびんおうひ》陵である「正陵」銘の青磁象嵌碗など、高麗時代末期の青磁はいたって退嬰的な様相を呈している。日本では博多、大宰府のほか、鎌倉や一乗谷朝倉氏遺跡などにおいて出土例があり、威信財として珍重されていたさまがうかがえる。

参考文献 伊藤郁太郎「高麗陶磁史考」(『国華』一二八三、二〇〇三)。 (今井 敦)

こうらいもん 高麗門 文禄・慶長の役(一五九二年(文禄元)および一五九六年(慶長元))ごろに薬医《やくい》門や棟門の改良型として考案され、関ヶ原の戦(一六〇〇年)以後、急速に全国的に普及したと伝えられる門形式。近世城郭の枡形《ますがた》内側の櫓《やぐら》門に対して枡形外側の門として建てられたが、後に大名屋敷の主要な門にも使われた。鏡柱《かがみばしら》と呼ばれる断面長方形の本柱二本の上に冠木《かぶき》という横材を載せて切妻屋根を設け、背面に本柱を支える控柱二本をたて、控柱上にも一段低い切妻屋根をかける。平面はコの字形で、開門時に扉を控柱屋根の下に収めて雨水を防ぐ構造となる。冠木の納め方により二種類に分けられる。古式は本柱の上に冠木を載せるもので、慶長年間(一五九六―一六一五)築造の高麗門は全てこの形式であり、姫路城いの門などが現存する。新式は背高の本柱に冠木を貫《ぬき》状に挿すもので冠木中央に束《つか》をたてる。元和・寛永年間(一六一五―四四)に考案されたといわれ、江戸城の高麗門などが現存する。

参考文献 三浦正幸『城の鑑賞基礎知識』、一九九九、至文堂。 (平澤麻衣子)

こうらくえん 後楽園 (一)一六八七年(貞享四)岡山藩主池田綱政が家臣の津田佐源太永忠に命じて起工し、一七〇〇年(元禄十三)に完成した大名庭園。岡山市後楽園に所在。国の特別名勝。当初、茶屋屋敷と呼ばれ、城の北側にあることから後園《こうえん》と呼ばれた。一八七一年(明治四)に小石川後楽園に倣って後楽園と改称され、旧藩士や町方一般の人々に解放される。富士形をした唯心山《ゆいしんざん》を中心に景が展開し、北方からの池・島・山と烏城(岡山城)が望め遠近の景勝をもち、山からは庭園内の池・島・井田・茶畑・馬場・茶屋などが望める。また曲水宴を楽しむ流《りゅう》店《てん》などもあり、大名庭園の特色である実用・観賞・趣味など各要素が盛り込まれた回遊式庭園である。

参考文献『山陽』(有賀徹夫編『探訪日本の庭』三、一九七九、小学館)。吉川需『古庭園のみかた―美と構成―』、一九六六、第一法規出版。 (田中 哲雄)

(二)⇩小石川後楽園《こいしかわこうらくえん》

こうらさんこうごいし 高良山神籠石 福岡県久留米市御井《みい》町にある古代の神籠石式山城。国史跡。水縄《みのう》山地西端、高良山西斜面の中腹に鎮座する高良大社を囲むように列石線が巡る。確認された列石の総延長は約一五〇〇メートルで、二つの尾根沿いに五つの峰、二つの谷を取り込むように築造。列石は片岩の方形切石を尾根線外縁に並べたもので、『日本書紀』天武天皇七年(六七八)十二月条にみえる筑紫国地震の震源となった水縄断層(国指定天然記念物)に沿う北側尾根の長さ一キロの区間が未検出で、断層調査によって同地震により列石が崩壊した可能性が高いことが判明。一八九八年(明治三十一)、地元在住の小林庄次郎が『東京人類学雑誌』に紹介したことを契機に以後、明治・大正期に霊域説、山城説をめぐる一大論争が展開されたが、一九六三年(昭和三十八)、佐賀県おつぼ山神籠石の調査で列石は土塁の土留めの機能を持ち、大野城や基肄《きい》城などの朝鮮式山城と近似した構造を持つことが検証され、山城であることが確定的となった。↓神籠石《こうごいし》

参考文献 久留米市教育委員会編『史跡高良山神籠石保存管理計画策定報告書』(『久留米市文化財調査報告書』一五、一九七七)。松村一良「高良山神籠石」(『久留米市史』一二所収、一九九四)。 (松村 一良)

こうらん 勾欄 建物の基壇や階段の端、縁周り、須弥壇、橋などに設けられる伝統様式の手すりのこと。高欄とも書く。転落を防止するためや装飾的要素として設けられる。下から地覆《じふく》、平桁《ひらげた》、架木《ほこぎ》という水平材を渡し、斗束《ますづか》(「とつか」とも)、込栭《こみたたら》という垂直材で水平材を支える。隅や中間には勾欄親柱を立てる。隅の組み方や形態、様式により組勾欄、刎《はね》勾欄、登《のぼり》勾欄、擬宝珠《ぎぼし》勾欄、禅宗様勾欄などの種類がある。組勾欄は地覆・平桁・架木が直線となる古式の形であり、刎勾欄は組勾欄の架木の先端を上に反り上げる。地覆と平桁の間に横連子《よこれんじ》や卍《まんじ》崩しの組子《くみこ》が入ることもある。登勾欄は階段の両脇に付ける勾欄で、擬宝珠勾欄は水平材が交差する隅部に擬宝珠をのせた柱が立つ勾欄である。禅宗様勾欄には斗束の斗が蓮葉状となり、親柱の頂部に逆蓮《さかばす》の彫刻がのるが、地覆と平桁の間に透かし彫り板を入れたり、勾欄を切る場合には架木の端を垂れ下げ蕨手《わらびて》状にとめる。

参考文献 伊藤延男『古建築のみかた―かたちと魅力―』、一九六七、第一法規出版。近藤豊『古建築の細部意匠』、一九七二、大河出版。 (平澤麻衣子)

こうりゅうじ 広隆寺 京都市右京区太秦《うずまさ》蜂岡町にある寺院。真言宗に属したが、現在は単立の寺院。山号蜂岡山。太秦寺、蜂岡寺などの別称があり、太秦の太子堂とも呼ばれている。山城最古の寺院の一つ。平安京以前に山背《やましろ》盆地を開発し、大きな勢力を持った渡来系氏族、秦《はた》氏の氏寺。『日本書紀』推古十一年(六〇三)十一月己亥条に、秦河勝が聖徳太子から仏像を授かり蜂岡寺を建立した、同三十一年(六二三)七月条に新羅・任那から贈られた仏像を「葛野秦寺」に置いたという記事があり、寺伝

広隆寺弥勒菩薩像

ではこれを起源とし、太子建立の七寺(または八寺)の一つとする。『広隆寺縁起』(『朝野群載』)には、旧所在地の(葛野郡)九条河原里、同条荒見社里が狭いため、五条荒蒔里に移したとあり、旧所在地や移転時期について諸説がある。また現在地からは奈良時代以前の瓦もかなり出土し、移転時期の検討をより複雑にしている。平安時代以降は薬師信仰と聖徳太子信仰で寺勢を保ったが、たびたび火災にあいそのつど再建された。平安時代末期の講堂(赤堂)は、金堂を縮小したもので重要文化財に、鎌倉時代の八角円堂である桂宮院《けいきゅういん》本堂は国宝に指定されており、その他、上宮王院本堂(太子堂)、薬師堂、楼門などの建造物がある。楼門前の石標の台石には塔心礎が転用されている。寺宝の美術工芸品は数多く、霊宝殿(宝物館)等に収蔵、展示されている。中でも飛鳥時代の国宝木造弥勒菩薩半跏像《みろくぼさつはんかぞう》は秦河勝が仏像を授かった伝承とも関連して特に有名なほか、もう一軀の木造弥勒菩薩半跏像(飛鳥時代)、木造阿弥陀如来坐像、木造不空羂索観音立像、木造千手観音立像、木造十二神将立像の六件(ともに平安時代)と、『広隆寺縁起資財帳』、『広隆寺資財交替実録帳』(ともに平安時代)の二件は国宝。その他、絵画、彫刻の計三二件と鉄鐘一件が重要文化財。周辺の発掘調査で、境内東から弁天島経塚(平安時代後期)、西から平安時代前期の梵鐘鋳造遺構が検出されている。なお境内東にこの寺院と関係深い大酒神社が鎮座する。この神社は秦氏の氏神で、毎年十月に奇祭として有名な牛祭が行われている。 (磯野 浩光)

こうろ 香炉　仏・菩薩の供養に際して香を薫じるために用いる仏具の一つで、仏前において華瓶・燭台とともに供える。梵語で gandha-ghatika という。古来、猛暑のインドでは香を塗り、香を薫じて周囲に香気を漂わせて悪臭を除くことが一般的に行われていた。この習慣が仏教に取り入れられたもので、わが国において仏教伝来とともに香供養が行われるようになった。玉虫厨子の須弥座部の絵画に香供養の様子が描かれ、法隆寺に伝来した金銅灌頂幡には柄香炉を手にする天人の姿が透彫りされている。また、『法隆寺伽藍縁起幷流記資財帳』『大安寺伽藍縁起幷流記資財帳』においても香炉の記載がある。これらの文献と遺品から判断すると、材質には金・銀・金銅・白銅・青銅・赤銅・銅・鍮石・白磁・青磁・牙・瑠璃・白角・紫檀・木などがある。また、香炉の形式は居《すえ》香炉・柄香炉・釣香炉・象香炉に大別できる。居香炉は前机や須弥壇上に置いて用いる香炉で、博山炉・火舎香炉・蓮華形香炉・金山寺香炉・蛸足香炉などがこれにあたる。『法隆寺伽藍縁起幷流記資財帳』に記載された「単香炉」もこれと同形式と考えられる。柄香炉は手に持って仏前で香を献じ、修法のときに経典を薫じ僧侶自身を清めるために用い、鵲尾《しゃくび》形柄香炉・獅子鎮柄香炉・瓶鎮柄香炉・蓮華形柄香炉がある。釣香炉は上部に釣輪を作り、釣り下げて使用するもので、旅行や坐禅のときに用いる。象香炉は、象の形をかたどった香炉で密教の伝法灌頂で用いる。このほか、野外に置かれた大型香炉は参詣者が香を薫ずるもので置香炉ともよばれる。また、部屋内を薫香するためにも用いられ、茶席などの床間に飾られる場合がある。形状によって聞香炉・桶側香炉・四方香炉・欅香炉・すのこ香炉・火鉢香炉・火取香炉・鴛の香炉・鴨の香炉などとよばれる。 (原田 一敏)

こうろかん 鴻臚館　古代の日本において外国使臣の接待機関として平安京・難波・筑紫の三ヵ所に設置され、治部省玄蕃《げんば》寮に属した。鴻臚館の名は中国で外蕃のことを司る鴻臚寺《こうろじ》に由来する。筑紫の鴻臚館の前身は七世紀に「大郡」「小郡」の名がみえ、六八八年(持統天皇二)には「筑紫館《つくしのむろつみ》」とよばれていた。また、難波も六世紀に「大郡」「小郡」の名がみえ、のちに「難波館」「三韓館」「高麗館」とよばれていた。鴻臚館には平安時代の弘仁年間(八一〇—二四)に改められたらしい。各鴻臚館の所在地は、平安京が左京朱雀大路と壬生大路および七条大路と七条坊門小路にはさまれた方二町の地に東館が、朱雀大路をへだてて対称的な地域に西館があったとされる。難波は難波宮をのせる上町台地の北端部、西成郡内の堀江南岸、現在の大阪市内天満橋付近に求める説がある。筑紫は中山平次郎によって福崎(福岡市の福岡城内)に比定されている。三ヵ所のうち発掘調査によって鴻臚館関連の遺構が検出されているのは筑紫の大宰府鴻臚館(筑紫館)のみである。大宰府鴻臚館(筑紫館)の文献上の初出は六八八年の『日本書紀』の記事で、八三七年(承和四)の『続日本後紀《しょくにほんこうき》』にはじめて鴻臚館の名称で登場する。一〇四七年(永承二)の『扶桑略記《ふそうりゃっき》』『百錬抄《ひゃくれんしょう》』によって十一世紀まで存続したことが知られる。文献はさほど多くないが、鴻臚館の諸施設についての記載もみられる。鴻臚北館門楼・鴻臚中島館・津厨・大宰府警固所などである。鴻臚北館の存在は南館の存在も予想させる。平安京鴻臚館が朱雀大路をはさんで東館・西館が存在することから肯首できよう。鴻臚中島館・津厨は『三代実録』などの記載どおり所在地が異なる可能性が強い。最近の調査成果から中島館はＪＲ博多駅の北側、博多遺跡群に求められる。方一町の区画溝、奈良・平安時代の土器、円面硯、帯金具、石帯、皇朝十二銭、越州窯系青磁器、長沙窯水注、イスラム陶器、「長官」の墨書土器が出土。また、この地域は『和名類聚抄』にいう那珂郡中島郷にあたる。津厨は中島館に併設されていたと考えられる。福岡城内の鴻臚館関連施設には鴻臚北館(・南館)を中心とした諸施設とそれに併設した警固所があったことになる。鴻臚館の機能は設立当初は対公人(蕃客・遣唐使)機関であったが、承和以降は対私人(一般外国商人)応接機関としての特色をもち、貿易を行う市場へと変質した。一九八七年(昭和六十二)、平和台野球場の改修工事によって鴻臚館関連遺構が再発見されて以後、福岡市教育委員会によって鴻臚館の全容解明を目的に発掘調査が継続実施されている。判明した遺構は五期に大別され、年代は七世紀後半から十一世紀に及びほぼ文献に一致する。造営地は谷を狭んで東西に並列する丘陵を削平、谷を埋め立てる大規模な工事が施工され、南北の造成地は海側(北側)が段をもって低くなり、海から見た景観が考慮されている。Ⅰ期(七世紀後半)は南に掘立柱建物四棟をL字形に配し、北に柵列と掘立柱建物一棟、谷部に埋め立てに伴う石垣を築く。Ⅱ期(八世紀前半)は布掘りの柵列によって東西七四メートル、南北五六メートルの方形区画が南・北に造営され、それぞれの東辺に八脚門が設置される。谷部の埋め立てはさらに拡張され、高さ四メートルの石垣が築かれ谷は堀状をなす。堀の西側には池状遺構が二ヵ所にあり、南には便所遺構三基も確認されている。Ⅲ期(八世紀後半)にはⅡ期の石垣は埋められさらに拡張する。南に大・小子房的建物とそれを結ぶ回廊的建物各一棟、推定南門基壇、北に小子房的建物一棟が確認されている。全て瓦葺き礎石建物。Ⅳ期(九世紀)・Ⅴ期(十世紀)は建物遺構は不明。廃棄物処理土坑多数が存在。出土遺構は鴻臚館を特徴づけるように外国産が多い。中国産陶磁器(唐三彩、緑釉・褐釉陶器、青・白磁器など)、新羅陶器、イスラム陶器・ガラス容器、貨幣のほか、石帯、国産施釉陶器、木簡、食料残滓の自然遺物などがある。外国産遺物の増加が鴻臚館機能の変容時期と一致し、文献資料を裏づけている。これらの成果により、二〇〇四年(平成十六)国の史跡に指定。

参考文献 森克己『日宋貿易の研究』、一九四八、国立書院。山崎純男「鴻臚館と志賀の海人」(『新版古代の日本』三所収、一九九一、角川書店)。亀井明徳「鴻臚館貿易」(『新版古代の日本』三所収、一九九一、角川書店)。福岡市教育委員会編『鴻臚館跡』一―一三、一九九一―二〇〇三。

(山崎　純男)

こえず　古絵図　近代以前に作られた絵図の総称で、絵図とは一般に絵画的表現を伴う地図と考えられている。「絵図」の初見は十世紀の末(正暦三年(九九二)四月日紀伊国石垣上荘立券案文、『平安遺文』四九〇八号)で、当初は必ずしも絵画的表現は必須ではなく、「絵や図(地図)の類」という意味合いであった。ただ、絵画ではなく、あくまでも地図としての性格を持ち、地表空間を一定の約束に従って投影・縮尺し、シンボルや文字を用いて平面上に表現した図である。日本では早くも『日本書紀』大化二年(六四六)八月十四日条や『続日本紀』天平十年(七三八)八月二十六日条に国郡図の作成・進上の指示がみえ、律令国家がいわば国土基本図として「国郡図」を備えようとしていたことがわかる。これらの図の内容は不明であるが、七九六年(延暦十五)には、諸国の地図が疎略となり、文字の不明なところもあるので「郡国郷邑、駅道遠近、名山大川、形態広狭」を具に漏れなく記すようにとの記事がみえ(『日本後紀』延暦十五年八月十六日条)、およその内容がうかがえる。これらとは別に奈良時代から平安時代にかけては、開発や条里呼称法の導入とそれに伴う条里プランの完成とともに、班田図や田図あるいは東大寺開田図に代表される古代荘園図類が作成された。これらの地図は地籍図的な性格をもった、土地支配の実務上必要なもので、山容を絵画的に描くなど景観の絵画的描写が含まれるものが多い。中世には国家的な地図つくりは見られなくなり、荘園の経営に関連してさまざまな荘園図や相論図・差図など各種の地図が作成された。中世の荘園図は古代のそれに比べて現存する数も多く、これらのなかには古代に作成された地図と比べると絵画的な表現が多くなる傾向が見られる。近世には、一層多種多様な絵図・地図が作成されるとともに、多くの板行図が現れた。一方で、精密な測量に基づく地図も作成された。また、描かれた空間的な広がりは、世界から日本、国、郡、村、土地一筆に至るまで実にさまざまである。数量的には村や町の領域を描いた手書き地図が多く、村絵図や町絵図と総称されるものが多くを占める。それらの作成目的や契機は検地、普請、相論などさまざまである。古絵図は、作成者側が意識しているか否かは別として、それに表現された空間認識には主観が入っており、作為や誇張も含まれることをわきまえた上で解釈することが必要である。→古地図《こちず》

参考文献 小山靖憲「荘園絵図の史料学」(『中世村落と荘園絵図』所収、一九八七、東京大学出版会)。

(出田　和久)

ごおうほういん　牛玉宝印　熊野三山など各地の寺社の発行する護符。「二月堂牛玉宝印」「那智滝宝印」などと墨書ないしは木版印刷された上に、発行する寺社の本尊・本地仏の種子や宝珠を表す朱印が捺される。「牛玉」(牛黄)とは牛の胆石ないし胃石のことで、薬として珍重されたが、これを墨汁ないしは朱に混じて用いた。新春の修正会などの際に日を定めて行われる作成行事を「牛玉摺り」という。災厄除けとして戸口や軒下に貼ったり、柳の木の枝にはさんだものを苗代の水口にたてて豊作祈願をしたり、あるいは病人の枕もとに貼ったりして用いられた。

那智滝宝印

難病・急病に際し牛玉宝印を水に溶かして服用したという話も伝わる。鎌倉後期以降、起請文の料紙としても用いられるようになった。『東大寺文書』(東大寺図書館所蔵)のなかに残る文永三年(一二六六)十二月の東大寺世親講衆連署起請文が現存最古で、「二月堂牛玉宝印」と「那智滝宝印」が用いられている。起請文の料紙に牛玉宝印が用いられる場合、その文言は表に書かれることもあるが、通常は紙背が用いられるので、起請文を作成することを「宝印を翻す」というようになった。また文書の料紙を貼り継ぐ場合には、ふつうは右紙を上、左紙を下にするが、牛玉宝印を貼り継ぐ場合には、左紙を上、右紙を下にした。熊野三山のうち那智は室町中期以降、熊野の神鳥である烏と宝珠をもって「那智滝宝印」の文字を表すようになり、本宮・新宮も江戸時代にはこれにならった。字画を表すのに用いられたこの方法を「烏点宝珠」と呼んでいる。熊野三山の牛玉宝印が最も広く用いられたが、そのほかに東大寺二月堂・三月堂・大仏殿・戒壇院・手向山八幡宮、東寺御影堂、金峯山(大和)、多賀社(近江)、戸隠山(信濃)、白山(加賀)、英彦山(豊前)、阿蘇社(肥後)、鵜戸社(日向)などからも発行された。 (近藤 成一)

こおざとはいじ 郡里廃寺 徳島県美馬市美馬町銀杏木に所在する古代寺院。古くは立光寺《りゅうこうじ》跡とも呼ばれていたが、一九七六年(昭和五十一)の国史跡の指定時に現在の名称に改められた。一九六七・六八年に発掘調査が行われ、東西九四メートル・南北一二〇メートルの寺域が確認された。四周の区画は創建当初の土塁から、石敷へと作り替えられたとみられる。検出された遺構には、塔跡・金堂跡などがある。東に塔を、西に金堂を配する法起寺式の伽藍配置である。塔心礎は八角形で、腐り止めのための根巻板の痕跡が認められる。出土遺物には、須恵器・土師器などの土器類のほか、瓦類、水煙とみられる青銅器片などがある。美馬町周辺には、段の塚穴古墳群などの県下有数の規模を持つ後期古墳が点在する。郡里廃寺と併せて有力豪族の存在が推定され、阿波国の前身が粟(県北部)・長(県西部)、さらに県西部の三つの領域からなる、「阿波三国説」の根拠の一つとされた。

資料館 美馬郷土博物館(徳島県美馬市)

参考文献 徳島県教育委員会編『立光寺跡の発掘調査』(『徳島県文化財調査報告書』一一、一九六八)。同編『阿波・立光寺跡調査概報』(『徳島県文化財調査報告書』一二、一九六九)。

郡里廃寺全景　南方上空から

コーチやき 交趾焼 黄、緑、紫などの釉薬を塗り分けて彩る三彩《さんさい》の一種。中国で明時代後期から清時代にかけて作られた。交趾は日本における呼び名であり、交趾すなわち現在のベトナム中部より来航した交趾船によってもたらされたことに由来するが、実際の生産地は中国南部とみられる。これらの中に、さまざまな動物や植物などをかたどった小型の合子《ごうし》があり、いわゆる形物香合《かたものこうごう》として日本の茶人に珍重された。福建省南部の漳州に近い平和県田坑において、この種の合子が焼かれていたことが判明している。

参考文献 茶道資料館『特別展交趾香合―福建省出土遺物と日本の伝世品―』、一九九八。 (今井 敦)

こおりにしやまじょう 桑折西山城 戦国時代の伊達氏の居城で、伊達天文の乱の中心となった山城。国指定史跡。福島県伊達郡桑折町万正寺《まんしょうじ》所在。産ヶ沢《うぶがさわ》川西岸で、高舘山と呼ばれる丘陵上に立地する。主に本丸と中舘・西舘に分かれ、標高は本丸が一九三メートル、西舘が二一五メートルで、産ヶ沢川との比高差は一〇〇メートル以上ある。本丸地区は、本丸、二ノ丸、東郭、砲台場の郭から成り、中舘・西舘は、二つの長方形の郭が空堀で分けられる。また、土塁や石塁を多用した枡形状の虎口や、年代は不明だが石積み石垣も見られる。西舘の試掘調査では、瀬戸美濃の大窯第一段階第二小期の灰釉皿などが出土した。西山城は、一一八九年(文治五)の伊達氏下向から間もなく伊達市保原町高子《たかこ》から高舘に移ったのがはじまりとも、一四〇〇年(応永七)に伊達大膳大夫政宗が鎌倉公軍と対峙した赤館であるともいわれる。十六世紀第Ⅰ四半期に、伊達稙宗が梁川から西山城へ移り、天文の乱後破却された。

参考文献 桑折町教育委員会編『西山城跡調査報告書』、一九八六。桑折町教育委員会編『史跡桑折西山城跡保存管理計画書』、一九九九。 (平田 禎文)

こおりやまいせき 郡山遺跡 律令制下の陸奥国初期国衙および付属寺院跡。仙台市太白区郡山に所在。仙台市街中心部から東南約五キロに位置し、東西八〇〇メートル、南北九〇〇メートルの範囲に広がる。官衙・寺院の遺構群は大別すれば、新古二時期にわたり、古段階をⅠ期官衙、新段階をⅡ期官衙、Ⅱ期官衙と同期の寺院を郡山廃寺とよぶ。また、廃寺東側には寺院東方建物群、Ⅱ期官衙南外側にはⅡ期官衙関連施設などがある。Ⅰ期官衙は南北六〇〇メートル、東西三〇〇メートルほどの範囲にわたり、遺構群の示す方向は真北から東に三〇～四〇度ほど振れている。官衙内部は材木塀や、板塀で区画されたブロックが連なっており、各ブロックの機能や性格については、倉庫群以外は不明な点が多い。建物や塀などの遺構の重複状況から三～四期にわたる変遷がみられ、年代は七世紀の中ごろから末ごろまでと考えられる。官衙の性格は、郡衙(評衙)、国衙、城柵などさまざまな解釈があるが確定しない。II期官衙は、一辺四町(四二八メートル)のほぼ正方形の地割を行なって造られ、造営基準方向は真北線に合わせている。外郭施設は材木塀とその外側の大溝である。さらにその外側に半町ほどおいて外溝を廻らす。材木列は直径三〇センチほどのクリ丸材を一列に隙間なく立て並べている。この外郭材木列の南辺中央には南門がある。官衙内部には、政庁があり、桁行八間(身舎六間)、梁行五間(身舎三間)の四面廂《ひさし》付の正殿と考えられる建物がある。正殿北側には石敷遺構や石組池がある。年代は七世紀末ごろから八世紀初めと考えられる。多賀城との年代的関係から初期陸奥国衙と考えられる。郡山廃寺はII期官衙の南前面に造営されており、この付属寺院とみられる。寺域は東西一二〇～一二五メートル、南北一六七メートルほどで、材木塀によって区画されている。版築基壇による講堂とその北側には掘立柱建物による僧房がある。軒瓦は単弁蓮華文軒丸瓦とロクロ挽重弧文軒平瓦の単一組合わせである。

参考文献 『郡山遺跡』一―一二三、一九六一―二〇〇三、仙台市教育委員会。木村浩二「郡山遺跡」(『仙台市史』特別編二所収、一九九五)。

(木村 浩二)

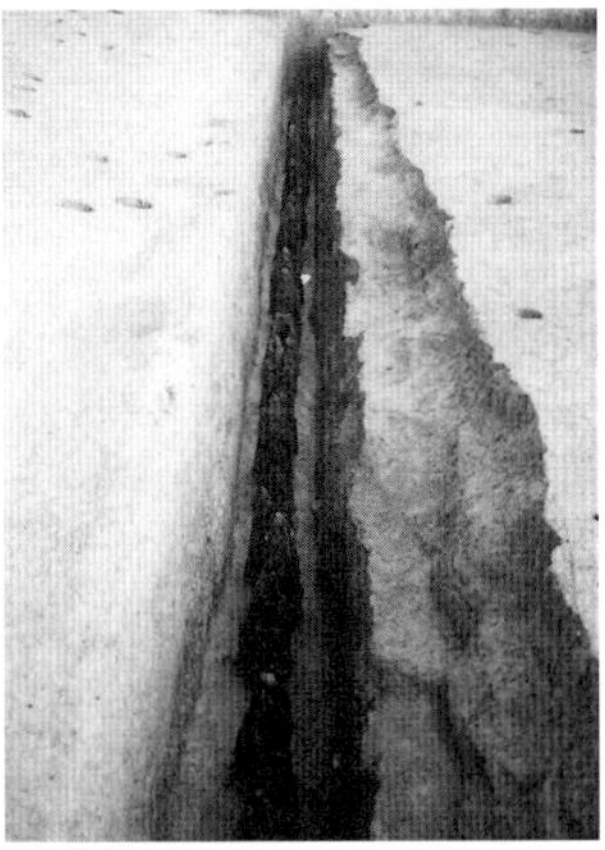

外側を区画する材木塀の跡

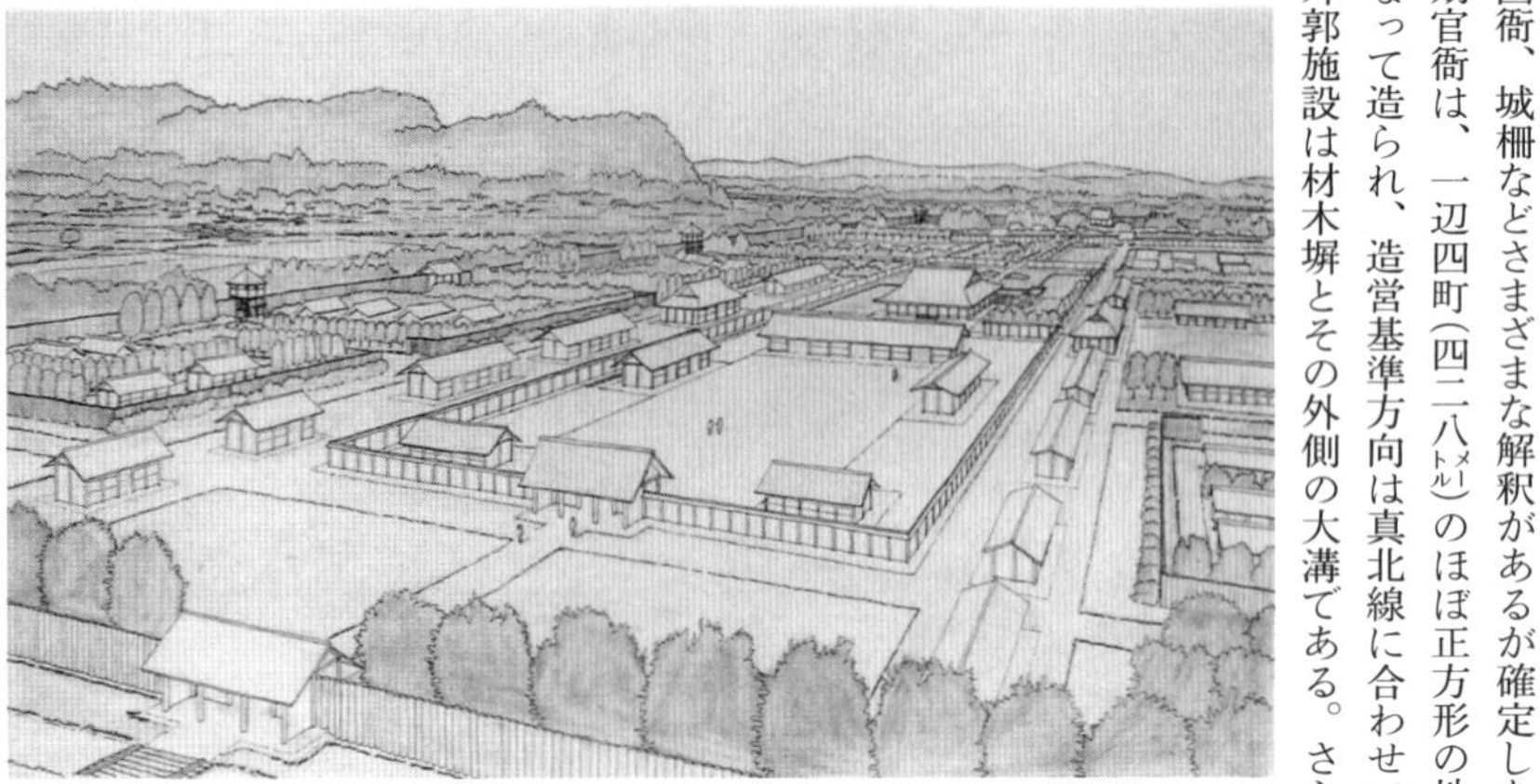

II期官衙の復元図(木村浩二画)

郡山遺跡

こおりやまじゅくほんじん　郡山宿本陣　江戸時代西国街道の山崎・芥川あるいは昆陽・瀬川に続く駅場にあった本陣。国史跡。別称、椿本陣。大阪府茨木市宿川原町所在。本陣は、大名などが公用・参勤交代の時に宿泊・休息する所で、各宿場に、脇本陣・旅籠《はたご》屋とともに設けられ、伝馬や人足も常備され輸送・通信の業務にもあたった。椿の老樹があった現本陣は、一七一八年(享保三)の火災で焼失し三年後に再建されたもので、西国街道に南面し、入母屋本瓦葺母屋、土蔵、納屋、茶屋のほか、入母屋本瓦葺四脚の表門、玄関、番所、駕籠《かご》置場、上段の間を構え格式のあるさまを今に伝えている。また、当本陣には、一六九六年(元禄九)から一八七〇年(明治三)までの宿帳や宿札が残っていて、当時の宿泊・休憩者などの氏名・人数などを知ることができる。播州赤穂《あこう》城主浅野内匠頭長矩《ながのり》の最後の参勤時(一七〇〇年(元禄十三))や赤穂城受取り時の脇坂淡路守一行の宿泊などが有名である。江戸時代の本陣の役割や交通の歴史を知る上で重要な建物・遺跡である。

参考文献 笹川隆平・石川道子・梶洸『椿の御本陣』、一九八六、向陽書房。『史跡郡山宿本陣修理工事報告書』、二〇〇〇、茨木市。

(堀江 門也)

こがくぼう　古河公方　室町時代後期から戦国時代にかけて、下総古河を拠点として関東に影響を及ぼした足利一門の公方。一四五四年(享徳三)に関東管領を暗殺したことにより、上杉氏との戦いを開始した鎌倉公方足利成氏は、鎌倉を出て北上し古河を拠点に定めた。そのためこれ以後の公方を古河公方とよぶ。室町幕府の将軍足利義政は成氏の行動を認めなかったが、成氏は小山・結城・宇都宮など北関東の大名たちの支援を得ながら上杉氏とのにらみあいを続け、やがて上杉氏と講和、一四八二年(文明十四)には京都の義政とも和睦して、関東における地位を確立した。古河は関東平野の中央部に位置し、渡良瀬川に面した要地で、利根川の水運とも直結していた。関東の西端にあって谷に囲まれた鎌倉よりも、関東全体を俯瞰するには適地だったといえよう。成氏のあとは政氏・高基・晴氏・義氏と継承するが、父子の争いを繰り返し、やがて小田原の北条氏の影響下に置かれることになる。一五八三年(天正十一)の義氏の死去により古河公方は絶えるが、義氏の娘の氏姫が古河に残り、その子孫は下野喜連川《きつれがわ》藩主(喜連川氏)として近世につながっている。

参考文献 佐藤博信『古河公方足利氏の研究』(『歴史科学叢書』、一九八九、校倉書房)。

(山田 邦明)

こかじ　小鍛冶　鉄素材の可塑性を利用して、炉を用いて赤熱ないし白熱に加熱して鉄鎚で鍛圧して目的の製品を造る作業をいう。鍛錬・火造りなどと同意語に用いられる。その作業を行う人を鍛冶工人・鍛冶屋・鍛冶職人という。鍛冶は、金属の純度を改善するために、溶湯から酸化物・ガスその他不純物を除去する大鍛冶工程、製品を造る小鍛冶工程がある。これを精錬鍛冶、鍛錬鍛冶ともいう。作業をする場所は鍛冶工房、中世以降は大鍛治場・小鍛治場として分化する。古代においては、精錬・鍛錬鍛冶を鍛冶炉で区別するのは困難な場合が多い。鍛冶炉の検証の際には、炉底に溜まる椀形滓、数ミリの球状である球状滓、酸化鉄質の薄片である鍛造剥片など、鍛冶炉とともに土壌水洗により検出する微細遺物の収集が必要である。併せて、未製品・裁断鉄片・砥石・石床などの検出に努める必要がある。炉は、炭など防湿を配慮した地下構造を持ち粘土などの覆いを持つものもある。羽口は、土製専用羽口が古墳時代前期以降に確認されるが、高杯の転用羽口も中期まで残る。弥生時代の羽口は明らかでないが、鋳銅の場合、土製羽口のほかに高杯の転用羽口が奈良県唐古遺跡などで確認される。鞴《ふいご》の構造は不明であるが、『日本書紀』神代によると鹿の皮を全剝《うつはぎ》にして天羽鞴《あまのはぶき》を作ったという。鍛冶を行うには、炉と鉄鏨・鉄鎚・鉄鉗《かなはし》・鉄床《かなとこ》などの道具を用いる。鉄製の道具が揃うのは、古墳時代中期初頭の福岡県池の上六号墳が古く、大阪府百舌鳥大塚山古墳・兵庫県行者塚古墳で鉄鉗・鉄床が出土する。朝鮮半島南部の渡来人によって鉄製鍛冶具、技術が伝播した。これ以前の弥生時代から古墳時代前期は、福岡県博多遺跡で出土した石槌・石床に鍛打した痕跡があり、石製の道具を用いたと考えられる。鉄鏨は各種あり、裁断と折り曲げを中心とする技法が主流と考えられる。鉄鉗に対応する道具は明らかでなく、棒状木製品が想定される。古墳時代中期以降の鉄鎚・鉄鉗は、小型・中型・大型のものがあり、先端が平らなもの、丸いものがあり、鍛接を用いた技術も製品製作の用途に応じて分化が知られる。このように、近世でみられる道具の多くは古墳時代中期の五世紀代にほとんどのものが出揃う。列島内の鉄生産開始とともに、古墳時代後期以降に集落や群集墳に鉄器の出土が増加し、その鉄器の普及が窺える。

参考文献 古瀬清秀「鉄器の生産」(『古墳時代の研究』五所収、一九九一、雄山閣出版)。

(花田 勝広)

こがじょう 古河城 室町時代古河公方《くぼう》足利氏が拠点とした城館。茨城県古河市に所在。渡良瀬川にあらわれた半島状の地形に築かれていた。大正年間(一九一二―二六)の河川改修工事で大半が水没したが、赤外線航空写真により東岸河川敷に本丸・二ノ丸ほかが確認された。また古河市史編纂に伴い測量調査および確認調査が実施されている。同城は平安時代末に下河辺荘司《しもこうべのしょうじ》下河辺《しもこうべ》行平《ゆきひら》が築いたのが最初といわれるが、定かではない。鎌倉公方であった足利成氏《あしかがしげうじ》が、一四五五年(康正元)に古河に移り、古河公方と称した。これにより古河城は成氏のころより古河公方家代々の本拠となった。一五九〇年(天正十八)に徳川家康《とくがわいえやす》が江戸に入国した際、古河城には小笠原秀政《おがさわらひでまさ》が三万石で入城し、以後代々の古河藩主の居城となった。一六〇二年(慶長七)には戸田康長《とだやすなが》が入城し、改修を行なっている。一八七四年(明治七)、入札により取り壊し処分となった。

参考文献 『県史跡指定古河公方館跡 古河城・鴻巣館遺構調査・発掘調査報告書』(『古河市史資料』一〇、一九八五)。

(齋藤 慎一)

こがねやまさんきんいせき 黄金山産金遺跡 宮城県遠田郡涌谷町字黄金山に所在する古代の仏堂跡とみられる遺跡。天平産金遺跡ともいわれる。現在、遺跡地には黄金山神社があり、これは延喜式内社の小田郡黄金山神社にあたるとされている。一九五七年(昭和三十二)に神社境内の発掘調査が行われ、四ヵ所に礎石の根石が残る建物基壇跡などが発見された。付近から陸奥国分寺の創建瓦と類似した瓦当文様を持つ瓦が出土し、それ以前にも「天平□」とヘラ書きされた丸瓦や瓦製の宝珠が発見されていることから、基壇上には瓦葺きの小規模な仏堂が建てられていたと推定された。また、小田郡は奈良時代から金の産地として知られており、遺跡直下を流れる黄金沢からは現在でも少量の砂金が採集されることから、七四九年(天平二十一)の陸奥国小田郡から産出した金九百両の献上を記念して建てられた仏堂ではないかと考えられている。遺跡は一九六七年に国史跡に指定された。

参考文献 伊東信雄『天平産金遺跡』、一九六〇、涌谷町・黄金山神社。佐々木茂楨「黄金山産金遺跡」(『宮城考古学』六、二〇〇四)。

(白鳥 良一)

「天平□」とヘラ書きされた丸瓦

ごかやま 五箇山 ⇩越中五箇山相倉集落《えっちゅうごかやまあいのくらしゅうらく》 ⇩越中五箇《えっちゅうごか》山菅沼集落《やますがぬましゅうらく》

こかわでら 粉河寺 和歌山県紀の川市粉河所在の寺院。中世は聖護院末で補陀落山《ふだらくさん》願成就院施音《せおん》寺、近世以後天台末、第二次世界大戦後は粉河観音宗本山、風猛山《かざらきさん》粉河寺を称す。西国三十三ヵ所観音霊場第三番札所。同寺所蔵国宝『粉河寺縁起』によると、七七〇年(宝亀元)にこの地の猟師大伴孔子古が、童男童子の出現によって千手観音を感得し、草庵を営んだのを創始とする。『延喜式』に「祜(粉)河寺料四百束」とみえ、出挙《すいこ》雑稲の利が充てられる定額寺であった。寛仁元年(一〇一七)の藤原教通参詣以後、顕貴の参詣が頻繁となる。南北朝以後足利将軍家の庇護が篤く、一五八五年(天正十三)の豊臣秀吉紀州攻めで焼討ちを受けたが、その際宣教師フロイスは、紀州における異教徒の第二の拠点と指摘している(『イエズス会日本年報』)。その後、紀州領主浅野氏・徳川氏の援助を受け復興を遂げた。粉河寺庭園は国指定名勝、本堂・千手堂・中門・大門は重要文化財、童男堂は県指定文化財。

参考文献　安藤精一編『和歌山県の文化財』二、一九八二、清文堂。『粉河町史』、一九八六―二〇〇三。（寺西　貞弘）

ごかんじょ　後漢書　中国の後漢王朝の歴史を記した史書。南朝宋の范曄《はんよう》(三九八―四四五)著。百二十巻。三国から南北朝時代にかけて、多くの著述家によって著された後漢王朝の歴史書を、范曄が取捨選択して編纂した。必ずしも原史料に忠実ではないが、簡潔で読みやすい文章で書かれ、各巻末のあとがきに、鋭い史評がみられる。そのため范曄の『後漢書』だけが普及し、それ以前の各種後漢書は散逸した。唐の章懐《しょうかい》太子李賢《りけん》の注釈が、これら前代の後漢書(「七家後漢書」と呼ばれる)の記述を集めて、学術的価値が高い。范曄の『後漢書』は本紀十巻、列伝八十巻から成るが、北宋以後、晋の司馬彪《しばひょう》著『続漢書《しょくかんじょ》』から志(地理、官制など分野別の歴史)三十巻を補い、現行の百二十巻本が成立した。なお、列伝巻七五、東夷《とうい》列伝にみられる倭人の記述は、いわゆる「魏志倭人伝《ぎしわじんでん》」を踏襲したもの。現在の標準的テキストは『後漢書』(一九六五、中華書局、全十二冊)。

参考文献　吉川忠夫訳『後漢書』一―一〇、二〇〇一―〇五、岩波書店。（佐原　康夫）

こききゅうぶつほぞんかた　古器旧物保存方　一八七一年(明治四)五月二十三日付けで行われた太政官の布告。明治維新に伴う支配層の遷移、行きすぎた近代化に伴う神仏分離、廃仏毀釈、厭旧競新の流れにより生じた伝統的な文化遺産の危機的状況に対応して、わが国で最初に執られた文化財保護の施策である。古器旧物類について三十一の類別を示し、これに属するものを厚く保全することおよびその品目と所蔵人名を所管官庁を通じて差し出すことを求めている。類別に示されているものは、祭器、古鏡古鈴、銅器、古瓦、武器、古書画、古書籍古経文、楽器、文房諸具、農具、屋内諸具、衣服装飾、陶磁器、漆器、仏像仏具、遊戯具から化石に至るまで、現在の文化財保護制度上の動産文化財のほとんどすべてを含んでいる。この布告により提出された報告は、現在、東京国立博物館に保管されている。

参考文献　文化財保護委員会編『文化財保護の歩み』、一九六〇。文化庁『文化財保護法五十年史』、二〇〇一、ぎょうせい。川村恒明他『文化財政策概論』、二〇〇二、東海大学出版会。（和田　勝彦）

ごきしちどう　五畿七道　律令体制下における地方行政区分の総称。五畿は畿内を構成する五国、七道は畿外諸国を構成する東海・東山・北陸・山陰・山陽・南海・西海道のこと。五畿七道は左右京以外の全領土を表し、京を含む全国を示すには「左右京五畿内七道諸国」と表記した。畿内は都城周辺の諸国からなる特別行政区域で、大和(大倭・大養徳)・河内・和泉・摂津・山城(山背)の五国からなるが、そのうち和泉国は七一六年(霊亀二)に河内国から分立した和泉監《いずみのげん》に始まり、七四〇年(天平十二)には再び河内国に併合されたが、七五七年(天平宝字元)に和泉国として独立した。また七三三年から七三八年ころ、大倭国から芳野監《よしののげん》が分立していた。したがって和泉国独立以前は四畿内だが、『続日本紀』には「四畿内及二監」という表記がみえるから、芳野・和泉監は畿内とは区別された行政区域であった。なお六四六年(大化二)正月の「改新之詔」には、名墾《なばり》の横河《よこかわ》、紀伊の兄山《せやま》、赤石《あかし》の櫛淵《くしぶち》、近江の狭狭波《さざなみ》の合坂山《おうさかやま》を東南西北の境界とする畿内国が規定されているが、これは国を単位とする律令制下の畿内とは異なった領域規定であり、それに先立つ制度の存在を示すとみられる。『日本書紀』には六九一年(持統天皇六)以降、「四畿内」がみえるようになる。六八八年の『飛鳥浄御原令《あすかきよみはらりょう》』で国単位の畿内の制が始まったのであろう。一方、七道は本来都城を中心とし、そこから放射状に伸びる官道を意味する。すなわち東日本の太平洋岸を通る東海道、列島中央部を貫く東山道、日本海岸沿いの北陸道、西日本の日本海岸を走る山陰道、瀬戸内海沿岸を大宰府まで伸びる山陽道、淡路島から四国へ通じる南海道、そして大宰府を起点に九州を走る西海道である。これらの官道は諸国の国府を結ぶものであり、三十里(約一六キロ)ごとに駅家が設けられた駅路《えきろ》でもあった。駅路はその規模により大路《たいろ》・中路《ちゅうろ》・小路《しょうろ》に分かれ、大路の駅家には駅馬二十匹、中路には十匹、小路には五匹置かれることになっていたが、大路は山陽道、中路は東海・東山道、小路はそれ以外の四道である(『令集解』厩牧令《くもくりょう》置駅馬条)。ただしその後の変遷により、『延喜式』兵部省にみえる駅馬数が、これと異なる駅家も多い。これらの官道の遺構は発掘調査によって各地で確認されており、それによればできるだけ直線になるように設定され、両側に側溝を持ち、その幅は一二～六メートルもある大規模なものであった。『延喜式』から復元される駅路は基本的に一本の経路で諸国を結び、時にそれから支路が分岐したが、西海道は大宰府を起点に六方に分かれていた。これは大宰府が「遠《とお》の朝廷《みかど》」として、いわば九州における都城としての位置づけを与えられていたことによる。駅路は遷都をはじめとする政治的理由や自然条件などを理由に、一部変更されることもあった。七道は官道が貫く諸国のうち、畿内部分を除く諸国を包括する地域名としても用いられた。これら諸国の分立には改変があったものもあるが、八二三年(弘仁十四)の加賀国設置を最後に五畿内を含め六十六国二島に確定した。このうち武蔵国は当初東山道に所属したが、七七一年(宝亀二)東海道に所属換えとなり、それに伴い両道の経路は変更された。七道には、道ごとに節度使《せつどし》や巡察使などが派遣されることもあったが、道は独自の行政機関としての位置づけを与えられてはいない。なお六八三年(天武天皇十二)から六八五年にかけて諸国の境界を画定し、同年には諸国の

五畿七道一覧

	国名	大小	管郡数	遠近	行程
畿内	山城国	上	8	近	
	大和国	大	15	近	1日
	河内国	大	14	近	1日
	和泉国	下	3	近	2日
	摂津国	上	13	近	1日
東海道（中路）	伊賀国	下	4	近	上2日、下1日
	伊勢国	大	13	近	上4日、下2日
	志摩国	下	2	近	上6日、下3日
	尾張国	上	8	近	上7日、下4日
	三河国	上	8	近	上11日、下6日
	遠江国	上	13	中	上15日、下8日
	駿河国	上	7	中	上18日、下9日
	伊豆国	下	3	中	上22日、下11日
	甲斐国	上	4	中	上25日、下13日
	相模国	上	8	遠	上25日、下13日
	武蔵国	大	21	遠	上29日、下15日
	安房国	中	4	遠	上34日、下17日
	上総国	大	11	遠	上30日、下15日
	下総国	大	11	遠	上30日、下15日
	常陸国	大	11	遠	上30日、下15日
東山道（中路）	近江国	大	12	近	上1日、下半日
	美濃国	上	18	近	上4日、下2日
	飛騨国	下	3	中	上14日、下7日
	信濃国	上	10	中	上21日、下10日（11日か）
	上野国	大	14	遠	上29日、下14日（15日か）
	下野国	上	9	遠	上34日、下17日
	陸奥国	大	35	遠	上50日、下25日
	出羽国	上	11	遠	上47日、下24日、海路52日
北陸道（小路）	若狭国	中	3	近	上3日、下2日
	越前国	大	6	中	上7日、下4日、海路6日
	加賀国	上	4	中	上12日、下6日、海路8日
	能登国	中	4	中	上18日、下9日、海路27日
	越中国	上	4	中	上17日、下9日、海路27日
	越後国	上	7	遠	上34日、下17日、海路36日
	佐渡国	中	3	遠	上34日、下17日、海路49日

	国	大小	管郡数	遠近	行程
山陰道（小路）	丹波国	上	6	近	上1日、下半日
	丹後国	中	5	近	上7日、下4日
	但馬国	上	8	近	上7日、下4日
	因幡国	上	7	近	上12日、下6日
	伯耆国	上	6	中	上13日、下7日
	出雲国	上	10	中	上15日、下8日
	石見国	中	6	遠	上29日、下15日
	隠岐国	下	4	遠	上35日、下18日
山陽道（大路）	播磨国	大	12	近	上5日、下3日、海路8日
	美作国	上	7	近	上7日、下4日
	備前国	上	8	近	上8日、下4日、海路9日
	備中国	上	9	中	上9日、下5日、海路12日
	備後国	上	14	中	上11日、下6日、海路15日
	安芸国	上	8	遠	上14日、下7日、海路18日
	周防国	上	6	遠	上19日、下10日
	長門国	中	5	遠	上21日、下11日、海路23日
南海道（小路）	紀伊国	上	7	近	上4日、下2日、海路6日
	淡路国	下	2	近	上4日、下2日、海路6日
	阿波国	上	9	中	上9日、下5日、海路11日
	讃岐国	上	11	中	上12日、下6日、海路12日
	伊予国	上	14	遠	上16日、下8日、海路14日
	土佐国	中	7	遠	上35日、下18日、海路25日
西海道（小路）	大宰府				上27日、下14日、海路30日（以下、去大宰府）
	筑前国	上	15	遠	1日
	筑後国	上	10	遠	1日
	豊前国	上	8	遠	上2日、下1日
	豊後国	上	8	遠	上4日、下2日
	肥前国	上	11	遠	上1日半、下1日
	肥後国	大	14	遠	上3日、下1日半
	日向国	中	5	遠	上12日、下6日
	大隅国	中	8	遠	上12日、下6日
	薩摩国	中	13	遠	上12日、下6日
	壱岐島	下	2	遠	海路3日
	対馬島	下	2	遠	海路4日

（『令義解』厩牧令、『延喜式』民部・主計による）

国司・郡司（正しくは評司）・百姓の消息を巡察する東海・東山・山陽・山陰・南海・筑紫使者が派遣されたから、北陸使はみえないが、このころには七道が成立していたとみられる。

↓東海《とうかい》道《どう》　↓東山道《とうさんどう》　↓山陽道《さんようどう》　↓南海道《なんかいどう》　↓山陰道《さんいんどう》　↓北陸道《ほくりくどう》　↓西海道《さいかいどう》

参考文献　藤岡謙二郎編『古代日本の交通路』Ⅰ―Ⅳ、一九七八―七九、大明堂。鐘江宏之「「国」制の成立」（笹山晴生先生還暦記念会編『日本律令制論集』上所収、一九九三、吉川弘文館）。木下良編『古代を考える古代道路』、一九九六、吉川弘文館。（舘野　和己）

こきでん　**弘徽殿**　平安宮内裏後宮の殿舎の一つ。洪輝殿、西廊殿などとも記される。常寧殿の西南に位置し、南は中門、廊を経て平安時代中期以降、天皇の在所となった清涼殿に至る。『栄花物語』二九に「清涼殿の北面は弘徽殿の南面なれば、上（後一条天皇）は常にこの御方を御覧じのぞかせ給ふべし」とあるように、清涼殿からは同殿の内部が垣間見られたらしく、天皇の在所が固定化するに伴って、皇后や中宮・女御の曹司としての弘徽殿の重要性は増した。中宮の御読経や女官の饗禄がなされたほか、その廂の間では仁王会や御斎会内論議も行われている。なお、『水左記』永保元年（一〇八一）十二月十五日条によれば、権中納言源師忠は、同殿の北妻を直廬にしていたという。（西村さとみ）

ごきないし　**五畿内志**　『日本輿地通志畿内部』の略称で、江戸幕府による最初の官撰地誌。『日本輿地通志』のうち畿内部のみが板行されたので、一般に『五畿内志』と称されるようになった。巻第一冒頭には「越州　関祖衡纂輯」とあるが、はじめ並河誠所《なみかわせいしょ》（永）が友人の関と『日本輿地通志』の編纂を計画し、河内志をまとめたところで関が病没したので、その後並河が中心となって編纂し、その功を亡き友に譲ったものであるという。ほかに久保重宜《しげなり》・海北千之・賀茂保篤《やすあつ》などが校訂にあたっている。山城国十巻、大和国十六巻、河内国十七巻、和泉国五巻、摂津国十三巻の計六十一巻からなり、五年を費やして一七三四年(享保十九)に完成し、幕府に提出した。一七三五年から一七三六年(元文元)にかけて、大坂心斎橋の松村九兵衛、京都六角通御幸町の茨城多左衛門、江戸日本橋の小川彦九郎によって板行された。体裁は中国の『大明一統志』に倣い、各国志の最初の巻に、主要交通路・河川・山岳を描き、郡名を入れた略図を配し、建置沿革・疆域・官道・形勝・風俗・祥異・租税などを記し、次巻以降に郡別に、郷名・村里・山川・関梁・土産・藩封・神廟・陵墓・仏刹・古蹟・氏族・文苑についてまとめている。ただし、山城国は巻一之上・下を京師として、城池・壇廟・宮中神三十六座・山陵・苑囿・百官があるほかは、他と同様の項目となっている。並河らは編纂にあたり各所を巡歴して古文書・伝承などを収集し、その精密な内容は後世の地誌や名所図会などにしばしば引用されている。『大日本地誌大系』所収。

参考文献　蘆田伊人「大日本地誌大系第十八巻例言」(『大日本地誌大系』一八、一九二六、雄山閣)

(出田　和久)

こきょういぶん　古京遺文　古代金石文の研究書。江戸時代後期の考証学者狩谷棭斎の著。丙申年(六〇六年＝推古天皇十四年、一説に六六六年＝天智天皇五年)の如意輪観音像(東京国立博物館蔵菩薩半跏像)銘に始まり七八四年(延暦三)の紀吉継墓誌まで(付録として南円堂銅燈台銘ほか平安時代初期の三点も含む)、造像銘・鐘銘・墓誌・碑文などを広く集め、原品の品質形状から記文の内容・価値まで、関連資料によって適確な考証を加える。収載点数は、後述の通行本で二十七点、付録三点で、中には原品亡失のものもあり、精確な著録は価値が高い。自序の一八一八年(文政元)が成立の目安となるが、以後も終生改訂を加え続けたらしく、自筆本・写本が複数種存在して内容には出入がある。明治中期にはじめて活字化されたが、現在参照しやすいのは、『日本古典全集』所収の『狩谷棭斎全集』九である。これは一九一二年(大正元)の宝文館版に拠ったもので、山田孝雄・香取秀真によって、図版、棭斎以後の新出金石文十七点を追録した『続古京遺文』、典籍所引の碑文・銘記を集めた『古金石逸文』、解題、関連論考などが加えられ有用である。

(杉本　一樹)

こくいん　国印　律令制下の国が使用した公印。養老律令の公式令《くしき》によれば、国印の規格は方二寸(約六センチ)で、京に進上される公文・案・調物などに捺すとある。『続日《しょくに》本紀《ほんぎ》』によれば、七〇四年(大宝四)四月に鍛冶司《かぬちし》が諸国の印を鋳造したとあり、諸国への頒布はこのころ行われたらしい。正倉院文書に残る七〇二年の『西海道戸籍』には筑前国印が全面に捺されているが、これは実際の戸籍作成が七〇四年までずれ込んだことによるものである。このほか、正倉院文書に残る公文や、正倉院宝物の調庸布・絁《あしぎぬ》などの貢進者名墨書部分に国印が押印されている例が数多くみられるが、なかには同じ印文でも印影の異なるものが存在する。これは七〇四年初鋳の国印と、八世紀半ば以降に改鋳された国印の違いと考えられ、これらを整理していくと、現状では七〇四年初鋳の国印の印影が三十七国残っていることが確認でき、さらには天平末年ごろに全国的に国印の改鋳が行われたことなども判明した。なお平安時代以降の改鋳については、『三代実録』に、九世紀後半ごろを中心に国印改鋳の記事が集中的にあらわれており、このころ各国で行われたらしい。国印の書体に注目すると、国印にみられる「印」の文字は同時期の諸司印とは一線を画する独特の書体であり、諸司印とは意識的に書体を違えていたと考えられる。ところが「大和国印」が国名の変更に伴い七五七年(天平宝字元)に改鋳された際、「印」の書体は諸司印のそれと同じものに統一され、平安時代以後の国印にも踏襲された。平安時代になると、国印は不動倉の鎰《かぎ》とともに、国司の国内支配の象徴とされ、その保管や国司交替の際の授受には特別な手続きがとられた。『朝野群載《ちょうやぐんさい》』所収「国務条々事」や平時範《たいらのときのり》の『時範記』には、国司交替にあたっての国印授受の様子が描かれており、興味深い。

参考文献　鎌田元一「日本古代の官印」「律令制国名表記の成立」(『律令公民制の研究』所収、二〇〇一、塙書房)。国立歴史民俗博物館編『日本古代印集成』、一九九六。『国立歴史民俗博物館研究報告』七九(日本古代印の基礎的研究)、一九九九。

(三上　喜孝)

こくうぞうじ　虚空蔵寺　大分県宇佐市山本にあった古代寺院。七〇三年(大宝三)・七二一年(養老五)に朝廷から医術の褒賞をもらい、宇佐八幡宮の神宮寺弥勒寺の初代別当となった法蓮の拠点寺院といわれ、瓦のデザインでも弥勒寺と密接な関係にある。一九五四年(昭和二十九)、石田茂作・賀川光夫らが発掘調査を行い。多くの塼仏や瓦が出土し、白鳳期の法隆寺式伽藍の寺院と推定された。近年、道路の工事に伴う周辺発掘調査や境内地の発掘調査が行われ、瓦窯や境内の全体像が次第に明らかにされると同時に歴史的考察も進んだ。それらの成果によれば、金堂の位置が西に少し寄っているが、全体の建物配置は法隆寺の伽藍を縮小し、忠実に再現していることが明らかにされた。また塔の基壇は、当時地方では見られない瓦積み基壇が採用され、講堂も切石積みの基壇であった。この時期の豊前地方の寺院には朝鮮半島系の瓦が採用されているのに対して、この寺はすべての要素が飛鳥直結の寺であり、特に塼仏は飛鳥の東境にある南法華寺(七〇三年創建、現壺坂寺)と同笵であることは、この寺院の特異性を際立たせている。寺院跡の東の丘陵を越えた所には、八世紀代の塑像、平安時代の木彫が九十体以上置かれた天福寺の奥の院があるが、本寺との関係が指摘され始めている。

資料館　大分県立歴史博物館(大分県宇佐市)

参考文献　賀川光夫編『宇佐—大陸文化と日本古代史』、一九七八、吉川弘文館。豊田寛三他編『大分県の歴史』

国印一覧

摂津	和泉	河内	大和		山城			
							神亀3年(山背) 	大宝二年以後天平年間以前
天平8年 	天平10年(和泉監) 	天平9年 		天平2年(大倭) 				天平年間
◎天平勝宝9年 								天平感宝・天平勝宝年間
				＊天平神護元年 				天平宝字年間以後宝亀年間
		昌泰2年 	貞観14年 	◎大同2年 	◎天永元年 	嘉祥3年 	◎延暦23年 	天応年間以降(平安時代)

伊豆	甲斐	駿河	遠江	尾張	志摩	伊勢	伊賀	
					神亀6年 			大宝二年以後天平年間以前
天平11年 		天平10年 	天平12年 	天平6年 		＊天平9年度以前 	天平3年 	天平年間
							天平感宝元年 	天平感宝・天平勝宝年間
	天平宝字5年 							天平宝字年間以後宝亀年間
				◎天長2年 			延久元年 	天応年間以降(平安時代)

上野	信濃	美濃	近江	常陸	下総	安房	相模	
					養老5年 			大宝二年以後天平年間以前
	天平11年 		天平18年 			天平2年 	天平7年 	天平年間
天平勝宝4年 		天平勝宝2年 	天平勝宝3年 	天平勝宝4年 	天平勝宝3年 		天平勝宝7歳 	天平感宝・天平勝宝年間
	天平宝字8年 							天平宝字年間以後宝亀年間
◎延長6年 			承和3年 					天応年間以降(平安時代)

因幡		但馬	丹後	佐渡	越中		越前	
								大宝二年以後天平年間以前
		天平9年 		天平8年 			天平2年 	天平年間
			天平勝宝元年 					天平感宝・天平勝宝年間
	*天平宝字元年～宝亀3年 				◎神護景雲元年 	天平宝字3年 	天平宝字2年 	天平宝字年間以後宝亀年間
承和9年 	◎弘仁4年 					延喜10年 		天応年間以降(平安時代)

淡路	紀伊	長門	周防	備中	播磨	隠伎	出雲	
								大宝二年以後天平年間以前
天平10年 	天平2年 	天平9年 	天平10年 	天平11年(備仲) 	*天平4年度以前 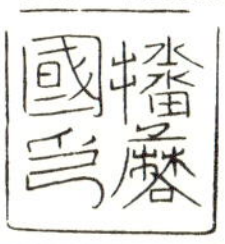	天平元年 	天平6年 	天平年間
								天平感宝・天平勝宝年間
								天平宝字年間以後宝亀年間
	承和12年 							天応年間以降(平安時代)

薩摩	豊後	豊前	筑後	筑前	伊豫	讃岐	阿波	
	大宝2年 	大宝2年 		大宝2年 				大宝二年以後天平年間以前
天平8年(薩麻) 	◎天平9年 		天平10年 		天平8年 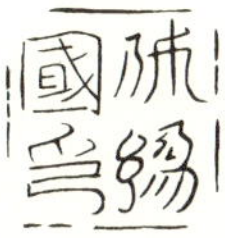		*養老元年～天平11年度 	天平年間
								天平感宝・天平勝宝年間
						*天平宝字元年～宝亀4年度 		天平宝字年間以後宝亀年間
			◎仁治3年 	永延元年 		貞観9年 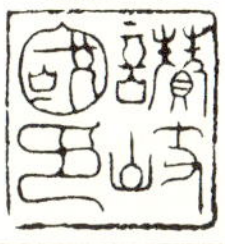	承和7年 	天応年間以降(平安時代)

㈠福島正樹「古代国印の復原と課題」(『国立歴史民俗博物館研究報告』七九、一九九九年)所収の表を一部改変した。

㈡印影は木内武男『日本の官印』(一九三七年、東京美術)による。ただし、◎印は『書の日本史』第九巻(一九七六年、平凡社)による。*印は鎌田元一「日本古代の官印」(井上満郎・杉橋隆生編『古代・中世の政治と文化』、一九九四年、思文閣出版所収)により年を補訂した。

(『県史』四四、一九七七、山川出版社)。飯沼賢司『八幡神とはなにか』(『角川選書』三六六、二〇〇四、角川書店)。 (飯沼　賢司)

こくが　国衙　⇨国府《こくふ》

こくぐんせい　**国郡制**　律令制下において、国・郡という重層的な組織によって構成された地方行政制度。七世紀半ば過ぎに、地方豪族を長官に任じて各地で評という組織が作られ、国はその上に中央からの派遣官が統治する単位として設定された。大宝令の施行とともに、評は郡に切り替えられ、重層的な組織として国郡制が成立する。郡では各郡内の実質的な支配力を持つ地方豪族が、国造制以来の伝統を持つ家柄を中心に、郡司に任じられて行政を担当する。国では中央から派遣された官人が国司を構成した。律令制に基づく行政運営の上では、国・郡それぞれ国司・郡司の下にさまざまな行政実務を担当する雑任が必要となり、各地域の出身者からなる下僚の組織が形成されていく。十世紀以降になると、国と郡の行政は一体的に運用されるようになり、地方行政の機能は国に集中していくようになる。

[参考文献] 大町健『日本古代の国家と在地首長制』、一九八六、校倉書房。山口英男「十世紀の国郡行政機構―在庁官人制成立の歴史的前提―」(『史学雑誌』一〇〇ノ九、一九九一)。同「地域社会と国郡制」(歴史学研究会・日本史研究会編『日本史講座』二所収、二〇〇四、東京大学出版会)。 (鐘江　宏之)

こくし　**国司**　大宝・養老令制において、中央から地方に派遣され、任国で政務を行なった地方官の総称。国司の語は早く『日本書紀』仁徳紀をはじめ大化前代にもみえるが、これは中央からの臨時的な使者であるクニノミコトモチ(国宰)で、のちの令制国司のように一定期間現地に赴任常駐して政務を執行する地方官ではなかった。大化改新で東国などの国司を任命派遣したことが令制国司の起源と考えられるが、大宝令制以前には国司の上に総領・大宰の置かれた地域もある。国司制の完成は、天武期の国境の確定を経て、下部行政組織が評《こおり》から郡《こおり》へと転換し、諸国田租《でんそ》(大税《おおちから》)の管理権が税司から国司に継承された大宝令制の時期と考えられる。大・上・中・下の四等に分けられた国の等級により、定員と相当位を異にした四等官構成をとった守《かみ》・介《すけ》・掾《じょう》・目《さかん》と、史生《ししょう》、博士・医師、在地の出身者を編成した書生などによって国務は執行されていた。在地の共同体的諸関係を人的に体現した郡司と、彼らを指揮して国内の行政・司法・軍事を掌り、律令に規定された各種公文の作成という抽象化された行政事務を行う国司という、二つの性格の異なる政務によって律令国家の地方行政が執行されたとする考えもある。国司の任期は、令制では六年であったが、四年、あるいは大宰府諸国のみ五年、守・介のみ六年とするなどの変遷を経て、大宰府・鎮守府・陸奥・出羽の官人は五年、それ以外の諸国は四年となった。国司には禄として職分田《しきぶんでん》・事力《じりき》が給されるほか、公廨稲《くげとう》制の成立以降は官物の欠負補塡などに充てたほかの残余の配分も受けることになった。四等官は共同で国内の行政を行うことが原則であったが、九世紀に入ると上級者に責任が集中し、十世紀までには守(官長)一人が全責任を負う体制が成立する。国内からの徴税物を一定額を中央に納入することで国司が国内支配の全権を委ねられた受領請負制も確立してくるが、この過程で国司の過酷な国内支配や租税収納に対して、国司の苛政を中央に訴える動きも活発化した。受領は、中央への徴税物の納入や各種造営事業などの財源確保策としての国充などをもとに、受領功過定で成績を判定された。この審議は陣定の議題とされたように、摂関期の国家運営において受領の活動は重要な基礎となっていた。院政期以降は受領は目代を派遣して国務を行い、在地有力者を留守所に編成した在庁官人制が成立する一方、家司を受領とした摂関大臣などの知行国制や院宮分国の展開に伴って中世的な国・国司へと転換していく。

国司一覧

国の等級	職員	定員	相当位	職分田	事力
大国	守	一人	従五位上	二町六段	八人
	介	一人	正六位下	二町二段	七人
	大掾	一人	正七位下	一町六段	五人
	少掾	一人	従七位上	一町六段	五人
	大目	一人	従八位上	一町二段	四人
	少目	一人	従八位下	一町二段	四人
	史生	三人		六段	二人
上国	守	一人	従五位下	二町二段	七人
	介	一人	従六位上	二町	六人
	掾	一人	従七位上	一町六段	五人
	目	一人	従八位下	一町二段	四人
	史生	三人		六段	二人
中国	守	一人	正六位下	二町	六人
	掾	一人	正八位上	一町二段	四人
	目	一人	大初位下	一町	三人
	史生	三人		六段	二人
下国	守	一人	従六位下	一町六段	五人
	目	一人	少初位上	一町	三人
	史生	三人		六段	二人

[参考文献] 吉村茂樹『国司制度崩壊に関する研究』、一九五七、東京大学出版会。大町健『日本古代の国家と在地首長制』、一九八六、校倉書房。寺内浩『受領制の研究』、二〇〇四、塙書房。 (加藤　友康)

こくしたいけい　**国史大系**　日本史の基本史料をおさめた叢書。一九〇一年(明治三十四)、田口卯吉編による第一次刊行が完結し(経済雑誌社刊)、日本史研究の根幹史料が活字本として入手できるようになった。ついで『続国史大系』を刊行。その後、黒板勝美・丸山二郎らによって、一九一六年(大正五)に最初の改訂がなり(経済雑誌社刊)、さらに一九二九年(昭和四)から一九三九年にかけて再改訂がなされた(『(新訂増補)国史大系』、吉川弘文館刊)。同年、朝日文化賞を受賞。『(新訂増補)国史大系』

は全五十八編目六十六冊からなり、『古事記』・六国史から『徳川実紀』に至る編年史料、説話・歴史物語、法制史料、漢文集、僧伝、『公卿補任』『尊卑分脈』などを収める。各編目の底本は善本が用いられ、諸本校合の成果を鼇頭《ごうとう》（頭注）に示し、現在でもまず依拠すべき価値を持つ。各編目の凡例を十分理解し、書誌研究の進展にも目配りした利用が望まれる。収録書目の解題（『国史大系書目解題』）と、『六国史索引』『吾妻鏡人名索引』をはじめ一部書目の索引が刊行されている。

1日本書紀（舎人親王他）
2続日本紀（菅野真道・藤原継縄他）
3日本後紀（藤原緒嗣他）・続日本後紀（藤原良房他）・日本文徳天皇実録（藤原基経他）
4日本三代実録（藤原時平他）
5日本紀略
6日本逸史（鴨祐之編）・扶桑略記（皇円）
7古事記（太安麻呂）・先代旧事本紀・神道五部書・釈日本紀（卜部兼方編）
8本朝世紀（藤原通憲）
9—11公卿補任
12令義解（清原夏野他）・類聚三代格・類聚符宣抄・続左丞抄（壬生季連）
13延暦交替式・貞観交替式・延喜交替式・延喜式（藤原忠平他）
14百錬抄・愚管抄（慈円）・元亨釈書（虎関師錬）
15古事談（源顕兼）・古今著聞集（橘成季）・十訓抄・栄花物語
16今昔物語集
17宇治拾遺物語・水鏡・大鏡・今鏡・増鏡

〔続国史大系〕
1—3続史愚抄（柳原紀光）
4吾妻鏡（前）
5吾妻鏡（後）・附録（宗尊親王鎌倉御下向記・建長四年政所始次第・関東開闢皇代幷年代記・武家年代記）
6—8後鑑（成島良譲編）
9—15徳川実紀（成島司直）

〔（国史大系）六国史・類聚国史〕
1日本書紀
2続日本紀
3日本後紀・続日本後紀・日本文徳天皇実録
4日本三代実録
5類聚国史（菅原道真）

〔（新訂増補）国史大系〕
1上・下日本書紀
2続日本紀
3日本後紀・続日本後紀・日本文徳天皇実録
4日本三代実録
5・6類聚国史
7古事記・先代旧事本紀・神道五部書
8日本書紀私記・釈日本紀・日本逸史
9本朝世紀
10日本紀略（前）
11日本紀略（後）・百錬抄
12扶桑略記・帝王編年記（永祐）
13—15続史愚抄
16・17今昔物語集
18宇治拾遺物語・古事談・十訓抄
19古今著聞集・愚管抄
20栄花物語
21上水鏡・大鏡
21下今鏡・増鏡
22律（藤原不比等他）・令義解
23・24令集解（惟宗直本編）
25類聚三代格・弘仁格抄
26交替式（延暦交替式・貞観交替式・延喜交替式）・弘仁式（藤原冬嗣他）・延喜式
27新抄格勅符抄・法曹類林（藤原通憲編）・類聚符宣抄・続左丞抄・別聚符宣抄
28政事要略（惟宗允亮編）
29上朝野群載（三善為康編）
29下本朝文粋（藤原明衡編）・本朝続文粋（藤原季綱編）
30本朝文集（水戸徳川家編）
31日本高僧伝要文抄（宗性編）・元亨釈書
32・33吾妻鏡
34—37後鑑
38—47徳川実紀
48—52続徳川実紀（成島司直・同良譲・同柳北編）
53—57公卿補任
58—60上・下尊卑分脈（洞院公定）
別巻1公卿補任索引
別巻2尊卑分脈索引

（山口　英男）

こくしょ　刻書　土器などの器物に箆《へら》や釘のような鋭利な道具を用いて文字を刻みつけること。または、その遺物を指す場合もある。「箆書」「釘書」「針書」「線刻」などと称されることもある。文字が刻書された器物としては、一般的に土器や瓦が多いが、紡錘車や砥石、石錘などもある。土器や瓦に刻書する場合には、焼成前の、粘土が乾燥し硬化する前の段階で記入されたものと、焼成後に硬質の道具を用いて器面に傷を付けるように記入されたものとがあり、特に前者を「箆書」、後者を「釘書」と称することもある。また、前者の場合は、文字の記入は土器や瓦の生産段階に限られるが、後者の場合は生産段階・消費段階いずれでの記入も想定可能である。なお、少数ながら、同じ遺跡から出土した土器群の中で、明らかに土器の生産段階で刻書された文字と、土器の消費先で墨書された文字とが共通するような事例も存在しており、消費地から土器の生産元に対して、生産段階での特定文字の記入を発注しているようなケースも存在している。

参考文献 平川南『墨書土器の研究』、二〇〇〇、吉川弘文館。高島英之『古代出土文字資料の研究』、二〇〇〇、東京堂出版。 (高島 英之)

こくしょくどき 黒色土器 燻《いぶ》し焼により器表面に炭素を吸着させた土器で、内面を黒色処理したものをA類、内外面を黒色処理したものをB類と呼称している。奈良時代に畿内の都城で出現・定型化したものを始源とし、その影響下で平安時代以降、各地で生産された同種の土器であるが、古墳時代の内黒処理した土器を指すこともある。森隆は畿内の黒色土器をⅠ～Ⅴ類に分類している。Ⅰ類は金属器模倣の平底無高台杯の形態で、八世紀後半に出現する。九世紀前半には施釉陶器模倣のⅡ類が、九世紀後半から十世紀前半にはⅠ類・Ⅱ類折衷型式で高台の付くⅢ類が中心となる。十世紀後半には越州窯系青磁椀を模倣したB類のⅣ類・Ⅴ類が出現する。大和北部と河内国楠葉《くずは》(大阪府枚方市)で集中的に生産され、内黒のA類から両黒のB類を経て、平安時代末に瓦器椀へと技術的に進化すると考えられている。なお、近江のように瓦器椀出現後もA類の生産が継続する地域もある。→瓦器椀《がきわん》

参考文献 森隆「西日本の黒色土器生産」(『考古学研究』三七ノ二—四、一九九〇・九一)。 (橋本 久和)

こくせきじ 黒石寺 岩手県奥州市水沢区黒石《くろいし》町山内《やまうち》に所在する天台宗の寺院。山号妙見山。水沢区の東郊、北上山地の小渓谷山内川の北側斜面に立地。川は門前では琉璃壺《るりつぼ》川と名称を変える。寺伝では奈良時代に行基が開山し、平安前期に慈覚大師が中興したという。盛時には伽藍の堂宇五十余ともいうが、数度の火災でほとんどを焼失。現在は南面する本堂を残すだけで、ほかに本堂北西側に山号の由来となる妙見堂がある。江戸時代には平泉の中尊寺・毛越寺・西光寺とともに上野東叡山の末寺に加えられている。本尊は木造薬師如来坐像で、胎内に「貞観四年(八六二)」の墨書銘があり、この時期の標準資料となっている。本尊を囲む持国・増長・広目・多聞の木造四天王立像は、やや制作年代が降るが、本尊とともに重要文化財である。また伝慈覚大師像とされる木造僧形坐像も膝の内刳《うちぐ》りに「永承二年(一〇四七)」の胎内銘があり、重要文化財。旧正月七・八日の蘇民祭は古式を伝えることで有名。 (伊藤 博幸)

こくぞうほんぎ 国造本紀 平安時代前期に物部氏系の人物によって編纂されたと考えられる『先代旧事本紀《せんだいくじほんぎ》』巻十に収められた一書で、収録時に加筆されたと思われる序文と、各国造の設置時期および初代の出自と名前が記される本文とからなる。国造本紀の史料性については、最終的な編纂時期こそ平安時代まで下るものの、その原資料は『続日本紀』大宝二年(七〇二)四月庚戌条にみえる「国造記」か、あるいはさらに古い素材によると考えられており、設置時期など信用できない部分もあるものの、国造名や出自などではほかの文献と異なる独自記載もあって、後世の造作と一言で片づけられない価値を有している。なお序文では国造総数を百四十四とするが、実際に本文に記載されている数は百二十九国造(伊吉《いき》島造・津島《つしま》県直を含む)と、国の設置記事のみの五例(和泉《いずみ》国司・摂津《せっつ》国造・出羽《でわ》国司・丹後《たんご》国司・美作《みまさか》国造)、および島名のみの多褹《たね》島の合計百三十五である。

参考文献 鎌田純一「国造本紀の成立とその史料性」(『先代旧事本紀の研究』研究の部所収、一九六二、吉川弘文館)。篠川賢『『国造本紀』の再検討』(『日本古代国造制の研究』所収、一九九六、吉川弘文館)。 (佐藤 長門)

こぐそく 小具足 甲冑以外の身体に着用する防御具の総称。甲冑で防御できない四肢や顔面を主に防御する。中世では、腕の小具足を籠手《こて》、大腿部のそれを佩楯《はいだて》(膝鎧《ひざよろい》とも)、脛のそれを脛当《すねあて》といい、また、顔面の小具《ぐ》足を面《めん》具といい、半首《はつぶり》や頬当《ほうあて》などがある。その他、咽頭部を防御する喉輪《のどわ》、両脇の下の脇引《わきびき》などがある。かかる小具足は中世前期では種類も少なく、大鎧・星冑着用の騎兵で、籠手・脛当に、時に半首程度で、籠手も左手のみの片籠《かたご》手《て》であり、腹巻着用の歩兵が、半首に、籠手を両手に着用する(諸籠手《もろごて》という)程度であった。これが中世後期以降は、それまでの小具足が強化され、籠手は騎兵を含めて諸籠手がふつうとなり、脛当は膝の覆いを加えた立挙《たてあげ》脛当となり、さらに脹《ふく》ら脛《はぎ》を覆う膕金《よほろがね》さえ加わった。同時に新しい種類も増え、新しい小具足として頬当・佩楯・喉輪などが成立した。その要因は、騎兵の戦闘が弓箭から打物主体となり、また弓箭は歩射《ぶしゃ》主体となるという戦闘形態の変化に伴う、大鎧のシルエットの変化や腹巻の主流化などで、甲の防御性が薄れたためと考えられる。この傾向は時代の下降に伴って激しくなり、中世では甲冑と小具足は別個のものであったが、近世の当世具足《とうせいぐそく》では甲冑と小具足は一体のものとなった。一方、古代では、七五六年(天平勝宝八)に光明皇太后が聖武天皇の遺愛品を東大寺に献納した際の目録である『国家珍宝帳《ちんぽうちょう》』に記載されている「短甲」の注記にみえる「覆臂《たおおい》」「行縢《ぎょうとう》」、天平九年(七三七)『但馬国正税帳』にみえる「膊覆」「行縢」、弘仁六年(八一五)二月二十六日太政官符にみえる「小手《こて》」「脚纏《あまき》」などが小具足に該当し、覆臂・膊覆は籠手、行縢・脚纏は脛当であろうと考えられ、「小手」は籠手の初見であろう。武人埴輪にも籠手に該当する腕の防具がみられる。また、大阪長持山古墳出土の鉄札甲のように、首部分と両肩部分に鉄札製の防御具が付属する発掘品もあり、両肩の防御具は武人埴輪にもみらる。考古学ではそれぞれを頸甲《あかべよろい》、肩甲と称しているが、これらも当時では小具足の範疇に入ろうか。

参考文献 末永雅雄『増補日本上代の甲冑』、一九八一、木耳社。鈴木敬三『武装図説』(『(改訂増補)故実叢書』三五)。 (近藤 好和)

こくたいじ 国泰寺 北海道釧路支庁厚岸《あつけし》町湾月《わんげつ》町所在の寺院。臨済宗。山号は景雲山。有珠《うす》善光寺《ぜんこうじ》、様似等澍《しやまにとうじゅ》院《いん》とともに蝦夷三官寺の一つ。ロシアの蝦夷地進出を危

惧した江戸幕府は、一七九九年(寛政十一)東蝦夷地を松前藩から上知して直轄領とし、箱館に奉行を置いた。国泰寺は、箱館奉行の願い出により、仏教を通じての勤番の役人や漁民の定着、蝦夷人の支配を目指して、一八〇四年(文化元)に建立された。厚岸が選ばれたのは、当時東蝦夷地有数の泊であったことによる。現在の建物は、大正期に建設されたものであるが、一九八四年(昭和五十九)および一九九八(平成十)―二〇〇〇年に発掘調査が行われ、本堂の遺構などが検出されている。初代住職文翁《ぶんおう》が任命された一八〇四年(文化元)から九世味厳《まいがん》の一八六三年(文久三)までの、歴代住職の日記『日鑑記』などの所蔵資料が、二〇〇五年重要文化財に指定された。また、裏手のアイカップを含む一三万平方メートルに及ぶ広大な地域が、一九七三年に国史跡に指定されている。

参考文献　『史跡国泰寺跡』Ⅰ―Ⅳ、一九六五・一九九九―二〇〇一。（越田賢一郎）

こくだかせい　石高制　石高とは、土地の生産力を米の収穫量に換算して表示する方式とされるが、それを基準に組み立てられた、豊臣政権期から始まり近世を通じて用いられた社会編成原理を研究史上石高制と呼ぶ。戦国大名領国でも銭貨量で土地の価値が表示されたが(貫高制)、検地高や年貢額との関係は必ずしも明確ではない。それに対し、石高は、検地で決定された土地の良否による標準収穫量をもとに米の計量単位(石)で、面積に応じた土地の価値を表示したものとされ、豊臣政権の丈量検地(太閤検地)によって全国的に広まった。年貢量はこれに一定の割合(免率)をかけて算出されたが、実際には米を生産しない畠地や屋敷地も、米の収穫高に換算して石高が付けられたので、石高は年貢収納基準としてばかりでなく、武士の知行高、百姓の所持高など、すべての社会関係の統一的基準として機能した。すなわち、石高は武士の軍役賦課、百姓の年貢収納の一元的基準であっただけでなく、武士・百姓といった身分確定の根拠であり、さらには大名・旗本といった武士内部、あるいは高持・水呑といった百姓内部の差違も、石高で序列化されたのである。個々の領主の領知高は、検地をもとに個別に出された領知判物などによって確定されるが、一五九一年(天正十九)豊臣秀吉が徴収した御前帳では、個別領主の領域を越えて、一国単位で石高が算定されていることが示すように、石高制は国家的規模の動員を可能とするような賦課基準として成立したといえる。その数値は政治的意味合いが強く、貿易利潤や商工業の発達を考慮して高い石高が付けられたり、大名の軍役負担量から逆算して領知高が決定されるなどの例が指摘されている。石高は生産力を表す数値としては次第に形骸化していったが、領主・農民関係、領主相互間の階層関係を規定する基準としては近世を通じて機能し、明治維新後、近代的租税制度を目指す地租改正によって廃止された。

参考文献　松下志朗『幕藩制社会と石高制』、一九八四、塙書房。（久留島典子）

こくたに　古九谷　⇨九谷焼《くたにやき》

こぐち　虎口　城の出入り口および城を構成する郭の出入り口を指す。城攻めの勢力に対して、防御と攻撃の両面で最も重要な施設であるため、織豊期に土塁や石垣とともに急速に発達した施設である。防御面からは入り口は小さいほうが適しているとの意味から小口とも書くが、「虎口」の表記は、後北条氏の書状にみられ、江戸時代では譜代大名で使われていた例が多い。初期は、前面の堀は土橋で渡り、左右に伸びる土塁の間に城門を配置し、城外から直線的に入る平《ひら》虎口《こぐち》形式であった。戦国時代に入ると城内の視界や直線的侵入を遮るために、かざしの施設として、虎口内側に虎口幅より若干長い土塁などの遮蔽物を構築するようになる。さらに虎口左右の土塁と堀を折り曲げて、侵入者に側面から攻撃する横矢を可能とする。また、虎口左右の土塁を並行にずらして構築し、その間を通路とするため、土橋を渡って前面の土塁の端を入ると、並行する奥の土塁が障害となり、直角に曲らざるを得ない食違《くいちが》い虎口《こぐち》が発生し、虎口土塁の屈曲によって門前に方形空間を造りだした枡形虎口へと発展する。一方、虎口正面の堀外側に、虎口を塞ぐように土塁を配置する馬出が誕生する。織豊期には、土塁は石垣に替わり、城門は櫓門へと急速に発達して、近世城郭の原形が完成する。虎口研究は、安土城などの織豊期城郭での発達が著しく、これに注目した千田嘉博の研究および、特に築城期と使用期・改修期が短期間でかつ明確な倭城の研究が注目される。なお、馬出が伴うと馬出《うまだし》虎口《こぐち》、左右に横矢枡形を配する両袖《りょうそで》虎口《こぐち》など、その形態によって呼ばれているように、枡形および馬出の発達でさまざまな形態が生まれる。

参考文献　『日本城郭大系』別巻Ⅱ、一九八一、新人物往来社。谷本進「虎口」(『倭城の研究』三、一九九九)。白峰旬「老中奉書における城郭関連用語について」(『城郭史研究』二三、二〇〇三)。（八巻与志夫）

こくふ　国府　日本古代律令国家が地方行政単位として区分した約六十の国には、各国内を統治するための行政機関(官衙)が設けられ、その支配拠点となる官衙施設が置かれた。国府の語は、㈠この国ごとの官衙機構およびその施設、㈡その官衙施設や官衙に伴う関連施設が所在する範囲(市街地)、㈢この㈠と㈡の両方を含意させる概念、などを指す用語として用いられている。このように、研究者によって国府の用語法が必ずしも一致していないのは、文献史料にみえる「国府」「国庁」などの語彙自体が多義的に用いられていることにもよる。そこで考古学分野では、発掘調査で明らかにされてきた諸国の官衙施設の空間的構成の実態を踏まえて、国庁・曹司・国衙・国府などの語を文献史料上の用法とは区別した学術用語として次のように定義して用いることが多い。すなわち、国庁は、国の役所の中枢施設で、儀式や饗宴あるいは政務の場として機能した政庁を指す。曹司は、宮城の諸官

古代の国府所在地一覧

道	国名	国府所在地	国衙遺構	備考
畿内	山城	京都府相楽郡山城町上狛／京都市右京区西京極郡町／京都府向日市上植野町中福地／同長岡京市久貝／同乙訓郡大山崎町		数次の移転を推定
	大和	奈良県橿原市久米町→同大和郡山市今国府		
	河内	大阪府藤井寺市惣社～梅ケ園（国府遺跡）／同北条・大井～大阪府柏原市古町（船橋遺跡）		
	和泉	大阪府和泉市府中町		
	摂津	大阪市		諸説あり
東海道	伊賀	三重県伊賀市坂之下・外山（国町遺跡）	◎	
	伊勢	三重県鈴鹿市広瀬町～同亀山市能褒野町（長者屋敷遺跡）／鈴鹿市国府町	◎	長者屋敷遺跡で国庁検出
	志摩	三重県志摩市阿児町国府		
	尾張	愛知県稲沢市松下・国府宮		
	三河	愛知県豊川市白鳥町（白鳥遺跡）	◎	
	遠江	静岡県磐田市中泉字御殿・二之宮（御殿・二之宮遺跡）	△	
	駿河	静岡市駿河区駿府町ほか（駿府城内遺跡）	△	
	伊豆	静岡県三島市大宮町（三嶋大社境内遺跡ほか）	△	
	甲斐	山梨県笛吹市春日居町国府		
	相模	神奈川県平塚市四之宮・真土・中原（高林寺遺跡ほか）	○	
	武蔵	東京都府中市府中・白糸台・寿町	○	
	安房	千葉県南房総市府中		
	上総	千葉県市原市惣社～村上／同郡本		
	下総	千葉県市川市国府台（国府台遺跡ほか）	○	
	常陸	茨城県石岡市惣社	◎	
東山道	近江	大津市瀬田神領町・神領二丁目・大江	◎	
	美濃	岐阜県不破郡垂井町府中	◎	
	飛驒	岐阜県高山市国府町広瀬		
	信濃	長野県上田市→同松本市惣社		
	上野	前橋市元総社町（元総社寺田遺跡ほか）		
	下野	栃木市田村町字宮野辺・大房地・大和内・権現	◎	
	陸奥	宮城県多賀城市市川～浮橋（多賀城跡・山王遺跡・市川橋遺跡・館前遺跡ほか）	◎	
	出羽	山形県酒田市大字城輪・刈穂（城輪柵遺跡）	◎	
		秋田市寺内（秋田城跡）	◎	
		山形県酒田市市条字八森（八森遺跡）	◎	
北陸道	若狭	福井県小浜市府中（府中遺跡）		
	越前	福井県越前市国府（国府遺跡）		
	加賀	金沢市古府／石川県小松市古府町		
	能登	石川県七尾市古府町		
	越中	富山県高岡市古国府		

道	国名	国府所在地	国衙遺構	備考
	越後	新潟県上越市		
	佐渡	新潟県佐渡市		
山陰道	丹波	京都府亀岡市千代川町／同南丹市八木町北屋賀		
	丹後	京都府宮津市府中		
	但馬	兵庫県豊岡市出石町→同日高町	○	
	因幡	鳥取市国府町大字中郷ほか	○	
	伯耆	鳥取県倉吉市国府	◎	
	出雲	松江市大草町	○	
	石見	島根県浜田市上府町・下府町		
	隠岐	島根県隠岐郡隠岐の島町		
山陽道	播磨	兵庫県姫路市本町（本町遺跡）	○	
	美作	岡山県津山市総社	◎	
	備前	岡山市国府市場		
	備中	岡山県総社市		諸説あり
	備後	広島県府中市元町・出口町ほか	○	
	安芸	広島県東広島市西条町／同安芸郡府中町		
	周防	山口県防府市国衙ほか	○	
	長門	山口県下関市長府金屋町		
南海道	紀伊	和歌山市府中		
	淡路	兵庫県南あわじ市		
	阿波	徳島市国府町（観音寺遺跡ほか）	△	
	讃岐	香川県坂出市府中町	△	
	伊予	愛媛県今治市		諸説あり
	土佐	高知県南国市比江	○	
西海道	筑前	福岡県太宰府市国分／同通古賀		
	筑後	福岡県久留米市合川町・御井町・東合川町	◎	数次の移転あり
	豊前	福岡県京都郡みやこ町国作／同行橋市	○	
	豊後	大分市大字古国府～上野丘	○	
	肥前	佐賀市大和町久池井	◎	
	肥後	熊本市国府本町／熊本市二本木	△	
	日向	宮崎県西都市大字右松	◎	
	大隅	鹿児島県霧島市国分向花町／同始良郡始良町大字西餅田小瀬戸		
	薩摩	鹿児島県薩摩川内市御陵下町・国分寺町	△	

㈠十世紀以前の国府所在地あるいは主要な比定地を掲げた。

㈡（ ）内は遺跡名。比定地が二ヵ所以上ある場合は／で区切って併記した。↓は移転を示す。

㈢国衙遺構確認欄の◎は国庁を含む国衙遺構、○は曹司か国司館とみられる遺構、△は国衙の可能性のある遺構が検出されていることを示す。

衙の呼称法に対応させたもので、諸国の行政実務や役所の維持・運営に関わる各種の業務を分掌した機関およびそれに伴う施設群を指す。国衙は、国庁とその周囲に設けられた曹司の諸施設全体、あるいは国内を統治する官衙機構総体を指す。国府は、国衙および国衙に伴ってその縁辺に営まれた関係諸施設総体、あるいはその所在地区(官衙域・市街区全体)を指す概念として用いられることが多い。国府跡の位置比定における重要な手がかりとされているものに地名がある。まず、「国府(こう・こくふ)」「古国府(ふるこう)」「国庁(こくちょう)」「国衙(こくが)」などの地名があり、「府中(ふちゅう)」も中世以降の国府所在地に由来する。「印鑰・印役・印薬(いんやく・いんにゃく)」などの地名や印鑰神社所在地も、平安時代後期以降に国政に用いられていた国印や鎰《かぎ》が律令的権威の象徴物として神格化され祀られたことにちなむものと考えられている。国府周辺地域に置かれることが多かった国分二寺や総社の所在地も国府の位置比定材料とされている。『出雲国風土記』に「国廰意宇郡家北十字街」とみえるように、国府は交通の要衝に位置していた。そこで、水陸交通の要衝に近接した位置関係についても着目されている。また、国庁には瓦葺が採用されることが多いことから、国分寺と同系の瓦の出土地なども国府比定の有力な手がかりとなる。そうした国府比定地のうち、発掘調査によって国府の所在が確定またはほぼ確定されている例は表の通りである。国庁は国府で最も特徴的な様相を示す施設である。いずれも、大型の中心殿舎である正殿とその前面左右の脇殿が前庭(庁庭)を囲むように左右対称に配置され、周囲を塀や溝で方形に囲繞した一院をなす。これまでの発見例では、東向きとみられる美作国庁以外では、南門を正門とした南向きである。伊勢国府のように国府が移転したり、筑後国庁のように地点が移動している場合を除くと、この国庁の基本構造は八世紀前葉ないし中葉から十世紀代に至るまで同一位置で数期にわたって踏襲されている。また、国庁の殿舎には、八世紀後葉から九世紀にかけて掘立柱建物から礎石建物に変化したり、囲繞施設が掘立柱塀から築地《ついじ》塀に改築される傾向があり、八世紀中葉ないし後半以降には瓦葺が採用される例が多い。このように八世紀後半から九世紀代にかけて全国的に整備される様相を示している。国庁院の規模は、方七〇～九〇メートルほどの例が一般的で、方半町前後の規模の郡庁院より一回り大きく、郡衙より上級の官衙である国衙の格式を反映しているとみられる。このように国庁には画一的な様相が顕著にみられる。ただし、正殿前後の前殿・後殿の有無、各殿舎の平面構造や規模などにおいては、国ごとの違いや時期による変化もみられ一様ではない。そのうち、脇殿には、長舎構造のもの(下野・三河・美濃・伊勢・近江・伯耆など)、桁行の余り長くない構造のもの(陸奥・出羽・美作)、脇殿を二棟ずつ直列に配するもの(筑後・肥前・伊賀)などの類型がある。また、多賀城政庁(陸奥国庁)では南門外側左右に建物を配した南側の一院が接続する複郭構造をとっていたとする説もある。また、筑後国における十世紀代の国庁院のように方一三〇メートルを超える例がある一方、伊賀国庁は東西四〇メートルほどで郡庁にも劣る規模となっている。これらの国庁間の差異が何に起因するのか、地域差や国の等級との関係如何などが検討されてはいるが未解明である。各国庁にみられる基本的な建物配置は大極殿・朝堂院などの宮城中枢施設を祖型としており、それらの施設と同様に第一に儀式・饗宴の場として機能したとする説が有力である。その一端は国庁で行われた元日朝賀の儀に現れている。しかし、長舎構造の脇殿を伴う国庁類型については、太政官曹司を手本とし実務中心の場として造営されたとする説もある。曹司には、建物群の周囲を塀や溝などで囲繞して院を形成するものと、建物群がひとまとまりのブロックを形成するが囲繞施設は伴わないものとがある。そして、曹司の占地形態には国庁とともに溝や築地塀などで囲繞された国衙域を形成している場合(陸奥・近江・伯耆)と、国庁とは別に独立・分散的に設けられている場合(下野・伊勢・肥前)とがある。曹司の構造はその業務によって多様であり変化も大きいが、一般的に中核的な殿舎と実務的建物群で構成され、竪穴建物を含む場合もあった。その官舎は八世紀中ごろ以降に新設・増築される傾向がみられ、曹司組織の拡充や「所」の分化などが九世紀代にかけて進行したことを示唆している。曹司の行政実務としては、まず帳簿や文書作成、文書の中央政府への上申などがある。但馬国府の一部をなすとみられる兵庫県豊岡市禰布ヶ森遺跡では、国内各郡の戸籍や税などに関する文書の題籤軸《だいせんじく》などが出土しており、こうした木簡などの出土文字資料によって文書作成実務等の実態が解明されつつある。また、国府からは「国厨」墨書土器や鍛冶などの工房が検出されることも多く、饗宴などの食膳準備や食糧・食器の調達管理を担当した国厨家や鉄製品生産などの現業部門を分掌する曹司が設けられていたことも判明している。近江・伊勢の国衙では、大型の建物を伴い饗宴や儀礼など特殊な用途に用いられた曹司と推定される官衙ブロックが国庁に隣接して見つかっている。曹司には国衙から離れた場所に別置されたものもあった。宮城県多賀城市柏木遺跡は製鉄工房、茨城県石岡市鹿の子C遺跡は武器製作工房で、国衙直営の現業を担当した出先の曹司も少なくなかった。旧来、国衙は都城の宮城に対比される官衙域であり、国府は京に対応した市街地景観を呈するものと考えられてきた。それは一九三三年(昭和八)の三坂圭治による周防国府の歴史地理学的研究に始まり、戦後、藤岡謙二郎らによって都城縮小版説・国府方八町説として体系化され通説的位置を占めてきた。以後、この歴史地理学的見解に従って各国の国府プランの復元や検証がなされてきた。しかし、独自の行政領域や都市規制を伴う京とは違って、国府は周辺地域から区別された行政単位としては位置づけられておらず都市規制の制度もみられない。また、条坊制的方格地割やいわゆる方八町国府域の想定を覆す発掘資料も増加している。また、国衙は必ずしも宮城のような周囲から隔絶した独自の空間を形成していたわけではない。こうした点から現在では旧来の通説的見解は疑問視されている。一方、国府には何本かの主要街路が設けられていること、伊勢国府跡や多賀城前面の宮城県多賀城市山王遺跡などのように方格状の地割や街路を伴う例があることも発掘調査によって判明している。また、下総・武蔵国府跡からは「右京」「京」の墨書土器が出土しており、国府が京に対応するような空間として意識された範囲を伴っていた可能性もある。ただし、多賀城に伴う方格状地割は八世紀末以降に施工されているように、国府の景観や造営過程は、造営当初から一貫した計画に従って方格地割が整然と施工された京とは様相が大きく異なり、その国府域の境界線も明確に定められたものではなかった可能性が高い。国府には、国衙諸施設とともに、中央から赴任した正規の官人である国司四等官や史生らがそれぞれ宿泊滞在した国司館、国衙で労役に従事する徭丁《ようてい》や国衙を守護する軍団兵士らの宿所、市などが設けられていた。また、国府あるいはその近辺には、国学の学校や国博士らの居所、百姓の民家、寺院が設けられている場合もあり、郡衙・駅家・津などの諸官衙が併設されている場合もあった。国府には、国司・史生・国博士・国医師ら正規の役人、国衙に常勤的に勤務する徭丁、あるいは学生・兵士・郡司・僧侶など、農漁業生産から離れて活動する人々が多数集住していたとみられ、政治的地方都市と位置づけることができるが、国府景観の実態や変遷を踏まえた性格の検討が必要である。国府諸施設のうち、画一的な様相を示す国庁が全国的に成立する時期は八世紀前半ないし中ごろに下り、国衙が独自の官衙として確立した時期を示している。ただし、筑後・出雲国府跡などのように、七世紀後半にさかのぼる官衙遺構が検出されている例もあり、それを端緒的なものとみるか、国衙の成立期として位置づけるか、評価が分かれる。国衙諸施設は八世紀後半以降に整備拡充される傾向がみられる。それらの国衙遺構は十世紀代に途絶するという画期を迎える。しかし、十世紀中ごろに場所を変えて大規模な国庁を新設している筑後国衙の例や、国庁衰退期の十世紀前半代に大型の廂付建物を含む国司館が造営されている山王遺跡や下野国府跡のような例もあり、この古代の国衙の途絶の意味については、移転や国司館における国庁機能の遂行といった変化などを含め、平安時代後期以降への国衙行政の展開・変質を見通した検討作業が今後の課題となっている。

参考文献　藤岡謙二郎『国府』(『日本歴史叢書』、一九六九、吉川弘文館)。木下良『国府―その変遷を主にして―』(『教育社歴史新書』、一九八八)。国立歴史民俗博物館編「共同研究「古代国府の研究」」(『国立歴史民俗博物館研究報告』一〇、一九八六)。栗田茂「国庁(国府中心施設)の初現形態に関する一試論―儀制令元日国司条を通して―」(『史友』二一、一九八九)。山中敏史『古代地方官衙遺跡の研究』、一九九四、塙書房。日本考古学協会一九九六年度三重大会三重県実行委員会編『国府―畿内・七道の様相―』、一九九六。奈良文化財研究所編『古代の官衙遺跡』二、二〇〇四。

(山中　敏史)

こくふうぶんか　国風文化　九世紀末から十一世紀にかけての文化事象を総称する概念の一つ。『詩経』に収められた「国風」は「雅」に対置される素朴な地域色の漂う詩のことであり、そこにいう「国」は日本に対応するものではないが、勅撰詩集の編纂などが見られた九世紀のそれを唐風文化と呼ぶのに対し、当該期の文化を日本的なものと見なして、こう称している。具体的な事象としては、『古今和歌集』以下の勅撰和歌集の編纂、仮名文字の発達・普及に伴う日記や物語の盛行、『往生要集』の撰述その他に見られる浄土教の隆盛、平等院鳳凰堂の阿弥陀如来像に代表される定朝様や大和絵といった芸術様式の成立、邸宅や服飾などに現れた生活様式の変化などが挙げられる。この概念が使用され始めた一九三〇年(昭和五)代ごろには、九世紀末の遣唐使の派遣停止に伴って唐文化の影響が希薄化し、日本独自の文化が興隆したと考えられた。しかし、商船を通じての交流はなお盛んであったことが指摘されるとともに、当該期に社会的な結合様式の再編が生じており、それが新たな文化の創造をもたらしたとの見解も出され、受容した文化と従来のそれとの融合のなかから独自の文化が開花したと捉え直されるに至っている。また、「国風」本来の語義に立ち返り、国風文化を平安京における貴族文化と単純化せず、文化創造の場に着目して、都と鄙、貴族と庶民、ハレとケなどの諸関係の分析を通して構造的に把握しようとする試みもなされた。さらに最近では、日本的なものとは何かを当時の人々の意識において問い直し、唐あるいは漢と和を対置し、その総体として文化を立ち上げようとする営みが行われたことを指摘し、それをふまえて文化の性格を考えようとする視点も提示されている。いずれにせよ、国風文化は広く浸透している概念ではあるが、当初の認識はすでに批判されており、その特色や創造の要因については、改めて検討されるべき時期を迎えているといえよう。

参考文献　河音能平「「国風」的世界の開拓」(『講座日本文化史』二所収、一九六二、三一書房)。村井康彦「国風文化の創造と普及」(『(岩波講座)日本歴史』四所収、一九七六、岩波書店)。

(西村さとみ)

こくぶしきどき　国分式土器　南関東の土師器型式名の一つ。千葉県市川市須和田遺跡を標識として地名から名付けられた。杉原荘介は、この型式には壺が存在せず長胴甕と甑はなくなり、有頸という「く」の字状の頸部で薄手の甕が登場し、台が付くものと付かないものがある。盤形の土器がなくなり浅鉢・坏・皿が中心で高台を付すものが多く、すべて轆轤製でほとんどが回転糸切りである。内外面をいぶして仕上げる器形や、墨書土器も多い、とする。また、このような土器は関東一円に分布し、時期は西暦八〇〇年および九〇〇年代とする。その後の研究で轆轤製の土師器は下総・上総に分布するものの、武蔵・相模などにはほとんどないことが明らかになり、関東の国単位あるいはもっと狭い地域での土器の差異が明瞭で、国分式土器では包括できなくなって各地で地域編年が作られている。また須恵器編年が確立した地域もあり、最近では国分式土器の型式名よりも平安時代あるいは九世紀の土器などと使用する場合が多い。

参考文献　杉原荘介『原史学序論―考古学的方法による歴史学確立への試論―』、一九四三、葦牙書房。同「晩期IIの土師式土器」(杉原荘介・大塚初重編『土師式土器集成』四所収、一九七四、東京堂出版)。

(酒井　清治)

こくぶんがくけんきゅうしりょうかん　国文学研究資料館　大学共同利用機関。東京都品川区豊町。二〇〇八年、立川市に移転の予定。一九七二年(昭和四十七)五月に大学共同利用機関として設立。二〇〇四年(平成十六)四月に法人化され、正式名称を大学共同利用機関法人人間文化研究機構国文学研究資料館という。法人化に伴って、組織も研究系四部門・情報事業センター・管理部に改編された。研究系は新しく設置されたもので、文学資源研究系・文学形成研究系・複合領域研究系・アーカイブズ研究系の四つの系からなり、それぞれの系のテーマに即した国文学とその周辺分野に関する研究が館内外の研究者との共同研究というかたちで行なわれている。国内外に散在する古典籍の調査・収集、研究文献・マイクロフィルム等の閲覧、各種データベースによる研究情報の公開、国際研究集会、講演会や出版物による普及活動など、従来からの活動は情報事業センターに引き継がれた。二〇〇三年からは日本文学研究専攻の大学院(総合研究大学院大学文化科学研究科)も開設され、研究者の育成にも力を注いでいる。

(入口　敦志)

こくぶんじ　国分寺　律令制国家が各国の攘災招福豊穣を祈念し、王権の祖霊追善、さらには「鎮護国家《ちんごこっか》」の目的のため、全国に建立した寺院。僧寺と尼寺を置き、僧寺の正式名称を「金光明四天王護国之寺《こんこうみょうしてんのうごこくのてら》」、尼寺を「法華《ほっけ》滅罪之寺《めつざいのてら》」という。金字『金光明最勝王経《こんこうみょうさいしょうおうきょう》』を僧寺の塔に安置し、僧寺には封戸《ふこ》五十と水田十町を施入《せにゅう》し二十僧を定員とし、尼寺には水田十町を施入し十尼を定員とし、毎月八日に『金光明最勝王経』『妙法蓮華経《みょうほうれんげきょう》』を転読させた。国分寺の成立は大きく、㈠天武朝成立説と㈡聖武朝成立説に分かれる。㈠天武朝成立説では、六八五年(天武天皇十四)三月の「諸国家毎に仏舎を作り、乃ち仏像及び経典を置き、以て礼拝供養せよ」という詔の、「家」を国《こく》衙《が》と解釈し、「国府寺」が置かれたとする。六九四年(持統天皇八)には諸国に『金光明経《こんこうみょうきょう》』百部が送られ、毎年正月上弦の日に読むことが命じられているから、天武・持統朝で中央集権的国家仏教体制が志向され、全国官寺体制が整ったとする。しかし「家」を地方豪族の家と解釈すれば、地方寺院の建立を奨励するものとなり、「国府寺《こくぶてら》」の存在も現在は否定されている。また諸国国衙では、正月法会で『金光明経』が読誦されていることが『但馬国《たじまのくに》正税帳《しょうぜいちょう》』などで明らかであるから、天武朝に国分寺が成立したとする説は現在は成立しない。㈡聖武朝成立説も七三七年(天平九)説と七四一年説に大きく分かれる。聖武朝ではまず七二八年(神亀五)十二月に旧訳に代わる新訳の『金光明最勝王経』十巻が諸国に送られている。しかしこの経典を講説読誦する地方官寺が存在しないこと、また七三七年三月には疫病の流行と飢饉に加え、新羅との関係悪化による対外的危機感が契機となって、唐の大雲寺制などの地方官寺制が参考にされ、国分寺建立が命ぜられるようになったと思われる。これを国分寺の成立と考えるのが七三七年説である。七三七年三月詔では、諸国に対し丈六《じょうろく》の釈迦像一軀《く》と挾侍《きょうじ》菩薩二軀を造らせ、『大般若経《だいはんにゃきょう》』一部を書写させたとあり、この結果天候も順調となり五穀豊作であったので、七四〇年六月には七重塔一基の造営と『法華経《ほけきょう》』十部の書写を命じている。しかし七四〇年九月に九州で藤原広嗣《ふじわらのひろつぐ》の乱が起こると、その平定を祈って七尺の観世音像一軀の造像と『観世音経《かんぜおんきょう》』十部の書写を命じている。七四一年正月には藤原氏から返還された封戸三千を諸国国分寺丈六仏像料に充て、さらに翌二月の「国分寺《こくぶんじ》建立《こんりゅう》詔《みことのり》」で国分僧寺・尼寺の建立を命じて、二寺の規模・行事の規定から維持経営の細目が最終的に決定されている。このほか詔の発布の時期について、七三八年・七四〇年とする説も存在するが、国分寺造営の詔・勅を集大成する形で七四一年に発布されたとするのが、七四一年説である。国分寺の成立の年代を限定する必要はなく、七三七年に構想された国分寺制が藤原広嗣の乱のために混乱し、最終的に七四一年二月に「建立詔」として発布されたのであり、七三七年から七四一年の間の一連の事業であると考えられる。諸国における国分寺の造営は遅れていたことが、『続日本紀《しょくにほんぎ》』などから判明する。国分寺の造営は、国ごとの事情に左右されたと思われ、その規模・伽藍配置などは一様ではない。七四四年七月には、諸国の正税《しょうぜい》四万束を出挙《すいこ》し、その利《り》稲《とう》を国分寺の造営料に充てるように命じ、七四七年十一月には国司の怠慢を譴責し、郡司の協力を得て三年以内の完成を目指すことを命じている。しかしこの厳しい督促令にもかかわらず、国分寺の造営は進展しなかったようで、七五六年(天平勝宝八)六月にはさらに督促令が出され、七五七年(天平宝字元)の聖武太上天皇の一周忌に間に合わせるように命ぜられている。さらに七五九年十一月には、国分二寺の図を天下に頒布するとあるところから、この時期でもまだ完成していなかった国分寺があったことが予想される。しかし一方で、七六六年(天平神護二)ころから郡司層の国分寺に対する献物叙位の記事が『続日本紀』にみられるようになり、また造営の督促に関

国分僧寺・国分尼寺所在一覧

道	国名	郡名	僧寺所在地	尼寺所在地
畿内	山城	相楽	京都府相楽郡加茂町例幣	京都府相楽郡加茂町法花寺野
	大和	添上	奈良市雑司町(東大寺)	奈良市法華寺町(法華寺)
	河内	安宿	大阪府柏原市国分東条町	大阪府柏原市国分東条町
	和泉	和泉	大阪府和泉市国分町	未詳
	摂津	東生	大阪市天王寺区国分町	大阪市東淀川区柴島町
東海道	伊賀	伊賀	三重県伊賀市西明寺長者屋敷	三重県伊賀市西明寺長楽山
	伊勢	河曲	三重県鈴鹿市国分町西高木	未詳
	志摩	英虞	三重県志摩市阿児町国府	未詳
	尾張	中嶋	愛知県稲沢市矢合町	未詳
	三河	宝飫	愛知県豊川市八幡町本郷	愛知県豊川市八幡町忍地
	遠江	磐田	静岡県磐田市国府台	未詳
	駿河	安倍	静岡市駿河区大谷(片山廃寺)	未詳
	伊豆	田方	静岡県三島市泉町	未詳
	甲斐	山梨	山梨県笛吹市一宮町国分	山梨県笛吹市一宮町東原
	相模	高座	神奈川県海老名市国分	神奈川県海老名市国分
	武蔵	多麻	東京都国分寺市西元町	東京都国分寺市西元町
	安房	平群	千葉県館山市国分	未詳
	上総	市原	千葉県市原市惣社	千葉県市原市国分寺台
	下総	葛飾	千葉県市川市国分	千葉県市川市国分
	常陸	茨城	茨城県石岡市府中	茨城県石岡市尼寺ヶ原
東山道	近江	滋賀	大津市国分	未詳
	美濃	不破	岐阜県大垣市青野町	岐阜県不破郡垂井町平尾
	飛驒	大野	岐阜県高山市総和町	岐阜県高山市岡本町
	信濃	小県	長野県上田市国分	長野県上田市国分
	上野	群馬	群馬県高崎市東国分町	群馬県高崎市東国分町
	下野	都賀	栃木県下野市国分寺町国分	栃木県下野市国分寺町国分釈迦堂
	陸奥	宮城	仙台市若林区木ノ下	仙台市若林区白萩町
	出羽	出羽	未詳	未詳
北陸道	若狭	遠敷	福井県小浜市国分	未詳
	越前	丹生	未詳	未詳
	加賀		未詳	未詳
	能登	能登	石川県七尾市国分町	未詳
	越中	射水	富山県高岡市伏木一宮	未詳
	越後	頸城	未詳	未詳
	佐渡	雑太	新潟県佐渡市国分寺	未詳
山陰道	丹波	桑田	京都府亀岡市千歳町国分	京都府亀岡市河原林町
	丹後	与謝	京都府宮津市国分	未詳
	但馬	気多	兵庫県豊岡市日高町国分寺	兵庫県豊岡市日高町水上尼堂
	因幡	法美	鳥取市国府町国分寺	未詳
	伯耆	久米	鳥取県倉吉市国分寺	鳥取県倉吉市国府
	出雲	意宇	松江市竹矢町	松江市竹矢町
	石見	那賀	島根県浜田市国分町	島根県浜田市国分町比丘尼所
	隠岐	周吉	島根県隠岐郡隠岐の島町池田	島根県隠岐郡隠岐の島町有木
山陽道	播磨	飾磨	兵庫県姫路市御国野町国分寺	兵庫県姫路市御国野町国分寺
	美作	勝田	岡山県津山市国分寺	岡山県津山市国分寺
	備前	赤坂	岡山県赤磐市馬屋	岡山県赤磐市穂崎
	備中	窪屋	岡山県総社市上林	岡山県総社市上林
	備後	安那	広島県福山市神辺町下御領	未詳
	安芸	賀茂	広島県東広島市西条町吉行	未詳
	周防	佐波	山口県防府市国分寺町	未詳
	長門	豊浦	山口県下関市長府宮の内町	未詳
南海道	紀伊	那賀	和歌山県紀の川市東国分	未詳
	淡路	三原	兵庫県南あわじ市八木国分	未詳
	阿波	名方	徳島市国府町矢野	徳島県名西郡石井町石井
	讃岐	阿野	高松市国分寺町国分	高松市国分寺町新居
	伊予	越智	愛媛県今治市国分	愛媛県今治市桜井
	土佐	長岡	高知県南国市国分	未詳
西海道	筑前	御笠	福岡県太宰府市国分	福岡市太宰府市国分
	筑後	御井	福岡県久留米市国分町	未詳
	豊前	仲津	福岡県京都郡みやこ町国分	福岡県京都郡みやこ町徳政
	豊後	大分	大分市国分	未詳
	肥前	佐嘉	佐賀市大和町尼寺	佐賀市大和町尼寺
	肥後	託麻	熊本市出水町	熊本市出水町陣山
	日向	児湯	宮崎県西都市国分	宮崎県西都市右松
	大隅	贈於	鹿児島県霧島市国分向花町	未詳
	薩摩	高城	鹿児島県薩摩川内市国分寺町	未詳
	壱岐	壱岐	長崎県壱岐市芦辺町国分	未詳
	対馬	下県	長崎県対馬市厳原町今屋敷	未詳

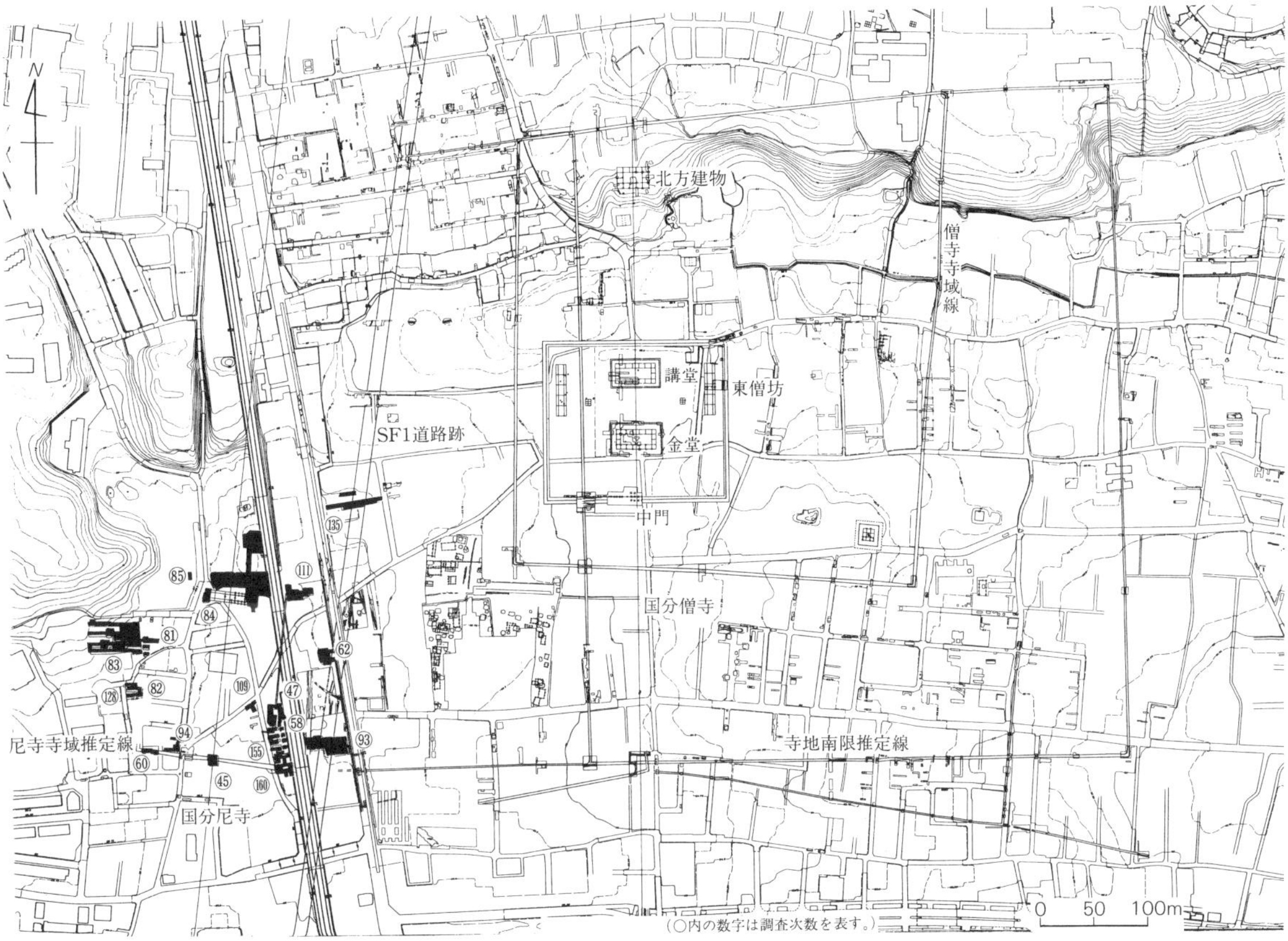

武蔵国分寺調査図

する記事もみえなくなるので、このころには国分寺の多くが完成していたと考えられる。国分寺の占地は七四一年詔にも好所を選ぶことが命じられており、実際諸国の国分寺の立地条件を見ると、国府にも近く僧寺尼寺間の距離も二町から五町程度と近接している。寺地の広さも僧寺は方二町、尼寺は方一町半を原則とし、南面することが厳格に守られている。伽藍配置は塔一基の東大寺式伽藍配置が多いが、中には相模・下総の例のように法隆寺式伽藍配置や美濃・備後のような法起寺式伽藍配置、九州の国分寺に見られるような大官大寺式伽藍配置などを取るものもあって、各国の造営事情によって異なるようである。近年全国の国分寺跡で発掘調査が進展し、造営の事情が明らかになってきている。調査の結果、主要伽藍では僧寺は塔・金堂・講堂・南大門・中門・回廊・鐘楼・経蔵・僧坊跡などが検出されているが、尼寺では塔が存在しない。塔は七重塔で、平面はだいたい方三間で一辺三十尺を越えるのが一般である。最近の調査で武蔵・上野・下総国分寺では、詔のように塔が先行して造営されたことが明らかになった。金堂・講堂は、各国によって規模に差があるが一般的には間口の柱間七間、奥行き四間のものが多い。回廊は単廊式が一般的であるが、中には遠江・陸奥国分寺などの例のように複廊式もある。中門・南大門は五間×二間と三間×二間の二種がある。鐘楼・経蔵は、金堂と講堂の中間に左右に配置され、その平面は三間×二間が一般的である。僧坊は僧尼の居住する長屋形式の建物で、陸奥国分寺の場合は間口十九間、奥行三間である。国分寺の事情をうかがうことのできる例として、武蔵国分寺が挙げられる。武蔵国分寺は郡郷名や人名瓦が出土することが有名であるが、このうち人名瓦は律令制の負担体系を利用して造営が行われた資料とされる。武蔵国分寺への供給瓦窯跡は南比企窯跡群と南多摩窯跡群とに大別され、その供給関係が明らかになっている。郡郷名文字瓦は、武蔵国二十一郡の内、七五八年に建郡された新羅郡の文字瓦が見えないところから、それ以前には完成したと考えられる。一九八九年(平成元)の調査で周辺の住居跡から漆紙文書《うるしがみもんじょ》の具注暦《ぐちゅうれき》の断簡が出土し、七五七年のものであることが判明して、国分寺の造営年代を示すものとして注目されている。七四一年の国分寺建立詔の発布直後に造営が開始されるが、そののち大きな計画変更があり、七四七年詔により郡司層の協力の下に武蔵国内の造寺体制が整備されたとみられる。また武蔵国分寺は調査の結果、僧寺と尼寺の間に七七一年(宝亀二)に武蔵国が東海道に編入されるようになる以前の東山道《とうさんどう》武蔵道《むさしみち》が走り、そこから白鳳《はくほう》期の観音像が出土している。国分寺の機構としては、最近の発掘調査で出土した墨書土器などの文字資料から、金堂などの主要堂宇だけでなく、「政所院」「大衆院」などの運営関係や「講院」「読院」などの国師・講師などの官僧が居住した付属院の存在が明らかになっている。このうち国師は七〇二年(大宝二)に諸国に置かれ、僧尼の監督や国分寺の造営にあたった。国師は治部省や僧綱が任命して諸国に派遣され、当初は一人であったが、後に講師に名称変更し増員されている。国分二寺の僧尼については、礼仏作法ができ浄行三年以上を積んでいて、『法華経』か『金光明最勝王経』を暗誦していることが資格となっていたらしく、最澄の例では、国分寺僧の得度は治部省が近江国府の国師に命じている。しかし平安時代になると、国分寺僧の資質低下、罹災や御願寺・定額寺などの出現により国分寺の機能は低下していく。律令制地方政治の再建のため国分寺の拡充・整備などが進められた承和期を境に、定額寺がその機能を代行したり、また転用国分寺として利用されるなど、定額寺の地位が向上し、反対に国分寺は有名無実化して地方寺院の位置に低下していく。承平・天慶の乱などでは兵乱鎮圧などの鎮護国家的機能が再び期待されるが、信濃国分寺のように逆に兵火に遭って焼失する国分寺もあり、国分寺は律令制の衰退と共に官寺的意義を失う。『上野交替実録帳』によると、上野国分寺では十一世紀初頭にはまだ金堂・講堂・塔・中門・回廊などの主要伽藍は健在であったが、僧坊などはすでに「無実」の状態であった。発掘調査の結果では上野国分寺は十一世紀初頭には築垣が崩壊しそののち再建されず、十四世紀後半には金堂の場所が墓地化しているところから、このころには完全に国分寺の機能は失われていたようである。このような状況は上野のみならずほかの国分寺でも同様であったと考えられる。しかし鎌倉時代になると、国分寺の修造に関する関心が生じるが、特に蒙古襲来では再度国分寺の鎮護国家的機能が要求されている。その後西大寺僧などによって国分寺の再興が推進されるが、戦国時代には戦乱で焼失した国分寺も少なくない。

参考文献 萩野由之「国分寺建立発願の詔勅について」(『史学雑誌』三三ノ六、一九二二)。井上薫『奈良朝仏教史の研究』、一九六六、吉川弘文館。角田文衞『国分寺の研究』上・下、一九三八、考古学研究会。関東古瓦研究会編『聖武天皇と国分寺』一九九八、雄山閣出版。角田文衞編『新修国分寺の研究』一—八、一九八六-九七、吉川弘文館。追塩千尋『国分寺の中世的展開』、一九九六、吉川弘文館。

(三舟　隆之)

こくほう　国宝　日本の文化財のうち、国が指定して特別に保護・管理する対象とされる建造物・美術工芸品。法律の変遷により、その内容に変化がある。現行の国宝は、一九五〇年(昭和二十五)制定の文化財保護法に基づき、重要文化財のうちで特に世界文化の見地から価値の高いものとして、文部科学大臣が指定する。二〇〇六年(平成十八)までに、千件余が指定され、考古資料としては四十一件指定されている。国宝の法的な扱いは基本的に重要文化財と同様で、文化財としての価値の高さを顕彰する性格が強い。なお国宝の呼称は、一八九七年(明治三十)制定の古社寺保存法に定められ、一九二九年(昭和四)制定の国宝保存法に受け継がれて、あわせて五千七百九十件が指定された。それらは俗に旧国宝と呼ばれ、文化財保護法によりすべて重要文化財に継承された。そのうち特に価値の高いものが国宝に格上げされ、また新たに価値の認められた文化財に対する国宝指定が行われている。

参考文献 文化庁監修『国宝』、一九八四、毎日新聞社。『日本の国宝』、一九九七-九九、朝日新聞社。

(中村　順昭)

こくほうほぞんほう　国宝保存法　古社寺保存法を引き継ぎ、一九二九年(昭和四)三月二十八日に公布された文化財(建造物・美術工芸品)の保護のための法律。古社寺保存法の対象が基本的には社寺有物件に限られていたため、これを社寺有以外のものにまで拡大し、制度を拡充するために制定された。文部大臣による国宝の指定、国宝に関する輸出の禁止、現状変更の規制、社寺有のものについての処分などの禁止、所有者変更・滅失棄損の届出義務、官・公立博物館への出陳義務、修理に関する国庫補助などの制度が定められている。一九五〇年の文化財保護法制定により、これらの制度の基本的部分は同法に継承された。指定された国宝は、建造物千五十七件、美術工芸品五千七百九十件であり、これらは文化財保護法による重要文化財とみなすこととされた。↓古社寺《こしゃじ》保存法《ほぞんほう》　↓文化財保護法《ぶんかざいほごほう》

参考文献 文化財保護委員会編『文化財保護の歩み』、一九六〇。文化庁『文化財保護法五十年史』、二〇〇一、ぎょうせい。川村恒明他『文化財政策概論』、二〇〇二、東海大学出版会。

(和田　勝彦)

ごくらくじ　極楽寺　(一)平安時代から鎌倉時代の山岳寺院跡。国見山《くにみやま》廃寺とも呼ばれる。国指定史跡。岩手県北上市稲瀬町内門岡《いなせちょううちかどおか》に所在する。北上高地西縁部丘陵のひとつである、標高約二五〇《メートル》の国見山の南斜面を中心として、斜面部や尾根に堂塔を配する。内門岡は盆地状の地形を呈し、民家・畑地・水田などが点在する。周辺の民家の屋敷名や畑地の通称名には、仁坊《にぼ》、座主坊《ざすのぼう》、学頭《がくとう》

国宝（考古資料）一覧

名称	所蔵者	指定年月日
武蔵埼玉稲荷山古墳出土品	国（文化庁保管）	一九八三・六・六
島根県荒神谷遺跡出土品	同	一九九八・六・三〇
奈良県藤ノ木古墳出土品	同	二〇〇四・六・八
福岡県平原方形周溝墓出土品	同	二〇〇六・三・一七
山科西野山古墳出土品	国（京都大学保管）	一九五三・三・三一
文禰麻呂墓出土品	独立行政法人国立博物館（東京国立博物館保管）	一九五二・一一・二二
興福寺金堂鎮壇具	同	一九五七・六・一八
袈裟襷文銅鐸	同	一九六一・六・九
肥後江田船山古墳出土品	同	一九六五・五・二九
埴輪武装男子立像	同	一九七四・六・八
金銀錯狩猟文鏡	東京都　永青文庫	一九六七・六・一五
金彩鳥獣雲文銅盤	同	一九六八・四・二三
日向国西都原古墳出土金銅馬具類	東京都　五島美術館	一九五六・六・二八
石　幢	東京都　普済寺	一九五三・一一・一四
銅製船氏王後墓誌	東京都　三井文庫	一九六一・四・二七
新潟県笹山遺跡出土深鉢形土器	新潟県十日町市（十日町市博物館保管）	一九九二・六・二二
土　偶	長野県茅野市（尖石縄文考古館保管）	一九九五・六・一五
伊勢国朝熊山経ヶ峯経塚出土品	三重県　金剛証寺	一九六三・七・一
崇福寺塔心礎納置品	滋賀県　近江神宮	一九五二・一一・二二
鞍馬寺経塚遺物	京都府　鞍馬寺	一九五五・六・二二
金銅小野毛人墓誌	京都府　崇道神社	一九六一・四・二七
金銅威奈大村骨蔵器	大阪府　四天王寺	一九五五・二・二
金銅透彫鞍金具	大阪府　誉田八幡宮	一九五二・一一・二二
金銅石川年足墓誌	大阪府　個人蔵	一九五二・三・二九
袈裟襷文銅鐸（両面在画象）・袈裟襷文銅鐸・銅鐸・流水文銅鐸・銅戈	神戸市（神戸市立博物館保管）	一九七〇・五・二五
七　支　刀	奈良県　石上神宮	一九五三・一一・一四
金銅藤原道長経筒	奈良県　金峯神社	一九五二・一一・二二
大和国金峯山経塚出土品	同	一九五二・一一・二二
興福寺金堂鎮壇具	奈良県　興福寺	一九五八・二・八
大和国粟原寺三重塔伏鉢	奈良県　談山神社	一九五三・三・三一
東大寺金堂鎮壇具	奈良県　東大寺	一九五七・二・一九
仏　足　石	奈良県　薬師寺	一九五二・一一・二二
仏足石歌碑	同	一九五二・一一・二二
人物画象鏡	和歌山県　隅田八幡宮	一九五一・六・九
伯耆一宮経塚出土品	鳥取県　倭文神社	一九五三・三・三一
伊予国奈良原山経塚出土品	愛媛県　奈良原神社	一九五六・六・二八
金　印	福岡市（福岡市博物館保管）	一九五四・三・二〇
銅板法華経・銅筥	福岡県　国玉神社	一九五三・一一・一四
宮地嶽古墳出土品	福岡県　宮地嶽神社	一九五三・三・二九
筑前国宮地嶽神社境内出土骨蔵器	同	一九六一・四・二七
福岡県宗像大社沖津宮祭祀遺跡出土品	福岡県　宗像大社	一九六二・六・二一

（二〇〇六年九月現在）

坊《ぼう》、下別当《したべっとう》、宝塔山《ほどやま》等々寺院に関連する名称が多く残されている。現在の極楽寺に重要文化財に指定されている平安時代の錫杖頭や幡頭銅造竜頭などが伝世されている。『文徳実録』天安元年（八五七）六月戊辰（三日）条に記されている定額寺《じょうがくじ》の「陸奥国極楽寺」とする説が有力である。一九六三年（昭和三十八）からの一期調査以来その後も数期にわたる発掘調査が継続されている。一期の調査においてホドヤマ山頂の塔跡、国見山神社西方の方三間堂跡や七間堂跡、極楽寺山の方三間堂など等礎石をもつ古代の堂塔跡が確認された。また、その後の調査において掘立柱建物群や竪穴住居なども検出されている。当初七間堂跡とされた礎石建物は、その後の調査において、東西七間、南北一間で、南に一間の庇《ひさし》をもつ東西棟であることが確認された。建物全体の規模は、東西約二一・六《メートル》、南北約八・一《メートル》である。出土遺物には、土師器《はじき》、赤焼《あかやき》土器、須恵器《すえき》、灰釉《かいゆう》陶器、瓦塼《せん》類、土製螺髪《らほつ》、鉄製品、鞴《ふいご》、羽《は》口《くち》などがある。また、この礎石建物の下層から東西五間、南北一間で南に一間の庇をもつ礎石建物やその下位に掘立柱列も確認されている。このように数度の盛土整地が行われ、長期にわたって利用されていたことが確認されている。五期の整地のうち第二期は九世紀中ごろ、五次整地層は十二世紀とされる。上位の礎石建物に伴うと考えられる瓦は、十世紀前半と考えられる。近年の発掘調査によって、『文徳実録』に記された陸奥極楽寺であることが、証明されつつある。

参考文献　北上市教育委員会『北上市極楽寺跡』（『文化財調査報告』一一、一九七三）。北上市教育委員会編『国見山廃寺跡』（『北上市埋蔵文化財調査報告』五五、二〇〇三）。

（高橋　信雄）

(二)西大寺《さいだいじ》の律僧忍性《にんしょう》が一二五二年（建長四）から十年間止住し、布教の拠点とした寺院。史料には「三村寺《みむらでら》」「清涼《せいりょう》院《いん》」ともある。廃寺であるが、「三村山」「清冷院」「極楽寺」といった文字瓦の出土などから、筑波山地南端の宝《ほう》篋山《きょうさん》南麓、茨城県つくば市小田所在の三村山極楽寺遺跡群が故地に比定される。遺跡群の確認調査では、鎌倉・室町時代の瓦窯跡、石列、溝跡、火災の痕跡等が確認され、多量の瓦や土器・陶磁器などが出土した。創建時期は、瓦の年代観や土浦市等覚寺《とうかくじ》所在の初代常陸守護の八《はっ》田知家《たともいえ》が寄進したことを記す梵鐘の銘から、鎌倉時代初めとする説がある。また、遺跡群内所在で十四世紀初めごろの大型五輪塔《ごりんとう》では、解体調査の際、水晶製五輪塔形舎利《しゃり》容器、青磁鉢・古瀬戸四耳壺からなる蔵骨器などが検出された。周囲には建長五年(一二五三)銘のある不殺《ふせっ》生界《しょうかい》碑や、地蔵菩薩立像・宝篋印塔などの西大寺系石工の関与が窺える優品、多くの大型五輪塔などが所在し、特色を示している。

参考文献 『筑波町史』上、一九八九。つくば市・山武考古学研究所編『三村山極楽寺跡遺跡群　確認調査報告書』、一九九三、つくば市教育委員会。つくば市教育委員会編『石造五輪塔解体修理調査報告書』、一九九四。

(石橋　充)

㈢神奈川県鎌倉市極楽寺に存在する真言律宗の寺院。霊鷲山感応院と号す。極楽寺坂切り通しの西に位置し、中世には鎌倉の西の出入口にあたる場所であった。草創については不明確な部分が多いが、近世編纂の『極楽律寺要文録』に収録されている『極楽寺縁起』には、次のように記されている。すなわち、正永和尚という老僧が深沢谷に一寺を建立、丈六阿弥陀仏像を安置して極楽寺と号したが、造営半ばにして一二五八年(正嘉二)に没したため、北条重時が律僧として名高い忍性とはかり、当時「地獄谷」と呼ばれた地に移して律宗の大伽藍を造営、一二六〇年(文応元)に完成したのが現在の極楽寺であるという。伽藍完成後も忍性は他寺にあることが多かったため、正永和尚の弟子の宗観に寺務を任せていたが、一二六七年(文永四)に極楽寺へ移住、以後本拠とするに至ったという。しかしながら、この『縁起』は、一三二九年(元徳元)の奥書を有するものの文体にはやや不自然な点があり、正永なる僧についてもほかに史料がなく、記事を全面的に信用することはできない。一方で、『浄土惣系図』には浄土宗西山派祖の証空の弟子に「宗観」がみえ、「名越一族、鎌倉極楽寺根本」と記されている。また、『吾妻鏡』には北条重時の「極楽寺新造山庄」や「極楽寺別業」がみられるとともに一二六三年(弘長三)十月に重時三回忌を極楽寺で行なった時の記事には宗観が導師を務めたと記されている。以上のことがらや「極楽寺」という寺名そのものから考えて、当寺が北条重時の別荘内に設けられた念仏系の寺として出発したことはほぼ間違いない。『忍性菩薩行状略頌』によっても、忍性の極楽寺入寺は一二六七年とされており、律寺としての本格的展開はこの年以降と思われるが、幕府と結びついた忍性の活躍により、同寺は関東における律の一大拠点となった。一三四九年(貞和五)に足利尊氏が極楽寺に与えた書状の文言から鎌倉時代に極楽寺が幕府から与えられていた特権の内容が判明するが、それによれば、鎌倉の港湾施設であった和賀江島の維持管理と同所における通行料の徴収、鎌倉前浜(海岸部)の殺生禁断取り締まりとそれに付随する漁労の独占的管理が、極楽寺の権利として認められていた。また、極楽寺は非人と呼ばれる被差別民の集団に対する支配機関として幕府から位置付けられていた。さらに、鎌倉時代末期の極楽寺は、東海道筋の橋の経営や東海道の過書発行に関与していたことが確かめられる。極楽寺に現存する「極楽寺絵図」は、鎌倉時代の最盛期の様子を江戸時代初期に描いたものとされるが、同図の中心伽藍地点より中世の基壇遺構が発掘されており、ある程度の信頼度を持つと思われる。この絵図では、金堂・講堂・方丈華厳院・経蔵・四王門・二王門・勧学院などが中心伽藍を形成し、周囲の谷々には、療病院・らい宿・薬湯室・施薬悲田院・病宿・坂下馬病屋などの療養救済施設が建ち並び、極楽寺川をはさんだ霊鷲山には仏法寺と請雨池が描かれている。近年の仏法寺跡発掘調査では、請雨池跡と思われる遺構が確認され、池中より大量のこけら経が出土している。鎌倉時代の子院として文献史料にみられるものは、就学院・宝幢院・真言院などである(『金沢文庫古文書』)。幕府滅亡後は後醍醐天皇の勅願所となり寺領を安堵された。その後、室町時代を通じて足利氏の保護を受けたが、戦国時代には戦乱や地震などにより伽藍は衰退し、一五七二年(元亀三)に講堂と塔頭の仏法寺・福田院・吉祥院を残して焼失した。江戸時代の復興を経て現在に至る。現存文化財には、木造清涼寺式釈迦如来立像・木造釈迦如来坐像・木造十大弟子立像・木造不動明王坐像・金銅密教法具・石造五輪塔(以上国指定重要文化財)、『極楽寺文書』などがある。このうち五輪塔は、忍性塔と呼ばれて忍性の遺骨を納め、三五七センチの巨大なものである。

参考文献 『鎌倉市史』社寺編、一九五九、吉川弘文館。松尾剛次『中世都市鎌倉の風景』、一九九三、吉川弘文館。桃裕行「極楽寺多宝塔供養願文と極楽寺瑜伽戒本」下(『金沢文庫研究』六二、一九六〇)。和島芳男「極楽寺の縁起と忍性」(同二四八、一九七七)。小野塚充巨「中世極楽寺をめぐって」(竹内理三先生喜寿記念論文集刊行会編『荘園制と中世社会』所収、一九八四、東京堂出版)。石井進「都市鎌倉における「地獄」の風景」(御家人制研究会編『御家人制の研究』所収、一九八一、吉川弘文館)。(高橋慎一朗)

ごくらくじがきょう　極楽寺瓦経　兵庫県神崎郡香寺町須加院常福寺裏山出土の瓦経。一七九九年(寛政十一)、土製仏像と約五百枚に及ぶ瓦経が発見された。この状況を知った姫路藩主の酒井忠道《ただひろ》がこの瓦経を取り寄せ、整理して拓本を採らせた。瓦経は明治維新の混乱の中で行方不明となったが、幸いにも拓本は酒井家に伝わり、戦後に東京国立博物館の所蔵となった。この五百枚の拓本によって瓦経の全貌が知られるとともに、表裏二十枚におよぶ願文と各経典末に付された奥書で、経塚(平安時代末)造営の由来を詳細に知ることができる。驚くことに、一九九五年(平成七)と一九九六年に実施された姫路城内堀の浚渫工事(現護国神社裏手石垣際)の立会調査と発掘調査で、五十一点の瓦経が検出された。出土地周辺は「御作事場」と推定され、その施設に収蔵されていたのが幕末の混乱時に、堀に投棄されたと考えられている。

参考文献 姫路市教育委員会文化課編『播磨極楽寺瓦経—特別史跡姫路城跡内堀出土—』(世界文化遺産姫路城発掘調査報告書)、一九九九。 (大村 敬通)

こくりつしりょうかん　国立史料館　文部科学省の大学共同利用機関の一つである国文学研究資料館に付置されていた「史料館」の通称。東京都品川区豊町に所在。太平洋戦争後の社会的混乱や戦後改革のなかで、民間史料が大量に消滅するという危機的状況のなか、文部省は廃棄される寸前の民間史料を大量に買い上げ、これを整理・公開するため一九五一年(昭和二十六)に文部省史料館を設立した。文部省史料館設立後も一九六〇年代までは史料購入を行い、その結果、所蔵文書は近世・近代の村方文書、商家文書、大名家文書など総計四百十三件約五十万点というわが国最大の文書館となった。一九七二年、国文学研究資料館の設立に伴って文部省史料館は同館の付置施設となった。これにより、史料館は史料学・文書館学に関する研究所としての性格が強化された。特に、文書館学の研究は、わが国では国立史料館によって起点が築かれたといってよく、その後史料管理学・記録史料学・アーカイブズ学へと発展してきた。二〇〇四年(平成十六)の法人化に伴い、史料館は研究組織の部分が国文学研究資料館アーカイブズ研究系となった。

参考文献 国文学研究資料館史料館編『史料館の歩み五〇年』、二〇〇一。 (渡辺 浩二)

こくりつれきしみんぞくはくぶつかん　国立歴史民俗博物館　千葉県佐倉市城内町にある大学共同利用機関法人人間文化研究機構に所属する研究を主とした歴史系博物館。一九三六年(昭和十一)黒板勝美の提唱により日本の歴史的文化の総合的な研究所として国立歴史博物館(国史館)を紀元二千百年祝典記念事業の一つとして建設することが決定されたが、太平洋戦争勃発などの理由により実施を見なかった。第二次世界大戦後になって一九五三年国立民俗博物館新設の建議書が出され、これは認められなかったものの、一九六六年坂本太郎が主唱した歴史民俗博物館の建設が明治百年(一九六八年)記念事業の一つとして閣議了解された。設立準備は文化財保護委員会(のち文化庁)で進められ、一九七八年には国立歴史民俗博物館準備室(室長井上光貞)が設置されて展示計画・組織・設置形態などの再検討を行なった。その結果文化庁の付属機関ではなく国立大学共同利用機関とすることに変更し、一九八一年開設、井上光貞が初代館長に就任した。二年後総合展示の一部が一般公開され、一九九五年(平成七)には総合展示のほぼ全体が完成し、くらしの植物苑が一般公開された。一九九九年総合研究大学院大学文化科学研究科日本歴史研究専攻が設置されて大学院(後期博士課程)教育が始められ、二〇〇四年には法人化され現在の組織になった。当館は歴史学・考古学・民俗学および関連諸科学の協業により日本の歴史と文化を実証的に解明する研究を行い、その結果に基づく展示などをとおして一般公衆に対する教育、関連資料の調査・収集・保存・活用、関係研究者などに対する情報提供、および大学院教育への協力などの活動を行なっている。展示は原始・古代から近現代および民俗の各分野における重要なテーマを選んだ常設展示、個別のテーマによる短期的な企画展示・特別企画がある。

参考文献 『国立歴史民俗博物館十年史』、一九九一。 (濱島 正士)

こけらきょう　柿経　「柿《こけら》」とは木っ端のことであり、木っ端に書写された経典の意味で柿経と称される。しかし単なる木っ端ではなく、鎌倉時代から室町時代中期までは正目状に薄く(一ミリ前後)割剥いだ薄板が使用され、以降、江戸時代初期までは鉋《かんな》で削って作られ、きわめて薄くなると同時に幅広になる。形態的には頭部を板碑《いたび》状・圭頭《けいとう》状に成形したものが多く、五輪塔形に刻んだものも見受けられる。奈良元興寺《がんごうじ》には多くの遺品および経典を分冊にした手本、書写経典に添えたとみられる墨書板目録などの関連遺品が遺されている。墨書板目録には「そとばのおもてにかきくようしまいらせ候(下略)」の文言があり、「柿」が単に料紙の代用ではなく塔婆としての意義を有し、こけら経書写が経典書写と造塔の功徳とを兼ねた営みであることがわかる。手本には経典の順番を示す番号・符丁があり、手本分量もこけら経の一束(二十本)に対応するところから、多数の僧侶が一堂に会した書写の様子がうかがえる。読むための写経ではないので、書写後はタガで束ねられ、寺院や霊地に奉納したり、池に沈めたり、河川に流したりしたので、出土遺品の場合、水辺での出土が多い。

参考文献 元興寺文化財研究所編『日本仏教民俗基礎資料集成』六、一九七五。 (藤澤 典彦)

こけらぶき　柿葺　⇩屋根《やね》

ごこ　五鈷　⇩金剛杵《こんごうしょ》

ここんちょもんじゅう　古今著聞集　朝廷の下級官人橘《たちばな》成季《なりすえ》が編集した説話集。一二五四年(建長六)の成立だが、後に八十話ほどが『十訓抄《じっきんしょう》』などから増補されている。二十巻。約七百の説話が神祇《じんぎ》・釈教《しゃっきょう》以下三十の篇目に分かれ、篇ごとにほぼ年代順に配列され、篇の最初には成季による小序が付されている。漢文の序《じょ》と和文の跋《ばつ》を備え、完成後には勅撰集《ちょくせんしゅう》になぞらえて竟宴《きょうえん》を催すなど、王朝の風雅を模倣する姿勢が明らかで、説話の三分の二以上が平安時代以前に話題を求めるなど、古代王朝世界に対する懐古主義を基調としている。その一方で、興言利《きょうげんり》口《こう》篇は大半が成季と同時代の説話で、その話題も卑俗で庶民にも及んでいるなど、総じて鎌倉時代半ばの貴族が置かれたハレとケ両方の世界を描き出すものとなっている。また、集録された説話のほとんどが『台記《たいき》』などの典拠を明らかにしうること、成季は典拠に忠実に説話をまとめていることが指摘され、文学作品としての個性には乏しいものの、歴史史料としては良質なものとして重視されている。『(新訂増補)国史大系』『日本古典文学大系』『新潮日本古典集成』所収。

参考文献 永積安明「『古今著聞集』解説」(『日本古典文学大系』八四所収、一九六六、岩波書店)。五味文彦『平家物語、史と説話』、一九八七、平凡社。 (髙橋 典幸)

こさいこようあとぐん 湖西古窯跡群 静岡県浜名湖西岸域の丘陵に分布する古代・中世の窯跡群。静岡県湖西市から愛知県豊橋市東部に広がる天伯原《てんぱくはら》台地に、古墳時代から奈良時代と平安時代末から鎌倉時代の窯跡二百ヵ所ほどが点在している。一ヵ所で二、三基から十数基の窯基数の例もあり、おおむね千基余りほどを数える国内屈指の大規模窯跡群を形成している。五世紀後半に窯業生産が開始され、七世紀から八世紀前半に最盛期をむかえる。階段構造の特異な窯で日常雑器や特産品のフラスコ形長頸瓶などを生産し、その流通は南関東から東北の太平洋沿岸諸国に広がっている。最北端は青森県八戸市に達し、東国最大の須恵器供給地であった。再び窯業生産が開始される十二世紀は、碗・鉢・甕などの日常雑器のほか、京都仁和寺円堂院へ供給した瓦や一一四六年(久安二)銘五輪塔などの特注品も生産している。十四世紀初頭ごろまで窯業生産が行われ、その後廃絶する。

参考文献 静岡県教育委員会編『静岡県の窯業遺跡』、一九八九。『静岡県史』資料編三、一九九二。後藤建一・斎藤孝正『須恵器集成図録』三、一九九五、雄山閣出版。 (後藤 建一)

湖西古窯跡群 谷上第二地点窯跡

こざね 小札 甲冑を構成する鉄または革製の細長い板状部品で、綴革・紐または威《おどし》(縅)革・紐などを通す孔をもつ。古代・中世には札《さね》と呼ばれ、実・核などの字もあてられた。元来、室町時代末ごろの細小化した札をいうが、古墳時代の挂甲《けいこう》や東アジアの綴甲・縅甲に使用される札も小札と呼ばれる場合が多い。主に上円下方の形状をもつが、甲冑の構造・種類や部位より上方下円形・方形・非対称形などがある。一般に特定部位以外は同一形状をもつが、挂甲の腰部・裾部の札はΩ形やS字形に彎曲し、それぞれ腰札・裾札と呼ばれる。鉄札と革札があり、鉄札は鍛造法により、平安時代以降の革札は生革を火鍛・水鍛法により槌で打ち固めて製作された。両者は古墳時代の挂甲で、竪上・草摺に各一段混在して使用される例がある。革札主体の平安時代以降では、要所に鉄札を使用する金交《かなまぜ》の手法も用いられた。上端を札頭《さねがしら》、下端を札足《さねあし》、全長を札長《さねたけ》、全幅を札幅という。古墳時代の場合、綴甲では左右縁部に縦二孔一組、上下縁部に一孔と縦二孔一組の綴孔が開けられ、縅甲では左右上縁部に縦二孔一組五ヵ所または左右縁部に縦二孔一組四ヵ所、下縁部に複数孔が開けられる。前者は上縁、後者は上段が威孔で、ほかは隣接する札を結合する横縫や覆輪・下搦《からみ》を施す覆輪孔・下搦孔である。五—六世紀の札幅は二〜三㌢で、七世紀には札幅一・五㌢以下の札も現れる。平安時代以降は、左右縁部に二行十三孔が多く、上半部の右二・左一の上三孔は上段、下二孔は下段との緘し、下半部の八孔は隣接する札との横縫に用いられた。札幅は四〜五㌢で、札幅が広く孔の間隔が大きい札を大荒目《おおあらめ》、重ね合わせ幅が多く堅牢さを増し、札頭に施す縅革・紐を通しやすくした三行十九孔の札を三目札《みつめざね》と呼んだ。その後、一貫して札幅は狭小化し、室町時代末ごろには札幅一㌢程度の札も現れ、さらに札幅の狭い細札《こまか》も生じて、以後小札の名称は中世の札にも使用されるようになった。

参考文献 鈴木敬三『武装図説』(『(新訂増補)故実叢書』三五)。増田精一「武器・武装—特に札甲について—」(『新版考古学講座』五所収、一九七〇、雄山閣)。清水和明「東アジア小札甲の展開」(『古代文化』四八ノ四、一九九六)。高橋工「東アジアにおける甲冑の系統と日本—特に五世紀までの甲冑製作技法と設計思想を中心に—」(『日本考古学』二、一九九五)。 (古谷 毅)

こし 輿 床の下部に長い桁材を通して人が担う乗物をいう。形状は中国の輦《れん》・輿を模す。奈良時代、輿の乗用は天皇・皇后・皇太子・皇親およびこれに準ずる扱いを受けた人々に限られ、また時に神仏の乗物とされた。平安時代になると、輿は天皇専用の乗物の性格を強くし、皇后と斎王も乗用できた。太上天皇以下、皇親・貴族・僧侶は牛車に乗った。『中右記』嘉承二年(一一〇七)閏十月九日条が「我朝帝王皇后斎王之外、無乗輿人」と記すのは、古代の貴族官人が輿使用者の身分に関して規制的認識をもっていたことを示す。輿には、多数の駕輿丁が肩に担ぐ輦輿《れんよ》(鳳輦《ほうれん》、葱花輦《そうかれん》)と、少人数で桁材を腰のあたりで支える腰輿とがある。鳳輦は天皇が乗る正式な輿で、古代から明治初期まで継承された。『延喜式』内匠寮は宮廷工房で製作する乗物として、御輿、腰輿、腰車、牛車、伊勢斎王の輿・腰輿をあげ、その形状、部材の数量と寸法を記す。「御輿」(葱花輦)の構造は、屋蓋の頂上に金色の葱花形を飾り、屋形は内長三尺三寸・広さ三尺二寸とほぼ方形、屋形の床下に長さ一丈四尺・木口五寸×六寸の桁材を二本通す。桁材に補助材(朸)を縦横に組み多人数の駕輿丁が肩に担って運行する。外装は、屋蓋を菅《すげ》の葉で葺き、部材を黒漆で塗り鍍金金具で飾る。前後・左右の障子は紫色の綾を使用し縁に錦を張る。腰輿は、中世の絵巻物によると屋形の床下に通す二本の桁材を少人数の力者が腰のあたりで手で持ち、棒の先端に結んだ紐を肩からかけて運行する。腰輿は小形で軽便を旨とし、屋形を取りはずして使用することがある。『延喜式』が示す「腰輿」の構造は、屋形がなく手摺り・欄干をめぐらせただけの簡略な輿で、漆塗り、鍍金金具を付す。床の広さ二尺九寸、桁材は長さ一丈四尺。輿と腰輿はその用途が異なる。貴人は輿が入らない宮殿や神域の奥深くまで腰輿に乗り換えて進むことができ、また腰輿は非常時や難路にも便利とされた。中世になると、四方輿・網代輿・板輿・張輿などの軽便な腰輿が普及し、一般にも用いられるようになる。輿関連木簡が平城京二条大路、長岡京跡から出土。中国の絵画資料として新城長公王(六六三年没)墓の墓道に輿の壁画がある。 ↓牛車《ぎっしゃ》 ↓輦《れん》

参考文献 松平定信『輿車図考』(『(新訂増補)故実叢書』三六)。『古事類苑』器用部二。清水みき「古代輿の復原」(杉山信三先生米寿記念論集刊行会編『平安京歴史研究』所収、一九九三)。橋本義則「古代御輿考」(井上満郎・杉橋隆夫編『古代・中世の政治と文化』所収、一九九四、思文閣出版)。 (清水 みき)

こしがたな 腰刀 中世の刀。現在でいう短刀で、平造《ひらづくり》を主体に冠落《かんむりおと》し造などの短寸・無反りの刀身で刺突を主機能とし、外装に鐔は入れず、下緒《さげお》を通した栗型《くりがた》と返角《かえりつの》(折金《おりかね》とも)という佩帯装置で、刃側を上に腰に差す(懐中も)様式の刀剣をいう。また、鞘口の表裏に櫃《ひつ》を設け、表に笄《こうがい》、裏に小柄《こづか》付小刀を差し、時に燧袋《ひうちぶくろ》を下げ、見せ鞘という布帛製の鞘サックなどを入れた。ただし、栗型・返角・鞘口の櫃が当初から付設していたかどうかは、中世前期にさかのぼる腰刀外装遺品が乏しく、三点ほどある平安時代末期の発掘品にはそれらが付設していないため、不明である。ただし、『今昔物語集』巻二四第四話からは、鞘に差した笄の存在がうかがわれる。また、腰刀は鐔を入れないため、柄縁と鞘口の合わせ方は、遺品では独立した鎺《はばき》を入れた合口造《あいくちづくり》がふつうだが、右の発掘品によれば、当初は鎺を必要としない呑口造《のみくちづくり》がふつうであったようで、そこから段階を経て、十四世紀ころに独立した鎺を入れた合口造が成立したようである。

参考文献 三好孝一「呑口形式から合口形式へ」(『考古学論集』五所収、二〇〇二)。小笠原信夫編『日本刀の拵』(『日本の美術』三三二、一九九四、至文堂)。近藤好和『中世的武具の成立と武士』、二〇〇〇、吉川弘文館。 (近藤 好和)

こしき 甑 穀物などを蒸す土器。甑は中国では新石器時代前半に出現し、朝鮮半島では無文土器に見られる。日本列島では弥生時代前期に甕を再利用して蒸気孔を後から開けた大形の甑形土器が西日本を中心に現れるが甑か判断が分かれる。後期に近畿地方では焼成前に穿孔した小形の鉢形甑が見られ関東地方にまで広がり、古墳時代前期には東北地方にも見られ数が増加する。一方古墳時代前期の四世紀に朝鮮半島から北九州へ、渡来人によって竈と多孔の大形把手付甑、長胴甕、堝、深鉢がもたらされた。この甑は平底で多孔であり朝鮮半島の加耶、あるいは馬韓といわれる全羅南道地域の軟質土器の系譜を引く。軟質土器の甑は古墳時代中期の五世紀前半以降西日本を中心に多く見られ、土師器の器形に取り入れられ本格的な蒸し器として定着した。土師器の甑は六・七世紀には把手の有無、孔部形態に地域色が顕著で、八世紀以降木製の甑を使用する地域もある。なお、甑で蒸すほかに甕で焚く方法も併存した。

参考文献 木下正史「古代炊飯具の系譜」(和歌森太郎先生還暦記念論文集編集委員会編『古代・中世の社会と民俗文化』所収、一九七六、弘文堂)。外山政子「甑について」(『群馬県埋蔵文化財調査事業団研究紀要』四、一九八七)。杉井健「甑形土器の基礎的研究」(『待兼山論集』二八、一九九四)。 (酒井 清治)

こじき 古事記 七一二年(和銅五)成立の史書。太安万侶編。三巻。国土の創成から推古朝に至る歴史を、和化漢文を駆使して日本語で記述する。上巻は国土の創成と王権の由来を中心に初代天皇神武の出現までを描き、中・下巻では神武天皇以下の皇位継承史と国家形成史とを有機的に絡ませながら記述する。形式上、扱われている時代は推古朝までであるが、皇位継承史の面では敏達天皇段に舒明天皇までの皇統譜が記述されており、舒明朝に始まる新たな時代に対して、推古朝以前の時代を「古」と位置づける。『古事記』という書名の所以である。序文によれば、壬申の乱に勝利した天武天皇が諸家に伝わる歴史の誤りを正すべく編纂を企画したが、天武天皇の死により完成に至らず、元明朝になって完成を見たとされるが、元明朝における編纂意図をも読み取る必要がある。なお、成立に際して重要な役割を果たした稗田阿礼《ひえだのあれ》の「誦習」については、単なる暗誦作業ではなく、すでに文字化された資料の読み方に習熟する行為であったことが明らかにされており、天武朝の段階で母体となるものは、ある程度編纂されていたことになる。ただし、どの程度まで編纂が進んでいたかについてはなお不明であり、原本の存在を過大に評価するのは危険である。本居宣長『古事記伝』以来、中国的色彩の強い『日本書紀』に対し、日本語で書かれた『古事記』は純粋に日本的要素に彩られた書物であるという誤解が浸透したが、実際に描かれた歴史は多くの点で中国的な史観の影響を強く受けている。テキストに『新編日本古典文学全集』一、西宮一民

編『古事記(修訂版)』(二〇〇〇、おうふう)などがある。

参考文献　矢嶋泉「古代文学と律令国家」(佐藤信編『日本の時代史』四所収、二〇〇三、吉川弘文館)。

(栃尾　有紀)

こじだん　古事談　中級貴族源顕兼《みなもとのあきかね》が編集した説話集。内部徴証および顕兼の没年より一二一二年(建暦二)から一二一五年(建保三)の間の成立と考えられている。六巻。王道后宮・臣節・僧行・勇士・神社仏寺・亭宅諸道の六篇からなり、四百六十二の説話が篇ごとにほぼ年代順に配列されている。説話そのものは貴族世界の故実伝承や古事語りの系譜を引くものであるが、それ以前の説話集が雑纂的性格が強かったのに対して、一貫した分類の下に説話を配列している点が注目される。ただ、その分類基準については諸説あり、一定していない。また、収録説話のほとんどは『続日本紀《しょくにほんぎ》』や『李部王記《りほうおうき》』など先行諸記録などからの抄録抜粋であるため、典拠に左右されて漢文や仮名交じり文など複数の文体が混在していることも大きな特徴である。中世説話集に与えた影響は大きく、『続古事談《ぞくこじだん》』や『十訓抄《じっきんしょう》』『宇治拾遺物語《うじしゅういものがたり》』などは『古事談』を出典に掲げている。『(新訂増補)国史大系』『新日本古典文学体系』所収。

参考文献　山田英雄「古事談」(坂本太郎・黒板昌夫編『国史大系書目解題』上所収、一九七一、吉川弘文館)。伊東玉美『院政期説話集の研究』、一九九六、武蔵野書院。

(髙橋　典幸)

こじつそうしょ　故実叢書　公家・武家の制度・儀式など有職故実に関わる編著書を集成した叢書。今泉定介編。一八九九年(明治三十二)から一九〇六年に第一輯から第三輯として和装本百二十八冊四帖八枚を刊行。刊行事情は『本朝軍器考』掲載の今泉の緒言に詳しく、法制・故実の学の普及のために、この種の古書の珍しいものを集め世に出そうと企図し、小杉榲邨《こすぎすぎむら》ら二十八名の扶助を得たことが述べられている。その後、本書は一九二三年(大正十二)の関東大震災により絶版となるが、一九二八年(昭和三)から一九三三年に旧版を改訂し、『内裏儀式』『儀式』『北山抄』『西宮記』『江家次第』などを新たに加えた『(増訂)故実叢書』が関根正直・和田英松・田辺勝哉の監修により刊行。さらに一九五二年から一九五七年にかけて『(新訂増補)故実叢書』(全三十九冊、明治図書出版)が刊行。新訂増補本は一部の収載書目の変動はあるが、おおむね増訂本の復刊である。

1本朝軍器考(新井白石)
2本朝軍器考附図
3冠帽図会(松岡辰方)(一帖)
4軍用記(伊勢貞丈)
5軍用記附図
6安斎随筆(伊勢貞丈)(全十冊)
7輿車図考(松平定信)
8輿車図考附図(全二帖)
9建武年中行事略解(谷村光義)
10御代始鈔(一条兼良)・有職袖中抄
11装束集成(全七冊)
12安斎雑考(伊勢貞丈)(全二冊)
13鎧着用次第(一帖)
14尚古鎧色一覧(本間百里)(全二冊)
15貞丈雑記(伊勢貞丈)(全六冊)
16中昔京師地図(一枚)
17中京京師内外地図(一枚)
18織文図会(松岡辰方)(全六冊)
19大内裏図(全六枚)
(一)神祇官図・真言院図・太政官図・武徳殿図
(二)八省院図
(三)豊楽院図
(四)大学寮図
(五)内裏図(附中和院)
(六)京城略図
20大内裏図考証(裏松光世)(全十四冊)
21服色図解(本間百里)(全二冊)
22装束織文図会(松岡辰方)
23武家名目抄(塙保己一)(全四十冊)
24尊卑分脈(洞院公定)(全十二冊)
25礼服着用図
26装束着用図(全二冊)
27女官装束着用次第
28近代女房装束抄
29歴世服飾考(田中尚房)(全五冊)
30禁秘抄考註(牟田橘泉)(全三冊)
31舞楽図(高島千春・北爪有郷)(全二冊)
32舞楽図説(大槻如電)
33拾芥抄(洞院公賢)(全三冊)

〔(増訂)故実叢書〕
1歴世服飾考
2貞丈雑記
3武家名目抄(一)
4内裏儀式・内裏儀式疑義弁(山根輝実)・内裏式(藤原冬嗣他)・儀式・北山抄(藤原公任)
5輿車図・輿車図考
6建武年中行事略解・御代始鈔・公事根源愚考(速水房常)・日中行事略解(大石千引)・嘉永年中行事(勢多章甫)・嘉永年中行事考証(同)
7武家名目抄(二)
8女官装束着用次第・近代女房装束抄・服色図解
9鳳闕見聞図説(源宗隆)・安政御造営記(勢多章甫)・宮殿幷調度沿革(同)・調度図会(青木久邦)・室町殿屋形私考(伊勢貞春)・家屋雑考(沢田名垂)・服飾管見(田安宗武)
10武家名目抄(三)
11禁秘抄考註・拾芥抄
12中古京師内外地図・中昔京師地図・内裏図(附中和院)・

豊楽院図・大学寮図・八省院図・京城略図・神祇官図真言院図太政官図武徳殿図
13禁中方名目鈔校註(速水房常)・続有職問答(安藤為実)・有職袖中抄・光台一覧(伊達隠士)・故実拾要(篠崎維章)・官職知要(里見安直)
14武家名目抄(四)
15織文図会(一)
16武家名目抄(五)
17江家次第(大江匡房)・江家次第秘抄(尾崎積興)
18安斎随筆(一)
19大内裏図考証(一)
20織文図会(二)
21本朝軍器考・本朝軍器考集古図説(朝倉景衡)・軍用記・同附図・武器袖鏡(栗原信充)
22安斎随筆(二)・安斎雑考
23大内裏図考証(二)
24装束織文図会
25武家名目抄(六)
26筆の御霊(一)(田沼善一)
27武家名目抄(七)
28尚古鎧色一覧
29筆の御霊(二)・筆の御霊附図
30刀剣図考(栗原信充)・武器考証(一)(伊勢貞丈)
31武家名目抄(八)
32装束集成
33大内裏図考証(三)
34冠帽図会・礼服着用図・装束着用図・鎧着用次第
35武器考証(二)
36舞楽図(高島千春)・(新訂)舞楽図説(大槻如電)
37西宮記(一)(源高明)
38・39標注令義解校本(近藤芳樹)
40西宮記(二)
41索引

〔(新訂増補)故実叢書〕
1貞丈雑記
2江家次第・江家次第秘抄
3・4標注令義解校本
5歴世服飾考
6・7西宮記
8安斎随筆(一)
9安斎随筆(二)・安斎雑考
10禁中方名目鈔校註・続有職問答・有職袖中抄・光台一覧・故実拾要・官職知要
11—18武家名目抄
19刀剣図考・武器考証(一)
20武器考証(二)
21本朝軍器考・本朝軍器考集古図説・軍用記・同附図・武器袖鏡
22禁秘抄考註・拾芥抄
23建武年中行事略解・御代始鈔・公事根源愚考・日中行事略解・嘉永年中行事・嘉永年中行事考証・訓点年中行事
24装束集成
25鳳闕見聞図説・安政御造営記・宮殿幷調度沿革・調度図会・室町殿屋形私考・家屋雑考・服飾管見
26—28大内裏図考証
29筆の御霊(一)
30筆の御霊(二)・筆の御霊附図
31内裏儀式・内裏儀式疑義弁・内裏式・儀式・北山抄
32装束図譜(河鰭実英)
33甲組類鑑(春田永年)
34織文図譜(河鰭実英)
35(中世日本)武装図説(鈴木敬三)
36輿車図考・(新訂)舞楽図説・三条家奥向恒例年中行事(富田織部)
37舞楽図説(河鰭実英)
38中昔京師地図・中古京師内外地図・内裏図(附中和院)・神祇官図真言院図太政官図武徳殿図・京城略図・豊楽院図・八省院図・大学寮図
39索引

(田島　公)

こしのはまはいじ　腰浜廃寺　福島市腰浜町に所在する飛鳥時代後半から平安時代初期の寺院跡。阿武隈川西岸の低位段丘上に立地しており、その北西約五〇〇《メートル》には古代陸奥国信夫《しのぶ》郡家の正倉院跡と考えられる北五老内《きたごろうち》遺跡が所在する。発掘調査は一九六一年(昭和三十六)・六二年と一九七八—八〇年に行われ、一九六一年の調査では河原石積みの基壇の一部を、一九七八年の調査でも基壇基部の一部を検出したがその性格などは不明である。この寺院に用いられた創建瓦は素弁蓮華文軒丸瓦と重弧文軒平瓦のセットで七世紀の第Ⅲ四半期と考えられる。終末期は九世紀前葉ごろで八弁花文軒丸瓦と旋回花文軒丸瓦が用いられている。このうち八弁花文軒丸瓦は高句麗瓦の影響があるとされている。また阿武隈川対岸の丘陵には六世紀から七世紀の古墳群が多く分布しており、それらを造営した有力層が腰浜廃寺の創建にかかわり、その後には信夫郡家付属寺院になっていったものと推定される。

(木本　元治)

こじまでら　子島寺　奈良県高市郡高取町にあった寺院。醍醐寺本『諸寺縁起集《しょじえんぎしゅう》』に引く『子嶋寺建立縁起《こじまでらこんりゅうえんぎ》』によれば、孝謙《こうけん》天皇の病を癒した僧報恩《ほうおん》が、天皇の施入をえて七六〇年(天平宝字四)に子島山寺(寺号、南観音寺)を建立し、七八五年(延暦四)には、桓武《かんむ》天皇の援助により、さらに観音像を造り、荘園の施入をうけたという。『延暦《えんりゃく》僧録《そうろく》』にも、桓武天皇が「南京丹恵山の子島山寺」に仏殿と観音像を造ったことが記されている。寺の起源をさかのぼると、『日本書紀《にほんしょき》』に、六四四年(皇極天皇三)「大丹穂《にほ》山に桙削《ほこのき》寺を造る」(原漢文)とあり、『日本霊異記《にほんりょういき》』では、持統《じとう》天皇のころに百済の禅師多常《たじょう》が「高市郡内法《ほう》器《のき》山寺に住した」(原漢文)とある。この「丹穂山」と『延暦僧録』の「丹恵山」との一致から、桙削寺(法器山寺)が子島寺の前身とされている。『延喜式』主税上には、大和国正税のうち四百束が子島寺料とされている。丹穂山(高取山)山腹にあった子島山寺に対して、九八三年(永観元)、興福寺僧、真興《しんごう》が山の麓に観覚寺《かんがくじ》を建立し、以後はこちらの方が発展して子島寺を称するようになった。現在、山腹にあって法統を伝えるのが観音院(大字上子島字法華谷)で、麓にあるのが子島寺(大字観覚寺字垣ノ内)である。ともに南北朝の兵火などにあい、前者の本堂は十六世紀前半、後者のそれは十九世紀中ごろの再建である。また、子島寺曼荼羅(国宝)や木造十一面観音像(重文)を伝えているのも後者である。

参考文献 福山敏男『奈良朝寺院の研究』、一九四八、高桐書院。 (寺崎 保広)

こしゃじほぞんほう 古社寺保存法 一八九七年(明治三十)六月五日に公布されたわが国最初の文化財(建造物・美術工芸品)保護のための法律。社寺の経済的な窮迫により堂塔伽藍・宝物などの保全が困難となっている状況に対応し、一八八〇年度から行われていた古社寺保存金交付制度を受けて設けられた法制度である。建造物・宝物などの維持・修理ができなくなった社寺に対する国からの保存金下付、内務大臣による特別保護建造物、国宝の指定、これらについての処分・差押えの禁止、官・公立博物館への出陳義務などの制度が定められている。基本的には社寺所有の建造物・宝物類が対象であるが、特別保護建造物・国宝については社寺有以外のものについても官・公立博物館への出陳義務制度の対象とし、名所旧蹟についてもこの法律を準用できることとされている。指定された特別保護建造物は八百四十五件、国宝は三千九百二十六件であり、これらは国宝保存法制定に際し、同法による「国宝」とみなすこととされた。→国宝保《こくほうほ》存法《ぞんほう》

参考文献 文化財保護委員会編『文化財保護の歩み』、一九六〇。文化庁『文化財保護法五十年史』、二〇〇一、ぎょうせい。川村恒明他『文化財政策概論』、二〇〇二、東海大学出版会。 (和田 勝彦)

こしゅうきょう 湖州鏡 中国の浙江省湖州付近で、南宋代を中心に製作された鏡。多様な平面形を有し、円形・八花形・八稜形・六花形・六稜形・猪目形などがあり、柄鏡も見られる。外縁は台形縁となり鈕は素鈕の分銅形や截頭円錐形となる。鏡背には文様を配しないのが通例であるが、長方形の銘郭に鋳出銘を有するものが多い。銘文は鋳造者の家名を記した商標がおおく、「湖州真石家念二叔照子」が最も一般的な銘文で、湖州鏡の命名のもととなった。中国では副葬品や塔基の地宮などから多数が発見される。高麗では踏返鏡が多数作られた。日本では平安時代末から鎌倉時代の経塚の副納品や、木棺墓の副葬品として発見されることが多い。九州の神社には奉納鏡として多くが収蔵される。日本で発見される湖州鏡の地域差や、高麗経由か南西諸島経由か、その輸入経路など、当時の流通や鏡のあり方を巡り興味ある問題を提起している。

参考文献 矢島恭介「湖州並びに浙江諸州の銘ある南宋時代の鏡に就きて」(『考古学雑誌』三四ノ一二、一九四七)。久保智康『中世・近世の鏡』(『日本の美術』三九四、一九九九、至文堂)。 (杉山 洋)

ごしゅせん 五銖銭 中国で前漢から隋まで鋳造され、唐初まで基本通貨として通用した銅銭。円形方孔で、方孔の左右には篆書《てんしょ》で「五」「銖」の字を配している。前漢の紀元前一一八年に初鋳されたが、日本にも早くから流入しており、福岡県守恒《もりつね》遺跡からは、弥生時代中期後半(前一世紀)の土器とともに五銖銭が出土している。また、山口県沖ノ山遺跡からは朝鮮半島系の土器とともに半両銭と五銖銭が大量に出土している。その後、おもに弥生時代終末期の墓や古墳時代の前方後円墳の副葬品として使用されることが多く、五銖銭の文様をあしらった中国鏡なども受容されている。百済の武寧王陵でも副葬品として五銖銭が出土していることから、朝鮮半島や日本では、五銖銭はもっぱら通貨ではなく副葬品として用いられていたことがわかる。中世の出土銭としても検出されており、北海道函館市志海苔《しのり》遺跡など、大量一括出土銭のなかにしばしばみられるが、量としてはごくわずかである。

参考文献 山田勝芳『貨幣の中国古代史』(『朝日選書』六六〇、二〇〇〇、朝日新聞社)。国立歴史民俗博物館編『お金の玉手箱』、一九九七。 (三上 喜孝)

こしょう 胡床 調度品としての胡座は、いっぱんに「腰掛け」の意味でもちいられることがあるが、本来は、尻受けに皮、縄紐のたぐいをあて、折りたたんで持ち運びする椅子、つまり交椅のことをいう。胡座とも表記する。あるいは尻受けを州浜《すはま》形の板とし、繰《く》り形《かた》を施した二脚の付く腰掛けを胡床という。また古代の貴人が着座する高い椅子をさすこともあり、「呉床」とも表記し、「あぐら」または「あごら」と訓じている。正倉院に伝えられる大形の四脚椅子「赤漆欟木胡床」はこれに相当するが、主材をケヤキとして、欄《てすり》付き赤漆塗の大形椅子で、背もたれが付く。床の部分は六〇×七〇㌢と広く、使用

赤漆欟木胡床

時にはこの上に趺《あぐら》をかいて座したものと考えられる。このように、胡座の示す椅子の類は多義にわたり、古代遺跡からの出土品、出土部材を考える場合には別の視点が必要となる。

参考文献 小泉和子「椅子とベッドと古代中国の家」(『日本の美術』二九四、一九九〇、至文堂)。　(井上　和人)

ごしょがたにこうごいし　御所ヶ谷神籠石　豊前国に築かれた古代山城。福岡県行橋《ゆくはし》市津積《つつみ》所在。国指定史跡。土塁線はホトギ山山頂(標高二四六・九メートル)から尾根線沿いに走り、扇を返した形で西門(標高六五メートル)に移行し、推定外郭線約二・九キロを測る。土塁は基部幅七・五メートル、高さ四・八メートルで、緻密な版築土層を施す。包谷式の山城で、谷部を二つ取り込む。中門堤体は土塁を核とし、表層部に方形切石を積み上げた堤体で、二段に築く。堤体は長さ一八メートル、高さ七メートル、上段基部幅九メートル、下壇は基部幅三～四メートルの規模で、壇状をなす。下段中位に突出した吐水口の石組暗渠を設けている点、ほかの古代山城と大きく異なっており、高句麗系山城との類似性が指摘される。西門堤体は切石を整然と積み上げた石塁構造の堤体で、脇に城門を構築する。また、第二東門跡からは七世紀後半の須恵器長頸壺が出土しているが、土塁上部からの落込みとみられている。

参考文献 小田和利「神籠石と水城大堤」(『九州歴史資料館研究論集』二二、一九九七)。行橋市教育委員会編『史跡御所ヶ谷神籠石』(『行橋市文化財調査報告書』二六、一九九八)。　(小田　和利)

こしらえ　拵　⇩刀剣《とうけん》

こじるいえん　古事類苑　日本最大の百科史料事典。一八九六年(明治二十九)から一九一四年(大正三)に刊行。千巻からなり、和装本三百五十冊、洋装本五十冊として刊行。総目録・索引一冊。神代から一八六七年(慶応三)にわたる日本の制度・文物・社会全般の事象を三十部門(天部・歳時部・地部・神祇部・帝王部・官位部・封禄部・政治部・法律部・泉貨部・称量部・外交部・兵事部)に大別し、さらに各部門内に篇・条・項を立てる。各篇の冒頭に解題を付し、ついでおのおのの事項について、名称・制度・沿革などに分けて時代順に関係する史料を掲載。引用される史料は典籍・記録・文書・金石文など幅広い。本書の成立事情は総目録・索引巻頭の「古事類苑編纂事歴」に詳しく、一八七九年(明治十二)、西村茂樹の建議により、中国の類書や西洋の百科事典に劣らない日本の百科事典作成事業として文部省で編纂が開始された。その後、東京学士会院、ついで皇典講究所、さらには神宮司庁に編纂が委託され、小中村清矩《こなかむらきよのり》・小杉榲邨《こすぎすぎむら》・黒川真頼・井上頼圀《いのうえよりくに》・佐藤誠実・松本愛重・和田英松・広池千九郎・佐伯有義らが編纂に参加。吉川弘文館より復刊。

参考文献 瀧川政次郎「『古事類苑』法律部と佐藤誠実」(『古事類苑月報』二一、一九六八、吉川弘文館)。西川順土「古事類苑編纂史話」一―八(『古事類苑月報』一・三・四・六・九・一五・一八、一九六七・六八)。松本愛重「古事類苑編纂苦心談」(『古事類苑月報』七、一九六七)。　(田島　公)

ごす　呉須　陶磁器の着色に用いる顔料。主成分は酸化コバルトで、このほかに微量の鉄、マンガン、ニッケルなどを含む。青色に発色するが、産地や精製の度合い、焼成雰囲気によって色合いは微妙に異なる。主に染付の絵付けに用いられ、また上絵付けにも使用される。日本では茶碗薬とも呼ばれ、中国では産地と色の違いにより回青、仏頭青、蘇泥勃青、無名異など多くの異称がある。なお、呉須手《ごすで》、呉須赤絵などにいう呉須は、漠然と中国南部を指す呼称であり、ここでいう呉須と直接の関係はない。　(今井　敦)

こすぎすぎむら　小杉榲邨　一八三四―一九一〇　明治時代初期の国学者。初名は真瓶、号は杉園。一八三四年(天保五)十二月三十日、阿波徳島藩家老西尾氏の家臣の家に生まれる。父は五郎左衛門明真。藩校で漢学を学び、江戸に出て国史・国文を修めたが、尊王論を唱えて一時幽閉される。明治維新後、一八七四年(明治七)新政府の教部省に出仕し、以後内務省御用掛、修史館第二局甲科専務を経て、『古事類苑』編纂専務となり『古事類苑』の編纂に従事する。その後、東京大学文学部附属古典講習科国書准講師、帝国博物館技手、古社寺保存委員、東京美術学校教授、東京帝国大学文科大学講師、国語伝習所長、東京帝室博物館評議員などを歴任し、宝物調査、古社寺保存、古典の研究に貢献した。その一方、阿波国志の編纂を志し阿波国を中心に関係史料を蒐集していたが、その後全国各地の社寺・旧家の古文書・古記録などを五十数年かけて書写蒐集し『徴古雑抄』を編纂した。そのなかにはすでに散逸して原本を確認できない史料も多く残されている。また彼が蒐集した『正倉院文書』の自筆影写本十六冊をはじめ、『石清水八幡宮文書』などからなる影写史料や拓本は、『小杉榲邨収集文書』として国文学研究資料館に所蔵される。和歌にも堪能で御歌所《おうたどころ》参候も勤め、一九一〇年三月二十九日、七十七歳で没。墓所は東京都港区の青山墓地。

参考文献 「小杉博士記念録」(『歴史地理』一五ノ五、一九一〇)。昭和女子大学近代文学研究室編『近代文学研究叢書』一一、一九五九、昭和女子大学光葉会。湯之上隆「小杉榲邨の蒐書と書写活動」(『日本中世の政治権力と仏教』所収、二〇〇一、思文閣出版)。　(加藤　友康)

こすぎまるやまいせき　小杉丸山遺跡　富山県射水《いみず》市流通センター青井谷二丁目および流通センター水戸田二丁目(旧射水郡小杉町・大門町)に所在する七世紀後半を中心とする窯業生産遺跡。流通業務団地計画に伴って一九七七年(昭和五十二)に発見され、一九八五年までの発掘調査で瓦陶兼業窯《かわらすえきけんぎょうがま》一基と須恵器窯数基、およびその操業に関わった工人達の住居跡二十四軒と作業場跡五ヵ所、粘土採掘坑が確認された。兼業窯は全長七・三メートル、幅一・五メートルの半地下式の窖窯《あながま》で、ここで焼成された単弁八弁蓮華文軒丸瓦などの瓦は約一一キロ離れた高岡市の「御亭角廃《おちんかどはい》寺《じ》」に供給されたことが判明している。窯業生産の具体的な姿を示すとともに、北陸最古の瓦陶兼業窯としてその供給先が明確な貴重な遺跡として、一九九〇年(平成二)国史跡に指定された。なお遺跡が立地する射水丘陵西北部は、旧石器時代の石器や縄文土器・弥生土器、古代の土器などの出土が示すように、古くから人々の生活の場であった。特に遺跡周辺では、古墳時代から平安時代にかけての須恵器窯、製鉄炉、炭窯や古墳・集落が多数分布しており、この付近が大規模な工業生産地帯であったことを物語っている。

参考文献 富山県埋蔵文化財センター編『富山県小杉町・大門町小杉流通業務団地内遺跡群緊急発掘調査概要』第五次・第六次、一九八三・八四、富山県教育委員会。

(黒崎　直)

こすげしゅうせんじょうあと　小菅修船場跡　日本における最初の近代的ドックで、船を引き揚げる滑り台がソロバン状に見えたため、通称ソロバンドックの名で親しまれてきた。一八六八年(明治元)創立。長崎市小菅町所在。一九六九年(昭和四十四)国指定史跡となる。ドックは、丘陵に挟まれて、幅が狭く奥行きが深い入り江の地形を利用して設置されている。船架方法は、満潮時に船を滑り台に乗せ捲上小屋内に設置されたボイラー型蒸気機関で引き揚げた。捲上小屋建物は、日本最古の煉瓦造で、扁平な通称コンニャク煉瓦をフランス積手法で組積みされている。建物内部には、船体を引き揚げるために、大きな歯車を装着した巻揚げ機、これを駆動するための竪型二気筒蒸気機関(二五馬力)ボイラー一式がある。創立者は、薩摩藩士五代才助(五代友厚)・小松帯刀、英国人トーマス＝ブレイク＝グラバーらで、一八八七年以降三菱重工業株式会社の所有になっている。

参考文献 長崎県教育委員会編『長崎県の文化財』、二〇〇一。

(松本　慎二)

ごすで　呉須手　明時代後期の十六世紀後半から十七世紀初頭にかけて、中国南部で量産された粗製の磁器に対する日本における呼び名。呉州手、あるいは呉洲手とも書く。欧米でいうスワトー磁器(Swatow Ware)にあたり、日本や東南アジアに向けて大量に輸出された。呉須染付、呉須赤絵のほか、白泥で文様をあらわし、藍釉や褐釉が施されたいわゆる餅花手がある。胎土や釉薬は灰色を帯び、底裏に粗い砂粒が付着している。産地は福建省南部の漳州近郊にあり、漳州窯《しゅうしゅうよう》とも呼ばれる。中国南部を呉と呼んでいたことから、漠然と中国南部で作られた磁器という意味で呉州手と呼ばれるようになり、やがて呉須の字をあてるようになったと考えられる。一方、中国産の青花磁器の一種で、灰色がかった素地に鈍い発色の青花で簡略な文様が描かれた茶道具の一群を呉須手と呼ぶことがある。これらは日本からの注文品と考えられるが、その産地は明らかではない。

参考文献 西田宏子・出川哲朗『中国の陶磁』一〇、一九九七、平凡社。

(今井　敦)

こせき　戸籍　古代における、人民支配のための最も基本的な登録台帳。領域内の人民一人ずつの氏姓・良賤・年齢・本貫地などを確定し、班田収授(一定の土地の占有とその用益の保証)・徴税(課役徴収)・兵士徴発の際に利用するとともに、把握した人民を土地に緊縛する役割を果たした。中国では紀元前四世紀の戦国時代にその起源を有し、隋・唐時代に高度に整備されたが、日本は中国・朝鮮から制度を継受した。『日本書紀』には六世紀に秦人・漢人ら渡来人集団を戸籍に登録した記事や、百済系渡来人によって吉備の白猪屯倉《しらいのみやけ》で田部の丁籍を検定させた記事がみえることから、造籍の技術は渡来人集団によって伝えられ、特定の地域・集団に限定的に用いられたものと考えられる。さらに『日本書紀』には、蘇我本宗家滅亡後の六四五年(大化元)に東国・倭六県における戸籍作成が命じられ、翌六四六年の、いわゆる大化改新詔には「初めて戸籍・計帳・班田収授の法を造れ」との規定があり、また、六五二年(白雉三)には戸籍が作成されたとあるが、これらの記事の信憑性は低いとされてきた。全国的規模で作成された最初の戸籍は六七〇年(天智天皇九)の『庚午年籍《こうごねんじゃく》』とするのが通説である。ただし、最近では石神遺跡から出土した「三野国ム下評大山五十戸」と記す乙丑年(六六五年)の木簡などから、『庚午年籍』成立以前に旧部姓集団ではない人民の支配単位として「五十戸」が存在したとして『日本書紀』における孝徳朝の造籍記事にも信憑性を認める見解が発表され、その当否が議論されている。『庚午年籍』作成に伴う定姓は大きな成果であったがいまだ限定的なもので、全ての人民の氏姓が定まったのは六九〇年(持統天皇四)に『飛鳥浄御原令』に基づいて作成された『庚寅年籍《こういんねんじゃく》』においてである。『大宝・養老令』戸令の規定によれば、造籍は六年に一度全国で実施される。ただし、制度改革との関係で籍年がずれることもあった。これまで計帳の枠組みの中で理解されてきた歴名を、この六年一造の戸籍を補完するために毎年収集される資料として制度的に一体のものと把える見方が近年有力である。戸籍の勘造は籍年の十一月初めから始まり、翌年五月末に完成する。国司の責任で作成されたが、実際の作業では郡司の果たす役割が大きかったようである。基本的な編成単位(最小単位)は人為的に設定した戸であり、戸主に提出させた手実をもとに里(のちの郷)ごとにまとめられ、三通が作成された。うち二通は京進され、一通は国に留め置かれた。京進された二通のうち、一通は民部省で勘会に利用され、一通は中務省に送られて天皇の御覧に供された。保存期間は原則的に五比(三十年間)であった(『庚午年籍』は永久保存)。『庚寅年籍』以前の戸籍は現存しないが、正倉院には、『大宝令』施行後はじめて作成された七〇二年(大宝二)の年紀を有する戸籍として『御野国戸籍』と西海道諸国(筑前国・豊前国・豊後国)戸籍の二種が反故《ほご》紙となり再利用されたことで残っている。『御野国戸籍』は里ごとの

現存戸籍一覧

年次	種別	国郡里(郷)	原本	断簡数	印	継目裏書	刊本	備考
七〇二年(大宝二)	戸籍	御野国味蜂間郡春部里	正集二二、続修四	6	なし	あり	『古文書』一、一-二四頁。『寧』上、三-四四頁	巻尾国郡司署判存す
	同	御野国本簀郡栗栖太里	正集二三、続修五	11	なし	あり	『古文書』一、二四-四〇頁。『寧』上、四五-五四頁	
	同	御野国肩県郡肩々里	正集二六	1	なし	あり	『古文書』一、四〇-四四頁。『寧』上、五四-五六頁	
	同	御野国各牟郡中里	正集二六	1	なし	あり	『古文書』一、四五-四六頁	巻尾国郡司署判存す
	同	御野国山方郡三井田里	正集二五	4	なし	あり	『古文書』一、四六-五六頁。『寧』上、五七-六〇頁	原標紙・巻首総計部存す
	同	御野国加毛郡半布里	正集二四、続修二・三、坂口茂所蔵(重文)	6	なし	あり	『古文書』一、五六-九六頁。『寧』上、六二-八四頁	巻尾国郡司署判存す
	同	御野国(郡里未詳)	正集二六	1	なし	あり	『古文書』一、四六-四七頁	継目裏書は読めず
	同	同	同	1	なし	—	『古文書』一、四七-四八頁	
	同	同	続々修三三ノ五	1	なし	—	『古文書』一、九六頁	巻首総計部の末尾
	同	同	続々修二三ノ五	1	なし	あり		表に文字なし、墨界のみ
七〇二年(大宝二)	戸籍	筑前国嶋郡川辺里	正集三八・三九、続修六、奈良国立博物館所蔵(重文)	15	「筑前國印」字面・継目裏に捺す	あり	『古文書』一、九七-一四三頁。『寧』上、八六-一〇四頁	原標紙の一部、巻首に存す
七〇二年(大宝二)	戸籍	豊前国上三毛郡塔里	正集四一	4	「豊前國印」字面・継目裏に捺す	あり	『古文書』一、一四三-一五四頁。『寧』上、一〇四-一〇九頁	
	同	豊前国上三毛郡加自久也里	正集四一、続修八	5	同	あり	『古文書』一、一五五-一六二、一九六-一九七、二〇二、二〇三-二〇四、頁。『寧』上、二一〇-二一三、二一七、二一九頁	
	同	豊前国仲津郡丁里	正集四〇、続修七・八、続々修二八ノ九・三五ノ六、奈良国立博物館所蔵(重文)	23	同	あり	『古文書』一、一六二-二二四頁。『寧』上、一一三-一三四頁	他里の戸籍を含むか。『古文書』が写本から収載した断簡の一部は原本の所在不明
七〇二年(大宝二)	戸籍	豊後国海部郡(里未詳)	正集四三、続々修三五ノ六	3	「豊後國印」字面・継目裏に捺す	あり	『古文書』一、二二四-二二八頁	郡名は継目裏書残画より考定
七二一年(養老五)	戸籍	下総国葛飾郡大嶋郷	正集二〇、二一、続々修三五ノ五	16	「下総國印」字面・継目裏に捺す	あり	『古文書』一、二一九-二九二頁。『寧』上、一-三〇頁	巻首と巻尾総計部存す
	同	下総国倉麻郡意布郷	正集二一、続修二、続々修一九ノ八、塵芥二六	4(他5片)	同	あり	『古文書』一、二九二-三〇二頁	塵芥二六に所収の5片は一断簡に復元可能
	同	下総国釬托郡少幡郷	正集二一	1	同	あり	『古文書』一、三〇二-三〇三頁	
七二二年(養老六以前か)	戸籍抜書木簡	陸奥国	宮城県多賀城跡出土木簡	1	なし	—	『多賀城市史』一	年代推定は平川南による

年次	種別	国郡里(郷)	原本	断簡数	印	継目裏書	刊本	備考
七五七年(天平宝字元)以降七六五年(天平神護元)以前	戸籍か	(国郡郷未詳)	続修四四、続修別集三五	2	なし	—	『古文書』一、三三三–三三五頁	丹波国多紀郡のものか。計帳歴名あるいは別種の文書かもしれない
七八五年(延暦四)以降(弘仁十四年以降か)	戸籍	常陸国(郡郷未詳)	塵芥三二	3(他20余片)	「常陸倉印」字面に捺す	なし	『古文書』一、三〇九–三一七頁	継目裏にも捺印せる箇所あり。年代推定の別案は「伴部」の表記による
七九〇年(延暦九)以前	戸籍	常陸国(久慈郡か)	茨城県石岡市鹿の子C遺跡出土漆紙文書	1	—	—	『鹿の子C遺跡出土漆紙文書』六七号	天平宝字二年(七五八)籍か
九世紀半ば	戸籍	出羽国	秋田県秋田城跡出土漆紙文書	1	なしか	—	『秋田城跡出土文字資料集』三、一七号	伴出の漆紙文書に「嘉祥二年」「嘉祥三年」「天長九年」等の年紀あり
八六三年(貞観五)以前	戸籍	(国郡郷未詳)	『仁和寺文書』貞観五年民部省勘文案紙背	1	なし	—	『平』一、一二六頁	写本
九〇二年(延喜二)	戸籍	阿波国板野郡田上郷	『成就妙法蓮華経王瑜伽観智儀軌』一紙背文書、蜂須賀正子所蔵(重文)	1	「阿波國印」字面に捺す	あり	『史料』第一編ノ三、一三三–一五八頁。『平』一、二三五–二四一頁	
(年次未詳)	同	阿波国(郡郷未詳)	同	1	同	なし	『史料』第一編ノ三、一三一–一三三頁。『平』一、二三四–二三五頁	同年田上郷のものか
九〇八年(延喜八)	戸籍	周防国玖珂郡玖珂郷	『金剛界入曼荼羅受三昧耶戒行儀』紙背文書、石山寺所蔵(国宝)	1	「周防國印」字面に捺す	あり	『史料』第一編ノ三、九六四–一〇三〇頁。『平』一、二六九–三〇五頁	
九九八年(長徳四)	戸籍	(国郡郷未詳)	九条家本『延喜式』一一紙背文書、東京国立博物館所蔵(国宝)	1	なし	なし	『史料』第二編ノ三、三三八–三四四頁。『平』九、三四八九–三四九二頁	
(年次未詳)	同	同	同	2	なし	なし	『史料』第二編ノ三、三四四–三五二頁。『平』九、三四九二–三四九五頁	
一〇〇四年(寛弘元)	戸籍	讃岐国大内郡入野郷	九条家本『延喜式』一一紙背文書、東京国立博物館所蔵(国宝)	12	なし	なし	『史料』第二編ノ五、三三七–三六九頁。『平』一〇、五六三一–五六八八頁	

㈠本表は杉本一樹『日本古代文書の研究』(二〇〇一年、吉川弘文館)所収の「現存古代籍帳一覧」をもとに作成した。

㈡原本のうち正倉院文書に属するものは、その所属巻次のみを原本欄に示した。正集・続修・続修後集・続修別集・塵芥文書の写真は、『正倉院古文書影印集成』(八木書店)として刊行されている。正倉院伝来で、現在正倉院以外の所蔵に帰している分は、『正倉院文書拾遺』(国立歴史民俗博物館)に写真を掲載する。

㈢国印・継目裏書について、有無を確認できない場合は—で示した。

㈣刊本は、読者の参照の便を考えて、代表的な次の四種を中心に示した。刊本欄にはカッコ内に記した略称を用いた。

『大日本古文書』編年文書(『古文書』)　『寧楽遺文』(『寧』)　『大日本史料』(『史料』)　『平安遺文』(『平』)

このほか大宝二年度の各戸籍は『続日本紀史料』一に、養老五年下総国戸籍は『続日本紀史料』四および『市川市史』五に、それぞれ翻刻がなされている。

㈤漆紙文書については、まとまった分量のものに限った。多数の断片に分かれていても接続可能なものは一断簡として扱う。

集計を冒頭に記したのち、良賤別・男女別に一行に三名ずつ氏姓・年齢・年齢区分などを記載する。五保・三等戸(正丁数による三区分)・九等戸(資産による九区分)などが示されるが、受田額の記載と国印の押捺はみられない。一方、『西海道戸籍』は、男女混交で戸主との関係に基づいて一行一名ずつ、戸主との続柄・氏姓名・年齢・年齢区分・その他注記などが記される。里ごとの集計、五保・三等戸・九等戸の記載はないが、戸ごとに課戸・不課戸の集計、受田額の集計が記され、また、全面に国印が捺される。以上のように書式が全く異なるのは、『御野国戸籍』が『飛鳥浄御原令』、『西海道戸籍』が『大宝令』の施行細則にそれぞれ従うためと考えられる。さらに正倉院には、郷里制施行後はじめて作成された、七二一年(養老五)の『下総国戸籍』が残る。養老五年籍式に依拠するこの戸籍は、郷戸の中にいくつかの房戸が分かれるという形式で記載される。その書式は『西海道戸籍』に近いが、受田額を記さないなどの相違点が認められる。平安時代の戸籍としては、七八五年(延暦四)以降の作成とされる『常陸国戸籍』が正倉院に現存するほか、九条家本『延喜式』などの紙背などにいくつかが残る。『上野国交替実録帳』によれば、少なくとも十世紀末までは六年ごとに戸籍が作成されていたようである。しかし、制度としての弛緩は覆いようもなく、偽籍などによって実質的な意味を失い、平安時代後期には作成されなくなる。近年では、多賀城をはじめ地方官衙から出土した漆紙文書・木簡の中に、戸籍作成の資料や、死亡人帳のような戸籍内容の補完・再整理のための帳簿など、籍帳関係史料が多くみられるようになり、より詳細な検討が加えられる状況にある。

[参考文献] 岸俊男『日本古代籍帳の研究』、一九七三、塙書房。南部昇『日本古代古籍の研究』、一九九二、吉川弘文館。渡辺晃宏「籍帳制の構造―手実・歴名の検討から―」(『日本歴史』五二五、一九九二)。平川南『漆紙文書の研究』、一九八九、吉川弘文館。吉川真司「律令体制の形成」(歴史学研究会・日本史研究会編『日本史講座』一所収、二〇〇四、東京大学出版会)。　(飯田　剛彦)

こせでら　巨勢寺　奈良盆地南部の巨勢谷に営まれた飛鳥・奈良時代の寺院。塔跡は一九二七年(昭和二)に国史跡となる。奈良県御所《ごせ》市古瀬所在。塔跡は高さ約一・八㍍の土壇上に心礎《しんそ》と数個の礎石を残している。心礎は精巧な造りをもつことで著名である。直径八九㌢の円柱孔を設けて、なかに舎利孔と同心円状の三重の水抜き用の溝をつくる。一九八七年に実施された発掘調査では、塔跡の西方で瓦積み基壇の講堂、回廊、寺域の西限を示す築地、また講堂背後の斜面では創建時期の瓦を焼いたとみられる階段式の窖窯《あながま》や、平安時代の梵鐘鋳造跡が新たに確認された。伽藍配置については議論があったが、この調査の結果、東面する法隆寺式伽藍配置をとるとみられるようになった。史料上は、『日本書紀』朱鳥元年(六八六)八月条に「巨勢寺封二百戸」とある。当時、台頭の巨勢朝臣の本拠地は周辺一帯とみられ、その氏寺として建立されたものと評価される。

[参考文献] 上田三平『奈良県に於ける指定史蹟』一、一九二七、内務省。河上邦彦・木下亘『巨勢寺』(『奈良県立橿原考古学研究所調査報告』八七、二〇〇四)。　(今尾　文昭)

こせと　古瀬戸　⇩瀬戸焼《せとやき》

こせんがく　古銭学　古貨幣やメダルなどを研究対象として、その形状、大きさ、銘文などの意匠によって分類・体系化し、発行目的、製造技術、価値尺度などの経済的機能、芸術的価値などについて研究する学問。古泉学とも書く。貨幣の多くは世界各地域の歴代王朝など権力主体によって製造されており、その表面には発行年代を含む文字や人物像など豊富な情報が刻まれている。数量的にも豊富に存在することから、古銭学(numismatics)は考古学的手法を用いた貨幣史研究と深く係わりながら発展してきた。西洋では、文献が希薄なギリシャ・ローマなどの古代社会研究にまず活用された。イタリアルネッサンス期以来貨幣を使用した研究が行われ、十九世紀までに確立された様式論が取り入れられることにより、歴史学や考古学、地理学、神話学などさまざまな学問と関連領域を形成しつつ発展してきた。日本では、江戸時代の延宝・元禄ごろから古銭収集が盛んになったのを受けて、古銭商や好事家によって、収集のための手引き書としてさまざまな書物が出版され、古銭の分類を主とした好古趣味に根ざした学問として発展してきた。『和漢古今泉貨鑑』をはじめ多くの古銭書を著した福知山藩主朽木《くつき》昌綱《まさつな》(一七五〇―一八〇二)はコレクター大名としてつとに知られている。したがって、わが国の古銭学は歴史研究と関連の深い西洋の古銭学とはおのずと内容を異にし、趣味的・骨董的扱いが主で、今日に至ってもその隔たりは大きい。近年のヨーロッパ学界では、考古資料としての大量出土銭(hoard)のみならず、遺構に伴わず出土した個別発見貨(single-find)による貨幣史研究が盛んになりつつある。考古遺物としての貨幣が資料化され、活用可能となってきた日本でも、好古趣味的古銭学から脱却して、貨幣の持つ本来の属性たる歴史学、貨幣経済史学的情報や、貨幣にまつわる習俗などを包摂した文字通り貨幣学の呼称がふさわしい学問に脱皮することが望まれる。　(櫻木　晋一)

こだいがくきょうかい　古代学協会　京都市中京区に本部を置く古代史の研究機関。一九五一年(昭和二十六)十月、角田文衞を中心とする十九名の学者が集まり、大阪市立美術館内の一室を本部として創立し、翌年一月に季刊誌『古代学』(欧文誌名 Palaeologia)を機関誌として創刊した。創立の目的は、穏健かつ客観的立場から、考古学と文献学を総合して世界史的に古代史を研究することであった。広く財界有志の後援を受け、一九五七年一月、文部省所管の財団法人として認可され、多方面にわたる研究事業を開始した。認可後約十年間の活動として、月刊誌『古代文化』の刊行(一九五七年—)、平安京の考古学的・文献学的研究(一九五七年—)、日本の旧石器時代研究を推進させた大分県丹生遺跡の発掘調査(一九六二—六七年)などが挙げられる。一九六五年に日本銀行京都支店が京都市中京区三条高倉から移転した後、旧支店の土地建物の永久保存を訴える全国募金によって一九六七年四月にこれを購入し(のち国重文指定)、翌年五月に施設として平安博物館を開館した。同館は教授制を採る研究博物館としての機能を有し、青森県石亀遺跡、茨城県福田貝塚、京都府平尾城山古墳、エジプト・アコリス遺跡(一九八一—九二年)など、国の内外を問わない多くの発掘調査を実施する一方、研究書を多数刊行し、『御堂関白記』講座を開催(一九六八年—)するなど精力的な活動を行なった。一九八六年四月、京都府の博物館創設構想に協力するため、古代学協会は平安博物館を停廃してその敷地・建物を府に寄付した(府は一九八八年に京都文化博物館を開設)が、協会は一九八八年九月に改組し、古代学研究所を創設して研究事業を継続させることとした。同研究所はイタリア・ポンペイ遺跡(一九八九年—)、長岡京東院跡や如意岳山頂の如意寺跡など、長岡京や平安京その他各地の発掘調査を継続実施し、出版関係では『平安時代史事典』『平安京提要』『新修国分寺の研究』『大島本源氏物語』(影印本)、『古代王権の誕生』、『Opuscula Pompeiana』(年誌、一九九一年—)、『仁和寺研究』(年誌、一九九九年—)などの刊行により、学界に貢献して今日に至っている。

参考文献 『平成十六年度財団法人古代学協会要覧』、二〇〇四、古代学協会。
(角田 文衛)

こだいがくけんきゅうじょ 古代学研究所 ⇩古代学協《こだいがくきょう》会《かい》

こだいぶんか 古代文化 財団法人古代学協会が編集・発行する月刊学術誌(欧文誌名Cultura Antiqua)。第一・二巻がB5判(リーフレット)、第三—三十三巻がA5判、第三十四巻からB5判。一九五七年(昭和三十二)八月に創刊され、二〇〇〇年(平成十二)九月に第五十二巻第九号で通巻第五百号を迎えた。同協会の機関誌『古代学』が純然たる学術誌であったのに対し、本誌は小論文・史料紹介・学界情報などを掲載する古代史研究者のサロン的な意義付けで創刊された。しかし、『古代学』が一九七二年に休刊となった後、長文の論文を掲載する本格的な学術雑誌となり、今日に至っている。編集の特色は、世界史的見地から古代史の全領域を対象とすること、考古学・文献学の総合を志向すること、方法論や学史の研究を重視することであり、掲載される論文・研究ノートなどは刊行委員会の編集会議で決定される。第四十巻第十二号に第一—四十巻の、第五十巻第十二号に第四十一—五十巻の目録を収める。
(角田 文衛)

ごだいりき 五大力 五大力菩薩の略。五大力菩薩は五大力吼《く》菩薩・五大力尊とも称し、『仁王経《にんのうきょう》』に説く国家守護の菩薩である。旧訳の『仁王経』では金剛吼《こんごうく》・無畏十力吼・無量力吼・龍王吼・雷電吼の五菩薩で、その姿は極忿怒の相である。すでに奈良時代に盛んに『仁王経』の修法が行われていたことが記録にみえる。新訳の『仁王経』では金剛波羅蜜多《はらみた》(中央)・金剛手(東)・金剛利(西)・金剛宝(南)・金剛薬(夜)叉(北)の五菩薩。中世には、五大力菩薩が天災地変や疫病などを除くという信仰が一般に広がり、『立正安国論』にもみられるようにその図象が守り札として門戸に貼られるようになった。さらに五大力菩薩と記した紙が盗難除けの守り札とされたり、近世には五大力菩薩の力により書状が無事に先方に届くという俗信から遊里などで主に女性が書状の封に記したりする習慣も起こった。出土例としては、福岡県大宰府史跡から「南无五大力□(尊?)」、大阪府松原市の観音寺遺跡から表面に「昔蘇民将来子孫住宅也」、裏面に「南无五大力□(廾?)」、また広島県福山市の草戸千軒町遺跡から表面に「龍王吼菩薩」、裏面に「雷電吼菩薩」の名号を記した呪符が出土している。

参考文献 広島県草戸千軒町遺跡調査研究所編『草戸千軒—木簡一—』、一九八二。大阪府教育委員会・大阪文化財センター『松原市観音寺遺跡第二次発掘調査概要』、一九八六。
(志田原重人)

こちず 古地図 近代地図以前の地図の総称。古絵図の語が使用される場合もあるが、絵図の語は、古代では非公式あるいは簡略な地図を意味するので、総称としては不適当。古地図は近代地図とは異なり、図法・縮尺・凡例・記号などが明示されず、それらが未分化ないし未整備な地図であるが、さまざまな機能と表現対象を有した。日本では、八世紀に国・郡を単位とした地図や、班田図など校田・班田のための地図、あるいは荘園を単位とした荘園図などきわめて多くの地図が作製された。中世には、荘園の領域を表現した地図が作製されたほか、行基図と総称される簡略な日本図や仏教系の世界認識を表現した地図も作製された。平安京の市街を表現した左京図・右京図なども作製され、寺社境内や用水など特定施設を表現した地図も多い。近世には、仏教系世界観を示した地図に加え、中国・朝鮮・ヨーロッパからの影響を受けた世界図・アジア図が作製され、国内では幕府の指示による国絵図・日本全図がそれぞれ四回作製された。このほか検地に伴う地図や村・町の概要を示した村・町絵図、相論絵図、道中図・境絵図など地図の種類も著しく増加した。近世にはまた、京都図・江戸図・大坂図をはじめとする都市図や日本図・国絵図などの刊行も盛んになった。日本図では石川流宣《いしかわとものぶ》や長久保赤水《ながくぼせきすい》、京都図では林吉《はやしよし》永《なが》・竹原好兵衛《たけはらこうべえ》、江戸図では遠近道印《おちこちどういん》・須原屋茂兵衛《すわらやもへえ》などの地図作者、版元が多くの地図を刊行した。これらの古地図の表現対象は、世界・国・小地域に、機能は世界認識の表現から国土・土地・都市・施設などの把握に及び、全体としては次第に精度を増した。一八〇〇年(寛政十二)に始まる伊能忠敬《いのうただたか》の実測によって完成した一八二一年(文政三)の大図二百十四舗、中図八舗、小図三舗の地図や、その成果や北方探検の成果を加えた高橋景保《たかはしかげやす》の作製図は、十九世紀前半という作製時期から、説明・展示などの際に古地図の一部に加えることが多いが、内容からすれば近代地図の段階を示している。 ↓江戸図《えどず》 ↓開田図《かいでんず》 ↓宮城図《きゅうじょうず》 ↓国絵図《くにえず》 ↓荘園図《しょうえんず》 ↓田図《でんず》 ↓村《むら》絵図《えず》

日本における古地図の機能と表現対象

対象・機能			8・9世紀	10・11世紀	12-14世紀	15・16世紀	17・18世紀
世界	世界認識				アジア図(世界図)	→	世界図・アジア図 刊行世界図・アジア図
国	国土把握		国・郡図	⋯→	日本図(行基図)	→	日本図・国絵図・郡図 刊行日本図・国絵図
小地域	土地把握	土地(地片)	校班田図 国司図 荘園図	国図・民部省図 →	⋯→ 実検図(土帳・坪付図)	→	検地図
小地域	土地把握	領域	寺領図 結界図		領域型荘園図 (立券・開発絵図) 相論型荘園図 (堺相論・和与・中分図)	差図 郷村図 →	所領図 村絵図・山絵図 相論絵図 境絵図
小地域	施設・都市把握	位置・配置	宮城図 寺院図	→	宮城図・官衙図	→ 境内図・参詣図 屋差図・用水図	内裏図・屋敷図・城郭図・参詣図 刊行内裏図・城郭図 → 道中図・航路図・川絵図・用水図 刊行道中図・航路図
小地域	施設・都市把握	都市	⋯→	⋯→	左右京図	→	市街実測図(京都図・江戸図) 都市図(京図・城下絵図・町絵図) 刊行都市図
小地域	推定・考証					条里図	推定・考証図(復原図) (浪速古図・平安京条坊図) 刊行復原図

参考文献 金田章裕『古代荘園図と景観』、一九九八、東京大学出版会。同『古地図からみた古代日本』(『中公新書』、一九九九、中央公論新社)。織田武雄『地図の歴史』、一九七三、講談社。応地利明『絵地図の世界像』、一九九六、岩波書店。
(金田 章裕)

こっか 国華 日本東洋古美術の紹介と研究のための専門誌。一八八九年(明治二十二)、岡倉天心・高橋健三らが創刊。創刊号冒頭の発刊趣旨を記した文は「夫レ美術ハ国ノ精華ナリ」として、近代日本の欧化的風潮を批判し、伝統的な日本独自の文化を重んじ、それを具現化した古美術の価値と保存の必要性を説いている。創刊号にはまたフェノロサ、ビゲローなどによる論稿に加えて、木村徳太郎彫造による多色刷木版印刷、小川一眞写真によるコロタイプ印刷の図版が掲載される。こうした精緻な図版はそれ自体が優れた美術的価値を有するものとして、今日でも評価が高い。しかし、破格の豪華雑誌であったため発刊当初から採算は合わず、一八九三年に朝日新聞社の村山龍平と上野理一が個人的立場で経営に参画、一九三九年(昭和十四)には朝日新聞出版局に経営が移譲された。その後、関東大震災・太平洋戦争を乗り越えて、刊行は続き現在に至っている。一九七九年に創刊号から一〇〇五号までのマイクロフィルム版、二〇〇三年(平成十五)には一二七四号までのDVD-ROM版が出版された。

参考文献 水尾比呂志『国華の軌跡―名品探索百十年―』、二〇〇三、朝日新聞社。
(加須屋 誠)

こて 籠手 腕を防御する小具足《こぐそく》。家地《いえじ》とよぶ布帛製の筒の表面に、鉄製や撓革《いためがわ》製の座盤《ざばん》を取り付けた。座盤の位置は手甲・前腕・上腕を基本とし、家地の内側は千鳥掛けに紐を通して、太さを調整した。家地の手甲側に付く羂《わな》を中指と親指にかけ、家地の手甲と逆側に取り付けた二本の懸緒を、籠手を通した腕と逆側の脇下で結んで着用した。弓手(左手)にだけ着用する場合と、両手に着用する場合があり、前者を片籠手《かたごて》、後者を諸籠手《もろごて》といい、中世前期では、騎射主体の騎兵は片籠手、打物主体の歩兵は諸籠手で、中世後期以降は騎兵・歩兵ともに諸籠手がふつうになった。騎射を主体とする騎兵が片籠手なのは、矢を容器から取り出して弓に番える馬手(右手)の動きを考慮したためである。なお、籠手着用の際は直垂《ひたたれ》などの装束の上着は肩脱いだ。一方、武士は、狩猟や流鏑《やぶさ》馬《め》・犬追物《いぬおうもの》などの騎射芸では、装束の袖を束ねる目的で、射籠手《いごて》とよぶ家地だけで座盤のない籠手を使用した。

参考文献 鈴木敬三『武装図説』(『(改訂増補)故実叢書』三五)。
(近藤 好和)

こと 琴 弦楽器の総称としても使われるが、多くの場合、柱《じ》(フレット)をもつチター系の弦楽器をいう。同種の柱をもたない楽器は「琴《きん》」という。静岡市登呂遺跡からの出土を初例とし、弥生時代から奈良時代までの出土例は、全国で百例以上を数える。出土した琴は、その形態から大きく二分して「板作りの琴」と「槽《そう》作りの琴」に分類される。ほかにミニチュアの琴、「棒作りの琴」も出土しているが、後者については中国の「筑《ちく》」系楽器とする説がある。「板作りの琴」は一枚の板材のみで作った極めて簡単なもので、四つないし六つの突起を持つ。「槽作りの琴」は、琴面は一枚の板材であるが、これに共鳴槽を組み合わせた複雑な構造となっており、四つないし六つの突起を持つ。コトの大きさを長さだけでみると、「槽作りの琴」は五〇～一九〇㌢程度、「板作りの琴」は四〇～六〇㌢程度で、「槽作りの琴」に大きいものが多い。絃の数については突起に絃を結んだか、突起と突起の間になんらかの方法で取り付けたか議論があり、これによ

って異なってくる。四～六弦の可能性が考えられる。弥生時代における出土分布では、東は静岡市登呂遺跡の弥生時代後期の「板作りの琴」、西では福岡県春日井市辻田遺跡の弥生時代後期の「槽作りの琴」がある。このほか石川・滋賀・奈良県、京都・大阪府などから出土している。古墳時代では「槽作りの琴」が半分以上を占めている。分布をみると、東は千葉県茂原市国府関遺跡から六本の突起を持つ「槽作りの琴」、新潟県刈羽郡刈羽村西谷遺跡から「槽作りの琴」が出土している。西では岡山市南方釜田遺跡から六本の突起を持つと思われる「槽作りの琴」、島根県八束郡八雲村の前田遺跡から五本の突起を持つ「槽作りの琴」が出土している。全体的に出土地は畿内や、その周辺が多い。弥生時代のコトの分布は静岡・大阪地域で若干多かった程度で、大差はなかったのに対し、古墳時代には奈良・大阪・滋賀の畿内とその周辺に集中しており、大和王権におけるコト使用の意義が示唆されるであろう。古墳時代には、ほかに人物埴輪に作られたコトが確認できる。分布状況は、東では福島県西白河郡泉崎村の原山一号墳、西では福岡県岩戸山古墳、畿内では奈良県の森本寺山一二号墳、大阪府の野々井古墳群からそれぞれ出土のほかは、いずれも関東地方から出土している。弦は線刻や粘土紐で描かれており、四・五・六絃が確認できるという。演奏方法は、胡座などに坐しその上にコトを置く例、腰掛けてその上にコトを置く例などが見られ、撥を持って弾いている例、指で弾いていると思われる例などがある。文献史料においては、『古事記』大国主神の根国訪問の神話、仁徳天皇・雄略天皇段、『日本書紀』神功皇后摂政前紀・允恭天皇七年条・雄略天皇十二年条など、『常陸国風土記』行方郡条、『出雲国風土記』飯石郡条などにみられ、神の所有する楽器、「神の命」を請うための楽器として重要な位置付けをもってあらわれている。奈良時代以降、古来の歌謡などの伴奏に使われた六弦の和琴《わごん》はこれらの琴のうちの「槽作りの琴」を祖形として、七・八世紀ごろ考案されたものと推察され、琴軋《ことさき》というピックや指で弾いた。正倉院には檜和琴数張と残欠がいくつか収蔵されている。正倉院にはまた、三面の新羅琴が収められている。新羅琴とは伽倻琴のことで、伽倻国の手勒が作ったが、同国が滅ぶにおよんで新羅に伝えられたとされている。十二弦で柱を用いる。爪をつけず人さし指、中指、薬指などで弾く。『日本文徳天皇実録』嘉祥三年(八五〇)十一月己卯条には興世書主が新羅人沙良真熊より新羅琴を伝習し秘道を得たとみえるが、次第に使用されなくなっていったと考えられる。

参考文献　正倉院事務所編『正倉院の楽器』、一九六七、日本経済新聞社。芸能史研究会編『日本の古典芸能』二、一九七〇、平凡社。林謙三『東アジア楽器考』、一九七三、カワイ楽譜。水野正好「琴の誕生とその展開」(『考古学雑誌』六六ノ一、一九八〇)。宮崎まゆみ『埴輪の楽器―楽器史からみた考古資料―』、一九九三、三交社。笠原潔「出土琴の研究」一・二(『放送大学研究年報』一二・一三、一九九五・九六)。山田光洋『楽器の考古学』、一九九八、同成社。笠原潔『埋もれた楽器』、二〇〇四、春秋社。

(荻　美津夫)

ごとうしゅいち　後藤守一　一八八八―一九六〇　考古学者。一八八八年(明治二十一)八月十日、神奈川県三浦郡田越村(逗子市)に生まれる。静岡師範学校を経て、一九一四年(大正三)東京高等師範学校本科地理歴史科に入学。卒業後静岡中学校の教諭となるが翌一九一八年退職して東京帝室博物館に勤務する。縄文時代から歴史時代に至る広い範囲にわたって研究を進めたが特に古墳時代の研究に力を発揮した。一九二六年鑑査官となり、同年大著『漢式鏡』を出版する。一九二九年(昭和四)から群馬県赤堀茶臼山古墳、静岡県松林山古墳、群馬県白石稲荷山古墳などの前方後円墳の発掘調査をてがけ、それらの調査研究報告書を刊行し、今日に至る古墳研究の基礎をかためるとともにその水準を高めた。一九四一年東京帝室博物館を退職し、国学院大学文学部教授となる。一九四八年明治大学文学部教授となり、考古学研究の指導に努めた。一九四七年には静岡市登呂遺跡発掘調査の実行委員長として貢献した。一貫して古墳研究、特に古墳遺物の体系的研究を推進し、一九六〇年に「古墳の編年的研究」により東京教育大学から文学博士の学位を受ける。この年三月明治大学を定年退職したが七月三十日に東京の自宅にて逝去。七十二歳。この間、日本考古学会の機関誌『考古学雑誌』の編集者かつ執筆者として活躍する。『日本考古学』『日本歴史考古学』『日本古代文化研究』などの代表的著書のほか数多くの論著がある。

参考文献　明治大学考古学研究室編『後藤守一先生著作目録』、一九六〇。『武蔵野』四〇ノ一・二(会長後藤守一博士追悼号)、一九六〇。芹沢長介他編『後藤守一集』(『日本考古学選集』一七・一八、一九八六、築地書館)。

(松浦宥一郎)

ことほぞんほう　古都保存法　一九六六年(昭和四十一)に公布・施行された、歴史的な景観の保全に関する法で、正式名称は「古都における歴史的風土の保存に関する特別措置法」。第二次世界大戦後の経済成長下における国土開発と急速な都市化の波及に対する、古都の景観保存を求める世論の高まりを背景に成立。鎌倉の鶴岡八幡宮裏山の宅地開発に対する市民・文化人の反対運動を契機として、京都・奈良・鎌倉の三市が古都保存連絡協議会を結成して古都における歴史的風土の保全のための施策・立法措置を要望し、議員立法として誕生した。対象となる「古都」は、京都市・奈良市・鎌倉市と、政令で定めた天理市・橿原市・桜井市・斑鳩町・明日香村・逗子市・大津市(二〇〇六年現在)。本法では、歴史的風土を保全するために必要な地域を「歴史的風土保存区域」に、あるいは区域内の枢要な地域を「歴史的風土特別保存地区」に指定するとともに、歴史的風土保存計画を策定することになっており、届出制・許可制による行為制限、損失補償や土地買入れなどによる歴史的風土の保全が図られ

る。 （増渕 徹）

こながそとうきかまあと **小長曾陶器窯跡** 愛知県瀬戸市東白坂町（赤津区）に所在する室町時代の窯跡。一九四六年（昭和二十一）に瀬戸窯初の学術調査が、一九九六年（平成八）からは史跡整備に伴う調査が行われ、全長八・六四メートル、最大幅二・一二メートル、焼成室の床面最大傾斜角三二度を測る窖窯《あながま》とそれに伴なう工房跡・灰原が確認された。窯体は、地下式の窖窯構造を基本としているが、焼成室中央に天井から垂れ下がった障壁と五本の支柱が設置されている。他に類例のないこうした構造は、江戸時代の地誌『張州雑志《ちょうしゅうざつし》』にある「平・小長曾ノ窯元禄一二年（一六九九）有命彦九郎焼之」という記述から、尾張藩主徳川光友《とくがわみつとも》の命によって十七世紀末に窯が再利用され、その際に改造されたものと考えられる。出土遺物は、古瀬戸後期の天目茶碗・平碗・縁釉小皿・折縁深皿・四耳壺・尊式花瓶・香炉などが大多数を占めるが、窯体近くの土坑から江戸時代の茶入が多量に出土しており、右の再利用が茶陶生産を目的としたものであったことを物語っている。一九七一年に国史跡に指定。

参考文献 三上次男「古代末・中世初における瀬戸地方の作窯技術とその発達―瀬戸古窯の調査報告―」（『陶説』九七、一九六二）。瀬戸市埋蔵文化財センター編『国指定史跡小長曾陶器窯跡』、二〇〇三。 （金子 健一）

ごはい **向拝** 建物の前面に張り出して付けられ、正面の階段を覆う屋根のある部分。「こうはい」とも読む。階段の幅に対応して柱を二本、もしくは四本、あるいはそれ以上立てて、建物本体とは繋梁《つなぎばり》で繋ぐ。柱筋が揃わない場合などには組物に手挟《たばさみ》を入れるだけで、繋梁を用いない場合もある。屋根は建物本体からそのまま一連で葺き下ろすことが多いが、建物本体とは別に一段低く段を付け、屋根葺材を変えるもの、向唐破風造《むかいからはふづくり》として屋根の連続性のないものなど、形態は多様で、近世になるとその多様性は増す。絵巻物や日記によって平安時代後期の寝殿造住宅に設けられていたことが知られるが、現存するのは鎌倉時代以降のものである。近世の寺社建築では参拝者の目に付きやすい場所であるため、その建物の内でも装飾部材・彫刻・彩色を最も派手に用いる部分となる。階隠《はしかくし》・日隠などとも称した。 （山岸 常人）

こはく **琥珀** 松、杉、檜類の樹脂が変質し、琥珀酸を生じて化石化した軟質の有機化合物である。主な産地として千葉県銚子産地や岩手県久慈産地がある。理化学的分析で、久慈産が古墳時代や古代の琥珀製品に用いられていることがわかっている。奈良時代に創建された奈良元興寺塔跡、東大寺大仏殿、興福寺金堂の鎮壇具に念珠玉、円柱、六角柱、櫛形品など琥珀製の玉類が含まれている。飛鳥寺塔心礎の舎利荘厳具にも多数の琥珀玉が見られる。東大寺三月堂の本尊不空羂索観音像の宝冠にも琥珀の飾玉がある。官営工房である奈良飛鳥池遺跡では琥珀原石が持ち込まれて宝玉加工が行われている。また、岩手県久慈産地周辺の上野山《こうづけやま》遺跡や中長内《なかおさない》遺跡では古代琥珀玉の生産が実施されている。正倉院宝庫には琥珀製の魚形腰飾り、数珠、丸玉、平玉、面取玉、露玉など多数の琥珀玉類が伝えられている。中世以降、琥珀の玉類は衰退するが、香料や薬用に多用されるようになる。

参考文献 前島己基「日本古代の琥珀の道」（『MUSEUM』四四三、一九八八）。秋山浩三「古代日本の玉類における琥珀の利用状況」（『こはく』三、二〇〇一、日本琥珀研究会）。 （藤田富士夫）

琥珀玉と未成品（中長内遺跡出土）

こばやかわしろあと **小早川氏城跡** 安芸国沼田《ぬた》庄地頭から戦国大名に成長した小早川氏の本拠城跡。広島県三原市に所在。国史跡。高山城跡は高坂町に所在する。小早川氏は鎌倉時代に沼田庄に入封後、南北朝・室町・戦国時代を通じて高山城を本拠とした。城は谷を挟んで並ぶ比高約一九〇メートルの二本の尾根線上に郭群を並べた大規模な山城である。新高山城は本郷町船木に所在する。一五五二年（天文二十一）、総領家を継いだ隆景が、沼田川を挟んで高山城に対峙するこの城を改修して本拠を移した。山上に石垣を伴う多数の郭を配置する。一五六一年（永禄四）の「毛利元就父子雄高山行向滞留日記」により城内の様子をうかがうことができる。三原城は館町にある。高山城にいた隆景は一五五三年ころ、三原浦に三原要害を設け永禄年間（一五五八―七〇）にかけ城郭兼軍港として整備した。一五八七年（天正十五）には筑前に移封されたが、一五九五年（文禄四）、隆景は隠居して三原に引上げ、翌年から三原城の修築を行い三原城と城下町の原型を整えた。しかし関ヶ原の戦ののち、三原城は毛利氏に替わって芸備に入った福島氏、浅野氏の出城として使われた。城は桜山山麓の三原浦の島と海岸を東西約一キロにわたり造成したもので、本丸・二ノ丸・三ノ丸などの主要な郭は堀によって島状の郭となり、船入りにより海に繋がった「浮城」となっている。

参考文献 『三原市史』一、一九七七。三原市教育委員会編『史跡小早川氏城跡(妻高山城跡)保存管理計画策定報告書』、一九六五。同編『史跡小早川氏城跡(三原城跡)保存管理計画策定報告書』、一九七六。本郷町教育委員会編『史跡小早川氏の城跡(高山城跡)保存管理計画策定報告書』、一九七九。

(小都　隆)

こばやしいっさきゅうたく　小林一茶旧宅　江戸時代の俳人小林一茶(一七六三―一八二七)の晩年の住居で、終焉の場所。長野県上水内郡信濃町柏原に所在する。小林一茶は近世の水内郡柏原村(信濃町)に生まれ、二歳で母を失い、八歳で継母を迎えたが虐待され、十五歳で江戸奉公に出た。奉公生活の中で葛飾派の俳人となり、いったん帰郷の後三十代に諸国を行脚、江戸に帰ったのち父の死をみとり、一八一二年(文化九)帰郷、その後この地で生活する。一八二七年(文政十)閏六月一日、柏原の大半を焼失した火災で一茶もわが家を失い、間口三間半(六・三三メートル)、奥行二間二尺(四・二二メートル)の茅葺の粗末な焼け残りの土蔵に移り住んだ。一九五七年(昭和三十二)国史跡に指定され、その後、一九六四年と、二〇〇一年(平成一三)・〇二年の二度にわたって解体保存修理が行われ、一茶が住んでいた当時の姿に復元された。

参考文献 小林計一郎『小林一茶』(『人物叢書』、一九六一、吉川弘文館)。

(福島　正樹)

こばやしゆきお　小林行雄　一九一一―八九　考古学者。一九一一年(明治四十四)八月十八日、神戸市生まれ。第一神戸中学校在学中から考古学に興味を持つが、進学したのは神戸高等工業学校建築科であった。独学で弥生土器の研究を進め、建築学の素養を生かして様式の概念を導入、実測図化の方法を改良した。この間、森本六爾《もりもとろくじ》が主宰する雑誌『考古学』に寄稿、のち編集にも携わった。一九三五年(昭和十)京都帝国大学文学部考古学講座の助手となり、一九五三年講師、退官一年前の一九七四年に教授となった。弥生・古墳時代を対象とした研究、特に同笵三角縁神獣鏡の分有関係を基にした古代国家成立過程の研究で知られるが、歴史考古学の業績として『古代の技術』『続古代の技術』、原口正三との共著『古器名考証』などがあり、製作技術の解明も研究の柱であった。遼の王墓「慶陵」の研究により田村実造《たむらじつぞう》とともに一九五四年日本学士院恩賜賞受賞。京都大学のみならず、立命館・早稲田の出身者などからも多くの研究者を育てた。一九八九年(平成元)二月二日没。七十七歳。

参考文献 小林行雄博士古稀記念論文集刊行委員会編『考古学一路―小林行雄博士著作目録―』、一九八三、平凡社。京都大学文学部考古学研究室編『小林行雄先生追悼録』、一九九四、天山舎。

(山本　忠尚)

こばん　小判　⇩大判《おおばん》・小判《こばん》

ごふ　護符　神社仏閣で発行する札。一般にはお札《ふだ》とも呼ばれる。紙や板に神号・仏名などを記し、あるいは神璽や宝印を押し、その他、特殊な呪術的な絵や仏の種子《しゅじ》などを記す。神仏の霊が宿ると信じられ、飲んだり、身につけたり、家の門口・柱に貼ったり、あるいは仏壇・神棚に納めるなど用い方はさまざまである。このうち携行するものをお守り、安置するものをお札と呼んでいる。日本では、平安時代以後社寺で護符を出すことが流布した。中国の道教では、桃の枝で作った護符が百鬼を防ぎ、体内の三尸《さんし》神の禍を防ぐと信じられ、その他にも多くの護符が用いられる。日本各地の遺跡から発見されるいわゆる「急急如律令」符などのように、道教の影響を受けたものも少なくない。今日では、社寺に参拝して授かってくるのが普通であるが、かつては、修験者や御師が檀那を回り配布する形が盛んに取られ、護符を広める上で大きな役割を果たした。奈良市の平城宮跡、静岡県浜松市の伊場遺跡、広島県福山市の草戸千軒町遺跡、奈良市の元興寺境内遺跡、静岡県焼津市の道場田遺跡・小川城遺跡、新潟県白根市の馬場屋敷遺跡、神奈川県鎌倉市の千葉地遺跡・若宮大路周辺遺跡群など古代・中世の遺跡からも多くの護符が発見されている。使用目的は、記載内容からおおむね物忌・地鎮・疫病除け・悪霊除けの四種が多い。

参考文献 水野正好「中世―まじない世界の語りかけ」(『季刊日本学』一ノ二所収、一九八三、名著刊行会)。和田萃「呪符木簡の系譜」(『木簡研究』四、一九八二)。奥野義雄『まじない習俗の文化史』、一九九七、岩田書院。広島県草戸千軒町遺跡調査研究所『草戸千軒―木簡一―』、一九八二。広島県立歴史博物館編『中世の民衆とまじない』、一九九〇。広島県草戸千軒町遺跡調査研究所編『草戸千軒町遺跡発掘調査報告書』I―IV、一九九三―九五、広島県教育委員会。焼津市埋蔵文化財調査事務所編『焼津市埋蔵文化財発掘調査概報』III・IV、一九八四、焼津市教育委員会。白根市教育委員会『馬場屋敷遺跡等発掘調査報告書』(『白根市文化財調査報告』二、一九八四)。千葉地遺跡発掘調査団編『神奈川県鎌倉市千葉地遺跡―鎌倉市御成町一五―五番地所在中世市街地遺跡の発掘調査―』、一九八三。若宮大路周辺遺跡発掘調査団編『若宮大路周辺遺跡群発掘調査報告書―小町一丁目一〇六番一他地点第一次・小町一丁目一一六番四他地点第二次―』、一九九九。

(志田原重人)

こぶくろざか　巨福呂坂　鎌倉中心部と北鎌倉山ノ内の間にある切通。小袋坂とも書く。いわゆる鎌倉七口の一つ。神奈川県鎌倉市雪ノ下所在。国指定史跡。鶴岡八幡宮西脇から建長寺門前に通じていた。現在の道は一八八六年(明治十九)に開かれたもので、旧道はいま市道となって新道の南側山腹に残っている。一部切通になっているが、峠付近は私有地に含まれているため、通行は不可能である。『吾妻鏡』仁治元年(一二四〇)十月十・十九日条に、執権北条泰時は安東藤内左衛門尉を奉行として山ノ内道路を造らせたが、それは険難で往来の煩いがあったためとある。文面から、ともかくもそれ以前にすでに道はあったことが推測される。建長二年(一二五〇)六月三日条では執権北条時頼が六浦道と一緒に修造を命じている。山ノ内道と六浦道は、本来連続した一本の街道であった。時頼にはその認識があったのだろう。一二八二年(弘安五)鎌倉に入ろうとした一遍智真は巨福呂坂で執権北条時宗一行に遭遇し、入ることを阻まれるが、このときの「巨福呂坂」とは現在の北鎌倉駅から少し北に行った瓜ヶ谷道入口あたりとみられる。

参考文献 『『古都鎌倉』を取り巻く山稜部の調査』、二〇〇一、神奈川県教育委員会。 (馬淵　和雄)

こふん **古墳** 日本の古墳は三世紀初めから七世紀末までのおよそ五百年にわたって築かれた。このような長期にわたって古墳が築かれたので、考古学ではその変化をもとに、前期・中期・後期・終末期に区分している(前期・後期と二分してそれぞれを細分する区分もある)。およその年代は前期が三―四世紀、中期は五世紀、後期は六世紀で、六世紀末から以降を終末期としている。前期から後期までの古墳の外形の中心は前方後円墳である。このほかに円墳・方墳・前方後方墳などがあるが、終末期古墳になると、前方後円墳が築造されなくなり、墳丘の中心は大型円墳や方墳となる。これに加えてごく特殊な古墳として八角形墳がある。日本の古墳を特徴づけるものは、前方後円墳である。このような他国にない墳形がこの時代の権力者の象徴となっていたらしい。埋葬施設は、前期古墳では長大な竪穴式石室や粘土郭内に割竹型木棺や舟形木棺が入れられている。最近このような埋葬施設の以前に木槨の埋葬施設(石囲い木槨)が存在することがわかった。前期の古墳の副葬品は原則的に権力の象徴とされるものが多く、銅鏡・石製腕飾品・玉類などに加えて鉄刀剣などがある。この時期の文物には中国製品が多く見られる。中期古墳になると、古墳の築造は盛期を迎える。大型墳では全長四〇〇メートルを越えるものもあり、全体に規模が大きくなる。大型古墳の埋葬施設は竪穴式石室内に長持型石棺などの石棺を入れるようになる。この時期になると朝鮮半島より、横穴式石室が導入される。これが後期古墳の主埋葬とされるようになる。中期古墳の副葬品の特色は須恵器が現れることと、墓室内への馬具の投入である。さらに中期後半には多くの金製品が朝鮮半島より入り込む。横穴式石室の導入は同一石室に追葬を可能なものとして、後期古墳の段階になると、全国的に広がる。横穴式石室は渡来系の人々の埋葬施設として使われはじめたがのちには前方後円墳の埋葬施設にまで採用された。一部の古墳を除いて、墳丘規模は縮小化する。小規模な古墳が集中する群集墳は中期末から現れるが、後期に盛行する。六世紀末ころになると、前方後円墳が築造されなくなり、大型古墳の墳形は大型円墳や大型方墳になる。これはこの時期の社会構造が律令制度に変わることと関係がある。権力の象徴を古墳の形や大きさに求めない時代に入ったのである。これによって新しい造墓理念が必要となり、風水思想が基本理念に採用されたらしい。この時期を終末期と時期設定している。墳丘の変化に対して埋葬施設は後期と同じ横穴式石室であるが、より発達し、巨大な石を積んだものや、切石のものまで現れる。後期後半になると横穴式石室も縮小化し、横口式石槨や規模の小さな横穴式石室などが現われる。群集墳はこのころまだ作り続けられているが、後半になるとほとんどが小規模な改葬墓となる。このような改葬墓(二次葬)の時期を経て火葬墓が始まる。終末期古墳の時期になると副葬品の内容は再び中国的要素の強いものになるが、薄葬思想下にあって、多くの文物を副葬しなくなる。 (河上　邦彦)

こほうあんていえん **孤篷庵庭園** ⇩大徳寺《だいとくじ》

ごぼうやまこふん **御坊山古墳** 奈良県斑鳩町竜田に所在した終末期古墳。三基からなる古墳群で、通常は三号墳を指す。一九六五年(昭和四十)、宅地造成中に発見されたが、調査後すべて破壊された。法隆寺より西方七〇〇メートルの緩やかな尾根上に立地する。径八メートルの円墳状であるが明確な墳丘はもたない。埋葬施設は陶棺を内蔵した花崗岩製の横口式石槨で、底石の上に内部を刳り抜いた蓋石を被せ、開口部を板石で塞ぐ構造をとる。石槨の内法は長さ二二五センチ、幅七一センチ、高さ五二センチ。陶棺は身と蓋からなる須恵質四柱造で、内外面に黒漆を塗布する。陶棺内には身長一六〇センチほどの成人男性が一体埋葬されていた。出土遺物は少ないが、中国製緑釉単彩陶硯、ガラス製筆管、琥珀製枕があり、いずれもわが国の古墳では類例を見ないものである。古墳の築造時期は石槨の寸法と構造、及び副葬品より七世紀中葉頃と推定される。出土遺物は重要文化財に指定されている。 (下部　行弘)

こぼとけのせきあと **小仏関跡** 東京都八王子市裏高尾に所在する旧甲州街道の関所跡。国指定史跡。小仏峠(標高五四八メートル)は武蔵国と甲斐国、相模国が接する交通・軍事の要衝にあたり、すでに戦国時代には北条氏の重要な防衛線として位置づけられていた。当初の関は尾根筋に置かれ、富士見関と称されたが、一五八〇年(天正八)、山麓の駒木野に移された(別称、駒木野関)。近世以降も江戸の防衛線の一つとして重要な位置を占め、一六二三年(元和九)には四人の関所番が置かれたが、一七九八年(寛政十)以降は三人となり、通行人を取り締まった。一八六九年(明治二)、廃関。現存する関所の旧地は四三〇平方メートルで、石碑・解説板のほかに、旅人が通行手形を置いたという「手形石」や、通行人が吟味を待つ間手を付いていたという「手付石」などが遺されている。一九一三年(大正二)から『都新聞』に連載され人気を博した中《なか》里介山《ざとかいざん》の小説『大菩薩峠《だいぼさつとうげ》』に登場することでも知られている。

参考文献 東京都歴史教育研究会編『東京都の歴史散歩』下、一九六九、山川出版社。 (宮瀧　交二)

こま **独楽** 円い木製の胴に心棒(軸)を貫き、これを中心として回転させる玩具。古くは「こまつぶり」「こまつくり」「とくらく」などと呼ばれ、「古末」「古万」「空鐘」

「高麗」「狛」とも書かれた。独楽と表記した最古の記録は、『和名類聚抄』で「独楽(中略)和名古末都玖利《こまつぐり》、有孔者也」とあり、『伊呂波字類抄』にも「独楽(コマツクリ、ツムクリ)」とある。「有孔者也」とは、中国渡来の空鐘、唐独楽で俗にいう鳴独楽である。日本の原初的ともいえる「こまつくり」(「こまつむくり」)は、藤原宮跡や平城宮跡からの出土品のように、丸木を削った素朴なもので、水平床がずんぐり型で、芯棒がないのが特徴である。これがずんぐり系の独楽で、のちに芯棒のついた各種各様の独楽が創作され、独楽遊びは多岐になった。中世遺跡では、岩手県平泉町の柳之御所、神奈川県鎌倉市の千葉地遺跡・佐助ヶ谷遺跡、愛知県清洲町の朝日西遺跡、富山県小矢部市の桜町遺跡、京都市の鳥羽離宮跡、広島県福山市の草戸千軒町遺跡などから出土している。多くは糸を巻きつけて投げ引いて回すものであるが、指先で捻って回すものも見られる。

参考文献 広島県立歴史博物館編『遊・戯・宴―中世生活文化のひとこま―』(『広島県立博物館展示図録』八、一九九三)。千葉地遺跡発掘調査団編『神奈川県鎌倉市千葉地遺跡―鎌倉市御成町一五―五番地所在中世市街地遺跡の発掘調査―』、一九八三。佐助ヶ谷遺跡発掘調査団編『佐助ヶ谷遺跡(鎌倉税務署用地)発掘調査報告』、一九九三。広島県草戸千軒町遺跡調査研究所編『草戸千軒町遺跡発掘調査報告』I―IV、一九九三―九六、広島県教育委員会。

(志田原重人)

こまい 木舞 ⇩壁《かべ》

こまいかずちか 駒井和愛 一九〇五―七一 考古学者。一九〇五年(明治三十八)一月十一日東京に生まれ、一九二七年(昭和二)早稲田大学文学部東洋史学科卒業後、東京帝国大学文学部副手、講師、助教授を経て、一九五一年教授に就任し、一九六五年三月東京大学を定年退官。一九七一年十一月二十二日血栓のため急逝。六十六歳。一九二八年四月から一九二九年六月まで中国に留学し、北京大学馬衡教授の指導を受け、帰国後は原田淑人《よしと》のもとで、東亜考古学会の一員として中国の漢代の県城、戦国・北魏・唐・渤海・元の首都跡の調査を行なった。また朝鮮半島では、一九三五年と一九三七年にピョンヤンにある土城跡を発掘し、ここが楽浪郡治であるとみた。学位論文「鏡鑑を主材として考察したる六朝以前の文化」は『中国古鏡の研究』(一九五三年)として出版された。中国・朝鮮を主にした東洋考古学を専門としていたが、第二次世界大戦後は日本国内の宮崎県・能登半島・新潟県・北海道などでも調査を行なった。主な著書に、『中国考古学研究』(一九五二年)、『音江―北海道環状列石の研究―』(一九五九年)、『斐太―新潟県新井市の弥生聚落址―』(共著、一九六二年)『楽浪―漢文化の残像―』(一九七二年)『日本の巨石文化』(一九七三年)、『中国都城・渤海研究』(一九七七年)がある。

(早乙女雅博)

こまいぬ 狛犬 獅子・狛犬の一対を狛犬と総称することがあるが、厳密にはその一対のうち有角の獣が狛犬である。一角獣は世界的に広く分布した空想上の聖獣で、中国で信じられた角のある霊獣兕《じ》がわが国に入って狛犬と称されたとの考えもあるが、なお明確でない。獅子と組合わされた場合、獅子は開口・無角、狛犬は閉口・有角となるのが一般的である。舞楽の右方舞(高麗楽)「狛犬」(廃曲)との関係が指摘されており、八〇一年(延暦二十)の『多度神宮寺資財帳』の楽具の項にある「高麗犬壱頭」はこの語の初見で、舞楽「狛犬」に使われた狛犬の頭《かしら》である。さかのぼって奈良時代末の七八〇年(宝亀十一)の『西大寺資財帳』の高麗楽器一具の項にある「大師子一頭(頂在白木角形)」も、いまだ狛犬とはいっていないが頭上に角があるということからその可能性がある。平安時代前期、宮中紫宸殿の賢聖障子《けんじょうのそうじ》に天皇御座所をはさんで獅子と狛犬が描かれたのが一対であらわされた古例だが、現存の彫像では、東寺旧蔵の獅子・狛犬(個人蔵平安時代前期)がもっとも古い。それによれば狛犬は霊獣だったおもかげを残して特殊な表現が多く見られる。しかし平安時代後期以降、両像は開口・無角と閉口・有角を除くとほとんど同一の表現となった。そのほか獅子・狛犬の代表作として、東寺八幡宮旧安置像、白山比咩神社像、御上神社像、厳島神社像(以上平安時代)、高山寺像、八坂神社像(以上鎌倉時代)などがある。

参考文献 伊東史朗『狛犬』(『日本の美術』二七五、一九六九)。京都国立博物館編『狛犬』、一九九〇。同編『獅子・狛犬』、一九九五。

(伊東 史朗)

こまきやまじょう 小牧山城 一五六三年(永禄六)に織田信長が築城した城郭。愛知県小牧市小牧に所在。別名小牧城。国史跡。織田信長が一五六七年に美濃稲葉山城を攻略し居城を移した際に廃されたと思われる。一五八四年(天正十二)小牧長久手の合戦で徳川家康・織田信雄連合軍により本陣として大規模な改修を受けて再利用され、合戦後に再び廃城となった。主郭は標高八六メートルの独立丘陵上にあり、山麓に居館や武家屋敷など、南に町屋や寺社などの城下町が展開したと推測される。名古屋市蓬左文庫蔵「春日井郡小牧村古城絵図」に城下町南端の総構えの堀や土塁が描かれ、地名や地籍図からもその痕跡が認められる。発掘調査は山麓部(小牧山城跡)と城下町(新町遺跡など)で行われ、山麓部では武家屋敷に伴う溝や井戸、居館の堀などが確認された。新町遺跡では短冊型地割の町屋や方形屋敷などが検出され、近世城下町成立を考える上で重要な位置付けを持っている。

参考文献 小牧市教育委員会編『小牧城下町発掘調査報告書―新町遺跡―』一九九八。同編『史跡小牧山旧小牧中学校用地発掘調査概要報告書』一―三、二〇〇一―〇三。千田嘉博「小牧城下町の復元的考察」(『ヒストリア』一二三、一九八九)。

(鈴木 正貴)

こまさかまがいぶつ 狛坂磨崖仏 滋賀県栗東市荒張字狛坂、竜王山西南麓の狛坂寺跡(標高約四七〇メートル)に所在する磨崖仏。国史跡。高さ六・二メートル、幅四・三メートル、北面し

狛坂磨崖仏

後方にやや傾く将棋の駒状の花崗岩に、宣字座に裳懸して座す中尊、蓮華座に立つ両脇侍菩薩、格狭間のある基壇を、最大三〇センチの高肉彫りとする。三尊相互や台座との位置関係がややバランスを欠く。主尊の上半周には、小型の三尊二組、菩薩三軀を薄肉彫りする。向かって左下方の石にも三尊仏が残る。狛坂の地名や、花崗岩の露頭する山容が韓国慶州市の南山と類似し、同地の七仏庵石仏とも類似することなどから、統一新羅文化とのつながりが指摘される。東方約二キロの山岳寺院金勝寺は金粛菩薩の修行地で、弘仁年間(八一〇—二四)に興福寺願安が伽藍を建立し(『類聚三代格』)、狛坂寺はその別院とされるが、寺跡から白鳳時代の軒丸瓦が出土しており、磨崖仏も同時期にさかのぼる可能性がある。竜王山にはほかにも、古代中世の石仏が散在する。なお、山口県山陽小野田市有帆に類似の菩提寺山石仏があるが製作年代未詳。

資料館　栗東歴史民俗博物館(滋賀県栗東市)

参考文献　斉藤孝『日本古代と唐風美術』、一九七八、創元社。林博通「狛坂寺跡」(小笠原好彦他『近江の古代寺院』所収、一九八九、近江の古代寺院刊行会)。水野敬三郎他編『東大寺と平城京』(『日本美術全集』四、一九九〇、講談社)。佐々木進「狛坂磨崖仏」(『国華』一二一六、一九九七)。

(鈴木　景二)

こまじゃく　高麗尺　七世紀はじめ前後から、八世紀初頭にかけての時期に使用されたことが確認できる尺度。『大宝令』雑令に規定された度量衡《どりょうこう》制によると、尺度には大、小尺の二種類があり、大尺は小尺の一尺二寸が一尺であり、大尺はもっぱら度地つまり土地測量に使用し、その他の計測には「官私ことごとく小尺を用い」るべき旨が規定されている。『令義解《りょうのぎげ》』の解説によれば、大尺は「高麗の術」とされており、古来「高麗尺」と称されている。いっぽう小尺は、こんにち天平尺と呼びならわしている尺度にあたる。さらに、『続日本紀《しょくにほんぎ》』和銅六年(七一三)二月壬子条や『令集解《りょうのしゅうげ》』田令に引く古記の記述からは、その時をもって大尺の使用が禁止されたと理解することができる。畿内中枢地域の古代遺跡での発掘成果にしたがえば、七世紀初頭前後の寺院遺構では伽藍《がらん》配置の地割や個々の建築物の寸法に高麗尺が使用された形跡がみとめられるのに対し、七世紀後葉に建設された藤原京では条坊設計などの土地測量には高麗尺が、個々の建物には天平尺が使用されており、大宝令の規定にのっとった大尺=高麗尺=土地測量尺、その他の計測には小尺=天平尺という実態であったことが知られる。いっぽう、七一〇年(和銅三)に遷都された平城京では、条坊道路の規模に大尺と小尺の両者が認められ、条坊の設定が七一三年を前後した時期であったことを示している。尺の実長は、八世紀初めにあっては、平城宮跡での発掘成果に基づいて、一小尺=二九・五七センチ、大尺=三五・四八センチという長さが一応の目安にされている。なお、大宝令大尺を高麗尺とみるのは虚構だとする説がある。しかし、藤原京や平城京で進められている発掘調査の成果の分析を通じて、度地尺としての令大尺が存在していたことは確かであり、また七一三年の尺度改訂つまり大尺の使用停止が条坊遺構のありように明確に反映されていることなどから、高麗尺虚構説は成立しない。→天平尺《てんぴょうじゃく》

参考文献　井上和人「古代都城制地割再考」(『古代都城制条里制の実証的研究』所収、二〇〇四、学生社)。新井宏『まぼろしの古代尺—高麗尺はなかった—』、一九九二、吉川弘文館。

(井上　和人)

こまちづかきょう　小町塚瓦経　平安時代に伊勢国に築かれた小町塚経塚から出土した瓦経。経塚は伊勢神宮外宮の西、三重県伊勢市浦口町旦過にあったとされるが、正確な場所は不明である。一八三三年(天保四)に著された安岡親毅の『五鈴遺響』に、天明年間(一七八一—八九)に農夫が偶然掘り出したとある。数百枚といわれる瓦経のほか、瓦製五輪塔地輪、瓦製光背、瓦製台座、経筒、鏡などが出土したが、江戸時代にすでに散逸しており、全貌は不明である。残された銘文によれば、願主は遵西、西観で、檀越は度会常章、春章、佐伯国親、磯部氏、筆者は僧良中、観道、聖賢などで、一一七四年(承安四)の築造であることがわかる。書写された経典は『法華経』『無量義経』『観普賢経』『大日経』『金剛頂経』『蘇悉地経』『心経』『理趣経』、宝篋印陀羅尼、梵字真言、随求即得陀羅尼、金剛界礼懺文などが知られている。これらの書写は西観のいた三河国渥美郡万覚寺で行われ、伊良湖の窯で焼かれたと考えられる。一九五九年(昭和三十四)重要文化財に指定。

参考文献　奥村秀雄「伊勢小町塚出土の瓦経」(『考古学雑誌』五三ノ二、一九六七)。村木二郎「作善業としての瓦経—伊勢小町塚・菩提山瓦経の復原から—」(『国立歴史民俗博物館研究報告』九三、二〇〇二)。

(望月　幹夫)

こまでら　高麗寺　京都府相楽《そうらく》郡山城町字上狛《やましろちょうあざかみこま》に所在する古代寺院跡。国史跡。所在地一帯は現在も小字高麗寺を称する。一九三五年(昭和十)に里道改修工事によって瓦積基壇の一部が露出し、一九三八年に塔と金堂基壇の調査が実施された。以後も一九八四年から一九八八年にかけては講堂を含む主要伽藍と寺域の範囲確認調査が行われている。伽藍配置は東に塔、西に金堂を配する法起《ほっき》寺式を採用し、講堂の東西から伸びる回廊が塔と金堂を

囲い中門に取り付く。寺域を画する施設には築地や溝、掘立柱建物がある。塔基壇は外装を瓦積みとする辺二一・七メートル規模で、外周には幅約一・五メートルの石敷が巡る。横方向から舎利孔《しゃりこう》が穿たれた塔心礎が残っている。金堂は五間×四間の礎石建物で、想定される桁行は一一・七メートルである。塔同様に瓦積基壇外装と外周に石敷を備える。講堂は五間×四間の礎石建物で規模は二三・七メートル×十九・五メートルである。基壇外装は瓦積であるが構造が先の二堂とは異なっている。創建は飛鳥寺創建瓦と同笵の素弁八弁蓮華文軒丸瓦の存在により七世紀初頭にさかのぼり、川原寺創建瓦と同笵瓦の七世紀後半に伽藍が整備されたと考えられる。なお、同寺の法燈を継ぐと伝える同町上狛法蓮寺旧本堂に貞治三年(一三六四)銘をもつ棟札があり、高麗寺は「敏達天皇御宇也」「開山高麗恵便法師」と記している。その典拠は明らかでないが、『日本書紀』欽明天皇三十一年四月乙酉条には、高句麗の使者が山背相楽館に滞在した記事があり、このころより高句麗の渡来系氏族である狛氏が付近一帯に居住し、寺の創建にも関わったと推測されている。

参考文献　梅原末治「高麗寺址の調査」(京都府編『京都府史蹟名勝天然紀念物調査報告』一九所収、一九三九)。山城町教育委員会編『史跡高麗寺跡』(『京都府山城町埋蔵文化財調査報告書』七、一九八九)。　(吹田　直子)

こまようのたち　高麗様大刀　古代の「たち」。七五六年(天平勝宝八)に光明皇太后が聖武天皇の遺愛品を東大寺に献納した際の目録である『国家珍宝帳《ちんぽうちょう》』に銀荘二口がみえる。ともに「環頭《かんとう》」の注記があり、環頭大刀《かんとうたち》と考えられ、『万葉集』でも高麗剣《こまつるぎ》は「わ」の枕詞である。環頭大刀は、刀身の茎尻を環とする素環頭《そがんとう》と、外装の柄頭に環の付く様式の二種がある。前者は、紀元前一世紀後半に漢から日本に伝来した最初の鉄刀であり、後者は前者が国内で形式変化したもので、六世紀ころまでの古墳から盛んに出土する様式である。また、前者の様式は長崎亀岡神社に、後者の様式は高知小村神社に伝世品がある。前者は発掘品では不明な素環頭大刀の外装を知るうえで貴重だが、伝来関係が複雑で、時代判定が難しい遺品である。なお、『珍宝帳』の二口のうち一口は、柄の注記に亀岡の遺品に近いものがあって素環頭大刀と考えられ、もう一口は、鮫皮包柄で、柄頭に鐶の付く環頭大刀と考えられる。

参考文献　鈴木敬三「万葉刀剣考」(『国学院雑誌』五七ノ六、一九五六)。正倉院事務所編『正倉院の大刀外装』、一九七七、小学館。　(近藤　好和)

こめ　米　稲の種子。稲穀の収納・貯蔵形態としては籾を穂先に付けたまま刈り取りとった「穎《えい》」、それを脱穀した籾付きの稲＝「穀」、穀の籾を取り除いた玄米、さらに玄米を精白した白米などがある。穎稲一束は穀一斗、米五升に相当した。律令によれば田租は一段につき「二束二把」とあるように、穎を束にしたものを基準に納入するのが原則であったし(田令)、また出挙に用いる稲も穎稲のまま納入されたから、古代においては穎稲の形態で納入・貯蔵されるのが一般的であった。それは脱穀・精白による米の腐食を防ぐためであったと考えられる。しかし一方、律令には田租の一部(実際は正税の一部)を舂《つ》いて米にし(舂米《しょうまい》＝玄米・白米)京に進上する規定もあった。これが「年料舂米」で、大炊寮《おおいりょう》に納められて諸司の常食に充てられた。七九九年(延暦十八)、朝廷は正税を元のように穎稲で納めよと命じているが、それは穀で納めると早稲・晩稲の区別がつかないからである、と説明している。平安時代初期にすでに早稲・晩稲が成立していることも注目されるが、このことは逆に平安時代初期にはすでに穎稲による納入が減少し、穀で納めることが多くなってきていたことを示している。平安時代に入ると、稲穀を束・把で計量することはほとんどなくなり、その計量には斛＝石・斗・升・合が用いられているから、穀ないし米の形態として流通することが多くなったと考えられる。束・把の単位は中世になっても九州や東北の一部で残るが、十五世紀末の太閤検地で石高制が採用されるとほとんど見られなくなる。十世紀初頭に編纂された『延喜式』には、諸官衙の下部に支給された食料として黒米・白米などの区別がみられるが、それは舂法の深浅によるものと考えられる。また、粳《うるち》と糯《もち》との区別もあり、米飯用と餅用として区別されていたようだが、現在のように截然と区別できないという。食べ方としては甑《こしき》を用いて蒸した強飯《こわめし》と水を加えて炊く堅粥《かたがゆ》が代表的で、現在の飯は後者の堅粥の系統である。　(木村　茂光)

こもろじょう　小諸城　長野県小諸市にある城跡。小室城とも書く。小諸市丁に所在。浅間山の西南麓、千曲川の断崖上に立地し、蛇堀川《じゃぼりがわ》と中沢川に挟まれ、田切地形を利用して構築された平山城。浅間山の裾野の火山灰地が千曲川に臨む断崖と、この火山灰地の浸蝕によって生じた深い谷を利用して作られている。最初は、一四八七年(長享元)に大井光忠が築いたといわれる鍋蓋城《なべぶたじょう》にはじまり、ついで二ノ丸に支城である乙女城(白鶴城)が築かれるなど、戦国時代には関東・北信・諏訪・甲斐などへの交通の要衝として重要な位置を占めた。慶長年間(一五九六―一六一五)に仙石秀久が現在の地に本格的城郭を築いたが、その最大の特徴は、城郭が城下町より低いところに築かれた「穴城《あなじろ》」である点である。現在、この地には慶長年間に築造されたといわれる大手門や、明和年間(一七六四―七二)の三の門が残り、三の門の内側は懐古園と呼ばれる公園になっている。これらの建物はいずれも重要文化財に指定されている。

参考文献　『小諸市誌』歴史篇三近世史、一九九一。　(福島　正樹)

こもんじょ　古文書　広義には古い書類、すなわち古文書のほかに記録や典籍類も含めることがある。狭義には古い文書、すなわち差出人がみずからの意思を受取人に宛てて表すものとされる。ただし、差出人や受取人が記されないものもある。さらに、戸籍や土地台帳のように意思の伝達よりも管理のために作成されるものもあるが、これも文書として扱われる。このように、作成者が他者への働きかけをする書類全般を含むと考えられる。また、文書のうちで「古文書」として扱われるのは、おおむね近世文書までであるが、厳密な定義があるわけではない。文書の素材としては圧倒的に紙が多いが、古代の木簡や中世以降の制札など木に書かれるものもある。そのほかにも布・金属・石などに書かれたものも見られる。料紙として使用されるのは、麻紙《まし》・楮紙・斐紙・三《みつ》椏《また》紙などであり、打紙加工を施されたものを含む楮紙の利用が最も多い。さらに一旦廃棄された紙を漉き返して再利用した宿紙《しゅくし》(薄墨紙、紙屋紙《かみやがみ》などともいう)も綸旨《りんじ》などに見られる。それらの紙の使用形態として一般的なのは、半紙型のものを横長に置いて使う竪紙《たてがみ》である。それを二枚以上糊で貼り継いで利用するものを続紙《つぎがみ》という。あるいは竪紙を横半分に折って使えば折紙と称する。竪紙を横または縦方向で切り、その一部を使用するのが切紙である。そのほかにも冊子状の形態を示す帳簿類などもある。これらに書かれた文書のうちには、差出人が実際に受取人に受け渡した正文、その下書きである土代《どだい》・草案、手控えや証拠書類などとして正文を写しておく案文などがある。このような古文書は、その文書の関係者である大寺社・公家・武家などに代々伝わったもの、さらに後に財力のある者などが収集したものが多く残っている。国宝になっている一括の古文書としては、『宝簡集』『続宝簡集』『又続宝簡集』(和歌山金剛峯寺所蔵)、『東大寺文書』(奈良東大寺所蔵)、『東寺百合文書』(京都府所蔵)、『上杉家文書』(山形県米沢市所蔵)、『島津家文書』(東京大学史料編纂所所蔵)などがある。しかし、最近特に注目されているのは、これらとは伝来の仕方が異なる文書である。第一に紙背文書と呼ばれるものがある。すなわち、作成者の意思の伝達などの役割を終えた文書が、その紙の裏の白紙部分に日記や典籍などを書くために利用されたものである。そのため、現状では表に日記や典籍、裏に最初の文書が置かれて装丁されていることが多い。『延喜式』紙背文書(東京国立博物館所蔵)、『医心方』紙背文書(東京国立博物館所蔵)、『日蓮遺文』紙背文書(千葉中山法華経寺所蔵)などがよく知られている。また、障壁画や襖の下張りに廃棄された古文書が大量に残されていることもある。さらには仏像の解体修理の際に、像内から願文《がんもん》や結縁交名《けちえんきょうみょう》などが大量に発見される場合もある。これらはいわば偶然発見された文書であり、代々伝来された文書には見られない内容を多く含むので注目されるわけである。以前は古文書の内容や様式を中心に研究されていたが、最近ではモノとしての古文書の研究あるいは伝来に関する研究が精力的に進められている。特にモノを詳細に観察する際に科学的な方法も駆使され、料紙・筆跡・書式・書体・花押などの研究に多くの成果をあげており、今後の発展が期待されている。

参考文献　佐藤進一『(新版)古文書学入門』、一九九七、法政大学出版局。『(岩波講座)日本通史』別巻三、一九九五、岩波書店。田中稔『中世史料論考』、一九九三、吉川弘文館。

(安達　直哉)

こやぐみ　小屋組　⇩屋根《やね》

こやでら　昆陽寺　兵庫県伊丹市寺本にある高野山真言宗の寺。山号は崑崙山。「こんようじ」ともいい、行基が建立したと伝える。『行基年譜』には、七三一年(天平三)、四十九院の一つ「嶋(崐)陽施院」を建立(摂津国河辺郡山本村)とするが、同年譜の「天平十三年記」には「崐陽布施屋」(河辺郡崐陽里)、『延喜式』雑式には「混陽院」と記す。古代瓦の出土は知られてはいない。現在地は昆陽だが、昆陽と山本の範囲は隣接し、同一施設の可能性もある。「天平十三年記」によれば、行基は山本里の伊丹台地上に、灌漑用と考えられる池五所と溝二条を設けた。その一つ崐陽上池は昆陽寺に隣接する現在の昆陽池を指す。長さ千二百丈の崐陽上溝は四キロ離れた長尾山丘陵から昆陽池に注ぎ込む現在の天神川に比定される。開発された水田は、『日本後紀』弘仁三年(八一二)八月癸丑条にみえる田百五十町となり、身寄りのない人々を養った。昆陽施院などは開発と福祉の事業拠点でもあった。山門と観音堂は県指定有形文化財。

参考文献　『伊丹市史』二、一九六九。坂井秀弥「行基年譜にみえる摂津国河辺郡山本里の池と溝について」(『続日本紀研究』二〇四、一九七九)。

(坂井　秀弥)

こよみ　暦　暦法とそれに基づく暦本(カレンダーなど)の二義があり、日本語のこよみの語義は細読《こよみ》・日読《かよみ》など諸説ある。暦法は時を把握する技術で、地域ごとに特色ある自然現象を目安とする自然暦がまず生まれた。中国では日付の目安となる月のみちかけと、季節の目安となる太陽の位置変化(節気)とを閏月で調整して一年十二月とする太陰太陽暦が成立する。さらに漢の太初暦《たいしょれき》以降は儒教神秘主義と結びつき、複雑な暦注が生まれた。その後より精確な天象の把握(その目安が日月食予報の精度)を目指して、しばしば改暦(暦法の変更)が行われた。これは中国皇帝が天子として、天体観測により民に時間を授ける観象授時を義務とするためで、共通の暦日使用は支配の根幹に関わり、日本でも政治権力と授時権の関係が問題となる。また暦日は暦法の違いなどと関わらせることで、史料の真偽や成立過程を知る恰好の手がかりにもなる。倭人社会は三世紀の邪馬台国が「其の俗正歳四時を知らず、但し春耕秋収を記して年紀となす」(『魏略《ぎりゃく》』)という自然暦段階であった。中国暦はヤマト政権が四七一年以前に採用したことが稲荷山古墳出土鉄剣銘よりわかり、百済経由で入った宋の元嘉暦《げんかれき》法を使ったと推測される。中国暦の社会への普及は検討課題である。その後の毎年の暦は百済派遣の暦博士が作り、『日本書紀』推古天皇十年(六〇二)十月条に陽胡史祖玉陳《やごのふひとのおやたまふる》が百済僧観勒《かんろく》から暦法を習得したとあるので、以後は独自に制作したの

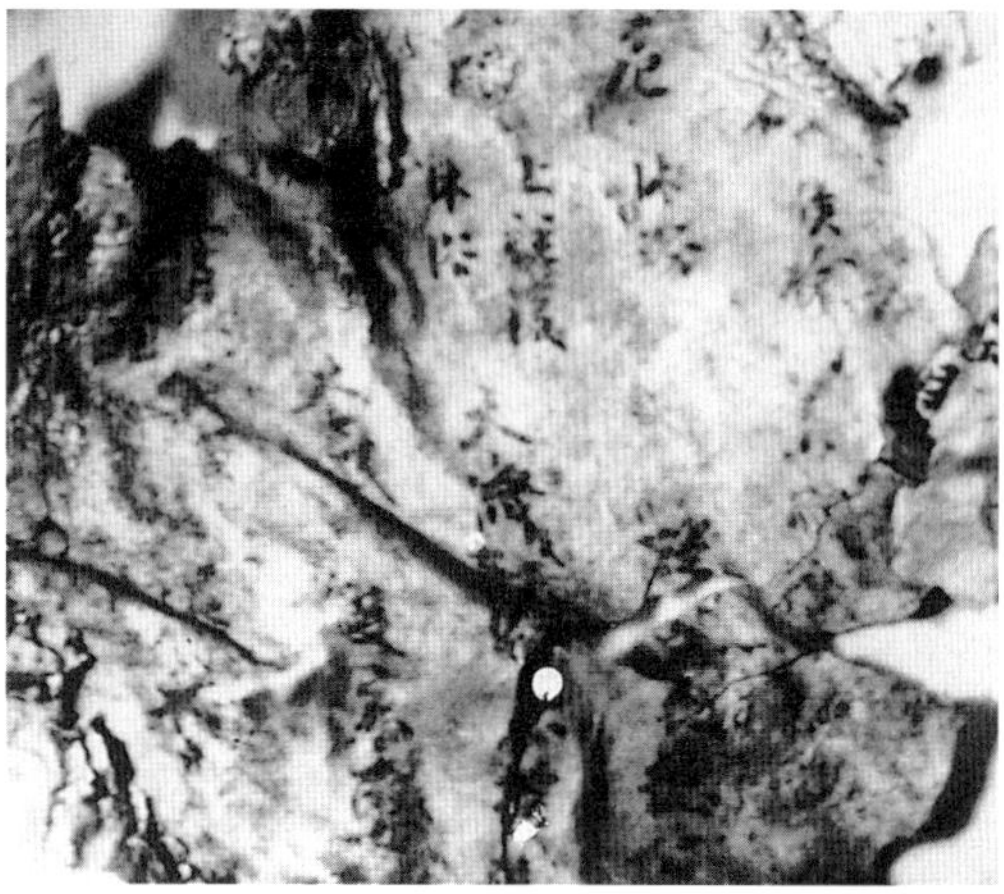

延暦二十二年具注暦（岩手県胆沢城跡出土漆紙文書）

明応六年七曜暦（写本）

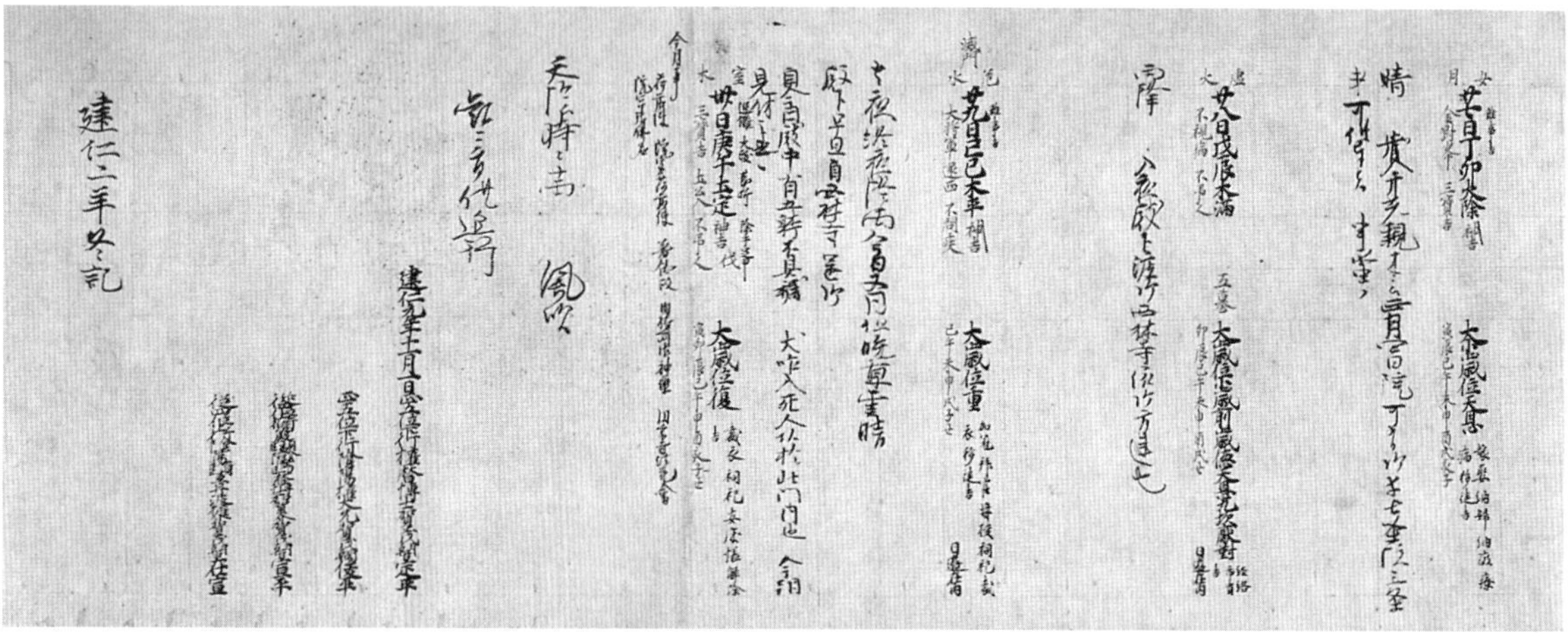

建仁二年具注暦（『猪隈関白記』）

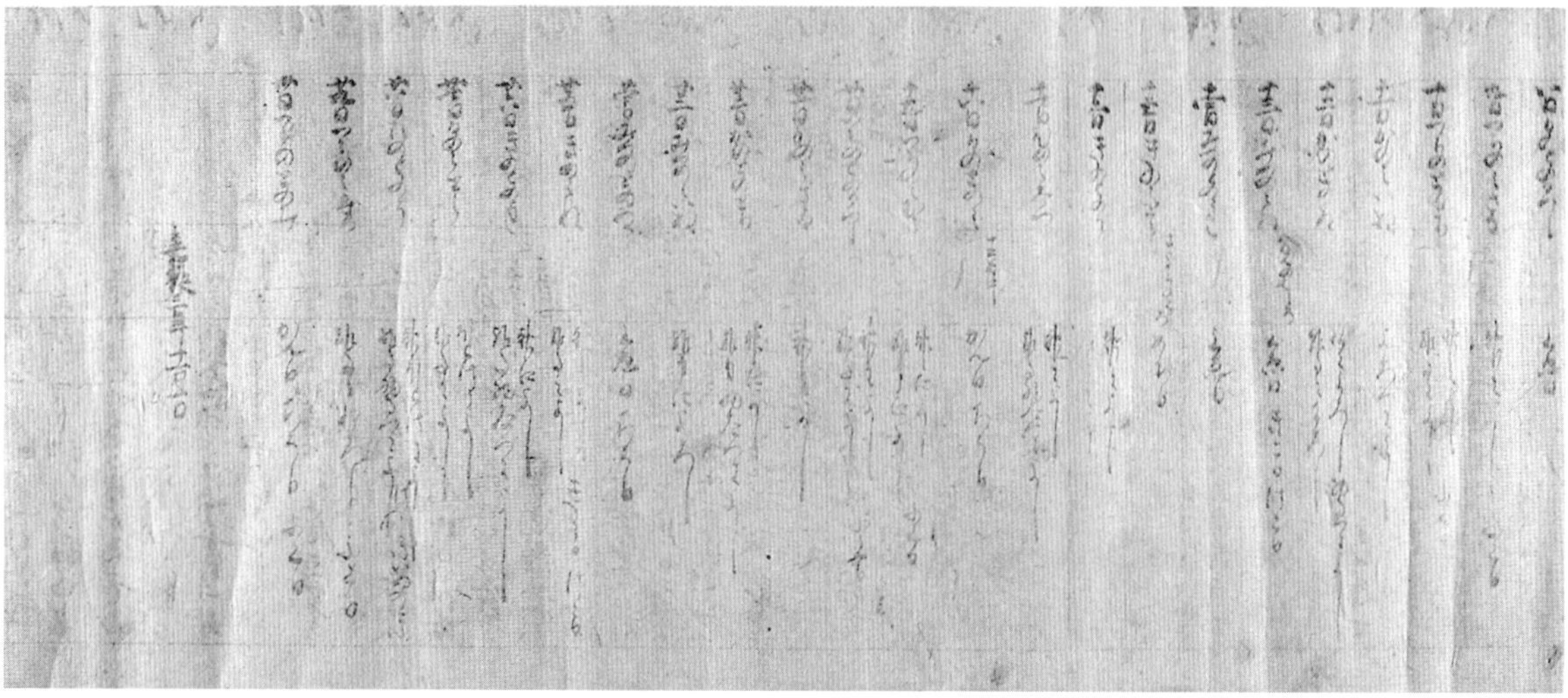

安貞二年仮名暦（『民経記』紙背）

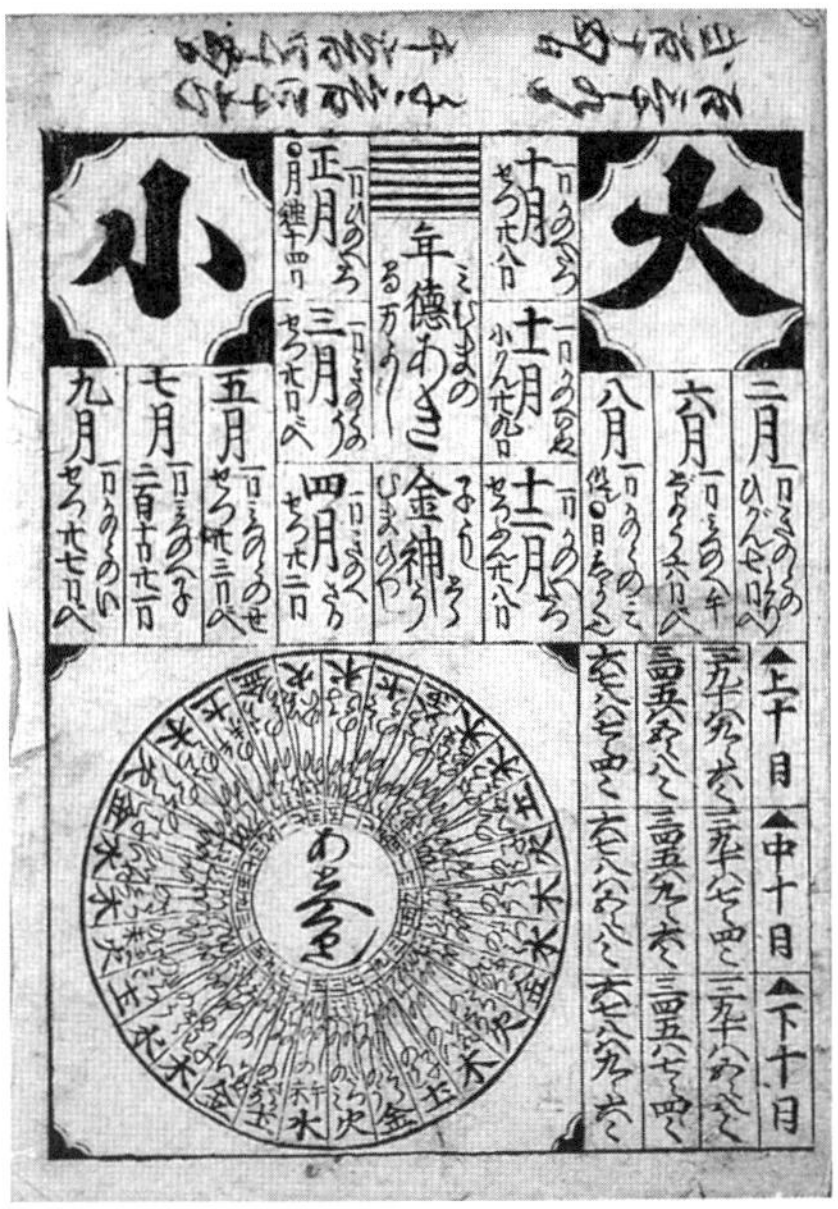

延宝九年江戸暦

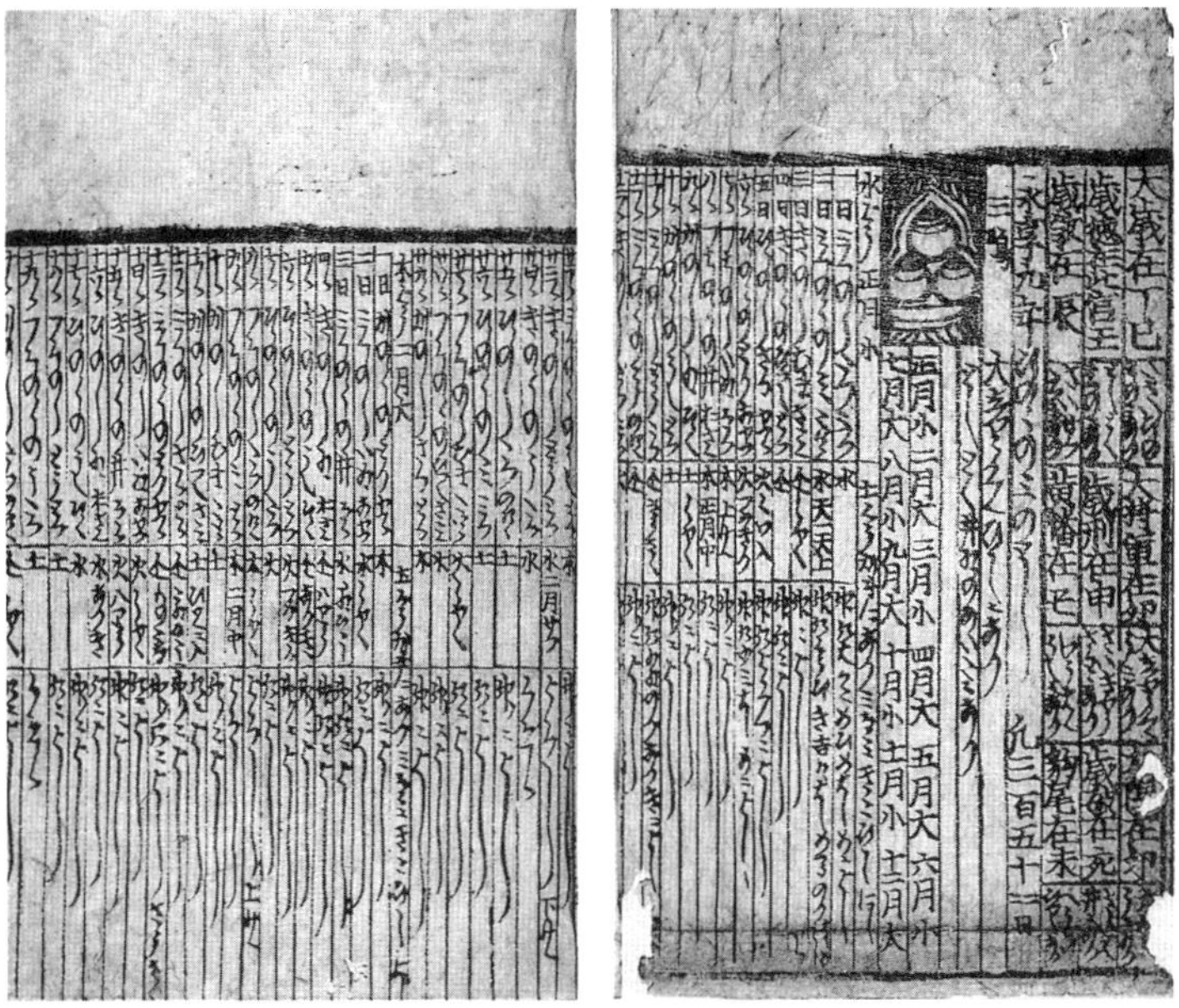

永亨九年三島暦版暦（『周易』見返）

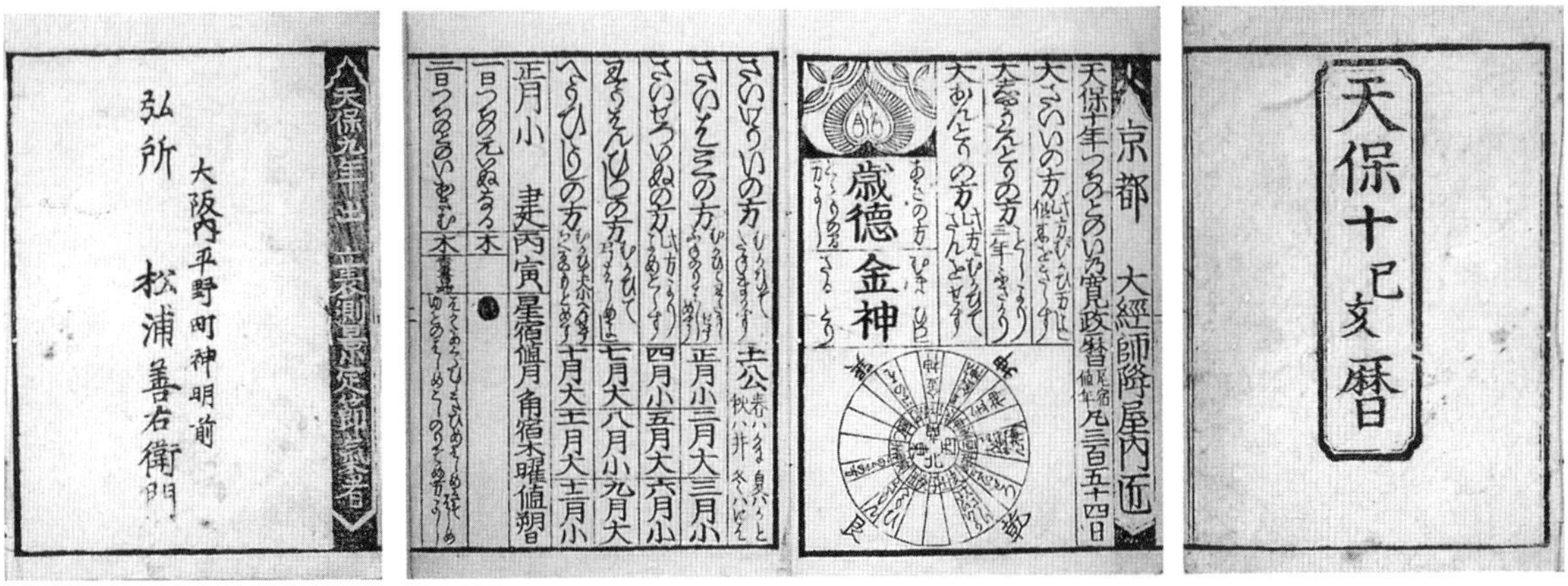

天保十年大経師暦（大坂松浦版）

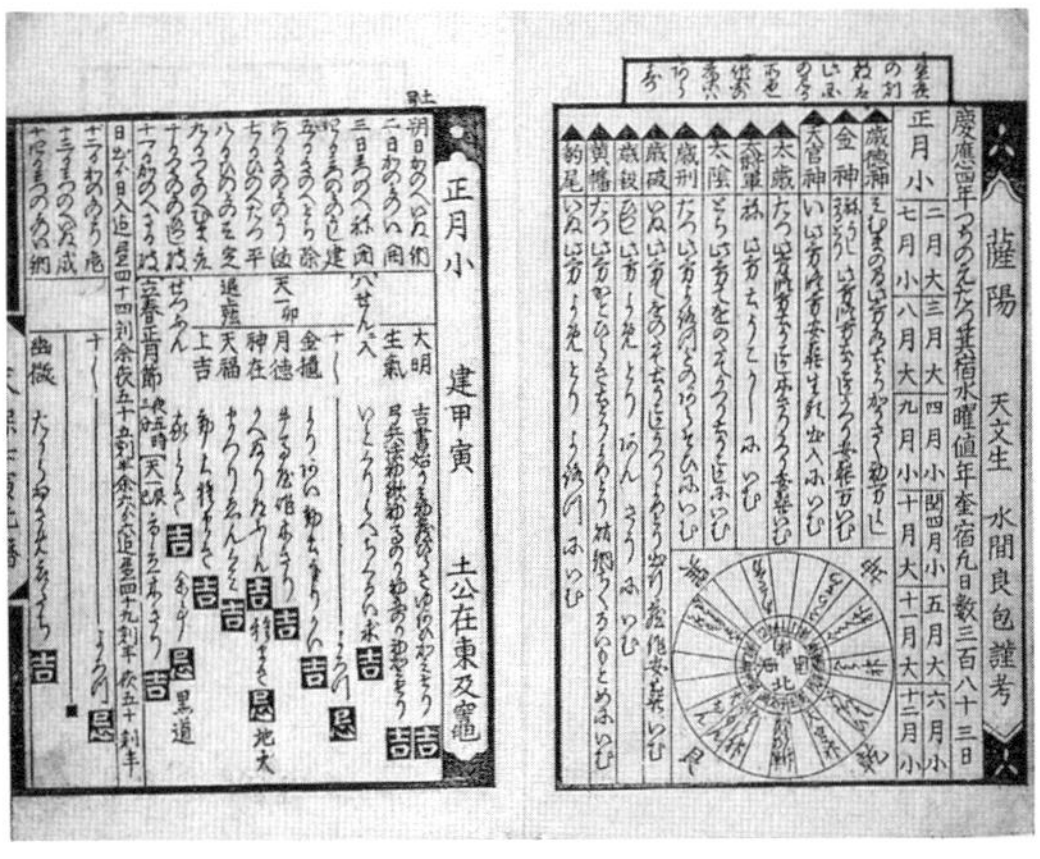

慶応四年薩摩暦

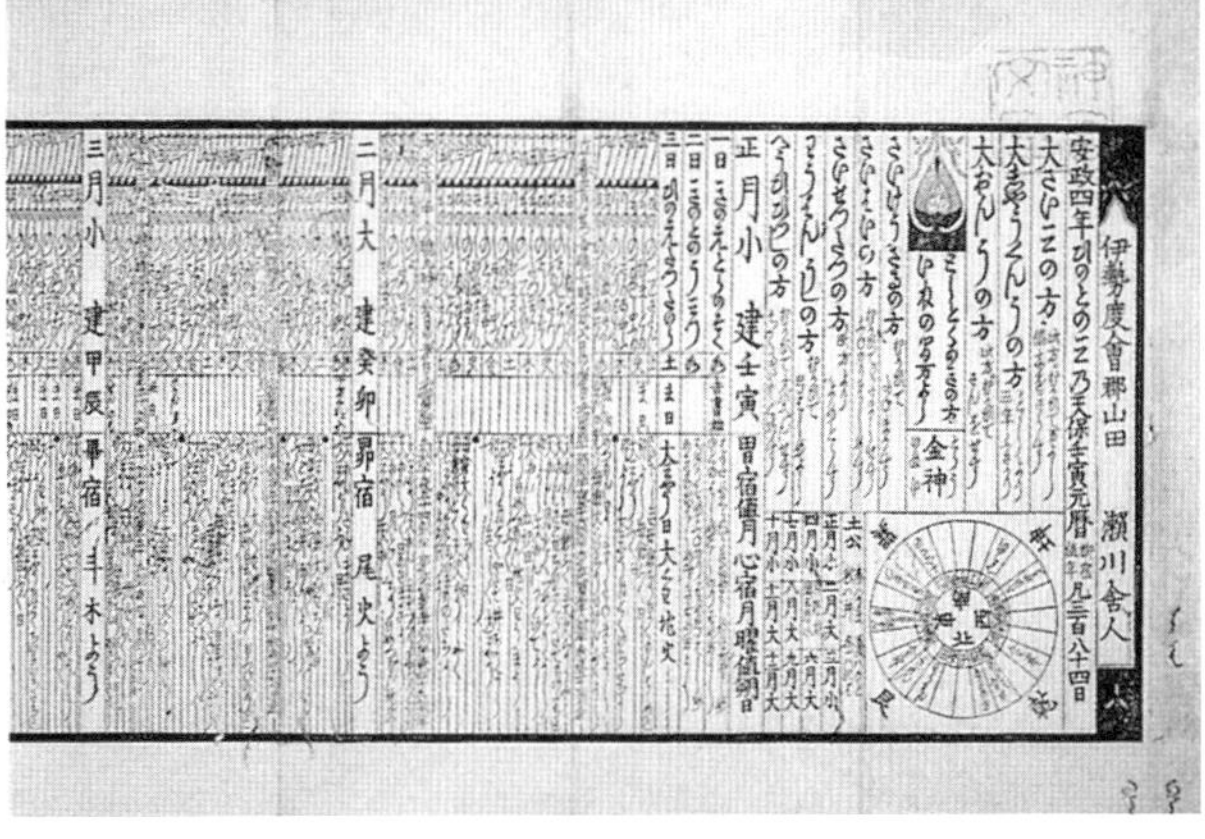

安政四年伊勢暦

日本における行用暦一覧

名　称	制作者	行用開始年	備　考
元　嘉　暦	何　承　天	691年(持統天皇5)以前	
儀　鳳　暦	李　淳　風	696年(同10)か	日食計算は691年から
大　衍　暦	一　　行	764年(天平宝字8)	
五　紀　暦	郭　献　之	858年(天安2)	大衍暦と併用
宣　明　暦	徐　　昂	862年(貞観4)	
(符　天　暦)	曹　士　蔿	957年(天徳元)	将来、改暦手続きのないまま宣明暦と併用
貞　享　暦	渋川春海	1685年(貞享2)	
宝　暦　暦	安倍泰邦ら	1755年(宝暦5)	
寛　政　暦	高橋至時ら	1798年(寛政10)	
天　保　暦	渋川景佑ら	1844年(弘化元)	
グレゴリオ暦		1873年(明治6)	

だろう。律令国家では毎年具注暦《ぐちゅうれき》(暦注つきの日常使用暦)・七曜暦《しちようれき》(日月五惑星の位置を記した天体暦)が、八十二年ごとに中星暦《ちゅうせいれき》(歳差補正用)が、暦博士の推算に基づいて陰陽寮で作られ、具注暦は諸官司に頒布されて天皇の授時権を象徴した。『日本書紀』天武天皇四年(六七五)四月庚寅(十七日)条の漁猟制限は全国共通暦の使用を前提としており、このころ頒暦制度が確立したのだろう。七世紀末の儀鳳暦《ぎほうれき》採用より定朔法が、また七六二年(天平宝字七)採用の大衍暦《だいえいれき》、八六一年(貞観三)の宣明暦《せんみょうれき》では進朔法が取り入れられた。なお儀鳳暦、大衍暦への改暦は唐の現行暦法を採用しようとしたもので、天皇が唐皇帝の授時権=治天下を受け入れたものとの評価がある(細井説)。

律令国家の変質とともに十世紀末に頒暦制度は形骸化し、改暦も途絶する。この結果ながらく宣明暦法を基本に符《ふ》天暦《てんれき》法で補正を加えて、年々の暦が作られた。また暦算には造暦宣旨を受けた者が加わり、暦道と称されて陰陽師が兼担したが、十―十一世紀には密教系占星術師の宿《すく》曜師《ようじ》も造暦に関わった。十一世紀後半になると賀茂氏が、正権暦博士と造暦宣旨を独占世襲して暦道を支配する。このため従来は暦算技術が停滞したとされたが、むしろ相対的に向上するとの細井の見解がある。十四世紀以降は三島暦《みしまごよみ》をはじめ、宣明暦法を基に独自の暦が各地で作られ、地域間での暦日の不一致が起こる。またキリシタンは太陽暦をも使用した。一方元《げん》では一二八〇年(至元十七)に中国天文学の到達点とされる授時暦《じゅじれき》が登場し、続く明も同暦を改訂した大統暦《だいとうれき》を使った。このため日本でも授時暦研究が行われ、渋川春海《しぶかわはるみ》は中国と日本の里差(経度差)を考慮し、近日点黄経の誤りを正して貞享暦《じょうきょうれき》を作った。同暦は一六八五年(貞享二)から施行され、暦は江戸幕府権力を背景に薩摩を除き全国で統一された。その後の改暦は幕府三大改革に対応しており、両者を結びつける渡邊らの見解がある。なお最後の天保暦《てんぽうれき》は従来の平気に対して実際の太陽の黄道位置による定気を採用したため、置閏法の原則(気のない月を自動的に閏月とする)を崩すこととなった。暦道は十六世紀後半に勘解由小路家《かでのこうじけ》(賀茂氏)が断絶し、その後土御門《つちみかど》家(安倍氏)の所管となる。土御門家は暦注を付ける幸徳井《こうとくい》家(賀茂氏)、実際の暦算を行う幕府天文方を門下生とし、また諸国の暦販売者を支配した。しかし寛政暦以後は西洋天文学の導入もあり、天文方が改暦の主導権を握る。一八七三年(明治六)より明治政府は欧米のグレゴリオ暦を範に太陽暦を採用し、従来の暦注は迷信として廃止され、暦には国家神道関係の祭日が載せられた。しかし旧来型の暦(おばけ暦)もしきりに出回った。暦原稿は一八八八年より東京天文台の作成となり、また一八八三年から伊勢神宮司庁発行となる。第二次大戦後は暦出版は自由となった。なお現在出回る「旧暦」は天保暦を変型させたものである。↓儀《ぎ》鳳暦《ほうれき》　↓具注暦《ぐちゅうれき》　↓元嘉暦《げんかれき》

参考文献　内田正男『日本暦日原典』、一九七五、雄山閣。渡邊敏夫『近世日本天文学史』、一九八六・八七、恒星社厚生閣。桃裕行『暦法の研究』(『桃裕行著作集』七・八、一九九〇、思文閣出版)。岡田芳朗『明治改暦』、一九九四、大修館書店。山下克明『平安時代の宗教文化と陰陽道』、一九九六、岩田書院。暦の会編『暦の百科事典(二〇〇〇年版)』、一九九九、本の友社。細井浩志「時間・暦と天皇」(網野善彦他編『岩波講座天皇と王権を考える』八所収、二〇〇二、岩波書店)。

(細井　浩志)

ごりょう　御陵　⇩陵墓《りょうぼ》

ごりょうかく　五稜郭　蘭学者武田《たけだ》斐三郎《あやさぶろう》成章《なりあき》がフランスの要塞図を参考に設計した、五稜星の形態を呈する日本最古の洋式城郭。北海道函館市東雲所在。江戸幕府は、一八五四年(安政元)日米和親条約によって開港した箱館を始めとする北辺の警備のために、箱館奉行を置いた。五稜郭は、その奉行所として一八五七年に着工、一八六四年(元治元)に完成し箱館奉行が移転した。一八六七年(慶応三)の大政奉還後、維新政府に引き渡された。一八六八年(明治元)函館戦争に際して、榎本武揚《えのもとたけあき》率いる旧幕府軍の拠点となったが、翌年明治政府軍が回復した。一八七一年に郭内の庁舎は解体され、兵糧庫のみが現存している。西北と東北に門を設け、南西の追手門外に半月堡とよばれる三角形の張出しを築き、周囲に亀田川の水を引いた堀と石垣・土塁をめぐらせている。一九二二年(大正十一)国指定史跡、一九二九年(昭和四)一部追加指定、一九五二年国指定特別史跡。史跡指定範囲は約二五万平方㌔。史跡整備事業として奉行所建物跡などが発掘調査され、復元作業が行われている。

資料館　市立函館博物館(北海道函館市)

参考文献　函館市教育委員会『特別史跡五稜郭跡　箱

館奉行所跡発掘調査報告書』、一九八〇・二〇〇六。『日本城郭大系』一、一九八〇、新人物往来社。（越田賢一郎）

ごりんとう　五輪塔　塔婆の一形態。宝塔を原型とし、密教思想と浄土思想の融合のなかで十二世紀に成立する。加工された石材を組み合わせて造られる場合が一般的である。下方より方形の地輪、球形の水輪、三角形の火輪、半球形の風輪、宝珠形の空輪からなる。各輪には万物の五大要素をあらわす梵字を刻む例が多く、塔の形は胎蔵界大日如来を表現しているとされる。石造五輪塔の最古とされるものは、岩手県平泉町中尊寺境内の釈尊院にある仁安四年（一一六九）銘である。十二世紀から十三世紀前半の確認例は極めて少なく、十三世紀後半から増加しはじめる。その分布は東国よりも西国の近畿、九州に多く造立されている。十三世紀後半から十四世紀の盛行時には比較的大型品が見られるが、時代がさがるとともに小型化する。特に中世後半の西国では一石五輪塔が多く見られる。五輪塔造立の目的は、主に追善供養や逆修供養のために、墓標としての類例も多い。神奈川県鎌倉市極楽寺の忍性塔、長野県飯田市文永寺の石室五輪塔は塔下から陶製の骨蔵器が確認されている。福岡県白岩西遺跡では、陶製の五輪塔が出土しているが、五輪塔自体が骨蔵器として使用されたと思われる。鎌倉などの都市遺跡においては、様々な場所から泥塔・水晶塔・金銅塔・木製五輪塔など出土しており、機能の多様さが想定される。石製の多くは、中世墓地などで確認されることが多いが、井戸や堀などに廃棄されたもの、石垣の一部、築堤の護岸、井戸の側石などに転用された出土例も多い。五輪塔の型式や分布の研究、石材の産地同定を通して、製作手法や製作者の検討、生産と流通の検討も進められている。重源が創出した三角五輪塔は、特定の集団が特定型式の五輪塔を造塔する最初の例とされ、高野山に多数分布する三角五輪塔の特徴を持つ噛合式の五輪塔は、東大寺復興後の重源系石工集団の存在が想定されている。また、石塔の拡散、受容の思想的背景には、西大寺系律宗などが重要な役割を担ったとされる。

参考文献　藪田嘉一郎編『五輪塔の起源』、一九八二、綜芸社。狭川真一「高野山西南院の五輪塔」（『古代研究』二二、一九八二、元興寺文化財研究所）。
（浅野　晴樹）

文永寺五輪塔

釈尊院五輪塔

これはりじょう　伊治城　律令政府が七六七年（神護景雲元）に蝦夷支配の拠点として陸奥国内陸部に造営した城柵。『続日本紀』神護景雲元年十月辛卯（十五日）条に「見陸奥国所奏、即知伊治城作了、自始至畢、不満三旬」とあるのが初見で、造営年代や造営期間が明確な数少ない城柵の一つである。造営後間もなく伊治城を核として栗原郡が建郡され、七八〇年（宝亀十一）には覚鱉城造営のために伊治城に来ていた按察使参議紀広純らが蝦夷出身の上治郡大領伊治公呰麻呂《あざまろ》に殺害されるという、政府と蝦夷の軋轢を示す大事件の舞台となっている。『日本後紀』には七九六年（延暦十五）に伊治城と玉造塞の中間に駅を置いたことや、板東諸国などの住民九千人を伊治城に移住させたことがみえ、これを最後に伊治城は文献から姿を消す。また「伊治」の読みは、多賀城政庁跡から出土した「此治城」の漆紙文書により「これはり」と推測されている。遺跡は宮城県栗原市築館字城生野《じょうの》に所在する。規模は南北約九〇〇《メートル》、東西約七〇〇《メートル》で、土塁と大溝で不整五角形に区画され、主に兵士などの居住域として機能していた外郭、築地塀でやや歪んだ長方形に区画され、実務官衙域として機能していた内郭、築地塀により長方形に区画され、内部に正殿と両脇殿が南に開くコの字形に配置された典型的な儀式空間の構造をとる政庁の三重構造をなす。建物群には三時期の変遷がみられ、第II期の建物群は七八〇年の伊治公呰麻呂の事件によるとみられる火災により焼失している。また、外郭出土の弩は、文献にたびたび記載のある陸奥国や鎮守府に配置された弩師の存在を裏付けるだけでなく、この時期のものとしては中国にも類例のない貴重な資料として注目されている。東北地方における古代律令体制の成立や官衙の構造などを具体的に知る上で極めて重要であることから、二〇〇三年（平成十五）に内郭地区一帯が国史跡に指定さ

伊治城　竪穴住居跡出土の青銅製弩機

れた。

［参考文献］ 宮城県多賀城跡調査研究所編『伊治城跡』Ⅰ―Ⅲ（『多賀城関連遺跡発掘調査報告書』Ⅲ―Ⅴ、一九七八–八〇）。築館町教育委員会編『伊治城跡』（『築館町文化財調査報告書』一―一三、一九六八–二〇〇〇）。（白鳥　良一）

ころもがわのせき　衣川関　古代末期、奥六郡（北上盆地の伊沢・和賀・江刺・稗抜・志波・岩手郡）とその南の陸奥国府領境にあった関。衣川柵とも。奥六郡は在地の安倍氏が支配しており、安倍氏が衣川の南に進出したことが前九年合戦の遠因とされる。藤原明衡《あきひら》の著作といわれる『陸奥話記《むつわき》』によると、合戦の勃発時に安倍側が「一丸の泥」をもって衣川関をかため、また最終段階の一〇六二年（康平五）にはこの隘跡嶮岨な関を守り、源頼義軍に死傷者九十名を出させたとあり、安倍側の重要な軍事拠点となっていた。『吾妻鏡』文治五年（一一八九）九月二十七日条には土塁や礎石、屋敷などがあって、一族郎党が集住し安倍氏の本拠地のように記されるが、疑問。擬定地は岩手県西磐井郡平泉町中尊寺付近から胆沢郡衣川村を流れる衣川・北俣川流域にあるも、発掘調査では未確認。↓厨川柵《くりやがわのさく》　↓鳥海柵《とのみのさく》

［参考文献］ 前川佳代「『衣のたて』と『衣河館』」（伊達先生古稀記念論集編集委員会編『古文化論叢』所収、一九九七）。菅野成寛「奥六郡の関と津」（蝦夷研究会編『古代蝦夷と律令国家』所収、二〇〇四、高志書院）。（八木　光則）

ごんがいせき　恒川遺跡　主として弥生時代中期末から平安時代に及ぶ継続性の高い集落遺跡で、古墳時代には政治性の強い集落の様相を呈し、奈良時代には伊那郡衙としての性格を持つ遺跡。長野県飯田市座光寺に所在する。当遺跡は、早くから土器・石器の多量に出土する場所として知られ、一九五二年（昭和二十七）・六六年の発掘調査により、弥生時代中末期の恒川式土器としての土器形式の設定がなされ、一九七三年には隣接する池田遺跡で弥生時代中期から平安時代に至る住居跡、大量の遺物が出土し、当遺跡周辺に集落遺跡が広範に広がることがわかった。当遺跡の本格的発掘調査は、一九七六―八二年、国道一五三号座光寺バイパスに先立ち飯田市教育委員会により実施されたものである。その結果、弥生時代から近世に至る住居跡、掘立柱建物跡、溝跡などの遺構および各時代の多量の遺物が出土し、きわめて重要な遺跡であることが判明した。弥生時代以来連続する遺構のうち、特に奈良時代では、和同開珎銀銭や木簡、地方官衙の所在を推測できる掘立柱建物群の存在が注目された。その後、一九八三年から二〇〇二年（平成十四）まで、飯田市教育委員会で範囲確認調査を継続実施し、恒川遺跡群は、飯田市座光寺の低位段丘面に立地する縄文時代以降の複合遺跡であることが判明した。特に古代では、竪穴住居跡・掘立柱建物跡・溝跡などが調査され、県宝「和同開珎銀銭」をはじめ、円面硯・二彩陶器・緑釉陶器・瓦・墨書土器などの遺物が出土し、古代伊那郡家跡に位置づけられている。ただし、正倉域は確定したが、正庁域は未確認である。出土した遺物は飯田市考古資料館・飯田市美術博物館で保管している。

［資料館］ 飯田市考古資料館（長野県飯田市）・飯田市美術博物館（同）

［参考文献］ 飯田市教育委員会編『恒川遺跡群―一般国道一五三号座光寺バイパス用地内埋蔵文化財発掘調査報告―』、一九八六。同編『恒川遺跡―田中・倉垣外地籍―』、一九八八。同編『恒川遺跡―田中・倉垣外地籍―』、一九九一。同編『恒川遺跡群新屋敷遺跡』、一九九一。同編『恒川遺跡群新屋敷遺跡』、一九九八。同編『恒川遺跡群―田中・倉垣外地籍―』、二〇〇三。同編『恒川遺跡群―新屋敷・薬師垣外・阿弥陀垣外地籍―』、二〇〇三。（福島　正樹）

ごんげんづくり　権現造　神社建築形式の一つで、本殿と拝殿を並立し、その間を棟が直行する石の間でつないだ社殿形式。平安時代、北野天満宮において成立したと考えられている。権現造の呼称が定着したのは江戸時代末期ごろとされ、それまでは石の間造、八棟造、堂社造などと呼ばれた。この神社建築形式は、屋根が複雑で豪華な意匠を呈することから、一五九九年（慶長四）豊臣秀吉を祀る豊国廟《ほうこくびょう》、一六一六年（元和二）徳川家康を祀る久能山東照宮などの霊廟建築に多く用いられた。霊廟以外では、一六〇七年（慶長十二）建立の大崎八幡宮社殿（宮城）などがある。十七世紀初頭の北野天満宮社殿では、石の間を土間とするが、久能山東照宮以降は板敷とし、次第に石の間の幅を狭めて「工」字型への平面へと変化する。

［参考文献］ 村上訊一『霊廟建築』（『日本の美術』二九五、一九九〇、至文堂）。（村田　健一）

ごんげんどういせき　権現堂遺跡　泥塔を焼成したと考えられる仏教遺跡。山梨県南巨摩郡増穂《ますほ》町春米《つきよね》の南山（権現堂山）中腹に所在し、一九八五年（昭和六十）―八八年に発掘調査された。遺構は約三五平方メートルの焼土化した平坦面と、そこから東側に向けて落ちる傾斜面で構成され、平坦面下からは炭化物が詰まった楕円形の土坑が検出された。泥塔はすべて破損した状態で傾斜面を中心に出土し、破片点数は約千二百点、五百基分ほどにのぼる。

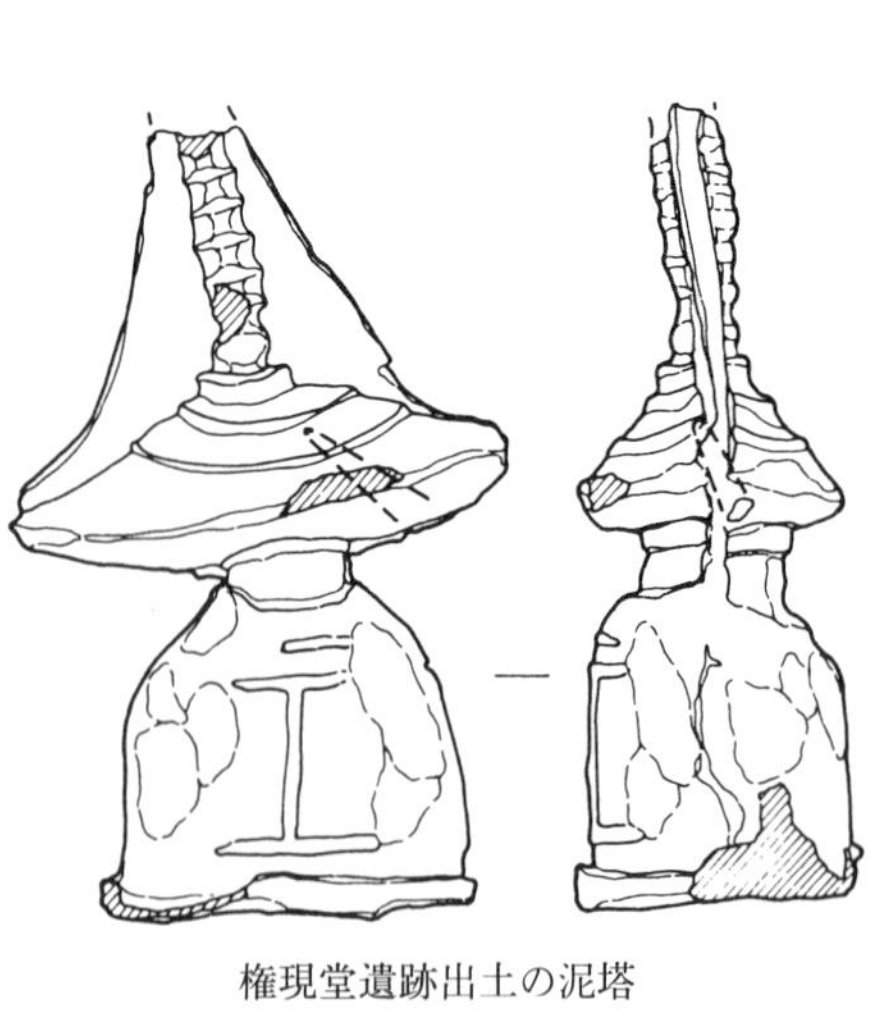

権現堂遺跡出土の泥塔

この状況から平坦面で泥塔を焼成し、破損品の多くを傾斜面に掻き落としたと考えられる。泥塔は宝塔形で高さ一一～一二センチを測り、二枚の型で成形された後、素焼きされていた。鉄製品と土器類が伴出し、土器の形態から十一世紀代に営まれた遺跡と推定される。一帯は七七〇年(宝亀元)、儀丹行円によって創建されたと伝わる真言宗明王《みょうおう》寺の寺域であり、同寺との関係が指摘されている。

↓泥塔《でいとう》

参考文献　権現堂遺跡発掘調査会編『権現堂遺跡―山梨県南巨摩郡増穂町―』、一九六九、増穂町教育委員会。

(畑　大介)

ごんげんやまはいじ　権現山廃寺　常陸国真壁郡にあった奈良・平安時代の寺院跡。茨城県桜川市真壁町山尾に所在。寺院跡は筑波山麓から約一・五キロ西方の権現山の中腹、標高二六三メートル付近に位置している。伽藍は、南に中門跡、それを軸線として北方向に建物が配置されている。軸線の東側には塔跡、西側には金堂跡、軸線上の北側には講堂跡が見られ、法起寺式の伽藍配置を持つ。講堂の西側には三ヵ所に礎石群がみられ、鐘楼、経蔵跡などが考えられる。塔跡は一辺四、五メートルの基壇で、十六個の礎石と二重の円孔を持つ心礎が配置されている。また、基壇南側には落下した状態で石造露盤がある。金堂跡は、桁行《けたゆき》六・六メートル、梁行《はりゆき》五・一六メートルで三間×三間の規模で十六個の礎石と、中央に須弥壇《しゅみだん》跡と思われる小礫の配置が見られる。講堂跡は桁行一〇・八メートル、梁行九メートルで五間×四間と考えられる。瓦は奈良時代後期から平安時代のもので、真壁郡内にある源法寺廃寺出土の瓦と同文である。

参考文献　真壁町教育委員会編『山尾権現山廃寺現地調査概報』、一九八一。『真壁町史料』考古資料編III、一九八九。

(阿久津　久)

こんごうさん　金剛山　大阪南部と奈良との府県境を画する金剛山地の主峰。山頂部は奈良県御所《ごせ》市にあり三峰のうち最高峰の葛木《かつらぎ》岳は一一二五メートル。同処に葛木神社と金剛山転法輪寺《てんぼうりんじ》が建つ。国指定史跡。本来、金剛山地および和泉山地の全体が葛木(葛城)山と総称され、修験道の聖地として大和川の亀ヶ瀬から和歌山の加太友ヶ島に至る葛木二十八宿の巡拝路が設けられていた。本山はその最高峰だったが、山頂寺院から金剛山との称が生じ、明治期に北隣の戒那《かいな》山(九五九・七メートル)が葛城山と表記されてから現呼称が定着した。したがって諸史料の葛木山とは基本的に本山を指す。ここに住むという一言主《ひとことぬし》神は威力ある山神として記紀に雄略天皇との邂逅の説話を残し、山頂の葛木神社のほか東麓の旧葛下《かつらぎのしも》郡の葛木一言主神社でも祀られている。修験道の開祖役小角《えんのおづの》はこの葛下郡出身で葛木山にて修行した(『続日本紀』)が、『日本霊異記』や『三宝絵詞』には小角が一言主神を圧伏させたという説話もみえる。

参考文献　『大阪府の地名』II(『日本歴史地名大系』二八、一九八六、平凡社)。『大阪府史』二、一九九〇。

(須原　祥二)

こんごうじ　金剛寺　大阪府河内長野市にある真言宗御《お》室《むろ》派の寺院。山号は天野山《あまのさん》。寺伝では聖武天皇の勅願で行基を開基とし、空海の修行地でもあった。平安時代末期に高野山僧阿観《あかん》が後白河法皇と八条女院の帰依を受け伽藍を復興して中興の祖となり、八条女院を本所と仰いで女人禁制の高野山に対し「女人高野」と呼ばれ、大覚寺統と深く結びついた。一三五四年(正平九)から六年間、後村上天皇の行宮が置かれ、都から連行された北朝方の光厳・光明・崇光三上皇の御座所も設けられた。後に長慶天皇も行宮を置いている。室町時代には僧房酒の天野酒が名声を得た。大治二年(一一二七)の奥書を持つ『延喜式』や『延喜式神名帳』、阿観上人持物と伝える剣(いずれも国宝)をはじめ、堂舎・仏像・絵画・什物にわたる多くの指定文化財を有する。『金剛寺文書』(『大日本古文書』家わけ七『金剛寺文書』)は豊富な南朝関係文書を含み、所蔵経疏類の奥書には当該期に関わる多くの記述が残っている。境内は国指定史跡。

参考文献　『大阪府の地名』II(『日本歴史地名大系』二八、一九八六、平凡社)。『大阪府史』二、一九九〇。

(須原　祥二)

こんごうしょ　金剛杵　密教で使用される法具の一つ。梵語で跋折羅《バジュラ》という。その姿は月の世界で兎が餅を搗く杵に似た把《は》と呼ぶ握る部分の両端に鈷《こ》とよぶ鋭い刃をつけたもので、金剛は堅固であることを意味する。もともとはインドの武器であったが、密教では、この利器によって、煩悩の賊を摧破《さいは》し、本有仏性を顕現させることを象徴する。金剛杵は、その鈷の数によって、独鈷杵・三鈷杵・五鈷杵・九鈷杵があり、また鈷にかわり宝珠をつけた宝珠杵、塔をつけた塔杵がある。把は中心に鬼目と呼ぶ丸い突起、あるいは鬼面を表わし、その上下に蓮弁帯を巡らすことが基本である。しかし、弘法大師が唐より請来した五鈷杵は鬼目ではなく、十六面の切子形とし、内一面に舎利を嵌入したと思われる埋め金がある。また、正倉院には扁平で鋭い鈷をもつ鉄三鈷杵と白銅三鈷杵が伝わっており、弘法大師請来の純密以前の雑密期にも用いられたことが知られる。しかし、平安時代以降の金剛杵は、ほとんどが銅製で鍍金を施しており、形態も把は丸く、鈷は元から先へと細くなった鋭いものであったが、鎌倉時代になると鈷は元から先まで同じ太さで、先端だけを尖らせた先鋭感の少ない形式化したものへと変化していった。この金剛杵と金剛鈴をのせる台盤が金剛盤である。金剛盤は弘法大師の請来目録にも記載があり、それに該当する作が東寺に伝存している。

↓金剛鈴《こんごうれい》

(原田　一敏)

こんごうせんじょう　金剛山城　⇨千早城《ちはやじょう》

こんごうぶじ　金剛峯寺　紀伊国伊都郡、現在の和歌山県伊都《いと》郡高野町にある真言宗の根本道場の一つ。八一六年(弘仁七)空海が嵯峨天皇に上表し、修禅の道場の建立地として下賜されたことに始まる。伽藍建立の目的は帰朝の船上で立てた小願成就であり、その建立地に高野山が選ばれたのは密教経論に説く密教修行の地として一番適していたからであった。その伽藍は、南北中心線上に中門・講堂（のちの金堂）・僧房をおき、僧房の東に大塔・西に西塔を配する空海独自の密教理論に基づくものであった。寺名の初出は八三二年（天長九）の万灯万花会の願文であり、『金剛峯楼閣一切瑜伽瑜祇経』に由来する。開創の当初は壇上伽藍だけをいい、平安時代中期からは高野山一山をさしたが、一八六九年（明治二）子院の一つ青巌寺（学侶方）と興山寺（行人方）を統合して金剛峯寺と改称し、高野山真言宗の総本山とし今日に至る。↓高野《こうや》山《さん》　（武内　孝善）

こんごうれい　金剛鈴　密教で使用される法具の一つで金剛杵の片側を鈴としたもの。修法のとき、これを振り鳴らし、仏菩薩を驚覚して歓喜させ、また眠れる仏心を覚醒させるために用いる。金剛杵と同様、鈷の数や形から、独鈷鈴・三鈷鈴・五鈷鈴・九鈷鈴・宝珠鈴・塔鈴がある。鈴部は、紐帯や珠帯のほかは何も表わさない素文鈴、仏像を浮彫風にした仏像鈴、梵字を薄肉陽鋳した種子鈴、仏菩薩の持物や印相でその仏像を象徴的に示す三《さ》昧耶《まや》形を陽鋳した三昧耶鈴などが見られる。このうち、仏像鈴の遺品の多くは中国唐時代から宋時代にかけて請来されたものであるが、日本でこれを模した作はほとんどない。これに対し仏像を示すという意味で多く見られるのは種子鈴で、金剛界では五仏、胎蔵界では四仏を表わしている。三昧耶鈴は遺品がきわめて少なく、金剛峰寺と東京護国寺、大阪高貴寺の三例が知られるほどであり、いずれも四仏の三昧耶形を四方に配している。これらに対し、最も多いのは素文鈴である。弘法大師請来五鈷鈴も、鈴身の肩、腰、裾に二条の紐帯を巡らしただけの素文鈴で、この写しは金剛峰寺、東寺、醍醐寺などに多く残る。素文鈴の場合、平安時代の鈴身の形は撫で肩で、裾にむかって広がっていくが、鎌倉時代では肩が張り、胴は直線的で、裾で急に広がって、立ちあがりを設けるなどの特徴が見られる。↓金剛杵《こんごうしょ》　（原田　一敏）

こんじきどう　金色堂　⇩中尊寺《ちゅうそんじ》

こんじゃくものがたりしゅう　今昔物語集　平安時代後期成立の説話集。序《じょ》・跋《ばつ》を欠くため、編者・成立年代・選集意図は不明だが、内部徴証より十二世紀前半、一一二〇年代ごろの成立と考えられている。全三十一巻。集録説話数は千を越え、現存説話集最大の規模を誇るが、八・十八・二十一の三巻を欠き、欠字・欠文や標題のみで本文を欠く説話も多く、未定稿であった可能性が高い。また、中世ではあまり流布していなかったらしく、広く知られるようになったのは十八世紀後半以降のことである。天竺部（一―五巻）・震旦《しんたん》部（六―十巻）・本朝部（十一―三十一巻）という仏法東漸《ぶっぽうとうぜん》に沿った三部構成をとり、天竺部は全て仏教説話、震旦部・本朝部は仏教説話の後に世俗説話を配するなど、仏教を軸に世俗も含めた全世界を包み込もうとするのがその編集意図であったと推測されているが、そうした構想の枠組みに収まりきらない編者の世俗に対する並々ならない関心の高さも指摘されている。説話の採録範囲は内外の膨大な文献に及んでいるが、実際の編集はそれらを抄約・類集した二次的文献に依拠していたことが明らかにされている。各説話は「今ハ昔、（中略）トナム語リ伝エタルトヤ」と叙述され、文体は宣命書《せんみょうがき》の和漢混淆文で、院政期の語彙を伝えている点でも注目されている。『（新訂増補）国史大系』『日本古典文学大系』『新日本古典文学大系』『日本古典文学全集』『新編日本古典文学全集』『新潮日本古典集成』所収。

参考文献　小峯和明『今昔物語集の形成と構造』、一九六五、笠間書院。安田章編『鈴鹿本今昔物語集―影印と考証』、一九九七、京都大学学術出版会。　（髙橋　典幸）

こんたいじ　金胎寺　真言宗醍醐派に属し、役小角《えんのおづの》開基伝承をもつ修験道の霊場、山岳寺院。京都府相楽郡和束町原山に所在。国指定史跡。京都府東南部、和束町と綴喜郡宇治田原町境にそびえる鷲峯山《じゅぶせん》の山頂付近に位置し、琵琶湖・葛城山・金剛山が望めるなど周囲の眺望に優れ、大峰山に准ずる修験道の行場とされた。奈良時代初頭に泰澄が諸堂を建立したと伝えるが、創建時期は不詳。鎌倉時代末、後醍醐天皇が笠置山へ向かう前に一時立ち寄った。盛時には多数の堂舎があったようだが、一三三一年（元弘元）、一三四〇年（暦応三）南北朝の混乱期に被災、以降再興と焼失を経て次第に衰退した。現在、一二九八年（永仁六）建立の多宝塔と、正安二年（一三〇〇）銘のある宝篋印塔、中国後周の顕徳二年（九五五）銘の銭弘俶八万四千塔、木造弥勒菩薩坐像が重要文化財に指定されている。

参考文献　同志社大学歴史資料館編『鷲峰山・金胎寺とその周辺地域の調査』（『同志社大学歴史資料館調査報告』三、二〇〇三）。　（有井　広幸）

こんどう　金堂　古代寺院における中心施設の一つで、本尊を安置する。わが国最初の本格寺院である飛鳥寺（五八八年（崇峻天皇元）、奈良県高市郡明日香村）では三金堂が仏舎利《ぶっしゃり》を納める塔婆を囲んだ。四天王寺では塔婆の背後に位置し、桁行三間、四面廂である。山田寺金堂は身舎《もや》の柱位置に特徴がある。川原寺《かわはらでら》（明日香村）では塔婆の北と西に中金堂と西金堂の二金堂が置かれた。吉備池廃寺は金堂と塔婆を東西に並置する。七世紀末から八世紀には一金堂で落ち着くが、平城京の興福寺では廻廊を巡らせた中金堂院の東西に東金堂、西金堂を配し、西《さい》大寺《だいじ》（八世紀後半）では弥勒金堂と薬師金堂の二金堂が南北に並置された。密教導入後は金堂以外の呼称も用いられるようになり、平安時代後期には本堂の語も現れる。法隆寺西院金堂（国宝、奈良県生駒郡斑鳩町）が現存最古で、五間の身舎に廂《ひさし》がついた二重の仏堂に、裳階《もこし》を巡らす。東大寺金堂（大仏殿、国宝、一七〇五年（宝永二）再建、奈良市）はわが国最大規模の木造建築である。

参考文献　奈良国立文化財研究所編『飛鳥寺発掘調査

報告』、一九九八。法隆寺国宝保存委員会編『国宝法隆寺金堂修理工事報告』、一九五六‐六二。　（長尾　充）

こんどう　金銅　銅、あるいは青銅の表面だけを金色に装飾したもので、金と銅の合金をさすものではない。日本では、古墳時代から七世紀後半ぐらいまで、金無垢で作られたものは少なく、金色の表面をもっている金工品のほとんどは、表面だけを金色に仕上げた金銅製であった。表面を金色にする技術としては、金の薄板を巻いたり、箔で覆ったりする方法などがあるが、最も重要なのが、水銀と金の合金である金アマルガムを用いた鍍金である。古代の鍍金作業の工程は次のようになる。(一)金アマルガムの作成（水銀に金を溶かし込む）。(二)表面に鍍金を施す銅板の脂分などを除去し、清浄な表面を得る。(三)銅板の表面を梅酢などの塗付により活性化し、金アマルガムの載りをよくする。(四)金アマルガムをできるだけ均一になるように塗付する。(五)金アマルガムを塗付した銅板を火に翳し、熱を加え水銀を気化させる。(六)水銀の気化した後、表面に残る金アマルガム粒子の凹凸を篦磨きによって均す。金アマルガムは五ミクロン程度の大きさの粒子状で、水銀を気化させた(五)の工程だけでは、表面は析出した金アマルガム粒子の織り成す微妙な凹凸のため、艶のない金色を呈する。光輝く金色の表面を得るためには、(六)の篦磨きの工程が必要となる。ちなみに、銅板表面を覆う鍍金層の厚さは大体一〇〜二〇ミクロンである。古代の金銅製品のほとんどは、表面を本体の銅が鍍金層を通って溶出して生じた銅の緑色の緑青サビによって覆われており、本来の金色の表面を見ることができない。最近、表面の緑青サビだけを除去する保存処理法が開発され、製作当初の鍍金表面を表出できるようになり、金銅の表面に残された鍍金の技術を探ることが可能となった。金銅の表面に刻まれた鏨彫の文様もはっきりと確認できるようになった。　↓鍍金《ときん》

参考文献　村上隆『金工技術』（『日本の美術』四四三、二〇〇三、至文堂）。　（村上　隆）

こんどうじゅうぞう　近藤重蔵　一七七一－一八二九　近世後期幕臣、書誌学・漢学者、北方探検家。諱は守重、号は正斎・昇天真人など。父守知は幕府先手与力。一七七一年（明和八）江戸に生まれる。父守知は幕府先手与力。一七八九年（寛政元）先手与力見習、翌年家督を継ぎ、先手与力。一七九四年学問吟味において最優等の成績をとり、翌年長崎奉行手附出役。一七九七年支配勘定、関東郡代附出役。一七九八年松前蝦夷地御用取扱となり、以後一八〇七年（文化四）までに計四回蝦夷地へ派遣され、樺太から千島列島までを調査を行う。エトロフ島では「大日本恵土呂府」の標柱を立てる。一八〇八年書物奉行、一八一九年（文政二）大坂弓奉行となるが、不行跡により一八二一年小普請入り。一八二六年長男富蔵の殺傷事件に連座し、近江大溝藩に預りとなり、一八二九年六月十六日現地で死去。五十九歳。墓所は滋賀県高島市瑞雪院と駒込西善寺にある。外交文書集『外蕃通書』、法令集『憲教類典』をはじめ漢学に至る幅広い著作がある。東京大学史料編纂所編『近藤重蔵蝦夷地関係史料』全四巻（『大日本近世史料』、一九八四‐九三、東京大学出版会）、『近藤正斎全集』全三巻（一九〇五‐〇六、国書刊行会）が刊行されている。

参考文献　森潤三郎『紅葉山文庫と書物奉行』、一九七八、臨川書店。　（木村　直樹）

こんぶいん　興福院　浄土宗の尼寺。現在は奈良市法蓮町に所在。「こうふくいん」ともいう。平安時代から中世の縁起などでは、創建は、藤原広嗣の妻の輪立氏が七七〇年（宝亀元）に建立したとも、一説に、藤原百川が建立したともいう。また、藤原良継が創建した興法寺は弘福院・弘文院とも呼び、それが興福院であるとも推定されている。いずれも、藤原氏の式家が建立した寺院ということになる。一方寺伝では、天平勝宝年間（七四九－五七）に和気清麻呂が創建した弘文院に始まるとする。元来の本尊は金銅の薬師三尊で、旧寺地は奈良市尼ヶ辻（旧添下郡興福院村）付近と想定されている。一時衰退したが、天正年中（一五七三－九二）に豊臣秀長の庇護により二百石の寺領を賜り、その後寛永年中（一六二四－四四）に徳川家光により旧領を安堵された。そして一六六五年（寛文五）に徳川家綱より現在の寺地を与えられ、現在地に移転したものである。現在は木心乾漆阿弥陀三尊像（奈良時代後期、重要文化財）を本尊とし、阿弥陀二十五菩薩来迎図（鎌倉時代、重要文化財）、万葉集の注釈書である『古葉略類聚抄』（鎌倉時代、重要文化財）などを所有している。

参考文献　福山敏男「興福院」（『日本建築史研究』続所収、一九七一、墨水書房）。八田達男「興福院創建期の本尊と薬師寺講堂薬師三尊像」（『霊験寺院と神仏習合』所収、二〇〇三、岩田書院）。松原智美「興福院の創立と沿革」（『風土と文化』二、二〇〇一）。　（吉川　聡）

こんろう　軒廊　宮殿建築や寝殿造住宅において、大型の建物と建物の間をつなぐ、すなわち軒をつなぐ屋根付きの渡り廊下のこと。通常は、大型の建物それぞれと垂直に接続して建物間をつなぐが、屋根は廊下部分で独立しており、廊下の屋根先端は大型建物の軒下に納まる。ちなみに廊下自体は大抵、吹き放ちで切妻屋根である。現存建物ではないが、俊乗房重源《しゅんじょうぼうちょうげん》の作善を列記した『南《な》無阿弥陀仏作善集《むあみだぶつさぜんしゅう》』によれば、鎌倉時代の東大寺大仏殿に関して、大仏殿の両脇にのびて回廊とつながる廊下を「軒廊《コンラウ》」と記している。なお、鎌倉時代ではなく創建当初の大仏殿であるが、『信貴山縁起《しぎさんえんぎ》』には大仏殿と独立して両脇の軒下に納まる軒廊が描かれている。また、『大内裏《だいだいり》図考証《ずこうしょう》』には、内裏の紫宸殿《ししんでん》東階と宜陽《ぎよう》殿をつなぐ廊下も軒廊と記されており、『年中行事絵巻』には平安宮大極《だいごく》殿《でん》と背後の小安殿《こあどの》をつなぐ軒廊が描かれている。　↓回《かい》廊《ろう》

参考文献　古代学協会・古代学研究所編『平安京提要』、一九九四、角川書店。　（平澤麻衣子）

さ

ざ　座　中世において、朝廷や寺社などの「本所」から特権を与えられて活動した商工業者の組織。中世商人は当初、神人・寄人・供御人などとして寺社や天皇と結びつき、関渡津泊の自由通行権や国家的課役の免除などの特権を得た。こうした神人や供御人の下位組織として、神事・貢納品の種類によって構成員を区別するため形成されたのが「座」である。「座」は中世後期になると、神人・供御人の下位組織としての性格を脱して商人の主要な組織形態となり、神人・供御人などの称号を持たない商人も「座」を形成するようになった。戦国時代には、城下町や定期市への商人誘致策をすすめる戦国大名によって、楽市楽座政策が打ち出され、豊臣秀吉が天下統一を果たすと、京都・奈良を含む各地の座が撤廃された。

参考文献　脇田晴子『日本中世商業発達史の研究』、一九六九、御茶の水書房。桜井英治「中世・近世の商人」(桜井英治・中西聡編『流通経済史』所収、二〇〇二、山川出版社)。

(三枝　暁子)

さい　賽　遊戯や博打で用いる具。角・象牙・木などの小形の立方体で、その六面に、一～六の点を記す。采とも記し、接尾語をつけて一般に賽子という。起源は古代エジプトともメソポタミアともいわれている。祭儀やト占の用具で、古くは表裏の明確な貝や木などの自然物が用いられ、のちに直方体や立方体の賽になったと考えられており、目の出方が予想できないことから霊力の籠った神聖なものとされていたようである。賽には木・土・骨製のものなどがある。中国では銅製の賽が河北省満城二号漢墓から、木製の賽が湖北省鳳凰山十号前漢墓および湖南省長沙馬王堆三号墓から発見されている。わが国の古代遺跡からの出土例としては、平城京二条二坊から発見された隣接する三面に壱・伍・参の文字を記した木製の六角柱がある。このほか岩手県の胆沢城跡・福岡県の大宰府跡・大分県宇佐宮弥勒寺旧境内などからも発見されている。なお、立方体の各面に一から六までの目をつけ、相対する目の和が七になる現在と同じ賽が東大寺正倉院の北倉にあり、目の一つに朱を点じた痕跡が残されている。文献では『西宮記《さいきゅうき》』をはじめ、公家の日記類に散見しており、公家社会では出産祝いに賽を振る儀式の攤《だ》も行われていた。中世には賭博用具として目勝《めまし》・目増・四一半《しいちはん》・双六などの補助具として用いられている。中世遺跡では広島県福山市の草戸千軒町遺跡や福井市の一乗谷朝倉氏遺跡などから発見されている。なお、神奈川県鎌倉市の今小路西遺跡では偶数目のみのイカサマの賽が出土している。近世にはさまざまな賽賭博が考案され、絵双六の補助具となった。

参考文献　増川宏一『さいころ』(『ものと人間の文化史』七〇、一九九二、法政大学出版局)。今小路西遺跡発掘調査団編『今小路西遺跡(御成小学校内)発掘調査報告書』、一九九〇、鎌倉市教育委員会。広島県草戸千軒町遺跡調査研究所編『草戸千軒町遺跡発掘調査報告』II、一九九四、広島県教育委員会。

(志田原重人)

さいいん　斎院　平安―鎌倉時代前期に京都の賀茂神社に奉仕した未婚の皇女である斎王の居住した院の名。いつきのみや・紫野院・賀茂斎院・有栖川とも。転じて斎王そのものをさす名称。いつきのみこ、とも。斎院の創置については、弘仁年間(八一〇―二四)に平城上皇が復位を図って薬子の変が起こった際、嵯峨天皇は賀茂社に勝利を祈願して皇女を奉ることを誓い、乱平定の後、天皇の皇女有智子《うちこ》内親王を初代斎院としたのがはじまりと伝えられる。斎院設置の背景には、山背遷都に伴う皇城鎮護の神としての賀茂社の地位向上があったと考えられ、賀茂祭の開始とも密接に関わる。斎王の役割について、賀茂社に古くからあった賀茂県主の女性神職の役割を代替したものとする見解もあるが疑問。斎王は天皇即位の初め未婚の内親王の中から卜定され、仮設の初斎院における二年間の潔斎の後、紫野の斎院に入り、賀茂祭への奉仕時以外は院内で潔斎と神拝の生活を送った。賀茂祭では鴨川で御禊の後、当日の四月中酉日に斎院より出立、勅使とともに下社、上社の順で参拝、上賀茂神社の神館にて一泊の後斎院に帰還した。伊勢斎王と異なり、天皇の代替わり時に必ずしも退下するとは限らなかった。居住した斎院は平安京の北方紫野にあり紫野院と呼ばれた。その故地は現在の京都市上京区の櫟谷七野《いちいだにななの》神社一帯の方五十丈を占める位置と推定されている。内部は内院・外院に分かれ、内院には斎王の居所や神殿が、外院には斎院司やその他の舎屋があったと考えられる。斎院に関する事務を行う官司として斎院司が置かれ、長官以下多数の官人や女官が院務に携わった。都に近い斎院には多くの貴族たちが来訪し、あたかも文芸サロンの様相を呈することもあった。大斎院選子内親王(村上天皇皇女)や式子内親王(後白河天皇皇女)代の文雅は特に著名である。一二一二年(建暦二)、第三十五代斎院の礼子内親王(後鳥羽天皇皇女)の退下を最後に斎院は廃絶した。

参考文献　角田文衞「紫野斎院の所在地」(『角田文衞著作集』四所収、一九八四、法蔵館)。三宅和朗「賀茂斎院の再検討」(佐伯有清先生古稀記念会編『日本古代の祭祀と仏教』所収、一九九五、吉川弘文館)。

(藤田　琢司)

さいえき　歳役　律令制下の力役の一つ。正丁は年間十日、次丁は五日、中央での土木事業などに使役された。少丁および京畿内の人民は免除。正役ともいう。役が十日をすぎる場合を留役といい、日数に応じて租・調が免除され、正役とあわせ四十日を限度とした。令制以前から、中央で大規模な造営事業などがあるとき、「えだち」として全国から大量の人夫が徴発されたが、歳役はその系譜を引く。だが『大宝令』で歳役の代納物としての庸が成立すると、従来の実役から庸の徴収に重点が置かれ、労働力は庸を財源に調達するようになる。七〇六年(慶雲三)庸の半減に伴って、百姓身役の制が定められ、随時年間九日以内の無償の役が新たに課せられ、役日十日以上は庸免除、二十日以上は庸・調ともに免除のうえ食料支給、四十日が限度とされた。これは平城宮の造営に備えて、大量の人夫を差発するための措置で、歳役制の改訂という面を持つ。

参考文献 青木和夫『日本律令国家論攷』、一九九二、岩波書店。長山泰孝『律令負担体系の研究』、一九七六、塙書房。鎌田元一『律令公民制の研究』、二〇〇一、塙書房。

(市　大樹)

さいおくじ　柴屋寺　静岡市丸子《まりこ》の泉ヶ谷にある臨済宗妙心寺派の寺院。山号天柱山《てんちゅうざん》。谷の入り口は東海道に面する。柴屋寺を過ぎて観昌院坂を越える道も古来の道で、今川氏親の墓所増善寺にも通ずる。一五〇六年(永正三)、連歌師宗長(一四四八―一五三二)がこの地に草庵を結び、柴屋軒と称したことに始まる。宗長は今川義忠・氏親に仕え、その保護を得た。現在の伽藍は江戸時代以降の再建。柴屋寺庭園は宗長みずからの手になると伝えられる。名勝および国史跡。湧水を引き入れた池を中心に、庭石とともに氏親手植の梅をはじめとする樹木を配する。この本堂西側の庭が主体であるが、茶室東側にも池を設けた小さな庭がある。柴屋寺庭園は北西方向にそびえる天柱山を借景とした庭園で、庭の西端に据えられた「月見石」から竹林から上る月を愛でたという。「吐月峯《とげつぼう》の庭園」とも呼ばれる。竹林は宗長が京より移植したともいう。本堂裏の御影堂に宗長と宗祇の木造坐像が安置されている。

参考文献 鶴崎裕雄『戦国を往く連歌師宗長』、二〇〇〇、角川書店。

(佐藤　正知)

さいかいどう　西海道　古代律令国家における地方行政区画の一つであり、ほぼ現在の九州地方に相当する。これを統括する役所が大宰府《だざいふ》である。また、その中を走る駅路をも指す。『延喜式《えんぎしき》』民部省によれば、西海道に所属するのは、筑前・筑後・豊前・豊後・肥前・肥後・日向・大隅・薩摩・壱岐・対馬の九国二島である。八二四年(天長元)までは、多禰《たね》島が存在したが、大隅国に吸収合併された。また、八七六年(貞観十八)には、肥前国から値嘉《ちか》島を分離独立させることが認められたが、ほどなく旧態に復したらしい。駅路としての西海道は、厩牧令《くもくりょう》の規定によれば小路に相当するので、『延喜式』兵部省諸国駅伝馬条では各駅家に原則として五匹ずつの駅馬を配置していた。ただし、都と大宰府を結ぶ山陽道《さんようどう》(大宰府路)の駅馬は、十五匹であった。これらの駅路は大宰府を中心として六方に放射状に発し、都と六道との関係のミニチュア版になっている。経路は、時計回りに、都へ向う大宰府路(山陽道)、豊前国府へ向う豊前路、豊後・日向国府を連ねる日向路、筑後・肥後・薩摩・大隅国府を連ねる大隅路、肥前国府へ向う肥前路、壱岐・対馬島府を連ねる対馬路となるが、その他にもこれらをつなぐ連絡路が数多くあり、複雑な状況を示す。近年、北部九州を中心に、駅路の遺構が数多く発掘されている。それによると、道幅は他の地域と違って、必ずしも丈(約三メートル)の倍数とならず、多様性があるので、他の諸道より早く敷設された可能性がある。また、他の諸道に見られる条里余剰帯も現在のところ確認されていない。なお、西海道には「車路《くるまじ》」地名が多数存在するが、ほとんどが駅路に沿って分布する。これらは、天智朝ごろの古代山城や地域中心地を結んでいると見なされることから、軍用輜重《しちょう》車《しゃ》の通行に由来すると推測されている。

参考文献 日野尚志「西海道―西の辺要地の道路の整備」(木下良編『古代を考える古代道路』所収、一九九六、吉川弘文館)。木本雅康「西海道における古代官道研究史―歴史地理学の立場から―」(『古代交通研究』一二、二〇〇三)。木下良「西海道の古代交通」(同)。

(木本　雅康)

さいきゅうき　西宮記　源高明《たかあきら》による平安時代中期の私撰儀式書。「せいきゅうき」「さいぐうき」とも。『北山抄《ほくざんしょう》』『江家次第《ごうけしだい》』と並ぶ三大儀式書の一つ。書名は源高明が西《にしの》宮《みや》左大臣と呼ばれたことに由来する。十世紀の朝儀を知るための重要史料であるが、編纂段階での改稿や高明没後の追記・改変があり(改編者の一人として源経頼の名が挙げられている)、さらに写本による異同も少なくないので、利用にあたっては諸研究を参考にしつつ古写本を比較検討することが望まれる。主な古写本には前田育徳会尊経閣文庫所蔵巻子本・大永本、宮内庁書陵部所蔵壬生本、三の丸尚蔵館所蔵本などがあり、尊経閣文庫本と壬生本は影印本が刊行されている。刊本に壬生本系統の松岡本を底本とした改訂史籍集覧本、尊経閣文庫巻子本を底本とした新訂増補故実叢書本、大永本を底本とした神道大系本がある。また勘物・裏書の索引が西宮記研究会編・発行『西宮記研究』一(一九九一年)に収録される。

参考文献 橋本義彦『日本古代の儀礼と典籍』、一九九九、青史出版。栗木睦「『官奏事』の基礎的研究―『西宮記』か『北山抄』か―」(『古代文化』五三ノ二、二〇〇二)。所功『宮廷儀式書成立史の再検討』、二〇〇一、国書刊行会。

(小倉　慈司)

さいくう　斎宮　天皇が即位するごとに伊勢神宮に奉斎すべく派遣された伊勢斎王(斎内親王)の宮殿。斎王自身を指す場合もあり、その家政機関である斎宮寮(令外の官)をも総称していう。伝承としての斎宮は『日本書紀』では垂仁朝にまでさかのぼるが、斎王制度の創始は律令国家体制が整えられる天武朝にあるとされ、六七三年(天武二)の大来皇女を初代斎王とするのが通説である。以後一三三三年(元弘三)に後醍醐天皇の斎王祥子内親王が卜定

斎宮跡第119次調査区　大型掘立柱建物（奈良時代後期）

されるまで、制度としてはおよそ六百六十年間存続した。この間六十人余の斎王の名が伝えられる。『大宝令』以前の斎宮司が七〇一年(大宝元)に寮に昇格し、七一八年(養老二)には寮公印が頒下された。七二七年(神亀四)の寮組織規模の拡大に伴い、七三〇年(天平二)には神宮神戸に依存してきた寮の運営諸経費を国家財政で賄うことになった。定員と官位相当を定めた『類聚三代格』所収の神亀五年勅では寮頭以下四等官の下に主神司など十一の被官があり、『延喜式』斎宮寮では門部・馬部の二司が加わり、長上官番上官併せて百二十七人と女官四十三人を含む五百二十人が仕えた。この制度の最盛期は奈良時代末から平安時代前期のころと見られるが、背景に神郡の神域化を巡る大神宮司と伊勢国衙との緊張関係も想定され、寮頭と国守などの兼官事例が顕在化する。結果的に国司権限は神郡から排除され、十—十一世紀には寮は所領形成を巡る神宮祭主・宮司・禰宜層との抗争に敗北した。平安時代中期以降は大宮司らの成功《じょうごう》による寮施設の造営が慣例化し、現地は鎌倉時代の愷子内親王の帰京を最後に廃絶した。斎宮遺跡の所在地は三重県多気《たき》郡明和町斎宮ほかにある。櫛田川の支流(旧本流)祓《はらい》川の右岸で標高一二メートル前後の洪積台地上に立地し、東西約二キロ、南北約七〇〇メートル、面積にして一三七ヘクタールに及ぶ範囲が一九七九年(昭和五十四)に国史跡に指定された。二〇〇五年(平成十七)度現在の発掘調査次数は百四十八次を数え、調査面積累計で二〇万七三一二平方メートルに達しているが、これは史跡全体の一五・一二%にあたる。検出された遺構には、竪穴住居跡が三百三十棟、掘立柱建物が千八百棟、井戸百五十基余のほか、区画溝、道路、柵(塀)列、八脚門、四脚門、土壙、土器焼成壙、墓などがある。出土土器の九割以上は土師器で、杯・皿類が圧倒的に多い。六千五百点を超す緑釉陶器や三彩陶器、各種の硯、石帯、大小の土馬、人面墨書土器、各種ミニチュア土器などの遺物は、祭祀を主としたこの遺跡の官衙的性格を物語っている。未だ木簡の出土はないが、「水司」「水司鴨」「蔵長」「目代」「少允殿」などのヘラ描きや墨書土器、「美濃」施印土器は、斎宮寮の官制や『延喜式』の記述を裏付ける貴重な文字資料である。瓦片の出土は希有で、『新任弁官抄』に内院・中院は檜皮葺き、外院は萱葺きとある記述を裏付ける。飛鳥・奈良時代前半の遺構は史跡西部に偏在する傾向にあるが、全容の解明には至っていない。奈良時代後期以降平安時代前期(九世紀前半)には史跡中央部以東に中心が移る。幅約二・四メートルの側溝を伴う幅約一二～一三・五メートルの道路で碁盤目状に区画された一辺約一二〇メートルの方格地割が、東西七×南北四区画分確認されている。その地割基準はN四度Wで、これは史跡周辺に遺る条里地割の基準とは異なっている。方格地割内の牛葉東地区画と鍛冶山西区画を内院地区と想定し、全体の変遷過程に六期の画期を設定している。内院地区一期の斎宮Ⅰ—四期を酒人内親王卜定に伴う七七一年(宝亀二)の造斎宮使発遣にあて、二期の斎宮Ⅱ—一期を朝原内親王の群行に先立つ七八五年(延暦四)の造斎宮長官任命に相当させている。五期の斎宮Ⅲ—一期を十世紀後半ごろに比定し、鍛冶山西区画では内院としての機能をもつ遺構は皆無になっていくとする。平安時代末期から鎌倉時代の斎宮の解明も含め、今後の調査研究が期待される。史跡内には体験館と斎宮歴史博物館がある。

資料館　斎宮歴史博物館(三重県多気郡明和町)

参考文献　斎宮歴史博物館編『斎宮編年史料集』一・二、一九九一・九五。同編『幻の宮伊勢斎宮』、一九九九。同編『斎宮跡発掘調査報告』Ⅰ、二〇〇一。田阪仁「九世紀斎宮寮における「目代」の可能性」(仏教大学文学部史学科創設三十周年記念論集刊行会編『史学論集』所収、一九九九)。村井康彦監修『斎王の道』、一九九九、向陽書房。

(田阪　仁)

さいくだにいせき　細工谷遺跡　七—九世紀の寺院遺跡。大阪市天王寺区細工谷町所在。難波宮の南約一・六キロ、難波宮中軸線の東側に接する。一九九六年(平成八)—九七年の発掘調査で、奈良時代の遺構から、「百尼」「尼寺」「百尼寺」などと記した多数の墨書土器が出土し、百済の名を冠する尼寺の存在が判明した。ただし、調査地からは伽藍を示す遺構は見つかっていない。当該地は律令制下の摂津国百済郡で、難波に居住した百済の亡命王族、百済王氏《くだらおうし》の拠点にあたる(『日本書紀』天智天皇三年(六六四)三月条)。遺跡の東南約五〇〇メートルには、『日本霊異記』にみえる「難波百済寺」とされる堂ヶ芝廃寺《どうがしばはいじ》がある。寺院の創建は、四天王寺創建瓦と同笵の素弁蓮華文八葉軒丸瓦により、七世紀前半から中ごろと考えられる。ただし瓦の数量としては、七世紀後半以降の複弁八葉蓮華文軒丸瓦、重弁八葉蓮華文軒丸瓦の二種が多い。このほか、富本銭や現存唯一の和同開珎の枝銭などの特徴的な資料が出土している。

資料館　大阪歴史博物館(大阪市中央区)

参考文献 大阪市文化財協会編『細工谷遺跡発掘調査報告』I、一九九九。古市晃「摂津国百済郡の郡域と成立年代」(『大阪の歴史』五六、二〇〇〇)。　　(古市　晃)

さいごくさんじゅうさんかしょ　西国三十三ヵ所　観音信仰で有名な近畿地方を中心とする三十三ヵ所の霊場をさす。この三十三ヵ所を巡礼してそれぞれに納札するのである。第一番は和歌山県の那智山青岸渡寺で、その後奈良県の長谷寺・興福寺南円堂、滋賀県の石山寺・三井寺、京都府の醍醐寺・清水寺・六波羅蜜寺、大阪府の勝尾寺、兵庫県の円教寺などを廻って、三十三番の岐阜県の谷汲山華厳寺で終わる巡礼路となる。そもそも三十三の霊場というのは、『法華経』普門品に衆生救済のために観世音菩薩が三十三種の姿に身を変えて現われることにちなむものである。この巡礼の起源は明らかではないが、平安時代中期には、京都を中心として多くの観音霊場が形成され、これらを聖や修験者が巡礼することがみられた。鎌倉時代初期に成立した『寺門高僧記』覚忠伝には、一一六一年(応保元)覚忠が那智を出発して京都府宇治の三室戸寺で終わる三十三ヵ所の巡礼を遂げたことが記されているので、平安時代末期には西国三十三ヵ所巡礼が成立していたことがわかる。その後十五世紀後半には民衆の間にも広まり、東国の人々も巡礼に参加した。江戸時代には、交通路が整備されるのに伴い、経済的に上昇してきた民衆の間にますます流行し、信仰のみでなく行楽の旅の要素も加わっていった。

参考文献 渡辺守順『西国三十三所巡礼』、一九七六、白川書院。浅野清編『西国三十三所霊場寺院の総合的研究』、一九九〇、中央公論美術出版。　　(安達　直哉)

さいじ　西寺　東寺とともに平安京におかれた二官寺の一つ。京都市南区唐橋西寺町ほかに所在する。朱雀大路《すざくおおじ》を挟み東寺とは対称的な位置にある。造営は七九六年(延暦十五)に藤原伊勢人が東西両寺の造寺長官に任じられたことに始まるが、講堂の供養が八三二年(天長九)に行われており伽藍は三十年以上かけて整えられたと考えられる。一九二一年(大正十)には国史跡の指定を受けており、一九五九年(昭和三十四)以降、主要堂宇の調査が実施されている。南より南大門、中門と東西回廊、金堂、講堂を囲い金堂と回廊で結ばれる三面僧房、僧房の東西に置かれた小子房、僧房北の食堂院と回廊、大炊殿、主要伽藍の北限となる東院築地などの遺構が現在までに確認されている。これらの成果により、伽藍規模と配置が東寺とほぼ同じであることが明らかである。なお東寺が真言宗の経営下に置かれたのに対し、西寺は律令国家の崩壊とともに衰退し、鎌倉時代以降、たび重なる火事により失われた諸堂が再建されることはなかった。現在講堂跡が児童公園内に保存されている。

参考文献 鳥羽離宮跡調査研究所編『史跡西寺跡』、一九七七。杉山信三「東寺と西寺」(古代学協会・古代学研究所編『平安京提要』所収、一九九四、角川書店)。　　(吹田　直子)

さいしいせき　祭祀遺跡　祭祀とは祖霊や自然神をまつる意味であり(字統)、祭祀行為や儀礼を行なった場所をいう。祭祀行為に用いた祭器具が祭祀遺物である。祭祀遺跡が対象とするのは旧石器時代以降、中・近世に及び、祖霊や自然神から令制祭祀など多方面に拡大している。祭祀遺跡の体系化を試みた大場磐雄は厳密には古墳時代とし、信仰対象には富士山などの名山、神奈備《かんなび》型の山岳、巨岩など磐座《いわくら》、湖沼池泉、海洋島嶼といった自然物から子持勾玉など特殊遺物の発見地を考えていた。しかし発掘調査の進行によって祭祀跡を含む全体構造が判明する機会が増え、厳密な意味での祭祀遺跡は限られるが、慣例としてこの語を用いる。都城の街区や集落内などの祭祀跡は祭祀関連遺構などともいう。また、恒常的に神を祭る神社や仏教施設の寺院はこれに含めない。祭祀は一定の順序と行事作法(祭式)からなり、供物(祭祀遺物)は神によって供え方が異なる。その分類には案(机)上に載せる案供《あんぐ》、散らす散供《さんぐ》、樹枝などに懸けたり結う懸供《かけぐ》、穴などに埋納する埋供《まいぐ》、海神など神が住む場所に投じる投供《とうぐ》などがある。祭祀遺物の発見位置や分布状況が直ちに祭祀場や方法を示すのではない。祭式のどの段階か検討が必要である。古代の国家的祭祀遺跡とされる福岡県沖ノ島遺跡は、「岩上遺跡→岩陰遺跡→半岩陰・半露天遺跡→露天遺跡」と変遷し、四世紀から八・九世紀代の祭祀形態の発展を示すというが、実際は供え方の変遷であろう。古墳期の祭祀遺物には滑石製模造品、土製模造品、金属製儀鏡などがある。滑石製模造品は初期は別として形式化した剣形・有孔円板・勾玉・臼玉を中心とするが、土製模造品は人・動物に武器・武具、紡織具など多様である。前者は四世紀代から出現し六世紀代には土製模造品と交替するとされたが、静岡県明《みょう》ヶ島《じま》五号墳の調査では多様な土製模造品が四世紀代にさかのぼる可能性があり、その起源が改めて課題になる。滑石製・土製模造品の違いは年代差だけではなく祭祀内容にも関わる。滑石製模造品の分布は広く、韓国の竹幕洞遺跡にまで及ぶ。広範な祭祀に用いたのであろう。墓地が祭場を兼ねるものに縄文時代の環状列石遺跡や前方後円墳がある。秋田県鷹巣《たかのす》遺跡など大規模な環状列石は共同墓地であるとともに、祖霊を祭り、集団が再結束を図る場ともいう。また、前方後円墳は首長墓であると同時に首長霊の継承場であり、古墳に配置した形象埴輪は祭儀の一端を表すという(水野正好説)。山岳、磐座、湧水など対象が多様な遺跡が出現するのは古墳時代以降である。山岳には三輪《みわ》山《やま》を神体とする山神遺跡があり、後の三輪社(奈良県桜井市)の起源である。神の依代《よりしろ》である磐座(巨岩)には静岡県天白《てんぱく》岩陰や長野県雨境《あまざかい》峠の鳴石《なるいし》遺跡などがあり、鳴石は断ち割り調査で人工的に据えたことが判明した。湧水・水に関るのが奈良県南郷大東遺跡や三重県城之越《じょのこし》遺跡で、城之越遺跡は平安時代の園池に類した立石がある。南郷大東遺跡には木製導水施設が伴い、前方後円墳の埴輪の一部に関連遺物がある。七世紀末以降には藤原・平城京という古代都城が成立し、木製祭祀具などによる祓《はらえ》が盛んになる。『大宝令《たいほうりょう》』の成立(七〇一年)により諸祭祀が一新したのである。古墳時代の祭祀遺跡が発展し神社が成立すると大場磐雄は考えた。しかし神を祭ることと神が常住する社殿の成立は別である。伊勢神宮や出雲大社などを除き、『日本書紀』天武天皇十年(六八一)正月己丑条に「詔畿内及諸国、修理天社地社神宮」とある官社制が契機であろう。他方、古墳時代の神戸市松野遺跡の独立棟持柱の総柱建物遺構などを神殿とする説がある。根拠は伊勢神宮本殿との類似である。しかし、この神体は稲《いな》魂《だま》であり人格神である伊勢神宮などとは異なる。古代の神が人格化する契機が仏像なら、六世紀の仏教以前に本格的な神社があり得るのかどうか。松野遺跡などは古墳の埴輪配置に類似し、この面からの検証も必要であろう。

参考文献 大場磐雄『祭祀遺跡』、一九七〇、角川書店。丸山茂『神社建築史論』、二〇〇二、中央公論美術出版。

(金子 裕之)

ざいしつぶんせき 材質分析 考古資料を含めた文化財資料をさまざまな手法を用いて分析することにより、その資料の構造的な特徴、化学組成、物理的性質ならびに力学的特性を知ることができる。これらの材料科学的な情報からは、製作技法、産地、年代などに関する歴史学的な知見ばかりでなく、材料の変質の程度を知ることで、保存修復の際に重要となる劣化状態に関する情報を得ることができる。材質分析は、供試サンプルの状態が分析前後で変わってしまう破壊分析とその変化がおこらない非破壊分析に分けることができる。文化財科学の分野では、非破壊分析の解釈については、分析対象である文化財資料の現状をまったく変化させない分析手法を非破壊分析としている。貴重な物質的資料である文化財の材質分析においては、非破壊分析法が最も望ましいが、得られる情報の必要性・重要性を鑑みて、許容される限りにおける微量試料の採取によるマイクロサンプリング法もよく行われている。文化財資料の構造的な特徴を把握する手法としては、資料の目に見える部分に対する肉眼および各種顕微鏡を用いた詳細観察ならびに内部の状態を知るためのX線透過撮影法およびX線コンピューテッドトモグラフィ(X線CT)があげられる。文化財資料に対して用いられている材質分析法には、資料に電磁波を照射して得られるスペクトルから資料に含まれる元素や化合物の定性・定量を行う方法がある。代表的な分析手法としては、蛍光X線元素分析法、X線回折分析法、フーリエ変換赤外分光分析法、紫外可視分光分析法などがある。文化財資料、特に考古遺物は埋蔵中に劣化することで、元の材質的特徴が著しく変化している場合が多いことに加え、埋蔵環境からのコンタミネーションの問題も有している。このような文化財資料の材質分析にあたっては、標準試料を用いた分析と劣化生成物などに対する知見をもとに、得られた結果について慎重な解釈を行う必要がある。

参考文献 田口勇・齋藤努編『考古資料分析法』(『考古学ライブラリー』六五、一九九五、ニューサイエンス社)。

(高妻 洋成)

さいしょうじ 最勝寺 六勝寺の一つで、尊勝寺の東側に存在した。現在の京都市左京区岡崎の地である。鳥羽天皇の御願寺として、一一一八年(元永元)の二月二十一日にはすでに塔一基が供養されている。それからほかの堂の造営が始まったようである。それも、七月二十三日には上棟が行われており、金堂や薬師堂の工事も進んでいたらしい。『最勝寺供養式』によれば、十一月二十三日には仏像が据えられ、翌月の十七日には供養が執行されている。工事自体は相当な早さで進められたことがわかる。この寺院の全体的な規模については不明なところも多いが、上記の塔・金堂・薬師堂のほか、一一二九年(大治四)に焼亡し、翌年に再建された五大堂が存在したことが知られている。『帝王編年記』元永元年の最勝寺の供養をしたところに、「阿弥陀堂扉定信」という記述もあり、阿弥陀堂が存在した可能性もある。十二世紀後半には金堂や薬師堂などが修理された記録もある。しかし、鎌倉時代の末期、一三一四年(正和三)二月十四日の火事で尊勝寺とともに焼亡した。いまだ発掘調査による遺構の確認などはできていないため、詳細はわからない。

→六勝寺《りくしょうじ》

参考文献 福山敏男「六勝寺の位置」(『日本建築史研究』所収、一九六八、墨水書房)。平岡定海「六勝寺の成立について」(『日本寺院史の研究』所収、一九八一、吉川弘文館)。

(土橋 誠)

さいだいじ 西大寺 (一)奈良市西大寺芝町にある真言律宗総本山。南都七大寺《なんとしちだいじ》の一つ。七六四年(天平宝字八)九月十一日藤原仲麻呂叛乱の発覚に際し、孝謙《こうけん》上皇がその鎮圧を祈願し金銅四天王像造立の誓願を立てたのが濫觴。翌年上皇は重祚《ちょうそ》して称徳《しょうとく》天皇となり、父聖武天皇が平城京東郊に創建した東大寺に対し、娘帝により宮西の地に当寺伽藍が本格的に開創された。七八〇年(宝亀十一)勘録『西大寺資財流記帳《さいだいじしざいるきちょう》』によれば、平城京右京一条三・四坊の三十一町の広大な境域に、薬師・弥勒の両金堂を中軸南北に、その左右に東西両塔・四王院・十一面堂院などを配置し、総計百十数宇の堂舎が甍を列ねた壮麗な大伽藍であった。しかし平安遷都後は旧都の寺として顧みられなくなり、災害にも再三みまわれ急速に衰頽し、実質的に興福寺末寺として細々と存続するしかなかった。荒廃の当寺を鎌倉時代半ばに再興したのが興正菩薩叡尊《こうしょうぼさつえいそん》である。叡尊は一二三五年(嘉禎元)に当寺に入住して、「興法利生《こうぼうりしょう》」を標榜して戒律振興・救貧施療の独自な宗教活動を推進し、当寺はその拠点として繁栄し、密・律兼修の真言律の根本道場という面目一新した中世寺院として再生された。一五〇二年(文亀二)兵火で主要堂塔を焼失したが、江戸時代には三百石の寺領の下で諸堂再建が

西大寺㈠　叡尊五輪塔

進み、本堂・愛染堂・四王堂・護摩堂・鐘楼・南大門・東門などの堂舎を配したほぼ現状の伽藍となった。近代以降も真言律宗総本山として叡尊創始の法灯を今日に伝える。叡尊が一二六四年（文永元）一門結束と民衆廻向を眼目に創始した教団の最重要法会である光明真言会《こうみょうしんごんえ》と、同じく叡尊が一二三九年（延応元）八幡献茶の余服を参詣の人々に振舞ったことに由来すると寺伝する巨大茶碗による大茶盛式《おおちゃもりしき》が年中行事として著名。什宝類は、書籍として『金光明最勝王経』『大日経』（ともに国宝）の奈良朝写経をはじめ叡尊復興の鎌倉時代中期以降の聖教典籍古文書を多く伝存。彫刻には本尊清凉寺式《せいりょうじしき》釈迦如来立像・愛染明王坐像・叡尊坐像・文殊菩薩騎獅像（すべて鎌倉時代、重文）のほか、塔本四仏坐像・吉祥天立像・十一面観音立像は平安時代にさかのぼる。絵画では十二天画像（平安時代、国宝）をはじめ鎌倉時代以降の仏画・肖像画が多くあり、工芸品には金銅宝塔・鉄宝塔・金銅透彫舎利塔（すべて鎌倉時代、国宝）などの舎利塔や秀逸な密教法具が多く蔵されている。一九六五年（昭和四十）境内が国史跡に指定された。なお、近年の考古学的成果としては、二〇〇三年（平成十五）—〇六年の発掘調査で、現境内地の北方から創建当初以来の食堂院跡が発掘され、『西大寺資財流記帳』に記載された大炊殿、檜皮殿、甲双倉などの建物跡をはじめ、縦列する埋甕遺構、内法約二・三メートルに及ぶ巨大な井戸跡などが検出され、特に井戸からは当時の寺内での食生活の一端を物語る木簡群も出土し、古代の官大寺の食堂院の具体的機能をうかがい知る稀有な事例として注目される。

西大寺㈠　食堂院跡出土の井戸

参考文献　『奈良六大寺大観』一四、一九七三、岩波書店。奈良県教育委員会・奈良国立文化財研究所編『西大寺防災施設工事・発掘調査報告書』、一九九〇、西大寺。佐伯俊源「南都西大寺史関係文献目録稿」（『戒律文化』一、二〇〇二）。

㈡岡山市西大寺中三丁目にある古刹。金陵山観音院《きんりょうさんかんのんいん》と号す。現在は高野山真言宗別格本山。本尊は千手観世音菩薩。一五〇七年（永正四）の『金陵山古本縁起』によれば、七五一年（天平勝宝三）周防国玖珂荘《くがのしょう》の荘官藤原泰明の娘皆足姫《みなたる》（開基）が、長谷観音化身の仏師が作成した白檀製の千手観音像の開眼のために大和長谷寺に参詣した帰途、舟が動かなくなった地を観音ゆかりの地と知って一寺を建立したのがはじまりという。七七七年（宝亀八）紀伊国出身の安隆《あんりゅう》（開山）が霊夢を得て金岡に下向し、仙人（龍神）から託された犀角を埋めた上に堂宇を建てて犀戴寺《さいたいじ》と号したという。西大寺の寺名は、一二二一年（承久三）後鳥羽上皇宸筆の祈願文を賜って改称したというが、『大和額安寺文書』によると金岡東荘はもと大和興福寺領荘園であり、一三一〇年（延慶三）大和西大寺の末寺額安寺に寄進されていることからすると、大和西大寺との深い関係によるものかもしれない。中世には本堂・常行堂・三重塔・鐘楼・経蔵・仁王門などを構えていたことが古文書類にみえ、鎌倉・南北朝時代には備前国上道郡金岡の地方屈指の大寺院として興隆した。戦国時代には岡山城主宇喜多氏が篤く帰依し、江戸時代には池田藩より寺領五十七石が与えられ、院主観音院のほか寺中五院を有したが、観音院のみ現存する。現存堂舎は一六七八年（延宝六）落成の三重塔以外すべて江戸時代末期の建築。新羅将来と伝える朝鮮銅鐘（重文）、鎌倉時代古文書や『金陵山古本縁起』などの寺宝がある。安隆が東大寺修正会を模して創め、文亀年間（一五〇一—〇四）に忠阿《ちゅうあ》によって復興されたという修正会が催され、その結願行事である会陽《えよう》は、二万人もの裸体の群衆の中に投入された陰陽二本の宝木を争奪する行事で「西大寺の裸祭り」として著名である。

参考文献　藤井駿・水野恭一郎編『岡山県古文書集』三、一九八一、思文閣。『西大寺町誌』、一九七一。

（佐伯　俊源）

ざいちしゅちょうせい　在地首長制　古代における社会関係・社会構造を、共同体の首長と共同体成員《せいいん》との支配関係から解明することを目的に、石母田正《いしもだしょう》によって提唱された理論的仮説概念。一九七〇年代から八〇年代にかけて、日本古代史研究の諸分野で重視され、現在に至るまで影響力を及ぼしている。石母田は、マルクスの『資本制生産に先行する諸形態』に記された、首長によって体現《たいげん》されるアジア的共同体を基盤に置き、サモア・トンガに関する文化人類学の首長制研究の成果を導入し、首長層と共同体成員(一般農民)の関係を、生産関係、支配隷属《れいぞく》関係としてとらえ、概念化を試みた。その根拠として注目されたのが徭役労働《ようえきろうどう》と貢納《こうのう》で、前者は共同体の労働に、後者は共同体守護神に対する初穂《はつほ》貢納にそれぞれ起因し、それが首長の土地支配強化に伴って首長による差発《さはつ》、貢納へと転化したと説明された。首長制の担い手として指摘されたのは地域支配者たる国造《くにのみやつこ》とその後身としての郡司《ぐんじ》であった。彼らは地域における共同体の歴史発展の中から生み出され、彼らの支配力に依拠して律令国家が成立しえたという考えから、「在地」の語が冠せられ、在地首長制という用語が生み出された。石母田の提起を受け、吉田晶《よしだあきら》は郡司の配下に存在する有力家父長層こそが個別経営を実現し、共同体を内部から崩壊させ、新たな時代を開く原動力となったとの認識から、村落首長制論を展開した。在地首長制は古代国家の氏族制的性格、郡司の「非律令的」性格をも、古い共同体的体質から説明し得る概念装置として、現在に至るまで影響力を及ぼしているが、一方で国造・郡司ともにヤマト王権・天皇によって編成された公権力と見るべきであり、国造・郡司の支配権を自律的《じりつてき》と見ることはできないという批判があって、その実証性に強い疑問が投げかけられている。また、首長制概念が論者によって異なり、社会分析概念として妥当ではないという批判も出されている。

参考文献 石母田正『日本の古代国家』(『日本歴史叢書』、一九七一、岩波書店)。吉田晶『日本古代村落史序説』(『塙選書』八五、一九八〇、塙書房)。大町健『日本古代の国家と在地首長制』(『歴史科学叢書』、一九八六、校倉書房)。

(大平 聡)

さいのおはいじ 斎尾廃寺 鳥取県東伯郡琴浦町槻下《つきのした》に所在する奈良時代の寺院跡。金堂跡・塔跡・講堂跡の基壇と礎石がよく残り、国の特別史跡に指定されている。なだらかな起伏の丘陵上に位置し、東側の谷を隔てた丘陵には八橋《やばせ》郡衙正倉の大高野遺跡が存在する。これまで部分的な発掘調査が実施されており、溝によって東西約二〇〇メートル、南北一六〇メートルに区画された寺域が明らかになっている。伽藍配置は金堂の西に塔を置く法隆寺式だが、金堂の真後ろに講堂を置いており、やや変則的。金堂跡と塔跡は乱石積みの高い基壇。これに対して講堂は基壇状の高まりがみられない。出土遺物は瓦類をはじめ、仏頭や仏足などの塑像断片や方形三尊塼仏《せんぶつ》など。瓦類のうち創建時と七世紀後半の軒丸瓦は外縁に雷文を飾る紀寺系統、軒平瓦は忍冬唐草文を配する法隆寺系統のもの。寺院を造営した豪族と法隆寺の正倉との関連が指摘されている。

資料館 琴浦町歴史民俗資料館(鳥取県東伯郡琴浦町)

参考文献 鳥取県埋蔵文化財センター編『歴史時代の鳥取県』、一九六九。

(真田 廣幸)

さいほうじ 西芳寺 京都市西京区松尾神ヶ谷町にある臨済宗の寺院。天平年中(七二九―四九)、行基が開創した畿内四十九院の一つで、西方寺と号したという。一三三九年(暦応二)摂津守中原親秀《ちかひで》が夢窓疎石《むそうそせき》を請じて復興し禅刹に改め、西芳寺と改称。山稜を背景にし湧き水に恵まれるため蘚苔類の繁茂が顕著で、俗に苔寺と呼ばれる。疎石はここを『碧巌録《へきがんろく》』に書かれているような禅学の理想郷とし、旧来の池を黄金池《おうごんち》と命名、池辺には瑠璃《るり》殿・西来堂《さいらいどう》などの仏殿と湘南亭《しょうなんてい》・潭北亭《たんぼくてい》と呼ぶ庭園建築を配した。池庭そのものは中島や出島を随所に配し、平安時代末から鎌倉時代の作庭とみる考えもある。また、寺の北西部の傾斜地には、宋の名僧亮座主《りょうざす》と学僧熊秀才との出会いの説話を険しい山路と枯山水石組と座禅堂指《し》東庵《とうあん》などによって表現し、山頂には、周辺の景色を法界として見晴らすための縮遠亭《しゅくえんてい》が建てられた。建物の多くは応仁の乱で焼失したが、庭園は地割りや石組みがよく残り、国の史跡および特別名勝に指定されている。

参考文献 重森三玲「西芳寺庭園」(『日本庭園史大系』三所収、一九七一、社会思想社)。森蘊「西芳寺庭園」(『日本史小百科』一九、一九九三、東京堂出版)。

(内田 和伸)

さいりゅうじ 西隆寺 奈良時代後半に称徳天皇の勅願で平城京右京に建立された尼寺。七六四年(天平宝字八)の恵美押勝の乱を契機に建立された西大寺と対をなし、その東側に七六七年(神護景雲元)に伊勢老人を造西隆寺長官に任じて造営を開始。翌年には押勝と藤原御楯が越前に有していた三百町の地が施入された。その後造西隆寺司の長官・次官が修理司の長官・次官になっており、造営後半期には修理司が担当するようになったとも考えられる。七七一年(宝亀二)に寺印が頒布されているから、すでに完成していたとみられる。しかし十三世紀中ごろまでには廃絶した。西大寺に残る鎌倉時代の絵図などから、寺地が右京一条二坊九・十・十五・十六坪を占めたことや伽藍配置が知られる。また一六九八年(元禄十一)「西大寺伽藍絵図」はその伽藍の様相を描く。発掘調査によって近鉄大和西大寺駅北側にその遺構が検出されており、複廊で囲まれた金堂や塔・東門・食堂院などが確認されている。

参考文献 西隆寺調査委員会『西隆寺発掘調査報告』、一九七六。奈良国立文化財研究所『西隆寺発掘調査報告書』、一九九三。舘野和己「西大寺・西隆寺の造営をめぐって」(佐藤信編『西大寺古絵図の世界』所収、二〇〇五、東京大学出版会)。

(舘野 和己)

さいりんじ 西琳寺 大阪府羽曳野《はびきの》市古市《ふるいち》にある古刹。別称古市寺、向原山《こうげん》。現在は高野山真言宗。百済から渡来した王仁《わに》の後裔の西文《かわちのふみ》(河内書)氏が本拠地に建てた氏寺。寺名の西は西文氏に由来する。一二七一年(文永八)『西琳寺文永注記』所引「天平十五年帳」によれば、欽明朝の己卯年（五五九年）文首阿志高《ふみのおびとあしこ》が創建したというが、一九四九年（昭和二十四）の発掘調査で判明した東に塔、西に金堂を配する法起寺《ほっきじ》式伽藍配置や出土瓦などからみて飛鳥時代中期以降の創建とみられ、「己卯年」は一巡繰下げた六一九年とする説もある。同じく「天平十五年帳」には金堂（重層）・宝塔（五重）・講堂・歩廊・鐘台・双倉・食堂・東西僧坊などの記載があり、奈良時代ごろの隆盛が偲ばれる。現存の塔心礎は二上山産の安山岩を用い、辺長三・二一メートル、高さ一・九五メートル、二八トンで日本最大である。円形柱孔周囲に四つの添柱座を穿ち、柱座彫込側面には横穴式舎利奉安孔を穿ち、柱座底面に「刹」字を陰刻する。延喜年間（九〇一―二三）ごろ、主要堂舎は転倒状態に陥っていたが、その後一〇八〇年（承暦四）に興福寺一乗院の末寺となり、さらに鎌倉時代に西大寺叡尊《えいそん》とその弟子（俗甥）日浄房惣持《にちじょうぼうそうじ》が中興し、一二六三年（弘長三）当寺別当職が叡尊に寄進されて律宗寺院となり興隆した。天正年間（一五七三―九二）兵火で大半が焼亡し、明治の廃仏毀釈で寺運大いに傾き、主要堂宇跡は民家の地下に埋れ、船王後墓誌《ふなおうごのぼし》（国宝、民間蔵）、木造清涼寺式釈迦如来立像（重文、河内延命寺蔵）、安閑天皇陵出土白瑠璃碗（重文、東京国立博物館蔵）など多くの宝物も流出した。第二次世界大戦後復興され、今は西門を入った所に塔心礎、もと高屋宝生院《たかやほうしょういん》跡から一九五七年に発見された鎌倉時代から南北朝時代の叡尊ら五人の石造五輪供養塔（五基）、一九五〇年建立の薬師堂などが建つ。

参考文献　大阪府教育委員会編『河内西琳寺の研究』（『大阪府文化財調査報告書』三、一九五五）。同編『西琳寺跡範囲確認調査概要―羽曳野市古市二丁目所在―』一、一九七六。『羽曳野市史』一・三・四、一九九七・九六・九四。

（佐伯　俊源）

さえきもん　佐伯門　⇩宮城十二門《きゅうじょうじゅうにもん》

さかい　堺　約千件の発掘データーがある。砂堆上に立地し応永の乱の大火以降、十数回の火災層を確認した。文献にも十一回の火災記事がある。第一の発展は、十四世紀第Ⅲ四半期に都市建設されて以降、一四六九年（文明元）遣明船堺初入港、一四七一年堺貿易商人が琉球国へ、一四七六年堺商人による遣明船出帆にある。第二の発展は、一五九二年（文禄元）豊臣秀吉が堺の伊予屋に東南アジアへの朱印船貿易を許可して以降一六一五年（元和元）大坂夏の陣の火災までである。当時の輸入品は、河盛家所蔵「世界地図屏風」に見る。一五六二年（永禄五）宣教師ビレラ報告では、三方の堀があり、それを発掘（復元）した。一五六九年織田信長、一五八六年（天正十四）秀吉による都市直接支配を受けたものの全盛期であった一六一五年大坂夏の陣の火災時では、東西約五〇〇メートル、南北約二二〇〇メートルに拡大した。その様子は、「堺住吉祭礼図屏風」「慶長十年摂津国絵図」に知る。一六一五年以後は、徳川家康の都市大改造とともに禅林中心の寺町が形成されたがそれ以前の寺院は、都市内に散在していた。いつしか福建省南天禅寺などをモデルに「泉南仏国」と呼ばれた。茶の湯は、信長期までは禅院茶礼で、千利休や堺町人が主体となって茶の湯が大成される。煎茶となっていた中国明とは異なり、堺で茶の湯が継続したのは、武《たけ》野紹鷗《のじょうおう》以降の大茶人が堺豪商という共通点にある。十七世紀初頭は、書院や塼列《せんれつ》建物（三階蔵・蔵座敷）で茶の湯を点てた。しかし一部の茶人は、一六一五年大坂夏の陣以前に煎茶を楽しんでいた。自治は、ベニスをモデルにした十五世紀第Ⅳ四半期の十人会合衆《かいごうしゅう》、十六世紀第Ⅲ四半期の三十六人会合衆で行なった。十六世紀第Ⅰ四半期の常楽寺《じょうらくじ》は、類焼防止のため二階建を禁止し自治にも参加した。中心部には、菅原神社、開口《あぐち》神社、堺の住吉・大鳥《おおとり》大社の頓宮《とんぐう》が鎮座する。

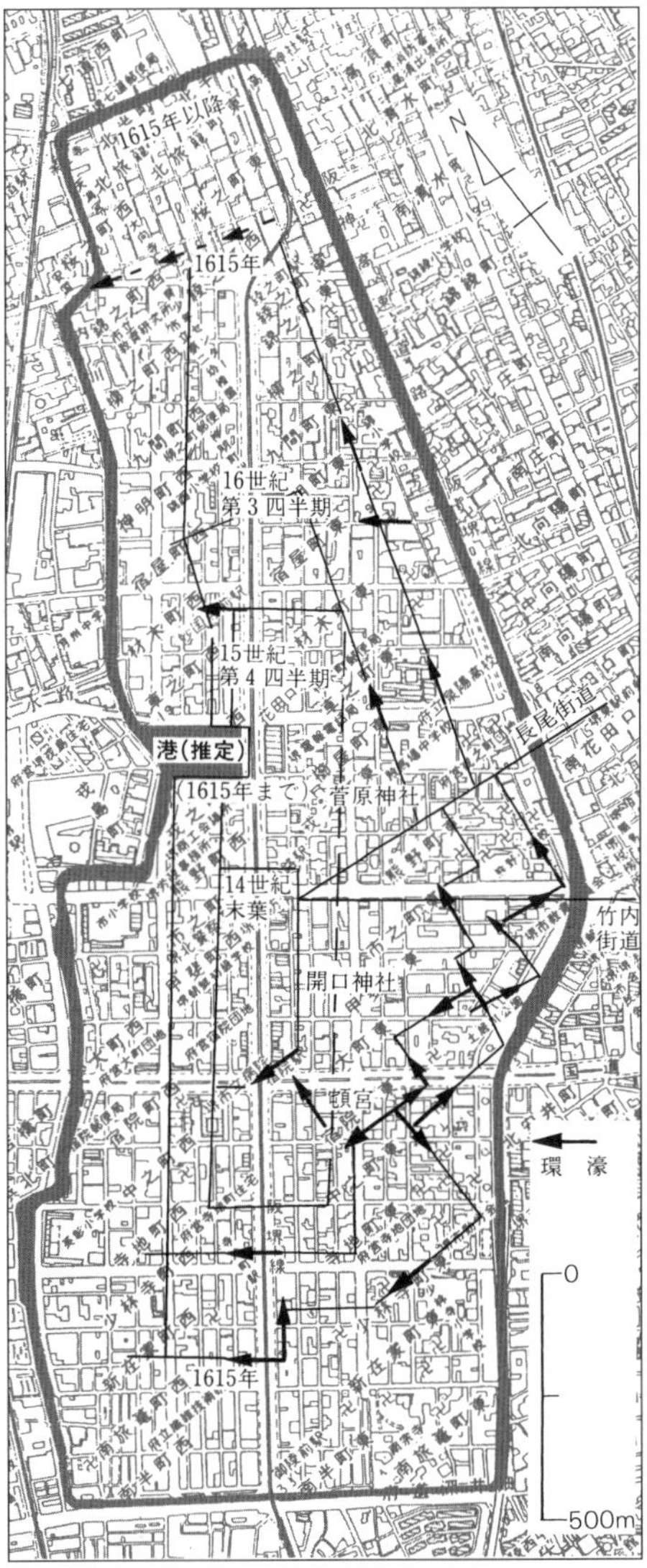

発掘された堺（復元図）

参考文献　豊田武『堺―商人の進出と都市の自由―』（『日本歴史新書』、一九五七、至文堂）。泉澄一『堺―中世自由都市―』（『教育社歴史新書』日本史六四、一九八一、教育社）。『近世の建築と屋敷地の構成』（『関西近世考古学研究』一二、二〇〇四）。

（森村　健二）

さかいとうだい　堺燈台　一八七七年（明治十）に堺港に出入りする船舶の安全航行標識として築造された木造洋式燈台。国史跡、旧堺燈台。大阪府堺市大浜北町五丁目所在。燈台の建物は、高さ一一・三メートルの白い六角錐形の木造四階建てで、明治政府による建設を待ち切れず、堺市民の寄付金を基に英国製の点燈機やレンズを輸入し、取り付けこそ英国人技師ビクルストンに依頼したものの地元の力で建築した。その後、最上部は一九五〇年代に投光機などの改修に伴い当初の八角形から現在の円形に変わり、沖に広がる周辺の埋立工事の進捗や港湾事情などの変化によってその役割が果たせなくなり、一九六八年(昭和四十三)一月にはその役目を終え、明かりを消したが、市民の熱意で保存が計られ、今また、(旧)堺港の再活用改修事業として、二〇〇五年(平成十七)には創建当初の姿に復元改修されることになっている。当初の規模・形態をよくとどめる最も古い燈台の一つで、日本の港湾史の一コマを語りつぐものとして重要である。

参考文献 中井正弘「旧堺港燈台築造時の復元と沿革」(『堺市立博物館報』五、一九八六)。

(堀江　門也)

さがじょう　佐賀城　戦国時代末期の北部九州の覇者、龍造寺《りゅうぞうじ》隆信《たかのぶ》の拠点であり、近世期には鍋島氏の居城として佐賀藩三十五万七千石の政庁が置かれた城。佐賀市に所在する。佐賀県史跡。一八三八年(天保九)竣工の本丸鯱《しゃち》ノ門・続櫓は重要文化財。天正年間(一五七三―九二)前半に肥前を統一した龍造寺隆信は、家祖相伝の居所村中(佐嘉)城を本拠として五国二島に跨る版図を築いたが沖田畷《おきたなわて》の戦いで横死し、政権の実態はその家宰の鍋島直《なお》茂《しげ》に移動する。その後豊臣秀吉より知行権を安堵された直茂は、一六〇二年(慶長七)から村中城の整備拡張に着手し、一六一一年にかけて近世城郭としての佐賀城を創出した。城の全体規模は南北約七〇〇メートル×東西約七五〇メートルに及び、ほぼ正方形の平面プランを基調とした城地を設定している。典型的平城ゆえの防備上の弱点を補うため、周囲には九〇メートル前後の幅員を保つ大濠が廻っている。その平面構造だが、城域の南東隅に本丸と二ノ丸を並べて配し、西隣に三ノ丸と西ノ丸を連続させたシンプルな曲輪配列をなす一方、城の北半全体を親族や旧主の龍造寺氏一門など重臣の屋敷地が占有している点を最大の特徴とする。これは、低平地における中世の群郭型城郭の延長にあるスタイルで、地域性を示すと同時に城主の家臣団統制力の未熟さを反映したものと解釈される。廃藩置県を経て、一八七四年(明治七)に勃発した佐賀の乱で二ノ丸・三ノ丸が焼亡し、その後は県庁や学校などの公的施設が集中していたが、一九九三年(平成五)から歴史資料館建設計画に伴う本丸の発掘調査が開始され、筏《いかだ》地業や排水措置など低湿地帯特有の土木技術の内容を示す遺構が発見された。また、幕末に完工した本丸御殿跡の礎石群が良質な状態で検出されたことから、移築保存されていた「御座之間《ござのま》」を遺構上に復旧し、『佐賀城御本丸差図』に従って「外御書院」以下の御殿群の木造復元が実施されている。

資料館 佐賀県立佐賀城本丸歴史館(佐賀市)

参考文献 池田史郎「佐賀城と佐賀城下町の成立」(『九州文化史研究所紀要』二五、一九八〇)。佐賀市教育委員会編『佐賀城跡』、一九九六。

(宮武　正登)

さかたでら　坂田寺　奈良県高市郡明日香村阪田にある鞍作《くらつくり》氏の氏寺で、別称金剛寺。創建に関しては、鞍部多《た》須奈《すな》による五八七年(用明天皇二)説と鞍作鳥《とり》による六〇六年(推古天皇十四)説があるが、寺名は飛鳥寺《あすかでら》本尊の安置に功のあった鳥が近江国坂田郡内に水田二十町を賜り、それを造営に充てたことによる。六八六年(朱鳥元)には、大官大寺《だいかんだいじ》や飛鳥寺などとともに「無遮大会《かぎりなきおがみ》」が行われるなど、飛鳥を代表する尼寺といえる。一九七二年(昭和四十七)以降、発掘調査が断続的に行われ、寺域北辺で井戸・池・石垣、中央部で仏堂とそれに取り付く回廊が発見されている。ただし北辺の池以外は創建当初までさかのぼらず、仏堂と回廊は奈良時代、井戸は平安時代のものである。仏堂は金堂とも考えられ、須弥壇から水晶や銅鏡・和銅開珎などの鎮壇具が発掘されたが、最近仏堂前面から二棟の基壇建物が発見され、伽藍配置は不明確なままである。なお池の堆積土からは、七世紀前半にさかのぼる「十斤」と書かれた付札木簡や、創建当初の手彫り忍冬唐草文軒平瓦や素弁軒丸瓦が出土している。

参考文献 黒崎直「中小豪族の寺々」(狩野久編『古代を考える古代寺院』所収、一九九九、吉川弘文館)。

(黒崎　直)

さかとじょう　坂戸城　越後国の三国《みくに》街道の要衝に位置する山城。新潟県南魚沼市に所在。三国街道は魚沼地方の街道で、中世における越後と関東を結ぶ交通路であり、関東への玄関口にある。城戸城は魚野川と三国《さくり》川が合流する地点にあり、越後国では府内春日山城に次ぐ規模である。国史跡。坂戸城の築かれた年代は不詳であるが、鎌倉時代ごろにはあったものと推定される。南北朝時代には南朝方の新田氏が魚沼地方に勢力を保持していたが、越後守護上杉氏が新田氏を駆逐したのちは、上杉氏の家

坂戸城

臣長尾高景の一族が魚沼地方(上田荘)を領有し、坂戸山を本拠としたとされている。本格的な築城は長尾氏が入部したころであろうと推測される。一五九八年(慶長三)上杉景勝が陸奥国会津に移封されると、越前国から越後国に入部した堀秀治《ほりひではる》の一族堀直寄《なおより》が入城し、一六一〇年に直寄が信濃国飯山《いいやま》に転封されたのに伴い廃城になった。城跡は標高六三三・九メートルの坂戸山を中心に、南東側が尾根に続く以外は独立した丘陵上全体に築かれており、夥しい数の遺構が残っている。遺構は丘陵上の城郭部分と丘陵西麓の緩斜面の居館部分とに分けられる。城郭部分は最も標高の高いところに本丸があり、そこから北・東・南西に向かって尾根が伸び、ここには大小の郭・堰切などがある。居館部分は標高一六〇〜二五〇メートルほどの城跡中心部の西側の山麓に位置する。

（山本　肇）

さがの　嵯峨野　平安時代から現在の京都市右京区嵯峨・北嵯峨・嵯峨野に至る地名。上嵯峨の山を北に背負い、東は鳴滝・太秦、南は梅津に接し、西は桂川左岸までの広い領域。地名「嵯峨」は八一四年(弘仁五)閏七月に嵯峨天皇が御した嵯峨院に初見する。平安遷都後に唐都長安郊外の嵯峨山にちなんで命名されたのであろう。平安時代には天皇・貴族の遊覧・別荘の地であっただけでなく、大覚寺(八七六年に嵯峨院を寺と改む)・檀林《だんりん》寺(嵯峨天皇皇后橘嘉智子の創建)・棲霞《せいか》寺(嵯峨天皇皇子源融の棲霞観を寺と改む。後に清涼《せいりょう》寺に吸収)などの寺院が建立され、伊勢斎王の野宮が設定される地であった。鎌倉時代には後嵯峨上皇が院御所亀山《かめやま》殿を造営、後宇多上皇が大覚寺を中興し、南北朝時代には後醍醐天皇追福のため亀山殿が天竜寺に改められた。江戸時代には角倉了以の大堰川(桂川)開鑿《かいさく》により丹波国からの物資陸揚地として繁栄した。現在は多くの寺院を擁する観光名所として有名。

参考文献　『史料京都の歴史』一四、一九九四、平凡社。京都市埋蔵文化財研究所編『京都嵯峨野の遺跡』、一九九七。

（古藤　真平）

さかふねいし　酒船石　奈良県高市郡明日香村岡にある古代の石造物。国指定史跡。著名なのは飛鳥寺《あすかでら》東南の丘陵上にある花崗岩製の扁平な巨石(長さ五・五メートル、最大幅二・三メートル、厚さ約一メートル)で、「岡の酒船石」と呼ばれる。平坦な上面には楕円形の窪みとそれを結ぶ溝が、八センチ前後の深さに彫り込まれている。後世に両側辺が割り取られ原型は不明だが、西下がりの上面の傾斜は、ほぼ旧状をとどめている。その南約一〇メートルからは、導水用の溝を彫り込んだ「車石」と呼ばれる板石十数枚が発見されており、配水施設としての酒船石の機能を補完するものであろう。一方、その西方約六〇〇メートルの飛鳥川近くでは一九一六年(大正五)に「出水《でみず》の酒船石」が発見されている。これは西洋梨型(長さ四・三メートル、幅三・二メートル)と滑り台型(長さ三・二メートル、幅五〇センチ)の花崗岩二石を組み合わせたもので、他所へ搬出されて現地にはない。一九九九年(平成十一)の調査で、これが飛鳥京苑池遺構と一体となる導水施設であることが判明し、あわせてこれに接続する噴水状の立石(高一・五メートル、径〇・七メートル)も発見された。また岡の酒船石がある丘陵一帯は、人工的な造成面や石列が幾重にも巡り、二〇〇〇年には丘陵北裾から亀型の石製水盤(亀形石槽)が発見された。斉明朝の両槻宮《ふたつきのみや》との関連を想定する説がある。

参考文献　奈良国立文化財研究所・飛鳥資料館編『あすかの石造物』、二〇〇〇。

（黒崎　直）

さかふねいしいせき　酒船石遺跡　伝飛鳥板蓋宮跡の東方にある酒船石を中心とした遺跡。奈良県高市郡明日香村大字岡に所在。一九九二年(平成四)に丘陵の中腹で奈良県天理市にある豊田山から採石した凝灰岩質細粒砂岩を使用した石垣が発見され、『日本書紀』斉明天皇二年(六五六)是歳条に記されている「宮の東の山に石を累ねて垣とす」(原漢文)あるいは「石の山丘」に相当する遺跡ではないかと注目された。その後の調査でこの石垣は丘陵を取り巻くように延長七〇〇メートル以上に及ぶことが明らかとなった。さらに二〇〇〇年には丘陵の北裾で亀形石槽を中心とする導水施設や石敷、石垣などが検出された。この導水施設は湧水施設から溢れ出た水を船形石槽で濾過して、その後、亀形石槽へと流す構造となっている。導水施設の周囲には一二メートル四方の石敷があり、丘陵の斜面には石垣が設けられている。これらの遺構群は七世紀から十世紀まで存続していたことが判明しており、遺跡の性格を考える上で重要な発見となった。酒船石遺跡はこれまで十六年間にわたり計二十五回、範囲確認調査が行われ、酒船石のある丘陵を中心として亀形石槽などの遺構群と一体をなした、斉明朝から天武・持統朝にかけての天皇祭祀に関わる遺跡と考えられている。二〇〇四年九月には、酒船石周辺だけであった史跡地を追加・名称変更を行なって酒船石遺跡として国史跡に指定された。

↓亀形石槽《かめがたせきそう》

参考文献　明日香村教育委員会『酒船石遺跡発掘調査報告書』、二〇〇六。

（西光　慎治）

さがみがわきょうきゃく　相模川橋脚　一九二三年(大正十二)の関東大震災と翌年正月の地震により水田の中に木製橋脚が出現したもの。当初に調査した沼田頼輔以来、源頼朝家臣の稲毛重成が現在より東側に河口を持っていた相模川に架けた橋と推定されている。神奈川県茅ヶ崎市下町屋に国史跡「旧相模川橋脚」として一部が現存する。架橋のことは、『吾妻鏡』建暦二年(一二一二)二月二十八日条ほかに、一一九五年(建久六)に妻を亡くした重成が出家し、一一九八年に妻の追善供養のために橋を架けたと記されている。それ以前は相模川の架橋は船を繋いだ浮橋であったらしい。水上の露出部を中心に腐敗・虫食いが進んでいたことを受けて、二〇〇一年(平成十三)より、茅ヶ崎市によって史跡保存整備計画(平成十九年度終了予定)の一環として計三回の発掘調査が行われ、水面から出ていた七本のほかに三本の橋杭や厚板と角柱による中世の土留め遺構が確認された。

参考文献　『神奈川県文化財図鑑』五、一九七六、神奈川県教育委員会。『国指定史跡旧相模川橋脚』(『茅ヶ崎市埋蔵文化財調査報告』一六、二〇〇三)。沼田頼輔「震災に由って出現した相模河橋脚に就いて」(『歴史地理』四三ノ三、一九二四)。　(荒井　秀規)

さがみこくぶんじ　相模国分寺　七四一年(天平十三)の聖武天皇の詔を受けて諸国で建立された国分寺の一つ。神奈川県海老名市国分南に、一九二一年(大正十)国分寺としては最初の指定となった国史跡の相模国分寺跡がある。法隆寺式伽藍配置で八世紀後半の創建。『類聚国史』によれば八一九年(弘仁十)に二度の火災があり、『三代実録』元慶五年(八八一)十月三日条によれば同三年(二年の誤りか)の地震でも火災に遭ったがその後再建され、『成勝寺相折帳』(『祈雨法御書』裏文書)に一一五〇年(久安六)に成勝寺領とみえ、『吾妻鏡』建久三年(一一九二)八月九日条の北条政子安産祈願寺列挙では国分寺に「一宮下」の注記があり、寒川神社付近へ移ったかまたはその管理下にあったらしい。発掘経緯が複雑で出土品は海老名市教育委員会や奈良文化財研究所ほかに所蔵され、現在も史跡公園化にむけた整備・調査が市教育委員会によって継続されているが、鍍金された塔水煙が出土し注目される。付近に国分尼寺跡もある。国分尼寺は上記の『三代実録』によれば八七三年(貞観十五)から八七九年は漢河寺がこれに代わったが、漢河寺を茅ヶ崎市の下寺尾廃寺とする理解もある。　↓国分寺《こくぶんじ》　↓相模国《さがみのくに》　↓千代廃寺《ちよはいじ》

資料館　海老名市温故館(神奈川県海老名市)

参考文献　中山毎吉・矢後駒吉『相模国分寺志』、一九二四。『神奈川県文化財図鑑』五、一九七六、神奈川県教育委員会。『海老名市史』一・六、一九九八・二〇〇三。　(荒井　秀規)

さがみのくに　相模国　律令制下の東海道の一国。足上《あしのかみ》・足下《あしのしも》・余綾《よろぎ》(のちに淘綾《ゆるぎ》)・大住・愛甲(近世には北西部が津久井郡)・高座(はじめ高倉)・鎌倉・御浦《みうら》(のちに三浦)の八郡からなる。ほぼ、現在の神奈川県のうち、武蔵国となる川崎市と横浜市東部を除いた地域。国造制下に、相武《さがむ》国造(相模川流域)と師長《しなが》国造(酒匂川流域)のほか、三浦半島に『古事記』がヤマトタケルの後裔とする鎌倉別が所在した。足柄峠を境とする東国、坂東八国の一つであるが、畿内から見た遠近制で当初は東国唯一の中国(のちに遠国)という特殊性がある。これは、七三五年(天平七)の「相模国封戸租交易帳」によれば一国の戸の約四割が封戸であるという高指定率からもわかるように、相模国がヤマト王権・律令国家の東国経営の基盤であったことを示している。記紀のヤマトタケル東征説話に相模の地の記述が多く、ヤマトタケルへの衝突と敗退が三度記されているのも、相模の地がいち早くヤマト王権下に組み込まれた反映であろう。平塚市の真土《しんど》大塚山古墳(四世紀中ごろ、消滅)から京都府相楽郡山城町椿井大塚山古墳出土のものと同笵の三角縁神獣鏡が出土しているほか、一九九九年(平成十一)に逗子市・葉山町境で発見された四世紀後半の前方後円墳二基などが相模とヤマトとの関係を示唆し、後者は二〇〇二年に「長柄《ながえ》桜山古墳群」として国の史跡に指定された。律令制下、国府は二十巻本『和名類聚抄』に大住郡、十巻本『伊呂波字類抄』に余綾郡とあり、平安時代末期に現在の平塚市四之宮周辺から大磯町国府本郷へと遷されたと考えられる。平塚で八世紀後半の「国厨」の墨書土器が出土したことから、遅くとも奈良時代の終わりには平塚に国府が所在したらしいが、その大住郡の国府に先立ち、国分寺跡(海老名市)のある高座郡に初期国府があったとする説、あるいは小田原市の千代廃寺を初期国分寺、下曾我遺跡を国府関連遺跡として足下郡ないしは足上郡に初期国府を求める説がある。さらに、当初より国府は大住都で、移遷は一度に留まるとする説があり、決着を見ていない。こうしたなか、二〇〇五・〇六年に平塚市で八世紀前半の国庁脇殿らしき遺構が確認された。国府は当初より大住都にあったことになるが、その遺構が八世紀後半まで存続しないことや、国府と国分寺が郡を超えて遠距離であることが問題となる。郡家遺構は、鎌倉郡家(鎌倉市今小路西遺跡)、高座郡家(茅ヶ崎市西方A遺跡)が発掘されているほか、下曾我遺跡を足下郡家ないし足上郡家、厚木市の御屋敷添遺跡を愛甲評家とする考えがある。また、式内社は十三社で、うち寒川神社(寒川町)が大社で、のちに一宮となっている。平安時代末期には、伊勢神宮の荘園である大庭御厨(藤沢市・茅ヶ崎市・寒川町)ほかの荘園があり、その開発領主である大庭氏ほか梶原氏・鎌倉氏・渋谷氏・土肥氏・三浦氏・中村氏・和田氏など桓武系平氏を中心とする武士団が散在したが、天養年間(一一四四―四五)に起きた源義朝の大庭御厨侵入事件などを通じて源氏の傘下に編成され、やがては鎌倉幕府の御家人となっていく。鎌倉時代には鎌倉に幕府が開かれ、鎌倉が事実上日本の中心として繁栄した。その文化遺産は、鶴岡八幡宮や鎌倉五山である建長寺・円覚寺などを中心に伝わるが、そのほか源頼朝が建立した永福寺の跡地が国史跡に指定され、発掘調査が行われている。室町時代には、鎌倉公方が置かれ関東十国を管轄したが室町幕府に滅ぼされて以降は戦乱が続き、衰退した鎌倉に代わって栄えたのが一四九五年(明応四)に北条早雲が大森氏を追放して本拠を置いた小田原である。以後、一五九〇年(天正十八)に豊臣秀吉によって小田原城が開城されるまで、後北条氏が小田原を中心に関東一円に覇を唱えた。後北条氏滅亡後は、徳川家康の統治下に相模国唯一の藩として足柄上・下郡に小田原藩が置かれ、大久保氏が治めた。淘綾・鎌倉・津久井郡は徳川直轄領、大住・愛甲・高座郡は徳川直轄領と旗本領が交錯した。小田原藩は大久保氏から阿部氏・稲葉氏へと転じたが、のちに大久保氏が復して明治維新を迎える。一八六八年(明治元)横浜に神奈川県が置かれ、一八七一年に小田原藩が県となり、一八七三年に小田原県が旧駿河国の荻野山中県と韮山県と合併して足柄県となり、一八八七年に旧韮山県以外の足柄

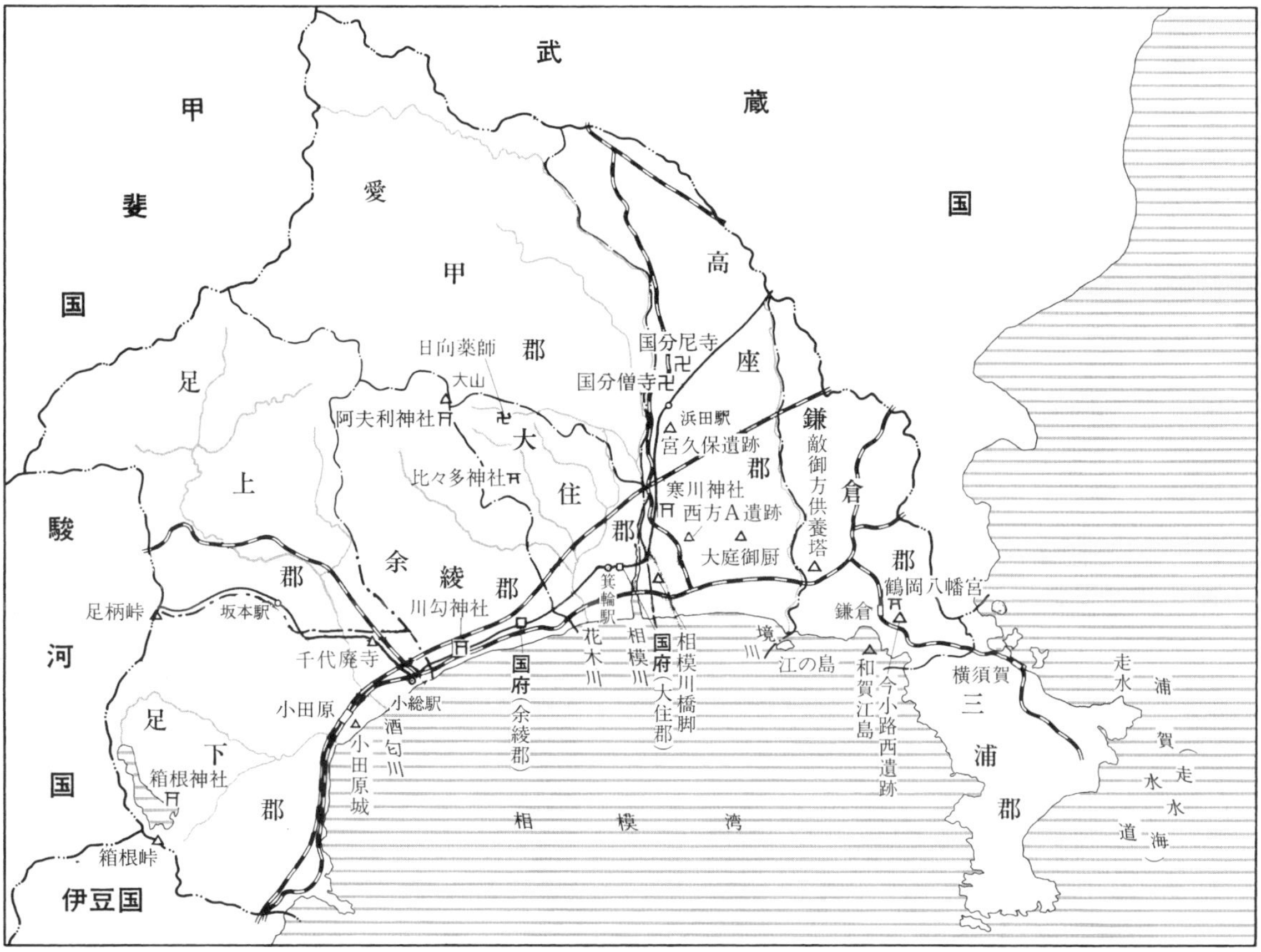

相模国略図

県が神奈川県と合併し、一八九三年に多摩三郡が東京府へ移管され、現在の神奈川県域が誕生した。小田原城は、一八七〇年に廃城となり解体され、石垣も関東大震災で崩落した。現在の天守閣は、一九六〇年(昭和三十五)に復興されたもので、本丸・二ノ丸を中心に国の史跡として整備が進んでいる。↓相模国分寺《さがみこくぶんじ》 ↓千代廃寺《ちよはいじ》

参考文献 『神奈川県史』、一九七〇-八三。『小田原市史』、一九九一-二〇〇三。『大磯町史』、一九九六-。『平塚市史』、一九八二-。『厚木市史』、一九八五-。『綾瀬市史』、一九九一-二〇〇一。『寒川町史』、一九九〇-二〇〇三。神奈川地域史研究会編『宮久保木簡と古代の相模』、一九八四、有隣堂。『神奈川の東海道』上・下、一九九九・二〇〇〇、神奈川東海道ルネッサンス推進協議会。『相模国府とその世界』、一九九八、平塚市立博物館。『相武国の古墳』、二〇〇一、平塚市立博物館。鈴木靖民「相模国の役所と支配」(平野邦雄・鈴木靖民編『木簡が語る古代史』下所収、二〇〇一、吉川弘文館)。神崎彰利・福島金治編『鎌倉・横浜と東海道』(『街道の日本史』二一、二〇〇三、吉川弘文館)。

(荒井 秀規)

さかもとじょう **坂本城** 一五七一年(元亀二)、織田信長より近江国滋賀郡を賜った明智光秀が居城として築いた城郭。大津市下阪本町所在。ルイス=フロイスの書簡によると、信長が安土山に建てたものにつぎ、この明智の城ほど有名なものは天下にないほどであったと報告している。吉田兼見は坂本城に明智光秀を訪ねているが、その対面は小天主で行われており、坂本城には大小二つの天主が存在していたようである。一五八二年(天正十)山崎合戦で光秀を破った羽柴秀吉が城を取り囲むと、城内より火が放たれ落城した。その後丹羽長秀が再建し、杉原家次、浅野長吉が城主となるが、一五八六年には大津城が築かれ廃城となる。現在城跡の痕跡は一切残っていないが、本丸に想定される位置の発掘調査では礎石建物などが検出されている。また、出土した軒丸瓦は山城勝龍寺城跡・越前小丸城跡出土の軒丸瓦と同笵であるこ

とが判明している。

[参考文献] 吉水真彦「近江坂本城跡の発掘調査〈速報〉」(『滋賀文化財だより』二三三、一九七九)。吉水真彦・松浦俊和「坂本城の発掘調査」(『日本歴史』三八七、一九八〇)。土山公仁「信長系城郭における瓦の採用についての予察―同笵あるいは同型瓦を中心にして―」(『岐阜市歴史博物館研究紀要』四、一九九〇)。 (中井　均)

さかもとたろう　坂本太郎　一九〇一―八七　古代史研究者。一九〇一年(明治三十四)十月七日静岡県浜名郡浜松町(浜松市)生まれ。浜松中学校、第八高等学校を経て、東京帝国大学文学部国史学科で古代史を学び、一九二六年(大正十五)に卒業。同大学院を経て一九三五年(昭和十)東京帝国大学文学部国史学科助教授となる。一九三七年「大化改新の研究」で文学博士の学位を得る。一九三八年史料編纂官を兼ね、一九四五年東京帝国大学文学部教授となる。戦前・戦中の皇国史観全盛の時代にも実証的な古代史研究を行い、戦後の東京大学文学部国史学科の再建にあたるとともに、多くの学生を育てた。一九五一年には史料編纂所長を兼任し、戦後の同所の発展の基礎を築いた。一九五八年、日本学士院会員となる。一九六二年、東京大学を定年退官、国学院大学教授となり、東京大学名誉教授ともなる。一九七二年文化功労者、一九八二年文化勲章を受章。一九八三年国学院大学を退職、名誉教授となる。文化財保護審議会の会長などとして史跡など文化財の保護に尽くした。また戦前以来の国立の歴史博物館創設運動を継いで、国立歴史民俗博物館設立準備委員会会長として同館の設立に活躍した。一九八七年二月十六日没、八十五歳。『坂本太郎著作集』全十二巻(一九八八―八九、吉川弘文館)などがある。

[参考文献] 坂本太郎『古代史の道』、一九八〇、読売新聞社。 (佐藤　信)

ざきみじょう　座喜味城　沖縄本島中部西海岸側の北部と中部の境界域に位置し、標高約一二五メートルの赤土台地の上に営まれたグスク。沖縄県中頭《なかがみ》郡読谷《よみたん》村字座喜味所在。世界遺産。比高差一〇～一二メートルの上下二つの曲輪で構成され琉球石灰岩の高い石垣を城壁とする。主郭と二の曲輪の虎口は石造拱門《きょうもん》である。横矢掛かりや敵兵を誘い込んでせん滅したりする曲輪を設け軍事的に優れた縄張り構造をもつ。十五世紀前半、琉球の歴史上築城家として知られる護佐丸《ごさまる》によって築城。当初、護佐丸はこの城の北東約五キロにある山田に城を構えていたが、北山が滅んだ後この座喜味城に移ったとされる。第二次世界大戦では旧日本軍の高射砲陣地、そして戦後は米軍によって通信基地に接収されたが、沖縄の日本復帰と同時に国の史跡に指定。一九七三年(昭和四十八)から環境整備事業が着手され旧来の姿に整備された。護佐丸の歴史上の役割、沖縄における石造技術の発展の過程を示す遺構がよく残っているグスクである。

[資料館] 読谷村立歴史民俗資料館(沖縄県中頭郡読谷村)

[参考文献] 『国指定史跡座喜味城跡―環境整備事業報告書―』、一九八六、沖縄県読谷村教育委員会。 (當眞　嗣一)

さきん　砂金　⇩金《きん》

さくこ　柵戸　⇩きのへ

さくていき　作庭記　編者は藤原頼通の子橘俊綱と考えられるわが国最古の作庭秘伝書。「作庭記」は江戸時代の名称で、秘伝書であることから最初は無題であったが、鎌倉時代以来「前栽秘抄《せんざいひしょう》」として『本朝書籍目録《ほんちょうしょじゃくもくろく》』に著録。最古の写本は石川谷村家本(重文)。俊綱がみずから作庭に関与した伏見山荘や伏見修理太夫として見聞した造庭工事の体験・口伝・遍歴した自然・芸術家などの交流が加味されている。内容や作庭にあたって自然の風景・国々の名所など日本の自然を参考にすることを原則にしている。自然風景を取り入れた石の立て方、中島・洲浜《すはま》・池の作り方、石立てなど寝殿造系庭園の意匠上・技術上の理解に欠くことのできない史料である。『作庭記』の内容は発掘で検出される平安京の庭園遺跡や各地の浄土式寺院庭園遺跡で実証されている。『日本思想大系』二三ほかに所収。

[参考文献] 田村剛『作庭記』、一九六四、相模書房。森蘊『「作庭記」の世界』、一九八六、日本放送出版協会。 (田中　哲雄)

さくらあずまおきゅうたく　佐久良東雄旧宅　佐久良東雄(一八一一―六〇)が、九歳のとき常陸国新治郡下林村(茨城県石岡市八郷町下林)観音寺の住職康哉の弟子になるまで住んでいた家。石岡市浦須に所在する国指定史跡。旧宅の建築年代は十八世紀末ごろとされる。間口八間、奥行二間の木造茅葺き長屋門は、建築許可文書によると宝暦年間から天明年間(一七五一―八九)である。それを入ると左側に土蔵が、正面に間口八間半、奥行四間半の木造茅葺きの母屋がある。一八三四年(天保五)の改築があるが旧態をよく残している。東雄は土浦藩郷士飯島平蔵の長男として浦須村に生まれた。二十五歳のとき真鍋村(土浦市真鍋)の善応寺住職となり貧民救済に尽力する。三十三歳のとき鹿島神宮で七日七夜の潔斎を行い、還俗して佐久良東雄と改名する。江戸に出て平田篤胤から国学を学び、歌学を通じて水戸史学を修める。一八六〇年(万延元)桜田門外の変に参加して大坂に潜伏する高橋多一郎をかくまった罪で捕らえられ江戸の獄中で断食して絶命したという。

[参考文献] 川島先則「佐久良東雄旧宅」(茨城地方史研究会編『茨城の史跡は語る』所収、一九八九、茨城新聞社)。 (阿久津　久)

さくらいのえき　桜井駅　古来、西国街道(旧山陽道)の河内などへの分岐点として要衝地であり、鎌倉時代末期、楠公父子訣別の歴史を語り伝える所として著名。国史跡、桜井駅跡(楠木正成伝説地)。別称、楠公父子訣別地。大阪府三島郡島本町桜井一丁目所在。桜井駅が文献に登場するのは江戸時代後期の頼山陽が著した『日本外史』の中で初見するくらいで詳細はわかっていないが、北隣の山崎とともに西国街道の宿駅であったことは十分に考えられる。『続日本紀』和銅四年(七一一)春正月条の大原駅が桜井駅の旧名ではともいわれており、近年南約一キロの梶原南遺跡でも奈良時代の官衙的建物跡や遺物が発見され、大原駅関連施設の可能性が検討されるなど周辺は交通上の要衝地である。『太平記』一三三六年(延元元)の楠木正成・正行《まさつら》父子訣別地についての実証は難しいが、謡曲・浄瑠璃唱歌や忠孝の逸話として取り上げられ、後世に大きな影響を及ぼした。宿駅の交通史研究や鎌倉時代末期の歴史を語り伝える所として重要な遺跡である。

参考文献 大阪府学務部編『大阪府史蹟名勝天然紀念物』二、一九三二。『嶋上遺跡群』二一(『高槻市文化財調査概要』XXIII、一九九七、高槻市教育委員会)。 (堀江 門也)

さくらじょう　佐倉城　千葉県佐倉市城内町に所在する近世城郭。一六一〇年(慶長十五)、土井利勝の佐倉入封に伴い築城され、明治維新まで石川、松平、堀田、大久保、戸田、稲葉氏など譜代大名の居城として使われた。城域の総面積は八七ヘクタール、本丸、二ノ丸、三ノ丸以外に、馬出、出丸、椎木曲輪《くるわ》、根曲輪、天神曲輪で構成される。本丸は、一九八〇年(昭和五十五)に発掘調査が行われ、三層四階であった天守、銅瓦葺き二階建ての銅櫓、一ノ門、台所門の遺構を確認している。安政期の絵図によると、二ノ丸に対面所、三ノ丸に米蔵、二・三ノ丸の東側には藩政の中心・三ノ丸御殿、武家屋敷が位置している。現在、国立歴史民俗博物館が建つ椎木曲輪にも武家屋敷が展開し、城の東側、追手門の外には城下が広がる。江戸近郊に位置する譜代大名の典型的な居城の遺構である。

参考文献 千葉県教育委員会編『千葉県所在中近世城館詳細分布調査報告書』I、一九九五。 (笹生 衛)

さくらまちいせき　桜町遺跡　富山県小矢部市桜町にある縄文—江戸時代の遺跡。産田・中田地区で飛鳥から平安時代の集落および道路遺構を検出。飛鳥時代の製塩土器、奈良時代の和同開珎、人名や「尉」の墨書土器・漆付着土器などが見付かった。産田地区から平安時代初期の木簡・墨書土器・硯・帯金具・斎串などが出土。墨書の「長岡」は『和名類聚抄』の砺波郡長岡郷、「長岡神祝」「大社祝」「禰宜」は式内社の長岡神社とそれぞれ関係するとみられ、郷・式内社の比定の上でも重要。道路遺構は、幅四・五〜五メートル。幅六〇〜八〇センチの側溝をもち、東北から西南方向に検出された。路面にはいわゆる波板状凹凸面がみられる。西南約一キロに延長すると小矢部市石動地区を東北方向に直線で貫く北国街道につながり、古代北陸道の一部とみられている。

参考文献 伊藤隆三「小矢部市発掘の推定北陸道」(『季刊考古学』四六、一九九四)。『桜町遺跡発掘調査報告書』弥生・古墳・古代・中世編I、二〇〇三、小矢部市教育委員会。 (鈴木 景二)

さくらまちじんやあと　桜町陣屋跡　宇津家桜町領の知行所(役所)跡。二宮尊徳は農村復興をめざし「桜町仕法」を行うために、一八二二年(文政五)から四八年(嘉永元)までここに暮らした。栃木県芳賀郡二宮町物井にある。小田原藩主大久保忠朝の三男、宇津教信が一六九八年(元禄十一)に芳賀郡内の物井・横田・東沼三カ村(高四千石)の分地を受け、翌年に物井地内の桜町に陣屋を置いた。明治維新後、陣屋は廃止され、敷地や建物は家臣に払い下げられた。一九三二年(昭和七)に国指定史跡。敷地は約一町二反、周囲にはもと土塁をめぐらしていたが、今は南側にのみ残る。史跡整備のための調査が一九九一年(平成三)から続けられており、役所建物の修理・復元、建物跡などの発掘が進められている。陣屋跡の東には尊徳が開削した新堀川が流れ、取水口の八木関、尊徳没後五十年を記念して創建された二宮神社、南に蓮生院などが所在する。史跡東隣には二宮尊徳資料館があり、尊徳の生涯を展示解説する。

資料館 二宮尊徳資料館(栃木県芳賀郡二宮町)

参考文献 佐々井信太郎他編『二宮尊徳全集』、一九二七—三、二宮尊徳偉業宣揚会。栃木県立博物館編『二宮尊徳と報徳仕法—第五十五回企画展図録—』、一九九六。二宮町教育委員会『史跡桜町陣屋跡』、二〇〇一。 (田熊 清彦)

さけ　酒　アルコール含有飲料のこと。アルコールは、酵母が糖分を分解する過程で生成される。縄文中期には、ヤマブドウなどの液果に含まれる糖分を野生酵母によって発酵させた果実酒が飲まれていた。縄文後期になると穀物中の澱粉を唾液で糖化させた後に発酵させる口嚙み酒が主流となるが、朝廷が宮内省の下に造酒司《さけのつかさ》を設置して酒を造らせた八世紀中ごろには、米を米麴によって糖化させる方法が一般化した。造酒司では酒を酒宴用もしくは給与としたが、同じ八世紀中ごろから寺院が神酒として用いるほか、利潤目的で酒を造り始めた。十二世紀後半以降になると京都の酒屋が土倉を兼業して繁栄するなど、販売酒の生産が本格化した。特に寺院で造られる僧坊酒は、室町時代中期から戦国時代にかけて都の支配階級に好評であった。なお、十六世紀初頭までは米・麴・水を一、二石入りの壺や甕で一度に混合して造られるアルコール度数の低い濁酒《にごりざけ》が生産量の大半を占めた。清酒《すみざけ》もあったが、現在の清酒《せいしゅ》と異なって濁酒を布で濾すか上澄みをすくったものである。現在の清酒《せいしゅ》の原型にあたる諸白《もろはく》は白米・白米で造った麴・水を三段階に分けて混合することでアルコール度数を高め、濾過した酒であり、十六世紀中ごろに奈良の正暦寺で開発された。近世初頭になると僧坊酒は没落し、代わりに造酒屋が台頭して十石から二十石入りの仕込桶を用いて大量生産を開始した。十八世紀末ごろまでの諸白は、陰暦の七月から翌年三月まで何度も造られていたが、十七世紀後半から幕府に奨励された寒造りが十九世紀初頭に一般的となる。寒造りとは製造時期を冬季の百日前後に限ることであり、季節労働者である杜氏集団の形成を可能にして、酒質を向上させた。一方、もろみ(ろ過または蒸留する前の発酵物)の蒸留を一度だけ行う単式蒸留機を用いた焼酎造りは、十六世紀前半に琉球ないし海外から薩摩地方に伝わった。焼酎の出現は、十六世紀末期に味醂《みりん》造りへと発展した。つまり、仕込水の代わりに焼酎を使用して微生物汚染を防止しつつ、麴による米の糖化作用を行うのが、味醂造りである。当初、味醂は女性や下戸に飲用された。

参考文献 加藤弁三郎編『日本の酒の歴史』、一九七七、研成社。 （青木 隆浩）

ささとうば **笹塔婆** 墓上に立てる墓標的意味を持つような大型の塔婆ではなく、供養のために作る小型の塔婆の総称。「ささ」とは小さな物の意である。さまざまな供養の場でさまざまなタイプの塔婆が作られた。形態的には頭部が五輪塔形・圭頭《けいとう》形・板碑《いたび》形などさまざまにあるが、いずれも一尺前後の小型ということで笹塔婆と一括して呼んでいる。供養目的と形態との関連は必ずしも有機的ではなく、同一形態の物がさまざまな供養に利用されている。「柿経《こけら》」は形態的には笹塔婆に含まれるが、この場合は用途で「柿経」と呼び分けている。よく出土する遺物としては供養のために墓上に立てた七本塔婆や四十九日の間毎日立てる日卒塔婆、霊場への納骨に際して奉納されたもの、流灌頂《ながれかんじょう》で水に流されたものがある。また中世城館の堀などからも年中行事にかかわる多くの小型卒塔婆が出土するが、それらも笹塔婆の部類に含めて考えてよい。流灌頂に関しては『平家物語』の「卒塔婆流しの事」の「千本の卒塔婆をつくり、阿字の梵字、年号月日、仮名、実名（中略）卒塔婆を作り出すに従いて海に入れければ、日数もつもれば卒塔婆の数も積もりけり」や、『七十一番職人尽』の「いたか」にみられる卒塔婆を作る絵とともに「ながれくわんぢやうながさせたまへ、そとばと申すは大日如来の三摩耶形」の口上などに卒塔婆を作る状況が垣間見られる。

参考文献 五来重「元興寺極楽坊発見の木製五輪塔婆」（『元興寺極楽坊中世庶民信仰資料の研究』所収、一九六四、法蔵館）。 （藤澤 典彦）

ささもとじょう **篠本城** 千葉県山武《さんぶ》郡横芝光町篠本字城山に所在する中世城郭。一九九三年（平成四）―九六年に城域のほぼ全て、二・九三ヘクタールの発掘調査を実施。中世遺構には、台地上を堀などで区画した区画十四ヵ所と、そこに作られた掘立柱建物六十九棟、地下式坑六十二基、方形土坑五十一基、水場遺構（井戸）十八基、墓坑二十九基、馬埋葬坑七基などがある。出土遺物には南宋から明代の青磁・白磁、瀬戸窯、常滑窯製品、「妙胤」「禅林」の墨書カワラケや内耳鍋《ないじなべ》を含む土器類があり、種類は日常用品から茶道具まで多岐にわたる。このほかに銅鏡や蝶番《ちょうつがい》、切羽などの金属製品、茶臼、硯、板碑・石塔類などの石製品がある。出土遺物の年代から、この城は十五世紀前半が最盛期で、十六世紀初頭までに廃絶したと推定でき、千葉氏の家臣と思われる竹元氏との関連が考えられる。

参考文献 東総文化財センター編『千葉県匝瑳郡光町篠本城跡・城山遺跡』、二〇〇〇。 （笹生 衛）

ささやまじょう **篠山城** 兵庫県篠山市所在の近世の平山城。国指定史跡。天下普請の築城で、池田輝政を普請総奉行、藤堂高虎を縄張奉行、さらに松平重勝を目付役として玉虫勝茂・石川八左衛門・内藤金左衛門をそれぞれ普請奉行に据え、山陽・山陰・南海の十五ヵ国、二十家の賦役で築城された。工事は一六〇九年（慶長十四）三月九日に着手され、同年の暮れに普請が終了した。城主には徳川家康の実子である松平康重を常陸国笠間城から入城させた。以降、明治維新までの二百六十年間四氏十四代の居城であった。石高は、はじめ五万石で十二代青山忠裕《ただやす》の一八二七年（文政十）以降六万石となった。篠山城は笹山の小山を利用し築城された方形の平山城で、東西南北が約七〇〇メートル、面積は一〇万平方メートルである。一八七三年（明治六）の取払令でほぼすべての建物が解体された。唯一残された大書院も一九四四年（昭和十九）の失火で焼失したが、復原されるとともに石垣なども整備され、一般に公開されている。

資料館 史跡篠山城跡大書院（兵庫県篠山市）

参考文献 嵐瑞澂『丹波篠山の城と城下町』、一九八〇、篠山町。『日本城郭大系』一二、一九八一、新人物往来社。 （大村 敬通）

ささら **簓** 民間で使われた体鳴楽器。「すりざさら」と「びんざさら」があり、前者をさすことが多い。後者は「編木」と書く。「すりざさら」は三〇センチほどの竹の先を細かく割った部分を、鋸歯状の刻み目を入れた木製の棒（ささらこ）に刷り合わせて音を出す。鎌倉時代中期の『撰集抄』五の厳島弁宇佐宮事に「ささら」を刷って歌を歌う僧形の者が描かれ、能の「自然居士《じねんこじ》」にはささらを刷りながら舞う説教者の自然居士が登場するように、ささらを刷りながら説教を語ったものと考えられる。十五世紀初期の『融通念仏縁起絵巻』上第三段に「ささらすり」の芸能者が描かれている。「びんざさら」は短冊形の薄い板を数十枚紐に通して綴りあわせたもので、両手で取っ手を持ち板を打ち合わせて音を出す。『栄華物語』一九に「田楽といひて、怪しきやうなる鼓腰に結いつけて笛吹き、さゝらといふ物突き、さまぐ〜の舞して」とみえるように、田楽躍に使われた。平安時代後期から鎌倉時代前期の『鳥獣戯画』などには田楽者が奏する様子が描かれている。ともに民俗芸能にも使われている。

参考文献 杉村良雄『簓の響き』、一九九三。中村茂子「ささらと芸能―簓を使用する風流踊を中心に―」（東京国立文化財研究所芸能部編『芸能の科学』一六、一九八八）。 （荻 美津夫）

さし **鏁子** ⇩鍵《かぎ》

さじ **匙** 食物をすくって口に運ぶ食事具。弥生時代中期の大阪府の池上遺跡や後期の静岡県山木遺跡、さらに古墳時代後期の奈良三輪山遺跡からも長さおよそ一〇センチほどの木製の匙がみつかっている。そのほか貝も使われていたことが、匙のことを古くはカイと呼んでいたことからわかる。貝には解毒作用があると考えられていた。当時は草や魚介類、木の実、米などを混ぜた雑炊のようなものが多く食べられていたというから、そうしたものに使われたのであろう。奈良時代になると箸とともに金属製の匙が大陸から入ってきて、貴族階級では匙と箸を併用するようになった。正倉院には銀に金鍍金を施した匙と、佐波理《さはり》という銅製の匙が残っている。当時は匙で飯をすくい、箸でおかずを食べていた。この状態が平安時代まで続くが、中世に入ると箸だけになって食卓から匙が消える。再び匙を使うようになるのは近代になり、西洋から洋匙が入ってきてからである。　↓杓子《しゃくし》　↓箸《はし》

(小泉　和子)

さしがね　曲尺　建築工事などにおいて、墨斗《すみつぼ》・墨⿱⺮心《すみさし》とともに使用し、加工する形状などを部材にしるす道具。矩とも書く。古代・中世の文献では「曲尺・マカリカネ」(『新撰字鏡』)、「鉤金・マカリカネ」(『古今目録抄』)、「⿰金曲・マカリカネ」(『類集文字抄』)などの記述があり、近世の文献では「矩・まがりかね」(『和漢三才図会』)、「矩・サシガネ」(『和漢船用集』)と、同一表記で呼称の異なる例がある。サシガネは長さの比率が約二対一の長枝《ちょうし》(長手)と短《たん》枝《し》(妻手・横手)が直角を形成するL字形の形状をしている。曲尺の裏には、表の√2倍の目盛(裏目)が刻まれ、屋根の隅部分など複雑な角度で接合される部材の墨付け(規矩術《きくじゅつ》)になくてはならないものである。裏目出現の時期には、十世紀ごろ、十二世紀ごろ、十四世紀ごろなど、いくつかの説がある。十六世紀後半の出土遺物(堺環濠都市遺跡)が最古の実物の一つ(断片)であるが、建築技術との関連より、六世紀後半の仏教建築とともに、わが国へ伝来したと推定される。

参考文献　渡邉晶「近世の建築用墨掛道具について」(『竹中大工道具館研究紀要』八、一九九六)。

(渡邉　晶)

さしず　差図　⇩建築図《けんちくず》

さしぜに　緡銭　一枚ずつ単独のバラ状態である銭貨に対し、中央の孔に藁紐を通して束ねられた状態の銭貨。とりわけ大量出土銭(備蓄銭・埋納銭)の出土状態に多く見られるとともに、女房が借上《かしあげ》(金融業者)から借金をする場面を描いた『山王霊験記』などの絵巻物にも緡銭は登場する。三貨制度の確立していなかった中世においてはもっぱら銭貨が使用されたが、あらゆる銭種が全て小平銭一枚＝一文で通用していたため、高額取引や備蓄で必要枚数が多くなるとその取り扱いの不便さからも緡銭が用いられたものと思われる。緡銭の単位で代表的なものは百文緡と一貫文(千文)緡であるが、一緡(＝百文)の作成方法については大阪府能勢町吉野遺跡の検討結果によると、まず銭を束ねる際には銭種や大きさは意識せず、用意した全ての銭から緡銭にしない銭をあらかじめ除外した後、藁紐に銭を通しているが、一枚一枚通していくのではなく、一部に裏表を意図的に揃えたものも幾らか確認できる七～十枚単位の銭を重ねて用意しておいて、それを順次通すことを繰り返して緡銭を作っていき、最終段階に一緡の重量が約三三二グラム程度になるように緡の一端の枚数で重量調整をしていると指摘されている。また、一貫文緡が完全な状態で遺存し、その作成方法が判明する貴重例として、山梨県北杜市小和田館跡出土品があるが、これは一緡(＝百文)ごとに結び目を作りながら五百文緡としたもの二本を、その各両端に延びた藁紐同士を撚り合わせて一貫文に仕上げている。さらに大量の銭塊の梱包方法の復元が可能な資料としては広島県福山市草戸千軒町遺跡出土の二例があるが、第二十九次出土例は一貫文緡を五個集めて一緡ごとの結び目で折り曲げ、小口を揃えて藁縄で周囲を縛り、薦か莚で梱包されており、「舟木本洛中洛外図屛風」の金融業者の店棚に見える、縄を網状にかけた銭塊の表現と類似する。第三十五次出土例は一貫文緡を同様に一緡単位で折り曲げ、その周囲を三ヵ所ずつ藁縄で縛って一塊に梱包したものを合計十三塊分、亀山焼甕の中に収納していた。一方、一緡(＝百文)の銭の実枚数については、先述した吉野遺跡・小和田館跡出土の緡銭を一緡(百文の結び目)ごとに一枚ずつ分離し、その枚数をカウントしてみるといずれもが九十七枚を数えるが、当時は省陌(短陌)法と呼ばれる慣行があり、百枚未満の枚数の銭で百文とみなして流通していた。その他の大量出土銭(備蓄銭・埋納銭)の場合でも、ばらつきは認められるものの、一緡の実枚数は圧倒的に九十六～九十八枚が多い。ところが、大宰府条坊跡第八十三次出土の一貫文緡の一緡の基準枚数は百枚を数え、前述した各地の一緡の実枚数とは相異なる様相を示すが、このことは『大乗院寺社雑事記』文明十二年(一四八〇)条にみえる「料足アカマ関ヨリ西ハ百文、東ハ百文九十七文目枚」の記述を裏付けている。本史料には九州と赤間関(下関)以東との差異しか記されていないが、発掘例では青森市浪岡城跡や岩手県花巻市笹間館跡の大量出土銭中の一緡の基準枚数も百枚であることが指摘できる。このように列島的視野で見た場合、東北地方北部と九州では銭百枚で百文という丁百法が、その中間では省陌法がそれぞれ採用されており、中世日本においては、地域によって二つの相異なる銭勘定の慣行が存在していたものと考えられる。

参考文献　石井進「銭百文は何枚か」(『信濃』四〇ノ三、一九八八)。嶋谷和彦「銭貨の流布―緡銭を中心に―」(小野正敏他編『図解・日本の中世遺跡』所収、二〇〇一、東京大学出版会)。同「出土銭貨の語るもの」(小野正敏・五味文彦・萩原三雄編『モノとココロの資料学―中世史料論の新段階―』所収、二〇〇五、高志書院)。高橋照彦「束ねられた銭〝銭緡〟」(国立歴史民俗博物館編『お金の不思議―貨幣の歴史学―』所収、一九九八、山川出版社)。渡政和「銭貨―考古・文献・絵画資料からみた緡銭の表現―」(『歴史手帖』二四ノ七、一九九六)。

(嶋谷　和彦)

さしば　翳　古代に使われていた儀式用の柄の長い団扇。

貴人の顔を隠すと同時に威儀を正すためのもの。中国から入ってきたもので、翳をかたどった器材埴輪もあり、古墳時代から用いられていたことがわかる。古くは鳥の羽で作った。『儀式帳』『長暦官符』には刺羽とある。『万葉集』三八八二に「渋谿《しぶたに》の二上山に鷲ぞ子産《こう》とふ指羽にも君が御為に鷲ぞ子産とふ」とあり、鷲の尾羽が用いられていたことがわかる。しかし羅や菅に変わる。『延喜式』掃部寮には紫翳・菅翳とある。禁色の紫羅を張った紫翳は楕円形で、銀で唐花唐草に蝶鳥が泥描きしてあり、透けた織り目に絡む紫と銀の階調は羽毛を造形化したもの。全長約四メートル余、骨・柄は黒漆塗。菅翳は庭上の雨儀に用いるもので、円形、形が団扇に似ることから菅扇ともいった。黒漆塗の竹材の骨組に菅を放射状に並べて麻糸で螺旋状に編んだ羽を黒漆塗の柄に刺してある。全長約二・五メートル。（小泉　和子）

さたきゅうやくえん　佐多旧薬園　現鹿児島県肝属郡南大隅町佐多伊座敷に薩摩藩が設置した薬園。吉野（鹿児島市）・山川（揖宿郡山川町）とともに三薬園とされる。起源は、一六八七年（貞享四）に新納又左衛門が龍眼樹を植えさせたことにあるとされ、薬園としては勝手方を担当した家老菱刈実詮《さねあき》の建議により一七五一年（宝暦元）―一七六九年（明和六）のころに整備されたようである。当時の藩主は、博物学にも強い関心を寄せた島津重豪《しげひで》であった。佐多薬園は、堀切薬園と上之園平《あげんそんだいら》薬園の二園からなっていたが、前者のみ現存しており、佐多旧薬園の名称で一九三二年（昭和七）国の史跡に指定されている。地元では、リュウガンが多く植えられていたことから竜眼山とも呼ばれた。暖かい気候のため、リュウガン、レイシ、オオバゴムノキ、フトモモ、バンジロウ、アカテツ、クワズイモなど当時としては珍しい植物や薬草が栽培されていた。レイシは、文化年間（一八〇四―一八）に津崎仁蔵が島津氏より預かったものを植えたことに始まるという。

参考文献　上野益三『薩摩博物学史』、一九八二、島津出版会。（永山　修二）

さつまえいせき　札前遺跡　北海道南部の擦文時代末期の集落跡。北海道渡島地方の松前郡松前町札前にある。一九八三年（昭和五十八）・八四年に、国道改良に伴い町が発掘調査を行なった。十―十一世紀ごろと見られる白頭山火山灰層の上で、三十三の竪穴住居跡が確認された。調査者によれば、遺跡全体で百以上の竪穴住居跡があるとみられ、渡島半島では最大規模の擦文時代集落である。遺跡は海岸に面した台地上にあり、道東地方のような河川との密接な関係は特に見あたらない。竪穴住居跡は、カマドをもつ四本柱のもののほか、柱数が多くなるものや壁際に柱穴が巡るものなどがある。さらに平地式住居もみられ、竪穴から平地への住居構造の変遷過程を見ることができる。深鉢、壺、杯などの擦文土器のほか須恵器の壺、鞴《ふいご》の羽口、多量の鉄滓《てっさい》と鎌・刀子・釘などの鉄器やガラス片などが出土している。また、コメ・アワ・モロコシ・オオムギなどの穀物も発見されている。後に急斜面改良のため再度発掘調査が行われたが、遺構はなかった。

参考文献　松前町教育委員会編『札前』、一九八五。（畑　宏明）

さつまこくぶんじ　薩摩国分寺　聖武天皇の発願により薩摩国に建立された国分寺。薩摩国分僧寺は鹿児島県薩摩川内《せんだい》市国分寺町に位置する。薩摩国府推定地の東隣で、史跡公園となっている。国指定史跡。南北一二〇～一三二メートル、東西一二一メートルの寺域は、築地塀で囲まれ、創建時の建物は、南大門、中門、その北に金堂（西金堂）と塔が向かい合い、さらに講堂（金堂）、僧坊（講堂）がある川原寺式あるいは観世音寺式の伽藍配置とされる。出土した多量の瓦から、創建は八世紀末ころ、十世紀中ごろに再建されたとされる。創建瓦を焼いた鶴峯《つるみね》窯跡（薩摩川内市中郷町）は、東方約一キロに位置する。国分寺留守職にあった国分氏（本姓惟宗氏）が残した『国分氏文書』は、鎌倉時代の伽藍配置など、中世段階の国分寺の姿を伝える。豊臣秀吉による兵火で消失、隣接地に再建されたものの、明治初年の廃仏毀釈により廃絶した。国分尼寺の比定地は、安国寺（薩摩川内市中郷町）、天辰《あまだつ》廃寺（同天辰町）、西原《にしはら》（同国分寺町）などの諸説があり、十四世紀初頭を最後に、文献上も確認できなくなる。→国分寺《こくぶんじ》

参考文献　河口貞穂「薩摩」（角田文衞編『新修国分寺の研究』五下所収、一九八七、吉川弘文館）。鹿児島県教育委員会編『薩摩国府跡・国分寺跡』、一九七五、川内市教育委員会編『国指定史跡薩摩国分寺跡環境整備事業報告』、一九八五。（永山　修二）

さつまのくに　薩摩国　七〇二年（大宝二）に設置された薩摩半島部を主域とする国。地域名としての薩摩の初見は、『日本書紀』白雉四年（六五三）七月条の遣唐使遭難記事。六八二年（天武天皇十一）朝貢を開始した阿多隼人のアタは、薩摩半島南部の地名に由来する。七〇二年に、薩摩・多褹《たね》が反すると、政府はこれを鎮圧して令制国としての薩摩国・多褹島を設置し、要害の地に柵・戍を設置した。『養老令』職員令大国条は、薩摩国司の職掌として「鎮捍、防守、蕃客、帰化」の特殊な任務を規定している。薩摩国は、肥後国や大宰府の財政支援をうけたが、対隼人政策の拠点であったことから、等級は中国とされた。またその表記は、大宰府・平城宮出土の木簡や七三六年（天平八）の正税帳などから、当初は薩麻が正式であり、八世紀半ばごろに薩摩に変更されたと考えられる。『律書残篇』によれば薩摩国は十三郡二十五郷からなり、『和名類聚抄』には出水《いずみ》・高城《たかき》・薩摩・日置《ひおき》・甑島《こしきじま》・伊作《いさく》・阿多《あた》・河辺《かわのべ》・頴娃《えの》・揖宿《いぶすき》・給黎《きいれ》・谿山《たにやま》・麑嶋《かごしま》の十三郡名と三十五の郷名がみえる。建国当初の薩摩国は、肥後系の住民が住んでいた出水郡、肥後国からの移民によって設置し、国府をおいた高城郡、隼人が居住する「隼人十一郡」という異なった性格を持つ三つの地域からなっていた。隼人の抵抗は、七二〇年（養老四）の戦い以降確

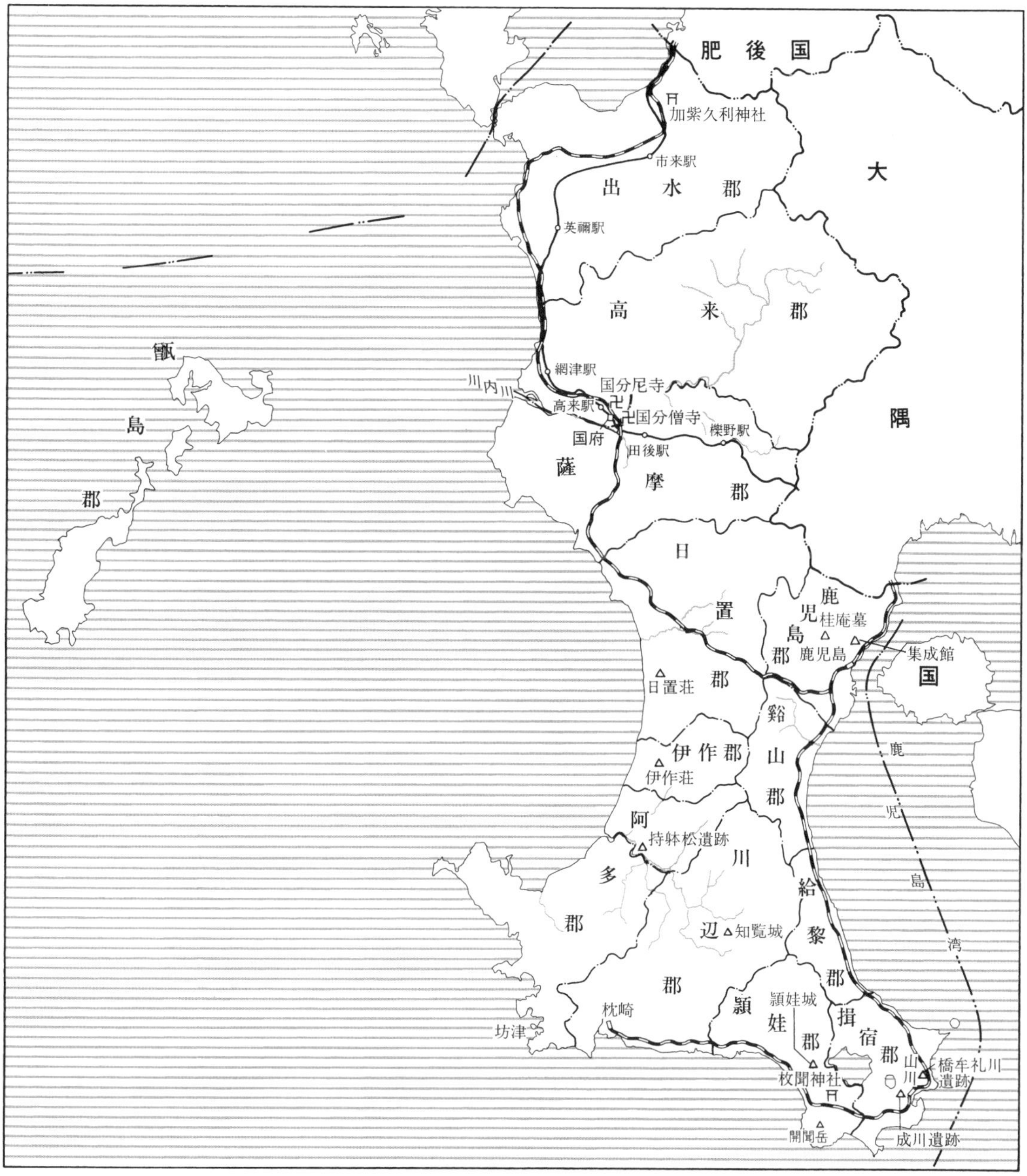

薩摩国略図

認できないが、七三〇年（天平二）に班田制の導入が見送られるなど、隼人に対する律令制度の諸原則の適用は留保された。しかし、隼人の子弟を舎人に任用するなどの施策を通じて、律令制度の浸透がはかられたようで、八〇〇年（延暦十九）に班田制が全面的に導入され、八〇五年に隼人の朝貢が終了すると、南九州の居住者を隼人と呼ぶことは行われなくなった。八二三年（弘仁十四）には公営田が設定され、八五二年（仁寿二）までには営田（国厨田）が許可された。国分寺跡の東隣の京田遺跡出土木簡は、郡司が条里で示された水田二段を勘取する旨、諸田刀禰に告知した嘉祥三年（八五〇）の年紀を持つものである。『延喜式』にみえる駅は、市来《いちく》、英禰《あくね》、網津《おうづ》、田後《たしり》、櫟野《いちいの》、高来《たかく》の六駅であり、式内社は、加紫久利《かしくり》神社（出水市）と枚聞《ひらきき》神社（揖宿郡現開聞町）である。十一世紀前期に、日向国島津駅（宮崎県都城市付近）付近に成立した島津荘は、十二世紀に本格的に薩摩国内に拡大した。十一世紀後半以降、中世的郡郷院の成立が見られ、一一九七年（建久八）の図田帳にみられる土地領有のあり方に近づいていった。一一八五年（文治元）惟宗（島津）忠久が、島津荘下司となり、間もなく地頭に補任されて、さらに薩摩国守護に任命された。以後、鎌倉時代前期のごく短期間を除き島津氏がながく守護職を保持した。守護所は国府付近にあったと考えられるが、南北朝時代には碇山《いかりやま》城（薩摩川内《せんだい》市）となった。島津氏が、大隅守護職をも手

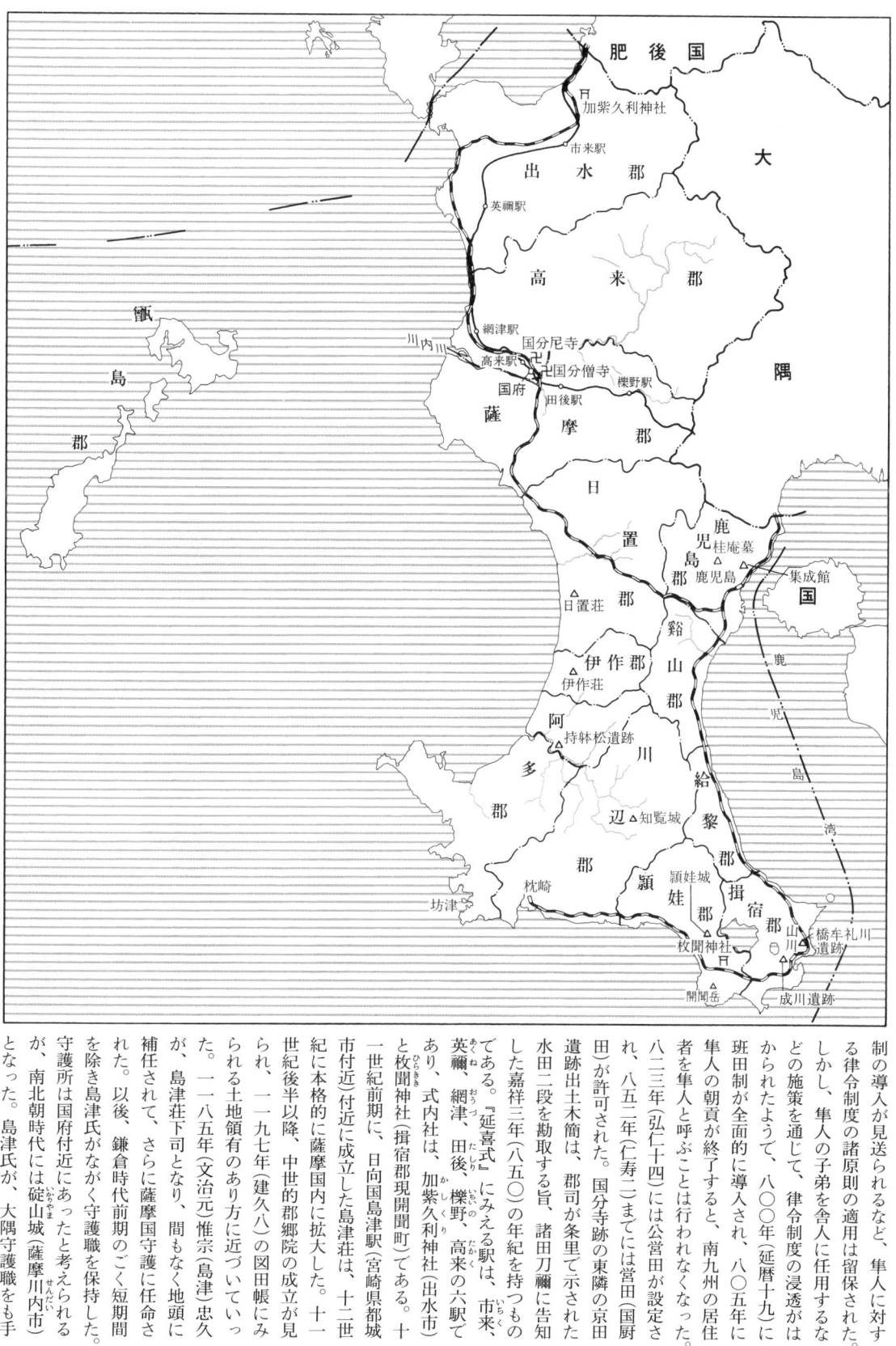

に入れ、南九州全体を統轄するようになると、以後、東福寺城・清水《しみず》城・内城《うちじょう》（いずれも鹿児島市）を本拠地とした。古代末から中世にかけての薩摩半島西岸の遺跡では、持躰松《もったいまつ》遺跡（南さつま市金峰町）をはじめとして、大量の輸入陶磁器や徳之島産のカムィヤキが出土しており、南島や中国大陸との交易が盛んであったことがわかる。現在の鹿児島郡三島《みしま》村・十島《としま》村の島々は、十二島として薩摩国河辺郡とされた。南北朝の争乱から戦国時代に薩摩国内では各地で抗争が頻発した。中世の山城の中には、知覧《ちらん》城（川辺郡知覧町）、頴娃《えい》城（揖宿郡頴娃町）をはじめとしてシラス台地を削る形で造られた南九州に特徴的なものも多い。島津氏は守護から守護大名、戦国大名への移行段階では、一族内で激烈な抗争を起した。十六世紀半ばまでに庶子家である伊作家の忠良は薩摩半島を制圧し、その子貴久は本家を継ぎ鹿児島の内城を拠点に大隅攻略に乗り出した。一五七六年（天正四）に大隅を制圧、翌年日向を制圧、その後豊後、筑前方面まで勢力を拡大したが、一五八七年に島津貴久は豊臣秀吉に降伏した。一六〇〇年（慶長五）の関ヶ原の戦で、島津氏は西軍側についたものの領国を安堵され、一六〇九年に琉球を支配下に入れて、幕府より薩摩・大隅・日向・琉球の計七十二万八千石余（うち薩摩国は約三十一万五千石）を宛行われた。鹿児島城を居城とし、さらに武士を薩摩国では地頭所三十八、私領十三の外城に集住させた。また農村は、一六六四年（寛文四）には、薩摩国に二百五十八ヵ所あり門割制度という農民支配制度がとられた。十九世紀に入ると列強の接近により、近代化を進めていたが、島津斉彬が藩主になると、集成館事業を開始した。一八七一年（明治四）の廃藩置県で鹿児島県とされた。

参考文献　原口泉他『鹿児島県の歴史』（『県史』四六、一九九九、山川出版社）。『鹿児島県の地名』（『日本歴史地名大系』四七、一九九八、平凡社）。

（永山　修一）

さつまやき　薩摩焼　桃山時代以降、鹿児島県で焼かれた陶磁器。文禄・慶長の役に際して島津義弘が連れ帰った陶工などを起源とする。竪野《たての》、苗代川《なえしろがわ》、龍門司《りゅうもんじ》、元立《げんりゅう》院《いん》（西餅田）、平佐《ひらさ》、種子島（能野《よきの》）の六系統があり、平佐系以外は陶器が主体である。藩窯であった竪野系は、一六〇一年（慶長六）ごろに金海（星山仲次）が興した宇都《うと》窯（姶良郡姶良町）にはじまり、御里《おさと》窯（姶良郡加治木町）、一六二〇年（元和六）には冷水《ひやみず》窯（鹿児島市冷水）が開かれたと伝う。苗代川系は一五九九年、朴平意らによって串木野窯（日置郡串木野市）が開かれたが、一六〇五年には苗代川（東市来町）に元屋敷ほかの窯場が築かれた。龍門司系は十七世紀初頭に卞《べん》芳仲・何芳珍、元立院系は一六六三年（寛文三）に小野元立が興し、平佐系は一七八六年（天明六）に伊地知団右衛門が有田の技術を導入し、磁器焼成に成功したと伝えられるが、伝世する一七八四年銘の染付香炉が知られる。また種子島系は、十八世紀に能野焼（西之表市）が知られるが、詳細は不明である。

参考文献　鹿児島県歴史資料センター黎明館編『世界のさつま』、一九九八。渡辺芳郎・関一之・下鶴弘「鹿児島県の製品の編年」（九州近世陶磁学会編『九州陶磁の編年』所収、二〇〇〇）。渡辺芳郎「一六～一七世紀の薩摩焼の技術」（九州近世陶磁学会編『十六・十七世紀における九州陶磁をめぐる技術交流』所収、二〇〇五）。

（村上　伸之）

さつもんぶんか　擦文文化　およそ八―十三世紀に北海道と東北地方北部に広がった土器時代最後の文化。サハリン南部と南クリール列島にも擦文土器は分布するが、集落などは未発見。木の箆《へら》で器の表面を擦ってあるので擦文土器と名付けられた。早期段階の土器は前の続縄文文化の北大式から継続発展し、深鉢形の口縁部に円形刺突文をめぐらし鋸歯状文や交叉沈線文をもつ。丸底坏の土師器《はじき》を伴うことがある。前期は横の平行沈線文に縦の垂直沈線文や斜行・鋸歯状文をもつ。平底坏の土師器を伴う場合とその影響の浅鉢を伴うことがある。以上は口唇部断面が角形になることが多い。中期は開いていた口縁部が内屈し短刻線文を施し、その下部の横走刻線文には鋸歯状や針葉樹状の文様が加わる。高坏《たかつき》形も登場。後期になると基本の横の平行刻線文は消え、文様帯が複段になりその区切りとして残る。高坏も脚部が高いものになる。晩期に入ると単帯に戻り、鋸歯状文や交叉文、それらに列点文が加わるものなどになる。高坏はほとんど姿を消す。内耳土器を伴う例もある。深鉢形土器の大きさには大中小があり、他に燈明皿として使用した小型の片口土器や土製紡錘車《ぼうすいしゃ》などを伴うことがある。蒸籠状の甑《こしき》は稀である。坏形や浅鉢形の底部に刻印記号を刻む例があるが、後のアイヌの木椀のイトクパ（祖印）に通じる。定形的な土器以外の容器としては、椀・皿・樹皮容器・曲げ物などの木製品があり、織機の一部の横糸を打ち込む筬《おさ》や縦糸を上下させる綜絖《そうこう》などの木製品も検出されている。竪穴住居は土師器文化のものを模倣したカマド付きの隅丸方形で、南東壁を中心にカマドを設置し、その側が出入口と想定される。炉は石組みではない地床炉。大中小の竪穴があるが、八本柱、四本柱、無主柱に分類できる。主柱の外側部が板敷きになっていることが多い。鉄製品の多くは本州からの移入品で、蕨手《わらびて》刀やその他の刀・刀子・鎌・斧・鍬先・銙帯《かたい》金具などがある。北海道式古墳と呼ばれる東北地方の末期古墳の影響下の特殊な墓からはこのような鉄器類が多く出土している。また、蕎麦・粟・黍・大麦などの栽培植物も検出されるが、基本生業は鮭鱒漁と考えられる。東北地方に出土例が多い「夷」の異体字とされる「夫」を刻書した土器が札幌市サクシュコトニ川遺跡や余市《よいち》町大川遺跡で出土しているが、アイヌの直接の祖先とされる擦文人が蝦夷集団であったことを示すのであろう。また、東北地方で十世紀中葉―十一世紀後葉に構築された古代防御性集落（防御のための壕をもつ集落）が道南地方に進出していることも注目される。乙部《おとべ》町小茂内《こもない》遺跡や松前町原口館跡遺跡などで調査され、後代のアイヌのチャシとの関係が今後の課題となっている。

参考文献 藤本強『擦文文化』、一九八二、教育社。横山英介『擦文文化』、一九九〇、ニュー・サイエンス社。

（宇田川 洋）

さどきんざん 佐渡金山 日本最大の歴史的貴金属鉱山で、佐渡金山あるいは佐渡鉱山として親しまれている。新潟県佐渡市（旧相川町）に所在。国指定史跡。佐渡金山や佐渡鉱山の呼称は、明治以後のもの。本来は相川金銀山と称され、全島の貴金属鉱山の総称としては、佐渡銀山とも称されたが、実態から佐渡金銀山と称するのが正しい。相川金銀山を中心とする佐渡の鉱石は、一つの鉱石の中に高品位の金と大量の銀を含み、このことが際立った特徴であった。貴金属鉱山としての歴史は、平安時代後期の治安年間（一〇二一―二四）の西三川《にしみかわ》砂金山（佐渡市（旧真野町））の開発から一九八九年（平成元）三月の佐渡鉱山の閉山まで千年に近い。長い砂金山時代を経て、室町時代後期に入ると相川金銀山の地表に露出した金銀鉱石の露頭掘りが行われ、鉱石は破砕され、すり臼ですりつぶされ、あるいは中世的な鉱山用回転石臼で微粉化された後、ゆり板を使って水中で比重選鉱され、金粒《きんりゅう》のみが採取される金山時代を迎えた。近年、上相川一帯で発見された二十基に及ぶすり臼およびリンズ未使用の第二期の鉱山用回転石臼（上臼）は、相川金銀山における中世的な産金活動を雄弁に物語っている。一五四二年（天文十一）石見銀山（島根県）より、鏈《ひ》追掘りと灰吹法という製錬法が鶴子《つるし》銀山（佐渡市（旧佐和田町））に導入されると、佐渡は銀鉱石から銀を製錬して取り出す銀山時代を迎え、金銀鉱石にもこの技術が応用され、相川金銀山を中心に金銀山時代を迎えることになった。一五九五年（文禄四）秀吉政権の要請で、石見銀山から横相《よこあい》という技術が鶴子銀山本口間歩《ほんぐちまぶ》（坑道）に導入され、乱掘による水没や崩落による捨間歩が再開発されるのに威力を発揮した。一五九九年（慶長四）には越後黄金山を凌駕し、一六〇二年には運上金百貫目、運上銀一万貫目を達成し、慶長・元和の最盛期には人口五万人に達する鉱山都市を形成した。この時期、日本からの輸出銀の過半は佐渡銀であった。

資料館 佐渡金山展示資料館（新潟県佐渡市）

参考文献 小菅徹也「佐渡―鉱山技術と近世産業都市」（『別冊歴史読本日本歴史の原風景』、二〇〇〇、新人物往来社）。

（小菅 徹也）

さどこくぶんじ 佐渡国分寺 佐渡国の国分寺。佐渡国分寺跡は新潟県佐渡市国分寺に所在し、現国分寺の西方に位置している。佐渡国分寺の建立は七四一年（天平十三）聖武天皇の詔勅によるものであるが、一三〇一年（正安三）雷火に焼けて再建され、その後寺堂を焼き、宝物・記録などは焼失してしまい、一五三三年（寛文二）現在の伽藍を再興したのである。このように佐渡国分寺の建立時期についての正確な記録は欠いている。佐渡国分寺跡について一番古い調査記録は、江戸時代の文化年間（一八〇四―一八）に佐渡奉行所広間役田中重太郎（葵園）が書いた『佐渡志』のなかにあり、塔の礎石の存在や瓦が出土することが知られていた。その後、一九二六年（昭和元）・二七年に調査され、一九二九年十二月に国史跡に指定されている。一九七一年から一九七三年の三カ年にわたって現状維持を基本とした史跡整備が行われ、一九九四年（平成六）から県道拡幅に伴う調査や遺跡の範囲確認調査が行われている。確認されている遺構は、金堂・塔・中門・南大門・回廊・新堂で、いずれも礎石を伴っている。講堂・僧坊などは確認されていない。伽藍配置は中軸線上に南から南大門・中門・金堂が一直線上に並び、中門と金堂は回廊によって結ばれている。塔は金堂の東方約九〇㍍の位置にある。また金堂と塔の間、金堂の北東三〇㍍には伽藍の中軸線とは異なる建物があり、平安時代以降に建てられた新堂と考えられている。遺物は瓦がほとんどである。軒丸瓦《のきまるがわら》は二十一形式以上、軒平瓦《のきひらがわら》は十七形式以上確認されているが、詳細な研究は進んでいない。また土器類の調査も進んでいない。丸瓦の凸面に文字と人物像が描かれているものがある。人物像は表現されている衣服から五位以上の官人の姿を描いたものと推定される。人物像の左側には「三国真人」とヘラ書きされている。佐渡に関係のあるものに三国真人広見がいる。従五位下能登守で七八五年（延暦四）に佐渡国に配流されているが詳細は不明である。佐渡国分寺跡の遺構についても講堂や僧坊の位置が不明で、寺域についても定かでない。さらに建立時期や廃絶時期についても明確ではない。今後文献に記載された内容と遺構・遺物の詳細な検討を行う必要がある。→国分寺《こくぶんじ》

（山本 肇）

佐渡国分寺跡伽藍

さとだいり 里内裏 平安時代以降において、京内（里）の邸宅を天皇在所としたものを指す。史料には「今内裏」「里内」などともみえる。九六〇年（天徳四）の平安宮内裏のはじめての焼亡後、村上天皇の在所を移す必要が生じ、後院《ごいん》の冷泉院が仮皇居にあてられた。後院とは、内裏とは別に京内に置かれた天皇の離宮である。九七六年（貞元元）の内裏焼亡後は、冷泉院が冷泉上皇の御所となっていたため、円融天皇は皇后藤原媓子の父である藤原兼通の堀河第に移り、約一年間仮皇居とした（堀河院）。これが里内裏の初例とされる。この後、内裏が焼亡するごとに天皇外戚の邸宅などが仮皇居とされたが、これらの施設には別当などが置かれ、後院に准ずるものとして扱わ

れた。一〇〇五年(寛弘二)の内裏焼亡に際し、一条天皇は藤原道長の東三条殿に移った(東三条院)。東三条院は後院の先例に准じるべきではない、と藤原実資は記しており(『小右記』同年十二月十七日条)、これ以後、後院や准後院以外の臣下の邸宅を仮皇居とすることが一般化した。このころから平安宮内裏焼亡後の造営に歳月を要するようになり、里内裏から里内裏への移御も行われるようになる。この段階になると、一〇一〇年に焼亡から再建された一条院のように、一次的な仮皇居ではなく当初から本格的な皇居とするために造営される邸宅も現れた。ただし、摂関期にはまだ平安宮内裏が天皇の本宮であるという認識は継続しており、内裏が健在でありながら里内裏を天皇在所とする例はほとんど見られなかった。白河天皇期以降になると、平安宮内裏の有無に関わらず里内裏を天皇在所として用いることが一般化し、同時に平安宮内裏は本宮としての権威と役割を次第に喪失し、やがて消滅するに至った。なお、天皇外戚の私邸が里内裏とされることが多かったため、内裏に代わって臣下私邸の政所で国政が行われたとする「政所政治論」がかつて唱えられていたが、現在では否定されている。

参考文献 橋本義彦「里内裏」(朧谷寿他編『平安京の邸第』所収、一九八七、望稜舎)。太田静六『寝殿造の研究』、一九八七、吉川弘文館。飯淵康一『平安時代貴族住宅の研究』、二〇〇四、中央公論美術出版。
(竹内　亮)

さどのくに　佐渡国　北陸道の一国。島としては、『日本書紀』神代に「佐度洲」と記され、『古事記』は「佐度島」とある。確かな所伝では、『日本書紀』欽明天皇五年十二月条の越国奏言に「佐渡島」とあり、また『国造本紀』に「佐渡国造」がみえる。前者は北の御名部之碕岸に粛《あし》慎人《はせひと》が淹留《えんりゅう》(居続けること)していることを通報したものであり、後者は、佐渡国造の前に記されている高志深江《こしのふかえ》国造の存在が確かになったことに伴う。いずれも七世紀半ばの渟足柵・磐舟柵設置以前にあたるが、六世紀代の両国造の存在と新潟県佐渡市相川地区台ヶ鼻《だいがはな》古墳被葬者集団の配置、村上市浦田山古墳群被葬者集団の連携などが関連づけられてよい。国の初見は、『続日本紀』文武天皇四年(七〇〇)二月己亥条の石船柵《いわふねのさく》修繕命令にある。令制施行時は、雑太《さわた》郡一郡であったが、七二一年(養老五)四月、雑太郡の一部を分割して賀母《かも》と羽茂《はもち》の二郡を立て三郡となった。郷数は、『和名類聚抄』刊本に二十三郷を記し、高山寺本では十八郷にとどまる。また田数では『和名類聚抄』に三千九百六十町四段を記し、正税では三万八千束を記す。郷数に比して田数・正税数の比率は低い。七二四年(神亀元)三月、流配の遠近の国々が決定されたが、佐渡は伊豆・安房・常陸・土佐・隠岐とともに遠流国とされた。七四三年(天平十五)二月、佐渡国を越後国に併合した。この前からの安房国を上総国へ、能登国を越前国へ併合した橘諸兄《たちばなのもろえ》の政策の一環と解されている。また七五二年(天平勝宝四)十一月に再び佐渡国を置き、守一人、目一人を任じた。その契機は、同年九月に渤海使が佐渡に来着したことに求められる。外交使節接遇が中央派遣官の国司の任であるべきであり、北辺の佐渡の位置によることが注目される。佐渡国に設けられた東大寺封戸百戸分がこの間に越後国に肩代わりされていることも北辺の防備負担への配慮と思われる。官道では、『延喜式』兵部省に北陸道越後国古志郡渡戸駅《わたしべのうまや》に船二隻を置き、佐渡国駅馬には松埼・三川・雑太《さわだ》の三駅に各五匹を当て、伝馬としても通用することを規定していた。したがって長岡市寺泊旧渡部集落付近海岸部から佐渡市松ヶ崎が正規の航路とされていたのである。七九二年(延暦十一)六月に諸国の兵士が廃止されたとき、佐渡国は陸奥・出羽、太宰府などとともに廃止されず、また八八〇年(元慶四)八月佐渡に弩師《どし》一人を配置するなど、辺要国として対外関係と蝦狄《かてき》とに備えていたことがわかる。関連して『貞観儀式』追儺《ついな》祭文には、疫鬼《えきき》を払う四方の堺を東が陸奥、西が遠値嶋《おかちじま》、南が土佐、北が佐渡とされており、これより遠方へ払うと唱えた。国府は、『倭名類聚抄』元和刊本で雑太郡にあり、京への行程を上り二十四日、下り十七日とする。京への行程二十四日は、国府が頸城郡の越後国と同じ日数なので、二十四日を三十四日とする解釈があり、妥当であろう。国府の位置は、およそ真野町に求められるが、なお不明である。国分寺跡は現佐渡市真野地区佐渡国分寺脇の台地に平安時代の南

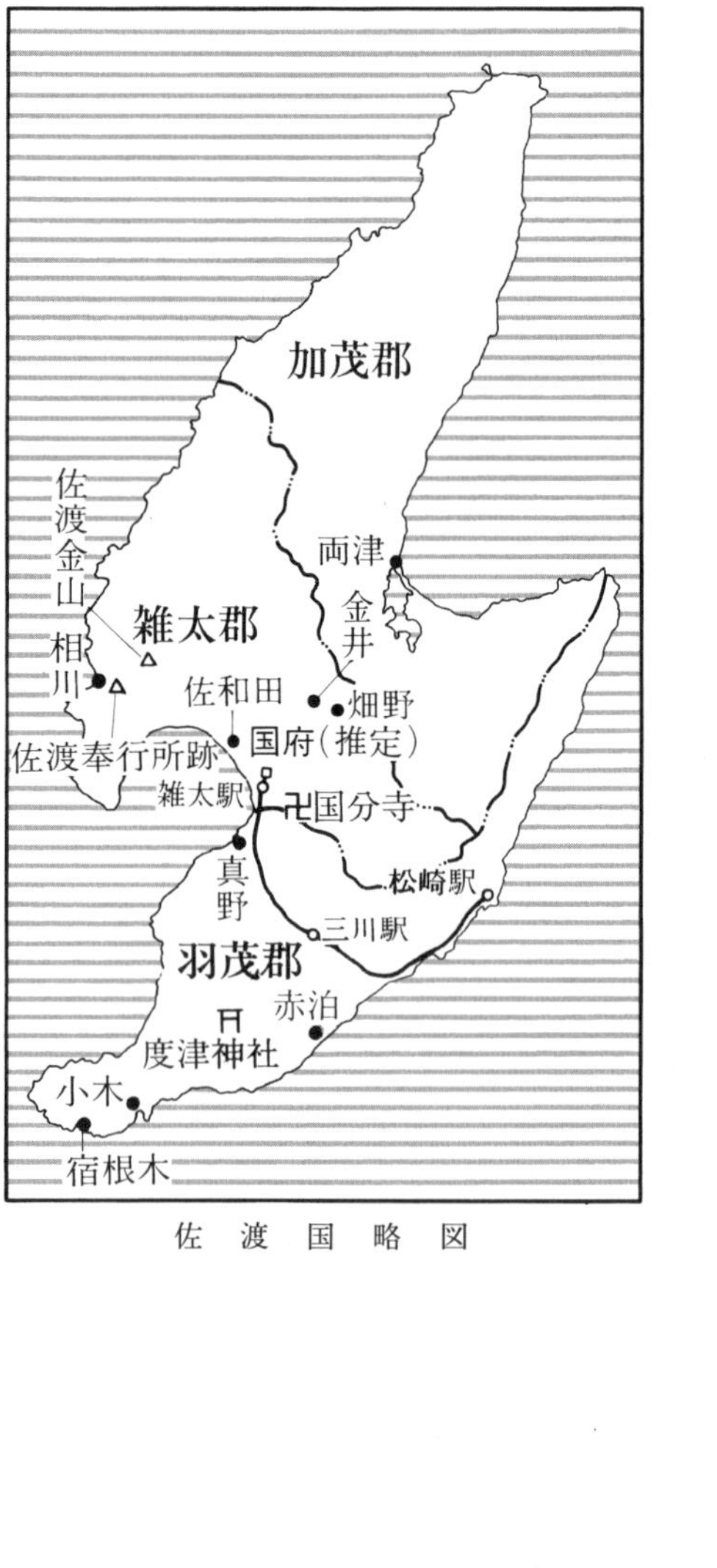

佐渡国略図

大門・中門・金堂・塔・回廊跡などの礎石や遺構が残っており、発掘調査により国の史跡指定が行われ保存が図られている。また国府関係地名として雑太城や若宮遺跡などが国府域にあるものと見られている。また雑太郡家は真野地区四日町若宮神社付近、賀茂郡家は両津地区河内から字長江付近、羽茂郡家は羽茂地区菅生付近と推定されたりしているが、郡家と見られる遺跡はなお明らかになっていない。越後国渡戸駅から船により松埼駅(畑野地区松ヶ崎、鴻《こう》ノ瀬の地名あり)に上陸し、三川駅(赤泊地区細腰)を経て、経塚山を越えて雑太駅(真野地区竹田で国府推定地)に至った。付近には雑太軍団が配置されていた。中世、佐渡国の守護は、承久の乱(一二二一年)後に比企北条、日蓮配流時(一二七一年(文永八)ごろ)には大仏氏と北条一門が任じられていた。新補地頭には相模国出身の本間氏が雑太郡各郷に、また同じく相模国の土屋氏、藍原氏、渋谷氏らが加茂郡や雑太郡内の郷に任ぜられ、支配にあたった。その後、本間氏が佐渡国守護代となり、守護所は雑太郡波多郷(現在の佐渡市畑野地区)に置かれ、本間氏が支配するところとなった。一五八九年(天正十七)に上杉景勝が領国としたが、一五九八年(慶長三)に会津移封となり、幕府天領となった。このころ相川銀山が活況を呈し、幕府代官大久保長安が活躍するが、一六一八年(元和四)に奉行制をしいて支配にあたり、幕末に及んだ。金銀山の繁栄は寛永ごろまでとされ、江戸時代中・後期は経営に苦しんだという。しかし一六九三年(元禄六)の初の一国実測検地で十三万余石となり、また享保期頃より松前・江差への西廻り航路の寄港地として交易が活発になった。一八六八年(明治元)に佐渡県、一八六九年越後府に合併されたが、同年佐渡県に復置されて一八七一年相川県と改称され、七六年に新潟県に合併された。

参考文献 『新潟県史』通史編一、一九八六。新潟県考古学会編『新潟県の考古学』一九九九、高志書院。 (小林　昌二)

さどぶぎょうしょあと　佐渡奉行所跡　一六〇三年(慶長八)代官頭大久保長安《おおくぼながやす》が佐渡金銀山の鉱山行政と、佐渡一国支配の拠点として設置した佐渡陣屋(のちの佐渡奉行所)の跡地。一九九四年(平成六)国史跡佐渡金山遺跡の一つとして指定。新潟県佐渡市(旧相川町)に所在。背後に相川金銀山を、前面に大間《おおま》湾を見ろす海岸段丘先端に立地。ここを中心に商品別・職能別町立(都市計画)がなされた。佐渡陣屋の造作も相川の町立も、大久保長安の細かな指図で行われ、百人の黒鍬者が整地作業や石垣工事などの普請に活躍した。陣屋や公的な寺社の作事には、棟梁水《みず》田与左衛門《たよざえもん》が活躍した。当初の敷地は現在の相川病院や佐渡版画村の敷地が含まれるが、鎮目・竹村両奉行の元和期に現況のように縮小された。現在、佐渡奉行所の復元中であるが、事前の発掘で役所・御金蔵跡や製錬用備蓄埋鉛千八百七十四貫目余が出土。世界で二例目となる、十六世紀最末の焼金の長竈も出土している。

参考文献 相川町史編纂委員会編『佐渡相川郷土史事典』、二〇〇二。 (小菅　徹也)

さなげやまこようせきぐん　猿投山古窯跡群　愛知県豊田市と瀬戸市の境界に位置する猿投山の西南麓には、焼物に適した良質な陶土を包蔵する標高一五〇メートル以下の低丘陵が形成されている。この丘陵地帯に営まれた窯跡群を総称して猿投窯山古窯跡群、あるいは猿投窯と称している。窯跡の分布範囲は、北は瀬戸市山口辺りから、東は西加茂郡三好町から豊田市にかけて、南は名古屋市緑区から大府市・大高町を経て刈谷市に跨る二〇キロ四方の範囲に及ぶ。五世紀前半ごろに名古屋市千種区から東山区にかけての名古屋台地東部に須恵器窯が開窯するのに始まり、その後、次第に周辺台地に窯場が拡大し、鎌倉時代末ごろまでの約九百年にわたり連綿と生産が行われた。古代末に継起した燃料の薪、陶土の枯渇を契機に北と南に移った分派は、やがて中世の瀬戸窯・常滑窯を形成する。この地域では、須恵器窯、瓷器《しき》(灰釉《かいゆう》陶器・緑釉《りょくゆう》陶器)窯、白瓷系《しらしけい》陶器(山茶碗《やまちゃわん》)窯、総数八百基余りが確認されている。古代の窯跡は、分布密度、地勢の上から、東山・岩崎・鳴海・折戸・黒笹・井ヶ谷・瀬戸の七地区に区分されている。窯数が著しく増加するのは、七世紀後半代(岩崎一七号窯期—高蔵寺二号窯期)＝I期、八世紀後半代(折戸一〇号窯期)＝II期、九世紀中ごろ—十世紀初頭(黒笹一四号窯期—黒笹九〇号窯期)＝III期の三時期であり、それぞれ次のような歴史背景を担っている。I期は飛鳥京・藤原京域への貢納、II期は和泉陶邑《すえむら》窯の須恵器生産衰退に伴う平城宮・京への貢納と国分僧尼寺造営施策に関する器物(仏花器・瓦塔など)の全国的規模での需要対応、III期は平安京と、主として東国の官衙・寺院に向けての瓷器(緑釉陶器・灰釉陶器)の貢納と供給を背景とする。尾張国は須恵器の調納国であった記録はないが、このように古代国家の成立当初から宮都への貢納、国内外の官衙などに焼物を供給する役割を担っていたことが考古学的に実証されている。

参考文献 楢崎彰一『猿投窯』(『陶器全集』三一、一九六六、平凡社)。愛知県教育委員会編『愛知県猿投山西南麓古窯跡群分布調査報告』一・二、一九八〇・八二。愛知県教育委員会編『愛知県古窯跡群分布調査報告』三、一九八三。 (巽　淳一郎)

さぬきこくぶんじ　讃岐国分寺　七四一年(天平十三)の聖武天皇の詔を受けて諸国で建立された国分寺の一つ。高松市国分寺町国分に所在。一九二八年(昭和三)に国の史跡に、一九五二年に特別史跡に指定。現在の白牛山国分寺は真言律宗の寺院だが、境内に金堂と塔の礎石がそれぞれ三十二個、十五個残っており、鎌倉時代に建立された現本堂(重要文化財)が、創建時の講堂の位置に建つ。史跡範囲からは「国分金光明」とヘラ書きされた瓦が出土している。寺域は築地と大溝によって二町四方を区画し、伽藍中軸線は西四分の一に偏っている。中軸線上に中門・金堂・講堂・僧房が並び、中門から延びた廻廊が、東にある塔を囲んで金堂に取り付く大官大寺式伽藍配置をとる。金堂は現在の礎石配置から復元すると、一間の庇が廻る桁行五間、梁行二間の身舎《もや》と推定される。塔は現存礎石の配置から一辺約一〇メートルの建物が復元され、七重塔であったと推定される。僧房は桁行二十一間、梁行三間、東西七ブロックに分かれ、中央ブロックは食堂のような広い共同空間で、これをはさんで東西に三ブロックずつ広さ約九畳の二十四の個室群(房)が並ぶ。『続日本紀』天平勝宝八歳(七五六)十二月己亥(二十日)条の記事から、以後も整備が続いたと考えられ、出土した複弁八葉蓮華文軒丸瓦や均整唐草文軒平瓦の年代観からも奈良時代後期の整備が推定される。→国分寺《こくぶんじ》

参考文献 『さぬき国分寺町誌』、二〇〇五。 (渋谷 啓二)

さぬきこくぶんにじ　讃岐国分尼寺　七四一年(天平十三)の聖武天皇の詔を受けて諸国で建立された国分尼寺の一つ。高松市国分寺町新居に所在。一九二八(昭和三)に国の史跡に指定される。国分寺跡の北東一・五キロにあり、現在は浄土真宗興正寺派の法華寺境内に当時の礎石と推定される石がある。原位置を保っていないものもあるが、おおむね南北四間、東西七間の建物が復元でき、推定寺域の中央に位置することから復元建物は金堂であり、その礎石と考えられている。また、寺域の西側を画すると推定される南北方向の溝が見つかっており、金堂跡の礎石群の中間地点までの距離から、寺域東西幅は一町半と復元されるが、想定寺域内は未発掘のため、創建時の寺域や伽藍配置などについては不明である。寺域推定地から採集された瓦は、創建時に使用されたと考えられる細弁蓮華文軒丸瓦や、讃岐国分寺跡出土のものと同笵の均整唐草文軒平瓦などの奈良時代の瓦が多く、奈良時代後期に国分寺の整備が終わった後、国分尼寺の整備が始まったと考えられる。→国分寺《こくぶんじ》

参考文献 『さぬき国分寺町誌』、二〇〇五。 (渋谷 啓二)

さぬきせきぶつ　佐貫石仏　栃木県塩谷郡塩谷町に所在する磨崖仏。国史跡。近在の東海寺の管理になる。南面する石英粗面岩に像容が線彫りされる。像高約一八・二メートル、頂―顎約三メートル、面幅約一・六四メートル。智拳印を結ぶ大日如来坐像とみられ、宝冠にバン(梵字)の陰刻があるとされるが、近年は岩の表層剥離の進行や植物繁茂のために、面部や台座仰蓮のほかは判別困難である。素人作風の作柄で作風からの製作年代の判断は難しい。像の上方に奥院と称される洞窟が存在し、そこより一八七九年(明治十二)に取出されたとされる銅板曼荼羅(阿弥陀如来及諸尊像、栃木県指定文化財)および銅鏡二面が東海寺に所蔵される。銅板曼荼羅は平安時代の作で、裏面に一二一七年(建保五)に大檀那橘公頼が「讃岐郷巌堀」を修造した旨が陰刻されている。

参考文献 『塩谷町史』一、一九九六。 (奥 健夫)

さぬきのくに　讃岐国　南海道に属する一国。『延喜式』による国の等級は上国。ほぼ現在の香川県に相当する。東と南は阿波国、西は伊予国に接し、北は瀬戸内海に面する。大河川に乏しく、年間を通し降水量が少なく干ばつの害を受けやすいため、古くより満濃池などため池や灌漑施設が発達した。平安時代中期の『和名類聚抄』記載の田数は一万八千六百町余。備讃瀬戸に面し瀬戸内海交通の要衝を占めていたため、古来、畿内の政権との政治的・軍事的関係が密であった。備讃瀬戸と燧灘とを分かつ荘内半島には、弥生時代の高地性集落跡である紫《し》雲《う》出《で》山遺跡がある。讃岐国内の古墳群の分布は、東から、短甲や三累環頭太刀が出土した原間六号墳を含む原間古墳群などの内陸地域(大内郡)、津田湾沿岸と内陸の四国最大の前方後円墳である冨田茶臼山古墳の地域(寒川郡)、二十基以上の積石塚などからなる石清尾山《いわせおやま》古墳群(香川郡)、城山《きやま》周辺(阿野・鵜足両郡堺)、善通寺市南部の有岡古墳群(多度郡)、三豊平野南部(刈田郡)などに、ある程度のまとまりが見られる。有岡古墳群は、三世紀代の積石塚である野田院古墳以来の各首長墓からなり、特に六世紀代の王墓山古墳からは大量の須恵器・土師器のほか金銅製冠帽や銀象嵌をもつ鉄刀・金銅製馬具が出土し、当該地域の有力者と中央政権とのつながりを示している。有力氏族としては、東から凡直《おおし》・讃岐公・秦公・綾公・佐伯直・因支首・丸部臣・刈田首などの分布が確認される。讃岐国の初出記事は『日本書紀』天智天皇六年(六六七)十一月条。「讃吉国山田郡」に屋島城を築いたとある。また記録には現れないが、城山(坂出市・丸亀市飯山町)にも古代山城が築かれ、六六三年の白村江敗戦後の東アジア情勢に対応し、屋島城とともに備讃瀬戸の交通を監視していた。「讃吉国」表記は、天平十六年(七四四)の年紀をもつ瑜伽師地論(石山寺一切経)の奥書にもみえる。七世紀の評制施行を示す木簡としては、「多土評難田」(=多度郡方田郷、のちの弘田郷)の表記をもつ飛鳥石神遺跡出土木簡がある。讃岐国には大内《おおち》・寒川・三木・山田・香川・阿野《あや》・鵜足《うたり》・那珂・多度・三野《みの》・刈田の十一郡があり、九世紀後半には八十九の郷(『菅家文草』)、十世紀には九十の郷(『和名類聚抄』)があった。中世以降、刈田郡は豊田郡となり、香川郡が東西二郡、阿野郡が南北二郡に分かれる。国府と国分寺は阿野郡に置かれ、国府跡の位置は現在の坂出市府中町に推定され、国分寺・国分尼寺は現在の高松市国分寺町にその跡を遺す。国内を東西に官道南海道が走っていたと推定され、東から引田《ひけた》・松本・三谿《みたに》・河内《こうち》・甕井《みかい》・柞田《くにた》の五駅が置かれた。讃岐国は、絹や綾など繊維製品や陶器・塩を調として、米と白木韓櫃を庸として納めるよう『延喜式』に規定されている。平城宮跡からは白米や塩の付札木簡が出土し、正倉院には白絁が伝わっている。また鯛楚割といった海産物や醤大豆・菅円座などが特産品として都へ運ばれた。国内には早くから条里制が施行され、天平七年の銘をもつ「弘福寺領山田郡田図」にも方格線が記されている。同図は八世紀の土地利用の様子を伝えており、また同図と一連の文書から八世紀後半の条里呼称による土地把握がわ

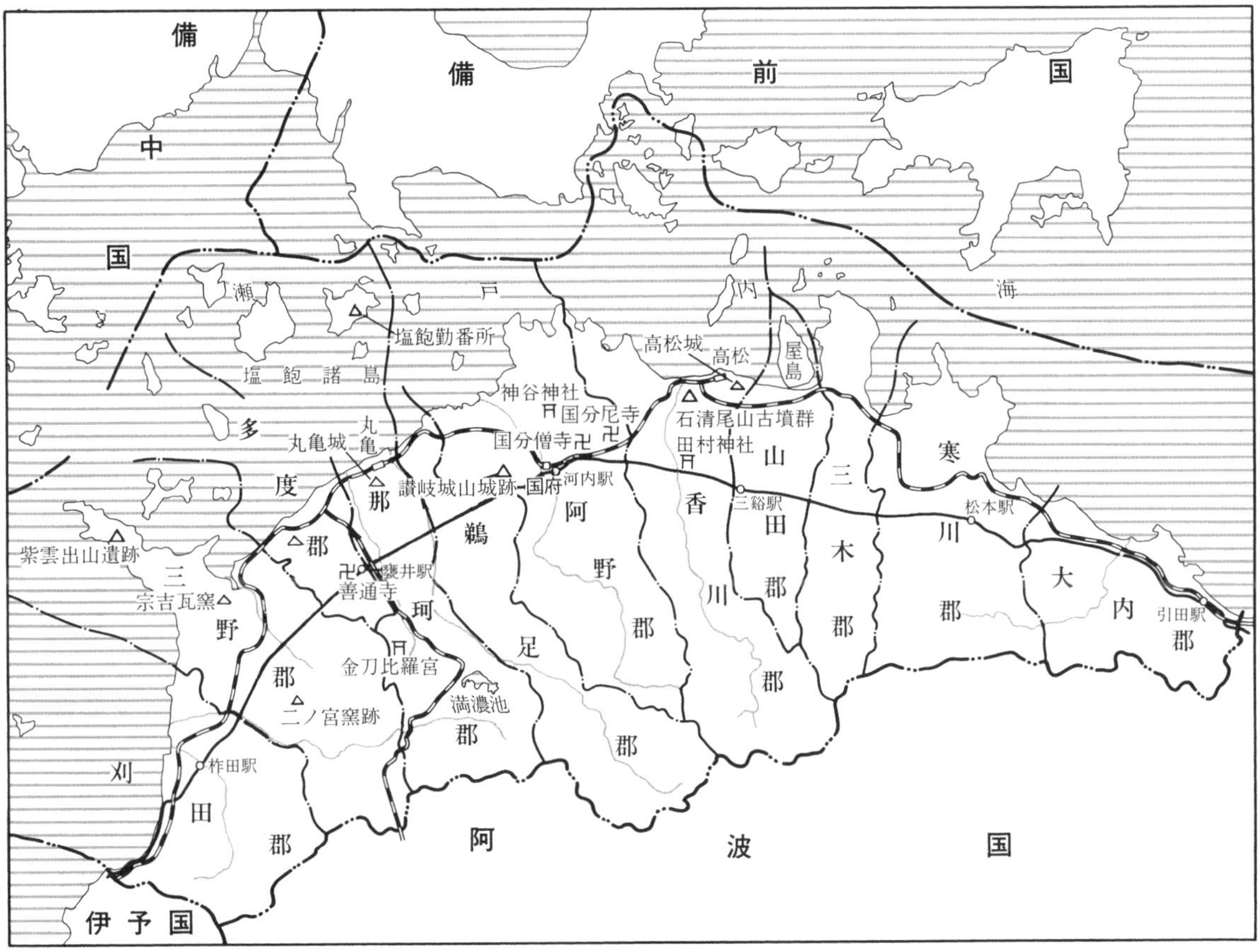

讃岐国略図

かる。讃岐国内の古代寺院は四国最多の約三十を数える。前代から盛んな窯業を基に寺院用の瓦生産が行われ、宗吉瓦窯(三豊市)では藤原宮の瓦が製作され供給された。讃岐国からは、中国唐に渡り密教を日本に伝えた空海や円珍といった平安仏教をリードした僧侶や、『令義解』編纂に関わった讃岐永直、『令集解』を編纂した惟宗直本をはじめとする明法家を多く輩出している。八八六年(仁和二)に讃岐守として赴任した菅原道真は、自身の漢詩集『菅家文草』に国司時代の詩も収めた。当時の讃岐国の人々の暮らしを詠んだ「寒早十首」などが伝わっている。十世紀前半の藤原純友の乱では、讃岐国もその戦場となり、純友軍の侵攻により国府が焼かれるなどした。一一五六年(保元元)、保元の乱に敗れた崇徳上皇は、讃岐国松山(坂出市)に流された。上皇のもとには、歌人の寂然が、また上皇死後には西行が訪れた。十二世紀末の治承・寿永の内乱、いわゆる源平合戦では、都落ちした平氏軍が安徳天皇を奉じ屋島に拠点を構えた。一の谷合戦での敗北後、屋島へ戻った平氏は、源義経軍との戦いに敗れると瀬戸内海を西走、壇ノ浦で滅亡する。鎌倉時代の守護には、後藤基清・近藤七国平・三浦光村が、宝治合戦の後は北条氏が任命された。中世の荘園としては、興福寺領神崎荘、醍醐三宝院領長尾荘、九条家領坂田荘・塩《し》飽《わく》荘・子松荘・詫間《たくま》荘、園城寺領金倉荘、法勝寺領櫛無《くしなしの》保《ほ》、善通寺領良田《よしだ》荘・一円《いちえん》保、石清水八幡宮領山本荘、日吉社領柞田《くにた》荘などが知られている。南北朝から室町時代の讃岐国を治めたのは守護細川氏。特に細川頼之以降、室町幕府管領をつとめる嫡流京兆家が守護となり、宇多津に守護所が置かれた。守護代は二人置かれ、東讃と小豆島は雨滝《あめたき》城(寒川郡)を拠点とした安富《やすとみ》氏が、西讃は天《あま》霧《ぎり》城(多度郡)の香川氏が治めた。応仁の乱以後、守護細川京兆家が衰退すると、讃岐国も戦国時代に突入し、隣国阿波国から三好氏が、また天正年間(一五七三―九二)には土佐国の長曾我部氏が侵攻し、讃岐国を支配するようになる。一五八五年(天正十三)、豊臣秀吉の四国攻めにより、長曾我部氏は土佐へ退き、讃岐国には秀吉配下の武将仙石秀久、後に尾藤知宣が入部する。一五八七年に生駒親正が讃岐十五石に封ぜられる。親正は香川郡野原荘の港湾部に高松城を築き、また西讃地域の支配のための支城として丸亀城を築いた。生駒氏は、検地を実施し、満濃池など灌漑設備の修築、高松城下の整備などをしたが、四代高俊の代に御家騒動(生駒騒動)が起こり、一六四〇年(寛永十七)出羽国矢島一万石へ改易された。生駒家改易の後、丸亀城を中心に西讃岐は山崎家治が、高松城を中心に東讃岐は水戸徳川家の連枝である松平頼重が入り、丸亀藩・高松藩が成立した。その後、山崎家は三代で終わり、一六五八年(万治元)に京極高和が丸亀城に入り、一六九四年(元禄七)に丸亀藩から支藩多度津藩が分かれ、以後、三藩の体制が明治まで続くことになる。

参考文献　木原溥幸他『香川県の歴史』(『県史』三七、一九九七、山川出版社)。　(渋谷　啓二)

さぬきのくにやまだぐんでんず　讃岐国山田郡田図　⇩山田郡田図《やまだぐんでんず》

さね　札　⇩小札《こざね》

さばがわせきみず　佐波川関水　佐波川の上流に構築された木材搬出のための中世の堰・水路跡。山口市徳地《とくじ》船《ふな》路《じ》にある。一一八六年(文治二)東大寺再建の造営料国となった周防国(山口県)の国務管理(国司)俊乗坊重源は、大仏殿再建の用材を佐波川上流に求め、宋の工匠陳和卿《ちんなけい》らを従えて入山し伐採にあたった。『東大寺造立供養記』によれば、伐り出された巨木は筏《いかだ》に組んで佐波川河口まで運び出されたが、佐波川は川底が浅く搬出の障害となったので、一一八ヵ所の堰を設けて流水を止め、堰の一隅に幅約三間(五・四メートル)の水路を造って流木した。この施設が「関水」である。現在その多くは破壊され、最上流部の船路に残るのみである。石畳の河床をもつ水路跡が左岸沿いに遺存しており、やや上流には、運搬中に沈んだとされる「坊主木」二本が川底に埋まっている。中世の土木技術を知る上で重要な遺跡である。国指定史跡。未発掘。

参考文献　『徳地町史』、一九七五。　(渡辺　一雄)

サバニ　沖縄の伝統的な小舟。サバニの語源は定かでないが、サバブネ(鱶舟)の略またはサブネ(狭舟=小舟)の転訛という説がある。サバニの種類には「本《ほん》はぎ」「南洋はぎ」「アイノコ」と呼ばれるものがある。「本はぎ」は、丸木舟のように木をくりぬいたものを底板(カーラ)に用い、その上方に杉板を木製の鎹(フンドゥ)で継ぎ足したもので、本格的な「本はぎ」は糸満舟と呼ばれている。「南洋はぎ」は、文字通り南洋地方に出現した、板を継ぎ合わせて造るもので、第二次世界大戦後に沖縄に伝わった。「アイノコ」は両者の折衷タイプである。最も古いタイプの「本はぎ」はカーラの構造からして丸木舟が発達したものであることは明らかであるが、それがいつごろから造られるようになったかは、明治に入ってからとする見解と、馬艦船や楷船が建造されるようになる近世中期以降とする見解があって、今のところ定説をみない。

参考文献　上江洲均『沖縄の暮らしと民具』(『考古民俗叢書』一九、一九八二、慶友社)。野口武徳「沖縄の伝統的船について」(大林太良編『船』所収、一九九五、社会思想社)。　(山里　純一)

さはり　佐波理　古代を代表する合金の一つ。薄手の鋺や匙、水瓶などの材料として知られる。最近行われた正倉院や法隆寺の宝物に対する科学的な調査により、銅に二〇％程度のスズを含む銅-スズ合金、すなわち基本的に青銅にあたることが判明した。古くは、白銅と呼ばれていたともいう。微量に鉛やヒ素を含むものもあるが、不純物が少なく、よく調整された合金である。一度、鋳込んでから叩き締め、その後挽き加工を施して薄く仕上げていると考えられる。一ミリ以下の厚さまで、薄く削り込んだものもある。

参考文献　村上隆『金工技術』(『日本の美術』四四三、二〇〇三、至文堂)。成瀬正和「佐波理」(『正倉院ノート』所収、一九九七、朝日新聞社)。　(村上　隆)

さぶかぜこようせきぐん　寒風古窯跡群　飛鳥時代から奈良時代に至るまで盛んにつくられた邑久《おく》古窯跡群のなかで、最も名高い須恵器の窯跡群。岡山県邑久郡牛窓《うしまど》町長浜の丘陵地帯に築窯されており、出土する器の肌が白く美しい点に特徴がある。加えて、大・上・下などのヘラ書き文字が数多く確認できることもまた、注視される。今日まで発掘調査はなされていないが、時実黙水による膨大な採集品をもとに、西川宏によって試みられた編年作業の成果と、磁気探査によって窯跡の位置と規模をとらえた調査結果が共有できる。窯体は少なくとも五基認められ、これらの窯は一般的にいって幅二メートル前後、長さ六～八メートルていどの窖窯《あながま》と予測される。操業の時期は七世紀前半から八世紀初頭にかけてのおよそ百年にわたる。各種須恵器のほか、横穴式石室に埋納例の多い陶棺や、寺院・官衙に使われた鴟尾、文字の普及に欠かせない円面硯、律令的祭祀に伴う陶馬なども見つかっている。一九八六年(昭和六十一)国指定史跡。

参考文献　岡山県教育委員会編『寒風古窯址群』、一九七六。山本悦世『寒風古窯址群』、二〇〇三、吉備人出版。西川宏「寒風陶芸の里整備構想と窯業遺跡の危機」(『考古学研究』二四ノ二、一九七七)。　(葛原　克人)

さほ　佐保　春日山を水源として奈良市の北部を流れ、大和郡山市へと南下する佐保川の上流域で、現在の奈良市法蓮《ほうれん》町、法蓮佐保山町、法蓮佐保田町を中心とする地域の総称。『古事記』に「沙本」、『日本書紀』に「狭穂」や「匝布」などの表記がみえる。また、七五六年(天平勝宝八)に作成された「東大寺山堺四至図」や長暦元年(一〇三七)十二月八日付の王某田地売券(『平安遺文』五七四)からは、平城京の一条南大路が佐保大路と呼ばれたことが知られる。『万葉集』八などによれば、奈良時代には、大納言大伴安麻呂や左大臣長屋王の邸宅が営まれ、後者では新羅使らを招いての詩宴が催された。さらに、佐保川の北方に広がる丘陵地帯には、聖武天皇や光明皇后の陵墓も造られている。なお、室町時代の日記『大乗院寺社雑事記』などに散見する興福寺領、佐保田本免荘および新免荘の所在も、この佐保の内に比定される。

（西村さとみ）

さほどの　佐保殿　平安京遷都以降、興福寺や春日社に参詣する藤原氏が宿所とした施設。『今昔物語集』巻二十二―第二によれば、藤原不比等の邸宅を房前が継承したもので、殿内には房前の肖像が置かれ、氏長者は庭からそれを拝したのち殿に上ったという。所在地については、『大乗院寺社雑事記』文明十年（一四七八）十月十七日条の「佐保殿、佐保田之在」との記述により、興福寺領佐保田荘、現在の奈良市法蓮《ほうれん》佐保田《さほだ》町とみる説が出された。しかし、『今昔物語集』は興福寺の西に所在するとし、『玉葉』治承五年（一一八一）正月四日条にも、興福寺外の「率川社、宿院」とともに同殿が焼失したとある。つまり、佐保殿は興福寺の近辺にあったと考えられ、『江家次第』五にみえる他氏の宿所「梨子原」との位置関係から、所在を平城京左京二条六坊、現在の奈良市内侍原町の北に広がる北小路町のあたりに求める説もある。なお、先の『大乗院寺社雑事記』などから、佐保殿領や修理料所が付されていたことが知られる。

（西村さとみ）

さほやまのひがしのみささぎ　佐保山東陵《りょう》　⇩光明皇后《こうみょうこうごう》陵

さほやまのみなみのみささぎ　佐保山南陵《りょう》　⇩聖武天皇《しょうむてんのう》陵

さむらいづかこふん　侍塚古墳　栃木県大田原市湯津上の那珂川右岸段丘上に所在する、四世紀末から五世紀初頭ごろの二基の前方後方墳。車塚ともいう。国史跡。上侍塚古墳の北方約七〇〇メートルに下侍塚古墳が位置し、徳川光圀らが那須国造碑の確認を端緒として碑主を明らかにするため、一六九二年（元禄五）に調査。出土品は絵図に留め、箱に納めて埋め戻した。墳丘には松を植え、古墳の保護を図る。規模は、上侍塚古墳が全長一一四メートル、後方部幅六〇メートル・同高一二メートル、周溝東側は段丘崖に接して不明。元禄の絵図から窺える遺物は、捩文鏡、石釧、管玉、鉄鏃や甲冑片、矛、刀の破片、高坏などである。下侍塚古墳は全長八四メートル、後方部幅四八メートル・同高九・四メートル、周溝の幅が北側一五メートル、南側九メートル。盤竜鏡（竜虎鏡）、刀、鉾、鎧片、高坏などの絵図が残る。一九七五年（昭和五十）の調査では、土師器の鉢・壺が出土している。上侍塚北古墳（前方後方墳）、下侍塚古墳周辺に方墳など八基が現存する。

資料館　栃木県立なす風土記の丘資料館湯津上館（栃木県大田原市）

参考文献　山越茂「上侍塚古墳」「下侍塚古墳」（『栃木県史』資料編考古一所収、一九七六）。大金宣亮『下侍塚周壕発掘調査概報』、一九七六、湯津上村教育委員会。斎藤忠・大和久震平『那須国造碑・侍塚古墳の研究』、一九八六、吉川弘文館。栃木県立なす風土記の丘資料館編『前方後方墳の世界―前方後円墳の成立と展開―』、一九九三。同編『前方後方墳の世界』II、一九九七。同編『関東以北の前方後方墳・方墳の鏡―古式古墳出土鏡を中心として―』、二〇〇〇。同編『水戸光圀公の考古学―日本の考古学那須に始まる―』、二〇〇四。

（田熊　清彦）

さめ　鮫　生物学的定義では、軟骨魚綱板鰓類のうち、エイ目以外のものの総称。関西以西ではフカと呼ぶことがあり、山陰を中心として、北陸と九州の一部にわたる「出雲文化圏」の地域では、ワニと呼んでいる。「フカヒレのスープ」や、蒲鉾をはじめとする練製品の原料として用いられるほかに、皮は「サメヤスリ」や刀剣の装飾に用いられることが一般に知られているが、干物や刺身としても賞味されている。刺身としてこれを珍重するのは、山陰地方の内陸山間部であるが、「サメのタレ」と呼ばれる薄塩干しの鮫は、伊勢・志摩・紀伊などで作られており、伊豆の新島には「サメノクサヤ」がある。沖縄でも、「ソージリー」「ソージラー」と呼ばれる鮫の塩漬け干物があり、これは水でもどして焼いて食べる。注目されるのは、神饌としての鮫である。伊勢神宮の祈年祭・神嘗祭などの重要な祭典に、現在でも、神饌として鮫を供えるが、柔らかい塩干しの鮫の切り身を形よく切り揃えたものである。香取神宮（千葉県佐原市）では、大嘗祭に際して鮫の柔らかい干物を供え、津島神社（愛知県津島市）では、奉射祭において小枝のように裂いた干し鮫を蓬莱の山飾りとして用いる。熱田社にも鮫を供えたという古い記録がある。天平期前後に、三河湾の篠島・析島（現佐久島）・比莫島（現日間賀島）（いずれも愛知県）から、海部が供奉する月料の御贄が貢進されていたことが、平城京出土木簡によって確認された。この贄の品目のひとつに「佐米（鮫）楚割」がみられる。楚割とは、かなり硬い干物という説から、伊勢神宮の神饌や「サメのタレ」のように柔らかい製品であるという説まで幅があって確定が難しいが、塩を利用した鮫の干物であることは間違いあるまい。三河湾の「御贄貢進」の島として平城京木簡に名前がみえる比莫島の後期古墳（北地四・五号墳）からは、現在使用されている鮫釣り用とほとんど同形式の釣り針が出土している。

参考文献　矢野憲一『鮫』（『ものと人間の文化史』三五、一九七五、法政大学出版局）。

（福岡　猛志）

さやまいけ　狭山池　大阪府大阪狭山市にある灌漑用溜池で、周囲約三キロ、湛水面積は約三六ヘクタールある。池は東の羽曳野丘陵と西の泉北丘陵の間を北流する天野川と今熊川が合流する谷の北部を、ほぼ東西方向の堤で堰き止めて造られた。『日本書紀』では崇神天皇六十二年七月条に、『古事記』では垂仁天皇段に開削の記事があり、五世紀ごろの築造と考えられてきた。一九八八年（昭和六十三）―二〇〇二年（平成十四）に行なった洪水調節用のダム化工事に伴う考古学調査で、堤の東部最下層に敷設されていたコウヤマキ製の樋が年輪年代測定で六一六年(推古天皇二十四)の伐採材であることから、築堤もそのころと判明。文献によると池はその後、七三一年(天平三)の行基の改修、七六二年(天平宝字六)の改修、一二〇二年(建仁二)の重源の改修、一四五二年(享徳元)の改修、一六〇八年(慶長十三)の片桐且元の改修、再三にわたる江戸時代の改修、明治・大正・昭和に至る各時代の改修工事を経ており、北堤を中心にした発掘調査により、それらの工事の跡が確認された。当初の堤は高さ五・四メートル、底幅二七メートル、全長約三〇〇メートルだったが、現在は高さ一八・五メートル、全長七三〇メートルである。古代の堤の盛土には、樫などの小枝を敷きつめた層と土を交互に積み上げる敷葉工法が採用されており、百済からの新技術を導入したとみられている。重源の改修は彼の『南無阿弥陀仏作善集』に記されているが、それを裏づける「重源狭山池改修碑」が発掘で出土し、そこに記された石樋に利用した石棺も多数出土している。片桐且元の改修は一五九六年に起きた大地震に対応したもので、東樋の上層に新しく樋を設け、中樋を大体的に改修し、西樋を新設するなどした。慶長の改修で池が大きくなった時の灌漑推定範囲は河内の八十ヵ村に及び、四二〇〇ヘクタールの田を潤した。この改修後、池の管理・運営を代々務めてきた池守の田中家文書が残されている。一九八八年以来実施した発掘調査で明らかになった各時代の土木遺産を後世に伝えるため、北堤に接して大阪府立狭山池博物館が二〇〇一年三月に開館した。

資料館 大阪府立狭山池博物館(大阪府大阪狭山市)

(工楽　善通)

さら　皿　広く平らな底部と斜め上にひらく短い口縁部からなる形態のうつわ。杯とともに最も一般的な食器である。古代には土師器と須恵器、中世では黒色土器や瓦器の小皿が主体で、近世になるとほとんどが陶磁器となる。ほかには木器・漆器・施釉陶器・金属器などがある。古代では三種類ほどの大きさの区分があり、食器のおよそ一割から三割の比率を占める。『正倉院文書』や墨書土器では「盤」「佐良」と記すことが多く、大盤・小盤・陶盤・磁盤・片盤・枚盤・水盤・粥盤・研盤・後盤をはじめ、大きさや材質・形態・用途により呼び分けていた。底部に低い高台が付くものは蓋と組み合い、蓋なしのものが片盤である。皿の用途は多様で、一般的には副菜を盛るためのものであったが、研盤は硯の下皿や蓋のことであり、後盤は水椀の下皿や、椀と組み合わせて仏具の六器として使用したものと考えられている。また、底部内面に細い線状の痕跡が残る場合があり、これは器上で食物を切り分けたことを示す。

参考文献 関根真隆『奈良朝食生活の研究』、一九六九、吉川弘文館。西弘海「奈良時代の食器類の器名とその用途」(『奈良国立文化財研究所研究論集』五所収、一九七九)。

(玉田　芳英)

さらいけ　皿池　大和国や讃岐国などの寡雨地域の平坦地に築造された、池の周囲全体が堤で囲まれている灌漑用溜池。傾斜地に築造された谷池に比べて水深が浅く、貯水できる水量も少ない。河川や降雨、親池などからの補給を得なければ、皿池のみでは十分な灌漑機能を果たすことは難しい。大和国の場合、皿池の多くが条里制の地割に沿って正方形や長方形を呈するために、かつては古代に築造されたものと想定されてきたが、その築造は意外に新しく、鎌倉時代末にその築造が確認できる興福寺大乗院領若槻荘の往古《おうこ》池が確実な皿池としては最古の事例である。奈良盆地では江戸時代になって郡山藩や津藩などによって多くの溜池が築造されたが、傾斜地には谷池が、平坦地には皿池が築造された。唐古《からこ》遺跡で有名な奈良県田原本《たわらもと》町唐古の唐古池も、江戸時代以後に築造された皿池であり、この池床から弥生時代を代表する遺跡が発掘された。讃岐国の丸亀平野に築かれた溜池は満《まん》濃《のう》池の末流に位置する皿池であり、その大半は江戸時代に築造されたものである。

参考文献 金田章裕「平安期の大和盆地における条里地割内部の土地利用」(『史林』六一ノ三、一九七八)。伊藤寿和「奈良盆地における灌漑用溜池の築造年代と築造主体」(『人文地理』四五ノ二、一九九三)

(伊藤　寿和)

さらと　皿斗　⇩組物《くみもの》

さる　猿　霊長目に属すヒト以外の動物種の総称。狭義には真猿類のオマキザル科とオナガザル科に属す種を指す。アジア・アフリカと南アメリカの熱帯の森林地帯が本来の生態適所であったが、ニホンザルやアカゲザルのように冷温帯森林や、パタスモンキーやヒヒ類のように乾燥した草原に適応したものもいる。下北半島のニホンザルはサルの分布の世界最北端に位置し、縄文時代中期の青森県最花《さいばな》貝塚から下顎骨・肩甲骨・大腿骨ほかが出土している。オホーツク文化の礼文島香深井《かふかい》遺跡では、上腕骨二点が出土しているが、装身具のために本州から搬入されたものであろう。ニホンザルが出土した遺跡は全国で二百十七ヵ所にのぼり、貝塚の分布密度を考慮に入れると、西日本が多く、東北地方の出土例が少ない傾向が見られる。関東地方では縄文時代後期の出土が多いが、弥生時代以降は見られなくなり、江戸時代になって再び出土する。サルの橈《とう》骨を短く切断した耳飾りが、縄文時代晩期の愛知県伊川津貝塚の叉状研歯を持つ埋葬人骨をはじめ数例に伴うことが知られ、何らかの呪術的意味があったことが指摘される。サルの頭蓋骨を打ち割って顔面部だけにしたものが、縄文時代中期の粟津湖底遺跡、弥生時代中期の奈良県坪井・大福遺跡から出土している。サルを模したと考えられる動物形土製品は、頬袋を表現した宮城県岩ノ入遺跡(縄文時代後期)、尻ダコと尾の表現を持つ青森県十面沢遺跡(縄文時代晩期)などがある。弥生時代には動物意匠としてサルは見られず、古墳時代になると茨城県大日塚古墳からサルの埴輪が出土し、奈良時代になると平城京長屋王邸跡の土師器の皿に巧みなサルの墨画が見られる。サルは厩《うまや》の守り神という思想がインド・中国から伝わり、厩にサルを繋いだことが、十三世紀の『一遍聖絵』、十四世紀の『石山寺縁起絵巻』などに描かれ、近世には厩にサルの頭部を掛ける習俗が各地に広がり、それを売り歩く行商人もいた。サルは人間に姿が似ているため、殺すことを禁忌する場合もあれば、それを食べることによってヒトの生命力を増すとする場合もあり、秋田領の山地からサルが姿を消したのは、マタギが薬用として取り尽くしたからともいわれる。

参考文献　本郷一美・藤田正勝・松井章「古代遺跡から出土したニホンザルに基づく分布の変遷」(『Asian *Paleoprimatology*』2、二〇〇三、京都大学霊長類研究所)。石田英一郎「新版河童駒引考」(『石田英一郎全集』五所収、一九七〇、筑摩書房)。広瀬鎮『猿』(『ものと人間の文化史』三四、一九七九、法政大学出版局)。千葉徳爾『狩猟伝承研究』総括編、一九八六、風間書房。　(松井　章)

さるいし　猿石　奈良県高市郡明日香村下平田で発見された猿や人に似た石造物。一七〇二年(元禄十五)に「欽明天皇陵」(檜隈坂合陵)南方の水田から四体が発見された。容貌などから「山王権現(高さ一二八センチ、以下同じ)」「法師(一〇六センチ)」「女(一〇〇センチ)」「男(九九センチ)」と名付けられ、明治初年ごろに近くの「吉備姫王墓」(檜隈墓)に移されて現在に至る。いずれも性器を表現する花崗岩製の裸形の男女像で、うち三体は背面に怪獣等を彫刻する二面石である。これに似た「猿石(八五センチ)」が高取城《たかとりじょう》内にあり、頭部だけを強調した「顔石(一〇三センチ)」が高取町内にある。また、男女の顔を左右に刻んだ「二面石(一二四センチ)」が橘寺《たちばなでら》境内にある。これらも下平田で発見されたのであろう。この出土地付近は王陵地域にあたるので、その結界石であるとする説や、近くで発掘された「平田キタガ遺跡」の苑池遺構に伴う装飾石とする説があり、未だに用途は定まらない。

参考文献　奈良国立文化財研究所飛鳥資料館編『あすかの石造物』、二〇〇〇。　(黒崎　直)

さわやまじょう　佐和山城　標高二三二・九メートルの佐和山山頂に築かれた城郭。滋賀県彦根市佐和山町所在。その創建年代は詳らかではないが、江南と江北の国境に位置することから、当初は境目の城として築城されたものと考えられる。戦国時代には浅井氏の前線基地として利用されており、一五七〇年(元亀元)には織田信長による包囲戦が展開され、翌年に開城した。信長は丹羽長秀に城を与えるが、信長自身も岐阜―京都間の休泊地としてたびたび利用した。豊臣政権下では堀秀政、堀尾吉晴が城主となり、一五九〇年(天正十八)には石田三成が城主となる(天正十九年説もあり)。一六〇〇年(慶長五)の関ヶ原合戦の論功行賞で近江には井伊直政が入部し、佐和山城を居城とした。なお、戦国時代には中山道側が大手であったが、織豊期には琵琶湖側を大手としたようである。現在、曲輪《くるわ》跡・石垣・土塁・堀切などが残り、中心部では瓦が散布している。

参考文献　用田政晴「湖上交通史における佐和山城の史的意義」(「琵琶湖がつくる近江の歴史」研究会編『城と湖と近江』所収、二〇〇二、サンライズ出版)。中井均「佐和山城の歴史と構造」(彦根城博物館編『佐和山城とその時代』所収、一九九二)。　(中井　均)

さんいんどう　山陰道　古代律令国家における地方行政区画の一つであり、またその中を貫く駅路の名称。『延喜《えんぎ》式《しき》』民部省によれば、山陰道に所属する国は、丹波・丹後・但馬・因幡・伯耆・出雲・石見・隠岐の八ヵ国であった。駅路としての山陰道は、厩牧令《くもくりょう》の規定によれば小路に相当するので、各駅家に原則として五匹ずつの駅馬を置くことになっているが、『延喜式』兵部省諸国駅伝馬条では、因幡国までの本道上の駅家には八匹ずつの設置となっている。『延喜式』における山陰道駅路の経路を概観すると、平安京を発した駅路は、丹波国の長柄《ながら》駅で丹後国へ向う支路を分岐し、但馬国の射添《いそう》もしくは面治《めじ》駅で再びこの支路と合流する。次に出雲国黒田駅で隠岐国への支路を分岐する。そして、石見国府の付属駅であった伊甘《いかみ》駅を本道の終点とするが、その先に駅名は見えないものの長門国との連絡路が存在した。『延喜式』以前の変遷としては、まず当初は前期難波京から有馬温泉を経て丹波国長柄駅付近へ達する古山陰道があり、都が平城京に移ると、後の長岡京域を斜向するルートに変わった。『続日本紀《しょくにほんぎ》』和銅四年(七一一)条にみえる山城国山本駅と、一一二三年(保安四)の「山城国富坂荘預解《やましろのくにとみさかのしょうあずかりげ》」にみえる「駅家里」から乙訓郡にあったと推測される駅家は、このルート上のものであろう。『日本後紀《にほんこうき》』大同三年(八〇八)条には、但馬国の三駅を廃止した記事がみえるが、木下良は、丹後支路上の山前《やまさき》・春野・高田の三駅が廃され、『延喜式』編纂までの間に山前・春野両駅は復置されたと解釈している。因幡国では、八〇八年に、八上《やかみ》郡莫男《まくなむ》駅と智頭《ちず》郡道俣《みちまた》駅の駅馬を減省したが、これは播磨国との連絡路にあたり、『延喜式』までには廃止されている。発掘された駅路としては、鳥取県米子市の橋本徳道《とくみち》西遺跡で幅約九メートルの道路が、また島根県松江市の松本古墳群では、大規模な切り通し状遺構が検出されている。

参考文献　木下良「山陰道旧駅路について―但馬国を中心に―」(『但馬史研究』一二、一九八九)。中村太一「山陰道―風土記にみる古代道路―」(木下良編『古代を考える古代道路』所収、一九九六、吉川弘文館)。木本雅康「出雲国西部の古代駅路」(『出雲古代史研究』一一、二〇〇二)。　(木本　雅康)

さんがくしんこう　山岳信仰　山を聖地と仰ぎ、山に対して種々の儀礼を行う宗教の形態。古墳時代には、三輪山麓の奈良県桜井市馬場の山の神遺跡や赤城山麓の群馬県前橋市三夜沢《みよさわ》の櫃石《ひついし》遺跡などで巨石を伴う祭祀遺跡が知られ、神霊のいる山への立ち入りを禁じ、神霊を山麓へ招き降ろして祀ったと考えられる。三輪山は円錐形の山容を里から望むことができ、古典にいう神奈備《かんなび》山に比定されるが、同様な山容の里山の山麓には祭祀遺跡が営まれることが多く、神霊が籠る山には独特の形があると考えられていた可能性が高い。八世紀になると、仏教徒によって入山の禁忌が破られ、山頂で仏教色の濃い祭祀が執行されるようになる。栃木県日光市の日光男体山頂遺跡では八―九世紀の仏具・銅鏡・武器・銅印・土器などが出土しているが、三鈷鐃《さんこにょう》のような雑密《ぞうみつ》の仏具が含まれることから、山林修行の仏教徒が関与したと推測される。九世紀には、各地で山麓や山腹に山林寺院が営まれ、山林修行の拠点となり、呪術的色彩の強い宗教活動が行われたことが墨書土器などから判明する。また、十世紀ころには赤城山頂の小沼《この》、十二世紀には羽黒山頂の御手洗《みたらし》池などで銅鏡を水中に納める池中納鏡儀礼が実修された。十三世紀には、山頂での祭祀のための山岳登拝が修行として位置づけられ、日光男体山では登拝者が名前や登拝回数を銅板に記した禅定札《ぜんじょうふだ》を奉納した。英彦山《ひこさん》や大峯山では修験者が修行窟に参籠し、葛川《かつらがわ》明王院や那智山では滝行を行い、満行を記念する碑伝《ひで》を立てた。修行を終えた修験者は強い験力をもつとされ、山岳修行を重視する修験道が成立した。近世には富士講や木曾御岳講などが組織され、富士塚や霊神碑など特色的な宗教施設が営まれ、民衆的な山岳信仰が形成された。明治時代初期には、山岳信仰の拠点的寺社が神仏分離政策の影響を強く受け廃絶や再編を余儀なくされたが、現在も引き続き信仰されている所が多い。

参考文献　大場磐雄『祭祀遺跡―神道考古学の基礎的研究―』、一九七〇、角川書店。時枝務『修験道の考古学的研究』、二〇〇五、雄山閣。　（時枝　務）

さんがわら　**桟瓦**　江戸時代の発明で、瓦を軽くするため本瓦葺の丸瓦と平瓦を合わせて一枚の瓦とし、断面を波状にしたもの。西村家《にしむらけ》の『由緒覚書《ゆいしょおぼえがき》』では一六七四年（延宝二）に西村半兵衛が完成させたとする。形状としては通常桟瓦のほかに、平瓦に被せの桟を付けた目板桟瓦、完成された桟瓦に半円筒部を貼り付けたローソク桟瓦、平瓦部から桟へ移行する部分に稜をもつ鎬桟瓦などがある。通常桟瓦として、宇治では一六九五年の（元禄八）の桟瓦があると報告されており、江戸遺跡では十七世紀末には出現しているとされる。熊本では川尻町妙善寺《みょうぜんじ》の一六九七年（元禄十）銘の目板桟瓦が報告されている。しかし全国的にみると、十八世紀後半にはじめて採用された所もあり、桟瓦採用時期にもかなりの地域差がある。形状としての地域差とともに、瓦当右端の角切りにも地域差があり、桟瓦出現時期の確定や各地の桟瓦の形態的分類、地域による桟瓦変遷の追究などはこれからの課題である。

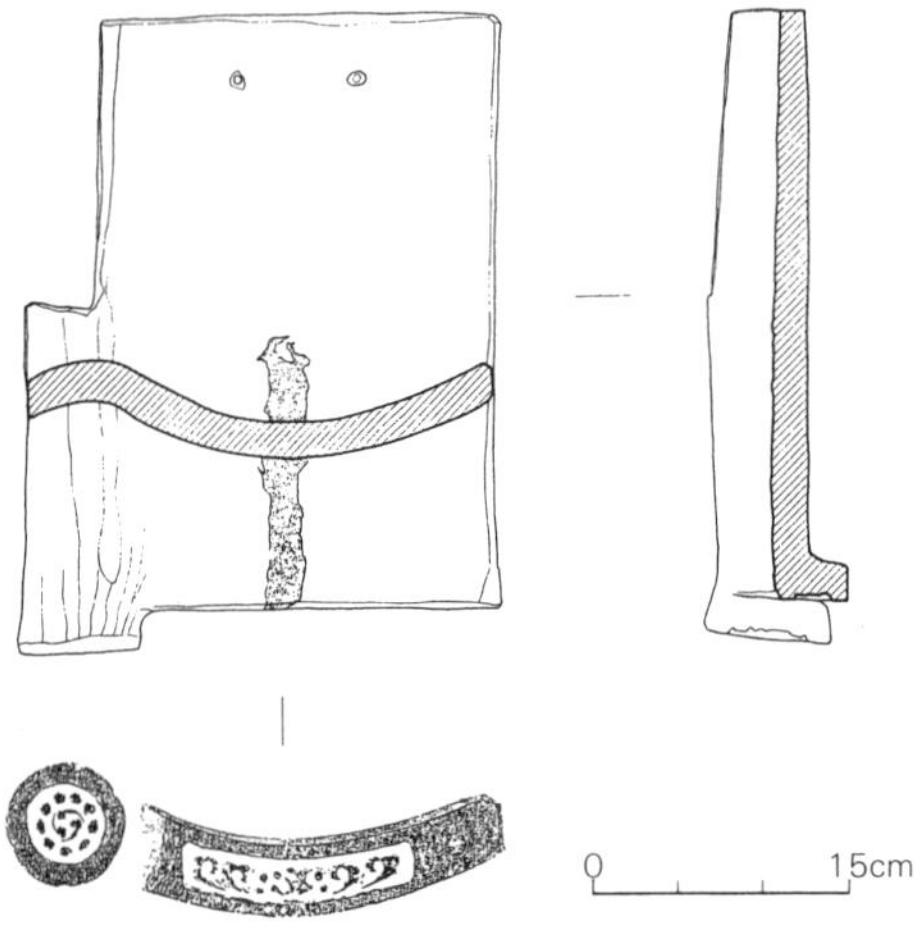

「栃木桟瓦」の軒桟瓦

参考文献　杉本宏「桟瓦考」（『考古学研究』四六ノ四、二〇〇〇）。　（山崎　信二）

さんぎ　**算木**　前近代に使用された計算・卜占具。中国では『漢書』『隋書』律暦志に形状がみえ、出土事例もある。日本へは計算技術とともに朝鮮半島経由で伝来したと想像される。令制下の実務官人は職能として算も必要とされ、文筆の場では算木も使用されたと考えられる。荘園制下でも同様で『今昔物語集』二八に巧みに算木を操る目代が登場する。室町時代後期から算盤が普及しても、高次の方程式や開平以上の計算に使用された。正倉院には象牙製算木があったことが献物帳にみえ、伝世品では東大寺二月堂の修二会に使用される算木が最古とされる。長八センチ、幅〇・六センチ程度の角棒で、頭部を角錐に作り、下端を斜めに切り落とすものもある。出土品では奈良時代の官衙遺跡などから出土する棒状サイコロ型木製品を算木とする説もあるが、平城京出土の長さ八センチ、幅〇・七センチ前後の角棒を算木とみるのが妥当。後者に類するものは、山口県長登《ながのぼり》銅山跡からも出土している。

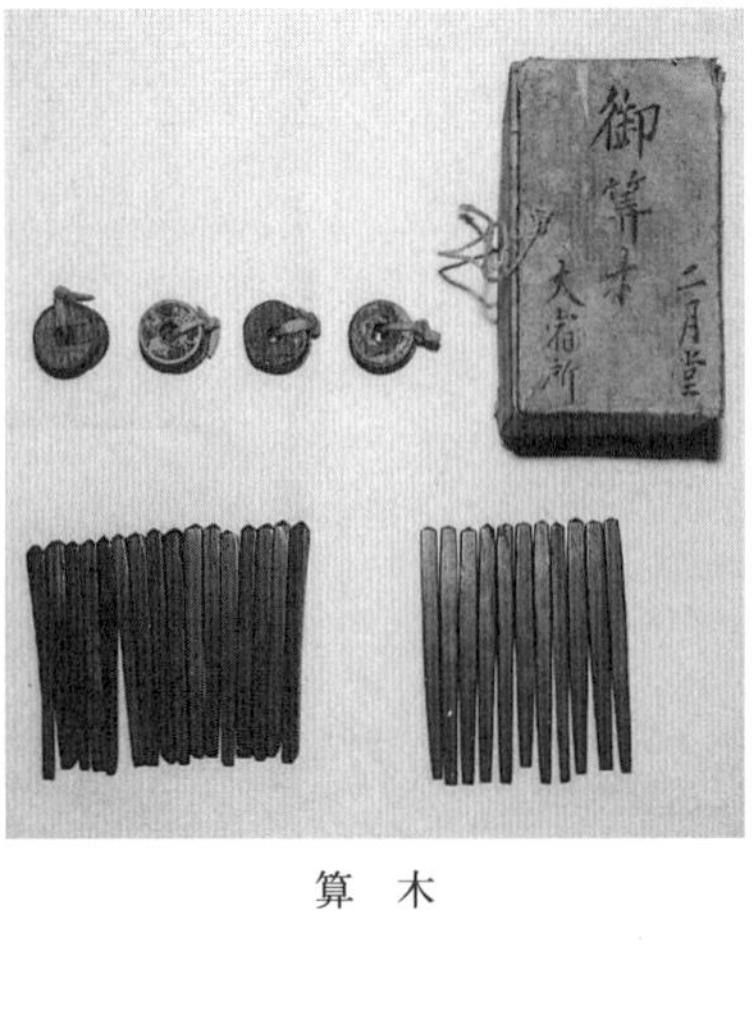

算　木

参考文献　内山昭『計算機歴史物語』（『岩波新書』黄二三三、一九八三、岩波書店）。鈴木景二「算木と古代実務官人」（『木簡研究』一八、一九九六）。「彰武朝陽溝遼代墓地」（遼寧省文物考古研究所編『遼寧考古文集』所収、二〇〇三、遼寧民族出版社）。「長登銅山跡」（『山口県史』資料編考古二所収、二〇〇四）。　（鈴木　景二）

さんぎょうこうこがく　**産業考古学**　遺跡や遺物を主な研究対象として生産技術の歴史を研究する学問。技術革新によって在来の生産設備や施設が急速に失われて行くことを背景に、一九五〇年代のイギリスで、当初は産業革命期の遺産を研究対象として誕生した。第二次世界大戦前から技術記念物保存事業が行われていたドイツも含め欧米各国で一九六〇年代・七〇年代に地方史研究者や工学系の学会を中心に活発に行われるようになり、対象とする時期も広がった。遺構や遺物の調査と分析が基本であるが、それだけで労働手段の全貌が体系的に把握できることは稀であり、研究者の技術知識を用いるほか体験者からの聞き取り、関連文献、映像などの分析を行い、さらに推理を重ねる必要がある。近年のものほど聞き取りや関係する技術者自身による取り組みが重要である。一九七七年(昭和五十二)に結成された日本産業考古学会の二代会長山崎俊雄は産業考古学を「あらゆる実証的方法を駆使し、過去の現存労働手段を対象としてその歴史的意義を解明し、これらを国民の文化遺産として永久に保存する方策を研究する科学」と定義し、保存の方策を重視している。これは産業考古学の成り立ちからして当然であり、海外でも社会教育や保存運動との関わりは深い。遺構や遺物はかつて活用された機械や設備であるから、その活用方法を示すため、それをある程度稼動できる状態に置くことや破損・亡失した部分を補うことは研究上も教育上も意味がある。また、見学のため危険を回避する補強を行い、従来なかった安全設備を付加する必要もある。一方で、これらの行為のため原型が損ねられ、あるいは本来の部品や素材が失われ、場合によっては本来の機能について誤解をまねく場合すらある。このため復元・活用について原状を尊重した学問的な取り扱いを行う必要があり、その検討も重要な課題である。

参考文献　山崎敏雄・前田清志編『日本の産業遺産―産業考古学研究―』、一九八六、玉川大学出版部。前田清志・玉川寛治編『日本の産業遺産―産業考古学研究―』二、二〇〇〇、玉川大学出版部。
（鈴木　淳）

さんげん　三関　律令制下に置かれた関のうち最重要な三つの関。奈良時代には東海道の伊勢国鈴鹿関(三重県亀山市関町)、東山道の美濃国不破関(岐阜県不破郡関ヶ原町)、北陸道の越前国愛発《あらち》関(福井県敦賀市)。諸国の関は国司が管轄したが、特に三関には国司の一員が駐留し、兵器も置かれた。不法通過である私度などの罰則はほかの関より重く徒《ず》一年。天皇死去や反乱など政治的危機の際には、固関《こげん》使が派遣されて固関が行われ、事態が落ち着くと開関のために開関使が遣わされた。固関使の身分証明には関契が用いられた。固関の初見は七二一年(養老五)の元明太上天皇の死去時。以後七二九年(天平元)の長屋王の変や七五六年(天平勝宝八)の聖武太上天皇の死去、七六四年(天平宝字八)の恵美押勝の乱などに際し固関が実施された。不破関は発掘調査が行われ、同関を囲む土塁や築地塀で囲まれた建物群などが確認され、鈴鹿関でも築地塀跡が見つかった。三関は七八九年(延暦八)七月に廃止されたが、それ以降も八〇六年(大同元)三月の桓武天皇死去時をはじめとして三関の固関が実施され、儀式化・形式化しつつ江戸時代まで行われた。なお平安時代の三関は愛発関に代わり、近江国逢坂関が加わった。→愛発関《あらちのせき》　→逢坂関《おうさかのせき》　→鈴鹿関《すずかのせき》　→不破関《ふわのせき》

参考文献　岐阜県教育委員会・不破関跡調査委員会『美濃不破関』、一九七八。舘野和己『日本古代の交通と社会』一九九八、塙書房。
（舘野　和己）

さんごくいじ　三国遺事　高麗時代の高僧一然(普覚国尊)が編纂した朝鮮三国の説話集・歴史書。朝鮮古代の歴史・文化を知る上で不可欠で、『三国史記』に欠けた内容が多い。全五巻と王暦(三国を対比した、王代ごとの年表)とからなり、最初の二巻(紀異篇)は古朝鮮の項から駕洛国記《からこっき》の項まで、歴史の変遷に即して叙述する。残る三巻は興法・塔像・義解・神呪・感通・避隠・孝善の諸篇目に分け、仏教説話を中心に叙述する。現在残っていない書物を含めて、多くの書物・記録からの引用を中心にしてまとめている。その意味で貴重な史料集でもあるが、引用に誤りが多く、利用は慎重でなければならない。文章は漢文であるが、郷歌とよぶ、漢字の音訓を利用した自国語表記の文も載せる。一二八〇年代にほぼ成立。ただし一然の死後も、無極らの弟子が引き継いで補完。一三九四年の木版本も一部残るが、一五一二年の木版本が通行(学習院大学東洋文化研究所から『学東叢書』として影印刊行)。活字本もいくつかある(図書刊行会が、かつて朝鮮史学会が刊行した活字本を影印刊行したが、現在は入手困難)。
（田中　俊明）

さんごくしき　三国史記　朝鮮における現存最古の歴史書。新羅・高句麗・百済の三国を扱う。文章は、ほぼ純然たる漢文。高麗仁宗《じんそう》代に官僚として最高の地位(門下侍中ほか)にのぼった金富軾《きんふしょく》が中心となって編纂。王命を受け十名の史官(参考とよぶ)で推進し、一一四五年に進上。新羅本紀十二巻、高句麗本紀十巻、百済本紀六巻、年表三巻、雑志九巻(祭祀・楽・色服・車騎・器用・屋舎・地理・職官)、列伝十巻の全五十巻からなる。原注がつく。紀伝体であるが、三国をともに本紀とするのが特徴。すでに勅撰の旧『三国史』があったが、新羅系の金富軾らが、政敵を倒したあと、新羅系の優位を歴史的に根拠づけるために編纂したもので、高麗顕宗《けんそう》の出自が、新羅王系につながるとの造作記事も載せる。新羅の建国を最初に置くなど新羅至上主義をめざす。中国史書の引用も多いが、国内史料をより重視した態度もうかがえる。一三九四年の木版本も一部残るが、一五一二年の木版本が通行(学習院大学東洋文化研究所から『学東叢書』として影印刊行)。活字本もいくつかある(図書刊行会が、かつて朝鮮史学会が刊行した活字本を影印刊行したが、現在は入手困難)。
（田中　俊明）

さんごくちし　三国地志　伊勢・伊賀・志摩三国に関する近世の地誌。伊賀上野の城代藤堂元甫《とうどうげんぽ》の編纂になり、まず一七六〇年(宝暦十)に伊勢・志摩二国が完成し、元甫の病没後は嗣子華川が遺業をつぎ、一七六三年に完成をみた。構成は首巻に引用書目一覧を挙げ、伊勢国五十六巻、伊賀国二十六巻、志摩国九巻、および巻九十二―

巻百十二の古文書・古記録類からなる。内容は、建置沿革・疆域・官道・形勝・風俗・祥異・租税などを記し、ついで郡別に城邑・郷名・村里・神祠・山川・関梁・学校・亭舎・陵墓・梵刹・古蹟・土産・氏族・流寓・女流・僧侶などといった広範な項目が取り上げられている。六国史をはじめ物語・歌集・日記など諸史料を豊富に引用して考証を加えているが、なかには所在地に関する記述が少ないものも散見される。地誌書であるとともに地方史としても有用である。『大日本地誌大系』所収。

参考文献　蘆田伊人「大日本地誌大系三国地志第一期刊行例言」(『大日本地誌大系』二〇、一九三六、雄山閣)。

(出田　和久)

さんじゅうさんげんどうかんがいせき　三十三間堂官衙遺跡　阿武隈山地北端に位置する陸奥国亘理郡の郡衙跡。宮城県亘理郡亘理町逢隈下郡《おうくましもごおり》字椿山に所在。遺跡名は江戸時代からこの地に礎石群があり、三十三間堂が建っていたと言い伝えられてきたことにちなむ。これまでの発掘調査で、遺跡範囲は南北約七五〇メートル、東西約五〇〇メートルに及び、北に塀や土塁で区画された郡庁院と掘立柱建物からなる官衙地域、南に十棟の礎石立総柱倉庫などで構成される正倉院をもつ九世紀—十世紀前半の郡衙跡であることが判明している。亘理郡の初見は『続日本紀』養老二年(七一八)五月乙未(二日)条であることから、奈良時代の亘理郡衙は別の場所にあったと考えられる。遺跡は郡衙の基本的構成要素である郡庁院・正倉院・官衙地域のほぼ全容が解明され、東北地方における統治機構の推移を考える上で重要であるとして、一九九二年(平成四)に遺跡の中心部が国史跡に指定された。

三十三間堂官衙遺跡　高床倉庫礎石群

参考文献　佐藤則之他「亘理町三十三間堂遺跡」(『宮城県文化財調査報告書』一三一、一九八九)。亘理町教育委員会編『国史跡三十三間堂官衙遺跡—平成十五年度重要遺跡範囲確認調査報告書—』、二〇〇四。

(白鳥　良一)

サンシン　三線　琉球列島における三味線の呼称。中国の三絃を祖型とする。その伝来時期については、文献資料がなく、はっきりしたことはわからないが、一五〇〇年頃には伝来していたとみられる。中国の三絃より棹の長さが短かく、伝来後、琉球において独自に改良が加えられている。名工の製作する三線にはそれぞれ特徴があり、その名工の名をとって南風原《はえばる》型・知念大工《ちねんだいく》型・久場《くば》春殿《しゅんでん》型・真壁《まかべ》型・与那城《よなぐすく》型などと呼ばれる。また三線の名器中の名器はケージョー(開鐘)と呼ばれるが、それはすべて真壁型である。開鐘の中で最も優れているといわれたのが尚王家の五開鐘である。五開鐘については諸説があって確定されないが、盛島《もりしま》、湧川《わくがわ》、西平《にしんだ》、城《ぐすく》、アマダンジャ、熱田《あつた》、翁長《おなが》、志多伯《したはく》、金武《きん》のうち盛島を含む五つの開鐘のこととされる。三線の棹はクルチ(黒木いわゆるリュウキュウコクタン)が最も良材とされ、胴にはインドニシキヘビの皮を張る。なお当初はみずからの爪で弾いたようであるが、現在は牛の角(早弾きの場合は山羊の角)で作った爪を用いる。

参考文献　沖縄県教育庁文化課編『沖縄の三線』(『沖縄県文化財調査報告書』一一〇、一九九三)。

(山里　純一)

さんしんしちそう　三津七湊　前近代、日本を代表する航路の要衝とみなされた津と湊の総称。三津としては、明代の『武備志』に記された日本三津の薩摩国坊津《ぼうのつ》(鹿児島県南さつま市坊津町)・筑前国博多津(福岡市)・伊勢国安濃津《あのつ》(津市)が挙げられることが多いが、一四九八年(明応七)の大地震と津波により港湾機能が著しく低下したとみられる安濃津にかわり摂津国兵庫津や和泉国堺津が挙げられることもある。また、摂津三津と称される敷津・高津・難波津(大阪市)のように、地域を代表する港が挙げられる場合もある。中世の海事慣習が集成された法規集で、戦国時代から近世にわたり西日本を中心に各地の湊津で使用された『廻船式目』(『廻船大法』『船法』とも)には数系統の写本が伝わるが、そのうち越前内田家旧蔵の『廻船大法』などの奥書には三津としては伊勢姉津(安濃津、のちの津)、博多宇津(博多津)、泉州境津(堺津)が、七湊としては越前三国(福井県坂井郡三国町)、加賀本吉(白山市)、能登輪島(石川県輪島市)、越中岩瀬(富山市)、越後今町(新潟県上越市)、出羽秋田(秋田市)、奥州津軽十三《とさ》の湊(青森県五所川原市)(津湊の原表記は史料に依拠)が挙げられている。写本の多くには貞応二年(一二二三)の年記があるが、法令の内容から十五世紀末以降の成立とみられ、作成時期までに通航の要衝として知られ、代表的津湊とみなされた箇所が列記されたものであろう。七湊のなかには傍注があり、今町には「ナオヤ直江なり」とあって、今町の古名が直江津で、近世に(直江津)今町とよばれたことからみて、ここに挙げられた三津七湊は、近世までの認識が混在して反映されている可能性が高い。その本吉も江戸時代の手取川河口右岸域の地名である。輪島に付された「ヲヤ小屋なり」は、八世紀中期からみえる「大屋郷」、十世紀の『和名類聚抄』には能登国鳳至郡の郷名として記される小屋郷の湊で、中世の幸若舞曲

「信田」や説経節「ゆみつぎ」にも登場し、西国・東国の船で賑ったと伝えられる「おやのみなと」に相当しよう。越前に伝来した写本で、七湊はいずれも日本海沿岸、なかでも北陸・東北の通航の要衝であり、その一方で越前国敦賀津や若狭国小浜津が記されていないことから、近世の西廻海運や北国海運が活況を呈していた時期以降、越前国三国湊以北で編纂されたと考えられる。国内外との航路の要衝で貿易拠点でもあった薩摩国坊津、国内の幹線航路であった瀬戸内海沿岸の尾道・牛窓・室津・兵庫・尼崎などの諸湊、太平洋沿岸の要津である土佐国浦戸、志摩国鳥羽などの記載がみられないことも地域間交流の希薄さを示唆するものか。三津、七湊ともに、時期や地域的差異にもとづきその認識は一様ではない。

参考文献　住田正一『廻船式目の研究』、一九四三、東洋堂。長沼賢海『日本海事史研究』、一九七六、九州大学出版会。

（綿貫　友子）

さんぜんいん　**三千院**　京都市左京区大原来迎院町の若狭街道沿いの山麓にある寺院。妙法院、青蓮院とともに天台三門跡のひとつ。洛北大原の紅葉の名所。梨本坊、円融坊、円徳院、梶井門跡などとも呼ばれた。寺伝では、最澄が比叡山の東塔に建立した一堂を発祥とする。その後、本坊、里坊ができ、滋賀坂本、京都岡崎、紫野などを転々とし、応仁の乱後、現在地に移った。一八七一年（明治四）梶井宮御殿の持仏堂の名を取って三千院と号した。平安時代後期の堀河天皇の皇子、最雲法親王以来、江戸時代末期まで皇族が入山し、梶井宮ともいわれた。歴代門跡は天台の声明《しょうみょう》音律を管轄し、現在もこの法儀は伝承されている。京都市郊外の山麓にあって広く清閑な境内には、声明の呂律にちなんだ呂川、律川が流れ、江戸時代作庭の聚碧園と有清園がある。本堂、寝殿、客殿などの建造物があり、本堂の往生極楽院阿弥陀堂は一一四八年（久安四）の建立になる常行三昧堂で重要文化財。本堂安置の本尊木造阿弥陀如来及両脇侍坐像は、像内の銘記から同じく一一四八年に製作されたことなどがわかる定朝様式の作例で国宝。その他、木造不動明王立像や書跡、典籍など重要文化財八件など寺宝も多い。

（磯野　浩光）

さんぞんぶつ　**三尊仏**　主尊像の左右に脇侍《きょうじ》となる像を配した三像形式。もっとも一般的な形式は、阿弥陀如来の左右に観音・勢至菩薩を配する阿弥陀三尊のような、如来像の左右に主尊に関連する菩薩を配するもので、釈迦如来に文殊・普賢菩薩を配する釈迦三尊、薬師如来に日光・月光《がっこう》菩薩を配する薬師三尊といった例がよく知られている。この種の基準的資料の最古例としては、光背銘から六二三年（推古天皇三十一）の作と推定されている法隆寺金堂釈迦三尊像が挙げられる。なお、こうした形式以外にも、観音像をはじめ、各種如来の左右に不動明王像と毘沙門天像を安置する三尊仏が、平安時代後期ころから天台宗系寺院を中心にしばしば認められる。このほか、和歌山県根来寺の本堂に安置される大日・尊勝仏《そんしょうぶつ》頂《ちょう》・金剛薩埵《こんごうさった》といったような、特殊な教義に基づいたさまざまな三尊仏が生み出されている。

（根立　研介）

さんだやき　**三田焼**　江戸時代後期から昭和初期にかけて、現在の兵庫県三田市域の南東部で生産されていた陶磁器。特産品は型物の青磁。窯跡としては、三輪明神《みわみょうじん》窯・三輪明神前窯・三輪上野《みわうえの》窯・天狗《てんぐ》ヶ鼻《はな》窯・虫尾新田《むしおしんでん》窯・志手原《しではら》窯・志手原新窯の七ヵ所が確認されている。開窯の時期については詳らかでないが、地元の伝承では宝暦年間（一七五一―六四）に小西金兵衛《こにしきんべえ》が志手原窯を開いたことに始まるという。ただし、志手原窯の製品については、志手原焼と呼称して、三田焼には含めないとする意見もある。生産の中核を担った窯は、地元の豪商、神田《かんだ》惣兵衛《そうべえ》が一七九九年（寛政十一）に開いた三輪明神窯で、発掘調査の結果、青磁のほかに染付や赤絵の製品も焼かれていることが判明した。京焼の陶工、欽古堂亀祐《きんこどうかめすけ》（一七六五―一八三七）の陶法伝書『陶器指南《とうきしなん》』によると、亀祐は長期にわたって三田焼に従事していたといい、それを裏付ける亀祐銘の土型も少なからず出土している。

参考文献　古三田青磁三田焼研究保存会編『古三田青磁　ふる里のやきもの』、一九八三、兵庫県三田市。

（尾野　善裕）

さんちすいていほう　**産地推定法**　自然科学的な手法を使い、遺物の元素組成、鉱物組成、同位体比などを指標として原料の産地を推定する方法。産地という言葉は、遺物の製作地と原料の産地の両方に用いられるが、考古学や文化財科学では後者を指すことが多い。前者とあわせて、遺物の流通や人の交流などを研究するのに用いられる。通常のやり方としては、多数の資料のデータを相互に比較してグループ分けを行い、身元のはっきりしている標準的な資料との関連付けをする。原料産地の候補がある程度絞られていて、それらのデータとの比較が可能な時はよいが、過去にあった原料産地が消滅している場合や、現在では地点が特定できない場合も多く、そのような時は、はじめから直接産地と結びつけることをせず、遺物同士の関係に基づいて議論を行う。なお、離れた産地のものがたまたま類似した数値をとることもあるので、時代背景などその遺物に関連した情報について十分に注意を払うことが必要である。

参考文献　田口勇・齋藤努編『考古資料分析法』、一九九五、ニューサイエンス社。平尾良光・山岸良二編『文化財を探る科学の眼』一―四、一九九八―九九、国土社。馬淵久夫・富永健編『考古学のための化学10章』正・続（『UP選書』二一八・二四六、一九八一・八六、東京大学出版社）。

（齋藤　努）

さんと　**三都**　江戸時代、幕府の直轄都市のなかで特に重要な意味をもち、かつ格段に大きな規模を有した江戸・京都・大坂の三都市をいう。当時は「三箇《さんが》の津《つ》」「三ケ津《さんがっつ》」と称されることも多かった。これは古くは薩摩坊津《さつまぼうのつ》・筑《ちく》前博多津《ぜんはかたのつ》・伊勢安濃津《いせあののつ》・和泉堺津《いずみさかいのつ》（のち和泉堺津）の呼称であったが、江戸時代には全国の政治・経済・文化の中心となる三都市を指す用語に変わった。三都のうち江戸は将軍の居城と幕府の所在地であり、多数の将軍直属家臣が集住した上に、参勤交代制と大名妻子居住強制策により全国の大名の江戸屋敷が設置され、それら武士層の生活を支えるため商人・職人ら多様な身分の者たちが集まって、都市規模が巨大化した。京都は天皇の居所であり、首都が江戸に移ってからも前代以来の伝統都市として、文化的中心地としての役割を果たし続けた。大坂は米納年貢を根幹とする幕藩制の特質により、米をはじめとする物資の全国流通の中心となって経済的に発展した

参考文献 幸田成友『江戸と大阪』、一九九五、冨山房。高橋康夫他編『図集日本都市史』、一九九三、東京大学出版会。

（宮崎　勝美）

さんのういせき　山王遺跡　宮城県多賀城市南宮・山王に位置する弥生時代から近世にわたる遺跡。七北田川、砂押川の形成した自然堤防上の微高地に立地する。近年の発掘調査により概要が判明した。古墳時代には集落が形成され、奈良時代には多賀城が北東に隣接して建設されたことに伴い、溝で区画された居住区が形成されている。また、東側に隣接する市川橋・高崎遺跡にかけて漆・鍛冶など多賀城に関わる官営工房と関連の集落が形成された。平安時代には、本遺跡の東部から市川橋遺跡西部にかけて、多賀城南門から延びる南北大路と南面の東西に長い自微高地の東西大路を機軸とした方格地割りを有する都市が形成され、十世紀後半に廃絶した。方格地割りは段階的に整備されており、現段階で確認される範囲は東西約一・六キロ、南北約〇・八キロである。中世には、溝で区画された屋敷跡が調査されている。→市川橋《いちかわばし》遺跡《いせき》

資料館 多賀城市埋蔵文化財調査センター（宮城県多賀城市）

参考文献 『山王遺跡』一―五（『宮城県文化財調査報告書』一六一・一六二・一六七・一七〇・一七一・一七四、一九九四–九七）。『山王遺跡町地区の調査』（同一七五、一九九八）。『山王遺跡八幡地区の調査』二（同一八六、二〇〇二）。

（田中　則和）

さんのうはいじ　山王廃寺　前橋市総社町に所在する、七世紀後半を創建と考えられる白鳳寺院跡。総社古墳群、上野国分寺・国分尼寺、上野国府などと同様、古代群馬の中心地域内にある。基壇を持つ塔心礎が一九二八年（昭和三）に山王塔跡として国指定史跡になった。その後、根巻石（重要文化財）、大型の石製鴟尾《しび》（重要美術品）、緑釉陶器、塔本塑像群などの発見が相つぎ、一九六二年以降からは群馬大学や前橋市教育委員会による範囲確認調査が継続して行われた。それによると、塔跡の西に接する礎石群を金堂、北に位置する礎石群を講堂、さらに北側で検出された掘立柱建物を僧坊か食堂《じきどう》と想定しているが、寺域や伽藍構造を確認するまでにはいたっていない。出土した軒丸瓦のうち素弁八葉蓮華文は百済末期様式の流れをくむもので創建瓦と思われる。また、上野国分寺と同種の軒丸瓦も出土している。また「放光寺」の文字瓦の出土からは、山王廃寺が『上野国交替実録帳《こうずけのくにこうたいじつろくちょう》』などにある定額寺《じょうがくじ》の放光寺であるとの説がある。

参考文献 飯塚誠他「山王廃寺」（『群馬県史』資料編二所収、一九八六）。

（能登　健）

さんぶつじ　三仏寺　鳥取県東伯郡三朝《みさき》町三徳《みとく》、三徳山（標高九〇〇メートル）の北側山麓に所在する天台宗の古刹。江戸時代に著された『伯耆民談記』には、七〇六年（慶雲三）役優婆塞《えんのうばそく》（役小角）が神窟を開き子守・勝手・蔵王の三所を安置、八四九年（嘉祥二）慈覚大師が釈迦・阿弥陀・大日の三仏を安置し、浄土院美徳山三仏寺と号したとある。また、上古は三千坊あり、中古源頼朝公当山を造営せられ、社閣三十八宇、坊舎百余宇などと記す。現在は、三仏寺（本坊）のほか、輪光院・正善院・皆成《かいじょう》院の三院が残る。山内には国宝の投入《なげいれ》堂（平安時代後期）や重要文化財指定の地蔵堂（室町時代末期）・文殊堂（安土桃山時代）などの諸堂が建つ。このほか、行者屋敷跡と伝えられる平坦地や、三仏寺対岸には千軒原と呼ばれる平坦地が存在し、大門と呼ばれる地点には巨石が立つ。三仏寺には、木造蔵王権現立像（平安時代後期）や九九七年（長徳三）在銘の銅鏡など、注目される多数の文化財が伝来する。→三徳山《みとくさん》

資料館 三仏寺宝物殿（鳥取県東伯郡三朝町）

参考文献 三朝町教育委員会編『三徳山三仏寺』、一九八三、サン文庫。

（真田　廣幸）

さんようどう　山陽道　古代律令国家における地方行政区画の一つであり、またその中を貫く駅路の名称。『延喜《えんぎ》式《しき》』民部省によれば、山陽道に所属する国は、播磨・美作・備前・備中・備後・安芸・周防・長門の八ヵ国であったが、このうち美作国は、七一三年（和銅六）に備前国から分離独立したものである。駅路としての山陽道は、厩牧令《くもくりょう》の規定によれば大路に相当するので、各駅家に原則として二十匹ずつの駅馬を配置していた。また、本道の駅間距離は、武部健一によれば、約一〇・九キロで、標準駅間距離の三十里（約一六キロ）に比べて、著しく短い。『延喜式』兵部省諸国駅伝馬条における山陽道駅路の経路を概観すると、まず山城国山崎駅で南海道と分かれ、播磨国草上《くさかみ》駅で、美作国府への支路を分岐する。次に長門国厚狭《あさ》駅で、石見国との連絡路を分岐し、同国臨門《りんもん》駅から関門海峡を渡って西海道に入る。『延喜式』以前の変遷としては、播磨国から美作国を経て因幡国へ達する連絡路があったが、八〇八年（大同三）以降に廃止されている。また、播磨国では二駅、備中国では一駅、備後国では二駅、安芸国では三駅、周防国では二駅、長門国では一駅の廃止が確認されるなど駅の廃止が多い。ところで、山陽道本道の駅家は、外国使節の往来に備えて、奈良時代に瓦葺・赤塗りの柱・白壁にしたのが特徴で、国府系瓦の出土によって駅家の位置をある程度推測できる。また実際に、兵庫県たつの市の小犬丸遺跡（布勢《ふせ》駅家）や同県

上郡《かみごおり》町の落地《おろち》遺跡飯坂地区(野磨《やま》駅家)などでは、こういった瓦葺駅館が発掘されている。駅路については、条里余剰帯が明瞭な所が多い。発掘された例としては、前記二駅の周辺以外に、兵庫県明石市の福里遺跡と清水遺跡、岡山県の津高確認古道、備中国分尼寺跡内などの例がある。

参考文献 木下良「山陽道の駅路―播磨国を中心に―」(『古代を考える』一七、一九七六、古代を考える会)。今里幾次『播磨古瓦の研究』、一九九五、真陽社。高橋美久二『古代交通の考古地理』、一九九五、大明堂。 (木本 雅康)

さんりょう 山陵 ⇩陵墓《りょうぼ》

さんりょうこう 山陵考 江戸時代末、京都の学者谷森《たにもり》善臣《よしもり》によって著された歴代天皇・皇后陵に関する考証の書。山城国五十五陵、大和国三十五陵の所在を考証したもので、各国上・下二巻、全四巻で構成される。図はない。歴代順にその所在と形状が述べられ、典拠となる資料に従来の諸説を合わせて記述し、さらに実地踏査の知見を加えるなど、江戸時代の山陵研究の最高水準を示す。一八六二年(文久二)、下野《しもつけ》宇都宮藩《うつのみやはん》が幕府に建議した山陵修補が認められ、戸田《とだ》忠至《ただゆき》が京都に責任者として赴いて朝廷から山陵奉行《さんりょうぶぎょう》に任命されると、谷森はその下で「調方《しらべかた》」として働くこととなり、『山陵考』は陵墓治定《ちてい》の論拠として重用された。別に一八七八年(明治十一)に著された大沢清臣《おおさわきよおみ》による同名の書があるが、これは谷森の書に記されない河内・和泉・摂津・丹波などの諸国の陵墓について考証したもので、谷森の書と補完関係にある。谷森は一八六七年(慶応三)に諸陵助《しょりょうのすけ》に就任し、継続して山陵修築にあたった。有馬祐政編『勤王文庫』三(一九二一、大日本明道会)所収。

参考文献 堀田啓一「谷森善臣の山陵研究」(森浩一編『考古学の先覚者たち』所収、一九八五、中央公論社)。 (大平 聡)

さんりょうし 山陵志 江戸時代後期の学者蒲生君平が著した歴代天皇・皇后陵に関する考証の書。上・下二巻より成り、図はない。一七六九年(寛政八)―七〇年、七三年の二度にわたる実地調査の所見に基づき著した。序章において陵制、陵形の変遷を述べるが、横から見た墳形を宮車に見立てて造語された「前方後円」の語はここで示された。以下、神武天皇陵をはじめとする諸陵が解説される。近畿一円の山陵(大和三二、京都三八、河内三、和泉三、摂津二)のほか、丹波・淡路・阿波・讃岐・隠岐・佐渡各一陵が収められる。一八〇八年(文化五)石田伯孝の援助を受けて刊行。開板前、本居宣長に批評を求めている。実地調査に基づく陵形の編年的考察を行うなど、考古学的価値も高い。幕末、下野宇都宮藩が修陵事業を建議する際の拠り所となった。遠藤鎮雄編訳『史料天皇陵』(一九七四、新人物往来社)所収。

参考文献 斎藤忠「蒲生君平と『山陵志』」(日本歴史学会編『歴史と人物』所収、一九六四、吉川弘文館)。 (大平 聡)

さんりょうず 山陵図 歴代天皇・皇后陵を描いた絵図の総称で、幕府・国などの公的機関によって作成されたもののほか、研究者・絵師によって製作されたものがある。江戸時代には元禄・享保・文化・安政・文久に公的山陵図が作成され、明治にも宮内省《くないしょう》によって作成された。安政以前の原本は失われ、写本も完全なものは存在しないが、種々の通称で伝来し、表記内容から原図の系統が推測されている。安政山陵図は奈良奉行《ならぶぎょう》所与力《よりき》らによって作成され、神武陵《じんむりょう》の修補計画や鳥居などの建設計画図なども収録され、製作意図がわかる。文久山陵図は一八六二年(文久二)着手された、宇都宮藩《うつのみやはん》による修陵事業の完成を記念して、指揮にあたった戸田《とだ》忠至《ただゆき》が一八六七年(慶応三)に朝廷と幕府に献上したもので、原本が存在しており、現存中、最も整ったものである。四十七陵の荒廃した姿と修陵後の姿を彩色画で表している。末永雅雄編『皇陵古図集成』(一九八三、青潮社)所収。 (大平 聡)

し

シーボルトたくあと シーボルト宅跡 長崎市鳴滝《なるたき》二丁目に所在する、ドイツ人医師で博物学者のフィリップ＝フランツ＝フォン＝シーボルト(一七九六―一八六六)の居宅跡。国指定史跡。一八二三年(文政六)オランダ商館医として来日したシーボルトは、翌年長崎奉行の許可を受けて郊外の鳴滝に塾を開き、病人の診療や門弟に対する教育活動を行い、またみずからの日本研究活動の拠点とした。これが鳴滝塾《なるたきじゅく》で、諸国から集まった門弟達に西洋の進んだ学問や科学的な思想が教授され、幕末に多数の蘭方医、蘭学者を輩出した。一八二八年シーボルト事件により国外追放の処分を受けたが、開国後の一八五九年(安政六)に再来日を果たし、翌年には鳴滝に屋敷を得てここを住居として、周囲に植物園などが造られた。当時の建物は一八九四年(明治二十七)に解体されており、現在は井戸が二基と石垣などが残るほか、発掘調査で石組溝・石列などが発見されている。

参考文献 徳永宏「鳴滝塾の活動と跡地の変遷について」(『新・シーボルト研究』二所収、二〇〇三、八坂書房)。長崎市教育委員会編『シーボルト宅跡調査報告書』、二〇〇四。 (宮下 雅史)

しいん 私印 個人および家政機関が発給する文書に押印された個人および家の印章。八六八年(貞観十)にはじめて公的に規定され、印面の大きさを方一寸五分以内とされた(『類聚三代格《るいじゅうさんだいきゃく》』巻十七所載貞観十年六月二十八日付太政官符)。しかしながら奈良時代の七五八年(天平宝字二)には、藤原仲麻呂《ふじわらのなかまろ》に「恵美押勝《えみのおしかつ》」の名を賜ると共に「恵美家之印」の使用を特権的に認めており(『続日本紀《しょくにほんき》』天平宝字二年八月甲子条)、また、正倉院文書《しょうそういんもんじょ》にも私印が押捺されたものが多数見られることから、公的には規定されていなかったものの奈良時代から私印が少なからず使用されていたことが判明している。私印は厳密には「家印」と「個人印」に分けられるが、前者は家政機関を設置することができる貴族階級に限られており、正倉院文書にみえる下級官人が押捺したような私印はいずれも個人印である。印文はウジ名や個人名の全部ないし一部をとったものが主である。

参考文献　国立歴史民俗博物館編『日本古代印集成』、一九九六。土橋誠「私印論」(『国立歴史民俗博物館研究報告』七九、一九九九)。高島英之「古代の私印について」(『古代出土文字資料の研究』所収、二〇〇〇、東京堂出版)。

(高島　英之)

じいん　寺印　古代寺院の寺務機関が発給する文書に押捺された寺家の印章。「某寺(之)印」とする寺院全体にかかわる印文を有し、寺務機関が寺院組織を代表して発給する文書に押されるものと、「某寺綱印」あるいは「某寺某(所)印」という寺務機関そのものあるいは管轄下部署ごとの印文を有し、それぞれの部署から個別に発給される文書に押される事例とがある。前者の例としては伝存する「法隆寺《ほうりゅうじ》印」(東京国立博物館蔵、法隆寺献納宝物)、後者の例としては同じく伝存する「鵤寺倉印《いかるがでらのくらのいん》」(東京国立博物館蔵、法隆寺献納宝物)あるいは観世音寺《かんぜおんじ》文書に印影がみえる「観修里印《かんしゅりいん》」(観世音寺修理所の印の意)などがある。

参考文献　国立歴史民俗博物館編『日本古代印集成』、一九九六。『国立歴史民俗博物館研究報告』七九、一九九九。

(高島　英之)

じいんけんちく　寺院建築　仏堂・塔・僧坊・庫裏《くり》など寺院に固有の形式を持つ建築。六世紀中ごろの仏教の伝来とともに大陸から伝わった建築様式で、それまでの日本の建築とは異なり、基壇・礎石・組物を備え、塗装・彩色を施し、寄棟造《よせむねづくり》または入母屋造《いりもやづくり》の屋根に瓦を葺き、彩色や飾金具を用いて内外に荘厳を施こした。百済の工人による飛鳥寺の造営をはじめとし、法隆寺・四天王寺・山田寺などが相ついで建立され、さまざまな様式技法が伝えられた。南都六宗寺院が建立され、全国に国分寺の建立が始まった奈良時代には、唐の様式を基にして唐招提寺金堂に代表されるわが国の寺院建築様式が確立し、その後のわが国の建築様式の基本となり、和様と呼ばれる。平安時代にはわが国の風土に合わせた独自の変化が見られ、屋根も瓦葺ばかりでなく、宮殿や神社に用いられた在来工法である檜皮葺《ひわだぶき》も取り入れられた。鎌倉時代初期には、新たに宋から大仏様と禅宗様が伝来した。東大寺の復興に採用された大仏様は重源の没後は衰えたものの特に瀬戸内沿岸の和様仏堂に大きな影響を及ぼし、またその構造手法は近世の大規模建築にも応用された。鎌倉時代中期から南北朝時代を中心に全国に禅宗寺院が建立されて禅宗様が用いられ、その装飾的細部は和様仏堂にも広く採り入れられた。また、これら新様式に学んだ貫《ぬき》の使用により和様建築の構造的な強化が図られるとともに、桔木《はねぎ》を用いたわが国独自の小屋組技法も発達して、広い礼拝空間が可能な奥行の深い平面や、深い軒を可能とする技術が確立した。近世には、庶民信仰の盛行に伴って浄土宗・浄土真宗・日蓮宗などの鎌倉新仏教系諸宗の本山格寺院や旧仏教系の札所寺院などの大伽藍において仏堂の大型化が図られ、複雑な屋根など従来の伝統にとらわれない形式が現れ、江戸時代中期以降は彫刻が豊かとなって装飾化の傾向が強まっていく。また、柱は角柱として、組物はほとんど用いない簡素な方丈系仏堂形式も広く普及するなど、多様な展開を見せる。

(清水　真一)

しお　塩　⇩製塩《せいえん》

しおうじ　四王寺　新羅《しらぎ》の侵寇や対蝦夷《えみし》政策のために、日本海側を中心として秋田城《あきたのき》や、七七四年(宝亀五)に筑《ちく》前《ぜん》国、八六七年(貞観九)に伯耆《ほうき》・出雲《いずも》・長門《ながと》国などに建立された寺院。(一)京都国立博物館蔵「四王寺印」は、平安時代初期に制作されたと推測される古印のひとつで、秋田城を守護する四王寺に存在したものが、そののち秋田市の古四王神社《こしおうじんじゃ》に移り伝来したとされる。四王寺の創建については不明であるが、『類聚国史《るいじゅうこくし》』天長七年正月二十八日条に地震によって四王寺の堂舎が倒壊したことが記されており、その存在が確認できる。(二)七七四年新羅の宗教的呪詛に対して、筑前国大野城《おおののき》(福岡県宇美町)の西端山中に四王寺を建立し四天王像を安置した。遺跡については現在大野城内の尾根に沿って、毘沙門《びしゃもん》地区を中心として四ヵ所が想定される。遺物では「四王」銘文字瓦・経筒《きょうづつ》などが出土している。(三)八六七年五月、新羅の賊兵が日本海沿岸に出没するのを攘《はら》うため、八幅の四天王像各一鋪を伯耆・出雲・石見・隠岐・長門国の五国に下し、僧四口を置いて修法させた。このうち、伯耆国四王寺は鳥取県倉吉市四王寺山頂にあると伝わるが、未調査で遺構などは不明である。出雲国四王寺は島根県松江市山代町にその遺跡が残るとされる。しかし松江市四王《しわ》寺《じ》跡は発掘調査が行われ、八世紀前半から後半にかけての瓦類が出土したが、九世紀代の遺物はきわめて少ない。したがってそれは『出雲国風土記《いずものくにふどき》』所載の「新造院《しんぞういん》」の一つであり、八六七年の四天王像安置の寺院とは考えにくい。

参考文献　『太宰府市史』考古資料編、一九九二。島根県教育委員会『風土記の丘地内遺跡発掘調査報告』四、一九八五。

(三舟　隆之)

しおがま　塩釜　濃縮した海水(鹹水《かんすい》)を煮詰めて結晶した塩を作る釜。釜には鹹水を煮詰めて生塩《きしお》(粗塩《あらじお》)を生産する煎熬《せんごう》用と、生塩を熬《い》って焼塩《やきしお》処理する熬塩《いりしお》用があった。奈良・平安時代における煎熬用釜の実態は不明で、三重県塩崎《しおざき》遺跡のような土釜などが用いられていたと推測される。文献では奈良時代に熬塩用の「熬塩鉄釜」の存在が確認できる。中世・近世以降は、煎熬用の釜が主で、鉄釜、扁平な石を敷き並べて灰混り粘土で固めた石釜、貝殻の焼成粉を海水・粘土などで練って作った貝釜、竹籠を粘土で塗り固めた網代《あじろ》釜など、釜の形態や素材は多様であり、時代や地域によって変化した。特に、石釜は近世初頭に播磨国東部(兵庫県)で出現し、近世瀬戸内の入浜塩田のほとんどが使用した。明治時代後半から大正時代になると、全国的に鉄釜が普及する。その後、一九二七年(昭和二)には画期的な真空式蒸発缶《しんくうしきじょうはっかん》が導入され、現在のイオン交換樹脂膜法《こうかんじゅしまくほう》製塩でも使用されている。

参考文献 広山堯道『日本製塩技術史の研究』、一九八三、雄山閣出版。近藤義郎『土器製塩の研究』、一九八四、青木書店。 (岩本 正二)

しおで 鞍 ⇩鞍《くら》

しおどめいせき 汐留遺跡 隅田川右岸河口の低地にある縄文時代の遺物包含層、江戸時代大名屋敷跡、近代の鉄道遺構などを内容とする複合遺跡。東京都港区東新橋一丁目に所在。旧国鉄汐留貨物駅跡地の土地区画整理事業計画に伴う発掘調査が一九九一年(平成三)から二〇〇〇年まで実施された。江戸時代以前の遺物では縄文時代早期の土器片が出土している。江戸時代は播磨龍野藩脇坂家中屋敷(のち上屋敷)、陸奥仙台藩伊達家中屋敷(のち上屋敷)、陸奥会津藩松平(保科)家中屋敷、江川太郎左衛門大小炮習練場などに関わる遺構が検出された。特に脇坂家と伊達家については、屋敷のほぼ全域を対象とした発掘調査が行われ、大規模な土木事業の過程とその構造を知る上できわめて重要な遺跡であった。御殿・表門・庭園・地下室などの建築遺構、船入場の石積遺構、上水施設(玉川上水)、下水施設などの土木遺構が検出されている。遺物では漆製品を含む多量の木製品が出土した。国指定史跡として近代の「旧新橋停車場跡」の駅舎は再現され、プラットホームの一部は保存公開されている。

↓新橋停車場《しんばしていしゃば》跡《あと》

資料館 旧新橋停車場鉄道歴史展示室(東京都港区)

参考文献 汐留地区遺跡調査会『汐留遺跡』、一九九六。東京都埋蔵文化財センター編『汐留遺跡』Ⅰ—Ⅲ、一九九七・二〇〇〇・〇三。 (亀田 駿一)

しか 鹿 シカの仲間は偶蹄目シカ科に属し、ユーラシア・南北アメリカ大陸に広く分布する。旧石器時代以来、人類にとって重要な狩猟獣で、ヨーロッパの後期旧石器時代の洞窟壁画には、トナカイ・ヘラジカ・アカシカが多く描かれるし、特にマドレーヌ文化ではその枝角が槍または銛・指揮棒・垂飾品などさまざまな道具に加工された。後氷期を迎えると中緯度地域ではアカシカ・ノロジカ・オジロジカなど、高緯度地域ではカリブー・トナカイが盛んに狩猟されたが、トナカイを除いてシカの仲間が家畜化・馴化されることはなかった。ニホンジカはニホンジカ亜属に分類され、近縁種にはタイリクジカ・タイワンジカ・ツシマジカがあり、北海道に分布するエゾシカはタイリクジカの亜種とされる。シカは琉球諸島をのぞく日本列島において、イノシシとならぶ代表的な狩猟獣であった。シカは雄雌別に群を作り、九月から十月にかけての交尾期には雌の群に雄が入り込み、ハレムを形成する。成獣のシカは、四月中旬から五月にかけて落角し、袋角が成長する。鹿角は九月には枯角となり、先端部に摩耗がすすむ。袋角(鹿茸)は滑らかで柔らかく毛で覆われており、滋養・強壮の薬として珍重され、古代以来、袋角を目的として盛んに狩猟された。農耕が始まると田を荒らす害獣となり、現代でもシカの模型を弓矢で射る鹿打ち神事が三河・信州・遠州の接する地域に残り、長野県諏訪大社では中世以来、神にシカの頭部を供える御頭祭《おんとうさい》が現代に続く。狩猟法は落し穴・追い込み猟・待ち伏せ猟が一般的で、弓矢によって捕獲することが多かった。発情期の雌の声をまねて雄ジカをおびよせる「鹿笛」を使った高度のおとり猟も、縄文時代後期にすでに存在したことが、長崎県対馬佐賀貝塚からの出土品からわかり、数多くの民俗例が各地に残る。骨角器の素材としては、鹿角と中手骨・中足骨が最も多く使われた。鹿角は弾力があり、加工しやすいため、銛頭・釣針・骨鏃・装身具・石器製作具・土掘り具などに多用され、シカの中手骨・中足骨は真っ直ぐで細く、厚みのある素材がとれるので、ヤス・骨鏃・簪・骨匕・骨針などの素材となった。中近世にも簪や冑甲の部品・装身具として、専門の工人集団がその製作にあたったことが発掘資料からわかる。弥生時代以降、大陸からの新しい文化の一つとして卜骨が入ってくるが、弥生時代ではシカとイノシシの肩甲骨が一般的で、シカの寛骨が少数見られる。『古事記』『日本書紀』では「太占《ふとまに》」と呼ばれ、現在でも群馬県一ノ宮貫先《ぬきさき》神社や、武州御嶽《みたけ》神社にシカの肩甲骨に焼き錐《ぎり》をあて、ひび割れで吉兆を占う神事が継承されている。

参考文献 平林章仁『鹿と鳥の文化史』、一九九二、白水社。大泰司紀之「シカ」(加藤晋平他編『縄文文化の研究』二所収、一九八四、雄山閣出版)。 (松井 章)

しがくかい 史学会 日本史・東洋史・西洋史からなる歴史学研究についての日本を代表する学会の一つ。もっとも長い歴史をもつ。一八八九年(明治二十二)、創設当初の帝国大学文科大学史学科を中心に、リースの勧めにより、国史科の重野安繹《やすつぐ》・久米邦武・星野恒らによって設立された。重野が会長となり、『史学会雑誌』(のちに『史学雑誌』)を創刊し、毎月例会を開くなどした。一八八九年に第一回の大会を開き、以後毎年大会を開催する。『史学会叢書』『史学会論叢』などの出版も行なった。一九二九年(昭和四)に財団法人となり、理事長坪井九馬三のもと理事・監事・評議員・委員の体制を作り、条款を定めた。五十周年には、『本邦史学史論叢』『東西交渉史論』を刊行した。第二次世界大戦の末期から戦後にかけて運営は危機に直面したが、一九四九年、新進の研究者の委員会によって戦後の新体制が再建された。東京大学文学部に事務局を置いて、理事会・編集委員会が評議員会に諮問しつつ会務を進め、毎月『史学雑誌』を刊行し、毎年の大会と随時の例会を開催している。一九九九年(平成十一)には第百回大会で国際シンポジウムを開くなど、内外の学会との連携を進める一方、毎年の大会シンポジウムの成果を『史学会シンポジウム叢書』として刊行するなど、研究成果の発信に努めている。

参考文献　史学会『史学会百年小史』、一九八九、山川出版社。　(佐藤　信)

しがくざっし　史学雑誌　史学会が編集する、日本史・東洋史・西洋史・考古学などにわたる歴史研究の月刊学術雑誌。史学会の設立とともに一八八九年(明治二十二)に『史学会雑誌』として大成館から創刊、一八九二年に『史学雑誌』と改称して冨山房から刊行した。当初は旧来の歴史観を批判する論考が多かったが、リースの意見を受けて実証的な論文が中心となった。一八九二年には、掲載論文「神道は祭天の古俗」が神道家の批判を受け、久米邦武が大学を追われたこともある。レベルの高い論文を掲載し、権威ある歴史学会誌としての評価を受けてきた。第二次世界大戦の末期から戦後にかけて刊行は危機に直面したが、一九四九年(昭和二十四)新しい委員会のもとで五八編から新しい編集に移り、発行元も山川出版社となった。一九五一年からは、毎年五月号を前の年の歴史学会の「回顧と展望」号特集とし、一九六〇年からは毎号に「史学文献目録」を掲載するようになった。通常号の発行部数は、約四千五百。創刊号から第一〇〇編までの『史学雑誌総目録』(一九九三、山川出版社)が刊行されている。

参考文献　史学会『史学会百年小史』、一九八九、山川出版社。　(佐藤　信)

しかくしきょうさい　四角四境祭　疫病流行や天皇不予の時に行われる陰陽道の祭祀。『西宮記』七の九一四年(延喜十四)の例が史料上の初見。疫病をもたらす鬼気(疫神)が外部から都に侵入して天皇の身辺を脅かすことのないよう、宮城(大内裏と京師)の四隅と宮都所在国である山城国の国境四ヵ所に陰陽寮官人を派遣して、陰陽道の呪術的な祭法で疫神を調伏し追却する。宮城四隅の祭を四角祭、国境四ヵ所の祭を四境祭といい、四角祭は大内裏と京師の艮《うしとら》・巽《たつみ》・坤《ひつじさる》・乾《いぬい》、四境祭は和邇《わに》堺・会坂《おおさか》堺・大枝《おおえ》堺・山崎堺の道路上で行われた(十二世紀以降和邇堺にかわって龍華堺)。『延喜式』臨時祭には宮城四隅疫神祭と畿内堺十処疫神祭の規定があり、平安時代初期には疫神の祭却は神祇官によって行われていたが、これがのちに陰陽寮によって行われるようになったものが四角四境祭である。鎌倉幕府も幕府の四隅と鎌倉の四境(小袋坂・小壺・六浦・片瀬川)でこの祭儀を行なったことが『吾妻鏡』にみえる。

参考文献　岡田荘司『平安時代の国家と祭祀』、一九九四、続群書類従完成会。垂水稔『結界の構造』、一九九〇、名著出版。　(菊地　照夫)

しがさんじ　志我山寺　⇩崇福寺《すうふくじ》

しかのしま　志賀島　福岡市東区に所在する陸繫《りくけい》島。博多湾口に位置し、福岡市の東北部を基部に東から西にのびる海の中道《なかみち》とよばれる細長い砂嘴《さし》の突端にある。かつては砂嘴と島の間に志賀島橋が架されていたが、現在は完全に陸繫化している。縄文時代遺跡は志賀海《しかうみ》神社口が知られ、弥生時代は山間部に数ヵ所の遺跡がある。島の北端、勝馬からは細形銅剣の鋳型が出土し、島の西南海岸には、一七八四年(天明四)に「漢委奴国王」の金印が発見された金印出土地が所在していることは著名である。古墳時代は数基の小円墳、箱式石棺が存在する。『万葉集』には志賀の海人《あま》や志賀の地名がよみ込まれた歌が十二首ほどあり、また、海の中道の砂嘴上にある海の中道遺跡の調査成果から、志賀の海人が製塩・漁撈に従事した生活がうかがえる。蒙古襲来の時には戦場となった。古代以来糟屋郡に属したり那珂郡に属したりしていたが、一九七一年(昭和四十六)四月福岡市に合併した。

参考文献　森貞次郎・渡辺正気「福岡県志賀島発見の細形銅剣鎔范」(『九州考古学』三・四、一九六八)。『海の中道遺跡』II、一九九三、朝日新聞社西部本社。福岡市教育委員会『志賀島・玄界島』、一九九五。　(山崎　純男)

しかまのさく　色麻柵　奈良時代前半に律令政府が蝦夷支配を目的として陸奥国内陸部に造営した城柵。『続日本紀』天平九年(七三七)四月戊午(十四日)条に、多賀柵・玉造柵・新田柵・牡鹿《おしか》柵とともに初見し、「天平五柵」ともされる。鎮守将軍大野東人《あずまひと》が陸奥国から出羽柵に至る直路を開くため、軍を率いて部内色麻柵を出発し、その日のうちに出羽国最上郡大室駅に到着していることから、陸奥国と出羽国を結ぶ連絡路の中継基地的な役割を果たしていたと推測される。色麻郡はのちに色麻柵を核として賀美郡から分郡されたものとみられる。所在地について、かつては宮城県加美郡色麻町の一の関遺跡が色麻柵に比定されていたが、発掘調査でこの遺跡は寺院跡の可能性が高くなったことから、現在では北辺中央に八脚門をもつ築地塀と大溝で区画され、郭内から多数の掘立柱建物跡や倉庫跡・竪穴住居跡などが発見された、同郡加美町の国史跡城生柵《じょうのさく》跡が有力とされている。↓城生柵《じょうのさく》

参考文献　宮城県教育委員会編「一の関遺跡」(『宮城県文化財発掘調査略報—昭和五一年度分—』、一九七七)。中新田町教育委員会編『城生遺跡』(『中新田町文化財調査報告書』一・二、一九七八・七九)。同編『城生柵跡』(『中新田町文化財調査報告書』四—九、一九八〇-八四)。　(白鳥　良一)

しがらきのみや　紫香楽宮　滋賀県甲賀市信楽町にある聖武天皇が営んだ宮都の一つ。信楽宮、甲賀宮ともいう。七四二年(天平十四)二月、聖武天皇は恭仁京《くにきょう》遷都の二年後、東北道を開き、甲賀郡信楽の大戸川《だいどがわ》流域に離宮の紫香楽宮を造営した。八月には信楽へ行幸を開始し、翌年十月十五日、信楽で盧遮那仏《るしゃなぶつ》の造立を発願した。これは行基を中心とし、智識結《ちしきゆい》によって進められた。七四四年

(天平十六)二月、宮都は恭仁京から難波京に遷されたが、天皇は遷都の詔をだす二日前に紫香楽宮に行幸し、以後、紫香楽宮の大造営と大仏造営が進められた。『続日本紀』天平十七年(七四五)正月巳未条には、紫香楽宮に遷都し、垣や塀が未完成ながら大楯《おおたて》、槍《ほこ》を宮門にたてたこと、乙丑条には、天皇が大安殿に出御し、五位以上の官人と宴を催し、朝堂《ちょうどう》で主典《さかん》以上の官人を饗応したことを記す。しかし、四月に入ると山火事が頻発し、二十七日に大地震が起こり、天皇は五月に平城京に還都し廃都となった。紫香楽宮の遺跡は、江戸時代から信楽町黄瀬《きのせ》の内裏野《だいりの》に想定され、一九二三年(大正十二)に黒板勝美の踏査によって紫香楽宮跡として国指定史跡になった。しかし、一九三〇年(昭和五)、肥後和男による調査で塔跡が検出され、東大寺式の伽藍であることが判明し、宮殿を甲賀寺《こうかでら》もしくは近江国分寺に改修したものとみなされるに至った。しかし、第二次世界大戦後の一九七四年(昭和四十九)ごろ、北二キロにある宮町《みやまち》地区の圃場整備中に柱根三本が見つかった。これを契機に一九八四年(昭和五十九)から発掘調査が開始され、掘立柱建物、塀、溝が検出され、また木簡が多量に出土し、紫香楽宮に関連する官衙《かんが》が存在する可能性が高くなった。二〇〇〇年(平成十二)、長大な一〇〇メートルを超える南北棟建物の朝堂が検出され、翌年に朝堂が東西に対称に検出され、中心建物も確認され、紫香楽宮が宮町遺跡にあったことが判明した。木簡は六千点を超えている。 (小笠原好彦)

参考文献 小笠原好彦『大仏造立の都・紫香楽宮』、二〇〇五、新泉社。

しがらきやき 信楽焼 滋賀県甲賀市信楽町一帯で鎌倉時代後期の十三世紀ごろから焼かれたやきものの総称。中世六古窯の一つとされる。古代より交通の要衝である信楽盆地には、奈良時代に一時的ではあるが紫香楽宮が置かれ、また周辺の山々では木節粘土や蛙目粘土を産し、平安時代には須恵器窯が稼動するなど窯業地には適した地であった。信楽焼の製品の紀年銘資料で最古のものは、「応安己酉」(一三六九年)の墨書銘をもつ甕である。十三世紀から十四世紀の常滑焼大甕と形態の類似した陶片資料が長野窯・ハンシ窯・上山窯地区の窯跡で見つかっており、この時期の信楽窯は常滑窯の影響下にあったものと推定される。室町時代になると檜垣文など独特の装飾をもつ壺などを生むようになる。十六世紀になると生産品の一部が茶道具として採り上げられるようになり、鬼桶水指や花生、茶碗などの茶道具の名品がつくられるようになった。特に利休所持と伝えられる信楽水指「銘 柴庵」(東京国立博館蔵、重要文化財)は、胴には大きく山割れが生じ、釉は全体に激しくかかり暗緑色の釉が部分によって厚く薄く、変化をもって器面を包み込んでいる。まさに自然の岩肌、そして岩からしみ出す清水のイメージを醸し出す水指で、自然の生気を見事に感じさせる侘数寄の道具として評価が高い。江戸時代に入ると、擂鉢には泥漿がかけられるようになり、また将軍に献上する茶壺(いわゆる腰白茶壺)がつくられるようになる。十八世紀になると生産の主体は、京焼の丸碗・筒碗・皿を模した施釉陶器の小物製品に移る。十九世紀には仏具・灯明皿・土瓶なども焼造され、東北から九州まで全国に流通した。 (荒川 正明)

しき 瓷器 『延喜式《えんぎしき》』『日本後紀《にほんこうき》』などの古文献に記された焼きものの種類名称。『和名類聚抄《わみょうるいじゅしょう》』に「瓷 唐韻云瓷」とあることから、もとは中国渡来の言葉であり、唐代に慧琳《えりん》が撰した『一切経音義《いっさいきょうおんぎ》』には「瓦類也加以薬石而色光沢也」と記されているので、本来の語義は施釉された陶磁器のこととわかる。日本では、『正倉院文書《しょうそういんもんじょ》』の『造佛所作物帳《ぞうぶつしょさくもつちょう》』に「造瓷坏」として奈良《なら》三彩《さんさい》の製作に関する記述があり、『日本後紀』弘仁六年(八一五)正月丁丑条の「造瓷器生」が緑釉陶器工人を指すこと、『延喜式』民部省に尾張・長門両国からの貢納が規定されている「瓷器」が緑釉陶器であることが明らかにされているから、国産鉛釉陶器が瓷器と呼ばれていたことは間違いない。ただし、八六七年(貞観九)成立の『安祥寺縁起資財帳《あんじょうじえんぎしざいちょう》』に「大唐瓷瓶」と記されていることは、国産品に限らず青磁や白磁などの輸入中国陶磁も瓷器の範疇に含まれていたことを示している。『小右記《しょうゆうき》』『権記《ごんき》』『江家次第《ごうけしだい》』『伊《い》呂波字類抄《ろはじるいしょう》』などの記載から、瓷器には「青瓷」と「白瓷」があったことが知られており、大場磐雄が最初に提唱して以来、奈良三彩や緑釉陶器などの国産鉛釉陶器を青瓷に、国産灰釉陶器を白瓷に比定するのが通説的理解である。しかし、八八三年(元慶七)の『観心寺勘録縁起《かんじんじかんろくえんぎ》資財帳《しざいちょう》』に「唐白瓷湯埦」とあることから、中国製の白磁も白瓷と呼ばれていたことが確認でき、白瓷のすべてを灰釉陶器とは断定できない。さらに、刻銘から白瓷と呼ばれていたことが判明する和歌山県新宮市熊野神社本宮境内出土の保安二年(一一二一)銘経筒外容器や三重県伊勢市小町経塚出土の承安四年(一一七四)銘瓦製光背には、いずれも施釉が認められていない。これについては、白瓷である灰釉陶器の系譜をひく無釉の陶器も白瓷と呼ばれていたとする考え方が有力視されている一方で、白瓷は本来無釉の白い陶器を指す言葉であるとする異説もあり、必ずしも意見の一致をみていない。

参考文献 亀井明徳「平安期輸入陶磁器の名称と実体」(『考古学雑誌』六一ノ一、一九七五)。『日本陶磁全集』六、一九七六、中央公論社。高橋照彦「「瓷器」「茶椀」「葉椀」「様器」考―文献にみえる平安時代の食器名を巡って―」(『国立歴史民俗博物館研究報告』七一、一九九七)。大場磐雄「灰釉陶器について」(平出遺跡調査会編『平出 長野県宗賀村古代集落遺跡の總合研究』所収、一九五五、朝日新聞社)。 (尾野 善裕)

しきこうさくず 四季耕作図 稲作の一年に四季の情感を加えた図。中国では宋の時代に農作業と養蚕・機織りの工程をそれぞれ二十枚ほどの絵に描いた耕織図がつくられ、皇帝が民の苦しみを知る手だてとされた。日本には室町時代に南宋の梁楷筆とされる耕織図の巻物が伝わり、将軍を取り巻く禅僧絵師や初期の狩野派によって、将軍の邸宅や禅宗寺院のふすま絵や屏風の大画面に描かれるようになった。日本では耕図と織図のうち耕図がとくに重用されてよく描かれ、そこに日本的な季節感が加えられて四季耕作図が成立した。はじめは中国の手本をもとに中国の風景として水墨画風に描かれたが、十六世紀後半には手本をはなれて金地に華やかな色彩で人物も大勢描いたにぎやかな作品があらわれ、狩野派以外にも雲谷派などの作者も手がけるようになった。江戸時代にはいると、武家屋敷や寺院では狩野派の水墨調の伝統が継承されるが、都市の町人や裕福な農民にもひろまった。この庶民に広まるなかで和様化がすすみ、屏風や襖絵のほかにも神社の絵馬、漆器や陶器、着物のデザインにも採用され、全国的にひろまった。この原動力の一つが出版文化の隆盛で、大坂の橘守国『絵本通宝志』や貝原益軒筆とされた『女大学宝箱』の口絵が絵手本としてつかわれている例が多い。そのため農業を描いていても、その土地の様子を写したものとは限らず、絵手本の有無をチェックする必要がある。

参考文献　渡部武「中国農書「耕織図」の流伝とその影響について」（『東海大学紀要文学部』四六、一九八六）。冷泉為人・河野通明・岩崎竹彦・並木誠士『瑞穂の国・日本―四季耕作図の世界―』、一九九六、淡交社。（河野　通明）

しぎさんじょう　信貴山城　大和と河内の国境付近に存在する、中世の大規模な山城。奈良県生駒郡平群町に所在。天然の要害に立地し、また位置的には両国支配に最適の地にある。楠木正成がここに築城したとする伝承もあるが、確実ではない。一五三六年（天文五）、木沢長政が政庁的機能を兼ね備えた大規模な山城を築城した。一五四二年、長政は河内で敗死し、信貴山城も落城した。その後、一五五九年（永禄二）に大和に侵攻した松永久秀がここを大規模に修築し、大和支配の拠点とした。一五七七年（天正五）、織田・筒井の連合軍に攻められ落城。本丸跡は信貴山のピーク付近に存在するが、細長い形状で面積的にもやや狭い。ここから放射状に伸びる尾根部分には比較的広大な郭が展開しているが、その中でも最大の郭は「松永屋敷」と呼ばれ、桝形の虎口が附属するなど、信貴山城の中心的施設が存在した可能性を示している。現状で石垣は見られず、また発掘調査がなされていないため瓦や礎石の存在も知られていないが、信貴山南麓の支城（南畑ミネンド城）の発掘調査で石垣・瓦の出土が確認されており、本城部分においてもこれらが採用されている可能性はきわめて高いものと思われる。

参考文献　村田修三「信貴山城」（『日本城郭大系』一〇所収、一九八〇、新人物往来社）。「高安城関連遺跡　第十二次―南畑ミネンド城発掘調査報告」（奈良県立橿原考古学研究所編『奈良県遺跡調査概報』一九八八年度、一九八九）。（山川　均）

じきどう　食堂　古代寺院内の食事施設で、僧尼らが一堂に会した。七堂《しちどう》伽藍《がらん》の一つに数えられる主要堂宇《どうう》である。発掘遺構は平城京以後に確認される。平城薬師寺では講堂の北方、北面僧房《そうぼう》の中央部にあり、桁行九間の四面廂の建物で、北に十字廊が併置される。興福寺や東大寺では中心伽藍の東方北寄りに位置し、僧房と廊で接続される。西大寺では寺域北東部に食堂院の一郭を設けた記録がある。調理のために火気を使用する厨と近接する性格上、中心伽藍から離れて配置されるようになる。子《し》院《いん》が発達する平安時代以降は、その必要性を減じていった。現存建物としては法道寺《ほうどうじ》食堂（重文、大阪府堺市、鎌倉後期）が最古で、桁行七間、梁行三間の床張りの建物である。法隆寺食堂（奈良県生駒郡斑鳩町、奈良時代）は鎌倉時代に食堂に転用されたもので、当初は政屋であったと推定されている。桁行七間で南北に廂がつく建物で、南側に細殿《ほそどの》が附属する。

参考文献　重要文化財法道寺修理委員会編『重要文化財法道寺食堂・多宝塔修理工事報告書』、一九七〇。法隆寺国宝保存事業部編『国宝建造物食堂及細殿修理工事報告』、一九三六、文生書院。（長尾　充）

しきないしゃ　式内社　『延喜式《えんぎしき》』の神名式《じんみょうしき》に記録された神社のこと。神名式は独立して延喜式神名帳《えんぎしきじんみょうちょう》ともいわれ、陸奥から薩摩に至る全国の神三千百三十二座の名が網羅されている。しかし、神名帳から古代の神社を考えるには大きな問題がある。まず、一部の有力神社を除いて、現在式内社とされる多くの神社が、村落形態の変化により中世頃には廃絶していた可能性が高く、現存する式内社の多くは近世に、神祇官を掌握していた吉田家によって再治定されたものであること。そして、神名帳の神社には非常に偏在性があるということである。たとえば五畿内国は神社が非常に多く、山城国は百二十二座、大和国は二百八十六座、河内国は百十三座、摂津国は七十五座、和泉国でも六十二座である。ところが関東では相模国十三座、武蔵国四十四座、安房国六座、上総国五座、下総国十一座、常陸国二十八座と、国の広さに比べて神の数がきわめて少ない。一方で、畿外国でも伊勢二百五十三座、但馬百三十一座、出雲百八十七座など、きわめて神社の多い国もある（伊勢は神宮関係の摂社・末社百十座が含まれている）。つまり、畿内あるいは出雲や伊勢では官社になるようなレベルの神社でも、それ以外の国では官社扱いされないなど、地域的な偏りがあったと考えられる。事実『出雲国《いずものくに》風土記《ふどき》』と『常陸国《ひたちのくに》風土記』『播磨《はりまの》国《くに》風土記』を比べると、同じような地域の有力神の関係社でも、出雲では官社とされ、常陸や播磨では官社とされていない傾向がある。このように、官社になる神社に一定の基準があったとは考えがたく、畿内や伊勢・出雲などの特定地域では、それ以外の地域では顧みられない規模の神社を官社としていたらしい。つまり式内社はあくまで政治的な神社の選定であり、古代の有力社を網羅したものとは必ずしもいえないことに注意しなければならない。

参考文献　式内社研究会編『式内社調査報告』、一九七六－八六、皇学館大学出版部。　（榎村　寛之）

しきなえん　識名園　一七九九年（嘉慶四）に造営された琉球国王の別邸。那覇市真地御殿原に所在。王家の保養園として使用されただけでなく、中国皇帝の使者である冊封使を接待する園としても使用され、琉球王府の外交面においても重要な役割を果たした。庭園は池を中心とする廻遊式庭園で、日本庭園の影響が認められるが、同時に、池にかかるアーチ橋や池の中に建てられた六角堂など中国の影響も見られる。しかし、全体的な意匠や構成は琉球独自のものである。池の北側に建てられた御殿《うどぅん》は、当時の琉球王国の上流階級だけに許された赤瓦葺きの木造平屋建てで、軒を支える柱などに琉球独特の民家風の趣が取り入れられている。池の水源となる育徳泉（湧水）が池の西岸近くにある。識名園は第二次世界大戦で大きな被害を受けたため、一九七五年（昭和五十）から一九九六年（平成八）までに修復・復元された。二〇〇〇年には国の特別名勝に指定され、同年十二月には世界文化遺産に登録された。

識　名　園

参考文献　『名勝識名園環境整備事業報告書』、一九九六、那覇市教育委員会。　（金武　正紀）

しきゃくもん　四脚門　⇩よつあしもん

しきやまじょう　敷山城　南北朝時代の山城。山口県防府市大字牟礼字倉掛、防府平野東北端の矢筈岳（標高四六〇《メートル》）の南面八合目付近に所在。一九三五年（昭和十）六月七日、国史跡の指定を受ける。当時の指定理由は、周防国庁の小目代摂津助公清尊、検非違使助法眼教乗などが足利軍に対抗して、一三三六年（延元元）南朝方の「義旗」を翻したことの顕彰とある。敷山城に関する史料としては、一三三六年七月の永富季有軍忠状（「武久文書」）・吉河恒明軍忠状（「吉川家什書」）に、「防州（周防国）敷山城」とみえる。現存する遺構は、鎌倉時代中葉から戦国時代末期にかけて当地に存在した敷山験観寺《げんかんじ》の寺坊跡に係わるもので、脇坊十二宇を有したことから俗に十二段とも呼ばれる。敷山城は、これら験観寺の施設を利用した城郭であったと考えられる。史跡指定申請後、黒板勝美・三坂圭治の両氏による現地踏査ならびに一部試掘調査が実施されており、本堂基壇裾部の石組（高さ四〇《センチ》程度）や本堂礎石列を確認しており、「敷山城地籍図」との関連が指摘されている。

参考文献　防府市教育委員会編『防府の文化財』一九七八。三坂圭治「清尊・教乗両師の事蹟と敷山城」（御園生翁甫編『防長旧族の館址古城址の研究』所収、一九六二、山口県地方史学会・防府市教育委員会）。百田昌夫「南北朝期の合戦場地名について」（『山口県文化財』二二、一九九二）。　（古賀　信幸）

しくち　仕口　⇩継手《つぎて》・仕口《しくち》

しげいしゃ　淑景舎　平安宮内裏後宮の殿舎の一つ。天皇の在所となる清涼殿からは最も隔たり、内裏内郭の東北隅に位置する。壺庭に桐が植えられていたことから、桐壺《きりつぼ》とも呼ばれた。一条天皇の皇太子居貞親王（のちの三条天皇）の妃となった藤原原子の曹司とされたが、女御らの曹司としてはあまり使用されていない。円融天皇の摂政藤原伊尹の直廬となり、叙位や除目が行われたほか、内宴が催されたこともあった。また、一条天皇の摂政藤原兼家も同所を直廬とし、除目を行うなどしている。　（西村さとみ）

じけいせき　寺家遺跡　古代の気多《けた》神社に関わる遺跡。石川県羽咋《はくい》市寺家町から一宮町、柳田町地内に所在。羽咋砂丘の内陸斜面にあり、縄文時代前期から室町時代までの遺構を検出。一九七七年（昭和五十二）に能登有料道路関連工事で発見、発掘調査を実施。奈良時代（八世紀）から平安時代（九世紀）の祭祀跡や、竪穴住居群、大型建物群などを検出。祭祀跡には、神饌調理に使用したと推定している石組炉や儀式の痕跡を示す火処跡、多量の土器と鏡・直刀・紡錘車などの祭具を集積した遺構などがある。奈良三彩小壺や海獣葡萄鏡《かいじゅうぶどうきょう》などの祭具が多数出土している。九世紀にはいると竪穴住居群は移転して大型掘立柱建物群が造営され、周囲から「宮厨」「司館」「神」などの墨書土器が出土している。住居群には古代気多神社に付与された神戸《かんべ》集団が居住し、大型建物群は神社経営の中枢施設だったと思われる。古代神社の実態を知る上で、重要な遺跡である。

参考文献　石川県立埋蔵文化財センター編『寺家遺跡発掘調査報告』Ⅰ・Ⅱ、一九八六・八八。　（小嶋　芳孝）

じこういんていえん　慈光院庭園　慈光院は奈良県大和郡山市小泉町にあり大和平野西辺に張り出した台地東端に位置する。豊臣方の名将片桐且元の甥で、小泉藩主石見守片桐貞昌（石州）が一六六三年（寛文三）に創建した。

片桐石州は建築に明るく諸寺院の造営にも関与しただけでなく、徳川四代将軍家綱の茶道指南役でもあり、茶人として名高い。現在、当時の本堂は失われているが、書院と茶室が現存し、書院の南と東に白砂敷きの庭が展開する。庭の南には築山があり、庭の東は急勾配で下る傾斜地があってそれぞれ大刈り込みが覆う。東の刈り込み越しに大和平野と春日山など奈良の東山連嶺を望む借景庭園である。石組みなどを用いない単純な庭園の空間構成が主景を引き立てているが、近年は眼下に建物や構造物が増え、景観を阻害していることが惜しまれる。書院北側の露地には待合腰掛を作らず、書院東縁北寄りに濡縁を付して代用とする。書院・茶室は重要文化財で、庭園は国の名勝および史跡に指定されている。

参考文献 重森三玲「慈光院庭園」(『日本庭園史大系』一五所収、一九七三、社会思想社)。 (内田 和伸)

じこうじ　慈光寺　埼玉県比企郡都幾川《ときがわ》村西平に所在する天台宗の古刹で、正式名称は都幾山一乗法華院慈光寺。寺伝は、唐招提寺を開いた鑑真和上の弟子道忠を開山とし、最澄の来山を契機に天台宗の道場となったとする。現存する十三世紀初頭の法華経一品経・阿弥陀経・般若心経三十三巻(附筆者目録・補写目録)は国宝。ほかにも重要文化財として開山塔、銅鐘、金銅密教法具、紙本墨書大般若経がある。『吾妻鏡《あずまかがみ》』収載の記事からもうかがわれるように鎌倉時代には繁栄を極め、山中には七十五の僧坊が置かれていたという。一九六四年(昭和三十九)から翌年にかけて実施された開山塔の解体修理に伴う発掘調査では、塔の地下から九世紀代の須恵器を用いた蔵骨器が出土しており、九世紀代に推定されている道忠の没年との整合性が注目されている。

参考文献 梅沢太久夫『慈光寺―都幾川―』(『さきたま文庫』八、一九八九、さきたま出版会)。『都幾川村史』通史編、二〇〇一。 (宮瀧 交二)

じごくだにせっくつぶつ　地獄谷石窟仏　奈良県春日奥山(奈良市高畑町)に所在する石窟仏。通称、聖人窟。国史跡。凝灰岩層に平面矩形の石窟を彫込み、その奥壁に三軀、左(向かって右、以下同)側壁に一軀、右側壁に二軀の像を線刻する。奥壁中尊は坐高三尺余の如来坐像で左手は膝前に延べ、右手屈臂し第一・二指を捻じる。左脇侍は十一面観音立像、右脇侍は如来立像で各三尺。左側壁は等身の菩薩坐像で左手腰前で拳印、右手は蓮茎(推定)を執り、二重円光の周囲に星座(推定)を巡らす。右側壁は奥側に坐高三尺の阿弥陀坐像(両手一・三指を捻じ掌を前に向ける説法印)を表し、手前側は現状、垂下する天衣の刻線を残すのみである。本体・光背・台座に彩色および漆箔が施されるが大半ないし全てが後補。奥壁の両脇侍は刻線が後世になぞられ原容を損ねている。奥壁中尊は伸びやかで力強い像容から八―九世紀にさかのぼる可能性があり、他像も平安時代を降らないとみられる。奈良県。

参考文献 『奈良県史跡勝地調査会報告書』三、一九二六。 (奥 健夫)

しころ　錏　冑の後方下縁に付属して、後頭部・頸部を防御する付属具。綴とも書く。顔面を防御する頬当てを伴うことも多い。中国では、春秋戦国時代の革製冑に可動性をもつ威《おど》し技法の板錏があるが、個々に地域色がある。秦漢時代には固定綴じ技法の小札《こざね》冑が盛行し、前漢には小札錏と頬当てを伴う例がある。四―五世紀の三燕・高句麗には、縦長板を用いたいわゆる蒙古鉢形冑などに、綴じまたは威し技法の小札錏を伴う例があり、五世紀には朝鮮半島南部まで伝播した。日本列島では、四世紀末ごろに成立した帯金式甲冑に伴い、一枚板錏の衝角付冑が出現する。五世紀中ごろには鋲留甲冑の開発とともに、新たに四～五段の板錏を威した眉庇付冑が現れた。同様に、衝角付冑の板錏も多段化するが、五世紀末ごろにはさらに威甲である挂甲《けいこう》の普及に伴って、威し技法の小札錏に変化した。なお、これらの一部は朝鮮半島南部でも出土する。平安時代以降の式正鎧などでは、兜に小札を横綴した数段の威し錏が伴い、鞠の字をあてることがある。

参考文献 楊泓「中国古代の甲冑」(『中国古兵器論叢』(来村多加史訳)所収、一九九五、関西大学出版部)。古谷毅「京都府久津川車塚古墳出土の甲冑―いわゆる〃一枚錏〃の提起する問題―」(『MUSEUM』四四五、一九八八)。高橋工「中国古代の甲冑」(『季刊考古学』七六、二〇〇一)。 (古谷 毅)

しころぶき　錏葺　⇩屋根《やね》

しし　獅子　梵語 simha の訳で、師子とも書く。ライオンのことだが、獣中の王とされるところから、仏自身が獅子にたとえられ、また仏の偉大さをもこの語をつかって表現した。教典に出てくる獅子座は後者の意味合いなのだが、すでにインドにおいて、仏像の台座前面に獅子の形をあらわすことが行われた。これは一体でなく一対の獅子なので、仏の偉大さの比喩としてだけでなく西アジア的な守護獣という観念が入っている。仏前の獅子一対はガンダーラ、中央アジアを通って中国に伝えられた。一方中国では古来、宮殿や陵墓の前に一対の空想的な獣を置いて守護とする風があったが、西方伝来の獅子一対の制度が流入するやこれをも採り入れ、両者が併存した。これは朝鮮半島にもたらされ、やがて飛鳥時代のわが国に流入した。わが国で獅子の作例は山田寺金堂基壇の階段の浮彫が古く、以後奈良時代まででは、法隆寺金堂壁画(焼失)、法隆寺玉虫厨子台座壁画、奈良国立博物館蔵刺繡釈迦説法図(勧修寺旧蔵)、当麻《たいま》寺当麻曼荼羅厨子の台輪上などに見られる。獅子・狛犬の制の確立した平安時代以降でも、数少ないながら奈良県薬師寺や滋賀県大宝神社に残る守護獣一対は両方とも無角なので獅子一対というべきで、これを狛犬というのは厳密には間違いである。また、ほかに東大寺南大門の石造獅子一対のように、鎌倉時代に来朝した中国宋代の石工の製作になるものや、それを写した石造獅子がある。一方、舞楽に登場し、また神事でも行われる獅子舞は唐朝の式楽であり、そこでつかわれた獅子頭の遺品がある。これとは別に、奈良時代では工芸品の附属としてあらわされたり、また唐草文様のなかに獅子が現れることも多く、その場合、獅子は守護獣でなく、作品自体やその使用者をことほぐ瑞獣として表現される。そのような意味の変化は中国唐代においてであったと思われる。以上とは別に獅子が表現される場として仏像の台座がある。もっとも著名なのが文殊菩薩の乗物としての獅子であるが、ほかに東寺観智院にある五大虚空蔵像のうち金剛虚空蔵像も獅子に乗っており、天野山金剛寺大日如来像の台座には八体(一体亡失)の獅子がいる。密教の図像にもよく登場し、入唐僧常暁の請来した大元帥明王像には多くの獅子が取り巻いている。

参考文献　伊東史朗『狛犬』(『日本の美術』二七九、一九八九、至文堂)。京都国立博物館編『狛犬』、一九九〇。同編『獅子・狛犬』、一九九五。

(伊東　史朗)

ししかりもん　獅子狩文　馬上の騎士が振り向きざまに、襲いかかろうとする獅子に矢を射《い》る姿を表わした文様。獅子狩文は、ササン朝の銀器にみられる帝王狩猟図を範とするが、中国では西域のトルファンから蠟染《ろうぞめ》による臈《ろう》纈《けち》の作品が出土し、日本では織物の錦に散見される。錦《にしき》では、法隆寺に伝来する唐からの舶載品とみなされる「四《し》騎《き》獅子狩文錦」が著名。この錦は、四方に重角文を配した大型の連珠円文をめぐらした円圏内に、聖樹を挟んで左右対称に、天馬にまたがる騎士が襲いかかろうとする獅子に矢を射る姿を緯錦《ぬきにしき》という技法で織りだす。なお、馬尻には「吉」と「山」の漢字を表す。また、法隆寺献納宝物や正倉院《しょうそういん》には、連珠と葡萄唐草《ぶどうからくさ》をめぐらした円圏内に同種の文様を表現した錦が数点遺る。これらはいずれも二色からなる緯錦《ぬきにしき》で、連珠は後退して小さくなり、また円内の聖樹も和風的な花樹へと変化するなど、文様のとらえ方の相違と、図様の様式化が認められる作品もみられる。

(沢田むつ代)

じしゃえんぎ　寺社縁起　仏教の「因縁生起」観によって、全国の寺院や神社がその草創や沿革・霊験を強調するために作ったもので、寺院の伽藍建立の由来・造像記から経典の来歴由来・住僧伝や神社の祭神・社殿造営・神事の由来・神宝などをすべて含む。狭義には、寺社の草創・沿革や霊験などを強調する「縁起」と称するものを指す。『日本書紀』推古天皇三十二年(六二四)九月条にみえる「校二寺及僧尼一、具録二其寺所レ造之縁、亦僧尼入道之縁、及度之年月日一也」が寺院縁起に関する最初の史料であり、この後各寺院で記録が行われたと考えられる。また六四五年(大化元)に僧尼・寺田の調査が命ぜられており、資財帳の原型となるものが作成されたと思われる。『日本書紀』の仏教関係の記事には『元興寺縁起《がんこうじえんぎ》』『四天《してん》王寺縁起《のうじえんぎ》』『坂田寺縁起《さかたでらえんぎ》』を採録したとされる部分が存在することが指摘されているが、七四七年(天平十九)に資財帳とともに作成された『大安寺縁起《だいあんじえんぎ》』『元興寺縁起』『法《ほう》隆寺縁起《りゅうじえんぎ》』が現在残る寺院縁起である。これらの寺院縁起作成の目的は主に資財帳作成が中心であったが、やがて霊験縁起の性格が強まる。『日本霊異記《にほんりょういき》』には地方寺院の縁起と思われるものが散見されるが、『信貴山縁起《しんきさんえんぎ》』や『粉河寺縁起《こかわでらえんぎ》』などはその代表例であり、この傾向は鎌倉・室町時代に成立する『清水寺縁起《きよみずでらえんぎ》』『石山寺縁起《いしやまでらえんぎ》』『道成《どうじょう》寺縁起《じえんぎ》』などの個別寺院開創の霊験縁起に発展した。神社縁起は神仏習合期に成立し、『多度神宮寺伽藍縁起《たどじんぐうじがらんえんぎ》并《ならびに》資《し》財帳《ざいちょう》』などの過程を経て、霊験縁起型の『春日権現験記《かすがごんげんけんき》』などが成立する。また山岳信仰と結合して修験道《しゅげんどう》が成立すると、各地の霊山とされる山岳でも霊場縁起が作成され、『日光山縁起《にっこうさんえんぎ》』などが成立するようになる。寺社縁起は仏教の縁起論を根本とするが、日本ではやがて民間信仰と結合してさまざまな姿をとるようになる。

参考文献　『寺社縁起』(『日本思想大系』二〇、一九七五、岩波書店)。水野柳太郎『日本古代の寺院と史料』、一九九三、吉川弘文館。

(三舟　隆之)

ししゅう　刺繡　多くは、色糸を用いて布帛《ふはく》に文様を繡《ぬ》い表したもの。歴史は古く、中国では戦国時代の墓(湖北江陵馬磚一号墓)より、霊獣や霊鳥を鎖繡《くさりぬい》で表わした精巧な刺繡が発見されている。以降漢代ころまでは、鎖繡が全盛を極めた。一方日本では、伝世品最古の刺繡の作例として天寿国繡帳《てんじゅこくしゅうちょう》(中宮寺)がある。現在の繡帳は、飛鳥時代の刺繡と、これを模造した鎌倉時代のそれが混在するが、彩色鮮やかで良好な状態を保っている方が飛鳥時代の刺繡。続いて法隆寺《ほうりゅうじ》の繡仏《しゅうぶつ》などがあり、奈良時代中ごろ以降は正倉院《しょうそういん》に多数の刺繡が伝えられている。飛鳥時代の刺繡の特徴は、強い撚《よ》り糸を使い、模様を輪郭線で縁取り、内部を緻密に繡い埋める手法で、天寿国繡帳は返し繡、繡仏は継針繡《つぎばりぬい》(両面刺繡)というように一種類の技法を用いる。これに対して正倉院の刺繡は、撚りのない平糸《ひらいと》で、暈繝《うんげん》を多用し、刺《さ》し繡、平《ひら》繡、鎖繡、駒《こま》繡など数種の技法を、場所に応じて使い分ける。以降刺繡は、絶えることなく現在も受け継がれている。

(沢田むつ代)

じじゅうでん　仁寿殿　平安宮内裏の殿舎の一つ。紫宸殿の北、承香殿の南に位置する。清涼殿の東にあたることから、東殿とも呼ばれた。天皇の居処が清涼殿に固定する平安時代中期まで、それとともに御在所として使用されたためか、同殿で催された行事には観音供や御読経、御修法などの仏事が多い。そのほか、同殿では内宴や相撲召合、御馬御覧も行われた。九六〇年(天徳四)以降、しばしば火災に見舞われたが復興され、『本朝世紀』久安六年(一一五〇)八月四日条によれば、そのとき大風に倒れた同殿は、平安宮に当時唯一残っていた建物であったという。なお、『年中行事絵巻』内宴には同殿と渡殿、東庭などが描かれている。

(西村さとみ)

じしゅうよう　磁州窯　中国河北省邯鄲市郊外の観台鎮・彭城鎮一帯の、主として民間の日用器皿を焼造した陶器窯で、華北一帯に同類の窯が分布しており、これらを含めて磁州窯系と呼ばれる。主製品は、鉄分の多い褐色の素地を白土の化粧がけで覆い、透明釉をかけて石炭窯で酸化焔焼成される。鉄分の酸化による黒釉を全体に施したものも多い。五代末に興り、現代まで存続しているものもあるが、宋から元時代が最盛期で、明代以降は景徳鎮磁器に市場を奪われ衰退した。黒釉で文様を描く鉄絵や、白土や黒釉を掻き落として文様を表すなど、多様な装飾技法が生まれた。唐三彩の流れをくむ宋三彩や、最初の色絵である宋赤絵、さらに耀州窯系青磁や鈞窯系陶磁も磁州窯系の窯で焼造されたものであり、中国陶磁史上において重要な位置を占めている。きわめて少数ではあるが輸出され、わが国の京都市やエジプトのフスタートの遺跡にもたらされている。→鈞窯《きんよう》 →耀州窯《ようしゅうよう》

[参考文献] 北京大学考古学系・河北省文物研究所・邯鄲地区文物保管所編『観台磁州窯址』、一九九七、文物出版社。大阪市立美術館編『特別展 白と黒の競演―中国・磁州窯系陶器の世界―』、二〇〇二、大阪市立美術館。

（金沢　陽）

じしょうじ　慈照寺　京都市左京区銀閣寺町にある臨済宗相国寺派の寺院。銀閣寺と通称される。将軍足利義政が営んだ山荘である東山殿をその起源とする。義政はかねてより京都近郊各所にみずからの隠棲地を捜していたが、一四八二年(文明十四)二月、東山にある浄土寺山麓の地を点じて造営を開始した。翌年六月には早くも義政が移住し、義満の北山殿になぞらえて、みずから「東山殿」と命名した。普請に際しては、その費用が幕府御料所や各地の荘園に割り当てられたほか、人夫や材木の徴発も盛んに行われ、応仁の乱で疲弊した民衆や領主の怨嗟の的となった。また、京都・奈良の公家や寺院にあった庭木や庭石が義政の求めるところとなり、さまざまな抵抗を引き起こしながらも、東山殿に運ばれた。一四八六年には持仏堂(東求堂《とうぐどう》)が、一四八九年(延徳元)には観音殿(銀閣)が完工したが、翌一四九〇年に造営半ばで義政が死去すると、遺志により寺院に改められ、院号にちなんで慈照院、のち慈照寺と称した。江戸時代には仏殿・東求堂・観音殿が残り、寺領として山城国深草のうち三十五石を与えられた。現在、境内地は国史跡。庭園は特別史跡・特別名勝。当時の建物として現存する観音殿(国宝)および東求堂(国宝)は東山文化の象徴として著名である。世界文化遺産の構成要素にもなっている。

[参考文献]『大日本史料』八ノ一四、文明十四年二月四日条。関野克編『金閣と銀閣』(『日本の美術』一五三、一九七九、至文堂)。

（田良島　哲）

しじん　四神　中国の星宿信仰に基づく四方の守護神。青竜《せいりゅう》は東で春、白虎《びゃっこ》は西で秋、朱雀《すざく》は南で夏、玄武《げんぶ》(亀に蛇が巻きつく)は北で冬を司る。前漢末ごろから四神を主文様とした鏡が作られ、朝鮮半島や日本の古墳墓からも多数出土する。奈良県の高松塚古墳には二十八宿とともに描かれ、キトラ古墳でも玄武像が描かれている。正倉院宝物の白石板や、薬師寺金堂の薬師三尊像の台座にも見られるほか、朝廷の元日拝賀や即位大嘗祭《だいじょうさい》においては、大極殿《だいごくでん》(のち紫宸殿《ししんでん》)の庭上に、日像幢《にっしょうのはた》・月像幢《げっしょうのはた》などの諸旗とともに、四神を描いた幡《ばん》(四神旗《しじんき》)が配置されて、威儀を整えた。この神格は特に陰陽道で重んじられ、地相を判断するうえで、東に河川、西に街道、南に平野、北に山地が位置する場所が「四神相応」の吉相とされ、古代の宮都《きゅうと》や官衙《かんが》の立地を選定する際には、特に重視された。

（増尾伸一郎）

ししんでん　紫宸殿　平安宮内裏の正殿。内裏内郭のほぼ中央に位置し、前殿・南殿などとも呼ばれ、また「紫震殿」とも記された。紫宸殿の呼称は、早くは『日本紀略』弘仁十四年(八二三)五月戊午条に、同殿にて侍臣に宴したとみえる。天皇の日常政務の場であったが、平安時代初期には朝堂院や豊楽院でなされた諸節会も、次第に紫宸殿で行われるようになり、ほかに二孟旬儀や東宮元服、季御読経や仁王会など、多様な行事が催された。また、東北廊南面の陣座は公卿による議定、陣定の場となった。南庭には階の東脇に桜、西脇に橘が植えられ、儀式に際して近衛府の官人がその前に陣したことから、左近の桜、右近の橘と称されている。九六〇年(天徳四)の内裏火災に全焼し再建されたが、そののちも幾度かの火災に見舞われ、一二二七年(安貞元)に再建中の内裏が焼亡したのが、平安宮紫宸殿の最後となった。なお、一一五七年(保元二)に修造された紫宸殿のさまは、『年中行事絵巻』朝勤行幸などに描かれている。また、寛正年間(一四六〇―六六)の造営の際に、その規模を平安宮の制に復し、安政年間(一八五四―六〇)にそのままに再建したものが、現在の京都御所の紫宸殿である。

（西村さとみ）

しずたにがっこう　閑谷学校　岡山県備前市閑谷に所在する学校跡。備前国岡山藩の郷学。国特別史跡。藩主池田光政が領内の手習所を統合し、津田永忠を学校奉行として一六七〇年(寛文十)に設立した。庶民子弟の教育を目的とし、藩校である花畠教場と並んで領内の教育を担った。また、他藩の子弟も受け入れた。儒学(朱子学)を基本とし、習字・算術を教授した。また、財政面からの維持を考慮して、社倉米制度、学田・学林といった学問所領の設置、下作人制度などを定めて自立した経営が行われた。江戸時代の学校建築を良好に残しており、講堂は国宝。小斎《しょうさい》、習芸斎《しゅげいさい》および飲室《いんしつ》、文庫、公門、石塀といった学校施設、学校聖廟、閑谷神社などの関連施設二十四棟および学校関係資料は重文。また、周辺の池田光政の遺髪・髭・爪を収めた椿《つばき》山、津田永忠宅跡および黄《こう》葉《よう》亭をあわせて特別史跡。一八七〇年(明治三)閉校となるが、一八七三年閑谷精舎として再開。岡山県立和気閑谷高等学校として伝統を伝える。

[参考文献] 特別史跡閑谷学校顕彰保存会編『(増訂)閑谷学校史』、一九七一、福武書店

（金田　明大）

しずわ　後輪　⇨鞍《くら》

しせいせいど　氏姓制度　倭王権下で行われた政治制度

を表す概念。大王から中央・地方の豪族に対して氏《うじ》と姓《かばね》が賜与されることにより、豪族の王権内における政治的地位、および土地や人民の領有・支配といった特権が世襲的に保証されるとする。有力豪族のウジの名は、大和を中心とする畿内の地名(葛城・蘇我など)や、王権内での職掌(大伴・物部など)にちなみ、前者には臣《おみ》、後者には連《むらじ》の姓が与えられた。連の一部、またはその下部には王権内で職務を分掌した伴造《とものみやつこ》があり、連・造《みやつこ》・直《あたい》・公《きみ》などの姓を称した。五世紀後半、埼玉県稲荷山古墳出土の鉄剣銘文には「臣」があるが氏の名がみえず、六世紀前半の島根県岡田山一号墳出土の円頭太刀には「額田部臣」と氏・姓が記されていることから、氏・姓の本格的成立は六世紀以降のことと考えられている。氏と姓の賜与によって土地と人民の支配を保証される支配制度は、倭王権の列島支配の拡大とともに諸地域に浸透する。百《ももあまり》八十部《やそのとも》と称される部《べ》の支配にあたる伴《とも》は首《おびと》・史《ふひと》・村主《すぐり》などの姓を称し、地域の有力豪族を任じた国造《くにのみやつこ》は君《きみ》や直などの姓を称した。ただし七〇二年(大宝二)の戸籍などでも無姓の者がみえるように、当初は氏姓を有しない人民が広範に存在したものと思われる。歴史的概念としての氏姓制度は、姓が当初は特定個人の職名的称号であり、氏の名と結びついて氏の称号となるのは『庚午年籍』が作成される天智朝以降とする見解が有力になっていることから、現在では積極的には用いられていない。

参考文献 平野邦雄『大化前代社会組織の研究』(『日本史学研究叢書』、一九六九、吉川弘文館)。 (古市　晃)

しせき　史跡　歴史に関わる場所として、その痕跡が土地に附属して遺存しているもの。広義には遺跡と同じ意味であるが、狭義には文化財保護法や地方自治体の文化財保護条例などにより、国・地方自治体の史跡として指定あるいは登録された遺跡を指す。国としての史跡指定は、一九一九年(大正八)の史蹟名勝天然紀念物保存法の制定により、翌一九二〇年から始まり、第二次世界大戦後は一九五〇年(昭和二十五)制定の文化財保護法に基づいて行われている。文化財保護法では、日本の歴史の理解に欠くことができず、かつ学術的に価値の高い遺跡を文部科学大臣が史跡に指定すること、およびとりわけ学術的に価値の高い遺跡は特別史跡に指定することとなっており、指定に際しての具体的な分類は「特別史跡名勝天然記念物及び史跡名勝天然記念物指定基準」により、(一)貝塚・集落・古墳などの考古学的遺跡、(二)都城跡・国郡庁跡・城跡などの政治関係遺跡、(三)社寺跡・旧境内などの祭祀信仰関係遺跡、(四)学校・研究施設などの教育・学術・文化関係遺跡、(五)医療・福祉施設などの社会・生活関係遺跡、(六)交通・土木・産業施設などの経済・生産活動関係遺跡、(七)墳墓や碑、(八)旧宅・園池・由緒地の類、(九)外国関係遺跡の九区分が示されている。史跡の年代は先史時代から昭和にまで及び、もっとも新しい年代のものは一九四五年の原爆ドーム(広島市)である。指定件数は考古学的遺跡と政治関係遺跡が多く、年代も古代以前のものに傾斜する傾向があるが、近年は産業関係遺跡や近代遺跡にも力点が置かれており、年代・分野の偏重が是正されつつある。なお、地方公共団体においても、文化財保護法に準拠した条例措置によって、史跡が指定されている。二〇〇六年(平成十八)四月現在で、国指定史跡は一五四九(うち特別史跡六一)件。

参考文献 仲野浩編『日本の史跡―保護の制度と行政―』、二〇〇四、名著刊行会。増渕徹「文化財保護と史跡保存」(石上英一編『日本の時代史』三〇所収、二〇〇四、吉川弘文館) (増渕　徹)

しせきしゅうらん　史籍集覧　近藤瓶城の編による日本の史籍の叢書。『群書類従』に漏れた史書の集成を目的として一八八一年(明治十四)から一八八五年にかけて四百六十八冊(収録書目三百四十四種)を刊行。続いて一八九三年から一八九八年にかけて『続史籍集覧』七十冊(収録書目七十四種)を刊行した。さらに『史籍集覧』のうち他社から出版されたものを除き、新たに書目を追加して一九〇〇年から『(改訂)史籍集覧』の刊行を開始、瓶城の没後は子の圭造が後を継ぎ、井上頼圀・小杉榲邨・三上参次の協力を得て一九〇三年に完結(洋装本三十三冊。収録書目四百六十五種)。その後『(改訂)史籍集覧』『続史籍集覧』は復刊もなされ、現在一般にはこの二種が流布している。収録書には現在に至るまで活字本が本叢書のみであるものも少なくないが、校訂は必ずしも充分ではなく、利用にあたってはできる限り善写本を捜索して確認することが望まれる。なお一九六七年(昭和四十二)より一九六八年にかけて角田文衛・五来重の編により、改訂版および続集に若干の書目を入れ替えて改編した『(新訂増補)史籍集覧』四十三冊(追加書目は三一・三二所収の二十一種。さらにのち別巻一冊を追加)が刊行されている。

〔(改定)史籍集覧〕

1 扶桑略記・一代要記

2 愚管鈔・神明鏡・神皇正統録・宇多天皇実録・(校本)続世継・月のゆくへ

3 池のもくす・桜雲記・南方紀伝・菊池伝記・浪合記・信濃宮伝・十津河之記・底倉之記・応仁前記・応仁広記・応仁後記・続応仁後記

4 南山巡狩録(南山巡狩録・南山巡狩録附録・南山巡狩録追加・南山遺草)

5 北条九代記・(校本)鎌倉大草紙・鎌倉九代後記・関八州古戦録・北条五代記

6 浅井三代記・朝倉始末記・太閤記

7 南海通紀・豊薩軍記・安西軍策

8 奥羽永慶軍記

9 今昔物語集・古今著聞集

10 古事談・今物語・塵塚物語・老人雑話・備前老人物語・武功雑記・見聞集・落穂集

11 志士清談・紳書抄・耆旧得聞・介寿筆(文明一統記・

備前少将光政国中寺院追出之後御書出八ヶ条・文昭廟御代始新令・正徳四年冬御沙汰書・誨蒙近言・昼狐の噂・肥後政府壁書・治天下在得人論・資治精要・上中下・天下貧富人情曲直・戒石銘・中江藤樹書置）・烈公間話・武芸小伝・以貴小伝・中外経緯伝草稿・明良帯録・恩栄録・廃絶録

12 大織冠公伝（藤原仲麻呂）・武智麿伝（延慶）・和気清麻呂伝・和気清麻呂為勅使参宇佐宮事被書絵詞・田邑麻呂伝・叡山大師伝・伝教大師行業記・伝教大師行状・延暦寺故内供奉和上行状・慈覚大師伝・空海僧都伝・贈大僧正空海和上伝記・高野贈大僧正伝・大師御行状集記・西行一生涯草紙・上杉略譜・東海一休和尚年譜記・定西法師伝・法隆寺古今目録（顕真得業作）抜萃・山門三井確執起・熊野別当代々記・仁和寺御門跡・大覚寺門跡次第・安井門跡次第・勧修寺長吏次第・文覚四十五箇条・高雄山神護寺官符・高雄山中興記・那須雲巌寺旧記・武州陽雲寺記・諸寺塔供養記・興福寺英俊法印記・南蛮寺興廃記（南蛮寺興廃記・邪教大意）・雅実公記（源雅実）・番記録・頼親卿記（葉室頼親）・隆蔭卿記（藤原隆蔭）・七巻冊子・久世相国具通公記（久我具通）・宝篋院殿将軍宣下記・室町殿伊勢参宮記・将門純友東西軍記・泰衡征伐物語・承久兵乱記・弘長記・竹崎五郎絵詞・舟上記・和田系図裏書・永享記・永享後記・湘山星移集・松陰私語

13 嘉吉物語・長禄記・応仁乱消息・細川勝元記・官地論・長亨年後畿内兵乱記・細川大心院記・今井軍記・瓦林政頼記・足利季世記・道家祖看記・立入左京亮入道隆佐記・佐柿国吉之城粟屋越中以下籠城次第・瀬尾旧記・太閤素生記・祖父物語・惟任退治記・賤岳合戦記・志津ヶ岳合戦事小須賀九兵衛話・佐久間軍記・紀州御発向之事・四国御発向並北国御動座事・任官之事・豊大閤大坂城中壁書・豊内記・利家夜話・立花朝鮮記・朝鮮陣古文・大和軍記・関岡家始末・伊勢国司伝記（伊勢国司伝記・長野家・分部氏・細野氏・稲生氏・関氏）・勢州記事（勢州長野輝伯之事・勢州赤堀城攻之事・勢州細野家之事・本多太郎左衛門事・竹中半兵衛事）・清須合戦記・名古屋合戦記・湯浅甚助直宗伝記・長篠合戦物語・高天神小笠原家譜・今川記・深沢城矢文・反町大膳訴状・蘆田記・松山岩村記事（武州松山書捨・濃州岩村城記）・里見代々記・里見九代記・国府台戦記・鴻台後記・土気古城再興伝来記・長倉追罰記・園部状・常陽四戦記・水谷蟠竜記・頓化原合戦記・老士雑談（老士雑談・佐野肥後守略伝・北条氏直賜松田助六郎感状・会津盛高之事・白河結城覚書）

14 土岐累代記・堂洞軍記・兼山記・一柳家記・中村一氏記・渡辺勘兵衛武功覚書・飛駅国治乱記・飛州軍覧記・飛州三沢記・飛州千光寺記・大塔軍記・寿斎記・松隣夜話・川中島五度合戦次第・新田老談記・館林盛衰記・真田記・真田氏大坂陣略記・加沢平次左衛門覚書・唐沢老談記・那須記・藤葉栄衰記・氏郷記・蒲生氏郷記・蒲生飛騨守氏郷書状之写・会津陣物語

15 雲州軍話・丹州三家物語・細川忠興軍功記・細川幽斎覚書・大内多々良氏譜牒・備前文明乱記・妙善寺合戦記・毛利元就記・老翁物語・福島太夫殿御事・高松城攻之物語・清水長左衛門尉平宗治由来覚書・備中兵乱記・太田水責記・若州湯川彦右衛門覚書・脇坂家伝記・長曾我部譜・長曾我部覚書・福富半右衛門親政法名浄安覚書・藤堂家覚書・宗像軍記・菅氏世譜・高橋紹運記・肥陽軍記・有馬晴信記・清正記・朝鮮国王称加藤清正文・加藤肥後守忠広之事・本山豊前守安政父子戦功覚書・島津家譜・島津家元祖之事・島津家代々軍記

16 田中兵部殿関ヶ原覚書・片桐家秘記・冬夏難波深秘録・亀田大隅守高綱泉州樫井表合戦覚書・長沢聞書・大久保彦左衛門覚書・大坂御陣之時御触書・若州聞書（若州聞書・東照宮御陣中に而御服用之薬法・東照神君御麾・井伊家士岡本半助告大坂落城書状・木村家従東照神君拝領御具足注文）・建康様御物語筆記（建康様御物語筆記・建康様御具足・建康様従正親様御譲受御鎗注文並御由来）・諸士軍談・岡田竹右衛門（元次）覚書・本多越前守利長家之覚書・水野日向守覚書・松永道斎聞書・渡辺幸庵対話・立花立斎自筆島原戦之覚書・天草土賊城中話・十時三弥介書上之写（十時惟保）・由比正雪召捕次第・戸木林以下徒党一件書付・越後家一件・赤城士話（東城守拙）・広沢記・義夫理兵衛記（和角維幹）・絵島罪断事略・山県大弐御仕置一件・近藤重蔵甲冑石像之儀ニ付申開書（近藤重蔵）・渡辺華山口書・無人島一件申渡・奥州浅川乱民記事・森岡貢物語・羽州山形領徒党一件・紀州一揆覚書・邪徒決獄・大塩平八郎檄文・野里口伝（野里四郎左衛門）・由良氏書上・吉岡伝・柳生流秘書・本阿弥次郎左衛門家伝・弾左衛門由緒書（弾左衛門）・銭座鳴見平蔵書上・相撲行司家伝・四座系図・田楽法師由来之事・田楽考・髪結職由緒之事・乞胸頭家伝・公人朝夕人土田氏由緒（土田孫右衛門）・方長老朝鮮物語附柳川始末・朝鮮風俗記・通事留書（唐通事平野繁十郎より此度到来書簡写・金札和解）・曹洞宗書簡和訳・山田仁左衛門事跡・異国へ通商の御朱印写・渡天之説・琉客談記・琉人奏楽之記・蛮人漂着・対州之家来朝鮮国に而獲虎之次第・義経記奥州本・足利治乱記

17 法曹類林逸文（法曹類林巻第百九十二・明法肝要鈔）・建武二年記・新編追加・新御式目・年中恒例記・諸大名出仕記・廻船之式目・長曾我部元親式目・凶礼式・御代々武家諸法度之事・諸家々業記（興田吉従）・白山之記・熱田講式・駿府政事録脱漏・林氏異見

（武家執政之事・法修之事）・唐律疏義訂正上書・兼貞斎筆記・日本書紀安閑天皇紀錯簡考（伊勢貞丈）・文忌寸禰麻呂墓誌考（三宅公輔）・日置鄭公墓誌銅版考（高本紫溟）・石川年足朝臣之墓誌銘・佐々良峯書翰（佐々宗淳）・姓序考・新国史逸文考（日本新国史巻十二・新国史考）・養和帝逸事（養和帝逸事・養和帝の遺事）・はなさく松・室町殿屋形私考（伊勢貞春）・将軍家装束考（坂田諸遠）・嘉定考（屋代弘賢）・続神皇正統記考（弁続神皇正統記・改正続神皇正統記）・三河記異本考（竹尾次春）・人国記・大和逸事・法隆寺宝物和歌・東寺雑記・延暦寺及仁和寺再興・京都の故事・太田和泉守覚書・玉音抄・承応遺事・犬追物御覧記・吹上苑炮技上覧之記（成島司直）・桜田御殿之古事・古筆鑑定神田氏由緒外六則（古筆鑑定神田氏由緒書（神田半之允）・六条古廓・豊国神社之石燈籠・安国寺恵瓊之墓・京都の石狩・八幡法園寺の開基・藤原信実朝臣墳墓幷宅間勝賀墓碑）・山崎荻生二先生事実（山崎闇斎先生事業大概・景明次男荻生惣右衛門茂卿）・荒木彦四郎村英先生之茶話・正徳以来聞書（正徳年中評定所御書付・享保八年改江戸町数・銅山調書・天明年中国中仏寺之数）・野木瓜亭随筆抄・耳嚢抄・藻塩草（成島良譲）・手島堵庵社約・大成殿上梁の私記・上杉家近来政事大略・金銀米穀の事・本朝宝貨通用之事略・正徳年中金銀吹替覚書・富士山焼之事・信州浅間焼（藤屋某）・関東洪水・天明七丁未年江戸飢饉騒動之事・炎上之記・京大仏殿火災・後見草・颶風記事・己丑記・京都方広寺三十三間堂通矢数・紫野沢庵和尚鎌倉之記（沢庵宗彭）・肥後国五箇庄覚書・伊豆七島調書・松前若狭守江被仰渡候御書付・江戸人口小記・戊戌夢物語・番衆狂歌

18 歴代皇紀・朝野群載（三善為康）

19 皇年代私記・続皇年代私記・信長公記（太田牛一）・川角太閤記（川角三郎右衛門）・儒職家系（田畑吉正）・本朝神仙伝（大江匡房）・日本名僧伝（実伝宗真）・後拾遺往生伝（三善為康）・三外往生記（蓮禅）・本朝新修往生伝（藤原宗友）

20 異称日本伝（松下見林）

21 善隣国宝記（瑞渓周鳳）・続善隣国宝記・続善隣国宝外記・外蕃通書（近藤重蔵）

22 山城名勝志（大島武好）

23 二中歴・簾中抄・今昔物語集〔巻第一七・一九・二〇〕・発心集（鴨長明）・蛍蠅抄（塙保己一）

24 大臣補任・古今摂政関白補任・典薬頭補任次第・尾張国郡司百姓等解・安倍泰親朝臣記（安倍泰親）・後鳥羽院宸記（後鳥羽天皇）・後京極摂政良経公記（九条良経）・五条為長卿記（菅原為長）・順徳院御記（順徳天皇）・左大史小槻季継記（小槻秀氏）・経光卿記（広橋経光）・亀山院御凶事記（亀山院御凶事記（西園寺公衡）・亀山院御凶事記考（栗田寛））・亀山院崩御記（西園寺公衡）・嘉元記・日野大納言俊光卿記（日野俊光）・鈴鹿家記・細川頼之記・広橋大納言仲光卿記（広橋仲光）・北面源康成記（源康成）・教言卿記（山科教言）・経嗣公記（一条経嗣）・在盛卿記（賀茂在盛）・資益王記（白川資益王）・長興宿禰記（大宮長興）・拾芥記（五条為学）・左少将隆康私記（鷲尾隆康）・後奈良院宸記（後奈良天皇）

25 鶴岡社務記録・鶴岡事書日記・塔寺長帳・碧山日録（太極）・厳助往年記（厳助）・永正十七年記（同）・経厚法印日記（経厚）・信長公阿弥陀寺由緒之記録（常誉）・宇野主水記（宇野主水）・豊太閤入御亜相第記・駒井日記（駒井重勝）・勢州兵乱記（神戸良政）・朝鮮日々記・面高連長坊高麗日記（面高連長坊）・戸川記・寒川入道筆記・左大史孝亮記抜萃（壬生孝亮）・左大史忠利記（壬生忠利）

26 関原始末記（林羅山・林鵞峯）・卜斎記（板坂卜斎）・信綱記（大島豊長）・微妙公御夜話（山本基庸）・別当李左衛門覚書（別当李左衛門）・島原記・石岡道是覚書（石岡道是）・忠秋公御意覚書・元和日記・医学天正記（曲直瀬道三）・桂川地蔵記・五山伝・鎌倉五山記・五山記考異・参天台五台山記（成尋）

27 播磨風土記・越中国官舎納穀交替記・建久図田帳・能登国田数帳・注進丹後国諸庄郷保惣田数目録帳・律書残篇・法曹至要鈔・執政所鈔・後水尾院当時年中行事（後水尾天皇）・（完本）桃花蘂葉（桃花蘂葉（一条兼良）・名目抄（洞院実煕）・胡曹抄）・御元服和抄（滋野井公麗）・（亮闇和抄）遺詔奏事（同）・姓名録鈔・扶桑禅林書目（天章慈英）・逸書（藤貞幹）・阿不幾乃山陵記・潤背・鎌倉殿中問答記録（日静）・平政連諫草（平政連）・職掌録・塵芥集（伊達稙宗）・和簡礼経（曾我尚祐）・藤元長記（甘露寺元長）・是称院贈内府記（広橋守光）・室町家御内書案・当道要集・当道新式目（杉山和一）

編外1 西宮記（源高明）

編外2 政事要略（惟宗允亮）

編外3—5 参考源平盛衰記

（改定）史籍集覧総目解題及書目索引

〔続史籍集覧〕

1 新抄・正慶乱離志・（真本校訂）細々要記（実厳・禅実）・妙法寺記・峰相記・大伝法院本願聖人御伝・（応仁二年成化四年）戊子入明記（天与清啓）・策彦入唐記（策彦周良）・（允澎）入唐記（笑雲瑞訢）・下行価銀帳幷駅程録（策彦周良）・国分寺志料

2 式目抄（清原枝賢）・相京職鈔（松岡行義）・新加制式・沙汰未練書・室町家成敗寺社御教書・武政軌範・足利時代之法制（笠掛日記（小笠原政清）・出法師落書・篠葉集（山名持豊）・射犬正法（大館氏明）・撿見故実可覚悟条々（小笠原興元）・犬追物葛袋（宗仁）・産所蟇目射事（有馬神三郎）・諸家参会之時可覚悟条々・武雑記（伊勢貞孝）・書札三百八十箇条（曾我尚祐））・

人鏡論
3空華老師日用工夫略集(義堂周信)・臥雲日件録抜尤(瑞渓周鳳)・碧山日録抜萃・釈門事始考
4氏族考(栗田寛)・喜連川判鑑・秀郷流藤原氏諸家系図・続日本紀問答(渡辺寿ら問・寺村成相答)・旧事本紀剝偽(伊勢貞丈)・周敷神社鎮座違郡考(壺井義知)・つれ〴〵草拾遺・金沢文庫考附足利学校考(杉山精一)・好古小録(藤貞幹)
5南京遺響(鹿持雅澄)・続扶桑拾葉集・飛花落葉(平賀源内)・語学自在(権田直助)
6(官撰)慶元古文書・寛永小説(林鳳岡)・鳩巣小説(室鳩巣)・児物語部類(秋の夜長物語・宗祇法師児教訓・松帆浦物語・幻夢物語・鳥部山物語・嵯峨物語)
7義残後覚(愚軒)・みよしき・長元物語(立石正賀)・元親記(高島正重)・紀伊国物語・武功雑記
8駿河土産(大道寺友山)・矢島十二頭記・奥州葛西実記(葛西正信)・堀内伝右衛門覚書(堀内伝右衛門)・松雲大師奮忠舒難録(惟政)・故実拾要
9歌儛品目(小川守中)・池底叢書要目(黒川春村)
10番外雑書解題(戸田氏徳)・附録雑書撰者小伝(同)
〔(新訂増補)史籍集覧〕(新収書目のみ)
31厳秘録・五街道宿御取扱筋秘書・大坂町方諸御用秘鑑
32伊勢神宮引付記録・春日神社恒例臨時御神事日記・観応年中神事記録・美濃白山神社修正延年並祭礼鑑(慶祐)・天正元年花祭神楽日記(榊原某)・行人事歴・非事吏事歴・高野山勧発信心集(信堅)・野山名霊集(明有)・白峯寺縁起(清原良賢)・地蔵院縁起(真仁親王)・志度寺縁起・歌舞伎之草紙・かふきのさうし・舞楽古記・代々遊行上人書状法語・七条金光寺領屋池田畠目録・七条金光寺領幷寮舎末寺目録
別巻1 除目大成抄

参考文献 近藤圭造『近藤瓶城翁伝』(『(改定)史籍集覧』別冊、一九六四、臨川書店)。大久保久雄「近藤瓶城と『史籍集覧』」(『出版研究』三、一九七三)。 (小倉 慈司)

しせきとびじゅつ　史迹と美術　歴史・考古学・美術史・史迹の研究会誌。一九三〇年(昭和五)五月に創刊され、月刊誌として現在まで七百数十号を数える。京都史蹟会の機関誌『京都史蹟』の編集をしていた石造美術研究家、川勝政太郎(一九〇五―七八)が、一九三〇年に史迹美術同攷会を設立。その機関誌として、ほぼ独力で長年編集・刊行を行なった。美術、建築、庭園、考古、金石文、石造美術、歴史、史迹など、広範な内容にわたる論文や新資料、紀行、随想などを掲載した。川勝が没した一九七八年、改めて「史迹美術同攷会会則」を定め、『史迹と美術』の発行を確認。京都を本部に、東京、大阪に支部を置き、毎月の見学会(例会)と、適宜研究会を行い、本誌にその報告を掲載した。また一九五五年の二十五周年記念から、五年ごとに記念祝賀会を開催。七十周年の二〇〇〇年(平成十二)には小冊子『史迹美術同攷会創立七十周年を迎えて』と『史迹と美術』の各年別誌目次を刊行した。

参考文献 「追悼文集―故川勝主幹を偲んで」(『史迹と美術』四九三―四九五、一九七九)。 (佐藤 道信)

しせきめいしょうてんねんきねんぶつ　史蹟名勝天然紀念物　歴史的な遺跡、庭園等および自然の景勝地、動植物・地質鉱物のうち、史蹟名勝天然紀念物保存法を適用して保存すべきものとして内務大臣(一九二八年(昭和三)以降は文部大臣)により指定されたもの。国家的なものである第一類、地方的なものである第二類に区分され、現状変更・保存に影響を及ぼす行為の規制、地方公共団体による管理とこれに関する国庫補助などの保護制度が適用されることとされている。一九二〇年(大正九)から一九四九年(昭和二十四)までに史蹟六百三件、名勝二百五件、天然紀念物七百七十二件が指定された。これらは一九五〇年の文化財保護法制定とともに同法による史跡・名勝・天然記念物とみなすこととされたが、第二類に属するもの(七十六件)は地方公共団体の条例による保護にまかせることとされ、指定を解除された。 ↓文化財保護法《ぶんかざいほごほう》

参考文献 文化財保護委員会編『文化財保護の歩み』、一九六〇。文化庁『文化財保護法五十年史』、二〇〇一、ぎょうせい。川村恒明他『文化財政策概論』、二〇〇二、東海大学出版会。 (和田 勝彦)

しせきめいしょうてんねんきねんぶつほぞんほう　史蹟名勝天然紀念物保存法　一九一九年(大正八)四月十日に公布されたわが国最初の遺跡・景勝地・動植物・地質鉱物保護のための法律。各種開発による遺跡や自然などの破壊に対し、欧米諸国の制度を見聞した有識者を中心に行われた一九一一年(明治四十四)の帝国議会貴族院への「史蹟及び天然記念物保存に関する件」の建議案提出などの経緯を経て制定された。内務大臣(一九二八年(昭和三)以降は文部大臣)による史蹟・名勝・天然紀念物の指定、それらについての現状変更・保存に影響を及ぼす行為の規制(知事の要許可)、管理にあたるべき地方公共団体の指定、管理に関する国庫補助などの制度が設けられており、これら保護制度の基本形は一九五〇年制定の文化財保護法に継承されるとともに、史蹟・名勝・天然紀念物(千五百八十件)は、同法による史跡・名勝・天然記念物とみなすこととされた。 ↓文化財保護法《ぶんかざいほごほう》

参考文献 文化財保護委員会編『文化財保護の歩み』、一九六〇。文化庁『文化財保護法五十年史』、二〇〇一、ぎょうせい。川村恒明他『文化財政策概論』、二〇〇二、東海大学出版会。 (和田 勝彦)

じだいくぶん　時代区分　歴史の推移や社会の特徴を時代に区切って把握しようとする認識概念。なにを基準にするかによってさまざまな時代区分が可能だが、現在では、ヨーロッパ近代で使用され始めた古代・中世・近代という三区分法が広く用いられている。この区分法は、

ルネサンス運動の指導者がこれから出発すべき新しい時代を近代、改新の模範とすべきギリシア・ローマ時代を古代、その中間のキリスト教中心の時代を中世と捉えたことに由来する。この区分法は近代と模範とする古代を高く評価し、中世を克服すべき過渡期とする弱点はあるが、政治・経済・社会・文化などを包括的に捉えることができる上、各民族にも適応できる区分であったため、広く用いられるようになった。日本史では明治後期に内田銀三が江戸時代を近世と捉えたことに触発されて、原勝郎が三区分法に基づき鎌倉時代に中世概念を適用したのが早い例である。一方、カール＝マルクスは、近代資本制の本質を明らかにすることを通じて搾取なき社会の建設を革命の目標としたため、社会の全体的構造の変革を可能にする方法概念として社会構成体(経済的社会構成体とも)を創出した。そして、人類の歴史を社会の経済構造を基礎とする社会構成の相つぐ交替と捉え、その社会の特徴を当該社会の社会構成によって規定される階級関係の質と搾取形態の質に求めた。その結果、人類の歴史を、階級関係＝搾取関係が未成立の社会である原始共同制社会、階級関係＝搾取関係が奴隷主—奴隷との関係として現れる奴隷制社会、農奴主—農奴との関係として現れる農奴制社会、資本家—賃労働者との関係として現れる資本制社会との四つに区分した。そして、資本家と賃労働者との階級対立の過程で階級関係＝搾取関係が解消され、ふたたび階級関係＝搾取関係が成立しなくなる共産制社会を展望した。マルクスの理論は、ソ連の崩壊など世界的な共産主義運動の後退の中で、とくに共産制社会への展望などについて批判的な見解が見られているが、社会構成体という歴史を貫通する基本的な方法概念に基づいていること、それゆえに多くの民族の歴史に適応が可能であることなどから、世界史の時代区分の方法として広く採用された。しかし、これらの相つぐ社会を、原則としてすべての民族が通過するとする一系発展論と、一定の条件のもと、特に先進文明の影響下では、一段階または二段階をも飛び越えて発展する可能性があるという多系発展論との対立も存在する。現在の世界の学界の大勢は後者の見解を妥当とする傾向が強い。また、マルクスが『経済学批判』序言で用いたアジア的生産様式が適用される時代・地域などについても一致をみていないなど、時代区分をめぐる論争はまだ尽きることはない。現在日本史では、先の三区分法とマルクスの理論を重ね合わせて、原始社会＝原始共同制社会、古代＝奴隷制社会、中世＝前期農奴制社会(封建制社会)、近世＝後期農奴制社会、近代・現代＝資本制社会、と理解するのが一般的になりつつある。しかし、日本における古代社会を奴隷制社会とするか、それともアジア的生産様式に基づく社会と見るか、という見解の不一致もあるし、さらに農奴制社会の始期をめぐっては、それを十二世紀後半＝平安時代後期・鎌倉時代初期に求める見解、十四世紀中ごろ＝南北朝内乱期とする見解、さらに下って十六世紀後半＝太閤検地にそれを求める見解などが提起されており、依然一致をみていない。また、日本における資本制社会の始期と性格をめぐる論争(日本資本主義論争)も決着をみておらず、今後の課題として残されたままである。

参考文献 遠山茂樹『戦後の歴史学と歴史意識』、一九六八、岩波書店。永原慶二『歴史学叙説』、一九七八、東京大学出版会。同『20世紀日本の歴史学』、二〇〇三、吉川弘文館。

(木村 茂光)

しだぐうけ **志太郡家** 古代駿河国志太郡の郡家跡。国史跡。御《み》子《こ》ヶ《が》谷《や》遺跡ともいう。静岡県藤枝市、瀬戸川右岸の丘陵先端近くの北向きに開口する谷に占地。土地区画整理事業に伴って調査。検出された建物三十棟は板塀(I期は土塁)に囲まれた東西八〇メートル、南北七〇メートルの区画内にあり、大きく二時期に分かれる。I期は南面する五間×三間の大型建物を中心にコ字形配置をとるが、II期にはくずれ、東南隅に南廂付きの大型建物が出現する。

志太郡家全景

出土遺物には須恵器(藤枝市助宗《すけむね》古窯産)を主体とする土器類のほか、農耕具や機織具などがあり、なかでも「志太」「大領」「志太厨」「中衛」などと記された二百六十九点の墨書土器や「里正」の表記のある召文様の木簡など十点の木簡が注目される。遺跡の存続年代は八世紀から九世紀。その性格は郡家中枢とする見解のほか、郡庁と館舎あるいは館舎のみとする意見などがある。復元建物も含め、整備がなされている。出土文字資料は県指定文化財。

資料館 志太郡衙資料館(静岡県藤枝市)、藤枝市郷土博物館(同)

参考文献 藤枝市教育委員会『国指定史跡志太郡衙跡出土の文字資料—木簡と墨書土器—』二、一九八三。『静岡県史』資料編二・通史編一、一九九〇・九四。

(佐藤 正知)

したぐら **韉** 馬具のうち鞍橋《くらぼね》と馬膚《うまはだ》の緩衝となる具。鞍橋の居木《いぎ》に左右一対を取り付けた。十世紀以降の皆具《かいぐ》の鞍のうち、唐鞍《からくら》の韉は大滑《おおなめ》といい、奈良手向山八幡宮の遺品では、筵布包金銅板張の大型の一枚であるが、これは鎌倉時代の儀仗化した様式である。移鞍《うつしぐら》・大和鞍の韉は、筵布帛包皮革張の膚付《はだつけ》に皮革製の切付《きつけ》を重ねた。両者は同型で膚付が大型となるが、形状は多様であった。その形状は、移鞍は斧型で、膚付の縁を繧繝《うんげん》錦包などとし、切付は文様を描いて左筆《さひつ》の切付といい、両者を綴じ付けて大滑ともいった。大和鞍では、行縢《むかばき》型・雉子股《きじもも》型・円型などがあり、行縢型は古様で、膚付に文章の縁を付け、切付を毛皮製とした。公家では切付に使用できる毛皮は身分により区別があった。雉子股型では膚付・切付ともに葛製もあった。膚付には腹帯通しの羂《わな》を儲け、切付には腹帯通しの孔を穿ち、野沓《のぐつ》とよぶ笄《こうがい》金物を設けて鐙《あぶみ》の鉸具《かこ》に対する緩衝とした。また、大和鞍では、切付と膚付の間に障泥《あおり》を入れた。

参考文献　日本馬具大鑑編集委員会編『日本馬具大鑑』一－四、一九九〇・九一、日本中央競馬会。（近藤　好和）

しちしとう　七支刀　石上神宮《いそのかみじんぐう》蔵の両刃の鉄剣。国宝。剣身の左右に三ヵ所ずつ交互に枝分かれした部分が付く特異な形態を持つ。金象嵌《ぞうがん》の界線が施され、表裏の界線間には計六十一文字が同じく金象嵌によって記されている。判読困難な部分もあるが、一般的には「泰□四年に百済王とその世子が倭王のためにこの七支刀を作った」という内容であると解されている。年紀は東晋の太和四年(三六九)にあたるとみられる。『日本書紀《にほんしょき》』によれば、神功皇后四十九年(己巳年。百済近肖古王(『日本書紀』では「肖古王」)二十四年、東晋太和四年に相当)、大和朝廷が朝鮮半島に派兵し、新羅に対抗して百済を援けたことに対し、神功皇后五十二年に百済王は谷那鉄山産の鉄で作った「七枝刀《ななつさやのたち》」と「七子鏡」などを大和朝廷に献じたとの記事を載せるが、これに対応する遺品であると考えられる。石上神宮は物部氏と関係が深く、朝廷の武器を保管する任にあたっていたため、ここに納められたものであろう。

参考文献　奈良国立博物館編『発掘された古代の在銘遺宝』、一九六九。（古尾谷知浩）

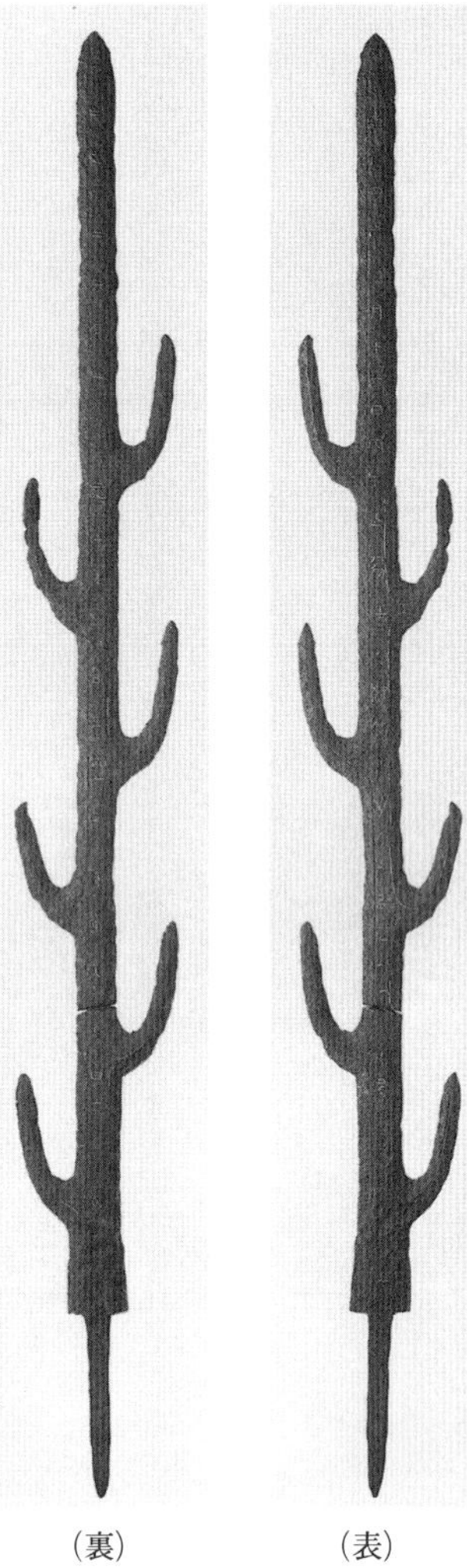

（裏）　（表）

七　支　刀

しちだいじじゅんれいしき　七大寺巡礼私記　南都七大寺を巡礼することが平安時代末期に盛行したが、諸寺を見聞した記録と、寺院の縁起、堂舎や仏像などについて記した書である。体裁は綴葉装《てつようそう》で、巻首内題下に「散位大江親□」とあり、序文から大江親通が一一〇六年(嘉承元)と一一四〇年(保延六)に巡礼したときの記録であることが知られる。十二世紀前半の東大寺・大安寺・西大寺・興福寺・元興寺・唐招提寺・薬師寺・法隆寺の様子についての詳細な記事を載せ、『七大寺日記』とともに当時の各大寺の状況を知る基本的史料である。鎌倉時代の書写本で、もと興福寺大乗院伝来であったが、菅政友の手を経て現在法隆寺に所蔵される写本が唯一の伝本である。重要文化財。『鵤叢刊』四にコロタイプ版図版が、『奈良国立文化財研究所史料』二二に影印と翻刻が、『建築史』五ノ二－六および『校刊美術史料』寺院篇上に翻刻が掲載される。（綾村　宏）

しちだいじにっき　七大寺日記　南都七大寺などを巡礼した際の見聞記録という体裁で記された寺誌。平安時代後期の成立と推定される。一一〇六年(嘉承元《がんごうじ》)大江親通《おおえのちかみち》の撰とされる。東大寺・興福寺・元興寺・大安寺・西大《さいだい》寺《じ》・薬師寺・法隆寺の順に、各寺の縁起・堂舎・仏像などについて記す。南都諸寺の堂舎や仏像の当時の状況を記述した史料としては『七大寺巡礼私記』と並ぶ根本史料の一つであり、現存する文化財の伝来を示す記録としても貴重である。東寺観智院旧蔵で建長七年(一二五五)の書写奥書のある古写本(奈良国立博物館所蔵、重文)が唯一の伝本である。藤田経世編『校刊美術史料』寺院篇上(一九九四年、中央公論美術出版)に所収。（田良島　哲）

しちのへじょう　七戸城　陸奥国の豪族七戸南部氏の居城。青森県上北郡七戸町所在。築城は十四世紀初頭、北条氏代官の工藤氏によるとする説もあるが不詳。一三三五年(建武二)鎌倉攻めの軍功により南部政長が七戸を拝領して築城した。その後八戸根城城主が城主を兼ねていたが根城八代南部政光が一三九三年(明徳四)に隠居して入城し七戸南部氏の祖となった。根城とともに南部氏の二大拠点だったが、一四五六年(康正二)陸奥国田名部の蠣崎蔵人の乱で攻められ落城。その後再び七戸南部氏の居城となるが、一五九一年(天正十九)の九戸の乱で九戸方に与し滅亡。翌年破却。同じ中世糠部の九戸城などと類似した平山城だが、比高約四〇メートルの高台東端に位置し山城に近い。水堀や土塁などの遺構をよく残し、本城・下館・宝泉館・西館・角館・北館・貝ノ口の曲輪から成る。一九四一年(昭和十六)十二月十三日国史跡指定。一九九九年(平成十一)に貝ノ口曲輪が追加指定となり指定総面積約一七万平方メートル。

参考文献　小山彦逸『史跡七戸城跡発掘調査報告書』、

一九九四-九六、七戸町教育委員会。 （関　豊）

しちようれき　七曜暦　⇩暦《こよみ》

じちん　地鎮　建物の造営に先立って土地神を鎮めるために行われる儀礼。広義には墓所や井戸などを新設する場合も含まれるが、一般的には都城や官衙《かんが》・寺院・神社・邸宅などの公的で重要な施設を対象とする。古代の都城に関しては『日本書紀』持統天皇五年（六九一）十月甲子条の藤原京造営に際して「鎮祭」を行なったとあるのが最も早く、平城京や長岡京遷都においても実施された。その祭儀の具体的内容は不明だが、遷都にあたっては陰《おん》陽寮《ようりょう》が地相を占定して場所を決めたこともあって、僧侶や神祇官だけでなく、陰陽師《おんようじ》も関与した。これらの地鎮では、建物の柱穴に銭貨や水晶・ガラス玉などを埋める場合と、建物の近辺に、銭貨その他の祭物を入れた土器を埋納する場合がみられる。官衙や住居跡から出土する墨書土器の中に「東」「西」「中」「南」「北」のような方位を記したものが多数含まれているが、これらも地鎮に関わる例が多いと考えられる。寺院の造営では特に重い瓦葺の屋根を支えるために、堅牢な基壇を造成する際には銭貨などを播いて搗《つ》き固めた。さらに金堂を建立した後、本尊を安置する須弥壇《しゅみだん》を築く際には鎮壇が行われた。奈良時代前期に唐から輸入された『陀羅尼集経《だらにじっきょう》』一二には、仏式の作壇作法が詳しく記されており、須弥壇の中央と四隅に穴を穿って祭物を納めるが、七宝（金・銀・真珠・珊瑚《さんご》・琥珀《こはく》・水晶・瑠璃《るり》）と五穀（大麦・小麦・稲穀・小豆・胡麻）を用意し、七宝は砕いて五穀と混ぜて絹に包み、五色の紐で結んで五ヵ所の穴に埋納するという。奈良時代の地鎮遺構は約三十ヵ所で発掘されているが、これらの七宝類が出土したのは、興福寺中金堂の基壇内、元興寺の塔心礎周辺、東大寺金堂の須弥壇縁辺、坂田寺の金堂もしくは講堂の須弥壇中央などが主なもので、ほかの大半は銭貨を納めた壺類が確認されるにとどまっている。『陀羅尼集経』は密教経典だが、密教による供養が盛んになるのは、平安時代以降のことである。真言宗と天台宗では供養法や埋納物が異なっており、真言宗では壇を築く以前の供養を地鎮と呼んで瓶《へい》と五宝（金・銀・真珠・瑠璃・水晶または琥珀）を埋め、築壇後の供養は鎮壇と称して密教法具や五穀、五薬、五香などを埋納した。それに対して天台宗では鎮壇の語は用いず、安鎮法と称して七宝や五穀、五香などを埋納した。真言宗の地鎮・鎮壇法と天台宗の安鎮法が、平安京の内裏や貴顕の邸第、寺社の堂塔建立に際して幅広く行われたことは『阿娑縛《あさば》抄《しょう》』所収の『安鎮法日記集』の記録などからもわかる。一方で十世紀初期の『延喜式』臨時祭の諸祭祀のなかには、鎮土公祭《ちんどこうさい》、鎮新宮地祭《ちんしんぐうちさい》をはじめ、鎮御在所祭《ちんございしょさい》などが挙げられ、同書陰陽寮の第一条では、新年に害気を鎮めるため、陰陽師が害気の在処や鎮物を勘録し申請するよう規定されており、建物の建築後は神祇官や陰陽師が、年頭に鎮害気の呪儀にも関与したことが知られる。

参考文献　村山修一「地鎮と鎮壇」（『変貌する神と仏たち―日本人の神仏習合―』所収、一九九〇、人文書院）。巽淳一郎『まじないの世界』II（『日本の美術』三六一、一九九六、至文堂）。森郁夫『日本古代寺院造営の研究』、一九九八、法政大学出版局。 （増尾伸一郎）

しっき　漆器　⇩漆工《しっこう》

じっきんしょう　十訓抄　鎌倉時代中期成立の説話集。「じっくんしょう」とも。編者については、妙覚寺本《みょうかくじほん》奥書に「六波羅二臈左衛門入道」とあることから六波羅探題《ろくはらたんだい》関係者（湯浅宗業《ゆあさむねなり》や後藤基綱《ごとうもとつな》、佐治重家《さじしげいえ》など）が想定されたり、菅原為長《すがわらためなが》説が出されたりしている。一二五二年（建長四）成立。三巻。「可施人恵事」（異本では「可定心操振舞事」）以下十篇の教訓を立て、篇ごとにそれぞれの教訓解説とその例証としての説話を配列し、少年に処世訓を示す体裁になっている。霊験譚がほとんどみられず、教訓的啓蒙意識に徹底している点が特徴である。説話のほとんどは『江談抄《ごうだんしょう》』『古事談《こじだん》』などの先行説話集や典籍類からの抜書きで、王朝文化を懐古しつつも現実に即応することを求める内容になっている。第十篇「可庶幾才芸事」（異本では「可庶幾才能芸業事」）が全体の四分の一を占めることなどから、とくに家業の継承に際しての心のもち方や誡めを提示しているとみる説もある。また『六波羅殿御家訓《ろくはらどのごかくん》』などと内容が類似しているとみて、鎌倉武家社会との関わりを重視する見解も出されている。『（新訂増補）国史大系』『新編日本古典文学全集』所収。

参考文献　浅見和彦「十訓抄編者攷」（説話と説話文学の会編『説話論集』七所収、一九九七、清文堂出版）。五味文彦『書物の中世史』、二〇〇三、みすず書房。 （髙橋　典幸）

しっくい　漆喰　石灰岩や貝殻を焼いて生石灰（酸化カルシウム）としたものに水を反応させて消石灰（水酸化カルシウム）とし、これにスサ、フノリを混ぜたものを壁の仕上げ塗り材や目地止め、石積みの接着剤として用いる。消石灰は空気中の二酸化炭素を吸収して炭酸カルシウムとなる。古くはエジプトのピラミッドや西アジアのモザイクなどに用いられていることが知られている。日本では、古墳石室の目地止めや上塗りに用いられており、これまでに三十数例の古墳でその使用が知られている。中でも奈良県明日香村の高松塚古墳とキトラ古墳は、石室内面に塗られた漆喰に極彩色の壁画が描かれていることで有名である。文献上最古の記録としては、『日本書紀』および『元興寺縁起』に五八八年の飛鳥寺（奈良県明日香村）造営において用いられたものがある。わが国で漆喰が盛んに用いられるようになったのは城郭建築が盛んになる中世以降であると考えられている。 （高妻　洋成）

しっこう　漆工　アジアに分布するウルシ科植物の樹液を仕上材とする技法。東アジアの漆は同種で、ウルシオールを主成分とし、常温・高湿度で固化し、耐酸・アルカリ性に優れ、強力な接着性を有するが、乾燥や紫外線に弱い。漆液の利用は、今のところ中国では約七千年前の浙江省河姆渡《せっこうしょうかぼと》遺跡出土の漆塗木器が最古。わが国でも、これまで山形県高畠町押出《おんだし》遺跡などの縄文時代前期の多数の遺跡から漆塗土器・木器、漆液容器類の出土が報告され、中国と同時期とされてきた。しかし、近年約九千年前とされる縄文時代早期の北海道函館市南茅部町垣ノ《かきの》島《しま》B遺跡から漆塗り装飾品が出土しており、今のところ日本列島での利用の方が古い。素地としては、土(土器)・木・竹(籃胎《らんたい》)・革(漆皮《しっぴ》)・布(夾紵《きょうちょ》＝塞《そく》＝乾漆《かんしつ》)・紙(一閑《いっかん》張《ばり》)のほか、陶磁・牙角・金属などがある。表面の仕上げ(装飾)技法は五つに分類できる。塗る(髹漆《きゅうしつ》)技法は縄文時代以来の初源的なもので、黒漆・赤漆(朱・ベンガラ)・青漆《せいしつ》(緑色)塗などがある。描く技法としては、漆(朱・黒漆など)で文様を描く漆絵《うるしえ》のほか、金銀泥《きんぎんでい》を膠《にかわ》で溶いて描く泥絵《でいえ》、一種の油絵である密陀絵《みつだえ》がある。伝世《でんせい》最古の漆工品である法隆寺の玉虫厨子《たまむしのずし》(国宝)は、漆絵と密陀絵によって経典中の説話が描かれている。彫る技法としては、漆を塗重ねて文様を彫る彫漆《ちょうしつ》、漆地に文様を刀刻して彩《いろ》漆《うるし》を埋込む塡漆《てんしつ》、文様を線刻して漆を摺り込み金箔を付着させる沈金《ちんきん》(鎗金《そうきん》)、彫漆の影響と見られる木製薄肉彫に塗漆した鎌倉彫《かまくらぼり》などがある。彫漆類や沈金は中世以降中国から伝わった技法で、盛んに舶載され珍重された。貼る技法としては、文様に切った貝を貼る螺鈿《らでん》、金銀などの薄板を貼る金貝《かながい》(平脱《へいだつ》・平文《ひょうもん》とも)、金箔を貼る箔絵《はくえ》、薄い餅状の彩漆を貼る堆錦《ついきん》がある。特に螺鈿は、奈良時代から始まり、鎌倉時代には精細な切透かし技法の高度な発達を見た。蒔く技法としては、金銀などの細粉や色粉を蒔いて文様を表す蒔絵《まきえ》、貝の細片を蒔く微塵貝《みじんがい》などがあり、特に金銀蒔絵は奈良時代に創案されてわが国独自の発展を遂げた。

参考文献　小松大秀・加藤寛『漆芸品の鑑賞基礎知識』、一九九七、至文堂。小松大秀編『漆工(原始・古代編)』(『日本の美術』二二九、一九八五、至文堂)。鈴木規夫編『漆工(中世編)』(同二三〇)。

(鈴木　規夫)

しつでん　湿田　⇩水田《すいでん》

しっぽう　七宝　ガラス質の釉薬《ゆうやく》を金属胎に熔着させて装飾する技法や器物。その言葉は、仏教経典中において西方浄土世界を荘厳《しょうごん》する七種の宝玉類である金・銀・瑠《る》璃《り》・珊瑚《さんご》・琥珀《こはく》・硨磲《しゃこ》・碼碯《めのう》(経典により玻璃《はり》・真珠《しんじゅ》が入る)などを意味する「七宝」からきている。七宝が工芸技術的な意味を有するようになったのは室町時代以降。その起源は明らかでないが、西方においても、たとえば、九世紀の東ローマ帝国(ビザンティン帝国)や十二世紀フランスのリモージュなどにおいてすでに高度な技術が発達していたとされる。中国では、唐代にその存在を示唆する史料が知られるが、元代以前の実態は不詳。また中国では七宝を琺瑯《ほうろう》と称するが、明代初期の『格古要論《かっこようろん》』には、大食窯・仏郎嵌また鬼国窯・鬼国嵌とも記される。さらに、明代景泰年間(一四五〇—五六)は七宝が発達した時期で、特に青藍色を主としていたため景泰藍《けいたいらん》とも。わが国古代の七宝としては、奈良県明日香村《あすかむら》牽牛子塚《けごしづか》古《こ》墳《ふん》出土の花文入《かもんいり》亀甲形七宝棺金具(七世紀、有線七宝)、正倉院の黄金瑠璃鈿背十二稜鏡(八世紀、有線七宝)が知られる。古代における七宝の呼称は明らかでなく、『令義《りょうのぎ》解《げ》』(八三四年(承和元)撰上)の一文中の「塗餝瑠璃」を七宝とみる説もある。その後遺例も見られなくなるが、室町時代に入り中国製七宝器が多く舶載されると、諸史料に七宝・七宝瑠璃・金宝瑠璃・金瑠璃の名で記される。近世には、新たな七宝技術の発展を見、特に平田道仁《ひらたどうにん》を祖とする平田家は、刀剣の鍔・小道具類を中心に腕をふるった。

参考文献　鈴木規夫『七宝』(『日本の美術』三二二、一九八三、至文堂)。

(鈴木　規夫)

してんのう　四天王　仏教世界を守る四人の守護神。持《じ》国天《こくてん》、増長天《ぞうちょうてん》、広目天《こうもくてん》、多聞天《たもんてん》のこと。もとはインドのそれぞれ独立した神であったが、やがて仏教に取り込まれて護法善神《ごほうのぜんしん》(仏法を護る善い神)として位置づけられた。帝釈天《たいしゃくてん》に仕え、仏教世界の中心にそびえたつ須弥山《しゅみせん》という山の四方を守る神。東方が持国天、南方が増長天、西方が広目天、北方が多聞天。部派《ぶは》仏教・大乗仏教の複数の経典に登場し、インドでの初期の造像例が確認できる。中国仏教・朝鮮仏教でも四天王はあつく信仰された。日本には七世紀中ごろまでには伝来しており、法隆寺金堂四天王像は最初期の造像例として知られている。その広目天像の光背《こうはい》には七世紀中ごろの仏師である山口大口費《やまぐちのおおぐちのあたい》の名が刻まれており、彼が作成に関わった像であろうと考えられている。やがて日本では『金光明経《こんこうみょうきょう》』が国家の仏教において重視されるようになり、持統天皇は、七世紀末、恒例の年中行事として中央および地方の金光明経斎会《さいえ》を開始した。同経には四天王による国王・国土・人民の擁護が説かれており、以後同経に基づく信仰が日本の四天王信仰の中心になっていった。八世紀初頭には同経の新訳である『金光明最勝王経《こんこうみょうさいしょうおうきょう》』が唐からもたらされ、これを用いて『日本書紀』の複数の文章が作られ、また全国に国ごとに国分寺《こくぶんじ》が建立された。国分寺は正式には「金光明四天王護国之寺《こんこうみょうしてんのうごこくのてら》」といい、四天王による国王・国土・人民の擁護を前面に掲げた寺院であった。四天王の名称は経典により差異があるが、前記の名称は『金光明最勝王経』による名称である。古代の造像例として、当《たい》麻寺《までら》金堂像、東大寺三月堂《さんがつどう》像、同戒壇院《かいだんいん》像、東寺講堂像などがよく知られている。以後、中世・近世を通じて四天王に対する信仰は継続、定着していった。多聞天は単独で信仰されることがあり、毘沙門天《びしゃもんてん》の名称でも呼ばれた。財宝・福徳の天として信仰され、のち戦勝の天として武将などの信仰を集めた。

参考文献　猪川和子『四天王像』(『日本の美術』二四〇、一九八六、至文堂)。

(吉田　一彦)

してんのうじ　四天王寺　飛鳥時代創建の寺院。和宗総本山として現在に法燈を伝える。寺号は荒陵山。大阪市天王寺区四天王寺所在。国史跡(四天王寺旧境内)。創建年代について、『日本書紀』崇峻天皇即位前紀には、物部守屋との合戦に際して厩《うまや》戸《と》皇子が造営を誓願したことによるとして、推古天皇元年（五九三）是歳条に「難波の荒《あら》陵《はか》」に造るとある。一方、『上宮聖徳太子伝補闕記《じょうぐうしょうとくたいしでんほけつき》』などの厩戸皇子の伝記類には、はじめ玉造《たまつくり》に造り、のちに荒陵に移建したとする説を載せるが、現在の大阪市中央区・天王寺区の玉造近辺には古代寺院は確認されておらず、疑問とされる。『日本書紀』推古天皇三十一年七月条には、新羅将来の仏具を四天王寺に納めたことがみえるから、このころには確実に存在したらしい。伽藍は、中門・塔・金堂・講堂が南北一直線上に並ぶ、いわゆる四天王寺式伽藍配置をとる。これが当初からの配置であることは、一九五五年（昭和三十）開始の発掘調査で確認された。創建瓦は楠葉《くずは》平野山《ひらのやま》瓦窯《がよう》産で、法隆寺若草伽藍所用と同笵の素弁八葉蓮華文軒丸瓦が用いられる。創建瓦は金堂にのみ使用され、五重塔には吉備池廃寺所用の笵による単弁八葉蓮華文軒丸瓦が用いられていることから、七世紀中葉の造営とされる。六四八年（大化四）には左大臣阿倍《あべの》倉梯麻呂《くらはしまろ》（内麻呂）によって塔に四天王が安置され、霊鷲山像が造られるなどのことがあった（『日本書紀』『太子伝古今目録抄』）。孝徳朝の難波遷都が、伽藍の整備に影響を与えたものと考えられる。講堂の造営はさらに遅れて七世紀後半であり、主要伽藍が完成するまでには七十年程度を要したことになる。奈良時代にはたびたび寺封や墾田の施入を受けるが、九六〇年（天徳四）以来、数度の火災によって大きな被害を受け、以後復興を繰り返した。中世以降は聖徳太子信仰、極楽浄土信仰の拠点として興隆した。丙子《へいし》椒林剣《しょうりんけん》、七星剣《しちせいけん》、『扇面法華経冊子』（いずれも国宝）をはじめ多くの寺宝を伝える。『四天王寺御手印縁起』（根本本。国宝）は平安時代に聖徳太子に仮託して製作されたものとされるが、創建以来の沿革や寺域、寺領などについて独自の所伝を多く収録する。

資料館　四天王寺宝物館（大阪市天王寺区）

参考文献　福山敏男「四天王寺の建立年代」（『日本建築史研究』所収、一九六八、墨水書房）。村田治郎「四天王寺創立史の諸問題」（『聖徳太子研究』二、一九六六）。文化財保護委員会『四天王寺』、一九六七。網伸也「四天王寺出土瓦の編年的考察」（『堅田直先生古希記念論文集』所収、一九九七、真陽社）。

（古市　晃）

じとう　地頭　中世、特にその前期において荘園・国衙領の下地を管理した役職。下司と同等であるが、下司が本所に任免されるのに対して、地頭の任免権は本所にはなく、幕府（将軍）に帰属した。したがって地頭は本所から自立し、年貢や下地の管理をめぐって本所と対立しながら、領主制を展開していった。地頭の呼称は鎌倉幕府成立以前にも認められるが、幕府成立後においては、一般の下司職と区別して幕府が任免権を有する場合に、もっぱら用いられるようになった。幕府は一一八〇年（治承四）以降の内乱の過程において、東国を中心とする支配領域に実力で地頭職の補任を行い、一一八三年（寿永二）の平家西走後は朝幕交渉により平家没官領・謀反人所帯跡に対する地頭職補任権を獲得した。一一八五年（文治元）には源頼朝と対立するに至った源義経・同行家の追討を名目として、五畿・山陰・山陽・南海・西海諸国が北条時政以下の頼朝郎従に配分された。この時の朝幕交渉が後世、朝廷による守護地頭制の承認と解釈されるようになったのは、幕府の地頭支配が全国規模に拡大したことによると思われる。しかし翌年には平家没官領・謀反人所帯跡以外の地頭職を停止することが朝幕間で合意され、以後この原則が長く守られることになった。つまり地頭職が設置されない荘園・国衙領が相当数存在することになり、これが本所一円地とよばれるようになるのである。一二二一年（承久三）の承久の乱は大量の没収地を幕府にもたらしたが、ここで新たに補任された地頭を新補地頭といい、これに対して従来の地頭を本補地頭という。また新補地頭が大量に設置されたことにともない、地頭の得分に関する従来の例が明らかでない場合に適用する基準が法定されたが、これを新補率法という。本所と地頭との対立は、大局的には、下地中分などにより地頭の存しない本所領と本所の存しない地頭領を創出することにより解消する方向をたどった。

（近藤　成一）

しどじ　志度寺　香川県さぬき市所在の真言宗善通寺派寺院。補陀落山清浄光院と号する。四国八十八カ所第八十六番札所。縁起では推古天皇時代の創建というが、平安時代後期の『梁塵秘抄《りょうじんひしょう》』に霊験所の一つとして「志度の道場」とみえるのが確かな初見。源平争乱時には平家の軍勢が籠もったこともある。この後も道場と呼ばれているので、霊場でありまた修行実践の場であったとみられる。鎌倉時代末から南北朝時代にかけて志度道場縁起文と縁起絵が成立し、縁起を題材として謡曲「海士《あま》」が作られた。南北朝時代に入ると志度寺の称になり、守護細川氏の保護下で寺院としての体裁が整えられていった。縁起から閻魔信仰とそれに伴う蘇生信仰があったことも知られ、東西二つの閻魔堂が存在していた時期もある。また中世には「熾盛光院《しじょうこういん》」と号しており、天台の影響下の時期があった。本堂・仁王門・本尊木造十一面観音両脇侍像・十一面観音画像・志度寺縁起六幅は重要文化財。

参考文献　『新編志度町史』、一九八六。逵日出典「讃岐志度寺縁起と長谷寺縁起」（『日本仏教史学』二五、一九九二）。

（加藤　優）

しとみ　蔀　建物の外周を閉じる建具。板の両面か片面に格子を組み、長押《なげし》に取り付けて、開けるときは跳ね上げて先端を吊り金具にかける。古くは格子《こうし》と呼ばれることが多い。京都御所の紫宸殿《ししんでん》のように柱間《はしらま》全体を一枚の蔀で塞ぎ、室内側に跳ね上げるものが古式だと思われるが、それでは室内側の邪魔になり大きく重すぎることから、上下に分割して、上の戸を外側に跳ね上げて垂木《たるき》に付り下げ、下の戸は押縁でつくった柱の溝に入れて不要なときは引き抜く形式の半蔀《はじとみ》が普及した。民家ではすべての戸を落とし込む形式がみられる。縁や庭に立てて塀

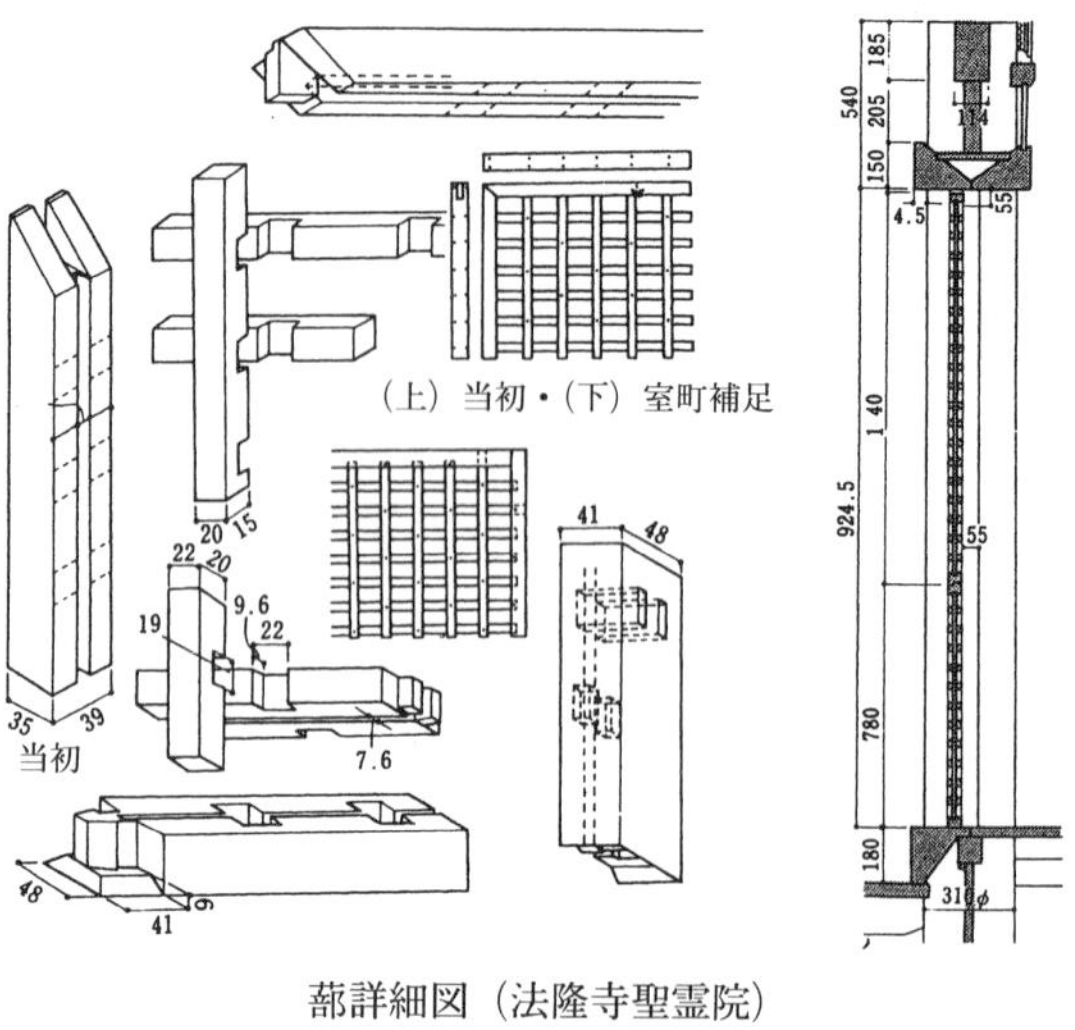

蔀詳細図(法隆寺聖霊院)

とするものを立蔀《たてじとみ》という。寺社では拝殿から使われはじめるので、住宅用の建具として発生したと思われるが、『延喜式《えんぎしき》』では陽や風を防ぐことを意味する「ヲオフ」の訓がみえることから、その普及は平安時代初期をそれほどさかのぼらないと思われる。朝鮮半島では、これと類似した建具が主流であることから、同地から導入されたものである可能性がある。

参考文献 高橋康夫『建具のはなし』(『物語ものの建築史』、一九六五、鹿島出版会)。大阪建設業協会編『建築もののはじめ考』、一九七三、新建築社。 (藤田 盟児)

しどりじんじゃきょうづか 倭文神社経塚 ⇩伯耆《ほうき》一宮《いちのみや》経塚《きょうづか》

しとろやき 志戸呂焼 静岡県島田市神座・金谷町横岡・上志戸呂で生産された瀬戸・美濃系施釉陶器。開窯は伝承のいう大永年間(一五二一—二八)より古く、調査された窖窯《あながま》(三ッ沢窯跡・川根沢窯跡)では十五世紀中葉の天目茶碗・平碗・縁釉小皿・卸皿《おろし》・盤類・擂鉢《すりばち》・壺・水注・水滴・甕《かめ》などが生産されている。約百年の中断の後、上志戸呂で大窯生産が始まり、十七世紀初頭にかけて天目茶碗・丸碗・筒形碗・小皿・擂鉢・大皿・短頸壺・徳利・水注・水滴・甕など灰釉を主体とした製品が生産される。内禿皿の量産や各器種の形態に初山焼との共通項が認められる。なお、文献史料から大窯期の生産活動は、徳川家康の保護下にあったものと考えられる。江戸時代になると横岡村に窯が集中し、土山原・ほろん沢東・内藤・北・新兵衛・中・南などの窯が築かれるが、窯体構造などの詳細は不明である。製品は、丸碗・小皿・燈明皿・擂鉢・壺・徳利・甕・香炉などの日常品と周辺の茶生産地向けの壺類などが生産された。

参考文献 『金谷町史』資料編四、二〇〇三。柴垣勇夫「志戸呂窯にみる天目茶碗の変遷について」(『愛知県陶磁資料館研究紀要』一〇、一九九二)。足立順司「消費地出土の初山・志戸呂焼」(向坂鋼二先生還暦記念論集刊行会『地域と考古学』所収、一九九四)。同「遠江三ッ沢窯とその背景」(楢崎彰一先生古希記念論文集刊行会編『楢崎彰一先生古希記念論文集』所収、一九九八、真陽社)。 (金子 健二)

じないまち 寺内町 主として十六世紀に寺院の敷地内に建設された町。「じないちょう」とも。現在知られるものは、中核寺院が真宗高田派や、法華宗の場合もあるが、真宗本願寺派のものがきわだって多い。中核となる本願寺派の寺院は、本願寺宗主やその一族の居所であるものと、それ以外のものとに分類することができる。前者を中核とするものは、本願寺第八世蓮如の建設した寺院を中核とする越前国吉崎・山城国山科・摂津国大坂(石山)、安土桃山時代に建設され、本願寺を核とする摂津国天満・京都七条など本山を核とするもの、本願寺一族の寺院を核とする河内国枚方(順興寺)・越中国井波(瑞泉寺)・同古国府《ふるこ》(勝興寺)・河内国久宝寺(顕証寺)・同富田林(富田林道場)・同八尾・同招題寺内・越中国城端《じょうはな》(善徳寺)などがあり、後者を核とするのは大和国今井(称念寺)・近江国金森《かねがもり》(金森惣道場)・同寺内《じない》(鈎、永正寺)・同山田(永久坊)・和泉国貝塚(願泉寺)・河内国大ヶ塚(善念寺)などがある。これらの寺内町は寺院の主導で建設されたもの、今井・招題のように武士の手で建設されたと伝えるもの、貝塚・富田林など、周辺村落住民が寺院を招き、建設を主導したとされるものなどがある。吉崎・山科・富田林・貝塚・寺内・今井などには絵図が伝わり、中核寺院の存在、碁盤目形の町割、周囲に建設された環濠・土塁などの特徴が知られる(碁盤目形の町割は建設期のものではないとする見解もある)。寺院の領有下にあることにより、大名や地域の領主から諸公事免許、不入権(治外法権)、国質・郷質など私的制裁の禁止、徳政の適用除外、座公事免除などの特権を承認され都市として繁栄した。統一政権の成立以降、天満で牢人隠匿事件を機に豊臣秀吉が取締りを行うなど、俗的支配者の統制がなされるようになり、中世の不入権は制限されるようになったとされている。

参考文献 大澤研一・仁木宏編『寺内町の研究』一—三、一九九八、法蔵館。 (神田 千里)

しなが 磯長 河内国東南部、石川郡の磯長谷を中心とする地域名。科長とも書く。現在の大阪府南河内郡太子町。二上山西麓にあたり、竹内峠を用いた大和との交通の要路にあたる。磯長郷は『和名類聚抄』にはみえないが、八九四年(寛平六)「竜泉寺氏人等請文案」(春日神社文書)には科長郷がある。このほか、『古事記』『日本書紀』『延喜式』などに陵墓の所在地として「磯長」(科長)がみえる。式内社として、科長神社があった。磯長にはミニチュア炊飯具のセットが出土し、渡来系集団との関係が強い一須賀古墳群など、多くの古墳が存在する。特に用明・推古・孝徳天皇、厩戸王(聖徳太子)などの六世紀後半以降の王陵・王墓が集中し、「王陵の谷」とも称される。また六八九年(己丑年=持統天皇三)采女氏塋域碑、七七六年(宝亀七)高屋連枚人墓誌、七八四年(延暦三)紀朝臣吉継墓誌など、多くの文字史料が集中して出土している。

参考文献 門脇禎二・水野正好編『古代を考える河内飛鳥』、一九六九、吉川弘文館。 (古市 晃)

しながわだいば 品川台場 幕末に江戸湾防備のために品川沖に築造された砲台場。東京都港区台場一丁目に所在。一八五三年(嘉永六)に浦賀に来航したペリーの開国要求に際して、老中阿部正弘は江川太郎左衛門英龍(担庵《たんあん》)に砲台築造を命じた。当初は品川から深川にかけて十一基が計画された。同年八月に着工し、第一・二・三台場は翌一八五四年(安政元)四月に竣工、第五・六台場は同年十一月に竣工した。資金難や和親条約締結等のため第四台場(七分通り完成)と第七台場(三分の出来)は中止となり、第八台場以降は計画のみであった。湯島馬場大筒鋳立場(現在の東京医科歯科大学構内)・韮山《にらやま》反射炉・肥前佐賀藩などで鋳造の大砲が順次配備されたといわれている。品川台場は西洋の軍事技術を応用しながら、伝統的石積技術を適用して短期間に工事を実現した日本最初の大規模海上構造物である。日本の技術水準の高さを示す重要な土木遺産であるとともに、幕末の国際関係を知る上で重要な近代遺跡の一つである。国指定史跡。

参考文献 陸軍築城部『築城史料』、一九〇八。東京市保健局公園課編『品川台場』、一九二七。佐藤正夫『品川台場史考』、一九九七、理工学社。 (亀田 駿一)

しなの 信濃 地方史研究雑誌。第一次『信濃』・第二次『信濃』・第三次『信濃』がある。第一次『信濃』は、一九三二年(昭和七)一月に信濃郷土研究会により創刊された。編集の中心は栗岩英治で、一九三八年七月まで七十九冊を月刊で発行した。四六倍判。第二次『信濃』は、一九四二年一月創刊。刊行は同月に一志茂樹により創立された信濃史学会により刊行。一九四七年三月まで五十七冊を月刊で発行した。菊判。なお、一九四五年三月以降は信濃毎日新聞社により刊行されたため、信濃史学会は解散した。第三次『信濃』は、一九四九年五月一志茂樹を中心に創刊。現在まで月刊として刊行を続け、二〇〇五年(平成十七)五月号で第一次以後通巻八〇〇号を数えた。編集兼発行は一九五六年十二月まで信濃郷土研究会、それ以後は信濃史学会。第三次『信濃』は地方史学会としては希な純学術研究雑誌としての内容を堅持している。信濃史学会のホームページ上で論文タイトルの検索が可能である。

参考文献 信濃史学会編『信濃総索引第三版—一九三二・一一~一九八一・一二—』、一九八三。 (福島 正樹)

しなのこくぶんじ 信濃国分寺 奈良時代、七四一年(天平十三)の聖武天皇の詔を受けて諸国に置かれた国分寺の跡。長野県上田市国分に所在する。国史跡。千曲川によって形成された第三段丘面に位置する。遺跡の南側には千曲川が流れ、その間を東山道と推定されている古道が東西に走る。遺跡の北側の第二段丘面には現在の信濃国分寺が所在し、本堂は長野県宝に指定されている。この地に国分寺跡があることは、礎石群の存在からすでに第二次世界大戦前から知られており、一九三〇年(昭和五)に礎石跡は「国分寺仁王門跡」として国史跡に指定された。その後周辺の開発の進展に伴って、一九六三年—七一年にわたって実施された発掘調査によって、僧寺とその西に隣接する尼寺の伽藍が確認され、「国分寺仁王門跡」が講堂跡であること、僧寺跡は百間(約一七八メートル)四方の寺域のなかに、中門・金堂・講堂・回廊・塔・僧房の建物跡があることなどが判明し、一九六七・六八年に史跡の範囲を追加指定した。伽藍配置は、中門・金堂・講堂が南北一直線に並び、中門と講堂が回廊でつながり、さらに、塔を金堂の東南に置く、東大寺(国分寺)式である。なお、遺跡北方の約二〇〇メートルの地に二基の瓦窯跡も確認されている。調査によって確認された寺域のうち約五万五〇〇〇平方メートルが信濃国分寺史跡公園となり、その一角に信濃国分寺資料館を建設、遺構・遺物の保存・整備・公開がなされている。 ↓国分寺《こくぶんじ》

資料館 信濃国分寺資料館(長野県上田市)

参考文献 上田市教育委員会編『信濃国分寺』本編、一九七四、吉川弘文館。『長野県史』通史編一、一九八九。『上田市誌』歴史編三、二〇〇〇。 (福島 正樹)

しなのこくぶんにじ 信濃国分尼寺 奈良時代、七四一年(天平十三)の聖武天皇の詔を受けて諸国に置かれた国分尼寺の跡。長野県上田市国分に所在する。国史跡。千曲川によって形成された第三段丘面に位置する。遺跡の南側には千曲川が流れ、その間を東山道と推定されている古道が東西に走る。遺跡の北側の第二段丘面には現在の信濃国分寺が所在し、本堂は長野県宝に指定されている。この地に国分寺跡があることは、礎石群の存在からすでに第二次世界大戦前から知られていたが、一九六三年(昭和三十八)—七一年にわたって実施された発掘調査によって、僧寺跡の中心から約四〇メートル西に尼寺の伽藍が確認された。調査の結果、尼寺跡は、八十間(約一四八メートル)四方の寺域のなかに、中門・金堂・講堂・回廊・経蔵・鐘楼・尼房・北門があること、伽藍配置は、僧寺と同じく東大寺様式であることが判明した。 ↓国分寺《こくぶんじ》

参考文献 上田市教育委員会編『信濃国分寺』本編、一九七四、吉川弘文館。『長野県史』通史編一、一九八九。『上田市誌』歴史編三、二〇〇〇。 (福島 正樹)

しなののくに 信濃国 古代から近世末期までの国名。本州の中央に位置し、周囲を北から時計回りに、越後・上野・武蔵・甲斐・駿河・遠江・三河・美濃・飛驒・越中の十国に接している。その範囲はほぼ現在の長野県にあたる。国名の「信濃」の用字は七〇四年(慶雲元)に全国一斉に国印が鋳造された際に定められたとする説が有力。これ以前は「科野」を用いた。藤原宮出土の荷札木簡に「科野国伊奈評」とみえ、藤原京遷都の六九四年(持統天皇八)—七〇四年の間は「科野」の用字が用いられていたことがわかる。『古事記』では「科野」、『日本書

紀』では「信濃」の字を用いる。「シナノ」の名義については、科の木のよく生えている国とする『日本書紀通証』(谷川士清《ことすが》)、『古事記伝』(本居宣長)と、山国で級坂《しなざか》があることによるとする『冠辞考』(賀茂真淵)とがあり、このほか「風の強く吹く地」、「篠の生える野」といった説もあるが、現在は級坂説が有力と考えられている。国名「シナノ」が何に由来するかについては定説はないが、六世紀前半から中ごろにかけての継体・欽明朝に、外交官として大和朝廷に派遣された百済の使者のなかに、「科野某」と称する日系百済人が含まれており、これは出身の「科野」の地にちなんだウジの名と考えられている。これに関して、信濃国内には更級・埴科・前科などの郡名に「シナ」の付くものがあり、特に更級《さらしな》・埴科《はにしな》の地を「シナノ」の発祥の地とする説も唱えられている。特にこの地方には四世紀—五世紀の大規模な前方後円墳が集中していること、『和名類聚抄』の郷の数、式内社の数も多いこともそれを補強している。大和朝廷のもとで国造制が成立する時期については諸説あるが、六世紀以降史料にあらわれる「金刺《かなさし》舎人」「他田《おさた》舎人」などのウジ名をもつ豪族を国造一族とすることができる。『長野県史』では当初の国造のウジ名は「科野」で、根拠地は埴科・更級地方、その後伊那地方に勢力を移し、後期古墳を形成したとしている。その後、金刺舎人氏が伊那・諏訪・水内《みのち》・埴科に、他田舎人氏が伊那・筑摩・小県《ちいさがた》などに勢力を広げていったと考えられている。六四六年(大化二)の大化の改新後、六四八年の磐舟《いわふね》柵への柵戸の配置をはじめとする柵戸の越・出羽への配置、六七二年(天武天皇元)の壬申の乱での「信濃兵」(『釈日本紀』所引安斗智徳日記)の活躍、天武朝における「束間《つかま》温湯」への行幸や信濃への遷都計画など、七世紀後半の信濃は、越地方の取り込みをめざす中央政府から注目される地であった。古代の信濃国の行政区画については、平安時代に成立した『延喜式』『和名類聚抄』によると、伊那・諏訪・筑摩・安曇・更級・水内・高井・埴科・小県・佐久の十郡、六十七郷、官社四十八社、官牧十六牧、田の面積三万九百八町余であった。信濃国に関係する遺跡について、遺構が明確になったものは、上田市の信濃国分寺跡(国史跡)のみである。国府については、平安時代に筑摩郡にあったことが『和名類聚抄』の記載から知られるが、その候補地である松本市内からは関係する遺構などは今のところみつかっていない。また、筑摩郡の国府以前は、国分寺が所在した小県郡にあったとする説が有力で、信濃国分寺跡の北に位置する現在の信濃国分寺付近から近年瓦などの遺物がみつかっていることから、この付近に当初の国府が所在した可能性が考えられている。なお、一九九四年(平成六)に千曲市屋代から出土した屋代木簡などの検討から、七世紀末から八世紀初めに初期国府ないし、国レベルの官衙が屋代遺跡群付近にあったとする説も出されている。郡家の遺構については、飯田市恒川《ごんが》遺跡群から伊那郡家の正倉跡と考えられる遺構が検出されているが、それ以外の郡については考古学的遺構は検出されていない。なお、松本市中山の牧監庁跡(長野県史跡)は、信濃十六牧を管轄する牧監に関係する遺跡と考えられているが、なお検討の必要があると思われる。条里については、更埴《こうしょく》条里遺跡における一九六一年から行われた先駆的調査をふまえて、長野市・千曲市などの条里遺構の調査・分析が進められている。一一八〇年(治承四)、木曾義仲は信濃国内の武士を率いて平家軍と対峙し、入京を果たしたが、源頼朝との確執から滅亡し、信濃国は鎌倉幕府の料国となり、北条氏が守護となった。中世を通じて守護所の所在地は移動しており、鎌倉時代は上田市塩田地区に比定する説があり、南北朝時代は更級郡・水内郡・筑摩郡などを移動しており、所在地の比定地について説があるが、いずれも出土遺構などによる確認はなされていない。中世の荘園については、おおよそ百五十ヵ所を数えることができ、筑摩郡・水内郡に多くの分布するという特徴がある。また、荘園の現地について、荘所・政所などの明確な遺構は確認されていないが、地名や地形などから住吉荘(安曇野市)・太田荘(長野市)・佐久伴野荘(佐久市ほか)などの復元が試みられている。鎌倉幕府の滅亡、建武新政の崩壊後、宗良親王が信濃入りし南朝勢力の拠点の一つとなったが、室町幕府(北朝)勢力が強く、南北朝合体後の大塔合戦により守護小笠原氏は失脚し、一四〇二年(応永九)—二五年の間、信濃は室町幕府の料国として将軍義持の直轄下に入った。一四二五年、小笠原政康が信濃守護に任ぜられた。これを契機に、南北朝時代以来の国内武士団の対抗関係と、室町幕府と鎌倉府との政権抗争の中で、信濃は分裂の様相を強めていき、守護小笠原家の分裂、応仁・文明の乱を経て、信濃も戦国時代となった。中世の山城・居館跡については、地籍図や現地踏査等により所在地の比定や縄張りの復元などが行われており、特に長野市域については『長野市誌』による詳しい調査が行われた。戦国時代には、隣国甲斐の武田信玄は長尾景虎(上杉謙信)と勢力を競い、武田勝頼によって信濃は武田氏の支配下に置かれた。しかし、武田氏滅亡後信濃を支配した織田信長も本能寺の変で滅び、信濃は上杉景勝、徳川家康、北条氏政らに領有された。その後、天下統一を果たした豊臣秀吉は信濃に譜代の武将を配置したが、秀吉の死後、関ヶ原合戦を経て江戸幕府が成立し、信濃は多くの大名(藩)と幕府直轄地(天領)・旗本領の交錯するという特徴をもつ国となった。幕末における信濃の大名(藩)は、小諸、岩村田、竜岡、上田、松代、須坂、飯山、松本、諏訪、高遠、飯田の十一藩である。近世城郭、城下町については、松本城および松本城下町(松本市)、高遠城(伊那市)、松代城(長野市)などで継続的な調査、史跡の整備などが進められている。一八七一年(明治四)七月の廃藩置県を経て、その年十一月、信濃国の中部以南と飛驒三郡を含む筑摩県と、信濃国の東北部の長野県の二県になり、さらに一八七六年、筑摩

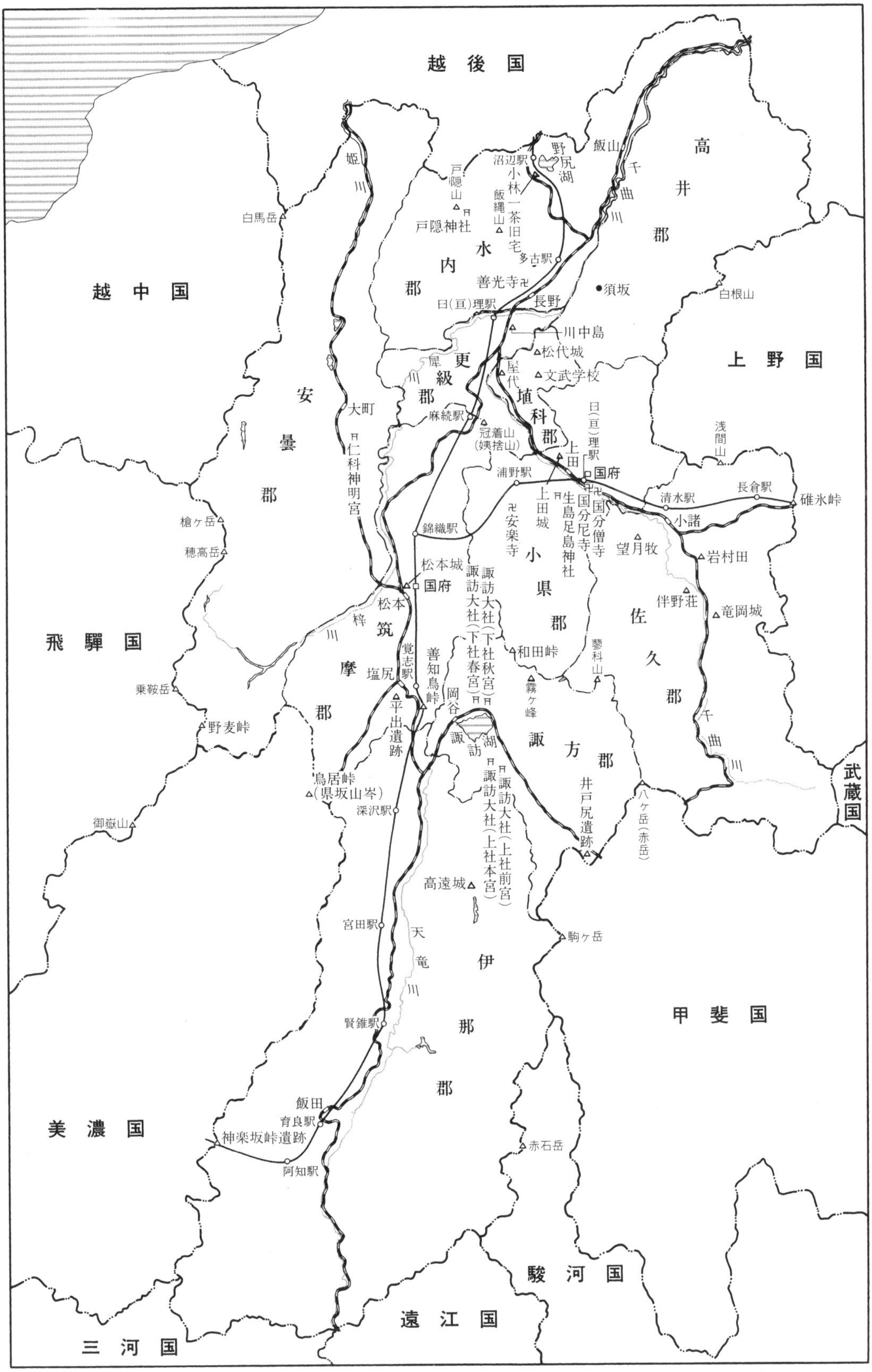
越後国
越中国
飛驒国
美濃国
三河国
遠江国
駿河国
甲斐国
武蔵国
上野国
高井郡
水内郡
更級郡
埴科郡
安曇郡
筑摩郡
小県郡
佐久郡
諏方郡
伊那郡
野尻湖
飯山
千曲川
沼辺駅
小林一茶旧宅
戸隠山
飯縄山
戸隠神社
多古駅
善光寺
須坂
白根山
日(亘)理駅
長野
川中島
松代城
屋代
文武学校
姫川
白馬岳
犀川
麻績駅
冠着山(姨捨山)
上田
日(亘)理駅
国府
浅間山
大町
仁科神明宮
浦野駅
上田城
生島足島神社
国分僧寺
国分尼寺
安楽寺
清水駅
長倉駅
碓氷峠
小諸
槍ヶ岳
穂高岳
錦織駅
望月牧
岩村田
松本城
国府
松本
諏訪大社(下社秋宮)
諏訪大社(下社春宮)
伴野荘
竜岡城
梓川
覚志駅
善知鳥峠
和田峠
蓼科山
乗鞍岳
塩尻
霧ヶ峰
平出遺跡
岡谷
野麦峠
諏訪湖
諏訪大社(上社前宮)
諏訪大社(上社本宮)
千曲川
鳥居峠(県坂山岑)
深沢駅
八ヶ岳(赤岳)
井戸尻遺跡
御嶽山
高遠城
宮田駅
駒ヶ岳
天竜川
賢錐駅
飯田
育良駅
神楽坂峠遺跡
赤石岳
阿知駅

信濃国略図

県のうち飛驒三郡が岐阜県へ移されるとともに、長野県に併合された。なお、明治初期、「県」が置かれ、「信濃国〇〇県〇〇郡」と表記されることがあったが、筑摩・長野併合後も、明治三十年代頃まで、「信濃国長野県〇〇郡」と、国と県の両方を表記することが行われた。

参考文献 『長野県史』通史編一、一九八九。『長野市誌』二、二〇〇〇、東京法令出版。『松本市史』歴史編、一九九五―九七。『上田市誌』、一九九九―二〇〇四。長野県埋蔵文化財センター編『長野県屋代遺跡群出土木簡』、一九九六。『国立歴史民俗博物館研究報告』九六、二〇〇二。 （福島　正樹）

しねんごう　私年号　朝廷が正式に定めた公年号《こうねんごう》以外で、実際に用いられた年号のこと。異年号《いねんごう》とも。中近世に偽作されたと思しい古代年号（法興や白鳳など）、中央に対する反抗の政治的意思表明として改元後も旧年号を使用し続ける例（源頼朝《みなもとのよりとも》の治承年号や足利持氏《あしかがもちうじ》の正長年号など）、個人的使用例（東大寺宗性《そうしょう》の建教年号など）もあるが、狭義の私年号といった場合、民間で私的に創作・使用されたものを指す。その多くは短期間にごく狭い範囲で使用されたに過ぎないが、十五世紀後半から十六世紀前半にかけての東国では延徳や福徳、弥勒、命録、永喜などかなり広範囲で用いられたものがあることが注目される。一般的に改元には招福攘災《しょうふくじょうさい》機能が期待されていたこと、またこれら私年号の多くは板碑《いたび》や過去帳《かこちょう》、仏像銘といった宗教史料にみられることから、天災や飢饉、戦乱からの民衆の救済願望が背景となって在地の宗教者の手によって創作・流布されたと見られている。日露戦争《にちろせんそう》期など近代における使用例（征露）もある。

参考文献 久保常晴『日本私年号の研究』、一九六七、吉川弘文館。千々和到『板碑とその時代』、一九八八、平凡社。 （髙橋　典幸）

しのむらはちまんぐう　篠村八幡宮　京都府亀岡市篠町の旧山陰道に沿って鎮座する神社。篠の地は、丹波と山城の国境の老ノ坂峠の丹波側に位置する。創建は明らかでないが、社伝によると、後三条天皇の勅宣により河内の誉田《こんだ》八幡宮を一〇七一年（延久三）に勧請したという。あるいは、丹波国篠村荘が平氏追討後、源義経の知行となった時に、石清水八幡宮を勧請したと考える説もある。さらに、本殿の東に疫神社があり、この疫神社は京に通じる道路の出入口に祀った疫神の一つであり、これがこの神社の発祥であるともいわれる。一三三三年（元弘三）、足利高氏（尊氏）は伯耆、船上山の後醍醐天皇攻撃のため鎌倉から京を経て山陰道を進むが、途中の丹波篠村にて公然と鎌倉幕府倒幕を呼びかけて挙兵し、六波羅探題を攻め、ついに鎌倉幕府は終焉を迎えた。その時この神社に倒幕の祈願をしたことで有名である。社宝に高氏願文や尊氏御判御教書と伝える古文書があり、奉納した矢を納めた矢塚などが境内に存在する。その後、尊氏の庇護をうけ、社殿造営や社領の寄進が行われたらしい。所領は丹波国篠村荘や佐伯荘などにあった。現在の本殿は一六七七年（延宝五）再建の銅板葺一間社流造である。

参考文献 『篠村史』、一九六二。『亀岡市史』資料編四、一九九六。 （磯野　浩光）

しのやき　志野焼　十六世紀末に美濃窯の大窯で焼かれ始めた長石釉をかけた焼物。連房式登窯でも焼かれるが、釉調等が異なり、志野織部として区別されることが多い。器種は茶陶から日常容器に至るまできわめて多彩で、前者には茶碗・杯・向付・鉢・水指・花生・香炉などがある。後者は中国の白磁・青花の模倣品である小皿をはじめ碗や小碗が量産されており、やがて連房式登窯へと引き継がれて、瀬戸・美濃窯で広く焼かれるようになる。なお、茶陶の志野は、施文技法などによって絵志野（鉄釉で下絵付けしたもの）・紅志野（鉄泥で化粧掛けし、鉄釉で下絵付けしたもの）・赤志野（鬼板で化粧掛けし、掻き落しによって施文したもの）・鼠志野（赤志野と同じ技法で、化粧掛け部分が鼠色に発色したもの）・練上《ねりあげ》志野（白土と赤土を合せて轆轤《ろくろ》成形したもの）などに分かれる。志野焼の出現は、一五九八年（慶長三）に築造される大坂城三ノ丸の造成土には全く含まれていないことから、十六世紀最末になる可能性が高い。なお、「志野」の名称は、早く一五五三年（天文二十二）の『天王寺屋会記《てんのうじやかいき》』に「志野茶碗」として現われるが、それは唐物《からもの》茶碗に所有者の名を冠して用いられており、志野焼という用語が現在と同じ意味で用いられるのは十八世紀以降のことと考えられる。 （金子　健二）

しのりだて　志苔館　北海道南西部、津軽海峡東半に位置する中世後期の城館。道南十二館の一つ。館主は小林良景。函館市志海苔町所在。大澗館とも。国史跡。良景の祖父上野国住人小林次郎重弘の館とも。標高一七～二五メートル、汀線まで約一〇〇メートル、西正面を志海苔川が南流、河口一帯を大澗と俗称。四周を幅一〇～一五メートル、高さ一～四、五メートルの土塁で囲む。三方に堀を廻らし東は沢で画す。南は海浜に面して崖をなす。四一〇〇平方メートルほどの方形の内部を柵などで画し、二×五間庇《ひさし》付の居館、書院（？）、井戸などを配す。青磁・白磁の碗皿、珠洲《すず》焼・越前焼・瀬戸焼の甕・鉢、火舎、小柄、笄、釘、鉄鍋、曲物、銅銭、硯、砥石、骨角器などが出土。破片を含む五個体分のかわらけの内二個体に煤が付着。伏せ焼白磁碗、舶載天目碗《てんもくわん》は北海道初出。橋・堀・土塁を復元、遺構を平面表示公開中。川の左岸標高三メートルほどの国道沿いで約四十万枚の銅銭が発見された。出土の陶磁器は『新羅《しんら》之記録』などにある一四五七年（長禄元）コシャマインの攻撃での落城に符合する十五世紀前半の年代を示す良好な資料であり、遺構の重複は見られたが十四、十六世紀の居住を示す物はない。城郭を構える以前の豪族の防御と居住をかねた居館とされる。

資料館 市立函館博物館（北海道函館市）

参考文献 河原純之「中世の城館」（同編『古代史復元』一〇所収、一九九〇、講談社）。松崎水穂「中世道南の様相」（『列島の文化史』七所収、一九九〇、日本エディタースク

ール出版部)。松崎水穂「北海道の城館」(石井進・萩原三雄編『中世の城と考古学』所収、一九九一、新人物往来社)。『図説日本の史跡』六、一九九一、同朋舎出版。

(松崎 水穂)

じばた 地機 ⇩織機《しょっき》

しばたじょう **新発田城** 佐々木加地一族から分かれた新発田氏の中世後期の居館。新発田氏滅亡後の上杉氏直轄地を経て、一五九八年(慶長三)加賀大聖寺から溝口秀勝が六万石で入り、以後十二代二百七十年余りにわたって新発田藩を治めた近世城郭である。新潟県新発田市大手町に所在する。発掘調査の結果、絵図に古丸と記された二ノ丸地内で中世後期の遺構・遺物がみつかり、新発

私年号一覧

名称	元年相当年次	実例の所見	典拠その他
法興	崇峻天皇四年	法興六年(五九六) 同三十一年(六二一)	伊予湯岡碑(『釈日本紀』所引『伊予国風土記』逸文)、法隆寺釈迦三尊像光背銘
*白鳳	白雉元年	白鳳四年(六五三) 同五年(六五四) 同十二年(六六一) 同十三年(六六二) 同十六年(六六五)	『藤氏家伝』、『古語拾遺』、『類聚三代格』一二、『続日本紀』神亀元年十月一日条。白雉の別称として使用
*朱雀	朱鳥元年	朱雀元年(六八六)	『熱田大神宮縁起』、『続日本紀』神亀元年十月一日条。朱鳥の別称として使用
保寿	仁安頃	保寿元年	奈良県五条市御霊神社神像銘
*泰平	承安二年(一一七二)		『百錬抄』承安二年閏十二月十日条。諸国改元の風説
和勝	建久元年	和勝元年(一一九〇)	『高野山文書』宝簡集一八
迎雲	建久元年以前	迎雲元年	『法隆寺文書』九
建教	元仁二年	建教元年(一二二五)	東大寺図書館蔵宗性筆『季御読経番論義問答記』
*永福	永仁五年か	永福丁酉(一二九七) 同五年	法隆寺東院書写『同学抄』奥書、武蔵国豊島郡清光寺板碑(『新編武蔵風土記稿』)
正久	元応元年または正元元年	正久二年(一三三〇または一三六〇)	埼玉県飯能市西光寺(廃寺)墓地板碑。あるいは正元の誤記か
白鹿	興国六年・貞和元年	白鹿元年(一三四五) 同二年(一三四六)	『得江文書』、竜安寺蔵『太平記』奥書。北陸の南朝方が使用
応治	貞和元年	応治元年(一三四五)	大阪府泉大津市細見実蔵懸仏銘
*品暦	南北朝時代(正平以前)	品暦元年	『阿蘇文書』
至大	永和または至徳年間	至大元年	東京都武蔵野郷土館蔵板碑
弘徳	至徳元年	弘徳元年(一三八四)	奈良市十六所神社棟木銘、延暦寺叡山文庫蔵『般若心経秘鍵抄』奥書。あるいは至徳の誤記か
永宝	嘉慶二年	永宝元年(一三八八)	奈良県都祁村観音寺蔵『大般若経』奥書
元真	南北朝時代中期か	元真元年	埼玉県小川町発見板碑。あるいは元徳か
*真賀	延文—応安	真賀二年	日光輪王寺慈眼堂経蔵『眷属妙義』奥書
興徳	応永二年	興徳元年(一三九五)	大阪府河内長野市観音寺蔵『大般若経』奥書
*天靖	嘉吉三年	天靖元年(一四四三)	『武家功名記』。後南朝関係者が使用
福安	文安元年	福安元年(一四四四)	備前焼四耳壺銘
享高	康正元年	享高四年(一四五五)	山本達雄蔵山水画。あるいは享徳の誤記か
享正	享徳三年	享正二年(一四五五) 同三年(一四五六) 同四年(一四五七)	埼玉県玉川村(現ときがわ町)発見板碑、同坂戸市大徳勘一蔵板碑、『旧案主家文書』(『香取文書』)
○延徳	寛正元年または二年	延徳元年 同二年 同五年	『旧案主家文書』(『香取文書』)、『本土寺過去帳』、『香蔵院珍祐記録』その他。別に公年号の延徳もあり。多くは一四六一年
永楽	寛正二年	永楽元年(一四六一)	高野山宝亀院蔵『大日経疏二末抄』奥書
*正亨	延徳元年	正亨二年(一四九〇)	『甲斐国妙法寺記』。正京・正享とも
◎福徳	延徳元年—四年	福徳元年 同二年 同三年 同四年	『旧録司代家文書』(『香取文書』)、『本土寺過去帳』その他。多くは一四九一年
王徳	延徳—大永	王徳八年	日光輪王寺慈眼堂経蔵『韻鏡指南』。あるいは延徳の誤記か
永伝	延徳二年	永伝元年(一四九〇)	『入来院文書』
○徳応	文亀元年(一五〇一)または嘉吉元年(一四四一)	徳応元年	東京都中野区立文化センター蔵板碑その他
子平	文亀二年	子平五年(一五〇六)	熊本県植木町所在宝篋印塔銘
◎弥勒	永正三年または四年	弥勒元年 同二年 同三年	『旧録司代家文書』(『香取文書』)、『本土寺過去帳』その他。多くは一五〇七年
加平	永正十四年	加平元年(一五一七)	『阿蘇文書』、熊本県植木町所在板碑
○永喜	大永六年	永喜二年(一五二七)	栃木県小山市須賀神社鏡銘、『旧案主家文書』(『香取文書』)その他
宝寿	天文二年	宝寿二年(一五三四)	長野県八千穂村(現佐久穂町)出土経筒銘、『古今金工便覧』
◎命禄	天文九年	命禄元年 同二年 同三年	『本土寺過去帳』、『津金文書』その他。多くは一五四二年
光永	天正四年(一五七六)または八年または十七年	光永二年	熊本市小島町上野家蔵板碑
○大道	慶長十四年頃(一六〇九)	大道元年 同二年 同十年	越後国蒲原郡石井某蔵文書(『新編会津風土記』)、和歌山県橋本市地蔵寺石燈籠銘、青森県南部町霊験堂龕扉銘。大筒とも書く、公年号の大同への後世の仮託か
正中	元和七年	正中二年(一六二二)	『静岡県の歴史』
神治	慶応三年	神治元年(一八六七)	熊本県人吉市大畑麓町行者堂安置役小角木像補修銘
延寿	明治元年(一八六八)		『中外新聞』慶応四年五月十七日付。奥羽列藩同盟改元の風説
征露	明治三十七年(一九〇四)	征露二年	

(一)○印は使用例の多いもの、◎印は特に使用例の多いもの、また＊印は写本・二次資料のみにみられ、同時代史料にみえないものである。

(二)『国史大辞典』七巻(一九八六年、吉川弘文館)所収「私年号一覧」に補訂を加えて作成した。

田氏の居館が存在していたことが明らかとなった。また一部、古代から中世前期の遺物もみつかっている。近世についても、近年遺物の様相が明らかにされてきている。現在、本丸および二ノ丸北部に自衛隊駐屯地が置かれ、自由に出入りできないが、表門・旧二ノ丸隅櫓(ともに重要文化財)や石垣・堀の一部が公開されており、辰巳櫓・三階櫓も発掘調査を経て整備が進んでいる。城下町の範囲は東西一・六キロ、南北二キロほどとなるが、三ノ丸とともに市街地化している。

参考文献 新発田市教育委員会編『新発田城跡発掘調査報告書』I—IV、一九八七・九七・二〇〇一・〇四。 (水澤 幸一)

しばたじょうえ 柴田常恵 一八七七—一九五四 考古学者。一八七七年(明治十)七月十八日、名古屋市の浄土真宗瑞応寺の三男に生まれる。一八九七年上京、苦学して真宗東京中学高等科を経て郁文館中学の史学館で学び、坪井正五郎の影響で考古学を学ぶ。一九〇一年台湾総督府学校講師となり、一九〇二年東京帝国大学雇となり、一九〇六年に同大学理科大学人類学教室助手となる。坪井正五郎のもとで遺跡・遺物の調査や『東京人類学会雑誌』の編集にあたる。また『中尊寺大鏡』の編集にあたるなど、仏教考古学の研究も進めた。一九二〇年(大正九)内務省地理課の史蹟調査の嘱託となり、史跡の調査・保存に取り組む。翌一九二一年には東京帝国大学文学部の標本調査嘱託に。一九二七年(昭和二)史跡等の主管の移行に伴い内務省から文部省の史蹟名勝調査嘱託となる。翌一九二八年埼玉県史編纂会の監修となるなど、埼玉県の郷土史研究を進める。一九三二年、慶應義塾大学講師となり、一九四三年まで教育・研究にあたる。一九五〇年文化財専門審議会の委員となり、文化財保護にも尽くした。一九五四年十二月一日、七十七歳で没。

参考文献 『柴田常恵集』(『日本考古学選集』一二、一九七一、築地書館)。 (佐藤 信)

しび 鴟尾 大棟《おおむね》の両端にとりつけ、建物の格や権威を象徴した装飾。稀に奈良県山田寺のように回廊の隅に用いた例もある。その起源は漢代以降の大棟両端を高くする傾向に求められる。これは軒反りと同様、屋根を軽快にみせるための工夫で、しだいに大棟両端の熨斗瓦《のしがわら》積みが高くなった。これに同時代の屋根に飾られた瑞祥《ずいしょう》と辟《へき》邪《じゃ》の象徴である鳳凰などの鳥形装飾の翼が結びつき、鴟尾が誕生したと考えられる。材質は瓦製が多いが、これに施釉したものや石製があり、記録によれば金銅製や鉛製なども存在した。わが国では飛鳥寺例を最古とし、百五十以上の飛鳥・白鳳時代の寺院や、難波宮・長岡宮・平安宮・大宰府などの宮殿官衙遺跡から、三百をこえる瓦製鴟尾が出土している。奈良時代には、当時の沓に似た唐招提寺金堂例などがあらわれ沓形《くつがた》と称された。中国の鴟尾は唐代中期以降、頭部を獣頭形に作り鴟吻《しふん》とよばれるようになる。日本では十世紀を最後に鴟尾は作られず、鴟吻の影響を受けた鯱《しゃちほこ》が、十三世紀ごろから寺院や城郭建築の大棟を飾るようになった。

参考文献 大脇潔『鴟尾』(『日本の美術』三九二、一九九九、至文堂)。 (大脇 潔)

四天王寺講堂鴟尾　唐招提寺金堂鴟尾

鴟　尾

しぶいち 四分一 赤銅《しゃくどう》とともに、日本の近世金工を代表する合金。銅に四分の一程度の銀を含むため、この名がついたといわれるが、実際には銀の濃度によりいくつかの種類がある。朧銀《おぼろぎん》ともいう。赤銅同様、もともとの地金はほぼ銅色をしているが、少量の緑青《ろくしょう》、丹礬《たんばん》、明礬《みょうばん》などを溶かした水溶液の中で煮沸する、煮込み(煮色)法によって、初めて銀灰色を呈するようになる。銅と銀が均一に混ざり合わない共晶合金の性質が、表面でミクロに顕在化し、銅と銀が織りなす微妙な斑が渋く落ち着いた味わい深い色を醸し出す。特に、刀装具や装身具に用いられた。銀濃度が高く銀灰色に仕上がる白四分一、銀濃度が低いため褐銅色に近い並四分一、少量の金を混ぜ銅の部分を赤銅化し黒い色を優位に出させる黒四分一など、合金の配合比によってバラエティーに富む色を調整できるのが大きな特徴である。

参考文献 村上隆『金工技術』(『日本の美術』四四三、二〇〇三、至文堂)。 (村上 隆)

じふくいし 地覆石 木造建築の基壇で、基壇土表面を石などで覆うことを基壇化粧というが、地覆石とは化粧材の一つで側面の羽目石《はめいし》や束石《つかいし》を支えるため最下部に敷かれる石材のこと。建物の壁面の下端を押さえるために敷かれるものも地覆石と呼ばれる。最も格式が高いといわれる壇正積《だんじょうづみ》基壇の完成形では、地覆石の下に外側から延石《のべいし》が差し込まれる。通常、河原石ではなく切石製で、上部の羽目石や束石が載せやすいように背面をかぎ形に欠いたりほぞ穴などを穿つ。基壇化粧に切石材だけでなく河原石や瓦を層状に積んだ玉石積基壇や瓦積基壇でも、下部には切石製の地覆石を用いることがあった。通常、基壇化粧では基壇上面の外縁と地覆石の外縁をそろえる。

このため、発掘遺構で基壇上面が削平されていても地覆石が原位置に据わっていたり、痕跡で位置が把握できる場合には、基壇縁の位置を推定する有力な材料として用いられることが多い。

参考文献 坪井清足・鈴木嘉吉編『埋もれた宮殿と寺』(『古代史発掘』九、一九七四、講談社)。田辺征夫「古代寺院の基壇―切石積基壇と瓦積基壇―」(原始古代社会研究会編『原始古代社会研究』四所収、一九七八、校倉書房)。

(平澤麻衣子)

しぶさわけいぞう 渋沢敬三 一八九六―一九六三 財界人であり民族学・民俗学者。とりわけわが国における物質文化研究に先駆的役割を果たした。また幅広く関連諸学の発展を支援し、学際的研究を推進した人文科学界のオルガナイザーであった。一八九六年(明治二十九)八月二十五日、東京市深川(東京都江東区)に生まれる。一九二五年(大正十四)郷土玩具を中心とした民俗品の収集・展示・研究をする組織としてアチック＝ミューゼアムを発足させた。これがのちの日本常民文化研究所で、民族学・民俗学・民具学、さらに漁業史・水産史研究の拠点となった。人文科学・社会科学の分野における多くの研究者を育てたが、一九四六年(昭和二十一)日本民族学協会の会長に就任するや、日本人類学会・日本言語学会・日本考古学会・日本宗教学会・日本民族学協会・日本民俗学会・日本社会学会・日本心理学会・日本地理学会の九学会(はじめ六学会)連合を推進するなど学際的活動をすすめた。『豆州内浦漁民史料』(一九三七―三九)の編纂に対し日本農学賞を受賞。また『日本魚名集覧』全三部(一九四二―四四)・『日本魚名の研究』(一九五九)・『日本釣漁技術史小考』(一九六二)などの名著をはじめ民具研究・水産史研究に関する諸論考を世に送った。また絵巻物の中の主題を助けるために描かれた背景や点景のなかに、当時の常民生活を物語るものが少なくないとし、その検討作業のなかで具体的に民具の歴史を研究する努力を傾けた。この絵巻物を通しての民具研究ならびに常民生活史研究は、彼の死後『絵巻物による日本常民生活絵引』全五四巻(一九六四―六八)に結実された。一九六三年十月二十五日没。六十七歳。彼の数多くの学問業績は『渋沢敬三著作集』全五巻(一九九二―九三)に収められている。

(岩井宏實)

シベチャリチャシ 静内川左岸の標高八〇メートルの急崖上に作られたアイヌのチャシ跡遺跡。北海道日高地方の静内《しずない》町真歌《まうた》に所在。川との比高は七五メートル。別名不動坂チャシ。舌状に突き出したところに幅八メートル、深さ一・五メートルの空壕が弧状にめぐっている。これは新旧二条の壕で形成されている。その外側にもう一条の壕があったというが現在は確認できない。確認される壕の内部は五〇×五〇メートルほどの大きさである。『津軽一統志《つがるいっとうし》』にみられるシャクシャインの居城とみられているが、一六六九年(寛文九)にシャクシャインが戦いを起こし、松前藩側のオニビシと戦う。壕内に堆積していた樽前b火山灰(一六六七年降灰)との関係も矛盾していない。一九六三年(昭和三十八)に一部が調査されたが、柵列もしくは櫓用の柱穴が検出され、内部に竪穴状遺構が一個発見されている。鉄鍋・鉄斧・漆器・木製品・布・魚鉤などがその中から出土している。他に刀子・山刀・煙管・陶器なども出土した。

参考文献 藤本英夫「〝シベチャリのチャシ〟発掘報告」(『ひだか』一六、一九六四)。藤本英夫・名嘉正八郎編『日本城郭大系』一、一九八〇、新人物往来社。

(宇田川洋)

しべついせきぐん 標津遺跡群 北海道東部根室海峡に面した根室支庁標津町にある縄文時代から江戸時代にかけての遺跡群の指定名称。標津町内には、河川の下流域の段丘に、竪穴住居跡群十九、チャシ跡六、江戸時代の会津藩陣屋跡一などの遺跡がある。竪穴住居群は埋まりきらずに窪んだままのものが残っており、数や形態を知ることができる。全体で三千基以上の竪穴住居跡が残っており、方形、長方形、柄鏡形などの形態のものがある。擦文文化のものが多いが、縄文時代早期にまでさかのぼるものも知られ、続縄文文化、オホーツク文化、トビニタイ文化に属するものも含まれている。この地域はサケが大量に遡上する地域として知られており、当時の生活基盤となっていたと考えられている。古道《ふるどう》遺跡(一九七六年)、伊茶仁《いちゃに》カリカリウス遺跡(一九七九年)、三本木遺跡(一九八九年)が標津遺跡群として国史跡に指定されている。天然記念物標津湿原(一九七九年)と組み合わされた、広域指定の遺跡群として知られる。

参考文献 標津町教育委員会『史跡標津遺跡群伊茶仁カリカリウス遺跡発掘報告書』、一九八二。標津町教育委員会『標津の竪穴』一―一一、一九七八―八八。

(越田賢一郎)

しぼうさんぶんせきほう 脂肪酸分析法 従来の日本の脂肪酸分析例には、脂肪酸以外のステロールも含まれ、より正確には、残存脂質分析法と呼ぶのが正しい。生物体はタンパク質・糖質・脂質(資質)・核酸などの有機物と、ミネラルなどの無機物とからなる。脂質には、脂肪・ワックス・リン脂質・糖脂質・ステロール類などがある。ステロール類を除いて、分子内に種々の脂肪酸を有する。これらの脂質および脂肪酸は生物種によって組成が異なり、生物が死んだ後に土中で分解を受けても、長期間にわたって微量ながら組成を変えずに残る。その性質を利用して有機物が腐朽消失した遺構や遺物に残る残存脂質を分析し、そこに何があったのかを推定する方法である。ドイツのチュービンゲン大学のR・C・ロットレンダーとH・シヒテルレらが開発し、日本では中野益男らが各地の遺跡で分析を行なったが、馬場壇遺跡出土の捏造石器に、ナウマンゾウの脂肪酸を検出したと報告したことから信頼性を失墜した。中野らの誤りは、考古試料から得られたさまざまな微量脂質の分析結果を、現生生物種の脂質データベースと対比し、最も近い組み合わせを指摘したことにより、その可能性が、あたたかも一つの試料に対して一つの結論が導かれたと誤解を生じさせたことによる。英国ではエバーシェッドらが、埋葬遺体やミイラをもとに、人体の分解と消滅過程の変遷、先史土器の口縁部付近に付着した成分からキャベツなどに含まれるワックスを同定、接着剤として使われた天然アスファルトの同定、遺跡の生活面から反芻動物に由来する成分を報告し、生体高分子考古学の確立を提唱する。

参考文献 R. Evershed: Biomolecular Archaeology and Lipids, *World Archaeology* 25-1, 1993. 中野益男「脂肪酸分析法」(日本第四紀学会編『第四紀試料分析法』所収、一九九三、東京大学出版会)。山口昌美「食品化学余話考古学の残存脂肪酸分析と食の問題」(『食の科学』二九五・二九六、二〇〇三)。 (松井 章)

しほうしぶつ　四方四仏 大乗仏教の他方多仏説に基づくもので、顕・密二教の経典により諸説ある。『金光明最勝王経《こんこうみょうさいしょうおうきょう》』では不動(東)、宝幢《ほうどう》(南)、無量寿《むりょうじゅ》(西)、天鼓音王《てんくおんおう》(北)、『不空羂索経《ふくうけんじゃくきょう》』では阿閦《あしゅく》(東)、宝生《ほうしょう》(南)、阿弥陀《あみだ》(西)、世間王《せけんおう》(北)とするが、阿閦は不動の意であり、阿弥陀は無量寿あるいは無量光と訳すので、東には阿閦、南には宝に関するもの、西は阿弥陀、北は声音に関する仏名が多くを占める。密教では中央を大日如来が占めて五仏とするが、両界曼荼羅《りょうかいまんだら》のうち、金剛界(『金剛頂経』系)では阿閦(東)、宝生(南)、阿弥陀(西)、不空成就《ふくうじょうじゅ》(北)であるのに対して、胎蔵界(『大日経』系)では宝幢(東)、開敷華《かいふけ》(南)、無量寿(西)、天鼓雷音《てんくらいおん》(北)とする場合が多く、所依経典によって少異もあるが、基本的には金・胎の両部は同体異名とされる。 (増尾伸一郎)

しまがみぐうけ　嶋上郡家 大阪府高槻市郡家《ぐんげ》新町・清福寺町・川西町に所在する摂津国嶋上郡衙跡。「嶋上郡衙跡附寺跡」として一九七一年(昭和四十六)五月、約九万八〇〇〇平方メートルが国指定史跡となる。遺跡は市域中央部を南流する芥川中流域西岸の低位段丘上に位置する。北西側の奈佐原《なさはら》丘陵には古墳時代前期の弁天山古墳群が、遺跡西方には今城塚《いましろづか》古墳(国史跡)など三島地方を代表する多くの遺跡があり、嶋上郡衙成立前の様子をうかがうことができる。芥川西岸には、郡家や高津《こうづ》の地名が残り、早くから郡衙跡の存在が指摘されてきた。一九七〇年の調査で、多数の建物跡と石組井戸が検出され、石組井戸から「上郡」と墨書された土器が出土し、郡衙中枢部と想定されるに至った。遺跡南寄りを山陽道が通過し、その北側に郡庁院と郡寺(芥川廃寺)が営まれ、三者が有機的に結合している。

参考文献 高槻市教育委員会編『史跡・嶋上郡衙跡附寺跡保存管理計画書』、一九九二。 (橋本 久和)

しまこくぶんじ　志摩国分寺 志摩半島の東部、三重県志摩市阿児《あご》町国府に所在する古代寺院跡。七四一年(天平十三)の聖武天皇の詔を受けて諸国で建立された国分寺の一つ。一九三六年(昭和十一)に県史跡に指定。国分僧寺は現在の護国山国分寺の境内とその周辺、国分尼寺は谷を隔てた東南方向の大堂山や山門という字が残っているあたりと推定されている。『類聚三代格』や『延喜式』によれば、志摩国分寺の造寺や寺院経営には隣国の正税が充てられており、志摩国の経済的基盤の弱さを窺い知ることができる。『日本後紀』には、八〇九年(大同四)に志摩国分二寺の僧尼を伊勢国分寺に遷したとの記事がみられ、これを志摩国分寺の廃滅とする説がある。発掘調査は行われておらず、正確な寺域や伽藍配置などは不明である。軒瓦などが採集されており、軒丸瓦は複弁六葉蓮華文と複弁四葉蓮華文、軒平瓦は三重弧文と偏行唐草文がある。軒瓦の中には三重県桑名市西方廃寺(海善寺)や同県松阪市大雷寺廃寺(野中垣内廃寺)で出土した瓦と同じ文様のものがある。 ↓国分寺《こくぶんじ》

参考文献 大西源一「志摩」(角田文衞編『新修国分寺の研究』二所収、一九九一、吉川弘文館)。白澤崇「阿児町志摩国分寺所蔵遺物の調査」(関西大学文学部考古学研究室編『紀伊半島の文化史的研究』考古学編所収、一九九二、清文堂出版)。 (河北 秀実)

しまだじゅくおおいがわかわごしいせき　島田宿大井川川越遺跡 大井川の渡渉制度に関わる遺跡で、江戸時代の交通を知る上で重要。国史跡。大井川は「箱根八里は馬でも越すが、越すに越されぬ大井川」と歌われたように東海道随一の難所であった。遺跡はＪＲ島田駅から西に約一・六キロ、大井川旧堤防のすぐ東側に位置する。島田宿の統制下にあった大井川の渡渉は、一六九六年(元禄九)以降、「川庄屋」を中心とするものに変化する。運営機関として川会所《かわかいしょ》が設けられ、川庄屋以下、年行事、添役《そえやく》、待川越《まちかわごし》、川越小頭などの役人が代官所より任命された。一八七〇年(明治三)川越制度が廃止されたのに伴い、川会所の建物は学校などに転用されたが、一九七〇年(昭和四十五)、旧地近くの現在地に復元整備された。川越人足は幕末には六百五十人おり、一番から十番までの番宿に詰めた。番宿のうち、二番・三番・六番・十番宿が復元され、ほかに仲間の宿(年を取った人足が集まる宿)、札場(人足が川札を換金する所)なども復元されている。

資料館 島田市博物館(静岡県島田市)

参考文献 島田市資料編等編さん委員会編『大井川の川越し』、一九九二。 (佐藤 正知)

しまのくに　志摩国 現在の三重県の志摩半島に設けられていた国。伊勢国に接するとともに伊勢湾および太平洋に面しているが、丘陵が海岸の近くまで迫り、わずかに開けた港湾部や小河川沿いに集落が展開している。律令制下において東海道に属しており、もとは志摩一郡であったのが、七一九年(養老三)に答志《とうし》郡の一部を佐芸《さき》郡として分置しており(『続日本紀《しょくにほんぎ》』)、これが英虞《あご》郡となったと考えられている。『延喜式《えんぎしき》』によれば国の等級は下国で、答志・英虞の二郡を管した。伊勢あるいは紀伊との国境は明確でなく、『和名類聚抄《わみょうるいじゅしょう》』に二色《にしき》郷の名がみえるが、これは現在の度会郡大紀町錦にあたると考えられることからして、もとは志摩半島だけでなく熊野灘沿岸にまで国域が広がっていた可能性が高い。また、伊勢神宮

の神界をめぐって伊勢国と国境をめぐる争論があったことが『続日本紀』天平宝字三年(七五九)十月戊申(十五日)条から知られる。交通路としては、伊勢国度会《わたらい》郡からほぼ海岸に沿って現在の鳥羽市鳥羽に至り、五知《ごち》峠・磯部を経て国府に向かったと考えられる。『延喜式』には鴨部と磯部の二駅がみられる。鳥羽湾には答志島・菅島などの島嶼があり、伊勢湾口を渡り、知多半島・渥美半島方面に向かう海路もあったと思われる。志摩半島において規模の大きな発掘調査は行われていないが、的矢《まとや》湾や英虞湾付近で旧石器時代の遺跡が見つかっており、鳥羽市の贄《にえ》遺跡では縄文時代中後期などの住居跡が検出されている。古墳は小規模なものが多く、志摩市阿児町のおじょか古墳は古く五世紀代の築造と推定されており、古墳時代中期から後期の横穴式石室を有する古墳群は半島各地に所在する。国造については、『旧事本紀《くじほんぎ》』の『国造本紀《こくぞうほんぎ》』にみられる島津国造が該当する。律令時代の国府ははっきりしていないが、現在の志摩市阿児町国府《こう》に比定されている。国分寺も国府と同様、本格的な発掘調査はなされておらず、明確なことはわかっていないものの、古瓦が出土することから現国分寺付近(志摩市阿児町国府)に想定されている。なお、志摩半島と渥美半島の間に位置する神島は海上交通の要地と考えられており、八代神社伝世の鏡なども注目されている。志摩国に特徴的であるのは、海産物に恵まれていることであって、都にはそれらの貢納がなされていた。平城宮・藤原宮跡においては志摩国の荷札がしばしば出土し、海藻・煎海鼠・赤海苔・堅魚・鯛楚割《たいのそわり》などが貢納品目であった。『万葉集《まんようしゅう》』にも「御食国《みけつくに》志摩の海人ならしま熊野の小船に乗りて沖辺漕ぐ見ゆ」(原万葉仮名)(巻六・一〇三三)と、志摩国をミケツ国と称している。また、アマ(海士・海女)の存在にも注目でき、アワビに代表される沿海特産物の採取に関わっていたと思われる。伊勢神宮との結びつきも深く、中世には神宮領が多く設けられていた。ところが田地には恵まれず、律令制下、班給すべき口分田の不足分を伊勢・尾張に求めているほどであった(『続日本紀』神亀二年(七二五)七月壬寅(二十一日)条)。中世のこの地域の状況は明確でないが、熊野の勢力が海岸づたいに北上し、神宮領の経営が弱体化するなかで、各地に土豪が力を伸ばし、海賊の拠点とも目された。戦国時代になると、九《く》鬼《き》氏が台頭し、織田信長《おだのぶなが》・豊臣秀吉《とよとみひでよし》に仕えて毛利の水軍などと戦った。その居城が鳥羽城であり、大手門が海に面するという水軍の将にふさわしい形態であった。関ヶ原の戦の後、九鬼守隆《くきもりたか》が志摩五万五千石を領したが、のちに移封した。以後、領主は転々としたが、一七二五年(享保十)、稲垣氏が入り明治維新まで続いた。鳥羽港をはじめ、志摩国には良港が多く、熊野灘と遠州灘の中間における風待ち港の役割を果たしていた。明治以降は、沿岸・遠洋の漁業とともに御木本幸吉《みきもとこうきち》によって始められた真珠養殖が盛んとなり、第二次大戦後は観光地として賑わう様相をみせた。この地域は伊勢志摩国立公園に指定されており、リアス式海岸に代表される風光明媚な海岸線が連なる。

参考文献 『鳥羽市史』、一九九一。稲本紀昭他『三重県の歴史』(『県史』二四、二〇〇〇、山川出版社)。

(早川　万年)

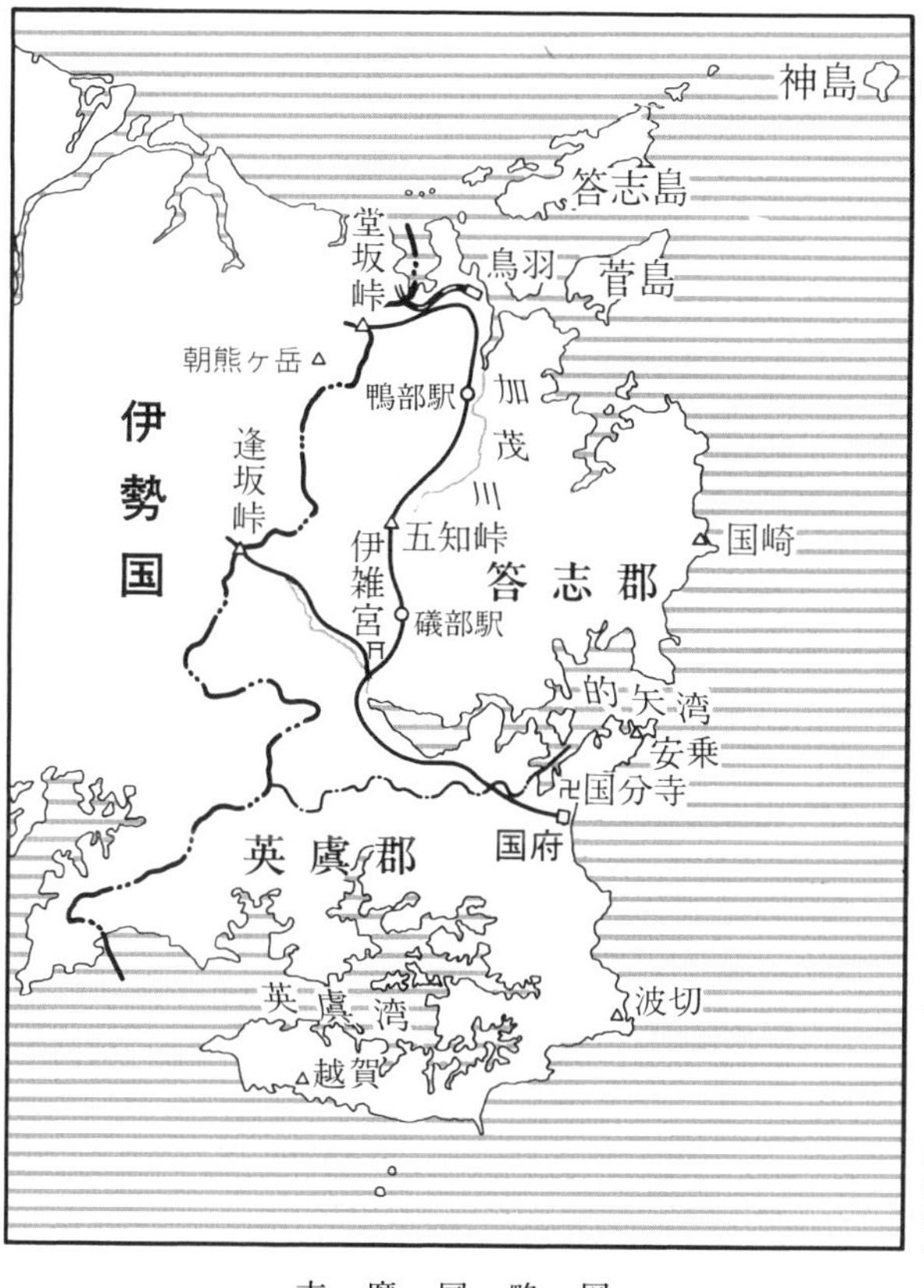

志摩国略図

しまのみや　島宮　飛鳥時代から奈良時代まで存続した宮室の一つ。飛鳥川に囲まれた島の地に営まれた宮の意味で、奈良県高市郡明日香村島庄《しまのしょう》付近に比定される。島には本来、庭園の意味がある。島宮には庭園があり、また史料によれば、そこには倉があって稲が貯えられ、奴婢もおかれていたことが知られる。壬申《じんしん》の乱の前年(六七一年(天智天皇十))に、大海人皇子《おおあまのおうじ》が吉野に隠棲する途中に「島宮」に入った、というのが初見であるが、すでに七世紀前半に蘇我馬子《そがのうまこ》が家の庭に池を設けているために「島大臣」と称されていた、という。この馬子の家が、その後、血縁関係によって皇極《こうぎょく》天皇の母である「吉備島皇《きびのしまのすめ》祖母命《みおやのみこと》」などに伝領され、さらに中大兄《なかのおおえ》皇子、大海人皇子、草壁《くさかべ》皇子へと伝えられたと見られる。『万葉集』の草壁皇子への挽歌によれば、その島宮は「勾池《まがりのいけ》」「上の池」とも呼ばれた。『正倉院文書』には、天平―天平勝宝年間(七二九―七五七)にかけて散見し、そのころは田荘《たどころ》的な性格をもっていたらしい。島宮にあたると見られるのは、飛鳥川右岸の島庄遺跡と左岸の東橘《ひがしたちばな》遺跡である。島庄遺跡は、一九七一年(昭和四十六)から断続的に発掘調査が行われ、遺構が検出されている。それによれば、七世紀前半の石積の護岸をもつ方形の池(一辺四二メートル)が造営され、七世紀中ごろから後半には掘立柱建物・塀や溝がつくられる。また西隣の東橘遺跡では同じころに廊状の建物を伴う四間×三間の掘立柱建物も検出され、この両遺跡を含めて島宮と考えるべきであるが、その範囲がどこまで及ぶのかはまだ明確でない。近年の研究では、島宮を王位継承予定者の宮とする見方と、そうした特殊性を否定して皇子宮の一つにすぎないとみる意見とに分かれている。

参考文献 岸俊男「『嶋』雑考」(『日本古代文物の研究』所収、一九八八、塙書房)。 (寺崎 保広)

しまばらじょう 島原城 長崎県島原市城内に所在する城。別名森岳《もりたけ》城と呼ばれる。一六一六年(元和二)大和国五条(奈良県五条市)の領主、松倉重政が島原藩主として入部し、一六一八年から七年を要して築城した近世城郭である。城は内郭と外郭に分かれ、外郭は東西約三四三メートル、南北一一九〇メートルの長方形で、塀をめぐらし矢狭間を設け城門七ヵ所、平櫓三十三ヵ所がある。内郭には本丸・二ノ丸・三ノ丸が配される。本丸と二ノ丸は深い堀と石垣ではっきりと区画され、間には廊下橋が架かっていた。また、直線的で階段状の多重の銃列・砲列が引ける塁線構造は、大砲戦を意識した中世から近世への一つの転換点となる、元和型城郭の典型例であると位置付けられる。外郭を巡る石垣などは周辺の地形や町筋に制約を与え、現在もなお城下としての町並みをよく残している。城主は松倉氏・高力氏・松平氏・戸田氏・松平氏と四氏十九代続き、一八七四年(明治七)に廃城となる。

参考文献 長崎県教育委員会編『森岳城跡』(『長崎県文化財調査報告書』一六六、二〇〇三)。 (松本 慎二)

しまばらはんやくえん 島原藩薬園 島原藩主松平家の御薬園跡。長崎県島原市小山町所在。一九二九年(昭和四)国指定史跡となる。一八四三年(天保十四)島原藩は、島原領豊前出身の医者で、シーボルト門下の賀来佐一郎佐之に、薬園整備を命じた。当初は藩の医学校済衆館内にあった薬園であったが、一八四六年(弘化三)眉山の山麓、標高約八〇メートルのこの地に薬園を移し薬草栽培を始め、一八五三年(嘉永六)に薬園として完成した。南北約九〇メートル、東西約一一〇メートルの敷地は三方を石垣で囲まれ、園内は通路によって南北に区分されている。薬草畑跡は東に傾き、段々畑になっている。西側の最高部には、薬園方詰所跡の敷地があり、金庫跡・倉庫跡・詰所跡の建物跡はいずれもコの字型の石垣に囲まれている。また、二ヵ所の水溜、八基の貯蔵施設が残るなど、薬園方の活動を示す遺構がある。明治維新を迎え版籍奉還により薬園は廃園となった。

参考文献 長崎県教育委員会編『長崎県の文化財』、二〇〇一 (松本 慎二)

しままつえきていしょ 島松駅逓所 北海道石狩平野の中央部において、箱館・札幌を結ぶ主要道に面して営まれた、北海道開拓期の駅逓所。北海道の駅逓は、松前藩も設けていたが、江戸幕府が一七九九年(寛政十一)に蝦夷地を直轄にすると、宿泊・人馬の継ぎ立て・逓送のため交通不便な各地に設置した。これを受けて明治維新後は開拓使が継承、のち北海道庁が制度を整備したが、一九四七年(昭和二十二)に駅逓制度は廃止された。一八七三年(明治六)、箱館・札幌間の札幌本道開通に際して、胆振《いぶり》国千歳郡島松村(北広島市)に官設駅逓所として置かれたのが、島松駅逓所である。駅逓の管理は、一八七七年には中山久蔵が引き受け、一八八五年に駅逓取扱人となって駅逓廃止まで中山家が担った。中山久蔵は、一八七一年に苫小牧から島松の地に入植して水稲耕作に成功したことでも知られ、一八七三年には島松駅逓所の地に居を構え、旅籠も兼ねていた。一八八一年の明治天皇の北海道巡幸の際には中山久蔵家が行在所となり、のち一九三三年(昭和八)に明治天皇島松行在所として史跡に指定された。第二次大戦後にほかの明治天皇聖蹟と並んで指定は解除されたが、よく保存された北海道開拓期の交通・通信施設として、一九八四年に改めて国史跡に指定された。その後史跡修理が行われ、最盛期の建物が再現された。この地は、札幌農学校のクラーク博士が見送りの教え子たちに「少年よ大志をいだけ」と別れの言葉を伝えた場所としてもよく知られる。 (佐藤 信)

しみずやまじょう 清水山城 文禄・慶長の役(壬辰《チンイン》・丁《チョン》酉倭乱《ユウェラン》、一五九二―九八)の際に肥前名護屋《なごや》を大本営とした豊臣秀吉が、壱岐風本(勝本)城とあわせて渡海中継基地とするべく対馬に設けた城。長崎県対馬市厳原《いずはら》町に所在し、旧府中市街と港を南に見下ろす標高二〇八メートルの清水山に位置する。対馬島主宗氏の館が置かれていた金石《かねいし》城の裏山にあたり、その詰城を利用した可能性が高い。秀吉の直属大名の毛利高政が普請を担当したとされるが定かではない(『津島紀事』)。戦中は石川貞光らの豊臣直臣が城番にあたっているが、戦争終結とともに廃城となったものと見られる。最高所の「一之丸」など四つの曲《くる》輪《わ》を尾根に沿って直列状に配置し(総延長約五五〇メートル)、その相互間を通路様の細長い曲輪で連結したシンプルな平面構造ながらも、全ての塁線を石垣・石塁で網羅し、要所で内枡形虎口や櫓台を構えるなど、当該期の最先端の築城技術を駆使した本格的要塞である。国指定史跡。

参考文献 長節子「勝本城・清水山城」(佐賀県教育委

員会編『特別史跡名護屋城跡並びに陣跡』三、一九八五。
（宮武　正登）

しめの　標野　⇩禁野《きんや》

しもいばのかまあとぐん　下伊場野窯跡群　八世紀前半の多賀城・多賀城廃寺創建期の瓦・須恵器を焼成した窯跡。宮城県大崎市松山下伊場野から同市三本木伊場野にかけて所在し、A～C地点が確認されている。一九九三年（平成五）A地点の発掘調査で地下式窖窯《あながま》三基が発見された。出土遺物には、重弁蓮花文軒丸瓦・重弧文軒平瓦・丸瓦・平瓦、須恵器がある。瓦類は全体として日の出山瓦窯跡の古い段階の瓦と多くの共通性を持ちながらも、軒丸瓦の周縁内側に圏線を巡らす点や、丸瓦に粘土板巻きで作られ玉縁の無いものもあるなどの違いが指摘できる。これらの相違点は多賀城に先行する宮城県大崎市名生館《みょうだて》官衙遺跡・仙台市郡山遺跡の瓦との共通性が指摘され、本窯跡群は多賀城創建期の中でも最も古い段階で操業したものと考えられる。なお、瓦には型台による「今」「常」「下今」、ヘラ書きによる「小田郡丸子部建万呂」などの文字瓦が多く含まれている。

参考文献　宮城県多賀城跡調査研究所編『下伊場野窯跡群』（『多賀城関連遺跡発掘調査報告書』一九、一九九四）。
（髙野　芳宏）

しもうさこくぶんじ　下総国分寺　七四一年（天平十三）の聖武天皇の詔を受けて建立された下総国の国分寺。千葉県市川市国分所在。一部国史跡。台地の南端に立地。北西に尼寺が隣接し、西側の台地に国庁が所在。金堂・講堂・塔跡は真言宗国分寺にある。金堂・塔は東西に並び、その北側に講堂がある。金堂・講堂は東、塔は西に傾き、基壇築造の時期差がわかる。塔基壇が先行し、寺院地は塔を中心に区画の溝が掘られる。その範囲は塔の中心で南北三三〇～三五〇《メートル》・東西三〇〇《メートル》前後、不整な方形を呈す。主要堂塔北側の寺院地には、大衆院、講師院、寺の修繕や下働きに関わる施設が確認され、寺院地東側では創建期の瓦窯が確認されている。寺院地区画溝は十―十一世紀以降埋まり、寺の創建以来の維持・運営の変化がわかる。「東寺」「金」「一院」「政」「文屋」「講院」「造寺」など寺の機能を示す墨書土器が出土。創建期の宝相華文軒先瓦は全国でも珍しい。八七五年（貞観十七）俘囚による下総官寺焼失（『三代実録』）は、下総国分寺のことか不明。中世は講堂付近が墓地となり、骨蔵器が出土。近世後半の状況は『江戸名所図会』に詳しい。　→国分寺《こくぶんじ》

資料館　市立市川考古博物館（千葉県市川市）

参考文献　『下総国分寺跡発掘調査報告書平成元―五年度』、一九九四、市川市教育委員会。『下総国分寺―いま見つめなおす下総の天平文化―』（市立市川考古博物館図録）、一九九五、市立市川考古博物館。千葉県史料研究財団編『千葉県の歴史』資料編考古三、一九九八。
（山路　直充）

しもうさこくぶんにじ　下総国分尼寺　七四一年（天平十三）の聖武天皇の詔を受けて建立された下総国の国分尼寺。千葉県市川市国分所在。一部国史跡。国分寺の北西に隣接した台地に立地。金堂・講堂跡が公園になっている。金堂・講堂・尼坊が南北に並び、東に傾く。その傾きは国分寺の金堂・講堂と似るので、同時期の造営が推定される。創建期の寺院地は金堂を中心に区画の溝が掘られる。その範囲は金堂の中心で南北約三三〇《メートル》・東西約三〇〇《メートル》となり、不整な方形を呈す。寺院地東溝にそって幅六《メートル》の道が敷設され、東溝は道路西側溝に転用される。金堂・講堂・尼坊は溝と塀で区画され（南北一四一《メートル》・東西七一《メートル》）、回廊はない。その区画は二期に分かれ、塀はI期に中門（四脚門（I期）→なし（II期））、II期に南（大）門（四脚門（I期）→八脚門（II期））に取りつく。寺院地北西部では寺の修繕や下働きに関わる施設や倉が確認されている。寺院地区画溝は十―十一世紀以降埋まり、寺の創建以来の維持・運営の変化がわかる。尼寺は国分寺と異なり、この寺院地区画溝の埋没を境に衰えていった。「西□（寺？）」（国分寺出土）「尼寺」「新院」「鎰・正麻呂」「室・成」など寺の機能を示す墨書土器が出土。　→国分寺《こくぶんじ》

資料館　市立市川考古博物館（千葉県市川市）

参考文献　『下総国分寺跡発掘調査報告書平成元―五年度』、一九九四、市立市教育委員会。『下総国分寺―いま見つめなおす下総の天平文化―』（市立市川市考古博物館図録）、一九九五、市立市川考古博物館。千葉県史料研究財団編『千葉県の歴史』資料編考古三、一九九八。
（山路　直充）

しもうさのくに　下総国　東海道の一国。関東地方のほぼ中央に位置し、その範囲は千葉県北部を中心に東京都、埼玉県、栃木県、茨城県の一部に及ぶ。十七世紀の利根川東遷以前、利根川は渡良瀬川・荒川と合流して太日川（利根川東遷以降江戸川）・隅田川となって東京湾へ、鬼怒川は小貝川・常陸川・霞ヶ浦などの湖沼と合流して香取の海となり、太平洋へ注いでいた。この二つの水系は常総台地によってほとんど交わることなく、国の東西を画していた。下総は関東地方でこの水系を結ぶ国であり、各時代の政治・社会・流通・遺跡を捉えるうえで、水系の拠点や結節点としての位置づけは重要である。利根川の東遷と十九世紀の利根運河の掘削は水路で二つの水系を結び、十七世紀の新川・小名木川の掘削は江戸への水路として江戸川と隅田川を結んだ。古代の駅路、近世の水戸道中・佐倉道・鮮魚《なま》街道は二つの水系を結ぶ陸路に位置づけられる。古代では『延喜式』で大国とされ（八世紀後半に上国から変化）、郡は葛飾・千葉・印播・匝瑳《そうさ》・海上《うなかみ》・香取・埴生・相馬・猨島《さしま》・結城・豊田（九〇四年（延喜四）岡田郡から改称）の十一郡が記される。郡の配列は埴生郡と相馬郡を境に、葛飾郡から前者は左回り、後者は右回りとなり、印旛沼と手賀沼を境に道前と道後のグループに分けられる。国府・国分寺は葛飾郡（市川市国府台《こうのだい》に国府、同市国分に国分寺）に所在し、市川市須和田遺跡から「右京」墨書土器が出土している。郡家は千葉

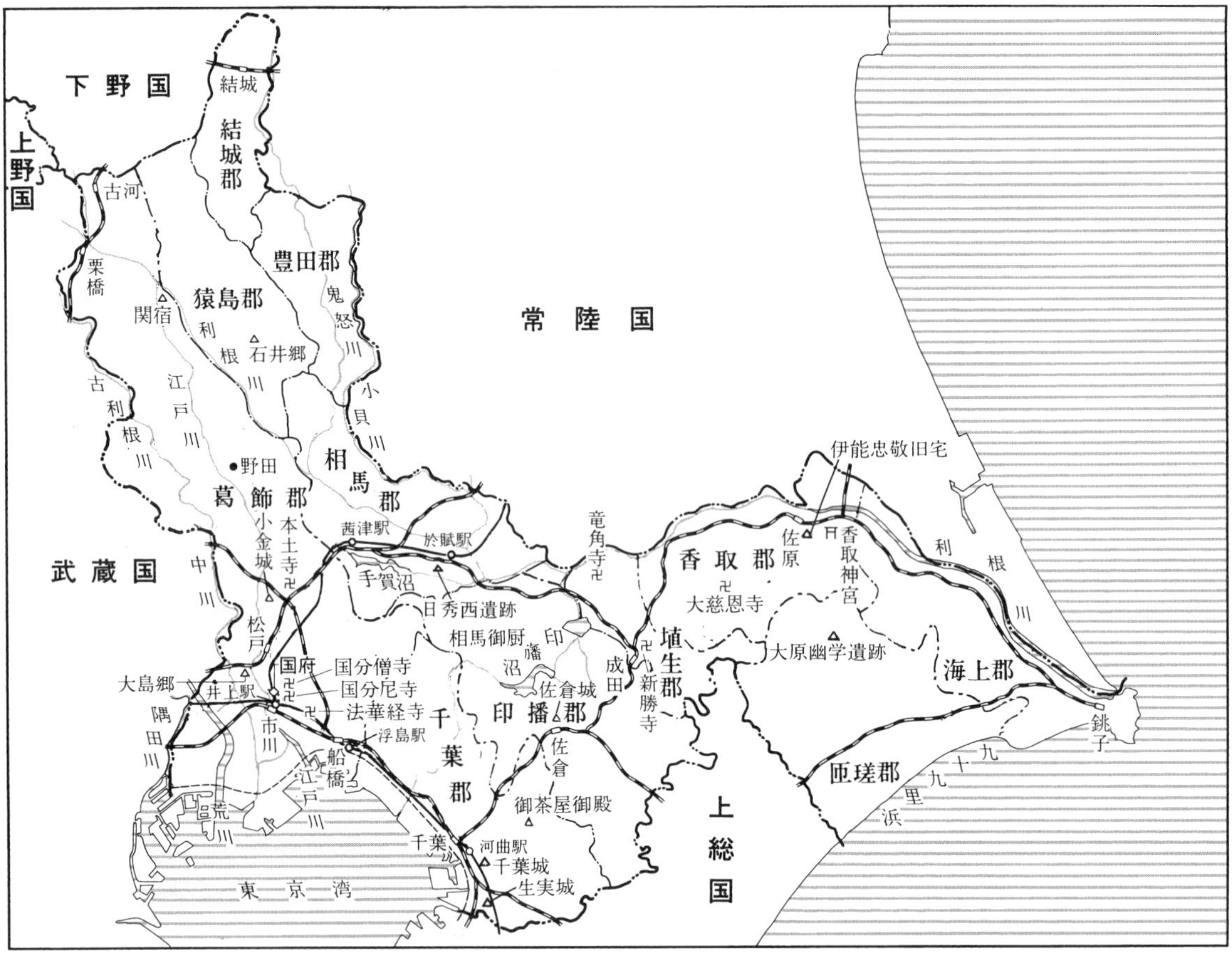

下　総　国　略　図

（千葉市大北遺跡が可能性大）、埴生（栄町大畑Ⅰ遺跡・向《むかい》台《だい》遺跡）、相馬（千葉県我孫子市日秀西《ひびりにし》遺跡、正倉）、結城（茨城県結城市峯崎遺跡）の各郡家が発掘調査され、葛飾（市川市国府台・須和田）、海上（香取市上小堀）、香取（神崎町郡）、豊田（茨城県常総市）の郡家は所在が推定されている。駅家は『延喜式』に井上駅（市川市市川）、茜津駅（柏市北柏・根戸）、於賦《おふ》駅（我孫子市新木）、浮島駅（船橋市海神）、河曲《かわわ》駅（千葉市中央区新宿・中央）がみえ、八〇五年（延暦二十四）には鳥取駅（佐倉市神戸・木野子）、山方駅（成田市旧大字成田）、荒海駅（成田市荒海・磯部）、真敷駅（成田市稲荷山・久井崎・中野）が廃止される（『日本後紀』）。駅路の変遷は七七一年（宝亀二）の武蔵国の東海道編入、八〇五年（延暦二十四）の五駅廃止を画期とする。本路線の変遷は一期が上総国―鳥取駅―荒海駅―常陸国、二期が武蔵国―井上駅―河曲駅―荒海駅―常陸国、三期が武蔵国―井上駅―於賦駅―常陸国となり、道前から道後を通る路線へ変化する。駅路付近には銙帯・皇朝十二銭・施釉陶器・火葬墓などの分布が多い。寺は国分寺など瓦葺きで堂塔が備わる規模から、集落内の小さな草堂まで確認され、郡家付近には千葉寺（千葉郡、千葉市中央区千葉寺町）、木内廃寺（海上郡、香取市虫幡）、龍角寺（埴生郡、栄町龍角寺）、結城廃寺（結城郡、結城市矢畑）が確認されている。神社は延喜式内社が香取神宮（香取郡）、寒川神社・蘇我比咩神社（千葉郡）、老尾神社（匝瑳郡）、麻賀多神社（印幡郡）、高椅神社・健田神社（結城郡）、桑原神社（岡田郡）、茂侶神社・意富比神社（葛飾郡）、蛟蝄神社（相馬郡）の十一社、国史見在社（子松神（『三代実録』））が神崎神社（香取郡）の一社がある。一宮は香取神宮（香取市香取）、総社は明治初年まで市川市国府台に所在した六所神社である。集落からは信仰に関わる墨書土器が多く出土する。十世紀の平将門の乱、十一世紀の平忠常の乱などを経て古代から中世へ移行するが、古代末から中世に設定された公領や荘園のうち、我孫子市羽黒前遺跡は相馬御厨の在地領主の有様を示す。中世は千葉氏が守護となるが、一四五五年(康正元)に一族の内紛がおこる。内紛以前の千葉氏関連の遺跡は不明な点が多く、内紛から十六世紀は、古河公方、小弓公方、安房里見氏、上総武田氏、北条氏などとの同盟や抗争により、各地に城郭が築かれる。なかでも千葉城(千葉市中央区亥鼻)、生実《おゆみ》城(同市同区生実町)、土気《とけ》城(同市緑区土気町)、本佐倉城(酒々井町本佐倉)、臼井城(佐倉市臼井)、小金城(松戸市大谷口)は規模が大きい。寺では律宗系の大慈恩寺(成田市吉岡)で十三世紀以降、日蓮宗の法華経寺(市川市中山)で十四世紀以降の遺構が確認されている。板碑は印旛沼と手賀沼を境に東側に下総型板碑、西側に武蔵型板碑が多く分布し、日蓮宗の普及により法華経寺所在の市川市、本土寺所在の松戸市周辺を中心に題目板碑が分布する。近世は譜代小藩と旗本領が多く、城郭を構えたのは佐倉城(佐倉市城内町)と関宿《せきやど》城(野田市関宿町)だけで、十七世紀に将軍が東金の鷹狩りで利用した千葉御茶屋御殿(千葉市若葉区)は堀と土塁の旧状を残す。幕府直営で騎馬や駄馬を育成した牧は著名で、小金牧(松戸・柏・流山・鎌ヶ谷・船橋・習志野・八千代・白井・印西市)と佐倉牧(成田・東金・香取市)があった。牧は十八世紀以降整備され、周辺には野馬土手の遺構が残る。椿海・印旛沼・手賀沼の干拓と新田開発、行徳の塩、銚子・野田の醤油、九十九里浜の地引網漁は近世の特徴であり、考古学から捉える必要がある。近代では、砲兵連隊(市川市国府台)、騎兵連隊(船橋市習志野)、歩兵連隊(佐倉市城内町)の遺跡は戦争遺跡として見逃せない。

[参考文献] 千葉県文化財センター編『房総考古学ライブラリー』七・八、一九七三・七四。『千葉県の地名』(『日本歴史地名大系』一二、一九九六、平凡社)。千葉県史料研究財団編『千葉県の歴史』通史編古代二・資料編考古三・資料編考古四・資料編中世一、一九九八―二〇〇四。千葉県博物館協会編『新・ちばの博物館』、二〇〇一、ぎょうせい。古代交通研究会編『日本古代道路事典』、二〇〇四、八木書店。市川考古・歴史博物館編『図説市川の歴史』、二〇〇六。市川市教育委員会・「論集江戸川」編集委員会編『論集江戸川』、二〇〇六、崙書房。

(山路 直充)

しもこういせき 下国府遺跡 新潟県佐渡島にある古代の官衙関連遺跡。佐渡市竹田に所在。国中平野西部の台地縁辺に立地し、南約一キロに佐渡国分寺跡がある。一九七五年(昭和五十)に圃場整備事業に伴い、真野町教育委員会が発掘調査。重要性に鑑み保存され、国史跡に指定された。遺跡の構造は、溝で方形に区画された中に、掘立柱建物二棟が規則的に並立するというもの。区画の方位は三五度西に偏しており、溝の内側で東西長約三〇メートル、南北長約三二メートルある。溝は幅約二・二メートル、深さ四〇センチあり、この内側約三メートルの位置に幅五〇センチ、深さ四〇センチの溝が平行する。掘立柱建物は二棟とも桁行三間(八・五メートル)・梁行二間(五～五・四メートル)のほぼ同規模の東西棟建物で、南北に棟の位置を合わせて並ぶ。九世紀ころの須恵器が出土している。この地は古代国府の所在地、雑太《さわだ》郡にあたり、地名からも国府関連の遺跡と推定されており、国司館や神社などの説がある。

[参考文献] 真野町教育委員会編『下国府遺跡』、一九七七

(坂井 秀弥)

しもこうはいじ 下府廃寺 島根県浜田市下府町に所在する古代寺院跡。古くから知られた寺院跡で、石見国分尼寺に比定されたこともある。一九八九年(平成元)―九三年にかけて浜田市教育委員会による発掘調査が行われ、塔跡の西側に東西一五・二メートル、南北一二・〇メートルの金堂基壇を確認し、中軸を東に一二度振った法起寺式の伽藍配置を持つことが明らかになっている。なお、講堂跡は確認されておらず、地形からみても塔・金堂の北側には存在しなかった可能性が高い。瓦は軒丸瓦四類、軒平瓦四類が知られており、その中には石見国分寺と同笵・同系統の瓦、島根県大田市天王平廃寺・同邑南町重富遺跡と同系統の瓦が確認されている。寺院の存続時期は不明な点が多いが、石見国分寺に先行し、七世紀末から八世紀前半ごろに創建され、十世紀ごろまでに廃絶したものと考えられている。所在地は石見国府の推定地に近く、東五〇〇メートルに終末期の外護列石を持つ片山古墳が存在することから、石見における中心的な古代寺院の一つであると考えられる。塔跡のみ国指定史跡。

[参考文献] 浜田市教育委員会『下府廃寺跡』、一九九三。

(平石 充)

しもさむらいづかこふん 下侍塚古墳 ⇩侍塚古墳《さむらいづかこふん》

しもたばるじょう 下田原城 沖縄最南端の波照間《はてるま》島の北岸に面して位置するグスクに類似した集落遺跡。沖縄県八重山郡竹富町所在。「ブリブチ」とも通称する。国指定史跡の答申を受けている。珊瑚礁の切れ目があって船着き場と推定される大泊浜《ぶどまりはま》から、「神道《かみみち》」を登りきった段丘上に所在する。石灰岩の自然石を積み上げて石垣をめぐらせたいくつかの郭群によって構成されている。樹林が繁茂した中に郭群とその石垣が良好に遺存しており、物見台部分は約三メートルの高さを計る。本格的な発掘調査はまだなされていないが、十五―十六世紀ころの中国陶磁器の破片が採集されており、遺跡の年代が推定できる。一五〇〇年(弘治十三)には、琉球王国による統合に抵抗した首長オヤケアカハチの戦いが石垣島で起こり、その際アカハチ生誕地であった波照間島の首長としてミウスクシシカドゥンという人物が登場する(『八重山嶋由来記』など)。アカハチの本拠とみられる石垣市のフルスト原《ばる》遺跡などとともに、下田原城もそのころの遺跡とみることができる。なお、西側の低地に下田原貝塚(沖縄県指定史跡)がある。

(佐藤 信)

しもつけこくふ 下野国府 古代から中世の間に、下野国を治めるために置かれた役所。古代の国府は「都賀郡に在り」と『和名類聚抄』にみえ、栃木県南部を南流する思川右岸の低地に残る遺称地の発掘(県一九七〇・八五・

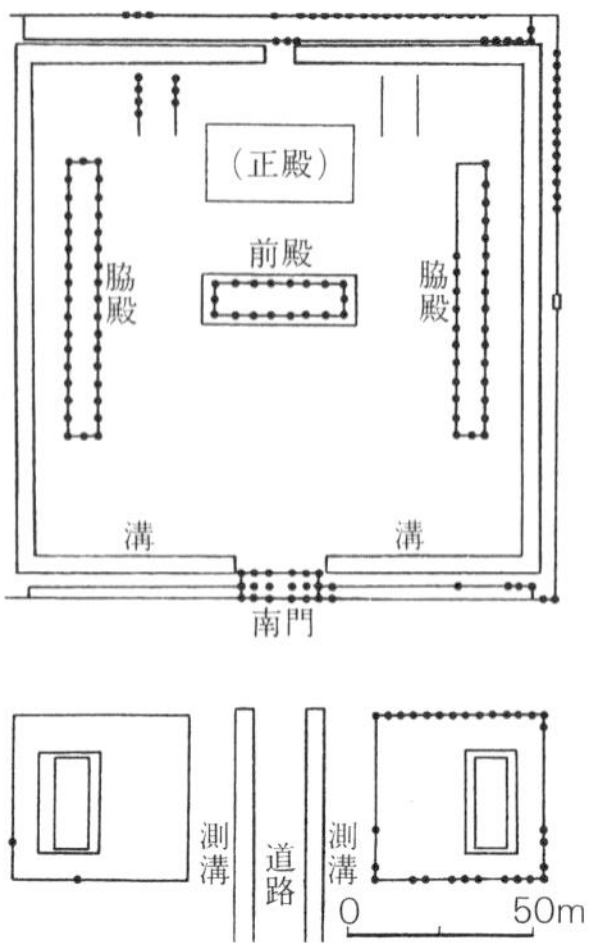

下野国府Ⅱ期政庁建物配置図
（黒点は確認した柱跡）

七六—九〇、市八六—八八・二〇〇二—〇四）によって、栃木市田村町に古代の政庁、実務官衙（曹司）などが確認された。国史跡の名称は下野国庁跡。東方対岸の台地上には下野国分寺が所在する。古代国府の遺構は方五町以上に広がるものの、Ⅰ—Ⅵ期（八世紀前半—十一世紀代）に大別されている。政庁（Ⅰ—Ⅳ期）が、ほぼ一町（一〇九メートル）四方を占める敷地内に建てられていた。周囲を囲む四至はⅠ・Ⅱ期が板塀（Ⅰ期方約九〇メートル）、Ⅲ・Ⅳ期が築地塀もしくは土塁であった。Ⅱ期政庁（奈良時代後半）では、中央に前殿（東西棟）、その東西には向かい合う長大な脇殿（瓦葺掘立柱南北棟建物、桁行約四五メートル）を造営した。北・南塀を利用した建物を郭内に付設し、南門が十二脚門であった。この政庁は、七九一年（延暦九）ごろに焼失している。前殿はⅣ期には再建されていないが、南庭の一角に石敷き広場が敷設されていた。政庁正面には南行する大路があり、周辺に国司館や実務官衙（曹司）などが建てられた。Ⅱ・Ⅲ期が国府最盛期、Ⅳ期が衰退期とみなされている。Ⅴ期は同地区に政庁を再建せず、施設群の建物方位もⅣ期までとは異なり、建物配置も変わる。Ⅵ期は古代国府所在地域としての終末期にあたる。漆紙文書、木簡、木製祭祀具、銅印、墨書土器、多量の瓦や土器（陶磁器、土師器、須恵器）などが出土。中世の国府は、栃木市大神神社（惣社）周辺に置かれていたらしく、在庁官人小山氏に関わる上館、官物収納をうかがわせる大蔵、付属工房から派生した内匠屋・鋳物師内、集住地区の名残りであろう東小路・錦小路などの地名が遺る。古代国庁廃絶後に下野国府が中世的な特殊領域としての府中へと変貌していった状況が窺われる。

資料館　下野国庁跡資料館（栃木県栃木市）

参考文献　栃木県教育委員会『下野国府跡』Ⅰ—Ⅸ、一九七九—九〇。栃木県文化振興事業団編『下野国府跡寄居地区遺跡』、一九八六。栃木市教育委員会『史跡下野国庁跡』Ⅰ—Ⅲ、一九八七—八九。山中敏史・佐藤興治『古代の役所』（『古代の日本』八所収、一九八五、岩波書店。田熊清彦「東国の国府と郡家」（『新版古代の日本』八所収、一九九二、角川書店）。小川信「下野府中の展開と小山氏」（『中世都市「府中」の展開』所収、二〇〇一、思文閣）。田熊清彦「下野国府と都賀郡家」（『国分寺町史』通史編所収、二〇〇三）。

（田熊　清彦）

しもつけこくぶんじ　下野国分寺　七四一年（天平十三）の聖武天皇の詔を受けて諸国で建立された国分寺の一つ。栃木県下野市国分寺字薬師堂に所在。国史跡。思川左岸台地上に国分寺跡、その東方約六〇〇メートルに尼寺跡が位置する。県（一九八三・八五—九二年）と市（一九九九年—）の発掘では、創建から終焉（八世紀中葉—十一世紀ごろ）までの変遷（Ⅰ—Ⅳ期）、伽藍地の規模（Ⅱ期掘立柱塀＝東西二三一・三メートル、南北二五一・七メートル）やその外側を溝で囲む寺院地の範囲（東西四一三メートル、南北四五七メートル）などが判明。最初は大型掘立柱建物一宇を建立し、その後に本格的ないわゆる東大寺式の伽藍を造営した。南大門・中門・金堂・講堂・僧坊は建物中心を揃えて南北に並び、中門と金堂が回廊で結ばれ、鐘楼・経蔵は金堂の東西後方に、塔が回廊の外南東に配置する。現在、地ぶくれとなり残る基壇などは平地林の中に保護されている。出土した瓦類は、宇都宮市水道山・益子町西山・佐野市町谷瓦窯などの製品であり、下野国内の造寺と造瓦状況を研究するための基本資料である。→国分寺《こくぶんじ》

資料館　しもつけ風土記の丘資料館（栃木県下野市）

参考文献　小森紀男・太田晴久「下野国分寺跡（塔基壇）調査報告」（栃木県教育委員会事務局文化課編『栃木県埋蔵文化財保護行政年報』、一九八六）。栃木県教育委員会『下野国分寺跡』Ⅰ—Ⅻ、一九六五—九七。大橋泰夫「下野国分寺」（関東古瓦研究会編『聖武天皇と国分寺—在地から見た関東国分寺の造営—』所収、一九九八、雄山閣）。山口耕一・木村友則「下野国分寺跡」（栃木県教育委員会事務局文化課編『栃木県埋蔵文化財保護行政年報』、二〇〇六）。

（田熊　清彦）

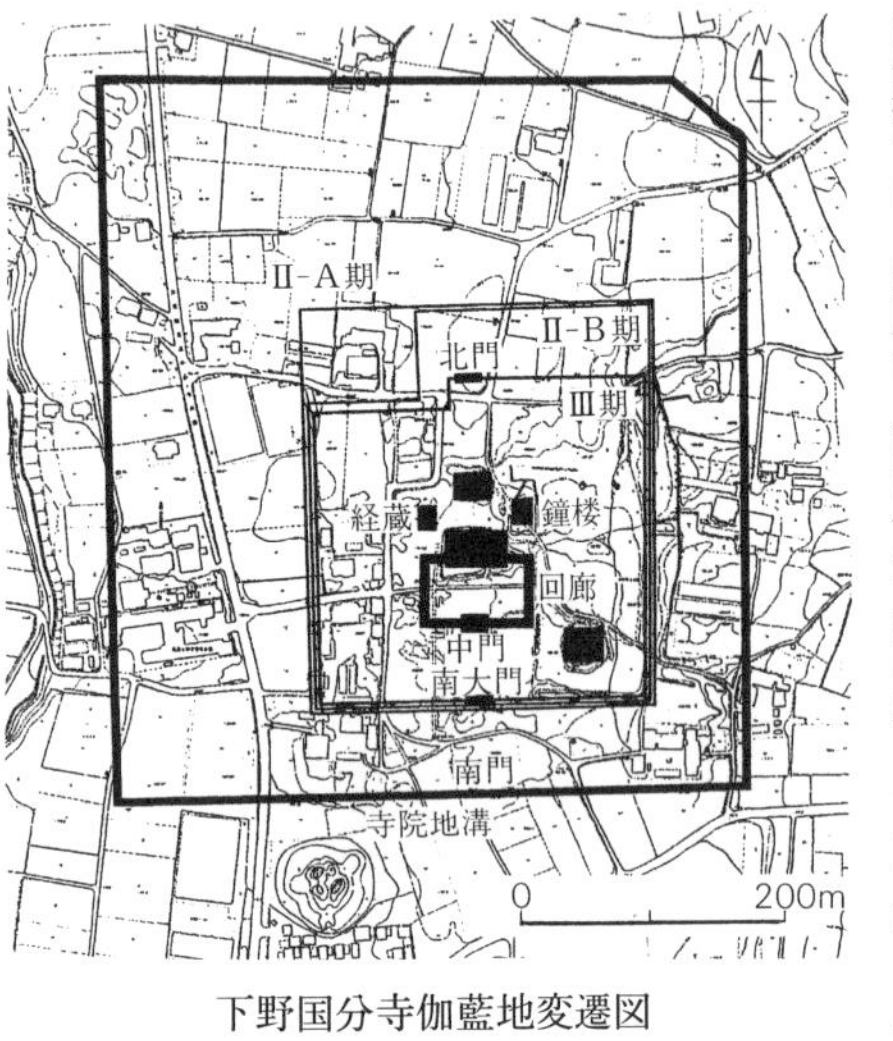

下野国分寺伽藍地変遷図

しもつけこくぶんにじ　下野国分尼寺　七四一年（天平十三）の聖武天皇の詔を受けて諸国で建立された国分尼寺の一つ。栃木県下野市国分寺字釈迦堂に所在。国史跡。栃木県南部を東方に通過する東山道のルートに沿って、思川の右岸に下野国府、その対岸東方の台地上に尼寺、さらに北東約七キロには下野薬師寺が位置する。尼寺跡の調査は、県により一九六四・六五・六六・六八年（伽藍全域）、町により一九九五年（伽藍南西部の回廊）、県により一九九五—九八年（範囲確認）の三度行われており、それぞれに報告や略報がある。はじめ礎石建物一宇を建て、次に本格的に伽藍を整備する。この状況は国分寺と同様であ

り、両伽藍の造営が一体的に進められていたことを窺わせる。伽藍地は東西一三二・二メートル、南北二〇五メートルの掘立柱建物柱塀に囲まれており、その外側の寺院地は溝で限られていた。南大門・中門・金堂・講堂などは、南北直列に並び建立されている。塔は、建立されていない。主な出土品は多量の瓦類・文字瓦、および釘、泥塔などであり、古代寺院研究の貴重な資料である。→国分寺《こくぶんじ》

資料館 しもつけ風土記の丘資料館(栃木県下野市)

参考文献 栃木県教育委員会『下野国分尼寺跡』(『栃木県埋蔵文化財報告書』一一、一九六九)。大橋泰夫・板橋正幸・安藤美保「下野国分尼寺跡」(栃木県教育委員会事務局文化課編『栃木県埋蔵文化財保護行政年報』一七―二二、一九九三―九八)。『釈迦堂遺跡―下野国分尼寺跡伽藍南西隣接地点確認調査報告―』、一九九六、国分寺町教育委員会。大橋泰夫「仏教の伝播と下野国分寺」(『国分寺町史』通史編所収、二〇〇三)。

(田熊 清彦)

しもつけのくに 下野国 関東平野の北部に位置し、東(八溝)・西(帝釈、足尾)両側が山地、その間に丘陵(高久、那須野が原、喜連川丘陵)、南部に平地が広がる。西側の山地には、北から那須・高原・日光の三火山群があり、那須茶臼岳山麓には温泉が湧出する。日光連山の主峰男体山の麗姿は、国内の平野部から望見できる。河川は、北部に那須郡を南東流して常陸国から太平洋に注ぐ那珂川がある。中央部には芳賀・河内郡の境となる鬼怒川が南に流れて常陸国に入る。都賀・寒川郡を南に流れる思川や南部の足利郡を東に通る渡良瀬川などは合流して下総国を経て東京湾に至る。国の四方は、東西が常陸と上野、南北では下総・武蔵と陸奥(磐城・岩代)に接している。大化前代には、下毛野国造(君)、那須国造(直)が置かれたらしい。那須国造であった韋提は六八九年(持統天皇三)評督に任官(那須国造碑)しているので、七世紀後葉代には、那須地方も含めた「下毛野国」が成立。那須官衙遺跡からは「山田五十戸(?・)」文字瓦が出土。近年の発掘調査などによれば、那須(那須官衙遺跡)・芳宜(芳賀郡家・真岡市堂法田遺跡)・河内(上三川町多功遺跡、宇都宮市上神主・茂原官衙遺跡)・足利(足利市国府野遺跡)・寒川(小山市千駄塚浅間遺跡)の諸郡の官衙は、大宝令以前の評制段階に造営されていたことがほぼ判明している。下毛野国段階の「国宰所」は、河内評家(宇都宮市西下谷田遺跡、上神主・茂原官衙遺跡)に併置されていた可能性が指摘されている。奈良時代以降の下野国は東山道の上国(遠国)とされ、八世紀前葉中から十一世紀ごろまで国府が都賀郡(下野国府跡、栃木市田村町)に置かれ、その管下に足利・梁田・安蘇・都賀・寒川・河内・芳賀・塩屋・那須の九郡が配置された(『和名類聚抄』『延喜式』)。古代の寺院は、那須郡に浄法寺廃寺・尾の草遺跡・堂平廃寺、芳賀郡に大内廃寺(法隆寺式伽藍)、河内郡に下野薬師寺、都賀郡に下野国分寺・大慈寺が建立されている。式内社には、都賀郡の大神・大前・村檜、河内郡の二荒山、芳賀郡の大前・荒樫、那須郡の健武山・温泉・三和、寒川郡の阿房・胸形の十一神社が定められた。東山道の駅路(中路)は、上野国から下野国足利駅家に入り、三鴨(『和名類聚抄』では三嶋)―田部―衣川―新田―磐上―黒川の駅家を経て内国の板東を離れ、白河の関を越えて「道の奥」陸奥国白河郡に至る。東山道に関わる道路跡は、都賀郡から那須郡に至る間の十ヵ所で確認されており、宇都宮市東谷・中島地区遺跡群内道路遺構と総称される奈良・平安時代の道路跡(延約一四九〇メートル)では二回の大規模な改修が確認されている。駅家については、那須烏《からす》山《やま》市鴻野山《こうのやま》長者ヶ平遺跡が新田駅家の有力な候補地として発掘されており、この遺跡は芳賀郡家から北上する「タツ街道」が東山道と交差する箇所にあたる。河内郡から那須郡の経路を一望できる鬼怒川の東岸台地上では、「烽家」墨書土器と関連建物(宇都宮市飛山城跡)が発見されている。古代の窯業は、足利(岡、馬坂窯)、都賀・安蘇(北山、町谷窯など)、河内(水道山、根瓦、欠の上・広表窯)、芳賀(南高岡、本沼、山本・原、栗生窯跡群)、那須(中山、小砂、荒神平窯)の各郡内丘陵地帯で操業しており、須恵器と瓦の生産が行われていた。有力者の集落(益子町星の宮ケカチ、上三川町多功南原遺跡)、鍛冶工人の集落(小山市金山遺跡)、祭祀遺跡、火葬骨埋置遺構などの調査成果については、参考文献によられたい。中世以降では、武士の活動の拠点である城館、墓地・供養場、古道跡、経塚などが発掘されている。守護小山氏に関わる祇園城・長福城・鷲城・中久喜城および鎌倉道(奥大道、路面幅約八・四メートル)と大型掘立柱建物を確認した外城遺跡(小山市)、宇都宮氏の宇都宮城・多気山城と芳賀氏支城の飛山城(宇都宮市)、上三川城(上三川町)、氏家氏の勝山城(さくら市)、宇都宮氏一族塩谷氏の川崎城・御前原城(矢板市)、那須氏の神田城(那珂川町)、佐野氏の唐沢山城・春日岡城(佐野市)で城郭の構造や遺構配置などが明らかにされており、貿易陶磁、茶道具、武器・武具などの多くの出土品が発見されている。足利氏の墓所樺崎寺の発掘では大規模な庭園遺構が判明した。市、宿かと推定される下古館遺跡(下野市)では御堂・墓地・塚・古道(奥大道)など、野高谷薬師堂遺跡(宇都宮市)、市の塚遺跡(二宮町)からは十六世紀ごろの大規模な集団墓地が確認されている。近世では、城跡の一部や陣屋跡(二宮町桜町陣屋跡)、河岸跡(佐野市越名河岸跡)、墓石、経塚、古道跡など(旧今市市倉ヶ崎経塚、宇都宮市新里町萱野発見の経箱)の調査例はあるが、成果は未だ少ない。今後、研究の進展が望まれる時代である。

参考文献 『栃木県史』、一九七三―八四。大和久震平・塙静夫『栃木県の考古学』(『地域考古学叢書』七、一九七二、吉川弘文館)。栃木県教育委員会事務局文化課編『栃木県の中世城館跡』、一九八二。栃木県立博物館『足利氏の歴史―尊氏を生んだ世界―』、一九八五。同『中世への旅―聖と俗のあいだで―』、一九九〇。同『東国火葬事始―古代人の生と死―』、一九九五。同『今よみがえる中世の東国』、二〇〇六。

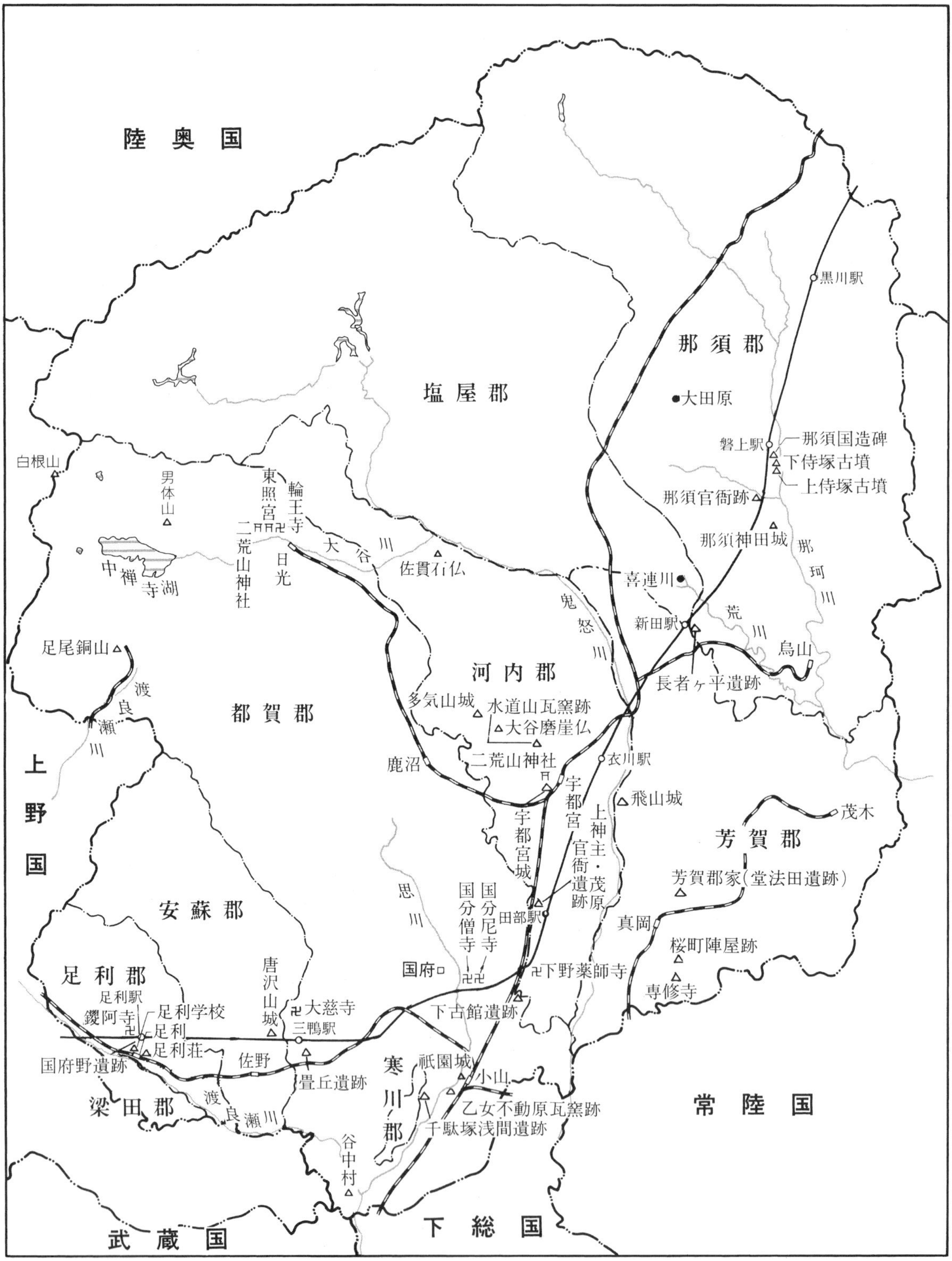

陸奥国
塩屋郡
那須郡
黒川駅
大田原
磐上駅
那須国造碑
下侍塚古墳
上侍塚古墳
那須官衙跡
那須神田城
那珂川
白根山
男体山
東照宮
輪王寺
二荒山神社
日光
大谷川
中禅寺湖
佐貫石仏
喜連川
鬼怒川
新田駅
荒川
烏山
足尾銅山
渡良瀬川
河内郡
長者ヶ平遺跡
都賀郡
多気山城
水道山瓦窯跡
大谷磨崖仏
鹿沼
二荒山神社
衣川駅
上野国
宇都宮
飛山城
茂木
芳賀郡
宇都宮城
上神主・茂原官衙遺跡
芳賀郡家（堂法田遺跡）
安蘇郡
思川
国分尼寺
国分僧寺
田部駅
真岡
桜町陣屋跡
足利郡
唐沢山城
国府
下野薬師寺
専修寺
足利駅
足利学校
鑁阿寺
足利
足利荘
大慈寺
三鴨駅
下古館遺跡
国府野遺跡
佐野
畳丘遺跡
寒川郡
祇園城
小山
常陸国
梁田郡
渡良瀬川
乙女不動原瓦窯跡
千駄塚浅間遺跡
谷中村
武蔵国
下総国

下野国略図

宇都宮市教育委員会社会教育課編『宇都宮の古道』、一九六五。久保哲三編著『日本の古代遺跡』四四、一九九〇、保育社。壬生町立歴史民俗資料館編『壬生城―悠久のロマンが今よみがえる。―』、一九九三。小山市立博物館『中世の墓葬―遠江国一の谷と下野国祇園城を中心に―』、一九九四。塙静夫『探訪とちぎの古墳』、二〇〇〇、随想舎。『とちぎ生涯学習文化財団埋蔵文化財センター研究紀要』八、二〇〇〇。橋本澄朗・千田孝明編『知られざる下野の中世』、二〇〇五、随想舎。中山晋・藤田直也「下野国」(古代交通研究会編『日本古代道路事典』、二〇〇四、八木書店)。

(田熊　清彦)

しもつけやくしじ　下野薬師寺　七世紀後葉に創建された東国最大規模の寺院。「体制巍々として、あたかも七大寺の如し」(『続日本後紀』嘉祥元年(八四八)十一月己未条)と形容された寺跡は、現在の真言宗安国寺を含む周辺の下野市薬師寺に所在する。東西二町・南北三町の寺域は国史跡。創建は六七〇年(天智天皇九)、六七九年(天武天皇八)、六九九年(文武天皇三)などと伝えられており、在地の雄族下毛野氏が関わって造営され官寺となったとの説がある。川原寺式の創建期軒瓦からみて七世紀後葉代に造営着手、堂宇・四至が四時期の変遷を経て、十一世紀ごろに終焉を迎えたらしい。筑紫観世音寺とともに戒壇が置かれたといい(『元亨釈書』七六一年(天平宝字五))、信濃国碓氷坂より東の板東と陸奥・出羽の諸国で僧侶となる者が受戒した。東大寺・筑紫・下野の戒壇を総称して日本三戒壇という。七五四年(天平勝宝六)に大僧都行信(?)が配流され、七七〇年(宝亀元)には道鏡が造下野薬師寺別当として逓送された。墾田地は五百町を許可(七四九年)。一九六六年(昭和四十一)から県と町・国士舘大学が行なった発掘によって、四期に区分された寺院地外郭施設、主要伽藍、幢竿支柱、再建塔、溝などを確認。寺域の西寄りに伽藍地を選定し、南大門・中門・塔・大型堂宇、さらに北方建物と僧坊が南北直列に造営されていた。奈良時代後半(Ⅲ期)の伽藍は、寺域を囲む南北三五一メートル、東西二四六メートルの板塀の内に、南辺塀西端から東三三メートルに南大門(八脚門)を造営する。廻廊は瓦葺礎石建物の単廊(方一〇二メートル)であり、南廻廊中央に中門(十二脚門)、北廻廊に桁行九間・梁間四間の堂宇を建立した。中門を入ると創建期から続く塔(方一二メートル、焼失)、その北背面には大型の堂宇二棟が東西に並立する。調査者は北廻廊の堂宇と塔二堂の配置を「一塔三金堂」の様式であるとし、その北方建物を講堂とする。多量の瓦類(六期に区分、軒丸瓦一一九形式＝播磨溝口廃寺・興福寺と同笵、軒平瓦二〇二型式＝播磨溝口廃寺と同笵)、風鐸、螺髪、ガラス小玉、陶器・奈良三彩小壺、「薬師寺瓦」銘瓦、千燈会供養を推測させる「千油」銘墨書土器などが出土。

資料館　下野薬師寺歴史館(栃木県下野市)

参考文献　『下野薬師寺跡発掘調査報告』、一九七三、栃木県教育委員会。岡本東三「同笵軒平瓦について―下野薬師寺と播磨溝口廃寺―」(『考古学雑誌』六〇ノ一、一九七四)。南河内町教育委員会『下野薬師寺跡』Ⅰ、一九八八。同『下野薬師寺跡』、一九九三―九六・九八。須田勉編著『下野薬師寺』、二〇〇〇、国士舘大学考古学研究室

(田熊　清彦)

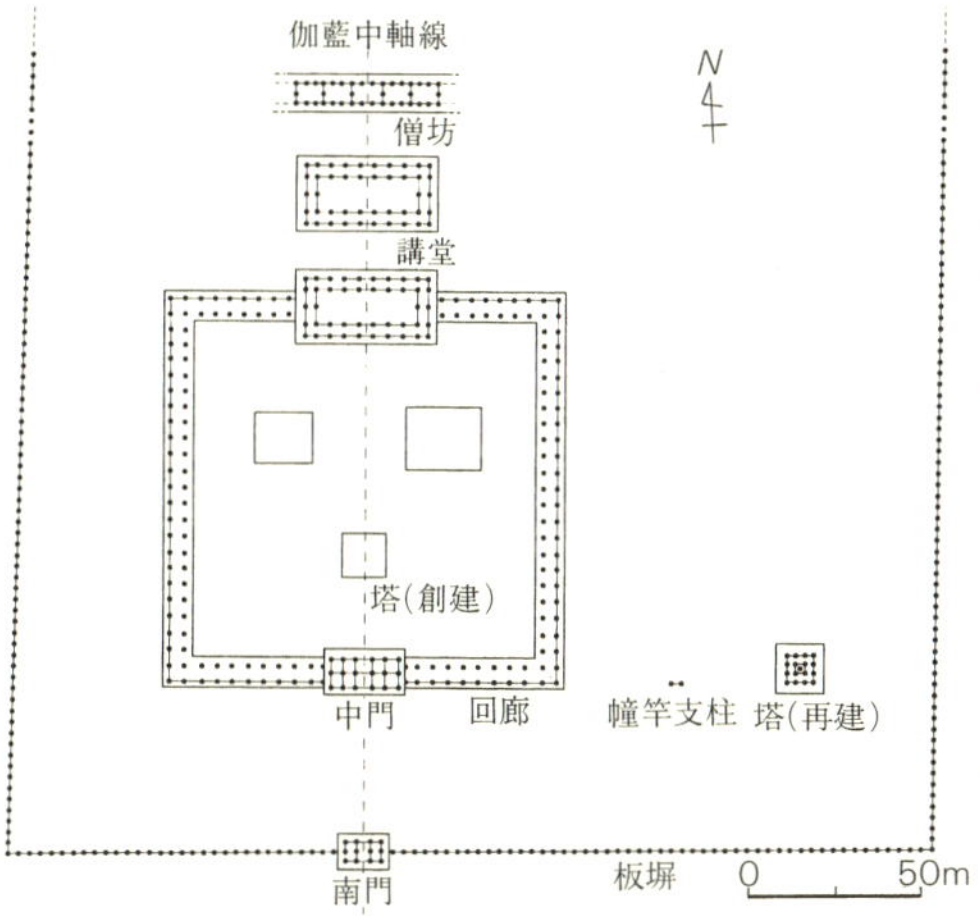

下野薬師寺伽藍配置模式図

しもつみち　下ツ道　奈良盆地を南北に貫く三本の古代の主要道路(上ツ道《かみつみち》、中ツ道《なかつみち》、下ツ道)のうち西側を走る道路。三道は約二・一キロ間隔で造られており、これが高麗尺のほぼ六千尺(＝千歩、令制の四里)にあたることから、計画的な設営であると考えられる。設定年代は明らかではないが、『日本書紀』天武天皇元年(六七二)の壬申の乱の記事に、大海人《おおあま》皇子方の大伴吹負《おおとものふけい》が飛鳥から稗田《ひえだ》を経由して乃楽《なら》に向かったことから下ツ道の存在が考えられる。また、大伴吹負が三道に兵を駐屯させたことが見える(七月是日条)ことから、それ以前に設定されたと考えられ、七世紀のはじめには存在していたとも推定されている。一般に、北は歌姫越から山城国(山背国)に通じ、南は橿原市見瀬の丸山古墳周濠西端を経て、芦原峠を越え吉野川筋に至るとされ、奈良盆地の北端から南端まで約二五キロを直進する。一九七九年(昭和五十四)に平城宮跡北側で松林苑《しょうりんえん》西辺の築地塀が発見されたことから、奈良時代までの道筋は西の渋谷越であるとの説も出された。下ツ道の道路敷きは、地図上において遺存地割を計測するとおよそ四三メートルとなり、約十四丈の幅を有していたことが知られる。平城京の造営に際してはその中軸線となり、本来側溝心々距離約二三メートルであったのが拡幅されて朱雀《すざく》大路となったことが発掘調査により明らかとなっている。奈良盆地の南北方向の計画古道のうち最も重要な地位を占め、橿原市八木町付近で横大路と交差する。下ツ道は大和郡山市稗田では環濠集落の西側の濠敷となっており、南方に隣接する若槻集落が一四六六年(文正元)にはすでに環濠を巡らせていたことから、稗田も同様とするならば、十五世紀半ばごろには道としての機能が失われていたと考えられる。奈良盆地の条里地割の基準線にもなり、下ツ道を境として路東条里と路西条里に分かれ、道路敷は条里地割からは除かれ、条里余剰帯《じょうりよじょうたい》となっている。近世には中街道《なかかいどう》と称されていた。

参考文献　岸俊男「大和の古道」（橿原考古学研究所編『日本古文化論攷』所収、一九七〇、吉川弘文館）。同「古道の歴史」（坪井清足・岸俊男編『古代の日本』五所収、一九七〇、角川書店）。足利健亮「下ッ道の拡がりとつろい」（上田正昭編『探訪 古代の道』一所収、一九八八、法蔵館）。　（出田　和久）

しもつみちうじのはか　下道氏墓　岡山県小田郡矢掛町東三成《ひがしみなり》字谷川内の小田川に面した、鷲峯山の南に延びた山裾の尾根端部の南側斜面で、銅製骨蔵器が出土したとされる地点。国指定史跡。骨蔵器は圀勝寺《こくしょうじ》蔵で重要文化財。一六九九年（元禄十二）の発見と伝えられている骨蔵器は、鋳銅製の深鉢形で被せ蓋をもつ。蓋の上面中央には八角形の鈕があり、周囲に突帯を二条巡らし内中外の三圏を作る。中圏には「銘　下道圀勝弟圀依朝臣右二人母夫人之骨蔵器故知後人明不可移破」、外圏には「以和銅元年歳次戊申十一月廿七日己酉成」の銘文がタガネにより刻まれている。出土地とされる地点で遺構は確認されていないが、周辺からは奈良・平安時代期にさかのぼる遺物の出土や散布が認められる。銘文中の下道圀勝は、右大臣吉備朝臣真備の薨伝に、真備の父としてみえる右衛士少尉下道朝臣圀勝に相当すると考えられており、この骨蔵器の被葬者は真備の祖母にあたる。

参考文献　梅原末治「備中国小田郡に於ける下道氏の墳墓」（『考古学雑誌』七ノ五、一九一七）。角田文衛「備中国下道氏塋域に於ける一火葬墓」（『考古学雑誌』三四ノ四、一九四四）。『岡山県史』一八、一九八六。　（今津　勝紀）

しもつみちのくにかつのははこつぞうき　下道圀勝母骨蔵器　飛鳥時代に作られた火葬骨の容器。江戸時代の一六九九年（元禄十二）、現在の岡山県小田郡矢掛町東三成の丘陵斜面から偶然出土した。火葬墓の構造は不明であるが、穴を掘って骨蔵器を置き、周りに石灰を詰めて陶製の甕を被せてあったと推定されている。骨蔵器は銅鋳製で、身は深鉢形をなし、笠形の蓋がつく。蓋上面に二条一組の紐状突帯を二条巡らせて三圏に分け、中圏に二十九字、外圏に十八字の銘文を刻む。下道氏は吉備地方の大豪族であり、七〇八年（和銅元）に圀勝と弟の圀依が母の遺骨を納めるために作らせた骨蔵器であることがわかる。『続日本紀』によれば、圀勝は遣唐使で有名な吉備真備の父である。一九五六年（昭和三十一）重要文化財に指定。

下道圀勝母骨蔵器

銘文　（中圏）銘下道圀勝弟圀依朝臣右二人母夫人之骨蔵器故知後人明不可移破、（外圏）以和銅元年歳次戊申十一月廿七日己酉成

参考文献　飛鳥資料館編『日本古代の墓誌』、一九七九、同朋舎。　（望月　幹夫）

しもとりわたくようせきとう　下鳥渡供養石塔　福島市下鳥渡字寺東に所在する阿弥陀三尊来迎仏石塔で、一九三五年（昭和十）に国史跡に指定されている。この石塔は重要文化財木造釈迦如来座像を本尊とする陽泉寺《ようせんじ》の北東丘陵上に位置し、覆屋内に安置された凝灰岩製のものである。石塔の素材は高さ一八〇センチ、幅一四〇センチ、厚さ三六センチ安山岩質凝灰岩の自然石で、正面のみを研磨し阿弥陀三尊来迎仏を半肉彫りに表現している。仏体の周囲は梯形《ていけい》の輪郭が廻り、飛雲に乗る形で中央に阿弥陀如来、向かって右に観世音菩薩、左に勢至菩薩が彫られている。中尊の阿弥陀如来は全長七〇センチで来迎印を結び、頭部から十三条の放光が彫られている。右の観世音菩薩は蓮台を捧持し、勢至菩薩は合掌する恵心僧都式の優品である。輪郭の左外側には「右志者為悲母也　平氏女敬白」、右外側には「正嘉二年（一二五八）大歳戊午九月十八日」の銘文が彫られている。福島県内の阿武隈川流域にはこの種の浮き彫り来迎石塔が多いが、鎌倉時代の代表的例である。　（木本　元治）

しものつぼいせき　下ノ坪遺跡　土佐国香美《かがみ》郡物部《ものべ》郷に存した津関連の遺跡。高知県香美《かみ》郡野市町上岡字下ノ坪に所在する。弥生時代後期から古代・中世の複合遺跡であるが、八世紀前半―九世紀前半に規格性のある掘立柱建物群が存し、官衙的様相を呈することが注目される。出土品にも帯金具や各種陶硯など役人の存在を推定させるものがあり、長岡京跡出土品と同形の四仙騎獣八稜鏡の断片も検出されている。梁間三間、桁行七間で西庇の建物を中心に、建物配置は西、すなわち物部川を正面としており、物部川左岸、河口から約三キロさかのぼった地点という立地や下ノ坪の南に「中津」の小字名が存すること、倉庫風の総柱建物や政務空間となる庭が存することなどから見て、香美郡の譜第郡領氏族物部鏡《もののべのかがみのむらじ》連氏の本拠地（香美郡家は北約三キロの石村《いわむら》郷）に置かれた郡津ないしは私的な津と位置づけられる。その他、土佐国の第二期の駅路の渡河点、物部川河口右岸に比定される大湊への海上交通との結節点の役割も推定される。

参考文献　野市町教育委員会編『下ノ坪遺跡』II、一九九八。森公章「高知県香美郡野市町下ノ坪遺跡とその性格について」（『古代交通研究』九、一九九九）。　（森　公章）

しものにしいせき　下ノ西遺跡　新潟県三島郡和島村大字小島谷《おじまや》字下ノ西に存在する遺跡。一九六七年（昭和四十二）村営プール建設に伴い多量の土器が出土したことで知られていたが、一九九六年（平成八）度―二〇〇〇年度まで六次にわたる調査により、次の成果が得られた。まず

調査第Ｖ区の九世紀前半―後半の駅家と推定される東西二九メートル南北二七メートルの溝に囲まれた内郭と周辺の建物群が出土したこと。第二に七世紀後半―十世紀前半までの十期に編年される土器群が出土し、遺跡の消長が判明したこと。第三に遺跡北八〇〇メートルにある八幡林官衙《はちまんばやしかんが》遺跡に先行する七世紀後半―八世紀初頭の官衙建物群が存在したこと、第四に八世紀前半に大型建物の付近溝から出挙および国司掾の借貸稲に関わるものをはじめ、「今浪人司」を記した木簡や「山海経」をもとにしたと見られる珍しい絵画板が出土している。付近の八幡林遺跡とともに古《こ》志郡家《しぐうけ》を構成し、十世紀後半以後の門新《かどしん》遺跡につながる遺跡として注目される。

参考文献　和島村教育委員会編『下ノ西遺跡―出土木簡を中心として―』(『和島村埋蔵文化財調査報告書』七、一九九八)。同編『下ノ西遺跡』Ⅱ―Ⅳ(『和島村埋蔵文化財調査報告書』八・九・一四、一九九九・二〇〇〇・〇三)。(小林　昌二)

しもふるだていせき　下古館遺跡　栃木県南部の下野市(旧国分寺町小金井字下古館と旧南河内町との境界地域)に所在し、一九八二年(昭和五十七)―九〇年に調査。古道「うしみち」の両側を南北四八〇メートル、東西一六〇メートルの長方形に溝で区画し、その内部から方形竪穴遺構、掘立柱建物、溝に囲まれた庇付建物跡(供養堂か)、井戸、火葬骨を納める墓坑などの二千を超える遺構が発見されている。遺跡は、主要部分で約八万平方メートル、関連地域を含めると二〇万平方メートルに及ぶ。出土品は中国産磁器、国産陶器(瀬戸・常滑・渥美ほか)・在地産土器、板碑、五輪塔、滑石製鍋、硯、温石、石臼、鉄製の鍋・刀、銭貨、木製の漆器碗・曲物・櫛、笊、草履、烏帽子、笛、「三郎　へい九郎」と記した木簡等々と種類が多い。葬送・祭祀地区を中心に置き、堀により道を内部に取込んだ景観は、集落の性格を示す。中世薬師寺荘に含まれていたらしく、十三世紀初めから十五世紀ごろの宿、市場関連遺跡との見方がある。

参考文献　栃木県文化振興事業団埋蔵文化財センター『下古館遺跡』、一九九五、栃木県教育委員会。田代隆・鈴木泰浩「道・市・宿―下古館とは何か」(橋本澄朗・千田考明編『知られざる下野の中世』所収、二〇〇五、随想舎)。石井進『知の対話』(『石井進の世界』四、二〇〇六、山川出版社)。(田熊　清彦)

しもヨイチうんじょうや　下ヨイチ運上家　江戸時代の蝦夷地における場所請負制のもとでの場所経営の拠点であった運上家の遺跡。北海道積丹《しゃこたん》半島基部の余市郡余市町に位置し、石狩湾に面してモィレ山を背後にした地に置かれている。モィレはアイヌ語で波静かな入江をいい、天然の良港である。松前藩は、はじめ藩主・家臣が場所におけるアイヌとの交易を直営したが、やがて運上金を取って交易・漁場を場所請負人に請け負わせた。運上家はこの場所の経営拠点で、交易・漁場の中心であるほか、役人・通行人の宿所や外国船の監視など出先役所としての機能も果たした。下ヨイチ運上家は、大きな場所であるヨイチに置かれた上・下のうちの下の運上家で、建物がよく遺存していた。文化年間(一八〇四―一八)に松前の商人藤野喜兵衛が建て、一八五三年(嘉永六)に林長左衛門が改築した建物は、明治に場所請負制が廃止されてから若干の縮小と移動が行われたものの、往時の様相を伝えている。浜に面した正面四〇メートル・奥行一六メートルの長大な建物は、それぞれ玄関をもつ左右に二分され、右の上手には役人の勤務・止宿する部屋など、左の下手には台所、帳場、船主・船頭の間や土間の上の使用人・通行人の寝部屋などがある。一九七一年(昭和四十六)に建造物が重要文化財となり、一九七三年には敷地を含めて国史跡に指定されて、建物の修理や裏庭の復元整備が行われた。

参考文献　文化財建造物保存技術協会編『重要文化財旧下ヨイチ運上家保存修理工事報告書』、一九八〇、余市町。余市町教育委員会編『史跡旧下ヨイチ運上家環境整備事業報告書』、一九八三。(佐藤　信)

しゃ　紗　綟織《もじりおり》の一種で、二本の経糸《たていと》が緯糸《ぬきいと》一越ごとに綟れる織物。経糸四本を組とし、隣り合う経糸が交互に搦み合って地と文様を織りだす羅《ら》より単純な技法。『延喜《えんぎ》式《しき》』織部司《おりべのつかさ》の功には「雑羅一疋、長四丈、廣二尺、(中略)織手一人、共造一人、長功二尺二寸(下略)」「紗一疋、長六丈、廣二尺、(中略)織手一人、長功八尺(下略)」とあり、羅を織るには二人がかりで、しかも織れる長さは紗よりきわめて少ないことから、紗は羅より労力と人手を要しないことがわかる。しかし正倉院《しょうそういん》には複雑な羅が多く遺る反面、紗は無文紗と文様を表した有文紗が数点遺っているにすぎない。紗はむしろ平安時代以降、装束《しょうぞく》の夏の衣料(直衣《のうし》)として利用されるようになり、無文の素紗と文様を表した紋紗がみられる。紋紗は、経糸三本が綟り合い、地を平組織とし文様を紗とした透紋紗《すきもんしゃ》、これとは逆に、地を紗とし文様を平組織として表した顕紋紗《けんもんしゃ》がある。(沢田むつ代)

しゃきょう　写経　経・律・論などの仏典を書写すること、または写された仏典をいう。初期仏教では、経典は書写よりも口承されて伝えられることが一般的であったため、インドでは現在写経は残されていないが、中国新疆省やパキスタンからは貝多羅葉《ばいたらよう》にサンスクリット語で書かれたものが発見されている。中国では、二世紀から漢訳された仏典がつぎつぎと書写され、南北朝・隋・唐時代では大規模な書写作業が行われた。わが国には飛鳥・奈良時代に隋や唐の写経が伝わり、現在でも正倉院などに伝来している。さらに二十世紀に入って敦煌で夥しい数の写経が発見され、わが国からも大谷探検隊が派遣され六朝時代・隋唐代の写経を持ち帰った。わが国に残る最古の写経は、飛鳥時代の六八六年(朱鳥元)の『金剛場陀羅尼経巻第一』(個人所蔵)であるが、次の奈良時代のものが多数現存している。この時代には都に写経所が造られ、そこに写経生《しゃきょうしょう》などが置かれ、国家事業として数千巻にも及ぶ一切経の書写などが実施された。七三四年（天平六）の聖武天皇勅願経、七四〇年五月一日および七四三年五月十一日の光明皇后願経、七六八年（神護景雲二）の称徳天皇勅願経などが現存する。平安時代に入って、写経所が衰えるとともに、貴人がみずから書写し、あるいは書写事業に協賛することが功徳になるとして特に『法華経』の書写が盛んになった。平安時代後期には装飾に凝った表紙や料紙などに書写される装飾経が多く作られた。平清盛らの平家一族が書写した平家納経（広島厳島神社所蔵）は豪華な装飾を施している。ほかにも東京浅草寺や静岡鉄舟寺の『法華経』、岩手中尊寺の金銀字一切経などがよく知られている。以後の時代にも現世・来世の安穏や病気の回復などの目的でさまざまな階層の人々が写経を行なっている。現在でも寺院の堂塔修理のために写経勧進が行われたり、写経会が開かれたりしている。

参考文献　田中塊堂編『日本古写経現存目録』、一九七三、思文閣出版。頼富本宏・赤尾栄慶『写経の鑑賞基礎知識』、一九九四、至文堂。　（安達　直哉）

しゃく　尺　長さの単位。一尺＝十寸、十尺＝一丈。秦・漢代には、測量用の常用尺、尺の基準となる調律用の尺、量地用の曲尺（中国では木工尺・営造尺とよぶ）の三系統に分かれていた。一尺の絶対値は、時代や地域によって異なるが、中国では隋・唐代に大尺・小尺の二制（大尺一尺＝小尺一尺二寸）に統一した。日本では、『大宝令』の制定に伴って、これを継受したが、すでに別系統の高麗《こま》尺《じゃく》（一尺＝〇・三五五メートル）が普及していたために、便宜上これを大尺とし、唐大尺（一尺＝〇・二九六メートル）を小尺とした。七一三年（和銅六）に高麗尺を廃止して、唐制の大尺・小尺に統一した。しかしながら、律令制の崩壊とともに、尺の絶対値も一様ではなくなり、中世になると呉服尺（曲尺の一尺二寸）や鯨尺（曲尺の一尺二寸五分）など、用途によって多様化した。一方、これらの尺とは別に、平安時代ごろから建築用の曲尺が使用されていた。曲尺は中世・近世を通じて大きな変化はなかったという。一八七五年（明治八）に、江戸時代末期の鉄尺と竹尺を平均した折衷尺を曲尺と定め、一八九一年制定の度量衡法ではメートル法によって曲尺一尺を三三分の一〇メートルと規定した。これは約〇・三三メートル。一九六六年（昭和四十一）三月末日の尺貫法完全廃止をうけて、法定単位としての尺は廃止された。

参考文献　小泉袈裟勝『ものさし』（『ものと人間の文化史』二二、一九七七、法政大学出版局）。井上和人『古代都城制条里制の実証的研究』、二〇〇四、学生社。　（大隅亜希子）

しゃく　笏　官人が手に執る長さ一尺程度の長方形の板。「こつ」ともまた手板《ていた》とも呼ぶ。内側に儀式の次第などを書いた笏紙を貼るなどして備忘用として用いられたが、のちには威儀を整えるために使われるようになる。令の規定では、衣服令に皇太子・親王・諸王も牙笏《げしゃく》を持つと規定され、七一九年（養老三）にはじめて五位以上には牙笏（象牙製）、六位以下の職事官には木笏（一位（櫟）や桜）を持たせた。『延喜式』弾正台には五位以上は牙笏・白木笏を通用するとあるが、平安時代以降には礼服《らいふく》着用時以外は木笏が一般的となり、把笏（笏を手に持つこと）の対象も六位以下の非職事官や神社の禰宜・祝などに拡大してゆく。現存する古代の笏は、正倉院に三枚、法隆寺に一枚、大阪府道明寺天満宮に一枚、長野県戸隠神社に一枚あるのが知られ、道明寺天満宮のものは菅原道真の遺品とされ、国宝に指定されている。二〇〇三年（平成十五）に島根県出雲市の青木遺跡で出土した奈良時代後半―平安時代初期の木彫り神像は官人を模したもので笏を持ち、神像彫刻として初期のものとされる。　（荒井　秀規）

しゃくし　杓子　汁や飯を盛る道具。現在は杓子《しゃくし》は汁用で、飯を盛るものは杓文字《しゃもじ》と分かれているが、もとは飯用も汁用も同じく杓子と呼んでいた。杓文字は杓子の女房言葉である。杓子の杓はヒサゴが訛った言葉であるから、古くはヒサゴ、すなわち瓢箪を二つ割りにしたものを水などを汲む道具として使っていたことを示している。縄文時代晩期の千葉県多古田遺跡からは長さ二六センチほどの黒漆塗の杓子が発見されているが、一般には瓢箪や貝が使われていたと思われる。正倉院には貝に竹の柄をつけた貝杓子が残っている。木を刳った杓子もすでに弥生時代から使われている。中世に入ると漆塗の杓子も作られるようになる。また柄の曲がった杓子もでてくる。杓子定規という言葉はこの曲がった杓子を定規にするということからきている。江戸時代には金属製の杓子、近代に入りアルミニューム、アルマイト、ステンレス製、穴あき杓子など各種の形のものがでてきた。　（小泉　和子）

↓匙《さじ》

しゃくじょう　錫杖　僧の持物を示した比丘十八物《びくじゅうはちもつ》の一つ。僧の野山巡行に際して持し、揺《ゆ》すり鳴らすことによって毒蛇毒虫悪獣などを追い払うに用いる。また、僧の病あるいは老齢の場合に杖代わりに用いたり、乞食《こつじき》に際しての合図にも鳴らされる。杖頭部・木柄部・石突《いしづき》部からなり、杖頭部は、多くスペード形の大環の頂部や、大環中央に宝珠《ほうじゅ》や宝塔《ほうとう》・仏像などを形作り、大環の左右には、多く左右三箇ずつの小環（遊環《ゆうかん》）を付ける。また、杖頭部の材質は鉄・銅で、鉄の場合は鍛造が通例。木柄部は木製が一般的だが、古製には杖頭部・石突部とも鍛鉄製も見られる。長さは等身に近いが、堂内における法会《ほうえ》などで梵唄《ぼんばい》を唱えながら揺すり鳴らすのに用いる柄の短い手錫杖《てしゃくじょう》と称されるものもある。錫杖の古例としては、正倉院や法隆寺などに奈良時代の作とされる鉄製や銅製錫杖が知られ、また、在銘の古例としては、康治元年（一一四二）銘の銅錫杖（静岡県清水市、鉄舟寺蔵、重文）が知られる。

参考文献　光森正士「僧具」（石田茂作監修『仏教考古学講座』五所収、一九七六、雄山閣出版）。香取忠彦「笈と錫杖概説」（東京国立博物館編『笈と錫杖』所収、一九八〇）。　（鈴木　規夫）

しゃくどう　赤銅　日本の近世金工の代表的合金として国際的にも有名。烏金《うきん》とも記す。基本は、銅に金が三〜五%程度含まれた銅合金。烏の濡れ羽色を想起する艶のある紫黒色の表面を持つが、地金の色は純銅と変わらない赤桃色。少量の緑青《ろくしょう》、丹礬《たんばん》、明礬《みょうばん》などを溶かした水溶液の中で煮沸する、煮込み(煮色)法によって、初めて表面が黒くなる。最近の調査で、表面に形成された数ミクロン程度の亜酸化銅の薄い層の内部に分散した金の微粒子が光を選択吸収するために独特の黒色が作り出されると考えられている。鐔や三所物(小柄、笄、目貫)などの刀装具や、装身具や建具の取手などにも用いられた。世界的にも注目されており、黒い表面を持つ合金を「赤銅タイプ」と呼び、そのルーツ探しが行われている。なお、正倉院宝物など奈良時代の「赤銅」には金が含まれず、色も赤茶色であるため、「あかどう」「せきどう」と読む方がよかろう。

参考文献　村上隆『金工技術』(『日本の美術』四四三、二〇〇三、至文堂)。　(村上　隆)

しゃくにほんぎ　釈日本紀　卜部兼方による『日本書紀』の注釈書。全二十八巻で、ほかに目録がある。十三世紀末ごろの成立。『日本紀私記』以来の『日本書紀』の注釈に卜部家の家学を集大成した書で、『日本書紀』研究のみならず、『上宮記』や諸国の『風土記』逸文など、現在は散逸した古書を多く引用している点が注目される。伝本には一三〇一年(正安三)―〇二年書写の前田育徳会尊経閣文庫所蔵本(重文)があり、現存諸写本の祖本に位置づけられるが、ほかにそれとは別系統の写本である大永本が存在したことが指摘されている(現所在は不明)。尊経閣文庫本はコロタイプ複製が刊行されているほか、『尊経閣善本影印集成』にも収録されている(ともに引史料などの索引を付す)。また翻刻には尊経閣文庫本を底本とした神道大系本・新訂増補国史大系本などがある。

参考文献　小野田光雄『古事記釈日本紀風土記の文献学的研究』、一九九六、続群書類従完成会。佐藤洋一「釈日本紀」(皆川完一・山本信吉編『国史大系書目解題』下所収、二〇〇一、吉川弘文館)。石上英一「尊経閣文庫所蔵『釈日本紀』解説」(『尊経閣善本影印集成』二九所収、二〇〇四、八木書店)。　(小倉　慈司)

しゃくはち　尺八　リード(舌)をもたない縦吹きの管楽器。古代尺八と、近世、普化《ふけ》宗の法器(法要・仏事に用いる器具)などに使われた尺八がある。古代尺八はおよそ三〇〜四〇センチの長さで、前面五孔、背面一孔の計六孔の指穴をもつ。雅楽尺八、正倉院尺八ともいわれる。七・八世紀ごろ中国から伝えられ、七五六年(天平勝宝八)六月二十一日付『東大寺献物帳』には尺八・樺纏尺八・玉尺八・刻彫尺八がそれぞれ一管ずつみえ、正倉院には竹・石・玉・牙製の尺八が八管収蔵されている。令制では雅楽寮唐楽師の中に尺八師一人が定められ(『養老令』職員令雅楽寮条)、八四八年(嘉祥元)九月二十二日、唐楽生の中に尺八生二人(元三人)が定められている(同日付太政官符)。しかし、平安時代中期以降には、次第に使われなくなる。近世、普化宗の法器として奏された尺八は、一尺八寸(約五四・五センチ)の長さを標準とし長短の管もあるが、前面に四孔背面に一孔の計五孔の指穴をもつ。節を一つ含み細く一尺一寸一分(約三三・六センチ)の管長のものは一節《ひとよ》切《ぎり》と称される。鎌倉時代、法灯国師覚心が宋より将来したという伝承があるが未詳である。江戸時代には普化宗の虚無僧によって法器として吹かれたが、十八世紀に名手黒沢琴古があらわれて以降、尺八教授や他楽器との合奏も行われるようになり、遊芸的音楽としても発展した。

参考文献　正倉院事務所編『正倉院の楽器』、一九六七、日本経済新聞社。林謙三『東アジア楽器考』、一九七三、カワイ楽譜。『箏曲・地歌・尺八』(『日本古典音楽大系』三、一九八〇、講談社)。　(荻　美津夫)

じゃけつざんこふん　蛇穴山古墳　前橋市総社町に所在する、七世紀末ないし八世紀初頭に築造された総社古墳群最後の大型古墳。一辺三九メートル前後の大型方墳だが、墳丘の崩落が激しいため高さは不明である。国指定史跡。また、周堀も確認されているが規模や形状は不明である。埴輪はない。主体部は、一部に切り組み構造を持つ切石切組積みの横穴式石室で、羨道を欠いている。玄室は、奥壁二五八センチ・前壁二四九センチ・右壁三〇九センチ・左壁三〇五センチで、天井のほかに奥壁と左右壁はともに加工された一枚の石材で造られている。玄室をはじめとして石材の調整は精緻で、水磨きをかけているとの意見もある。また、壁面の一部に漆喰《しっくい》の塗布を思わせる痕跡がある。玄門柱に架設された冠石には庇状の刳り込みがみられるが、これを格狭間様として仏教との関連を示唆する意見がある。また、この石室の石材調整技術が近接する山王廃寺の塔心礎と酷似していることから、同一技術とする意見もある。

参考文献　松本浩一「蛇穴山古墳」(『群馬県史』資料編三、一九八二)。　(能登　健)

しゃしゃく　車借　中世から近世にかけ、畿内周辺地域および鎌倉でみられた車を手段とする運送業者。平安時代末期の成立とされる『新猿楽記』、あるいは『今昔物語集』に早くも登場しており、南北朝時代成立の『庭訓往来』には、大津・坂本の馬借と並んで鳥羽・白河の車借がみえる。年貢などの運送ばかりでなく、商業活動にも携わった。また、院や摂関家などの厩に所属する牛飼を、車借とみる説もある。近世になると、下鳥羽に問屋の統率する車借集団が、また下鳥羽近辺の横大路に車借仲間が、さらには伏見にも年寄に統轄された車借組織がおり、それぞれ活発な活動を展開した。

参考文献　豊田武『中世の商人と交通』(『豊田武著作集』三、一九八三、吉川弘文館)。野田只夫「馬借集団の活動とその構造」(『歴史地理学の諸問題』三ノ五・六合併号、一九五三)。網野善彦「馬借と車借」(『日本中世の百姓と職能民』所収、一九九八、平凡社)。　(三枝　暁子)

しゃしんそくりょう　写真測量　写真という媒体に写された二次元の画像をもとに、位置・形状・大きさなどを計測して、図面や三次元のデジタルデータを得る方法。これには、画像から対象物の性質を読みとる写真判読の方法も含む。カメラ位置すなわちステーションによって、宇宙・空中・地上・水中写真測量の別があるが、地上写真測量という場合には、通常はカメラの光軸を地面と並行に設置する方法をいう。遺跡測量では、大縮尺の図化を目的とすることが多いので、その場合には写真縮尺も大きいことが要求される。一般的には、写真縮尺の八倍が図化の最大とされ限界がある。図化機にはアナログとデジタルの方式があり、光学的機械法による前者では一度限りの描画で終わるが、後者はコンピュータと連動してデータをデジタル保存するので、地物・等高線・埋設管など属性別に区分して記録、あるいは縮尺や描画要素を選び何回でも出力製図できる利点がある。これに用いる図化機には解析図化機とデジタル図化機の別がある。

（西村　康）

しゃっこうじ　石光寺　二上山の麓に位置する飛鳥時代後半創建の寺院。奈良県北葛城郡当麻町染野《しめ》に所在。創建にかかわる古代の文献はなく、現在の南門の脇に塔心礎が置かれているが、伽藍配置や寺域は不明。文化年間（一八〇四―一八）に建てられた弥勒堂の建て替えに伴い、一九九一年（平成三）に発掘調査が行われ、南北五間、東西四間の東面する建物が検出された。内陣の南北三間、東西二間は石を積み上げて須弥壇としていた。また、建物本体の周囲にも小さな礎石が並び、裳階《もこし》がついたものと推定できる。さらに、建物の西の調査では、凝灰岩製の大型の石造如来座像が出土した。石仏は火災のため、現在は頭部と体部が分かれているが、もともとは凝灰岩を丸彫りしたもので製作は飛鳥時代後半である。また、総数約二百点におよぶ大量の塼仏、百片もの文様のついた塑壁が出土した。ともに金箔が残り、建物内陣の壁面を荘厳にしたものと推定できる。飛鳥時代後半の石造仏像と堂内装飾を考えていくうえで貴重な遺跡である。

参考文献　奈良県立橿原考古学研究所編『当麻石光寺と弥勒仏概報』、一九八二、吉川弘文館。

（林部　均）

しゃみせん　三味線　古典音楽や民謡などに用いられる長い棹をもつ撥弦楽器。木製の四角い胴の両面に猫や犬の皮を張り、撥《ばち》によって弾くが人指し指で弾く爪弾きもある。中国の三弦を源流とし、十六世紀後半に、琉球から伝えられたと考えられる。文献史料上確実なところでは、『御湯殿上日記』天正八年（一五八〇）二月十六日条に「まいのゝち宮の御かた、御かはらの物山しろといふ、しやみせんひかせらるゝ」とみられる。『言経卿記』によると、一五九二年（文禄元）八月十五日に座頭福仁がやって来て「上ルリ・平家・小哥・シヤヒセン・早物語」などの種々の芸を行ったとある。伝来当初には琵琶法師などの芸能者によって取り入れられ、琵琶の撥で三味線を伴奏に、浄瑠璃・平家物語・小歌などを歌い物語ったものと推察される。江戸時代には浄瑠璃の伴奏のほか、三味線組歌が作られるようになり、箏・一節切《ひとよぎり》（後には尺八）などとの合奏も行われた。やがては人形浄瑠璃・歌舞伎音楽の主要な楽器として盛んに使われるようになる。このころ細棹・中棹・太棹の種類があらわれ音楽によって使い分けられるようになる。沖縄・奄美地方では、蛇皮を張った三線《さんしん》として伝えられ、古典音楽や民謡の伴奏として使われている。→三線《さんしん》

参考文献　『箏曲・地歌・尺八』（『日本古典音楽大系』三、一九八〇、講談社）。

（荻　美津夫）

しゃもじ　杓文字　⇩杓子《しゃくし》

しゃりとう　舎利塔　仏舎利を納めた工芸品的な小塔。仏堂や仏塔に安置する。形式は一重宝塔形をはじめ宝瓶形・宝珠形・五輪塔形あるいは二重多宝塔形などがあり、金銅製をはじめ鉄製・水晶製・木製などがある。仏舎利は元来は釈迦の遺骨をさし、釈迦入滅後分骨して八基のストゥーパに奉安されたが、紀元前三世紀アショーカ王が七基のストゥーパから取出して細分し八万四千基のストゥーパを造立したといい、仏教の広がりとともに中国を経て日本へ伝えられた。はじめ仏舎利は容器に納めて塔の心礎や心柱・相輪に奉安されたが、のち小塔に納めて堂塔の内部にも安置されてそれ自体が礼拝の対象となり、舎利信仰が広がり豪華な舎利塔も造られた。最古の紀年銘をもつ法隆寺献納宝物金銅宝塔（一一三八年（保延四））、最大級の阿弥陀寺鉄宝塔（一一九七年（建久八））、燈籠形の西大寺金銅透彫舎利塔（鎌倉時代）などが有名。木造の海竜王寺五重小塔（八世紀）もおそらく仏舎利を納めて西金堂に安置されたと思われる。

参考文献　奈良国立博物館『仏舎利の美術』、一九七五。

（濱島　正士）

しゃりようき　舎利容器　仏舎利、すなわち釈迦の遺骨を塔に安置する伝統はインドに始まり、中国大陸、朝鮮半島を経てわが国に伝えられた。舎利容器はその舎利を収めた容器で、古代寺院では塔心礎や心柱、あるいは相輪部に収められた。舎利は容易に入手できないので、それに替えて玉石が用いられた。これをガラス容器に収め、さらに金・銀・金銅・銅などで作られた容器に入れ子状にして収める場合が多い。舎利を直接収めるものが舎利容器であり、ほかは舎利外容器と呼んでいる。崇福寺《すうふくじ》跡塔心礎（滋賀県大津市）から発見されたものや、法隆寺五重塔心礎（奈良県斑鳩《いかるが》町）から発見されたものはその代表例である。崇福寺の事例は塔心礎の側面に横穴状の舎利孔があり、緑色ガラス壺、金製内函、銀製中函、金銅製外函の順に組み合わされた舎利容器が安置されていた。法隆寺の事例は塔心礎の中央に舎利孔があり、緑色ガラス壺、金製容器、銀製容器、銅製容器の順に組み合わされた舎利容器が安置されていた。金製、銀製の容器は唐草紋が切り抜かれたものであった。舎利外容器には右記二例に見るように、壺形・合子形・函形などがあり多様

である。塔心礎の舎利孔には方形のものがあり、納められた外容器は崇福寺例のような函形なのであろう。その荘厳には玉類をはじめとした装身具、鏡、銭、香木などが納められる。時代が降るにつれて舎利が信仰の対象になり、舎利容器は宝塔形、宝珠形、五輪塔形、宝篋印塔《ほうきょういんとう》形などさまざまな塔形式のものが作られるようになる。唐招提寺《とうしょうだいじ》(奈良市)の金亀舎利塔(国宝)は、鑑真《がんじん》が唐から請来した舎利三千粒を安置するために平安時代末に作られた舎利塔で、宝塔を亀が背負う形をしており、この形式のものが長谷《はせ》寺(奈良県榛原町)や東大寺(奈良市)でも後世に作られた。

参考文献　奈良国立博物館編『仏舎利と宝珠―釈迦を慕う心―』、二〇〇一。　(森　郁夫)

しゅ　朱　赤色顔料の一種。赤色硫化水銀(HgS)。その使用は、縄文時代後期初頭に始まる(一部に、中期にさかのぼる事例はあるが)。地質学的には、北海道から紀伊半島・四国にかけての岩脈帯から辰砂として採取され、採掘・粉砕・水簸などの工程を経てつくられた。縄文時代・弥生時代には、製造に関わる若干の遺跡と遺物が知られる。中国では古くから神仙思想と結びつき、弥生時代・古墳時代には日本にもその考え方が広まった。古墳への大量埋葬などはその事例であり、中国から朱が輸入された。古代絵画では最も貴重な顔料の一つであり、法隆寺金堂壁画・高松塚古墳壁画をはじめ、正倉院宝物中の絵画にも使用されている。古代建築は朱塗りされていたとの誤解があるが、柱材など部材への外面塗装に使用されたのは、ベンガラであり、朱が塗られることはない。朱は高価で供給量が少ないこと、朱は黒変しやすいことから当然の選択である。朱の消長には、水銀の利用も考慮する必要があろう。古墳時代以降、金鍍金は水銀アマルガム法によって行われており、朱の加熱分解により水銀が得られることから、それとの競合関係を視野に入れるべきである。これとは逆に、中世(十三世紀ごろか)からは水銀と硫黄とから朱が人工合成され、普及品化の道をたどった。中世以降に出土する炭粉渋下地を基本とする普及品型漆器に、朱漆が多用され出すのもこのことによる。なお現代の漆工芸における朱漆には、一般に水銀を含まない合成赤色顔料が使用されているのも時代の反映である。朱は原料の質と粒度により色調差があるが、おおむねベンガラよりも鮮やかな赤色をしており、赤色顔料としては、時代を問わずベンガラよりも常に高位に位置づけられていた。赤色顔料の代表であり、赤系色調を総称して朱と呼ぶ場合が多いが、理化学的分析を経ていない場合、水銀朱とは限らない。ベンガラ系赤色顔料あるいは鉛丹(四酸化三鉛)である可能性を考慮すべきである。　↓水銀《すいぎん》　↓ベンガラ

参考文献　市毛勲『朱の考古学』(『考古学選書』一二、一九七五、雄山閣)。岡山真智子「古代における辰砂生産工程の復元」(『考古学雑誌』八四ノ一、一九九八)。渡邊明義『古代絵画の技術』(『日本の美術』四〇一、一九九九、至文堂)。　(永嶋　正春)

しゅいんせん　朱印船　十七世紀前期、江戸幕府老中から長崎奉行に宛て、公許を示す朱印が押された奉書形式の海外渡航許可証(異国渡海御朱印状)を交付され、それを携行し、東南アジア一帯に渡航した船。渡航先の官憲に対し朱印状を携行する商船への保護と便宜が要請された。江戸幕府に先行し、豊臣秀吉も南方渡航船に朱印状を交付したと伝えられるが現物は伝来せず詳細は不明である。一六〇四年(慶長九)―一六三五年(寛永十二)の間に少なくとも三百五十六隻がルソン・コーチ・安南・トンキン・シャム・カンボジア・高砂(台湾)などに渡航した。主な輸出品は銀・銅・鉄・硫黄・樟脳・漆器、輸入品は生糸・絹織物・鹿皮・鮫皮・蘇木・砂糖などであった。一六〇九年に大名の大船(五百石以上)保有が禁じられ、直接的な貿易船の運航が不可能になる時期までは、島津・松浦・細川などの西国大名が、それ以降は角倉・茶屋・末吉・末次・荒木など京都・大坂・堺・長崎の貿易商人、徳川家康の外交顧問ウィリアム＝アダムスなどが朱印船の派遣主体となった。寛永期(一六二四―四四)、社寺に奉納された末次船や荒木船を描いた船絵馬や絵画などから朱印船の船体や艤装の概要が知られ、船は中国のジャンクを基本に、三本のマストや船尾の楼櫓に西欧のガレオン船を模し、日本の伝統的造船技術が加えられた折衷形式(日本前型)もあり、輸入船の改装だけでなく長崎で造船された例もある。国内の廻船より大型で積載量は十二万～八十万斤積(四百八十～三千二百石、七二～四八〇トン)で、船長・按針・書記・水夫が運航にあたった。総重量としては、一〇〇トン前後の小型船から七〇〇トン程度の大型船まで多岐にわたり、二、三〇〇トンの船が主流であったとみられる。幕府がキリスト教禁令を出す一六一二年以降、貿易も漸次制限を加えられ、国内への外国船寄港地が長崎・平戸に限られた一六一五年(元和二)以降には、朱印船の航行が海外との交流の重要な役割を担ったが、一六三一年には海外渡航に朱印状のほか、老中奉書が必要となり(奉書船制度)、一六三三年には海外在留五年以上の者の帰国が禁じられ、一六三五年日本人の海外渡航と帰国が禁じられるに至って断絶した。

参考文献　岩生成一『新版朱印船貿易史の研究』、一九八五、吉川弘文館。中村拓『御朱印船航海図』、一九七九、原書房。中田易直『近世対外関係史の研究』、一九八四、吉川弘文館。中村質『近世対外交渉史論』、二〇〇〇、吉川弘文館。　(綿貫　友子)

しゅうがいしょう　拾芥抄　有識故実に関する知識を類聚し部門別に列挙した一種の百科事典。『略要抄』『拾芥略要抄』などとも。全三巻で、歳事部・物忌部・触穢部など九十九部よりなる。かつては洞院公賢編、洞院実熙増補とされていたが、『本朝書籍目録』に「拾芥略要抄」の書名がみえることから、近年は、成立はそれ以前で(公賢の祖父洞院公守の編纂か)、公賢が増補改編したと

する説が有力である。吉備真備の『私教類聚』の目録を伝え、また宮城指図などを収録するなど、古代・中世の公家社会を理解する上で有用な史料である。古写本には東京大学史料編纂所所蔵本(南北朝時代写、残欠、影印あり)、大東急記念文庫本(青蓮院・川瀬一馬旧蔵。室町時代後期写、影印あり)、尊経閣文庫本(梵舜写、影印あり)、京都大学附属図書館清家文庫本(室町時代末写、インターネットにて画像公開)、天理図書館本(吉田兼右・梵舜写)、国会図書館本(室町時代末写)などがあり、また抄出本に大東急記念文庫本『縮芥抄』がある(一四一一年(応永十八)写、影印あり)。翻刻は『(新訂増補)故実叢書』所収。

参考文献 橋本義彦「『拾芥抄』」(『日本古代の儀礼と典籍』所収、一九九九、青史出版)。川瀬一馬『古辞書の研究(増訂版)』、一九八六、雄松堂出版。海野一隆「『拾芥抄』古写本における地図」(『ビブリア』一〇一・一〇二、一九九四)。

(小倉 慈司)

じゅうけんもん　重圏文　同心円状に数重の圏線をめぐらした文様のこと。弥生時代や古墳時代の鏡では、幾何学文・銘文と組み合わせて重圏文をめぐらす重圏文鏡がある。歴史時代になって重圏文と呼ばれるのは、瓦の文様にあり、同心円だけを配する重圏文軒丸瓦がこれである。重圏文軒丸瓦が出現する理由について、蓮華文軒丸瓦は中房・蓮弁・外区文様を同心円によって区画されているので、同心円だけを残し、ほかの文様を消去したものとする見解がある。この重圏文軒丸瓦は、軒平瓦の瓦当の外形を二重・三重に描いた重郭文《じゅうかくもん》軒平瓦と組み合わせて用いられているので、当初から幾何学文様として発案されたとみてよい。この軒瓦の組み合わせは、七二六年(神亀三)から七三四年(天平十六)ごろの聖武朝難波《なにわ》宮に用いられた。平城宮・京にも重圏文軒丸瓦は使用され、また備後・阿波・上総などの国分寺、播磨国府などにも使用された。いずれも奈良時代の瓦である。

参考文献 中尾芳治「重圏文軒瓦の製作年代と系譜についての覚書」(難波宮址顕彰会編『難波宮跡研究調査年報』一九七一、一九七二)。

(山崎 信二)

しゅうこじゅっしゅ　集古十種　松平定信(一七五八—一八二九)が編纂した古書画・古器物・古武具類の木版図集。わが国最初の文化財図録ともいわれる。谷文兆らを派遣し実物書写を旨としたが、模本の孫写しも多く、精粗・良否に差がある。肖像、扁額、文房、古書画(七祖賛、名物古画、牧渓《もっけい》玉澗八景、定家卿真跡小倉色紙)、碑銘、鐘銘、銅器、兵器(甲冑、弓矢、旌旗、刀剣、馬具)、楽器、印章の十種十七項目からなる松平家蔵版は、一八〇〇年(寛政十二)に刊行され、明治以後、序文・総目録を加えた再版本や縮刷版・洋装版が刊行された。出土品を含む漢式鏡・唐式鏡・銅鐸・鈴杏葉などの考古遺物を掲載するが、基本となるのは古社寺・名家で伝世された品々で、なかには、その後の廃仏毀釈で行方不明となった品物もある。鏡背文様・碑銘・鐘銘はおもに拓本から起こし、甲冑など複雑な構造物に部品ごとの図を挿入するなど、写真技術や機械製版技術のない時代の工夫を評価すべきである。なお、松平定信は畿内を中心に各地出土の古瓦を三百点近くも収集しており、これをもとに、集古十種の続編を計画していたという指摘もある。

参考文献 沼田頼輔「考古学上より見たる楽翁公」(『考古学雑誌』一一ノ七、一九二一)。佐々木和博「松平定信の古瓦収集—「白河侯所蔵古瓦目録」を中心に—」(『王朝の考古学』所収、一九九五、雄山閣)。

(上原 真人)

じゅうこもん　重弧文　弧線を同心円状に重ねた文様。瓦以外では、弥生土器の箆《へら》書き文や銅鐸そして弥生・古墳時代の仿製鏡《ぼうせいきょう》の文様などにある。歴史時代になると、七世紀の中ごろに重弧文軒平瓦が出現する。最古の重弧文軒平瓦は百済大寺《くだらおおでら》の可能性が高い吉備池廃寺《きびいけはいじ》で採用され、その後山田寺・川原寺などの七世紀後半の軒平瓦文様の主流となる。分布も畿内だけでなく、九州から東北地方に及ぶ。畿内では七世紀末に重弧文軒平瓦は消失するが、関東・東北では八世紀前半まで存続する。中国大陸では重弧と指で波状を描く軒平瓦が五世紀以降にあるが、日本の重弧文軒平瓦は重弧だけの文様で、日本での発案である。製作技法では、重弧文軒平瓦は開閉式の桶上で、顎部のある円筒粘土を作り出し、桶をはずし、瓦《が》当《とう》面を押し引きで作り出し、その後四分割して完成させる。一気の押し引きで円周を描く通常の重弧文と、数センチ単位で押し引きを止める簾状重弧文がある。また、七世紀後半には、琵琶湖東岸に重弧と指で波状を描く大陸的な軒平瓦が出現する。

参考文献 山崎信二『古代瓦と横穴式石室の研究』、二〇〇三、同成社。

(山崎 信二)

しゅうざんかまあと　周山窯跡　京都府京都市右京区京《けい》北《ほく》周山町に所在する、七世紀末から八世紀前葉の瓦陶兼業窯。焼成瓦は北方約一キロに位置する周山廃寺に供給された。一九八一年(昭和五十六)に京都大学文学部考古学研究室が、四基の窯体の発掘調査を行なった。一号窯は半地下式の階段を設けた窖窯《あながま》で、焚口から煙出まで約七メートル、焼成部の最大幅は一・二メートルで、煙道から焼成部、燃焼部、焚口、前庭部、灰原をほぼ完掘した。二号窯は、地下式の窖窯で、水平に近い床面であり、窯体奥の右壁上部に煙道に続く穴が穿《うが》たれていた。三号窯と四号は階段のない半地下式の窖窯で、あい並んで構築されている。灰層の切り合い関係などから、三号窯・四号窯→二号窯→一号窯の順に構築され、それぞれの操業面を分層して遺物を取り上げ、出土したすべての瓦と須恵器について、技術の観察と総量の算定を行なった。すべての窯で須恵器が焼成されており、飛鳥Ⅳ期から平城宮Ⅱ期にわたる。また、焼成した瓦は、各窯で製作技術が異なる。

参考文献 京都大学文学部考古学研究室編『丹波周山窯址』、一九八二。

(五十川伸矢)

じゅうさんづか　十三塚　十三基の塚によって構成された、塚信仰の仏教遺跡。東北地方から九州地方のほぼ全国に分布する。十三仏塚・十三本塚・十三菩提など十三仏信仰との関連を暗示する地名や名称が残る。『籐葉栄衰記』などに、非業の最期を遂げた人物の怨霊慰撫譚もあるが考古学上は論拠に乏しい。十三塚研究は、一九一〇年(明治四十三)、柳田国男が雑誌『考古界』八ノ一一にその研究意義を示したことに始まる。民俗学においても諸論があるが、十三塚は現存する十三仏信仰とは時空を異とするもので、本来は仏教考古学上の対象遺跡である。十三基の塚の配列には規則性があり、その形態や地境や峠に築かれるなどの立地条件から、十三基全体に対する正面と機能空間があることが知られ、少ない出土遺物例からではあるが室町時代の所産とみられる。仏教概念上の彼我の境に見立て地境に築かれた、供養塚の一形態と考えられよう。

参考文献　唐澤至朗『民衆宗教遺跡の研究』、二〇〇三、高志書院。木下忠「十三塚研究の視点」(『考古学ジャーナル』二七四、一九八七)。

(唐澤　至朗)

じゅうさんぼうづかいせき　十三宝塚遺跡　群馬県伊勢崎市境伊与久に所在する推定郡衙遺跡。国指定史跡。南辺八二メートル・東辺九二メートル・西辺八二メートル・北辺六〇メートルで、北東部のみに直角をもつ変形した柵列区画で囲まれたなかに二基の基壇建物があり、南辺に門がある。また、柵列区画の外には掘立柱建物群や井戸・竪穴住居などがある。遺構の北側にある牛堀を北限として、南限大溝までを遺構の全体構造とすれば南北長は三二〇メートルになり、東西長は一九五〜二〇〇メートルと想定されている。基壇周辺および区画外の溝や竪穴住居からは奈良三彩、灰釉《かいゆう》製の浄瓶、国分寺系の瓦などが出土しており、出土土器類などの年代観とともに主要な遺構群の盛期は八世紀代から九世紀前半であるとする。遺構の性格は官衙的な色彩が濃いものとして上野国佐位郡家と推定されているが、寺院跡としての見解もある。

参考文献　井上唯雄「十三宝塚遺跡」(『群馬県史』資料編二所収、一九八六)。群馬県埋蔵文化財調査事業団他編『史跡十三宝塚遺跡』(『群馬県埋蔵文化財調査事業団調査報告書』一三四、一九九二)。

(能登　健)

しゅうせいかん　集成館　鹿児島市吉野町磯に一八六五年(慶応元)に機械工場として竣工した石造建物。ストーンホームとも呼ばれた。薩摩藩主島津斉彬《なりあきら》は、対外緊張の高まる中で積極的な富国強兵・殖産工業政策をとった。一八五二年(嘉永五)、磯の別邸仙巌園《せんがんえん》に隣接して反射炉を、その後溶鉱炉、大砲の砲身を削る鑽開《さんかい》台、ガラス工場・蒸気機関製造所などを建設し、一八五七年(安政四)この工場群を集成館と名付けた。翌年斉彬が急死すると、事業は縮小され、一八六三年(文久三)の薩英戦争で焼失したが、まもなく島津久光の主導で事業は再興され、機械工場をはじめとする多くの工場を造った。集成館は、一八七七年(明治十)の西南戦争で大きな被害を受け、その後衰退し、一九一五年(大正四)に廃止された。唯一残された機械工場の建物は、博物館尚古集成館の本館として用いられ、集成館跡地は一九五九年(昭和三十四)に国の史跡に、旧機械工場はわが国最古の様式石造工場として一九六二年重要文化財に指定されている。

参考文献　田村省三『尚古集成館―島津氏八〇〇年の収蔵―』(『かごしま文庫』一二、一九九三、春苑堂出版)。尚古集成館『島津斉彬の挑戦―集成館事業―』(『かごしま文庫』七三、二〇〇三、春苑堂出版)。

(永山　修二)

じゅうにし　十二支　中国の天文学において十二年で天を一周する木星の位置を示すために、天を十二分したときの呼称として、子《し》・丑《ちゅう》・寅《いん》・卯《ぼう》・辰《しん》・巳《し》・午《ご》・未《び》・申《しん》・酉《ゆう》・戌《じゅう》・亥《がい》を十二支とした。また十日一旬の順序を表す十干《じっかん》(甲・乙・丙・丁・戊・己・庚・辛・壬・癸)と組合せて六十で一巡する年・月・日や、時刻や方角などを示すのにも用いられた。六十干支で日を数えた早い例は殷《いん》の甲骨文《こうこつぶん》にみられ、漢代になると干支で年を記す干支紀年法も広まり、一日の時間を十二等分して十二支名で呼ぶようになった。また十二支が十二獣に配当されたことは後漢の王充《おうじゅう》の『論衡《ろんこう》』にみえる。日本への伝来時期は不明だが、五世紀の稲荷山《いなりやま》古墳出土鉄剣銘に紀年法がみられるのをはじめとして、法隆寺金堂の釈迦三尊像光背銘や天寿国繡帳《てんじゅこくしゅうちょう》などに紀日法が用いられ、『日本書紀』では天皇の即位元年や月朔、日数を干支で表記している。また十二支を十二獣に該当させた結果、日本では子《ね》(鼠)・丑《うし》(牛)・寅《とら》(虎)・卯《う》(兎)・辰《たつ》(竜)・巳《み》(蛇)・午《うま》(馬)・未《ひつじ》(羊)・申《さる》(猿)・酉《とり》(鶏)・戌《いぬ》(犬)・亥《い》(猪)とよんだ。中国では隋代以降、墓誌石に十二支像を刻むことが盛行し、はじめ獣身獣首だったものが、唐代中期以降は人身獣首、さらに唐末には人身人面様式となり、身体の一部に獣首を置くことも流行した。新羅《しらぎ》や高麗《こうらい》では王陵の周麓部の腰石や石棺の側石に刻まれたり、玄室の壁画にも描かれたが、日本では人身獣首の十二支像がみられるのは、わずかに奈良市の那富山墓《なほやまのはか》の隼人石《はやといし》が唯一の遺例で、ほかには正倉院御物の白石鎮子と呼ばれる白大理石の石板に刻まれたものや、同じ御物の十二支八卦背円鏡、あるいは十二支布幕に描かれた獣身獣首の像が知られるにすぎない。さらに中国では陰陽五行説や讖緯説が流行した漢代以降、干支で吉凶を説明し、暦日や方角の禁忌や占術の基礎となったが、こうした干支に基づく吉凶禁忌は、朝鮮や日本でも広く浸透した。

参考文献　新城新蔵『東洋天文学史研究』、一九二八、弘文堂。南方熊楠『十二支考』(『岩波文庫』、一九九四、岩波書店)。西嶋定生「中国・朝鮮・日本における十二支像の変遷について」(末松保和博士古稀記念会編『古代東アジア史論集』下所収、一九七八、吉川弘文館)。

(増尾伸一郎)

じゅうにしぞう　十二支像　十二支の動物を獣頭人身で表わす像。十二支は本来方位や時刻を表す。もとは記号であったが似た漢字をあてはめ、さらに動物を当てるようになった(子・丑・寅・卯・辰・巳・午・未・申・酉・戌・亥)。十二生肖・十二属ともいう。これと十干(甲・

乙・丙・丁・戊・己・庚・辛・壬・癸)と組み合わせて、六十干支を作る。この干支を日にあてることは中国の殷代にすでに行われていた。年を干支で呼ぶようになったのは戦国時代からである。十二支を描く時、初めはその動物を描いていたが、北朝から隋の時期になると人身獣頭の表現が現れてくる。このタイプの最古の例は隋代にあり、普遍的になるのは八世紀前半である。これが朝鮮半島には統一新羅時代に陵墓の腰石として十二支の石像等に伝わっている。日本ではキトラ古墳の人身獣頭の十二支神像の壁画が最初である。キトラ古墳では子と寅・午のみが比較的わかるがほかは消えたり剝落している。それまでは奈良時代の那富山墓の隼人石と呼ばれるものが最も早いものといわれていた。十二支神像の那富山墓のものは現在四個の石しか残っていないが、子・卯・丑・戌が認められる。奈良時代ころから、わが国では十二支神像は仏教とも結びつき、新薬師寺の十二神将像のようなものや、神将像に十二支獣を持たせるものなどが現れる。（河上　邦彦）

じゅうにしんしょう　十二神将　薬師如来の眷属として配置される十二体の武装神で、『薬師本願経』などで説かれる。十二薬叉《やくしゃ》大将ともいう。経典には、神将それぞれに宮毘羅《くびら》、伐折羅《ばさら》などの名が記される(表記は経典によって異なる)が、十二方の方位や十二支の信仰と次第に結び付くようになり、平安時代末期ころから頭上に十二支の支獣を標識として付すものが一般化する。今日では、支獣に従い子神像といった呼称があてられることも多い。わが国の遺品としては、七世紀末ころの法隆寺金堂壁画十号壁画(薬師浄土変か)に描かれている四体の神将像を十二神将像の現存最古の作例と見なす見解があるが、彫刻では天平年間(七二九—四九)に造られたとみられる奈良県新薬師寺の塑造十二神将像(一体が近代の補作)が最古の作例である。なお、京都府仁和寺薬師如来像の場合のように、光背や台座に浮彫で表される例もある。（河上　邦彦）

参考文献　中野照男『十二神将像』(『日本の美術』三八一、一九六八、至文堂)。金子啓明「伝浄瑠璃寺旧像の十二神将像について」(『MUSEUM』三五九、一九八二)。（根立　研介）

じゅうにひとえ　十二単　平安時代以降の女房装束《にょうぼうしょうぞく》(女房の朝服《ちょうふく》)の通称。本来は、単《ひとえ》の上に防寒と装飾のため数領の袿《うちき》(衣《きぬ》ともいう)を重ねて着けた、重ね袿という装束の慣用名の一つで、単に衣十二領を重ねた際の呼称。後世、宮廷外で貴族の女性の装束をさす用語と誤解されて流布した。女房装束の原形は衣服令の女子朝服で、平安時代に和様化して柔和で優雅な服装に改められた。礼服に準ずる威儀の女房装束は物具《もののぐ》ともよばれ、袴・襪《しとうず》をはき、単・袿の上に、打衣《うちぎ》(糊引きと砧打ちで艶を出した衣)・華麗に仕立てた表着《うわぎ》・唐衣《からぎぬ》を着て、領巾《ひれ》をかけ、腰に裳《も》・裙帯《くたい》をつけ、帖紙《たとう》・檜扇を持ち、髪を上げて、宝鈿《ほうでん》と釵《さい》子《し》を挿した姿。尋常の女房装束は、袴・単・袿の唐衣・裳をつけた姿であるが、後宮に起居して奉仕する女房にとっては日常着でもあるため、くつろいだ時は唐衣をはぶいた略儀の女房装束が許された。鎌倉時代ころからは尋常の装束が小袿《こうちき》、袿袴《けいこ》、小袖袴《こそではかま》、大腰《おおごし》と簡易化していった。

参考文献　鈴木敬三『有識故実図典—服装と故実—』、一九九五、吉川弘文館。（武田佐知子）

しゅうぶつ　繍仏　下地裂《きれ》に刺繍で仏像などを表したもの。繍仏の起源はインドで、西域を経て中国へ伝わり、日本へももたらされた。最古の例は、西域の敦煌莫高窟《とんこうばっこうくつ》から四八七年(北魏、太和十一)の銘を持つ繍仏が発見されている。日本では、記録によると、『日本書紀《にほんしょき》』の六〇五年(推古天皇十三)丈六の繍仏が作られ、また寺院の資財帳にも繍仏の記載がみえ、盛んに制作されていたことがうかがわれる。遺品は、もと京都の勧修寺《かじゅうじ》に伝えられた「釈迦如来説法図」(国宝)が著名で、宝樹天蓋の下、獅子座に倚坐《いざ》する赤衣の釈迦と、その周りに雲上の奏楽天人や供養菩薩、供養者などを全面刺繍で表した大作。また、法隆寺献納宝物には、両面刺繍で奏楽天人などを繍《ぬ》い表した繍仏裂があり、金銅灌頂幡《かんじょうばん》の幡足として用いられた。以後、平安時代は仏画の盛行で繍仏制作は一時途絶えたが、鎌倉時代には浄土教の擡頭により、「南無阿弥陀仏」と唱えるだけで往生できるというやさしい教えが民衆に支持され、一針ずつ縫って仏を表す繍仏は庶民でも容易にできることから盛行し、なかには遺髪を繍い入れたものもみられる。

参考文献　沢田むつ代『上代裂集成—古墳出土の繊維製品から法隆寺・正倉院裂まで』、二〇〇一、中央公論美術出版。（沢田むつ代）

しゅうまつきこふん　終末期古墳　高松塚古墳の発見を契機として想定された古墳の時代区分。かつては晩期古墳とか飛鳥時代古墳と呼ばれていた六世紀末から八世紀初めまでの古墳のこと。当初はこの時代の特殊な古墳だけを指していたが、次第に時代区分となってきた。最近はこれをさらに二時期に区分している。前半は、前方後円墳が消滅して墳丘の中心が円墳や方墳に代わっているものの、内部の埋葬施設は横穴式石室で、後期古墳とほとんど変りない。飛鳥の石舞台古墳や、岩屋山古墳のように、六世紀末から七世紀中ごろの時期の古墳で、このころにはまだ後期と同じ群集墳が作り続けられている。後半は、墳丘も極端に小さくなり、内部の構造も横口式石槨となる、七世紀後半から八世紀初めころまでの古墳を指す。群集墳のようなものもあるが、この多くが改葬墓(二次葬)である。壁画古墳の高松塚古墳や、キトラ古墳はこの時期の古墳である。（河上　邦彦）

じゅうようびじゅつひん　重要美術品　一九三三年(昭和八)施行された「重要美術品等ノ保存ニ関スル法律」に基づいて、歴史上または美術上特に重要の価値ある物件として国が認定した美術品類。同法は、日本の美術品類が国外に流出するのを防ぐ目的で制定され、一九二九年制定の国宝保存法による国宝指定より範囲を広げて、国宝に準ずる文化財が認定の対象とされ、認定物件は輸出・移出が規制された。文部省に調査委員会が置かれてその認定等を審議したが、迅速な認定が求められ、一九四九年までに美術工芸品と建造物をあわせて約八千二百件が認定された。「重要美術品等ノ保存ニ関スル法律」は一九五〇年の文化財保護法施行により廃止されたが、認定された物件は当分の間その効力を有するとされ、現在もそれが続いている。重要文化財への格上げ、輸出などに伴う認定取消が行われたが、なお六千件以上が重要美術品として残されている。（中村　順昭）

じゅうようぶんかざい　重要文化財　一九五〇年（昭和二十五）施行の文化財保護法に基づいて国が指定した有形文化財。建造物、絵画、彫刻、工芸品、書跡、典籍、古文書その他の有形の文化的所産でわが国にとって歴史上または芸術上価値の高いもの、ならびに考古資料およびその他の学術上価値の高い歴史資料と定義されている。明治時代以来の古社寺保存法、国宝保存法によって指定された国宝を継承し、その後も毎年新しく指定が行われて、二〇〇六年（平成十八）までに建造物二千二百件余、美術工芸品一万件余が指定され、うち国宝が千件余である。考古資料としては五百件余が重要文化財に指定されている。指定された文化財は貴重な国民的財産として、その保存・管理・公開・活用に政府および地方公共団体は必要な措置をとることが定められている。また国指定の重要文化財に準じて、各地方自治体ではそれぞれ条例を制定して、文化財の指定を行なっている。

参考文献　文化庁監修『国宝・重要文化財大全』、一九九七―九九、毎日新聞社。（中村　順昭）

しゅうりめい　修理銘　⇩造像銘《ぞうぞうめい》

じゅうりんいん　十輪院　奈良市十輪院町に所在する真言宗寺院。本堂（国宝）後部より続く覆堂内に花崗岩の切石を組上げた石龕（龕高二・四二〔メートル〕）を設ける。石龕は中心をなす主部と前庭部よりなり、主部の奥に厚肉彫りの本尊地蔵菩薩立像を嵌込み、左右側壁の奥側には十王像を、手前側には向かって（以下同）左壁に菩薩立像、右壁に不動立像を各線彫りで表す。前庭部は左奥壁に弥勒菩薩、右奥壁に釈迦（推定）の各立像を半肉彫りで表し、屈曲しながら左右幅が拡がる側壁から開口部にかけては五輪塔や二天王立像、十二宮種子、金剛力士立像を線彫りで表す。外周壁には四天王立像および五輪塔をやはり線彫りで表す。諸像は彩色仕上げだが大半は剝落。鎌倉時代中期の作とみられ、各モチーフは各種の浮彫り技法を使い分けて表され、当代における石彫技術の成熟を示しており、また図像や衣文形式に宋画の影響がみられることが注意される。なお当寺境内にはほかにも線刻曼荼羅石二種や不動石仏など、鎌倉時代の石造美術品が伝存する。

参考文献　『大和古寺大観』三、一九七七、岩波書店。（奥　健夫）

しゅがくいんりきゅう　修学院離宮　京都市左京区の比叡山西南麓にある後《ご》水《みずの》尾《お》上皇《じょうこう》の山荘。一六五六年（明暦二）以前に着工され、一六五九年（万治二）から一六六三年（寛文三）までの三回にわたる工事で「上の御茶屋《おちゃや》」と「下の御茶屋」の二つの庭園が造られた。上の御茶屋は、傾斜地を利用してつくられた浴竜池と名付ける大池を中心に、隣雲亭、窮邃亭《きゅうすいてい》、止々斎《ししさい》（現在は跡のみ）を配し、それらを巡る園路をもうける。下の御茶屋は、山裾《やますそ》の里御所《さとごしょ》としてつくられ、御幸門や寿月観《じゅげつかん》、蔵六庵（現在は跡のみ）などで構成されていた。一六七〇年ごろ、両者の中間に朱宮《あけのみや》光子内親王の御所が営まれたが、朱宮は一六八〇年（延宝八）に得度して林丘寺門跡となった。その後、ここに東福門院御所の奥御対面所《おくのおんたいめんしょ》として造られた建物が移築されて霞棚のある客殿《きゃくでん》となり、本堂なども建てられた。明治以降に、宮内省所管の離宮とされ、一八八六年（明治十九）に林丘寺から客殿、楽只軒《らくしけん》、門が分離されて、「中の御茶屋」と呼ぶことになった。

参考文献　森蘊『修学院離宮の復原的研究』（『奈良国立文化財研究所学報』二、一九五四）。（藤田　盟児）

しゅく　宿　街道沿い、峠のふもと、海や川の徒渉地など交通の要衝にできた集落。古代の駅伝《えきでん》制で整えられた駅に代わって、平安時代末から用いられた。東海道沿いの美濃の青墓《あおはか》、尾張の萱津《かやつ》、遠江の橋本《はしもと》や、神崎川にのぞむ摂津の江口《えぐち》、神崎《かんざき》などが初期のものとして著名。宿泊施設や運送業者の設備などがあり、遊女たちも集まり、宿長者《しゅくのちょうじゃ》とよばれる有力者が統轄した。古代から中世にかけて、交通量の増加により自然に発達しただけではなく政策的に作られたものもあり、中世では領主館に付属する宿衛的な場から発達したものも見られる。地理的にも恵まれた交通量の多い宿では、近くに市もでき、やがて常設の店や社祠、寺院なども作られ、町としての体裁を整えていった。近世の在郷町《ざいごうまち》にはこれらの宿が発展したものも多い。宿の住人は「間別銭《まべつせん》」などの税を領主に納入し、宿に定住することや交通上の特権を保証されていた。近年、苦林《にがばやし》宿とされる埼玉県毛呂山《もろやま》町の堂山下《どうやました》遺跡、野路《のじ》宿とされる滋賀県草津市の野路岡田遺跡、福島県郡山市の荒井猫田《あらいねこた》遺跡など中世の宿の発掘が相ついでおり、発掘成果から街道に面した「町屋」的な様相と奥まった「村落」的な様相を合わせ持った空間構造が解明された。また、室町から戦国時代にかけてこれらの発掘された宿が衰えたことが判明しており、道や川の変動などにより宿の盛衰が激しいことがわかる。戦国大名は宿に必要に応じ馬を提供させる伝馬《てんま》制度を整え、江戸幕府はこれを拡充し宿駅制度を整えるとともに助郷《すけごう》制度を整備し、公用使の交通のための負担を宿や周辺の村に賦課した。宿には商工業者だけでなくさまざまな職種の人が集まった。非人と呼ばれた人々も集まり、宿の周縁部に集団をなすこともあり、彼らの住む地区は「非人宿《ひにんじゅく》」と呼ばれ、寺社差配のもとで編成され賤視の対象となった。この場合、文字的には「夙」の方が多用される。

参考文献　豊田武・児玉幸多編『交通史』（『体系日本史

叢書』二四、一九七〇、山川出版社)。伊藤毅「「宿」の二類型」(五味文彦・吉田伸之編『都市と商人・芸能民』所収、一九九三、山川出版社)。中世都市研究会編『中世都市研究』三、一九九六、新人物往来社。藤原良章・村井章介編『中世のみちと物流』、一九九九、山川出版社。

(宇佐見隆之)

しゅくそんたいがいちょう　宿村大概帳　一八四三年(天保十四)かその直後に、道中奉行が一定の雛形に基づいて五街道をはじめとする幕府管轄下の街道宿駅の概要を調査させ、それを道中奉行の下で集大成した冊子。宿駅ごとに宿高・宿内町並・家数・人口・宿泊施設・地子免除地や継飛脚《つぎひきゃく》給米高、高札場所・人馬賃銭、当該の宿駅から次宿までの距離、その間の朱印寺社・掃除町場・普請方法や並木・一里塚などの諸施設を記し、それぞれの宿駅・間の村の記載の直後にはその地域の産物や生態の特徴も記してある。一部に調査報告の際に雛形を読み違えたと思われる箇所もあるが、ほぼ統一基準での調査結果であるので、江戸時代後期の街道・宿駅の概要を知る最適な史料であり、宿駅資料が散逸している地域にとっては欠くことができない記録である。明治になって『駅逓志稿《えきていしこう》』編纂のときに写されたと思われるものを逓信総合博物館が所蔵しており、それを基にして『近世交通史料集』四―六(吉川弘文館)に全文が収録されている。

(渡辺　和敏)

しゅくばまち　宿場町　陸上交通の要地である宿を中核にした町。歴史的都市の一形態で、特に江戸時代になって発達した。すでに平安時代には街道の要地に宿ができ、そこに宿の長者や遊女らがいたことが各種の記録によって知られている。鎌倉時代の宿の多くは街道の交差点や河原にあり、宿在家・寺院などが集中して、傀儡《くぐつ》・遊女をはじめとする非農業民が住み宿長者や宿刀禰らに統括されていて、旅人を休泊させる施設を有すると同時に地域の経済的中心地でもあった。戦国時代には今川・北条・武田・上杉氏などが分国内に宿を設け、伝馬屋敷を定めて問屋をおいたので一定の交通集落が形成されたが、一般には都市的景観を見せるまでには至っていない。宿場町が全国的に発展するのは、江戸幕府による宿駅制度の整備が基礎になっている。江戸幕府は東海道をはじめとする主要街道に宿を設定し、各宿に対して一定の伝馬・人足役を課すために伝馬屋敷を定めて宿の問屋にそれを統括させた。宿では、その課役の代償として伝馬屋敷の地子が免除されたり、伝馬・人足が余っていれば駄賃稼ぎをすることが認められたり、宿泊施設である旅籠《はたご》屋の付設を認可されたりした。伝馬屋敷を定める時には、新しく屋敷割りなどをして住民を集めることもあった。また大名の参勤交代が制度化されるとともに、従来の土豪層や大名宿が本陣や脇本陣として勤めるようになった。こうして政策的にできた宿は、一定の空間であり都市的要素も兼ね備える例が多かったので一般には宿場町と呼ばれ、それぞれの地域的特色を有しながらもある程度の共通した景観もそなえた。すなわち、まず街道に面して宿場の外側は松並木でその周辺部は田畑や山林などであり、宿場町の出入り口には枡形《ますがた》が設けられ、景観的に宿場とそれ以外の街道筋が仕切られた。宿場町に入ると街道の両側には家並みが密集しているが、家並みの裏側は田畑であることが多い。宿場町内の端には茶屋や各種の職人の家などが混在し、中心部になるにしたがい旅籠屋が並び、さらにその中心部には本陣・脇本陣や問屋などの公的交通施設があり、問屋の前には宿高札が立つ。宿場町の街路か家並みの裏側には用水路が敷設されている場合もあり、市立てのある宿場町には市神が祀られていることもあった。宿場町の多くは一つの集落によって成り立っていることが多いが、城下町に併設された宿は全町場の一部地域だけが伝馬・人足役を負担していたので右の景観からは大分離れている。逆に複数の集落によって一つの宿場を形成している場合や、相給の集落を一宿としている例もある。宿場町の規模は、時期的にも地域的にも多種多様であるが、一八四三年(天保十四)ごろの『宿村大概帳《しゅくそんたいがいちょう》』による五街道の宿場町の平均的数値をあげれば、家数・人口は東海道が九百七十五軒・三千九百五十人、中山道は二百六十七軒・千百六十五人、日光道中は五百十三軒・二千二百六十四人、甲州道中は百七十七軒・七百七十九軒・千百八十六人、奥州道中は二百五十九軒である。宿泊施設である本陣・脇本陣・旅籠屋の平均軒数はそれぞれ、東海道が二・一・五十五軒、中山道が一・一・二十七軒、日光道中が一・一・三十九軒、奥州道中が一・一・二十七軒、甲州道中が一・一・十一軒である。人口や宿泊施設などは東海道の宿場が抜群に多く、日光道中がそれに次ぐが、全家数に占める宿泊施設数でみると東海道は六%、日光道中が八%、それに対し中山道・奥州道中は一一%であり、宿場町が単純な宿泊施設の密集地というわけでないことがわかる。すなわち宿場町は確かに交通施設を中心とした都市ではあるが、交通労働者以外にも多種多様な人々が居住し、農漁村の生産物の交換地であったり、それらの村々への職人の供給地であったりしたのである。幕府は宿駅制度の保護という観点から宿にさまざまな施策で保護を加えたが、その一つとして旅籠屋で飯売(盛)女をおくことを許可した。旅籠屋では飯売女に対し旅人への給仕だけでなく売春も強要し、付近の住民男性の遊興の場ともなった。宿場町は五街道のなかでも特に東海道筋で発展をみせ、それ以外の五街道筋でもそれに準じたが、脇街道に設置された宿では一部を除き都市的な発展をみせなかった。これらの宿場町も明治維新後の宿駅廃止によってさびれ、さらに鉄道の敷設によってその沿線から離れたところでは大打撃を蒙って、現在では寒村の様相に変わったところも少なくない。

参考文献　高橋康夫・吉田伸之編『日本都市史入門』二、一九九〇、東京大学出版会。

(渡辺　和敏)

しゅげんどう　修験道　古代の山岳信仰を基礎として、

密教や道教・神仙思想、陰陽道などの諸要素を包摂し、平安時代後期に成立した呪術的で実践的な宗教。山林での厳しい修行を通じて超自然的な呪力を体得した験者が、加持祈禱や祓を行い、呪符や薬物などを駆使して救済にあたる。始祖として仰がれる役小角《えんのおづぬ》は鬼神を自在に使役し、孔雀王の呪法を修め、葛城の一言主《ひとことぬし》の神を呪縛したが、後には仙人となって昇天したと伝えられる。吉野の金峯山《きんぷせん》で修行した広達や聖宝、大峯山で冥界を巡歴したとされる道賢(日蔵)や浄蔵、比叡山の回峰行を始め、不動明王の修法でも知られる相応をはじめとして、地方でも日光の勝道や白山の泰澄《たいちょう》、彦山の法蓮などの霊場開山伝承が数多く残る。修験者は山伏とも呼ばれ、大和の金峯山と大峯山、紀伊の熊野三山が拠点として隆盛した。中世になると組織化が進み、聖護院《しょうごいん》を中心とする天台系の本山派と、醍醐寺三宝院を中心とする真言系の当山派が勢力を争ったほか、羽黒山、日光、立山、白山、大山《だいせん》、石鎚山、彦山など諸国の修験者の活動も活発化した。近世には江戸幕府の統制政策により、修験者が各地を遍歴遊行《ゆぎょう》することが禁じられ、本山派か当山派のどちらかに所属させられた。庶民が講を組織して霊山に登拝するのを導く先達《せんだつ》や御師《おし》となり、あるいは村里に定住して祈禱や呪法などを行い、山岳修行者としての性格を後退させていった。近代になると、一八七二年(明治五)の修験道廃止令によって組織の解体を余儀なくされたが、一九四五年(昭和二十)の宗教法人令を契機として修験道教団が多数成立するに至った。修験道の教義では特定の経典に依拠せず、山中の森羅万象を拠りどころにするとされるが、『般若心経』や『法華経』をはじめ、密教経典や『地神経』のような陰陽道系の疑偽経典など、所依の経文は少なくない。中世から近世にかけて編纂された教理書や作法集、勤行集などの主要なものは『日本大蔵経』の『修験道章疏』に収載されているが、その基本的な部分は密教の修法や道教の符呪集などに依拠するところが大きい。修験道の儀礼の根幹は峰《みね》入《い》り修行による即身成仏《そくしんじょうぶつ》にある。大日如来をはじめ、不動明王や蔵王権現《ざおうごんげん》、熊野権現など、霊山に祀られる諸仏や神格を念じて、成仏の過程になぞらえられた十界《じゅっかい》修行を行い、最後に金剛界と胎蔵界の秘印を授けられて即身成仏ができるとされた。

[参考文献] 和歌森太郎『修験道史研究』、一九四三、河出書房。村山修一『山伏の歴史』、一九七〇、塙書房。五来重『山の宗教―修験道講義―』、一九九一、角川書店。宮家準『修験道と日本宗教』、一九九六、春秋社。『山岳宗教史研究叢書』、一九七五―二〇〇〇、名著出版。

(増尾伸一郎)

しゅご　守護　中世、諸国に設置され、一国内の軍事・警察事項を管掌した役職。一一八〇年(治承四)に内乱が勃発し東国諸国が源頼朝に服属すると、それら諸国において有力豪族が行使してきた軍事・警察上の権限は、頼朝の承認を受けるものとなった。さらに頼朝の勢力圏が拡大すると、頼朝は配下の武士を派遣して一国内の占領支配にあたらせたが、彼らはその職能により「総追捕使」とか「勧農使」と呼ばれている。これらが鎌倉幕府守護制度の先駆形態であるが、建久年間(一一九〇―九九)に御家人制の編成が進められるのに伴い、国単位で御家人を統率する守護の地位が確立した。すなわち大番役の勤仕を希望する武士は、頼朝の家人として、所在国の守護の統率に従うことを義務づけられたのである。成立期の守護は国司と権限の競合する関係にあったが、幕府は国司との軋轢を避けるために守護権限の抑制につとめた。『御成敗式目』が守護の権限を大番催促と謀叛・殺害人の検断の三ヵ条に限定した(ただし検断対象に夜討・強盗・山賊・海賊を追加)のはその結果である。鎌倉時代の守護は一人が数カ国を兼務することがしばしばあり、また幕府中枢の要人である場合もあったので、自身が在国することは少ない。また北条氏の権勢の拡大とともにこの一門のもとに守護職が集積された。鎌倉幕府を滅ぼして成立した建武政権も守護制度を存続させたが、室町幕府のもとでは前代の北条氏にかわって足利一門が多く守護に登用された。室町期の守護は、上記三ヵ条の権限に刈田狼藉の検断と使節遵行を加えられ、半済預置や段銭・棟別銭の徴収を委ねられ、さらに本所年貢をも請負った(守護請)。管国内の武士とも私的な同盟関係を結び、管国は次第に領国の様相を呈していった。あくまで幕府から補任される守護の職に依拠しながら、領国形成の志向を有したのが、守護大名である。 (近藤　成一)

しゅごしょ　守護所　鎌倉時代から室町時代に至る守護館。ただし近年、考古学では、十六世紀前半までも守護所の概念を使用する。通常、中世国府の一角に設けられた。鎌倉時代にはすでに国内駅路業務・雑務裁判なども守護所で行っており、地方行政の一部を担っていた。水陸交通の要地に構えられたことが多かったが、しばしば移動している。建武政権下までは国府が併存し、地域行政を分担してた事例があるが、南北朝時代以降、国内最大の政治権力となり、政治・経済・軍事の中心となった。周辺には市、町、寺社、家臣屋敷のほか、非農業民の集住も見られ、都市を形成していた。考古学的には大内氏の山口(山口県)・河野氏の湯築(愛媛県)のほか、近年では大友氏の豊後府内(大分県)・細川氏の勝瑞(徳島県)などが調査され、居館を中心とした都市設計が注目される。しかしいずれも十六世紀まで使用が継続しており、室町期以前の様相は定かではない。 (齋藤　慎一)

じゅじゅつ　呪術　神秘的で超自然的な力や存在を操作して、さまざまな目的を実現しようとする宗教的な技法。雨乞いや病虫害の駆除、病気の治療などのように集団や個人の災厄や不幸を除去することを意図する場合を白呪術とよび、他者をのろったり、ほかの集団に災厄をもたらすことを目的とする場合を黒呪術という。フレーザーは感情移入や連想作用による類感原理に基づいて、模倣呪術と伝染呪術に区分した。前者は雨乞い儀礼で黒煙を上げれば黒雲が起って雨が降ると考える類のもので、似ている行為にはよく似た結果が表れるという発想による。後者は人を呪詛《じゅそ》する場合に相手の衣服や髪の毛などを焼いたりすれば、相手は苦しむと考えるもので、一度触れたものは離れても関係し合うという発想による。日本古代の文献では『古事記』や『日本書紀』に「ノロイ」「トコヒ」「マジナイ」「カシク」などの呪術に関わる用語が散見し、『延喜式』祝詞大祓詞《おおはらえことば》の国津罪《くにつつみ》には「蠱物《まじもの》せる罪」があるほか、律令制の官人のなかには呪禁《じゅごん》師が含まれ、職能的な呪術者が存在したことが知られる。古代の出土遺物のなかに多数みられる斎串《いぐし》や、人・馬・鳥などの形代《かたしろ》、呪符木簡や人面墨書土器などは、いずれもさまざまな呪術の場で用いられたものであろう。大陸から伝来した仏教のなかでも、密教は真言《しんごん》や印契《いんけい》などが具有する呪力に依拠した加持祈禱《かじきとう》の儀礼において、護摩《ごま》を焚き、陀羅尼《だらに》を誦することを最も重視するように、本質的に呪術としての性格を備えており、密教の祈禱法は病気や厄災を免れるための息災《そくさい》法、精神の安定や幸福を願う増益《ぞうやく》法、人との和合をはかる敬愛法、個人や集団に危害を加えようとするものを斥けるための調伏《ちょうぶく》法に分けられる。占筮《せんぜい》や相地《そうち》、造暦などを主な職掌とした陰陽道《おんようどう》では、吉凶禍福を推断し、災厄を避けるために、方違《かたたがえ》や物忌《ものいみ》をはじめとする呪法をはじめ、撫物《なでもの》などを用いたさまざまな祓《はらえ》や祭儀を行なった。このほか、山岳信仰を基調とし、密教や陰陽道の諸要素が習合した修験道でも、加持祈禱を根幹とし、調伏や憑物落しなどを盛んに行うように、呪術的色彩がきわめて濃厚である。近世になると『まじない秘伝』(一六一一年書写)、『邪凶呪禁法則《じゃきょうじゅごんほうそく》』(一六八四年刊)、『呪咀調法記《まじないちょうほうき》』(一六九九年初刊)などの諸種のまじないを集成した呪法書が相ついでまとめられ、法師陰陽師や修験者、遊行聖らによって広く民間に流布した。

[参考文献] 速水侑『呪術宗教の世界―密教修法の歴史―』、一九八七、塙書房。巽淳一郎『まじないの世界』二(『日本の美術』三六一、一九九六、至文堂)。豊島泰国『図説日本呪術全書』、一九九八、原書房。

(増尾伸一郎)

じゅず **数珠** 一定の数の小さな珠を糸や紐で繋《つな》いで環状にしたもので、もともとは僧が手にとって、称名念仏や陀羅尼念誦のとき、その回数を計るのに用いた。現在では在家の信者が読経や仏殿参拝するとき、死者を弔う際などにも使用している。念珠・誦数ともいい、「ずず」とよむこともある。数珠が僧具として使われるようになった時期は明らかでないが、『法隆寺伽藍縁起幷流記資財帳』に「白檀誦数弐烈」、『東大寺献物帳』に「紫瑠璃念珠一具、白銀念珠一具、瑪瑙念珠一具、水精念珠一具、琥珀念珠一具」とみえ、奈良時代にはさまざまな材質のものがあったことが知られている。遺品として、正倉院に献物帳記載と同質の念珠が伝世し、八世紀初頭の創建といわれる興福寺中金堂の鎮壇具の中にも水精・琥珀・瑪瑙などの念珠玉が含まれている。平安時代のものとしては、東寺に弘法大師所用と伝える水精念珠や、高野山竜光院に同じく弘法大師所用という純金製数珠のほか、法隆寺献納宝物の琥珀念珠や金剛子念珠がよく知られている。念珠の形制は、珠の数は百八顆《か》が基本で、その半数の五十四顆などもよくみられ、千八十顆、二十一顆といったものまであり、一顆あるいは二顆の大きな母珠をつけ、そこから記子《きし》とよぶ紐の両端を出している。材質や珠の数は宗派や僧の位などによって異なることがある。

(原田 一敏)

じゅせん **鋳銭** ⇩ちゅうせん

しゅぜんじ **修禅寺** 静岡県田方郡修善寺町修禅寺にある曹洞宗の寺院。山号は肖盧山。桂川に沿った谷を寺域とする。平安時代に空海が創建したと伝えられ、『今昔物語集』一一に空海修行の場所として現れる「伊豆ノ国ノ桂谷ノ山寺」が当寺のことと推測される。『平家物語』八坂本などによれば、一一九四年(建久五)に、源頼朝の弟範頼が謀反の疑いにより当寺に配流され殺害されたという。また、一二〇三年(建仁三)には二代将軍源頼家が北条氏によりここに幽閉され、翌年暗殺されている(『吾妻鏡』『愚管抄』など)。一二四六年(寛元四)には、宋の禅僧蘭渓道隆が滞在、臨済宗に改め、寺号も修善寺から修禅寺に変えたという(『増訂豆州志稿』)。さらに、戦国時代に北条早雲は隆渓繁紹を住持に招いて曹洞宗に改め、保護を加えている。本尊の木造大日如来坐像(鎌倉時代)は重要文化財。なお、寺の裏山からは十世紀ころの密教法具が出土している。

[参考文献] 望月董弘『伊豆修善寺町の仏教遺物』(『修善寺町史料』三、一九九四、修善寺町教育委員会)。

(高橋慎一朗)

じゅせんし **鋳銭司** 古代国家が発行した銭貨の鋳造にあたった令外《りょうげ》の官。「ちゅうせんし」とも。史料上では六九四年(持統天皇八)に大宅朝臣麻呂《おおやけのあそんまろ》らを鋳銭司に任じたのが初見で、つづく六九九年(文武天皇三)にも鋳銭司をおいたという記事がみえるが、本格的に始動したのは七〇八年(和銅元)のことで、武蔵国秩父郡からの和銅の献上を契機に、催鋳銭司が設けられ、和同開珎《わどうかいちん》が鋳造された。七〇九年に河内鋳銭司(所在地不明)を寮に準ずるという記事があることから河内国に鋳銭司の存在が確認できるが、同時期には近江、大宰府、播磨の諸国からも銅銭を献上させたという記事がみえており、当初は鋳銭司だけでなく各国に銭貨を鋳造させていたらしい。七三〇年(天平二)周防国熊毛郡牛嶋・吉敷《よしき》郡達理山の原銅を長門国鋳銭司(山口県下関市長府)に送るとある(『続日本紀』)ほか、七三〇年に置いたとされる「鋳銭司」は、「岡田鋳銭司」であったと考えられ、その比定地である京都府相楽郡加茂町の銭司《ぜず》遺跡の発掘調査により、奈良時代より存続していたことが判明している。また、『正倉院文書』造金堂所解案(七六一年(天平宝字五)ごろ)にみえる大和国添下《そうのしも》郡の「登美銭司村」(奈良県奈良市・生駒市の富雄川下流域に所在)や、『続日本紀』七六七年(神護景雲元)初見の「田原鋳銭司」(生駒市―大阪府四条畷市に所在か)

なども奈良時代の鋳銭機関である。このほか、平城京内や大阪市細工谷《さいくだに》遺跡などからも和同開珎の銭笵などが見つかっており、文献にあらわれた場所以外でも銭貨鋳造が行われていた可能性がある。平安時代になると、八一八年(弘仁九)に長門国の鋳銭司が改組されて鋳銭使となり、八二五年(天長二)に廃止され、新たに周防国吉敷郡に鋳銭司が置かれた。また、貞観永宝《じょうがんえいほう》発行の際には山城国葛野《かどの》鋳銭所(京都市西京区嵐山あたりか)で臨時の鋳銭が行われたことがある。このように鋳銭司は奈良時代から平安時代にかけて複雑な変遷をたどっており、その実態はまだ十分に明らかにされていない。↓周防鋳銭司《すおうのじゅせんし》 ↓長門鋳銭所《ながとのじゅせんしょ》

参考文献 栄原永遠男『日本古代銭貨流通史の研究』、一九九三、塙書房。山口市教育委員会編『周防鋳銭司跡』、一九七八。

(三上　喜孝)

しゅつどもくざい　出土木材　遺跡から出土する木材を一般に出土木材と呼んでいる。木材がその形状を保持した状態で出土する環境には、大別して二通りがある。一つは常に水により浸され、かつ酸素の供給がきわめて少ない嫌気的環境であり、もう一つは砂漠のようなきわめて乾燥した環境である。いずれの環境も木材を腐朽させる菌類の活動が制限されていることが共通している。わが国のような湿潤な地域で出土する木材は前者の環境から出土するものが多い。日本は亜熱帯から亜寒帯にわたり、その植生もきわめて多種多様である。『日本書紀』のスギとクスノキを舟に、ヒノキを宮殿に、コウヤマキを棺材に使えという記述から、古代より用途に応じて最適な樹種を選択していたといわれている。また、一方で植生分布による利用性の違いもある。これらの植生分布による利用性の違いおよび用途による樹種選択性に関しては、出土した木材の用途と樹種の関係に関する調査事例により明らかとなってきた。

参考文献 島地謙・伊東隆夫『日本の遺跡出土木製品総覧』、一九八八、雄山閣。奈良文化財研究所『木器集成図録』近畿古代編、一九八五。同『木器集成図録』近畿原始編、一九九三。

(高妻　洋成)

しゅでん　主殿　中世後期から近世初頭にみられる接客用殿舎の名称。客殿と呼ばれることも多い。園城寺《おんじょうじ》光浄院の客殿が典型例。前後二列の座敷をもち、前面に広縁、側面に車寄戸《くるまよせど》や短い中門廊をもつ。史料的初見は、一三九九年(応永六)の法隆寺《ほうりゅうじ》蓮池院の坊舎売渡文書であり、一四一〇年の『醍醐寺文書』「三箇吉事雑記」の指図には主殿とほぼ同型の小御所がみえる。したがって室町時代には支配階級の代表的殿舎形式であったと思われる。同時期の在地領主層でも主殿の名を使っていたようであるが、最上層の公家住宅や将軍御所などでは古代以来の寝殿が残されているので、主殿は中級階層の住宅形式として成立したと思われる。一三〇九年(延慶二)成立の『春日権現験記絵』にみえる藤原俊盛《ふじわらのとしもり》邸や、一二九九年(正安元)成立の『一遍上人絵伝』の中の大井太郎《おおいたろう》邸、鎌倉時代中期の『西行物語絵巻』に描かれた佐藤義清《さとうのりきよ》邸などが前身にあたると思われる。

参考文献 藤田盟児「主殿の成立課程とその意義」(鈴木博之他編『中世的空間と儀礼』所収、二〇〇六、東京大学出版会)。

(藤田　盟児)

じゅふ　呪符　木や竹・紙・石などに呪的な文字や記号・絵などを記した札。中国での起源は古く、陝西省《せんせいしょう》戸《こ》県《けん》朱《しゅ》家堡《かほ》の後漢墓から出土した一三三年(陽嘉二)の年紀のある陶片に朱書された符や、江蘇省《こうそしょう》高郵県《こうゆうけん》邵家溝《しょうかこう》の後漢墓から出土した呪符木簡などが最も早い時期に属するが、近年、湖北省《こほくしょう》雲夢県《うんぼうけん》睡虎地《すいこち》の先秦墓の棺内から発見された占術関係書『日書』の中に、旅先から帰宅した者が門を入る前に「禹符《うふ》」を「地に投じて禹歩する」ことが記されており、紀元前三世紀ごろまでさかのぼる可能性がある。日本では七世紀代の呪符木簡が大阪市東住吉区の桑津遺跡から出土しており、今後、遺例はふえるものと思われる。形状はさまざまだが、これは呪符をその目的に応じて地面に挿したり、ひもで結んで掛けたり、釘で打ち付けたり、あるいは身に付けたりと、いろいろな用い方をしたことによると考えられる。記された文字も多様で、中国では漢代から広く使用された呪句「急々如律令《きゅうきゅうにょりつりょう》」をはじめ、「鬼」や「尸」のような屍《しかばね》や死者の霊魂に関わる文字や、「竜」「蛇」「日」「月」などの神格を表わす文字を単独、もしくは組み合せた符号が記されたものが多い。また「百怪」や「物忌」「蘇民将来」「牛頭天王《ごずてんのう》」「天罡《てんこう》」「天刑星」などのように主として陰陽道や修験道の祭儀に関するものも中世から近世の呪符に多く、「九九八十一」や「八九七十二」のような九曜星や易に関する数字や、五芒星や九字を記号化したもの(「☆」「卌」)なども、これらに類するものであろう。また不動明王、金剛力士、阿弥陀仏、観音菩薩、地蔵菩薩、八幡大菩薩や、五大力菩薩、雷電吼菩薩、竜王吼菩薩などの諸尊の名号や梵字、あるいは「大般若経転読」「般若心経」などと記したものも少なくない。呪符は人形《ひとがた》や斎串《いぐし》をはじめとする木製祭祀具とともに出土する場合も多く、道教的呪術のほか、陰陽道や修験道、神祇信仰、仏教(特に密教)など、さまざまな性格の宗教が習合しつつ広く民間にも浸透した様相を具体的に物語る。その内容の分析は容易ではないが、中世後期から近世にかけて、主に民間の陰陽師や修験者たちによって流布した『まじない秘伝』『邪凶《じゃきょう》呪禁法則《じゅごんほうそく》』『呪咀調法記《まじないちょうほうき》』、その他の呪法書が参考になる。

参考文献 和田萃「呪符木簡の系譜」(『木簡研究』四、一九八二)。中野豈任『祝儀・吉書・呪符—中世村落の祈りと呪術—』、一九八八、吉川弘文館。奥野義雄『まじない習俗の文化史』、一九九七、岩田書院。山里純一『呪符の文化史—習俗に見る沖縄の精神文化—』、二〇〇四、三弥井書店。大形徹・坂出祥伸・頼富本宏編『道教的密教的辟邪呪物の調査・研究』、二〇〇五、ビイング・ネット・プレス。

(増尾伸一郎)

じゅふくじ　寿福寺　神奈川県鎌倉市扇ヶ谷にある臨済宗建長寺派の寺院。正しくは亀谷山寿福金剛禅寺と号す。当地は源頼朝の父義朝の旧宅跡地であったが、一二〇〇年(正治二)頼朝の妻北条政子の発願により、栄西を招いて寺院を建立したのが寿福寺のはじまりである(『吾妻鏡』)。栄西は密教僧としても活躍したが、宋から臨済禅を伝え、寿福寺は鎌倉最初の禅宗寺院となった。一二〇二年(建仁二)には、沼浜《ぬはま》(逗子市沼間)の義朝旧宅の部材が当寺に寄進され、さらに一二一二年(建暦二)には幕府侍所の部材が同じく寄進されている(『吾妻鏡』)。室町時代になって、禅宗の興隆とともに大いに栄え、鎌倉五山の第三位に定められ(『円覚寺文書』)、塔頭は十五を数えた(『鎌倉五山記』)。裏山に「絵かきやぐら」と称する横穴墓のあとがあり、実朝・政子の墓と伝える五輪塔が残る。木造地蔵菩薩立像、栄西著『喫茶養生記』が重要文化財。境内は国史跡に指定されている。

参考文献　『鎌倉市史』社寺編、一九五九、吉川弘文館。

（高橋慎一朗）

しゅみせん　須弥山　仏教の宇宙説において、世界の中心にそびえるという大高山の名称。梵語 Sumeru の音写。五世紀にインドの仏僧バスバンドゥが著した『倶舎論《くしゃろん》』の「世品《せほん》」によると、山の高さは八万由旬《ゆじゅん》(由旬《ヨージャナ》は距離の単位で三十里とも四十里ともいう)あり、山の下には金輪《こんりん》・水輪《すいりん》・風輪《ふうりん》の三層があって大地を支える。山麓は九山《くせん》と八海が交互に取り囲み、最も外周部の南の海中に人間が住む贍部《せんぶ》洲以下の四大州がある。山の中腹の四方に四天王の宮殿、山頂には帝釈天《たいしゃくてん》の宮殿があり、その周囲を日月星辰が運行するという。『日本書紀』推古天皇二十年(六一二)条には、百済の工人に命じて御所の南庭に須弥山の形に築山を作らせたとある。工芸の分野では法隆寺の玉虫厨子《たまむしのずし》の後面に描かれた須弥山図をはじめ、東大寺の大仏台座蓮弁毛彫《だいぶつだいざれんべんけぼり》や二月堂の本尊光背の線刻画などにもみられるほか、飛鳥の石神遺跡から出土した三点の石造物も須弥山石とよばれる。仏像を安置する須弥壇も須弥山を形どったもので、仏教徒を中心に受容されたが、近世になって西欧の地動説が伝えられると、その地位は揺らぎ、須弥山説の正しさを主張する論著もいくつか著された。

参考文献　定方晟『須弥山と極楽―仏教の宇宙観―』(『講談社現代新書』三三〇、一九七三、講談社)。

（増尾伸一郎）

しゅみせんせき　須弥山石　奈良県高市郡明日香村飛鳥で一九〇二年(明治三十五)に発見された古代の石造物。花崗岩製の石材三石以上を積み重ねる円錐形の装飾石で、三段を残す現状で高さ二・三メートル、最大径一・三メートル。上部二石の表面に山岳状の文様を、下段石に水波状の文様を浮き彫りして、仏教世界の中心である「須弥山」が海中に浮かぶ様子を表現する。石造物の内部は中空に刳り込まれており、臼状になった下段石内部に溜った水が、外面へ穿たれた小孔から吹き出る噴水の構造をもつ。水は下段石の底部から上部に向かって穿たれた導水孔によって補給されたようで、その供給源は隣接する飛鳥水落遺跡《みずおちいせき》で発掘された「水時計台」の可能性がある。また一九〇三年には、その横から男女二人が抱き合う「石人像《せきじんぞう》(高一・七メートル、幅〇・七メートル)」(路祖神像とも)が発見されており、これも同様に噴水構造をもつ石造物である。これらの出土地一帯は「石神遺跡《いしがみいせき》」として一九八一年(昭和五十六)以来、発掘調査が行われ石組溝や石敷広場、掘立柱建物など多数の遺構や遺物が発見されている。その様子は、「須弥山」を作って外国使節らを饗応したとする『日本書紀《にほんしょき》』斉明紀の記事を彷彿とさせる。

参考文献　奈良国立文化財研究所飛鳥資料館編『あすかの石造物』、二〇〇〇。

（黒崎　直）

しゅみだん　須弥壇　仏堂や塔などの内部に設けられた仏像・厨子・位牌などを祀るための壇。須弥山を模したとされている。通常は、平面が方形であるが、八角や円形のものも稀に見られる。古代の寺院では、低い土壇を切石や野面《のづら》石で化粧し、あるいは漆喰《しっくい》で化粧したりするが、平安時代以降は床張りの仏堂が一般化するので、床上に木組の須弥壇を設ける例が多い。和様では壇正積基壇を模して、上下の框《かまち》の間に垂直に束《つか》を立て羽目板を嵌め、禅宗様では上下の框間に曲線状の凹凸を積み重ねた繰形《くりかた》を付ける。上面には高欄を付ける場合もあり、禅宗様では高欄親柱に胡麻殻決《ごまがらしゃく》りの付いた逆蓮柱を用い、架木《ほこぎ》は曲線状に曲がった蕨手《わらびて》を付ける例が多い。羽目板には連子《れんじ》を組み込んだり、格狭間《こうざま》を彫刻したりする。格狭間は古代は単純な碗形で、中世には反転曲線を繰り返した蝙蝠の羽根を広げた形の蝙蝠狭間に変化し、時代相を示す。仏壇ともいう。仏や説法者の坐る座は須弥座という。

（山岸　常人）

しゅもん　珠文　小さな円形の文様のこと。多くは連続して並べて文様とする。古墳時代には円形文を主文とした珠文鏡があり、歴史時代では七世紀以降、法隆寺金堂釈迦三尊像・薬師如来坐像光背《こうはい》に珠文帯が円形にめぐるなど多くの例がある。軒丸瓦の文様においては、珠文帯は法隆寺西院創建期にはまだあらわれず、藤原宮の段階に初めて出現する。藤原宮と平城宮前半では、外区に珠文帯と鋸歯文《きょしもん》帯を並べるが、平城宮の後半以降、中世・近世を通して軒丸瓦の外区には鋸歯文を採用せず、珠文帯のみを配するようになる。軒平瓦においては、藤原宮で採用されて以降、奈良時代から鎌倉時代まで外区に珠文帯が好んで配された。室町時代になると、尾道などごく一部に外区に珠文帯をもつ軒平瓦があるが、大部分の地域では珠文帯は消失している。なお、軒平瓦では、珠文だけを瓦当《がとう》の中央に配する連珠文軒平瓦が鎌倉時代から南北朝時代にかけて流行している。

（山崎　信二）

しゅら　修羅　重量運搬物用の木製のソリ。修羅の名称は考古学的には必ずしも妥当ではなく、「橇《そり》形木製品」が妥当かと思われるが、大阪府三ツ塚古墳での出土以降、

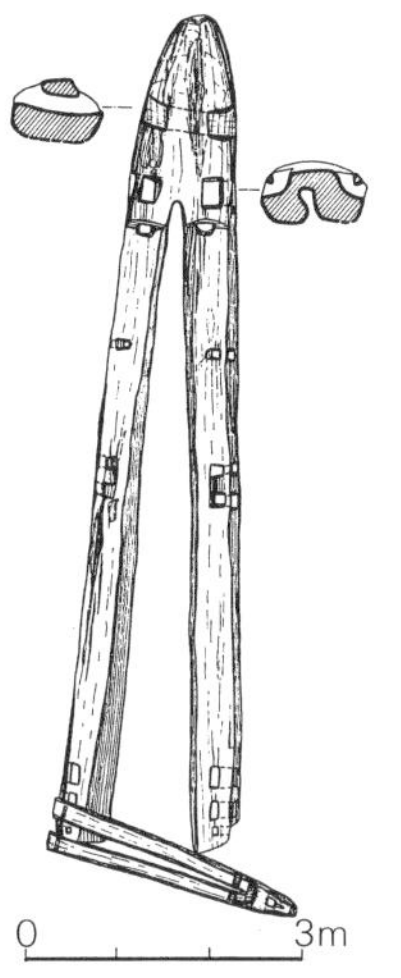

修羅（三ッ塚古墳出土）

Y字型の木ソリを修羅と呼ぶことが一般化した。その語源は、一五三二年(天文元)に完成した中世の代表的な事典である『塵添壒囊鈔《じんてんあいのうしょう》』の「石引物ヲシュラト云ハ何事ソ　帝釈大石ヲ動カス事修羅ニアラズハアルベキラズ」によるといわれる。一九七八年(昭和五十三)に三ッ塚古墳の周濠から出土した修羅は大小二基があり、同時にテコ棒も発掘された。大修羅は長さ八・八メートル、重さ約三・二トンで、二股に分かれたアカガシの一木を用いてつくられ、頭部の先端は船の舳先にように反り上がり、引綱用の孔がある。小修羅はクヌギ製で長さは二・九メートル、テコ棒はアカガシで六・二メートル。すべて五世紀中ごろと考えられる。なお、本例以外では京都府石本遺跡(六世紀)や京都府鹿苑寺庭園(十四・十五世紀)での出土が知られる程度で、その出土数は少ない。

参考文献　大阪府立近つ飛鳥博物館編『修羅！―その大いなる遺産古墳・飛鳥を運ぶ―』(『大阪府立近つ飛鳥博物館図録』一九、一九九九)。朝日新聞大阪本社社会部編『修羅―発掘から復元まで―』、一九七九、朝日新聞社。

(山本　彰)

じゅらくてい　聚楽第　十六世紀後半、豊臣秀吉が京都に築造した城郭。豊臣政権の政庁としての機能を果たすものであった。「じゅらくだい」「じゅらくやしき」とも訓み、また「聚楽城」とも呼ばれる。一五八七年(天正十五)に完成、翌年には後陽成天皇の行幸の舞台となった。一五九一年、秀吉が関白職を甥の豊臣秀次に譲るとともにその居城となる。しかし、一五九五年(文禄四)、秀次が失脚し自害に追い込まれるとともに、聚楽第も破却されるに至った。跡地は現在の京都市上京区にあたり、北は一条通、南は下長者町通、東は大宮通、西は智恵光院通または黒門通に囲まれた付近に平面長方形の本丸を置き、北ノ丸、西ノ丸、南二ノ丸を付設し、さらにその周囲に外濠を巡らす外郭を配していた。そうした構造は、江戸時代初期の『京都図屏風(洛中洛外地図屏風)』や、『駒井日記』によって復元することができる。聚楽第の遺跡は現在の京都の市街地に重複しているため、小規模な発掘調査が行われているのみである。上京区大宮通中立売下ル和水町の西陣公共職業安定所改築に伴う発掘調査で、現地表からの深さ八・四メートルをはかる東内濠の遺構が検出され、その埋土中より多量の金箔瓦(重要文化財)が出土した。外郭の東北部にあたる同区大宮通一条下ル下石橋南半町では、花崗岩の切石九個からなる礎石群が発見され、櫓の存在が推定された。外郭の西南部にあたる同区下立売通千本東入ル田中町(平安宮内裏承明門跡)では、聚楽第に関係する四脚門跡・濠跡などが検出されている。また、外郭のさらに東側で、北を一条通、南を下立売通、東を烏丸通、西を堀川通で囲まれた範囲ではしばしば多量の金箔瓦が出土しており、その附近が聚楽第に附属する大名屋敷地区だったと推定されている。

資料館　京都市考古資料館(京都市上京区)

参考文献　日本史研究会編『豊臣秀吉と京都』、二〇〇二、文理閣。馬瀬智光「聚楽第跡の復元」(『古代文化』五七ノ二、二〇〇五)。桜井成広『豊臣秀吉の居城』聚楽第伏見城編、一九七二、日本城郭資料館出版会。京都府埋蔵文化財調査研究センター編『京都府遺跡調査概報』五四、一九九三。

(山田　邦和)

しゅり　首里　琉球王国時代の王都。十五世紀から十九世紀まで第一尚氏、第二尚氏と続いた王統の居城であった首里城を中心に造られた都市であった。一四二九年(宣徳四)、第一尚氏王統第二代中山王尚巴志《しょうはし》(在位一四二二―三九)が三山(中山、山南、山北)を統一して琉球統一国家を樹立する。琉球国王となった尚巴志は、主に首里城の内部を整備する。ついで十五世紀後半から十六世紀前半ごろに第二尚氏王統第三代の琉球国王尚真《しん》(在位一四七七―一五二六)および第三代琉球国王尚清《せい》(在位一五二七―五五)によって、外郭の整備が行われた。首里城周辺には第二尚氏王統の陵墓玉陵《たまうどぅん》や園比屋武御嶽《そのひゃんうたき》、円覚寺、天界寺、天王寺、龍潭《りゅうたん》などを造り、首里城とその付属施設を完成させる。さらにその周辺に御殿《うどぅん》、按司《あじ》などの屋敷を配置した。一七〇〇年(康熙三十九)ごろに作製された首里古地図を見ると、首里城に近い所に位階の高い王子、按司などの屋敷を配置し、首里城の機能を強化している。首里城への主要入口は、城の西方の首里城歓会門《かんかいもん》から守礼門、中山門と西方へのびる綾門大道《あやじょうふみち》一帯である。この主要道路はさらに西方にのびて、琉球王国の直轄港、那覇港へつながる。中国皇帝の使者冊封使も那覇港へ入港し、そこから綾門大道を通って首里城に入った。首里城の北側には龍潭と蓮小堀《りんぐむい》という二つの池があり、その北岸に沿って東西に走る道路が当蔵大道《とうのくらうふみち》である。首里古地図を見ると、当蔵大道に沿って、豊見城《とみぐすく》按司、諸見里《もろみざと》

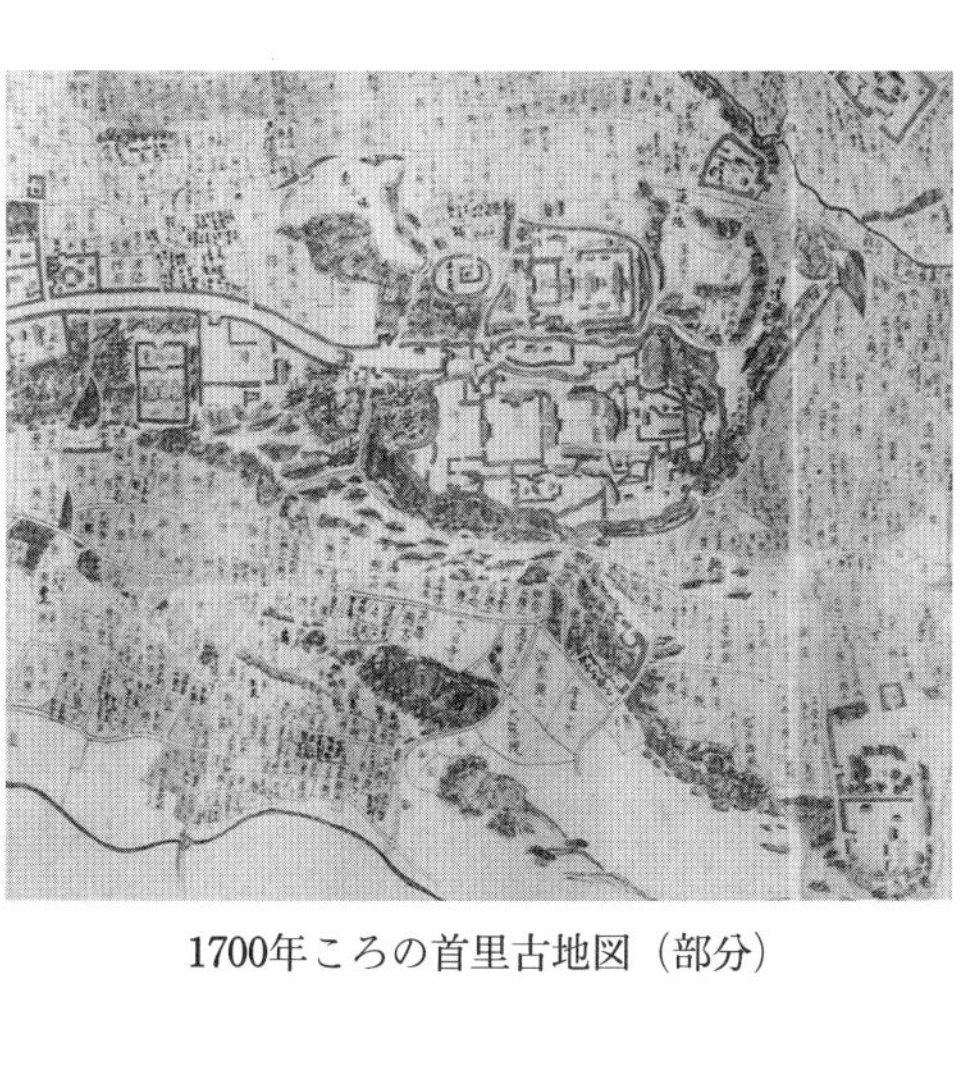
1700年ころの首里古地図（部分）

首里城正殿（復元）

首里城正殿基壇遺構

御殿、大里《おおざと》按司、伊江《いえ》按司、真壁《まかべ》御殿、名護《なご》按司、北谷《ちゃたん》御殿、本部《もとぶ》按司などの屋敷が並んでいる。これらの屋敷は高い石垣をめぐらし、赤瓦葺四脚門を構えて整然と並び、王都の美観を呈していたようである。首里城の東方と南方には親方《うえかた》、親雲上《ぺーちん》、筑登上親雲上《ちくどうん》、筑登上、里主などの位階の屋敷が配置されている。このように首里城を中心に王都が築かれていたのである。二〇〇〇年（平成十二）に史跡首里城跡が世界文化遺産に登録された。

参考文献 『沖縄大百科事典』、沖縄タイムス社、一九八三。

（金武　正紀）

しゅりじょう　首里城　琉球王国時代に海外貿易の拠点であった那覇港を見下ろす標高一二〇～一三〇メートルの丘陵地に築かれたグスク。琉球王国の王城および首里王府の跡。沖縄県那覇市首里当蔵《とうのくら》所在。国指定史跡。世界遺産。発掘調査では十三世紀末から十四世紀にかけて創建されたと推定。一四二七年に建立された沖縄最古の金石文《きんせきぶん》「安国山樹華木碑記《あんこくざんじゅかぼくひき》」によると、首里城周辺に池を掘り（龍潭《りゅうたん》という）、山を築いて華木を植えたと記されている。したがって琉球全土を統一した尚巴志《しょうはし》の代（在位一四二二―三九）にはすでに王城として確立していたことがわかる。城の規模は東西約四〇〇メートル、南北約二七〇メートル、城内には石造拱門《きょうもん》の構造をとる歓会門《かんかいもん》や久慶門《きゅうけいもん》など大小十二の門があり、これらの門を連ねる琉球石灰岩の城壁の厚さは約四メートル、高さ六～一〇メートルもある。城内の中心には正殿が西面して位置し、前面の広い庭（御庭・ウナー）を挟んで北殿、南殿などの行政施設と、十数ヵ所の王家関係の施設があった。これらの建造物群の多くは戦前国宝に指定されていたが沖縄戦で破壊。戦後琉球大学が創設され城内所狭しと校舎が建設されたが、一九七二年（昭和四十七）沖縄県教育委員会による戦災文化財の復元整備事業が開始され、その後琉球大学の移転とともに国営公園としての復元整備もはじまり、一九九二年（平成四）には沖縄の本土復帰二十周年を記念して一部開園し今日に至っている。公園事業に先立つ一九八五年と一九八六年に正殿跡の発掘調査が実施されその変遷の過程が明らかになった。基壇最下層から検出された最初の正殿は、「大和系瓦」とよぶ瓦で葺かれた建物でその向きも現在の正殿と違い南面して建っていたといわれる。次は沖縄戦で焼失した最終の基壇から八メートルも奥で検出された基壇建物で、基壇前面の化粧石が火を受けて赤く焼けただれていることや出土遺物などから一四五三年（景泰四）に王位争いでおきた志魯と布里の戦いの可能性が考えられる。その後も数回の建て替えがあり、最終的には第七期までの変遷が考えられている。首里城は、沖縄県が発足した一八七九年（明治十二）までの約五百有余年にわたって琉球王国の都城として威容を誇り、王国の統治拠点として琉球全域に君臨した城であったことやその規模・構造ともに沖縄を代表する重要な城であると評価される。

資料館　沖縄県立博物館（沖縄県那覇市）

参考文献　當眞嗣一・上原靜「首里城正殿跡の発掘調査」（沖縄県教育庁文化課『文化課紀要』四、一九八七）。真栄平房敬『首里城物語』、一九八九、ひるぎ社。首里城研究グループ編『首里城入門―その建築と歴史―』、一九八九、ひるぎ社。『首里城跡―京の内跡発掘調査報告書―』一、一九八八、沖縄県教育委員会。

（當眞　嗣一）

しゅんけいぬり　春慶塗　慶長年間（一五九六―一六一五）に、現在の岐阜県高山市において成立した、漆塗りの木製品およびその製作技術をさす。飛驒春慶塗、または飛驒春慶と称する。木地の木目を生かした漆塗りを特徴としており、「春慶」の名は、当時の茶陶の優品「飛春慶」から、当時の領主金森氏が命名したとされる。漆塗りは、本来木地を見せない朱塗りや黒塗りが主であるが、飛驒春慶は、油分が多く透明度に優れた透漆《すきうるし》を使用し、木目や木地の美しさを見せる漆器である。木地自体を着色する場合もあるが、上塗りには塗師が独自に調合する透漆を刷毛塗で仕上げる。木地は、板物とろくろによる挽物の二種類があるが、飛驒春慶の板物は、いわゆる指物で作られた角物と、素材の板を円形に整形した曲物の二種類の加工技術がある。一九七五年(昭和五十)、通商産業大臣より伝統工芸品として指定されている。なお、日本国内には同様の製作技法を持つものとして、茨城県城里町の粟野春慶塗、秋田県能代市の能代春慶塗、がある。

参考文献 協同組合飛驒木工連合会編『新・飛驒の匠ものがたり』、二〇〇三。 (大熊 厚志)

じゅんないん 淳和院 平安京右京四条二坊十一—十四町にあった院。西院《さい》とも。淳和院の前身は、大伴親王(後の淳和天皇)の邸宅「南池院《なんち》」に求められ、即位後、遅くとも天長末年までに西院と称され、西院司に管理される後院《ご》となった。八三三年(天長十)二月以後、淳和太上天皇および皇太后正子内親王の居所たる院として利用された。八四〇年(承和七)、淳和太上天皇が没すると、同院は正子内親王に、その没後は恒貞親王に伝領された。八四二年、承和の変に際して、廃太子恒貞親王が淳和院に送られた記事がみえ、八七四年(貞観十六)四月の火災記事には「松院」「洞裏殿」などの施設がみえる。八八〇年(元慶四)には寺家への転成が、翌年には大覚寺・檀林寺および陵墓をともに検校する淳和院公卿別当の設置が、ともに恒貞親王の奏言により認められた。別当は後に奨学院別当を兼ね、源氏長者の兼帯する職として継続し、所領とともに後世の史料に散見する。なお、昭和初年の発掘調査により多数の遺物が出土したほか、近年行われた発掘調査で、金属加工の工房などが発見されており、院の経済活動を窺わせるものとして注目されている。

参考文献 八代国治「誤られたる淳和院」(『国史叢説』所収、一九二五、吉川弘文館)。西田直二郎「淳和院旧跡」(『京都史蹟の研究』所収、一九六一、吉川弘文館)。大江篤「淳和太后正子内親王と淳和院」(大隅和雄・西口順子編『尼と尼寺』所収、一九八九、平凡社)。関西文化財調査会編『淳和院跡発掘調査報告—平安京右京四条二坊—』、一九九七。山本崇「淳和院考—平安前期の院について」(『立命館史学』二〇、一九九九)。 (山本 崇)

じゅんぽう 巡方 ⇨帯金具《おびかなぐ》

じゅんれいふだ 巡礼札 巡礼者が霊場に参詣し祈願や記念のために納めた札。紙や木の札の中央に巡礼の名称、その右に参拝年月日、左側には出身地・姓名・年齢・同行者などを記していることが多い。もとは木札を寺院の本堂内の柱などに釘で打ちつけた。その後、西国三十三ヵ所や坂東三十三ヵ所などの寺ではそれらの札を納める札所が設けられた。札を納めることがいつから始まったかは不明であるが、巡礼が盛んになった十四・五世紀からの遺品が見られる。現存最古の札は、栃木県足利市の鑁阿寺《ばんなじ》にあったという一三四〇年(暦応三)の坂東三十三ヵ所巡礼札である。一方、西国三十三ヵ所巡礼札では、一四七九年(文明十一)の奈良県当麻寺のものが古い。後には神社の千社札などを生み出し、信仰面のみでなく趣味的なものもあらわれた。

参考文献 真野俊和編『講座日本の巡礼』一、一九九六、雄山閣出版。 (安達 直哉)

しょいん 書院 最初は禅寺で住持《じゅうじ》が居間兼書斎とする部屋の名称であったが、慈照寺東求堂《じしょうじとうぐどう》の同仁斎《どうじんさい》のような文芸趣味の部屋として住宅建築に普及すると、同様の意匠をもつ座敷の名称となり、十七世紀後半から座敷棟全体をそう呼ぶようになった。そのため、わが国の後半期の住宅様式を書院造《しょいんづくり》と呼ぶ。十四世紀前期の『天竜紀年考略』に天竜寺《てんりゅうじ》方丈の書閣(書院)がみえるのが史料的初見であるが、書院には、もともと鎌倉時代後期の『法然《ほうねん》上人絵伝《しょうにんえでん》』などにみえるように出文机《だしふづくえ》と呼ばれる書物を読む施設があり、それが文芸趣味の座敷になると付書院《つけしょいん》と呼ばれる座敷飾《ざしきかざり》になった。こうした付書院のある座敷は、室町時代中期から表座敷であっても書院と呼ばれ始め、近世初頭には、二条城二ノ丸御殿の白書院や黒書院のように、亭主の私室という意味を残して居住用の建物名となり、十七世紀中ごろから表書院の名称も生まれて、座敷飾がある建物をすべて書院と呼ぶようになった。

参考文献 太田博太郎『書院造』(『日本美術史叢書』、一九六六、東京大学出版会)。 (藤田 盟児)

しょいんづくり 書院造 中世以後の上層階級の住宅様式の名称。一般に和室と呼ばれるのは、これとその変種である数寄屋風《すきやふう》書院造でつくられた部屋のことである。わが国の住宅建築を古代の寝殿造《しんでんづくり》と書院造に分けて捉えたのは、一八四二年(天保十三)に沢田名垂《さわだなたり》が撰述した『家《か》屋雑考《おくざっこう》』に始まるが、両者の特徴をどう定義するかは諸家によって異なり、定義内容によって開始の年代も異なる。書院造として共通に認められている建築様式は、床に畳を敷きつめ、柱を角柱とし、長押《なげし》を付け、壁は貼付《はりつけ》壁《かべ》と土壁を用い、開口部は鴨居《かもい》と敷居の間に明障子《あかりしょうじ》や襖《ふすま》などの引違戸《ひきちがいど》を入れ、天井は格天井《ごうてんじょう》や棹縁《さおぶち》天井とし、立方体の空間とする。こうした部屋を集めて建物とする場合、上手の部屋には押板《おしいた》や床の間、違棚《ちがいだな》、付書院《つけしょいん》や平書《ひらしょ》院《いん》などからなる座敷飾《ざしきかざり》を設けて、上段《じょうだん》をつくる場合もある。部屋の周囲には一間幅の入側縁《いりがわえん》があり、その外に濡れ縁を設けるが、近世になるとこの境に雨戸を入れるようになる。このような細部様式は、引違戸や貼付壁が平安時代に出現したことに始まり、南北朝時代までにほぼ出現している。同じころに成立した主殿《しゅでん》と呼ばれる主屋形式は、これらの細部を備えており、これを書院造の範疇に入れる論者もいるが、座敷飾の形式や部屋構成に近世的な形態を求める論者は、室町時代末期以後の主殿しか書院造に入れない。前者の見解に立つと東福寺竜吟庵《とうふくじりょうぎんあん》の方丈(十四世紀末か十五世紀初頭)や慈照寺東求堂《じしょうじとうぐどう》(一四八五年(文明十七))が書院造の早い例となり、後者の見解に立てば園城寺《おんじょうじ》光浄院客殿(一六〇一年(慶長六))や二条城二ノ丸御殿(一六二四年(寛永元))などが書院造の早い例となる。書院造の変形として、室町時代から盛行した茶室や茶屋のデザインを取り入れた数寄屋風書院造があるが、その場合は長押がなく、壁は土壁で、下地窓《したじまど》を用

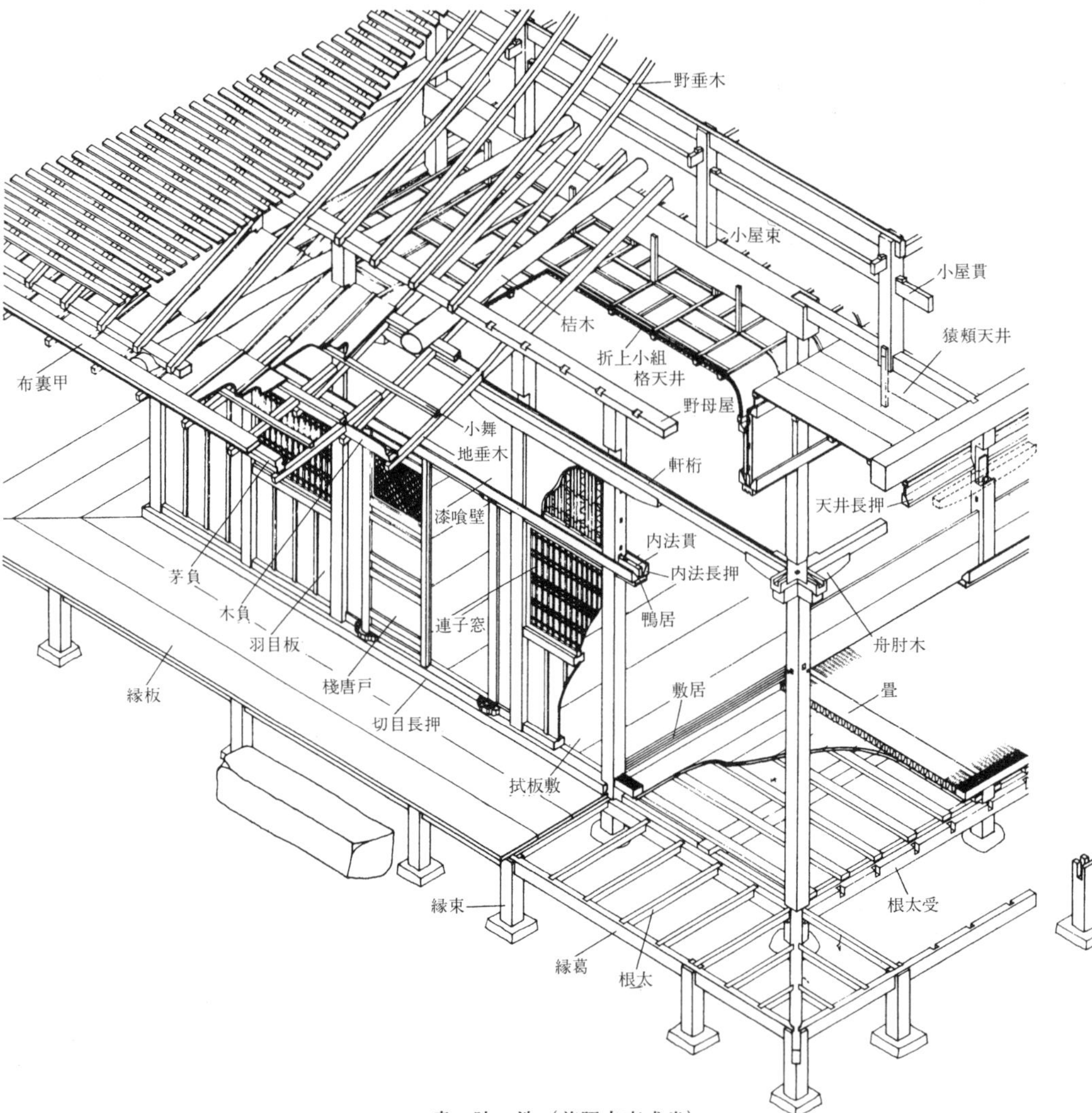

書　院　造（慈照寺東求堂）

い、面皮付柱《めんかわつき》も用いる。桂離宮《かつらりきゅう》などがそれであり、現在みられる和室はこちらの方が多い。

参考文献　川上貢『日本中世住宅の研究（新訂）』、二〇〇三、中央公論美術出版。太田博太郎『日本住宅史の研究』（『日本建築史論集』二、一九八四、岩波書店）。太田博太郎監修『日本建築様式史』一九九九、美術出版社。　（藤田　盟児）

しょう　笙　長短の十七本の竹管を匏《ほう》に円形にさした吹奏楽器。雅楽に用いられる。七・八世紀に中国から伝えられた。竹管十七本のうち十五本に簧《した》（リード）が付いており、これに息を吹き込みその振動と管内の空気の共鳴によって音を出す。中国の笙は息を吹き込む長い嘴を持っていたが、日本では平安時代以降、匏に直接口をつけて吹くようになる。七五六年（天平勝宝八）六月二十一日の『東大寺献物帳』に「呉竹笙一口／呉竹竽一口」とみえ、正倉院には三口の笙が収蔵されている。大型の笙を竽と言う。令制雅楽寮では唐楽の中に合笙師一人、合笙生四人が置かれた（『養老令』職員令雅楽寮条）。平安時代中期以降には、雅楽の管弦と舞楽の唐楽、催馬楽などの歌物の伴奏などに使われた。管弦や舞楽では合竹《あいたけ》といって五、六音の和音を奏するが、歌物の伴奏では一本吹きといって一本、ときには二本を用いて旋律を演奏する。

参考文献　正倉院事務所編『正倉院の楽器』、一九六七、日本経済新聞社。増本喜久子『雅楽—伝統音楽への新しいアプローチ—』、一九六八、音楽之友社。芸能史研究会編『日本の古典芸能』二、一九七〇、平凡社。林謙三『東アジア楽器考』、一九七三、カワイ楽譜。　（荻　美津夫）

しょう　鉦　梵音具の一つで鉦鼓、鐘鼓、常古ともいう。形状は、青銅鋳製の浅い円盤状で、鰐口を片半面としたものに似る。上縁の二ヵ所に耳をつけ、紐を通して鉦架に吊るし、撞木《しゅもく》や桴《ばち》で打ち鳴らす。また、これを鉦架に架けず、直接首から吊るし、打ち鳴らしながら諸国を遊行する姿が京都六波羅蜜寺の空也上人像に見ることができる。『一遍上人絵伝』にも、鉦をつけて念仏する僧が描かれている。また、首から架けず、手に持って打ち鳴らす事例もあり、これらを鉦と総称している。最古の紀年銘を記した作は、奈良東大寺の長承三年(一一三四)の鉦で、口縁部が駒爪式の張り出しをつけず、二本の紐のみをめぐらし、上縁部の魚に似た耳が小型である点に、古式であることがうかがえる。これと一具であった同年銘の鉦鼓が奈良手向山神社、京都八坂神社に伝存している。鎌倉時代では平家によって焼かれた東大寺を復興する際、俊乗坊重源が勧進に使用したと考えられる建久五年(一一九四)銘の鉦鼓が、兵庫浄土寺に、同じく建久九年銘のものが奈良東大寺にある。　(原田　一敏)

じょう　錠　⇩鍵《かぎ》

じょうえいじ　**常栄寺**　山口市宮野下字平野ならびに古道にある臨済宗東福寺派の寺院。山号は香山。常栄寺は、毛利隆元の菩提寺として一五六三年(永禄六)安芸国吉田(広島県安芸高田市吉田町)に創建されたが、一六〇三年(慶長八)に山口の国清寺(現洞春寺境内)が牌所に充てられる。一八六三年(文久三)、毛利氏の山口移鎮に係わって現在地へ移された。当地は大内政弘母の菩提寺楞伽山妙喜寺創建の地である。妙喜寺は一四五五年(康正元)に大功和尚を開山、大内教弘を開基として建立された曹洞宗の寺院である。教弘の子政弘が雪舟に作庭させたと伝えられる庭園(国史跡および名勝常栄寺庭園、一九二六年(大正十五)二月二十四日付指定、一九六二年(昭和三十七)に山林地域を追加指定)があり、雪舟庭として世に知られている。一九九六年(平成八)、常栄寺庫裡の解体・新築工事に伴う発掘調査が実施されており、礎石建物・石垣など、主として近世の遺構・遺物を確認するとともに、妙喜寺創建期にさかのぼる遺物も若干出土している。

参考文献　常栄寺編『常栄寺史料』、一九七八。山口市教育委員会編『常栄寺』(『山口市埋蔵文化財調査報告書』六六)、一九九七。　(古賀　信幸)

しょうえん　**荘園**　古代から近世初頭にかけて展開した土地所有制度。八－九世紀にかけて成立した古代荘園は、上級貴族や官寺などが、律令国家から認められた土地において開発・経営することを基本とし、固有の荘民を持たず律令農民に賃租させることが一般的であった。このため律令体制の変質とともに経営が不安定となり、九世紀を境にその多くが断絶を迎えた。十世紀に入り律令体制が弛緩すると、中央貴族や寺社などへの国家的給付を負わされていた地方国衙は、その負担を軽減するため、一定の田地と住人を権門に分け与えるようになり、荘園が形成された。中央政府は、かかる荘園の増加を抑制するため、十一世紀以降しばしば荘園整理令を発したが、院政期になると、院やその近臣らが国衙や在地有力者と直接に結びつき、寄進などを名目に広大な領域を囲いこむことで巨大荘園をつぎつぎと成立させていった。田地が散在する従来の荘園に加えて、山野や川海も包括した領域型の荘園が族生したことで、十二世紀後半には国衙の支配する公領と、荘園が占める領域が一国の中で拮抗するに及んでいる。荘園の所有・経営は、院・皇族・寺社などを頂点として、下級貴族や在地勢力がそれぞれの立場で重層的に権利を分有する構造をとっていた。こうした権利が後に本家職・領家職・下司職といった職《しき》として確立してゆくことになる。また国衙からの収益を特定の貴族に知行として給与する知行国制度の展開もあって、荘園と公領は支配構造や年貢体系などが近似するようになり、両者の均質化が進んでいった。鎌倉幕府が成立すると、在地領主層の有していた下司職ほかの諸職は、幕府によって保護される地頭職へと切り替えられ、権門側の恣意的な支配が及ばなくなった。この特権を梃子に、地頭は十三世紀後半になると荘園侵略を強め、劣勢となった荘園領主は、地頭に現地支配を全面的に委託する代わりに定額の年貢納入を確保する地頭請所《うけしょ》や、荘園の下地を分割しおのおの排他的な支配を実現する下地中分《したじちゅうぶん》といった契約を結び、権益の確保に努めた。さらに南北朝争乱のなかで武家勢力の荘園侵略に拍車がかかると、室町幕府は半済令《はんぜいれい》を出して対応を図っている。この法は武家側に荘園年貢の半分を兵糧として徴収することを認めるものであったが、反面無秩序な占有を制限する側面もあり、公武の荘園支配を調整する機能を有していた。そののち半済は年貢の分与から下地の分割へと推移し、半済給与権を引き継いだ守護は、その支配権を大きく伸張させていった。鎌倉時代後期以降のこうした動向は、それまで重層的であった所有権の一元化をもたらし、一円領と呼ばれる所領を生み出すことにつながった。室町時代に入ると荘園の経営は、在地領主や守護による請け負いのみならず、金融や流通に通じた商人・禅僧といった多彩な人々によって担われるようになってゆく。さらに自治を基本とする村落(惣村)が畿内・近国を中心に成立したことを受け、村落が領主に対して年貢を請け負う地下請《じげうけ》も広汎に成立していった。室町時代後期、中央の領主が地方荘園を支配する構造は急速に崩壊していったが、土地制度としての荘園とその収取のあり方は依然命脈を保ち、戦国大名の支配下においても維持されていた。荘園が最終的に否定されるのは豊臣秀吉による太閤検地を待たねばならない。近年、圃条整備事業などに伴う開発行為が進展したことで、古代から中世に至る荘園遺跡に関する認識が深まった。荘家や政所・居館・集落・生産拠点といった構築物の遺構のみならず、水利・耕地・地名・屋号・境界といった荘園を構成した総体を遺跡ととらえ、記録・保存を行う必要が認識されつつある。列島各地で荘園遺跡調査が実践されるに従い、景観論や開発史の側から荘園史を再考する試みも進展している。

参考文献　永原慶二『荘園』(『日本歴史叢書』)、一九九八、吉川弘文館)。宇野隆夫『荘園の考古学』、二〇〇一、青木書店。高橋一樹『中世荘園制と鎌倉幕府』、二〇〇四、塙書房。　(井上　聡)

しょうえんず　**荘園図**　古代・中世における荘園を単位

主要荘園図一覧

国名	名称	年紀	所蔵	形状	寸法(縦《センチ》×横《センチ》)	備考
山城	山城国葛野郡班田図		お茶の水図書館(東京都)	紙・著色	一三断間	聚影二
	山城国葛野郡班田図(東寺百合文書チ・ヌ・ア)	康和三年(一一〇一)	京都府立総合資料館			同
	嵯峨舎那院御領絵図	建永二年(一二〇七)(紙背)	天竜寺(京都府)	紙・著色	一五四・二×一五五・四	同
	臨川寺領大井郷絵図		同	同	二一・一×一四〇・八	同
	応永鈞命絵図	応永三十三年(一四二六)(紙背添状)	同	紙・墨書	二九一・二×二四一・五	同
	神護寺絵図	寛喜二年(一二三〇)(紙背)	神護寺(同)	紙・著色	一九九・六×一六〇・七	同
	高山寺絵図	寛喜二年(一二三〇)	同	同	一六四・六×一六四・七	同
	主殿寮御領小野山与神護寺堺相論絵図	寛喜二年(一二三〇)(紙背)	同	紙・著色	一〇四・四×六一・九	同
	神尾一切経蔵領(長谷)古図写	正嘉二年(一二五八)(紙背)	高山寺(同)	同	六六・三×五五・四	同
	神尾一切経蔵領(中野)古図写	同	同	同	六六・〇×五五・五	同
	山城国上桂荘差図(東寺百合文書ヌ)		京都府立総合資料館	紙・墨書	四三・二×三九・四	集成
	山城国上野荘差図(教王護国寺文書)		同	同	二九・七×四八・八	聚影二
	山城国五ヶ荘井水差図(東寺百合文書い)		同	同	四八・七×五八・五	集成
	山城国桂川用水差図(同ツ)		同	同	八四・五×五四・五	聚影二
	山城国桂川井手差図(同ひ)		同	同	二八・三×四六・八	同
	山城国西岡下五ヶ郷用水差図(同ヲ)		同	同	八三・〇×四三・〇	同
	山城国西岡たかはね井用水差図(同レ)		同	同	一〇九・三×七九・四	同
	山城国上久世荘東田井用水差図(同ひ)	長禄二年(一四五八)	同	同	二七・六×九〇・九	同
	山城国上久世荘図(教王護国寺文書)	暦応三年(一三四〇)(紙背)	京都大学総合博物館	同	四九・五×六七・八	同
	山城国下久世荘絵図(東寺百合文書レ)		京都府立総合資料館	同	六五・四×五一・九	同
	山城国川嶋南荘差図(革嶋文書)	嘉暦元年(一三二六)	同	同	三三・五×四九・〇	同
	山城国宝荘厳院用水差図(東寺百合文書タ)	延文元年(一三五六)	同	同	三一・七×四四・八	同
	法性寺御領山差図	正安元年(一二九九)	京都大学文学部	紙・著色	五六・八×一三・八	集成
	山科地方図写		東京大学史料編纂所	紙・著色	一一七・〇×一八六・七	聚影二
	山城国笠取荘図		醍醐寺(京都市)	紙・墨書	八〇・一×一三六・九	同
	九条近辺条里図(九条家文書)	永正十六年(一五一九)(紙背)	宮内庁書陵部	同	三一・九×八三・四	同
	京都左京九条御領辺図(同)		同	同	五六・二×六四・九	同
	山城国紀伊郡里々坪付帳(同)		同	同	二六・五×五七五・〇	同
	山城国市原野附近絵図		同	同	二四・九×四一・〇	同
	山城国市原野附近絵図		同	同	二〇・六×三三・八	同
	山城国市原野附近絵図		同	同	二四・六×四〇・〇	同
	山城国乙訓郡条里坪付(九条家文書)		同	同	五七・五×六八・二	同
	山城国乙訓郡条里坪付(同)		同	同	二一・九×二〇・二	同
	山城国乙訓郡内条里図(久我家文書)		国学院大学(東京都)	同	三六・〇×四九・五	同
大和	大和国添下郡京北班田図写		西大寺(奈良市)	紙・著色	七九・九×一五〇・〇	聚影三 十三世紀後半(推定)
	大和国添下郡京北班田図写	同	東京大学文学部	同	七七・九×一五〇・〇	同
	大和国添下郡京北条里図		同	紙・墨書	五八・一×一〇四・九	同

国名	名称	年紀	所蔵	形状	寸法(縦×横)	備考
大和	西大寺往古敷地図		東京大学文学部	紙・墨書	五五・〇センチ×六三・七センチ	聚影三
	西大寺敷地図	弘安三年(一二八〇)	同	同	九二・四×一二三・二	同
	西大寺敷地図		同	同	五八・九×六六・五	同
	西大寺敷地之図		同	同	五三・六×六〇・三	同
	西大寺領之図		同	紙・著色	八七・六×一二四・六	同
	西大寺与秋篠寺堺相論絵図		同	同	七八・八×一五一・五	同
	西大寺与秋篠寺堺相論絵図		西大寺(奈良市)	同	六〇・六×九九・〇	同
	額田寺伽藍並条里図		国立歴史民俗博物館	布・著色	一一三・四×七二・七	同　宝亀三年(七七二)(推定)
	東大寺山堺四至図	天平勝宝八歳(七五六)	正倉院	同	二九九・〇×二二三・〇	同
	東大寺虚空蔵絵図		東大寺図書館(奈良市)	紙・著色	五六・二×八六・六	同
	唐招提寺所蔵大和国観音寺領図		唐招提寺(同)	紙・墨書	三〇・五×五一・〇	同　宝亀二年(七七一)(推定)
	大乗院領大和国佐保新免田土帳(大乗院文書)	嘉吉三年(一四四三)	内閣文庫	同	八五・五×六〇・〇	同
	大乗院領大和国佐保新免田土帳(大乗院寺社雑事記)	文明七年(一四七五)	同	同	二七・三×二〇・五	同
	大乗院領大和国佐保新免田土帳(三箇院家抄)	文明九年(一四七七)	同	同	二六・九×三一・四	同
	大和国小五月郷差図写		天理図書館(奈良県)	紙・著色	一七九・〇×一四二・五	同
	大和国岩井河南岸諸荘園図(大乗院寺社雑事記)	文明四年(一四七二)	内閣文庫	紙・墨書	二七・三×二〇・五	同
	大和国岩井川分水図	永禄八年(一五六五)	天理図書館(奈良県)	同	二六・七×六七・六	同
	大和国池田荘と井殿荘境溝相論差図(大乗院寺社雑事記)	文明六年(一四七四)	内閣文庫	同	二七・三×二〇・五	同
	大乗院領大和国倉荘土帳(大乗院文書)		同	同	六八・〇×七〇・〇	同
	大乗院領大和国若槻荘土帳	徳治(紙背)	茨城県立歴史館	同	一三三・〇×一三一・二	同
	大乗院領大和国若槻荘土帳断簡(大乗院文書)		内閣文庫	同	四三・〇×六一・五	同
	大乗院領大和国横田荘土帳	嘉元四年(一三〇六)(紙背)	広島大学文学部	同	五七・四×四五・三	同
	大乗院領大和国乙木荘土帳		猪熊全寿	同	九四・三×一三〇・五	同
	大乗院領大和国乙木荘土帳(大乗院文書)		内閣文庫	同	九五・五×一二八・〇	同
	大乗院領大和国楊本荘条里図(大乗院寺社雑事記)	文明十七年(一四八五)	同	同	二七・三×二〇・三	同
	大乗院領大和国出雲荘土帳(大乗院文書)		同	紙・著色	六七・五×一〇〇・五	同
	大乗院領大和国羽津里井荘図(神殿庄散田帳)		同	紙・墨書	二八・〇×三三・五	同
	大乗院領大和国古木荘土帳断簡(大乗院文書)		同	同	九五・五×一二八・〇	同
	大乗院領大和国古木本・新両荘土帳断簡		広島大学文学部	同	四五・九×二八・八	同
	大和国中山荘土帳		同	同	二七・三×四四・六	同
	東大寺領東喜殿荘坪付地図	大治三年(一一二八)	東大寺図書館(奈良市)	同	二七・七×四七・五	集成
	東大寺領東喜殿荘附近地図		同	同	四八・〇×三四・〇	同
	談山神社領大和国膳夫荘差図	永正十二年(一五一五)	談山神社(奈良県)	同	九〇・〇×一一八・〇	聚影三
	談山神社領大和国忌部荘差図	明応六年(一四九七)	同	同	一一五・二×七〇・四	同
	談山神社領大和国忌部荘差図		同	同	一一八・一×六八・五	同
	談山神社領大和国箸喰荘差図	明応六年(一四九七)	同	紙・墨書	四一・七×六三・九	同
	談山神社領大和国箸喰荘差図写	永正七年(一五一〇)	同	同	六九・二×九一・四	同
	談山神社領大和国百済一荘之内屋敷田畠差図		同	同	五五・九×一二四・三	同
	談山神社領大和国磯野荘差図		同	同	六〇・五×八二・一	同

国名	名称	年紀	所蔵	形状	寸法(縦×横)	備考
大和	殿下御領大和国宿院荘土帳		天理図書館(奈良県)	紙・墨書	二八・六センチ×四五・五センチ	聚影三
和泉	日根野村絵図(九条家文書)	正和五年(一三一六)(紙背)	宮内庁書陵部	紙・著色	八六・四×五八・六	聚影四
	日根野村近隣絵図(同)		同	同	八四・四×五九・四	同
摂津	摂津職島上郡水無瀬荘絵図(東南院文書)	天平勝宝八歳(七五六)	正倉院	同	二八・六×六九・〇	同
	摂津職河辺郡猪名所地図		尼崎市立博物館	紙・墨書	六四・五×一三三・五	同　十二世紀(推定)
	摂津国芥川井手差図		大阪府高槻市郡家区	同	三一・五×四五・五	同
	摂津国垂水荘図(教王護国寺文書)		京都大学総合博物館	同	二七・〇×四六・〇	同
	摂津国垂水荘図(東寺百合文書ゥ)	寛正四年(一四六三)	京都府立総合資料館	同	六七・四×五四・五	同
	摂津国八部郡奥平野村条里図写断簡	応保二年(一一六二)	神戸市立中央図書館	同	二四・三×一三一・二	同
伊勢	伊勢国智積・川嶋山田境差図		醍醐寺(京都市)	同	二八・四×四六・五	聚影四
	伊勢国智積・川嶋山田境差図		同	同	二八・四×四六・五	同
	伊勢国櫛田川下流古図(沢氏古文書)		内閣文庫	紙・著色	六二・九×五四・〇	同
尾張	円覚寺領尾張国富田荘絵図		円覚寺(神奈川県)	同	一〇一・一×八九・八	聚影一下
	醍醐寺領尾張国安食荘絵図		醍醐寺(京都市)	同	七三・二×八四・七	同
駿河	駿河国安倍郡井川郷上田村等絵図		海野孝三郎(静岡県)	紙・墨書	二七・二×三七・五	集成　天正十年十一月十五日の年貢帳に添付
武蔵	武蔵国鶴見寺尾絵図	建武元年(一三三四)(紙背)	金沢文庫(横浜市)	紙・著色	八六・五×八八・〇	聚影一下
近江	近江国水沼村墾田地図	天平勝宝三年(七五一)	正倉院	布・著色	六六・八×一三五・九	同　左と二図一幀
	近江国覇流村墾田地図	同	同	同		同
	菅浦与大浦下荘堺絵図	乾元元年(一三〇二)(紙背)	滋賀県西浅井町菅浦区	紙・著色	九一・七×六二・三	同　年紀は検討の余地あり
	近江国野洲郡邇保荘条里図		滋賀県近江八幡市江頭区	紙・墨書	八三・〇×一一七・六	同
	近江国比良荘堺相論絵図写	永和二年(一三七六)	滋賀県滋賀町北比良区	紙・著色	八八・九×一二五・三	同　年紀は検討の余地あり
	近江国比良荘堺相論絵図写	同	伊藤晋(滋賀県)	紙・墨書	八三・〇×一一七・六	同
	近江国葛川荘絵図	文保元年(一三一七)	明王院(大津市)	紙・著色	九六・二×二〇五・〇	同
	近江国葛川荘絵図		同	同	五三・二×一八四・〇	同
	金勝寺寺領絵図		金勝寺(滋賀県)	紙・墨書	九七・五×一二一・七	同
信濃	信濃国原山古図写	天文十九年(一五五〇)	長野県富士見町御射山	紙・著色	八〇・〇×一三九・〇	集成
陸奥	骨寺古図		中尊寺(岩手県)	同	八三・〇×五六・〇	聚影一上
	骨寺古図		同	紙・墨書	八三・八×五五・〇	同
	陸奥国宮城郡岩城分七町荒野絵図(留守文書)	文永十二年(一二七五)	水沢市立図書館(同)	同	三八・二×二八・五	同
若狭	若狭国丹生浦浦山沽却注文		福井県美浜町丹生区	同		聚影一下　応永三十一年七月三日の文書を添付
	東寺領若狭国太良荘樋差図(東寺百合文書と)		京都府立総合資料館	同	二七・三×四四・七	同
越前	越前国足羽郡糞置村開田地図	天平宝字三年(七五九)	正倉院	布・著色	八二・九×一一〇・一	同
	越前国足羽郡糞置村開田地図	天平神護二年(七六六)	同	同	六九・〇×一一三・一	同
	越前国足羽郡道守村開田地図	同	同	同	一四四・一×一九七・八	同
	越前国坂井郡高串村東大寺大修多羅供分田地図	同	奈良国立博物館	紙・著色	五七・〇×一二四・九	同
	越前国坂井郡河口・坪江荘近傍図(大乗院寺社雑事記)	文明十二年(一四八〇)	内閣文庫	紙・墨書	二七・三×三〇・五	同
越中	越中国新川郡丈部開田地図	天平宝字三年(七五九)	正倉院	布・著色	七九・五×一一六・五	聚影一上

国名	名称	年紀	所蔵	形状	寸法(縦×横)	備考
越中	越中国新川郡大藪開田地図	天平宝字三年(七五九)	正倉院	布・著色	七九·八センチ×一四一·九センチ	同
	越中国新川郡大荊村墾田地図	神護景雲元年(七六七)	同	同	六八·〇×六三·〇	同 左の*印と七図一幀
	越中国射水郡須加開田地図	天平宝字三年(七五九)	同	布・墨書	八〇·八×一〇七·八	同
	越中国射水郡須加村墾田地図	神護景雲元年(七六七)	同	布・著色	*	同
	越中国射水郡鳴戸開田地図	天平宝字三年(七五九)	個人蔵	布・墨書	七七·〇×一四一·〇	同
	越中国射水郡鳴戸村墾田地図	神護景雲元年(七六七)	正倉院	布・著色	*	同
	越中国射水郡鳴戸村墾田地図		奈良国立博物館	紙・著色	五七·五×六三·二	同 神護景雲元年(七六七)(推定)
	越中国射水郡楔田開田地図	天平宝字三年(七五九)	正倉院	布・墨書	七六·五×一三六·四	聚影一上
	越中国射水郡鹿田村墾田地図	神護景雲元年(七六七)	同	布・著色	*	同
	越中国射水郡鹿田村墾田地図		奈良国立博物館	紙・著色	五七·五×六三·二	同 神護景雲元年(七六七)(推定)
	越中国礪波郡伊加流伎開田地図	天平宝字三年(七五九)	正倉院	布・著色	八一·三×九八·〇	聚影一上
	越中国礪波郡伊加留岐村墾田地図	神護景雲元年(七六七)	同	布・墨書	*	同
	越中国礪波郡石粟村官施入田地図	天平宝字三年(七五九)	奈良国立博物館	紙・著色	五六·九×一二一·二	同
	越中国礪波郡石粟村官施入田地図		天理図書館(奈良県)	紙・墨書	三二·一×二一·四	同 神護景雲元年(七六七)(推定)
	越中国礪波郡井山村墾田地図	神護景雲元年(七六七)	正倉院	布・墨書	*	同
	越中国礪波郡杵名蛭村墾田地図	同	同	同	*	同
越後	越後国奥山荘波月条絵図		新潟県中条町教育委員会	紙・著色	三〇·九×五四·五	同
	越後国奥山荘荒河保堺相論和与絵図(越後文書宝翰集)		反町英作(東京都)	同	三三·八×五〇·二	同
	越後国居多神社四至絵図		居多神社(新潟県)	紙・墨書	三〇·三×三六·七	同
丹波	丹波国吉富荘絵図写	承安四年(一一七四)(紙背)	真継正次(京都府)	紙・著色	九六·二×一三六·〇	聚影四
	丹波国大山荘用水差図(東寺百合文書ヨ)		京都府立総合資料館	紙・墨書	二八·五×四三·五	同
	丹波国大山荘井手差図(同ネ)		同	同	二八·九×四四·五	同
	丹波国出雲神社社領絵図		出雲大神宮(京都府)	紙・著色	五八·四×八二·〇	同
但馬	但馬国出石神社領田図		出石神社(兵庫県)	同		集成
伯耆	伯耆国河村郡東郷荘下地中分絵図	正嘉二年(一二五八)(紙背)	柳沢迪子(大阪府)	同	一三三·五×一〇三·五	聚影五上(写)
出雲	出雲大社并神郷図		千家尊祀(島根県)	絹・著色	九三·五×一三〇·六	聚影五上
播磨	法隆寺領播磨国鵤荘絵図	嘉暦四年(一三二九)	法隆寺(奈良県)	紙・著色	一二九·七×一二五·一	聚影四
	法隆寺領播磨国鵤荘絵図写	至徳三年(一三八六)	同	同	一三五·八×一二五·一	同
	大徳寺領小宅荘三職方絵図	文和三年(一三五四)	大徳寺(京都市)	紙・墨書	一三八·七×六〇·九	同
	大徳寺領小宅荘三職方絵図		同	紙・著色	一五六·五×九三·〇	同
	播磨国弘山荘実検絵図写	永徳二年(一三八二)	円尾光(兵庫県)	紙・墨書	四一·〇×二七·五	同
	播磨国揖保川筋井堰図	文禄四年(一五九五)	兵庫県竜野市岩井組	紙・著色	六六二·〇×六六·〇	集成
備前	備前国上道郡荒野荘領地図	正安二年(一二八九)(紙背)	大宮兼守(奈良市)	紙・墨書	三一·五×四五·五	聚影五上
	備前国西大寺境内市場図		西大寺(岡山市)	同	八四·五×九一·八	同
備中	神護寺領備中国足守荘絵図	嘉応元年(一一六九)(紙背)	神護寺(京都市)	紙・著色	一五七·七×八五·四	同
	備中国賀夜郡服部郷図写		塚本吉彦旧蔵	同	一〇七·二×一二五·五	集成 形状・寸法は東京大学史料編纂所所蔵の複本による
	備中国賀陽郡刑部八田部境目出入図写	天正五年(一五七七)	同	同	二七·二×六三·〇	集成
長門	長門国豊浦郡阿内包光名絵図		大徳寺(京都市)	同	七五·一×五三·九	聚影五上

国名	名称	年紀	所蔵	形状	寸法（縦×横）	備考
紀伊	神護寺領紀伊国神野真国荘絵図	康治二年（一一四三）（紙背）	神護寺（京都市）	紙・著色	九三・〇《センチ》×一一三・五《センチ》	聚影四
	神護寺領紀伊国挊田荘図		同	同	九六・一×一二五・八	同
	神護寺領紀伊国挊田荘図		宝来山神社（和歌山県）	同	九二・〇×一〇七・四	同
	大徳寺領紀伊国高家荘絵図		大徳寺（京都市）	同	一三五・八×五二・七	同
	井上本荘絵図		随心院（同）	同	六五・四×五三・一	同
	井上荘絵図		高野山宝寿院（和歌山県）		三一・〇×五四・三	同
阿波	阿波国名方郡東大寺地国司図案（新島荘図）	天平宝字二年（七五八）	正倉院（東南院文書）	紙・著色	五六・八×一〇三・四	東南院文書二
	阿波国名方郡大豆処絵図		同	同	二八・五×五二・四	同　右図に貼付　天平宝字二年（七五八）（推定）
讃岐	弘福寺領讃岐国山田郡田図写	天平七年（七三五）	多和文庫（香川県）	同	二八・三×二四・五	高松市報告書
	善通寺伽藍幷寺領絵図	徳治二年（一三〇七）（紙背）	善通寺（同）	紙・墨書	八〇・四×一六〇・二	聚影五上
伊予	伊予国弓削嶋荘和与差図（東寺百合文書と）		京都府立総合資料館	同	二八・三×四一・〇	同
豊前	豊前国小山田社放生殿市場図		宇佐神宮（大分県）	同	二七・〇×三二・〇	集成
薩摩	薩摩国伊作荘内日置北郷下地中分絵図（島津家文書）		東京大学史料編纂所	紙・著色	九七・二×六二・二	聚影五下　元享四年八月二十一日の和与状あり
（未詳）	田図断簡		唐招提寺（奈良市）	紙・墨書		聚影三

㈠本表は、『国史大辞典』七巻（一九八六年、吉川弘文館）所収の「荘園絵図一覧」および金田章裕『古地図からみた古代日本』（一九九九年、中央公論社）所収の「現存古代荘園図一覧」をもとに作成した。

㈡備考欄には、絵図の図版が掲載されている主な書籍を示した。略称は以下のとおりである。

聚影　東京大学史料編纂所『日本荘園絵図聚影』（一九八八―二〇〇二年、東京大学出版会）。数字は巻数を表す。

集成　西岡虎之助編『日本荘園絵図集成』（一九七六・七七年、東京堂出版）

東南院文書二　『大日本古文書』東大寺文書之二

高松市報告書　高松市教育委員会編『讃岐国弘福寺領の調査』（一九九二年）

㈢寸法は、計測の方法により異なる。

として描いた地図。中世のものを荘園絵図と表現することが多いが、古代では荘園を描いた地図を示す「庄図」「開田地図」「墾田地図」といった表現がある一方で、絵図の語は簡略な地図、非公式な地図を指して使用されたとみられるから、荘園の地図の総称としては荘園図の方が適当である。古代の荘園図は、㈠条里プラン完成以前の荘園図、㈡校班年の荘園図、㈢校班年以外の荘園図、㈣国司図、㈤文図、に分類することが可能であり、現存図からみれば、料材は、布（苧麻《ちょま》）か紙の両方が使用され、正本と案文があるが、必ずしも料材にはよらない。また、押印のある正本に対し、押印のないものを白図と称した。㈠の典型は弘福寺領讃岐国山田郡田図であり、十一世紀後半の忠実な写本であるが、天平七年（七三五）という現存荘園図最古の年紀を有している。一町方格と小字地名的名称で田の標記がなされているが、条里呼称は記入されていない。この類型には阿波国名方郡東大寺地国司図案（通称、東大寺領阿波国新島荘絵図）など㈣の一部も含まれる。㈡の典型は、正倉院宝物として伝存する七六六年（天平神護二）と七六七年（神護景雲元）の東大寺領荘園図であり、開田地図・墾田地図の呼称をもつ。校班年の行政実務と関連しつつ、班田図を基図とし、荘園部分を別に地図化したものであり、条里プランによる表示を軸としているが、絵画的表現も加えられている。㈢は、七五一年（天平勝宝三）、七五九年（天平宝字三）の東大寺領荘園図が典型であるが、㈡と同様に国家の指示によって作製され、文書を送って国から中央へ報告を行う業務の中で成立している。㈣は、すでに指摘した例のほかに、七五六年の摂津職島上郡水無瀬荘図が国司勘を加えられた典型的な形であり、校班田の業務などとは別に国司の下で作製されたものである。㈤は、七五六年の孝謙天皇東大寺宮宅田園施入勅に伴う補足的な概略図のようなものを指したとみられる。中世には、国家が直接作製するような荘園図はなかったとみられるが、①荘園の立券の際や、②開発状況を示すような⑴領域型荘園図とでも表現し得る類型と、③堺相論の際に作製されるもの、④和与や下地中分の結果を示すものなどの⑵相論型荘園図とでも表現し得る類型がある。このほかに、⑶土帳・坪付図・実検図などと称されることのある、土地標記を中心とした絵画的要素の少ない荘園図がある。①の典型は、一一四三年（康治二）の神護寺領紀伊国神野真国荘絵図であり、鳥瞰図的な地形表現と牓示の記入を大きな特徴としている。②の典型は一三一六年（正和五）の和泉国日根野村絵図であり、牓示や境界線の記入はないが、領域の全容を表現している。③の類型には、鎌倉時代末の大和国西大寺与秋篠寺堺相論絵図が入り、表現内容において、意識的ないし特定の認識を背景とする極端な限定や強調が含まれていることが多い。④には伯耆国河村郡東郷荘下地中分図などがあり、この図の場合は下地中分線が最も重要な表現対象となっている。これらの中世荘園図では絵画的ないし絵図的表現が基本的要素となっているが、それぞれの荘園について必要に応じて個別に作製されたものであり、表現方法・内容の個別性が高い。農業関係の施設や境界にかかわる事象、集落・寺社・山・川・植生など、各荘園図ごとに記号化の方向がみられるものの、やはり個別的であり、明示的に凡例化されているものではない。一方、(3)は文永年間(一二六四—七四)ごろの大乗院領大和国乙木荘土帳のように、地割形態を示してはいるものの主として文字による表現であり、(1)・(2)の類型とは大きく異なる一群である。このほか、たとえば大和国添下郡京北班田図は西大寺領にかかわる③の類型に含まれるものではあるが、中世に古代の班田図を基図として作製された荘園図であり、別の要素を図中に含んでいる。 ↗別刷〈荘園図〉

参考文献 金田章裕他編『日本古代荘園図』、一九九六、東京大学出版会。金田章裕『古代荘園図と景観』、一九九八、東京大学出版会。小山靖憲・佐藤和彦編『絵図にみる荘園の世界』、一九八七、東京大学出版会。 (金田 章裕)

しょうえんぼく　松煙墨 ⇩墨《すみ》

じょうかく　城郭 戦国時代や江戸時代の大名や国人などの武家領主の本拠としての城をさすのが一般的であるが、弥生時代の環壕集落や古代の西日本に作られた神籠石・朝鮮式山城などを含めることもある。また近年は城と館を一体ととらえ、研究用語として城館と呼ぶことも多い。「城墎」は十三—十四世紀ごろの史料に表れ、「城」と同義で使われた語である。元来、城と館は原理的に異なり、恒常的な城の成立以前である古代末から鎌倉時代においては、平時の政治・生活空間は、館(屋形)・家・宅などと呼ばれ、それに対して非常時の防御をもつ施設を城郭と呼んだ。「城・城郭」は、『平家物語』や『吾妻鏡』などの史料には、臨戦態勢になると日常の館・宅・家・寺院を「城に構え」「城郭を構えて立て籠もる」、平時に戻ると「城を解く(曳く・焼払・破却などとも)」と記され、合戦や紛争などの非日常的な事態がおきたとき、時限的に武力装置を施すことで城と意識して呼ばれた。山岳や道路・坂などの交通を遮断する場所にも城郭が構えられた。この時期の武力装置は、堀・城壁・木戸・矢倉・垣楯《かいだて》・逆茂木《さかもぎ》・乱杭など、遮断機能を中心としたものが多い。このような状況は、『粉河寺縁起絵巻』の豪族館や『一遍上人絵伝』の筑前の武士の館などに描かれている。城が多く築造されるようになるのは、各地に戦乱が増えた南北朝時代である。この時期の城は、恒常のものではなく、合戦時の臨時施設であることが多い。たとえば、『太平記』には、一三三八年(延元三)の越前府中と杣山城の合戦に際して、「三千余騎をば一国に分遣て山々峰々に城を構え兵を二百騎、三百騎づつ三十余箇所にぞ置かれける」「国中の城の落事、同時に七十三箇所也」と記され、小さな山城が戦乱のたびに臨時に数多く築かれ、また合戦が終わると短期間で廃城となった。しかし、こうした戦略的に重要で城を築きやすい地形をもつ場所は、後世の戦国時代においても城郭として利用されるため改変が加わることが多く、文献史料や地名による比定のみでは、遺構の年代を決定できず、この時期の城郭の実態は不明なものが多い。十五世紀前半になると、城が、領主の拠点として恒常的施設となり、常住の場となる。この時期の史料には「城・城郭」とともに「要害」がある。その語が示すように、天険の地形を利用した規模の小さな曲輪や横堀、尾根を切断する二重や三重の連続堀切などで構成されたものが多く、虎口と呼ぶ城や曲輪の入り口も単純な構造である。城の恒常化には大きく三つの形があった。第一は、日常的・政治的空間としての平地の館と軍事空間である詰め城の山城がセットとなるもので、長野県高梨館と鴨ヶ嶽城、岐阜県東氏館と篠脇城など、最も例が多い。第二は、福島県猪久保城や静岡県勝間田城の例にみる館空間の機能を主郭に包摂した山城を主とするものである。第三は、平地の方形館を核としてその周囲に複数の曲輪などを配して城郭としたもので、茨城県小田城などの例である。これら三つの形は、規模は異なるが、戦国時代に継承される。戦国時代には、城郭が最も多く築城され、石垣や堀など軍事機能の発達とともに、領主権力を象徴する機能が高まった。また、領国内には、多様な機能に応じた城郭がネットワーク化され重層的に作られた。たとえば、戦国大名北条氏の本城神奈川県小田原城を求心点として、重要な地域拠点には領国

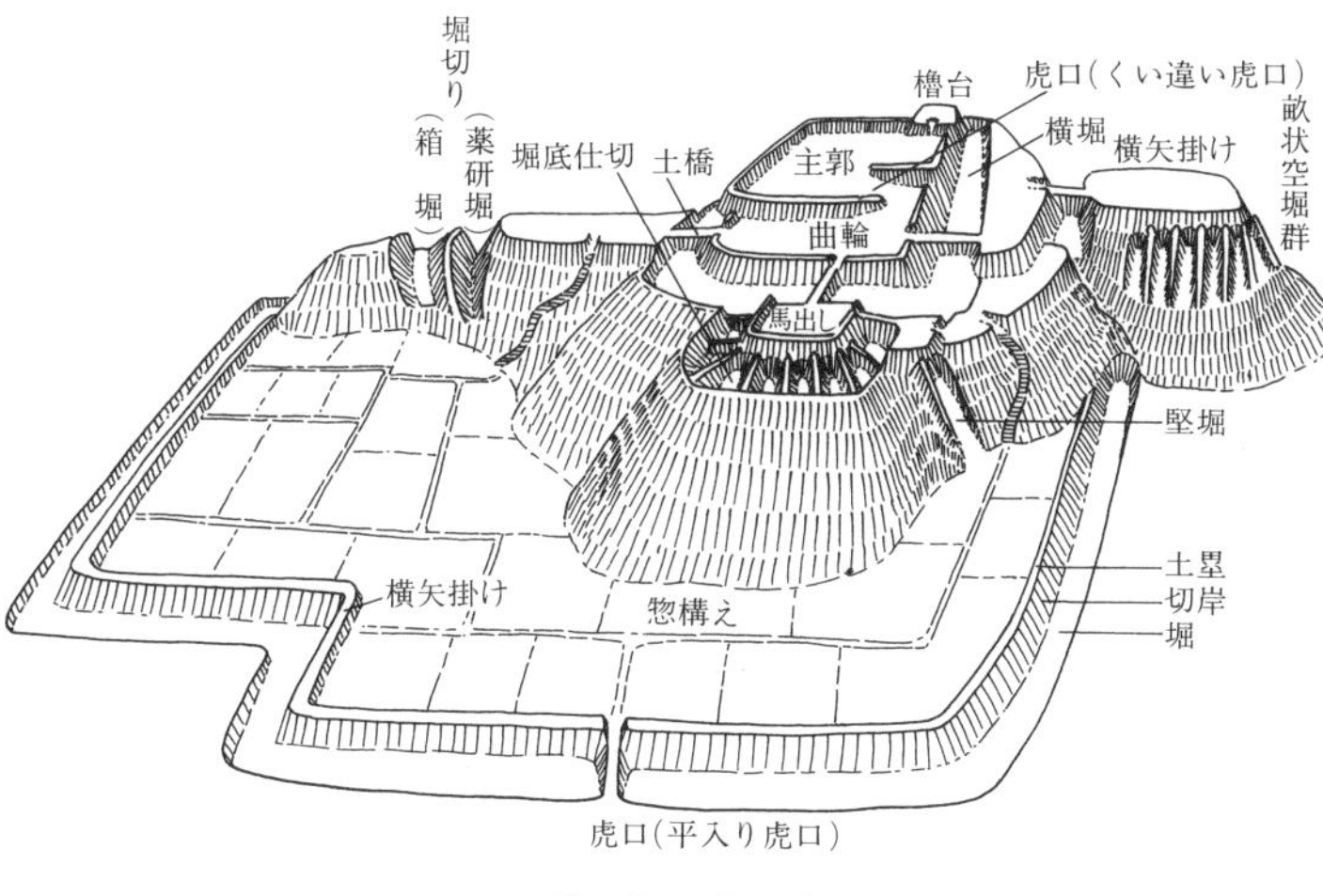

城鳥瞰図

支配のための一族を配した東京都八王子城、埼玉県鉢形城などの支城、さらに埼玉県松山城や小倉城など他領との境界領域には「境目の城」などが築城され、それらが階層的に群として機能した。一方、小田原城攻めのための神奈川県石垣山城のような攻防に関わる臨時の「陣城・付城」なども作られた。戦国時代の城郭の内部呼称には、「実城《みじょう》」「中城」「外城《とじょう》」などの語が使われた。実城は、近世の「本丸」の意味に近く、城主の空間や城主そのものを指すこともある。城は、実城を核として、その外側に中城、外城、あるいは二の曲輪、三の曲輪、外曲輪などがこれを取り巻き、集権的な権力を反映した同心円構造を示すことが多い。「巣城」も実城と同義に使われ、「生《はだか》城《しろ》」と記す例もある。地名にも、城の中心部に「城の内」や「内城」が残る例が多く、「外城」とセットになることもある。逆に、築城主体の権力構造や地域社会を反映したとみられる曲輪間の求心性が弱い集合体として、群郭式の形態をとる城郭がある。八つの曲輪からなる青森県根城はその例で、「岡前館」のように各曲輪には八戸南部氏を支えた一族の名が残り、一揆的な結合の権力構造が城郭構造に反映されている。また、戦国時代には、列島の各地で石積技術や虎口の形態、畝状空堀群と呼ぶ斜面に連続する堀や障子堀など、築城技術や縄張りなどにも地域性が顕著となってくる。織田信長による滋賀県安土城築城にはじまる織豊系城郭は、戦国時代の多様な権力や地域を反映した城郭から、天下統一を経て、徳川幕府に統制された近世城郭へとつながる変革期である。城郭は、軍事施設として堀・石垣・虎口・塗り込め壁と瓦の防火建物などが一体となって機能的に完成されたばかりでなく、権力の表象装置としても完成した。具体的には高石垣・瓦葺き・礎石建物を特徴とし、見せる城となり、その統合された象徴が「天守」である。織田信長のもとで、城が「天下人」を頂点とする列島規模のヒエラルキーを示す装置となり、その権力系譜や階層を意味する規範の授与があった。また、城郭が城下町＝都市をも包摂した一元的な空間の求心点ともなった。城は、軍事拠点としての要害性に比べ、領国の政治や経済のセンターとしての機能を強化し、それに相応しく交通網の中心となり広い城下町を形成できる平地が選地されるようになった。いわゆる平城や平山城と呼ばれるもので、大規模な土木技術がそれを可能にしたのである。こうしたあり方は豊臣秀吉の大坂城、徳川家康の江戸城をおのおのの頂点として継承され、江戸幕府の元和の一国一城令による大名の居城のみを残す究極の形で完成した。城郭研究は、従来、近世軍学の系譜をひく縄張り研究が先導してきたが、一九七〇年代ごろから増加する考古学の発掘成果や都市史としての城下町研究との連携などにより多様な資料や視点が加わった。一九八〇年代には、城郭そのものの研究においても地域性や技術系譜などが注目され、さらに、地域史や権力構造論へも展開するようになった。そうしたなか、従来、領主権力側からのみ論じていた城郭の主体者問題、たとえば小規模城郭に関する「山小屋」論争や「村持ちの城」論など、また拠点的城郭においても「惣構え」論などからの領主と住民の関係の再検討、城郭とは何であったのかという論点にも発展しているが、まだ共通の理解には至っていない。

参考文献 石井進・萩原三雄編『中世の城と考古学』、一九九一、新人物往来社。市村高男「戦国期城郭の形態と役割をめぐって」(『争点日本の歴史』四所収、一九九一、新人物往来社)。千田嘉博・小島道裕・前川要『城館調査ハンドブック』、一九九三、新人物往来社。中澤克昭『中世の武力と城郭』、一九九九、吉川弘文館。千田嘉博『織豊系城郭の形成』、二〇〇〇、東京大学出版会。小野正敏他編『図解・日本の中世遺跡』、二〇〇一、東京大学出版会。松岡進『戦国期城館群の景観』、二〇〇二、校倉書房。

(小野　正敏)

じょうかず　城下図 城下町を描いた絵図史料の通称。一般に地図類似の平面図をさすが、図屏風や名所絵などの景観絵図を含む。中世の武家屋敷図に祖型が現れ、戦国時代には「越後国瀬波郡絵図」などの領域図に城下町が描かれた。近世では一六四四年(正保元)の幕命により国絵図とともに作成されたいわゆる「正保城絵図」が画期となった。これは大名居城の軍事機能掌握をめざしたものだが、多くの城下町における最初の城下図となり、この時に指定された表記法は後々まで踏襲された。その後、各藩は一七〇〇年(元禄十三)の国絵図調進や、修築・

「越後国瀬波郡絵図」部分（村上ようがい）

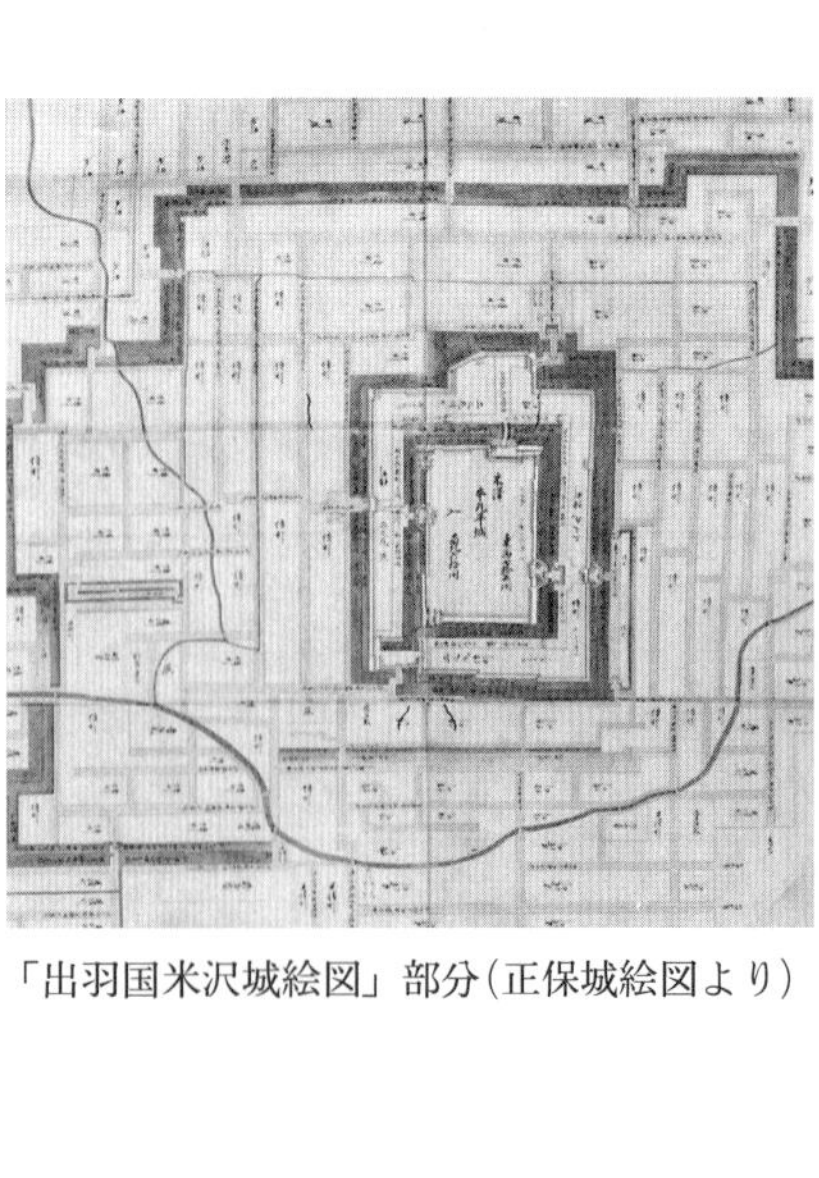
「出羽国米沢城絵図」部分(正保城絵図より)

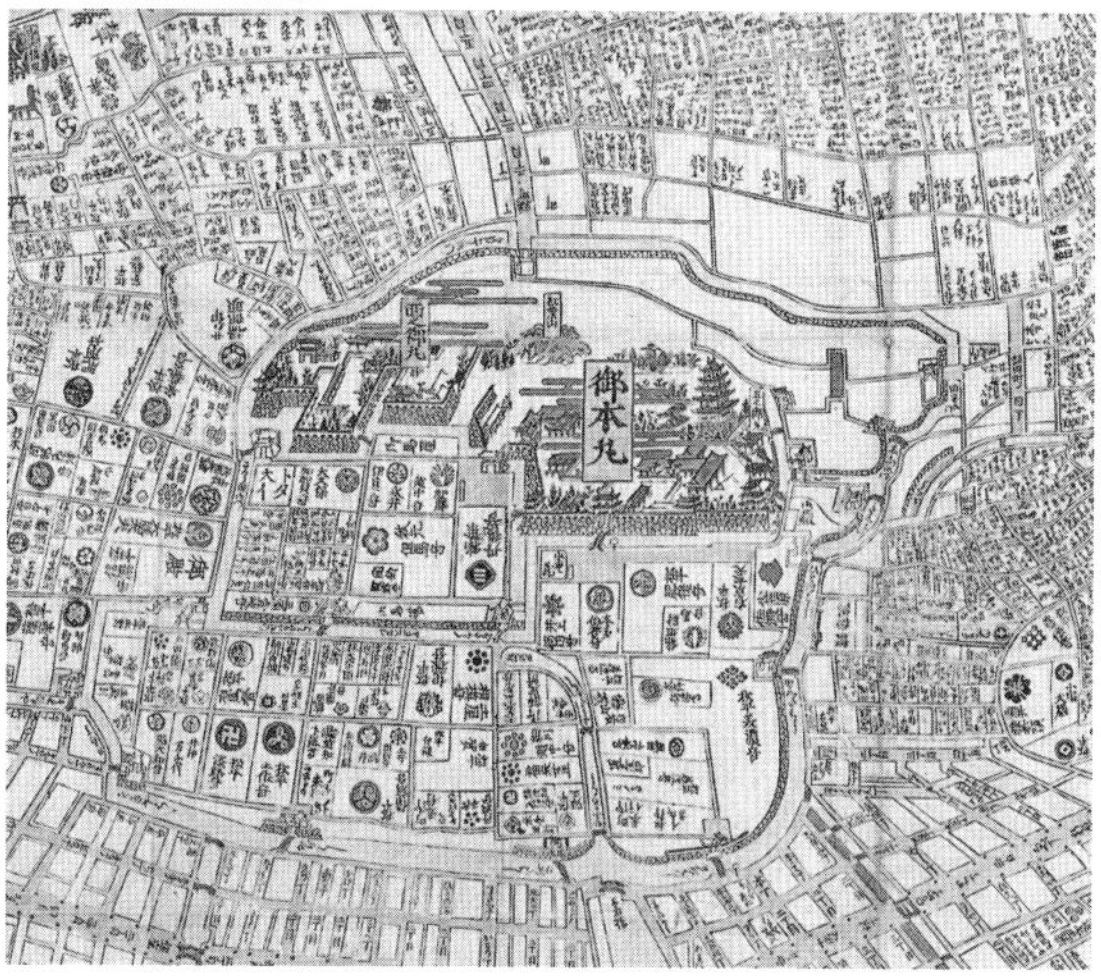

石川流宣「宝永江戸図鑑」部分

改造に伴う普請窺いなどで城下図を幕府に提出しており、藩内用にも屋敷改めや町政を目的とする城下図を作成した。江戸・大坂・京都の絵図は十七世紀前半から木版版行図が販売され、数は限定されるが十八世紀後半からは地方城下町でも出版の動きがみられた。また、十七世紀中から主として兵学の需要から「主図合結記」や「諸国居城図」といった城下図集が編纂されている。十八世紀末からは平泉や春日山などの歴史的都市の考証が盛んに行われ、城下図類似の想像図が多数作成された。近世城下図は道筋の方位と距離、目標となる地点の方位関係、道幅などを厳密に実測している場合が多く、村絵図や郡絵図に比較して全般に精度が高い。特に享保期(一七一六—三六)以降は蘭学の技術導入もあって精度を高めた。地図技術の普及する明治十年代までは近世城下図と同様の都市図が作成・利用されている。とはいえ「正保城絵図」において城郭部を意図的に大きく描いているように、目的に即した修正や省略はふつうに行われた。版行図では名所や屋敷名などに主眼をおき、平面形の歪みを許容している場合が少なくない。

参考文献　矢守一彦『都市図の歴史』日本編、一九七四、講談社。川村博忠『近世絵図と測量術』、一九九二、古今書院。千田嘉博『図説正保城絵図』(『別冊歴史読本』七六、二〇〇一、新人物往来社)。

(千葉　正樹)

しょうかそんじゅく　松下村塾　萩城下町の東郊松本村、現在の山口県萩市椿東《ちんとう》の松陰神社境内にあった吉田松陰の私塾。松陰の叔父玉木文之進の家塾が前身。一八五七年(安政四)塾名を継承した外叔久保五郎左衛門の協力で、実家杉家の宅地内にあった小舎を修理して八畳の一室を設け、松下村塾を主宰することになった。時に松陰は一八五四年の密航未遂事件で入獄、許されて実家での幽囚の身であった。翌年には門弟の協力で十畳半を増築、藩から正式に家学教育の許可を受けた。松陰が松下村塾で教育にあたったのはわずか一年ほどであったが、塾生には久坂玄瑞、高杉晋作、伊藤博文、山県有朋など多くの若者が集まり、師の志を継いで明治維新の事業を成し遂げた。現存する建物は木造瓦葺平屋建てで、当初からあった八畳の一室と、のち増築した十畳半の部分とからなる。幕末・維新期の私塾の一つで、明治維新史上重要な遺跡。国指定史跡。未発掘。

参考文献　『萩市史』三、一九八七。

(渡辺　一雄)

しょうかどう　松花堂　江戸時代の石清水八幡宮の宿坊群「男山四十八坊」の一つである泉《いずみ》坊の茶室(もと方丈)。転じて、泉坊全体の通称となった。明治初期の廃仏毀釈によって破却されたが、その遺跡は京都府八幡市八幡高坊の石清水八幡宮境内(男山西麓)に残る。国指定史跡。泉坊は、江戸時代前期の石清水八幡宮の社僧で文人・茶人・画家・書家として知られる松花堂昭乗《しょうじょう》(一五八四—一六三九)が建立した住坊であった。一九八二年(昭和五十七)・八三年にわたって奈良国立文化財研究所・京都府教育庁の協力のもとに発掘調査が行われ、三段に造成された敷地から茶室(松花堂)跡、僧坊跡、露地遺構、庭園跡などが検出された。なお、明治の破却後、松花堂を含む泉坊の建物は八幡の市中に移され、さらに一八九一年(明治二十四)には現在の八幡市八幡女郎花《おみなえし》(東車塚古墳を含む)に再度移築、その際に庭園も再現された。ここも併せて国史跡に指定され、八幡市によって公開されている。

資料館　八幡市立松花堂庭園・松花堂美術館(京都府八幡市)

参考文献　佐藤虎雄他「東車塚庭園」(京都府史蹟勝地保存委員会編『京都府史蹟名勝天然紀念物調査報告』一三、一九三三)。石清水八幡宮編『史跡松花堂およびその跡発掘調査概報』、一九八四。

(山田　邦和)

じょうかまち　城下町　戦国時代から江戸時代にかけて成立した都市形態。その祖型の一つは、南北朝時代から室町時代にかけて守護の館を中心に形成された守護町である。室町時代には、国人領主らの居館が城郭を伴なって大規模化し、その周辺に商業拠点としての市町が成立した。そうした国人城下の例としては、陸奥の十三《とさ》、安芸の沼田、肥後の八代《やつしろ》などが挙げられる。戦国時代になると、各地で勢力を強めた戦国大名が城下町を建設し(戦国城下町)、領国内の各地に本拠地をもつ給人らを集住させるとともに、周辺の市町をそこに吸収していった。越前朝倉氏の一乗谷《いちじょうだに》や近江六角《ろっかく》氏の観音寺《かんのんじ》には多くの武家屋敷や町屋が配置されていたことが、発掘成果からも判明している。しかし兵農分離と農商分離がいまだ不十分なこの段階では、全家臣が城下町に集められたわけではなく、また商工業者の多くも在地に居住したままであった。城下町の発展経過のなかで大きな画期となったのは織豊政権期であった。織田信長が一五七六年(天正四)に建設を始めた安土では、家臣団集住の徹底が図られるとともに、楽市・楽座や免税政策により商工業者の誘致が進められ、武家屋敷と町屋を一体化させた城下町が整備されていった。豊臣秀吉もこれに続いて大坂・伏見などを統一政権の中心にふさわしい城下町として整備し、近世城下町の基礎をつくりあげた。その後関ヶ原の戦いや大坂の陣、一国一城令の発令を経て、徳川将軍による近世大名の再配置と各城下町の建設と計画的な整備が進められた。近世城下町の代表である江戸は、幕府の所在地であり、参勤交代制と大名妻子居住強制策によって全国の大名の屋敷が設けられたこともあって、他に類を見ないほどの巨大化を遂げ、江戸時代中期以降には人口百万人を超える世界最大規模の都市に成長した。また、大大名の城下町である金沢・名古屋・仙台なども、その内部に小城下町的な様相を呈する上級家臣の屋敷地を包含した複合的な城下町であった。このほか、多くの城持《しろもち》大名がそれぞれ国元に城下町を構えたが、城主格でない小大名の陣屋や、上級家臣が知行地に設けた居館などの場合にも、その周囲に小規模ながら城下町に準ずる都市域が形成されることがあった。典型的な近世城下町は、城郭を中心にして、武家屋敷、商人・職人町、寺社地の三つの要素によって構成されている。武家屋敷は城内またはその周辺に上級家臣の屋敷、ついで中下級家臣の屋敷が配置され、その面積は城下町全体の七〜八割を占めることが多かった。町屋は城下町を貫く街道沿いや周縁部に配置され、江戸時代初期には商人・職人とも領主の政策により同職で集住することが多かったが、中期以降はそうした同職町は減少していった。寺社も特定の区域に集められ、特に寺町は都市域防衛のため外縁部に配置される事例が多くみられる。城下町の平面構成は、前代までの先行条件や地形・水系などに規定されているが、大きく四つに区分される。すなわち、㈠城下町全体を総構で囲む総郭《そうかく》型(萩・大和郡山・姫路など)、㈡町人地を外堀で内と外とに区画する内町外町《うちまちそとまち》型(彦根・岡山・福岡と博多など)、㈢武家地のみを外堀が囲む町郭外《まちかくがい》型(山形・会津若松・米沢など)、㈣外堀が存在しない開放型(鯖江《さばえ》など)である。この四類型は、各城下町の成立の時系列にほぼ対応しているとされている。また、城と町人地を貫く目抜き通りとの相互関係から、町人地の目抜き通りが城に向かって走る縦町型と、城と並行に走る横町型に分ける類型化も試みられており、この場合、前者から後者へ時系列に沿って推移することが指摘されている。これらの近世城下町は、明治維新を迎えると、新政府の指示によって城郭が解体され、幕藩領主から与えられていた特権を消失してその地位を低下させたが、多くの場合、その後も各地方の中核都市として発展を続けた。

参考文献 矢守一彦『城下町のかたち』、一九八八、筑摩書房。豊田武他編『講座日本の封建都市』、一九八一―八三、文一総合出版。高橋康夫他編『図集日本都市史』、一九九三、東京大学出版会。石井進他監修『城と城下町』(『文化財探訪クラブ』六、一九九九、山川出版社)。

(宮崎 勝美)

じょうがんぎしき　貞観儀式　平安時代前期の貞観年間(八五九―七七)に編纂されたとする儀式書。十巻。『延喜《えんぎ》式《しき》』や『内裏式《だいりしき》』とならんで朝廷の祭祀、儀式を検討する際の基本史料の一つ。儀式次第が詳しいのが特徴。今に伝存する『儀式』が『本朝法家文書目録《ほんちょうほうかもんじょもくろく》』所載の「貞観儀式」であるとするのが従来の理解であったが、弘仁・貞観・延喜三代の儀式が実際にすべて編纂されたかどうかの問題も含め、さまざまな議論がなされている。現存の『儀式』は、巻一に祈年祭《きねんさい》・春日祭《かすがさい》から大殿祭《おおとのほがい》に至る神祇祭祀、巻二―四は践祚大嘗祭《せんそだいじょうさい》儀、巻五は正月八日講《こう》最勝王経《さいしょうおうきょう》儀、鎮魂祭《ちんこんさい》儀、天皇即位《そくい》儀など、巻六から巻十は元正朝賀《がんしょうちょうが》儀以下、年中恒例の行事を中心に飛駅《ひやく》・挙哀《こあい》儀などの臨時の行事に関する式次第を収めている。貞観期の記載と考えられる箇所もある反面、それ以降における変更の反映も認められ、慎重な扱いを要する。『(新訂増補)故実叢書』、『神道大系』所収。

参考文献 所功『平安朝儀式書成立史の研究』、一九八五、国書刊行会。西本昌弘『日本古代儀礼成立史の研究』、一九九七、塙書房。

(早川 万年)

じょうがんこうたいしき　貞観交替式　八六八年(貞観十)閏十二月二十日に『新定内外官交替式《しんていないげかんこうたいしき》』として施行された、官人の交替に関する規定を集めた式。上下二巻のうち下巻(五十七条)のみ現存。編纂メンバーは明らかでないが、勘解由使《かげゆし》が撰定作業を行なっていたことから、八六八年まで勘解由使の長官であった南淵年名《みなみぶちのとしな》、同じく次官であった家原氏主《いえはらのうじぬし》が中心的な役割を果たしたと推定されている。『延暦交替式《えんりゃくこうたいしき》』に比べて大幅に増補されており、「新案」として延暦以降の関係規定を追加するとともに、『延暦交替式』に掲載されなかったそれ以前の法令でも必要に応じて収載する方針をとっている。太政官符などをそのまま列挙するのは『延暦交替式』と同じ体裁。『延暦交替式』が国司の交替に関する規定集であるのに対して、『貞観交替式』は八〇九年(大同四)十一月に在京諸司の解《げ》由《ゆ》が求められるようになったため、京官の交替についての規定が含まれている。『(新訂増補)国史大系』所収。

↓延喜交替式《えんぎこうたいしき》　↓延暦交替式《えんりゃくこうたいしき》

参考文献 福井俊彦『交替式の研究』、一九七八、吉川弘文館。早川庄八「延暦交替式・貞観交替式・延喜交替式」(『日本古代の文書と典籍』所収、一九九七、吉川弘文館)。

(早川 万年)

じょうがんじ　貞観寺　⇩嘉祥寺《かじょうじ》

しょうぎ　床几　床几と呼ぶものには二種あり、一つは戸外において腰掛けたり、座ったりして使う台、一つは折畳の腰掛である。前者にはさらに夕涼みや月見などに使う細長い台と、茶店などで使う幅の広い台とがある。夕涼みなどに使う方には竹製が多く、関東地方では縁台《えんだい》と呼び、江戸時代から使われるようになった。茶店などで使われる床几は、中世末ごろから社寺の境内や門前で大衆向きに茶を売ることが流行りだし、その茶売りの台として使われたのが最初である。上に緋毛氈《ひもうせん》などを敷き、上にあがって座る。一方、折畳の腰掛にも背もたれがつくものと、つかないものがある。古墳時代あたりから、戦

荘園図

荘園図は日本の古代・中世に数多く作成された。実務用の図面という性格が強いが、荘園絵図とも称されるように、特に中世にはしばしば絵画的な描写が伴った。荘園図が作成される経緯はさまざまだが、多くの場合、作成主体は荘園の領主であり、作成目的は領有する荘園の範囲を明確にすることであった。荘園の領主権を権力者から公認してもらうとき、または隣接する荘園領主と境界線をめぐって争いになり、裁判の資料として提出するとき、あるいは争論が和解しその内容を図示するとき等々。現代のような測量技術や航空写真のない時代に描かれた図でありながら、驚くほど正確に地形が把握されており、現在の地図と照合できるものも多い。こうした荘園図は、その地域における、歴史上のある時点での景観を復原しようとする場合に、大きな役割を果たす。特に文献史料が中央に偏りがちな古代史の場合、出土資料と並んで地域史研究に欠かせない材料となっている。（野尻　忠）

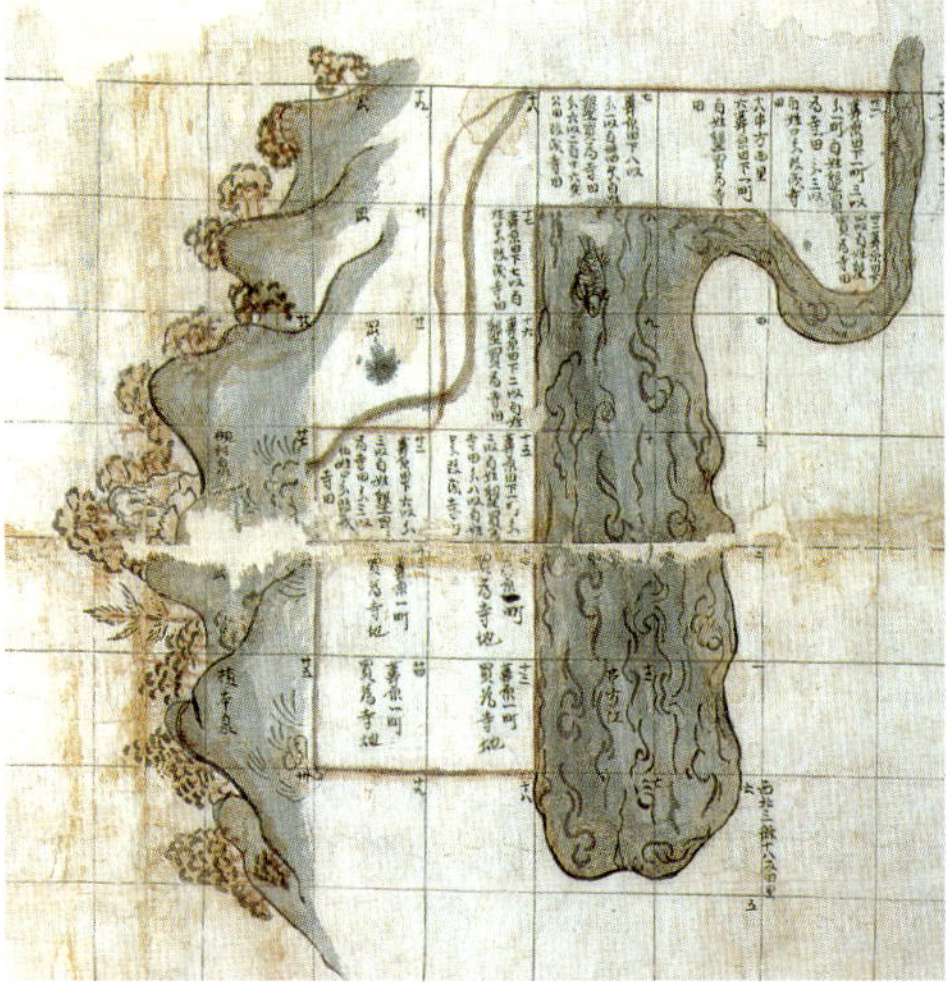

越前国坂井郡高串村東大寺大修多羅供分田図（部分）　奈良時代　766年（天平神護２）　紙本墨画淡彩　縦56.8㎝×横113.4㎝　重要文化財　　奈良国立博物館所蔵　東大寺伝来

西の丘陵と、東の潟の間にある狭い土地に、朱線で荘園の範囲が示される。潟には魚が泳ぐが、動物の描かれる荘園図は珍しい。

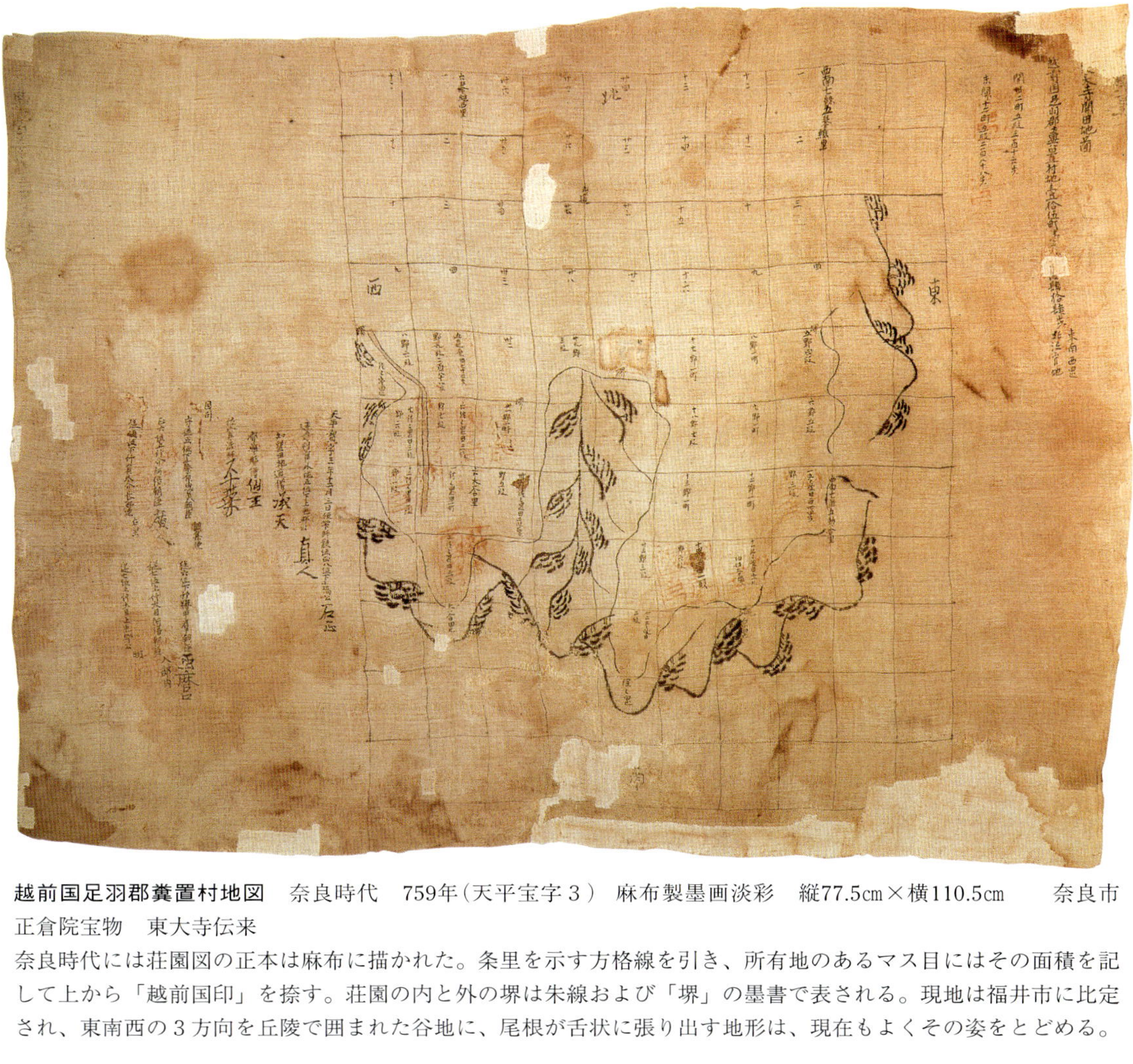

越前国足羽郡糞置村地図　奈良時代　759年（天平宝字３）　麻布製墨画淡彩　縦77.5㎝×横110.5㎝　　奈良市　正倉院宝物　東大寺伝来

奈良時代には荘園図の正本は麻布に描かれた。条里を示す方格線を引き、所有地のあるマス目にはその面積を記して上から「越前国印」を捺す。荘園の内と外の堺は朱線および「堺」の墨書で表される。現地は福井市に比定され、東南西の３方向を丘陵で囲まれた谷地に、尾根が舌状に張り出す地形は、現在もよくその姿をとどめる。

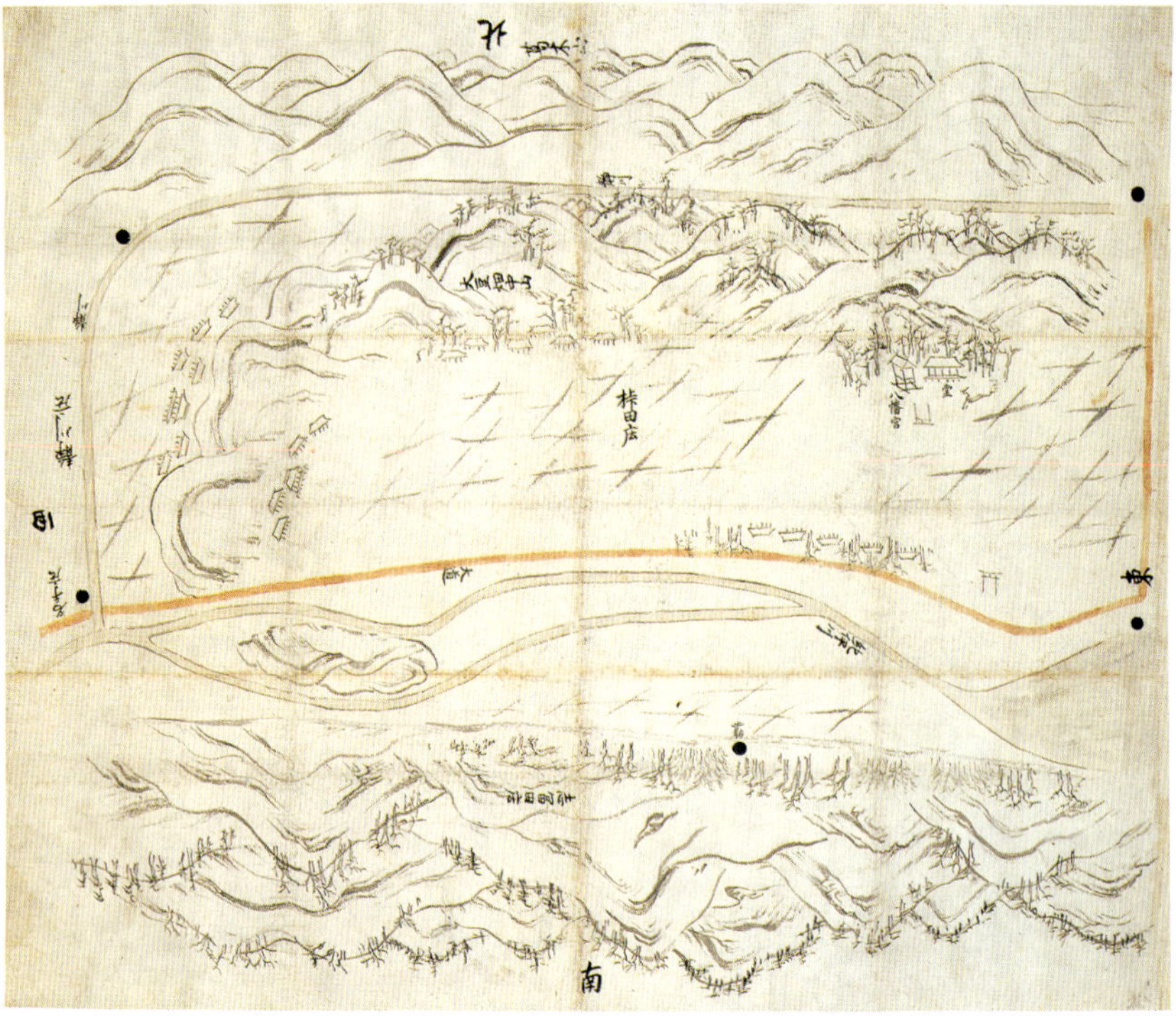

紀伊国桛田庄図　平安時代（12世紀）　紙本墨画淡彩　縦95.2㎝×横114.5㎝
重要文化財　　京都市　神護寺所蔵
神護寺領桛田庄の範囲を示した図。画面中央付近を「紀伊川」が西流し、これに沿って大道が走る。大道の北側に田園の描写と「桛田庄」の墨書があり、在家や八幡宮もみえる。荘域を囲むように、牓示を示す墨丸点が５ヵ所に打たれる。

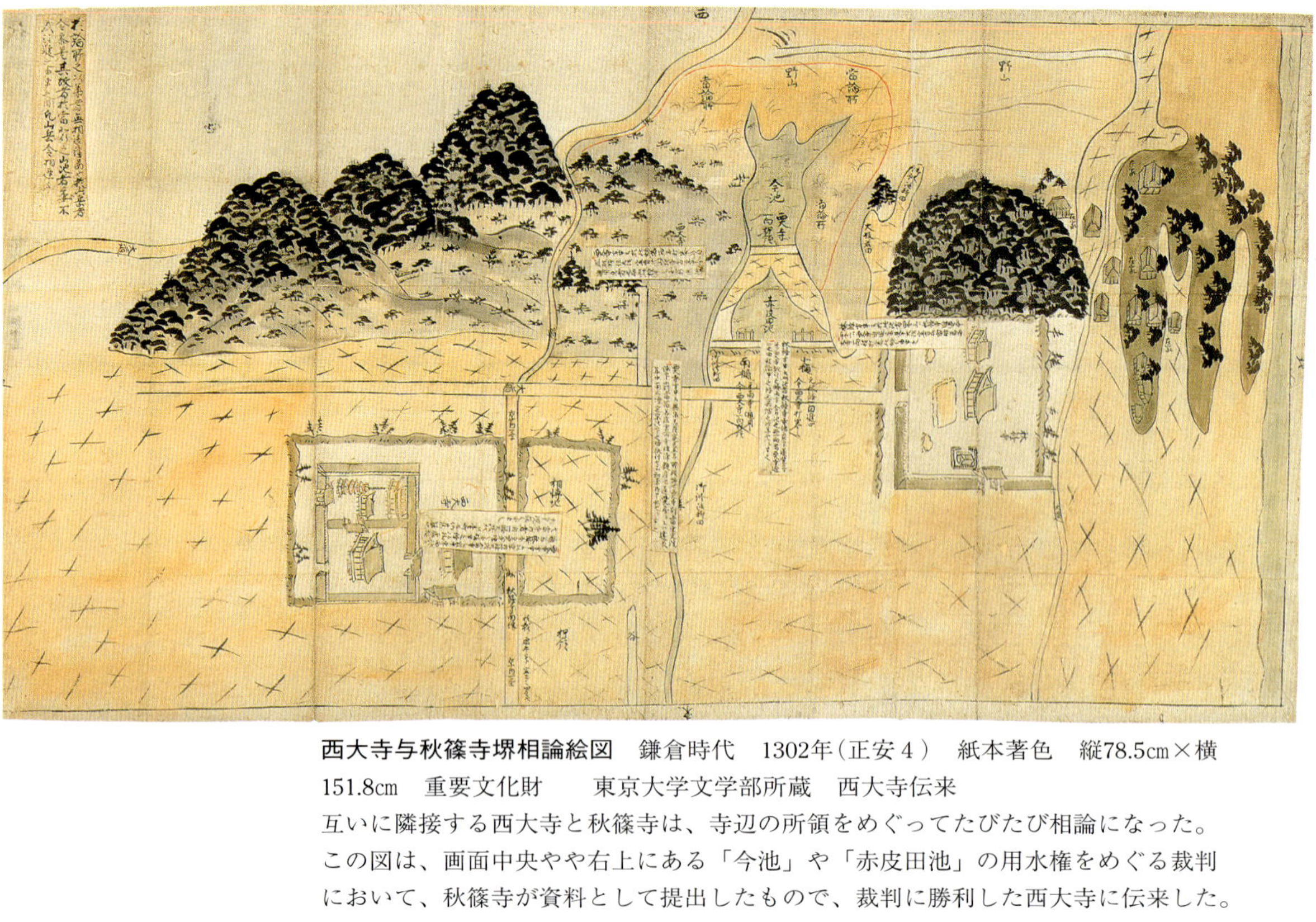

西大寺与秋篠寺堺相論絵図　鎌倉時代　1302年（正安４）　紙本著色　縦78.5㎝×横151.8㎝　重要文化財　　東京大学文学部所蔵　西大寺伝来
互いに隣接する西大寺と秋篠寺は、寺辺の所領をめぐってたびたび相論になった。この図は、画面中央やや右上にある「今池」や「赤皮田池」の用水権をめぐる裁判において、秋篠寺が資料として提出したもので、裁判に勝利した西大寺に伝来した。

和泉国日根野村絵図　鎌倉時代　1316年（正和５）　紙本著色　縦86.0㎝×横58.7㎝

宮内庁書陵部所蔵　九条家伝来

画面下半（荘域の西半）にある「荒野」の開発にあたって作成された荘園図。北側の丘陵沿いや荒野に点在する池の描写などが非常に詳しく、現地の景観ともよく照合できる。

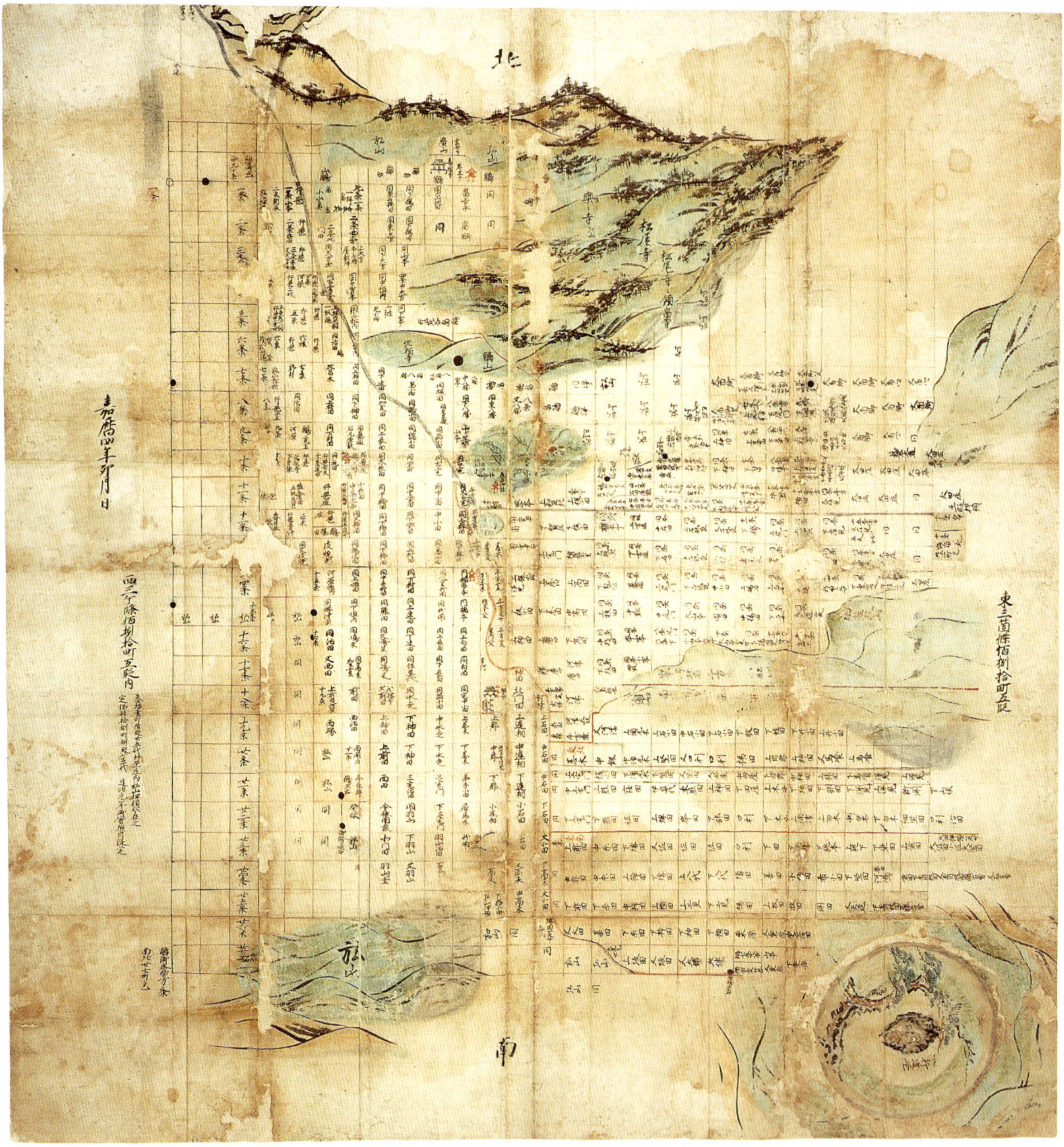

法隆寺領播磨国鵤庄絵図　鎌倉時代　1329年（嘉暦４）　紙本著色　縦129.7㎝×横125.0㎝　重要文化財　　奈良県斑鳩町　法隆寺所蔵

緑色に著色された山には樹木などが描かれ、平地部分には条里の方格線を引いて地名を書き込む。神社・仏閣などは建物の描写によって示され、荘園の境界を示す牓示石は13ヵ所に墨丸点などで表される。

正倉院宝物

東大寺大仏殿の北西に位置する正倉院には、古代以来伝えられた約9000点の宝物が保管されている。その種類は調度、楽器、香薬類、衣服、装身具、遊戯具、武器・武具、馬具、工匠具、文書・典籍・地図、文房具、舞楽具、年中行事品、仏具、飲食具など多岐にわたるが、『東大寺献物帳』に記載のある「帳内宝物」と、それ以外の、東大寺の什宝類や造東大寺司関係品などによって構成される「帳外宝物」とに大きく分けられる。前者は『献物帳』の記載から名称・技法・由緒が明らかで、後者についても銘文から来歴が判明する場合がある。さらに、出入関係文書や曝涼帳などから得られる情報も多い。正倉院宝物は素材・技法・意匠などの面において非常に多様なあり方を示しており、出土品にない保存状態のよさや由緒の確かさなどと相まって、古代の文化を考察するうえできわめて重要な位置を占める。これらの調査によって古代工芸技法の具体相や用材法の詳細などが明らかになった例も多い。また、国際的色彩の豊かであった奈良朝文化の様相を垣間見ることもできるのである。

（飯田　剛彦）

円鏡　平螺鈿背　第９号（北倉42）

正倉院には56面の鏡が伝存しているが、この鏡は『国家珍宝帳』に記載された平螺鈿背鏡７面のうちの一つ。背面は螺鈿（夜光貝の貝殻）・琥珀・ラピスラズリ・トルコ石など世界各地に産する材料を樹脂の中に埋め込み、宝相華などを表して飾る。鏡胎は白銅製で、その組成は盛唐期の鏡のそれと一致する。

螺鈿紫檀五絃琵琶(北倉29)

古代インド起源の、世界で唯一現存する五絃琵琶。『国家珍宝帳』所載の品である。直頸、細長で厚みのある胴を特徴とする。捍撥の装飾は、熱帯樹や駱駝に乗りながら琵琶を演奏する人物を玳瑁地に螺鈿で表すなど西域的な色彩が強い。紫檀製の槽の背面は宝相華唐草文を中心として繊細かつ量感のある螺鈿細工で装飾を施す。

木画紫檀棊局(北倉36)

『国家珍宝帳』所載の碁盤。全面に紫檀を貼り、縁は木画で飾る。盤面には象牙で界線を施し、交点には17個の木画の星目を据える。側面には草花、象や駱駝などの動物などを象牙で表し象嵌する。碁石を入れる容器を納めた引出しには仕掛けがあって、一方を開閉すると対角線上にある相手方の引出しも開閉するようになっている。

繡線鞋　第２号(北倉152)

刺繡で飾られた婦人用の履物。『屛風花氈等帳』所載の品と考えられる。麻布でつくった本体の甲・踵・側面・花形飾を花鳥文錦で包み、底の周囲には小花文錦をめぐらす。爪先や花形飾花心部には暈繝の刺繡を施し、踏込みの周囲には紐を取り付ける。トルファンのアスターナ遺跡から類似品が出土しており、本品も唐製であるといわれる。

筆　第２号（中倉37）
正倉院伝存の筆は穂先の形状から雀頭筆と呼ばれるが、これは通常サイズの筆17本のうち、装飾性の高い筆の一つ。穂先は芯毛に毛と紙を幾重にも巻きつけて円錐形にまとめる。筆管は上部が沈香、下部が斑竹で、数箇所に樺巻を施す。帽の先端は象牙で、尾端は紫檀に銀帯を巻いて飾る。

馬鞍　第６号（中倉12）
正倉院に10具残される馬具の一つ。鞍橋の居木は樫、前輪・後輪は桑の素木仕上げで、大ぶりな造り、４枚の居木、居木と両輪を臍組で結合する点など唐鞍から和鞍への過渡的な形式を示す。鞍褥・屧脊には型置き染めによって唐花文と花喰鳥などを表した熏韋を貼る。鐙は鉄に黒漆を塗った壺鐙である。

白瑠璃碗（中倉68）
淡褐色を帯びた透明ガラス製の碗。表面には、底部の大きなものを含め、80個の凹面切子が６段に施され、密に接している部分では亀甲状となる。伝安閑天皇陵出土のガラス製の碗と似た特徴をもつ。本品に用いられたアルカリ石灰ガラスの組成分析の結果、ササン朝ペルシャから将来されたものと推測される。

赤銅柄香炉　第３号（南倉52）

柄香炉は僧が手に持って仏前で香を焚く道具である。正倉院には４種５口の柄香炉が伝わるが、本品は院蔵中最も大ぶりなもの。朝顔形の炉、20弁の花形台座、忍冬文を透かした杏葉、上面に赤錦を敷いた柄、柄端の獅子形からなり、赤銅鋳造によって作られたこれらの部品を鋲留して組み立てている。

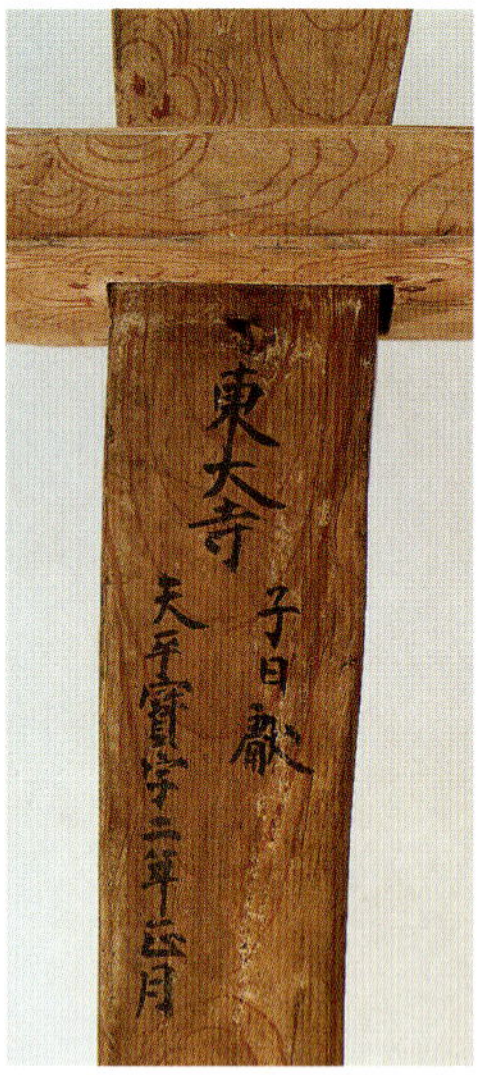

子日手辛鋤　第１号（南倉79）

２本一対で伝存する儀式用の鋤。鉄製漆塗りの鋤先には金銀泥で草花や鳥・蝶を描き、木製の柄・鋤平部には淡赤の地に蘇芳で木目文を表す。奈良時代、正月最初の子日に天皇が田を耕して五穀豊穣を祈る中国由来の儀式が行われたが、この鋤は「東大寺（子日献／天平宝字二年正月）」との銘から孝謙天皇が使用したものであることがわかる。

伎楽面　木彫　第72号　迦楼羅（南倉１）

寺院で法会の際などに演じられた舞踏である伎楽の面は、正倉院に171面が残る。この迦楼羅は古代インド神話に登場する聖鳥が仏教に取り入れられたもので、目を瞋らせ、嘴に宝珠をくわえた様子を特徴とする。桐製で顔は胡粉地に緑青塗り、羽毛は胡粉・墨で描く。舌・頬の肉垂・鶏冠などは別材で作られている。

陣や遊山など主として野外用として使われていた。古くはあぐらと呼んでいたが、中世には背もたれのある方は曲彔《きょくろく》と呼ぶようになった。床几と呼ぶようになるのは近世からである。背もたれのない床几は軍陣で指揮官が用いることが多かったため、将几とも呼ぶ。（小泉　和子）

しょうぎ　将棋　盤上遊戯の一つで、象戯・象棋・将棊とも記す。紀元前三世紀ごろにインドで祖型が考案されたと推定されるが、日本では十一世紀中ごろの『新猿楽《しんさるがく》記《き》』に「将棊」とあるのが初見である。初期の将棋には盤の枡目が九×九で現行の型から飛車と角行のない駒数三十六枚の「将棋」と、枡目十三×十三で駒数六十八枚の「大将棋」のあったことが鎌倉時代初期に編纂された『二中歴』に記されている。ちなみに大将棋の駒には現在ない注人・奔車・飛龍・猛虎・横行・鉄将・銅将があった。大将棋については『台記《たいき》』康治元年（一一四二）九月十二日条に藤原頼長が崇徳上皇の御前で師仲朝臣と大将棋をして負けたことがみえる。のちの史料によれば、この大将棋は変化して十三世紀末ごろには枡目十五×十五で駒数百三十枚の別の大将棋になった。十四世紀中ごろには枡目十二×十二で駒数九十二枚の中将棋が考案され、中世の将棋の主流になったが、駒は取り捨てであった。三条西実隆や山科言継《ときつぐ》をはじめ公家や僧侶の日記にも多くの対局の記述がみられる。公家の水無瀬《みなせ》家は十六世紀末ごろから将棋駒の製造を家業とし、各階層約百人の発注者名簿が遺されており、同家では装飾用の枡目二十五×二十五で駒数三百五十四枚の泰将棋をはじめ、枡目十九×十九で駒数百九十二枚の摩訶大々将棋や枡目十七×十七で駒数百九十二枚の大々将棋など大型のものも作られていた。戦国時代には中将棋とともに現行に近い駒数の少ない小将棋（四十二枚）も遊び継がれたといわれる。ちなみに松平家忠の『家忠日記』天正十五年（一五八七）十二月の将棋の途中図は現行と同じ駒数四十枚である。十六世紀後半から将棋に秀でた者たちが輩出している。『言継卿記』によれば、一五九四年（文禄三）上洛した徳川家康の宴席に下京の将棋指し宗桂が招かれ、一六一二年（慶長十七）には家康から五十石五人扶持を支給されている。将棋家は初代大橋宗桂の長子宗古が継いだ大橋本家と次子宗与の大橋分家、宗古の弟子で娘婿の伊藤宗看の伊藤家の三家となった。一六三五年（寛永十二）に寺社奉行が設置され、その後、一六六二年（寛文二）将棋家はその管轄下に置かれ御用達商人となった。将棋家の当主たちは年に一度江戸城に出仕して伎芸を披露する義務を負い、一六六七年江戸に屋敷を与えられ京都から移住した。将棋家は江戸に道場を開き各藩邸の武士や町人に教えた。将棋三家の当主たちで最強の者を名人に、長老を将棋所と自称し、名人を基準に初段から七段までの段位を定めたことも普及に役だった。一七一七年（享保二）に刊行された『将棊図彙考鑑』には各階層の全国の有段者百六十七名が記されている。将棋は幕府公認の伎芸となったが、勝負にはしばしば賭けが行われ、各藩で賭将棋を禁じた法令は多い。江戸幕府の崩壊により将棋三家は家禄を失い、明治時代には三家とも断絶したが、大衆的娯楽として定着していた将棋に影響はなかった。将棋の駒が出土した古代遺跡には天喜六年（一〇五八）銘の木簡とともに「玉将」など駒十五枚が出土した奈良市の興福寺境内跡や京都市の鳥羽離宮跡などがある。中世に将棋がかなり普及していたことは、福井市の一乗谷朝倉氏遺跡をはじめ全国各地の中世遺跡から駒が出土していることからうかがえる。出土駒からは、特有の駒や成り面の違いから将棋の種類を推定することができる。鳥羽離宮跡からは「金将・成り面飛車」駒が、神奈川県鎌倉市の鶴岡八幡宮境内遺跡からは「鳳凰・奔王」駒が、静岡県焼津市の小川城跡からは「盲虎・飛鹿」や「竜王・飛鷲」駒が出土しており、中将棋駒が確認できる。このうち鶴岡八幡宮境内遺跡で発見された「鳳凰」駒の文字脇には朱点で駒の進め方が示されている。一乗谷朝倉氏遺跡出土の駒は墨書きの駒・黒漆書きの駒・彫り駒や駒の隅に進行方向を記したものもあってバラエティに富んでいる。興味深いのは「酔象・太子」が発見されていることで、天正年間（一五七三―九二）ごろまで古式の小将棋が行われていたことがわかる。なお、大韓民国全羅南道新安郡木浦沖合いの海底から発見されたいわゆる新安沖沈船からも「金将」「桂馬」「歩兵」駒が確認されている。絵画史料では室町時代末期の作といわれる『厩図』に囲碁・双六とともに将棋を楽しむ人々が描かれている。

参考文献　増川宏一『将棋』一・二（『ものと人間の文化史』二三、一九七七・八五、法政大学出版局）。同『碁打ち・将棋指しの誕生』（『平凡社ライブラリー』一七二、一九九五、平凡社）。同『碁打ち・将棋指しの江戸』（『平凡社選書』一八〇、一九九八、平凡社）。水野和雄「将棋の流行」（『古代史復元』一〇所収、一九九〇、講談社）。研修道場用地発掘調査団編『研修道場用地発掘調査報告書』（『鶴岡八幡宮境内の中世遺跡発掘調査報告書』、一九八三）。朝倉氏遺跡調査研究所編『特別史跡一乗谷朝倉氏遺跡発掘調査報告』Ⅰ、一九七六、福井県教育委員会。（志田原重人）

じょうぎょうじひがしいせき　上行寺東遺跡　横浜市金《かな》沢《ざわ》区《く》六浦《むつうら》に所在する鎌倉時代後期から江戸時代にかけての仏教関連遺跡。鎌倉七口の一、朝比奈《あさひな》切通《きりどお》しから東京湾に伸びる丘陵の突端に位置し、崖面《がけめん》に横穴を掘って作られるやぐら群として知られていた。しかし、一九八四年（昭和五十九）・一九八五年、マンション建設工事のための事前調査が行われると、丘頂部を削平し、岩盤に、西に背を向けて彫り出された阿弥陀如来《あみだにょらい》と考えられる石仏に正対して掘立柱《ほったてばしら》建物を配し、さらに池を掘るなど、前例を見ない仏教関連施設であることが判明し、寺院としての可能性も指摘された。また、数段にわたって形成されたやぐらの前部にも平場《ひらば》が形成され、建物が付随《ふずい》するなどの新発見が相次ぎ、中世史・考古学研究者を中心に、地元住民による保存運動が全国的規模で展開されたが、丘頂部の遺構複製《いこうふくせい》と数基のやぐらを残し、破壊された。金沢文庫も近く、灯台的な港湾施設の役割を果たした可能性も指摘されており、全容の解明が待たれる。中世後期から江戸時代にかけては墓域として利用された。二〇〇二年(平成十四)、報告書が刊行されたが、寺院説への言及はほとんどみられない。

参考文献　上行寺東やぐら群遺跡調査団編『上行寺東やぐら群遺跡発掘調査報告書』、二〇〇二。『神奈川地域史研究』三・四合併号、一九八六。　(大平　聡)

しょうきょうでん　承香殿　平安宮内裏後宮の殿舎の一つ。仁寿殿の北廂に接し、北は渡廊、中門、后町廊を隔てて常寧殿に相対する。『大内裏図考証』頭注「東寺所伝」によれば、他の殿舎よりやや遅れて弘仁年間(八一〇年―八二三年)以降に建てられたという。同殿は、おもに天皇や女御の居処として使用された。また、その東片廂には天皇の書物を保管する内御書所がおかれ、『貫之家集』には、同所で『古今和歌集』の編纂を行なったとある。内親王の裳着や『文選』の竟宴、御修法や大般若経の転読、そして、東廂の前面の庭では、桜花や菊花の宴も催された。　(西村さとみ)

しょうぐんづか　将軍塚　京都市東山区粟田口《あわたぐち》の華頂山《かちょうざん》山頂にある塚。同山の山頂に所在する古墳時代の円墳が、王城守護の伝承と結びついてこの名称で呼ばれるようになったと考えられる。由来は平安京に遷都を行なった桓武天皇がその鎮護を願い陶製の人形に鉄冑をつけ弓矢を持たせて東山に埋めたとされる伝承にあり、『帝王編年記』天福元年(一二三三)十二月三日条に「将軍塚鳴動」とみられるように、平安時代の終りごろには天下に異変が起こるときはこの塚が共鳴して前兆を表わすと信じられるようになった。なお京都市右京区の高山寺には塚の縁起を記した鎌倉時代の作である『将軍塚絵巻』(重要文化財)が伝わっている。将軍塚とされる古墳は、将軍塚古墳群中の三号墳で直径四〇㍍の円墳である。付近には竪穴式石室を内蔵する前期古墳の二号墳(全壊)や、箱式石棺を持つ一号墳など大小の小円墳群が存在するほか、過去に瓦製経筒と青白磁合子を伴う経塚が一基発見されている。現在、三号墳は青蓮院《しょうれんいん》門跡寺院の庭園内に残り見学することができる。

参考文献　岩井薑堂「京都東山将軍塚附近の古墳発掘について」(『考古界』七ノ四・五、一九〇七)。京都府教育委員会「京都市将軍塚附近発見の古墳」(『京都府史蹟名勝天然紀念物調査報告』二〇所収、一九六五)。　(吹田　直子)

しょうごいん　聖護院　平安時代創建の古刹で、本山修験宗総本山。京都市左京区聖護院中町に所在。国指定史跡。近年まで天台宗との関係が深く、円珍を開祖と伝える。十一世紀末、白河上皇から熊野三山検校職に任じられた増誉が開いた一院がはじまりとされ、のちに聖護院と改称。四世として後白河天皇皇子、静恵法親王の入寺以後門跡寺院となり、円満院・実相院とともに天台宗寺門派三門跡に数えられた。増誉以来修験道と密接にかかわり、本山派修験道を組織し、醍醐三宝院(京都市伏見区)の当山派修験道と並ぶ二大勢力となった。応仁の乱の兵火で焼失後、現京都市左京区岩倉や同上京区烏丸上立売へ移転再興後焼亡し、一六七六年(延宝四)現在地に移り、復興。一七八八年(天明八)、一八五四年(安政元)の内裏炎上により仮御所となった。現存堂舎のうち書院は重要文化財指定。重要文化財指定の絹本著色熊野曼荼羅図、木造不動明王立像(二体)、木造智証大師坐像などの寺宝がある。

参考文献　『図説日本の史跡』七、一九九一、同朋舎出版。　(有井　広幸)

しょうこくじ　相国寺　京都市上京区の御所の北側にある臨済宗相国寺派の大本山。正しくは万年山相国承天禅寺という。京都五山の二位。十四世紀後期に足利義満《あしかがよしみつ》が、室町幕府の東に故夢窓疎石《むそうそせき》を開山、春屋妙葩《しゅんおくみょうは》を二世として建立。三門、仏殿、法堂、方丈、七重大塔などがつぎつぎと建立され、鹿苑院、慈照院など足利将軍の法名を持つ塔頭もできるなど幕府の篤い帰依を受け、大きな勢力を持った。また義堂周信《ぎどうしゅうしん》、瑞渓周鳳《ずいけいしゅうほう》などの名僧を出して五山文化の中心としても発展した。しかし、戦乱などによる焼失と再建を繰り返し、現在の寺観は江戸時代の文化年間(一八〇四―一八)に復興したもの。広い境内には法堂、庫裏《くり》、方丈、開山堂、十二の塔頭などが存在し、法堂(本堂)は一六〇五年(慶長十)の建立で重要文化財。寺宝の美術工芸品も数多く、一二七九年(弘安二)の無学《むがく》祖元《そげん》墨蹟は国宝、その他、請来品の十六羅漢像、鳴鶴図、妙葩《みょうは》和尚《おしょう》像などの絵画をはじめ本山、塔頭の絵画、書跡・典籍、古文書、工芸品の計十八件が重要文化財。山内の美術工芸品を展示する承天閣美術館がある。　(磯野　浩光)

相国寺法堂

しょうごんぐ　荘厳具　仏・菩薩像や仏堂・塔などを飾

る調度・道具。仏・菩薩の荘厳具としては宝冠・装身具・須弥壇《しゅみだん》・厨子《ずし》・台座・光背《こうはい》・天蓋《てんがい》・経箱・経筒・経帙《きょうちつ》・舎利容器などがあり、堂塔の荘厳具としては幡《ばん》・華鬘《けまん》のほか、仏具や経を置く机、僧の着する高座・礼盤《らいばん》・打敷《うちしき》などの調度、堂内の柱・梁・天井などの彩色・壁画・金具・彫刻などがある。幡は金属製・布製で柱際に懸け、あるいは独立した棹に竜頭《りゅうとう》を付けて懸ける。華鬘は金属・木・布・牛皮・玉などで作られ、柱間の長押《なげし》や貫などに懸ける。天蓋は箱形・華形・傘形があり、法隆寺金堂天蓋は飛天や鳳凰の彫刻が付き大規模で華麗なものである。堂内の彩色や彫刻には仏菩薩・蓮華・宝相華《ほうそうげ》などを顔料で描くだけでなく、螺鈿《らでん》・金箔・鏡・宝石など多様な材料が使われる。中尊寺金色堂など平安時代後期の遺構の堂内荘厳がほかの時代に抽んでて華麗である。

（山岸　常人）

じょうさいもん　上西門　⇨宮城十二門《きゅうじょうじゅうにもん》

じょうさく　城柵　古代律令国家が蝦夷支配を推進し、編戸や建郡などを通して国家の版図を拡大するため、七世紀中葉から九世紀にかけて新潟や東北各地に設置した地方官衙。古代の東北地方には律令国家の編戸政策に服従しない蝦夷と呼ばれた人々がおり、八世紀初頭段階では宮城県北部および山形県北部以北の、古墳時代以来中央権力との結びつきが希薄だった地域に居住していた。律令国家はこうした地域を支配下に組み込むための拠点施設として城や柵と呼ばれる施設を段階的に設けていった。『日本書紀』をはじめとする六国史などに多くの城柵名がみえる。主なものを年代別に挙げると、七世紀中ごろの越後国淳足《ぬたり》柵・磐舟柵・都岐沙羅《つきさら》柵、八世紀前半の出羽国出羽柵・陸奥国多賀柵(城)・玉造柵(塞・城)・牡《お》鹿《しか》柵・新田柵・色麻《しかま》柵、八世紀後半の出羽国雄勝城・阿支太城(秋田城)・由利柵・陸奥国桃生《ものう》城(柵)・伊治《これはり》城・覚鱉《かくべつ》城、九世紀初頭の陸奥国胆沢《いさわ》城・志波城・中山柵・徳丹城などがある。これらの城柵のうち、考古学的に遺跡が確定しているのは、多賀城・秋田城・桃生城・伊治城・胆沢城・志波城・徳丹城などで、ほかに宮城県加美郡加美町城生《じょう》柵遺跡は色麻柵、秋田県大仙市払田《ほった》柵遺跡は雄勝城の可能性が高いと考えられる。このほか、多賀城以前の城柵機能を兼ね備えた陸奥国府と考えられる七世紀後半造営の仙台市郡山遺跡(第II期)、玉造柵跡の説がある八世紀後半造営の宮城県大崎市宮沢遺跡、九世紀後半の出羽国府とされている山形県酒田市城輪《きのわ》柵遺跡など、城柵跡と考えられるものの文献との対比が充分でない遺跡も多数ある。これらの城柵遺跡の多くは継続的な発掘調査が進行中である。これまでの調査成果から城柵の特徴をみると、立地では、八世紀に造営された城柵は標高一〇〇メートル以下の低丘陵に立地するものが多く、九世紀のものは低位段丘もしくは沖積地といった周囲との比高をもたない低地に立地する傾向が認められ、いずれの場合も河川に近く水運に適した場所が選ばれている。平面形でみると、前者は不整方形や不整長円形、後者はおおむね正方形になる傾向がある。規模では城生柵遺跡の方二・三町のものから宮沢遺跡のように一辺が十三町になるものまでみられ、方六～八町程度のものが多い。外郭区画施設は明確で、築地塀で区画されるものが多く、土塁のものは少ない。多賀城や払田柵遺跡のように築地塀と材木塀が連続する場合もある。外郭区画施設には門が取り付く。門は各辺の中央付近にある場合が多く、規模は八脚門のものが多くみられる。また、外郭区画施設には複数の櫓《やぐら》が取り付くものが多い。いずれの城柵でも、中央部に築地塀ないし掘立柱板塀で方形に囲まれ、その内部に儀式などに使われる広場を囲んで正殿と東西の脇殿がコの字型に配置された政庁がある。また、城内には掘立柱建物群からなる実務官衙域・厨《くりや》・工房・兵士用の竪穴住居・倉庫・井戸・道路などがあるが、明確な倉庫跡は多賀城跡などで数棟発見されているだけできわめて希薄である。以上のような調査結果から、東北の古代城柵は征討の際の拠点となるなど軍事的な一面は持つものの、かつて考えられていたような蝦夷との戦闘に備えた砦《とりで》的な施設ではなく、移民の導入や俘囚の移配などにより蝦夷が居住する地区を安定させて郡を建て、国家の版図に組み込むとともに、建郡後も広域行政府として機能を果たした、官衙的な構造を持つ施設であったことが明らかにされている。また、東北の城柵と西日本の山城を比較した場合、外郭線が明確で規模が大きいといった共通点はあるものの、立地や外郭区画施設の規模と構造、郭内施設などには大きな相違が見られ、後者の方が格段に軍事性が強い。こうした両者の違いは、西日本の山城が外交的な危機に対応した軍事的施設であるのに対して、東北の古代城柵は対蝦夷政策といった内政問題に対応した行政的施設であるという、造営意図を反映したものと考えられる。

志波城南門（復元）

参考文献　工藤雅樹『城柵と蝦夷』(『考古学ライブラリー』五一、一九八九、ニューサイエンス社)。熊谷公男『古代の蝦夷と城柵』(『歴史文化ライブラリー』一七八、二〇〇四、吉川弘文館)。平川南「古代東北城柵の特質について—

建郡との関連を中心として―」(『東北歴史資料館研究紀要』四、一九七八)。阿部義平「古代の城柵跡について」(『国立歴史民俗博物館研究報告』一、一九八二)。（白鳥　良一）

しょうじ　**障子**　板や格子に紙や布を張り目隠しに用いた建具や家具を古代には障子と総称した。衝立《ついたて》式のものは奈良時代に仏画を描いたものがあるが、平安時代には清涼殿の昆明池《こんめいち》障子や年中行事障子のように住宅建築にも使われた。また、障子をパネルとして柱間に固定し、壁にする板障子も現れた。紫宸殿の賢聖障子《けんじょうのそうじ》が初期の例であり、現存最古の板障子は法隆寺東院絵殿《えでん》の太子絵伝を描いたものである。また、木格子を組み、その両面に紙や布を貼ったものも壁として使われ、上層住宅ではのちのちまで壁にこれを使い貼付壁《はりつけかべ》と呼ぶ。十世紀ごろになると障子を鴨居と敷居で挾んで引違戸《ひきちがいど》にするようになり、遣戸《やりど》障子、襖《ふすま》(衾)障子、鳥居障子などと呼ばれた。平安時代末期には、格子の片面だけに白紙や生絹を貼って採光を可能にした明《あかり》障子が出現し、下部を木製として風雨に備える腰高《こしだか》障子も南北朝時代には出現した。障子は、表面の材料によって絹障子、布障子、紙障子、唐紙《からかみ》障子、板障子、杉(杉板)障子と呼ばれることもある。

参考文献　高橋康夫『建具のはなし』(『物語ものの建築史』、一九八五、鹿島出版会)。大阪建設業協会編『建築ものはじめ考』、一九七三、新建築社。（藤田　盟児）

しょうしゅうよう　**漳州窯**　中国福建省南部の漳州地区で操業した明・清時代の民窯の総称で、平和県を中心に数県にわたり広く分布している。一九九〇年代に入って古窯跡調査が進展し、漳州月港を積出港とし、日本・東南アジアを中心に、一部は西アジア・ヨーロッパにまで広く輸出された貿易陶磁の一大生産地であることが確認された。龍泉窯青磁の倣製品焼造から出発したと考えられるが、明代後期の十六世紀後半以降は景徳鎮磁器の倣製が主流となる。高台畳付に窯詰め時の砂が付着したままであったり、器形に歪みがあったりするなどの粗製品が多いが、白磁・青花・色絵・褐釉・藍釉・三彩など多彩な製品がある。ヨーロッパで「スワトウ＝ウエア」と呼ばれる一群がこれに該当し、日本に茶陶として多く伝わる「白呉州」「呉州染付」「呉州赤絵」「餅花手」はそれぞれ白磁、青花、色絵および褐釉、藍釉に白土の盛り上げ文様をつけたものに相当する。また華南三彩(交趾《こうち》三彩)の一部は平和県田坑窯であることが確認されている。

→華南三彩《かなんさんさい》　→景徳鎮《けいとくちん》　→龍泉窯《りゅうせんよう》

参考文献　福建省博物館編『漳州窯』、一九九七、福建人民出版社。（金沢　陽）

しょうじょうじ　**勝常寺**　福島県河沼郡湯川村に所在する真言宗寺院。空海あるいは徳一の開山と伝えられる。創建に関する伝承は近世をさかのぼらないが、本堂(重要文化財、室町時代)に伝えられてきた木彫像群の存在により平安時代初期に開かれたとみられる。本尊である薬師如来及両脇侍像は量感に富んだ体軀と各部の張りの強い肉付け、引締まった厳しい表情などに九世紀第I四半期ごろの中央様式をよく示しており、畿内以外に伝存する平安初期彫像の最優作としてそれらの中で唯一、国宝に指定されている。観音菩薩立像、十一面観音立像、地蔵菩薩立像二軀、四天王立像、天部立像(いずれも重要文化財)も本尊像よりは降るものの九世紀の造立とみられる。諸像はそのほとんどがハルニレまたはケヤキを用いるなどの点より当地での製作と考えられ、また作風から同一系統の作家の手になると推定される。文献資料の欠如にもかかわらず、本寺の創建への徳一周辺の関与については一定の蓋然性が認められている。

参考文献　湯川村教育委員会編『湯川村史』一、一九八五。（奥　健夫）

じょうすい　**上水**　掘割や導管によって都市などへ飲料水を供給する施設。中世後期、平地部における水田耕作の一般化に伴って河川などを水源とする灌漑施設がつくられるようになるが、その一部が飲料に用いられたり、またのちにはその土木技術を活用して専用の上水施設が設けられるようになっていった。上水敷設が本格化したのは戦国時代から近世初期、各地に城下町が建設され、人口の集中が進んだ時期である。十六世紀中ごろに後北《ごほう》条《じょう》氏が設けた小田原水道(早川用水)が最古の上水道とされており、飲料水専用の大規模上水のはじまりは、一五九〇年(天正十八)徳川家康の命により着工した江戸の神田上水であった。近世初期の城下町の多くは良質の飲料水に恵まれない海辺部に建設されたため、上水の確保は各都市共通の重要課題であった。武田氏滅亡後の一五九四年(文禄三)に甲斐に封ぜられた浅野長政《あさのながまさ》は、甲府城下の西を流れる相川・荒川から取水する甲府上水を敷設した。一六〇〇年(慶長五)から城下町仙台の建設を進めた伊達政宗は、青葉川から四ッ谷堰用水を引いて、周辺諸村の灌漑用水と仙台城下の生活用水にあてさせた。このほか福山水野氏による福山用水、金沢前田氏による辰巳用水、高松松平氏による高松水道、水戸徳川氏による笠原水道など、全国各地の城下町に飲料水専用、または周辺農村の灌漑用を兼ねる上水施設が設けられた。江戸では神田上水に続いて玉川上水が開設され、青山・亀有《かめあり》・三田《みた》・千川《せんがわ》の合わせて六つの上水が整備されていった(青山以下四上水はのちに廃止)。上水施設の構造は暗渠と開渠に分けられるが、地域的にみると開渠は東国に多く、暗渠は西国に多い。また敷設の年代からみると、おおむね一六二〇年代を境として開渠から暗渠に変わっている。上水は城下町内部に入ると石管や木樋でまず城内と武家屋敷に、ついで町屋などに配水された。それらの住民には、施設の維持・管理にあてるため水銀《みずぎん》と呼ばれる水道料金が課されることが多かった

参考文献　堀越正雄『日本の上水』、一九九五、新人物往来社。波多野純「都市施設としての上水を通してみた近世城下町の研究」(『日本工業大学研究報告』別巻九〇ノ二、一九九〇)。伊藤好一『江戸水道の歴史』、一九九六、吉川

弘文館。（宮崎　勝美）

じょうすいじ　浄水寺　熊本県宇城《うき》市豊野町大字下郷字清水寺にある古代の廃寺跡。八二八年(天長五)十月三日に定額寺に預かる(『類聚国史』)。現在、寺跡とみられる一郭に下郷神社と薬師堂があり、その境内に溶結凝灰岩製の四基の古代の石碑が残っている。延暦九年(七九〇)銘の南大門碑には、寺域の四至の記載や、墾田や栗林など浄水寺領が記載され、延暦二十年銘の燈籠竿石には浄水寺創建時に活躍した奘善和上が発願した燈籠を、在地有力者が寄進した旨が記され、天長三年銘の寺領碑には、寺領の所在をさらに具体的に記した記述がみえる。とりわけこの寺領碑は、方柱石の三面に、各七行割付界線を引き、紙の文書を意識した記載方法をとっており、さながら石に刻まれた古代寺院の資財帳である。康平七年(一〇六四)銘の如法経碑には末法思想の影響を受けて『法華経』を書写・埋納した旨が記されている。いずれの碑も古代地方寺院における寺領のあり方や在地有力者の関与などの実態を知る上できわめて貴重な資料である。

参考文献　国立歴史民俗博物館編『古代の碑—石に刻まれたメッセージ—』、一九九七。『肥後国浄水寺古碑群』、二〇〇四、熊本県豊野町教育委員会。（三上　喜孝）

しょうずいやかた　勝瑞館　室町時代の阿波国主三好氏の館。徳島県板野郡藍住《あいずみ》町勝瑞所在。勝瑞城跡とともに、勝瑞城館跡の名称で国指定史跡。勝瑞は、阿波国守護細川氏が守護所を設置した地で、一五八二年(天正十)九月に土佐の長宗我部氏により勝瑞が制圧されるまでの間、阿波の中心地として栄えていた。三好氏は阿波西部出身の武将で、特に軍事面で阿波細川氏を支えていたが、三好義賢は一五五二年(天文二十一)に守護細川持隆を自害に追い込み、実質上実権を握った。「元亀三年(一五七二)正月」の奥書をもつ『故城記』には、守護所である「細川屋形」とともに三好氏の館として「勝瑞屋形」の記載がある。館は、東西約一二〇㍍、南北約一五〇㍍を測り、周囲を上幅約一一㍍の濠により区画されている。館内の南西部には枯山水式の庭園があり、その北側には会所となる礎石建物跡がある。付近からは青磁盤などの威信財や、天目茶碗や茶入れなどの茶道具が多く出土した。また、土師器皿は手捏ねで成形された京都系のものが過半を占め、京文化の受容を示す。三好氏は、堺を拠点として畿内に進出した。また、義賢は大名茶人としても著名で、勝瑞においてもたびたび茶会が開かれた記録が残る(『天王寺屋会記』など)が、発掘調査では、こうした実態をうかがわせる資料が得られている。

参考文献　徳島県教育委員会編『勝瑞館跡—守護町勝瑞遺跡東勝地地点第三次発掘調査概要報告書—』、二〇〇〇。同編『勝瑞館跡—守護町勝瑞遺跡東勝地地点第七次発掘調査概要報告書—』、二〇〇二。（重見　髙博）

しょうぜい　正税　律令制下の地方財源として、諸国の主に国府・郡家におかれた正倉に収納・保管され、管理運用された官稲。田租を蓄積し緊急時以外には使用しない穀と、出挙によって運営し利稲を地方の諸経費にあてる穎稲《えいとう》からなる。当初は大税と呼ばれた。七三四年(天平六)・七三九年、郡稲・公用稲・駅起稲・神税などを吸収し、正税に一体化し出挙の一元化がなされる。出挙利稲は、年料舂米・交易雑物料などの中央進上物や、国司部内巡行料・神仏事料・兵器修理料・駅伝使供給料などの国郡行政費に支出された。収支状況は毎年正税帳に記載され、税帳使によって中央に報告された。七四五年、正税出挙の国別定数を定め、その約半分は公廨稲《くげとう》(正税出挙の未納や欠負の補塡・国儲・国司得分に充てられる)として別枠で出挙するなど、正税運用の円滑化が図られる。だが九世紀になると、中央における調庸物収入の不足を補うため、交易雑物料の支出が増大し、かつ年料租舂米や年料別納租穀が新たな負担となったこともあって、貯蓄は著しく減少する。十世紀後半には正倉も消滅する。

参考文献　村井康彦『古代国家解体過程の研究』、一九六五、岩波書店。薗田香融『日本古代財政史の研究』、一九八一、塙書房。山里純一『律令地方財政史の研究』、一九九一、吉川弘文館。（市　大樹）

しょうそう　正倉　律令制下、主に正税を収納した施設。国司の管轄下に置かれたが、郡家や郡の別院に設置されるのが一般的で、発掘調査によって多数検出されている。成立は七世紀後半ごろ。複数の倉と管理施設がひとつの単位としてまとまり、正倉院を形成した。正倉は収納物の違いから、不動穀倉・動用穀倉・穎稲《えいとう》倉・粟倉・糒《ほしいい》倉・義倉・塩倉に分類される。また、壁体の構造から甲倉(校倉)・板倉・土倉・丸木倉に、屋根材から瓦葺・板葺・草葺に、規格から法倉・凡倉に分けられる。切妻造の高床建物となることが多く、その床下は「倉下《くらした》」と呼ばれ、簡易な収納スペースとして使用された。八世紀末ごろからは、穎稲収納の不正隠蔽や郡領職をめぐる抗争などに起因して「神火」と呼ばれた正倉の放火事件が多発する。九世紀から十世紀にかけては、正倉に出挙本稲が回収されず、負名の私倉である里倉にとどめられるようになり、十世紀後半には大部分の正倉は廃絶する。寺院の主要な倉も正倉と呼ぶことがあり、東大寺の正倉院はその一例。

参考文献　山里純一『律令地方財政史の研究』、一九九一、吉川弘文館。山中敏史『古代地方官衙遺跡の研究』、一九九四、塙書房。富山博『日本古代正倉建築の研究』、二〇〇四、法政大学出版局。（市　大樹）

しょうそういん　正倉院　奈良東大寺旧境内地に所在する奈良時代創建の倉庫。古代において中央・地方の官衙や寺社に置かれた租税や物品を収納するための主要な倉庫を正倉、その一郭を正倉院と称したが、東大寺のそれを除いて全て廃絶した。東大寺の正倉院でも、現在の宝庫の東側には別の倉庫が置かれ、北側には北倉代と称される施設などもあったが、平安時代後期までには退転してしまったため、正倉院は唯一現存する宝庫のみを指す語となっている。奈良市雑司町、東大寺大仏殿北西に位置する。宝庫は檜材を用いた寄棟造・本瓦葺・高床式の建物で、桁行三三メートル、梁行九・四メートル、総高一四メートル、床下二・七メートルの規模をもつ、奈良・平安時代を通じて最大の校倉《あぜくら》(甲倉)である。自然石の礎石に直径約六〇センチの束柱四十本を立て、台輪と呼ぶ厚い板を渡した上に壁をたてる。一棟は壁で三室に分けられ、正面右手から北倉・中倉・南倉と呼ばれる。この宝庫の奈良時代の呼称である双倉《ならびくら》は、中空を挟んで一棟の両側に二つの収納空間が並ぶ構造の倉庫を指すが、正倉院の場合、断面が三角形の部材を井桁に組んで壁とした校倉造の北倉・南倉を両側に配し、その中間も東西両面に厚板をはめ込んで中倉と呼ぶ収納空間としている。近年、年輪年代調査の結果、この形式が創建当初にさかのぼるものであることが判明した。創建年次は明らかではないが、東大寺大仏への宝物献納のあった七五六年(天平勝宝八)六月前後とするのが一般的で、同年九月付の文書断簡(『東南院文書』所収)にみえる「検遷使」を宝物の移納に関するものとし、その時点では確実に成立していたとする説が有力である。ただし、さらにさかのぼれば、七五二年四月の大仏開眼会前後には、使用した大量の儀式関係品や奉献品を収納するために建造されていた可能性もある。光明皇太后による東大寺大仏への宝物献納は、崩御した聖武太上天皇の四十九日にあたる七五六年六月二十一日、その遺愛の品を中心とする書跡・服飾品・楽器・武具・調度など六百数十点、また別に薬物六十種を対象として行われ、太上天皇の冥福が祈られた。光明皇太后による献納はその後三回に及ぶが、その内容は献納目録である五通の『東大寺献物帳』に詳しい。献納品の収蔵された北倉は、奈良時代以来勅許により開閉や宝物の出納が管理され、平安時代以降「勅封蔵」と呼ばれるようになる。中倉・南倉には東大寺の造営を担った造東大寺司の関係品、また、大仏開眼会をはじめ、東大寺の法会で用いられた儀式具や仏具などが納められた。なお、南倉納物には、九五〇年(天暦四)に破損によって使用不能となった東大寺羂索院双倉から移納された什宝類も含まれる。中倉・南倉は奈良時代より綱封、すなわち僧綱の封によって管理されたが、中倉は九八四年(永観二)以前には勅封管理になっていたとされる。なお、各倉納物の収納状況については、南倉の重要な納物を勅封倉に移したり、修理に際して避難的に各倉間で相互に納物を入れ替えたりしているので時期的に変遷があり、現在の宝物の管理区分は明治時代の考証を経て確定したものである。宝庫の開閉は厳密に制限されていたが、種々の理由で開かれることがあった。まず、収納品の出蔵に際しての開封であるが、本来、薬物を除いて永久保存を旨としていた勅封宝物も、平安時代初期以降出蔵される機会が増加した。嵯峨天皇の弘仁年間(八一〇—二四)はその頂点で、書跡・楽器・屛風などが出蔵され、返納されずに代品や代価が納められることもあった。以後も天皇の即位の際に見本として装束や冠が出蔵されることなどがあったが、室町時代の一三六〇年(延文五)の宝物出蔵要請の際のように、宝物が還納されない例の多いことを理由として管理者である東大寺が出蔵を拒絶したこともある。曝涼点検の際の開封も平安時代初期から行われ、七八七年(延暦六)、七九三年、八一一年(弘仁二)、八五六年(斉衡三)の四度の北倉納物の点検についてその目録が残っている。以後もたびたび実施されたこれらの点検は、宝物出蔵の前後、地震や火災などの後、宝庫修繕の前後などに行われることが多かった。江戸時代には唐櫃を新調して保存環境の充実が図られ、また、宝物の学術的な調査や修理なども行われるようになった。その他、上皇・貴族・将軍などの有力者の宝物拝観のために宝庫が開かれることなどもあった。明治時代には政府直轄となって南倉を含む全倉に勅封がかけられたが、その管理は内務省・農商務省・宮内省による分掌を経て、一八八四年(明治十七)以降宮内省がもっぱらあたることとなった。一八九五年には東大寺塔頭尊勝院所蔵の聖語蔵経巻が献納され、正倉院敷地内での管理に移される。第二次世界大戦後、正倉院および宝物は宮内庁正倉院事務所の所管となり、一九六二年(昭和三十七)以降宝物は鉄筋コンクリート造で空調を備えた西宝庫・東宝庫で保存されることとなった。正倉院事務所では、宝物の保存管理、修理・調査研究、復原模造製作などの業務が行われている。一九九七年(平成九)に宝庫は国宝指定を受け、翌一九九八年には「正倉院正倉」として世界遺産にも登録された。

参考文献　福山敏男「東大寺の諸倉と正倉院宝庫」(『日本建築史研究』所収、一九六八、墨水書房)。後藤四郎『正倉院の歴史』(『日本の美術』一四〇、一九七八、至文堂)。

(飯田　剛彦)

しょうそういんほうもつ　正倉院宝物　奈良正倉院に伝来した、主に奈良時代の宮廷用品や東大寺の什宝類の総称。宝物の所属は北倉・中倉・南倉に分かれ、勅封・綱封により厳密に管理されて保存されてきた。総点数は約九千点にのぼる。現在は耐火耐震・鉄筋鉄骨コンクリート造の西宝庫・東宝庫の中に収められ、宮内庁正倉院事務所により管理が行われている。宝物は、由緒によっておおむね三つに分類できる。まず、第一に正倉院宝物の中核をなす『東大寺献物帳』所載の品、いわゆる帳内宝物が挙げられる。七五六年(天平勝宝八)から七五八年(天平宝字二)までに五度にわたって光明皇太后によって東大寺大仏へ奉献された品々で、その内訳は聖武太上天皇の遺愛品と宮廷官司の製作にかかる品など六百数十点、薬物六十種、欧陽詢《おうようじゅん》真跡書屛風や花氈《かせん》など、王羲之父子真跡、藤原不比等真跡書屛風などである。これらはその詳細を記した目録とともに北倉に収納され、出納は勅許により厳重に管理された。薬物を除いては永世保存を原則としたが、現存するものは百数十点である。第二は、東大寺の所蔵する什宝類である。東大寺の法会で用いられた儀式具や仏具などで、宝物全体の中でも特に数量が多く、種類も豊富である。銘文によって由緒が明らかなものには、㈠七五二年（天平勝宝四）四月九日の大仏開眼会関係品、㈡七五三年三月二十九日の仁王会関係品、㈢七五五年七月十九日の聖武天皇生母中宮一周忌御斎会関係品、㈣七五六年五月の聖武天皇大葬関係品、㈤七五七年五月二日の聖武天皇一周忌御斎会関係品、㈥七六七年（天平神護三）、七六八年（神護景雲二）の行幸の際の奉献品などがある。これらに、九五〇年（天暦四）に破損によって使用不能となった東大寺羂索院双倉から南倉に移納された什宝類が加わる。羂索院双倉には寺内諸堂塔・庫蔵で使用・保管されていた仏供養具などが集積されていたので、堂舎名を記す宝物はこの際の移納品であると考えられる。第三は東大寺の造営を担った造東大寺司の関係品である。寺の造営にまつわる顔料・丹・膓蜜などの加工材料や工匠具、文房具や作業着、正倉院文書などがその具体例である。そのほかにも、出蔵した宝物の代納品として収められたもの（平安時代に収蔵された金銀平文琴など）、宝庫修繕などの際に寺内の他施設に一時的に宝物を移動したことによって混入したもの（室町時代の手向山八幡宮の祭礼衣装など）、仮納後の取り違えによって庫内に残されたもの（明治時代に皇室に献じられた法隆寺献納宝物中の古裂類など）、新たに収められたもの（江戸時代に新調された唐櫃、明治時代に皇室に献じられた『東南院文書』）など、小規模ながら奈良時代以降も何らかの契機によって正倉院に収蔵されることとなった品もある。逆に、天皇の意思による出蔵、盗難や点検・整理時の持ち出しによって庫外に流出してしまった品も確認できる。宝物の種類としては、厨子・屏風・敷物・鏡・軾《しょく》などの調度品、筆・墨・硯・紙などの文房具、琴・琵琶・笛・鼓などの楽器、碁盤・双六盤などの遊戯具、袈裟・幡・如意・柄香炉・花籠などの仏具、子日《ねのひ》手《て》辛鋤《からすき》・目利箒《めとぎぼうき》・人勝《じんしょう》などの年中行事品、面や装束などの舞楽具、大刀・弓・箭・馬鞍などの武器武具や馬具、袍・袴・帯・佩飾・履などの服飾品、碗・皿・鉢・杯などの飲食器、香木や薬物、工匠具、書跡・文書や地図、加工材料などと極めて豊富であり、質的にも最高級品から日用品までと幅が広い。材質も多彩で、金属・鉱物・陶器・ガラスなどの無機材料、木材や繊維などの植物系材料、皮革・獣毛・獣骨・角・牙・鳥毛・甲羅・貝などの動物系材料などが挙げられる。技法としては、金工、漆工、木工、象牙細工、焼き物、ガラス、染織、絵画、書跡などに分類できるが、これらが複合的に用いられる場合も多い。また、金工における毛彫りや透かし彫り、漆工における末金鏤《まっきんる》・平脱・平文《ひょうもん》・螺鈿・玳瑁《たいまい》や輝石の象嵌、木工における木画、象牙細工における撥鏤《ばちる》などそれぞれ特徴的な加飾技術が確認でき、今日失われているものについては技術復興の手掛かりともなる。これらは出土品などと比較して保存状態も格段に良好で、地中であれば遺存しなかったものも多く伝来する。そして、同種類のものが大量に残されていることから、相互に比較検討することが可能である。それぞれの宝物については、『献物帳』の記載や銘文から名称・技法・由緒・付属品などについての基本的な情報が得られる場合も多く、素性の明らかな品が多い。多彩な宝物の中には、唐や新羅、西アジアなどに由来する要素が素材・技法・意匠にあらわれているものが多く、国際的な交流の跡が窺われる点も特徴的である。以上の諸点から美術・学術両面においてきわめて価値の高いコレクションと位置づけることができる。→別刷〈正倉院宝物〉

［参考文献］　正倉院事務所編『正倉院宝物』、一九九四－九七、毎日新聞社。和田軍一『正倉院案内』、一九九六、吉川弘文館。

（飯田　剛彦）

しょうそういんもんじょ　正倉院文書　奈良の東大寺正倉院に伝来した奈良時代の文書群。中倉に所属する、奈良時代に写経所によって作成・収集・保存された文書・帳簿類で、現在、「正倉院古文書」の宝物名で宮内庁正倉院事務所により管理されている。正倉院に収められた時期や由来の詳細は不明である。今日まで伝存する奈良時代の原史料の大半を占める。このほか、正倉院に伝存する紙に記された文字資料、すなわち正倉院宝物奉献時の目録である『東大寺献物帳』や宝物の点検・出納・管理に関わる文書などからなる北倉文書、鳥毛立女屏風下貼文書・鳥兜残欠付属文書・佐波理製品付属文書・丹裏古文書など宝物に付随して伝来した文書などを指す場合もある。これらの一部には狭義の『正倉院文書』の中に混入して整理されたものもある。また、庫外へ流出した文書も『正倉院文書』と称する場合がある。一方、東大寺印蔵に伝来し、明治初年に皇室に献納されて現在正倉院で管理されている『東南院文書』は『正倉院文書』には含めない。写経所は、皇后宮職の管下にあった、光明皇后の私的な写経機関を起源とし、金光明寺写経所、造東大寺司管下の東大寺写経所を経て、奈良時代末、宝亀年間（七七〇－八一）ごろに奉写一切経所となるなど幾度かの変遷を遂げた。その間、七四〇年（天平十二）の光明皇后御願文を有する「五月一日経」など数度の一切経書写や大規模な一括写経、そのほか臨時の写経などを国家事業として行なっている。この写経事業の過程で作成されたさまざまな事務帳簿類や外部と交わされた文書の正文・案文が『正倉院文書』の主体である。具体的には、本経や料紙・筆墨の手配・管理と作業従事者（経師・校生・装潢ら）への充当、書写・校正・装丁など作業の進行状況の把握、個別作業実績の総括、給与の算出と上部機関へのその請求、収支の把握・報告、労務・人事管理などさまざまな仕事を円滑に行うために目的に応じた帳簿類が作成され、それらが複線的に進行する写経事業ごとに蓄積されたために膨大な量の史料が残されることとなった。これらは個別写経事業や、写経所の組織や運営の実態を解明する材料となるばかりでなく、律令官司制研究・古代仏教史・経典研究・流通経済史・国語史・古文書学・

史料学など、さまざまな分野の研究においてきわめて重要な役割を担っている。写経所帳簿の料紙としては、保存期限を過ぎた律令公文を多数含む廃棄文書を反故《ほご》として利用しており、八世紀の政治・制度、社会構造の実態を知る史料として貴重である。具体的には、大粮申請文などの中央官庁公文のほか、戸籍・計帳・正税帳・正税出挙帳・義倉帳・郡稲帳・封戸租交易帳・輸租帳・輸庸帳・大税賑給歴名帳・大税負死亡人帳・戸口損益帳・計会帳など、地方から中央に進上された公文書が残る。さらには、写経所の上級官司である造東大寺司の文書や、建築史や美術工芸史の分野で活用される、法華寺・興福寺西金堂・石山寺の造営に関わる文書も二次利用されて残っている。古代に正倉院に収められた後、江戸時代の一六九三年(元禄六)まで『正倉院文書』の存在は忘れ去られていたために収納時の状態がほぼ保たれていたが、一八三三年(天保四)―一八三六年の宝庫修理の際、国学者穂井田忠友が写経所文書・帳簿類の紙背に残る、戸籍などの律令公文、有印の文書、暦、著名人の筆跡などを抜き出して再編成し、いわゆる正集四十五巻を完成させた。その後、一八七五年(明治八)以降ほぼ一八八二年ごろまで、正集に漏れた部分が東京の浅草文庫で内務省・教部省によって整理され、続修五十巻・続修別集五十巻・続修後集四十三巻(当初は五十二巻)に編成された。正倉院に残された塵芥文書も東京の内務省で三十九巻三冊にまとめられ、未修古文書として仮整理されていたものは一八九二年―一九〇四年に宮内省正倉院御物整理掛によって整理されて続々修四百四十巻二冊となった。さらに既整理分の編成替えを経て計六百六十七巻五冊に整理されたが、結果的に二次利用段階などの旧態が破壊されることとなり、研究には断簡の接続復原作業が必須の前提となった。『正倉院文書』の大半は東京帝国大学史料編纂掛編『大日本古文書』編年文書全二十五巻(一九〇一年―四〇年(昭和十五))に釈文が収められており、写真版は全巻を収めた宮内庁作製のマイクロフィルムが利用されてきた。近年では国立歴史民俗博物館によるカラー・コロタイプ印刷を用いた原寸大複製品の作成や、断簡の接続に関する情報などを明らかにした東京大学史料編纂所編『正倉院文書目録』、写真版に原本調査に基づく解説を加えた供する宮内庁正倉院事務所編『正倉院古文書影印集成』、庫外流出文書の写真を集めた国立歴史民俗博物館編『正倉院文書拾遺』などの出版があって、研究環境も以前に比べ格段に向上した。

参考文献 皆川完一「正倉院文書の整理とその写本―穂井田忠友と正集―」(坂本太郎博士古稀記念会編『続日本古代史論集』中所収、一九七三、吉川弘文館)。石上英一・加藤友康・山口英男編『古代文書論―正倉院文書と木簡・漆紙文書―』、一九九九、東京大学出版会。杉本一樹『日本古代文書の研究』、二〇〇一、吉川弘文館。同『正倉院の古文書』(『日本の美術』四四〇、二〇〇三、至文堂)。西洋子『正倉院文書整理過程の研究』、二〇〇二、吉川弘文館。

(飯田　剛彦)

しょうだいじ　招提寺　⇨唐招提寺《とうしょうだいじ》

しょうだはいじ　賞田廃寺　岡山市賞田に所在する寺院跡。国史跡。竜之口山南麓に位置する。出土資料から白鳳時代の創建、奈良時代に最盛期を迎え、中世に廃絶したと考えられる。一九七〇年(昭和四十五)の発掘調査で一町四方の寺域に塔・回廊・金堂などが確認された。近年の史跡整備に伴う発掘調査により、西側にも塔の存在が確認され、建物配置の詳細が明らかになりつつある。塔は凝灰岩による壇上積基壇をもつ。出土遺物には三彩・瓦・瓦経・瓦塔などがある。近隣の唐人塚《かろうとづか》古墳などとあわせて、上道氏との関連が想定される。

参考文献 岡山市教育委員会編『賞田廃寺発掘調査報告』、一九七二。同編『史跡賞田廃寺跡』、二〇〇五。

(金田　明大)

じょうちじ　浄智寺　神奈川県鎌倉市山ノ内にある臨済宗円覚寺派の寺院。山号は金峰山。寺伝によると、開基は北条宗政(時頼の子)およびその子師時(第十代執権)。また、開山は兀庵《ごったん》普寧、請待開山は大休正念、準開山は南州宏海と伝える。『大休正念禅師語録』は、一二八一年(弘安四)に北条師時が父宗政菩提供養のため創建とする。開基・開山が複数名伝わる事情について、『新編相模国風土記稿』では、宗政死後夫人らが当寺を建立し、亡夫と幼子師時を開基と称し、宏海を開山に招じたが、任にあらずとして辞退し正念を替わりにたて、さらに師の普寧を名目上の開山としたものと推測する。室町時代には鎌倉五山の第四位に列せられ(『扶桑五山記』)、蔵雲庵・正紹庵・正源庵・真際精舎など十一ほどの塔頭の存在が知られる。国史跡の境内には鎌倉十井の一つ「甘露ノ井」がある。重要文化財として木造地蔵菩薩坐像・西来庵修造勧進状を所蔵する。

参考文献『鎌倉市史』社寺編、一九五九、吉川弘文館。

(高橋慎一朗)

じょうちょう　定朝　?―一〇五七　平安時代摂関期に活躍した仏師。和様彫刻の大成者、あるいは寄木造の技法の大成者といった評価が与えられており、これらの事柄に大きく関与したことが想定されている。一〇二〇年(寛仁四)から三十年間ほどの造仏事績が知られ、この間摂関家の藤原道長および頼通父子の造仏に深く関わった。特に法成寺金堂・五大堂の諸仏(道長発願、一〇二二年(治安二)完成)や、唯一遺る彼の確実な作例である平等院鳳凰堂阿弥陀仏(頼通発願、一〇五三年(天喜元)完成)の造仏は著名である。また、最晩年の事績である西院邦恒《さいいんくにつね》朝臣《あそん》堂阿弥陀仏は、「仏の本様」として院政期の貴族たちに評価されたことが『長秋記』から知られており、定朝仏は当時の仏像様式の規範となっていた。なお、法成寺金堂・五大堂仏の造仏の功により法橋に叙任され、仏師としてはじめて僧綱位が授与されており(その後、興福寺の再興造仏で法眼に昇進)、彼の出現により仏師の社会的な地位が飛躍的に上昇した。一〇五七年八月一日没か。

参考文献 小林剛『日本彫刻作家研究』、一九六七、有隣堂。水野敬三郎編『大仏師定朝』(『日本の美術』一六四、一九八〇、至文堂)。 (根立 研介)

しょうちょうがんねんやぎゅうとくせいひ 正長元年柳生徳政碑 奈良市東部、柳生町の旧奈良街道(柳生街道)路傍に露頭する花崗岩に刻まれた碑文。縦三六センチ、横一〇・五センチの長方形枠内に「正長ヨリ／サキ者カンヘ四カン／カウニヲ井メアル／ヘカラス」と四行に陰刻する。元応元年(一三一九)銘をもつ「ほうそう地蔵」の左下に刻まれ、地蔵石仏とも通じる碑文のもつ境界守護的性格が推定できる。碑文の存在は近世から知られたが、近代に杉田定一・永井栄蔵(釈瓢斎)らによって「正長元年より先は神戸四箇郷に負い目あるべからず」と読まれ、神戸四箇郷は春日神領であった周辺の大柳生郷・小柳生郷・坂原郷・邑地郷であり、一四二八年(正長元)に徳政を求めて起きた土一揆による負債破棄記念碑文と解釈された。石刻の時期は永禄年間(一五五八—七〇)に下り、徳政願望文とする見解もあるが、正長徳政令に関わる石刻文として資料的価値は高く、国史跡に指定される。

正長元年柳生徳政碑拓影

参考文献 釈瓢斎「徳政記念金石文の研究」(『大和志』六ノ三、一九三九)。『奈良市史』通史二、一九九四。 (森下 惠介)

しょうちょうじゅいん 勝長寿院 神奈川県鎌倉市雪ノ下に存在し現在は廃絶した寺院。大倉幕府旧跡に近い通称大御堂ヶ谷がかつての所在地。一一八五年(文治元)に源頼朝が父義朝の菩提を弔うために創建、義朝の遺骨を埋葬した。南御堂または大御堂と称された。別当・供僧には東寺系や園城寺系の顕密僧が任命され、鶴岡八幡宮寺や永福寺の僧とともに幕府の祈禱の中心を担った。代々将軍や北条氏の保護を受け、一二一九年(承久元)に暗殺された実朝は当寺の傍らに埋葬された。一二五六年(康元元)に焼失するが、再建工事が行われ一二五八年(正嘉二)には供養が行われている。室町時代にも引き続き鎌倉公方足利氏によって厚遇され高い寺格を誇ったがいつしか衰退し、江戸時代には礎石を残すのみとなっていた(『鎌倉攬勝考』)。廃絶の時期は不明だが、『快元僧都記』天文九年(一五四〇)九月二十三日条にみえているので、このころまでは存続していたことがわかる。

参考文献 貫達人・川副武胤『鎌倉廃寺事典』、一九八〇、有隣堂。松尾剛次『中世都市鎌倉の風景』、一九九三、吉川弘文館。 (高橋慎一朗)

しょうとう 小塔 小型の塔で、その用途や大きさはさまざまである。実物の塔としては平安時代初期の室生寺五重塔(国宝)があり、発掘調査でも、奈良時代末期から平安時代初期の小規模な塔遺構や小型瓦が出土している。実物の代用品的なものとして、土製品の瓦塔《がとう》が奈良時代から平安時代に盛んに製作され、東山遺跡出土瓦塔がその代表事例である。屋根を重ねた石製の小塔もあり、中世以降に盛行する宝篋印塔も小塔の一つといえる。また、容器としての用途を合わせもったものもある。奈良時代に百万個つくられたと伝える百万塔(重要文化財)の一部が法隆寺に残る。高さ二〇センチ程度の木製の円形三重小塔で、内部に陀羅尼経《だらにきょう》を納める。その後平安時代以降に盛行する経塚《きょうづか》に埋納された経筒《きょうづつ》にも、塔型のものがある。奈良時代の海龍王寺《かいりゅうおうじ》五重小塔(国宝)は、外部は実際の建物を精巧に模しているが、内部は箱型の空洞で、初層に扉・窓・壁はなく、そこに経巻または舎利などを安置したと考えられる。一方、同じ奈良時代の元興寺《がんごうじ》極楽坊《ごくらくぼう》五重小塔(国宝)は内部構造まで正確に製作されており、設計図の代わりにつくられた模型と考えられている。

参考文献 奈良国立文化財研究所飛鳥資料館編『小建築の世界』、一九八四。 (島田 敏男)

じょうとう 杖刀 古代の「たち」。後世にいう仕込み杖(内部に刀身を仕込んだ杖)である。七五六年(天平勝宝八)に光明皇太后が聖武天皇の遺愛品を東大寺に献納した際の目録である『国家珍宝帳《ちんぽうちょう》』に二口みえ、二口ともに正倉院に伝世している。ともに明治期に、漆塗鞘《うるしぬりざや》杖刀・呉《くれ》竹鞘《たけざや》杖刀と命名されたが、前者は、刀身は切刃造《きりはづくり》、柄は白鮫皮包で柄頭に笠型の象牙を加え、鞘は木製黒漆塗で、鞘尻には銀象嵌を施した鉄製の石突《いしづき》を入れる。これは柄全体が鞘に収まる様式で、柄頭の笠型の象牙が鞘口の留めとなっている。後者は、刀身はやはり切刃造で金象嵌を施し、柄は紫檀地樺巻で、鉄製の兜金《かぶとがね》に手貫緒《てぬきのお》を通し、銀製の責金や縁金を施している。鞘は呉竹の節を貫いたもので、樺を段巻として透き漆をかけ、鞘口と鞘尻に鹿角を入れ、鞘尻にはさらに鉄製の石突を入れている。なお、ともに長寸で、前者の総長が一二八・三センチ、後者は一五八・七センチである。

参考文献 正倉院事務所編『正倉院の大刀外装』、一九七七、小学館。 (近藤 好和)

しょうどうかんがいせき 正道官衙遺跡 京都府城陽市寺田正道に所在する古代官衙遺跡。七世紀後半から九世紀にかけての掘立柱建物群・柵列・築地・溝などからなる。六世紀後半から七世紀中ごろの竪穴住居を主体とする集落遺構、五世紀の小型方墳・土壙墓群とも重複している。一九六六年(昭和四十一)以降二十八回以上の発掘調査が実施されており、中心施設の構造や配置がほぼ明らかになっている。建物群は方位や重複から大きく三期に区分される。一期(七世紀後半)の遺構は、方位を磁北からやや東に振る建物群で、十一間以上×三間の身舎《もや》に三面以上の庇《ひさし》が付く南北棟を中心に、総柱建物の倉庫や棟の長い建物をL字状に配し、柵でこれらを区画する。二期(八世紀初頭)の遺構は方位をほぼ同じくするが、東西方向に棟の長い十一間×二間の建物二棟と、その間に南北方向の建物一棟を逆コの字形に配置し、中心地点がやや西寄りになる。三期(九世紀前半まで)の建物群は方位がほぼ磁北をとり、それまで空間地であった北東方向へ全体が移動する。中心建物は六間×二間に四面庇が付く東西棟で前面に逆L字状の目隠し塀を持つ。後方には七間×二間の東西棟、塀と空間地を挟んだ前方には東西棟と南北棟建物を配する。また建物群の西方と南方は築地状の溝で区画され、中心建物の正面には門が配されている。区画の東西規模は門と中心建物を結ぶ線を基準として、西側の溝までの距離を東に折り返すと一〇五メートル、約一町となる。これらの遺構群は山背国久世郡衙跡であると推定されている。また出土遺物に塼仏《せんぶつ》や塔相輪《そうりん》の一部とみられる青銅製品、飛鳥時代前期の百済系素弁八葉蓮華文や高句麗系単弁蓮華文、同後期の山田寺式や川原寺式軒丸瓦などの瓦類が存在することから、遺跡地内に古代寺院跡(正道廃寺)の存在が想定できるが遺構は明らかになっていない。現在は住宅地と化した遺跡北東部に瓦類の出土が集中することから、この一帯に存在した可能性が高いと考えられている。なお遺跡は国史跡に指定され、現在は公園として開放されている。

参考文献 城陽市教育委員会編『正道官衙遺跡』(『城陽市埋蔵文化財報告書』二四、一九九三)。近藤義行「正道遺跡・正道廃寺」(『城陽市史』三所収、一九九九)。 (吹田 直子)

じょうとうもん 上東門 ⇩宮城十二門《きゅうじょうじゅうにもん》

しょうとくさんそう 称徳山荘 奈良時代後半の称徳天皇の離宮。奈良市西大寺に伝来した鎌倉時代の古絵図には、平城京右京一条北辺四坊三・六坪の地に、「本願天皇御山荘跡」「本願御所跡」などの注記とともに、中島や池の輪郭が描かれている。現在、奈良市西大寺宝ヶ丘町に、東西約五五メートル、南北約一八メートル、水深約〇・二メートルの池とその西よりに長径約二〇メートル、短径約一五メートルの中島が現存し、山荘の園池に比定されている。池そのものの発掘調査は行われていないが、一九七九年(昭和五十四)に池東南側の畠地で、奈良時代の池岸を検出している。また、一九八三―八四年にかけて、池の北側丘陵上で発掘調査が行われ、少なくとも二時期に及ぶ奈良時代の遺構などを検出し、山荘との関わりが推測されている。古代史料に、称徳天皇の「山荘」に該当するものは認められないが、「西大寺嶋院」「法院」への行幸記事がみえその関連が注目される。なお、岸俊男は、藤原武知麻呂伝の「習宜別《すげのべっ》業《ぎょう》」をこの地に比定し、武知麻呂の別業が、没後称徳天皇山荘として利用されたと推定している。西大寺旧境内として国指定史跡。

参考文献 岸俊男「習宜の別業」(『日本古代政治史研究』所収、一九六六、塙書房)。奈良国立文化財研究所編『平城京右京一条北辺四坊六坪発掘調査報告』、一九八四、奈良県教育委員会。橋本義則「西大寺古図と「称徳天皇御山荘」」(『平安宮成立史の研究』所収、一九九五、塙書房)。 (山本 崇)

しょうとくたいし 聖徳太子 五七四―六二二 飛鳥時代の皇族・政治家で、後世に続く太子信仰の対象となる。実名は厩戸皇子《うまやとのおうじ》。父用明天皇、母穴穂部間人皇女《あなほべのはしひとの》はいずれも欽明天皇の子で、蘇我稲目《そがいなめ》の女(堅塩媛《きたしひめ》・小姉君《おあねのきみ》)を母にする。また、蘇我馬子《うまこ》の女刀自古郎女《とじこのいらつめ》との間に山背《やましろの》大兄王《おおえのおう》を設けるなど蘇我氏とは深く繋がる。一般的には、推古天皇の摂政・皇太子として冠位十二階・十七条憲法を制定し、遣隋使派遣などの外交政策を進め、四天王寺・法隆寺を建立し、『三経義疏《さんぎょうのぎしょ》』を撰述するなど、一連の国政改革・文化振興に大きな役割を果した人物とされる。しかし、これらの事績を記した『日本書紀《にほんしょき》』各条文の多くは、先行の太子伝を材料にしたと見られ、史実としての信頼性は低い。法隆寺釈迦如来像銘などの金石文についても、用語や彫刻様式からそのまま同時代史料と見なすことはできない。太子を傑出した偉人として扱ういわゆる太子信仰は奈良時代以降中・近世にかけて飛躍的に発展し、十世紀成立の『聖徳太子伝暦《でんりゃく》』をはじめ膨大な量の太子伝とその注釈書類がつくられたが、奇想天外な記述が多く、そこに史実を認めることは無理である。このことが太子の虚像と実像を峻別する作業をきわめて困難にしている。近年の研究では、太子の非実在説も出たが、太子を中心とする上宮王家《じょうぐうおう》は壬生部《みぶべ》など独自の家産を持ち、斑鳩宮《いかるがのみや》・斑鳩寺を運営する有力な皇族であったとする説が有力である。ただ、摂政・皇太子の地位は疑問で、蘇我馬子との共同執政に関与し始めたのは、同じく皇位継承有資格者の押坂彦人大兄皇子《おしさかのひこひとのおおえのおうじ》と竹田皇子《たけだのおうじ》が没し、斑鳩宮造営が始まる六〇二年(推古天皇十)ころとする見解などがある。歴史考古学の分野では、太子関連の上宮(奈良県桜井市上之宮遺跡)・斑鳩宮(斑鳩町法隆寺東院下層遺構)・飽波葦墻宮《あくなみのあしがきのみや》伝承地(斑鳩町上宮《かみや》遺跡)、太子道(田原本町保津宮古遺跡)、太子墓(大阪府太子町叡福寺北古墳)、太子建立伝承寺院などの考古学的調査があり、遺構の年代や伝承成立過程に照らした検討が試みられている。

参考文献 遠山美都男『聖徳太子・未完の大王』(『NHKライブラリー』、一九九七、日本放送出版協会)。吉村武彦『聖徳太子』(『岩波新書』、二〇〇二、岩波書店)。橿原考古学研究所附属博物館編『聖徳太子の遺跡』、二〇〇一。 (小野 一之)

しょうとくたいしぼ 聖徳太子墓 大阪府南河内郡太子町の叡福寺《えいふくじ》境内にある叡福寺北古墳。本墳は磯長谷《しながだに》古墳群に含まれる直径五四・五メートル、高さ七メートルの終末期の円墳である。八角形墳の可能性もあり、墳丘南側正面の台形状の張り出し部の存在とともに奈良県桜井市の段ノ塚古墳(舒明陵)に形状が類似する。石室は現在立ち入りできないが、一八七九年(明治十二)の調査記録などによれば、いわゆる岩屋山式横穴式石室で、奥壁に沿う北棺と手前左右の東棺・西棺が配置されている。三棺はそれぞれ太子母の穴穂部間人皇女《あなほべのはしひとのこうじょ》、太子、太子妃の膳部臣菩岐々美《かしわでのおみほききみの》郎女《いらつめ》のものとされ、浄土信仰と結びつき「三骨一廟」と呼ばれた。近接して太子墓を祀る叡福寺が建立され、太子信仰の拠点の一つとなっている。ただし、寺や伝承の成立過程から見て、本墳が真の太子墓かどうか疑問視する説がある。太子の墓として本墳が登場するのは、一〇五四年(天喜二)の四天王寺が関与した太子墓近辺での「太子御記文」発掘の事件(『古事談《こじだん》』ほか)が最初で、これが寺建立の出発点になったと見られる。それ以前には太子墓は所在不明だとする一〇二四年(治安四)の古記録(宮内庁書陵部蔵『天王寺事』)もある。それまでに太子信仰の受け皿として墓と同じ機能を果していたのは八世紀建立の法隆寺東院(夢殿)や四天王寺聖霊院《しょうりょういん》であった。その後、浄土教系の顕密仏教の活動を展開した重源《ちょうげん》・快慶《かいけい》・証空《しょうくう》や四天王寺・当麻寺《たいまでら》を拠点にした念仏聖らにより十三世紀初頭までに御廟寺(叡福寺)が成立した(『南無阿弥陀仏《なむあみだぶつ》作善集《さぜんしゅう》』、叡福寺塔舎利容器銘など)。そのころの光景は、一二八六年(弘安九)に巡歴した一遍智真《いっぺんちしん》を扱った『一遍《いっぺん》聖絵《ひじりえ》』に描かれている。また、『延喜式《えんぎしき》』が間人女王(穴穂部間人皇女)の墓を大和国平群《へぐり》郡の龍田清水墓としていること、『聖徳太子伝暦《でんりゃく》』の説話が太子墓として二棺合葬墓を想定していること、本墳の考古学的な年代観が七世紀中葉・後半であるなどの問題点もある。

参考文献 小野一之「聖徳太子墓の展開と叡福寺の成立」(『日本史研究』三四二、一九九二)。山本彰「聖徳太子磯長墓考」(関西大学文学部考古学研究室編『関西大学考古学研究室開設四拾周年記念 考古学論叢』所収、一九九三、関西大学)、今尾文昭「天皇陵古墳 解説」(森浩一編『天皇陵古墳』所収、一九九六、大巧社)。 (小野 一之)

じょうどじ 浄土寺 (一)兵庫県小野市の加古川左岸の段丘上に所在する真言宗寺院。一一八〇年(治承四)に平重衡の兵火にあった東大寺の復興に際し、大勧進俊乗房重《ちょう》源《げん》はその造営の経済的基盤確保のため、一一九二年(建久三)に播磨国大部《おおべ》荘を興隆した。その拠点として別所を設けたのがこの寺である。近隣の既存の寺院の古仏を集め、一一九四年に浄土堂を、一一九七年には薬師堂を建立、一二〇〇年(正治二)にはここで迎講《むかえこう》を行い(神戸大学本『浄土寺縁起』)、後鳥羽院の御祈禱所ともなった。これに先立ち一一九七年、浄土寺は大部荘をはじめ、ほかの荘園・別所とともに東大寺東南院に譲られる。しかし一三〇二年(乾元元)には時衆の卿阿が寺僧として本寺東大寺と敵対する事態が生じている。近世には三十前後の塔頭があったが、現在は歓喜院と宝持院のみが残り浄土寺を運営している。国宝浄土堂は重源の建てた建物が現存し、大仏様の代表的遺構である。規模の大きな一間四面堂で快慶作の阿弥陀三尊像が安置される。薬師堂は一度焼失し、一五一七年(永正十四)に上棟された、前身堂の大仏様の影響の濃い中世仏堂(重要文化財)である。この二棟が東西に相対して並び、その中軸線の北側に鎮守八幡神社本殿(重要文化財、十五世紀)・同拝殿(重要文化財、十四世紀前期)が立つ特異な伽藍配置を持つ。ほかに開山堂・鐘楼、阿弥陀如来立像・行道面・重源坐像などの彫刻、真言八祖像などの絵画や工芸、百四十点に及ぶ浄土寺文書などを所蔵する。周囲の大部荘とともに中世の寺院のあり方をよく留めている。

参考文献 『兵庫県史』史料編中世二・五、一九八七・九〇。『小野市史』四・五・別巻、一九九六-九八。『国宝浄土寺浄土堂修理工事報告書』、一九五九、国宝浄土寺浄土堂修理委員会。 (山岸 常人)

(二)広島県尾道市にある真言宗泉涌寺派大本山。中国観音霊場第九番札所。聖徳太子創建と伝えられ、一三〇六年(徳治元)、西大寺流律僧で叡尊の弟子定証が尾道の有徳人の援助で再興し、高野山領備後国太田荘預所の淵信から同寺別当職を寄進された。一三二五年(正中二)に諸堂宇が炎上、ほどなく復興し、元弘の乱では後醍醐天皇勅願所とされた。足利尊氏による諸国安国寺・利生塔創建に際しては境内に備後国利生塔が築かれた(正保年間焼失)。江戸時代中期に真言宗泉涌寺派に改宗。平安時代の作とされる本尊木造十一面観世音菩薩立像、「乾元二年(一三〇三)法印院憲作」の墨書銘をもつ聖徳太子立像、弘安元年(一二七八)十月十四日の銘をもつ花崗岩製宝塔、貞和四年(一三四八)の造立銘をもつ宝篋印塔、足利尊氏供養塔とされる宝篋印塔、浄土寺文書(うち十一通)など多数の重要文化財を伝え、一三四五年建立の阿弥陀堂が重文、一三二七年(嘉暦二)建立され、現在の本堂である観音堂、翌年建立の多宝塔は国宝に指定されている。

参考文献 青木茂編『新修尾道市史』一・六、一九七一・七七。広島県立歴史博物館編『広島県の重要文化財』、一九九二。浜田宣編『国宝の寺尾道浄土寺』、二〇〇二。 (綿貫 友子)

じょうどていえん 浄土庭園 仏堂と一体となって、仏の居所である仏国土(浄土)を浄め荘厳するために、仏堂の前面に造営された園池を中心とする庭園。その主流を成すのは阿弥陀仏の居所である西方極楽浄土を表現した庭園で、代表例として十一世紀末期から十二世紀を通じて造営された宇治の平等院庭園(京都府宇治市)や平泉の無量光院庭園(岩手県西磐井郡平泉町)などがある。古くは、八世紀に光明皇后の追善供養のために平城京法華寺浄土院に造営されたとされる庭園があるが、水田地帯に遺存する巨大な立石と発掘調査により部分的に判明した園池汀線《ていせん》の意匠・構造が知られるのみで、その全容は明らかにされていない。十一世紀の末期、釈迦が入滅して一定の時間が経過すると、仏法が衰え、世の中が乱れるとする末法思想が流行した。特に、人々は死後に阿弥陀仏の居所である西方極楽浄土へと蘇生することを願い、これを現世に表した美術作品や伽藍などを数多く生み出した。浄土寺院とその庭園は、中国敦煌の莫高窟壁画にも見られる阿弥陀浄土変相図や、源信(九四二―一〇一七)

が著した『往生要集』などの叙述に基づき、浄土の姿を三次元的な空間として現世に実体化したものである。阿弥陀浄土変相図に描く典型的な浄土の図像は、正殿と両脇殿から成る左右対称の楼閣建築群と、その前面に「宝池」と呼ぶ水面の上に阿弥陀三尊仏が出現した形態を採る。多くの浄土変相図によると、浄土世界の重要な要素である「宝池」は舞台などにより区切られ、矩形であるかのように描かれているが、実際の浄土庭園の遺構には、方形池などの矩形の園池が採用された事例はなく、すべて優美な曲線を描く洲浜《すはま》状の汀線を持つ園池であることが判明している。京都とその周辺に造営された浄土庭園の代表例としては、藤原道長が造営した法成寺庭園、藤原頼通が別業である宇治殿を喜捨して寺とした平等院庭園(現存)、白河上皇が洛東白河に造営した法勝寺庭園、鳥羽上皇が洛南鳥羽に造営した勝光明院庭園、興福寺一条院の僧恵信が整備に関わった浄瑠璃寺庭園(現存)などがある。また、浄土思想が普及する過程で奥州藤原氏により平泉に造営された毛越寺庭園(現存)、観自在王院庭園(現存)、無量光院庭園(現存)をはじめ、地方伝播した事例としては白水阿弥陀堂庭園(現存)や鎌倉の永福寺庭園(現存)などがある。これらのうち、平等院庭園では、十一世紀末期に造営された阿弥陀堂建築が完全な形で遺存するのみならず、発掘調査によって当時の洲浜状汀線を伴う園池遺構が発見され、往時の浄土庭園の一端が修復整備された。浄土思想が普及する過程においては、浄土教の教理解釈のもとに自然の山と人工的に造形された庭園とを視覚的に結合することが行われた。たとえば、「山越《やまごし》阿弥陀図」と呼ばれる一連の図像は、極楽浄土への往生を確実にするために臨終の枕元に掲げるために製作されたものであるが、山の背後に上半身をのぞかせる阿弥陀仏の正面像と、山の此方の中腹に飛来した観音・勢至の両菩薩像を描き、臨終を目前にした観者にとって「山中浄土」または「山の彼方の浄土」を意識させる緊迫感に満ちている。このような美術作品において自然の山が浄土との関係において持った意味は、実際の浄土寺院の遺構において想定される背後の自然の山が持つ意味と基本的に共通する。平泉の無量光院跡では、阿弥陀堂と中島とを結ぶ伽藍中軸線の西への延長線上に独立小丘陵である金鶏山が位置し、仏堂(阿弥陀堂)と宝池に準えて造営された庭園とも一体となって、西方極楽浄土の世界が象徴的に表現された。同時に、金鶏山の山頂には奥州藤原氏三代(清衡・基衡・秀衡)により造営された経塚が発見されており、金鶏山は弥勒菩薩の兜率天《とそつてん》浄土を象徴するとともに、無量光院にとっては西方極楽浄土を象徴する重要な空間装置であったことを示している。　(本中　眞)

しょうないはんハママシケじんやあと　荘内藩ハママシケ陣屋跡　北海道西海岸中央部の、浜益川河口部の北側丘陵に営まれた、幕末荘内藩の陣屋の遺跡。北海道石狩市浜益区所在。一八五四年(安政元)に開港した江戸幕府は、翌年東西蝦夷地を直轄として、その警備を東北諸藩に分担させた。一八五九年、荘内藩酒井家は幕府から西蝦夷地の警備に加えられ、開墾守衛を命じられた。一八六〇年(万延元)にはハママシケに副奉行以下百九十三人の藩士・職人・郷夫らの派遣を決め、酒田から運漕した資材で陣屋を築くとともに、入植した農民が一八六一年(文久元)には開墾を始めた。この開墾は、北海道における農業の先駆的事業とされる。しかし一八六八年(明治元)に戊辰戦争が起こると、藩士・農民の引き揚げが行われて陣屋は放棄された。陣屋は、丘陵の尾根地形を利用して西に土塁と大手門枡形《ますがた》を配し、南・東には木柵・堀を巡らした中に、奉行所・八幡社・長屋・土蔵・米蔵・湯屋・火薬庫などの建物群が営まれた。それらの様子は、絵図に描かれるとともに、現地の地形に明らかに痕跡を留めている。一九八四年(昭和五十九)の発掘調査では、奉行所の一部が確認され、当時の遺物が出土した。西北に離れて日本海に面した山稜の頂に位置する見張り台跡を含めて、国史跡に指定されている。

参考文献　『荘内藩ハママシケ陣屋跡の調査―昭和五十九年度―』、一九八五、浜益村教育委員会。　(佐藤　信)

しょうにんだんはいじ　上人壇廃寺　福島県須賀川市字上人坦・岩瀬森に所在する奈良・平安時代の寺院跡で、JR須賀川駅の北西に接している。遺跡は一九六一年(昭和三十六)の発掘調査で中門・金堂・講堂と推定される建物跡が南北に並んで検出され、一九六八年に国史跡に指定されている。近年この約五〇〇《メートル》南の地点で磐瀬《いわせ》郡家《ぐうけ》跡とされる栄町遺跡の調査が進められている。廃寺の遺物としては瓦類・瓦塔片・土師器・須恵器・鉄製鍾鼓などが出土している。創建期の瓦は複弁六葉蓮華文軒丸瓦・手描き重弧文軒平瓦を有する。軒丸瓦は借宿廃寺・関和久遺跡などの系統であり、瓦頭文様のあり方や手描き重弧文軒平瓦と組になることからそれらよりは新しいと考えられる。また、平瓦の製作技法は多賀城創建期のものと同じであることから上人壇廃寺の創建は奈良時代前半の八世紀第II四半期とすることができる。廃寺周辺は磐瀬郡を縦貫して流れる釈迦堂川と阿武隈川の合流点であり、水上交通の要衝ともなっている。　(木本　元治)

じょうねいでん　常寧殿　平安宮内裏後宮の殿舎の一つ。承香殿の北、貞観殿の南に位置し、それぞれと渡廊により結ばれていた。后町の別称からも知られるとおり、後宮の中心的な建物であり、天皇の居処としてもしばしば使用された。しかし、平安時代中期以降、天皇の在所が清涼殿に固定化すると、それに近い弘徽殿や飛香舎が皇后の主たる居処となり、常寧殿は毎年十一月に、新嘗祭に先立って天皇が五節舞姫を覧ずる帳台試の場所として、五節殿などとも呼ばれることとなった。『雲図抄』には帳台試における常寧殿の指図が採録されている。なお、この南庭にあった后町井には、藤原伊通が井戸に映ったみずからの顔をみて大臣の相があることを悟ったという、

『古今著聞集』七の逸話をはじめ、さまざまな伝承がある。

（西村さとみ）

じょうのさく　城生柵　宮城県加美郡加美町城生に所在する古代城柵跡とみられる遺跡。外郭が築地塀と大溝で区画されており、規模は築地跡の残存状況が良好な北辺で東西約三五〇メートル、南北は地形から三七〇メートルほどと推定されている。北辺築地塀には八脚門が開き、郭内には多数の倉庫跡や掘立柱建物跡・竪穴住居跡などがある。出土遺物には、日の出山瓦窯産とみられる多賀城創建期の重弁蓮花文や細弁蓮花文をもつ軒丸瓦、土器類、円面硯などがあり、遺跡の年代は八世紀前半―九世紀と推定される。かつて、伊東信雄は本遺跡を『続日本紀』天平九年(七三七)四月戊午(十四日)条初見の玉造柵跡に比定し、東約一キロに位置する菜切谷廃寺跡をその附属寺院跡としたが、遺跡所在地が古代にも賀美郡に属したことから、色麻《しかま》柵ないしは賀美郡衙に関連する施設である可能性が高いと考えられている。多賀城関連の城柵跡として重要な遺跡であることから、一九七九年(昭和五十四)に国史跡に指定された。　↓色麻柵《しかまのさく》

城生柵築地跡・北門跡

参考文献　中新田町教育委員会編『城生遺跡』(『中新田町文化財調査報告書』一・二、一九七八・七九)。同編『城生柵跡』(『中新田町文化財調査報告書』四―九、一九八〇-八四)。『新編中新田町史』上、一九九七。村田晃一・吉田桂「城生柵跡の概要」(第二九回古代城柵官衙遺跡検討会資料)、二〇〇三。

（白鳥　良一）

しょうふくじ　聖福寺　福岡市博多区御供所町にある禅宗寺院。国指定史跡。栄西が宋からの帰国後、博多の宋人百堂の跡地に建立したという。創建には博多周辺の有力武士や宋商が関わったとされる。創建年代は一一九五年(建久六)説と一二〇四年(元久元)説がある。南北朝時代には五山制度のもとで十刹《じっさつ》となる。一時期、九州探題の宿所に指定された。対外交流と関係が深く、一三七二年(応安五)に来日した明使はここに滞在した。第十一次遣明船には、九州探題が派遣する聖福寺造営船があり、第十八次遣明船正使湖心石鼎は本寺住持を務めた。戦国時代には戦火でたびたび焼失。寺内町の実態を示す一五四三年(天文十二)の「安山借屋牒」や中世後期の「聖福寺古図」が伝来する。近世初期に建仁寺派から妙心寺派に転派した。

参考文献　小畠文鼎編『聖福寺史』、一九八四、聖福寺文庫刊行会。上田純一『九州中世禅宗史の研究』二〇〇〇、文献出版。

（佐伯　弘次）

じょうふくじ　浄福寺　かつて神奈川県鎌倉市に存在した寺院。正確な所在地は不明。宗派は、北京律を中心として浄土・真言などとの兼学であったと推測される。『覚園寺文書』の一三一四年(正和三)十一月十四日の浄光明寺住持高恵等連署起請文写には、真言・律・浄土・華厳の「四宗興隆」を発願した十二ヵ寺・十三人の一人として「浄福寺禅元」がみえており、鎌倉時代後期に四宗兼学の寺として存在したことが確認される。同じく『覚園寺文書』の一三三七年(建武四)二月十六日の浄福寺住持革義寄進状によれば、鎌倉幕府滅亡の際に当寺住僧は退散し、近ごろ流行の「大袋」が数度乱入して本尊仏具を奪取、坊舎を破壊したため、残った仏殿などを覚園寺に寄付し処分を委託している。同文書では、「世間静謐之後」に再興する時の合力をも依頼しているが、その後の同寺の消息を示す史料は見当たらず、幕府滅亡とともに廃絶したものと考えられる。

参考文献　貫達人・川副武胤『鎌倉廃寺事典』、一九八〇、有隣堂。大森順雄『覚園寺と鎌倉律宗の研究』、一九九一、有隣堂。

（高橋慎一朗）

しょうへきが　障壁画　日本家屋独特の間仕切り用の建具である襖《ふすま》に描いた障子絵(襖絵)と、土・板壁に直接描くか、もしくは壁に紙絵を張り付けた壁画から一字ずつ取って、両者を総称する語としたもの。一般には建築内部を飾る絵画をさし、古墳壁画や法隆寺金堂壁画、平等院鳳凰堂の壁画・扉絵などに描かれた仏教絵画は含めない。もう一つの大画面である屛風絵との関連性が強く、実際に障壁画の一部が屛風に仕立て変えられたものも少なくなく、中には保存のために掛け軸に変えられたものもある。御所の紫宸殿の「賢聖障子絵《けんじょうのそうじえ》」や「白沢図」などの例からもわかるように、初期の画題は中国から輸入された唐絵であった。十世紀になると貴族たちは中国画の描法に飽きたらなくなり、日本の風景や風俗を主題にして奥行き、比例、写実にこだわらない倭絵《やまとえ》による障壁画をみずからも描き、絵師たちに描かせるようになった。障壁画は画面の規模が大きく著名な画家が描いた作品も多いので、近代にいたるまで各時代を代表する大作として重要視される。現存する作品では、難波の絵師、秦致《はたのむね》貞《さだ》が描いた法隆寺の絵殿の壁画、国宝「聖徳太子絵伝」(現在は東京国立博物館所蔵)が一〇六九年(延久元)と格段に古い。ほかはいずれも南北朝時代以降のものばかりで、平安・鎌倉時代の障壁画については絵巻や掛幅形式の絵伝の画中画の例によってうかがうしかない。おそらく、平安・鎌倉時代を通して大きな変化はなかったであろう。住宅建築は残りにくいために、現存する室町時代の作品のほとんどは寺院の障壁画である。したがって主題に著しく偏りがあるとともに、禅宗寺院の方丈障壁画のほとんどが水墨画であるために、室町時代の障壁画は

水墨画が主であったという誤解を招きやすいが、屛風絵の現存例を見ればわかるように彩色画も引き続き描かれていた。貴族や武士、さらには禅僧らもその両方を享受していた。なお、南禅寺大方丈に天正期における御所の障壁画を見ることができる。多くは金地に彩色の金碧画で当時の寺院障壁画との差はない。 ↓屛風《びょうぶ》 ↓壁画《へきが》

参考文献 宮島新一『宮廷画壇史の研究』、一九九六、至文堂。 （宮島 新一）

じょうべのまいせき じょうべのま遺跡 富山県下新川郡入善町田中に所在する平安時代前期の荘家遺跡。遺跡の発見は第二次世界大戦前にさかのぼるが、本格的な解明は一九七〇年（昭和四十五）の発掘調査とその後の継続調査による。発掘された遺構には、南面する主屋とその前面に広がる中庭を囲んで東西両側に配された脇屋、付属建物があり、コ字形の建物配置が特徴的である。全体で二十棟以上の掘立柱建物を検出したが、これらは六期にわたって建て替えられており、この地区が荘家の中心的な施設として長期間機能していたことをうかがわせる。また荘家の建物群の東に接して川幅約三〇メートルの河川跡が検出されている。荘家の上流と日本海を結ぶ水運に利用されたことが推定できる。出土遺物には木簡、須恵器、緑釉陶器、灰釉陶器、木製品などがある。また墨書土器には「西庄」「寺」「田中」などがあり、「西庄」は荘園名を暗示し「田中」は現地名と関連するなど興味深い。これらのことから「初期荘園の荘家構造を知るうえで重要な遺跡」として一九七九年国史跡に指定され、現在は史跡公園として整備公開されている。なお、「じょうべのま」という遺跡名については、過去の土地耕作者名「ジロウベエ」が訛ったとか、東大寺領「丈部庄」の読みが転化したものとかの説があるが、定かでない。

参考文献 富山県教育委員会「入善町じょうべのま遺跡」(『富山県埋蔵文化財調査報告書』三、一九七四)。 （黒崎 直）

しょうぼうじさんそうあと 正法寺山荘跡 戦国時代に鈴鹿地方に勢力を誇った関盛貞が永正年間（一五〇四―二一）初めごろに羽黒城跡に創建した大徳寺の末寺で、のちに山荘跡。三重県鈴鹿郡関町鷲山所在。国指定史跡。山荘跡の西に羽黒山を、残る三方を小野川に囲まれた天然の要害で、三方の段丘縁に築いた土塁に囲まれ、東西一二〇メートル、南北一三〇メートルの不整四辺形をなす。内部は中央に東西五〇メートル・南北六〇メートルの主郭があり、周囲に土塁・濠・道路で区画された付属の郭が残り、城館としての性格が強い。一九七七年（昭和五十二）の発掘調査で、建物・柵・土塁・溝・井戸・池などの遺構と大量の遺物を検出。山荘内の区画割と南面していることがあきらかになった。関盛貞は連歌師宗長と親密で『宗長手記』に山荘が城郭としての軍事的要素も兼備したものであったことがうかがえる。戦国時代の国人領主の山荘跡として遺構の残存状況が良く、戦国時代の歴史を解明する上で高い学術的価値を有する。

参考文献 関町教育委員会編『史跡正法寺山荘跡発掘調査・整備報告』、一九八二。 （田中 哲雄）

じょうぼうせい 条坊制 日本古代都城の方画地割プラン。中国都城にならったもの。京内は、街路で碁盤目状に区画される。大路と大路で区切られた空間が坊。坊の東西方向の帯状の並びが条。南北方向の帯状の並びも坊と称する。中国では、興寧坊・永嘉坊など各坊に固有の名称が付く。日本の場合、藤原京で「林坊」などが知られるが、数値による呼称が主。条は北側から、坊（南北の帯）は朱雀大路を基点として数える。四坊ごとに坊令（条令）が、坊ごとに坊長が置かれる。坊はさらに東西・南北各三本の小路によって、十六の坪（町）に分かれる。宮城に近い隅（左京では西北、右京では東北）を基点とし、南へ降り千鳥式に付される数詞で呼ばれる。各条坊の外側の大路が、それぞれの数詞で呼ばれる。たとえば、左京三条二坊五坪は、左京域・三条大路の北側・二坊大路の西側の坊で、北から四つめ（南から一つめ）・西から二つめの坪である。中国の坊は坊墻を伴う。日本では朱雀大路に面した部分には坊城があるが、ほかは単なる土地区画であったとされる。日本における条坊の設定方法には大きく分割型と集積型がある。前者は、都城全体を碁盤目状に分割する計画基準線が設定され、それを街路の中心として地割りを行う。したがって大路に面する区画では、路面が広くなる分、坊や坪の面積が小さくなるなど、区画ごとの面積が一定でない。後者では、一定面積の区画が集積されて、全体として整った碁盤目状になるよう、条坊が計画される。平城京までは分割型、それより後は集積型。条坊制は、官人に宅地を班給し、集住させることと不可分と考えられ、そうした観点からは、集積型はより合理性が高い。ただし、条坊制に代表されるグリッドパターンの都市区画は、王権の世界観の具現化など多様な側面が指摘されている。古代都城は王権の政治的舞台・表象であると考えられ、単なる中国の模倣や、官人への宅地班給の基準という観点にとどまらない視点からの検討が必要であろう。なお、大宰府・多賀城などでも碁盤目状の土地区画が確認されている。大宰府の条坊制は都城のそれとよく似る。一方、多賀城では、東西方向が正方位ではなく、街路が直交しない。また、朱雀大路相当の道路が、途中から運河になるなど、独自の在り方が注目される。

参考文献 山中章『日本古代都城の研究』、一九九七、柏書房。妹尾達彦『長安の都市計画』（『講談社選書メチエ』、二〇〇一、講談社）。井上和人『古代都城制条里制の実証的研究』、二〇〇四、学生社。北村優季「条坊の論理―日本古代都市論覚書―」（笹山晴生先生還暦記念会編『日本律令制論集』上所収、一九九三、吉川弘文館）。『年報都市史研究』一三、二〇〇五。 （馬場 基）

しょうみょうじ 称名寺 横浜市金沢区金沢町所在の真言律宗寺院。鎌倉時代中期、北条実時創建の持仏堂を原

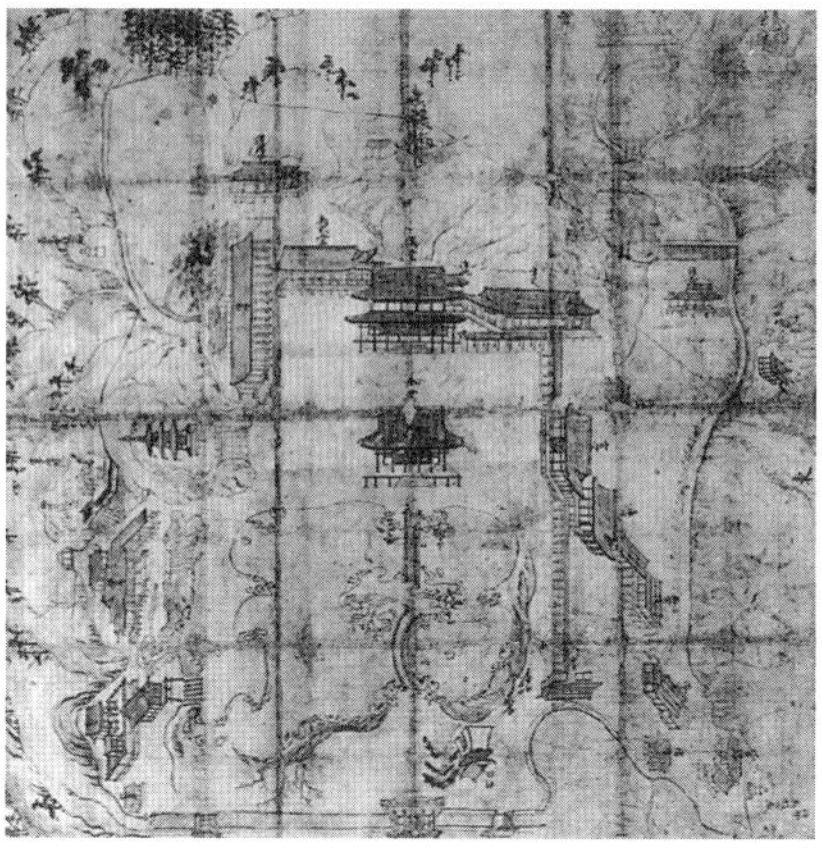
称名寺絵図（部分）

型とし、当初は浄土系寺院であった。しかし、実時は西大寺叡尊の鎌倉下向に力をつくすなど律宗に帰依し、一二六七年(文永四)に下野薬師寺の審海を開山に迎えて律院に改め、一二七六年(建治二)には本尊弥勒菩薩立像、一二九一年(正応四)には三重塔が完成するなど寺観が整えられた。その後、実時の孫貞顕の代に大規模な修築が行われ、一三一九年(元応元)には性一に苑池の整備をゆだねるなど造成工事が開始され、池は翌年には完成し、一三二二年(元亨二)には講堂が上棟、翌年には寺内の整備が完了して結界の法会が行われた。完成した伽藍は重文称名寺絵図に描かれ、仁王門から池にかかる朱塗りの橋、金堂とその後方の講堂が主軸を形成している。当初、称名寺は絵図の西側にみえる阿弥陀堂を中心にした東向きの伽藍であったが、弥勒菩薩立像の完成以降は南向きの伽藍に変わった。その後、寺の衰退とともに多くの建物が失われたものの、惣門・仁王門・池・本堂などが残存しており、一九二二年(大正十一)には称名寺絵図にみえる結界域が国史跡に指定された。しかし、高度成長期に横浜市南部の開発が進むなかで称名寺裏山の宅地開発が計画されると、歴史的景観の保全を目的に保存運動が展開され、一九七二年(昭和四十七)に本堂背後の山や惣門内の地域が国史跡に追加指定された。そして、一九七八年以降、称名寺の苑池整備のため発掘調査が行われ、絵図に描かれた立石とともに遣水《やりみず》の遺構が池の西北に発見され、中島にかかった橋の橋脚が出土し、数次に及ぶ護岸遺構が確認され、その成果を基本に苑池の整備が行われた。このほか、三重塔や浴室・方丈などの遺構、寺内に残る石塔類の現地調査などが進められている。→金沢文庫《かねざわぶんこ》

参考文献 横浜市教育委員会編『史跡称名寺境内庭園苑池保存整備報告書』、一九六八。関靖『金沢文庫の研究』(『日本教育史基本文献・史料叢書』一七、一九九二、大空社)。

(福島　金治)

じょうみょうじ　浄妙寺　(一)藤原道長が山城国宇治郡木《こ》幡《はた》(京都府宇治市木幡)に造営した寺院。木幡寺とも呼ばれ、浄名寺と記す史料もある。古来、木幡は藤原氏の墓所が集中する地区であったが、道長は一門の菩提を弔うため、この地に寺院の建立を志し、一〇〇五年(寛弘二)十月に、中心となる法華三昧堂《ほっけざんまいどう》の落慶法要が行われた。ほかに多宝塔・僧坊などがあったが、室町時代には廃絶し、以後は「門跡、塔壇等有り」(『山城名勝志』)という状況であった。一九六七年(昭和四十二)に小学校の新設に伴って発掘調査が行われ、三昧堂跡が確認された。その後、一九九〇年(平成二)の調査では、三昧堂の全容と三昧堂東側で多宝塔の土壇の一部が確認されている。

参考文献 『大日本史料』二ノ五、寛弘二年十月十九日条。宇治市教育委員会「宇治市木幡浄妙寺の発掘調査」(『古代文化』四三ノ一一、一九九一)。宇治市教育委員会『木幡浄妙寺跡発掘調査報告』(『宇治市文化財調査報告書』四、一九九二)。

(田良島　哲)

(二)神奈川県鎌倉市浄明寺にある臨済宗建長寺派の寺院。山号は稲荷山。関東公方の御所の西隣に位置する。『稲荷山浄妙禅寺略記』(浄妙寺蔵)によれば、当寺の前身は極楽寺という寺院で、一一八八年(文治四)に足利義兼が開山に退耕行勇を招いて創建したというが、定かではない。鎌倉時代中期ごろまでには、禅・密教兼宗の極楽寺という寺院が存在したことは確かで、足利氏屋敷の持仏堂的な寺院であった可能性が高い。鎌倉時代後期より浄妙寺と寺号があらためられ、本格的な禅宗寺院となった。尊氏の父貞氏が浄妙寺殿と号していることから、この中興に関与したと推測される。室町時代には、鎌倉五山の五位に列せられ、足利氏の氏寺として栄えた。境内の稲荷社は『吾妻鏡』などにみえる大倉稲荷の有力な候補である。木造退耕行勇坐像が重要文化財となっているほか、本堂裏に明徳三年(一三九二)の銘のある宝篋印塔が残されている。境内は国史跡。

参考文献 『鎌倉市史』社寺編、一九五九、吉川弘文館。松尾剛次『中世都市鎌倉を歩く―源頼朝から上杉謙信まで―』(『中公新書』一三九二、一九九七、中央公論社)。

(高橋慎一朗)

しょうむてんのうちょくしょどうばん　聖武天皇勅書銅板　聖武天皇の願文と施入文の刻まれた銅板。東大寺に伝来し、明治初年皇室に献上され、現在は正倉院に蔵されている。縦三二・七センチ、横二〇・六センチ。表には国分寺建立詔を引用しつつ、七五三年(天平勝宝五)正月に塔の荘厳がおわり、塔中に金光明最勝王経を安置する旨の願文、裏面には、七四九年の封戸・水田の勅施入文が刻まれている。表裏とも罫があり、それぞれ十四行の銘が刻まれている。表裏は別筆。『正倉院文書』続修一巻頭の「国分銘文」の端裏書がある文書は、銅板銘表の稿本である。裏面はその書風と内容から平安時代後期の追刻とされているが、表面は、少なくとも七六〇年(天平宝字四)を降る表現が認められ、その制作年代は、天平宝字年間(七五七―六五)とするものや平安時代前期以降とするものなど、一定しない。『大日本古文書』一二、宮内庁正倉院事務所編『正倉院古文書影印集成』五(一九九一、八木書店)、同編『正倉院宝物』四(一九九四、毎日新聞社)に掲載されている。

銘文 (表)菩薩戒弟子皇帝沙弥勝満、稽首十方三世諸仏法僧、去天平十三年歳/次辛巳春二月十四日、朕発願称、広為蒼生、遍求景福、天下諸国、各合敬/造金光明四天王護国之僧寺、并写金光明最勝王経十部、住僧廿人、施/封五十戸、水田十町、又於其寺、造七重塔一区、別写金字金光明最勝王/経一部、安置塔中、又造法華滅罪之尼寺、并写妙法蓮華経十部、住尼十/人、水田十町、所冀、聖法之盛、与天地而永流、擁護之恩、被幽明而恒満、天/地神祇、共相和順、恒将福慶、永護国家、開闢已降、先帝尊霊、長幸珠林、同/遊宝刹、又願太上天皇・太皇后藤原氏・皇太子已下、親王及大臣等、同資/此福、倶到彼岸、藤原氏先後太政太臣、及皇后先妣従一位橘氏太夫人/之霊識、恒奉先帝而陪遊浄土、長顧後代而常衛聖朝、乃至自古已来至/於今日、身為大臣、竭忠奉国者、及見在子孫、倶因此福、各継前範、堅守君臣/之礼、長紹父祖之名、広給群生、通該庶品、同辞愛網、共出塵籠者、今以天/平勝宝五年正月十五日、荘厳已畢、仍置塔中、伏願、前日之志、悉皆成就、/若有後代聖主賢卿、承成此願、乾坤致福、愚君拙臣、改替此願、神明効訓

(裏)施/封五千戸/水田一万町/以前、捧上件物、遠限日月、窮未来際、敬納彼三宝分、依此発願、太上天/皇沙弥勝満、諸仏擁護、法薬薫質、万病消除、寿命延長、一切所願、皆使/満足、令法久住、抜済群生、天下大地、人民快楽、法界有情、共成仏道、以/代代国王、為我寺檀越、若我寺興複、天下興複、若我寺衰弊、天下衰弊/復誓、其後代有不道之主邪賊之臣、若犯若破障而不行者、是人必得/破辱十方三世諸仏菩薩一切賢聖之罪、終当堕大地獄無数劫中、永/無出離、十方一切諸天・梵天・護塔大善神王、及普天率土有勢威力天/神地祇、七廟尊霊、并佐命立功大臣将軍霊、共起太禍、永滅子孫、若不/犯触、敬勤行者、世世累福、終隆子孫、共塵城、早登覚岸/天平勝宝元年/平城宮御宇大上天皇法名勝満

参考文献 内藤乾吉「正倉院古文書の書道史的研究」(宮内庁正倉院事務所編『正倉院の書蹟』所収、一九六四、日本経済新聞社)。鈴木景二「聖武天皇勅書銅板と東大寺」(『奈良史学』五、一九七八)。同「正倉院文書続修第一巻の聖武太上天皇願文―聖武天皇勅書銅板関連文書」(奈良古代史談話会編『奈良古代史論集』二所収、一九九一、真陽社)。東野治之「聖武天皇勅書銅板」(『日本古代金石文の研究』所収、二〇〇四、岩波書店)。 (山本　崇)

しょうむてんのうりょう　聖武天皇陵　奈良市街地の北端の佐保丘陵には、文武天皇の夫人で母にあたる藤原宮子、皇后である光明子の山陵とともに聖武天皇の佐保山《さほやまの》南陵《みなみのみささぎ》も営まれた。現陵は奈良市法蓮町にある。多聞山の西南にあり、規模は直径約一三メートル、高さ約三メートルの円墳である。「安政山陵絵図」のなかに東南方向に開口する比較的小規模な横穴式石室とみられる墓室の状況を写したものがある。天皇は七五六年(天平勝宝八)五月に佐保山陵に葬送したことが、『続日本紀』に記されているが、現陵を聖武天皇陵とみなすには否定的な状況にある。もっとも『東大寺要録』には本願山陵と称され、東大寺による祭祀が行われていたことが記されるし、また文久修築時点までは東大寺戒壇院《かいだんいん》末の律宗寺院である眉間寺《みけんじ》が現陵の下にあって、一体化していた。戦国時代末期には松永久秀の本城の多聞城の普請が及んだものとみられる。現陵と東側の光明皇后陵の間は堀切《ほりきり》となっているし、現陵域には郭《くるわ》状の段が設けられているようである。したがって本来の陵は中世城郭の築城のため、すでに損なわれている可能性もある。

参考文献 上野竹次郎『山陵』、一九二五、山陵崇敬会。石田茂輔「佐保山南陵崩壊部露出石組実測調査」(『書陵部紀要』三五、一九八四)。 (今尾　文昭)

しょうめい　匠明　江戸幕府作事方の大棟梁平内《へいのうち》政信が編纂した木割書。木割《きわり》とは寺社建築などを設計する際に各部各材の寸法や比例を決める規準・方式をいい、各大工家で秘伝とされた。木割書は室町時代にも簡単なものが編纂されたが、近世には各大工家ごとに体系化された詳細なものが編纂される一方、一般的で教科書的なものが刊行された。『匠明』は体系化された最も古い木割書で政信の一六〇八年(慶長十三)、父吉政の一六一〇年の奥書があり、政信が父の命により家伝の木割を記述したことがわかる。原本はなく写本が何本か残るが、江戸時代中期に写された東京大学所蔵本が最も整っている。門記集・社記集・塔記集・堂記集・殿屋集の五巻からなり、門・社(神社本殿)・塔は種類別、堂は規模別に指図を載せ、おもに柱間寸法を規準にして各部各材の寸法を順次割出す方式をとる。また塔は各重の柱間・軒の出を枝数で示し、殿屋は主殿(広間)を中心として違棚など座敷飾の細部についても言及している。伊藤要太郎校訂『匠明』(一九七二、鹿島出版会)がある。 (濱島　正士)

しょうめいもん　承明門　平安宮内裏の門の一つ。五間戸三面の檜皮《ひわだ》葺。『延喜式』『儀式』『江家次第《ごうけしだい》』などは閤門とする。南庭を隔てて紫宸殿に対する内裏内郭の南面中門で、内裏諸門の中でも重要な門である。儀式における内弁の称は、承明門内の諸事を統括したところに由来する。『三代実録』貞観十一年(八六九)七月二十六日条によると、門内東腋に印鎰を納めた櫃が置かれており、八八四年(元慶八)二月の譲位儀では、神璽・宝剱・鏡が遷幸に従ったのに対し、駅鈴・伝符・内印・管鑰などが門内東廊にとどめ置かれた。また、八七六年五月の大般若経転読に際しては、八省院廊になぞらえ承明門東西廊が僧房に用いられるなど、儀式の場として、門および廊が一体として用いられることもあった。『年中行事絵巻』朝覲行幸・賭弓に門とその東西の築地回廊が描かれている。なお、平安宮跡における一九八五年(昭和六十)度の発掘調査で、二時期の門北側雨落溝が検出されている。

参考文献 裏松固禅『大内裏図考証』九(『(新訂増補)

故実叢書』二六)。京都市埋蔵文化財研究所編『平安京跡発掘調査概報』昭和六〇年度、一九八六、京都市文化観光局。 (山本 崇)

じょうりせい　条里制　古代の耕地区画と地番表示の方法。一町(六十歩、約一〇九メートル)間隔に縦横平行する水路・畦畔で耕地を区画し、六町四方を一里とする。奈良盆地では、横(東西)の行を条、縦(南北)の列を里と呼ぶ。里は三十六の坪(一町四方)からなり、坪の地番呼称は、条の進行方向に、一の坪から連続して三十六の坪にいたる千鳥式《ちどりしき》と一の坪の横に七の坪がくる並行式《へいこうしき》がある。これで何条何里何坪と表示した。この表示法は八世紀中ごろに一般化するが、「数詞＋坪」の表示が定着するのは平安時代初期という見解がある。また一町四方の面積も一町といい、一町は十段《たん》からなるが、一段を短冊形に細長くする長地型地割《ながじかたじわり》と、長さを半分、幅を倍の色紙形にする半折型地割《はおりかたじわり》とがある。条里制の成立は班田収授に伴うものと解してきたが、法的根拠はなく、耕地区画の全国的な施工期も七世紀中ごろ、八世紀初頭、十・十一世紀ごろと三説に分かれており、地番呼称が八世紀中期に下ることから問題視されている。条里地割は近畿・九州北部・瀬戸内沿岸・濃尾・越前に顕著で、本州や九州の他地域にも残存するが、圃場整備で減少している。発掘調査では長野県更埴《こうしょく》市、奈良県箸尾遺跡・多《おお》遺跡、静岡平野北部、東大阪市池島福万寺遺跡ほかで条里遺構を検出。

参考文献　服部昌之『律令国家の歴史地理学的研究』、一九八三、大明堂。岩本次郎「大和国の条里制に関する研究史的概論」「大和国条里制の歴史的展開」(『奈良県史』四所収、一九八七、名著出版)。金田章裕『古代景観史の探究』、二〇〇二、吉川弘文館。 (岩本 次郎)

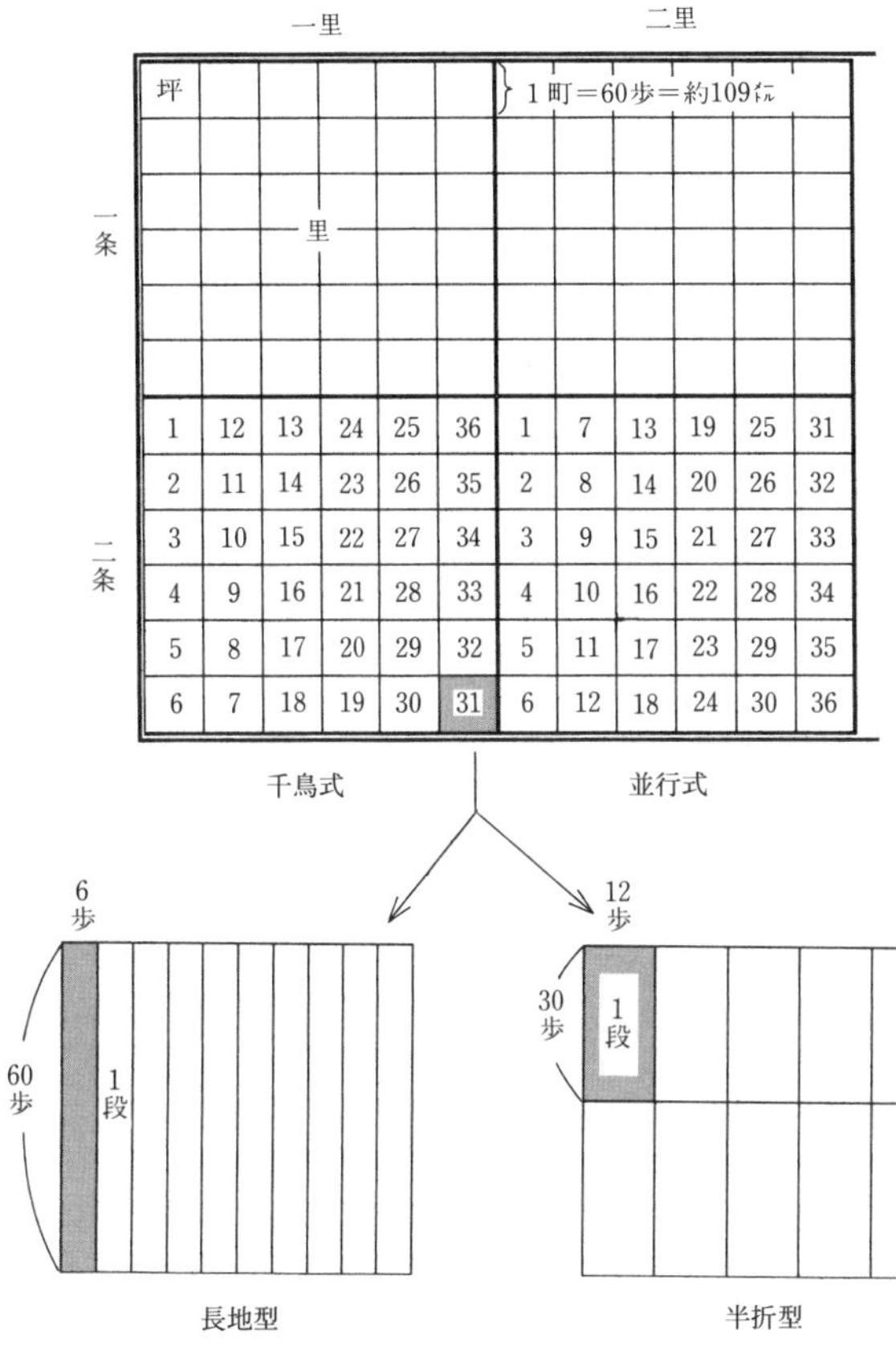

条 里 制

しょうりゅうじじょう　勝竜寺城　桂川右岸、西国街道沿いに位置する中世から戦国時代末期の城。京都府長岡京市所在。平安時代創建の勝竜寺を起源とし、一四五七年(長禄元)には山城国守護畠山義就の守護所もしくは郡代役所として使用。応仁・文明の乱では西軍の義就が陣を構えた。戦国時代後期三好氏支配下で城の普請がなされ、西岡国人衆の結集拠点ともなった。一五六八年(永禄十一)京都に入った織田信長に攻め落とされ、細川藤孝が入城。一五七三年(天正元)藤孝に桂川以西の支配権が与えられ、勝竜寺城は細川氏の領国支配の中核となった。一五七一年(元亀二)大改修された城郭は土塁と堀が現存し、発掘調査により細川氏居城時代(一五六八―八一年)の本丸、高石垣、櫓台、沼田丸などが確認されている。一五七八年藤孝の長男忠興に明智光秀の娘玉(のちの細川ガラシャ)が輿入れした城としても知られる。一五八二年本能寺で信長を討った光秀が京都防御の前線として勝竜寺城を占拠したが、山崎の合戦で敗走。羽柴秀吉軍に落とされた城は、以後荒廃した。一九九二年(平成四)城跡は資料展示室のある都市公園となる。

参考文献　『長岡京市史』資料編一・本文編一―二、一九九一・九六―九七。 (清水 みき)

しょうりんえん　松林苑　奈良市の北方、平城京跡の北側にある。一九七八年(昭和五十三)平城京跡の北で、延長一・一キロに及ぶ土塁が見つかり、部分発掘で、これが幅三メートルの築地の跡とわかり、『続日本紀』に「松林苑」「松林宮」「北松林」などと数度にわたって記録されている松林苑の跡と判断された。その後四十次にわたって発掘が行われている。これまでの調査から、外郭と内郭からなり、内郭には周辺に砂礫を敷いた大型建物があり、外郭にはもとからあった古墳と濠を利用して作った苑池の存在が確認されている。現状ではその範囲は東西約三キロ、南北約一・一キロと推定されている。さらにこの苑の南側と平城宮跡の北大垣との間にも空間が想定され、ここに大蔵省があったと考えている。松林苑は文献の記録や、中国の例から見て、平城宮を維持するための総合施設らしい。内部には宮殿があり、苑池がある。さらに若干の役所もある。あるいは軍隊も駐屯していたようである。

参考文献　奈良県立橿原考古学研究所編『松林苑跡Ⅰ』(『奈良県史跡名勝天然記念物調査報告』六四、一九九〇)。　(河上　邦彦)

しょうりんじ　聖林寺　奈良県桜井市大字下、多武峰街道沿いに所在する古刹。寺伝では、七一二年(和銅五)に藤原鎌足の長子定慧《じょうえ》が父の菩提を弔うために建立した精舎に始まるという。平安時代は多武峰妙楽寺の別院であったようであるが、一時衰退し、元禄年間(一六八八―一七〇四)もと三輪遍照院主性亮玄心により再興され、江戸時代中ごろから聖林寺と称するようになったとみられる。歴史的には華厳宗や古義真言宗と関わりのあった寺院であるが、現在は真言宗の単立寺院として存在している。寺宝としては、三輪山の大神《おおみわ》神社の神宮寺である大御輪《だいごりん》寺《じ》伝来の十一面観音立像(国宝)が著名。八世紀半ばころに造られた奈良時代の木心乾漆像の代表作で、像高二〇九・一センチ、頭上面や台座なども当初の姿をよく保っている。官営工房の製作になる可能性が高く、また製作には智努《ちぬ》王《おう》(六九三―七七〇)の関与を想定する見解がある。

参考文献　田村吉永「聖林寺十一面観音像と大御輪寺」(『史迹と美術』二一〇、一九五二)。川瀬由照「聖林寺十一面観音像の制作と智努王」(吉村怜博士古稀記念会編『東洋美術史論叢』所収、一九九九、雄山閣)。　(根立　研介)

じょうりんじ　定林寺　奈良県高市郡明日香村立部《たちべ》にある七世紀前半創建の寺院跡。立部寺《たちべでら》ともいう。国史跡。立部集落の西の丘陵頂部に位置する。これまでに塔と回廊、講堂と推定される基壇の一部が調査されたにすぎない。塔は二重基壇で礎石が二個、地下に心礎が残る。塔の北東にある基壇は講堂とされるが、創建時のものではなく、鎌倉時代再建である。従来から法隆寺式の伽藍配置が想定されているが、塔北東の基壇を金堂とする説もある。出土した瓦には飛鳥寺《あすかでら》や橘寺《たちばなでら》の創建瓦と類似する素弁十一弁蓮華文軒丸瓦があり、七世紀前半の創建とみられる。文献では『明一伝《みょういつでん》』『七代記《しちだいき》』『聖徳太子伝暦《しょうとくたいしでんりゃく》』などが聖徳太子建立の寺とするが、創建の経緯については不明である。立部は東漢直《やまとのあやのあたい》氏の本拠地とされる檜隈《ひのくま》の範囲に入ると考えられ、阿智使主《あちのおみ》の後裔氏族の平田忌寸《ひらたのいみき》の氏寺とする説がある。造営過程の解明など今後の発掘調査の進展が期待される。

参考文献　石田茂作『飛鳥随想』、一九七二、学生社。奈良国立文化財研究所飛鳥藤原宮跡発掘調査部編『飛鳥・藤原宮発掘調査概報』八、一九七六。　(安田龍太郎)

じょうるりじ　浄瑠璃寺　京都府相楽《そうらく》郡加茂《かも》町にある真言律宗の寺院。山号は小田原山《おだわらさん》。通称九品《くほん》寺、九体《くたい》寺。地理的には平城京郊外北東にあたる。創建については諸説あるが、鎌倉時代成立の『浄瑠璃寺流記事』は一〇四七年(永承二)開基とする。はじめは薬師如来を本尊とし、寺号は東方浄瑠璃浄土の主、薬師如来にちなんだものである。一一〇七年(嘉承二)、阿弥陀浄土信仰、九品《くぼん》往生の説に従って、新本堂として正面十一間、側面四間の九体阿弥陀堂を建立し、定朝型の九体の阿弥陀如来座像をまつる。一一五〇年(久安六)、池を掘って庭園を造り、一一五七年(保元二)本堂が、現在地である池の西岸に移し替えられる。一一七八年(治承二)京都一条大宮から三重塔を移築して、もとの本尊薬師如来座像をまつる。中央の阿字池を挟んで東に三重塔、西に阿弥陀堂が配置される、平安時代の浄土式庭園が現存する唯一の例(特別名勝および史跡)。また現存する九体阿弥陀堂の唯一の例(本堂、仏像とも国宝)。岩船寺までの山道には磨崖仏が多い。→岩船寺《がんせんじ》

参考文献　加茂町史編さん委員会編『加茂町史』一・四、一九九四・九七。『大和古寺大観』七、一九七八、岩波書店。　(榎　英一)

しょうれんいん　青蓮院　京都市東山区粟田口三条坊町にある天台宗寺院。平安時代、延暦寺内にあった青蓮坊をその起源とする。鎌倉時代に入ると慈円《じえん》が寺地と寺領の整備を行なった。その後も親王や摂関家の子弟が門跡《もんぜき》として入寺し、天台宗寺院の中でも高い格式を誇った。歴代の門跡では能書家で『入木抄《じゅぼくしょう》』を著した尊円《そんえん》法親王や幕末の国事に奔走した尊融《そんゆう》法親王(朝彦《あさひこ》親王)などがよく知られる。天台三不動の一つである不動明王二童子像(青不動、国宝)のほか、門跡が相承する『吉水《きっすい》蔵聖教』、青蓮院関連の記録を集成した『門葉記《もんようき》』、『往生要集《おうじょうようしゅう》』の古写本(いずれも重文)など多数の文化財を所蔵する。一七八八年(天明八)京都大火の際、後桜町上皇の仮御所となったことから、一九四二年(昭和十七)に「青蓮院旧仮御所」として国史跡に指定された。境内には上皇の学問所「好文亭《こうぶんてい》」があったが一九九三年(平成五)放火のため焼失、その後旧状に再建された。

参考文献　東伏見慈洽・横山健蔵『青蓮院』(『京の古寺から』二七、一九九八、淡交社)。　(田良島　哲)

しょうろう　鐘楼　寺院において梵鐘を吊る建築。「しゅろう」ともいう。古代寺院においては経蔵とともに講堂の脇に配されることが多い。現存最古の十一世紀初頭再建の法隆寺鐘楼(奈良)は、桁行三間、梁間二間、楼造で、切妻造の屋根をもつ。伽藍の対称位置に建つ奈良時代建立の経蔵と同じ形式であり、創建鐘楼の形式を踏襲したものであろう。中世に入ると、袴腰《はかまごし》が付けられ、屋根は入母屋造へと変化する。遺構に法隆寺東院鐘楼(奈良)、新薬師寺鐘楼(奈良)、石山寺鐘楼(滋賀)などがある。この形式は近世まで引き継がれる。時代とともに組物が出組、二手先、三手先へとにぎやかになる傾向がある。この系統とは異なるものに十三世紀初頭の東大寺鐘楼がある。巨大な建物で、桁行一間、梁間一間、一重、屋根は入母屋造とする。巨大な梵鐘を吊るためにこのような形式としたものと考えられる。同じく大きな梵鐘を吊る一六七八年(延宝六)の知恩院鐘楼なども同じ形式である。

参考文献　濱島正士『寺社建築の鑑賞基礎知識』、一九九二、至文堂。　(村田　健一)

しょくだい　燭台　室内照明具の一種で、蠟燭を立てて火をともす台。多くは持ち運びできるが固着したものもある。一四四四年(文安元)刊の『下学集』にはじめて燭台のことがみえるので、室町時代から使用されるようになったことが推察される。これはすでに奈良時代からあった、一本の垂直な竿の上に油を入れた火瓮《ほっ》を載せ、それに浮かせた燈芯に火をともす燈台(燈明台)の中心に、蠟燭を立てる金属製の釘を立てた形式のものが最初である。のちに純然たる蠟燭立ての釘だけの燭台も多くなる。そして居間に立てるだけでなく手に持って歩ける手燭、蠟燭立の皿が手燭を据え置いても掛けても常に水平を保つようにした自在手燭、柄の端に釣金具をつけて、どこにでも一時掛けられるようにした釣手燭もある。また桃山時代以来能舞台で用いる舞台燭台、江戸時代中期以降歌舞伎芝居が活況を呈すると、面明り・差出しという舞台照明、ことにフットライトの役をなす燭台が生まれた。庶民の旅がさかんになると、分解したり折りたたんで小さくして持ち歩く懐中燭台なるものも考案された。

参考文献　宮本馨太郎『燈火―その種類と変遷―』、一九六四、六人社。岩井宏實『民具の博物誌』、一九九〇、河出書房新社。

（岩井　宏實）

しょくにほんぎ　続日本紀　編年体で記述された勅撰の正史。全四十巻。『日本書紀』に続いて、六九七年(文武天皇元)から七九一年(延暦十)まで九十五年間の記事を収める。七九七年に完成。編纂過程は数次に分かれて複雑であるが、前半の七五七年(天平宝字元)までの部分は、藤原仲麻呂政権期にまず編纂された内容に、光仁天皇期に手が加えられ、桓武天皇期にさらに補訂された。後半は、光仁期に編纂が開始された七七七年(宝亀八)までが七九四年に、残る七九一年までが七九六年に奏進された。翌年、前後半あわせた形で完成した。完成後に、藤原種継暗殺事件や早良親王に関わる記述が削除・変更されたことが知られる。記事の形態・内容・収録基準には、こうした編纂過程を反映した違いがある。『続日本紀』の写本では、鎌倉時代後期書写の金沢《かねざわ》文庫旧蔵本十一―四十巻が蓬左《ほうさ》文庫に現存する。またそれとは別系統で、卜部家相伝本を十六世紀に三条西実隆《さんじょうにしさねたか》・公条《きんえだ》が書写した永正本の転写本が数種伝わる。刊本に朝日新聞社本・新訂増補国史大系本・新日本古典文学大系本などがあり、訳注・注釈(平凡社『東洋文庫』、現代思潮社『古典文庫』など)、索引も刊行されている。

参考文献　青木和夫他校注『続日本紀』一―五、索引・年表(『新日本古典文学大系』一二―一六・別巻、一九八九―二〇〇〇、岩波書店)。

（山口　英男）

しょくにほんこうき　続日本後紀　四番目の勅撰史書、二十巻。仁明天皇《にんみょうてんのう》一代(八三三―八五〇)を収録する。八五五年(斉衡二)に編纂がはじまり、藤原良房《ふじわらのよしふさ》・藤原良相《よしみ》・伴善男《とものよしお》・春澄善縄《はるずみのよしただ》・県犬養貞守《あがたのいぬかいのさだもり》・安野豊道《やすののとよみち》が編纂に関与した。その完成は八六九年(貞観十一)である。詳細な分注や年中行事の採録が特色で、事柄の説明は掲載した史料にゆだねる傾向がある。八三六年(承和三)の新羅国執事省牒、八四六年の法隆寺僧善愷《ぜんがい》の訴訟事件、八四九年(嘉祥二)の仁明天皇四十賀での長歌奉献などが代表的な例であろう。九世紀の宮廷動向をよく伝え、撰者のひとり春澄善縄の個性が反映しているとされる。数多い写本のほとんどは十六世紀の三条西家本(現存せず)の転写であり、本文には省略・錯簡《さっかん》が多い。改氏姓記事などは伝写の過程で『類聚国史《るいじゅうこくし》』から補充された可能性がある。テキストには朝日新聞社本・新訂増補国史大系本がある。

参考文献　坂本太郎『六国史』(『日本歴史叢書』、一九七〇、吉川弘文館)。笹山晴生「続日本後紀」(皆川完一・山本信吉編『国史大系書目解題』下所収、二〇〇一、吉川弘文館)。

（遠藤　慶太）

しょくにんづくしえ　職人尽絵　さまざまな手工業者や芸能者が一括して描かれている歌合《うたあわせ》や屏風《びょうぶ》などのこと。職人は平安時代の扇面古写経《せんめんこしゃきょう》や絵巻などにも描かれているが、まとまって描かれるのは、新たな題材の歌合絵巻として十三世紀から十四世紀ころに成立した職人歌合によってである。これはさまざまな職人を取り上げて、それぞれが関係する和歌を詠んで競う形になっており、歌に絵がつけられた。現存するものでは歌仙絵の形態をとる『東北院職人歌合』が古く、一二一四年(建保二)の秋に都の東北院の念仏会の折に詠作されたとするが、実年代かどうかは不明である。最古のものは重要文化財に指定されている京都曼殊院《まんしゅいん》旧蔵の歌合で、東京国立博物館が保管し、一三四八年(貞和四)以前の作とされる。この歌合には十首五番の職人が描かれ経師《きょうじ》が歌の判定をする判者になっており、通称「五番本」と呼ばれる。この系統には高松宮家《たかまつのみやけ》本、アメリカのフーリア美術館本がある。この歌合を増補改訂して二十四種の職種にしたものがいわゆる「十二番本」(『建保職人歌合』などとも呼ばれる)で、群書類従《ぐんしょるいじゅう》本(詞のみ)、陽明文庫《ようめいぶんこ》蔵本(詞のみ)、大東急記念文庫蔵本(絵のみ)、近世初期の内閣文庫蔵本(完本)などがある。鎌倉鶴岡八幡宮で行われた八月十五日の放生会に際して詠作された形を取るのが『鶴岡放生会職人歌合』で、十二番からなっている。室町時代になると一四九四年(明応三)に製作されたとの説がある『三十二番《さんじゅうにばん》職人歌合』ができ、三十二職種の職人が描かれている。ついで一五〇〇年末ころに成立したと考えられる『七十《しちじゅう》一番《いちばん》職人歌合』が作られ、百四十二職種の職人が描かれている。こうして時代とともに描かれる職人の数が増え、その生活実態も詳しく描写されるようになった。職人歌合に登場する職人の姿は図像として定着しており、室町時代末期に成立する洛中洛外図屏風《らくちゅうらくがいずびょうぶ》の中に、よく似た形で多くの職人が描かれている。それも国立歴史民俗博物館甲本(町田本)では職人歌合に描かれている職人とほとんど同じものが多いが、近世初期になると職人たちの姿もリアルに活写されるようになる。近世初期には職人歌合の影響を受けて職人尽絵屏風《づくしえびょうぶ》が製作された。天理図書

職人絵一覧

職人名	七十一番職人歌合	東北院歌合	鶴岡放生絵歌合	三十二番歌合	喜多院職人尽絵屏風	洛中洛外図屏風
番匠	○1左	○2右			○番匠師	
鍛冶	○1右	○2左			○鍛冶師	
壁塗	○2左					
檜皮葺	○2右					○(町)(上)
刀研	○3左(研)	○3左			○研師	
塗士	○3右					
紺搔	○4左				○染物師	○(町)
機織	○4右				○機織師	
檜物師	○5左				○	
車作	○5右					
鍋売	○6左					
酒作	○6右					
油売	○7左					○(上)
餅売	○7右					
筆生	○8左(筆結)		○8右		○筆師	
筵打	○8右				○藁細工師	○(上)筵うり
炭焼	○9左					○(町)
小原女	○9右					○(町)(上)
馬買おう	○10左					
皮買おう	○10右					
山人	○11左					
漁夫	○11右(浦人)		○12右			
樵夫	○12左(木伐)		○12左			
草刈	○12右					
烏帽子折	○13左					○(上)
扇売	○13右				○扇師	○(町)(上)
帯売	○14左					
白物売	○14右					
蛤売	○15左					
魚売	○15右					○(町)
弓作	○16左				○弓師	
弦売	○16右					

職人名	七十一番職人歌合	東北院歌合	鶴岡放生絵歌合	三十二番歌合	喜多院職人尽絵屏風	洛中洛外図屏風
挽入売	○17左					
土器造	○17右					○(町)
饅頭売	○18左					
法論味噌売	○18右					
紙漉	○19左					
賽磨	○19右					
鎧細工	○20左				○鎧師	
轆轤師	○20右					
草履作	○21左					
硫黄箒売	○21右					
傘張	○22左				○傘師	
足駄作	○22右					
御簾編	○23左(翠簾屋)		○7右			
唐紙師	○23右					
一服一銭	○24左					○(町)(上)(舟)
煎じ物売	○24右					○(上)
琵琶法師	○25左					○(町)(上)
女盲	○25右					
仏師	○26左				○	
経師	○26右	○6右			○	
蒔絵師	○27左		○6右		○	
貝磨	○27右					
絵師	○28左		○5左			
冠師	○28右					
鞠括	○29左					
沓造	○29右					
立君	○30左					○(町)(舟)
図子君	○30右					○(町)(舟)
銀細工	○31左					
薄打	○31右					
針磨	○32左					
念珠挽	○32右				○数珠師	

職人名	七十一番職人歌合	東北院歌合	鶴岡放生絵歌合	三十二番歌合	喜多院職人尽絵屏風	洛中洛外図屏風
紅粉解	○33左					
鏡磨	○33右		○8左			
医師	○34左	○1左				
陰陽師	○34右	○1右				
米売	○35左					
豆売	○35右					
いたか	○36左					
穢多	○36右					
豆腐売	○37左					
素麺売	○37右					
塩売	○38左					
麴売	○38右					
玉磨	○39左					
硯士	○39右					
灯心売	○40左					
葱売	○40右					
牙儈	○41左					
蔵回	○41右					
筏士	○42左					○(町)
櫛挽	○42右					
枕売	○43左					
畳刺	○43右		○7左		○畳師	
瓦焼	○44左					
笠縫	○44右					
鞘巻切	○45左					
鞍細工	○45右					
暮露	○46左					
通事	○46右					
文者	○47左					
弓取	○47右					
白拍子	○48左		○4右			
曲舞々	○48右					
放下	○49左					

職人名	七十一番職人歌合	東北院歌合	鶴岡放生絵歌合	三十二番歌合	喜多院職人尽絵屏風	洛中洛外図屏風
鉢叩	○49右					○(町)(上)
田楽	○50左		○10右			
猿楽	○50右		○10左			
縫物師	○51左				○縫箔師	
組師	○51右				○糸師	
摺師	○52左					
畳紙売	○52右					
葛籠造	○53左					
皮籠造	○53右				○革細工師	
矢細工	○54左				○矢細工師	
箙細工	○54右					
蟇目刳	○55左					
行縢造	○55右				○行縢師	
金掘	○56左					
汞掘	○56右					
庖丁師	○57左					
調菜	○57右					
白布売	○58左					
直垂売	○58右					
苧売	○59左					
綿売	○59右					
薫物売	○60左					
薬売	○60右					
山伏	○61左					○(町)
持者	○61右		○11右			
禰宜	○62左					
巫	○62右					
競馬組	○63左					
相撲	○63右(相撲取)		○9左			
禅宗	○64左					○(町)
律家	○64右					
念仏者	○65左(念仏宗)		○3右			○(町)
法華宗	○65右					○(町)

職人名	七十一番職人歌合	東北院歌合	鶴岡放生絵歌合	三十二番歌合	喜多院職人尽絵屏風	洛中洛外図屏風
連歌師	○66左					
早歌謡	○66右					
比丘尼	○67左					○(町)
尼衆	○67右					
山法師	○68左					
奈良法師	○68右					
華厳宗	○69左					
倶舎衆	○69右					
楽人	○70左		○1左			
舞人	○70右		○1右			
酢造	○71左					
心太売	○71右					
千秋万歳法師				○1左		○(上)
絵解				○1右		
獅子舞				○2左		
猿牽				○2右		○(町)
鵜飼				○3左		○(町)
鳥刺				○3右		○(町)(上)
大鋸引				○4左		
石切				○4右		
桂の女				○5左		
鬘捻				○5右		
算置				○6左		
薦僧				○6右		○(町)
高野聖				○7左		○(町)(上)
巡礼				○7右		○(町)(上)
鉦敲				○8左		○(町)(上)
胸叩				○8右		○(町)
表補師				○9左		
張殿				○9右		○(町)
渡守				○10左		
輿舁				○10右		○(町)
農人				○11左		○(町)
庭掃				○11右		○(町)(舟)
材木売				○12左		○(町)(上)
竹売				○12右		○(町)(上)(舟)
結桶師				○13左	○桶師	○(上)
火鉢売				○13右		
糖粽売				○14左		
地黄煎売				○14右		
箕作				○15左		
榼売				○15右		
菜売				○16左		
鳥売				○16右		○(町)
勧進聖				○17右		○(上)(舟)
宿曜師			○2左			
竿道			○2右			
持経者			○3左			
遊女			○4左			
綾織			○5右			
銅細工			○6左			
博労			○9右			
相人			○11左			
神主			○13左			
鋳物師		○3右				
巫女		○4左				
博打		○4右				
海人		○5左				
賈人		○5右				
型置師					○	○(町)
傀儡師						○(町)(上)(舟)

㈠表中の数字は歌合の番数を示す。
㈡洛中洛外図屏風の(町)は町田本、(上)は上杉本、(舟)は舟木本を示す。

館蔵の『色紙形《しきしがた》職人尽絵』四十九枚はもともと屏風に貼られていたようである。埼玉県川越市喜多院《きたいん》所蔵の『職人尽図屏風』は狩野吉信《かのうよしのぶ》の筆になり、各扇二図ずつの二十四図の六曲一双の貼込《はりこみ》屏風で、工房や店舗を構えた職人生活の実態をよく伝えている。十七世紀になると各種の職人に関する絵がさらに増える。住吉具慶《すみよしぐけい》は元禄（一六八八—一七〇四）ころに製作されたと見られる『洛中洛外図巻』（東京国立博物館蔵）で、士農工商のあらゆる階層の人々を精密に描写したが、街並みの中に職人の姿がよく描かれている。国立歴史民俗博物館が所蔵する『職人尽図巻』は十七世紀中期以降に製作されたと考えられるが、「洛中洛外図巻」に類似し、画材を全て職人にしているところに特徴がある。一方、職人に関する絵画は民衆にとっても身近なものになった。浮世絵の祖とされる菱川師《ひしかわもろ》宣《のぶ》は『和国諸職絵尽《わこくしょしょくえづくし》』を一六八五年（貞享二）に版本として出版した。また中村惕斎《なかむらてきさい》は一六六六年（寛文六）に『訓《きん》蒙図彙《もうずい》』を刊行し、一六九五年に増補した。一六九〇年には蒔絵師《まきえし》源三郎によって『人倫《じんりん》訓蒙図彙』が刊行された。この本では職種は百六十余種にものぼる。江戸時代後期には鍬形蕙斎《くわがたけいさい》（北尾政美《まさよし》、一七六四—一八二四）が『近世職人尽絵詞』（東京国立博物館蔵、三巻、松平定信旧蔵）が、洒脱さと軽妙な筆で九十図にも及ぶ職人風俗を描いている。彼は別にからくり師・盤目造などを中心に『今様職人歌合』をも描いた。

参考文献 石田尚豊『職人尽絵』（『日本の美術』一三二、一九七七、至文堂）。網野善彦・石田尚豊編『職人』（『近世風俗図譜』一二、一九八三、小学館）。『七十一番職人歌合・新撰狂歌集・古今夷曲集』（『新日本古典文学大系』六一、一九九三、岩波書店）。岩崎佳枝『職人歌合—中世の職人群像—』（『平凡社選書』一一四、一九八七、平凡社）。網野善彦『職人歌合』（『岩波セミナーブックス』一〇六、一九九二、岩波書店）。

（笹本 正治）

しょざんやき 初山焼 静岡県浜松市細江町中川で生産された瀬戸・美濃系施釉陶器。釜下・宝林寺境内・平屋敷・平石の四地点で窯跡が確認されており、釜下窯跡で大窯期の物原が調査されている。伝承によれば、一六六四年（寛文四）に名称の由来となった初山宝林寺の開山独《どく》湛《たん》によって瀬戸の陶工が招致されて開窯したとされるが、宝林寺境内窯跡でも大窯期の遺物が採集されており、開窯が十六世紀代にさかのぼることは確実である。釜下窯跡では天目茶碗・小杯・内禿皿・擂鉢《すりばち》・水注・茶入・茶壺・徳利・花瓶・香炉などが、宝林寺境内窯跡ではそれに加え筒形に近い碗や折縁皿など若干の後出の器種が出土・採集されており、ともに鉄釉を施したものが多い。両窯は十六世紀後葉の比較的短期間に操業されており、相前後する時期に徳川家康《とくがわいえやす》の主導下に再興された志戸呂《しとろ》焼との関連が注目される。なお、初山焼と大窯期の志戸呂焼は、近年、南関東や東北南部の太平洋側にまで流通していたことが明らかになっている。

参考文献 細江町教育委員会編『初山焼釜下古窯調査報告書』、一九八五。足立順司「消費地出土の初山・志戸呂焼」（向坂鋼二先生還暦記念論集刊行会『地域と考古学』所収、一九九四）。

（金子 健一）

しょじえんぎしゅう 諸寺縁起集 平安時代末期から鎌倉時代に編集された諸寺の縁起を集成した書物の称。京都醍醐寺蔵本・東京護国寺蔵本など数種ある。醍醐寺本（重文）は、粘葉装《でっちょうそう》十八帖に、東大寺・元興寺・大安寺・清水寺など二十ヵ寺の縁起を記す。編者は不明であるが、記載記事年紀から十二世紀ごろまでの成立とされ、現存伝本の醍醐寺本には、一二〇七年（建永二）の弁豪書写奥書と光胤校合奥書がある。また護国寺本（重文）は、袋綴一冊に南都七大寺をはじめ四天王寺など三十種の縁起を収む。編者不詳であるが、護国寺蔵本には一三四二年（康永元）・四三年の紙背文書があり、表紙識語から一三四五年（貞和元）法眼清□書写本であり、興福寺大乗院旧蔵本と知れる。菅家本『諸寺縁起集』は、東京国立博物館現蔵で、袋綴一冊に南都・京都の多くの諸寺につき、縁起・堂舎・仏像につき記す。一四五〇年代の年紀のある紙背文書があるが、本文中には一四八〇年（文明十二）の記事があり、十五世紀末の成立か。以上、三種の『諸寺縁起集』ともに『校刊美術史料』寺院篇上に翻刻が収載される。

（綾村 宏）

しょしくりやまち 諸司厨町 平安時代、京中に設けられた官司付属の町。衛士町・仕丁町・舎人町・木工町・采女町などの名前が九世紀初頭から史料に表れ、各種平安京古図にも記載される。『拾芥抄』には「諸司ノ厨町」が列挙されており、諸国から上京して官司に仕えた農民・下級官人らの宿所を起源とする町と、宮外に設置された官司（太政官厨家・大学寮・京職など）とが含まれる。厨町は諸司の所領化するが、平安時代末期以降、官司機構の衰退に伴い大半が消滅した。近年、長岡京や平城京の発掘調査で、左・右京から生産に携わる官司や宿所町と判断される遺構を検出する事例が増加。多くは一町規模の宅地を有し、井戸を中心とした厨房施設（台所）を備える。これらは諸司厨町の原形と考えられ、平城京・長岡京の同一位置で検出した太政官厨家跡は、平安京まで一貫して踏襲される占地の継続性を示す好例。

参考文献 村井康彦『古代国家解体過程の研究』、一九六五、岩波書店。北村優季『平安京』（『古代史研究選書』、一九九五、吉川弘文館）。向日市教育委員会編『長岡京木簡』一（『向日市埋蔵文化財調査報告書』一五、一九八四）。

（清水 みき）

しょっき 織機 繊維を布に織り上げる道具ないし機械。機《はた》ともいう。経糸《たていと》を揃えて固定し、緯糸《よこいと》を通す杼道《ひみち》（口《くち》）をあけるために規則的に経糸を制御して開口させ、そこに緯糸を通し、それを打ち付ける機能が必要である。経糸の固定には経巻具と布巻具が用いられるが、弥生時代には経巻具として棒を樹木や家屋に固定し、布巻具として布を巻き取る棒を織り手の腰に固定する機台なしの機

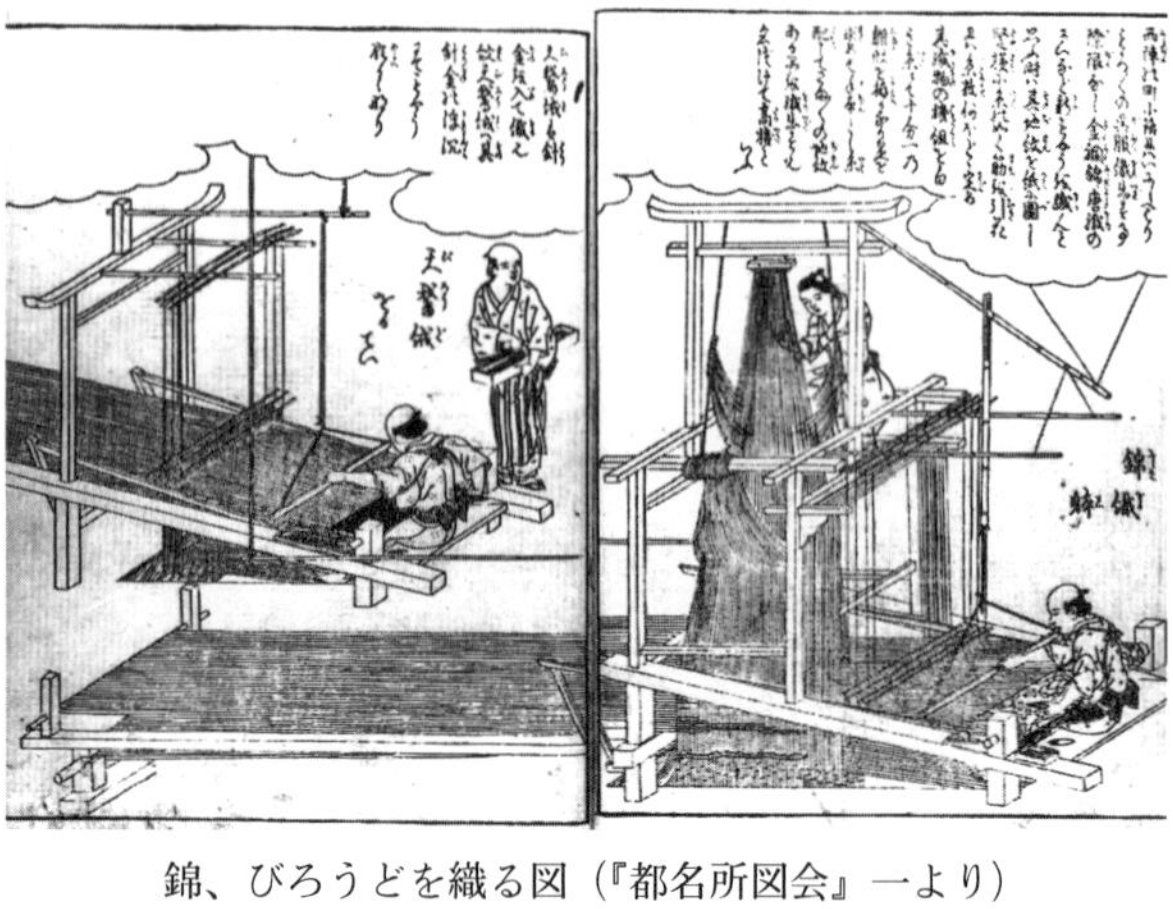

錦、びろうどを織る図（『都名所図会』一より）

が使われたと考えられる。開口には経糸を一本おきに制御する綜絖《そうこう》(「あやとり」とも)と木製の中筒を用い、中筒で開口し、次には綜絖を引揚げて開口するというくり返しで織り進んだ。この場合の綜絖は引揚げる時にしか力が加わらないので一本の横棒から綾取り糸を降ろせば足りた。緯糸は棒状の簡単な繰越具に巻かれて通され、断面が刀に似た大きな緯打具で打たれた。綜絖を片手で引揚げたときに別の手で緯打具を差し込んで開口を保持してから緯糸を通したのであろう。出土品としては形が特徴的な緯打具《よこうちぐ》が検出されやすい。古墳時代中期ごろには、綜絖を足で操作する地機《ちばた》(居坐機《いざりはた》・下機《しもばた》などとも呼ばれる)が導入された。以前の緯打具の形態を引き継ぐ刀杼《とうじょ》と言う長大な杼《ひ》(梭《さ》)で緯糸を杼口に通し、その腹で緯糸を打ちこんだ。杼には緯糸を巻いた管糸《くだいと》が納められる。なお杼という漢字は元来繰越具を示すので、繰越と緯打の機能を兼ね備えた段階のものを刀杼と呼ぶべきかと思われるが、それ以前の緯打具にこの名称をあてることもある。一部では緯打に筬《おさ》も用いられた。筬は細長い竹材を並べて上下を支持棒で固定した柵状のもので、初期には絹織の一部で、竹材の間(筬目)に経糸を二本ずつ通して用いた。絹織機として導入されたと考えられる高機《たかばた》(上機《かみばた》)は布巻具を機台に備え、また中筒を廃して二つ以上の綜絖を用いて開口した。近畿では早くから用いられていたが全国的な普及は江戸時代の中期以後であり、地機にとって代わるのは明治に入ってからの地域も多い。糸を引揚げるだけではなく引き下げる機能も持つようになった綜絖は、上下に二本の木の棒を置き、その間に綾取糸《あやとりいと》をかけた糸綜絖であった。綾取糸には経糸を通す番目《つがいめ》を作っておく。糸による番目ではなく、目硝子《めがらす》あるいは綜小間《へこま》と呼ばれるガラスあるいは鼈甲《べっこう》製の小さな穴のあいた部品を綾取り糸に固定してこの部品に経糸を通すこともあった。目硝子の導入は一八七三年(明治六)である。近代には針金綜絖・板金綜絖なども用いられた。小型になった杼は用途に応じて多様化し、柄を織り出すために複数の杼を用いることもあった。経糸の上を滑り易いように水牛や堅木の車がついたものもある。緯打は筬だけにより、近代には金属製の金筬も用いられた。紋織りには多くの綜絖を用い、錦のように複雑な場合には別の職工が機台の上の紋引棚(花楼)に乗って複雑な経糸の制御を行なった。これを空引《そらひき》機といい、西陣などでは高機《たかはた》と呼んだ。この操作を自動化したジャカード機は、一八七三年末に帰国したフランスに派遣されていた西陣からの留学生によってもたらされた。彼らは同時に金筬と、飛杼も導入し、後者はバッタンの名で一八八〇年代に各地に普及した。幕末から動力式の力織機の開発が進められたが、近代で最初に普及したのは大工場向けに輸入された鉄製広幅力織機であり、在来織物用の小幅織機としてはバッタン付きの高機から筬とバッタンが連動する手押し式、ミシンと同様の足踏み機構で運転する足踏織機、ついで力織機と徐々に鉄製部品を増やしながら発展した。国産力織機としてはじめて本格的に普及する豊田佐吉発明の木鉄製小幅力織機が織物工場で使われだしたのは一八九八年のことであった。これ以後、力織機は徐々に応用範囲を広げながら普及してゆく。明治・大正期の力織機は、一つの原動機によって数台から数百台が集合運転され、シャフトやベルトによる伝動機構を伴っていた。糸が切れた場合に自動的に停止し、管糸の交換を自動的に行う機能を持ったものを自動織機といい、一九〇〇年ころから用いられた。

［参考文献］武部善人『綿と木綿の歴史』、一九八九、御茶ノ水書房。永原慶二・山口啓二編『紡織』(『講座・日本技術の社会史』三、一九八三、日本評論社)。
（鈴木　淳）

しょっこうきん　蜀江錦　中国の蜀(四川省)で製織された多彩な錦《にしき》を蜀錦《しょっきん》と呼んだ。蜀の地は、西周ころより養蚕が行われたとされており、三国時代には錦の主産地として名高い襄邑をしのぐほどの発展をみた。特に赤染が著名であることから、法隆寺に伝えられた赤地の経錦《たてにしき》を蜀江錦と称した。この名称は日本でつけられたもので、蜀で織られたかどうかわからない。法隆寺の蜀江錦には三種類あり、いずれも色鮮やかな赤地で、一は小さな連珠を納めた格子の中に蓮華文を配したもの、二は唐草風の亀甲繋《つなぎ》文の中に花や鳥の文様を置いたもの、三は唐草と連珠をめぐらした円圏内に双鳳・双獅子文などを表すもの。このうち三は、同種の文様が中国西域のトゥルファン・アスターナから出土していることから、唐時代に蜀の地で織られた錦が一方は西域へ、他方は日本へ伝えられたものとみなされている。しかし、一は文様の大きさが異なるもの、織りの誤りが多いものなど数例あり、オリジナルをもとに日本で織られた可能性も考えられる。二と三は、法隆寺献納宝物を代表する蜀江錦綾幡《あやばん》に使われている。また、明代に日本へ舶載された緯錦《ぬきにしき》で、円や格子、亀甲などを繋ぎ合わせた幾何学風の文様の中に花文を織りだした作品も蜀江錦と呼び、これら幾何学風の文様を蜀江文様とも称する。多くが赤地ではなく、黄や黄緑、縹《はなだ》などの色調で、一部は茶人が珍重した名物裂《めいぶつぎれ》にもみられる。（沢田むつ代）

じょよう　汝窯　古くから宋代の「五大名窯」の一つに数えられ、宋代の文献に「命汝州造青窯器」（『坦斎筆衡』）・「汝窯宮中禁焼」（『清波雑誌』）などと記されたため、「汝官窯」として伝世の北宋官窯青磁と関係があると見られてきたが、現在では、中国河南省の臨汝県で宋代に耀州窯系の民窯青磁を焼造した窯（臨汝窯）と、宝豊県清涼寺で発見された汝官窯と付合する青磁片の出土した窯とに分けて考えるようになっている。いずれも磁州窯系の饅頭型の窯の技術で焼造されたもので、臨汝窯では磁州窯風の白土がけの陶器や鈞窯風陶器とともに、耀州窯系の青磁が焼造されている。清涼寺窯も同様に磁州窯風・鈞窯風陶器が主体となって焼造されているが、その中に汝官窯風の製品が見られる。したがって清涼寺窯も基本的には民窯であって、宮中からの注文によって御用器を焼造したと考えられる。→官窯《かんよう》　→鈞窯《きんよう》　→耀州窯《ようしゅうよう》

参考文献　馮先銘「河南省臨汝県宋代汝窯遺址調査」（『文物』一九六四ノ八）。河南省文物研究所・汝州市汝瓷博物館・宝豊県文化局編『汝窯的新発現』、一九九一、紫禁城出版社。（金沢　陽）

しらおいせんだいはんじんや　白老仙台藩陣屋　一八五四年（安政元）神奈川条約の締結により、北方警備の重要性を再認識した江戸幕府から、翌年直轄地とした蝦夷地の警備を松前藩・東北三藩とともに命じられた仙台藩が、東蝦夷地白老から知床、国後《くなしり》、択捉《えとろふ》など警備の中心として一八五六年に設置した元陣屋。一八六八年（明治元）の戊辰戦争に際し、元陣屋詰めの仙台藩士は戦いを避けて撤収、陣屋には南部藩兵が滞陣、翌年一ノ関藩が引継ぎ、一八七〇年には陣屋施設は廃絶された。北海道中・南部、太平洋に南流する白老川の支流、ウトカンベツ川と無名川に挟まれた沖積地に位置し、海浜まで約二キロ。河川の流路を利用して堀と土塁からなる円形の内郭と曲線による外郭の縄張を構成、内郭（本丸）の南東に愛宕神社、北西に塩釜神社を勧請する。一九三〇年（昭和五）史跡仮指定、一九六六年国史跡指定、一九七六年追加指定。面積三二万六五八三平方メートル。一九六九年から国庫補助による史跡整備事業に着手し、発掘調査を実施、土塁・堀・本陣・勘定所・長屋・兵具庫・火薬庫・穀倉・井戸・馬屋などを確認、土塁・堀の復元、建物跡の平面表示による整備を実施。出土遺物は陣屋内の居住、機能などを示すが、陶磁器はほかの同時代遺跡出土品とともに、文字資料の少ない北海道の年代指標として有用。仙台藩白老元陣屋資料館に資料などを展示する。

資料館　仙台藩白老元陣屋資料館（北海道白老郡白老町）

参考文献　松本覚「白老仙台藩陣屋跡」（『北海道の文化』二〇、一九八二）。『史跡白老仙台藩陣屋跡』I（昭和56年度環境整備事業概報）、一九八二、白老町教育委員会。『図説日本の史跡』七、一九九一、同朋社出版。（松崎　水穂）

しらかわ　白河　京都の北東部、鴨川左岸、現在の京都市左京区の一部をさす。由来は、比叡山と如意ヶ岳の間を水源とする白川が貫流しているため。北白川の北東部から南西に流れ、粟田口《あわたぐち》あたりから西流、三条通の北で鴨川に合流していた。山間部をぬけた地域は扇状地となり、小倉町遺跡・追分町遺跡・上終《かみはて》町遺跡などの縄文集落跡が発見されている。白河地区の範囲は、およそ北は北白川、南は粟田口、東は東山、西は鴨川であるとされるが、さらに南を含むという見解もある。風光明媚なことから、平安時代、貴族たちの別業が多く営まれた。その代表的なものが、藤原良房の白河殿であり、藤原頼通まで伝領され、藤原師実によって、白河天皇に献上された。白河殿跡に、一〇七七年（承暦元）金堂・講堂・阿弥陀堂・五大堂・法華堂など、白河天皇御願法勝寺の主たる伽藍の供養が行われ、一〇八三年（永保三）八角九重塔が造営、以後常行堂・北斗曼荼羅堂・小塔院など、白河最大の伽藍が整備された。一一〇二年（康和四）堀河天皇御願尊勝寺の金堂・回廊・講堂・中門・経蔵・鐘楼・東西五重塔・薬師堂・観音堂・五大堂・灌頂堂・曼荼羅堂・南大門・西大門・東大門・北大門・四面築垣などが、一一〇五年（長治二）に阿弥陀堂・法華堂・准胝《じゅんてい》堂が供養された。続いて、一一一八年（元永元）鳥羽天皇御願最勝寺、一一二八年（大治三）待賢門院御願円勝寺、一一三九年（保延五）崇徳天皇御願成勝寺、一一四九年（久安五）近衛天皇御願延勝寺の主要な堂舎が供養された。これらを総称して六勝寺とよぶ。また、一一三二年（長承元）得長寿院、一一四一年（永治元）歓喜光院、一一五一年（仁平元）福勝院などの寺院が供養された。院御所は、それらの寺院の建立にやや遅れ、一〇九五年（嘉保二）覚円大僧正の房舎を白河泉殿（南殿）とし、一一一八年（元永元）白河北殿、長承年間（一一三二—三五）以降白河押小路殿などが造営された。白河の地割は、大路・小路の規模、二条大路の位置がほぼ平安京と同じであること、道路名称には平安京のものに「末」をつけて使用することなど、平安京のそれと密接な関係にある。まず、法勝寺造営時に主要寺域や主要道路のおおよその計画と施工がなされ、その後の寺院・院御所などの造営によって、それが随時改変されていったと考えられる。古代都城である平安京のような全体的な計画性はなく、大きさの異なる寺院があり、それに伴い一町の大きさも四十丈、五十五丈、三十二・五丈と一様ではない。白河の中心は、二条大路末であり、東につきあたると法勝寺西大門があった。そこから南下、粟田口経由で東国へ向うことができ、重要な交通・流通の拠点でもある。法勝寺以下の寺院は、八世紀以来の鎮護国家的な性格の伽藍をもつものが多く、法勝寺の大乗《だいじょう》会《え》を代表とする国家的仏事を行う場という性格をもっていた。法会のとき、仁和寺・延暦寺・園城《おんじょう》寺《じ》・東寺・興福寺など、それぞれ本寺を別にもった僧侶が随時集まっ

てくるため、当初独自の僧侶組織が発達せず、ふだんは三綱《さんごう》と院の関係者を含む俗人の実務者しか常駐しなかったため、都市的な発展は遅れたと考えられる。しかし、鳥羽院政期ごろになると、鴨川の東に貴族の邸宅や民家が拡大、鴨川の東岸に堤防を築いて、増水時の水流が東に広がるのを防ぐようになっていた。また『平家物語』には「京白川四、五万軒が在家に火をかけて、一度に皆焼き払ふ」とあり、平安末には都市域として京と白河の一体化と繁栄がうかがわれる。古代的な都市計画を模倣しながら出発した白河は、平安京の右京衰退、左京繁栄という流れと関係しながら、急速に都市化した、あるいは中世都市へと展開したと考えられる。二条大路末の北側で比較的発掘が進んでおり、六勝寺のなかでは尊勝寺の位置と規模、伽藍がもっとも解明されているが、南側の円勝寺以下ではほとんど遺構が確認されておらず、未だ白河の全貌は明らかになっていない。

参考文献 杉山信三「白河御堂」(『院家建築の研究』所収、一九八一、吉川弘文館)。古代学協会・古代学研究所編『平安京提要』、一九九四、角川書店。山岸常人「法勝寺の評価をめぐって—僧団のない寺院—」(『中世寺院の僧団・法会・文書』所収、二〇〇四、東京大学出版会)。同「六勝寺の法会の性格」(同所収)。美川圭「京・白河・鳥羽—院政期の都市—」(元木泰雄編『日本の時代史』七所収、二〇〇二、吉川弘文館)。堀内明博「白河街区における地割とその歴史的変遷—考古学の成果から—」(高橋昌明編『院政期の内裏・大内裏と院御所』所収、二〇〇六、文理閣)。

(美川　圭)

しらかわぐうけ　白河郡家　古代陸奥国白河郡の郡衙跡。古代白河郡の郡家遺跡は福島県泉崎村関和久地内の阿武隈川北岸に立地し、関和久遺跡《せきわくいせき》と関和久上町《かみちょう》遺跡の二大ブロックからなる。西側の関和久遺跡南半部は低位段丘上の平坦面を方形の大溝で区画した内部に倉庫建物を規則的に配置した正倉院で、北側の館院との間には阿武隈川からの運河がひきこまれている。北側の一段高い面上には一本柱塀・溝からなる区画施設を有する館院と厨遺構が位置する。正倉院は七世紀後葉から九世紀後葉、館院は八世紀後葉から十世紀中葉まで存続している。この関和久遺跡は「関和久官衙遺跡」として国の史跡に指定されている。東側の関和久上町遺跡では中心部で二×七間の東西棟で南に庇《ひさし》を有する七世紀後葉から九世紀後葉の大型建物が検出されており、周囲にも区画施設などが広がっていることから郡庁院が所在していたものと考えられる。その周囲には鍛冶や漆の工房群、さらに北の丘陵には補修瓦の窯跡群が見られる。この白河郡家の付属寺院は阿武隈川対岸の白河市借宿廃寺である。→借宿《かりやど》廃寺《はいじ》

(木本　元治)

白河郡家　関和久遺跡正倉建物跡

しらかわじょう　白河城　小峰《こみね》城とも呼ばれる中世から近世の城で、白河藩主の居城。福島県白河市字郭内所在。阿武隈川右岸に張り出した比高差約一五メートルほどの丘陵上に立地する。現在、本丸と外堀の一部が残り、本丸には三階櫓が復元されている。一三四〇年(興国元)に結城親朝が小峰ヶ岡に築城して小峰家を興したことに始まるが、豊臣秀吉の奥羽仕置後、蒲生・上杉氏の会津藩の支城となる。上杉氏は関ヶ原の戦いに際して白河城を修築し、再封蒲生時代も支城として利用される。蒲生氏が改易されると、棚倉藩主丹羽長重が白河城の修築を命ぜられて転封し、一六二九年(寛永六)から四年をかけて、城の南から北側へ阿武隈川の流路を替えるなど大規模な工事を行い、現在見られる白河城とその城下町の基礎を築いた。白河城跡では開発などに伴う調査が行われ、三ノ丸門や道場門などの六つの門跡や堀跡などが発見され、近世の陶磁器を中心に多くの遺物が出土している。

参考文献 白河市教育委員会編『小峰城(白河城)二の丸跡地区発掘調査報告』(『白河市埋蔵文化財調査報告書』一八、一九九二)。同編『小峰城跡』(『白河市埋蔵文化財調査報告書』二一・二五、一九九七・九九)。

(平田　禎文)

しらかわのせき　白河関　陸奥国白河郡に設置された古代東山道上の関所。天理図書館所蔵『河海抄』伝一条兼良筆本藤裏葉所引の延暦十八年(七九九)十二月十日太政官符(『弘仁格』逸文)に「白河・菊多剗宰(守カ)六十人」とみえるのが文献上の初見。設置時期は不明だが、八世紀前半までさかのぼる可能性がある。九世紀前半までは史料上「白河剗」と記され、三関《さんげん》や長門などの「関」と区別されているが、一方で八三五年(承和二)には白河菊多両剗での勘過を「長門国関」に準じて行うこととなっている。八八〇年(元慶四)には「陸奥国関門」に史生らを常駐させ、王臣家使の出入を勘検させている。なお八三五年の官符に「検旧記、置剗以来于今四百余歳」とみえるのは関一般の起源について述べたもので、菊多・白河関自身の始源を示すものではない(以上、『類聚三代格』)。十世紀後半以降陸奥国の歌枕として知られるようになり、『能因歌枕』や『枕草子』でも関として名前が挙げられる。実際の交通統制がいつごろまで行われたかは不明だが、『今昔物語集』には、赴任途中の陸奥守一行が白河関で

「関ノ者共」による勘検を受ける話が収められている。現在、福島県白河市旗宿《はたじゅく》の関ノ森遺跡が白河関跡として国史跡の指定を受けている。同所は白河藩主松平定信が関跡と考定し、一八〇〇年(寛政十二)に古関蹟碑を建立した場所で、栃木県伊王野《いおうの》から北上して白河に至るルート上にあたる。発掘調査の結果東西一四〇メートル、南北一八〇メートル、比高差一三メートルの小丘陵上に柵木で囲まれた区画が検出されている。内部は空濠と土塁で囲まれた南地区と柵木列で囲まれた北側地区に分けられ、南側では北側の土塁付近に掘立柱建物が推定される。北側地区では多数の竪穴住居が検出され、平安時代の土師器・須恵器・鉄製品、鉄滓などが出土した。土師器には「大室」「門」「厨」などの墨書がみられる。なお、関の森遺跡の西方、芦野から白坂に至る旧陸羽街道の県境付近にある、玉津島神社・住吉神社(境の明神)付近も古くから白河関跡の候補地とされており、白河関をこれら複数施設の総称とする説もある。

参考文献 丸山二郎「白河菊多両剗に就て二、三の考察」(『歴史地理』五一ノ二、一九二八)。藤田定市「関ノ森遺跡」(『福島県史』六所収、一九六四)。梅宮茂「白河関跡関の森遺跡について」(『古代文化』一六ノ四、一九六六)。

(永田　英明)

しらぎ　新羅　朝鮮古代の王朝。都は慶州(慶尚北道慶州市)。具体的な建国年代は不明。『三国史記』は大卵から生まれた朴氏赫居世が紀元前五七年に即位し、その後、王位はおよそ朴氏から昔氏へ、さらに金氏へ受け継がれたとする。新羅で実際に姓が使用されたのは六世紀以後のことであり、三姓の王位交替・継承は史実と直接結びつかず、建国初期の実相は模糊としているが、中国の文献史料は新羅が三七七年に使者を前秦に派遣したことを伝えており、このころまでには興起していたと考えられる。ただし、この前秦との通交は高句麗を介してのことであり、新羅は高句麗に従属しつつ国家成長をとげていった。五世紀中ごろからは百済と結び、高句麗への抵抗・反抗に転じ、六世紀、法興王・真興王代には飛躍的な発展をとげた。法興王は京位と外位からなる官位制とそれに伴う衣冠制の制定を中心とし政治運営の基本を定めた法規定と考えられる「律令」を頒布し、軍事組織・統治機構を整備するともとに百済に導かれながらも梁に使者を派遣し、五三二年には金官国を滅ぼした。つづく真興王はソウル地方に進出し、独力で北斉・陳と通交するとともに大加耶を滅亡させ、急激に領土を拡大させた。しかし、善徳女王代には百済・高句麗の攻勢、対唐外交をめぐる唐依存派と親唐自立派の対立、女王廃位を訴える反乱などにより窮地に陥った。金春秋(武烈王)と金庾信《ゆしん》は反乱を鎮圧し、真徳女王を擁立して親唐・自立路線を進め、独自の年号を廃止し固有の制度を改め、唐の年号・衣冠制を導入して唐と結びつきを強めるとともに官制改革を断行し、権力の集中をなしとげ、武烈王の子、文武王は唐とともに六六〇年には百済を、六六八年には高句麗を滅ぼした。唐は百済の故地に熊津《ゆうしん》都督府を、高句麗の故地に安東都護府を設置し羈縻支配を行なったが、新羅は旧百済領を奪取し唐と対立した。唐は文武王の官爵を剝奪し、新羅征討軍を送ったが、新羅は謝罪使を派遣しこれをしのぐとともに唐軍を撃退し、唐の勢力を朝鮮半島から撤退させることに成功した。その後、両国の関係は改善し、その親密な関係は新羅滅亡まで続いた。こうして新羅は朝鮮半島を支配したが、その領土は大同江以南に限られ、北方の渤海とはわずかに二度の遣使が確認されるのみで、決して良好な関係ではなかった。日本とは七世紀後半の唐との対立期に頻繁な遣使の往来があったが、八世紀に安定した唐との関係、国内政治の充実を背景に対等外交を行おうとしたため摩擦が生じて関係は悪化し、渤海が日本との関係を深め新羅に対抗しようとしたこともあって、七八〇年を最後に公的な関係は途絶した。国内では外位を廃止し京位に一本化するなど、身分体系が一新されるとともに官僚制・軍制が整備・再編され、王都には坊里制がしかれ、王宮や邸宅、寺院が建立された。地方は州郡県制が施行され、九州(沙伐・歃良・菁州・熊川・完山・武珍・漢山・首若・河西)とともに五小京(金官・中原・北原・南原・西原)が設置され、中央から地方官が派遣された。しかし、八世紀末の恵恭王以後は、激しい権力闘争と王位継承にからむ王都内の反乱が頻発し、王位の簒奪が繰り返され、衰退していった。地方でも九世紀中ごろに熊川州都督の金憲昌や清海鎮の張保皐《ほこう》が反旗を翻し、赤袴賊の反乱(八九六年)などが起こり、豪族が「将軍」「城主」と称し、自立的な勢力として活躍し始めた。そのなかでも甄萱《けんけん》は八九二年に武珍州(全羅北道全州市)で後百済を、弓裔《きゅうえい》は九〇一年に松岳(京畿道開城市)で後高句麗を建て、九一八年、弓裔の部下であった王建は弓裔を倒して開城に都を定め、高麗を建国した。新羅はもはや朝鮮半島東南部を支配するだけとなり、九二七年には後百済に王京を蹂躙され、国王が殺害されるなど壊滅的なダメージを受け、九三五年、高麗に降伏し、滅亡した。なお、新羅の王都であった慶州市には、宮殿跡や寺院跡など多数の遺跡が分布しており、現在、世界遺産に登録されている。

参考文献 東潮・田中俊明編『韓国の古代遺跡』一、一九八八、中央公論社。李成市『古代東アジアの民族と国家』、一九九八、岩波書店。濱田耕策『新羅国史の研究―東アジア史の視点から―』、二〇〇二、吉川弘文館。木村誠『古代朝鮮の国家と社会』、二〇〇四、吉川弘文館。

(井上　直樹)

しらぎどき　新羅土器　朝鮮の三国時代のうち、新羅の王都があった慶州を中心として、四―六世紀に生産された青灰色硬質の陶質土器をいう。その焼成や色調は伽耶《かや》土器、日本の須恵器と同じである。短頸壺・長頸壺・器台・高杯・碗・把手付碗などの器種があり、文様は波状文・格子文・集短線文・綾杉文・三角鋸歯文・円圏文・

半円圏文などがみられる。六世紀になると長頸壺の口縁が大きく外側に開く複合口縁が出現し、六世紀後半には高杯の脚が極端に短くなった短脚高杯が出現する。短脚高杯と複合口縁長頸壺の分布は、伽耶・百済の地域や咸鏡南道の日本海岸に広がり、新羅の勢力範囲の拡大を示しているといわれる。新羅土器には、人物や各種の動物、車輪や船、家を表した土偶があり、当時の風俗や慣習を知ることができる。七世紀後半から始まる統一新羅時代には、スタンプで文様を押した印花文土器が現われ、骨壺の出現など器種にも大きな変化が見られる。

参考文献 藤井和夫「慶州古新羅古墳編年試案―出土新羅土器を中心として―」(『神奈川考古』六、一九七九)。宮川禎一『陶質土器と須恵器』(『日本の美術』四〇七、二〇〇〇、至文堂)。座右宝刊行会編『世界陶芸全集』一七、一九七九、小学館。

(早乙女雅博)

しらすたたらせいてついせき　白須たたら製鉄遺跡　江戸時代後期を代表するたたら製鉄遺跡。山口県阿武郡阿武町惣郷字白須西平にある。日本海岸惣郷の湊から白須川沿いに約五キロさかのぼった左岸、白須山麓の狭い段丘上に営まれている。当遺跡は、一九六八年(昭和四十三)初公開された東京大学工学部資源工学科所蔵のたたら場絵巻『先大津阿川村山砂鉄洗取之図』によってその存在が確認された。絵巻にはたたら場山内に配置された吹き屋、鉄池、砂鉄掛け取場、大小鍛冶屋、勘場、下小屋、炭焼き窯、山神社などの主要施設が描かれているが、当遺跡においてそのすべての施設の遺構が描かれた位置のままに発掘されている。山内で働く人々、各施設の性格や技術工程が克明に描かれている絵巻の存在は、近世期たたら操業の模様を知る貴重な資料となった。幕末期には長州藩の監督下に天領石見日原の商人水津家により経営され、針金や鉄素材の生産は、維新に向かう長州藩の陰の力ともなった。一九八二年(昭和五十七)たたら製鉄遺跡として初の国指定史跡となる。　↓製鉄《せいてつ》　↓鑪《たたら》　↓鉄《てつ》

白須たたら場吹屋(『先大津阿川村山砂鉄洗取之図』より)

参考文献 山口県教育委員会編『白須たたら製鉄遺跡』、一九八二。『先大津阿川村山砂鉄洗取之図』(『江戸科学古典叢書』一一)。

(中村　徹也)

しらはたじょう　白旗城　兵庫県赤穂郡上郡町細野所在の中世の山城。国指定史跡。白旗城は、標高四四〇メートルの白旗山山頂に築城された連郭式の山城である。『太平記』に記載のあるように赤松則村(法名円心)が築城したと認められる。築城年代については、一三三六年(建武三)に足利尊氏討伐のために派遣された新田義貞を播磨に迎え撃つため、赤松則村によって築城された城で、また「義貞軍を迎え撃つため、白旗城を修理して立て籠った」とある、一三三三年と考えられている。現在、存在する本丸を中心郭とし、北に三ノ丸、南に二ノ丸、堀を隔てて四ノ丸が一直線に配置。本丸は、三二メートル×二一・五メートル四方、二ノ丸は一八メートル四方の方形である。三ノ丸は二八メートルの方形郭で、土塁が残存する梯郭式の籠城型の城で、現在も往時が偲ばれる遺構が良好に残存している。

参考文献 『兵庫県史』二、一九七五。『日本城郭大系』一二、一九八一、新人物往来社。

(大村　敬通)

しらみずあみだどう　白水阿弥陀堂　一一六〇年(永暦元)藤原秀衡の妹徳尼が夫の冥福を祈り仏門に入って建立したと伝えられる天台宗の寺、願成《がんじょう》寺の境内中央に立つ阿弥陀堂。福島県いわき市内郷白水町所在。国指定史跡。阿弥陀堂境域は北背後に経塚山をひかえ、東西にのびた尾根で三方を囲まれた山裾の低地にあり、南方が開けその前方二五〇メートルに白水川が東流する浄土式寺院の典型的な立地条件に内院・外院が位置する。中島に建つ阿弥陀堂は方三間、宝形造、栩《とち》葺で回縁が付く代表的阿弥陀堂建築で国宝に指定されている。内部に須弥壇があり、重文の阿弥陀三尊像と二天像が祀られる。阿弥陀堂周辺は水田であったが、一九七二年(昭和四十七)から一九八五年までの発掘調査で池などの状況が明らかになった。白水川氾濫による旧河川跡の湿地部に池が作られた。池はU字状の形状をし、阿弥陀堂の建つ岬に対峙した中島があり、その東西にそれぞれ小中島がある。堂周辺では、玉石敷洲浜を含む池辺の輪郭と配石、池中立石などが確認され、東池は特に意匠せず自然の状態で利用されていると考えられる。また中島の南北にそれぞれ橋の遺構も見出された。発掘された遺構は復元整備され、橋も朱塗り勾欄橋に復元された。園池は水をたたえ、貴重な平安時代後期の浄土形式寺院を代表する方三間の阿弥陀堂とともに検出された庭園、周囲の景観も含め浄土の世界がよみがえってくる。

参考文献 いわき市教育委員会編『史跡白水阿弥陀堂境域復元整備報告書』、一九六四。

(田中　哲雄)

しりがい　鞦　馬具の構成具。馬の頭部に掛け、衡《くつわ》を固定する面懸《おもがい》、胸部と臀部に掛け、鞍橋《くらぼね》を固定する胸懸《むながい》と尻懸《しりがい》の総称で、馬の装飾ともなった。近世では三懸《さんがい》とも。

十世紀以降の皆具《かいぐ》の鞍のうち唐鞍《からくら》の鞦は革製で、杏葉《ぎょうよう》とよぶ金属製の飾りが垂れ、面懸には角を付設し、尻懸には辻《つじ》(交叉部分)がなく、雲珠《うず》とよぶ辻金物を置いた。移鞍《うつしぐら》・大和鞍《やまとぐら》は、絹・麻・木綿(近世)などの材質による糸鞦で、絹は平組にして組鞦、麻や木綿は平織にして織鞦といい、麻製は特に苧《ちょ》鞦ともいう。組鞦は一本組で畦《うね》や菱文様を組み出した高級な畦鞦と、丸組緒五本を連綴した簡略な緒鞦(綱鞦とも)がある。糸鞦は、色は赤がふつうで、紺や朽葉もあった。また、装飾として糸総《いとぶさ》(縒糸の束)を垂らし、公家では、一面に垂らす連著《れんじゃく》と、所々に垂らす辻総《つじぶさ》があり、身分で使用を別にした。武家では連著よりも総が密で長い厚総《あつぶさ》を用いた。なお、面懸は銜の立聞《たちぎぎ》に、胸懸・尻懸は鞍橋の四緒手《しおで》に取り付けた。

(近藤　好和)

参考文献　日本馬具大鑑編集委員会編『日本馬具大鑑』一—四、一九九〇・九二、日本中央競馬会。

しりはちだて　尻八館　陸奥湾西岸の青森市後潟《うしろがた》に所在する中世の山城。一九七七(昭和五十二)—七九年にかけて青森県立郷土館を中心に学術調査を実施、城館の構造や遺構・遺物が明らかとなった。遺構として、標高一八〇メートルの尾根にI郭とII郭の平坦面を有し、竪堀・横堀・土橋などの防御施設と掘立柱建物跡・竪穴建物跡の居住施設が検出されている。出土遺物には、陶磁器類として龍泉窯の優品である青磁浮牡丹文《うきぼたんもん》香炉をはじめ同酒会壺《しゅかいこ》・同蓮弁文《れんべんもん》碗、白磁皿、染付碗、瀬戸鉄釉印花文瓶子《いんかもんへいし》・同灰釉鉢・同灰釉尊式瓶《そんしきへい》、朝鮮産褐釉大壺、越前壺、瓦質風炉《ふろ》などがあり、鉄製品、銅製品、石製品もみられた。尻八館は、山城の構築方法や出土陶磁器の組み合わせから、十五世紀後半の年代を主体としている。外浜《そとがはま》という場所に位置し、安藤氏と南部氏の抗争時点に対応していることから、津軽安藤氏の居館の可能性が高い。

資料館　青森県立郷土館(青森市)

参考文献　青森県立郷土館編『尻八館調査報告書』(『青森県立郷土館調査報告』九、一九八二)。

(工藤　清泰)

しりょうかく　四稜郭　一八六九年(明治二)、五稜郭を拠点とした旧幕府軍が明治政府軍の攻撃にそなえ築いた保塁の一つ。五稜郭の北方裏門を守るため、その北方三キロの丘陵斜面に急造した。北海道函館市陣川町所在。新台場、神山台場と呼ばれた。権現台場、赤川台場、桔梗野台場などと一連の構築である。四月から士卒二百名が付近の農民百名とともに構築したが、五月に政府軍の攻撃を受けて守将本多幸七郎《ほんだこうしちろう》が五稜郭に逃げ込み、陥落した。東西約一〇〇メートル、南北約七〇メートル、周囲に幅二・七メートル、深さ〇・九メートルの空堀と、幅五メートル、高さ三メートルほどの土塁をめぐらしており、蝶が羽を広げたような四稜星の平面形を持つ。小規模であるが、五稜郭、弁天砲台、松前藩辺切地《まつまえはんへきりち》陣屋と並ぶ西洋式城郭の一つである。一九三四年(昭和九)国指定史跡。

参考文献　『日本城郭大系』一、一九八〇、新人物往来社。

(越田賢一郎)

しりん　史林　史学研究会の機関誌。『史学研究会講演集』(一九〇八年(明治四十一)—一二年)、『史的研究』(一九一四年(大正三))、『続史的研究』などの刊行をうけて、一九一六年創刊。一九四三年(昭和十八)の二八巻まで季刊であったが、戦中・戦後の混乱を経て、一九五四年の三七巻より隔月刊となった。歴史学の総合誌としては後発であったため、編集主任となった京都帝国大学教授三浦《みうら》周行《ひろゆき》(国史学)のもと、「昨年の史学考古学地理学界」を毎年掲載するなど、当初から特色をだす工夫がなされた。その後、顕著な特徴こそ薄れたが、現在も引きつづき、歴史学・考古学・地理学を網羅する総合誌であるという特色を生かした誌面づくりが心がけられ、ひろく全国にわたる会員の論文等を厳格な審査のうえで掲載している。二〇〇六年(平成十八)はじめて、八九巻、通巻四五五号となり、発行部数は一六七〇部。原則として会員頒布である。総目録は一九七七年に刊行され、六十巻までを収めている。なお、史学研究会は京都大学文学部内。

(勝山　清次)

しろ　代　古代における土地面積の単位。本来は一束の稲を収穫することができる土地を意味していたため、地味によってその面積は一定していなかった。ところが、七世紀後半以降、土地を一定の面積で規定する町・段・歩《ぶ》の単位が導入されたのに伴って、代は土地面積の単位へと転じ、一歩＝高麗尺《こまじゃく》六尺四方の五歩が一代とされた。『大宝令』において、一町＝十段、一段＝三百六十歩、一歩＝高麗尺五尺四方が確定すると、一町＝五百代、二段＝百代、七・二歩＝一代と換算した。八世紀の史料には、七三五年(天平七)「弘福寺領讃岐国山田郡田図《ぐふくじりょうさぬきのくにやまだぐんでんず》」、七四七年『法隆寺伽藍縁起幷流記資財帳《ほうりゅうじがらんえんぎならびにるきしざいちょう》』にみるように、その土地の所有が大宝令以前から継続している場合に、代で表示している例がある。なお、現段階では、代に由来する地割形態は確認されていない。

参考文献　亀田隆之「古代の田租田積」(『奈良時代の政治と制度』所収、二〇〇一、吉川弘文館)。金田章裕「条里地割はいつできたか」(吉村武彦・吉岡真之編『新視点日本の歴史』三所収、一九九三、新人物往来社)。

(大隅亜希子)

しろ　城　⇩城郭《じょうかく》

しろいしじょう　白石城　近世仙台城の支城で、伊達家重臣の片倉氏の居城。宮城県白石市益岡町所在。標高七六メートル、比高差約二〇メートルの独立丘陵に位置する。中央に本丸、その西側に二ノ丸、南側に南ノ丸、南西部に中ノ丸、その外側に沼ノ丸などの郭が配置される。本丸は高さ八メートルほどの石垣で囲まれた東西六十五間二尺、南北五十二間半の規模で、おおよそ方形であるが、北東部隅が弧を描き、北辺中央の本丸大手が外へ張り出している。北東角を除く三方に櫓があり、北西の三階櫓と大手一ノ門・二ノ門が復元されている。戦国時代に伊達氏勢力下の白石氏が築いたと考えられるが、一五九一年(天正十九)に蒲生氏郷の会津領北端の支城となり、石垣を築き、増岡《ますおか》城と改称した。復元工事の際、櫓下で野面《のづら》積みの織豊系石垣が検出された。一五九八年(慶長三)に上杉景勝領となるが、一六〇〇年の関ヶ原合戦時に伊達政宗により攻め落とされ、一六〇二年に片倉景綱が拝領した。

資料館 白石城歴史探訪ミュージアム(宮城県白石市)

参考文献 白石市教育委員会編『白石城』、一九九九。清野俊太郎「白石城跡」(『北日本近世城郭石垣の調査成果と課題』所収、一九九八、北日本近世城郭検討会事務局)。

(平田 禎文)

しろいしよう 白石窯 宮城県白石市にある瓷《し》器系中世陶器窯跡で、東北《とうきた》・黒森・市の沢・一本杉の四支群三十四基以上からなる。一本杉窯跡は一支群が全面調査され、二十基の分焔柱を有する地下式窖窯《あながま》が重複して検出された。出土遺物は甕・壺・擂鉢《すりばち》を主とし、火鉢・五輪塔・卸皿《おろしざら》・硯・陶錘などで、時期が下るほど器種構成が多様になる。甕・壺は受け口状口縁の縁帯が上方に発達する東北地方独特の形態である。重複関係から四期の変遷があるが、出土遺物は十三世紀中葉から十四世紀初頭にかけて、漸移的に変遷する。全長一五〜一七メートル、最大幅二・五〜三・八メートル、床面斜度三〇度以上を測り、時期が下るにしたがって、床面積を広げ、床面斜度を急にしている。窯詰めは、甕を壁に沿って一列に並べ、その間に一個ずつ配し、さらにその隙間に不規則に壺や重ねた鉢を並べる方法である。白石窯製品は宮城県の阿武隈川下流域から七北田川流域を中心に流通する。

参考文献 宮城県教育委員会編『一本杉窯跡群』、一九九六。東北中世考古学会編『中世奥羽の土器・陶磁器』、二〇〇三、高志書院。

(飯村 均)

しろかねごりょうち 白金御料地 白金長者《しろかねちょうじゃ》とされる中世の郷士柳下上総助《やぎしたかずさのすけ》の館の伝承地。東京都港区白金台五丁目他に所在。国指定天然記念物・史跡。白金長者は『御府内備考《ごふないびこう》』によればその祖を柳下上総助といい、応永年間(一三九四―一四二八)に京都から下ってここに居を構えたと伝えられる。江戸時代の一六六四年(寛文四)以降は讃岐高松藩松平家の下屋敷で、一八七二年(明治五)から海軍火薬庫に充てられ、一八九三年から陸軍火薬庫として使用、一九一七年(大正六)皇室御料地に帰属したが、現在は国立科学博物館附属自然教育園(文部科学省用地)として開園されている。久しく公開されなかったために幸い開発の厄を免れ、よく旧状を保持しており、中央西寄りにある池とそれを囲む斜面には旧武蔵野植物群落の一部を示す約二百余種の植物が生育している。白金長者の伝説と史実との関係については、なお明らかでなく、近年の調査では土塁の年代について疑問が提起されている。特に一九八三年(昭和五十八)の発掘調査により外周土塁から出土した明治二十二年(一八八七)銘のジェラール瓦は、土塁の構築年代について再考を促すものといえる。

参考文献 岡本東三「自然教育園(旧白金御料地)外周土塁の調査」(国立科学博物館附属自然教育園編『自然教育園報告』一五、一九八四)。加瀬文雄「白金館址と柳下氏」(港区立港郷土資料館編『研究紀要』三、一九九五)。

(亀田 駿一)

しろのうちいせき 城之内遺跡 美濃国守護所枝広推定地。岐阜市長良城之内ほか所在。長良川が形成した扇状地の扇頂部付近の北岸に位置する。土岐氏は、一五三二年(天文元)ころに守護所を福光から枝広に移した。直後の一五三五年、長良川大洪水(枝広水)で守護館などが大きな被害を受け、守護所は北の大桑《おおが》へ移ったとされる。推定守護館は東西南北約一八〇〜二〇〇メートルの方形館で、発掘調査では北西コーナー付近が確認された。推定守護館の周囲には一辺五〇メートル前後を単位とする屋敷群が街路を介して整然と配置されている。館や屋敷の内部構造は判然としないが、いずれも洪水によって廃絶しており、文献記載を裏付ける。堀・溝内からは大量の土師器皿(かわらけ)が廃棄された状態で出土しており、この場の儀礼的性格を伺わせる。短期間のみ営まれ、災害によって放棄されたと想定できることから、この時期の守護所の実態を示す好例である。

参考文献 岐阜市教育委員会編『城之内遺跡(第二分冊)』、二〇〇〇。

(内堀 信雄)

しろやま 城山 国の史跡となっている鹿児島市城山町にある中世から近代初頭の城郭跡。標高は約一一〇メートルで、現在の城山展望台から鹿児島市街、桜島が一望できる。南北朝時代には上山氏の城があり、上山《うえやま》城、上之山城と呼ばれた。中世段階の郭《くるわ》・空堀・土塁などが一部現存する。一六〇一(慶長六)・二年ごろ、島津家久は、中世の上山城を取り込んでその東麓に城館をつくり、それまでの内城《うちじょう》から居城を遷した。これは、全体が上山城と呼ばれ、山上の城郭施設も整備されたが、城主の死後、一国一城令もあり、最終的に番小屋を置くだけとなった。江戸時代中期には、この山を鶴丸山とよぶ嘉祥名が用いられ、これにより鶴丸城という名称が一般化していった。一八七七年(明治十)の西南戦争に際し、鹿児島に突入した西郷軍は、城山に本営を築いた。九月二十四日に、政府軍の総攻撃を受け、西郷隆盛が白刃して、西南戦争は終結した。城山は、照葉樹林が原生林に近い姿で残っていることにより国の天然記念物ともなっている。

参考文献 五味克夫「鹿児島城の沿革」(鹿児島県教育委員会編『鹿児島(鶴丸)城本丸跡』所収、一九八三)。

(永山 修一)

しろやまいせき 城山遺跡 遠江国敷智《ふち》郡家《ぐうけ》の中枢部分と推定される古代地方官衙跡。静岡県浜松市南伊場町・東若林町・若林町所在。伊場《いば》遺跡の西に近接し、同じ第二砂堤列上に立地する遺跡。伊場遺跡群の一つ。一九四九年(昭和二十四)、伊場遺跡との関連ではじめて調査がなされ(第一次)、一九七七年、埋立工事に先立つ範囲確認調査(第二次)で木簡などが出土し注目された。一九七九年(第三次)と一九八〇年(第四次)に本調査を実施。検出遺構に七世紀末から八世紀前半代に築成された整地層とそれに関連する木杭列、整地層上で確認された掘立柱建物二棟(平安時代中ごろ)などがある。出土遺物には須恵器・土師器・施釉《せゆう》陶器・唐三彩陶枕《とうさんさいとうちん》・木製品のほか、木簡(四十点)、墨書土器(二百六十二点)がある。「栗原」「竹田里」など伊場遺跡に共通する墨書土器に加え、具注《ぐちゅう》暦《れき》木簡、習書木簡の存在から郡家の中心に近いと考えられる。「少毅殿」の墨書土器から軍団の存在を想定する意見もある。

参考文献 浜松市博物館編『静岡県可美村城山遺跡調査報告書』、一九八一、可美村教育委員会。『静岡県史』資料編二、一九九〇。

(佐藤　正知)

しわくきんばんしょ　塩飽勤番所　香川県丸亀市本島町泊に所在する近世の塩飽の政務を執った役所跡。一九七〇年(昭和四十五)に国の史跡に指定される。備讃瀬戸に浮かぶ塩飽諸島には、古来より優れた造船・航海技術をもった塩飽衆が住み、水軍や瀬戸内海航路の輸送の担い手として活躍していた。織豊政権はこうした塩飽水軍を直轄水軍とし、島民六百五十人に島地千二百五十石を領有させた。これが六百五十人の人名《にんみょう》による塩飽人名制のはじまりである。この人名の中の有力者たる四家の年寄が塩飽全島を治めていた。一七九七年(寛政九)に、それまでの年寄在宅執務を廃し、全島の執務所として本島に設置されたのが勤番所である。現在の勤番所は一八六一年(文久元)に修理を加えたものといわれ、敷地は約一五〇〇平方《メートル》、正面に長屋門があり、母屋は玄関の奥に控の間・執務の間・表座敷・台所、母屋の西に土蔵棟があり、御朱印庫と称し朱印状を保管している。史跡指定はこの建物を含む敷地のほか、旧年寄宮本家・入江家・吉田家の墓も含まれている。

参考文献 木原溥幸他『香川県の歴史』(『県史』三七、一九九七、山川出版社)。香川県教育委員会編『香川の文化財』、一九九六。

(渋谷　啓一)

しわじょう　志波城　八〇三年(延暦二十二)造営の陸奥国最北の城柵。盛岡市下太田方八丁に所在。北上盆地北部の沖積面の微高地上に立地する。外郭は方八四〇《メートル》の築地線と方九三〇《メートル》の大溝の二重区画からなり、築地線上に六〇《メートル》間隔の櫓、南辺中央に五間門が設けられる。外郭線のすぐ内側には千～二千棟からなる一〇〇《メートル》幅の竪穴住居域が形成されている。住居構造は竈煙道が短い関東地方の特徴をもつものが四割を占め、出土遺物では鉄器が多く、特に武器である鉄鏃が際だって多くみられる。中央南寄りには方一五〇《メートル》を築地によって区画する政庁があり、正殿・脇殿・後方建物群が配置される。政庁周囲には二期の変遷をもつ官衙建物群が建てられ、南東官衙は東西棟の廂付建物を中心とするコの字形配置を呈する。志波城の第一の特徴は城柵の中でも最大級の規模をもつことで、三十八年戦争(七七四―八一一)延暦段階に展開された積極的な版図拡大政策を反映したものとなっている。第二の特徴は最北に位置することで、外郭を築地と大溝の二重とし、政庁内により多くの施設を取り込み、また竪穴住居域を外郭沿いに配置して、防御機能を強化している。また官衙の饗給《きょうごう》的なコの字形配置は蝦夷《えみし》懐柔政策を前面に出したものであった。第三は移民を行わず多数の鎮兵を関東や北陸から動員して城柵を造営したことで、竪穴住居は鎮兵などの兵舎にあてられたものであった。第四は八一一年(弘仁二)に建郡が行われるが、郡家《ぐうけ》や郷が設置された形跡がまったくみえず、志波城が和我《わが》・薭縫《ひえぬい》・斯波《しわ》三郡を広域統治したことである。八一二年水害を理由に徳丹城へ移転するが、八〇五年に行われた徳政相論後の奥羽政策の縮小に伴う移転であることは明らかである。現在国史跡となり、古代公園として整備、公開されている。

→徳丹城《とくたんじょう》

参考文献 盛岡市教育委員会『志波城跡』昭和五五年度―平成一四年度、一九八一―二〇〇三。八木光則「城柵の再編」(『日本考古学』一二、二〇〇一)。

(八木　光則)

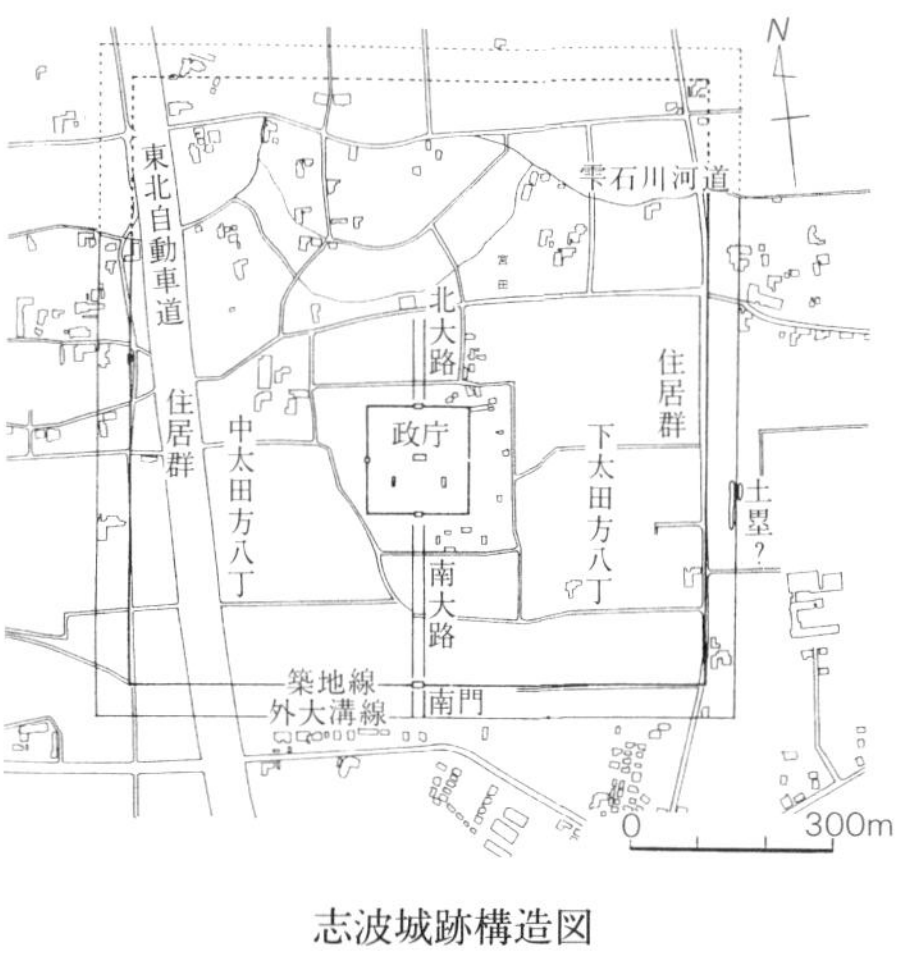

志波城跡構造図

しん　清　中国東北地方から興起した満州《まんしゅう》族(女真《じょしん》族・女《じょ》直《ちょく》族)の王朝(一六一六―一九一二)。建州《けんしゅう》女直のヌルハチが女真族を糾合《きゅうごう》して金朝を興し、一六四四年には李自成《りじせい》の乱で崩壊した明朝に代わり北京を制圧、清朝(大清帝国)を創生した。政治行政面では満漢《まんかん》二重体制を敷き、軍事面では狩猟制度に由来する八旗《はっき》制度を採用、統一事業を強力に推進した。十七世紀後半、清の入関《にゅうかん》(山海関《さんかいかん》を越えること)を導いた明の旧臣呉三桂《ごさんけい》による三藩《さんぱん》の乱を鎮《しず》め、台湾による鄭《てい》氏一族も下すと、康熙《こうき》・雍正《ようぜい》・乾隆《けんりゅう》帝の三代にわたり、十八世紀末まで最盛期を迎えた。この時期、河川運河の修築や税制の改革、書物の編纂事業、広東《カントン》システム(国際貿易を広州に限定)の構築などが実施されている。当初、軍事費縮小・宮廷費節減などで国力は充実していたが、乾隆期には頻繁な外征の結果、財政難が深刻化し、軍事力も衰微する。十九世紀以降、白蓮教徒《びゃくれんきょうと》の乱や太平天国《たいへいてんごく》の乱、第一次・第二次アヘン戦争や日清戦《にっしんせん》争《そう》などの内憂外患《ないゆうがいかん》を経、辛亥革命《しんがいかくめい》により大清帝国は崩壊した。

→明《みん》

参考文献 岸本美緒・宮嶋博史『明清と李朝の時代』(『世界の歴史』一二、一九九八、中央公論社)。濱下武志

『朝貢システムと近代アジア』、一九九七、岩波書店。石橋崇雄『大清帝国』(『講談社選書メチエ』一七四、二〇〇〇、講談社)。　(橋本雄)

じんぐうかいほう　神功開宝　古代国家が発行した銅銭。本朝十二銭の第三。『続日本紀《しょくにほんぎ》』によれば、七六五年(天平神護元)九月八日に発行され、万年通宝《まんねんつうほう》と並用させたという。七六〇年(天平宝字四)の万年通宝発行後、わずか五年で新銭が鋳造されたのは、藤原仲麻呂政権が崩壊し、称徳朝が成立したことに伴う政治的意図にもとづくものであろう。万年通宝と同様、当初は旧銭の和同開珎《わどうかいちん》の十倍の価値を付与して通用させたものと思われるが、新銭の価値が下落するに伴い、七七二年(宝亀三)に新銭の価値を十分の一に切り下げ、旧銭と同価にする政策が出されている。『正倉院文書』の写経所関係の文書のなかにも「新銭」としてしばしば登場する。畿内を中心に出土例がみられる。

参考文献　栄原永遠男『日本古代銭貨流通史の研究』、一九九三、塙書房。　(三上喜孝)

じんぐうじ　神宮寺　日本の神祇信仰と外来の仏教信仰が融合した神仏習合を背景として、神社に付設された寺院で、神願寺《しんがんじ》・神護寺《じんごじ》・神宮院・神供寺《じんくじ》ともいう。神社の境内や近傍に位置することが多く、社僧(宮僧《くそう》・供僧《ぐそう》・神僧)が居住して、神祇に対し仏事を奉仕した。神宮文庫本『続日本紀』文武天皇二年(六九八)十二月条に「多気大神宮寺を度合《わたらい》(会)郡に遷す」(原漢文)とあるのを初見とする説もあるが、「神宮寺」と記すのはこの写本だけであり、時期的にも早すぎるので、これは伊勢神宮を多気から度会に遷座したものとみるべきであろう。続いて『藤《とう》氏家伝《しかでん》』下に藤原武智麻呂《ふじわらのむちまろ》が託宣によって霊亀年間(七一五―一七)に創建したという越前の気比《けひ》神宮寺や、養老年間(七一七―二四)に和宅継《やまとのやかつぐ》が若狭の若狭比古神《わかさひこのかみ》のために建てたと伝えられる神願寺(『類聚国史』一八〇、天長六年(八二九)三月乙未条)などがその早い例として知られる。平安時代に入ると神も衆生の一つで仏教に帰依して救済を望むと考えられるようになり、さらに仏を本地とし神をその垂迹《すいじゃく》とする本地垂迹説が広まると、各地の神社に本地仏を安置した神宮寺が造られるようになった。畿内では山城の高雄神願寺・賀茂神宮寺・北野神宮寺・愛宕《おたぎ》神宮寺・吉田神宮寺・離宮神宮寺・八坂感神院、大和の丹生比売《にふつひめ》神宮寺・石上《いそのかみ》神宮寺、摂津の住吉神宮寺などが知られる。諸国でも陸中の駒形宝福寺、羽後の副川《そいかわ》神宮寺・大物忌《おおものいみ》神宮寺、常陸の多賀八幡神宮寺、下野の補陀《ふだ》落山《らくさん》神宮寺、越後の伊夜比古神宮寺、信濃の諏訪《すわ》神宮寺、尾張の熱田神宮寺、美濃の南宮神宮寺、近江の日吉神宮寺・奥津島神宮寺、能登の気多《けた》神宮寺、備中の吉備津神宮寺、讃岐の琴平八幡神宮寺、伊予の大山積《おおやまずみ》神宮寺、筑前の宗像《むなかた》神宮寺・竈戸《かまど》山神宮寺・香椎《かしい》神宮寺・大宰府神宮寺、豊前の香春《かわら》神宮寺、肥前の阿蘇神宮寺など、東北地方から九州まで、ほぼ全国に分布する。中世の神宮寺の多くは葬儀や年忌法要を行う、いわゆる檀那寺《だんなでら》とは異なり、祈禱や神前読経などを通じて諸種の宗教儀礼に深く関与し、仏教の土着化にも大きな役割を果たしたが、明治初年の神仏分離令による廃仏毀釈《はいぶつきしゃく》で堂舎や宝物類の多くが失われた。

参考文献　辻善之助『日本仏教史之研究』、一九八三、岩波書店。村山修一『神仏習合思潮』(『サーラ叢書』、一九五七、平楽寺書店)。高取正男『神道の成立』(『平凡社選書』六四、一九七九、平凡社)。逵日出典『神仏習合』(『ロッコウブックス』、一九八六、六興出版)。　(増尾伸一郎)

しんげんづつみ　信玄堤　武田晴信(信玄)が、釜無川左岸に築いた堤防。山梨県甲斐市竜王に所在し、古くは「竜王之川除《かわよけ》」と呼ばれた。釜無川は当初、南東方向に流れ甲府盆地を横断していたが、築堤により盆地西部を南流させる施策がとられた。着工時期は定かではないが、棟別役免除をもって堤防裏側に集住を促す一五六〇年(永禄三)の史料が残るため、この段階では完成していたと解される。成立した村落はのちに「竜王河原宿」と呼ばれた。信玄堤は形を変えつつも現在もなお機能しているため、発掘調査は行われず、初期形態は判然としない。形態が示された最古の史料は一六八八年(貞享五)の御本丸様書上(『竜王村史』所収)であるが、これも修復が繰り返された後の姿と考えられる。釜無川と合流する御勅使《みだい》川を北側に移し、御勅使川が信玄堤を直撃しないように、堤上流側の高岩に向ける工事も連動して実施されたという。　↓堤《つつみ》

参考文献　安達満「初期「信玄堤」の形態について」(『日本歴史』三三五、一九七六)。　(畑大介)

じんごじ　神護寺　京都市右京区梅ヶ畑高雄町の山腹にある高野山真言宗の寺院。山号は高雄山。京都洛西の紅葉の名所。もと現在地には和気氏の氏寺、高雄山寺があり、平安時代初頭に最澄、空海が入山して密教の道場ともなっていた。この寺に伝わる国宝の「灌頂歴名《かんじょうれきめい》(空海筆)」は、空海が最澄などに両部灌頂を伝授した記録である。さらに、八二四年(天長元)和気真綱《わけのまつな》らが上奏して、父、清麻呂が河内国に建立した氏寺、神願寺を移して高雄山寺と合わせ、神護国祚真言寺(略して神護寺)と号したという。その後定額寺となり、金堂、礼堂、根本真言堂、講堂、五大堂などの伽藍《がらん》が建立されて発展したが、平安時代後期に焼失して衰退した。鎌倉時代初頭に後白河法皇や源頼朝の援助を受けて文覚《もんがく》が復興したのち、さらに応仁の乱による火災などで衰えたが、江戸時代初期に再

神護寺鐘

興された。京都市郊外の山腹の広い境内には、金堂、多宝塔(ともに昭和の再建)、桃山時代の大師堂(重要文化財)、江戸時代の毘沙門堂《びしゃもんどう》、五大堂、鐘楼、楼門などの建造物がある。寺宝の美術工芸品も数多く、絵画では伝藤原隆《ふじわらたか》信《のぶ》筆として有名な三幅の大和絵系肖像画(伝源頼朝像、伝平重盛像、伝藤原光能像)、釈迦如来像、現存最古の曼荼《まんだ》羅図《らず》である両界曼荼羅図《りょうかいまんだらず》、山水屏風、彫刻では量感と迫力のみなぎる木造薬師如来立像や密教彫刻として有名な木造五大虚空蔵菩薩坐像、工芸品の梵鐘、書跡・典籍の灌頂歴名、文覚四十五箇条起請文の九件が国宝に、その他、絵画、彫刻、書跡・典籍の計十九件が重要文化財に指定されている。国宝梵鐘は、八七五年(貞観十七)に和《わ》気彝範《けのつねのり》が鋳造させたもので、高さ約一四八センチ、口径約八〇センチを計り、貞観十七年の紀年など二四五文字の銘文を持つ。序詞は橘広相《たちばなのひろみ》、銘は菅原是善、揮毫は藤原敏行と当代一流の学者、書家にかかわり、三絶の鐘といわれ、日本三名鐘の一つ。藤原敏行の書風の唯一の遺物で、書道史上も貴重である。（磯野　浩光）

しんごんいん　真言院　大内裏殿舎の一つ。朝堂院の北、中和院の西にある。大内裏に置かれた真言密教の修法の場で、修法院・曼陀羅道場とも。築地で囲まれた区画に、五間四面の壇所、阿闍梨坊、護摩堂、雑舎などからなる施設が設けられていた。『年中行事秘抄』によると、八二九年(天長六)空海が唐の内道場に准じて宮中真言院の設置を奏上したとみえる。後七日後修法《ごしちにちのみしほ》は、八三四年(承和元)十二月の空海の申請により、翌年よりはじまった国土安穏・五穀豊穣・玉体保持の祈禱修法が定着したものであるが、八三五年の御修法は、勘解由使庁を壇場にあてて行われたとみえ、大般若経転読記事が認められる八四三年八月ごろまでには、真言院の主要な施設は整っていたのであろう。一一七七年(治承元)の火災で焼亡。以後、後七日後修法は新造真言院で修されている。御修法の荘厳の様は、『年中行事絵巻』六真言院御修法や『覚禅鈔《かくぜんしょう》』などの指図に詳しい。

真言院（『年中行事絵巻』より）

参考文献　裏松固禅『大内裏図考証』三〇(『(新訂増補)故実叢書』二八)。（山本　崇）

しんさるがくき　新猿楽記　平安時代後期の成立とされる、芸能についての往来物。全一巻。作者は、古写本の奥書、および類似の語句がある『明衡往来』の存在などから、藤原明衡と考えられている。内容は、平安京で流行した猿楽の内容や名人についての論評、および観衆の一人に措定された右衛門尉の家族とその生活環境を通じてみえてくる都の事物などによって構成されている。『群書類従』文筆部所収。

参考文献　能勢朝次『能楽源流考』、一九八三、岩波書店。深沢徹「『新猿楽記』謬見―都市へのまなざし(三)―」(『日本文学』三八、一九八九)。（三枝　暁子）

しんしゃ　辰砂　⇩朱《しゅ》

じんじゃけんちく　神社建築　本殿・拝殿・幣殿・神楽殿・舞殿・神饌所・手水屋・鳥居など神社に固有の形式

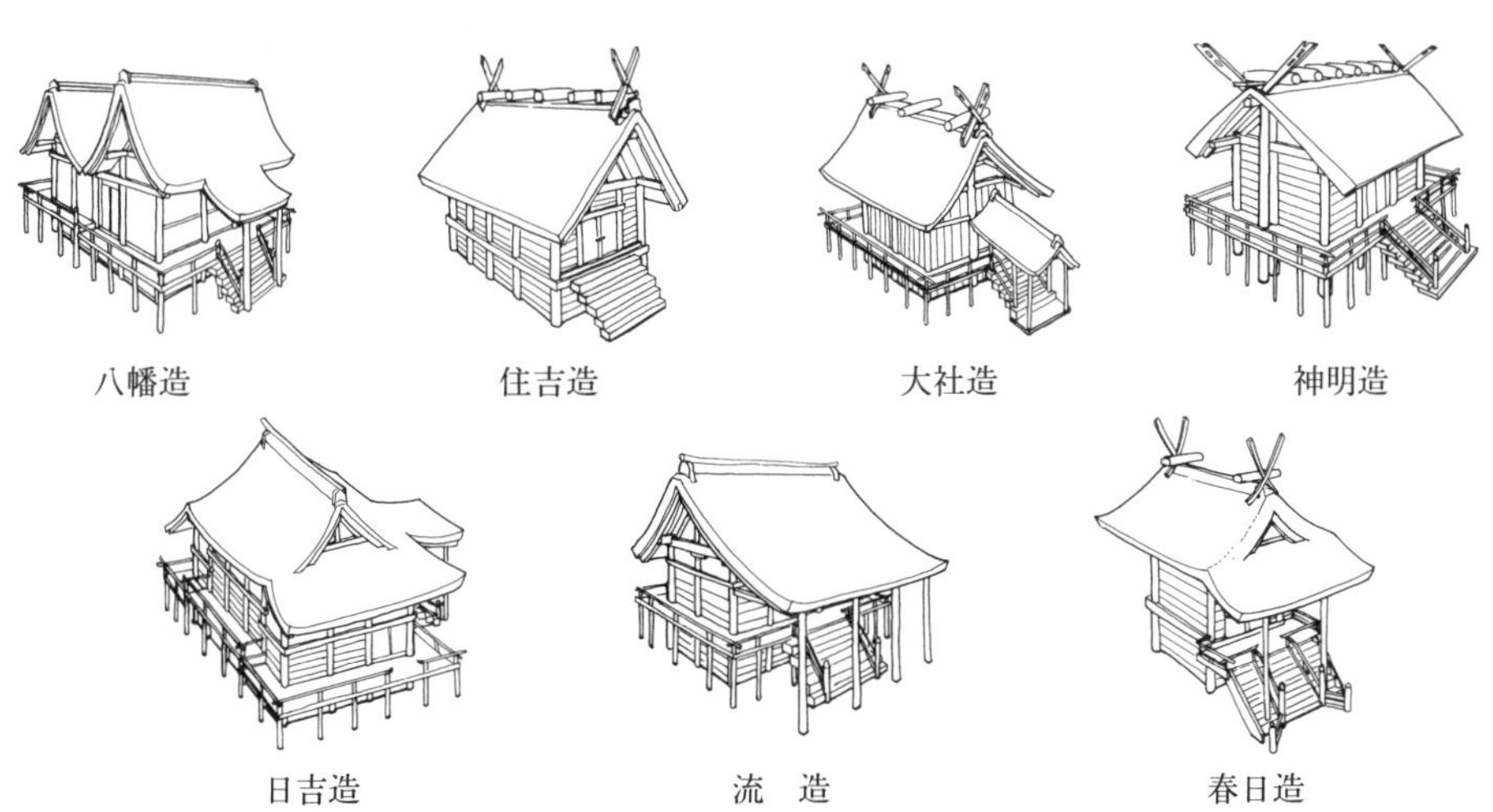

神　社　建　築

を持つ建築。自然崇拝や祭事の場を画したり礼拝施設が設けられ、さらに神の降臨を迎える臨時施設が恒久化して本殿が成立する。古い本殿の形式は、弥生時代から古墳時代にかけての土器・鏡・銅鐸に描かれた家屋図や家形埴輪に類する形式と考えられ、高い床、切妻造の屋根、棟持柱などを備えた伊勢神宮の神明造や出雲大社の大社造に古式を最も良く伝えている。奈良時代以降、神仏習合思想に伴い仏教建築の影響を受けて境内が整えられ、また彩色や組物を用いるなどしながら、住吉大社の住吉造、宇佐神宮の八幡造、春日大社の春日造、上・下賀茂神社の流造《ながれづくり》、日吉大社の日吉造《ひえづくり》なども神社に固有の本殿形式として確立し、造替を繰り返しながらもその基本的な形式を踏襲してきた。中世には全国的に流造が、畿内とその周辺では春日造が普及して普遍的な本殿形式となるとともに、禅宗様細部が採り入れられて装飾性を増す。近世初頭には本殿・幣殿・拝殿が結合した華麗な複合建築である権現造《ごんげんづくり》が生み出された。

（清水　真二）

しんじゅあん　真珠庵庭園　⇩大徳寺《だいとくじ》

しんじょうはんしゅとざわけぼしょ　**新庄藩主戸沢家墓所**　山形県新庄市十日町の瑞雲院《ずいうんいん》、桂嶽寺《けいがくじ》にある新庄藩主戸沢家の墓所。一六二二年(元和八)旧最上領の遺領である最上・村山二郡の六万石を有することとなって新庄に城を構えた戸沢家は、幕末までに十一代の墓所を瑞雲院と桂嶽寺境内の二ヵ所に営んだ。墓所は御霊屋《おたまや》形式である。桂嶽寺境内の御霊屋(一棟)は二代藩主正誠《まさのぶ》の墓所で、瑞雲院境内の六棟の御霊屋には、初代藩主政盛以下計十代藩主およびその奥方・家族など十七人分の墓碑がたっている。この六棟の御霊屋は、瑞雲院全焼後、場所を現在の位置に移して一七二一年(享保六)以降順次建てられたものである。一九八七年(昭和六十二)に国指定の史跡となっている。御霊屋の造りは、すべて総欅《けやき》造りの単層宝形造りで、丸柱を建て、柱間に厚い板を横にはめこんで壁としている。入口は観音開きの板扉、床は前半分を石畳とし、奥半分に石塔を建てている。屋根は萱葺きであるが、桂嶽寺御霊屋のみは、近年木羽《こば》葺きに替えられた。

参考文献　新庄市編『史跡新庄藩主戸沢家墓所保存修理工事報告書』、二〇〇四。

（佐藤　庄一）

しんせんえん　**神泉苑**　京都市中京区に所在する園池。平安京造営に際して平安宮に附属する苑池として造られ、宮南方の左京三条一坊九町から十六町までの八町に及ぶ敷地を占めた。中央に中島をもつ大池、その北側に左右に閣を配した正殿(乾臨閣)などの主建築群を設け、南側には山が造成された。桓武朝から仁明朝にかけて頻繁に行幸が行われ、詩宴をはじめさまざまな遊宴の場として機能した。文徳朝以降は祈雨・止雨の祈禱などの宗教的行事の場として機能し、『今昔物語集』に載せる八二四年(天長元)の空海と守敏の請雨合戦や、八六三年(貞観五)の御霊会はその代表的なものである。一一七七年(治承元)の太郎焼亡でほぼ灰燼に帰し、後鳥羽天皇の命で幕府により復興されたが、承久の乱以降は再び荒廃、室町時代中期以降は三条坊門小路(現御池通)が東西に貫通して南半が失われ、徳川家康の二条城造営により北端が城内に取り込まれるなど旧地が著しく縮小し、かつての一坊十五町に相当する地を残すのみとなった。江戸時代初期以降は東寺真言宗に属する寺院となった。京都市営地下鉄東西線の建設工事に伴う調査で、現在の二条城南側から池の汀線や船着場と推定される遺構が検出されており、一部の遺物は地下鉄二条城前駅構内に展示されている。国指定史跡。

参考文献　西田直二郎「神泉苑」(『京都府史蹟勝地調査会報告書』七、一九二六)。太田静六『寝殿造の研究』、一九八七、吉川弘文館。古代学協会・古代文化研究所編『平安京提要』一九九四、角川書店。京都市埋蔵文化財研究所『平成三年度京都市埋蔵文化財調査概要』、一九九五。

（増渕　徹）

しんせんしょうじろく　**新撰姓氏録**　京畿内を本貫地とする古代諸氏族の系譜書。本編三十巻、目録一巻。八一五年(弘仁六)七月成立。冒名冒蔭による氏姓秩序の混乱を抑止し、氏族の出自の明確化を意図して七九九年(延暦十八)十二月桓武天皇が諸氏に本系帳の提出させたことを編纂の端緒とする。桓武天皇死去による事業中断後、改めて嵯峨天皇が中務卿万多親王・右大臣藤原園人らに編纂を命じ、八一四年六月に撰定されたものに源朝臣・良岑朝臣などを加えて完成した。左右京・山城・大和・摂津・河内・和泉国の千百八十二氏族を、皇別(天皇・皇子を始祖とする氏族)・神別(天つ神・国つ神の後裔氏族)・諸蕃(渡来系の氏族)に類別して最終巻に未定雑姓を配し、(一)「出自」「同祖之後」「之後」の三形式に書き分けた出自、(二)姓氏名の由来、(三)本宗・別祖の人名、枝流氏族名と本拠地、(四)改賜姓などを記す。部分的には畿外氏族の系譜も含み、古代氏族研究の基本史料。完本は伝存せず、一三三五年(建武二)と一三六〇年(延文五)の奥書を有する二系統の抄録本が現存する。

参考文献　佐伯有清『新撰姓氏録の研究』、一九六二−六四、吉川弘文館。田中卓編『新撰姓氏録』、一九六二、神道大系編纂会。関晃「新撰姓氏録の撰修目的について」(『日本古代の政治と文化』所収、一九九七、吉川弘文館)。

（齋藤　融）

しんそ　**心礎**　塔の心柱を受ける礎石。心柱はほかの柱よりひとまわり大きいため、礎石もほかのものより大きい。仏舎利を奉安する舎利孔などをもつものもある。心礎の位置は、時代により変化する。飛鳥時代には周辺地盤より低い位置に据えられる(飛鳥寺、四天王寺など)。七世紀中ごろになると周辺地盤とほぼ同じ位置まで上がる(山田寺、川原寺など)。七世紀末期ごろには基壇天端のほかの礎石と同じとなる(法起寺、薬師寺など)。心礎の上端が地表に現れるようになると、表面に柱型を造り出すものが見られる。平安時代後期になると、塔においても床が張られるようになり、直接見られることがなくなるため、加工も施されなくなる。また、同じころ、規模の大きな塔以外は心柱が二重の土居盤から立つようになり、これに伴い心礎はなくなる。

参考文献 濱島正士『日本仏塔集成』、二〇〇一、中央公論美術出版。

（村田 健一）

しんぞう　神像　神祇信仰に基づいて造形化された神の像。彫像、画像ともあるが、古例は彫像の方が圧倒的に多いか。奈良時代ころから出現したとみられ、七八八年（延暦七）成立の『多度神宮寺伽藍縁起幷資財帳』などにその名が記されている。その発生には、仏像と神仏習合思想の影響があったことが推定され、初期の神像はほとんど仏像と変わらぬものとする見解もある。また、僧形の八幡神のように袈裟を着けた僧形像の神像も認められる。なお、平安時代初期には、俗体の男女神像が出現し、以後これが一般化してくるが、仏像などの影響を受け特殊な像容を示すものも造られている。編年についてはなお検討すべき問題がかなり残されているが、初期の神像彫刻としては、弘仁年中（八一〇―二四）の伝えがある東寺の八幡三神像（ただし、製作時期は九世紀半ばころとする見解が有力）や、京都府松尾大社の男女神像などが著名。

参考文献 岡直巳『神像彫刻の研究』、一九六六、角川書店。田邊三郎助編『神仏習合と修験』（『図説日本の仏教』六、一九六九、新潮社）。

（根立 研介）

じんだいじ　深大寺　白鳳仏や深沙大王《じんしゃだいおう》・厄除元三大師《やくよけがんさんだいし》の信仰で知られる天台宗寺院。東京都調布市深大寺元町所在。一六五〇年（慶安三）の『深大寺真名縁起』が七三三年（天平五）、一四〇六年（応永十三）の「深大寺深沙大王戸張奉懸の意趣書」（『私案抄《しあんしょう》』所載）が七六二年（天平宝字六）の創建とする。伝来過程は明らかではないが、銅造釈迦如来倚像（重要文化財）は優れた白鳳仏で七世紀末の作とされる。考古学的な検討は尽されていないが、同市入間《いりま》町城山《ちょうしろやま》遺跡出土の八世紀中ごろの墨書土器にある「高大寺」を同寺にあてる推論もある。「縁起」によれば、貞観年間（八五九―八七七）に武蔵国司の反乱が起きた際、調伏に派遣された恵亮《えりょう》が同寺に入り、以後天台化した。一三七六年（永和二）銘の梵鐘（重要文化財）、鎌倉時代後期―南北朝期の木造慈恵大師《じえだいし》坐像など文化財が多い。寺は武蔵野台地縁辺部（国分寺崖線上）に位置し、延喜式内社とされる虎狛《こはく》神社・青渭《あおい》神社が近くにある。

参考文献 『深大寺学術総合調査報告書』、一九八七、深大寺。

（小野 一之）

しんだいぶつじ　新大仏寺　鎌倉時代に東大寺を再建した俊乗房重源《しゅんじょうぼうちょうげん》が「伊賀別所《べっしょ》」として建立した寺院。三重県伊賀市富永《とみなが》に所在する。現在は真言宗智山派で、木造重源上人坐像をはじめ多数の重要文化財が伝わる。創建年代は一二〇二年（建仁二）ごろと考えられていて、当時は播磨浄土寺のものと共通の宗画をもとに作られた丈六の阿弥陀三尊が安置されていたと『南無阿弥陀仏作善集』にみえる。現存する本尊頭部の内部に「大仏師安阿弥」の墨書があり、快慶作であったことがわかる。また、本堂の基壇と阿弥陀三尊の台座は、自然岩盤から削りだした特異なものである。三尊の台座は径二十二尺であったものが近世中期に十五尺に縮小改変されたが、側面に浮彫りにされた獅子・牡丹などは現在も見ることができる。このほかの寺宝として、水晶製五輪塔や、表面に一千三十六体の仏像、裏面に宝篋印陀羅尼を印刻した板彫五輪塔など鎌倉時代の文物が伝わる。

参考文献 『大山田村史』上、一九八二。赤川一博『伊賀国新大仏寺―歴史と文化財―』、一九九五、新大仏寺寺務所。

（笠井 賢治）

しんちゅう　真鍮　⇨黄銅《おうどう》

しんでんづくり　寝殿造　平安時代から中世前期にかけての貴族の住宅様式。この名称は、一八四二年（天保十三）に沢田名垂《さわだなたり》が撰述した『家屋雑考《かおくざつこう》』によるが、中心の建物を中国の正寝にもとづく寝殿と呼んでいたことによる。ただし、寝殿造の直接のモデルは内裏《だいり》建築であり、寝殿は紫宸殿《ししんでん》に相当する。したがって、寝殿の両側には、渡《わた》殿《どの》や二棟廊《ふたむねろう》で結ばれた対《たい》や対代《たいだい》があり、それから南に延びる廊に中門を設けて、それらでコ字に囲まれた南庭への入り口にする。その外には侍廊《さむらいろう》や車宿《くるまやどり》、北対、厨《くりや》など付属施設を配する外郭があり、さらにそれを囲って築地《ついじ》を設け道に門を開く。東西いずれかを正門として礼もしくはハレと呼び儀式の場を構成したので、使用方法は左右対称ではなかった。内部空間は、古代建築に共通する母屋《もや》・庇《ひさし》構造でできており、母屋（身舎《もや》）と呼ばれる主要構造の周囲に庇と呼ばれる付加構造を巡らせる。板張りの高床とし、庇の周囲に簀子縁《すのこえん》を巡らせ、主要部には高《こう》欄《らん》を設けて、昇降部に階段を設置する。壁の出入り口には両開きの板戸である妻戸《つまど》を使うが、寝殿では側面だけに用いる。そのほかはすべて蔀《しとみ》であり、これを日中は跳ね上げて開放するが、居住部では目隠しに御簾《みす》などを垂らす。寝殿や対では、母屋の端に壁と妻戸で閉鎖された塗籠《ぬりごめ》と呼ぶ寝室があったが、やがて建物の北庇などに帳《ちょう》台《だい》と呼ばれる就寝用の家具を置いた寝室ができ、その前を居間とした。室内は、壁で仕切るのではなく、几帳《きちょう》、簾《す》、屏風《びょうぶ》、衝立《ついたて》、壁代《かべしろ》、帽額《もこう》などの障屏具《しょうへいぐ》で仕切り、畳、茵《しとね》、円座《わろうだ》などを敷いて着座し、厨子《ずし》、箱、台などを置いて生活した。こうした舗設《ほせつ》には標準形があり、室礼《しつらい》あるいは装束《しょうぞく》と呼ばれた。このように空間が仮設的であるのは、年中行事《ねんちゅうぎょうじ》化した宮廷儀式や、形式化した政務、民間伝承の行事などを行うために居住専用化されなかったからであり、居住専用の空間になることで生まれる書院造《しょいんづくり》は、儀式や行事が少ない裏手の建物や部屋から発生・普及した。

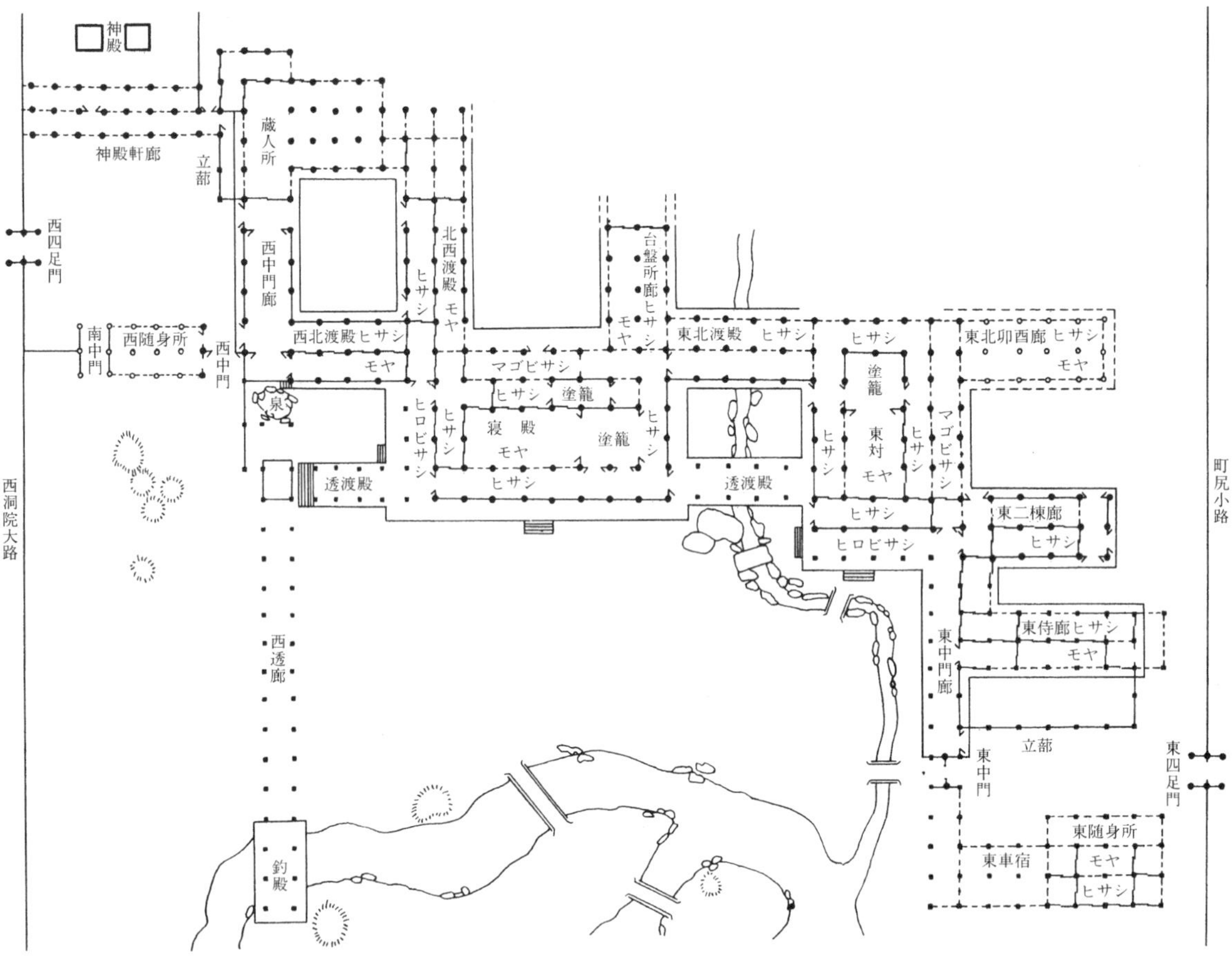

寝殿造　東三条殿復原平面図（12世紀）

参考文献　太田静六『寝殿造の研究』、一九六七、吉川弘文館。川上貢『日本中世住宅の研究（新訂）』、二〇〇二、中央公論美術出版。
（藤田　盟児）

しんとうこうこがく　神道考古学　わが国古代における神道の成立や祭祀のあり方を、遺跡や遺物などの考古学的事象を通じて研究する学問で、仏教考古学・キリスト教考古学とならぶ宗教考古学の一分野。神道考古学的な研究は近世にすでにみられるが、子持勾玉などの特定の遺物のみに関心が向けられたにすぎなかった。明治・大正期になり、祭祀遺跡・遺物全般に関する研究が進み、考古学者の間における認識も高まった。昭和期に至り、一九三五年（昭和十）に大場磐雄が「神道考古学の提唱とその組織」（『神社協会雑誌』三四ノ一）において一つの学問分野としての神道考古学を提唱したことが画期である。大場は従来の神道研究が歴史的・哲学的研究の二側面であったのに対して、「社殿発生以前の神霊鎮座の様式を遺跡上より考察することや、同じく古代祭祀の状態を発見遺物に微して研究することは文献で探ることの出来ない方面であって、まったく考古学的研究の範囲に属するであろう」と神道研究に考古学的な研究法導入の必要性を説き、その意義や研究の目的・範囲を提示した。また大場は一九六四年の「神道考古学の体系」で、増加した資料に即した内容や時代区分などに再構成した。亀井正道は従来年代推定の根拠に乏しかった祭祀遺跡と遺物とを組み合わせることにより編年の可能性を導き出し、椙山林継は祭祀遺跡の分布を全国的にとらえて問題点を整理するなどして、大場以来の研究を継承・発展させた。個別の遺跡については、一九五四年より始まった福岡県沖ノ島遺跡の発掘成果などがあり、長期にわたる古代祭祀の変遷が辿れるだけでなく、その質・量ともにわが国屈指であり、学界に大きな影響を与えた。近年では、その他の多くの発掘調査成果を踏まえて個々の遺跡や遺物に対する考察が詳細になると同時に、研究対象とされる時代も広範囲となるなど研究が多様化し、学問としての広がりを見せている。

参考文献 大場磐雄『神道考古学論攷』、一九四三、葦牙書房。同『祭祀遺跡―神道考古学の基礎的研究―』、一九七〇、角川書店。同編『神道考古学講座』、一九七二-八一、雄山閣。「祭祀遺跡関係遺物出土地名表」(『国立歴史民俗博物館研究報告』七、一九八五)。第三次沖ノ島学術調査隊編著『宗像沖ノ島』、一九七九、宗像大社復興期成会。 (加藤 里美)

しんとうじょ 新唐書 中国北宋の一〇四四年、当時不備が指摘されていた『旧唐書』に代わる唐代の正史として、仁宗の勅命により編纂が開始された。宋祁、范鎮、欧陽修らが編纂にあたり、一〇六〇年に完成した。本紀十巻、志五十巻、表十五巻、列伝百五十巻の計二百二十五巻から成る。このうち紀志表は欧陽修、列伝は宋祁が撰んだ。『旧唐書』に比較して多数の文献を参照しているため、同書で不備が目立った唐後期についても充実している。ただし、全体的に原史料のやや恣意的な書きかえが見られる点に注意が必要である。巻二二〇東夷伝中に「日本伝」がある。内容的には東大寺僧奝然《ちょうねん》が九八三年(永観元)に太宗に献じた『日本年代記』が用いられている点など、それ以前に編まれた『旧唐書』にはない特色も有するが、原史料の書き換えや読み誤りなどが随所に見られるため、『旧唐書』に比較して、わが国の日中交流史研究で引用されることは少ない。 ↓旧唐書《くとうじょ》

参考文献 石原道博編訳『新訂旧唐書倭国日本伝・宋史日本伝・元史日本伝』(『岩波文庫』、一九八六、岩波書店)。早稲田大学文学部東洋史研究室編『中国正史の基礎的研究』、一九八四、早稲田大学出版部。 (山川 均)

じんのさだめ 陣定 平安時代に行われるようになった現任公卿のみによる議定の一つ。天皇の発議による公卿への諮問で、そこでの意見は天皇による国政の最終的決定の参考とされた。名称は主に内裏紫宸殿東の左近衛陣の公卿座(陣座)で行われたことに由来し、陣議、仗議ともいう。次第は、天皇の勅を受けた大臣の上卿《しょうけい》があらかじめ諸公卿に開催を通知。当日、公卿が陣座に着すと、議題につき定め申せとの天皇の命が上卿から伝えられ、蔵人から示された関連文書を上位者から順覧の後、下位者から意見を述べていく。意見が分かれた場合応酬が行われることもあるが、必ずしも結論を一つにまとめることはなく、それぞれの意見と発言者名をまとめた定文《さだめぶみ》を参議左大弁が書き、読み上げて確認した後、上卿が蔵人を通じて定文を天皇に奏聞、軽事の場合は口頭で奏聞した。摂関期の受領統制の要であった受領功過定《こうかさだめ》、十一世紀半ば以降多発した荘園公領間・荘園間の訴訟審理など、国政全般に及ぶ議題を扱った重要政務であった。一つの結論を出すものでなかったことや公卿の意見のほとんどが前例・先例に依拠したものであったことなどから、その国政上の意義については評価が分かれるが、国政の最終的決定は天皇(または代行者である摂政)が行うとされていたことをふまえれば、陣定は天皇が国政上の重要問題と判断したことを公卿に諮問することにより天皇と公卿とがそれについての認識を共有した上で、天皇にとってはみずからの最終的決定の参考意見を徴することに意義があったのであり、公卿にとっては天皇の最終的決定に資するべく意見を述べるという公卿のみが担った国政上の役割を果たす場であるとともに、議題となった事案にふさわしい前例を求め、かつそれに依拠しつつも目前の事態に照応した見解を述べることは政治的な熟練を要し、陣定は公卿に求められたそうした政治的能力を養うとともにそれが試される場でもあったといえる。

参考文献 橋本義彦『平安貴族』、一九八六、平凡社。土田直鎮『奈良平安時代史研究』、一九九二、吉川弘文館。下向井龍彦「王朝国家体制下における権門間相論裁定手続について」(『史学研究』一四八、一九八〇)。大津透「摂関期の国家論に向けて―受領功過定覚書」(『山梨大学教育学部研究報告』三九、一九八八)。同「摂関期の陣定」(『山梨大学教育学部研究報告』四六、一九九五)。今正秀「王朝国家中央機構の構造と特質」(『ヒストリア』一四五、一九九四)。玉井力『平安時代の貴族と天皇』、二〇〇〇、岩波書店。 (今 正秀)

しんばしていしゃばあと 新橋停車場跡 汐留遺跡で一九九一年(平成三)から実施された発掘調査により明らかになった、わが国最初の鉄道起点駅跡の鉄道遺構。東京都港区東新橋一丁目に所在。新橋―横浜間の鉄道建設事業は、イギリスの駐日特命全権公使H・S・パークスの推薦により来日したイギリス人鉄道技師エドムント・モレルの指導により、民部省鉄道掛(のちの工部省鉄道寮)の所管で実施され、新橋駅においては一八七〇年(明治三)三月二十五日から測量が開始された。旧新橋駅舎は、木骨石貼の二階建て建物を、中央に設けられた木造平屋建ての建物でつなぐ構造で、中央の平屋部分を広間とし両側建物の一階に待合室・駅長詰所等を設け、二階は事務室として使用した。一八七一年(明治四)五月に着工、同年十二月に完成した。アメリカ人建築家R・P・ブリジェンスの設計を元に、甲良家《こうらけ》第十二代大島盈株《おおしまみつもと》が工事を監督した。開業は一八七二年十月十四日(明治五年九月十二日)で、新橋―横浜間全長二九キロを五十三分で結んだ。鉄道遺構の復元的整備事業(駅舎、プラットホーム全長一四四メートルの内二五メートル及び一八七三年英国製レール)は、旧新橋停車場跡保存復元方策等検討委員会(委員長八十島《やそしま》義之《よしの》助《すけ》東京大学名誉教授)による検討を踏まえて、東日本鉄道文化財団が、開業当時の古写真と発掘遺構から寸法を割り出して設計し、二〇〇二年一月に着工し翌年三月に竣工した。 ↓汐留遺跡《しおどめいせき》

資料館 旧新橋停車場鉄道歴史展示室(東京都港区)

参考文献 村井正利編『子爵井上勝君小伝』、一九一五、井上子爵銅像建設同志会。鉄道省『日本鉄道史』、一九二一、清文堂出版。渡辺虎一他編『大島盈株氏遺作日本建築

図譜』二、一九三〇、大島先生遺作図刊行会。東京都埋蔵文化財センター編『汐留遺跡』Ⅰ、一九九七。『復刻版 THE FAR EAST』、一九九八、雄松堂書店(所三男解説)。

(亀田 駿一)

しんぷくじ 真福寺 名古屋市中区大須にある真言宗智山派の寺院。山号は北野山。現在は大須観音宝生院という。寺号の初見は一三三三年(元弘三)十月十八日沙弥妙泉による尾張国中嶋郡長岡庄東西方郷逆松名(岐阜県羽島市)の田畠の寄進状である。「北野真福寺」ともみえ、京都の北野天満宮を勧請した北野社(北野天神)の宮寺、つまり北野宮寺が真福寺であったと思われる。初代の住持は能信で浄泉ともいい、南北朝時代に北朝の美濃守護土岐頼遠や南朝の後村上天皇から祈禱を命じられている。寺内には律蔵坊など八坊存在したが、その内の宝生坊が一三七一年(応安四)宝生院に呼称が変わった。田畠の寄進を受けるなどし、一五一六年(永正十三)には九坊に増え、寄進田畠は惣寺分と各坊分・院家分に分割され、坊分はほぼ均分されていた。一四五三年(享徳二)の能信上人の百年忌には、尾張・美濃・伊勢・三河・遠江・信濃から僧徒四百二十八人が出仕したが、戦国時代には衰退した。一六〇五年(慶長十)の木曾川の洪水により伽藍は大破し、一六一二年に徳川家康の命で現在地に移転し、一六三五年(寛永十二)観音堂を建立し、一八一五年(文化十二)五重塔の再建に着手するなど伽藍の整備に勤めた。十八世紀以降大須観音として名古屋庶民の信仰を集める。一八九二年(明治二十五)火災で諸堂を焼失し再建され、一九四五年(昭和二十)戦災で本堂が再び焼失し再建された。寺には能信の伝授分や東大寺東南院門跡聖珍から二代目住持信瑜に伝授された蔵書などが伝来し、水害に遭いながらも、その後尾張藩により蔵書の整理や点検・補修が行われ、現在真福寺(大須)文庫と呼ばれている。多数の和書・漢籍・仏典・古文書・絵画が保存されており、中でも国宝の『古事記』『漢書食貨志』『翰林学士詩集』、重要文化財の『扶桑略記』『将門記』『口遊』『玉篇』『空也誄』「尾張国郡司百姓等解文」などが有名で、近年聖教類の調査が進んでいる。

参考文献 黒板勝美編『真福寺善本目録』、一九三五・三六。名古屋市博物館編『大須観音真福寺文庫展』、一九六四。太田正弘編『愛知県史料叢刊』一五、一九八五。『愛知県史』資料編八、二〇〇一。稲葉伸道「尾張国真福寺の成立—中世寺院の一形態—」(『名古屋大学文学部研究論集』史学四八、二〇〇三)。

(西宮 秀紀)

しんぷじょう 新府城 戦国大名甲斐武田氏の最後の居城。一五八一年(天正九)武田勝頼によって築城され、新府中韮崎城とも称された。築城の翌年三月に自落し武田氏は滅亡。同年、徳川家康が対後北条氏との戦いに備え入城している。山梨県韮崎市中田町中条に所在。国指定史跡。七里岩台地上の通称丸山に占地し、最上部に本丸をおき二ノ丸・三ノ丸を配置している。虎口は南・北・東の三ヵ所にあり、丸馬出を伴った桝形虎口の南側を大手口とする。北側と東側には広い濠が設けられているが、南側には見当らない。各郭は土塁によって囲繞される。北側の濠内には出構えと呼ぶ特異な張り出し部が二ヵ所設置されている。近年の発掘調査で、本丸跡から築地遺構や礎石、土塁下部の石積みなどの遺構群と中国産陶磁器や焼米などが検出された。搦め手口では礎石を伴う焼失した門跡が確認されている。大手口や二ノ丸などに建物遺構が少なく未完の城であったことを裏づけている。

参考文献 山梨県韮崎市教育委員会編『新府城と武田勝頼』、二〇〇一、新人物往来社。

(萩原 三雄)

しんぺんむさしふどきこう 新編武蔵風土記稿 江戸幕府が編纂した武蔵国の地誌。全二百六十六巻。一八一〇年(文化七)、大学頭林述斎の建議により昌平坂学問所内に地誌調所が設立され、述斎は総裁として『新編武蔵風土記』の編纂を幕府に建議し、調方出役間宮士信をはじめとする四十二名が編纂を開始した。一八二八年(文政十一)に完成し、一八三〇年(天保元)に幕府に上程された本書は、その資料として用いられるものであったが、結局『新編武蔵風土記』自体は完成には至らなかった。一巻から八巻に武蔵国総国の沿革・山川・芸文などを載せ、以下二百五十七巻に各郡ごとの町村誌を、付録一巻に編纂者名を記載する。町村誌では各町村の沿革・地勢・交通・支配・小名・物産・寺社など詳細なデータを載せ、武蔵国研究を行う上で重要である。なお献上された『新編武蔵風土記』浄書の稿本は内閣文庫に収められており、『大日本地誌大系』に本書の翻刻がある。

参考文献 笠井助治『近世藩校に於ける出版書の研究』、一九六二、吉川弘文館。高橋章則「近世後期の歴史学と林述斎」(『東北大学日本思想史研究』二一、一九六九)。

(多和田雅保)

じんむてんのうせいせき 神武天皇聖蹟 紀元(皇紀)二千六百年記念事業の一環として、神武天皇に関わる史跡として調査・顕彰された遺跡。一九三七年(昭和十二)に設立された紀元二千六百年奉祝会の委嘱を受け、文部省宗教局保存課が事業を担当。一九三八年には祝典事務局・内務省・文部省・歴史学研究者ら二十五名からなる神武天皇聖蹟調査委員会(会長、三上参次)が発足。記紀などの文献調査をもとに三十六ヵ所の聖蹟を対象として実地調査を実施し、一九四〇年に菟狭(宇佐)宮跡・高島宮跡など十八件の聖蹟を決定、官報・週報で告示するとともに、一九四一年にかけて石欄をめぐらした基壇を伴う石碑を設置して顕彰した。これら聖蹟調査事業は史跡指定に準じた手続きで実施されたが、明証を求めることが困難でもあって、明治天皇聖蹟とは異なり史蹟名勝天然紀念物保存法に基づく史蹟には指定されていない。

参考文献 文部省編『神武天皇聖蹟調査報告』、一九四二。坪井清足「歴史学と遺跡学—わが国の史跡指定を振り返って」(坪井清足・平野邦雄編『新版古代の日本』一所収、一九九三、角川書店)。

(増渕 徹)

しんめいづくり　神明造　伊勢神宮内宮・外宮本殿に代表される神社建築の形式。桁行三間、梁間二間、切妻造平入で、柱は円柱とし、両妻に棟木を直接支持する独立した棟持柱を持つ。壁は板壁、屋根は茅葺ないし檜皮《ひわだ》葺で、棟上に堅魚木を並べ、破風《はふ》が延びて屋根を突き抜けて千木となる。この形式の代表である伊勢神宮内宮および外宮の各社殿は、柱が掘立柱となるほか、二十年ごとに建て替える式年遷宮制を有する。現存する神明造の最古の遺構は仁科神明宮本殿(長野県、江戸時代中期)。神明造の特徴を示す各部の形式は古墳時代にはすでに成立しており、古式を残す社殿形式との見方が有力であったが、天武朝における伊勢神宮の式年遷宮制の創始以降に古形式を再構成して新たに創造されたものとの解釈が近年提示されている。明治以降、神宮を頂点とする神社制度への改編の中で、多くの神社が神明造に建て替えられ、全国に流布した。　↓住吉造《すみよしづくり》　↓大社造《たいしゃづくり》

参考文献　福山敏男『伊勢神宮の建築と歴史』、一九七六、日本資料刊行会。丸山茂『神社建築史論』、二〇〇二、中央公論美術出版。　(清水　重敦)

じんめんぼくしょどき　人面墨書土器　甕型・杯型の土器の胴部・体部を顔にみたて、頭髪・眉・目・鼻・口・髭などの顔面を構成する要素が描かれたもの。都城遺跡から大量に出土しているが、近年では多賀城跡などの地方官衙およびその周辺の遺跡や東日本の集落遺跡からも発見されている。都城では主に小型甕型の土器が使用され、京内の河川・溝跡を中心に大量に出土している。従来、人面墨書土器に息を吹き込んで穢れや障災を移し封じ込め、水に流されたものと考えるのが主流であったが、近年の研究によれば宮城四隅疫神祭《えきじんさい》や道饗祭《みちあえのまつり》など疫病が都に侵入してくることを未然に防ぐために疫神を饗応する国家的な祭祀に使用されたとの見方が有力である。一方、集落遺跡から出土するものは杯型の土器が多く、竪穴建物跡からの出土が多い。都城や官衙で使用されていた人面墨書土器に由来しながらも、それらとは異なる独自の用途や機能があり、集落の中における祭祀で使用されたものと考えられる。

参考文献　金子裕之「平城京と祭場」(『国立歴史民俗博物館研究報告』七、一九九五)。笹生衛「奈良・平安時代における疫神観の諸相―杯(皿)形人面墨書土器とその祭祀―」(二十二社研究会編『平安時代の神社と祭祀』所収、一九八六、国書刊行会)。巽淳一郎「都城における墨書人面土器祭祀」(『月刊文化財』三六三、一九九三)。鬼塚久美子「人面墨書土器からみた古代における祭祀の場」(『歴史地理学』三八ノ五、一九九六)。高島英之「東国集落遺跡人面墨書土器に関する一考察」(『古代出土文字資料の研究』所収、二〇〇〇、東京堂出版)。　(高島　英之)

しんやくしじ　新薬師寺　奈良市東部の春日山南麓に所在する華厳宗の寺院。香山薬師寺、香薬寺とも。七四七年(天平十九)、聖武天皇の病気平癒を願って光明皇后が創建した。現在の本堂(国宝)は奈良時代後期の建築とみられるが、当初は壇所であった建物が転用されたものか。八世紀末には、東西九間の金堂に丈六の薬師如来像七体と日光・月光菩薩像、十二神将像(うち十一体が国宝)が安置され、東塔・西塔や僧坊、政所院、壇所、薬師悔過所などがあったことが知られる。西塔は七八〇年(宝亀十一)に落雷で焼失し、九六二年(応和二)には台風で金堂が倒壊するなどして一時衰退したが、鎌倉時代には現在の本堂建物が修理され、これを中心に伽藍が整備されたようである。現在の本尊は八世紀末ごろの製作とみられる一木造りの薬師如来坐像(国宝)で、内刳りから八世紀末から九世紀初めごろの法華経八巻が見つかっている。

参考文献　『大和古寺大観』四、一九七七、岩波書店。　(鐘江　宏之)

す

ずい　隋　中国の統一王朝の一つ。首都は長安。文帝(高祖、在位五八一―六〇四)が五八一年に宮廷革命で北朝の北周を倒して建国、五八九年に南朝の陳《ちん》を滅ぼし、後漢末以来四百年ぶりに中国を統一した。文帝は長安に大興城を建て、中央に内史省(唐の中書省)・門下省・尚書省を置き、地方制度を州郡県三級制から州県二級制に改め、科挙を創始し大運河の開削に着手するなど、中国統一に必要な国内政治を推進した。子の煬帝《ようだい》(在位六〇四―六一八)は積極策に転じ、黄河と長江とを結ぶ大運河を完成し、洛陽に東都を造営するなどした。外国との交渉にも意欲を見せたが、六一二―六一四年の連年の高句麗遠征に失敗、六一八年に煬帝が江都(揚州)で殺され、隋は二代で滅亡した。両帝はともに即位後数年で律と令を発布し、唐中期までのいわゆる律令体制の基礎を築き、また仏教を尊崇した。日本は六〇〇年(推古天皇八)以降数次の遣隋使を派遣し、統一国家としての隋の制度や文化を摂取した。

参考文献　布目潮渢・栗原益男『隋唐帝国』(『講談社学術文庫』、一九九七、講談社)。池田温編『世界歴史大系中国史』二、一九九六、山川出版社。　(金子　修一)

すいえき　水駅　駅制運用のため河川を上下する船を備えた駅家。『養老令』厩牧令水駅条には、馬を配置しない水駅には駅別に二隻から四隻の船を配し、また陸路に準じて駅長を置くと規定されている。『大唐六典』によれば水運の発達した唐では二百六十ヵ所の水駅と八十六ヵ所

の水陸兼送の駅が存在したとある。日本では船だけを置く水駅は存在を確認できないが、『延喜式』兵部省に出羽国に船・馬を並置する四ヵ所の駅家がみえ、水駅の実例とされている。陸路の険しさや積雪などへの対応として水運が利用されたものであろう。このうち野後《のじり》(山形県北村山郡大石田町駒籠《こまごめ》付近など諸説)・避翼《さるはね》(最上郡舟形町長者原付近、同町馬形・同郡大蔵村烏川向付近など諸説)・佐芸《さけ》(東田川郡庄内町清川付近、最上郡鮭川村真木付近、同郡戸沢村古口付近など諸説)の三駅については最上川水運上の駅と考えられるが、白谷《しらや》駅については最上川水運の駅とする説(庄内町清川付近など諸説)と雄物川水運の水駅とする説(秋田市雄和新波《あらわ》付近)の両者がある。

参考文献　坂本太郎「水駅考」(『坂本太郎著作集』八所収、一九八九、吉川弘文館)。新野直吉「延喜式内水駅」(『日本古代地方制度の研究』所収、一九七四、吉川弘文館)。森田悌「水運について」(『日本古代の政治と地方』所収、一九八八、高科書店)。小口雅史「最上川延喜式内水駅補考」(『文経論叢』二一ノ三、一九八六)。　(永田　英明)

ずいがんじ　瑞巌寺　正式名称は松島青龍山瑞巌円福禅寺。宮城県宮城郡松島町松島字町内に所在する。現在は臨済宗妙心寺派である。本堂・御成玄関、庫裏・回廊が国宝に、御成門、中門、各太鼓塀が重要文化財となっている。戦国時代末期に荒廃していた円福寺を一六〇四年(慶長九)、仙台藩初代藩主伊達政宗が再興した。竣工は一六〇九年である。大工棟梁は仙台城大広間の作事担当者と同じ京都の梅村彦左衛門、匠人は紀州の刑部左衛門国次である。一六一一年、政宗に招かれて当寺を訪れたスペイン大使ビスカイノは「木造では世界に並ぶものなし」と絶賛したのは外交辞令とはいえ、その威容を偲ばせる。初代住職は政宗の師虎哉宗乙の法嗣である陽岩宗純であるが、建物の完成を見ずして遷化したため後任には越前法泉寺から海晏道陸が就任している。一六三六年(寛永十三)、後に中興開山とされる摂津の雲居が住職となり、今日に至る。↓円福寺《えんぷくじ》

資料館　瑞巌寺宝物館(宮城県宮城郡松島町)

参考文献　堀野宗俊『瑞巌寺の歴史』、一九九七、瑞巌寺。　(田中　則和)

すいぎん　水銀　常温で液体である唯一の金属。銀白色を呈する。自然界では、硫化物の形をとることが多い。これが、赤い顔料である朱、硫化水銀(辰砂《しんしゃ》)である。水銀の含有量が多いと水銀粒を含んでいることもある。一般には、硫化水銀を還元剤とともに加熱すると水銀が蒸気となり、これを冷却凝縮すると水銀が得られる。水銀は、金、銀、銅などの金属と容易に合金を作る。水銀合金を一般にアマルガムと呼び、中でも歴史上もっとも重要であるのが金アマルガムである。金アマルガムは、金銅の表面を金色に飾る鍍金層を作るのに用いられた。近世では、鏡の表面を光らせるために、スズアマルガムを表面に擦り込むことが行われた。水銀は人体に有毒であるため、取り扱いには十分に注意を要する。↓金銅《こんどう》　↓朱《しゅ》　↓鍍金《ときん》

参考文献　村上隆『金工技術』(『日本の美術』四四三、二〇〇三、至文堂)。　(村上　隆)

すいこ　出挙　稲・粟や財物などを貸し付け、利息とともに回収する貸借行為。大化前代からおこなわれていた。その起源について、種稲の分与にもとづく共同体の再生産機能に求める見解が有力である。律令制下には、国家がおこなう公出挙と、民間がおこなう私出挙があり、遅くとも七世紀後半の天武朝には確認できる。利息は公出挙が五割(三割になった時期もある)、私出挙が十割であった。利息が元本を超過したり、複利運用することは禁止された。負担は重く、返済できないときには、資産を売却したり、労働によって償わなければならなかった。公出挙は稲を中心に、春三月と夏五月の二度に分けて貸付けされ、秋収後に利息とともに回収された。三月は種を蒔く時期、五月は田植えの時期にあたり、勧農・救貧的な側面をもつ。しかし公出挙は、大税・郡稲・公用稲・駅起稲・神税など、地方財政の財源に組み込まれていたこともあって、強制的な貸し付けがなされた。七三四年(天平六)・七三九年、公出挙は正税出挙に一本化され、拡大強化されていく。八世紀末以降、調庸の収取が滞り中央財政が悪化してくると、正税出挙にもとづく交易雑物制などの枠が拡大して財源確保に「調庸から正税へ」という流れが生じる。また公出挙は、九世紀から十世紀にかけて、本稲を貸し付けることなく、利稲相当額のみを徴収するようになり、さらに賦課基準についても人別から土地別へと変化するなど、本来のあり方から大きく乖離するようになった。一方、稲の私出挙は公出挙と対立的な位置を占めたこともあり、七三七年の禁令をはじめ何度か禁止されたが、効果はほとんどなかった。また、財物の私出挙は、調庸物の代納といった形をとることが多く、債務関係にもとづく隷属関係が新たに形成され、農村の階層分化を促進し、律令国家解体の原因ともなった。

参考文献　村井康彦『古代国家解体過程の研究』、一九六五、岩波書店。戸田芳実『日本領主制成立史の研究』、一九六七、岩波書店。薗田香融『日本古代財政史の研究』、一九八一、塙書房。　(市　大樹)

ずいしょ　隋書　中国の正史の一つ。隋朝の歴史を記す。唐の魏徴《ぎちょう》・長孫無忌《ちょうそんむき》等奉勅撰、帝紀五巻・志三十巻・列伝五十巻の計八十五巻、六五六年成立。はじめ南朝の『梁書《りょうしょ》』『陳書《ちんしょ》』、北朝の『北斉書《ほくせいじょ》』『周書《しゅうじょ》』とともに、太宗の六三六年に成立した。しかし、いずれも志を欠いていたため、六五六年に『五代史志《ごだいしし》』三十巻が作られて『隋書』に編入された。したがって、本書の志は上記四朝の制度典章等の記述を含み、きわめて有益である。ことに経籍志ははじめて経史子集の四部の項目を立て、漢籍の四部分類法を確立した。本書には煬帝《ようだい》の暴政に関する記述が目立つが、唐の成立に貢献し兄の皇太子を倒して

皇帝となった、唐の太宗の善政と対比してその点を強調した、とされる。外国伝は突厥との交渉を主とするが、倭国伝は『日本書紀《にほんしょき》』にない六〇〇年（推古天皇八）の遣隋使の記述など、当時の日本に関する貴重な記録を伝えている。また流求伝は、琉球の記録とも台湾の記録ともいわれる。

参考文献　興膳宏・川合康三『隋書経籍志詳攷』、一九九五、汲古書院。　（金子　修一）

すいしょう　水晶　石英 SiO_2 の結晶形。透明・白色・茶色・黒色で六角柱・六方晶形で、硬度は七で硬く、ガラスに似た光沢があり貝殻状に割れる。考古学的には石器、のちに玉類に使われている。前期旧石器文化の中国周口店遺跡、北京原人の石核石器に水晶・石英製が多い。日本では後期旧石器文化のナイフ形石器や彫器が福島県上悪戸《かみあくど》遺跡で出土しており、縄文時代草創期―後期には山梨県釈迦堂《しゃかどう》遺跡・滋賀県石山貝塚で石鏃・石錐《せきすい》・石匙《いしさじ》が出土している。旧石器・縄文時代には鋭利な石器として水晶を用いているが、黒曜石に比べて少ない。玉類としての利用は、青森県稲山《いなやま》遺跡の縄文後期の垂飾に始まり、弥生時代中期の京都府奈具谷《なぐだに》遺跡では管玉・切子玉《きりこたま》・石鋸・砥石とともに玉作り工房が発見されている。古墳時代には水晶の勾玉《まがたま》・切子玉が多く、朝鮮半島にも類品がある。古代の仏教文化では仏像の白毫《びゃくごう》や仏舎利《ぶっしゃり》に、中世・近世には数珠《じゅず》・根付《ねつけ》・印鑑に利用された。

参考文献　十菱駿武「水晶」（『考古学による日本歴史』九所収、一九九七、雄山閣）。　（十菱　駿武）

ずいしんいん　随心院　京都市山科区小野御霊町に所在する寺院で、現在は真言宗善通寺派に属する。小野門跡と別称される。境内は国指定史跡。平安時代中期の十一世紀前半に仁海僧正の建立した曼荼羅寺に起源を持つ。随心院は当初は曼荼羅寺の塔頭《たっちゅう》として建立された寺院であったが、鎌倉時代には本寺を凌ぐ発展を遂げ、真言宗小野派の中心寺院となった。応仁・文明の乱によって衰亡し、桃山時代末期から江戸時代初期にかけて復興された。現在の伽藍はこの時のものが主体となっている。なお、この寺は平安時代の歌人小野小町の邸宅跡であるといわれており、境内には小町水と呼ばれる井戸などが残るが、これは「小野」という地名によって付せられた伝説である。境内では一九九一年（平成三）に防火水槽設置に伴う小規模な確認調査が行われ、江戸時代の土坑、室町時代ないし江戸時代の石室状遺構、時期不明の掘立柱建物跡などが検出されている。

参考文献　京都市埋蔵文化財研究所編『平成三年度京都市埋蔵文化財調査概要』、一九九五。　（山田　邦和）

ずいせんじ　瑞泉寺　神奈川県鎌倉市二階堂にある臨済宗円覚寺派の寺院。通称紅葉ヶ谷に位置する。山号は錦屏山。一三二七年（嘉暦二）、高名な禅僧夢窓疎石が創建。当初は瑞泉院と称した。翌年には裏山頂部に富士を望む偏界一覧亭が建立された（『一覧亭記』）。鎌倉幕府滅亡後、初代関東公方足利基氏の帰依を受け、一三六七年（貞治六）に基氏が死去すると、遺命により当寺に葬られた。基氏は瑞泉寺殿の法号を持ち、中興開基とされる。その後、夢窓疎石派の重要拠点となり、古天周誓、義堂周信以下の高僧が住持を務め、関東十刹に列せられている（『鎌倉五山記』）。一四三九年（永享十一）の永享の乱に際し当寺も兵難に遭遇、一覧亭が破壊されている。江戸時代には円覚寺黄梅院が住持を兼帯した。現在、重要文化財の木造夢窓疎石坐像が残る。境内や裏山にやぐら群が存する。境内は国史跡。また、夢窓の作と伝えられる庭園は国名勝。

参考文献　『鎌倉市史』社寺編、一九五九、吉川弘文館。　（高橋慎一朗）

すいぜんじじょうじゅえん　水前寺成趣園　一六三二年（寛永九）豊前小倉より肥後藩主となった細川忠利が一六三六年に創建した。随伴した耶馬溪羅漢《やばけいらかん》寺の僧玄宅が開

瑞泉寺庭園　錦屏山に穿たれた天女洞（水月観道場）

水前寺成趣園

山した禅寺水前寺を移し、跡地に細川家の下屋敷として作られた大名庭園。熊本市水前寺公園に所在。国指定史跡・名勝。豊富な湧水を利用した大苑池を中心に、対岸に穏やかな山並みを現すように裾を引いた灌木《かんぼく》の刈り込みを点在させるだけの芝山が幾重にも連なり、築山中一段高い富士山型の築山がかなめとなる。池中に松などを植栽した数個の島と岩島がある。池畔の茶亭は八条智仁親王に細川幽斎が古今伝授を行なった書院で、明治に長岡天満宮境内から移築したものである。

参考文献　西桂『日本の庭園文化―歴史と意匠をたずねて―』、二〇〇五、学芸出版社。

（田中　哲雄）

すいちゅうこうこがく　水中考古学　海洋・湖沼・河川などの水底および水底下に存在する遺跡を調査研究の対象とする考古学の一分野。国内ではまだ調査例も研究者も少ないが、海外ではアジアを含めて盛んに行われており、科学技術の進歩によってその領域を大きく広げつつある。水底にある全ての遺跡を対象とするため、遺跡の種類や時代は多岐にわたり、自然環境の変化や地殻変動により陸上の遺跡が水没したものや、沈没船など水底そのものに形成された遺跡などがある。特に沈没船は陸上の遺跡では得られない多くの情報を提供する。例えば韓国の新安沖沈没船の調査成果は海事史・交易史・陶磁史など多くの研究分野に寄与した。日本の水底遺跡の調査は一九〇八年（明治四十一）に発見された諏訪湖曾根遺跡における坪井正五郎の遺物採集に始まるが、日本に水中考古学を広く紹介したのは早くから琵琶湖底の遺物に関心をもっていた小江慶雄である。一九五九年（昭和三十四）の葛籠《つづら》尾崎《おざき》湖底遺跡（滋賀県東浅井郡湖北町）ではじめて科学技術を導入した調査が行われ、一九七四年から行われた開陽丸（北海道檜山郡江差町）の調査は発掘作業を伴うはじめての本格的調査となった。以後、琵琶湖湖底遺跡、瀬戸内海の海底遺跡、鷹島《たかしま》海底遺跡（長崎県松浦市鷹島）などで継続的に調査が行われている。水中考古学においては陸上の考古学の踏査にあたるものが海底での目視調査や機器による探査である。発掘調査方法は大きく分けて、陸化調査法（ドライ＝ドック法）と潜水調査法がある。前者は人工的に排水して、陸化した上で行うもので、比較的水深の浅い水域の遺跡の調査に適している。陸化した後は陸上の遺跡の発掘調査と同様の方法をとる。後者は水中で使用可能な機材を用いて調査員らが潜水して行うものである。海外では有人潜水艇を用いて深海に沈んだ船の調査も行われている。また出土遺物は脱塩処理など科学的な保存処理が不可欠なものが多く、専門の知識と技術、設備が必要である。

参考文献　小江慶雄『水中考古学入門』（『NHKブックス』四二一、一九六二、日本放送出版協会）。荒木伸介『水中考古学』（『考古学ライブラリ』三五、一九六五、ニュー・サイエンス社）。「特集水中考古学の現状と課題」（『月刊考古学ジャーナル』四八〇、二〇〇二）。

（野上　建紀）

すいでん　水田　稲作の圃場。溜池や河川からの引水など人工灌漑による田地のこと。自然湧水や雨水に頼る水田を天水田という。水田には、その水分状態によって乾田・湿田・半湿田などに区分される。乾田は排水機能がよく用水を止めると乾燥耕地になる田地で、用水が確保できれば生産力が高かった。湿田は排水が悪く湛水状態が続く田地で、土地生産性が低かったため、湿田の乾田化が時代を通じて図られた。しかし、平野の小さい日本では丘陵周辺部の谷戸田など天水田の湿田も多かった。半湿田は乾田と湿田との中間形態をいう。田は本来耕地一般を意味したが（『説文解字』）、日本では田に水田の意味を持たせたため、乾燥耕地を指す畠という国字が作られた。縄文時代晩期に稲作が伝来するに伴って水田が造成された。当初は湿地帯に造成されたと考えられるが、北九州などではその初期の水田にも灌漑用水路や矢板・杭によって補強された畦畔《けいはん》を伴った遺構が発見されているから、湿地帯以外の開発も並行して行われたようだ。発掘された遺構の水田一枚の面積は一〇～三〇平方メートルから静岡県登呂遺跡の約二〇〇〇平方メートルまで大きな開きがあるが、これは耕地の傾斜や土質などによる保水能力の違いによるものだといわれる。水田の開発には、古墳時代、奈良時代の条里制施行時、平安時代後期の荘園公領制確立期、戦国時代―江戸時代初期などいくつかの画期があったことが指摘されているが、中でも一番大きな画期が元禄―享保年間（一六八八―一七三六）の新田開発の時期で、水田面積は百六十四万町歩まで拡大したという。律令の耕地に関する規定が田令《でんりょう》しかないように、古代国家は水田を租税賦課の基本耕地としたため、水田中心の歴史認識が広まった。それは八世紀に編纂された『古事記』『日本書紀』の中で日本国を「瑞穂国」と記していることによく現れている。この水田中心の考え方は中世・近世までも継続された。中世の一国単位の土地台帳は大田文といい「大畠文」の存在は確認されないし、江戸幕府が豊臣秀吉の太閤検地で確立された石高制を採用し、大名や武士の財産や役の負担を、生産諸力を米の生産量に換算した基準である「石」で表したことがそれを示している。

（木村　茂光）

すいでんがよう　水殿瓦窯　中世の瓦窯。埼玉県児玉郡美里町沼上に所在。国指定史跡。一九二九年（昭和四）の調査で一基が発掘され、現在四基が等間隔に並列して確認される。発掘された一号窯は全長約二・八メートルの平窯で、焼成部は一辺一・一八メートルの正方形で三本の畦《あぜ》を持つ。剣頭文軒平瓦、斜格子文に「大」「少」「十」字を加えた叩きの平瓦が出土しているが軒丸瓦は出土していない。稲村坦元により鎌倉永福寺跡出土瓦の生産瓦窯であることが指摘され、その後小林康幸が永福寺II期（寛元・宝治年間（一二四三―四九）修復期）の造瓦瓦窯と位置づけた。また徳治二年（一三〇七）紀年銘瓦を出土する児玉町秋山般若寺跡の瓦も水殿瓦窯で生産されたという見解があるが定かではない。水殿瓦窯の周辺には本庄市浅見山Ⅰ遺跡があり、瓦窯や堂宇的建物がある。建物跡から出土した軒丸瓦は、永福寺Ⅰ期に属し鎌倉からもたらされた瓦で十三世紀前半以降分布する瓦といい、この一帯は鎌倉と深い関係にある地域である。

参考文献　鎌倉市教育委員会編『史跡永福寺跡―昭和六三年度―』、一九八九。美里町教育委員会編『国指定史跡水殿瓦窯跡試掘調査報告』(『美里町遺跡発掘調査報告書』六、一九九〇)。　(酒井　清治)

すいどうやまがよう　水道山瓦窯　奈良時代の瓦窯跡。宇都宮市街地の北方約一・二キロの丘陵上に通称水道山があり、その南麓の宇都宮市戸祭町に所在。西側には釜川が南流しており、約三〇〇メートル離れた対岸の宝木台地東端には根瓦瓦窯がある。(一九六二(昭和三十七)・七七・八〇年の大川清らの発掘によれば地下式無階無段登窯に分類した瓦窯三基・作りかけの窯・ステ場が確認されている。奈良時代前半には操業が始まり、下野国分寺創建期まで続いた瓦窯。下野薬師寺、下野国分寺、多功遺跡(上三川町)、上神主・茂原官衙遺跡(宇都宮市)、下野国府などに瓦を供給した。小山市乙女不動原瓦窯、佐野市町谷瓦窯の均正唐草文軒平瓦に同笵例があり、工人の移動が推測されている。平瓦は、国分寺の造瓦を境として桶巻から一枚造りに変わる。国分寺段階には那須、塩屋、河内の郡名一字を「那」「塩」「内」と略記した文字瓦、人名瓦を焼成している。古代下野国の造瓦体制を考究するための重要遺跡である。

参考文献　『山本山古墳・水道山瓦窯跡発掘調査報告書―日本住宅公団(宇都宮市戸祭地区)地内―』、一九七九、栃木県教育委員会。田熊清彦・田熊信之編著『下野国河内郡内出土の古瓦』、一九八〇、中国日本史学文学研究会。『水道山瓦窯群』、一九八二、宇都宮市教育委員会。栃木県文化振興事業団埋蔵文化財センター編『下野国分寺跡―瓦・本文編―』Ⅻ(『栃木県埋蔵文化財調査報告書』一六九、一九九七、栃木県教育委員会)。　(田熊　清彦)

すいびょう　水瓶　水を入れ、飲用あるいは手足・口などの洗浄用に供する長頸の瓶。梵語ではクンディカ、漢語では軍持《ぐんじ》と書く。鉢などとともに比丘《びく》十八物(僧侶の必需品)の一つに数えられ、心身の清浄を保つものとして、仏への供養具、菩薩などの持物となる。唐の義浄『南海《なんかい》寄帰内法伝《ききないほうでん》』では飲用は必ず瓦(陶磁器)製、洗浄用には銅鉄製があるとする。中国では北魏以来の遺例があるが、日本へは仏教とともに伝来し群馬観音山古墳出土例などの舶載品をもとに青銅、須恵器、施釉陶器で作られる。形状から㈠肩部に注入口をもつ卵形の胴部に、上方で広がる細長い頸部の上に細い飲み口をつけた仙盞《せんさん》形、㈡注口のない卵形の胴部に台脚と上方で外反する細長い頸部がつく王子形、㈢胴部が寸詰まりの蕪《かぶら》形、㈣胴部に湾曲した鶴首状の注口が付き、頸と胴に突帯を巡らす布薩《ふさつ》形、㈤太い口頸で胴部に長い注口と把手をもつ信貴形に大別され、㈠は飲用の浄瓶である。奈良・平安時代には㈠㈡㈢が、鎌倉時代以降は㈣㈤が主流を占める。

参考文献　東京国立博物館『水瓶』(『法隆寺献納宝物特別調査概報』Ⅷ、一九六三)。　(川越　俊一)

ずいほうでん　瑞鳳殿　仙台市青葉区霊屋下《おたまやした》の経ヶ峯伊達家墓所にある仙台藩初代藩主伊達政宗の霊廟。豊臣秀吉・徳川家康に仕えながら仙台藩六十二万石の基礎を築いた伊達政宗は、一六三六年(寛文十三)五月、江戸桜田上屋敷において七十歳で死去した。遺体は仙台に運ばれ、広瀬川を隔てて仙台城の対岸にあたる経ヶ峯に埋葬され、翌年秋には霊廟瑞鳳殿が完成した。この瑞鳳殿は本殿・拝殿・唐門・涅槃門などからなり、桃山様式の遺風を伝える壮麗な建築物として一九三一年(昭和六)国宝に指定されたが、一九四五年七月の仙台空襲で焼失した。現在の瑞鳳殿の建物は一九七九年に再建されたもので、鉄筋コンクリート造りである。再建に先立つ墓の発掘調査では、石室の中から保存良好な政宗の遺体とともに太刀・具足・蒔絵箱・鉛筆・金製ブローチなど、近世大名の日常生活を偲ばせる貴重な副葬品が多数発見された。なお、再建された御供所は瑞鳳殿資料館として利用されている。

参考文献　小林清治『伊達政宗』(『人物叢書』、一九五九、吉川弘文館)。伊東信雄編『瑞鳳殿伊達政宗の墓とその遺品』、一九七九、瑞鳳殿再建期成会。　(白鳥　良一)

瑞鳳殿（空襲焼失前）

瑞鳳殿石室発掘状況

すうこうどう　崇広堂　江戸時代末の一八二一年(文政四)に、津藩第十代藩主藤堂高兌《とうどうたかさわ》によって、上野城内に設置された藩校。三重県伊賀市上野丸之内に所在する。崇広の名は『書経《しょきょう》』周官《しゅうかん》の「功《こう》ノ崇《たか》キヲ惟志《これこころざ》シ、業《ぎょう》ノ廣《ひろ》キヲ惟勤《これつと》ム」という一節に由来し、講堂の扁額は高兌に懇願された米沢藩主上杉治憲《うえすぎはるのり》の筆による。創建当時は講堂を中心とする文場《ぶんじょう》のみであったが、後に敷地西側に武場《ぶじょう》が設けられた。一八五四年(嘉永七)には、大地震によって講堂を除く建物の大半が倒壊したが、翌年には再建された。再建後の様子を示す『御学館内絵図《ごがくかんないえず》』にには、文場と武場の間には敷地の東西を画する溝が描かれているが、発掘調査により実際に石組溝が検出されている。明治以降、武場は衰退していくが、文場の建物は教育施設として引き続き活用され、その主要部分が藩校の様子をよく伝えていることから、一九三〇年(昭和五)には国史跡「旧崇広堂」として指定された。

参考文献 『史跡旧崇廣堂保存整備事業保存修理工事報告書』第Ⅰ・Ⅱ期、一九六四・二〇〇一、上野市教育委員会。

(福田 典明)

すうふくじ 崇福寺 滋賀県大津市滋賀里町の山中にある天智天皇が発願した白鳳寺院。志賀山寺、志賀寺ともいう。『扶桑略記《ふそうりゃっき》』に大津遷都した翌年の六六八年(天智天皇七)に、大津宮の西北山中に造立した縁起と堂塔のことを記す。『万葉集』巻二に「穂積《ほづみ》皇子に勅して近江の志賀の山寺に遣わす時、但馬皇女《たじまのひめみこ》の作りまし し御歌一首」とあり、持統朝には寺観がほぼ整ったことがわかる。『続日本紀』大宝元年(七〇一)八月甲辰条に、食封《じきふ》が三十年になり停止したことを記すので、天智朝に造営が開始したものと推測される。天平十二年(七四〇)十二月乙丑日条に、聖武天皇が東国へ行幸した際に志賀山寺を崇拝したことがみえる。さらに、七八六年(延暦五)に桓武天皇が梵釈寺《ぼんしゃくじ》を造営した後、『類聚国史《るいじゅうこくし》』には延暦二十二年に、梵釈寺の別当が崇福寺と併せて検校したことを記す。また、『日本紀略』延喜二十一年(九二一)十一月四日条に堂塔が焼失したことと、建立して二五三年になることを記す。その後、焼失と再建を繰り返し、寛喜年間(一二二九―三二)には園城寺《おんじょうじ》の配下に入っている。遺跡は、一九二八年(昭和三)に肥後和男、一九三八年(昭和十三)から三年間、柴田実らが発掘調査し、三つの尾根のうち北尾根に弥勒堂《みろくどう》、中尾根に小金堂と塔、南尾根に金堂と講堂が所在することが明らかになった。弥勒堂では平積みの瓦積基壇、その東方の建物で合掌積《がっしょうづ》みの瓦積基壇が検出された。軒瓦には、大和の川原寺と同笵《どうはん》の複弁八葉蓮華文軒丸瓦があり、川原寺から山城の高麗寺を経て瓦当笵がもたらされている。また、塔心礎から金、銀、銅の舎利容器が見つかった。これは後に格狭間《こうざま》の様式から、石田茂作が平安時代のものとみなし、遺構の年代をめぐって崇福寺論争がおこった。南尾根の金堂、講堂は北・中尾根の堂塔と主軸が若干異なり、また金堂建物の礎石に出枘《でほぞ》式のものがあり、平安時代に建てられた梵釈寺《ぼんしゃくじ》とみる考えが有力視されている。国指定史跡。舎利容器と荘厳具は国宝。近江神宮所蔵。

参考文献 柴田実「大津京阯」下(『滋賀県史蹟調査報告』一〇、一九四一)。

(小笠原好彦)

すえき 須恵器 古墳―平安時代の青灰色を呈する高火度焼成の焼き物。陶磁器の分類では炻器《せっき》に属し、構築窯で還元炎焼成された釉薬を用いない硬質の土器である。その技術的な淵源は中国新石器時代の灰陶、春秋戦国時代の印文硬陶にあり、直接的には五世紀初め(よりさかのぼるとする説もある)の朝鮮半島(中でも南部洛東江流域)の陶質土器の伝来にある。技術的特徴は、轆轤《ろくろ》を使用した成形・調整と窯による高火度還元炎焼成にあり、緩やかな回転台程度の成形・調整と覆い焼酸化炎焼成の土師器に対して革命的な変革であった。須恵器の小型製品は、粘土紐巻上げによる器胎を轆轤上で遠心力を利用して成形し、撫で・削り調整も轆轤上で行なった。轆轤上に据えた粘土塊から小型製品を引き出す技法は八世紀になって出現する。大型製品の場合は、粘土紐巻上げによる器胎の内側に、キノコ形の当具をあて、外から羽子板状の叩板で叩いて体部を成形する。体部内面には当具に刻まれた同心円状圧痕がつき、外面には叩板に刻まれた平行・格子などの文様が残る。大型製品も口縁部や台は轆轤上で成形・調整する。窯は窨《あな》窯と呼ばれ、焚口、燃焼室、焼成室、煙出しまで一本の煙突状をなす単室構造の窯で、丘陵斜面に地下式あるいは半地下式で築かれる。還元炎焼成とは窨窯で千度以上の高温で焼成する最終段階に窯の焚口を密閉、窯内を酸欠状態として一酸化炭素を充満させる焼成法で、器胎中の酸化第三鉄(ベンガラ色)が還元されて酸化第二鉄(青黒色)に変化する。築窯だけでなく温度管理技術も製品の出来を決める高度な技術であった。主要製品の変化に合わせて窯の構造も変化する。須恵器の存在は江戸時代から知られ、世間では行基焼、勾玉壺などと呼ばれていた。国学者本居宣長は『和名類聚抄』古本に陶は「須恵毛乃」とあると記し、蘭学者の大槻玄沢は斎戸《いわいべ》と呼んでいる。明治時代には祭祀用土器の意で祝部《いわいべ》土器・斎瓮《いわいべ》・厳瓮《いわいべ》、起源に由来して朝鮮式土器、技法から陶質土器と呼ばれたが、祝部式土器が優勢であった。一九二七年(昭和二)―三五年ごろ、後藤守一が陶器の陶の古訓を引いて須恵と書くことを提唱し、第二次世界大戦後に広く一般に定着した。須恵器は、土師器とともに日常雑器や葬祭具として使用されるが、煮炊具は比較的低火度で焼かれた多孔質の土師器で、貯蔵具の主体は硬質で吸水率の低い須恵器が占め、供膳具は両者を併用するなど、特色を生かした使い分けが認められる。用途別の器種では壺・甕・瓶など多様な形態の貯蔵具、蓋杯・杯・椀・皿・盤・高杯などの供膳具、甑・擂鉢・鉢などの調理具があり、ほかに硯・水滴などの文房具、ミニチュア土器・馬形・瓦塔などの祭祀具がある。土師器が比較的規模の小さい体制で生産できるのに対して、須恵器は窯の構築からはじまって大きな資本投下を必要とする。そのため須恵器の変遷は社会的体制、需要動向を敏感に反映する傾向にある。当初は朝鮮半島の技法・文様そのままであったが、五世紀中ごろには日本的な共通スタイルが生み出される。六世紀には葬送具として大量生産されることから、省力化・小型化が進み、七世紀には金属器を模倣した新たな器形・器種が生み出され、八世紀にかけて律令制下の生活形態に対応して、多様な器種分化と規格性をもった供膳具が作られる。八世紀後半以後は規格性が弛緩し、国ごとの独自な供給体制へ移行し、灰釉陶器の普及もあいまって、九世紀には急激に衰退し、粗雑な日用雑器の生産地が中世陶器の母体となる。七世紀以降の歴史時代の須恵器研究は、窯跡資料による編年研究に加えて、飛鳥地域・藤原宮・平城宮・難波宮・長岡京・平安京などの宮都や飛鳥寺・川原寺をはじめとする寺院の発掘調査の進展によって飛躍的に進んだ。伴出する土師器、遺構の変遷(造替)、伴出木簡、文献史料との対比を重ねることで、器種構成・法量・製作技法の変化に年代を与える研究が試みられ、飛鳥地域に都があった七世紀代はI—Vの五段階に、平城宮(七一〇年(和銅三)—七八四年(延暦三))ではI—V段階に大別されている。また、消費地での胎土による群別と各地窯跡資料との照合から、尾張猿投《さなげ》窯、岐阜美濃窯、大阪陶邑《すえむら》窯などから都への供給を確認されるとともに、その他の窯跡との同定作業が進められている。

参考文献 大阪府立近つ飛鳥博物館『年代のものさし—陶邑の須恵器』、二〇〇六。田辺昭三『陶邑古窯址群』I、一九六六、平安学園考古学クラブ。同『須恵器大成』、一九八一、角川書店。中村浩『和泉陶邑窯の研究』、一九八一、柏書房。同『古墳時代須恵器の編年的研究』一九九三、柏書房。西弘海『土器様式の成立とその背景』、一九八六、真陽社。 (川越 俊一)

すえながまさお 末永雅雄 一八九七—一九九一 昭和時代を通して古墳時代研究を中心に進めた考古学者。一八九七年(明治三十)六月二十三日、大阪府南河内郡狭山町(大阪狭山市)に生まれる。京都帝国大学文学部で浜田耕作の指導を受けて考古学を学んだ。その後、一九三〇年(昭和五)に奈良県宮滝遺跡、大阪府国府遺跡、一九三三年に奈良県石舞台古墳の発掘調査を実施し、一九三六年には『日本上代の甲冑』により帝国学士院賞を受賞した。一九三八年に奈良県橿原遺跡を発掘するとともに、橿原考古学研究所を創設し、一九八〇年まで所長を勤めた。第二次世界大戦後、大阪府黒姫山古墳、和泉黄金山古墳、奈良県桜井茶臼山古墳、五条猫塚古墳、大和天神山古墳、新沢千塚古墳、和歌山県岩橋千塚古墳など学史に残る発掘を進め、古墳時代研究を推進した。橿原考古学研究所による飛鳥京跡の発掘を継続して行い、藤原京以前の宮都の研究でも成果をあげた。一九七二年の明日香村高松塚古墳の発掘調査を指導し、わが国初の本格的な壁画古墳の発見につながった。一九八八年に文化勲章を受章。一九九一年(平成三)五月七日没。九十三歳。墓は大阪狭山市公園墓地にある。著書に『古墳の航空大観』、『末永雅雄著作集』(全五巻)がある。 (工楽 善通)

すえのすえかまあと 陶陶窯跡 奈良時代後半から平安時代前半にかけて営まれた陶古窯跡群を代表する須恵器窯。所在する山口市大字陶の地名にみられるように、山口市南部小郡《おごおり》から鋳銭司《すぜんじ》にかけての丘陵斜面には五支群に分かれて展開する山口県下最大規模の須恵器窯群があり、当窯跡はそのうちハマリ坂支群中の別称向田窯跡に相当する。一九三六年(昭和十一)に発見。全長約九㍍の半地下式窖《あな》窯で、焼成室の上半部が露出し、アーチ状の天井部および煙道部がよく残っている。下半部は埋もれたまま未発掘。床面は幅一・八㍍、天井高約一㍍、船底形を呈し無段。窯の下部には広く灰原が残存する。出土した須恵器から当窯の登煙期は八世紀末から九世紀とみられている。陶地区から鋳銭司地区にかけての低地には、花崗岩の風化粘土層が厚く堆積し良質の陶土となる。一九四八年露出する窯の上半部のみが国の史跡として指定された。

陶陶窯跡(ハマリ坂支群1～3号窯)

参考文献 山口市教育委員会文化課編『山口市内遺跡詳細分布調査—陶地区』、一九九九。 (中村 徹也)

すえまつはいじ 末松廃寺 手取川扇状地北東部の沖積地に位置する石川県内最古の寺院。石川県石川郡野々市町末松に所在する。七世紀後半の創建とされ、加賀地方北部(加賀郡)の郡司氏族である道君の氏寺とする説もある。一九三七年(昭和十二)と一九六六年からその翌年にかけて発掘調査が行われ、塔・金堂・築地塀の一部や掘立柱建物跡などを検出した。その結果、伽藍配置は法起寺式で左右に金堂と塔を配置していたことが判明した。遺物としては、瓦・須恵器・土師器・瓦塔・和銅開珎などが出土している。このうち瓦については、辰口湯屋《ゆのや》窯(能美市湯屋)で焼かれていたことが判明している。国指定史跡であり、大部分は史跡公園として整備されている。

資料館 野々市町ふるさと歴史館(石川県石川郡野々市町)

参考文献 野々市町教育委員会編『史跡末松廃寺跡』、一九七一。 (森田 喜久男)

すえむら 陶邑 字義は、陶器《すえき》(須恵器)を造る村であり、文献では『日本書紀』崇神天皇七年秋八月癸卯朔己酉条に「即於二茅渟《ちぬ》県《あがた》陶邑一得二大田田根子一而貢之」とあるのが唯一の例である。これにちなみ、茅渟の海(和泉灘)を望む阪南丘陵地帯に営まれた須恵器の窯跡を陶邑古窯跡群と呼んでいる。窯跡は、石津川上流地域にあたる、狭《さ》山池《やまいけ》の東方丘陵から西方の久米田《くめだ》池の東方丘陵までの東西約一五キロ、南北約九キロの範囲に分布し、行政区画の上では、大阪府堺市・狭山市・和泉市・岸和田市に跨る。操業期間は、五世紀前半から九世紀初めまでの約四百年の長きにわたり、総数六百基を超える全国最大の須恵器窯跡群を誇るが、これには次のような背景が考えられる。わが国の須恵器生産は、河内王権の膝元で部民《べみん》として把握されていた渡来系の陶工が、この地で開始したのが始まりであり、ここから各時代を通じ、全国各地に供給していたが、工人の育成が図られ技術が定着し、器形・組み合わせも日本的なものになった段階以降(五世紀末から六世紀初め)には、政治的要因を背景として、尾張などの有力な地方豪族に伝えられ、また六世紀後半代には、群集墳の出現を背景にさらに各地に広まり定着したものと考えられてきた。ところが近年、日本風に定式化する以前の須恵器を「初期須恵器」と呼ぶが、この時期の窯跡が、東北・四国・九州地域などで発見されたことにより、陶邑からの須恵器技術一元伝播論や供給論に疑問が呈され、朝鮮半島から直接各地に伝わり生産が始まったとする多元発生論が提出され話題を呼んだ。各地生産の初期須恵器と朝鮮半島の陶質土器・陶邑における初期須恵器との技術面の比較検討を慎重に進めた上で結論を下すべきであろう。七世紀に入ると飛鳥地域の寺院や宮への供給も始まり、律令国家の成立とともに和泉国は須恵器調貢義務を負う。こうして歴史時代に入ってもますます多くの窯が稼動し、藤原京・平城京の需要に応えてきたが、九世紀の初めには、燃料の薪と陶土の枯渇が原因でその役割を終える。

参考文献 平安学園考古学クラブ『陶邑古窯跡群』一、一九六六。中村浩『和泉陶邑窯の研究―須恵器生産の基礎的考察―』、一九八一、柏書房。

(巽　淳一郎)

すえよしぐう　末吉宮　首里城の北方略東西に延びる琉球石灰岩丘陵上にあって琉球八社の一つ。那覇市首里末吉町に所在。通称「社壇《しゃだん》」という。国指定史跡。首里城とは指呼の間にあり社殿の屋根瓦が首里城からもよく見える距離にある。縁起は琉球王国第一尚《しょう》氏六代目尚泰久《しょうたいきゅう》王の代(在位一四五四―一四六〇)に、天界寺の住持鶴翁《かくおう》和尚と王がともに霊夢を見、熊野権現を勧請し創建したとされる。本殿は三間社流造で、身舎柱は円柱、向拝柱は角柱、向拝三間全体に三段の石段を設け廻縁に上がるようになっている。本殿の前面は谷となり、谷を越すのに単拱構造の石橋を架し、琉球石灰岩の切石を用いた石積みの磴道《とうどう》に連結していた。磴道に続く参道として、琉球石灰岩の石畳道が長く続く。また、付近の崖下一帯には小規模の拝所が点在し、信仰の対象になっている。本殿や社殿などの建造物は沖縄戦で破壊されたが、現在、本殿や社殿、磴道などが復元されている。

参考文献 『図説日本の史跡』六、一九九一、同朋舎。

(當眞　嗣一)

すおうこくふ　周防国府　律令制下、山陽道にある瀬戸内西部の国府。山口県防府市多々良・国衙・岩畠に所在する。国指定史跡。周防(周芳)国の初見は六八一年(天武天皇十)『日本書紀』にみえる。中国から上国へ昇格するが、国司定員の充足は九世紀中ごろのことである。十二世紀には在庁官人の氏名が判明する。一一八六年(文治二)には東大寺造営料国になり、以降も東大寺がその権利を主張した。国府の地に対する東大寺の支配は一八七一年(明治四)の国庁寺の廃寺をもって終了する。発掘調査は二〇〇五年で一五八次に及び、遺跡の範囲は南北約九〇〇メートル、東西約一キロで、さらに東北に拡がる。時期によって存続地域が異なり、七世紀後半から十六世紀までにわたる。十二世紀までの土器編年の概略が明らかになり、土器様相や土器形態で同一時期であるとする年代観は設定できず、地方の土器が都城と比較して時期が下ることが判明した。遺構は七世紀後半には二地区で検出しており、七世紀末から八世紀初頭に周囲に拡大するが、その規模は大きくなく、量的な拡大にとどまる。これは国司四等官制の採用に伴うものと推定される。現状では七世紀後半の遺構の性格を評家とする根拠に欠けるが、七世紀末から八世紀前半の遺構の実体からすれば、七世紀後半の遺構は国司《くにのつかさ》の可能性が高い。狭義の国庁は未検出であるが、八世紀第Ⅱ四半期前半を中心とする時期に、七世紀後半から存続する地域は廃絶し、新たな地区に国府工房、国司館が成立する。国府工房、国司館は推定国庁に近接し、他地区にも遺跡はさらに拡大する。国府の機能が確立した時期にあたる。八世紀末から九世紀初頭ごろからは更なる拡大に加え、廂付建物の増加、造営方位の分化といった新たな事態が加わる。これは官署の分化・分掌が進展したためと見ることができ、専当国司制に関連する可能性がある。九世紀は国府の盛行期であり、中ごろには推定国庁の正面に朱雀路が設定され、朱雀路に沿って新たな工房や国司館が造営される。これは周防国府独自の様相と考えられ、介・目の増員と時期的に一致する。八世紀末から九世紀第Ⅰ四半期にかけての遺跡の拡大は文献からも裏付けることができ、七―九世紀の考古学の全国的な編年方法、とりわけ瀬戸内一帯の土器編年の方法論とも密接に関連する。九世紀末から十世紀前半、遺跡は大きく改編し、廃絶する地区が現われるほか、南半部に遺構が集中する。十世紀以降の中心官衙は九世紀中ごろに造営された国司館の可能性がある。十一世紀前半にこの国司館には東向きの配置をとる政庁相当建物が出現し、儀式空間と居住空間が同一地域内で分離している。少なくとも十二世紀までは遺跡南半部が国府の中心部であるが、十三世紀にも造営方位を同じくする建物群があり、東大寺支配下でも官衙が継続して造営されている。十四世紀以降、遺構はやや希薄になる。周防国府では『延喜式《えんぎしき》』にはみえない緑釉陶器生産が行われ、九世紀末から十一世紀前半までの生産が明らかになっている。生産地の一つは国府津推定地である。現存方格地割は間隔は異なるものの碁盤目状に区画しており、一部は九世紀の直線的な溝を踏襲している。長期にわたりほぼ同一地で遺構が継続し、官衙ならびに関連建物群の変遷が押さえられる点で他の国府と異なり希有な例であろう。また建物群が国庁周辺に集中する密度が低く、各地域に分散する。周囲を区郭する「院」的な傾向も弱い。今後、国の等級、地域的、歴史的な国府の相違、変遷を押さえるうえで一つの類型を提示したと考えられる。（大林　達夫）

参考文献　大林達夫「周防国府」（『山口県史』資料編考古二所収、二〇〇四）。『防府市史』資料二、二〇〇四。『防府市史』通史編一、二〇〇四。

すおうこくぶんじ　周防国分寺　七四一年（天平十三）の聖武天皇の詔を受けて諸国で建立された国分寺の一つ。中世の周防国府西限西北隅から西へ約三〇〇メートル、山口県防府市国分寺町に所在する。国指定史跡。寺域は南限が中世の遺構しか明らかではないが、溝々間で東西約一一五メートル、南北約二一八メートルに収まる可能性がある。伽藍配置全体は明らかではないが、検出した建物には金堂相当建物と回廊、西方建物がある。それぞれ礎石建物と掘立柱建物である。金堂相当建物には二度の再建がある。創建時建物は塼積基壇で、『続日本紀《しょくにほんぎ》』に七五六年（天平勝宝八）に実施された灌頂幡《かんじょうのはた》下賜の一国としてみえることから、それ以前に完成していたと考えられる。二度の再建は焼亡に伴う一四一七年（応永二十四）の大内盛見《おおうちもりみ》による再建と、一七八〇年（安永九）の毛利重就《もうりしげなり》による金堂再建に比定できる。近世建物は重要文化財である。金堂西方建物の性格は明らかではない。　→国分寺《こくぶんじ》

参考文献　防府市教育委員会編『平成十二年度防府市内遺跡発掘調査概要』、二〇〇一。（大林　達夫）

すおうのくに　周防国　旧国名。山口県東部の地域。東は安芸国（広島県西部）、西は長門国（山口県西部・北部）、北は石見国（島根県西部）・長門国に接し、南は瀬戸内海

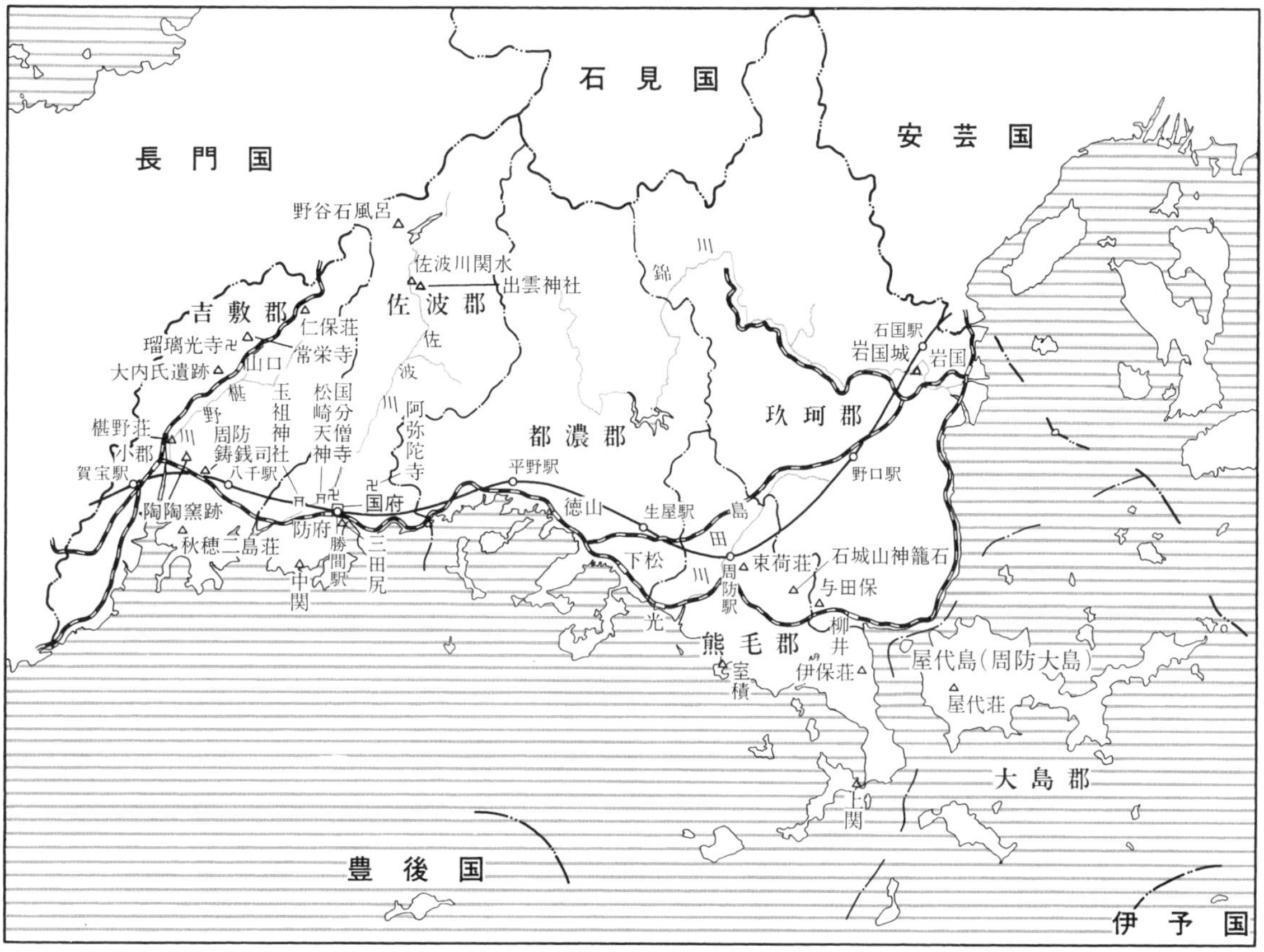

周防国略図

に面している。古代は山陽道の一国。律令以前の大島・波玖岐・周防・都怒各国造の領域を統合したもので、はじめ周芳と記した。周防国の初見は六八一年(天武天皇十)。『延喜式』によれば、国の等級は上国で、都からの距離では遠国と規定され、大島・玖珂《くが》(七二一年(養老五)熊毛郡から分置)・熊毛《くまげ》・都濃《つの》・佐波《さば》・吉敷《よしき》の六郡を管轄した。国府は、「沙麼《さば》県」、現在の防府《ほうふ》市に置かれた。これまでの発掘調査で、二町四方の国庁とその周辺の複数の官衙群が確認されている。一帯には国衙・国庁・朱雀《すじゃく》・船所、細工所などの小字が残り、西北方に惣社(現佐波神社)、国分寺が現存する。式内社は玉祖《たまのおや》神社(防府市)、出雲神社(佐波郡徳地町)など八社。瀬戸内海沿いに山陽道の大路があり、駅は当初は十駅、『延喜式』には東から石国《いわくに》・野口・周防・生屋《いくのや》・平野・勝間・八千《やち》・賀宝《かがほ》の八駅が記されている。駅館は往来する外国使節に備えて瓦葺・粉壁造と定められていた。瀬戸内海の主要航路は主としてこの山陽道沿いに展開し、『万葉集』には麻里布《まりふ》浦や熊毛浦の名がみえる。七三八年(天平十)の財政規模は、正税が百九十八万九千二百束余、正倉などの倉は百六十六宇であった(『周防国正税帳』)。産業については、『和名類聚抄』に七千八百三十四町余の田積が記されており、『延喜式』は貢進物として綿・米・塩・紙・年魚・鯖・鰯などをあげている。特に塩は主要産地の一つであり、大島郡などの調塩木簡が平城京から多数出土している。また、八二五年(天長二)鋳銭司が長門国から吉敷郡(山口市)に移され、富寿神宝から乾元大宝までの八種目の官銭を鋳造した。平安時代末期、遙任国司制のもとで国衙の実務を担当する在庁官人が力を増し、多々良《たたら》・賀陽《かや》・日置《ひおき》・土師《はじ》氏などが在地領主的な性格を強めて武士化の歩みをはじめた。一一八五年(寿永四)の壇之浦の海戦により平家が滅ぶと、周防国は兵乱で焼失した東大寺の造営料国となった。国務管理には大勧進の俊乗坊重源が任命され、大仏殿再建の用材が佐波川上流で伐採された。佐波川沿いの防府市や山口市徳地には関係の遺跡が点在している。佐波郡多々良郷から吉敷郡大内に本拠を移した多々良氏、すなわち大内氏は在庁官人の筆頭として勢力を拡大していたが、南北朝時代には大内弘世が都濃郡の鷲頭《わしず》氏や長門守護の厚東《こうとう》氏を討って周防・長門を平定し、その守護職を得た。守護所は山口に置かれ、城下町が整備され、京都風の街づくりが進められた。十六世紀初めには大内義興が室町幕府の管領代として実権を握り、大内氏は名実ともに西国一の戦国大名に成長した。十六世紀の半ばに大内氏が滅亡すると、陶晴賢《すえはるかた》を討った安芸の毛利氏が周防・長門を平定した。江戸時代になると、周防・長門二ヵ国に減封された毛利氏は萩に居城を築き、城下町を建設した。萩藩あるいは長州藩と呼ぶ。周防はこの萩藩と徳山・岩国の二支藩の領国となった。萩藩では地方支配の単位として宰判《さいばん》が設置され、周防では大島・奥山代《おくやましろ》・前山代《まえやましろ》・熊毛・上関《かみのせき》・都農《つの》・徳地《とくじ》・三田尻《みたじり》・小郡《おごおり》・山口の各宰判があった。物産には米・紙・塩・櫨蠟《はぜろう》のいわゆる「防長四白」があった。瀬戸内沿岸では新田造成のための開作(干拓)が進められ、その地先には入浜式塩田が造成された。萩藩の製塩業は、瀬戸内の十州塩田を代表する生産量と規模を持っていた。紙の生産は山代(玖珂郡北部)や徳地(佐波郡北部)の山間部を中心に行われた。幕末の一八六三年(文久三)、関門海峡における攘夷決行に伴い、萩藩の藩庁は萩から内陸の山口へ移された。一八六九年(明治二)の版籍奉還により周防は山口藩(萩藩を改称)・徳山藩(のち山口藩に合併)・岩国藩の三藩となり、一八七一年七月の廃藩置県で山口県・岩国県の二県が成立、同年十一月山口県に統一された。

参考文献　八木充編『図説山口県の歴史』(『図説日本の歴史』三五、一九八八、河出書房新社)。

(渡辺　一雄)

すおうのじゅせんし　周防鋳銭司　律令制下、鋳銭を行なった官衙。長門《ながと》鋳銭司より八二五年(天長二)に移転し、一〇〇二年(長保二)ごろまで操業が確認できる。山口市大字陶《すえ》、鋳銭司《すぜんじ》に所在し、大字鋳銭司が東側にあたる。司家を八四七年(承和十四)に東へ移転した記事があり、九四〇年(天慶三)には藤原純友《ふじわらのすみとも》により焼亡している。国指定史跡。工房とされてきた現指定地は一九七七年(昭和五十二)、発掘調査が実施されたが遺構は明らかではなく、遺物は九世紀後半から十世紀中ごろに限定できる。調査への疑問はすでに提出されており、周囲の大字鋳銭司の遺跡はいずれも十世紀前半のものが主体で、官営工房とする根拠に欠けている。指定地の北約五〇〇メートルの八ヶ坪遺跡から十世紀前半の「東一家」墨書土師器が出土しており、官衙は北接する糸根台地上に存在する可能性がある。移転以後の遺構であろう。創建期の遺構は大字陶の地家台地ならびにその東部を中心とする微高地に須恵器の分布地が存在することなどから同地に推定できる。移転前後とも司家、工房、館舎、銭庫などは未検出である。

参考文献　山口市教育委員会『周防鋳銭司跡』、一九七八。同『八ヶ坪遺跡』、一九九二。木村忠夫「古代・中世鋳銭司の生活環境」(山口市教育委員会文化課編『山口市内遺跡詳細分布調査鋳銭司地区』、二〇〇〇)。大林達夫「周防鋳銭司の所在地について」(『山口県地方史研究』九〇、二〇〇三)。

(大林　達夫)

すがうら　菅浦　近江国琵琶湖北岸の葛籠尾崎《つづらおざき》の西付け根にある中世以来の集落。滋賀県伊香郡西浅井町に所在。「すがのうら」とも。中世では、東西に分かれていた。集落の西の入り口と東端に現在も四脚門を残し、約百軒の家も中世の屋号を伝えるなど、古い村落景観を残す。『万葉集《まんようしゅう》』にうたわれ、古代には贄人《にえびと》集団がいたらしい。寺門円満院《えんまんいん》領大浦荘《おおうらのしょう》に含まれていたが、独立のため竹生《ちくぶ》島《しま》と山門檀那院《だんないん》の支配に属し、南北朝期には供御人《くごにん》の称を得、やがて日野裏松《ひのうらまつ》家の所領ともなった。戦国期に浅《あざ》井《い》氏の支配が強まると、支配下に組み込まれ一五六八年(永禄十一)、自検断《じけんだん》を放棄する。近世には膳所《ぜぜ》藩領となった。集落の共有文書として鎮守須賀《すが》神社に残された「菅浦文書」は、村掟《むらおきて》や自検断などを示す中世文書千二百点余りを含み、鎌倉期から近世に至る惣《そう》の歴史を示す貴重な文書群として国の重要文化財に指定されている。現在、原本は滋賀大学経済学部附属史料館に保管され、同館により『菅浦文書』上・下二巻(一九六〇―一九六七、有斐閣)として公刊された。他にも「菅浦家文書」(『滋賀大学経済学部附属史料館紀要』一四・一五所収、一九八一―一九八二)などの中世からの文書群が集落には残されている。

参考文献 伊藤裕久『中世集落の空間構造』、一九九二、生活史研究所。田中克行『中世の惣村と文書』、一九九八、山川出版社。蔵持重裕『中世村の歴史語り』、二〇〇二、吉川弘文館。

(宇佐見隆之)

すがえますみ　菅江真澄　一七五四―一八二九　江戸時代後期に諸国を廻って地誌や随筆などを著した文人。一七五四年(宝暦四)三河国渥美郡(愛知県豊橋市付近)に生まれ、十代後半に尾張藩の薬草園に勤め、その間に本草学、医学、漢学や絵画を学んだ。一七八三年(天明三)に各地を訪ねる旅に立ち、信濃、越後、出羽、陸奥、蝦夷などを廻り、一八一一年(文化八)には秋田藩の久保田に入った。そこで藩主佐竹義和から出羽六郡の地誌作成を求められ、以後藩内を調査して執筆作業に取り掛かった。『雪の出羽路』雄勝郡・平鹿郡や『月の出羽路』仙北郡・河辺郡、『花の出羽路』秋田郡・山本郡と分割し書いていたが、未完成に終わった。ただし未完成の部分でも草稿などが現存している。一八二九年(文政十二)七月十九日没。七十六歳。旅日記としてもっとも有名なのが『真澄遊覧記』で、その自筆本(秋田県立博物館所蔵)は重要文化財に指定されている。各地の人々の生活、習俗を叙述するのみでなく、彩色絵を加え、民俗学や歴史学の資料としての価値を高めている。内田武志・宮本常一編『菅江真澄遊覧記』全五巻(『東洋文庫』五四・六八・八二・九九・一一九、一九六五―六六、平凡社)として出版されている。

また、全集に『菅江真澄全集』(一九七一―八一、未来社)がある。

(安達　直哉)

すがおせきぶつ　菅尾石仏　熊野権現各社の本地仏を表す大野川中流域の磨崖仏。大分県豊後大野市三重町浅瀬に所在。大野川右岸の乙黒《おとぐろ》にある丘陵中腹に位置し、凝灰岩の南崖を彫り込み、幅約九メートル、高さ約四メートルの石窟には覆屋を差しかける。岩権現あるいは五所権現と呼ばれ、奥壁に向かって左からほぼ丸彫りに近い千手観音・薬師如来・阿弥陀如来・十一面観音の四坐像が方形の裳懸《もかけ》座上に結跏趺坐《けっかふざ》の姿に陽刻され、右端のやや斜め向きの壁面に、高浮彫りの毘沙門天立像が現される。四坐像とも舟形光背を負い、丸味のある円満相の作風から十二世紀後半ごろの造立とされる。千手観音、薬師如来、阿弥陀如来が熊野三所権現の主神である速玉《はやたま》神、夫須実《すがみ》神、家《け》津御子《つみこ》神、十一面観音は五所王子の若一王子、毘沙門天は熊野十二所権現の一つである米持金剛童子の本地仏を表すものとされ、熊野信仰との関連が指摘される。緒方荘を本拠とし、国衙領である三重郷一帯を支配していた緒方氏の造営とされる。国指定史跡。菅尾磨崖仏として重要文化財にも指定されている。

菅　尾　石　仏

参考文献 渡辺文雄「菅尾石仏」(『大分歴史事典』、一九九〇、大分放送)。

(玉永　光洋)

すがまとうふくじしゃりせきとう　須釜東福寺舎利石塔　福島県石川郡玉川村南須釜の東福寺境内に所在する舎利石塔。一九三五年(昭和十)に国史跡に指定されている。石塔形態は凝灰岩製方形の石龕《せきがん》で一六〇センチの高さを測る。石塔の構成は上から宝珠露盤・屋蓋・塔身・台座となっている。塔身の正面は扉造りで、周囲に弥勒浄土四十九院の名が彫り込まれている。龕の内部の中心には舎利を納めた孔があり、収納された大日如来石像でその孔を塞いでいる。その石像の背に「元久二年(一二〇五)乙丑開山宥元代」の刻銘がある。宥元は当寺の開山であり、この年号が示す鎌倉時代の弥勒浄土往生思想に基づき造営されたものとされてきた。しかし、屋蓋や台座の形態・文字の刻みはほかの鎌倉時代の石塔とは異なっており、実際の造営は時代が下るものであるとの指摘がある。

(木本　元治)

すがややかた　菅谷館　埼玉県比企郡嵐山《らんざん》町大字菅谷字城に所在する館跡。国指定史跡。別称重忠館。館は菅谷台地の南端に位置し、槻川と都幾《とき》川の合流点を背後に控える急崖の上にあり、館の東・西にはそれぞれ浸蝕谷が入り込み、東谷は北方へ回り込んで大きく城を包み込む形を示している。『吾妻鏡』にある畠山重忠の居館に比定されているが、その痕跡は確認されていない。現状は西の郭《くるわ》・三の郭・二の郭・南郭・本郭と五つの郭から構成される。本郭を中心として扇形に配置され、それぞれ堅固な土塁と空堀および水堀を備え築城されている戦国期の城である。発掘調査は三回行われたが、発見された遺物によって、三の郭搦手門付近の遺構構築時期は戦国期

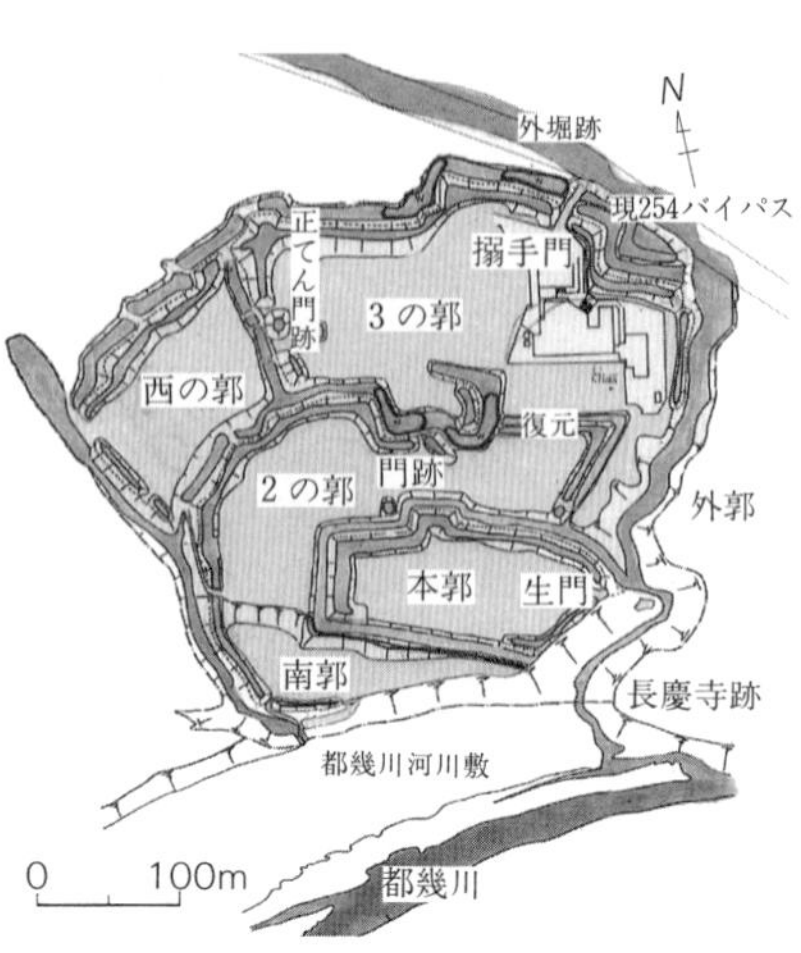

菅　谷　館　跡

であると考えられている。菅谷城に関する記録として残る僧万里集九の『梅花無尽蔵』の注に、一四八八年(長享二)六月十八日に行われた須賀谷原合戦では、太田資康の陣が館跡西方一・五キロの平沢寺の境内に置かれたことが記されているが「敵塁に相対」した位置にあった菅谷城が使用された形跡がない。その時代『松陰私語』に山内上杉氏は「須賀谷旧城再興」して、とある。

資料館　埼玉県立嵐山史跡の博物館(埼玉県比企郡嵐山町)

(梅沢太久夫)

すがわらでら　菅原寺　⇩喜光寺《きこうじ》

すき　鋤　人力で土を掘り起こす道具で、今日のスコップ・シャベルに相当し、穴掘り・溝掘り・春先の田の水抜きなどに使われた。鍬が刃先と柄が直角に近い鋭角で取り付けられているのに対して、鋤は柄の延長上が幅広の鋤平となっていて、ここに刃先が付けられている。したがって人は鋤平の肩の部分に足をかけて垂直に踏み込むことになる。掘り上げた土は鋤平にのせて返し、また放り投げる。鋤は弥生時代の木製鋤にはじまり、柄と鋤平が一木造りで先が丸く今日の剣ズコ状のもの、同じく一木造り鋤平が長方形の櫂状鋤、柄と鋤平が別材で鈍角に柄組みされ、蔓や束柱で固定したものがあり、鈍角接合のものは土を放り投げる機能を重視したものであろう。古墳時代以降は剣ズコ状の鋤にU字形鍬先がはめ込まれ、このタイプが中世絵画の鋤の主流となる。織豊期に鍬先が刃物化し丸先鍬から角先鍬へ転換するのに伴い、鋤の刃も角先化した。角先化した刃先は大きくなる傾向があり、輪郭は弥生時代の櫂状鋤と似てくるが、系譜的つながりはない。鍬も鋤も農具であるとともに土木工具でもあり、近代以降、洋式のつるはし・シャベルに取って代わられるまでは、鍬鋤が土木の主役であった。なかでも鍬が農具として使われる機会が多かったのに対して、鋤は農具であるよりは土木用の道具であり、土地の造成・穴掘り・溝掘り・堤防工事などでよく使われていた。朝鮮半島ではタビと呼ぶ多様な踏鋤が使われてきたが、六—七世紀の朝鮮系渡来人はタビを持ち込んだことが想定され、日本の踏鋤はタビの受容の過程で変容を経た後裔と見る余地があり、また近江の湖東地域は大振りの鋤や柄と鋤平がやや鈍角な江州鋤が使われているが、これも朝鮮系渡来人のタビとの関係を検討する余地がある。

参考文献　古島敏雄『日本農業技術史』(『古島敏雄著作集』六、一九七五、東京大学出版会)。河野通明「角先鍬の成立—織豊期技術革新の一事例—」(『日本農耕具史の基礎的研究』所収、一九八四、和泉書院)。河野通明「和気遺跡出土「犂」と民具の灰やり」(同所収)。

(河野　通明)

すきでん　主基殿　⇩大嘗宮《だいじょうきゅう》

すぎはらそうすけ　杉原荘介　一九一三—一九八三　第二次世界大戦後の日本考古学を推進した弥生時代研究の代表的な研究者。文学博士。また、先土器時代研究や土師器編年研究においても多大な功績を遺す。一九一三年(大正二)十二月六日、東京都日本橋小舟町に生まれる。府立三中(現都立両国高校)の時代に考古学を志し、家業和紙問屋を継ぐ傍ら、東京考古学会の同人として活躍。一九四一年(昭和十六)二十七歳で明治大学専門部地歴科に入学し、二年後修了とともに卒業論文「原史学序論」(一九四三年)を上梓。一九四六年復員後、文部省に勤務し「くにのあゆみ」の編集に携わる。一九四八年明治大学専門部助教授に就任。翌年同大学文学部助教授、一九五三年文学部教授。この間、後藤守一とともに日本考古学協会設立に尽力するとともに、登呂遺跡発掘調査の推進役を果たす。また、芹沢長介とともに岩宿遺跡の発掘調査を行い、戦後の「日本旧石器時代研究」の礎を築いた。日本考古学協会弥生式土器文化総合研究特別委員会の委員長として、一連の発掘調査とその成果『日本農耕文化の生成』(一九六〇年・六一年)の指導的役割を担う。『弥生式土器集成』(一九五八年・六一年)や『土師式土器集成』(一九七一年—七四年)を編纂し、土器編年の基準を示す。一九八三年九月一日没。享年六十九。

参考文献　大塚初重編『考古学者・杉原荘介』、一九八四。

(岡本　東三)

すごろく　双六　左右それぞれ十二の枡目で区切られた盤を用い、二人で競う盤上遊戯である。二個の賽《さい》の目に合わせて白黒十五の駒を二列十二枡目の盤上で動かして勝負する。『和名類聚抄』に「須久呂久」、一一四四年(天養元)の『伊呂波字類抄』に「すくろく」とみえる。日本には「双六」の名前で呼ばれる遊戯には、盤双六と絵双六の二種類がある。従来盤双六から絵双六が派生したとされてきたが、近年両者は別系統の遊戯であり、何らかの理由で同一名称になったと考えられるようになった。双六は外来の遊戯で、起源についても諸説あるが、古代エジプトの「セネト」が祖型と考えられている。盤双六と同種の遊戯は世界中に存在し、中国を経て日本に伝わったとする説が有力である。伝来の時期は不明であるが、『万葉集』に収められた歌から、七世紀末ごろにはある程度普及していたと考えられる。双六は『今昔物語集』『源氏物語』『枕草子』など多くの説話や文学作品に記され、『古今著聞集』や『看聞御記』にもみえるように特に賭博用具として流行したため、時々の賭博禁令で禁止された。そうした禁令から、盤双六が階層を問わず広く流布していたことがうかがわれ、特に『実隆公記』など中世の公家や僧侶の日記から、南北朝時代以後の公家社会では社交を兼ねた遊興として定着していたと考えられる。江戸時代以降は、賽賭博が主流となり、囲碁・将棋などのほかの盤上遊戯が盛んになるにつれ、次第に凋落した。大名家や富裕な町家の女性の婚姻時の調度品として扱われるようになったが、幕末期にはほとんど見られなくなった。なお、出土例では、盤は神奈川県鎌倉市の北条時房・顕時邸跡の箱形の例と富山市の水橋金広・中馬場遺跡の一木の例が知られる。駒は鹿角・骨・石製で、広島県福山市の草戸千軒町遺跡をはじめ各地の遺跡から発見されている。双六は『鳥獣人物戯画』『長谷雄草紙』などの絵画史料にも描かれている。

参考文献 増川宏一『盤上遊戯』(『ものと人間の文化史』二九、一九七八、法政大学出版局)。同『すごろく』一・二(『ものと人間の文化史』七九、一九九五、法政大学出版局)。鎌倉市教育委員会編『鎌倉市埋蔵文化財緊急調査報告書』四、一九八八。広島県草戸千軒町遺跡調査研究所編『草戸千軒町遺跡発掘調査報告』I・II、一九九三・九四、広島県教育委員会。 (志田原重人)

すざきだて 洲崎館 ⇨上之国勝山館《かみのくにかつやまだて》

すざくいん 朱雀院 平安京右京四条一坊一―八町の朱雀大路に面して設けられた後院・院。初見は、『続日本後紀』承和三年(八三六)五月二十五日条に平城京内空閑地を太皇太后(橘嘉智子)朱雀院に充てた記事で、承和年間(八三四―四八)には橘嘉智子の所領とみえるが、没後の伝領は未詳。寛平末年、宇多天皇の行幸記事がみえ、宇多太上天皇の譲位後の居所として用いるため、このころ修造が加えられたらしい。九一六年(延喜十六)ごろ以降は、醍醐天皇の後院として用いられる。九四六年(天慶九)、朱雀天皇は譲位に際して朱雀院に移り、九五〇年(天暦四)に罹災するまでここを居所とした。院内には、広大な池が備えられ、寝殿と柏梁殿の二群の殿舎、馬場などが置かれていた。一九九二年(平成四)度に朱雀大路を挟んで東側にあたる平安京跡左京四条一坊一町で行われた発掘調査では、九世紀後半に埋没する園池から、両面に「朱雀院炭日記/□十一年五月十三日始」(十一年は、承和十一年(八四四)もしくは貞観十一年(八六九)と推定)と記された題籤《だいせん》が出土しており、九世紀後半の朱雀院の活動を示す資料として注目される。

参考文献 太田静六「朱雀院の考察」(『寝殿造の研究』所収、一九八七、吉川弘文館)。所京子「平安前期の冷然院と朱雀院―「御院」から「後院」へ」(『平安朝「所・後院・俗別当」の研究』所収、二〇〇四、勉誠出版)。京都市埋蔵文化財研究所編『京都市埋蔵文化財調査概要』平成四年度、一九九五。 (山本 崇)

すざくおおじ 朱雀大路 宮城南面正門の朱雀門と京城南面正門の羅城門とを結ぶ南北道路。唐長安城朱雀大街を模したもの。藤原京では、宮のすぐ南の日高丘陵を越える道路が確認されておらず、道路として貫通していなかった可能性も高い。規模もほかの京内道路と同等。ほかの京内道路からの卓越性が確立し、特別な空間としての意義付けが確立するのは、平城京以降。朱雀大路両側には側溝があり、さらにその外に築地塀が築かれる。京内で二番目に幅の広い二条大路(宮南面に面する東西道路)の二倍の幅をもつ。羅城門・朱雀門と一体となって京中軸線・儀礼的空間を構成する。日本の都城では、坊城の未発達が指摘されるが、朱雀大路に面する部分だけは坊門が設置され、景観・威儀を整える(平安京)。北端部分・朱雀大路にとりつく一町分は、両側の築地が後退し、より広大な空間・広場となる(平城京)。道路両側には柳が街路樹として植えられていた。平安京朱雀大路は『延喜式』左右京職京程条などによってその規模が知られる。平城京朱雀大路は数次の発掘調査によって具体的な様相が知られるようになっている。道路の規模は、平城京では南北約三・七キロ、幅は側溝心々で二百十大尺(約七五メートル)、築地心々で二百四十大尺(約八六メートル)または二百五十大尺(約九〇メートル)。平安京では南北三・八キロ、幅は側溝心々で二百三十九尺(約七二メートル)、築地心々で二百八十尺(約八四メートル)。これらの数値は一見大きく異なるが、特に築地の規模は平城京が大尺で、平安京が小尺で設計されたと考えると整合的に理解できるという指摘がある。都城を模した各地の条坊状地割りでも南北中心道路を「朱雀大路」「朱雀路」と称していた例が知られ、大宰府にも朱雀大路という呼称が存在していた。

参考文献 井上和人『古代都城制条里制の実証的研究』、二〇〇四、学生社。舘野和己『古代都市平城京の世界』、二〇〇一、山川出版社。今泉隆雄『古代宮都の研究』、一九九三、吉川弘文館。 (馬場 基)

すざくもん 朱雀門 日本の宮城十二門のうち、南面中央の門。中国では皇城の南面中央の門をいう。大伴門、重閣門とも。正史では、平城宮以降朱雀門と称される。出土木簡や『法曹類林』の記載から、平城宮では「朱雀門」「大伴門」の双方の呼称が使われていた。八一八年(弘仁九)に、諸門の名称が中国風に変更された際、朱雀門に固定され、大伴門の名称は一つ内側の朝堂院南門・応天門に引き継がれた。藤原宮では、宮城南門もほかの門と同規模。平城宮以降宮城の正門として、特別な役割と隔絶した規模を持つ門として整備される。平城宮では、ほかの諸門が単層なのに対して、重層であったと推定されている。平安宮では、南面の三門はいずれも重層と考えられるが、平面規模において朱雀門は卓越している。朱雀門は、羅城門・朱雀大路・朱雀門・朝堂院・大極殿と貫かれる、都城中心軸の構成要素である。また宮城の正門として、宮域と外部との結節点である。朱雀門とその前面の広場は、重要な儀礼空間であった。元日朝賀など重要な儀式では軍隊が列立して威儀を整える(『続日本紀』霊亀元年(七一五)正月甲申朔条、『延喜式』左右近衛府・左右衛門府・左右兵衛府など)。重要行事に際し、ほかの門ではなく朱雀門の通行が規定されている場合もある(『延喜式』践祚大嘗祭など)。宮内の穢れを祓い出す場でもあった(『延喜式』四時祭上など)。また、歌垣が催されたり(『続日本紀』天平六年(七三四)二月癸巳朔条)、賑給が行われるなど(『三代実録』貞観十年(八六八)十二月七日・二十二日条など)人々が集まる会集の場としての機能も指摘されている。平城宮朱雀門は、基壇規模東西三《メートル》・南北一八《メートル》で掘込地業を伴う、五間三戸の礎石建ち・瓦葺きの門。今日復原され、往時を偲ばせる。平安京朱雀門は、平城京朱雀門復原にも資された『伴大納言絵巻』にその姿を伝えている。

参考文献　『平城宮朱雀門の復原的研究』(『奈良国立文化財研究所学報』五二、一九九四、奈良国立文化財研究所)。舘野和己「大伴氏と朱雀門」(『高岡市万葉歴史館紀要』一〇、二〇〇〇)。吉川聡「「重閣門」・朱雀門考」(奈良文化財研究所編『文化財論叢』三所収、二〇〇三)。

(馬場　基)

ずし　厨子　仏像・仏画・舎利・経典などを安置する木製の容器。または書画・文具などを収納する室内調度品。『法隆寺伽藍縁起幷流記資財帳』ほかの寺院資財帳や『東大寺献物帳』などの用例をみると、奈良時代においては、後者を厨子と称し、仏像を安置する場合は、宮殿《くうでん》(殿)と呼んでいる。赤漆文欟木厨子・柿厨子(いずれも正倉院所蔵)は、箱形の正面に蝶番による扉を設け、脚に格狭間をつけたもので後者の例。前者の実例では、法隆寺の玉虫厨子(国宝)、橘夫人念持仏厨子(国宝)が飛鳥時代のものとして有名である。鎌倉時代になると、仏堂建立と同時に本尊を安置するための大型の厨子がつくられるようになった。これらは須弥《しゅみ》壇上に建ち、細部まで本格建築と同等に造られるものが多く、屋内にあるためしばしば建築当初の技法を残している。和様の春日厨子、中国宋様式の影響を受けた禅宗様厨子などは、その一種である。

参考文献　岡崎譲治「荘厳具」(『新版仏教考古学講座』五所収、雄山閣、一九八四)。

(箱崎　和久)

すず　鈴　楽器、鳴物の一種。中空の身の中に丸い玉を入れて音が出る仕組みになっている。身は球形で、吊り下げるための鈕《ちゅう》がつき、一方の端に細い口をあけてある形が多いが、扁平や多角形のものもあり、口が数ヵ所あるものもある。材料は金属、土、木などで作られる。粘土をこねて焼いた土鈴は先史時代以来世界各地にあるが、青銅の鈴は中国で始まった。日本では縄文時代に土鈴と思われるものがあるが、青銅の鈴は古墳時代に伝わったことが埴輪によって知られる。独立の鈴としては馬鈴があり、犬や鷹狩りの鷹に鈴をつけた埴輪がある。馬や牛など動物に鈴をつけるのは位置を知らせ、害獣から守るためのものである。また鈴は魔除けになるとも考えられ、踊りや宗教的儀式に用いることが多い。子どもの衣服や履物、持ち物などにつける習慣があるのもそのためである。神社の拝殿の鈴や神楽用の鈴は神霊を招き、邪悪を払うものとされていたためである。

(小泉　和子)

すず　錫　古くから知られている金属の一つ。融点二三一・九度。比重七・二九。銀灰色。主な鉱石は、スズ石(SnO_2)。銅との合金、青銅を作るために欠かせない金属として重要な存在である。スズは青銅の二次成分として古くから知られてきたが、最近、発掘に伴う出土品の材質調査によって、スズが単独で耳環や腕輪などの装身具に使われていたことが確認されるようになってきた。中世以降、箱物の口金などにもスズは多く使われた。鉛との合金は、ハンダとして知られ、金属同士の結合に用いる。融点が低く、軟鑞に分類される。近世には、接合材としてスズだけが使われた事例も見受けられる。鉛との合金は、ピューターとも呼ばれ、容器や置物などに使われている。スズは、耐食性が良いため、鉄の表面をスズの薄い層で覆ったブリキは、缶詰など、食物の保存にも使用されている。

参考文献　村上隆『金工技術』(『日本の美術』四四三、二〇〇三、至文堂)。

(村上　隆)

→青銅《せいどう》　→鑞《ろう》

すずかのせき　鈴鹿関　伊勢国に置かれた古代東海道の関。東山道の不破関、北陸道の愛発《あらち》関とともに三関《さんげん》という。三重県亀山市関町に所在。『日本書紀』天武天皇元年(六七二)六月乙酉条の壬申の乱の記事にある「鈴鹿関司」が初見。『大宝令』官員令大国条に三関国守の職掌として関剗のことなどを規定。『続日本紀』には七二一年(養老五)元明太上天皇の崩御に際し三関「固守」を初出として、七八九年(延暦八)廃止まで、計八回の固関記事を残す。しかし三関廃止後も、八〇六年(大同元)桓武天皇崩御に伴い「遣使固守伊勢、美濃、越前三国故関」と旧三関の固関《こげん》を命じており、大規模な事件や天皇・太上天皇崩御などに際し固関が続けられた。城内の施設として『続日本紀』宝亀十一年(七八〇)六月辛酉条に「西内城」、天応元(七八一)三月乙酉条に「西中城門」があり、大鼓が置かれていたとする。同五月甲戌条に「城門」「守屋四間」がある。同史料から「東城」「外城」各種「城門」の存在が推定できる。歴史地理学的研究により近世関宿西端の急崖上に残る土塁痕跡や城山内に残る土塁状の高まりを古代鈴鹿関の遺構の一部と考えてきたが、近年の詳細分布調査により、大量の平・丸瓦を伴う築地《ついじ》塀《べい》の一部を発見。奈良時代中ごろに築造された西城の西辺の一角と推定された。推定関内からは聖武天皇による難波宮の建設に伴い導入された重圏文軒瓦が出土し、八世紀中ごろに関の威容が整ったものと推定できる。なお東海道は当初大和宇陀から名張を経て伊賀拓植《つげ》から加太《かぶと》越えであったが、遷都に伴い変遷し、鈴鹿峠越えの阿須波《あすわ》道が開通するのは、八八六年(仁和二)のことである。関連施設として、鈴鹿駅、聖武天皇東国行幸時宿泊施設赤坂頓宮、斎王群行時宿泊施設鈴鹿頓宮などがあり、相互に補完しつつ利用されたものと推定される。日本古代政治史・宗教史・交通史研究に欠かせない貴重な遺跡である。

資料館　亀山市歴史博物館(三重県亀山市)

参考文献　『鈴鹿関町史』上、一九七七。　(山中　章)

すずやき　珠洲焼　石川県能登半島の北東端部で焼かれた中世の須恵器系の陶器。一九五二年(昭和二十七)の九学会能登総合調査で、中世の須恵器として認識され、一九六一年に「珠洲焼」と命名された。窯跡は珠洲市宝立町・上戸町・三崎町の周辺から、鳳珠《ほうす》郡能登町へも広がり、十二地点で五十基が分布する。窯の構造は、古代の須恵器窯を肥大化した窖窯《あながま》で、越前焼にある分焔柱《ぶんえんちゅう》はなく、無釉の還元焼成により、灰色の壺・甕の貯蔵容器、擂鉢の調理具を量産した。富山経ヶ峰経塚の仁安二年(一一六七)銘の経筒外容器をはじめ北陸の経塚に広口壺と鉢の使用がされ、十二世紀中ごろに兵庫東播系の須恵器生産の技術を導入し開窯したとみられる。また初期の窯場が、一一四三年(康治二)に立券された若山荘《わかやまのしょう》や国衙領に分布することから、開窯の目的は荘園経済の振興で、生産の上限が上戸町カメワリ坂窯、下限は十五世紀後半の宝立町西方寺窯とみられ、窯体が残る西方寺一号窯跡は石川県指定史跡である。製品の甕や壺は、粘土紐の巻き上げ成形したものを工具で叩き、外面に条線状の叩き痕を残し、擂鉢は粘土紐巻き上げ轆轤《ろくろ》成形後におろし目を入れる。民間雑器を多く生産し、鎌倉時代には経筒・水注・瓶子・椀・小皿・仏神像・分銅・硯・五輪塔など多様な器物に、秋草文様の刻画文壺もあり、経塚や居館遺跡の出土が多い。南北朝時代ごろから集落遺跡の出土が増え、壺と鉢は火葬蔵骨器にも利用された。製品は日本海航路の海運で搬送され、越前の敦賀から北海道南部の日本海沿岸に流通した。　(垣内光次郎)

すずり　硯　墨を水などですりおろす道具をさす。硯は紙・筆・墨とともに文房四宝の一つにあげられ、写経などの寺院活動や律令制下の文書行政にとって欠くことのできないものである。『正倉院文書』や平城京跡などから出土する木簡・墨書土器には「研」と記すことが多い。一般的には硯として製作されたものを硯(専用硯・定型硯)、須恵器などの容器を硯として再利用したものを転用硯として区分する。出土量は転用硯が圧倒的に多い。島根県田和山《たわやま》遺跡などで中国漢代の石硯の出土が報告されているが、わが国で本格的な硯生産が確認されるのは、京都府隼上《はやあが》り窯跡の例から七世紀初頭と考えられ、さらにさかのぼる可能性が指摘されている。硯は古代のほかの文物がそうであるように、わが国独自の発明ではなく、当初は中国・唐や朝鮮半島(特に百済)から舶載された硯を模倣して生産し、その後、技術的改良を加えていったものと考えられる。なお、七世紀代の舶載硯としては、唐代の三彩滴足円面硯(奈良県竜田御坊山三号墳)や百済時代の獣脚円面硯(奈良県石神遺跡)などがあり、蓋の伴うものもある。古代の硯の材質は、基本的には須恵器・緑釉陶器・灰釉陶器・黒色土器などの焼き物であり、須恵器製の硯が圧倒的多数を占めている。特殊なものとして瓦を再加工した瓦硯や滑石製の石硯がある。形態分類については、すでに楢崎彰一・吉田恵二・山中敏史をはじめとして多くの研究があり、それぞれ分類案も提示されている。山中敏史は、平面形態を分類の基準とし、円面硯、円形硯、楕円硯、風字硯、形象硯、方形硯、その他、転用硯に大別し、出土硯の大半を占める円面硯については、圏足硯、二面圏足硯、低圏足硯、無脚硯、蹄脚硯、獣脚硯、杯皿形硯、提瓶形硯に分けるなど、それぞれの大別を脚部形態などからさらに細分している。変遷は大局的に見た場合、出現期から奈良時代までは円面硯、平安時代前期には風字硯が主流となり、その後、石硯を中心とする方形硯が主流になるものと捉えられるが、近年の硯の出土量の増加は目を見張るものがあり、新たな器形も多い。形式分類やその変遷については、その系譜、機能、硯面形態など総括的な再検討の段階に至っている。

参考文献　内藤政恒『本邦古硯考』、一九四四、養徳社。五島美術館『日本の陶硯』、一九七八。楢崎彰一「日本古代の陶硯―とくに分類について―」(小林行雄博士古稀記念論文集刊行委員会編『考古学論考』所収、一九八二、平凡社)。山中敏史「陶硯関係文献目録」(『埋蔵文化財ニュース』四一、一九八三、奈良国立文化財研究所)。奈良文化財研究所『古代の陶硯をめぐる諸問題―地方における文書行政をめぐって―』、二〇〇三。吉田恵二「日本古代陶硯の特質と系譜」(『国学院大学考古学資料館紀要』一、一九八五)。同「中国古代に於ける円形硯の成立と展開」(『国学院大学紀要』三〇、一九九二)。杉本宏「飛鳥時代初期の陶硯―宇治隼上り瓦窯出土陶硯を中心として―」(『考古学雑誌』七三ノ二、一九八七)。白井克也「東京国立博物館保管青磁獣脚硯」(『MUSEUM』五六八、二〇〇〇)。　(川越　俊一)

すだはちまんじんじゃ　隅田八幡神社　和歌山県橋本市隅田町垂井《たるい》に所在し、応神天皇などを祭神とする神社。石清水《いわしみず》八幡宮の別宮。『隅田八幡宮由来略記』(『隅田八幡神社文書』)によると、八五九年(貞観元)に八幡神を勧請したとするが、同社の初見は一一一八年(元永元)の隅田八幡宮俗別当職補任符案(『隅田家文書』)である。また、一〇七二年(延久四)の太政官牒(『石清水文書』)に隅田荘が石清水八幡宮領としてみえることから、十一世紀ごろ同荘が石清水八幡宮領として立券された際、その支配を確実にするため、勧請・創建されたものと思われる。中世においては、在地土豪集団隅田党の氏神として信仰を集めた。なお、本殿裏に十一―十二世紀のものと思われる経塚が三基確認されている。第一経塚と第三経塚は破損が著しいが、第二経塚から常滑《とこなめ》焼の外容器・銅製経筒とともに、法華経八巻が良好な状態で出土した。さらに、同社は国宝人物画象鏡を所蔵しており、同社付近で出土したと伝えられている。

参考文献　『和歌山県史』中世史料一、一九七五。橋本市教育委員会『隅田八幡神社経塚発掘調査概報』、一九九九。大岡康之「隅田八幡神社経塚」（文化庁編『発掘された日本列島二〇〇〇』所収、二〇〇〇、朝日新聞社）。

人物画象鏡《じんぶつがぞうきょう》　隅田八幡神社に伝世する国宝の仿製鏡《ほうせいきょう》（径一九・九センチ）。京都市トヅカ古墳出土の神人歌舞画像鏡（京都国立博物館所蔵）などの舶載《はくさい》鏡を模したと思われる。周囲に「癸未年八月日十大王年男弟王在意柴沙加宮時斯麻念長寿遣開中費直穢人今州利二人等取白上同二百早作此意」と読むことのできる銘があり、わが国古代最古の文字資料の一つ。「男弟王」を継体天皇に、「意柴沙加宮」を忍坂宮《おしさかのみや》に比定する説もある。癸未年についても、三八三年・四四三年・五〇三年・六二三年などの諸説があり、定説をみていないが、考古学的にみて六・七世紀を下る資料ではないと判断できる。出土地不詳であるが、一八三八年（天保九）出版の『紀伊国名所図会』第三編巻之二に同神社什宝《じゅうほう》として「古鏡一面」が明記され挿図も付されており、それ以前に、同神社に帰していたことがわかり、同神社周辺で出土したものと考えられる。

人物画象鏡（『紀伊国名所図会』より）

参考文献　小林行雄「倭の五王と鏡」（『古鏡』所収、一九六五、学生社）。田中琢『古鏡』（『日本の原始美術』八、一九七九、講談社）。

（寺西　貞弘）

ずとう　頭塔　奈良市高畑町に所在する東大寺の仏塔。国指定史跡。平城京四条大路の東延長上で、東大寺中軸線の南延長部の西約一〇〇メートルの位置にある。ほぼ方形の平面を呈し、土を盛り、表面に階段状に石積・石敷を施し、石仏を配置したものである。発掘調査の結果、下層、上層の二時期の塔があることが判明した。下層は横穴式石室を持つ古墳を破壊して築造され、一辺三二・八〜三二・〇メートルの基壇の上に三段の塔身を築く。東面中央に大きな仏龕《ぶつがん》を設けている。下層頭塔は構造上欠陥があり、まもなく上層頭塔に改作される。上層頭塔は下層の基壇をほぼ踏襲し、塔身を覆い尽くして造営された。塔身は下層より各段の高さを減じて七段としている。塔身の一辺は二四・二〜二四・八メートル、高さは約八メートルである。奇数段上面にのみ瓦を葺き、頂上の地下に礎石を据え、心柱を建て、頂上に木造瓦葺塔身一重を設けたと推定できる。石仏は郡山城石垣に転用された一基を含め計二十八基が発見されている（うち二十二基が重要文化財）が、本来は東西南北各面の一段目に五ヵ所、三段目に三ヵ所、五段目に二ヵ所、七段目に一ヵ所の計四十四ヵ所の仏龕があったと推定できる。この石仏の造像構想は、『華厳経』を主体としつつ、『法華経』を含むものであったと考えられている。なお、八世紀末に頂部の施設が焼失し、代わって平安時代初頭に凝灰岩製の六角屋蓋をもつ十三重石塔を建立している。頭塔は、『東大寺要録』『東大寺別当次第』にみえる、七六七年（神護景雲元）に東大寺僧実忠《じっちゅう》が良弁《ろうべん》の命により造営した「石塔」あるいは「土塔」にあたると考えられてきたが、これは発掘調査で判明した上層頭塔に相当する。『正倉院文書』中にある、天平宝字四年（七六〇）造南寺所解によれば、この時東大寺の南方で古墳を破壊しつつ何らかの造営工事を行なっていることがわかるので、下層頭塔はこのころに造営されたとみられる。造営時期から考えて、下層頭塔は光明《こうみょう》皇太后の病気平癒を、上層頭塔は恵美押勝《えみのおしかつ》乱後の国家安泰を目的に造られたと推定できる。平安時代後半になると、頭塔は興福寺の支配下に入る。大江親通《おおえのちかみち》『七大寺巡礼私記』（一一四〇年（保延六））では、頭塔は興福寺菩提院の項に記載されている。ここには、奈良時代の僧玄昉《げんぼう》の頭を埋めた墳廟であるとの伝説がみえ、「頭塔」の名はこれに由来するとされている。本来は「土塔」が訛ったものが玄昉伝説に附会されたのであろう。

頭　塔　全　景

参考文献　奈良国立文化財研究所編『史跡頭塔発掘調査報告』、二〇〇一。

（古尾谷知浩）

すねあて　脛当　脛を防御する小具足《こぐそく》。脛当とは中世の用語で、古代では、七五六年（天平勝宝八）に光明皇太后が聖武天皇の遺愛品を東大寺に献納した際の目録である『国家珍宝帳《ちんぽうちょう》』や七三七年（天平九）『但馬国正税帳』にみえる「行縢《ぎょうとう》」や、弘仁六年（八一五）二月二十六日太政官符にみえる「脚纏《あまき》」などが該当すると考えられる。中世前期の脛当は、鉄板（撓革《いためがわ》製も）三枚割蝶番留めの筒脛当《つつすねあて》で、脛の正面と両側面を覆い、使用は騎兵主体であまり重視されていなかった。これが中世後期には、筒脛当に膝の覆いが付く立挙《たてあげ》脛当となり、膝の側面をも覆う大立挙脛当も生まれ、騎兵・歩兵ともに重視されるようになった。さらに、脹《ふく》ら脛《はぎ》を覆う膕金《よぼろがね》や足の甲を覆う甲金《こうがね》までが加わった。なお、脛当は、脛当の上下に通した紐で着装するのがふつうだが、『平治物語絵巻』には、脹ら脛側で緒を千鳥掛けにする着装法が描かれている。

参考文献　末永雅雄『増補日本上代の甲冑』、一九八二、木耳社。鈴木敬三『武装図説』(『(改訂増補)故実叢書』三五、一九九三、明治図書)。　(近藤　好和)

すみ　炭　適当な長さに切り揃えた樹木を窯に入れる、あるいは土で覆うなど、密閉して蒸し焼きにした木炭のこと。木炭の用途は冶金や暖房などの燃料、研磨材、構築材などがある。中国では早く春秋時代の湖北省銅緑山で銅製錬に櫟の木炭を使用していた。墓の構築材としては戦国期の湖北省曾侯乙墓などの木炭槨があり、防湿用とされる。日本では古く弥生時代に青銅器鋳造や鉄器製作などに使用したとみられるが、出土遺物などからその様相を明らかにするのは意外と困難である。古墳時代には神奈川県白山古墳等に木炭槨があり、奈良県太安万侶墓(奈良時代)では墓坑内の木櫃周囲を木炭で覆っていた。十一世紀以降の経塚にも木炭を詰めるものがある。七世紀後半の奈良県飛鳥池遺跡で出土した多量の木炭は、冶金やガラス製造以外に漆工の研磨に関わるものが含まれる可能性がある。山口県長登銅山跡出土木簡には「和炭《にこずみ》」と「炭」がみえ、八世紀前半の採銅に関わり二種の炭を用いたことが知られ、また「炭釜作」もみえるが窯の実態は不明。『延喜式』などにみえる官人・貴族らへ給した炭は暖房用とされるが、暖房用の炭が一般化するのは中世以降であろう。古墳―平安時代の炭窯にはいわゆる横口式と窖窯式の大きく二種がある。横口式は遅くとも六世紀後半に出現、製鉄と密接に関わり九州から東北まで分布、地域差はあるが七―八世紀前半に盛行した。丘陵斜面の等高線に平行する長さ数メートルのトンネル状窯体に六～十ヵ所の横口を付すもので、硬く火力の強い白炭を焼いたと推定される。同構造の窯は朝鮮半島の慶州、蔚山などで出土、明確でないが新羅時代と目され、それが日本にもたらされたと考えられる。窖窯式は斜面を上るトンネル状の窯体で、下端に焚口がある。出現は七世紀以前にさかのぼるとされ、八―九世紀前半に盛行、北陸に多い。黒炭焼成窯と考えられ、製鉄と関わるほか須恵器と木炭を焼いた兼用窯もある。近世から代に一般化する平面馬蹄形や卵形の炭窯は古代末から中世の類似する窯(島根県板屋Ⅲ遺跡等)に源があるといえるが、これと古代の炭窯との関係は明らかでない。

参考文献　兼康保明「古代白炭焼成炭窯の復原」(『考古学研究』二七ノ四、一九八一)。金聖範「新羅における炭・土器・瓦の生産施設とその構造の一段面―慶州蓀谷洞遺蹟の発掘を通じて―」(『東アジアの古代文化』一〇九、二〇〇一)。樋口清之『木炭』(『ものと人間の文化史』七一、一九九三、法政大学出版局)。　(小池　伸彦)

すみ　墨　文房四宝の一つで、松や菜種油、胡麻油などを燃やした煤《すす》と膠《にかわ》を主な原料として、さらに香料を加え固めたものである。材料によって松煙墨、油煙墨などと呼ばれる。ただし現在では、固形のものばかりでなく、墨汁と呼ばれる液状の墨も広く使用されている。中国の漢時代以降に固形の墨が製作されはじめ、唐時代には河北省易水付近、宋時代には安徽省付近が名墨の生産地として知られていた。わが国に墨が伝来した時期は明確ではないが、『日本書紀』推古天皇十八年(六一〇)春三月条によれば、高句麗王から派遣された僧侶曇徴《どんちょう》が紙とともに墨を作ったとあるのが注目される。さらに『養老令』には、図書寮に造墨手四人を置いたという記載がみられる。鎌倉時代以降には各地で生産され、奈良や紀伊国の藤代(和歌山県海南市)、近江国の武佐(滋賀県近江八幡市)、丹波国の柏原(兵庫県丹波市柏原町)などが産地として有名であった。江戸時代に入ると、諸大名や豪商が、長崎を通じて輸入された唐墨を盛んに求めた。一方で和墨の産地も広がり、奈良を中心に尾張の東秀園などもよく知られていた。江戸時代末期には京都の鳩居堂の銘のある墨が流通するようになった。墨は、古来さまざまな形をもつものが作られた。大半は長方形であるが、円形、楕円形、多角形のもの、あるいは人、魚や動物の形をしたもの、琴や扇面の形をしたものなどがある。それらの表面には、墨の名称や詩、文様などが見られるものもある。さらに墨には青墨、朱墨や茶墨などもあって、目的などによって使い分けられている。

参考文献　宇野雪村『古墨の知識と鑑賞』、一九六九、二玄社。為近磨巨登『墨と硯と紙の話』、二〇〇三、木耳社。　(安達　直哉)

すみさか　墨坂　奈良県宇陀郡榛原町西峠にある坂。住坂とも記す。同地の天神の森(天の森)南東にある古道がその故地という。天神の森は、現在は宇陀川南岸に祀られる墨坂神社のかつての鎮座地である。崇神天皇の時、疫病を防ぐために墨坂の神に赤色の楯・矛を、大坂の神に黒色の楯・矛を祀ったとされる。同地は大和と伊勢を結ぶ伊勢街道の要所であるが、伊勢街道の前身は横大路であり、西の大坂(奈良県香芝市穴虫)に対して古代から奈良盆地への東の入口と見なされていたことがわかる。同地は国中(大和盆地)と宇陀を分ける軍事的要衝でもあり、『日本書紀』神武天皇即位前紀には、大和へ向かう神武天皇の軍を防ぐために墨坂に炭を置いたことから墨坂の名が起こったとある。また、六七二年(天武天皇元)の壬申の乱の際、大海人皇子軍の将軍大伴吹負《ふけい》が近江朝廷軍の大野果安《はたやす》と乃楽山《ならやま》で戦い敗走、墨坂において置始連《おきそめのむらじ》菟《うさぎ》の率いる伊勢からの援軍と遭遇したとある。

参考文献　和田萃『日本古代の儀礼と祭祀・信仰』、一九九五、塙書房。　(竹内　亮)

すみつぼ　墨壺　建築工人の中ではソマヒト(杣人)、コヒキ(木挽)、コタクミ(木工)などが、原木や建築部材に長い直線(真墨《しんずみ》)や加工する形状(切墨《きりずみ》)をしるす道具。墨斗とも書く。古代・中世の文献では多様な表記があるが、近世には「墨斗」と「墨壺」のいずれかに統一される。スミツボは前方部に墨池《すみいけ》、後方部に糸車《いとぐるま》、糸車から墨池をくぐって前方糸口《いとぐち》から出る墨糸《すみいと》によって構成されている。古代・中世においては前方部と後方部は同じ幅で、糸車の後方(尻)は開放形式(尻割《しりわれ》形)であったが、近世になると閉鎖形式に変化する。長い直線をしるす場合、古代・中世では墨糸端部を人の手によって固定(二人で作業)し、近世になると墨糸先端に結んだカルコと呼ぶ錐先《きりさき》によって固定(一人で作業)するようになる。八世紀の出土遺物(栄根《さかね》遺跡)や建築技術との関連より、わが国へは六世紀後半の仏教建築とともに伝来したと考えられる。

参考文献 渡邉晶「東アジアのスミツボとヨーロッパのチョークライン」(国立歴史民俗博物館編『失われゆく番匠の道具と儀式』所収、一九九六)。

(渡邉　晶)

すみでら　隅寺　⇩海竜王寺《かいりゅうおうじ》

すみよしたいしゃ　住吉大社　大阪市住吉区住吉に鎮座する神社。摂津国一宮。『延喜式』神名帳上には、摂津国住吉郡の部に「住吉坐神社四座」とあり、名神大社に列せられている。旧官幣大社。祭神は底筒男命、中筒男命、表筒男命の住吉三神、および息長帯姫命《おきながたらしひめのみこと》(神功皇后)。鎮座地は古来より住之江(墨江)と称した。『摂津国風土記』逸文は、住吉神が鎮座地を定める際、「真住み吉し、住吉の国」(原漢文)といったのが「須美乃叡《すみのえ》」の地名の起源とする。同地は『古事記』仁徳天皇段には「墨江之津」とあり、倭王権の外港としての機能を有していた。住吉三神は神功皇后の新羅親征を助けたとされ、航海の守護神として信仰された。『延喜式』祝詞や『万葉集』からは、遣唐使発遣の際に奉幣を行い、当社に海上の無事を祈ったことが知られる。また、当社はしばしば祈雨の神として奉幣の対象になったほか、平安時代以降は和歌の神として天皇・貴族などの崇敬を集め、遊興を兼ねた貴人の参詣で賑わった。元来二十年に一度の式年造替が行われていたが、室町時代以降は破損のつど修理された。現在の本殿(国宝)は一八一〇年(文化七)の再建。住吉三神を祀る第一・第二・第三本宮が西を正面として東から直線上に配置され、第三本宮の南側に神功皇后を祀る第四本宮が西面して並ぶ。いずれも住吉造の形式で、内部を前後二室に分けた妻入りの平面構造を持つ。この平面形は大嘗宮正殿とも共通しており、古い時代の宮殿建築を伝えているとみられる。正面および内陣・外陣の境では棟通りに柱がなく、板扉が開く。殿内は床張である。なお、南北朝時代、南朝の後村上天皇はたびたび当社に行幸し、一三五二年(正平七・文和元)には吉野から当地へ移り、当社神主である津守氏邸宅内の正印殿を住吉行宮《あんぐう》とした。その後南朝の勢力挽回の中心地となり、一三六八年(正平二十三・応安元)に後村上天皇が崩御するまで行宮であった。行宮跡は国史跡に指定されている。

参考文献 上田正昭編『住吉と宗像の神』、一九八八、筑摩書房。

(竹内　亮)

住吉大社本殿

すみよしづくり　住吉造　住吉大社本殿などに見られる神社建築の形式。桁行四間、梁間二間、切妻造、檜皮《ひわだ》葺、妻入で、正面側二間を外陣、背面側二間を内陣として二室に区切る。軒は一軒で直垂木を用い、棟上に堅魚木と置千木を据える。住吉大社本殿は、住吉三神と神功皇后を祀るもので、同形同大の四棟の本殿を海に向けて並べるが、神功皇后を祀る棟のみ千木先端の切り方を変える。現存社殿は一八一〇年(文化七)の造替になる。平面、立面が大嘗宮正殿と似ることから、神と人とが同床する神祭の古式を残すものとの説があるが、史料上でこの形式が確認されるのは平安時代後期以降である。明治以降、流造、春日造、神明造などと並列に捉えられる神社建築の一形式として位置付けられているが、この形式を採る神社は、大阪府の住吉大社およびその摂社、福岡県の住吉神社などに限られる。現存遺構では住吉神社本殿(福岡県、江戸時代前期)が最も古い。➡神明造《しんめいづくり》　➡大社造《たいしゃづくり》

参考文献 福山敏男「住吉造」(『福山敏男著作集』四所収、一九八四、中央公論美術出版)。稲垣栄三『神社と霊廟』(『原色日本の美術』一六、一九六八、小学館)。

(清水　重敦)

すもう　相撲　素手で行われる格闘技の一種。古くは、中国の馬王堆漢墓出土の帛画や高句麗の角抵塚などの古墳の壁画に力士や相撲の図像が見られ、日本では古墳時代の力士埴輪や装飾付須恵器に相撲の造形がある。また、『古事記』の出雲神話のタケミカヅチとタケミナカタの力くらべの話や『日本書紀』垂仁紀の野見宿禰《のみのすくね》と当摩蹶速《たいまのけはや》による起源説話が伝えられている。相撲は本来民間の豊凶を占う年占などの神事であったものが、古代の朝廷にとり入れられて相撲節《すまいのせち》として儀式化したのであろう。寺

社ではこれを模した相撲会《すまいえ》が行われ、中世にもこうした奉納相撲が行われた。滋賀県御上《みかみ》神社には鎌倉時代の組み合った力士と行事の木像が伝わっている。世界各地の相撲は、もっぱら投げによって決着をつける土俵なしの格闘技で、土俵がある相撲は日本以外には知られていない。日本の相撲における土俵の出現は、『相撲強弱理合書』などには、天正年間(一五七三―九二)に始まり、慶長年間(一五九六―一六一五)に広がったとあり、中世末から近世初頭ごろと考えられている。近世には相撲は江戸・京都・大坂の三都の勧進大相撲として発達し、都市の娯楽の一つとなった。そして、その人気が高まるにつれて相撲に関する多様な人形や玩具がつくられるようになった。江戸・京都・大坂などの近世の遺跡からは力士をかたどった相撲人形が出土している。相撲人形にはまわしを着けた力士、着物を着て刀を差した着物力士、二人の力士が組み合った組み相撲などさまざまなモチーフのものがある。一七七三年(安永二)の『江都二色』には板製の二人の組み合った力士を串棒であやつる「板相撲」が描かれているが、同種のものは大坂の魚市場跡から出土している。また、泥面子のモチーフにも力士名や力士像など相撲に関するものが見られる。こうした相撲人形や玩具は、相撲の人気が近世には子供の世界にまで及んでいたことを物語っている。↓面子《めんこ》

参考文献 寒川恒夫編『相撲の宇宙論』、一九九三、平凡社。

(谷川　章雄)

すやき　素焼　㈠縄文土器・弥生土器・土師器など、施釉されない焼物について、無釉という側面を重視した場合に付す名称。㈡陶磁器生産において、施釉・本焼きする前に乾燥させた成形生地を七百～一千度で焼成すること。中国では遅くとも唐三彩生産において素焼きされていたことが判明しており、日本でもその影響下に成立した奈良三彩や緑釉陶器生産で実施された。ただ、中世唯一の施釉陶器である古瀬戸生産や戦国時代の大窯生産では、これまで素焼きに関わる遺構・遺物は確認されていない。江戸時代になると、瀬戸窯では焼成室が一室のみの登窯を素焼窯として用いていたことが十八世紀後葉に成立した文献史料から判明している。一方、九州では有田の磁器生産において十七世紀中葉に開始されたが、十八世紀代までの方法や素焼窯の構造はわかっていない。ただ、十九世紀前半には瀬戸窯と同様の構造をもつ素焼窯が用いられていたことが大皿に描かれた絵図から判明している。このほか、桃山期の楽焼でも素焼が行われていた可能性がある。

(金子　健二)

スラグ　⇩鉱滓《こうさい》

すりばち　擂鉢　陶製の鉢。木製の棒である擂粉木《すりこぎ》やヘラ状の切匙《せっかい》を用い、食物を鉢の内面ですり潰す、和《あ》えるといった用途に使用した。古墳時代の須恵器には水平方向に突出した厚い底部をもつ擂鉢が存在するが、中世以降の擂鉢に直接つながるものではない。口縁部に片口をもち、底部から口縁部へと大きく広がる形態の擂鉢は、十世紀末から十一世紀にかけて、愛知県の猿投《さなげ》窯の系譜を引く窯や兵庫県の東播系須恵器窯などで生産され始め、やがて各地の中世陶器窯の主要器種の一つとなるまでに普及する。中世における擂鉢の普及には、禅宗の影響による粉食、味噌を利用した料理などの広がりが背景にあったものと考えられる。遺跡からは火を受けたものも出土することから、加熱しながら調理する用途もあったらしい。十三世紀前半までの擂鉢には擂目が刻まれないが、十三世紀後半以降は内面に擂目を刻むものが生産されるようになり、時期とともに擂目の密度は高くなる。博多・大宰府にはこれ以前に中国産の擂目を刻む陶器擂鉢がもたらされており、その影響が及んだ可能性がある。中世後期になると、陶器以外にも瓦質の擂鉢が各地で生産されるようになる。近世以降も、日常生活に欠かせない調理具として各地の陶器生産地において生産され続ける。

参考文献 荻野繁春「財産目録に顔を出さない焼物」(『国立歴史民俗博物館研究報告』二五、一九九〇)。

(鈴木　康之)

すりぼとけ　摺仏　仏の形を版木(形木)に刻して摺ったもの。塔形を摺る場合もある。平安時代後期には貴族階層で個人的多数作善業としての摺写が多いが、中世には造仏などの多数結縁の勧進に応じた証として像内奉籠されたり、個人の信仰対象として配布されたりした。摺り出された像容は仏・塔などさまざまだが、多数作善にかかわる場合は、同仏・同塔の連続配置や仏塔交互配置が多く、千・万単位の多数の造塔・造仏にかかわることもある。同仏を連続して手写したものや、像容を印に彫り日課的に連続押印した印仏《いんぶつ》がその前段階にあり、その展開と考えられる。同じ供養目的で行われていても、小型で押印したものを印仏、それより大型で摺刷した場合を摺仏と呼び分けている。『餓鬼草子』の墓地場面では木製笠塔婆の下にすわって摺仏らしきものが売買されている。墓参に伴い供養のために購入しているものであろう。近世では各地の霊場寺院で多種の摺仏が版行された。高一尺以上の大型のものは表装され、個人の仏壇などに祀られることが多いが、三寸前後の小型のものは貼り交ぜにして表装されることが多い。また図像を主とするものでなく、名号・神呪など文字を主としたものを札(御札)と称す。

参考文献『日本仏教民俗基礎資料集成』五、一九七四、中央公論美術出版。

(藤澤　典彦)

するがこくぶんじ　駿河国分寺　七四一年(天平十三)の聖武天皇の詔を受けて諸国で建立された国分寺の一つ。所在地については、片山廃寺とする説と浅間神社の東方、長谷通りに所在した泉動院に求める説とのふたつがある。前者は一九三〇年(昭和五)、大澤和夫によって発見されて以来、有力な候補地となったが、国分寺と確定できなかったことは、一九六五年の指定名称が「片山廃寺跡」であったことからも窺える。一方、後者は足立鍬太郎が

主張し、原秀三郎によって継承されている。文献史料にもとづくもので、鎌倉時代まではさかのぼるものの、菩提樹院(静岡市葵区沓谷)所蔵の塔心礎(市指定文化財)のほか古代にさかのぼる物証は乏しい。片山廃寺説は塔跡は未確認であるが、創建が奈良時代であること、伽藍規模が大きいこと、平城宮所用瓦の系譜をひく瓦が用いられていること、遠江国分寺瓦屋の関与が推定されることなどが論拠となっている。国分尼寺については、一二四二年(仁治三)に「尼寺御堂」の存在が確認されるが(鉄舟寺所蔵大般若経奥書)、所在地については不明である。

↓国分寺《こくぶんじ》

参考文献 『静岡市史』原始古代中世、一九八一。角田文衛編『新修国分寺の研究』二、一九九一、吉川弘文館。『静岡県史』通史編一、一九九四。 (佐藤　正知)

するがのくに　駿河国　東海道に属する旧国名。静岡県の大井川以東で、伊豆半島を除く地域。西は遠江国、西北は信濃国、北は甲斐国、東は伊豆国・相模国に接する。南は駿河湾に面する。国名は「須流河」の表記からすれば富士川の流れが速かったことに由来するか。植物名や地形説もある。国府は安倍郡に所在し、地名や地割りから現在の静岡市長谷町付近が有力視されてきたが、真北の地割や畿内産土師器により駿府城東南付近に比定する説もある。なお、鎌倉時代には横内付近に移動したと考えられる。ただし、明確な遺構は発見されていない。国分寺については現静岡市大谷の片山廃寺(国史跡)が規模の大きさや平城宮系の瓦の出土などから有力視されているが、塔跡が確認されないことから有度君《うどのきみ》の氏寺とする見解もある。室町時代には静岡市長谷に移動したと考えられている。国分尼寺については、静岡市屋形町に比定する説が古くからあるが明証はない。古い寺院跡としては、沼津市大岡の日吉廃寺、富士市伝法の三日市廃寺、清水市尾羽《おばね》の尾羽廃寺などが知られる。『和名類聚抄』や『延喜式』神名上・民部上によれば、西から志太《しだ》・益頭《ましず》・有度《うど》・安倍・廬原《いおはら》・富士・駿河の七郡五十九郷から構成される。郡家については、志太郡家とされる御子《みこ》ヶ谷《や》・秋合《あきあわせ》遺跡(藤枝市瀬古、国史跡)、益頭郡家とされる郡《こおり》遺跡(藤枝市郡)、有度郡家とされる神明原《しんめいばら》・元宮川《もとみやがわ》遺跡(静岡市水上・西大谷)、安倍郡家とされる八反田《はったんだ》遺跡(静岡市川合)などが発掘調査されている。そのほか、廬原郡は清水市庵原町字小屋敷、富士郡は富士市伝法の三日市廃寺および東平《ひがしだいら》遺跡付近、駿河郡は沼津市今沢の東畑毛《ひがしばたけ》遺跡または同市御幸町の御幸町遺跡などが郡家の有力比定地とされている。『延喜式』民部上によれば国の等級は上国だが、『駿河国正税帳』の国司記載などによれば、奈良時代には中国であったと推定され、七六八年(神護景雲二)ごろまでに上国となる。都からの遠近は中国に位置付けられる。『日本書紀』のヤマトタケル東征伝承に「焼津」の地名起源伝承があり、『新撰姓氏録』によれば、東征に従った吉備建彦命は「阿倍廬原国」を与えられ、子孫は廬原氏を称したと伝える。また「東海」に派遣された「四道将軍」の一人武淳川別《たけぬなかわわけ》は阿倍臣の祖と伝承され、安倍郡との関係が想定される。『旧事本紀』の『国造本紀』によれば、古くは珠流河《するが》国造と廬原国造により支配されていたと伝える。『日本書紀』安閑天皇二年五月条の全国屯倉設置記事の最後に駿河国「稚贄屯倉《わかにえのみやけ》」の名前がみえる。皇極朝には、大生部多《おおふべのおお》という人物が、不尽河(富士川)の辺りで蚕に似た虫を「常世神」として祭り、人々を惑わせたとして秦河勝《はたのかわかつ》により討たれたとある。珠流河国造の支配領域は、のちの伊豆国の範囲を含んでいたが、『扶桑略記』には六八〇年(天武天皇九)に駿河から二郡を割いて伊豆国を分置したとある。七世紀後半、珠流河国造と廬原国造の支配領域をあわせて駿河国が成立する。『延喜式』主税寮の出挙稲額は合計六十四万二千五百三十四束で、その内訳は正税二十三万束、公廨二十五万束、国分寺料二万束、大安寺料四万千束、薬師寺料八千束、文殊会料二千束、修理池溝料三万束、救急料六万束、俘囚料二百束、官牧牛直千三百三十四束とある。式内社の数は、七郡合計で二十二座とある。なかでも富士山を神体とする富士郡浅間神社は、九世紀に従三位を与えられるなど破格の神階昇叙がなされている。国内には東西に官道として東海道が走り、『延喜式』兵部省によれば西から小川《こがわ》・横田・息津《おきつ》・蒲原《かんばら》・長倉・横走《よこはしり》などの駅家が置かれた。八〇〇年(延暦十九)には富士山の噴火により足柄路が埋まったため、一時的に箱根路が用いられている。同書によれば、駿河郡に岡野馬牧、安倍郡には蘇弥奈《そみな》馬牧が置かれ、前者は荘園化して大岡荘となった。室町・戦国時代には今川氏の守護領国となる。近世には、小藩と天領の代官による支配が続く。一八六八年(明治元)徳川宗家の移封により駿河(静岡)藩が成立。一八七一年静岡県となる。

参考文献 原秀三郎『地域と王権の古代史学』、二〇〇二、塙書房。『静岡県史』通史編一、一九九四。 (仁藤　敦史)

すわたいしゃ　諏訪大社　長野県に鎮座する神社。第二次世界大戦前は官幣大社。もと諏訪神社と称したが、一九四八年(昭和二十三)に諏訪大社と改称。諏訪の地を開拓した健御名方刀美《たけみなかたとみ》神とその妃八坂刀売《やさかとめ》神をまつる。現在の社殿は、上社・下社に分かれ、上社には前宮(茅野市宮川小町屋)と本宮(諏訪市神宮寺)とが、下社には春宮(諏訪郡下諏訪町下原)と秋宮(同町武居)があり、一社で四ヵ所に社殿をもつ。社殿は、拝殿の左右に二間一面ずつの片拝殿が付き、拝殿の奥には幣殿が付き、その奥の本殿のあるべき場所には建築物はなく、空地とする諏訪社独特の様式をもつ。これらの上社・下社の幣拝殿、左右片拝殿は立川流・大隅流の特色がみられ、重要文化財に指定されている。祭神の直系は現人神とされ「大祝《おおほうり》」と呼ばれるが、これは古代にこの地方の有力豪族として郡司などにも就いた金刺舎人氏の系譜を引くものと考えられている。『延喜式』神名帳では「南方刀美神社二座

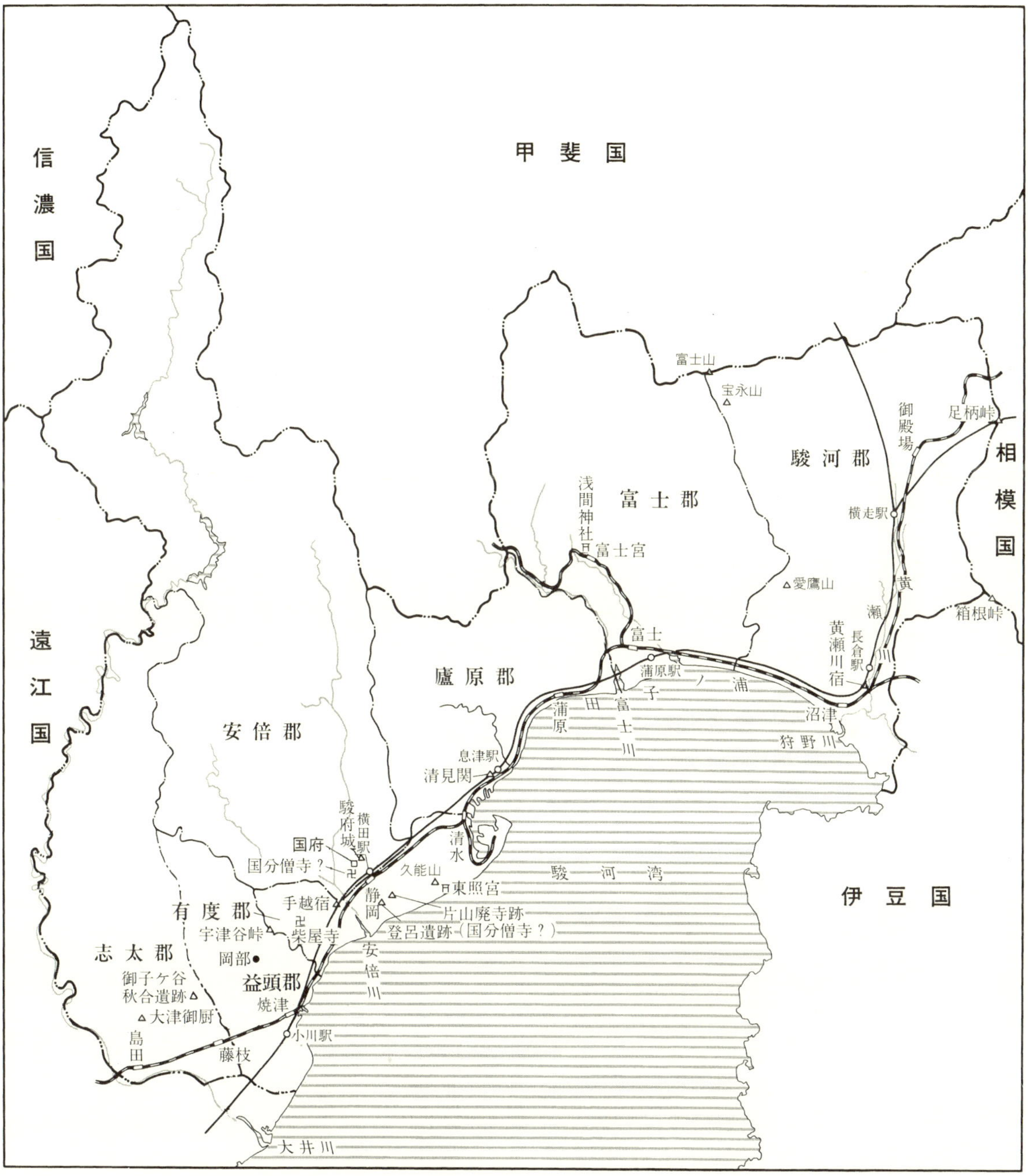

甲斐国
信濃国
遠江国
相模国
伊豆国
駿河郡
富士郡
廬原郡
安倍郡
有度郡
志太郡
益頭郡
富士山
宝永山
御殿場
足柄峠
横走駅
浅間神社
富士宮
愛鷹山
黄瀬川
箱根峠
黄瀬川宿
長倉駅
富士
蒲原駅
田子ノ浦
沼津
狩野川
蒲原
富士川
息津駅
清見関
駿府城
横田駅
国府
国分僧寺？
清水
久能山
東照宮
駿河湾
静岡
片山廃寺跡
登呂遺跡（国分僧寺？）
手越宿
宇津谷峠
柴屋寺
安倍川
岡部
御子ケ谷
秋合遺跡
大津御厨
焼津
小川駅
島田
藤枝
大井川

駿河国略図

名神大」とされ、平安時代後期には信濃国一宮の地位を占めた。社名は、諏訪社・諏訪南宮・諏訪大明神などとも呼ばれ、中世には幕府や戦国大名の崇敬を得、また江戸幕府もあつく保護を加えた。そのため、全国に多くの分社が所在することとなり、一万社近い諏訪社が全国に所在する。神事としては上社の蛙狩り・御使御頭・御射《みさ》山《やま》御狩りなどが、下社の筒粥・御遷座祭り・御射山祭りなどが知られ、特に申寅年ごとに行われる御柱祭(長野県無形民俗文化財)は熱狂的行事として有名である。上社の東には上社神宮寺があり、普賢堂・五重塔・鐘楼などのほか、釈迦堂・薬師堂・上坊・下坊・如法院・蓮池院などの建築群が所在し、また下社も、千手堂・三重塔はじめ弥勒堂・仁王門などの建物群が所在したが、明治初期の廃仏毀釈に際して破却された。なお、旧御射山《もとみさやま》遺跡(諏訪市霧ヶ峰旧御射山・諏訪郡下諏訪町奥霧ヶ峰)は下社御射山祭りの斎場として伝えられているが、一九五九・六三・六四年の調査で、階段状の地形が人工の遺構であること、一万四千個に及ぶ土師質土器片、少量の青磁、灰釉陶器、須恵質土器、常滑焼、内耳土器、擂り鉢などの破片、宋銭・明銭、薙鎌、鉄鎌、鉄釘、砥石などを検出し、この遺跡で長期にわたり祭祀が行われたことが明らかになった。このほか、下社の「売神祝印」という印文をもつ銅印は重要文化財に指定されている。

参考文献 『諏訪市史』上・中・下、一九五五・六八・七六。 (福島 正樹)

すわのくに　諏方国 七二一年(養老五)から七三一年(天平三)の十年間設置された律令制下の国。東山道に属す。『続日本紀』養老五年六月辛丑条に「割信濃国、始置諏方国」とみえ、また同年八月癸巳条に「以諏方・飛騨、隷美濃按察使」とみえ、諏方国は信濃国のうちを分割して建てた国で、飛騨国とともに美濃按察使の管するところとなったことがわかる。按察使は七一九年に設置された官で、美濃・尾張・三河・信濃が美濃按察使の管下に属したが、それに諏方・飛騨両国が加わったことを示している。短期間の存置であったことから関連資料がなく、国の等級、国司の名前、国府の所在地、管下の郡名など不明な点が多い。信濃国のどの郡を分割したのかについては、諏訪郡・伊那郡の二郡を考える説のほか、その二郡にさらに筑摩郡・安曇《あずみ》郡を加える説もある

参考文献 『長野県史』通史編一、一九八九。『諏訪市史』上、一九九五。 (福島 正樹)

すわばらじょう　諏訪原城 静岡県島田市所在の戦国時代の城。牧之原台地の北端部に位置し、標高二二〇メートル前後の河岸段丘上に築かれている。国史跡。一五七三年(天正元)武田勝頼が遠江国進出の拠点とすべく築城。一五七五年徳川家康の攻勢により陥落、以後徳川方の城となり牧野城と総称された。方形の本曲輪を取り囲むように横堀(幅一五メートル、深さ八メートル)と土塁(幅約一〇メートル)が廻り、尾根続きとなる西側に長方形の曲輪を配置し、その前面にも横堀と土塁が設けられている。城に入るには、横堀に設けられた二ヵ所の土橋を利用しなければならないが、完成域に達した丸馬出しを前に配することで、より強固な防御がはかられた。絵図などには、南側丸馬出し外側に堀に囲まれた方形曲輪と、丸馬出しも描かれている。発掘調査で、この方形区画が検出されており、存在が確実となった。『家忠日記』などの記録に残る徳川氏の改修を、方形区画とする説もあるが、二ヵ所の丸馬出しを含め、すべて徳川氏による可能性も残る。

参考文献 金谷町教育委員会編『遠江諏訪原城大手曲輪跡発掘調査報告(増補版)』、一九八七。 (加藤 理文)

すん　寸 長さの単位。一寸=十分。十寸=一尺。もとは親指の幅を意味した。『大宝令』による度量衡統一により、唐令をうけて、長さをあらわす法定単位として雑令に規定された。その絶対値は、尺と同様に、時代や地域によって一様ではない。一八九一年(明治二十四)制定の度量衡法により、その絶対値がメートル法によって規定され、一寸は約三〇・三ミリとなったが、一九六六年(昭和四十一)に法定単位として廃止された。

参考文献 小泉袈裟勝『ものさし』(『ものと人間の文化史』二二、一九七七、法政大学出版局)。 (大隅亜希子)

すんぷじょう　駿府城 静岡市に所在する近世城郭。駿河守護今川氏館の地に、一五八五年(天正十三)徳川家康が駿遠三甲信五ヵ国経営の拠点として築城。安倍川の扇状地形によって形成された静岡平野の扇央部に位置している。駿府城内では、一九七五年(昭和五十)以降二十五回の発掘調査が実施されている。特に注目される遺構は、二ノ丸北東隅で検出された中仕切りによって仕切られた御殿と台所である。出土遺物等から一六三五年(寛永十二)以前の可能性が高く、家康もしくは、徳川本家に限りなく近い人物の御殿と推定。遺物としては、県内唯一の金箔瓦が注目される。文様形態などから一五九〇年に入封した中村一氏時代のものと判明した。一氏は、前任地水口岡山城の瓦を運び込み、金箔を施し駿府城に葺いたのである。また、元和三年(一六一七)銘の木製品が確認された大井戸状遺構からの出土遺物は、年代資料を伴った一括資料で、伊万里流通以前の当城の一般的な状況を代表するものである。

参考文献 静岡県考古学会・織豊期城郭研究会編『駿府城をめぐる考古学―静岡県における近世城郭の成立―』、一九九九。静岡市立登呂博物館『発掘された駿府城跡―新出土品にみる城のようすとくらし―』、一九九四。 (加藤 理文)

せ

せいえん　製塩　塩を含んだ材料から塩の結晶を取り出す諸技術の総称。塩は人間の生命維持に不可欠な物質であるが、ナトリウムが食物などから補給されるならば、結晶塩は必ずしも必要でない。日本では旧石器時代に製塩の痕跡がみられないのはそのためである。また、塩はそのほか、食品加工用・調味料・家畜用・皮革なめし・金属加工・医薬用など多方面の利用がなされている。塩の生産は原始・古代から交易・流通を目的として発展してきた。日本では岩塩《がんえん》層や塩湖《えんこ》はなく、地下鹹水《かんすい》(塩泉《えんせん》など)も少数しか存在しない。また、中緯度地帯であり雨が多いため天日《てんぴ》製塩も不可能に近い。そこで、日本での製塩は、海水から濃い塩水を得、それを多量の燃料を使用して煮詰めて結晶した塩を作るという特色のある方法が発達した。世界的にはこうした製塩方法はきわめて少なく、集約的労働が要求される。海水を利用した製塩作業は、採鹹《さいかん》(海水の塩分濃度を高める)、煎熬《せんごう》(濃い塩水を煮詰めて塩の結晶を取り出し、粗塩《あらしお》をつくる)の二工程があり、精製《せいせい》(粗塩のままでは強い潮解性《ちょうかいせい》があり、塩を保存・運搬するための加工として焼塩《やきしお》処理する)工程が追加される場合があった。日本での製塩は採鹹工程の内容によって大別できる。第一は濃縮工程のない海水のまま、第二は海藻による採鹹、第三は砂による採鹹、第四は流下盤《りゅうかばん》・枝条架《しじょうか》(孟宗竹《もうそうたけ》の笹)による採鹹、第五はイオン交換樹脂《こうかんじゅし》膜《まく》による採鹹である。第一の海水を採鹹せずそのままの直煮による製塩は、燃料が豊富な地域で主に近世に行われた。東北の三陸海岸地帯はその代表例である。第二は海藻による採鹹で、煎熬工程には小型土器を使用した。この段階の製塩は土器製塩と呼び、縄文時代後期から奈良・平安時代まで盛行した。海藻による採鹹は、福岡県海《うみ》の中道《なかみち》遺跡(奈良・平安時代)などの成果によると、海でアマモやホンダワラなどの藻を刈り、藻を乾燥させて焼き、その灰を海水に入れて溶出させ、灰をこして鹹水(濃い塩水)を得た藻塩焼《もしおやき》の工程が復元されるが、これが時代的・地域的に普遍的なものかどうかはまだ十分検証されていない。東日本では縄文時代後期後葉に茨城県霞《かすみ》ケ《が》浦《うら》沿岸で初現し、晩期には宮城県松島湾や青森県下北半島・津軽半島まで広がった。一方、西日本では弥生時代中期後半に岡山県児島を中心に出現し、弥生時代後期には瀬戸内東部から大阪湾沿岸部・和歌山県まで広がった。ついで、古墳時代になると熊本県天草から愛知県知多・渥美、石川県能登や新潟県佐渡にまで拡大し、製塩土器の器形や煎熬用炉の構造などにおいて地域的特色を形成する。福井県若狭や愛知県知多などでは七—八世紀に盛行する。西日本の土器製塩は七・八世紀には衰えはじめ、九世紀後半には消滅する。また、土器製塩では運搬・保管が容易なように精製処理する場合が多いと考えられ、製塩土器で煎熬して作った塩をさらに加熱・固型化(焼塩)する例が想定できる。製塩土器が内陸部でしばしば発見されており、古代の文献にみえる顆《か》・果《か》という計量単位は、固型塩《こけいえん》の存在を示すものであろう。第三は砂による採鹹で、古代から一九五〇年代末まで続いた。塩田採鹹法《えんでんさいかんほう》はその代表である。砂を使った採鹹は、土器製塩の衰退現象や文献などを参考にすると、西日本ではおそくとも七世紀ころには出現したとみられる。最初は塩浜《しおはま》などの塩尻法《しおじりほう》であったが、八世紀ころになると塩田が出現したとされ、中世までは自然浜や揚浜《あげはま》塩田が、近世からは入浜《いりはま》塩田が普及した。煎熬工程は、土釜・石釜・鉄釜・網代釜《あじろがま》など大型容器が使用された。第四は流下盤・枝条架による採鹹で、一九五〇年代後半には大半が入浜塩田から流下式《りゅうかしき》塩田に移行した。煎熬工程は真空式蒸発《しんくうしきじょうはつ》缶《かん》である。第五はイオン交換樹脂膜による採鹹で、煎熬工程は真空式蒸発缶である。一九七二年(昭和四十七)には切り替り、製塩において、はじめて気象条件に左右されなくなった。

参考文献　渡辺則文『日本塩業史研究』、一九七一、三一書房。広山堯道『日本製塩技術史の研究』、一九八三、雄山閣出版。近藤義郎『土器製塩の研究』、一九八四、青木書店。

(岩本　正二)

せいえんどき　製塩土器　濃い塩水を煮詰め、塩の結晶を取り出すための土器。土器の形態は粗製の台付・脚付鉢形土器や小形鉢形土器で、時代や地域でさまざまな変容がある。消耗品的生産用具で大量に製作・使用・廃棄されている。土器の外表は粗雑であるが、内面は液体を煮沸するために丁寧に調整されているのが通例である。遺跡に残る製塩土器は、濃い塩水の継続的加熱や結晶塩の取り出しのため、亀裂が生じたり、細片化・粉化することが多い。一九五六年(昭和三十一)、近藤義郎らは香川県香川郡直島町喜兵衛島《きへいじま》の発掘調査で、瀬戸内海地域で従来から知られていた師楽式土器《しらくしきどき》が製塩に係るものであることを立証した。各地において同種の土器の認定がなされ、製塩土器の編年も各地域で大綱が確立された。また、塩の潮解性《ちょうかいせい》を除去し保管・運搬を容易にするため、製塩土器・専用土器で焼塩《やきしお》処理を行う場合もあり、内陸部から焼塩(固型塩《こけいえん》)を製造・運搬した製塩(焼塩)土器が出土する。

参考文献　近藤義郎『土器製塩の研究』、一九八四、青木書店。同編『日本土器製塩研究』、一九九四、青木書店。

(岩本　正二)

せいがんとじ　青岸渡寺　和歌山県東牟婁郡那智勝浦町に所在する天台宗寺院。前近代では如意輪堂と称し、熊野那智大社神宮寺を任じた。寺伝によると、熊野高倉下の末裔裸形上人が、大滝から感得した如意輪観音像を安置したことに始まるとする。早くから、那智大滝は仏教山林修行の行場として認識されていたことから、本寺も滝本修行の盛行とともに、寺容を整えていったものと思われる。なお、花山法皇の那智滝本修行（『元亨釈書』）の故事によって、西国三十三ヵ所観音霊場第一番札所に数えられ、補陀落山《ふだらくさん》如意輪堂と称される。明治維新の神仏分離によって、如意輪堂は廃止されたが、一八七四年（明治七）に避難していた本尊をもどし、天台宗那智山青岸渡寺として復興した。同寺所在の本堂一棟と山内所在の宝篋印塔一基および那智山経塚出土仏像八点は、いずれも重要文化財。なお、本堂は羽柴秀吉の命で秀長が再建、一五九〇年（天正十八）完成。境内は「熊野三山」の名称で国史跡に指定。ユネスコ世界遺産（紀伊山地の霊場と参詣道）にも登録されている。

参考文献 『那智勝浦町史』上、一九八〇。安藤精一編『和歌山県の文化財』三、一九八二、清文堂。

（寺西　貞弘）

せいけんじ　清見寺　静岡市清水区興津《おきつ》に所在する臨済宗妙心寺派の名刹。巨鼇《こごう》山清見興国禅寺。白鳳年間設置の清見関《きよみがせき》を守る小寺に始まるという。もと天台宗、鎌倉時代、建長初年ごろ、禅宗に改められた。開山は聖一国師円爾《えんに》の弟子、無伝聖禅《むでんしょうぜん》（寺伝では関聖《かんせい》上人とする）。室町時代、十刹に位置づけられ、五山派寺院と交流。応仁の乱後衰退するが、太原崇孚《たいげんそうふ》が中興、以後妙心寺派となった。一五九〇年（天正十八）の小田原攻めの際には豊臣秀吉が滞在。幕府の保護を得、一六〇七年（慶長十二）以降は朝鮮通信使の宿泊・休憩地となった。境内は朝鮮通信使遺跡として国史跡に指定され、通信使や随員との交流を語る書や絵画を所蔵する（朝鮮通信使関係資料は県指定文化財）。山門（市指定文化財）・仏殿・大玄関・本堂（国登録有形文化財）・書院（市指定文化財）・庫裏（国登録有形文化財）・鐘楼（同上）が並ぶ。琉球中山《ちゅうざん》王尚寧《しょうねい》に随行し、病死した弟具志頭《ぐしかみ》王子の墓もある。宋版石林先生尚書伝（重要文化財）ほか貴重な文化財に富む。

参考文献 市毛弘子『臣鼇山清見興国禅寺の歴史』、一九七四、新人物往来社。静岡県教育委員会編『清見寺綜合資料調査報告書』、一九九七。

（佐藤　正知）

せいじ　青磁　釉薬や胎土に含まれる微量の鉄分が、窯の中の酸素が不足する状態となる還元焔《かんげんえん》で焼成され酸素を奪われることによって青みをおび、青ないし緑色を呈する磁器のこと。珠光《しゅこう》青磁のように、同様の成分の釉薬と胎土を用い、窯の中の酸素が十分な状態の酸化焔で焼成されることによって、黄ないし黄褐色を呈したものも、広く青磁に含めることがある。一方、青や緑の色を出すために銅やコバルトなどを釉薬に加えた磁器は青磁の中に入れない。中国では商時代中期に人工的に釉薬を施した原始青磁（原始磁器ともいう）があらわれ、後漢時代に現在の浙江省北部において青磁と呼ぶにふさわしい成熟の段階に到達した。これ以後元時代までの中国陶磁史の展開において中心的な役割を果たした。朝鮮半島では高麗時代に優れた青磁が作られ、ベトナムやタイでも生産されている。日本では十七世紀前半に九州肥前の有田において青磁が焼かれるようになった。

参考文献 今井敦『中国の陶磁』四、一九九七、平凡社。

（今井　敦）

せいしゅく　星宿　中国・日本の星座の体系。月の運行を記すため、恒星月約二七・三日に基づき天の赤道を二十八に分け、付近の星座を月の宿《やどり》とし（二十八宿）、また赤道を年間日数三六五度四分の一に目盛った。月星の位置は各宿の基準点（距星）より「角距度五」「胃五度」などと表現する。その起源はインド、バビロニア説もあるが、春秋時代末期にはすでに中国で確立している。また東西南北七宿を四神獣（青竜《せいりゅう》・白虎《びゃっこ》・朱雀《すざく》・玄武《げんぶ》）に見立てる場合もあり、このほか『礼記《らいき》』『楚辞《そじ》』などに北斗などの星座名がみられる。前漢の『史記《しき》』天官書は五行思想に基づいて天を中官と東西南北官に分け、内部の星座を天界を支配する天帝（北極星）とそれに奉仕する星官（天官）とした。さらに前漢末から後漢の社会混乱により讖緯説が広まると占星術の構成要素として星座数が爆発的に増え、魏晋南北朝時代に中官（六百九十八星）・二十八宿（一百八十三星）・外官（五百六十二星）に整理され、唐宋代に

キトラ古墳星宿図（奈良県明日香村）

天球儀（渋川春海作）

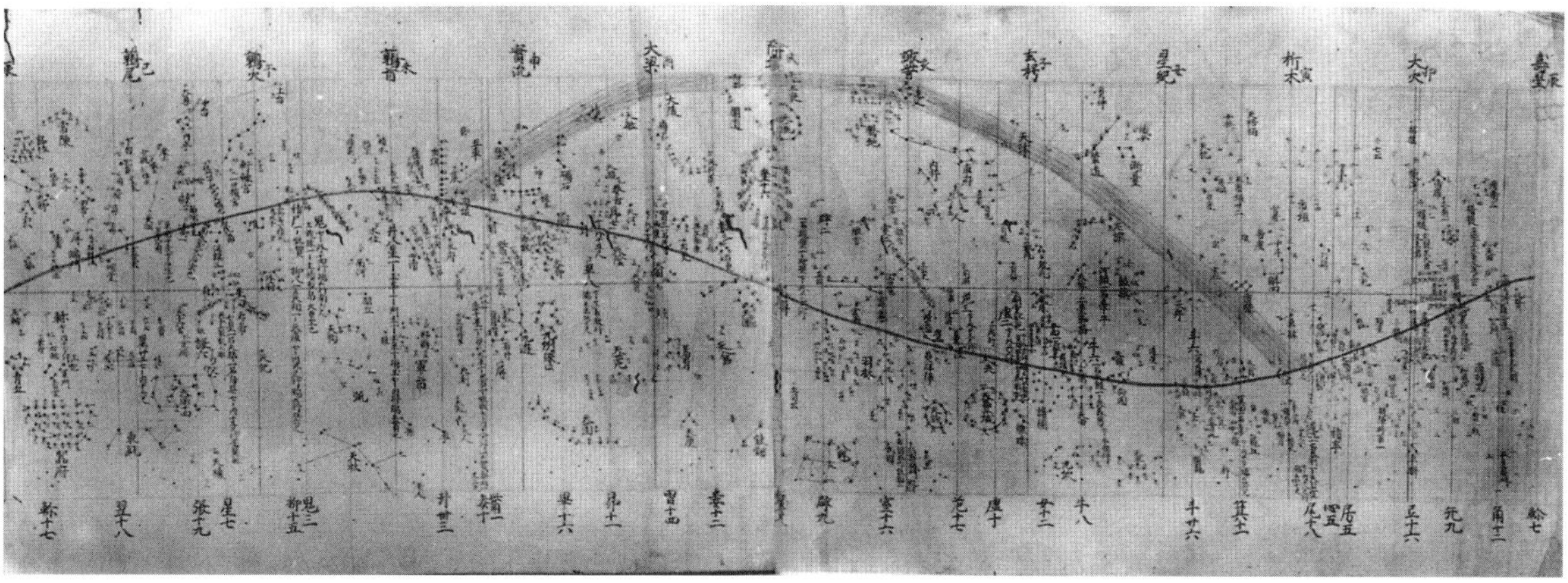

格子月進図（土御門家旧蔵）

星宿の体系が確立する。ただし現在のどの星かを同定するのは意外に難しい。中国天文学は国家占星術で、天文観測により地上の政治事件が予言できるとした。このため天文思想の伝来とともに星宿の観念も日本に移植される。百済僧観勒《かんろく》が六〇二年（推古天皇十）に大友村主高聡《おおとものすぐりこうそう》に天文遁甲を伝え、さらに律令国家が天文博士を置き、平安時代に天文道が成立したことで星宿は日本に定着する。星宿図は七—八世紀のキトラ古墳、高松塚古墳の天井に描かれ、天文道安倍氏は「格子月進図」と称する星図を伝えた。また四神獣は四方の守護神として壁画や寺院建築などに多用される。一六九九年（元禄十二）に渋川《しぶかわ》春海《はるみ》の測験に基づく『天文成象《てんもんせいしょう》』図が刊行されてからは、これが星宿図の基礎となった。なお中国では特定の星宿と国・州とを結びつける分野説が行われたが、日本では渋川まであまり強調されていない。その後明治国家が西洋天文学を採用したため、星宿の体系はその歴史的使命を終えることとなった。

参考文献　有坂隆道『古代史を解く鍵』（『講談社学術文庫』一三三六、一九九九、講談社）。渡辺敏夫『近世日本天文学史』、一九八六・八七、恒星社厚生閣、大崎正次『中国の星座の歴史』、一九八七、雄山閣。（細井　浩志）

せいしょうじ　成勝寺　崇徳天皇の御願寺で、京都市左京区の白河の地に建立された六勝寺の一つ。一一三九年（保延五）十月に供養式が行われ、その時の史料によると、金堂・経蔵・鐘楼・観音堂のほか、南大門などの諸門がみえている。史料がほとんどないため、寺域もほとんどわからないが、だいたい一町程度と推定されている。寺院の場所についても、『明月記』建暦二年（一二一二）十月四日条では、三条大路を東に行き、延勝寺南門大路で北に曲がり、成勝寺の西から二条へ出る、とあることから、二条大路の南で、かつ押小路より北にあったことになる。また、この寺院が崇徳天皇の御願であったことから、保元の乱後、崇徳天皇の御霊を鎮めるため、その霊を祀る案も提示されたこともあった。鎌倉時代になると、次第に寺院が荒れ始めた。まず一一九五年（建久六）九月六日の夜には南大門が大風によって倒壊し、その後ほかの堂宇も破損してしまった。現在まで、本格的な発掘調査も実施されていない状況で、寺院としての規模や基壇の状態など、ほとんどわかっていない。→六勝寺《りくしょうじ》

参考文献　福山敏男「六勝寺の位置」（『日本建築史研究』所収、一九六八、墨水書房）。（土橋　誠）

せいじようりゃく　政事要略　明法博士令宗《これむねの》（惟宗）允亮《ただすけ》による平安時代の諸政務を解説した書。全百三十巻であるが現存するのは二十五巻のみ。一〇〇二年（長保四）成立で、その後若干補筆が加えられた。本書は藤原実資《さねすけ》の命もしくは依頼によって編纂が企てられ、小野宮家に相伝されたと推測されている。年中行事・公務要事・交替雑事・糾弾雑事・至要雑事・国郡雑事・臨時雑事の七篇からなり、それぞれ小項目を掲げてそれに関連する律令格式や史書の記事、さらに参考とすべき和漢典籍などを引用するという形式をとり、私案や父祖・古老の談話などが付されることもある。『官曹事類《かんそうじるい》』『律集解《りつのしゅうげ》』『吏部王記《りほうおうき》』『宇多天皇御記《うだてんのうぎょき》』『交替式私記《こうたいしきしき》』『多米氏《ためし》系図』など数多くの逸文を伝え、中には本書によってのみその存在が確認される逸書も少なくない。古写本は尊経閣文庫に金沢文庫本が三巻伝存（影印本あり）。刊本は『（新訂増補）国史大系』などがある。

参考文献　虎尾俊哉「政事要略について」（『古代典籍文書論考』所収、一九八二、吉川弘文館）。鹿内浩胤「田中教忠旧蔵『寛平二年三月記』について」（田島公編『禁裏・公家文庫研究』一所収、二〇〇三、思文閣出版）。清水潔「政事要略」（国書逸文研究会編『国書逸文（新訂増補版）』所収、一九九五、国書刊行会）。（小倉　慈司）

せいしんせいぼし　井真成墓誌　七三四年（開元二十二）正月に没し、同年二月八日に長安近郊で葬られた井真成の墓誌。墓誌蓋もある。大きさは本体がおよそ三五㌢×

井真成墓誌　拓本

三五センチ。作りは簡素であり、通常墓誌蓋や墓誌の側面に描かれる文様がなく、墓誌蓋と墓誌の大きさも微妙に異なる。銘文も十六行分の罫線が引かれているにもかかわらず十二行で終わっており、四行分の空白がある。これらの諸点から、出来合いの墓誌石から急遽作成されたものとする考えもある。井真成は七一七年(養老元)の遣唐使で派遣された留学生と考えられるが、唐への留学生の墓誌というのは他国を含めてもほかに例がない。同じ遣唐使(大使多治比県守)には阿倍仲麻呂・吉備真備・大和長岡・玄昉など学芸で名を馳せた人物が多い。井真成が没した時には次の遣唐使(大使多治比広成)が唐に到来しており、帰国を目前にした死であった。一般に墓誌には当人の経歴が詳細に記されるが、この墓誌には唐における履歴がほとんど記されていないため出仕せずに勉学に励んでいたものと推定できる。贈官として受けた尚衣奉御は唐皇帝の内廷的官職であり恩寵による贈官であったと見なしうるが、当時の皇帝である玄宗といかなるつながりがあったかは不明。「井真成」の名は唐に赴いた際の唐風改名であり、日本での氏姓については井上忌寸とみる見解と葛井連とする見解があって、南河内の渡来系氏族と見なす点は一致するものの確定していない。なお、「國号日本」とあるのは国名としての日本について書されたものとしては現在のところ最古のものである。

銘文　(墓誌蓋)贈尚衣／奉御井／府君墓／誌之銘

(墓誌本体)贈尚衣奉御井公墓誌文井序／公姓井字真成國号日本才称天縦故能／□命遠邦馳聘上國蹈禮樂襲衣冠束帯／□朝難与儔矣豈圖強學不倦聞道未終／□遇移舟隟逢奔駟以開元廿二年正月／□日乃終于官弟春秋卅六□□□皇上／□傷追崇有典　詔贈尚衣奉御葬令官／□即以其年二月四日窆于萬年縣滻水／□原禮也嗚呼素車曉引丹旐行哀嗟遠／□兮頽暮日指窮郊兮悲夜臺其辭曰／□乃天常哀茲遠方形既埋於異土魂庶／歸於故郷

参考文献　『東アジアの古代文化』一二三、二〇〇五。専修大学・西北大学共同プロジェクト編『遣唐使の見た中国と日本』(『朝日選書』七八〇、二〇〇五、朝日新聞社)。

(河内　春人)

せいせきずし　聖蹟図志　津久井清影《つくいきよかげ》(本名平塚利助《ひらつかりすけ》、号瓢斎《ひょうさい》)により、一八五四年(安政元)に著された『陵墓一隅《りょうぼいちぐう》抄《しょう》』の付図として作成された山陵絵図の一つ。初版開板後、図を増補しながら江戸時代末期まで重版された。大和・河内・和泉・摂津・丹波の国別に地図中に山陵を見取り図風に描いてその位置を示し、個々の陵の細図を配している。地図中には山陵のほか、道路・河川・集落・寺社・旧跡《きゅうせき》などの周辺情報を簡単な解説を付して記す。特に大和国は詳細で、別に大和国全図に陵の位置を示し、各郡ごとに右の絵図を掲げている。また銅版刷りによって精緻《せいち》かつ実用的に描き、地理的位置を詳細に示すことに重点を置く点で、従来の山陵図との違いを見せる。幕末期の勤王思想《きんのうしそう》が高揚《こうよう》する中で、巡見のため、あるいはより実感性を得るために重用され、版を重ねられたものと推測される。

参考文献　和田萃「山陵家平塚瓢斎」(森浩一編『考古学の先覚者たち』所収、一九八五、中央公論社)。

(大平　聡)

せいせん　精銭　⇩鋳銭《ちゅうせん》

せいてつ　製鉄　鉄鉱石や砂鉄などから化学反応を利用して鉄を取り出す作業で、鑪《たたら》にみられるように、土製の炉内で木炭を還元剤として燃焼させ、前記の鉱物を炉に装入し、炭素量の多い銑鉄や焼入れ可能な鋼を得るものである。わが国における製鉄の開始時期については、西日本では製鉄炉・炭窯などのほか、鍛冶に関する遺跡の検出例が集中する六世紀ごろをその時期とみる説があるが、その一方で弥生時代後期における石器の減少傾向に着目し、その現象は自給的な製鉄に伴うものであるとする説があり、未だに定説をみていない。弥生時代の製鉄が行われた痕跡の候補として、広島県小丸《こまる》遺跡の製鉄炉が三世紀にさかのぼるとされる。ただし、^{14}C 測定による年代に幅があることから研究者間での共通理解を得るに至っていない。いずれにしろ六世紀に古代製鉄史上の画期があることは周知のことであるので、これをさかのぼる製鉄炉の確実な検出例が待たれる。考古学的調査により検出された製鉄炉は西日本を中心に分布する箱形炉と東日本に多くみられる竪形炉に大別される。鉄資源としては中世以降もっぱら砂鉄を採用する中国山地においても古墳時代後期には鉱石を採用する例が広く知られる。これに対し、山陰側では一貫して砂鉄が採用されており、それぞれの地域における地下資源の特質を活かした産業の推進が伺える。これらは、七世紀から八世紀代に類例が増加し、その分布は全国的に拡大の傾向をみせており、律令体制が整うと、調・庸の税制により鉄生産地から畿内へ製品として納入され、平城宮跡出土木簡にも供出国名として美作・備後・備前などを記したものがみられる。その後の『延喜式』に伯耆・美作・備後・備中・備前・筑前があげられている。このころの炉跡は炉長が二メートルに及ぶものもみられるが、炉の裾の輪郭を若干上回るほどの窪みに木炭粉を充塡して炉床とする、きわめて簡素な構造のものであった。中世になると荘園公領制の中で、中国山地を中心に鉄を年貢として納入することを目的とした荘園がみられる。同地域で十二世紀ごろ、炉床両長辺側に木炭粉を充塡した溝を施す例が現れる。これは近世の鑪の地下施設にみられる小舟などの初源的なもので、炉内の保温効果を高めるための試行段階のものであることをうかがわせる。このような施設の考案は、近世に国内最大の製鉄地帯となることの兆しとみることもできる。近世にはわが国の製鉄地帯が東北地方と中国地方の二地域に集約される。そのなかで構造的にもシステム的にも完成度の高い後者の鑪は、それまで不十分であった炉床に床釣という保温、防湿の精緻で大掛かりな地下施設を備え、さらに大型の足踏み式の天秤鞴《てんびんふいご》を加え、三昼夜操業(鉧《けら》押し法)あるいは四昼夜操業(銑《ずく》押し法)による安定した鉄生産を可能にした。その背景には幕藩体制下の奨励策などもあったことから近代製鉄導入期までこの製鉄法が継続した。　→鑪《たたら》

参考文献　広島大学文学部考古学研究室編『中国地方製鉄遺跡の研究』、一九九三、渓水社。

（三宅　博士）

せいどう　青銅　歴史材料にいう青銅は、銅とスズの合金が基本で、一般にブロンズとも呼ばれる。工業的には、銅-アルミ合金をアルミ青銅というように、スズの入っていない銅合金をさす場合もあるので注意を要する。歴史的な青銅には、実際には数%の鉛が含まれているのが一般的である。これは、鋳造の際の湯流れをよくする目的もあると考えられる。鉛以外にも、ヒ素や微量のアンチモン、銀などが含まれる場合がある。青銅は、解けた溶湯を鋳型に流し込んでものを作る鋳造に適した材料として、古代から重用されてきた。また、スズの含有量によって、機械的な特性が変化することも古くから知られていた。古代中国の『周礼』考工記には、さまざまな武器や鏡など、目的別に銅とスズの配合比を決めた「金の六斉」が記されていることで有名である。スズの含有量の変化は合金の色にも影響し、特に、スズが一〇%程度含まれてくると金色に近い色を出すため、金の代用として意識して用いられていたと考えられる。日本では、弥生時代初期に渡来の技術として伝えられ、青銅で作られた銅鏡や銅鐸などの祭器、銅剣や銅矛などの武器など、多岐にわたる製品が作られた。その後、八世紀には和同開珎などの銭貨や、小物類から大型の仏像や梵鐘に至るまで、鋳造製の金属製品の材質の基本は青銅である。現代においても、伝統的な技術を生かした青銅製品はさまざまな分野で需要がある。古くて新しい合金、それが青銅である。ちなみに、現行の十円硬貨は、少量のスズと亜鉛を含み、青銅貨と定義されている。

参考文献　村上隆『金工技術』(『日本の美術』四四三、二〇〇三、至文堂)。

（村上　隆）

せいはくじ　青白磁　白色磁器質の素地に青みを帯びた透明釉が掛けられ、すずやかな水色を呈した磁器をいう。中国で北宋時代に完成され、南宋、元時代にかけて作られた。俗に影青(中国語読みで「インチン」)とも呼ばれる。青みは、釉薬に含まれる微量の鉄分が、窯の中の酸素が不足する状態の還元焰《かんげんえん》で焼成され、酸素を奪われることによる発色である。碗や鉢のほか、杯、水注《みずさし》、瓶、杯と受け台、合子《ごうす》などがあり、器形は変化に富んでいる。江西省の景徳鎮窯《けいとくちんよう》が代表的な産地であるが、類似の製品を焼造した窯は江西省、福建省、広東省をはじめ、中国南部の広い範囲に分布しており、作風にもかなりの幅があるため、その輪郭は必ずしも明確でない。青白磁は大量に輸出されており、日本では経塚《きょうづか》に青白磁の合子や小壺が埋納されている例が多い。また、青白磁の梅瓶は、鎌倉をはじめとする東国の武士に愛好され、瀬戸においてさかんに写しが作られた。

参考文献　蓑豊『中国の陶磁』五、一九九八、平凡社。

（今井　敦）

せいぼく　青墨　⇩墨《すみ》

せいりょうじ　清凉寺　京都市右京区嵯峨釈迦堂藤ノ木町にある浄土宗寺院。嵯峨釈迦堂と通称される。もと当地には源 融《みなもとのとおる》の別業を寺に改めた棲霞寺《せいかじ》があり、同寺の旧本尊とされる釈迦三尊像(国宝)が現存する。九八七年(永延元)、入宋《にっそう》した僧奝然《ちょうねん》が五台山清凉寺から釈迦如来像を大蔵経などとともに持ち帰って当地に安置し、宋と同名の清凉寺を建立することを朝廷に願い出た。翌年には戒壇の設置が宣下されたが、延暦寺の反対によって撤回された。九八九年(永祚元)には阿闍梨《あじゃり》一口が置かれ、寺院としての体裁を整えた。一二一八年(建保六)には火災のため堂舎寺宝の大半を失ったが、再建が進められ一二二二年(貞応元)には落慶法要に至った。現在の境内には、本堂(釈迦堂)・一切経蔵・仁王門・多宝塔(いずれも江戸時代)などがある。本尊の釈迦如来立像(国宝)は宋代木彫像の数少ない遺品で、その独特な様式を模した「清凉寺式」と呼ばれる釈迦如来像が各地に伝来している。一九五四年(昭和二十九)の修理に際して像内から多数の納入品が確認された。その中には奝然自身の生年月日を記し、臍《へそ》の緒を包んだ書付をはじめ、在宋中の結縁交名、版画の図像、絹製の五臓の模型など類例のない品が含まれており、多方面にわたる貴重な史料となっている。そのほか、宋画の代表的な作品である十六羅漢像(国宝)、伝狩野元信《かのうもとのぶ》筆の『釈迦堂縁起』、木造十大弟子像(いずれも重文)など多くの文化財を有する。毎年三月(現在は四月にも)に境内で行われる嵯峨大念仏狂言(重要無形民俗文化財)は一二七九年(弘安二)の創始と伝えられ、京都の代表的な仏教民俗芸能の一つとして著名である。

参考文献　『大日本史料』二ノ一〇、長和五年三月十六日条。京都国立博物館『釈迦信仰と清凉寺』、一九八二。

（田良島　哲）

せいりょうでん　清涼殿　平安宮内裏の殿舎の一つ。紫宸殿の北西、仁寿殿の西に位置する。中殿、後寝などともいい、また「西冷殿」とも記される。初見は『類聚国

史』弘仁四年(八一三)九月二十四日条で、皇太弟を宴したとある。平安時代前期には、天皇の日常の居処として仁寿殿や常寧殿とこの殿が適宜使用されていたが、中期以降は清涼殿に固定化された。その母屋の中央に御帳台が、前面の東廂には昼御座がおかれ、天皇はそこに座して孫廂に伺候する侍臣と御簾ごしに接見し、政務を行なったのである。さらに、同所においては叙位や除目といった、いわゆる政務のみならず、小朝拝などの儀式も催された。他方、西廂には御湯殿上、御手水間、朝餉間などがあり、天皇の沐浴や整髪、食事に使用されている。また、それらの南には女房の詰め所となる台盤所が、南廂には公卿らが伺候する殿上間が設けられた。内裏は九六〇年(天徳四)以降しばしば火災にみまわれ、一二二七年(安貞元)に焼亡したのち、殿舎がその地に再興されることはなかった。なお、寛正年間(一四六〇―六六)の造営の際に平安宮の形式に改め、安政年間(一八五四―六〇)にそれを踏襲し再建したのが、今日の京都御所の清涼殿である。

(西村さとみ)

せいわいん　清和院　平安京左京北辺四坊七町に所在した邸宅。同六・七町にあった藤原良房の邸宅染殿のうち、七町の北半が染殿宮で、その南半分に清和上皇の院が置かれた。初見は、『三代実録』元慶元年(八七七)三月二十四日条の大斎会の記事である。これに先立つ八七六年(貞観十八)十一月、清和天皇は「染殿」において譲位したとみえ、清和天皇在位中に、すでに譲位後の居所として準備されていたと推測される。以後、八七九年(元慶三)五月粟田院に遷るまでの清和太上天皇の居所となった。清和院には別当以下の院司《いんし》が設置され、封戸《ふこ》の管理のほか、空閑荒廃地の開発にあたり、王家家産の集積と管理を担っていた。清和太上天皇没後の清和院の伝領過程は詳らかにし得ないが、『栄華物語』一九によると、一〇二三年(治安三)には土御門第の秣《まぐさ》田とされていたことが知られ、院は再び摂関家の所有に帰したものと解される。

参考文献　向居淳郎「清和院」(『京都府史蹟名勝天然紀念物調査報告』一三、一九三二)。目崎徳衛「文徳・清和両天皇の御在所をめぐって」(『貴族社会と古典文化』所収、一九九五、吉川弘文館)。

(山本　崇)

せーふぁうたき　斎場御嶽　首里《しゅり》王府の国家的聖域で琉球最高聖地の一つ。国指定史跡。沖縄県南城《なんじょう》市の久高島《くだかしま》を見下ろす知念半島の丘陵上に所在する。琉球開闢神話に出てくる聖地で、琉球王国の最高司祭者である聞得《きこえ》大《おお》君《きみ》の即位式(御新下《おあらおり》)はこの御嶽で行われた。森の中の巨岩の付近に六つのイビ(神域)がある。なかでも大庫理《うふぐーい》・寄満《ゆいんち》・三庫理《さんぐーい》の三つのイビには首里城内の施設と共通する名前が付けられている。大庫理は首里城正殿の部屋と同名でこの場所で聞得大君の即位式が行われた。寄満は首里城の台所と同名で豊穣の寄り満つる所の意味と考えられている。三庫理は自然にできた三角形の大きなトンネルを抜けた突き当たりにある広場で、琉球最高聖地の一つである久高島への遙拝所がある。一九九八年(平成十)の発掘調査で三庫理から埋納された金製勾玉、中国青磁の碗・皿・盤、寛永通宝、金製厭勝銭《ようしょうせん》が出土した。

参考文献　知念村教育委員会編『国指定史跡斎場御嶽整備事業報告書』、一九九九。

(安里　進)

せかいいさん　世界遺産　卓越した普遍的価値を有すると認定された文化遺産・自然遺産、あるいは両者から成る複合遺産の総称。一九七二年の第十七回ユネスコ総会で採択された「世界の文化遺産及び自然遺産の保護に関する条約」により、概念、世界遺産の登録と保護、登録遺産の保護のための世界遺産基金の創設などの基本的枠組みが成立した。条約加盟国から選ばれた世界遺産委員会によって認定され、世界遺産リストに登録される。現在は条約加盟百八十国。加盟国のうち百三十七国において、文化遺産六二八、自然遺産一六〇、複合遺産一四が登録されている(二〇〇五年七月段階)。世界遺産への具体的な動きは一九六〇年代に始まる。エジプトのアスワン＝ハイダム建設により水没の危機に瀕したヌビア遺跡の保護事業を契機として、ユネスコは国際社会からの技術・資金援助による文化遺産の保護活動を提唱。一方、自然遺産に対しては、国際自然保護連合(一九四八)の活動が展開されてきたが、いち早く国立公園制度を成立させた米国は自然遺産と文化遺産の両者を融合させた保護体制の創設を主張。両者の構想の融合として世界遺産条約が成立した。日本は一九九二年(平成四)に条約を批准。日光の社寺、白川郷・五箇山の合掌集落群、古都京都の文化財、古都奈良の文化財、法隆寺地域の仏教建造物群、紀伊山地の霊場と参詣道、姫路城、原爆ドーム、厳島神社、琉球王国のグスク及び関連遺産群の一〇の文化遺産と、知床、屋久島、白神山地の三自然遺産が登録されている(二〇〇五年十二月現在)。

参考文献　佐藤信編『世界遺産と歴史学』、二〇〇五、山川出版社。

(増渕　徹)

せき　堰　河川を石材・木材などをもって堰き止め、水流を水路へと導くための構築物。また水路や樋などを含めた灌漑設備の総称として用いられる場合もある。井関・井路・井手・井などとも表現される。古代における条里制の施行、中世初頭における荘園の簇生、近世を通じた新田開発など、主に沖積地における大規模開発の進展に応じて、堰は数的にも技術的にも発展を遂げてきた。中世以降、荘園や村落が自立性を高めてゆくと、堰を含む灌漑設備の維持費を年貢から留保してその整備・拡充を図り、さらに取水や配水の慣行を確立していった。中世後期に灌漑体系が高度化・広域化すると、村落間の共同体制が整備されるようになり、これが近世における広範な用水組合村へと発展していった。

参考文献　宝月圭吾『中世灌漑史の研究』、一九四三、吉川弘文館。

(井上　聡)

せき　関　交通の要所において通行人や物資を検閲し、場合によってはその通過を停止させる施設。中世以降は関所と呼ぶのが一般的になる。古く五世紀に「剗」をおいたという記録もあるが実態は定かでない。大化の改新詔に「関塞《せきそこ》」をおくとあり、これ以降各所に設置された。平安時代には伊勢の鈴鹿、美濃の不破《ふわ》、越前の愛発《あらち》にいわゆる三関《さんげん》がおかれ、謀反や天皇崩御の際などには急使を派遣して通行を閉ざした。愛発の関はその後に近江・山城国境の逢坂《おうさか》に変わった。この時期の関としては、このほかに東海道の横走・足柄、東山道の碓氷《うすい》、山陽道の長門・須磨、奥羽地方の勿来《なこそ》・衣川・念珠《ねず》の関が著名である。総じてこれらの関は国家の経営であり、通行人から通行料(関銭)を徴収することはなく、その機能は軍事的色彩が濃かった。しかし国家財政の衰弱化に伴い、次第にその経営費の一部を通行人から徴収するようになった。関での通行料徴収は、八一六年(弘仁七)に摂津大輪田船瀬の修造のため官私船から積荷の乗載料と水脚の労役を充てはじめたことが最初といわれている。その後、律令国家は交通諸施設の管理を荘園領主・在地領主や地元民に委ねるようになり、彼らはその管理・修復費用を確保するために利用者から関銭を徴収した。特に港湾の修復には多額の費用が必要であったので、そこでは早くから通行料を徴収する関が設けられた。鎌倉時代中期以降になると、高野山大塔修理費に充てた山城国淀津の艘別銭、讃岐国善通寺修造費に充てた摂津国兵庫艘別銭などのように大社寺の造営・修復費に充てるため、こうした関所を大社寺へ寄進することが多くなった。これ以外にも荘園領主や地頭などによる私的な関所の設置もあったが、鎌倉幕府はその抑止策を講じた。しかし南北朝時代以降になるとその抑止策は弛緩し、皇室・公家・幕府・守護・地頭・荘園領主などが、荘園制の衰退による代替財源として交通諸施設修復費の必要性の少ない街道筋にも競って関所を設置したので、室町時代中期には関所の数が膨大になった。これらの関銭を徴収する関所の数は、特に交通量の多寡でその数量も左右したようで、京都七口、京都・奈良間、著名社寺への参詣道に特に多かった。たとえば伊勢一国に百二十ヵ所、淀川筋に四百ヵ所もあったという。これらの関所の存在は、当時の旅行者や人々の生活にも影響を与え、参詣途中で関銭が支払えないためにその旅を引返したり、支払った関銭を商品物価に転化して物価高騰の要因になったりした。中世には、これらのいわば経済的な関所以外にも、古代・近世的な軍事・警察的な目的で設置された関所もあった。戦国大名は分国内やその国境に関所を設置して輸出入品に課税し、同時に出入りする通行人を監視した。しかし有力な戦国大名のなかには国内経済の発展を目指してこうした関所を撤廃する者もおり、織田信長や豊臣秀吉はそれを徹底しようとした。徳川家康は信長・秀吉の関所撤廃策を基本的に継承したが、江戸防衛と政権確立のために武器の移動や通行人を検閲する関所については統廃合して存続したり、新たに設置したりした。その結果、江戸幕府が設置した関所は、五街道を中心にその脇往還などに五十四ヵ所を張り巡らせたという。なかでも東海道の箱根・今切《いまぎれ》、中山道の碓氷・木曾福島は重視され、「入鉄砲に出女」といわれるように江戸へ武器を搬入することや江戸に住まわせた大名からの人質が国許へ逃亡することを防止した。海上では、当初は伊豆下田に番所を設置し、それを一七二〇年(享保五)に浦賀へ移転して江戸湾へ入る物資を検閲した。江戸幕府は関所の設置を幕府の専権として、諸大名による設置を認めなかった。しかし大藩の多くは「番所」などの名目で私関を設置し、幕府の設置した関所と同様に領内へ入る武器や領内から逃亡しようとする領民を監視したり、地域によっては物資の出入を監視して通行税を徴収したりした。加賀藩が設置した境関所のように、幕府に対抗してわざわざ「関所」の名目を付した場合もある。幕府も「入鉄砲に出女」を検閲する関所以外に、特に山方で産出する諸物資に対して課税する番所を設置し、時にその番所で通行人の検閲をさせた。これらの諸藩や幕府が設置した小規模な番所を一般に口留番所《くちどめばんしょ》といい、この口留番所も関所と数えると、江戸時代の関所の数は相当多くなる。これらの関所は、一八六九年(明治二)に新政府によって廃止された。↓三関《さんげん》

参考文献 相田二郎『中世の関所』、一九四三、吉川弘文館。渡辺和敏『近世交通制度の研究』、一九九一、吉川弘文館。

(渡辺　和敏)

せきがはらこせんじょう　関ヶ原古戦場　一六〇〇年(慶長五)九月十五日、石田三成率いる西軍(約八万五千)と徳川家康の率いる東軍(約七万五千)が合戦を行なった場所。岐阜県不破郡関ヶ原町関ヶ原、野上、藤下《とうげ》・松尾・山中、大垣市赤坂町、垂井町宮代・栗原、養老郡上石津町牧田・乙坂《おつさか》などに所在する。関ヶ原は、古くからの東西交通の要衝の地であり、北を伊吹山系、南を鈴鹿山系に挟まれた盆地である。開戦地・決戦地・徳川家康最初陣地・徳川家康最後陣地・石田三成陣地・岡山烽火場・大谷吉隆墓・東首塚・西首塚の計九ヵ所が国指定史跡の答申を受けている。古戦場周辺には関ヶ原合戦に関連する城郭遺構がいくつか残されている。小早川秀秋が布陣した山城である松尾山城跡には、曲輪・土塁・枡形虎口・堀切・竪堀などの城郭遺構が良好に残存している。そのほか、関ヶ原合戦岡山本陣跡(勝山《かちやま》本陣跡)・毛利秀元陣跡・栗原城跡(長宗我部盛親陣跡)・安国寺恵瓊《えけい》陣跡・大谷吉継陣跡などに遺構が残っている。中井均は岐阜県中世城館跡総合調査を通して関ヶ原周辺の陣城群の構造を検討し、九月七日までに南宮山系に布陣した西軍諸将の陣がいずれも遺構を留めていることや城郭構造の特徴などから、大垣での決戦を想定したものであろうと指摘する。一方、九月十四日に関ヶ原方面に布陣した西軍諸将の陣および東軍の陣は遺構として残るようなものが見られず、時間的に不可能であったのだろうと推定している。関ヶ原古戦場では過去に一度発掘調査が行われており、

時期不明の柵列状柱穴跡群などが見つかっているが、関ヶ原合戦に確実に伴う遺構や遺物は出土していない。

資料館　関ヶ原町歴史民俗資料館（岐阜県不破郡関ヶ原町）

参考文献　岐阜県教育委員会編『岐阜県中世城館跡総合調査報告書』一、二〇〇二。関ヶ原町教育委員会編『関ヶ原古戦場発掘調査報告書』、一九八二。

（内堀　信雄）

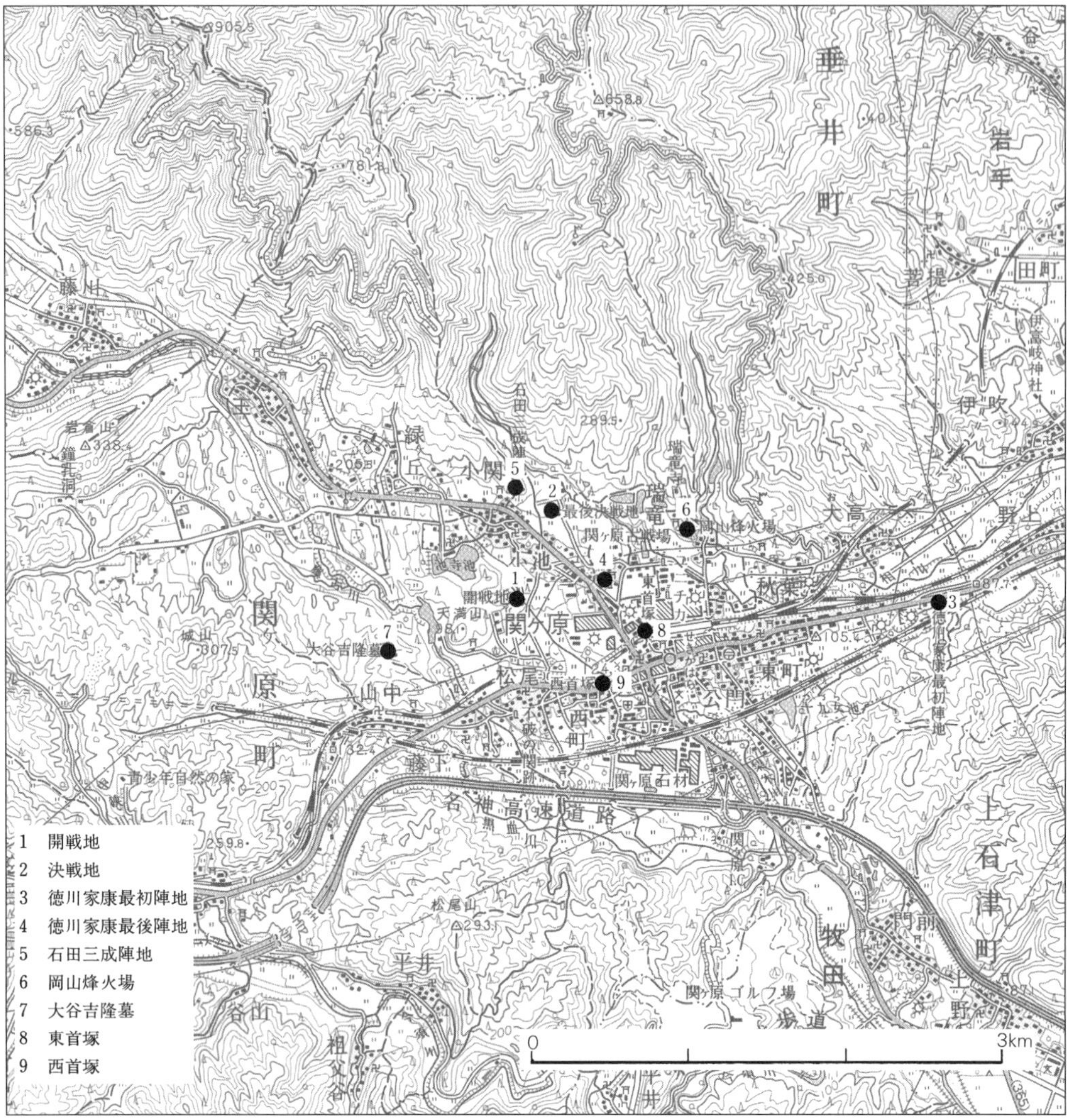

関ヶ原古戦場　遺跡の分布

せききょう　石経　石材に刻んだ経典。中国では儒教・道教・仏教の石刻経や磨崖刻経が盛んに製作されたが、日本では滑石経と青石経《あおいし》が知られるにすぎない。滑石経は滑石製の弧状に湾曲した台形板の表裏面に、罫線を引いて『法華経』を刻むもので、福岡県筑後市若菜八幡宮経塚出土例が知られるのみである。青石経は扁平な緑泥片岩の礫の表裏面に『法華経』を刻んだもので、愛媛県下で多数の例が知られているが、地域的に限定されている点で滑石経と共通する。いずれも、十二世紀から十三世紀に製作されたと推測されているが、青石経は十四世紀以降も製作された可能性が高い。なお、近世の礫石経塚に建てられた経碑には、「石経供養」などの文字がみえ、礫石経を石経と呼んだことが知られるが、現在は通常経石といって石経とはいわない。

参考文献　石田茂作「滑石経に就いて」（『考古学雑誌』一七ノ五、一九二七）。

（時枝　務）

せきしょ　関所　⇩関《せき》

せきじょう　関城　藤原秀郷《ふじわらひでさと》流関氏の代々の本拠。南北朝時代の関宗祐《せきむねすけ》のころ、南朝方の有力な拠点であった。茨城県筑西市関館に所在する。国指定史跡。一九八八年（昭和六十三）に発掘調査が実施され、土塁の痕跡を確認しているが、遺物は検出されていない。一三四一年（暦応四・興国二）十一月以降、北畠親房《きたばたけちかふさ》を迎えて、大宝城《だいほうじょう》とともに関城は南朝方の重要拠点となった。北朝方高師冬《こうのもろふゆ》が両城の攻撃を敢行し、一三四三（康永二・興国四）年に落城。関宗祐・宗政《むねまさ》父子は討死にし、親房は吉野へ逃れた。城館は南に向かって飛び出した標高約三〇㍍の丘陵上にある。城館の三方は近代に至るまで大宝沼であった。付近には内館・外館・堀間《ほりかん》・館野・番城地などの小字が残る。縄張りの詳細を確認することはできないが、北側に続く尾根に堀切が普請される。折歪が見られ、規模の大きな土塁や堀が残る。技巧的な縄張りが行われていたことから、現存の遺構は戦国時代のものと考えられる。

参考文献　関城町教育委員会編『関城地方の中世城郭跡』、一九六九。『図説日本の史跡』六、一九九一、同朋社出版。

（齋藤　慎二）

せきせいもぞうひん　石製模造品　硬玉《こうぎょく》・碧玉《へきぎょく》などで作られた石製品ではなく、滑石《かっせき》などの軟質石材を素材に器物を模造した古墳時代の祭具を指す。古墳から出土する石製模造品への関心は古く、一九〇二年（明治三十五）に八木奘三郎《やぎそうざぶろう》がその年代観を提示し、後に高橋健自《たかはしけんじ》、後藤《ごとう》守一《しゅいち》によって体系的集成がなされた。研究史を整理した白石太一郎は、時系列の変遷を明らかにするとともに祭祀遺跡との対比から古墳時代の首長は一貫して神まつりの執行者であると結論付けた。近年では、東日本埋蔵文化財研究会や奈良国立文化財研究所による全国集成や河野一隆による総括的な研究がなされている。祭具である石製模造品は古墳時代の祭祀が催行された自然・集落・工房・墳墓・境界・交通路など生活空間のあらゆる場で用いられ、その種類は多岐にわたる。主に農具（鎌）・工具（鑿《のみ》・鉇《やりがんな》・斧・刀子）・装身具（勾玉・子持勾玉・管玉・有孔円盤・臼玉）・化粧道具（鏡）・容器（壺・坩《かん》・盤《ばん》・槽《おけ》・案《あん》）・機織具（紡錘車《ぼうすいしゃ》・梭《ひ》・筬《おさ》・籐《とう》）・寝具（枕）・履物（下駄・履物）・武器（剣・鏃）・武具（短甲《たんこう》）などで、時期的な変遷は、斧・刀子などの鉄製工具の模造が始まったとされる四世紀後半を第Ⅰ期とし、奈良県富雄丸山《とみおまるやま》古墳・茨城県常陸鏡塚《ひたちかがみづか》古墳などがあげられる。第Ⅱ期は、刀子が鎌を凌駕《りょうが》し、鑿・鉇などに加えて勾玉・臼玉などの器種が出そろい、小型・粗製化が始まる四世紀末で、佐味田ナガレ山古墳・岐阜県遊塚古墳などが代表的である。第Ⅲ期の五世紀前半には、刀子・斧・鎌の小型粗製化、多量化が進み工具類が衰退する。分布域の拡大、普及も顕著で、朝鮮半島西岸の扶安竹幕洞《フアンチュマクドン》遺跡、東は長野県饅頭塚古墳、峠の祭祀遺跡である同県神坂《みさか》峠遺跡など東山道《とうさんどう》に沿って東へ波及する。五世紀後半を過ぎても石製祭具を使用する伝統は踏襲され、七世紀後半の祭祀遺跡である東京都大島町和泉浜《いずみはま》遺跡C地点では、供献に用いられた畿内の土師器、湖西地方の須恵器とともに滑石製の勾玉・丸玉・紡錘車が祭具として用いられている例も知られている。

参考文献　八木奘三郎「古墳時代の模造品に就いて」（『東京人類学会雑誌』一九六、一九〇三）。高橋健自『古墳発見石製模造器具の研究』（『帝室博物館学報』一、一九一九、帝室博物館）。後藤守一「石製品」（『考古学講座』二八、一九三〇、雄山閣）。白石太一郎「神まつりと古墳の祭祀―古墳出土の石製模造品を中心として―」（『国立歴史民俗博物館研究報告』七、一九八五）。河野一隆「石製模造品」（『考古資料大観』九所収、二〇〇二、小学館）。「和泉浜遺跡C地点」（『国学院大学考古学資料館紀要』一二、一九九六）。

（内川　隆志）

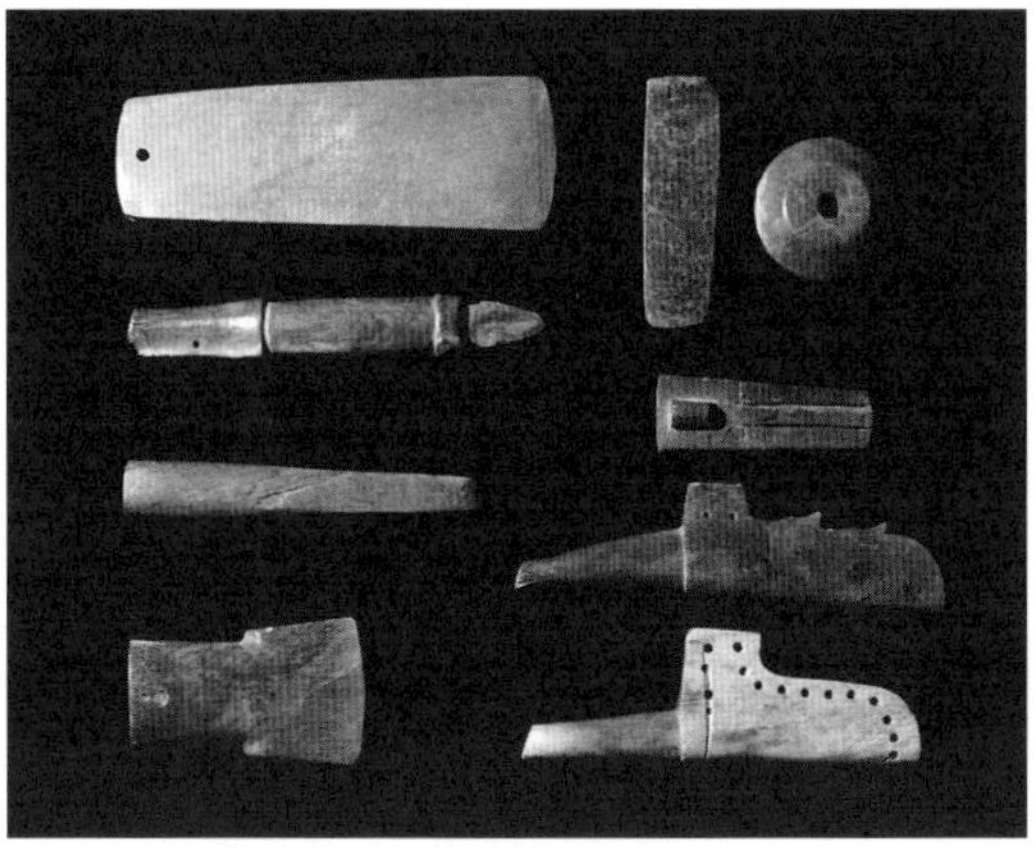

石製模造品（常陸鏡塚古墳出土）

せきたい　石帯　平安時代初期から使用され始めた貴族・官人の腰帯。革帯の飾りとして石製の丸鞆《まるとも》・巡方《じゅんぽう》・鉈尾《だび》を配した帯で、帯の先端には金属製の鉸具《かこ》が取り付く。七九六年（延暦十五）鋳銭用の銅不足を補うために金属製の銙帯《かたい》が禁止され（『日本後紀』同年十二月辛酉条）、このころから石帯へ転換したとされる。石帯具の形状により巡方帯、丸鞆帯、巡方・丸鞆の両者を用いた通用帯がある。有文・無文の区別があり、儀式、官位によって使い分けたようである。石帯具は平安京跡などの都城をはじめ、北海道・鹿児島県・沖縄県を除く全国の官衙、集落、墳墓遺跡などから出土し、これまでに約千二百点の出土例が報告されている。長岡京跡からは銅製銙帯具とともに出土し、実態としては八世紀第Ⅳ四半期ごろに銙帯から石帯への転換が進んだようである。平安京跡では石帯具の製作関連工房が発見され、石帯の材質や製作工程が解明されつつある。　↓帯金具《おびかなぐ》

参考文献　木村泰彦「長岡京の銙具」（中山修一先生喜寿記念事業会編『長岡京古文化論叢』二所収、一九九二、三星出版）。平尾政幸「平安京の石製銙具とその生産」（『京都市埋蔵文化財研究所研究紀要』七、二〇〇二）。

（松村　恵司）

せきとう　石塔　石で造られた塔婆をいう。特定の信仰や仏などの供養、一周忌・三周忌など故人の追善供養のために立てることを目的とした供養塔、生前にみずからのために供養を行う逆修塔がある。また、納経・病気平癒・天下国家の安泰・悪霊の鎮め・雨乞いなどさまざまな目的に造立された。日本では、七世紀以降木造多層塔が造られ併行して石造層塔が造られたとされる。滋賀県蒲生郡蒲生町石塔寺の三重塔は、現存する最古の石造塔婆とされる。しかし、古代の石塔はきわめて少なく、関西を中心とした西日本に分布するのみである。平安時代末期から鎌倉時代になると、これまで貴族を中心とした浄土思想が武家をはじめとした社会に広く浸透して人々の造塔功徳を促し多宝塔・宝塔・宝篋印塔《ほうきょういんとう》・五輪塔・無縫塔・板碑・石幢《せきとう》などさまざまな形態の石塔類が全国各地で造立される。古代より造塔された層塔・多宝塔などは仏教本来のストゥーパ（仏舎利を奉安する建造物）の影

響を直接受けたものであるのに対して、五輪塔・板碑は日本の密教が発達する中から生まれた日本独特のものと考えられている。さらに、題目や名号など宗派の影響、月待・庚申《こうしん》など民間信仰の影響、造立主体者の階層的広がりなどは、石塔の多様さを生み出し、造立数にも変化をもたらした。また、一石五輪塔の出現にみられるように時代とともに造型の簡略化・小型化などの変化を遂げた。発掘調査では、火葬骨や遺体を伴う墓標的機能を有するもの、火葬骨などを伴わず山の斜面などに石塔が列をなして造立されたもの、土坑の中に故意に石塔類が埋められたものなどがあり、石塔造立の目的と供養の多様さが確認されている。石塔には、各地域でさまざまな石が使われている。宮城県で産出する井内《いない》石、埼玉県や徳島県で産出する緑泥片岩などは板碑として加工され、福井県で産出する笏谷《しゃくだに》石はさまざまな石塔に使用されたことが知られている。石塔の原石地の把握、同一石材による石塔の分布などの調査から石塔の生産と流通のあり方が解明される場合もある。

参考文献 水藤真『中世の葬送・墓制—石塔を造立すること—』(『中世史研究選書』、一九九一、吉川弘文館)。佐藤亜聖「石塔の成立と拡散」(『鎌倉時代の考古学』所収、二〇〇六、高志書院)。 (浅野 晴樹)

せきとう 石幢 石造の宝幢。幢身に笠と宝珠を載せたのみの単制のものと基礎・竿・中台・幢身・笠・宝珠からなる燈籠形式の重制のものがある。いずれも、幢身の平面形が八角形か六角形を呈するが、それは須弥壇《しゅみだん》の八方もしくは六方に幢幡《とうばん》を下げた形態に由来し、中国で唐代に創出された経幢の系譜を引くものと考えられる。その形式は笠塔婆と類似しており、区分が困難な事例もみられるが、笠の形式を異にする。十二世紀に出現し、十四世紀には関東地方で武蔵型板碑を組み合わせた単制六面石幢が造られるが、もっとも多く造立されたのは十六世紀で、幢身に六地蔵を彫刻した重制六面石幢が流行した。十六世紀以降のものには、竿に長方形の孔を穿ち、中に滑車を取り付けた輪廻《りんね》塔もみられ、滑車を回すことで地蔵菩薩が死者を地獄から救済してくれるという信仰が広まった。

参考文献 川勝政太郎「石幢」(『史迹と美術』九三、一九三八)。 (時枝 務)

せきどうさん 石動山 能登の山岳信仰(修験)の拠点。石川県鹿島郡中能登町に所在。石動山は能登と越中の分水嶺をなす標高五六五メートルの山。山頂(大御前《おおごぜん》)の伊須流岐《いするき》比古《ひこ》神社は能登国能登郡の式内社。平安時代半ばには中祓いを行う神社として気多神社と並ぶ存在であった(『朝野群載』六神祇官)。鎌倉時代には勅願所となり(「宣陽門《せんようもん》院《いん》所領目録」『鎌倉遺文』五一三二七四)、末期には石動五社権現を形成した(「相助書状」『鎌倉遺文』二四一一八七八八)。全山を総称して石動《いするぎ》寺と称したが、室町時代末期には天平寺と称して山岳信仰(修験)の拠点をなした。一三三五年(建武二)南朝に味方して坊院は炎上した。また一五八二年(天正十)の石動山(荒山)合戦で前田利家ら織田軍に鎮圧されて再び焼亡した。その後一五九七年(慶長二)に七十二坊が帰住を許され、以後加賀藩の保護のもとに再興がなされた。開山を『拾芥抄《しゅうがいしょう》』に智徳《ちとく》上人(「光仁第四草創」とあるのは、光仁天皇第四皇子、もしくは光仁天皇四年の意)、江戸時代の「古縁起」に方道仙人、「新縁起」に泰澄《たいちょう》とし、本地を虚空蔵菩薩とする。廃仏毀釈により一八七四年(明治七)に大御前の権現堂を移設して伊須流岐比古神社本殿とし、旧神輿堂を拝殿とした。発掘調査により二時期の講堂跡(江戸時代の礎石と天正焼亡以前の礎石)、五重塔跡・多宝塔跡(天正焼亡以前の基壇・礎石、江戸時代に再建なし)の検出がなされ、別当寺(寺務役所)大宮坊跡などの遺構の復元整備が行われている。一九七八年(昭和五十三)に国史跡「石動山天平寺跡」とされた。

資料館 石動山資料館(石川県鹿島郡中能登町)

参考文献 石川考古学研究会編『史跡能登石動山—石動山遺跡第一・二次発掘調査概報』、一九七九。『鹿島町史』石動山資料編、一九八六。橋本芳雄「石動山縁起と五社権現」(高瀬重雄編『白山・立山と北陸修験道』所収、二〇〇〇、名著出版)。 (川崎 晃)

せきのただし 関野貞 一八六七—一九三五 古社寺建築・古代都城・東洋の建築・美術の歴史的研究とその保存に尽力した建築史学の確立者。一八六七年(慶応三)十二月十五日、越後国頸城郡高田に生まれる。一八九五年(明治二十八)東京帝国大学工科大学造家学科を卒業後、古社寺修理工事の監督として奈良県に赴任、一八九七年には奈良県技師となった。短期間に奈良県内の古社寺建築の建立年代や建築史的芸術的価値を判定、また修理工事にも携わる。在任中の調査をふまえて古建築・彫刻の沿革に関する論文を発表、平城宮跡の遺跡を調査し、一九〇〇年に「平城宮大極殿遺址考」を発表、平城京の復原的研究に展開し、後の古代都城調査研究の基礎となった。法隆寺論争にも様式と尺度から画期的な説を発表している。一九〇一年に母校の助教授に転任、一九〇二年から朝鮮半島の古建築・遺跡調査に携わり、一九一五年(大正四)・一六年の『朝鮮古蹟図譜』に結実させた。一九二〇年教授に昇任。長らく内務技師・文部技師を兼任し、文化財建造物保存・修理の方法の確立に尽力した。現存古建築やその遺跡の観察・実測に基づき、建築史学の基礎を確立した。一九三五年(昭和十)七月二十九日没。六十九歳。著書に『日本の建築と芸術』などがある。

参考文献 関野克『関野貞—建築の歴史学者—』、一九七八、上越市立総合博物館。藤井恵介他編『関野貞アジア踏査』、二〇〇五、東京大学総合博物館。 (山岸 常人)

せきひ 石碑 石に文字を刻んだもの。通常、碑としての形態を持つものを指すが、自然の岩に記した磨崖碑や石塔などの石造物に記したものもある。硬い石に刻むことで、記録の永続性を期待したものと考えられる。近現代に至るまで種々の記念碑、墓碑、供養碑、文学碑などが造られるが、特に古代のものは同時代史料が少ない中で貴重な一次史料として位置づけられている。石碑は中国では秦漢以降盛んに作られるようになった。のちに朝鮮半島に伝播し、三国時代以降の実例が多く残っている。中には高句麗好太王碑《こうたいおうひ》のごとく、倭の歴史を考えるために重要な資料もある。しかし、日本ではあまり普及せず、奈良―平安時代初期のものとしては奈良県・京都府に数例あるほかは、群馬県を中心とする東国に六例、熊本県浄水寺《じょうすいじ》に三例あるのが知られるのみである。これらを内容から分類すると、墓碑・供養碑(栃木県那須国造碑《なすこくぞうひ》、群馬県山ノ上碑《やまのうえのひ》、金井沢碑《かないざわひ》、奈良県元明天皇陵碑、阿波国《あわこく》造碑《ぞうひ》〈ただし塼製〉)、記念碑(宮城県多賀城碑《たがじょうひ》〈多賀城の修造〉、群馬県多胡碑《たごひ》〈多胡郡の建郡〉、京都府宇治橋断《うじばしだん》碑《び》〈架橋〉)、仏教信仰に関わる碑(群馬県山上多重塔、奈良県薬師寺仏足石碑《ぶっそくせきひ》、同仏足石歌碑《ぶっそくせきかひ》、竹野王《たけのおう》多重塔、宇《う》智川磨崖碑《ちがわまがいひ》、熊本県浄水寺碑群〈南大門の造営、寺領碑など〉)に分けられる。

参考文献　国立歴史民俗博物館編『古代の碑―石に刻まれたメッセージ』、一九九七。

(古尾谷知浩)

せきぶつ　石仏　石造の仏像の総称。丸彫り像、厚肉彫り・半肉彫り・薄肉彫りなど石材面から浮彫りされる像に加えて平面に線彫りされる像まで含まれる。また移動可能な独立石仏と岩壁面に刻まれる磨崖仏に分けられる。石はアジアにおける彫刻用材として最も一般的であり、飛鳥・奈良時代に大陸・朝鮮半島での石仏造顕の風習が日本に流入したが、平安時代に入り仏像の用材がほとんど木彫に限られるようになると石仏は一部で造られるのみとなった。飛鳥・奈良時代の遺品として奈良石光寺《しゃっこう》の丸彫り弥勒仏像、奈良石位《いしい》寺(桜井市)浮彫り如来三尊像や同頭塔《ずとう》石仏などが知られる。また現在図様が消滅するが京都笠置弥勒磨崖仏は中央アジアを源流とする巨大弥勒石仏造立の流れが日本に及んだ例であり、統一新羅系の作風を示す滋賀狛坂《こまさか》磨崖仏も近年は奈良時代に置くのが一般的である。栃木大谷磨崖仏は奈良時代末から平安時代初期にかけての造営になる。平安時代初期ではほかに福島薬師堂石仏も知られる。こうした大型で丸彫りに近い厚肉彫りの磨崖仏は平安時代後期、豊後地方で集中的に造営されており、臼杵磨崖仏はその代表例である。これらでは凝灰岩など彫りやすい石質が選ばれている。一方、畿内で十二世紀より比叡山周辺を中心として花崗岩を用いた厚肉彫りの独立石仏が多く造られるようになり、この形式が以後の石仏における主流となった。鎌倉時代には仏教関係の石造物全体の造立量が急増するのに伴い石仏の造立も盛んに行われた。十三世紀半ばごろより在銘像が増え、東大寺造営に関わった宋人石工の末裔である伊派など、南都系石工による製作がとりわけ目立っている。像種では地蔵菩薩の比重が増し、神奈川元箱根磨崖仏はその初期の大規模遺品として知られる。この時代には播磨に流行した石棺仏や奈良十輪院石龕などの存在も特筆される。以後近世までおびただしい石仏造立が行われたが、寺院堂宇の主尊として造像されることはなく、またほとんどが粗略な作行きで、彫刻としてみるべきものがないという理由で美術史研究の対象にはなっていない。

↓磨崖仏《まがいぶつ》

(奥　健夫)

せきわくかんがいせき　関和久官衙遺跡　⇩白河郡家《しらかわぐうけ》

せたないチャシ　瀬田内チャシ　北海道渡島《おしま》半島北部、日本海に流入する後志利別《しりべしとしべつ》川河口右岸の砂丘に立地する遺跡。せたな町瀬棚区南川・北檜山区豊岡所在。現河床まで一五〇㍍、河口まで八〇〇㍍ほど。標高一五～三〇㍍、東西一五〇㍍×南北一二〇㍍の不正円形の小丘。二次六ヵ年にわたる発掘調査で頂部直下を巡る溝(柵)を検出、基底部にも溝(壕)が巡るともされた。階段状に削平した南東部に住居・倉庫などの建物跡を検出。一六四〇年(寛永十七)降下火山灰ともされる層の上下で十七の建物跡を検出したが、遺構に重複が見られ、北斜面などの未調査区にも建物敷地跡が想定された。廃棄住居跡などを利用した地点貝塚、小児埋葬墓などを検出。陶磁器千四百五十点余、金属製品、骨角器などが出土。陶磁器は十六世紀後葉から十八世紀前半のものが主で、十七世紀末から十八世紀前半が最も多い。赤絵壺・白磁香炉・唐津鉢や明末の染付けなど注目される優品もある。骨角器や鉄製品は漁労具と加工用小刀(マキリ)が多く、銅製品はキセル・刀装具などである。発掘報告書はこの遺跡を掘立柱の住居などからなるアイヌの日常生活の場であり、コタンとする。松前氏の来歴を記す『新羅《しんら》之記録』などによれば、十六世紀ごろ、瀬棚地方に大きなアイヌの勢力が形成されていることから、この遺跡はそれらアイヌの長の拠点に比定もされるが、出土資料の示す年代は若干新しい。一六七八年(延宝六)渡道した宣教師の記録には、せたなに大きな交易地があったと記され、一六六九年(寛文九)のシャクシャインの蜂起に関連する津軽藩の記録には、アイヌ人家三十三軒、大将彦次郎の居城があることなどが記される。本遺跡は、十六世紀以来大きな勢力を形成したせたなアイヌが、十六世紀末から十七世紀はじめ、河口周辺が交易地として発展するに伴いその拠点とした遺跡であり、十八世紀初頭、この地で場所請負制が開始されて間もなく、その終末を迎えたと思われる。遺跡はその後砂利採取に伴いほぼ消滅。遺物は瀬棚郷土館・せたな町情報センターに収蔵・展示されている。

資料館　瀬棚郷土館(北海道瀬棚郡せたな町)・せたな町情報センター(同)

参考文献　千代肇「考古学からみた瀬田内チャシ」(『新しい道史』二三、一九六七)。峰山巌編『瀬田内チャシ跡遺跡発掘調査報告書』、一九八二、瀬棚町教育委員会。松崎水穂「北海道の城館」(石井進・萩原三雄編『中世の城と考古学』所収、一九九一、新人物往来社)。

(松崎　水穂)

せっかく　石槨　通常、槨とは墓の埋葬施設内にあって棺と副葬品を収納・保護する施設を指す。相対的な位置関係から定義されているため、石槨の部材は板石や礫石を使用するものがあり、形状は一定しない。石槨の起源は中国東北部に求められ、春秋・戦国時代には出現している。朝鮮半島では三国時代の伽耶地域で主たる埋葬施設となり、竪穴式石槨や横口式石槨と呼ばれる型式に分かれる。わが国では古墳時代前期から中期に造られた竪穴式石室を石槨と捉えて改称する動きがある。これとは別に七世紀代には従来の横穴式石室とは構造が一変して横口式石槨と呼ばれる墓室が出現する。底石の上に構築され、内部に棺が収納されている点に特徴がある。大阪府観音塚古墳のように石槨の前面に羨道《せんどう》がついたり、奈良県高松塚古墳、マルコ山古墳のように封土に直接埋め込まれたりするなど形態は多様で編年は未確定であるが、後者は七世紀末から八世紀初頭に限定できるようである。

(卜部　行弘)

せっかん　石棺　石を部材として使用した棺。通常、棺身に伸展位の遺骸を収納してその上に棺蓋を被せるため、直方体の形状をとることが多く、墓室内に安置されるか、封土中に直接埋め込まれる。石棺はその構造によって、扁平な板石を箱形に組み合わせたもの(組合式)、二個の石塊を刳り抜いてそれぞれ身と蓋にしたもの(刳抜式)とに大別できるが、この分類は素材を異にした木棺とも共通する。わが国の石棺は、縄文時代後期に出現し、引き続き、弥生時代、古墳時代まで製作されている。縄文時代と弥生時代の石棺が箱形石棺に限られるのに対し、古墳時代では被葬者の権力の拡大とともに石棺に荘厳さと権威が求められることになり、多様な型式の石棺が製作された。前期では木棺を祖形とする刳抜式の割竹形石棺や舟形石棺がまず出現し、中期になると近畿中枢部の大王クラスの棺は組合式の長持形石棺に変化する。中期末に出現した家形石棺が王者の棺として採用され、後期にかけて発展した。石棺は入手できる石材種によって構造・形態が制約されるため、石材産地に応じた地域色を生み出しているが、なかには九州で産出する阿蘇溶結凝灰岩が瀬戸内や近畿まであえて遠隔輸送されているケースもみられる。家形石棺の地域色についてみると、九州では五世紀半ばに組合式家形石棺の身短側に開口部を開けた横口式石棺が出現する。一方、山陰では特に出雲地方で刳抜式家形石棺の身長側に開口部を開けた横口式石棺が六世紀後半から七世紀初頭にかけて盛行した。近畿では刳抜式家形石棺の身短側に開口部をもつ横口式石棺が七世紀代に出現し、それに伴って埋葬施設の構造変化を引き起こした。奈良県赤坂天王山古墳では玄室内に横口式石棺を置いていたのが、大阪府お亀石古墳では玄室は設けずに横口式石棺の前面に羨道を付す石室に変化している。最終的には家形石棺の形制をわずかに遺す横口式石槨に繋がるが、火葬墓の盛行によって終焉を迎えた。

(卜部　行弘)

せっけい　石磐　⇩磐《けい》

せっつし　摂津志　⇩五畿内志《ごきないし》

せっつのくに　摂津国　現在の大阪府西北部と兵庫県東南部にあたる古代から近世にかけての行政区。四畿内(のち五畿内)の一つ。北部は六甲山地・帝釈山地・北摂山地の山地が広がり、南部に大阪平野の一部を含む。その領域は住吉郡・百済《くだら》郡・東成《ひがしなり》郡・西成《にしなり》郡・島上《しまのかみ》郡・島下郡・豊島《てしま》郡・河辺《かわのべ》郡・有馬《ありま》郡・武庫《むこ》郡・菟原《うはら》郡・雄伴《おとも》郡(のち八部《やたべ》郡)・能勢《のせ》郡の十三郡からなり、このうち能勢郡は七一三年(和銅六)に河辺郡から分立したもの。八世紀初頭に成立したという『律書残篇《りつしょざんぺん》』に郡数を十二と記すのは、菟原郡と雄伴郡が未分化であったからとされる。この地域の平野部は、特に原始・古代では海岸線が今よりは内陸部に入り、東成郡の東部は河内湖とその周辺の低湿地であったので、現在に比べて利用可能な陸地が限られていたとはいえ、古代王権にとって重要な地域となっていた。淀川左岸から現兵庫県の地域には早くより三島県《みしまのあがた》・猪名県《いなのあがた》が置かれ、三島地方には竹村屯倉《たかふのみやけ》などの大和政権の直轄領も設けられた。上町台地北部の難波地域では、四世紀後半と推定される応神天皇の時代に大隅宮が設けられ、応神の皇子でのちの仁徳天皇も宮を経営しており、彼が即位すると都となり難波高津宮と称した。治水のために難波堀江(現大川)が開削され、難波津も同じころに開かれたらしい。また難波屯倉も設置された。やがて大化改新に際しては難波に遷都、天武天皇の時代や奈良時代には副都と位置づけられた。摂津国は本来は津国といい、『日本書紀』応神天皇四十一年二月条の阿知《あち》使主《のおみ》が呉国から帰国して「津国」の武庫に至ったというのが初見だが、これは後世の追記であろう。行政国として成立したのは、六八三年(天武天皇十二)の諸国の国境確定のころというが、六世紀以後には「津国」の名称が成立していたとする見解もある。また、大化前代には当国の地域を含めて「凡河内国」があったとする説もある。「津国」は文字通り津の国、つまり港湾が位置する国という意味で、その場合の津は難波津がまず念頭に浮かぶが、摂津国の範囲が難波津周辺に限られていないことからみて、大阪湾北岸、東岸に分布した武庫や住吉などの諸港も含めたものであろう。上記のように古くから政権にとって重要な地域で、『大宝令』制下では特別行政区として摂津職《せっつしき》の管理下にあった。摂津職には他の諸国と同じ職務のほか、市廛・度量軽重・道橋という京職《きょうしき》(平城京を管理する役所)と同じ職掌や、津済・上下公使・検校舟具といった摂津職特有の職務があった。前者は難波に市をもつ京があり、後者は津が設置されていたことによるとされる。その後、難波宮の廃止に伴い七九三年(延暦十二)に摂津職が廃止されてのちは、一般の国と同じく国司が管理する国となった。なお、摂津国という表記は和銅年間(七〇八―一五)に定着したらしいが、摂津とは津を管理するという職掌であるから、津国が摂津職に管理されるところから来た名称と思われる。摂津職の位置は不詳。

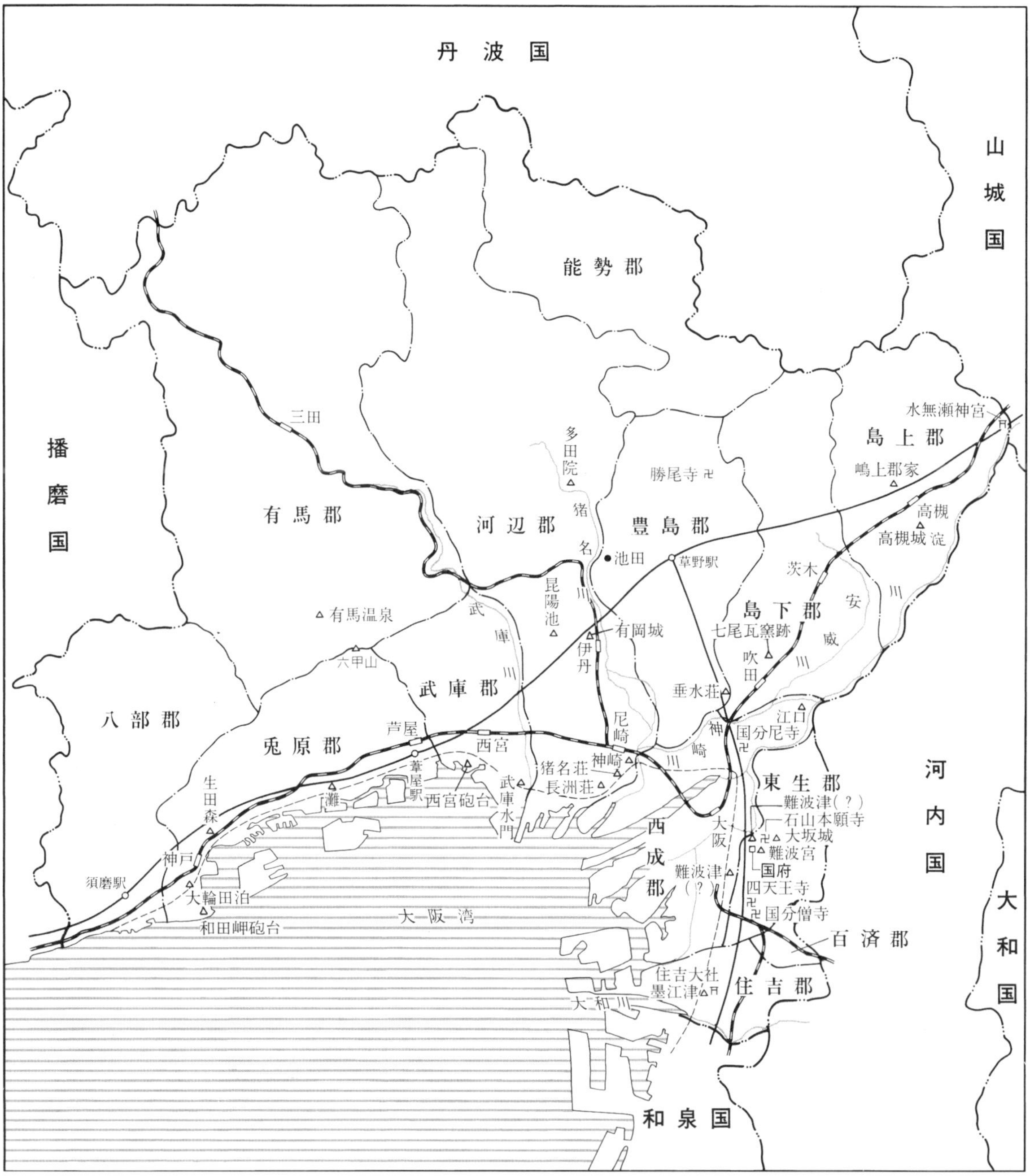
丹波国
山城国
能勢郡
播磨国
有馬郡
河辺郡
豊島郡
島上郡
水無瀬神宮
嶋上郡家
高槻
高槻城
淀
川
三田
多田院
勝尾寺
猪
名
川
池田
草野駅
茨木
安
威
川
昆陽池
有馬温泉
武
庫
川
伊丹
有岡城
島下郡
七尾瓦窯跡
吹田
六甲山
武庫郡
八部郡
垂水荘
江口
芦屋
西宮
兎原郡
尼崎
神
崎
川
国分尼寺
猪名荘
神崎
長洲荘
東生郡
生田森
葦屋駅
灘
西宮砲台
武庫水門
西成郡
難波津(?)
石山本願寺
大阪
大坂城
難波宮
国府
河内国
神戸
須磨駅
大輪田泊
和田岬砲台
大阪湾
難波津(?)
四天王寺
国分僧寺
百済郡
大和国
住吉大社
墨江津
住吉郡
大和川
和泉国

摂　津　国　略　図

摂津職の廃止後の国府も職の役所をそのまま利用したらしいが、八〇五年に国府は江頭(堀江のほとり、現在の大阪市天満橋付近)に移された。付近には国府の港として渡辺津があり、淀川水運のターミナルとして機能していた。八二五年(天長二)に住吉・百済・東成・西成の四郡を和泉国に属させることとなり、それに連動して国府を「豊島郡家以南」に移す計画が立てられた。四郡の転属は住民の反対によって中止されたが、国府の移転は実施したとする見解と中止されたという見解がある。さらに八三五年(承和二)にも河辺郡の為奈野《いなの》に移転する計画が持ち上がるが、これについても天長時に中止されたものの再計画という見解がある。いずれにしても八四四年(承和十一)に断念して難波鴻臚館《こうろかん》を転用することとなった。その後『拾芥抄《しゅうがいしょう》』や『伊呂波字類抄《いろはじるいしょう》』などに西成郡にあるとする摂津国府はこれに該当するとみられる。十世紀には摂津国の国司に、源経基の子満仲が任じられ、その後摂津国多田荘に土着し、その子頼光があとをついで摂津源氏を称した。彼らはおもに摂関家と結びついて勢力を伸ばしたが、渡辺の地を本拠とし、惣官職に任じられて同地にあった大江御厨の管理もした渡辺党も摂津源氏の配下となった。また沿岸の港のなかでは、大輪田泊が平清盛によって日宋貿易の拠点として修築され、平家はその背後の福原に別業を営み、一一八〇年(治承四)には遷都も企てられたが、半年で京都に帰った。大輪田泊は鎌倉時代には兵庫津と改称され、瀬戸内海運の要港として機能した。一三三六年(建武三)の湊川合戦もここを戦場とした。摂津国は鎌倉時代には北条氏、室町時代にはおもに細川氏が守護となったが、室町時代末期には細川氏の内紛の舞台となり、細川氏家臣の三好氏や、池田氏、伊丹氏などの土豪が割拠して各地に城郭も築かれた。また、一向宗門徒によって富田などの寺内町も形成され、大坂に本願寺が移転して一向一揆の拠点となった。一五六八年(永禄十一)の織田信長の入京以降はその支配下に入ったが、本願寺は信長に抵抗して、一五八〇年(天正八)の本願寺の大坂退去まで抗争が続いた(石山合戦)。その後、豊臣秀吉は本願寺の故地に大坂城を築城し、大規模な城下町開発をおこなった。一六一五年(元和元)の大坂夏の陣によって大坂は荒廃したが、松平忠明による城下町復興のあと幕府直轄領となって、江戸、京都とならぶ三都としてとくに商工業の中心地として栄えた。そのほかには尼崎(戸田―青山―松平、四万石)、高槻(土岐―松平―岡部―松平―永井、三万六千石)、三田(有馬―松平―九鬼、三万六千石)、麻田(青木、一万石、現豊中市)の四藩が置かれたが、概して天領が多く、入組支配のような複雑な所領配置がなされた。（若井　敏明）

せっつめいしょずえ　摂津名所図会　九巻十二冊からなる摂津国十二郡を対象にした名所図会。名所図会作者・俳人の秋里籬島《あきさとりとう》の著で、挿絵は竹原春朝斎《しゅんちょうさい》(信繁)を中心に七名の手になる。一七九六年(寛政八)九月にまず後半部分にあたる巻之七武庫郡・菟原郡、巻之八上八部(矢田部)郡、巻之八下矢田部郡、巻之九有馬郡・能勢郡の三巻四冊が、ついで一七九八年に巻之一住吉郡、巻之二東生郡、巻之三東生郡・西成郡、巻之四上大坂部、巻之四下大坂部、巻之五島下郡・島上郡、巻之六上豊島郡・河辺郡、巻之六下河辺郡の六巻八冊が刊行された。籬島は、『都名所図会』が評判となったことから書店に執筆を勧められ、画家の竹原らとともに現地を探訪し、くまなく筆録したとされており、当時の景観を知る上で貴重な資料である。公家の中山愛親《なるちか》の序文は「きのえとら(甲寅)」となっているので、少なくとも一七九四年に出版予定であったが、二年後に後半の四冊の刊行が認められたらしいことがわかる。内外古今の典籍を十分に引用したもので、竹原の挿絵と相まって名所図会中でも特に評価が高い。刊行後、天満宮と坐摩神社から番所に訂正の訴えがあり、本文が改められたほか、再版に際しては前記二件以外にも挿図を含めて多くの改訂がなされている。十二冊本のほかに住吉郡、東生郡、西生郡、島上郡が一冊ずつ増えた十六冊本の存在も主張されている。『日本名所風俗図会』一〇に所収。

［参考文献］　森修「解説『摂津名所図会』について」(『日本名所風俗図会』一〇所収、一九八〇、角川書店)。

（出田　和久）

せとやき　瀬戸焼　愛知県瀬戸市を中心に生産された陶磁器の総称で、広義には室町時代から江戸時代にかけて東濃地方で生産された美濃焼もその範疇に含められる。現在の瀬戸市域における窯業生産の成立は、古くは平安時代中ごろの灰釉陶器生産にまでさかのぼり、市域南部の幡山区には、古代猿投《さなげ》窯の拡散によって成立したとされる十世紀後半の窯跡が数基確認されている。その後、十一世紀末には無釉の山茶碗生産へと転換するとともに幡山区から西部の水野区にかけて生産は拡大し、十五世紀にかけての山茶碗専焼窯は市域のほぼ全域に約二百基を数える。しかし、古代の灰釉陶器や無釉の山茶碗は、瀬戸窯ばかりでなく東海地方各地で生産されるため瀬戸焼の範疇に含めるのは不適当で、陶祖藤四郎伝説は措くとしても、瀬戸焼の始まりは、他の窯業地製品と明確に区別できる古瀬戸の成立段階からとするのが妥当であろう。古瀬戸には四耳壺・瓶子・水注・卸皿・入子・折縁深皿・仏花瓶・香炉・平碗・天目茶碗・縁釉小皿・擂鉢などさまざまな器種があり、焼成した窯はこれまでのところ約二百五十基確認され、瀬戸区や赤津区の丘陵部を中心に分布しているが、十五世紀中ごろになると岐阜県土岐市、愛知県豊田市(旧西加茂郡藤岡町)、静岡県島田市(旧榛原郡金谷町)で古瀬戸系施釉陶器窯が成立し、それに対して瀬戸市域の窯は激減する。ところが、古瀬戸最末期の十五世紀後葉には再び市域に窯が集中し、これまでの窖窯が丘陵部に分布したのに対して集落の近くに立地するようになり、それらの地域では引き続いて瀬戸・美濃型大窯が構築される。大窯前半期の器種は天目茶碗・

小皿類・擂鉢の三者を主体とし、東日本の城館跡を中心に流通しているが、大窯後半期になると大窯の拡散によって美濃窯では土岐川以北や東部の瑞浪市側に集中し、静岡県の初山窯・志戸呂窯、富山県の越中瀬戸窯などが成立するのもこの時期である。なお、これらの窯業地では当時の為政者から発給された文書を残しており、美濃窯は織田信長、志戸呂窯は徳川家康、越中瀬戸窯は前田氏といった織豊系戦国大名の領国経営の一環として大窯が導入されたと考えられる。特に美濃窯の土岐川以北の地域では黄瀬戸・瀬戸黒・志野、さらに十七世紀初頭、連房式登窯の導入とともに織部焼といった桃山茶陶が集中的に生産され、畿内の大都市圏を中心に大量に流通するが、一方、瀬戸市域では窯数が激減し、当該期の大窯はこれまでのところ全く確認されていない。一六一〇年(慶長十五)、尾張徳川家の命により赤津村に利右衛門(後の唐三郎)・仁兵衛、下品野村に新右衛門・三右衛門の兄弟が美濃から呼び戻されることにより瀬戸窯は三たび復興する。瀬戸村ではこのような記録は残っていないが、ほぼ同時期に生産を再開したものと思われる。近世の瀬戸焼はこの三ヵ村を中心に展開し、特に江戸時代後期には、瀬戸村では茶碗類・湯呑類・大皿類・水甕・瓶掛・練鉢・植木鉢といった供膳具や住用具、赤津村や下品野村では擂鉢・半胴・片口など調理具や貯蔵具が主力製品で、各村々ではそれぞれ特色のある焼物が生産されている。そして享和年間(一八〇一—〇四)、尾張藩熱田奉行津金文左衛門の指導により、瀬戸窯では新たに南京焼をモデルにした磁器生産(染付焼)が開始され、一八〇七年(文化四)に磁祖といわれる加藤民吉が九州から帰国すると、磁器生産はますます発展し陶器生産(本業焼)を凌駕するようになる。また尾張藩、名古屋瀬戸物問屋、瀬戸窯屋の三者の利害関係の一致により尾張藩蔵元制度の創始され、流通機構の整備によって瀬戸染付焼の商圏は一気に日本全国に拡大する。やがて磁器生産技術は美濃窯へ伝播し、美濃窯の磁器生産は幕末期に急速に発展するのに対して、瀬戸窯では一八六九年(明治二)の村方窮民救済の嘆願にみられるように、幕末から明治初期にかけて一時的には衰退したようであるが、明治以降の考古資料の蓄積は極めて少なく今後の調査に期待したい。 ↓美濃焼《みのやき》

古瀬戸灰釉画花文広口壺

参考文献 『瀬戸市史』陶磁史篇一—六、一九六七—九六。 (藤澤 良祐)

ぜにやいせき　銭屋遺跡　江戸幕府は、一六三六年(寛永十三)江戸と近江坂本で一文銭「寛永通宝」の鋳造を開始したが、新銭の全国的な供給不足に対応するため、翌年全国の八藩に鋳造を命じた。当遺跡はその八ヵ所の内でただ一つ現存する長州藩の銭座跡である。一六四〇年鋳銭停止令が出た後も私鋳を続けたが露見し、一六六五年(寛文五)藩により焼き払われた。わが国最古の銅山として有名な長登《ながのぼり》銅山跡(国史跡)にも近く、一帯に広く銅を産する。山口県文書館蔵の『毛利家文書』中に長州藩銭座の普請差図(「美禰郡赤村新銭鋳造木屋床普請差図」)が遺っており、描かれている遺跡の規模・建物の配置・周辺の地勢・方位などがすべて同様に発掘調査で確認されている。東西七十七間(約一三九メートル)南北五十七間(約一〇三メートル)。二重に囲柵を巡らし、内部に東西に長い鋳銭工房二棟、奉行所、番屋、大工屋、鍛冶屋、蔵などを配する。総面積は約四千四百坪(約一万四〇〇〇平方メートル)。近辺には大量の鉱滓《こうさい》が分布し、銭座南西隅には焼き打ちを免れた櫨《はぜ》の木が今も残る。山口県美禰《みね》郡美東《みとう》町絵堂字銭屋所在。 ↓寛永通宝《かんえいつうほう》

参考文献 山口県埋蔵文化財センター編『銭屋—長州藩銭座跡—』、一九七七。 (中村 徹也)

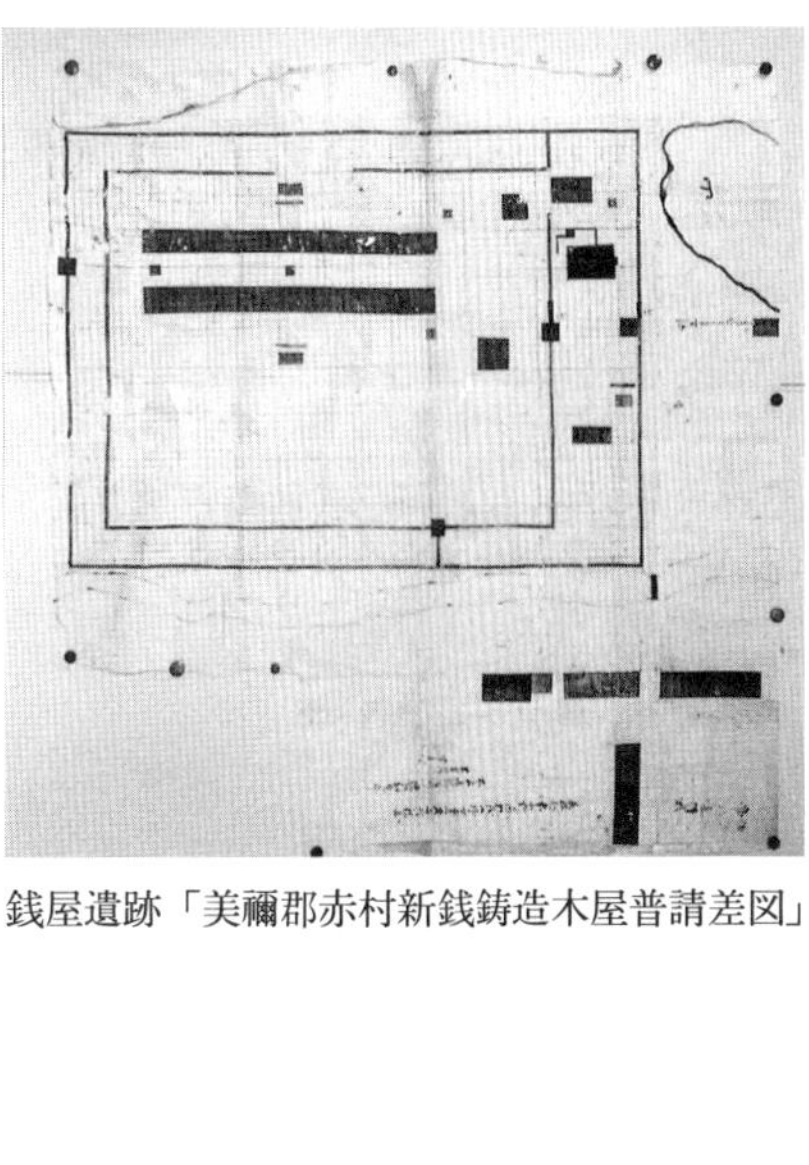

銭屋遺跡「美禰郡赤村新銭鋳造木屋普請差図」

せやくいん　施薬院　病者に薬を施し、治療する施設。興福寺などにも置かれていたが、よく知られているのは、光明皇后により創設されたものである。光明皇后は七三〇年(天平二)、皇后宮職に施薬院をおき、その封戸と父藤原不比等の功封により、諸国が購入した薬を進上させた。皇后の没後は太政官に移管され、平安京遷都後は当初、左京九条の烏丸小路付近、のちに左京五条、室町小路の西に設置されたらしい。また、施薬院には、山城国乙訓郡に薬園が付置された。そこから進上される雑薬などを用いて治療を行なったほか、同院は悲田院とともに病者や孤児を収容し、在京官人の賻物の出納や葬送にも関与している。八二五年(天長二)に、それまでの院預を別当とし、創設の事情から施薬院と関係が深い藤原氏と、外記各一名が充てられたのに加えて、使、判官、主典、医師各一名が備わり、のちに主典一名と史生四名が増員

された。なお、『延喜式』主税上によれば、播磨国、美作国に施薬院料があり、大和国や土佐国には施薬院領が設けられていた。（西村さとみ）

せん　塼　焼成した煉瓦《れんが》のこと。文様の有無・種類で無文塼・文様塼・画像塼などに分け、形状により方塼・長方塼・三角塼などに分ける。七世紀には墓室内で塼を用いることもあるが、古代全般には寺院・宮殿での使用例が多い。墓室例としては石棺式石室の周囲から塼が出土した大阪仏陀寺《ぶつだじ》古墳や石棺式石室の壁面・天井石・棺台に用いた阿武山《あぶやま》古墳の例がある。文様塼として最古のものは七世紀前半の小墾田宮《おはりだのみや》推定地出土の蓮華文長方塼があり、七世紀後半以降は川原寺出土の緑釉水波文塼、大宰府学校院出土の蓮華唐草文をもつ方塼・三角塼があり、奈良岡寺《おかでら》では天人や鳳凰を表わした画像塼としての方塼がある。平城宮の無文塼は方塼・長方塼・両者の中間タイプの三者に大別され、長方塼は大極殿院《だいごくでんいん》の塼積擁壁、中間タイプは敷塼に用いられている。古代から近世にかけて塼は使用され、製作技法では型枠作りの報告例が多い。西洋の近代建築導入後は赤煉瓦が用いられる。

参考文献　森郁夫『日本の古代瓦』（『考古学選書』三四、一九九一、雄山閣出版）。（山崎　信二）

せん　鏟　ヤネフキ（板葺工人）やタルヤ（樽工人）などが木を、カジ（鍛冶）などが鉄を、それぞれ切削する道具。前者は引き使い、後者は押し使いである。古代・中世の文献では、十世紀前半の資料（『和名類聚抄』）の「鍛冶具」の項に、「鏟剗・ナラシ」（名称）、二文字の「上」は「平木器」・「下」は「削」（用途）、と記されている。近世では、十八世紀初めの資料（『和漢三才図会』）に、「鑯・せん」「鏟剗」「剗刀」「奈良之」（名称）、「有数品」（種類）、「有両柄」（形状・構造）、「削物」（用途）と包括的な説明がなされた後、「鍛冶」（職種）が「両刃・モロハ」（形状・構造）で「削鑯器」（用途）、「其余」は「片刃」（形状・構造）で「葺屋人・ヤネフキ」が「柿片・コケラヘキ」を、「作樽人・タルヤ」が「桶木」を、それぞれ「削」、と職種別の用途が記されている。挿図には「内鑯・うちぜん」と「外鑯・そとせん」が描かれている。なお、建築工事を描いた絵画資料などでは、センの使用場面は確認できていない。

参考文献　成田寿一郎『日本木工技術史の研究』、一九九〇、法政大学出版局。吉川金次『鍛冶道具考』（『神奈川大学日本常民文化叢書』二、一九九一、平凡社）。（渡邉　晶）

ぜんいんじ　禅院寺　七世紀後期の僧道昭が創建・居住した寺院。道昭は六五三年（白雉四）に遣唐使の一員として入唐して帰国した後、六六二年（天智天皇元）に飛鳥寺東南隅に禅院を創建して住んだという。飛鳥寺東南に位置する飛鳥池遺跡からは、その禅院に関係する木簡も出土している。道昭は七〇〇年（文武天皇四）に逝去するが、禅院は七一一年（和銅四）に平城京の右京四条一坊に移転し、禅院寺と呼ばれるようになる。禅院寺には、道昭が唐から将来した良質の経典が多数保管されており、奈良時代、平城京における写経事業では、それらの経典がしばしば利用されていた。平安時代には、八七七年（元慶元）に元興寺の別院となっている。その後、十一世紀ごろには元興寺の近傍に移転したと考えられ、十一世紀に創建された禅定院が、禅院寺の後身であるとする説もある。

参考文献　福山敏男「禅院寺」（『奈良朝寺院の研究（増訂版）』所収、一九七八、綜芸舎）。藤野道生「禅院寺考」（『史学雑誌』六六ノ九、一九五七）。岩城隆利「禅院寺」（『ビブリア』七四、一九八〇）。寺崎保広「奈良・飛鳥池遺跡」（『木簡研究』二一、一九九九）。（吉川　聡）

せんか　銭貨　金・銀・銅・鉛・鉄・真鍮製の金属貨幣を総称するが、一般に東アジアで用いられた円形方孔の銅銭をいう。豊富な産銅量に支えられ、均質な銅銭が大量に鋳造され貨幣として流通した。文や銭の単位で数えられ、千文を一貫文という。中国では春秋時代に布銭や刀銭などの金属貨幣が発行され、戦国時代には地名や重量単位の銭銘をもつ布銭や円形円孔銭、銅貝などが金貨とともに使用された。円形方孔の銅銭は秦の半両銭に始まり、輪や背郭をもつ前漢の五銖銭《ごしゅせん》を経て、六二一年に発行された唐の開元通宝（開通元宝）により、後の東洋型貨幣の基準となる円形方孔銭の様式が確立した。開元通宝の規格は、径八分（約二・四センチ）、重さ二銖四絫（四・二グラム）、十文の重さが一両に相当する（『旧唐書』食貨志）とされており、「銭」は十分の一両の重さを示す重量単位にもなった。わが国における銭貨のはじまりは、長らく七〇八年（和銅元）発行の和同開珎と考えられてきた。しかしながら『日本書紀』天武天皇十二年（六八三）四月壬申（十五日）条に、「今より以後、必ず銅銭を用いよ、銀銭を用いることなかれ」（原漢文）という詔があり、この銅銭が富本銭（富本七曜）であることが近年の飛鳥池工房遺跡の発掘調査で明らかになった。詔で使用を禁止された銀銭は、無文銀銭と呼ばれる一分（一〇・五グラム）に重量調整された定量貨幣で、鋳造貨幣ではなく、新羅の一分銀とする説がある。わが国の中国式鋳造貨幣は、七世紀後半に発行された富本銭に始まり、以後、平安時代にかけて本（皇）朝十二銭とよばれる円形方孔銅銭が発行された。その発行年と銭名は、七〇八年（和銅元）和同開珎、七六〇年（天平宝字四）万年通宝、七六五年（天平神護元）神功開宝、七九六年（延暦十五）隆平永宝、八一八年（弘仁九）富寿神宝、八三五年（承和二）承和昌宝、八四八年（嘉祥元）長年大宝、八五九年（貞観元）饒益神宝、八七〇年貞観永宝、八九〇年（寛平二）寛平大宝、九〇七年（延喜七）延喜通宝、九五八年（天徳二）乾元大宝である。また和同開珎には銀銭があり、万年通宝とともに金銭開基勝宝、銀銭大平元宝が発行されている。これらの古代銭貨は国家が貨幣鋳造・発行権を独占し、私鋳銭に対しては厳罰主義で臨んだ。和銅年間（七〇八―一五）にとられた蓄銭叙位法や調庸の銭納などの流通奨励策により、銭貨は徐々に地方に浸透したが、やがて鋳銭原料となる銅資源の枯渇により、銭

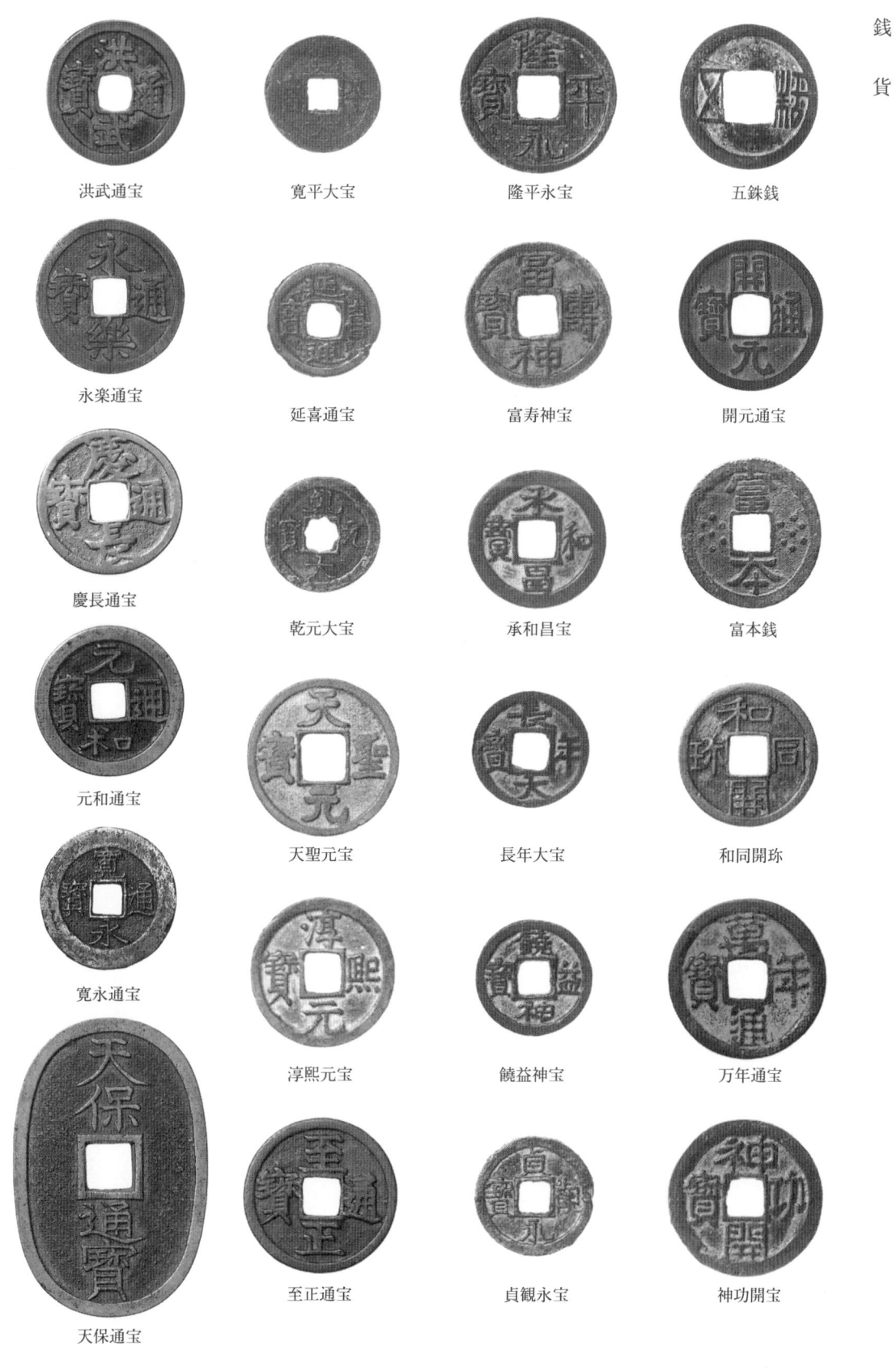

銭貨

洪武通宝

寛平大宝

隆平永宝

五銖銭

永楽通宝

延喜通宝

富寿神宝

開元通宝

慶長通宝

乾元大宝

承和昌宝

富本銭

元和通宝

天聖元宝

長年大宝

和同開珎

寛永通宝

淳熙元宝

饒益神宝

万年通宝

天保通宝

至正通宝

貞観永宝

神功開宝

の軽小化と品位の低下が進行。国家は新銭発行利益の獲得を目的に、新銭の公定価値を旧銭の十倍としたため、次第に銭貨に対する信用が失われ、十世紀後半には銭貨流通が衰退した。その後、米や絹などの物品貨幣がとってかわるが、十二世紀中ごろになると、日宋貿易により精良な中国銭が大量に輸入され、日本国内で流通するようになる。こうした渡来銭は当時「渡唐土之銭」などと呼ばれ、一一九三年(建久四)には宋銭の使用停止令が出されるが、銭の流通は止めがたく、十三世紀初めに至って使用が容認され、十三世紀中ごろには全国に流通が拡大した。輸入された銭貨は、天聖元宝、皇宋通宝、熙寧元宝、元豊通宝などの北宋銭を主に、淳熙元宝、嘉定通宝などの南宋銭や唐の開元通宝に及ぶ。こうした渡来銭の流通は十四世紀にかけて隆盛をきわめ、十五世紀には室町幕府の勘合貿易を通じて洪武通宝や永楽通宝などの明銭が加わった。しかしながら次第に増大する銭貨需要に対して、渡来銭の供給が不足するようになり、粗悪な中国の私鋳銭や日本の模鋳銭の流通量が増加した。このため十五世紀後半になると、悪銭(鐚銭)の受け取りを拒否する撰銭《えりぜに》の行為が社会問題化し、十六世紀から十七世紀初めにかけて、各地で撰銭の基準を定めた撰銭令が出され、精銭と悪銭の換算値などが公定された。畿内近国では撰銭状況の悪化によって銅銭の流通が滞り、「銭遣い」から「米遣い」へと転換する。このように多種多様な銅銭が混在する銭貨流通は、地方ごとに異なった貨幣秩序を分立させたが、やがて普遍的な素材価値をもつ金銀貨の登場により、銭貨は補助貨幣へと変貌する。金銀貨登場の背景には、十六世紀前半における金銀精錬の灰吹法の導入があり、この技術により金銀の生産量は飛躍的に増大した。各地の戦国大名は金山、銀山の開発を積極的に進め、石州銀や甲州金に代表される独自の金銀貨を造り、領国内で賞賜や軍資金として用いた。近世になると徳川家康が幣制を統一し、一六〇一年(慶長六)に大判・小判、一分金の金貨、丁銀、豆板銀の銀貨を発行。一六三六年(寛永十三)には銅銭寛永通宝が公鋳され、金・銀・銅貨からなる江戸時代の三貨制度が生み出された。

参考文献 滝沢武雄『日本の貨幣の歴史』(『日本歴史叢書』、一九九六、吉川弘文館)。池享編『銭貨―前近代日本の貨幣と国家―』(『「もの」から見る日本史』、二〇〇二、青木書店)。

(松村 恵司)

せんがくじ 泉岳寺 江戸に建立された近世寺院。万松山泉岳寺。橋場総泉寺、芝青松寺とともに曹洞宗江戸三ヵ寺の一つで、一六一二年(慶長十七)門庵宗関《もんなんそうかん》が開山となって外桜田《そとさくらだ》に創立し、一六四一年(寛永十八)現在地高《たか》輪《なわ》(東京都港区)に移転した。『御府内寺社備考続編』によると境内地は二万百八十五坪であった。陸奥二本松藩丹羽家、大和岩田藩織田家、長門府中藩毛利家、下野大田原藩大田原家、丹波福知山藩朽木家などの大名家墓所があったが、特に有名なのは播磨赤穂藩浅野家の墓所である。一七〇一年(元禄十四)三月十四日の江戸城本丸松之廊下における吉良《きら》上野介《こうづけのすけ》義央《よしなか》との刃傷事件により、浅野《あさの》内匠頭《たくみのかみ》長矩《ながのり》は一関藩主田村《たむら》右京《うきょう》太夫《だゆう》邸《てい》で切腹。この地に葬られた。翌年十二月十四日本所松坂町の吉良邸に討ち入り本懐を遂げた元赤穂藩士は、一七〇三年二月四日切腹を申し渡され、浅野内匠頭墓所の隣地の藪を切り開いて合葬された。現在の墓石は八代将軍吉宗の時代に建てられたものとの説がある。

参考文献 磯ヶ谷紫江「一夜造りの四十七士の墓」(『墓碑史蹟研究』一、一九二四)。泉岳寺・竹中工務店編『国指定史跡浅野長短墓および赤穂義士墓改修報告書』、二〇〇〇。

(亀田 駿一)

せんきょうじ 泉橋寺 木津川北岸の京都府相楽郡山城町大字上狛《かみこま》に位置する古代寺院。橋寺、泉橋院とも。行基創建の四十九院の一つ。現在は浄土宗で、山号は玉龍山。『行基年譜』によると七四〇年(天平十二)に山城国相楽郡大狛村に造られた。翌年聖武天皇がそこに行幸し、行基と会ったと伝える。また同書の引く「天平十三年記」には行基構築の橋のなかに泉大橋があるが、『行基大菩薩行状記』には七四一年に「木津河に大橋をわたし、狛の里に伽藍を立、僧院として泉橋院と号す」とする。これらから知られるように、泉橋寺は泉大橋に付属する橋寺であった。貞観十八年(八七六)三月一日太政官符(『類聚三代格』)には、行基が泉河の仮橋のために建立した寺院とあり、この時浪人二人を充て寺と渡船・仮橋の維持にあたらせることにしたが、同様の措置は八二九年(天長六)・八三九年(承和六)にもとられた。一一八〇年(治承四)平重衡により寺は焼かれたと伝える。現山門の外に丈六の地蔵石仏があるが、これは般若寺の真円上人により一二九五年(永仁三)造営が始まり、一三〇八年(徳治三)に地蔵堂が完成したもの。一四七一年(文明三)応仁の乱の戦火で寺は焼け、地蔵石仏も焼損したが、一六九〇年(元禄三)に頭部と両手を補い、露座のまま現在に至る。境内の石造五輪塔(鎌倉時代)は重要文化財。かつては現境内の北方に塔の心礎があった。

参考文献 井上光貞「行基年譜、特に天平十三年記の研究」(『井上光貞著作集』二所収、一九八六、岩波書店)。『山城町史』本文編、一九八七。

(舘野 和己)

せんげんじんじゃ 浅間神社 静岡市葵区宮ヶ崎町に鎮座する旧国幣小社。祭神は木花開耶姫命を主神に瓊々杵命・栲幡千々姫命を相殿として祀る。富士新宮とも呼ばれ、富士浅間神社(本宮、富士宮市大宮町)を勧請したもの。社伝では延喜年中(九〇一―九二三)と伝える。境内に式内社である神部神社と大歳御祖神社とがある。ほかに四境内社がある。神部神社は大己貴命を主神とし、瓊々杵命と栲幡千々姫命および東照宮を祀る。瓊々杵命と栲幡千々姫命は浅間神社が当地に勧請されてのち奉斎されたものと考えられ、東照宮は三代将軍徳川家光が奉斎したもの。神部神社は惣社と位置づけられた古社。大歳御祖神社は主神大歳御祖命と雷神を祀る。もと奈古屋社と称したが、別々の神社であったとの説もある。三社が同一の境内に祀られるのは国府に近い要衝の地であったことによる。三社は俗に静岡浅間神社と称される。大歳御祖命は一名神大市比売命ともいい、安倍市《あべのいち》の守護神とされている。古来崇敬篤く、社殿が焼失するたび、再建がくり返された。なかでも家光による一六三五年(寛永十二)の造営(一六四一年竣工)は現社殿の原形となるものであった。長谷通りから石鳥居をくぐると総門・楼門・舞殿・拝殿がほぼ一直線に並び、楼門と拝殿をつないで廻廊がめぐる。本殿は二社同殿。右が神部神社、左が浅間神社である。浅間通りからは大歳御祖神社に至る。寛永の社殿は一七七三年(安永二)の火災により灰燼に帰し、その後三期にわたる造営事業により現社殿が完成した。第一期、一八〇四年(文化元)開始、第二期、一八一九年(文政二)開始、第三期、一八四六年(弘化三)開始で、一八六五年(慶応元)に至る六十年の歳月をかけて竣工に至った。社殿二十六棟が重要文化財。重要文化財に長船住人長光銘の太刀一振があり、三十六歌仙図額(三十六面)や家康着初の腹巻と伝えられる紅糸威腹巻、静岡浅間神社古神宝類(三十件)など県指定の文化財も多い。

資料館　静岡市文化財資料館(静岡市)

参考文献　国幣小社神部神社浅間神社大歳御祖神社々務所編『国幣小社神部・浅間・大歳御祖神社誌』、一九三七。文化財建造物保存技術協会編『重要文化財神部神社・浅間神社・大歳御祖神社第一期・第二期・第三期修理報告書』、一九七七・八二・八六、重要文化財静岡浅間神社修理委員会。

(佐藤　正知)

ぜんこうじ　善光寺　(一)北海道伊達市有珠《うす》町所在の寺院。浄土宗。大臼山善光寺は、江戸幕府が東蝦夷地を直轄するにあたり、一八〇四年(文化元)に厚岸《あっけし》町国泰寺《こくたいじ》、様似《しゃまに》町等澍院とともに三官寺の一つとして指定された。寺伝によれば、創建は八二四―三三年の天長年間とあるが明確でない。一六一三年(慶長十八)に松前慶広《まつまえよしひろ》が祈禱所として小祠を建立し再興したとされる。一八〇四年に、江戸芝増上寺の末寺としてはじめて堂塔伽藍が整備された。本堂の建物は、間口五間半、奥行き六間の寄棟造りで、正面および左右に欄干付き濡れ縁がある。一九七四年(昭和四十九)国指定史跡。北海道最古の『蝦夷地大臼山善光寺縁起』の版木、アイヌの人々に仏教を教えるためのアイヌ語和語対照『念仏上人子引歌』の版木などが残されており、二〇〇五年(平成十七)重要文化財に指定された。ほかに円空《えんくう》作観音像、隠れキリシタン遺物として織部《おりべ》燈籠《とうろう》がある。境内に、縄文時代からアイヌ文化期にかけての遺跡があり、貝塚、墓などが調査されている。

参考文献　伊達市『史跡善光寺跡修理報告書』、一九六九。

(越田賢一郎)

善光寺(二)　本堂

(二)長野市元善《もとよし》町にある寺。山号は定額山。本尊の善光寺如来は秘仏とされ、前立本尊として善光寺式一光三尊阿弥陀如来像がある。近世以来天台宗・浄土宗の管理に属する。創立の年次ははっきりしないが七世紀初頭との伝承があり、白鳳時代の瓦が出土していることから遅くとも七世紀後半には建立されていたと推定される。中世以降しばしば炎上したが、一一七九年(治承三)焼失の際には鎌倉幕府の助成で再建され、全国に善光寺如来信仰が広がるきっかけとなった。中世の善光寺町は園城寺の荘園として、また信濃国国府の後庁や室町幕府守護所の所在地として発展し、室町時代にはすでに近世につながる町名を確認することができる。一五五八年(永禄元)武田信玄が甲府に本尊を移して寺は一時衰退したが、本尊は各地を転々とした後一五九八年(慶長三)本寺に還り、一六〇一年徳川家康が千石の寺領を寄進したことにより再び隆盛した。近世には天台宗寺院大勧進と浄土宗寺院大本願による共同支配体制が確立した。一七〇〇年(元禄十三)の大火の後、現在の本堂(如来堂、国宝)が一七〇七年(宝永四)に再建されて境内が整備され、中心伽藍に隣接して大勧進が、二王門前脇に大本願が位置し、それらに付随する形で天台宗・浄土宗に属する四十六の諸坊が三つの寺中を形成して立ち並んだ。門前には十数町の町からなる町場が発展し、十九世紀には人口が一万人を超え、全国でも有数の宗教都市となった。近世における善光寺町繁栄の基盤は、全国からの参詣客の到来に加えて、近世を通じて数多くの人口流入があったこと、北国街道における宿駅が置かれていたこと、近世初頭以来設けられた定期市を基盤として、信濃国北部における商品流通の中心として同地が重視されたことにある。また都市域内には善光寺や諸坊以外にも数多くの寺社が存在し、参詣や住民の信仰の場として機能した。

参考文献　坂井衡平『善光寺史』、一九六九、東京美術。小林計一郎『長野市史考』、一九六九、吉川弘文館。同『善光寺史研究』、二〇〇〇、信濃毎日新聞社。

(多和田雅保)

せんこうしゅくはちまんしせんとう　銭弘俶八万四千塔　十世紀の半ば、呉越国《ごえつこく》の王銭弘俶(在位九四八―七八)が造らせた、金属製の小仏塔。銘に八万四千の造塔を述べ

銭弘俶八万四千塔

ることからこの名がある。材質については銅を主としながら、鉄、銀のものが知られている。中国で金塗塔と称するのは、鍍金が施された作例があることによる。塔の形状は、材質に関わらず総じて、四角い塔身をもち、その上四隅に馬耳形の方立をつけ、中央には相輪を立てるというものである。そして塔の側面には、アーチ形の龕におさまる本生図《ほんじょうず》を中心として、隙間なく仏像はじめさまざまな図様が、レリーフ状にあらわされている。このような図様をもつ姿は、諸書に見える阿育王塔《あいくおうとう》と通じ、その姿を承けたものとの指摘がなされている。銭弘俶の造塔は、阿育王の故事に倣うと伝えるが、それは塔の姿にもあらわれているといえる。銭弘俶は、造った塔を各地に分与したという。清の張燕昌による『金石契』に引かれる『竜山勝相寺記』には、日本に五百基が送られたとある。しかしながら将来の経緯や数量の実際のところは、今詳らかにはし得ない。ただ那智山経塚《なちさんきょうづか》出土塔(東京国立博物館蔵)の存在などを鑑みるに、平安時代にすでにもたらされていたことは確かである。日本には、福岡誓願寺・京都金胎寺・大阪金剛寺などにも、古く伝わったとみられる塔が所蔵され、さらにほかにも、若干例の存在が確認できる。これらは全て銅鋳製で、高さは二〇センチほど。その内面には原則として、「呉越国王／銭弘俶敬造／八万四千宝／塔乙卯歳記」の銘と、漢字一字による造塔時の符号とが陰鋳され、上部に鉤が鋳出されている。この鉤については、九六五年(康保二)に道喜が記した『宝《ほう》篋印《きょういん》経記』などに照らし、しばしば摺本の『宝篋印陀羅尼経』を懸けて納めるための仕様とされるが、『宝篋印経記』の内容には疑問もあり、機能は未だ定かではない。なおこの塔の形状は、鎌倉時代以降多く石にて建立された宝篋印塔の形状と、基本的に通ずるもので、その展開に影響を及ぼしたとする考えがある。日本に伝わる銭弘俶八万四千塔、特にいわゆる古渡りのものは、往時の日中交流を偲ばせる遺品というのみでなく、日本における造塔の歴史を考える上でも、看過すべからざる意義をもつ存在だといえる。

[参考文献] 藪田嘉一郎『宝篋印塔の起源』、一九六六、綜芸社。岡崎譲治「銭弘俶八万四千塔考」(『仏教芸術』七六、一九七〇)。関根俊一「銭弘俶八万四千塔について」(『MUSEUM』四四一、一九八七)。 (井形 進)

せんごくじだい　戦国時代　各地で戦国大名が割拠して争った時代を、その時代相から戦国時代とよぶ。鎌倉時代や室町時代の語と異なり、政権の所在による名称ではないので、戦国時代の範囲についてはさまざまな見解がある。一四六七年(応仁元)の応仁の乱勃発からというのが古典的理解だが、関東では一四五四年(享徳三)の関東管領暗殺事件以来、長期的な内乱がはじまるので、これを戦国のはじめととらえる見方もある。ただ十五世紀の後半は室町幕府の力がそれなりに健在で、各地で戦国大名が割拠する状況にもなっていないので、これを室町の後期とみて、一四九三年(明応二)の明応の政変(管領が将軍を廃立した事件、将軍家の長い分裂が始まる)から戦国時代とみるのが一般的である。戦国時代のおわりについても、織田信長が上洛した一五六八年(永禄十一)以降は安土桃山時代(織豊時代)であるとみて、ここまでに限定する見解もあるが、全国的な視野でみれば、各地で大名間の戦いが展開していたこの時期を戦国の終わりとみることはできず、羽柴(豊臣)秀吉が天下統一を果たした一五九〇年(天正十八)までを戦国時代と表現するのが一般的である。その後も一六〇〇年(慶長五)の関ヶ原の戦い、一六一五年(元和元)の大坂夏の陣など、戦い自体は続いているので、この時代も含んで戦国といいならわすこともある。一般的にみれば戦国時代は一四九三年から一五九〇年までの約百年間といえるが、戦争状況が広がっていた時代という意味で広くとらえれば、一四五四年から一六一五年までの約百六十年間を一括して戦国ととらえることもできよう。一定の地域を束ねる強力な権力が生まれ、こうした大名や領主の間で同盟と抗争が繰り返されたが、産業の発達と人々の生活の向上も着実にみられ、地域の村も成熟して支配の基盤としての地位を確立し、大名の城下町なども繁栄をみせた。戦いの複雑化のなかで各地に大規模な城郭が築かれ、築城技術も急速に向上した。朝倉氏の本拠地である越前の一乗谷(福井市)からは、戦国大名や家臣たちの生活のさまを物語る住居跡や遺物が発見されている。 (山田 邦明)

せんこつそう　洗骨葬　⇨葬制《そうせい》

せんじもん　千字文　漢字学習のための入門書。中国梁代の周興嗣《しゅうこうし》が撰した。重複のない一千字から成っている。中国では敦煌《とんこう》出土文献中に習書がみられる。日本においては、『古事記』応神天皇段に、百済の和邇《わに》(王仁)が『論語』とともに『千字文』をもたらしたとあるが、史実は不明。奈良時代以来、習字の教科書として用いられており、『正倉院文書《しょうそういんもんじょ》』中にこれを習書したものが数点残るほか、習書木簡が奈良県藤原宮跡・飛鳥池《あすかいけ》遺跡・平城宮跡・

千字文　薬師寺出土木簡

平城京跡（長屋王家木簡《ながやおうけもっかん》・二条大路《にじょうおおじ》木簡・薬師寺境内出土木簡）・滋賀県宮町《みやまち》遺跡（紫香楽宮《しがらきのみや》推定地）などから出土している。また、兵庫県禰布《にょう》ヶ《が》森《もり》遺跡（平安期但馬国府推定地）からも習書木簡が出土しており、地方官衙遺跡にも普及していたことが知られる。

参考文献　東野治之「『論語』『千字文』と藤原宮木簡」（『正倉院文書と木簡の研究』所収、一九七七、塙書房）。同「敦煌と日本の『千字文』」（『遺唐使と正倉院』所収、一九九二、岩波書店）。（古尾谷知浩）

せんしゅうよう　泉州窯　中国福建省の晋江市磁竈一帯に分布する窯で、泉州磁竈窯・晋江磁竈窯とも呼ばれる。この地域の焼造の伝統は長く千六百年あまり続き、南朝晩期には青磁の焼が開始され、南宋から元時代に泉州港を積出港とする、おもに輸出用の陶器窯として最盛期を迎える。粗製の胎土に、緑釉・黄釉・黒釉などを施し、印花・刻花・鉄絵などで施文するもので、素地に白土がけしたうえに鉄絵を描く技法を、磁州窯と関連づける考え方もある。大型の盤や水注などの製品が独特なため、十二―十三世紀の貿易陶磁の指標として貴重であり、その流通範囲は、日本や東南アジア各地に及んでいる。日本での出土例は、博多・大宰府からのものが著名であるが、奄美大島倉木崎海底遺跡からも引き揚げられており、福建省から琉球列島沿いに九州に至る中世貿易航路の存在を裏付けている。↓磁州窯《じしゅうよう》

参考文献　陳鵬・黄天柱・黄宝令「福建晋江磁竈古窯址」（『考古』一九八二ノ五）。（金沢　陽）

ぜんしゅうようけんちく　禅宗様建築　鎌倉時代における禅宗の勃興とともに中国よりもたらされた建築様式をもつ建物。従来は唐様《からよう》と呼んでいたが、唐様の語義は広義にわたり、混乱する恐れがあるため、太田博太郎によって提唱された造語。個々の建物の構造や細部様式を指すとともに、伽藍配置を含めてよぶこともある。伽藍配置は、惣門、三門、仏殿、法堂を中軸線上に建て、東司（西浄ともいう、便所）と浴室、僧堂と庫院を中軸線をはさんで相対させ、互いを回廊でつなぐのが典型的で、一三三一年（元弘元）の鎌倉建長寺指図のほか、江戸時代の瑞龍寺（富山県高岡市、国宝）にみられる。これらの建物は床を張らない土間で、敷石を四半敷とし、礎石上に木製または石製の礎盤を置いて柱を立てる。柱には貫《ぬき》を通して長押《なげし》を用いず、上下を丸く細めて（粽《ちまき》）、頂部に台輪を載せる。組物は左右に二手広がり、柱上だけでなくその中間（中備《なかぞなえ》）にも同様の組物を用いる（詰組《つめぐみ》）。肘木の曲線は円弧で笹繰《ささぐり》をもち、上面に鎬《しのぎ》をつけ先端を尖らせた尾垂木を用い、軒下の垂木は扇状に配して（扇垂木《おおぎだるき》）、隅で大きく反りあがる。内部は、前後に長方形断面の大虹《だいこう》梁《りょう》をかけて柱を省略し、その上に大瓶束《たいへいづか》をかませて貫《ぬき》と台輪で柱と緊結し、詰組の組物で天井桁を支持して、平らな板を用いた鏡天井を張る、という独特の架構をみせる。また、花頭窓《かとうまど》や弓連子《ゆみれんじ》、桟唐戸《さんからど》といった造作も特徴的である。これらの特徴は、導入期の様相こそ明確でないものの、遺構が残る鎌倉時代末期から近世に至るまで大きな変化はなく守られ続けた。それは現在の中国江蘇省南部―浙江省における南宋後期の建築様式を範としながらも、日本的翻案を経て定型化したものと考えられている。代表例とすべき京都・鎌倉の五山仏殿は現存しないが、建長寺指図や一五七三年（元亀四）の鎌倉円覚寺仏殿指図および同地割之図などから、その威容をうかがうことができる。現存する典型例は円覚寺舎利殿（神奈川県鎌倉市、旧鎌倉尼五山太平寺仏殿、室町時代中期、国宝）である。

参考文献　太田博太郎『社寺建築の研究』（『日本建築史論集』三、一九八六、岩波書店）。関口欣也「中世禅宗様仏殿の平面（一）」他（『日本建築学会論文報告集』一一〇・一一一・一一五・一一六・一一八・一一九・一二一・一二三・一二八・一二九・一四九・一四九―一五三、

（立面図）

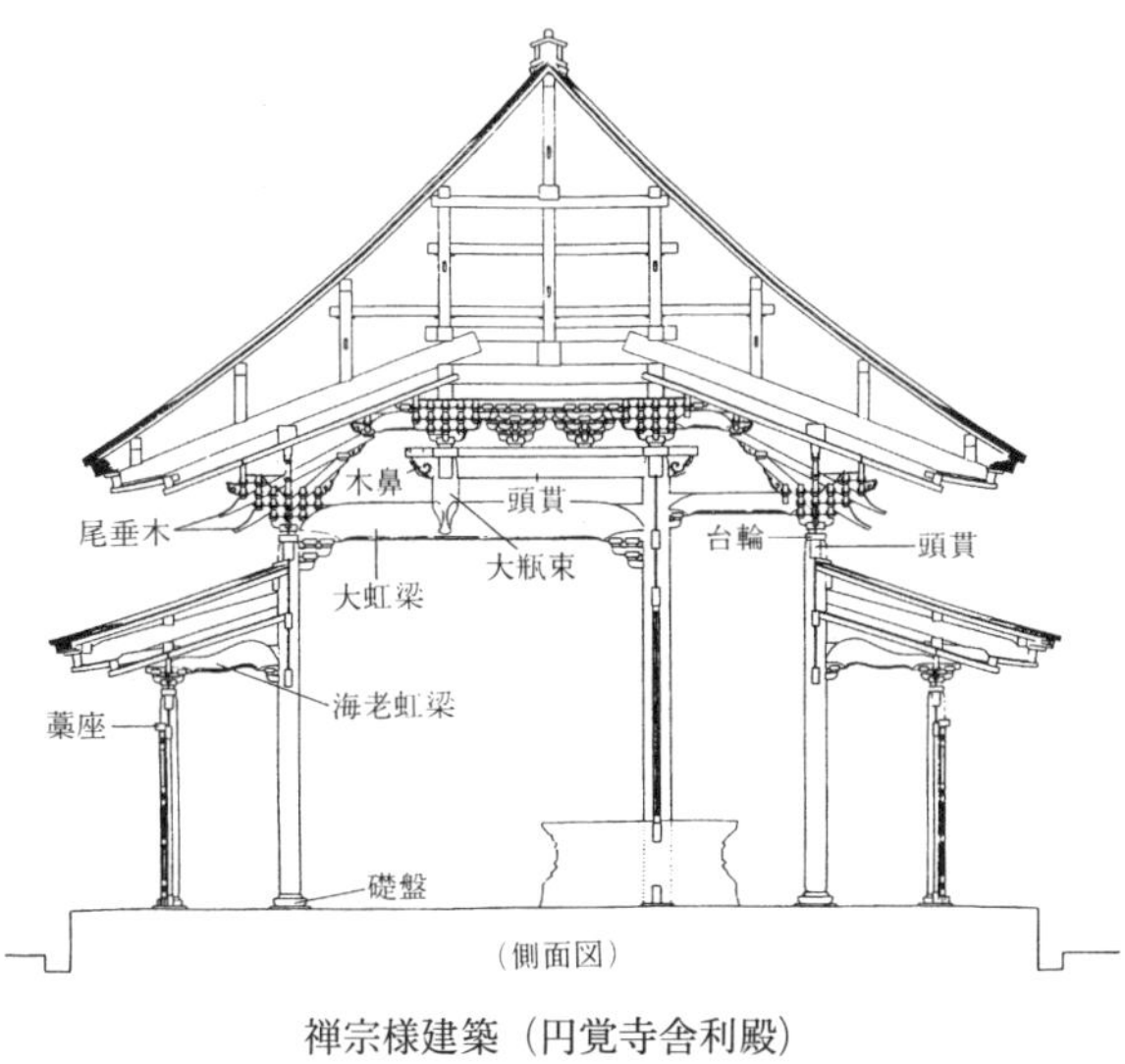

（側面図）

禅宗様建築（円覚寺舎利殿）

一九六五-六六)。横山秀哉『禅の建築』、一九六七、彰国社。

(箱崎　和久)

せんじゅじ　専修寺　(一)浄土真宗高田派の本寺。栃木県芳賀郡二宮町高田の小貝川右岸に所在する。対岸の南東約二キロには、伽藍建立の際に親鸞が仮住まいしたと伝える三谷草庵がある。三谷のツバキは県天然記念物。境内約二万坪と草庵は国史跡。親鸞は一二二五年(嘉禄元)高田に来て明星天子の夢告を受け伽藍建立を発願(『親鸞上人正統伝』)、真岡城大内氏らの協力により一二二六年に建立したと伝えられる。第十世真慧が一四六五年(寛正六)新たに伊勢国一身田(津市)に専修寺を建て、高田を兼帯所とした。江戸時代に伽藍を復興し、現在は重文の指定を受けた御影堂(一七四三年(寛保三))・如来堂(一七四四年(延享元))・楼門・総門(伝創建期)が並び建つ。境内の南西二〇〇メートルには、親鸞とその弟子十世までの祖廟がある。木造の顕智・真仏上人の二坐像は重文、銅造一光三尊仏(本尊)・木造の親鸞聖人坐像・涅槃像・阿弥陀如来立像・聖徳太子像が県有形文化財。

参考文献　専修寺『史跡高田山専修寺整備工事報告書』、一九七三。栃木県文化協会編『とちぎの文化財』下、一九八二。文化財建造物保存技術協会編『史跡専修寺境内三谷草庵(庫裏)保存修理報告書』、二〇〇六、二宮町・専修寺。

(田熊　清彦)

(二)三重県津市一身田《いっしんでん》町に所在する浄土真宗高田派の本山。広大な境内に、御影《みえい》堂(一六六六年(寛文六)完成、重要文化財)、如来堂(一七四八年(寛延元)、重要文化財)を中心に、山門(一七〇四年(宝永元))、唐門(一八四四年(天保十五))などがある。もとは一四七〇年(文明二)ごろに地元有力層によって建立され、無量寿院《むりょうじゅいん》、無量寿寺などと称された真宗高田派の一寺院であった。十六世紀前半、下野国大内庄高田にあった高田派本山専修寺が衰え、一五四八年(天文十七)に第十二世住持堯慧《ぎょうえ》が入寺してから、高田派の中心的な寺院となり専修寺と称されるようになったと考えられている。戦国時代には本願寺門徒と対立することもあった。数多く所蔵される文化財のなかでも『三帖和讃《さんじょうわさん》』『西方指南抄《さいほうしなんしょう》』(ともに国宝)など多くの親鸞《しんらん》の真蹟が伝えられていることに注目される。なお一身田は専修寺を中心とした寺内町を形成しており、もとの町の周囲に堀が残るなど、今なお往時の面影を伝える。

参考文献　平松令三「高田専修寺の草創と念仏聖」(赤松俊秀教授退官記念事業会編『赤松俊秀教授退官記念国史論集』所収、一九七二)。

(早川　万年)

せんじょうさんあんぐう　船上山行宮　鳥取県東伯郡琴浦町山川に所在する後醍醐天皇の仮の宮居。一三三三年(元弘三)、鎌倉幕府によって隠岐に配流されていた後醍醐天皇が脱出し、伯耆国の名和一族に守られ立て籠もった遺跡。大山外輪山連峰の北東端に位置する船上山山頂に位置する。山頂の標高は約六一六メートル。頂部には平坦地が広がり、南以外の三方は急峻な地形となっている。現在、山頂には船上神社が祀られているが、その周囲に土塁に囲まれた方形区画が約二十余り連続して分布する。土塁の築造時期および性格は発掘調査が実施されておらず不明。当時、山頂には大山寺に属する寺坊があり智照権現が祀られていたという。当時の寺号は「船上山寺」とも「金石寺」とも考えられているが明確ではない。一五三〇年(享禄三)山頂部に「智積《ちしゃく》寺」が創建されたものの、文禄年間(一五九二―九六)ごろに船上山三所権現社を残して転退したという。山頂部一帯が国指定史跡。

参考文献　赤碕町文化財解説員連絡協議会編『船上山案内記』、一九九二、立花書院。

(真田　廣幸)

せんせきこうこがく　戦跡考古学　考古学的手法を用いて、戦争に関する遺跡や遺物を調査研究する分野のことをいう。一九八四年(昭和五十九)沖縄の考古学研究者である當眞嗣一が、太平洋戦争末期の沖縄島を主戦場とした沖縄戦について、「戦争遺跡や戦争遺留品という過去の物質的資料を認識の手段として、沖縄戦の実相にふれていくこと」が必要であることを指摘し、これを「戦跡考古学」と名付けて問題提起したことにはじまる。當眞の提唱は全国的な関心と展開を呼び、近年では、近代以降の日本が関わった戦争や軍事的施策によって残された、全国各地の戦争遺跡や遺物をも研究対象とすることとなった。また、対象地域も日本国内に留まらず、中国東北部(旧満州)など、旧日本軍が活動したアジア地域全域に広がりつつある。戦跡考古学の対象となる戦争遺跡は、大きく(一)軍司令部などの政治・行政関係、(二)要塞や陣地などの軍事・防衛関係、(三)軍事工場などの生産関係、(四)実際の戦闘地・戦場、(五)防空壕・捕虜収容所などの居住地、(六)軍人墓地などの埋葬関係、(七)軍用道路などの交通関係、(八)航空機の墜落地、慰安所などのその他に、また遺物は(一)兵器類、(二)軍用品、(三)日用品、(四)建築資材、(五)工具、(六)電気器具に分類することが試みられている。なお、戦跡考古学の調査・研究対象となる遺跡や遺物は、日本の文化財保護法の規定では、有形文化財もしくは記念物、埋蔵文化財に該当する。これについて、一九九五年(平成七)に改正された国の「史跡名勝天然記念物指定基準」では、史跡指定対象年代を第二次世界大戦終結ごろまでとし、これに戦跡を含むとしたが、一九九八年の文化庁通達による遺跡として取り扱う埋蔵文化財の範囲では、全国一律には中世までとし、近代・現代については地域にとって重要なものを対象にできるとした。このため、戦争遺跡や遺物の文化財としての取り扱いの有無とそのあり方は、各地方行政体の判断に任されることとなり、地域や行政体による違いが認められる。

参考文献　當眞嗣一「戦跡考古学のすすめ」(『南島考古だより』三〇、一九八四、沖縄考古学会)。十菱駿武・菊池実編『しらべる戦争遺跡の事典』二〇〇二、柏書房。

(池田　榮史)

せんそうじ　浅草寺　東京都台東区浅草にある聖観音宗総本山の寺院。一九五〇年(昭和二十五)天台宗から独立。

六二八年(推古天皇三十六)隅田川中から発見された観音像を祀ったのが起源とされる。一六一三年(慶長十八)徳川家康から朱印地五百石を寄進され、一六八五年(貞享二)以降、上野寛永寺による支配体制が確立し、本坊伝法院に別当(代)が派遣されるようになった。浅草寺は観音堂(本堂)と伝法院、および三十余の子院の共同組織である寺中を核とし、境内域東端に南北に連なる南馬道町・同新町・北馬道町の三つの町屋が境内町屋として展開した。さらに広範囲にわたる村と町々が浅草寺の寺領であった。近世中後期の境内には茶屋や見世が設けられ、香具師や芸能者などの営業の場として賑わい、近代に入っても栄えた。本堂その他の伽藍は伝法院を除き一九四五年の戦災で消失し、現在の建物はその後再建されたものである。

参考文献 『浅草寺日記』、一九七八、吉川弘文館。吉田伸之『巨大城下町江戸の分節構造』、一九九九、山川出版社。長島憲子『近世浅草寺の経済構造』、一九九八、岩田書院。

(多和田雅保)

せんだいくじほんぎ　先代旧事本紀　天地創世から推古天皇の時代まで、つまり『古事記《こじき》』とほぼ平行する時代の出来事を記した書。『旧事紀《くじき》』『旧事本紀《くじほんぎ》』ともいわれる。中世神道では『古事記』より古い史書とされることも多かったが、近世に否定され、現在では、平安時代初期、おそらく九世紀頃に物部氏に関係のある者が編纂したものではないかと考えられている。その内容は巻一「神代本紀」から巻十「国造本紀」に至る「本紀」で構成されており、『日本書紀《にほんしょき》』『古事記』『古語拾遺《こごしゅうい》』などの引用も見られるが、全国の国造を列挙した『国造本紀《こくぞうほんぎ》』など他には見られない史料を含むことは広く知られている。そのほかにも神話の部分などには記紀神話の異伝と見られる個所があり、史料的性格は多面にわたる。今後さらに分析が必要な文献である。

(榎村　寛之)

せんだいじょう　仙台城　仙台藩六十二万石の基礎を築いた初代藩主伊達政宗が築城した城で、代々の藩主が明治に至るまで十三代にわたって居城した。仙台市の市街地の西方、青葉区青葉山に所在。伊達政宗は徳川家康から築城の許可を受けて一六〇〇年(慶長五)暮れに国分氏の千代《せんだい》城の跡に縄張りを開始し、翌年四月にはまだ壁も完成していない本丸の居館に入城した。しかし、石垣の普請は一六〇五年ころまで続き、本丸の中心建物である大広間が完成したのはその五年後で、仙台城の築城には約十年かかっている。この城は標高一三〇《メートル》ほどの青葉山の自然地形と広瀬川・竜ノ口の急峻な断崖を巧みに利用した天然の要害で、尾根続きの西側には大規模な堀切と土塁、斜面が比較的緩やかな北側には高い石垣を築いて防御を固めており、戦国時代を生きた政宗らしさが表れた構造となっている。本丸の規模は諸大名の城の中でも最大級で、桃山式書院造の大広間のほか、断崖に面した懸造、書院や能舞台、門や各種の櫓《やぐら》などの建物群が建てられたが、徳川に対する配慮から天守閣は設けられなかったとされる。一六三六年(寛永十三)の政宗の死後、二代藩主忠宗は山麓部に二ノ丸を造営し、以後は本丸に代わって二ノ丸が藩政や藩主の日常生活の中心となった。二ノ丸の完成で最も完備した形になった仙台城の建物群や石垣は、その後十数回に及ぶ地震や火災などの被害を受け、そのたびに修復されてきたが、明治維新後は一八七二年(明治五)ころの本丸諸建物の除却、一八八二年の二ノ丸の焼失、一九四五年(昭和二十)の仙台空襲による国宝大手門の被災で建物遺構はすべて失われた。一九九七(平成九)からの本丸跡石垣修復に伴う発掘調査では北面石垣の三時期にわたる変遷などが把握され、二〇〇三年には本丸の一部を含む約六六《ヘクタール》が国史跡に指定された。なお、仙台城が「青葉城」と呼ばれるようになったのは明治以降のこととされている。

仙台城本丸北面石垣

参考文献 仙台市文化財保護委員会編『仙台城』、一九六七。藤沼邦彦編「宮城県」(『日本城郭大系』三所収、一九八一、新人物往来社)。仙台市博物館編『特別展図録仙台城―しろ・まち・ひと―』、二〇〇一。

(白鳥　良一)

せんだいはんはなやまむらぬるゆばんしょ　仙台藩花山村寒湯番所　宮城県栗原市花山字本沢温湯に所在する仙台藩の境目番所跡。仙台藩領の北西部に位置し、仙台方面から一迫《いちはざま》川の上流を通って秋田領雄勝に出る山峡の要衝に設置され、江戸時代には寒湯御番所と呼ばれていた。寒湯の地名は近くの温泉に由来するが、明治以降は温湯の表記に改められた。現在の建物は安政年間(一八五四―六〇)に建てられたもので、表門・役宅・蔵などが残る。

仙台藩花山村寒湯番所　表門・役宅

検断所は建物は現存せず、石敷きの基壇のみを残す。東から通じる街道を遮って総欅《けやき》造り茅葺きの表門を構え、その正面に検断所を置き、その北側に書院造の座敷を備えた二階建の堂々たる役宅が現存する。代々寒湯の三浦氏が境目守を勤めている。本番所の遺構は、環境と相まって藩の統治形態を理解する上で重要な境目番所の旧態をよく残していることから、一九六三年(昭和三十八)に国史跡に指定され、保存修理が行われて一般公開されている。

参考文献　『花山村史』、一九七八。宮城県教育委員会編『歴史の道調査報告書』三(『宮城県文化財調査報告書』八〇、一九八二)。

(白鳥　良一)

せんたいぶつ　千体仏　千体といった膨大な数の仏像からなる群像。こうした群像製作は『三劫三千仏名経』(『仏名経』)に基づく千仏の製作の影響も考慮しなければならないが、千体仏として現在認識されるものは、摂関期ころから出現し院政期に顕在化する、造仏などの作善《さぜん》を数量で計るような風潮によって生み出された千体仏像群であろう。この種の事績は、一一三二年(長承元)供養の白川得長寿院千体観音堂、一一五九年(平治元)の白河千体阿弥陀堂といった諸堂の建立に伴う造仏が挙げられる。残念ながらこうした院政期の群像遺品は全て失われている。ただし、京都府妙法院蓮華王院本堂(三十三間堂)の千体千手観音像(重要文化財)は大方が十三世紀半ばの再興像に代わるが、一一六四年(長寛二)の創建当初の遺品も一部遺っている。なお、小群像を並べる千体仏もかなり造られており、京都府報恩寺の厨子入り千体地蔵(鎌倉時代)などの遺品が遺されている。

参考文献　丸尾彰三郎『蓮華王院本堂千体千手観音像修理報告書』、一九五七、妙法院。武笠朗「平清盛の信仰と平氏の造寺・造仏」(『美学美術史学』一三・一四、一九九八・九九)。

(根立　研介)

ぜんつうじ　善通寺　香川県善通寺市善通寺町にある真言宗寺院。平安時代には、すでに弘法大師空海が誕生した場所と知られており、弘法大師信仰の広まりとともに大師誕生の霊地としての信仰を集めている。江戸時代編纂の寺伝によると、八〇七年(大同二)に唐より帰国した空海によって建立、父の諱《いみな》である佐伯善通から寺号をとったとするが、境内から出土した瓦や、創建時の本尊とみられる塑造の如来像頭部からは、八世紀の創建が推定される。十世紀には東寺の末寺となっていたが、一二二九年(寛喜元)に東寺長者で随心院門跡である親厳に付けられた後は、随心院を本寺とする。鎌倉時代末期には後宇多上皇の遺告により大覚寺末となるも、一三四一年(暦応四)に随心院の訴えにより随心院の末寺に復した。寺の実務は一二四九年(建長元)建立の誕生院が担った。戦国時代、一五五八年(永禄元)に伽藍が全焼。以後、堂宇の復興が課題となり、一七〇〇年(元禄十三)には金堂が、江戸時代後期には五重塔が復興(後に落雷で焼失、明治期に再建)された。江戸時代以降、四国八十八ヵ所七十五番札所として遍路参詣が盛んになった。一九三一年(昭和六)真言宗善通寺派大本山となり、一九四一年総本山に昇格。国宝の一字一仏法華経序品・金銅錫杖頭、重要文化財の善通寺伽藍並寺領絵図・仏像二軀などを所蔵する。

参考文献　香川県教育委員会編『香川の文化財』、一九九六。『善通寺市史』一・二、一九七七・八八。香川県歴史博物館編『善通寺―創建一二〇〇年空海誕生の地―』、二〇〇六。

(渋谷　啓一)

せんと　遷都　都をほかの地にうつすこと。都は天皇の下に貴族・官僚ら支配階層が常時居住する王権の所在地をいう。みやこは本来天子のすまい(宮)のある場所(宮処)の意味で、『古事記』『日本書紀』は代替りごとに宮を遷すことを載せるが、史実をそのまま伝えたものか確かめ難い。推古天皇が豊浦宮に即位して以後、宮の所在地はほぼ飛鳥に固定した。遷都のことばがふさわしいのは六四五年(大化元)孝徳天皇の難波遷都で、蘇我本宗家を滅亡させた新政権が改新政治実行の拠点とした。しかし完成をみないまま都は飛鳥へ戻り、白村江敗戦後の六六七年(天智天皇六)近江大津宮へ、壬申の乱後は再び飛鳥の浄御原宮へとうつる。天武天皇ははじめて条坊制の街区をもつ広大な中国式の都城建設に着手し、持統天皇の六九四年(持統天皇八)新益京(藤原京)として完成、遷都した。藤原不比等の領導の下、七一〇年(和銅三)大和盆地北端に平城京が建設されると、律令国家成立期に頻繁に繰り返された遷都は一段落する。八世紀半ばに恭仁、難波へ短期間の遷都があったが、桓武天皇が七八四年(延暦三)山城国の長岡京へ、ついで七九四年平安京へ遷都すると、その後約千百年間にわたり本格的な遷都が行われることはなかった。一八六八年(明治元)明治維新による天皇制国家の創出を契機に東京遷都が断行された。

参考文献　岸俊男『日本古代宮都の研究』、一九八八、岩波書店。

(清水　みき)

せんにゅうじ　泉涌寺　京都市東山区泉涌寺山内町に所在する寺院で、現在は真言宗泉涌寺派の総本山。伝承の上では、八〇七年(大同二)に空海が開基した法輪寺《ほうりんじ》に始まり、それを八五六年(斉衡三)に左大臣藤原緒嗣《ふじわらのおつぐ》が中興、さらに寺号を仙遊寺と改めたとされている。鎌倉時代前期の一二一八年(建保六)に宇都宮入道道賢(中原信房)が月輪大師俊芿《しゅんじょう》に寺を寄進して再興、名も泉涌寺と改め、伽藍を整備した。一二三三年(天福元)には藻壁門院《そうへきもんいん》藤原竴子《しゅんし》(後堀河天皇中宮)、一二四二年(仁治三)には四条天皇の山陵がここに営まれた。室町時代以降の歴代天皇の葬儀も多くはここで行われ、江戸時代に入ると歴代の山陵も当寺の裏山に営まれることになった。これが月輪陵《つきのわのみささぎ》・後《のちの》月輪陵である。一八六六年(慶応二)の孝明天皇の崩御にあたっては、従来の天皇陵が九重石塔であったのに対して、旧制による高塚式の山陵が復活されることになった。これにより、同天皇陵は直径約四二メートルで三段築成の石垣積みの円墳で、頂部平坦面は八角形とし、その中央に巨石を据えるという独創的な形態のものとなった。境内の発掘調査は行われていないが、「泉涌寺」の文字銘を持つ軒平瓦(室町時代)が採集されている。

参考文献　京都市埋蔵文化財研究所編『木村捷三郎収集瓦図録』、一九九六。田中澄江・小松道円『泉涌寺』(『古寺巡礼京都』二八、一九七八、淡交社)。『古事類苑』宗教部三。

(山田　邦和)

せんぱん　銭笵　⇩鋳銭《ちゅうせん》

せんぶつ　塼仏　表面に半出による仏像をあらわした塼。飛鳥―奈良時代の寺院堂塔の荘厳に用いられた。現存例はほとんどが出土品で、その分布は九州から東北までほぼ全国にわたる。塼の輪郭は方形が多いが、上端が弁先状に尖る火頭《かとう》形などもある。像種は如来の独尊像あるいは如来を中心とする諸尊像が多い。中国では六世紀以来の遺品が知られているが、特に初唐期、玄奘のインドよりの帰朝を契機として長安で製作が流行し、仏塔への奉献を目的とした夥しい数量の塼仏生産が行われた。その習俗は渡唐し玄奘周辺に学んだ僧などによりほぼ同時代の日本にもたらされたとみられ、川原寺、橘寺、山田寺、紀寺(小山廃寺)など、飛鳥地方における皇族や有力豪族の関係寺院跡より七世紀後半の優品が集中的に出土している。これらの遺品には初唐の仏像様式が顕著に認められ、塼仏と共通する原型を用いるものが多い押出仏とともに、同時代の彫塑像を考えるうえで重要である。

(奥　健夫)

ぜんぽういんていえん　善法院庭園　園城寺《おんじょうじ》(三井寺)境内にある二十二ヵ所の庭園をもつ子院の一つ。大津市園城寺町所在。国指定史跡・名勝。善法院庭園は享保年間(一七一六―三六)刊行の『築山庭造伝』に写生図が掲載され近江の名園として、また『近江輿地志略』にも記されよく知られていた。すでに失われた旧書院の北側一帯に造られ、山を背に前面に池を掘る形状である。庭園は一九四一年(昭和十六)の集中豪雨により発生した山津波で埋没したが、半世紀後、一九八八年度から復元整備事業に着手し、発掘調査で庭園遺構とその南に位置する書院・庫裏《くり》跡の全容をあきらかにするとともに、第二次世界大戦前の図面でわからなかった事実である下層に北側に広がる当初の書院と庭園の遺構の存在が確認された。池は北の大池と南の小池が取り付く形で、両池に二つの中島を持つことや滝口・排水口・橋・杭列などを確認した。ほかの園城寺子院の庭園とともに江戸時代初期の庭園を研究する貴重な資料を提供している。

参考文献　『仏教芸術』一九二、一九九〇、毎日新聞社。

(田中　哲雄)

せんようでん　宣耀殿　平安宮内裏後宮七殿の一つ。麗《れい》景《けい》殿の北、貞観殿の東にある。『拾芥抄《しゅうがいしょう》』によると七間四面の南北棟。女御・更衣の居所としてのほか、後宮に仕える女房の宿所としても用いられた。『日本紀略』延長八年(九三〇)九月二十二日条には、朱雀天皇が宣耀殿において受禅したこと、『日本紀略』長徳四年(九九八)十二月三日条には、東宮女御娍子の御所である宣耀殿に強盗が入ったことがみえる。また、『小右記』長和二年(一〇一三)三月二十日条によると、藤原娍子は承香《じょうきょう》殿への入御に際して、宣耀殿の南又廂の東隅を壊して御輿路としたことから「宣耀殿女御」と称されたという。

参考文献　裏松固禅『大内裏図考証』一七(『(新訂増補)故実叢書』二七)。

(山本　崇)

せんりょう　染料　染料の粒子は顔料よりもずっと細かく、光学顕微鏡で拡大しても見ることはできないほどの微小な色素である。顔料と異なって、水や有機溶剤などに溶解し染液になる。一八五六年に合成染料がイギリス人化学者によって発明されるまでは、主に植物から抽出した天然染料が唯一のものであった。染料色素を繊維に定着させるためには、染料と繊維の間で両者の結合の仲立ちをする媒染剤という存在が必要である。天然染料の場合は、媒染剤には灰汁・タンニン・泥などの天然の材料が用いられることが多い。媒染法には、繊維を染浴に入れる前に媒染液に漬ける先媒染、染めている途中で媒染液に漬ける中媒染、染浴に入れた後に媒染液に漬ける後媒染がある。たとえば灰汁は、稲藁・椿・檜などの灰を用いた液体で、ナトリウム・カリウム・アルミニウムなどの金属イオン、珪酸イオン、硫酸イオンが含まれる。天然染料を用いた染色は草木染めとも呼ばれるように、植物の樹皮や果実から抽出された染料色素を用いる。紫系染料は、紫根から採るシコニン色素を成分とするシコンがある。紫色に染めた経典にはシコンが使用されていると考えられている。アカニシやイボニシなどの貝から採取した紫の色素は貝紫と呼ばれ、吉野ヶ里遺跡から出土した染色品にこの色素が使用されたとの報告もある。青色系染料としては蓼藍から採れる青色色素のインディゴが代表的である。青色色素が採れる植物には、蓼藍のほかには、インド藍・大青などがある。黄色系の色素では、キハダ(黄蘗)・カリヤス(刈安)・クチナシ(梔子)・オウレン(黄蓮)・ウコン(鬱金)・エンジュ(槐花)などがあるが、ウコンとエンジュを除く色素の使用は古く、『延喜式』の中にそれらの文字がみられる。赤色系色素としては、アカネ(茜)・ムツバアカネ(六葉茜)・ベニバナ(紅花)・スオウ(蘇芳)・コチニール(コチニール虫)・ラック(ラック貝殻虫)などが見られる。後の二つは虫から抽出される色素である。日本の赤色染料ではアカネが最も古い。

(神庭　信幸)

そ

そ　租　律令制下の税制のひとつで、和訓は「たちから」。唐代の租が人別賦役としての「丁租」であるのに対して、日本の租は田積に対する「田租」であり、男女・年齢・身分の如何にかかわらず、輸租田を耕作する者すべてに一律にかかった。日本の租は賦役令ではなく田令に規定がみられ、唐制とは異なって課役の概念には含まれなかった。令制の租率は段別二束二把で、収穫高のおよそ三%。七〇六年(慶雲三)に段別一束五把に改正されたが、これは計量単位の改変による見かけ上の変化であり、実際の量はほとんど変わらなかった。令制の田租は穎稲の形で諸国に納められることになっていたが、実際は早くから穀で納められたらしい。租の一部は舂米として京進されたが、七〇八年(和銅元)不動倉の設置以後は、主として穀として備蓄され、慶事や災害時などの賑給以外の目的には使用されなかった。このように田租は積極的な財政機能をあまりもっておらず、共同体的機能を多分に有することから、その起源を初穂の貢納に求める見解が強い。

参考文献　小口雅史「日本古代におけるイネの収取について」(黛弘道編『古代王権と祭儀』所収、一九九〇、吉川弘文館)。早川庄八『日本古代の財政制度』、二〇〇〇、名著刊行会。

(市　大樹)

そ　蘇　乳製品の名称。バター・チーズあるいはコンデンスミルクに似たもの。食用・薬用に用いる。『延喜式』では、牛乳大一斗を煎じ蘇大一升を得る。諸国(畿内および志摩・飛騨・陸奥・出羽・佐渡・隠岐を除く。西海道は大宰府で一括)を六番に分け、当番年十一月までに京進(出雲国は十二月)。貢進量は国ごと・番ごとともに大きな開きがある。壺に納め貢進。壺の大きさは、小一升・大五合・大一升の三種。天平期の正税帳では、但馬・周防に造蘇の記載があり、小一升・大一升の壺に納める。木簡では、近江・三河・武蔵・上総・美濃の例がある。きわめて小型で、容器の大きさと対応するか。『政事要略』所収養老六年(七二二)太政官符では籠に納めるが、壺の外側の包装であろう。近江国の荷札は容積を「三合」と記すが、品目が「生蘇」で、通常の蘇とは異なるためか。長屋王家木簡中には、「牛乳持参人」「牛乳煎人」がみえ、邸宅内で蘇を作っていたことが知られる。

参考文献　関根真隆『奈良朝食生活の研究』、一九六九、吉川弘文館。廣野卓『食の万葉集』(『中公新書』、一九九八、中央公論社)。

(馬場　基)

そう　宋　(一)中国南北朝時代の王朝(四二〇—七九)。劉《りゅう》裕《ゆう》(武帝)が東晋《とうしん》を滅ぼして建国。北魏《ほくぎ》と対立し、高句麗《こうくり》・百済《くだら》などと結んだ。倭《わ》の五王《ごおう》が遣使したことでも著名。(二)中国近世の王朝。北宋時代(開封《かいほう》、九六〇—一一二七)と南宋時代(臨安《りんあん》、一一二七—一二七六)に分かれる。趙《ちょう》匡胤《きょういん》(太祖)が五代十国時代以来の分裂状態を統一して建国。中央集権・皇帝独裁制を確立、文治政治を採用する。北東アジア海域交易がもっとも活況を呈した時代であり、大量に発行された宋銭(銅銭)は、東・東南アジア地域に大きな経済的影響を与えた。十一世紀前半、遼や西夏と争って敗れ、莫大な歳幣を贈ることで平和を維持したが、国家財政は逼迫、弱体化した宋は十二世紀前半、女真族の金により南遷を余儀なくされた。その南宋政権のもと、江南社会と南海交易は著しく発展したが、一二七六年、モンゴル元の攻撃を受け帝都臨安が陥落、滅亡した。

参考文献　伊原弘・梅村坦『宋と中央ユーラシア』(『世界の歴史』七、一九九七、中央公論社)。森克己『(新訂)日宋貿易の研究』(『森克己著作選集』一、一九七五、国書刊行会)。山内晋次『奈良平安期の日本とアジア』、二〇〇三、吉川弘文館。

(橋本　雄)

そう　筝　古典音楽に使われる、取り外し移動のできる柱《じ》(フレット)をもつ十三弦のチター系弦楽器。中国の十二・十三弦の秦筝が源流と考えられる。七・八世紀に中国から伝来した。正倉院には数面の筝残欠が収蔵されている。親指・人指し指・中指に爪をつけて弾く。令制雅楽寮唐楽の中に筝師一人、筝生三人(後に二人)が置かれた(『養老令』職員令雅楽寮条)。平安時代中期以降の雅楽では、管弦の主要弦楽器とされ、催馬楽などの歌物の伴奏としても使われ、また独奏も盛んに行われた。このような雅楽に使われた筝は楽筝といわれる。中世寺院では主に今様などの歌謡の伴奏として使われ、ことにその末期には筑紫の善導寺僧賢順が筝伴奏による歌曲を作り上げた。これは「筑紫筝」あるいは「筑紫流筝曲」と称される。江戸時代に入ると、八橋検校がこれを改革・発展させ、新調弦法・組歌・器楽曲を作り筝曲を大成させた。これは盲人音楽家によって教習されるようになり、一般子女の間でも習い事として盛んになった。この音楽ならびに楽器は俗筝とも称される。

参考文献　正倉院事務所編『正倉院の楽器』、一九六七、日本経済新聞社。増本喜久子『雅楽—伝統音楽への新しいアプローチ—』、一九六八、音楽之友社。芸能史研究会編『日本の古典芸能』二、一九七〇、平凡社。林謙三『東アジア楽器考』、一九七三、カワイ楽譜。『筝曲・地歌・尺八』(『日本古典音楽大系』三、一九八〇、講談社)。

(荻　美津夫)

そういがく　層位学　複数の土層が堆積している場合、上層は下層よりも新しく堆積したものであるとする、地質学の地層累重の法則を利用した研究方法。再堆積層でないかぎり、下層には上層よりも古い遺物が包含されており、切り合い関係によっても新旧関係を確認することができる。そして、層位関係は、型式学的組列《それつ》の検証にも活用されている。その原理や活用法は、歴史考古学も先史考古学も基本的に同じであるが、歴史時代の遺跡の研究には、文献史料や紀年銘をもつ資料が利用できる点に特徴がある。たとえば、それらの資料によって火山灰の堆積層、河川による洪水層、火災による焼土層などの鍵層《かぎそう》が年代推定できる場合には、その層位および上下の層位に含まれる遺物の年代を推定することができる。建物跡に堆積している焼土について、多賀城跡では七八〇年(宝亀十一)の伊治呰麻呂《いじのあざまろ》の乱、大宰府政庁跡では九四一年(天慶四)の藤原純友《ふじわらのすみとも》の乱のものと認定し、遺物編年が行われている。

(五十川伸矢)

そういん　倉印　日本古代の印。諸国の倉印と寺の倉印がある。律令の規定にはみえないが、諸国倉印は、『延喜式』主税下の正税帳式に「倉印若干面」とあり、対応する記載の実例として七三二年(天平四)の『隠岐国正税帳』、七三七年の『長門国正税帳』、七三八年『駿河国正税帳』、七三九年の『伊豆国正税帳』にみられ、正倉の印として一国に一面ずつ置かれたことがわかる。印影の実例としては、『正倉院文書』のなかに八世紀のものとして「因幡倉印」、九世紀のものとして「常陸倉印」が確認されている。印影にみられる「印」の字の書体から諸国倉印は七一九年(養老三)以降に始用されたと推定される。伝世品に「駿河倉印」(滋賀県宝厳寺蔵)、「但馬倉印」(個人蔵)、「隠伎倉印」(個人蔵)があり(いずれも重要文化財)、三印とも方二寸程度、弧鈕無孔の銅印で、国印に准ずる公印としての形状をとどめている。十から十二世紀にかけて、寺院文書の国判部分や国衙発給文書に諸国倉印が押印される例が確認される。「山城倉印」(九六九年(安和二)『法《ほっ》勝院《しょういん》領目録』)、「大和倉印」(九九〇年(永祚二)から一一〇二年(康和四)までの栄山寺《えいざんじ》牒、弘福寺《ぐふくじ》牒)、「摂津倉印」(一一〇五年(長治二)橘経遠《たちばなのつねとお》寄進状)、「遠江倉印」(一一一

倉　印　一　覧

倉印名	残存形態	材質	印面の法量(mm)	現存高(mm)	鈕	書体	所在等
駿河倉印	伝世印	青銅	60×60	65	弧鈕無孔	篆書体	滋賀・宝厳寺所蔵　重要文化財
但馬倉印	同	同	61×61	59	同	同	東京・個人蔵　重要文化財
隠伎倉印	同	同	62×60	58	同	同	島根・個人蔵　重要文化財
山城倉印	印影	不明	不明	不明	不明	篆書体	安和2年(969)法勝院領目録
大和倉印	同	同	54×53	同	同	同	永祚2年(990)から康和4年(1102)までの栄山寺牒、弘福寺牒
摂津倉印	同	同	不明	同	同	同	長治2年(1102)橘経遠寄進状
遠江倉印	同	同	60×60	同	同	同	天永2年(1111)東大寺注進状裏文書
常陸倉印	同	同	不明	同	同	同	常陸国戸籍(9世紀前半か)
丹波倉印	同	同	59×59	同	同	同	承平2年(932)丹波国牒ほか
播磨倉印	同	同	58×58	同	同	同	延喜8年(908)播磨国某荘別当解
紀伊倉印	同	同	50×50	同	同	同	長和元年(1012)紀伊国司牒
鵤寺倉印	印影	青銅	55×55	49	蕃鈕無孔	楷書体	東京国立博物館所蔵　重要文化財
立石倉印	同	同	48×47	55	同	同	山形・立石寺

一一年(天永二)東大寺注進状裏文書)、「丹波倉印」(九三二年(承平二)丹波国牒、九四二年(天慶五)四月二十五日、一〇〇二年(長保四)九月十九日、一〇〇九年(寛弘六)十月二十八日の東寺伝法供家牒)「播磨倉印」(九〇八年(延喜八)播磨国某荘別当解)などである。国印ではなく倉印が使用されるようになる背景として、国内で受領に権限が集中し、しかも任国を離れる事態が増加するに伴い、管理が厳重で国外に持ち出すことのできない国印に替わって、倉印が受領の携帯印として機能したとみる説がある。なお、寺倉印としては、平安時代からの伝世品として、方約一寸八分で莟鈕無孔の「鵤寺倉印」(東京国立博物館蔵、重要文化財)と、方約一寸五分で莟鈕無孔の「立石倉印」(山形県立石寺蔵)がある。

参考文献 木内武男編『日本の古印』、一九六四、二玄社。国立歴史民俗博物館編『日本古代印集成』、一九九六。岸俊男「倉印管見」(『日本古代籍帳の研究』所収、一九七三、塙書房)。佐藤泰弘「倉印と受領の執印」(『日本中世の黎明』所収、二〇〇一、京都大学学術出版会)。

(三上　喜孝)

そうがまえ　惣構　戦国時代の文書に見られる語彙で、戦国時代から江戸時代にかけて、城館の外縁部の施設を指す。城下町は全域もしくは一部のみが含まれる場合がある。農地も含むこともある。起源については定かではないが、いくつかの説がある。ひとつには城館の構造が徐々に複雑化・肥大化していき、戦国時代初頭に巨大な外郭線が築かれたとする。とりわけ関東での城館がこのように発展し、戦国大名北条氏の小田原城がこの代表的なモデルと考えられている。そして豊臣秀吉の小田原城攻め以後、小田原城を模倣し、西国で惣構が築かれるようになったと説く。また起源を一向宗の寺内町に見る説がある。寺内町では寺院および集落を堀が囲い込んでおり、城館の惣構との類似性が認められる。これが織豊城郭に影響したと考える説である。一方で堀之内論との連結を模索する説もある。鎌倉時代から南北朝時代にかけて、広大なエリアを区画する堀が確認される。一三三四年(建武元)の『正統庵領鶴見寺尾郷図《しょうとうあんりょうつるみてらおごうず》』(神奈川県横浜市内を描く)には長い堀が境界として描かれる。宇津木台遺跡(東京都八王子市)でも谷を囲む区画堀が確認されている。この形態の堀が亀熊館(茨城県真壁町)や石神井《しゃくじい》城(東京都練馬区)に連なり、惣構に変わったと考える説である。戦国期には拠点的な城館などで惣構が普遍的に築かれるようになる。徳川家光《とくがわいえみつ》のころの江戸城は、現在の千代田区および中央区を囲い込むように堀を廻らし、見付と呼称される門を構える。江戸では都市域の大半を囲い込むような惣構が築かれる。惣構はヨーロッパの都市論とも比較され、都市研究の重要な視角となっている。近年では大規模な惣構は軍事的には機能しなかったとする研究も発表され、起源論だけでなく、機能についても新たな視角の研究が進められている。

(齋藤　慎二)

ぞうがん　象嵌　金属、木材、陶磁などの表面に、同一もしくは他の材料を嵌め込んで、文字や文様を表わす技法。金属の場合、素地となる鉄や銅を鏨《たがね》で彫って、金、銀、赤銅、真鍮などを嵌め込むことが多い。技法としては、細い線を彫って、この溝に線を入れる線象嵌、ある文様を彫って、その文様の形に素地と同じ高さで象嵌する平象嵌、平象嵌と同じく文様の形に一段低く彫り、そこに浮彫風の文様を嵌め込む高肉《たかにく》象嵌、鏨で縦横に溝を切り、その目に薄い金属をのせて上から叩いて密着させる布目《ぬのめ》象嵌、透彫したところに他の金属を嵌める切嵌《きりばめ》象嵌などがある。また木象嵌は黒檀や紫檀など硬く色の異なる木材を金属の平象嵌と同じように嵌め込む技法で、奈良時代に盛行し、木画《もくが》とも呼ばれた。正倉院には木画紫檀挟軾《きょうしょく》、木画紫檀棊局《ききょく》など精巧な作品が伝わっている。高麗時代の象嵌青磁がその典型である。陶磁では色の異なる土を素地に嵌めこむもので、高麗時代の象嵌青磁がその典型である。

(原田　一敏)

ぞうこつき　蔵骨器　火葬を行なった後、その骨灰を納める容器。日本では八世紀初頭から火葬が行われるようになり、各地の火葬墓からその容器が出土する。和銅元年(七〇八)の銘をもつ下道圀勝圀依《しもつみちのくにかつくにより》母夫人の容器に「骨臓器」とあることによって、現在ではおおむね骨臓器の語が使われている。当初の蔵骨器には、金属製・ガラス製・焼物製があり、身分階層の違いによって使い分けられていた。また、木櫃を蔵骨器とした例もあったようで、墓誌を伴った石川年足《いしかわのとしたり》の蔵骨器は木櫃であり、墓誌は木櫃の上におかれたようである。また墓誌を伴った小治田《おはりだの》安万呂《やすまろ》の蔵骨器は二重に作られた木櫃であった。金属製蔵骨器は、それ専用に作られたもので、さまざまな形があり、蓋に墓誌を刻む例もある。金銅製の例には、威奈《いなの》大村《おおむら》蔵骨器(国宝、奈良県香芝市出土、四天王寺蔵)、青銅製にはさきの下道圀勝圀依母夫人の蔵骨器(銅壺、重文、岡山県小田郡矢掛町出土、圀勝寺蔵)、ガラス製には文禰《ふみのね》麻呂《まろ》墓出土品(国宝、奈良県宇陀郡榛原町出土)が知られる。焼物では、奈良三彩・須恵器・土師器の蔵骨器がある。奈良三彩には高野口町出土品(重文、和歌山県伊都郡高野口町名古曾出土)があるがきわめて少なく、後二者が一般的で、日常使用の薬壺形・甕形の器を転用する例が多い。蔵骨器は石櫃、あるいは大形の甕に納められることもある。高野口町出土三彩蔵骨器は凝灰岩を球形にくりぬいた外容器に納められていた。七一四年(和銅七)に死去して火葬された僧道薬《どうやく》の蔵骨器は大形の須恵器の甕が外容器になっていた。九世紀以降、蔵骨器はもっぱら焼物で作られるようになり、それとともに、蔵骨器専用の容器類も出現する。この傾向は中世にも引き継がれ、常滑では三筋壺を、古瀬戸では宋磁を模した四耳壺を量産し、全国各地に流通している。

(森　郁夫)

参考文献 奈良国立文化財研究所飛鳥資料館編『日本古代の墓誌』、一九七七。

そうし　曹司　本来の意味は、役所の部局のこと。律令制では、五位以上の官人は朝堂と曹司とに座席を有しており、毎日朝堂に出勤した後に曹司に赴くのが原則だった。奈良時代の平城宮には、太政官曹司・弁官曹司・神祇官曹司・明法曹司など、各官司・部局の曹司が存在していた。そのような官司の曹司は、平安時代に朝堂の政務が衰退するに伴い、政務の場としての重要性が増したと考えられる。一方奈良時代の後期ごろからは、官人個人の曹司など、部屋を意味する曹司の用法も現れる。そのような部屋の曹司は、内裏・官司・貴族の邸宅などの中で、宿所・詰所など、さまざまな用途に使用されている。そのような、部屋としての曹司の用法が一般化した後には、部屋住みの、まだ独立していない貴人のことを御曹司と呼ぶ用法も生まれている。

参考文献 橋本義則「朝政・朝儀の展開」(『平安宮成立史の研究』所収、一九九五、塙書房)。

(吉川 聡)

そうじゃ **総社** 国などの一定の地域にある多くの神社の祭神を一所に勧請した神社。惣社とも書く。寺院などに置かれたものもあるが、一般的に総社といった場合、国府近辺に置かれ、一宮以下一国内の主要神社を勧請したものを指す。総社の語の初見は一〇五六年(天喜四)の「東大寺修理所修理記」(『平安遺文』三―八二八・八二九)であるが、これは寺院内に置かれたものである。一国の総社の初見は『時範記』康和元年(一〇九九)二月十五日条にみえる因幡国の総社である。総社の起源については『白山之記』(一二九一年(正応四)書写、『日本思想大系』二〇所収)の記述より国司が毎月一日に行う国内諸社巡拝が煩瑣であるため国内諸社を一所に勧請したことに始まると考えられてきた。しかし、『時範記』は『白山之記』と異なり因幡守平時範が総社で神事を行なった後、国内諸社へ巡拝に出たと伝えている。こうした点から近年は総社が国内巡拝の労を省くため勧請されたとの説には疑問が出されている。『時範記』によれば総社では国司の着任儀礼が行われており、総社は国衙に付随した、国衙祭祀執行の場であったと考えられる。こうした点から総社の淵源を九世紀に登場する「国庁裏神」(伯耆国、『三代実録』貞観十五年(八七三)四月五日条)「府中神」(石見国、『三代実録』貞観十三年四月三日条)などに求める説や、総社が国分寺の機能を継承したとする説などもある。いずれにしても総社は国衙祭祀を行う場であり、在庁官人以下国内領主層の精神的結集を図る場であった。鎌倉時代には府中鎮守といわれ、国吏安穏・留守所泰平などを祈っており国衙鎮守としての性格を持つものでもあった。総社の祭礼は各地に残っているが、相模国総社六所神社の国府祭《こうのまち》や武蔵国総社大国魂神社の六所祭などでは一宮から五宮(武蔵は六宮)までの神輿が参集する形態をとり、特徴的である。 →一宮《いちのみや》

参考文献 伊藤邦彦「諸国一宮・惣社の成立」(『日本歴

諸国総社一覧

	国名	神社名	所在地	備考
畿内	山城	不明		
	大和	不明		高市郡高取町下土佐の国府神社とする説もあるが、根拠に乏しい
	河内	志紀県主神社	大阪府藤井寺市惣社	
	和泉	和泉五社総社(泉井上神社内)	大阪府和泉市府中町(泉井上神社境内社)	
	摂津	不明		
東海道	伊賀	不明		
	伊勢	三宅神社か	三重県鈴鹿市国府町	
	志摩	不明		三重県志摩市阿児町国府の国府神社とする説もあるが、これは明治以降国府神社を名乗ったもので根拠がない
	尾張	尾張大国霊神社	愛知県稲沢市国府宮	
	三河	総社	愛知県豊川市白鳥町上郷中	
	遠江	淡海国玉神社	静岡県磐田市見付	
	駿河	神部神社	静岡市葵区宮ヶ崎	
	伊豆	三嶋大社	静岡県三島市大宮町	
	甲斐	甲斐奈神社	山梨県笛吹市一宮町東原	
	同	府中八幡宮	甲府市宮前町	近世に当社神主が兼帯して甲斐奈神社を再興したため当社が総社となったか
	相模	六所神社	神奈川県中郡大磯町国府本郷	
	武蔵	大国魂神社	東京都府中市宮町	
	安房	鶴谷八幡宮	千葉県館山市八幡	
	同	六所神社	千葉県館山市亀ヶ原	
	上総	飯香岡八幡宮	千葉県市原市八幡	
	同	戸隠神社	千葉県市原市惣社	
	下総	六所神社	千葉県市川市須和田	
	常陸	総社宮	茨城県石岡市総社	
東山道	近江	不明		
	美濃	御旅神社(南宮神社摂社)	岐阜県不破郡垂井町府中字屋敷	
	同	館守神社	岐阜県不破郡垂井町府中清水	
	同	数立神社(南宮神社境内社)	岐阜県不破郡垂井町宮代	
	飛驒	飛驒総社	岐阜県高山市神田町	
	信濃	伊和神社	長野県松本市惣社	
	同	科野大宮社	長野県上田市常田	
	上野	総社神社	前橋市元総社町	
	下野	大神神社	栃木県栃木市惣社町	
	陸奥	陸奥総社宮	宮城県多賀城市市川奏社	
	出羽	一条八幡神社	山形県酒田市市条	
	同	六所神社	山形県酒田市市条	山形県内には六所神社が多く他の六所神社を想定する説もある
	同	総社	秋田市市川尻	
北陸道	若狭	総社神社	福井県小浜市府中	
	越前	総社大神宮	福井県越前市京町	
	加賀	石部神社	石川県小松市古府町	
	能登	総社	石川県七尾市古府町	
	越中	不明		
	越後	府中八幡宮	新潟県上越市西本町	
	佐渡	総社神社	新潟県佐渡市吉岡	

	国名	神社名	所在地	備考
山陰道	丹波	宗神社	京都府南丹市八木町屋賀	
	丹後	不明(廃絶)		京都府宮津市大垣にある一宮籠神社が兼帯したとの説もある
	但馬	気多神社	兵庫県豊岡市日高町上郷	
	因幡	不明		
	伯耆	国庁裏神社	鳥取県倉吉市国分寺	
	出雲	六所神社	松江市大草町	
	石見	総社(伊甘神社に合祀)	島根県浜田市下府町	
	隠岐	玉若酢命神社	島根県隠岐の島町下西	
	同	有木神社	島根県隠岐の島町有木	
山陽道	播磨	射楯兵主神社	兵庫県姫路市総社本町	
	美作	総社	岡山県津山市総社	
	備前	総社宮	岡山市祇園	
	備中	総社宮	岡山県総社市総社	
	備後	総社神社(小野神社境内社)	広島県府中市元町	
	安芸	総社(多家神社に合祀)	広島県安芸郡府中町宮の町	
	周防	佐波神社	山口県防府市惣社町	
	長門	惣社宮(忌宮神社境外摂社)	山口県下関市長府惣社町(守宮司神社境内)	
南海道	紀伊	府守神社か	和歌山市府中	
	同	総社明神(大屋都姫神社に合祀)	和歌山市宇田森	
	淡路	淡路国総社十一明神社	兵庫県南あわじ市市	
	阿波	総社	徳島市国府町観音寺	徳島市国府町府中の大御和神社(別名印鑰大明神)を総社とする説もある
	讃岐	総社	香川県坂出市林田町	
	伊予	不明		
	土佐	総社	高知県南国市国分(国分寺境内)	
西海道	筑前	不明		
	筑後	味水御井神社	福岡県久留米市御井町朝妻	
	豊前	惣社八幡神社	福岡県京都郡みやこ町国作	
	豊後	不明		
	肥前	不明		
	肥後	総社神社	熊本市万町	
	日向	不明		都万神社(宮崎県西都市妻)、三宅神社(西都市三宅)、印鑰社(同)、古之館神社(宮崎郡佐土原町上田島)の各社を総社に比定する諸説がある
	大隅	祓戸神社(守公神社)	鹿児島県霧島市国分府中	
	薩摩	九楼守公神社か	鹿児島県薩摩川内市宮内町	
	壱岐	総社神社	長崎県壱岐市芦辺町湯岳	
	対馬	不明		

(1)本表作成にあたっては中世諸国一宮制研究会編『中世諸国一宮制の基礎的研究』、2000年、岩田書院、「全国総社一覧」(木下良作成、國學院大学日本文化研究所編『神道事典』、1994年、弘文堂)、「諸国一の宮・総社一覧」(岡田荘司作成、別冊歴史読本事典シリーズ『日本「神社」総覧』、1996年、新人物往来社)、「諸国総社一覧」(『国史大辞典』8巻、1987年、吉川弘文館)、その他の総社表を参照した。
(2)総社の比定について複数の説がある場合には複数の神社名をあげた。

史』三五五、一九七七)。水谷類「惣社の成立」(『駿台史学』六三、一九八五)。村井康彦『王朝風土記』、二〇〇〇、角川書店。「特集国府総社の信仰と祭り」(『季刊悠久』九一、二〇〇〇)。岡田荘司『平安時代の国家と祭祀』、一九九四、続群書類従完成会。

(戸川　点)

そうじょ　宋書　中国の南朝宋王朝の歴史を記した書。南朝梁《りょう》の沈約《しんやく》著。百巻。四八八年(南朝斉《せい》の永明六年)に成立。何人かの著述家によって書き継がれていた史書を、沈約が短期間に完成させた。現行のテキストは、その後さらに改訂増補されていると思われる。宋王朝の滅亡後わずか十年ほどで編纂されたためか、個人の官歴など伝記的事実には詳しいものの、歴史的評価にはあいまいな点があると指摘されている。また、分野別の歴史を記した志の部分では、宮廷の典礼や音楽に関する記述が特に詳しく、当時の貴族的宮廷文化の様相を伝えている。なお、巻九七夷蛮《いばん》伝東夷倭国の条(通称『宋書』倭国伝)には、いわゆる「倭の五王」と宋王朝の間でかわされた外交交渉の経過が記され、五世紀大和政権の、中国・朝鮮半島に対する外交政策に関する、唯一の文献史料として貴重である。現在の標準的テキストは『宋書』(一九七四、中華書局、全八冊)。

参考文献　石原道博編『新訂魏志倭人伝・後漢書倭伝・宋書倭国伝・隋書倭国伝』(『岩波文庫』、一九八五、岩波書店)。

(佐原　康夫)

ぞうじょうじ　増上寺　東京都港区芝公園にある寺院で、浄土宗の大本山の一つ。山号は三縁山。一三九三年(明徳四)に、真言宗光明寺(千代田区平河町付近に所在)を改宗・改名し、伝法道場としたことに始まるという。徳川家康が一五九〇年(天正十八)の関東入封と同時に帰依し、徳川家の菩提所となった。一五九八年(慶長三)に現在地に移転し、一六〇八年には伽藍が完成、勅願所となり、さらに総僧録所として浄土宗を統制する機関となった。一六五二年(承応元)には二十万坪の境内に、三十の子院をはじめ、百二十余りの堂宇が立ち並び、三千人の学僧がいたという。一八七五年(明治八)には大本山となった。増上寺を墓所とした徳川将軍家の人々は三十八人(将軍は秀忠以後六人)で、墓所の整理にあたって、一九五八年(昭和三十三)—六〇年には建築学・考古学・美術史・人類学の研究者による総合学術調査が実施され、将軍家の墓の構造や墓制、将軍家の人々の体格の貴族的形質が明らかとなった。また、一九八四年—八五年には子院光学院・貞松《ていしょう》院・源與院跡が発掘され(芝公園一丁目遺跡)、十八世紀より十九世紀の建物基礎、下級武士の墓の構造や墓制が明らかになった。また、副葬された六道銭を素材とした貨幣の流通の実態が検討され、改鋳後に古銭の流通停止が急速に行われたことが明らかになるなど、貨幣史研究にも影響を与えた。その後、ほかの子院についても調査が行われている(華陽院跡、増上寺寺域第一遺跡・第二遺跡)。

[参考文献] 港区芝公園一丁目遺跡調査団編『芝公園一丁目増上寺子院群光学院・貞松院跡・源興院跡』、一九八八、港区教育委員会。鈴木尚他編『増上寺徳川将軍墓とその遺品・遺体』、一九六七、東京大学出版会。

(岩淵　令治)

そうしょくきょう　装飾経　経文・料紙・軸などに装飾を施した経巻。仏教が広まったアジア全体で経巻をさまざまに装飾することは古くからなされたが、特に日本で発展を遂げた。奈良時代の遺品に、紫紙金字の『金光明最勝王経』(奈良国立博物館蔵)、紺紙銀字の二月堂焼経、表紙に山水が描かれた『梵網経』(正倉院蔵)などがある。続く平安時代には、一切経を紺紙金銀字と見返し絵で飾った中尊寺経(金剛峯寺ほか蔵)や神護寺経(神護寺ほか蔵)、極彩色に彩られた久能寺《くのうじ》経(鉄舟寺蔵)や平家納経(厳島神社蔵)、特殊な扇面形式に経文と世俗的な下絵が写される扇面法華経(四天王寺蔵)など、多種多様な作品が生み出された。こうした貴族趣味的な写経は、経巻を教理を伝える単なる媒体とみなすのではなく、それを華麗に装飾すること自体が仏への功徳に通じると広く信じられていたことに由来する。その一方、故人の手紙を料紙として、その上に写経を施した消息経や遺髪を漉き込んだ毛髪経など、質素な装いながら篤い信仰を示す個性的な経巻も平安時代以降しばしば制作された。

[参考文献] 江上綏『装飾経』(『日本の美術』二七八、一九八九、至文堂)。頼富本宏・赤尾栄慶『写経の鑑賞基礎知識』、一九九四、至文堂。

(加須屋　誠)

そうせい　葬制　死者を墓に葬るまでの儀礼的方法・制度をいう。どのような構造の墓・墓地に葬るかをいう「墓制」と併せて「葬墓制」ともいう。仏教的には風葬・林葬・火葬・土葬または水葬・林葬・火葬・土葬の「四葬」が基本的な葬法とされる。さらには野葬・鳥葬などもある。親鸞は遺言で水葬し遺体を魚に施すよう希望するが、実際には行われなかったし、またチベットの鳥葬の場合、鳥が食べやすく遺体を処理しており、いずれも積極的に遺体を他の動物に施すべしという仏教的精神の発露であり、僧侶や往生者を対象とした言説に見られる。『餓鬼草紙』に見られるようにカラス・犬・狼が遺体を食べることなどは風葬の経過の一つとして認識されていたようだ。林葬・野葬などは風葬の別称としてよいだろう。風葬は近代まで行われてきた地域もある。実際には風葬・火葬・土葬の三葬法が混在しながら展開してきた。その中で風葬(遺体の遺棄も含めて)・土葬が基層の葬法であり、火葬導入後の日本の葬制は土葬と火葬の交互展開としてみることができる。縄文・弥生・古墳時代はさまざまな埋葬形態がありながらも土葬と一括できる。仏教の導入とともに火葬の存在が知られるが、それが普及し始めるのは白鳳時代以降である。『続日本紀』に僧道昭の火葬を「天下の火葬此より始まれり」(原漢文)と記すが、それ以前にすでに火葬は展開していた。持統天皇の火葬以降、律令体制の整備とともに中央豪族から次第に地方郡司階層にまで火葬が展開するが、十世紀以降次第に下火になる。十一世紀には貴族階層で浄土教の展開と軌を一にする形で火葬が増える傾向を示す。本来的な意味での仏教的火葬の展開といってよい。十三世紀には上層武士階層も火葬を受容するようになり、十四世紀には中小の武士階層の火葬受容が全国一斉に展開する。同時に中世墓が地方展開をみせ、中世を通じて火葬がさらに下の階層にまで展開する。十五世紀になると都市内部の墓地が火葬墓を中心に成立する。十六世紀中ごろに自営農民クラスまでが火葬を受容するようになる。しかしこのころを境に土葬が農村地域から広がりを見せ、十七世紀になると急激に土葬が展開し、上層武士階層までが、土葬に転換する。江戸幕府による儒教の受容とそれまで土葬であり続けた階層が墓を営むようになった動きとの結合結果である。江戸時代は基本的に土葬の時代といえるが、都市部は前代のあり方を受け継ぎ、さらに衛生の上の問題からも火葬が広範に行われた。明治以降、都市周辺から次第に火葬が広がり、太平洋戦後その広がりは急激な展開を見せ、現在特殊な例外を除いて、日本全国ほとんどのところで火葬が行われている。日本における葬制の展開は社会階層全体を見渡すとき土葬と火葬は常に並行しているが、江戸時代を除いて火葬の受容は常にその時代をリードした階層で受容されたものであった。古代における火葬の展開は、律令制の展開と重なる動きであり、その末端に位置した郡司階層にまで広がりをみせ、古代末から中世における火葬の受容が、その階層の祖先祭祀の開始、墓地造営の開始そして祖先祭祀としての仏教の受容と重なっている。近代における火葬の受容は都市化の問題と密接に関わりを有し、太平洋戦争後の急激な展開は都市化問題とともに、家制度崩壊→核家族化への展開と重なる墓地増大による埋葬地不足などへの対応現象ともいえる。

[参考文献] 斎藤忠『墳墓』(『日本史小百科』四、一九七八、近藤出版社)。森浩一編『日本古代文化の探究』墓地、一九七五、社会思想社。『葬送墓制研究集成』一―五、一九七九、名著出版。

(藤澤　典彦)

そうせん　宋銭　中国宋王朝(九六〇―一二七九)が発行した銭貨。宋は九六〇年の建国から一一二七年の金の侵略により江南に撤退するまでの北宋と、以後一二七九年に元に滅ぼされるまでの南宋とに大別できる。北宋銭については、九六〇年初鋳の宋通元宝から一一二六年初鋳の靖康通宝・靖康元宝までの間に多種の銭を多量に鋳造しているが、特に元豊年間(一〇七八―八六)は鋳銭の最盛期にあたり、一〇八〇年には年間五百万貫を超える鋳造高があった。九九〇年初鋳の淳化元宝から真書・行書・草書の三種の書体の銭貨が鋳造され、一〇二三年初鋳の天聖元宝以降は真書体と篆書《てんしょ》体がセットで鋳造されてい

宋銭一覧

王朝	銭種		初鋳年	出土順位
北宋	宋通元宝		九六〇年	33
	太平通宝		九七六年	26
	淳化元宝		九九〇年	25
	至道元宝		九九五年	19
	咸平元宝		九九八年	16
	景徳元宝		一〇〇四年	13
	祥符元宝		一〇〇九年	12
	祥符通宝		一〇〇九年	17
	天禧通宝		一〇一七年	14
	天聖元宝		一〇二三年	7
	明道元宝		一〇三二年	29
	景祐元宝		一〇三四年	21
	皇宋通宝		一〇三八年	1
	慶暦重宝	当十銭	一〇四五年	
	至和元宝		一〇五四年	24
	至和通宝		一〇五四年	32
	嘉祐元宝		一〇五六年	15
	嘉祐通宝		一〇五六年	22
	治平元宝		一〇六四年	18
	治平通宝		一〇六四年	27
	熙寧元宝		一〇六八年	3
	熙寧重宝	折二銭	一〇六八年	
	元豊通宝		一〇七八年	2
	同	折二銭	一〇七八年	
	元祐通宝		一〇八六年	4
	同	折二銭	一〇八六年	
	紹聖元宝		一〇九四年	8
	同	折二銭	一〇九四年	
	紹聖通宝		一〇九四年	
	元符通宝		一〇九八年	20
	同	折二銭	一〇九八年	
	聖宋元宝		一一〇一年	10
	同	折二銭	一一〇一年	
	崇寧通宝		一一〇二年	
	同	当十銭	一一〇三年	
	崇寧重宝	当十銭	一一〇三年	
	大観通宝		一一〇七年	23
	同	折二銭	一一〇七年	
	同	当十銭	一一〇七年	
	政和通宝		一一一一年	9
	同	折二銭	一一一一年	

王朝	銭種		初鋳年	出土順位
北宋	宣和通宝		一一一九年	34
	同	折二銭	一一一九年	
南宋	建炎通宝		一一二七年	
	同	折二銭	一一二七年	
	紹興元宝		一一三一年	
	同	折二銭	一一三一年	
	紹興通宝		一一三一年	
	同	折二銭	一一三一年	
	隆興元宝	折二銭	一一六三年	
	乾道元宝	折二銭	一一六五年	
	淳熙元宝		一一七四年	28
	同	折二銭	一一七四年	
	紹熙元宝		一一九〇年	38
	同	折二銭	一一九〇年	
	慶元通宝		一一九五年	35
	同	折二銭	一一九五年	
	嘉泰通宝		一二〇一年	43
	同	折二銭	一二〇一年	
	開禧通宝		一二〇五年	48
	同	折二銭	一二〇五年	
	嘉定通宝		一二〇八年	30
	同	折二銭	一二〇八年	
	大宋元宝		一二二五年	
	同	折二銭	一二二五年	
	紹定通宝		一二二八年	39
	同	折二銭	一二二八年	
	端平元宝		一二三四年	
	端平通宝	当三銭	一二三四年	
	嘉熙通宝		一二三七年	
	同	折二銭	一二三七年	
	嘉熙重宝	当三銭	一二三七年	
	淳祐元宝		一二四一年	42
	同	折二銭	一二四一年	
	皇宋元宝		一二五三年	46
	同	折二銭	一二五三年	
	開慶通宝		一二五九年	
	同	折二銭	一二五九年	
	景定元宝		一二六〇年	44
	同	折二銭	一二六〇年	
	咸淳元宝		一二六五年	45
	同	折二銭	一二六五年	

（出土順位は大量出土銭に見える銭種順位）

る。一方、南宋銭については、銅銭の発行が急激に減少し、紙幣が発行されるとともに、銀も秤量貨幣として重要な位置を占めるようになった。銭貨の鋳造は一一三二年に年鋳造高を四十万貫と定めたが、実際には十万貫程度に過ぎず、銅供給も不足して、南宋銭は衰退していった。南宋銭には一一二七年初鋳の建炎通宝から一二六五年初鋳の咸淳元宝までの諸銭が存在するが、その最大の特徴としては一一七四年初鋳の淳熙元宝以降の銭には背面に年号の数字を鋳出しており、南宋番銭と呼んでいる。

参考文献 『アジア遊学』一八（特集宋銭の世界―東アジアの国際通貨―）、二〇〇〇。国立歴史民俗博物館編『東アジア中世海道―海商・港・沈没船―』、二〇〇五、毎日新聞社。鈴木公雄『出土銭貨の研究』、一九九九、東京大学出版会。永井久美男編『中世の出土銭―出土銭の調査と分類―』。一九九四、兵庫埋蔵銭調査会。同編『中世の出土銭』補遺一、一九九六、兵庫埋蔵銭調査会。

（嶋谷　和彦）

ぞうぞうめい　造像銘　彫像に書きつけた銘文。造立者、造立の由来・日時などを記すことが多い。日本では飛鳥時代以来、仏像に造像銘が記されている例が多く存在する。飛鳥・白鳳時代には仏像は金銅仏が多かったので、その造像銘は、台座や光背などにタガネで刻むことが多かった。内容は、有力者による造像の遺例はむしろ少なくなるが、木造仏が一般的になった平安時代中期以降、墨書による造像銘が多く見られるようになる。そのような墨書造像銘は、胎内・底面や、胎内納入の木札などに書かれることが多い。一般的に造像銘は、編纂史料ではない一次史料として高い史料的価値を持ち、特に飛鳥・白鳳時代の造像銘は、たとえば天皇号の成立時期の史料となるなど、制度史の史料としても重視されることがある。ただし造像銘も追刻されることがあり得るので、やはり厳密な史料批判は欠かせないものである。

飛鳥・白鳳時代造像銘の遺例

名称	所蔵	日付
銅造光背	東京国立博物館	甲寅年(594/654)三月廿六日
銅造菩薩半跏像	東京国立博物館	丙寅年(606/666)正月十八日
銅造薬師如来坐像	奈良県　法隆寺	丁卯年(607)
銅造釈迦三尊像	奈良県　法隆寺	癸未年(623)三月中
銅造釈迦如来・脇侍像	奈良県　法隆寺	戊子年(628)十二月十五日
銅造観音菩薩立像	東京国立博物館	辛亥年(651)七月十日
銅造光背	東京都　根津美術館 大阪府　観心寺	戊午年(658)十二月
銅造弥勒菩薩半跏像	大阪府　野中寺	丙寅年(666)四月八日
銅板法華説相図	奈良県　長谷寺	降婁(686/698)漆兎(7月)上旬
銅造観音菩薩立像	島根県　鰐淵寺	壬辰年(692)五月
銅板造像記	奈良県　法隆寺	甲午年(694)三月十八日
銅造観音菩薩立像	大分県　長谷寺	壬歳次摂提格(702)林鐘(6月)拾伍日
銅造阿弥陀三尊像	東京国立博物館	
木造四天王立像	奈良県　法隆寺	

(東京国立博物館所蔵のものは、いずれも法隆寺献納宝物である)

参考文献　奈良国立文化財研究所飛鳥資料館編『飛鳥・白鳳の在銘金銅仏』、一九七九、同朋舎。考古学会編『造像銘記(改訂版)』、一九三六。久野健編『造像銘記集成』、一九八五、東京堂出版。丸尾彰三郎他編『日本彫刻史基礎資料集成』平安時代造像銘記篇、一九六六-七一。

(吉川　聡)

そうたいねんだい　相対年代　考古資料の年代には絶対年代と相対年代がある。絶対年代が、暦年代や年輪年代あるいは炭素14(^{14}C)年代のように、ある定点から何年前あるいは何年後であるかを示した絶対値であるのに対して、考古資料の時間的な前後関係あるいは順序だけを表したものが相対年代である。相対年代を決める根拠となるのは、遺構のばあいは掘り込み面と切り合い関係および方位、遺物では遺跡における出土状況と型式学的研究である。一括遺物の中に絶対年代が判明している資料があれば、他の共存する遺物の絶対年代を知る手がかりとなる。歴史考古学のばあいは、紀年木簡を伴うなど先史考古学よりその可能性が高いが、土器その他の遺物から知ることができるのは、ほとんどのばあい相対年代である。

(山本　忠尚)

そうづめとうあと　惣爪塔跡　岡山県岡山市惣爪に所在する寺院跡。国史跡。足守《あしもり》川東岸に位置する。花崗岩製の長軸二メートル、短軸一・五メートルの礎石が残存している。礎石は径〇・七メートル、深さ〇・一七メートルの円孔の中に径〇・六メートルの舎利孔を持っており、塔の心礎であると推定される。周辺には大規模な寺院の存在が想定されているが、詳細は不明。

(金田　明大)

ぞうとうだいじし　造東大寺司　東大寺の造営や写経事業を行うために設置された奈良時代後半の令外官司。その起源は金光明寺造仏所で、金光明寺造仏司を経て七四八年(天平二十)に造東大寺司に改変された。当初、長官は欠員で市原王が知事。七五五年(天平勝宝七)、次官佐伯今毛人が長官となり、正式に長官・次官・判官・主典の四等官制をとった。その機構は、管理部門である政所の下部組織として、写経所(写経部門)、鋳所・木工所・造瓦所・造仏所(営繕部門)、造石山院所・造香山薬師寺所・造上山寺菩薩所(出先造営部門)、甲賀山作所・田上山作所・泉津木屋所(資材調達部門)など多数の所が配され、別当・案主・領が所を管理した。七五〇年の時点での官人・優婆塞数は六百七十一名。その活動は正倉院に伝来した写経所の帳簿群『正倉院文書』にみえ、東大寺旧境内では鋳所関連遺構など造東大寺司の具体的な活動の痕跡が発掘調査で発見されている。七八九年(延暦八)に造東大寺司は廃止され、事業は東大寺三綱に付属する造東大寺所に継承された。

参考文献　岸俊男『日本古代政治史研究』、一九六六、塙書房。

(鶴見　泰寿)

そうばか　惣墓　近畿地方の中心部大和・山城・河内・和泉などの平野部に展開する複数村落の共同墓地。墓地に結集する村落を墓郷と呼ぶことから郷墓とも呼ばれる。惣墓は中世後期村落の惣組織を背景とした呼称で、墓郷は在地領主の支配領域としての郷と重なる場合も多く、領域を中心にした呼称。墓地の起源はさらに古く、十二世紀末から十三世紀初頭にさかのぼるものと、鎌倉時代末から南北朝時代に遡及する二種に大別できる。墓地形成の核としては武士の墓所、大寺院の墓所、高僧の墓などがあり、それが次第に下の階層に開放されて惣墓となった。惣墓の名は中世後期の一時期にふさわしく、墓地の歴史全体を表現したものとはいえない。惣墓の展開は墓地全体に係わる供養塔類の変遷を追うことで明らかになる。平安時代末から鎌倉時代にかけて開かれた墓地には凝灰岩製の層塔・五輪塔・重層宝篋印塔、南北朝時代に開創の墓地では花崗岩製の西大寺系五輪塔・重層宝篋印塔などが墓地中央に作られ、塔下には納骨のための大型の甕(遺例では常滑の遺品が多い)が埋設され共同の納骨塔としての役割を果したものも多い。また行基菩薩供養塔との伝承を有する塔も多く、塔造立に関わった聖《ひじり》と行基信仰の重なりが窺える。その塔には「一結衆」の造立を示す銘文を持つものも多く、聖的僧侶が一結衆の指導者であったことも窺える。十六世紀前半には念仏講碑(名号板碑が多い)、十六世紀中期以降では十三仏板碑・法界供養碑、江戸時代に入ると一七〇〇年前後に六地蔵・西国巡礼供養碑・廻国供養碑・斎場設備(迎え本尊・蓮華形棺台・前机)などの近世的遺品が集中的に作られる。各時代の供養塔類造立の背景には新しい階層が墓地へ入り会ったことへの記念的意味合いがある。血縁的あるいは閉鎖的繋がりの中で成立した墓地が地縁的なものに展開した中で、個人単位墓でなく共同納骨塔を有するなどの共通性から、墓標の正面上部に「海会」「総墓」などと刻む江戸時代以降の同族集団の共同供養塔をも含めて総墓と称する場合もある。

参考文献 野崎清孝「奈良盆地における歴史的地域に関する一問題—墓郷集団をめぐって—」(『人文地理』二五ノ一、一九七三)。坪井良平「山城木津惣墓墓標の研究」(『歴史考古学の研究』所収、一九八四、ビジネス教育出版社)。高田陽介「泉州惣墓めぐり—墓郷の構成と結衆の契機—」(石井進編『中世の村と流通』所収、一九九二、吉川弘文館)。吉井敏幸「大和地方における惣墓の実態と変遷」(石井進・萩原三雄編『中世社会と墳墓』所収、一九九三、名著出版)。新谷尚紀『両墓制と他界観』(『日本歴史民俗叢書』、一九九一、吉川弘文館)。坂本亮太「惣墓からみる中世村落—『惣』と惣墓との関連を中心に—」(『ヒストリア』一八二、二〇〇三)。森謙二「総墓の諸形態と祖先祭祀」(『国立歴史民俗博物館研究報告』四一、一九九二)。

(藤澤 典彦)

そうばしらたてもの **総柱建物** 掘立柱を方眼状に配置する建物で、弥生時代以後の高床建築の一形式。弥生・古墳時代の拠点集落には高床祭殿として、古墳時代には高床倉庫として一般集落に普及する。律令時代には都城・宮殿の高殿、寺院の高床倉庫に礎石建てを採用し、地方官衙の正倉《しょうそう》では掘立柱から礎石への変化が平安時代に進む。構造形式は床を境にして上下の柱を別に立て、床下の太い円柱束柱《つかばしら》上に長方形断面の台輪《だいわ》を敷き渡し、台輪上を角柱真壁造(法隆寺鋼封蔵《こうふうぞう》、平安時代前期)、校木《あぜき》を組む校倉《あぜくら》造(正倉院、八世紀)、板校倉造(春日大社宝庫、室町時代中期)とする形式がある。この形式は古墳時代には成立したと考えられるが、台輪上に角柱、板壁または土壁とする形式は弥生時代中期前半にさかのぼり(奈良県唐古・鍵遺跡)、古墳時代には側柱や屋内柱を通し柱として、床を束柱で受ける形式が出現する。中世の総柱建物は平屋建て住居の主流となり近世民家に発展する。

(宮本長二郎)

そうへきもん **藻壁門** ⇩宮城十二門《きゅうじょうじゅうにもん》

そうぼう **僧房** 寺院において僧が居住する建物。居室である房が桁行方向に連続し、長大な建物となる例が多い。吉備池廃寺(奈良県桜井市)で金堂北方に東西棟二列の建築遺構が検出され、僧房と推定されている。法隆寺西院(奈良県生駒郡斑鳩町)では廻廊の東西にあり、東側僧房には妻室《さいしつ》が附属する二棟並列の形式が確認できる。奈良時代寺院で中心伽藍を囲む三面僧房の形式が整い、川原寺《かわはらでら》(奈良県高市郡明日香村)では講堂を巡る廻廊に沿って僧房を配した。平城薬師寺(奈良市)では講堂背後の食堂左右に大房《だいぼう》と小子房《しょうしぼう》を組み合わせるが、発掘調査で僧房焼失跡から食器類がまとまって出土し、寺院生活の一端が知れる。元興寺《がんごうじ》の僧坊遺構である極楽坊禅室《ごくらくぼうぜんしつ》(国宝、鎌倉時代、奈良市)では、年輪年代法により飛鳥時代にさかのぼる部材が確認され、平城京遷都に伴って、本寺である飛鳥寺(法興寺)から建物が移築された可能性を示唆している。

参考文献 奈良国立文化財研究所編『薬師寺発掘調査報告』、一九八七。奈良文化財研究所編『吉備池廃寺発掘調査報告—百済大寺跡の調査—』、二〇〇三。

(長尾 充)

そうまやき **相馬焼** 相馬藩窯である相馬駒焼と民窯である館ノ下焼・小野相馬焼・相馬大堀焼の総称で、福島県相馬郡・双葉郡を中心に焼かれた陶器。『奥相志』によると、相馬駒焼は田代源吾右衛門が野々村仁清のもとで慶安年間(一六四八—五二)に修行し、開窯した。鉄絵で走馬の絵を描くことから、「駒焼」と呼ばれる。『奥相標葉郡大堀陶業濫觴』(半谷文書)によると、相馬大堀焼は一六九〇年(元禄三)に半谷休閑の下僕左馬が相馬中村で陶法を学び、井出村で開窯したことに始まる。これを一村の大業として七人に伝え、一子相伝にしたとされ、これを相馬藩も保護した。消費地遺跡の出土傾向から、相馬大堀焼は十七世紀末に確認でき、十八世紀には中碗を主体に生産、十八世紀末には鉄絵製品、十九世紀前葉には煎茶器・酒器・燈火具などが、十九世紀中葉には山水土瓶や植木鉢が加わる。小野相馬焼は十八世紀には小皿・大鉢・片口鉢・擂鉢《すりばち》などを主体とするが、十九世紀以降衰退する。

参考文献 高橋良一郎『相馬のやきもの』(『ふくしま文庫』四〇、一九七七、FCTサービス出版部)。関根達人「相馬焼の生産と流通」(『江戸の物流—陶磁器・漆器・瓦から—』所収、一九九九、江戸遺跡研究会)。

(飯村 均)

ぞうよう **雑徭** 律令制下の公民に課された力役。和訓は「くさぐさのみゆき」で、律令制前の行幸奉仕役に起源があるとされる。制度的には『浄御原令』によって成立したらしい。令制下の雑徭は国郡司によって差発され、国郡内の水利事業・道路修築・官衙造営・貢進物の生産などさまざまな公役にあてられた。日本の雑徭は唐とは異なって課役に含まれるとし、その理由を地域社会ではなく中央政府のための労役であったことに求める見解があるが、疑問も呈されている。なお、中国で近年発見された『天聖令』賦役令によって、唐代の『開元二十五年令』賦役令の条文が復元されているが、独立した税目としての雑徭の規定はみえない。一方、日本では、年間六十日以内の雑徭規定がみられる。次丁(老丁)は三十日、少丁(中男)は十五日を限度とした。正丁の雑徭は、七五七年(天平宝字元)に三十日と半減されたが間もなく元に戻り、七九五年(延暦十四年)に再度三十日、八六四年(貞観六)には二十日となる。京戸は実役に代わる徭銭を納めた。八〇八年(大同三)には、雑徭徴発の内訳を徭帳に記して中央政府に報告する制度ができた。十世紀以後は臨時雑役に継承される。

参考文献 長山泰孝『律令負担体系の研究』、一九七六、塙書房。吉田孝『律令国家と古代の社会』、一九八三、岩波書店店。鎌田元一『律令公民制の研究』、二〇〇一、塙書房。大津透『日唐律令制の財政構造』、二〇〇六、岩波書店。

（市　大樹）

ぞうり　**草履**　植物繊維を編んだ台に鼻緒を付けた履物。前緒に芯縄を用いる共緒草履と別縄を用いるすげ緒草履があり、前者の台長の短いものを足半《あしなか》草履という。日本では最も多用されてきた履物であり、稲わらだけでなく、竹皮・蒲・玉蜀黍《とうもろこし》・藺草《いぐさ》など地域特有の素材が用いられていた。九世紀の『貞観儀式《じょうがんぎしき》』に「浄履」、十世紀の『和《わ》名類聚抄《みょうるいじゅしょう》』に「草履　俗云佐宇利」とあるが、形態は定かでなく、絵巻物の成立に至って知ることができる。鎌倉時代になって武士が用いたことから普及する。中世遺跡から出土する、中心で半裁した草履状の薄板は、『七十一番歌合』(室町時代)の草履作りが「いたこんこうめせ」と売るものに比定される。板を用いて丈夫であると「板金剛」とされるように、この薄板を芯に藺草や稲わらを巻いたもので、類例を東大寺お水取りの「板草履」にみることができる。これは、また、専門職人を示すものでもあり、雪踏《せった》など近世の職人製草履につながっていく。

参考文献　『古事類苑』服飾部。

（市田　京子）

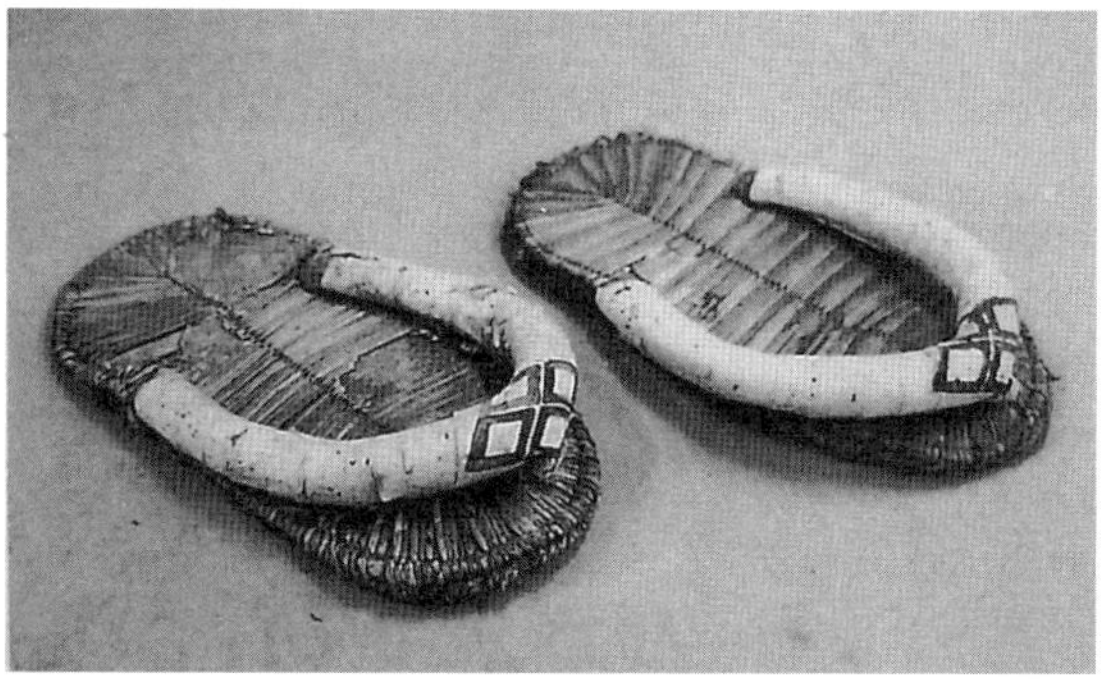

東大寺お水取りの板草履

「板金剛」の芯(室町時代、広島県草戸千軒町遺跡出土)

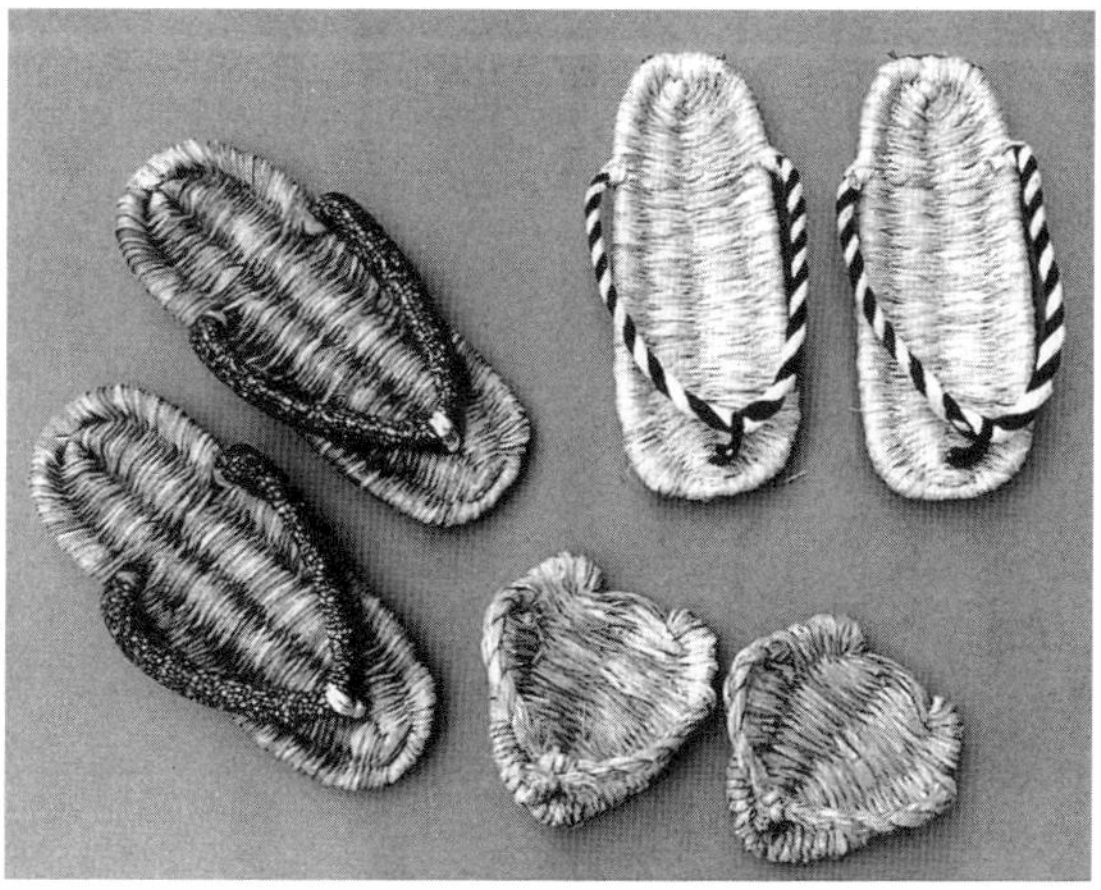

草履（左、竹皮。右、稲わら）と足半草履（右下）

そうりん　**相輪**　仏塔の屋上に立つ金属製の部分で古くは露(鑪)盤といった。インドで仏舎利を奉安したストゥーパから変化したもので仏塔の象徴。下から露盤・伏鉢・受花・九輪(宝輪)・水煙・竜車・宝珠が連なり、それぞれの間に擦管が入る。これが多重塔の相輪で、多宝塔では水煙の代わりに三個の受花(下から四葉・六葉・八葉)が入り宝珠に火炎が付き、宝珠と上重屋根の四隅を宝鎖でつなぐ。多重塔でも室生寺五重塔(八世紀末から九世紀初)の相輪は独特で水煙の代わりに宝瓶と宝蓋が入る。これらが下から順次心柱に通して取付けられていて全体が一体化されたものではない。青銅製が多いが鉄製もあり、露盤や伏鉢など重みのかかる材だけを鉄製としたものもある。まれにドドコロ廃寺のような石製もある。醍醐寺五重塔(九五二年(天暦六))の相輪は大きく重厚であるが、時代が下ると全体が小さく貧弱になる。水煙は意匠を凝らしたものがあり、瑞雲の中を天女が舞う姿を表した薬師寺東塔(七三〇年(天平二))は特に有名。

（濱島　正士）

そうりんとう　**相輪樘**　仏塔の相輪だけを立てたような構築物で、八二〇年(弘仁十一)最澄が延暦寺西塔に建てたのが最初。最澄の建てたものは宝幢とよばれ、高さ四尺五寸の幢柱(おそらく掘立ての木柱)の上に九層の盤状をした高さ三尺三寸の金銅製相輪樘があり、その間の高さ一尺四寸の桶形に妙法蓮華経以下五十八巻の経典を納めたという。現在の延暦寺相輪樘は一八九五年(明治二十

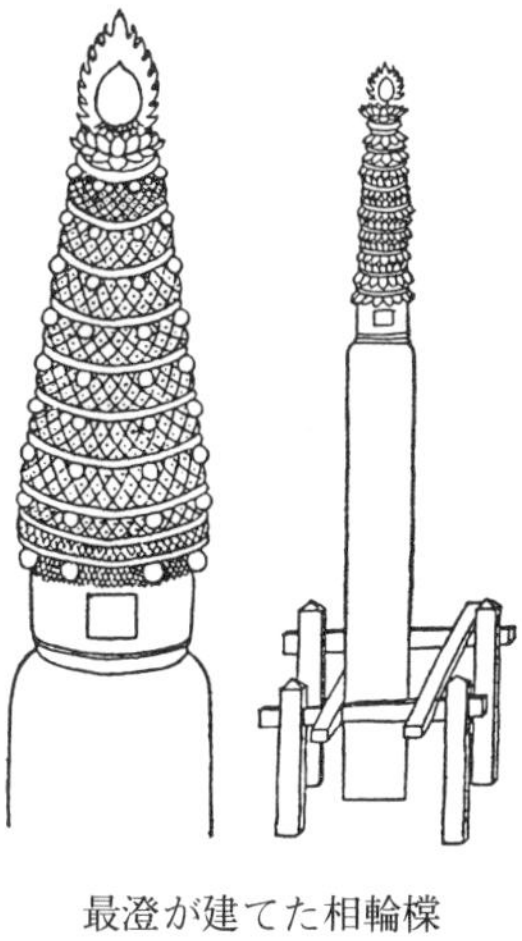

最澄が建てた相輪樘

八)に再建されたもので、高さ一一・六メートル、全体が青銅製で上方が多宝塔の相輪に似た形式となり四本の控柱をもつ。相輪橖の遺例はほかに茨城西蓮寺(一二八七年(弘安十))、栃木輪王寺(一六四三年(寛永二十))、栃木大慈寺(一七二五年(享保十))、群馬浄法寺(一六七二年(寛文十二))などいずれも関東地方の天台宗寺院にある。輪王寺相輪橖は控柱をもつがほかは中心柱だけで、西蓮寺相輪橖は錫杖形の特異な形式。このほか群馬黒熊中西遺跡の寺院跡(十世紀前半か)で相輪橖とみられる遺構が発掘されている。

参考文献 足立康「延暦寺相輪橖の形式」(『塔婆建築の研究』、一九六七、中央公論美術出版)。

(濱島 正士)

そうりんばるくようとう　宗麟原供養塔　宮崎県児湯郡川南町大字川南字湯迫にある供養塔。一五七七年(天正五)暮れ、島津氏が日向の戦国大名伊東氏を豊後に敗走させると、豊後の大友宗麟は三万の軍勢で日向国への勢力拡大をはかり、日向国高城《たかじょう》(児湯郡木城町)を包囲し兵粮攻めにかかった。一五七八年(天正六)十一月に、高城救援をはかる三万の島津勢と大友勢が激突し、島津勢は敗走する大友軍を耳川まで追撃し、多くの大友軍を討ち取った。この高城・耳川合戦の死者は、両軍で二万人といわれ、島津義久は、敵味方の区別なく葬り供養することを高城地頭山田有信に命じた。山田有信は、三百余名の僧侶を招き大施餓鬼法要を営み、卒塔婆を建てて豊後塚と名づけ、両軍の戦没者の霊を弔った。その後、島津義久に七回忌の大施餓鬼を行うことを命じられ、山田有信は、一五八五年(天正十三)二月、正面に「為戦死者各霊」、側面に「本来無東西何処有南北」などと刻まれた六地蔵塔を建てた。一九三三年(昭和八)に国の史跡に指定された。

参考文献 『宮崎県史蹟調査』四、一九三五、宮崎県内務部。

(永山 修二)

そく　束　古代、主として穎稲に用いられた計量単位。一束は十把からなる。もともと、一代《しろ》(二百五十歩一段制の五歩の面積に相当)の田地から収穫される稲を一束とし、これを「成斤の一束」といった。成斤一束の穎稲は、穀米一斗、舂米五升に換算される。しかし『大宝令』では三百六十歩一段制が採用されたため、一歩あたりの収穫量は減少したが、同じ一束の単位を用いた。これを「不成斤の一束」といった。『大宝令』では一段あたり不成斤二束二把の田租を納めることになっていたが、七〇六年(慶雲三)には成斤一束五把と改められる。これは従来の慣行に戻したもので、田租の実量に大きな変化はない。なお束は穎稲以外の単位としても用いられ、たとえば木簡や正倉院文書によれば、結束された建築用材の類、楮、紙、干した魚介類、蔬菜類、馬の芻《まぐさ》、藁、薪などがあげられる。

参考文献 亀田隆之『奈良時代の政治と制度』、二〇〇一、吉川弘文館。三保忠夫『木簡と正倉院文書における助数詞の研究』、二〇〇四、風間書房。

(市 大樹)

ぞくぐんしょるいじゅう　続群書類従　⇨群書類従《ぐんしょるいじゅう》

ぞくさじょうしょう　続左丞抄　壬生《みぶ》官務家に伝わる古文書を収録した書。壬生官務家は、中世以来、太政官文書の保管を職掌としてきた。元禄年間(一六八八―一七〇四)、壬生季連が同家伝来の古文書を書写し『新写古文書』四冊を作成。収録されたのは、九四八年(天暦二)から一六九四年までの間の官符・省符・宣旨などである。同書の底本となった文書類を含む「壬生家文書」は、明治維新後に新政府へいったんは提出されるが、再び壬生家に戻される。その後、一八八八年(明治二十一)になって宮内省図書寮《ずしょりょう》(宮内庁書陵部)に移され、同寮において、これらの底本が整理され『壬生新古文書底本』百二十八軸が作成された。幕末以降に散失した底本もあるが、その一部は『狩野亨吉氏蒐集文書』(京都大学文学部所蔵)の中にみられる。『新写古文書』が『国史大系』(経済雑誌社)に収録されるにあたって、同書が壬生家伝来の文書を編纂した『左丞抄』の続編ともいうべき内容であることから、『続左丞抄』と名づけられた。このほかの刊本として『続左丞抄』(『(新訂増補)国史大系』二七、吉川弘文館)がある。

参考文献 宮内庁書陵部編『図書寮典籍解題』歴史篇、一九五〇、養徳社。

(小林 信也)

ぞくしぐしょう　続史愚抄　一二五九年(正元元)の亀山天皇践祚から一七七九年(安永八)の後桃園天皇死去に至る五百二十一年間の天皇三十三代にわたる朝廷の正史で、八十一冊が現存している。編者は柳原紀光で、(一七七七)年に編纂が開始され、一七九八年(寛政十)に完成した。内容は、各天皇の在位中における諸々の出来事、朝廷の儀式や人事、寺社の祭典、災害異変などの記録である。それぞれの記事がもとづく史料名を記載するなどの配慮により記事の信憑性や客観性が保たれた同書の史料的価値は高い。編者の柳原紀光が生まれた柳原家は古来、中国の正史などを教授する紀伝道を世襲し、文章博士となる者も多かった。こうした同家の伝統を復活しようとする父光綱の志を受け継いで、紀光は同書の編集にあたった。現在、紀光の自筆本は失われているが、転写本が宮内庁書陵部や内閣文庫に伝わっている。刊本として『続史愚抄』(『(新訂増補)国史大系』一三―一五、吉川弘文館)などがある。

参考文献 武部敏夫「続史愚抄」(坂本太郎・黒板昌夫編『国史大系書目解題』上所収、一九七一、吉川弘文館)。

(小林 信也)

ぞくぞくぐんしょるいじゅう　続々群書類従　国学者塙保己一の『群書類従』および『続群書類従』刊行の精神を継承して編まれた叢書。正・続『群書類従』に収められていない古典籍に加えて江戸時代に述作された古典研究資料など三百編以上が収められている。一九〇三年(明治三十六)から翌年にかけて吉川弘文館を中心に結成された古書保存会の手で十六編・図一枚を収めた五冊・付図一枚が刊行されたが、未完に終わった。続いて、一九〇六年から一九〇九年にかけて、井上頼圀《いのうえよりくに》・萩野由之《はぎのよしゆき》ほかの監修により国書刊行会から新たに神祇・史伝・記録・法制・地理・教育・宗教・詩文・歌文・雑の十部から成る十六冊が刊行された。その後、一九六九年(昭和四十四)から一九七八年にかけて、続群書類従完成会より、国書刊行会版に古書保存会版所収の古典籍も加えた全十七冊が刊行されている。

1神祇部

類聚神祇本源(度会家行)・豊葦原神風和記(慈遍)・旧事本紀玄義(同)・瑚璉集(度会家行)・神祇霊応記(春山)・神皇系図・神皇実録・天口事書・諸社一覧(坂内直頼)・神社便覧(白井宗因)・二十二社略記(長島泓昌)・和歌両神記(同)・皇太神宮殿舎考証(度会延経)・豊受皇太神宮殿舎考証(同)・外宮神領目録(同)・内宮氏経日次記(荒木田氏経)・神宮秘伝問答(度会延良)・賀茂注進雑記(賀茂保可等)・元禄七年賀茂祭記(野宮定基)・石上神宮御事抄・月能桂(日吉祭礼記)(緑樹軒松順)・東照宮大権現縁起・出雲大社記・宇佐八幡宮縁起・三社託宣略抄・陽復記(度会延佳)・土徳篇(吉川惟足)・未生土之伝(伴部安崇)・神学承伝記・土津霊神正学記(跡部良顕)・会津神社之訓詞(吉川惟足)・神道生死之説(跡部良顕)・病後手習(伴部安崇)・八重垣大明神由祝詞(藤原基生)・神道弁草(源忠義)

2史伝部(一)

続皇年代略記(平高潔)・本朝歴代法皇外紀(元策)・法皇外紀緇門鴻宝(同)・議奏歴・伝奏次第・弁官補任・新撰座主伝(藤原為善)(付録天台要暦)・東寺長者補任・興福寺別当次第

3史伝部(二)

常徳院画像賛並序(景徐周麟)・(城州路葛野郡衣笠山故管領四国大将軍)細川源頼之公祠堂記(元策)・加藤光泰貞泰軍功記・曹渓院行状記・尊語集抄(明徳嘉言誌)・立斎旧聞記・事語継志録(奥村保之)・紀侯言行録・吉備烈公遺事(湯浅常山)・土津霊神言行録・桃源遺事(三木之幹等)・宗長居士伝(福住道祐)・惺窩先生行状(林羅山)・羅山林先生行状(林靖)・舜水先生行実幷略譜(今井弘済・安積澹泊)・貞慧伝・行基年譜(泉高父宿禰)・弘法大師弟子伝(智燈)・大法師浄蔵伝(宗蓮)・東大寺円照上人行状(凝然)・存覚上人一期記(綱厳)・黄檗開山普照国師年譜(性日・性派)・楠木合戦注文(良覚)・忽那一族軍忠次第・忽那島開発記・瑠璃山年録残編・(河州錦部郡)天野山金剛寺古記写・続南行雑録(佐々宗淳)・大乗院日記目録(尋尊)・西征日記(天荆)・田辺合戦記

4史伝部(三)

余目氏旧記・双林寺伝記・公方両将記・小弓御所様御討死軍物語・平島記・多賀谷七代記・世田谷私記(穂積隆彦)・吉良家正嫡考(同)・沼田記・棚守房顕手記・佐野宗綱記・香宗我部氏記録・萱谷伝記・箱根山中城責由来・忍城戦記・清正高麗陣覚書(下川兵太夫)・石川忠総家臣大坂陣覚書・大坂陣山口休庵咄・土屋忠兵衛知貞私記・島原一揆松倉記・島原天草日記(松平輝綱)・山田右衛門作以言語記・休明光記(羽太正養)

5記録部

三代御記(宇多天皇御記・醍醐天皇御記・村上天皇御記)・貞信公記(藤原忠平)・九暦(藤原師輔)・平記(平行親)・宇治関白高野山御参詣記(平範国)・江記(大江匡房)・平知信朝臣記・吉田中納言為経卿記・後称念院関白冬平公記(鷹司冬平)・匡遠記(小槻匡遠)・北面仮名記(源康成)・斎藤基恒日記・東大寺法花堂要録・継芥記(中院通勝)・東大寺絵所日記・惟房公記(万里小路惟房)・天正日記(内藤清成)・親綱卿記(中山親綱)・九州下向記(是斎重鑑)

6法制部(一)

講令備考(稲葉通邦等)・律逸(石原正明)・格逸(塙保己一)・格逸々(黒川春村)・式逸(和田英松)・延喜式巻第四十九工事解(春田永年)・延喜式工事解図(同)・延喜式工事通解(同)・江次第鈔(一条兼良)

7法制部(二)

建官考(渋井孝徳)・吏徴(向山誠斎)・吏徴別録(同)・吏徴附録(同)・三代制符・公家新制・御成敗式目注・貞応弘安式目・建武式目注・増補田園類説(小宮山杢進輯・谷本教等増補)・侍中群要(橘広相)・寛文記・当今年中行事・条々聞書貞丈抄・諸国御関所覚書

8地理部(一)

本朝地理志略(林羅山)・日本略記・雍州府志(黒川道祐)・和州旧跡幽考(林宗甫)・堺鑑(衣笠一閑)・蘆分船(一無軒道冶)・江戸名所記(浅井了意)・兵庫名所記(植田下省子)・長崎縁起略記(法昭)・前橋風土記(古市剛)・会津風土記(保科正之)・端郡風土記・磐城風土記

9地理部(二)

寛文印知集・琉球国郷帳・松前島郷帳・芸備国郡志(黒川道祐)・懐橘談(黒沢石斎)・隠州視聴合紀・仙道会津元和八年老人覚書・東奥白河往昔之記・辰巳無人島訴状幷口上留書(小笠原民部)・蝦夷記・蝦夷島記・吉野記(飛鳥井雅章)・和紀記行(岡西惟中)・天正十一五月十七日貞徳他行道之覚・宋雅道すがら之記(飛鳥井雅縁)・元和七年東海紀行・沢庵和尚鎌倉記・立圃東の記行(野々口立圃)・宗因東の記行(西山宗因)・中山日録(堀杏庵)・癸卯于役日録(林鵞峯)・江海風帆草(宮本重利等)・白水郎子記行(岡西惟中)

10教育部

朝倉宗滴話記・北条幻庵覚書・黒田家老士物語・千代もとくさ(藤原惺窩)・春鑑抄(林羅山)・三徳抄(同)・敵戒説(林羅山等)・翁問答(中江藤樹)・謫居童問(山鹿素行)・光圀卿教訓(徳川光圀)・学問関鍵(伊藤東涯)・本朝学原浪華鈔(松下見林)・荷田大人創学校啓(荷田春満)・和学大概(村田春海)・漢学紀源(伊知地季安)・古点譜・乎古止点譜・京都往来(鈴鹿定親)・自遣往来・源平往来・商売往来・名産諸色往来(松葉軒竜水)・諸職往来・消息往来(高井蘭山)

11 宗教部㈠

東大寺要録(観厳)・東大寺続要録・招提千歳伝記(義澄)・興福寺濫觴記・薬師寺黒草紙・薬師寺新黒草紙・法隆寺記補忘集(良訓)・南都七大寺巡礼記

12 宗教部㈡

東宝記(杲宝)・入唐求法巡礼行記(円仁)・顕戒論縁起(最澄)・日本大師先徳明匠記(定珍)・声明源流記(凝然)・踏雲録事(行智)・木葉衣(同)・諸宗階級・寺格帳・吉利支丹物語・切支丹宗門来朝実記・伴天連記・肥前国有馬古老物語(北有馬村農夫覚記)・査祅余録・契利斯督記(太田全斎)・破提宇子(ハビアン)

13 詩文部

後水尾天皇御製詩集・鳳啼集(後光明天皇)・機山十七首(武田信玄)・貞山公詩鈔(伊達政宗)・惟新公自記(島津義弘)・颺言録(堀田正俊)・勧忠書(同)・惺窩先生文集(藤原惺窩)・尺五先生全集(松永尺五)・恭靖先生遺稿(木下錦里)・垂加文集(山崎闇斎)・澹泊斎文集(安積澹泊)・観瀾集(三宅観瀾)・玉仲遺文(玉仲宗琇)

14 歌文部㈠

風葉和歌集・新撰六帖題和歌・千五百番歌合・集外三十六歌仙(後水尾天皇)・慶長千首和歌・沙弥恵空百首(九条稙通)・天正十六年聚楽亭御会御歌・文禄三年吉野山御会御歌・後柏原院御日次結題・後水尾院御集・後十輪院内大臣詠草(中院通村)・為兼卿家集補遺(藤原為兼)・惺窩先生倭謌集(藤原惺窩)・衆妙集(細川幽斎)・草山和歌集(元政)・梶の葉(祇園梶女)・佐遊李葉(祇園百合女)

15 歌文部㈡

顕昭古今集註・俊頼口伝集(源俊頼)・続歌林良材集(下河辺長流)・梨本集(戸田茂睡)・和歌会式・新撰菟玖波集(飯尾宗祇)・連集良材・岩清水物語・風につれなき物語・兵部卿物語・源家長日記

16 雑部

双倉北雑物出用帳・延暦六年曝涼帳・延暦十二年曝涼帳・弘仁二年官物勘録・雑物出入帳・雑物出入継文・東大寺勅封蔵目録記・天正二年截香記・東大寺三蔵御宝物御改之帳・慶長十九年薬師院実祐記・正倉院御開封記草書(祐想)・東大寺正倉院開封記・東大寺三倉開封勘例(庸性)・二倉道具目録・正倉院御開封勘例等御尋之日記・東大寺古文書目録・正倉院宝物御開封事書・正倉院御宝物目録・仁和寺御室御物実録・本朝法家文書目録・寺社宝物展閲目録・但馬国太田文・下京中出入之帳・糸割符由緒書・中家実録・書大体・大安寺碑文一首幷序(淡海三船)・三州俗聖起請十二箇条事・僧妙達蘇生注記・美福門院御文・六条判官源為義書状・源義経捜索之事宣下請文・興福寺法隆寺牒状・宋人陳和卿濫妨停止下文・筆海要津(海恵)・上賀茂松下氏文書・仮面譜(喜多古能)・和学講談所御用留抄

(宮瀧　交二)

そくたい　束帯　平安時代以降の有位男性の正装。革帯で腰を束ねるという意味。衣服令の朝服《ちょうふく》が和様化したものだが、経済事情から礼服《らいふく》の着用が即位の儀に限られると、実質上の礼装ともなった。儀礼用の束帯は物具《もののぐ》とよばれ、単《ひとえ》を着て、大口《おおぐち》・表袴《うえのはかま》をはき、衵《あこめ》・長く裾《きょ》を引いた下襲《したがさね》・半臂《はんぴ》を重ね、位袍《いほう》を石帯《せきたい》で止める。石帯に魚袋《ぎょたい》を下げ、檜扇・帖紙《たとう》を懐中し、笏《しゃく》を持ち、襪《しとうず》・履《くつ》をはく。勅許を得た者と中務省・衛府の官人は平緒《ひらお》を用いて太刀を佩く。文官は垂纓《すいえい》冠を着け、武官は巻纓《けんえい》冠に緌《おいかけ》をかけ、矢を入れた胡籙《やなぐい》・弓を装備する。位袍とは位階相当の染織による生地で仕立てた上着で、文官は縫腋《ほうえき》袍、武官は闕腋《けってき》袍とする。一般通常の参内には簡略した楚楚《そそ》の束帯(昼装束《ひのしょうぞく》とも)を用いたが、親王・諸王・公達、三位以上の雑袍《ざっぽう》宣旨の諸臣たちは冠直衣《かんむりのうし》で代用したため、これを直衣束帯とよんだ。楚楚の束帯の略装で、宿直《とのい》に用いた装束が衣冠《いかん》(宿衣《とのいぎぬ》とも)だが、平安時代末から楚楚の束帯に代用され、衣冠束帯とよばれた。

参考文献　鈴木敬三『有識故実図典―服装と故実―』、一九九五、吉川弘文館。

(武田佐知子)

そくてんもじ　則天文字　中国唐代の女帝則天武后《そくてんぶこう》(武照、聖神皇帝、六二四―七〇五年、在位六九〇―七〇五年)が、六九〇年(載初二)に制定した独特の文字群。現在確認されているのは十七文字である。天・地・人などの重要な概念や皇帝に関する文字、詔勅や公文書など使用頻度が

則天文字　前橋市二之宮
宮下東遺跡出土墨書土器

高い文字、年号に使用する文字などが多く、従来の文字に比べて画数が多く装飾的で道教の符籙の影響もうかがえ、おのずと神秘的な雰囲気さえ漂っている。構成は、一と忠をあわせて「𢘑」(臣)、一生と書いて「𤯔」(人)、山・水・土をあわせて「埊」(地)など、ほとんどの文字が既存の漢字の偏や旁を合成して意味を持たせて創製している。わが国では正倉院伝存の典籍や経巻、金石文などに使用が数例確認できるほか、近年では各地から出土する墨書土器にも使用例が多く見られ、地方官衙や寺院などを媒介として急速に地方社会に伝播した様子がわかる。

参考文献　東野治之「発掘された則天文字」(『書の古代史』所収、一九九四、岩波書店)。平川南「則天文字を追う」(『墨書土器の研究』所収、二〇〇四、吉川弘文館)。高島英之「則天文字の導入」(『月刊文化財』三六二、一九九三)。蔵中進『則天文字の研究』、一九九五、翰林書房。

(高島　英之)

ぞくみょういん　続命院　平安時代初期の良吏小野岑守《おののみねもり》が大宰府近郊に創建した宿泊施設。当時、大宰府には管下の九国二島から公私の所用で往来逗留する人々が多くいたが、十分な宿舎はなく、野宿に近い状態で逗留期間が長引く間に疾病や飢寒で死ぬ者も多くいた。その状況に対して八二二年(弘仁十三)に太宰大弐《だざいのだいに》に赴任した岑守が、檜皮葺屋七宇、鼎一口からなる続命院を建立し、墾田百十四町をその財源に施入し、逗留者の飢病救済を図った。八二八年(天長五)岑守が遷任で大宰府を去った後、管理が行き届かず荒廃したが、岑守没(八三〇年)後の八三五年(承和二)十二月に岑守遺族の者が、今後の続命院の管理経営は大宰府の監《げん》・典《てん》一人と観世音寺講師《かんぜおんじこうじ》が勾当すべきことを朝廷に陳情申請し、その承認をうけて公的な管理体制が整備された(『続日本後紀』承和二年(八三五)十二月癸酉条、『類聚三代格』巻十二同日付太政官符)。官符には「在大宰府南郭」とあり、現在の福岡県筑紫野市に遺る地名「俗明院」周辺に所在地比定する説が近世からあるが、大宰府政庁域から南東に約四キロも隔たっており、これは続命院の経済基盤であった墾田所在に由来する地名で、続命院自体はもっと政庁域近辺に所在したとみるのが妥当か。なお九州にはほかに福岡県京都郡みやこ町、佐賀県三養基郡みやき町に「続命院」地名が遺っており、これらも続命院の墾田設置に由来する地名と考えられる。

参考文献　倉住靖彦「大宰府続命院の建置」(『九州歴史資料館研究論集』一一、一九八六)。西別府元日「続命院の創置とその経済的基盤」(『日本古代地域史研究序説』所収、二〇〇三、思文閣)。

(佐伯　俊源)

そしぞう　祖師像　広くは高僧の肖像をさすが、狭義には宗派や寺院の開祖、および後継者らの像のことをいう。わけても師を重んずる禅宗では数多く制作され、別に頂《ちん》相《ぞう》と称する。唐招提寺の「鑑真像」や、空海が中国から持ち帰った国宝「真言五祖像」(東寺所蔵)を見ればわかるように、祖師像を崇拝する習慣は中国よりもたらされた。当初は没後に制作されるのが普通で、生前に制作された例としては中国に贈るために九九〇年(正暦元)代に描かれた源信像が早い。単独像とともに教義の伝承の正しさを明示するための群像形式も少なくなく、法然が重源に中国で求めさせたと伝える「浄土五祖像」(二尊院所蔵、重要文化財)などがある。これは真宗に引き継がれ「光明本尊像」の一部として日本僧を含めて再編成されている。鎌倉新仏教はいずれも制作に熱心で、時宗では宗祖の一遍、二祖の他阿をはじめとする祖師像が残されている。法華宗でも日蓮像は当然として、題目本尊に高僧らを描きこむことも日像一派でなされている。

参考文献　宮島新一『肖像画』(『日本歴史叢書』、一九九四、吉川弘文館)。

(宮島　新一)

そせき　礎石　建物の柱と地盤の接地面に据える石。飛鳥時代に仏教建築とともに導入された。古代中国では、地表に見える明礎、地下または壁内に埋め込む暗礎があるが、日本では飛鳥時代の塔婆心礎《とうばしんそ》を除いて、地下式の礎石は用いられない。柱座《ちゅうざ》を造り出すもの、地覆座《じふくざ》を伴うもの、上面を平坦に整形したもの、自然石の平坦面を利用したものがある。山田寺(奈良県桜井市)では、柱座周囲に蓮弁を彫刻した精緻な礎石が確認された。奈良時代には柱座と地覆座のみの加工となり、やがて自然石が主流となる。礎石に装飾を施すのは中世に大陸の建築様式が再移入された後となる。基壇建物の場合、礎石は基壇築成の途中で据え付け、礎石を安定させるために拳大ほどの根石を挿入しながら定置し、土を埋め戻す。のちに基壇上面まで築成して仕上げる。簡便な地業の独立基礎で、しばしば不同沈下を生じるため、据え直されることが多く、現存建物でも当初の仕様をとどめない例が多い。

参考文献　奈良文化財研究所編『山田寺発掘調査報告—創立五十周年記念—』、二〇〇二。

(長尾　充)

そぞう　塑像　塑土で造った像。日本には七世紀半ば前後に大陸や朝鮮半島から技法が輸入されたとみられる。伝世品としては奈良当麻寺弥勒仏像が最も古く、出土品にも奈良川原寺裏山出土の断片類など七世紀にさかのぼるとみられるものがある。奈良時代には仏像の材質として最も多用された。金銅仏や乾漆像に較べ安価で工程も単純であるため、私寺や地方寺院の安置仏の多くが塑像だったとみられ、寺院跡からの出土例は東北から九州まで全国にわたっている。東大寺大仏殿四天王像や河内知識寺の六丈観音像のような大像も造られた。その構造は木心に荒土・中土・仕上げ土と、順に粒を細かくした土を着せてゆくのが一般的で、土には各種のスサを混入し、木心の構造や形状は多様である。法隆寺や東大寺の諸像をはじめ八世紀半ば過ぎごろまでの遺品が数十例伝わるが、奈良時代末期以降はほとんど造られなくなった。鎌倉時代になり塑像技法が復活するが、遺品はほぼ肖像彫刻に限られる。

(奥　健夫)

そとば 卒塔婆 ⇩塔婆《とうば》

その 園 古代・中世の畠の一形態。園地とも。律令(田令)によれば、その地域の園の広さに応じて農民に均給されると規定されているが、実態は不明。規定では桑・漆を栽培することになっているが、実際には蔬菜類も植えられた。しかし、平安時代に入り明確な姿を現す畠との関係は解明されていない。園地は官司の許可があれば、賃租《ちんそ》と永売が可能であったが、戸《こ》の成員がいなくなると国家に返さなければならなかった。田地と異なり国家的な賦課の対象にならなかったため私有権の強い地目として中世に受け継がれた。中世では畠や在家に解消されたが、南九州では残り、田地・園宅地・農民が一体的に把握され、賦課の対象となった(薗とも書く)。これは東国に見られる田在家などと共通する。特に、在地領主の一門の小規模な居宅とその付属地を居園という場合もあった。 (木村 茂光)

そばん 礎盤 (一)掘建柱の柱下に挿入された石または木製の盤状材の呼称として、近年用いられる語。部材の機能としては、柱下面の接地面積を増して沈下に抵抗する、または柱底部のかいものとして柱高さを調整する。平城宮院(奈良県奈良市)では柱の底近くに横木を貫き、横木とともに支持する例もみられる。近世までの建築用語にはない用例であるが、土蔵造等の建物基礎の地中部石材に「算盤石《そろばんいし》」、杭基礎上に置かれる木製部材に「十露盤木《そろばんぎ》」の呼称があり、古い語が転訛・継承されていた可能性もある。

(二)中世に導入された禅宗様の仏堂建築において、柱下に置く礎石状の石。現存遺構では上半を凹曲面、下半を凸曲面に加工するものが多く、断面形状が沓の爪先に似ることから「沓石《くついし》」とも呼ばれる。日本古代の仏堂建築では用いられず、中国でも唐代には用いられなかった。中国宋代の李誡編『営造法式《えいぞうほうしき》』(一一〇三)では、柱下に挟む木製または石製の盤状部材が記されるが、上半を凹曲面、下半は鉛直としており、遺構例とは形状が異なる。大陸で形状が変化したのちに禅宗様の一要素として導入されたと推察される。禅宗様仏堂として現存最古級の善福院《ぜんぷくいん》釈迦堂《しゃかどう》(鎌倉時代末期、和歌山県海南市)では入側柱《いりがわ》に木製の礎盤が遺存している。円柱では平面円形、角柱では平面方形とする。近世に導入された黄檗宗《おうばくしゅう》の仏堂では、側面の断面形状が単純な凸曲面の饅頭形である。

参考文献 和歌山県文化財研究会編『国宝善福院釈迦堂修理工事報告書』、一九七四。 (長尾 充)

そまやまじょう 杣山城 福井県南条郡南越前町に所在する城跡。国史跡。北陸道を見下ろす標高四九二メートルの急峻な山城と、その北側の阿久和《あくわ》谷の山下とで構成される。鎌倉時代には高倉天皇の妃七条院領として杣山荘が置かれ、『太平記』によれば南北朝時代の一三三六年(建武三)十一月八日に瓜生《うりゅう》判官保《たもつ》が険しく聳えた峰に杣山の城を拵え、新田義貞・脇屋義治を迎えて南朝方の根拠地とした。その後、一四七四年(文明六)斯波《しば》氏の家老増沢甲斐守祐徳、朝倉氏の家臣河合安芸守宗清らの居城となったが、一五七三年(天正元)廃城となった。発掘調査は、一九七二年(昭和四十七)から一九七七年まで五年間行われ、東御殿跡で礎石建物三棟、西御殿跡で三棟と二重堀切、殿池、本丸西尾根で堀切遺構などを検出した。また、阿久和谷の入り口にあたる二の木戸跡で土塁と外濠、土塁内側で溝・井戸・礎石建物などを検出し、多量の遺物が出土した。二〇〇一年(平成十三)からは、一の木戸で画された館跡の発掘調査を実施している。

参考文献 朝倉氏遺跡調査研究所編『史跡杣山城跡』I、一九七六。南条町教育委員会編『史跡杣山城跡』II、一九七六。 (水野 和雄)

そみんしょうらい 蘇民将来 疫病除けの神であり、護符としても広く信仰されている。卜部兼方《うらべかねかた》『釈日本紀』(十三世紀後期)に引く『備後国風土記』の逸文には、疫《えの》隈国社《くまのくにつやしろ》の縁起が載る。北海の武塔神《むとうのかみ》(素戔嗚尊《すさのおのみこと》)が南に住む神の娘に求婚する旅の途中で日が暮れたため、富裕な巨旦将来《こたんしょうらい》に宿を請うたところ断られたが、貧乏な兄の蘇民将来は歓待した。喜んだ武塔神は帰途に再び蘇民将来の家に立ち寄り、茅《ち》の輪《わ》を腰に着けると疫病から救われると説き、弟の巨旦将来の一族は滅んだ、という。六月晦日の夏越《なごし》の祓《はらえ》における茅の輪くぐりの由来譚でもある。対照的な性格の兄弟と来訪神との交渉をめぐるモチーフは、八世紀前期の『常陸国風土記』の富士と筑波に類話があり、遠くギリシアのオビディウス(紀元前四三—一七)『メタモルフォーゼ』(『変身物語』)八—一七の「バウキスとピレーモーン」や、古代インドの動物寓話集『パンチャタントラ』の「双頭の織工」、あるいはグリムの「貧乏人と金持」などに先蹤を求めることができる。蘇民将来という名称は、「将来にわたって疫病から民を蘇らせ守る」意味と考えられ、武塔神は朝鮮で巫を総称するムーダンとの関連が推測されている。この伝承は『簠簋内伝金烏《ほきないでんきんう》玉兎集《ぎょくとしゅう》』や『祇園牛頭天王縁起《ぎおんごずてんのうえんぎ》』、安居院《あぐい》の『神道集』のような中世の陰陽道や神道の諸文献をはじめ、近世の「山の神祭文」や「磐次磐三郎《ばんじばんざぶろう》」伝承などに多くの類話があり、牛頭天王との習合も著しい。中世から近世にかけての遺跡からは「蘇民将来子孫之守」などと墨書した呪符木簡が多数出土するが、近年、京都府の長岡京跡や壬《み》生寺《ぶでら》境内遺跡などで八世紀から九世紀初期の蘇民将来符木簡が出土し、この伝承が古代までさかのぼることは確実になった。だが六月祓《みなづきばらえ》の茅の輪神事についての史料上の初見は、今のところ十二世紀初期に摂関家の家政に関する記録を藤原忠実《ただざね》がまとめた『執政所抄《しっせいしょしょう》』であることから、『備後国風土記』逸文は、平安時代中期ごろまで下る可能性もある。「蘇民将来子孫之守」などと書かれた木や紙のさまざまな形の護符は、現在でも全国各地の寺社で主に正月に頒布されている。

参考文献 高木敏雄『童話の研究』(『講談社学術文庫』、一九七七、講談社)。柳田國男「神を助けた話」(『柳田國男全集』七所収、一九七〇、筑摩書房)。上田市立信濃国分寺資料館編『蘇民将来符—その信仰と伝承—』、一九九九。影山尚之「蘇民将来」(上代文献を読む会編『風土記逸文注釈』所収、二〇〇一、翰林書房)。　　(増尾伸一郎)

そめ　染　染には、布帛《ふはく》に直接文様などを描いたり摺《す》りだして表す先染《さきぞ》めと、何らかの防染《ぼうせん》方法を用いて文様を染め出す後染《あとぞ》めがある。先染め技法として、布帛に墨や顔料などを用いて、フリーハンドで文様や絵を描く「描《かき》絵《え》」、型などを使用して摺り出す「摺絵《すりえ》」がみられるが、描絵は使用される用途によって絵画にもなれば染織の部類にも含まれる。たとえば、正倉院に伝えられている「麻布菩薩」は、麻布に墨で流麗なタッチで天衣を翻《ひるがえ》して扶坐《ふざ》する菩薩を描いたもので、絵画とみなされるであろう。一方、半臂《はんぴ》(袖無しの衣服)の前身頃《みごろ》と後身頃に、宝相華の枝を口にくわえた厳めしい獅子と草花文などを墨と朱で表わした「白地花鳥獅子文彩絵《さいえ》曝布半臂」は、どうみても染織品といえる。次に後染めであるが、古代の防染技法として三種類がみられ、「三纈《さんけち》」の名称で呼ばれている。一つ目は糸などで括ったり縫い締めて文様を表した「纐纈《こうけち》」、二つ目は蠟《ろう》を用いた「臈纈《ろうけち》」、三つ目は文様を彫り込んだ板に折り畳んだ裂を挟んで染めた「夾《きょう》纈《けち》」がある。いずれも法隆寺や正倉院の染織品に数多く遺っており、とりわけ臈纈と夾纈は、正倉院の染織品に多様な文様が認められる。纐纈は裂《きれ》を摘《つま》んで糸などで括《くく》って目結文《めゆいもん》(豆絞り)を表わしたものが一番多く、敷物の褥《じょく》の裏裂や幡《ばん》などに使われている。特別な道具を必要としないこともあり、アジア各地をはじめ、中南米でもみられる。また日本では奈良時代以降、絶えることなく現在でも行われている息の長い技法の一つ。奈良時代の纐纈は、この他にも裂を筒状に巻いて糸などで締め襷文《たすきもん》を表したものや、裂を折り畳んで板などで押さえたものがあり、これらは幡や衣服に用いられている。また、文様に応じて縫い締めたものも遺っている。縫い締めの手法は、桃山時代の「辻が花染」へと発展した。臈纈は、文様を彫りだした版型に蠟をつけスタンプ式に捺すか、大型の文様の場合は、蠟をつけた版型の上に裂を置き上から摺った後、染液に浸けて染めたものが多い。小さな文様では、一つの版型に複数の文様を表したものも認められる。また、二種類以上の版型を組み合わせ、大型の文様を形成するものもある。版型は、木版が多いようであるが、正倉院で行われた模造品制作では、インドネシアのバティックで使用されている金属の版型も用いられた。臈纈は衣服をはじめ、天蓋《てんがい》の垂飾《すいしょく》、屛風などにみられ、屛風では版型と筆描きを併用した作品もある。臈纈の欠点は、複数の色に染める場合、蠟を置き足しながら何度も染液に浸けるため、色が重なって下地の色彩が濁ってくることであり、三色程度が限度。なかには、種々の版型を表と裏の両方から捺して変化をつけた作品も遺る。夾纈は、二枚の板のそれぞれの片面(板を合わせたときに内側にあたる面)に、文様を彫り込んでおき、もう片面(外側にあたる面)には、染液を注ぐための孔を穿っておく。この二枚の板の間に折り畳んだ裂を挟み、背面に穿たれた孔から、各色に応じて染液を注入した後、余分な染液を排出する。裂を折り畳んで染めていることから、染色後、裂を広げると文様は左右または四方相称に現れるため、大型の文様を表現しやすい。さらに、文様の色の境目には、輪郭線で縁取られたように白い線を生じるのが特徴。各色ごとに染液を注ぐので、纐纈や臈纈のように色数に制約されることがなく、多色の華やかな染めが可能である。なかには二色のシンプルなものもみられる。こうしたこともあり、奈良時代の染色の花形的存在といえる。裂を折り畳んで染めることから、薄ものの羅《ら》や平絹が多用され、とりわけ羅に施されたものが多い。夾纈は、三纈のなかでも用途が広く、衣服をはじめ、褥《じょく》、幡《ばん》など随所に使用されている。とりわけ褥には、文様の全容を一望できる優品が遺る。それに対して衣服や幡では、裁断して仕立てられるため、文様の全容を把握しにくい。臈纈と夾纈は、平安時代以降ほとんどみられなくなる。　　(沢田むつ代)

そめつけ　染付　下絵付けの一種で、呉須《ごす》、すなわち酸化コバルトを含む顔料を用いて素地に文様を描き、透明釉を掛けて焼成する技法、およびその製品をいう。文様は藍色に発色する。染付とは、藍染めの色合いを連想させることによる呼び名である。中国では青花《せいか》、欧米ではブルー・アンド・ホワイト(Blue and white)と呼ばれる。コバルトを陶磁器の絵付けに用いた例は、中国で唐時代にみられるが、染付の技法は元時代後期に景徳鎮窯《けいとくちんよう》において大きく発展を遂げた。染付の完成により、中国陶磁の主流は、青磁や白磁などから絵付けが施された磁器へと、大きくその方向を変えるに至った。ベトナムでは十四世紀後半、朝鮮では十五世紀前半より作られるようになり、日本では十七世紀前半に九州肥前の有田において始められた。　　(今井　敦)

ぞやまこうごいし　女山神籠石　筑後国に築かれた古代山城。福岡県山門《やまと》郡瀬高町大草所在。国指定史跡。土塁線は標高二〇三メートルの尾根を最高所とし、西に向かって扇形に開く格好で稜線を巡り、推定外郭線三キロ。列石の前面には三メートル間隔で柱穴が存在し、背後には高さ約二メートルの版築土塁が確認された。平野側に開いた粥餅《かゆもち》谷・長谷《はせ》・源吾《げんご》谷・産女《うぶめ》谷の四つの谷を取り込み、おのおの谷部には石塁タイプの堤体を築く。粥餅谷堤体部は比較的原状をとどめており、長さ約七メートル、高さ約三メートル。切石は大きいもので一六〇×六〇センチ、小さいもので六〇×四〇センチの長方形を呈し、石積は切石を横長に五段積み上げているが、上部に大きめの石を積む。積石の角をＬ形に切り欠き、嚙み合わせた箇所もみられる。石組暗渠は堤体部の中央下部に設けており、女山神籠石の堤体部・通水孔は基肄《きい》城の堤体部を一回り小さくした規模である。高良山《こうらさん》神籠石とともに有明海方面に対して睨みをきかす。

参考文献 瀬高町教育委員会編『女山・山内古墳群』(『瀬高町文化財調査報告書』二、一九八二)。小田和利「神籠石と水城大堤」(『九州歴史資料館研究論集』二二、一九九七)。

(小田 和利)

そんけいかくぶんこ 尊経閣文庫 加賀藩前田家伝来の資料を保管する機関で、東京都目黒区駒場に所在する。その蔵書は、『尊経閣文庫国書分類目録』『尊経閣文庫漢籍分類目録』などによって知られ、国宝・重要文化財に指定されるものも多い。「尊経閣」とは、第五代藩主前田綱紀(一六四三―一七二四)の収書「尊経閣蔵書」に由来し、明治に入り前田家の蔵書を納める文庫を称するようになった。その後同家伝来の典籍・美術品などを管理する目的で育徳財団が設立され、現在財団法人前田育徳会として同文庫の運営にあたっている。蔵書群の形成にあたっては綱紀の収集によるところが大きく、その収書は三条西家、称名寺、仁和寺、水戸徳川家など多方面に及び、原本購入のみならず謄写による収集も行われた。その際『桑華書志』『求遺書目録』『書札類稿』など書誌情報を記したノートを作成しており、これにより蔵書の来歴が判明するものもある。一九二六年(昭和元)より一九五二年まで蔵書中の優品を『尊経閣叢刊』として複製刊行、一九九三年(平成五)からは『尊経閣善本影印集成』(八木書店刊)として貴重書の影印を出版している。

参考文献 太田晶二郎『太田晶二郎著作集』四、一九九二、吉川弘文館。石川県立美術館編『前田綱紀展』、一九八六。

(高田 義人)

そんしょうじ 尊勝寺 京都市左京区岡崎最勝寺町にあった寺院で、堀河天皇の御願寺として建立された。いわゆる六勝寺の一つ。法勝寺の建立に遅れること約三十年で、六勝寺としては二番目のもの。『中右記目録』によると、一一〇〇年(康和二)三月に造営日時が勘申されたのが始まり。『為房卿記』では、同年七月には法勝寺の西隣の仏所で仏像が造り始められている。そして、一一〇二年六月二十九日には仏像が安置され、翌月の七月二十一日には供養会が行われている。その間、約二年であり、相当早く造営工事が進んだようである。堂宇としては、『尊勝寺供養記』に記述があり、金堂・講堂・灌頂堂・薬師堂・曼荼羅堂・五大堂・観音堂・御塔などがみえる。二条大路に面して南大門が開き、中門・金堂・講堂が一直線に南北に並び、東西の塔がその区画の外側にある。また、講堂の北側には東西に灌頂堂・薬師堂・曼荼羅堂が並び、いちばん北の建物群として、五大堂と観音堂が東西に並ぶ形をとる。その後、一一〇五年(長治二)十二月十九日になり、阿弥陀堂・准胝堂・法華堂の供養が行われた。このような規模を持った尊勝寺も、一一八五年(文治元)の地震で、五大堂や講堂が倒壊し、塔も相輪が落ちるなどの被害が出た。十三世紀前半までで、東西両塔の焼失、金堂の倒壊など、荒廃の一途をたどった。したがって、その場所もほとんどがわからなかったが、一九五九年(昭和三十四)ごろから発掘調査がなされ、寺域が東西南北とも二町を越える規模を持っていたことがわかってきた。近年までの調査で、桁行十四間以上×梁間六間の南北に長い阿弥陀堂跡、南北桁行九間×東西梁間六間の東西棟の五大堂。桁行十間×梁間六間の東西棟の観音堂などが見つかっている。これらの調査で出土した瓦や土器類から見ても、ほぼ十一世紀末から十二世紀前半までのものであることから、その時期に倒壊した後は、建物としては再建されなかったようである。その後、この地域は明治まで農村であったが、明治になり、疏水の建設、平安神宮の造営、第四回内国勧業博覧会に伴う開発で、これらの遺構の一部が破壊された可能性がある。

↓六勝寺《りくしょうじ》

参考文献 福山敏男「六勝寺の位置」(『日本建築史研究』所収、一九六八、墨水書房)。「尊勝寺跡発掘調査報告」(『奈良国立文化財研究所学報』一〇、一九六一)。京都市埋蔵文化財研究所編『六勝寺跡発掘調査概要』、一九八一。京都府埋蔵文化財調査研究センター編『京都府遺跡調査概報』二三、一九八七。

(土橋 誠)

そんぴぶんみゃく 尊卑分脈 南北朝時代の公卿洞院公《とういんきん》定《さだ》(一三四〇―九九)によって編纂された系図集成。正式名称は内題の「新編纂図本朝尊卑分脈系譜雑類要集」とみられ、『尊卑分脈』はその略称で元禄ごろ水戸藩の史官によって用いられ世間に広まっていったと考えられている。本書原本は、近年発見された公定書状により、一三七六年(永和二)ごろ編纂中であり、全十帖に分け、うち藤原氏系図が三帖分であること、僧侶・女子らを調査し書き入れたことなどが判明し、編纂にはそれ以前に成立した系図が用いられ、公定が配列・増補したものと考えられている。その後、原本は失われ、伝本は公定以後の人による書き継ぎやほかの系図が加えられるなどしたため、写本によって収載系図に異同があり、配列もさまざまで、原形がわからない状態になっている。テキストとしてよく利用される新訂増補国史大系本全四篇は現存写本の取り合わせであり、すべてが原本にあったという確証はないが、いまそれによって内容を示すと、第一・二篇は藤原氏、第三篇は源氏、第四篇は平氏・橘氏・菅原氏・中臣氏・大江氏・高階氏のほか諸道系図などを収載している。

参考文献 益田宗「尊卑分脈の成立と編成」(『東京大学史料編纂所報』二〇、一九八六)。飯田瑞穂「尊卑分脈雑記」(『飯田瑞穂著作集』五所収、二〇〇一、吉川弘文館)。皆川完一「尊卑分脈」(皆川完一・山本信吉編『国史大系書目解題』下所収、二〇〇一、吉川弘文館)。

(高田 義人)

だいあんじ　大安寺　奈良市大安寺町に所在する高野山真言宗の寺院。国指定史跡。その起源は舒明天皇が創建した百済大寺およびそれを継承した天武天皇の高市《たけち》大寺、さらにそれを継いだ藤原京の大官大寺であり、平城京への遷都とともに左京六条四坊に移り、大安寺と称された。七二九年（天平元）大安寺の造営は入唐留学の経験を持つ道慈が担当することになり、彼の活躍により大安寺は三論宗の拠点になるとともに、婆羅門僧正菩提僊那や道璿《どうせん》律師ら、外来の僧が集まる場ともなった。また、道慈は三論のほか密教も学んで帰朝しており、今も同寺に伝存する不空羂索観音立像・馬頭観音立像・楊柳観音立像（いずれも重文）といった雑密系の木彫像は、当時の大安寺における教学の様相を推察させる。奈良時代には大寺として寺勢を誇ったが、十世紀以降、数度の火災に遭い、特に一〇一七年（寛仁元）の火災では塔を除くすべての伽藍を失った。このときは一応の復興を果たしたが、平安時代末になると衰退し、わずかな伽藍を残すのみとなった。『大安寺伽藍縁起幷流記資財帳』は、奈良時代の大安寺の伽藍地を「寺地壱拾伍坊」と伝える。この広大な敷地に、金堂や僧房のある中心伽藍のほか「塔院」「禅院食堂」「倉垣院」などが配されていた。『資財帳』の記載内容や発掘調査の成果によると、大安寺の中心伽藍は南大門・中門・金堂・講堂が南北に並び、中門と金堂が回廊で結ばれる配置となっており、南大門の南方に東西に並ぶ七重塔が二基そびえていた。一九五四年（昭和二十九）以来の発掘調査は南大門、中門、講堂、僧房などで実施され、大量の瓦・土器などが出土している。また近年、西塔跡の全面的な発掘調査が行われ、造立当初の基壇規模がほぼ確定するとともに、塔相輪の水煙・請花の残欠や風鐸などの銅製品も多く出土した。なお、現在の大安寺は、旧寺地のうち中門・南大門付近を占めている。

→百済大寺《くだらおおでら》　→大官大寺《だいかんだいじ》

参考文献　奈良市教育委員会編『奈良市埋蔵文化財調査概要報告書』、一九六七。『大安寺史・史料』一九八四。

（野尻　忠）

だいあんでん　大安殿　飛鳥時代から奈良時代にかけてみえる宮内の殿舎。六八五年（天武天皇十四）から七五四年（天平勝宝六）までの史料にみえ、宮は、飛鳥浄御原宮・藤原宮・平城宮・恭仁宮・紫香楽宮に及ぶ。大安殿の字義は「（天皇の）やすみどの」と解され、古来、大極殿相当とみる説と内裏正殿とみる説が両立し、また、同時期の史料にみえる中安殿・内安殿などとの関連も議論されてきた。史料上の用例によれば、元日朝賀・賜宴・仏事・出雲国造神寿詞など、後に大極殿で行われる儀式との類似が強く、大安殿の性格が大極殿に近いことを示している。平城宮については、東区大極殿院下層の正殿にあたる掘立柱建物SB9140（桁行九間梁行四間の東西棟、柱間十五尺等間の四面廂建物）を大安殿にあてる理解が有力である。近年、飛鳥京跡の発掘調査において、飛鳥浄御原宮の内安殿・大安殿と推測される遺構が相ついで検出され、注目される。

参考文献　奈良国立文化財研究所『平城宮発掘調査報告』XIV（『奈良国立文化財研究所創立四〇周年記念学報』五一、一九九三）。奈良文化財研究所編『大極殿関係史料（稿）（二）編年史料』、二〇〇五。寺崎保広「平城宮大極殿の検討」（『古代日本の都城と木簡』所収、二〇〇六、吉川弘文館）。同「平城宮大極殿」（同所収）。

（山本　崇）

だいかくじ　大覚寺　京都市右京区嵯峨大沢町に所在する寺院。八七六年（貞観十八）、正子内親王（淳和天皇皇后）は亡父嵯峨上皇の没後に上皇の離宮であった嵯峨院を寺に改め、大覚寺とした。現境内の東南半を占める大沢池は、中国の洞庭湖を模して造られたとされる嵯峨院の園池跡で、地形からは東と南に土堤を築き、水を堰き止めて広大な水面を造成したことが窺える。その北岸には名古曾滝が設けられていたが、藤原公任の有名な「滝の音は絶えて久しくなりぬれど名こそ流れて猶聞こえけれ」（『拾遺和歌集』八）の和歌や赤染衛門の和歌（『後拾遺和歌集』一八）などから、十一世紀前半にはすでに滝石が藤原氏の邸宅である閑院第へと持ち去られ、かなり荒廃していたことが知られる。鎌倉時代には後嵯峨・亀山・後宇多の三上皇の仙洞御所となり、特に後宇多上皇は諸堂の造営・整備に努め、その伽藍は広壮を極めた。この時期の伽藍を江戸時代になって描いたとされる「大覚寺絵図」（大覚寺所蔵）によると、大沢池の北岸に金堂などの主要伽藍を中心に多数の子院が整然と配置され、名古曾滝の周辺に檜皮葺の建物群を中心とする後宇多上皇の「中御所」が存在したことが知られる。これらの殿舎は応仁の乱により焼失したが、江戸時代初頭には現境内に見る伽藍の原形が完成した。大覚寺の現境内は一九三八年（昭和十三）八月八日に国史跡大覚寺御所跡に指定され、大沢池とその北岸域は一九二二年（大正十一）三月八日に国名勝大沢池附名古曾滝跡に指定された。一九八四―九〇年（平成二）に大沢池北東岸において境内整備に先立つ発掘調査が行われ、嵯峨院の時代にさかのぼる大沢池の石敷汀線や大沢池に流れ込む蛇行水路の遺構のほか、名古曾滝の周辺に造営された「中御所」の石敷園池の遺構なども確認された。特に嵯峨院の時代に属する蛇行水路は幅三・五～八メートル、最深部における岸辺との比高が一・五メートルにも及ぶ大規模な素掘溝で、緩やかな曲線と勾配を持つ九―十世紀の遣水《やりみず》の事例として貴重である。

（本中　眞）

たいかのはくそうれい　大化薄葬令　『日本書紀』大化二

年(六四六)三月甲申(二十二日)条に掲げられた国家による葬送に対する新たな統制を内容とする詔を一般に大化薄葬令と呼ぶ。長文の詔の前文には『三国志』の『魏書』武帝《ぶてい》紀、文帝《ぶんてい》紀を参照・引用しており、これを厚葬矯正の模範とする。内容は王族・群臣を対象とした国家的葬送の規定と、葬送における旧俗の禁止に大別される。規定は王《みこたち》以上、上臣《たかきまえつきみ》、下臣《ひききまえつきみ》、大仁《だいじん》・小仁《しょうじん》、大礼《だいらい》以下小《しょう》智《ち》以上、庶民《おほみたから》の六段階の身分ごとの墓室の長さ・高さ・広さ、外域(墳丘)の形状・高さ、労役に従事する役丁《えきてい》の人数と日数、葬具の種類に関するもので、たとえば王以上では墓室の長さ九尺・(高さ五尺)・広さ五尺、墳丘は方九尋《ひろ》・高さ五尋とある。それまで築造されてきた王族・豪族墓の候補とされる後・終末期古墳に比べて墳丘・墓室規模が著しく縮小化するよう規定され、墳丘も方形に限定される。さらに大仁以下は封土を築かず、庶民については墓室もないとするから詔には薄葬の趣旨が明確に示されたものといえよう。次に禁止の旧俗は人の殉死、馬の殉殺、副葬品の埋納、哀悼傷身などである。詔は具体的だが、官位相当原則を前提とした内容表現や、造墓労働力の国家による編成・提供を示す規定など記述どおり孝徳期に発令されたと認めることには問題がある。また七世紀中葉以降も依然として規定を上回る規模の終末期古墳例は多く認められるし、墳形も方墳に一律化するわけではない。群集墳の造営も詔を契機として一斉に停止した状況にはない。もっとも七世紀末葉に編年される奈良県高市郡明日香村野口所在の鬼の俎《まないた》・雪隠《せっちん》古墳などは埋葬施設の横口式石槨《よこぐちしきせっかく》の内法長約二・七メートル、幅約一・五メートルで、唐尺換算では九尺、五尺となり王以上、上臣、下臣の墓室の規定に合致することが指摘されており、規定をすべて虚構とみなすことも適当ではない。その実効性について時期や遵守をめぐる議論がつづいている。

参考文献 森浩一編『論集終末期古墳』、一九七三、塙書房。大阪府立近つ飛鳥博物館編『大化の薄葬令』、一九九八。白石太一郎編『古代を考える終末期古墳と古代国家』、二〇〇五、吉川弘文館。 (今尾 文昭)

だいかんだいじ 大官大寺 奈良県高市郡明日香村小山《こやま》に所在する官営の大寺院跡。百済大寺、高市《たけち》大寺の後身で平城京大安寺の前身寺院。国史跡。香久山の南に金堂と塔の基壇跡が残る。一九七四年(昭和四十九)に開始された発掘調査で壮大な伽藍配置が明らかにされた。伽藍中枢部は、中軸線上に南から中門、金堂、講堂が並び、金堂の前方東側に塔が建つ。回廊は中門から塔のある内庭を囲んで金堂に取り付き、東・西回廊はさらに北にのびて講堂の背後で閉じ「日」字形を呈する。金堂基壇は東西約五四・六メートル、南北約三〇・一メートル、高さ一・七メートル。建物規模は桁行九間(十七尺等間)、梁行四間(母屋二間が十八尺、廂の出十七尺)、軒の出十六尺に復元されている。この大きさは、東大寺大仏殿にくらべると一歩ゆずるが、それに次ぎ、藤原宮や平城宮の大極殿に匹敵する。塔基壇は一辺二四メートルほどで柱間各十尺の方五間、高さは八〇メートル近いと推定される。講堂は基壇が大部分削平されていたが金堂と同規模。中門は間口五間(中央三間十七尺、両端間十四尺)、奥行三間(十四尺等間)。回廊は礎石の残りがよく、単廊《たんろう》で桁行十三尺、梁行十四尺に復元でき、南北規模約一九七メートル、東西は約一四四メートルになる。建物のまわりからは大官大寺式とよばれる複弁蓮華紋軒丸瓦と均整唐草紋軒平瓦や、金銅製の隅木先金具などが出土。『大安寺伽藍縁起』は文武朝に九重塔と金堂をつくり丈六像を敬造したと記し、『扶桑略記』は六九九年(文武天皇三)に塔を建て七一一年(和銅四)に焼失したと伝える。伽藍中軸線が藤原京条坊に合致すること、金堂基壇下出土の土器が藤原宮のものに近いこと、軒瓦の紋様が本薬師寺式や藤原宮式より新しいことなどから、その造営は文武朝に本格化したことが判明した。また金堂と講堂は完成後に焼失。塔は建物本体は完成したものの基壇化粧を施す前に焼失。中門と回廊は建設中に焼失したことが発掘で確認されているが、こうした状況は『扶桑略記』の焼失記事の正しいことを裏付けている。 ↓吉備池廃寺《きびいけはいじ》 ↓百済大寺《くだらおおでら》 ↓大安寺《だいあんじ》

参考文献 大脇潔『飛鳥の寺』(『日本の古寺美術』一四、一九八九、保育社)。大脇潔「大安寺一―百済大寺から大官大寺へ―」(『シンポジウム古代寺院の移建と再建を考える』所収、一九九五、帝塚山考古学研究所)。 (大脇 潔)

だいかんな 台鉋 わが国で建築部材表面の仕上げ切削用として使われてきた、二つのカンナのうちの一つ。古代・中世の文献には記述が見あたらず、近世の文献に「鉋・ツキカンナ」の記述がある。十四世紀初めの建築部材(金剛峯寺《こんごうぶじ》不動堂)に原初的鉋と推定される刃痕が残っていることから、この時期には鐁を主とし、鉋を従として二つの切削道具が併用されていた可能性がある。十五世紀中ごろの建築部材(正蓮寺《しょうれんじ》大日堂)には、長いストロークで通りよく切削した同一幅の刃痕(やや凸丸の刃部)が見られることから、この時期に、近世以降の鉋に近い形状・構造のものが限られた範囲で使われていたと推定される。十六世紀後半の出土遺物(大坂城遺跡)は、破損した鉋の台だけであるが、鉋身を押溝《おさえみぞ》に嵌め込むという、近世以降の鉋と同じ装着方式である。これらの資料より、遅くとも十四世紀初めには使われていた原初的鉋は、十五世紀ごろに改良が進み、十七世紀ごろに切削道具の主役が鐁から鉋に移行したと考えられる。

参考文献 渡邉晶『大工道具の日本史』(『歴史文化ライブラリー』一八二、二〇〇四、吉川弘文館)。 (渡邉 晶)

だいきちやまがよう 大吉山瓦窯 八世紀前半に多賀城・多賀城廃寺創建期の瓦を焼成した窯跡で、宮城県大崎市古川清水に所在する。断面観察から五基の地下式窖窯《あながま》が確認され、国史跡に指定された。瓦には、重弁蓮花文軒丸瓦一種、重弁蓮花文鬼板、桶巻き作りの平瓦、紐巻き作りの丸瓦がある。鬼板は脚部に「小田建万呂」の陽出文字があることなどから、日の出山瓦窯跡群の方形鬼板

と同笵《はん》であることが知られるが、上部がアーチ型となっている。両窯跡の鬼板の比較から、この鬼板の笵は、㈠日の出山瓦窯群で当初は方形で、文字の無い状態、㈡同窯群のある段階で、脚部に「小田建万呂」と彫り込まれ、㈢大吉山瓦窯の段階で上部がアーチ型に削られる、という変遷があることが判明した。これによって、同じ多賀城創建期の窯ではあるものの、操業期間に幅があること、また、窯跡群の間で笵の移動がみられることなどが知られる。なお、木戸瓦窯の重弁蓮花文鬼板はこれらと笵を異にしている。

参考文献　『古川市史』六、二〇〇六。　（髙野　芳宏）

たいけんもん　待賢門　⇩宮城十二門《きゅうじょうじゅうにもん》

たいこ　太鼓　皮などを張って打ち、それを振動させて音を出す体鳴楽器の総称。縄文時代の勝坂式土器を太鼓として用いたとする説がある。いわゆる有孔鍔付土器で、その形状は口縁が平らで突起がなく、頭部に十個くらいの小孔が開き、その直下に隆帯（粘土紐による突帯）一条があり、器形は深鉢形か壺形である。これに皮を張り、孔に栓をして止められていたという。このような土器は中期の終末あるいは後期の初めまでみられる。有孔鍔付土器の用途についてはほかに酒の醸造のための酒造器説があり、未詳である。群馬県伊勢崎市の天神山古墳から太鼓を持つ人物埴輪が出土している。これは樽形の両面太鼓で、左の胸から腹にかかる位置に紐で吊り下げられており、桴を持った右手で打ち左手は一方の面を支えるように描かれている。しかもその胴体にみられる刻線から締太鼓の可能性が考えられている。古墳時代には、大陸から締太鼓が伝えられたものであろう。正倉院には胴の中央部が細くなった腰鼓の木製胴が二十数口、胴中のくびれた磁鼓の三彩の鼓胴、鼓皮残欠などが収蔵されている。いずれも締太鼓であろう。律令制雅楽寮には唐楽に鼓師一人、鼓生十四人（後に四人）、腰鼓師二人、腰鼓生が置かれ、七三一年（天平三）七月より教習された度羅楽でも鼓師が一人みえる（『類聚三代格』大同四年（八〇九）三月二十一日付太政官符）。また、八五五年（斉衡二）十二月二十一日付太政官符によると高麗鼓師が新たに置かれているが、すでにこれ以前に高麗鼓生が置かれていたことが知られる（嘉祥元年（八四八）九月二十二日付太政官符）。平安時代中期以降、雅楽の舞楽には大形の締太鼓である大太鼓《だだいこ》が用いられ、管弦には小形の鋲打太鼓である楽太鼓が使われた。鋲打太鼓がいつあらわれたかは未詳だが、大陸から伝えられたものであろう。締太鼓系の太鼓は主に鼓系の太鼓として田楽・猿楽能などに、鋲打太鼓は祭りの太鼓などとして使われてきた。民俗芸能ではともに用いられている。　↓鼓《つづみ》

参考文献　増本喜久子『雅楽―伝統音楽への新しいアプローチ―』、一九六八、音楽之友社。芸能史研究会編『日本の古典芸能』二、一九七〇、平凡社。宮崎まゆみ『埴輪の楽器―楽器史からみた考古資料―』、一九九三、三交社。山田光洋『楽器の考古学』、一九九八、同成社。笠原潔『埋もれた楽器』、二〇〇四、春秋社。　（荻　美津夫）

たいこうづつみ　太閤堤　豊臣秀吉の築いた堤の総称であるが、特に京都府南部、巨椋池《おぐらいけ》の周辺と池中に築いた堤、なかでも小倉堤を指す。一五九四年（文禄三）、伏見城築城に関連して、周辺交通路の整備および治水工事の一環として、宇治から向島にかけての宇治川左岸に槇島堤（宇治堤）を、巨椋池中に小倉から向島にかけて小倉堤を、宇治から小倉へ薗場《えんば》堤を築いた。これによって西流して巨椋池に注いでいた宇治川は北行して伏見城下に入り直接淀川に接続することとなって、現在の流路が確定した。宇治川の中州であった槇島《まきしま》は輪中化する。また伏見と対岸向島との間には豊後橋（現在の観月橋）を架け、小倉堤の上を、伏見・奈良間を結ぶ新しい短縮した大和街道とした。同時に宇治橋を撤去し、これまでの宇治経由を廃止した。これで水陸交通の要衝は宇治から伏見に移った。また宇治川流入をやめたことで巨椋池の水位が下がり、逆流による水害が発生する原因となった。　↓巨椋池《おぐらいけ》

参考文献　『巨椋池干拓史』、一九六二、巨椋池土地改良区。　（榎　英二）

だいごくでん　大極殿　古代の宮城の中心殿舎。名称は、太極星（北極星）に由来する中国古代宮城の中心施設太極殿による。日常的な朝政のほか、即位式・元日朝賀・外国使節の謁見など、律令国家の重要な儀式の場として用いられた。飛鳥浄御原宮東南郭の正殿（いわゆるエビノコ大殿）がその機能を果たした最初の例とみられ、すでに大極殿と呼ばれていた可能性がある。藤原宮の大極殿は礎石建ちの中国風の建物で、内裏外郭に取り込まれた位置にあり、内裏正殿とは別に設けられた天皇の出御空間であった。平城遷都により平城宮に移築されたらしいが、平城宮ではこれと別に掘立柱建物による同様の空間が東側にも併設された。朱雀門の真北の中央区の正殿が藤原宮から移築した大極殿で、築地回廊に囲まれた一郭の塼《せん》積みの擁壁の北側に建つ。唐大明宮の含元殿を模したものといわれる。一方東区の正殿は日常的な政務空間で大安殿と称された。七四〇年（天平十二）の恭仁《くに》遷都に伴い中央区の大極殿は恭仁宮に移築され、七四五年の平城還都後は東区の正殿が大極殿の機能を果たしたらしい。天平勝宝年間（七四九―五七）には礎石建ちに建て替えられ、これを中央区の大極殿に対し第二次大極殿と呼ぶ。第一次大極殿と大安殿に分割されていた機能がここに再び統合されたことになる。内裏付属の天皇の出御空間としての機能は、長岡宮大極殿にも受け継がれた。しかし、長岡宮第二次内裏の造営により、大極殿・朝堂院は内裏から分離し、平安宮では大極殿は内裏との結びつきを失う。朝堂院との間の区画施設がなくなり、大極殿は竜尾壇上に位置する朝堂院の正殿としての機能をもつ殿舎となった。内裏との分化は、朝政における天皇出御の形骸化と公卿の内裏伺候の一般化によるとみられる。平安宮の大

極殿は、八七六年(貞観十八)・一〇五八年(康平元)の二度の火災で焼失し、そのつど再建されたが、一一七七年(治承元)の三度目の火災を最後に再建されることはなかった。

参考文献　渡辺晃宏「平城宮中枢部の構造」(義江彰夫編『古代中世の政治と権力』所収、二〇〇六、吉川弘文館)。

(渡辺　晃宏)

だいごじ　**醍醐寺**　京都市伏見区醍醐東大路町に所在する真言宗寺院。真言宗醍醐派の総本山。創建は八七四年(貞観十六)、僧聖宝《しょうほう》が現在の醍醐山上に仏堂を建て、准《じゅん》胝《てい》・如意輪の両観音像を安置したことにさかのぼる。寺号は、聖宝が山上に登った際に現れた老翁姿の地主神(横尾明神)が、この地の泉水を醍醐味と賞したことによるという。九〇七年(延喜七)には醍醐天皇の発願により薬師堂が建立され、九一三年、観賢(後の座主)の求めにより定額寺とされ、政府および諸権門から封戸や荘園が相ついで施入された。特に源高明を祖とする醍醐源氏の帰依があり、一族の中から当寺の座主を輩出している。平安時代後期の境内には多くの堂塔、僧房と在家五百余があり、小都市の景観を示していた。応仁の乱によって多くの堂舎を焼失したが、近世になると木食応其《もくじきおうご》や座主義演が豊臣秀吉にはたらきかけて復興が進められ、一五九八年(慶長三)の秀吉による「醍醐の花見」の舞台になった。寺域は山麓の下醍醐地区と山上の上醍醐地区に分かれ、全域が国史跡に指定されている。上醍醐は、標高約四五〇メートルの醍醐山の山内に展開し、文化財として薬師堂、清滝《きよたき》宮拝殿(以上国宝)、開山堂、如意輪堂(以上重文)がある。下醍醐は醍醐山の麓、山科盆地の東南部にあたり、文化財建造物として、五重塔、金堂(いずれも国宝)、清滝宮本殿(重文)がある。特に五重塔は九五一年(天暦五)の造営になる京都市内最古の建造物である。美術工芸品や典籍・古文書類の多くは下醍醐の霊宝館に保管されており、国内有数の密教文化財の宝庫である。

資料館　醍醐寺霊宝館(京都市伏見区)

参考文献　醍醐寺文化財研究所編『醍醐寺新要録』、一九九一、法蔵館。有賀祥隆他編『醍醐寺大観』、二〇〇三、岩波書店。

三宝院《さんぼういん》　醍醐寺の子院の一つで下醍醐にある。醍醐寺座主勝覚が一一一五年(永久三)に創建した。『醍醐雑事記』によれば五間四面の堂に大日・釈迦・薬師・両界曼荼羅を安置し、経蔵・宝蔵・寝殿・護摩堂・持仏堂などがあった。南北朝時代の院主賢俊は護持僧として足利尊氏に仕え、足利義満・義持・義教の側近として権勢を振るった院主満済は「黒衣の宰相」と称された。満済以来、三宝院院主が醍醐寺座主を務める慣例となった。近世初期の院主義演は豊臣秀吉の知遇を受け、醍醐寺の復興に功があった。現在の境内はもと金剛輪寺のあった地で、秀吉の「醍醐の花見」に際して造営された庭園は特別史跡・特別名勝。境内建物のうち、表書院、唐門は国宝、玄関、勅使の間・秋草の間および葵の間、宸殿、庫裏、純浄観、護摩堂、宝篋院塔が重文。建物内の障壁画も重文に指定されている。

(田良島　哲)

だいざ　**台座**　仏像や神像などの彫刻を安置する台のこと。通常は彫刻に付属するものを指すが、画像の中に彫刻をほとんど模した台座が描かれることもある。台座は、安置される像の種類や、あるいは時代によってさまざまなものが造られている。代表的なものとしては、蓮華を象《かたど》った蓮華座がまず挙げられ、これは如来・菩薩像にもっとも一般的に用いられている。飛鳥時代を中心に如来像の台座としてしばしば用いられた方形台座が須弥《しゅみ》座で、これは須弥山を象ったものといわれ、また漢字の「宣」の字に似ていることから宣字座とも呼ばれる。蓮華座や宣字座の中には、尊像の着衣の一部が台座に垂れるものもあり、こうした形式の台座を裳懸《もかけ》座と呼ぶ。また、岩を象った岩座は四天王などの神将像に用いられることが多く、蓮華の葉をひっくり返した形の荷葉《かしょう》座は、吉祥天像などに用いられている。また、文殊菩薩の獅子、普賢菩薩の象のように鳥獣が台座の大半を占めるものがあり、鳥獣座と呼ばれている。

参考文献　倉田文作『仏像のみかた―技法と表現―』、一九六五、第一法規出版。光森正士・岡田健『仏像彫刻の鑑賞基礎知識』、一九九三、至文堂。

(根立　研介)

蓮華座　法界寺阿弥陀如来像

裳懸座　薬師寺薬師如来像

岩座　興福寺天燈鬼像

だいじじ　**大慈寺**　天台宗の古刹。栃木県下都賀郡岩舟町小野寺に所在。北方近くに式内社村檜神社が鎮座し、周辺の山麓からは型押文字で「大慈寺」の寺名を叩き出した平瓦(佐野市関川町八幡瓦窯の同笵瓦)、国分寺系の軒瓦類が採集されている。奈良時代後期には堂宇が建立されていたのであろうが、往事の伽藍配置は詳らかでない。塔かといわれる礎石が残る。天正年間(一六七三—九二)小田原北条氏の兵火に罹り全山焼失したという。現在は薬師堂、大師堂、本堂が建立されている。寺伝によれば、七三七年(天平九)行基によって創建、二代は鑑真の弟子道忠。三代広智の門弟に円仁(慈覚大師)がいる。最澄は八一五年(弘仁六)に法華経二千部の書写を発願、これを六ヵ所の宝塔に安置することとし、造塔地の一つに大慈寺が選ばれた。本堂の北山腹には、宝塔にちなむ相輪樘を江戸時代に建立。古代の大慈寺は天台宗流布の拠点として重視され、下野国分寺とともに護国と北方鎮護とに対していたものと思われる。

参考文献　林慶忠『郷土文化を探る』一、一九六二。渡辺龍瑞「大慈寺旧伽藍」(『栃木県史』資料編考古二所収、一九七九)。益田崇「仏教信仰の浸透」(『栃木県史』通史編二所収、一九八〇)。

(田熊　清彦)

たいしゃづくり　大社造　出雲地方にのみ見られる神社建築の形式で、出雲大社本殿(島根県、一七四四年)に代表される。桁行二間、梁間二間、切妻造妻入で、妻側二間のうちいずれかに入口を設け、階段を取り付ける。九本の柱は円柱で、中央の「心御柱《しんのみはしら》」をほかより太くし、妻の棟通りに位置する二本の「宇豆柱《うずばしら》」を壁心より外へ突出させ棟持柱とする。現存する最古の遺構は神魂《かもす》神社本殿(島根県、一五八三年)。出雲大社本殿は、平安時代には東大寺大仏殿、平安宮大極殿と並び称されていたことが『口遊《くちずさみ》』(九七〇年)より知られ、またたびたび転倒したことなどから格段に高い建物であったと考えられている。二〇〇〇年(平成十二)の発掘調査により鎌倉時代の本殿の遺構が確認され、三本の杉柱を束ねて一本の柱に充てる、出雲国造千家家蔵の「金輪御造営差図」の表現と一致する形式であることが判明した。　→神明造《しんめいづくり》　→住吉造《すみよしづくり》

大社造　(出雲大社本殿)

参考文献　福山敏男「出雲大社の社殿」(『日本建築史研究』所収、一九六八、墨水書房)。『日本建築史基礎資料集成』一、一九九八、中央公論美術出版。『出雲大社境内遺跡』、二〇〇四、大社町教育委員会。

(清水　重敦)

だいじょういん　大乗院　一乗院と並ぶ興福寺両門跡の一つ。平城京左京四条七坊十三・十四坪、現在の奈良市高畑町に所在。一〇八七年(寛治元)成立。本願は隆禅(大乗院成立当時権律師・法橋。後に法印権大僧都)。当初は興福寺の北方、現在の奈良県庁舎の付近に開かれた。関白藤原師実男尋範、摂政藤原忠通男信円が院主を相承し、貴種入室の門跡となる。尋範・信円は一乗院門跡も兼帯した。一一八〇年(治承四)の平重衡による南都焼き打ちで大乗院も焼失。翌年に大乗院門跡が兼帯していた元興寺禅定院の地に移り、再興。信円以降は基本的に両門跡の兼帯はなく、大乗院門跡は九条流によって継承される。両門跡を比べると、所領や被官の数・規模など遥かに劣る。一四五一年(宝徳三)に徳政一揆による火災で再び堂舎の大半を焼失。翌年から尋尊により建物・庭園が復興される。この庭園は「南都随一の名園」と謳われた。なお、尋尊は『大乗院寺社雑事記』を記した人物でもある。織豊政権下、興福寺は大きくその勢力をそがれ、大和国に対する影響力を失う。近世の朱印地は九百五十一石。明治初頭の神仏分離・廃仏毀釈の際、興福寺は一山復飾する。大乗院門跡も松園姓を名乗り、春日新神司となる。これに伴い、大乗院も廃絶。御殿はそのまま松園邸として用いられるが、一八七四年(明治七)に小学校に転用。ほかの堂舎などは売却されたり、取り壊されたりした。一八八三年には御殿も取り壊され、飛鳥小学校建設。以後も一八八七年ごろには荒池の造成や一九〇九年の奈良ホテル開業などに伴う周辺の大規模土木工事の影響を受ける。飛鳥小学校は一九〇〇年に移転し、一時荒れ地となるが、奈良ホテル開業後は付属施設(パターゴルフ場・防空壕・テニスコート)用地として利用。第二次世界大戦後には国鉄の保養施設が建設された。その後、庭園部分は名勝指定に伴い公有化され、日本ナショナルトラストによって管理されている。なお、庭園・御殿部分以外は奈良ホテル用地のほか、民有地となっている。旧大乗院庭園は国指定名勝。東大池・西小池と、いくつかの島からなる池を中心とし、東側の山々を借景とする壮麗な庭園。鬼薗山の裾の湧き水を水源とし、東側をせき止めて池を形成した、とされる。平安時代、禅定院時代に庭園の基礎が作られ、それを継承しながら中世・近世と整備を重ねたとされる。とりわけ、室町時代尋尊による整備は大規模で、西小池の整備はこの時期に進んだと考えられている。この作庭は、慈照寺銀閣の造営に深く関与したとされる善阿弥が行なった。「南都随一の名園」と謳われ、足利義政も訪れたほどである。近世後期には、「大乗院四季真景図」など庭園の様子の美しさを表現した絵画が描かれた。なお、こうした絵画は類似した構図で何種

類か存在する。著名な物は、興福寺蔵・奈良ホテル蔵・宇賀志屋文庫蔵など。これらは描かれた時期も若干異なる。しかし、先述の近代の土木工事や利用の結果、庭園も荒廃した。昭和初期、東側を通る道路の拡張計画に伴って保存運動が起き、庭園としての価値が再評価される。一九九五年(平成七)以来、日本ナショナルトラストによる整備事業が行われ、その一環として奈良文化財研究所(調査開始当時は奈良国立文化財研究所)が発掘調査を行なった。東大池では、東大池の形状、大池東南部分の「三ツ島」の様相などが明らかになった。また、南西隅部分では、近世の池岸積土の下で、古い池底が確認された。下層の池底は禅定院時代のもので、中世に池岸を積み大きく改造したと考えられる。西小池は、三つの池が連なったもので、北側と中央部の池には島がある。水深は比較的浅いが、池岸は石材などで整えられる。池の中には魚溜まりなどの庭園施設を備える。「四季真景図」などに描かれた西小池の華麗な様相が裏付けられたといえよう。一方、近世初頭に大きな改造を受けていることも明らかになった。近代に西小池が埋め立てられたり、東大池が遊水池として利用された様相なども生々しく確認されている。→一乗院《いちじょういん》

参考文献　藤田祥光『大乗院』。森蘊『中世庭園文化史』(『奈良国立文化財研究所学報』六、一九五九、奈良国立文化財研究所)。泉谷康夫『興福寺』(『日本歴史叢書』、一九九七、吉川弘文館)。『平城宮跡発掘調査部発掘調査概報』一九九五年度、一九九六、奈良国立文化財研究所。『奈良国立文化財研究所年報』一九九七―二〇〇〇、一九九七―二〇〇〇。『奈良文化財研究所紀要』二〇〇一―二〇〇六、二〇〇一―〇六。

(馬場　基)

だいじょういんじしゃぞうじき　大乗院寺社雑事記　明治時代初めに内閣文庫所蔵となった興福寺大乗院門跡の尋尊(第二十七代)・政覚(第二十八代)・経尋(第三十代)の自筆日記の総称である。うち政覚の日記は『政覚大僧正記』として『史料纂集』で刊行され、経尋の日記は未刊であり、一般には当該名称で同じ尋尊筆の『大乗院日記目録』をあわせて刊行されている尋尊自筆の日記を指す。尋尊の日記は『寺務方諸廻請』十二冊と『寺社雑事記』の表題で一四五〇年(宝徳二)から一五〇八年(永正五)の間、約二百冊に書き継がれ、さらに個別事項の別記も作成されている。一条兼良の子で興福寺別当にもなった尋尊(一四三〇―一五〇八)が、寺内の事項はもとより大和国内の動向や幕府の政情についても詳細に記しており、応仁の乱を挟む室町時代中期の基本的な史料である。一九三七年(昭和十二)に十二冊本で刊行され、のち『続史料大成』に収録されている。

(綾村　宏)

だいじょうきゅう　大嘗宮　大嘗祭《だいじょうさい》の祭場として、朝堂《ちょうどう》院《いん》の朝庭《ちょうてい》に臨時に造営される施設。東の悠紀院《ゆきいん》と西の主《す》基院《きいん》からなる。それぞれ大嘗祭を行う南北棟の正殿(悠紀殿・主基殿)と、その東南(西南)の厠屋《かわや》からなる一郭、およびその北側に位置する祭儀に用いる稲を精白するための臼屋《うすや》と、コメを炊飯するための膳屋《かしわや》からなる一郭により構成されている。両院の北側の朝堂院の中軸上には、両院における祭儀の際に天皇の控えの御座所(西三間)および湯屋(東二間)として用いられる廻立殿《かいりゅうでん》が設けられる。これらは、黒木(皮付きの木)を用いて祭日の七日前から二日前までの六日間で造営され、祭儀終了後直ちに撤去された。平城宮東区朝堂院の朝庭からは、五時期の大嘗宮の遺構が発見されており、元正・聖武・淳仁・光仁・桓武の各天皇の大嘗祭に伴う大嘗宮と考えられる。一方、平城宮中央区朝堂院の朝庭からも大嘗宮の遺構がみつかり、称徳天皇の大嘗宮に比定されている。

参考文献　『奈良文化財研究所紀要』二〇〇五、二〇〇五。

(渡辺　晃宏)

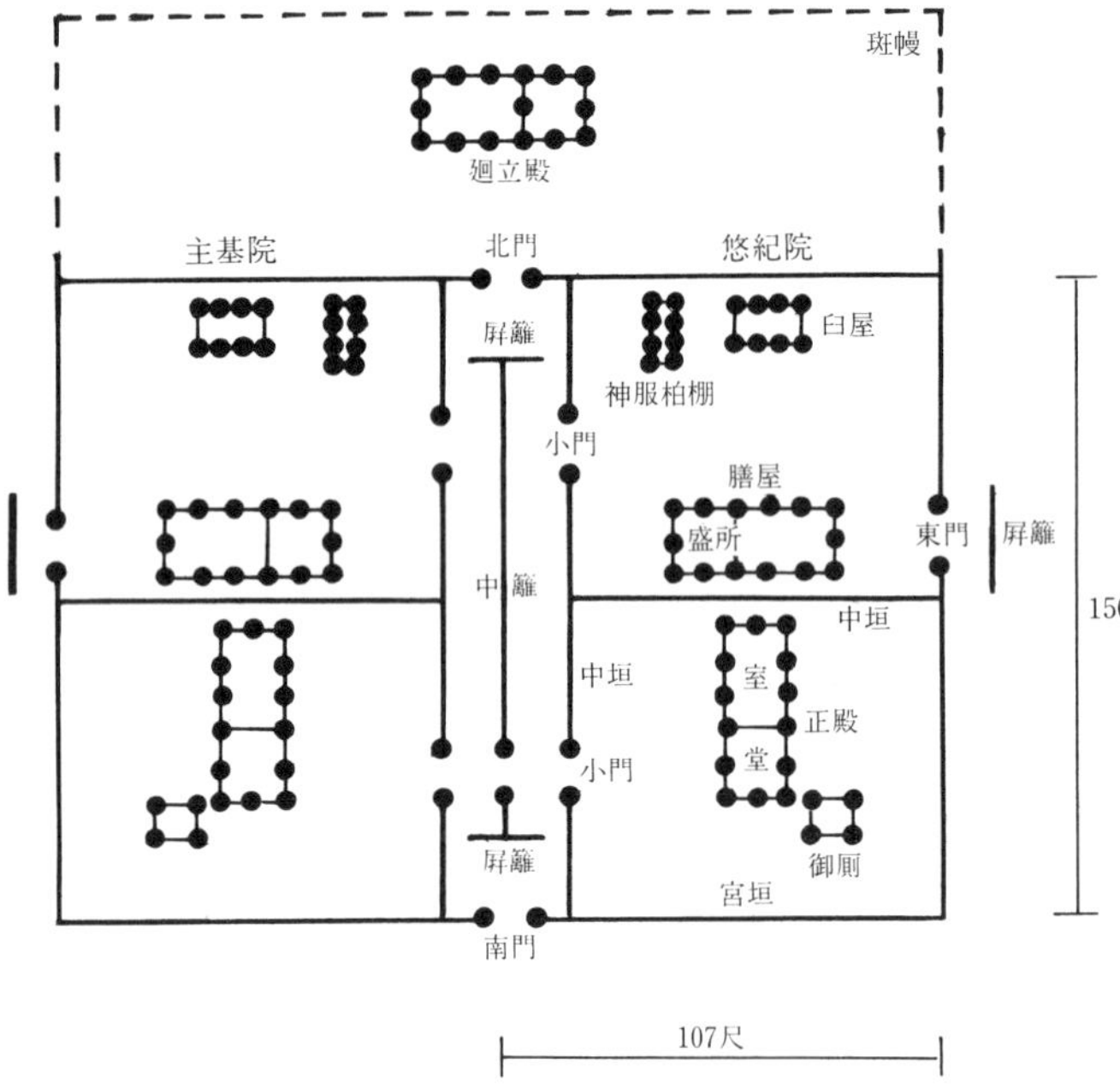

『儀式』による大嘗宮の建物配置

だいじょうさい　大嘗祭　天皇即位後はじめて行われる新嘗祭。践祚大嘗祭・大嘗会ともいう。天皇が神と食をともにする儀式。七世紀末の天武・持統朝に整備されたといわれる。即位が七月までならばその年の、八月以降であれば翌年の十一月の下(または中)卯の日が祭日とされた。通常の新嘗祭とは異なり、臨時の祭場として大嘗宮が造営される。悠紀《ゆき》・主基《すき》二国が卜定《ぼくじょう》されると、八月上旬に両国に抜穂使《ぬいぼのつかい》を派遣して九月に抜穂の行事を行い、これを都に運ぶ。つ

いて、十月下旬に天皇が川上に行幸して禊《みそぎ》を行う。祭場には朝堂院の朝庭が用いられ、祭日の七日前から二日前までの六日間に、悠紀・主基両国が大嘗宮(悠紀院・主基院)を、また木工寮が廻立殿《かいりゅうでん》を造営した。朝堂院が東区・中央区の二ヵ所ある平城宮においては、内裏の真南の東区朝堂院朝庭を使用するのを原則としたが、中央区の西宮を内裏とした称徳天皇の場合のみは中央区朝堂院を祭場としたことが、発掘調査によって明らかになっている。ただし、平城宮における廻立殿の存在形態についてはなお未解明の部分が大きい。祭の当日夕方、天皇は内裏から廻立殿に出御し、湯を浴びて潔斎した後、まず悠紀院において大嘗の儀を行う。天皇は一旦廻立殿に戻って再度潔斎を行なった後、主基院で大嘗の儀を行い、廻立殿を経由して明け方内裏に還御した。祭儀終了後大嘗宮は直ちに撤去され、辰の日から巳・午の日にかけて、豊楽《ぶらく》院《いん》で節会が行われた。午の日の節会を豊明節会《とよのあかりのせちえ》と呼ぶ。この間辰の日には、即位儀そのままの儀式が行われる。中世には仲恭天皇など大嘗祭を挙行できない天皇が現れ、一四六六年(文正元)の後土御門天皇を最後に中断。その後東山天皇の即位に際し、一六八七年(貞享四)に簡略な型式で復興し現在に至る。　(渡辺　晃宏)

たいぜい　大税　律令制下の地方財源として、正倉で管理運用された官稲のひとつ。郡稲・公用稲・駅起稲・神税など諸種の官稲とは、保管・帳簿の上で区別される。田租(大租)と出挙利稲という二つの収入源をもつ。年料舂米のほか、官符・省符による臨時の用途などに支出されたが、基本的に蓄積に重点が置かれた。その成立事情については、大化前代の屯倉や国造領における稲穀収取との系譜関係や、大化後の郡稲(評稲)との関連などをめぐって諸説あり、定見をみない。史料上の所見は六九一年(持統天皇五)であるため、少なくとも浄御原令制下まではさかのぼると考えられる。七〇一年(大宝元)六月、大税を貯置することを命じた勅がだされた。同日の大租を給うという記事や、同年四月の田領をやめて国司の巡検に委ねるという記事から、それ以前、国司は大税の管理権を完全に握っていなかったことが察せられるが、詳細は不明。七三四年(天平六)の官稲混合に前後して、正税と呼ばれるようになる。

参考文献　鎌田元一『律令公民制の研究』、二〇〇一、塙書房。山里純一『律令地方財政史の研究』、一九九一、吉川弘文館。　(市　大樹)

だいせんいんしょいんていえん　大仙院書院庭園　⇩大《だい》徳寺《とくじ》

だいせんじ　大山寺　鳥取県西伯郡大山町大山、西日本の最高峰である大山(標高一七〇九メートル)の北麓中腹に位置する天台宗の古刹。山号は角盤山。『出雲国風土記』には「大神嶽」と記される。寺伝では、養老年間(七一七―二四)に出雲国玉造《たまつくり》の金蓮によって開かれたという。金蓮は金色の狼を追って大山山中で地蔵菩薩を感得し、これを智明権現として祀り、さらに釈迦を祀る南光院、阿弥陀を祀る西明院を開き、これとは別に大日如来と不動明王を祀る中門院が開かれたと伝えられる。平安時代末期には、一山が南光院谷・西明院谷・中門院谷からなり、各院がそれぞれ僧兵を抱え対立関係にあった。近世には西楽院が本坊となり一山を支配するが、明治の廃仏毀釈により廃される。大山智明権現を祀る権現社は、江戸時代後期の建築物で大神山《おおかみやま》神社奥宮(重要文化財)として残る。また、鎌倉時代の阿弥陀堂(重要文化財)や仏像などの文化財、院坊跡が多数存在する。

資料館　大山寺宝物館(鳥取県西伯郡大山町)

参考文献　宮家準編『大山・石鎚と西国修験道』、一九七九、名著出版。　(真田　廣幸)

だいせんじく　題籤軸　文書に付けられた軸の一種。往来軸との異称もある。巻子の軸と見出し(籤)の機能をあわせるが、正規の巻子本の軸とは別系統で、紙の使用が前提となってから、事務の便宜上発生したものであろう。中国大陸・朝鮮半島での事例の出現を待ちたい。正倉院の写経所文書、荘園関係文書など手継券文、訴訟・行政処分の記録など、追加によって成長していく文書ファイルを巻子として保管するための補助手段として多用された。古代では、製作はおおむね簡単で、標準的には、長さ三〇～四五センチ、幅三センチ前後の板(材は杉が多い)を用意し、頭部の五センチ前後を残して下方の幅を狭く加工する。狭い書記面に制約され、内容(帳簿名)・年代・事業名・倉庫名・官司名・国名など、記載は必要最低限にとどまるが、見出しの役割から両面同文の例も多い。正倉院文書・東大寺文書・東寺文書や官衙跡からの出土品など、古代・中世の事例が多く知られている。

参考文献　北條朝彦「古代の題籤軸」(皆川完一編『古代中世史料学研究』上所収、一九九八、吉川弘文館)。高島英之「題籤軸」(平川南他編『文字と古代日本』一所収、二〇〇四、吉川弘文館)。　(杉本　一樹)

たいぞういんていえん　退蔵院庭園　⇩妙心寺《みょうしんじ》

だいだいりずこうしょう　大内裏図考証　裏松固禅(本名光世)の著作。三十巻五十冊。平安宮・京に関する最も基本的な研究文献。陽明文庫本や九条家本『大内裏図』によって構造が明らかになっている平安宮の大内裏について、それを構成する殿舎・官司・施設から、調度・樹木の類に至るまでの一々について、文献・絵図・絵巻物などの史料によって詳細に考証。平安京内の条坊道路や京内外の貴族の邸第をも対象とする。一七五八年(宝暦八)の宝暦事件によって永蟄居を命じられてから一七八八年(天明八)に赦されるまでの三十年間に及ぶ考証研究の集大成であり、赦免後も考証・補訂が続けられ、一七九七年(寛政九)に朝廷に献上された。編纂には藤貞幹《とうていかん》の協力があったといわれる。一七八八年焼亡の内裏再建にあたっては、平安時代末期様式の史料的根拠として採用され、大きくこれに寄与した。なお、固禅の死後も内藤広前が

これを引き継いで校訂に努め、現在の形に整えた。『故実叢書』に収録。（渡辺　晃宏）

だいと　大斗　⇩組物《くみもの》

だいとくじ　大徳寺　京都市北区紫野大徳寺町に所在する臨済宗寺院で山号は龍宝山。臨済宗大徳寺派の総本山。当地には白毫院という天台寺院があったが、一三一五年（正和四）に、宗峰妙超《しゅうほうみょうちょう》がここに小庵を建てたのがその起源とされる。妙超は宮中に出入りして禅を広めたので、一三二五年（正中二）には、花園上皇が当寺を祈願所とし、さらに一三三三年（元弘三）、後醍醐天皇によって五山の上、南禅寺に准じる地位に格付けされた。しかし、室町幕府と夢窓疎石一門による禅宗寺院支配が確立するに及んで、大徳寺は官寺としての地位を放棄し、以後、在野の禅刹（林下《りんか》）として独自の宗風を展開した。火災や応仁の乱で被害を受けたが、一休宗純が住持になると、法堂《はっとう》を再建するなど復興が図られた。一五八二年（天正十）、豊臣秀吉が当寺で織田信長の葬儀を行い、総見院を建立したのを機に、諸大名の寄進により、多くの堂舎・塔頭《たっちゅう》が造営された。現在の境内は、本山である大徳寺と二十以上の塔頭からなり、山門・仏殿・法堂を完備するなど、京都の禅宗寺院の中では古い景観をよく伝える。聚楽第の遺構と伝えられる唐門と、方丈及び玄関は国宝。勅使門・仏殿・法堂・山門・浴室・経蔵・鐘楼などは重文。方丈の前に広がる庭園は国史跡である。塔頭は重文建造物を有するものだけでも、黄梅院、玉林院、興臨院、孤《こ》篷《ほう》庵、聚光《じゅこう》院、真珠庵、瑞峯院、大仙院、龍源院、竜光《りょうこう》院があげられ、さらに高桐《こうとう》院、三玄院、正受院、総見院、徳禅寺、芳春院、養徳院などがある。また記念物としては真珠庵庭園（史跡・名勝）、孤篷庵庭園（史跡・名勝）、大仙院庭園（名勝）、大仙院書院庭園（史跡・特別名勝）、聚光院庭園（名勝）がある。

参考文献　山根有三編『大徳寺』（『日本古寺美術全集』二三、一九七九、集英社）。（田良島　哲）

孤篷庵庭園《こほうあんていえん》　大徳寺の塔頭《たっちゅう》の一つ。小堀遠州が竜光院から一六四三年（寛永二十）に現在地に移したもので、一七九三年（寛政五）建造物は火災ですべて焼失したが、燃え残った庭園の石造物を松江藩主松平不昧が古図などによって四年後に忠実に復旧した。京都市北区紫野大徳寺町所在。国指定史跡・名勝。現在の書院や茶室忘筌《ぼうせん》はこの時に再建されたものである。庭園は方丈東庭を経て南庭まで連続し、茶室忘筌の露地飛石が山雲床《さんうんじょう》露地につながる。表門から玄関に向かう敷石道・西日を避ける高生垣・手水鉢などの意匠は、遠州の作品とされる忘筌茶室とともに遠州の作意を示すものである。

参考文献　久恒秀治『京都名園記』上、一九六七、誠文堂新光社。

真珠庵庭園《しんじゅあんていえん》　大徳寺塔頭で、一休宗純の寂後一四九一年（延徳三）に追慕のため堺の豪商尾和宗臨《おわそうりん》らが出資して完成。一六五八年（万治元）に客殿が改築され庫裏《くり》を移築し現況になる。京都市北区紫野大徳寺町に所在。国指定史跡・名勝。本堂北東に通僊院《つうせんいん》書院と庭玉軒茶室がある。方丈前庭・東庭・通僊院に庭園がある。中潜門から方丈玄関までの露地は七・五・三を意匠した十五の飛石が配される。方丈の東庭は十五個の小振りな庭石を南北一列に七・五・三の群に分けて配置されている。方丈の北東隅の中潜門を通り通僊院客殿の東庭を兼ねた茶室への露地がある。塀に沿い中央に角型石燈籠を置き、捨石と樹木を列植している。東方に比叡山、加茂松並木を背景にしている点は、大徳寺方丈の東庭と類似した手法の作庭。

参考文献　久恒秀治『京都名園記』上、一九六七、誠文堂新光社。

大仙院書院庭園《だいせんいんしょいんていえん》　大徳寺の古岳宗亘《こがくそうこう》の塔頭で、一五一三年（永正十）ごろ創立された本堂と一体となる書院の東と北に面する、ほぼ同時期に古岳宗亘の構想のもとに作庭された庭園。京都市北区紫野大徳寺町に所在。国指定史跡・特別名勝。東北隅の盛土の側に三個の立石で岩盤・滝を、白砂で流れを表現し、色とりどりの形の異なった石で橋・島・船などを具象化する枯山水庭園である。滝からの急流が橋を過ぎると、川幅が広がることにより流れが穏やかに下る景観の変化を表している。江戸時代後期の指図により中央に渡廊が設けられ、庭園が二分され、上流の急流の景観と下流側の舟石・遠山を示す景石が配された景観の違いが明確になった。北宋山水画の絵画的世界を表現する素朴な自然描写の枯山水庭園。

参考文献　久恒秀治『京都名園記』上、一九六七、誠文堂新光社。（田中　哲雄）

たいないぶつ　胎内仏　仏像や肖像彫刻の像内に納められた仏像のこと。彫刻の像内に舎利などのさまざまな納入品を納めることは、日本では奈良時代から始まるが、仏像の奉籠も平安時代後期から遺例が確認できる。その古例としては、法隆寺聖霊院聖徳太子像（一一二一年（保安二）供養、国宝）に奉籠された銅造観音菩薩像が挙げられるが、この像は聖徳太子の本地として当時信仰されていたものである。この例からも知られるように、胎内仏の奉籠は、それを納める像が製作されたり、修理されたりする時に、本体の像と何らかの縁のある像を納めるのが一般的で、福岡県観世音寺不空羂索観音像（一二二二年（貞応元）作、重要文化財）などは、鎌倉時代の再興像中に倒壊した前身の塑像の心木と塑造断片を納めている。また、小仏の群像を埋め尽くすように奉籠することも鎌倉時代ころから認められ、馬頭観音小仏五百十七体と合体毘沙門天像一体を納めた京都府浄瑠璃寺馬頭観音像（一二四一年（仁治二）作、重要文化財）などがこの種の代表例と

胎内仏（塑像心木）　観世音寺不空羂索観音像

して知られる。

参考文献　倉田文作『像内納入品』(『日本の美術』八六、一九七三、至文堂)。『国宝・重要文化財大全』三・四、一九九八‐九九、毎日新聞社。　　（根立　研介）

だいにちじがきょうづか　**大日寺瓦経塚**　平安時代に伯耆国に築かれた瓦経塚。鳥取県倉吉市桜所在。天台宗の古刹大日寺の裏山中腹にあり、一九二〇年(大正九)前後(大正から昭和初期)に四百枚以上の多量の瓦経が出土したが、遺構は明らかでない。銘文によれば、願主は僧成縁、筆者は真潤、永泉、宗順など十五名以上にわたり、一〇七一年(延久三)の築造であることがわかる。書写された経典は『法華経』『無量義経』『観普賢経』『大日経』『金剛頂経』『蘇悉地経』『阿弥陀経』『理趣経』、法華懺法、金剛界・胎蔵界曼荼羅など多岐にわたる。瓦板の規格は六種類とバラエティーに富む。一〇七一年は紀年銘のある瓦経では最古であり、瓦経塚の初期の様相を知ることができる経塚として貴重である。

参考文献　難波田徹「伝鳥取・大日寺出土の瓦経」(『京都国立博物館　学叢』二、一九八〇)。同「瓦経の規格性—大日寺と小町塚の瓦経を例として—」(『MUSEUM』三六六、一九八二)。　　（望月　幹夫）

だいにほんきんせきし　**大日本金石史**　慶長年間(一五九六—一六一五)以前の金石文を時代順に集成し、通史的にとらえた書。在野研究家の木崎愛吉《きざきあいきち》(号好尚《こうしょう》)の編で、一九二一年(大正十)—二二年に好尚会出版部より刊行された。本文三巻と附図一函よりなる。第一巻は、飛鳥時代より平安時代後期までで、百六十点を収める。第二巻は鎌倉時代前期より南北朝時代までで、四百九点を収める。第三巻は室町時代前期より桃山時代までで、二百九十八点を収め、巻末に鋳物師名鑑を付す。そして別巻には代表的金石文百三点の択影を、コロタイプ図版で収める。また、これら三巻に未収録の金石文については、別に『摂河泉《せっかせん》金石文』『大阪金石史』として刊行した。地方に残る金石文にも広く目を配り、幅広く収集している点が貴重である。また、好事家的な関心にとどまらず、金石文を歴史資料と位置づけ、これを通史的に叙述した点に大きな意義が認められる。実物ではなく拓本をもとに研究が進められているという問題点があり、釈文も現在の研究段階からみれば不十分なものがみられるが、古代・中世の金石文に関する唯一の総合的研究として高く評価されるべきである。一九七二年(昭和四十七)に歴史図書社から復刊されている。　　（三上　喜孝）

だいにほんこもんじょ　**大日本古文書**　東京大学史料編《とうきょうだいがくしりょうへん》纂所《さんじょ》が編集・刊行している古文書集。明治政府は六国史《りっこくし》に継ぐ正史編纂を企図し、そのために全国的に史料収集を行なったことが大日本古文書編纂の契機になっている。最初に刊行が開始されたのは編年文書《へんねんもんじょ》編で、当初は全ての古文書の編年編纂をめざしたが、正倉院文書《しょうそういんもんじょ》を中心とした奈良時代古文書集となっている(全二十五冊)。家わけ編は古代・中世の古文書を所蔵者別に収録したもので、寺社や武家文書を中心に現在も継続中である。古文書学の形成を促進し、その後の史料集の原型を提供することとなった。編年文書編・家わけ編ともに逐次フルテキストデータベース化が進められ、一九九七年(平成九)以来インターネット公開されている。幕末外交関係文書《ばくまつがいこうかんけいもんじょ》編は、外務省の幕末外交文書編纂業務を継承して刊行開始されたもので、一八五三年(嘉永六)以来の外交関係文書を編年順に編纂している。二〇〇三年からは、その目録および索引データが近世史編纂支援データベースとしてインターネット公開されている。

〔編年文書〕

1大宝二年十一月—天平七年十二月
2天平八年—同十九年
3天平二十年—天平勝宝五年
4天平勝宝六年—天平宝字五年
5天平宝字六年—神護景雲三年
6宝亀元年—同十一年
7追加(一)和銅二年—天平十三年
8追加(二)天平十四年—同十七年
9追加(三)天平十八年—同十九年
10追加(四)天平二十年—天平感宝元年
11追加(五)天平勝宝元年七月—同三年五月
12追加(六)天平勝宝三年六月—同五年五月
13追加(七)天平勝宝五年六月—天平宝字二年八月
14追加(八)天平宝字二年九月—同四年十二月
15追加(九)天平宝字五年正月—同六年八月
16追加(一〇)天平宝字六年九月—同八年十二月
17追加(一一)天平神護元年正月—宝亀元年七月
18追加(一二)宝亀元年九月—同二年六月
19追加(一三)宝亀二年七月—同三年三月
20追加(一四)宝亀三年四月—同年十二月
21追加(一五)宝亀三年(月欠)—同四年五月
22追加(一六)宝亀四年五月—同五年八月
23追加(一七)宝亀五年九月—同十年十二月
24補遺(一)天武天皇十四年—天平勝宝元年
25補遺(二)天平勝宝二年—宝亀七年・附録(正倉院御物出納文書)

〔家わけ文書〕

1高野山文書(全八冊)
(一)宝簡集
(二)宝簡集・続宝簡集
(三)続宝簡集
(四)—(八)又続宝簡集
2浅野家文書
3伊達家文書(全十冊)
4石清水文書(全六冊)
(一)—(四)田中家文書
(五)田中家文書附録宮寺縁事抄
(六)菊大路家文書・拾遺

5相良家文書(全二冊)
6観心寺文書
7金剛寺文書
8毛利家文書(全四冊)
9吉川家文書(全二冊)
吉川家文書別集(附録石見吉川家文書)
10東寺文書(既刊十四冊)
(一)百合文書い—に(上)
(二)百合文書に(下)—へ(上)
(三)百合文書へ(下)—ち(上)
(四)百合文書ち(下)—ぬ
(五)百合文書る
(六)百合文書を(上)
(七)百合文書を(下)—わ(上)
(八)百合文書わ(中)(1)
(九)百合文書わ(中)(2)
(一〇)百合文書わ(下)
(二)百合文書よ(1)
(三)百合文書よ(2)
(三)百合文書よ(3)・た(1)
(四)百合文書た(2)
11小早川家文書(附録浦家文書)(全二冊)
12上杉家文書(既刊三冊)
13阿蘇文書(全三冊)
(一)阿蘇神社文書・阿蘇家文書(上)
(二)阿蘇家文書(下)
(三)西巌殿寺文書・附録(健軍神社文書・満願寺文書)
14熊谷家文書・三浦家文書・平賀家文書
15山内(首藤)家文書
16島津家文書(既刊三冊)
17大徳寺文書(既刊十四冊)
大徳寺文書別集(真珠庵文書)(既刊六冊)
18東大寺文書(既刊十九冊)
(一)—(三)東南院文書(1)—(3)
(四)東南院文書(4)(東大寺開田図)
東大寺開田図図録
(五)内閣文庫所蔵東大寺文書
(六)—(九)東大寺図書館架蔵文書(1)—(4)(成巻文書)
(一〇)—(一九)東大寺図書館架蔵文書(5)—(14)(未成巻文書)
東大寺文書別集(既刊一冊)
(一)東京大学所蔵文書(1)(文学部所蔵文書)
19醍醐寺文書(既刊十三冊)
醍醐寺文書別集(満済准后日記紙背文書)(既刊三冊)
20東福寺文書(既刊五冊)
21蜷川家文書(既刊六冊)
22益田家文書(既刊三冊)
(幕末外国関係文書)(既刊五十七冊)
1嘉永六年六月—同年七月
2嘉永六年八月—同年九月
3嘉永六年十月—同年十二月
4安政元年正月
5安政元年二月—同年三月
6安政元年四月—同年六月
7安政元年七月—同年九月
8安政元年十月—同年十二月
9安政二年正月—同年三月上旬
10安政二年三月中旬—同年四月中旬
11安政二年四月中旬—同年五月下旬
12安政二年六月上旬—同年九月上旬
13安政二年九月中旬—同三年二月下旬
14安政三年三月—同年八月
15安政三年九月—同四年四月
16安政四年五月—同年七月中旬
17安政四年七月下旬—同年九月
18安政四年十月—同年十二月
19安政五年正月—同年四月上旬
20安政五年四月中旬—同年七月
21安政五年八月—同年十二月
22安政六年正月—同年三月
23安政六年四月—同年六月
24安政六年六月—同年七月
25安政六年七月—同年八月
26安政六年八月
27安政六年九月
28安政六年十月
29安政六年十月—同年十一月
30安政六年十一月
31安政六年十一月—同年十二月
32・33安政六年十二月
34万延元年正月
35・36万延元年二月
37・38万延元年三月
39万延元年閏三月—同年四月
40万延元年五月—同年六月
41万延元年七月—同年八月
42万延元年九月一日—十月五日
43万延元年十月六日—十月晦日
44万延元年十一月一日—十一月二十日
45万延元年十一月二十一日—十二月十三日
46万延元年十二月
47・48文久元年正月
49・50文久元年二月
附録1露西亜応接掛川路左衛門尉(聖謨)日記・露西亜応接掛古賀謹一郎(増)西使日記・露西亜応接掛附津山藩士箕作阮甫(虔儒)西征紀行・亜米利加応接掛林大学頭(煒)等墨夷応接録・亜米利加応接掛町奉行支配組与力浦賀御用日記・米国使節随行清国人羅森日本日記
附録2村垣淡路守(範正)公務日記

附録3嘉永安政文書集抜萃・村垣淡路守(範正)公務日記・水野忠徳雑録
附録4—7村垣淡路守(範正)公務日記
参考文献　東京大学史料編纂所編『東京大学史料編纂所史史料集』、二〇〇一、東京大学出版会。
（髙橋　典幸）

だいにほんし　大日本史　水戸徳川家で編纂された歴史書。二代藩主徳川光圀《とくがわみつくに》が世嗣時代の一六五七年(明暦三)に史局《しきょく》を設けて編纂を開始。史局は後に彰考館《しょうこうかん》と改称され、館員は全国から招聘された。神武天皇《じんむてんのう》から後小松天皇《ごこまつてんのう》に至る歴史を『史記《しき》』に倣って紀伝体《きでんたい》・漢文で叙述し、本紀七十三巻・列伝百七十巻は一七一五年(正徳五)に、志百二十六巻・表二十八巻・目録五巻は一九〇六年(明治三九)に完成された。神功皇后《じんぐうこうごう》を天皇歴代からはずして后妃伝に立て、大友皇子《おおとも》を天皇と認め弘文天皇紀《こうぶんてんのう》を立て、後醍醐《ごだいご》天皇の南朝を正統としたことが三大特筆とされるが、その基本にあったのは、事実を究明していけば人間社会を律する天の理法を明らかにすることができるという儒教的歴史観である。そのため、精緻な史料批判・史実の考証が進められる一方で、その編纂過程で水戸学《みとがく》という尊王論《そんのうろん》が形成され、幕末の政治思想のみならず、近代日本天皇制国家思想の形成に大きな影響を与えた。

参考文献　日本学協会編『大日本史の研究』、一九五七、立花書房。尾藤正英他編『水戸学』(『日本思想大系』五三、一九七三、岩波書店)。
（髙橋　典幸）

だいにほんしりょう　大日本史料　東京大学史料編纂所《とうきょうだいがくしりょうへんさんじょ》が刊行中の史料集。明治政府は六国史《りっこくし》に継ぐ正史『大日本編年史《だいにほんへんねんし》』の編纂を目指して、修史局《しゅうしきょく》を開設し史料収集・稿本作成の準備を進めたが、一八九三年(明治二十六)に修史事業は中止され、帝国大学文科大学《ていこくだいがくぶんかだいがく》に新たに設置された史料編纂掛《しりょうへんさんがかり》の下でそれまでに収積された史料をもとに史料集が編纂されることになった。こうして一九〇一年から刊行開始されたのが『大日本史料』である。塙保己一《はなわほきいち》の『史料』(通称塙史料)に倣って、政治史を中心に文献史料を事件ごとに年代順に配列し、各条冒頭に事件の要点を述べた綱文《こうぶん》を立て、それ以外の史料は内容ごとに分類して年末雑載《ねんまつざっさい》として一括収載されている。八八七年(仁和三)から一八六七年(慶応三)までを十六の編に分割して同時並行的に編纂が進められることとされ、十二編までが編纂に着手され現在も継続中であるが、未刊分についても稿本画像のインターネット公開が開始されている。

〔第 一 編〕平安時代㈠(九十九年間)
　宇多天皇　仁和三年(八八七)
　　—花山天皇　寛和二年(九八六)
〔第 二 編〕平安時代㈡(百年間)
　一条天皇　寛和二年(九八六)
　　—白河天皇　応徳三年(一〇八六)
〔第 三 編〕平安時代㈢(九十九年間)
　堀河天皇　応徳三年(一〇八六)
　　—後鳥羽天皇　文治元年(一一八五)
〔第 四 編〕鎌倉時代㈠(三十六年間)
　後鳥羽天皇　文治元年(一一八五)
　　—仲恭天皇　承久三年(一二二一)
〔第 五 編〕鎌倉時代㈡(百十二年間)
　後堀河天皇　承久三年(一二二一)
　　—後醍醐天皇　元弘三年(一三三三)
〔第 六 編〕南北朝時代(五十九年間)
　後醍醐天皇　元弘三年(一三三三)
　　—後亀山天皇　元中九年(一三九二)
　　—後小松天皇　明徳三年(一三九二)
〔第 七 編〕室町時代㈠(七十四年間)
　後小松天皇　明徳三年(一三九二)
　　—後土御門天皇　文正元年(一四六六)
〔第 八 編〕室町時代㈡(四十一年間)
　後土御門天皇　応仁元年(一四六七)
　　—後柏原天皇　永正五年(一五〇八)
〔第 九 編〕室町時代㈢(六十年間)
　後柏原天皇　永正五年(一五〇八)
　　—正親町天皇　永禄十一年(一五六八)
〔第 十 編〕安土時代(十四年間)
　正親町天皇　永禄十一年(一五六八)
　　—正親町天皇　天正十年(一五八二)
〔第十一編〕桃山時代(二十一年間)
　正親町天皇　天正十年(一五八二)
　　—後陽成天皇　慶長八年(一六〇三)
〔第十二編〕江戸時代㈠(四十八年間)
　後陽成天皇　慶長八年(一六〇三)
　　—後光明天皇　慶安四年(一六五一)
〔第十三編〕江戸時代㈡(二十九年間)
　後光明天皇　慶安四年(一六五一)
　　—霊元天皇　延宝八年(一六八〇)
〔第十四編〕江戸時代㈢(百六年間)
　霊元天皇　延宝八年(一六八〇)
　　—光格天皇　天明六年(一七八六)
〔第十五編〕江戸時代㈣(六十七年間)
　光格天皇　天明六年(一七八六)
　　—孝明天皇　嘉永六年(一八五三)
〔第十六編〕江戸時代㈤(十四年間)
　孝明天皇　嘉永六年(一八五三)
　　—明治天皇　慶応三年(一八六七)

参考文献　坂本太郎『修史と史学』(『坂本太郎著作集』五、一九八九、吉川弘文館)。東京大学史料編纂所編『東京大学史料編纂所史史料集』、二〇〇一、東京大学出版会。永原慶二『二〇世紀日本の歴史学』、二〇〇三、吉川弘文館。
（髙橋　典幸）

だいにほんちしたいけい　大日本地誌大系　近世の地誌類を集大成して刊行した叢書で、近世の歴史地理の基本資料である。当初日本歴史地理学会が、一九一二年（大正元）から刊行を開始する予定で校訂・編集に着手したが、書店の都合で延期となり、結局同学会は一九一四年に大日本地誌大系刊行会を組織して刊行を開始した。『御府内備考』『山州名跡志』『近江輿地誌略』『伊勢参宮名所図会』などを刊行したが、数百にも及ぶ近世地誌の原本を整理・校訂するには困難も多く、一九一七年の第十四巻の発行以後未完のまま中絶した。収載書目は次のとおり。

1御府内備考㈠（三島政行ら）
2山州名跡志（白慧）
3近江国輿地志略㊤（寒川辰清）
4伊勢参宮名所図会㊤（蔀徳基）
5新編鎌倉志（河井恒久ら）・鎌倉攬勝考（植田孟縉）
6近江国輿地志略㊦
7斐太後風土記㊤（富田礼彦）
8三国地志㊤（藤堂元甫）
9摂陽群談（岡田徯志）
10斐太後風土記㊦
11伊勢参宮名所図会㊦・附録（皇大神宮参詣順路図会（川口好古）・郷談（石崎文雅）・続郷談（同））
12諸国叢書木曾㈠　木曾路名所図会（秋里籬島）
13諸国叢書北陸㈠　若狭郡県志（吉田言倫）・越前名勝志（竹内寿庵）・越前鯖江志（芥川元澄）・加能越山川記・金陵地名考・能登名跡志（太田頼資）・越中旧事記
14諸国叢書木曾㈡　木曾路名所図会・木曾考（山村良景）・木曾古道記（園原旧富）

その後、一九二九年（昭和四）になり、吉田東伍《とうご》と喜田《きた》貞吉《さだきち》に学び、刊行会に加わっていた日本歴史地理学会同人の蘆田伊人《あしだこれと》（一八七七―一九六〇）が校訂・編集にあたることとなり、大正版に『新編武蔵風土記稿』や『新編相模国風土記稿』などを加えて、第一期四十巻を雄山閣から刊行して一九三三年に終了した。収載書目は次のとおり。

1―4御府内備考㈠―㈣
5―15新編武蔵風土記稿㈠―㈡（林述斎ら）
16山州名跡志㈠
17山州名跡志㈡・五畿内志要目・泉州志要目
18日本輿地通志畿内部（五畿内志）（関祖衡・並河永）・泉州志（石橋直之）
19新編鎌倉志・鎌倉攬勝考
20・21三国地志
22近江国輿地志略㊤
23・24斐太後風土記
25摂陽群談
26近江国輿地志略㊦
27雲陽誌（黒沢長尚）
28三州地理志稿（富田景周）
29御府内備考㊄
30―34新編会津風土記（会津藩編）
35新編武蔵風土記稿㈢
36―40新編相模国風土記稿（林述斎ら）

第二次世界大戦後一九五七年に第二期分として雄山閣から復刊され、さらに一九七〇年から第三期三十八巻、一九七一年から第四期十巻が刊行されるとともに、新旧地名対照表が加えられ、利用の便宜が図られた。

参考文献　「蘆田伊人氏追悼録」（『歴史地理』九〇ノ一、一九六二）。　（出田　和久）

だいにほんちめいじしょ　**大日本地名辞書**　吉田東伍《とうご》が独力で編集・著述した近代日本最初の地名辞書。「だいにっぽんちめいじしょ」とも。彼は序言において「我国土の要用時宜に考察する所あり」と述べ、基本的には地誌であり、地名の検索に便利なように辞書の体裁をとったと述べている。官撰日本地誌の刊行計画が頓挫したことにより、一八九五年（明治二十八）に編纂を決意した時彼は三十一歳であった。一九〇〇年三月に第一冊之上（上方）を冨山房から刊行し、一九〇七年八月に第五冊下（奥羽）が、同九月に汎論索引が刊行されるまで十三年を費やし、全十一冊が完成した。約四万の地名を対象とし、全国を道、国、郡の順に配列し、各郡内は『和名類聚抄』の郷に分けて記述している。郷は中世に実質的な意味を失ったが、行政区画の末端部の変化を読み取るのに有意義であるため、あえて郷を取り上げたものである。史・資料としては六国史をはじめとする史書、地方誌、名所図会など多岐にわたり、郷内の山・川・津・潟・寺社・島・滝・城跡などや主要村落の起源、耕地（田数）について記している。通算五千百八十頁、各説（地名部）四千七百五十二頁、汎論索引四百二十八頁、約千二百万字に及ぶ。このような大部な辞典を実質的に独力で成し遂げたことは当時の歴史学界にとって衝撃的であった。一九〇九年十二月には藤本慶祐・東恩納寛惇・伊能嘉矩らの執筆による続編（北海道・樺太・琉球・台湾）が刊行された。出版から百年以上が経過した今日でも、歴史地理学の基礎資料として活用されている。

参考文献　千田稔『地名の巨人吉田東伍―大日本地名辞書の誕生―』、二〇〇三、角川書店。　（出田　和久）

だいのせかんがいせき　**大ノ瀬官衙遺跡**　福岡県築上郡新吉富《しんよしとみ》村大字大ノ瀬にある官衙遺跡。一九九五年（平成七）、圃場整備事業に伴う緊急発掘調査で確認された。国史跡。官道に沿う方約一五〇メートルの範囲に一本柱塀で区画された南・北の二郭からなる。南郭は政庁地区で、東西五四メートル、南北五九メートルの長方形区画内に四面廂の正殿と東脇殿を設ける。南辺と東辺には四脚門を開く。西脇殿は認められない。北郭は東西九八メートル、南北四七メートルの長方形区画で、南辺と東辺に沿って鍵型に数棟の建物を配置する。建物は全て掘立柱式である。出土遺物には須恵器・土師器のほか、円面硯・緑釉陶器・鞴羽口・鉄滓などがある。なお本遺跡は豊前国上毛《かみつみけ》郡衙説と、七四〇年（天平十二）、藤原広嗣の乱時の登美鎮《とみのちん》にあてる説とがある。官道を隔てた至近距離に古代の烽《とぶひ》跡と想定される雄熊《おぐま》山の存在や、存続年代が八世紀第II四半期ごろを上限とするきわめて短期間に限られることを考慮すると後者の可能性が強い。上毛郡衙跡には本遺跡の西方に位置するフルトノ遺跡があてられよう。

参考文献　矢野和昭「福岡県新吉富村大ノ瀬下大坪遺跡の調査—豊前国上毛郡衙—」（『古代文化』五〇ノ五、一九九八）。

（松村　一良）

だいば　台場　一般には大砲を架設する陣地のことで、特に幕末に異国船の来航に接して急造された海岸防御施設。十八世紀後半以降欧米列強の東アジア進出に伴う海外事情について、最初に海防論を唱えたのが林子平《はやししへい》であった。一七九一年（寛政三）『海国兵談《かいこくへいだん》』で「江戸の日本橋より唐《から》・阿蘭陀《オランダ》迄境なしの水路也、長崎に厳重に石火矢の備有て、却て安房、相模の海港に其備なし」と海防強化を提言した。一八〇八年（文化五）のフェートン号事件や一八二五年（文政八）の異国船打払令にみるように諸外国との緊張が高まるにつれ、海岸防備のため各地に築造されたが、その規模や形態はさまざまである。幕末期に西洋の軍事技術を学んだ技術者が設計に参画して築造されたものが多く、品川台場（東京都）、鳥取藩台場跡（鳥取県）、丸岡藩砲台跡（福井県）などが特に有名である。

参考文献　東京市編『東京市史稿』港湾篇二、一九二六。土木学会編『明治以前日本土木史』、一九七三、岩波書店。東京都編『東京市史稿』市街篇四三、一九五六。品川台場に関する調査研究委員会『品川台場の保護と利用に関する調査研究』、一九八九—九一。

（亀田　駿一）

だいはんにゃきょう　大般若経　⇨教典《きょうてん》

だいひさのまがいぶつ　大悲山の磨崖仏　⇨観音堂石仏《かんのんどうせきぶつ》　⇨薬師堂石仏《やくしどうせきぶつ》

だいぶつきりとおし　大仏切通　鎌倉を取り囲む山塊の西部にある切通。神奈川県鎌倉市長谷・笛田所在。国指定史跡。鎌倉七切通の一つで、長谷大仏の背後（北西）から山を越えて鎌倉市常盤に出、さらに相模中央部に通じる交通の要所。常盤側は今も険しい隘路と、両側の切り立った崖が往時の景観をとどめている。長谷側は大仏坂と称され、鎌倉時代後期には奈良坂などと同様、下層都市民の集まった場所であった。坂の傍らには病者や非人の救護施設（大仏悲田）があり（『関東往還記』）、また極楽寺開山忍性の建てた癩者の療病院（桑ガ谷療病所）もあったと伝える。江戸時代には大仏坂は東海道藤沢宿から鎌倉に入る道としてよく利用されたが、道は険しく、往来は困難をきわめたらしい。一八七九年（明治十二）から翌年にかけて、地元有志の資金により五丁の山道を三丈ばかり切り下げ人力車を通すようにしたが、それでも急な坂道であった。一九一九年（大正八）に隧道が開通し、旧道は廃道となった。

参考文献　鎌倉市教育委員会編『大仏切通周辺詳細分布調査報告書』、一九八九。

（馬淵　和雄）

だいぶつようけんちく　大仏様建築　鎌倉時代初期、東大寺大勧進であった僧、重源により採用された建築様式（大仏様）をもつ建物。従来は天竺様と呼んでいたが、インドの様式と誤解される恐れがあるため、太田博太郎により提唱された造語で、現在ではほぼ定着している。浄土寺浄土堂（兵庫県小野市、一一九二年（建久三）、国宝）、東大寺南大門（奈良市、一一九九年（正治元）、国宝）が代表的な遺構。軸部に貫を多用し、木鼻をつけ、長押を用いず、大斗・巻斗には皿板がつき（皿斗）、柱に挿す肘木（挿肘木）があり、垂木は一重で反りをつくらず、隅のみ扇状に配し、木口を鼻隠板《はなかくしいた》で隠す、などが特徴。重源没後は、貫や木鼻などは残るものの、多くの特徴は用いられなくなった。しかし、豊臣秀吉の方光寺大仏殿、現東

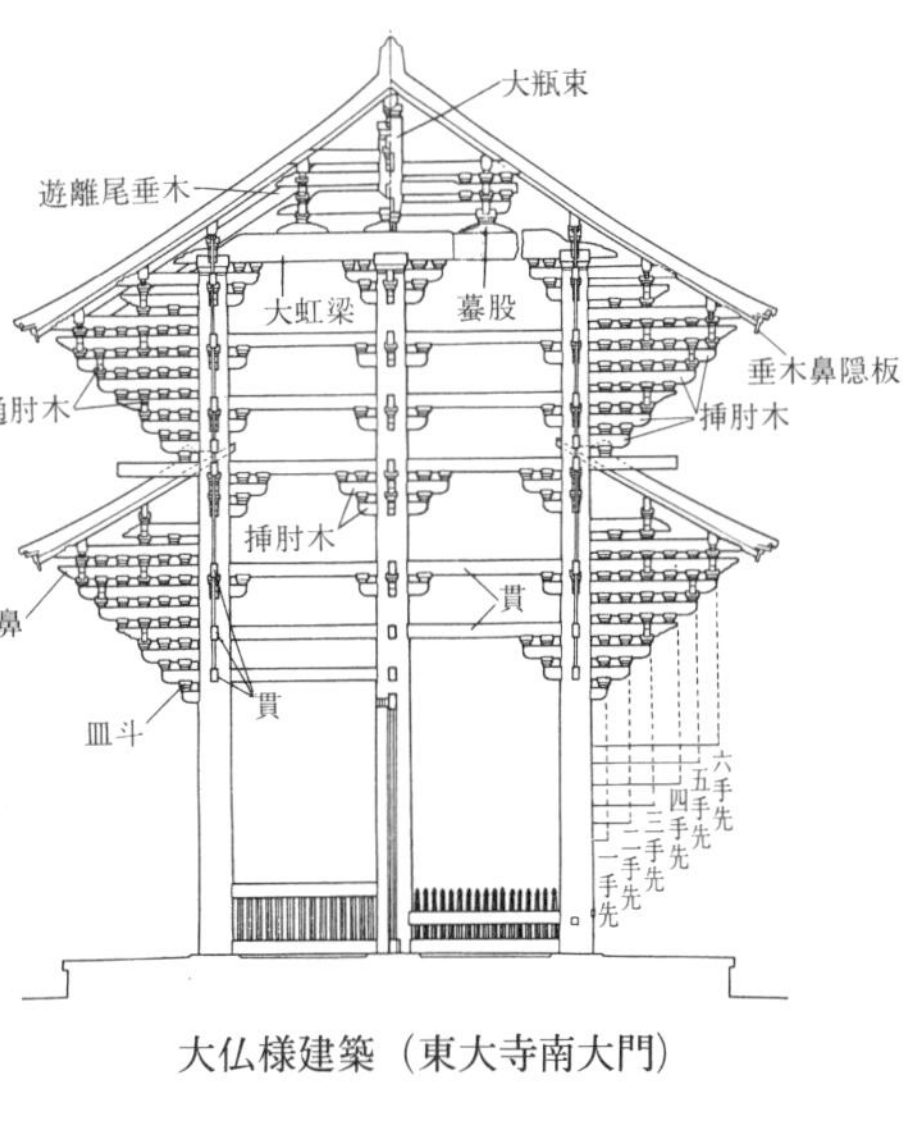

大仏様建築（東大寺南大門）

寺金堂（京都市、一六〇三年（慶長八）、国宝）、現東大寺大仏殿（奈良市、一七〇五年（宝永二）、国宝）など、巨大建築の建立にはその構法が積極的に採用された。七世紀の山田寺東面回廊（奈良県桜井市）出土部材には、大仏様と同様の技法が若干みられ、また、重源が関与した栢森堂に比定できる栢杜遺跡（京都市）方三間堂跡からは、大仏様の巻斗などの建築部材が出土している。

参考文献　太田博太郎『社寺建築の研究』（『日本建築史論集』三、一九八六、岩波書店）。『大仏様建築』（『普請研究』二八、一九八九、普請帳研究会）。

（箱崎　和久）

だいぶはいじ　大分廃寺　大宰府から豊前地方へ抜ける交通要所に位置する古代寺院遺跡。福岡県飯塚市大分字塔床に所在。塔跡は国指定史跡の答申を受けており、『筑前国続風土記』に塔跡に関する記述がある。従来から新羅系古瓦を出土する遺跡として注目されてきた。発掘調査は塔跡を中心に寺域および伽藍などを解明するため通六回行われた。その結果、塔跡は基壇一辺長四十四尺（約一二・九メートル）、基壇の高さ約四尺（一・二メートル）で、建物辺

長や柱座径などから三重塔が想定されている。また塔の位置および南北・東西溝の位置関係、さらに旧地形などから金堂跡(推定)は塔跡の西側に想定されることなどから法起寺式伽藍配置をとっている。創建時期については出土した土師器・須恵器と新羅系軒先瓦が符号することから七世紀後半代から八世紀初頭ごろを示し、九世紀に最盛期を迎えたものであろうとされている。

参考文献　筑穂町教育委員会『大分廃寺』、一九九七。

（高橋　章）

たいほうじょう　大宝城　常陸大掾氏一族の下妻氏の本拠で、南北朝期南朝方の重要拠点であった。茨城県下妻市大宝、大宝湖の南端に所在する城館。国指定史跡。城域には鎌倉時代初頭より大宝八幡宮が所在しており、境内を城館として活用したと考えられる。城内各所で小規模な調査が実施され、堀の一部が確認されているが、全容を把握するに至っていない。南北朝期には下妻政泰《しもつままさやす》が当主であった。一三四一年(暦応四・興国二)十一月以降は興良《おきよし》親王・春日《かすが》顕国《あきくに》を迎え、関城《せきじょう》とともに南朝方の重要拠点となった。北朝方高師冬《こうのもろふゆ》が両城の攻撃にあたり、二年後には落城。下妻政泰も討死にする。その後、南朝方は一時的に大宝城を回復するが、一三四四年(康永三・興国五)三月八日に落城し、春日顕国は殺害される。南北に長い台地に普請され、北の台地縁と南側に堀切が残る。技巧的な遺構が存在するため、戦国時代の改修が推定される。かつては西側には大宝沼があり、関城と舟運で通じていた。

参考文献　関城町教育委員会編『関城地方の中世城郭跡』、一九八九。『図説日本の史跡』六、一九九一、同朋社出版。

（齋藤　慎一）

たいほうにねんこせき　大宝二年戸籍　⇩戸籍《こせき》

たいほうりつりょう　大宝律令　日本で律と令を完備した最初の法典。律六巻・令十一巻。刑部《おさかべ》親王ら撰。令の巻数などで『浄御原《きよみはら》令』の流れを引くが、内容的には大きく異なる。唐の『永徽《えいき》律令』を母法とする。『大宝律令』の成立・施行過程は以下のように整理される。令は、文武天皇即位の前後に編纂を開始、七〇〇年(文武天皇四)三月以前に完成。七〇一年(大宝元)三月に官名位号・朝服を『大宝令』により改める。四月に親王・諸王・諸臣・百官人に新令を講じ、六月には大安寺で僧尼令を講じる。同月、庶政を新令によるよう勅す。七道諸国にもこの勅を伝える使者を派遣。八月には明法博士が西海道を除く六道に遣わされ、新令を講じる。律は、七〇〇年編纂に着手。七〇一年八月に完成。七〇二年二月に頒下。こうした過程を経て、同年十月に、写本の頒下も完了し、律令施行事務が完了。『養老律令』の施行によって役割を終える。大宝律令施行による変化の例としては、大宝二年戸籍がよく知られる。また、都城の発掘調査でも、中央・地方ともに大きな変化が起きた様相がうかがえる。藤原宮は、わずか十六年ほどの都であるが、大規模な改作が行われたことが知られる。おそらく、中央官司の大規模な改変に伴う改作であろう。新旧の官位の対応関係を記す木簡も出土している。地方から中央に送られる荷札木簡の記載方法も、一斉に切り替わる。『大宝令』以前は干支年号から書き出すが、以降は国名から書き出し、年紀には年号を用いる。評は郡に変わる。一方、地方の遺跡で、『大宝律令』施行に伴う大規模な変化はあまり知られていない。『大宝律令』による制度の変更が、特に地方では文書書式など「紙の上」で先行して進捗した様相を示すといえよう。また、木簡などの書風も、『大宝律令』施行よりも、若干遅れて変化する。『大宝律令』施行以後も、実際の運営を行いながらその経験をふまえての改革を行いながら、その実施が精力的に行われる。しかし、七一一年(和銅四)には「わずかに一、二のみを行い、悉く行うこと能わず」(『続日本紀』和銅四年七月甲戌条)と嘆かれる。上述のような、変化が文字面にとどまる状況を示しているのであろうか。『大宝律令』は早くに散逸し、現存しない。『養老令』の注釈書である『令義解』に収録された『大宝令』の注釈(古記)などでの復原研究がなされている。また、『大宝律令』施行期の木簡が出土し、令文が記されている場合もあり(医疾令)、復原研究に資している。　↓養老律令《ようろうりつりょう》　↓律令格式《りつりょうきゃくしき》

参考文献　『律令』(『日本思想大系』三、一九七六、岩波書店)。『平城宮木簡』三(『奈良国立文化財研究所史料』一七、一九八一、奈良国立文化財研究所)。寺崎保広『藤原京の形成』、二〇〇二、山川出版社。山中敏史『古代地方官衙遺跡の研究』、一九九四、塙書房。

（馬場　基）

たいま　大麻　⇩麻《あさ》

たいまい　玳瑁　赤道付近から亜熱帯に分布するウミガメ科のカメの名称、転じてその背甲・縁甲(爪甲)・腹甲を素材とする工芸技法・工芸品。『東大寺献物帳』には螺鈿に対して亀甲鈿の呼称がある。中国では古くから工芸材料として盛んに用いられ、漢墓からは笄・釵・指輪、玳瑁貼りの小匣などが出土している。唐代には贅沢品としてしばしば禁制の対象ともなった。日本でも、七九九年(延暦十八)まで玳瑁帯の着用が三位以上に限定されていることから窺えるように、最高級の工芸素材と認識されていた。正倉院宝物には、如意や杖のように玳瑁を本体の素材とするもの以外に、箱(玳瑁螺鈿八角箱)、楽器(五絃琵琶・四絃琵琶・阮咸《げんかん》・和琴・箏)、麈尾、碁局、鏡などの本体に加飾材として玳瑁を貼る、または象嵌する例が多く見出せる。加飾材としての玳瑁は螺鈿・琥珀などとしばしば併用され、その半透明性を活かして裏面や下地に描いた画や金銀箔等を透かして見せる場合が多い。正倉院宝物の明治時代の新補材には黄味の強い部位が好んで用いられたのに対し、古代においては黒斑の多い部位が多用される傾向がある。近世以降は鼈甲《べっこう》と呼ぶことも多い。現在は、ワシントン条約により研究用を除いて輸入が禁止されている。

参考文献 越中哲也・菊地藤一郎・永沼武二「正倉院の璹瑁宝物の工芸技法について」(『正倉院年報』一三、一九九一)。 (飯田 剛彦)

たいまでら 当麻寺 奈良県葛城市当麻に所在する寺院。二上山の東麓に位置する。高野山真言宗・浄土宗を兼帯。七世紀後半創建の、当麻氏の氏寺。当寺の縁起類では、六八一年(天武天皇十)に、当麻真人国見が創建したとする。平安時代後期には興福寺の支配下に入り、一一八〇年(治承四)の平重衡による南都焼討ちの際には、河内より来襲した平家の一隊により講堂・金堂の一部などが焼失した。しかし中世以降、当寺所蔵の当麻曼荼羅(国宝)は、中将姫の浄土信仰にこたえて、天人が蓮糸で織ったという伝説が広く喧伝される。そのため当寺は、浄土の霊場として信仰を集めた。当麻曼荼羅は奈良時代の作で、それを納めていた当麻曼荼羅厨子(国宝)も古代の遺品。創建当初の白鳳時代の文化財も、本尊の弥勒仏坐像(国宝、塑像)、金堂前の石燈籠(重要文化財)、梵鐘(国宝)などが伝存する。その他、建造物では本堂(曼荼羅堂)・東塔・西塔(いずれも国宝)、典籍では『当麻曼荼羅縁起』(重要文化財)など、多くの文化財を所有する。

参考文献『大和古寺大観』二、一九七八、岩波書店。 (吉川 聡)

中之坊庭園《なかのぼうていえん》 中之坊には江戸時代初期、後西《ごさい》天皇を奉迎したと伝えられる書院があり、その南から西に庭園が展開する。庭を低い築地塀で限り、南面築地の背後は奈良時代の東塔(国宝)が建つ高台の北斜面である。作庭に関する文献はなく、寺伝のとおり大和小泉藩主で茶人でもあった片桐石見守貞昌(石州)の作庭とも考えられるが、一部にはこれをさかのぼる時期の手法も窺えるという。中央に池を穿ち、池の縊れた部分に石橋を架け、廻遊式を兼ねた観賞式の庭園である。池汀には景石を組み、西岸は大きな出島になっており、そこに小さな滝を落とす。庭園に張り出すように二つの茶室が設けられているが、江戸時代中期と明治期のものであり、その前面は露地となっている。庭園は国の名勝および史跡に指定されている。

参考文献 吉川需「当麻寺中之坊庭園」(『日本の名勝』一所収、一九八三、講談社)。 (内田 和伸)

だいみょうやしき 大名屋敷 ⇩武家屋敷《ぶけやしき》

だいもく 題目 法華経の首題の「南無妙法蓮華経」ないしは「妙法蓮華経」を指す。日蓮宗の門前や参道、境内などの一画に南無妙法蓮華経の題目を刻んだ石塔類が立てられる場合が多い。中世以前においては、板碑などの石塔類に題目が刻まれる場合があり、各地の日蓮宗(法華宗)系寺院などに現存する。その形態から「南無妙法蓮華経」のみのもの、左右に「南無多宝如来」「南無釈迦牟尼仏」とあるもの、題目を中心に曼荼羅《まんだら》形式のものなど、大きく三つに分けられる。たとえば、後北条氏の支配下にあった松山城(埼玉県吉見町)主の上田氏は熱心な法華信者であり、板碑の終末期にもかかわらず支配領域である東松山市や東秩父村などに二〇《メートル》を越す大型の題目板碑を造立している。また千葉県鎌ヶ谷市万福寺境内遺跡の発掘調査では題目板碑が多数確認された。これらから、支配者と日蓮宗との関わり、日蓮宗の広がりなどを示している。福井市一乗谷では、寺院境内の墓地から柿経《こけら》が出土し、そこには題目を記したもの、法華経を書写し、その裏に題目を書いたもの、題目を記した下に子どもの戒名が記されたものなどが見られる。

参考文献 久保常晴「題目板碑の研究」(『続仏教考古学研究』所収、一九八二、ニュー・サイエンス社)。 (浅野 晴樹)

だいもつのうら 大物浦 兵庫県尼崎市大物町付近に所在した中世の港湾遺跡。東大寺領猪名庄《いなのしょう》南部は沖積作用により浜地が拡大し、南端の長洲《ながす》浜では、一〇八四年(応徳四)に鴨社領長洲御厨《みくりや》が成立し、住民は漁業・運輸など活発な商業活動を展開した。一一三三年(長承二)の摂津国衙の検注では、長洲・大物・杭瀬に分化し、新開田も存在した。一一八〇年(治承四)、平家の福原遷都では大物を中継地として京と福原を往還している。また、一一八五年(文治元)、源義経が頼朝に追われ大物浜から船出したことが『玉葉』に記されている。一九九五年(平成七)、大物町二丁目で実施された大物遺跡の調査では、瀬戸内・北部九州などで生産された土師器椀・皿が多量に出土した。西国と京都を結ぶ港湾都市として発展し、西国各地から物資が集積されていたことを具体的に示している。

参考文献 尼崎市教育委員会編『尼崎市埋蔵文化財調査年報』平成七年度二一四、二〇〇一-〇三。 (橋本 久和)

だいり 内裏 天皇の居所の呼称。文献史料や発掘調査によってその構造がある程度知られるのは、内郭正殿(内安殿)の南に出御空間としての内郭前殿(大安殿)の存在が確認される天武天皇の飛鳥浄御原宮(伝飛鳥板葺宮上層遺構)以降である。藤原宮では、内郭前殿が大極殿として礎石建物となったが、内裏の詳細な構造は未詳である。平城宮の内裏は発掘調査によりその全容が解明されている。正殿の内安殿(後に東西二棟ずつの脇殿を付設)とその北の天皇の日常空間の正殿が南北に並び建ち、さらに北方には御在所の付属殿舎が設けられた。東北隅部分には太上天皇の御在所に比定される空間もある。これに対し皇后の空間として後宮が成立するのは、八世紀末の光仁・桓武朝以降である。なお、重祚した称徳天皇だけは内裏を御在所とせず、第一次大極殿院の跡地の西宮に起居した。また、皇太子の居所東宮も内裏としての機能をもち、東宮、東院と呼ばれた。平安宮の内裏は、正殿と東西各二棟の脇殿からなる空間が南北に三つ並ぶ。まず、一番南が内裏正殿の紫宸殿、東脇殿の宜陽殿と春興殿、西脇殿の校書殿と安福殿からなる儀式の場としての公的

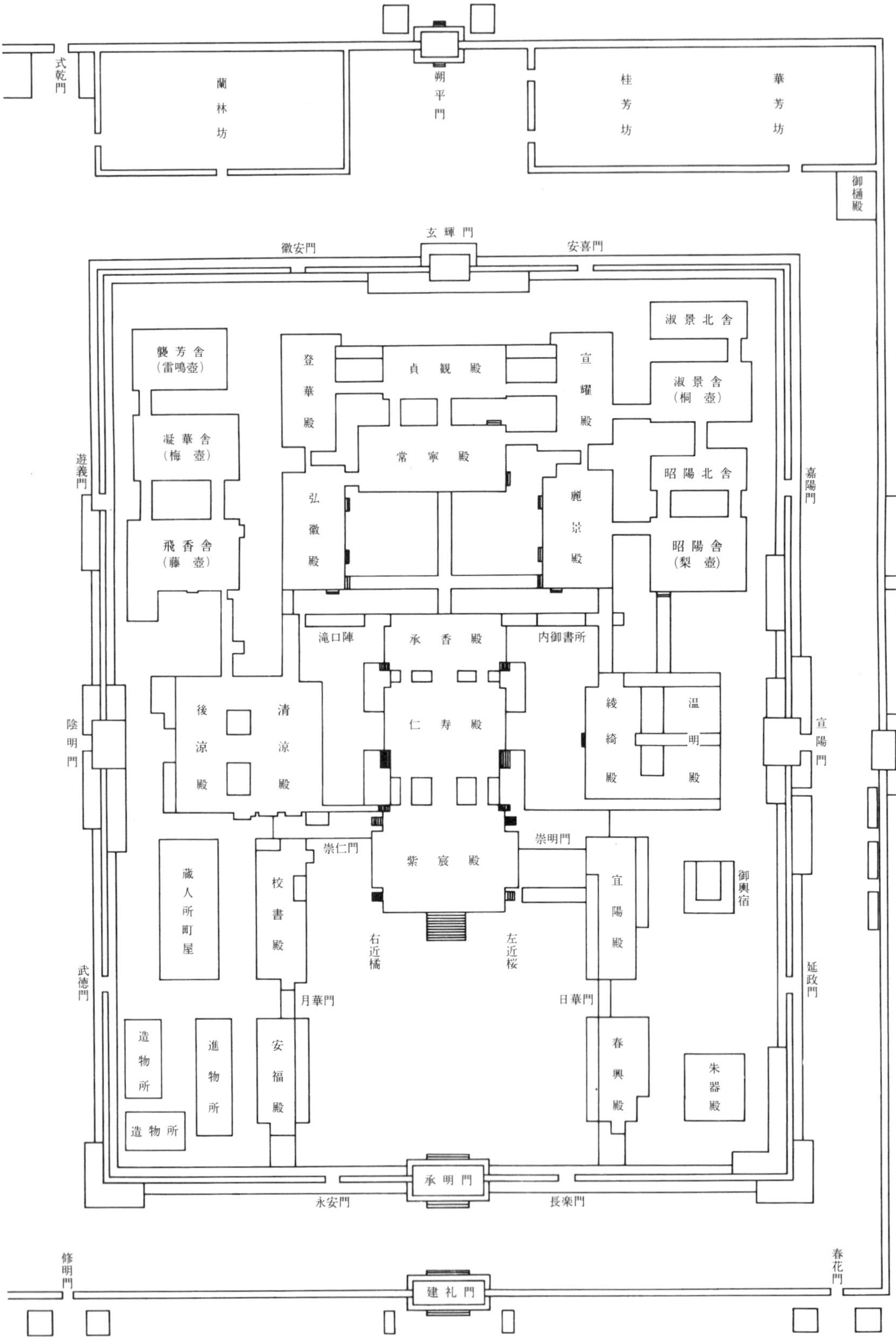

平安京内裏図（『（新訂増補）故実叢書』大内裏図より）

空間、その北に続くのが正殿の仁寿殿、後殿の承香殿、東脇殿の綾綺殿・温明殿、西脇殿の清涼殿・後涼殿からなる天皇の日常生活の場としての私的空間(九世紀末ごろからは清涼殿が天皇の日常起居の場となる)、一番北に位置するのが、正殿の常寧殿、後殿の貞観殿、東脇殿の宣耀殿・麗景殿、西脇殿の登華殿・弘徽殿からなる皇后の居住空間である。内裏の東北隅と西北隅は皇后以外の天皇の配偶者の居住空間、西南隅と東南隅は内裏の機能を補完する役割の施設が配置されていた。平安宮の内裏はたびたび火災に遭い、京内の貴族の邸宅を仮の内裏、里内裏として用いたが、一二二七年(安貞元)の焼失以後は再建されず、里内裏が一般化した。京都御所も里内裏土御門東洞院殿の後身である。　(渡辺　晃宏)

だいれんじかまあと　大蓮寺窯跡　仙台市宮城野区東仙台に所在し、五世紀の須恵器を焼いた東北地方最古の窯跡と、七世紀末から八世紀前半の瓦・須恵器を焼いた窯跡などからなる。一九七五年(昭和五十)の発掘調査では、五世紀の須恵器を焼成した窯一基が発見された。窯は地下式窖窯《あながま》で、出土した須恵器には壺・高杯・椀・𤭯《はそう》・器台などがあり、古墳に副葬する器種が主体を占める点に特徴がある。この窯の発見は、日本における須恵器生産の地方への拡大が予想外に早かったことを示すものとして注目された。一九九〇年(平成二)と翌年の調査では、七世紀末から八世紀前半の地下式窯跡三基と奈良・平安時代かとみられる半地下式窖窯跡二基が発見された。古い段階の遺物は、単弁蓮華文軒丸瓦、ロクロ挽重弧文軒平瓦、丸瓦、平瓦、熨斗《のし》瓦・隅切り瓦、塼《せん》などの瓦類と須恵器である。軒瓦は宮城県古川市の名生館《みょうだて》官衙遺跡・伏見廃寺と同系統で、七世紀末から八世紀初頭と考えられる。これらの瓦は北東一・五キロにある燕沢遺跡に供給された可能性が高いとされる。

参考文献　古窯跡研究会「大蓮寺窯跡発掘調査報告」(『陸奥国官窯跡群Ⅱ研究報告』四所収、一九七六)。仙台市教育委員会編『大蓮寺窯跡』(『仙台市文化財調査報告書』一六八、一九九三)。　(高野　芳宏)

だいわたりはいじ　台渡廃寺　常陸国那珂郡にあった奈良・平安時代の寺院跡。水戸市渡里《わたり》町台に所在。茨城県指定史跡。那珂川右岸の台地上に立地。字長者山と字観音堂山があり、観音堂山からは礎石建ちの建物跡が九棟、長者山からは礎石建ちの建物が二棟確認されている。両地区とも瓦が出土しており、両地区に共通する瓦もある。観音堂山の南方土壇建物は、約九メートル四方の方形状の基壇で、基壇上には十個の花崗岩製の礎石が残る。中心部には心礎があったようで、破砕された状態で残っている。この地域の開発が進み、伽藍配置を特定することはできていない。瓦の供給は、木葉下《あぼっけ》窯跡群(同市)からと、原の寺瓦窯跡(ひたちなか市足崎)からの二ヵ所しか特定できていないが、文字瓦が多く出土している。郡郷名では「吉田」(吉田郷)、「安」(安賀《あか》郷)、「幡」(幡田《はた》郷)、「全」(全《また》隈《ぐま》郷)、「大」(大井郷)、「阿波郷丈部里」「阿波郷大□」など。寺名では「仲寺」「徳輪寺」などがみられる。

資料館　水戸市立博物館(水戸市)、辰馬考古資料館(兵庫県西宮市)

参考文献　茨城県教育委員会編『常陸台渡廃寺跡・下総結城八幡瓦窯跡』、一九八四。　(阿久津　久)

たうえ　田植　苗代で育てた稲を水田に移植する農作業。主に女性労働として旧暦五月に行われた。弥生時代から行われており、稲作の技法とともに伝来した農法であると考えられる。水田の耕起(荒田打ち)とともに集中的な労働力を必要とするため、結《ゆい》などといわれた共同扶助労働や雇用労働力を用いて行われることが多かった。『万葉集』所収の和歌には、「田植」やその前提となる「苗代」などの作業が詠まれているが、一方で「蒔きし稲」なども詠まれているから直播農法も併存していたようである。平安時代になると『枕草子』や『栄花物語』などの文学作品にも描かれているから相当一般化していたと考えられる。それらによると、五、六十人ばかりの早乙女《さおとめ》が田主の指揮のもと田楽のリズムにあわせて、「後ざま」(後ろさがり)に田植していることがわかる。田植は、天候との関係で時間を争うことが多かったから、たびたび水論を引き起こした。

参考文献　古島敏雄『日本農業技術史』(『古島敏雄著作集』六、一九七五、東京大学出版会)。　(木村　茂光)

たかいだはいじ　高井田廃寺　⇩鳥坂寺《とさかでら》

たかいだよこあなぐん　高井田横穴群　大阪府柏原《かしわら》市高井田にある横穴群。国指定史跡。生駒山地南端の大和川を臨む丘陵斜面に、東西五〇〇メートル、南北二〇〇メートルにわたって四支群をなす。現在確認されているのは百六十二基だが総数二百基と推計されている。年代は六世紀後半が中心。玉手山凝灰層の露頭に横穴を掘削して作られており、ドーム型天井や造り付け石棺などが特徴。同様の露頭は大和川対岸の玉手山丘陵にも二ヵ所あり、それぞれ安福寺横穴群と玉手山東横穴群が分布するが、三者とも時期・内部構造など共通する。第三支群五号横穴の「船に乗る人」をはじめ、二十七基に線刻画や刻書が確認されているが、古墳時代のものか疑わしいものも多い。被葬者は渡来系氏族ともいわれているが、遺物では、武器・馬具・装飾品の数は少なく、ミニチュア炊飯具も二例のみであり、裏付ける根拠は必ずしも十分ではない。

参考文献　柏原市教育委員会編『高井田横穴群』Ⅰ―Ⅳ、一九八五―九二。柏原市立歴史資料館編『高井田横穴群の線刻壁画―資料集―』、二〇〇三。　(須原　祥二)

たかおかじょう　高岡城　加賀藩第二代藩主前田利長が一六〇九年(慶長十四)に越中国射水《いみず》郡関野(富山県高岡市)の地に築城した平城。利長は隠居後富山城に居したが、同年三月に富山城が類焼したため、関野の地を高岳(のち高岡)と改め、神尾図書、松平伯耆らを奉行として高岡城を築城、九月に入城した。縄張(設計)は高山南坊(右近)、あるいはほかに山崎閑斎《かんさい》、長如庵《ちょうじょあん》らが加わったとされる(「射水郡分記録等抜書」など)。利長は一六一四年(慶長十九)に没するまで隠居所として在城したが、翌年(元和元)の一国一城令によって廃城となった。城郭は取り壊されたが、石垣、濠は残され、加賀藩の米蔵などに利用された。一八七二年(明治五)城跡は民間に払下げられたが、射水郡第十七大区区長服部嘉十郎《かじゅうろう》らの上申により、一八七五年に高岡公園(現高岡古城公園)が設置された。江戸時代の城絵図が十数点確認されており、本丸正面と右側面が二重の濠で囲まれ、本丸の前面に二の丸、右隣に大手口・鍛治丸、本丸右側面に明丸《あきまる》、越繰輪《こしくるわ》(三ノ丸)などが配置されている。城域で部分的に発掘調査が行われ、整地土層、濠を掘った土による盛土層が確認されている。また、本丸のほか、符号のついた石垣の石が市内周辺で確認されている。

【資料館】高岡市博物館(富山県高岡市)

【参考文献】『高岡市史』上・下、一九五九・六九。高岡市教育委員会編『高岡城遺跡調査概報』(『高岡市埋蔵文化財調査概報』三四、一九九七。高岡市立博物館編『高岡城―企画展―』、二〇〇四。 (川崎　晃)

たかくら　高倉　床の高い倉。掘立柱建物遺構のうち、桁行・梁行の各柱筋に柱が立つ総柱建物遺構や梁間一間の建物遺構などの建築的特質と、集落における立地状況など遺跡の総合的な解釈により、地域や階層などによる差はあるものの弥生時代には高床建築がかなり普及していたことが明らかとなりつつあり、桜町遺跡(富山県)出土の建築部材や大園原遺跡(鹿児島)出土の絵画土器などから、高倉の出現は縄文時代中・後期にまでさかのぼる可能性がある。土器絵画に表現された建物や出土建築部材からうかがえる高倉の形式には、床下から床上まで通し柱を用いるもの、これに束柱《つかばしら》を併用したもの、束柱のみでいったん高い床組を作った上に直接屋根を架けるもの(屋根倉)がある。また、五世紀以降には側廻り、内部とも均等な大きさの掘形を持つ大規模な総束柱建物が登場し、高い床組の上に別構造の軸組式あるいは井籠組式(板倉・丸木倉)の壁を組んだと理解される。農業生産力の向上に伴う収蔵量の増加に対処して、積載荷重を各束柱に均等に伝える構造としたのであろう。

【参考文献】直木孝次郎・小笠原好彦『クラと古代王権』、一九九一、ミネルヴァ書房。浅川滋男編『先史日本の住居とその周辺―奈良国立文化財研究所シンポジウム報告―』、一九九八、同成社。 (清水　真一)

たかくらどの　高倉殿　平安京左京一条四坊一町にあった摂関家の邸宅・里内裏。土御門大路南・高倉小路西の一町を占めた。『拾芥抄《しゅうがいしょう》』は、藤原基経・同仲平などの邸宅との説を記すが、未詳。史料上の初見は、『小右記』長和三年(一〇一四)三月二十二日条の皇太后藤原彰子の遷御の記事である。伝領の経緯は、『左経記』長和五年三月二十三日条によると、藤原道長が故高階業遠の後家から入手したとみえ、その後、道長から頼通へ、頼通没後は、隆姫女王、祐子内親王へと伝領された。その後も摂関家に伝領されたらしい。一一五八年(保元三)四月ごろから、造営が開始されたことが『兵範記《ひょうはんき》』から窺われ、同年十月、大殿藤原忠通・関白基実は高倉殿へ渡った。なお、二条天皇・六条天皇の里内裏としても用いられた。

【参考文献】朧谷寿「藤原頼通の高倉殿」(『平安貴族と邸第』所収、二〇〇〇、吉川弘文館)。 (山本　崇)

たかさきはいじ　高崎廃寺　⇨多賀城廃寺《たがじょうはいじ》

たかしまかいていいせき　鷹島海底遺跡　長崎県松浦市鷹島の南岸沖一帯を範囲とする海底遺跡。一二八一年(弘安四)の弘安の役の際に多数の元軍の船が暴風雨によって沈没したと伝えられる海域に位置し、これまで元寇関連遺物が多数引き揚げられている。特に同遺跡の海岸で発見された元のパスパ文字による「管軍総把印」の青銅印は元軍の遺品として広く知られる。同遺跡の考古学的調査は一九八〇(昭和五十五)―八二年度の文部省科研費による調査に始まり、以後、分布調査や発掘調査が行われている。出土遺物は中国陶磁(褐釉壺や青磁碗など)などの陶磁器類が最も多いが、そのほかに石製品・金属製品・木製品など多岐にわたっている。一九九四年(平成六)度の調査では海底に碇が列をなしてささった状態で発見され、さらに二〇〇〇―〇二年度の調査では船の隔壁や外板などの船材をはじめ、当時の軍制を示す「王百戸」の墨書銘をもつ青磁碗や刀剣・てつはう・矢束・兜の武具類など元寇の実態を明らかにする遺物が出土している。

【参考文献】鷹島町教育委員会編『鷹島海底遺跡』I―X、一九九二―二〇〇四。 (野上　建紀)

たかしましゅうはんきゅうたく　高島秋帆旧宅　江戸時代末期の砲術家で長崎町年寄の高島秋帆(一七九八―一八六六)の居宅跡。長崎市東小島《ひがしこしま》町所在。国指定史跡。当地は、もとは秋帆の父茂紀《しげのり》が一八〇六年(文化三)に建てた別邸であり、雨声楼《うせいろう》・齢松軒《れいしょうけん》などと称された。高島家本宅は長崎市中の大村町にあったが、一八三八年(天保九)の火災で類焼し、以後秋帆はこの地を本宅として使用した。当時の建物は一九四五年(昭和二十)の原爆で大破し解体され、現在は庭園の一部と外周の石垣、石段、井戸などが残っている。秋帆は、荻野《おぎの》流砲術に加え西洋式砲術を研究、高島流砲術を完成させ、一八四〇年に西洋軍事技術の導入を含む兵制改革の急務を説いた『天保上書《てんほうじょうしょ》』を幕府に上申。翌年には武蔵国徳丸原《むさしのくにとくまるがはら》(東京都板橋区)でその演習を実施した。無実の罪で十二年間捕らえられたが、その後も講武所砲術師範役を務めるなど幕末の軍事近代化に大きく貢献した。

【参考文献】有馬成甫『高島秋帆』(『人物叢書』、一九五八、吉川弘文館)。板橋区立郷土資料館編『高島秋帆―西洋砲術家の生涯と徳丸原―』、一九九四。 (宮下　雅史)

たがじょう　多賀城　奈良時代前半に律令国家が蝦夷支配のために設置した城柵の一つで、陸奥国の国府でもあり、九世紀初頭に胆沢《いさわ》城が造営されるまでは鎮守府も置かれた。遺跡は宮城県多賀城市市川・浮島にあり、古代東北の中心施設として一九二二年(大正十一)に史跡、一九六五年(昭和四十)に特別史跡に指定されている。文献上では『続日本紀』天平九年(七三七)四月戊午(十四日)条に「多賀柵」とあるのが初見で、同宝亀十一年(七八〇)三月丁亥(二十二日)条の上治郡大領伊治公呰麻呂《あざまろ》が覚鱉《かくべつ》城造営のため伊治城に来ていた按察使紀広純らを殺害し、多賀城を攻めて倉庫の兵器や食料を奪い放火した記事の中にはじめて「多賀城」の名がみえる。この後、多賀城は征夷の拠点などとして『続日本紀』や『日本後紀』『続日本後紀』にたびたび登場するが、『三代実録』貞観十一年(八六九)五月二十六日条の陸奥国大地震の記事中の多賀城を指す「城下」の文字を最後に文献上から姿を消す。多賀城南門のすぐ内側にあり、近年の発掘調査などから奈良時代のものとされている多賀城碑には、多賀城は七二四年(神亀元)に大野東人により建置され、七六二年(天平宝字六)に恵美朝獦《あさかり》により修造されたことが記されている。多賀城の遺跡は、南に仙台平野を望む標高五〇メートルほどの小丘陵を中心に立地し、一部に沖積地を取り込んで築かれている。東辺約一〇五〇メートル、西辺約六六〇メートル、南辺約八七〇メートル、北辺約七八〇メートルの不整方形をなし、周囲は丘陵部が築地塀、沖積地が丸太材を立て並べた材木塀で区画され、南・東・西に門が設けられている。中央部やや南寄りには東西一〇三メートル、南北一一六メートルの方形に築地塀を廻らした政庁があり、内部には正殿・脇殿・後殿などの主要な建物が、儀式などを行う広場を中心に左右対称に整然と配置されている。政庁の建物群は八世紀前半から十世紀中ごろまで存続し、大別して四時期の変遷が認められた。八世紀中葉に恵美朝猟により修造された第II期の建物群は、七八〇年の伊治公呰麻呂の攻撃によるとみられる火災ですべて焼失している。また、城内の作貫《さっかん》・大畑・城前・六月坂・五万崎などの地区には実務を担った数棟の建物からなる官舎群や官工房、竪穴住居の兵舎などが置かれているが、倉庫とみられる建物は少ない。城内からは多量の瓦や土器類、硯や刀子などの文房具類、鏃や刀などの武器類、木簡や漆紙文書などが発見されている。このうち、一九七八年(昭和五十三)に多賀城跡ではじめて発見された漆紙文書は、漆の付着により腐朽を免れて土中に残った古代文書で、木簡とともに貴重な文字資料となっている。近年、多賀城南面の沖積地には、八世紀末ごろ以降、多賀城南門から延びる南北大路とその約五町南で交差する東西大路を基準としたおおむね一町を単位とする方画地割りが段階的に整備され、南北五町以上、東西十町以上にわたる国府域が形成されていたことが明らかになった。そこは国司館や上級官人の邸宅、下級官人など多賀城を支える人々の住居などからなる町並みで、国府や城柵などの地方官衙周辺にも都城と類似した都市的空間が成立していたことを示している。また、多賀城付属寺院の多賀城廃寺は国府域の西端部に位置し、多賀城の東約四キロには多賀城などに供給する鉄を精錬していた柏木遺跡がある。なお、多賀城とその南の国府域の諸施設は十世紀後半には廃絶しており、中世の文献にみえる「多賀国府」は、多賀城の西に位置し古代末から中世にかけての遺構が随所に分布する、多賀城市山王から仙台市岩切にかけての自然堤防上にあったのではないかと考えられるが、未だ確定はしていない。現在、多賀城廃寺跡全域と多賀城跡の南門・政庁・作貫・東門地区などの環境整備が終了し、史跡公園として公開されており、発掘調査の成果などは多賀城跡に隣接する東北歴史博物館や多賀城市埋蔵文化財調査センターで常設展示されている。

多賀城全景（南から）

参考文献　宮城県多賀城跡調査研究所編『多賀城跡』(『宮城県多賀城跡調査研究所年報』、一九六九―)。同編『多賀城跡―政庁跡―』、一九八〇・八二。同編『多賀城跡―発掘のあゆみ―』、二〇〇三。石松好雄・桑原滋郎『太宰府と多賀城』、一九八五、岩波書店。

（白鳥　良一）

たがじょうはいじ　多賀城廃寺　多賀城跡の南東約一キロに位置し、宮城県多賀城市大字高崎の低い丘陵上に立地する多賀城付属の古代寺院。特別史跡多賀城跡に附指定されている。かつては地名から高崎廃寺と呼ばれていた。一九六一年(昭和三十六)からの発掘調査で、塔・金堂・講堂・経蔵・鐘楼・僧房・中門・築地塀などの伽藍配置が明らかにされ、多量の瓦や緑釉・灰釉陶器、仏教関係遺物などが発見された。その結果、この寺院は創建も廃絶も多賀城と同時期の多賀城付属寺院であることが明確となり、多賀城廃寺と呼ばれるようになった。また、主要伽藍の配置は大宰府の付属寺院である観世音寺と同じで、多賀城市山王遺跡発見の「観音寺」と書かれた墨書土器から、この寺の名称は観世音寺と同義の観音寺とみられることから、多賀城廃寺は観世音寺をモデルとして造営されたのではないかと考えられている。遺跡は現在環境整備が行われ、一般に公開されている。

多賀城廃寺主要伽藍配置模型

参考文献　宮城県教育委員会・多賀城町編『多賀城廃寺跡』(『多賀城跡調査報告』一、一九七〇)。宮城県多賀城跡調査研究所編『多賀城跡―昭和五〇年度発掘調査概報―』、一九七六。桑原滋郎「多賀城廃寺と陸奥国分寺―仏教の伝播―」(伊東信雄・高橋富雄編『古代の日本』八所収、一九七〇、角川書店)。（白鳥　良一）

たがじょうひ　多賀城碑　宮城県多賀城市市川字田屋場に所在し、多賀城南門を入ってすぐ東の小高い丘の上にある宝形造の覆屋の中に建つ古碑。天平宝字六年(七六二)の紀年銘があり、日本三古碑の一つとされる。江戸時代初期に掘り出されて以来、陸奥の歌枕「壺碑《つぼのいしぶみ》」として注目を集め、松尾芭蕉なども訪れた。アルコース砂岩製で、碑面には百四十一字が彫られ、多賀城から蝦夷・常陸・下野・靺鞨おのおのの国界までの距離や、多賀城が七二四年(神亀元)に大野東人《あずまひと》によって置かれ、七六二年に恵美朝獦《あさかり》により修造されたことが記されている。文献にはない多賀城の創建年代や八世紀中葉の修理について知る上で重要。「多賀城」の表記の最古の例。明治以来偽作説が根強かったが、多賀城跡調査研究所による文献上の再検討や発掘調査等の考古学的成果などから、奈良時代の碑とするのが妥当と考えられるようになり、一九九八年(平成十)に重要文化財に指定された。

多　賀　城　碑

同　拓　本

銘文　西多賀城去京一千五百里／去蝦夷国界一百廿里／去常陸国界四百十二里／去下野国界二百七十四里／去靺鞨国界三千里／此城神亀元年歳次甲子按察使兼鎮守将／軍従四位上勲四等大野朝臣東人之所置／也天平宝字六年歳次壬寅参議東海東山／節度使従四位上仁部省卿兼按察使鎮守／将軍藤原恵美朝臣朝獦修造也／天平宝字六年十二月一日

参考文献　阿倍辰夫・平川南編『多賀城碑―その謎を解く―(増補版)』、一九九九、雄山閣出版。白鳥良一「多賀城碑をめぐる真偽論争と重文指定」(『地理と歴史』五一九、一九九八)。（白鳥　良一）

たかせいせき　高瀬遺跡　富山県南砺市高瀬(旧東礪波市郡井波町)にある平安時代前期の荘園関連遺跡。北約八〇メートルには式内社高瀬神社が所在する。初期荘園の荘所跡と推定される石仏《いしぼとけ》地区(国指定史跡)と小規模な掘立柱建物群が建つ集落跡の穴田地区(県指定史跡)からなり、ともに一九七〇年(昭和四十五)・七一年に発掘調査が行われた。石仏地区では、西面する南北棟(桁行五間・梁行四間)を主屋にコ字形配置をとる大型掘立柱建物三棟が確認され、建物群の南からは水運の利用が想定できる蛇行溝が検出されている。石仏地区の東約三〇〇メートルにある穴田地区では、不規則な配置をとる小規模な掘立柱建物四棟と塀などが検出された。出土遺物には、漢詩と思われるものを記した木簡をはじめ墨書土器、浄瓶、鉄鉢、瓦塔、漆容器、木製品など多彩なものがあり、本遺跡が九世紀の荘所跡である可能性を暗示している。なお穴田地区からは「家成」と記した墨書土器が出土しており、『越中国《えっちゅうのくに》官倉納穀交替記《かんそうのうこくこうたいき》』にみえる砺波郡司「中臣家成」との類似が注目される。一九七二年に国史跡に指定された。

参考文献　富山県教育委員会「井波町高瀬遺跡」(『富山県埋蔵文化財調査報告書』三、一九七四)。（黒崎　直）

たかせがわいちのふないり　高瀬川一之船入　江戸時代初期に京都―伏見間の物資輸送のために開削された運河、高瀬川の最上流部に設けられた船溜。京都市中京区木屋町通二条下ル西側一之船入町所在。国指定史跡。高瀬川は角倉了以(一五五四―一六一四)が京都―伏見間の物資輸送運河として一六一一年(慶長十六)に着工、一六一四年に完成させた、鴨川に南北に平行して設けられた全長約一〇キロの運河である。高瀬川の名は輸送に平底の小船、高瀬舟を用いたことから付いたといわれる。一之船入は高瀬川の基点付近の西側に、東西約一〇〇メートル、南北約一〇・八メートルの規模で、石垣による護岸が行われている。船溜と、物資の積み下ろし場として利用され、船入の施設はここのみ現存する。一九二〇年(大正九)に高瀬川の船運が廃止になるまで京都の物資輸送を支えた。

参考文献 『図説日本の史跡』七、一九九一、同朋舎出版。 (有井 広幸)

たかせせきぶつ 高瀬石仏 特異な配列をもつ石窟形式の磨崖仏。大分市大字高瀬に所在。霊山《りょうぜん》の北麓、大分川支流七瀬川右岸の丘陵先端にある。入口を東に向ける高さ一・八メートル、幅四・五メートル、奥行一・五メートルほどの石窟に、大日如来坐像を中心に、向かって右に如意輪観音坐像・馬頭観音坐像、左に大威徳明王坐像・深沙《じんじゃ》大将立像の五尊像が陽刻されるが、大日如来を中尊とする配列はほかに類例を見ない。衣文《えもん》の省略や素朴な彫り口など、形式化が認められるものの、厚肉の丸彫りに近く、丸顔に童子形を現す面相の大日如来像の特徴などは、平安時代後期和様彫刻の作風を継承しており、十二世紀後半の造立とされる。伝統的な儀軌《ぎき》にとらわれない自由な図像配列は、院政期における密教の多様なあり方を反映し、さまざまな俗信の諸仏を併合させたと解釈される。植田《わさだ》荘に属し、荘官植田氏の造営と見られるが、造立されたころは後白河上皇の後院領であることから中央文化の影響も推定される。国指定史跡。

高瀬石仏全景

参考文献 岩尾順「ふるさとの美術文化」(『大分市史』下所収、一九八八)。渡辺文雄「高瀬石仏」(『大分歴史事典』一九九〇、大分放送)。 (玉永 光洋)

たかせぶね 高瀬船 古代から近代に主に河川で使用した代表的な小型の船。時代や地域によりその構造は異なるが、一般には高瀬すなわち浅瀬で使用する喫水《きっすい》の浅い船をいう。すでに平安時代には京三条の神泉苑《しんせんえん》で船遊びに用いられ、室町時代には広く河川での荷物運搬に用いられるようになった。江戸時代初期に角倉了以が高瀬川・天竜川・富士川などの開削の際に美作《みまさか》の和気川の高瀬船を導入したので畿内・東海へも伝わり、さらに河川水運の活性化に伴って全国へ波及した。概して船体は、長さ四十～五十尺・幅六～七尺・深さ二尺前後で、その積載量は米にして十五～三十石であり、小型のわりに深い船体である。しかし利根川の高瀬船は長さ六十尺・幅十一尺余・深さ三尺半もあり、水主四人が乗り組んで米百八十石を積載することができ、船型や艤装も他地域のものとは異なっていた。各地で重要な役割を担っていた高瀬船は、一八七五年(明治八)創立の内国通運会社の外車船導入により次第に衰退した。

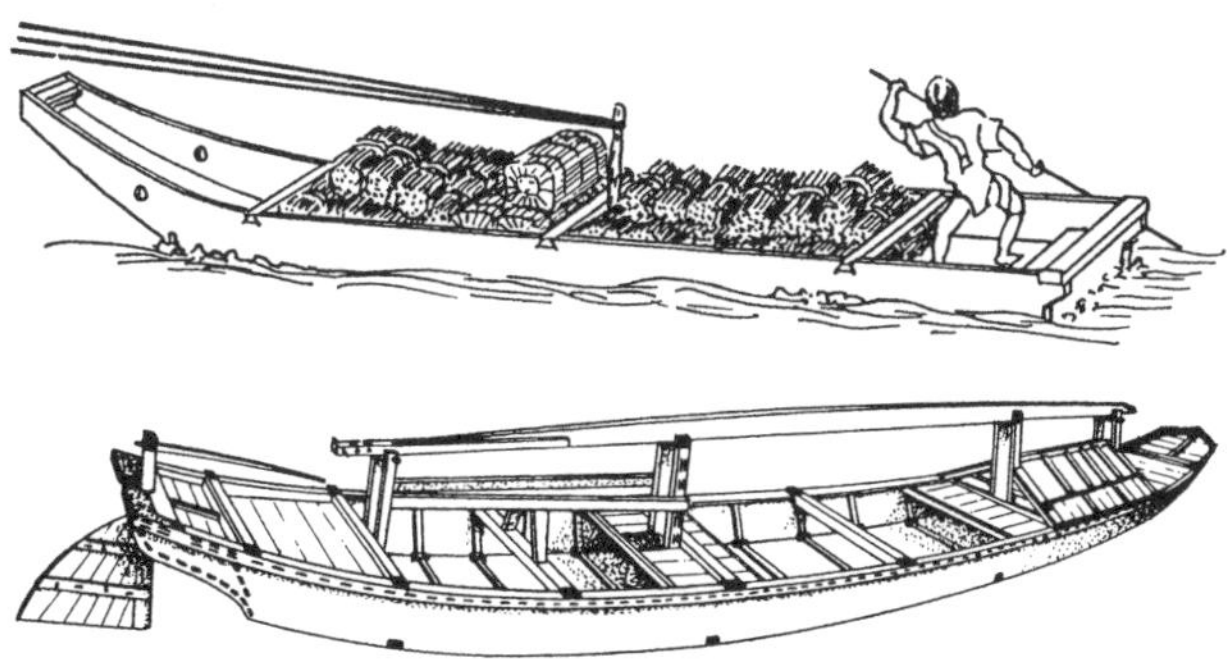

(上) 高瀬川の高瀬舟 (下) 利根川の高瀬舟

参考文献 石井謙治『和船』二(『ものと人間の文化史』七六ノ二、一九九五、法政大学出版局)。 (渡辺 和敏)

たかつき 高杯 大きく開く杯部に脚部が付く形態のうつわ。土師器・須恵器・木器・漆器や施釉陶器があり、正倉院にはガラス製の「白瑠璃高坏」が伝存している。土師器が比較的多く、須恵器がそれに次ぎ、その他は稀である。平城宮出土墨書土器には「高佐良」、『正倉院文書』では「高盤」という表記があり、当時はそのように呼んだことが知られる。用途は、主に菓子や果物を盛るためのものである。畿内では、丸みを帯びた杯部に漏斗状の脚部を付す古墳時代以来の土師器高杯に代わり、平板な杯部で脚部を面取りする都城型の高杯が七世紀末に出現し、その脚部は次第に長大化する。中世になると、方形や円形の杯部に細い脚を付し、杯部上面のみに赤漆、その他は黒漆を塗った漆器高杯が盛行する。これは『信《し》貴山縁起絵巻《ぎさんえんぎえまき》』『伴大納言絵詞《ばんだいなごんえことば》』『北野天神縁起』『春日権現験記絵』や『石山寺縁起絵巻』などに見るごとく、上に飯や副菜を盛った器を載せる台であり、古代の高杯とはその機能が変化している。

参考文献 関根真隆『奈良朝食生活の研究』、一九六九、吉

川弘文館。渋沢敬三『絵巻物による日本常民生活絵引』、一九六四-六、角川書店。（玉田　芳英）

たかつきじょう　高槻城　大阪府高槻市城内町ほかに所在。十世紀末に近藤阿刀連忠範が久米路山を本拠にしたことに始まるという。十四世紀以降、入江氏が居館を構え、一五六九年（永禄十二）に和田《わだ》惟政《これまさ》が城主となり城の基礎を築く。一五七三年（天正元）には高山《たかやま》右近《うこん》が和田惟《これ》長《なが》を追放し城内に天主教会堂などを築き、キリスト教布教につとめる。一六四九年（慶安二）永井《なかい》直清《なおきよ》が藩主となり、以後二百二十年にわたり高槻を治める。城は市域中央部に立地する平城で、本丸・二ノ丸を中心に、三ノ丸や出丸、厩郭《うまやくるわ》、弁財天郭などが配置された。城下町は、城の北と東に発達し、「高槻六口」を通じて西国街道・淀川と結んでいた。一八七四年（明治七）、鉄道建設により破却されたが、近年の発掘調査では、惟政・右近期の溝や大堀、木製ロザリオが出土したキリシタン墓地などが発見されている。また、近世築城技術を知るうえで重要な本丸石垣などの調査も行われている。

参考文献　高槻市教育委員会編『摂津高槻城―本丸跡発掘調査概要報告書―』、一九八四。（橋本　久和）

たかてんじんじょう　高天神城　断崖に囲まれた標高一三二メートルの天然の要害鶴翁《かくおう》山の東西二つの峰上に築かれた戦国時代―安土桃山時代の山城。静岡県掛川市上土方嶺向に所在。今川氏親の遠江国進出ころ（十六世紀初頭）の創築と考えられる。国史跡。一五七四年（天正二）―一五八一年にかけて、武田・徳川両軍による激しい攻防が繰り広げられた。武田勝頼の手によって改修されたと思われる堂の尾曲輪群の発掘調査が実施されており、横堀・土塁・堀切の形状などが判明してきている。曲輪先端部に井楼櫓と推定される痕跡が検出され、さらに橋台、門跡なども確認された。山麓から続く道は、城内へ入るときわめて複雑な通路と化し、堀底を通らせ障壁で遮断、行き止まりとなる曲輪へ誘い込むなどの工夫が凝らされていた。出土遺物は豊富で、瀬戸美濃製品が多い。また、明らかに伝世品と考えられる貿易陶磁が混在している。攻城戦によって落城しているため、使用陶磁器類が城外へ持ち出されておらず、当時の状況を知るに貴重な資料である。

参考文献　小和田哲男『高天神城の総合的研究』、一九九三、大東町教育委員会。（加藤　理文）

たかとおじょう　高遠城　長野県上伊那郡高遠町にあった戦国―江戸時代の平山城。国指定の史跡。南の三峰川《みぶがわ》と北の藤沢川が合流する河岸段丘上に位置する。諏訪氏一族が領していたが、一五四七年（天文十六）に武田信玄が修築し、武田家の伊那支配の拠点となった。一五八二年（天正十）の武田家滅亡に際しては仁科盛信《にしなもりのぶ》が徹底抗戦して討死した。一六〇〇年（慶長五）以後、保科《ほしな》正光《まさみつ》が城主となり、二万五千石を領した。一六三六年（寛永十三）正光の養子正之《まさゆき》は出羽最上に転封され、鳥井忠春が三万石で城主となった。鳥井忠則《ただのり》が一六八九年（元禄二）自害すると幕府直轄領となったが、一六九一年内藤清枚《きよかず》が三万三千石で封ぜられ、以後明治維新まで内藤氏が城主であった。内藤氏時代に大手口はそれまでの東側から現在の西側に移り、城下町も台地下の城西に移った。一八七一年（明治四）の廃藩置県により、翌年城の建造物や樹木などが競売された。その跡地へ旧藩士たちがコヒガンザクラを植え始め、以後城跡は桜の名所になった。

参考文献　『高遠町誌』上、一九七九。高遠町教育委員会編『史跡高遠城跡大手門石垣』（『埋蔵文化財緊急発掘調査報告書』、二〇〇三）。（笹本　正治）

たかとりじょう　高取城　奈良盆地と吉野間の急峻な山中に立地する大規模な山城。奈良県高市郡高取町に所在。国史跡。その主要な遺構は標高五〇〇メートルを超える山中に分布する。伝承では一三三二年（正慶元・元弘二）に護良親王の挙兵に応じて越智氏が築いたとするが、確証はない。高取城の史料上の初見は一五一一年（永正八）である（『祐園記抄』）。越智氏の平時の居館としては越智城があるが、高取城は戦時においてその詰城的な機能を果たした。しかし、城では平時においても謡曲の書写などが行われており、日常生活の場や政庁的な機能も併せ持ったものとみられている。一五八〇年（天正八）織田信長による大和一国破城令により高取城はいったん廃城となるが、一五八四年筒井順慶が郡山城の詰城としてここを復興する。豊臣秀長の大和入国以前に引継役として脇坂安治、ついで一五八五年、秀長入国後は家臣の本田武蔵守および子息の本田因幡守が城主となり、高取城は織豊系城郭としての整備がなされた。本田氏断絶後は一六四〇年（寛永十七）に植村家政が入り、その後幕末まで植村氏が城主を勤める。現存する郭はほぼ全て石垣で囲繞されており、中世の縄張りはとどめていない。また城内で発掘調査が行われていないので、中世高取城の実態は明らかではない。

参考文献　『高取町史』、一九六四。村田修三「高取城」（『日本城郭大系』一〇所収、一九八〇、新人物往来社）。高田徹・谷本進編『大和高取城』、二〇〇一、城郭談話会。（山川　均）

たかとりやき　高取焼　桃山時代以降、筑前福岡藩内で焼かれた陶器。藁灰釉・飴釉製品などが特に知られる。黒田長政は文禄・慶長の役で朝鮮人陶工八山（高取八蔵）を連れ帰り、一六〇〇年（慶長五）筑前移封の後、鷹取に窯を築かせた。これが永満寺宅間窯（福岡県直方市永満寺）と推定され、一六一四年には北側の内ヶ磯《うちがそ》（直方市頓野）に窯場が移された。その後八山は一時蟄居となるが、山田窯（福岡県山田市上山田）で細々と製陶を継続、一六三〇年（寛永七）には許され白旗山（福岡県飯塚市幸袋）に開窯、本格生産が再開された。以後窯場は小石原（福岡県朝倉郡）などにも広がるが、貞享年間（一六八四―八八）には大鋸谷（福岡市中央区輝国）に「御陶所」が移され、宝永年間（一七〇四―一一）には荒戸新町（福岡市中央区荒戸）

に「御陶山」が設けられた。また一七〇八年には、最後の藩窯である東皿山窯(福岡市早良区祖原皿山)が築かれ、以後近世を通じて生産が継続された。

参考文献 西日本文化協会編『福岡県史』文化資料編一、一九九二。佐賀県立九州陶磁文化館編『福岡の陶磁展』、一九九二。 (村上 伸之)

たかなししやかた 高梨氏館 北信濃の有力国人高梨氏の館。長野県中野市小館所在。高梨氏は、永正年間(一五〇四―二一)の越後の乱などを契機に中野氏に代わり中野の館を本拠としたとされ、弘治年間(一五五五―五八)ころに武田氏の侵攻により越後に逃れるまでがその盛期と考えられる。館は、東西約一三〇メートル、南北約一〇〇メートルを計り、堀と内面玉石積みの土塁が巡る方形館で、東方の鴨ヶ嶽城《かもがたけじょう》とセットとなる。西に表門と脇門、東に裏門をもつ西礼の館である。館内部は、東西に分かれ、西半は建物がない広場、東半に多くの遺構が集中する。東半は、表門と裏門を結ぶ線を境に、南側がハレの空間で土塁東南隅を利用した石組みをもつ庭園と会所となる礎石建物が、北側は日常生活＝ケの空間で、常御殿《つねのごてん》となる大型礎石建物を中心に七棟がまとまり、石組桝が付属する。付近からは多量の炭化した米・大麦・豆が採集された。出土品には、青磁酒海壺《しゅかいこ》や花生などの威信財や耳土器《みみかわらけ》が多いなど、館空間が将軍邸をモデルとする規範にのるだけでなく、その室礼《しつらい》や儀礼の受容をも示す。高梨氏は、三《さん》条西実隆《じょうにしさねたか》や飛鳥井雅教《あすかいまさのり》を通じて都文化への指向が強く、一五一五年(永正十二)には連歌師宗長《そうちょう》が館に逗留《とうりゅう》して連歌会席を興行し、自撰句集『那智籠《なちごもり》』の一部をなした。地方国人領主クラスにおける京都文化の受容実態を知る好例である。

参考文献 中野市教育委員会編『高梨氏館跡発掘調査概報』、一九九〇―九五。 (小野 正敏)

たかなわおおきどあと 高輪大木戸跡 江戸城下町の出入口に設けられた関門。近世の重要な交通路である。東海道の高輪大木戸(東京都港区)と甲州街道の四谷大木戸(東京都新宿区)の二ヵ所が知られている。『増補武江年表《ぞうほぶこうねんぴょう》』によると、一七一〇年(宝永七)に「高輪大木戸石垣を築かせられ、御高札場定る」とある。新井白石《あらいはくせき》の建議に基づき、道幅六間の東海道の左右に高さ一丈、長さ五間、横四間の石垣を設け、これに柵、門を構築して高札場と大木戸を設けたものである。高札場は江戸六大高札場のひとつで、芝田町四丁目(元札ノ辻)から移されたものという。京登り、東下り、伊勢参宮等の旅行者の送迎もここで行われ、大木戸から品川宿入口にかけては茶屋が多く賑わった。『江戸名所図会《えどめいしょずえ》』に「後ろには三田の丘綿々とし、前には品川の海遙かに開け、渚に寄する浦浪の真砂を洗ふ」景観であったが、現在は東側の石垣が残るだけである。国指定史跡。

参考文献 『港区史』上、一九六〇。東京都編『東京市史稿』産業篇一〇、一九六六。 (亀田 駿一)

たがね 鏨 カジ(鍛冶)やイシク(石工)などが、鉄や石を切削する道具。古代・中世の文献では、十世紀前半の資料(『和名類聚抄』)の「鍛冶具」の項に、「鑚・タカネ」(名称)、「剪銕器」(用途)と記されている。近世の文献では、十八世紀初めの資料(『和漢三才図会』)に、「たがね」の表記は「鏨」であり、「鑚」は「三稜錐・ミツメ」であること(名称)、「以剛制之」(材質)、「有数種」、「鍛冶」(職種)は「剪鐵」「鐫刀器銘」(用途)、「石工」(職種)は「彫石」「攻玉之類」(用途)、と記されている。弥生時代以降の出土鉄製品の中には、木を対象とする鑿《のみ》と、鉄や石を対象とする鏨と、判別に困る場合がある。わが国の場合、木を加工する鑿には木柄を装着し、鉄や石を加工する鏨は全鉄製である。刃部と反対側の端部に、打撃による破損(つぶれ、めくれなど)があれば鏨の可能性が高い。しかし、ヨーロッパでは硬木を全鉄製の鑿で加工する事例もあることに留意しておく必要がある。 →鑿《のみ》

参考文献 吉川金次『鍛冶道具考』(『神奈川大学日本常民文化叢書』二、一九九一、平凡社)。 (渡邊 晶)

たかのちょうえいきゅうたく 高野長英旧宅 江戸時代後期の蘭学者高野長英の住んだ高野家の住宅。岩手県奥州市水沢区大畑小路《おおばたけこうじ》所在。同区旧町内は水沢留守《るす》氏の城下町であり、城(要害)の周囲には各小路ごとに武家住宅、その外側には町屋、さらに周辺に農家という配置構成を示す。長英は城の南側を東西にはしる吉小路《きちこうじ》南で一八〇四年(文化元)留守氏家臣後藤実慶の三男として生まれた。現在この地は長英生誕の地として母屋の礎石などが保存されている。早くに父と死別、母方の叔父高野玄斎の養子となり、城の南東を南北にはしる大畑小路の高野家に移る。はじめ卿斎、十七歳で江戸に出て蘭医吉田長淑の門に入り、長英の名を与えられた。のちシーボルトの鳴滝塾に学び、江戸で町医者を開く。一八三九年(天保十)蛮社の獄に連座、投獄されたがのちに脱獄し逃亡生活を送る。高野家は一八七六年(明治九)に改築され上屋その他は不詳だが、長英の居室であった階下の八・六畳の二室は保存され、様式から江戸前期の建築とされる。国史跡。 (伊藤 博幸)

たかはしけんじ 高橋健自 一八七一―一九二九 考古学者。一八七一年(明治四)八月十七日、宮城県仙台市に生まれる。宮城師範学校を経て、一八九一年東京高等師範学校文学科に入学。卒業後福井県、奈良県の尋常中学校の教員となるが、一九〇四年に退職して東京帝室博物館に勤務する。学芸委員、歴史部次長となり、一九二一年(大正十)鑑査官として歴史課長となった。高等師範在学時より三宅米吉の指導を受け、歴史考古学の研究に携わり、特に古瓦の収集、調査研究に力を注いだ。後に古墳文化研究の第一人者として考古学界を主導していくとともに、考古学会の幹事として運営にあたり日本考古学の発達と普及に努めた。一九二三年に『銅鉾銅剣の研究』により京都帝国大学より文学博士の学位を受ける。『考古

学』『古墳発見石製模造器具の研究』『鏡と剣と玉』『古墳と上代文化』などの著書があるが多くの論著は考古学会の機関誌『考古学会雑誌』『考古界』『考古学雑誌』に発表された。一九二九年(昭和四)十月十九日没。五十九歳。

参考文献 後藤守一「高橋健自博士」(『考古学雑誌』一九ノ一二、一九二九)。石田茂作「高橋健自博士の研究と其の発表」(『考古学雑誌』二八ノ一二、一九三八)。坂詰秀一編『高橋健自集』(『日本考古学選集』一〇、一九七二、築地書館)。

(松浦宥一郎)

たかばた 高機 ⇩織機《しょっき》

たかはらいのかりのみや 竹原井頓宮 奈良時代、難波宮などへ行幸の際、休憩・宿泊施設として利用された離宮、頓宮。大阪府柏原市大字青谷所在。平城宮から約二五キロ、難波宮から約二〇キロの位置にあって、発掘調査の結果、正殿と推定される中心建物と北と西に石敷の渡り廊下で結ばれた回廊状の細長い建物二棟などが発見された。正殿建物は、地覆石外舎で南北一二・九メートル、東西二四・九メートルで元来一メートル前後の石積基壇上に礎石建ちの五×四間の東西棟が復原されている。出土遺物は、奈良時代の土器類のほかは多量の瓦類で、若干の平城宮・難波宮の軒丸瓦が混ざるが、ほかは平城宮瓦を祖型とし、応神陵古墳外堤の瓦窯からの青谷式軒平丸瓦である。瓦は、南河内を中心とした公的施設にも供給されている。主遺構は、八世紀中葉から後葉までは存続し、離宮・行宮と表記に統一はないが、『続日本紀』にしばしばみえる竹原井頓宮と考えられている。長岡・平安京遷都で廃絶したものの瓦などの再利用も判明している。頓宮の規模・構造・役割などを考える上で重要な遺跡である。

参考文献 柏原市教育委員会編『柏原市埋蔵文化財発掘調査概報』一九八四ノ一、一九八五。古閑正浩「畿内における青谷式軒瓦の生産と再利用」(『考古学雑誌』八六ノ四、二〇〇二)。

(堀江 門也)

たかまつじょう 高松城 ㈠岡山市高松に所在する城跡。城跡および堰堤跡は国史跡。平城で、周辺の低湿地を利用し、五つの郭によって構成される。天正年間(一五七三—九二)に石川氏により築城。一五七五年に毛利氏に反した石川氏が滅亡後、毛利氏の城となり、清水宗治が城将となった。一五八二年羽柴秀吉に攻撃され、籠城した。これに対して秀吉は周囲に陣城《じんじろ》と堤防を築き、足守《あしもり》川の水を引き入れて水攻めとした。本能寺の変後、清水宗治の切腹を条件に開城。宇喜多氏の家老である花房正成が入り、陣屋が設けられた。城内には宗治自刃の碑、改葬された宗治首塚・胴塚があり、公園として整備されている。

(金田 明大)

㈡高松市玉藻町に所在する近世の城郭。一九五五年(昭和三十)に国の史跡に指定された。別名、玉藻城。城の北は瀬戸内海に面しており、現在残っている内濠には、海水が取り込まれている。一五八七年(天正十五)に讃岐十五万石の領主となった生駒親正は、居所を引田、宇多津と移したが、中世以来の港湾であった香川郡野原荘の海浜に築城を計画し、三年かかって完成したといわれている。天守閣を中心に東・西・南に海水を利用した濠を三重に廻らした。城下町は城の南部に建設された。生駒氏改易の後、一六四二年(寛永十九)に松平頼重が入り高松藩が成立したが、一六七〇年(寛文十)に天守閣が改築され、東ノ丸が造成されるなどして高松城は完成した。以後、廃藩置県まで松平氏の居城となる。天守閣は三層五階。生駒時代の末から松平頼重入部当初の景観を描いたとされる「高松城下図屏風」では天守閣は下見板張りで、明治期の古写真では総漆喰という違いがあるが、いずれも最上層が下層より大きい南蛮造であることがわかる。一八八四年(明治十七)に天守閣は取り壊された。北ノ丸の月見櫓・渡櫓・水手御門、旧東ノ丸の艮櫓《うしとら》(現在は太鼓門に移築)は重要文化財に指定されている。

参考文献 香川県教育委員会編『香川の文化財』、一九九六。『香川県歴史博物館調査研究報告』三、二〇〇七。

(渋谷 啓一)

たかまつづかこふん 高松塚古墳 奈良県高市郡明日香村平田にある終末期後半(七世紀末から八世紀初めごろ)の古墳。特別史跡。一九七二年(昭和四十七)発掘調査され、内部から極彩色の壁画(国宝)が見つかった。古墳は丘陵稜線上からやや下がった南斜面に築かれている。墳形は円墳で、径一八メートル、高さ五メートルである。これはこの当時使われていた尺度の唐尺(およそ一尺＝二九・五センチ)で、六十尺の大きさである。外部には目立った施設はない。内部構造は、凝灰岩の切石を組み合わせて作られた横口式石槨である。内法は長さ二・五五メートル、幅一・〇三五メートル、高さ一・一三四メートルの小さな空間である。この四壁および天井に壁画があった。壁画は壁面石の表面に三～五ミリほどの厚さで漆喰を塗り、この表面に描いている。北壁には玄武図。東壁の中央に青龍図、その上に日像、左右に各四人の群像図。南壁は剝落していたが、本来は朱雀図があったのであろう。西壁は中央に白虎図、その上に月像、左右には東壁と同じような群像図があった。天井には星を薄い金箔で張り、星と星を朱線で結んだ、二十八宿の星座が四方向に並べて描かれていた。おそらくこの古墳の造墓にあたっては風水思想の影響があると考えられる。この古墳はわが国はじめての本格的な壁画古墳となった。床面はすでに盗掘を受けていたが、漆塗り木棺が破壊され散乱していた。この棺の表面には宝相華文様の金銅製飾り金具や無紋の円形金具が取り付けられていた。さらに棺表面には金箔を張っていたらしい。副葬品もすべてあったわけではないが、中国製の海獣葡萄鏡・唐様太刀の装具・ガラス小玉などがある。古墳の築造時期については七世紀末から八世紀初めころと考えられており、古墳の被葬者についても多くの説があるが、まだ有力な説はない。

資料館 高松塚壁画館(奈良県高市郡明日香村)

参考文献 橿原考古学研究所編『(壁画古墳)高松塚』、一九七二、奈良県教育委員会・明日香村。 (河上 邦彦)

たかまどりきゅう 高円離宮 大和国添上《そえかみ》郡高円の地に設けられた聖武天皇の離宮。春日山と南に続く高円山の西麓一帯は遊行の地として知られ、聖武天皇も遊猟に訪れた。『万葉集』二〇に収められた、その当時を偲ぶ和歌によれば、八世紀末ごろには離宮はすでに荒廃していたらしい。所在地については、「高円の宮の裾廻の野づかさに」、「高円の野の上の宮」と詠われたことから、かなり高所にあったと考えられている。しかし、寛弘九年(一〇一二)八月二十七日付の東大寺所司等の解文には、「平城京東六条三・四里、七条三・四里」は「聖霊御宇之時別宮」であると記されている(『平安遺文』四六八)。その記述をふまえ、離宮そのものは高所になくても差しつかえないとして、平城京東六条三里の地、現在の奈良市古市《ふるいち》町に所在を求める説も出されており、離宮の位置は確定していない。なお、『続日本紀』和銅元年(七〇八)九月乙酉条に記されている、元明天皇が訪れたとされる「春日離宮」も、この高円離宮を指すと考えられている。 (西村さとみ)

たかみくら 高御座 即位儀や元日朝賀などにおいて天皇が就く玉座。文献上、古くは藤原宮で即位した文武天皇の即位宣命《せんみょう》に「天つ日嗣高御座の業」とあるのがみえ、天皇位を象徴するものであった。『続日本紀《しょくにほんぎ》』によれば、七四四年(天平十六)二月に難波宮に遷都する際、恭仁《くに》宮にあった高御座と大楯を難波に運んだとの記事があり、皇権の所在を示すものでもあった。『延喜式《えんぎしき》』や平安時代の儀式書・古記録によれば、即位儀や元日朝賀では大極《だいごく》殿《でん》に設置され、朝賀後の節会《せちえ》に際しては豊楽殿《ぶらくでん》に設置されることになっていた。高御座の構造は、壇が上中下の三段からなり、平面方形の下段が「壇」、八角形の中段が「御帳土居」、同じく八角形の上段が天皇が座る狭義の「高御座」である。御帳土居とは帳台の柱が立つ土台で、各角に柱を立て、帳をめぐらし、八角形の蓋を載せる。蓋の上には鳳凰《ほうおう》、鏡などの装飾が附く。下段は複数あって大極殿、豊楽殿にそれぞれ常設されているが、狭義の高御座は唯一の存在であって、帳台の柱、その他の装飾品とともに通常は内蔵寮に収納され、儀式に先立ち臨時に敷設されることになっていた。

参考文献 和田萃「タカミクラ」(『日本古代の儀礼と祭祀・信仰』上所収、一九九五、塙書房)。古尾谷知浩・箱崎和久「高御座の考証と復原」(『奈良国立文化財研究所年報』一九九七ノI、一九九七)。 (古尾谷知浩)

たかみやはいじ 高宮廃寺 (一)奈良時代前期(白鳳期)に河内高宮氏の氏寺としての創建が考えられる寺院跡。国史跡。大阪府寝屋川市大字高宮所在。発掘調査などの結果、式内社高宮大杜《おおもり》御祖《みおや》神社境内地を中心に花崗岩の塔心礎などを良好に残存する東塔のほか堂塔基壇を確認し、薬師寺式伽藍配置を想定している。しかし、西塔と想定されている現社殿地の土壇が大きく、未調査のため、西金堂とすれば、川原寺式の可能性もある。出土遺物は、そのほとんどが古瓦類で、白鳳期に創建され、奈良時代まで存続したものの、平安時代に一時廃絶した。鎌倉時代に講堂を利用して新たな寺(神宮寺)を再建したものの室町時代に焼失してしまったことなど当寺院の消長を窺うことができる。また、西側隣接地での建立氏族の居館と考えられている大型掘立柱建物群や南側丘陵下、河川祭祀場跡からの絵馬や多数の人面墨書土器の発見など、当寺院を中心とした建立氏族の歴史も明らかにされつつあり、地域の歴史を語る上でも重要な遺跡である。

参考文献 『大阪府の文化財』、一九六二、大阪府教育委員会。『寝屋川市史』一、一九九八。寝屋川市教育委員会編『高宮廃寺発掘調査概要報告』一(『寝屋川市文化財資料』二、一九八〇)。 (堀江 門也)

(二)金剛山中腹の標高五五〇メートルの平坦地に立地する飛鳥時代後半に創建された寺院。国指定史跡。奈良県御所市鴨神に所在する山岳寺院で、発掘調査は行われていないが、金堂、塔と推定される礎石が残る。金堂は南北五間(十二・七メートル)、東西四間(九・七メートル)の南北棟で東面する。塔は金堂の南東約二〇メートルに位置し、南北、東西ともに三間(五・五メートル)である。金堂の西にも基壇状の高まりがあるが、伽藍配置の復原には寺の所在する平坦地全体の詳細な調査が必要である。瓦は藤原宮系の複弁蓮華文軒丸瓦や偏行唐草文軒平瓦が採集されている。『日本霊異記』や『行基菩薩伝』にみえる「高宮寺」の可能性が指摘されている。なお、別称として水野廃寺とも呼ばれる。

参考文献 天沼俊一「水野廃寺址」(『奈良県史蹟勝地調査会報告書』三、一九一六)。上田三平「高宮廃寺阯」(『奈良県に於ける指定史蹟』二所収、一九二八)。松田真一・近江俊秀・清水明博「御所市高宮廃寺について」(『青陵(奈良県立橿原考古学研究所彙報)』八三、一九九三)。 (林部 均)

たかやすじょう 高安城 近江大津宮に遷都した六六七年(天智天皇六)十一月、いまだ首都と認識されていた飛鳥の防衛のため、河内と大和の国境に築かれた城。白村江の敗戦後も、国際的緊張は続いていたのである。天智の死後の六七二年(天武天皇元)に起こった壬申の乱においては、飛鳥故京を奪還しようとした近江朝廷軍と、飛鳥の防衛に専念していた大伴吹負《ふけい》率いる大海人軍との戦いの舞台として、高安城は攻防の焦点となった。しかし、七〇一年(大宝元)八月には、高安城は廃止され、七一二年(和銅五)正月には、高安烽も廃された。国際的緊張が薄れたためである。その後、高安城は長く歴史の闇に埋もれてしまい、その所在もわからなくなってしまったが、一九七八年(昭和五十三)四月、地元の市民グループ「高安城を探る会」が、奈良県平群町久安寺字金ヤ塚、高安山山頂から信貴山へ抜ける尾根筋に、六棟の倉庫跡礎石群を発見した。

参考文献 棚橋利光『古代高安城論』、一九九五、高安城を探る会。倉本一宏『壬申の乱』、二〇〇七、吉川弘文館。

（倉本　一宏）

たかやのひらひとぼし　高屋枚人墓誌　大阪府南河内郡太子町にある叡福寺《えいふく》が所蔵する砂岩製の墓誌。重要文化財。同寺東北の丘陵から一七四四年（延享元）に発見されたと伝える。本体は縦二六・二センチ×横一八・六センチ×高さ一一・六〜一一・九センチの直方体で、やや薄い蓋を伴う。本体に無罫で「故正六位上常陸国／大目高屋連枚人之／墓宝亀七年歳次丙／辰十一月乙卯朔廿／八日壬午葬」との銘を陰刻する。宝亀七年は七七六年。高屋連は『新撰姓氏録』河内神別にみえる物部系統の氏族で、式内社高屋神社、高屋村の地名などから同国古市郡が本貫と考えられる。枚人はほかにみえないが、同姓者は赤麻呂（『続日本紀』神護景雲元年（七六七）正月条）や並木（『同』天平神護二年（七六六）三月条）のような外従五位下に達した者も含め『正倉院文書』などにみえる。法隆寺献納宝物の弥勒菩薩半跏《はんか》像の台座框《かまち》に造像者としてみえる「高屋大夫」もあるいは同族か。本資料の発見された磯長《しなが》谷は六―七世紀に大王墓も営まれた墳墓の密集地で、付近から延暦三年（七八四）銘の紀吉継《きのよしつぐ》墓誌も出土している。

参考文献　奈良国立文化財研究所飛鳥資料館編『日本古代の墓誌』、一九七九、同朋舎。佐伯有清『新撰姓氏録の研究』考証篇四、一九八二、吉川弘文館。

（須原　祥二）

たかやまじんやあと　高山陣屋跡　全国唯一の、現存する江戸時代の陣屋遺構。国史跡。一六九二年（元禄五）、戦国時代末期以来飛驒の地を支配した金森氏が出羽国上山へ転封され、飛驒国は江戸幕府の直轄地（天領）となった。その際、行財政・警察機能を有する御役所として、一六九五年に、現在の岐阜県高山市八軒町に建てられたのが高山陣屋である。以来百七十七年間、江戸から赴任した二十五代の代官・郡代（十二代以降）のもと、幕府による飛驒支配の拠点となっていた。建物は一七二五年（享保十）と一八一六年（文化十三）の二度改修されたが、明治維新後も、国・県の事務所などに使用され旧状をとどめていたことから、一九二九年（昭和四）、全国唯一現存する陣屋として、国の史跡に指定された。陣屋内部には、御門・門番所・御役所・御蔵（高山城三ノ丸米蔵を移築）・御勝手土蔵・書物蔵などが当時のまま残り、旧状が失われていた郡代役宅が岐阜県により復原され、関係資料とともに一般公開されている。

資料館　高山陣屋（岐阜県高山市）

参考文献　岐阜県高山陣屋管理事務所『国史跡高山陣屋』、一九八八。各務義章『史跡高山陣屋図録』、一九九四、教育出版文化協会。

（大熊　厚志）

たかやまひこくろうたくあと　高山彦九郎宅跡　群馬県太田市大字細谷に所在する江戸時代後期の勤王家、寛政三奇人の一人高山彦九郎正之（一七四七〜九三）の生家跡。彦九郎は、一七四七年（延享四）上野国新田郡細谷村に郷士の次男として生まれ、十三歳の時に『太平記《たいへいき》』に接して自家の祖先が南朝の忠臣新田家の所縁であることを知って発奮立志し、十八歳の時に京都に遊学、三条大橋上で御所を遥拝したことは有名。熱烈な尊皇思想家となった。その後も尊皇家として江戸・水戸・仙台・京都などを転々としながら多くの著名な学者・思想家・人士らと交流し尊皇家としての名を高め、多方面において実践的な活躍もするが、激烈な尊皇思想ゆえに九州遊説中に幕府の嫌疑を受け、一七九三年（寛政五）、筑後国久留米にて自刃。生家跡とその西隣にある遺髪塚が一九三一年（昭和六）国史跡に指定されている。宅跡は現在、畑となっており、北側に井戸跡だけが残っている。遺髪塚は、蓮沼家墓地内に所在する。一九九六年（平成八）には史跡隣接地に太田市高山彦九郎記念館が開館している。

参考文献　千々和実・萩原進編『高山彦九郎日記』全五巻、一九七八、西北出版。萩原進『王政復古の先駆者高山彦九郎読本』、一九九三、群馬出版センター。

（高島　英之）

たかゆかけんちく　高床建築　階高が二層以上で、下層を吹抜け上層を住居・倉・物見台（望楼・高殿）とする建築で、下層に側壁を設けて倉などに利用する例もある。律令時代以後の床敷き建物や中世楼閣建築とは軸部構造形式を異にする。高床建築は稲作の移入に伴う米倉として弥生時代に出現したとされたが、その発生は縄文時代中期末の高床建築の柱材（富山県桜町遺跡）によって縄文時代にさかのぼることが実証された。弥生時代の高床建築は梁間一間型（静岡県登呂遺跡復元倉庫）と、梁間二間以上で屋内にも柱を立てる総柱型（佐賀県吉野ヶ里遺跡北内郭大形祭殿）がある。梁間一間型は縄文時代前期に墓域祭殿として発生し（長野県阿久遺跡）、縄文・弥生時代を通して拠点集落の祭殿として、弥生時代には米倉や、沖積平野の集落の住居として普及する。総柱型は弥生時代中期に出現し（奈良県唐古・鍵遺跡）、古墳時代中期以後は高床建築の主流となる。梁間一間型・総柱型ともに高床を支える建築技法に数種類があり、東アジア稲作文化圏の少数民族建築に現存する技法と共通して、先史時代以後の絶え間ない交流が窺える。

（宮本長二郎）

たきぐちひろし　滝口宏　一九一〇―九二　歴史考古学研究者。一九一〇年（明治四十三）十月二十六日、東京で生まれる。會津八一に師事し、一九三六年（昭和十一）早稲田大学文学部史学科国史専攻卒業。一九四一年早稲田大学学徒錬成部専任講師、一九四九年同教育学部助教授、一九五二年同教授。一九八一年同名誉教授。日本考古学協会委員長、日本歴史学協会委員長などを歴任した。主に武蔵・上総・安房をはじめとする国分寺跡や下総龍角寺などの古代寺院、上総金鈴塚などの古墳の調査・研究を行うとともに、沖縄八重山諸島の考古学の基礎となる総合調査を実施した。また、天文学の知見をもとに古代の方位の決定法について論じている。国や千葉県・東京都などの文化財保護審議会の委員を務め、文化財保護行政にも尽力した。一九九二年（平成四）一月三十日没。八十一歳。著書には『古代の探求』(一九五八、現代教養文庫)、『沖縄八重山』(一九六〇、校倉書房)『武蔵国分尼寺』(一九七四、早稲田大学出版部)などがある。

参考文献 「滝口宏先生年譜・業績目録」(『古代探叢』Ⅳ、一九九五、早稲田大学出版部)。 (谷川 章雄)

旧滝沢本陣

たきざわほんじん　滝沢本陣　福島県会津若松市一箕町大字八幡字村後甲に所在する会津藩の旧滝沢本陣。現存する本陣建物群は幕末の指図控えとほとんど一致しており、本陣遺構をほぼ原形のまま残す貴重な例として一九七〇年(昭和四十五)に国史跡に指定されている。本陣の南側は会津若松から奥州街道に至る白河街道が通っており、そこに面する塀中央に設けられた御入御門を入り前庭を横切ると主屋に至る。濡縁・入側の奥正面に御座之間・御次之間、濡縁を南に折れると別棟の湯殿となる。その西に式台・御次広間・三之間などが連なる。さらに御入御門西側塀沿いに高札場・長屋も残っており、一部の改変を除いて当時の様相をかなり良く残している。この南に接する街道が滝沢峠越えの白河街道となったのは寛永年間(一六二四―四四)であり、滝沢組十一ヵ村郷頭の横山家が本陣となったのは寛文年間(一六六一―七三)と言われている。以後、歴代藩主の参勤交代などに際し休息所として使用され、戊辰戦争では藩主出陣によって一時本営となった。 (木本 元治)

たきやまじょう　滝山城　後北条氏の代表的な城館。東京都八王子市の滝山自然公園の一角、多摩川の形成する河岸段丘縁に所在する。国指定史跡。小田原城を本城とした戦国大名北条氏の有力な支城で、北条氏三代氏康《うじやす》の三男氏照《うじてる》が城主であった。近年、主郭部の虎口《こぐち》で発掘調査が行われ、石畳など石材を利用した遺構が検出された。ただし、石積み遺構は確認されていない。移転先の八王子城にはやや高い石積みがあり、対照的な普請となっているのは興味深い。築城の起源は明らかではなく、一説に十六世紀前半に大石氏によって築かれたとする説がある。永禄年間(一五五八―一五七〇)後半に北条氏照が城の中核部およびその城下を整備した。城下には横山・八日市・八幡の三つの町場が存在し、由井本郷から寺院も誘致して町場を整えていた。城内には大規模な横堀と土塁が残り、馬出・虎口(門跡)を伴う広い郭が随所に見られる。戦国大名北条氏の代表的な城館と評価されている。

参考文献 『図説日本の史跡』六、一九九一、同朋社出版。 (齋藤 慎一)

たくせいびょう　多久聖廟　儒学の祖である孔子像とその弟子である四哲像を安置する江戸時代の建造物。佐賀県多久市多久町東の原所在。一九二一年(大正十)国史跡、一九五〇年(昭和二十五)重要文化財指定。多久家の四代領主多久茂文《しげふみ》は東の原に邑校東原庠舎《とうげんしょうしゃ》を設立し、その施設の一つとして聖廟を一七〇八年(宝永五)に完成させる。建築設計は佐賀藩の儒学者武富咸亮《たけとみかんりょう》が指導したもので、全体が中国風の建物は桁行三間、梁間三間、一重もこし付の妻入《つまいり》である。入母屋《いりもや》造りの屋根は明治の修理後、長らく銅板葺きであったが、一九九〇年(平成二)に完成した修理で創建当時の瓦葺きによみがえった。廟内の奥陣は板張りの高床で、聖廟の建物とともに重要文化財の八角厨子の聖龕《せいがん》があり、中に「元禄十三年(一七〇〇)五月鋳成」銘のある孔子像が安置され、両側には四哲像が並ぶ。春と秋には、孔子を祀る釈菜《せきさい》の祭儀が一七〇一年以来続けられている。

参考文献 多久市史編纂委員会編『多久の歴史』、一九八四。 (東中川忠美)

たくほん　拓本　凹凸のある器物の表面に紙を当てて上から墨を打ち付け、器物の形状・凹凸を写し取ったもの、ないしその技術。乾拓と湿拓の二種がある。乾拓は紙に湿気を与えず蠟墨や油墨で刷ったもので、湿拓は紙に水をひいて上から押しつけて器物の凹凸を出し、生乾きになってから、油墨をタンポにつけて軽くたたいたもの。考古学で利用されるのは詳細な表現に適した湿拓がほとんどである。文様や銘文を手軽に原寸大で写しとることができるという長所があるが、平面的な表現しかできないという短所もある。石碑・金属器の銘文などの金石文、土器・瓦などの微妙な文様・文字や調整の表現に適しており、実測図・写真などと併用して効果的な記録を残すために不可欠な技術である。拓本は東アジアで広く利用されているが、もともと中国で生まれたとされる技術で、唐代のものが現存最古である。日本では鎌倉時代に拓本をとったとする記録が残る(『元亨釈書』)。現存するものとしては、江戸時代の金石文や古瓦の拓本などが残る。 (清野 孝之)

たけいはいじとうあと　武井廃寺塔跡　群馬県桐生市新里町武井に所在する墳墓。一九四一年(昭和十六)に「武井廃寺塔址」として国指定史跡になったが、一九六九年の発掘調査で八世紀前半期に築造された火葬墓であることがわかった。この火葬墓は赤城山麓の緩やかな斜面に盛土をして造られており、その構築方法は終末期古墳と同様な山寄せ式の技法であることから「火葬墳」の呼称もある。盛土部は四段築成で、各段ともに八角形のプランを呈しており、葺石で覆われている。八角形のうち最下段の一辺は六・四メートルで、斜面下部からの盛土の高さは推定一二メートルである。塔心礎と誤認されていた石造物は自然石の上面を凸形に整形し中央部に納骨のための穴があけられていることから、現在では石製蔵骨器と考えられている。群馬県には横穴式石室をもつ八角形墳が二基ほど見つかっていることから、それとの関連性について注目される。

参考文献 平野進一「武井廃寺」(『群馬県史』資料編二所収、一九八六)。 (能登　健)

たげた　田下駄　水田稲作に使われる農具の一つで、湿田などで体が沈み込まないように履く下駄状の木製品。水田の代踏みや緑肥の踏み込みなどに用いるものもある。木下忠は前者を田下駄、後者を大足《おおあし》と呼び分ける。足をのせる足板だけのものと、その下に枠木を取り付けたものがある。足板は長方形の板で、足と直交する横方向に履く横長田下駄と縦長方向に履く縦長田下駄があり、枠木には四角に組んだものと小枝をたわめた輪かん状のものがある。兼康保明は①横長、②枠付き横長、③縦長、④枠付き縦長の四種に分類する。①は足板の前後左右に四つの紐穴を持つものが一般的。②の枠は小枝を円くたわめたもので足板の両端に紐で固定。③は足板に三つの紐穴を持つものが一般的で、親指が挟む紐穴は左右いずれかに偏り左右足用の区別がある。④はいわゆる大足で、四角い枠木に十本前後の横桟を組む。足板は紐穴のないものが多く、枠木にからませた紐で足に取り付けたようだ。枠木と足板はほぞ穴や紐で固定する。弥生前期に①があるが、②③④ともに類例が増加するのは弥生後期以降である。

参考文献 木下忠『日本農耕技術の起源と伝統』、一九八五、雄山閣。兼康保明「田下駄」(金関恕・佐原真編『弥生文化の研究』五所収、一九八五、雄山閣出版)。 (黒崎　直)

たけだしやかた　武田氏館　甲斐国の統一を目指した武田信虎が築き、その後嫡男である信玄(晴信)、その後継者となった勝頼の居館となった。山梨県甲府市古府中町に所在し、現在の武田神社を中心に約一七ヘクタールが一九三八年(昭和十三)国指定史跡に指定された。史跡の管理団体は甲府市である。史跡の北東に隣接する尾根を躑躅《つつじ》ヶ崎と呼ぶので、躑躅ヶ崎館跡とも呼ばれる。一五一九年(永正十六)に武田信虎が甲府市東部で現笛吹市石和町との境にあった川田から現在の地に館を移し、甲斐の府中とし、地名を甲府と定めたといわれる。信虎は翌一五二〇年に館から北東二・五キロの丸山尾根上に要害城を築城し、その後一五二三年(大永三)には南西の湯村山に湯村山城を築き、館の北西側の防備を固めた。約六十年間、信虎・信玄・勝頼の館であったが、一五八一年(天正九)に勝頼が韮崎の新府城に移りその役割を終えた。当初の館の姿は、現在武田神社が鎮座する東曲輪と中曲輪からなる主郭、方二町の単郭方形館であったが、『高白斎記』の記述から信玄の嫡男義信の婚姻に伴い東西一町南北二町の西曲輪が堀を隔てて附設されたと考えられる。江戸時代の絵図および現状から館構造を見ると、主郭・西曲輪・隠居曲輪・味噌曲輪・稲荷曲輪・梅翁曲輪および大手馬出曲輪を確認することができる。史跡指定地内では、一九七二年に武田神社の宝物館建設に伴う発掘調査を皮切りに、一九九五年(平成七)からは史跡整備に向けた遺構確認調査も行われている。神社正面石段および左右の石垣修築工事の調査では、当初の土塁が高さと幅を大きく増していたことが明らかとなった。西曲輪北虎口調査では、当初は直線的であった導線が、かざし石垣によってクランク状に変化したこと、大手馬出石垣調査では、石垣の下層に丸馬出に伴う三日月堀が存在したことなどが確認されている。また、大手土橋の石垣は南面は反りを持った一面構築であるが、北面は直法の二段構築であり、この技法は中曲輪北虎口と西曲輪北虎口にある土橋石垣と同様である。さらに、西曲輪北東隅土塁の表面は、外観は石垣面のように三段の石張りが施されている。しかし、中曲輪北西隅にある天守台石垣は大手土橋南面石垣と同様である。したがって、現状の館遺構は、武田氏滅亡以後に徳川氏・加藤氏・浅野氏によって、甲府城完成までの約十八年間に修築された姿で、武田時代の遺構の多くはその下にあることが明らかとなった。特に南に附設する曲輪は、加藤光泰の家臣であった井上梅雲斎の曲輪から梅翁曲輪と呼ばれるようになったとの説は、これらの調査結果によって裏付けられた。館の周囲には家臣団屋敷を含む城下町が広がっていた。家臣団屋敷配置は江戸時代の絵図に見られる程度で詳細は不明であるが、土屋敷・長閑・南宮・大熊・天久・逍軒屋敷・小山田などの家臣名に関係すると考えられる地名が残る。館の東を南に走る鍛冶小路、その東を大泉寺小路、西曲輪から南に延びる広小路、その西の南小路、南は現在の甲府駅付近までの南北に長い長方形の範囲に武田時代の城下町が編営まれていたと考えられている。

参考文献 『史跡武田氏館跡』I—IX(『甲府市文化財調査報告書』二・五・七—一一・一八・二〇・二一、一九七一—二〇〇三、甲府市教育委員会)。萩原三雄『定本山梨県の城』、一九八二、郷土出版社。萩原三雄「丸馬出の研究」(『甲府盆地—その歴史と地域性—』所収、一九八四、雄山閣)。 (八巻与志夫)

たけだじょう　竹田城　円山川左岸にある竹田集落の背後にある城。兵庫県朝来市和田山町所在。国指定史跡。標高三五三メートルの古城山の山頂にあり、但馬の国人太田垣氏の居城として築かれた。一五八〇年(天正八)に羽柴秀長の攻撃で落城し、織豊権力の管轄下に入った。一五八五年に赤松広秀が入城したが、一六〇〇年(慶長五)に廃城となった。最高所の本丸を中心に、三方の尾根へ曲輪群を配置した総石垣の山城遺構である。天守台、櫓台、枡形虎口がほぼ完存する。また、城内からタタキを施した高麗瓦が採集され、文禄・慶長の役時代に改修された可能性が高い。なお、隣接した尾根には竪堀が残る観音寺山城跡もあり、戦国時代の色彩も残している。麓の生野街道沿いには赤松時代以降に築かれた城下町もみられる。石垣は、近年の史跡整備で積み直されたものである。

参考文献 谷本進他編『但馬竹田城』、一九九一、城郭談話会。

（福島　克彦）

武市半平太旧宅

たけちはんぺいたきゅうたく　武市半平太旧宅　幕末の土佐勤王党《とさきんのうとう》の盟主、武市瑞山《ずいざん》の旧宅。高知市仁井田《にいだ》吹井《ふけい》に所在。農家屋敷と武家屋敷の合体形の郷士屋敷をとどめた旧宅が残る。本宅は茅葺き屋根の曲屋造り(肱家《ひじりや》)で、居間・客室など六室。ほかに築山・池・土塀など。屋敷地南側の丘には瑞山神社があり、瑞山と一族の墓所が所在。旧宅と墓所は国の史跡。武市瑞山は一八二九年(文政十二)に武市半右衛門正恒の長男として吹井で出生。祖父半八は白札格(上士と下士の中間位)の郷士。下級武士ながら、富裕な郷士層の出自。瑞山(号)の幼名は鹿衛で、のちに半平太と称す。諱《いみな》(名)小楯《おだて》は義理の叔父で国学者鹿持雅澄が命名し、薫陶を受けた。和漢は雅澄の弟子徳永千規に、剣術は千頭伝四郎、麻田勘七に入門。文武の才を磨いた。家督相続後に城下に転居。勤王の志士として活躍するも、一八六五年(慶応元)閏五月に従客として自刃。贈正四位。

参考文献 平尾道雄『武市瑞山と土佐勤王党』、一九四三、大日本出版社峯文荘。『高知県史』近世編、一九六八。入交好脩『武市半平太』(『中公新書』六四五、一九八二、中央公論社)。

（山本　哲也）

たけとんぼ　竹とんぼ　一〇センチほどの竹をプロペラ状に削って柄をつけ、両方の手のひらで捻って回して飛ばす玩具。この竹とんぼの羽に似た木製のとんぼの羽が鎌倉で発見されている。いずれも羽のみで柄はない。細長い板の両端をやや丸みを持たせて削り、中央に孔を穿ち、そこから両端にむけて薄く削っている。

参考文献 研修道場用地発掘調査団編『研修道場用地発掘調査報告書』(『鶴岡八幡宮境内の中世遺跡発掘調査報告書』、一九八三)。佐助ヶ谷遺跡発掘調査団『佐助ヶ谷遺跡(鎌倉税務署用地)発掘調査報告』、一九九三。

（志田原重人）

たけるべもん　建部門　⇨宮城十二門《きゅうじょうじゅうにもん》

だこ　唾壺　唾を吐き込む壺。たんつぼ。扁球形の胴部に、漏斗状に大きく開いた口頸部が付属した形状を呈する。中国では、金属器や漆器に漢時代にまで遡る事例があり、六朝～唐時代には浙江省の越州《えつしゅう》窯などで陶磁器の唾壺も盛んに生産されていた。日本では、平安時代前期(九世紀)に、尾張国(愛知県西部)の猿投《さなげ》窯などで、越州窯青磁の唾壺を模倣したとみられる緑釉陶器が焼かれていたことが、窯跡からの出土品で確認されている。平安京の大規模邸宅跡からしばしば出土することから、当時の貴族層が用いていたものと考えられ、内裏の飛香舎《ひぎょうしゃ》内の調度品を列挙した『権記《ごんき》』長保三年(一〇〇一)十一月十三日条に、材質不明ではあるが唾壺の記載があることは、この推測の傍証となる。なお、『延喜式《えんぎしき》』巻六の神祇《しんぎ》官斎院司《かんさいいんし》条に、「斎王定畢所請雑物」として「銀唾壺一口」の記載があるので、越州窯青磁や国産緑釉陶器以外に、金属製の唾壺も存在したことが明らかである。

（尾野　善裕）

緑釉陶器唾壺（平安京西市跡出土）

たこつぼ　蛸壺　蛸が穴に潜む習性を利用した、蛸を捕るための壺形の漁具。蛸壺は、大きく飯蛸《いいだこ》壺と真蛸《まだこ》壺に分けることができ、弥生時代前期に製作が始まり現代にまで至る。飯蛸壺は、弥生時代から古墳時代前期のものは土師質で、高さ約一〇センチ前後のコップ形で口縁直下に円形の穴があけられている。古墳時代中期の五世紀代から平安時代の九世紀代までのものは須恵器で製作される。古墳時代中期のものは、体部が球形に近いコップ形で口縁直下と底部中央付近に円形の穴があけられており、古墳時代後期になると高さ約一〇センチ前後の釣り鐘形を呈するようになり、つまみの部分には円形の穴があけられている。古墳時代後期の六世紀後半代のものが最も多い。一方、真蛸壺は弥生時代以降製作が開始され、各時期を通じて形状の変化はほとんどなく、高さ約二〇〜三〇センチの砲弾形を呈する。蛸壺は、海岸沿いの集落で出土する例が多いが、内陸地や須恵器窯跡からの出土例もある。

参考文献 森浩一「飯蛸壺形土器と須恵器生産の問題」(橿原考古学研究所編『近畿古文化論攷』所収、一九六三、吉川弘文館)。久世仁士「大阪湾南岸における蛸壺形土器出土遺跡の検討」(『法政考古学』一四、一九八九)。

(近藤　康司)

たごひ　多胡碑　群馬県多野郡吉井町大字池に所在する古代の建郡記念碑。「多胡建郡碑」、「多胡郡弁官符碑」ともいう。宮城県多賀城市に所在する多賀城碑《たがじょうひ》(天平宝字六年(七六二))、栃木県那須郡湯津上村に所在する那須国造《なすのくにのみやつこ》碑《ひ》(庚子年＝七〇〇年)とともに日本三古碑の一つとして、また、高崎市山名町の山ノ上碑、金井沢碑とともに上野三碑に数えられる。群馬県南西部を東西に流れる鏑川の右岸下位段丘面に立地し、現状では南面して建てられている。形状は上から笠石・碑身・台石からなり、台石の上に直方体の碑身を立て、上に四角錐状の笠石を載せる。碑身は角柱状を呈し、台石からの高さは一・二六メートル、巾と厚さは約〇・六八メートル四方、唐尺では碑身高四尺二寸、巾二尺、笠石の軒巾三尺、厚さ五寸となる。文字が記されている南面部分は石材が平坦に丁寧に加工されているが、他の三面は原石を粗く整形しただけで、多数の鑿痕が残る。石材は、牛伏《うしぶせ》砂岩と称される花崗岩質砂岩である。この石材は、本碑が所在する群馬県南西部一帯にかけて産出し、硬質で耐久性に富み摩耗が少なく加工が容易である。碑文は八十字が六行にわたって楷書体で丸底彫されている。碑面の形状に即した配字がなされ、各行の上端から下端までの距離は一・一一メートルに揃えられているが、那須国造碑や多賀城碑のように正確な割り付けがなされているわけではない。書体は完成された楷書で、山ノ上碑や金井沢碑の書体よりも新しく、隋唐的である。銘文は、「弁官符上野国片岡郡緑野郡甘/良郡幷三郡内三百戸郡成給羊/成多胡郡和銅四年三月九日甲寅/宣左中弁正五位下多治比真人/太政官二品穂積親王左太臣正二/位石上尊右太臣正二位藤原尊」。内容は、和銅四年三月九日に上野国片岡郡・緑野《みどの》郡・甘良《かんら》郡の中から三百戸を割いて新たに多胡郡が建てられたということと、その当時の中央政府中枢部首脳三名の名が記されている。古来より文中の「給羊」の語の解釈が最大の問題点とされてきたが、「羊」を初代郡領の名と見て、初代郡領の任命を意味するとの解釈が有力である。一九五四年(昭和二十九)国特別史跡に指定されている。

参考文献 尾崎喜左雄『上野三碑の研究』、一九八〇、尾崎先生著書刊行会。高島英之「多胡碑を読む」(『古代出土文字資料の研究』所収、二〇〇〇、東京堂出版)。東野治之「上野三碑」(『日本古代金石文の研究』所収、二〇〇四、岩波書店)。

(高島　英之)

だざいふ　大宰府　律令体制下、筑前国に設置された地方官庁。「おほみこともちのつかさ」と訓読され、「みこともちのつかさ」である国宰(国司の前身)の統轄を意味する。大宰府は西海道諸国島(古代の九州地方)を総管しただけでなく、対外交渉や外敵に対する西辺防備の役割も担ったのが特徴。大宰府がいつ成立したのか定かではない。『日本書紀』推古天皇十七年(六〇九)四月庚子条の筑紫大宰を初例に、「筑紫大宰府」「筑紫大宰率」「筑紫都督府」の呼称が主に外国使節や軍事に関連して登場する。大宰の官制は吉備・伊予・周防など他地域での併存もうかがわれるが、六六三年(天智天皇二)の白村江敗戦後に将来的な対外戦略を見据えて筑紫大宰府のみが存続させられ、七〇一年(大宝元)の大宝律令施行を契機に唯一制

大宰府政庁復元模型

大宰府政庁跡

度的に確立したと考えられている。大宰府の遺跡は、福岡県太宰府市を中心に福岡平野と筑後平野を結ぶ狭長な平地に立地。三方を山稜によって護られた天然の要害となっている。大宰府の官人組織は『養老令』職員令によれば、長官の帥以下五十名の定員からなり、中央の八省にも匹敵する規模を誇る。また蔵司など二十ほどの所司が平安時代には知られ、奈良時代にもそれに近い役所の機構が大宰府政庁(都府楼)を中心に整備されていたと考えられる。大野城を築いた四王寺山の南麓一帯には、こうした官衙域(府庁域)を中心とした行政都市が形成され、みずからを「此府人物殷繁、天下之一都会也」(『続日本紀』神護景雲三年(七六九)十月甲辰条)と称するほどの繁栄ぶりを誇っていた。これら大宰府の発掘調査は、一九六八年(昭和四十三)に政庁跡の中門と南門より開始された。これ以前には、現在地に残された礎石は大宰府成立当初のもので、九四一年(天慶四)に大宰府に火を放ったとされる藤原純友の乱によって殿舎は焼亡し、その後は再建されなかったと考えられてきた。ところが発掘調査の結果、礎石の下部から新たに礎石の痕跡を発見し、さらに下部でも掘立柱建物の遺構が確認された。政庁の遺構は大きく三時期にわたって変遷している。第I期は七世紀後半—八世紀前半の掘立柱建物群。第II期は八世紀前半—十世紀中ごろの礎石建物。第III期は十世紀中ごろ—十一世紀後半の礎石建物で、第II期の建物配置を踏襲する。第I期政庁は建物配置の全容が不明であるが、第II期正殿下層と周辺に掘立柱建物が集中する。第I期は大きくは二期に細分できる。古期では東西方向の柵を検出。新期には正殿と重複する大規模な東西建物と同じく東西方向の溝がある。第I期には第II期正殿と同じ場所に主要殿舎を造営し、柵や溝による独立した一郭をすでに形成するなど、第II期政庁は第I期政庁を基本的に踏襲して造営されたことを示している。第II期は大陸風の瓦葺き建物による整然とした配置がなされ、正殿・中門・南門・後殿が一直線に並び、正殿と南門は回廊で結ばれ、その中庭に左右二棟ずつの脇殿を配する。回廊の南と北は築地塀によって区画される。東西約一一二メートル、南北約二一一メートルの規模。第III期は第II期の礎石を再使用して建て替えられ、わずかな拡張・縮小が部分的に行われている。また、下層の随所で確認される焼土層が純友の乱による火災を裏付ける。第II期の政庁は建物規模に差はあるが宮都の大極殿・朝堂院の建物配置との類似を指摘されてきた。正殿を囲む空間では儀式と政務がともに執り行われており、国府政庁にも近い。次に大宰府の諸官衙は政庁周辺に存在し、これまでに百棟近い建物が確認され、官吏養成であった学校院をはじめ、蔵司地区や月山地区など大きくは八つのブロックを形成している。政庁に接した方四町を超える範囲にまで広がっている。このなかでも政庁前面域は広場を挟んで建物の計画的な配置がなされ、溝などによる整然とした区割りも施行されている。なお、道路遺構や溝・柵などの境界遺構が、官衙域を超えて御笠川以南の広い範囲でも多数確認されている。東西各十二坊、南北二十二条の「大宰府条坊」案を直ちに証明するものではないが、何らかの地割りが奈良時代にも存在していたとみられる。特別史跡指定。

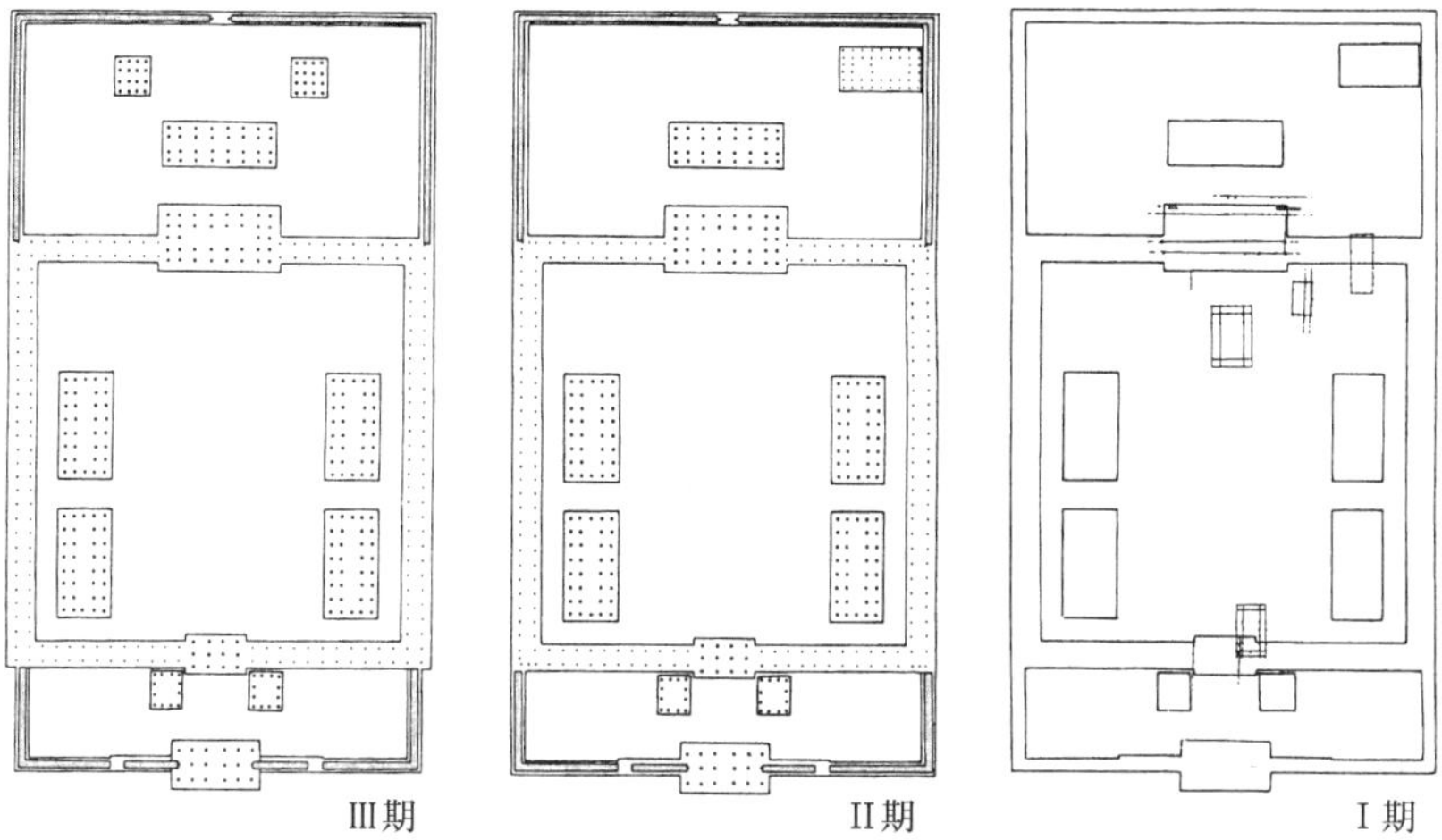

大宰府政庁建物変遷図

資料館 九州国立博物館(福岡県太宰府市)、九州歴史資料館(同)、大宰府展示館(同)

参考文献 九州歴史資料館編『大宰府政庁跡』、二〇〇二、吉川弘文館。『太宰府市史』考古資料編、一九九二、高倉洋彰『大宰府と観世音寺』、一九九六、海鳥社。田村圓澄編『古代を考える大宰府』、一九八七、吉川弘文館。倉住靖彦『古代の大宰府』、一九八五、吉川弘文館。

学校院《がっこういん》 律令体制下、大宰府に付設された官吏養成の教育機関。府学もしくは府学校ともいう。職員令には教官としての博士が記され、また七八一年(天応元)の太政官符にも、「府学校六国学生医生算生有二百余人」と記されるなどその概略を知ることはできるが、実態は不明な点が多い。所在地には大宰府政庁跡と観世音寺にはさまれた「学業」の小字名を残す方二町の範囲が比定されてきた。現在、福岡県太宰府市観世音寺のこの一画は国指定史跡学校院跡として保存されている。発掘調査が比定地の東辺部と中央部で実施されている。東辺部で南北の溝と築地状遺構・建物・井戸など、中央部で廂《ひさし》のある建物が確認されている。十一世紀代に起こった観世音寺との境界地争いが記録に残っている。九二七年(延長五)銘の木簡が出土した東辺部の南北溝は、室町時代まで存続し、境界との関わりが注目される。なお築地状遺構は大宰府官衙域(府庁域)を囲む東側の区画施設とする見解もある。

参考文献 倉住靖彦『古代の大宰府』、一九八五、吉川弘文館。高倉洋彰『大宰府と観世音寺』、一九九六、海鳥社。

(赤司 善彦)

だざいふてんまんぐう 太宰府天満宮 菅原道真《すがわらのみちざね》の墓所に営まれたとされる、道真を祭神とする神社。福岡県太宰府市宰府所在。明治初年の神仏分離による寺号廃止以前は安楽寺《あんらくじ》とあわせて安楽寺天満宮・安楽寺聖廟などと称した。九〇三年(延喜三)、配所である大宰府南館で没した道真の廟所《びょうしょ》とされ、京都の北野天満宮とともに天神信仰の中心をなす。『菅家御伝記《かんけごでんき》』などによれば、九〇五年、門弟の味酒安行《うまさけのやすゆき》が神託により祠堂《しどう》を建立したのがそのはじまりとされ、『天満宮安楽寺草創日記』には安楽寺も安行の建立とみえる。また、『筑前州大宰府安楽寺菅丞《かんじょう》相祀堂記《しょうしどうき》』は、廟は創建当初小規模なものであったが、代を重ねるにつれて壮麗さを加えて、拡充されていったことを記す。発掘調査によれば、本殿周辺から出土した大量の瓦により十世紀から十二世紀の間に位置づけられる瓦葺きの建物、本殿廻りや回廊の下で小規模な掘立柱建物が確認されている。出土した瓦には、「天承二年」(一一三二)や「安楽寺」のほか、「平井」「佐」「賀茂」などの銘の文字瓦がみられる。確実に草創期までさかのぼることができる遺構は今のところ少なく、本格的な境内地の整備は、各所で新たな整地がみられる十二世紀後半と考えられている。大江匡房《おおえのまさふさ》をはじめとした大宰府官人の保護の下、荘園《しょうえん》の寄進や堂塔の建立が盛んに行われた時期にあたる。鎌倉時代以降も連歌《れんが》の盛行により「文道の神」として崇敬を集め、大内・大友・高橋氏などの武将の保護の下に発展した。戦国時代にはたび重なる戦乱に巻き込まれ衰退するが、小早川隆景《こばやかわたかかげ》や黒田長政《くろだながまさ》により再興される。江戸時代になると、天神信仰の普及とともに「さいふ詣《まい》り」が盛んとなり、天満宮周辺は門前町の賑わいをみせ、参詣のための宿駅《しゅくえき》として整備された。発掘調査や地誌・絵図の検討により門前町の構造と変遷が次第に明らかにされつつある。

資料館 太宰府天満宮宝物殿・菅公歴史館(福岡県太宰府市)

参考文献 竹内理三・川添昭二編『大宰府・太宰府天満宮史料』、一九六四-、吉川弘文館。太宰府天満宮文化研究所編『菅原道真と太宰府天満宮』、一九七五、吉川弘文館。『太宰府市史』、一九九二-二〇〇五。太宰府市教育委員会編『太宰府天満宮』I-III、一九八八-九五。

(松川 博一)

たじひみち 丹比道 古代の河内と大和を結ぶ幹線道路。現在の大阪府堺市北区金岡町付近から南河内を東に直進し、金剛山地を越え、長尾神社(奈良県葛城市長尾(旧當麻町))付近で横大路に接続する。金剛山地を越えるのは、一般には竹内峠を越える竹内街道が有力であるが、『日本書紀』の壬申の乱に関する記事の天武天皇元年(六七二)七月是日(四日)条にみえる大坂道は二上山北側の穴虫《あなむし》越と考えられ、竹内越は当麻道と称していたと考えられることから、丹比道は大坂道に通じていたとの見方もある。約一・九キロ北にはほぼ並行して大津道(長尾街道)が走り、同様に同年七月二日の記事に大津道と丹比道の名がみえ、このころまでには両道は存在していたと考えられる。『日本書紀』推古天皇二十一年(六一三)十一月条の「難波より京に至る大道を置く」(原漢文)という記事にみえる大道はいずれかを指すものと考えられる。六〇八年の隋使裴世清《はいせいせい》や六一〇年の新羅使・任那《みまな》使の入京のルートをみると、大和川を利用しており、これが事実とすれば、このころにはまだ官道としての整備が十分ではなかったと考えられるが、少なくとも七世紀の早い時期には存在したとの考えが有力である。また、大阪府羽曳野《はびきの》市の大座間池付近から北西に松原市立部・新堂・高見の里・東新町・天美南《あまみみなみ》を経て、大阪市東住吉区矢田の阿麻美許曾《あまみこそ》神社まで延びる斜向道路の痕跡があることから、これが本来の丹比道であるとの説もある。

参考文献 岸俊男「古道の歴史」(『古代の日本』五所収、一九七〇、角川書店)。足利健亮「大阪平野南部の古道について」(『人文』一八、一九八二)。

(出田 和久)

たじひもん 丹比門 ⇩宮城十二門《きゅうじょうじゅうにもん》

たじまこくぶんじ 但馬国分寺 兵庫県日高町国分寺にある寺院跡。七四一年(天平十三)の聖武天皇の詔を受けて諸国で建立された国分寺の一つ。国指定史跡。礎石が残り、地名からも、古くから但馬国分寺跡と考えられてきたが、一九七三年(昭和四十八)以来の発掘調査によって、それが確認されるとともに、伽藍の全体がおおよそ推定できるようになった。寺地は一辺が約一六〇メートル四方で、築地塀で囲い、その中央に金堂がある。金堂から発した回廊は南の中門に接続する。塔は一基で、金堂の西方にあり、講堂については、金堂の北に推定される。史料にみえる但馬国分寺は、七五六年(天平勝宝八)十二月にほかの二十五国とともに荘厳具を頒下されて聖武天皇の一周忌斎会を行なったこと、七七七年(宝亀八)七月に但馬国分寺の塔に落雷があったことが『続日本紀《しょくにほんぎ》』にみえるのみである。発掘調査によって、四十点余の木簡が出土した。年代は神護景雲年間(七六七-七〇)のもので、鋳所・北倉・院内といった国分寺を運営した組織に係わる内容で、安芸国分寺出土木簡と並んで、国分寺の実態を知る貴重な材料である。国分尼寺は、国分寺の東北約一キロの所にあり、一九六九年に一部発掘が行われたが、残っていた礎石のほかには、顕著な遺構の発見には至らなかった。

→国分寺《こくぶんじ》

参考文献 『日高町史』資料編、一九八〇。但馬国分寺跡発掘調査団編『但馬国分寺木簡』、一九八一。

(寺崎 保広)

たじまのくに 但馬国 山陰道の一国。多遅麻《たじま》(『古事記』)、田道間(『国造本紀』)とも表記する。現在の兵庫県北部に

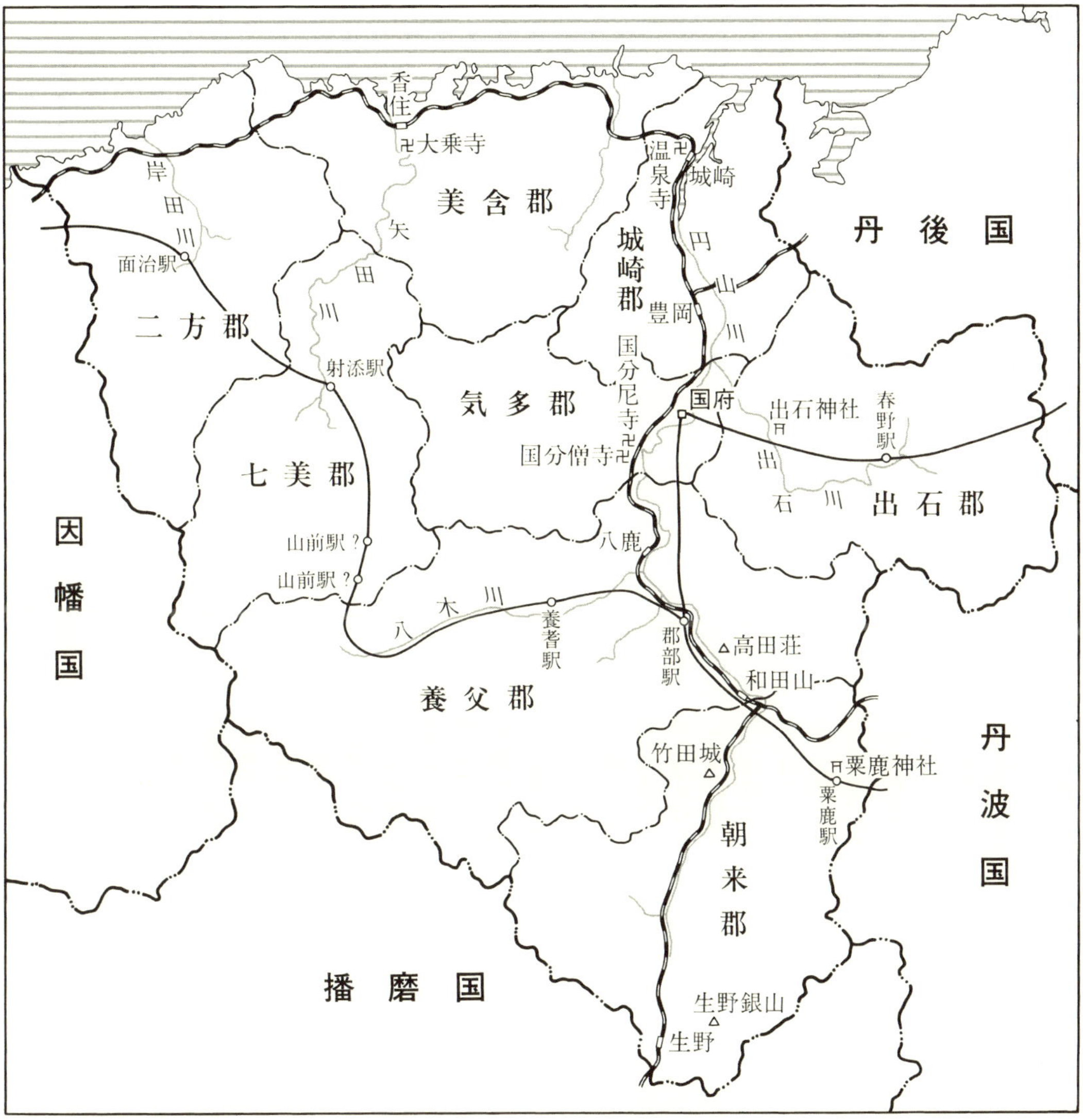

但馬国略図

あたる。北は日本海に面し、東は丹後・丹波、南は播磨、西は因幡と接する。中国山地から北流する円山《まるやま》川、矢田川、岸田川の流域に平坦部があるが、八千高原など高原の多い山国で、海岸部は断崖が多く、港湾には恵まれない。縄文時代の遺跡として、豊岡市中ノ谷貝塚、日高町伊府遺跡、神鍋遺跡、美方町上ノ山遺跡、関宮町別宮《べっく》家《いえ》野《の》遺跡などがある。弥生時代の遺跡は比較的少ないが、円形周溝墓が確認された八鹿町米里《めいり》遺跡や高地性集落の豊岡市亀ヶ崎遺跡などがある。古墳では前期古墳として、魏鏡が出土した豊岡市森尾古墳、和田山町城《じょう》の山古墳(径三八メートルの円墳)、中期では和田山町池田古墳(全長一四一メートルの前方後円墳)、出石町茶臼山古墳(円墳)、後期では豊岡市見平山古墳のほか、八鹿町箕谷二号墳から「戊辰年五月□」と刻した鉄刀が発見された。記紀や『播磨国《はりまのくに》風土記《ふどき》』に新羅の王子天日槍《あめのひぼこ》が来住した地と伝え、天日槍は但馬の開発にあたった渡来人集団を象徴したものと考えられる。『古事記』には開化天皇の子孫、大多牟《おおたむ》坂王《さかのおおきみ》が但馬国造《くにのみやつこ》の祖とする。和田山町を本拠とした日下部《くさかべ》氏が古くから但馬国造に任じられたと伝え、粟鹿《あわが》神社の存在からもこの付近が一つの中心地であった。六八三年(天武天皇十二)、諸国の国堺を定めた時に丹波から分立したと記す。国司の初見は七一五年(霊亀元)の阿倍安麻《あべのやすま》呂《ろ》。郡は朝来《あさこ》、養父《やぶ》、出石《いずし》、気多《けた》、城崎《きのさき》、美含《みくみ》、二方《ふたかた》、七美《しつみ》の八郡。上国、近国である。駅は、山陰道に東から粟鹿・郡部《ぐべ》・養耆《やぎ》・山前《やまさき》・射添《いそう》・面治《めじ》駅があり、郡部駅から分岐して国府へ通ずる道がある。国府と丹後を結ぶ道に春野《はるの》駅が存在した。『延喜式』に正税・公廨稲各三十四万束、『和名類聚抄』に郷数五十九、田数七千五百五十五町余と記す。正倉院に七三七年(天平九)の「但馬国正税帳」が残っており、奈良時代の国勢を知ることができる。国府は、八〇四年(延暦二十三)に気多郡高田郷(城崎郡日高町)に遷されたことが『日本後紀』にみえるが、移転前の所在地、移転後の比定地には諸説がある。古くから、円山川左岸で国分寺東方の日高町府《ふ》市場《いちば》、同府中新、同松岡などに比定する説があった。近年の発掘調査によって有力となったのが、日高町松岡にある深田遺跡と、国分寺西隣の祢布《にょう》ケ森《がもり》遺跡である。いずれも九世紀の木簡が出土し移転後の国府の可能性があるが、国庁などの遺構は未発見である。移転前の国府所在については、同じ気多郡内に求めるか、他郡かで議論が分かれる。後者であれば、出石郡の出石神社西北方にある袴狭《はかざ》遺跡群が、その出土遺物から候補地となる。国分寺は日高町国分寺に礎石が残り、発掘調査によって明らかになっている。古代にさかのぼる寺院として、薬琳《やくりん》廃寺(豊岡市)、進美《しんめい》寺(日高町)、井土《いど》廃寺(温泉町)、相応峯《そうおうみね》寺(浜坂町)、大乗寺(香住町)、高照寺・浅間《せんげん》寺(八鹿町)などがある。天日槍を祭神とする出石神社が但馬一宮であり、式内社は大社が山東町粟鹿神社をはじめ十八、小社が百十三と多い。なお、前記の袴狭遺跡や日高町川岸遺跡などからは、木簡のほかに一メートル近い大型のものも含めて大量の木製人《ひと》形《がた》が出土し、但馬全体では数万点にものぼる。古代における地方祭祀として注目される地である。平安時代に立てられた主な荘園として、妙香《みょうこう》院領大浜荘(城崎郡)、小野宮領黒河薗(朝来郡)、法金剛院領太田荘(出石郡)、安楽寿院領高田荘(養父郡)などがある。一二八五年(弘安八)の「但馬国大田文」が残るが、それによると総田数は五千百町余、うち国領千四百六町余、荘領三千六百八十六町余で、荘園は皇室領が圧倒的に多い。特に後白河法皇の長講堂領が四百八十五町を占めていた。平氏政権下では、清盛の弟経盛が知行国主となった。鎌倉時代になると、小野時広、ついで安達親長が守護となり、承久の乱以後、太田昌明《しょうめい》が守護となり、以後太田氏の支配が続いた。南北朝時代には守護が頻繁に交代したのち、十四世紀中ごろ以降は山名氏の勢力下に入った。山名氏は一五八〇年(天正八)に滅び、関ヶ原の戦後は、出石藩に小出吉政、豊岡藩に杉原長房、八木藩に別所光政らに知行が与えられた。のち別所吉治が丹波綾部に転封し、出石藩は松平・仙台氏と交代し、豊岡藩は京極氏へ交代し幕末に至った。

参考文献 今井修平他『兵庫県の歴史』(『県史』二八、二〇〇四、山川出版社)。村川行弘編『兵庫県の考古学』、一九九六、吉川弘文館。 (寺崎 保広)

だじょうかん 太政官 律令制の最高官庁。国政を議する議政官と事務部門の少納言《しょうなごん》局・弁官局で構成。議政官は公卿《くぎょう》とも称し、職員令《しきいんりょう》では太政大臣・左大臣・右大臣各一名と大納言《だいなごん》四名とされたが、『大宝令』施行後まもなく大納言を二名に減じて中納言《ちゅうなごん》三名を、さらに後に参議が新設され、平安時代以降その総員数は十数名からときには二十名を超える場合もあった。太政大臣は適任者がいなければ任じられない則闕《そっけつ》の官とされ、通常は左大臣が一上《いちのかみ》として政務を統括した。少納言局は少納言・外記《げき》からなり、少納言が侍従を兼ねて天皇と太政官との連絡を任としたが、平安時代初めに蔵人が設けられるとその役割は減じ、記録管理・先例調査・人事手続きなどにあたった外記の重要性が増し、外記局とも称されるようになった。弁官局は弁・史からなり、太政官と管下の全官司・諸国・寺社などからの申請を受理・審査し議政官に取り次ぎ、また議政官の命を太政官符・官宣旨で下達した。

参考文献 石母田正『日本の古代国家』(『石母田正著作集』三、一九八九、岩波書店)。土田直鎮『奈良平安時代史研究』、一九九二、吉川弘文館。 (今 正秀)

ただいん 多田院 源満仲が九七〇年(天禄元)に建立した寺院。兵庫県川西市多田院にある多田神社の前身。国指定史跡。満仲は清和天皇の曾孫で、摂関期の代表的な武士である。満仲は多田盆地に住み、開発して多田荘とするが、九七〇年、この地に建立したのが多田院である。九九七年(長徳三)に満仲が没するとここに葬られ、のちに頼光、頼信、頼義、義家の霊も祀られ源家の菩提所となった。当初は天台宗の寺院であったが、一二八一年(弘安四)に忍性が寺院を再興して西大寺末、真言律宗の寺院となった。一三三四年(建武元)には足利尊氏が九州多々良浜の戦いの前に戦勝を祈り、以後代々の足利将軍の信仰も集めている。室町時代にはたびたび鳴動したが、これは「四海安危」を知らせるものと信じられた。戦国時代には戦火で焼亡するなど没落したが、近世に徳川家の崇拝をうけ復興した。明治に入り廃仏毀釈に遭い多田神社と改称した。

参考文献 『猪名川町史』一、一九六七。入間田宣夫「北条氏と摂津国多田院・多田庄」(『日本歴史』三二五、一九七五)。鎌田純一「多田院の鳴動」(『神道宗教』五八、一九七〇)。朧谷寿『清和源氏』、一九八四、教育社。 (戸川 点)

たたみ 畳 敷物の一つ。古くは座具であり、寝具であったが、後には床材となる。はじめは席《むしろ》を何枚か重ねただけのものであったが、やがて綴じ付けるようになった。綴じ付けた畳状のものが、縄文時代晩期の青森県是川遺跡から発見されていて、藺席《いむしろ》のようなものだったという。正倉院には綴じ付けた畳の残欠が残っているので、早くから綴じ付けた物も作られていたようであるが、記紀の記述などからは積み重ねただけの畳も使われていたようである。中世までの畳の製法は席を何枚か重ねて綴じ付け、表に藺席をかぶせ、裏に麻布をかぶせて縁を付ける。古代の畳は常時敷いておくものではなく、座ったり、寝たりする時に敷く、座具であり、寝具であった。縁には繧繝縁《うんげんべり》・高麗《こうらい》縁・紫縁・黄縁・青縁などがある。繧繝は赤地に種々の糸で花形や菱形などを縦筋の間に織りだした錦、高麗は白綾に黒で雲形や菊花などの紋を織りだし、または染め出したもので、大紋高麗と小紋高麗とある。紫・黄・青は無地の練平絹《ねりひらぎぬ》である。縁は身分・地位を示すシンボルであって、分を越えて用いることはできなかった。室町時代に書かれた『海人藻屑《あまのもくず》』では繧繝縁は帝王・院・神仏用、大紋高麗は親王・大臣用、小紋高麗は大臣以下公卿用、紫縁は四位・五位殿上人より地下まで、また僧正用、黄縁は六位以下と諸寺の三綱、楽人などが用いるといっている。中世に入り住宅の作り方が変化していくにしたがって、畳も寝たり座ったりする時だけ敷くものではなくなり、はじめは部屋の周囲とか両隅に敷いていたが、室町時代からは床《ゆか》に敷き詰めるようになってきた。制作方法も変わって、藁を綴じ固めたトコ(芯)を作って、表に席をかぶせる現在のような形になった。しかし畳が民家にまで普及するのは江戸時代になってからである。十八世紀初めころから関西の京間(約一・九メートル×九五センチ)と関東の田舎間(約一・七五メートル×八七センチ)がはっきりしてきた。

(小泉　和子)

たたら　鑪　土製の炉内で木炭を還元剤として燃焼させ、砂鉄を用いて行う製鉄法である。近世中国山地で盛んになる鑪は古代西日本に類例が多い箱形炉の系譜を引くものである。この製鉄法を表わす用語は時代によって多様で、八世紀の『日本書紀』には「踏鞴」「多多羅」などがみえ、十世紀の『和名類聚抄《わみょうるいじゅうしょう》』には「多々良」と記されている。「踏鞴」は炉内の火力を高めるための送風装置で、踏み込むことによって風を発生させる構造のものであったことを想像させる。十三世紀の『伊呂波字類抄《いろはじるいしょう》』には「鑪」と記されている。これは製鉄工房の中央にある炉を意味するものであろう。一七八四年(天明四)成立の鑪の技術書『鉄山必用記事』には「高殿」の文字をあて、「たたら」と読ませている。中国山地では、近世以前は木炭や砂鉄など必要な資材を求めて移動を続ける漂泊期であった。その後、物資輸送の利便性を考慮した場所に巨大な製鉄工房が出現する。この屋内中央には炉を挟んで天秤鞴《てんびんふいご》が据えられ、その地下には床釣りと称される大規模な保温と防湿を兼ね備えた施設がつくられる。炉床直下には薪を蒸し焼きにした本床を中心に両脇に小舟という空洞を設けている。このような鑪の完成時期については、まだ特定されていないが、天秤鞴は一六九一年(元禄四)奥出雲においてその使用の記録がみえるので、一応の参考となろう。鞴の送風能力と炉のサイズの調和、さらに地下施設の完備があってはじめて炉内温度約一五〇〇度が確保可能となったといえよう。近代製鉄法による高炉は炉内温度が約一六〇〇度に達し、鉄は溶融するが、鑪の場合約一四〇〇～一五〇〇度と低温で、溶融点に至らない。鑪炭は還元剤として砂鉄の酸素を除去するとともに半溶融状態で鉄とそれ以外の物質とを分離するところに大きな特徴がある。鉄と称される金属は、含まれる炭素量によって銑鉄・軟鉄さらに鋼に大きく分けられる。銑鉄は炭素量二・一％以上、軟鉄は〇・〇四％以下のもので、その中間の含有量のものが鋼として分類される。鋼は焼入れなどの熱処理をすると硬化する性質を持っている。近代製鉄法が銑鉄を脱炭して鋼を生産する間接製鉄技術であるのに対し、鑪は真砂砂鉄を使用することで鋼を得ることができる直接製鉄技術であるとともに、赤目砂鉄を使用すると銑鉄を生産することも可能であった。つまり原料の選択と操業の方法によって銑鉄と鋼のいずれの生産も可能であるところに、鑪製鉄法の最も大きな特徴がある。鑪の技術は村下《むらげ》と称される技師長の指揮のもとで操業が進む。その技術は一子相伝とされ、長年にわたって習得された個人的五感に頼るところが大きい。原料となる砂鉄は地中の含有量一％ときわめて少ないものである。現在伝えられているのは鉧《けら》を生産する方法で、約一〇トンの砂鉄と鑪炭約一二トンを使用して、約二・五トンの鉄塊が得られる。得られる成果物は良質であったが近代製鉄法の導入によって衰退を余儀なくされた。鑪製鉄法にちなんだ「砂鉄七里に炭三里」という言葉がある。良質の砂鉄はたとえ七里の遠方であっても厭わないが、大量に消費する鑪炭は、輸送範囲を三里以内にとどめなければ採算が合わないという意味である。

参考文献　河瀬正利『たたら吹製鉄の技術と構造の考古学的研究』、一九九五、渓水社。

(三宅　博士)

たち　大刀　刀身の刃側を下に左腰に佩く(吊り下げる)外装様式の刀剣。「たち」という和訓に対する漢字表記は古代では多様で、大刀のほかに横刀があり、中世以降は「かたな」と訓読する刀や、「つるぎ」とも訓読する剱や釼など、いずれも「たち」である。これが十世紀以降、刀は「かたな」と訓読され、「たち」の表記は大刀が存続する一方で、新たに太刀が使用され、剱や釼は主に儀仗で使用された。ここでは平仮名表記を用いる。中世以降の「たち」は、刀身は鎬造《しのぎづくり》で反りのある湾刀《わんとう》(彎刀)である。反りの位置は時代ごとに微妙に変化し、当初は茎《なかご》や、茎と刀身の境目の区《まち》周辺(その部分を腰という)に反りの中心がある柄反りや腰反りで、十三世紀には刀身全体に平均的に反りの入った中反り(鳥居反りなどとも)も成立し、十五世紀以降は腰よりもやや上部に反りの中心がある先反りへと移行する。外装の基本金物は、柄では兜金《かぶとがね》・目釘《めくぎ》・縁金《ふちがね》で、鐔が入り、鞘では口金《くちがね》・足金物《あしがなもの》・責金《せめがね》・石突《いしづき》(金物)となる。足金物は一対で、上部の櫓金《やぐらがね》に帯執《おびとり》を通し、帯執に佩緒《はきお》を通して左腰に佩帯した。この足金物・帯執・佩緒という佩帯装置が「たち」の特徴である。足金物は腹帯型《はるびがた》と瓶子型《へいじがた》の二様式があり、前者が古様で、瓶子型は十三世紀以降のものである。帯執には韋緒(七つ金様式と太鼓金《たいこがね》様式があり、前者が古様)や兵具鎖《ひょうぐぐさり》を用いた。兜金には、古代の手貫緒《てぬきのお》が形骸化した猿手《さるで》とよぶ環状の金物が入るが、帯執が兵具鎖の場合、猿手も兵具鎖となり、結《むす》び金《がね》とよんだ。佩緒には韋緒・組紐・布帛の畳み緒などを用いた。鐔は、粢《しとぎ》型・帽額《もこう》型・葵《あおい》型等の形状で、材質は金属製のほかに、中世ではむしろ撓革《いためがわ》製の練鐔《ねりつば》がふつうであったようだが、遺品ではほとんど残っていない。練鐔は、縁金・口金に擦れて傷まないように切羽《せっぱ》とよぶ金属の小板で挟んだが、切羽は金属製の鐔にも継承された。柄・鞘は木製で、そこに多様な装飾を施す。柄は、鮫皮包や地板伏《じいたぶせ》として覆輪を掛けたり、黒漆塗や帯金を螺旋状に巻き付けた蛭巻《ひるまき》、また韋緒や組紐を木地や鮫皮包の上に巻き付けることも多く、十四世紀以降には組紐や韋緒による巻柄《まきづか》が一般的となった。鞘では、黒漆などの塗漆、塗漆地や地板伏に覆輪を掛けたり、蛭巻や韋包もあるが、柄と同意匠とすることが多く、巻柄では、一対の足金物の間(足間《あしあい》という)にも糸や韋緒を巻いて渡《わた》り巻といった。律令制下の「たち」は、『国家珍宝《ちんぽう》帳《ちょう》』に、劒《たち》・唐大刀《からたち》・唐様《からよう》大刀・高麗様《こまよう》大刀・大刀・懸《かけ》佩刀《はきのたち》・横刀《たち》・杖刀《じょうとう》がみえ、正倉院には、五十二点の遺品(うち二十三点は刀身のみで無荘刀《むそうとう》という)が伝世する。刀身も外装も中世以降のように様式が単一的ではなく、刀身は平造《ひらづくり》・切刃造《きりはづくり》(鎬造に近いものもある)・鋒両刃造《きっさきもろはづくり》の三種類がある。いずれも基本的には反りのない直刀だが、鋒両刃造には刀身に僅かな反りの認められる遺品もあり、『珍宝帳』でも鋒両刃造のなかに、反りがあることを示す「偃尾《えんび》」の注記がある。外装は、各名称で構造・特徴を相違する。そのうち律令制下で一般的であったと考えられるのが大刀で、これに糸による巻柄と木地柄があり、正倉院遺品に多い前者が古様のようだが、金物の様式はどちらも基本的に六世紀以降に盛行する考古学で、兜金の形状から方頭《ほうとう》大刀とよぶ様式の継承である。また、横刀は、『珍宝帳』では大刀と同様式ながら短寸のものをいう。ただし、令や『延喜式』などの条文でも横刀は頻出し、それらは大刀と同様で、短寸の「たち」を表すものではない。なお、従来は、直刀を徒歩刺突用、湾刀を馬上斬撃用とみて、「たち」の湾刀化を武士(つまり騎兵)の成立に結びつけて考えてきた。確かに湾刀は斬撃や打撃に効果的な構造ではある。しかし、六世紀以来、日本でも騎兵の存在が確実である点、平造や切刃造の鋒の構造は刺突用と見なし難い点、直刀も外装上の工夫で腰反りと同様の効果を作り出している点などから、通説は疑問であり、「たち」の湾刀化は機能の変質を示すものではなく、強化にすぎないと考えられる。

参考文献 『日本刀の風俗』(『日本刀全集』六、一九六六、徳間書店)。正倉院事務所編『正倉院の大刀外装』、一九七七、小学館。『日本のかたな』展図録、一九九七、東京国立博物館。近藤好和「武具の中世化と武士の成立」(元木泰雄編『日本の時代史』七所収、二〇〇二、吉川弘文館)。

(近藤　好和)

たち 館 ⇩やかた

たちくいやき 立杭焼 ⇩丹波焼《たんばやき》

たちばなでら 橘寺 飛鳥川の西岸、飛鳥の盆地の南端、仏頭山の北麓に造営された飛鳥時代の寺院。奈良県高市郡明日香村橘に所在。国指定史跡。東面する伽藍をもつ。聖徳太子建立の七寺の一つである「橘尼寺」であるという伝承をもつ。発掘調査は、石田茂作により一九五三年(昭和二十八)と一九五六・五七年に発掘調査が行われた。その後、一九八五年から伽藍整備に伴い橿原考古学研究所により発掘調査が実施された。伽藍配置は、東西方向に中門、塔、金堂、講堂を一直線に並べたものである。中門から出た回廊の南北規模は、約五六・八メートル、講堂にとりつくとする説と、金堂の後ろで閉じるという説がある。塔は基壇をはじめとして礎石もよく残る。基壇は創建当初は一辺約一二メートルの花崗岩の基壇であったが、奈良時代に一辺一三・五メートル、凝灰岩の壇正積基壇につくりかえられている。心礎は半地下式で、中央には心柱を受ける円形の穴があり、さらに心柱の添木を受ける彫り込みがみられる。一辺三間(六・八四メートル)、法隆寺五重塔よりやや小さい。金堂は正面約二〇メートル、奥行約一六・六メートルの基壇で、掘り込み地業がみられる。講堂は創建時、正面七間、奥行四間であったが、後に九間×四間の建物としている。中心伽藍の北方には奈良時代と鎌倉時代の新旧二つの時期の北門があり、それにとりついて築地がめぐる。寺域は東西三九〇メートル、南北一四〇メートルと推定される。発掘調査では大量の塼仏が出土している。塼仏には方形三尊塼仏、火頭形三尊塼仏があるが、具体的にどの建物に用いられたのかは断定できない。境内から出土した飛鳥時代の軒瓦には、飛鳥寺創建の軒丸瓦と同笵のものと川原寺出土例と同じ複弁蓮華文軒丸瓦と重弧文軒平瓦があり、後者が圧倒的に多い。これらの瓦の年代から、飛鳥時代前半創建説と飛鳥時代後半創建説がある。いずれにしても伽藍の整備は飛鳥時代後半に行われたとみてよい。境内に二面石がある。

橘寺塔跡全景（東から）

参考文献 大脇潔「橘寺」(『日本の古寺美術』一四所収、一九八九、保育社)。奈良県立橿原考古学研究所編『橘寺』(『奈良県文化財調査報告書』八〇、一九九九)。

(林部　均)

たつおかじょう 竜岡城 長野県佐久市田口にある五稜郭式の城郭。一八六二年(文久二)三河奥殿藩主松平乗謨《のりかた》は、本拠を三河から信濃に移すことに決め、築城にとりかかった。乗謨は、当時の幕府官僚内で二十八歳の若手ながら老中格で陸軍総裁などを勤めた。また乗謨は蘭学の教養深く、西洋の築城方法にも通じ、フランスの築城家ボーバンの意見を採用し洋式城郭の五稜郭城を築いた。幕府の新城築城の許可が下りた一八六三年十一月、田野口の地一万坪に四万両の費用を投じて工事を開始し、一八六六年(慶応二)完成した。実際にここで戦いが行われることなく一八七二年(明治五)廃城となった。台所一棟を除き建物は撤去されたが、濠、石垣、土塁など城跡はほとんど完全な形で保存され、一九三四年(昭和九年)国の史跡に指定された。現在は佐久市立田口小学校の敷地として使われている。

[参考文献] 臼田町教育委員会『臼田町の文化財』、一九八二。榎元半重『大給亀崖公伝』、一九七一、「大給亀崖公伝」再版委員会。

(福島　正樹)

たつたごぼうやまこふん　竜田御坊山古墳　⇩御坊山古《ごぼうやまこ》墳《ふん》

たつたみち　竜田道　古代の大和と河内を結ぶ幹線道路。大和国平群《へぐり》郡西部の竜田から、大和川北岸を通って生駒山系を横断して河内平野に出て、大津道につながり、さらに難波へと通じたと考えられる。六〇一年(推古天皇九)の斑鳩《いかるが》宮の造営などで斑鳩地域が重要となった七世紀初頭に、難波への道路として、斑鳩地域から西方河内地域へと延長整備されたものであろう。『日本書紀』神武天皇即位前紀戊午年四月甲辰条に「歩より竜田に趣く、而して其の路狭く嶮しくして、人並み行くこと得ず」(原漢文)とみえる記事は史実とは言い難いが、竜田道が早くから河内と大和を結ぶ道路として存在していたことを示唆していよう。同じく『日本書紀』の天武天皇元年(六七二)の壬申の乱に関する七月一日の記事に、竜田に兵員三百人を展開して防衛にあたらせたとの記事がみえ、このころにはすでに主要な道路として存在していたようである。また、天武天皇八年十一月条にはじめて竜田山と大坂山に関を置くとの記事がみえ、大和と河内を結ぶ重要な官道であったことが窺える。平城京遷都後は、平城京羅城門から下ツ道を南下し、現在の奈良県大和郡山市横田から「北の横大路」を西進し、斑鳩・竜田を経て河内・難波に至ることとなる。江戸時代には奈良街道と称され、奈良から大坂へ向かう幹線道路の一つであった。

[参考文献] 岸俊男「大和の古道」(橿原考古学研究所編『日本古文化論攷』所収、一九七〇、吉川弘文館)。

(出田　和久)

たっちもん　達智門　⇩宮城十二門《きゅうじょうじゅうにもん》

たっちゅう　塔頭　禅宗用語で禅宗寺院の子院のこと。寺院の境内地もしくは隣接地に所在するのが一般的。〇〇院、あるいは坊、庵、斎、軒などの名称を持つ。本来、禅宗以外の宗派ではこの語は用いなかったが、やがて他宗にも使用されるようになっていった。中国では、禅宗寺院において、祖師《そし》・開山《かいざん》などの高僧が亡くなり墓塔が造られると、弟子がそのほとりに塔院を建立して故人の遺徳をしのんだ。これが塔頭と呼ばれた。「ちゅう」は頭の中国音。日本では、祖師などの高僧に限らず、禅僧の塔院すべてが塔頭と呼ばれ、数多く造営された。塔頭はやがて本寺とは別に独自に所領や後援者(檀越、檀那)を持つようになり、それは弟子などの後継者に相伝されるようになっていった。また墓塔とは関係なく、寺院内に私的な院、庵が形成され、これが塔頭と結びついて門派を形成し、その拠点となっていった。

(吉田　一彦)

たつのいち　辰市　奈良市東九条町・西九条町・杏《からもも》町・八条町一帯を指す旧地名。古代から中世にかけての市。名称の由来として、辰の日のみ市が開かれたという説、平城宮からみて辰の方角であったという説がある(『辰市村史』)。遺存地名は平城京左京七条から九条の一坊から四坊にかけて分布するが、「辰市西」「辰市ノ西キタ」「辰市ノ南」などの方角表示を伴う呼称から、左京八条二坊から三坊付近に存在したと考えられる。平城京東市は左京八条三坊五・六・十一・十二坪に存在したので、辰市が平城京東市の後身である可能性は高い。『枕草子』に大和の市として椿市などとともに挙げられており、平安時代中期ごろには長谷寺参詣路の市場および宿駅として栄えた。鎌倉時代には、辰市郷と称する惣郷が成立した。郷民は辰市神社などの祭礼を通じて結束を図り、盗犯などの犯罪は惣郷として検断を行なった。郷内には春日社権預辰市氏が居住し、奈良に準ずる都市的な場であった。

(竹内　亮)

たつみようすい　辰巳用水　江戸時代の初期、一六三二年(寛永九)もしくは一六三三年に金沢藩が城水確保のために開削した用水。名称は金沢を流下する犀川の上辰巳村地内からの取水による。開削は一六三一年に金沢城の本丸御殿と城下を焼失した「法船寺焼き」のあと、三代藩主前田利常が防火・生活用水の確保を目的に、小松の町人板屋兵四郎に命じて、ほぼ一年間で完成させたと伝える。用水工事に関する史料はなく、後世の聞き書きと伝承であるため不明の部分が多い。取水地は標高一〇〇メートルの犀川右岸で、上辰巳村から小立野台地の西側を隧道で抜け、台地上を開渠として流し、約一〇キロ隔てた兼六園上坂口付近から埋樋を用いて、百間堀の石川門土橋を伏越することで、標高五〇メートルの金沢城二ノ丸へ導水していた。一七九九年(寛政十一)と一八四三年(天保十四)には城内と周水口が上流へ上り、一八五五年(安政二)に取水口から上坂口までの全長は一〇六六一メートル、うち隧道長は四八四一メートルを測り、短期間の隧道工と逆サイホン原理を応用した「伏越の理」は、金沢城跡に関連した土木技術として評価されている。

(垣内光次郎)

たて　盾　戦闘に際して敵の矢などから身をまもる防御具。「楯」の字を用いる場合も多い。形状は縦長の長方形が多く、手に持って使用する小型の盾を手盾《てだて》または持盾《もちだて》といい、地上に並べて使用する盾を置盾《おきだて》、陣に盾を並べることを搔盾《かいだて》(垣楯)という。また、船や城館の櫓《やぐら》に装備する小型の盾もあった。実戦で身を守る機能とともに邪悪なものの侵入を防ぐ呪術的な機能も期待されたと考えられ、神事・芸能用の盾や神宝となっている盾もある。木や革などを材料としたものが多かったため残存例は少ないが、弥生時代の遺跡から盾とみられる木製品や盾を持つ人物像を描いた土器などが出土しており、置盾・持盾・儀仗盾《ぎじょうだて》が確認できる。古墳から出土する盾は、木枠の全面に革を張り、文様を刺し縫いし、漆を塗った革盾が多い。また、盾形埴輪や盾を持つ武人とみられる埴輪も出土している。五世紀には隅金具や鉄板の使用も増加したとみられ、奈良県天理市の石上《いそのかみ》神宮には鉄板を剝ぎ合わせて鋲で留めた鉄製盾二枚が伝来している。奈良平城宮跡からは頂部が山形で表面を赤・黒・白の三色に塗り分けた木製盾が出土しており、『延喜式《えんぎしき》』記載の「隼人《はやとの》大《おお》盾《たて》」に相当するものと考えられよう。武士が着用した大鎧《よろい》の袖は盾のような機能をもったが、必要に応じて徒歩の従者が木製盾を持ち運び、布陣に際して並べて掻盾とした。十三世紀ごろから盾の表面には旗標《はたじるし》と同様の標識(紋)がみられるようになり、歩兵の弓矢使用が増加した十四世紀以降、盾の使用も増加したとみられる。掻盾は臨時に構築される陣や城に多用され、籠城することを「楯籠《たてこも》る」、城や陣の構築を「楯を突《つ》く」などと表記した。なお、「館」に「楯」の字をあてる場合がある。「館」の読み方は西日本で「たち」が一般的だったのに対し、東日本では「たて」と称することが多かった。源義朝の拠点が「鎌倉の楯」(『天養記』)と表記されたのも、「館」に「楯」の字をあてた一例といえよう。

参考文献 『古事類苑』兵事部四六。 (中澤 克昭)

たてあなじゅうきょ　竪穴住居　地面を掘り窪めた竪穴の覆屋を住居とするもの。竪穴を掘り上げた土を竪穴周縁部に盛った周堤上に屋根を伏せた伏屋式竪穴住居、竪穴壁面から側壁を地上に立上げて屋根を受ける壁立式竪穴住居の二種がある。伏屋式は後期旧石器時代から、壁立式は縄文時代前期から中世までの全時代にわたって盛衰を繰り返し存続し、全国的に最も多く普及した住居形式である。発掘調査で検出される遺構は竪穴床面、主柱、壁支柱(壁立式側壁材)、周溝、貯蔵穴、ベッド状遺構、炉・竈跡などで、それぞれの配置形式などに時代差・地方差があり、同地方でも山間部と平野部で形式を異にし、同じ集落でも首長住居を壁立式、その他を伏屋式とするなどの違いを遺構から読み取ることができる。伏屋式竪穴住居の屋根葺材は草葺きで復元される例が多いが、焼失竪穴住居の炭化垂木材や焼土の残存状況からみて、伏屋式住居は中世までの全時代にわたって土葺き屋根とする遺構例がある。一般的には山腹の傾斜地に立地する竪穴住居に土葺きが多いようである。焼失住居跡でない場合は草葺きと土葺きの差を発掘遺構から見分けるのは難しいが、住居廃絶後の竪穴埋土層から判別可能な例もある。壁立式竪穴住居の側壁は、縄文時代には竪穴壁に沿う壁支柱穴の存在から想定できるが、弥生・古墳時代には側壁支柱を浅く掘立てる例や、床面に痕跡を残さずに焼失炭化材の壁木舞を床面に置き立てた例(静岡県焼津市腰浜遺跡)がある。壁立式竪穴住居は弥生・古墳時代拠点集落の首長住居に採用された形式であり、縄文時代の伝統を受継いでいる。 (宮本長二郎)

たてあなたてもの　竪穴建物　㈠竪穴住居のうち大形の遺構を竪穴建物とする場合がある。縄文時代から古墳時代にかけての各地方を支配した拠点集落には、一〇〇平方メートルを超える大形竪穴住居例があり、首長住居以外の機能として、首長儀礼・祭祀・集会所・共同作業所など住居以外の機能をもつ場合に使うことが多い。方形竪穴建物は方形平面の大形竪穴住居のことで、古墳時代豪族居館の首長館を示すものと思われるが、方形竪穴住居は縄文時代前期に小形から大形まであり、呼称としては適切でない。縄文時代の東北・北陸地方には一般集落にも超大形竪穴住居例が多く、積雪期における住民の共同越冬住居であったと考えられ、季節によって多目的に利用されたと思われる。構造形式は住居としては屋根を竪穴上に覆う伏屋式と、竪穴壁から地上に側壁を立ち上げた壁立式があり、前者は住居、後者は住居以外の機能をもつ大形建物として縄文―古墳時代に共通する。 (宮本長二郎)

㈡中世に出現した方形もしくは長方形の半地下式建物。当初十一世紀の博多に現われ、若干の断絶を経て十三世紀半ばからのほぼ一世紀間、鎌倉海岸部に夥しい数が造られるようになる。近年では中世後期の例も含め東国や南九州にも検出例が相つぐ。いくつかの形態に分かれるが、鎌倉の例では一辺二〜三メートル程度から七メートルにおよぶ大型のものがあり、深さが一メートルを越えることも珍しくない。比較的短い存続期間で人為的に埋められた形跡も観察される。全国的にみれば掘立柱で建物構造を維持する伝統的な工法が支配的な中で、鎌倉では切石列や礎石などの土台の上に柱を載せる例が多く、古代の竪穴住居とは技法的に連続しない。鎌倉という得宗貿易の拠点に出現している点は、大陸に技術系譜を求めるべきことを示唆する。竪穴底面には敷石や根太《ねだ》の痕跡などをしばしば留め、重量物に堪えうる床強度が要求されたことがわかる。東国では主要街道脇に群集する例が大半で、南九州では港湾とされる遺跡に多い。居住よりも市・宿・津泊などにおける物資集積の施設とみるのが妥当であろう。

参考文献 鈴木弘太「中世「竪穴建物」の検討―都市鎌倉を中心として―」(『日本考古学』二一、二〇〇六)。 (馬淵 和雄)

たていし　立石　立った状態の石または地名。立石地名は非常に多く、縄文時代の石棒や近世の道標、自然石によるものなど多様であるが、その中に古代律令国家の施設に由来するもの、特に駅家や官道に関係するとみられるものが多々あることは注目される。『和名類聚抄《わみょうるいじゅしょう》』の筑前国下座《しもつあさくら》郡には立石郷があり、福岡県甘木市立石に比定されるが、同地にはほぼ想定駅路に沿って石が立っている。また、宮城県の多賀城碑の立っている場所の小字地名は「立石」である。このほかにも、東京都葛飾区の立石は、立石稲荷にちなむが、想定駅路の中川(旧荒川)の渡河点にあたる。この石は房州石と称する東京湾南岸に産するもので、古墳の石材として運んできたものを道標に転用したと考えられている。考古学的には、石川県松《まっ》任《とう》市の立石「石ノ木塚」が発掘され、十世紀後半から十一世紀ごろに建てられたとする例などがある。

参考文献　木下良「『立石』考―古駅路の想定に関して―」(『諫早史談』八、一九七六)。木本雅康『古代の道路事情』、二〇〇〇、吉川弘文館。　(木本　雅康)

だてはちまんやかたあと　伊達八幡館跡　新潟県南部、十日町市伊達に所在する中世の方形居館。信濃川の河岸段丘縁辺に立地し、七〇〇メートル離れた高位段丘に館の要害とされる伊達城跡がある。一九八七年(昭和六十二)に十日町市教育委員会が圃場整備事業に伴い発掘調査。空堀で囲まれた大小二つの方形区画、主郭と副郭からなる。主郭は、地形が低い東を除く三方に、幅六メートル、深さ一メートルの堀がめぐる。郭の規模は、堀の内側で南北約五五メートル、東西約四〇メートル以上。南辺の堀に土橋、ほかに木橋が二基ある。郭内に掘立柱建物十五棟、井戸二基があり、中央北寄りに主屋とみられる大型建物がある。副郭は一辺約四〇メートルの方形で、幅一・五メートル、深さ一メートルの溝が四面にめぐる。郭内の掘立柱建物は十一棟。二つの郭外にも多数の掘立柱建物がある。出土遺物は十五・十六世紀が中心で、中国製陶磁器、国産の珠洲焼・瀬戸美濃焼・瓦器風炉、石製の茶臼・粉挽臼・硯などがある。銅製の錫杖頭・花瓶・燭台などが出土しており、寺院説もある。

参考文献　『十日町市史』資料編三、一九九二。　(坂井　秀弥)

たてぶえ　縦笛　⇨笛《ふえ》

たてやま　立山　富山県中新川郡立山町の東南部の山岳で山岳信仰の霊地。『万葉集』に「多知夜麻《たちやま》」と表記されるが、一四六五年(寛正六)の堯恵《ぎょうえ》の『善光寺紀行』には「たてやま」とある。広義には雄山《おやま》(三〇〇三メートル)、大汝山《おおなんじ》(三〇一五メートル)、富士ノ折立《おりたて》(二九九九メートル)からなる立山本峰と浄土山・別山《べっ》を含めた立山三山、あるいは剱岳など周辺の山々を含めた立山連峰をさすが、狭義には雄山神社の峰《みね》本社が鎮座する雄山、あるいは最高峰の大汝山をさす場合がある。初見は『万葉集』の大伴家持・大伴池主の歌で、天にそそり立つ「皇神《すめかみ》の領《うしは》きいます」山として神聖視されている(巻十七・四〇〇〇)。遙拝されたタチヤマは剱岳をさすか。一方、八六三年(貞観五)雄山神に正五位下(『三代実録』)、八八九年(寛平元)に従四位下(『日本紀略』)が授けられ、『延喜式』神名帳にも新川《にいかわ》郡雄山神社がみえる。雄山は平安時代には修業の山となり、天台座主、園城寺《おんじょうじ》長吏を歴任した康済《こうさい》が(『本朝高僧伝』八)、「越中立山を建立」したという(「師資相承」『大日本史料』一ノ二)。康済は八九九年(昌泰二)に没しており、九世紀末には天台宗と立山は何らかの関係をもったと推測される。一〇三四年(長久四)ごろに成った比叡山横川《よかわ》の首楞厳院《しゅりょうごんいん》沙門鎮源《ちんげん》の『大日本国法華経験記《げんき》』には室堂《むろどう》平《だいら》の地獄谷の様相が記されており(下一二四「越中国立山女人」)、平安時代中期には天台系の修行僧が入山していたとみられる。立山地獄のことは『今昔物語集』(巻十四第七など)にもみえ、回国修行の僧侶が山中の地獄にさまよう女霊の願いを聞き、天台宗所依の法華経の功徳、あるいは地蔵菩薩により救済され、帝釈天《たいしゃくてん》の住む忉利天《とうりてん》に往生したと伝える。一方、鎌倉時代初期に増補された十巻本『伊呂波字類抄《いろはじるいしょう》』所載「立山大菩薩」には、越中守佐伯有若《ありわか》が鷹を追って深山に入り、熊に矢を射立てたところ、その熊が阿弥陀如来であったことを知り、出家して慈興《じこう》と名乗り、立山を開いたという開山縁起を収載している。当初は狩人とされた開山者は(『類聚既験抄《るいじゅうきげんしょう》』)、佐伯有若という実名をもつに至る。この有若のモデルは九〇五年(延喜五)佐伯院付属状に「越中守従五位下佐伯宿禰『有若』」(『平安遺文』一・一九二号)と自署のある人物の可能性が高い。江戸時代に最も流布した『和漢三才《わかんさんさい》図会《ずえ》』所載の開山縁起では、雄山神社は立山権現、開山者は有若の子の有頼《ありより》、主神は伊弉諾尊《いざなぎのみこと》、本地は阿弥陀如来とされる。右の伝承から、神聖視された山から死霊の住む山上他界観と仏教の地獄の思想とが結合し、さらに追善供養による阿弥陀浄土への往生へと展開する姿がうかがえる。山麓の岩峅寺《いわくらじ》、芦峅寺《あしくらじ》は登拝の拠点となったが、南北朝時代には坊院が営まれ、岩峅寺は立山寺、芦峅寺は仲宮寺《ちゅうぐうじ》と総称された。江戸時代には加賀藩の保護を受ける一方、衆徒が立山曼陀羅《まんだら》などを利用して活発な布教活動を行ったために立山登拝は広い階層に及んだ。しかし、廃仏毀釈により衆徒は神官となるなど、仏教的・修験道的色彩を失い、雄山神社は峰本社・芦峅寺祈願殿・岩峅寺前立社壇《まえだてしゃだん》の三社構成とされた。今日では信仰の山から観光登山の山へと変貌した。考古学的知見によると、一八九三年(明治二十六)に大日岳で双龍飾の錫杖《しゃくじょう》の頭部(青銅製)、一九〇七年に剱岳の山頂で錫杖の頭部(青銅製)、一九〇九年には同山頂で小刀が採取されている(すべて重要文化財)。錫杖はいずれも奈良時代末期から平安時代初期のものとされており、立山連峰への入山時期が推測される。平安時代になると大岩日石寺《おおいわにっせきじ》(国史跡、上市町)の磨崖仏(東密系とされる)をはじめとする石造物や京ヶ峰経塚などが築造された。雄山の室堂《むろどう》遺跡では十世紀初頭の須恵器杯が検出されており、縁起の開山時期ともほぼ符合する。また、参籠《さんろう》修行のための岩窟も築造された(玉殿窟《たまどののいわや》、虚空蔵《こくうぞう》窟)。鎌倉時代の遺跡では、伝真興寺跡・黒川上山墓跡・円念寺山経塚からなる黒川遺跡群(国史跡、上市町黒川)の山岳信仰との関わりが注目される。室堂小屋(籠堂)は十六世紀には小規模な礎石建物であったが、十七世紀初頭には大型礎石建物となり、十八世紀にはさらに拡張された。また、雄山山頂の峰本社の立て替えに伴う調査では寛永通宝などの銭貨が検出されており、江戸時代の登拝の盛況を物語るが、一九九八年には山頂付近で中国北宋の元祐通宝《げんゆう》(初鋳一〇八六年)、嘉祐通宝《かゆう》(初鋳一〇五六年)各一点が採取されており、山頂付近への登拝は中世にさかのぼる。なお、峰本社では剱岳一帯の地主神とされる刀尾《たちお》神を祀っており、剱岳遙拝の古習を遺す。

資料館 富山県・立山博物館(富山県中新川郡立山町)

参考文献 高瀬重雄編『白山・立山と北陸修験道』(『山岳宗教史研究叢書』一〇、一九七七、名著出版)。立山町教育委員会編『芦峅寺室堂遺跡—立山信仰の考古学的研究—』(『立山町文化財調査報告書』一八、一九九四)。同編『立山雄山山頂遺跡—雄山神社峰本社社殿建替事業に伴う調査』(『立山町文化財調査報告書』二五、一九九七)。宇野隆夫「立山」(『季刊考古学』六三、一九九八)。鈴木景二「立山信仰と雄山山頂の遺物」(『富山大学人文学部紀要』三〇、一九九九)。 (川崎　晃)

たどたいしゃ　多度大社　三重県桑名郡多度町に鎮座する社。養老山脈の南の端の多度山を神体として成立したものと考えられる。現在は内陸部に位置するが、古代には木曾三川の河口部が深く入りこんでいたので、本来は内湾に面していたと見られる。古代の多度地域は東海道が走り、榎撫駅《えなつのえき》が置かれ、近隣の柚井《ゆい》遺跡では美濃国関係の木簡が発見されるなど、陸上と水上の交通の要衝であったので、早くから勢力のある社になっていたのであろう。奉斎氏族としては『新撰姓氏録《しんせんしょうじろく》』にみられる桑名首氏と見る説が有力である。重要文化財指定の『神宮寺《じんぐうじ》伽藍縁起并資財帳《がらんえんぎならびにしざいちょう》』には七六三年(天平宝字七)の神宮寺の成立由来を記しており、神仏習合研究の基本史料とされる。また、社の背後の山上には磐座と見られる巨石があり、一七七〇年(明和七)の豪雨の際にその下から、平安時代より鎌倉時代にかけての和鏡三十点が発見された。経塚遺物と推定され、やはり国指定重要文化財である。このように多度神社は神仏習合の社として、また東寺や伊勢平氏との結びつきにより繁栄したが、中世以降次第に衰退し、織田信長の伊勢侵攻により焼失、以後は桑名藩の庇護下に入る。現在五月の「上げ馬神事」が県指定無形文化財となっている。 (榎村　寛之)

たなだかじゅうろう　棚田嘉十郎　一八六〇—一九二一　明治時代後期から大正年間にかけて平城宮跡の保存に尽力した人物。一八六〇年(万延元)四月五日、大和国添上郡須川村(奈良市須川町)に生まれる。奈良の植木職人であったが、一九〇〇年(明治三十三)一月一日付奈良新聞に掲載された関野貞《せきのただし》「古の奈良　平城宮大極殿遺址考」(宮跡の殿舎配置を土の高まりから復原し、現状の荒廃を憂い、顕彰を希望する旨を述べた記事)を読み、これをきっかけに私財をなげうち、献身的に宮跡の保存顕彰運動を行なった。棚田は北浦定政《きたうらさだまさ》が作製した地図の略図と古瓦の図を刷った扇子を各方面に配るなど啓発活動を行う一方、一九〇一年に大極殿跡を表示する木標を建て、翌年に溝辺文四郎《みぞべぶんしろう》と協力して平城神宮建設会を作って顕彰活動を行なった。一九一〇年には大極殿跡にて平城遷都千二百年祭および建碑地鎮祭を行い、一九一二年(大正元)には現JR奈良駅前に大極殿までの道標を建てた。さらに翌年、有力者の支持を受け、奈良大極殿址保存会(会長徳川頼倫《とくがわよりみち》)を設立、同会を通じて大極殿跡周辺の土地を購入し保存を図った。しかし、その過程でさまざまな問題が生じ、棚田は経済的困窮と失明の苦境の中、失意のうちに一九二一年八月十六日に自殺してしまった。享年六十二。彼の死後、一九二二年に平城宮址保存記念碑が建てられ、さらに大極殿朝堂院地区が国の史蹟に指定されることで、彼の遺志は実を結ぶこととなった。 ↓溝辺《みぞべ》文四郎《ぶんしろう》

参考文献 奈良国立文化財研究所編『平城宮跡保存の先覚者たち』、一九七六。 (古尾谷知浩)

たなべはいじ　田辺廃寺　奈良時代前期(白鳳期)に渡来系氏族、田辺史《ふひと》の氏寺としての創建が考えられる寺院跡。国史跡。大阪市柏原市田辺一丁目所在。発掘調査などの結果、現春日神社境内地に講堂を除く南大門、中門、東西両塔、金堂跡の薬師寺式の主要伽藍が検出され、出土遺物のほとんどを占める白鳳時代から室町時代までの七型式の古瓦類などによって、七世紀後半にまず金堂・西塔が、そして東塔が相前後して建立され、八世紀には平城宮瓦によって修理を受けたものの、平安時代前期に火災で焼亡し、その後金堂部分のみが再建され、室町時代まで法燈を継いでいたことが判明している。周辺の調査も進展していて、創建時の屋瓦を焼成した瓦窯跡や氏族の奥津城《おくつき》にあたる古墳・古墓群が一平方キロほどの範囲内で発見されるなど田辺史の生活世界が明らかにされつつある。田辺史の盛衰とも一致し、文献にしばしば登場する著名氏族の歴史を知る上で重要な遺跡である。

参考文献 『田辺廃寺跡発掘調査概要』、一九七三、大阪府教育委員会。柏原市教育委員会編『柏原市埋蔵文化財発掘調査』一九八四ノ一、一九八五。柏原市教育委員会編『田辺古墳群・墳墓群発掘調査概要』(『柏原市文化財概報』一九八六ノⅣ)、一九八七。 (堀江　門也)

たにかわことすが　谷川士清　一七〇九—七六　江戸時代中期の医者、国学者。現在の津市八町に名医順端の長男として生まれ、幼名を昇(公介)、号は昇卯・淡斎など、医号を養順と称した。京都に遊学し松岡玄達、松岡仲良、玉木正英らに師事、儒学、本草学、垂加神道を学ぶ。帰国後『日本書紀通証』三十五巻を著し江湖の注目を集めた。また、わが国初の五十音順の国語辞典『和訓栞』九十三巻は子孫の手で一八八七年(明治二十)に全巻刊行を終えた。『読大日本史私記』で『大日本史』の誤りを正し、幕府の弾圧を受けた。一方、『勾玉考』によれば士清は勾玉類の蒐集家としても有名で、鑑定を依頼された各種の石玉を博引傍証している。また現在県指定文化財の野田銅鐸は、士清が家蔵していたのを嗣子士逸が高田本山専《せん》修《じゅ》寺に寄進したもの。旧宅(津市八町所在)は一九六七年(昭和四十二)国史跡に指定、一九七七年から解体復元工

事が行われ、一般公開されている。墓(国史跡)は旧宅に近い福蔵寺(津市押加部町)にある。

参考文献　谷川士清先生事蹟表彰会編『谷川士清先生伝』、一九二一、大日本図書。加藤竹男『国学者谷川士清の研究』、一九三四、湯川弘文社。北岡四良『近世国学者の研究』、一九七七。津市教育委員会編『国指定史跡谷川士清旧宅修理工事報告書』、一九八〇。　(田阪　仁)

たにはたいせき　谷畑遺跡　鳥取県倉吉市の北郊、上神《かずわ》集落に所在する古墳時代後期の祭祀遺跡。丘陵に挟まれ南に開放する谷の奥部に位置する。谷の東側と西側の丘陵には、弥生―古墳時代にかけての集落跡や古墳が分布する。一九八四年(昭和五十九)と翌年の発掘調査によって、多量の日常土器とともに祭祀遺物が出土し注目された。祭祀遺物はほとんど土製品で、谷の東側と西側の二ヵ所に集中する。東側は人形・動物形・手捏ね土器からなり、六世紀後半の土師器が伴う。西側は土製模造鏡・土玉・石製勾玉・手捏ね土器・竈・土製支脚からなり、七世紀前半の須恵器が伴う。これらの祭祀遺物は、手捏ね土器が数個入れ子状態であったことや、口縁部が上を向いて出土していることから、なんらかの「まつり」が終わった後、丁寧に置き捨てられたと考えられ、当時の祭祀の一端を復元する資料として注目される。遺物の一括は重要文化財指定。

資料館　倉吉博物館(鳥取県倉吉市)

参考文献　倉吉市教育委員会編『倉吉市内遺跡群分布調査報告書』II、一九八五。　(真田　廣幸)

たにもりよしおみ　谷森善臣　一八一七―一九一一　幕末維新期の国学者。一八一七年(文化十四)十二月二十八日、京都で生まれる。伴信友《ばんのぶとも》に入門し、国学や歌道を学ぶ。早くより山陵の荒廃を嘆き、一八六二年(文久二)、山陵修補御用掛嘱託として山陵奉行戸田忠至《ただゆき》の下で山陵修復に尽力。翌年正六位上内舎人《うとねり》兼大和介《やまとのすけ》に任ぜられる。一八六七年(慶応三)諸陵助《すけ》となり、一八六八年(明治元)神祇《じんぎ》事務掛、制度事務局権《ごん》判事、翌年皇学取調御用掛を歴任、昌平《しょうへい》学校に出仕、大学中博士となり、国史考閲御用掛、教導局御用掛を兼ねる。一八七一年に御系図取調御用掛、一八七五年に修史《しゅうし》館三等修撰となる。一九〇四年には帝国年表調査委員となり、皇室系譜等の調査に従事した。蒐集・校訂した典籍類は「谷森本」と呼ばれ、『国史大系』の底本に用いられるなど、多大な業績を残す。一九一一年年十一月十六日、九十五歳で没した。著書に『諸陵徴』『諸陵説』『山陵考』などがある。

参考文献　戸原純一「幕末の修陵について」(『書陵部紀要』一六、一九六四)。林恵一「谷森善臣著作年譜抄」(同二三、一九七二)。　(北條　朝彦)

だび　鉈尾　⇩帯金具《おびかなぐ》

たぶね　田舟　水田稲作に使われる農具の一つで、木製の舟形運搬具。主として湿田に用いられ、開田時には土を、田植え時期には苗や肥料を、また収穫時期には刈り取った稲穂などを積んで、ぬかるむ田面を滑らすように移動したのであろう。弥生時代に出現しており、静岡県登呂遺跡・山木遺跡、千葉県菅生遺跡などに出土例がある。木下忠の分類によれば、小形の丸木舟(長さ一メートル前後、幅約四〇センチ、高さ二〇センチほど)で長さに比べて幅が広いものと、平面楕円形の槽《ふね》(長さ一・三メートル前後、幅約四五センチ、高さ二〇センチほど)に棒状の取っ手を作り出すものの二種があり、いずれも底面を平坦に削り湿田を動き回るのに適しているという。江戸時代の農書にもその名がみえ、深田の稲刈りや田面の凹凸調整作業に伴って運搬具として用いられたことがわかる。現在の民俗例では板材を組み合わせた箱形の小舟で、前後に取り付けた紐を体に巻き付け、引き回すように用いられている。

参考文献　木下忠「木器」(『新版考古学講座』四所収、一九六九、雄山閣出版)。　(黒崎　直)

たほうとう　多宝塔　仏塔の一形式で、平面が下重方形・上重円形(屋根は上重も方形)の二重塔をいい、宝塔すなわち平面円形の一重塔に裳階《もこし》を付けたものとされる。古くは宝塔も多宝塔とよんでおり、両塔を形式上区別したのは中世末か近世になってのことらしい。本尊には釈迦・多宝二仏か大日如来の独尊または五仏を祀るのがふつう。この形式は平安時代初めに空海が高野山で計画した毘盧遮那法界体性塔を原形とする。同塔は大日如来の三昧耶《さまや》形《ぎょう》の一つである一重宝塔形を建築化したもので、裳階を付けて二重とし下重は方五間で内部に円形柱列が二列ありきわめて規模が大きい。これを小型化・簡略化し下重を方三間で円形柱列をなくしたのが現在の多宝塔で、十一世紀初めには成立していたが遺例としては石山寺多宝塔(一一九四年(建久五))や金剛三昧院多宝塔(一二二三年(貞応二))が古い。高野山の塔に近い遺例は根来寺多宝塔(十六世紀)が唯一で大塔《だいとう》形式とよぶ。一方、多宝塔の名称は『法華経』見宝塔品の所説による釈迦・多宝二仏並坐の塔に由来し、中国では多重塔の形式をとっていて日本でも長谷寺の銅板法華説相図(白鳳時代)は六角三重塔を多宝仏塔としている。平安時代初めに最澄が計画した六所宝塔院は法華経を奉安したことから多宝塔とよばれ、形式は明らかでないものもあるが比叡山の近江宝塔院は下重方五間・上重方三間の二重塔で、この形式は切幡寺大塔(旧住吉神宮寺西塔、十七世紀)にみることができる。一重の宝塔は建築では少ないが経塚出土の宝塔や金銅舎利塔、法華曼荼羅など十二世紀以降工芸品や絵画に多く、そのころには法華経に係わる塔形として確立していたと考えられる。二重の多宝塔は建築としての納まりや使用上の理由から裳階を付けたもので、両塔の根本理念は変わらない。密教における大日如来の三昧耶形の塔形を法華経の多宝塔に結び付けたのは、法華経を密教的に解釈して塔中の二仏並坐の様相を密教の根本教義である金剛胎蔵両界不二にたとえたものと思われる。

参考文献　濱島正士「概説(多宝塔)」(太田博太郎編『日本建築史基礎資料集成』一二所収、一九九八、中央公論美

術出版)。（濱島　正士）

たま　玉　玉は、原始古代において主に装身具として使われた。また祭祀の道具にもなった。時代により材料、形、その持つ意味もさまざまである。旧石器時代後期末に出現し、平安時代まで使用されたが、中世には生産・消費とも激減した。材料として、獣牙・ヒスイ・琥珀・水晶・碧玉・めのう・ガラス・金銀銅など美麗で希少価値のあるものが選ばれた。滑石《かっせき》や土で作られることもある。代表的な玉に、勾玉《まがたま》・管玉《くだたま》・丸玉《まるだま》・ナツメ玉・切子玉《きりこだま》・算盤玉《そろばんだま》・トンボ玉・小玉《こだま》がある。通例、孔を開け、ひもを通して身に着けた。縄文時代には、牙玉、抉状耳飾り、糸魚川《いといがわ》産のヒスイを使用した大珠、勾玉などがよく知られている。弥生時代には大陸系の管玉が導入され、緑色凝灰岩製品が盛行する。ガラス・水晶製玉類も使われはじめた。古墳時代初頭には、めのう製勾玉が出現し、五世紀以降は、金属製の玉も現れる。色も形も多様化した。古墳時代後期にはめのう・碧玉・水晶の勾玉が盛行する。奈良・平安時代には、装身具としての使用がすたれ、寺院の鎮壇具、経塚・墳墓の副葬品、仏像の飾りなどに使われた。玉の種類は古墳時代を引き継ぐが、無孔の玉も多い。

参考文献　町田章『装身具』(『日本の原始美術』九、一九七九、講談社)。（勝部　衛）

たまうどぅん　玉陵　琉球国王尚真《しょうしん》(在位一四七七―一五二六)によって築かれた第二尚氏王統の陵墓。那覇市首里金城町に所在。玉御殿とも書く。玉陵の中庭に建つ玉陵碑文から一五〇一年(弘治十四)ごろに築造されたと推定されている。墓室は琉球石灰岩を掘り抜いて造られ、屋根は切妻造りの平瓦葺きである。墓室は中室、東室、西室に区分され、それぞれ中央に開口部を設けて観音開きの石製扉を設置している。中室は洗骨前の遺骸を安置し、東室は洗骨後の王と王妃を、西室にその他の王族を蔵骨器に納めて安置している。墓の上には三基の石獅子が据えられ、墓庭には枝サンゴ片を敷き詰めている。これらの特徴は、魔除けや清めなど、琉球固有の信仰の影響と見られる。玉陵は第二次世界大戦時にかなり破壊されたが、一九七四年(昭和四十九)―一九七七年に修復・復元された。国の史跡指定と重要文化財建造物指定を受けているが、二〇〇〇年(平成十二)十二月には世界文化遺産に登録された。

玉　陵

参考文献　『玉陵復原修理工事報告書』、一九七七、玉陵復原修理委員会。（金武　正紀）

たまがわじょうすい　玉川上水　神田上水とともに総城下町江戸の二大水道施設の一つ。『徳川実紀《とくがわじっき》』によると、一六五三年(承応二)関東郡代伊奈《いな》半十郎忠治《はんじゅうろうただはる》が玉川水道奉行を命ぜられ、翌年六月二十日に竣工したとされている。武蔵国多摩郡羽村(東京都羽村市羽東《はねひがし》三丁目)の多摩川に取水堰を設け、四谷大木戸(新宿区内藤町)に至る四三・七三キロを、標高差わずか九二メートルの緩い勾配で導水する施設として掘削された素掘の開渠水路である。江戸市中に入った上水は、木樋や石樋による暗渠水路となって江戸城、武家地、町地に配水され、飲料水、防火用水、大名屋敷の池庭用水、江戸城の濠用水などの多目的な機能を有し、総延長八五キロに及んだ都市給水施設であった。また、武蔵野台地の灌漑用水や生活用水としての役割も果たし、江戸時代中期の寛政年間(一七八九―一八〇一)には三十三ヵ所の分水施設が設置されるに至っている。玉川上水は、江戸の発展を支えた歴史的価値のある都市施設であり、近世の水利技術を知る上で重要な土木遺産である。国指定史跡。

資料館　東京都水道歴史館(東京都文京区)

参考文献　東京市編『東京市史稿』上水篇一、一九一九。東京都教育庁生涯学習部文化課編『玉川上水現況調査報告書』、一九九五。（亀田　駿一）

たまぐすくじょう　玉城城　グスク時代の大型グスクで琉球開闢神話の聖域の一つである雨粒天次《あまつづてんつぎ》がある。国指定史跡。沖縄県玉城村《たまぐすくそん》に所在する。本格的な発掘調査は行われていない。標高約一八〇メートルの琉球石灰岩丘陵頂部に形成された連郭式の城塞で三つの郭から構成されている。面積は七九〇〇平方メートル。最頂部の郭には自然岩盤をくり抜いた東向きの門があり、琉球王国最高聖地の一つである久高島《くだかじま》に向いて開いている。野面積《のづらづ》みと布積みで築城されている。城壁は損壊が著しいが主郭の布積みの城壁は約一〇メートルの高さで残存している。城内からはグスク土器、青磁、貝殻や獣骨などの食料残滓などが採集されている。『海東諸国紀』所収の一四五三年(景泰四)頃の「琉球国之図」には「玉具足城」とある。一七一三年(康熙五十二)編集の『琉球国由来記』には城内に所在する玉《たま》城村《ぐすくむら》の御嶽《うたき》として雨粒天次の名がある。（安里　進）

たまつくり　玉作　古代の文献上では玉を生産した集団を指すことが多い。考古学では、手工業の一つとして取り上げる。集団のみならず、石材・製作技法・流通などさまざまな観点を内包する。縄文時代以前の玉生産は「攻玉」と称し、弥生時代以降の玉生産と区別する。縄文時代の玉生産は早期末に始まり、信越地方を中心として、滑石《かっせき》や糸魚川《いといがわ》産のヒスイによる玉類を盛んに生産した。弥生時代になると、水稲文化とともに新しいタイプの管《くだ》玉《たま》や製作技術が大陸から導入され、緑色凝灰岩製の管玉生産が中心となった。日本海側のグリーンタフ地帯に遺跡は多い。古墳時代にはいると、玉作遺跡数も増加し、玉や石材の種類も増え、北陸を中心にほぼ全国的に展開した。しかし古墳時代後期後半以降、良質の碧玉を産出した出雲を除く地域での玉生産は、ほとんど行われなくなった。奈良・平安時代も引き続き玉生産の中心は出雲にあった。需要の減少で、玉作の遺跡数は少ない。『出雲国風土記』『古語拾遺』『延喜式』などに、出雲での玉生産あるいは玉進上の記録が残されている。

参考文献 寺村光晴『古代玉作形成史の研究』、一九八〇、吉川弘文館。寺村光晴編『日本玉作大観』、二〇〇四、吉川弘文館。 （勝部 衛）

たまつくりのさく 玉造柵 奈良時代前半に律令政府が蝦夷支配を目的として陸奥国内陸部に造営した城柵。『続日本紀』天平九年（七三七）四月戊午（十四日）条の鎮守将軍大野東人《あずまひと》が陸奥国から出羽柵に至る直路を開こうとした際に玉造など五柵に鎮兵と指揮官を派遣して守らせた記事が初見で、多賀柵・牡鹿《おしか》柵・新田柵・色麻《しかま》柵とともに「天平五柵」ともされる。宝亀十一年（七八〇）十月己未（二十九日）条に「玉作城」、延暦八年（七八九）六月庚辰（九日）条には「玉造塞」とみえる。また、神亀五年（七二八）四月丁丑（十一日）条に初見の玉作団は玉造柵を本拠とする軍団とされている。所在地としては、七世紀末―八世紀初頭の瓦葺き正殿をもつ政庁跡や「玉厨」の墨書土器などが発見され、政庁の位置を何度か遷しながら十世紀前半まで続く、宮城県大崎市の史跡名生館《みょうだて》官衙遺跡に比定する説が有力であるが、これを東北最大規模の城柵跡である大崎市の史跡宮沢遺跡に求める説もある。
↓宮沢遺跡《みやざわいせき》 ↓名生館官衙遺跡《みょうだてかんがいせき》

参考文献 高橋誠明「名生館官衙遺跡の概要」（第二九回古代城柵官衙遺跡検討会資料）、二〇〇三。宮城県教育委員会「宮沢遺跡」（『東北自動車道遺跡調査報告書』三所収、一九八〇）。 （白鳥 良一）

たまてもん 玉手門 ⇩宮城十二門《きゅうじょうじゅうにもん》

たまむしのずし 玉虫厨子 法隆寺に伝わる檜製（一部樟材等）の厨子。全高は二二六・六センチで、宮殿《くうでん》部（厨子本体）と一二〇センチ超の台座部からなる。宮殿部に取り付けられた金銅製透彫金具の内側に玉虫の翅が敷かれていることから、この名称で呼ばれる。宮殿部は精巧な仏堂建築模型で、同寺金堂と共通する錣葺《しころぶき》屋根や、山田寺金堂遺構と共通する放射状の雲形肘木など飛鳥建築の古様をとどめる。内部一面には金銅板に押出した千体仏計四千四百六十八体が貼りつめられている。台座部の須弥座腰板の右側面には捨身飼虎図、左側面には施身聞偈図と、釈迦の本生譚が描かれている。前者は、薩埵王子だった時に餓えた虎の母子を憐れみみずからの肉体を施したというもので、敦煌などの石窟に作例は多い。本図は『金光明経』捨身品を典拠とする。後者は『大般涅槃経』聖行品に拠るもので、一人の婆羅門として、餓えた羅刹（正体は帝釈天）から偈の内容を聞き出すため、みずからの肉体を代償に与えようとしたもの。両図とも敦煌の作例は南北朝から隋代にわたる。その他に宮殿部の四面と須弥座腰板部の正面と背面にも仏画が描かれている。いずれも密陀絵である。『法隆寺伽藍縁起幷流記資材帳』（七四七（天平十九））には「宮殿像二具（一具金泥押出千仏像、一具金泥銅像）」とあり、本厨子は前者と考えられる。『金堂日記』承暦二年（一〇七八）条は「金銅小仏三尊」が安置されていたと記すが、『法隆寺別当次第』は一二一一（建暦元）年に盗難で亡失したとする。鎌倉時代成立の『聖徳太子伝私記』は、玉虫の装飾にはじめて言及するとともに、金銅阿弥陀三尊が盗難で失われたと記しつつ、「古帳尺迦像」と注記している。仏画の内容や千体仏の装飾も参酌すれば、本来、釈迦三尊像が安置されていた可能性が高い。製作時期は七世紀内で諸説分かれている。

参考文献 上原和『玉虫厨子―飛鳥・白鳳美術様式史論―』、一九九一、吉川弘文館。『奈良六大寺大観』五、一九七二、岩波書店。石田尚豊『聖徳太子と玉虫厨子―現代に問う飛鳥仏教―』、一九九八、東京美術。 （須原 祥二）

たまや 霊屋 葬送前後の死者を弔うための建物。古代、貴人・天皇の本葬前にしばらく死骸を納め祭る建物を荒《あら》城宮《きのみや》・殯宮《もがりのみや》と称し、殯の期間は『魏志』倭人伝では埋葬までの十日余、『日本書紀』では敏達天皇の五年八ヵ月間などがある。殯屋遺構の可能性のある例は、福岡県平原《ひらばる》遺跡の弥生時代末期方形周溝墓中央の木棺壙直上に重複して建て、それより古い四間×二間の掘立柱建物と、神戸市住吉東古墳（五世紀末）の帆立貝式古墳築造前の木棺壙を囲う四間×二間（背面三間）の掘立柱建物がある。いずれも葬送前に建てられていることから殯屋であったと考えられる。葬送後の遺構例は、島根県西谷六号古墳の後円部中央に建つ方一間の建物で、多量の土器が出土。栃木県吉田温泉神社古墳（四世紀）の前方後円墳の周濠に近接する一辺八メートルの竪穴住居は、古墳築造前に建てられ、ベッド状遺構の祭壇上に供献用土器十数点を並べた形式から、埋葬前は殯屋、埋葬後は霊廟の可能性がある。
↓殯《もがり》 （宮本長二郎）

たむらてい 田村第 藤原仲麻呂の邸宅。平城京左京四条二坊東半分、現在の奈良市四条大路が推定地。田村宮とも。皇太子大炊王が居し、また孝謙天皇が一時的に御在所としたためか。蕃客への賜宴も行われ、饗宴のための設備も有していた。仲麻呂邸を中核として、京内離宮的な位置づけ・整備がなされたものであろう。八町という異例の広さもこれと関連するか。東西に楼を、南面に櫓を構えていたという（『続日本紀』宝亀八年（七七七）九月内寅(十八日)条藤原良継薨伝)。仲麻呂の乱の後は田村旧宮・田村後宮とよばれ、その後仲麻呂の甥藤原是公の邸宅となる(『続日本紀』延暦三年(七八五)閏九月乙卯(十七日)条)。田村第推定地内、左京四条二坊十五坪の発掘調査で、二棟の礎石建ち建物が確認されている。奈良時代中ごろに建てられ、後半まで存続した。南北棟・東西棟各一棟で、どちらも桁行五間以上、桁行の柱間十二尺、平側に廂をもつ。平城京内宅地の礎石建ち建物はきわめて珍しい。建物の配置も計画的とみられる。田村第・田村宮の建物であろうか。

参考文献 奈良国立文化財研究所編『平城京左京四条二坊十五坪発掘報告』、一九六五。 (馬場　基)

ためいけ　溜池　田畠の灌漑を目的として築造された池。溜池は日本各地に築造されているが、密集して築造されているのは北九州から関西に至る瀬戸内式気候に属する寡雨地域である。これらの地域には灌漑に適する大規模な河川が少なく、流れている中小河川の集水域も狭く、灌漑用水を貯水するために数多くの溜池が築造されてきた。『古事記《こじき》』や『日本書紀《にほんしょき》』にも溜池築造の関連記事が記載されている。古代では、行基《ぎょうき》による河内国の狭山池の修築や、弘法大師による讃岐国の満濃池の修築などが著名である。中世では、斑鳩《いかるが》地方の山麓部に領主の法隆寺が数多くの溜池を築造して寺僧が池水を管理していた。江戸時代には、各藩や幕府が田畠の生産性の向上と年貢の増徴をはかり、数多くの溜池を築造した。奈良盆地の場合、今日まで残る多くの溜池が築造されたのは意外に新しく江戸時代以後である。溜池の用水は田畠の灌漑に供されるが、溜池では古代より鯉《こい》や鮒《ふな》など淡水の魚介類が生産され、貴重な動物性のタンパク源と、魚取りの娯楽をもたらしてきた。

参考文献 末永雅雄『池の文化』一九七三、学生社。伊藤寿和「奈良盆地における灌漑用溜池の築造年代と築造主体」(『人文地理』四五ノ一、一九九三)。 (伊藤　寿和)

たもん　多聞　主に近世城郭の郭を囲む石塁上部全体を覆うように建てられた長屋である。塀と異なり、石垣の上部全体を建物で覆うために雨水の浸透による石垣崩落の危険を軽減するとともに、内部は居住空間や倉庫および通路として活用された。また、城外側の壁には狭間や石落としが設けられ、建物左右には隅櫓を連結するため、防御と攻撃機能を高める目的を持つ。永禄年間(一五五八―七〇)に松永久秀が泉州多聞山に築いた城にはじめて建設したために、この名があるといわれる。多くの場合は平屋であるが、二重・三重の建物もある。実戦では、建物内部で、鉄砲を撃つと煙で周りが見えなくなり、甲を付けて走り回る時には前立てが鴨居などにあたり行動しにくいとの指摘もある。姫路城西ノ丸長局(百間廊下)、金沢城三十間長屋など現存する建物は多い。

参考文献 『古事類苑』兵事部。『日本城大系』別巻II、一九六二、新人物往来社。 (八巻与志夫)

たもんいんにっき　多聞院日記　室町時代後期から江戸時代前期にかけて興福寺多聞院の院主によって書き継がれた記録。時代は一四七八年(文明十)から一六一八年(元和四)に及ぶ。原本は散逸したが、興福寺に写本四十六巻が現存する。表題はさまざまで、『多聞院日記』は総称である。その大半を占めるのは、天文年間(一五三二―五五)から安土桃山時代にかけての記主である英俊の日記で、織豊政権期の政治・社会状況を知る上での根本史料である。また、酒の「火入れ」(低温殺菌)についての初出記述や歌舞伎の起源とされる「ややこ踊り」に関する記録など、文化・芸能・風俗に関する研究にも資するところが多い。刊本としては、辻善之助編の五冊本を再刊した続史料大成本が多く利用されている。 (田良島　哲)

たもんじょう　多聞城　奈良の市街地の北に接する佐保山丘陵に松永久秀が奈良支配のために築いた平山城。奈良市法蓮町に所在。築城は一五六〇年(永禄三)ごろとみられ、京街道をおさえる交通の要衝に立地する。一五七六年(天正四)には織田信長の命により破却された。宣教師ルイス＝デ＝アルメイダが、瓦葺き、白壁の建物、金碧障壁画などその豪華さを書き残す。近世城郭の多門櫓という名称はこの城に起因するとも伝え、四階櫓の存在も文献に伝える。城跡は現在、市立中学校となっているが、学校建設以前には北側と東西の山裾に空堀跡が残り、主郭を囲む土塁、東南部に高さ三メートルの櫓台らしき高まりなどが観察されている。西接する光明皇后陵は主郭に含まれ、聖武天皇陵は出郭に利用したと推定される。学校建設時と校舎改築時の発掘調査では、土塁や建物基礎に転用した石塔、石仏などのほか、検出した井戸跡から瓦が多く出土しており、近世城郭の出現を考える上で貴重な資料となっている。

参考文献 伊達宗泰「多聞城跡」(『奈良県史跡名勝天然記念物調査抄報』一〇、一九五八)。奈良市教育委員会編『多聞廃城跡発掘調査概要報告』、一九七九。 (森下　恵介)

たる　樽　本来は木製の酒壺を意味したが、のちには上面に固定された蓋(鏡蓋)をもつ円筒形の木製容器をさすようになった。特に、結物容器の樽、つまり結《ゆい》樽をさすことが多い。桶が内容物の一時的な保管や短距離の移動に用いられるのに対して、固定された蓋をもつため、長期の保管や長距離の輸送に使われることが多い。結桶は十三―十四世紀に各地に拡散するが、結樽の確実な例は十五世紀以降にならないと確認できない。ただし、中世の絵巻物に多く描かれた太鼓樽は、刳り抜き材を胴として底と蓋をはめた刳樽とでも呼ぶべき容器で、結樽より早く鎌倉期には出現し、絵巻物には酒器として描かれる例が多い。また、箱形の指《さし》樽も酒器に利用されている。結樽は中世末から近世初頭にかけて急速に普及し、江戸期には伊丹・灘など上方の酒を大消費地である江戸に輸送するうえで重要な役割を果たすことになるほか、江戸に運ばれた樽は醤油運搬容器として再利用された。

参考文献　石村真一『桶・樽』(『ものと人間の文化史』八二、一九九七、法政大学出版局)。小泉和子編『桶と樽―脇役の文化史―』二〇〇〇、法政大学出版局。　(鈴木　康之)

たるき　垂木　屋根の斜面を形成するための骨組みとなる細長い部材。垂木の上に板や木舞《こまい》などの下地をおいて瓦や檜皮、茅などの屋根材を葺く。寺社建築では、軒先部分で垂木を重ねて二段にすることがあり、建物内部からのびる垂木を地垂木、地垂木の先端に重ねて軒先を形成する垂木を飛檐《ひえん》垂木という。地垂木のみの軒の形式を一軒《ひとのき》、飛檐垂木をもつ形式を二軒《ふたのき》とよぶ。古代の主要な建築では、地垂木を断面円形に、飛檐垂木を断面角形とし(地円飛角という)、先端(木口)には垂木先金具や垂木先瓦をつける。使用位置の関係上、傷みやすい部材で、屋根修理時などに取り替えられたり、傷んだ先端部を切り落として再用したりするなど、現存建築遺構でも建立当初の垂木全長を残すものは多くない。発掘事例では、大官大寺金堂跡(奈良県高市郡明日香村、八世紀初頭)で、火災によって倒壊した際に基壇に突き刺さった垂木の小穴列を検出しており、また四天王寺講堂跡(大阪市、八世紀前期)では、暴風で倒壊した軒先隅部分の垂木の痕跡などを検出している。　(箱崎　和久)

たるきさきがわら　棰先瓦　棰先端の木口面を飾る瓦。垂木先瓦とも書く。円形板状は丸棰用、方形板状は角棰用である。いずれも釘留用の孔をあける。釘隠とする説もあったが、百済扶余《ふよ》の軍守里《ぐんしゅり》廃寺において、崩落した軒先に沿って軒丸瓦に混じって出土し、棰先に打ち付けたことが確定した。七世紀には、木型(笵)で蓮華紋を付すことが多く、大和山田寺(七世紀中葉)では、軒丸瓦と同じ単弁八葉蓮華紋の花弁を赤・黒・白で彩色し、金銅製中房を釘隠とした。山城法琳寺の結紐紋方形棰先瓦(七世紀後半)は、軒瓦にはない紋様である。大和檜隈《ひのくま》寺では、大型方形の蓮華紋尾棰先瓦(七世紀後半)が出土している。八世紀には、大和大安寺講堂、薬師寺、西大寺塔、山城井手寺、播磨椅鹿谷《はしかだに》廃寺などで二彩・緑釉・三彩の施釉棰先瓦が出土している。大安寺・西大寺例は方形・円形棰先瓦が併存し、地棰が円、飛檐《ひえん》棰が方となる地円飛角の二軒用である。七世紀―八世紀初頭の棰先瓦は畿内に集中するが、東は下総結城廃寺、西は筑後井上廃寺までおよぶ。八世紀以降は棰先金具が一般化し、棰先瓦は減少する。

参考文献　石田茂作「棰先瓦考」(『伽藍論攷』所収、一九四八)。　(上原　真人)

たるみさいおうとんぐうあと　垂水斎王頓宮跡　伊勢斎王の群行や帰京時に設置された行在所跡の一つ。滋賀県甲賀市土山町頓宮字稲ヶ平、野洲《やす》川右岸の段丘上にあり、地元では御古址《おこし》と通称される。一九四四年(昭和十九)に国史跡に指定された。八八六年(仁和二)、鈴鹿《すずか》峠を越える新道(阿須波道《あすはみち》)の開通に伴い新たな頓宮として開設され、一〇一六年(長和五)に廃止、一〇三八年(長暦二)に一度復活したが以後は廃絶した。この間に宿泊した斎王は十二人を数える。『三代実録』の記述から寝殿や御匣殿《みくしげどの》などの施設があったと類推されるが、発掘調査は実施されていないので、建物配置や規模など実態は全く不明。今は国道一号線沿いの茶畑中に一群の杉林があり、東西約六四《メートル》、南北約七三《メートル》、高さ数十《センチ》の土塁が残る。御《み》饌田《けでん》、勅願野《ちゅんがの》、例禊洲《れつけす》、御殿跡《ごてんあと》などの地名や、七―十三世紀の遺物が散布する複数の遺跡が隣接することから、頓宮跡はさらに広い範囲にわたると推定されている。

→斎宮《さいくう》

参考文献　神英雄『阿須波道と垂水頓宮―国史跡垂水斎王頓宮跡及び周辺地域の総合調査報告書』、一九九六、土山町。神英雄「垂水頓宮」(村井康彦監修『斎王の道』所収、一九九八、向陽書房)。　(田阪　仁)

たわらだいせき　俵田遺跡　山形県酒田市岡島田の水田中に所在する平安時代の遺跡。古代出羽国府とされる城輪柵跡《きのわのさくあと》の南東二・五《キロ》に位置する。一九八三年(昭和五十八)の圃場整備事業に伴う発掘調査によって、遺跡の南西部から掘立柱建物跡や小河川とともに、五《メートル》ほどの範囲に三つのまとまりの祭祀遺構が発出された。最大規模の一群は、体部表面に四体の人像と「磯鬼坐」銘を墨書した土師器丸底甕を中心とし、その両脇に刀形と剣形の木製品が各一点、前面に大型の人形木製品八点と腹部に刺突痕のある馬形木製品六点、斎串《いぐし》十二点が分布している。祭祀遺構は洪水などによる急激な土砂の堆積によって原位置をほぼとどめ、律令制の「神祇令」に規定された国家的祭祀に関連した具体的な祓所《はらえど》の様相を示す希有な資料である。祭祀遺構の時期は、九世紀中ごろと推定され、出羽国府の陰陽師との関わりも考えられる。

参考文献　山形県教育委員会編『俵田遺跡第二次発掘調査報告書』、一九八四。佐藤庄一「俵田遺跡の祭祀遺構」(『えとのす』二六、一九八五)。　(佐藤　庄一)

たん　段　(一)土地面積の単位。「反」とも表記。『大宝令』には、令大尺(高麗尺《こまじゃく》。一尺は約〇・三五五《メートル》)の五尺四方の面積を一歩とし、三百六十歩(長さ三十歩、広さ十二歩)を一段、十段を一町と定める。旧来の代《しろ》の単位とは、五十代を一段と換算した。七〇六年(慶雲三)に、一歩の面積を令大尺(高麗尺)の六尺四方へと変更したが、一段の面積は変更されず、歩単位との換算を二百五十歩とした。七一三年(和銅六)の令大尺(高麗尺)の廃止によって、一歩の面積は唐大尺(令小尺。約〇・二九六八《メートル》)の六尺四方と変更され、再び一段は三百六十歩となった。ただし、唐大尺(令小尺)六尺は令大尺(高麗尺)五尺にあたるので、一段の面積に変化はない。太閤検地では、曲尺の六尺三寸四方を一歩、三十歩を一畝、三百歩を一段、十段を一町と定め、以後、近世の基本単位となった。一八九一年(明治二十四)制定の度量衡法では、曲尺の六尺四方を一坪(歩)、三十歩を一畝、三百歩を一段、十段を一町と定めた。一段は約九・九二《アール》にあたる。

参考文献 水野柳太郎『日本古代の食封と出挙』、二〇〇二、吉川弘文館。小泉袈裟勝『ものさし』(『ものと人間の文化史』二二、一九七七、法政大学出版局)。

㈡律令時代における庸布と商布の規格(大きさ)の単位。当初は、ともに長さ二丈六尺であったが、七一七年(養老元)に、庸布一段の長さは二丈八尺に変更された。もともと、賦役令《ぶやくりょう》では、正丁一人に課せられる歳役十日分にかわって、長さ二丈六尺の庸布による輸貢を定めていた。これは、七世紀以来、一種の現物貨幣として流通していた常布(長さ一丈三尺)の二単位分に等しい。七〇六年(慶雲三)に、庸の輸貢額が半減されたことをうけて、七一三年(和銅六)二月には、正丁二人分を合成した長さ二丈六尺の庸布を一段と定めた。つづく七一四年には、商布についても段の使用を開始する。ところが、七一七年(養老元)に、庸布の輸貢額は正丁一人につき長さ一丈四尺に改訂されたため、庸布一段の長さは二丈八尺(約八・三二メートル)に変更された。なお、正倉院宝物伝来の庸布の銘文によると幅は二尺四寸(約〇・七一メートル)。長さは、養老元年制に一致している。

参考文献 吉川真司「常布と調庸制」(『史林』六七ノ四、一九八五)。関根真隆「奈良時代の布の一考察」(『立正史学』三〇、一九六六)。　(大隅亜希子)

たんこう　短甲　古代の甲。七五六年(天平勝宝八)に光明皇太后が聖武天皇の遺愛品を東大寺に献納した際の目録である『国家珍宝帳《ちんぽうちょう》』に、挂甲《けいこう》九十領に対して短甲十具がみえ、冑《かぶと》と行縢《ぎょうとう》・覆臂《たおおい》の小具足《こぐそく》が具備したものと記載されている。また、短甲に対して、挂甲と同様に「白磨白線組貫」の注記があり、白磨は鉄札《てつざね》、白線組貫は威《おどし》毛《げ》と考えられることから、短甲も鉄札製甲と考えられる。なお、七八〇年(宝亀十一)に甲の鉄製から革製への転換が促され、それ以降の文献に「革短甲」がみえるが、これは革札製甲と考えられる。構造は、古墳時代以来、鉄札製甲には、前後胴を肩上《わたがみ》でつないだ両当《りょうとう》系(裲襠《りょうとう》式とも)と、正面中央引合《ひきあわせ》の方領《ほうりょう》系(胴丸《どうまる》式とも)とよぶ二様式があるが、文献の挂甲が前者と考えられるのに対し、短甲は後者と推測できる。なお、明治以来、古墳出土の鉄板製甲を、考古学的慣用語として「短甲」というが(命名は関保之助)、そこから文献の短甲も鉄板製甲と考えるのは本末転倒の誤解である。

参考文献 宮崎隆旨「文献からみた古代甲冑覚え書」(関西大学文学部考古学研究室編『考古学叢』所収、一九八三、関西大学)。近藤好和『中世的武具の成立と武士』、二〇〇〇、吉川弘文館。　(近藤　好和)

たんごこくぶんじ　丹後国分寺　丹後国におかれた奈良時代の官立寺院跡。京都府宮津市字国分に所在する。丹後半島東南部の台地上にあり、眼下に天橋立と宮津湾・阿蘇海を見下ろしている。国史跡。現在は京都府立丹後郷土資料館の前庭となっている。金堂と塔のほか、門と推定されている礎石の所在が明らかであるがいずれも未発掘である。金堂跡にあたる東西約二九メートル×南北約二八メートルの土壇上には三十五個の礎石が残っている。東西五間×南北六間で、身舎の南面に一間の内外陣をもち四面に庇が巡る構造であるが、この建物は一三七二年(応安五)に記されたとされる『丹後国分寺再興縁起』(重要文化財)の金堂指図とほぼ一致し、一三三四年(建武元)に再建された金堂跡であるとわかる。塔跡の土壇は一辺約一三・六メートルを測り上面に礎石十六個が残る。心礎は持たない。金堂同様建武年間の再興建物であると考えられる。なお一九七九年(昭和五十四)以降、史跡地内外で範囲確認などを目的とするトレンチ調査が実施され、中門の西方で土塁状遺構など主要伽藍範囲の手掛りとなる遺構を検出している。また現在も、遺跡背後の丘陵地には寺地を移転し法燈を伝える国分寺が所在する。また、丹後国分尼寺の所在地は明らかになっていないが、国分寺跡から東北東約一・二キロの地点にあたる中野遺跡から、「西寺」と墨書された奈良時代の須恵器蓋片が出土しており、付近が候補地の一所となっている。→国分寺《こくぶんじ》

参考文献 杉原和雄「丹後国分寺跡」(『宮津市史』史料編一所収、一九九六)。東高志「古代寺院と国分寺」(『宮津市史』通史編上、二〇〇二)。　(吹田　直子)

たんごのくに　丹後国　山陰道の一国。現在の京都府北部にあたる。北は日本海に面し、東は若狭、南は丹波、西は但馬と接する。丹後半島が大きく日本海に突き出し、丹後山地から伊佐津川、由良川、野田川、竹野川が流れ、その沿岸に集落が開ける。縄文時代の遺跡として、由良川下流域の舞鶴市桑飼下《くわがいしも》遺跡、志高《しだか》遺跡、八雲《やぐも》遺跡、網野町浜詰《はまづめ》遺跡など、自然堤防上のムラが見つかっている。弥生時代の遺跡では、野田川沿いの加悦町蔵ケ崎遺跡、竹野川沿いの丹後町竹野《たかの》遺跡、峰山町扇谷《おうぎだに》遺跡、同町途《と》中《ちゅう》ケ丘《おか》遺跡、弥栄町奈具《なぐ》遺跡などが集落遺跡であり、特に奈具遺跡では百棟以上の住居跡が集中していた。また、弥生時代の首長墓と見られるものとして、大宮町三坂《みさか》神社墳墓群、岩滝町大風呂南墳墓群などがある。弥生時代の丹後は、日本海側の一大中心地となっていた。古墳時代の遺跡では、弥栄町・峰山町の太田南古墳群や加悦町温江《あつえ》丸山古墳など四世紀の古墳から魏の鏡が出土し、三世紀のヤマトの王を通じて丹後地方の首長に下賜されたものと見られる。四世紀中ごろには、三つの巨大な前方後円墳が築造された。加悦町蛭子山《えびすやま》古墳(全長一四五メートル)、網野町銚子山《ちょうしやま》古墳(一九八メートル)、丹後町神明山《しんめいやま》古墳(一九〇メートル)である。以上のような古墳のあり方は、ヤマト王権と密接な関係を示唆するもので、後述の記紀の伝承との関連も指摘される。しかし、五世紀後半になると、主要な勢力は南丹波にうつったようである。記紀には、丹波大《たにわのおお》県主由碁理《あがたぬしゆごり》が娘の竹野媛を開化天皇のキサキに入れ、また開化の孫の一人に丹波道主王《たにわのみちぬしのおおきみ》という者がおり、その五人の娘を垂仁天皇に入れて、娘の一人日葉酢媛《ひばすひめ》が景行天皇を生んだという。あるいは、顕宗天皇が即位前に内紛を避けるために「余社《よさ》郡」に逃げたことなども記される。

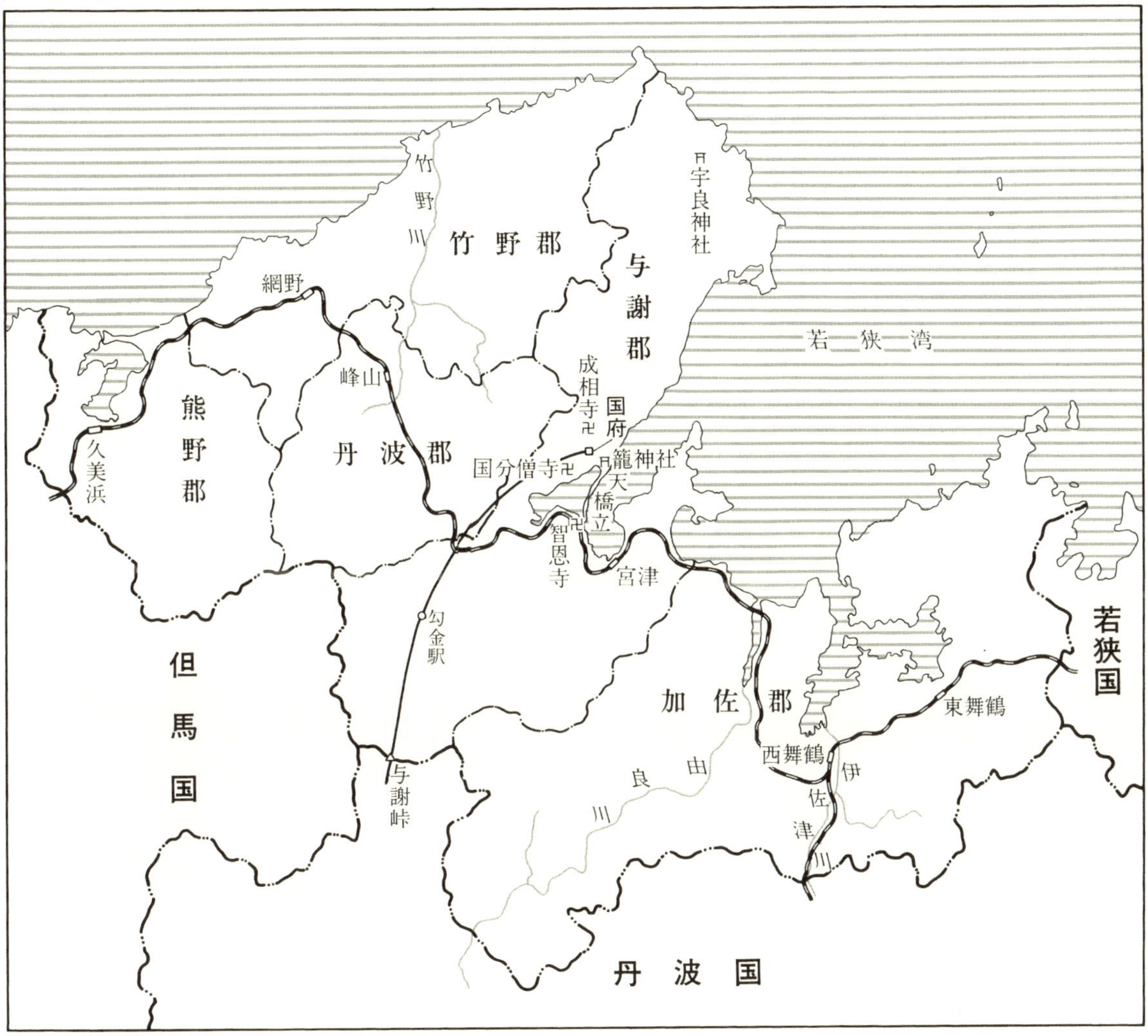

丹後国略図

『丹後国風土記』逸文には、羽衣説話の奈具神社、天橋立《あまのはしだて》伝説・浦島伝説の宇良《うら》神社のことなどがみえる。『海部氏《あまべし》系図』(国宝)は、海部氏が応神天皇の時に国造《くにのみやつこ》になったこと、その後、籠《この》神社の祝《はふり》として仕えたことを伝える。七一三年(和銅六)に丹波国の五郡を割いて、丹後国が成立した。藤原宮《ふじわらきゅう》木簡などに、丹後分立以前の「旦波国加佐評」「与射評」「旦波国竹野評」「熊野評」といった荷札木簡がある。郡は、加佐《かさ》・与謝《よさ》・丹波《たには》・竹野《たかの》・熊野《くまの》の五郡であり、中国、近国である。駅は一つのみで、丹波国花浪《はななみ》駅から与謝峠をこえた丹後路に勾金《まがりかね》駅があり、そこから丹後国府に通じていた。『延喜式』に正税・公廨稲各十七万束、『和名類聚抄』に郷数三十九、田数四千七百五十六町余と記す。国府は『和名類聚抄』は加佐郡とするが、『拾芥抄《しゅうがいしょう》』は加佐・与謝両郡を併記する。比定地としては、与謝郡にあたる宮津市府中とその西三キロに位置する与謝郡岩滝町男山《おとこやま》が有力で、加佐郡については定かではない。十世紀ごろの海進に伴い、国府の移転を説く論者もいる。国分寺は、宮津市国府と岩滝町男山の間にあり、礎石が残り、史跡に指定されている。国分尼寺の所在は不明であるが、瓦の散布から国分寺東方かと推定されている。七世紀後半の寺院跡として、網野町俵野《たわらの》廃寺などがあるが、丹波に比べて少ない。宮津市の成相《なりあい》寺は慶雲年間(七〇四―〇八)に真応《しんおう》の開基といわれ、『今昔物《こんじゃくもの》語集《がたりしゅう》』には霊験あらたかな観音信仰を伝えている。智恩《ちおん》寺は延喜年間(九〇一―二三)の創建といわれ、足利義満《あしかがよしみつ》らも再三訪れている。金剛心院《こんごうしんいん》は後宇多法皇の勅願寺で、愛染明王坐像(重文)を本尊として祀る。舞鶴市の松尾《まつのお》寺は慶雲―和銅年間(七〇四―一五)創立といわれ、普賢延命像一幅(国宝)などを伝える。式内社は大社が七、小社が五十八あり、特に与謝郡に多い。国分寺近くにある籠神社が丹後国一宮である。荘園としては、広隆寺《こうりゅうじ》領の志高荘(舞鶴市)、石清水八幡宮《いわしみずはちまんぐう》領の佐野《さの》荘(久美浜町)・板《いた》浪《なみ》別宮(岩滝町)・黒戸《くろべ》荘(弥栄町)・平《へい》荘(丹後町)、東寺《とうじ》領の志楽《しらく》荘(舞鶴市)、八条院《はちじょういん》領の大内《おおうち》郷吉囲荘(同)などがある。条里制地割が、峰山盆地、野田川流域、宮津市国分付近に残っている。鎌倉時代の守護については、長井氏(大江氏)が知られるのみである。南北朝時代になると、上杉朝定、今川頼貞、山名時氏とめまぐるしく交代し、明徳の乱(一三九一年(明徳二))以後は、山名氏にかわって一色氏が守護となった。一五八二年(天正十)に織田信長の命をうけた細川藤孝によって一色氏は滅びた。関ヶ原の戦後、細川氏の転封により京極高知《たかとも》がうつり、その死後は三子に分割され、宮津藩は長男高広、田辺藩は次男高三《たかみつ》、峰山藩は養子高通が受け継ぎ、三藩は幕末まで存続した。

参考文献 朝尾直弘他『京都府の歴史』(『県史』二六、一九九九、山川出版社)。

(寺崎 保広)

たんざんじんじゃ 談山神社 奈良県桜井市多武峯《とうのみね》に鎮座する神社。祭神は藤原鎌足。鎌足は摂津国阿威山(大阪府茨木市)に葬られたが、入唐中の長男定慧(恵)が夢のお告げにより帰朝後多武峯に改葬し、十三重塔(重要文化財)を建て、ついで塔南に堂を建てて妙楽寺と称し、さらに堂の東に御殿を造り、これがのちの聖霊院であるという。『三代実録』天安二年(八五八)十二月九日条には贈太政大臣正一位藤原朝臣鎌足多武峯墓は大和国十市郡にある、とあり、『延喜式』にも同様の規定がある。したがって、元来は墓の中心施設として十三重塔が造営されたもので、その祖霊廟として聖霊院が建てられたと考えられ、それは九世紀中ごろのことであろう。当社の怪異として、天下に事変が発生すると鎌足の御面が破裂し山上が鳴動することがあり、八九八年(昌泰元)より一六〇七年(慶長十二)まで三十五度御破裂があり、朝廷よりの告文使は三十三回に及んだ。九四七年(天暦元)実性が多武峯座主となってから延暦寺との関係が深まった。その後、興福寺衆徒との争いにより侵入を受け、一〇八一年(永保元)以来数度の戦火を被り、一一七三年(承安三)には山郷・寺中堂塔僧坊など悉く焼失したという。一五八八年(天正十六)、豊臣秀吉の命令により大和郡山に遷宮させられたが、翌々年大和大納言秀長の病気本復のため帰山を許された。近世には三千石の朱印寺領となり輪王寺門跡の支配下にあり、多くの堂坊を有して栄えた。一八六九年(明治二)の神仏分離により、聖霊院を本殿(重要文化財)、護国院を拝殿(同)、講堂を拝所(同)、十三重塔を神廟(同)、常行堂を権殿(同)、護摩堂を祓殿、御供所を御饌殿と改称し談山神社となった。衆徒は還俗し下山した者も多く、残った子院では社司となった者もあり女人禁制も解かれた。旧別格官幣社。特殊神事として十月十一日(元九月十一日)の嘉吉祭が百味の御食として有名である。古文書(『談山神社文書』)や粟原《おばら》寺三重塔伏鉢(国宝)など宝物も多い。

談山神社十三重塔

参考文献 『多武峯縁起』(『神道大系』神社編五所収、一九八七、神道大系編纂会)。『桜井町史』続、一九五七。高柳光寿・辻善之助「多武峯の神仏分離」(村上専精他編『明治維新神仏分離史料』下所収、一九二七、東方書店)。秋山日出雄「「多武峯墓」の一考察—「律令制墳墓」より「中世墓」への転換—」(斎藤忠先生頌寿記念論文集刊行会編『考古学叢考』中所収、一九八八、吉川弘文館)。

(西宮 秀紀)

だんし 檀紙 楮紙《ちょし》系統の紙の一種。『正倉院文書』にその名がみえ、奈良時代には存在したことがわかるが、原材料などについては不明である。平安時代中期に東北地方を中心に生産された陸奥紙《みちのくがみ》から、中世の檀紙へと発展していった。白くて厚い良質な楮紙系の紙で、鎌倉時代には、公家や幕府の公文書によく用いられるとともに、絵巻などの料紙としても使われた。讃岐や備中産のものが有名であった。戦国時代には、横にしわのある大判の厚様の大高檀紙が登場し、以後近世では最上級の文書料紙として使用された。

参考文献 前川新一『檀紙の研究』、一九七六、紙の博物館。上島有「中世の檀紙と御判御教書」(日本古文書学会編『日本古文書学論集』八所収、一九八七、吉川弘文館)。

(安達 直哉)

だんじょうづみきだん 壇正積基壇 ⇩基壇《きだん》

たんじょうぶつ 誕生仏 釈迦が生まれた時の姿を造形化したもの。釈迦の仏伝の重要な一場面として絵画にも描かれるが、通常独尊像の彫刻(おおむね銅像)を指すことが多く、釈迦の誕生を祝って釈迦像を洗浴する灌仏会《かんぶつえ》(仏生会、花祭)の本尊として用いられるものが一般的である。日本では、上半身裸形、右手で天を指し、左手で地を指し、獅子吼《ししく》する童子形の姿で造像されるのが一般的で、飛鳥時代から造られているが、これは摩耶夫人《まやぶにん》の右腋の下から生まれた釈迦が、七歩歩んで右手で天を指し、左手で地を指し、「天上天下唯我独尊」と獅子吼し、その際に九竜が歓喜して釈迦に水を注いだという『過去

誕生釈迦仏立像（正眼寺蔵）

現在因果経』などの経句に基づくものである。遺品は一般に像高一〇センチ程度のものが多いが、中には奈良時代に造られた東大寺の誕生釈迦仏立像(国宝)のように像高四七センチに達する大型遺品もある。また、法隆寺献納宝物中には摩耶夫人の腋の下から合掌して誕生する姿を表した飛鳥時代の遺品(重要文化財)がある。

参考文献 奈良国立文化財研究所飛鳥資料館編『古代の誕生仏』、一九七八。田中義恭編『誕生仏』(『日本の美術』一五九、一九七九、至文堂)。 (根立 研介)

たんす 箪笥 抽斗《ひきだし》形式の収納家具。江戸時代の十七世紀後期に生まれ、十七世紀末から十八世紀にかけて広がりだし、十九世紀に入って広く普及した。箪笥という名前は中国語で飯食や衣服を入れる器のことである。似た発音の言葉に担子《たんし》があり、肩で担ぐ輿とか荷物、持ち運びできる箱をいう。日本でタンスという言葉が使われるようになるのは戦国期からだが、最初は小形で持ち運びできる箱を指してタンスと呼んでいた。しかし江戸時代になると意味がわからなくなり、新しく出現した大形の抽斗形式の収納家具をタンスと呼び、箪笥の字を当てるようになってしまったのである。このため『和漢三才図会』では「竪櫃、今用いる箪笥の字は誤りなり」と書いている。箪笥の特徴は庶民の間から生まれた家具であるということで、これが江戸時代に入って出現した背景には民衆文化の発展がある。すなわち衣服を中心として民衆の持ち物がふえたことと、流通の発達によって木材の入手が容易になったことである。しかし江戸時代は奢侈《しゃし》禁止令をはじめとする封建的諸制約に阻まれてデザイン的にあまり発展せず、明治に入って発展し、全国各地で地方色あるデザインの箪笥が生まれた。大正になると東京の桐箪笥が全国に普及していって画一的なデザインとなった。箪笥の種類は江戸から明治にかけては衣裳箪笥、帳箪笥、茶箪笥、刀箪笥、薬箪笥、店箪笥などがあり、大正、昭和になると洋服箪笥が出てきて、さらに第二次大戦後はベビー箪笥、整理箪笥など用途によってさまざまな箪笥がある。このうち洋服箪笥は抽斗形式ではないが、衣類を収納することから箪笥と呼ばれている。箪笥の材料には桐、杉、樅《もみ》、檜《ひのき》、欅《けやき》、栗、桑などのほか、ラワンやウォールナットなどが使われる。中でも桐は軽くて、木肌が柔らかいため取り扱いやすく、中の物を痛めない。収縮率が小さいため狂いが出ない。その上湿気に強いなどといった性質が衣服や掛軸などの収納家具材に適している。 (小泉 和子)

だんぞう 檀像 熱帯に自生するビャクダンのような緻密な木理を持ち、芳香性のある檀木を用いて造られた仏像。唐から請来された法隆寺九面観音像(国宝)などが、この種の代表作。ただし、『十一面観音経』の義疏《ぎしょ》などでは「柏木」という代用材を用いて仏像を造ることも記され、その影響を受けてカヤなどの代用材を用いて仏像を造ることも日本では盛んに行われており、この種の像も檀像と呼ぶことがある。代用材を用いるものの中には、染料で檀色を全体に染めるものもあるが、元来は髪や唇などを除き、表面を素地《きじ》で仕上げ、精緻な彫刻を施すものである。形態としては、丸彫像や厨子(龕《がん》)状の内部に群像を彫りだしたもの(檀龕、龕像)、板彫などがある。なお、平安時代初期以降、日本で木彫像が隆盛となる要因の一つに、請来檀像の影響を想定する見解が有力視されている。

参考文献 井上正『檀像』(『日本の美術』二五三、一九八七、至文堂)。井上一稔「檀像考」(『文化史学』三七、一九八一)。鈴木喜博「檀像の概念と栢木の意義」(大河直躬他編『日本美術全集』五所収、一九九二、講談社)。 (根立 研介)

だんてんもん 談天門 ⇩宮城十二門《きゅうじょうじゅうにもん》

たんばこくぶんじ 丹波国分寺 丹波国におかれた奈良時代の官立寺院跡で、京都府亀岡市千歳町《ちとせちょう》国分《こくぶ》に所在する。国史跡。現在遺跡地内に位置する国分寺は浄土宗黒谷金戒明寺の末寺として法燈を伝え、安永年間(一七七二―八一)に再興された諸堂を有する。一九八二年(昭和五十七)から行われた十回の調査では塔、金堂、講堂跡、中門、僧坊、主要伽藍を画する築地状の溝および鐘楼建物など、鐘楼下層から梵鐘鋳造遺構を検出している。周囲の複数個所で確認された約一〇メートル幅の空堀から、寺域はおよそ二二〇メートル四方で、伽藍配置は東に塔、西に金堂、北に講堂を配する法起寺式に近いことが明らかになった。塔跡には十六の礎石と心礎がすべて現存し、基壇外装は創建時には瓦積で、平安時代末ごろに地覆部に石列が加わったことが確認されている。創建時の規模は一五・六メートル四方である。金堂跡では創建当初の瓦積基壇と平安時代末の乱石積基壇が重複し後者の規模が東西一九・六メートル南北一五・四メートルで五間×四間であること、講堂跡は東西三一・八メートル南北二六・八メートルで七間×四間であることなどが根石の所在などから推定されている。なお、寺の約四五〇メートル西方の同市河原林町河原尻には国分尼寺跡が所在する。国分寺跡とは同一条里線を南限として相対する位置にあたる。寺域は東西一五〇メートル、南北一八〇メートルで土塁状の遺構が巡る。伽藍配置は中軸線上に南門、金堂、講堂を配する東大寺式である。 ↓国分寺《こくぶんじ》

参考文献 樋口隆久「丹波国分寺跡」(『亀岡市史』資料編一所収、二〇〇〇)。同「丹波国分尼寺跡」(同所収)。 (吹田 直子)

たんばのくに 丹波国 山陰道の一国。旦波・但波(『古事記』・木簡・『正倉院文書』)とも表記する。現在の京都府中部と兵庫県東北部にあたる。北は丹後、東は若狭、近江、山城、南は摂津、西は但馬、播磨と接する。丹波高原とよばれる山地からなり、国の中央部に分水嶺があり、北へ由良川が、南へ大堰川、加古川が流れる。その流域に福知山、綾部、園部、亀岡の盆地が開ける。旧石器時代の遺跡に春日町七日市《なぬかいち》遺跡、篠山市板井寺《いたいでら》ケ谷《たに》遺跡がある。また、福知山市武者《むしゃ》ケ谷《たに》遺跡で出土した小型

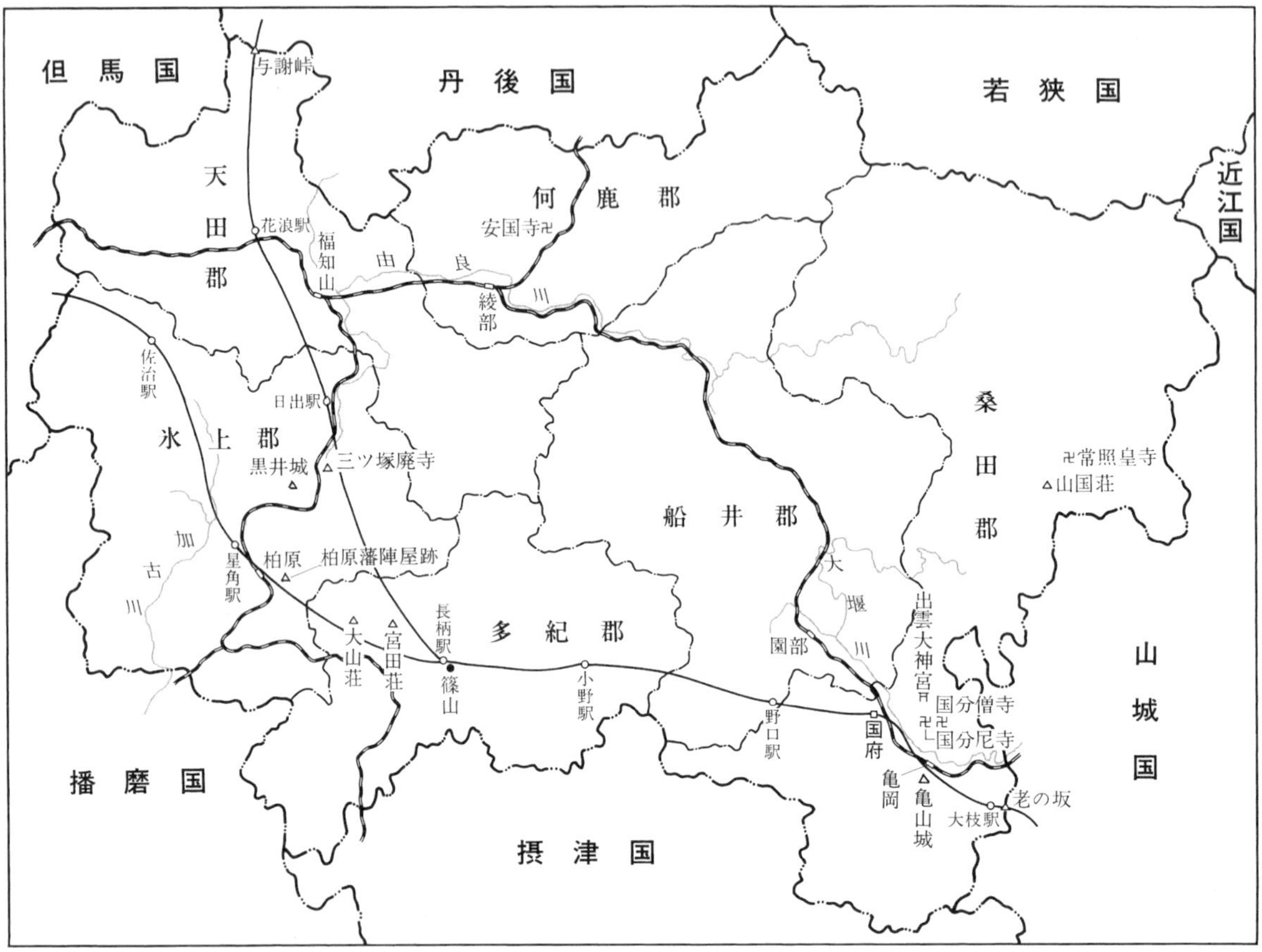

丹波国略図

深鉢は西日本最古の縄文土器(一万年前)として有名である。縄文時代の遺跡ではほかに春日町国領遺跡、福知山市半田遺跡、亀岡市三日市遺跡などがある。弥生・古墳時代、丹波の中心地は丹後半島にあったらしいが、それでも弥生時代の遺跡として、綾部市青野《あおの》遺跡、園部町曾《そ》我谷《がだに》遺跡、春日町七日市遺跡がある。古墳時代前・中期には方墳が多く見られ地域色が強いが、五世紀後半以降になると、篠山市雲部《くもべ》車塚《くるまづか》古墳(全長一四〇メートル)、亀岡市千歳《ちとせ》車塚古墳(八一メートル、国指定史跡)など有力な前方後円墳が造営されるようになり、南丹波地方に中心部がうつった。国名の由来については、「たには」という読みに注目し、『倭訓栞《わくんのしおり》』が「谷端の義なるべし、四方に山々重なれり」と述べ、『諸国名義考《しょこくめいぎこう》』は「田庭なるべし。庭とは平かに広きをいふ」とする。『和漢三才図会《わかんさんさいずえ》』は当国を「山陰道八箇国の首、王城付庸の国となす」とし、畿内から山陰道の入口として重要視されてきた。『古事記』の四道将軍の一人丹波道主命《たにわのみちぬしのみこと》が派遣されたのは、丹波・丹後・但馬であるから、古くは丹波は山陰一帯を指す広い範囲だったことが知られる。記紀には、垂仁妃として丹波五女の入宮、弘計《おけ》・億計皇子《おけのみこ》の皇位問題、豊受《とようけ》大神の鎮座など、大和朝廷との関係を示す話が多く、屯倉《みやけ》・名代《なしろ》・子代《こしろ》の設置伝承など、中央との関係が古くから密接であった。『日本書紀』天武天皇二年(六七三)十二月条に、大嘗祭に供奉した国として「播磨と丹波」がみえるのが国名としての初見。はじめは丹後地域も当国に属していたが、七一三年(和銅六)四月に分立し、以後に国域が定まった。丹後分立以前の郡は、桑田《くわた》・船井《ふない》・多紀《たき》・氷上《ひかみ》・天田《あまた》・何鹿《いかるが》・加佐《かさ》・与謝《よさ》・丹波《たには》・竹野《たかの》・熊野《くまの》の十一であったが、加佐以下の五郡が丹後国となったため、以後は六郡によって構成された。上国、近国である。駅は、山陰道に東から大枝《おおえ》・野口《ののくち》・小野《おの》・長柄《ながら》・星角《ほしずみ》・佐治《さじ》駅があり、長柄駅から分岐する丹後路に日出《ひで》・花浪《はななみ》駅が存在した。ほかに、発掘で確認された官衙跡として、春日町山垣遺跡がある。周濠をめぐらした掘立柱建物や木簡の出土から、郡関連施設かとされている。『延喜式』に正税二十三万束、公廨稲二十五万束、『和名類聚抄』に郷数七十四、田数一万六百六十六町余と記す。国府と国分寺は桑田郡にあった。国府の比定地は諸説あるが、当初は亀岡市千代川町にあり、平安時代末期には船井郡八木町北《きた》屋賀《やが》に移った、という説が有力である。国分寺は亀岡市千歳町に現存する(国指定史跡)。一九八二年(昭和五十七)からの発掘調査で、創建時の国分寺の様相が明らかになった。東に塔、西に金堂、北に講堂、僧坊を配する法起《ほっき》寺《じ》式伽藍配置であった。国分尼寺は、亀岡市河原林町にある御上人林《おしょうにんばやし》廃寺が該当し、一九七二年から発掘調査が行われ、南から南大門・中門・金堂・講堂が一直線にならぶ伽藍配置を確認した。僧寺と尼寺の中軸線間は四町(四五〇メートル)で、同時に計画されたものと見られる。亀岡市の穴太寺《あなおじ》は七〇五年(慶雲二)大伴古麻呂《おおとものこまろ》の開基とされ、『今昔物語集《こんじゃくものがたりしゅう》』には身代わり観音の説話が収録されている。綾部市の安国寺《あんこくじ》は足利尊氏《あしかがたかうじ》の母、上杉清子《うえすぎせいし》の生誕地に建てられた寺という。同市の光明寺《こうみょうじ》二王門は鎌倉時代の門で国宝である。ほかに、七世紀にさかのぼる古代寺院跡として、亀岡市の観音芝廃寺、與能《よの》廃寺、桑寺廃寺、池尻廃寺、福知山市の和久廃寺、綾部市綾中《あやなか》廃寺、京北町の周山廃寺、市島町三ツ塚廃寺(国指定史跡)などがある。式内社は大社が五、小社が六十六あり、桑田郡・氷上郡に多い。国府近くにある式内大社の出雲大神宮(亀岡市)は丹波国一宮で、社伝には七〇九年に出雲大社の分霊を勧請して創立したという。篠村八幡宮(亀岡市)は一〇七一年(延久三)に河内国誉田《こんだ》八幡の神霊を勧請したといい、足利尊氏の起請文などを伝える。平安時代に立てられた主な荘園として、桑田郡に宇都《うつ》荘・山国《やまぐに》荘・弓削《ゆげ》荘、船井郡に野口《のぐち》荘、天田郡に六人部《むとべ》荘・雀部《ささいべ》荘、何鹿郡に私《きさ》市《いち》荘・吾雀《あすぎ》荘、多紀郡に大山《おおやま》荘・宮田《みやた》荘・波波伯部《ほほかべ》保、氷上郡に三和《みわ》荘・春日部《かすかべ》荘・柏原《かしはら》荘などがある。大山荘は東寺《とうじ》領荘園として著名で、八四五年(承和十二)に成立後、東寺と国衙による争論が繰り返されたことが、豊富な関係史料によって知られる。条里制地割が、亀岡・山国盆地、綾部・福知山盆地、篠山盆地に残っている。当初の守護設置については定かではないが、承久の乱後、北条義時の弟時房が就任し、以後は六波羅探題が当国守護を兼務した。南北朝時代には、仁木・山名氏が守護となり、明徳の乱(一三九一年(明徳二))以後は、細川氏に交代し、戦国時代までその領国支配が続いた。一五七五年(天正三)に明智光秀が丹波を統一し、亀山城(亀岡市)を拠点とした。関ヶ原の戦後は、亀山藩に岡部長盛、篠《ささ》山《やま》藩に松平康重、福知山藩に有馬豊氏、柏原《かいばら》藩に織田信則などが配され、山家・園部・綾部とあわせ、合計八藩の成立をみている。

参考文献 朝尾直弘他『京都府の歴史』(『県史』二八、一九九九、山川出版社)。今井修平他『兵庫県の歴史』同二八、二〇〇四)。村川行弘編『兵庫県の考古学』、一九九六、吉川弘文館。

(寺崎 保広)

たんばやき 丹波焼 兵庫県篠山市今田町を中心とした地域で平安時代末期以降から焼き続けられてきた陶器で、いわゆる中世六古窯の一つ。平安時代末期から鎌倉時代前期に稼動した三本峠北窯は、甕・壺と少量の片口鉢・小壺・碗・皿・羽釜などが生産されている。甕は常滑窯の影響が色濃いN字状口縁をもつ。しかし壺類は瀬戸窯のような高級器指向がみられ、中国製磁器(白磁の四耳壺や梅瓶など)と競合する高い美質を誇っている。草花や動物文を主体とする刻画文は秀逸で、「丹波菊花文三耳壺」(愛知県陶磁資料館)が代表作になっている。室町時代以降になると生産量は多くなり、商圏は京都府北部から兵庫県東部を中心に、愛媛県や和歌山県にも及ぶ。この時期の窯に稲荷山窯が挙げられ、甕と壺が製品の大半を占め、口づくりは丹波独特の大きく開いた反り口となる。器肌は赤褐色を呈し長石粒のあまり入らない精緻なもので、淡緑色の自然釉が流れて美しい。「秋草文壺」(文化庁蔵、重要文化財)はこの時期の代表作である。十七世紀初期には唐物茶壺の影響を受け、それらを模した四耳壺が生産されるようになる。茶壺の器面には灰釉と鉄泥を混ぜた釉を流し、年紀銘のある作もある。江戸時代に入ると技術的な大変革がおこり、焼成技術は穴窯から登窯へ、成形法は粘土紐巻き上げからロクロ水挽きへ、装飾的には施釉や文様装飾なども開始された。器形としては甕・四耳壺・油壺・徳利・桶・鉢など、器種が著しく豊富になっている。江戸時代前期には特に茶碗・茶入・水指などの優れた茶陶が注文生産されている。

(荒川 正明)

ち

ちおんいん　知恩院　京都市東山区林下町に所在する浄土宗の総本山。華頂山大谷寺知恩教院と号する。一一七五年(安元元)法然が称名念仏による悟りを開いて比叡山を下り、西山の広谷《ひろだに》(現京都府長岡京市の光明寺の地)を経て移住した東山吉水《よしみず》の房に始まる。広谷から移した中房は御影堂、東新坊は鐘楼の東北、西本坊は三門の西南の地にあったという。約三十年間当地に住した法然は九条兼実や宜秋門院任子らの帰依を受けたが、旧仏教側からの圧力で一二〇七年(承元元)土佐に配流された。一二一一年(建暦元)に帰洛した法然は、青蓮院《しょうれんいん》の慈円から与えられた大谷の禅房(勢至堂の付近)に住し、翌年正月二十五日に入滅した。彼は臨終の際、門弟たちに寺院建立を禁じたが、住房の東に廟堂が建てられた。遅くとも一二二八年(安貞二)には忌日に廟堂で知恩講(同院の名の由来)が修されていたことが知られる。一二二七年専修念仏の停止を求める延暦寺衆徒が廟堂を破却したが(遺骸は事前に広隆寺に移され、翌年西山の粟生野《あおの》で荼毘に付された)、一二三四年(文暦元)二世源智が再興。文永年間(一二六四—七五)には法然の諸門流の中で鎮西派が有力となり、廟堂を守る源智の門流と合流して知恩院の基礎が成立。一三〇七(徳治二)から十年かけて制作された同院蔵の国宝『法然上人絵伝』(知恩院の名が初見)は同院の充実を物語る。一四三一年(永享三)・一四六八年(応仁二)・一五一七年(永正十四)・一六三三年(寛永十)に焼失。応仁の乱による焼失後近江国伊香立《いかだち》(後に新知恩院と称す)に難を避けた時期がある。十六世紀には浄土宗の本寺として地位を確立。江戸時代には徳川家康が同院を徳川家の香華《こうげ》寺とし、幕府の後援によって伽藍が整備・拡充され、明治維新を経て今日に至る。一六〇七年(慶長十二)に創置された宮門跡《みやもんぜき》は幕末まで七世に及んだ。絹本著色阿弥陀二十五菩薩来迎図(国宝)を始め、多数の国宝・重要文化財を擁する。

参考文献　『知恩院史料集』、一九七四—。『知恩院』(『古寺巡礼京都』一九、一九七七、淡交社)。水野恭一郎・中井真孝編『京都浄土宗寺院文書』、一九八〇、同朋舎出版。

(古藤　真平)

ちがいだな　違棚　⇩床《とこ》の間《ま》

ちかぐら　地下倉　中世・近世の地下室。中世の鎌倉には「方形竪穴建物跡」と呼ばれる遺構があり、特に大型のものは土倉を営む富裕商人の倉庫と考えられている。また、これと類似した「磚列建物」は蔵もしくは蔵座敷の遺構とされる。中世から近世の京都・堺・大坂などの遺跡からは防火用の石組みの穴蔵とされる遺構が発掘されている。一方、江戸の下町低地の武家屋敷や町屋の遺跡からは、船大工から分かれた穴蔵大工がつくったと考えられる板造りの穴蔵が多数発掘されている。また、江戸の山の手台地の武家屋敷などの遺跡に見られる、天井部をもった地下式あるいはもたない半地下式の「地下室《ちかむろ》」「地下式土坑」も穴蔵の一種である。江戸の穴蔵は一六五七年(明暦三)の明暦の大火以降に広まったといわれる。これに類似した遺構としては、花卉・園芸用の温室やサツマイモなどの農業用の地下室、麹を製造するための麹室などがある。　↓麹室《こうじむろ》

参考文献　堀内明博「穴蔵に関する遺構群をめぐって」(『関西近世考古学研究』三、一九九三)。玉井哲雄『江戸—失われた都市空間を読む—』(『イメージ・リーディング叢書』、一九八六、平凡社)。古泉弘『江戸の穴』、一九九〇、柏書房。小沢詠美子『災害都市江戸と地下室』(『歴史文化ライブラリー』三三、一九九八、吉川弘文館)。

(谷川　章雄)

ちかしきこう　地下式坑　地下に掘られた主室部分とそれに通ずる竪坑で構成される中世の遺構。関東地方を中心に、東北南部から九州北部に分布が見られる。年代的には、十五世紀を中心として、十六・十七世紀まで存続している。主室の形態は、横長の長方形、縦長の長方形、「T」字形、円形など、竪坑には階段の有無など多くのバリエーションがある。屋敷内や墓域に隣接して作られることが多く、出土遺物が全体に少ないこともあり、その機能には諸説がある。葬送関連施設と考える説には、禅宗の葬制やヤグラとの関連性を指摘する説や遺体を骨化する施設とする説があり、その場合、「地下式壙」の字が使われることが多い。また一方では、地下倉と同じ貯蔵施設としての機能が推定されており、方形竪穴遺構との機能的な類似性も指摘されている。

参考文献　笹生衛「地下式坑の掘られた風景」(小野正敏・萩原三雄編『戦国時代の考古学』所収、二〇〇三、高志書院)。

(笹生　衛)

ちかしきよこあな　地下式横穴　地表面より下に玄室を設けるタイプの古墳。小丸川下流右岸の宮崎県児湯郡高鍋町を北限とし、宮崎平野、大淀川(支流の岩瀬川を含む)流域、川内川上流域(宮崎県えびの市から鹿児島県大口市)、志布志湾沿岸に分布する。球磨川上流から川内川流域に見られる地下式板石積石室墓と並んで南部九州に特徴的な古墳である。五世紀から六世紀に盛行し、一部には八世紀に下るものもある。竪坑を掘り、そこから横に掘って玄室を設けるが、まれにスロープで玄室に至るものもある。その規模は多様で、地表には土を盛り上げたと考えられるが、現状では確認できないものがほとんどであり、百基以上群集することもある。玄室には一体～数体が安置され、追葬も見られる。また志布志湾岸では、軽石製などの石棺を用いることがある。副葬品もさまざま

であり、複数の甲冑や馬具を出土するものもある。平野部の地下式横穴は、前方後円墳・円墳などの高塚古墳と併存することがある。

参考文献　上村俊雄「隼人の墓制」(『新版古代の日本』三所収、一九九一、角川書店)。『隼人展—古墳時代の南九州と近畿—』(『奈良県立橿原考古学研究所附属博物館特別展図録』三九、一九九三、奈良県立橿原考古学研究所附属博物館)。北郷泰道『熊襲・隼人の原像—古代日向の陰影—』、一九九四、吉川弘文館。鹿児島県教育委員会編『先史・古代の鹿児島』通史編、二〇〇六。　(永山　修一)

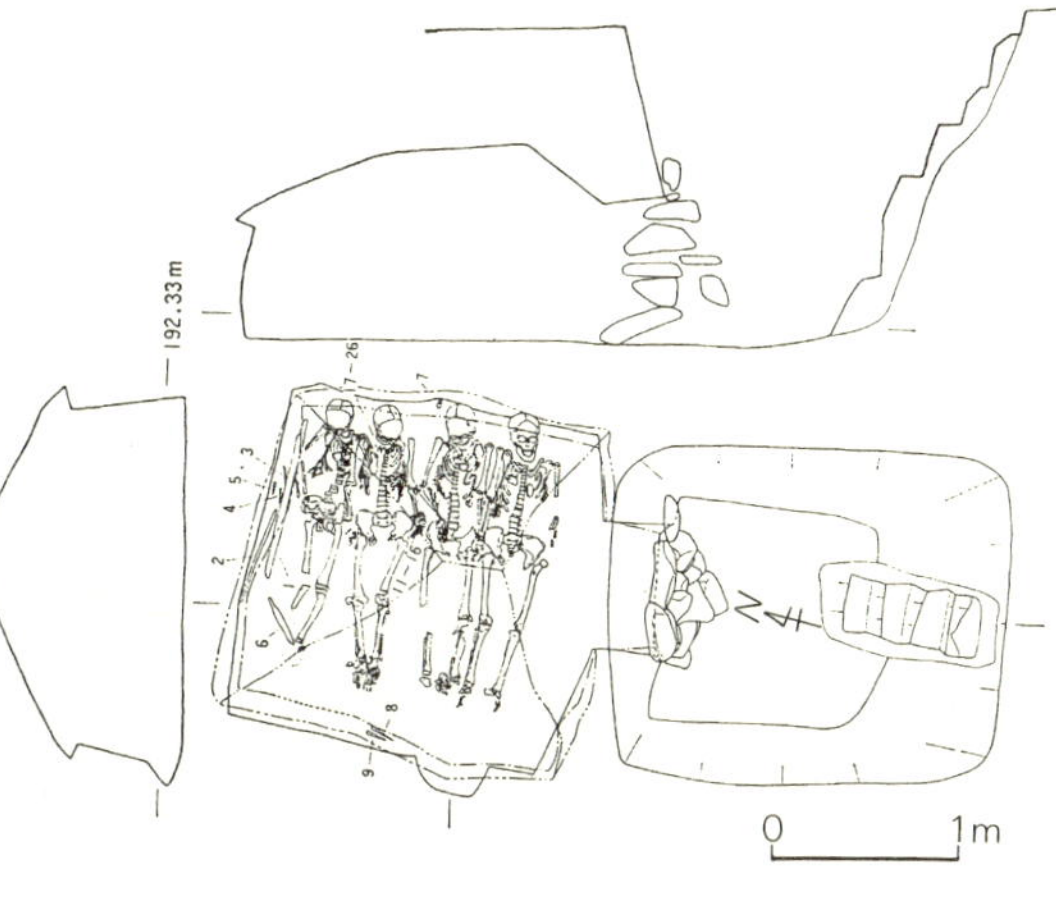

立切35号地下式横穴

ちぎ　千木　古墳時代の豪族居館や神社建築本殿の大棟《おおむね》端部に設けられる、斜め上方に延びる二本一組の部材。元来は妻の破風《はふ》板を取り付ける際、二枚の板を上方に伸ばして交差させる形式を採ったため、その上端が屋根面を越えて千木となったものとみられる。この形式は古墳時代の家形埴輪に見られ、今城塚古墳出土埴輪(大阪府、六世紀前半)では、二枚の破風板を留める栓が、内方に伸びて破風板の転び止めを兼ねる形式が確認される。『延喜式』祝詞には「高天原に千木高知りて」という表現がみられ、千木が宮殿の象徴となっていたことが知られる。後には破風板から独立し、襷《たすき》に組んだ二材を大棟上に載せる、置千木《おきちぎ》の形式も生まれた。千木は堅魚木《かつおぎ》同様に、構造上の必要から生じた部材が後に装飾化したもので、神社建築には象徴的に導入されたものとみられる。

参考文献　三輪嘉六・宮本長二郎『家形はにわ』(『日本の美術』三四八、一九九五、至文堂)。宮本長二郎『日本原始古代の住居建築』、一九九六、中央公論美術出版。　(清水　重敦)

ちくごこくふ　筑後国府　筑後国は『延喜式』によれば「上国」に属し、十郡を管すると記す。福岡県久留米市合《あい》川《かわ》町・朝妻《あさつま》町・御井《みい》町に所在する。国史跡。『和名類聚抄《わみょうるいじゅしょう》』は国府所在地を御井郡と伝える。一九六一年(昭和三十六)、阿弥陀《あみだ》地区において久留米市の委託を受けた九州大学考古学教室によって全国初の本格的な国衙跡の発掘調査が実施された結果、国衙政庁の南限を画する築地塀や側溝などが確認された。その後、約三十年にわたる市教委による継続調査で、七世紀後半の百済戦没後の大宰府防衛網の一環として、太宰府背後の有明海方面から侵攻する唐・新羅連合軍を阻止する目的で設置された防御的性格の強い官衙を母体として七世紀末、成立したことが明らかとなり、以後十二世紀半ばに至る約四百五十年間に御井郡内をⅠ期国府(古宮《ふるごう》国府、七世紀末—八世紀前葉)・Ⅱ期国府(枝光《えだみつ》国府、八世紀前葉—十世紀前半)・Ⅲ期国府(朝妻《あさつま》国府、十世紀前半—十一世紀末)・Ⅳ期国府(横道《よこみち》国府、—十二世紀中ごろ)と三遷したことが判明した。Ⅰ期国府は前身官衙の領域を画する大溝・土塁など踏襲し、高良《こうら》川《かわ》沿いの古宮地区に築地・大溝で囲繞された約一七〇《メートル》方格の官衙域を設け、内部に掘立柱建物による政庁・曹司などの建物を計画的に配置する。Ⅱ期国府は阿弥陀地区に瓦葺・礎石建ちの本格的な政庁を設け、政庁の前面を東西に通過する西海道沿いに多数の曹司を配置するが、遺構の計画方位は曹司ブロックごとに異なる。柿ノ内・ギャクシ地区で見つかった国司館は南・北二郭からなり、『三代実録』にみえる八八三年(元慶七)の筑後国司殺害事件の舞台と推定される。政庁建物は藤原純友の乱の余波とみられる火災によって焼失する。朝妻地区のⅢ期国府政庁域は大溝で囲繞された、南北一七〇《メートル》、東西九〇《メートル》以上の中央に正殿を、前面の東西に二棟縦列の長大な脇殿を、西海道に面した北門には八脚門を配置する。政庁の東側隣接地では遣水《やりみず》遺構を伴う国司館跡が確認されている。旧式内社である高良《こうら》大社に伝わる『高良記』は当地区を「古符《ふるふ》」および「在国司居屋敷」の所在地、また「今ノ符」(Ⅳ期国府)への移転年代を一〇七三年(延久五)と伝え、考古学上の所見と符合する。一般に諸国の国府が十世紀前半に終焉を迎えるが、筑後国の場合、政庁はさらに大規模となり機能が継続していた事例といえる。横道地区のⅣ期国府は中世の筑後国府に関する史料である一二四一年(仁治二)の『筑後国検交替使実録帳《ちくごこくけんこうたいしじつろくちょう》』(宮内庁書陵部蔵)にみえる「国府院」に該当する可能性があり、形骸化しながらもなお国司制度が維持されていたことを物語る。以上のように、当国府は律令制度が地方に浸透していく前身官衙の時代から、律令制度の変容に伴って移転を繰り返す国府の姿を中世まで考古・文献の両面から追求した貴重な事例といえる。

参考文献　松村一良「筑後国府の調査」(『古代文化』三五ノ七、一九八三)。同「西海道の官衙と集落」(『古代の日本(新版)』三所収、一九九一、角川書店)。同「筑後国府跡」(『久留米市史』一二所収、一九九六)。　(松村　一良)

ちくごのくに　筑後国　西海道の一国。現在の福岡県の南半分の地域にあたる。東は豊後国(大分県)、南は肥後国(熊本県)、西は肥前国(佐賀県)、北は筑前国(福岡県)に接し、南西は有明海に面する。もと筑前国と併せて筑

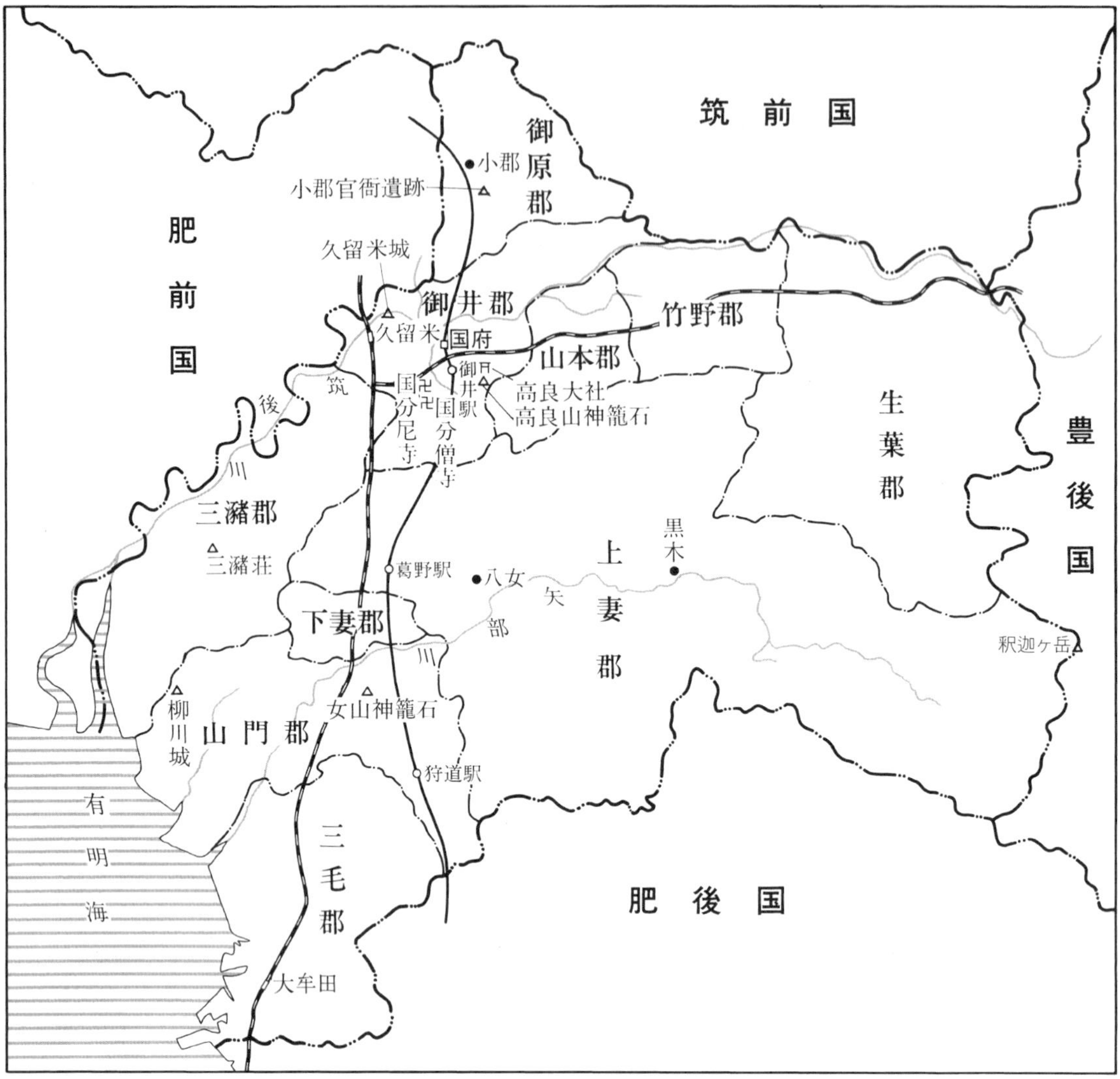

筑後国略図

紫国といい、七世紀末に二つに分かれた。地形は阿蘇外輪山に源を発し有明海に注ぐ九州最長の河川である筑後川の中下流域の平野と、筑肥山地の釈迦ヶ岳に源を発し有明海に至る矢部川の中下流域の平野とあわせて筑後平野を形成している。両川は、古来氾濫を繰り返しながら肥沃な土壌をもたらしてきており、広く条里制の遺構が確認され、古代から農地として利用されてきたことがわかる。また、この両川の間に東西に入り込むようにして、久留米市東部の高良《こうら》山から東へ大分県境の津江山地に至る耳納《みのう》(水縄)山地が、矢部川の南には釈迦ヶ岳から三国山・国見山を経て福岡県大牟田市東部の三池山に至る筑肥山地が所在する。耳納山地北側の山麓には多くの古墳群が所在し、珍敷塚《めずらしづか》・日岡・寺徳古墳などの国史跡の装飾古墳が所在し、山麓から筑後川に至る平野部には条里遺構がよく残る。また矢部川北側の低丘陵である長峰丘陵(人形原)にも多くの古墳があり、磐井の乱の中心人物である筑紫君磐井《つくしのきみいわい》の墓である岩戸山古墳を中心に筑紫君一族の墓とされる古墳群が八女古墳群として国史跡になっている。筑後国は七〇一年(大宝元)の『大宝令』によって行政区画として確立したが、筑前国の初見が『続日本紀』文武天皇二年(六九八)三月条の記事であることから、筑紫国が筑前・筑後の二国に分かれたのは七世紀末と考えられる。ただ七〇四年の「大宰府移」では「竹志後国」とみえ、『和名類聚抄』の「筑紫乃三知乃之里《つくしのみちのしり》」という呼び方などから考えると筑後国という名称が定着するには若干の時間差があったものと思われる。筑後国の等級は上国で、国府は御井《みい》郡(久留米市合川町枝光)に置かれ、現在調査が進められるとともに国史跡として保存されている。御井郡には、国分寺・国分尼寺の二寺も置かれ、一宮である高良《こうら》玉垂命《たまだれのみこと》神社(高良大社)も所在する。所管の郡は御原《みはら》・生葉《いくは》・竹野《たかの》・山本・御井・三潴《みぬま》・上妻《かみつま》・下妻《しもつま》・山門《やまと》・三毛《みけ》の十郡で、御井・葛野《かどの》・狩道《かりじ》の三駅が置かれた。筑後守としての初見は七一三年(和銅六)道首《みちのおびと》名《な》で、生産力向上のため農民を指導し良吏として名高い。七三八年(天平十)の正税帳の断簡も残る。また八八〇年(元慶四)筑後守として在任していた都《みやこの》御酉《みとり》は、班田を実施しようとして部下に殺されるという事件も起っている。古代から中世にかけては多くの荘園が置かれた。三潴郡全域に及ぶ東寺宝荘厳院《ほうしょうごんいん》を本所とする三潴荘《みずまのしょう》や、各皇族・貴族領や北野社・宇佐宮・弥勒寺などの社寺領などがあるが、特に下妻郡水田荘《みずたのしょう》をはじめとして国内に八十近い荘園をもった太宰府天満宮安楽寺の存在は大きい。鎌倉・南北朝時代の守護は大友氏・北条氏一門・武藤氏・宇都宮氏・今川氏などがつき、室町・戦国時代はおおむね大友氏の支配下にあった。こうした中、平安時代末期から草野《くさの》・三池《みいけ》・上妻《こうづま》・下妻・蒲地・西牟田・三原・荒木といった地名を氏とする土着の武士が力をつけ御家人になる一方で、構溝・問註所氏などの東国から下って来た御家人もいた。南北朝時代は、筑後国は幕府方・宮方・佐殿方の戦いの場となり、一三五九年(正平十四)の大保原《おおほばる》(小郡市《おごおり》)での幕府方(少弐氏)と宮方(懐良親王・菊池氏)との戦いは有名であり、宮ノ陣・大刀洗《たちあらい》などの地名のもとになった戦いであった。戦国時代最末期には竜造寺《りゅうぞうじ》氏・島津氏の筑後進出があったが、一五八七年(天正十五)の豊臣秀吉の九州平定のあとには、筑後国は久留米城に小早川秀包《ひでかね》、柳川城に立花宗茂、山門郡江浦《えのうら》城に高橋統増、上妻郡山下城に筑紫広門を配置し、筑前名島城に入った小早川隆景が筑後二郡を領知した。一六〇〇年(慶長五)の関ヶ原の戦の後は、筑後一国は田中吉政が支配したが、田中氏断絶の後、一六二〇年(元和六)有馬豊氏が北部八郡(御井・御原・生葉・山本・竹野《たけの》・上妻・下妻・三潴)を領し久留米藩二十一万石が、南部五郡(山門・三池と上津・下妻・三潴郡の一部ずつ)を立花宗茂が領し、柳川藩十一万石が成立した。立花宗茂は弟直次の子種次に翌一六二一年一万石を分与し三池藩が成立した。一八六九年(明治二)の版籍奉還で三藩主は藩知事となり、一八七一年の廃藩置県で久留米県・柳川県・三池県、同年十一月には筑後国一円は三潴県へ、一八七六年豊前国・筑前国と合わせて福岡県となった。

参考文献　『福岡県史資料』、一九三二―四三。『福岡県史』、一九六二―六五。西日本文化協会編『福岡県史』、一九八二―二〇〇三。川添昭二他『福岡県の歴史』(『県史』四〇、一九九七、山川出版社)。

(磯村　幸男)

ちくぜんこくぶんじ　筑前国分寺　七四一年(天平十三)国分寺建立の詔勅によって筑前国に造営された古代寺院。福岡県太宰府市国分に所在。国指定史跡。筑前国分寺が文献にはじめて現れるのは『類聚国史』の八〇七年(大同二)十二月の記事である。詔では国分寺を「金光明四天王護国之寺」と記しているが、筑前国分寺も当時は「金光明寺」と称されていたことがわかる。一九六〇年(昭和三十五)以来の発掘調査によって、主要建物の規模や存続時期が明らかとなった。建物は北側から講堂・金堂・中門・南門が一直線に並ぶ。金堂と中門とは回廊で結ばれ、その内側に東塔を配する。講堂は七間×四間の礎石建物で、基壇化粧は瓦積みである。金堂は東西幅約三〇メートル、南北二〇・一メートルで乱石積みの基壇が確認された。塔は基壇の平面規模が九メートル四方に復原できる。断面形が凸状になる二重基壇。下部は扁平な花崗岩を用い、これを垂直に立てた後水平に敷きつめる。上部には花崗岩の乱石積みを施す。階段については創建当初東西のみの二ヵ所であったが、九世紀前半の改修に際し南北階段が追加される。礎石は巨大な心礎や東南隅の四天柱礎・北東隅の側柱礎が原位置をとどめる。側柱礎石の周囲には環状の小礫列が積み土中に並べられている。これは講堂でも同様に認められ、鎮壇に関わる祭祀行為かもしれない。回廊は雨落ち溝のみ検出されている。寺域の外郭線は東側で溝、南側で築地遺構が確認されている。東西幅は約一九二メートルと想定される。発掘調査の結果、八世紀中葉の創建が裏付けられ、十一世紀後半に焼失により廃絶したと考えられるが、このほか、国分寺の西側で国分尼寺の遺構が確認されている。建物配置の詳細は確定していない。さらに、国分寺の北東には国史跡国分瓦窯跡がある。七基の窯跡が確認され、うち二基が保存されている。窯跡は全長五・三メートルの地下式有階無段登窯で、側壁から天井にかけて日干煉瓦を積み重ねて構築する特徴がある。八世紀中葉のもので、筑前国分寺の創建瓦を供給した可能性が高い。

↓国分寺《こくぶんじ》

筑前国分寺　塔跡全景（南から）

資料館　太宰府市文化ふれあい館(福岡県太宰府市)

参考文献　『太宰府市史』考古資料編、一九九二。

(赤司　善彦)

ちくぜんのくに　筑前国　西海道の一国。現在の福岡県の北西部を占める。東は豊前国、南東を豊後国、南を筑後国、西を肥前国に接し、北は玄界灘・響《ひびき》灘に臨む。北東部は北九州市若松区の石峰山地があり、それに続いて福智山を主峰とする福智山地が続き豊前国に接している。中央部には断層山地である三郡山地が南北に走り、北部

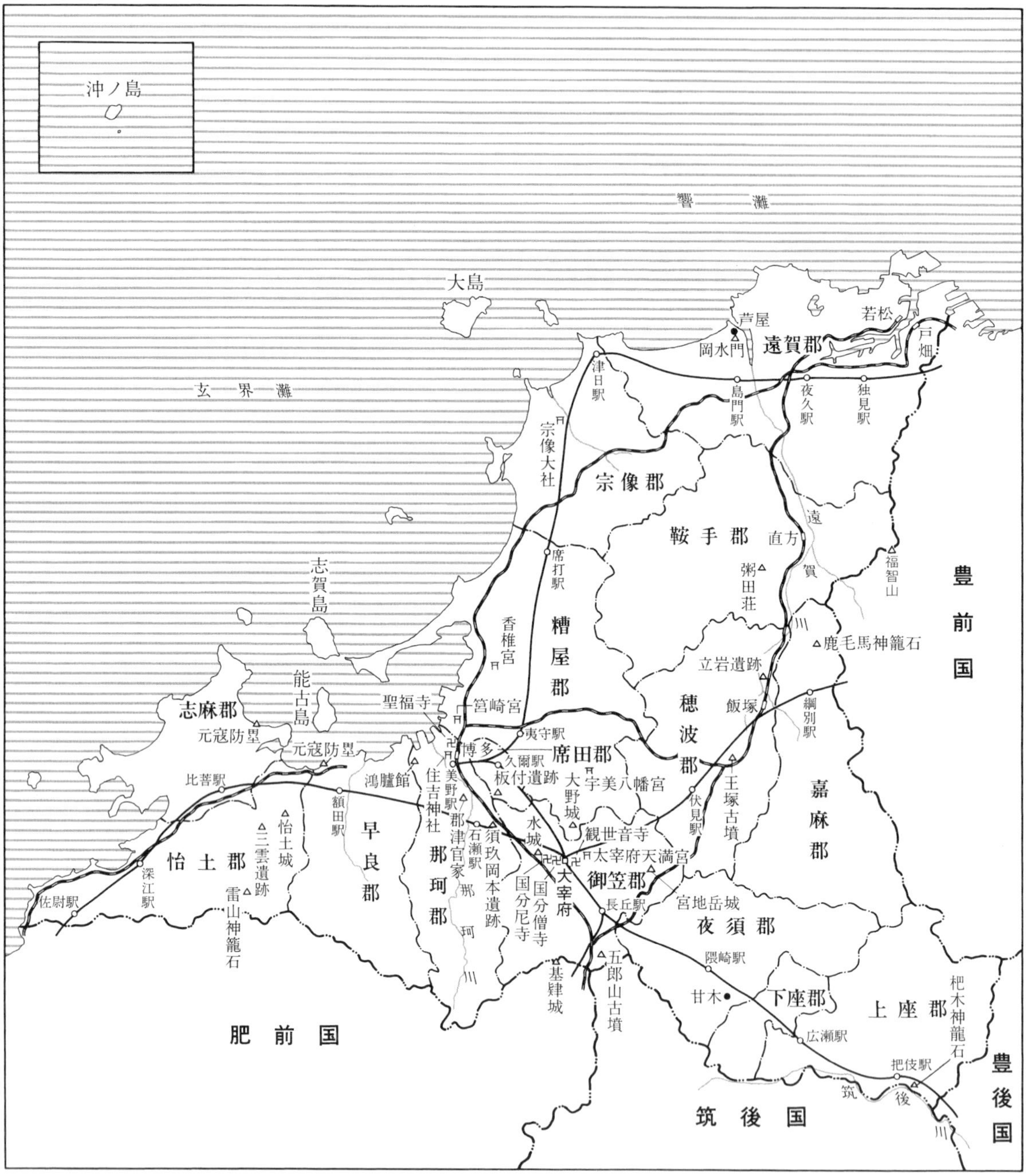
沖ノ島
響灘
大島
玄界灘
芦屋
岡水門
遠賀郡
若松
戸畑
津日駅
島門駅
夜久駅
独見駅
宗像大社
宗像郡
鞍手郡
直方
遠賀川
福智山
粥田荘
豊前国
席打駅
志賀島
香椎宮
糟屋郡
鹿毛馬神籠石
立岩遺跡
能古島
飯塚
綱別駅
志麻郡
聖福寺
筥崎宮
穂波郡
元寇防塁
元寇防塁
夷守駅
博多
席田郡
久爾駅
王塚古墳
比菩駅
鴻臚館
住吉神社
美野駅
板付遺跡
宇美八幡宮
大野城
嘉麻郡
額田駅
怡土城
三雲遺跡
早良郡
郡津官家
石瀬駅
須玖岡本遺跡
水城
観世音寺
伏見駅
怡土郡
深江駅
佐尉駅
雷山神籠石
那珂郡
那珂川
国分尼寺
国分僧寺
大宰府
太宰府天満宮
御笠郡
宮地岳城
長丘駅
夜須郡
五郎山古墳
基肄城
隈崎駅
甘木
下座郡
上座郡
杷木神籠石
広瀬駅
把伎駅
肥前国
筑後国
豊後国
筑後川

筑前国略図

は宗像市・遠賀《おんが》郡にまたがる孔大寺《こだいじ》山地を形成している。三郡山地は福岡地区と筑豊地区を分け、同山地南部には古処馬見《こしょうまみ》山地が所在し、古処山には秋月氏の山城跡がある。西南部は、玄界灘と有明海の分水界をなす断層山地の背振山地が東西に走り、肥前国に接している。南部は阿蘇外輪山に源を発する筑後川が東西に流れ、筑後国との境をなしている。九州第二の河川である遠賀川流域には筑豊平野が広がり、博多湾に臨む福岡市を中心とする福岡平野は、古くから対外交渉の門戸として開けた地域である。古くは筑後国と合わせて筑紫国といわれており、『和名類聚抄』には「筑紫乃三知乃久知《つくしのみちのくち》」とある。筑前国の初見は、六九八年(文武天皇二)三月の『続日本紀』の記事であり、筑紫国から筑前・筑後が分かれたことが確認される。筑前国は七〇一年(大宝元)の『大宝令』によって行政区画として確立するが、大宰府の兼帯で当初は国司は別置されず、その後も廃置を繰り返し、八〇八年(大同三)以降府官と筑前国司の二本立となった。また七〇四年の「大宰府移」には「竹志前国」とあり、大野城市の牛頸《うしくび》ハセムシ窯跡群から出土した須恵器には七一三年(和銅六)紀年銘の「筑紫前国奈可郡」の刻銘があることから、名称の定着には時間的な差がみられる。また律令制以前の地方行政上の単位である県《あがた》としては、岡・伊都・儺《な》などが知られ、糟屋《かすや》屯倉の献上記事、穂波・鎌屯倉および大宰府の前身とされる那津《なのつ》官家の設置などが筑前国で行われたことがわかる。国の等級は上国で、国府・国分二寺は御笠《みかさ》郡(太宰府市)に置かれた。一宮は那珂郡の住吉神社(福岡市博多区)である。郡は怡土《いと》・志麻《しま》・早《さわ》良《ら》・那珂《なか》・席田《むしろだ》・糟屋・宗像《むなかた》・遠賀《おが》・鞍手《くらて》・嘉麻《かま》・穂浪《ほなみ》・夜須《やす》・下座《しもつあさくら》・上座《かみつあさくら》・御笠の十五郡である。『延喜式』兵部省諸国駅伝馬条によると駅は独見《ひとみ》・夜久《やく》・島門《しまと》・津日《つひ》・席打《むしろうち》・夷守《ひなもり》・美野《よしの》・久爾《くに》・佐尉《さい》・深江《ふかえ》・比菩《ひぼ》・額田《ぬかた》・石《いわ》瀬《せ》・長丘《ながおか》・把伎《はき》・広瀬・隈埼《くまさき》・伏見・綱別《つなわき》の十九駅である。御笠郡に置かれた大宰府は九州の内政を管掌し対外交渉にあたった。対外交渉の機関である鴻臚館《こうろかん》は、那珂郡に設けられ、現在福岡城跡(福岡市中央区)地内で遺跡の調査が実施されており、国史跡となっている。鴻臚館では、唐・新羅からの使節の接待、遣唐使の送迎などを行い、後には唐物《からもの》貿易の場となり、十一世紀末にはその中心は博多へと移っていった。日宋貿易などを担った商人らによって禅宗寺院である聖福寺・承天寺などが建てられ、筥崎《はこざき》・博多には宋人の集住地域が形成されていた。また、筑前国内には各所に荘園が置かれ、東大寺・宇佐宮領などの寺社領、特に太宰府天満宮安楽寺領が百六十所在したことが特筆される。鎌倉時代の守護は、関東御家人で大宰少弐を兼ねる武藤氏が世襲し、蒙古襲来の折には大友氏とともに九州の武士を指揮した。一二七四年(文永十一)の元の襲来を機に博多湾岸一帯に石築地《いしついじ》(元寇《げんこう》防塁《ぼうるい》)が築かれ、博多に鎮西探題《ちんぜいたんだい》が置かれた。南北朝時代、一時今川了俊が筑前守護になるが、それ以外は武藤(少弐)氏が守護で十五世紀半ばから約一世紀、大内氏が守護として筑前国を支配した。大友氏の勢力も鎌倉時代末期以来、怡土郡や博多などに及んでおり、戦国時代最末期には大内氏に代わって筑前の支配的勢力となった。一五八七年(天正十五)の豊臣秀吉の九州平定の後、筑前国は小早川隆景が領し名島城に入った。その後、筑前国は秀吉の直轄領となるが、一六〇〇年(慶長五)関ヶ原の戦の後、黒田長政が豊前中津から入封する。最初名島城に入るが、一六〇一年から那珂郡警固村福崎の地に城を築き、黒田氏の出身地にちなんで福岡と名付けた。長政没後、遺命により子の長興に五万石を分与し秋月藩(朝倉市)が、高政が四万石を分与されて東蓮寺《とうれんじ》藩(直方《のおがた》市)が成立した。東蓮寺藩は後に直方藩と改称したが、四代藩主の嫡子継高が本藩を継いだため、本藩に合併された。一八七〇年(明治三)の贋札事件で藩知事黒田長知は解任され、有栖川宮熾仁親王が藩知事となり、福岡藩は事実上廃藩となった。一八七一年の廃藩置県で、筑前国は福岡県・秋月県が成立したが、同年十一月秋月県は福岡県に合併され、天領や飛地であった怡土郡の他領も合併された。なお一八七六年、筑前国は、筑後国・豊前国と合わせて福岡県となった。

参考文献 『福岡県史資料』、一九三二-四三。『福岡県史』、一九六二-二〇〇三。川添昭二他『福岡県の歴史』(『県史』四〇、一九九七、山川出版社)。

(磯村 幸男)

ちくでんそう　竹田荘　大分県竹田市竹田にある南画家田能村竹田の住まい。国指定史跡。竹田は、幼少より医学・儒学・漢学・南画を学び、病弱な兄に代わって家業の藩医を継ぐが、二十歳で藩校由学館の学問専攻を命じられ、廃業し、やがて藩校頭取となる。一八一一年(文化八)・一二年と二度、藩主に藩政改革の建白書を提出するが、受け入れられず、職を辞す。以後、南画の研究に専念し、全国各地に旅し、文人・墨客と交遊し、自宅の竹田荘にも頼山陽などの多くの文人を招き、独自の南画世界を確立した。この間、単なる自宅であった竹田荘は、文人趣味に改造が加えられ、母屋には花竹幽窓という茶室が設けられ、母屋の外に、一八〇八年(文化五)に損亭(中国宋代の俞汝尚の故事に倣った三角亭)、一八一九年(文政二)に草際吟舎(四畳半の煎茶用茶室のある二階建倉)、一八二六年に補拙廬(弟子の寄宿舎)が建てられた。母屋は寛政期の姿を残すが、草際吟舎と補拙廬は、明治末に取り壊され、一九三三年(昭和八)に古図に基づき再現されたものである。一九八一・八二年には、発掘、解体修理が行われている。

(飯沼 賢司)

ちくぶしま　竹生島　琵琶湖の最北端部にある葛籠尾崎《つづらおさき》の南にある小島。滋賀県東浅井郡びわ町に属する。周囲二キロ、樹木が繁茂した島。宝厳寺《ほうごんじ》と都久夫須麻《つくぶすま》神社がある。『竹生島縁起略』には、七三九年(天平十)に行基が来島して草庵を結び、小堂を建てて四天王像を安置し、七五一年(天平勝宝三)に元興寺僧泰平、東大寺僧賢円が千手観音をまつったという。その後、平安時代には延暦寺の天台僧が多く来島し、修行の場になった。九〇〇年(昌泰三)、宇多天皇が行幸した。その後、平安時代末には観音信仰の広まりによって観音霊場の一つとして信仰を集めるようになった。また、竹生島弁財天の信仰も、平安末には定着したとみなされる。竹生島の文書のうち、最も古いものは一二八四年(弘安七)、近江国守護六角頼《ろっかくより》綱《つな》に対し、竹生島領早崎横領を問う六波羅御教書案《ろくはらみぎょうしょあん》である。以後、早崎は室町幕府、六角氏、京極《きょうごく》氏、浅井《あざい》氏と、竹生島に影響を及ぼす政権から神領もしくは寺領として認められている。豊臣秀吉も早崎を竹生島の門前として保護し、近世でも竹生島の寺領は朱印地として早崎に設定された三百石であった。一四五四年(享徳三)と一五五八年(永禄元)の二度にわたり、焼失した。豊臣秀吉が復興を企て、一六〇二年(慶長七)、秀頼によって進められ、豊国廟から弁天堂のほかに唐門、観音堂が移築されたとされている。明治維新後、神仏分離令によって寺地と社地との境界が定められ、宝厳寺と都久夫須麻神社の神仏二つの信仰が出現した。宝厳寺唐門、都久夫須麻神社本殿、平安時代の法華経序品(竹生島経)は国宝、宝厳寺観音堂、五重塔、鎌倉時代の絹本着色釈迦三尊像、印文「駿河倉印《するがのそういん》」の銅印などが重要文化財。弁天堂は日本三弁財天の一つ。十四世紀前半の最古の竹生島を描いたものとして製作年代に論争があるが、菅浦《すがうら》与《と》大浦下荘境《おおうらしものしょうさかい》絵図《えず》が知られる。島全体が国の史跡・名勝。

参考文献 『東浅井郡志』、一九二七、滋賀県東浅井郡教育会。

(小笠原好彦)

ちくりんじ　竹林寺　奈良県生駒市有里町所在の律宗寺院。山号は文殊山。唐招提寺末寺。境内に行基墓(国史跡)忍性墓がある。寺地と、行基が七〇七年(慶雲四)に母と居住した生馬《いこま》仙房(生馬院)、没後に火葬された生馬山東陵、一二三五年(嘉禎元)に発掘された行基墓をいずれも同地とする説、火葬地・墓所を、谷を隔てた南の輿山《こしやま》、鎌倉時代の五輪塔(重文)の立つ往生院にあてる説などがある。行基墓は奈良時代以来維持されていたらしいが、行基信仰の発揚を意図した寂滅の発掘を機に文殊信仰の場として伽藍が整えられ竹林寺が成立し、円照が整備を進めた。一四九八年(明応七)の戦火で焼失。その後再建されたが、明治初年に廃寺となり近年復興した。行基に私淑し一時止住した忍性は、一三〇三年(嘉元元)鎌倉の極楽寺で死去した際に、遺言して、極楽寺・竹林寺・額安寺(奈良県)に分骨させた。各寺にその墓塔とされる大型の五輪塔が現存し、いずれもその地下の発掘調査によって銘文をもつ銅製瓶型骨蔵器が検出されている。竹林寺の墓は、一辺一〇・五メートルの方形の基壇上に、東面して墓塔と覆屋が設けられたとみられる。石塔下には一辺一・六メートル、深さ一・一メートルの墓壙を設け、中央に花崗岩製の八角形台座と組合せの八角柱状外容器が置かれ、その中に骨蔵器(重要文化財)が安置されていた。こうした形態は、墓所造営の約七十年前に発掘された行基墓の状況を模したものと考えられている。

行　基　墓

参考文献 凝然『竹林寺略録』(『大日本仏教全書』寺誌部三)。『奈良県遺跡調査概報』一九八六年度第二分冊、一九八八、奈良県立橿原考古学研究所。吉田靖雄『行基と律令国家』、一九八七、吉川弘文館。文化財建造物保存技術協会編『重要文化財極楽寺忍性塔(五輪塔)保存修理工事報告書』、一九七七、極楽寺。奈良県文化財保存事務所編『重要文化財額安寺五輪塔修理工事報告書』、一九八三、奈良県教育委員会。

(鈴木景二)

ちこうじ　智光寺　栃木県足利市西郊にある源姓足利氏四代足利泰氏が創建した中世寺院跡。足利市山下町字平石所在。古くから「智光寺文永二年　三月日」の銘のある瓦が出土する場所として知られていた。一九六四年(昭和三十九)に栃木県立足利商業高校建設に伴い発掘調査が行われ、丘陵を背景に南面し、中島のある園池を中心に据え、周囲に建物を配置する浄土庭園をもつ寺院跡であったことが確認された。一九九〇年(平成二)には、園池北側、推定阿弥陀堂跡の発掘調査が行われ、基壇と礎石を有する建物で、瓦葺き二期と非瓦葺きの計三期の変遷があり、三期目の建物(室町時代ごろ)は一間四面堂であったことが確認された。創建は、文永二年銘の瓦にみられる一二六五年(文永二)ごろで、三期の建物変遷から、室町時代中ごろまでは存続したものと考えられる。一二六五年銘の叩きを有する平瓦とセットになる創建期の軒丸瓦は、内区が三巴、界線があり、外区に小三巴を配するもの、軒平瓦は、下向き剣頭文の上に小三巴を配するもので、茨城県つくば市三村山極楽寺出土の瓦と同系統である。紀年銘を有する瓦により創建年代が特定できる寺院跡として貴重である。

参考文献 前澤輝政『足利智光寺址の研究』、一九七七、綜芸舎。足利市教育委員会編『智光寺跡第二次発掘調査

報告書』、二〇〇〇。　（大澤　伸啓）

ちこうまんだら　智光曼陀羅　極楽浄土変相図の一つ。奈良時代の元興寺の僧智光が同門の頼光の極楽往生を夢想し、彼が往生した浄土の様子を画工に命じて描かせたもの。これを観じることで智光自身も極楽往生を遂げたという。本説話は『日本往生極楽記』『今昔物語』『往生拾因』などに採録されている。さらに中世に入ると潤色が加えられ、本説話は広く世間に流布し、それに伴い智光曼陀羅は知られ、庶民の信仰を集めるようになった。智光曼陀羅原本は一四五一年（宝徳三）に焼失。その模本は現在、元興寺極楽房に板絵本・厨子入本・軸装本の三本が伝わるほか、長谷能満院に軸装本が所蔵される。図様は中尊の印相や橋上の二比丘《びく》の有無などから二系統に分けられる。当麻《たいま》曼陀羅・清海《せいかい》曼陀羅とともにわが国の浄土三曼陀羅と総称される。

参考文献　元興寺仏教民俗資料刊行会編『智光曼荼羅』、一九六九、学術書出版会。元興寺文化財研究所編『日本浄土曼荼羅の研究』、一九八七、中央公論美術出版。　（加須屋　誠）

ちしき　知識　仏典に説かれる「善知識」の略で、人を教え導いてくれる徳の高い善き知人をいう。智識とも書く。『増一阿含経』善知識品には、善知識と親近になれば智慧が増益すると説かれる。しだいに内容がひろがって仏道修行する仲間の意となり、さらには僧尼が行う仏事に結縁や財物提供などの方法で協力する者をいうようになった。わが国では、古く六二三年（癸未年、推古天皇三十一）の法隆寺金堂釈迦如来坐像の光背銘に「信道知識」の語がみられる。また、六八六年（丙戌年、朱鳥元）の『金剛場陀羅尼経』は「川内国志貴評」の知識が書写したものであるが、このように地元の民間人（知識）が協力し合い（知識結）、書写する経典（知識経）は、七三四年（天平六）の播磨国既多寺知識経『大智度論』（石山寺ほかに分蔵）をはじめ、数多く作成された。七四〇年河内国智識寺の盧舎那仏を拝し大仏造立を思い立った聖武天皇は、この大事業に国家予算だけでなく一般の人々すなわち知識からの寄進も導入している。

参考文献　竹内理三『奈良朝時代に於ける寺院経済の研究』（『竹内理三著作集』一、一九九八、角川書店）。　（野尻　忠）

ちしきじ　智識寺　河内国東南部、大県《おおがた》郡に存在した古代寺院。大阪府柏原市太平寺所在の太平寺廃寺と推定。大阪府史跡。知識寺とも書く。七世紀後半の創建と推定される。智識寺には盧舎那《るしゃな》仏があり、聖武天皇がそれを拝したことが大仏造立発願の契機となったという（『続日本紀』）。このほかにも天皇の行幸がたびたびあり、寺の南側には茨田宿禰《まんだのすくね》弓束女《ゆつかめ》の居宅を改修した智識寺南行宮があった。智識寺の南に位置する安堂遺跡が行宮にあたる可能性が高い。寺名は平安時代中期まで種々の史料にみえるが、一〇八六年（応徳三）、寺が顛倒し、高さ六丈の塑像の観音像が大破したとの記事が『扶桑略記』にみえる。薬師寺式の伽藍配置が推定されている。太平寺の石《いわ》神社境内には東塔の心礎とされる礎石が現存する。付近は奈良時代の天皇の難波行幸の際の要路にあたり、河内六寺と総称される寺院の密集地域である。

参考文献　柏原市教育委員会編『安堂遺跡—一九八六年度—』（『柏原市文化財概報』、一九八七）。柏原市立歴史資料館編『河内六寺』、一九九五。　（古市　晃）

ちせきず　地籍図　土地区画一片ごとの境界（筆界）の形などを示すための大縮尺地図。今日の日本での公的用語としては、一九五一年（昭和二十六）に制定された国土調査法に基づいて実測により作成が進められている大縮尺図のことを指す。しかし、これを資料としてきた歴史地理学ではむしろ、明治期作成の地籍図（縮尺は主に六百分の一、字限図《あざきりず》とも）を重視している。江戸時代までの村（大字）ごとの作成で、それを分割した小字《こあざ》の境界とともに、区画ごとに土地利用としての地目なども示されている。所有者などの詳細は記されていない場合でも、区画ごとに振られた番号（地番）によって土地台帳を参照できる。今日この図の正本を保管している法務局、副本が備えられている市町村役場などでは、公図と呼ばれることも多い。歴史地理学では当時の土地区画や小字地名の範囲などを知りうる資料として利用されてきた。ただし、この区画はあくまで所有界であり、その成立時期については考古学的な遺構との対応を吟味する必要がある。

参考文献　佐藤甚次郎『明治期作成の地籍図』、一九八六、古今書院。桑原公徳編『歴史景観の復原—地籍図利用の歴史地理—』、一九九二、古今書院。　（藤田　裕嗣）

ちていき　池亭記　平安時代中期の文人・儒学者である慶滋保胤《よししげのやすたね》が執筆した漢文による随筆。『本朝文粋』一二所収。文末に九八二年（天元五）十月の自作自書とある。平安時代中期を代表する漢文学作品。白居易の律詩『池上篇並序』、兼明親王《かねあきらしんのう》の同名随筆『池亭記』などの影響を受け、鴨長明の『方丈記』に大きな影響を与えた。池亭の名は保胤が新築した苑池付きの住居にちなみ、この新居に寄せてみずからの心境を綴ったものである。前半部は、当時の平安京の様相を住民の居住分布を軸に叙述する。後半部は、新築した自邸の様子、および自邸における隠遁生活の願望を記し、理想の住居生活論をもって締めくくる。西京（右京）の荒廃、東京（左京）四条以北の過密、および鴨川流域や北野など京郊外の開発状況などを述べた前半部は、十世紀末の平安京の実態を示すと理解されることが多いが、発掘調査成果からは必ずしも当時の平安京右京域が過疎化していたとはいえないとする意見もある。『新日本古典文学大系』二七などに収められている。

参考文献　山田邦和「中世都市京都の成立」（古代都城制研究集会実行委員会編『古代都市の構造と展開』所収、一九九八、奈良国立文化財研究所）。山本雅和「『池亭記』と平安京の変容」（田辺昭三先生古稀記念の会編『田辺昭三先生古稀記念論文集』所収、二〇〇二)。

（竹内　亮）

ちどりみちきょうづか　千鳥道経塚　平安時代に駿河国に築かれた経塚。愛鷹山経塚ともいう。静岡県沼津市西野所在。一九一七年(大正六)、富士山の南に広がる愛鷹山塊の南端にある愛鷹山麓の千鳥道と称される開墾地から偶然発見された。遺構は明らかでないが、銅鋳製経筒三個、陶製甕三個、和鏡七面、青白磁合子二個、陶製坏二個、刀身残片、檜扇残片が出土している。刀身残片には銅製鍔・切羽が付属しており、当時の大刀の資料として貴重である。経筒の一個には蓋に銘文が鋳出されており、大檀主平助宗、大勧進僧覚□、大工藤原国行の名がみえ、一一六八年(仁安三)の製作であることがわかる。また、如法経を書写したことが知られる。この経筒は、蓋・身とも分厚く、身の湯口が底部中央にあり、身の外面にはロクロ目がよく残っており、東日本で製作された経筒の特徴を示している。

参考文献　蔵田蔵「経塚論(六八)」(『MUSEUM』一五九、一九六四)。『沼津市史』資料編考古、二〇〇二。

（望月　幹夫）

ちぬのみや　茅渟宮　⇨和泉宮《いずみのみや》

ちねんじょう　知念城　沖縄本島南部東端知念半島の太平洋を見下ろす標高九〇〜一〇〇㍍前後の岩山に築かれたグスク。沖縄県南城《なんじょう》市知念に所在。国指定史跡。一段高くなった古城とその下に展開する新城の上下二つの曲輪によって構成されている。古城部分は高さ一・五〜二㍍の野面《のづら》積みの石垣をめぐらし、新城部分には高さ三〜六㍍ほどの荒加工の石垣とそれに接続する石造拱門《きょうもん》が二ヵ所開けられている。古くは『おもろさうし』にもうたわれた霊場で、琉球国王や聞得大君の東御廻りのコースの一つであった。近世の記録によると、十七世紀前半、知名グスクにあった館を城内に移築して知念御殿と称し、その後、十七世紀の末に瓦葺きに改築され、十八世紀に入って重修されたという。さらにこの御殿は、一七六一年(乾隆二十六)から一九〇三年(明治三十六)まで地方行政のための知念番所として間切《まぎり》行政の拠点になり、その間、一八八三年に知念小学校がこの地に創立した。この城の歴史的、宗教的意味は非常に重要である。現在、史跡保存整備事業が実施され発掘調査や石垣の修理などが実施されている。

参考文献　『沖縄文化財調査報告』、一九七八、那覇出版社。

（當眞　嗣一）

ちはやじょう　千早城　南河内と大和五條を結ぶ交通の要衝に築かれた山城。大阪府南河内郡千早赤坂村に所在。国史跡。一三三二年(正慶元・元弘二)、赤坂城を逃れた楠木正成が築城したとされる。北と南に谷が入るため、周囲から独立した急峻な丘陵上に立地しており、天然の要害であるが、上赤坂城とは異なり、平野部の眺望はきかない。正成以降も楠氏の居城として存続し、一三九二年(明徳三)、畠山基国の軍勢により落城した。本丸は丘陵ピークに土壇状の高まりがあり、周囲を石垣で固めるなど改変が著しいが、その周りには帯郭状の広い平坦地が見られる。北西と南西に伸びる尾根に沿って郭が造られており、このうち後者では建設工事に伴う発掘調査が行われたが、遺構や遺物は検出されていない。北西端の郭から主に表面採集された遺物には青磁や白磁、土師器皿などがある。

参考文献　前田航二郎「千早城」(『日本城郭大系』一二所収、一九八二、新人物往来社)。村田修三「千早城」(『図説中世城郭事典』三、一九八七、新人物往来社)。千早赤坂村教育委員会『千早城跡』、一九九三。

（山川　均）

ちゃ　茶　ツバキ科の常緑樹。チベット周辺が原産地とされるが、日本へ渡来した茶は中国西南部の雲南《うんなん》省あたりが原産地であったと考えられている。茶の利用法としては、最初は食用にし、次に飲料法が考えられた。紀元前五九年の王褒《おうほう》著『僮約《どうやく》』に「買茶」「烹茶」という記述がみえる。この「茶」が現在の茶かどうかが問題である。当時の中国では「茶」という文字がまだ存在していなかった。そのため「荼」は野菜の「にがな」と「ちゃ」の両方を意味した。日本でも奈良時代の『正倉院文書』に「茶」が記録されている。天平六年(七三四)五月一日の『造仏所作物帳』には「茶三千三百卅六把、直一貫一百十二文(々別三把)」(『大日本古文書』一)とある。この「茶」も茶かどうか不明で、「把」という単位から考えて茶の可能性は低いとされる。中国でも喫茶の流行は比較的新しく、唐代の陸羽《りくう》の登場を待たなければならない。陸羽の著した『茶経《ちゃきょう》』は茶の起源・製造法・喫茶法・道具などについて記した茶の百科全書であった。これによって唐でも喫茶が流行し、それが日本に伝えられる。このころの茶は運搬に便利なように固形化された団茶《だんちゃ》(餅茶《へいちゃ》)が主であった。これを茶研《ちゃげん》・茶碾子《ちゃてんし》などで粉末にして、煮て飲んだ。一九八七年(昭和六十二)に発掘された唐代の法門寺《ほうもんじ》遺跡からは、団茶をいれたと考えられる銀の籠、茶を粉末にする茶碾子、茶を掬う匙、焙烙《ほうろく》の火筯《ひばし》、粉末の茶を篩う鎏金《りゅうきん》の茶羅子《ちゃらし》、秘色の茶碗などが発見されている。日本への伝来は九世紀前後と考えられる。『日本後紀』弘仁六年(八一五)四月癸亥(二十二日)条で、嵯峨天皇が近江国梵釈寺《ぼんしゃくじ》において大僧都永忠《えいちゅう》より茶を煎じられ、同年六月壬寅(三日)条で畿内・近江・丹波・播磨の諸国に茶樹を植えさせて毎年献上することが命じられた。大内《と》裏の東北隅にも茶園が設けられていた。内教房《ないきょうぼう》の北、主殿寮《のもりょう》の東に位置する場所である。これによって嵯峨朝においては喫茶の風が文人貴族の間で流行した。茶樹がその後どうなったかは不明だが、十世紀後半に慶滋保胤《よししげのやすたね》が三河国薬王寺《やくおうじ》で茶園を目撃したことが『本朝文粋《ほんちょうもんずい》』一〇に記されている。また大宰府に左遷された菅原道真が当地で茶を喫したことも『菅家後集』にみえる。貴族社会では春秋二季の季御読経《きのみどきょう》の際に引茶《ひきちゃ》が行われ、読経僧たちの栄養補給として茶が与えられた。律宗寺院でも仏教儀礼に茶が用いられ、貴族や寺院で茶は消費されていた。鎌倉時代になると、一二一四年（建保二）二月四日に二日酔いの将軍源実朝に栄西が茶を献じたことがきっかけとなり、『喫茶養生記』が上梓され、喫茶普及の基となった。栄西は二度の入宋経験があり、二度目の帰国の際に茶を将来し、福岡の背振山《せぶりやま》に植え、岩上茶《いわがみちゃ》発祥の伝承を持つ。京都では明恵《みょうえ》上人が栄西より茶種をもらい栂尾山《とがのおさん》に植え、それが広まり、のちに本茶といえば栂尾の茶を意味するほどになったという（『沙石集』）。もちろんこれらは伝説の域をでないが、鎌倉時代に喫茶が広まったことは認められる。中国禅院の生活規範を記した清規《しんぎ》類に規定されており、日本の禅院においても同様に喫茶が行われたと考えられ、今に伝わる京都建仁寺の四頭茶礼《よつがしらちゃれい》はその古体を残すものと考えられる。また神奈川県金沢文庫《かねざわぶんこ》に残る史料からも金沢貞顕《さだあき》などの鎌倉武士の間で喫茶の風習があったことが確認できる。考古資料としては、福岡の博多遺跡群から十二世紀の天目《てんもく》が出土しており、茶具の宋からの輸入が確認できる。このような喫茶の普及は鎌倉時代末期には闘茶《とうちゃ》の流行を生み、「二条河原落首」にも京・鎌倉で茶香十炷《じゅっちゅう》の寄合が盛んであったことが批判されている。これらは賭博の一種であったが、室町時代には茶は純粋に飲料としての普及をみせ、京では一服一銭《いっぷくいっせん》の茶売りが登場するようになった。茶具の普及もこの時代であり、京都臨川寺《りんせんじ》の旧境内からは十五世紀の天目が百二個も出土しており、茶臼も十四世紀のものが高知県吸江《ぎゅうこう》寺《じ》に伝わっている。茶道具は基本的に中国製の唐物《からもの》が珍重され、主として足利義教から義政の時代に集められたものは東山殿御物《ひがしやまどのごもつ》と呼ばれる。こうした将軍家の唐物の管理をする同朋衆《どうぼうしゅう》が現れ、彼らによって座敷飾りが工夫され、『君台観左右帳記《くんだいかんそうちょうき》』『御飾記《おかざりき》』などが著されるようになった。『異制庭訓往来《いせいていきんおうらい》』によると、南北朝時代の茶の生産地としては、栂尾・仁和寺・醍醐・宇治・葉室《はむろ》・般若寺・神尾寺・大和の室生・伊賀の八鳥《はっとり》・伊勢の河居・駿河の清見・武蔵の河越が挙げられている。室町時代末期になると、数寄《すき》と称される茶の湯の芸道化が始まり、堺の武野紹鷗《たけのじょうおう》や千利休《せんのりきゅう》などの数寄者を生み出した。ことに千利休は豊臣秀吉より天下一宗匠と認められ、その後のわび茶や大名茶の基礎を築いた。桃山時代には茶道具も高麗《こうらい》物や備前焼・信楽焼などの和物が用いられるようになり、宇治茶の生産が高まり、茶師上林《かんばやし》家を中心に宇治茶師の名が全国に広まった。江戸時代に入ると、延宝年間（一六七三―八一）に大坂で茶問屋・茶仲間が成立し、各地で茶の取引が盛んになり、茶の湯も諸流派が分立し、元禄期（一六八八―一七〇四）に利休回帰運動が起こり、『南方録《なんぼうろく》』などの茶書が出た。また煎茶もこのころ、黄檗《おうばく》宗の隠元《いんげん》禅師によって中国から伝えられたという伝承を持ち、もと黄檗僧であった売茶翁高遊外《ばいさおうこうゆうがい》（一六七五―一七六三）によって煎茶が庶民に広められ、上田秋成や木村蒹《けん》葭堂《かどう》などの文人たちの間で人気を博するようになった。一七三八年（元文三）には宇治の茶匠の永谷宗円《ながたにそうえん》が茶葉の品質改良に成功し、青製煎茶の製法を確立した。さらに一八三四年（天保五）―三五年には宇治で玉露《ぎょくろ》が開発され、賞賛された。

参考文献　林屋辰三郎『風流の成立』（『図録茶道史』、一九六二、淡交新社）。村井康彦『茶の文化史』、一九七九、岩波書店。熊倉功夫『茶の湯の歴史―千利休まで』、一九九〇、朝日新聞社。熊倉功夫他『史料による茶の湯の歴史』、一九九四・九五、主婦の友社。高橋忠彦「唐詩にみる唐代の茶と仏教」（『東洋文化』七〇、一九九〇）。中村修也「栄西以前の茶」（『茶道学大系』二所収、一九九九、淡交社）。京都国立博物館編『日本人と茶』、二〇〇二、京都国立博物館。

（中村　修也）

ちゃうす　茶臼　⇩石臼《いしうす》

チャシ　チャシ（正確にはチャシコツ、チャシ跡の意味）は、知里真志保によればアイヌ語で「柵」または「柵囲い」の意味で、一般に「砦《とりで》」や「城」といわれている。現在五百ヵ所を超える数が知られており、そのほとんどが、河川、海、湖沼に臨む丘陵や段丘などに築かれている。河野広道は、立地と形態をもとに、丘先式《きゅうせんしき》・面崖式《めんがいしき》・丘頂式《きゅうちょうしき》・孤島式《ことうしき》の四形態に分類している。チャシが築かれた目的については、砦、土塁・木柵などで囲う牧の如きもの、祭式やチャランケ（談判）を行う場所、見張り場などの説がある。また、アイヌのユーカラのなかでは英雄の居住するところとして詠われており、発掘調査で建物跡が検出された平取町ポロモイチャシ跡などの例がある。年代は各地の火山灰との関連や文献から、十六世紀から十八世紀に築かれたと考えられている。チャシに類似した遺跡として、道南の擦文時代の環濠集落《かんごうしゅうらく》、サハリンのオホーツク文化期の壕を持つ集落、カムチャッカのオストローグ、シベリアのゴロディシチェなどがあげられるが、相互の関連についてはまだ明らかにされていない。

参考文献　知里真志保『地名アイヌ語小辞典』、一九五六、楡書房。河野広造「先史時代篇」（『網走市史』上所収、一九五八）。北海道教育庁社会教育部文化課編『北海道のチャシ』、一九八三。

（越田賢一郎）

ちゃつぼ　茶壺　本来は茶を入れておく壺のこと。かつては抹茶を入れた器も茶壺と呼んだが、次第に抹茶を入れた物は小壺《こつぼ》あるいは茶入《ちゃいれ》と呼ばれ、葉茶を入れた物を大壺《おおつぼ》あるいは単に茶壺と区別して呼ぶようになった。福岡県松田経塚から出土した褐釉四耳壺は「大治二年（一一二七）」の銘をもつ中国製の唐物壺《からものつぼ》であるが、これらが茶壺として用いられた確証はない。文献上の初見は『師守記《もろもりき》』暦応三年（一三四〇）正月三日条の「引出物茶壺杓洗以下有之」という記事で、鎌倉時代の喫茶の普及に従って、もとは液体などを入れた粗製陶器の唐物壺が、一四、五世紀に葉茶を入れる壺として再評価され、日本的な美意識と相俟って名物へと昇華した。また茶の生産の高まりとともに和物(日本製)の茶壺も丹波・備前・信楽《しがらき》・瀬戸などで生産されるようになり、唐物茶壺は和物に対して「真壺《まつぼ》」と称されるようになった。茶壺は葉茶の充塡・運搬・貯蔵が目的とされ、通常高さ三〇センチ前後、口の内径七~九センチ、肩部に四個の耳(乳)を持った物が多い。陰暦五月に新茶を詰め、封をして日陰の涼所に保管し、十月に封を切った。本来室内に飾られることはなかったが、安土桃山時代の数奇の隆盛に伴って鑑賞対象となった。しかしルソン壺の大量輸入とともに鑑賞価値が下がり、江戸時代には実用性も銀製・錫《すず》製の茶壺に取って代わられた。一方、陶器製の茶壺は京焼仁清に代表されるように、実用性とは離れて、美術鑑賞用の物として製作された。

参考文献 徳川義宣『茶壺』、一九六二、淡交社。同「茶壺」(『茶道聚錦』一〇所収、一九六六、小学館)。

(中村　修也)

ちゅうかいん　中和院　平安宮内の一区画。内裏の西側の南よりに位置し、武徳門の西にあたる。『大内裏図考証』では広さ四十丈の方形区画とされ、正殿である神嘉殿《しんかでん》と、渡廊で結ばれた東舎・西舎、後殿としての北殿などの建物が所在する。新嘗祭・神今食《じんごんじき》祭などが天皇の出御によって親祭の形式で行われる際に使用され、中院・斎院・神今食院と称される場合もあった。天皇が出御しない場合は、これらの祭では中和院を使わず、神祇官で執り行われる。発掘調査によって、神嘉殿に伴うとみられる大規模な掘込地業による整地跡が見つかった。院内推定地ではあまり瓦が出土せず、すぐ西側の真言院跡で瓦が大量に出土するのとは対照的で、建物の多くが神事に関わるために瓦葺きではなかったとみられる。文献上の初見は、八〇四年(延暦二十三)八月に中院の西楼が暴風で倒れたと伝える『日本後紀』の記事で、そのころすでに整えられた姿であったことがわかる。一〇五八年(康平元)にはじめて神嘉殿を焼失して以後、数度の火災を被っている。

参考文献 古代学協会他編『平安京提要』、一九九四、角川書店。

(鐘江　宏之)

ちゅうぐうじ　中宮寺　奈良盆地北西部、矢田丘陵の南端に位置する飛鳥時代創建の寺院。奈良県生駒郡斑鳩町法隆寺に所在。鵤《いかるが》尼寺・法興尼寺ともいう。聖徳太子の母、穴穂部間人《あなほべのはしひと》皇后のためにその宮を寺にしたという。聖徳太子建立の七ヵ寺の一つ。天文年間(一五三二―五五)に現在の寺地に移る。創建当初は、東方約五五〇メートルの「幸前小字旧殿」に位置した。旧寺地は国指定史跡。旧寺地は一九六三年(昭和三十八)に調査され、また、一九八四年から橿原考古学研究所により範囲確認の発掘調査が実施された。塔・金堂を南北に配置した伽藍で、中門・回廊は未検出。講堂は土地造成・地山の整形作業は行なったものの建築には至らなかったらしい。南門、北門と西面・北面の築地は検出されたが、南面築地は検出されていない。寺域は南北一六五メートル、東西一三〇メートル。また、寺の遺構に先行して、掘立柱建物や掘立柱塀が検出されている。

参考文献 稲垣晋也「旧中宮寺跡の発掘と現状」(『日本歴史』二九九、一九七三)。橿原考古学研究所編『中宮寺跡第八次発掘調査概報』、一九九六。

(林部　均)

ちゅうせん　鋳銭　金属貨幣である銭貨を鋳造すること。『和名類聚抄』では鋳銭司を「樹漸乃司」としており、「じゅせん」とも読む。日本における鋳銭のはじまりは、長らく七〇八年(和銅元)の和同開珎とされてきたが、奈良県飛鳥池工房遺跡の発掘調査により、富本銭とよばれる銭貨の生産が七世紀後半にさかのぼることが判明した。八―十世紀には、和同開珎から乾元大宝までのいわゆる皇朝十二銭が鋳銭された。古代の鋳銭は令外の官である鋳銭司が担当し、政府は雑律私鋳銭条などで民間の鋳銭を厳しく禁じた。鋳銭司の初見は、六九四年(持統天皇八)の鋳銭司任命記事であるが、これは六九九年(文武天皇三)に設置された鋳銭司と同様に富本銭の生産官司と推測される。和同開珎は、河内鋳銭司や長門鋳銭司で生産され、また七〇八年に設置された催鋳銭司の監督のもとに、近江国や大宰府、播磨国の官衙工房でも鋳銭されたようである。その後の皇朝十二銭は、産銅国である長門・周防の鋳銭司を中心に生産された。史料にはこのほかに、山城国岡田郷に所在した鋳銭司(加茂銭司遺跡)や田原鋳銭司、山城国葛野鋳銭所の名がみえる。古代銭貨の鋳銭技術は、飛鳥池工房遺跡から出土した富本銭の銭范(鋳型)や鋳放し銭、鋳棹、坩堝《るつぼ》、砥石、鞴羽口《ふいごはぐち》などの一括資料から、富本銭の鋳銭方法や製作工程が復元されている。また史跡長門国鋳銭所跡や平城京左京三条四坊七坪から和同開珎の銭范、平城京左京三条二坊二坪から和同開珎の母銭、大阪市細工谷遺跡から和同開珎の枝銭、平城京左京六条一坊十六坪から神功開宝の銭范が発見されている。中世になると中国の宋銭が大量に国内に流入し、国

富本銭と鋳棹(飛鳥池遺跡出土)

内通貨として使用された。平安京や中世都市堺、鎌倉、博多などから、それらを模鋳した銭范が出土し、渡来した中国の公鋳銭（精銭）や私鋳銭とともに、日本で鋳造された模鋳銭や無文銭が混然となって流通した状況が明らかになっている。この時期の模鋳銭や無文銭の鋳銭は、複数の鋳型を重ねて鋳込んだ連鋳法と呼ばれる特異な鋳銭方法による。近世には江戸幕府により金銀銅の三貨が発行され、寛永通宝以下の銅貨が各地の鋳銭場において生産された。これまでに岡山県二日市遺跡の岡山藩鋳座跡、山口県銭屋遺跡の長州藩銭座跡、大分県竹田市の豊後岡藩銭座跡などが発掘調査され、出土した寛永通宝の鋳銭関係遺物や遺構と、鋳銭絵図の比較研究がなされている。

[参考文献] 栄原永遠男『日本古代銭貨流通史の研究』、一九九三、塙書房。松村恵司「富本銭の製作工程と鋳造技術」（太田区立郷土博物館編『ものづくりの考古学』所収、二〇〇一、東京美術）。松村恵司・栄原永遠男編『わが国鋳銭技術の史的検討—平成十三年度研究集会報告書—』、二〇〇三。

（松村　恵司）

ちゅうせんし　鋳銭司　⇨じゅせんし

ちゅうぞう　鋳造　⇨鋳物《いもの》

ちゅうそんじ　中尊寺　奥州藤原氏の初代清衡《きよひら》が創建した寺院。国の特別史跡。岩手県西磐井郡平泉町平泉字衣関に所在する。北上川右岸に広がる丘陵部に立地し、東に北上川、北に衣川を望む。山号の関山《かんざん》は、前九年合戦の激戦地である衣川関山《ころもがわのせきやま》を意味するとされる。関山中尊寺は天台宗東北大本山であり、国宝金色堂《こんじきどう》や紺紙金銀字交書一切経をはじめ美術工芸品や仏像など三千余の国宝・重要美術品を有する。寺域は東流する桜川を間に挟んだ丘陵に広がり、北側の丘陵には現在の中尊寺および支院と十二世紀に造営された中尊寺の主要伽藍があり、金色堂は中央に位置し、その西側一帯は蓮台野《れんだいの》と呼ばれ多数の石塚などが集中する。南側の丘陵には支院のひとつである大徳院や経塚などがある。藤原清衡が江刺市の豊田館《とよだのたち》から平泉に居を移して間もない一一〇五年（長治二）から中尊寺の造営に着手し、清衡が没する一一二八年（大治三）には主要伽藍が完成していたとされる。その後二代基衡《もとひら》・三代秀衡《ひでひら》が継続し完成させた。一一二六年に起草された『中尊寺落慶《らっけい》供養願文』によると中尊寺の中心である釈迦堂は、三間四面の檜皮葺《ひわだぶき》堂であったとされる。また、『吾妻鏡』文治五年（一一八五）の寺塔已下《じとういかの》注文《ちゅうもん》には寺塔四十余宇・禅坊三百余宇と記されている。金色堂は棟木《むなぎ》の墨書銘から、一一二四年（天治元）に上棟されている。四代藤原泰衡《やすひら》の代に源頼朝によって攻められ、奥州藤原氏は滅亡するが、中尊寺は安堵《あんど》される。しかし、一三三七年（建武四）に金色堂と経蔵《きょうぞう》以外の諸堂を焼失する。現在の諸堂は、近世以降のものである。中尊寺創建時の伽藍を伝える資料は『中尊寺落慶供養願文』と『吾妻鏡』の二種あるが伽藍の内容記述には共通する点がほとんどない。寺域には、伝承地として伝金堂跡《こんどうあと》、伝多宝塔《たほうとう》跡、伝三重の池跡、伝大池《おおいけ》跡等々多数ある。一九五九年（昭和三十四）から寺域内の伝

中尊寺境内および主要遺構検出位置図

中尊寺境内　伝金堂跡（南東から）

中尊寺境内　伝多宝塔跡礎石群（南西から）

承地の発掘調査が行われた。伝金堂跡の基壇は黄白色の粘土が積まれ、旧位置から動かされた礎石のほか、根石や掘り方が検出され、外側には玉石敷面が確認されている。建物の規模は東西五間、南北四間と推定され、翼廊はなく瓦も出土していない。伝多宝塔跡では、径一《メートル》の巨石を礎とし、柱間が四・二《メートル》の間隔をもつ最大規模の建物跡が発見されている。四間ずつ確認されているがさらに東と西に一間伸びる可能性があり、『吾妻鏡』に記された二階大堂の可能性も指摘されている。伝三重の池跡は金色堂の北側広場にあり、北側の小舞沢《こまいざわ》の谷頭を利用して造られ、中島や三条の橋跡も発見されている。伝大池跡では方三間回縁付きの堂跡や多数の瓦片が出土したが、大池は未完成に終わったとの見解が示された。しかし、その後の平泉町教育委員会の発掘調査によって新たな展開がみられた。大池跡の北西にある大日堂別当金剛院池《こんごういんいけの》辺坊《はたぼう》の調査では、古い整地層の下から重複する掘立柱建物三棟が検出され、多数のかわらけや漆器椀・下駄・将棋の駒・笹塔婆《ささとうば》等々多種豊富な木製品が出土している。かわらけはすべてロクロ成形の椀と小皿で、手づくねかわらけが平泉で使用される以前のものであり、十二世紀第一四半期の清衡期段階の土器とされる。金剛院の西近接地の弁財天堂付近では、大池跡への導水上流部と目される十二世紀はじめの溜池状遺構が確認されている。大池跡北東部岸では州浜状の岸辺が検出されている。また、金色院境内と金剛院との間の斜面地下には十二世紀の石敷き古道が発見され、金色堂への参道の可能性も指摘されている。今後大池周辺から中尊寺前史に関わる遺構や中尊寺初期の遺構が確認される可能性が極めて高くなった。中尊寺境内は、創建当初から現在まで、とぎれることなく利用されてきた。そのことによる破壊や改変があったことは事実であるが、緻密な調査の継続により、その実態が明らかになりつつある。特に創建期の遺構・遺物の集中する大池一帯の解明が最重要課題と考えられる。

↓平泉《ひらいずみ》

資料館　讃衡蔵（岩手県西磐井郡平泉町）

参考文献　平泉遺跡調査会編『中尊寺―発掘調査の記録』、一九八三。中尊寺『中尊寺総合調査―第一次遺構確認調査報告書』、一九九四。『いわて未来への遺産―古代・中世を歩く』、二〇〇一、岩手日報社。及川司「再見・大池」（『関山』八、二〇〇三）。

（高橋　信雄）

ちゅうなんさくもつ　中男作物　律令制下の税制のひとつ。七一七年（養老元）、正丁の調副物と中男の正調を廃止し、その代償として、中央官司が必要とする物品の必要数を主計寮が計上し、諸国で中男を使役して物品を調達・貢納させた。中男の労働力が不足した場合には正丁らの雑徭で補われ、「正丁作物」と称した。畿外諸国を対象とする。平城宮跡出土の荷札木簡によると、奈良時代前半は、調副物の系譜を引くものと、中男の使役による贄《にえ》があり、ひとつの税目として捉えられる状態にはなかった。だが奈良時代後半になると、贄とは明確に分化して、税目としての中男作物が成立する。荷札木簡の大部分は貢進主体として国郡郷名しか記さず、中男作物が集団労働によって調達されたことを示す。『延喜式』にあげられた品目は、正丁の調副物の系譜を引く繊維原料・染料・油脂・工芸関係の材料・雑器や、かつての中男の正調や贄の系譜を引く山野河海の産物などである。

参考文献　村松英雄「中男作物制に関する一試論」（『続日本紀研究』二三三、一九八四）。樋口知志「中男作物制の成立に関する覚え書き」（『宮城歴史科学研究』二三、一九八四）。渡辺晃宏「志摩国の贄と二条大路木簡」（『続日本紀研究』三〇一、一九九六）。

（市　大樹）

ちゅうもん　中門　古代寺院において中心堂塔を囲む廻廊に開く門で、伽藍中核部の正門にあたる。飛鳥寺、大《だい》官大寺《かんだいじ》などの飛鳥時代寺院の発掘遺構では、桁行も梁行も柱間が三間で、梁行の中央柱間に単廊《たんろう》の廻廊がとりついており、単廊に適合した構造とも考えられる。奈良時代寺院では梁行二間が通例となるが、廻廊の複廊《ふくろう》化に伴う変化と推定される。この場合、門と廻廊の梁行中央柱どうしが柱筋を揃える。桁行は柱間三間または五間が通例で、三間門では中央の一間、五間門では三間を扉口とし、それぞれ三間一戸《さんげんいっこ》、五間三戸《ごげんさんこ》のように呼ぶ。単層の切妻造が多いが、中世には楼門造も現れる。法隆寺西院中門(国宝、奈良県生駒郡斑鳩町)が現存最古で、壇上積《だんじょうづみ》基壇に建つ桁行四間、梁行三間、入母屋造の二重門である。桁行の中央二間を扉口とする四間二戸の形式でほかに類例がなく、門の出入りで扉口を区別した大陸の古制を示す可能性がある。正面側の扉口の両脇間には仁王像を安置する。

参考文献　奈良国立文化財研究所編『飛鳥寺発掘調査報告』、一九五八。『奈良六大寺大観』、一九六八-七三、岩波書店。

(長尾　充)

ちょう　町　㈠距離の単位。日本独自の単位で、律令制下における条里制との関係が指摘されている。条里地割の基本区画となる面積一町の一辺が、距離の単位に転じたものらしい。一町の長さは六十歩、唐大尺に換算すると三百六十尺、現行の長さでは約一〇六メートルと試算される。ただし、各地で確認される条里地割は、一辺が約一〇九メートルで、実際の一町の長さはこれに相当した。中世以降は、一町は六十間(歩)、三百六十尺が定着したが、上級単位である里との換算は、時代や地域によって一様ではない。六町一里、三十六町一里、四十町一里など多様である。一八六九年(明治二)に三十六町一里に統一された。

参考文献　金田章裕『古代日本の景観―方格プランの生態と認識―』、一九九三、吉川弘文館。

㈡律令制下における土地面積の単位。『大宝令』田令田長条では、田地の面積単位について、長さ三十歩、広さ十二歩を一段、十段を一町と規定する。六四六年(大化二)改新の詔に同様の規定があるが、令条文による潤色説と捉える見解が大勢を占める。もともと、わが国では、獲稲数によって田地を把握する代《しろ》の単位が普及していた。七世紀後半以降、中国にならって、土地を尺度とそれを乗じて算出する面積の概念で把握することとなり、『大宝令』にて独自の町・段・歩の単位を確立した。唐制では、長さ二百四十歩、広さ一歩を一畝、百畝を一頃とし、町単位を確認することはできない。七四七年(天平十九)『法《ほう》隆《りゅう》寺《じ》伽藍縁起《がらんえんぎ》幷《ならびに》流記《るき》資財帳《しざいちょう》』によると一町を五百代に換算していたことがわかる。また、条里地割の基本となる一辺一〇九メートル四方の区画(約一・二ヘクタール)は、田令が規定する町の面積と一致する。

参考文献　金田章裕「条里呼称法の起源と特性」(『条里と村落の歴史地理学研究』所収、一九八五、大明堂)。吉田孝「町代制と条里制」(『山梨大学歴史学論集』一二、一九八八)。

(大隅亜希子)

ちょう　調　律令制下の税制のひとつで、和訓は「みつき」。ミツキとは貢物のことであり、元来は、政治的に服属した証しとして、定期的に貢上する物資を意味した。令制下の調の内容は賦役令に規定があり、絹・絁《あしぎぬ》・布・糸・綿などの繊維製品である正調と、鉄・鍬・塩や種々の水産物などの調雑物からなる。このうち正調は一般的な品目であり、調雑物はそれぞれの地域の歴史的由来や自然環境に応じた品目である。唐制のように貨幣的に使用された布帛類に統一されていないのは、流通経済の未発達という事情に加え、かつてのミツキとしての性格を色濃くもつことによるとされる。正丁一人あたりの負担量は品目ごとに定められ、次丁は正丁の二分の一、少丁は正丁の四分の一。さらに正丁には付加税ともいうべき調副物が課せられた。京畿内は畿外の半分の負担量で、調副物も免除された。京畿内の調は布が一般的であるが、舗設具・陶器・土師器・木器など宮廷調度品の場合もあった。運脚によって京に運ばれた調は、律令国家の主要な財源とされ、官人給与や官司運営費などに充てられた。人別賦課としての調の成立は、飛鳥地域出土の荷札木簡から天武朝までは確実にさかのぼる。それ以前となると、大化改新詔第四条に規定された「田之調」(田地の面積に応じて、絹・絁・布・糸・綿などを納めるもの)や「戸別之調」(一戸あたり布一丈二尺を納めるもの)との関連など不明な点が多い。八世紀前半には調の税目や数量に関する改正が集中する。たとえば、京畿内の調は七〇六年(慶雲三)に戸別の調に改められ、さらに和同開珎の鋳造後には銭納とされた。また、七一七年(養老元)には調副物は中男の調とともに廃止され、中男作物という税目に受け継がれた。八世紀末以降、調庸の粗悪・違期・未進が増大し、正税交易によって調庸相当の物品を購入する交易雑物の制度が拡大した。十世紀後半には、租や地子とともに田率賦課の官物として再編成される。

参考文献　石上英一「日本古代における調庸制の特質」(『歴史学研究　歴史における民族と民主主義』、一九七三)。長山泰孝『律令負担体系の研究』、一九七六、塙書房。薗田香融「畿内の調」(有坂隆道先生古稀記念会編『日本文化史論集』所収、一九九一)。早川庄八『日本古代の財政制度』、二〇〇〇、名著刊行会。

(市　大樹)

ちょうげん　重源　一一二一―一二〇六　平安時代末から鎌倉時代前期の僧。房号を俊乗房、南無阿弥陀仏とも号する。一一二一年(保安二)誕生。父は紀季重といわれる。十三歳の時、醍醐寺で出家。その後大峰・熊野・葛城などの山岳霊場で修行を積んだとされるが、僧としての史料上の確実な初見は、一一五二年(仁平二)に醍醐寺円光院理趣三昧衆の一人として記されているものである(『醍醐雑事記』)。一一七六年(安元二)、重源が施入した高野山延寿院鐘銘には「入唐三度聖人重源」とあり、青年―壮年期に数度にわたり渡宋の事実があったものと考えられている。これに先立つ一一五五年(久寿二)、重源は源師行建立の下醍醐柏杜堂の九躰丈六堂建設に関わっており、こうした村上源氏との関係が渡宋の背景にあったものと思われる。一一八〇年(治承四)、平重衡による南都焼討ちで灰燼に帰した東大寺を再建するため、重源はその翌年に東大寺大勧進職に任命される。大仏の鋳造に際しては宋人陳和卿《ちんなけい》を起用し、石工にも伊行末をはじめとする宋人をあてた。また、建築方法も宋の建築技法であった大仏様が採用された。こうした宋人技術者たちとの密接な関係は、渡宋時のコネクションに負うものであろう。東大寺の復興は一一八五(文治元)の大仏開眼供養を経て、一二〇三年(建仁三)に東大寺総供養が行われて一応の完結を見た。この間、大仏殿造営の木材を得るために周防国を東大寺造営料国とし、伊賀や播磨など七ヵ所に「別所」と呼ばれる宗教施設を設けて、復興に関わる荘園の安定経営や在地教下に努めた。またこうした別所経営と資材などの円滑な移送のため、魚住泊や大和田泊の修築など、瀬戸内海港湾施設の整備を行なった。重源自身はこうした事業を行基の事績に照らしているが(『南無阿弥陀仏作善集』)、その思想は一二〇二年の狭山池修築においても明確に示されている(「重源狭山池碑文」)。一二〇六年(建永元)六月、東大寺において逝去。享年八十六歳。東大寺北方丘陵の伴墓には高さ一七三センチの五輪塔があり、重源の墓塔と伝えられている。火輪の形状が三角錐となる特異なもので、重源が別所などに置いた水晶製や金銅製の五輪塔と共通の特徴を有する。

参考文献 小林剛『俊乗房重源の研究』、一九七一、有隣堂。五味文彦『大仏再建』(『講談社選書メチエ』五六、一九九五、講談社)。四日市市立博物館編『重源上人』、一九九七。『重源のみた中世』、二〇〇二。奈良国立博物館編『大勧進重源』、二〇〇六。 (山川 均)

ちょうごそんしじ 朝護孫子寺 奈良県生駒郡平群町信貴山に所在する寺院。総本山信貴山朝護孫子寺。信貴山寺とも称する。信貴山真言宗。本尊は毘沙門天。信貴山の中腹に位置する。舞台造の本堂を始め、多くの堂宇・宿坊などを有する。寺伝では本尊毘沙門天は、聖徳太子が物部守屋を討伐する際に信貴山で祈禱し、感得したとする。ただし当寺の背後には、六六七年(天智天皇六)に朝鮮式山城である高安城が築城されているので、当寺の創建も、高安城築城に関係している可能性もある。また平安時代の説話によると、僧命蓮が「大悲多門天」と記した石櫃を発見し、はじめて堂宇を建立したという。命蓮は実在の僧で、寛平年間(八八九―九八)から十世紀前半にかけて信貴山で修行し、堂宇を修造している。寺蔵の『信貴山縁起絵巻』(国宝)は、命蓮が現した奇跡を描いた、平安時代院政期の絵巻物である。倉を飛ばせた奇跡を描いた、飛倉の巻などが著名。その他、延長七年(九二九)銘の金銅鉢(重要文化財)などの文化財を所蔵している。

参考文献 『日本の国宝』七(『週刊朝日百科』、一九九七、朝日新聞社)。 (吉川 聡)

ちょうさよう 長沙窯 中国湖南省長沙市望城県銅官鎮にあり、銅官窯もしくは瓦渣坪窯と呼ばれる。長沙窯陶磁は、岳州窯の伝統を引くといわれ、黄釉・褐釉・緑釉・黒釉や青磁が見られるが、黄釉褐彩・黄釉褐緑彩といった一種の釉下彩の嚆矢と考えられる技法が注目される。また、肩部の面取りした短い注口と胴部の褐彩をつけた貼花文をもつ黄釉水注は、ほかの中国陶磁に類のない独特の器形であり、海外からの注文の介在も考えられる。八世紀末ごろから邢窯系白磁・越州窯青磁とともに海外に輸出され始める初期貿易陶磁の一角を形成している。東南アジアを中心に、東は日本や朝鮮の遺跡から、西はエジプトのフスタート遺跡からも出土しているが、白磁・青磁に比較して、十世紀の五代に入ると衰退したと考えられる。 →越州窯《えっしゅうよう》 →邢窯《けいよう》

参考文献 三上次男「長沙銅官窯磁―その貿易陶磁的性格と陶磁貿易―」(『陶磁貿易史研究』中所収、一九六八、中央公論美術出版)。長沙窯課題組編『長沙窯』、一九九六、紫禁城出版社。 (金沢 陽)

ちょうし 鑷子 金属棒を二つに折り曲げてピンセット状にし、その弾性を用いてものを挟む道具。梵網経には、僧侶が修行中に所持すべき必需品、いわゆる十八物の一つに、毛や棘を抜く道具としてその名がみえ、中国法門寺塔基地宮前室からは、佩飾具として他の携帯用諸具とともに鎖に繋がれた鑷子が出土している。七四七年(天平十九)の『法隆寺資材帳』などに飲食用供養具としてみえる鉗も同構造とする説があり、寺院に蔵されるピンセット状の道具には、梵網経の教説の象徴として仏に供えられた鑷子と、それとは無関係の飲食用供養具などとがあると考えられる。正倉院南倉には銅鉄雑鉸具のうちの挟子として鉄製七十九本、銀製一本のピンセット状の道具が伝存する。これらは鍛造製で、ものを挟み易いようにほとんどが屈曲部をやや薄く加工してある。長いものは二四センチ、短いものは七・五センチであるが、一六・五センチや一〇センチ程度のものが多数を占める。鎮壇具としては、奈良興福寺中金堂の埋納品(銀製、七一〇年埋納)が著名である。古墳などから出土する鑷子も日常備用の道具が副葬品となったものと考えられ、埼玉稲荷山古墳をはじめ、全国各地から出土している。

参考文献 森本六爾「古墳発見の鑷」(『日本上代文化の考究』所収、一九二七、四海書房)。岡崎譲治「正倉院のいわゆる挟子(鉗)について」(『大和文化研究』七ノ一〇、一九六二)。 (飯田 剛彦)

ちょうじゃばらいせき 長者原遺跡 武蔵国都筑《つづき》郡の郡家跡とみられる遺跡。神奈川県横浜市青葉区荏田西に所在し、東西約一七〇メートル、南北三九〇メートルの範囲の北にのびる比高一〇～二〇メートルの二つの舌状丘陵上に位置する。東側の丘陵の中央部では、七世紀代の長大な建物をL字型に配置したものから八世紀代の品字型に配置したものへ変遷する大型の掘立柱建物が検出され、九世紀には企画性をもたなくなる。この部分は、郡庁にあたるとみられる。その南側には数回の建て替えを行なった二群の掘立柱建物が展開し、厨・館と推定される。西側の丘陵には総柱建物と後に礎石立建物が整然と配置されており、溝などによる区画は設けられていないが、正倉域と考えられる。遺物には円面硯の破片、「都」の字を記した墨書土器、灰釉陶器、緑釉陶器の破片などがある。二つの舌状丘陵上を巧みに利用し、郡庁・厨・館・正倉という郡家

の必要要素を配置している。また、七世紀代の遺構は、都筑評の役所に関係するものとみられる。

参考文献 大川清・水野順敏「長者原遺跡―都筑郡衙推定地―の調査」（『日本歴史』四〇六、一九八二）

（平野 卓治）

ちょうしゅうでん 朝集殿 古代の宮城の中枢施設の一つ。朝集堂ともいう。大極殿・朝堂からなる儀式・政務空間の南に付属して設けられた区画（朝集殿院）の東西に一棟ずつ設けられた南北棟建物。朝政に参加する官人が身支度を調え、朝政開始まで待機するための建物。飛鳥浄御原宮ではこの機能をもつ建物を特定できないが、藤原宮には確実に存在した。平城宮の朝集殿は東区の朝堂院の南に礎石建ちで建てられていたが、奈良時代前半の朝集殿の存在についてはまだ確証が得られていない。それは東区は正殿も朝堂も下層の掘立柱建物から上層の礎石建物へと建て替えられているのに、朝集殿については下層の掘立柱建物の存否が明らかでなく、また朝集殿院南門（平安宮の応天門に相当）は、正殿や朝堂区画の南門とは異なり、当初から礎石建ちで建てられていたからである。なお、平城宮の東朝集殿は、唐招提寺講堂として移築された。屋根構造や建物の向きが変えられているが、現存する唯一の平城宮の建物である。

（渡辺 晃宏）

ちょうしょうじ 超昇寺 不退寺と並び、真如法親王（平城天皇皇子高丘親王）の創建と伝えられる寺。奈良市佐紀町にあった。発掘調査は行われておらず、伽藍配置などは不詳。ただし周囲には本堂畑・塔の坊などの地名が残る。南都十五大寺の一つに数えられる。一一八〇年（治承四）の南都焼き討ちの兵火で焼失し、一一九〇年（建久元）に再興されたという。一四五九年（長禄三）には火災に遭い、一五七八年（天正六）には兵火で焼失。近世には隆光が当寺に隠退した。隆光の墓は現在の佐紀幼稚園内にある。明治初頭（一八七七年（明治十）ごろか）に廃絶。宝物類は周辺の寺社に移った。現在、佐紀神社本殿脇に、超昇寺のものと見られる礎石がある。超昇寺城は超昇寺中心部の東側・佐紀神社北側に隣接する中世城館。超昇寺僧出自とみられる国民超昇寺氏の居館。初見は一四五九年。奈良西側の拠点として重視された。主郭部分の発掘は行われていない。周辺部の発掘調査で、現地形から推定されるよりも遥かに広く、堀などが廻らされていたことが判明している。

参考文献 『奈良県史』六、一九八一、名著出版。『奈良市史』通史二、一九九四。『奈良文化財研究所紀要』二〇〇四、二〇〇四。

（馬場 基）

ちょうせき 町石 寺院や神社の参道に一町ごとに建てられた道標。鎌倉時代から建てられるようになる。町石

全国の町石一覧

所在社寺名	所在地	紀年	種類
四柳神社	石川県羽咋市	文明10年(1478)	板碑
横倉寺	岐阜県揖斐郡揖斐川町	永正10年(1513)	板碑
廃補陀落寺	三重県上野市	建長5年(1253)	板碑
八鬼山	三重県尾鷲市	天正14年(1586)	石仏
金勝寺	滋賀県栗東市	南北朝期(1390年頃)	板碑
廃飯道寺	滋賀県甲賀市	室町前期(1450年頃)	笠塔婆
唯念寺	滋賀県犬上郡豊郷町	南北朝期(1345年頃)	板碑
西明寺	滋賀県犬上郡甲良町	元応2年(1320)	笠塔婆
念称寺	同	室町末期	板碑
松尾寺	滋賀県米原市	室町末期	板碑
常徳寺	京都市北区	応安元年(1368)	五輪塔
峰定寺	京都市左京区	室町後期	板碑
醍醐寺	京都市伏見区	文永9年(1272)	笠塔婆
松尾寺	京都府舞鶴市	室町末期	五輪塔
光明寺	京都府綾部市	永徳2年(1382)	板碑
浄瑠璃寺	京都府相楽郡加茂町	文和4年(1355)	笠塔婆
海住山寺	同	文明8年(1476)	五輪塔
勝尾寺	大阪府箕面市	宝治元年(1247)	五輪塔
七宝瀧寺	大阪府泉佐野市	正平17年(1362)	板碑
月峯寺	大阪府豊能郡能勢町	応永18年(1411)	板碑
法願寺	大阪府泉南郡熊取町	応永3年(1396)	五輪塔
忉利天上寺	神戸市灘区	文安4年(1447)	五輪塔
丹生山	神戸市北区	永徳3年(1383)	五輪塔
海臨寺跡	兵庫県尼崎市	天文年間(1530年頃)	五輪塔
常楽寺	兵庫県加古川市	永徳2年(1382)	笠塔婆
光明寺	兵庫県赤穂市	室町中期(1480年頃)	五輪塔
中山寺	兵庫県宝塚市	永正14年(1517)	笠塔婆
大舟山	兵庫県三田市	室町中期(1499年頃)	五輪塔
一乗寺	兵庫県加西市	正和5年(1316)	笠塔婆
笠形寺	兵庫県神崎郡市川町	室町前期(1450年頃)	板碑
高源寺	兵庫県丹波市	応永8年(1401)	五輪塔
石龕寺	同	応永6年(1399)	五輪塔
金剛寺	兵庫県南あわじ市	康永2年(1343)	五輪塔
諭鶴羽神社	同	建武元年(1334)	五輪塔
徳融寺他	奈良市	室町後期	石仏
観音寺	奈良県桜井市	永禄5年(1562)	板碑
安位廃寺	奈良県御所市	嘉元2年(1304)	五輪塔
香高山	奈良県高市郡高取町	慶長9年(1604)	板碑
高野山	和歌山県伊都郡高野町他	文永3年(1266)他	五輪塔
熊野街道	和歌山県田辺市他	寛元3年(1245)他	笠塔婆
宮島	広島県廿日市市	慶長4年(1599)	板碑
太龍寺	徳島県阿南市	貞治4年(1365)	板碑
鶴林寺	徳島県勝浦郡勝浦町	貞治5年(1366)他	板碑
御許山	大分県宇佐市	貞和6年(1350)	板碑
愛宕社他	大分県臼杵市	永徳2年(1382)	板碑

（慶長以前の町石、愛甲昇寛『中世町石卒都婆の研究』（1994年、ビジネス教育出版社）による）

高野山町石

には、笠塔婆《かさとうば》・五輪卒塔婆《ごりんそとば》・板碑《いたび》・石仏の四種類あり、道程以外に仏名・仏像・梵字《ぼんじ》・施主・建立年月日などを彫る。建長五年(一二五三)銘のある廃補陀落寺《はいふだらくじ》(三重県上野市)、宝治元年(一二四七)銘のある勝尾寺《かつおじ》(大阪府箕面市)、高野山《こうやさん》(和歌山県伊都郡高野町ほか)のものは国指定史跡となっている。高野山町石《こうやさんちょういし》は有名で、慈尊院《じそんいん》から天《あま》野社《のしゃ》を経て、壇上伽藍《だんじょうがらん》・奥《おく》の院御廟《いんごびょう》に至る道筋に建つ。高野山遍照光院沙門覚斅《さもんかくきょう》が、一二六五年(文永二)に発願し、一二八五年(弘安八)までかけて、天皇・公家・武家・庶民に至る喜捨《きしゃ》を得て、平安時代からある木製の町卒塔婆を、花崗岩製の五輪卒塔婆に建て替えた。約二四・六キロにわたり、二百二十基にのぼる町石・里石は類例がなく、時代も鎌倉時代のものを主として大正時代再建のものまでを含む。信仰上・度量衡《どりょうこう》上重要な遺跡である。

参考文献　愛甲昇寛『中世町石卒塔婆の研究』、一九九四、ビジネス教育出版社。

（寺本　就一）

ちょうせん　朝鮮　広義には紀元前二世紀ころの古朝鮮《こちょうせん》以来の半島国家(高句麗《こうくり》・百済《くだら》・新羅《しらぎ》・高麗《こうらい》など)を指すが、狭義には一三九二年に李成桂《りせいけい》が建国した朝鮮王朝を指す。同王朝は一八九七年大韓帝国成立ないし一九一〇年韓国併合まで五百年間以上続いた。十四世紀代の前期倭寇《わこう》は高麗・朝鮮の内政・軍事に大きな被害を与えたため、朝鮮王朝は、その倭寇勢力を懐柔して倭人通交者・受職人などに編制した。その結果、日朝貿易も伸展し、大蔵経《だいぞうきょう》や仏画、梵鐘、砂張《さはり》、青磁・白磁などの文物が多数輸入された。一五九〇年代には豊臣政権が朝鮮に侵略、朝鮮人陶工を連行するなどして肥前焼や薩摩焼の基盤ができたことも重要。ただしこの侵略は日朝間に大きな禍根を遺し、江戸時代以降、日本人を首都ソウルまで踏み込ませない片面通交、すなわち通信使外交が展開される原因となった。　→通信使《つうしんし》　→文禄《ぶんろく》・慶長《けいちょう》の役《えき》
→倭寇《わこう》

参考文献　中村栄孝『朝鮮』、一九七一、吉川弘文館。朝鮮史研究会編『(新版)朝鮮の歴史』、一九九五、三省堂。『朝鮮を知る事典』、一九八六、平凡社。韓永愚『韓国社会の歴史』(吉田光男訳)、二〇〇三、明石書店。

（橋本　雄）

ちょうせんしきやまじろ　朝鮮式山城　六六三年(天智天皇二)の白村江の戦いにより唐・新羅の連合軍に敗れ、半島からの侵攻に対応すべく西日本各地に造営した古代山城。「ちょうせんしきさんじょう」ともいう。『日本書紀』によれば六六四年に対馬・壱岐・筑紫に防人《さきもり》と烽《とぶひ》を置き、筑紫に大堤を築いた(水城《みずき》)とある。また翌六六五年に長門国と筑紫国に城を築いた。筑紫国の城は、「大野及椽二城」とし、名称も記している。この築城を指導したのが百済の軍人で、長門国に答炑春初を筑紫国に億礼福留と四比福夫を遣わしたとある。百済の城郭築造技術をもって実施し、かつ朝鮮半島の三国時代に発達した山城の形式であることから朝鮮式山城と称する。その構造は、広大な谷

■ は朝鮮式山城を示す（史書に記載された山城跡）
▲ は神籠石若しくは類似のものを示す（史書に記載されていない山城跡）
△ は史書に記載されているが所在地が特定されていない城跡
● は奈良時代中期に築城された怡土城跡
図中の番号は一覧表の番号と一致、怡土城跡については番号を付していない。

古代山城跡位置図

古代山城跡一覧

	名　称	所　在　地	国名	全　周	指　定	遺　構　等
1	高安城跡	奈良県生駒郡平群町ほか	大和	不詳		倉庫建物跡
2	屋　島	高松市	讃岐	7.2km	国史跡	石塁・水門跡（1）
3	大野城跡	福岡県糟屋郡宇美町・太宰府市・大野城市	筑前	8.0km	国特別史跡	倉庫建物跡・石塁・城門跡（4）・土塁
4	基肄（椽）城跡	佐賀県三養基郡基山町	肥前	4.4km	国特別史跡	倉庫建物跡・石塁・土塁
5	金田城跡	長崎県対馬市美津島町	対馬	2.8km	国特別史跡	石塁・水門跡（3）・城門跡（3）
6	鞠智城跡	熊本県山鹿市菊鹿町・菊池市	肥後	3.6km	国史跡	倉庫等建物跡・城門跡（3）・土塁
7	長門城跡	山口県下関市？	長門			所在地未確認
8	茨城城跡	広島県福山市	備後			未調査
9	常城城跡	広島県福山市	備後			未調査
10	大廻・小廻山城跡	岡山市・岡山県赤磐郡瀬戸町	備前	3.2km	国史跡	列石・石塁・水門跡（3）・土塁
11	鬼 城 山	岡山県総社市	備中	2.8km	国史跡	石塁・列石・水門跡（5）・城門跡（3）・建物跡
12	城　山	香川県坂出市ほか	讃岐	7.6km	国史跡	土塁・建物礎石・石塁
13	永納山城跡	愛媛県西条市・今治市	伊予	2.7km	国史跡	列石・土塁
14	石城山神籠石	山口県光市大和町	周防	2.5km	国史跡	列石・土塁・水門跡・城門跡
15	御所ヶ谷神籠石	福岡県行橋市・京都郡みやこ町	豊前	2.8km	国史跡	列石・土塁・水門跡（1）・城門跡（6）・建物跡
16	鹿毛馬神籠石	福岡県飯塚市頴田町	筑前	2.0km	国史跡	列石・土塁・水門跡（1）
17	雷山神籠石	福岡県前原市	筑前	2.6km	国史跡	列石・土塁・水門跡（2）
18	杷木神籠石	福岡県朝倉市杷木町	筑前	2.4km	国史跡	列石・土塁・水門跡（2）
19	高良山神籠石	福岡県久留米市	筑後	2.7km	国史跡	列石・土塁・水門跡（2？）
20	女山神籠石	福岡県みやま市	筑後	3.0km	国史跡	列石・土塁・水門跡（4）
21	帯隈山神籠石	佐賀市	肥前	2.5km	国史跡	列石・土塁・水門跡（4）・城門跡（1）
22	おつぼ山神籠石	佐賀県武雄市	肥前	1.8km	国史跡	列石・土塁・水門跡（4）・城門跡（2）
23	唐原山城跡	福岡県築上郡上毛町	豊前	1.7km	国史跡	列石・土塁・水門跡（3）・城門跡（1）
24	宮地岳山城跡	福岡県筑紫野市	筑前	調査中，北西部分だけで確認		列石・土塁
25	城山城跡	兵庫県たつの市	播磨	3.5km		石塁・城門礎石跡
26	三野城跡	福岡市か？	筑前			所在地未確認
27	稲積城跡	福岡県糸島郡志摩町か？	筑前			所在地未確認
28	怡土城跡	福岡県前原市	筑前	6.5km	国史跡	土塁・石塁・城門跡（3）・望楼跡・建物跡

一覧の名称は指定されている物件は指定名称を採用した

や盆地を抱いた山の稜線に沿って城壁を築き、谷の出口に城門をかまえ、平面は不整な円または楕円形となる。城壁は土塁・石塁を伴い、城内の平坦部には倉庫群などの建物跡が遺存する。『日本書紀』『続日本紀』には、金《かね》田《だ》城・基肄《きい》(椽《き》)城・大野《おおの》城・鞠智《きくち》城・長門城・屋島城・高安《たかやす》城・三野城・稲積城・茨城・常城の築城・修理・廃城の記事がある。そのうち三野・稲積両城は大宰府管内の城であるが、位置などは確定されていない。また長門城・茨城・常城については所在地なども含めて今後の調査・研究がまたれる。金田・大野・基肄・鞠智の四城については調査などが進んでいる。屋島・高安両城については、一部調査が進められている。神籠石もしくは神籠石式(系・型とも)山城と称される類も、朝鮮式山城と同様のものと考えられているが、時期・内部構造などが不明なものが多く、今後の調査研究課題となっている。一般的には七世紀から八世紀初めにかけて記紀などの史書に記されている古代山城を朝鮮式山城といい、史料などに記されていない古代山城を神籠石もしくは神籠石式山城と称しているが、現在は一括して古代山城跡として取り扱うことが多い。

参考文献　小田富士雄編『北九州瀬戸内の古代山城』(『日本城郭史研究叢書』一〇、一九八三、名著出版)。同編『西日本古代山城の研究』(『日本城郭史研究叢書』一三、一九八五、名著出版)。小田富士雄「日本の朝鮮式山城の調査と成果」(『古文化談叢』四四、二〇〇〇)。

(磯村　幸男)

ちょうせんしょう　**朝鮮鐘**　朝鮮半島で製作された特徴的な梵鐘。中国鐘や和鐘とは異なる特徴的な型式となる。竜頭《りゅうず》は単竜が宝珠を喰む形態が多い。竜頭の後ろには甬《よう》という円筒がたち笠形を貫通する。甬の機能は不明であるが音響上の効果を考え音筒とも、装飾的用途を考え旗挿しとも呼ばれる。鐘身には和鐘のような袈裟襷《けさだすき》はなく、上下端に唐草文や宝相華文で装飾される上帯・下帯が巡

新羅鐘・高麗鐘一覧

新羅鐘(在銘)

現所蔵者	旧所在寺院	所在地(出土地)	紀年	飛天像	仏・菩薩像	『朝鮮鐘』	『韓国の梵鐘』
上院寺(江原道五台山)			開元十三年(七二五)	二体併座		一	一〇一
国府八幡(佚亡)	無尽寺		天宝四歳(七四五)	二体併座		二	五
慶州博物館	奉徳寺		大歴六年(七七一)	二体対座		三	一〇二
中央博物館(大韓民国ソウル市)	禅林院(破)		貞元二十年(八〇四)	二体併座		四	一〇四
常宮神社(福井県敦賀市)	蓮池寺		太和七年(八三三)	座像二体		五	一
宇佐八幡宮(大分県宇佐市)	松山村大寺		天復四年(九〇四)	座像二体		七	二

新羅鐘(無銘)

現所蔵者	旧所在寺院	所在地(出土地)	紀年	飛天像	仏・菩薩像	『朝鮮鐘』	『韓国の梵鐘』
雲樹寺(島根県安来市)			八世紀	二体併座		一〇一	三
東国大学校博物館(ソウル市)			八世紀			一〇二	一〇六
東国大学校博物館	実相寺	全羅北道南原・山内	九世紀	二体併座		一〇三	一〇五
光明寺(島根県雲南市)			九世紀	座像二体		一〇四	四
清州博物館			九世紀	座像二体		一〇五	一〇三

高麗前期(在銘)

現所蔵者	旧所在寺院	所在地(出土地)	紀年	飛天像	仏・菩薩像	『朝鮮鐘』	『韓国の梵鐘』
波上宮(沖縄県那覇市)(佚亡)	退火郡大寺		顕徳三年(九五六)	舞像二体・座像二体	座像二体	八	一一
照蓮寺(広島県竹原市)	古弥県西院		峻豊四年(九六三)	座像二体		九	一二
中央博物館	天興寺		統和二十八年(一〇一〇)	座像二体		一〇	二〇一
天倫寺(松江市)	廻真寺		辛亥四年(一〇一一)	無	座像一体	一一	一三
正祐寺(大阪市天王寺区)(破)	臨江寺		天禧三年(一〇一九)	二飛天対座二組	二力士座像二組	一二	一四
恵日寺(佐賀県唐津市)	河清部曲北寺		太平六年(一〇二六)	座像二体		一三	一五
勝楽寺(同)	河清部曲北寺		太平六年(一〇二六)	座像二体		一四	一六
鶴満寺(大阪市北区)			太平十年(一〇三〇)	座像二体		一五	一七
園城寺(大津市)			太平十二年(一〇三二)	飛天二体		一六	一八
中央博物館		京畿道驪州金沙上品	清寧四年(一〇五八)	無	座像四体	一七	二〇二
承天寺(福岡市)			清寧十一年(一〇六五)	座像二体	座像一体	一八	一九
光州博物館	長生寺		太安二年(一〇八六)	座像二体		二〇	二〇三

高麗前期(無銘)

現所蔵者	旧所在寺院	所在地(出土地)	紀年	飛天像	仏・菩薩像	『朝鮮鐘』	『韓国の梵鐘』
住吉神社(山口県下関市)			十世紀初期	二飛天対座二組		一〇六	三一

現所蔵者	旧所在寺院	所在地（出土地）	紀年	飛天像	仏・菩薩像	『朝鮮鐘』	『韓国の梵鐘』
西大寺観音院（岡山市）			十世紀中葉	五体一組歌舞像二組		一〇七	三二
円清寺（福岡県朝倉市）			十一世紀前半	二飛天対座二組		一〇八	三三
水城院（福岡県太宰府市）			十一世紀前半	二飛天対座二組		一〇九	三四
龍珠寺（京畿道水原）			十一世紀前半	座像二体	三尊仏二体	一一〇	二一一
尾上神社（兵庫県加古川市）			十一世紀前半	二飛天対向飛行二組	仏像二体	一一一	三五
安養寺（福岡県北九州市）			十一世紀前半	無		一一二	三六
聖福寺（福岡市博多区）			十一世紀前半	五体一組の歌舞二組・座像二組		一一三	三七
不動院（広島市）			十一世紀前半	飛天四体		一一四	三八
長安寺（新潟県佐渡市）			十一世紀前半	無		一一五	三九
鶴林寺（兵庫県加古川市）			十一世紀後半	無		一一八	四〇
出石寺（愛媛県大洲市）			十一世紀後半	無	左右に飛天を伴う座像二体	一一九	四一
賀茂神社（山口県光市）			十一世紀後半	座像二体		一二〇	四三
慶州博物館		慶尚北道迎日東海発山	十一世紀	無	座像一体	一二一	二一三
金剛頂寺（高知県室戸市）			十二世紀	座像一体	座像一体	一二二	四四
中央博物館No.五四一八			十二世紀	座像二体		一二三	二一四
専修寺（津市）			十二世紀	無		一二四	四五
三仙庵		慶尚南道晋州水谷	十二世紀	無		一二五	二一五
清州博物館		黄海平山月峰里出土	十二世紀	座像二体		一二六	二一六
中央博物館No.九九二八		慶尚北道安東新世洞出土	十二世紀	無		一二七	二一七
久遠寺（山梨県南巨摩郡身延町）			十三世紀前半	座像二体		一二九	四六
辰馬考古資料館（兵庫県西宮市）			未詳	破片		一三二	四九

高麗後期（在銘鐘）

現所蔵者	旧所在寺院	所在地（出土地）	紀年	飛天像	仏・菩薩像	『朝鮮鐘』	『韓国の梵鐘』
東京国立博物館（東京都台東区）	徳興寺		明昌七年（一一九六）	座像二体		二四	六一
個人蔵（神奈川県鎌倉市）	天井寺		承安六年（一二〇一）	座像四体		二五	六二
個人蔵（東京都）	善慶院		大和六年（一二〇六）	無		二六	六三
来蘇寺	青林寺	全羅北道来蘇寺	貞祐十年（一二二二）	無	三尊仏四組	二九	三〇七
高麗美術館（京都市北区）	観音寺		貞祐十三年（一二二五）	座像二体		三一	六四
大興寺（全羅南道海南郡）	塔山寺		癸巳十年（一二三三）	無	座像四体	三三	三一一
曼陀羅寺（愛知県江南市）	日輪寺		甲午年（一二三四）	飛天二体	座像四体	三四	六五
中央博物館	三角山竜□寺		戊戌年（一二三八）	無	立像四体	三五	三一二
高麗大学校博物館	頭正寺		己亥一月（一二三九）	無	座像二体	三六	三一五
光州博物館		全羅南道康津大口堂前出土	己酉九月（一二四九）	無	僧立像四体	四〇	三一七
東京国立博物館			癸酉九月（一二七三）	無	座像二体	四二	六七
扶余博物館		高興出土	戊戌年（一二三八）		座像二体	四五	三一三

現所蔵者	旧所在寺院	所在地（出土地）	紀年	飛天像	仏・菩薩像	『朝鮮鐘』	『韓国の梵鐘』
慶州博物館	五聖寺		乙酉十二月（一三〇九）	無		四六	三二一
鶴岡八幡宮（神奈川県鎌倉市）	文聖庵		至治四年（一三二四）	無	座像四体	五一	六八
奉恩寺（ソウル市江南）	長興寺		洪武二十五年（一三九二）	無	立像四体	五二	三二六

高麗後期（無銘鐘）

現所蔵者	旧所在寺院	所在地（出土地）	紀年	飛天像	仏・菩薩像	『朝鮮鐘』	『韓国の梵鐘』
中央博物館		京畿道水原梅松院平出土	十三～十四世紀	座像二体	座像二体	一三八	四〇二
中央博物館		江原道横城横城橋項出土	十四世紀	無	座像四体	一三九	四〇三
正伝永源院（京都市東山区）			十三世紀	無	座像四体	一四一	七一
志賀海神社（福岡市東区）			十三世紀前半	無	天部像二体・座像二体	一四三	七二
扶余博物館		忠清南道錦山錦城花林出土	十三世紀	座像二体		一四四	四〇六
中央博物館No.二三六八		出土未詳	十三世紀	無	座像二体	一四六	四〇七
中央博物館No.三〇六〇		開城出土	十三世紀	無	座像四体	一四八	四一〇
辰馬考古資料館（兵庫県西宮市）			十三世紀前半	無		一五一	七三
光州博物館No.七三九			十四世紀	無	座象四体	一五二	四一五
中央博物館		京畿道漣川百鶴元堂出土	十三世紀	無	座像四体	一五三	四一一
中央博物館		江原道横城邑上出土	十四世紀	飛天二体	座像二体	一五四	四一四
長仙院（京都市中京区）			十三世紀	座像四体		一五五	七四
大願寺（広島県廿日市市）			十三～十四世紀	立像四体	立像二体	一五六	七五
中央博物館		平安南道孟山東面出土	十三～十四世紀	無	座像二体	一六三	四一九
中央博物館		出土未詳	十三～十四世紀	無	座像四体	一六四	四二二
扶余博物館		忠清南道錦山馬首里出土	十四世紀	無	座像二体	一六九	四二四
中央博物館No.三三七八		出土未詳	十三世紀	無	座像二体	一七〇	四四六
中央博物館		黄海南道殷栗西部石橋出土	十三～十四世紀	飛天四体		一七一	四二五
在日所在未詳（C）		所在未詳	十三世紀	無		一七四	七八
慶州博物館		慶州天恩寺跡出土	十四世紀	飛天二体		一七五	四二六
慶熙大博物館		江原道横城出土	十三～十四世紀	無	座像二体	一七七	四二八
全南大博物館		光州芝山洞	十三世紀	無	菩薩四体	一八二	四六〇
扶余博物館No.四三四〇		黄海南道開城	十四世紀	飛天二体		八六	四四五
中央博物館No.六一八二		出土未詳	十三世紀	無	座像二体	九〇	四三四
慶州博物館No.四五一			十四世紀		座像四体	一九二	
梨花女子大博物館（ソウル市西大門）			十三～十四世紀	無	座像二体	一九八	四二七
東京国立博物館			十四世紀			二〇九	
高麗美術館			十三世紀	座像二体			七六

㈠本表は、『新羅鐘・高麗鐘拓本実測図集成』（二〇〇四年、奈良文化財研究所飛鳥資料館）をもとに作成した。

㈡『朝鮮鐘』『韓国の梵鐘』の欄の数字は、それぞれ、以下の書籍の頁数を表す。

坪井良平『朝鮮鐘』一九七四年、角川書店　廉永夏『韓國의鐘』一九九一年、서울大學校出版部

り、上帯に接して乳郭が四ヵ所ある。乳郭は文様帯で囲まれた中に蓮華の蕾をかたどった乳が三段三列九個配される。乳郭の下から下帯の間に撞座《つきざ》と飛天や仏像などが鋳出される。統一新羅時代に製作が開始され、現存する最古の在銘鐘は、唐の開元十三年(七二五)銘の五台山上院寺鐘である。新羅鐘では現在国立慶州博物館にある大歴六年(七七一)銘鐘が有名である。通称エミレの鐘と呼ばれ、口径二・二三メートル、高さ三・六六メートルの大鐘である。高麗時代には漸次小形化するとともに、鐘身の装飾が多くなる。高麗鐘は笠形の周囲に立状帯と呼ばれる蓮弁状の装飾帯のない前期鐘と、それのある後期鐘に分けられる。李朝代になると中国鐘の影響を受け、竜頭や鐘身の型式が中国鐘に近い李朝鐘が登場する。朝鮮半島のみならず、日本にも多くの類例が遺存する。新羅の無銘鐘として著名な島根県雲樹鐘、大和七年(八八三)銘福井県敦賀市の常宮神社鐘などの新羅鐘や、峻豊四年(九六三)広島県竹原市の照蓮寺鐘、岡山県西大寺市西大寺観音院鐘などの高麗前期鐘が有名である。また和鐘に朝鮮鐘の影響を受けた文様を持つ例がある。島根県温泉津町の高野寺鐘は和鐘の鐘身に新羅鐘に類似する文様を持つ。中世後期の芦屋鋳物師は高麗鐘の影響を受けた和鐘を鋳造し、山口市興隆寺鐘が代表作である。

参考文献 坪井良平『朝鮮鐘』、一九七四、角川書店。

(杉山 洋)

ちょうせんせん　朝鮮銭　朝鮮半島で発行された銭貨で、高麗銭と朝鮮王朝銭とに分かれる。九一八―一三九二年の高麗王朝が発行した銭貨には、東国通宝・東国重宝・海東通宝・海東重宝・三韓通宝・三韓重宝の六種が存在するが、日本への渡来量は少なく、特に三韓通宝・三韓重宝は検出されることが稀である。高麗銭の発行順序は不明であり、初鋳年についても現在のところ定かでないが、ここでは通説に従い全て一〇九七年としておく。また、銭文の書体変化が多く、海東重宝・三韓通宝以外は回読と対読の両者が存在する。一方、一三九二年以降の朝鮮王朝は、一四二三年に朝鮮通宝を鋳造した後、一六七八年の常平通宝まで銭貨鋳造の長い空白期間が存在する。朝鮮通宝は日本でも相当量出土しており、大量出土銭(備蓄銭・埋納銭)の最新銭による時期区分の指標の一つになっている。常平通宝には小平銭のほかに折二銭と当五銭があり、折二銭は一六七九年初鋳、当五銭は一八八三年初鋳とされており、小平銭については背面に鋳造官衙の名称を表す多種の漢字があるが、背文字に数字が加わるものは一七七八年以降の鋳造である。

参考文献 大澤研一「高麗時代の銭貨をめぐる研究の現状と課題」(『出土銭貨』二一、二〇〇四)。須川英徳「朝鮮時代の貨幣―「利権在上」をめぐる葛藤―」(歴史学研究会編『越境する貨幣』所収、一九九九、青木書店)。同「朝鮮前期の貨幣発行とその論理」(池享編『銭貨―前近代日本の貨幣と国家―』所収、二〇〇一、青木書店)。鈴木公雄『出土銭貨の研究』、一九九九、東京大学出版会。

(嶋谷 和彦)

ちょうせんつうしんし　朝鮮通信使　⇨通信使《つうしんし》

ちょうそう　鳥葬　⇨葬制《そうせい》

ちょうてい　調邸　律令制下、諸国が都城に有していた施設。早稲田大学図書館所蔵『旧薬師院文書』により、相模国の調邸が平城京左京八条三坊で東市の西辺にあり、一町規模であったこと、その中を幅二丈の堀河が南北に流れていたこと、さらに造東大寺司が七五四年(天平勝宝六)以前にその敷地の一部に倉屋を建て東市庄が成立し、その後七五六年に一町全体を六十貫文で購入したことなどが知られる。その名称や交渉経過から判断すると、諸国が都城に貢進してきた調庸物を宮城に納める前に一旦保管したり、上京中の国郡司や運脚が宿泊したりする機能を果たした。また納入すべき調庸物の不足分を東西市で買い整えたり、郡司クラスの地方豪族が都城で交易活動をする際の拠点にもなったとみられる。実例が知られるのは相模のみだが、『延喜式』弾正台にみえる諸国の調宿処は同性格の施設とみられ、その存在が一般的なものであったことがわかる。

参考文献 高柳光寿「東大寺薬師院文書の研究」(『高柳光寿史学論文集』上所収、一九七〇、吉川弘文館)。舘野和己『日本古代の交通と社会』、一九九八、塙書房。

(舘野 和己)

ちょうどういん　朝堂院　古代の宮城の政務・儀式空間。大極殿《だいごくでん》の南に付随する臣下の空間として機能した。長岡宮までは大極殿とは回廊で区画されていたが、平安宮では回廊が撤去され、大極殿とともに一院を構成するようになり、大極殿を含む呼称となった。朝堂は本来天皇の出御空間に対して臣下の座のある建物を差し、特定の施設を指す言葉ではなかった。奈良時代には朝堂院という呼称はなく、平城宮東区上層の礎石建ちの朝堂の区画は太政官院と呼ばれた。朝堂院の呼称は、長岡宮で内裏が大極殿・朝堂と分離して以後のもので、平安宮では八一八年(弘仁九)に八省院と改称された。堂ごとに座をもつ官司・職が割り当てられていた。朝堂の数は、前期難波宮では東西七堂ずつの十四堂、大極殿がはじめて成立した藤原宮では東西六堂ずつの十二堂で、平城宮や平安宮もこれを踏襲したが、後期難波宮朝堂院を移築した長岡宮は計八堂であった。また、中央区と東区の二つの中枢空間をもつ平城宮では、中央区の第一次大極殿の南の朝堂は長大な南北棟が東西に二棟ずつの計四堂で、これは奈良時代を通じて変化しなかったと考えられている。一方、東区の第二次大極殿の南の朝堂は十二堂構成であった。これは平城遷都当初の下層の掘立柱建物の段階から同じであり、東区下層は遷都当初から朝堂として、朝政の場に用いられていたとみられる。ただ、東西の第一堂がやや朝庭側に張り出して建てられ、他堂に比べて高く格付けられており、また後に庇《ひさし》を増設するなどの改造がなされたことも明らかになっている。朝堂は土間で、机・

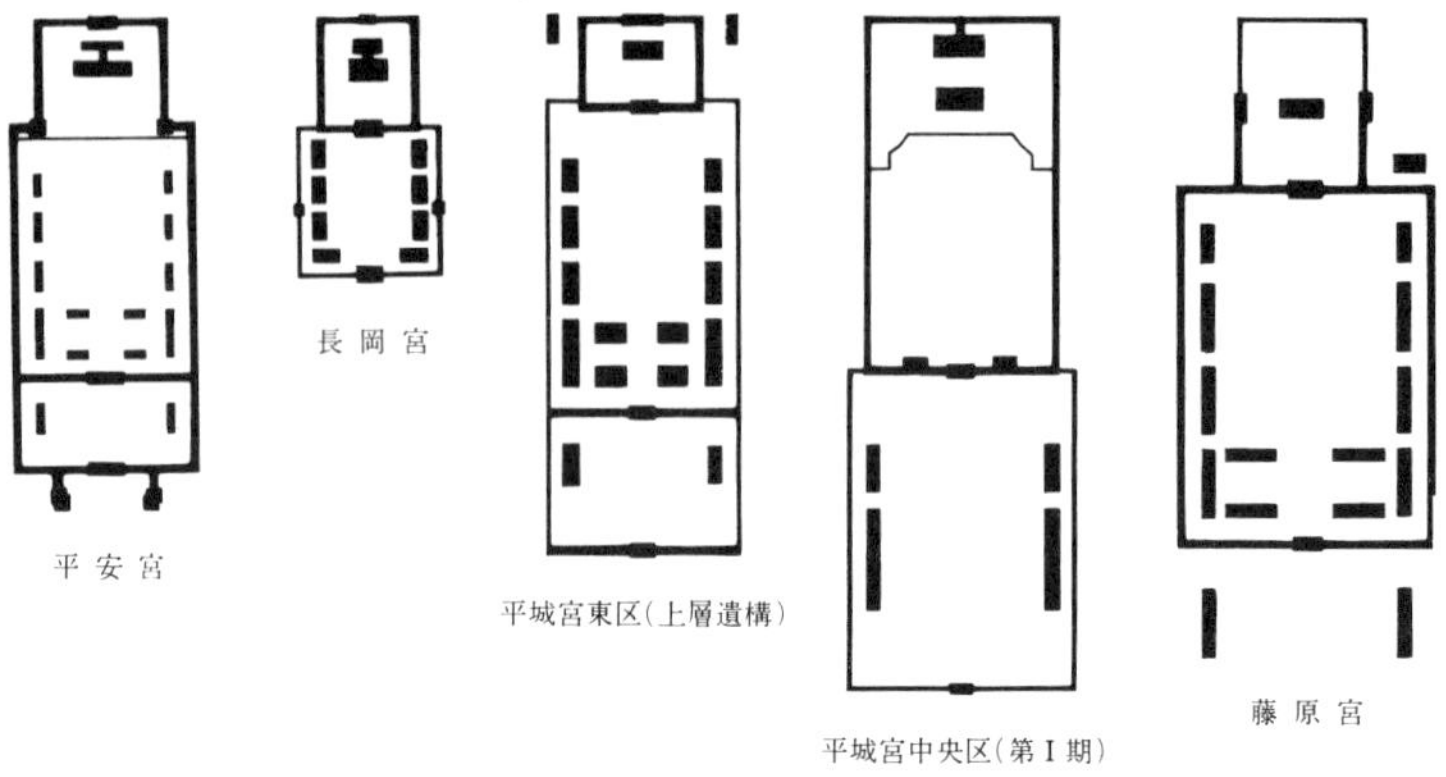

朝堂院変遷図

椅子を使用したみられるが、藤原宮の第二堂以下には床《ゆか》束《つか》があり、床に坐す構造であった。平城宮東区朝堂院の朝庭からは五時期の大嘗宮が発見され、元正・聖武・淳仁・光仁・桓武の各天皇のものと考えられる。また、中央区朝堂院の朝庭からも称徳天皇のものとみられる大嘗宮の遺構が検出されている。 (渡辺　晃宏)

ちょうな　釿　コタクミ(木工)が建築部材を荒切削する道具。手斧とも書く。古代・中世の文献では、「釿・テヲノ」(『和名類聚抄』)、「手斧・テヲノ・テヲウノ」(『延喜式』)と記述している。斧について、柄の軸線と刃部とをほぼ平行に装着したものを縦斧、ほぼ直交させて装着したものを横斧と分類することがあり、釿は横斧にあたる。その斧身には肩がつくもの(有肩)とつかないもの(無肩)とがある。釿の形状・構造は、弥生時代から十六世紀ごろまで無肩袋式を基本とし、古墳時代に有肩袋式のものも見られる。有肩袋式の釿は、古代・中世には確認できず、近世以降、再び出現する。釿の袋部の構造は、完全に閉じられたもの(完全鍛着)と閉じられていないもの(不完全鍛着)の二種類がある。釿の袋部は、弥生時代以降、十四世紀ごろまで不完全鍛着のものが多く見られる。古墳時代に完全鍛着の例が見られるが古代では確認できず、十四世紀以降の出土遺物の中に再び完全鍛着の釿が含まれるようになる。

参考文献　渡邊晶『大工道具の日本史』(『歴史文化ライブラリー』一八二、二〇〇四、吉川弘文館)。 (渡邊　晶)

ちょうふくじ　長福寺　京都市右京区梅津《うめづ》に所在する臨《りん》済宗《ざいしゅう》南禅寺派《なんぜんじは》の寺院。山号は大梅山《だいばいざん》。山城梅津荘《うめづのしょう》の開発《かいほつ》領主《りょうしゅ》梅津氏一族の尼真理《しんり》が一一六九年(嘉応元)に梅津氏の氏寺《うじでら》として創建。当初は比叡山延暦寺東塔北谷《ひえいざんえんりゃくじとうとうきただに》に属する天台宗《てんだいしゅう》寺院であったが、一三三九年(暦応二)に月林道《げつりんどう》皎《きょう》を中興開山に迎えて禅院となった。月林道皎には花園《はなぞの》上皇《じょうこう》以下持明院統《じみょういんとう》の帰依篤く、長福寺は備中国園東荘《そのひがしのしょう》などの寄進を受けた上、一三五〇年(観応元)には勅願寺《ちょくがんじ》とされた。のち山名《やまな》氏も長福寺を外護し、応仁・文明の乱で荒廃した長福寺を再建したのは山名宗全《やまなそうぜん》と伝えられる。一五九二年(文禄元)には諸山《しょざん》に列したが、江戸時代以降は南禅寺の末寺として現在に至っている。「花園天皇像《はなぞのてんのうぞう》」や月林道皎が入元した時に師事した古林清茂《くりんせいむ》の墨蹟《ぼくせき》など多数の文化財を伝えるとともに、各地に分蔵される『長《ちょう》福寺文書《ふくじもんじょ》』は、地方寺院の禅院化の様子や寺領経営の実態を伝えるものとして重要である。

参考文献　赤松俊秀『京都寺史考』、一九七二、法蔵館。石井進編『長福寺文書の研究』一九九二、山川出版社。 (髙橋　典幸)

ちょうやぐんさい　朝野群載　平安時代の官人三善為康(一〇四九―一一三九)によって編纂された文書集。編者為康は、種々文書の文例を集め、三十巻に分類し、朝廷の政務や諸国の実態を知ることができるよう意図した。一一一六年(永久四)一応の完成をみたが、その後も増補が続けられた。全三十巻のうち現存するのは二十一巻分で、その主な内容は、詩文類、蔵人所文書、太政官・神祇官文書、摂関家関係文書、中文・請奏類、検非違使文書、詔勅類、諸道関係文書、寺院関係文書、外交文書、諸国公文類、受領功過関連文書など多岐にわたる。伝本は国学院大学所蔵猪熊本一巻が唯一鎌倉時代の写本であり、ほかは皆近世の写本であるが、内閣文庫所蔵慶長写本、東山御文庫本、国文学研究資料館所蔵三条西本などは重要な写本である。また日光山輪王寺および東山御文庫に蔵される『朝野群載抄』(別名『政途簡要集』)には逸文が存在する点で注目される。テキストとしては新訂増補国史大系本があるが、前記逸文が未収のうえ、再校訂を要する箇所もある。

参考文献　弥永貞三「朝野群載」(坂本太郎・黒板昌夫編『国史大系書目解題』上所収、一九七一、吉川弘文館)。五味文彦「文士と諸道の世界―『朝野群載』を読み解く」(『書物の中世史』所収、二〇〇三、みすず書房)。高田義人「『朝野群載』写本系統についての試論」(『書陵部紀要』五四、二〇〇三)。同「『朝野群載抄』について」(『栃木史学』一八、二〇〇四)。 (高田　義人)

ちょうらくさんはいじ　長楽山廃寺　伊賀国分僧寺跡の東側約二〇〇メートルに隣接し、国分尼寺と推定されている寺院跡。三重県上野市西明寺字長楽山にある。一九二三年(大正十二)に国分僧寺跡とともに国史跡に指定された。発掘調査がないため、正確な遺構や伴出遺物は全く不詳である。最近の現地踏査に基づく復元案によると、寺域は幅二～三メートル、高さ一メートル前後の推定築地跡が東西五百尺、南北五百四十尺の規模にめぐっていたと推定され、南面と西面では築地が内外二重になっていたとされる。金堂の建物規模は桁行五間で六十二尺、梁行四間で四十尺の四面廂、金堂から北へ百五尺離れた講堂の建物規模は桁行五間で五十九尺、梁行四間で四十尺の四面廂であり、これら主要伽藍の中軸線はN・七度三〇分・Eと推定されている。この平面正方形に近い推定寺域と史跡指定範囲とはかなり食い違いがあるため、今後はその点も考慮した当遺跡の適正な保存と調査解明がまたれる。

参考文献　村治圓次郎「伊賀国分寺」(角田文衞編『国分寺の研究』上所収、一九三六、考古学研究会)。山田猛「伊賀」(角田文衞編『新修国分寺の研究』二所収、一九九一、吉川弘文館)。

(田阪　仁)

ちょし　楮紙　クワ(桑)科のコウゾ(楮)を原料とする紙。奈良時代には穀紙と呼んだ。麻よりしなやかで、より薄く滑らかに製造することができるので、奈良時代から現在に至るまで多くの料紙に用いられている。古くから九州、四国、本州に自生し、栽培にも適していたので、特に平安時代以降には、文書や和書の料紙の主流となった。表面をたたいて滑らかにするいわゆる打紙加工が施されたものも多い。産地や用途などによって檀紙、奉書、引《ひき》合《あわせ》、杉原《すいばら》、宇陀、三栖《みす》などといった名称が使われている。

参考文献　町田誠之『和紙の道しるべ』、二〇〇〇、淡交社。

(安達　直哉)

ちよはいじ　千代廃寺　神奈川県小田原市千代に所在する白鳳期建立とされる寺院。付近に複数の木簡を出土し、初期相模国府関連遺跡、または足下郡家ないし足上郡家と想定される下曾我遺跡があり、同県海老名市国分に所在する国史跡の相模国分寺跡に先行する初期国分寺説、郡家関連寺院説、豪族氏寺説などがある。当初、伽藍配置が国分寺式と想定されたことが初期国分寺説の根拠の一つでもあったが、近年は法隆寺式案が出されてもいる。この点については、二〇〇六年にはじめて金堂らしき基壇が確認されたので、今後の研究成果が期待される。また遺物は小田原市郷土文化館・かながわ考古学財団ほかが保管するが、なかでも鬼瓦が武蔵国分寺跡出土の鬼瓦と同笵であることはこの廃寺の性格を考える上で留意される。また、周辺の千代南原遺跡からは米の支給に関わる木簡が、千代仲の町遺跡からは「厨」銘墨書土器が出土していて、ともに千代廃寺にかかわるものと考えられている。

→相模国分寺《さがみこくぶんじ》　→相模国《さがみのくに》

資料館　小田原市郷土文化館(神奈川県小田原市)

参考文献　岡本孝之「千代寺院跡の研究史的復元」(『神奈川考古』三四、一九九八)。岡本孝之「千代寺院跡の再検討」(『小田原市郷土文化館研究報告』三五、一九九九)。神奈川地域史研究会「シンポジウム木簡が照らす古代の小田原」(『神奈川地域史研究』一八、二〇〇〇)。

(荒井　秀規)

ちょま　苧麻　「からむし」とも呼ばれ、麻の一種。麻には靱皮《じんぴ》繊維をもつ大麻や苧麻などと、葉脈繊維のマニラ麻などがある。大麻は、クワ科の植物で、実は食用や薬用、茎は繊維として用いられた。一方苧麻は、イラクサ科の多年草で、この茎からも繊維を採集した。苧麻は現在、日本では九州各地をはじめ、福島、山形などでも栽培されている。日本において麻の出土例は古く、縄文草創期(約一万年前)の鳥浜貝塚(福井県三方《みかた》郡三方町)から大麻製縄が出土。縄文晩期になると、中山遺跡(秋田県南秋田郡五城目町)から苧麻製の編物が出土。引き続き弥生時代では、苧麻製の平織布より大麻製の布の出土例が多く、吉野ヶ里遺跡(佐賀県神崎郡三田川町)から有柄銅剣やイモガイ製の腕輪などに付着した大麻製の麻布が報告されている。以後、古墳時代になると、各地の古墳から大麻や苧麻で織られた平織布の出土例が増大する。島内《しまうち》地下式横穴墓(宮崎県えびの市)より出土した剣と鉄鏃は、麻布で巻き包まれていたことが明らかになっている。

参考文献　布目順郎『目で見る繊維の考古学』、一九九二、染織と生活社。沢田むつ代「出土遺物に付着した繊維について」(えびの市教育委員会編『島内地下式横穴墓群』所収、二〇〇一)。

(沢田むつ代)

ちんきん　沈金　漆工の技法の一つ。漆塗の器物の面に刀《とう》で、文様を線彫りし、その溝に生漆を摺り込んだ後、金箔あるいは金紛を付着させて、文様を金色に表わしたもの。中国では鎗金《そうきん》といい、元時代から明時代にかけて流行した。日本には元時代十三世紀末から十四世紀初めとされる山口県龍蔵寺の四天王沈金厨子扉絵、延祐二年(一三一五)銘の孔雀鎗金経箱が福岡県誓願寺・広島県浄土寺に伝世しており、日本には鎌倉時代末期にはこの技法による作品が入っていたと推測される。日本での沈金による作品は、南北朝時代から見られるようになり、滋賀県浄厳院の舎利塔厨子の十一面観音扉絵や、東京国立博物館の獅子牡丹文沈金長覆輪太刀が古い事例である。江戸時代から現代では輪島漆器がこの技法を得意としている。

(原田　一敏)

ちんじゅふ　鎮守府　古代陸奥国に置かれた軍政機関。多賀城《たがじょう》の創建と同じ七二四年(神亀元)ごろ、鎮兵《ちんぺい》の統括を主な任務として成立した。鎮兵は、主に東国から派遣される兵で、公粮の支給を受けながら長期にわたって城柵を守衛した。鎮守府の官制には、㈠将軍・判官・主典(奈良時代前半)→㈡将軍・副将軍・軍監《ぐんげん》・軍曹《ぐんそう》(七五七年(天平宝字元)―八一二年(弘仁三))→㈢将軍・軍監・軍曹(八一二年以降)という変遷があるが、これは鎮兵数の増減に対応する。八世紀の鎮守府官人は国司との兼任が多く、鎮守府は国府多賀城に併置された。七五九年には鎮守府官人の公廨《くがい》・事力《じりき》を国司と同等にすることが定められている。八〇二年(延暦二十一)に胆沢城《いさわじょう》が造られると同城に移され、さらに八〇八年(大同三)には鎮守府官人と国司との兼任が解消される。これ以後の鎮守府は、胆沢城を拠点として陸奥国北部を支配する統治機関に変化する。八一五年(弘仁六)に鎮兵が全廃されても鎮守府が存続するのはそのためである。下級官職のうち、弩師《どし》は七七〇年代に置かれたが、医師・鎮守将軍傔仗《けんじょう》・府掌・陰陽師は九世紀に入ってから順次置かれた。八三四年(承和元)には新たに鎮守府印が与えられ、次第に国府からの自立を強めていった。↓胆沢城《いさわじょう》 ↓多賀城《たがじょう》 ↓陸《む》奥国《つのくに》

参考文献 鈴木拓也「古代陸奥国の官制」(『古代東北の支配構造』所収、一九九八、吉川弘文館)。熊谷公男「「受領官」鎮守府将軍の成立」(羽下徳彦編『中世の地域社会と交流』所収、一九九四、吉川弘文館)。

(鈴木 拓也)

ちんそ 賃租 田地・園地などに対する一年間の賃貸借制度。春の耕作前に借田主が価を支払うのを「賃」、秋の収穫後に価を支払うのを「租」といった。その賃貸料は郷土の估価によったが、租の額は賃の価に利子を加えたものにおおむね相当する。賃租は『養老律令』にでてくる用語であるが(田令賃租条、同公田条、戸婚律過年限賃租条、同妄認公私田条)、『大宝律令』にさかのぼるかどうかは議論がある。また一部の法令を除き、賃租の語はあまり使われず、一般には「売」の語が用いられた。「売」には一年を限るもの、長期間にわたるものの二義があるが、賃租は前者を指す。賃租は当時広くみられ、国家—百姓、有勢者—百姓、百姓—百姓の間などで取り結ばれた。国家と百姓の間でなされた公田(乗田)賃租の場合、遅くとも七三六年(天平八年)以後は、得た賃貸料は太政官に送って雑用に充てられた。養老田令公田条では賃貸料は郷土の估価にしたがえとあるが、公田の獲稲の五分の一を地子《じし》として納めるのが一般化する。このほか荘園でも賃租は多用されていた。

参考文献 菊池康明『日本古代土地所有の研究』、一九六九、東京大学出版会。吉村武彦『日本古代の社会と国家』、一九九六、岩波書店。

(市 大樹)

ちんだんぐ 鎮壇具 何らかの形で土地に手を加えて造営工事を行なったり、建物を建てる際に供養のために地に埋納する品を鎮壇具と呼ぶ。地下に品々を埋納するのは、地を掘り返すことによる地の神の怒りを鎮めるためのものであり、古代から現代に至るまで続けられている。そうした行為は仏教に限らず神道・陰陽道など他の宗教でも行われているが、仏教の場合は古代においては『陀《だ》羅《ら》尼《に》集経《じっきょう》』のような密教の経典に基づいて行われたようである。しかし、仏教寺院の造営でも、必ずしも仏教の教義に基づいて行われなかったようで、『正倉院文書』には陰陽師が執行したことを示す史料がある。発見された最古の事例は、奈良県川原寺塔基壇築土から出土した無文銀銭である。多くの場合、金銀をはじめとする五宝、七宝などが埋納物の中心となり、それに銭貨、容器、武器、武具などが添えられている。東大寺大仏殿や興福寺中金堂から発見されたものは、その代表的な事例である。平城京や平安京内の発掘調査でしばしば発見される、宅地の中央から埋納された土器が発見される事例には、いわば民間習俗によるものもあったと考えられる。平安時代に入り密教が盛んになると、埋納物も三鈷輪宝《さんこりんぼう》や橛《けつ》などが中心となる。この時期になってはじめて鎮壇の語がみえ、天台宗では地鎮のみ、真言宗では地鎮と鎮壇の両度に分けて行われる。したがって、七・八世紀の埋納物に対しては地鎮具と呼ぶべきであろう。天台宗と真言宗とでは用語が異なるだけではなく、埋納の方法も異なる。例えば、天台宗では埋納すべき穴の底に輪宝を置き、その中心に橛を立て、その頭を鎚で千八十遍叩き七宝(金・銀・真珠・珊瑚《さんご》・琥珀・水晶・瑠璃)を絹に包んで埋納する。真言宗では穴の底に橛を立て、その頂に輪宝を載せる。橛の頭を鎚で叩くことはせず、五宝(金・銀・真珠・頗梨《はり》・商佉《しょうきょ》)を瓶に入れて埋納する。禅宗では地を祭る神を土地神《どじじん》と呼び、これを祭る施設を土地堂《どじどう》という。

参考文献 森郁夫「造営工事における地鎮・鎮壇供養」(『日本古代寺院造営の研究』所収、一九九八、法政大学出版局)。

(森 郁夫)

つ

つ 津 海岸や河岸に設けられた船舶の発着地を指す語。大きな津には輸送物資を保管する倉庫群が集中し、また市が形成され流通の拠点となることも多い。難波津や那《な》津《のつ》(博多津)などには大化前代からミヤケが設置され、倭王権の政治的・経済的活動の拠点となっており、律令制下においては摂津職や大宰府の管理下に置かれた。奈良・平安時代にはまた都城に近接する津として泉津、山崎津・宇治津・淀津、近江大津などが発達し、貴族や諸寺が経済活動の拠点として荘・宅を置き、都市的な場を形成した。泉津には諸寺・諸司の木屋《きや》所が集中し、京都府相楽郡木津町上津《こうず》遺跡では木屋所と推定される遺構が検出されている。山崎津は「漁商《ぎょしょう》比《ひ》屋《おく》之地」と呼ばれる流通都市として発達した。津はまた水陸交通の結節点として公権力による物流・交通統制の場ともなり、政治的にも重要な場であった。『魏志』倭人伝には、倭国に到来した外交使節に対する検察が津で行われたことが記され、律令制下の津でも通行人の検察が行われた。なかでも難波津は長門関とともに三関《さんげん》につぐ重要な関とされ、摂津職による勘過が八世紀を通じて行われた。平安時代には京近郊の諸津が検非違使の監督下に置かれ、事変などに際しては軍事的な要地として警固の対象となる。諸国にも多くの津が存在し、国郡司がその管理にあたることになっていた。『延喜式』主税上には京進物の出発・中継港として北陸・山陽・南海道諸国等の津がみえ、国府近傍の津が中央の流通経済と結びつきつつ発達した様子がうかが

える。また『東大寺文書』にみえる播磨国赤穂郡の「津長」、福島県いわき市荒田目《あつため》条里遺跡出土郡符木簡にみえる「立屋津長」など郡司の監督下で津の管理に従事する雑任《ぞうにん》の存在も知られ、地域レベルにおける津の管理の実態をうかがわせる。平安時代中期以降には荘園内やその近傍にある津も発達し、一方都城近郊の津には納所《なつしょ》と呼ばれる受領や荘園領主の倉庫が置かれ、彼らの経済活動の拠点となった。

参考文献　西岡虎之助「荘園における倉庫の経営と港湾の発達との関係」(『荘園史の研究』上所収、一九五三、岩波書店)。松原弘宣『日本古代水上交通史の研究』、一九八五、吉川弘文館。舘野和己『日本古代の交通と社会』、一九九八、塙書房。
(永田　英明)

ついじ　築地　土を突き固めて築いた塀で、平城京以降、宮殿や寺院の外周区画や敷地内部の区画に用いられる。柱を立てて支えた枠板に、土を詰めて築き上げる版築《はんちく》の技法で造られる。断面は一般に台形をなす。平城宮の大垣は基底幅が二・七メートルあり、高さ五メートルほどと推定される。表面に一定間隔で柱を見せるものがあり須《す》柱《ばしら》という。門などの開口部では築地の端部を木製の貝形《かいがた》で覆い、その両側の柱を貝形柱《かいがたばしら》という。築地の頂部は雨水による土の崩落を防ぐため、瓦葺または板葺の屋根とするが、『伴大《ばんだい》納言絵詞《なごんえことば》』などの絵巻には、板を敷いて土を盛った上土《あげつち》形式もみえる。表面は枠板を外したままの積土を現すほか、漆喰塗とする例もあり、絵巻には門の両脇のみ白塗とする例もみえる。律令制下では五位以上の邸宅に限られた。近世には木造の軸組に壁土をつけた大壁造の築地塀も造られるようになる。西宮《にしのみや》神社の大練塀《おおねりべい》(重文、兵庫県西宮市)は室町時代中期にさかのぼる築地塀の遺構である。

参考文献　文化財建造物保存技術協会編『重要文化財西宮神社大練塀保存修理工事報告書』、一九六八、西宮神社。
(長尾　充)

ついしゅ　堆朱　朱漆を厚く塗り重ねて文様を彫り表す漆工技法である彫漆《ちょうしつ》の一種。中国の代表的な漆芸である彫漆は、宋時代以降盛んになり、わが国では、中世以降中国から数多く舶載された螺鈿《らでん》や沈金《ちんきん》(鎗金《そうきん》)を含めた、いわゆる唐物《からもの》漆器の中では特に珍重された漆器で、当時の史料である『君台観左右帳記《くんだいかんそうちょうき》』『室町殿行幸御飾記《むろまちどのぎょうこうおかざりき》』などに少なからず記されている。彫漆には、朱・黒・緑・黄などの色別や塗り重ねの種類によってさまざまな名があり、堆朱のほか、剔紅《ちつこう》・堆紅《ついこう》・堆漆《ついしつ》・堆烏《ついう》・紅花緑葉《こうかりょくよう》・金絲《きんし》・九連絲《きゅうれんし》・桂漿《けいしょう》(桂章)・犀皮《せいひ》など多様であるが、中国名と和名が混じり、また技法的な相違も明確ではない。なお、明時代の漆工書である『髹飾録《きゅうしょくろく》』には、彫漆として、剔紅《てきこう》・剔黒・剔黄・剔緑・剔彩・複色雕漆・堆紅・堆彩・剔犀などが記されているが、わが国中世の分類とは一致しない。現在わが国では、一般的に朱漆を用いたものを堆朱、黒漆のものを堆黒と称することも多い。

椿尾長鳥堆朱盆 (元時代)

参考文献　徳川美術館・根津美術館編『彫漆』、一九八四。
(鈴木　規夫)

つうしんし　通信使　高麗末期・朝鮮王朝時代に日本の主権者に派遣された朝鮮国王使の一類型。慣例的に日本側では朝鮮通信使と呼ぶが、朝鮮側史料ではおおむね「日本(国)通信使」「通信官」と記す。近世史では、江戸時代初期の回答兼刷還使《かいとうけんさつかんし》を通信使に含めることが多いが、狭義の通信使の派遣例は、高麗時代一回、朝鮮時代前期十回、後期九回を数える。室町時代初期は倭寇禁圧・被《ひ》虜人《りょにん》刷還《さつかん》要請が主な派遣目的だったが、やがて室町将軍の代始めに合わせた国情探索を目的とした。一四四三年(嘉吉三)、室町時代最後の通信使が来日した後は、対馬宗氏が自身の偽使派遣体制を隠蔽するために情報工作を行い、通信使派遣阻止に努めた。一五九〇年(天正十八)、豊臣秀吉が朝鮮国王の服属と朝貢を求めると、宗義調《よししげ》が通信使派遣要請にすり替えて通信使派遣を実現。しかし、その後、文禄・慶長の役に突入し、日朝国交関係は断絶した。戦後は、対馬宗氏の偽作した国書への「回答」と、侵略戦争中の被虜人「刷還」を目的とする江戸時代初期の回答兼刷還使三回を挟み、十七世紀中葉、明清交替による大陸動乱の収束後、朝鮮国王使は「通信使」に復号する。朝鮮からの国書の宛名も、「日本国大君」に改めら

朝鮮人来期図 (羽川藤永筆)

	往還年月日	使節名目	派遣対象(日本)	姓・諱(官職)	備考
朝鮮王朝後期	1682年(粛宗8、天和2)5月8日派遣 同　11月16日復命	同	日本国大君源綱吉(徳川綱吉)	尹趾完 李彦綱 朴慶後	綱吉嗣位
	1711年(粛宗37、正徳元)5月15日派遣 1712年(同38、同2)3月9日帰還(拘束)	同	日本国王源家宣(徳川家宣)	趙泰億 任守幹 李邦彦	家宣嗣位。新井白石、外交諸式を改変
	1719年(粛宗45、享保4)4月11日派遣 1720年(同46、同5)1月24日復命	同	日本国大君源吉宗(徳川吉宗)	洪致中 黄　璿 李明彦	吉宗嗣位
	1747年(英祖23、延享4)11月28日派遣 1748年(同40、寛延元)閏7月30日復命	同	日本国大君源家重(徳川家重)	洪啓禧 南泰耆 曹命采	家重嗣位
	1763年(英祖39、宝暦13)8月3日派遣 1764年(同40、明和元)7月8日復命	同	日本国大君源家治(徳川家治)	趙　曮 李仁培 金相翊	家治嗣位 崔天宗殺害事件
	1811年(純祖11、文化8)2月12日派遣、 同　7月26日復命	同	日本国大君源家斉(徳川家斉)	金履喬 李勉求	家斉嗣位。対馬交聘(易地聘礼)

⑴回礼使・回答兼刷還使などを含む。　⑵往還年月日は朝鮮史料による。

江戸時代の通信使行主要ルート

朝鮮から日本への通信使

	往還年月日	使節名目	派遣対象(日本)	姓・諱(官職)	備考
高麗王朝	1366年(高麗恭愍王15、貞治5)11月14日派遣	(未詳)	日本(国王)	金　逸(検校中郎将) 金　竜	倭寇禁圧要請、国情探索
	1375年(高麗辛禑王元、永和元)2月派遣	通信使	日本(国王)	羅興儒(判典客寺事)	倭寇禁圧要請
朝鮮王朝前期	1392年(朝鮮太祖元、明徳3)	倭寇禁圧要請	征夷大将軍(足利義満)	覚　鎚(僧)	
	1397年(太祖6、応永4)12月25日派遣 1399年(定宗元、応永6)5月帰還	回答使 通信官	大内殿義弘 日本国王(足利義満)	朴惇之(敦之)(前秘書監)	
	1399年(定宗元、応永6)8月26日派遣	報聘使	日本大将軍(足利義満)	崔云嗣(戸曹典書)	
	1401年(太宗元、応永8)派遣	(未詳)	日本	朴惇之(敦之)(検校参賛)	
	1402年(太宗2年、応永9)7月11日致書	回礼使か	日本大将軍	趙　漢(参議)か	
	1404年(太宗4、応永11)4月25日派遣	報聘使	日本国王(足利義満)	呂義孫(典書)	
	1406年(太宗6、応永13)2月20日派遣	同	日本国王(足利義満)	尹　銘(検校工曹参議)	
	1406年(太宗6、応永13)閏7月3日帰還	回礼官	日本	李　藝	朝鮮人被虜人の送還
	1408年(太宗8、応永15)3月14日帰還	通信官	日本	朴　和	
	1408年(太宗8、応永15)5月10日帰還	回礼官	日本国	金　恕	朝鮮人被虜人の送還
	1410年(太宗10、応永17)2月4日派遣 1411年(同11、同18)翌年1月26日帰還	回礼使	日本国王(足利義満)	梁　需(前海州牧使)	「芭蕉夜雨図」(東京国立博物館蔵)に著賛
	1413年(太宗13、応永20)12月1日派遣	通信官 通信使	日本国王(足利義持)	朴　賁(検校工曹参議)	
	1420年(世宗2、応永27)閏1月15日派遣 同　10月25日復命	回礼使	日本国王源義持(足利義持)	宋希璟(仁寧府少尹) 尹仁甫(通事)	
	1422年(世宗4、応永29)12月20日出発 1423年(同4、同29)12月4日復命	同	日本国王源義持	朴熙中(典農事尹) 李　藝(護軍) 呉敬之(奉礼郎) 尹仁甫(通事)	
	1424年(世宗6、応永31)2月7日拝辞 同　12月4日復命	同	日本国王源義持	朴安臣(判繕工監事) 李　藝(大護軍) 孔　達 崔古音 朴　忱	
	1428年(世宗10、応永35)12月7日出発 1429年(同11、永享元)12月3日帰還	通信使	日本国王源義持	朴瑞生(大司成) 李　藝(大護軍) 金克柔(前副校理)	義持致祭、義教嗣位
	1432年(世宗14、永享4)7月26日派遣 1433年(同15、同5)翌年10月6日啓	回礼使	日本国王源義教(足利義教)	李　藝(上護軍) 金久冏(護軍) 房九成 金　元	
	1439年(世宗21、永享11)7月11日拝辞 1440年(同22、同12)5月25日帰還	通信使	日本国王源義教	高得宗(僉知中枢院事) 尹仁甫(上護軍) 金礼蒙(副司直)	
	1443年(世宗25、嘉吉3)2月21日拝辞 同　10月19日引見復命	同	日本国王(足利義勝)	卞孝文(僉知中枢院事、専対) 尹仁甫(上護軍) 申叔舟 曹　伸	義教致祭、義勝嗣位。被虜人刷還
	1459年(世祖5、長禄3)8月23日派遣	同	日本国王源義政(足利義政)	宋処倹(僉知中枢院事) 李従実(行護軍) 李　観(宗簿注簿)	義勝致祭、義政嗣位。海難事故により行方不明(ただし宗氏により大蔵経のみ届けられる)
	1475年(成宗6、文明7)7月16日拝辞	同	日本国王源義政	裴孟厚(議政府舎人) 李命崇(弘文館修撰) 蔡　寿(吏曹正郎)	
	1479年(成宗10、文明11)4月4日拝辞 同　10月15日復命	同	日本国王源義政	李亨元(直提学) 李季仝(昌城都護府使) 金　訢(校理)	李亨元、巨済島で病死。日本の兵乱という情報もあり使行中止(対馬宗氏による情報操作)
	1590年(宣祖23、天正18)3月6日出発 1591年(同24、同19)1月13日帰還	同	日本国平秀吉(豊臣秀吉)	黄允吉 金誠一(礼賓寺正) 許　筬	国内統一の祝賀
	1607年(宣祖40、慶長12)1月派遣 同　7月19日復命	回答兼刷還使	日本国王源秀忠(徳川秀忠)	呂祐吉 慶　暹 丁好寛	国交再開
	1617年(光海君9、元和3)5月派遣 同　11月13日復命	同	日本国王源秀忠	呉允謙 朴　梓 李景稷	大坂平定・日本統一の祝賀
	1624年(仁祖2、寛永元)8月派遣 1625年(同3、同2)3月23日復命	同	日本国王源家光(徳川家光)	鄭　岦 姜弘重 辛啓栄	家光嗣位
	1636年(仁祖14、寛永13)8月11日派遣 1637年(同14、同13)3月9日復命	通信使	日本国大君源家光	任　絖 金世濂 黄　戻	国情探索、中国対策。日光山参詣
	1643年(仁祖21、寛永20)2月20日派遣 1644年(同22、正保元)11月21日復命	同	日本国大君源家光	尹順之 趙　絅 申　濡	国情探索、中国対策。日光山参詣
	1655年(孝宗6、明暦元)4月20日派遣 1656年(同7、同2)2月20日復命	同	日本国大君源家綱(徳川家綱)	趙　珩 兪　瑒 南竜翼	家綱嗣位

れた。以後、正徳度通信使の際、新井白石による聘礼《へいれい》改革により将軍向け宛名が「日本国王源某」に一時的に戻ったほかは、最後の通信使となった文化度通信使まで「日本国大君」が用いられた。そのため、この時代の日朝関係を大君外交体制と表現する場合がある。通信使行の送迎や接待には、日朝ともに巨額の財政負担がかかり、最後の文化度通信使は度重なる折衝や延期の末、対馬での易地《えきち》聘礼《へいれい》という簡略な儀礼形態に落ち着いた。なお一般に、通信使一行には文人・学者が多数参加して盛んに文化交流が行われたほか、通信使行自体、徳川将軍の国際的地位を国内外に誇る、重要な演出装置でもあった。→朝鮮《ちょうせん》 →文禄《ぶんろく》・慶長《けいちょう》の役《えき》 →倭寇《わこう》

参考文献 『海行摠載』、一九一四、朝鮮古書刊行会。三宅英利『近世日朝関係史の研究』、一九六六、文献出版。京都文化博物館・京都新聞社編『こころの交流朝鮮通信使』、二〇〇一。

（橋本　雄）

つうほうじ　通法寺　河内源氏の祖、頼信の嫡子、河内守源頼義が平安時代末一〇四三年（長久四）に建立したと伝える河内源氏の氏寺。国史跡。別称、河内源氏発祥地ならびに源氏三代の墓。大阪府羽曳野市通法寺所在。当時は相当な大寺であったが明治時代の廃仏棄釈によって廃寺となり、現在はわずかに石垣と山門と一鐘楼を残すのみで発掘調査事例もなく詳細は不明である。ただ江戸時代五代将軍徳川綱吉の時、再建された本堂や観音堂の伽藍の様子は『河内名所図会』によって往時を偲ぶことができる。河内源氏三代は、頼信が一〇二〇年（寛仁四）に河内国の守護となり、壺井に居を構えて以来、頼義・義家と前九年の役や後三年の役などで武功をたて名を馳せた。摂津源氏の祖源満仲の三男で、河内源氏の祖の頼信の墓は、寺の南東丘陵上、頼信の嫡子頼義の墓は寺院内、頼義の嫡子で八幡太郎義家の墓は寺の南方丘陵上に祭られている。河内源氏の祖神を祭った壺井八幡宮とともに河内源氏の歴史を語る上で重要な遺跡である。

参考文献 大阪府学務部編『大阪府史蹟名勝天然紀念物』一、一九三一。『羽曳野市史』一、一九九七。

（堀江　門也）

つか　束　㈠主として日本の木造建築で用いられる、上部構造を支える短い垂直材の総称。束とは「つかの間」の「つか」と同様に「短い」の意味であり、古くは下に柱をつけて束柱といった。通常、束は断面四角形の直方体のものを指し、断面円形は円束、禅宗様で用いられる瓶子形でほぼ断面円形のものは大瓶束《たいへいづか》などと区別する。なお、使われる部位により、床構造を支えるものを床束、縁を支えるものを縁束、小屋組で用いられるものを小屋束、妻面の装飾の一種である豕叉首《いのこさす》の中央にたつものを叉首束、勾欄の架木《ほこぎ》を支えるものを斗束《ますづか》（または「とつか」）などと呼ぶ。㈡日本の古代から中世において、稲の量や長さを計る単位。稲の量では、重さ一斤を一把、十把を一束といった。長さでは、指一本の幅を伏《ふせ》、親指を除く指四本の幅程度を束といった。すなわち四伏が一束となる。中世の軍記物などでは、矢の長さをいう際に用いられた。

参考文献 近藤豊『古建築の細部意匠』、一九七二、大河出版。美濃部重克・松尾葦江校注『源平盛衰記』四、一九九四、三弥井書店。

（平澤麻衣子）

つかみょうじんこふん　束明神古墳　奈良県高市郡高取町佐田の丘陵南斜面に築造された終末期古墳。斜面を九〇メートルにわたって切り崩して平坦面を作り、この上に対角長約四〇メートルの八角形墳を作っている。現墳丘は中世に大きく変えられていたが、もとは墳丘の表面に石を敷き並べ、底平な下段とやや高い上段から成る墳丘であったらしい。内部は二上山の凝灰岩をブロック状に加工したものを約五百個積んだやや特異な横口式石槨の一種である。盗掘により石室の上部は破壊されていたが、復元実験の過程で石槨の設計が黄金分割などの比率を使っていることがわかった。内部にはもともと漆塗り木棺があったが、盗掘による破壊と腐食のため漆膜が散乱しているだけであった。なお棺台があったことも想定される。盗掘のため副葬品はほとんどなかった。当古墳は地元での伝承、『続日本紀』による位置関係、『万葉集』の歌、考古学的事実などから天武天皇の皇太子、草壁皇子（岡宮天皇）の真弓丘陵《まゆみのおかのみささぎ》である可能性が強い。

参考文献 河上邦彦『束明神古墳の研究』（『橿原考古学研究所研究成果』二、一九九九、奈良県立橿原考古学研究所）。

（河上　邦彦）

つがるしろあと　津軽氏城跡　江戸時代に津軽地域を支配した近世大名津軽氏に関係する城館・城郭を一括して示す呼称。一九五二年（昭和二十七）に国史跡となっていた弘前城に追加する形で、一九八五年堀越城跡（青森県弘前市）と弘前城下の長勝寺《ちょうしょうじ》構《がまえ》・新寺構《しんてらがまえ》を指定した時から の名称。二〇〇二年（平成十四）に西津軽郡鰺ヶ沢町の種里城跡も追加指定されている。津軽（大浦）氏はもともと南部から津軽に入部した一族とされ、一四九一年（延徳三）に種里城、一五〇二年（文亀二）に大浦城（青森県弘前市）、一五九四年（文禄三）に堀越城、そして一六一一年（慶長十六）に弘前城と居城を移動している。このうち、種里城は日本海側の赤石川流域に立地し、古代の防御性集落に重複して城館が構築されている。発掘は一九八八年から始まり、主郭や外郭から掘立柱建物跡・塀跡・竪穴建物跡・井戸跡などの遺構と、十五―十六世紀末の陶磁器や金属製品・銭貨などの遺物が出土している。大浦城は後長根《うしろながね》川南岸の台地上に立地し、現在は中学校敷地となっている。一九九五年からの緊急調査では、縄張り図に対応する堀跡なども検出され、遺物は十六世紀の陶磁器を中心に出土している。堀越城は大和沢《おおわさわ》川の自然堤防上に立地し、土塁を巡らした本丸と二ノ丸、三ノ丸などの曲輪が残り、東側を国道七号が走っている。発掘調査は一九七六年から開発がらみで始まり、指定後は一九九八年から環境整備のために実施している。掘立柱建物跡などの遺

構と十五—十六世紀末の遺物が発見されている。弘前城は西側に岩木川を望む台地に立地し、本丸、二ノ丸、三ノ丸、四ノ丸、北ノ郭、西ノ郭と土塁・水堀が残る。一九七四年以来環境整備の調査を行い、庭園や館神神社などの遺構と多様な遺物が出土している。特に出土陶磁器は、十六世紀末から十七世紀初頭の中国製品や唐津・志野をはじめ、十七世紀前半からは肥前の製品が多くみられる。十七世紀後半になると古九谷様式の色絵磁器に優品があり、十八世紀以降も肥前の製品が中心である。

資料館 弘前市立博物館(青森県弘前市)、光信公の館(西津軽郡鯵ヶ沢町)

参考文献 『青森県史』資料編考古四、二〇〇三。

(工藤 清泰)

つき 杯 広く平らな底部と斜め上にひらく口縁部からなる形態のうつわ。器高は皿よりも深く椀よりも浅いものを指し、古代においては最も一般的な食器である。時代や地域によって多くの差異があるため、考古学的には年代や地域差を示す最もよい指標となる。材質は、土師器・須恵器・黒色土器・陶磁器・木器・金属器がある。畿内では土師器杯は金属器を模倣することによって成立したとされ、多くの器種がみられるとともに法量に規格性がある。七世紀から八世紀の前半には、口縁部外面を丁寧に磨き、内面に放射二段、連弧、放射一段などの暗文を施すものが多い。貯蔵器・煮炊具を含めた土師器全体での比率はおよそ三割から五割程度を占めるが、八世紀後半以降、新たに登場した鋺形の椀が増加していくとともにその比率を減じていく。一方、須恵器では七割を越える比率を示す場合がある。文献史料や墨書土器では「坏」と記すことが多く、「都支」の表記もみられる。また、平城宮出土墨書土器に「弁埦勿他人物」と記すものがあり、「埦」と呼ぶこともあったことが知られ、稀には「坫」「垸」とする場合もある。古代における杯の種類は多様で、枚杯・窪杯《くぼつき》は器形による名、羹杯・饗杯・塩杯などは用途による名称である。底部に低い高台が付く杯は蓋と組み合い、蓋なしのものが片杯《かたつき》である。杯の用途は多様であったようで、墨書には内容物として飯・羹・水・酒・米・麦・粥・漬菜・菓などがある。また、興福寺の西金堂を造営した際の記録である『造仏所作物帳』には燈火器としての二彩油杯の原料と配合が記してあり、この際の製品と考えられる二彩杯が興福寺一乗院跡から出土している。八世紀の関東地方には、盤状杯と呼ばれるロクロ成形で底部外面をヘラ削りする杯が分布し、これは朱彩することが多い。また、東北地方では六世紀以来、内面または内外面を黒色処理した土師器杯が盛行し、搬入品とみられるものが奈良県明日香村石神《いしがみ》遺跡などから出土している。飲酒用の盃は、古代の酒宴は同じ杯で回し飲みする儀礼的なものであるため、墨書銘にみるごとく一般の土師器杯を使用していた。中世以降は朱漆塗の木杯が一般化し、近世では飲酒が独酌へと変化するのに伴い小型化し、陶磁器製の猪口が主流となっていく。

参考文献 関根真隆『奈良朝食生活の研究』、一九六九、吉川弘文館。西弘海「奈良時代の食器類の器名とその用途」(『奈良国立文化財研究所研究論集』五所収、一九七九)。

(玉田 芳英)

つぎて・しぐち 継手・仕口 継手とは、部材を材軸方向に接合し、長さを増すための工法、またはその部分をいい、突付《つきつけ》、相欠継《あいがきつぎ》、蟻継《ありつぎ》、鎌継《かまつぎ》などがある。仕口とは、二つ以上の材をある角度をもって組み合わせる工法、またはその部分をいい、大入《おおいれ》、相欠《あいがき》、渡腮《わたりあご》などがある。組み合せにあたり端部に突起を造り出すが、これを枘といい、形状によって平枘・長枘・二枚枘などがある。建築の構造技術、加工技術の発展に伴い、仕事が精密化するとともに種類も増加した。構造部分においては構造強化、化粧部分(人目につくところできれいに仕上げられる部分)では接合面に隙間が生じないような、あるいは目立たな

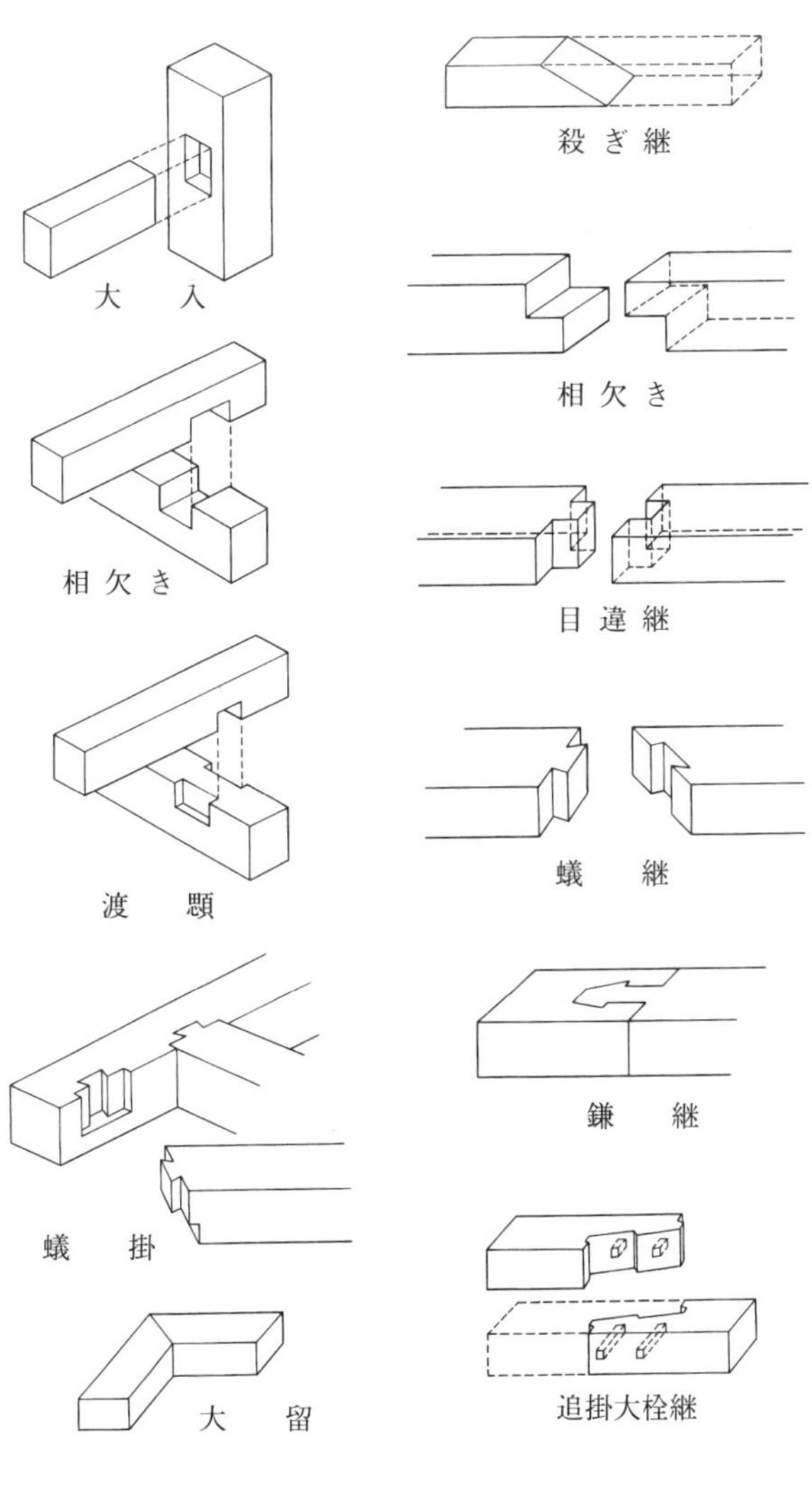

継手・仕口

いような工夫が施されるようになった。継手部分は構造上の弱点となるため、補強材を施す場合もある。たとえば組物の実肘木は補強材として生まれたものである。塔婆の心柱の継手の添木も補強材である。また、重層建築や校倉《あぜくら》などにおいては継手は構造的に最小限にとどめる必要があり、建築規模にも制約が課せられる。

参考文献　文化財建造物保存技術協会編『文化財建造物伝統技法集成―継手及び仕口―』、二〇〇〇、東洋書林。内田祥哉他『在来構法の研究―木造の継手仕口について―』、一九九三、住宅総合研究財団。

（村田　健二）

つきやま　築山　庭園内に土砂を盛り上げ、自然の山に見立てて設けられた小高い地形の高まり。十四世紀の作庭書である『山水幷野形図』には「野筋」とも記す。古代庭園における築山の事例には、平城宮東院庭園（奈良市）の園池北端の斜面に設けられた複数の立石を中心とする築山がある。正倉院宝物に含まれる木製の「仮山《かざん》」は築山を象ったものとされ、平城宮東院庭園の築山との間にある形態上の類似性が指摘されている。築山は園池を掘った際の残土を盛り上げて造成されたものが多く、自然の山を象徴的に表すとともに、庭園の外の風景との結界を成す装置としても機能した。細川家の別邸庭園である水前寺成趣園（熊本市）や水戸徳川家上屋敷の庭園である小石川後楽園には富士山に酷似した形状の築山があるほか、柳沢吉保の六義園（東京都）や汐入の庭園として有名な旧浜離宮庭園（東京都）には富士山を展望するために造成された小高い築山がある。

（本中　眞）

つきやまきょうづか　築山経塚　平安時代に肥前国に築かれた瓦経塚。佐賀市大和町大字尼寺字築山所在。全長約六〇メートルの前方後円墳である築山古墳の後円部墳頂に築かれた。一九九一年（平成三）、工事中に発見され、調査が行われた。経塚は、一辺約二メートルの方形の土坑の中に石囲いを巡らし、その内部に瓦経を埋納していた。瓦経は六種類の経典を写しており、妙法蓮華経百六十七枚、無量義経十九枚、観普賢経十八枚、阿弥陀経六枚、般若心経二枚、法華懺法十枚のほかに無地のもの二枚と仏像を刻んだものが五枚ある。奥書によれば、一一四四年（天養元）十月に僧定照と清原氏の発願により、草部貞行を大檀主とし、僧蓮勝らが書写したものである。これら瓦経のほかに鉄刀子三口が出土している。一九九九年重要文化財に指定された。

資料館　佐賀県立博物館（佐賀市）

参考文献　『肥前築山瓦経塚』（『大和町文化財調査報告書』二五、一九八四、大和町教育委員会）。

（望月　幹夫）

つくえ　机　⇩案《あん》

つくだ　佃　古代・中世の荘園・公領における領主の直営田。正作・用作などとも呼ぶ。元来、「佃」は「（タ）ツクル」と読まれて、耕作を意味する動詞として使われたが、やがて田地そのものの呼称に転化した。農民の夫役労働によって耕作され、領主から耕作に必要な種子・農料が支給される代わりに、ほとんど全収穫が収取される特別な田地で、水旱の被害の少ない熟田が多く選ばれ、公事雑役は賦課されない。初期の例には、藤原宮出土木簡から八一〇年（弘仁元）の佃経営が知られる大和国宮所荘、八七六年（貞観十八）に荘佃の存在が確認できる近江国愛智《えち》荘がある。平安時代中期ごろには、農民に請作させるようになり、平安時代末期からは、名主が名田耕作を認められる代償として佃経営にあたり、収穫の一部を自己の収益とする方式が広まる。中世には、段当りの年貢収納量である斗代が定められるとともに、公事雑役が課され、一般の名田と同質化する。

参考文献　水上一久『中世の荘園と社会』、一九六九、吉川弘文館。吉田晶「佃経営に関する二・三の問題」（魚澄先生古稀記念会編『国史学論叢』所収、一九五九）。

（三谷　芳幸）

つくばさん　筑波山　茨城県南部に所在する、男体山《なんたいさん》・女体山《にょたいさん》の二峰からなる標高八七八メートルの山で、古来から信仰の対象であった。『常陸国風土記《ひたちのくにふどき》』には嬥歌《かがい》の記述があり、南麓でつくば市臼井《うすい》地内の夫女《ぶじょ》ヶ《が》原《はら》と呼ばれる地がその故地とされる。筑波山神は八二三年（弘仁十四）に官社となり、平安時代中ごろには徳一《とくいつ》が中禅寺《ちゅうぜんじ》を開いたとされる。中世での筑波山の状況は不詳であるが、修験道が発達したとされるほか、中禅寺別当に小田一族の名が認められる。近世には徳川家光《とくがわいえみつ》の寄進により神社および中禅寺が整備された。中禅寺の堂宇は廃仏毀釈などにより消失したが、神社には当時の建造物も現存している。筑波山信仰の組織的な調査はなされていないが、山中に点在する巨岩の周囲では花卉《かき》双鳥八花鏡、灰釉陶器、須恵器、土師器などの遺物が出土、採集されており、磐座《いわくら》祭祀が行われていたことがわかる。土師器には古墳時代後期にさかのぼるものも認められる。また、現神社境内からは平安時代末ごろの瓦が採集されている。

参考文献　『筑波町史』上・下、一九八九・九〇。

（石橋　充）

つじがいとかまあと　辻垣内窯跡　伊勢平野中部の雲出《くもず》川支流中村川の河岸段丘斜面に構築された全五基からなる瓦窯跡群。三重県松阪市嬉野《うれしの》釜生田《かもだ》町所在。うち三基は窖窯《あながま》、ほかは平窯。二段の大きな焼成段を持つ二号窯は鴟尾《しび》焼成用の窖窯で現存長六・五メートル、最大幅一・二メートル。鴟尾は高さ一二五センチの連珠文を有するものと、高さ一四八センチの単帯の縦帯のみの形態の大きく異なる二種類が出土。ともに重要文化財。もう一基の窖窯三号窯は現存長七・七メートル、最大幅一・七メートル。焼成部は十六段の有段式。川原寺系の複弁蓮華文と畿内には見られない複線鋸歯文を巡らせた七葉の複弁蓮華文の二種類の軒丸瓦と重弧文の軒平瓦が出土した。これら二基の窖窯は出土品から見て七世紀後半に操業し、旧一志《いちし》郡内の一志・嬉野地域に集中する天華寺《てんげいじ》廃寺をはじめ五ヵ寺に供給されたと考えられる。二基の平窯のうち五号窯は全長三・一メートル、焼成室幅二メートルのロストル式で八世紀前半の瓦窯。

資料館　嬉野ふるさと会館（三重県松阪市）

参考文献　嬉野町教育委員会『辻垣内瓦窯跡群』、一九八六。『嬉野史』考古編、二〇〇六、松阪市。

（山沢　義貴）

つしまのくに　対馬国　対馬島にあった国。『魏志』倭人伝によると、絶島で人家は千余戸、山がちで良田がなく、人々は海の物を食べて自活し、船に乗って朝鮮半島や壱岐・九州本土に行き、穀物を買い入れていた。古来から壱岐とともに亀卜で知られ、現在でも亀卜が伝承されている。『万葉集』に「ありねよし対馬の渡り」「百船の泊つる対馬」と出てくるように、対馬は日本と朝鮮半島を往来する船の停泊地として重要な場所であった。対馬島は上県《かみつあがた》・下県《しもつあがた》の二郡からなり、下県郡に国府があった。この対馬国府は現在の対馬市厳原《いずはら》町国分に比定されている。延喜式内社が多く、二十九社が『延喜式』に出てくる。銀山があり、調として銀を貢納した。六六四年（天智天皇三）、対馬島・壱岐島・筑紫国などに防人《さきもり》と烽《とぶひ》が置かれた。六六七年には対馬に金田《かねだ》城が築かれた。防人には東国の人を充てたり、筑紫の人を充てたりした。八二六年（天長三）には大宰府管内で選士制がしかれ、対馬にも防人に加えて選士が置かれた。九世紀後半には、上県郡司が島主を襲撃したり、肥前国基肄郡司が新羅に渡って対馬島を撃ち取ろうと計画するなど、不穏な事件が相ついだ。一〇一九年（寛仁三）には女真族の刀伊《とい》が北部九州に入寇したが、対馬も大きな被害を受けた。対馬の守護は鎌倉時代初期以降、武藤氏（少弐氏）が任じられた。武藤氏の地頭代（守護代）として対馬に派遣されたのが宗氏（はじめは惟宗氏）であった。対馬と高麗の間には年間一回の進奉船貿易が継続していた。十三世紀前半には対馬の倭寇が高麗を侵している。一二七四年（文永十一）の文永の役と一二八一年（弘安四）の弘安の役では、元軍のために島は蹂躙された。南北朝時代になると島内では代官の仁位《にい》宗氏が勢力を拡大し、仁位宗氏の宗澄茂は対馬守護になったとされる。一三五〇年から前期倭寇の活動が活発化したが、壱岐・松浦とともに対馬は倭寇の拠点となった。こうした中、宗経茂は高麗に遣使した。室町時代になると、総領家の宗貞茂が仁位宗氏から島内支配権を奪回する。貞茂は朝鮮との講和に努め、倭寇鎮圧の努力をした。一四一九年（応永二十六）に朝鮮軍の対馬攻撃（応永の外寇）が起った。貞茂の子の貞盛の代に朝鮮との関係が安定する。一四四三年（嘉吉三）には朝鮮との間に癸亥約条が結ばれ、島主宗氏は年間五十艘の歳遣船が認められた。朝鮮の貿易港三浦には多くの島民が移り住んだ。また、対馬市美津島町の水崎（仮宿）遺跡では、大量の朝鮮陶磁が出土しており、朝鮮半島との関係の深さを物語っている。一五一〇年（永正七）に三浦の乱が起こり、朝鮮との関係が一時断絶した。一五一二年に関係は復活したが、多くの朝鮮権益を失ったので、宗氏は偽使の創出を積極的に行なった。文禄・慶長の役では、宗氏は先鋒として朝鮮に出陣した。清水山城などの城の遺構が残る。一六〇九年（慶長十四）に朝鮮との国交が回復した。江戸時代の朝鮮通信使の来日は十二回を数えた。一六三五年（寛永十二）には柳川事件が落着し、朝鮮外交も幕府の監視下に入った。十七世紀後半から十八世紀初頭には瀬戸の開削などの大規模な事業が相ついだ。雨森芳洲などの学者が登用され、藩校が整備されるなど学問が栄えた。一八一一年（文化八）には、朝鮮通信使を対馬に迎える易地聘礼《えきちへいれい》が行われた。一八七一年（明治四）に厳原県となったが、伊万里県に統合され、一八七二年に長崎県に移管され、今日に至っている。一九〇四年（明治三十七）には近海で日本海海戦が行われた。第二次世界大戦前は要塞地帯でもあった。二〇〇四年（平成十六）に六町が合併し、対馬市が誕生した。

参考文献　『長崎県史』古代中世編、一九八〇、吉川弘文館。宮田登他『玄界灘の島々』（『海と列島文化』三、一九九〇、小学館）。瀬野精一郎他『長崎県の歴史』（『県史』四二、一九九八、山川出版社）。

（佐伯　弘次）

対馬国略図

つしまはんしゅそうけぼしょ　対馬藩主宗家墓所　歴代対馬藩主と正室および一族の墓所。長崎県対馬市厳原町西里金石《かねいし》に所在する。通称、万松院《ばんしょういん》墓地。一六一五年（元和元）、宗家十九代対馬藩主初代義智《よしとし》が死去。居城金石屋形の西に墓所を設けた。建立した寺が後に法号にちなんで万松院と改まり、宗家の菩提寺となる。墓地は中央に金石川を挟む清水山南麓の段丘と平地に立地し三つの御霊屋から成る。極楽門から北に登る石段は百雁木《ひゃくがんぎ》と呼ばれ、両脇に燈籠を配する。上方に義智から宗家三十二代義和《よしより》までの藩主と正室を祀る上御霊屋《かみおたまや》、中ほどに側室および童子の墓が並ぶ中《なか》御霊屋がある。本堂裏の泉庭奥には宗家出身者や一族を葬る下《しも》(裏)御霊屋が残る。金石川の護岸も含め、全体が鏡積みを多用した石垣と石塀で区画・構成され壮麗。元禄、享保の二度の火災で焼失した大師堂などの基壇遺構が北部空き地に確認できる。一九八五年(昭和六十)二月十八日に国指定史跡になった。

参考文献 『新対馬島誌』、一九九四。『厳原町誌』、一九九七。

(尾上 博一)

つだそうきち 津田左右吉 一八七三―一九六一 日本古代史・日本思想史・中国思想史研究者。一八七三年(明治六)十月三日、岐阜県加茂郡栃井村(美濃加茂市)に生まれ、一八九一年、東京専門学校卒業後、各地の中学校教師を歴任し、一九〇〇年独逸学協会中学校教師赴任後、東洋史・日本史の検定教科書を執筆。一九〇八年、白鳥庫吉《しらとりくらきち》のもとで南満州鉄道株式会社東京支社満鮮地理歴史調査室研究員。一九一三年(大正二)、『神代史の新しい研究』『朝鮮歴史地理』第一巻刊行。一九一六年、『文学に現はれたる我が国民思想の研究』全四冊刊行開始。一九一八年、早稲田大学文学部史学科講師、一九二〇年、同教授。一九二二年、『上代支那人の宗教思想』により東京帝国大学から文学博士の学位を授与される。一九二八年(昭和三)ごろ、哲学科に移る。一九三九年、弾劾事件。一九四〇年、早稲田大学教授辞任。一九四七年、日本学士院会員。一九四九年、文化勲章。一九六〇年、美濃加茂市名誉市民。一九六一年、朝日賞。同年十二月四日没。八十八歳。『津田左右吉全集』全三十五巻(一九八六―八九年)が、岩波書店より刊行された。

参考文献 『津田左右吉―その人と時代―』、二〇〇四、美濃加茂市民ミュージアム。

(新川登亀男)

つちうらじょう 土浦城 霞ヶ浦へ注ぐ桜川の河口付近に立地する平城。茨城県土浦市所在。一五一六年(永正十三)に菅谷勝貞《すげのやかつさだ》が若泉五郎右衛門《わかいずみごろうえもん》から奪取した記事が初出で、十五世紀後半以降は小田氏の支城に、後北条氏滅亡後は結城領内となった。関ヶ原の戦以降は松平・朽木氏らを経て、十七世紀末以降は土屋氏の居城となった。城下は水戸街道と水運網が接する物資の集積地として繁栄した。現在公園となっている主曲輪《くるわ》ほかが県指定史跡となっている。主曲輪には近世の櫓門・霞門が現存、堀・土塁が遺存するほか、東櫓・西櫓・土塁上の塀が復元されている。整備などに伴って数ヵ所が調査されており、中世の状況は不詳であるが、近世については絵図や改修記事と対比可能な城郭遺構が多数確認され、瓦・陶磁器・土器などの遺物も出土した。なかでも、一六五六年(明暦二)の櫓門建設に伴う地鎮祭祀で用いられたとされる多量のかわらけは、当地における土器編年の良好な資料である。

参考文献 土浦城跡調査会編『史跡土浦城跡』、二〇〇三、土浦市教育委員会。建築文化振興研究所編『茨城県指定文化財土浦城址内櫓門保存修理工事報告書』、一九九八、土浦市教育委員会。

(石橋 充)

つつじがさきやかた 躑躅ヶ崎館 ⇩武田《たけだ》氏《し》館《やかた》

つつみ 堤 治水・利水に伴う高く連なる構築物。主として河川堤防と池堤防に分けられる。古代の河川堤防では、木材を多用して草木を層位的に敷き込む岡山市百間川米田遺跡や、砂層の微高地を堤体とし表面に杭や横木などが施された大阪府吹田市五反島遺跡などの発掘事例がある。前者の手法は岐阜県可児《かに》市柿田遺跡でもみられるため中世まで存続したが、中・近世では木材を多用することはなく、土砂を積み上げる工法が主流となり、河原の自然堆積層を堤体内に含む例も多い。石材を表面などに積む工法は、中世から近世への移行期に増加するとみられる。古代律令制下では、河内茨田《まんだ》堤をはじめ大規模な治水・利水事業が進められた。中世に至ると大河川では埼玉県北葛飾郡杉戸町古利根川堤防のような大きな堤防も造られたが、一般的には荘園個々を対象とした比較的小規模な堤防の造営に終始した。戦国時代には戦国大名による広域支配に伴い、信玄堤など大規模な河川改修や築堤が行われたが、その実態について考古学的な把握は進んでいない。近世の治水(川除《かわよけ》)法は農書類や地方《じかた》書などでも把握でき、堤防周辺に植栽を進めたり、木材と石材、あるいは蛇籠《じゃかご》を組み合わせた牛枠類を付設した例もみられる。近世河川堤防の発掘事例としては、大阪市と大阪府藤井寺市の大和川堤防、信玄堤の南側延長部にあたる山梨県中巨摩郡昭和町のかすみ堤などがある。池は、谷を堰き止めた谷池と、平坦部の皿池に分けられる。古代では讃岐満濃池や河内狭山池など大規模な谷池が造営され、狭山池の堤体は七世紀前半にさかのぼり、近代に至るまで段階的に嵩上げされてきたことが発掘調査で判明した。皿池は中世以前でも造られたが、数的には近世以降のものが多く、大阪府と奈良県を中心に発掘調査が行われている。古代の池堤体は狭山池のように、敷葉工法をとる例がみられるが、次第に土盛りのみに転換し、盛る土をある程度厳選して加圧する工法が時代をとおしてとられた。↓川除《かわよけ》 ↓狭山池《さやまいけ》 ↓信玄堤《しんげんづつみ》

参考文献 亀田隆之『日本古代治水史の研究』、二〇〇〇、吉川弘文館。

(畑 大介)

つづみ 鼓 小形の太鼓類の総称。狭義には小鼓のような胴中のくびれた締太鼓のことで、能などに使われる小《こ》鼓《つづみ》を指すこともある。『日本書紀』神功皇后摂政十三年二月癸酉条の歌謡に「その鼓 臼に立てて 歌ひつつ」とある。群馬県佐波郡境町の天神山古墳から出土した人物埴輪が持つ太鼓は樽形の締太鼓と考えられており、臼形の締太鼓もあったものであろう。正倉院には胴の中央部が細くなった腰鼓《くれつづみ》の木製胴が二十数口、胴中のくびれた磁鼓の三彩の鼓胴、鼓皮残欠などが収蔵されている。律

令制雅楽寮には唐楽に鼓師一人、鼓生十四人(後四人)、腰鼓師二人、腰鼓生が置かれ、七三一年(天平三)七月より教習された度羅楽でも鼓師が一人みえる(『類聚三代格』大同四年(八〇九)三月二十一日付太政官符)。また、八五五年(斉衡二)十二月二十一日付太政官符によると高麗鼓師が新たに置かれているが、すでにこれ以前に高麗鼓生が置かれていたことが知られる(嘉祥元年(八四八)九月二十二日付太政官符)。これらは、桴または手で打鳴らしたものと思われる。雅楽では平安時代中期以降は唐楽に羯《かつ》鼓《こ》、高麗楽に三《さん》ノ《の》鼓《つづみ》などが用いられた。中世には田楽・猿楽能などに奏され、左手で締めている調緒《しらべお》を握り音高を調節して右手指で革面を叩く奏法が生み出された。猿楽能では小鼓・大鼓《おおつづみ》があり、歌舞伎の囃子でも用いられるようになった。 ↓太鼓《たいこ》

参考文献 増本喜久子『雅楽—伝統音楽への新しいアプローチ—』、一九六八、音楽之友社。『雅楽・声明・琵琶楽』(『日本古典音楽大系』一、一九八二、講談社)。宮崎まゆみ『埴輪の楽器—楽器史からみた考古資料—』、一九九三、三交社。山田光洋『楽器の考古学』、一九九八、同成社。笠原潔『埋もれた楽器』、二〇〇四、春秋社。 (荻　美津夫)

つづら　葛籠　衣類などの収納具の一つで、室町時代に生まれた。材料はツヅラフジを経は丸のまま、緯は割って、編んで、長方形の形の箱に作り、四隅と縁をなめし革で補強してあり、身と同じ深さのかぶせ蓋がついている。後には竹の網代《あじろ》に和紙を張って渋や漆を塗って一閑《いちかん》張《ばり》にしたものや、杉や竹で枠を作り、席《むしろ》を張ったものなども葛籠と呼ぶようになった。葛籠は軽いので持ち運びに便利であるが、特に一閑張の葛籠は呉服屋が商品を入れて持ち運ぶのに用いた。この場合は、蓋が開かないように、下に木の枠を付け、穴をあけて、紐を通して蓋の上で結ぶようにした。また大きく縦形に作り、背負うための紐をつけたものもある。席張の葛籠は農家などでよく使われた。葛籠は江戸時代には上に油単《ゆたん》をかけて、嫁入り道具としても用いられた。葛籠の産地としては安芸の広島、近江の高宮が有名であった。 (小泉　和子)

つづれにしき　綴錦　綴織のこと。上代では、色糸を用いて文様を表した紋織物を広義には錦と呼んだことから綴錦ともいう。中国では緙絲《こくし》(剋絲、刻絲)に相当する。経糸《たていと》は一色で粗く揃え、地の部分にあたる緯糸《ぬきいと》と文様を表す緯糸は各色ごとに折り返し、経糸がみえなくなるほど密に織り込む。したがって、通常の織物のように織幅《おりはば》一杯に貫通する緯糸がないため、各色の境には経糸の隙間、いわゆる把釣《はつり》が生じる。綴織はエジプトと南米では極めて古くから織られており、エジプト第十八王朝(紀元前一五〇〇—前一三〇〇)トトメス三世の墓からは麻の綴織が、ペルーではチャビン文化期(紀元前九〇〇—前一〇〇)の遺跡より木綿の綴織が発見されている。紀元後になると遺品は豊富で、特にエジプトのコプト人の墓からは麻と毛で織られたものが多く出土する。中国では、西域の楼蘭《ろうらん》やニヤ(尼雅)、サンプラ(山普拉)から素材・文様からみて西アジア製とみられる毛の綴織(一—五世紀)が出土しているが、日本では、唐からの舶載品とされる絹で織られたものが法隆寺や正倉院に遺っている。それらは幅の狭い帯状をしたものが多く、なかには金糸を織り込んだ華やかなものもみられる。金糸は、和紙に金箔を貼り細く糸のように裁断した箔糸と、この箔糸を絹の芯糸に巻きつけたいわゆるモール糸の両種がみられる。綴織の大作は、同じく舶載品とみなされる教王護国寺(東寺)の「犍陀穀糸袈裟《けんだこくしけさ》」が著名である。 (沢田むつ代)

つば　鐔　⇩刀剣《とうけん》

つばいおおつかやまこふん　椿井大塚山古墳　三世紀後半に築かれた全長約一八五メートルの前方後円墳。京都府相楽郡山城町に所在する国指定史跡。一九五三年(昭和二十八)の鉄道改修工事の際、法面に竪穴式石室が露出し、そこから多種多量の鉄製品とともに大量の鏡が出土したため、京都大学考古学研究室が調査することとなった。墳形、石室の構造、そして副葬品の組み合わせは古墳時代前期初頭の古墳の標識といえるもので、当時の出土品は一九八七年に重要文化財に指定された。この古墳は出土鏡の中に三角縁神獣鏡と呼ばれる魏の舶載鏡が三二面以上含まれていたことから、小林行雄はこの古墳の被葬者が全国に散らばる同笵鏡の配布に関与した可能性を説き、初期大和政権像を考古学的に描いた。これが邪馬台国畿内説の有力な根拠となっている。しかし、一九九八年(平成十)に奈良県黒塚古墳から三三面の三角縁神獣鏡が出土するに及んで、鏡の分配の中心人物であるかのように想定された被葬者像については再考が迫られるに至っている。

参考文献 京都大学文学部考古学研究室『椿井大塚山古墳と三角縁神獣鏡』、一九八九、思文閣出版。小林行雄『古墳時代の研究』、一九六一、青木書店。山城町教育委員会『昭和二八年椿井大塚山古墳発掘調査報告』、一九九八。 (高橋　克壽)

つばいち　海石榴市　古代の市。市の聖樹として椿が植わっていたことにちなむ名称であろう。比定地は奈良県桜井市金屋付近。『万葉集』に「海石榴市之八《や》十《そ》衢《のちまた》」とあり、横大路と山辺の道、もしくは上ッ道との交差点にあたる。『日本書紀』には、六〇八年(推古十六)に難波から船でさかのぼってきた隋使裴世清一行を海石榴市のチマタで迎えたとあり、大和川水系の水路と陸路の結節点でもあった。歌垣などが行われており、人が多く集まった。敏達天皇の時に尼善信らを見せしめの刑に処した場所として、『日本書紀』には「海石榴市亭《うまやくち》」、『元興寺伽藍縁起』には「都波岐市長屋」とある。「亭」「長屋」の表現から、宿泊施設や厩舎の存在がうかがえる。当地は磐余《いわれ》を経て飛鳥へ向かう阿倍山田道の起点であり、西側の軽市とともに飛鳥への入り口としての交通拠点的機能を有していたものと考えられる。平安時代には「椿市」と称され、長谷寺参詣の宿駅として栄えた。 (竹内　亮)

つぼ　坪　条里制・条坊制の土地区画と地番呼称の単位。古代・中世の農地の地割を示す条里制では周囲を畦畔や水路で囲まれた約一〇九メートル(一町＝十段四方の区画)であり、地番呼称では何条何里何坪というように一つの単位を指した。平城京や平安京の都市計画である条坊制では大路・小路や溝で囲まれた約一三三メートル四方の区画(一町)を従来は坪と称してきたが、史料批判の上からは町《まち》と呼んだとみなすべきで、平安初期に条里の坪呼称の定着をみて、平城京でもその廃都後に何条何坊何坪という地番呼称が明確化するという有力な見解がある。

参考文献　舘野和己「平城京その後」(門脇禎二編『日本古代国家の展開』上所収、一九九五、思文閣出版)。　(岩本　次郎)

つぼ　壺　小型で口の広い貯蔵容器の総称。奈良・平安時代には、主として須恵器で作られさまざまな形態がある。『正倉院文書』などの文献史料から、奈良時代には土師器と須恵器の両種で作られ、有蓋のものと無蓋のもの・さまざまな大きさのものがあり、塩、蘇《そ》、酒、醤漬《ひしほづけ》・滓《かす》漬《づけ》などの貯蔵容器として使用されたことが知られる。このほか、長屋王家木簡中には、箸を収めた「箸都保《はしつぼ》」の用例がある。七五六年(天平勝宝八)の『種々薬帳』に記載のある種々の薬を納めた壺は、正倉院北倉に伝えられていて、往事に壺と呼んでいた形態を実見することができる。それは、奈良時代には須恵器に普遍的に見られる器形で、土師器にも同様な器形があるが、ほとんどが肩に三角形の上向きの突起を有する。これらは、火葬骨を納める容器として使用された事例も数多く知られている。

参考文献　関根真隆『奈良朝食生活の研究』(『日本史研究叢書』、一九六九、吉川弘文館)。荒井秀規「延喜主計式の土器について(下)」(『延喜式研究』二一、二〇〇五)。　(巽　淳一郎)

つぼいしょうごろう　坪井正五郎　一八六三―一九一三　人類学者。一八六三年(文久三)正月五日、江戸に生まれる。一八八六年(明治十九)東京大学理学部動物学科卒業。人類学研究の目的で大学院に進学、一八八八年助手、一八八九年人類学研究のためイギリス・フランスに留学、一八九二年帰国して理科大学教授となり、翌年より人類学講座を担任した。一九一三年(大正二)ペテルブルグで開催された万国学士院連合大会に出席するため出国したが、五月二十六日アレクサンドリア病院にて死去。五十一歳。一八八四年人類学会(のち東京人類学会、日本人類学会と改称)を創立し(一八九六年より会長)、人類学教室を主宰して、明治期の人類学や石器時代研究の中心となり、石器時代人コロボックル説を唱えて、石器時代人アイヌ説を主張する白井光太郎《しらいみつたろう》や小金井良精《こがねいよしきよ》と論戦を交えた。門下に鳥居龍蔵《とりいりょうぞう》・八木奘三郎《やぎしょうざぶろう》・大野雲外《おおのうんがい》らがある。『東京人類学雑誌』などに多数の論文がある。

参考文献　「略年表・主要著作目録」(斎藤忠編『坪井正五郎集』下所収、一九七二、築地書館)。鳥居龍蔵『ある老学徒の手記』、一九五三、朝日新聞社。寺田和夫『日本の人類学』、一九七五、思索社。工藤雅樹『東北考古学・古代史学史』、一九九八、吉川弘文館。　(工藤　雅樹)

つぼいりょうへい　坪井良平　一八九七―一九八四　梵鐘の研究の泰斗として今に至るまで彼の研究を凌駕する成果は出ていない。一八九七年(明治三十)一月三十日、大阪に生まれる。拓本の愛好者であった父に連れられ、大阪府下の梵鐘の拓本を手伝ったのがはじまりで、梵鐘に興味を持つ。同時に府下を中心とした遺跡の探訪も行い、処女論文は一九一三年(大正二)『考古学雑誌』第三巻第七号に発表の「大和笛吹社の古墳」。一般企業に就職後も考古学の活動を続け、仕事の関係で東京へ移動した後は、森本六爾などと東京考古学会を結成し、遺跡の探訪や遺物の検討を行う。東京に勤務していたときに近郊の梵鐘を探訪し、一九二四年に茨城県大宝八幡鐘で梵鐘全体の実測図をはじめて作成した。森本六爾の渡欧とその後の病臥によって、東京考古学会を実質的に主催することになり、小林行雄などとともに『弥生式土器聚成図録』の刊行に奔走した。梵鐘の調査では拓本だけでなく実測図を作成し、型式的な研究を行うとともに、銘文の集成的研究にも尽力した。研究対象は和鐘のみにとどまらず、朝鮮鐘・中国鐘など幅広く、『慶長末年以前の梵鐘』(一九三九年)、『日本の梵鐘』(一九七〇年、角川書店)、『朝鮮鐘』(一九七四年、角川書店)、『日本古鐘銘集成』(一九七二年、角川書店)、『佚亡鐘銘図鑑』(一九七七年、ビジネス教育出版社)など著書多数。これらの研究成果に基づき、慶長末年以前の梵鐘が第二次大戦時の供出を免れたことは有名。一九八四年(昭和五十九)八月四日没。八十七歳。

参考文献　坪井良平『梵鐘の研究』、一九九一、ビジネス教育出版社。　(杉山　洋)

つぼさかでら　壺阪寺　奈良県高市郡高取町壺阪山にある真言宗豊山派の寺院。正式名称は壺阪山平等王院南法華寺。壺坂寺とも記す。西国三十三所観音霊場の第六番札所。一二一一年(建暦元)に成立した貞慶撰の『南法花寺古老伝』は、七〇三年(大宝三)に本元興寺(飛鳥寺)の住僧であった弁基が建立したと伝える。境内出土瓦の年代や、現三重塔(一四九七年建立、重要文化財)四天柱礎石が白鳳期の塔心礎の転用品であることなどから、八世紀初頭ころの創建とみられる。平安時代には霊験の山寺として天皇・貴族などの崇敬を集めた。本堂は八角円堂で、礼堂(重要文化財)が取り付く。本尊千手観音は眼病に効験があるとされ、九世紀中ごろに成立した元興寺義昭撰の『日本感霊録』には、弘仁年中(八一〇―二四)に沙弥長仁が壺坂観音の信仰によって開眼したという説話がある。盲人沢市と妻おさとが観音の霊験によって救われるという近世の人形浄瑠璃『壺坂霊験記』は著名。

参考文献　『(壺阪寺南法華寺開創千三百年記念)壺阪寺』、二〇〇三、南法華寺・大和歴史教育センター。　(竹内　亮)

つぼのいしぶみ　壺碑　⇩多賀城碑《たがじょうひ》

つみいしづか　**積石塚**　石塊を積み上げて墳丘を構築する古墳で、一般的な盛土墳と対称する特異な構造である。積石塚古墳とよぶ研究者も多い。福岡・長崎・山口・香川・徳島の西日本と、長野・山梨・愛知・静岡・群馬・山形など東日本に集中的に分布する。四国地方の高松市石清尾山《いわせおやま》古墳群に代表される例は、古墳時代前期に築造され、前方後円墳などの大型墳と円墳で構成される。土よりも石材が手に入りやすかったとの説が有力である。一方、東日本の各例は、中小の円墳が中心で一部方墳が混じる。五世紀中葉前後の時期に築造された。小型の竪穴式石室、箱形石棺、合掌形石室、一部横穴式石室を内部主体とする。横穴式石室を内部主体とする円墳には、石塊と土を混えた構造の墳丘が多く区分される。長野市松代町大室古墳群は五百基をこえるが、その内の多くが積石塚である。長野県の北部、千曲川流域東岸に集中的に分布する。合掌形石室とともに、朝鮮半島の交流が考えられている。　（小林　秀夫）

つやまじょう　**津山城**　岡山県津山市にある近世城郭。嘉吉年間(一四四一―四四)に山名《やまな》忠政《ただまさ》が鶴山に築城したのが最初と伝承される。一六〇三年(慶長八)森忠政が信濃川中島から美作《みまさか》に移封し、翌年本格的な築城を開始し、約十二年の歳月を費やして、一六一六年(元和二)に完成した。鶴山の最高所を本丸とし、本丸を中心に二ノ丸・三ノ丸とめぐらす輪郭《りんかく》式を基本としている。この縄張りは豊前小倉《こくら》城(福岡県北九州市)をモデルにしたとも伝えられている。本丸の全部と二ノ丸の大部分、および三ノ丸の一部は石垣造りとなっている。城内の主要建造物として『森家先代実録』(『岡山県史』二五所収)は、五重の天守閣のほか、櫓三十一(このほか惣曲輪および城下を仕切る門前に櫓十九)、門二十一を挙げている。これらの建造物は明治維新後ほとんど取り壊されたが、津山市によって本丸の備中櫓の復元工事が行われ、二〇〇五年(平成十七)完成した。国指定史跡。

参考文献　『日本城郭大系』一三、一九八〇、新人物往来社。　（横山　定）

つりがね　**釣鐘**　⇩梵鐘《ぼんしょう》

つりとうろう　**釣燈籠**　荘厳具として用いられ、また供養具として使用された燈火具。燈籠の笠蓋に釣環をつけ、釣ることができるようにしたもので、仏前や社寺の軒先に懸けるほか、邸宅にも用いられる。構造は、釣環をもつ宝珠鈕、笠、火袋、受台、脚からなり、釣環によって懸吊できるようになっている。形式は、四角形・六角形・八角形・円形があり、このほか異形として菱形や球体が見られる。材質は白木製・黒漆塗製などの木製、鋳銅製・金銅板製・鋳鉄製・鉄板製などの金属製、陶製などがある。奈良時代には遺例がないが、平安時代後期から鎌倉時代初期に比定されるものとして春日大社蔵の黒漆塗瑠璃燈籠がある。紀年銘のある最古の釣燈籠は、京都国立博物館が所蔵する鉄鍛製の六角形釣燈籠で、火袋に元応元年(一三一九)の透彫銘がある。これ以後、紀年銘を有すものが多くなる。奈良春日大社や東大寺二月堂には江戸時代に作られ、奉納された作品が今も多く懸吊されているが、金銅板製が主で透彫も形骸化し、量産的な形式化されたものが多い。　（原田　一敏）

つりどの　**釣殿**　寝殿造において池辺に臨んで建てた殿舎。東または西の対屋《たいのや》から南に延びる渡廊によって連結される。渡廊と一連の棟を延ばして先端部を釣殿とする場合や、渡廊とは独立して建つ場合がある。当時の釣殿の姿は『年中行事絵巻』などの絵巻物に描かれており、東三条殿では桁行二間・梁間一間の規模を持つものの、一般には方一間程度の小規模な建築で、壁や建具を設けずに吹放しとし、周囲には簀子縁を巡らすものが多い。平安時代後期の造園書『作庭記』には、釣殿のほとりには楓のような夏木立の涼しそうな木を植えるがよいとし、納涼を楽しむための施設であったことがうかがえる。釣殿の名称の由来は明確でないが、江戸時代末期の『家屋雑考』には、旧記によるとして、水面に釣り下ろしたように作るからとする説と、釣糸を垂れることからとする説があったことを紹介している。　（清水　真一）

釣殿（『法然上人絵伝』より）

つりばり　**釣針**　⇩漁具《ぎょぐ》

つるが　**敦賀**　越前国敦賀郡の地名。現在の福井県敦賀市。敦賀湾に面し敦賀(角鹿)津があった。律令制以前には角鹿《つぬが》国造がいた。古くから日本海交通の要衝であり、『日本書紀』垂仁天皇二年条には意富加羅《おおから》国王子の都怒我《つぬが》阿羅斯等《あらしと》の渡来が伝えられる。武烈天皇即位前紀には、大臣平群真鳥が大伴金村に殺されようとした時に塩を呪ったが、角鹿の塩は呪うのを忘れたため、天皇は角鹿の塩のみを食べるようになったとみえる。長屋王家木簡中には「角鹿塩」と書かれたものがあり、また二条大路木簡中には、天平年間(七二九―四九)の敦賀郡の調塩の荷札がある。式内社に気比神社・劔神社・角鹿神社・金前神社など四十三座がある。『日本霊異記』中二四には、平城京に住む楢磐島《ならのいわしま》が交易のために都魯鹿(敦賀)津に出かけた話がみえ、敦賀が物資集散の要衝であったことがわかる。『延喜式』主税上では敦賀津は北陸道諸国からの物資の陸揚げ地であるが、そこは津守郷に含まれたとみられる。北陸道が若狭ないし近江から敦賀郡に入った所に愛発《あらち》関が位置し、最初の駅として松原駅があった。その近くには松原客(駅)館も置かれ渤海使を迎えたが、それらは松原遺跡のある気比松原付近に比定される。

参考文献　『敦賀市史』通史編上、一九八五。舘野和己「若狭・越前の塩と贄」(小林昌二・小嶋芳孝編『日本海域歴史大系』一所収、二〇〇五、清文堂)。　(舘野　和己)

つるがおかはちまんぐう　**鶴岡八幡宮**　神奈川県鎌倉市雪ノ下にある神社。祭神は応神天皇・比売神・神功皇后。一〇六三年(康平六)に、源頼義が石清水八幡宮を私的に勧請して鎌倉由比郷にまつったのを前身とする。一一八〇年(治承四)、鎌倉に入り拠点を構えた源頼朝は、八幡宮を小林郷の北山(現在の社地)に遷し、伊豆走湯山の良暹を当座の別当に任じ、大庭景義を担当者とした。以後、鶴岡八幡宮もしくは鶴岡若宮と号す。遷宮以前の八幡宮は、現在も大町に由比若宮として残る(通称元八幡)。なお、境内の発掘調査の結果、男女二体の合葬人骨と墓壙が出土しており、遷宮以前のこの地が墓地であったことが判明した。一一八二年(寿永元)、頼朝は妻政子の安産祈願のため、社頭から浜に至る参詣道を整備した。これがのちに都市鎌倉の中心街路となる若宮大路である。同年には、園城寺の円暁が下向、正式な別当となる。一一九一年(建久二)に火災で全焼、再建にあたり正式に石清水八幡宮を勧請した。別当が補任する二十五人の僧が祈禱を担う供僧《ぐそう》の制度は一一八七年に確立し、彼らの住坊(二十五坊)が境内の西北の谷に構えられた。毎年八月の放生会《ほうじょうえ》には将軍以下御家人が列席し、流鏑馬《やぶさめ》が行われ、幕府あげての盛大な神事となった。室町時代には鎌倉公方足利氏や関東管領上杉氏の保護を受けたが、戦国時代にはかなり破損が見られるようになった。一五二六年(大永六)に里見実堯の鎌倉侵入により焼亡、北条氏綱の手で再建された。その後、北条氏を滅ぼした豊臣秀吉が修復を行い、その際に提出させた一五九一年(天正十九)の指図が残されている。明治の神仏分離により供僧は全て還俗して神官となり、薬師堂・護摩堂・大塔・経蔵などの仏教的建物は破却された。二十五坊跡地の発掘調査では、中世の何度かの火災の跡や排水溝、坊間を結ぶ道などが確かめられている。国宝の籬菊螺鈿蒔絵硯箱・衛府太刀をはじめ、多くの国宝・重要文化財を有す。境内は国史跡。

参考文献　『鎌倉市史』社寺編、一九五九、吉川弘文館。大三輪龍彦編『中世鎌倉の発掘』、一九八三、有隣堂。鎌倉市教育委員会・鎌倉考古学研究所編『集成鎌倉の発掘』五、一九九五、新人物往来社。貫達人『鶴岡八幡宮寺―鎌倉の廃寺―』(『有隣新書』五四、一九九六、有隣堂)。　(高橋慎一朗)

つるがたいチャランケとりであと　**鶴ヶ岱チャランケ砦跡**　北海道釧路《くしろ》市の南東部にある春採湖《はるとりこ》の北岸、半島状に突き出た部分に位置するチャシ跡。最も高い部分に環濠があり、その外側にも弧状の壕が見られるが、南方の湖側は埋没して段状になり明確でない。周辺に数軒の竪穴住居跡が見られる。アイヌの古老の話によれば、昔は離れ島になっていて、トー(湖)モシリ(島)といわれており、湖水の神様(トーコロ・カムイ)の遊び場であるから汚してはいけない、神聖な場所とされていた。一九一六年(大正五)の阿部与作の発見時には、チャシコツ(チャシ跡)であったことを誰も知らなかったとのことである。チャランケチャシの名は、昭和初期につけられたもので、実際の名称は不明である。一九三五年(昭和十)国指定史跡。このチャシのほか、春採湖の西岸にウライケチャシ跡、南部にチューカツナイチャシがあったが、すでに削平されている。

参考文献　『日本城郭大系』一、一九八〇、新人物往来社。　(越田賢一郎)

つわのじょう　**津和野城**　中世から近世の石見国の代表的な山城で、吉見氏十四代・坂崎氏一代・亀井氏十一代が居城した城。別名三本松城、蕗城。島根県鹿足《かのあし》郡津和野町の標高三六七メートル、比高一九〇メートルの霊亀山に所在。城跡は国指定史跡。幕府から元軍来襲防備を命じられた能登の吉見頼行が一二九五年(永仁三)築城し、十四代広行の時、三百二十年続いた吉見氏は関ヶ原の戦に敗れ追われた。坂崎出羽守が入部するが、一六一六年(元和二)千姫事件で滅ぶ。一六一七年(元和三)因幡の鹿野城から亀井政矩が四万三千石の城主として入り、亀井氏が二五四年間居城とした。縄張りは最高所の三十間台を中心に、西に天守台、その北に二ノ丸、太鼓丸、南に三ノ丸等を高石垣で築城配置する。この南や北の尾根に郭群や深い堀が続く。特に南端の郭は連続竪堀群と横堀による堅固な造りである。津和野川が堀の役割をしている。坂崎氏の時、本城の北に出丸(織部丸)の石垣が築かれるとともに、西の喜時雨《きじう》側にあった大手と津和野の街並み側の搦め手が逆になった。城下には嘉楽園、馬場先櫓、多胡家門、藩校養老館、西周旧居・文豪森鷗外旧居(以上、国指定史跡)などが残る。西側丘陵麓の喜時雨遺跡では多数の柱穴群や輸入陶磁器などが発見されたが、津和野川対岸の高田遺跡から鎌倉―江戸時代初めの建物跡群や鉄滓、ふいごの羽口、金メッキ兜(銅製品)が出土し、字土井ノ内には八〇メートル四方の方形区画があり、吉見氏館の有力な推定地である。

参考文献　『日本城郭大系』一四、一九八〇、新人物往来社。『城郭と城下町』六、一九八四、小学館。『石見の城館跡』、一九九七、島根県教育委員会。　(勝部　昭)

て

ていえん　庭園　建築空間(内部空間)に対応して、自然の素材などを用いることにより造形された最小の生活空間(外部空間)をいう。「庭園」は明治時代以降に生まれた造語で、その語源となった古語には「ニハ(庭・斎庭)」「ソノ(園・苑)」「シマ(島・嶋)」「ツボ(壺・坪)」などがある。㈠花卉・蔬菜(薬草)などの栽培のために設けられた圃場をはじめ、㈡建築の前面に儀式や行事の場として準備された白砂敷の空閑地、㈢狩猟などのために池や林を広く囲い込んだ場所、㈣観賞および逍遥のために草木を植えて泉水や築山を設けた場所、㈤建築に囲まれた残部の空間に草木などを植えて装飾した場所など、その語義は広く形態・規模・性質も多様である。上記の五つの分類のうち、庭園は主として㈣である場合が多いが、㈡、㈢、㈤なども庭園の空間的な発生経緯を考える上で重要な位置を占める。また、㈣に属するものであっても、単に観賞・逍遥のために設けられるのみならず、その年代の自然観・世界観・宇宙観などを表現した芸術作品としての性質を持つものが多い。このように、庭園は最小の戸外生活空間であるとともに、草木・水・岩石などの自然的素材を用いて造形された芸術空間でもあり、異なる両側面が同一の庭園空間を構成しているといってよい。二つの側面は密接な関係にあるのみならず、相互に両義的な性質を持つことから、双方が庭園の形態・規模・性質を変化させる原動力を生み出した。日本の庭園文化は、仏教とともに朝鮮半島を経由して中国大陸から伝わったものとされているが、古く縄文時代にも、集落の中心部に位置する湧水および流れに石を組んで祭儀場が営まれていたことが知られている(矢瀬遺跡(群馬県利根郡みなかみ町月夜野))。自然神崇拝の思想は、環状列石をはじめ墓域を表す立石や組石などの遺構にも象徴的に表れている。弥生時代や古墳時代の祭儀においても、井戸(池上曾根遺跡(大阪府和泉市・泉大津市))や流れ(三ツ寺Ⅰ遺跡(群馬県高崎市))など水に関する装置が重視され、静水や流水に従って石を組む思想が育まれた。特に、四世紀後半から五世紀中ごろの城之越遺跡(三重県伊賀市比土)の蛇行大溝に見る水景の意匠は、後代の日本庭園の流れの意匠にも通ずる洗練されたもので、石敷きの蛇行溝が合流する突出部のテラスの三隅には立石により聖域の結界を表現した部分があるほか、突端に水際に降りていくための階段状施設が存在する部分もあり、水際における祭祀行為の在り方を想定させる。六世紀に仏教とともに大陸から伝来した園池の意匠・構造は、直線の汀線《ていせん》と垂直の擁壁護岸を主体としていたが、古来の曲線から成る汀線や緩勾配の洲浜《すはま》状護岸との共存の時期を経て、やがて八世紀には直線の汀線と垂直の擁壁護岸を駆逐して曲線の汀線や緩勾配の洲浜状護岸が優位を占めた。特に平城宮東院庭園においては、後代の庭園意匠の根本でもある小礫で覆われた洲浜状汀線の意匠が完成した。十世紀以降の寝殿造住宅庭園では、儀式・行事のために準備された白砂敷の空閑地と、宴遊のために準備された園池を中心とする庭園が、儀式などに不可欠の空間として寝殿などの建築の前面に並存していた。しかし、儀式が建築の内部で行われるようになると、白砂敷の儀式空間は消長し、庭園は儀式の場から純粋に視覚的な観賞の対象へと転化した。中世には石を組む行為が禅修行の一環と見なされ、禅思想に基づく世界観を象徴して多くの枯山水庭園が生まれた。中世から近世にかけては、茶の湯の流行に伴って「市中の山居」を表す茶庭が進化し、さらに、茶庭を大規模な園池の周囲に配置し、園路によって連続させることにより、動的な宴遊の在り方にも対応する回遊式庭園の様式が完成した。このように、日本庭園の意匠・様式は、生活様式と芸術・精神性との緊密な関係の中で形成されてきたものであることがわかる。

(本中　眞)

ていおうへんねんき　帝王編年記　年代記の一つで、神代より後伏見天皇までを収める。南北朝時代の成立。僧永祐の撰とされるが、その出自・経歴は不明。『歴代編年集成』『帝王編年集成』『歴代編年記』『扶桑編年録』などの別名がある。。古写本の存在は知られておらず、現存するのは近世以降の写本である。二十七巻からなるが、もと三十巻で末尾の三巻を欠失したとする説がある。記述は天皇ごとに即位前記を掲げ、ついでその事蹟や仏教に関わる中国や天竺の記事などを、先行する年代記や六国史・『扶桑略記』などの史書に拠り編年体で掲げる。なお出典を示す記事も多く、なかには逸書も含まれる。ついで太上皇・皇太子・皇子女・後宮・摂関・大臣・征夷大将軍・執権・仁和寺御室・興福寺別当・東寺長者・天台座主などの人名と略歴を掲げる。テキストに、神宮文庫本を底本とした新訂増補国史大系本があるが、その校訂に利用されていない近世前期の写本も存する。

参考文献　宮内庁書陵部編『図書寮典籍解題』歴史篇、一九五〇、養徳社。平田俊春『私撰国史の批判的研究』、一九八二、国書刊行会。田島公「帝王編年記」(皆川完一・山本信吉編『国史大系書目解題』下所収、二〇〇一、吉川弘文館)。

(新井　重行)

ていきんおうらい　庭訓往来　南北朝時代に成立したとされる往来物。編者は未詳で、古くは玄慧に擬されてきたが、室町幕府の職員ないしその周辺、あるいは中層の武家といった推測がなされている。一年の十二ヵ月に各月往信・返信の二通ずつを配し、八月のみに単信の十三日付一通を加えた、計二十五通の手紙文から構成される。

ただし、各手紙文中に、月ごとに設定された主題に関する主要な語を列挙した部分を設け、語彙集的な役割も果たすようになっており、また、手習いの手本ともなるよう筆跡にも配慮がなされていたらしく、手紙文のための模範文例集としてだけでなく、幼学書としての性格も強い。そのような性格もあって、古写本だけでも一三八六年(至徳三)書写の神門寺所蔵本をはじめとしてかなりの数にのぼり、他の往来物と比較してもかなり広く流布していたとみられる。さらに江戸時代には、庶民の家庭教育用、あるいは寺小屋の教科書として用いられたこともあっておびただしく普及し、百四十種近い版が確認されている。刊本としては新日本古典文学大系本などがある。

参考文献 石川謙『古往来についての研究』、一九四九、講談社。同『庭訓往来についての研究』、一九五〇、金子書房。

（石田 実洋）

ていざんぼり 貞山堀 宮城県の塩竈湾から七北田《ななきた》・名取両河口を経て、阿武隈川に至る全長約三三キロの海浜運河。この運河を構想したと伝えられる伊達政宗の法名にちなみ、明治期に入ってから名付けられた。まず阿武隈川岸納屋(宮城県亘理郡亘理町)から名取河口閖上《ゆりあげ》(宮城県名取市)に至る南部区間が正保年間(一六四四―四八)までに開削された。この区間は仙台城築城の木材運搬に利用されたといわれ、木曳堀と称される。ついで塩竈湾牛生《ぎゆう》(宮城県塩竈市)から七北田河口蒲生(仙台市)に至る北部の舟入堀が一六七三年(延宝元)までに竣工し、仙台城下への米穀輸送に使用された。ふたつの堀を連結する蒲生から名取河口藤塚(仙台市)に至る区間は一八七〇年(明治三)―七五年に開削され、さらに一八八三年の野蒜《のびる》築港時に全区間を拡幅・改良し、塩釜湾以北の東名《とうな》・北上両運河とあわせて、北上川と阿武隈川を結ぶ運河となった。現在は小型漁船やプレジャーボートの繋留に利用される程度であるが、歴史的景観資源としての見直しが進められている。

参考文献 『仙台市史』通史編三、二〇〇一。

（千葉 正樹）

ていじいん 亭子院 平安京左京七条二坊十三・十四町にあった院。もと淳和天皇女御永原原姫の居所。後に藤原基経の女で宇多天皇女御藤原温子の御所東七条宮と称されていたが、温子の没後、宇多法皇に伝領された。名は、池の中島に亭子を設けたことに由来する。初見は、『日本紀略』延喜九年(九〇九)閏八月十五日条の賦詩の記事である。亭子院は、醍醐天皇・皇太子保明親王がしばしば朝覲《ちょうぎん》に訪れたほか、作文・歌合・管絃・賜宴の場として用いられたことが知られ、九一一年六月十五日、避暑のため藤原仲平以下八名を招き酒を賜った際のさまは『亭子院賜酒記』に克明に記され、九一三年三月十三日に宇多法皇が主催した歌合の記録は『亭子院歌合』として伝えられる。宇多太上天皇没後の史料に乏しく、その伝領関係は未詳であるが、『中右記《ちゅうゆうき》』長治元年(一一〇四)二月十一日条によると、「本堂幷近辺小屋等」の焼亡記事がみえ、寺院となっていたらしい。

参考文献 目崎徳衛「宇多上皇の院と国政」(『貴族社会と古典文化』所収、一九九五、吉川弘文館)。

（山本 崇）

ていしつはくぶつかん 帝室博物館 ⇨東京国立博物館《とうきょうこくりつはくぶつかん》

でいとう 泥塔 土製の小塔。平安時代末期を中心に盛行した小塔供養の中核をなし、天皇・貴族・上級武士などの支配層が施主となって、怨霊調伏《おんりょうちょうぶく》・罪障消滅・病気平癒などの願意を叶えるため、僧侶や寺院の協力を得て造立供養された。泥塔供養は厳密な「泥塔供養作法」にのっとって進められ、文献史料によると造塔数は、八万四千基をはじめ、夥《おびただ》しい数にのぼる。発見地の分布は近畿を中心としつつも東北から九州にわたり、寺院跡など全国九十ヵ所ほどで発見されている。塔高は一〇センチ前後で型作りされているものが多く、形態は宝塔形・五輪塔形・宝篋印塔形などがみられる。底部に円孔を持つ例も多く、陀羅尼《だらに》経が納められていたと解されている。多数が発見された例としては、京都府六波羅蜜寺の約七千四百基、宮城県多賀城廃寺の約二千七百点、熊本県つづの山遺跡の軽自動車一台分などがある。↓権現堂遺跡《ごんげんどういせき》

泥 塔

参考文献 石田茂作「土塔に就いて」(『考古学雑誌』一七ノ六、一九二七)。石村喜英「瓦塔と泥塔」(『新版考古学講座』八所収、一九七一、雄山閣)。

（畑 大介）

てきじゅく 適塾 江戸時代の蘭学者・医師であり教育者の緒方洪庵が大阪で医業のかたわら起こした塾。国史跡緒方洪庵旧宅および塾。別称、適々斎塾。大阪市中央区北浜三丁目所在。洪庵は岡山の人で、十七歳で大阪蘭学の祖橋本宗吉の弟子で思々斎塾の中天游の門下生となり、江戸・長崎で遊学の後、大阪で医業とともに塾を起こしたのが適塾である。一八四三年(天保十四)に瓦町から現在地に引越したもので、江戸時代の船場の中流商家建築として重要文化財にも指定されている。住宅は間口六間(約一二メートル)、奥行二十一間(三八メートル)で、一階の奥が洪庵の家族の住居で、ほかは塾生のために使われたという。ここから新時代を開く先駆者となった村田蔵六(大村益次郎)・橋本左内・福沢諭吉などの優れた多くの人材を輩出した。また洪庵は『病学通論』をはじめて著わし、種痘事業の発展にも尽くし、最後は幕府の西洋医学所頭取をつとめた。医業の発展と新時代の先駆者を育て、日本の近代化に大きな役割を果たした洪庵の足跡を顕彰する所として重要。

参考文献　適塾記念会編『緒方洪庵と適塾』、一九七七。（堀江　門也）

でく　木偶　⇨人形《にんぎょう》

てさき　手先　⇨組物《くみもの》

でじま　出島　一六三六年（寛永十三）、禁教《きんきょう》政策を強める江戸幕府がポルトガル人を収容するために、長崎の豪商二十五人（出島町人《でじまちょうにん》）に出資させ、長崎の岬の先端に人工的に造築した外国人居留地。長崎市出島町に所在。「出島和蘭商館跡」として国史跡に指定された。形状は扇形で、面積約一万三〇〇〇平方メートル、市内とは橋で繋がれていた。一六三九年、長崎市中に散在するポルトガル人を江戸幕府が追放すると、出島は一時無人となったが、一六四一年には平戸《ひらど》のオランダ商館がこの長崎出島に移転させられ、ヨーロッパ勢力との唯一の窓口とされた。出島は、貿易の管理強化と、布教禁止の徹底とを実現するための装置だったことがわかる。出島の内には、乙名《おとな》（オランダ人と直接交渉する出島町人）部屋・通事《つうじ》部屋などの支配・町政関係、カピタン（商館長《しょうかんちょう》）部屋などのオランダ人借用居住施設、倉庫や庭園、牛豚小屋などの付属施設類があった。出島の出入りは厳しく制限され、長崎《ながさき》奉行所《ぶぎょうしょ》役人や鑑札《かんさつ》を持った商人・人夫のほかは、遊女《ゆうじょ》・高野聖《こうやひじり》のみの往来が許された。出土遺物としては、輸出用の伊万里焼《いまりやき》やコンプラ瓶、棹銅《さおどう》、また輸入品のデルフト窯《よう》や日用雑貨のクレイパイプ、ワイン瓶、動物の骨類などが知られるが、その他、反物（織物）・薬種といった輸入品や、バラストがわりに蘭船が積んできた白砂糖などが主たる貿易品だった。来航するオランダ船に対する義務として課されていた風説書《ふうせつがき》や積荷目録などの提出は、海外世界からの人・物・情報の恒常的把握のために必要不可欠のものであった。そのゆえに出島は、医学・植物学・天文学など、自然科学分野の文化交流の拠点でもあった。一八五六年（安政三）、安政の「開国」を契機に、出島開放令《でじまかいほうれい》が出されると、出島の出入りは完全に自由になり、オランダ人以外の出入・居住も許された。出島の管理はオランダ領事館が担当することとなり、次第に出島の周囲は埋め立てが進行、一八六六年（慶応二）には一般の外国人居留地に編入された。その後、明治時代後期に出島周辺は完全に埋め立てられ、内陸化した。一九五一年（昭和二十六）以降、その歴史的重要性に鑑みて、長崎市が復元整備事業を行なっている。

参考文献　長崎市出島史跡整備審議会編『出島図―その景観と変遷―』、一九九〇、中央公論美術出版。長崎市教育委員会編『国指定史跡出島和蘭商館跡』、二〇〇〇-〇三。片桐一男『出島―異文化交流の舞台―』（『集英社新書』、二〇〇〇、集英社）。（橋本　雄）

てつ　鉄　鉄は、銅とともに人類の発展にもっとも寄与した金属である。人類が最初に利用した鉄は隕鉄といわれ、地球の地殻に豊富に含まれる鉄を金属として取り出し、武器や道具を作り出すようになるまでには長い時間を要した。主な原料は、赤鉄鉱や磁鉄鉱である。これらを高温に熱して一酸化炭素によって還元して鉄を得る。日本において鉄が使われ出した弥生時代の初めごろは、朝鮮半島などからもたらされた鉄のインゴットを鍛冶加工していたのではないかと考えられている。一般に鉄や鋼と呼ぶのは、純粋の鉄ではなく、鉄元素を主成分とする合金である。鉄合金の基本は、鉄-炭素合金である炭素鋼である。炭素量によって著しく性質を異にする。炭素濃度が二%までが鋼で、二%以上が鋳鉄である。鋼の強靭さなどは、炭素以外の元素の添加効果を狙った合金鋼で実現できる。しかし、古代では、炭素以外の微量元素は原料に左右され、意識的にコントロールできたとは考えにくく、十九世紀中ごろまでの鋼は、基本的に炭素鋼と位置づけてよかろう。また、焼入れ、焼き戻しなど、熱処理の技術も鋼の組織を決定する大きな要素である。刀剣などに要求される強靭さと粘り強さは、熱処理と鍛練の繰り返しによって金属組織を調整する高度な技術による。一方、鋳鉄は、鋼とはまったく異なる性質を示す。これも、炭素とその他の元素、シリコンなどの添加元素の影響が大きい。鋳鉄は、鋳型に流し込んで形を作る。熱に強いが比較的衝撃に弱い。茶釜、鉄瓶、釣燈篭などの作例がある。日本の鉄製錬は、砂鉄を用いる「たたら製鉄法」として特徴づけられる。当初は、野たたら程度の小規模なものが、のちには大規模な炉と天秤フイゴを用いた大掛かりな設備へと発展した。江戸時代のたたら製鉄は中国地方が中心で、大量の砂鉄と熱源として大量の木炭が必要であった。明治時代以降は鉄鉱石を用いた近代的な溶鉱炉を用いた製鉄が主流となったが、たたら製鉄によって得られる玉鋼《たまはがね》は日本刀の材料として重要とされ、現在でも島根県仁多郡横田町において操業されている。　↓製鉄《せいてつ》　↓鑪《たたら》

参考文献　村上隆『金工技術』（『日本の美術』四四三、二〇〇三、至文堂）。（村上　隆）

てづくねどき　手捏土器　轆轤《ろくろ》を使用しないで、粘土の塊を指先で伸ばしながら形を作る手づくね成形の土器である。古墳時代の中期―後期の祭祀遺跡から土製や石製の馬・人などとともに、粘土の塊から手で形作った甕《かめ》・高杯《たかつき》・杯・盤・臼・柄杓《ひしゃく》・匙《さじ》などのミニチュア品が出土するが、これらの土器を手捏土器と称する。手捏土器は簡単に多く作り出せ、実用的なものでなく、祭祀に使用されたものとされる。縄文時代の遺跡からも手づくね成形されたミニチュアの深鉢・石皿などの出土例があり、古墳時代のものと同一機能を持つものかは分からないが、実用的でない点は共通する。中世には粘土の塊を両手でまるめ、平たくして左手に載せ、つぎに右手の肘《ひじ》に軽く打ち付けて作る皿、粘土紐を巻き上げた後に手で整形した皿があり、これらを手捏土師器《はじき》・手捏かわらけなどと呼称し、非日常的機能を想定する場合がある。（浅野　晴樹）

てつぞく　鉄鏃　武器あるいは狩猟具としての矢の先端に装着する。鉄鏃は弥生時代からみられ、古墳時代になると防禦用武具の変遷と相呼応して多種多様の鉄鏃が作られた。鏃身は、幅が広く扁平で両側に刃がつくもの、刀のように一側に刃が付くもの、あるいは、直線的な先端に刃がつくもの、先端に向かって二股に広がるものなど、用途によってさまざまであるが、なかでも、古墳時代中期に出現した鋭く尖った鋒先をした長頸鏃《ちょうけいぞく》は、奈良時代以降も数多く作られた主要な鉄鏃である。また、逆刺をつけたり、鏃身に透かしを入れたりすることも行われた。鉄鏃は鍛造であるので、同じ鉄鏃を量産するには型見本としての「様《ためし》」が必要であった。奈良県飛鳥池遺跡や平城宮・京跡からは、木製の「様」が出土している。「様」があることによって、全国的に統一された規格での製作が可能であった。また、これに基づいて製作することは、武器として携行する矢が同じ性能を有していることになる。正倉院に伝わる胡籙《ころく》に盛られた矢は、同じ長頸鏃で揃えられている。

（小林　謙一）

でっちょうそう　粘葉装　書物の装丁方法の一種。料紙を一枚ずつ縦に二つに折り、その折った料紙を折目を揃えて重ね、各料紙の折目の外側の端同士を糊付けして貼り重ねたものである。その後、紙や布の表紙・裏表紙を加えて一冊の本に仕立てる。したがって、折目の外側に幅の狭い糊代ができるので、内側の折目まで完全に開く丁と糊代の分だけ開かない丁が交互に現れる形になる。ただの装丁では、料紙の表裏両面に書写することができる。平安時代から鎌倉時代にはよく行われたが、室町時代以降は袋綴《ふくろとじ》の装丁が多くなり、この装丁は次第に行われなくなった。

参考文献　山岸徳平『書誌学序説』、一九七七、岩波書店。櫛笥節男「綴葉装本及び粘葉装本の書写と装訂の前後関係について」(『汲古』三〇、一九九六)。

（安達　直哉）

てっぽう　鉄炮　鉄や青銅によって造られた金属製の筒から黒色火薬をもちいて鉛や鉄など多様な金属の玉を飛ばす道具で、わが国における鉄炮は、火縄によって点火させる火縄式である。十六世紀半ば日本に伝えられ、その後、欧米の諸銃が輸入される十九世紀末の江戸時代最末期に至るまで、贈答品、狩猟、武器、炮術稽古などにもちいられた。わが国へは一五四三年(天文十二)、ポルトガル人によって種子島に伝えられ、そこを基点に全国に伝播したという説が最有力だが、最新の研究によると、鉄炮を伝えた主体勢力は、当時、中国中部沿岸を根拠に西日本および東南アジア諸方面に活動した倭寇とみる。伝来した銃は、当時、南蛮筒とよばれたが、国内には複数の遺品が現存している。それらの銃は銃身右側の火縄挟み(ハンマー)が前方に倒れる形式で、ハンマーを倒す板バネが外部にあるものもある。また伝統的な火縄式鉄炮は雨覆があるが、南蛮筒にはこれがない。また火蓋の形状も同様に箱や割火蓋ではなく、金属の一枚板になっており、さらに地板の形状も羽子板状ではない。なかには銃床の庵《いおり》(銃床のカーブ)のないものもある。こうした特徴は東南アジアの火縄式鉄炮に共通する。東南アジアは倭寇の活動圏内であったから、こうした南蛮筒を倭寇が日本に持ち込んだのである。さらに倭寇の活動は西日本一帯に及んだから伝来の地を種子島だけとするのは不自然で、現存する遺品や炮術秘伝書の検討からも伝来は種子島をふくめた西日本一帯にあったとみたほうが史実に近い。数多くの南蛮筒がわが国に渡来すると、これをまねた異風筒が数多く作られたが、地板や銃床、銃身の形状に南蛮筒の面影を残した。鉄炮伝来後、火薬や玉の製法、射撃姿勢など鉄炮術を教えることで生計を立てる炮術師が各地に出現した。彼らが諸国を遍歴しながら鉄炮とその技術を全国に広めた。やがて戦国大名が鉄炮の威力に着目して鉄炮を本格的に軍用に供するようになると、炮術師はより実戦的な鉄炮や玉の開発に奮闘した。織田・豊臣・初期徳川政権下において軍用化は加速し、この過程で炮術の諸流が誕生した。代表的な流派と流祖をあげると、紀伊国出身の津田監物《つだけんもつ》の津田流、宇多長門守末景の宇多流、筑前国出身の泊兵部少輔藤原一火《いっか》の一火流、山城国出身の藤井一二斎輔縄《すけつな》の南蛮流、河内国出身の田布施源助忠宗《たぶせげんすけただむね》の田布施流、尾張国出身の安見右近《やすみうこんの》丞一之《じょうかずゆき》の安見流、丹後国出身の稲富一夢《いなとみいちむ》の稲富流、近江国出身の田村兵庫の田付流、京都出身という丸田九左衛門盛次の九左衛門流(霞流)、播磨国出身の井上外記正継の井上流(外記流)がある。彼ら炮術師たちは互いに交流しながら独自の技術を工夫開発し、それぞれ個性的な鉄炮を完成させた。現存する鉄炮の銃身、目当、銃床、地板、火縄挟、弾金の形状がさまざまな理由はここにある。初期の炮術は射撃の心得、射法、火薬原料の製法と調合法にあったが、戦いのなかでこれらの技術は深化し、さらに鉄炮の製作、玉の開発、弾道の研究など技術は着実に進歩し、外国渡来の南蛮筒も、やがて日本独自の鉄炮に変容した。十七世紀になると、一メートル前後であった銃身も三メートルに及び、射程も数百メートルから数キロに到達した。さらに玉についても、鉛と錫で造られた射貫《いぬき》玉、二個の玉をネジでとめたネジ玉、中空の玉を前後においた三つ玉、三角形の玉、長方形の玉を四個針金でつないだ門破り玉など、そのほか多様な玉が開発され、その種類は数十種に及んだ。戦いのなかで鉄炮技術は開花したが、鉄炮の歴史用語からもそれが一目瞭然である。その用語を列挙すると、鉄砲・大鉄炮・木鉄炮・鉄放・鉄烽・手火矢・(角・丸)筒・(六)匁玉筒・(六寸)筒・(国友《くにとも》)筒・大筒・中筒・小筒・長筒・馬上筒・狭間筒・町筒・持筒・番筒・足軽筒・侍筒・稽古筒・威筒《おどしづつ》・猟師筒・南蛮筒・異風筒・(稲富筒)・古筒・張筒・鋳筒・火矢筒となる。日本各地の城跡や戦跡から鉄炮関連の遺物が出土することが少なくないので、鉄炮の形態や構造を知ることは意義深い。

参考文献　宇田川武久『鉄砲と戦国合戦』(『歴史文化ラ

イブラリー』一四六、二〇〇二、吉川弘文館)、同『鉄砲と石火矢』(『日本の美術』三九〇、一九九八、至文堂)。

（宇田川武久）

てつようそう　**綴葉装**　書物の装丁方法の一種。「てっちょうそう」とも読み、列帖装《れっちょうそう》とも呼ばれる。料紙を数枚ずつ重ね合わせて中央から縦に二つ折し、その束を数組重ねて表紙などを付け、折目の背を糸で綴じたものである。平安時代後期から鎌倉時代にかけて、物語・歌集・歌書などに盛んに用いられた。この装丁の古写本の中で古いものは、一一二〇年(元永三)書写の『古今和歌集』(東京国立博物館所蔵)である。料紙には厚手の紙を用い、表裏両面に書写するのが通例である。

参考文献　山岸徳平『書誌学序説』、一九七七、岩波書店。櫛笥節男「綴葉装本及び粘葉装本の書写と装訂の前後関係について」(『汲古』三〇、一九九六)。

（安達　直哉）

てらまちはいじ　**寺町廃寺**　七世紀後半に建立され平安時代初期にかけて営まれた古代寺院跡。広島県三次《みよし》市向江田町所在。伽藍《がらん》中心部と大当《だいとう》瓦窯跡(三次市和知町)を併せて国史跡。山間部の奥まった丘陵南縁の平坦部に立地している。三次市教育委員会による発掘調査で、塔・金堂・講堂・回廊跡が発見され、南面する法起寺式《ほっきじしき》伽藍配置であることが明らかになった。築地は未確認であるが、約一〇〇メートル四方の寺域が想定されている。塔・金堂・講堂・回廊の基壇は塼《せん》積である。軒丸瓦は瓦当面の下部に突起のある水切《みずき》り軒丸瓦が特徴で八種ある。水切り軒丸瓦は広島県北部を中心に岡山県・島根県にまたがる分布域があるが、寺町廃寺はその中心遺跡となっている。軒平瓦は一条のへら描沈線文の一種のみである。ほかに鴟尾《しび》、三彩陶器片などが出土した。『日本霊異記《にほんりょういき》』記載の三谷寺《みたにでら》に比定でき、寺院を建立した層や背景などが判明する貴重な寺院跡となっている。

参考文献　松下正司「備後北部の古瓦」(『考古学雑誌』五九ノ一、一九六九)。広島県草戸千軒町遺跡調査研究所編『備後寺町廃寺』第一次—三次発掘調査概報、一九八〇‐八三、三次市教育委員会。三次市教育委員会『備後寺町廃寺』推定三谷寺跡第四次発掘調査概報、一九八三。

（岩本　正二）

てらもとはいじ　**寺本廃寺**　山梨県笛吹市春日居町寺本にある白鳳時代の寺跡。江戸時代後期から甲斐国分尼寺跡と考えられてきたが、一九五〇年(昭和二十五)に行われた塔跡の発掘調査から、白鳳期に建立されたことが明らかとなり、甲斐国の古代豪族である日下部《くさかべ》氏の氏寺と推定されるに至った。一九八一年以降継続的な遺構確認調査によって、寺域は方一町で、金堂跡・講堂跡・中門跡・南門跡・築地の基壇などが確認された。また、出土瓦の検討から、七世紀第Ⅳ四半期に創建された建物が八世紀中葉に補修されたことも明らかとなった。一方、隣接して、南には国府《こう》、西には鎮目《しずめ》東には加茂、北には熊野堂の字名が残る。特に国府地内では、同時期の大型礎石建物跡が確認されたため、甲斐国府跡説が補強され、笛吹川の氾濫や古代豪族勢力との対立などの原因で、笛吹市御坂町国衙に移転したとも考えられている。出土資料は、笛吹市立春日居郷土館に展示されている。

参考文献　『寺本廃寺—第一・二・三次発掘調査報告書—』、一九六八、春日居町教育委員会。『山梨県史』資料編一、一九九八。

（八巻与志夫）

でわさんざん　**出羽三山**　山形県のほぼ中央に位置する月山《がっさん》(標高一九八四メートル)、湯殿山《ゆどのさん》(一五〇四メートル)、羽黒山(四一九メートル)の総称。近世までは羽黒三山とか羽州三山と呼ばれ、出羽三山が定着したのは昭和以降のことである。三山の中で最も早く史料上に登場するのは月山で、十世紀の『延喜式』神名帳に鳥海山と並んで名神《みょうじん》大社と記され、『新抄格勅符抄《しんしょうきゃくちょくふしょう》』にも七七三年(宝亀四)に月山神に封二戸を授けるとあるように、古代においては中心的な位置を占めた。なお『延喜式』には「伊氏波《いでは》神社」も名神小社と記載されており、これが現在の羽黒山の出羽神社をさすのかどうかは定かではないが、中世になると『吾妻鏡』承元三年(一二〇九)五月五日条に不入権を主張して地頭を訴え、山領の回復と社務への干渉を排除したとみえるのをはじめ、『太平記評判』にも山内に介入した評定衆を幕府に訴えて解任させたとあるように、羽黒修験の勢力は著しく拡大した。鎌倉時代にはすでに全国六十六ヵ国のうち、東の三十三ヵ国を羽黒領、西の二十四ヵ国を熊野領、九州九ヵ国を彦山領とする総鎮護の思想が定着し、信仰圏の広域化が進んだようである。羽黒山に伝わる『羽黒縁起』では、出羽三山の開山は崇峻天皇の第三皇子である蜂子《はちこ》皇子(能除太子《のうじょたいし》)とするのに対して、湯殿山では弘法大師を開基とするように、信仰の基盤は必ずしも軌を一にしない。とくに羽黒山では徳川幕府との関係に配慮して、寛永年間(一六二四—四四)に真言宗から天台宗に改宗し、東叡山寛永寺の管轄下に入ったが、梵字川の谷底に湧出する温泉の成分が凝固した噴泉塔を御神体とする湯殿山の、別当四ヵ寺(庄内側の大日坊と注連寺、山形側の大日寺と本道寺)は真言宗を堅持し、両者の間には争論が繰り返された。江戸時代中期には羽黒山内に居住する清僧(非妻帯)修験三十三院、山外居住の衆徒(妻帯修験)三百六十坊を数え、諸国に散在する末派《まっぱ》修験(峯中《ぶちゅう》行《ぎょう》により山伏の資格を得た者で、在俗者も含む)や行人《ぎょうにん》(末派修験に従って地縁的にまとまって行動する在俗の信者)・巫女・太夫らも六千人を超えたとされる。とくに末派修験たちは里先達《さとせんだつ》として関東一円の信者を参詣に導き、下総や上総をはじめ、各地に出羽三山講が組織された。明治初年の神仏分離令によって、三山は相ついで神社となり、三神社の社務所は羽黒山に置かれ、三神は出羽神社に合祀され、一九五一年(昭和二十六)には三神社は合併して出羽三山神社となった。一連の廃仏毀釈による文化財の被害は出羽三山においても例外ではなく、仏教寺院としての立場を辛うじて守った湯殿山別当寺の大日坊と注連寺、羽黒山荒沢寺正善院を除いて、多数の堂舎が破却され、宝物が失われたが、出羽三山歴史博物館には仏像二百四十三体をはじめとする流出した宝物の一部が保存されている。仏像の多くは月山と羽黒山に関わるものと考えられ、内訳は平安時代の作例八体以下、鎌倉時代七十二体、室町時代五十体、安土桃山時代二十三体、江戸時代七十体、その他二十体で、これらは出羽三山における信仰の消長を反映するものと考えられる。↓羽《は》黒山《ぐろさん》

[資料館] 出羽三山歴史博物館(山形県鶴岡市)

[参考文献] 戸川安章『出羽三山修験道の研究』、一九七三、佼成出版社。同編『出羽三山と東北修験の研究』(『山岳宗教史研究叢書』五、一九七五、名著出版)。内藤正敏『修験道の精神宇宙』、一九九一、青弓社。岩鼻通明『出羽三山信仰の歴史地理学的研究』、一九九二、名著出版。松田義幸編『出羽三山と日本人の精神文化』、一九九四、ぺりかん社。原田昌幸『山岳信仰の美術出羽三山』(『日本の美術』四六六、二〇〇五、至文堂)。

(増尾伸一郎)

でわせんだいかいどう 出羽仙台街道 近世の仙台藩領と出羽国を結ぶ街道の総称であるが、特に宮城県大崎市鳴子温泉から山形県最上郡最上町の県境部に至る中山越約五・六キロと、最上町から山形県尾花沢市にかかる山刀伐《なたぎり》越《ごえ》約〇・八キロが国の史跡「出羽仙台街道中山越・山刀伐越」に指定されている。この道筋は参勤交代路ではなかったが、交易路・出羽三山参詣路として利用された。仙台藩領と出羽方面を結ぶ街道は多く、うち鳴子(鳴子温泉)から仙台藩尿前《しとまえ》関(鳴子温泉)、境田(最上町)を経て舟形(最上郡舟形町)に至る中山越の道筋は、近代になって北羽前街道と呼称され、国道四七号線が機能を継承した。中山越の道筋から最上町赤倉で南に分岐し、尾花沢をめざす道筋の一部が山刀伐越で、近世には新庄領と最上代官領の境界であった。一六八九年(元禄二)、『奥の細道』の旅で芭蕉はこの道を利用し、宿泊した境田の「封人の家」は史跡の一部に指定・公開されている。また、一九七八年(昭和五十三)以降、歴史の道として史跡指定区域が整備され、関跡や山越えの道に往時の景観を伝える。

[参考文献] 宮城県県民生活局編・金沢規雄著『『おくのほそ道』をたずねて―伊達の大木戸・松島・平泉・尿前―』、一九七三、宝文堂。渡辺信夫『みちのく街道史』、一九九〇、河出書房新社。

(千葉　正樹)

でわのくに 出羽国 東山道の一国。東北地方西部の旧国名で、「いではのくに」とも。現在の秋田県の大部分と山形県。『延喜式』では上国・遠国。七〇八年(和銅元)に越後国北部に置かれた出羽郡を中核として、七一二年に建国。のちに陸奥国置賜《おいたみ》・最上の二郡を併せた。建国当初の国域はほぼ現在の山形県域であるが、このうち早くから古墳文化が広がっていた置賜地域には六八九年(持統天皇三)以前に優嗜曇《うきたむ》評が置かれ、城柵とその付属寺院があった。また、六五八年(斉明天皇四)以前に造営された都岐沙羅柵《つきさらのさく》の所在地を庄内地方に比定する説もある。そののち、出羽柵の移転(七三三年)や雄勝《おがち》城(七五九年)・由理《ゆり》柵(七八〇年初見)などの造営とともに国域が拡大し、七五九年(天平宝字三)に雄勝・平鹿《ひらか》の二郡が置かれ、八世紀末には秋田・河辺《かわのべ》二郡を含めて九郡、九世紀には秋田・河辺・雄勝と平鹿郡を分郡した平鹿・山本の五郡(以上は秋田県域)と、出羽郡を分郡した飽海《あくみ》・出羽・田川、最上郡を分郡した村山・最上、それに置賜郡を加えた六郡(山形県域)の、計十一郡となった。『和名類聚抄』によれば十一郡の郷数は五十八郷。建国当初の国府は七〇九年以前に造営された出羽柵に置かれたと考えられ、山形県鶴岡市などに比定地があるものの不明。その後、出羽柵の移転に伴い秋田村高清水岡《たかしみずのおか》(秋田市)に移され(第二次出羽柵。のちに秋田城と改称)、一時、河辺府《かわのべのふ》に移されたのち、九世紀には庄内地方に戻ったとする説が一般的であるが、河辺府は河辺郡府《ぐんぷ》(郡家《ぐうけ》)であり国府は一貫して庄内地方にあったとする有力な反論がある。九世紀の国府については『三代実録』仁和三年(八八七)五月二十日条に「出羽郡井口地《いぐちのち》」とあり、これを城輪柵《きのわのさく》跡(山形県酒田市)にあてる説が有力。八八七年以降、一時、国府近傍の高地に移転されたが、八森《はちもり》遺跡(山形県酒田市)に比定されている。城輪柵跡の周辺には、平安時代の国分僧寺に比定される堂の前遺跡(同市)、国分尼寺に比定される高阿弥陀《たかあみだ》遺跡(同市)などがある。本来、出羽国は北陸道所属の国であったが、七二一年(養老五)に陸奥按察使《あぜち》の管轄となり、東山道に組み込まれた。七三七年(天平九)、多賀柵《たがのさく》と第二次出羽柵間の最短路として、陸奥国賀美《かみ》郡から出羽国玉野《たまの》(山形県尾花沢市)を経て比羅保許山《ひらほこ》(秋田・山形県境の神室山《かむろ》)に至るルートを開削して玉野駅を置くが、玉野・避翼《さるはね》・平戈《ひらほこ》・横河・雄勝・助河の諸駅が完成するのは七五九年のことである。『延喜式』によれば、最上(山形市)・村山(山形県東根市)・野後《のじり》(北村山郡大石田町)・避翼(最上郡舟形町)・佐芸《さけ》(同郡戸沢村)・飽海(酒田市)・遊佐《ゆざ》(飽海郡遊佐町)・蚶形《きさかた》(秋田県にかほ市)・由理(由利本荘市)・白谷《しらや》(秋田市)・秋田(同市)の十一駅があった。このうち、野後・避翼・佐芸・白谷は船馬併置の水駅である。九世紀には国府と秋田城・雄勝城は一府二城と称され、出羽国経営の中心であった。特に秋田城は、津軽や渡嶋《わたりしま》(北海道)を含めた地域の蝦夷《えみし》支配の拠点であり、現在の秋田県北部の服属した蝦夷の村々を城下に組み込んでいた。八七八年(元慶二)におきた俘囚《ふしゅう》の反乱では、秋田城を含む雄物《おもの》川以北の自立を求めた俘囚軍の攻撃で焼亡する。なお、九世紀には米代《よねしろ》川・雄物川の河口に野代営《のしろのたむろ》・秋田営《あいたのたむろ》という官衙施設があった。秋田城は、九三九年(天慶二)におきた天慶の乱でも俘囚軍に攻撃されている。そのおり秋田城軍のほか国内にいる「高家《こうけ》」なども動員の対象となったが、その「高家」につながるのが山北《せんぼく》(雄勝・平鹿・山本三郡の総称)の俘

出羽国略図

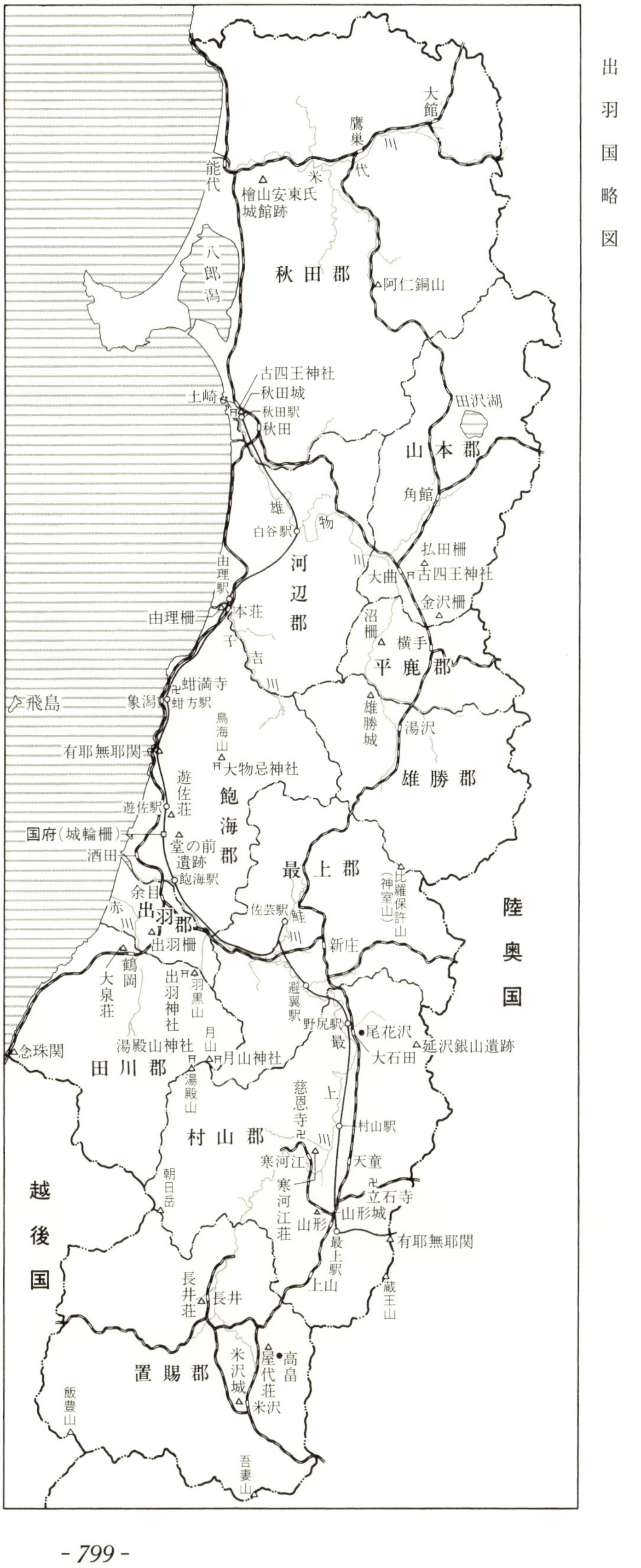

囚主といわれた清原《きよはら》氏である。清原氏は、沼柵《ぬまのさく》(秋田県横手市)や金沢柵《かねざわ》(同市)、清原頼遠《よりとお》の居館と推定される大鳥《おおとり》井山《いやま》遺跡(同市)などの拠点を有したが、一〇八七年(寛治元)に金沢柵での合戦に敗れて滅亡し、遺領は同族の清原清衡《きよひら》の手に帰した。鎌倉時代には守護が置かれず、出羽南部に大江・安達・武藤、北部に小野寺・松葉・中原・橘・浅利などの関東御家人が地頭として入部するが、のちには地頭職の多くを北条氏が占めた。建武政権は葉室光顕を国守とし、南北朝期には斯波兼頼が羽州管領(のちに羽州探題)となるが、室町・戦国時代には米沢の伊達氏、山形の最上氏、秋田・津軽の安東(安藤)氏などの有力大名が覇を競った。そののち豊臣秀吉の奥羽仕置により伊達氏は陸奥に移され、さらに関ヶ原の合戦ののち、米沢に上杉氏、秋田には佐竹氏が常陸から入封し、小野寺氏は改易となる。江戸時代には最上氏が改易となって山形に鳥居氏、上山に松平氏が、亀田に岩城氏、本荘に六郷氏などが入封した。

参考文献 『秋田県史』一、一九七七。『山形県史』一、一九八二。新野直吉『出羽の国』、一九七三、学生社。横山昭男他『山形県の歴史』(『県史』六、一九九八、山川出版社)。塩谷順耳他『秋田県の歴史』(『県史』五、二〇〇一、山川出版社)。

(熊田 亮介)

てんがい **天蓋** 仏像の頭上に懸けられた蓋《かさ》。懸蓋《けんがい》、宝蓋ともいう。もともとは熱暑のインドで、貴人に対し、外出する際に傘をかざしたところから、これが仏教に取り入れられて、仏像の上に懸けられ、さらに仏殿を飾る荘厳具になった。経典には、眉間の白毫相光を放って、その光が七宝の大蓋となり、また仏に散華された妙宝花が化して花蓋となったと記される。『日本書紀』欽明天皇十三年に百済の聖明王が仏像、経典とともに幡蓋をもたらしたことが最古の記録であるが、これは仏像用の天蓋ではなく、灌頂幡のような天蓋付き幡であったとも考えられる。天蓋は形状から箱形・傘形・華形に大別される。箱形天蓋は、法隆寺金堂の釈迦三尊と阿弥陀如来の頭上に懸けられた寄棟造の屋根をもつ方形で、傘形天蓋は、主に押出仏に見られるもので、開いた傘を横から見た形をしている。華形天蓋は蓮華あるいは宝相華の形をした平板な天蓋で、東大寺三月堂の不空羂索観音頭上が代表的遺品である。また、平等院鳳凰堂の阿弥陀如来像は箱

箱形・華形天蓋(平等院鳳凰堂阿弥陀如来像付属)

華形天蓋（東大寺三月堂不空羂索観音像・日光仏像・月光仏像付属)

箱形天蓋（法隆寺金堂釈迦如来及び両脇侍像付属)

形の内にさらに華形を重ねた二重天蓋となっている。

（原田　一敏）

てんがい　**碾磑**　実際の動力源や稼動装置、用途については不明ながら古代寺院に備え付けられた大型の石臼《いしうす》を碾磑と称することが多い。『令義解』職員令主税寮《しきいんりょうしゅぜいりょう》条には「謂、水碓也、作米臼碾、作麵臼磑」とあり、水力を用いた碓であったという。招来については、『日本書紀』推古天皇十八年(六一〇)三月条に高句麗僧の曇徴《どんちょう》が絵具・紙・墨とともにはじめて碾磑を造ったとある。『法隆寺伽藍縁起幷流記資財帳』や『大安寺伽藍縁起幷流記資財帳』に「碓屋《うすや》」、『東大寺要録』に「碓殿《うすどの》」、大江親通の『七大寺巡礼私記』には「碾磑亭《てんがいてい》」の存在が記されており、大型の石臼が稼動した施設であったとみられる。実物資料としては、福岡県太宰府市観世音寺《かんぜおんじ》に伝世品、奈良市東大寺の食堂院《じきどういん》北方からは発掘調査による出土品がある。観世音寺例は直径一・〇三メートル、上下の臼が揃ったものである。東大寺例は流紋岩《りゅうもんがん》製、復元直径一メートル、上臼の破片で鎌倉時代の井戸の側壁材に転用されたものである。古代に遡上する可能性が高い大型品である。

参考文献　三輪茂雄・下坂厚子・日高重助「太宰府・観世音寺の碾磑について」(『古代学研究』一〇八、一九八五)。三輪茂雄『粉と臼』、一九六九、大巧社。

（今尾　文昭）

でんかのわたりりょう　**殿下渡領**　藤原氏の氏長者の地位と一体のものとして伝領される所領群のこと。平安時代後期以降、藤原氏長者には摂政もしくは関白が就くという慣行が定着したため、摂政関白の敬称「殿下」の語を冠して呼ばれる。その性格は、氏長者が主催する法会などの諸行事の費用を用意するための所領であった。具体的には、大和国佐保殿・備前国鹿田庄・越前国方上庄・河内国楠葉牧の四ヵ所から成り、一〇一七年(寛仁元)に藤原道長が頼通に氏長者を譲った時にはすでに四ヵ所の渡領が成立していたことが知られる。また、中世以降には、藤原氏の教育機関であった勧学院(氏院)や、藤原氏の氏寺的寺院である法成寺・東北院・平等院の所領も、殿下渡領の中に組み入れられるようになった。一三〇五年(嘉元三)の摂籙渡庄目録(『九条家文書』)によれば、勧学院領三十四ヵ所、法成寺領二十八ヵ所、東北院領三十四ヵ所、平等院領十八ヵ所に上っている。

参考文献　橋本義彦『平安貴族社会の研究』、一九七六、吉川弘文館。

（高橋慎一朗）

てんぐだにかまあと　**天狗谷窯跡**　⇩肥前焼《ひぜんやき》

てんげいじはいじ　**天花寺廃寺**　三重県松阪市嬉野天花寺町に所在する七世紀後半から平安時代にかけての寺院跡。当時の寺院名が不明であるため遺跡名は天花寺廃寺としている。大正時代ごろまでは礎石が露出しており、塼仏や瓦などが採集されていた。一九八〇年(昭和五十五)に発掘調査が行われ、西に金堂、東に塔が配置される法起寺式の伽藍配置であることが確認された。塔跡は、一五・五×一五メートル、金堂跡は二〇メートル×一七・五メートルの基壇である。発掘調査では、塑像・塼仏・円面硯・土器・瓦類が出土した。塑像は螺髪、膝前部分などの破片であり、塼仏は六角独尊、方形独尊、三尊である。瓦では、軒丸瓦は単弁重弁八葉蓮華文、単弁重弁七葉蓮華文、単弁重弁六葉蓮華文、川原寺式や藤原宮式の複弁重弁八葉蓮華文、複弁重弁七葉蓮華文、難波宮式の重圏文と多くの種類があり、また軒平瓦は、重弧文、藤原宮式の偏行唐草文、均整唐草文がある。

参考文献　小玉道明・山田猛「天華寺廃寺」(『昭和五四年度県営圃場整備事業地域埋蔵文化財発掘調査報告』、一九八〇、三重県教育委員会)。山田猛「天花寺廃寺」(『昭和五五年度県営圃場整備事業地域埋蔵文化財発掘調査報告』、一九八一、三重県教育委員会)。

（河北　秀実）

てんこうかいぶつ　**天工開物**　明末の一六三七年に宋応《そうおう》星《せい》が著した産業技術書。三巻。中国在来の技術を穀類、染色、製塩、製陶、舟車、焙焼、製紙、兵器、醸造、衣服、調製、製糖、鋳造、鍛造、製油、製錬、朱墨、珠玉の十八部門に分けて記述している。忠実な観察に基づき、方術（錬金術など）や迷信を排する方針が一貫しており、数量的関係を詳しく記述するなど近代的な実証的精神と実学への指向が認められる。しかし本書は中国では冷遇され、かえって江戸時代の日本の学者によって多くの著述に引用され、和刻本が刊行されたほどであった。技術の実際面でも貢献したと思われる。藪内清の訳があり、その解説において「中国における技術の百科全書」と評価したように、中国の技術を知ろうとする場合に必ず参照せねばならぬ書物であり、歴史考古学にとっても不可欠な一書である。ただし、度量衡、節季に関して彼我の間で違いがあるので注意を要する。

参考文献 藪内清訳注『天工開物』（『東洋文庫』一三〇、一九六九、平凡社）。 （山本 忠尚）

てんじくようけんちく 天竺様建築 ⇩大仏様建築《だいぶつようけんちく》

てんじてんのうりょう 天智天皇陵 京都の山科盆地に営まれた終末期古墳で、御廟野古墳《ごびょうのこふん》と呼ばれる。丘陵の南斜面を利用して築かれた八角墳で、京都市山科区御陵《みささぎ》上御廟野《かみごびょうの》町に所在する。二段の方形壇の上に対辺間距離四二メートル、高さ八メートルに復元される八角墳丘が備わる。墳頂部には花崗岩切石の等角八角形の石列がめぐる。方形壇の第一段は東西方向に七〇メートルの直線をなす。また第一段上面中央には「沓石」などと称される長方形の石材が露呈している。墓室構造を知る直接の情報はないが、方形壇第二段上面に開口するものだとすると、全長二四メートル程度の大型の墓室が備わることになる。『日本書紀』では天智天皇は、六七一年（天智天皇十）十二月三日に近江宮に崩じたのち十一日に新宮に殯されるが、山陵の造営や葬送記事はみられない。翌年には造陵を理由に人員調達したことが直接の契機となって壬申の乱が起る。陵の完成までには曲折があったと思われるが、付近に有力な終末期古墳が見当たらないことから御廟野古墳を「山科陵」とみなすことが定説になっている。

参考文献 笠野毅「天智天皇山科陵の墳丘遺構」（『書陵部紀要』三九、一九八八）。 （今尾 文昭）

てんしゅ 天守 近世城郭の中心に築かれた高層建築物。天主・殿主・殿守も同義である。その始祖は一五七六年（天正四）織田信長によって築かれた安土城の五重七階の天主である。建築構造によって望楼型と層塔型に分類される。望楼型とは入母屋造の建物の上に望楼を乗せた形式の天守で古式である。一方層塔型とは最上階以外に入母屋破風《はふ》を持たず、外観の屋根と内部の階数が一致するもので、慶長年間（一五九六―一六一五）後半から出現する。平面構造からは天守のみが単独で築かれる独立式天守、付櫓または小天守が大天守に接続する複合式天守、大天守と小天守が渡櫓で結ばれる連結式天守、連結天守の大天守に付櫓やもう一基の小天守が接続する複合連結式天守、大天守と二基以上の小天守が渡櫓で接続される連立式天守がある。現在国宝に指定されている松本城・犬山城・彦根城・姫路城と、重要文化財に指定されている弘前城・丸岡城・備中松山城・松江城・丸亀城・高知城・伊予松山城・宇和島城の十二城に天守が現存している。

参考文献 三浦正幸『城鑑賞の手引き』、二〇〇〇、至文堂。中井均編『天守再現』（『別冊歴史読本』二六、一九九七、新人物往来社）。 （中井 均）

てんじゅこくしゅうちょう 天寿国繡帳 中宮寺に伝えられた伝世品としては世界最古の刺繡。聖徳太子の没後、妃の橘大女郎《たちばなのおおいらつめ》（橘大郎女）が太子が往生した天寿国の様

天寿国繡帳

子を「繡帷《ぬいのとばり》二帳」に表したもの。現在の天寿国繡帳は、飛鳥時代の旧繡帳と、これを鎌倉時代に模造した新繡帳の遺りのよい部分を、貼り混ぜて一枚の額装にしたもの。国宝。色鮮やかで刺繡糸の乱れていないものが旧繡帳、褪色が著しく糸のほつれの多い方が新繡帳。もとは部分繡《ぬ》いの浄土図と考えられている。この繡帳には当初、四文字ずつの繡銘を表した亀が百匹配されており、銘文の全容は、平安時代(十世紀ごろ)に書かれた『上宮聖徳法《じょうぐうしょうとくほう》王帝説《おうていせつ》』によって知ることができる。銘文で注目される点は、繡帳制作に渡来系の工人が関与し、采女《うねめ》が刺繡を行なったことである。旧繡帳は、羅《ら》と平絹《へいけん》を重ねた下地《したじ》裂《きれ》に、強いZ撚《よ》り(左撚り)の刺繡糸を用い、返し繡のみで刺繡。それに対して新繡帳は、あまり撚りのない(一部には撚り糸を使う)刺繡糸で、平繡《ひらぬい》や刺《さ》し繡、駒《こま》繡など数種類の技法がみられ、下地裂も平絹と綾《あや》を使用する。一部に二色の糸を撚り合わせて一本の糸にした杢糸《もくいと》が使われており注目される。

参考文献 太田英蔵「天寿国曼荼羅の繡技と建治修理について」(『史迹と美術』一八八、一九四八)。大橋一章『天寿国繡帳の研究』、一九九五、吉川弘文館。沢田むつ代『上代裂集成—古墳出土の繊維製品から法隆寺・正倉院裂まで』、二〇〇一、中央公論美術出版。

(沢田むつ代)

てんじょう 天井 室内空間の上部を構成するもので、小屋組などの野物材を隠す目的で張られた。角材を格子状に組み、その上に板を張った格天井《ごうてんじょう》、格子の中にさらに細かい格子を組んだ小組格天井《こぐみごうてんじょう》、一定間隔で角材(棹)を渡し、その上に板を張った棹縁《さおぶち》天井、全面板張の鏡天井などの種類がある。以上の天井は造作材で、平安時代後期から発生したものである。古代における天井は組入《くみいれ》天井で、通肘木などの構造材の中に太い角材を格子状に組み込んだものである。室内だけでなく、軒下にも張られる。このような天井が張られる建物は、寺院や宮殿における中心建物に限られ、三手先《みてさき》の組物を有し、深い軒をもつものである。これらの建物は頭が重く、地震や大風などの横力に対し特別な構造が求められる。壁が垂直方向の倒れに対する構造材であるのに対し、天井は水平方向の捻れに対する構造材である。

参考文献 村田健一「古代建築における殿堂形式と庁堂形式」(『奈良文化財研究所紀要』二〇〇二、二〇〇三)

(村田 健一)

てんしょうつうほう 天正通宝 一五八七年(天正十五)が初鋳年で豊臣氏による鋳造。明銭永楽通宝の「永楽」を削り取り、新たに「天正」の銘を加えて母銭にして鋳造し、金・銀銭の二種からなる。銭銘は楷書体で銘字は大字、小字、「通」の横一画が省略された「十字通」に分類でき、対読である。また、小字の背には小桐印が施されるものもある。銭径は二・四センチ、重量は金銭は三・六又は五・八グラム、銀銭は三・四〜四・一グラム。中世末まで続いた銅銭主体の日本の貨幣基盤が崩れたのち、織豊期の金・銀・銅の三貨体制へと移行する時期にあった銭貨の一つ。しかしながら、公定の流通貨幣ではなく、豊臣秀吉が島津征伐時の大坂出陣の様子を著した文書(『多聞院日記』)からみても、忠義を尽くした大名や家臣への褒章用に作らせたと考えられる。天正期(一五七三—九二)は金・銀銭よりも天正大判の鋳造が世に知られるところである。

(竹尾 進)

でんず 田図 律令国家が班田収授や校田の結果を記録した図。条里制の方格にしたがって作図し、坪の区画ごとに各種田地の田主・面積などを記入する。条の列ごとに一巻をなし、各巻にはその条に属する里の図が順次配列されていたと推測される。六年に一度の収授ごとに作成し、諸国から太政官に送って民部省に保管するほか、各国衙にも常備し、田主認定の根拠とした。荘園の開田図などの作成には、国衙保管の田図を利用する場合があったと考えられる。全国的に整備されるのは、条里制が整ってくる七四二年(天平十四)の班田以降で、八世紀末には、同年と七五五年(天平勝宝七)・七七三年(宝亀四)・七八六年(延暦五)の四ヵ年の班田図が「四証図」と定められ、田地勘検の基準資料とされた。田図は所在地に即して田地を把握できるため、田主に即した田籍より重視されるようになった。大和国添下郡京北《けいほく》班田図や山城国葛野《かどの》郡班田図に、その様式が窺える。→京北班田図《けいほくはんでんず》 →山城国葛野郡班田図《やましろのくにかどののぐんはんでんず》

参考文献 岸俊男『日本古代籍帳の研究』、一九七三、塙書房。金田章裕他編『日本古代荘園図』、一九九六、東京大学出版会。宮本救『律令田制と班田図』(『日本史学研究叢書』、一九九八、吉川弘文館)。

(三谷 芳幸)

でんせき 田籍 律令国家が班田収授の結果を記録した帳簿。戸主ごとにその戸に帰属する田地を一筆ずつ書きあげた名寄《なよせ》形式の帳簿と考えられ、口分田を中心とする一般の田籍のほか、墾田籍・寺田籍などの各田種ごとの田籍があったと推測される。田令口分条の規定に基づき、田地の面積や東西南北の境界などが記載され、条里制の整備後は、某条某里某坪の呼称法によって田地の所在を記したと思われる。六年に一度の収授ごとに作成し、諸国から太政官に送って民部省に保管するほか、各国衙にも常備し、田主認定の根拠とした。田図に先行して整備されたが、墾田の増加に伴う所有関係の複雑化とともに、田図の方が有用とみなされるようになり、八二〇年(弘仁十一)、民部省からの申請により、畿内については四証年の田籍のみを残して収授ごとに旧籍を廃棄、畿外諸国については田籍の太政官提出そのものを停止することとした。

参考文献 鎌田元一『律令公民制の研究』、二〇〇一、塙書房。伊佐治康成「古代田籍に関する初歩的考察」(『続日本紀研究』二九六、一九九五)。

(三谷 芳幸)

てんだいじ 天台寺 天台宗の古寺院。岩手県二戸市浄法寺町御山《おやま》久保に所在する。標高三〇〇メートルほどの丘陵地の緩斜面とそれに取り付く低位段丘上に立地する。重要

文化財である鉈彫《なたぼり》聖観音《しょうかんのん》像や十一面観音像など十三体の平安仏、正平十八年(一三六三)銘の銅鰐口《わにぐち》、元中九年(一三九二)の修理銘をもつ長胴太鼓や舞楽面などを有する。江戸時代初期の建築とされる現観音堂(本堂)や現毘沙門堂・現薬師堂の周辺を中心に発掘調査が行われた。最も古い建物は、古参道と伝えられる西側斜面に面した桁行《けたゆき》三間、梁行《はりゆき》二間の礎石建物で、十世紀代と推定されている。近世の地蔵堂・阿弥陀堂などの建物跡も検出されているが、古代の伽藍《がらん》配置や全体の変遷は、未だ不明である。天台寺南方にある「土踏まずの丘」と呼ばれる区域は、長軸八〇メートル、短軸五〇メートル、高さ一六メートルに及ぶ経塚である。猿投《さなげ》短頸壺《たんけいこ》や須恵器系四耳壺などが出土し、十二世紀後半代とされる。

参考文献 高橋富雄『天台寺』、一九七七、東京書籍。浄法寺教育委員会『(伝)天台寺跡―発掘調査概報』、一九八一―八九。

(高橋 信雄)

でんとうてきけんぞうぶつぐん 伝統的建造物群 歴史的な集落・町並を対象に定義された文化財の種別。一九六〇年代以降の急激な国土の開発や都市化による歴史的環境の破壊が進んだことに対する国民的な関心の高まりに伴って、一九七五年(昭和五十)の文化財保護法改正により「周囲の環境と一体をなして歴史的風致を形成している伝統的な建造物群で価値の高いもの」が文化財の種別の一つとして定義され、また「これと一体をなしてその価値を形成している環境」を含めて市町村が都市計画または保存条例により区域を定めて保存する伝統的建造物群保存地区制度が確立した。市町村の申し出に基づいて伝統的建造物群保存地区のうち価値の高いものについては国の重要伝統的建造物群保存地区として選定され、市町村が行う管理・修理・修景または復旧の措置に対して国の補助が行われている。

参考文献 『歴史的建造物の保存』(『建築学大系』五〇、一九九九、彰国社)。文化庁文化財保護部建造物課編『歴史

重要伝統的建造物群保存地区一覧

都道府県名	地区名称	種別	選定年月日	面積(ha)
北海道	函館市元町末広町	港町	1989年4月21日	14.5
青森	弘前市仲町	武家町	1978年5月31日	10.6
	黒石市中町	商家町	2005年7月22日	3.1
岩手	金ヶ崎町城内諏訪小路	武家町	2001年6月15日	34.8
秋田	仙北市角館	武家町	1976年9月4日	6.9
福島	下郷町大内宿	宿場町	1981年4月18日	11.3
群馬	六合村赤岩	山村・養蚕集落	2006年7月5日	63.0
埼玉	川越市川越	商家町	1999年12月1日	7.8
千葉	香取市佐原	商家町	1996年12月10日	7.1
新潟	佐渡市宿根木	港町	1991年4月30日	28.5
富山	高岡市山町筋	商家町	2000年12月4日	5.5
	南砺市相倉	山村集落	1994年12月21日	18.0
	南砺市菅沼	山村集落	1994年12月21日	4.4
石川	金沢市東山ひがし	茶屋町	2001年11月14日	1.8
	加賀市加賀橋立	船主集落	2005年12月27日	11.0
福井	若狭町熊川宿	宿場町	1996年7月9日	10.8
山梨	早川町赤沢	山村・講中宿	1993年7月14日	25.6
長野	東御市海野宿	宿場・養蚕町	1987年4月28日	13.2
	南木曾町妻籠宿	宿場町	1976年9月4日	1245.4
	塩尻市奈良井	宿場町	1978年5月31日	17.6
	塩尻市木曾平沢	漆工町	2006年7月5日	12.5
	白馬村青鬼	山村集落	2000年12月4日	59.7
岐阜	高山市三町	商家町	1979年2月3日	4.4
	高山市下二之町大新町	商家町	2004年7月6日	6.6
	美濃市美濃町	商家町	1999年5月13日	9.3
	恵那市岩村町岩村本通り	商家町	1998年4年17日	14.6
	白川村荻町	山村集落	1976年9月4日	45.6
三重	亀山市関宿	宿場町	1984年12月10日	25.0
滋賀	大津市坂本	里坊群・門前町	1997年10月31日	28.7
	近江八幡市八幡	商家町	1991年4月30日	13.1
	東近江市五個荘金堂	農村集落	1998年12月25日	32.3
京都	京都市上賀茂	社家町	1988年12月16日	2.7
	京都市産寧坂	門前町	1976年9月4日	8.2
	京都市祇園新橋	茶屋町	1976年9月4日	1.4
	京都市嵯峨鳥居本	門前町	1979年5月21日	2.6
	南丹市美山町北	山村集落	1993年12月8日	127.5
	伊根町伊根浦	港町	2005年7月22日	310.2
	与謝野町加悦	製織町	2005年12月27日	12.0
大阪	富田林市富田林	寺内町・在郷町	1997年10月31日	11.2
兵庫	神戸市北野町山本通	港町	1980年4月10日	9.3
	篠山市篠山	城下町	2004年12月10日	40.2
奈良	橿原市今井町	寺内町・在郷町	1993年12月8日	17.4
	宇陀市松山	商家町	2006年7月5日	17.0
鳥取	倉吉市打吹玉川	商家町	1998年12月25日	4.7
島根	大田市大森銀山	鉱山町	1987年12月5日	32.8
	大田市温泉津	港町	2004年7月6日	33.7
岡山	倉敷市倉敷川畔	商家町	1979年5月21日	15.0
	高梁市吹屋	鉱山町	1977年5月18日	6.4
広島	竹原市竹原地区	製塩町	1982年12月16日	5.0
	呉市豊町御手洗	港町	1994年7月4日	6.9
山口	萩市堀内地区	武家町	1976年9月4日	77.4
	萩市平安古地区	武家町	1976年9月4日	4.0
	萩市浜崎	港町	2001年11月14日	10.3
	柳井市古市金屋	商家町	1984年12月10日	1.7
徳島	美馬市脇町南町	商家町	1988年12月16日	5.3
	三好市東祖谷山村落合	山村集落	2005年12月27日	32.3
香川	丸亀市塩飽本島町笠島	港町	1985年4月13日	13.1
愛媛	内子町八市護国	製蠟町	1982年4月17日	3.5
高知	室戸市吉良川町	在郷町	1997年10月31日	18.3
福岡	朝倉市秋月	城下町	1998年4月17日	58.6
	八女市八女福島	商家町	2002年5月23日	19.8
	うきは市筑後吉井	在郷町	1996年12月10日	20.7
佐賀	有田町有田内山	製磁町	1991年4月30日	15.9
	嬉野市塩田津	商家町	2005年12月27日	12.8
	鹿島市浜庄津町浜金屋町	港町・在郷町	2006年7月5日	2.0
	鹿島市浜中町八本木宿	醸造町	2006年7月5日	6.7
長崎	長崎市東山手	港町	1991年4月30日	7.5
	長崎市南山手	港町	1991年4月30日	17.0
	雲仙市神代小路	武家町	2005年7月22日	9.8
大分	日田市豆田町	商家町	2004年12月10日	10.7
宮崎	日南市飫肥	武家町	1977年5月18日	19.8
	日向市美々津	港町	1986年12月8日	7.2
	椎葉村十根川	山村集落	1998年12月25日	39.9
鹿児島	出水市出水麓	武家町	1995年12月26日	43.8
	知覧町知覧	武家町	1981年11月30日	18.6
	薩摩川内市入来麓	武家町	2003年12月25日	19.2
沖縄	渡名喜村渡名喜島	島の山村集落	2000年5月25日	21.4
	竹富町竹富島	島の山村集落	1987年4月28日	38.3

(2006年9月現在)

的集落・町並みの保存』、二〇〇〇。　（清水　真二）

てんどくふだ　転読札　主として大般若経転読会《え》が行われた折に配布される護符を転読札（般若札《はんにゃふだ》）と称する。転読とは経巻読誦を意味していたが、のちに大部な経巻の一部分ずつを略読することをいうようになり、全文読誦を真読・信読と称して区別するようになる。朝野において広く転読されたのは全六百巻の大般若経であり、転読そのものが国土安穏・五穀成就・災害消除・疾病退散などを祈願する呪術的な行為でもあった。出土転読札は三十点ほどが知られるが、多くは縦三〇～四〇センチ・横五～六センチ・厚さ五ミリほどの上端が山形を呈する板で「奉転読大般若経十六善神王皆来守護門所也」などの文言を記す。上部に以字点や梵字を記すものもある。そのほとんどは中世後期の城館近辺などから出土しており受容層の一端を示す。近世の村落寺社でも村内安寧のため大般若経転読が行われたが、多くは文言を摺った紙製の札が家々に渡され門などに貼られた。転読や護符頒布は現在でも各地の寺院で行われている。

参考文献　中野豈任『祝儀・吉書・呪符—中世村落の祈りと呪術—』（『中世史研究叢書』、一九六八、吉川弘文館）。藤沢典彦「大般若経転読札の展開—出土大般若経転読札の歴史的位置付けをめぐって—」（『志学台考古』一、二〇〇〇）。　（加藤　優）

てんにんもんせん　天人文塼　天人を文様としてレリーフ状にあらわした塼。岡寺《おかでら》（奈良県高市郡明日香村岡寺）出土。岡寺蔵。重要文化財。平面ほぼ正方形（縦三九・六センチ、横三九・〇センチ、厚さ八・〇センチ）の瓦質の塼。文様面には幅三・八センチの外縁がめぐる。文様面の内区にはひざまづいて両手で領巾を捧げ、天空を仰ぎ見る天人をレリーフ状にあらわしている。身にまとっている天衣がなびいている。髪は上方に逆立つものと、下方に垂れ下がるものの両者がある。髪の根元あたりに三個の円文が見え、宝冠帯とも思われる。髪が一部で逆立っているところから、天空から天人が舞い降りた様子に見受けられる。天衣は首のあたりのようすから、貫頭衣に似ている。袖は半袖で、袖口は二重に折られている。腰のあたりは紐で縛られている。胸には連珠飾りが見られる。腕には不明瞭ではあるが釧状の飾りが認められる。堂内の壁面、あるいは人の踏み込まない須弥壇などに用いられたものであろう。

参考文献　森郁夫「天人塼・鳳凰塼」（『日本の古代瓦』所収、一九九一、雄山閣出版）。　（森　郁夫）

てんのうじ　天王寺　⇨四天王寺《してんのうじ》

てんのうりょうこふん　天皇陵古墳　宮内庁書陵部が管理する天皇・皇后・皇族・外戚《がいせき》などの陵墓および参考地、陪冢《ばいちょう》などのうちで考古学上、古墳と認められるものをいう。陵墓古墳と呼ばれることもある。奈良・大阪の巨大前方後円墳の多くが該当する。編年の基準や被葬者の検討に直接つながる古墳が数多く含まれている。たとえば定型化した大形前方後円墳として最初に築かれたと考えられている墳長二八六メートルの奈良県桜井市箸墓《はしはか》古墳（箸中山《はしなかやま》古墳とも称される）もそのうちの一つである。古墳時代成立の意義を理解する上で、最重要の前方後円墳である。史実性において問題があるが、孝霊《こうれい》天皇皇女の倭迹迹日《やまとととひ》百襲姫命《ももそひめのみこと》の「大市墓《おおいちのはか》」に治定されている。現在、宮内庁所管の陵墓は総計八九六にのぼるが、このうちの約八十基について天皇陵古墳の主たる対象となってきた。墳丘規模においては、墳長四八六メートルの大阪府堺市大山《だいせん》古墳（大仙陵《だいせんりょう》古墳などとも称される。現仁徳陵—宮内庁治定の現陵墓の慣用的呼称、以下同じ）、ついで墳長四二五メートルの羽曳野《はびきの》市誉田山《こんだやま》古墳（誉田御廟山《こんだごびょうやま》古墳とも称される。現応神陵）、ついで墳長三六五メートルの堺市百舌鳥《もず》ミサンザイ古墳（石津丘《いしづおか》古墳などとも称される。現履中《りちゅう》陵）以下、墳長上位五十位のうちほぼ三分の二にあたる二十九基が天皇陵古墳である。古墳時代各時期の大王墓が含まれていることは確実である。さらに三重県亀山《かめやま》市名越丁字塚《なごしちょうじづか》古墳（現日本武尊《やまとたけるのみこと》墓）や兵庫県篠山《ささやま》市雲部車塚《くもべくるまづか》古墳（雲部陵墓参考地）のように地域首長、あるいは地方経営に関わった人物の古墳とみられるものも含まれる。大阪府太子《たいし》町叡《えい》福寺北《ふくじきた》古墳（現聖徳太子墓）、奈良県桜井《さくらい》市段ノ塚《だんのつか》古墳（現舒明《じょめい》陵、一般的に真陵とみなされている）、明日香村野口《のぐち》王墓《おうのはか》古墳（現天武・持統陵、真陵と判断できる）など有力な終末期古墳が陵墓になっていることもある。加えて大形前方後円墳周囲に配置の円墳や方墳などが陪冢とされる例、横穴式石室を備えた円墳が平安時代の陵墓参考地となった京都市右京区円山《まるやま》古墳（円山陵墓参考地、淳和《じゅんな》天皇皇后正子内親王陵の候補となったが、一九四九年（昭和二十四）の考証意見として不適当とされ、現在に至る）のような例、本来は墓域が重複した可能性があるが、群集墳のうちに陵墓を該当させた京都府宇治市木幡《こはた》古墳群（このうちに宇多《うだ》天皇女御中宮温子《おんし》陵以下十七陵三墓が治定される。藤原氏出身の皇后・皇太后などの宇治陵ほかとなる）のような例、また現在、京都市東山区今熊野泉山《いまぐまのせんざん》町に治定されるが、陵墓域内外に十五基の群集墳（域内十二基、域外隣接地三基）が存在する一条天皇皇后藤原定子《ていし》の鳥部野《とりべの》陵および醍醐《だいご》天皇皇后穏子《おんし》以下六火葬墓の例もある。このように大形前方後円墳に限定されることなく、天皇陵古墳には多様な形態がある。従来、対象としてきた実数を凌駕する三～四百基にのぼるものと見込まれる。七、八世紀の律令国家形成期に確立した古代陵墓制は、十一、十二世紀の中世前半には破綻、変質を遂げる。中世後半の『大乗院《だいじょういん》寺社雑事記《じしゃぞうじき》』文明十七年（一四八五）九月二十六日条には奈良県天理《てんり》市行燈山《あんどんやま》古墳（現崇神陵）の周濠が「楊本池《やなぎもといけ》」としてあがる。楊本庄の灌漑溜池として利用されたことが示唆される。十六世紀代には大阪府羽曳野市岡ミサンザイ古墳（現仲哀《ちゅうあい》陵）、古市築山（城山）古墳（現安閑《あんかん》陵）の城郭としての利用がある。とくに古市築山古墳は河内守護畠山《はたけやま》氏の高屋城《たかやじょう》の一部となる。天皇陵古墳の多くは、

天皇陵古墳一覧

諡号・追号・続柄など	陵墓名	古墳名	墳形	規模（m）	出土遺物	所在地	備考
崇神天皇皇子	大入杵命墓	小田中親王塚古墳	円墳	七〇	伝―鏡・管玉・鍬形石	石川県鹿島郡中能登町小田中	一九九〇年―墳丘周辺調査。造り出しが付く可能性
	飛地い号	小田中亀塚古墳	前方後方墳	六一		同	
垂仁天皇皇子	磐衝別命墓	羽咋大塚（御陵山）古墳	円墳	五〇	伝―勾玉・管玉	同　羽咋市川原町羽咋神社内	横穴式石室か。前方後円墳説もある
垂仁天皇皇孫	磐城別王墓	羽咋大谷塚古墳	円墳	四五		同　羽咋市川原町羽咋神社内	
景行天皇皇子	五十狭城入彦皇子墓	西本郷和志山古墳	前方後円墳	五五	円筒	愛知県岡崎市西本郷町和志山	一九九六年―表面採集
景行天皇皇子　日本武尊	能褒野墓	名越丁字塚（能褒野王塚）古墳	前方後円墳	九〇	円筒、形象（家）	三重県亀山市田村町名越（大字田村字女ヶ坂）	飛地い号（る・ぬ・を）〜ほ号七、域内陪冢九（い〜り）―合計一六基、方墳・円墳一〇〜二〇メートル前後
醍醐天皇皇孫女	隆子女王墓		円墳	一二		同　多気郡明和町大字馬之上（字寺山）	寺山古墳群を構成
弘文天皇	長等山前陵	亀丘古墳	円墳？	二〇	銅鏡・刀・鏃	滋賀県大津市御陵町（大字別所字平松）	一八七七年（明治十）に治定
陵墓参考地	下坂本陵墓参考地	本塚（丸山）古墳	帆立貝形	七二		同　大津市木の岡町字木ノ岡山（下坂本村大字比叡辻）	木ノ岡山古墳群を構成。もと円墳を変形か。現在飛地五ヵ所。もとは滋賀郡下坂本村
	飛地い号	御前塚古墳	円墳	一四		同	
	飛地ろ号	首塚古墳				同	
	飛地は号	茶臼山古墳	前方後円墳	八四		同　大津市木の岡町	
	飛地に号	車塚古墳	円墳	二五	円筒、形象	同　大津市下坂本比叡辻町二丁目字車塚	
履中天皇皇子	磐坂市辺押磐皇子墓		円墳 円墳	一五 六・五		同　八日市市市辺町（字坤）	円墳二基で現陵墓を構成 横穴式石室の可能性
敏達天皇皇后　広媛	息長陵	村居田古墳	前方後円墳？		円筒、伝―冠？	同　米原市大字村居田（字北屋敷）	一六九六年（元禄九）、家形石棺を確認（俗称、旧墓）→移送先に一八七七年（明治十）に、現陵を造営か
陵墓参考地	安曇陵墓参考地	田中大塚古墳	円墳	五八		同　高島市安曇川町田中字山崎（字山崎王塚）	帆立貝形に改造か。田中古墳群を構成。陪冢い号〜は号、域内陪冢一、円墳か
光孝天皇	後田邑陵	天王塚古墳	円墳？	一三		京都府京都市右京区宇多野馬場町	古墳以外の可能性もある
文徳天皇	田邑陵	茶臼山古墳	円墳？	二五		同　京都市右京区太秦三尾町	横穴式石室か
桓武天皇皇子　仲野親王	高畠墓	片平大塚（垂箕山）古墳	前方後円墳	六五		同　京都市右京区太秦垂箕山町	
後宇多天皇以下二陵三分骨所	蓮華峯寺陵（本地）	朝原山古墳群　本―一〜本―七号墳	円墳	五・八〜一七・三		同　京都市右京区北嵯峨朝原山町	二〇〇二〜二〇〇三年―外形調査により古墳二五基（陵墓地内二一基）を確認。号数を新たに付与
	飛地い号	い―一号墳（朝原山七号墳）	円墳	一七×一三		同	近接して、い外―一号墳（朝原山八号墳）
	飛地ろ号	ろ―一号墳	円墳	一四・五×一二・七		同	
	飛地は号	は―一〜は―三号墳	円墳	一一・一〜一七・二		同	近接して、は外―一号墳
	飛地に号	に―一〜に―二号墳	円墳	五・三〜一三・〇		同	近接して、に外―一号墳
	飛地ほ号	ほ―一〜ほ―二号墳	円墳	一六		同	近接して、ほ外―一号墳。横穴式石室
	飛地へ号	へ―一〜へ―五号墳	円墳	八〜一六		同	一九七七年調査―へ―一・―二号、横穴式石室
陵墓参考地	円山陵墓参考地	円山古墳（大覚寺一号墳）	円墳	五〇	金環・環頭・鉄鏃・馬具・須恵器	同　京都市右京区嵯峨大覚寺門前登り町	一九五一年―日本考古学協会調査。横穴式石室、全長一四・七メートル。組合式家形石棺。一九七五年―周濠調査
陵墓参考地	入道塚陵墓参考地	入道塚古墳（大覚寺二号墳）	方墳	三〇×二五	鉄釘・笄・須恵器・土師器・富寿神宝	同　京都市右京区嵯峨大沢柳井手町	一九五八年―日本考古学協会調査。横穴式石室、全長一一・三メートル。組合式家形石棺。一九七五年―周濠調査
光仁天皇夫人贈太皇太后　天高知日之子姫尊（新笠）	大枝陵	伊勢講山古墳	円墳？			同　京都市西京区大枝沓掛町（字伊勢講山）	沓掛古墳群を構成、横穴式石室

諡号・追号・続柄など	陵墓名	古墳名	墳形	規模(m)	出土遺物	所在地	備考
天智天皇	山科陵	御廟野古墳	八角墳	四二		京都府京都市山科区御陵上御廟野町	一九八七年—現況調査。最下段方形壇七〇メートル。墳頂列石、等角八角形
一条天皇皇后 定子以下一陵六火葬墓	鳥戸野陵	鳥戸野(鳥辺野泉山)古墳群	円墳	二〜一二	須恵器・土師器	同 京都市東山区今熊野泉山町	一九九九〜二〇〇一年—外形調査により、古墳一四基・低墳丘墓一六基・建物跡一棟また域外の古墳三基を確認。
桓武天皇皇子 伊予親王	巨幡墓	遠山黄金塚二号墳	前方後円墳	一二九	粘土槨—冑・刀子など。円筒、形象(盾)	同 京都市伏見区桃山町遠山	一九七四年—埋葬施設調査、一九九五年—陵墓域外墳丘調査
明治天皇 皇后 昭憲皇太后	伏見桃山陵 伏見桃山東陵	古城山古墳群 古城山古墳群				同 京都市伏見区桃山町古城山	周辺に円墳九基、群集墳を構成か。伏見城(明治陵—本丸南方・昭憲陵—名護屋丸南方)に重複
応神天皇皇太子 菟道稚郎子尊	宇治墓		円墳?			同 宇治市菟道	前方後円形に変形、古墳以外の可能性
宇多天皇女御中宮 温子以下一七陵三墓	宇治陵	木幡古墳群	円墳 前方後円墳?	七〜三〇	円筒、形象(蓋)	同 宇治市木幡(大字木幡字中村)	木幡古墳群に重複、域内に一二〇基確認。一五号—前方後円墳か、三四号(赤塚)など—横穴式石室
桓武天皇皇后天之高藤広宗照姫之尊(乙牟漏)	高畠陵	寺戸大牧古墳	円墳	七〇		同 向日市寺戸町大牧	
継体天皇	三嶋藍野陵	太田茶臼山古墳	前方後円墳	二二六	円筒、形象(家・馬・水鳥・冑・短甲・人物)	大阪府茨木市太田三丁目(小字藍野)	一九七七・八七年—外堤、二〇〇二年—墳丘裾調査。飛地い・へ号・域内陪冢は古墳以外の可能性
	飛地ろ号		円墳?	六		同 茨木市東太田四丁目	
	飛地は号	太田山(宮裏)古墳	円墳	三〇		同 茨木市太田三丁目	
	飛地に号	A号陪塚	円墳	二一	円筒	同	一九七二年—周濠調査
	飛地ほ号	B号陪塚	円墳	一九	円筒、形象(馬・人物)	同	一九七二年—周濠調査、造り出し付設か
	飛地と号	C号陪塚	前方後円墳	三〇		同 茨木市高田町	
	飛地ち号	二子山古墳	前方後円墳	四〇	形象(家・盾・蓋)	同 高槻市上土室六丁目	陪塚不相当
允恭天皇	恵我長野北陵	市野山古墳	前方後円墳	二二七	円筒、形象(蓋・靫・甲冑・人物・盾)	同 藤井寺市国府一丁目(字市ノ山)	治定以外に数基程度の陪冢
	飛地い号	八王子塚				同 藤井寺市林六丁目	古墳以外の可能性
	飛地ろ号	衣縫塚	円墳	二〇	円筒	同 藤井寺市国府一丁目	
	飛地は号	宮の南塚(宮山)	円墳	四〇	円筒、形象(蓋)	同	二〇〇一年—立会調査
応神天皇皇后 仲姫命	仲津山陵	仲津山古墳	前方後円墳	二八五	伝—勾玉。円筒、形象(家・盾・蓋)	同 藤井寺市沢田四丁目(字仲ツ山)	一九八九年—内堤調査。外周溝の確認
	飛地い号	三ッ塚 中山塚古墳	方墳	五〇		同 藤井寺市道明寺六丁目	陪冢不相当か。西端の助太山古墳(方墳・一辺三六メートル)は治定外。三基とも側辺は正方位
	飛地ろ号	三ッ塚 八島塚古墳	方墳	五〇		同	
陵墓参考地	藤井寺陵墓参考地	津堂城山古墳	前方後円墳	二〇八	棺内—銅鏡・玉・鉄剣・短甲、棺外—銅鏡・弓・石製品など。円筒、形象(水鳥・家・蓋・盾・靫)	同 藤井寺市津堂(字本丸)	陵墓指定は後円部の一部。一九一二年既掘の後円部、長持形石棺調査。一九八〇・八三年—周濠調査、島状施設検出
仲哀天皇	恵我長野西陵	岡ミサンザイ古墳	前方後円墳	二四二	円筒	同 藤井寺市藤井寺四丁目(大字岡)	一九九六年—墳丘裾調査。中世城郭に利用。治定外陪冢—鉢塚古墳・落塚古墳
仁賢天皇	埴生坂本陵	ボケ山古墳	前方後円墳	一二二	円筒、形象(家・盾・蓋)、須恵器	同 藤井寺市青山三丁目(大字野中字ボケ山)	一九八一年—北西に埴輪窯確認。一九八四年—外堤調査
	飛地い号	野々上古墳	方墳?	一四×一七	円筒		一九八四—墳丘裾調査、ボケ山古墳に先行か

諡号・追号・続柄など	陵墓名	古墳名	墳形	規模(m)	出土遺物	所在地	備考
陵墓参考地	大塚陵墓参考地	河内大塚山古墳	前方後円墳	三三五	埴輪?	大阪府松原市西大塚一丁目(大字西大塚) 同 羽曳野市南恵我之荘七丁目(大字東大塚)	横穴式石室か、俗称「ごぼ(御廟)石」は天井石か。中世に城郭利用。一九八八年―現況調査
雄略天皇	丹比高鷲原陵	高鷲丸山古墳 高鷲平塚古墳	円墳 方墳	七六 五〇	円筒、形象(家)	同 羽曳野市島泉八丁目(字高鷲原・字丸山)	現兆域を前方後円形に変形。一九七四年―外堤調査
	飛地い号	ハイト塚(隼人塚)古墳	方墳	二〇		同 羽曳野市島泉七丁目	
用明天皇皇子 来目皇子	埴生崗上墓	埴生野塚穴古墳	方墳	四五		同 羽曳野市はびきの三丁目(大字埴生野字塚穴)	横穴式石室、全長九メートル、切石使用か。背面カット。二〇〇六年―周濠調査
応神天皇	恵我藻伏崗陵	誉田山(誉田御廟山)古墳	前方後円墳	四二五	円筒、形象(蓋・盾・家・靫・水鳥)・笠形木製品・土製品(鯨・蛸・烏賊)	同 羽曳野市誉田六丁目(字恵我藻伏岡)	後円部南側に誉田八幡宮、かつて墳頂に奥院。一八八九年―周濠浚渫、一九八二年―内堤調査
	飛地い号	東馬塚	方墳	三〇	円筒	同 羽曳野市誉田六丁目	
	飛地ろ号	栗塚	方墳	四三	円筒、形象(家・盾・蓋・人物・馬)	同	
	飛地は号	西馬塚	方墳	四五	円筒、形象(家・盾・蓋・水鳥)	同 羽曳野市白鳥三丁目	陪冢に疑問説
	飛地に号	向墓山(向墓)古墳	方墳	四〇	円筒、形象(家・盾・蓋・水鳥)	同	墓山古墳の陪冢の可能性が大きい
	飛地ほ号	墓山古墳	前方後円墳	二二五	伝―勾玉。形象(家・盾・靫・蓋・短甲・人物)	同	長持形石棺採用。墓山古墳に陪冢―向墓山古墳・浄元寺山古墳・野中古墳・西墓山古墳。周濠など国史跡。誉田山古墳の陪冢には不相当
	飛地へ号	三度山				同 藤井寺市藤ヶ丘一丁目	陪冢に疑問説
	域内陪冢	丸山古墳	円墳	五〇	伝―金銅装鞍金具・短甲・刀装具・鉄鏃・円筒、形象(家・盾・蓋・靫)		伝世品は一八四八年に既掘か。誉田御廟山古墳との先後関係には諸論存在
	域内陪冢	二ッ塚古墳	前方後円墳	一一〇	円筒	同 羽曳野市誉田六丁目	誉田御廟山古墳内濠に先行、陪冢不相当か
安閑天皇 継体天皇皇女	古市高屋丘陵 神前皇女墓(合葬)	高屋築山(城山)古墳	前方後円墳	一二二	伝―ガラス碗。円筒、形象(蓋)、須恵器	同 羽曳野市古市五丁目(字城)	戦国期には畠山氏の高屋城として利用。一九九二年―外堤・墳丘裾調査
安閑天皇皇后 春日山田皇女	古市高屋陵	高屋八幡山古墳	前方後円墳	八五	円筒、形象(家・人物)	同 羽曳野市古市五丁目(字八マン山)	現況、外観は方墳。一九八一年―周辺調査、前方部確認
白鳥陵	白鳥陵	軽里大塚(前の山)古墳	前方後円墳	一九〇	円筒、形象(家・蓋)、ミニチュア土製品、須恵器	同 羽曳野市軽里三丁目	一九八一年―外堤調査、二〇〇一年―墳丘裾調査
清寧天皇	河内坂門原陵	白髪山古墳	前方後円墳	一一二	円筒	同 羽曳野市西浦六丁目(字白髪)	一九七九年―外堤調査。近世、近代の修陵により前方部変形か
	飛地い号	小白髪山古墳	前方後円墳	五〇	円筒、形象(家)、須恵器、空玉、金環	同 羽曳野市西浦一丁目	二〇〇〇年―墳丘裾調査。二重周濠の可能性、陪冢疑問説
反正天皇	百舌鳥耳原北陵	田出井山古墳	前方後円墳	一四八	円筒、形象(家・靫)	同 堺市堺区北三国ヶ丘町二丁(字田出井)	一九八〇年―内堤、外濠調査。二重周濠
	飛地い号	鏡山古墳	方墳	二一	円筒、形象	同 堺市堺区北三国ヶ丘町二丁	一九七八年―墳丘調査
	飛地ろ号	天王古墳	方墳	一九		同 堺市堺区北三国ヶ丘町三丁	
仁徳天皇	百舌鳥耳原中陵	大山(大仙陵)古墳	前方後円墳	四八六	前方部石槨内―金銅装甲冑・鉄刀・ガラス器。円筒、形象(人物・馬・犬)、須恵器	同 堺市堺区大仙町	治定外陪冢―塚廻古墳・鏡塚古墳・収塚古墳・夕雲一丁南古墳など。一八七二年―前方部竪穴式石槨、露呈。長持形石棺採用。一九九五～九八年―現況調査
	飛地い号	孫太夫山古墳	帆立貝形	五六	円筒	同 堺市堺区百舌鳥夕雲町二丁	

諡号・追号・続柄など	陵墓名	古墳名	墳形	規模(m)	出土遺物	所在地	備考
	飛地ろ号	竜佐山古墳	帆立貝形	六七	円筒	大阪府堺市堺区大仙中町	
	飛地は号	狐山古墳	円墳	二三		同	
	飛地に号	銅亀山古墳	方墳	二六		同　堺市堺区大仙町	
	飛地ほ号	菰山(菰山塚)古墳	帆立貝形	三六	円筒、形象(蓋・家・動物)	同　堺市堺区南丸保園	
	飛地へ号	丸保山古墳	帆立貝形	八七	埴輪	同　堺市堺区北丸保園	治定は後円部、前方部は国史跡
	飛地と号	永山(長山)古墳	前方後円墳	一〇四	埴輪	同　堺市堺区東永山園	陪冢不相当。永山古墳に陪冢存在か
	飛地ち号	源右衛門山古墳	円墳	四〇		同　堺市堺区向陵西町四丁	
	飛地り号	坊主山古墳	円墳	一〇		同　堺市北区百舌鳥赤畑町二丁	陪冢不相当。主墳から遠距離
	域内陪冢	桶の谷(桶谷)古墳	円墳?	四七		同　堺市堺区大仙町	
	域内陪冢	茶山古墳	円墳	五五		同	
	域内陪冢	大安寺山古墳	円墳	六〇		同	
履中天皇	百舌鳥耳原南陵	百舌鳥ミサンザイ(石津丘)古墳	前方後円墳	三六五	円筒、形象(家・蓋・靫・甲冑)	同　堺市西区石津ヶ丘	治定外に陪塚存在―七観古墳・七観音山古墳・寺山南山古墳。一九八六年―表採。一九九一年―測量調査
	飛地い号	経堂古墳	円墳?	二〇		同　堺市堺区南陵町四丁	陪冢不相当
	飛地ろ号	東酒呑塚	円墳?	二〇		同　堺市堺区旭ヶ丘南町三丁	陪冢不相当
	飛地は号	西酒呑塚	円墳?	二五	埴輪・須恵器	同　堺市堺区旭ヶ丘南町二丁	陪冢不相当。主墳から遠距離
	飛地に号	檜塚(檜木山)				同　堺市石津北町	陪冢不相当。主墳から遠距離
陵墓参考地	東百舌鳥陵墓参考地	土師ニサンザイ古墳	前方後円墳	二九六	円筒・須恵器	同　堺市北区百舌鳥西之町三丁(大字土師字陵)	治定外陪冢―聖塚古墳・聖の塚古墳・経塚古墳など。一九七八年―外濠調査、二重周濠を確認
陵墓参考地	百舌鳥陵墓参考地	百舌鳥御廟山古墳	前方後円墳	一九二		同　堺市北区百舌鳥本町一丁(大字高田字御廟)	治定外陪冢―万代山古墳・カトンボ山古墳など。かつて、百舌鳥八幡社の奥の院となる
孝徳天皇	大阪磯長陵	山田上ノ山古墳	円墳	三五	伝―周辺で銅鏡(海獣葡萄鏡)	同　南河内郡太子町大字山田(字上ノ山)	山陵絵図に「石棺露頭」と「幅六尺余アリ」と表記。横口式石槨か、幅一・八メートルか
推古天皇 敏達天皇皇子　竹田皇子	磯長山田陵 竹田皇子墓(合葬)	山田高塚古墳	方墳	六三×五五		同　南河内郡太子町大字山田(字高塚)	近世に開口、横穴式石室、切石採用か。石棺二基存在か。一九九一年―現況調査、一墳丘二石室か
用明天皇	河内磯長原陵	春日向山古墳	方墳	六五×六〇		同　南河内郡太子町大字春日(字向山)	大型横穴式石室か。側辺はほぼ正方位
用明天皇皇子　聖徳太子	磯長墓	叡福寺北古墳	八角墳?	二八		同　南河内郡太子町大字太子(字上城)叡福寺内	『一遍上人絵伝』(鎌倉時代)に墳丘と開口部表現。通説では円墳。最下段方形壇七〇メートルか。岩屋山式の横穴式石室、現長一二・六メートル。三棺埋葬か
敏達天皇 欽明天皇皇后　石姫皇女	河内磯長中尾陵 磯長原陵(合葬)	太子西山(奥城)古墳	前方後円墳	九三	円筒	同　南河内郡太子町大字太子(字奥城)	
垂仁天皇皇子　五十瓊敷入彦命	宇度墓	淡輪ニサンザイ古墳	前方後円墳	一八〇	円筒、形象(蓋・家・盾・鳥)	同　泉南郡岬町淡輪(字東陵)	陪冢い号～へ号。一九八三年―外堤調査、一九八四年―表面採集
	飛地い号	(仏の後)	円墳	三五		同　泉南郡岬町淡輪	
	飛地ろ号	(小山)	円墳	二五		同	
	飛地は号	(籠作)	方墳?	二〇		同	
	飛地に号	(塚合)	方墳	二〇		同	
	飛地ほ号	(塚合)	方墳	二五		同	
	飛地へ号	(籠作)	方墳	三〇		同	
平城天皇皇子	阿保親王墓	打出親王塚古墳	円墳	三六	伝―銅鏡・円筒	兵庫県芦屋市翠ヶ丘町(大字打出字親王塚)	宝永年間(一七〇四～一一年)に銅鏡一〇面出土。長州毛利家による修築
陵墓参考地	玉津陵墓参考地	吉田王塚古墳	前方後円墳	七四	円筒、形象(蓋・盾・家・壺)	同　神戸市西区王塚台三丁目(吉田)	飛地い号(へり塚)～ろ号(経塚)―陪冢不相当。二〇〇〇年―外堤・墳丘裾調査

諡号・追号・続柄など	陵墓名	古墳名	墳形	規模(m)	出土遺物	所在地	備考
景行天皇皇后 播磨稲日大郎姫命	日岡陵	日岡山一号墳	前方後円墳	八六		兵庫県加古川市加古川町大野(字日岡山)	
陵墓参考地	雲部陵墓参考地	雲部車塚古墳	前方後円墳	一五八	石槨内—甲冑・刀剣・矛・鉄鏃。円筒、形象(盾・蓋・鳥・家・動物)、須恵器	同 篠山市東本荘字城山の坪	治定外陪冢に飯塚古墳、円墳三四メートル。一八九六年—既掘、長持形石棺、竪穴式石槨。二〇〇四年—墳丘裾調査
	飛地い号		方墳	二五		同 篠山市東本荘字車塚の坪	
	飛地ろ号		円墳	三〇		同 篠山市東本荘字城山の坪	
聖武天皇皇太子	那富山墓	大黒ヶ芝古墳	円墳?	一一×六・七		奈良県奈良市法蓮町(字大黒ヶ芝)	獣身人頭線刻石像「隼人石」を配置。新羅十二支像に関連か。一九九八年—「隼人石」調査
応神天皇皇子 大山守命	那羅山墓		円墳?	一〇・六×八・五		同 奈良市法蓮町(字境目谷)	詳細不明
聖武天皇	佐保山南陵	法蓮北畑古墳群	円墳?	三		同 奈良市法蓮町(字北畑)	詳細不明。山陵絵図などでは横穴式石室、群集墳を構成か。多聞城に重複、域内に近世眉間寺
	飛地い号	東淡海公古墳	円墳?			同 奈良市法蓮町	円墳二基(一〇メートル)を含むか。法蓮北畑古墳群を構成
	飛地ろ号	西淡海公古墳	円墳?			同	法蓮北畑古墳群を構成
皇后 天平応真仁正皇太后(光明子)	佐保山東陵	法蓮北畑古墳群	円墳?			同 奈良市法蓮町(字多門山)	他に円墳一基(九メートル)以上、存在か。群集墳を構成。多聞城に重複
開化天皇	春日率川坂上陵	念仏寺山(坂ノ上山・山の寺弘法山)古墳	前方後円墳	一〇五	円筒	同 奈良市油阪町(字山ノ寺)	前方部・周濠は近世墓地。周辺に中小古墳。幕末、大規模改造説がある
光仁天皇	田原東陵	田原塚本(王の墓)古墳	円墳?	四五?		同 奈良市日笠町(字ヲ、ノツカ)	詳細不明、横穴式石室か。二〇〇六年—周辺調査
光仁天皇皇子追尊天皇 崇道天皇	八嶋陵		円墳?	九?		同 奈良市八島町(字今里)	詳細不明、陵前に横穴式石室墳、群集墳形成か
後水尾天皇皇女 文智女王墓以下七墓二塔	円照寺宮墓地	円照寺墓山古墳群	円墳?			同 奈良市山町(字山塚)	横穴式石室か。域内に円墳二基(六メートル・一〇メートル)か
陵墓参考地	黄金塚陵墓参考地	田中黄金塚古墳	方墳	三〇		同 奈良市田中町(字上ノ口)	一九五一年—日本考古学協会墳丘、石室調査。二〇〇四年—墳丘裾調査、南面に石列。方形壇か
陵墓参考地	宇和奈辺陵墓参考地	ウワナベ古墳	前方後円墳	二五五	円筒、形象(蓋)・土製品(魚)・須恵器	同 奈良市法華寺町(字宇和奈辺)	二重周濠。一九六九年—東側内堤、外濠調査。一九七三年—西側内堤調査。一九八六年—表採
	飛地い号		前方後円墳	五六		同 奈良市法華寺町	
	飛地ろ号	大和第六号墳(高塚・鍋塚)	円墳	三〇	鉄鋌、刀子、小型	同 奈良市法華寺町大字高塚	一九四五年—破壊
陵墓参考地	小奈辺陵墓参考地	コナベ古墳	前方後円墳	二〇七	円筒	同 奈良市法華寺町(字小奈辺)	山陵絵図に石棺?露呈。一九七九年—南側外堤調査。一九九八年—外周溝調査
	飛地い号	大和第二〇号墳	方墳	三〇	円筒、形象(家・壺・蓋)	同 奈良市法華寺町	一九九七・九八年—周濠調査
	飛地ろ号	大和第一八号墳	方墳	二七		同	
	飛地は号	大和第二二号墳	方墳	二五		同	
	飛地に号	大和第二三号墳	方墳	二〇		同	
	飛地ほ号	大和第二四号墳	方墳	一五		同	
	飛地へ号	大和第二五号墳	方墳	一一		同	
	飛地と号	大和第二六号墳	方墳	三五		同	
仁徳天皇皇后 磐之媛命	平城坂上陵	佐紀ヒシャゲ古墳	前方後円墳	二一九	円筒、形象(甲冑?)、須恵器	同 奈良市佐紀町(字ヒシアゲ)	二重周濠。一九九三年—中堤調査。二〇〇四年—前方部墳丘裾・外堤調査。飛地へ・と・ち号は欠番
	飛地い号	大和第二一号墳	円墳	四三		同 奈良市佐紀町	コナベ古墳陪冢の可能性が高い

諡号・追号・続柄など	陵墓名	古墳名	墳形	規模(m)	出土遺物	所在地	備考
	飛地ろ号		円墳	三〇		奈良県奈良市佐紀町	
	飛地は号		円墳	二七	埴輪	同	
	飛地に号		方墳	四三	埴輪	同	
	飛地ほ号		方墳	二七	埴輪	同	
	飛地へ号	大和第一一・一二号墳	前方後円墳	七〇			一九四五年以前、破壊？ 二〇〇四年－削平部分、確認
	飛地と号	大和第一三号墳	方墳	三〇			一九四五年以前、破壊？ 二〇〇四年－削平部分、確認
	飛地ち号	大和第一四号墳	前方後円墳	七〇	円筒、形象(家・靫)		一九四五年以前、破壊？ 二〇〇四年－削平部分、確認
	飛地り号	大和第一七号墳	方墳	三〇		同 奈良市法華寺町	コナベ古墳陪冢の可能性が高い
	飛地ぬ号	大和第一六号墳	方墳	二五		同	コナベ古墳陪冢の可能性が高い
平城天皇	楊梅陵	市庭古墳	前方後円墳	二五〇	円筒、形象(盾・囲)	同 奈良市佐紀町(字ニジ山)	外周溝。前方部は平城宮造営により削平、内裏に該当。後円部外濠は園池に改変。一九六二・六三年－前方部周濠調査、一九八〇年－後円部西側周濠調査
垂仁天皇皇后 日葉酢媛命	狭木之寺間陵	佐紀陵山	前方後円墳	二〇七	石槨内－銅鏡・玉・石製品。円筒、形象(家・蓋・盾)	同 奈良市山陵町(字御陵前)	山陵絵図に「屋根形石」表現。一九一六年－盗掘、竪穴式石槨、一九八五年－外堤調査
成務天皇	狭城盾列池後陵	佐紀石塚山古墳	前方後円墳	二一四	伝－銅鏡・刀・玉・朱・円筒、形象(家・蓋・盾・柵)	同	『京北班田図』に「成務天皇山陵敷地」の表示。山陵絵図に長持形石棺表現。一八四八年など－盗掘、一九九五年－墳丘裾調査。飛地は号、古墳以外か
	飛地い号		方墳	二五		同 奈良市山陵町	
	飛地ろ号		東側－方墳 西側－方墳	三〇 三〇		同	飛地内に東西二基の方墳
称徳天皇	高野陵	佐紀高塚古墳	前方後円墳	一二七	埴輪	同 奈良市山陵町(字御陵前)	中世西大寺文書では「本願御陵」とする
仲哀天皇皇后 神功皇后	狭城盾列池上陵	五社神古墳	前方後円墳	二六七	円筒、形象(盾・家・壺)、笊形土器・ミニチュア土器	同 奈良市山陵町(字宮ノ谷)	『京北班田図』に「神功皇后山陵敷地」の表示。二〇〇三年－墳丘裾調査。二〇〇四年－外形調査。飛地は号～に号は古墳以外の可能性
	飛地い号		円墳？	一五		同 奈良市山陵町	詳細不明
	飛地ろ号		円墳？	三〇		同	詳細不明
	域内陪冢		方墳？	三〇		同	詳細不明
垂仁天皇	菅原伏見東陵	宝来山古墳	前方後円墳	二二七	伝－銅鏡。円筒、形象(盾・家など)	同 奈良市尼辻西町(大字尼辻小字西池)	一八四九年－盗掘、長持形石棺か。飛地ほ号～へ号、湟内陪冢(伝田道間守墓)は古墳以外の可能性
	飛地い号	兵庫山古墳	円墳	五〇		同 奈良市宝来町二丁目	近世には「安康陵」に考定
	飛地ろ号					同 奈良市平松町一丁目	削平か
	飛地は号		円墳	五〇		同 奈良市五条一丁目	
	飛地に号		円墳？	二〇		同 奈良市尼辻中町	
陵墓参考地	郡山陵墓参考地	郡山新木山古墳	前方後円墳	一二〇	円筒？	同 大和郡山市新木町(字丸山)	
継体天皇皇后 手白香皇女	衾田陵	西殿塚古墳	前方後円墳	二三〇	宮山型および都月型特殊器台、特殊壺、円筒。	同 天理市中山町(字西殿塚)	後円部、前方部頂上部に方形壇。一九八八年－現況調査、一九九三年－墳丘裾、周濠相当部調査
崇神天皇	山辺道勾岡上陵	行燈山古墳	前方後円墳	二四二	銅板・円筒、形象(蓋か)・土師器	同 天理市柳本町(字アンド)	一八六四年－柳本藩による修陵。一九七四、七五年－渡堤・墳丘裾・外堤調査。中世城郭利用の可能性
	飛地い号	柘榴塚古墳	円墳？	八	石室内－金環・刀	同 天理市柳本町	一九七四年－墳丘調査。横穴式石室。陪冢

諡号・追号・続柄など	陵墓名	古墳名	墳形	規模(m)	出土遺物	所在地	備考
					子・須恵器など		不相当
	飛地ろ号	百塚(白塚)古墳	円墳	三五		奈良県天理市柳本町	陪冢不相当
	飛地は号	南アンド山古墳	前方後円墳	六六		同	
	域内陪冢	アンド山古墳	前方後円墳	一一〇		同	
景行天皇	山辺道上陵	渋谷向山古墳	前方後円墳	三〇〇	伝―石枕(渋谷出土)。円筒、形象(盾・蓋)・魚形土製品・須恵器	同 天理市渋谷町(字向山)	長持形石棺を採用か。一九六六年―前方部円筒埴輪内部に須恵器配置。追祭祀か。一九七四年―渡堤、一九七七年―外堤調査、一九九三年―墳丘裾・外堤調査
	飛地い号	上ノ山(天皇山)古墳	前方後円墳	一四〇	円筒、形象(盾・蓋)、木製品	同	
	飛地ろ号	赤坂(松明山)古墳	円墳	三五		同	
	飛地は号	上山古墳	方墳	三五		同	
孝霊天皇皇女 倭迹迹日百襲姫命	大市墓	箸墓(箸中山)古墳	前方後円墳	二八〇	宮山型および都月型特殊器台、特殊壺・壺形埴輪・須恵器	同 桜井市大字箸中(字茶山)	一九七六年―採集資料報告、一九八八年―現況調査、一九九五年―周濠調査、一九九九年―表採
舒明天皇 押坂彦人大兄皇子妃 糠手姫皇女	押坂内陵 押坂墓(合葬)	段ノ塚古墳	八角墳	四二		同 桜井市大字忍阪(字段ノ塚)	最下段方形壇一〇五メートル。江戸時代に一部、開口か、横穴式石室、石棺二基が納まる。一九九二・九四年―現況外形調査。正面に隅角、ただし隅切りの状態
欽明天皇皇女 大伴皇女	押坂内墓		円墳?	一〇		同 桜井市大字忍阪(字女塚)	詳細不明
綏靖天皇	桃花鳥田丘上陵	四条塚山古墳	円墳	三〇		同 橿原市四条町(字田井ノ坪)	石棺内蔵の記録、四条古墳群を構成
神武天皇	畝傍山東北陵				円筒、形象(蓋・鳥・草摺)・須恵器	同 橿原市大久保町(大字洞字ミサンサイ)	周辺に埋没古墳存在か。四条古墳群を構成
孝元天皇	剣池嶋上陵	石川中山古墳群	円墳	一号墳―一三 二号墳―一三 三号墳―一五		同 橿原市石川町(字剣池ノ上)	文化山陵絵図には、尾根上の三基の円墳以外に南斜面に群集墳(横穴?)の表現
陵墓参考地	畝傍陵墓参考地	五条野丸山古墳	前方後円墳	三一〇	須恵器	同 橿原市五条野町(字丸山)	「益田池碑文」の「大墓」か。陵墓指定は後円部の一部。二〇〇一年不時開口により、二〇〇二年―石室現況調査。横穴式石室全長二八・四メートル。家形石棺二基内蔵
宣化天皇 皇后橘仲皇女	身狭桃花鳥坂上陵(合葬)	鳥屋身三才古墳	前方後円墳	一三八	円筒・須恵器	同 橿原市鳥屋町(字見三才)	「益田池碑文」(平安時代)の「鳥陵」に該当。一九八八・八九年―外堤・墳丘裾調査
崇神天皇皇子 倭彦命	身狭桃花鳥坂陵	桝山古墳	方墳	九八	円筒、形象	同 橿原市鳥屋町(字久保) 同 橿原市北越智町(字桝ヶ山)	前方後円形に変形。一九九〇年―採集資料報告
天武天皇 持統天皇	檜隈大内陵(合葬)	野口王墓	八角墳	三八	棺内―人骨・衣服・石帯・枕・銅糸・玉	同 高市郡明日香村大字野口(字王墓)	一二三五年―「開掘」、『阿不幾乃山陵記』などに詳述。横口式石槨か、全長七・七メートル。夾紵棺、「金銅製桶」(骨蔵器外容器)、「銀筥」(内容器か)
欽明天皇	檜隈坂合陵	梅山古墳	前方後円墳	一四二	須恵器・土師器	同 高市郡明日香村大字平田(字ウメヤマ)	背面カット。鎌倉時代に「梅陵」と呼称か。一九七八年―外堤調査、一九九七年―墳丘裾調査、一九九八年―「猿石」調査
	陪冢経塚					同 橿原市五条野町	古墳以外の可能性
	陪冢金塚	平田カナヅカ(岩屋)古墳	方墳	三五		同 高市郡明日香村大字平田	横穴式石室。背面カット。陪冢不相当。一八九〇年―石室材採取、中止。一九九〇年―範囲確認調査
	陪冢鬼の雪隠	鬼の俎・雪隠古墳	方墳?			同 高市郡明日香村大字平田	陪冢不相当。横口式石槨(蓋石)、背面カット
	陪冢鬼の俎	鬼の俎・雪隠古墳	方墳?			同 高市郡明日香村大字平田	陪冢不相当。横口式石槨(底石)
文武天皇	檜隈安古岡上陵	栗原塚穴古墳	円墳?	一四		同 高市郡明日香村大字栗原(字塚穴)	切石の墓室か。背面カット。古墳以外の可能性

諡号・追号・続柄など	陵墓名	古墳名	墳形	規模(m)	出土遺物	所在地	備考
天武天皇皇子追尊天皇 岡宮天皇(草壁皇子)	真弓丘陵		円墳	一七		奈良県高市郡高取町大字森(字森谷)	詳細不明、背面カット。古墳以外の可能性もある
斉明天皇 孝徳天皇皇后間人皇女 天智天皇皇子	越智崗上陵 建王墓(合葬)		円墳?	三		同 高市郡高取町大字車木(字ケンノウ)	詳細不明。古墳以外の可能性もある。現治定では、陵前に天武天皇即位前妃 太田皇女の越智崗上墓を設ける
陵墓参考地	磐園陵墓参考地	築山古墳	前方後円墳	二一〇	円筒、形象(盾・蓋・靫・柵・囲) ミニチュア土器	同 大和高田市大字築山	一九七八年―外堤調査、一九九六・九八年―外堤・墳丘裾調査。造り出し祭祀。中世城郭に利用か
	陪冢茶臼山	茶臼山(ころころ山)古墳	円墳	五〇	伝―形象(家)	同	
陵墓参考地	陵西陵墓参考地	狐井塚古墳	前方後円墳	七五	円筒	同 大和高田市大字池田(字ノ池)	長持形石棺か。飛地い号～ほ号―円墳・方墳、六～一二メートル。陪冢不相当。古墳以外を含むか
天武天皇皇孫	長屋王墓		円墳	一五		同 生駒郡平群町大字梨本(字マエ)	
同 妃	吉備内親王墓		円墳	三		同 生駒郡平群町大字梨本(字東頭)	
陵墓参考地	富郷陵墓参考地		円墳	三〇		同 生駒郡斑鳩町大字三井(字岡ノ原)	前方後円墳の可能性
顕宗天皇	傍丘磐坏丘南陵		円墳?		伝―石棺・刀など	同 香芝市北今市(字的場)	詳細不明、前方後円形に改造か 陪冢い号～は号―古墳以外の可能性
陵墓参考地	三吉陵墓参考地	新木山古墳	前方後円墳	二〇〇	伝―玉。円筒、形象(家)	同 北葛城郡広陵町大字三吉(字新木山)	一九八七・八八年―南側外堤調査
陵墓参考地	大塚陵墓参考地	新山古墳	前方後方墳	一二六	石槨内―銅鏡・玉・石製品・刀剣・帯金具	同 北葛城郡広陵町大字大塚(字新木)	一八八五年―既掘。竪穴式石槨、副葬品出土。一九八一年―後方部墳丘裾調査、外側で円筒棺七基検出
履中天皇皇孫女 飯豊天皇	埴口丘陵	北花内三歳山古墳	前方後円墳	九〇?	円筒、形象(盾・蓋・人物・動物)・笠形木製品	同 葛城市北花内(字神地)	後円部頂上に社殿跡。一九七五年―外堤調査。二〇〇五年―墳丘裾調査。前方部変形か
孝霊天皇皇子	大吉備津彦命墓	中山茶臼山古墳	前方後円墳	一二〇	伝―都月型特殊器台。二重口縁壺	岡山県岡山市尾上(字明見) 同 岡山市吉備津(字吉備中山)	
陵墓参考地	妻鳥陵墓参考地	東宮山古墳	円墳	一五×一四	銅鏡・冠・金環・玉・馬鐸・銀鈴・冑・三葉形環刀・須恵器・土師器	愛媛県四国中央市妻鳥町字春宮山	一八九四年―既掘。横穴式石室(竪穴系横口石槨の可能性)
陵墓参考地	勾金陵墓参考地		円墳?	七		福岡県田川郡香春町大字鏡山(字外輪崎)	詳細不明、指定時の通達写に南原古墳とあるが、古墳以外の可能性もある
応神天皇皇曾孫	都紀女加王墓	上のびゅう塚古墳	前方後円墳	四九		佐賀県三養基郡上峰町大字坊所七本松	目達原古墳群を構成。一九四三年に治定
陵墓参考地	男狭穂塚女狭穂塚陵墓参考地	男狭穂塚古墳	帆立貝形	一七五	円筒、形象	宮崎県西都市大字三宅(字丸山)	西都原古墳群を構成。二〇〇五年―地中レーダー探査
		女狭穂塚古墳	前方後円墳	一八〇	円筒、形象(家・盾・冑・短甲・他)	同	一九八五年―表面採集

㈠陵墓名、配列、所在地は原則として『陵墓要覧』一九九三年版の「地方別陵墓表」による。

㈡古墳名は原則として通称を採用し、複数ある場合は代表的な呼称を表記した。本来の呼称が不明の場合は空欄としたが、一部は現行地名にもとづき新規命名した。

㈢所在地の大字・小字名などのうち『陵墓要覧』一九三四年版により補訂したものがあり、( )で示した。

㈣出土遺物のうち伝承品については「伝―遺物名」とした。また遺物名称については省略したものもある。

㈤天皇陵古墳の飛地(陪冢・付属地)は本地(本墳)につづき必要事項を表記したが、古墳と断定できないものが若干、含まれている。内容など不明の点が多い陪冢は備考にまとめた。

㈥規模は前方後円墳は墳長、円墳は直径、方墳は一辺、八角墳は対辺間距離の概数値である。長円形および長方形の場合は、概ね東西×南北で規模を表示した。

㈦陵墓本体および兆域内外が群集墳と重複するが、内容など詳細不明の点が多い場合は備考欄にまとめて表記した。また当該陵墓(本地)は天皇陵古墳でないが、域内に古墳を含む場合も一覧に加えた。

㈧宮内庁書陵部および各自治体等による考古学調査のうち主要なもの(宮内庁陵墓域外を含む)は年次と対象部分を適宜、備考欄に示した。

㈨参考文献

上野竹次郎編『新訂版山陵』、一九八九年、名著出版。中井正広『仁徳陵―この巨大な謎―』、一九九二年、創元社。今井堯「解説 陵・墓・参考地・陪塚」(『文化財を守るために』一九、一九七八年、文化財保存全国協議会)。水野正好ほか『「天皇陵」総覧』(『歴史読本』特別増刊・事典シリーズ一九、一九九三年)。今尾文昭「天皇陵古墳解説」(『天皇陵古墳』、一九九六年、大巧社)。外池昇『事典 陵墓参考地』二〇〇五年、吉川弘文館。そのほか、書陵部紀要・報告書・市町村史などを参考にした。

このように在地との関係性を含み、近世を迎えた。現陵墓の大半は江戸時代の元禄・享保・文化の探索、考定を経て幕末の文久—慶応年間(一八六一—六八)に決定された。一八六三年(文久三)には山陵奉行戸田忠至《とだただゆき》による文久の修陵が開始された。今日の天皇陵古墳の墳形は、こういった後世の修築を蒙ったものとして理解する必要がある。治定については、一二三五年(文暦二)三月の天武・持統天皇の檜隈大内陵《ひのくまのおおうち》の開掘時の実見記『阿不幾乃山陵《あおきのさんりょう》記《き》』が京都市高山寺《こうざんじ》で発見されたことに伴い、一八八一年(明治十四)に奈良県橿原《かしはら》市五条野丸山《ごじょうのまるやま》古墳から野口王墓古墳へ治定変更されたといった特例はあるが、基本的に明治政府は江戸幕府の治定を踏襲する。修築事業も継続される。奈良県橿原市「神武陵」(四条《しじょう》古墳群を構成した埋没古墳が現陵域に重複する可能性が高い)の周辺整備や大山古墳の現用第三濠の開削に典型だが、近代天皇制強化の一環として修築事業が進行した側面がある。さて、以下には天皇陵古墳が抱えるさまざまな問題点についてふれておこう。その一つとして、治定の固定化があげられる。現在の考古学成果を反映していない点に特に問題がある。一九七〇年代後半以降、墳形や埴輪などの型式学的研究が深化して、精緻な古墳編年が組み立てられるようになると、天皇陵古墳の実際の時期比定と現治定に齟齬《そご》をきたす例が顕著となった。典型例は奈良県天理市西殿塚古墳《にしとのづかこふん》である。採集の特殊器台や墳丘裾に樹立していたとみられる埴輪類が示す時期、撥形《ばちがた》に開く前方部の形態的特徴は古墳時代前期初葉に築かれたことを示す。六世紀前半ごろに没したとみられる手白香《たしらか》皇女の「衾田《ふすまだの》陵《みささぎ》」とする現治定は不適当といわざるを得ない。代わりに帰属時期に矛盾のない西側に隣接の西山塚《にしやまづか》古墳がその有力候補となっている。以前から指摘されてきたのは、大阪府堺市田出井山《たでいやま》古墳を反正陵とする点である。『延喜《えんぎ》式《しき》』諸陵寮の記す陵名「百舌鳥耳原北陵《もずのみみはらのきたのみささぎ》」という地理的特徴を示すが百舌鳥古墳群のなかでも中規模の墳長一四八メートルの前方後円墳である点は、「倭の五王」の一人にも比定される大王の墓所とするに疑問がある。翻るに『延喜式』に基づく陵墓の所在地の考証には、考古学的検討とともに史料批判が必要なことを示している。大阪府高槻市今城塚《いましろづか》古墳では、所用の埴輪を供給した新池《しんいけ》遺跡埴輪窯の一九八八年(昭和六十三)—九六年(平成八)の発掘調査の結果、茨木《いばらき》市太田茶臼山《おおだちゃうすやま》古墳(現継体《けいたい》陵)の出土埴輪との具体的な比較検討が可能となった。三島《みしま》に築かれた二つの大形前方後円墳の前後関係は、先に墳長二二六メートルの太田茶臼山古墳が五世紀中葉前後、あとに墳長一九〇メートルの今城塚古墳が六世紀前半に築造されたとみられる。男大迹《おおど》王(継体)の没年は『日本書紀』によると五三一年とされるが、編年上の相対的位置、築造時期の実年代観からみて今城塚古墳が近いものとなる。二十世紀初頭以来の歴史地理学的検討に加えて、考古学上からも継体天皇の真陵であることが確実視されるようになった。周辺の市街地化などに伴う保存問題もある。天皇陵古墳の多くは、本来、文化財保護法上の「記念物」であり、そのうち重要なものとされる「史跡」および、なお特に重要な「特別史跡」に相当すると思われるが、一部の陵墓参考地を除くと、陵墓域に対する史跡指定行為はなされていない。しかし、宮内庁管理の及ばない現陵墓域外に実際の墳丘が延びていた事例もある。西殿塚古墳や箸墓古墳では、地元の自治体の発掘調査によって墳丘裾が陵墓域外にあることが明らかになった。宅地開発がせまり公有地化された事例は、誉田山古墳の場合である。応神天皇の「恵我藻伏崗陵《えがのもふしのおかのみささぎ》」として宮内庁が管理するのは墳丘本体と内濠・内堤部分までである。緊急な開発への対応として一九八八年に外濠と外堤部分の一部が文化庁管轄の国史跡「応神天皇陵古墳外濠外堤」として指定された。周濠相当部分や外堤部分が民有地である天皇陵古墳は数多く、ほとんどの場合は開発が進行する状況下に置かれたままである。恒久的な保存対策がのぞまれる。関連して活用上の問題も指摘される。たとえば津堂城山《つどうしろやま》古墳は、一九一二年(明治四十五)に地元の人々によって後円部頂上の竪穴式石槨《たてあなしきせっかく》と内部に収められた巨大な長持形石棺《ながもちがたせっかん》が掘り出された。宮内庁では一九一六年にこの部分に限り「藤井寺陵墓参考地」に指定した。別に一九五八年には古市古墳群北端に築かれた最初の大形古墳として文化庁指定の国史跡「城山古墳」となった。よって以降、二重指定の状態となる。また、地元自治体による公有地化と、史跡整備に伴う発掘調査が進められたが、特に一九八三年には前方部東側周濠内に島状遺構とその裾部に樹立する水鳥形埴輪の確認があった。その後、史跡のガイダンス施設も新たに設けられた。大規模な周濠を備えた天皇陵古墳のなかで、保存が計られた事例だと評価されるが、「陵墓」(この場合は陵墓参考地部分)と「古墳」(国史跡として利用可能な部分)は分断された状況下にあり、現時点ではその一体的な活用計画の立案遂行に制約がある。最近、浮上した問題としては世界遺産登録との関係がある。大山古墳に代表されるが、地元の自治体を含め関係者による登録への動きがある。ユネスコでは世界遺産登録に際して国内法による将来にわたる保持が保証されていることを前提条件とする。具体的には宮内庁管理の現行の陵墓域についても、文化財保護法に規定される国史跡などへの指定が必要だと説明されている。天皇陵古墳の調査や現況については次のような機会に知ることができる。宮内庁では陵墓の維持管理の一環として例年、陵墓保全整備事業を実施しており、天皇陵古墳では、工事内容に応じて書陵部陵墓課による事前発掘調査などが行われている。また測量調査や現況踏査も随時、行われている。調査結果は『書陵部紀要』(一九五一年創刊)に報告され、出土遺物を含めた所蔵品の展観も数年ごとに開催(一九七六年に第一回展示会)される。事前発掘調査時には報道機関の一部と、学会代表者(現在、一学会三名枠)に限定して調査部分の見学を許可している(第一回見学会は一九七九年に現清寧《せいねい》陵の羽曳野市白髪山《しらがやま》古墳において実施、二〇〇五年までに二十七回実施)。しかしながら日常的にすべて陵墓は非公開である。宮内庁では静安と尊厳を保持するという陵墓の本義にもとづくものとするが、歴史研究面ばかりでなく、文化遺産としての体系的な保護、活用面に支障が生じている。考古学・歴史学関連の各学会(天皇陵古墳をはじめとする陵墓の公開を求める学会の連合としては十六団体が参加)では、宮内庁に陵墓公開を求める運動が現在もつづけられている。 ↓陵墓《りょうぼ》

参考文献 白石太一郎「記・紀および延喜式にみられる陵墓の記載について」(『古墳と古墳群の研究』所収、二〇〇〇、塙書房)。石部正志・宮川徏「「天皇陵」と考古学」(『(岩波講座)日本考古学』七所収、一九八六、岩波書店)。森浩一編『天皇陵古墳』、一九九六、大巧社。茂木雅博『天皇陵の研究』、一九九〇、同成社。堀田啓一『日本古代の陵墓』、二〇〇一、吉川弘文館。今尾文昭「考古学からみた律令期陵墓の実像」(『日本史研究』五二一、二〇〇六)。 (今尾 文昭)

てんぴょうじゃく 天平尺 七〇一年(大宝元)に制定された『大宝令』雑令に、度量権衡《どりょうごんこう》についての規定があり、度制については大小二種の尺度が定められている。大尺は土地測量の尺度であり、小尺はそれ以外全ての長さの計測の単位とされた。後世にいたり、大尺は高麗尺、小尺は天平尺と呼ばれるようになるが、このうち大尺は七一三年(和銅六)の格により使用が禁止される。七一〇年に遷都された平城京のでの調査成果によると、条坊道路遺構には大尺で設定されたものが多い中に、小尺つまり天平尺で設定されたとみられる事例も少なくない。正倉院などに伝世されている物差や古代遺跡出土の物差の一尺の実長は約二九・六センチであり、平城宮の発掘遺構から想定している小尺=天平尺の一尺の復元値は二九・五七センチである。この大宝令小尺は、以後もわが国において基本的な尺度として使用され続け、こんにちの曲尺《かねじゃく》(約三〇・三センチ)として存続している。 ↓高麗尺《こまじゃく》 (井上 和人)

てんぶ 天部 天は仏教の世界観で六道の最上位とされる天界にすむ神々で、古代インドのさまざまな神が仏教に取り入れられて護法神としての性格を与えられたものである。日本において天部像の造像は、まず飛鳥時代に『金光明経』に基づく四天王像の造立が行われており、ついで奈良時代に入って梵天・帝釈天が加わり、この六天は以後セットとして寺院堂宇の壇上に彫像が置かれることが多い。またやはり『金光明経』に説かれる吉祥天・弁才天も奈良時代以後造像が行われ、これらは仏菩薩の脇侍として、また独尊であるいは組み合わせて法会の本尊とされた。平安時代に入ると密教の曼荼羅諸尊としての多数の天部が加わり、それらは獣座に乗る像や多面多臂像など、インド風の濃厚な形姿のものを含む。平安時代後期には当代に発達した密教修法の本尊として画像や彫像の天部像が多数造られた。 (奥 健夫)

てんぽうつうほう 天保通宝 一八三五年(天保六)に初鋳された日本の銭貨。小判形をした百文通用の高額銅貨で、表面には「天保通宝」、裏面には上部に「当百」と百文通用であることを明示し、下部に金座後藤家の花押を記している。一八三六年十二月には一時、鋳造修正命令が出され、一八三七年八月には吹増が命じられている。一八三五年六月から一八四一年十二月の出来高は三千九百七十三万五千二百枚に達する。その後も断続的に鋳造され、明治政府も一八六八年(明治元)から一八六九年、一八六九年十月から一八七〇年まで北海道開拓資金融通のために鋳造した。幕府・新政府だけでなく、会津・仙台・盛岡・秋田・水戸・広島・長門・高知・鹿児島などの諸藩でも鋳造している。近年、神戸市兵庫津遺跡第二十六次調査において、天保通宝の鋳造を考古学的に実証する鋳放銭(バリ銭)が八枚出土しており注目に値する。

参考文献 永井久美男編『近世の出土銭』一・二、一九九七・九八、兵庫埋蔵銭調査会。 (嶋谷 和彦)

てんま 伝馬 (一)宿駅間で公用物資を無賃で継ぎ立てる馬のこと。人足についても伝馬人足と呼ぶことがある。徳川政権は戦国大名の伝馬制を発展的に継承して、一六〇一年(慶長六)に東海道各宿に伝馬三十六疋を常備させたのをはじめ、五街道の宿々に一定の伝馬の常備を義務付け、その代償に伝馬屋敷の地子を免除したり、金穀を貸与したりした。各宿が常備すべき伝馬・人足数はその後次第に増加し、一六三八年(寛永十五)ごろには東海道の各宿が百人・百疋、中山道が五十人・五十疋、甲州・日光・奥州道中が二十五人・二十五疋とされ、これがその後の基準になったが、宿場には囲人馬《かこいじんば》という制度があって規定数の伝馬を有することは少なかった。宿駅ではこの規定の伝馬を使い切ると、継立業務を助郷《すけごう》人馬に転化させた。有賃で一般の荷物を運ぶ宿人馬や助郷人馬についても、駄賃伝馬・助郷伝馬などといった。幕府の宿駅伝馬制度に倣い、藩領でも領内に宿駅を設定して一定の伝馬を常備させた例が多い。

参考文献 丸山雍成『近世宿駅の基礎的研究』、一九七五、吉川弘文館。 (渡辺 和敏)

(二) ⇩駅伝制《えきでんせい》

てんむじとうがっそうりょう 天武持統合葬陵 飛鳥地域に営まれた終末期古墳。奈良県高市郡明日香村野口《のぐち》に所在する。古墳名は江戸時代以来の呼称を踏襲し、野口王墓《おうのはか》古墳《こふん》とよばれている。墳形は古記録や測量図から八角形とみられる。墳丘裾部一辺約一六メートル、対辺間距離約三八メートル、高さ約七メートルと推定される。内部の様子は、一八八〇年(明治十三)に京都高山寺で発見された鎌倉時代の本墳盗掘の際の実見記である『阿不幾乃山陵記《あおきのさんりょうき》』に詳しい。「内陣」と記された玄室《げんしつ》にあたる部分と、「外陣」と記された羨道《せんどう》にあたる部分に分かれる。各部は玄室長四・二メートル、幅二・八メートル、高さ二・四メートル、羨道長三・五メートル、高さ二・二メートルに換算される。全長では七・七メートルに及ぶ。羨道と玄室は獅子の顔の把手が付いた両開きの金銅製の扉によって

仕切られていたという。石材は「瑪瑙《めのう》」とあり通例の花崗岩、擬灰岩使用が想定されるほか、とくに大理石が使われていた可能性もある。飛鳥地域の王墓の墓室が、切石による大型横穴式石室から横口式石槨《よこぐちしきせっかく》へと移行する過程にある墓室として位置づけられる。玄室内には格座間《こうざま》のある金銅製の棺台、その上には朱塗りの夾紵棺《きょうちょかん》とみられる棺が置かれていた。棺内では人骨、紅色の衣服、石帯、枕、玉類が納められていたという。そして横には金銅製桶が置かれていたという。こういった墓室内の様子は『日本書紀』や『続日本紀』に記載された天武天皇と持統太上天皇の葬送記事によく合致するものである。すなわち夾紵棺の被葬者を六八六年(朱鳥元)九月に飛鳥浄御原宮南庭に殯《もがり》が設けられたのち六八八年(持統天皇二)十一月に「大内陵」に葬られた天武に、金銅製桶は七〇三年(大宝三)十二月に「飛鳥岡」で火葬されたのち「大内山陵」に合葬された持統に充てられよう。幕末の文久の修陵では文武陵とされたが、『阿不幾乃山陵記』の発見が契機となり、一八八一年二月に橿原市《かしはらし》五条《ごじょう》野《の》丸山《まるやま》古墳《こふん》から本墳へと天武と持統の「檜隈大内陵」は治定変更された。被葬者を確定できる数少ない古墳の一つである。なお本墳は藤原京(新益京)の中軸線の南延長線上にあり、占地に際して京との位置関係が強く意識されたことがうかがえる。

参考文献 秋山日出雄「檜隈大内陵の石室構造」(『橿原考古学研究所論集』五所収、一九七六、吉川弘文館)。外池昇「天武持統天皇陵の改定」(佐伯有清編『日本古代中世の政治と文化』所収、一九九七、吉川弘文館)。今尾文昭「天武・持統天皇陵」(『歴史検証天皇陵』所収、二〇〇一、新人物往来社)。

(今尾 文昭)

てんもくぢゃわん 天目茶碗 本来は喫茶用の陶器製の茶碗で、酒杯としても使用されたらしい。当時の文献では「天目」とのみ記され、厳密にいえば「建盞《けんさん》」(中国福建省の建窯産の盞)とも区別されるが、一般的には低く小さい高台を有し、体部は漏斗状に開き口縁が竈口《すっぽんぐち》となる茶碗を総称する。名称の由来は、中国浙江省天目山の仏寺の什器であったのを、鎌倉時代に往来したわが国の禅僧が持ち帰ったというのが通説。しかし、中国産(唐物)の天目茶碗は、福岡県の博多遺跡群の調査では、すでに十二世紀前半の「平碗」形に始まり、十二世紀後半から十三世紀にかけて「建盞」形、さらに十四世紀中葉から十五世紀前半にかけては「灰被《はいかつぎ》」形といったさまざまなスタイルが出土している。一方、唐物を模倣した日本(和物)の天目茶碗は、尾張瀬戸窯を中心に十三世紀末に生産が開始され、十四世紀後半以降は唐物に替わり日本国中で出土する。十七世紀中葉以降は生産量が減少するものの、十八世紀後葉にかけて約五百年にわたって生産されている。

参考文献 茶道資料館編『唐物天目』、一九九四。同編『茶の湯の名碗』、一九九九。

(藤澤 良祐)

でんもん 殿門 日本古代の宮城に設けられた門のうち、大極殿《だいごくでん》を取り囲む施設に設けられた門を特に指す呼称。衛禁律闌入《えいきんりつらんにゅう》宮門条の本註に、「太極等門為殿門」とあったと考えられることによる。宮城の区画施設は大きく三重にめぐらされ、最も内側の閤垣に開く門を閤門と称し、大極殿院の門も本来は閤門に相当すると考えられる。史料的にも、たとえば『続日本紀』には平城宮内の門を殿門と呼ぶ事例は一つもなく、大極殿院の南門も閤門と称されている。その一方で、衛禁律には、最も内側の閤門とその外側の宮門との間に、殿垣に開く殿門に関する規定があり、殿門への無断侵入は徒《ず》一年半、殿垣を越えた場合は遠流とされた。『大宝律』の規定が不明であるため確証は得られないが、『養老律』において唐律にない閤門の規定を新たに設ける一方、唐律の殿門をそのまま継受したのは、内裏とは独立した特殊な位置付けの空間を構成する平城宮第一次大極殿院を念頭に置いたためであった可能性がある。

(渡辺 晃宏)

てんもんず 天文図 天球の主に恒星を平面上に描いたもの。星図ともいう。中国での天文図は漢代になって現れる。中国の天文図は北極を中心として、内規・赤道・外規を同心円で表す円形星図(蓋図)と、平行線で表す方形星図(横図)がある。文献によるとこのような星図が多くあったようだが、現存する円形星図で最古のものは南宋の「淳祐石刻天文図」である。方形星図では敦煌に唐代のものがある。本格的な円形星図としてはむしろ日本にあって、七世紀末のキトラ古墳のものが最古といえる。これは朱線で内規・赤道・外規および黄道を描きこれに二十八宿を配置している。高松塚古墳の天文図は二十八宿を東方七宿・南方七宿・西方七宿・北方七宿を口の字形に配置したものでキトラ古墳のものよりは簡単になっている。

(河上 邦彦)

てんようけん 転用硯 当初から硯として製作されたものではなく、容器として製作され使用された焼き物が、その本来の役目を終えた後で、硯の代用品として二次的に再利用されたものを指す。したがって器形の種類は多様で、転用硯の主体となる須恵器では、被せ蓋の内側を利用したもの(身を台にする)、杯や皿の底部の内外面を利用したもの、甕や壺の体部の内面を利用したものなどが代表的な例である。このほかにまれに瓦を利用したものなどがある。古代における出土点数は把握されていないが、おそらく、硯の数倍を越える量が出土しているものと思われる。畿内地方では七世紀前半には出現し、平安時代を通して使用される。なお、転用硯の範疇で捉えられがちな『正倉院文書』にみられる「杯蓋《つきぶた》硯」の名は、杯蓋として製作されたものが、のちに硯として保管・管理されたことを示すとの見解がある。

参考文献 古尾谷知浩「杯蓋硯考—「転用」概念の再検討—」(『名古屋大学文学部研究論集』史学五〇、二〇〇四)。

(川越 俊一)

でんよしだでらあと 伝吉田寺跡 七世紀後半に建立さ

れ平安時代初期にかけて営まれた古代寺院跡。広島県史跡。町《まち》廃寺あるいは元町《もとまち》廃寺ともよぶ。府中市元町所在。現在の府中市金竜寺《きんりゅうじ》境内一帯にある。備後国府の有力候補地の西側に立地し、備後国府や備後国葦田《あしだ》郡の葦田寺との関連が想定されている。寺域は方一町(一八〇メートル)と推定される。一九六八年(昭和四十三)、広島大学・広島県教育委員会の調査によって、東で塔、北で講堂基壇、南で中門が発見された。塔基壇は角礫を積んだ乱石積で一辺一四・五メートル、講堂基壇も乱石積で南・東辺の一部を確認した。金堂は未確認であるが、塔・講堂両者の位置から、南面する法起寺《ほっきじ》式あるいは観世音寺《かんぜおんじ》式伽藍配置が想定される。川原寺《かわはらでら》式・藤原宮式の複弁八弁蓮華文軒丸瓦、偏行忍冬《にんどう》唐草文軒平瓦などのほか、人面戯画線刻の平瓦、文字瓦が出土した。広島大学などに保管されている。

参考文献 広島県教育委員会編『伝吉田寺跡発掘調査概報』、一九六八。 (岩本 正二)

てんりゅうじ 天龍寺 京都市右京区嵯峨天竜寺芒《すすき》ノ《の》馬《ば》場《ば》町にある臨済宗天龍寺派の総本山。足利尊氏・直義兄弟が後醍醐天皇の菩提を弔うために、一三三九年(暦応二)、亀山殿の地を寺院として夢窓疎石を開山に迎え、光厳上皇から霊亀山暦応資聖禅寺の寺号を賜ったのが、その起源である。程なく寺号を天龍寺と改めた。一三四二年(康永元)十二月に上棟。一三四五年(貞和元)八月の落慶法要には光厳上皇・尊氏・直義が臨んだ。造営にあたっては、中国(元)との貿易の収益を経費の一部に宛てることとして、至本という僧侶に銭五千貫を納入する条件で貿易船(造天龍寺船)の派遣を請け負わせた。その結果は「売買その利を得て百倍せり」(『太平記』)といわれ、目的を達した。境内には仏殿・方丈・庫裏・開山堂・僧堂などがあったことが知られる。室町時代には、京都五山の第一位としてその寺格を誇った。創建以来、たびたび火災にみまわれ、一三五八年(延文三)をはじめとして、応仁の乱に至る六回の火災が記録に残る。江戸時代には復興したが、幕末には在京の長州藩士の宿所となったため、一八六四年(元治元)七月、禁門の変に際して薩摩藩の攻撃を受け、再び一山の大半が焼失した。現在、伽藍内の建物の多くは明治以降の再建だが、勅使門(京都府指定文化財)は桃山時代の造立である。庭園は夢窓疎石の作庭とされ、国史跡・特別名勝。世界文化遺産の構成要素である。文化財として、木造釈迦如来坐像、夢窓国師像など絵画五件、応永鈞命絵図など典籍・古文書四件(以上重文)を所蔵する。境内の塔頭《たっちゅう》として、妙智院、慈済院、寿寧院、等観院、永明院、松厳寺、宝厳院、弘源寺、三秀院などがある。妙智院は入明僧策彦周良が住持を務め、関係の入明記録及び送行書画類が重文。慈済院は天龍寺二世無極志玄の創建で、足利義持像(重文)、空谷明応所蔵の袈裟(重文)を所蔵する。 (田良島 哲)

と

と 戸 風雨寒冷を防ぎ、また、仕切り、通風のために窓や出入口などの開口部に設ける建具の可動部分。開閉法や大きさ、使用目的、戸自体の構造などによって、多種の名称をもち、また民家では方言も多彩である。可動機構によれば、可動部全体を水平に移動させる引戸、垂直の回転軸で開閉する扉、水平の回転軸で開閉する蔀戸《しとみど》に分けられる。古墳時代の遺物では、扉の軸吊りをもつ家形埴輪のほか、門穴と取っ手を一枚板から造り出した扉板が各地で出土している。法隆寺金堂(奈良県斑鳩町、国宝)の扉板も一枚板でつくるが、一枚板は巨木を要するため、唐招提寺金堂(奈良市、国宝)のように、数枚《ばい》の厚板を縦に矧ぎ合わせて横桟に釘打ちし、釘の頭を唄と呼ばれる饅頭金物《まんじゅうかなもの》(乳金具)で隠す板唐戸《からど》が一般的に用いられるようになった。西隆寺跡(奈良市)の井戸枠に転用されていた扉板も同様の手法で、さらにここでは上下材端部の木材の暴れを防ぐために、木口に端喰《はしばみ》を入れ、また、板どうしの矧ぎ合わせ仕口を精巧に作っていた。藤原宮跡では、扉板自体は出土していないものの、扉軸摺穴のある閾《しきみ》あるいは鼠走《ねずみばしり》と呼ばれる部材が井戸枠に転用されており、扉まわりの構造が明らかになった。鎌倉時代になると、框《かまち》を組んでその間に薄板を挟む桟唐戸《さんからど》が大陸からもたらされた。蔀戸は薄板を格子で挟んだもので、開口部を上下二段として上半をはねあげる半蔀《はじとみ》、全体をはねあげる一枚蔀、はめ殺しとし、ときには屋外で目隠塀状につくる立蔀があり、平安時代に普及する。半蔀は法

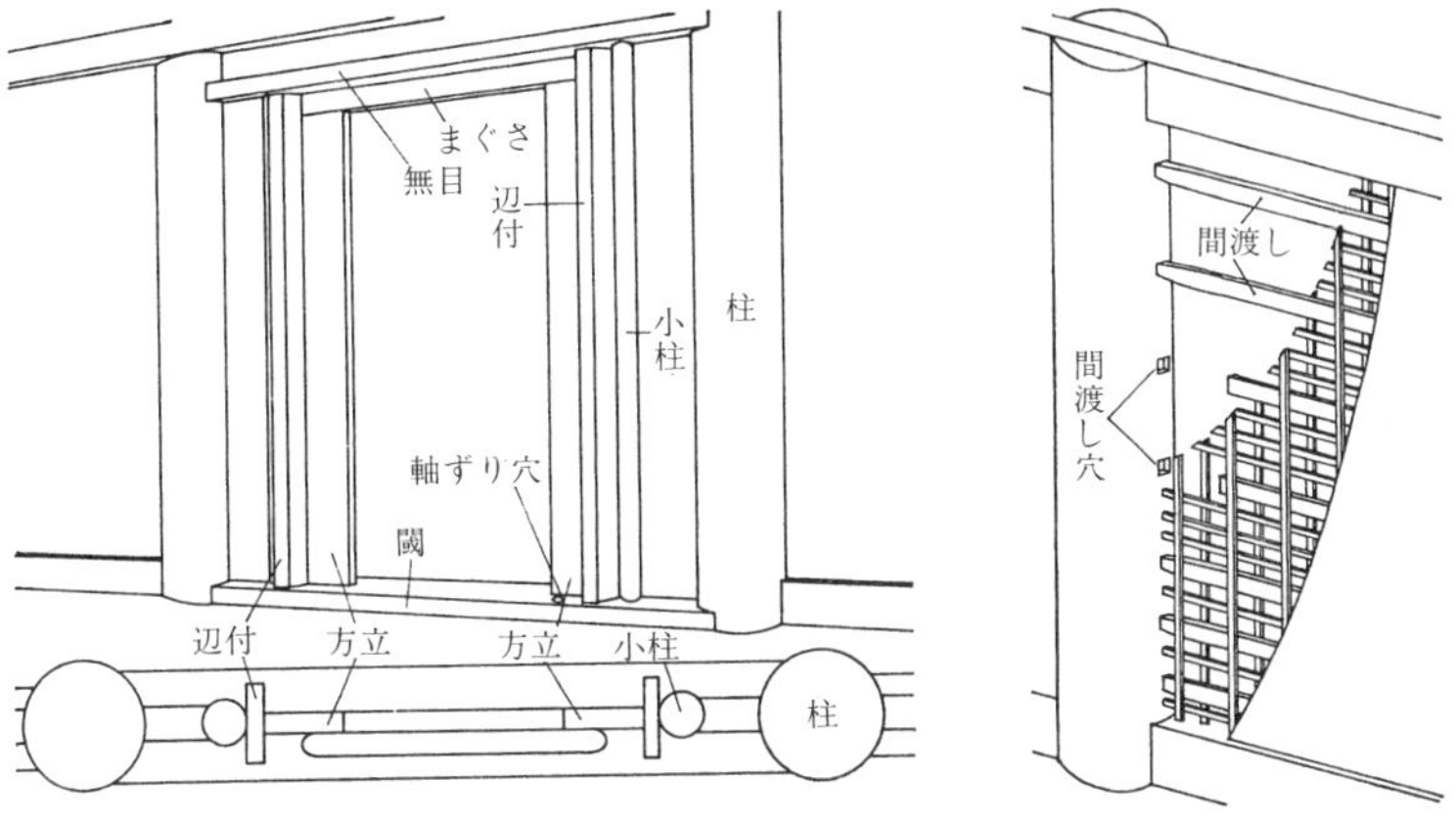

扉まわりの構造

隆寺聖霊院(一二八四年(弘安七)、国宝)が現存最古。柿田遺跡(岐阜県可児市)では、平安後期―鎌倉時代の出土品がある。引戸は遣戸《やりど》と呼ばれ、やはり平安時代に発生する。絵巻物にみえる遣戸は、狭い間隔に横桟を打った舞良戸《まいらど》で、金剛峰寺遺跡(和歌山県高野町)では、平安時代の舞良戸が出土している。このほか格子を組んだ格子戸(透遣戸《すきやりど》)、襖、明障子《あかりしょうじ》(現在の障子)が現れるのも平安時代である。上部の鴨居と下部の敷居に溝をほり、横滑りさせるという引戸の形式は、法隆寺聖霊院までさかのぼるが、鴨居に薄く細長い板(付樋端《つけひばた》)を縦に打ち付けて溝をつくる方法が近世前期まで併用されている。

参考文献 高橋康夫『建具のはなし』、一九八五、鹿島出版会。 (箱崎 和久)

ど 弩 古代で使用された機械仕掛けで矢を飛ばす具。訓読は「おおゆみ」。「いしゆみ」は間違い。中国で成立した兵器。弓を水平に置き、引き金で矢を飛ばす個人使用のものと、発射台などに置き、複数人で操作するものがあり、中国では前者を弩、後者を床子弩《しょうじど》というが、日本では、複数人操作を弩、個人使用は手弩《しゅど》といったようで、『三代実録』元慶五年(八八一)四月二十五日条には両者が並記されている。弩の初見は『日本書紀』推古天皇二十六年(六一八)八月条で、高句麗から献上された。それより先、島根姫原西遺跡からは、手弩の一部と考えられる木製品が出土している。軍防令では、弩は各軍団に配置され、一隊のうち二人を弩を操作する弩手《どしゅ》とし、衛《え》士《じ》の訓練項目のひとつにもみえている。七四〇年(天平十二)の藤原広嗣の乱で実戦使用され、九世紀までは、辺境や諸国に配備された。八三五年(承和二)には、嶋木史真が「四面可射、廻転易発」(回転式で四方に射れるという意味)という新式の弩を開発し(『続日本後紀』同年九月十三日条)、美濃国への配置が確認できる。

参考文献 篠田耕一『武器と防具』中国編、一九九二、新紀元社。『律令』(『日本思想大系』三、一九七六、岩波書店)。 (近藤 好和)

とい 問 港津を拠点として、年貢や商品などの運送や荷継ぎ・保管・卸売りのほか、商人宿や為替《かわせ》業などさまざまな業務を取り扱った総合的な流通業者。問丸《といまる》とも。平安時代末期の淀川《よどがわ》沿いに舟航・渡船業者としてみえるのがその初見で、港津という水陸交通の結節点に位置し、水上交通に関わる労役奉仕が問の本来的機能であったが、その後さまざまな機能が付加されて総合的流通業者に成長していったと考えられている。荘園領主が彼らに年貢輸送を委託するようになった結果、彼らは個々の荘園の「問職《といしき》」としても立ち現れることになった。問の下には馬《ば》借《しゃく》や廻船人《かいせんにん》などが組織されるなど、その座的構造も明らかにされており、水陸双方の運送手段を管轄する独占的商人として中世の流通・商業に大きな役割を占めた。中世後期、統一権力の形成に伴って、問の独占的・総合的な座的構造は解体され、中には特定物資の卸売り・仲買に特化した問屋《といや》として近世社会に転身していくものもあった。

参考文献 豊田武『中世日本の商業』(『豊田武著作集』二、一九八二、吉川弘文館)。宇佐見隆之『日本中世の流通と商業』、一九九九、吉川弘文館。 (髙橋 典幸)

どい 土居 城郭の防御線、郭を区画する施設として土を盛り上げて築かれた土手で、土塁と同意語である。敲き締めて築かれたものを、周囲の土を削った切り出し土居と区別して、敲き土居と呼ぶ。築地とも呼ばれる。裏土居とは、石垣を斜面に構築するために山切りをした掘削面を呼ぶ。表面に芝を植えるなどの形状から芝土居、設けられた目的からかざし土居・蔀《しとみ》土居・安土土居などの名称がある。

参考文献 『古事類苑』兵事部。『日本城郭大系』別巻II、一九八一、新人物往来社。 (八巻与志夫)

といし 砥石 物を研ぎ磨く石。刃物の発達により細分化した。旧石器時代末の磨製石器とともに広がり、弥生時代以降は主に鉄製刃物の生産と保持に必要な道具として普及した。古代の『延喜式』では、伊予砥や丹波の青《あお》砥《と》の貢納がみられるが、機能別の分化は弱い。十一世紀、北宋文化の中で石の加工技術が伝わり、太刀の鍛造技術も向上すると、石の粗密度合いから、砂岩の荒砥石、凝灰岩や流紋岩の中砥石、粘板岩の仕上砥石に機能分化が進展した。特に九州西部で産出した肥前の大村砥(荒砥)、肥後の天草砥や備水砥《びすいど》(中砥)、山城の鳴滝砥《なるたきど》(仕上砥)の三種は、鎌倉時代には九州から東北地方へと流通した。室町―戦国時代には、汎用性の高い中砥石の需要が増え、各地で凝灰岩質の砥石山が開発され、合成砥石が開発さ

れた近代まで生産が続いた。 （垣内光次郎）

といのにゅうこう　刀伊の入寇　一〇一九年（寛仁三）三月末から四月に、「刀伊の賊」が大宰府管内に侵入した事件。刀伊とは後に金を建国するツングース系女真族のこと。五十余隻の船団で対馬・壱岐から筑前国に侵入し、三百六十五人を殺し、千二百八十九人の人々を捕らえ、三百八十頭の牛馬や犬を殺して食い、穀米を略奪し、民家四十五宇を焼くなどの損害を与えた。大宰権帥藤原隆家は防戦を命じ、在地の武士的豪族を中心とする大宰府軍がこれを撃退した。刀伊は肥前国を襲ったが、これも現地の武力に撃退されて退去した。その帰途、高麗が女真の侵入を撃破した際、捕虜の日本人二百数十人を救出し送還した。それ以前、捕虜となっていた対馬判官代長岑諸近が脱出し国禁を破って高麗に渡り、捕虜を伴って帰国し、捕虜の状況を報告している。在地における中世武士団への過渡的な地方軍制のあり方と、中央における公卿政治の形式主義とが、ともによく表われた事件である。

参考文献　土田直鎮『王朝の貴族』（『日本の歴史』五、一九六五、中央公論社）。 （倉本一宏）

トイレ　人間が生活する限り排泄行為は不可避で、その排泄場所である「トイレ（便所）」は必ず存在する。古代末から中世にかけての絵巻などにトイレや排便の様子を描いたものがある。たとえば、『慕帰絵詞』や『法然上人絵伝』（弘願本）にはトイレの建物が、また『餓鬼草紙』には路上での排便風景が描かれている。しかし、その痕跡を発掘調査などで特定することは意外と難しく、とくに原始・古代においては、つい最近までその判別方法が確立しなかった。なぜなら中・近世の屋敷跡など地下に埋めた甕や桶の状況から明らかにトイレ跡と判断できる事例をのぞけば、ゴミ捨て穴や井戸・溝・土坑（掘り込み穴）などの遺構と明確に区別することができないからである。一九九二年（平成四）、奈良県藤原京跡で発掘した土坑内の堆積土を環境考古学的手法で分析したところ、種実・昆虫・魚骨・花粉・寄生虫卵などが抽出され、その組み合わせから人間の排泄物（糞便）の堆積と判定できた。発掘遺構を科学的な根拠からトイレ跡と特定した最初の例である。また発掘した土壌から寄生虫卵を抽出したのも日本では最初であり、糞便一立方センチあたり一万個以上の虫卵を含むことが多く、その抽出方法も簡便であることなどから、それ以降、便所遺構の判定の一つの基準となった。食料排泄物の可能性のあるウリの種の類や後始末用の箸状木片（クソベラ）を多数含む黒色土を見つけたらトイレ跡の可能性を疑い、虫卵分析を実施すればその当否が判定できる。ただし、排泄物の二次的な保管場所（肥だめなど）との見分けは必要である。こうして発掘された古代のトイレには、溜め置き（汲み取り）式と水洗式があり、移動式（オマル・溲瓶の類）も想定できる。七・八世紀の藤原京跡や平城京跡などでは条坊道路側溝の水流を利用する水洗式が、十二世紀の平泉柳の御所跡やその周辺遺跡では溜め置き式が一般的である。また古代の宮殿や貴族の邸宅では、移動式が主流と考えられる。殿舎内の一隅でオマルなどの便器に排泄されたのち、「樋洗《ひすまし》」「御厠人《みかわうど》」などと呼ばれる侍者たちによって宅地外に運び出されたようだ。ただし、そこで用いられた便器の類を、食器として多数発見される土器や木器と判別する方法は今のところなく、古代の移動式便器を確定した事例はない。そのほか地表に明確な痕跡を残さないたれ流し式や、日本では奄美以南に限定される「豚トイレ」（沖縄ではフールと呼ばれ、糞便を豚の飼料に利用する便所）も想定できるが、発掘調査で確認された例はない。中・近世の城館跡や都市遺跡では、地下に埋められた甕や桶、木樋などの配置からトイレ跡と判断できる事例がある。福井県一乗谷朝倉氏遺跡では、武家屋敷内にある石組み遺構から「金隠し」が発見されてトイレ跡と判断できるし、大阪府堺環濠都市遺跡では、短冊型地割りを持つ町屋の表通りに面してトイレ跡が確認されている。これらはともに十六世紀の遺構であり、十七世紀以降の近世城下町に一般化していく個別便所の初現形態としても注目できる。古代のトイレ遺構からは、排便の後始末に使った籌木《ちゅうぎ》（クソベラ）が出土することが多い。岩手県柳の御所遺跡の溜め置き式トイレからは千点を超える籌木が発見されたし、秋田県秋田城跡の水洗式トイレでも二百点以上が出土している。使用後、糞尿と一緒に捨てるのが古代の通例のようである。ところが中世の神奈川県鎌倉遺跡群では、溜め置き式・水洗式を問わず籌木の出土はほとんどない。糞尿とは別に回収したのであろう。人糞肥料の開始時期を暗示するのであろうか。便所の考古学的研究、すなわち「トイレ考古学」は、一部に「好事家」的側面も残すが、その目指すところは多様である。トイレ遺構の堆積土中から抽出された寄生虫卵には、回虫・鞭虫、肝吸虫、日本海裂頭条虫、有（無）鉤条虫などがあり、そのいずれもが特有の生活史を持つため、虫卵の存在が糞便の落とし主の食事や生活環境を物語ってくれる。また種実や花粉、昆虫などから得られる情報も同様で、トイレ考古学は、単に排泄場所やその方法の解明にとどまらず、古環境や食生活、作物、衛生、医薬など多彩な分野との連携で、さらに飛躍する可能性を秘めている。

参考文献　黒崎直他「特集トイレの考古学」（『月刊文化財』三五〇、一九九二）。大田区立郷土博物館編『トイレの考古学』、一九九七、東京美術。黒崎直編『トイレ遺構の総合的研究』、一九九八、奈良国立文化財研究所。 （黒崎直）

とう　唐　中国の統一王朝の一つ。首都は長安。高祖（在位六一八―六二六）が六一八年に隋の煬帝《ようだい》弑殺を聞いて長安に建国、次の太宗（在位六二六―六四九）の六二八年に全国を統一した。太宗の治世は貞観の治と呼ばれ、内政を充実させるとともに、突厥《とっけつ》を内属させ高昌国を滅ぼして北アジアから中央アジアに勢力を拡大した。次の高宗(在位六四九—六八三)の時には百済・高句麗を滅ぼすなど、その版図は最大となった。しかし、高宗の皇后の則天武后《そくてんぶこう》が中国史上唯一の女性皇帝として周王朝(六九〇—七〇五)を立てると、唐は一時断絶、版図も縮小した。高宗の孫の玄宗(在位七一二—七五六)は即位すると内政を引き締め、その前半の治世は開元の治と呼ばれた。しかし、晩年には楊貴妃《ようきひ》一族の楊国忠《ようこくちゅう》を取立て、これと対立した蕃将の安禄山《あんろくざん》らが安史の乱(七五五—七六三)を起こすと、唐朝の体制は傾いた。それまで唐朝は隋に引き続いて、皇帝ごとに律令を発布するいわゆる律令体制を維持していたが、律令の体系的な発布は以後行われなくなった。令外の官にあたる節度使等の使職《ししょく》が多数設置され、租庸調制・均田制を否定する内容の両税法が実施されるなど、律令体制は事実上崩壊した。節度使等が地方勢力として台頭、唐後半の政治は藩鎮との対抗を軸に展開した。安史の乱の財政難から実施された塩専売が次第に強化されると、反発した塩の密売勢力が黄巣《こうそう》の乱(八七五—八八四)を起こし、諸藩鎮の力でようやくこれを鎮圧した唐朝の権威は失墜した。魏晋以降の政治を支えた貴族勢力も没落、九〇七年に哀帝(在位九〇四—九〇七)が朱全忠《しゅぜんちゅう》(梁の太祖)に国祚を譲って唐は滅亡した。唐では安史の乱以前に玄宗朝を中心に外国との交流が盛んで、四方の文物が流入し仏教の理論化も進んだ。長安の人口は百万と謳われ、詩人が輩出し文書行政も高度に発達した。日本からも十数次の遣唐使が派遣され、その制度・文化を積極的に摂取した。

参考文献　布目潮渢・栗原益男『遣唐帝国』(『講談社学術文庫』、一九九七、講談社)。池田温編『世界歴史大系中国史』二、一九九六、山川出版社。谷川道雄・堀敏一・池田温・菊池英夫・佐竹靖彦編『魏晋南北朝隋唐時代史の基本問題』、一九九七、汲古書院。

(金子　修一)

とう　塔　日本の近世以前における建築としての塔はもっぱら仏教の塔=仏塔であり、人が上る楼閣や物見のための建築は塔には加えない。六世紀中ごろに仏教とともに中国・朝鮮半島から伝えられたのがはじまりで、日本最初の本格的寺院法興寺(飛鳥寺、五九六年(推古天皇四)完成)でも塔が建てられた。形式は多重塔で屋上にストゥーパを象った相輪が立って仏舎利の奉安を目的とした神聖な建築であり、二重以上は室内としての雑作はされず人が上ることはできない。多重塔には外観上各重とも軸部(柱の立つ部分)を明確に造る層塔形式(楼閣式)と二重以上は軒・屋根だけを重ねたような檐塔《えんとう》(密檐式)とがあるが、檐塔は木造で建てられることが少なく現存例は奈良談山神社十三重塔(一五三二年(天文元))のみ、層塔は中世以前には七重・九重も建てられたが現存するのは三重と五重だけである。伝来当初は金堂とともに伽藍の中心に置かれたが次第に地位が低下し、中世には中心から離れた高い所に置かれた例もある。構造形式は時代による変化が少ないが全体の比例は中世以降細長くなる傾向がある。平安時代には高野山で仏舎利の奉安ではなく仏像の安置を目的とした新形式の塔が建てられ、以降これを小形化簡略化した多宝塔が普及する。多宝塔には一重の宝塔形式とこれに裳階《もこし》を付けた多宝塔形式(いずれも屋上に相輪を立てる)とがあるが、木造では宝塔は少ない。多重塔・多宝塔とも中世以降は宗派にあまりかかわりなく建てられたが、曹洞宗・浄土真宗などではふつう塔を建てない。奈良時代後半に始まった神仏習合の思想により神社でも塔が建てられるようになり、はじめは神社に併設された神宮寺の伽藍にあったものがのちには本地堂・鐘楼などとともに社殿と混然一体となって建てられもした。石造の塔は多重塔・多宝塔のほか木造にはない宝篋印塔・五輪塔などの形式がある。いずれも小規模で簡略なもので伽藍の一環として建てられたものはごく少なく、もっぱら墓塔や供養塔として建てられた。

参考文献　濱島正士『日本仏塔集成』、二〇〇一、中央公論美術出版。太田博太郎編『日本建築史基礎資料集成』一一・一二、一九六四・六九、中央公論美術出版。

(濱島　正士)

どう　銅　元素記号Cu、融点一〇八四度、比重八・九。金とともに人類が最も早くから利用した代表的な金属で、砒素や錫・鉛などの配合比により、砒素銅・青銅・白銅・黄銅・真鍮《しんちゅう》などの種類がある。銅鉱物は鉱床の成因によって多くの種類があるが、一般的には、地表近くに自然銅・酸化銅(赤銅鉱など)・炭酸銅(孔雀石など)が所在し、地下水面以下には硫黄を含有した黄銅鉱などの硫化銅が大量に所在し、銅山の主要鉱物となった。弥生時代以降青銅製の銅剣・銅鐸などの祭器や鏡が鋳造され、化学分析から自然銅・赤銅鉱の利用が推考されているが、未だ銅産地の同定法は確立していない。鉛同位体比法からは飛鳥水落《あすかみずおち》遺跡出土の銅管が国産銅の最初とされる。文献によると六九八年(文武天皇二)の因幡国の産銅について、周防・安芸・長門・豊前国などの産銅記録があり、七〇八年(和銅元)武蔵国で自然銅が発見され、銅銭「和同開珎」の鋳造が発令された。山口県長登銅山跡《ながのぼりどうざんあと》は、八世紀初頭に開発された国内最古の採銅所であり、長門国司が管轄して国家的採銅・製銅を行なった。発掘調査で木簡八百点余りが出土し、これらを証明した。秋吉台周辺の国秀《こくしゅう》遺跡や中村遺跡では、七世紀中ごろ—後半期の銅製錬工房跡が発見されており、地方豪族の私的な銅生産と理解される。萩市福井下坂部遺跡や美祢市上ノ山遺跡でも、八世紀前半の銅製錬遺構が検出され、長門国が古代の一大鉱業地帯であったといえる。平安時代には長門・備中・豊前が三大銅鉛産国として知られるが、九世紀中ごろから採銅量の減少が著しく、一時的に採銅使が任命されて鋳銭用料銅の確保に努めた。長登銅山跡では九世紀以降鉛製錬遺構が顕著で、南に所在する平原第II遺跡では、九世紀後半の鉛製錬官衙が確認されるなど、史料内容に符号する。平安後期にも断続的に製錬遺構が確認できるが、鎌倉時代には採掘技術が行き詰まり、摂津国能勢郡の採銅所のみが銅・緑青などを生産した。十五世紀に再び長登銅山や出雲・備中・備前・但馬国の銅山が採掘され、銅が輸出品目となるも、以後金銀山開発が隆盛して銀の輸出が増大。十七世紀には尾去沢《おさりざわ》・阿仁《あに》・足尾・別子《べっし》などの大銅山が相次いで開発され、十七世紀末には世界有数の産銅国となった。大坂に銅座が設置されて、泉屋などの銅吹所(住友銅吹所跡)が輸出銅の増産に努めたが、十八世紀中ごろから産銅量は暫時減少していった。

参考文献 小葉田淳『日本鉱山史の研究』、一九六八、岩波書店。池田善文「古代産銅地考」(坂詰秀一先生還暦記念会編『考古学の諸相』所収、一九九六)。『季刊考古学』六二、一九九八。（池田 善文）

どうあんよう 同安窯 中国福建省同安県一帯にあった、宋代の青磁窯で一部青白磁も焼造した。十二世紀前半から焼造が始まり、南宋にかけて盛んに生産され、福建省東南部一帯の各窯にも影響を与えた。もっぱら碗・皿を生産し、やや黄色がかった青磁釉が底部周辺を除いて施され、篦描きの劃花文のあいだに、櫛描き文が入るのが特色である。碗の一部がわが国の茶道の茶碗に取り入れられ、のちに村田珠光の名をとって「珠光青磁」と呼ばれたり、櫛描き文が「猫掻き文」と呼ばれたりする場合がある。近くの泉州港から貿易陶磁として盛んに輸出され、龍泉窯の劃花文碗や泉州窯陶器とともに、十二―十三世紀の日本向けの主要製品となり、西日本を中心に各地の遺跡から出土する。奄美大島倉木崎海底遺跡からも引き揚げられており、福建省から琉球列島沿いに九州に至る中世貿易航路の存在を裏付けている。→泉州窯《せんしゅうよう》 →龍泉窯《りゅうせんよう》

参考文献 亀井明徳『福建省古窯跡出土陶瓷器の研究』、一九九五、都北印刷出版。曾凡『福建陶瓷考古概論』、一九九一、福建省地図出版社。（金沢 陽）

とういん 東院 (一)平城宮の東側張り出し部分南半。「東宮」「東常宮」「東内」「楊梅宮《やまもものみや》」とも。奈良時代前半は主として東宮(皇太子の居所)として利用。奈良時代後半には、称徳天皇が宮内離宮(東院)として整備し、光仁天皇の楊梅宮へと引き継がれる。東院には、中心的殿舎(東院玉殿・楊梅宮安殿)・閤門《こうもん》・朝堂があり、また庭園(楊梅宮南池)も付属。宮内に位置するが、天皇(皇太子)の居住空間・儀礼空間・庭園・実務部門などを独自に備える。また、称徳朝東院の中心殿舎「東院玉殿」は、緑釉瓦葺の壮麗な宮殿であった。発掘調査で、庭園(東院庭園)、中心軸南面に開く正門(推定建部門)のほか、周辺に展開する建物群、氷室《ひむろ》に類似した施設などが見つかった。遺構が多く重複し、活発な利用が窺える。一方、中心的な殿舎は未確認。「玉殿」に葺かれていた緑釉瓦の出土も微少。東院の中心部分は、現在の宇奈多理《うなたり》神社およびその北側の尾根状に高まった未発掘部分に存在した可能性が高い。

参考文献 奈良文化財研究所『平城宮発掘調査報告』一五(『奈良文化財研究所学報』六九、二〇〇二)。（馬場 基）

(二)長岡京の離宮。七九三年(延暦十二)正月二十一日から七九四年十月二十二日平安京へ遷都するまでの間、仮内裏として用いられた。『日本紀略』に、遷都準備のため長岡宮の内裏を解体し、桓武天皇が東院へ移り住んだことがみえる。長岡京左京北一条三坊(京都市南区・京都府向日市)の発掘調査で、内裏に匹敵する内郭・外郭構造をもつ巨大な前殿、後殿、礎石建ち脇殿などの施設群を検出。伴出した「東院」と書かれた複数の墨書土器や二千五百点余の木簡の内容から、この地が東院跡であることが確定した。木簡の制作年代は東院が仮内裏であった時期と合致し、その内容は「勅旨所」「尚司家」「内蔵寮」など天皇に近侍する官司に関係する。特に延暦十三年正月一日の日付をもつ「東院内候所収帳」木簡は、東院が実質的内裏であったことを示し、正史を補う資料といえる。東院の名は平安京でも踏襲され、桓武天皇は七九六年以降たびたび「近東院」に行幸した。長岡京東院跡が発見されると、保存と周辺地域の十分な調査を求めて全国的な保存運動が起こったが、開発にかかり遺跡は現存していない。

参考文献 山中章「長岡京東院の構造と機能―長岡京「北苑」の造営と東院―」・清水みき「東院出土木簡の意義」・佐藤宗諄「長岡遷都の一背景」(『日本史研究』四六一、二〇〇一)。向日市埋蔵文化財センター編『長岡京跡左京北一条三坊二町』(『向日市埋蔵文化財調査報告書』五五、二〇〇二)。堀内明博編『長岡京左京東院跡の調査研究―正殿地区―』、二〇〇二、古代学協会・古代学研究所。（清水 みき）

どういん 銅印 ⇩印章《いんしょう》

とうかいあんしょいんていえん 東海庵書院庭園 ⇩妙《みょう》心寺《しんじ》

とうかいどう 東海道 (一)古代律令国家における地方行政区画の一つであり、またその中を貫く駅路の名称。『延喜式《えんぎしき》』民部省によれば、東海道に所属する国は、伊賀・伊勢・志摩・尾張・参河・遠江・駿河・伊豆・甲斐・相模・武蔵・安房・上総・下総・常陸の十五国であるが、武蔵国は七七一年(宝亀二)までは東山道に所属していた。また、尾張国も当初は東山道であった可能性が高い。さらに、七一八年(養老二)に陸奥国から分離独立し、六年以内に再び陸奥国へ編入された石城《いわき》国は、東海道に所属していたと考えられる。駅路としての東海道は、厩牧令《くもくりょう》の規定によれば中路に相当するので、各駅家に原則として十匹ずつの駅馬を配置していた。『延喜式』兵部省諸国駅伝馬条における東海道の経路を概観すると、まず近江国内で北陸道・東山道と別れ、伊勢国鈴鹿駅で志摩国への支路を分岐する。次に駿河国横走《よこはしり》駅で甲斐国への支路を分岐し、下総国井上《いかみ》駅で上総・安房国への支路を分岐する。そして、常陸国府を本道の終点とするが、そこか

ら陸奥国松田駅へ向かう東山道との連絡路が存在した。なお当初尾張国が東山道に所属していたとすれば、当時の駅路は伊勢もしくは志摩国から伊勢湾を渡って渥美半島の伊良湖岬に達していたことになる。同様に、武蔵国が東山道に所属していた当時は、走水《はしりみず》から東京湾を渡って上総国へ達するのが正式のルートであり、このことは上総・下総の国名の順序にも反映されている。東海道の名称もこのように本来海を渡っていたことに由来するらしい。発掘された東海道駅路としては、静岡市の曲金北《まがりかねきた》遺跡や茨城県友部町の五万堀《ごまんぼり》古道などが知られる。前者は幅約一二メートルで、静岡平野の条里余剰帯となっている。また側溝から「常陸国鹿嶋郡」と記した木簡も出土している。後者は、奈良時代に幅約一〇メートルだったものが、平安時代には約七～八メートルに狭まっている。

参考文献 木下良「東海道―海・川を渡って―」(同編『古代を考える　古代道路』所収、一九九六、吉川弘文館)。矢田勝「駿河国中西部における古代東海道―地籍図分析と発掘成果からみた古代東海道と条里遺構―」(静岡県地域史研究会編『東海道交通史の研究』所収、一九九六、清文堂出版)。

(木本　雅康)

(二)江戸時代の五街道の一つで、京都と江戸を結ぶ最も重要な街道。徳川家康が従前の東海道とその宿を基盤にし、一六〇一年(慶長六)に改めて宿を設置した。一般には江戸日本橋を基点に、品川から大津宿を経て京都に至る百二十六里余(約四九五キロ)の五十三次をいうが、大津よりさらに西へ伏見・淀・枚方・守口宿を経て大坂に至る五十七宿の百三十七里余(五三八キロ)を指すこともあり、道中奉行は後者の道筋を管轄した。宿場は当初から揃っていたわけではなく、追加的に一六〇二年に岡部、一六〇四年に戸塚、一六一六年(元和二)に袋井・石薬師、一六一八年に箱根、一六二三年に川崎、一六二四年(寛永元)に庄野が宿に取り立てられ、ここに五十三宿が成立した。各宿の常置人馬数は一六〇一年には三十六疋の伝馬であったが、次第に増加し、一六三八年には原則的に百人・百疋に確定した。もっとも正規の人馬数を常備している宿は少なく、一般にこのうちの五人・五疋を定囲、二十五人・十五疋を臨時御用囲と称して実際には七十人・八十疋を使い切れば助郷人馬《すけごうじんば》に負担させた。東海道は参勤交代で利用する大名が多く、江戸時代後期には百四十四家、高千百九十四万石余に及んだ。当初は軍事・政治的意味合いの濃い街道であり、箱根と新居《あらい》に関所を配備した。新居・舞坂間の今切《いまぎれ》渡し以東の大河川には橋が架けられていなかった。それでも恒常的な参勤交代などの大通行によって宿場の諸施設が整うと、それを利用する庶民の旅人も増加した。後期の平均的な宿場施設は、一宿に本陣二・脇本陣一・旅籠《はたご》屋五十五軒、宿場の町並みは十八町、隣宿への距離は二里十三町であるが、宿場によって大差があった。庶民の旅先の多くは伊勢神宮であったので、東方からの旅人は東海道四日市宿を過ぎて伊勢路に入り、西方からの旅人は関宿から伊勢別街道に入った。旅人が増加すると地図・道中記などの旅行案内書が出版され、十辺舎一九『東海道中膝栗毛』などの東海道関係の各種の出版物も著され、それがまた旅人の増加に作用した。宮・桑名宿間の七里の渡しを迂回する佐屋路や、宮宿から名古屋を経て中山道大垣宿に至る美濃路も東海道の付属街道で、浜名湖北岸の本坂《ほんさか》通も一七六四年(明和元)より付属街道として道中奉行の管轄となった。

参考文献 『東海道宿村大概帳』(『近世交通史料集』四、一九七〇、吉川弘文館)。渡辺和敏『東海道交通施設と幕藩制社会』、二〇〇五、岩田書院。

(渡辺　和敏)

とうかん　陶棺　古墳の埋葬施設の一種。広義には焼き物で作った専用の棺をすべて指すが、ふつう陶棺といえば、古墳時代後期の特徴的な形態をもったものを指す。蓋と箱型の身からなり、そのほとんどが身の底に中空円筒形の脚を多数取り付ける。大別して頂部が丸く、表面に格子状の突帯を貼り付けた土師質で亀甲形の陶棺と、屋根形の蓋をもつ土師質・須恵質ともに存在する家形の陶棺がある。後者はさらに四注式(寄棟式)屋根形と切妻式屋根形の二種に細分される。初期の土師質陶棺には脚などに円筒埴輪と共通する形態的特徴を見出せ、埴輪製作との関連を強く窺わせるが、時を経るにつれタタキ技法や轆轤成形など須恵器の技法が取り入れられるようになる。分布は主として畿内と中国地方東部に限られ、畿内出土の土師質陶棺については土師氏との関係を想定する説がある。一方、吉備の切妻式屋根形陶棺には、短辺側面に人馬の浮き彫りや軒丸瓦の瓦当文などを飾った特徴的なものがある。また、小型のもので八世紀代に蔵骨器として使用されたものもある。

参考文献 丸山竜平『土師氏の基礎的研究―土師質陶棺の被葬者をめぐって―』(『日本史論叢』二、一九七三)。杉山尚人「陶棺の研究」(『考古学研究』三三ノ四、一九八七)。

(高橋　克壽)

どうかん　幢竿　宮殿や寺院での儀式に際して立てる幢や旗を先につけた竿。幢竿を地面に立てるための支柱を幢竿支柱とよぶ。幢竿支柱には朝鮮半島などで石製の角

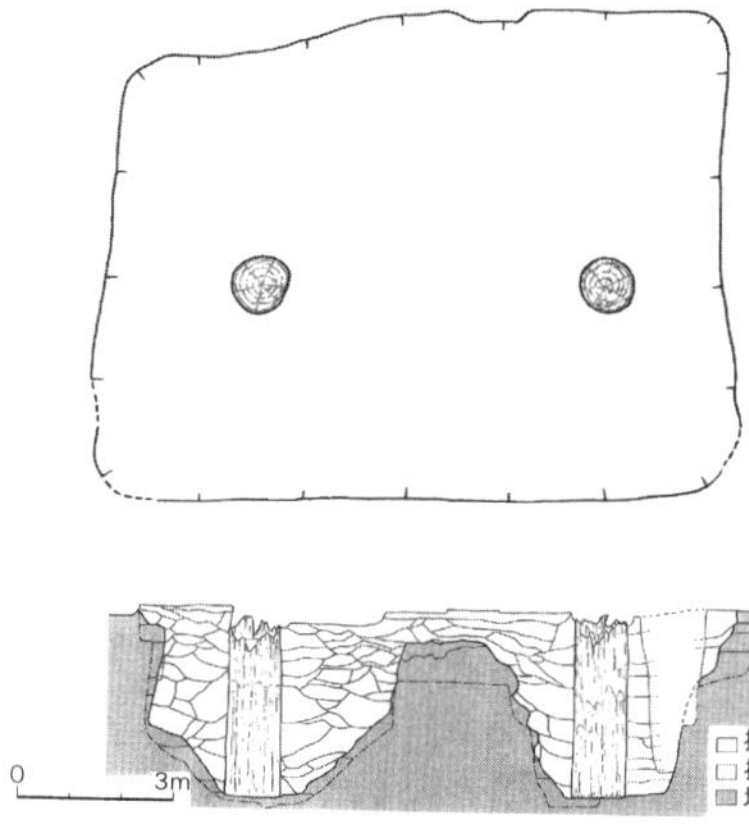

西隆寺幢竿遺構

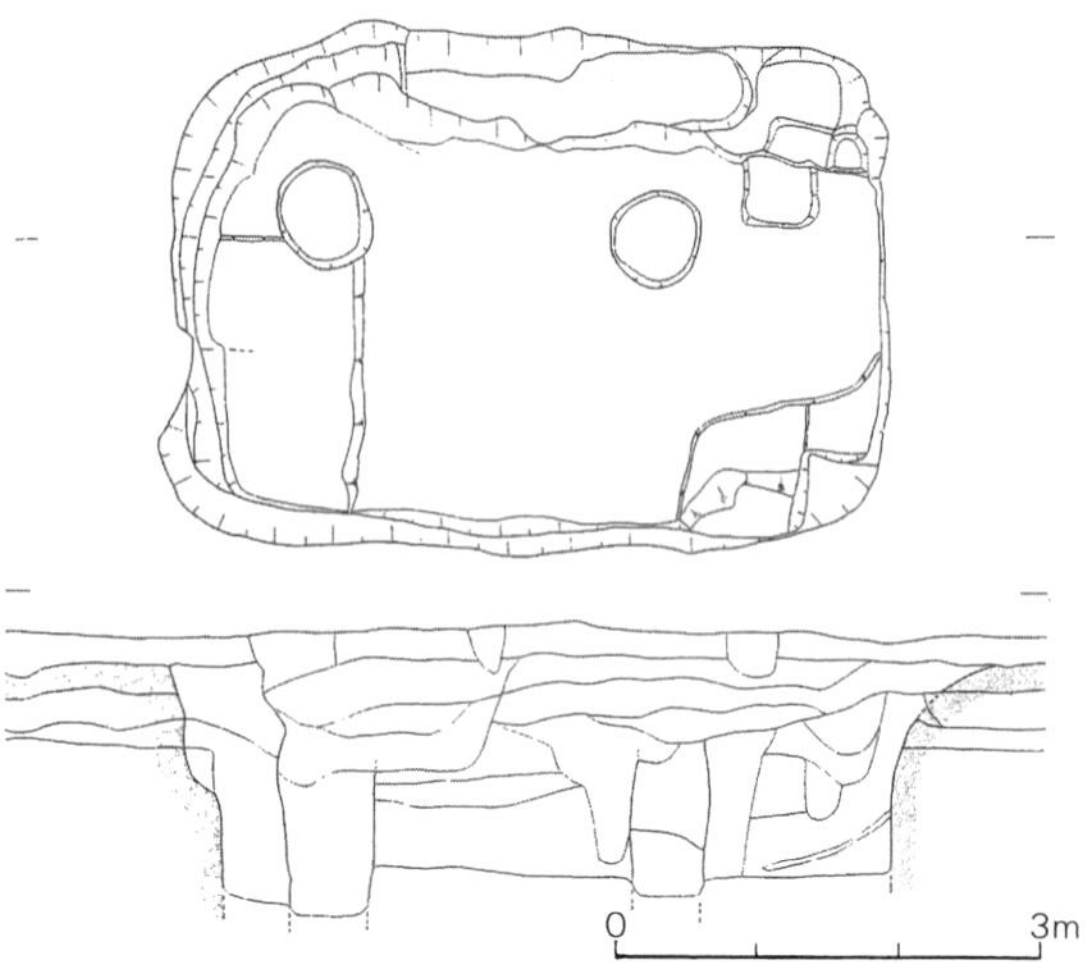

下野薬師寺幢竿遺構

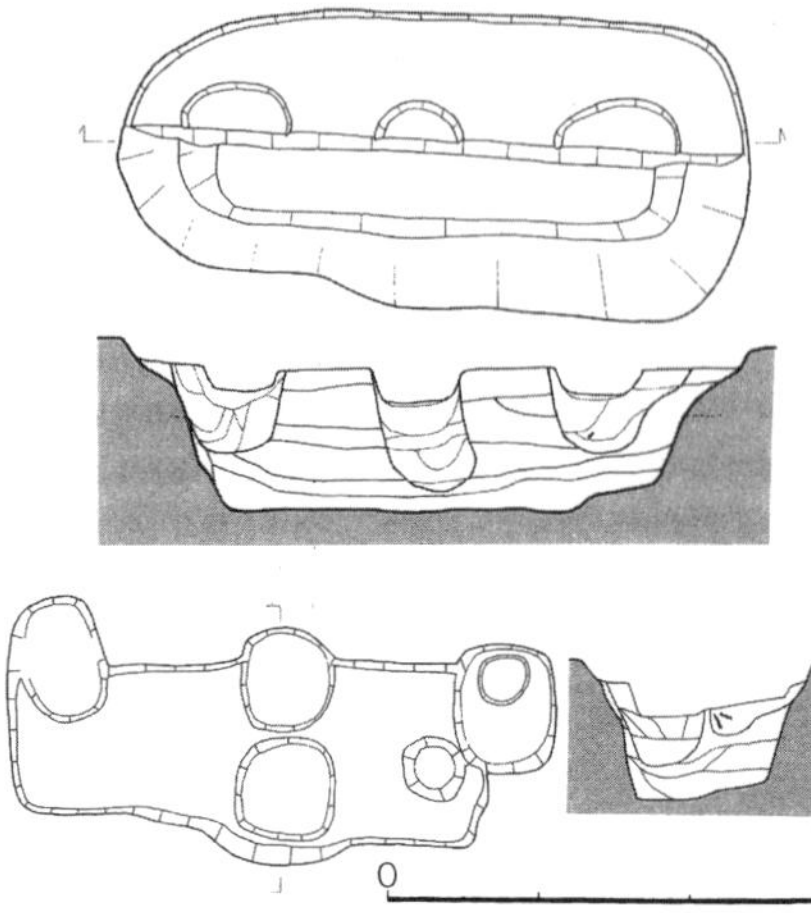

平城宮大極殿前宝幢遺構

柱の遺存例が少なくないが、わが国では古代に属する幢竿遺構の検出例が増えている。栃木県下野薬師寺跡では伽藍《がらん》中枢部と塔の中間に、二・三メートルの間隔をおいた一対の柱を立てた大型の掘立柱の掘形《ほりかた》があり、中央に想定される幢竿を両脇で支えた柱の跡とみられる。七世紀中葉の創建になる奈良県山田寺跡では金堂の四囲、塔の西側、中門の東北隅、それに南門前などに幢竿遺構と思われ得る柱穴があり、東京都武蔵国分寺跡では金堂の南面に四基の幢竿遺構がある。八世紀後半期に造営された奈良県西隆寺跡では金堂を囲郭する回廊の西南隅の外側近くに直径五四センチの二本の円柱が三・三メートルほどの間隔で同じ掘形の中に遺存していた。このように寺院における幢竿の樹立場所にはいくつかの有りようがみとめられ、また遺構にも柱穴が一本柱、二本柱、三本柱、四本柱で構成されるものなど多様である。宮廷の儀式にあっても、宮殿を荘厳する宝幢などの幡旗が立てられたことが儀式書などに示されるが、平城宮では大極殿の周囲や朝堂院南門(会昌門《かいしょうもん》)内などに幢竿遺構があり、長岡宮でも大極殿前で同種の遺構が確認されている。

参考文献　金子裕之「平城宮の宝幢をめぐって」(『延喜式研究』一八、二〇〇二)。

(井上　和人)

とうきょう　唐鏡　⇨唐式鏡《とうしききょう》

どうきょう　道教　不老長生を求める神仙思想を中心に、道家《どうか》、易《えき》、陰陽《いんよう》、五行《ごぎょう》、本草《ほんぞう》、巫術《ふじゅつ》、占星術その他の諸要素から成る中国の自然宗教。二世紀の太平道と五斗米《ごとべい》道《どう》に起源をもち、三世紀には茅山《ぼうざん》を本拠とする上清《じょうせい》派が起り、五世紀に北魏《ほくぎ》の寇謙之《こうけんし》が始めた新天師道から道教と称するようになった。道教の教理や組織、儀礼は隋から唐代にかけて、仏教や儒教との交渉を通じて体系化された。多神教だが老子を神格化した太上老君《たいじょうろうくん》をはじめ元《げん》始天尊《してんそん》、玉皇上帝《ぎょくこうじょうてい》が特に重んじられ、近年では関羽を神格化した関聖帝君の進出も著しい。男性の祭司を道士、女性は女冠《にょかん》とよび、道観《どうかん》に起居して戒律を守りながら長生法の修行を続け、現世利益的な儀式を行う。明代に集大成された総計五千五百巻近い経典は道蔵《どうぞう》と呼ばれ、洞真・洞玄・洞神の三洞と、太玄・太平・太清《たいせい》・正一《しょういつ》の四《し》輔《ほ》に分類される。経典には僻邪や護身、招福などにちなむ諸種の呪符や呪術の方法を説き、中華人民共和国成立後は迷信として禁止されたものの、文化大革命後に復活し、明代から続く全真教《ぜんしんきょう》の本山である北京の白雲観《はくうんかん》を中心に、後継者の育成も再開されている。日本では道士や道観の存在は確認されず、宗教としての道教の全体が伝わったわけではないが、道教を構成する諸要素は個別に伝来し、日本的な変容を遂げた。七世紀後期に大王に代わる統治者の称号として採用された天皇号は、緯書《いしょ》や占星術的思想と混淆した道教もしくは神仙説に基づく概念である。律令国家は仏教や儒教のように道教を公式に導入することはなかったが、典薬寮に配置した呪禁師《じゅごんし》は道術を行う呪者であり、奈良時代には厭魅《えんみ》や蠱毒《こどく》のような道術符禁《どうじゅつふごん》が繰り返し禁断の対象とされた。また六月と十二月の晦日《みそか》の大祓《おおはらえ》で天皇の除災招福のために東西文《やまとかわちのふひと》部《べ》が漢音で呪詞を唱え、金刀を拝呈する解除は、道教の章醮儀礼に通じる性格をもつ。『日本書紀』推古紀などにみえる聖徳太子と片岡山の尸解仙《しかいせん》をめぐる伝承や、同書の皇極紀の常世虫の伝承、『丹後国風土記』逸文や『万葉集』その他に語り継がれる浦島子伝承をはじめ、道教や神仙思想を背景とするものは少なくない。九世紀末ごろまでに日本に伝来した漢籍約千六百部一万七千余巻を藤原佐世が分類整理した『日本国見在書目録《にほんこくげんざいしょもくろく》』には、延年益寿のための医方術や術数関係書がかなりの数を占めている。また平安時代初期に天台宗の安然《あんねん》が最澄や空海をはじめとする入唐僧の請来目録を整理した『八家秘録』には、道教の北極星や北斗七星信仰に由来する妙見鎮宅や、冥界の神格である泰山府君《たいざんぶくん》をはじめ、密教や陰陽道と関連する道教的要素の濃厚な典籍も多数含まれている。道教教団の根幹を形成する天師道や上清派、霊宝派などの道教経典は、中世以前には伝来や使用がほとんど確認できず、道蔵は江戸時代に長崎貿易を通じて輸入され、『太上《たいじょう》感応篇《かんのうへん》』や『陰騭録《いんしつろく》』のような善書も多数流通して、民衆の教化や思想家の著述にも影響を与えた。古代から中世にかけては『老子』河上公注《かじょうこうちゅう》が広く読まれて伊勢神道の教理形成などに活用されたほか、道教的な要素を多分に包含した中国撰述の疑偽経典類が多数流通し、密教や陰陽道、あるいは修験道や神道の儀礼や教理の発展を促す一方で、庚申《こうしん》信仰や反閇《へんばい》のように民俗信仰や芸能のなかに取り込まれたものも少なくない。

参考文献 野口鐵郎他編『選集道教と日本』、一九九六-九七、雄山閣出版。下出積與『日本古代の道教・陰陽道と神祇』、一九九七、吉川弘文館。『講座道教』、一九九九-二〇〇一、雄山閣出版。新川登亀男『道教をめぐる攻防』(『あじあブックス』一三、一九九九、大修館書店)。坂出祥伸『道教とはなにか』(『中公叢書』、二〇〇五、中央公論新社)。

(増尾伸一郎)

とうきょうこくりつはくぶつかん　東京国立博物館　東京都台東区上野公園に所在する国立の総合博物館。東京国立博物館は百二十年をこえる歴史のなかで、文化財保護における役割や組織において激しい変遷を経てきた。〔草創期〕一八七二年(明治五)に文部省博物局が湯島聖堂大成殿で開催した、わが国最初の博覧会を創立とする。このときの陳列品は、大学南校物産局(文部省博物局の前身)物産会の資料と翌年開催予定のウィーン万国博覧会の参加準備のため、広く全国に呼びかけて収集した出品で構成された。御物をはじめ古器旧物(今の文化財)、剝製、標本など広範囲にわたる六百件余であった。廃仏毀釈や文明開化の影響で文化財が散逸し、あるいは海外へ流出することに対処するため、一八七一年に太政官から布告された古器旧物保存方を受けて、翌年、文化財の本格的な実地調査が行われた。この調査の目的には、博物館の充実も含まれ、博物館員が重要な役割を担った。草創期の組織変遷は複雑で、主なものをみると、一八七三年、太政官正院に置かれた博覧会事務局に文部省博物館・書籍館・博物局・小石川薬園を合併し、博物館を内山下町(現在の千代田区内幸町一丁目)に移転。一八七五年には、博覧会事務局を博物館と改称して内務省に所属、名称も内務省第六局となる。局長は町田《まちだ》久成《ひさなり》であった。さらに、いく度の変遷を経て、一八八一年には、すでに博物館に所属していた上野公園に博物館新館を建設する。設立当初は、人文・自然・産業を兼ねた総合博物館に動物園・植物園・図書館を加えた大博物館構想をもち、そのため上野の地が選ばれたのである。上野移転後まもなく、農商務省に移管される。〔帝室博物館時代〕一八八六年、宮内省に移管。御物の一部の博物館保存が許され、一八八九年には帝国博物館となる。このとき帝国京都博物館・帝国奈良博物館を同時に設置し、総長が九鬼《くき》隆一《りゅういち》、美術部長岡倉覚三《おかくらかくぞう》(天心《てんしん》)であった。一九〇〇年東京帝室博物館と改称する。宮内省移管に始まる帝室博物館時代は、一九四七年(昭和二十二)に文部省に移管されて国立博物館と改称されるまでの六十二年間続いた。この間、一九〇八年には、東宮御慶事奉祝会から献上の皇太子御成婚記念表慶館が開館する。なお、全国から出土する埋蔵物について、一八九九年に公布された遺失物法を受けて、関係機関の協議の結果、古墳関係品を中心に博物館に収められることとなり、今日の考古資料の骨格をなすにいたった。帝室の博物館時代には、近代的な博物館をめざし充実を重ねるが、一九二三年(大正十二)の関東大震災により陳列館の大半を失ったことを契機に、動物園・上野公園を東京市、京都帝室博物館を京都市にそれぞれ下賜した。一九三八年に本館が復興・開館されると、歴史美術を中心とした博物館として新しい出発をする。〔東京国立博物館時代〕第二次大戦後、文化財保護法が施行されると、文化財保護委員会の管轄となり、一九五二年東京国立博物館と改称。一九六八年には、文化庁の付属機関となる。展観・普及活動は年々活発となり、大規模な古美術の展覧会、外国美術の展覧会、各種講演・講座、博物館ニュースなどの出版物、目録・図録類の発行など多岐にわたる事業を推進し、日本の博物館事業の中心としての役割を果たしてきた。この間、施設も着々と整備される。一九六四年、法隆寺宝物館、一九六八年、東洋館、一九八四年、資料館、そして一九九九年(平成十一)、皇太子御成婚記念平成館が開館した。二〇〇一年には、東京、京都、奈良の三国立博物館が統合され、独立行政法人国立博物館の一つとなり、二十一世紀を展望した新しい博物館をめざして、大幅な組織改革・新事業などが進められている。二〇〇七年四月、独立行政法人国立博物館は、独立行政法人文化財研究所と統合されて、独立行政法人国立文化財機構(仮称)となる予定である。

参考文献 『東京国立博物館百年史』、一九七三。東京国立博物館編『目でみる120年』、一九九二。

(田辺　征夫)

とうきょうこくりつぶんかざいけんきゅうしょ　東京国立文化財研究所　東京都台東区上野公園に所在する文化財についての総合研究機関。独立行政法人文化財研究所東京文化財研究所の前身。一九三〇年(昭和五)に創設された帝国美術院付属美術研究所を母体として、一九五二年に発足。美術と芸能の基礎的調査研究、文化財の材質・形状・技法と劣化機構の科学的研究と保存技術の研究を行う国の機関として「東京文化財研究所」の名称で出発。当初は、美術部・芸能部・保存科学部・庶務室の三部一室の体制であった。一九五四年に東京国立文化財研究所と改称。美術品を中心とした文化財の調査研究と保存科学的研究を活発に展開している。文化財の修復に対する必要性が増すにつれ修復技術部を、また文化財の情報機関としての役割を果たすために情報資料部を設置。近年は、中国はじめ国際的な保存・修復活動に応えるため国際文化財保存修復協力センターも付設された。二〇〇一年(平成十三)四月からは、奈良国立文化財研究所と一体化して、独立行政法人文化財研究所東京文化財研究所となった。二〇〇七年四月、独立行政法人国立博物館は、独立行政法人文化財研究所と統合されて、独立行政法人国立文化財機構(仮称)となる予定である。

参考文献　『独立行政法人文化財研究所東京文化財研究所概要』、二〇〇二。　（田辺　征夫）

とうきょうだいがくこうないいせき　東京大学構内遺跡　現在の東京大学本郷・浅野キャンパス（東京都文京区）の敷地全域が該当する複合遺跡。明治前半に最初に弥生土器が発見され、「弥生土器」命名の発祥となった弥生二丁目遺跡（国史跡）が含まれるなど、構内において弥生時代の遺跡の存在が知られていたが、東京大学の創立百年（一九七七年（昭和五十二））を契機に行われた建物の建替・新設によって、多数の遺構が検出された。同大学では同年に東京大学遺跡調査室（現東京大学埋蔵文化財調査室）を発足させ、以後七十ヵ所（二〇〇四年度現在）にわたって組織的に調査をすすめている。近世・近代遺構について学際的な調査を本格的に行い、㈠文献史料・絵図史料の調査によって考古資料の解釈が深まるとともに（絵図資料と遺構の対照、藩邸の被災にかかわる文献史料の照合、将軍御成にかかわる史料と遺構の理解など）、㈡それぞれの史料の特性と限界が確認できたこと（書（描）かれることと書（描）かれないこと）、㈢学際研究によって新たな研究課題が認識されたこと（文献史学における武家地研究など）、㈣科学的分析の有効性が確認できたこと（古九谷焼の理解など）は、近世考古学の認知に大きな役割を果たした。

参考文献　藤本強『埋もれた江戸』、一九九〇、平凡社。西秋良宏編『加賀殿再訪』、二〇〇〇、東京大学総合研究博物館。　（岩淵　令治）

とうきょうだいがくしりょうへんさんじょ　東京大学史料編纂所　「日本に関する史料及びその編纂の研究、並びに研究成果による史料集出版を行う」（東京大学史料編纂所規則）ことを目的として設置された東京大学附置研究所。事業の淵源は一七九三年（寛政五）に開設された塙保己一の和学講談所までさかのぼる。一八六九年（明治二）三月、旧和学講談所に史料編輯国史校正局を開設し、三条実美を総裁に任じた。同年十月、湯島の大学校に国史編輯局を設置し事業が引き継がれたが、国学者・漢学者の反目抗争のため十二月には業務を停止した。その後一八七二年十月、太政官正院に歴史課を設置し『復古記』の編纂を進めたが、一八七五年四月、歴史課は修史局と改称され、塙保己一の『史料』にならって史料を蒐集し、『復古記』『明治史要』『先朝紀略』などを編纂した。同年九月、内務省地理寮地誌課を合併し地誌編修事業も加わった。一八七七年一月十八日、財政緊縮のため修史局は一旦廃止されたが、二十六日に太政官直属の修史館が設置され事業を再開した。地誌編修業務は再び内務省地理局に移管された。一八八一年十二月、修史館は職制改正によって『大日本編年史』の編纂体制が整えられ、一八八五年の関東六県の採訪をはじめとして全国にわたって史料採訪も行われるようになった。一八八六年一月、内閣制度の実施に伴い修史館は廃止され内閣臨時修史局が設置されたが、修史館の方針はそのまま受け継がれた。一八八八年十月、文科大学に国史科を創設することを契機に、修史事業は帝国大学に移管され臨時編年史編纂掛が設置され、重野安繹《しげのやすつぐ》・久米邦武《くめくにたけ》・星野恒《ほしのひさし》は文科大学教授に任じて臨時編年史編纂委員となり、重野が委員長となった。一八九一年三月、臨時編年史編纂掛は地誌編纂掛を合併し文科大学史誌編纂掛となった。この間『大日本編年史』の刊行計画が立てられたが、漢文体の記述方式をめぐり、また考証に偏しているとの国学者・神道家からの反発を買い、久米邦武事件もあって史誌編纂掛は一八九三年四月に廃止されるに至ったが、一八九五年四月、文科大学内に史料編纂掛を設置することにより事業は再興された。国史編纂を中止し編年史料の編纂に専念するという構想のもと、三上参次が史料編纂掛主任（のち事務主任）となって事業を総裁した。一九〇一年、編年の史料集である『大日本史料』が刊行され、『大日本古文書』もこの年から刊行を開始した。一九〇五年四月、史料編纂官官制が施行され職員の定員と待遇が定まり事業も恒久化した。一九〇六年には外務省より幕末外国関係文書集編纂事業が移管され、一九一〇年には『大日本古文書』幕末外国関係文書として刊行された。一九二九年（昭和四）七月、史料編纂掛は史料編纂所と改称され、辻善之助が所長となった。一九四九年四月、文部省教科書局教材研究課維新史料係の史料編纂所への移管が完了し、一九五〇年四月、文学部から独立した東京大学附置研究所となり、一九五四年に教授・助教授・助手からなる教官制が採用され、一九九七年（平成九）四月には附属画像史料解析センターが設置され、五研究部門と一センターからなる研究所として今日に至っている。一九〇一年（明治三十四）以降百五年間に出版した史料集は、『大日本史料』三百八十冊、『大日本古文書』百五十八冊、『大日本古文書』幕末外国関係文書五十七冊、『大日本古記録』百十六冊、『大日本近世史料』百二十七冊、『大日本維新史料』四十三冊、『日本関係海外史料』三十八冊など、総計で千冊を超えている（二〇〇五年度末）。史料集の編纂過程で得られた複本史料の厖大な蓄積（影写本・謄写本・写真帳など）と史料研究の成果は、日本史学の発展に寄与している。

参考文献　『東京大学百年史』部局史四、一九八七、東京大学。『東京大学史料編纂所史料集』、二〇〇一、東京大学史料編纂所。　（加藤　友康）

とうけい　闘鶏　鶏を闘わせ観覧し、勝負を競う遊技。鶏合《とりあわせ》ともいい、左右を対比し優劣を競う物合わせの一つ。起源は中国で、わが国でも古く『日本書紀』雄略紀に「大雄鶏」を闘わせたとの記事がみえる。平安時代になると貴族の間で盛んに行われ、宮中での三月三日の節会に際して行われる年中行事となった（『年中行事絵巻』ほか）。鶏を闘わせてこれを観覧する鶏合は、単純な故に、徐々に武士や庶民階級にも広く親しまれるようになり、室町時代になると武家でも行われるようになった（『長禄二年以来申次記』『年中定例記』『洛中洛外図屏風』）。さらに江戸時代には庶民の間でも軍鶏《しゃも》を闘わせることが娯楽として行われていたが、同時に賭博の対象ともなり、喧嘩など社会秩序を乱すこともしばしばだった。このため幕府はしばしば禁令を発し禁止をはかったが、庶民の間では定着し、一部は今日まで民間に伝えられている。

（水藤　真）

とうけん　刀剣　斬撃や刺突を目的とする攻撃具。刀身と外装からなり、刀身は本体と茎《なかご》に分かれ、両刃と片刃がある。外装は、茎部分の柄と本体部分の鞘に分かれる。日本の刀剣には、「たち」(漢字表記が多様のため平仮名表記)・刀・長柄《ながえ》(長具足《ながぐそく》とも)があり、「たち」・長柄は棒類等を加えて打物《うちもの》ともいう。刀剣とは、狭義では刀と剣で長柄を含まず、漢字本来の意味は、刀が片刃で、剣が両刃だが、ここでは長柄も含めて刀剣とする。日本では、前五世紀に石剣、前二世紀前半に青銅製の「ほこ」(これも漢字表記が多様のため平仮名表記)・戈《か》(柄に刀身を直角に取り付けた刀剣)・剣が伝来し、紀元前一世紀前半には鉄製のそれらが、同後半に片刃の鉄刀が伝来し、五世紀中葉以降は長柄の一部を除いて片刃が基本となり、両刃の剣は武具としては発達しなかった。日本の刀剣は、折り返し鍛錬という作業で炭素量を調整した硬軟二種の鉄を組み合わせて作り、焼き入れという作業で焼き刃を作り、焼き刃を研いで研ぎ刃を作る。紀元前一世紀後半に伝来した鉄刀は日本での「たち」の起源で、茎尻を環状に作り込む特徴から考古学では素環頭大刀《そがんとうたち》とよぶ。これは前漢で普及した鉄刀の様式で、近年の説では前漢の倭政策の一環として九州北部の盟主達に下賜されたという。古墳時代の「たち」は、素環頭大刀のほかに、朝鮮半島から伝来した、鐶内に三葉形・鳳凰・龍などの意匠を入れ、鐶も茎尻に接いだり、柄頭の金物に環を作り付けたりした環頭大刀がある。また、考古学で木装大刀や鹿角装大刀とよぶ日本独自の様式もあり、五世紀後半以降には、柄頭の金物の形状から頭椎《かぶつち》大刀・円頭《えんとう》大刀・圭《けい》頭《とう》大刀・方頭《ほうとう》大刀と呼ぶ新しい各種様式が成立する。律令制下の「たち」は、『国家珍宝帳《ちんぽうちょう》』に剱《たち》・唐大刀《からたち》・唐様《からよう》大刀・高麗様《こまよう》大刀・大刀・懸佩刀《かけはきのたち》・横刀《たち》・杖刀《じょうとう》がみえる。このうち高麗様大刀は環頭大刀であり、方頭大刀の様式をおおむねで継承しているのが大刀で、大刀が『珍宝帳』・正倉院遺品ともにもっとも数が多い。横刀は広義では大刀と区別がないが、狭義では短寸の「たち」をいう。また、刀身が短寸・幅広で、共鉄造《ともがねづくり》といって茎部分をそのまま柄とし、刀身と柄の境目に角度を付け、柄頭の早蕨状の形状から近世以来蕨手刀《わらびてとう》とよばれた様式が古墳時代以来あり、正倉院にも伝世する。かかる古代の「たち」刀身は、いずれも基本的に反りのない直刀で、平造《ひらづくり》・切《きり》刃《は》造・鋒両刃《きっさきもろは》造などがあり、平造は素環頭大刀以来の様式で、切刃造や鋒両刃造は古代でも新しい様式である。正倉院遺品では切刃造がもっとも多い。中世の「たち」刀身は、基本的に鎬《しのぎ》造で反りのある湾刀《わんとう》(彎刀)である。「たち」の外装は全時代を通じ、刃側を下に左腰に佩く(吊り下げる)様式となる。これは発掘事例はないが、素環頭大刀以来の様式らしい。佩帯装置は、中世でいえば足金物《あしがなもの》・帯執《おびとり》・佩緒《はきお》であり、鞘に付設した足金物に帯執を取り付け、帯執に佩緒を通して左腰に佩いた。足金物は中世以降は一対(二脚)だが、当初は一脚の縦佩《たてはき》式で、六世紀ころから一対となり、横佩《よこはき》式となる。当初の横佩式は足金物の頭に縦方向の鐶が付き、そこに直接佩緒を通した。足金物に帯執が取り付けられるのは方頭大刀からであるが、方頭大刀の足金物は、帯執の韋緒を上部の口から通して鞘に巻き付ける様式で、これは律令制下の大刀に継承されている。中世では櫓金《やぐらがね》とよぶ足金物の鐶に帯執を通した。櫓金は律令制下の一部の大刀にもみられるが、七世紀以降に伝来したと考えられる唐大刀の様式で、そこから波及したらしい。律令制下以降の「たち」には鐔(形状は多様)が入るが、素環頭大刀は刀身本体と茎が同幅で区《まち》とよぶ区切りがなく、鐔は入れなかったようで、環頭大刀には鐔のない外装遺物がある。十世紀ごろ成立の「たち」様式に、柄を共鉄造とし、毛抜型《けぬきがた》の透かしを入れた毛抜型太刀とよぶ湾刀があり、もっぱら朝廷の武官(衛府官)が使用して衛府《えふ》太刀ともいう。これは蕨手刀からいくつかの変遷を経て成立したことが説かれており、しかも蕨手刀から毛抜型太刀への変遷過程が「たち」湾刀化の過程であり、毛抜型太刀から茎式の湾刀が成立したという。同時に通説では直刀は徒歩刺突用で、湾刀は馬上斬撃用といい、湾刀と武士という騎兵の成立が同時期(十世紀以降)であるから、湾刀の成立は武士成立の象徴といわれてきた。しかし、かかる説は疑問である。湾刀の反りには微妙な時代的な変遷があり、成立当初の反りは、茎や区周辺(腰という)に反りの中心がある柄反り・腰反りであるが、じつは方頭大刀などの六世紀以降の「たち」は、外装上の工夫で腰反りと同様の効果を作り出している。つまり中世の刀剣は、茎尻から鎺《はばき》と鐔を入れて柄をはめる。鎺は刀身が鞘から抜け落ちないように鞘口で留める金物である。これが六世紀以降の「たち」では、鎺と鐔は茎ではなく、柄口を延長した下地に入れ、茎を柄に入れる。その際に柄口の鐔と接する面を垂直ではなく、刃側をやや長く斜めに切る。これで刀身を入れて柄を握ると、おのずと鋒は上向き、腰反りと同様の状態となる。つまりこの外装上の工夫を茎式の刀身に移したのが湾刀の始まりで、毛抜型太刀の成立とは別個の過程と考えられる。同時に刀身が無反りという理由で徒歩刺突用と考えてきた通説も否定される。しかも直刀の平造や切刃造の鋒は刺突用の構造とはいえない。また、武士の成立が日本での騎兵の成立ではなく、日本の騎兵の成立は六世紀で、その騎兵は弓箭と直刀で武装した弓射《きゅうしゃ》騎兵である。それは律令制下を通じて存続し、騎兵が直刀を徒歩と馬上のどちらで使用したかは文献が乏しく不明だが、少なくとも直刀が歩兵用で湾刀が騎兵用ということはない。中世前期では湾刀はむしろ歩兵の主要武具である。また、少なくとも十二世紀までの文献には湾刀の馬上使用を示す例はなく、湾刀の成立と馬上使用は直結しない。以上から、直刀・湾刀ともにその機能は斬撃・打撃で、直刀から湾刀への変化は機能の変質ではなく、機能の強化に過ぎず、湾刀化と馬上使用は直結しないと考えられる。さて、刀を「かたな」と訓読するのは十世紀以降で、それ以前は「たち」と訓読し、古代の「かたな」は小刀や刀子と表記した。中世の刀は腰《こし》刀《がたな》(鞘巻《さやまき》とも)といい、刀身は短寸・無反りの現在でいう短刀で、平造を原則とし、冠落《かんむりおと》し造などもあった。外装は、栗型《くりがた》・返角《かえりづの》(折金《おりかね》とも)・下緒《さげお》で袴の腰などに差す様式で、懐中することもあった。ただし、かかる外装様式は中国や朝鮮半島にはないようで、日本で成立した様式らしいが、いつ成立したのかは不明である。というのも、正倉院には八十七点の刀子類が伝世する。そのうち三点を除いていずれも刃長一〇センチ以下で武具ではなく工具や腰飾と考えられるが、いずれも一脚式の足金物で佩く様式である。また、除いた三点は刃長一五センチ前後で武具と考えらるが、現状ではそれらに佩帯装置はない。ただし、明治期の目録には帯執の記載があり、本来は足金物様式であったらしい。さらに十二世紀にさかのぼる腰刀の外装遺物が三点ほどあるが、いずれも栗型や返角はなく、装備した遺品も鎌倉時代前期までさかのぼるものはないからである。また、腰刀には鐔は入れない。そのため、柄口と鞘口の合わせ方は、遺品では合口《あいくち》造がふつうだが、正倉院遺品は呑口《のみくち》造で、合口造は呑口造からいくつかの段階を経て十四世紀ころに成立したらしい。外装が刀様式で、刀身が湾刀となる刀剣を打刀《うちがたな》という。打刀は十二世紀には成立しており、十四世紀以降は「たち」よりも盛行し、その大小(長短)二本差しが、豊臣秀吉の刀狩り令などを経て、鑓《やり》とともに近世武士の身分標識となった。二本差しでは大を刀、小を脇差《わきざし》という。つまり刀の和訓と構造との対応関係は時代ごとに異なっている。長柄は、柄《え》の長い刀剣で、古代に「ほこ」があり、中世には長刀《なぎなた》(近世以降は薙刀とも)・鑓・長巻《ながまき》・手鉾《てぼこ》・薙鎌《ないがま》などがある。「ほこ」の漢字表記は矛・鉾・槍・桙などとさまざまで、中国ではそれぞれ構造も異なるが、日本では厳密に区別はされていない。「ほこ」刀身は両刃の直刀で、茎に相当する部分が袋状になり、そこに柄を差し込む穂袋《ほぶくろ》造という構造である。日本には、紀元前二世紀前半に青銅製が、紀元前一世紀後半に鉄製が伝来した。その後、三世紀後半から四世紀後半にかけては、鉄製・両刃・直刀の茎式の長柄が使用され、五世紀中葉以降、ふたたび鉄製「ほこ」が増加し、律令制下に継承される。その兵仗《ひょうじょう》使用は十一世紀前半までで、後は儀仗《ぎじょう》化する。律令制下の「ほこ」は正倉院に三十三点が伝世し、いずれも柄を伴う。刀身は両刃の直刀で両鎬造と三角造があり(後者は六世紀に成立した新様式)、また、十三点には鎌状の枝が付いている。明治期の調査で一括して鉾と命名されたが、有枝の「ほこ」は、中国では鉤鎌槍《こうれんそう》とよび、日本でも『三代実録』元慶五年(八八一)四月二十五日条に鎌槍《かまぼこ》がみえ、それが相応しい名称であると考えられる。柄はいずれも三メートルを越す長寸で、四点が木製、他が木を竹で包んだ打柄《うちえ》で、打柄には糸・韋・銅線などで滑り止め加工が施されている。諸外国では「ほこ」類似の刀剣は騎兵・歩兵ともに使用するが、日本では歩兵が使用したらしい。鎌槍と同じく『三代実録』元慶五年四月二十五日条にみえる鯰《なまず》尾《お》槍《ほこ》からの成立が考えられるのが長刀である。その刀身は、基本的に薙刀造という独特な形状の湾刀である。本来は歩兵使用で、十四世紀以降は騎兵も使用した。「ほこ」の機能が刺突なのに対し、長刀の機能は多彩で、両者の機能の相違は明確である。それがともに歩兵使用であるわけだから、古代と中世で戦士としての性格が変化したのはむしろ歩兵であろうと考えられる。鑓は十四世紀に成立し、特に十六世紀以降に隆盛する。刀身は茎式・無反り・両刃の平三角造か両鎬造が基本とし、ほかに、笹穂《ささほ》・十文字などの種類がある。「ほこ」に類似するが異なり、柄は「ほこ」とは逆に滑りよく作られている。また、現在では「やり」は槍と表記するが、これは誤用で、槍は「ほこ」である。また、古墳時代の茎式の長柄を考古学では「ヤリ」とよんでいるが、中世以降の鑓とは無関係である。古墳時代のそれは中国で鈹《ひ》とよぶ長柄に該当しよう。手鉾は長刀同類で刀身が短寸・無反りの刀剣と考えられ、長巻は柄の長い「たち」であり、薙鎌は刀身が直角の鉤状に曲がっているものをいう。

参考文献 石井昌国『蕨手刀』、一九六六、雄山閣。『日本刀の風俗』(『日本刀全集』六、一九六六、徳間書店)。正倉院事務所編『正倉院の刀剣』、一九七四、日本経済新聞社。同編『正倉院の大刀外装』、一九七七、小学館。末永雅雄『日本の武器〈大刀と外装〉』(『末永雅雄著作集』四、一九九二、雄山閣)。『日本のかたな』、一九九七、東京国立博物館。松木武彦・宇田川武久編『戦いのシステムと対外戦略』(『人類にとって戦いとは』二、一九九九、東洋書林)。近藤好和『中世的武具の成立と武士』、二〇〇〇、吉川弘文館。『季刊考古学』七六(特集古代の武器・武具・馬具)、二〇〇一。近藤好和「武具の中世化と武士の成立」(元木泰雄編『日本の時代史』七所収、二〇〇三、吉川弘文館)。

(近藤 好和)

とうこ　投壺 古代の遊び具の一つ。中国の古記録に上流階級が宴会後に余興で行う遊戯具という。競技は左右に分かれた人が、それぞれ四本ずつの矢を持ち、少し離れたところに置いた壺に向かって交互に矢を投げ入れ、三度繰り返して得点を競うもの。正倉院《しょうそういん》宝物中に伝わる投壺の形は、両耳付きで、頸部は細く、胴部が膨《ふく》らんだもの。全体に銅製鍍金《ときん》で、轆轤《ろくろ》挽き仕上げ、表面には細かく魚々子《ななこ》を施し、頸部上段に獅子《しし》、同中段に隠士《いんし》らしき人物像、下段に宝草花唐草文《ほうそうげからくさもん》が、また胴部にも宝草花唐草の帯を挟んで、上下に花卉《かき》、瑞雲《ずいうん》、飛鳥《ひちょう》、含綬鳥《がんじゅちょう》の文様、その下方には山岳文が線刻されており、魚々子や線刻の精巧な技法は宝物中でも屈指のものである。ただ本宝物は『東大寺献物帳《とうだいじけんもつちょう》』に記載のものではなく、宝庫に納まった経路は不明である。平安時代末に東大寺を訪れ、宝庫を開扉して宝物を覧た鳥羽上皇は、本宝物の用途について随臣に尋ねたところ、ただ一人藤原通憲《ふじわらのつうけん》(信西《しんぜい》)のみが中国の古典『礼記《らいき》』にみえる投壺で、付属の矢を壺の中に投じて得点を競うものと答え、はじめて本宝物の用途が明らかになった。

参考文献 神田喜一郎「投壺の遊戯について」(『神田喜一郎全集』二所収、一九八三、同朋社)。『本朝世紀』康治元年五月六日条。 (米田 雄介)

どうざん 銅山 ⇩鉱山《こうざん》

とうさんさい 唐三彩 ⇩奈良三彩《ならさんさい》

とうさんどう 東山道 古代律令国家における地方行政区画の一つであり、またその中を貫く駅路の名称。『延喜式《えんぎしき》』民部省によれば、東山道に所属する国は、近江・美濃・飛驒・信濃・上野・下野・陸奥・出羽の八ヵ国であるが、七七一年(宝亀二)までは武蔵国も東山道に所属していた。また、七一八年(養老二)に陸奥国から石城《いわき》・石背《いわせ》両国が分離独立するが、六年以内に再び陸奥国に編入され、七二一年に信濃国から諏訪国が分離独立するが、七三一年(天平三)に再び信濃国に編入された。駅路としての東山道は、厩牧令《くもくりょう》の規定によれば中路に相当するので、各駅家に原則として十匹ずつの駅馬を配置していた。黒坂周平は、実際には、東山道は「海道」(東海道)に対して「山道《せんどう》」または「仙道」と呼ばれていたとして、特に近江・美濃・信濃・陸奥国において、「センドゥ」の小字地名を手がかりにすることによって、直線道の痕跡を数多く検出した。『延喜式』兵部省諸国駅伝馬条における東山道駅路の経路を概観すると、近江国内で北陸道・東海道と分かれて、美濃国不破駅で尾張国府を通るバイパスを分岐し、同国土岐駅で再びバイパスを合する。同国方県《かた》駅《がた》では飛驒国への支路が分岐し、信濃国錦織《にしごり》駅で越後国との連絡路が分かれる。陸奥国松田駅では常陸国との連絡路を合わせて北上し、柴田駅で徳丹《とくたん》城への支路を分岐し、出羽国の秋田《あいた》駅を終点とする。近年、近江・上野・武蔵・下野国等で駅路の遺構が数多く発掘され、それらは八世紀には、一二㍍ほどの道幅をもつものが多い。東京都国分寺市では、幅約一二㍍の東山道武蔵路が約三四〇㍍にわたって発掘され、遊歩道として保存整備されている。また、上野国では、新旧二つのルートが発掘され、九世紀代の駅路は、幅約六㍍に狭まっている。なお、一志茂樹は、信濃国における峠の祭祀遺跡などに注目することで、律令期の東山道駅路以前に「古東山道」とでも呼ぶべき原初的な道があったと推測している。

参考文献 黒坂周平『東山道の実証的研究』、一九九二、吉川弘文館。一志茂樹『古代東山道の研究』、一九九三、信毎書籍出版センター。木本雅康「東山道―山坂を越えて」(木下良編『古代を考える古代道路』所収、一九九六、吉川弘文館)。 (木本 雅康)

とうじ 東寺 ⇩教王護国寺《きょうおうごこくじ》

とうじき 陶磁器 ⇩焼物《やきもの》

とうしききょう 唐式鏡 唐代に中国で生産された鏡を唐鏡と呼ぶ。この唐鏡をもとに文様をまねて新たに作り出した鏡や、唐鏡を原型にした踏返《ふみかえし》鋳造によって作られた鏡、踏返鋳造によって作られた唐式鏡をさらに原型として作られた鏡など、唐鏡の型式を持つ鏡を総称して唐式鏡と呼ぶ。中国では隋鏡の系譜をひく四神十二支文や走獣文を配する鏡式が初唐期に現れ唐式鏡の嚆矢となる。初唐期から盛唐期にかけての時期を代表する鏡式に葡萄唐草文の地文に獣文を配置する海獣葡萄鏡がある。盛唐期から中唐期にかけては龍、仙人、双鳥、草花など種々の文様構成が現れるとともに、鏡胎の外形に八稜鏡や八花鏡が見られるようになる。晩唐期には無文鏡や卍などを配する文字鏡も現れ、精緻な文様が見られなくなる。日本では飛鳥時代の終末期古墳の副葬品として海獣葡萄鏡が登場し、奈良時代には螺鈿鏡や平脱鏡、超大型鏡などを有する正倉院鏡群が特筆される。火葬墓や寺院の地鎮鎮壇具としても唐式鏡の出土が見られる。平安時代初期に唐式鏡の踏返鋳造が途絶えるとともに、双鳥文系唐式鏡の文様構成の影響を受けた鏡が作り出され、和鏡成立の基盤となる。

参考文献 梅原末治編『唐鏡大観』(『京都帝国大学文学部考古資料叢刊』三、一九四五、美術書院)。 (杉山 洋)

とうしやかた 東氏館 美濃国郡上郡を支配した国人領主東氏の居館跡。岐阜県郡上市大和町牧《まき》所在。長良川の支流栗巣川《くりすがわ》中流域の河岸段丘上に位置し、南の山上に、篠脇《しのわき》城が所在する。東氏は一三一二年(正和元)ころに篠脇城を築いたとされ、東氏館もこの時期に築かれたとされる。一四六八年(応仁二)には美濃国守護代斎藤妙椿によって篠脇城は落城するが、その後東氏に返還され、一五四一年(天文十)の篠脇城廃城まで存続したとされる。発掘調査によって池・石組・中島などから成る庭園や礎石建物跡、掘立柱建物跡、帯状石列遺構、竈関連遺構などが見つかり、土器・陶磁器類が大量に出土した。遺物は十二世紀から十五世紀中葉代のものが大半を占める。特筆すべきものとして「進上あんとう三郎」と記された木簡一点がある。庭園は国名勝に指定され、環境整備がなされている。

資料館 古今伝授の里フィールドミュージアム(岐阜県郡上市)

参考文献 岐阜県教育委員会編『岐阜県中世城館跡総合調査報告書』二、二〇〇三。大和村教育委員会編『東氏館跡発掘調査報告書』一・二、一九八四・八九。三宅唯美「武家の儀礼と小京都の成立」(『岐阜県教育史』通史編古代・中世・近世所収、二〇〇三)。 (内堀 信雄)

とうじゃく 唐尺 ⇩天平尺《てんぴょうじゃく》

とうじゅしょいん 藤樹書院 滋賀県高島郡安曇川《あどがわ》町にある中江藤樹(一六〇八―四八)が開いた私塾跡。中江藤樹は江戸時代初期の儒学者で、日本の陽明学派の祖。はじめ朱子学を修め、伊予の大洲《おおす》藩《はん》に仕えたが、二十七歳のとき郷里の近江小川村に帰り、私塾の藤樹書院で王陽明の致良知説をおしひろめ、近江聖人と呼ばれた。それまで藤樹の住まいを講学する書院としていたが、門人がふえ、手狭になったので一六四八年(慶安元)、藤樹が没する半年前の春、門人たちによって勉学求道するために住まいの南に敷地を広げて新たな書院が講堂として作られた。この書院は一八八〇年(明治十三)、小川村の大火で類焼したが、遺品は幸いに運びだされ、焼失をまぬがれた。二年後の一八八二年に募金によって現在の書院が再建された。藤樹の直筆による「致良知」の書をはじめ、藤樹に関連する遺品は近くの近江聖人中江藤樹記念館に展示されている。一九二二年(大正十一)に国史跡に指定されている。

参考文献　木村至宏編『図説滋賀県の歴史』、一九八七、河出書房新社。　(小笠原好彦)

とうしょうぐう　東照宮　徳川家康を祀った神社。家康が一六一六年(元和二)四月に駿府で死去すると、遺命に従い、その霊柩は久能山の仮殿に安置され、ついで翌年四月に日光に改葬された。これに先立ち、天海が主張する山王一実神道にもとづき朝廷から東照大権現の神号が勅賜され、家康の霊廟は東照社として成立することになり、一六四五年(正保二)には朝廷から宮号を宣下されて東照宮となった。以上の経緯で東照宮は本来は日光のそれを指すが、家康の霊柩を最初に安置した久能山や江戸城中にも社殿が造られ、のちには徳川氏の菩提寺増上寺や京都の南禅寺金地院など、徳川氏と関係の深い寺院にも東照宮が祀られた。また、藤堂高虎や徳川御三家によって江戸忍岡寛永寺境内に東照宮が勧請された(上野東照宮)ほか、御三家をはじめ諸大名が多く領内に勧請し東照宮を造立している。これらのうち世良田《せらだ》東照宮(群馬県太田市)は、元和に創建された日光の社殿を移築したものといわれる(重要文化財)。

参考文献　『日光市史』中、一九七九。　(増渕　徹)

どうじょうじ　道成寺　和歌山県日高郡川辺町鐘巻《かねまき》に所在する古刹。現在は、天台宗に属する。寺伝では七〇一年(大宝元)に文武天皇の勅願により、南都の高僧義淵を開山とし、紀道成《きのみちなり》が建立したと伝える。近年の発掘により奈良時代の初期までさかのぼる可能性のある瓦が出土し、また本堂安置の北向観音(千手観音像、南北朝時代作、重要文化財)の像内から奈良時代の木心乾漆造千手観音像の破損仏(重要文化財)が発見されており、実際の創建も寺伝とほぼ同じころかと推測される。以後の発展の様子は詳細を明らかにし難いが、この寺の本尊として伝えられた千手観音像及び二脇侍《きょうじ》菩薩像(国宝)や兜跋毘沙門天《とばつびしゃもんてん》像、四天王像(各重要文化財)といった、九、十世紀にさかのぼるとみられる彫像が数多く伝えられており、この時期にかなりの規模の伽藍が整えられたとみられる。なお、本尊千手観音像は、通常より二臂多い四十四本の腕を持つ特異な千手観音である。また、日光・月光菩薩という伝承を持つ二菩薩像を脇侍とする、きわめて遺例稀な千手観音三尊像としても注目される。その後中世に入ると、一三五七年(正平十二)ころに現在の本堂(重要文化財)となる堂宇が造営され、一三五九年には梵鐘も鋳造され、再興が図られている。さらに、真言宗から天台宗に改宗した江戸時代には、紀州徳川家の庇護のもと、寺観の維持が図られていった。なお、道成寺は、能の「鐘巻(道成寺)」や浄瑠璃、歌舞伎で上演される「京鹿子《きょうかのこ》娘道成寺」など、いわゆる道成寺物の舞台となる寺としても著名である。その元となる説話は、平安時代に編纂された『大日本法華験記』や『今昔物語集』などに見出すことができるが、道成寺にはこの説話を取り入れ縁起絵巻とした『道成寺縁起絵巻』の古本(二巻、室町時代、重要文化財)が伝えられている。

参考文献　和歌山県文化財センター編『重要文化財道成寺本堂・仁王門修理工事報告書』、一九九一。『日本の国宝』三九(『週間朝日百科』、一九九七、朝日新聞社)。松島健「道成寺の仏像―本尊千手観音及日光・月光菩薩像を中心にして―」(『仏教芸術』一四二、一九八二)。　(根立　研介)

とうしょうだいじ　唐招提寺　奈良市五条町にある律宗の総本山。招提寺ともいう。開基は唐僧鑑真。七五四年(天平勝宝六)来朝した鑑真は、東大寺戒壇院を建て、その後随僧とともに東大寺唐禅院に住した。その後鑑真は七五七年(天平宝字元)に備前国の田百町を賜り、翌年大僧都の任を解かれ大和上の尊号を贈られ、さらに七五九年に平城京右京五条二坊にあった新田部親王の旧宅の地を拝領し、八月に「唐律招提」の名を立て、当寺を創建した。建物は、講堂は平城宮の朝集殿を移建し、食堂は藤原仲麻呂の寄進による。七六三年、鑑真は入寂したが、以後弟子の如宝・豊安《ぶあん》などがひきつづき堂舎の建立、伽藍の整備にあたり、金堂をはじめ経楼・鐘楼は如宝が造営し、さらに入唐大使藤原清河家からも羂索堂《けんさくどう》となる堂

唐招提寺金堂

舎が施入されるなど、整備が進行し、豊安による八一〇年(弘仁元)の五重塔の建立によりほぼ伽藍整備が完了した。なお七七六年(宝亀七)、播磨国の寺封五十戸が施入されたが、当初の私寺的存在から官寺としての扱いに変わったことがわかる。平安時代中期以降、寺勢は衰えたが、一一四〇年(保延六)ごろ、金堂・講堂・羂索堂・宝蔵・御影堂・阿弥陀院が存在していた(『七大寺巡礼私記』)。その後当寺を舞台に戒律復興に実範・貞慶などが活躍したが、中興の祖といわれる覚盛《かくじょう》(一一九四—一二四九)は四条天皇に菩薩戒を授け、一二四三年(寛元元)に舎利会を始め、また戒律を講じてその普及と弟子の育成に努めた。現在も行われる団扇撒きの行事は覚盛が刺す蚊を殺さず、団扇で追ったことによる。南北朝時代以降は他の南都諸大寺と同様に寺勢は衰えたが、近世になって、当寺で受戒した護持院隆光の援助により、将軍徳川綱吉や桂昌院の庇護で諸堂舎の修理が施工され、一六九八年(元禄十一)には鎌倉時代中期証玄により創設され、その後中絶していた戒壇院が再興された。しかしこの間地震・雷火などで焼失した堂舎も多く、一八〇二年(享和二)には五重塔や鎮守社が焼失した。明治になり上地令で境内地が狭くなった当寺は、その回復に努めつつ、諸堂の修理保存が行われ、一九六〇年(昭和三十五)南大門が再興され、一九六四年には旧興福寺一乗院宸殿を移建し御影堂が造立された。教学面では、一九四一年にその振興を図って律宗戒学院が設立されている。

参考文献 『奈良六大寺大観』一二・一三、一九六九・七二、岩波書店。 (綾村　宏)

とうす　刀子　短刀より小さく、一般に長さ十数㌢～三〇㌢ほどの小刀をいう。中国では殷代に青銅製刀子が、戦国時代に鉄製刀子が出現した。山形県遊佐町三崎山では一九五四年(昭和二十九)に殷代後期と考えられる青銅製環頭刀子が発見され、周辺で縄文時代後・晩期土器が採集されている。鉄製刀子は朝鮮半島では青銅器時代、日本では弥生時代からみられ古墳からも多数出土している。弥生—古墳時代には鹿角製の柄が一般的で、長崎県原ノ辻遺跡をはじめとする集落跡、古墳、工房跡等から出土している。五世紀後半の大阪府喜連東遺跡例は柄を錫装とする希有なものである。滋賀県鴨稲荷山古墳例では木製鞘に鹿皮を被せて装飾する。七世紀後半から九世紀の出土品では木製柄が一般的で柄が刀背側へ屈曲するもの、直線的な棒状などがあり、白木が多いが奈良県飛鳥池遺跡では七世紀後半の漆塗り柄が出土している。正倉院には七十口余りの刀子があり、奈良県平城宮・京跡出土品と柄の形が類似するものがある。「刀筆の吏」と表現される下級役人は、古代には、木簡を削り記録訂正などするために、刀子と筆が必需品とされた。

参考文献 『木器集成図録』近畿原始篇・近畿古代編、一九九三・八五、奈良国立文化財研究所。大貫静夫「北方系青銅刀子」(大塚初重他編『考古学による日本歴史』一〇所収、一九九七、雄山閣出版)。 (小池　伸彦)

どうせん　銅銭　⇩銭貨《せんか》

とうそうぐ　刀装具　⇩刀剣《とうけん》

とうだい　燈台　㈠古代、中世を通して使われた照明器具の一つ。台の上に油皿をのせ、燈芯を浸して燃やす。油皿は陶製で口径三寸五分程度。燈芯は「とうすみ」ともいい、細藺の中の白い芯をぬいたものだが、後に木綿が出てきてからは木綿糸も使った。燈芯は長い紐状になっていて、これを油皿の中に固定しておき、燃えていくにつれて順次芯を送り出さなければならない。このため燈芯押さえと掻き立てが必要である。燈芯押さえは金輪で中に棒が立っているものや陶製で円錐形のものなど、掻き立てはピンセット状のものが多い。燈台は台の形によって結び燈台・高燈台・短燈台・切《きり》燈台などがある。結び燈台は、三本の棒を、真ん中よりやや上のあたりを紐で束ね、上下を開いて立たせ、上に油皿をのせるもの、そのほかは土台の上に一本柱が立ち、上に油皿を乗せるもので、皿を乗せるための金輪がついている。普通、燈台というとこれをさす。短燈台・切燈台は高さ九〇㌢くらいから四五㌢ぐらいまでで、これより高いものを高燈台という。黒漆塗で台の形によって牛糞《ぎゅうふん》燈台、菊燈台などと呼ばれる。油皿の周りを紙で覆って風除けとすることもあった。このほか高杯燈台といって、高杯をひっくり返して台とし、上に油皿を乗せて燈台の代用とすることも、平安時代から鎌倉時代ころまではよく行われていたようである。燈台には油が垂れて周囲を汚すのを防ぐため打敷《うちしき》を敷いた。打敷は布または紙に油を引いたもの。室町時代になると、油皿が柱の上でなく中ほどにつくようになっていて、柱を立てる台を箱に作り、中に燈芯や燈芯押さえなどを入れる形の短檠《たんけい》がでてきて、近世になると茶席でよく使われるようになった。このほか茶湯で使われたものに蜘蛛手形の燈台がある。切燈台の一種で白木製で、油皿を乗せるところが一〇㌢くらいの木を打ち違えにつけたもので、高さは四五㌢から六〇㌢くらいである。　↓燭台《しょくだい》 (小泉　和子)

㈡船舶の安全航行のための陸上の目標として頂部に燈火を燈した建造物。難破した漂流船のために臨時に篝火を焚くことは古代から行われていたが、常設の篝火燈台の存在が知られるのは近世に降る。また、一六二六年(寛永三)に建設された伊勢国津の海上改番所では夜間は百匁蠟燭を点火した大提燈を屋上に掲げていたが、一八〇九年(文化六)にこれを移設した際に菜種油を用いた燈明台(常夜燈)に改めている。近世を通じて篝火燈台と燈明台が主であった。幕末期に諸外国の要求に応えて燈台の整備が計画され、明治新政府により着手、一八七〇年(明治三)までに洋式燈台四基が横須賀製鉄所のフランス人技師ベルニーにより建設され、さらにR・H・ブラントンを長とするイギリス人技師に引き継がれた。ブラントンは一八七六年三月帰国までに二十八ヵ所の燈台(燈船二、燈竿三を含む)を完成させた。最初期の洋式燈台施設としてはレンガ造(現在鉄筋コンクリート造)円形の旧品川燈台(東京都・一八七〇年建設、一九六四年(昭和三十九)明治村(愛知県)移築、重要文化財)、旧菅島燈台付属官舎主屋および倉庫(三重県・一八七三年建設、一九六四年明治村移築、重要文化財)、木造六角錐形の旧堺港燈台(大阪府・一八七七年建設、史跡)などが現存する。

参考文献　海上保安庁燈台部編『日本燈台史』、一九六九。

(清水　真一)

とうだいじ　**東大寺**　奈良市雑司町に所在する寺院。華厳宗大本山。大華厳寺・金光明四天王護国寺・総国分寺などの別称がある。平城京の東に位置し、「東大之寺」「東寺」とも称された(正倉院文書・東大寺出土木簡)。境内地は広大であり、正倉院宝物の「東大寺山堺四至図」には創建当初の境内全域が描かれる。東大寺の成立過程は複雑であり、七二八年(神亀五)に没した聖武天皇の皇太子某王の冥福を祈り、智努《ちぬ》王を造山房司長官として建立された金鐘山房を起源とする。七四一年(天平十三)国分寺建立の詔が出されて全国に国分寺が建立され、七四二年、別に存在していた福寿寺が金鐘寺と統合され大和国金光明寺となり、全国の国分寺の中心となった。東大寺法華堂を金鐘寺の遺構とするのが通説であるが、最近の研究では二月堂北側の山中に所在する丸山西遺跡を金鐘寺跡推定地としてあげる説もある。七四三年十月十五日に華厳経に基づいて大仏建立の詔が出され、民衆に広く協力を求めて金銅盧舎那仏を造立することとなった。大仏鋳造は近江国紫香楽《しがらき》の甲賀寺にて開始されたが、七四五年に紫香楽宮から平城京へ還都したことにより中断され、同年八月に平城京東の山金里にある金鐘寺で大仏建立が再開された。建立作業は金光明寺造物所により進められたが、七四八年ごろに造東大寺司と改称されており、この前後より寺も東大寺と称されるようになったことが『正倉院文書』から知られる。造東大寺司は大仏建立のほか伽藍の建立や写経事業なども手がける大組織であり、『正倉院文書』は造東大寺司写経所が遺した帳簿群である。大仏建立の財源や労働力は、盧舎那仏の功徳に預かろうと提供される知識によって確保され、有力者の中には砺波臣志留志のように多量の財物を奉納する者もおり、それに対して位を授ける献物叙位も盛んに行われた。知識結集には、当時多くの弟子を率いて社会活動を行なっていた行基が大きな役割を果たし、七四五年正月に行基は大僧正の位を授けられたが、大仏の完成前の七四九年(天平勝宝元)二月二日に平城京右京の菅原寺にて没している。大仏造顕再開から四年後の七四九年二月、陸奥国より大仏鍍金のための黄金九百両が献上された。同年四月、聖武天皇は建立途中の盧舎那仏に対面してこれを報告し、天平感宝と改元された。『東大寺要録』所収の「大仏殿碑文」には、大仏建立の経緯から作業工程、寸法、使用材料などが詳細に記録されている。それによると、大仏師国中公麻呂・大鋳師高市大国(真国)・高市真麻呂・柿本男玉らが作業を監督し、七四七年九月二十九日から七四九年十月二十四日まで「三箇年八ヶ度奉鋳御躰」とあり、周囲を土砂で埋めながら下から順に八度に分けて鋳継いだらしい。大仏鋳造に使用された材料は熟銅七十三万九千五百六十斤、白鑞一万二千六百十八斤、錬金一万四百四十両、水銀五万八千六百二十両、炭一万六千六百五十六斛という。大仏殿西廻廊隣接地の発掘調査では、廻廊建築時に埋め立てられた谷の底から大仏鋳造に関する木簡二百二十六点が出土した。木簡には「主水智識/銭二百文」「自宮請上吹銅一万一千二百廿二斤」「右二竃卌一斤　投一度」「右四竃卅斤」「卅一斤八両二畝」「白銅砕一裹」などと書かれたものがあり、知識や宮からの援助があったことや、鋳型の周囲には複数の溶解炉を設置し計量された銅を溶かしたなどの具体的な作業内容が知られる。木簡が出土した谷を覆う土砂の中には溶解炉片などが含まれ、大仏鋳造で使用された後の土砂で西の谷を埋め立てて造成したことも判明している。出土した銅塊の成分を分析したところ、産地が山口県長登《ながのぼり》銅山である可能性が高いことが判明した。『正倉院文書』によれば長登で製錬された銅は長門国司から造東大寺司へ船で運ばれたらしい。大仏の鍍金作業は七五二年三月十四日より開始されたが、作業途中の同年四月九日に大仏開眼供養会が営まれた。聖武太上天皇・光明子・孝謙天皇が東大寺に行幸し、五位以上は礼服、六位以下は朝服を着て参列する中、開眼師菩提僧正・講師隆尊律師・読師延福法師が入場して開眼し、ついで種々の歌舞が奉納され、『続日本紀』には「仏法東帰、斎会之儀、未嘗有如此之盛」と記されるほど盛大に行われた。この時に使用された筆・縷《る》などの品々が正倉院宝物として伝わっている。なお、この時大仏は未完成であり、鍍金作業の完了は七五七年(天平宝字元)、光背の完成は七七一年(宝亀二)である。開眼供養会の翌月、良弁が初代東大寺別当に補された。東大寺前身寺院の金鐘山房は、七二八年に九人の智行僧が住せしめられたが、良弁はその中の一人と考えられ、

東大寺大仏殿西回廊調査地全景

七四〇年に華厳経講説を開いたことが、金鐘寺での大仏造顕再開と初代別当に任ぜられたことにつながっているらしい。七五四年、戒律を伝えるため鑑真が来日し、同年四月大仏殿前に臨時の戒壇を築き聖武・光明子・孝謙や僧らに授戒した。この翌年十月に大仏殿院の西に戒壇院を建立し、授戒制度が確立した。七五六年五月二日に聖武太上天皇が崩御し、七七忌にあたる六月二十一日、光明皇太后によって先帝の遺愛品が東大寺大仏に献納された。これらの品は、正倉院北倉に納められ正倉院宝物として伝えられ、その目録も『国家珍宝帳』『種々薬帳』『屛風花氈等帳』『大小王真跡帳』『藤原公真跡屛風帳』などの『東大寺献物帳』として伝えられている。造仏作業や伽藍の造営は造東大寺司によりなおも続けられた。七六二—六三年の「造東大寺司告朔解」には塔造営に関する業務目録が記載されており、これに関して正倉院北側の空海寺境内で検出された鋳造土坑からは相輪鋳造に関する奈良時代の木簡が出土している。木簡には「露盤伏鉢樋八枚」などとあり、この場所で露盤の鋳造作業が行われたらしい。こうして長期にわたり造営作業の進められた東大寺の伽藍配置は、大仏殿院を中心として、その前面左右に東塔院・西塔院、背後には講堂・三面僧房、さらに北に正倉院、大仏殿院東の丘陵上に鐘楼、さらに東の山中に法華堂や二月堂などが配されており、平地の寺院と山岳寺院の二つの様相を併せ持つ。東大寺の建築・土木工事には僧実忠が能力を発揮したことが『東大寺要録』に収められた「実忠二十九箇条」にみえる。奈良時代の東大寺については、防災施設工事に伴う境内全域の発掘調査により多くの成果が挙がっており、大仏殿院・食堂周辺・上院地区・天地院・戒壇院などで創建時の遺構が検出されている。奈良時代の東大寺の建造物に葺かれた瓦には、東大寺式軒瓦と呼ばれる型式の軒瓦が多く使用された。これは造東大寺司に付属する造瓦所が製作したもので、珠文を配した素縁の複弁八弁蓮華文軒丸瓦と、周囲に珠文を配し対葉花文を中心に左右に展開する唐草文の軒平瓦の組合せである。さて、七八九年(延暦八)に造東大寺司が廃止され、平城京から長岡京・平安京へ遷都して朝廷からの優遇がなくなると、東大寺は積極的な寺領獲得を行い東大寺領の整備拡充を図るようになる。古代から近世までの東大寺領は山城・大和・摂津・伊賀・伊勢・尾張・遠江・近江・美濃・信濃・下野・越前・加賀・越中・越後・丹波・因幡・伯耆・播磨・備前・周防・紀伊・阿波・伊予・筑前など広範囲にわたる。奈良時代には尾張・美濃・近江と北陸道が中心であり、鎌倉時代の再建では播磨・備前・周防などの寺領が経済基盤として重要な役割を果たした。国宝『東大寺文書』には、これらの荘園経営に関する多量の文書が含まれ、ほかにも訴訟文書や綸旨《りんじ》・院宣などの文書などがあり、古代・中世史研究上で貴重な史料群である。また『東大寺要録』『東大寺続要録』にも創建・伽藍・法会などに関する史料が収録されており東大寺研究には不可欠である。平安時代には真言院・東南院・尊勝院・開山堂・知足院などが建立されたが、一一八〇年(治承四)十二月に平重衡の兵火で一部の堂舎を残して焼失した。その翌年(養和元)八月に俊乗房重源が造東大寺勧進に任命され復興に尽力した。一一八五年(文治元)に大仏開眼供養会をし、さらに源頼朝などの助力を受けて一一九五年(建久六)には大仏殿落慶法要が催された。大仏様の建築様式や仏師運慶・快慶の作品もこのころのものであり、この復興事業の経緯については『東大寺造立供養記』に詳しい。一五六七年(永禄十)には松永久秀の兵火により大仏殿以下多くの堂舎が焼亡した。境内の発掘調査ではこれらの火災による焼土層が検出され、年代決定の根拠の一つとなることがある。江戸時代の復興は竜松院公慶により行われた。公慶は一六八四年(貞享元)に幕府の許可を得て勧進し、大仏の修理を一六九二年(元禄五)に完成させ、大仏殿も正面幅を十一分の七に縮小して一七〇九年(宝永六)に完成させた。境内の一部は「史跡東大寺旧境内」として国史跡の指定を受けている。建築・彫刻などの文化財としては、大仏殿、南大門、鐘楼、二月堂、法華堂、転害《てがい》門、開山堂、本坊経庫などの建造物が国宝に指定され、盧舎那仏(大仏殿)、不空羂索観音像、日光・月光菩薩、四天王像、執金剛神像(以上、法華堂)、四天王像(戒壇院)、金剛力士像(南大門)、良弁僧正像(開山堂)、誕生釈迦像などの仏像が国宝に指定されている。

[参考文献] 角田文衛編『新修国分寺の研究』一、一九八六、吉川弘文館。平岡定海『東大寺辞典』、一九九五、東京堂出版。永村真『中世東大寺の組織と経営』、一九八九、塙書房。前田泰次他『東大寺大仏の研究—歴史と鋳造技術—』、一九九七、岩波書店。吉川真司「東大寺の古層—東大寺丸山西遺跡考—」(『南都仏教』七八、二〇〇〇)。奈良県教育委員会編『東大寺防災施設工事・発掘調査報告書』、二〇〇〇、東大寺。

(鶴見 泰寿)

転害門《てがいもん》 東大寺創建時、寺院西面に開かれた三門のうち一番北の門。天平宝字(七五七—六五)ごろの建立。国宝。一一八〇年(治承四)、一五六七年(永禄十)などの兵火により、創建時の建築がほとんど焼失するなか、法華堂や正倉院正倉とともに残った数少ない創建時の建築である。東大寺の門に相応しく巨大で、形式は三間一戸の八脚門とし、屋根は切妻造で本瓦を葺く。古代の八脚門の遺構は、本門と法隆寺東大門の二棟のみである。建立後、幾度もの修理を経て今日に至っているが、なかでも鎌倉時代の修理は大規模なもので、建物の構造・意匠を一新するものであった。それまで平三斗であった組物を出組に改造し、軒の出をひとまわり深くし、より豪壮な門となった。この改造の時期は平瓦の銘により、一一九五年(建久六)であることがわかる。この改造の目的は、修理時期が金堂(大仏殿)の落慶法要の直前であることおよび修理内容などから落慶法要での入口の門として体裁を整えるためと考えられる。

参考文献 『奈良六大寺大観』九、一九七〇、岩波書店。奈良文化財研究所編『国宝東大寺転害門調査報告書』、二〇〇三。（村田 健二）

とうだいじかいでんず 東大寺開田図 ⇨開田図《かいでんず》

とうだいじけんもつちょう 東大寺献物帳 七五六年（天平勝宝八）から七五八年（天平宝字二）にかけて、聖武太上天皇と光明皇太后ゆかりの品々が東大寺盧舎那仏に奉献された際の五巻の目録。宝物とともに納入され、正倉院北倉に伝存する。白・緑・縹《はなだ》色の麻紙に奉献の趣旨を示す願文や品目などが端正な楷書で記され、字面には天皇御璽が捺される。その筆頭である『国家珍宝帳』は、七五六年六月二十一日、聖武太上天皇の七々忌にその遺品など六百数十点を光明皇太后が奉献した際の目録である。同日奉献された約六十種の薬物の目録は『種々薬帳』と呼ばれ、所載の薬物は必要に応じて利用可能である旨を記す。第三の『屛風花氈等帳』は、同年七月二十六日に欧陽詢・王羲之の書屛風や花氈などを追納した際の目録。第四の『大小王真跡帳』は、七五八年六月一日に王羲之父子の書を奉献した際の目録で、最後の『藤原公真跡屛風帳』は、皇太后が亡父藤原不比等の真跡屛風を奉献した際の目録である。いずれも奉献の主体は光明皇太后であったことが窺われる。正倉院宝物の中核をなす北倉所属の宝物について、名称・数量・材質・寸法・技法・由緒・外見上の特徴・附属品などの詳細な情報を確認できる貴重な史料である。刊本に『大日本古文書』編年文書四、写真版に『正倉院宝物』北倉Ⅲなどがある。

参考文献 後藤四郎「正倉院雑考」（井上薫教授退官記念会編『日本古代の国家と宗教』上所収、一九八〇、吉川弘文館）。関根真隆「献物帳の諸問題」（『天平美術への招待—正倉院宝物考—』所収、一九八九、吉川弘文館）。（飯田 剛彦）

とうだいじさんかいしいしず 東大寺山堺四至図 七五六年（天平勝宝八）聖武天皇の没後間もなく制作された東大寺の寺域を定めた絵図。正倉院宝物。縦二九九センチ、横二二三センチ。麻布三幅を縫い合わせ一つの画面とし、約一四センチ間隔の朱線で方眼を区切り、大仏殿や羂索堂、千手堂など東大寺境内の堂舎や築地塀、新薬師寺、井戸、区画、道、御蓋山などの山や川などを、現地と比較可能なほどに精密に描き、注記や彩色を施す。寺域の周縁部には十の堺が記載され、画面右下には東大寺図として天平勝宝八歳六月九日の日付や大僧都良弁・左小弁・治部大輔・造寺司長官・大倭国介らの署名などが墨書される。当初は東大寺印蔵に伝来したが、鎌倉時代以降に正倉院正倉に納められ、天保年間（一八三〇—四四）の正倉修理の際に再発見され補修を受けて手向山八幡宮宝庫に納められた。明治時代に入り東大寺から皇室へ献上され正倉院宝物となった。写本が奈良国立博物館、宮内庁正倉院事務所、奈良女子大学、東大寺図書館などに所蔵される。

参考文献 岸俊男「東大寺山堺四至図について」（『日本古代文物の研究』所収、一九八八、塙書房）。吉川真司「東大寺山堺四至図」（金田章裕他編『日本古代荘園図』所収、一九九六、東京大学出版会）。（鶴見 泰寿）

とうだいじやまこふん 東大寺山古墳 奈良県天理市櫟本町の東大寺山丘陵上にある全長一四〇メートルの前方後円墳。北高塚古墳ともいう。墳丘はかなり変形しているが、埴輪・葺石が認められる。盗掘の後始末として発掘調査が行われ、後円部の大きな土坑内に長さ九・四メートル、幅二・六～三・一メートルの粘土槨があった。多くの副葬品が盗掘で持ち去られたと見られるが、それでも、鍬形石・車輪石・石釧などの石製腕飾類、鏃形・筒形・坩形などの石製品、銅鏃、鉄鏃、鉄槍、鉄刀剣、巴形銅器、革製漆塗り短甲、草摺などがあった。二十口の鉄刀の中には五口に銅製の環頭がつけられており、環内には、三葉文や、家型を表している。この内の一口の峰に、金象嵌で、「中平□年五月丙午造作文刀百練清剛上応星宿下辟不祥」との文字を刻んでいる。中平は後漢末の年号（一八四—八九）で、日本出土の金石文では最も古い紀年銘である。古墳自体は四世紀後半の築造と見られ、この刀も日本製の環頭をつけるなどして修理していることから、古く日本（倭）に輸入されたものと見られ、邪馬台国や初期大和政権にも関わる遺物である。

参考文献 梅原末治「東大寺山古墳出土漢中平銘大刀」（『大和文化研究』七ノ一一、一九六二）。金関恕「東大寺山古墳の発掘調査」（同）。（河上 邦彦）

とうだいじようろく 東大寺要録 平安時代末期成立の東大寺の縁起・諸院・所領・諸会・別当・末寺などにつき、記録・伝聞を収集編集した寺誌。奈良・平安時代の東大寺の伽藍・組織・行事・所領・末寺などを知る基本的史料。十巻。本願章・縁起章・供養章・諸院章・諸会章・諸宗章・別当章・封戸水田章・末寺章・雑事章の十章からなる。編者不明。序文には、一一〇六年（嘉承元）七月編集とみえ、さらにそれが一一三四年（長承三）に僧観厳により増補、再編された（巻十奥書）。原本は伝来せず、一二四一年（仁治二）の新禅院寛乗（聖守）書写本を、一四八五年（文明十七）僧順円が書写した写本九冊が東大寺に伝わる（ただし巻二欠）。なお寛乗書写本は、巻一・二が醍醐寺にあり、東大寺本とともに重要文化財である。版本が『丹鶴叢書』に、刊本が『続々群書類従』宗教部、筒井英俊編『東大寺要録』に収録される。（綾村 宏）

とうちゃ 闘茶 茶の味を飲み分ける中世の遊戯。鎌倉時代末期から南北朝時代における貨幣経済の進展や中国との貿易による唐物志向などの社会的な条件を背景として、飲茶勝負とも茶寄合とも称する遊びが生まれ（『花園天皇宸記』『看聞御記』など）、十四—十五世紀に大流行した。飲茶勝負は連歌会とともに中世の代表的な芸能・文芸となった反面、大騒ぎをして莫大な賭けをし、風紀上の弊害をもたらすということでしばしば禁止されたが、止むことがなかった。典型的な四種十服茶では四種の茶を出し、そのうち三種を各四包みとし、一包ずつを試飲して味を覚える。その残りの三種三包に試飲していない一種一包を足して順次十服立てその種類を当てる。このほか本茶(はじめ栂尾《とがのお》茶、のち宇治茶)と非茶(地方茶)の味を判定する本非十種茶や二種四服茶・四季茶など種々の方式があった。この茶会で使用した木札が中世遺跡から出土している。たとえば広島県福山市の草戸千軒町遺跡では、十四世紀中ごろの池から本非茶勝負や四種茶勝負などで用いたと推定される木札が発見されており、地方においても新しい文化を受容できる有徳人によって風流な茶会が催されていたことが明らかになった。

参考文献　村井康彦『茶の文化史』(『岩波新書』、一九七九、岩波書店)。広島県立歴史博物館編『遊・戯・宴―中世生活文化のひとこま―』(『広島県立博物館展示図録』八、一九九三)。広島県草戸千軒町遺跡調査研究所編『草戸千軒町遺跡発掘調査報告』II、一九九四、広島県教育委員会。

(志田原重人)

とうちん　陶枕　陶磁器の枕のこと。中国では唐時代より例がみられる。唐三彩の枕は日本にももたらされており、奈良の大安寺講堂跡からは、二百片近い大量の破片が発見されている。北宋時代末の一一〇八年に洪水により泥土に埋まった町の遺跡である河北省の鉅鹿《きょろく》では、数多くの陶枕が発見されており、実用品として広く使用されていたことが知られる。唐時代の陶枕は小型で、単純な方形のものが多いが、北宋時代になるとしだいに大型化し、豆形や如意頭形、あるいは動物をかたどったものなど、多種多様な器形があらわれる。とくに磁州窯《じしゅうよう》の陶枕の意匠は変化に富んでおり、北宋から金、元時代にかけて、掻落し、鉄絵、三彩など多彩な技法で装飾が施された陶枕が製作された。このほか、定窯《ていよう》や耀州窯《ようしゅうよう》など中国各地の窯で焼かれており、中国南部で作られた青白磁の枕もある。朝鮮半島においても、高麗時代に青磁の枕が作られている。

(今井　敦)

とうていかん　藤貞幹　一七三二―九七　江戸時代中期の考証学者。藤原が本姓であり藤とするのは通称。無仏《むぶつ》斎《さい》・蒙斎《もうさい》などと号す。一七三二年(享保十七)六月二十三日、京都仏光寺《ぶっこうじ》内に生まれ、十一歳で得度したものの数年を経て還俗した。仏理を嫌ったからといい、無仏斎の号もこれによる。京において儒学・和歌・有職故実などを学び、書画・器物・金石文などに造詣が深かった。寛政三博士の一人である柴野栗山《しばのりつざん》や京都梅宮神社《うめのみやじんじゃ》祠官の橋《はし》本経亮《もとつねすけ》、大阪の木村蒹葭堂《きむらけんかどう》らとの交友があり、裏松固禅《うらまつこぜん》の『大内裏図考証《だいだいりずこうしょう》』述作にも協力した。みずからの著作として、生前に刊行された『好古小録《こうこしょうろく》』『好古日録《こうこにちろく》』『国《こく》朝書目《ちょうしょもく》』のほか、玉器・磁器・古鏡・古鈴などの図録である『六種図考』、輿地・都城・飲饌・礼服などの項目をもつ『七種図考』などがあり、典籍文書だけでなく、はば広く歴史遺物を取り上げ考察を加えた。『衝口発《しょうこうはつ》』は独自の古代史論であったが本居宣長《もとおりのりなが》らの反発をまねいた。門人として山田以文《やまだもちふみ》がいる。一七九七年(寛政九)八月十九日没。六十六歳。

参考文献　竹居明男「藤原貞幹の古代研究」(森浩一編『考古学の先覚者たち』所収、一九八五、中央公論社)。日野龍夫『江戸人とユートピア』(『岩波現代文庫』、二〇〇四、岩波書店)。

(早川　万年)

どうどうすえきかまあと　百々陶器窯跡　渥美半島中央部の太平洋岸に近い丘陵に築かれた中世窯跡で、二基が並んでいる。愛知県田原市六連《むつれ》一本木所在。一九二二年(大正十一)に国史跡に指定。窯跡の一部は、雑木林の斜面に露出している。発掘調査が行われていないため、その実態はつまびらかでないが、窯跡の下方に広がる灰原と想定される区域に山茶碗の破片が散布しており、その型式から十三世紀前半(鎌倉時代)に作られたものと推測される。この百々陶器窯跡の周辺には、六連を中心とした浜田御園、その西方の大草には大草御園という伊勢神宮関係の荘園があったと考えられている。百々陶器窯は、これら伊勢神宮関係の荘園内での経済活動の一環として営まれていた可能性が高い。

(赤羽　一郎)

どうなんじゅうにたて　道南十二館　一六四六年(正保三)松前景広が松前氏の来歴を記した『新羅之記録《しんらのきろく》』などに、十五世紀中葉北海道渡島《おしま》半島南部、津軽海峡東部から日本海南部沿岸に存在する豪族の拠点として記された館。函館市志苔《しのり》館、箱館、北斗市茂別《もべつ》館、木古内《きこない》町中野館、知内《しりうち》町脇本《わきもと》館、福島町穏内《おんない》館、松前町覃部《およべ》館、大館《おおだて》、禰《ね》保田《ぼた》館、原口館、上《かみ》ノ国《くに》町比石《ひいし》館、花沢館をいう。本州から渡道した「和人」が、交易拠点として河口や湊を臨むところに選地したとされ、館主《たてぬし》の多くは、鎌倉時代に北条氏の代官として領して以来、夷島に勢力を及ぼしていたとされる津軽の豪族安藤氏に所縁の「季」の一字を諱に用いていることから、安藤氏との繋がりが指摘されている。後に下《しも》ノ国《くに》安藤氏宗家を襲う安藤政季は、一四五六年(康正二)秋田男鹿に移る時茂別館に弟家政を置いて津軽海峡東半(口)を守る下之国守護、大館の下ノ国安藤定季を海峡西半(口)を守る松前守護、花沢館の蠣崎《かきざき》季繁を日本海側南部を守る上之国守護としたというが、その領域や性格は明確ではない。同年から翌年の「コシャマインの戦い」で花沢館と茂別館を除く十館が陥落、以後この戦いに功のあった武田信広を婿とした蠣崎氏が台頭、後に上ノ国から松前に進出して松前氏となる。館主の出自や館の成立年代についてはそれぞれの家譜などに記されるが不明のところが多い。その廃絶もコシャマインなどのアイヌの攻撃により陥落、一族は蠣崎氏に臣従とするものが多い。十二館の内、発掘調査が行われたものは志苔・穏内・原口・比石・花沢の各館跡であるが志苔館跡以外は部分調査。十五世紀中葉の遺物を出土したのは志苔・花沢の両館跡であり、穏内館跡では十五世紀後半から十六世紀(?)の陶磁器と空壕跡、原口館跡では擦文《さつもん》土器と空壕跡、比石館跡では十五世紀末から十七世紀前半の陶磁器と空壕・墓壙などが検出され、『新羅之記録』などの記述と合致しないところもある。志苔館跡では空壕跡・掘立柱建物跡・井戸跡など、花沢館跡では空壕跡・柵跡などが検出された。志苔館跡と花沢館跡は国史跡に指定され、志苔館跡は整備公開されているが、穏内館跡は消失したとされる。十二館などの主な館跡がほぼ等間隔に存在するのは、交易圏の中心に館を築きその近くに交易所を置き館主がそれを支配したため(八巻孝夫)とされる。発展した交易拠点を掌握する過程で豪族がさらに成長し、交易圏(権益)をめぐる豪族間の抗争と、一方の交易相手であるアイヌ社会の発展の中で館が形成されたと推測されるが、十二館の興亡がアイヌとの抗争のみで説明され、蠣崎氏が松前氏に成長する必然性が強調される背景に、蠣崎・松前氏のためにする潤色が推定されるところであり、記録に残されなかったなおいくつかの館(主)の存在も推測される。

参考文献 榎森進『北海道近世史の研究』、一九八二、北海道出版企画センター。海保嶺夫『中世の蝦夷地』(『中世史研究選書』、一九八七、吉川弘文館)。『松前町史』通説編一上、一九八四。 (松崎 水穂)

どうのうえいせき 堂ノ上遺跡 奈良―平安時代の近江国庁に関連する官衙跡。勢多《せた》駅の可能性がある。大津市神領三丁目にある。国史跡。すぐ西を流れる瀬田川を見下ろす小さな独立丘陵上にある。遺跡は一段高い東地区と一段低い西地区に分かれるが、当初は瓦葺建物が両地区の広範囲に建てられていた。面的に調査された西地区においては周囲を築地塀で囲み、内部に南面する正殿、その背後に後殿、東に脇殿とみられる建物の存在が確認されている。出土遺物からみてこれらは奈良時代末から平安時代前期のもので、使用された瓦類は近江国庁と同型式のものが多く、近江国庁との関係の強さが窺われる。「承知十一年(八四四)六月」銘の瓦の存在から、西暦八四四年には瓦葺建物が確実に存在していたことがわかる。その後やや規模を縮小して掘立柱建物が同様の配置で立て直され、さらに何回か修理されて、十世紀前半ごろまでその機能を存続させたが、その後廃絶している。→近江国府《おうみこくふ》

参考文献 林博通「大津市瀬田堂ノ上遺跡調査報告」(『昭和四八年度滋賀県文化財調査年報』所収、一九七五、滋賀県教育委員会)。林博通・葛野泰樹「大津市瀬田堂ノ上遺跡調査報告」II(『昭和五〇年度滋賀県文化財調査年報』所収、一九七七、滋賀県教育委員会)。 (林 博通)

堂ノ上遺跡遺構平面図

とうのはるとうあと 塔原塔跡 大宰府条坊の南に位置する奈良時代の寺院遺跡。福岡県筑紫野市塔原字原口に所在。塔心礎は一九三九年(昭和十四)に国史跡の指定を受ける。『筑紫国続風土記』六に「十王堂址」とあり、地名の起源にふれており、古くから古瓦が採集され白鳳時代の寺院として注目されてきた。塔心礎は一九六六年の調査で動いていることを確認。花崗岩の巨石を使用し、上面に径九八センチ、深さ一一センチの円形柄《ほぞ》穴が設けられ、その中央に一辺一九・七センチ、深さ一・八センチの方形孔と、さらにその内側に一辺一三・九センチ、深さ一三・九センチの孔が穿たれている。出土遺物は単弁八弁軒丸瓦・三重弧文軒平瓦などが検出されており、共伴土器、須恵器などと時期を同じくし七世紀後半ごろが考えられている。本跡は『上宮聖徳法王帝説』裏書きにみえる般若寺伝承の遺跡として注目されており、奈良県の山田寺と塔心礎および瓦なども類似している。

参考文献 福岡県教育委員会『塔原廃寺』、一九六七。 (高橋 章)

どうのまえいせき 堂の前遺跡 山形県酒田市法連寺にある平安時代の遺跡。荒瀬川左岸の水田中に所在する。一九七三年(昭和四十八)以降の八次にわたる発掘調査により、特色ある建築部材をはじめ平安時代の遺構と遺物が検出されたことから、一九七九年に国指定の史跡となっている。遺跡は東西二四〇メートル、南北二六五メートルの溝で四周が囲まれ、南辺中央に門が確認されている。その内部からは掘立柱建物跡・礎石建物・井戸・矢板列・溝・土壙などの遺構群が発見された。柱根には直径三〇～五四センチの巨大な丸柱も多くあり、大形の建物が存在したことを証明するものである。中門にあたる八脚門も検出されている。遺跡中央部からは筏《いかだ》地業による方形建物の基壇が検出された。呪術用の木簡や石帯《せきたい》、陶磁器などの遺物も出土している。堂の前遺跡は、方形基壇の存在や建物の配置関係、筏地業に用いられた長押《なげし》や斗《ます》・肘木《ひじき》の建築部材などから、平安時代の出羽国の国分寺跡と推定する説がある。

参考文献 山形県教育委員会編『堂の前遺跡第一次調査報告書』、一九七五。同編『堂の前遺跡昭和五十三・五十四年度調査略報』、一九八〇。 (佐藤 庄一)

とうのみね 多武峰 ⇨談山神社《たんざんじんじゃ》

とうば 塔婆 死者の追善供養のために建てられる施設。梵語ストゥーパ(stupa)の音写。卒塔婆、卒都婆、単に塔とも書く。五輪塔《ごりんとう》は鎌倉時代から墓標として用いられ、のちに供養塔婆へと変わっていくが、角塔婆さらには板塔婆となって普及していく。角塔婆は五輪の最下部に文字を書く必要から長くしたもので、板塔婆はこれを平面化したものである。十三世紀には板石卒塔婆(板碑《いたび》)が緑泥片岩を産する関東・四国などに板塔婆の豪華版として

登場するが、一般民間に塔婆供養が広まるにつれ、経木《へぎ》塔婆、紙塔婆などが編み出されていく。日本における木製の塔婆はすべて葬送および追善供養を目的として展開された。種別として葬送塔婆、七本塔婆、年回塔婆、鳥獣供養塔婆、十三仏塔婆とがある。葬式とくに土葬の場合には角塔婆、火葬の場合には板塔婆が建てられる。葬送塔婆と総称される。葬儀が終わると七七日《しちしちにち》の中陰法要が続き、七本塔婆がたてられる。七本塔婆は一七日《いちしち》忌から七七日忌まで巡りきたるごとに建立するものであるが、葬儀のときにあらかじめ七本の塔婆を経木塔婆で作り、それを竹に結び付けて墓に建てて、七七日の墓参ごとに一本ずつ剝いだり折ったりする習俗もある。七本塔婆の作り方・書式など、その習俗は地方によって異なる。年回塔婆は回忌ごとに建てられるが、一般的に三十三年忌は最終年忌で、弔い上げ・問い切り・問い上げ・問い納め・まつりじまいなどと呼ばれ、死者の霊が祖霊に移行する依代《よりしろ》として枝葉の付いたウレツキ塔婆が建てられる。その習俗神籬《ひむろぎ》の成立には、古代から神籬を建てて神霊をまつる依代とした伝統の影響がみられる。最終年忌を五十年忌としている地方もある。十三仏塔婆は死者の追善供養が初七日に始まり三十三年忌の弔い上げに至るまでの間に配当された十三の仏を祀るもので、その信仰は中世以降の成立と目される。密教系寺院の多い関東地方では葬式の日に六角塔婆とともに十三仏を書いて、三日目の墓参に建てる風習があり、これを十三仏塔婆といっている。

参考文献 圭室諦成『葬式仏教』、一九六三、大法輪閣。五来重『葬と供養』、一九九二、東方出版。

（藤井　正雄）

どうはん　同笵　型作りの製品群において、同じ型（笵）で作った事実を認識するための用語。金属器・ガラス製品の場合は同じ鋳型で鋳造した製品同士、瓦や塼《せん》仏の場合は同じ木型や粘土型・石膏型から型抜きした製品同士を同笵品と認識する。「型」には型式・原型の意味もあるので、小林行雄が三角縁神獣鏡の研究において同笵概念を強調した。すなわち、全く同じ紋様の三角縁神獣鏡が、同じ原型から作った複数の鋳型による製品群（同型鏡）ではなく、同じ鋳型で作った同笵鏡であると主張したのである。木や石を彫成した笵ならば、同じ笵はただ一つしかないので、同笵品の認定は比較的たやすい。さらに同笵品は、笵の耐用年数の範囲内で「同時代」であり、笵傷など笵の消耗度を抽出すれば、「同時代」内での時期差が確定する。しかし、粘土や石膏・鋳物など可塑性に富んだ素材でできた笵は、別に原型があれば瓜二つの笵を容易に製作でき、同笵か同型か区別するのは容易ではない。さらに、製品自体を原型に新たな笵を起こすこと（踏み返し）も可能なため、酷似品が「同時代」である確証さえない。塼仏研究においては、一つの原型に由来する同笵品・同型品・踏み返し品をふくめて同原型資料と呼ぶ。鏡などの鋳造遺物においては、現在、同笵・同型・踏み返しの区別を個別に進めているが、瓦研究においては、軒瓦の紋様笵が古代・中世を通じておもに木型のため、比較的安易に「同笵」と呼ぶことが多い。しかし、近代瓦の笵には石膏型が多いので、同笵概念を濫用しないように注意する必要がある。

参考文献 小林行雄『古鏡』、一九六五、学生社。大脇潔「塼仏と押出仏の同原型資料」（『MUSEUM』四一八、一九八六）。

（上原　真人）

どうばん　幢幡　朝賀や即位などの宮廷儀式や仏堂の荘厳に用いる装飾用の旗類のこと。幢は幡鉾のことを指し、竿柱の上部に宝珠、伏輪、九輪などで装飾したもの。和訓は「ハタホコ」（『類聚名義抄』）。幡は軍陣の標識、宮廷儀式や祭祀儀礼の装飾用として、あるいは仏教の荘厳具などとして種々使用された旗のことである。和訓「波太（ハタ）」（『和名類聚抄』）。元日朝賀、即位儀に大極殿の前に銅烏幢、日像・月像の幢、青龍・朱雀・玄武・白虎の四神幡を立てて威儀を高めていたことは『延喜式』『文安御即位調度図』などから知られ、特に『続日本紀』大宝元年（七〇一）正月元日条にみえる藤原宮での幢幡記事は有名であり、平城宮跡、長岡宮跡では四神幡を含む幢幡七基を据えた遺構が見つかっている。また、六角形や八角形の天蓋に幢や幡を取り付けたものも幢幡という。

参考文献 橋本義則『平安宮成立史の研究』、一九九五、塙書房。

（山下信一郎）

どうばんきょう　銅板経　平安時代に流行した経塚の一種で、縦二一センチ、横一八センチ、厚さ〇・三センチほどの銅板に経文を刻字し、銅筥に入れて埋納する。平安時代の類例としては、福岡県豊前市求菩提《くぼて》山経塚、大分県豊後高田市長安寺経塚、福岡県添田町英彦《ひこさん》山経塚の三例が著名。求菩提山では中腹の普賢窟から大永年間（一五二一—二八）に、康治元年（一一四二）銘の銅板経三十三枚と銅経筥が発見された。銅板経は一行十七文字、上下二段各三十行に刻まれ、法華経全二十八品が完全に残る。銅筥は銅板六枚を鋲留めで組み合わせ、正面背面の二面に阿弥陀三尊を、側面に四天王像を線刻する。一一四二年九月二十四日に書写が終り、同年十月二十一日に供養を終了し埋納された。長安寺銅板経は地元長安寺に十九枚のほか、東京国立博物館、五島美術館、岡山妙覚寺に各一枚が残される。大きさ規格は求菩提山銅板経とほぼ同じで、経筥も四枚が長安寺に残る。一一四一年（永治元）の造営である。英彦山銅板経は現存しないが『彦山流記』に記録があり、一一四五年（久安元）の造営である。これら三銅板経には、宇佐宮御馬所検校でかつ細工者である紀重永が関与している。また求菩提山銅板経には求菩提山山内の経塚造営に関与した隆鑒や行賀などの僧侶が参加しており、在地の鋳物師や山内の僧侶の多くが参画した造営であることがわかる。

参考文献 『北九州市立歴史博物館研究紀要』一、一九七九。

（杉山　洋）

とうばんけいちゅうせいすえき　東播系中世須恵器　旧播磨国東部地域に分布する神出《かんで》古窯跡群(神戸市)・三木《みき》古窯跡群(三木市)・魚住《うおずみ》古窯跡群(明石市)などで、平安時代後期から室町時代にかけて生産された須恵質の焼きもの。神出古窯跡群は十一世紀後半—十三世紀、三木古窯跡群は十二世紀、魚住古窯跡群は十二世紀末—十五世紀前半と、それぞれ主たる活動の時期を異にしているが、製品の形質的類似性が高く、消費遺跡の出土品からは生産窯を特定することが難しい。このため、一括して「東播系中世須恵器」もしくは「東播系須恵器」と呼称される。十一世紀代には、碗を中心に皿・壺・甕・鉢に加えて屋瓦など多様な製品がみられるが、十二世紀以降は壺・鉢の専業的生産へと向かう。十三世紀後半ごろには鉢が主力製品となったが、十五世紀には備前焼《びぜんやき》に押される形で生産が衰微した。製品の流通は、瀬戸内を中心とした西日本地域に濃密であるが、京都でもかなりの量が出土しており、東は関東地方へも及んでいる。

参考文献　森田稔「東播系中世須恵器生産の成立と展開—神出古窯跡群を中心に—」(『神戸市立博物館研究紀要』三、一九八六)。兵庫県教育委員会埋蔵文化財調査事務所編『神出窯跡群』(『兵庫県文化財調査報告』一七一、一九九八)。同編『久留美・跡部窯跡群』(『兵庫県文化財調査報告』一八六・『山陽自動車道関係埋蔵文化財調査報告』三〇、一九九九)。　(尾野　善裕)

とうふくじ　東福寺　京都市東山区本町十五丁目にある臨済宗東福寺派の大本山。山号は慧日山。一二三七年(嘉禎三)、前摂政九条道家の発願により、道家の別邸月輪殿の西隣地に建設が始まり、一二四三年(寛元元)には宋から帰国した円爾《えんに》を開山に迎えた。南都の東大・興福両寺の各一字を取り「東福寺」の寺号が与えられた。寺域は、西は法性寺大路(伏見街道)を限り、一之橋(東山区本町十一丁目)より南、稲荷山の北の山裾に広がる。一二五〇年(建長二)の「九条道家惣処分状」によれば仏殿・法堂・二階楼門・二階鐘楼・廻廊・僧堂・衆寮・方丈・庫裏・五重塔婆・経蔵などがあった。仏殿の本尊は五丈の釈迦如来坐像で、俗に「新大仏」と称された。創建時の建物の多くは鎌倉時代末から南北朝時代の数度の火災に失われたが、直ちに復興が企てられ、一三四七年(貞和三)には仏殿の再建が成った。中世の伽藍の景観は寺蔵の「東福寺伽藍図」(重文)にうかがうことができる。京都五山の第四位として、中近世を通じ、歴代の権力者の外護を得てその規模を維持したが、一八八一年(明治十四)に仏殿・法堂・方丈・庫裡を焼失、これらの堂舎は近代の再建にかかる。室町時代前期の再建になる三門は国宝。重文は禅堂・東司・偃月橋・三聖寺愛染堂・鐘楼・浴室・月下門・二王門・六波羅門・十三重塔・常楽庵(八棟)。円爾が宋から将来した無準師範像、無準師範筆の禅院額字並牌字、宋版太平御覧(いずれも国宝)をはじめ、多数の文化財を所蔵する。境内外に多数の塔頭を擁する。第三世無関普門の住房であった龍吟庵(方丈(国宝)・庫裏・表門(重文))のほか、海蔵院、願成寺、桂昌院、正覚庵、永《よう》明《めい》院、栗棘《りつきょく》庵、霊雲院、霊源院などがある。なお、境内にある万寿寺は五山の第五位として現在の万寿寺通高倉にあったが、近世になって移転してきたものである。

参考文献　白石芳留編『東福寺誌』、一九三〇、大本山東福禅寺。　(田良島　哲)

とうほくれきしはくぶつかん　東北歴史博物館　特別史跡多賀城跡・多賀城廃寺跡に近い宮城県多賀城市高崎に所在する県立の人文系博物館で、一九九九年(平成十一)に開館。鉄筋コンクリート造、延床面積は約一・五万平米。一九七四年(昭和四十九)開館の東北歴史資料館を継承発展させたもので、特に生涯学習支援の機能が強化された。一階の展示ゾーンには、現代までの東北地方の歴史を紹介する「総合展示室」(中に「多賀城とその周辺」などのコーナー有)、館蔵資料を随時公開する「テーマ展示室」、民俗行事をビデオで上映する「映像展示室」、「特別展示室」があり、三階の無料ゾーンには、映像や体験で歴史に親しむ「こども歴史館」、図書など各種情報を公開する「図書情報室」がある。このほか屋外には近世の古民家を移築した「今野家住宅」がある。収蔵品は考古・民俗・文書・美術工芸などの資料で、考古については多賀城跡・多賀城廃寺跡の出土品をはじめ県が調査した遺跡の資料が一括保管されている。　(髙野　芳宏)

どうまる　胴丸　十三世紀後半以降に成立した歩兵用の新しい甲。筒丸とも。背中引合《ひきあわせ》(背割れ様式)で草摺《くさずり》七間の構造で、本来は付属具はなかった。それが、十五世紀以降、腹巻《はらまき》に倣い、両胸に杏葉《ぎょうよう》を加え、筋冑《すじかぶと》と両袖を具備した三物完備《みつものかんび》となり、さらに背中の引合の間隙を覆う背板《せいた》までが成立した。かかる背中引合・草摺七間の甲は現在では腹巻といい、右引合・草摺八間の甲を胴丸という。これは戦国時代の混乱のなかで腹巻と胴丸の名称と構造の対応関係が逆転したためである。この点は、腹巻の初見が一一〇七年(嘉承二)ごろの『僧頼源解』という文書で、右引合・草摺八間の甲は、平安時代末期の『伴大納言絵巻』にすでに見え、鎌倉時代にさかのぼる遺品も伝世するのに対し、胴丸の初見は、日蓮の『種々御振舞御書』文永八年(一二七一)九月十二日条で、絵画でも背中引合の甲は、一三二三年(元亨三)の奥書がある『拾遺古徳伝絵』などからみえ、遺品も十四世紀以降のものしかない点などからわかる。

参考文献　鈴木敬三「腹巻の名称と構造」(『国学院雑誌』六三ノ一〇・一一、一九六二)。同「腹巻・胴丸・腹当考」(『国学院高等学校紀要』一六、一九七六)。　(近藤　好和)

とうみょう　燈明　神仏に供える燈火。油火と蠟燭《ろうそく》がある。油は神仏に捧げるもののため、動物性のものは使わず、菜種、荏胡麻《えごま》などの植物性のものを使う。燈明皿に油を入れ、燈心をひたして燃やす。皿は古くはかわらけとよぶ素焼きの土器だったが、後には陶器、磁器になる。

飛鳥・奈良時代の寺院跡からは、下が棒状になっている燈明皿も出土している。燈明皿のまま供えるほか、燈台・釣燈籠・台燈籠としても供える。蠟燭も奈良時代には大陸から輸入した蜜蠟の蠟燭が使われるようになるが、非常に貴重であったため、社寺で蠟燭を使うようになるのは、蠟燭の国産が進む鎌倉時代の末ごろからである。それでも江戸時代まで蠟燭は貴重品だったため、燈明用としてももっぱら油が使われた。蠟燭の材料には漆・櫨《はぜ》が多く用いられ、蠟燭も燭台・釣燈籠・台燈籠で供えた。明治以降パラフィンやステアリンを原料とした西洋蠟燭が安価に出回るようになったが、神仏用には和蠟燭を用いることも多い。（小泉　和子）

どうやくぼし　道薬墓誌　佐井寺《さいじ》の僧、道薬の墓誌。材質は銀製で、縦一三・七センチ、横二・二センチを測る。銘文は、表一行（下半を割書とする）、裏一行で、計三十二文字を薬研彫《やげんぼり》している。内容は、族姓大楢君《おおならのきみ》素止奈《そとな》の孫である道薬が、和銅七年（七一四）二月二十六日に死去したことを記す。一九五八年（昭和三十三）に奈良県天理市岩屋町において、薬壺形須恵器の蔵骨器とともに出土した。蔵骨器の内外面には丹を塗った痕跡が残る。現在奈良国立博物館が所蔵する。重要文化財。→墓誌《ぼし》

［銘文］（表）佐井寺僧道薬師（族姓大楢君／素止奈之孫）

（裏）和銅七年歳次甲寅二月廿六日命過

［参考文献］奈良国立文化財研究所飛鳥資料館編『日本古代の墓誌』、一九七九、同朋舎。奈良国立博物館編『発掘された古代の在銘遺宝』、一九八九。（古尾谷知浩）

どうろいこう　道路遺構　通常、発掘調査によって検出された道路を指す。律令期の官道の道路遺構は、駅路と伝路に分類されるが、駅路は、奈良時代には九もしくは一二メートル幅のものが多く、平安時代に入ると六メートルに狭まる場合がある。一方、伝路は六メートル幅のものが多い。これらは丈（約三メートル）単位で設計されたと見られる。道路の構造は、原則として両側溝を持ち、路面は踏み固めた程度で特に舗装は行われないが、低湿地では砂利や土器の砕片を敷いたものもある。また、波板状の硬化面を持つものも多い。駅路の場合、平野部では独立丘陵などを目標としてできるだけ直線的に設計された。これらは、発掘調査を行わなくても、空中写真の検討などにより遺構の存在を推測できる場合がある。最近では、中世の道路遺構も各地で検出されるようになってきたが、道幅などにかなりの多様性がある。また近世の街道の発掘例もあるが、それらの類型化はまだなされていない。

［参考文献］古代交通研究会編『日本古代道路事典』、二〇〇四、八木書店。藤原良章編『中世のみちを探る』、二〇〇四、高志書院。（木本　雅康）

とうろう　燈籠　仏堂の前に立て献燈する用具で、古代に大陸から伝来した。鉄製・青銅製・石製などがあり、釣燈籠と台燈籠（置燈籠）とに分けられる。古代から中世の寺社の軒先に吊るす釣燈籠は信仰・祈願のために寄進されたものであり、形態は円形・六角形が普通であった。のちに一般の邸宅に装飾調度として用いられるようになった。台燈籠には、金銅製・石製・木製がある。東大寺大仏殿（奈良市）前の金銅製燈籠、当麻寺《たいまでら》（奈良県当麻町）の石燈籠はともに奈良時代のもので、現存する最古の燈籠とされる。飛鳥寺（明日香村）や山田寺跡（桜井市）の発掘調査で、金堂に付随する石敷参道などから燈籠の台石が確認されている。当初、石燈籠は寺院のみに用いられたが、のちに神社への献燈用としても使われる。茶の湯が盛んとなる安土桃山時代には、茶庭が作られ、庭園に社寺の石燈籠を移すのみならず、織部燈籠・雪見燈籠など茶人により新しい形の燈籠が作られるようになった。近世の港には燈台役割としての高燈籠がある。（浅野　晴樹）

どうわん　銅椀　銅合金を鋳型に流してつくった椀。椀の古訓は「まり」すなわちまるいものであり、古代の史料では金属製椀をとくに「鋺」と書き、「かなまり」と読んだ。古代の鋺には金・銀製もあるが、銅合金が多い。史料で最も一般的な銅合金は「白銅《はくどう》」だが、「迊羅《さふら》（鈔羅）」「鍮石《ちゅうじゃく》」「金銅」などもみられる。白銅は、史料や実際の材質分析によると、標準的な銅と錫《すず》の配合比が約八〇～八五%と約一五～二〇%で、若干のヒ素や鉛を含む例があり、やや白味をもつ。迊羅は『正倉院文書』の「買新羅物解」に白銅と区別して記され、鈔羅は承平年間（九三一―三八）に撰進された『和名類聚抄』にあり、「新羅金鋺」のことかとしている。現在朝鮮半島で容器を「サバル」と発音するのはその名残りで、日本では佐波理《さはり》の語を用いている。佐波理は、かつては銅が主で錫と鉛が数%とされていたが、現在は白銅と配合比が近いものの、熱処理をして削り仕上げなどの加工をし易くしたものと考えられている。白銅と異なって黄味が強く、金製品に似ている点が特色。鍮石は銅と亜鉛を主成分とする真鍮《しんちゅう》とする見方が強い。色は黄味を帯び、加工のし易さが利点。金銅は銅に鍍金《ときん》したもの。鋺は、中国では前漢代にかなり普及し、明・清時代にも使用。朝鮮半島では五・六世紀から出土例が増加し、高麗・朝鮮時代を経て現在も日常的に使用。日本では六世紀前半の古墳から出土しはじめ、平安時代にも処々で用いられたことがわかるが、中世に入ると寺院で密教法具（二器《にき》・六器《ろっき》など）以外ほとんどすたれてしまう。その背景には、平安時代前半に金属器指向から陶磁器指向への変化もあった。日本の古墳からはこれまでに約百二十点の鋺が出土。初現の六世紀前半には受け皿（承盤）を伴う小型の台付鋺が九州に登場し、六世紀中ごろ―後半には畿内の古墳に丸底や平底の無台鋺も出現。六世紀末―七世紀前半になると、蓋・承盤を伴う高台付鋺やワイングラス状の高脚付鋺も出揃い、関東までの広い範囲にひろがる。寺院からの出土品は多くはないが、法隆寺には七世紀前半から八世紀に及ぶ伝世品もあり、正倉院に比肩できる。七四七年（天平十九）につくられた『法隆寺資材帳』『大安寺資材帳』をはじめ

として、平安時代までの諸寺の資材帳は、多くの鋺を所有していたことを記す。宮殿・役所では藤原宮、集落では関東地方の奈良・平安時代の竪穴住居跡などからの出土例がある。『法隆寺資材帳』『大安寺資材帳』では、仏や僧に供えた食膳具一式として白銅製の鉢一口、多羅《たら》(皿)二口、鋺(鋎《かん》)七口、鉗《かん》(箸)一口、鈚《へい》(匙)一口を記す。鉢は托鉢などに用いたり食物を盛ったりする、口径約二一センチ、深さ約一二センチの大型品、多羅も口径約二一センチ、深さ約三センチの大型品である。鋺は口径一七～一五センチまで大中小の三種がある。別項に「飯鋺」の記述があり、蓋を伴うものがあることから、比較的大型の高台付鋺がそれにあたる。平安時代の史料には、飯鋺よりやや法量の小さなものとして「水鋺」「汁鋺」「羹《あつもの》(肉汁)鋺」などがある。詳細は不明だが、中国では無台鋺に匙を入れたものがありこれが水・汁用と推定できよう。口径が一〇センチ前後の小型の高台付鋺は、寸法からすると史料上の「盞《さん》」(杯《つき》)などにあたり、酒や湯・茶に用いた可能性もあるが、なお検討を要する。高脚付鋺の用途はまだ明らかでない。金属製の食器を用いること、それに箸と匙を使用することは、六世紀末から七世紀初頭における飛鳥寺の建立を契機として、僧尼の生活に取り入れられたとみて誤りがない。他方、六世紀前半の古墳から鋺が出土することは、仏教文化とは別個に、一部の豪族層が中国や韓半島の生活様式を取り入れた可能性を示す。七世紀の鋺は、古墳・寺院を除くとほとんど出土していないため、仏器とみる説もある。ただしこの時期には、都のあった飛鳥のほか、広い範囲で鋺を模した土器が製作されることから、鋺はすでに有力者の食器として受容されていたとする説が有力になりつつある。

参考文献 正倉院事務所編『正倉院の金工』、一九七六、日本経済新聞社。毛利光俊彦「古墳出土銅鋺の系譜」(『考古学雑誌』六四ノ一、一九七八)。西弘海「土器様式の成立とその背景」(小林行雄博士古稀記念論文集刊行委員会編『考古学論考』、一九八二、平凡社)。毛利光俊彦「鋺の系譜」(『古代史復元』八、一九八九、講談社)。同「青銅製容器・ガラス容器」(石野博信他編『古墳時代の研究』八所収、一九九一、雄山閣)。成瀬正和「正倉院佐波理のX線分析調査」(足立和成他編『文化財探査の手法とその実際』、一九九九、真陽社)。

(毛利光俊彦)

とおとうみこくぶんじ 遠江国分寺 七四一年(天平十三)の聖武天皇の詔を受けて諸国で建立された国分寺の一つ。別称遠江国分僧寺。全国の国分寺のなかで最も早く調査がなされ、指定・公有化がなされた遺跡。国特別史跡。静岡県磐田市見付町所在。JR磐田駅の北方約一キロ、市街地の中央に位置。東側に旧東海道が南北に走る。一九五一年(昭和二十六)、石田茂作により調査がなされ、金堂・塔に加え、講堂・廻廊・中門・南大門・土塁が検出された。廻廊の発見はそれまで未知のもの。廻廊の西外方に塔が建つ東大寺式伽藍配置をとる。寺域は六百尺(一八〇メートル)四方と推定されたが、近年の調査で南北は二五四メートルと訂正され、また、土塁跡についても築地塀であることが確認されている。軒丸瓦と軒平瓦の組み合わせは大きく三分類される。瓦窯跡は掛川市清ヶ谷古窯跡群に求められる。国分尼寺跡は僧寺の二五〇メートル北に講堂・金堂が確認されている。僧寺の伽藍中軸線の延長線に相当。尼寺跡では僧寺創建期の瓦は少なく、僧寺に遅れて整備されたと推定される。→国分寺《こくぶんじ》

資料館 磐田市埋蔵文化財センター(静岡県磐田市)

参考文献 平野和男編『遠江国分寺の研究』、一九六二、磐田市教育委員会。『静岡県史』通史編一、一九九四。静岡県埋蔵文化財調査研究所編『遠江国分寺跡の調査』、一九九五。

(佐藤　正知)

とおとうみのくに 遠江国 静岡県西部、大井川以西の旧国名。東海道に属す。国名は琵琶湖の近江(近淡海)に対し、浜名湖あるいは大の浦を遠淡海と呼んだことに由来。『国造本紀』に遠淡海国造、久努国造、素賀国造の三国造がみえる。また、国郡制に先行する評制段階の資料に渕評・駅評(伊場木簡)、荒玉評・長田評(藤原宮木簡)、城飼評(『土方氏系図』)がある。『延喜式』には上国とみえ、延暦年間(七八二―八〇六)に大国から上国に変化したと考えられる。国府ははじめJR磐田駅の南、御殿二之宮遺跡付近に置かれた。大型の掘立柱建物がL字形に配置され、木簡や墨書土器、奈良三彩などが出土している。平安時代中ごろに見付に移転。中世以後、守護所も置かれ、宿町へと発展する。北西丘陵上に一の谷中世墳墓群遺跡を形成。総社、淡海国玉神社。令制当初には浜名・敷智・引佐・麁玉・長田・磐田・周智・佐益・城飼・蓁原の十郡が置かれたと推定され、のち、七〇九年(和銅二)に長田郡が二郡に分割(長上・長下)、七二二年(養老六)佐益郡八郷を割いて山名郡が置かれ、八八一年(元慶五)に磐田郡から山香郡が分置され十三郡となった。豊田郡は磐田郡から分置された郡で十一世紀後半までには成立していた。国分寺と尼寺も磐田市に所在。国分寺に先行する寺院として木船廃寺跡(浜松市)、大宝院廃寺跡(磐田市)、寺谷廃寺跡(同)、竹林寺廃寺跡(島田市)などがある。岩室廃寺跡(磐田市)は成立に国府や国分寺の関与が想定されており、中世には墳墓群を形成。大知波峠廃寺跡(湖西市大知波)は三河との国境をなす湖西連峰に位置する平安時代の山林寺院。『三代実録』貞観五年(八六三)八月二日条には頭陀寺(浜松市)を定額寺とするとの記事がある。郡家の所在地がほぼ判明しているのは敷智郡(浜松市伊場遺跡群)、引佐郡(浜松市井通遺跡)、佐益郡(袋井市坂尻遺跡)などである。郡家は水陸交通の要衝に位置し、分散したあり方を示すのが特徴。『延喜式』にみえる駅家とその推定地をあげると、猪鼻(新居町)―栗原(伊場遺跡群)―□摩(磐田市今之浦)―横尾(掛川市)―初倉(島田市宮上遺跡周辺)である。天竜川の河畔に位置する池田宿(磐田市)、浜名湖畔の橋本宿(新居町)、菊川宿(島田市)などは平安時代末には史料にみえる。牧之原台地とその

周辺には白羽牧、質侶牧、相良牧、笠原牧などの牧が発達した。そしてその周辺部から相良・勝間田・新野・横地・内田などの武士団が輩出した。平安時代の荘園には質侶牧を母体として発展した円勝寺領質侶荘や河川下流域に成立した八条院領初倉荘、松尾社領池田荘などがあり、伊勢神宮の御厨も多く置かれた。遠江は南朝方の拠点の一つで宗良親王が井伊谷(浜松市)に入り、内田氏や横地氏と戦闘をくり返した(守護は今川範国)。室町時代、守護は斯波氏が世襲。横地氏らは幕府の奉公衆を勤めた。今川氏親が斯波氏を追い、領国支配を実現するが、一五六〇年(永禄三)、桶狭間の戦いで義元が討たれると今川氏は急速に衰退。徳川家康は居城を浜松城に遷し、武田信玄・勝頼との間に高天神城の争奪戦をくりひろげた。勝頼が長篠合戦で敗北すると、家康の優位性は決定的となり、諏訪原城、二俣城、犬居城を攻略し、一五八一年(天正九)、高天神城もついに陥落させた。一五九〇年、家康の関東移封により豊臣系大名が配置され、浜松城に堀尾吉晴、掛川城に山内一豊が入った。幕藩体制下、浜松藩・掛川藩・横須賀藩・相良藩は幕末まで存続。いずれも十万石に満たない藩で、天領も多かった。東海道の宿駅は遠江に九宿が置かれ、見付宿あるいは浜松宿から分岐して気賀・三ヶ日・嵩山を通り御油宿で合流する本坂道(姫街道)は脇往還として利用された。遠江は杉浦国頭や賀茂真淵・内山真竜など多くの国学者を輩出し、真竜の『遠江国風土記伝』は地誌研究への貢献大である。

参考文献 『静岡県史』通史編一—四、一九九四—九七。

(佐藤　正知)

遠江国略図

とかちオコッペいせき　十勝オコッペ遺跡　太平洋に面する海岸台地上に分布する擦文時代の集落跡。北海道十勝地方の十勝郡浦幌《うらほろ》町字昆布刈石《こぶかりいし》にある。道史跡。一九三五年(昭和十)に、郷土史研究家の斎藤米太郎が十八の竪穴住居跡を発見し、報告している。のちに、その存在は忘れられたが、一九七一年に周辺地域の草地造成が計画され、事前の遺跡分布調査により再発見された。発見当時、竪穴住居跡は十八あったといわれるが、現在は小さなものも含めると二十の窪地を視認することができる。竪穴住居跡はいずれも方形で、台地先端部のものには周囲に掘り上げた盛り土も観察することができる。台地の先端部に七、台地の頂上から奥にかけて十三が分布し、細かくは五群に分けられるという。数棟単位で複数時期にわたって形成されたものと推測される。発掘調査は行われていないので、出土品はない。また、詳細な時期も不明である。

参考文献　後藤秀彦・佐藤訓敏「十勝オコッペ遺跡について」(浦幌町郷土博物館編『浦幌町郷土博物館報告』二八、一九六六)。　(畑　宏明)

とかちホロカヤントーたてあなぐん　十勝ホロカヤントー竪穴群　太平洋に隣接するホロカヤントー湖の東北岸、段丘上にある擦文時代の集落跡。北海道十勝地方の広尾郡大樹《たいき》町字晩成《ばんせい》にある。道史跡。ホロカヤントー湖は、縄文海進の痕跡として海岸に取り残された湖である。付近の海岸線には、同じように形成された生花苗《おいかまない》沼、湧洞《ゆうどう》沼、長節《ちょうぶし》湖などがある。竪穴住居跡は、標高約一五メートルの段丘上に、湖岸に沿って約二キロにわたって分布している。その数は百数十といわれるが、正確な数は把握されていない。地表からの観察によれば、竪穴の形状は一辺約五メートル前後の方形のものが多く、深さは五〇センチから一メートルある。発掘された四ヵ所の竪穴は、いずれも四本柱で中央部に炉が確認されている。北西ないし北東部に出入り口があると報告されているが疑わしい。また、竈は見つかっていない。矢羽状刻文の擦文土器片、錘と見られる扁平小円礫、円形スクレイパー、鉄器片などが出土している。

参考文献　大樹町教育委員会編『大樹遺跡』、一九六五。　(畑　宏明)

どき　土器　⇩焼物《やきもの》

とぎやまいせき　伽山遺跡　大阪平野南部の石川谷に面した丘陵上に位置する古墳時代から中世に至る複合遺跡。大阪府南河内郡太子町太子に所在。掘立柱建物と奈良時代の墳墓などを検出した。掘立柱建物は、北を掘割り、西を掘立柱塀により区画されるもので、三面に庇《ひさし》をもつ大型建物を中心として、その周囲に建物が配置される。六世紀後半から七世紀前半の豪族の居宅と考えられる。奈良時代の墳墓は、凝灰岩の切石を立て並べて石室としたもので、床面には木炭を敷く。そして、木棺を置いた後、再び木炭を詰めこむ。内部から銀銙帯《ぎんかたい》と刀子が出土した。銀銙帯は、革帯こそ残らないが、鉸具《かこ》一、巡方《じゅんぽう》四、丸鞆《まるとも》六、鉈尾《だび》一の計十二点が原位置を保って出土した。凝灰岩を使用し、石室形態をしていることから八世紀前半のものと推定される。

資料館　大阪府立近つ飛鳥博物館(大阪府南河内郡河南町)

参考文献　大阪府教育委員会編『伽山遺跡発掘調査概要』I・II、一九八一・八二。　(林部　均)

ときょう　斗栱　⇩組物《くみもの》

ときわこうえん　常磐公園　水戸市常磐町一丁目にある公園。偕楽園・桜山・丸山を合わせて常盤公園とし国指定史跡・名勝となる。偕楽園は水戸藩主徳川斉昭《なりあき》の発案によって一八四二年(天保十三)に開園している。この園の目的は、園内にある『偕楽園記』によると「弓に一張一弛《し》ありて恒《つね》につよく、馬に一馳一息ありて恒に健やかなり。弓に一弛なければ則《すなわ》ち必ず撓《たわ》み、馬に一息なければ則ち必ずたおる。これ自然の勢いなり」と、余暇を使うゆとりの場所としたものである。この碑文は『弘道館記』と一対となる。庭園には飢饉と軍備の用のため、数千株の梅の木を植え、好文亭を建てている。好文亭は詩歌・揮毫《きごう》・管弦・茶席・活花など藩主をはじめ藩士たちが利用し、毎月三日・八日・十三日・十八日・二十三日・二十八日の三と八の付く日は一般の入園が許可され、詩歌・音楽・書画・茶道などの催しものが許可されている。しかし、武士と一般庶民、男と女、領民と他領の者の区別はされていた。

参考文献　加川雍子「偕楽園」(茨城地方史研究会編『茨城の史跡は語る』所収、一九六九、茨城新聞社)。　(阿久津　久)

ときわばしもん　常盤橋門　日本橋本町一丁目(東京都中央区)と大手前(東京都千代田区)を結ぶ江戸城外郭門。架橋は一五九〇年(天正十八)とされ、一六二九年(寛永六)に出羽・奥羽地方の大名により修築された。国指定史跡。桝形形式は曲輪《くるわ》内に埋め込まれた入枡形で、江戸城では最も多い右折桝形の一つであり、桝形内部の規模は十四間×十五間(二五×二七メートル)で二百十坪である。別名浅草口ともいって日光道中への起点であった。橋の規模は長さ十六間・幅六間と江戸時代初期両国橋架橋以前は江戸最大の規模であったため、徳川家光《とくがわいえみつ》のころまでは大橋と呼称されていた。『御府内備考《ごふないびこう》』によると「色かへぬ松によそへて東路の常磐(盤)の橋にかかる藤なみ」(『金葉和歌《きんようわか》集《しゅう》』)から寛永年間(一六二四―四四)に家光の時に橋名を常盤橋と改名したという。現在の石橋は一八七七年(明治十)に木橋から架け替えられたものである。

参考文献　大熊喜邦「常盤橋見附の今昔」(『建築工芸叢誌』一五、一九一三)。東京市編『東京市史稿』橋梁篇一・二、一九三六・三九。中川徳治『江戸城の歴史地理』、一九六六、小峰書店。大熊喜邦『江戸建築叢話』(『中公文庫』、一九八三、中央公論社)。　(亀田　駿一)

ときん　鍍金　金属の表面に、別の金属を付着させる技法。「めっき」ともよむ。主に金や銀、錫が付着される金属で、地となる材質は銅、銀が多い。また、鉄には金・銀とも鍍金できない。鍍金の方法には、箔鍍金とアマルガム鍍金がある。箔鍍金は、鍍金する器面に水銀を塗り、その上に金・銀箔をのせ、上から加熱して水銀を蒸発させて金・銀を付着させる方法で、アマルガム鍍金は、水銀に金・銀を混ぜてアマルガムを作り、それを器面に塗り、熱を加えて金・銀を付着させる技法である。このほか、水銀を使用せず、漆で金・銀箔を接着させる漆箔法もある。アマルガム鍍金法は、古墳時代の大刀外装、装身具、馬具などに盛んに活用されており、五世紀には日本でも、この技術は取得されていたと考えられる。奈良時代には仏像を金色相にするために、銅仏は必ずといってもよいほど鍍金が施された。また仏教用具も同様に金鍍金されたものが多い。奈良時代の資財帳ではこの銅に金鍍金したものを「金銅」、「金泥銅」と記している。東大寺大仏を鍍金するのには、『東大寺要録』によれば金が一万四百三十六両(四三七・七キロ)、水銀五万八千六百二十一両(二四五八・六キロ)を使用したと記されている。錫鍍金が用いられているのは、平安時代からの鏡で、顔を写す鏡背に施された。また懸仏の鏡板の鍍金も錫が多い。→金銅《こんどう》 (原田 一敏)

とくがわじっき　徳川実紀　江戸幕府の初代将軍徳川家康から十代将軍家治までの在任期間における出来事や幕政・人事・行事を記録した、幕府による史記。総目録に記載された全冊数は五百十七冊。林大学頭(述斎)が本書の作成を建議し、成島司直《もとなお》らが編纂にあたった。一八〇九年(文化六)に編纂が開始され、一八四三年(天保十四)に完成している。『徳川実紀』は近代以降の通称で、もともとは単に『実紀』と称されていた。将軍一人ずつで編が分けられ、たとえば、家康については『東照宮御実紀』、秀忠については『台徳院殿御実紀』のように、各編のタイトルには将軍の諡名が冠されている。史料を忠実に記載する方針がとられていて、現在、近世史研究の最も基本的な文献の一つである。なお、十一代将軍家斉から十五代将軍慶喜の在任期については『続徳川実紀』の編纂が進められるが、家斉の代の『文恭院殿御実紀』を除くと稿本の体裁のままである。刊本には『徳川実紀』『続徳川実紀』(『(新訂増補)国史大系』三八—五二、吉川弘文館)などがある。

参考文献　福井保『江戸幕府編纂物』、一九八三、雄松堂出版。山本武夫「『御実紀調書』再考」(『国学院雑誌』八〇ノ一一、一九七九)。 (小林 信也)

とくしまじょう　徳島城　徳島藩主蜂須賀氏の歴代の居城で徳島藩の政庁として幕末に至る。徳島市街地の中心部(徳島市徳島町城内)に立地し、現在は徳島中央公園となっている。豊臣秀吉の四国征伐の戦功として阿波を拝領した蜂須賀家政が一五八五年(天正十三)—八六年にかけて、当地に所在した中世城郭を全面改修して成立。城は、標高六一・七メートルの城山を中心に築かれた連郭式平山城で、城山山頂に本丸、その東側に東二ノ丸、西側には西二ノ丸・西三ノ丸が配され、いずれも安土桃山時代の石垣で固められている。これらの石垣のほか、内堀や表御殿庭園が残る。表御殿庭園は、枯山水と築山泉水庭を合わせた広さ一・五三ヘクタールの回遊式庭園で、豪壮な造りの桃山様式を顕著に伝えた城郭庭園として一九四一年(昭和十六)に国名勝に指定された。一九七六年以降、城域内の各所では発掘調査が実施されており、多数の遺構や遺物が検出されているが、それらの調査成果が、絵図(『阿波国徳島城之図』等)などの歴史資料とほとんどの部分で一致していることは意義深い。

資料館　徳島城博物館(徳島市)

参考文献　徳島県教育委員会文化課編『城ノ内遺跡徳島城跡お花畠地点発掘調査報告書』、一九八八。徳島市教育委員会編『徳島市埋蔵文化財発掘調査概要』六、一九九六。「徳島城」編集委員会編『徳島城』、一九九四、徳島市立図書館。 (重見 髙博)

とくせい　徳政　徳のある政治、仁政・善政が原義だが、中世以降はもっぱら債務の破棄や売却地の取戻しやそれを認める徳政令《とくせいれい》のことを指す。古代以来、災異の発生は治世者の不徳に起因すると考えられていたため、その攘《じょう》災《さい》のために徳政が行われることが求められており、中世では仏神事《ぶつしんじ》および訴訟の興行が徳政の眼目とされた。一方で、本来あるべき姿への回帰・秩序の回復を徳政とする社会通念の歴史も古く、古代社会でも売買もしくは譲渡された物が本来の持ち主に返還される「商返《あきかえし》」という慣行が行われていたが、鎌倉時代末期の永仁《えいにん》の徳政令以降、債務破棄や売却地取戻しを求める徳政が盛行するようになった。特に将軍の代替わりや天変地異《てんぺんちい》・政変などに際して、徳政意識が表面化し、しばしば徳政一揆《とくせいいっき》が発生した。こうした動きを受けて出された徳政令には室町幕府や戦国大名によるものもあるが、国人領主《こくじんりょうしゅ》や国一揆《くにいっき》、惣村《そうそん》を発令主体とする在地徳政《ざいちとくせい》も盛んに行われた。

参考文献　笠松宏至『日本中世法史論』、一九七九、東京大学出版会。勝俣鎮夫『戦国法成立史論』、一九七九、東京大学出版会。笠松宏至『徳政令』、一九八三、岩波書店。 (髙橋 典幸)

とくたんじょう　徳丹城　陸奥国の志波城の後継として八一二年(弘仁三)に造営された城柵。岩手県紫波郡矢巾町徳田に所在し、北上川西岸の沖積微高地上に立地する。大きく二期の遺構変遷があり、一期は方一五〇メートルの溝区画の中に官衙建物群と竪穴住居を置くもので、定型的な城柵構造の前段階である。二期は方三町半の外郭線が成立する時期で、一辺約三五〇メートル四方を材木列と築地で囲み、各辺中央に八脚門、材木列上に櫓を七〇〜八〇メートル間隔に配する。全体に小規模であるが、濃密な遺構配置となっており、郭内は計画的に配置された官衙建物群によって構成されている。中央やや北寄りには政庁があり、方七五メートルを掘立柱塀で区画し、四脚門の南門を設けている。また外郭東辺の外側にも関連の竪穴住居や掘立柱建物なども発掘されている。九世紀第II四半期で廃絶され、徳丹城の機能は胆沢城に集約される。国史跡。→胆沢《いさわ》城跡《じょうあと》 →志波城《しわじょう》

資料館　矢巾町歴史民俗資料館(岩手県紫波郡矢巾町)

参考文献　矢巾町教育委員会『徳丹城跡』昭和五七年度—昭和六〇年度・第四〇次—第六一次、一九八三—八六・一九八六—二〇〇五。八木光則「徳丹城・胆沢城と蝦夷政策」(『古代文化』五四ノ一一、二〇〇二)。 (八木 光則)

とこなめやき　常滑焼　平安時代後期以降に、現在の愛知県常滑市域で生産された陶磁器の総称。ただし、平安時代後期から鎌倉時代にかけては、常滑市を含む知多半島一帯に広く展開する知多古窯跡群(知多窯)で同様の焼《やき》締《じめ》陶器が焼かれており、それらについても常滑焼の範疇に含められることが一般的である。生産地の常滑では、近代に入ってから釉薬をかけた陶磁器の生産も発達するが、それ以前においては人工的に釉薬を施していない焼

締陶器が主力の製品であった。時代の推移と共に若干の変化はあるものの、概して茶褐色を呈する硬く焼き締められた炻器《せっき》質の焼きもので、肩部に自然釉の降下が認められるものが少なくない。知多窯における継続的な窯業生産活動は、山茶碗《やまちゃわん》と通称される無釉陶器の碗・皿類の生産が、平安時代後期(十二世紀)に北方の猿投《さなげ》窯から拡散する形で始まっており、初期の製品については猿投窯の製品との識別が難しい。しかし、中世の猿投窯での陶器生産が基本的に小型品の山茶碗の焼成に終始するのに対して、知多窯では比較的初期から壺・甕などの大型品を併焼する窯が少なからず認められる。これは、産出される粘土の性質(耐火度が低く、鉄分を多く含む)と共に、港湾に近いという大型製品の生産・出荷に適した地理的条件に起因するものと考えられ、鎌倉時代になると焼き締めの壺・甕・鉢を専業的に焼成する窯も出現した。南北朝時代には、山茶碗の生産がほぼ終焉を迎える中で、知多半島全域に広く分布していた窯が、徐々に現在の常滑市域に集中する傾向をみせ始めるが、依然として甕・鉢といった大型の器を中心に、活発な生産活動が続けられていた。室町時代以前の常滑焼は、東日本の太平洋側を中心に、北は青森から南は鹿児島まで列島の広い範囲にわたって流通しており、経塚や中世墓、中世城館跡などからしばしば出土する。室町時代末期から江戸時代になると、常滑ではそれまで一般的であった分焰柱を有する窖窯《あながま》から大窯へと窯の構造が転換してゆき、量産化が志向されるようになる。しかし、備前窯に代表される他地域の焼締陶器生産地が台頭してくる中で、次第に製品の供給圏は狭域化し、伊勢湾沿岸の東海地方を中心とした流通へと変化してゆく。江戸時代の常滑では、ほぼ全時期を通じて鉄砲窯と呼ばれる大窯が用いられているが、大窯は窯詰めの位置によって製品の焼き上がりに大きな差が出た。このため、茶褐色で自然釉の降下が認められるような硬質の焼成のものを真焼《まやけ》(もしくは真焼物)、赤褐色で自然釉の降下が認められないやや軟質の焼成のものを赤物《あかもの》と呼んで、成形の段階から作り分けることが進んだ。真焼はそのほとんどが壺・甕といった貯蔵形態で占められているのに対して、赤物には甕の他に竈・火鉢・火消壺・行火《あんか》・蚊燻《かいぶ》し・蚊遣《かや》り・蛸壺・井戸筒・土樋(土管)・圦《いり》など多種多様な器形が認められることが大きな相違点で、一八三四年(天保五)に連房式登窯が導入されてからは、真焼は連房式登窯、赤物は鉄砲窯という具合に分離して焼成されるようになった。江戸時代後期には、広く文人趣味の煎茶が流行する中で、常滑でも煎茶具や酒器などの小型品が製作されるようになり、二代伊奈長三郎や初代松下三光などの名工が輩出し、藻掛け法やイッチン描きなどの加飾技法も取り入れられた。また、中国の宜興《ぎこう》窯の製品を模して、幕末に杉江寿門・片岡二光らが焼き始めたという朱泥物の生産は、明治時代以降大いに発展し、現在、朱泥の急須は常滑焼の特産品の位置を占めるに到っている。その他、近代以降に生産が増加した製品としては、土管(陶管)・衛生陶器・タイル・植木鉢などを挙げることができ、今日ではこれらの生産が常滑窯業の基幹部門となっている。

参考文献 沢田由治『陶磁大系』七、一九七三、平凡社。常滑市誌編さん委員会編『常滑窯業誌』(『常滑市史』別巻、一九七四)。赤羽一郎『常滑』、一九八三、技法堂出版。

(尾野 善裕)

とこのま 床の間 和室において、書画や生花などを飾るために設けられた座敷飾《ざしきかざり》の一種。幅は一間《けん》から一間半、奥行きは三尺つまり半間ある。床《ゆか》上に床框《とこがまち》と呼ばれる横木を設置して、その上に床板《とこいた》と呼ばれる薄板をはるのが普通であるが、正式には薄い畳である薄縁《うすべり》を敷き、その上に花入れ、香炉、卓などを置く。前面の上部には、長《な》押《げし》の上の位置に落掛《おとしがけ》とよばれる水平材を設置し、その上は小壁《こかべ》とする。側面と背面は土壁として、背面に一幅《いっぷく》または三幅の掛軸《かけじく》を掛ける。掛軸を吊す蛭《ひる》釘または稲妻《いなづま》釘は、天井の回《まわ》り縁《ぶち》の下に取り付けられた無双《むそう》と呼ばれる横木に彫られた溝内を自由に動き、掛軸の位置を調整する。無双は、材の大きさから無双四分一《むそうしぶいち》とも呼ばれ、印《いん》籠四分一《ろうしぶいち》ともいう。床の間の隣りには違棚《ちがいだな》と呼ばれる飾り棚がある場合が多いが、両者の境に立つ柱を床柱《とこばしら》という。違棚は、二段になった段違いの棚の上下に、天袋と地袋と呼ばれる戸袋を設けて、茶道具や文具などを飾った座敷飾の一種で、段違いの棚をつなぐ束を海老束《えびづか》という。上の棚板の端に筆返しと呼ばれる部材を付ける。こうした段違いの棚は、中国の棚に起源するともいわれ、鎌倉時代以降に宋元より伝来した唐物《からもの》と呼ばれる道具類を飾るのにふさわしい装置として普及したと思われる。現存最古の違棚は、一四八五年(文明十七)に完成した足《あし》利義政《かがよしまさ》の持仏堂であった慈照寺東求堂《じしょうじとうぐどう》のものである。このほかの座敷飾として、文机から発生した出窓風の付書院や、平書院と呼ばれる明かり取りがあり、寝室の出入口形式を模した柱間装置である帳台構《ちょうだいがま》えなどもあるが、もともと室町時代に成立した書院造《しょいんづくり》の座敷では、押板《おしいた》とよばれる座敷飾が床の間の機能をになっていた。押板は、掛軸の前に置かれた机から発生したもので、床の間より高い位置に厚い板を渡し、多くの掛軸を飾るために間口が広く、奥行きは浅いものであった。この押板の形態を引き継いだものが蹴込床《けこみどこ》である。ところが中世後期に茶の湯が盛んになると、狭い茶室の中に設けられた極小の上段《じょうだん》から床の間が生まれた。『南方録《なんぽうろく》』によれば、茶道の祖とされる村田珠光《むらたじゅこう》の四畳半茶室には一間の「床」があったと記されている。そもそも中世住宅では、縁側を「大床」と呼び、室内の一段高くなった場所である上段や東求堂の西面に設けられた腰掛を「床」と呼んでいたように、通常の床面と段差がある部分的な床面を「とこ」と総称していたと思われる。茶室に設けられた上段も、このことから「とこ」と呼ばれたと思われ、これが床の間の名称の起源である。茶室の床の間には貴人が着座する場合もあり、正式な床の間では薄縁を敷くのは上段の名残りだと思われる。狭い茶室では、床の間は唯一の座敷飾であり、一つの花や掛軸に集中する飾り方も発生した。茶室関係の床の間は、形態や材料にさまざまな工夫が凝らされて、各種の意匠が生み出された。床の間には、形式によって本床、蹴込床のほかに地板と畳を同高とする踏込床《ふみこみどこ》、一部に棚を設けた琵琶床や鎧床、一部に袖壁をつけて囲った袋床、隅の柱や天井を塗りこめた室床《むろどこ》、その幅が狭いものである洞床《ほらどこ》、壁を床の間にみたてて天井下に稲妻釘を打つ板を取り付けただけの織部床、吊束で上部の落掛などだけを作った釣床《つりどこ》、何もない壁際に台を置いただけの置床《おきどこ》などがあるが、その多くは茶室で作り出されたものである。床の間の古い遺構は、桂離宮《かつらりきゅう》や西本願寺《にしほんがんじ》黒書院のように数寄屋風《すきやふう》の書院造に多いが、それは十七世紀になって茶室の意匠が書院造の座敷に取り入れられ、数寄屋風書院造として普及したことを反映している。

参考文献　太田博太郎『床の間』(『岩波新書』黄六八、一九七八、岩波書店)。　(藤田　盟児)

ところいせき　常呂遺跡　北海道北見市常呂町岐阜・栄《さかえ》浦《うら》・弁天に所在する国史跡。常呂竪穴群と栄浦第二遺跡などに分かれ、二千五百個以上の竪穴からなる世界規模の大集落跡。主にオホーツク海に面する砂丘の南斜面に構築され、約半数は擦文《さつもん》文化に属し、他にオホーツク文化の竪穴が三群に分かれ、続縄文・縄文文化の竪穴も存在する。飛地として栄浦の「ところ遺跡の森」付近と弁天のトコロチャシ跡遺跡群も追加指定されている。一九五七年(昭和三十二)から東京大学が栄浦第二遺跡で凹みの形が異なる十三個を調査し、縄文晩期と続縄文期は舌状部をもち、擦文文化期は隅丸方形、オホーツク文化期は五～六角形の形状であることを解明。遺跡の森にある竪穴は教育委員会の手で一部が調査され、縄文中期一、続縄文期一、擦文期四の竪穴が復元され、体験学習などに利用されている。トコロチャシ跡遺跡群では東京大学がチャシの全面発掘を行い、オホーツク文化期の竪穴も六個調査され、チャシと竪穴の復元が史跡整備事業の一環として進行中である。

資料館　ところ遺跡の館(北海道北見市)・ところ埋蔵文化財センター(同)・東京大学文学部常呂町資料陳列館(同)

参考文献　東京大学考古学研究室編『常呂』、一九七二、東京大学文学部。武田修『史跡常呂遺跡』、一九九三、常呂町教育委員会。東京大学考古学研究室・常呂実習施設編『トコロチャシ跡遺跡群の調査』、二〇〇三、東京大学人文社会系研究科・常呂町教育委員会。　(宇田川　洋)

どざ　土座　⇩床《ゆか》

とさかでら　鳥坂寺　大阪府柏原市高井田に存在した古代寺院。同地は河内国大県郡鳥坂郷にあたる。遺跡は高井田廃寺と称し、近鉄大阪線の線路敷によって南北に二分される。南部は天湯《あまゆ》川田神社境内にあたり、舎利孔を持つ地下式塔心礎が出土していることから塔跡と考えられる。北部は小字戸坂にあたる。礎石建物が二棟確認されており、金堂跡・講堂跡と考えられている。塔跡の東、金堂跡の南東では僧房・食堂跡が確認されており、その一画にある平安時代の井戸跡から「鳥坂寺」と記す墨書土器が出土している。『続日本紀』天平勝宝八歳(七五六)二月癸酉(二十五日)条には孝謙天皇が河内国の「智識・山下・大里・三宅・家原・鳥坂」の六寺に行幸したとある。創建は出土瓦の年代から七世紀中ごろと考えられており、年代的にも矛盾しない。天湯川田神社の祭神が鳥取氏の始祖とされる天湯河板挙命であることなどから、檀越として鳥取氏が想定されている。

参考文献　柏原市教育委員会編『柏原市文化財ガイドシリーズ』九、二〇〇〇。　(竹内　亮)

とさこくぶんじ　土佐国分寺　奈良時代に聖武天皇の詔を受けて国ごとにおかれた国分僧寺の一つ。高知県南国《なんごく》市国分《こくぶ》に所在し、国分川の右岸に位置している。一九二二年(大正十一)に国の史跡に指定された。寺域を囲む土塁などが残り、四国霊場第二十九番札所国分寺(真言宗智山派・摩尼山宝蔵院)の境内地でもある。室町時代の木造千手観音立像を本尊とする本堂は、長宗我部《ちょうそがべ》元親《もとちか》による再建で重要文化財。平安時代前期の梵鐘《ぼんしょう》や平安時代後期の木造薬師如来立像をはじめ、庭園内に塔心礎《とうしんそ》なども伝わる。『続日本紀《しょくにほんぎ》』天平勝宝八歳(七五六)十二月己亥条では、土佐など二十六国の国分寺に灌頂幡《かんじょうばん》などの仏具が与えられたことがみえる。一九七七年(昭和五十二)から数次の発掘調査が行われ、現本堂の位置に金堂《こんどう》基壇跡の一部が、また北側に僧坊跡とみられる掘立柱建物跡が、南側と東側の土塁から段状地形と区画溝が確認され、五百尺四方の寺域に金堂・講堂が一直線に並ぶ伽藍《がらん》配置と推定されている。　→国分寺《こくぶんじ》

土佐国分寺本堂（現金堂）

参考文献　岡本健児「土佐」(角田文衞編『新修国分寺の研究』五上所収、一九八七、吉川弘文館)。南国市教育委員会編『土佐国分寺跡』第一―三次発掘調査概報、一九八八・

六九・九一。山本哲也「土佐国分寺跡の再検討」(『海南史学』三二、一九九四)。 (山本 哲也)

とさのくに　土佐国　南海道の一国で、国域は現在の高知県にあたる。東は紀伊水道南部を隔てて紀伊国(和歌山県)、西は豊後水道南部を隔てて豊後国(大分県)と日向国(宮崎県)を望み、北東は四国山地の脊梁を境として阿波国(徳島県)、北西は伊予国(愛媛県)と接し、南は土佐湾に面する。国域の八〇%が山地で、古来東から安芸川下流の安芸平野、物部《ものべ》川下流の香長《かちょう》平野、仁淀川下流の弘岡・高岡平野、四万十川下流の中村平野などに居住地が集中している。『古事記』神代の国生み段に「身一つにして面四つ有り」という「伊予之二名《ふたな》島」の中に、「土左国は建依別《たけよりわけ》と謂ふ」(原漢文)とみえるのが初見である。『国《こく》造本紀《ぞうほんぎ》』には東部地域に都佐《とさ》国造、西部地域に波多《はた》国造が置かれたことが記されており、古墳分布もそれに合致している。ただし、前方後円墳は一基も確認されておらず、のちに土佐国の中心になる香長平野の土佐山田町百石町の伏原大塚《ふしわらおおつか》古墳が全長七五メートルの前方後方墳であるほかは、円墳を主とし、埴輪類もほとんど出土していない。『日本書紀』には六七五年(天武天皇四)に土左大神の神刀献上と六八六年(朱鳥元)の朝廷からの奉幣、六七六年の筑紫大宰屋垣王の配流、六八四年のいわゆる白鳳南海地震と運調船の漂失状況の報告などが記されており、七世紀後半には律令体制が浸透していたことがわかる。大宝令制下の土佐国は、安芸・香美《かがみ》・長岡・土左・吾川《あがわ》・幡《は》多《た》の六郡から構成され、八四一年(承和八)に吾川郡から高岡郡が分立して、七郡になった。国名表記は「都佐」が古く、八世紀代は「土左」、九世紀以降に「土佐」となる。国府は長岡郡に所在した。国府跡は一九七七年(昭和五十二)一一九九〇年(平成二)に通算十一年度、計二十五次の発掘調査が行われたが、国府中心部の様相や全体的な官衙配置を確定するまでには至っていない。しかし、『長宗我部地検帳』に残されたホノギ(小字)名に依拠すれ

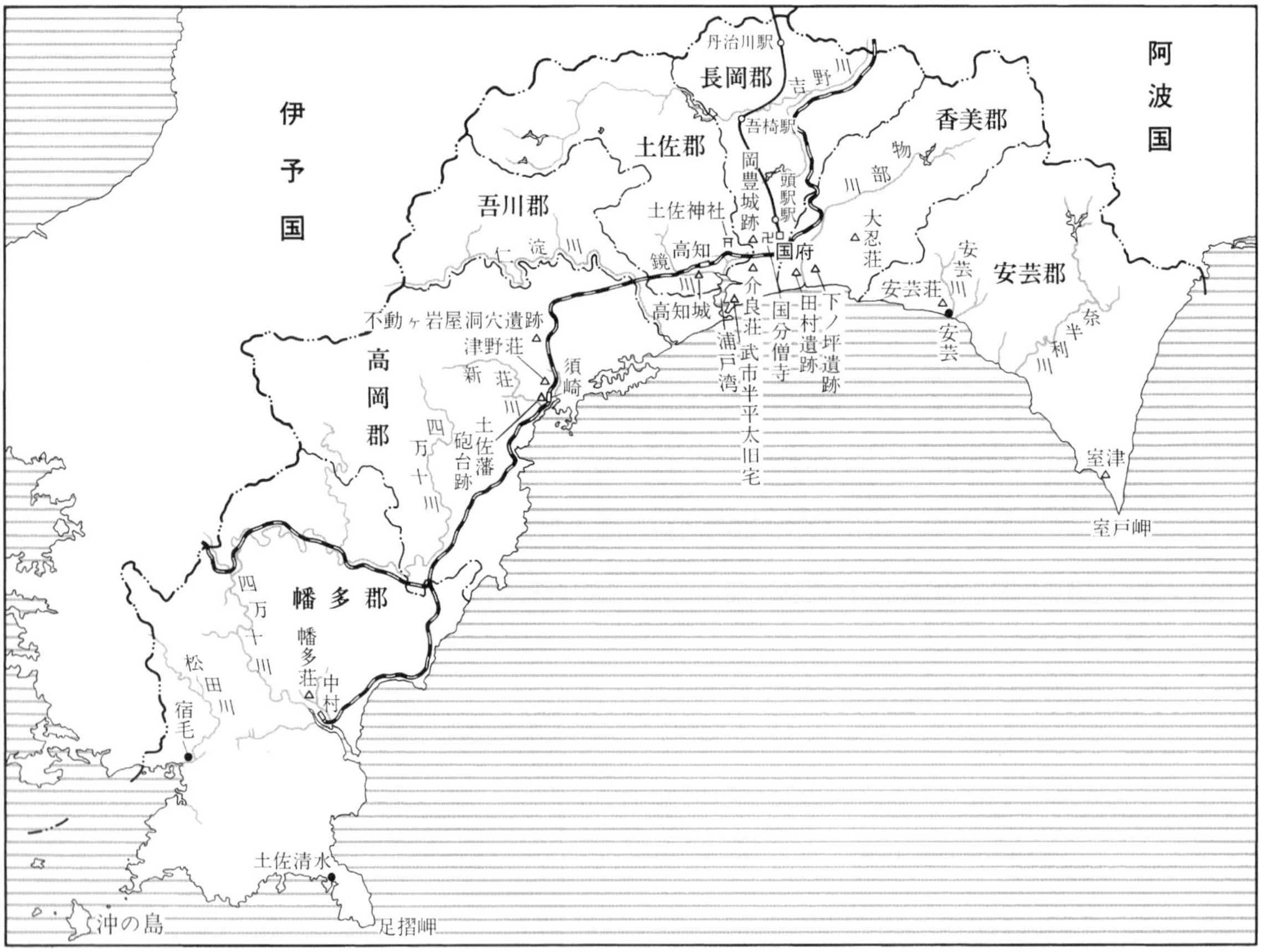

土佐国略図

ば、南国市比江付近に国府があったことはまちがいなく、国分寺も国府推定地の南東に存する。土佐国は中国であり、国の等級は変わらなかったが、のちに介《すけ》一人・目《さかん》一人の増員が行われた。各郡の等級は安芸・香美・長岡が中郡、土左・吾川・高岡・幡多は下郡だが、高岡郡分立以前の吾川郡は中郡であったと考えられる。安芸郡の郡司は凡直《おおしのあたい》氏、香美郡は物部鏡連《もののべのかがみのむらじ》氏、波多国造に関わる吾川郡と幡多郡は秦《はた》氏系の氏族で、都佐国造の本拠地である長岡・土左(一宮は土佐神社で、土左郡に所在)郡の郡司は凡直氏と推定される。国府と同様、郡家《ぐうけ》の確実な遺跡は検出されていないが、「大領」などのホノギ名により、安芸郡家(安芸市土居)、香美郡家(土佐山田町岩次、岩村遺跡群あり)、幡多郡家(中村市有岡)などの所在地が比定されており、土左郡家に関しては『土佐国風土記』逸文に郡家内およびその南の道付近に土佐神社の子神が奉祀されていたとする記述がある。遺跡としては郡よりも下のレベルの役所跡と考えられる事例が増加しており、十万《じゅうまん》遺跡(香我美町)・曾我遺跡・深渕《ふかぶち》遺跡・下ノ坪《しものつぼ》遺跡(野市町)、田村遺跡(南国市)、西鴨地《にしかもじ》遺跡(土佐市)、宮崎遺跡(大方町)などが挙げられる。土佐国は南海道の深奥に存し、『延喜式』の追儺詞では日本の南の界と認識されていた。南海道の駅路は三期の変遷があり、七一八年(養老二)以前の第一期は伊予国からの周回ルート、七九七年(延暦十六)までの第二期は阿波国経由ルート、それ以降の第三期は四国山地を縦断する直行ルートで、第二期には第一期の伊予国経由ルートも残っており、南海道各国を巡行する時には伊予国経由、土佐国に直行する際には阿波国経由という使い分けがなされた。第三期の駅家は『延喜式』兵部省にみえる丹治川《たじかわ》(大豊村)、吾椅(本山町)、頭(ホトリ=府頭で、国府近辺か)の三駅が置かれていた。兵部省管下の諸国馬牛牧として、沼山村馬牧(須崎市)が存した。なお、土佐国は海路を利用した畿内との交通も重要であり、『土佐日記』から海上ルートの復原が行われている。中世以降は、鎌倉時代になると守護・地頭が設置され、梶原朝景・佐々木経高・豊島朝経《としまともつね》・三浦義村ら有力御家人が守護になったが、最終的には北条得宗の領国となった。地頭では香美郡の香宗我部《こうそかべ》氏、長岡郡の長宗我部《ちょうそかべ》氏、高岡郡津野荘の津野氏などが名高い。また五摂家の一つである一条氏は知行国主として散見し、特に西部の幡多荘は一条家領の中でも重要な位置づけが与えられている。南北朝・室町時代には管領細川氏が守護になり、守護大名として領国化を進めたが、応仁の乱後の群雄割拠の中、上述の地頭クラスの人々の中から東部・中部地域では長宗我部元親が戦国大名として台頭し、西部地域の一条氏を滅ぼして土佐一国を平定した。元親は一五八五年(天正十三)四国を統一したが、同年豊臣秀吉に敗れ、土佐一国のみを安堵された。『長宗我部元親百箇条』『長宗我部地検帳』は領国経営の足跡を窺う貴重な材料となっている。その後、元親の子盛親は関ヶ原の戦で西軍に属したため改易され、一六〇〇年(慶長五)山内《やまうち》一豊《かつとよ》が土佐一国の領主として入部した。以後十六代豊範に至るまで、近世を通じて改易・転封されることなく、山内氏が公儀権力として土佐一国の国持の外様大名の格式を保持し、一八七二年(明治三)廃藩置県により高知県となった。

参考文献 『高知県史』古代・中世編、一九七一。『高知県史』古代中世史料編、一九七七。荻慎一郎他『高知県の歴史』(『県史』三九、山川出版社、二〇〇二)。
(森 公章)

とさはんほうだいあと 土佐藩砲台跡 幕末に土佐藩が海岸防備のため、須崎《すさき》湾の沿岸に設けた砲台跡。高知県須崎市中町に所在する。もと東・中・西の三砲台が築かれていたが、のちに取り壊され、現存するのは西の砲台跡。一九四四年(昭和十九)に国の史跡に指定された。半円弧状を呈する石垣積みの土塁や外濠跡、火薬室の痕跡などが残る。別称「台場」。南側は、富士ヶ浜の浜辺。一八六三年(文久三)七月十六日に着工し、八月二十七日には三砲台とも完成という突貫工事で建設され、須崎郷・浦には一戸三人役が、高岡郡の諸村には寄付が命ぜられ、また人手も募《つの》られた。東の砲台は砲門・薬室各三が、中の砲台は各四が配され、西の砲台は三砲台のなかで最大規模で、砲門七・薬室七が置かれていたと伝えられる。一八六三年には、五月に長州藩による外国船砲撃や七月の薩英戦争などもあり、海防強化をめぐる内外の緊迫した情勢のなかで砲台構築が行われたことがうかがわれる。

参考文献 橋田義壽「幕末の海防と勤王運動」(『須崎市史』所収、一九七四)。
(山本 哲也)

土佐藩砲台跡(北西から)

とさみなと 十三湊 津軽安藤氏が拠点とした北日本の代表的な中世港湾遺跡。青森県五所川原《ごしょがわら》市十三《じゅうさん》に所在し、岩木川が日本海に注ぎ出る十三湖《じゅうさんこ》の西側、砂州の上に遺跡は存在する。また古くは『廻船式目《かいせんしきもく》』の中で「三津七湊」の一つとして登場する。発掘調査は、一九七三年(昭和四十八)の弘前大学を最初に早稲田大学(壇林寺の調査）、旧市浦村教育委員会、そして一九九一年（平成三）からは国立歴史民俗博物館によって実施され、以後旧市浦村（現五所川原市）と青森県の各教育委員会が継続していた。検出された遺構として、遺跡を南北に区分する大土塁、区画を意図した堀や溝・柵、大土塁の北側に多い竪穴建物跡、各所でみられる掘立柱建物跡・井戸跡・土坑墓、そして前潟地区で検出された船着場跡などであり、遺構は東西の基軸に沿って計画的な構築がなされている。出土遺物としては、陶磁器類として中国製青磁・白磁、朝鮮製象嵌青磁ほか、古瀬戸の瓶子・壺・碗・皿・香炉、信楽壺、珠洲甕・壺・擂鉢、越前甕・壺・擂鉢、瓦質土器の風炉・火鉢、そして若干のカワラケがある。また金属製品には、銅製品（提子・鏡・飾り金具など）や鉄製品（釘・小刀・鎹《かすがい》・火箸など）があり、鉄滓や鍛造剥片の出土から鍛冶工房が存在したと想定される。ほかに滑石製鍋や二万枚以上の埋蔵銭もある。調査成果として最も大切な遺跡の形成年代は、出土遺物から十三世紀初めが湊の開始時期、十四世紀後半から十五世紀前半までが最盛期、十五世紀中ころには湊の機能は消滅していると考えられる。なお、遺跡復元図によって示された「安藤氏館」「家臣団屋敷」「町屋」という地区名称は発掘調査の内容から検討が必要となっている。また、遺跡南側に位置する壇林寺跡の調査では大規模な区画施設も発見され、これら宗教的な施設と湊の都市的な機能との関係を把握することも重要課題となっている。

資料館　五所川原市市浦歴史民俗資料館（青森県五所川原市）

参考文献　国立歴史民俗博物館編『中世都市十三湊と安藤氏』、一九九四、新人物往来社。榊原滋高「中世港湾都市十三湊遺跡の発掘調査」（村井章介他編『北の環日本海世界』所収、二〇〇二、山川出版社）。（工藤　清泰）

とじょうせい　都城制　宮と京から構成される日本古代における政治都市の基本構造。本来、中国では周囲を城壁（羅城）で囲まれた都市を指すが、首都または副都となった都市を示すことが多い。しかし、中国の城郭都市を模倣した日本では宗廟《そうびょう》・社稷《しゃしょく》の制および城壁は発達しなかった。そのため都城ではなく宮都の用語が適切だとする考えもある。平城京遷都の詔に「帝皇之邑」「百官之府」と表現されるように、中心は皇帝（天皇）の居住地であり、周辺に官僚たちの集住区画として左右対称の整然とした都市区画を設定する点は日中に共通する。一律的な宅地班給は日本独自の特徴である。儀式空間として朝堂院と大極殿を備えた宮および数詞により区分された京の二つを備えた都城は、日本では七世紀末の藤原京以降に成立する。孝徳朝の難波京、天武朝の倭京の段階は、条坊制が整備されないなど、まだ宮と京の発達において未熟な段階であった。藤原京段階においても、浄御原令と大宝令では大きな段階差が想定され、前半期には特別行政区画としての京の成立・宅地班給・京職の整備などの点において不十分であった。平城京の段階では、官人の集住の面で一定の達成がみられるものの、長屋王を典型とするように「みやこといなかの両貫性」の問題はまだ解決されてはいなかった。長岡京段階では、副都難波京と首都平城京との統合という、複都制の止揚が試みられる。古代における複都制は首都のみの単都よりも進んだ形態ではなく、その反対に官人集住の不徹底がもたらす過渡期的な形態であり、単都への移行は、権力集中がなされる過程で克服すべき課題であった。平安京段階では、河内・摂津地域を中心に全国的な京貫が多く見られる。これはそれまでの官人集住政策が、権力側からの強制の側面が強かったのに対して、この段階になると自発的な申請によりなされるようになり、在地社会とは異なる都市の成熟が想定される。

→藤原京《ふじわらきょう》　→平安京《へいあんきょう》　→平城京《へいじょうきょう》　→条坊制《じょうぼうせい》　→長岡京《ながおかきょう》　→難波宮《なにわのみや》

参考文献　岸俊男『日本古代宮都の研究』、一九八八、岩波書店。同『日本の古代宮都』、一九九三、岩波書店。仁藤敦史『古代王権と都城』、一九九八、吉川弘文館。（仁藤　敦史）

どすい　土錘　焼き物のおもりの総称。石製のものは石錘とよぶ。用途としては、漁網の下に紐でつり下げるもの、釣り用のもののほか、むしろなどの編み物を作るためのもの、大型品は碇などが推定される。土錘・石錘の外形は棒状、球形、紡錘形、卵形と多様だが、分類はおもに地域性や時期差を反映しやすい紐掛け手法（周囲に巻きつける、ないし孔に通す）による。紐を巻きつける場合、

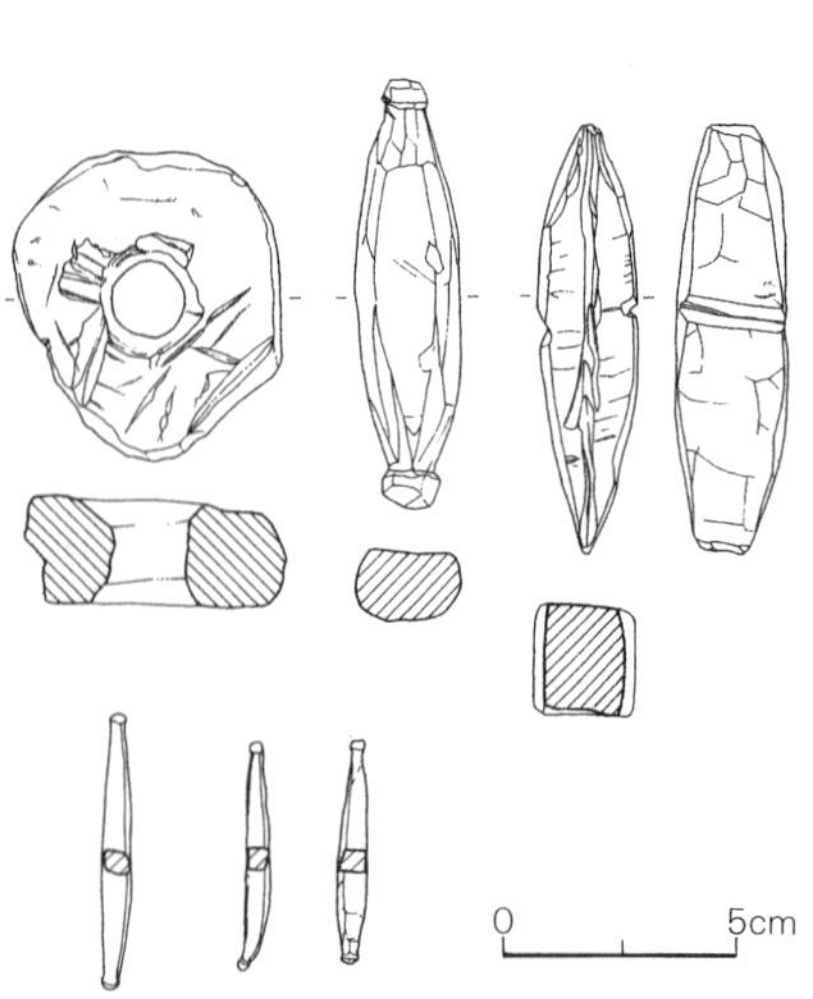

石錘・鉛錘　福岡市海の中道遺跡出土（古代）

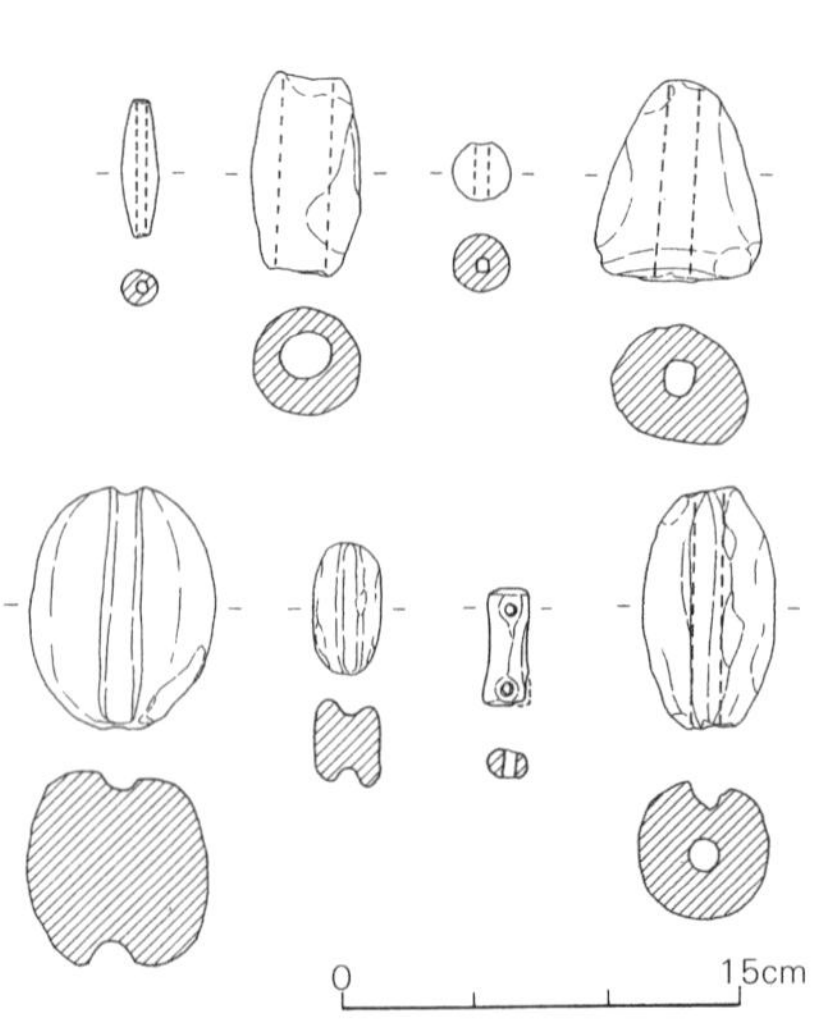

土錘　草戸千軒町遺跡出土（中世）

一部を打ち欠くか表面に溝をつくって紐掛けとする。おもに長手方向を打ち欠く打欠石錘、溝を一周ないし十字形につくる有溝土錘・石錘などがあり、有溝石錘には一〜二ヵ所に小孔を穿つものもある。紐を孔に通すものは有孔土錘・石錘、管状土錘、棒状品の一端ないし両端に小孔をうがつ棒状土錘のほか、溝をつくる有溝管状土錘がある。縄文時代は紐を巻き付けるものや有孔石錘が多くみられるが、弥生時代以降は管状土錘が一般化する。土錘は素焼きのほか、窖窯技術の導入以降陶製のものがつくられ、古代には全国に広まり、近世以降施釉製品も混じる。しかしもっとも多いのは素焼きの管状土錘で、弥生時代とほぼ同じ形態をした手作りの製品がごく最近まで用いられていた。このほかの素材としては、沖縄地方を中心に周辺に点在し、縄文時代から中世まで使用された地域性の強い貝錘、珍しいものとして福岡県海の中道遺跡で古代の鉛錘が出土している。

参考文献　金田禎之『日本漁具・漁法図説』、一九七七、成山堂。堺市博物館編『漁具の考古学―さかなをとる―』、一九六七。福岡市教育委員会『海の中道遺跡―福岡市東区海の中道(塩屋)―』(『福岡市埋蔵文化財調査報告書』八七、一九八二)。広島県草戸千軒遺跡調査研究所編『草戸千軒町遺跡発掘調査報告』II、一九九四。　　(清野　孝之)

どそう　**土葬**　世界的に広く用いられる葬送の一つで、遺骸を焼かずに伸展葬や屈葬などの方法で遺骸を土中に埋葬する方法。日本では縄文時代からみられる。遺骸を入れる棺は木棺が最も多くみられるが、遺骸を棺に入れずに土壙にそのまま埋置する場合も多い。仏教伝来以降、天皇家や貴族を中心に葬送の主流は火葬に移るが、土葬も普遍的にみられ現代へと継続する。遺骸とともに埋納される品は、縄文時代からみられ、死者の愛用品である副葬品と儀礼に伴う供献品とに大別され、その意義や種類は時代ごとに変化する。十一世紀後半以降、幅広い階層が土葬を用いるようになると、遺骸や埋納品の種類、埋置の方法が多様化し、それまでにみられた北頭西顔の傾向や祭祀色の強い供献のあり方は希薄になる。共同墓地が造られるようになると造墓体系や副葬品による被葬者像の差異が見えなくなり、再び顕著に表れるようになるのは近世以降になってからのことである。

参考文献　勝田至『日本中世の墓と葬送』、二〇〇六、吉川弘文館。橘田正徳「屋敷墓試論」(『中近世土器の基礎研究』七、一九九一)。藤沢典彦「中世の墓ノート」(『仏教芸術』一八二、一九八九)。　　(藤田　徹也)

どぞう　**土蔵**　木構造で主に防火・防犯を目的として土壁を厚く塗った倉庫建築の一形式。木構造は柱と貫《ぬき》に木舞《まい》を組んで土を塗るものから、井籠組《せいろうぐみ》の板倉に塗ったものまで多様である。『正倉院文書』には土倉の名がみえ、『貞観交替式』は土倉(土屋)を防火のためのものとする。一一四五年(久安元)藤原頼長が建てた文庫は壁板の上に石灰を塗っている(『台記』)。『明月記』には京都に土倉が多かったことを記し、鎌倉時代初期に多く造られていた。室町時代の京都では土倉が質屋の代名詞になっている。江戸でははじめは贅沢なものとして禁止されていたが、享保年代に防火建築が奨励されるようになると、都市計画に盛り込まれながら広く造られた。中世土蔵の構造は『春日権現験記』に焼け残った土蔵が描かれているものから推測できる。窓がなく、建物全体を土で塗り込んで内部に火が回らないようにしている。開き土戸は近世土蔵より薄いが出入口を深くすることで防火対策とし、これを獅子口という。一般に火災時には目土や味噌を隙間に塗って火が中に入らないようにしていた。また雨仕舞いとなる屋根は塗り込み建物の上に可燃性の鞘屋根を置いていたことがわかる。近世都市部の土蔵では鞘屋根とせず直に瓦屋根として、軒裏を塗り込めて鉢巻をつくり防火とする。雨仕舞いのための腰壁の貼り瓦も寛文期には明らかだが、草戸千軒町遺跡から貼り瓦が出土しており室町時代までさかのぼると考えられている。

参考文献　富山博「蔵の構造とその変遷」(『季刊自然と文化』新春号、一九八三)。太田博太郎『日本建築の特質』(『日本建築史論集』一、一九八三、岩波書店)。　　(黒坂　貴裕)

どそうてんしゃほう　**土層転写法**　発掘調査や地質調査などで、地層断面などのプロフィールを、樹脂膜に土粒子や礫ごと転写して薄層標本として剝ぎ取る技術。実物資料を保存したり展示することを目的とすることが多いが、地層の堆積環境などについて詳細な分析するための資料として採取されることもある。最近では、地震断層や噴砂など地層に残された地震の痕跡などが採取されている。外国ではラックフィルム法、ラッカーピール法、ソイルピール法などと呼ばれている。一九二〇年ごろヨーロッパで開発され、ヨーロッパを中心にこの技術が広がった。日本では一九六七年(昭和四十二)ごろ、堆積層の微細構造調査を目的にポリ塩化ビニール・酢酸ビニールの

土層転写（兵庫県新方遺跡）

共重合体などが用いられた。一九八〇年になって、発掘調査で検出される遺構断面などの転写を目的にエポキシ系や、ポリウレタン系樹脂が開発され、広範囲な遺跡に適用できるようになり、この技術が急速に広がった。

（肥塚　隆保）

とだじょう　富田城　中世に出雲国の中心となった複郭式山城で、尼子、毛利、堀尾各氏の居城。月山《がっさん》城ともいう。島根県能義郡広瀬町富田に所在。国指定史跡。築城時期は明らかではないが、出雲守護佐々木義清が十二世紀後半、館を構えたという（『出雲私史』）。一三九一年（明徳二）明徳の乱後、出雲守護代の尼子持久が入城。応仁の乱後は尼子氏が私領を拡大し勢力を得、守護京極氏と対立し追放されるが、一四八六年（文明十八）経久が富田城を攻略し戦国大名となる。やがてその勢力は、東は播磨・因幡、西は石見・備後など十一国に及んだ。一五四三年（天文十二）、周防の大内義隆が富田城を攻めるが、大敗する。経久の孫晴久は一五五三年毛利元就の本拠を攻めるが敗北、翌年毛利氏の謀略により晴久は尼子の重要な家臣団・新宮党を滅ぼす。新宮党館跡の発掘では掘立柱建物跡や将棋の王将が出土している。さらに山中鹿介の館跡と伝える館跡のほか十五世紀末から十六世紀前半の、土居成《どいなり》遺跡がある。やがて、毛利元就が出雲に進攻し、一五六四年（永禄七）京羅木山城に陣をおき富田城を攻撃するとともに中海などからの物資補給路を絶ち、一五六六年（永禄九）尼子義久三兄弟の居城する富田城を開城させる。その後、毛利氏の天野隆重、毛利元秋・吉川元康・吉川広家が富田城を居城とするが、関ヶ原の戦いで毛利氏が敗れたため、出雲を去る。代わって浜松の堀尾吉晴が入城し、一六一一年（慶長十六）に松江城に移城するまで出雲の政治文化の中心をなした。城の縄張りは標高一八四メートルの月山（古名勝日《かつひ》山）頂上部に本丸、二ノ丸（金箔瓦が出土）、三ノ丸、西袖ヶ平などの郭群、丘陵中腹に高石垣の山中《さんちゅう》御殿がある。さらに派生する丘陵上に花の壇、太鼓壇、大東成《だいとうなり》などの郭群がある。入口は、菅谷口、御子守口、塩谷口の三方がある。新宮谷などの低地には館や城下集落（町並み）が形成され、その外に濠の役割をなす飯梨川（富田川）が流れる。周囲には勝山城（毛利の改修で連続竪堀群を築造）、三笠山、十神山《とかみやま》城などの十砦《じっさい》、出雲国内に白鹿城・三沢城・三刀屋城など出雲十旗がおかれた。富田城跡の調査は山頂部の郭跡、山中御殿跡、塩谷、菅谷、新宮谷、新宮党館跡などにおいて実施されている。山頂部では十六世紀中ごろの掘立柱建物跡、十六世紀後半から十七世紀ごろの礎石建物跡や石垣を伴う虎口が、山中御殿跡では多聞状建物、掘立柱建物跡、溜桝、井戸跡、塩谷からの石段と城門跡などが、新宮谷、塩谷では掘立柱建物跡など、菅谷口では朝鮮系瓦が認められた。花の壇では掘立柱建物跡や版築された道路跡などが検出された。遺物は青磁・白磁・染付・備前、土師質土器などのほか瓦、石臼、砥石、鉄器など多量である。新宮党館跡では掘立柱建物跡、将棋の玉将などを発掘。塩谷の西側丘陵には明星寺・塩谷城郭群がある。富田城の西方、土居成遺跡では十五―十六世紀中ごろの掘立柱建物や礎石建物、壕などの遺構が確認されている。富田城跡は石垣修理や建物、柵の復元などの整備事業が実施されている。城下の町並みは「寛永三年富田庄之内広瀬村御検地帳」「寛文八年広瀬町屋敷帳」などによって知ることができる。城下の遺跡としては一六六六年（寛文六）の大洪水により町並みが流失埋没した富田川河床遺跡がある。富田橋から太平寺橋の下流までの約二・五キロにわたる。調査により道路沿いに間口三間の細長い建物（奥行一六間）が並ぶとともに建物跡、土坑、井戸跡、鍛冶工房跡、溝跡などを検出。遺物は輸入陶磁の染付、三彩の水注片、青磁・白磁などの輸入陶磁、伊万里・唐津・備前・瀬戸・美濃などの陶磁器、漆器椀・下駄、銭貨・鏡形護符・鎧金具・煙管など。時期は十六世紀中ごろから十七世紀中ごろ。川中の鷺ノ湯温泉元湯の場所から木製の風呂枠（湯坪）も発見。富田城の絵図は簸川郡佐田町須佐氏所蔵のものなどが伝わる。富田城は中世から江戸時代初期の城館や城下の様子を物語る重要な遺跡で、陶磁器など出土遺物からの他地域との交流状況、尼子・毛利・堀尾各時期の城郭整備過程の解明などが課題である。

参考文献　妹尾豊三郎『出雲富田城史』、一九七八、山中鹿介幸盛公顕彰会。広瀬町教育委員会『史跡富田城跡』、一九九七。島根県教育委員会『出雲・隠岐の城館跡』、一九九八。『日本城郭大系』一四、一九八〇、新人物往来社。卜部吉博「富田川河床遺跡の発掘調査」（『えとのす』一六、一九八一）。

（勝部　昭）

とちだにみなみいせき　栃谷南遺跡　富山市栃谷に所在する奈良時代の生産工房遺跡。遺跡は、富山県を東西に分ける呉羽山丘陵の西側、射水《いみず》丘陵との間に形成された扇状地の端部（標高約一五メートル）に立地する。一九九七年（平成九）に発見されて以降、二〇〇一年までの間調査が継続され、瓦陶兼業窯《かわらすえきけんぎょうがま》二基、炭焼窯四基をはじめ、粘土採掘穴や土師器焼成遺構、井戸、掘立柱建物などが確認された。また周辺の灰原や包含層などからは大量の瓦や須恵器、土師器が発掘され、鉄滓などの製鉄関連の遺物も出土した。二基の窯は大量の瓦を焼成した後に須恵器の焼成へと転換しており、それとともに鉄や土師器の生産も開始されたようである。出土した軒丸瓦は三百点に近く、いずれも単弁八葉蓮華文の一形式のみであり、その文様は七世紀後半の高岡市「御亭角廃寺《おちんかどはいじ》」の系統を受け継ぎ、八世紀後半の同市越中国分寺跡に先行する。なお現状でこの軒丸瓦の供給先は不明で、遺跡から軒平瓦は一点も出土していない。

参考文献　富山市教育委員会埋蔵文化財センター編『富山市栃谷南遺跡発掘調査報告書』三、二〇〇三。

（黒崎　直）

とちもとのせきあと　栃本関跡　埼玉県秩父郡大滝村栃本に所在する関所跡。国指定史跡。白泰山（一七九三メートル）

から東に連なる尾根の南斜面に位置し、その南側には荒川上流の谷が迫るという格好の立地条件を備える。中山道と甲州街道の間道である秩父甲州往還の雁坂峠《かりさか》側からの通行人を対象として戦国時代に設置されたと伝えられる。近世に入ると、一六一四年(慶長十九)、関東代官頭の伊奈《いな》氏が大村氏を番士に任じ、以後は、大村氏がこれを世襲した。一八六九年(明治二)、廃関。関所の役宅は一八二三年(文政六)に焼失したため、現存する建物は一八四四年(天保十五)に新築されたものである。二階部分の建て増しなどの改築を経ているが、玄関や上役の間・外部の木柵などにかつての関所の面影が看取される。

参考文献　埼玉県教育委員会編『埼玉の文化財』史跡編(『埼玉の文化財シリーズ』、一九八二)。埼玉県立博物館編『秩父甲州往還』(『歴史の道調査報告書』一一、一九九〇)。

(宮瀧　交二)

とちもとはいじ　栃本廃寺　鳥取県の東端、兵庫県との県境に近い鳥取市国府町栃本に所在する八世紀前半に創建された寺院跡。狭い谷部に位置し、二重の円孔を穿つ塔心礎が二基、存在することが知られる。国指定史跡。一九九七年(平成九)からの発掘調査により、ほぼ全容が解明された。伽藍配置は、金堂の南に南塔(調査前は西塔)、東側に東塔を建て、講堂を金堂の北西側に配置する特異なもの。金堂基壇は乱石積基壇。南塔は金堂の中軸線に揃え約一〇メートル四方の基壇を想定。塔心礎は長径一・八メートル、短径一・四メートルで中央に円形の柱座を造り出す。東塔は南塔より小ぶりで基壇規模が八・四メートル四方、基壇南面は金堂基壇の南辺に揃える。塔心礎の長径一・二メートル、短径一メートル、柱座は造られていない。講堂は乱石積基壇で地形の制約のためか、金堂中軸線より西にずらす。寺域は、地形などから東西七〇～八〇メートル、南北七五～一〇〇メートルと推定。遺物は土器類のみ、屋根瓦類の出土はない。

資料館　因幡万葉歴史館(鳥取市)

参考文献　国府町教育委員会編『史跡栃本廃寺塔跡発掘調査報告書』、二〇〇〇。

(真田　廣幸)

とっとりじょう　鳥取城　鳥取市東町に所在する十六世紀半ばごろより明治維新に至る城跡。鳥取市街地の北東に位置する独立峰の久松山《きゅうしょうざん》(標高二六三メートル)に築かれた山城。天文年間(一五三二―五五)ごろに築城されたと推測される。一五八一年(天正九)、羽柴秀吉の包囲による吉川経家の籠城はよく知られている。その後、宮部継潤、関ヶ原の戦後は池田長吉・長幸と城主が変わるが、この池田氏親子より大改修が行われ近世城郭の基本がつくられた。そして国替えによって播磨から池田光政が、さらに、一六三二年(寛永九)には岡山から池田光仲が入部し、因伯二カ国の政庁として明治維新まで続く。城跡の遺構は、山頂の山上ノ丸と山麓の山下ノ丸、内濠に大別される。山上ノ丸は三段の平坦地からなり石垣が築かれる。山下ノ丸は、天球丸・二ノ丸・三ノ丸からなる。近年の石垣修理の際、十六世紀代の石垣が発見され注目された。秀吉本陣跡の太閤《たいこう》ヶ《が》平《なる》とともに国指定史跡。

資料館　鳥取県立博物館(鳥取市)

参考文献　鳥取県教育委員会編『鳥取県文化財調査報告書』一、一九六〇。

(真田　廣幸)

とっとりはんしゅいけだけぼしょ　鳥取藩主池田家墓所　江戸時代、因幡・伯耆の両国(鳥取県)を領した大名池田家代々の廟所。鳥取城下から東に離れた鳥取市国府町奥谷に位置する。国指定史跡。一六三二年(寛永九)、岡山藩主池田忠雄が死亡し、嗣子光仲が幼少のため鳥取に国替えされた。以来、光仲の子孫が鳥取藩三十二万石を世襲し、十二代慶徳《よしのり》のとき明治維新を迎える。池田家墓所は、初代藩主光仲が一六九三年(元禄六)に死亡した際、現在地に廟所が定められ埋葬されたことに始まる。以降、十一代慶栄《よしたか》に至る歴代藩主、藩主夫人、御分知家「東館」・「西館」の当主などの墓碑、合わせて七十八基が整然と建ち並ぶ。藩主の墓碑は、いずれも三段に重ねた亀腹台石の上に「亀趺《きふ》」と呼ばれる神獣を象った台石を据え、円頭扁平な墓標を立てる。墓標の前面には法号、裏面には事績が刻まれる。大名家の葬法や江戸時代の墓制を知る上で貴重な史跡である。

参考文献　鳥取県教育委員会編『鳥取県文化財調査報告書』一六、一九九二。

(真田　廣幸)

とっとりはんだいば　鳥取藩台場　江戸時代末期、諸外国との緊張関係から沿岸警備のため築造されたもの。因幡国と伯耆国を領する鳥取藩の海岸線約一六〇キロのうち、藩倉や港湾など主要な施設の近くに築造された。築造された場所は浦富《うらどめ》・浜坂・賀露《かろ》(以上因幡)・橋津・由良・赤碕・淀江・境(以上伯耆)の八ヵ所。このうち、浦富・橋津・由良・淀江・境の各台場跡は、保存状況が良好であり国の史跡に指定されている。いずれも西洋式の築城プランが採り入れられたもので、一八六三年(文久三)に着手、同年末ないし翌年春ごろには各台場とも完成していたと思われる。最も保存状態がよいのは由良台場。平面形が正八角形を二分した形で、東西一二五メートル、南北八〇メートル、周囲に高さ五メートルの土塁が廻る。土塁内部は三段にし、海側のコーナー四ヵ所に砲座が設けられた。これら台場の築造は、地方の郷士や大庄屋が実質的に分担して工事が進められた。幕末史を知る上で貴重な史跡。

資料館　琴浦町歴史民俗資料館(鳥取県東伯郡琴浦町)

参考文献　鳥取県教育委員会編『鳥取県文化財調査報告書』一六、一九九二。

(真田　廣幸)

どとう　土塔　大阪府堺市中区土塔町に所在する行基建立の大野寺境内にある土を盛り上げて造られた塔。出土した紀年銘軒丸瓦から七二七年(神亀四)に建立が開始されたことが判明した。地元では「塔山」「どうと」などとも呼ばれる。第二次世界大戦後土塔の北東側約四分の一が土取りにより削平された際、大阪府教育委員会が買い上げ、一九五三年(昭和二十八)国指定史跡となる。地方公共団体による全国初の遺跡買い上げの事例である。発掘調査成果によると、規模は、一辺五三・一メートル、高さ八・四

土　塔

メートル以上に復元できる。塔身は十三層で瓦積基壇が存在する。平面形は正方形であるが、最上層の十三層だけは円形になる。盛土を行う際には一辺三〇×二〇センチ、厚さ一〇センチ程度の直方体に近い粘土の塊を一段積み上げては土を積むということの繰り返しで行なっている。粘土塊は、基壇および各層の立ち上がりに相当する位置に列をなして積み上げられているものの、その積み始めの高さが一定していない。塔身の各層の屋根は本瓦葺きである。しかし、出土した軒瓦が少ないことから、各層全ての軒先に軒瓦が用いられたとは考えられない。一方、各層の立ち上がり部分については丸瓦や平瓦を立て土の崩落を防いでいる。また、盛土下の基壇裾から〇・八メートル内側に入ったところで素掘の溝が掘られており、基準の溝と考えられる。土塔は出土した瓦の年代観から建立開始数年で完成後、十五世紀後半まで数回の修復が行われている。また、十五世紀代には土塔の塔頂を中心に西辺と南辺にかけて大規模な掘削が行われており、宗教的な目的をもって行われた可能性が高い。土塔からは千点を超す大量の線刻文字瓦が出土しており、僧尼や摂河泉地域を本拠とする豪族、一般民衆の名前が記されたものが大半である。行基が土塔を建立する際に協力した人物が記したと考えられ、いわゆる「知識」物として位置づけることができる。実際に「知識」と記された瓦も出土している。

参考文献　森浩一「大野寺の土塔と人名瓦について」(『文化史学』一三、一九五七)。堺市立埋蔵文化財センター編『史跡土塔―文字瓦聚成―』、二〇〇四、堺市教育委員会。

(近藤　康司)

となみのせき　砺波関　越前と越中の境に設置された古代北陸道の関所。越前の愛発《あらち》関、越後の鼠《ねずが》関(念珠関)とともに「越の三関」とも称せられる。『万葉集《まんようしゅう》』一八には、越中国守に赴任中の大伴家持が東大寺僧平栄を歓待する宴で詠んだ歌として「焼大刀《やきたち》の砺波の関に明日よりは守部遣りそへ君をとどめむ」(原万葉仮名)がある。これにより七四九年(天平感宝《かんぽう》元)に存在したことは窺えるが、創設の時期は不明。家持が国守のころの越中は能登を含み、加賀立国(八二三年)以前だから、この時点での関はまさに越前と越中の国境にあたる。古代の北陸道は、加賀(越前)の田上《たがみ》駅・深見駅を経て越中の坂本駅へと至る。田上駅が石川県金沢市田上町、深見駅が同県津幡町加茂遺跡付近、坂本駅が富山県福光町坂本ないし小矢部市坂又に比定されているが、深見駅以外は定かでない。深見駅からの経路を考慮すると越中へは砺波山越えが順当で、その意味で砺波関の所在は富山県小矢部市の砺波山東麓とするのが妥当である。よって同市石坂をその比定地とする説が有力だが、確証はない。また同市桜町遺跡の調査で幅約五メートルの直線道路が発掘されているが、これが砺波関からつづく古代の北陸道である可能性は大きい。

参考文献　木本秀樹「小矢部の古代」(『小矢部市史』おやべ風土記編所収、二〇〇二)。

(黒崎　直)

とのみのさく　鳥海柵　古代末期、前九年合戦時の安倍十二柵の一つ。岩手県胆沢郡金ヶ崎町西根所在。十二柵擬定地の中で唯一当該期の遺構や遺物が確認されている。鳥海柵は胆沢川の北岸、一般の集落と大差ない高さ一〇メートルほどの段丘上にあり、軍事基地というより、農業生産や地域支配に直結した立地となっている。全体規模は東西三七〇メートル南北五四〇メートルと広大で、自然の沢などに手を加えた大規模な堀でいくつかに区画される。内部には竪穴や櫓状建物、掘立柱建物が配置されている。また鍛冶などの生産活動も行われていた。この柵は奥六郡を支配した安倍頼時の三男宗任、七男家任の拠点である。鳥海柵の重要性は胆沢城から一キロと近く、胆沢城管轄の奥六郡支配を安倍氏が継承するにふさわしい立地と規模を有している点にある。合戦でこの柵を破った源頼義や清原武則の喜ぶさまからもこの柵の重要性がわかる(『陸奥話記』より)。　→厨川柵《くりやがわさく》　→衣川関《ころもがわのせき》

参考文献　八木光則「安倍・清原氏の城柵」(『岩手考古学』一、一九六九)。

(八木　光則)

とば　鳥羽　京都市南部の地名。古代には山城国紀伊郡鳥羽郷に属した。鴨川と桂川の合流点に位置し、平安京の朱雀大路の延長である鳥羽作道《つくりみち》が貫通する。交通の要地で鳥羽津がおかれた。平安時代、次第に貴族の別業などが営まれ、一〇八六年(応徳三)白河上皇が広大な鳥羽殿(離宮)を建設すると、その周囲に院近臣の宿所が多くおかれ、院庁の一中心として繁栄した。十二世紀後半には鳥羽上・下荘が成立しており、鎌倉時代中期以降西園寺家が知行した。『庭訓往来《ていきんおうらい》』に「白河・鳥羽の車借」とあるように、中世から近世にかけて多くの交通・運輸業者が集住した。一八六八年(明治元)には、新政府側と旧幕府側が激突した鳥羽・伏見の戦の舞台となり、戊辰戦争の発端となった。一九三一年(昭和六)京都市に編入され、一九六〇年名神高速道路の京都南インターチエンジ

がおかれるに伴い、本格的な発掘調査が開始された。〔参考文献〕『京都市の地名』(『日本歴史地名大系』二七、一九七九、平凡社)。 (美川　圭)

どば　土馬　馬を象った小型の土製品。古墳時代から古代にかけてのものを指し、近世の泥像はこの範疇に含めない。分布は、青森県から鹿児島県までみられる。土師質のものが多いが、須恵質のものもあり、陶馬と呼ぶこともあるが、特に区分する必要はない。古来、馬は祭祀の対象となっており、文献史料には祈雨や止雨の祭祀の際に生きた馬を犠牲にしたという記載がある。土馬は土で馬を写した祭祀用の形代《かたしろ》であり、同様の用途の木製品としては馬形や絵馬がある。古墳時代の土馬は馬を忠実に模しており、馬具を表現したものも多い。この傾向は七世紀にも継続し、さまざまな形態の土馬が見られるが、八世紀になると顔の側面形が三日月形で、目を竹管の刺突で表現する定型化した都城型の土馬が出現する。当初のものは、棒状の粘土で成形した胴部と尾部に頸部と脚部を接合して製作した大型品で、尾は垂れ下がり、鞍や粘土の貼付けによる手綱の表現も具体的である。時期が下がるにつれて小型化するとともに鞍の表現を失い、尾が上方にそり上がる。八世紀後半には粘土板から直接頸部と脚部、尾部をつまみ出し、それを折り曲げて製作するように変化する。土馬は九世紀前半には矮小化し、一見して馬とは判別できないほどとなり、十世紀初頭に土馬を使用した祭祀は終焉を迎える。墨書人面土器や人形《ひとがた》、斎串《いぐし》などの祭祀具は、数点をセットとして使用することが指摘されており、土馬も複数の同巧品が近接して出土する事例があることから、同様の使用法があったことがわかる。土馬は完形品で出土することはきわめて稀で、ほとんどの場合は脚部や頭部、尾部を意図的に破損した状態で出土する。土馬は井戸や溝など水に関わる場所から出土することが多いため、水の祭祀に用いたという見解が強かったが、水野正好は、馬は厄神の乗り物であり、それを毀損することによって厄神の活動を封じることを意図したものとしている。

〔参考文献〕水野正好「馬・馬・馬—その語りの考古学」(『奈良大学文化財学報』二、一九八三)。 (玉田　芳英)

とばどの　鳥羽殿　平安京の南郊に十一世紀に造営された離宮。鴨川と桂川の合流点に立地し、平安京の朱雀大路の延長である鳥羽作道《つくりみち》が貫通していたため、交通の要地であった。そのため、低地で見晴らしがきかないにもかかわらず、早くから貴族の別業が営まれた。その一つである藤原季綱《すえつな》の別業が、白河天皇に献上され一〇八六年(応徳三)天皇は退位後の後院として、鳥羽殿を造営した。『扶桑略記』によると、院近臣らがそれぞれ家地を班給されて、宿所を建てた。また、国ごとに役が課されて、庭園の池と築山がつくられたが、池の広さは南北八町、東西六町、水深八尺以上あったという。一〇八七年(寛治元)鳥羽南殿が完成、翌年北殿が、そして馬場殿、泉殿などの御所が造営された。御所からやや遅れて、南殿付属の証金剛院、北殿付属の勝光明院、馬場殿付属の城南寺、泉殿付属の成菩提院などの御堂が建てられた。当初は院の遊興空間としての性格が強かったが、一一〇九年(天仁二)白河法皇の墓所に予定された三重塔が建てられるころから、宗教空間という側面を強くしていった。その後、泉殿は北と東に拡張され、東殿とよばれる地域を形成する。そこには、白河天皇陵、鳥羽天皇陵、近衛天皇陵などが設営され、鳥羽天皇の菩提のために安楽寿院が建立される。さらに田中殿と付属の金剛心院も建てられた。その他の施設として、「武者所」「御厩」「鳥羽御倉」「北面衛府」「仏所」「納物所」「修理所」などの存在があきらかとなっている。鳥羽殿の管理者として院近臣の藤原家成・家明父子、平安末の平氏、鎌倉時代の西園寺家などが注目される。遺跡は京都市伏見区中島御所ノ内町ほかに所在し、南殿跡は国史跡に指定されている。一九六〇年(昭和三十五)の名神高速道路建設に伴う発掘調査以後、今日に至るまで百四十次をこえる調査を継続して、御所・御堂・庭園の規模を知ることができる。特に金剛心院跡からは、文献資料を裏付ける釈迦堂・九体阿弥陀堂・小御堂・寝殿をはじめとする注目すべき遺構が確認されている。

〔参考文献〕古代学協会・古代学研究所編『平安京提要』、一九九四、角川書店。美川圭「鳥羽殿の成立」(上横手雅敬編『中世公武権力の構造と展開』所収、二〇〇一、吉川弘文館)。前田義明「鳥羽離宮跡の発掘調査」(高橋昌明編『院政期の内裏・大内裏と院御所』所収、二〇〇六、文理閣)。 (美川　圭)

トビニタイいせき　トビニタイ遺跡　オホーツク文化と擦文文化が接触したトビニタイ文化の標式遺跡。北海道東部の知床半島南側の羅臼《らうす》町海岸町に所在する集落遺跡。扇状地状の海岸沖積地にあり、標高一〇メートル。三十個以上の竪穴があったという。東京大学の一九六〇年(昭和三十五)の発掘時には二十三個の凹地が残っていた。調査された一号竪穴はオホーツク文化期の粘土紐の貼付文土器が出土したが、その上層に重複していた二号竪穴からは擦文土器とオホーツク土器の両方の特徴をもつ土器群が出土している。オホーツク土器群より新しいことが層位的に確認できた重要な遺跡といえる。後に遺跡名をとってトビニタイ土器群と称されたものであるが、住居跡からまとまって出土した最初の例である。木製品や繊維製品、魚鉤状鉄器、刀子、木製銛頭なども出土している。さらにその二号竪穴の上層部には石積遺構があり、軽石製火皿が出土しており、アイヌ期(江戸時代中期以降)の送り場遺跡であることが確認されている。

〔参考文献〕東京大学文学部『オホーツク海沿岸・知床半島の遺跡』下、一九六四。 (宇田川　洋)

とびやまじょう　飛山城　鎌倉時代の後半に芳賀高俊《はがたかとし》により築城されたと伝えられ、戦国時代まで続いた中世の城館跡。栃木県宇都宮市竹下町に所在し、鬼怒川左岸の段丘上に立地する。一九七七年(昭和五十二)に国指定史跡となる。指定面積は約一四ヘクタール。『松平結城文書《まつだいらゆうきもんじょ》』などに北朝方である宇都宮氏勢力の下野芳賀方面の防衛拠点として登場する。城は、東西三三〇メートル、南北四五〇メートルを計り、北と西側は鬼怒川により、南と東側は二重の堀により守られる。城の中央には東西方向の堀があり、これにより大きく北側と南側の曲輪に分かれる。北側の曲輪の北西部はさらに小規模な三本の堀により区切られ主郭部分にあたる。南側の曲輪からは大型の竪穴建物が数棟確認され貯蔵や兵士の詰所等の機能が考えられる。遺物は、国産陶磁や貿易陶磁の他、小札・鉄鏃・轡・手斧・火舎香炉・古銭・茶臼などが出土している。なお、築城以前に古代の烽《とぶひ》があったことを示す墨書土器と特殊な竪穴住居跡が確認されている。

参考文献 宇都宮市教育委員会編『史跡飛山城跡保存整備基本計画』、一九六八。 (今平 利幸)

とびら 扉 ⇩戸《と》

どふ 土符 長さ四～七センチ、幅四センチ前後、厚さ一センチ前後の方形粘土板の一面に「人・馬・米」「花押」、他面に「年(月日)」を刻み、一～二個の穴を穿孔した上で焼成した陶製小土版である。希に焼成後陶製版に墨書した例がみられる。三百余例知られる大半が伊賀地域北部(三重県伊賀市上野)からのみ出土していることが確認されており、当該地域に限定して使用された下げ札である。記載年号から、十五世紀前半から十六世紀後半までの約百五十年間使用されたと推定され、室町時代に伊賀地域を支配した守護仁木氏との関係が指摘されている。その形状や記載内容から、税の徴収札や通行証との見解があるが定説をみない。これまでの多くが伝世品であったが、近年は発掘調査によって確認される例が増加しており、限定された地域からの出土ではあるが、記載年号により、供伴遺物の年代比定に大きな役割を果たす資料として貴重である。

資料館 上野歴史民俗資料館(三重県伊賀市)

参考文献 山本雅靖「「土符」―考古学的調査の現状と課題―」(『三重県史研究』八、一九九二)。 (山中 章)

とぶひ 烽 古代の煙火による緊急通信手段、またその施設。烽火《ほうか》ともいう。「狼煙《のろし》」と同義語。この種の通信手段は、主に軍事的な目的で、弥生時代から近代にかけての各時代に使用された。文献上での初見は、『日本書紀《にほんしょき》』に六六四年(天智天皇三)、対馬嶋・壱岐嶋・筑紫国に烽が置かれたことが記されている。その後律令制下において烽に関する詳細が軍防令《ぐんぼうりょう》に規定され、緊急通信連絡網が全国的に整備された。それによれば、烽は四十里ごとに置かれ、そこに烽子《ほうし》四人が配属され、烽長《ほうちょう》二人が三つ以下の烽を管轄した。また、昼ならば烟を挙げ、夜ならば火を挙げ、烟の時は一刻(三十分)の間、火の時は一炬(一束の火炬)の間に次の烽が応じない場合には、脚力によって連絡することなどが定められた。烽の設置箇所について、文献上で確認できるものは、高安烽、高見烽、春日烽など宮都周辺や、『出雲国風土記《いずものくにふどき》』や『肥前国風土《ひぜんのくにふど》記《き》』に記載されている烽など、西日本に限られる。近年、栃木県宇都宮市に所在する飛山城《とびやまじょう》跡(中世の城館跡)において、古代の住居群が確認され、その中の特殊な形をした竪穴住居跡から「烽家」と書かれた墨書土器が出土したことから、東日本における烽の存在が考古資料により証明された。烽設置の目的は、もともと六六三年の白村《はくそん》江《こう》の敗戦により、唐・新羅の攻撃に備えたものであるが、西日本の烽がこのような対大陸を意識して設置されたものであるのに対し、東日本の烽は蝦夷対策の一環と捉えられる。なお、実際に烽が機能した例は、七四〇年(天平十二)の藤原広嗣《ふじわらのひろつぐ》の乱の際に兵士動員のために烽が使用されたことが知られている。七九九年(延暦十八)には、内外無事で防御の恐れがなくなったことから太政官符により、大宰府管内以外は停廃され、国家的な烽制は衰退した。これ以降は、八九四年(寛平六)に寇賊(新羅人)の侵入に対し烽が出雲と隠岐の両国に再び置かれるなど限定的な設置であった。

参考文献 『古事類苑』兵事部。瀧川政次郎「律令時代の国防と烽燧の制」(『法制史論叢』四所収、一九六七、角川書店)。平川南他編『烽の道』、一九九七、青木書店。 (今平 利幸)

とふろう 都府楼 ⇩大宰府《だざいふ》

とべやき 砥部焼 愛媛県伊予郡砥部町で焼かれた陶磁器。砥部焼の初出は一七四〇年(元文五)の『大洲秘録』五、大南村・北川毛村土産の条にさかのぼる。当初は陶器の生産であったが、肥前窯との交流を経て粘土に砥石屑の使用や釉薬の改良を重ねて、大洲《おおず》藩の援助を受けた杉野丈助が上原《かんばら》窯で磁器の焼成に成功するのは一七七七年(安永六)である。このころは砥部クラワンカ茶碗といわれる飯碗が庶民用として焼かれた。一八一八年(文政元)川登《かわのぼり》石が発見され素地の改良が進み、窯の数も増え大量生産が行われるようになった。そのことにより質の低下を招いたが、一部では呉須《ごす》による絵付け技術が向上し精巧な藩用品も生産されていた。明治初期には西洋コバルトが導入された。一八七八年(明治十一)肥前から型絵染付の技法が伝習され、昭和初期まで伊予ボールと呼ばれる製品が主に中国に輸出された。現在では型にとらわれない新しい作風も試行されている。

参考文献 山本典男『砥部磁器史』上、一九六六、アマノ印刷。津守淳二『古砥部陶片文様集』、一九九五、砥部焼文化研究会。 (中野 良一)

どま 土間 建物の内部で、床を張らず地面のままにしたところ。さらには叩き固めたり漆喰などを塗ったところ。㈠民家では「ニワ」と呼ばれることもあり、通常は近所の土に石灰・苦塩・水を混ぜて表面を固く叩き締める。特に風化花崗岩の三州土や深草土は有名。竪穴住居のように屋内がすべて土間であった段階から、次第に床上化していったものと考えられる。近世民家には土間に籾殻・藁・筵を敷いて起居する土座住まいや、土間と居室で別棟にする分棟型が確認できる。通常は主屋の半分近くを土間とし、炊事場・作業場・厩などとして用いられる。土間は主屋の片側に設けられるのが普通で、多くの町家のように表口から入って裏庭に抜けられるようになっている土間を通り庭という。農家では地域によって通り抜けのできない場合もある。㈡歌舞伎の劇場で舞台正面の観客席。もともと床を張らず縄で仕切った席であったため、桟敷に対して関西ではここを平場といい、江戸では土間と称した。

参考文献 安藤邦廣他『住まいの伝統技術』、一九九五、建築資料研究社。

（黒坂　貴裕）

とみおかきりしたんくようひ　富岡吉利支丹供養碑　一六三八年（寛永十五）に鎮圧された天草・島原の乱の戦死者の首を、有馬・長崎と富岡に三分して葬った首塚供養碑。別称千人塚。熊本県天草郡苓北《れいほく》町にある。国指定史跡。乱後十年目の一六四七年（正保四）代官鈴木重成が建てたもので、碑文の選者は中華珪法。碑は径約八《メートル》、高さ約二《メートル》の塚の上に建てられた安山岩の自然石で、高さ一・九二《メートル》、幅八六《センチ》、厚さ四一《センチ》。碑には正面上部に俗に「烏八臼《うはきゅう》」と呼ばれる彫り込みがあり、その下に「若有聞法者無一不成仏竊惟」と大書され、その両側と下部に次の文がある（原文は漢文）。「益田四郎は鬼理志丹《きりしたん》の宗旨を立て、一六三九年冬、肥前高来郡の原城にたてこもった。総勢三万七千余人、将軍の命により、海と陸から攻めたてた。ここには首三千三百三十三個を埋められ、十年をたった今、天草の代官鈴木重成公は供養されたものである。」

銘文 夫原鬼理志丹根源専行外道法而偏欲奪国之志無
二也於明土亦禁斯徒不異倭朝昔年
東照神君制是儼重也雖然彼徒党外直而曲性存于
内不貴仏法不重王法終顕逆心如下云由是
鴿　若有聞法者無一不成仏　竊惟
政夷鈎命下九州諸将斯時彼凶徒等不残亡滅了即
天下之執権聚其数万頸為三分長崎高来当
郡三所埋却之矣自是扶桑国中歌太平当舜日扇堯
風矣祝祝禱禱
堪忍世界南閻浮提日域肥之後州天草郡有益田四郎若冠
者立鬼理志丹宗旨以外道法示国中国外之男女而為党矣
当寛永十四白丁丑中冬其党破却仏閣神社焼払村落民家推
渡肥前高来郡楯籠原城其勢三万七千余人忽欲履国家蹂
是列国諸将馳向彼戦場討夜闘日海陸合戦無休時終至明
年暮春打破城郭討捕彼凶徒数千万也残党不全悉滅亡畢
即於当郡当村亦聚三千三百三十三頸埋却一壙矣然而星
霜歴十餘歳至于今時郡職熊野権現第一臣能美大臣重高
数代嫡孫鈴木重成公篤敬三宝全兼仁義加之達武通文矣
公見彼塚壙愍数千之魂霊悪趣沈淪苦患建碑石於塚上以
伸供養　伏願憑斯善根諸霊速生仏土証無上正等覚心乃
至平等利益者也因打野偈一章結末句云尔
仏性賢愚平等法　何更有生死罪業
本来無物空亦空　流水潺湲山岌嶪
吉正保四白丁亥七月廿五日　釈氏中華叟記之

参考文献 熊本県教育委員会『熊本県の文化財』史跡編、一九八二。

（限　昭志）

とみおかじょう　富岡城　一六〇二年（慶長七）から一六〇四年にかけて唐津城主寺沢広高《てらざわひろたか》により富岡（熊本県天草郡苓北《れいほく》町）に築かれた近世城郭。関ヶ原の戦い後、一六〇一年から天草は唐津藩主寺沢広高領地となり、唐津に本城、天草富岡に支城を築いた。領地を継いだ堅高《かたたか》は一六三七年（寛永十四）に起った天草・島原の乱の責により天草を没収された。乱後天草を領した山崎家治《いえはる》は三年かけて城郭を修築し城域を拡大。城の南側に百間石垣を築き内堀の役目をもたせ新たに大手門を築くなど、城域の整備に努めたが四国丸亀へ領地替となる。のち天領となったが一六六四年（寛文四）から私領となり戸田忠昌が城主となり本丸・二ノ丸を破城し再び天領となり維新まで続いた。城域は本丸・二ノ丸・出丸から成り一九九五年（平成七）から一九九八年の発掘調査で多くの遺構が検出されている。特に本丸では城絵図の正確さが立証された。これに基いて一九九九年度から石垣の復元整備、二〇〇三年・二〇〇四年に本丸建造物整備が進められている。

（今村　克彦）

とみおかはちまんぐう　富岡八幡宮　江戸を代表する神社の一つで、深川八幡とも称される。東京都江東区富岡に所在。一六二四年（寛永元）、八幡宮の霊瑞があったとして永代島へ下った長盛が、八幡宮旧社の再興を幕府へ出願、一六二七年、社地・境内地の下賜、八幡神体の鎮座、一六三六年、大規模な社殿の造営が行われた。江戸随一の広壮な境内は浮世絵などへも描かれ、明治初頭には五公園の一つともなっている。祭礼は一六四二年の若君（家綱）祈禱の神事祭礼に始まり、一八〇七年（文化四）には大勢の見物人が永代橋落橋の惨事へ巻き込まれた。一六八四年（貞享元）から一七九一年（寛政三）まで、境内

富岡八幡宮横綱碑

で勧進相撲が開催され、初代横綱明石志賀之助から現在へ至るまでの歴代横綱の名を刻んだ碑も建てられている。一六九八年(元禄十一)には隣地へ京都のそれと並ぶ弓道場である江戸三十三間堂も移されるに至っている。力持ち・角乗り競技は物流拠点としての深川の地域性とも関わるもので、それぞれの碑が設けられるなど、スポーツ文化史の観点からも興味深い場所となっている。

参考文献 『御府内備考』続編四―六。『江東区史』、一九九七。 (藤尾 直史)

とも 鞆 古代の弓箭具。弓手《ゆんで》(左手)手首の内側に付けて、弓弦《ゆんづる》が手首を打つのを防ぐ具という。天平六年(七三四)尾張国、同九・十年駿河国、同十一年伊豆国の各正税帳に諸国年料器仗として、尾張・駿河は各四十巻(天平九年駿河のみ単位は「勾」)、伊豆は十口の各用度料が記されている。なお、天平九年駿河国をのぞき、鞆ではなく、「衛」と記されている。遺品は正倉院に十五点が伝世する。黒漆塗の韋(正税帳によれば鹿か馬)にマコモや牝鹿白毛などの詰め物を入れて膨らませたもので、手首に触れる側の一端に細長い牛革を取り付けて鞆手《ともで》といい、他端に鹿の洗韋の緒を取り付け、鞆手に入れた切り込みにその緒を通して手首に留めた。中世以降の兵仗《ひょうじょう》では使用しないが、公家の儀仗《ぎじょう》では使用し、『吉部秘訓抄』建久二年(一一九一)閏十二月十日条に決拾《ゆがけ》とともにみえる図は著名で、『年中行事絵巻』射礼・賭弓の図では射手が着用し、また兵仗では『将軍塚絵巻』(京都・高山寺蔵)の武人像にもみえる。

参考文献 関根真隆『天平美術への招待』、一九八九、吉川弘文館。 (近藤 好和)

ともえがわら 巴瓦 ⇩軒丸瓦《のきまるがわら》

ともえだがようせき 友枝瓦窯跡 奈良時代初めごろに建立されたとされる垂水廃寺へ供給した瓦生産遺跡。福岡県築上郡上毛町西友枝字瓦ウドに所在。一九一三年(大正二)に発見され、一九二二年に国指定史跡を受ける。窯跡実態調査などを含め計四回行われており、二基の瓦窯跡が確認されている。一号窯跡は硬質の砂岩の岩盤を刳り抜いた、いわゆる地下式有階有段登窯で、焼成部の長さ六・一五メートル、最大幅一・九四メートル、天井部までの高さ一・四三メートルである。焼成部の床面傾斜角度は約四四度で、十七段が確認されており、一段の高さは約三〇センチから三二センチである。煙出し部は奥壁から約七八度の角度で地表面に通じ、高さ一・六メートル、煙出口約四〇センチである。焼成は瓦陶兼業窯で、瓦は百済系・新羅系瓦を生産し、北東に約二・五キロ離れた垂水廃寺へ需要された。七〇二年(大宝二)の『豊前国戸籍断簡』にみえる渡来人との関係が興味深い。

参考文献 大平村教育委員会『友枝瓦窯跡』、一九七六。 (高橋 章)

ともえもん 巴文 数個のオタマジャクシ形が頭を中心に渦巻き、外方へ吹き出た弧状の尾が連なって円形をなす文様。渦文の一種である。頭が巻き込む方向で左巴・右巴に分かれ(吹き出す方向で呼び分ける場合もある)、オタマジャクシ形の数によって二ッ巴・三ッ巴などと呼ぶ。最大六ッ巴までが知られるが稀。巴の字形あるいは勾玉に由来する、鞆《とも》に似るところから元は鞆絵であったなどの諸説があり、大正時代『考古学雑誌』上でその起源が論じられたが、未決着である。源氏物語絵巻にみえる衣服の文様、京都平等院鳳凰堂阿弥陀来迎図の太鼓に描かれたもの(十一世紀中ごろ)が古く、これ以降奈良法隆寺の聖霊会《しょうりょうえ》で使用する一対の太鼓(十二世紀末)を含め、鼓、武具、衣服などの装飾に多く採用された。軒丸瓦の瓦当《がとう》文様としては重源《ちょうげん》が建立した京都栢杜《かやのもり》遺跡八角堂(十二世紀)に用いられたのが初め。以降全国的に普及し、近世初頭から軒丸瓦を巴瓦と呼ぶようになった。 (山本 忠尚)

とやまじょう 富山城 富山市本丸町・大手町ほかに所在する平城。旧神通《じんずう》川(現松川)と鼬《いたち》川の合流点の南西、標高約一〇メートルの自然堤防上に立地する。一五四〇年代(天文年間ごろ)、守護代の神保氏によって築城されたとみられ、その後一五八二年(天正十)に佐々成政が入城、続いて加賀前田氏が拠り、一六三九年(寛永十六)に十万石富山藩の居城となった。以降、一八七一年(明治四)の廃藩まで十三代にわたり前田氏が世襲した。廃藩後に城郭は破却され、城跡には県庁舎が建てられたが、一九三〇年(昭和五)の庁舎焼失を機に県庁は堀の北側に新築移転した。現在は、本丸を中心に城址公園として整備されている。公園の再整備計画に伴い、二〇〇二年(平成十四)から本丸およびその周辺で遺構の確認調査が行われ、堀跡や建物土間、小鍛冶工房跡などが発掘されている。また下層から発見された堀跡には火災の残材を投げ込んだ土器・炭化米などの堆積層があり、その時期は十六世紀前半代とも考えられる。神保氏築城を物語る資料として、今後の調査の進展が待たれる。

参考文献 久保尚文『越中中世史の研究―室町・戦国時代―』、一九八三、桂書房。富山市郷土博物館編『特別展富山城の歴史展』、一九九四。 (黒崎 直)

とゆらでら 豊浦寺 蘇我氏本宗家の氏寺で、日本最古の尼寺。建興寺とも称する。奈良県高市郡明日香村豊浦《とようら》の向原寺(広厳寺)がその後身と伝わる。現境内を含む南北約二〇〇メートル、東西約八〇メートルの不整形の寺域に南から塔跡・金堂跡・講堂跡が並ぶが、金堂・講堂の軸線は塔と約二〇度ずれる。一九八五年(昭和六十)の発掘調査では、講堂の基壇下層で掘立柱建物が確認された。『元興寺伽藍縁起幷流記資財帳』には、仏法初伝の際に仏像を安置した牟久原《むくはら》殿を敏達天皇の時に桜井道場に移したとあり、推古天皇の時に等由良(豊浦)宮を等由良寺にしたとある。講堂下層の建物が豊浦宮である可能性は高く、推古天皇が豊浦宮から小墾田宮《おはりだのみや》に移った六〇三年(推古天皇十一)以降に伽藍が造営されたとみられる。牟久原殿は蘇我稲目の向原《むくはら》家で、豊浦宮に継承されたのであろう。桜井は豊浦寺の西にあった井戸にちなむ地名で、桜井道場は向原家に隣接していた可能性がある。

参考文献 大脇潔「蘇我氏の氏寺からみたその本拠」(堅田直先生古希記念論文集刊行会編『堅田直先生古希記念論文集』所収、一九九七、真陽社)。

(竹内 亮)

とゆらのみや 豊浦宮 推古天皇の宮。奈良県高市《たかいち》郡明日香村豊浦《とようら》に所在。五九二年(崇峻天皇五)十二月、推古天皇は豊浦宮に即位し、以後、約百年間にわたって、宮殿はこの近辺に著しい集中をみせることになる。ただし、この宮における推古の即位は、崇峻天皇暗殺のわずか一か月後のことであって、旧来の施設を利用したものとみられる。豊浦に拠点をかまえていた蘇我氏の邸宅の一部が、その一員である彼女の宮とされたのであろう。罹災《りさい》記事がみえないにもかかわらず、推古がほどなく六〇三年(推古天皇十一)十月に小墾田宮《おはりだのみや》に遷っているのは、そうした事情とも関連する可能性が高い。こののち、豊浦宮の跡地には豊浦寺《とゆらでら》(建興寺)が建立され、僧寺である飛鳥寺(法興寺)に対し、尼寺として機能した。発掘調査では、創建期の講堂や金堂の基壇の下から、石敷をめぐらした掘立柱建物や砂利敷が確認され、下層に豊浦宮の遺構が広がることが判明している。→小墾田宮《おはりだのみや》

参考文献 奈良国立文化財研究所『飛鳥・藤原宮発掘調査概報』一六、一九八六。大脇潔「新益京の建設」(『新版古代の日本』六、一九九一、角川書店)。

(小澤 毅)

とよはらじ 豊原寺 福井県坂井市丸岡町豊原の山間部に所在する寺院跡。七〇二年(大宝二)泰澄がこの地に白山豊原寺を建立したと伝える。中世には、僧兵の活躍が盛んとなり、三上山と西の宮、雨乞山に三城を配し、西辺の剣ケ岳断層を巧みに惣構えとした城塞化も進み、寺内には三千の坊舎が建立されたという。一五七五年(天正三)、織田信長は一向一揆の拠点と化した豊原寺を焼き、翌年、柴田勝豊が西方の丸岡に城下町を築いて中心を移したため次第に衰退した。発掘調査は、一九七九年(昭和五十四)から一九八四年まで六年間、華蔵院跡、(伝)講堂跡、下屋敷跡、(推定)僧房跡、山城山地籍の中世墓地跡で実施した。坊舎や庭園、溝、石敷遺構などを検出するとともに、華蔵院跡では梵鐘鋳造遺構とその鋳型、元様式の青花梅瓶が、講堂跡では平安時代の猿投《さなげ》窯の白瓷浄瓶が、山城山の中世墓地では天文―永禄年間(一五三二―七〇)の紀年銘をもつ石造遺物十五基などが出土した。

参考文献 丸岡町教育委員会編『豊原寺跡』I―VI、一九八〇―八五。

(水野 和雄)

とよみやざきぶんこ 豊宮崎文庫 江戸時代に創設され、明治時代まで存続した文庫。三重県伊勢市岡本にあった。国指定史跡。伊勢神宮外宮《げくう》(豊受宮《とようけ》)の神主・禰宜《ねぎ》やその子弟の教育の場として創建され、書庫と講堂からなり、図書館と学校の性格を併せ持つ。神宮の文庫は古代以来存在したものと考えられるが、一六四八年(慶安元)、伊勢神道を再興したことで知られる外宮権禰宜の度会延佳《わたらいのぶよし》は、祠官・山田を支配する有力町人(三方家)・町年寄などの同志を募り、六十九名の協力により、近世的な文庫を創設した。その後山田奉行や公家、大名、学者などからの寄贈も多く、内宮の林崎文庫とともに繁栄した。一八六八年(明治元)文庫は廃され、宮崎学校が置かれたが、まもなく他に移る。一八七八年には講堂が焼失する。その後、私有になった時期を経て、一九一一年(明治四十四)に蔵書が神宮文庫に献納された。その数は二万七百四十五冊で、内宮文庫である林崎文庫から一八七三年に献納された時の一万千九百七十八冊より多かった。

(榎村 寛之)

とらいせん 渡来銭 中国・朝鮮・琉球・ベトナムなどの海外から日本に渡来した銭貨の総称。わが国独自の自国通貨の鋳造は、最後の皇朝銭である乾元大宝(九五八年(天徳二)初鋳)から江戸幕府の最初の公的銭貨である寛永通宝(一六三六年(寛永十三)初鋳)に至るまで断絶し、中世は民間の模鋳行為はあっても、幕府や朝廷が公式に銭貨を鋳造・発行することはなく、もっぱら中国銭を中心とする渡来銭に依存していた。また、日本で一般的に通用した渡来銭は、銭種を問わず「一枚＝一文」の価値基準を有する小平銭であり、中国で五文銭・十文銭として発行していた直径の大きな大銭は、日本では全国規模で普遍的に通貨としては機能せず、貿易決済貨幣や経済行為とは別の付加価値を持って単独で使用されていたものと考えられる。いずれにせよ、十二世紀以降、特に当時の国際通貨ともいうべき中国銭に対する信頼度は汎東アジア的に非常に高く、大量出土銭(備蓄銭・埋納銭)の銭種別出土順位では皇宋通宝・元豊通宝・熙寧元宝・元祐通宝・開元通宝といった唐宋銭が上位を占めるように、日本各地の出土銭の組成を見ても、中国銭の占める割合は朝鮮・琉球・ベトナム銭を大きく上回っており、こうした中国銭を中心とする渡来銭を用いた貨幣経済は十三―十五世紀にかけて大きく発展した。ただし、わが国に渡来した中国銭には、同じ中国銭種の銭文を有する銭といえども、中国本銭のほかに中国私鋳銭が含まれているとともに、十四世紀前半以降の出土銭には国内で生産された模鋳銭や、十六世紀末葉から十七世紀初頭に至ってはベトナム模鋳銭が混在してくるので注意が必要である。一三二三年に慶元(寧波)から博多を目指していた新安沈没船の豊富な引き揚げ資料中には大銭を含む約二八トン(八百万枚以上)の銭貨が存在するが、この資料には当然ながら国内模鋳銭が混在しているはずはないので、当時の渡来銭の実態を把握する意味においても、新安引き揚げ銭貨の今後の詳細な調査・研究が期待される。

参考文献 国立歴史民俗博物館編『東アジア中世海道―海商・港・沈没船―』、二〇〇五、毎日新聞社。坂詰秀一編『出土渡来銭―中世―』(『考古学ライブラリー』四五、一九八六、ニュー・サイエンス社)。鈴木公雄『出土銭貨の研究』、一九九九、東京大学出版会。永井久美男編『中世の出土銭―出土銭の調査と分類―』、一九九四、兵庫埋蔵銭調

査会。同編『中世の出土銭』補遺一、一九九六、兵庫埋蔵銭調査会。

（嶋谷　和彦）

とりい　鳥居　神社の参道入口や社殿を囲う玉垣に開く門。二本の円柱を上方で内側に転《ころび》を付けて立て、貫《ぬき》で連結して柱上に島木《しまぎ》・笠木《かさぎ》を渡し、貫と島木間の中央に額《がく》束《つか》を立てる形式を明神鳥居、明神鳥居の前後に控柱を立て二本の貫で鳥居をつなぎ固める形式を両部鳥居という。笠木・島木は両端を緩く反り上げ、笠木両端・上面に反《そり》増《まし》が付き、柱頭に円盤の台輪が付くものと付かないものがある。笠木・島木に反りがなく、笠木にのみ反増しを付け、柱が太く転の少ない春日鳥居は明神鳥居の古式を示す。明神鳥居の両脇に一段低い鳥居をつけ、中央間を扉構え、左右間を透塀とする三輪鳥居(奈良県大神神社三ツ鳥居)は異形で三輪山信仰の古制を伝え、本殿のない神域の門構えを示す。春日鳥居より古い鳥居形式は伊勢神宮に伝わる神明鳥居で、島木・額束はなく直立する円柱と貫および反りのない笠木で構成し、貫は柱を貫き通さず柱間に納める。この形式で貫の両端が柱外につきぬけるのは鹿島鳥居という。伊勢神宮鳥居の笠木は断面方形で上面に鎬《しのぎ》をつけるが、大嘗宮《おおにえのみや》黒木鳥居は神明鳥居の四本の構成材を全て皮付き丸太で造り、皮を剝いた白木造りもある。現存最古の鳥居は山形市の石造明神鳥居三基(平安時代後期)で、円柱は太く直立し、笠木・島木は水平で島木両端の下端を反り上げ、一基の笠木がわずかに反る。山形県内にはほかに鎌倉・室町時代の石造鳥居が八基あり、その多くは神体山への参道入口に立つものとされる。神社の門としての鳥居は木造で掘立柱が多いこと、式年造替制によって中世以前の現存例は全国的に少なく、重要文化財で室町時代には石造五基、銅造一基、木造一基にすぎない。十七世紀以後は式年造替停止により石造、銅製鳥居が急増する。中世絵巻や境内図によると鎌倉・室町時代から明神鳥居が多く描かれ、島木のない鹿島鳥居の例もあるが、木造明神鳥居が主流であった。弥生時代環濠集落の城柵に開く門や古墳時代祭場遺構を囲う柵の門は二本柱遺構が多い。佐賀吉野ヶ里遺跡(弥生時代後期)では二本の門柱上に冠木《かぶき》を渡して、鳥居の祖型として冠木上に木製鳥形を飾る形式に復元される。

（宮本長二郎）

神明鳥居（伊勢神宮内宮）

明神鳥居（二荒山神社）

春日鳥居（春日大社）

両部鳥居（厳島神社）

とりいりょうぞう　鳥居龍蔵　一八七〇—一九五三　人類学者。一八七〇年(明治三)四月四日、徳島県に生まれる。小学校を中途退学し、以後は独学。一八八六年東京人類学会に入会、一八九〇年上京、一八九三年東京帝国大学理科大学人類学教室標本整理係となって坪井正五郎に師事し、一八九八年助手、一九〇五年講師。坪井正五郎死去後の一九一二年(大正十一)助教授となったが、一九二四年辞職。この間、国学院大学講師、一九二三年教授(一九三三年まで)、一九二八年(昭和三)には上智大学の創立にかかわり文学部長・教授、一九三九年には中国北京の燕京大学から招聘され客座教授に就任、燕京大学は一九四一年に閉鎖されるが北京に留まり、一九四五年大学再開により再び客座教授となった。一九五一年帰国。

一九五三年一月十四日没。八十二歳。一八九五年の遼東半島の調査以後、台湾、北千島、西南中国、「満州」、蒙古、朝鮮半島、東シベリヤなどの調査を行なった。北千島の調査結果は石器時代人アイヌ説を強化するものとみなされ、自身も石器時代人アイヌ説をとり、大陸から日本人の祖先が渡来してこれを征服したと主張した。主要著書に『千島アイヌ』(一九〇三)、『有史以前の日本』(一九二五)などがある。『鳥居龍蔵全集』全十二巻(一九七五—七七、朝日新聞社)がある。

参考文献 「著述総目録・年譜」(『鳥居龍蔵全集』別巻所収、一九七七、朝日新聞社)。鳥居龍蔵『ある老学徒の手記』、一九五三、朝日新聞社。寺田和夫『日本の人類学』、一九七五、思索社。工藤雅樹『東北考古学・古代史学史』、一九九八、吉川弘文館。 (工藤 雅樹)

とりごえじょう 鳥越城 加賀一向衆が最後に立て籠もった城。国指定史跡で、石川県石川郡鳥越村に所在。手取川と大日川の合流点に臨む尾根筋に造営された山城。最高所に本丸を築き、周囲に六つの平坦面を造成し、堀切や土塁で区画した連郭式の城郭。本丸は周囲に土塁を配し、石垣で築かれた出枡形の入り口部を伴う。城内各所で火災の痕跡が確認されており、中国製青磁・染付や銅鏡、紅皿、硯、茶臼、賽子、炭化米などが出土している。白山麓の山内衆と呼ばれた一向衆が拠点としていたが、一五八〇年(天正八)に越前の柴田勝家勢に占領され、一五八一年に山内衆が奪回。直ちに金沢の佐久間盛政に鎮圧され、一五八二年に山内衆は壊滅。城内で検出した火災跡や炭化した米・粟などは、柴田勢や佐久間勢との激しい攻防を伝えている。付近に鳥越城を築いた一向一揆山内衆旗本の鈴木出羽守の居城だった二曲城《ふとうげ》があり、鳥越城とともに落城している。

資料館 白山市立鳥越一向一揆歴史館(石川県白山市)

参考文献 鳥越村教育委員会編『史跡鳥越城跡附二曲城跡環境整備事業報告書』、二〇〇一。 (小嶋 芳孝)

とりつひとつばしこうこうちてん 都立一橋高校地点 一九七五年(昭和五十)の都立一橋高校の建て替え工事に伴い、調査された近世遺跡。東京都千代田区に所在。調査地点は、江戸時代の当初は寺と武家屋敷、一六八二年(天和二)の大火後は町(橋本町)に該当する。厚い堆土と豊富な地下水から、大量の遺構、木製品も含む遺物が検出され、行政発掘という制約にもかかわらず、はじめての寺院・町の本格的調査として、多くの成果を提示した。地下室・井戸・裏店の遺構や煙管・下駄・陶磁器など多様な遺物・遺構が検出され、その分類・編年化が行われるとともに、鍵層(明暦大火層)による絶対年代の比定など、その後の近世考古学の事実上の出発点となった調査といっても過言ではない。遺跡名には、都市江戸遺跡の一地点を調査したという調査担当者の近世遺跡調査への情熱が反映されている。この調査によって、江戸遺跡の遺物・遺構の残存状況が認識される契機となったことから、研究史上では、一九七〇年の近世考古学の提唱につづく画期的な調査と評価できる。

参考文献 古泉弘『江戸を掘る』、一九八三、柏書房。同『江戸の考古学』、一九八七、ニュー・サイエンス社。 (岩淵 令治)

とりべ 取瓶 溶融《ようゆう》した金属(湯《ゆ》)などを、鋳型《いがた》に注入する際に用いる容器。金属などを溶融・灼熱するための容器が坩堝《るつぼ》であり、溶融したものを鋳型に注ぐための容器が取瓶である。弥生時代から現代まで使用されている。青銅製品などの製作地から、鋳型の破片などの鋳造関連遺物に混じって出土する例が多い。器形は椀・鉢形で、径一二センチ《セン チ》、高さ四～一〇センチ《セン チ》前後、器壁の厚さ一～三センチ《セン チ》ほどの大きさであり、粗い粘土で作ったものが多い。石川県一針《ひとつはり》B遺跡の例(弥生時代後期)は、脚付鉢形土器で外表に把手が付き複数の穴が貫通している。奈良県飛鳥池《あすかいけ》遺跡の例(七世紀後半)は、椀形をした厚手のものと薄手のものの二種がある。いずれも片口になっており、銅やカラミ(鉱滓《こうさい》)などが付着している。また、土師器の甕、須恵器の杯・壺を転用したものもある。滋賀県光明寺《こうみょうじ》遺跡の例(十五世紀)は、椀形で内面には溶けた銅・青銅が付着している。

参考文献 奈良国立文化財研究所飛鳥資料館編『飛鳥の工房』(『飛鳥資料館図録』二六、一九九二)。中主町教育委員会編『平成十年度中主町埋蔵文化財発掘調査集報II』、一九九九。財団法人石川県埋蔵文化財センター編『小松市一針B遺跡・一針C遺跡』、二〇〇二。 (岩本 正二)

とりべの 鳥辺野 京都市東山区の阿弥陀ヶ峰(鳥部山)の西山麓一帯をさす地名。鳥部野、鳥戸野とも記す。もと山城国愛宕郡。化野《あだしの》とならぶ京の代表的な葬送地で、平安時代中期以降、盛んに利用される。貴族としては八二六年(天長三)淳和天皇皇子常世親王をはじめ、一〇〇〇年(長保二)藤原定子、一〇〇一年東三条院詮子、一〇二七年(万寿四)藤原道長などの葬送が行われた。定子は当地に葬られるが(鳥戸野陵)、当地では火葬に付されるだけで、遺骨は他地に埋納されることが多かった。藤原氏の場合、埋葬地としては宇治の木幡が著名である。庶民は、通常は火葬することなく遺骸を放置しておくだけだったであろう。江戸時代には範囲が狭まり、清水寺《きよみずでら》から大谷本廟(西大谷)にかけての、墓地が集中した丘陵地をさすようになる。

参考文献 角田文衞「鳥部山と鳥部野—平安時代を中心として—」(『角田文衞著作集』四所収、一九八四、法蔵館)。京都市編『史料京都の歴史』一〇、一九八七、平凡社。 (榎 英二)

どりょうこう 度量衡 度は長さ、量は体積、衡は質量のこと。中国から伝えられた用語で、東アジア社会では、ものさし・枡・はかりなどの計量器や計量方法、および計量制度などを包摂した用語として用いられてきた。同義語として、「度量」「度量権衡」「権衡度量」と表現することもあった。ただし、科学技術が発達した現代社会で

度量衡・計量単位換算表

	度(長さ・距離)	量(容積)	衡(質量)	面　　積
令制以前	高麗尺(＝令大尺)≒35.5cm			1代＝5歩 1歩＝方6尺(高麗尺) 1段＝50代 50代＝250歩 (参考)1束＝1代の穫稲 ＝稲10把
大宝令制(702年)	大尺(測量用)＝高麗尺 ＝小尺1.2尺≒35.5cm 小尺＝唐大尺≒29.6cm	大升＝唐大升 ＝小升3升≒850cc 小升＝唐小升	大斤(銀銅穀)1斤＝小斤3斤 ≒670g	1町＝10段 1段＝360歩 1歩＝方5尺(令大尺)
和銅制(713年)	大尺＝令小尺 ＝唐大尺 ＝小尺1.2尺≒29.6cm 小尺(天体観測のみ)＝唐小尺	大升＝令大升 ＝小升3升≒850cc 小升(湯薬のみ)＝令小升	大斤1斤＝小斤3斤 ≒670g 小斤(湯薬のみ)	1町＝10段 1段＝360歩 1歩＝方6尺(和銅大尺)
平安時代 ～ 戦国時代	曲尺＝鉄尺≒31.6cm 呉服尺＝曲尺1.2尺≒37.9cm 鯨尺＝曲尺1.25尺≒39.5cm 長尺＝曲尺1.15尺≒36.34cm 竹量＝曲尺1.15尺≒36.34cm 里(大里)＝36町≒3900m 里(小里)＝6町≒654m	宣旨枡 1升(方4寸×深2寸) ≒0.81ℓ 武佐枡(近江地方) 1升(方4寸6分5厘×深2寸3分9厘) ≒1.443ℓ 三井寺枡・山門枡・大津枡 1升(方4寸8分5厘×深2寸3分) ≒1.497ℓ 古京枡 1升(方5寸×深2寸5分) ≒1.74ℓ	1匁＝開元通宝1枚の質量 ≒3.75g 1貫＝1000匁 綿1屯＝4両 鉄1挺＝3斤5両 京　目(金)　1両＝4.5匁 田舎目(金)　1両＝4.7匁 大和目(薬)　1斤＝180匁 唐　目　1斤＝160匁 白　目(薬)　1斤＝230匁 山　目(薬)　1斤＝250匁 口　目(茶)　1斤＝200匁	1町＝10段(反) 1段＝360歩 大　＝2/3段＝240歩 半(中)＝1/2段＝180歩 小　＝1/3段＝120歩 丈(杖)＝1/5段＝72歩 西国・北陸の一部 1段＝50代 1代＝6歩 播磨 1段＝50束 1束＝10把 北陸・東北 1段＝100刈 越後 1段＝600刈
近　世	曲尺＝鉄尺≒31.6cm 竹量＝曲尺1.15尺≒36.34cm 呉服尺＝曲尺1.2尺≒37.9cm 鯨尺＝曲尺1.25尺≒39.5cm 享保尺＝曲尺0.978尺≒30.3cm 文尺(足袋尺)＝曲尺0.8尺≒25.3cm 折衷尺＝30.3cm 1里＝36町≒3900m	太閤検地枡 1升(方5寸1分×深2寸4分5厘) ≒1.791ℓ 新京枡 1升(方4寸9分×深2寸7分)≒1.8ℓ 江戸枡 1升(方5寸×深2寸5分)≒1.74ℓ 甲州枡 1升(方7寸5分×深3寸4分5厘)≒5.4ℓ	1貫≒3.75kg 金目 1両＝4分 1分＝4朱 銀目 1貫＝1000匁 1匁＝10分	太閤検地 1町＝10段(反) 1段＝5間×60間 ＝300歩 ＝10畝 大　＝2/3段＝200歩 半(中)＝1/2段＝150歩 小　＝1/3段＝100歩 1歩＝方1間＝方6.3尺 慶長以後 1歩＝方1間＝方6尺
明　治	1869年(明治2) 1里＝36町≒3927m 1875年(明治8) 法定尺＝折衷尺≒30.3cm	1875年(明治8) 法定枡＝新京枡(方4寸9分×深2寸7分) ≒1.8ℓ	1875年(明治8) 1両＝10匁≒37.5g	1873年(明治6)地租改正 1町＝10段≒9910m^2 1段＝10畝≒991m^2 1畝＝30坪≒99.1m^2 1坪＝方6尺≒3.3m^2

(前近代の度量衡には諸説があり、本表には代表的な事項を表示した。また、メートル法への換算価はあくまで一応の目安である。)

単　位　表

長　さ	容　積	質　量
1丈＝10尺 1尺＝10寸 1寸＝10分 1分＝10厘 1厘＝10毫	1斛＝10斗 1斗＝10升 1升＝10合 1合＝10勺 1勺＝10撮(才)	1斤＝16両 1両＝24銖 1両＝4分 1分＝6銖 1両＝10匁 100斤＝16貫匁 1貫＝1000匁

は、これにかわる用語として「計量」を用いることが一般化している。『漢書』律暦志によると、中国では、天子の統治条件として、時間(暦)や音律とともに度量衡の管理が求められ、度量衡の統一が国家政策の要として位置づけられていた。

一方、日本では、『日本書紀』『古事記』によると尋・握など、古来からの慣習法的な計量単位が存在したことが知られるが、これらが客観的な数値で裏付けられたり、制度として体系化されることはなかった。そのような中、七―八世紀に唐をモデルとした律令国家をめざし、租税制度や貨幣制度が整えられる過程で、中国の度量衡制が導入された。この時採用されたのは唐の度量衡制で、長さ・体積・質量のいずれもが、大制・小制という二系列の基準をもち、唐制と同様の計量単位で数値化するものであった。『養老令』には、監督官司として職員令に大蔵省・国司・京職・摂津職・東西市を定め、さらに雑令・関市令に度量衡関連条文がおさめられている(『大宝令』も同様と想定される)。『続日本紀』によると、『大宝令』の完成後、七〇二年(大宝二)には度量を諸国に頒下したという。律令国家は、各官司に様とよばれる銅製の見本をおき、さらに一年に一回、中央では大蔵省、地方では国衙において検定を実施していた。検定に合格した計量器には官印が題されることになっていた。しかしながら、律令国家による度量衡政策がどこまで実効力を伴っていたのかは不明である。正倉院宝物から復原される実質量は必ずしも一様ではなく、『日本霊異記』には計量器の不正に関わる説話もある(上巻三十、下巻二十二・二十六)。また、出土遺物や伝来の計量器に、官印を確認することもできない。その後、平安時代以降における荘園制の確立は、国家権力を背景に計量を統制しようとした従来のしくみを崩壊させた。それとともに、度量衡の各分野が切り離されて、それぞれが実態に即しながら発達をとげた。中でも、枡については、米年貢の徴収形態が穎稲から俵詰めされた穀へと変化する十一世紀になると、その多様化が顕著となる。後三条天皇は、一〇七二年(延久四)に宣旨枡を定めて枡の再統一をはかろうとしたが、中世社会を通じて地域・由来・用途などによって基準量の異なる枡が存在し、それらを使い分けるといった社会現象が常態化した。近世に入ると、再び計量制度の統一がすすめられる。織田信長の京枡の採用、豊臣秀吉の太閤検地を経た後、江戸幕府は枡座・秤座・金座を設置して、マスやハカリ、分銅の製造、販売、検定を実施した。ただし、尺度については取締の対象とはならず、江戸時代を通じて呼称や基準の異なる尺が使用された。明治政府は、近世以来の計量基準や計量器を認めつつ、西洋式の計量器の導入、単位系の国際化を進めた。一八七五年(明治八)に、大蔵省度量衡改正掛のもとで度量衡取締条例を公布し、一八八五年のメートル条約加盟の後、一八九一年には度量衡法の公布によりメートル法が導入された。その後、一九六六年(昭和四十一)三月末日をもって、メートル法に完全移行され、旧来の尺貫法は廃止された。さらに、一九九二年(平成四)六月には、国際単位系(SI単位)への統一が完了した。

参考文献 小泉袈裟勝『図解単位の歴史辞典』、一九九九、柏書房。同『単位のいま・むかし』続、一九九二、日本規格協会。丘光明『中国古代計量史図鑑』、二〇〇五、合肥工業大学出版社。
（大隅亜希子）

どるい　土塁　城郭の防御線、あるいは郭を区画する施設として、粘性のある土を敲き締めながら盛り上げて築いた土手を呼ぶ。土居と同意語で、呼称としては土居が古く、土塁は近代的な呼び名である。土塁は外側に掘れた堀の土を単純に盛り上げて築かれたのではなく、粘性土を敷き広げて締め堅める作業を繰り返す版築技法によって築かれたことが、土塁の断面調査で確認されている。土塁断面には砂の薄い層が見られるが、これは土を敲き締める時に土に含まれている水分が表面に浸みだして敲き締める道具に土が付着することによる作業効率低下を防ぐ目的で、砂を撒きながら作業したためである。また、土塁内部に、土塁方向と直行する石列を伴うこともあるが、これも敲き締める範囲を区画するものである。土塁の上部の平面には塀や柵が設置され、崩落防止のため斜面には芝・笹などが植えられていた。城郭内部側には土塁上に登るために階段(雁木)が設けられていた。基底部を敷《しき》、斜面を法《のり》、上部平面をひらみと呼び、高さは敷の三分の一程度である。また、その平面形や築かれた目的によって安土土塁・馬出土塁・かざし土塁などの呼び名がある。

参考文献 『古事類苑』兵事部。『史跡武田氏館跡』Ⅲ・Ⅳ(『甲府市文化財調査報告書』七・八、一九九八–九九、甲府市教育委員会)。
（八巻与志夫）

トレンチちょうさ　トレンチ調査　発掘調査の手法の一つ。本調査の前あるいはその途次に、遺跡の広がりや深さ・性格などの情報を得るため、必要最小限の発掘を行う。その際、壺掘り(ピット)より長い範囲を対象に細長く掘ることにより、離れた地点間の関係を捉えることが可能となる。これがトレンチ調査であり、調査の終盤に遺構を断ち割るように発掘するのもこの一種である。戦場における塹壕(トレンチ)と似るのでこの名が付いた。幅は人の身動きが可能な一メートルほどから最大三メートルまで。歴史時代の建物の場合、柱間十尺(三メートル)が基準になるので、柱穴の有無を知るためには三メートルを要する。対象面積が小さいため時間・人手・費用を節約し、遺跡の大部分を現状のまま残すことができるが、部分的な情報を得るにとどまる。あくまでも予備調査やダメ押し調査に限るべき手法である。
（山本　忠尚）

とん　屯　律令制下における綿の計量単位。本来、綿の計量は質量を基準とするが、中国では、租調庸制の整備の過程で、一定の質量にまとめた綿を屯という助数詞で数える独自の計量単位を創出した。『六典』『通典』では綿六両を一屯とする。これにならって日本でも、七世紀後半に屯単位を導入。ただし、一屯の質量は唐制とは異なり、賦役令《ぶやくりょう》では調綿小二斤を一屯とする。さらに、七一四年(和銅七)には庸綿十両(大、小は不明)を一屯とするが、いずれも実態としては確認できない。一方、『延喜式』主計寮では、調綿は大四両(小十二両)、庸綿は大五両二分(小十六両)を一屯と定め、越中国特産の畳綿、細屯綿は大三両一分二銖(小十両)をそれぞれ一帖、一屯とする。平城宮跡出土の木簡や正倉院文書にみる調綿、庸綿の規格は、『延喜式』主計寮の規格と一致している。なお、庸綿一屯は小十六両、つまり小一斤になることから、正倉院文書などでは、屯と斤を混同して表記している例がある。

参考文献 木本秀樹「綿の数量「屯」について」(『越中古代社会の研究』所収、二〇〇二、高志書院)。関根真隆『奈良朝服飾の研究』本文編、一九七四、吉川弘文館。
（大隅亜希子）

とんぼだま　蜻蛉玉　⇨ガラス

な

ないかくぶんこ　内閣文庫　かつて国立公文書館《こうぶんしょかん》内に置かれ、古典籍や古文書を管理し閲覧に供していた一部門。一八七三年(明治六)太政官正院歴史課に置かれた図書掛に由来し、一八八四年太政官文庫として諸官庁の所蔵図書を一括管理することとなり、その翌年、内閣制度の創始とともに内閣文庫と改称した。紅葉山《もみじやま》文庫本・昌平坂学問所本などの江戸幕府旧蔵書が引き継がれたほか、和学講談所本、大乗院文書、朽木《くつき》家文書、高野山釈迦文院本、押小路《おしこうじ》・中御門《なかみかど》・坊城《ぼうじょう》・甘露寺《かんろじ》等諸家旧蔵書などの貴重古書類が新たに蒐集もしくは移管され、また明治期の和洋刊本・官庁刊行物も収蔵した。その後一九七一年(昭和四十六)国立公文書館の設置によりその一課となったが、二〇〇一年(平成十三)同館の独立行政法人化に伴って組織としての内閣文庫は消滅した。蔵書は引き続き国立公文書館にて管理、閲覧に供されている。↓紅葉《もみじ》山文庫《やまぶんこ》

参考文献　国立公文書館編『内閣文庫百年史(増補版)』、一九八六、汲古書院。福井保『内閣文庫書誌の研究』、一九八〇、青裳堂書店。『(改訂増補)内閣文庫蔵書印譜』、一九八一、国立公文書館。

(小倉　慈司)

ないじなべ　内耳鍋　東日本で用いられた鍋の形体の一つ。『春日権現霊験記』などの絵巻物には、囲炉裏《いろり》の中に五徳にのせた鍋で煮炊きを行なっている情景が多く描かれている。これは西国社会の煮炊きのあり方を象徴していたと思われる。一方、東国の中世遺跡からは、鍋の内面上部に耳が付されたものが出土する。耳に藤つるなどを掛け、自在鉤に吊るして囲炉裏で使用したものである。内面に付されたのはつるが焼けないように工夫したもので、またバランスを保つために相対する二ヵ所に二対一に施されている。素材としては鉄製と土製があり、鉄製が先行し、その鉄製内耳鍋を模倣する形で土製内耳鍋が出現した。内耳鉄鍋の比較的古い出土例は十二世紀の岩手県平泉町柳の御所遺跡があり、神奈川県鎌倉市内遺跡をはじめ東国の各地の中世生活遺跡から鉄鍋の確認がある。群馬県富岡市本宿《もとじゅく》・郷土《ごうど》遺跡、埼玉県坂戸市金井遺跡などからは鍋の鋳型が出土している。中世後半には東北地方から東海地方の各地で土製鍋が出土する。尾張・三河・遠江・駿河の東海地域、武蔵・上野・下野・常陸・上総などの関東地域、信濃・甲斐を中心とする甲信地域、東北地方南部地域(福島県・山形県)に主な分布が認められ、それぞれ地域的特徴を示している。その一方で、北陸・東北地方北部・南関東などでは土製鍋の分布が確認されていない。土製鍋の分布の背景には、鉄生産減少のなかで鉄鍋に互換するものとして土製鍋の生産が始まったとする考え、単なる煮炊具としてではなくハレの場における非日常的製品として使用されたとする考えなどがある。埋葬跡から内耳鍋を被せた遺体が確認される例もあり、当時の人々の埋葬観念を考える上で重要である。北海道から東北北部では十一世紀から十二世紀の時期に、擦文土器と土製内耳鍋が共伴する、東国社会とは異なる状況があった。また、擦文土器の消えた十二世紀以降の北海道の遺跡では、鉄製内耳鍋の出土例が多く、アイヌ文化の一端を推測する重要な遺物となっている。

(浅野　晴樹)

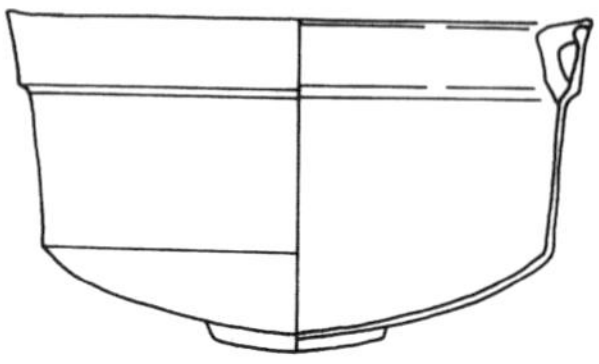

鉄製内耳鍋(神奈川県鎌倉市御成町228-2地点遺跡)

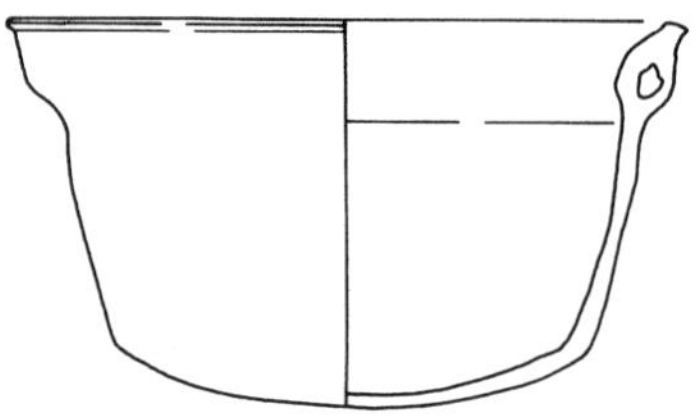

土製内耳鍋（埼玉県古井戸遺跡）

なえぎじょう　苗木城　木曾川右岸の高森山山頂および山腹に位置する中世あるいは戦国時代から近世にかけての山城。岐阜県中津川市苗木に所在。築城の時期は建武・元弘のころ、大永年間(一五二一―二八)、天文年中(一五三二―五五)の諸説がありはっきりしない。ほとんどの時期において遠山氏の居城であった。一五八三年(天正十一)森長可《もりながよし》により落城するが、一六〇〇年(慶長五)に旧領が復活し、その後一八六九年(明治二)まで遠山氏が支配する。城は一八七一年に取り壊された。内郭は本丸、二ノ丸、三ノ丸から成り、いずれも石垣が残存している。国指定史跡の答申を受けて、一九八四年(昭和五十九)度以降、石垣の復元修理を主とした整備事業が継続して行われている。これまでの整備に伴う調査によって石垣築造の基礎データが得られており、石垣には複数グループが存在することなどが明らかになっている。

資料館　苗木遠山史料館(岐阜県中津川市)

参考文献　中津川市教育委員会編『史跡苗木城跡石垣整備事業報告書』、一九九〇。中津川市教育委員会編『苗木城三の丸跡石垣保存修理事業報告書』、一九九二。

(内堀　信雄)

なおはいじ　縄生廃寺　北伊勢の旧朝明《あさけ》郡にある白鳳期の寺跡。三重県三重郡朝日町縄生所在。員弁《いなべ》川右岸のよく開析された丘陵尾根上の小平地に立地する。一九八六年(昭和六十一)鉄塔建設の事前調査とその後の範囲確認調査で一辺約一〇・二メートルの塔基壇(瓦積)と版築された基壇一棟分を検出。寺域を画する明確な施設をもたない山岳

寺院と評価されたが、倒壊屋根瓦の埋没と地下式心礎の舎利穴に納められた舎利容器が出土して注目された。舎利容器は鉛ガラス製卵型の内容器(高さ二・二センチ)を滑石製有蓋壺(高さ一〇・七センチ)に納め古式に属する型造りの唐三彩椀をかぶせたもの(重要文化財)。軒丸瓦は山田寺式と川原寺式、撥《ばち》形の間弁を配した単弁八葉蓮華文の三種類。軒平瓦は基壇化粧に用いられた飛雲文軒平瓦(八世紀中葉)のみで創建時の軒平瓦は未検出。鉄塔は別の場所に建設され塔基壇は現地保存された。

資料館 朝日町教育文化施設歴史博物館(三重県三重郡朝日町)

参考文献 朝日町教育委員会『縄生廃寺跡発掘調査報告』、一九八八。

(山沢 義貴)

なかいけもんじょ 中井家文書 江戸幕府作事方の京都大工頭を代々務めた中井家に伝わる建築関係文書。現在はおもに宮内庁書陵部・京都府立総合資料館・京都大学附属図書館と中井本家などに分かれて保存されている。中井家は初代正清以来禁裏や公家、城郭、寺社など幕府が行う造営・修復の設計と施行監理を担当し、それらの工事を分担させるために畿内と近江六ヵ国の大工・杣《そま》・木挽《こびき》を支配していた。文書は指図(平面図・配置図)や建地割(立・断面図)など設計図をはじめ地図や寺社境内図、工事の帳簿、古文書など膨大な量にのぼる。江戸時代における建築あらゆる種類の建築に関する詳細かつ具体的な情報を得ることができるとともに施行方法など工事の実態も知ることができる貴重な史料。

参考文献 平井聖編『中井家文書の研究』一―一〇、一九七六-八五、中央公論美術出版。谷直樹編『大工頭中井家建築指図集』、二〇〇三、思文閣出版。

(濱島 正士)

ながおかきょう 長岡京 七八四年(延暦三)から七九四年までの日本の宮都。桓武天皇によって平城京から遷都され、山背国乙訓郡(京都府向日市・長岡京市・京都市・乙訓郡大山崎町)に造営された。日本の宮都研究を先導した歴史学者喜田貞吉は「長岡遷都考」(『歴史地理』一二ノ一―四、一九〇八年)の中で長岡京を正都と位置付けて、七十余年間固定した平城の都をなぜ廃したのか、長岡京遷都は歴史上最も解すべからざる現象の一つと述べている。長岡京は、藤原種継暗殺事件(七八五年)に端を発する桓武天皇と実弟早良皇太子の相剋がタブー視され、第二次世界大戦後まで研究が進まなかった。また十年間で平安京へ再び遷都された短命の都であったため、喜田の到達点から後退し、「仮の都」とさえいわれてきた。一九五四年(昭和二十九)以降、中山修一らは京都大学福山敏男らの指導・協力を得て宮中枢部の発掘を開始し、朝堂院、大極殿、内裏などの一角をつぎつぎに発見した。その後、京都府教育委員会が加わり宮内官衙域の調査が進められ、平安宮に匹敵する規模の宮が存在することが明らかとなった。ついで調査は京域に移り、京都府技師高橋美久二らによって条坊遺構が確認され朱雀大路を中心に左・右京域に条坊道路を整然と配置する古代都市の骨格が示されると、発掘調査の対象範囲は京全域へと拡大した。現在は長岡京跡に所在する三市一町が、発掘調査を継続的に実施している。こうした調査の成果を得て、一九八〇年代以降、考古学・文献史学の長岡京研究は急速に進んだ。長岡京の選地は『続日本紀』によると七八四年五月十六日乙訓郡長岡村(向日市鶏冠井町・向日町・寺戸町)に地を相る一行が派遣され、六月十日造長岡宮使が任命され「都城を経始し、宮殿を営作」する京と宮の造営工事が開始された。長岡京への遷都は事前に周到に準備されたもので、当初は副都難波宮の資材を淀川を使って移転し、十一月には早くも遷都が実現した。宮中枢部の主要な施設の造営が終了した後、七八七年平城京の本格的な解体を開始し、「遷都の詔」が発せられた。こうした前後二時期にわたる造営は、王権の本拠地として永く定着した平城京を廃都とすることに激しい抵抗が予想されたため、遷都の既成事実化を優先した故と考えられる。遷都の契機としては、渡来系の母をもつ桓武天皇が中国思想に政権の正統性を求め新王朝(天智系皇統)の新都建設を決断したこと、貴族層を支配拠点から引き離し遷都を主導する天皇の権力基盤の安定をはかること、政治的影響力を持つ平城京の大寺院勢力の排除を図ったことなどがあげられる。長岡京を選地した背景には、京南の三川(桂川・宇治川・木津川)合流部に山崎津・淀津を配し淀川水系を利用する水陸交通の至便性、秦氏など山背国に勢力を張る渡来系氏族との親縁性、桓武天皇が外戚とした百済王氏の存在などが考えられる。廃都の理由は、国家的災変の続発(皇后・皇太后の死、疫病、大雨・洪水などの天災)と安殿《あて》皇太子病が故早良親王の祟りと御占されたことへの桓武天皇の心情的打開策、難波宮を応急移建したものの小規模な建物に満足できなかった桓武の新都建て直し説など。長岡京の立地は、宮城(東西一・〇キロ、南北一・五キロ)が嵐山付近からのびる長い岡(向日丘陵、標高二〇~五〇メートル)の先端に位置し、かつての長岡村(向日市鶏冠井町・向日町・寺戸町)にあたる。左・右京(東西四・三キロ、南北五・一キロ)は丘陵下に広がる低位段丘や桂川氾濫原に置かれ、京内を流れる河川利用の輸送網も発達していた。日本の宮都において宮城が丘陵上に置かれる立地は長岡京が唯一であり、唐長安城大明宮の立地・構造を意識して選地されたともいわれる。宮城では丘陵の尾根を削り、谷を埋め、ひな段状に平地を造成する大規模な造営事業がなされている。造成に先立つ地鎮祭の跡が朝堂院の傍らから発見され、柴垣で囲われた方形の区画から緑釉の竈、土錘などが出土している。向日丘陵上は古墳の密集地であるが、造営に際し宮西端に分布する前期古墳(三―四世紀)は無傷のまま残され、それ以外の古墳は破壊された。大極殿下層にも中期の前方後円墳が所在し、墳丘盛土を利用した造成がされている。七八五年元日、遷都後はじめての朝賀の儀が大極殿で行われた(『続日本紀』)。大極殿前庭から発見された宝幢遺構は、

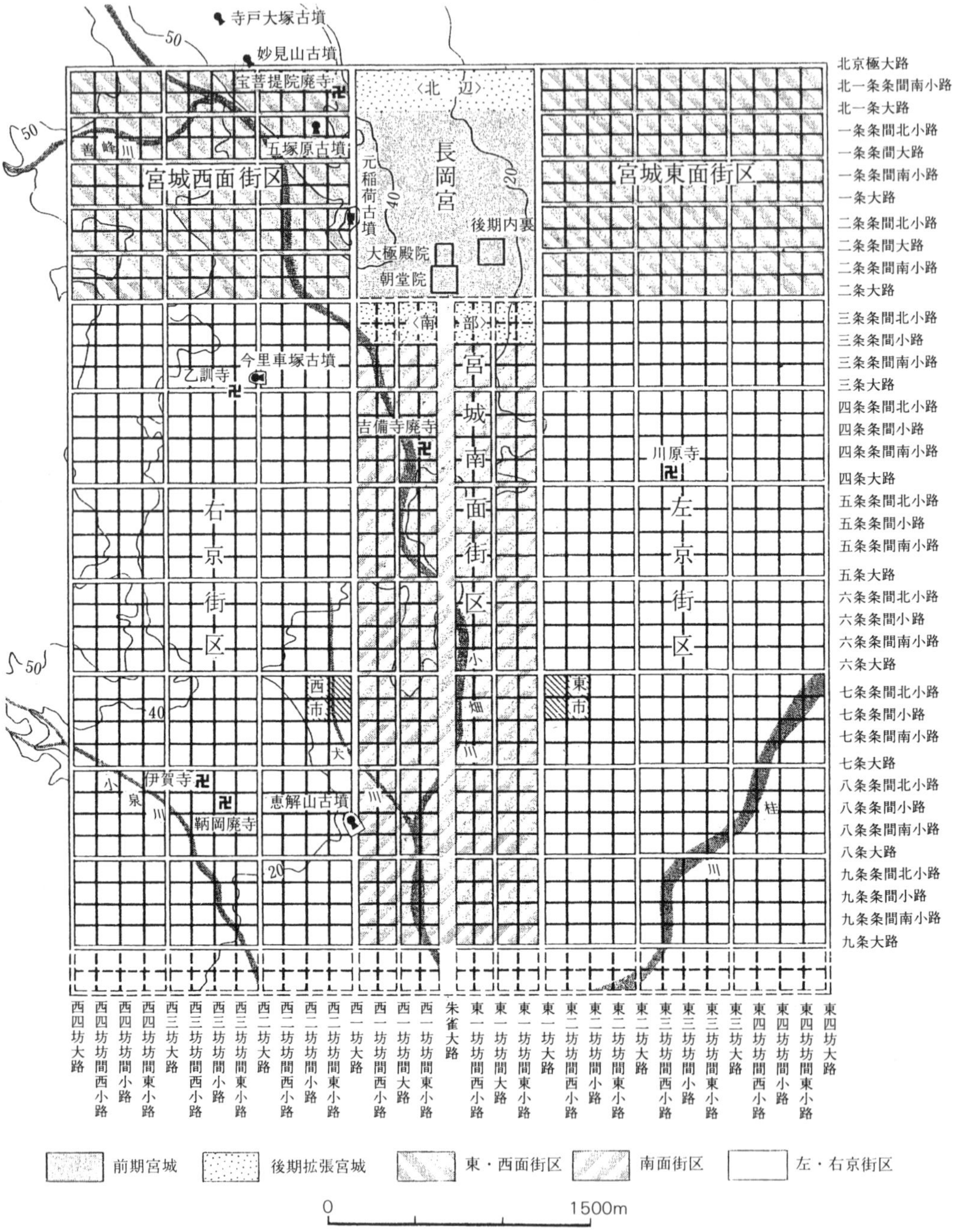
寺戸大塚古墳
妙見山古墳
宝菩提院廃寺
〈北　辺〉
善峰川
五塚原古墳
元稲荷古墳
長岡宮
宮城西面街区
宮城東面街区
後期内裏
大極殿院
朝堂院
〈南　部〉
宮城南面街区
今里車塚古墳
乙訓寺
吉備寺廃寺
川原寺
右京街区
左京街区
小畑川
西市
東市
大川
伊賀寺
小泉川
鞆岡廃寺
恵解山古墳
桂川
50
40
20
北京極大路
北一条条間南小路
北一条大路
一条条間北小路
一条条間大路
一条条間南小路
一条大路
二条条間北小路
二条条間大路
二条条間南小路
二条大路
三条条間北小路
三条条間小路
三条条間南小路
三条大路
四条条間北小路
四条条間小路
四条条間南小路
四条大路
五条条間北小路
五条条間小路
五条条間南小路
五条大路
六条条間北小路
六条条間小路
六条条間南小路
六条大路
七条条間北小路
七条条間小路
七条条間南小路
七条大路
八条条間北小路
八条条間小路
八条条間南小路
八条大路
九条条間北小路
九条条間小路
九条条間南小路
九条大路
西四坊大路
西四坊坊間西小路
西四坊坊間小路
西四坊坊間東小路
西三坊大路
西三坊坊間西小路
西三坊坊間小路
西三坊坊間東小路
西二坊大路
西二坊坊間西小路
西二坊坊間小路
西二坊坊間東小路
西一坊大路
西一坊坊間西小路
西一坊坊間大路
西一坊坊間東小路
朱雀大路
東一坊坊間西小路
東一坊坊間大路
東一坊坊間東小路
東一坊大路
東二坊坊間西小路
東二坊坊間小路
東二坊坊間東小路
東二坊大路
東三坊坊間西小路
東三坊坊間小路
東三坊坊間東小路
東三坊大路
東四坊坊間西小路
東四坊坊間小路
東四坊坊間東小路
東四坊大路
前期宮城
後期拡張宮城
東・西面街区
南面街区
左・右京街区
0
1500m

長岡京条坊図

元日に宝幢を立てるため東西等間隔に掘られた計七基の柱据え付け穴である。平安時代の天皇即位式の調度を示す記録によると、宝幢は儀式を荘厳する飾りで、中央に金銅烏像、左右に日・月像、その両側に四神旗を立てる。文献の初見は『続日本紀』大宝元年(七〇一)条で、藤原宮において元日朝賀の儀式に大極殿の正門に立てたとある。平城宮では東地区・中央区の二ヵ所の大極殿で宝幢遺構が存在する。儀式書により宝幢を立てる柱穴は儀式のたびに新たに作られると理解されていたが、長岡宮の宝幢遺構は支柱を常置していた可能性が指摘されている。長岡宮中枢部の特徴は、大極殿院に後殿が独立して設置、朝堂が八堂で構成、遷都当初は大極殿の北にあった内裏が東に独立して再造営されることなどがあげられる。長岡宮大極殿・朝堂の出土軒瓦の約九〇%が後期難波宮式軒瓦であること、大極殿・朝堂の規模や構造は聖武朝に造営された難波宮の大極殿・朝堂と多くの共通点を持つことから、長岡宮中枢部の殿舎は後期難波宮の施設を利用したと考えられている。大極殿院西側にも同型式瓦を出土する地域があり、平安宮豊楽院相当施設の存在が推定されている。朝堂が八堂で構成されることもほかの正都になく、後期難波宮が八堂であることからこれを移築したことが判明する。さらに新都の機能に合わせて一部構造を変更したことが、後殿の独立からも推察される。また朝堂院南門に付設する楼閣は、平安宮応天門に付く翔鸞楼の前身建物とみなされ、中国式に門闕《けつ》を取り入れたと考えられる。桓武朝の政治変革を象徴する出来事は内裏の独立である。長岡宮の内裏が東方へ移転したことは『続日本紀』延暦八年二月庚子条「西宮より移りて東宮に御します」(原漢文)の記事から推測されていたが、左京三条二坊九町(推定造長岡宮使所在地)から出土した木簡は内裏造営を担当する「造東大宮所」が「延暦八年正月」に発給したもので、『続日本紀』の記述を裏付けた。発掘調査で大極殿院の真東から築地回廊で囲われた内裏正殿(紫宸殿)跡と妃たちが住んだ後宮の殿舎群が確認されている。諸殿舎の配置は平安宮後宮の配置に受け継がれる。天皇が大極殿に出御して行う象徴的朝政は、八世紀後半にはすでに形骸化し、天皇は内裏で政務や儀式を執り行うようになっていた。それに伴い、内裏への官人出勤が七九一年には上日として公認される。公卿らは日常的に内裏に侍候するようになり、内裏の機能・構造も前代とは変容する。この第二次内裏の築地回廊から出土する瓦の九〇%以上は平城宮式軒瓦と新たに製作された長岡宮式軒瓦である。内裏の独立に並行して、安殿皇太子の春宮坊、大蔵、宮南面の改修、京では猪熊院、南院など諸離宮の造営、京北郊に禁苑の設置などが進む。七九一年九月平城宮から宮城門が移建され、この時点で平城宮の解体が一段落し、遷都の目的はほぼ達成されたかにみえる。朱雀門をはじめ長岡宮の四辺に建設された宮城門の多くは現在の市街地の状況から、その位置や構造が不明である。ただ、一条条間小路に面する宮東限で検出された礫《れき》敷などの遺構が、平安宮の上東門(東面北端の門)に相当するとの見解が出されている。宮城十二門が朱塗り瓦葺きの礎石建ち建物とされるのに対し、平安宮上東門は基壇が無く牛車が通行した小規模な土の門であった。長岡宮東面北門の構造は基壇をもつ二間×三間の礎石建ちの門と推定される。従来は平安宮になってはじめて上東門・上西門(西面北端の門)が設けられ十四門となったとされてきたが、長岡宮においてすでに東西各四門、南北各三門の計十四門が予想される。長岡京の条坊街区の設計計画は、平城京型条坊(方格計画線を街路中心に置き、そこから路面部分を差し引いて宅地を設定)を改良したもので、宮に面する京(宮城南面・東・西面街区)と宮に面さない京(左・右京街区)とで一町の宅地規模が変わる。左・右京街区は宅地の規模が四百尺四方と一定であり、平安京型条坊に引き継がれ全ての宅地が均一化される。これを東西四等分、南北八等分した一戸主の区画もみられる。左・右京街区の設計は宮に面する街区には官衙町や仕丁などの宿所町、離宮が集中する。中央官庁の実務機関が進出した官衙町は基本的に一町を占有し、内部に官衙の性格に応じた作業空間、管理施設、厨房と井戸、さらに倉庫などの収蔵施設が配置される。大量の木簡や墨書土器が出土した左京三条二坊八町は太政官厨家の所在地と推定される。北京極の北には唐長安城の禁苑相当の広大な園池空間「北苑」の存在が推定され、殿舎や栽培植物用の方形の池なども発掘されている。七九三年正月十五日に廃都が決定され、同二十一日には宮城の解体が始まる。平安京遷都までの一年九ヵ月は東院で諸政務が執り行われた。『日本紀略』延暦十二年正月庚子条は、宮を解体するため内裏を天皇は遷御したとする。一九九九年(平成十一)に左京北一条三坊二町・三町で東院の遺構群を検出した。「北苑」内に所在する遺構群は当初広い空閑地や流水施設を有していたが、その後改修されて築地で囲む内郭構造を備え、長岡京末期の内裏として機能した。共伴した木簡群は八紀末の内廷官司の様相を知る貴重な資料群である。長岡京域から出土する遺物は多種多様で、中国文化の強い影響のもと生産された緑釉陶器、個人用硯として成立した風字硯、「物忌」の開始を告げる木簡など、転換期にあった往時の都の文化を知る貴重な材料となっている。わずか十年で水田—宮都—水田と土地利用が激変したため、出土遺物に撹乱が少なく、土器・瓦などの諸遺物全てが同時代の編年基準資料として一級の価値を有す。また多数の木簡の出土によって、当該時期の文献史料批判にも多くの知見が得られている。一九六四年にはじめて史跡長岡宮跡として大極殿・小安殿跡が国史跡に指定。以後、一九七三年に内裏内郭築地回廊跡、一九八一年に築地跡、一九九二年に朝堂院西第四堂跡、一九九九年に大極殿宝幢跡、二〇〇二年に大極殿閤門跡、二〇〇六年に朝堂院南門跡が追加指定されている。また向日市指定史跡として(旧)東院跡(市民プール敷地内）がある。これらの史跡はいずれも京都府向日市鶏冠井町に点在し、公園整備あるいは仮整備がなされている。出土遺物の展示施設として、遷都一二〇〇年（一九八四年）を記念して建設された向日市文化資料館がある。↓東院《とういん》　↓中山修一《なかやましゅういち》

資料館　向日市文化資料館（京都府向日市）

参考文献　福山敏男他『（新版）長岡京発掘』（『NHKブックス』四六四、一九八四、日本放送出版協会）。『向日市史』上、一九八三。向日市教育委員会編『長岡京木簡』一（『向日市埋蔵文化財調査報告書』一五、一九八四）。『長岡京市史』本文編一、一九八六。清水みき「桓武朝における遷都の論理」（門脇禎二編『日本古代国家の展開』上所収、一九九五、思文閣）。山中章『日本古代都城の研究』（『ポテンティア叢書』四六、一九九七、柏書房）。山中章『長岡京研究序説』、二〇〇一、塙書房。（清水　みき）

なかおやまこふん　中尾山古墳　奈良県明日香村平田に所在する終末期古墳。檜隈《ひのくま》と称される飛鳥南西部丘陵地帯の尾根上に立地する。古くより文武陵に擬されてきた。一九二七年（昭和二）に史跡指定、一九七四年（昭和四十九）には整備に伴う発掘調査を実施。墳丘は三段築成の八角墳で、一辺八メートル、対辺長三〇メートル。墳丘の外縁には二段の礫敷施設が八角形に巡る。墳丘からは凝灰岩製沓形石造物が出土しており墳頂部の装飾品と推定される。埋葬施設は小型の横口式石槨で、底石の上に側石を立てて天井石を架構し、開口部に閉塞石を充てる。閉塞石は凝灰岩、それ以外は花崗岩。石槨内法は幅九〇センチ、奥行き九三センチ、高さ八七センチ。底石上面には掘り込みがあり台等の設置が考えられる。壁面には朱が、各部材接合面には漆喰が充塡されていた。築造時期は七世紀末から八世紀初頭と推定。構造・規模より火葬骨を納めたことは疑いなく、墳形の特異性とともに古墳と火葬墓の特徴を備えたものとして注目される。

参考文献　明日香村教育委員会編『史跡中尾山古墳環境整備事業報告書』、一九七五。（下部　行弘）

なかぐすくじょう　中城城　十四―十五世紀中葉の大型グスクで、護佐丸《ごさまる》の居城として知られている。国指定史跡。沖縄県中頭郡中城村所在。中城湾《ちゅうじょうわん》を見下ろす標高約一六〇メートルの琉球石灰岩丘陵上に築城され、城郭がほぼ原型のまま保存されている。城郭面積はおよそ一万三〇〇〇平方メートルで六つの郭から構成される。表門の両側の城壁には銃眼《じゅうがん》がある。表門は櫓門。その他の門はアーチ門となっている。一の槨には正殿基壇と御庭《うなー》跡がある。城内には御嶽《うたき》がある。沖縄のグスクには珍しく井戸も取り込まれている。城壁の石積みは大部分が布積みと相方積《あいかたづ》みで、一部には野面積《のづらづ》みもある。また城壁にも補修の跡がみられ長期にわたって増築・改修が行われてきたことを示している。保存修理のための小規模な発掘調査で十四世紀後半から十五世紀中葉を中心とする陶磁器やグスク土器などが出土している。伝承では先中城《さちなかぐすく》按司《あじ》が築城して数代にわたって居住した後、一四四〇年（正統五）に護《ご》佐丸《さまる》が座喜味城《ざきみぐすく》から移封されて城主となり三の郭と北の郭を増築したといわれている。三の郭は新《みー》グスクと呼ばれ、この郭だけが相方積みとなっている。『海東諸国紀』所収の一四五二年（景泰三）ごろの「琉球国之図」には「中貝（具）足城」とある。一四五八年（天順二）に勝連城《かつれんぐすく》の阿《あ》麻和利《まわり》と首里《しゅり》王府の連合軍に攻め滅ぼされた。以後は琉球国王世子の中城王子の直轄領となり、一七二九年（雍正七）には地方行政機関である間切番所《まぎりばんじょ》が置かれた。一八五三年（咸豊三）にペリー艦隊が沖縄島調査を行なった際には中城城の測量も行われている。明治以後は村役場として一九四五年（昭和二十）の沖縄戦で焼失するまで使用された。

参考文献　『中城村史』三、一九九三。（安里　進）

中城城　三の郭と北の郭

ながくてこせんじょう　長久手古戦場　愛知県愛知郡長久手町に点在する小牧・長久手合戦にかかる史跡群。織田信長死後の覇権を競った織田信雄・徳川家康連合軍と羽柴秀吉軍が一五八四年（天正十二）に激戦を繰り広げた。合戦では、秀吉軍が池田恒興・之助父子や森長可らを失い、痛手を被った。江戸時代に建立された追悼碑や記念碑が多く所在し、一九三九年（昭和十四）に国史跡に指定された。勝入塚・庄九郎塚・武蔵塚のある中心地域は、長久手町大字長湫字仏ヶ根と字武蔵塚に属し、地域内に古戦場を紹介している長久手町郷土資料室があり、一帯は公園として整備されている。なお、家康が馬標を掲げたという御旗山、戦死者の首塚、軍議を開いたという色金山も指定地に含まれている。

資料館　長久手町郷土資料室（愛知県愛知郡長久手町）

参考文献　『長久手町史』資料編三、一九八六。（赤羽　一郎）

ながさきだいば　長崎台場　江戸時代、鎖国政策下において長崎港警備のため長崎湾内外の丘陵地や島嶼《とうしょ》に築かれた砲台場。一六四一年（寛永十八）幕府は筑前福岡藩、

肥前佐嘉藩に一年交替で長崎港警備を命じ、港口両岸に西泊《にしどまり》・戸町《とまち》両番所を置き、一六五五年(明暦元)には大多《おおた》越《お》・神崎《こうさき》・高鉾島《たかほこじま》など七ヵ所に台場を築いた(古台場《ふるだいば》・在来台場)。その後、一八〇八年(文化五)のフェートン号事件を機に神崎・高鉾島など在来台場四ヵ所の増設および一ヵ所を新設(新台場《しんだいば》)。さらに一八一〇年には三ヵ所の台場に増設が行われたほか、新たに魚見岳《うおみだけ》にも新設された(増台場《ましだいば》)。この後も一八五三年(嘉永六)神ノ島《かみのしま》、伊王《いおう》島《じま》に台場が設置されるなど、港内外の海防は強化された。このうち魚見岳台場(国指定史跡、長崎市戸町五丁目所在)は、石垣や石段、火薬庫などを含む台場全体の遺構がよく残されており、長崎台場の機能や構築技術などを伝える好例である。

[参考文献] 外山幹夫・高島忠平編『日本城郭大系』一七、一九八〇、新人物往来社。

(宮下 雅史)

ながしのじょう　長篠城　東三河、豊川と宇連《うれ》川に挟まれた扇状の台地に築かれた城郭。愛知県新城市長篠に所在。本丸、土塁・空堀の一部、帯郭などの郭群、屋敷地、門の位置が早くから知られており、一九二九年(昭和四)に国史跡に指定された。長篠城は、一五〇八年(永正五)に今川方の菅沼元成が築き、その後徳川方、武田方に掌握されたが、一五七五年(天正三)の長篠合戦の折には、徳川方の城主奥平貞昌が、武田軍の猛攻をしのぎ、設楽原合戦での織田・徳川連合軍に勝利をもたらした。二〇〇〇年(平成十二)から史跡整備を前提とした調査が行われており、本丸を囲む複数の堀、本丸虎口に至る内堀の土橋などが確認されている。自然地形を活用した城郭を修復し、一層強固なものとして合戦に備えた様相が見てとれる。

[資料館] 長篠城址史跡保存館(愛知県南設楽郡鳳来町)

[参考文献] 鳳来町教育委員会編『長篠城址試掘調査報告書』、二〇〇〇。小林芳春編『徹底検証長篠・設楽原の戦い』、二〇〇三、吉川弘文館。

(赤羽 一郎)

なかせんどう　中山道　江戸から武蔵・上野・信濃・美濃・近江国を経て京都に至る江戸時代の主要街道。中仙道とも書いたが、幕府は一七一六年(享保元)にこの街道は古代の東山道《とうさんどう》の中道であったので中山道とすべきであるとした。しかし民間では依然として中仙道の文字をあてることが多く、信濃国の木曾を通るので木曾街道・岐蘇路・岐岨路などとも書いた。宿場数は、板橋から守山まで六十七宿、守山の西隣の草津宿で東海道と合流し大津を経て京都に至り、この二宿を加えると六十九宿となる。下諏訪宿では甲州道中と合流する。碓氷《うすい》・木曾福島に関所が設けられた。江戸からの総延長距離は、草津までだと百二十九里十町八間(約五〇八キロ)、京都までだと百三十五里三十四町八間(約五三四キロ)。一六〇一年(慶長六)に大久保長安が木曾路の集落に対して伝馬掟状を出しており、翌年には徳川家康が伝馬朱印状を出した宿もあるので、戦国時代以来の伝馬制度を再編してこの両年に宿場を設置したと考えられる。ただしその道筋は当初から確定したものではなく、一六一四年には下諏訪・贄川《にえがわ》宿間をそれまでの小野宿経由から塩尻峠経由に改め、一六五一年(慶安四)には本庄・倉賀野宿間を玉村経由から新町宿経由に改めた。各宿の常備人馬は五十人・五十疋が原則であったが、信濃国の塩名田・八幡《やわた》・望月・芦田の四宿と、木曾路の贄川・奈良井・藪原・宮越・福島・上松・須原・野尻・三留野・妻籠《つまご》・馬籠《まごめ》の十一宿は二十五人・二十五疋であった。助郷高は大半の宿が一万石以上であるが、沓掛《くつかけ》・中津川宿間は二～四宿で共通の合助郷とし、しかもこの間は助郷高も一万石以下が大半であったのでその負担が大きかった。江戸・京都間を旅するには、中山道は東海道経由(約四九五キロ)よりも長距離で、しかも碓氷・和田・塩尻・鳥居などの急峻な峠道もあったが、大河川の氾濫で川止めに遭遇する心配が少なく行程が安定していたので公家の女性の利用が多かった。なかでも一八六一年(文久元)の和宮の通行は著名である。十八世紀以降になると、善光寺・妙義山・榛名山などへ参詣する庶民の旅人も増加し、庶民の交通量も増えた。

[参考文献] 『中山道宿村大概帳』(『近世交通史料集』五、一九七二、吉川弘文館)。

(渡辺 和敏)

なかたいせき　中田遺跡　古代集落跡。東京都八王子市中野山王に所在。一九六六年(昭和四十一)から翌年にかけて、都営住宅団地建設に先立ち調査された。約三万平方メートルの調査範囲は、当時としては大規模であり、そのために集落の全容が明らかにされた。検出された遺構は、住居跡百四十二軒、溝二条など。住居跡は、縄文時代中期から平安時代にかけて断続的に営まれたもの。このうち最盛期となる古墳時代後期には七十九軒の住居跡があり、出土土器の様相から三時期に変遷したことが知られている。次の集落形成は奈良時代で二十九軒、さらに平安時代にも二十一軒の住居跡があり、それぞれ二・三時期の変遷があった。出土遺物は、食器としての土器類が多数、鉄製鋤《すき》・鎌《かま》・刀子《とうす》などの農耕具、土製・石製模造品のような祭祀具がみとめられる。この遺跡は、集落の全体像が把握できる例として、考古学・古代史の研究者に恰好の資料となった。古代の集落研究に手がかりを与えた学史的な遺跡である。遺跡の中心は公園化して保存されている。

[参考文献] 八王子市中田遺跡調査会編『八王子中田遺跡』資料編Ⅰ—Ⅲ、一九六六-六八。

(服部 敬史)

なかつがわやき　中津川焼　岐阜県中津川市から恵那市にかけて分布する、鎌倉時代から南北朝時代の瓷器系中世陶器窯である。北に大甕・壺・すり鉢を主に生産した窯が二十基ほど、南に山茶碗・小皿を主に生産した窯が十数基確認されている。瀬戸窯の製品の影響下に生産した四耳壺や瓶子は、当時大量に輸入された中国磁器の高級酒器(とくに白磁四耳壺や梅瓶)に対抗するための、国産の高級宴器を目指したものと考えられる。その一方で、貯蔵器の大甕や調理器のすり鉢までも生産しているが、これは知多半島の常滑窯の影響下に生産されたと判断される。つまり日本の中世窯を代表するきわめて強力な広域流通窯である瀬戸窯と常滑窯のいずれからも影響を受けるというユニークな性格の窯で、その製品は産地周辺の東濃地方ばかりでなく、中部山岳地帯から北関東へも販路を広げていた。
（荒川　正明）

なかつみち　中ツ道　奈良盆地を南北に貫く三本の古代の主要道路(上ツ道《かみつみち》、中ツ道、下ツ道《しもつみち》)のうち中央を走る道路。三道は約二・一キロ間隔で造られており、これが高麗尺のほぼ六千尺(＝千歩、令制の四里)にあたることから、計画的な設営であると考えられる。設定年代は明らかではないが、『日本書紀』天武天皇元年(六七二)の壬申の乱の記事に、大海人《おおあま》皇子方の大伴吹負《おおとものふけい》が三道に兵を駐屯させたことやみずから中ツ道に駐屯したこと、これに対して近江側の犬養連《いぬかいのむらじ》五十《い》君《きみ》が「中道」から村屋に留まり、廬井造鯨《いおいのみやつこくじら》の軍を送り攻撃したことがみえる(七月是日条)ことから、それ以前に設定されたと考えられている。これまで中ツ道は、上ツ道とともに実体がわからなかったが、橿原市教育委員会による二〇〇三年(平成十五)の発掘調査によって、岸俊男《きしとしお》説藤原京《ふじわらきょう》の東四坊大路(近年明らかになった藤原京域でいえば東二坊大路)にあたる位置に中ツ道が検出された。これは当初幅一四・五メートル(側溝心心距離で約一六メートル)の道が、道幅約二五メートル(側溝心心距離で約二七・五メートル)に拡幅され、他の大路に比して格段に広く、藤原京の朱雀《すざく》大路(幅約一九メートル)をしのぎ、横大路(幅約三五メートル)につぐ規模であることから中ツ道と判断され、横大路と交差して少なくとも京内に至っていたことがほぼ確実となった。さらに南下すると天香具山《あめのかぐやま》に突き当たるので、どこまで伸びるかは今後の課題である。中ツ道の道路敷きは、地図上で遺存地割を計測すると三〇メートル強あり、およそ十丈あったと推定される。中ツ道のルートは、奈良市北之庄付近からまっすぐ南下し田原本町大字蔵堂、橿原市東竹田町を通り、横大路と交差して藤原宮のあった橿原市高殿町付近を経て、明日香村の橘寺《たちばなでら》に至り、吉野古道に通じる道であったため、近世には「橘街道」とも呼ばれていた。現在、横大路以南が消滅しているが、平安時代には重要な道で、『御堂関白記《みどうかんぱくき》』によれば藤原道《ふじわらのみち》長《なが》がこの道を通って吉野参詣を行なったという。下ツ道は奈良盆地の条里の基準線となり、道路敷は条里地割から独立しているが、中ツ道は条里地割のなかにその痕跡を留めている。

参考文献　岸俊男「大和の古道」(橿原考古学研究所編『日本古文化論攷』所収、一九七〇、吉川弘文館)。岸俊男「古道の歴史」(坪井清足・岸俊男編『古代の日本』五所収、一九七〇、角川書店)。
（出田　和久）

ながとのくに　長門国　旧国名。本州最西端の地で、山口県の西部から北部にかけての地域。東は石見国と周防国に接し、他の三方は日本海・響灘《ひびきなだ》・瀬戸内海に面している。また、西南端にある関門海峡を挟んで九州の豊前国に相対する。古代は山陽道の一国。律令以前の穴門・阿武国造の領域を統合したもので、はじめ穴門《あなと》・穴戸と記した。長門国の初見は六六五年(天智天皇四)。『延喜式』によると、国の等級は中国、都からの距離は遠国で、厚《あつ》狭《さ》・豊浦《とよら》・美禰《みね》・大津・阿武《あぶ》の五郡を管轄した。国府は、「豊浦津」、現在の下関市長府の地に置かれた。国府域については南北八条・東西四坊の復元案があり、国庁の位置は忌宮《いみのみや》神社付近が有力とされているが、いまだ明確な遺構は発見されていない。長門国分寺は国庁推定地の北西方に建立されており、遺構が確認されている。式内社は住吉神社(下関市楠乃)、忌宮神社など三社。長門国は関門海峡を擁する海陸交通の要衝であるとともに、朝鮮半島にも近く、瀬戸内海の警備や国防上に重要な位置を占めた。白村江敗戦後の六六五年と六七〇年には長門城を築城、国府には「豊浦軍団」、海峡付近には「長門関」が配置され交通の勘過にあたった。陸路は瀬戸内海沿いに山陽道の大路があり、東から阿潭《あたみ》・厚狭・埴生《はぶ》・宅賀《たくが》の各駅を結んで関門海峡に臨む臨門《りんもん》駅に達した。臨門駅の所在地は、多量の国分寺系瓦や遺構が発掘された前田茶臼山遺跡(下関市)が有力視されている。各駅館は外国使節の往来にそなえて威容を整えるため瓦葺・粉壁造と定められていた。また、厚狭駅から分かれる小路が山間部を通り、阿津・鹿野《かの》・意福《おふく》・由宇《ゆう》・三隅・参美《さみ》・埴田《はにた》・阿武・宅佐《たかさ》・小川の各駅を経て山陰道の伊甘《いかむ》駅(島根県浜田市)に連絡した。七三六年(天平八)の財政規模は、正税が穀十二万七百四斛余、穎稲十四万五千七百二十九束余、正倉・借倉・借屋二百七宇(『長門国正税帳』)。産業については、『和名類聚抄』に四千六百三町余の田積が記されており、『延喜式』には貢進物として海藻・雑鰒・緑青・瓷器などがあげられている。また、長門国は主要な産銅国の一つで、律令国家の製銅所が置かれ(美東町長登銅山跡)、国府の北西方に設置された鋳銭司(長門鋳銭所跡)で和同開珎と富寿神宝が鋳造された。平安時代後期になると従来の郡郷制は解体に向かい、郡司クラスが武士化して在地領主的な性格を強め、その中から厚東《こうとう》氏や豊田氏など有力な地方豪族が出現した。平安時代末期には一時、平知盛の知行国となったが、一一八五年(寿永四)の壇之浦の海戦により平家は滅亡した。鎌倉時代には守護が配置され国政を執行し、守護所は以前の国府に置かれた。長門守護職は元寇をきっかけにその権限が強化され、長門探題として北条一門の世襲となった。鎌倉幕府滅亡後、守護職は厚東氏が掌握するが、南北朝時代に周防の大内弘世によって追われ、以後十六世紀の半ばまで大内氏の領国となった。江戸時代になると、長門・周防二ヵ国に減封された毛利氏は萩に居城を築き、城下町を建設した。萩藩あるいは長州藩と呼ぶ。長門はこの萩藩と長府・清《きよ》末《すえ》の二支藩の領国となった。萩藩は地方支配の単位として宰判《さいばん》を設け、長門では奥阿武・当島《とうじま》・浜崎・美禰・船木・吉田・前大津・先大津の八宰判を置いた。山陽道をはじめ各街道沿いには舟木・厚狭・吉田などの市ができ、

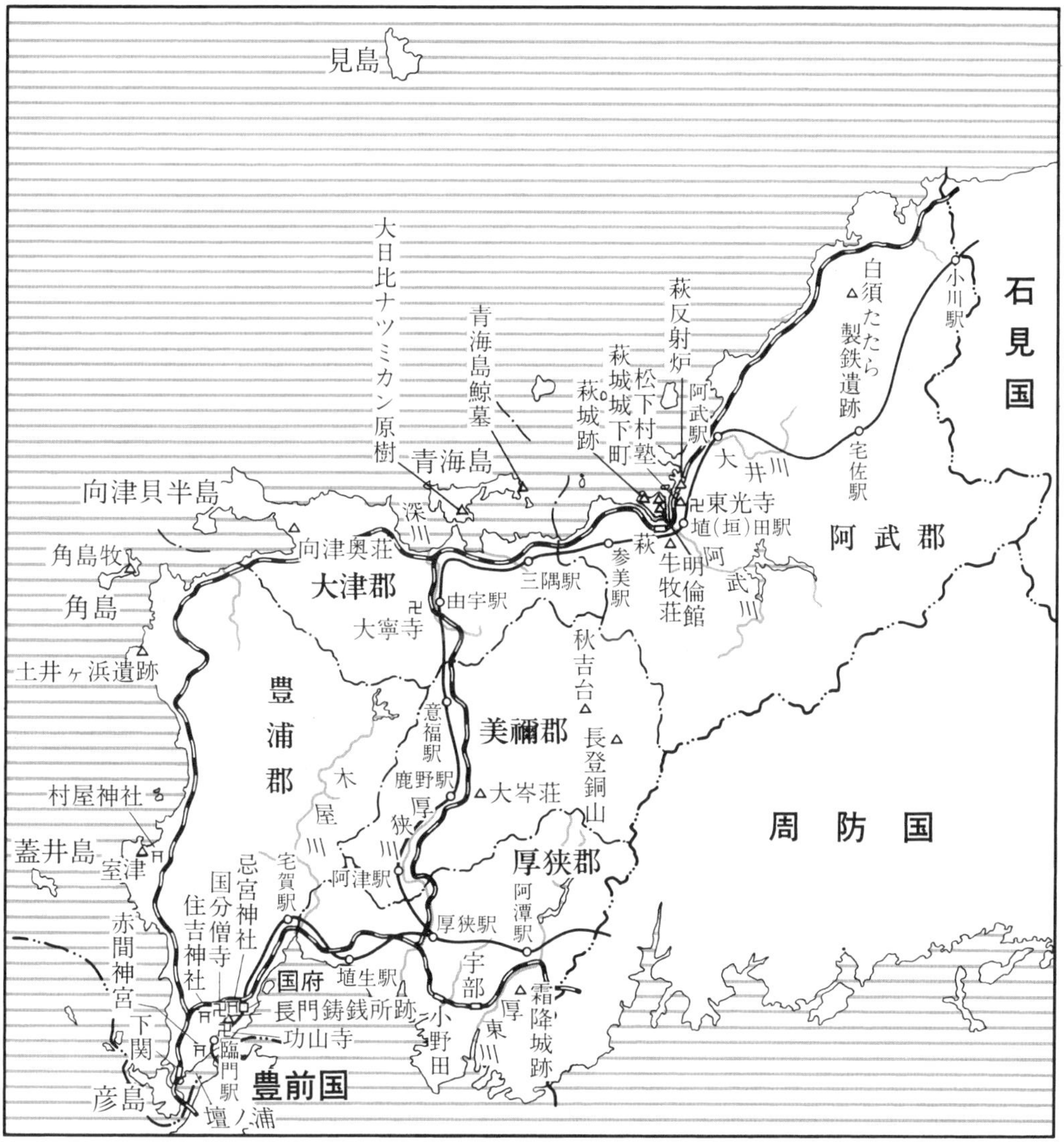

長門国略図

萩・長府、赤間関(下関)に町方が成立した。関門海峡に面した長府藩領の赤間関は、北前船航路などの中継取引地として発展し、萩藩は隣接地に新港(伊崎新地)を開いてここに越荷方を設置、金融・倉庫業で大きな利益をあげた。特色ある産業としては、捕鯨・窯業(萩焼)・石炭・鉱業・製鉄・製蠟・製糖などがあった。一八六九年(明治二)の版籍奉還によって、山口(萩藩を改称)・豊浦(長府藩を改称)・清末の三藩となり、一八七一年七月の廃藩置県で県に改称、同年十一月に山口県に統一された。

参考文献 八木充編『図説山口県の歴史』(『図説日本の歴史』三五、一九九八、河出書房新社)。水島稔夫「長門」(角田文衞編『新修国分寺の研究』七所収、一九九七、吉川弘文館)。

(渡辺 一雄)

ながとのじゅぜんしょ 長門鋳銭所 和同開珎など古代公鋳銭の鋳造所。武蔵・近江・河内・播磨・太宰府の五ヵ所とともに設置された。長門国府に付設された。その開設は和同年間(七〇八―一五)といわれ、『続日本紀』天平二年(七三〇)三月丁酉(十三日)条には「周防国熊毛郡牛嶋西汀、吉敷郡達理山所㆑出銅、試㆓加治練㆒並堪㆑為㆑用、便令㆓当国採治㆒以充㆓長門鋳銭㆒」とあることから、このころには鋳造が始められていたことがわかる。山口県下関市長府安養寺所在の覚苑寺境内一帯が鋳銭所跡と推定され、北に「鋳銭坊《いさんぼ》」、南に「火除け小路」の地名が今も遺る。寛永年間(一六二四―四四)に和同開珎の銭笵《せんばん》が最初に発見され、一九一一年(明治四十四)に覚苑寺本堂西方で銭笵・ふいご口・坩堝《るつぼ》が大量に発見されたことからその位置が確定された。一九二一年(大正十)の本山彦一の調査以来数次の調査がなされたが、遺跡の構造は未だよくわかってはいない。当鋳銭所は一時廃止となるが、八一八年(弘仁九)復活し富寿神宝《ふじゆしんぽう》を鋳造した後、八二五年(天長二)廃所、周防鋳銭司に移る。一九二九年(昭和四)国指定史跡、一九六四年出土品が重要文化財に指定。

→鋳銭司《じゅせんし》 →周防鋳銭司《すおうのじゅせんし》 →本朝十二銭《ほんちょうじゅうにせん》

参考文献　山口県教育委員会編『山口県文化財総覧』、一九七九。『図説日本の史跡』四、一九九一、同朋舎出版。

（中村　徹也）

なかのおくようひ　中ノ尾供養碑　一五四九年（天文十八）、敵側の戦死者を供養して中ノ尾に建てられた石碑。国指定史跡。宮崎県日南市大字殿所に所在する。石碑は、高さが地表面から一一五《センチ》、幅五〇《センチ》の、舟形光背をもつ地蔵菩薩立像である。一五四七年、島津忠広を城主とする飫肥《おび》城を攻略しようとして、伊東氏は飫肥城を見下ろす中ノ尾に陣を築いた。対する島津側は、鹿児島の島津貴久から伊集院忠明らの援軍を得、一五四九年四月二日未明にこの陣を襲撃した。この戦いで伊東側は、伊東治部少輔、稲津四郎左衛門尉、落合安房守ら三将をはじめとする三百人余が討たれたといわれる。飫肥城の一角にあった金剛院の開山朝遍が、合戦のあった年の十一月に石碑を建立したとみえ、飫肥地方の支配をめぐる伊東・島津両氏の激しい争いが知られる。

銘文　造作五逆罪　常念地蔵尊　天文己酉十八年十一月十六日（地蔵の左側）　遊戯諸地獄　大悲代受苦　本願朝遍幷一結衆敬白（同右側）　天文十八年卯月二日当陣責落（石碑の左側面）　山東軍兵三百余人打死為之尊容也（同右側面）

参考文献　平部嶠南『日向地誌（復刻版）』、一九七六、青潮社。『日向記』（『宮崎県史叢書』）。日南市教育委員会編『日南市の文化財』、二〇〇〇。

（柴田　博子）

ながのしろあと　長野氏城跡　三重県津市美里町にある南北朝時代から戦国時代にかけての中世城館。中伊勢の領主長野氏が築城したとされる。山頂の「長野城」、盆地に近い「中の城」「西の城」「東の城」からなっている。長野城は標高五二〇《メートル》のやや平坦な山地の突端部に立地する。主郭は三方を土塁で囲まれ、周囲には段状の平坦地がある。江戸時代の地誌では「中根城」とも呼ばれている。長野集落に近い標高二〇〇～二三〇《メートル》ほどの丘陵上には「中の城」「西の城」「東の城」とよばれる城郭群がある。いずれも丘陵の頂部を削平し、その周囲に多数の平坦地を配置する構造を持つ。城の眼下には伊賀街道が通る。一九八二年（昭和五十七）に国の史跡に指定されている。

参考文献　『定本・三重県の城』、一九九一、郷土出版社。

（竹田　憲治）

ながのぼりどうざん　長登銅山　長門国にあって、八世紀から十世紀にかけて銅・鉛の採掘と製錬を行なった古代官営銅山。山口県美祢郡美東町大字長登に所在し、カルスト台地秋吉台の東南麓に位置する。銅山は十六の採鉱跡群と十二の製錬跡が分布しており、古代、江戸前期、明治・大正と栄枯盛衰を繰り返し一九六二年（昭和三十七）に閉山した。古代の遺跡は、榧ケ葉山《かやがはやま》山頂部に残る露天掘跡や鏂追《ひおい》坑道跡と、谷に広がる大切《おおぎり》製錬遺跡・山神《さんじん》製錬遺跡などがあり、二〇〇三年（平成十五）に国史跡に指定された。発掘調査で検出された遺構は、選鉱や製錬の作業場・銅製錬炉・粘土採掘坑・木炭窯・焼釜様焼土坑・暗渠排水溝・大溝などがあり、製錬炉は半地下式円筒竪型炉と地面を掘り窪めた火床炉が復元想定されている。出土遺物は、八世紀初頭から十一世紀にかかる須恵器・土師器・緑釉陶器・黒色土器・製塩土器・木製品・木簡・鉄器・骨器・動植物遺体のほか、製錬関係遺物として要《かなめ》石《いし》・石槌《いしつち》・羽口・炉壁片・坩堝《るつぼ》・鋳型・からみ・銅鉛片・砥石・松明《たいまつ》片などがある。特に木簡が八百二十九点出土し、製銅官衙の様相を物語る貴重な資料となった。請求・上申・進上・送付・資材や人員の移動を記した文書木簡や封緘《ふうかん》木簡が官衙遺跡を証明し、「雪山《いきやま》政所」が所在した。貢進物《こうしんもつ》木簡は庸米《ようまい》、舂米《しょうまい》、調塩などで、渚鋤里《すすきのさと》や作美郷《さみごう》、槻原里《つきはらのさと》、美禰郷《みねごう》、久喜郷《くきごう》など長門国美禰郡内からの供給が多く、時期は天平年間（七二九―四九）を中心としている。長登木簡で特徴的なのは、短くて厚手作りの製銅付札である。「大殿《おおどの》七十二斤枚一／日下マ色夫《くさかべのしこふ》七月功」などと、宛先・製銅斤数・枚数・工人名・仕業月などが記載され、技術者名や部内での製銅出来高、配分先を知ることができる。工人名は、額田部《ぬかたべ》・凡海部《おしのあまべ》・日下部《くさかべ》・安曇《あずみ》部《べ》・膳大伴部《かしわでのおおともべ》・大神部《おおみわべ》・日置部《へきべ》・杖部《はせつかべ》・靫部《ゆきべ》・秦部《はたべ》・弓削部《ゆげべ》などがみえ、出来高は二十二斤から百十五斤とまちまちである。配分先は太政大殿《だじょうだいでん》・家原殿・豊前門司《ぶぜんとのつかさ》・節度使判官・掾《じょう》殿・少目《しょうさかん》殿など、公的機関や貴族にも配分され、光明皇后との関連も想定される。近年の化学分析や鉛同位体比法により、皇朝十二銭や奈良の大仏の原料銅を供給したことが判明した。

参考文献　美東町教育委員会編『長登銅山跡』Ⅰ―Ⅲ、一九九〇―九八。同編『長登銅山跡出土木簡』、二〇〇一。同編『古代の銅生産』、二〇〇一。

（池田　善文）

ながはまじょう　長浜城　㈠戦国時代後北条氏の水軍の城郭。国史跡。静岡県沼津市内浦長浜小脇・内浦重須《おもす》城山に所在。駿河湾最奥部にあたり、内浦湾に小さく張り出す標高三〇《メートル》の岬に立地。西に重須の集落、東に長浜の集落がある。重須集落には上条（城）・中条・下条などの城郭地名が残り、船大将の居館跡の存在が想定されている。長浜城は四つの郭が直線的に並んで構成される。一番北の郭（第Ⅰ郭）が最も高く、主郭と考えられる。南東方向の尾根を三条の堀切で区切り、各郭を削り出す。第Ⅰ郭と第Ⅱ郭の間の堀切には障子堀が確認され、郭からは基盤層の凝灰岩を掘り込む柱穴が多数検出されている。腰郭も付帯。一五七九年（天正七）十一月七日の文書に長浜に「船掛庭」を普請することがみえ、駿河湾の制海権をめぐって武田氏と争う後北条氏の水軍の拠点としての役割を果たす。翌年三月十五日、重須沖で両者対戦。一五九〇年の豊臣秀吉の小田原攻めの際も攻撃の対象となっている。

参考文献　『沼津市史』資料編考古、二〇〇二。

（佐藤　正知）

㈡一五七三年（天正元）、浅井長政の旧領を拝領した羽柴秀吉によって築かれた城郭。滋賀県長浜市公園町(旧北船町)所在。浅井氏の滅亡後、秀吉は小谷城を居城としたが、一五七四年ころより長浜に築城を開始し、一五七五・七六年ころには完成したようである。秀吉は小谷城下や周辺から商人を移住させ、諸役を免除し商業の振興をはかった。一五八二年の清洲会議によって長浜城は柴田勝家の所有となり、甥の勝豊が入れ置かれた。賤ヶ岳合戦直後は再び秀吉の直轄となっており、一五八五年には山内一豊が入城する。一六〇六年(慶長十一)には内藤信成が四万石で入城する。嫡子信正は一六一五年(元和元)摂津高槻へ移封となり、廃城となる。城跡の痕跡は残っていない。しかし、発掘調査により石垣や船着場などが検出されているほか、城下下村藤右衛門邸で天正期の屋敷跡と茶道具が良好な状態で出土している。現在城跡の一画に模擬天守閣が建ち、長浜城歴史博物館となっている。

参考文献 森岡栄一「長浜城下町の成立について」(『滋賀県立琵琶湖文化館研究紀要』六、一九八八)。長浜市教育委員会編『長浜市指定史跡長浜城跡発掘調査報告書』、一九七二。

(中井 均)

ながまき 長巻 中世後期に成立した柄の長い太刀。長巻の太刀の略称で、長い柄に韋緒や組紐で長く柄巻を施したために長巻という。長刀と混同されることが多いが、長刀は薙刀《なぎなた》造の刀身で鐔を入れないが、長巻は太刀であるから、刀身は柄に合わせて茎《なかご》は長いものの鎬造《しのぎづくり》で、鐔を入れた。また、寸法によって大太刀・野太刀・長太刀・中半太刀などに区別される長寸の太刀類とも混同しやすいが、これらの長寸の太刀は刃長が三尺以上となるのに対し、長巻の刃長は長くても三尺程度で、尋常の太刀と大差がない。ただし、長刀や大太刀類と同様に長巻の鞘も刀身の保管のためにあり、足金物《あしがなもの》や栗型《くりがた》・返角《かえりづの》のような佩帯装置は付かない。佩帯は長柄を搔い込むのであり、その様は、中世後期の騎兵の典型的な行粧である細川澄元画像(東京永青文庫蔵)に明瞭である。また、山形上杉神社には、上杉謙信が関東管領家から送られたという遺品が三点伝世し、「馬の脚払い」と称している。

(近藤 好和)

ながもち 長持 蒲団や蚊帳、衣類などのほか、膳椀類などさまざまなものを入れる収納家具。大形の長方形で合口造《あいくちづくり》の蓋がつく。両短側面の上部に棒通しがついていて、ここに棒を通して前後二人で担いで運ぶ。漆塗をした塗長持と何も塗らない雑長持《ぞうながもち》があり、塗長持には蒔絵などを施した贅沢な造りのものもある。家紋を入れる場合も多かった。長持は室町時代から使われはじめたもので、寝具・衣服・鏡台・屏風・盥《たらい》などの嫁入道具を入れて運ぶのに用いられたり、近世初期には富裕な人々が料理や茶道具、毛氈《もうせん》などを入れて花見や遊山に行くのにも使われた。また花魁《おいらん》の夜具長持といって馴染みの客が衣裳や夜具とともに蒔絵や朱塗の長持を贈ったりした。なお大形の長持で下に車をつけた車長持がある。十六世紀末からでてきて、十七世紀前期には一軒に一つというくらい普及したが、一六五七年(明暦三)の江戸の大火を機に三都では禁止された。→櫃《ひつ》

(小泉 和子)

ながやおうけもっかん 長屋王家木簡 平城京左京三条二坊一・二・七・八坪を占めた長屋王邸跡から出土した木簡群。主に八坪西南隅の長さ二七・三メートルに及ぶ南北方向に掘られた溝状土坑から出土したもので、三万五千点強に及び、その他邸内の井戸や七坪内から六坪へと流れる流路などからも、合計三百点以上出土している。その年代は紀年銘木簡から、平城遷都直後の七一〇年(和銅三)から七一七年(養老元)にわたる。「長屋皇宮俵一石」や「長屋親王宮鮑大贄十編」などの荷札木簡や、「雅楽寮移長屋王家令所」と書かれた文書木簡などから邸宅の主が判明した。木簡の中には、家令・書吏などの家政機関の職員らが責任者となって、邸宅内にいた人々に日々米飯を支給した際の伝票が多数含まれていた。支給対象者は、王の妻子をはじめ一族の人々や、帳内・奴婢、さまざまな技術者、僧尼・医師など広範囲にわたる。また家政機関には二品と三位の人を本主とする二つの系統があり、後者が長屋王のものであることは確実だが、前者は妻の吉備内親王、その姉の氷高内親王(元正天皇)説もあるが、長屋王の父高市皇子説が有力。高市の死後もその家政機関がしばらく存続したわけである。また「長屋親王」や「帳内」は法的には長屋王・資人であるものをそう表現したとみられ、その背景にはミコ・トネリなどの和語があったと考えられているが、「長屋親王」についてはその政治的立場を示すとみる説もある。さらに王家の所領である耳梨《みみなし》御田、山背御田・御薗や都祁《つげ》氷室などの存在やそ

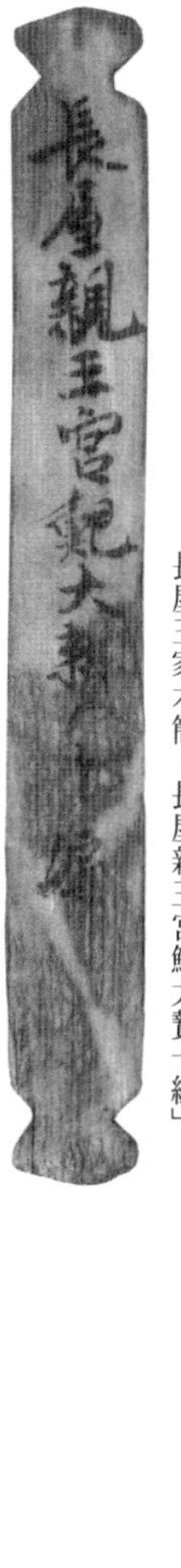

長屋王家木簡「長屋親王宮鮑大贄十編」

「雅楽寮移長屋王家令所」

の経営形態、家産の相続のあり方、王家の経営する西店や封戸の様相、造寺・写経活動、技術者の組織形態など、さらには古代日本語の実態など、きわめて幅広い分野での研究に大きな影響を与えた。なお長屋王家木簡の公表は奈良国立文化財研究所(現独立行政法人奈良文化財研究所)『平城宮発掘調査出土木簡概報』二〇・二一・二三・二五・二七で行われ、その後正報告書は同『平城京木簡』一・二が刊行されたが、まだ完了していない。

参考文献　奈良国立文化財研究所『平城京長屋王邸跡左京二条二坊・三条二坊発掘調査報告』、一九九六、吉川弘文館。同『長屋王家・二条大路木簡を読む』、二〇〇一、吉川弘文館。東野治之『長屋王家木簡の研究』、一九九六、塙書房。森公章『長屋王家木簡の基礎的研究』、二〇〇〇、吉川弘文館。（舘野　和己）

ながやおうていたくあと　長屋王邸宅跡　長屋王の邸宅は、平城京左京三条二坊にあたる奈良市二条大路南で一九八〇年代後半に百貨店の建設に先立つ発掘調査で確認された。三条二坊のうち、その西北にあたる一・二・七・八坪という二町四方の地を占め、その内部の遺構は大きくは六時期に区分される。そのうち奈良時代当初には四町全体を占める大規模な宅地であり、各坪を分ける小路は造られていなかったので、京設計段階から四町占地の宅地が計画されていたことがわかる。その内部は塀でいくつかのブロックに分かれ、その中に大規模な建物や雑舎・井戸などが造られていた。最大の建物は平城宮内裏の建物に次ぐ大きさを有する。ただし瓦葺き建物は少ない。また北辺中央には二条大路に開く門があった。そして八坪東南隅の溝状土坑から大量に出土した長屋王家木簡によって、邸宅の主が判明したものである。王邸の南の六坪では奈良時代後半の池とそれに面した建物が検出され、現在平城京左京三条二坊宮跡庭園として特別史跡・特別名勝に指定されているが、池はそれ以前にあった流路を利用して造られており、それは長屋王邸東南隅から

長屋王邸宅復元模型

流れているとみられることから、そこも王邸内に含める説もある。また二坪西南隅でも池の跡が見つかっている。長屋王家木簡によれば邸内には、吉備内親王・安倍大刀自・石川夫人などの王の妻やその所生児、一族の者のほか、多くの家政機関の職員・資人・医師・僧尼・技術者などがいたことが知られる。なお王は『懐風藻』などによると佐保宅(作宝楼)を有していた。それとこの邸宅跡は別とみるのが有力だが、異論もある。また邸宅北の二条大路の路肩に掘られた濠状遺構から大量に出土した二条大路木簡によれば、七二九年(天平元)の長屋王の変後邸宅は没官され、内部を一部改変し、同年に立后した藤原光明子の皇后宮になったとみられる。さらに奈良時代末には八坪に太政官厨家が置かれたらしいことが、木簡からうかがえる。

参考文献　奈良国立文化財研究所『平城京長屋王邸跡左京二条二坊・三条二坊発掘調査報告』、一九九六、吉川弘文館。（舘野　和己）

なかやましゅういち　中山修一　一九一五―九七　長岡京の発掘をはじめて手がけた歴史地理研究者。一九一五年(大正四)七月十九日、京都府乙訓郡新神足村(京都府長岡京市久貝)に生まれる。一九四六年(昭和二十一)京都帝国大学文学部史学科入学。自宅付近の水田区画が条里ではなく条坊の区割りに基づくことに気づく。延暦十四年(七九五)正月二十九日の太政官符(『類聚三代格』)にみえる長岡京左京三条一坊十町「蓮池」の地を比定し、長岡京復元案を作る。周辺地域の教員として教鞭を執るかたわら、一九五四年はじめて発掘に着手し会昌門《かいしょうもん》(朝堂院南門)跡を発見した。一九六六年には小林清らと「乙訓の文化遺産を守る会」を結成し郷土の遺跡保護に尽力した。私財を投じて長岡京跡発掘調査研究所を設立し、行政の調査体制が整うまで多年にわたり長岡京跡の発掘調査を推進、指導した。一九八二年吉川英治文化賞。一九八七年京都文教短期大学名誉教授となる。一九九七年(平成九)四月三十日没。八十一歳。共著に福山敏男・中山修一・高橋徹著『新版長岡京発掘』(『ＮＨＫブックス』四六四、一九八四、日本放送出版協会)。生家の一角に市立中山修一記念館が開設。　→長岡京《ながおかきょう》

参考文献　「著作目録及び略年譜」(中山修一先生古稀記念事業会編『長岡京古文化論叢』所収、一九八六、同朋舎出版)。「著作目録及び略年譜その二」(『長岡京古文化論叢』二所収、一九九二、三星出版)。古鉄勝美『中山修一―ものがたり―長岡京発掘の父―』、二〇〇四、文京堂書店。（清水　みき）

ながれづくり　流造　最も一般的な神社本殿の形式。切妻造、平入りで、屋根の前の流れが後ろより長い形。身《も》舎《や》の正面に同じ桁行の庇《ひさし》が付き、身舎の梁行の中央に棟を置いて、前は庇まで一体の屋根を流すためこのような形式となる。現存最古の遺構は、京都府宇治市の宇治上

神社本殿(平安時代後期)である。京都の上賀茂・下賀茂神社の本殿がその祖形といわれるが、根拠はない。両社は、柱が土台の上に立ち、組物は舟肘木を用い、身舎の垂木《たるき》は繁《しげ》垂木、庇は疎《まばら》垂木、身舎周囲を板壁で囲い、正面中央間にのみ板扉を開き、庇には木階を設けて低い浜床を張るが、これが流造本殿すべてに共通する形式ではない。庇にも高い床を張ったり、庇も壁や戸で閉じたりする形式、向拝《ごはい》をさらに設けてそこに木階を設ける形式、背面にも庇が付いて前後の屋根の流れが同じになる両流造などもある。また小規模で木階を持たない見世棚造という形式もある。桁行の規模が一間のものを一間社流造、三間のものを三間社流造などと呼ぶ。なお、『匠明』では平作と称している。

参考文献 『日本建築史基礎資料集成』二、一九七二、中央公論美術出版。（山岸　常人）

なきじんじょう　今帰仁城　沖縄本島北部の本部《もとぶ》半島北東部、標高九〇～一〇〇メートル前後の古生期石灰岩の上に営まれたグスク。沖縄県国頭《くにがみ》郡今帰仁村字今泊《いまどまり》所在。三山分立時代の北山《ほくざん》王統の居城であったことから北山城とも通称する。国指定史跡。世界遺産。一九八〇年(昭和五十五)から保存整備事業が実施され遺構の発掘調査と並行しながら、石垣の修復など修景作業が進められている。城の縄張りは、主郭を中心に大小九つの曲輪に分かれる。西に大手を置き、東側に向かって次第に高くなり最高所が一の曲輪で主郭にあたる。一の曲輪の東側には、一段低くなって志慶真門《しげまじょう》の曲輪がある。これまで一の曲輪と志慶真門の曲輪が発掘調査された。主郭となる一の曲輪の発掘調査では石垣が築かれる前に柵列があったこと、土木工事の跡をとどめる版築《はんちく》や土留石積み、基壇建物、掘建柱建物跡などの遺構が検出された。これらの遺構群の重複関係と層序および発掘された貿易陶磁器などから第一期から第四期までの今帰仁城変遷の過程が明らかになった。第一期は城の創建時で十三世紀の終わりから十四世紀の初めにかけてである。この時期の今帰仁城はまだ規模が小さく石垣もない木の柵列しかなかった時代であった。第二期はグスクを代表する高い石垣が築かれる時期で十四世紀の前半から中ごろまでである。この時期には南北一〇・三メートル、東西一三・八メートル、高さおよそ九〇センチの石積み基壇の上に梁間四間、桁行五間の殿舎が建てられた。第三期は怕尼芝《はにじ》、珉《みん》、攀安知《はんあんち》という三王が続くころで、『明実録《みんじつろく》』にはそれぞれ怕尼芝が六回、珉が一回、攀安知が十一回、明に使者を遣わして進貢し貿易していたことが記録されている。この時期は、今帰仁城が最も栄えた時代であったが十四世紀の後半から始まったこの第三期も、攀安知がやがて中山から興った尚巴志《しょうはし》によって滅ぼされることによって終焉し以後第四期となる。第四期は攀安知滅亡後、監守時代に入り、一六六五年に最後の監守が首里へ引き上げ、廃城となるまでの約二百四十三年間である。このように城の歴史は古く、規模の大きさや縄張りの複雑さおよび遺構の保存度のよいことなど沖縄屈指の名城たる風格のある城である。

今帰仁城　志慶真門の曲輪の城壁

資料館　今帰仁村歴史文化センター(沖縄県国頭郡今帰仁村)

参考文献 『日本城郭大系』一、一九八〇、新人物往来社。『今帰仁城跡発掘調査報告』一、一九八三、沖縄県今帰仁村教育委員会。（當眞　嗣一）

なぎなた　長刀　中世の長柄《ながえ》の刀剣。近世以降は薙刀と書くが、中世では長刀がふつう。刀身は茎《なかご》が長く、鋒《きっさき》近くに反りのある鎬造《しのぎづくり》で、棟側三分の二程を刃側と同様に重ね薄に仕立てた独特の形状をした湾刀《わんとう》であり、これを現在では薙刀造という。これに鎬筋が鋒に抜け、研ぎ次第では両刃ともなり得る様式と、鋒の手前で棟側に抜ける様式の二種があり、前者が本来の様式で、後者は、中世後期以降の遺品や長寸の遺品に多くみられる。中世では鐔は入れず、柄は断面楕円形で、木製や木芯竹包の打《うち》柄《え》で、白木や黒漆塗のほか、蛭巻《ひるまき》といい、鉄の帯金を螺旋状に巻き付けたものがある。石突《いしづき》は銀杏型が多い。大阪誉田八幡宮には中世前期にさかのぼる蛭巻柄の遺品がある。長刀の初見は『春記』長暦四年(一〇四〇)四月十一日条で、『三代実録』元慶五年(八八一)四月二十五日条の「鯰尾槍《なまずおほこ》」がその源流と考えられる。長刀は本来は歩兵の武具で、中世後期には騎兵も盛んに使用したが、近世には武家女子の嫁入り道具となっていった。

参考文献 近藤好和『中世的武具の成立と武士』、二〇〇〇、吉川弘文館。（近藤　好和）

なぎりやはいじ　菜切谷廃寺　宮城県加美郡加美町菜切谷清水に所在する古代寺院跡。一九五五年(昭和三十)に発掘調査が行われ、東西一二・七メートル、南北一〇・七五メートル、残存高一・四メートルの周囲に河原石を小口積みにした建物基壇跡が発見された。基壇跡の周囲からは多賀城創建期と同じ重弁蓮花文軒丸瓦と重弧文軒平瓦のセットをはじめとする七世紀末―九世紀の多量の瓦や、「小田建万呂」と書

菜切谷廃寺金堂基壇跡

かれた蓮花文鬼板などが出土した。間口と奥行きの比や瓦の出土からこの基壇は寺院の金堂跡に伴うものと推定された。調査を担当した伊東信雄は、本遺跡の西約一キロに位置する城生《じょう》柵跡を『続日本紀』天平九年（七三七）四月戊午（十四日）条初見の玉造柵跡に比定し、本遺跡をその附属寺院跡としたが、現在では城生柵跡は色麻《しかま》柵ないし賀美郡衙に関連する施設の可能性が高いと考えられている。多賀城関連の寺院跡として重要な遺跡であることから、一九五六年に宮城県指定史跡に指定された。

[参考文献]　宮城県教育委員会編『菜切谷廃寺跡』（『宮城県文化財調査報告書』二、一九五六）。　（白鳥　良一）

なげし　長押　柱を繋ぐ水平材の一種。柱に当たる部分は丸く欠き取って釘で打ち付ける。柱を挟むように内外両面から打つことが多い。柱に打ち付ける位置によって、下から地長押（土台に接するもの）、腰長押（窓下位置にあるもの）、切目長押（切目縁に接するもの）、内法《うちのり》長押（出入口や窓の上部に位置するもの）、頭長押または台輪長押（柱最上端位置にあって一見台輪に見えるもの）などの名称がある。内法長押と腰長押は本来は扉や窓を設ける柱間にのみ打ち付けていたが、時代が降るとともに壁のみの柱間にも用いられた。長押の断面は古代には長方形で柱径に比して成（見付け幅）は低いが厚さ（見込み幅）は大で長大な釘で打ち付けたから構造的効果も期待できるものであった。重量軽減のため鎌倉時代には内側を欠き取ったL型断面のものが現れ、柱取り付き部に仕口を設けるようになる。また、貫《ぬき》の使用に伴って構造的な役割が低下するにつれて薄い縦長断面となり、室町時代後半には角材を斜めに挽き割った（長押曳きという）縦長のほぼ直角三角形断面のものがあらわれる。柱幅に比して次第に成が高くなるにつれて壁面を分割する構成要素としての役割が増し、近世には部屋の格式を示すものとなった。　（清水　真一）

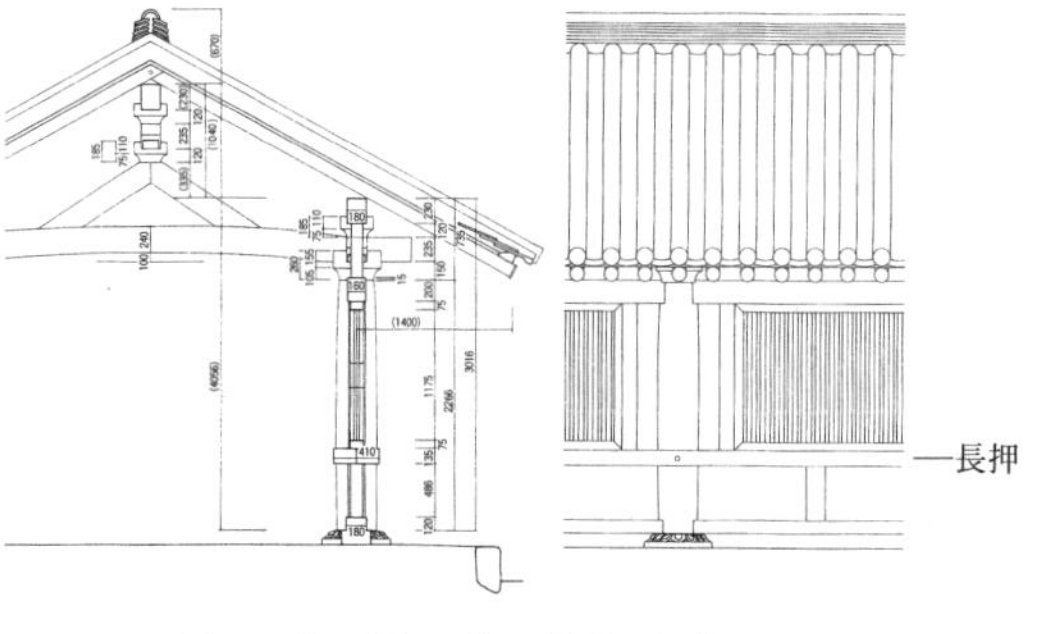

長　押（山田寺回廊復原図）

なごえきりとおし　名越切通　鎌倉を取り囲む山塊にある七つの切通の一つ。東南部の名越山を横断して逗子市に抜ける。国指定史跡。神奈川県鎌倉市大町、逗子市久木・小坪所在。『吾妻鏡』天福元年（一二三三）八月十八日条に、北条泰時が前浜で人が殺されているのを発見し直ちに警戒体制をしいた場所として、武蔵大路・西浜・名越坂・大倉・横大路とある。ほかの中世史料にはほとんどみえないものの、この「名越坂」とは切通のことであろうから、このころにはすでに外に通じる道としての役割を果たしていたことがわかる。ほかの切通しに比べて尾根を切り開いた部分は短く、大半は山腹路といえる。切通道脇の小支谷にはいくつか平場が開かれており、「まんだら堂」と呼ばれるやぐら群もその一つにある。中世には寺院があった可能性が高い。頂上を越えた山稜東面（逗子側）には、「お猿畑の大切岸」と通称される人工の崖がある。長く三浦方面に対する防御施設と考えられてきたが、近年の発掘調査により、この地方に特有の凝灰質砂岩（「鎌倉石」）を中世以来長年にわたって切り出してきた跡だということがわかった。切通しの北側山上には鎌倉時代後期とみられる石廟二基がある。鎌倉時代後期、名越は日蓮の布教拠点であり、一帯には彼の伝説が濃く残る。

[参考文献]　『史跡名越切通確認調査報告』、二〇〇四、逗子市教育委員会。　（馬淵　和雄）

なこそのせき　勿来関　平安時代以降の文学作品に登場する関。常陸国との国境付近に存在した陸奥国の海道沿いの関所とされ、八・九世紀に存在した「菊多剗」の後身と考えられている。菊多剗は陸奥国菊多郡に存在した剗で、『河海抄』伝一条兼良筆本（天理図書館所蔵）藤裏葉所引の延暦十八年（七九九）十二月十日太政官符（『弘仁格』逸文）に「白河・菊多剗守（守カ）六十人」とみえるのが初見。九世紀前半までは「菊多剗」と記され、三関《さんげん》や長門などの「関」と区別されたが、八三五年（承和二）には白河菊多両剗での勘過を「長門国関」に準じて行うこととされた。八六六年（貞観八）には鹿島神宮司が陸奥国内の苗裔《びょうえい》神に派遣した奉幣使に対し、陸奥国司が入関を許可しないことが問題とされている。設置時期は不明だが、八世紀前半にさかのぼるか。一方「なこその関」の語は九世紀後半以降、陸奥国の歌枕として使われるようになった。一八五一年（嘉永四）に『千載集』所載源義家の和歌「吹くかぜをなこそのせきとおもへどもみちもせにちる山桜かな」の歌碑が建立されて以来、現いわき市勿来町関田の福島県立勿来自然公園内一帯が関跡とされている。しかし十分な根拠に基づくものではなく、同市勿来町酒井関根付近に比定する説や、海中に没したとする説などもある。

参考文献 丸山二郎「白河菊多両剗に就て二、三の考察」（『歴史地理』五一ノ二、一九二八）。高橋富雄「勿来の関をめぐる諸問題」（『いわき地方史研究』八、一九七一）。『いわき市史』一、一九八六。 （永田 英明）

なごやじょう 名古屋城 御三家筆頭の尾張徳川家六十二万石の居城として造営された近世城郭。名古屋市中区に所在。蓬左城・楊柳城・柳が城・亀尾城・金城などとも呼ばれる。また、近世城郭として整備される以前の戦国時代の名古屋城については那古野城（柳之丸）と呼び分ける場合がある。城跡は国特別史跡で、現在残される城郭関連の建築は、本丸西南隅櫓・東南隅櫓、御深井《おふけ》丸西北隅櫓（清須櫓）、本丸表二の門、旧二ノ丸東二の門および旧本丸御殿障壁画などがあり、これらは重要文化財に指定されている。また、二ノ丸庭園は戦後に整備され国名勝となっている。近世の名古屋城は徳川家康の命により九男義直が幕府直轄工事として一六一〇年（慶長十五）から築城した。一六一三年までには堀普請などが完成し清洲城からの移転がほぼ完了した。その後も普請と作事が尾張藩によって進められ、一六三三年（寛永十）の将軍徳川家光上洛時の宿館施設の造営をもって城郭整備が一通り完了した。明治維新以降は一八七一年（明治四）に陸軍省の管轄となり、城郭としての機能を終えた。その後順次、本丸・二ノ丸・御深井丸が宮内省に移管され、一九三〇年（昭和五）には名古屋市に下賜されている。一九四五年の名古屋空襲でほとんどの建物が焼失し、天守閣は一九五九年に鉄筋コンクリートで再建された。名古屋城は天守閣や藩主御殿が存在する本丸を中心に、二ノ丸・西ノ丸・御深井丸・三ノ丸から構成され、これらは巨大な堀や石垣で防御されており、完成された近世城郭としての威容を誇っている。城の縄張りは本丸の各虎口を内枡形で守り、外側に馬出しを築いている。城郭の南には武家町や町屋、寺町などの城下町が広がり繁栄していた。城下町西側には延長六キロ余りの堀川が開削され熱田港に通ずる。名古屋城に関する発掘調査は二ノ丸・三ノ丸・城下町の各地点で行われており、多くの成果が得られている。二ノ丸では庭園の池や建物跡が確認された。三ノ丸では武家屋敷や街路の一部が確認され、区画の溝や塀の基礎構造、建物跡、井戸、地下室、廃棄土坑などの多様な遺構が発見された。三ノ丸の大部分は成瀬氏や竹腰氏、大道寺氏などの尾張藩上級家臣の屋敷に相当するが、中部電力地下変電所地点では徳川家御霊屋跡、国立名古屋病院地点では藩主の隠居所や親族が居住した御屋形跡の各遺構群が確認されている。城下町部分では部分的にしか発掘調査されていないが多くの成果が出ている。城下町は碁盤割に町割されており、幅下遺跡ではそれに伴う道路跡や木樋による巾下《はばした》水道の上水道管が発見された。この幅下遺跡や竪三蔵通遺跡、貞養院遺跡などでは武家町や町屋に伴う建物や区画溝などの遺構群が確認された。白川公園遺跡では墓道とこれに沿う墓坑列が見つかっている。一方、戦国時代の名古屋城（以下那古野城と表記する）は、一五二二年（大永二）以降に今川氏によって築城され今川氏豊が城主となった。その後織田信秀による那古野城攻略が行われたが、その年代については一五三二年（天文元）ごろとする説と一五三八年ごろとする説がある。織田信秀ののちにその子信長が城主となるが、一五五五年（弘治元）に清洲へ進出すると那古野城は信長の叔父織田信光、ついで重臣林通勝が治めた。廃城の経緯は不明であるが、一五八二年（天正十）ごろ廃城になったといわれる。那古野城の全容は『金城温古録』所収「御城取大体之図」で概要を窺い知れるが具体像は不明な点が多い。主郭は名古屋城二ノ丸付近にあったと推測されるが未だに確証は得られていない。近年名古屋城三ノ丸遺跡の発掘調査によって堀や井戸、竪穴状遺構などの戦国時代に属する遺構が多数発見されており、徐々に那古野城の様相が復元されている。これまでの分析では時期ごとに溝の方位が変化することから城郭構造の変遷を読み取る試みが行われている。なお、同遺跡では弥生時代以降の各時期の豊富な遺構・遺物が確認されており、古くから重要な場所となっていたことが判明している。

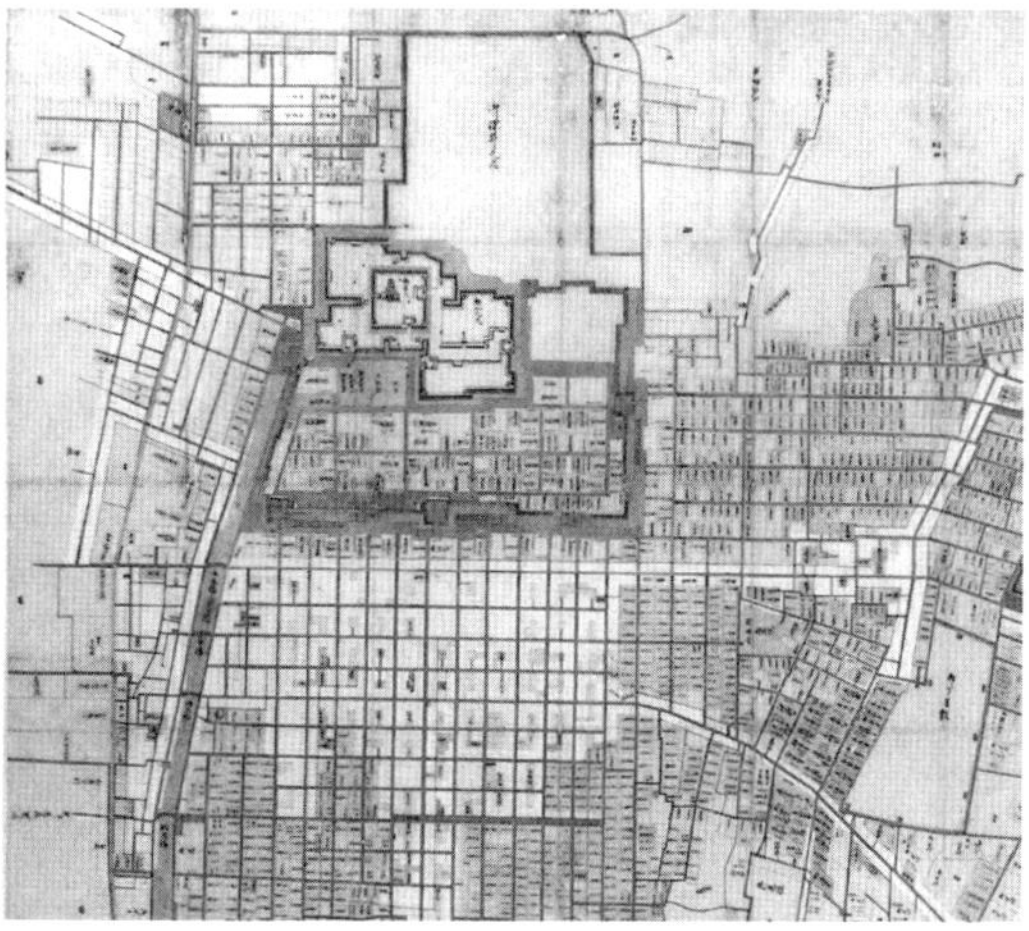

尾府名古屋図

資料館 名古屋城天守閣（名古屋市）

参考文献 愛知県埋蔵文化財センター編『名古屋城三の丸遺跡』I―VII、一九九〇―二〇〇五。名古屋市教育委員会編『名古屋城三の丸遺跡第一～一一次発掘調査報告書』、一九八九―二〇〇〇。『名古屋城史』、一九五九、名古屋市。『新修名古屋市史』二、一九九八。
（鈴木　正貴）

なごやじょう　名護屋城　豊臣秀吉の朝鮮侵略（文禄・慶長の役（壬辰《チンイン》・丁酉倭乱《チョンユウェラン》）、一五九二―九八）における大本営となった城郭。佐賀県唐津市鎮西町に所在する。国内統一の完成直後の一五九一年（天正十九）に秀吉が九州諸大名を動員して築いたもので、同十月に着工し翌年四月ごろに大略を完成させている。その後さらに拡充工事を繰り返したが、一五九八年（慶長三）八月の秀吉病没、十一月の渡海軍撤兵に伴って機能を停止し、さらに幕政初期の城郭統制策の過程で破却され廃城となった。日本史上最大の軍事基地遺跡であり、現在、城跡と周囲に残る諸大名の陣跡とを合わせて国の特別史跡に指定され、発掘調査・環境整備事業が進められている。その城域は主要部だけで南北約四五〇㍍・東西約六〇〇㍍に及び、敷地面積は一七万平方㍍を超え、聚楽第《じゅらくてい》や初期大坂城に匹敵する規模を誇っていた。標高約九〇㍍の勝男《かつお》岳山頂に五層の天守閣を備えた本丸を構え、これを東西から補佐する形で二ノ丸、三ノ丸以下の七郭を付設させ、北麓には山里丸・台所丸を配して秀吉の平時の居住空間としていた。これまでの調査によって、天守は金箔瓦を用いた本格的な高層建築であったことが判明し、そのほかにも本丸御殿跡・多聞櫓《たもんやぐら》跡・本丸大手門跡など、多様な城郭建築の導入を明示する礎石群が検出され、臨時の陣営としての本来的機能を凌駕した、きわめて政治性の強い施設を完備していたことが証明されている。山里丸では、千利休が大成した侘《わび》茶の理念を体現した草庵《そうあん》様式の茶室跡と庭園の一部が発見され、隣接する濠（鯱鉾《しゃちほこ》池）内からは散策・鑑賞用の広大な出島が検出されるなど、桃山文化の粋を集めた遊興空間をも併設していたことが分明となった。また、完存例が少ない天正末―文禄年間の城郭石垣をよく残しており、一九八八年（昭和六十三）以来その補修を目的とした解体調査が続行され、近世初頭における築城のメカニズムの解明に寄与する成果が得られている。その一方で、各所に廃城段階での人為的破壊の痕跡（石垣の部分破却、通路の閉塞など）が明瞭に確認でき、当該の公権が進めた「城破《しろわ》り」の具体相を残す貴重な存在となっている。名護屋城の周囲の半径三㌔に及ぶ範囲には、全国から参集した諸大名の陣所が百三十ヵ所以上も設営されていたが、その半数以上の七十ヵ所余りが平面構造を知り得る状態を保っており、保存措置が図られている（二〇〇三年段階で二十三陣跡が特別史跡）。「陣」といっても総石垣造りの恒久的な構造の例が多く、徳川、島津、前田、上杉など有力大名クラスの陣には城郭普請の技術を投入しているものもある。豊臣秀保《ひでやす》陣跡の調査では数奇屋《すきや》・書院建築の設営が確認され、堀秀治陣跡では能舞台や庭園、徳川家康別陣跡では茶室跡・物見櫓の跡などが見つかるなど、実質的には大名邸宅に相当する機能を持った、多彩な施設の集合体としての性格が明らかとなっている。また、城の北東一帯には、豊臣直属軍（旗本衆）の屋敷地区と町屋からなる城下町が形成されており、現在の地割・街区にも当時の都市プランが継承されている。往時には駐留将兵・商工人を合わせて十万人以上の人口を擁する大都市に発展していたと考えられ、伝存する「肥前名護屋城図」屏風（江戸時代初期成立、佐賀県重要文化財）の描写との対比や試掘調査を通じて、その空間構成が明確になりつつある。これら「城」「陣」「城下町」の三要素のほかにも、軍用道や関、港湾施設、支城などの関連遺跡が隣接地域に分布しており、各遺跡の実態の総合的調査による全体像の解明が待たれている。名護屋城を中核とするこの大規模遺跡は、成立に係る歴史的背景の特殊性もさることながら、近世初頭のごく短期間における城郭・建築・土木一般・造園・芸能・武士層の生活様式など多岐にわたる分野の情報を、凍結的に残す定点資料としての価値を内包するもので、その文化財としての評価はきわめて高い。

名護屋城跡石垣

参考文献　佐賀県教育委員会編『特別史跡名護屋城跡並びに陣跡』二、一九八三。佐賀県立名護屋城博物館編『特別史跡名護屋城跡』、一九九八。宮武正登「肥前名護屋城下町の空間構造とその特異性」（『国立歴史民俗博物館研究報告』一二七、二〇〇六）。
（宮武　正登）

なすかんがいせき　那須官衙遺跡　那珂川の支流である箒川となめり川の合流点近く、栃木県那須郡那珂川町小川字梅曾に所在する。古くは梅曾廃寺跡と呼称され銅印「□□私印」（重文）が出土したことでも著名。古代下野国那須郡家であることが明らかにされ、一九六九年（昭和四十四）に「那須官衙跡」の名称で国史跡となった。発掘は三木文雄・大川清・小川町古代文化研究会・小川町（一―四次）、県（五―二十二次）などにより一九五五―九九年

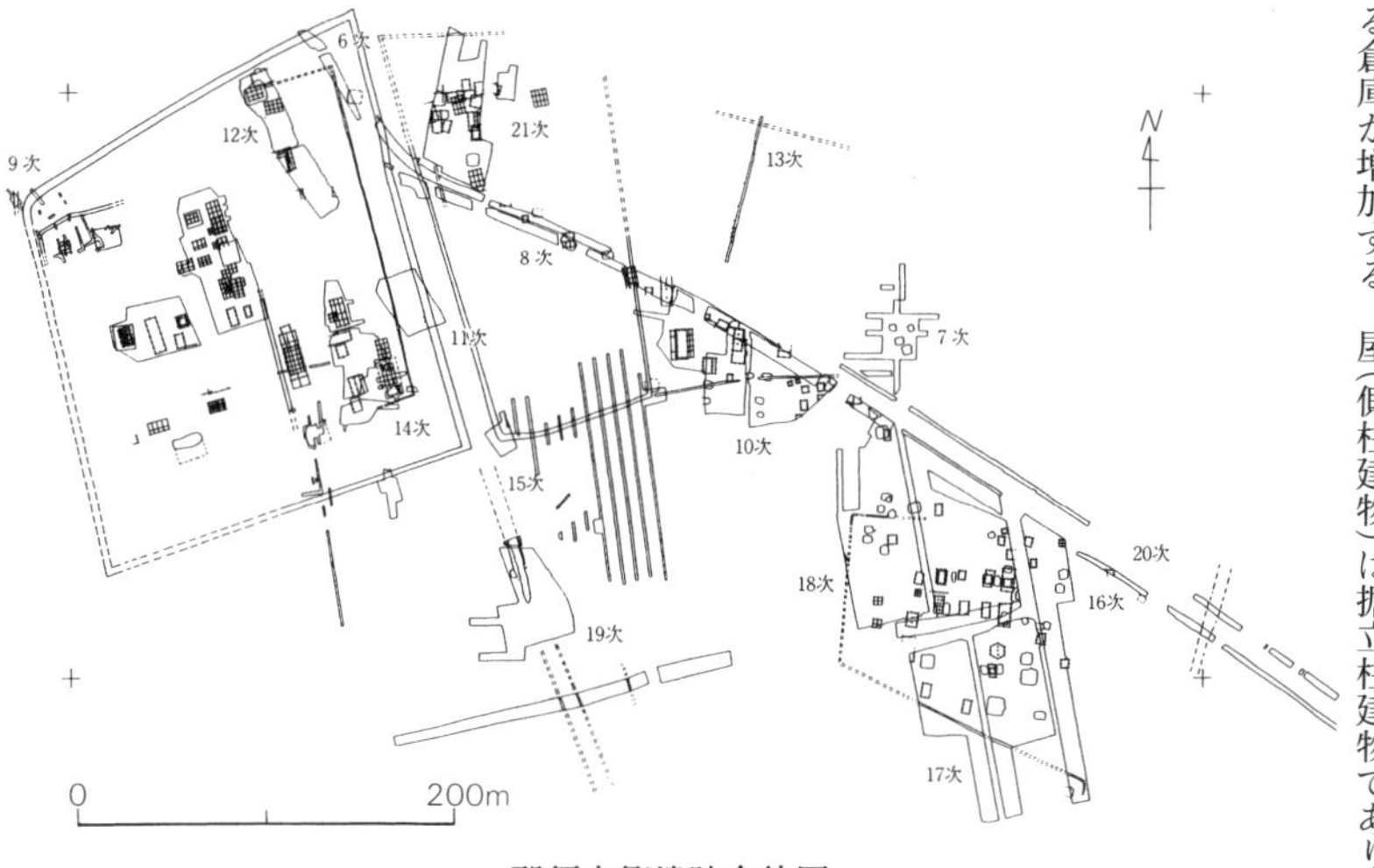

那須官衙遺跡全体図

(平成十二)の間に実施されており、それぞれに報告がある。遺跡は大略南北二〇〇メートル・東西六〇〇メートルの範囲に及び、溝で区画された施設群を四地区に確認。西側から眺めれば、正倉院(東西二〇〇メートル・南北二三〇メートル)、南北道路(東山道(?))、その東側の一郭は二分されて東(東西一〇〇メートル・南北一三〇メートル)・西に院を造る。さらに南東方にも区画された一院(南東地区東西二〇〇メートル・南北七五メートル、東辺に南北道路)が所在していた。正倉院は八世紀前半・後半と九世紀代の三期に分けられる。八世紀前半代は掘立柱建物の倉庫群であったが、中葉以降に礎石建物となる倉庫が増加する。屋(側柱建物)は掘立柱建物であり、大型の瓦葺礎石建物(法倉(?))が新造された。西院には、七世紀末から八世紀の官衙造営に関わる竪穴住居や実務官衙の側柱建物、品字型配置をとる掘立柱建物(曹司)がみられ、九世紀以降は計画的に柱筋を揃えた礎石総柱建物(正倉)が造営されていた。東院からは、庇付南北棟の側柱建物が確認されており、曹司として使われていたらしい。南東地区には、大・小型の掘立柱建物や竪穴住居、井戸、正六角形の掘立柱建物がみられ、館が営まれていたとみなされる。下野薬師寺・下野国分寺系の軒瓦、桶巻や一枚造りによる二種の平瓦、「山田五十戸(?)」と刻字した平瓦、「万」刻書土器などの文字資料が出土している。北方六〇〇メートルには七世紀後半代に建立されたらしい浄法寺廃寺が所在する。

資料館 なす風土記の丘資料館小川館(栃木県那須郡那珂川町)

参考文献 小川町教育委員会編『栃木県那須郡小川町梅曾遺跡発掘一次・二次調査概報』、一九六六。大川清編『那須官衙跡第四次緊急発掘調査報告書』、一九七六、小川町教育委員会。栃木県文化振興事業団埋蔵文化財センター編『那須官衙関連遺跡』I—VII、一九九四—二〇〇一。栃木県教育委員会『那須官衙関連遺跡発掘調査報告』、一九八五。同『那須官衙跡関連遺跡発掘調査報告』II、二〇〇〇。田熊清彦「東国の国府と郡家」(『新版古代の日本』八所収、一九九二、角川書店)。

(田熊 清彦)

なすかんだじょう 那須神田城 那須氏初代の資家《すけいえ》が築城したといわれる城館。栃木県小川町大字三輪字要害に所在。那珂川右岸段丘が喜連川丘陵に移行する途中にある。国指定史跡。北約四キロには奈良・平安時代の郡役所である那須官衙遺跡がある。東西約九六メートル、南北約一五六メートルの南北に長い方形居館。崖に接する東を除いた三方に堀を巡らし、北・南側は水堀になっている。南土塁中央には土塁が切れている部分があり虎口《こぐち》と推定される。以前は現状の遺構の外側に更に空堀が巡っていたと伝えられ、二重の堀で囲まれた方形居館であったと考えられている。築城は一〇五六年(天喜四)、一一〇五年(長治二)、一一二五年(天治二)の三説あるが、年代を特定するには至っていない。『平家物語《へいけものがたり》』の「扇の的」で名高い那須与《なすのよ》一《いち》は那須神田城で生まれたと伝えられる。現況からはさらに後の年代で機能したことが推測されるが、詳細な年代については今後の調査に委ねられる。

参考文献 『図説日本の史跡』六、一九九一、同朋社出版。

(齋藤 慎一)

なすこくぞうひ 那須国造碑 宮城県多賀城碑・群馬県多胡碑とともに日本三古碑の一つ。一般に「笠石」「国造碑」と呼ばれる墓誌的記念碑。笠石を載せる形状は多胡碑に類似する。栃木県大田原市(旧那須郡湯津上村)の那珂川西岸段丘上に所在。現在、碑身は徳川光圀創立になる笠石神社に祀られている。国宝指定。碑文は、那須国造であった那須直韋提の「永昌元年」(則天武后の元号、六八九年(持統天皇三))評督任官、および韋提が七〇〇年(文武天皇四、庚子年)に没したこと、そして息子と思われる意斯麻呂《おしまろ》らによる本碑建立の由来を和文(評督被賜混じりの漢文体で記す。「孝」を主題として国造一族の団結を示し、朝廷への忠誠を示す文章である。撰文は新羅渡来人によるものらしく、様式・文体・典拠・思想的内容において先進的特徴が指摘されている。碑材は碑身・笠石とも八溝山系の花崗岩。概寸法は、碑身の最大幅四八センチ、最小幅四三・五センチ、厚さ四〇センチ、高さ(笠石嵌入部を除く)一二〇センチである。四柱造りの笠石は、方五一センチ、高さ三〇センチである。碑面(前面)をよく磨平し、碑の高さと下端幅の半分にあたる大略六〇センチ×二五センチの範囲内に刻字する。碑石の設計・文字の布置は、令小尺(天平尺)によったものと復元される。碑文は、六朝的書風を保つ楷・行書百五十二字を行十九字詰八行に割付け、しかも中国の墓誌・墓碑様式に倣い前三行には「序」、後五行に「銘」を撰文し巧みに空格なく配字する。薬研《やげん》彫りされた

各文字はほとんど欠損していない。異体字を含む碑文は「永昌元年己丑四月飛鳥浄御原大宮那須国造／追大壹那須直韋提評督被賜歳次庚子年正月／二壬子日辰節弥故意斯麻呂等立碑銘偲云尓／仰惟殞公廣氏尊胤国家棟梁一世之中重被貳／照一命之期連見再甦砕骨挑髄豈報前恩是以／曾子之家无有嬌子仲尼之門无有罵者行孝之／子不改其語銘夏堯心澄神照乾六月童子意香／助坤作徒之大合言喩字故無翼長飛无根更固」と読める。

資料館 なす風土記の丘資料館湯津上館(栃木県大田原市)

参考文献 田熊信之『那須国造韋提碑文釈解』、一九七四、中国・日本史学文学研究会。斎藤忠・大和久震平『那須国造碑・侍塚古墳の研究』、一九八六、吉川弘文館。今泉隆雄「銘文と碑文」(岸俊男編『日本の古代』一四所収、一九八八、中央公論社)。田熊信之・田熊清彦『那須国造碑』、一九八七、中国・日本史学文学研究会。「国造と碑」(『古代の碑―石に刻まれたメッセージ―』所収、一九九七、国立歴史民俗博物館)。東野治之「那須国造碑」(『日本古代金石文の研究』所収、二〇〇四、岩波書店)。

(田熊 清彦)

なすみのとまり 魚住泊 ⇨うおずみのとまり

なた 鉈 山中での伐木作業において、ソマヒト(杣人)が樹木の枝を切り払うためなどに使う道具。古代・中世の文献では「鈯銃・奈大」(『新撰字鏡』)などの記述がある。類似した用途と考えられる道具として、九世紀の文献(『皇太神宮儀式帳』『止由気宮《とゆけぐう》儀式帳』)に、「ナキカマ」の記述がみられる。十四世紀の絵画資料に、ナタらしき道具で樹木の枝払いをしている場面(『石山寺縁起絵巻』)と、ナキカマらしき道具で伐木後の原木の枝払いをしている場面(『弘法大師行状絵詞』)とが描かれている。近世末の十九世紀中ごろの資料(『木曾式伐木運材図会』)に、「杣人具」として「山刀・ナタ」の記述と挿図が描かれている。この形状から、ナタの起源は、㈠小型縦斧の刃部を長くする、㈡ナキカマの刃部を厚くする、㈢刀子《とうす》の刃部を厚くする、などいくつかの可能性が考えられる。なお、㈢については十四世紀の絵画(『春日権現験記絵』)に、板を薄く割るために刀子を使用している場面が描かれている。

参考文献 成田寿一郎『日本木工技術史の研究』、一九九〇、法政大学出版局。乾兼松「工具」(明治前日本科学史刊行会『明治前日本建築技術史』所収、一九六一、日本学術振興会)。

(渡邉 晶)

なちさんきょうづか 那智山経塚 平安時代から江戸時代にかけて那智山に営まれた経塚群。和歌山県東牟婁郡那智勝浦町所在。熊野那智大社飛滝《ひろう》権現の参道入口付近を中心に築かれた経塚群で、一九一八年(大正七)に遺物が発見されて以後、何度か遺物が出土している。一九六八(昭和四三)・六九年には発掘調査も行われ、経塚と修法遺構が検出された。調査によれば、経塚は、巨石の周縁に構築されたものと、石を方形基壇状に組んだものがある。今までに出土した経筒は二百個以上といわれており、紀年銘でみると、一一五三年(仁平三)が一番古く、一五三〇年(享禄三)が一番新しい。経筒のほか、銅鏡、銅仏像、懸仏、塔、仏具、銅製三昧耶形《さんまやぎょう》、利器、銭貨、陶磁器類など、多種多量の遺物が出土している。『那智山滝本金経門《きんけいもん》縁起』によれば、一一三〇年(大治五)に行誉がこの地で埋経供養を行なったとあるが、ほかの経塚では見られない銅製三昧耶形は、この供養に伴うものと考えられている。那智山経塚は、那智山信仰の歴史を物語る資料ということができる。

参考文献 東京国立博物館編『那智経塚遺宝』、一九八五、東京美術。

(望月 幹夫)

なついはいじ 夏井廃寺 福島県いわき市平下大越に所在する飛鳥時代後葉から平安時代初期の寺院跡。地上に基壇を残す塔跡が県史跡に指定されている。発掘調査は一九六六年(昭和四十一)から二〇〇三年(平成十五)まで行われ寺院の範囲と建物配置が確認された。伽藍を区画するのは溝跡であるが南辺では布堀の柱穴列が検出されており、内側に板塀が併用されていた可能性がある。建物の構造が判明したのは基壇を残す1号建物であり、約七×一〇メートルの残存部に十ヵ所の根石と円形造り出しがある礎石一個が確認された。プランは三×三間で礎石は移動した芯礎と考えられる。2号建物は1号建物の西に位置し約一三×一七メートルの南北棟、3号建物は2号建物の北に位置する約三一×一九メートルの東西棟の基壇基部が確認されている。規模からすれば2号建物が金堂、3号建物が講堂の可能性があるが伽藍配置としては不自然である。用いられている瓦は南東約二〇〇メートルの丘陵上にある石城郡家跡と同じであり、その関連寺院とすることができる。

(木本 元治)

なつみはいじ 夏見廃寺 飛鳥時代に創建され平安時代に焼失した寺院跡。三重県名張市夏見字赤坂、名張川北岸の丘陵傾斜地にある。一九三七年(昭和十二)に発見され、一九四六―四七年に一部発掘調査が行われた。一九八三年の不時発見調査を経て、一九八四年度から三ヵ年にわたって市教育委員会が計画調査を実施し全容が明らかになった。奈良県山田寺金堂跡などを類例とする金堂は「甲午年」の記念銘をもつ塼仏の出土により六九四年(持統天皇八)前後の創建、塔と講堂は八世紀中ごろの建立で、十世紀末ごろに一度に焼失したと判明した。従来から前田家本『薬師寺縁起』の記述に拠り、当寺を元斎王大来皇女建立の昌福寺に比定する議論が続出し今も決着していない。調査報告書では、特異な建築様式の金堂や大形塼仏の技術水準を前提に、「中央勢力との密接な関係があった一面」を認めつつ、当寺院の建立者を「名張の郡司層とするのが妥当」とする。一九九〇年(平成二)に国史跡に指定された。現地は史跡公園として修景保存され、ガイダンス施設もある。

資料館 夏見廃寺展示館(三重県名張市)

参考文献　名張市教育委員会編『夏見廃寺』、一九八八。同編『史跡夏見廃寺跡保存整備報告書』、一九九六。（田阪　仁）

なてじゅくほんじん　名手宿本陣　大和街道《やまとかいどう》に面し、藩主の参勤交代や御鷹狩《おたかがり》などのとき、本陣として宿泊所や休憩所に使われた妹背《いもせ》家の居宅。和歌山県紀の川市名手市場に所在。屋敷地は国指定史跡、主屋《しゅおく》・米蔵《こめぐら》・南倉《みなみぐら》は重要文化財。妹背家は、中世以来の旧家で畠山《はたけやま》氏に属した。江戸時代、徳川頼宣《とくがわよりのぶ》の入府《にゅうふ》に伴って地士《じし》に命ぜられ、名手組十九ヵ村の大庄屋《おおじょうや》にも任ぜられ、江戸時代末期まで代々勤めた。屋敷地は、東西約四〇メートル、南北約八〇メートルで、四周に築地塀《ついじべい》をめぐらし、南の街道に面して御成門《おなりもん》・通用門を開く。主屋は、一七一四年（正徳四）の火災の後、居室部は一七一八年（享保三）、座敷部は一七四五年（延享二）に建てられた。敷地の西側には二棟の土蔵《どぞう》が建ち、主屋の北に築地塀があり、この北側に奉行組同心《ぶぎょうぐみどうしん》の詰所であった通称役所といわれる建物がある。地士頭《じしがしら》の扱いを受けていたので、同心が駐在し支配地の収税司法の任にあたったといわれている。

参考文献　安藤精一編『和歌山県の文化財』二、一九八二、清文堂出版。和歌山県文化財センター編『重要文化財旧名手本陣妹背家住宅（主屋他二棟）修理工事報告書』、一九九三。（寺本　就一）

ななおがようせき　七尾瓦窯跡　奈良時代（聖武朝）難波宮造営の屋瓦を供給した官窯的性格を備えた瓦窯跡。国史跡。別称、地徳寺瓦窯跡。大阪府吹田市岸部北所在。発掘調査などの結果、千里丘陵周縁から派生した低丘陵上の北斜面約八〇メートル間に、平窯一基を窖窯六基を整然と配置し、工房も裾北側に展開することが判明している。窖窯は、全長五・四メートル、最大幅一・七メートルの平面船形の地下式有階有段構造である。出土した軒平瓦は一種、軒丸瓦は二種でいずれも後期難波宮跡出土瓦と同笵であった。ただ後期難波宮で最も数多く出土の重圏文系軒瓦は一点も出土しておらず、瓦窯跡もまだ発見されていない。『続日本紀』には、七二六年（神亀三）に、聖武天皇が藤原宇合《うまかい》を知造難波宮事に任じ、後期難波宮造営が本格化との記述があるものの、官営工房などの記述はみられない。難波宮の北方約一二キロも離れた千里古窯跡群の一画からの瓦窯跡の発見は、瓦供給体制や宮造営の実態を考える上で重要である。

参考文献　吹田市教育委員会編『埋蔵文化財緊急発掘調査概報』昭和五十八年度、一九八四。同編『七尾瓦窯跡（工房跡）』（『都市計画道路千里丘豊津線工事に伴う発掘調査報告書』II、一九九九）。同編『史跡七尾瓦窯跡環境整備報告書』、一九九二。（堀江　門也）

ななおじょう　七尾城　石川県七尾市古城町・古府《ふるこ》町の城山（標高約三〇〇メートル）にあった戦国時代の山城。室町時代に能登の守護職を得た畠山氏が、永正―大永年間（一五〇四―二八）に府中の郊外に築いた居城で、松・梅・菊・竹・竜・虎・亀の七つの尾根に広がることから、七尾城と名付けられたと伝える。一五七七年（天正五）に上杉謙信の侵攻で落城するまで、戦国大名となった畠山氏の領国支配の拠点であった。城の縄張りは東の木落《きおとし》川、西の大谷川に挟まれた尾根筋一帯（面積約二〇〇ヘクタール）に広がり、北方の山麓に形成された城下町の「七尾」へ結節する。本丸を中心とする主郭は、野面積みの石垣を築いた総石垣造りで、深い堀割で分断しているが、山中の曲輪は大型の曲輪を中心に支群を構成し、土塁や切岸の土造りで防備を固めている。本丸には鏡石の「九尺石」を据えた堅固な内枡形や外枡形の出入り口の虎口が見られ、一五八一年十月に能登を領有した前田利家の改修と、前田氏による廃城が想定されている。なお主郭部分は一九三四年（昭和九）に国指定史跡となり、出土品は七尾城史資料館に展示公開されている。

資料館　七尾城史資料館（石川県七尾市）

（垣内光次郎）

ななこ　魚々子　彫金の技法の一つ。七子、魚子とも書く。先が円になった鏨《たがね》を用い、文様の周りの地に打たれることが多い。密に打たれた様がちょうど魚の卵を蒔き散らしたように見えるところからこの名がある。『正倉院文書』には「魚々子打工」とあり、奈良時代には専門の工人がいたことが知られる。日本に伝わる魚々子打ちの最古の遺品は志賀島から出土した金印であるが、国産では五世紀の山形県出土の鳳凰飾鐶頭が最古で、古墳時代の銀荘方頭大刀にも数例見られる。古墳時代から飛鳥時代までの魚々子の蒔きかたは疎《まば》らであるが、奈良時代から密になり、室町時代の刀装金具には微細整然とした高度な魚々子が打たれるようになった。（原田　一敏）

なにわ　難波　古代において摂津国東生《ひがしなり》、西成《にしなり》、百済の三郡をおおよその範囲とする地域。現在の大阪市東南部にあたる。浪速なども記す。語源について、古代に存在した河内湖から大阪湾への水流の急なさまをいうとする説や、河内湖または大阪湾の波静かなようすをいった並庭、魚が豊富なさまをいう魚庭の転訛とする説などがある。五世紀代と推定される難波堀江（大川＝天満《てんま》川）の開削、難波津の設置以降、倭王権の外交・流通の拠点として、重要な役割を果たすようになった。五世紀後半以降、難波には倭王権による拠点的施設がつぎつぎに営まれた。上町台地北端には、古墳時代の大規模倉庫群である法円坂《ほうえんざか》倉庫群が造営される。この地域の発掘調査では韓式系土器をはじめとする渡来系遺物が多く出土するので、五世紀代の難波の開発には多数の渡来系集団の関与があったことは確実である。六世紀以降、難波には中国・朝鮮三国からの外交使節の滞在施設（「難波館《なにわのむろずみ》」）や、迎接用の施設（難波大郡・小郡）が多く設けられた。『日本書紀』安閑紀には、難波屯倉が置かれたことがみえる。難波宮下層に広範囲に分布する遺構群（難波宮下層遺跡）をこれにあてる見解もある。このような動向に連動して、七世紀前半には難波と大和を結ぶ陸上交通が整備されたらしい。『日本書紀』推古天皇二十一年（六一三）十一月条には、難波から飛鳥に至る大道の設置がみえる。大阪府松原市大和川今池遺跡では、難波宮中軸線の延長上で幅約一八メートルの南北道路が検出されている。また難波では、七世紀前半から中葉にかけて、四天王寺、法円坂廃寺など、多くの寺院が建立された。堀江周辺には僧旻《みん》の居した阿曇《あづみ》寺、百済郡には百済王氏と関係の深い百済寺、尼寺があった。物部氏や蘇我氏など、有力豪族の宅も難波にあった。七世紀中葉と八世紀前半には、難波宮が営まれる。一九五四年（昭和二十九）以来の発掘調査で、二時期の宮殿遺構が見つかり、前期難波宮、後期難波宮と呼ばれる。前期難波宮は孝徳朝の難波長柄豊碕宮《なにわのながらとよさきのみや》にあたり、後期難波宮は聖武朝造営の難波宮にあたる。外交と流通の拠点としての難波の機能は奈良時代にも引き継がれ、多くの有力寺院や貴族・官人の経営拠点が置かれた。一方、四天王寺の北には難波市が置かれた。難波市は東西に分かれていなかったと見られる。『日本霊異記』には大和の平《へ》群《ぐり》の山寺の沙弥尼が盗まれた仏画を難波市で取り戻す説話があり、官市としてだけでなく、地域の交易圏にも組み入れられていたことがわかる。七八四年（延暦三）、長岡宮造営の際、難波宮の主要な建物は解体されて長岡宮で再利用され、難波宮は事実上消滅したと見られる。七九三年には、難波宮が停止され、摂津職が摂津国と改められている（『類聚三代格』）。難波宮停止の背景には、奈良時代後半以降、顕著になった難波堀江・難波津の機能低下がある。七八五年の三国川（神崎川）と淀川を結ぶ水路の開削により、山背（山城）と瀬戸内海交通が直接結ばれるようになると、外交・流通の拠点としての難波の地位は相対的に低下する。しかし七九六年の太政官符に、北部九州より発した官人・百姓・商旅の徒がみな難波に集まることを指摘しているように（『類聚三代格』）、流通の拠点機能はすべて失われたわけではなく、中世の渡辺津（窪津）へと継承される。平安時代には難波津で即位儀礼の一つである八十島祭《やそじまさい》が行われた。八十島祭の原型は令制以前にさかのぼるとする説もあるが、詳細は不明。

参考文献　吉田晶『古代の難波』、一九八二、教育社。直木孝次郎編『古代を考える難波』、一九九二、吉川弘文館。直木孝次郎『難波宮と難波津の研究』、一九九四、吉川弘文館。

（古市　晃）

なにわづ　難波津　難波に置かれた古代の国家的港津。難波の御津（三津）または大津とも呼ばれた。中国・朝鮮半島に対する外交の拠点として、また西日本地域における倭王権の内政・流通の拠点として重要な役割を果たした。所在地については、古代の大阪湾の汀線にあたる大阪市中央区三津寺町付近とする説と、難波堀江に含まれる中央区高麗橋付近とする説の二説がある。古代の遺構・遺物は堀江周辺に集中しており、後者が有力視される。倭王権の拠点的港津としての機能は、当初住吉津が担っていたと考えられるが、五世紀後半には難波堀江を臨む上町台地北端に法円坂《ほうえんざか》倉庫群が造営されるなど、しだいに難波が重要な地位を占めるに至る。難波津の造営もこうした状況下で行われたものと考えられる。『日本書紀』欽明天皇十六年二月条に、百済の使者を「津」に迎えて慰問したとあることから、六世紀中葉には整備されていたらしい。『古事記』応神天皇段、『日本書紀』仁徳天皇六十二年条などにも難波津の名がみえる。六〇八年（推古天皇十六）の隋使および六三二年（舒明天皇四）の唐使来着記事には、難波堀江の河口にあたる江口から難波津における迎接の状況が詳細に記されている（『日本書紀』）。これらの記事から、難波津の周辺には外交使節が滞在する館や大郡など、外交使節迎接のための官衙が集中していたと考えられる。遣唐使や遣新羅使なども、難波津から発着するのが通例であった。このような難波津の重要性は奈良時代にも継承され、北部九州へ派遣される防人《さきもり》は難波津に集結した後、任地へ向かった（『養老令』軍防令衛士向京条、『万葉集』）。なお、『古今集』仮名序にみえる「難波津に　咲くやこの花　冬こもり　今は春べと　咲くやこの花」という難波津の歌は、奈良県石神遺跡、徳島県観音寺遺跡出土の木簡などにみえ、七世紀代には広く知られていたことがうかがえる。平安時代以降は衰微し、遣唐使船の発着地および即位儀礼の一つである八《や》十島祭《そじまさい》の舞台としてみえる程度になるが、畿内における流通の拠点、四天王寺や熊野参詣の際の拠点としての機能を有するようになり、「渡辺津」（窪津）と呼ばれる中世の港津へ展開を遂げる。

参考文献　直木孝次郎『難波宮と難波津の研究』、一九九四、吉川弘文館。吉田晶『古代の難波』、一九八二、教育社。栄原永遠男「難波堀江と難波市」（直木孝次郎編『古代を考える難波』所収、一九九二、吉川弘文館）。

（古市　晃）

なにわのほりえ　難波堀江　河内平野に氾濫する淀川と大和川の水を大阪湾へ排水するために開削された古代の水路。『日本書紀』仁徳天皇十一年十月条に開削記事があり、高津宮の北の原を掘り、南の水を引いて西の海に入れるとする。天満砂堆を横切る現在の大川《かわ》（天満《てんま》川）がこれにあたる。大川周辺の発掘調査では五世紀代の韓式系土器が多数出土しており、堀江の開削を含む難波地域の開発に、渡来系集団の関与が想定できる。庚寅年（五七〇年＝『元興寺縁起』『上宮聖徳法王帝説』）または敏達天皇十四年（五八五年＝『日本書紀』）とされる排仏に際して難波堀江に仏像が廃棄されているのは、堀江が外交の拠点として重要な役割を果たしていたからであろう。堀江からは淀川を通じて山背（山城）へ、大和川を通じて大和へ入ることができ、その開削は難波と畿内の後背地を結ぶ水路を開いたものとして重要な意味を持った。摂津国家《せっつのくにや》地売買公験案《ちばいばいくげんあん》（『東大寺文書』）や大治五年（一一三〇）東大寺諸荘文書幷絵図等目録（同）には、新羅江荘、難波荘の記載があり、奈良時代の堀江周辺には東大寺、大安寺をはじめとする有力寺院や貴族、官人らの経営拠点（荘）が立ち並び、物資が集積され、活発な経済活動が行われていた状況が示されている。また新羅使の来朝時など、国際的な交易の場としても機能した。しかし七六二年(天平宝字六)には難波江口で遣唐使船が座礁する事故が起きるなど、奈良時代後半には浅瀬が増えて大形船の航行が困難になりつつあったらしく、七八五年(延暦四)、三国川(神崎川)と淀川を直結させる水路が開削されるに及んで、流通の拠点としての地位は低下した(以上『続日本紀』)。八四五年(承和十二)には難波堀川の草木を刈らせており(『続日本後紀』)、衰微した状況がみてとれる。

参考文献　直木孝次郎『難波宮と難波津の研究』、一九六四、吉川弘文館。吉田晶『古代の難波』、一九六二、教育社。栄原永遠男「難波堀江と難波市」(直木孝次郎編『古代を考える難波』所収、一九六二、吉川弘文館)。

(古市　晃)

なにわのみや　難波宮　飛鳥・奈良時代、難波に置かれた宮殿の総称。大阪市中央区法円坂所在。国史跡。七世紀中葉の孝徳朝に難波遷都が行われ、以後天武朝にも整備が行われ、八世紀前半の聖武朝に新たな造営を行い、七八四年(延暦三)、長岡宮造営に伴って解体されるまで、約百五十年にわたって存続した。『日本書紀』には、六四五年(大化元)の乙巳の変後、十二月に「難波長柄豊碕」に遷都したとする。以後、六五二年(白雉三)に難波長《なにわのなが》柄豊碕宮《らとよさきのみや》が完成するまで、子代離宮《こしろのかりみや》、蝦蟇行宮《かわずのかりみや》、小郡宮《おごおりのみや》、難波碕宮《なにわのさきのみや》、味経宮《あじふのみや》、大郡宮《おおごおりのみや》といった宮名がみえる。これらの宮の関係について、すべて別の宮殿をあらわすとする説もあるが、子代離宮＝小郡宮、味経宮＝難波長柄豊碕宮とし、難波遷都の過程を、基本的には小郡宮から難波長柄豊碕宮へという二段階とする見解が有力である。六四七年に完成する小郡宮は、倭漢直《やまとのあやのあたい》荒田井比羅夫《あらたいのひらぶ》を責任者として造営され、出入りに際しての新たな礼法が定められ、冠位十二階を七色十三階にあらためるなど、儀礼空間として画期的な内容を有していたことがうかがわれる。難波長柄豊碕宮の造営は六五〇年に開始され、倭漢直荒田井比羅夫が将作大匠に任ぜられ、宮域の確定や整地作業が行われた。六五一年十二月、難波長柄豊碕宮への遷居が行われた。しかし六五三年には、中大兄皇子らが孝徳天皇を残して飛鳥に去り、六五四年、孝徳天皇が没した後は、大王の常の宮としての機能は失われる。斉明朝にも蝦夷・百済使の饗宴記事などがみえ、宮殿機能は維持されていたらしい。天武朝に至って難波に羅城

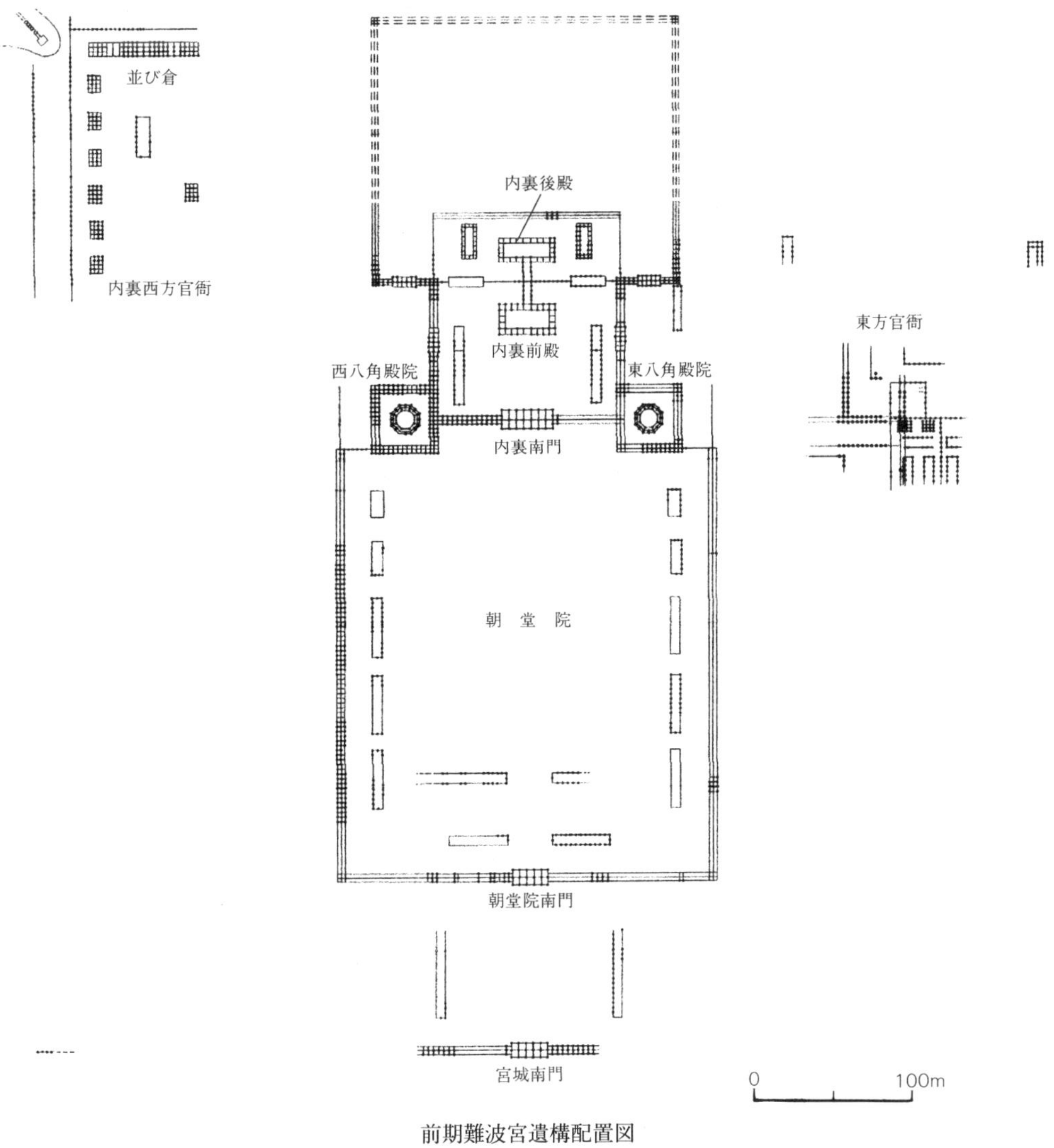

前期難波宮遺構配置図

が築かれ、難波に都せんとの詔が発せられ、百寮に家地を請わせるなど、京の整備も進展したことがうかがわれるが、六八六年(朱鳥元)正月、宮室はことごとく焼亡した。一九五四年(昭和二十九)に開始された発掘調査では、前後二時期の宮殿遺構が確認され、それぞれ前期難波宮・後期難波宮と称される。前期難波宮の造営年代については、孝徳朝説と天武朝説とが対立してきたが、前期難波宮内裏北西部の調査で見つかった木簡に「戊申年」(六四八年＝大化四)の年紀が記されていたことで、難波長柄豊碕宮にあたることがほぼ確定した。前期難波宮は内裏・朝堂院が南北に一直線上に並び、殿舎の配置が左右対称をなす点で後の律令制都城の先駆形態と評しうる。内裏の西で見つかった倉庫群も、律令制下の大蔵省との類似が指摘される(内裏西方官衙)。一方で大極殿の未成立、東西八角殿院の存在、十四堂以上の朝堂など、ほかに見られない特徴を多く有する。中枢部の遺構の多くから見つかる焼土は、六八六年の火災を示す。火災後も難波宮は維持がはかられていたらしく、文武、元正の各天皇が難波宮に行幸した史料がみえる。難波宮が本格的に再建されるのは、聖武朝である。七二六年(神亀三)知造難波宮事藤原宇合《うまかい》により造営が始まり、七三二年(天平四)には一応の完成を見たらしい。七三四年には難波京の宅地班給が行われる。七四四年には一時的に皇都とされたこともあるが、七八四年(延暦三)、長岡宮が造営され、機能を停止するに至った。七九三年には難波宮を停止し、摂津職を国にあらためている(『類聚三代格』)。奈良時代の難波宮は、発掘調査で確認された後期難波宮にあたる。前期難波宮と後期難波宮の南北中軸線はほぼ一致する。内裏の建物はすべて掘立柱で、主要な建物には造替痕跡がある。内裏正殿には前殿が付属するのは、ほかの宮に見られない特徴である。大極殿・朝堂院などの主用建物は瓦葺で、軒瓦の多くを重圏文瓦《じゅうけんもん》が占める。大極殿の規模は平城宮東区より一回り小さく、朝堂院が八堂であることから、これを難波宮が副都として造営された故とする見解もある。朝堂院西側には南北の掘立柱塀と二つの五間門が検出されている。なお、後期難波宮の主要建物の基壇化粧は多く抜き取られている。長岡宮朝堂院の構造が後期難波宮と一致すること、難波宮所用瓦が長岡宮で出土することから、後期難波宮は解体・運搬されて長岡宮に再利用されたことが明らかとなっている。

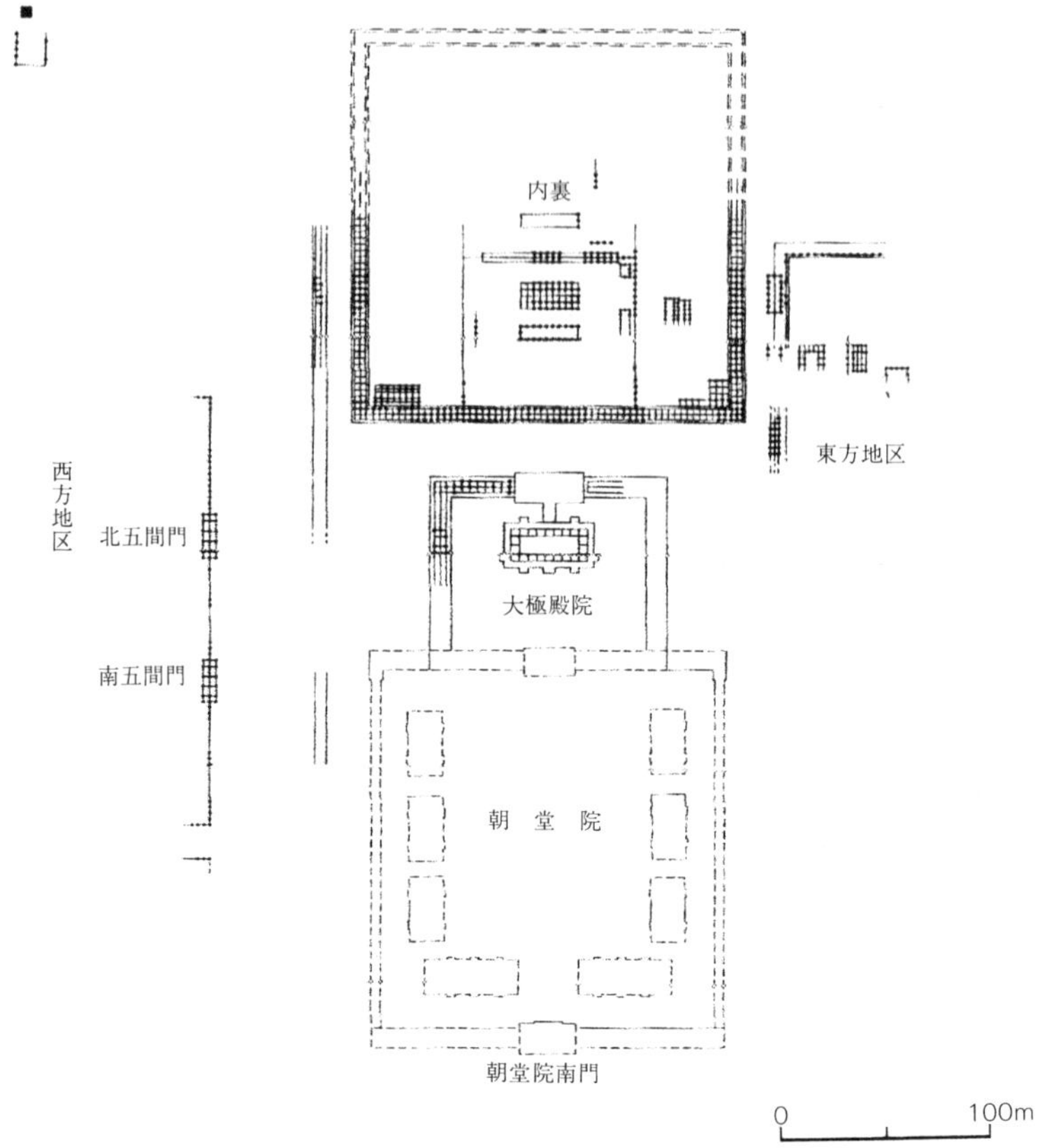

後期難波宮遺構配置図

［資料館］　大阪歴史博物館(大阪市中央区)

［参考文献］　大阪市立大学難波宮址研究会編『難波宮址の研究』一―三、一九五六―六〇。大阪市立大学難波宮址研究会・難波宮址顕彰会編『難波宮址の研究』四―六、一九六一―七〇。難波宮址顕彰会編『難波宮跡研究調査年報』一九七一―七四、一九七二―七六。大阪市文化財協会編『難波宮跡研究調査年報』一九七五―七九、一九八一。大阪市文化財協会編『難波宮址の研究』七―一四、一九八一―二〇〇五。中尾芳治『難波京』、一九八六、ニュー・サイエンス社。直木孝次郎『難波宮と難波津の研究』、一九九四、吉川弘文館。中尾芳治『難波宮の研究』、一九九五、吉川弘文館。吉川真司「難波長柄豊碕宮の歴史的位置」(『日本国家の史的特質』古代・中世所収、一九九七、思文閣出版)。古市晃「難波宮発掘」(森公章編『日本の時代史』三、二〇〇二、吉川弘文館)。塚田孝編『大坂における都市の発展と構造』、二〇〇四、

山川出版社。栄原永遠男・仁木宏編『難波宮から大坂へ』、二〇〇六、和泉書院。

（古市　晃）

なのつのみやけ　那津官家　『日本書紀《にほんしょき》』宣化《せんか》天皇元年五月条にみえる那津のほとりに修造されたとするミヤケの通称。那津は現在の福岡市の博多にあたる。同紀によれば、河内・尾張・伊賀など各地の屯倉《みやけ》の穀物を那津の口に運ばせて官家を修造し、さらに筑紫・肥・豊地方の屯倉を集め、凶作と賓客《ひんきゃく》の饗応に備えたとする。その性格は、当時の朝鮮半島情勢に対応するための兵站《へいたん》基地とする理解がされており、のちの筑紫《つくし》大宰《たいさい》の執務場所、さらには令制大宰府の淵源と考えられている。一方で同記事の信憑性をめぐって、後世の修飾が多く加えられているとの指摘もある。比定地については、地名から福岡市南区の三宅《みやけ》とする説と発掘調査の成果から同市博多区所在の比恵《ひえ》遺跡(国指定史跡)を有力視する説がある。同遺跡では、六世紀から七世紀にかけての大型建物・柵・倉庫が計画的な配置で検出されており、少なくとも「那津官家」の関連施設である可能性が指摘されている。　↓比《ひ》恵《え》遺跡《いせき》

参考文献　八木充『日本古代政治組織の研究』、一九六六、塙書房。倉住靖彦『古代の大宰府』、一九八五、吉川弘文館。福岡市教育委員会編『比恵遺跡』、一九八三。

（松川　博一）

なべ　鍋　煮炊容器の一つ。釜が本来湯沸しのための容器であったのに対し、鍋は食材などの煮炊きを主な用途とする。また釜は竈に架けて使われるが、鍋は五徳に載せるか自在鉤に吊るすかのいずれかの方法により囲炉裏上で使われる。したがってその本格的な出現は、住宅が竪穴から平地式に移行し、地面から浮いた床を持つようになる平安時代後期を待たねばならなかった。それは、食材が増加して調理方法の多様化が求められたこの時代の必然的要請でもある。すなわち囲炉裏と鍋の登場をもって、炊事における中世的風景の成立ということができる。ただし鍋とされる土器煮炊具は古代からあり、中世との使用形態の差異についての議論が必要である。一般に西国では鍋は五徳に置かれ、東国では自在鉤に吊るされたといわれるが、その起源は前者がおそらく南アジアで、後者はシベリアにまで求められよう。考古資料でみれば内側に吊耳のついたいわゆる内耳鍋はやはり東日本のものであり、鉄製・土製とも最も早い例は十一世紀の青森県にある(蓬田大館遺跡など)。鍋の素材には金属・土・陶・石などがある。金属鍋は日本においてはすべて鋳物で、大半が鉄である。鎌倉時代後期以降鉄鍋がかなり普及していたことは、『一遍聖絵』で乞食《こつじき》が所有していることからもうかがえる。土鍋は形態が多様でほとんど国ごとに異なるが、南伊勢産鍋(「南勢鍋」)のように東国に広域流通するものもある。中世後期には内耳鍋が東国各地で大量流通するが、土製品の復活ともいえるこの現象についていまだ的確な説明が得られていない。陶製は常滑や瀬戸などにあり、前者は限定的な生産にとどまるが、後者の行(雪)平鍋は鎌倉時代後期に廉価な湯沸しの器として登場したのち、おそらくは喫茶の流行と相まって相当量流通した。石鍋は滑石製が主で、東北から南西諸島まで流通した。長崎県ホゲット遺跡産のものが大半とみられるが、山口県下請川南遺跡などでも生産跡が確認されている。これら各機種の機能分担と生産量の関係については課題が多い。

参考文献　馬淵和雄「囲炉裏と鍋と―中世鎌倉の煮炊き―」(『月刊百科』三一九、一九六九)。鋤柄俊夫『中世村落と地域性の考古学的研究』、一九九九、大巧社。

（馬淵　和雄）

なべしまやき　鍋島焼　江戸時代に肥前佐賀藩で、宮中・大名らへの贈答を主目的として、御用品生産制度にもとづいてつくられた磁器。しかし、今日の鍋島焼の区分は、主に製品の様式を拠り所としているため、必ずしも本来の生産制度的な要件を満たしているとは限らない。『副田氏系図』によれば、御道具山は当初佐賀県西松浦郡有田町の岩谷川内にあり、寛文年間(一六六一―七三)には南川原、続いて延宝年間(一六七三―八一)に大川内山(佐賀県伊万里市)に移されたという。ただし、その信ぴょう性については、これまでのところ確認がとれない。製品は高台の高い木盃形の皿が一般的で、通常高台外側面に内部を塗り潰した櫛目などの文様を廻らし、高台内には銘などは配されない。また色絵製品の場合は、あらかじめ呉須《ごす》で文様の薄い輪郭線を下絵付けし、上絵を加える。こうした様式は、十七世紀中ごろから大川内山で定型化が図られるため、有田の窯場では例がない。

参考文献　神奈川県立博物館編『鍋島―藩窯から現代まで』、一九六七。鍋島藩窯研究会編『鍋島藩窯』、二〇〇三。小木一良『鍋島・後期の作風を観る』一・二、二〇〇三・〇四、創樹社美術出版。同『製作年代を考察出来る鍋島』、二〇〇六、創樹社美術出版。

（村上　伸之）

なほやまのはか　那富山墓　⇩隼人石《はやといし》

なまり　鉛　銀白色の金属。融点三二七・五度、比重一一・三。人類が古くから知っていた金属の一つ。主に原鉱石である方鉛鉱を焙焼して得る。低融点で鋳造しやすく、柔らかく加工しやすいため、青銅の副成分としてだけではなく、ローマ時代の遺跡では、鉛製の水道管が確認されるなど、スズと同様、単独でさまざまな用途に用いられていた。日本でも最近、古墳時代の鉛製の耳環や装身具の出土事例が増えている。十六世紀には、鉄砲の弾丸などに新しい需要が見出される。金山や銀山の開発に伴い、金・銀の精錬法の一つである灰吹き法に盛んに鉛が使用されるようになる。佐渡金山では、奉行所跡から大量の鉛のインゴットが出土している。スズとの合金は、ハンダとして金属同士の接合に用いられる。密度が高く放射線を通しにくいため、放射線遮蔽用材としての需要が多い。

参考文献 村上隆『金工技術』(『日本の美術』四四三、二〇〇三、至文堂)。

(村上 隆)

なみおかじょう 浪岡城 一九四〇年(昭和十五)に国史跡に指定された中世城館。青森市浪岡大字浪岡字五所《ごしょ》ほかに所在し、浪岡川右岸の扇状地に立地する。南朝の雄北畠氏の末裔が拠った城館で「御所」と尊称され、築城は明らかでないものの、落城は一五七八年(天正六)・一五九〇年のいずれかとされる。城域は東に加茂神社、西に八幡宮を配置し、新館《しんだて》・東館《ひがしだて》・猿楽館《さるがくだて》・北館《きただて》・内館《うちだて》・西館《にしだて》・検校館《けんぎょうだて》・無名の館などの曲輪が堀と中土塁の中に連立している。一九七七年から始まった発掘調査は、主として東館・北館・内館の曲輪と堀を対象に、約三万平方《メートル》を実施している。戦国時代の遺物が多数を占める中で、十二世紀後半代の遺物も内館を中心に出土している。その内容は中国製白磁四耳壺《しじこ》・同碗・常滑《とこなめ》甕・須恵器《すえき》系甕とてづくねカワラケとロクロカワラケであった。このセット関係は奥州藤原氏の拠点であった平泉遺跡群に類似した遺物構成である。以後十三・十四世紀の遺物も存在するが、十五世紀後半から十六世紀末までの遺物が最も多い。曲輪には掘立柱建物跡、竪穴建物跡、井戸跡、桝形遺構、溝跡などの遺構が見られ、内館と北館では遺構や遺物の内容に違いがある。内館は従来から本丸的な空間と推定されていたが、礎板石《そばんいし》建物の検出によって主殿クラスの建物が存在すること、銭貨の埋蔵、出土陶磁器の時間幅の長さなどから、城主空間と想定できるようになった。一方北館は、屋敷群の集合体の様相を示し、一種の武家屋敷的な構成を示した。しかしながら、屋敷内ではアイヌ好みの鐔《つば》の鋳型や多量の坩堝《るつぼ》が出土するなど、鋳物師職人も一緒に居住している状況が認められた。遺物には、南の搬入品である多量の中国製陶磁器とともに、北の文物である骨角製中柄《なかえ》も若干出土している。

資料館 青森市中世の館(青森市)

参考文献 『浪岡町史』二、二〇〇四。

(工藤 清泰)

浪岡城

なむあみだぶつさぜんしゅう 南無阿弥陀仏作善集 鎌倉時代初期、東大寺再建で活躍した俊乗房重源(一一二一―一二〇六)が、東大寺や伊賀・播磨などの別所での造仏・造寺・写経・修復事業、施入物の品名・員数・宛先、さらに若いころの修行、架橋・港湾修復、道路整備などのみずからの作善活動を書き上げたもの。重源の生涯の事績を知るための基本的史料であり、建築史・美術史にとっても貴重な史料である。一巻。一一九三年(建久四)から東大寺造営料国であった備前国の一二〇三年(建仁三)七月付麦散用状の紙背に、重源みずからが認《したた》めている。書名は、重源がみずからを南無阿弥陀仏と称したことにより、作善とは善行を為すことの意である。東大寺勧進所に伝来したが、現在は東京大学史料編纂所所蔵である。重要文化財。影印本が『奈良文化財研究所史料』一として刊行され、『大日本史料』四ノ九、建永元年六月四日条、『俊乗房重源史料集成』に釈文が収録される。

(綾村 宏)

なら 奈良 奈良県の最北端部に位置する県庁所在地で奈良時代に首都平城京が造営された。地名の起源は『日本書紀』崇神天皇十年九月条に草木を踏みならしたので那羅山というとあるが、朝鮮語の国・国家を意味するナラを語源とするともいう。漢字表記は那羅・平城・寧楽とも記されたが、平安時代には奈良が普通になり、また南都とも称された。旧石器時代の主要な遺物出土地としては奈良市法華寺町の平城京左京二条二坊十四坪の下層がある。約七百点の石器が発見されている。縄文時代の遺物は鹿野園町《ろくやおんちょう》で石鏃・石屑、大森町で御物石器《ごもつせっき》、東部の柳生《やぎう》地区で石器や土器片の出土が知られる。弥生時代に入ると遺跡数は増大し、ことに秋篠町西山から四個、山町早田から一個の銅鐸の出土をみる。古墳は佐紀盾列《さきたたなみ》古墳群(五社神《ごしゃじん》古墳・ウワナベ古墳など)から、京都府との境にある終末期の石のカラト古墳まで主として市域北辺や東部の丘陵麓部に造営された。中心部には古く曾布《そふの》県《あがた》・春日県《かすがのあがた》が置かれ、また所布評《そふのこおり》(藤原宮木簡)を経て、令制下において添上《そうのかみ》・添下《そうのしも》の二郡に分割された。また里(のち郷)の編成があり、添上郡には山村・山辺・楊生《やぎう》・八島・大岡・春日・大宅《おおやけ》の諸郷、添下郡では佐紀・鳥貝の各郷が平城京を中心とする旧奈良市域に所在したが(『和名類聚抄』)、造都以前に大野・菅原などの里があり、造都後にも山君郷などが『正倉院文書』ほかにみえる。白鳳期(七世紀後半)の寺院遺跡として石淵寺・古市廃寺・横井廃寺・塔の宮廃寺・山村廃寺・平松廃寺・姫寺跡・海竜王寺前身寺院がある。七一〇年(和銅三)、藤原宮から奈良に遷都し、平城宮を中心とする条坊制をもつ計画都市平城京が建設され、さらに京外には京東・京南・京北の各条里が整備された。京内は宅地や東西の市、元興寺・興福寺・大安寺・薬師寺などの大寺院がいち早く造営され、のちに東大寺・法華寺・唐招提寺・西大寺・秋篠寺などが京の内外に建立された。なかでも七五二年(天平勝宝四)の東大寺大仏の開眼供養会は国家鎮護のための仏教興隆の最高潮を顕示するものであった。発掘調査により、平城宮の官衙配置、長屋王邸などの大規模住宅から庶民の小住宅までの宅地構成が明らかになり、また数万点を数える出土木簡は古代国家の税制や地方支配の実態を浮き彫りにしている。七八四年(延暦三)に長岡京に遷都され、その後約八十年経過して「都城道路変じて田畝となる」状況であったが、左京の二条から五条にかけて三坊分東に張り出すいわゆる外京域は東大寺や興福寺・元興寺の門前町的集落(門前郷)として都市的様相を持続した。平安時代以降、藤原氏の氏寺である興福寺は大和国一国の守護的支配権をもち、寺領荘園を拡散し、また藤原氏の氏神であった春日社も勢力を伸張させた。興福寺の支配を受ける南都七郷はすでに十一・二世紀に発生し、鎌倉時代に入ると東大寺七郷や元興寺郷などが組織され、住民は各寺の支配統制を受けた。そして興福寺では十三世紀に入ると、一乗院・大乗院両門跡《もんぜき》が独立的存在となり、興福寺別当の支配を排したため、興福寺郷は別当郷(寺門郷)・一乗院門跡郷・大乗院門跡郷とに分かたれた。中世の奈良では兵火が多発するが、なかでも一一八〇年(治承四)の平重衡《たいらのしげひら》による東大寺・興福寺などの焼き討ち、一五六七年(永禄十)の松永久秀の東大寺大仏炎上はその後の復興事業とともに忘れられてはならない。江戸時代には奈良町の町割がなされ、惣年寄制が実施され、幕府直轄の奈良奉行が設置された。なお奈良町以外の地域には柳生藩・藤堂藩・大和郡山藩・社寺領・旗本領などが混在した。奈良町では奈良晒《ならさらし》や清酒・製墨などの産業、能楽・祭礼行事などが盛行した。明治維新の廃仏毀釈の影響は奈良の寺院にも及んだが、その後の寺社の復興や奈良公園の整備、鉄道の開通などによる観光都市化が進展した。第二次世界大戦後は平城宮跡の保存などが進み、東大寺・興福寺・平城宮跡ほかが「古都奈良の文化財」として、一九九八年(平成十)に世界文化遺産に登録された。

参考文献 『奈良市史』、一九六八-九五、吉川弘文館。

(岩本　次郎)

ならいぶん　寧楽遺文　竹内理三《たけうちりぞう》の編集による奈良時代の文書・典籍を集めた史料集。初版は一九四三(昭和十八)・四四年に全二冊で刊行された。のち改訂され全三冊で東京堂出版より刊行されている。奈良時代の基本史料を政治編・宗教編・経済編・文学編にわけて収録し、各史料に対する解説を付す。史料を概観する上できわめて便利で、初版刊行時には閲覧することの困難であった奈良時代の史料をコンパクトにまとめ、広く公表することにきわめて大きな意義があった。その後に経典跋語《ばつご》・調庸墨書銘・金石文《きんせきぶん》が増補されたのも、集成した史料の公開を信念とした編者の意図にもとづく。ただし現在の水準からは本文校訂に不充分な点もあり、宮内庁正倉院事務所編『正倉院古文書影印集成』(一九八八-、八木書店)・松嶋順正編『正倉院宝物銘文集成』(一九七八、吉川弘文館)などによって原典を確かめる必要がある。

(遠藤　慶太)

ならこくりつはくぶつかん　奈良国立博物館　独立行政法人国立博物館の一館。東大寺・春日大社・興福寺などに囲まれて奈良公園内の一画(奈良市登大路町)に立地する。仏教美術を中心に収集・保管・展示・研究・教育・情報公開・保存修復などを推進する。館外で開催される社寺関連の展覧会などにも国内外を問わず積極的に協力している。一八九五年(明治二十八)に帝国奈良博物館として開館し、その後一九〇〇年に奈良帝室博物館、一九四七年(昭和二十二)に国立博物館奈良分館、一九五二年には奈良国立博物館と改称され、二〇〇一年(平成十三)には独立行政法人化される。二〇〇七年四月、独立行政法人国立博物館は、独立行政法人文化財研究所と統合されて、独立行政法人国立文化財機構(仮称)となる予定である。現在の施設としては、本館(片山東熊設計、重要文化財)・東西新館・仏教美術資料研究センター(関野貞設計、重要文化財)・文化財保存修理所などからなり、かつて興福寺大乗院苑内にあった茶室「八窓庵《はっそうあん》」も移築されている。また敷地はかつての春日大社境内に含まれており、春日塔跡二基が残されている。そのうちの西塔は一一一六年(永久四)藤原忠実の発願、東塔は一一四〇年(保延六)鳥羽院の発願によって建立されたものである。展覧会としては、例年秋の「正倉院展」が有名だが、そのほかにも「天平の地宝」(一九六〇年)、「飛鳥白鳳の古瓦」(一九六八年)、「経塚遺宝」(一九七三年)、「天平」(一九九八年)、「東大寺のすべて」(二〇〇二年)、「曙光の時代―ドイツで開催した日本考古学展―」(二〇〇五年)など大規模な特別展を開催している。歴史考古学関連の収蔵品としては、古瓦や古墓・経塚関連資料が量的にまとまっており、主なものとしては、奈良県天理市佐井寺僧道薬墓出土品、奈良県五條市出土山代忌寸真作《やましろのいみきまさか》墓誌、奈良県生駒市出土行基墓誌断片、島根県出雲市荻杼《おぎとち》古墓出土品、長崎県壱岐市鉢形峯経塚出土滑石製弥勒如来坐像、伝福岡県出土金銅宝塔形経筒ならびに如来立像などが挙げられる。

参考文献 奈良国立博物館『奈良国立博物館百年の歩み』、一九九五。同『奈良国立博物館蔵品図版目録』考古篇経塚遺物・仏教考古、一九九一・九三。

(高橋　照彦)

ならこくりつぶんかざいけんきゅうしょ　奈良国立文化財研究所　文化財についての総合研究機関。独立行政法人文化財研究所奈良文化財研究所の前身。一九五二年(昭和二十七)に奈良市に設立。一九五〇年に施行された文化財保護法に基づき、文化財保護委員会(のちの文化庁)のもとで、奈良や京都に伝わる数多くの文化財を現地で総合的に調査研究する国の機関として「奈良文化財研究所」の名称で発足。設立当初は、美術工芸研究室(彫刻・絵画・工芸品)、建造物研究室(建築・遺跡・庭園)、歴史研究室(古文書・考古)の三研究室と庶務室の定員十五名であった。一九五四年に奈良国立文化財研究所と改称。平城宮跡の保存問題に端を発して、本格的で継続的な発掘調査のため、一九六三年に平城宮跡発掘調査部が五室三十三名の体制で付設された。さらに、藤原宮跡についても、保存問題に関連して、一九六九年から発掘調査を担った。一九七〇年「飛鳥地方における歴史的風土および文化財の保存等に関する方策」が閣議決定され、藤原宮跡を含む飛鳥地域の調査・保存が国家事業として位置づけられると、一九七三年に飛鳥藤原宮跡発掘調査部が二室十八名の体制で付設された。また、一九七五年には飛鳥資料館も付属施設として開館した。一九七四年には、全国都道府県教育長会議の要請を受けて作られた埋蔵文化財センターが、急増する開発に伴う発掘調査に対応するために、全国自治体の要員の発掘・保存技術の研修・指導などを行う機関として付設され、三室八名の体制で出発した。時代の要請に応じて、奈良国立文化財研究所は、設立当初からはその性格を大きく変えてきたが、発掘調査のほか全国の寺社建築と民家の調査、庭園の調査研究、古文書調査などを精力的に行うとともに、出土遺物・遺構を中心とした保存科学的な研究の中核的役割を果たし、また遺跡の探査方法や年輪年代法など文化財保存・研究技術の開発にも力を注いでいる。近年は、中国・韓国の都城の共同調査をはじめ、国際的な研究協力も積極的に進めている。二〇〇一年(平成十三)四月からは、国の行政改革に沿って、東京国立文化財研究所と一体化し、独立行政法人文化財研究所奈良文化財研究所となった。二〇〇六年四月には、大幅な組織改革が行われ、なかでも平城宮跡発掘調査部と飛鳥藤原宮跡発掘調査部が統合されて、都城発掘調査部となった。二〇〇七年四月、独立行政法人国立博物館は、独立行政法人文化財研究所と統合されて、独立行政法人国立文化財機構(仮称)となる予定である。

参考文献 「奈良文化財研究所の五〇年」(奈良文化財研究所・朝日新聞社事業本部大阪企画事業部編『飛鳥・藤原京展—古代律令国家の創造—』所収、二〇〇二、朝日新聞社)。

(田辺 征夫)

ならさんさい 奈良三彩 八世紀初めころ、中国唐代の多彩鉛釉器である「唐三彩」の影響下に始まり、九世紀初めころまで生産されたわが国の多彩釉陶器をいう。地下から発見される以前に正倉院南倉に伝来してきたものが早くから世に知られ、かつて「正倉院三彩」ともいわれていた。釉薬の材料として珪酸塩に溶媒剤として鉛を加えた鉛釉《えんゆう》陶器の一種で、無色透明の鉛釉に、呈色剤としてそれぞれ酸化銅、酸化鉄を加えた緑釉、褐釉と単味の鉛釉を、それぞれ素焼した白色の素地に塗り分け、八〇〇度ほどの低火度の酸化炎で再度焼成して、素地表面に色の着いたガラス皮膜を焼き付ける焼物である。奈良三彩を特徴づける白色は、素地の白色が無色透明の鉛釉を透して浮かび上がったもので呈色剤によるものではない。三種の釉を使ったものを三彩陶器、二種の釉を使ったものを二彩陶器、一種だけの釉薬を使ったものを単彩陶器と呼ぶが、釉の数に関係なく、この時代の鉛釉陶器を総称して「奈良三彩」と呼ぶのが一般的である。二彩陶器の場合は、ほとんどが緑・白の組み合わせで、褐・緑の例は極少なく、褐白二彩の例は皆無である。また、単彩の場合も、ほとんどが緑釉陶器であり、白釉と褐釉の単彩陶器はきわめて少ない。総体的に見ると、三彩はさほど多くはなく、緑白二彩と緑釉単彩が圧倒的に多くを占め、時代とともに次第にその傾向が強まっていく。文献史料では、上薬を掛けた当時の焼物を「瓷器《しき》」と称していたことが知られる(造仏作物帳『正倉院文書』続修三二・三四)。また『和名類聚抄』では瓷器を「シノウッワモノ」と訓じている。時代が下った一一一七年(永久五)の『東大寺綱封蔵見在納物勘検文《こうふうぞうけんざいのうもつかんけんもん》』では、正倉院蔵の二彩瓶は「青瓷瓶《あおしへい》」と記載されている。奈良三彩の器種には、須恵器のそれと共通するもの(無蓋杯・有蓋杯・広口甕)と金属器の器形を写したもの(椀・鉄鉢形《てっぱちがた》・大皿・水《すい》瓶《びょう》・浄瓶《じょうへい》・火舎《かしゃ》・塔式蓋盒子《ごうす》・薬壺形《やっこがた》・小壺《こつぼ》など)があり、ほかに建築資材の瓦磚類も知られている。奈良三彩は、当時の律令国家領域の範囲に普遍的に分布し、その出土遺跡の種別を見ると、都城・官衙・集落も知られるが、寺院跡・祭祀遺跡・墳墓から出土する例が多くを占め、主として、仏前具や仏事(法会)・祭事・葬儀用(蔵骨器《ぞうこつき》)に使われたものである。集落や都城などの生活遺跡から出土する場合も、そこで執り行われた仏事や祭儀、地鎮・井戸鎮めなどの宗教活動の道具として使用されたものと見なされ、日常生活什器ではなかった。生活什器としての使用の兆しが現れるのは長岡京の時代に入るころであり、それまでに存在しなかった新しい器種の緑釉単彩陶器がこのころに出現する。唐に由来する椀・鍔釜《つばがま》・風炉《ふろ》・甑《こしき》・高杯《たかつき》などのセットであり、畿内を中心として、寺院はもとより、都城および周辺の邸宅・離宮からも出土する。それは、唐風の風俗の採用の表象であり、煮沸具と椀の存在から推すと、陸羽《りくう》の『茶経《ちゃきょう》』に記された茶道(団茶法)、喫茶法の導入が想定できるのではなかろうか。平安時代初めのころまで、この緑釉単彩陶器セットが存続するが、このころ、食器を中心とした新形式の唐風器種が導入され緑釉単彩陶器で量産されるようになり、ますます日常什器化が進行し、これとともに奈良三彩は姿を消す。

参考文献 正倉院事務所編『正倉院の陶器』、一九七一、日本経済新聞社。五島美術館・愛知県陶磁資料館編『日本の三彩と緑釉—天平に咲いた華—』、一九九八。

(巽 淳一郎)

ならじだい 奈良時代 狭義には平城京《へいじょうきょう》に都がおかれていた七一〇(和銅三)—七八四年(延暦三)までを指し、広義では『大宝律令《たいほうりつりょう》』成立(七〇一年(大宝元))から平安京《へいあんきょう》遷都(七九四年)までを指す場合もある。中国・唐の制度を参考とし、日本の実情にあわせた『大宝律令』が完成すると、それに基づいた国造りを急速に推し進めた時代であった。律令国家は、天皇を中心とする中央集権制、中央地方の官人の文書による行政、公地公民制という原則に基づく班田収授制・租庸調制・兵士制などを骨格とする。この間、天皇位は、天武《てんむ》・持統《じとう》天皇の子、草壁《くさかべ》皇子の直系子孫を正統として継承されるが、その皇統を維持するために、しばしば中継的な女帝が登場した。そうした中で皇位をめぐって、長屋王《ながやおう》の変、藤原広嗣《ふじわらのひろつぐ》の乱、橘奈良麻呂《たちばなのならまろ》の乱、恵美押勝《えみのおしかつ》の乱、道鏡《どうきょう》事件など、多くの事件がおこり、七世紀までは中級豪族にすぎなかった藤原氏が、天皇との姻戚関係を軸に、次第に政権の中枢を担うようになっていった。文化史の区分では、白鳳文化と弘仁・貞観文化に挟まれた天平文化に該当する。都では東大寺をはじめとする官大寺が甍を競い、地方には国ごとに国分寺・国分尼寺が造営され、仏教の力によって国家の安寧を願うという鎮護国家仏教という性格が顕著に見られ、そうした仏教にかかわる建造物、彫刻、絵画が多く今に残っている。また、正倉院《しょうそういん》に伝来した宝物を見ると、当時の実用品のほかに、中国・朝鮮はもとより、ペルシャなど西域の影響をうけた文物もあり、国際色豊かなさまを知りうる。和歌を集めた『万葉集《まんようしゅう》』、漢詩集の『懐風藻《かいふうそう》』、歴史書の『日本書紀』『古事記』などが編纂され、漢文の習熟、日本語の表記法の確立とともに、日本における文学が始まった時代でもある。戦後における歴史時代を対象とした発掘調査の増加に伴い、奈良時代の遺跡・遺物の発見が飛躍的になり、文献の少ないこの時代の様相をうかがう材料が増えつつある。それらによれば、中央地方の官衙の規格性、幅の広い直線道路の造営、木簡などにみえる文字の普及と文書様式の統一性など、これまでの想像をこえるような、律令国家の権力による指示の徹底がうかがわれる。しかし、そうした特徴もおおよそ八世紀後期を境に、次第に弛緩してゆくようである。

参考文献　朝尾直弘他編『(岩波講座)日本通史』四、一九六四、岩波書店。渡辺晃宏『平城京と木簡の世紀』(『日本の歴史』四、二〇〇一、講談社)。

(寺崎　保広)

ならびがおか　双ヶ丘　京都市右京区御室双岡町に所在する丘陵。国指定名勝。北から一の丘(標高一一六メートル)・二の丘・三の丘と呼ばれる丘が連続し南側へ次第に低くなる。丘陵頂部および斜面には、内部主体に横穴式石室をもつ円墳十九基からなる双ヶ岡古墳群があり、築造時期は古墳時代後期。一の丘上に築かれた同古墳群中最大規模の一号墳は、一九八〇年(昭和五十五)に発掘調査が行われ、墳丘径約四四メートル、巨石を用いた両袖式横穴式石室、石室全長一四・三メートル、玄室長六・三メートル、同幅三・五メートル、同高五・二メートルを測り、京都府内では蛇塚古墳に次ぐ規模を誇る。金環、須恵器、土師器が出土。七世紀前半の築造。秦氏との関連も指摘される首長墳である。双ヶ丘は平安京西北の京域外にあたり、貴族の遊猟や山荘造営地となった。清原夏野は八三〇年(天長七)に山荘を造り、淳和天皇の行幸が行われている。中世には、麓に吉田兼好が庵を構えたとされ、東麓の長泉寺に墓と歌碑がある。

参考文献　『京都の首長墳』(『第八回京都府埋蔵文化財研究集会発表資料集』、二〇〇〇)。

(有井　広幸)

ならぼうもくせっかい　奈良坊目拙解　近世中期の奈良に関する地誌。無名園古道《むめいえんこどう》(実名村井勝九郎、号は率川隠士《いさかわいんし》)著。十五巻、一七三五年(享保二十)成立。南都七郷(興福寺寺門郷)にはじまる奈良の各町の町名由来、寺社堂塔の由緒、古伝、現況などを約二百種の古典書目から引用の上傍証、および現地の古老の説を採訪したものである。博覧かつ詳細な記述で、奈良市内の町の歴史を探るに必読の文献。活字本に『奈良市史編集審議会会報』一(一九六三年)。著者は外科医の傍ら、本書以外にも『南《なん》都年中行事《とねんじゅうぎょうじ》』『南都名産《なんとめいさん》』を残している。

(岩本　次郎)

なわばりず　縄張図　城館の堀・曲輪等を歩測などで計測し、毛羽《けば》で表現した図面。城館研究の基本資料。一センチ程度の方眼がはいったスケッチブック・地形図・方位磁石が基本的な道具。城館の曲輪の縁辺や堀底などを歩き回り、方向を見通して距離を測り、曲輪の形、堀や土塁などを描き、下図を作成する。清書の段階では二千五百分の一地形図などを基礎とし、調査によって得た図を上書きする。個人的な作業により作図が可能なため、平板・空撮測量および発掘調査ほどの経費および日数がかからず、負担が大きくない。簡略に城館の概略的な構造が把握できることに最大の長所がある。作図により城館の構造が把握されることから、個別城館の設計などの考え方をあぶり出せるほか、地域的な広がりで城館の比較研究が可能となる。しかし、作成された図面は作図者の主観に負う点が多く、かつ作図の熟練度が大きく影響する。そのため、現地での遺構観察による解釈、さらにはその結果として描画される図にも少なからざる差が生じている。曲輪の大きさや尾根などの地形のつながり、また方角などに正確性が問われる。以前は縄張図による戦国期城館の編年が模索されたが、全国的な試案作成には至っていない。加えて、縄張図からは城館の細かな年代を特定することが困難であり、縄張図を基礎とした歴史叙述にも年代的な混乱を起こすなどの影響を与えたこともある。短所を熟知した上で、長所を最大に生かした城館調査が今後も望まれている。現在は各地に組織された城館研究会を中心に多数の縄張図が作成されており、全国的に城館の様相が把握されつつある。

参考文献　千田嘉博・小島道裕・前川要『城館調査ハンドブック』、一九九三、新人物往来社。本田昇「中世城郭の調査と図面表現」(『中世城郭研究』一、一九八七)。

(齋藤　慎一)

なんかいどう　南海道　古代律令国家における地方行政区分の一つであり、またその中を貫く駅路の名称。『延喜《えんぎ》式《しき》』民部省によれば、南海道に所属する国は、紀伊・淡路・阿波・讃岐・伊予・土佐の六ヵ国であった。駅路としての南海道は、厩牧令《くもくりょう》の規定によれば小路に相当するので、各駅家に原則として五匹ずつの駅馬を配置するのが標準であったが、『延喜式』兵部省諸国駅伝馬条では、紀伊国の駅家は八匹、讃岐国の駅家は四匹であった。『延喜式』における南海道駅路の経路を概観すると、平安京を発した駅路は、山城国山崎駅で山陽道と分かれ、阿波国郡頭《こおず》駅で阿波国府への支路を分岐する。そして、伊予国大岡駅で土佐国への支路を分岐し、伊予国府の付属駅と考えられる越智《おち》駅を終点とする。『延喜式』以前の変遷としては、まず紀伊国について、『続日本紀《しょくにほんぎ》』大宝二年(七〇二)条に賀陁《かだ》駅設置、『日本後紀《にほんこうき》』弘仁二年(八一一)条に萩原・名草・賀太三駅の廃止、翌三年条に名草駅の廃止および萩原駅設置の記事がみられる。すなわち、当初は藤原・平城京から萩原・名草駅を経て賀太駅に達していた本道が、長岡京および平安京遷都にともなって、七九六年(延暦十五)に山崎橋から東高野街道を経て紀伊国を通らないで淡路国へ渡るルートに変わった。そして、八一一年には巨勢路沿いの三駅を廃止するが、翌年には孝子峠から紀伊国府を経由するルートに変更になったのであろう。したがって、弘仁二年と三年条の萩原駅は、別の駅ということになる。次に四国については、当初土佐国へは讃岐・伊予両国を経由していたものを、七一八年(養老二)に阿波国から直接土佐国へ向かうルートを新設した。平城京出土木簡にみえる「阿波国那賀郡武芸駅・薩麻駅」は、このルート上のものであろう。そして、七九七年(延暦十六)に『延喜式』にみるような伊予国から土佐国へ入る経路に変更された。

参考文献　日野尚志「南海道の駅路」(『歴史地理学紀要』二〇、一九七八)。足利健亮『日本古代地理研究』、一九六五、大明堂。同「山陽・山陰・南海三道と土地計画」(稲田孝司・八木充編『新版古代の日本』四所収、一九六二、角川書店)。

(木本　雅康)

なんここうえん　南湖公園　福島県白河市字南湖にある、白河藩主松平定信が一八〇一年(享和元)に完成させたわが国初の公園。国指定史跡および名勝。定信は庭園趣味をもった大名としても知られ、江戸においては築地浴恩《よくおん》園《えん》・大塚六園《りくえん》・深川海荘《はまやしき》をつくり、白河小峯城には三郭《さんかく》四園《しえん》を残した。現存するのは南湖公園だけである。白河城の南に位置する南湖は白河関跡の近くにあり、元阿武隈川の埋積谷の湿地帯にあった「大沼」を開削して造ったものである。大沼の東側を巨大な土堤で堰止め、この広大な溜池の水利を使って新田開発を行なった。西方の那須連山および東方の白河関山などを借景《しゃっけい》として、湖畔には吉野桜や嵐山の楓を移植しており、赤松の林中に点在させている。松虫や鈴虫を放ち、四民共楽の地として開放した。庭園内には共楽亭や茶室蘿月庵《らげつあん》があり、定信の数寄心をしのばせる。湖岸の東には一八〇四年(文化元)建立の南湖開鑿碑があって、南湖の由来をよく伝えている。

参考文献　福島県教育委員会編『福島県の文化財—国指定文化財要録—』、一九六九。『白河市史』一〇、一九九二。山本敏夫『松平定信』、一九八三。

(山名　隆弘)

なんぜんじ　南禅寺　京都市左京区南禅寺福地町の東山山麓にある臨済宗南禅寺派の大本山。山号瑞龍山。正しくは太平興国南禅禅寺という。境内は、二〇〇五年(平成十七)国史跡に指定。京都五山の一位とされたが、のちに京都、鎌倉五山の上位である五山の上となる。亀山法皇によって一二六四年(文永元)に建てられた離宮が、一二九一年(正応四)に無関普門《むかんふもん》を開山として禅宗寺院とされたことが起源。亀山法皇の離宮の御堂に由来する南禅院は別院として存在する。その後、大覚寺統や室町幕府の援助を受け、三門、仏殿、法堂、僧堂など主要伽藍《がらん》が建築され、十方住持制(法流にとらわれず優秀な人材を住持に補任する制度)を定めて、中世禅宗界や京都五山の中心として発展した。歴代住持には、一山一寧《いっさんいちねい》、夢窓疎石《むそうそせき》、春屋妙葩《しゅんおくみょうは》、義堂周信《ぎどうしゅうしん》などが出た。しかし、戦乱による火災などで焼失し、安土桃山時代から江戸時代初期に復興して寺観を整えた。塔頭《たっちゅう》金地院《こんちいん》の以心崇伝《いしんすうでん》は、徳川家康の帰依を得、「黒衣の宰相」として幕政に関与したことで有名。明治維新で縮小されたものの東山山麓の広い境内には、三門、法堂、庫裏《くり》、方丈と別院の南禅院および金地院、天授庵、聴松院、帰雲院、南陽院など十一の塔頭と境外塔頭光雲寺がある。方丈(大方丈《おおほうじょう》と小方丈からなる)は天正年間(一五七三—九二)の内裏《だいり》建物を移築したもので国宝に指定され、内部には狩野派《かのうは》の障壁画(重要文化財)を納めている。桃山時代の勅使門、金地院本堂、江戸時代の三門、金地院茶室、同東照宮は重要文化財に指定。名園も多く、本山の方丈庭園は小堀遠州《こぼりえんしゅう》の作と伝えられ、「虎の子渡し」の庭として有名であり名勝に、南禅院庭園

南禅寺三門

は史跡及び名勝に、金地院庭園は特別名勝にそれぞれ指定されている。本山、塔頭の寺宝の美術工芸品も数多く、本山の書跡・典籍、亀山天皇宸翰禅林寺御起願文案と金地院の絵画、渓陰小築図、秋景冬景山水図は国宝、その他、絵画、彫刻、工芸品、書跡・典籍、歴史資料の計三十九件が重要文化財に指定されている。

（磯野　浩光）

南禅院庭園《なんぜんいんていえん》　南禅寺の塔頭の一つ南禅院の庭園。京都市左京区南禅寺福地町所在。国指定史跡・名勝。亀山天皇は、一二六四年（文永元）に離宮禅林寺殿《ぜんりんじどの》を造営。その一角にあった御堂が焼失したのち一二八七年（弘安十）に再建されたのが南禅院で、庭園もそのころに築造された。鎌倉時代から室町時代前半には繁栄を誇った南禅院も応仁の乱（一四六七年（応仁元））で焼失後、荒廃した。ようやく一七〇三年（元禄十六）に至り、将軍徳川綱吉の母桂昌院《けいしょういん》が再興。現在の方丈《ほうじょう》などはその時の再興によるもの。方丈の南から西面に広がる池庭は、山裾の立地と湧水を利用したもので、岩盤からなる島も含め、地割は禅林寺殿の時代のものをおおむね踏襲しているものと見られる。園池背後の山林も庭園に幽邃《ゆうすい》な雰囲気を醸し出す重要な要素で、『都林泉名勝図会《みやこりんせんめいしょうずえ》』（一七九九年（寛政十一）刊）にもその景観が詳細に描かれている。

参考文献　桜井景雄『南禅寺史』、一九七七、法蔵館。

（小野　健吉）

なんたいさんちょういせき　男体山頂遺跡　古墳時代から近世にわたる多数の報賽品を出土した祭祀遺跡。関東平野の北西に屹立する山嶺は日光連山と通称され、その主峰が男体山にあたる。遺跡は栃木県日光市中宮祠の男体山頂巨岩上に祀られた太郎山神社周辺に確認されている。信仰の形態は磐座系列に入る。はじめに男体山が崇められ、ついで周辺の日光山地の山々が神体山となり、各山頂に信仰に関わる遺跡を残した。大和久震平は、出土資料から男体山頂遺跡が最も古く成立し、ついで太郎山頂、女峰山頂と小真名子山頂が後行し、最後に大真名子山頂の各遺跡が成立したとみる。男体山（補陀落山）の開山は、奈良時代末の七八二年（延暦元）勝道上人の初登頂による（「沙門勝道歴山水瑩玄珠碑並序」）と伝えられる。その意義は、仏法によって内国の体制を維持し、蝦夷地平定を祈願するといった、いわば律令国家の政治課題に応えたものとの見方がある。中世修験道と山頂遺跡群との関わりは、神体山の信仰を媒介として形成されたのであろう。山林仏徒の修行が回峰行として固定されたのは鎌倉時代以降であり、熊野修験の法導入は日光山第二十四世座主弁覚の時であった。日光修験の盛期は鎌倉時代末から室町時代であるが、男体山頂遺跡との関わりは同代の出土品が乏しく希薄。連山の山頂遺跡からは、刀剣類が多数出土したので日光山内の武力や下野中世武士団との関連が指摘されている。近世では、日光一山は豊臣秀吉の小田原攻めに対し北条氏に荷担、寺領も没収された。この後徳川幕府による東照宮の造営があり、日光山の貫主に天海が一六一三年（慶長十八）就任、近世日光修験の復活、形式が整えられた。調査は一九二四（大正十三）・五九年（昭和三十四）に山頂の同地区で行われており、鏡鑑（漢式鏡、唐式鏡、和鏡）、銅印、古銭、鉄鐸、武器・武具、火打鎌、農工具、玉類、錫杖頭、仏具、仏像・御正体、禅頂札・種子札、経筒、土器・陶磁器などが多数出土。

資料館　日光二荒山神社宝物館（栃木県日光市）

参考文献　二荒山神社編『日光男体山―山項遺跡発掘調査報告書―』、一九六三、角川書店。中川光熹「修験の道」（『栃木の街道』所収、一九七八、栃木県文化協会）。大和久震平「古代と歴史時代の遺跡」・益田崇「古代」（『日光市史』上所収、一九七九）。斎藤忠・大和久震平「考古学より見た寺院と仏教」（『栃木県史』通史編二所収、一九八〇）。大和久震平「考古資料」（『日光市史』史料編上所収、一九八六）。大和久震平『古代山岳信仰遺跡の研究―日光山地を中心とする山頂遺跡の一考察―』、一九九〇、名著出版。

（田熊　清彦）

なんてんじくばらもんそうじょうひ　南天竺婆羅門僧正碑　インドから渡来した僧、菩提僊那《ぼだいせんな》（七〇四―六〇）の死後、その事績を記した碑。菩提僊那は、唐に滞在中、請われて七三六年（天平八）に来日し、大安寺《だいあんじ》に入り、七五二年（天平勝宝四）東大寺大仏開眼導師となるが、七六〇年（天平宝字四）に没し、平城京西郊の登美《とみ》山に葬られた。この碑は、弟子である大安寺僧修栄《しゅうえい》が、七七〇年（宝亀元）に菩提僊那の木像の賛をつくり、これを刻したものである。碑そのものは失われてしまったが、碑文は一六九八年（元禄十一）性空《しょうくう》律師撰『南天竺婆羅門僧正碑註』（『大日本仏教全書』遊方伝叢書一所収）によって伝えられており、『群書類従』伝部、『続古京遺文』、『（大正新修）大蔵経』にも収載されている。

（古尾谷知浩）

なんと　南都　⇩奈良《なら》

なんとうたんけん　南島探験　津軽藩士の子として生まれた笹森儀助が、内務大臣井上馨からの製糖業視察調査の依頼を受け、実施した南島、沖縄諸島の踏査記録。政府への提言を含む復命書的な性格をもつ。笹森儀助（一八四五―一九一五）の自筆本を底本として一八九四年（明治二十七）五月に刊行。自筆本は現在青森県立図書館蔵で、その内題は、「南島探験一名琉球漫遊記」。一八九三年五月から約五ヵ月に及ぶその調査範囲は、沖縄本島をはじめ、宮古・石垣・西表・与那国の先島地域、奄美諸島に及ぶ。一八七九年の琉球処分後の沖縄県内の政情・民情調査にとどまらず、調査した項目は、地理・産業・風俗・伝承に加え、遺跡や碑文・文書などの歴史や宗教祭祀など多岐にわたる。実地踏査の詳細な記録であるこの著作は、一九二二年（大正十一）に南島談話会を発足させた柳田国男や南島の考古・人類学をすすめた鳥居龍蔵らに大きな影響を与えた。

参考文献　東喜望『南嶋探験』一解題（『東洋文庫』四

一一、一九八二、平凡社)。

(小野　正敏)

なんとしちだいじ　南都七大寺　平城京とその近辺にある七つの大寺の総称。東大寺・興福寺・元興寺・大安寺・薬師寺・西大寺・法隆寺を指す。藤原京の時代には「四大寺」という表現がみえ、それは大安寺(大官大寺)・薬師寺(本薬師寺)・元興寺(飛鳥寺)・弘福寺《ぐふく》を指している(『続日本紀』大宝二年(七〇二)十二月丁巳(二十五日)条)。平城京の時代にも引き続き「四大寺」という表現はある(『続日本紀』天平八年(七三六)七月辛卯(十四日)条など)。それは大安寺・薬師寺・元興寺・興福寺を指しており、平城京に移動しなかった弘福寺に替わり、興福寺が入っている。そこに、新たに造営された東大寺・西大寺と、さらに法隆寺を加えたのが南都七大寺である。南都七大寺の初見は七五六年(天平勝宝八)五月で、聖武太上天皇が崩じた際に、「七大寺」で誦経したと『続日本紀』にある。ただしこの時点では西大寺はまだ存在していないので、のちの七大寺とは異同があったはずである。七八一年(天応元)十二月に光仁太上天皇が崩じた際も、初七日に七大寺で誦経している。長岡・平安遷都以後は、都の寺院と思われる「京下七寺」などの表現も出現するが、同時に、平城旧京の七大寺も、「平城七大寺」「南京七大寺」などと呼ばれて存続する。平安時代にも南都七大寺は国家的仏事を執り行う奈良の大寺院として重視されており、『延喜式』玄蕃寮には十五大寺が挙げられているが、その筆頭は南都七大寺で占められている。平安時代中期以降は七大寺への巡礼も盛んになり、『七大寺日記』『七大寺巡礼私記』なども著されている。

参考文献　土橋誠「六国史に見える七寺について」(『京都府埋蔵文化財論集』三所収、一九九六、京都府埋蔵文化財調査研究センター)。太田博太郎『南都七大寺の歴史と年表』、一九七九、岩波書店。

(吉川　聡)

なんばんしょう　南蛮鐘　青銅製の鳴り物には、外からの打撃で音を発するアジアの梵鐘と、内側に垂下した舌と呼ばれる棒状や球体が、内面に当たって音を発する西洋のベルの二種類がある。前者の梵鐘には日本の和鐘や中国鐘・朝鮮鐘などの種類がある。西洋のベルのうち、室町時代後期以降の南蛮貿易によって日本にもたらされたベルを南蛮鐘と呼ぶ。裾広がりの鐘身に水平の突帯が数条施される。二点が重要文化財に指定される。京都妙心寺春光院鐘は、鐘身にイエズス会の紋章と算用数字１５７７を鋳出す。大分中川神社鐘も同じく１６１２の紀年を鋳出す。

(杉山　洋)

なんばんびょうぶ　南蛮屛風　南蛮人と称されたポルトガル貿易商ら一行が日本の港に入航して日本人と交易・交流する様子や、宣教師と日本人信者らの信仰のありさまを描いた屛風。六十点以上にのぼる現存作品の多さは、南蛮風俗や交易品の人気がいかに高かったかを示している。これらは長崎を主題とした都市風俗画の一変種とみなされ、描いた絵師の大半は宣教師から西洋画を学んだ者ではなく狩野派である。とくに一六〇六年(慶長十一)に「豊国祭臨時祭礼図」屛風を奉納した狩野内膳は、神戸市博物館本など三点の作品を残していて注目される。ポルトガル人の来航は十六世紀半ばにさかのぼるが、この種の絵画が描かれたのは一六〇〇年前後からのようで、秀吉政権最末期から徳川家康政権下に作品が集中している。たとえば、重要文化財の小林家本は一六〇〇年に、池田輝政がキリシタン大名であった岐阜城の織田秀信を攻めたときの分捕品と伝えられる。

参考文献　坂本満編『南蛮屛風』(『日本の美術』一三五、一九七七、至文堂)。

(宮島　新一)

なんばんやき　南蛮焼　中・近世に東南アジア諸地方のことを南蛮と称し、そこで焼かれた陶磁器を総称して南蛮焼と呼んだ。狭義には無釉の炻器《せっき》や土器に対して用いられた。茶陶として珍重され、内渋と呼ばれる内面に鉄漿を施したものや外面などに鉄釉をかけて光沢が生じたものなどもあり、これらの中には中国南部産も含まれていると考えられる。無釉炻器の切溜《きりだめ》や縄簾《なわすだれ》と呼ばれるものなどはベトナム中部から北部で焼かれた可能性が高い。その一部の窯は調査で確認されている。わが国の遺跡では十六―十七世紀にかけての出土例が多い。これらは茶陶としては、水指に取り上げられたもののほか、花入、建水、灰器、切溜、茶入などがある。

参考文献　『南蛮・島物』、一九九三、根津美術館。

(大橋　康二)

なんぼくちょうじだい　南北朝時代　天皇家が京都と吉野の両所に分かれて並立していた時代を、一般に南北朝時代とよぶ。厳密にいうと後醍醐天皇が大和の吉野に入った一三三六年(建武三)暮から、北朝と南朝の合一(実態は北朝による吸収)が成った一三九二年(明徳三)までの五十六年間をさすが、鎌倉幕府が滅亡した一三三三年(元弘三)以後、建武政権の時代も含めることもある。後醍醐天皇に叛いた足利尊氏が京都を制圧し室町幕府を開くのが一三三六年で、後醍醐天皇の吉野入りはその直後なので、狭義の南北朝時代はすべて室町時代と重複するともいえるが、室町幕府の全国支配が確立されていないこの時代は、南北朝時代とよぶのが一般的である。内乱の当初は各地で足利方(北朝方)と南朝方の戦いが展開するが、一三三八年(暦応元)に北畠顕家や新田義貞といった南朝方の有力武将が戦死すると、足利方の優勢は決定的となった。しかしやがて足利政権内部が深刻な分裂を起こし(観応《かんのう》の擾乱《じょうらん》)、対立する一派が南朝と結ぶ形をとったため、南朝は命脈を保った。一三六八年(応安元)に足利義満が将軍になるが、このころには足利政権の分裂も収まり、畿内や関東では南朝方の動きは鎮静化した。また唯一南朝方が勢力をふるった九州でも、一三七二年(応安五)に懐良親王が大宰府を追われると、その勢力は衰退した。南北朝内乱が実質的に展開したのはこれまでの三十数年間で、これ以後は室町時代のはじめとみるのが適当かもしれない。鎌倉幕府の滅亡によって解放された各地の武士たちが、勢力拡大を求めて戦いに身を投じた時代だったが、結局は室町幕府のもとで新たな秩序が作り上げられることとなった。戦いが続くなか、城郭がいたるところに築かれたが、居館に掘割をめぐらして防禦を固めたり、高い山の上を開削して城郭にしたりするような、比較的単純な形のものが多かった。

（山田 邦明）

に

に　丹　丹《に》とは、「赤い色」をさす言葉である。丹土《につち》という言葉は、広くは赤色顔料として用いられた赤色の土のことを意味する。一般に、四三酸化鉛（Pb_3O_4、酸化鉛（II）PbO と酸化鉛（IV）PbO_2 の複合物）を鉛丹《えんたん》、光明丹《こうみょうたん》あるいは単に丹《たん》と呼ぶ。赤鉛とも呼ばれ、黄みがかった鮮やかな赤色を呈する。鉛丹は、古代において人工的につくられた顔料である。紀元前一世紀ごろにはすでにエジプトで製造されていた。日本では鉛丹の製法は七三四年（天平六）の『造仏所作物帳』に「用黒鉛一百九十九斤、熬得丹小二百卅四斤」との記載があり、黒鉛すなわち金属鉛を加熱して「丹」を得たことがわかる。顔料としての鉛丹もこれと同様の方法でつくられたものと考えられている。七四七年（天平十九）の『法隆寺伽藍縁起幷流記資材帳』に「合綵色物壹拾參種／仏分貳種（同黄九両、丹四両）」などの記載があり、鉛丹は釉薬およびガラスの原料として、あるいは顔料として用いられていたことが知られている。法隆寺壁画の顔料分析からは鉛丹が顔料として用いられていたことを実証する結果が得られている。正倉院宝物の調査によると、宝物に対する顔料としての「丹」の使用頻度は非常に高いことが明らかとなっている。また、正倉院薬物の中には上丹、中丹および下丹の区別が墨書された鉛丹がある。これらの上・中・下丹の化学分析によると、四三酸化鉛の含有量は上丹、中丹、下丹の順に多いことが明らかとなっている。また、色彩測定の結果からこの区別は黄赤色の色調によって肉眼的に分別されたものと考えられている。鉛丹は、古くからの釉薬や鉛ガラスの原料および顔料という用途のほかに、近年まで鉄のサビどめ塗料としても用いられていた。これは、塗料として鉄の表面に鉛石鹼の強固な塗膜をつくることと弱アルカリ性を呈することで鉄の酸化を防止する効果によるものと考えられている。

（高妻 洋成）

にいざわせんづかこふんぐん　新沢千塚古墳群　奈良盆地の南縁に所在する古墳時代中期から後期にかけての群集墳。奈良県橿原市川西町、一《かず》町を中心とする南北二キロ、東西二キロの低丘陵上に約六百基の古墳が分布している。古墳群の東方には全長一三八メートルの前方後円墳鳥屋ミサンザイ古墳と一辺八五メートルの方墳枡山古墳が近接する。古墳群の認識は明治時代に始まるが、古くから千塚山と呼称されていた。一九六二年（昭和三十七）から五ヵ年をかけて発掘調査が実施され、全体の二割にあたる百二十七基の古墳が調査された。古墳の大半は径一五メートルほどの円墳であるが、そのほかに前方後円墳、前方後方墳、方墳、長方形墳が少数存在する。調査結果によると、五〇〇号墳や二一三号墳のように前期にさかのぼる古墳もあるが散在的で少数である。古墳が継続的に築造され始めるのは五世紀中葉からで、六世紀前半に築造のピークを迎える。以後、急速に築造数が減少し六世紀後半に造墓活動を停止する。埋葬施設は木棺直葬の単次埋葬を主体とする。横穴式石室は六世紀後半代のものが数基みられるが、分布は偏在しており主流とはなっていない。ただし最近の調査によれば、五世紀後半の古式の横穴式石室の存在が明らかになっており、埋葬施設のあり方については再検討を要する。全体として五世紀代の古墳では武器・武具の副葬が目立ち、六世紀代になると副葬品は減少傾向にある。また墳丘上に須恵器を供える祭式が各時期を通じて行われている。調査した中で一二六号墳はもっとも特徴的な遺物が出土した古墳で、ガラス椀・皿、四神を描いた漆盤、青銅製熨斗、金製垂飾付耳飾、金製歩揺、金・銀製指輪など西アジアから中国、朝鮮半島にかけて起源が求められるものがあり、当時の海外交渉を物語る。このように群内には中央政権と結びついた古墳が少なからずあり、横穴式石室を主体とする一般的な群集墳の先駆的な形態として評価される。一九七六年(昭和五十一)史跡指定。

参考文献　奈良県立橿原考古学研究所編『新沢千塚古墳群』、一九八一。　(下部　行弘)

にいはりぐうけ　新治郡家　常陸国新治郡の古代の役所跡。茨城県筑西市古郡《ふるごおり》・台ノ原に所在。国指定史跡。『類聚国史』一七三に「(弘仁)八年(八一七)十月癸亥、常陸国新治郡に災あり、不動倉十三宇、穀九千九百九十石を焼く」(原漢文)とある。一九四一年(昭和十六)、当時茨城女子師範の教諭をしていた高井悌三郎が新治郡上代遺跡研究会(代表藤田清)と調査を行い、日本の古代郡衙遺跡としてはじめて概要を明らかにするとともに、『類聚国史』に書かれた記事を実証した。建物総数は五十一棟で四群に分かれている。東部群十三棟は南北棟が三列に並び、建物基壇が一二×九メートル前後のものが多い。それより大きいのは二棟だけである。焼米の包含層が見られ、焼失した十三棟の不動倉にあたることがわかった。北部群の二十五棟は、東西棟で四列に並び桁行《けたゆき》には多少の長短が見られるが梁行はみな同じである。この中に二棟だけ一四・五×一二・四メートルのものが見られる。南部群は東北棟五棟で東部群の南に連なっている。西部群はこれまでの三群とは異なって棟並びが見られない。しかも、西に台地が突出したところに配置されている。確認された九棟の建物は、これまでの建物群(倉庫)とは軸線が異なっている。出土したものは、土器などの生活用具が主で、この建物群は、庁舎・厨家などが想定できるが、ほかの郡衙などに見られる政庁様式ではない。考えられるのは、事務棟、官舎など居宅型の可能性を持った建物である。郡家のすぐ北には新治廃寺があり、北西方向には堀ノ内須恵窯跡群(桜川市大泉)があり、そこで生産された須恵器の中に、「新大領」「新厨」と箆《へら》書きされた須恵器が見られる。窯跡群より南西寄りに製鉄跡を含む郡衙工房跡と考えられる金谷《かねたに》遺跡(桜川市西飯岡字金谷)があり、それらの生産を管理していたと思われる当向《とうむかい》遺跡(桜川市堤《つつみ》上《のうえ》字当向)からは、「新大領」と箆書きされた須恵器と巡《じゅん》方《ぼう》が出土している。

資料館　新治汲古館(茨城県筑西市)

参考文献　高井悌三郎『常陸国新治郡上代遺跡の研究』一九四四、桑名文星堂。甲陽史学会編『常陸国新治郡上代遺跡の研究』II、一九六八。高井悌三郎「茨城県西茨城郡堀ノ内古窯址群」(『日本考古学年報』九、一九六二)。茨城県教育財団編「当向遺跡」(『財団法人茨城県教育財団年報』二二、二〇〇二)。同編「金谷遺跡」(同)。　(阿久津　久)

にいはりはいじ　新治廃寺　常陸国新治郡にある八世紀初頭ごろの寺院跡。茨城県筑西市古郡《ふるごおり》・久地楽《くじら》に所在。国指定史跡。小貝川の東の台地縁辺部に南に新治郡家、北に廃寺を配している。中門は国道五〇号線寄りにあり、その北側辺に東西に分けられた二つの塔跡がある。東の塔跡は、一重繰り込みの花崗岩製の心礎が残る。西塔は心礎、礎石の抜き跡が見られる。塔に並んで中央に金堂跡がある。東西約一六・三六メートル、南北一三・六四メートルの基壇の上に五間×四間の礎石がある。礎石には造り出しがあり、床には塼《せん》が敷かれている。その北に講堂を配する。回廊は、中門から回って講堂の北側の門に回るようである。その北には食堂《じきどう》・僧房・経蔵・鐘楼が配置されている。新治廃寺の伽藍配置様式は、調査当初は類例がなく、新治廃寺式としたが、その後の調査で、丹波三ツ塚廃寺跡(兵庫県氷上郡市島町上垣・上田)、播磨奥村廃寺(兵庫県龍野市神岡町奥村)に同じ様式が確認された。

資料館　新治汲古館(茨城県筑西市)

参考文献　高井悌三郎『常陸国新治郡上代遺跡の研究』、一九四四、桑名文星堂。甲陽史学会編『常陸国新治郡上代遺跡の研究』II、一九六八。高井悌三郎「常陸新治廃寺の調査」(『建築史』二ノ五、一九四〇)。　(阿久津　久)

にえ　贄　律令制下における税制の一つ。和訓は「にへ」。元来、政治的な服属に伴う食物供献儀礼に由来し、支配者である王が山野河海から採れた産物を食することで、その領有権を確認する意味をもったとされる。大化改新詔第四条に「調副物塩贄」とみえるが、贄が調副物の中に含み込まれるのか、それとは別個であるのかは議論がある。律令条文で贄は明確に位置づけられていなかった。贄の語は『大宝律』職制律監臨官強取猪鹿条の一ヵ所で規定されるにすぎず、しかもそれは『養老律』では削除されている。だが都城出土の貢進荷札により、税制としての贄は七世紀後半までさかのぼることは確実である。贄は大きく服食系の贄と贄戸《にえこ》系の贄の二つある。服食系の贄は、天皇・朝廷への服属の意味をもって諸国から貢進された。貢進荷札によれば、藤原宮の時期(平城宮の早い時期も含む)では「大贄」と表記され、多く里段階まで記載されるのに対し、平城宮の時期では「御贄」と表記され、国ないし郡までしか記載されない。だがいずれも貢進者は基本的に記さない点で共通する。木簡に示された贄の品目は、賦役令調絹絁条に列挙された調雑物と一致する場合が多い。そのため、贄と調雑物は基本的に同一で、どちらを貢進するかは国ごとに決められていたらしい。もともと贄・調は、ミツキという包括的で未分化な現物貢進制度であったことが関係すると推定される。だが『延喜式』段階になると、贄は季節性・生鮮性・高級性・希少性をもつ食料品が選ばれるのに対し、調雑物は保存性・一般性の高い食料品が多いなど、両者の違いがみてとれるようになる。一方、贄戸系の贄は、天皇の日常的な供御《くご》物を節料・旬料として確保するため、畿内に設置された品部の贄戸(雑供戸)と近国の特定の貢納集団(海部《あまべ》など)によって貢進された。十世紀になると雑供戸制が改変され、贄を貢進する贄人《にえひと》が一国単位で漁労権を認められたり、六ヵ国日次御贄が新たに制度化され、蔵人《くろうど》の統括下に入るようになった。さらに十二世紀以後、贄人は供御人と称され、天皇直属の供御人集団とされた。

参考文献 勝浦令子「律令制下贄貢納の変遷」(『日本歴史』三五二、一九七七)。樋口知志「律令制下の贄について」(『東北大学附属図書館研究年報』二一・二二、一九八八・八九)。鬼頭清明『古代木簡の基礎的研究』、一九九三、塙書房。俣野好治「木簡にみる八世紀の贄と調」(『新しい歴史学のために』二三三、一九九九)。

(市　大樹)

にえいせき　贄遺跡　三重県鳥羽市安楽島《あらしま》二地《ふたじ》浦の入江に臨む縄文時代中期から鎌倉時代の遺跡。満潮時には一部水面下になる。リゾート開発に伴う発掘調査が一九七二(昭和四十七)―七三年と一九八五年の二次にわたって実施された。縄文時代の住居跡六棟、弥生時代の住居跡四棟、古墳時代から奈良時代の住居跡三棟、平安時代の住居跡四棟のほか、製塩跡も確認されている。出土遺物には縄文時代の石鏃、弥生時代の銅鏃のほか、千数百点の石錘があり、海浜集落の生活の一端を示している。また、和銅開珎をはじめ三種類の皇朝銭、官位を持つ人間との深い関係を示す金銅製の帯金具二十一点、「美濃」銘の須恵器などが出土し、律令官人の存在を想わせる。『太神宮諸雑事記』永承四年(一〇四九)六月条の記述などから、当遺跡に近い麻生浦《おうのうら》には斎宮寮の御厨があったことがわかる。これらを勘案して、たとえば斎宮寮などとの深い結びつきをもった遺跡ではないかと注目された。現在はリゾートホテルの海浜園地になっている。

参考文献 鳥羽市教育委員会編『鳥羽贄遺跡』、一九七五。同編『鳥羽贄遺跡第二次発掘調査報告』、一九八七。

(田阪　仁)

におう　仁王　金剛力士の俗称。金剛力士は金剛杵(vajra)を執って仏敵を破摧せんと構える護法神で、執金剛神ともいい、また菩薩形である金剛手菩薩、金剛薩埵とも起源を同じくする。上半身裸形の力士形として門の左右に置かれるのは古代中国の墳墓などにみられる伝統に基づくとみられ、またインドのヤクシャ型守門神の系譜を引くともされる。平安時代までは金剛力士あるいは単に力士と表記され、伎楽では一対の役柄をそれぞれ金剛・力士と称した。これに対して同じく門の左右に置かれる着甲の神将形像を二王と呼んでいたが、鎌倉時代以降、金剛力士を二王と呼ぶようになり、さらにその音通である仁王の表記が行われたのは室町時代をさかのぼらないとみられる。奈良時代以来左方を阿形(開口)、右方を吽形(閉口)とする形式が定型となっているが、宋仏画に基づく東大寺南大門像は例外的に阿吽が逆となる。

参考文献 武笠朗「長野・中禅寺金剛力士像と平安鎌倉期の金剛力士造像」(『実践女子大学美学美術史学』一六、二〇〇二)。

(奥　健夫)

にかわ　膠　馬や牛などの皮や骨などからつくられる獣膠と魚類の皮や骨などからつくられる魚膠《ぎょこう》を一般に膠と称している。基本的には皮や骨などから熱水で抽出したものを濃縮・冷却・凝固させて得られる。ゼラチンの低品質のものが膠である。古代エジプトの壁画に膠の製造工程が描かれていることから、五千年以上も前から用いられたと考えられている。日本では推古天皇の時代に膠墨として伝来した記述がある(『日本書紀』)。水分に対する耐水質性はきわめて低く、出土遺物からその痕跡を検出することはきわめて困難であるが、中央アジアや中国のいくつかの石窟壁画から膠が検出されている。獣膠および魚膠以外に、中国では桃の樹液からつくられた桃膠を絵画のバインダーや接着剤として用いることがあるが、これは多糖類が主成分でありゼラチンを主成分とする膠とは成分的には全く異なるものである。

参考文献 我孫子義弘他編『にかわとゼラチン―産業史と科学技術―(改訂版)』、一九九七、日本にかわ・ゼラチン工業組合。

(高妻　洋成)

にきたづ　熟田津　伊予国に存在した港。比定地は松山市斎院《さや》・和気浜《わけはま》・三津浜・御幸山付近・山越、愛媛県伊予郡松前《まさき》説などがあるが、旧小野川の河口(松山市西垣生町付近)に位置したのではないかと考えられる。六六〇年(斉明天皇六)に唐・新羅の侵略で滅亡した百済国からの要請により、救援軍を派遣するために筑紫へ行幸した斉明天皇一行が六六一年正月十四日に到着した港で、『日本書紀』に「御船泊㆓于伊予熟田津石湯行宮《いはゆのかりみや》㆒」とみえている。斉明天皇一行が熟田津に立ち寄ったのは、百済の役の戦勝儀礼と玄界灘を渡海する準備のためであったと考えられ、石湯行宮と関連した港である。松山市久米地域に七世紀代の久米官衙遺跡群があり、そのなかの一辺約一〇〇メートルの回廊状遺構は、出土遺物・遺構構造などから、七世紀中期の大王家に直結した建物で舒明《じょめい》天皇・斉明天皇の行宮に関連するものと考えられる。持統朝には伊予総領の存在もあり、久米官衙群が伊予の政治的中心であり、その南を流れる小野川の河口に津が存在したと考えられる。

→来住廃寺《きしはいじ》

参考文献 松原弘宣「海上交通の展開」(『古代の日本』四所収、一九九二、角川書店)。同「回廊状遺構再論」(『愛媛大学法文学部論集』人文学科編二、一九九七)。

(松原　弘宣)

にしいち　西市　左京域の東市と並んで、都城の左京域に設置された官設の市。国家が必要とする物資の調達を主たる目的に設置され、左京職管轄下の西市司によって管理された。西市司は正一人、佑一人、令史一人、価長五人、物部二十人、使部十人、直丁一人からなり、財貨の交易、器物の真偽、売買の估価、非違の検察などを掌った。西市司は十日ごとに三等の時価を記録し、季節ごとに右京職に報告した。鼓の音を合図に正午から日没まで開かれた。内部は「行」と呼ばれる区画に分けられ、国家公認の「行肆」や、机を並べた程度の仮設的な「案肆」が立ち並んだ。行肆には市人や外五位・六位以下の派遣する家人や奴婢などによって物品が並べられ、私的な交換の場合は時価に従い、官と私の交易の場合は中估価を基準とした。また雨乞いなどの行事や刑罰執行の場としても利用された。西市が設置されたのは藤原京において七〇三年(大宝三)とされ、宮の北方に位置したらしく、『周礼』のいう「面朝後市」との関連も指摘されている。平城京以後は宮の南方に設置された。紫香楽・難波・由義《ゆげ》の各宮では市はあったが、東西には分かれていなかったらしい。平城京では右京八条二坊五・六・十一・十二坪を占め、東接して南流する秋篠川が西堀河の役目を果たしたと推定されている。しかし、左京八条三坊五・六・十一・十二坪に比定される東市とは左右対称にならないこと、四坪推定地の中央に東西に連なる堀河らしき痕跡が認められること、「市田」の字名(右京八条二坊二・七・十・十五坪)が外にはずれるなど、問題も残している。平安京の西市は右京七条二坊五・六・十一・十二坪に位置し、十世紀になると四周に二町ずつの外町が付属して計十二町となるが、東市と比べ早くから廃れる傾向にあった。『延喜式』によれば、東市は月の前半、西市は月の後半に開かれたのも、その対策である。また『延喜式』にみえる西市の店舗は、絹・錦綾・紗・橡帛・裙・帯幡・調布・麻・続麻・雑染・蓑笠・土器・未醬・糖・牛(西市が独占)、絲・綿・幞頭・縫衣・紵・櫛・針・菲・染草・油・米・塩・索餅・心太・海藻・菓子・干魚・生魚(東市と共通)の三十三店。

参考文献 栄原永遠男『奈良時代流通経済史の研究』、一九六二、塙書房。佐藤信『日本古代の宮都と木簡』、一九七七、吉川弘文館。森明彦「日本古代の市について」(続日本紀研究会編『続日本紀の時代』所収、一九八四、塙書房)。

(市 大樹)

にしかわじまいせきぐん　西川島遺跡群　能登半島における代表的中世集落跡。石川県鳳珠《ほうす》郡穴水《あなみず》町西川島地区に所在する六遺跡の総称。崇徳院御影堂《すとくいんみえいどう》領《りょう》大屋《おや》荘穴水保の成立(一一八五年)直前から十六世紀にわたる多数の遺構と遺物が検出され、穴水低地における中世集落の変遷や民間信仰、食生活の実態解明に大きく貢献した。十二世紀末では各遺跡において、大型掘立柱建物と周辺の小型掘立柱建物がセットとなって存在したが、十三世紀には御館《おたち》地区に統合され整然とした配置となった。十四世紀以降は大型建物が消失、柱の礎板はなくなり木取《きど》りも変化した。信仰遺物や漆器の豊富な出土も特色である。前者では井戸や集落祭祀遺物、三具足《みつぐそく》、呪符木簡《じゅふもっかん》があり、古代的な祭祀遺物が中世能登では色濃く残り、十四世紀後半を境に仏教遺物が増加する。後者では中世食器にしめる漆器の重要性が科学的に明らかにされるなど、分析手法を取り入れた漆器考古学の基礎的研究が報告された。

資料館 穴水町歴史民俗資料館(石川県鳳珠郡穴水町)

参考文献 西川島遺跡群発掘調査団編『西川島』、一九八七。

(四柳 嘉章)

にしき　錦　二色以上の色糸を用いて文様を織りだした紋《もん》織物。古代の錦は、絹糸を用いて経糸《たていと》の浮き沈みで文様を表わした経錦《たてにしき》、緯糸《ぬきいと》でそれを行った緯錦《ぬきにしき》、緯糸を任意に浮かせて顕文した浮文錦《うきもんにしき》などがある。日本では、経錦は古墳時代(五世紀ころ)にみられ、奈良県斑鳩町藤ノ木古墳からは遺体に掛けた掛け布や腕輪に用いられている。引き続き飛鳥・奈良時代では、法隆寺や正倉院の錦に多数遺っており、幾何学系の文様をはじめ、連珠円文の中に禽獣《きんじゅう》文、唐花《からはな》や唐草文等を表したものなど、さまざまな文様が散見されるが、比較的小さな文様が多い。やがて奈良時代中ごろになると、緯錦も織られるようになり、年代の明らかな緯錦の最古の例は、七四二年(天平十四)の金光明最勝王経を包んでいた経帙《きょうちつ》の縁に使われている。緯錦は経錦に比べ、色数も豊富で、大型の文様を織ることができ、以後、緯錦が全盛を極める。しかし、経錦も量的には少ないが、絶えることなく連綿と織り続けられていた。

参考文献 角山幸洋「繊維―織物・組紐―」(奈良県立橿原考古学研究所編『斑鳩藤ノ木古墳　第二・三次調査報告書』所収、一九九五)。沢田むつ代『上代裂集成―古墳出土の繊維製品から法隆寺・正倉院裂まで』、二〇〇一、中央公論美術出版。正倉院事務所編『正倉院宝物』一―一〇、一九八四-九七、毎日新聞社。

(沢田むつ代)

にしこくぶとうあと　西国分塔跡　紀ノ川中流域の右岸段丘に造営された奈良時代前期の寺院跡。和歌山県岩出市西国分所在。一辺約一二・八メートルの瓦積基壇をもつ塔跡は国指定史跡。塔跡の北側で南北方向の溝から鴟尾《しび》片が出土したことから、塔の北に金堂あるいは講堂の所在が考えられるが伽藍配置や規模は明らかでない。塔跡の北一〇五メートル地点で検出された七世紀後半の須恵器などが多数出土する東西方向の二条の溝などから一町四方あるいはそれ以上の寺域をもつ大規模な寺院であったものと考えられる。創建期の軒瓦は坂田寺式単弁八弁蓮華文軒丸瓦と三重弧文軒平瓦で本薬師寺創建期の単弁八弁蓮華文軒丸瓦と同笵の軒丸瓦が少量ある。奈良時代後期には興福寺式の軒瓦の組合せが確認されている。約〇・八キロ東に位置する紀伊国分僧寺の興福寺式軒瓦にはみられないもので、国分僧寺の建立とほぼ同時期に国分尼寺に転用されたことも考えられる。

参考文献 桃野真晃他「和歌山県の古代寺院跡」(『仏教芸術』一一六、一九七七、毎日新聞社)。羯磨正信他「紀伊」(角田文衞編『新修国分寺の研究』五上所収、一九八七、吉川弘文館)。

(藤井 保夫)

にしつきがおかいせき　西月ヶ丘遺跡　オホーツク海に注ぐキナトイシ川右岸段丘上に分布する擦文時代終末期の集落跡。北海道根室地方の根室市西浜《にしはま》町にある。国史跡。筑波大学の前身、東京教育大学の調査によると、二百五十七ヵ所の竪穴住居跡が三つの丘陵に分布しているという。竪穴には大小があり、同時に行なった発掘調査によりその違いが明らかにされた。大きな竪穴にはしっかりとした柱穴があり、炉と竈も確認された。土器の出土も多い。小さな竪穴には、炉も竈もなく、柱穴も見あたらず、遺物もきわめて少ない。これは、住居というよりは倉庫のようなものと考えられている。発掘により斜格子や三角文の擦文土器、内耳土器、刀子、砥石、錘として使われたとみられる礫などが出土している。なお、モロコシとみられる種子の出土は、その後の擦文時代の栽培植物研究の契機となった。のちに、国道改良に伴い根室市が発掘調査を行い、新たに四ヵ所の竪穴を確認している。

参考文献 八幡一郎編『北海道根室の先史遺跡』、一九六六、根室市教育委員会。川上淳・河野本道編『根室市西月ヶ岡遺跡発掘調査報告書』、一九八三、根室市教育委員会。

(畑　宏明)

にしぬまたいせき　西沼田遺跡　山形盆地の最上川右岸低地に位置する、低湿地に営まれた古墳時代後期六―七世紀の集落の遺跡。山形県天童市大字矢野目所在。「西沼田」の地名が示すような低湿な水田下にあって、木製の遺構・遺物がよく遺存していた。氾濫によって倒れた住居の建築部材、鋤柄・鎌柄・竪杵・木槌などの木製農具や弓などの木製遺物が豊富に残っており、炭化米・種子なども出土した。木製遺物の濃密な分布範囲が、一つのムラの範囲として国史跡に指定された。中央部では、打ち込み柱式の掘立柱建物の住居十二棟や、高床倉庫一棟が確認された。住居は、竪穴住居ではなく先端を尖らせた打ち込み柱式の掘立柱建物構造をもち、建築部材から切妻・寄棟などの屋根構造や草壁・丸太壁などの壁構造がわかり、床に板材を敷くなどして低湿地の環境に適応していた。山形市の島遺跡などとともに、低湿地に営まれた古代集落の典型となる遺跡といえ、周辺の水田耕作や最上川の漁業、そして山野の狩猟などを生業としたと思われる。天童市によって補足の発掘調査とともに建物復元などムラの史跡整備が進められている。

参考文献 山形県教育委員会編『西沼田遺跡発掘調査報告書』、一九八六。天童市教育委員会編『天童市西沼田遺跡』、一九八六―二〇〇六。佐藤庄一・宮本長二郎・北村優李「天童市西沼田遺跡の調査―よみがえる古代東北の集落―」(『月刊文化財』二六八、一九八六)。

(佐藤　信)

にしのみやほうだい　西宮砲台　兵庫県西宮市西波止町字西波止所在の砲台。国指定史跡。幕末の一八六二年(文久二)国防の不安から摂海防備のため、西宮、和田岬、舞子、淡路の岩屋・由良、友ヶ島、泉州など、大阪湾の沿岸に江戸幕府が築かせた砲台の一つ。この砲台は、翌一八六三年に着工され、一八六六年(慶応二)の下半期に完成。石造三層の円堡塔は備中国小田郡(岡山県笠岡市)の石材を使用し、内径約一七メートル、高さ一二メートル、壁の厚さ一・二二メートルで外壁は油石灰で五回にわたって塗られている。その上塗が薄墨色で仕上げられているのは、迷装を施すための彩色であったと思われ、その厚さは九センチに及ぶ。一階は、床を叩土で仕上げ中央に井戸が掘られ、一部を弾薬庫にあてられていた二階は木造で側面に砲眼を十一ヵ所と窓一個を開き、大砲二門をすえ、筒口を四方に向ける装備であった。しかし、一度も使用されることなく明治維新を迎えた。

参考文献 『西宮市史』三、一九六七。西宮市教育委員会編『西宮の文化財』(『文化財資料』三〇、一九八八)。

(大村　敬通)

にしほんがんじ　西本願寺　⇨本願寺《ほんがんじ》

にしむらしんじ　西村真次　一八七九―一九四三　日本古代社会史・文化史・人類学・考古学研究者。一八七九年(明治十二)三月三十日、三重県度会郡山田宮後町(伊勢市)に生まれ、文学を志して東京専門学校に入学。卒業後、東京朝日新聞社、冨山房に勤務。この間、日本古代船舶研究を開始し、一部を英文で発表。一九一八年(大正七)、早稲田大学文学部講師に就任し、日本史、人類学などを講じる。一九二二年、同教授。『国民の日本史』シリーズのうち『大和時代』などを刊行。一九三〇年(昭和五)、英国王立人類学会会友。一九三二年、『人類学汎論』などにより早稲田大学から文学博士の学位を授与される。一九三六年、米国国民地理学会員。一九三八年、国際連盟知的協同会員、神武天皇聖蹟調査委員。一九四一年、帝国学士院明治日本前期科学史編纂委員。一九四三年五月二十七日没。六十五歳。この間、『日本古代経済』全五冊(未完)その他を多数刊行。

参考文献 柴田実・西村朝日太郎『西田直二郎・西村真次』(『日本民俗文化大系』一〇、一九七八、講談社)。

(新川　登亀男)

にしもとろくごういせき　西本6号遺跡　東広島市高屋町大畠・杵原に所在する七世紀後半の遺跡。一九九二年(平成四)からの調査で、掘立柱建物跡十棟とこれを「L」字形に囲むように平行する二組の溝状遺構四条が丘陵の南東側斜面に検出され、多量の須恵器や土師器のほか円面硯や「解□(除?)」と記された墨書土器、丹塗りの土師器椀、毛彫りのほどこされた金銅製馬具やミニチュアU字形鉄製品などが出土した。四本の溝状遺構は南南西方向に九三メートル、東南東方向に七七メートルで方形の区画をなすようであり、その内外に溝状遺構と方位をともにしない八世紀後半以降の二棟、区画内の二辺に平行するように建てられた五間四間の四面庇をもつ大型建物とその周囲の企画性の高い建物群、区画中央で四間二間の総柱建物に独立棟持柱を伴う建物とこれに付随する掘立柱建物跡と住居跡北端部の二棟の四群に区別できる。神殿風の独立棟持柱の建物、供膳具を主として煮沸具がみられない土器群、墨書土器や鉄製品、区画南東の湧水などから、祭祀色の強い遺跡と考えられている。

参考文献 東広島市教育文化振興事業団文化財センター編『西本6号遺跡発掘調査報告書』二(『文化財センター調査報告書』一一、一九九七)。

(西別府　元日)

にしやまかまあと　西山窯跡　⇨越前焼《えちぜんやき》

にじゅうにしゃ　二十二社　平安時代中期から中世にかけて、祈雨・祈年穀や国家の大事に際して朝廷より使が派遣されて幣帛《へいはく》が奉られた神社。伊勢・石清水《いわしみず》・賀茂上下・松尾《まつのお》・平野・稲荷・春日(上七社)、大原野・大神《おおみわ》・石上《いそのかみ》・大和・広瀬・龍田・住吉(中七社)、日吉・梅宮・吉田・広田・祇園・北野・丹生川上・貴布禰(下八社)の二十二社。伊勢と日吉を例外として原則的に畿内の有力神社であり、天皇家の守護神、平安京の守護神、天皇外戚の奉斎神、『古事記』『日本書紀』に祭祀起源がみえる伝統的古社、京周辺の新興神社、農耕・祈雨の神が対象とされている。朝廷から特定の諸社に奉幣が行われる制度の淵源は平安時代初期にさかのぼるが、九世紀中頃には祈雨と祈年穀のための奉幣が伊勢神宮と平安京周辺の特定有力社に対象が固定されて行われるようになり、これに記紀にみえる伝統的な古社が加わり九世紀末には上七社・中七社と丹生川上・貴布禰両社を合わせた十六社への奉幣制度が確立する。その後十世紀末に、この十六社に九九一年(正暦二)吉田社・広田社・北野社、九九四年に梅宮社、九九五年(長徳元)祇園社の五社が加わって二十一社となり、上・中・下各七社二十一社の体制が整った。一〇三九年(長暦三)に日吉社が加わるが、この背景には同社を鎮守とする延暦寺と園城寺《おんじょうじ》との対立問題があり、その後もしばらくは同社を除く二十一社奉幣が行われることが多かった。一〇八一年(永保元)日吉社を加えて二十二社とすることが永例となり、ここに二十二社奉幣制が確立し、以後室町時代の一四四九年(宝徳元)まで存続した。この間一一七九年(治承三)平清盛が安芸国の厳島《いつくしま》社を加えようとしたが認められなかった。このような畿内の有力社を中心とする二十二社制と並行して、地方の諸国では国司が任国の有力社に神拝する一宮制がみられるようになり、二十二社・一宮制が中世国家の祭祀体制として定着する。→一宮《いちのみや》

参考文献　岡田荘司『平安時代の国家と祭祀』、一九九四、続群書類従完成会。中世諸国一宮制研究会編『中世諸国一宮制の基礎的研究』、二〇〇〇、岩田書院。

(菊地　照夫)

にじょうじょう　二条城　京都市中京区にある徳川家康が築いた近世城郭の代表的平城。国指定史跡。現在、東は堀川通、西は美福通、南は押小路通、北は竹屋町通に囲まれた内側に外堀・石垣を構え、その内部東側に二ノ丸、西側に内堀・石垣で囲まれた本丸を、西向きの凸形に配した平面(面積約二七万四五〇〇平方メートル)である。家康が上洛時の居館として一六〇一年(慶長六)から畿内の諸大名に命じて築城し、一六〇六年に、現在の二ノ丸を中心に矩形単郭の城として完成。郭内には天守、小天守や殿舎を配した。一六二六年(寛永三)後水尾天皇の二条城行幸に先立ち、三代将軍家光により西に現本丸が拡大され、元の部分が二ノ丸となり、内堀外堀を備えた現在の規模となった。本丸には天守閣のほか本丸御殿が新たに造られ、二ノ丸には旧御殿を改造して二ノ丸御殿を構えた。二ノ丸御殿には、国宝指定の黒書院、白書院、遠侍および車寄、式台、大広間、蘇鉄の間の雁行状に連なる六棟と、重要文化財指定の唐門、築地、台所、御清所、東大手門、東南隅櫓、土蔵など十七棟がある。大広間などの内部には狩野探幽、尚信など狩野派によって障壁画が描かれており、合計九百五十四面が重要文化財に指定。大広間の西にある二ノ丸庭園は、小堀遠州作と伝えられ、江戸時代初期の城郭庭園として知られ、特別名勝に指定。天守閣は一七五〇年(寛延三)雷火で焼失し以後再建されなかった。本丸御殿も一七八八年(天明八)大火で焼失し、重要文化財指定の現本丸御殿は、一八九三年(明治二十六)に、江戸時代後期に造られた旧桂宮御殿の御書院などを移築したものである。一八六三年(文久三)の将軍家茂上洛時に二百三十年ぶりに居館として使用され、一八六七年(慶応三)将軍慶喜の大政奉還の舞台となった。一八六八年明治新政府の太政官代、一八七一年から一八八五年まで京都府庁に使用され、一九三九年(昭和十四)より京都市が所有管理している。

参考文献　『図説日本の史跡』七、一九九一、同朋舎出版。

(有井　広幸)

にちゅうれき　二中歴　鎌倉時代に成立した百科辞書。十三巻。撰者は不明で、鎌倉時代初期には成立していた。書名は三善為康《みよしのためやす》があらわした十二世紀の辞書『掌中歴《しょうちゅうれき》』(一部残存)・『懐中歴《かいちゅうれき》』(現存せず)を編集したことに由来し、掌中・懐中の両書に拠った場合は表示がある。『簾中抄《れんちゅうしょう》』など先行の辞書を取り込む一方で南北朝時代の後記があり、記載内容の時期を振り分けることが必要である。構成は「神代歴」から「十列歴」までの八十の部門のもとに事項を列挙し、平安時代後期の基礎的知識を網羅する。「姓戸歴」で挙げられる古代氏族名・「呪術歴」に収める各種の呪文・「宮城歴」の平安宮指図《さしず》・「名家歴」の京内邸第の一覧・「当任歴」での国司在任者と行程を付記した日本図など、注目すべき独自記載に富む。写本には鎌倉時代後期の尊経閣文庫本《そんけいかくぶんこ》(重要文化財)があり、影印本が出版されている(『尊経閣善本影印集成』一四—一六)。テキストでは改定史籍集覧本がある。

参考文献　川瀬一馬『古辞書の研究(増補版)』、一九六六、雄松堂出版。

(遠藤　慶太)

にっこう　日光　男体山《なんたいさん》を中心とする山岳信仰の霊場日光山に由来する地名。開山者は勝道《しょうどう》で、七八二年(天応二)に「補陀洛山《ふだらく》」(男体山)山頂をきわめ、七八四年(延暦三)には中禅寺湖畔に神宮寺を建立したという(「沙門勝道歴山水瑩玄珠碑幷序」『遍照発揮性霊集』)。このように日光山は神仏習合の霊場として成立し、二荒山神社・輪王寺はここに起源を有する。なお、男体山頂遺跡からは古墳—江戸時代の幅広い時代の遺物が出土しており、成立年代は確定できないものの、男体山周辺が早くから信仰の対象であり修行の場であったことが推測される。開山以後は、山下(現在の山内地区)に営まれた四本龍寺《しほんりゅうじ》と山上

の神宮寺とを核として次第に宗教活動を盛んにしていったらしい。十二世紀中期の別当聖宣の時代が日光山の発展期で、写経が盛んに行われ、一一四五年(久安元)には常行堂《じょうぎょうどう》が建立された。当時の写経事業を示すものとしては清瀧寺(日光市清滝)に大治四年(一一二九)・保延四年(一一三八)書写奥書をもつ『大般若波羅蜜多経』が残されているが、後者は「日光山」の表記の初見史料である。常行堂の建立にみられるように寺観も整えられたようで、一一四一年(保延七)に藤原敦光が著した『中禅寺私記』には、男体山を神域とし、中禅寺湖畔に中禅寺の伽藍《がらん》群や別所・日輪寺を構えるなど山上地区の形態を整えた日光山(日光山満願寺)の様子が記されており、一一五六年(保元元)には下野守源義朝が「造日光山功」で重任されている。十三世紀前期の別当弁覚《べんかく》の時代には、源実朝の帰依をうけて幕府との関係を深めるとともに、四本龍寺に代わる本坊光明院をはじめ多数の堂塔が再建・新造され、衆徒三十六坊・支坊三百余と称されるほど大きく発展した。また、十三世紀中期以降は貴族・皇族出身者が別当に補されるようになり、別当が鎌倉大御堂別当を兼ね、また日光山別当の多くが天台座主に補されるなど、その地位を高めることになった。一方、宇都宮・那須・大方・小山《おやま》など北関東の在地領主の出身者が衆徒として山内の諸坊を設けたことから、幕府・鎌倉府や諸領主間の対立に関わることにもなり、中世の日光山は信仰のみならず一つの武力としても重視される存在であった。この間、鎌倉時代末には日光連山を回峰する日光修験の形態も整い、室町時代にかけて隆盛を迎えた。男体山・女《にょ》峰山《ほうさん》・大真名子《おおまなご》山・太郎《たろう》山の四峰山頂には祭祀遺跡が確認されている。豊臣秀吉の小田原攻めに際して後北条方についたために山領のほとんどを没収され衰退したが、一六一三年(慶長十八)徳川家康により天海《てんかい》が貫首に任ぜられてから復興。一六一七年(元和三)徳川秀忠により家康の神霊(東照大権現)を祀る東照宮が創建されてからは徳川家最大の霊廟の地となり、日光神領が寄進されるなど幕府の保護をうけた。寛永年間(一六二四―四四)には徳川家光により東照宮の大造替が行われ、一六五三年(承応二)には家光を祀る大猷院霊廟《たいゆういんれいびょう》が造られた。一六五五年(明暦元)には輪王寺宮門跡《りんのうじのみやもんぜき》が創設され、宮門跡が日光門主となる体制が始まり、明治維新まで続いた。東照宮の創建・造替や将軍の日光社参などのために日光道中が整備されたが、公家・大名を含めた社参や庶民の参詣者の増加によって、日光山門前の鉢石《はついし》宿の発展をもたらすことになった。日光道中の一部は日光杉並木街道(特別史跡・特別天然記念物)として知られる。一八七一年(明治四)の神仏分離により、日光山は東照宮・輪王寺・二荒山神社に分立し、現在の二社一寺の形態になった。山内地区の二社一寺の主要建築は近世初期を代表するものとしてその多くが国宝・重要文化財に指定されているが、大ぶりの石を巧みに組み合わせた石垣や水路なども近世初期に完成される城郭築造技術をよく示す一例である。国史跡「日光山」に指定され、世界遺産「日光の社寺」としても登録されている。

参考文献　『栃木県史』通史編二―五、一九八〇―八四。『日光市史』上・中、一九七九。

（増渕　徹）

にっこうすぎなみきかいどう　日光杉並木街道　徳川家康・秀忠・家光の三代の将軍に仕えた松平正綱が、日光東照宮に至る日光道中・壬生《みぶ》通り(日光例幣使《れいへいし》街道)・会津西街道の三街道に植樹したことに始まる並木街道。総延長は約三七キロ、杉並木は現存数で約一万三千本に及ぶ。本格的な並木杉の植樹は寛永の大造替に先立ち一六二五年(寛永二)ごろから着手されたらしく、一六四八年(慶安元)に完成した。事業の概略を示す並木寄進碑は正綱の子の正信が建碑したもので、神橋《しんきょう》脇(親標)と、日光領の境界にあたる日光道中の大沢《おおさわ》宿南、壬生通りの小倉《こぐら》村入口、会津西街道の大桑《おおくわ》宿北の三ヵ所(境標)に残る。一七〇〇年(元禄十三)の日光奉行の設置以後、その管理下に置かれ保護されたが、廃藩置県以後は官有となり、一九〇五年(明治三十八)に杉並木のみが東照宮に返還された。国特別史跡・特別天然記念物。

（増渕　徹）

にっこうとうしょうぐう　日光東照宮　栃木県日光市山内に所在する神社で、徳川家康(東照宮大権現)を祀る。正式名称は東照宮。一六一五年(元和元)に東照社として造営を開始、一六一七年に竣工し、同年に家康の神霊を駿府久能山からうつして正遷宮が執行された。一六三四(寛永十一)―三六年にかけて実施された三代将軍家光時代の大規模な造替によって、今日に残る豪奢・荘厳な新社殿が造営された。社殿は本殿と拝殿を石の間でつなぐ権現造りの代表として知られる。家光時代には、こののち奥院の石宝塔・相輪橖《そうりんとう》の造立や石垣普請が行われ、諸大名も多くの寄進を行なっている。一六四五年(正保二)には宮号が宣下されて東照宮と改称し、翌年には朝廷から奉幣使が派遣され、これが日光例幣使のはじまりとなった。社領は秀忠時代に五千石、家光時代には日光山領とあわせて七千石、家綱時代には一万石になった。江戸時代における徳川家最大の廟所であり、将軍の日光社参や朝廷の例幣使派遣をはじめ、諸大名・公家・庶民などの参詣の対象となって発展した。もともと日光山は神仏習合の祭祀形態であり、東照宮の創建以後は同宮が一山の中心的位置を占めたが、明治の神仏分離により二荒山神社・輪王寺を分離し神社として独立した。本殿・石の間及び拝殿など国宝八棟、重要文化財三十四棟を有する。これらの建築群は寛永期を代表する建築であり、石垣なども近世初期に完成された土木技術の粋を示す。国史跡「日光山」および世界遺産「日光の社寺」を構成する一つ。

参考文献　『日光市史』中、一九七九。

（増渕　徹）

にっこうどうちゅう　日光道中　江戸幕府の道中奉行が管轄した五街道の一つ。江戸を起点に千住《せんじゅ》・草加《そうか》・越谷・粕壁(春日部)・杉戸・幸手《さって》・栗橋《くりはし》・中田・古河《こが》・野木・間々田《ままだ》・小山《おやま》・芋ガラ新田・小金井《こがねい》・石橋《いしばし》・雀宮《すずめのみや》・宇都宮・下徳次郎《とくじら》・中徳次郎・上徳次郎・大沢《おおさわ》・今市《いまいち》・鉢石《はついし》を経て日光坊中に至る。付属する支道に、江戸から岩淵《いわぶち》・川口《かわぐち》・鳩ヶ谷《はとがや》・大門《だいもん》・岩槻《いわつき》を経て幸手で日光道中に合流する、将軍の日光社参《しゃさん》に用いられることの多かった御成《おなり》道《どう》と、小山から飯塚《いいづか》・壬生《みぶ》を経て楡木《にれぎ》で例幣使《れいへいし》街道を合わせ、奈佐原《なさはら》・鹿沼《かぬま》・文挟《ふばさみ》・板橋《いたばし》を経て今市に至る壬生通りがあり、このうち日光から大沢・文挟それぞれに至る街道縁辺には杉並木が形成されている(日光杉並木街道の一部)。宇都宮以南の道は奥州につながる主要道として江戸時代初期から整備されたが、日光・宇都宮間の日光道中と壬生通りは東照宮の創建に伴って整備されている。その背景には、寛永期の東照宮造替、将軍の日光社参、日光例幣使の往復、日光奉行所の役人や火番勤務の八王子千人同心の往復など、主に武家や公家の日光関係者の利用があった。 (増渕 徹)

にったのさく 新田柵 奈良時代前半に律令政府が蝦夷支配を目的として陸奥国内陸部に造営した城柵。『続日本紀』天平九年(七三七)四月戊午(十四日)条に、多賀柵・玉造柵・牡鹿《おしか》柵・色麻《しかま》柵とともに初見し、「天平五柵」ともされる。鎮守将軍大野東人《あずまひと》が陸奥国から出羽柵に至る直路を開こうとした際、これらの五柵に鎮兵と指揮官を派遣して守らせた記事に「判官正六位上大伴宿禰美濃麻呂鎮新田柵」とある。所在地としては、宮城県大崎市田尻大嶺・八幡にあり、大崎八幡神社周辺から奈良時代の瓦が出土することで古くから知られていた新田柵推定地が比定されている。この遺跡の発掘調査では丘陵尾根上で外郭を区画する築地塀跡や門跡、その南東部の沖積地で内部を区画するとみられる材木塀跡などの遺構や円面硯などの遺物が発見されているが、全体規模や構造などは今のところ明らかではない。遺跡の約三キロ東には多賀城創建期の瓦を生産した国史跡木戸瓦窯跡がある。

参考文献 田尻町教育委員会編『新田柵跡推定地』(『田尻町文化財調査報告書』三一九、一九九八–二〇〇三)。車田敦「新田柵跡推定地の概要」(第二九回古代城柵官衙遺跡検討会資料)、二〇〇三。 (白鳥 良二)

新田柵　丸太材を建て並べた材木塀跡

にのみやかまあと 二ノ宮窯跡 平安時代から鎌倉時代にかけて操業していたと推測される窯跡。香川県三豊市高瀬町羽方にある大水上神社境内に所在。一九三二年(昭和七)に国の史跡に指定。境内を通る道の南斜面に二基確認されており、一二メートルの間隔で西に一号窯跡、東に二号窯跡がある。一号窯跡は全長約三・八メートル、底面は傾斜している。燃焼室と焼成室は明確な段がなく移行しており、平窯と窖窯の特徴を合わせもっている。焼成室はやや楕円形で葉脈のような溝が五条走っている。二号窯跡は、焼成室の平面が方形で、底の傾斜が約一〇度とほぼ水平な平窯で、一号窯跡と異なる。一号窯跡からは忍冬唐草文軒平瓦、二号窯跡からは三巴文軒丸瓦だけでなく、杯や硯も出土している。本来、神社の建造物には瓦は不要であるが、一一九八年(建久九)の大水上神社社領目録に「別当清澄寺」と「別当神宮寺」の記述があり、本窯が生産した瓦は、こうした大水上神社の別当寺に葺かれた可能性がある。

参考文献 『高瀬町史』通史編、二〇〇五。 (渋谷 啓二)

にほんいっし 日本逸史 賀茂御祖《かものみおや》神社禰宜であった鴨《かもの》祐之《すけゆき》が、当時散逸したと考えられていた『日本後紀』の欠落を補うために、『類聚国史』『日本紀略』『公卿補任』などの諸書から、七九二年(延暦十一)から八三三年(天長十)までの関係史料を蒐集し編年した書。四十巻。一六九二年(元禄五)成立。一七二四年(享保九)に「日本逸史考異」を付して刊行された。その後『日本後紀』残巻が一部発見され、またより厳密な『日本後紀』逸文の蒐集が進められたことにより、現在はその史料的価値が減じているが、研究史的意義はもとより、厳密な意味での逸文のみならず関連史料を博捜している点は、今なお有用であるといえる。『(新訂増補)国史大系』に清書原本(現所在不明)による翻刻が収められている。

参考文献 三橋広延「国史大系「日本逸史」付載資料の内容と伝来」(『国史学』一五五、一九九五)。同「神宮文庫所蔵『奉納日本逸史記』」(『ぐんしょ』再刊三〇、一九九五)。山本信吉「日本逸史」(皆川完一・山本信吉編『国史大系書目解題』下所収、二〇〇一、吉川弘文館)。 (小倉 慈司)

にほんぎしき 日本紀私記 奈良時代から平安時代にかけて行われた『日本書紀』講書の際の記録。『日本書紀私記』とも。『本朝書籍目録《ほんちょうしょじゃくもくろく》』には『養老五年私記』一巻・『弘仁四年私記』三巻(多人長《おおのひとなが》撰)・『承和六年私記』(菅野《すがのの》高年《たかとし》撰)・『元慶二年私記』一巻(善淵愛成《よしぶちのちかなり》撰)・『延喜四年私記』一巻(藤原春海《ふじわらのはるみ》撰)・『承平六年私記』(矢田部公望《やたべのきんもち》撰)・『康保二年私記』(橘 仲遠《たちばなのなかとお》撰)・『日本紀私記』三巻、また『日本紀問答』一巻がみえている。現在、四種類(甲本・乙本・丙本・丁本)の残巻が伝わり、『(新訂増補)国史大系』に収録されている(乙本は『神宮古典籍影印叢刊』に影印あり)が、この内の甲本が弘仁度のもので、丁本が承平度のものと考えられている。これに対し乙本や丙本は、講書の際の講義録そのものではなく、それに基づいて写本に付された片仮名訓を資料として平安時代後期もしくは鎌倉時代に集成された和訓集であると考えられている。以上のほか、『日本書紀』古写本や『釈日本紀』『和名類聚抄』などの諸書に逸文がみえる。

参考文献　北川和秀「日本書紀私記」(皆川完一・山本信吉編『国史大系書目解題』下所収、二〇〇一、吉川弘文館)。神野志隆光「『日本書紀私記(丁本)』論のために」(伊藤博・稲岡耕二編『万葉集研究』二五所収、二〇〇一、塙書房)。(小倉　慈司)

にほんきりゃく　日本紀略　神代から後一条天皇までの編年体史書。このうち神代巻部分は後世に補われたもので、本来は存しなかったとする説が有力。本来の巻数は不明だが、現行刊本は三十四巻。十一世紀後半から十二世紀ごろの成立か。編者については、近年、大江氏とする説が提出されている。内容は、六国史の範囲についてはおおよそその抄出であり(ごく一部に現行六国史にみえない記事を掲載する)、宇多天皇紀以下は未完に終わった『新国史《しんこくし》』や「外記日記《げきにっき》」を編纂材料とし、『吏部王記《りほうおうき》』『水心記《すいしんき》』『宇多天皇御記《うだてんのうぎょき》』などの私日記も参照して作成されている。「日本紀略」の書名は近世に名付けられたもので、本来の書名は不詳(『本朝書籍目録《ほんちょうしょじゃくもくろく》』にみえる「日本史記略」に該当するとの説がある)。「扶桑略記」「日本紀類」「編年紀略」などの外題を持つ写本があり、また醍醐天皇から後一条天皇までの部分に関しては「九代略記」「九代実録」などとも呼ばれた。一乗院伝来本を幕末に転写した久邇宮本(宮内庁書陵部所蔵)が善本として著名であるが、江戸時代前期写の東山御文庫本も同系統の写本である。刊本に『(新訂増補)国史大系』などがある。

参考文献　石井正敏「日本紀略」(皆川完一・山本信吉編『国史大系書目解題』下所収、二〇〇一、吉川弘文館)。平田俊春『私撰国史の批判的研究』、一九八二、国書刊行会。細井浩志「『日本紀略』後篇の史料的構造と『新国史』の編纂過程について」(『史学雑誌』一一二ノ一、二〇〇三)。(小倉　慈司)

にほんこうき　日本後紀　六国史の第三。七九二(延暦十一)―八三三年(天長十)の編年体史書。八四〇年(承和七)撰上。もと四十巻あったが中世末までに散逸し、江戸時代後期に現存十巻分が発見されるまで、同時代史料を蒐めた『日本逸史』や偽書なども作られた。編纂は嵯峨・淳和・仁明朝に三次にわたって行われたが、一貫して事にあたったのは藤原緒嗣一人である。天皇を含む人々の逝去記事に付された鋭い批評や、和歌の採録などに著しい特色がみられ、これを緒嗣の性格に帰する説もある。しかし、九世紀における貴族官人らの歴史意識や、その背景にある政治動向なども考慮する必要があろう。『(新訂増補)国史大系』三、『(増補)六国史』五・六(一九四〇-四一、朝日新聞社)に収録され、後者には『類聚国史』『日本紀略』などから蒐集された逸文集も付された。逸文を含めた校注書として、黒板伸夫・森田悌編『訳注日本史料・日本後紀』(二〇〇三、集英社)がある。

参考文献　坂本太郎『六国史』(『日本歴史叢書』、一九九四、吉川弘文館)。笠井純一「『日本後紀』の撰者と編纂の背景」(直木孝次郎先生古稀記念会編『古代史論集』下所収、一九八八、塙書房)。山本信吉「日本後紀」(坂本太郎・黒板昌夫編『国史大系書目解題』下所収、二〇〇一、吉川弘文館)。(笠井　純二)

にほんこうこがくきょうかい　日本考古学協会　一九四八年(昭和二十三)、静岡県登呂遺跡の発掘調査を契機に、考古学研究者の全国的な組織として発足した学会。日本の考古学研究者が自主・民主・平等・互恵・公開の原則のもとに、考古学の発展をはかることを目的とする。会員間および関連学会との研究協力や交流を推進するとともに、考古学の研究条件の改善、各地で開発に関連して生じている埋蔵文化財の保護問題にも積極的に取り組んでいる。組織は委員会と臨時に設ける特別委員会から構成され、毎年、首都圏で総会(春)、それ以外の地域で大会(秋)を一回ずつ開催。一九四八年から、『日本考古学年報』、一九九四年から機関誌『日本考古学』を刊行。特別委員会の活動では、弥生時代の農耕文化出現の研究、洞穴遺跡の研究をはじめ、二〇〇〇年秋に起こった前・中期旧石器遺跡の捏造《ねつぞう》問題の解明に尽力した。一九六〇年代から法人化をめざし、二〇〇四年に有限責任中間法人になった。会員は四〇六三名(二〇〇六年五月現在)。

参考文献　日本考古学協会編『日本考古学を見直す』、二〇〇〇、学生社。(小笠原好彦)

にほんこうこがっかい　日本考古学会　日本における考古学関係の学会で最も古い歴史をもつ。一八九五年(明治二十八)に考古学会として創立した。創立当初は下村三四吉が会務を担当し、三宅米吉・福地復一が幹事であったが、一九〇一年から三宅米吉が会長となり一九二九年(昭和四)まで長期間務めた。その後会長は坪井九馬三、黒板勝美、第二次世界大戦後は原田淑人、和田軍一、三上次男、関野雄、藤田国雄、三宅俊之らがなり、現在は奥村秀雄である。事務所は一九三六年から東京帝室博物館内に置かれ、戦時中一時吉川弘文館に置かれたが、戦後は現在まで東京国立博物館に置かれている。一九〇四年ごろ高橋健自が幹事に加わり、長く会の運営の中心となった。以来、帝室博物館、国立博物館を母体として発展し、一九四一年日本考古学会と改称し現在に至る。会創立の翌一八九六年に機関誌として『考古学会雑誌』を発刊し、一九〇〇年三編四号まで二十八冊を発行。次号から『考古』と改題し一―七号、翌一九〇一年から『考古界』と改題し一九一〇年の八編十二号まで九十六冊を発行した。同年に月刊誌として『考古学雑誌』を創刊したが、一九四五年三月から一九四七年九月まで一時中断し、その後一九五〇年まで不定期化する。一九五一年より年四回の定期刊行物として現在に至り、第九十巻第一号まで発行されている。

参考文献　「日本考古学会一〇〇年史」(『考古学雑誌』八二ノ一、一九九六)。(松浦宥一郎)

にほんこうそうでんようもんしょう　日本高僧伝要文抄　東大寺の学僧宗性《そうしょう》が編纂した日本の僧侶の伝記抄出集。

全三冊で、自筆原本が東大寺図書館に蔵される(重要文化財)。一二四九年(建長元)に本書編纂のための目録ともいうべき『日本高僧伝指示抄』の作成とともに本書を作成、ついで一二五一年に至り増補がなされ、現状のかたちに改編された。内容は『婆羅門僧正《ばらもんそうじょう》伝』『弘法大師伝』『書《しょ》写上人《しゃしょうにん》伝』『陽勝仙人《ようしょうせんにん》伝』『伝教大師伝』『慈覚大師伝』『智証大師伝』などの個別僧伝からの抄出と思託《したく》撰『延暦僧録』からの抄出で、計四十二名の伝記を収録する。諸僧伝より宗性が関心を抱いた箇所を抜書したものであるが、改編等は加えておらず、『延暦僧録』などの散逸した僧伝の逸文を伝えるものとして貴重であり、原書が現存するものも校訂に資する点がある。刊本に『(新訂増補)国史大系』があり、『延暦僧録』部分に関しては藏中しのぶによる影印がある(「『延暦僧録』註釈」一(『大東文化大学紀要』人文科学三〇、一九九二))。

参考文献 横内裕人「日本高僧伝要文抄」(皆川完一・山本信吉編『国史大系書目解題』下所収、二〇〇一、吉川弘文館)。平岡定海『東大寺宗性上人之研究並史料』、一九五八－六〇、日本学術振興会。 (小倉 慈司)

にほんこぶんかけんきゅうじょ 日本古文化研究所 黒板勝美が岩崎小弥太などの寄付をもとに設立した民間の研究所。日本歴史の総合的な調査研究を目的とする。一九三四年(昭和九)から一九四三年まで活動した。藤原宮阯伝説地高殿の調査、建武中興及び吉野朝関係遺蹟の調査、薬師寺伽藍の研究、薬師寺西塔阯の発掘、西大寺古書古文書の調査、近江鏡山及び山城久我の異式宝篋印塔の調査、近江雪野寺阯の調査、近畿を中心とする古墳墓の調査、奈良県北倭村(現生駒市)窯址の調査、伝阿倍寺阯の調査、岐阜県西高木家文書の調査、上野国総社二子古墳(郡馬県前橋市総社町)の調査、奈良時代古瓦の調査、秋篠寺々地の調査、唐招提寺の古書古文書の調査、阿蘭陀風説書の研究、本薬師寺々地の調査、上代皇居阯の調査、国府及び駅の研究、法隆寺西円堂奉納武器の調査、怡土城阯の調査、西都原古墳(宮崎県西都市)の調査、六国史索引の編纂などにあたり、公刊された調査報告書は計十一冊に及ぶ。なかでも、足立康・岸熊吉・松崎宗雄らによって推進された藤原宮中枢部の発掘調査は、未解決であった藤原宮の位置を確定させ、建物の基本配置を明らかにするなど画期的成果をもたらした。

参考文献 和田軍一「日本古文化研究所」(黒板博士記念会編『古文化の保存と研究』所収、一九五三)。岸熊吉「藤原宮址発掘経過報告」(飛鳥資料館編『藤原宮』所収、一九六四)。 (市 大樹)

にほんさんだいじつろく 日本三代実録 六国史の一つで、清和・陽成・光孝天皇の三代三十年間についての勅撰編年体史書。五十巻。八九二年(寛平四)もしくはその翌年ごろに宇多天皇の勅命により源能有《よしあり》・藤原時平・菅原道真・大蔵善行《おおくらのよしゆき》・三統理平《みむねのまさひら》によって編纂が開始され、九〇一年(延喜元)八月に完成し醍醐天皇に奏上された。それ以前の五国史が干支で日を表示していたのに対し、日子も併記している点、また全般的に記事の分量が多く、特に年中行事や詔勅表奏などの記事が詳細である点に特色がある。また編纂材料の一つに「外記日記」が用いられたことが明らかにされている。現存の写本はいずれも三条西実隆《さんじょうにしさねたか》・公条《きんえだ》父子の書写による本を祖本としており、一部脱文や省略された箇所がある点、注意を要する。刊本は『(新訂増補)国史大系』などがある。また逸文や関連史料が小山田和夫編著『三代実録係年史料集成』(一九八二、国書刊行会)に集成されている。

参考文献 坂本太郎『六国史』(『坂本太郎著作集』三、一九八九、吉川弘文館)。井上薫「日本三代実録」(坂本太郎・黒板昌夫編『国史大系書目解題』上所収、一九七一、吉川弘文館)。柄浩司「『日本三代実録』の編纂過程と『類聚国史』の完成」(『中央大学文学部紀要』一八二、二〇〇〇)。 (小倉 慈司)

にほんしょき 日本書紀 六国史の最初に位置する勅撰国史。『古事記』と合わせ「記紀」と称される。舎人《とねり》親王ら撰。神代と神武天皇より持統天皇十一年(六九七)までを記す。本文全三十巻で、ほかに系図一巻があったが散逸。六八一年(天武天皇十)三月に川島皇子らに詔して帝《てい》紀《き》および上古の諸事を記し定めしめたのが編纂の開始と考えられ、その後変遷を経て最終的に七二〇年(養老四)五月に完成奏上された(この時の『続日本紀《しょくにほんぎ》』の記事には「日本紀」とみえる)。編纂にあたっては帝紀・旧辞《きゅうじ》や諸氏の記録・寺院縁起・中国の史書・百済関係記録などが材料とされ、『修文殿御覧《しゅうぶんでんぎょらん》』などの漢籍による潤色も指摘されている。時代をさかのぼるにつれて説話・伝承的要素が強まるが、七世紀部分においても記事の重出などがみられ、注意を要する。古写本は大きく卜部家本系統とそれ以外の系統に分かれるが、その多くは影印本や複製が刊行されている。翻刻には『日本古典文学大系』『(新訂増補)国史大系』などがある。

参考文献 坂本太郎『古事記と日本書紀』(『坂本太郎著作集』二、一九八八、吉川弘文館)。同『六国史』(『坂本太郎著作集』三、一九八九、吉川弘文館)。森博達『日本書紀の謎を解く』(『中公新書』一五〇二、一九九九、中央公論新社)。 (小倉 慈司)

にほんちりしりょう 日本地理志料 邨岡良弼《むらおかりょうすけ》(一八四五－一九一七)が、『和名類聚抄』国郡郷里部に挙げられた地名を考証し、注釈した書物。七十一巻、付録一巻から成り、一九〇二年(明治三十五)から翌年にかけて出版された。その考証は詳細で、定評ある吉田東伍『大日本地名辞書』(一九〇〇年)と並び賞される。歴史考古学との関係では、遺跡が所在する旧国郡郷里名を確認することは重要であり、その際に参考になる。池邊彌『和名類聚抄郡郷里駅名考証』(一九八一年、吉川弘文館)は、その後に増加した木簡史料をも含めているが、原典とともに、本書に戻る価値がある。テキストとして、京都大学・邨岡良弼『諸本集成倭名類聚抄』外篇(一九七七年、臨川書店)

が挙げられる。（藤田 裕嗣）

にほんとう 日本刀 ⇩刀剣《とうけん》

にほんまつじょう **二本松城** 中近世の安達地方を治めた大名らの居城で、霞ヶ城・白旗城とも呼ばれる。福島県二本松市郭内所在。標高三四五メートル、比高差約一四〇メートルの白旗ヶ峰と呼ばれる丘陵に位置する。一四一四年（応永二十一）あるいは嘉吉年間（一四四一―四四）に畠山満泰が築いたと伝えられ、一五八六年（天正十四）に伊達政宗に滅ぼされるまで畠山氏の居城。奥羽仕置後、会津藩の支城となり、一六四三年（寛永二十）に丹羽光重が白河から転封し、二本松藩十万石の居城となる。中世の二本松城は本城を中心に、尾根筋に松森館・鹿子田館・新城館・箕輪館・本宮館・栗ヶ柵館を配し、東側に開く馬蹄形状の平面形を呈した。一九八二年（昭和五十七）に箕輪門が再建され、一九九五年（平成七）までに本丸周囲の石垣も修築復元され、蒲生氏から丹羽氏に至る歴代の石垣構築技法が復元されている。継続して行われている発掘調査では、中世から近世の遺構・遺物や、中世末期の石積み石垣も発見されている。

参考文献 二本松市教育委員会編『二本松城址』Ⅰ―Ⅵ、一九九二―二〇〇三。（平田 禎文）

にほんまつはんかいせきめいひ **二本松藩戒石銘碑** 福島県二本松市郭内にある、藩政改革と綱紀粛正の指針を刻んだ碑。旧二本松城の藩庁跡前の巨大な花崗岩露出面に、縦一・〇三メートル、横一・八二メートルに削り出した碑面がある。銘文は、「爾俸爾禄《なんじのほうなんじのろくは》 民膏民脂《たみのこうたみのしなり》 下民易虐《かみんしいたげやすく》 上天難欺《じょうてんあざむきがたし》」という十六字を四行に刻したものである。国指定史跡。一七四九年（寛延二）、二本松藩五代藩主丹羽高寛《にわたかひろ》によって招かれた儒学者岩井田希夷《いわいだきい》（昨非《さくひ》と号す）が、宋の黄庭《こうてい》堅《けん》の名言に範をとったものである。すでに紀伊大納言徳川宗直が、元禄期に同文を示して家臣を訓戒した先例が知られる。岩井田希夷は幕府の儒官桂山彩巌《かつらやまさいげん》に学び、二本松藩の教育・軍制・民政などの改革を実行したが、戒石銘完成の翌年には家臣の反対派による字句の曲解に端を発した一揆（昨非騒動）が起こり辞職した。一七五八年（宝暦八）三月に隠退のまま死去した（六十一歳）。

参考文献 福島県教育委員会編『福島県の文化財―国指定文化財要録』、一九八九。『二本松市史』通史編一、一九九九。（山名 隆弘）

にほんもんとくてんのうじつろく **日本文徳天皇実録** 五番目の勅撰史書、十巻。「文徳実録」とも略称され、文徳天皇一代（八五〇―五八）を収録する。八七一年（貞観十三）ごろから編纂が始まり、八七九年（元慶三）に完成した。藤原基経《ふじわらのもとつね》・南淵年名《みなぶちのとしな》・大江音人《おおえのおとひと》・善淵愛成《よしぶちのちかなり》・都良香《みやこのよしか》・島《しま》田良臣《だのよしおみ》・菅原是善《すがわらのこれよし》が編纂に関与し、序文は菅原道真《みちざね》による。薨卒伝については五位官人まで採録することを原則とし、記述も懇切である。宣命《せんみょう》を「策命」「策文」と称し、災異記事に『春秋公羊伝《しゅんじゅうくようでん》』の常套句を付すなどの独自色があり、八五〇年（嘉祥三）の橘《たちばなの》嘉智子《かちこ》の転生譚、八五五年（斉衡二）の地震による東大寺大仏の落頭、八五六年の交野《かたの》の郊祀《こうし》などは詳細に記述されている。現存写本はすべて十六世紀の三条西家本（現存せず）の転写で、広橋家旧蔵本（大東急記念文庫）・谷森善臣《たにもりよしおみ》旧蔵本（宮内庁書陵部）が善本である。テキストには朝日新聞社本・新訂増補国史大系本がある。

参考文献 坂本太郎『六国史』（『日本歴史叢書』、一九七〇、吉川弘文館）。松崎英一「日本文徳天皇実録」（皆川完一・山本信吉編『国史大系書目解題』下所収、二〇〇一、吉川弘文館）。（遠藤 慶太）

にほんりょういき **日本霊異記** 仏験の霊異にかかわる説話百十六話を収めた仏教説話集。『日本国現報善悪霊異記』が正式名。編者は薬師寺僧景戒。三巻。成立年は不明であるが、内容から八二二年（弘仁十三）以後まもなく成立したと推定されている。各巻に付された序によれば、その編纂の意図は、律令体制の弛緩した時期にあたる景戒の生きた時代を末法の世とする認識に立ちつつ、末法の世に生きる人々の悪心を、仏教の因果応報の教理を提示して済度しようとするところにあった。収録説話は基本的に時代順に配列されているが、その背後にはみずから仏教に帰依した聖武天皇の時代を仏教史の頂点に位置づけようとする景戒の仏教史観をうかがうことができる。なお、説話は基本的に私度僧の間に伝わる伝承と見られ、そこに展開される伝承世界は官撰の史書類とは異なる立場による証言として貴重である。テキストは『新日本古典文学大系』三〇など。

参考文献 日本霊異記研究会編『日本霊異記の世界』、一九八二、三弥井書店。多田一臣『古代国家の文学』、一九八八、三弥井書店。中村史『日本霊異記と唱導』、一九九五、三弥井書店。（矢嶋 泉）

にほんれきしちりがっかい **日本歴史地理学会** 明治中期以来の歴史を誇る史学関係の学会。一八九九年（明治三十二）四月に喜田貞吉・大森金五郎・堀田璋左右ら十名の発起によって創立された日本歴史地理研究会を前身とする。日本歴史地理学会への改称は、一九〇六年十月。機関誌『歴史地理』は、一八九九年十月の創刊であり、史学関係の雑誌では『史学雑誌』につぐ歴史を有するが、第九三巻二号（一九七七）以降は休刊の状態。創刊号に載せられた同研究会の規約第一條では、研究綱目として、古蹟（旧都、社寺、陵墓、古城趾、古戦場、名所等）のほか、地勢の変遷、古今の地理上の智識、政治地理が掲げられており、当初は「歴史地理学」を標榜していたが、次第に「歴史と地理」学に推移していった。毎月談話会を開催し、一九〇八年から一九二〇年代ごろまで講演会・講習会を各地で盛んに行なった。このように、特色として、地方の郷土研究者と緊密な関係をもち、地方的な存在であった点が挙げられる。

参考文献 『歴史地理』五四ノ六（本会創立三拾週年記念号）、一九二九。（藤田 裕嗣）

にょいりんじ **如意輪寺** 奈良県吉野郡吉野町吉野山に

ある浄土宗の寺院。山号は塔尾山《とうのおさん》。延喜年間(九〇一―二三)に日蔵道賢《にちぞうどうげん》の開基と伝えられる。本堂は四注造檜皮葺《ひわだぶき》で本尊は如意輪観音坐像。境内に隣接して後醍醐天皇の塔尾陵《とうのおりょう》(延元陵)がある。一三三九年(延元四)後醍醐天皇が吉野で崩じ、この地に北向きに葬られた。村上天皇の一三四七年(正平二)十二月、楠木正行《まさつら》の一族郎党百四十三人が四条畷《しじょうなわて》の決戦に向うにあたり、本堂如意輪堂に詣で髻《もとどり》を切って仏前に奉納、過去帳に姓名を記し、鏃《やじり》にて御堂の扉に「かえらじと(下略)」の辞世の歌を残して四条畷に向かった(『太平記』)。一三九二年(明徳二)「西大寺諸国末寺帳」に如意輪寺が西大寺の末寺と記されており、南北朝時代には律宗寺院であった。江戸時代初期には荒廃し、一六五〇年(慶安三)、鉄牛が本堂を大修理して浄土宗に転派して今日に至る。寺宝に、木造厨子入蔵王権現像(鎌倉時代後期)や阿弥陀如来像(平安時代後期)、吉野曼陀羅図(室町時代)などがある。 (吉井 敏幸)

にょらい 如来 仏《ぶつ》の尊称の一つ。仏教の開祖、ブッダの呼び名として用いられ始め、悟りを開いた超越的な存在である諸仏に対しても用いられるようになった。また、仏像の製作が始まるようになると、こうした尊格を造形化するさまざまな種類の如来像が各地で盛んに製作されるようになる。日本では、釈迦・薬師・阿弥陀・弥勒・大日・盧舎那《るしゃな》(毘盧舎那《びるしゃな》)などの如来の造形化が行われているが、このうち最も初期に出現するのが仏像の根本とも見なされてきた釈迦像で飛鳥時代から造像が行われている。また奈良時代に入ると造形化される如来像の種類は増大する。こうした如来像の造形化は当然のことながら仏教信仰の展開によって変化し、大日如来像は平安時代初期の密教教団の誕生によって造形化が始まり、また阿弥陀如来像は平安時代中期以降浄土信仰の隆盛とともに作例が増大している。なお、日本でみられる如来像は、菩薩形の大日如来を除き、頭髪を螺髪《らほつ》とし、衲衣《のうえ》を纏う程度の質素な姿で表されるのが一般的である。 ↓菩薩《ぼさつ》 ↓明王《みょうおう》

参考文献 『国宝・重要文化財大全』三、一九九八、毎日新聞社。田中義恭・星山晋也『目で見る仏像(完全普及版)』、二〇〇〇、東京美術。 (根立 研介)

にらやまはんしゃろ 韮山反射炉 幕末に築造され、ほぼ完全な形で現存するわが国唯一の反射炉。静岡県伊豆の国市鳴滝《なるたき》に所在。高島秋帆《たかしましゅうはん》に学んだ江川太郎左衛門英《えがわたろうざえもんひで》竜《たつ》(坦庵《たんあん》、一八〇一―五五)によって一八五四年(安政元)に着工され、死後、その子英敏により、一八五七年に完成。品川台場に設置する鉄製の大砲の生産を主目的とした。当初の建設地は資材や製品の輸送の便から下田が選ばれたが、ペリー艦隊への秘密保持の必要から現在地に移った。炉体を中心に、砲身を繰り抜く錐台小屋など大小の作業小屋を備えた大砲製造工場であった。連双二基(四炉)。炉体部は伊豆石による石積、煙突部は煉瓦積である。耐火煉瓦の土は賀茂郡河津町梨本産の粘土が利用された。維新後、幾度か崩壊の危機に瀕したが、文化財として保存され、反射炉は欧米では効率のよい高炉にとってかわられ遺存していないことから世界的にも貴重といえる。一九五六年(昭和三十一)度―五七年度および一九八五年度―八八年度に保存修復がなされている。

参考文献 韮山町教育委員会編『史跡韮山反射炉保存修理事業報告書』、一九九九。 (佐藤 正知)

にわとり 鶏 中国南部、インドカシミール地方から東南アジアに分布する、ジュンケイ目キジ科セキショクヤケイを七、八千年前に家禽化したもの。中国磁山遺跡での出土が著名である。ギリシャ周辺には、三、四千年前に、西ヨーロッパには前五世紀ごろひろがった。日本には弥生時代に伝播した。唐古・鍵遺跡には鶏の頭部を表した土製品があり、古墳時代には多くの鶏形埴輪が作られた。静岡県登呂、長崎県カラカミ山、原《はる》ノ辻《つじ》などの遺跡から報告例があるが、近年の発掘では類例が見られない。鶏の用途は、時告げ、宗教的なシンボル、闘鶏、肉・卵の食用などが考えられる。『古事記』には朝の到来を告げる鶏が描かれる。死者の霊を慰めるものとしては、鶏形埴輪・木製の鶏形がある。食用としての鶏は『日本書紀』の六七五年(天武天皇四)に、「莫食牛馬犬猿鶏之宍」とあるが、どれほど食用にされたのかは不明である。供献物として、『延喜式』に「山口神祭(中略)鶏二翼(雄一、雌一)鶏卵十枚」などと記される。闘鶏は『日本書紀』雄略紀に占いの手段として、絵画としては『年中行事絵巻』に描かれる。広島県草戸千軒町遺跡では、食用にされたニワトリの大腿骨が出土している。

参考文献 B. West and Ben-Xing Zhou: Did Chickens Go North?, Journal of Archaeological Science 15, 1988. 山口健児『鶏』(『ものと人間の文化史』四九、一九八三、法政大学出版局)。秋篠宮文仁編著『鶏と人』、二〇〇〇、小学館。 (松井 章)

にんぎょう 人形 人間の形を模して作られたもの。人形という呼び方は、鎌倉時代初期からといわれる。古くは神霊の依《よ》り代《しろ》と考えて信仰の対象とした。旧石器時代のこけし形石偶、縄文時代の土偶、弥生時代の木偶などがその源流である。また、人間の分身的存在とみなして呪術に用いた。五世紀後半以後に現れる人物埴輪《はにわ》は、祭具であるとともに、人間の形代《かたしろ》として当時の風俗をよく反映している。七世紀後半に始まる大祓《おおはらえ》では、薄い木片を加工した人形《ひとがた》を用い、これに穢れを移して河川や溝に流した。罪や穢れを負わせた大人形を村境まで送り、焼却したり川へ流す「人形《ひとがた》送り」の行事は、現在も全国的に分布している。大祓の人形《ひとがた》は流し雛の習俗を生み、室町時代中期ごろ、三月三日に雛人形を飾るようになった。また、平安時代には、幼児の枕辺に魔除けの意味で「あまがつ」と呼ばれる人形《ひとがた》を置く風習が始まり、貴族階級の子女が日常的にままごとのような「ひいな遊び」をしたことも『源氏物語《げんじものがたり》』などから知られる。一方、信仰の対象としての人形は、これを操る宗教者を生み、人形ま

わしの芸能へと発展した。平安時代末期の『傀儡子記《かいらいしき》』(大江匡房《おおえのまさふさ》)に、集団で諸国を流浪しながら木製や土製の人形を舞わす芸能者のことが記されている。東北地方に残る「おしら遊び」のように、民間祭祀で人形を使うものは現在も多い。また、大嘗会《だいじょうえ》の標山《しめのやま》の形を写したとされる祭礼の山車《だし》にも依り代としての人形が置かれ、からくり仕掛けで動くものもある。江戸時代は人形文化の全盛期で、さまざまな操法による人形芝居、からくり人形やリアルな造型の「生《いき》人形」を使った見世物が生まれた。観賞用の人形でも、雛人形や端午《たんご》の節句に飾る五月人形が、時代ごとにさまざまな様式を生むとともに、次第に豪華さを加えていった。また、御所人形、加茂人形、嵯峨人形などが京都で考案されたほか、素朴な土人形や張子、練り物の人形が全国各地の郷土玩具として生まれている。

参考文献　山田徳兵衛『新編日本人形史』、一九六一、角川書店。

(石橋健一郎)

にんしょうばか　忍性墓　一三〇三年(嘉元元)、鎌倉極楽寺長老の忍性はその死に際し、みずからの遺骨を極楽寺のほか、大和の額安寺、竹林寺の三ヵ所に分骨することを命じた。額安寺は忍性が十六歳で出家した場であり、竹林寺は忍性が十九歳から六ヵ年にわたり毎月参詣を続けた聖地である。極楽寺の忍性墓五輪塔は、切石積の基壇および側面に二区の格狭間を配する複弁反花座を有する。高さは反花座を含めて三五七センチ、五輪塔本体の高さは三〇八センチを測る。格狭間を配した反花座を有する点や、火輪の幅が広く、水輪がやや押しつぶされたような形状となる点は、この時期の鎌倉を中心とした地域特有の特徴である。この五輪塔の地輪下面中央に円形の孔を穿ち、その内面に高さ二六・二センチを測る華瓶形の金銅製骨蔵器(舎利瓶)が納められていた。身に二段に分けて銘文が刻まれており、忍性の業績を簡潔に記す。額安寺の忍性墓五輪塔は、切石積の基壇上に立ち、台座は現存しない。総高は二九二センチ、五輪塔本体は二八四センチを測る。一二九〇年(正応三)ごろ造立の叡尊墓五輪塔と形態的に近似する、いわゆる西大寺様式五輪塔である。基壇下の土坑内から花崗岩製の石製外容器が発見され、その内部に銅製の忍性舎利瓶など九個の骨蔵器が納められていた。忍性舎利瓶は高さ二九・七センチを測る宝瓶形骨蔵器で、身に銘文が刻まれているが、その内容は極楽寺のものとほぼ同一である。竹林寺忍性墓には石塔はすでになく、壇正積基壇のみが遺存していた。発掘調査の結果、基壇上に穿たれた土坑内から総高約一メートルの八角柱形石製外容器(花崗岩製)が発見され、内部に忍性舎利瓶(形状や銘文などは額安寺のものとほぼ同一)が納められていた。竹林寺行基墓が一二三五年(嘉禎元)に発掘され、内部から墓誌と八角石筒が発見されており、それが忍性の竹林寺参詣に時期的に近いことから、この特異な石製外容器の形状は、忍性の行基に対する思慕の現れと考えられる。
↓額安寺《がくあんじ》　↓極楽寺《ごくらくじ》　↓竹林寺《ちくりんじ》

参考文献　文化財建造物保存技術協会編『重要文化財極楽寺忍性塔(五輪塔)保存修理工事報告書』、一九七七、極楽寺。奈良県文化財保存事務所編『重要文化財額安寺五輪塔修理工事報告書』、一九八三。「竹林寺忍性墓発掘調査概報」(奈良県立橿原考古学研究所編『奈良県遺跡調査概報』一九八六年度、一九八九)。

(山川　均)

にんせいやき　仁清焼　⇩京焼《きょうやき》

にんどうからくさもん　忍冬唐草文　⇩唐草文《からくさもん》

にんなじ　仁和寺　京都市右京区御室大内に所在する真言宗御室派の総本山。山号は大内山。八八六年(仁和二)光孝天皇が御願寺を着工したが、天皇は翌年崩御し、遺志を継いだ宇多天皇が八八八年金堂の創建供養を行なった。国宝阿弥陀三尊像は創建時の本尊とされる。当初は天台宗との関わりが深かったが、宇多法皇が八九九年(昌泰二)仁和寺で真言宗広沢流の祖益信《やくしん》を戒師として出家し、九〇一年(延喜元)東寺で益信を大阿闍梨として伝法灌頂を受け、真言宗寺院と確定した。法皇は念誦堂としての円堂を寺内に、御所を寺に隣接して造営した。御室会館の敷地一帯で円堂とその僧坊の遺構が検出されている。寺の西側に造営された御所はのちに仁和寺観音院となり、その南に造営された南御室は門跡御所を御室と称する由来となった。広沢流は寛空を経て寛朝(法皇の孫)・済信(曾孫)と伝えられ、法皇の家系との関係が深かったが、済信から受法した性信(三条天皇皇子師明親王)が第二世となってからは親王出身者、第三世覚行法親王(白河天皇皇子)からは法親王が仁和寺門跡を務めるのが例となり(鎌倉時代の法助のみ例外)、明治維新まで至った。仁和寺門跡は仏教界の頂点に立ち、朝廷のため孔雀経法ほかの修法を行なったが、中でも広沢流に小野流を加えて仁和寺御流を大成した第六世守覚法親王の位置はとりわけ高い。仁和寺周辺には円融寺をはじめとする四円寺、北院など門跡を含む高僧の住坊としての子院や法金剛院など女院御願の子院が続々と建立されたが、応仁の乱で大部分が焼亡した(一四六八年(応仁二))。双ヶ丘《ならびがおか》西麓の真光院を御室御所として法燈を守っていた仁和寺の旧地での伽藍復興は、一六三四年(寛永十一)に第二十一世覚深法親王が徳川家光から援助を取り付けたことで実現した。慶長年間(一五九六―一六一五)の内裏紫宸殿を移築した金堂(国宝)、寛永年間後半に新造された五重塔・観音堂・中門・二王門・鐘楼・経蔵(重要文化財)などが一六四六年(正保三)に完成した再建伽藍の偉容を今日に伝え、仁和寺御所跡として国史跡に指定されている。

参考文献　奈良国立文化財研究所編『仁和寺史料』寺誌編一・二、一九六四・六七。仁和寺・京都国立博物館監修『仁和寺大観』、一九九〇、法蔵館。阿部泰郎他編『守覚法親王と仁和寺御流の文献学的研究』、一九九八・二〇〇〇、勉誠出版。

(古藤　真平)

ぬ

ぬかたでら　額田寺　⇩額安寺《がくあんじ》

ぬかたべかまあと　**額田部窯跡**　奈良県大和郡山市額田部北町に所在する鎌倉時代の窯跡。国史跡。額安寺から二〇〇メートル北方の丘陵斜面に立地する。一九二八年(昭和三)、用水池掘削中に発見されたもので、翌年発掘調査が行われた。窯は東西に並列して約三メートル間隔で三基発見された。現在、西端の一基が覆屋内に調査時の姿で保存されており、ほかの二基は埋め戻されている。形状や規模は三基ともほぼ同じで、ロストル式の平窯である。天井部はいずれも遺存していない。西端の窯は全長二二七センチ、うち焼成部の長さ一三一センチ、幅九五センチ、奥壁の残存高は六九センチを測る。八度の緩やかな傾斜を持つ焼成部の床面に三条のロストルを配する。焼成部と燃焼部の間には隔壁(残存高八七センチ)があり、下端に四つの通炎孔が開けられている。遺物には平瓦、丸瓦のほか、連珠文軒平瓦がある。報告年次が古く、詳細な時期は不明だが、鎌倉時代の西大寺による額安寺復興時期(十三世紀後葉―十四世紀初頭)にあてる考え方が一般的である。

参考文献　岸熊吉「生駒郡平端村額田部窯阯調査」(『奈良県史蹟名勝天然記念物調査報告』一三、一九三五)。

(山川　均)

ぬき　**貫**　柱を貫通して軸組を固める構造材。柱を数段貫通し、位置により名前がつく。柱の頂部にある頭貫《かしらぬき》、内法位置の内法貫《うちのりぬき》、頭貫と内法貫の間にある飛貫《ひぬき》、腰の位置の腰貫がある。頭貫の先端は両端柱から突出し、彫刻が施される場合が多い。この彫刻は時代とともに変化し、最初は繰形程度であったものが、江戸時代になると獅子頭などの彫刻となる。わが国において貫は中世になって大陸から入ってきたもので、古代においては存在しなかった。古代においては、太い柱と厚い壁で軸部を固めていた。貫が導入されると、これまでの柱の太さや壁厚の条件は軽減され、建物の構造・意匠に大きな影響を与えた。柱は細くなり、壁も板壁が現れた。縄文時代中期の桜町遺跡(富山県小矢部市)から、貫通した穴のある柱材が出土したが、この穴は床根太などの仕口と考えられ、中世以降の軸部を固める構造材としての貫ではない。

参考文献　岡田英男『日本建築の構造と技法』、二〇〇五、思文閣。大森健二『社寺建築の技術』、一九九八、理工学社。

(村田　健二)

ぬたりのさく　**渟足柵**　『日本書紀』大化三年(六四七)条に「渟足柵を造《つく》りて柵戸《きのへ》を置く」とごく簡単な記事があるが、信憑性は高いとされる。だが柵跡は未発見である。『和《わ》名類聚抄《みょうるいじゅしょう》』越後国《えちごのくに》沼《ぬ》垂郡《たりのこほり》名より新潟市旧沼垂などに遺称地を求め、新潟市山ノ下王瀬《おうせ》、同市河渡《こうど》、同市松ヶ崎稲荷祠、新発田市大友、新発田市五十公野《いじみの》、同市豊浦、阿賀野市笹神などに比定する見解はあるが推定の域を出ない。しかし八幡林官衙遺跡から養老年号をもつ「沼垂《ぬたりの》城《き》」木簡が出土し、柵の遺称地沼垂の旧地が有力となった。『日本書紀』大化四年条の磐舟柵《いわふねのさく》も未発見で越後国岩船郡を遺称地とする。磐舟柵とともに改新政府による版図拡大の征夷政策の拠点との通説がある。しかし柵以前に高志深江国造《こしのふかえのくにのみやつこ》の存在が判明した。両柵が海路と内水面の河川湖沼とで連絡するよう造営されたとし、六四二年(皇極天皇元)の越辺の蝦夷内附や対外関係に注目し、間接支配から直轄支配への転換を図ったとする見解もある。

参考文献　『新潟県史』通史編一、一九八六。『新潟市史』通史編一、一九九五。小林昌二「未発見「渟足柵」の調査等をめぐって」(『新潟史学』四八、二〇〇二)。同「「浅層地質歴史学」への展望と渟足柵研究の成果」(同五一、二〇〇四)。小林昌二『高志の城柵』、二〇〇五、高志書院。

(小林　昌二)

ぬの　**布**　布は、一般的に植物繊維で織られた織物をさす場合が多い。植物繊維には、クワ科の大麻やイラクサ科の苧麻《ちょま》から採取する靭皮《じんぴ》繊維と、マメ科の葛《くず》とニレ科のオヒョウなどの樹皮繊維が含まれる。大麻と苧麻は、日本では縄文時代から弥生、古墳時代にかけて幅広く使用されており、各地の遺跡からは鏡や大刀などに付着した布が報告されている。しかし近年、これらの布がどのような用途に使われていたか、少しずつではあるが明らかとなり、布への関心が高まってきている。奈良時代になると、品質に応じて種々の名称で呼ばれる布が、文書や実物資料として遺っている。諸国から調庸《ちょうよう》として貢納された織り目の非常に粗い交易布(屛風の芯裂などにみえる)、やや粗い祖布、凡布《はんぷ》(上総や常陸からの調布)、凡布より上質の細布《さいふ》や貲布《きよみのぬの》、洗い曝した曝布《さらしぬの》(常陸からの貢納品)、特に品質の優れた望陁《もうだ》布などがあり、実例として調布、庸布、さまざまな色に染められた染布などがある。

参考文献　関根真隆『奈良朝服飾の研究』、一九七四、吉川弘文館。

(沢田むつ代)

ぬのめがわら　**布目瓦**　古瓦の俗称。瓦を成形する時、型離れをよくするため、成形台や内型にかぶせた布の圧痕が製品の表面に残ったもの。『古事類苑』編纂にも従事した黒川真頼《まより》は、織田信長が安土城を造営した時、「明様ノ瓦」が「旧制ノ瓦」と交代したと考え、「旧制ノ瓦ハ布文アリ、俗ニ奴乃免賀波良トイフ」と述べた。布目瓦の俗称と、それが古瓦の特徴であるという見解は江戸時代にさかのぼる。しかし、近代まで丸瓦製作時には内型に布をかぶせており、布目の有無だけで瓦の新旧は判別できない。また、型離れをよくするために砂を用い、布目の付着しない平瓦はすでに十二世紀に出現している。なお、布目の精粗や糸の太さで瓦の年代が推定できるという主張もある。『正倉院文書』や『延喜式』では、瓦製作に商布(交易布)の使用を規定しており、八―十世紀の瓦の布目は、商布研究に有効な資料となりうる。

参考文献 黒川真頼『工芸志料』三、一八七八、石田茂作「布目瓦の時代判定」(『伽藍論攷』所収、一九四八)。

(上原 真人)

ね

ねこ 猫 食肉目ネコ科の哺乳類。ユーラシア、アフリカ大陸には各種のヤマネコが分布し、日本列島にはツシマヤマネコ、イリオモテヤマネコが生息するが、更新世の化石にはみられず、縄文時代にはオオヤマネコが各地の遺跡から出土する。現在の家ネコは、リビアネコをはじめとするアフリカ系の小型ヤマネコが飼育されたという意見が強い。最古の家畜化または飼養の最新の証拠は新石器時代初め、九千五百年前のキプロスのシロロカンボス遺跡の人間とともに埋葬されていた例である。ネコの家畜化は、新石器時代になって農村の周辺で、穀物を荒らすネズミを目当てに人間と共生関係を結んだ可能性が強い。しかし確実な家畜化の証拠は、エジプトの第十二王朝時代(前二〇〇〇―一七〇〇年)の壁画に描かれたイエネコが最古で、エジプトではネコが聖獣扱いされ、多くのミイラが製作された。日本への移入は、俗説では遣唐使が仏典を持ち帰る際に、ネズミの害を防ぐために連れてこられたということであるが、真偽は不明である。ネコの記述は、平安時代(十一世紀)の『源氏物語』『枕草子』にみえ、『石山寺縁起』(十四世紀)に姿が描かれるが、古代・中世遺跡からの出土例は稀である。近世になると鷹の餌にされたか、薬として食べられたか、全身骨の揃っていないネコの骨が江戸遺跡、明石城の武家屋敷跡などから出土している。

参考文献 平岩米吉『猫の歴史と奇話』、一九九二、築地書館。J. D. Vigne, J. Guilaine, K. Debue, L. Haye, and P. Gérard : Early Taming of the Cat in Cyprus, Science Vol. 304, 2004.

(松井 章)

ねごや 根小屋 戦国時代の東国において、山城の麓に設けられた城主の居館ほか家臣団の屋敷があったとされる空間。古文書に記載がみられるほか、地名として残る。地名では根古屋と表記されることもある。戦国時代初頭、地域の領主は前代以来の居館を維持しつつも、戦時に立て籠もる山城を築くようになった。当初は両拠点を並行して構えていたが、次第に山城の麓に居館や町場を構え、従来の居館を中心とした拠点を廃し、要害の山麓に日常的な拠点も移すようになる。こうして成立した空間が根小屋となる。代表的な事例は八王子城(東京都八王子市)。周囲を石積みした「御主殿《ごしゅでん》」と呼ばれる場所に、城主北条氏照《ほうじょううじてる》の館と思われる礎石立ちの建物および庭園で構成された空間が検出された。この背後の山頂には要害がある。主として東国で使用された語であるが、西国でも数例ほど見られる。

参考文献 市村高男「中世城郭史研究の一視点―史料と遺構の統一的把握の試み―」(中世東国史研究会編『中世東国史の研究』所収、一九八八、東京大学出版会)。

(齋藤 慎一)

ねごろじ 根来寺 正式には一乗山大伝法院根来寺《いちじょうさんだいでんぽういんねごろじ》という、和歌山県岩出市根来に所在。新義真言宗《しんぎしんごんしゅう》の総本山。平安時代後期の僧覚鑁《かくばん》によって高野山《こうやさん》に開かれた大伝法院を前身とする。覚鑁(興教大師《こうぎょうだいし》)は高野山で伝法会《でんぽうえ》を復興し、鳥羽上皇《とばじょうこう》の援助を得て、大伝法院を建立するなどの活動を行なった。大伝法院と旧勢力の金剛峯寺《こんごうぶじ》とは争いを繰り返しており、覚鑁は争いを避け、寺領弘田荘《ひろたのしょう》内の豊福寺《ぶふくじ》(現在の根来寺の地)に居を移した。覚鑁の死後も争いはやまず、一二八六年(弘安九)のいわゆる大湯屋《おおゆや》騒動により対立は激化し、二年後の一二八八年(正応元)頼瑜《らいゆ》の差配によって大伝法院の僧侶は高野山を下り弘田荘に移った。南北朝時代になると、大阪府南部に荘園を

根来寺多宝塔（大塔）

獲得し勢力を拡げていった。この財源を元に高野山にあった伽藍の再興を目指し、室町時代を通じて堂塔の建立や仏像の造立が行われた。室町時代後期ころから、周辺の土豪たちがみずからの勢力を維持するため根来寺に寄り添い山内には坊院《ぼういん》が増加し、総数は四百五十を超えていたと考えられる。根来寺坊院跡の発掘調査による資料から、坊院では蔵に巨大な備前焼《びぜんやき》の大甕《おおがめ》を設置して備蓄体制を整えていたことがわかり、高価な輸入陶磁器や茶道具・文房具・金製品のほか、日常の食膳具や調理具などに至るまで、高度で安定した生活レベルをうかがい知ることができる。このころには根来寺はかつての学問寺院ではなく戦国的な領主へと変化していた。戦国時代になると、実質的な経営は、軍事・経済力を持つ根来衆(僧兵)が握った。勢力の維持・拡張のために常に戦乱に接していたが、一五八五年(天正十三)の羽柴秀吉《はしばひでよし》による紀州攻略によって瞬く間に攻め落とされた。根来寺坊院跡遺跡では、中心伽藍を除いてほぼ全域で焼土層がみられ、大塔《だいとう》(国宝)・大師堂《だいしどう》(重要文化財)などが焼け残ったのみで、根来寺は壊滅的な打撃を受けた。復興が本格化するのは江戸時代後期以降である。なお、出土遺物については、和歌山県立博物館および境内にある岩出市立歴史民俗資料館に一部展示されている。

参考文献　根来寺文化研究所編『根来寺史』史料編、一九八七・九二。和歌山県教育委員会編『根来寺坊院跡』、一九七六-九四。和歌山県立博物館編『根来寺の歴史と文化―興教大師覚鑁の法灯―』、二〇〇二。

（寺本　就一）

ねじょう　根城　一九四一年(昭和十六)に国史跡となった根城南部《ねじょうなんぶ》氏の中世城館。青森県八戸市大字根城ほかに所在し、北側に馬淵川《まべちがわ》が流れる河岸段丘上に立地している。本丸・中館《なかだて》・沢里館《さわさとだて》・岡前館《おかまえだて》・東善寺館《とうぜんじだて》など八ヵ所の曲輪から構成されている。築城は初代南部師行が入部した一三三四年(建武元)といわれ、一六二七年(寛永四)の遠野(岩手県)移封まで、約三百年間継続している。発掘調査は一九七八年から始まった。本丸の調査では、主殿や奥御殿、常御殿のほか門、柵、橋、工房、倉庫、馬屋などの遺構が検出されている。特に遺構の変遷を検討した結果、十七期にわたることが確認され、十二世紀を上限とする出土遺物の年代から根城南部氏居城以前の遺構も明らかになった。また本丸虎口は、一五九〇年(天正十八)の奥州仕置によるとされる「城破《しろわ》り」の実態を提示し、住宅などの居住施設はそのまま門・堀・柵といった城を象徴する施設を壊していたことが確認された。岡前館は、宅地造成などによる現状変更の調査が多く、東側の三番堀とともに曲輪を区画する堀があり、家臣団の屋敷地が存在したと想定される。指定地外の外郭・東構地区では、城館期の屋敷地が発見され鋳型・坩堝《るつぼ》・羽口の出土から鍛冶・鋳物師集団の居住地と考えられている。さらに城館北側の下町地区の発掘では、沢によって四区画に分割できることが確認できたため本丸・中館・東善寺館・東構の四曲輪に対応する人々の居住区と推定できる。たとえば、本丸の竪穴建物跡では鍛冶・鋳造の遺物が出土し作業する職人の存在を確認できるが、工房で働く職人は出仕のスタイルで下町地区を居住地としていた可能性が高い。遺物は、中国製や朝鮮・国産の各種陶磁器類、金属製品・石製品のほか模鋳銭を主体とする銭貨などがある。

根　　城

資料館　八戸市博物館(青森県八戸市)

参考文献　八戸市教育委員会編『根城―本丸の発掘調査―』(『八戸市埋蔵文化財調査報告書』五四、一九九三)。八戸市博物館編『根城―掘りおこされた南部氏の城―』、二〇〇二。

（工藤　清泰）

ねずがせき　念珠関　出羽国にあった古代関所で、蝦夷《えみし》対策の一環として設けられた奥羽三関の一つ。山形県鶴岡市鼠ヶ関所在。十一世紀に成立した歌学書『能因歌枕』に「ねずみの関」とあるのが文献上の初見。一一八七年(文治三)、源義経主従が平泉への逃避行の途次、当関に上陸、機転をもって通過したことが『義経記』にみえ、一一八九年、源頼朝の奥州平定のとき、比企能員《ひきよしかず》・宇佐《うさ》美実政《みさねまさ》の一軍は、この関所を通って越後から出羽に侵入したことが『吾妻鏡』によって知られる。なお当地が中世から戦国時代にも交通の要地であったことは、江戸時代の羽黒山増信弁《しんべん》の『羽源記』の記述からもうかがうことができる。一九六八年(昭和四十三)の発掘調査によって、十世紀から十一世紀前半の製鉄跡、土器製塩跡、須恵器平窯跡および千鳥走行型柵列跡が発見された。これら四つの遺跡は、有機的な関連をもった古代念珠関跡および同関戸の生産遺跡であり、その位置は現在の県境付近にあたることも明らかとなっている。

参考文献 『庄内考古学』九(特集古代の鼠ヶ関調査報告)、一九六九。

(横山 昭男)

ねずみがえし 鼠返し 高床米倉内への鼠の侵入を防ぐために、高床直下の柱に設ける厚板材。梁間一間型高床倉庫には柱ごとに鼠返盤を取付け、総柱型倉庫にはへ字形断面の台輪を鼠返しとして四面の束柱上に巡らす。梁間一間型高床倉庫が主流の弥生時代から古墳時代前期にかけては鼠返盤の出土例が多い。古墳時代中期以後に主流となる総柱型高床米倉の遺構例は多いが、鼠返し台輪材の出土例はなく家形はにわに表現されてその存在が想定され、一般集落の総柱型高床倉庫では鼠返盤を取付けていたと考えられる。現存例では沖縄県と鹿児島県南西諸島および東南アジア少数民族の米倉に鼠返盤が残存し、鼠返台輪は奈良時代の校倉《あぜくら》に現存する(東大寺本坊経庫、唐招提寺宝蔵・経蔵、手向山神社宝庫)。

(宮本長二郎)

ねだ 根太 ⇩床《ゆか》

ねつけ 根付 印籠《いんろう》・巾着《きんちゃく》・煙草入《たばこいれ》などの提物《さげもの》の紐の先に付けて帯に挟んで留めるのに用い、根著・根着・帯挟・帯挿・帯付などとも。その多くは印籠に伴うが、印籠の発生は、近世初期風俗画中に見えるのが最古であり、その表現中に根付様の器具を伴う例が認められることから、根付も近世以降の創案と考える。「ねつけ」の言葉の初出としては、一六七一年(寛文十一)刊の『寳蔵《たからぐら》』に認められ、このころから次第に普及発展した。初期の根付は金属製の鐶《かん》で、平紐帯を鐶に通して提げる用法であったが、帯幅が広くなると帯に挟むようになる。根付の形式も環形から中央の孔が小さくなった円盤状、次には円盤の一方の面に乳《ち》(鈕《ちゅう》)を作って紐を通す形式となった。また、次第に、具象的あるいは歪曲された人物や動物、花実などの細緻で精妙な技巧を見せるようになった。材質は、黄楊《つげ》や黒檀・紫檀などの木材、象や猪・鯨などの牙・竹根・木製漆塗り・金属・陶磁・七宝など多彩である。

参考文献 荒川浩和編『根付—たくみとしゃれ—』、一九九五、淡交社。

(鈴木 規夫)

ねはんぞう 涅槃像 釈迦が横臥して入滅する姿を表した彫塑像。インドに始まりアジア各地で巨大な涅槃像が造られたが、日本には涅槃釈迦を彫像として表すことはほとんど行われていない。法隆寺五重塔の塔本四面具の北面中尊である塑像が古代の唯一の遺品で、中世にさかのぼるものも数例を数えるのみである。一方、釈迦を中心とした涅槃場面を巨大な画幅により表した涅槃図は奈良時代以来存在し、釈迦忌日に営む涅槃会が平安時代初期以来多くの寺院で行われている。涅槃図の最古例は奈良頭塔《ずとう》の線彫りによるもの(奈良時代)で、画像の遺品では応徳三年(一〇八六)銘の和歌山金剛峯寺本がおそらく最も古く、かつ最優作として知られる。

(奥 健夫)

ねまきいし 根巻石 掘立柱を礎石建てに見せるために、掘立柱の地上面に据える擬似礎石。群馬県山王廃寺跡(七世紀後期)出土の根巻石は塔心柱が須弥壇上に立っているように設け、七弁の蓮弁円柱座を一弁ごとに分割し、円穴径は約九八センチである。平城宮東院跡(八世紀)では園池に面して建つ宮殿の八角柱に凝灰岩製方形切石を用い、宮城内からは同様の円柱根巻石が多く出土し、二分割が多い。平城宮東院の東に接する創建法華寺金堂は基壇上に建つ掘立柱建物で、柱の抜取穴から凝灰岩製四分割の円柱根巻石片が多数出土する。国分僧寺は礎石建て、国分尼寺は掘立柱建物としているが、総国分尼寺としての法華寺は擬似礎石建てとすることでその格式の高さを示す。平安時代以後の出土例はない。

(宮本長二郎)

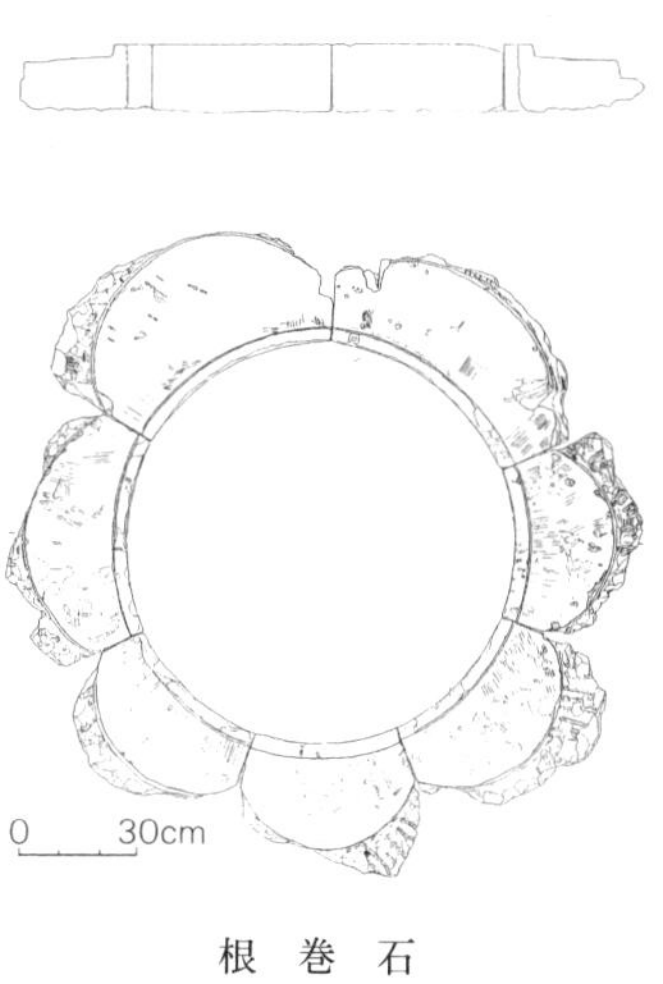

根 巻 石

ねむろはんとうチャシあとぐん 根室半島チャシ跡群 根室半島に所在するチャシ跡群の史跡指定名称。チャシ跡は北海道釧路・根室地方に数多く存在し、保存状況の良好なものが多い。根室半島にも三十基を越えるチャシ跡が存在したことが知られており、そのうちポンモイ、ヲンネモト、ヒリカヲタ、トウシャム一号・二号、コンブウシモイ、サツコタン、ノツカマフ一号・二号、コタンケシ一号・二号、シエナハウシ、アツケシエト一号・二号、ニランケウシ一号・二号・三号、ヲーナイ一号・二号、ウエンナイ、チャルコロフイナ一号・二号、ニノウシ、アフラモイの二十四基が一九八三(昭和五十八)・八四年に国指定史跡となっている。これらのチャシ跡には、コの字形の壕が連続するものが多い。また、一七八九年(寛政元)のクナシリ・メナシの戦いの際に砦として築造・改造したものがあることが指摘されている。文献から年代の明らかにできるチャシの中では、最も新しい時期と考えられるが、考古学的な発掘調査はほとんど行われていない。

参考文献 川上淳編『根室半島チャシ跡群環境整備事業報告書』、一九六五、根室市教育委員会。

（越田賢一郎）

ねんじゅうぎょうじえまき　年中行事絵巻　院政期の京洛で行われた、朝廷・貴族社会の年中行事・臨時公事等を絵画化した絵巻物。本絵巻は一一五七年（保元二）―一一七九（治承三）年ころ、後白河法皇の命で常盤光長ら絵師が六十巻に及ぶ「年中行事絵」を制作し蓮華王院宝蔵へ納めた。現在、そのすべてが失われ、多くの模本が全国に散在して伝わる。著名なものは東京都の田中家に伝わる十六巻本（「住吉模本」とも、一六二六年（寛永三）写、後水尾天皇命、住吉如慶ら住吉派の模写）と三巻本（模写年月日不明、住吉・土佐派などの模写を集めたものか、十六巻本とは異なる画容）。本絵巻には、平安時代最末期の京洛のさまざまな身分の人間とその装い、持ち物、乗り物、住宅、街路、寺社、邸宅、内裏などが年中行事・臨時公事・祭礼などを軸に精細に描かれる。美術史はもとより国文学史・都市史・社会史・宗教史・建築史・風俗史・経済史など、多くの分野に貢献をなし得る作品といえる。特筆すべきは、当時の宮廷はいうまでもなく、文献史料には扱われにくい都市庶民層の衣食住など風俗・習慣、生活などに関連する事物が描かれている点にある。なお、各行事に冠されている行事名などについては、本絵巻作成当初のものか、後世の人間が付したものなのかは判断しがたい部分も多い。『日本絵巻物全集』二四（一九六八、角川書店）、『日本絵巻大成』八（一九七七、中央公論社）所収。

参考文献 桜井秀「年中行事絵巻」（『日本絵巻物集成』一二—一四、一九三三、雄山閣）。鈴木敬三『住吉模本年中行事絵巻』解説、一九五九、古典芸術刊行会。

（佐多　芳彦）

ねんだいそくていほう　年代測定法　考古遺物、古建造物や美術工芸品などの古文化財に関連する研究は、それが何年前のものなのかを明らかにすることが重要である。このことを解明するのに考古学やその他の歴史学に固有の方法（型式学や様式学など）に加えて、さまざまな自然科学的な現象を応用した理学的方法が駆使される。一九四九年にリビーが開発した^{14}C年代測定法（放射性炭素年代測定法）にはじまり、年輪年代法、古地磁気法、熱ルミネッセンス法、電子スピン共鳴法、ウラン系列法、フィッショントラック法、黒曜石水和層法、アミノ酸ラセミ化法、カリウム―アルゴン法、テフロクロノロジーなどがある。なかでも年輪年代法は、誤差のない年代法として注目されている。近年、考古学研究において^{14}C年代測定法に注目が集まるようになった。このことの要因として第一にAMS法（加速器質量分析法）による測定精度、測定効率の向上がある。第二に、^{14}C年代測定法によって得られた年代値を暦年代（＝実年代）へ変換するための「暦年較正データベース」の国際レベルでの整備と標準化、さらには精密化が行われた結果、年代の精度が飛躍的に向上したことがあげられる。この暦年較正データベースの二〇〇四年版である「IntCal04」は、過去二万六千年までの暦年較正値を与えるが、一万二千五百年までは樹木年輪の中に残存している^{14}C濃度をもとにした五年ごとの較正値となっている。このため、^{14}C濃度をもとに計算される^{14}C年代値を暦年代に変換して議論することが世界標準となっている。また、AMS法をさらに発展させた方法として、^{14}Cウイグルマッチング法（wiggle-matching）が注目される。この方法は木材試料に有効な方法で、年代間隔が既知の年輪試料の^{14}C濃度に基づく高精度年代測定法で、±一〇～二〇年あるいはそれ以下の高い精度で正確な実年代を求める方法として、その応用が考古遺物を対象に広まりつつある。

参考文献 沢田正昭編『科学が解き明かす古代の歴史―新世紀の考古科学―』、二〇〇四、クバプロ。

（光谷　拓実）

ねんりょうしょうまい　年料舂米　律令制下の税制のひとつで、地方から中央に毎年一定量貢進される舂いた米。令の建前としては田租から割かれることになっていたが、実態は正税出挙の利稲である穎稲から支出されるのが一般的であった。貢進国は運送に便利な近国（畿内は除く）や沿海諸国が割り当てられ、『延喜式』には伊勢国以下二十二国があがり、二月から八月までの納期が定められていた。白米・黒米・糯米・酒米・赤米などの種類があり、白米・黒米は食料、糯米は餅料、酒米・赤米は酒料などに使用された。このうち中心を占めるのが白米で、大炊寮に収納され、「諸司常食」として中央官人の食料にあてられた。京への運搬の際には、七二四年（神亀元）以降、担夫に粮料が支払われた。都城からは多数の貢進荷札が出土しており、貢進単位は五斗一俵が一般的であったこと、七世紀後半まで確実にさかのぼることが明らかになっている。八世紀後半以降、未進が拡大する。

参考文献 早川庄八『日本古代の財政制度』、二〇〇〇、名著刊行会。佐藤信『日本古代の宮都と木簡』、一九九七、吉川弘文館。

（市　大樹）

ねんりんねんだいほう　年輪年代法　樹木年輪の変動変化を利用した自然科学的年代測定法の一つである。デンドロクロノロジーともいう。年輪年代法は、二十世紀初頭にアメリカの天文学者A・E・ダグラス（一八六七―一九六二）が太陽の黒点活動と気候変化との関連性を年輪の変動変化から読みとろうとしたのにはじまり、一九二〇年代後半に完成した。年輪年代法がアメリカの先史年代学の確立に果たした役割は大きい。一九三〇年代以降、西ヨーロッパでも実用化され、歴史学の研究分野に広く応用されて久しい。年輪年代法を用いて木材の年代を確定するには、まず、年代を割り出す際に基準となる長期の暦年標準パターン（暦年の確定した標準年輪変動パターン）を作成しなければならない。これが一度できると、次には年代不明の木材の年輪パターンと暦年標準パターンとの照合によって伐採年や枯死年が誤差なく決定され、測定した木材に関連する歴史事象の解明に貴重な年代情報が提供される。この暦年標準パターンはアメリカでは約八千四百年、ドイツでは約一万一千年が完成している。わが国では、一九八〇年(昭和五十五年)ごろから試行的な研究が開始され、適用可能樹種としてヒノキ、スギ、コウヤマキの三種類が確認された。一九八五年にはヒノキの年輪を使って現在から紀元前三七年までの約二千年間の暦年標準パターンが完成した。この年より、この暦年標準パターンを使って、考古学・建築史・美術史・自然災害史に関連した木材の年代測定にその威力を発揮している。現在、ヒノキの暦年標準パターンは紀元前九一二年までの約二千九百年間、スギが紀元前一三一三年までの約三千百年間、コウヤマキが紀元後二二年から七四一年までのものが作成されている。東北地方においては、ヒノキアスナロ(ヒバ)で九二四年から一三二五年までのものがある。これら四樹種の暦年標準パターンは、本州・中国・四国・東北地方にかけての広範な地域で使用され、多くの成果をあげている。

参考文献 『年輪に歴史を読む—日本における古年輪学の成立—』(『奈良国立文化財研究所学報』四八、一九九〇、同朋舎出版。光谷拓実『年輪年代法と文化財』(『日本の美術』四二一、二〇〇一、至文堂)。

(光谷　拓実)

の

のうぎょうぜんしょ　農業全書　江戸時代中期の農書。宮崎安貞著。貝原楽軒校閲。全十一巻。一六九七年(元禄十)七月刊。第一巻農事総論、第二—十巻各種作物の各論、第十一巻が楽軒筆の付録。安貞は福岡藩を致仕後筑前国志摩郡女原《みょうばる》村(福岡市西区)に居住、帰農生活に入った。その後貝原益軒との交流から本草学を習得しつつ、畿内を中心に西日本各地を巡って農事の調査・研究を行なった。それらの知識の集大成である本書は、中国の代表的な農書『農政全書』(一六三九年、徐光啓著)の強い影響を受けつつも、金肥の大量使用による商品作物の栽培法など十七世紀末の日本農業固有の最高技術について豊富な情報を載せている。公刊された日本最初の農書であり、全国に普及、明治期にかけて版を重ね、以後の農書に強い影響を与えた。刊本として『日本経済大典』三、『日本思想大系』六二、『岩波文庫』、『日本農書全集』一二、一三がある。

参考文献 古島敏雄『日本農学史』一(『古島敏雄著作集』五、一九七五、東京大学出版会)。山田竜雄「商品生産の目ざめ」(古島敏雄編『農書の時代』所収、一九八〇、農山漁村文化協会)。筑波常治『日本の農書』(『中公新書』八五二、一九八七、中央公論社)。

(多和田雅保)

のうこうぎれい　農耕儀礼　農作物の生産行程の折目折目に営まれる祭事儀礼。稲作儀礼と畑作儀礼からなる。稲作儀礼は春に山から里にくだって田の神となり、稲作の諸行程を見守り、秋に山のぼって山の神となるという、春秋二季に山の神と田の神が交代するという観念にもとづき、春の種子蒔きから田植え、稲の成育から秋の収穫にかけて田の神をめぐって行われる。まず年頭にはあらかじめかくあれかしと念じて予祝儀礼が行われる。田畑に出て土を三鍬ほど起して松を立て注連縄《しめなわ》を張るなどの農はじめ、田打正月、ヌルデ・ミズキ・ヤナギの枝などに切餅をつけるモチバナ・マユダマ、ほかにケズリ花など農作物に擬したモノツクリをする。また、家長や年男が田植の所作をする庭田植をするサツキ祝いもある。苗代播種儀礼としては苗代の水口や畦に季節の花を挿し、焼米や洗米を供えて田の神をまつる。次に田植の諸儀礼としてまず初田植をする。田植はもと一日でする作業であり、その形態はいまも大田植にうかがうことができるが、一般に田植はじめと田植終りと、日を距《へだ》てて二度の行事をするようになっている。田植はじめがサオリ・サビラキで田の神を迎えて祭る。田植終りがサナブリで神送りの祭や祝宴をする。次に稲成育の諸儀礼として、神社で稲成育の祈禱を行う青祈禱、田畑を廻って稲の成育をほめる田ほめ・作積み、稲に害を与える虫を退治する呪術としての虫送り、水不足をなくする雨乞い、二百十日の風害を払う風祭・風祈禱などが行われる。収穫の諸儀礼としてはまず八朔《はっさく》などの穂掛祭があり、西日本の亥の子祭、東日本の十日夜《とおかんや》などの刈上祭がある。ともに田の神を山に送る儀礼である。畑作儀礼は畑作そのものが稲作に併行し、さらにそれに移行しながら営まれてきたため、稲作儀礼に集約されてきた傾向にある。しかし正月十五日の粟穂稗穂のモノツクリ、麦ほめ、半夏生《はんげしょう》の麦作儀礼、秋の芋名月・豆名月などに畑作儀礼の一斑をみることができる。

参考文献 倉田一郎『農と民俗学』(『民俗民芸双書』三九、一九六八、岩崎美術社)。伊藤幹治『稲作儀礼の研究—日琉同祖論の再検討—』、一九七四、而立書房。

(岩井　宏實)

のがみしもごういしとうば　野上下郷石塔婆　埼玉県秩父郡長瀞《ながとろ》町野上下郷に所在する釈迦一尊種子《しゅじ》板石塔婆(板碑《いたび》)。国指定史跡。高さ五三七センチ、最大幅一二〇センチを測る現存最大の板碑。蓮座の上に載る種子は釈迦如来である。銘文によれば、大檀那行阿・比丘尼妙円ら結衆三十五人の手により、一三六九年(応安二)十月に造立されている。なお、この板碑の隣接地(長瀞町野上下郷字滝の上・不動山)には埼玉県旧跡に指定されている板碑塔婆石材採掘遺跡が所在しており、板碑の原材料となる緑泥片《りょくでいへん》岩《がん》は当地で切り出され、加工された後、荒川の水運などを利用して東国各地へと運搬されたことが判明する。

参考文献　埼玉県教育委員会編『埼玉の文化財』史跡編(『埼玉の文化シリーズ』、一九六二)。

(宮瀧　交二)

のきがわら　宇瓦　⇩軒平瓦《のきひらがわら》

のきひらがわら　軒平瓦　本瓦葺に使う瓦の一つ。宇《のき》瓦・檐瓦・唐草瓦・端平瓦ともいう。中国では元・明以降に普及する瓦当下端の尖った軒平瓦を滴水と呼ぶ。通常は平瓦の広端部を厚くして瓦当部とし、その端面(瓦当面)に施紋する。稀に、瓦当面近くの凸面(顎面)にも施紋した顎面施紋軒平瓦がある。おもに軒先に用いるが、破風や切妻屋根の端を飾る掛瓦、大棟の下にはめ込む甍《いらか》瓦にも使用する。断面形において平瓦部から次第に厚みを増して瓦当面に至る直線顎、平瓦部から反り返るように急激に厚みを増す曲線顎、瓦当部が段をなして厚くなる段顎に大別できる。軒平瓦の出現は軒丸瓦より遅れ、五八八年起工の大和飛鳥寺創建時に軒平瓦はない。既知最古の軒平瓦は、型紙を写した輪郭に沿って紋様を彫り起した手彫り唐草紋軒平瓦(直線顎)で、七世紀初頭の大和法隆寺若草伽藍創建時に採用された。これに続き、同じ紋様一単位分のスタンプを、交互に反転して瓦当面に押捺する手法も生まれたが普及しなかった。七世紀中葉—後半、全国で寺院が造営された時は、桶型に巻いた粘土円筒の一端に型板を当て、回転して施紋した重弧紋軒平瓦(段顎・直線顎)が各地に伝播した。木型(笵)で施紋した唐草紋軒平瓦の初現は、法隆寺東院下層(斑鳩宮、七世紀中葉)の法隆寺式軒平瓦(直線顎)だが、普及するのは七世紀末以降で、藤原宮造営時の偏行唐草紋や変形忍冬唐草紋軒平瓦(藤原宮式、段顎)、大和大官大寺創建時の均整唐草紋軒平瓦(大官大寺式、段顎)の出現を契機とする。とくに平城宮で大官大寺式の紋様系譜をひく軒平瓦が採用され、七四〇年(天平十二)の恭仁宮遷都前後を境に、段顎から曲線顎に移行する。この移行は平瓦製作法が桶巻作りから一枚作りへ移行したことに連動しており、八世紀後半—末の東大寺式、長岡宮式・平安宮式軒平瓦もこれを踏襲し、十世紀に至るまで曲線顎の均整唐草紋軒平瓦が主流となる。十一・十二世紀には、梵字紋・密教法具紋・塔紋・宝相華紋・剣頭紋・連巴紋軒平瓦などが新たに出現し、さらに高麗起源の唐草紋が伝統的な均整唐草紋に加わる。しかし、十三世紀以降は唐草紋が軒平瓦の紋様の主流となり、近世には「唐草瓦」が軒平瓦の呼称として定着する。

参考文献　『法隆寺の至寶　瓦』(『昭和資財帳』一五、一九九二、小学館)。奈良国立文化財研究所『平城宮発掘調査報告』XIII(『奈良国立文化財研究所学報』五〇、一九九一)。

(上原　真人)

のきまるがわら　軒丸瓦　本瓦葺に使う瓦の一つ。丸瓦先端を円板でふさいで瓦当部とし、そこに施紋する。鐙《あぶみ》瓦、花瓦、巴瓦、端丸瓦とも呼ぶ。おもに軒先に用いるが、破風を飾る掛瓦や大棟の下にはめ込む甍《いらか》瓦にも使う。中世に鳥衾《とりぶすま》瓦が出現する以前は、鬼瓦を固定する際にも軒丸瓦を用いた。通常、木型(笵)で施紋するが、手描きの紋様や無紋のものも稀にある。六世紀末—十世紀の軒丸瓦の紋様は、真上から見たハスの花を象った蓮華紋が一般的で、蓮子を配した中房を中心として放射状に花弁を配す。七世紀中葉以降は、花弁の外側の外区や周縁に、珠紋・鋸歯紋・圏線・雷紋・唐草紋などが巡る例が多い。花弁の形状から素弁・単弁・複弁に大別でき、組合う軒平瓦とともに標識となる寺院名や宮殿名をとって、飛鳥寺式(素弁、七世紀前半)、山田寺式(単弁、七世紀中葉—後半)、川原寺式・法隆寺式・紀寺式(複弁、七世紀後半)、薬師寺式(単弁・複弁、七世紀末)、藤原宮式・大官大寺式(複弁、七世紀末)、興福寺式(複弁、八世紀前半)、平城宮式(複弁・単弁、八世紀)、東大寺式(複弁、八世紀中葉—後半)、大安寺式(単弁、八世紀中葉—後半)、長岡宮式(単弁、八世紀末)、平安宮式(単弁・複弁、八世紀末—九世紀初)などと呼ぶ。二枚の花弁が一単位となることが認識できないと、複弁は単弁になる。八世紀後半以降は単弁蓮華紋軒丸瓦の比率が増し、十世紀の平安宮所用軒丸瓦のほとんどは単弁蓮華紋となる。蓮華紋以外に、鬼面紋・重圏紋(難波宮式、八世紀中葉)・宝相華紋軒丸瓦もあり、とくに十一・十二世紀には、梵字紋・密教法具紋・塔紋・仏像紋・巴紋や年号・寺院名を入れた各種の軒丸瓦が出現する。十三世紀以降、蓮華紋軒丸瓦は衰退し、特注の寺院名を入れた軒丸瓦と一般需要に応える巴紋軒丸瓦とが主流となる。近世城郭成立後、特注の家紋軒丸瓦が登場するが、巴紋はその後も主流を占め、「巴瓦」が軒丸瓦の通称となる。

参考文献　藤澤一夫「日鮮古代屋瓦の系譜」(『世界美術全集』二所収、一九六二、角川書店)。上原真人『蓮華紋』(『日本の美術』三五九、一九九六、至文堂)。

(上原　真人)

のこぎり　鋸　コタクミ(木工)などが建築部材加工用として使う道具。木材繊維を切断する横挽鋸と挽き割る縦挽鋸と、大きく二つに分類される。古代・中世の文献では「鋸・ノホキリ」(『新撰字鏡』『和名類聚抄』)、「鋸・ノコキリ」(『類聚名義抄』)、「鋸・ノコギリ」(『下学集』)などの記述があり、近世の文献では共通して「鋸・ノコギリ」と記述している。古墳時代に出現した鋸は、四世紀から五世紀までの小型で多様な鋸身装着法(枠式・鋸背補強式・

茎《なかご》式など)の時期を経て、六世紀以降、茎式を基本とする形式に統一されていった。鋸身の鋸歯部分(歯道)の形状は、七世紀ごろまで直線形状、八世紀から十世紀ごろまで内湾形状、十世紀ごろから少しずつ外湾形状に変化しはじめたと考えられる。十三世紀から十四世紀ごろには、同一絵画内でも鋸身幅のちがいによって歯道外湾の度合に強弱のあるものが見られる。総じて、時代が降るに従って、鋸身幅が広くなる傾向にある。十五世紀ごろから鋸身元部分にアゴ(顎)が形成され、歯道は先部分の外湾度が強くなり、中央から元部分にかけて外湾度の弱い形状に変化していった。十七世紀後半ごろから、「鋒尖・さきとがり」であった鋸身先端部を「先切・さきぎり」した「頭方・あたまけた」形状の鋸が出現し、十八世紀ごろの両形状併用期を経て、十九世紀以降、「頭方」形状に統一されていったと考えられる。十世紀ごろから十八世紀ごろまで使われた、「鋒尖」・歯道外湾形状の鋸を、「木の葉形」鋸と呼称することもある。鋸身と柄(茎)との長さの比率は、時代が降るにつれて、相対的に柄(茎)が長くなる傾向がある。これは鋸の使用動作とも関連した変化と考えられる。十三世紀ごろまでの鋸歯形状は二等辺三角形のものが多く、押しても引いても機能するが、性能は低い段階のものであった。十五世紀ごろに、鋸歯が柄の方向に傾いた引き使いの鋸が見られるようになる。柄(茎)が長く、引き使いをする鋸は、精巧な加工に適している。 ↓大鋸《おが》

参考文献 渡邉晶『大工道具の日本史』(『歴史文化ライブラリー』一八二、二〇〇四、吉川弘文館)。

(渡邉 晶)

のじおのやませいてついせき　野路小野山製鉄遺跡　古代鉄製産の官営工房の実態を具体的に示す遺跡。一九七九(昭和五十四)—八〇年、一九八三—八四年、二〇〇〇年(平成十二)に草津市教育委員会によって調査され、国史跡に指定されている。滋賀県草津市野路町にある。遺跡は丘陵緩斜面にあって、東西約一八〇メートル、南北約四〇メートルの範囲に十四基の製鉄炉、大鍛冶跡、二基の白炭窯、四基の黒炭窯、井戸跡、数棟の作業小屋からなる工房跡、柵に囲まれた倉などが検出されている。一辺約四〇メートルを測る柵に囲まれた一画は高所にあって製品を収納した倉や管理棟などの性格が想定される。製鉄炉はいずれも箱形炉であることが確認され、七世紀後半代のものも存在するが、整然と並んだ一～六号炉および十一～十四号炉は八世紀中葉のもので、短期間に大規模生産が行われた、ほかに例をみない計画性が窺われる。製鉄炉周辺からは鉄滓や木炭とともに大量の鉄鉱石も出土し、鉄鉱石を原料とした製鉄が行われていたことがわかる。

参考文献 滋賀県教育委員会他編『野路小野山遺跡発掘調査報告書』、一九九〇。

(林 博通)

のしがわら　熨斗瓦　屋根の棟を覆う瓦の一種。棟に沿って二列に積む長方形板状の瓦。熨斗瓦は近世以降の呼称で、古代には堤瓦と呼んだ。ただし、史料上の「堤瓦」には、熨斗瓦自体を指す場合と、積み上げた熨斗瓦列の隙間を衾瓦(古代では丸瓦や平瓦)で覆った棟構造全体を指す場合とがある。熨斗瓦は原則として平瓦を縦に半截して作り、焼成前から形を整えた「切り熨斗瓦」、焼成前の平瓦凹面に入れた縦の刻線を目安に打ち割って作る「刻み熨斗瓦」、普通の平瓦を打ち割って作る「割り熨斗瓦」に大別できる。瓦屋根には熨斗瓦が不可欠なのに、発掘報告例が少ないのは、古代の熨斗瓦の大半が割り熨斗瓦であったことを示す。切り熨斗瓦は、葺いた時に露出する側面に緑釉をかけた精製品や、平瓦を半截したものとは規格が異なる熨斗瓦に稀に存在する。また、焼成前に普通の平瓦よりも彎曲を緩やかに再加工した熨斗瓦もある。『延喜式』木工寮《もくりょう》は建物の規模が大きくなると、積み上げる熨斗瓦の枚数を増すように規定しており、熨斗瓦を高く積むことには、単なる雨仕舞だけでなく、建物の外見を立派に見せる意味があった。

参考文献 木村捷三郎「本邦に於ける堤瓦の研究」(『仏教考古学論叢』考古学評論三所収、一九四一、東京考古学会)。上原真人「秀衡の持仏堂(平泉柳之御所遺跡出土瓦の一解釈)」(『京都大学文学部研究紀要』四〇、二〇〇一)。

(上原 真人)

のしまじょう　能島城　中世後期瀬戸内海賊の頭、能島村上氏の海城。愛媛県越智郡宮窪町の沖に能島と鯛崎島と呼ばれる二島の小島がある。周辺の海域には船折瀬戸・宮窪瀬戸といわれる極めて激しい潮流がみられる。これにより二島は孤立化し、詰めの城といわれる由縁である。周囲約七二〇メートルの能島は、鵜久森熊太郎の測量図によると標高三一メートルの中央部に本丸が造られ、一段下がって本丸を取り囲む二ノ丸、さらに三ノ丸や出丸などの名称が付けられている。鯛崎島も中央部は出丸とされる。島に特有の遺構として海岸の岩に穴を穿った岩礁ピットが多

能島城全景（上空より）

数みられる。このピットは能島で七ヵ所、鯛崎島で三ヵ所の集中箇所が認められる。最近のしまなみ海道調査によりピットの形態は大きく四種類に分類され、分布域は海賊村上氏の活動範囲に限られていることや、縦列ピットは潮の干満に対応できる船の繋留施設であったことなどが明らかにされている。国史跡。

参考文献 愛媛県教育委員会編『しまなみ水軍浪漫のみち文化財調査報告書』埋蔵文化財編、二〇〇二。

（中野 良一）

のたにのいしぶろ 野谷石風呂 山口市徳地野谷にある石風呂。石風呂は蒸気浴をするための石室で、医療施設。内部で松葉や柴を焚いて室内を熱した後、水を十分に含ませた藁莚を敷いて、水蒸気を発生させ蒸し風呂化したもの。東大寺再建の大勧進であった俊乗坊重源上人は、大仏殿再建の用材を求めた佐波川上流に、杣人《そまびと》の治療と保養のための数多くの石風呂を設けたと伝えられるが、本例もその一つと考えられている。その構造は、佐波川支流の四古谷《しこたに》川に沿う巨岩を掘り込んで、奥行二・六メートル、横二メートル、高さ二・三メートルの部屋を造り、前面を粘土と石塊でふさぎ、高さ〇・九メートル、幅〇・六メートルほどの小さい入口を取り付けたもの。一度に三、四人程度が利用できる大きさである。入口には入浴者が般若心経を誦し念仏を唱えたという念石と呼ばれる野面《のづら》石が立てられている。中世の社会事業や土木技術を知るうえで重要な遺跡である。国指定史跡。未発掘。

参考文献 『徳地町史』、一九七五。

（渡辺 一雄）

のちかがみ 後鑑 江戸幕府によって編纂された、室町時代についての歴史書。一八三七年（天保八）に奥儒者成島良譲を中心に、幕臣も加わって編纂が始まり、一八五三年（嘉永六）に完成した。内容は、足利尊氏の父貞氏が亡くなり、尊氏が京都に発向した一三三一年（元弘元）から、足利義昭の死去した一五九七年（慶長二）まで、歴代将軍の事績を編年体で記したもので、本記三百四十七巻・付録二十巻から成る。多数の典拠史料を載せており、室町時代研究の基本史料ともいいうる性格を持つ。『（新訂増補）国史大系』三四—三七所収。

参考文献 坂本太郎『修史と史学』（『坂本太郎著作集』五、一九八九、吉川弘文館）。羽下徳彦「後鑑」（坂本太郎・黒板昌夫編『国史大系書目解題』上所収、一九七一、吉川弘文館）。

（三枝 暁子）

のちのあすかおかもとのみや 後飛鳥岡本宮 斉明・天智・天武の三代にわたる天皇の宮。斉明は、飛鳥板蓋宮《あすかいたぶきのみや》が六五五年（斉明天皇元）冬に焼失したため、一時飛鳥川原宮《かわらのみや》に遷るが、翌六五六年に後飛鳥岡本宮を造営してそこに遷った。宮号が示すように、舒明の飛鳥岡本宮（六三〇—三六年）とほぼ同地に存在したと推定される。つづく天智も、『扶桑略記《ふそうりゃっき》』や『帝王編年記』によれば、六六七年（天智天皇六）の近江遷都以前はここを居所としたらしい。また、壬申の乱に勝利した天武は、六七二年（天武天皇元）九月に凱旋すると、嶋宮《しまのみや》をへて後飛鳥岡本宮に入っている。六八五年九月にみえる「旧宮」もこの宮を示すものであろう。とすれば、天武・持統両朝の飛鳥浄御原宮《あすかきよみはらのみや》は、後飛鳥岡本宮を継承・拡充するかたちで成立した可能性が高く、国史跡「伝飛鳥板蓋宮跡」（飛鳥京跡、奈良県高市《たかいち》郡明日香村岡《おか》）のIII期（上層）遺構がこの両宮に相当するとみられる。↓飛鳥板蓋宮《あすかいたぶきのみや》 ↓飛鳥岡本宮《あすかおかもとのみや》 ↓飛鳥川原宮《あすかかわらのみや》 ↓飛鳥浄御原宮《あすかきよみらのみや》

参考文献 奈良県教育委員会『飛鳥京跡』一・二、一九七一・八〇。林部均『古代宮都形成過程の研究』、二〇〇一、青木書店。小澤毅『日本古代宮都構造の研究』、二〇〇三、青木書店。

（小澤 毅）

のづらづみ 野面積み ⇩石垣《いしがき》

のとこくぶんじ 能登国分寺 七四一年（天平十三）の聖武天皇の詔を受けて諸国で建立された国分寺の一つ。能登国は七一八年（養老二）に越前国から四郡を割いて立国されたが、七四一年に越中国に併合され、のち七五七年（天平勝宝九）に再立国される。このため詔勅によって建立された他の国分寺と異なり、八四三年（承和十）十二月に能登国の定額寺《じょうがくじ》であった大興寺《だいこうじ》を転用するかたちで能登国分寺は成立する（『続日本後紀』）。その後、八八二年（元慶六）十月の風雷による損傷を三方布施稲一万七千余束を充て修理したこと（『三代実録』）や、九〇二年（延喜二）に加賀・能登など十一ヵ国に読師がおかれた際に国分寺僧がその地位についたこと（『類聚三代格』）が史料にみえる。現在、能登国分寺の法燈を継ぐ寺院はなく、廃絶については中・近世文書などから一五七七年（天正五）の七尾城落城後間もないころかと推定されている。遺跡は石川県七尾市国分《こくぶ》町・古府《ふるこ》町に所在し、「能登国分寺（附建《つけたりたて》物群跡《ものぐんあと》）」として一九七四年（昭和四十九）国史跡に指定されている。一九二二年（大正十一）、水田中に残る「草塚」（基壇跡）や「えぼ石」（塔心礎）を手がかりに発掘調査を行なった上田三平は、礎石群など伽藍の一部を発見した（『石川県史蹟名勝調査報告』二、一九二四年）。また市史編纂事業に伴う調査を経て一九七〇年から発掘調査が断続的に行われ、中心伽藍とその南面に広がる官衙的性格を持つ建物群が確認された。寺域は掘立柱塀で区画された南北二〇九メートル、東西一八四メートルの範囲で、その南半にある中心伽藍はいわゆる法起寺《ほっきじ》式の配置をとる。すなわち草塚が金堂で、その東に塔が、両堂塔の後方に講堂が立ち、中門からは金堂・塔を囲み講堂に至る回廊が巡る。主たる出土品は、複弁八葉蓮華文軒丸瓦・重弧文軒平瓦・丸平瓦、方形三尊塼仏、瓦塔、和同開珎、木簡、土器類などがある。出土軒瓦の年代は七世紀末から八世紀初めを示し、大興寺の創建がそのころか。現在、南門の復元、伽藍配置の表示、展示館の設置など史跡公園としての整備が一応終了している。なお能登国分尼寺については、国分寺の南約一・七キロにある千野《ちの》廃寺をあてる説が有力である。↓国分寺《こくぶんじ》

資料館 能登国分寺展示館（石川県七尾市）

参考文献　七尾市教育委員会文化課編『史跡能登国分寺跡整備事業報告書』、一九六四。（黒崎　直）

のとのくに　能登国　北陸道の一国。石川県の北半部、能登半島のほぼ全域にあたる。三方を日本海に囲まれ、東は七尾《ななお》湾、富山湾に臨む。南は七尾湾南岸から羽咋《はくい》に向かい帯状に邑知《おうち》低地帯が走り、宝達《ほうだつ》丘陵の稜線を境に、東部は越中国、西部は加賀国と接する。能登の四郡(羽咋・能登・鳳至《ふげし》・珠洲《すず》)は七一八年(養老二)以前には越前国に属していたが、同年五月二日に越前国から分置されて能登国となった。その後、七四一年(天平十三)十二月十日に越中国に併合され、七五七年(天平勝宝九)五月八日に越中国より再び能登国が分立するという複雑な経過をたどった(『続日本紀』)。したがって能登国は七一八年から七四一年の間(第一次能登国)、および七五七年以後(第二次能登国)に存在した。越中守大伴家持が能登四郡を巡行したのは、越中国併合の間の七四八年春のことである(『万葉集』一七)。能登国の等級は八六五年(貞観七)三月の太政官奏(『類聚三代格』)、および『延喜式』に中国とされる。国府の所在は『和名類聚抄』(古活字本)に能登郡とあり、古府《ふるこ》町の地名や総社能登国魂神社から七尾市付近に比定されているが、第一次能登国の時期からこの地に所在したかは未詳である。能登国分僧寺は八四三年(承和十年)十二月に定額寺である大興寺《だいこうじ》を転用して成立したが(『続日本後紀』)、八八二年(元慶六)十月に風雷により堂舎が多く壊れた(『三代実録』)。国分僧寺跡は七尾市国分町に所在し、調査・復元整備がなされ、法起寺式の伽藍配置をとる。所管の郡は四郡。羽咋郡は口能登の西半部で七郷が置かれ(『和名類聚抄』高山寺本、以下同)、郡家は一二二一年(承久三)「能登国田数注文」(『鎌倉遺文』五―二八二八)の「羽咋正院」の地とされ、羽咋市街に比定されている。能登郡は能登半島の口能登の東半部、七尾湾沿岸一帯であり、後世の鹿島郡にあたり八郷が置かれた。郡家は国府付近と推測されている。鳳至郡は能登半島の奥能登の東端を除く全域を占め、四郷が置かれた。郡家は輪島市街に比定されている。珠洲郡は奥能登の東端を占め、四郷が置かれた。郡家は「珠洲正院」(「田数注文」)の地とされるが、掘立柱倉庫跡などを出土した北方《きたがた》E遺跡(珠洲市上戸《うえど》町)が注目されている。平安京までの行程は、陸路が上り十八日、下り九日、海路は二十七日とされる(『延喜式』主計上)。駅制は『延喜式』兵部省に撰才(與木《よき》の誤か、平城宮跡出土木簡に「翼倚」(『平城概報』一〇))、越蘇《えそ》の二駅があり、各五匹が置かれた。八〇八年(大同三)十月に越蘇以北の駅は廃止されたが(『日本後紀』)、『延喜式』兵部省に越蘇駅があるのはその後に復活設置されたと推測される。『日本後紀』には「能登郡越蘇・穴水《あなみず》、鳳至郡三井《みい》・大市《おおいち》・待野《まちの》・珠洲等六箇駅を廃す」とある。穴水は鹿島郡大屋庄内穴水保の地か(田数注文)。待野は『和名類聚抄』に鳳至郡待野郷があり、田数注文の待野保の中心も鳳至郡にある。したがって、平安時代初期までは能登郡に與木、越蘇、穴水、鳳至郡に三井、大市、待野、珠洲郡に珠洲の七駅があったとみられるが、待野駅を珠洲郡とする説がある。海路は国津として能登郡の加嶋津(七尾市)があり(『延喜式』主税上)、対渤海外交では福良《ふくら》津(志賀《しか》町福浦)が発着・造船・修理に重要な役割を果たした。七七二年(宝亀三)には暴風で漂着した渤海国使と送渤海客使の一行が福良津に安置され(『続日本紀』)、八〇四年(延暦二十三)六月には能登国に渤海国使の待機施設である客院の造営を命じている(『日本後紀』)。客院の所在については福良説、気多《けた》神社近辺とする説がある。八八三年(元慶七)十月には帰国用の船舶建造に備えて福良泊周辺の山の大木伐採が禁止された(『三代実録』)。七六二年(天平宝字六)に遣渤海船が「能登」と命名(『続日本紀』)されたのは造船地のためか。『延喜式』神名帳には気多神社をはじめ四十三座(大一座、小四十二座)が記されている。気多神社は『万葉集』に「気太神宮」とあり(一七―四〇二五)、七七〇年(神護景雲四)には称徳天皇不予に際して奉幣があり(『続日本紀』)、八五九年(天安三)従一位に昇叙(『三代実録』)。八五五年(斉

能　登　国　略　図

衡二)には神宮寺が設けられていたが(『文徳実録』)、高岡市東木津遺跡出土の木簡に「気多大神宮寺」「□(延?)暦二年」とあり、七八〇年代初頭には神宮寺が存在したとみられる。寺家《じけ》遺跡と気多神社・能登客院、柳田シャコデ廃寺と気多神宮寺との関連が指摘されている。能登国は平安時代末期には平氏一門の知行国となった。鎌倉時代には名越氏、南北朝時代末期に畠山氏が守護となり、以後は能登畠山氏が守護を占め、七尾城(国史跡、七尾市)を拠点に戦国大名化したが、上杉謙信に攻略されて滅びた。織田信長の支配後、前田利家の知行国となったが、関ヶ原戦で改易、加賀藩第二代藩主前田利長に加増されて以後は明治維新まで加賀藩領となった。廃藩置県後、一八七三年(明治六)に石川県に編入された。

参考文献 『加能史料』、一九八二―二〇〇四。浅香年木「古代北陸道における韓神信仰」(『日本海文化』六、一九七九)。石川県立埋蔵文化財センター編『寺家遺跡発掘調査報告』I・II、一九八六・八八。七尾市教育委員会編『能登国分寺跡発掘調査報告書』、一九七三・八六・八九・九〇・九一。七尾市文化財保護協会編『史跡能登国分寺跡整備事業報告』、一九九四。藤井一二「奈良時代の遺渤海使と能登・加賀」(『富山史壇』一三〇、一九九九)。

(川崎　晃)

のびどめようすい　野火止用水　江戸時代前期に掘削された農業用水路。一六五五年(明暦元)二月、当時川越藩主であった松平信綱《まつだいらのぶつな》が、武蔵野開発、とりわけ野火止台地開発の一環として家臣の安松金右衛門吉実《やすまつきんえもんよしざね》に掘削を命じたもので、翌三月には完成している。埼玉県指定史跡。水源は、その前年の一六五四年(承応三)六月に完成したばかりであった玉川上水を武蔵国多摩郡小川村(東京都小平市)において分水したもので、末流は同新座《にいくら》郡引又《ひきまた》宿(埼玉県志木市)に至って荒川支流の新河岸《しんがし》川に注いでいる。全長二五キロ。一六六三年(寛文三)には信綱が、同埼玉郡平林寺《へいりんじ》村(埼玉県岩槻市)の菩提寺、平林寺を野火止(埼玉県新座市)に移したが、この時、平林寺境内にも用水が分水された。太平洋戦争後、上水道が当該地域一帯に普及するまで、農業・生活用水として繁用された。

参考文献 埼玉県教育委員会編『埼玉の文化財』史跡編(『埼玉の文化財シリーズ』、一九八二)。

(宮瀧　交二)

のべさわぎんざんいせき　延沢銀山遺跡　山形県尾花沢市の東方、軽井沢越の路次近くにある鉱山遺跡。銀山廃坑と山神神社・延沢城跡の三つからなる。一九八五年(昭和六十)に国指定の史跡となっている。延沢銀山は慶長年間(一五九六―一六一五)、最上氏に属した野辺沢氏の運上山として始まる。最上氏改易後、鳥居氏の掘分山、幕府の御公儀山として、「佐渡の銀山、最上延沢の銀山、秋田雄勝郡院内の銀山」の「諸国に隠れなき盛りの山々」として盛えた。西山地区は、一六三四年(寛永十一)から一番盛、二番盛《もり》を経て正保ごろには皆掘り尽くした。その後東山地区に移り、一六六一年(寛文元)の三番盛を経て、一六九八年(元禄十一)の四番盛でほぼ幕を閉じる。きわめて短命で衰退の早かった大銀山である。山神神社は、この銀山の守り神である。延沢城跡は、曲輪《くるわ》が多数残る天険の要害をなす城山で、延沢氏から最上義光の支配に変わるまで、幾度かの増改修が行われた。城は一六二二年(元和八)の最上氏改易により廃城となり、一六六七年(寛文八)に破却された。

参考文献 尾花沢市教育委員会『史跡延沢銀山遺跡保存管理計画書』、一九八九。

(佐藤　庄二)

のぼりがま　登窯　丘陵斜面を階段状に造成して床面をつくり、天井を地上に構築した地上式の窯。基本的な構造は焚口・胴木間(燃焼室)・焼成室・窯尻(煙道部)からなり、焼成室(房)が複数連なることから連房式登窯とも称される。連房式登窯は、各焼成室の境に隔壁が設けられているが、それぞれが狭間によって繋がっている。狭間とは、主に瀬戸・美濃地方で使われる用語で、前方の焼成室から後方の焼成室へと炎を導くための通炎孔を指し、肥前地方では「オンザの巣」と呼ぶ。狭間は、構造の違いから「横狭間」「縦狭間」「斜め狭間」の三つに分類されており、「斜め狭間」はさらに「有段斜め狭間」と「無段斜め狭間」に細分されている。また、天井構造についても、焚口から窯尻まで一連で構築され、外観が竹を割って伏せた状態に似た「割竹形」や、ドーム状を呈し、各焼成室が独立して構築された「芋虫形」、かまぼこを並べたような形状となる「横室形」がみられる。中国では地上式の登窯を主に龍窯と呼び、商代にはすでに存在していた。龍窯は、焼成室に隔壁を持たない単室の窯であったが、その後、焼成室が間仕切りされた分室龍窯が宋代に、さらに焼成室間に段差を設けた階級窯が明代には現れる。朝鮮半島では、蛇窯と呼ばれる半円筒形の細長い単室窯が九―十世紀には出現し、十六世紀前半には焼成室が間仕切りされるようになる。日本で登窯がみられるようになるのは十六世紀末のことで、まず肥前地方で採用される。朝鮮半島からの技術伝播と考えられているが、近年では中国からの影響も検討されている。その後、十七世紀初頭に美濃地方でも登窯の技術が導入され、まもなく瀬戸地方にも広まった。また、時期を同じくして丹波窯や信楽窯でも操業を開始している。十七世紀後半

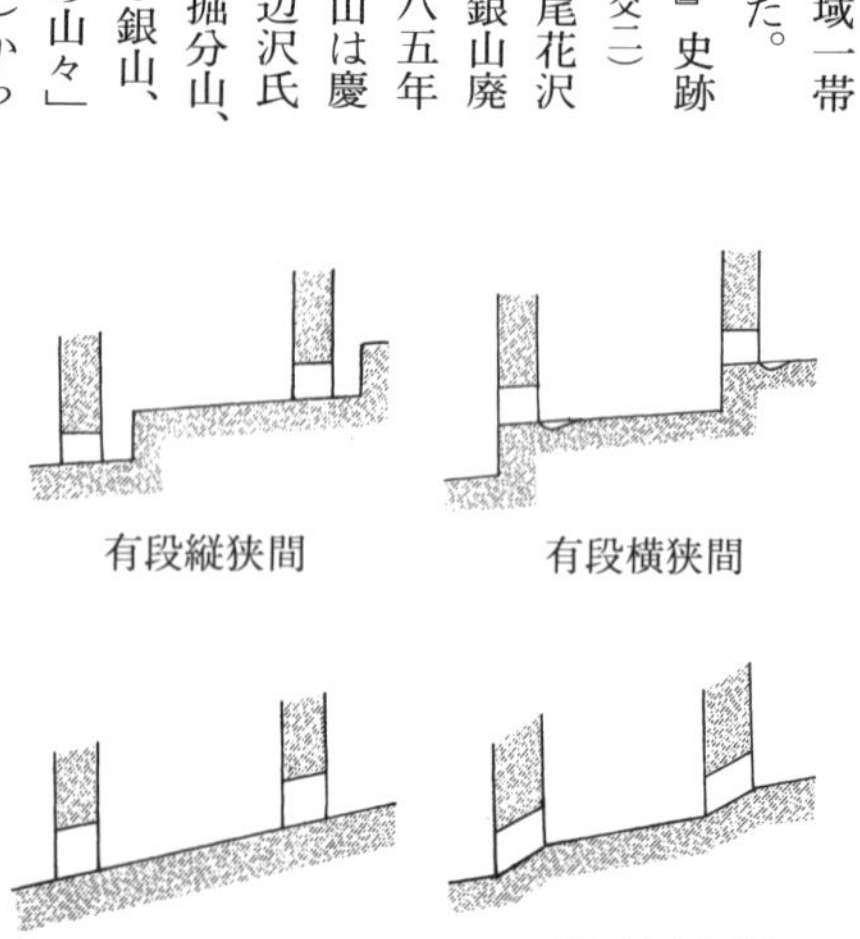

連房式登窯狭間構造模式図

以降には、石川県九谷窯や広島県姫谷窯など肥前系の窯が築かれる窯業地がみられるようになり、江戸時代後期には全国的に採用されるようになる。

参考文献　瀬戸市史編纂委員会編『瀬戸市史』陶磁史篇五・六、一九九三・九八。瀬戸市埋蔵文化財センター編『江戸時代の瀬戸窯』、二〇〇三。矢部良明他『角川日本陶磁大辞典』、二〇〇二、角川書店。

（河合　君近）

のみ　鑿　コタクミ(木工)などが建築部材接合部の加工などに用いる道具。古代・中世・近世いずれの文献でも、「鑿・ノミ」と表記・呼称されている。鉄製の鑿が出現した弥生時代以降、鉄製の穂部分と木製の柄との装着法は、袋式(穂部分を袋状につくり柄を挿入)と茎式《なかご》(穂部分の端部を柄に挿入)との二つが併用されていた。厚手の穂先には袋式が、薄手の穂先には茎式が、それぞれ対応する傾向にある。鑿の刃部縦断面形状は、弥生時代以降、両刃と片刃のいずれも見ることができる。ただ、この場合の片刃は、片刃に近い両刃(偏心両刃)のものがほとんどである。同じ遺跡(草戸千軒町遺跡)から出土した十四世紀ごろの実物資料には、袋式両刃と茎式片刃(に近い両刃)の両形式が見られる。前者は木材を割裂させる打割《うちわり》製材用に、後者は部材接合部加工用に、それぞれ主として使われたと考えられる。十五世紀以降、鋸による挽割《ひきわり》製材法が普及していくに従って、前者の鑿は姿を消していった。

参考文献　渡邉晶『大工道具の日本史』(『歴史文化ライブラリー』一八二、二〇〇四、吉川弘文館)。

（渡邉　晶）

のり　海苔　⇨海藻《かいそう》

のろし　狼火　⇨烽《とぶひ》

は

は　把　穎稲をはかる単位。十把で一束。もともとは、両手の親指と中指で稲をつかむ量をさし、その量は必ずしも一定していなかった。古代では田地一代からとれる稲を一束とし、把はその下級単位として使用された。通常、成斤の稲一束は穀米一斗、舂米五升に換算された。一方、木簡などでは、穫稲数を数える助数詞として把単位や扮単位で表記している例もある(滋賀県高島市鴨遺跡出土の木簡)。

参考文献　亀田隆之「古代の田租田積」(『奈良時代の政治と制度』所収、二〇〇一、吉川弘文館)。木簡学会編『日本古代木簡選』、一九九〇、岩波書店。

（大隅亜希子）

バード　Isabella Lucy Bird　一八三一―一九〇四　イギリス生まれの女性旅行家で紀行作家でもある。ヨークシャーの牧師の長女として生まれるが、病弱を克復するために、二十三歳の時からカナダ、アメリカを手始めに、外国旅行をはじめる。一八七二年からオーストラリア、ニュージーランド、ハワイなどを訪れ、『ハワイ諸島の六ヶ月間』を著す。日本を訪れたのは、一八七八年(明治十一)のことで、彼女の真の活躍はここから始まる。外国人が、自由に日本国内を旅行できなかった時代に、大胆にも、「奥地」の旅行を企て、北陸・東北から北海道にまで足を伸ばし、文明開化の及ばない東北寒村の貧しく悲惨な暮らしやアイヌの生活実態をつぶさに観察し、一八八〇年『日本奥地紀行』として出版した。以後、数度の来日を含め、マレー半島、インド、チベット、ペルシャ、朝鮮、中国などその対象はアジア中心となる。出版した紀行文も数多くある。

参考文献　高梨健吉「解説」(イサベラ・バード著・高梨健吉訳『日本奥地紀行』、二〇〇〇、平凡社)。

（田辺　征夫）

はいしょうぼだいじ　廃少菩提寺　滋賀県湖南市甲西町菩提寺にある中世の大寺院跡。製作年代の明らかな石造品が遺存している。奈良時代の僧良弁の開基と伝えられ、金勝寺(大菩提寺)に対して円満山大般若台院(少菩提寺)と号した。住侶学房三十六宇、交衆十六家、属侍十九家、承仕二十五人、仕丁十八人を有する大寺院で、別院五ヵ所もあったとされる。一三三五年(建武二)九月二十日、足利尊氏は先規にしたがって寺領を安堵している。一五七〇年(元亀元)六月、織田信長軍により焼かれ荒廃し、現在は山林の中に伽藍や坊跡を示す平坦地が数多くみられ、その中に希少例の石造の大型多宝塔(総高四・四八メートル)や地蔵菩薩像、閻魔像が残されている。これらは「廃少菩提寺石多宝塔および石仏」として国史跡に指定されている。多宝塔には「仁治二年(一二四一)辛丑七月□日願主僧良全　施主日置氏女(下略)」の銘文が、地蔵菩薩像には「永正十六年(一五一九)八月」などの銘が、閻魔像には「菩提寺」「浄西院秀阿弥陀仏行大徳宗舜敬白」「延長二年(九二四)甲申」の銘が刻まれている。

参考文献　『甲賀郡志』下、一九七八、弘文堂出版。

（林　博通）

はいだて　佩楯　大腿部を防御する小具足《こぐそく》。膝鎧《ひざよろい》とも。中世後期に常用された新しい小具足で、大腿部を完全に覆う中世前期の大鎧《おおよろい》では不用であったが、十四世紀以降、大鎧のシルエットの変化から草摺《くさずり》の防御性が薄れ、また本来から防御性の薄い腹巻《はらまき》の主流化などで必要となった。二種類の様式に大別でき、一種類は、袴式の家地《いえじ》の裾に札板三段を綴じ付けた踏込み式で、札板は上二段は通常とは逆に下重ねに威し、三段目は通常の威で三間に分割した。その形状が仏教法具の宝幢《ほうどう》に類似することから宝幢佩楯という。もう一種類は、家地に伊予札《いよざね》数段を下重ねに威し下げたもので、伊予佩楯という。これも踏込み式だが、正面からは二股の前掛け状にみる。この伊予佩楯の系統が近世まで続く一般的な様式となった。兵庫太山寺には、両様式の十四世紀の遺品が伝世する。なお、『明徳記』には「因幡佩楯」(様式不明)がみえ、『平治物語絵巻』には、札板三段威で左右各三間に分割した様式(一説に宝幢佩楯という)がみえている。

参考文献 鈴木敬三『武装図説』(『(改訂増補)故実叢書』三五)。 (近藤 好和)

ばいちけん　買地券　死者の関係者が、墓地や霊魂の安全、子孫の繁栄を求めて、土地の神や冥界の神などから当該地を購入する虚構の契約文言を金石や塼などに記し、墓に副葬したもの。中国に起源を持ち、道教に基づくとされる。後漢より遺品が知られる。内容は、契約年月日、売買当事者名、土地の所在・面積・価格、金銭授受の文言、立会人名などからなる。朝鮮半島でも百済武寧王陵から出土した例がある。日本では、岡山県倉敷市真備《まび》町の、塼に記した矢田部益足《やたべのますたり》買地券や、福岡県太宰府市宮ノ本遺跡から出土した墨書鉛板の例がある。前者は七六三年(天平勝宝七)に、白髪部毗登富比売《しらかべのひとひめ》の墓地を、備中国下道《しもつみち》郡八田郷長の矢田部益足が購入したことを記す。後者は、平安時代初期の火葬墓から出土し、亡父のために息子の好雄が墓地を購入したことを記す。

参考文献 池田温「中国歴代墓券略考」(『東京大学東洋文化研究所紀要』八六、一九八一)。冨谷至「黄泉の国の土地売買」(『大阪大学教養部研究集録(人文社会科学)』三六、一九八七)。間壁忠彦・間壁葭子「「矢田部益足之買地券文」の検討」(『倉敷考古館研究集報』一五、一九八〇)。岸俊男「「矢田部益足買地券」考釈」(『遺跡・遺物と古代史学』所収、一九八〇、吉川弘文館)。 (古尾谷知浩)

はいばら　灰原　陶磁器焼成の過程で不良品や不要になった窯道具・灰・炭化物などを投棄した場所をさす考古学用語。ここから出土する遺物を検討することで遺物の形態変化・焼成回数・生産量・器種組成などを細かく知ることができる。古代・中世の窖窯《あながま》では、製品の出し入れ口兼燃料投入口である焚口とその周囲の前庭部(作業場)から連続する下方斜面に、不良品・窯道具と灰・炭化物がともに投棄される。十五世紀代に各地で成立する大窯生産では、窯業地によって窯体構造が異なるため一概に定義することは難しい。ちなみに、焼成室への出入り口が焚口とは別に窯体側面に設けられる瀬戸・美濃窯の大窯では、不良品・窯道具は窯体側方斜面に、灰・炭化物は焚口下方の斜面に投棄されるようになり、前者を物原として区別する。江戸時代の連房式登窯では、個々の焼成室に出入り口が付くため、それに対応した窯体側方の斜面に投棄されるが、灰・炭化物はほとんど排出されないため、物原と呼ぶ方が相応しい。 (金子 健一)

はいふきほう　灰吹法　銀の製(精)錬法で、吹床《ふきどこ》内で銀鉱石と鉛を溶解し、出来た合金(貴鉛)を灰(骨粉、松葉灰など)の上に置き再度加熱溶解すると、酸化鉛が灰に染み込み残った銀を回収する方法。灰吹法は紀元前二〇〇〇年ごろギリシャ・ローマで発達したと考えられ、中国の唐、李氏朝鮮を経て日本に伝来したとされる。『石見国銀山要集』によれば一五三三年(天文二)八月に博多商人神谷寿亭(神屋寿禎)が宋丹、桂寿(慶寿)に銀を吹かせて成功したとあり、石見銀山に再隆盛をもたらした。のちに生野銀山や佐渡金銀山にも波及した。鉱山絵巻から初期の灰吹きは鉄鍋を灰吹床の外容器として使用、のちには灰吹炉に木炭や生木を架設して燃焼する方法が一般的となった。ギリシャのラウリオン鉱山遺跡では紀元前五〇〇年ごろの灰吹炉が検出され、石見銀山跡石銀《いしがね》地区から灰吹用と推定される十六世紀の鉄鍋が出土している。江戸時代前期には、含銀銅鉱石に鉛を添加する「南蛮吹」が発達し、灰吹法と連動して国産銀の生産が飛躍的に発展した。

参考文献 島根県教育委員会文化財課他編『石見銀山遺跡総合調査報告書』一―四、一九九九。植田晃一「石見銀山の製錬技術について」(『日本鉱業史研究』三五、一九九八)。 (池田 善文)

はいふだらくじちょうせき　廃補陀落寺町石　大和と伊勢とを結び、伊賀北部を横断する大和街道から廃補陀落寺までを導く道標。三重県伊賀市西高倉《にしたかくら》に所在する。十五基あったが十一基が現存し、うち九基が国指定史跡。町石の大きさは、高さ〇・七〜一・〇メートル、横〇・四〜〇・八メートルでいずれも花崗岩の自然石を使用する。表面に梵字と道程・願主が陰刻され、廃補陀落寺に残る基石、四町石には「建長五年(一二五三)」の刻銘がある。願主には「藤原友重」「源守清」「僧印増」「多真永」など多様な人物名が見られる。なお、廃補陀落寺は十五町石から北へ約一・三キロの谷あいにあり、瓦片や築地の基礎状の石積みがある。近接する高倉神社春日社の一五七四年(天正二)の棟札に「補陀落寺」がみえ、このころまで寺が存在していたと考えられる。

参考文献 和田年弥『三重県古銘集成』、二〇〇〇、真陽社。 (笠井 賢治)

はがぐうけ　芳賀郡家　古代下野国芳賀郡の郡家。栃木県の東部を南流する五行川左岸の低台地上、真岡市京泉に所在。塔法田堂跡との報告もあるが、近年は字名によって堂法田遺跡と呼称。南方約六〇〇メートルにある大内廃寺とともに一部が県史跡に指定されている。辰巳四郎・屋代方子らの一九六五年(昭和四十)の調査により郡家跡であることが判明。礎石、掘立柱などの建物跡およそ三十八棟分を確認。地業を施した建物は、東西一八〇メートル・南北三〇〇メートルの範囲に所在していた。A〜J建物は掘込地業の上に礎石建物を造営したらしく、行列をそろえて確認されている。おそらくは、正倉院の一郭を調査したものであろう。主な出土遺物は、須恵器(杯、蓋、甕)、土師器、内耳土器、瓦類であった。軒瓦は常陸国分寺系の組み合わせが多い。平瓦には、縄叩き文や格子文が残る。なお、芳賀郡内では郡倉別院とみられる中村遺跡(真岡市中)、新田駅家かと目される長者ヶ平遺跡(那須烏山市鴻野山)が発掘されている。

参考文献 辰巳四郎「塔法田遺跡」(『栃木県史』資料編考古一所収、一九七六)。屋代方子「堂法田(塔法田址)遺跡」(『栃木県考古学会誌』八、一九八四)。大川清『中村遺跡調査報告書』(『考古学研究室報告』甲一、一九七九、国士館大学文学部考古学研究室)。大橋泰夫「長者ヶ平遺跡の調査(栃木県南那須町)」(『月刊文化財』四九九、二〇〇五)。

(田熊 清彦)

はかざいせき 袴狭遺跡 兵庫県出石郡出石町袴狭に所在する官衙関連遺跡。古代船団や鮭《さけ》・鹿などの線刻絵画のある木製品の出土や、奈良・平安時代の大量の木製祭祀具が出土した役所跡の遺跡として知られる。線刻絵画はともに弥生時代後期から古墳時代前半と考えられる層位から出土している。船団の描かれた木製品は、長さ約二《メートル》、幅一六《センチ》、厚さ二《センチ》ほどの杉の板材に硬い工具で描かれている。十六隻の準構造船と考えられる船が、やや大きなものを中心に配され、さらに一隻が船団を少しはなれ先頭を航行する構図となっている。またこの裏面にも銅矛のような絵画が確認されている。近接する出石《いずし》神社の祭神は古代新羅の王子アメノヒボコであり、記紀にみえる渡来神話との関連が注目される。鮭や鹿が描かれた木製品は、長さ五四《センチ》、幅一五《センチ》、高さ一一《センチ》ほどの箱形になるもので、このうちの側板二枚と底板一枚が出土した。絵画はこの側板に描かれており、鮭・鹿・鮫《さめ》・鰹《かつお》がそれぞれ確認できた。船団の線刻画と同様、杉の板材に硬い工具で描かれており、古社において神事に用いられる「琴板」と呼ばれる打楽器とその形態が類似する。袴狭遺跡は奈良時代から平安時代初頭の官衙関連遺跡でもある。内田地区と呼ばれる地点からは、建物約三十棟が整然と配された状態で検出され、唐鏡(草花飛鳥八稜鏡)、腰帯装飾品、銅銭、円面硯、鐙、施釉陶器、木製琵琶など豊富な遺物が発見された。同時に出土した七十四点もの木簡や五百点近い墨書土器などの文字資料の検討から、但馬第一次国府や出石郡衙との関連が強い遺跡と考えられている。さらに北側の砂入遺跡とともに、人形《ひとがた》や馬形・斎串《いぐし》など「祓え」に関する木製品が、あわせて一万点以上も発見されており、東西二《キロ》、南北一・五《キロ》にわたり祭祀具の包含層が広がっていることも判明している。

参考文献 兵庫県教育委員会埋蔵文化財調査事務所編『袴狭遺跡』、二〇〇〇。出石町教育委員会編『袴狭遺跡内田地区発掘調査概報』、一九九五。

(小寺 誠)

はかた 博多 北部九州にある地名、都市名。博多湾一帯を指す場合と都市博多に限定して使われる場合がある。博多の初見は、七五九年(天平宝字三)で、地形的には砂丘の上に立地している。平安時代には博多警固所が置かれた。鴻臚館《こうろかん》の分館である鴻臚中島館は博多にあったという説がある。十一世紀半ばに大宰府鴻臚館が廃絶した後、貿易の拠点が博多に移ったらしく、十一世紀半ばから後半にかけて博多遺跡群では遺構・遺物が激増する。この時期に博多は日宋貿易の拠点となり、都市化したと考えられる。十一世紀末ごろから宋商人の博多への居住が確認され、唐房という宋人居留地が形成された。博多綱首といわれる宋商人もいた。博多遺跡群からは大量の宋代陶磁器が出土し、貿易の活発さを物語る。それらの中には宋人の姓や名前を記した墨書陶磁器もある。このほか、中国風の瓦や井戸も発見されている。鎌倉時代になると、宋商人たちの援助によって聖福寺・承天寺などの禅寺が建立された。一二七四年(文永十一)の文永の役では、博多は戦場となった。一二七六年(建治二)に博多湾一帯に石築地(元寇防塁)が造られ、異国警固の拠点となった。一部遺構が現存する。鎌倉時代後期には鎌倉幕府の出先機関が置かれ、十三世紀末の鎮西探題の設置によって、博多は九州の政治的な中心地となった。また日元貿易の拠点ともなった。一三三三年(元弘三)の鎮西探題の滅亡によって一時廃墟となった。南北朝時代には九州探題が置かれた。十五世紀になり明や朝鮮との外交・貿易関係が確立すると、博多は貿易港として栄え、肥富《こいづみ》・宗金・道安などの貿易商人が活躍した。十五世紀半ばには琉球貿易にも進出した。十五世紀後半になると堺商人の台頭によって、博多商人は日明貿易から排除されることもあった。博多は博多浜と息浜《おきのはま》の二地域からなっていたが、十五世紀半ばには、前者は大内氏の、後者は大友氏の支配下にあった。十六世紀代には自治都市が形成され、東分(博多浜)と西分(息浜)に分かれた。市政を担ったのは東西の年寄たちであった。一五五八年(永禄元)には大友宗麟が息浜の一角をイエズス会に寄進し、教会が建てられた。十六世紀後半には、博多は戦国大名や国衆たちの争奪の対象となり、戦火のため何度も焼失した。一五八七年(天正十五)、豊臣秀吉によって再興され、太閤町割という新たな町割がなされた。この町割は基本的に現代の町に継承されている。江戸時代には隣接する福岡に黒田氏の城下町が造られた。福岡城下町と博多の町人町は対照的で、双子都市といわれる。博多の市政は、町奉行所の管轄のもと、有力町人である年行司によって運営された。その下には、各町に年寄・組頭などが置かれた。『筑前国続風土記』によると、元禄時代の博多の人家は二千九百六十二軒、人口は一万九千四百六十八人であった。博多織や博多練酒《ねりざけ》などの特産品で知られた。一八八九年(明治二十二)の市町村制の施行時に、福岡と博多が合併し、福岡市が誕生した。同年には、博多—千歳川(鳥栖市)に九州鉄道が開通。一九七五年(昭和五十)には山陽新幹線が博多に乗り入れた。一九七七年から地下鉄工事に伴う博多遺跡群の発掘が開始された。

参考文献 川添昭二『中世九州の政治と文化』、一九八一、文献出版。同編『東アジアの国際都市博多』(『よみがえ

る中世』一、一九八八、平凡社）。小林茂他編『福岡平野の古環境と遺跡立地』、一九九八、九州大学出版会。『福岡県の地名』（『日本歴史地名大系』四一、二〇〇四、平凡社）。

（佐伯　弘次）

はがま　羽釜　胴部の周囲に鍔《つば》がつく釜で、飯炊き釜、湯釜として用いられる。飛鳥川原寺では七世紀の鉄釜鋳型が出土しており、官寺での鉄釜使用は資財帳からも確認できる。八世紀の出土品としては秋田県秋田城跡のものがある。和歌山県熊野本宮湯釜は建久九年（一一九八）銘をもつ羽釜の古例として知られる。胴部に三本の獣脚が付く三足釜は中世に多く用いられ、社寺に伝わる在銘品も数多い。平安時代以降、土師質の羽釜形土器（土釜）が甕に代わる煮炊具として、畿内を中心に中世を通じて生産・使用された。京都府長岡京跡、奈良県興福寺一乗院跡等出土の九世紀の緑釉陶器羽釜は喫茶用具とも想定されている。中世、大和を中心に土釜は蔵骨器としても使用され、種子・経文・法名・没年号などを墨書されたものが奈良県元興寺極楽坊、古市城山遺跡などから出土している。また、鎌倉時代から現れる瓦器質の羽釜には

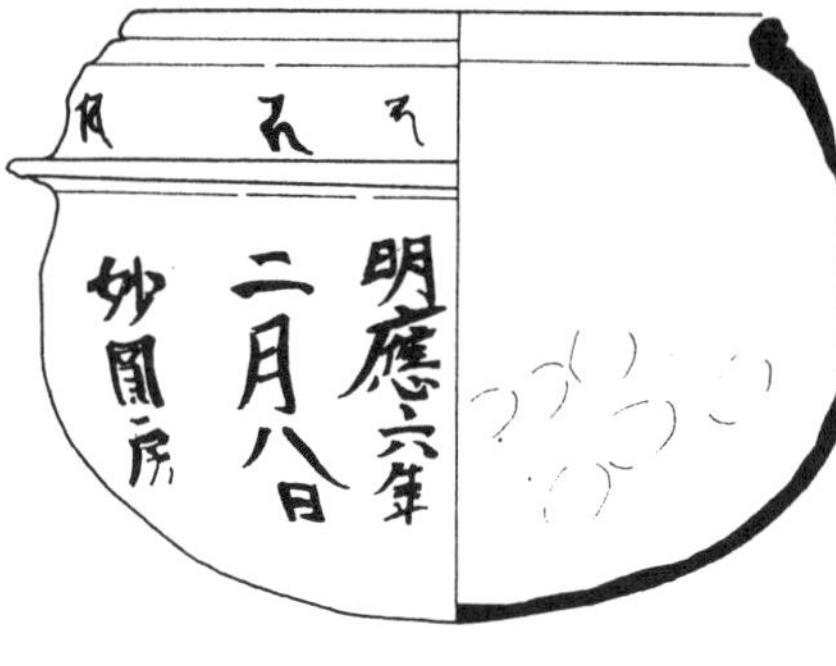

古市城山遺跡出土の土師器羽釜（蔵骨器）

三足釜もあり、形態から鉄釜の模倣と考えられている。

参考文献　中世土器研究会編『中世の土器・陶磁器』、一九九五、真陽社。元興寺仏教民俗資料研究所編『日本仏教民俗基礎資料集成』一、一九七六、中央公論美術出版。

（森下　惠介）

はかり　秤　質量を計量する器具の総称。前近代社会の日本では天秤と棹秤《さおばかり》があった。天秤は棹の中央に支点をおき、品物と同じ重さの分銅とを釣り合わせて計量する。棹秤は、目盛りのある棹の一端に品物をかけ、錘《おもり》を移動して棹が水平になったところで目盛りをよんで計量する。その基本構造は天秤は棹、皿、針口（支点となる金具）、定量の分銅とからなり、棹秤は棹、鉤もしくは皿、緒紐（支点）、非定量の錘とからなる。ともに中国で発達したものが日本へ伝来したとみられるが、その具体的な時期については明らかでない。遺跡からは分銅、錘のほかに、衡器の部品とみられる棹、鉤、緒紐をつけるための環が出土している。ただし、錘とみられる形状のおもりのなかには定量のものもあり、分銅との見分けが難しい。おもりの材質は、近世以前のものは銅や鉄の金属製、石製、陶製などがあり、一様ではない。八世紀の律令国家は唐制にならって権衡制度を整備した。当時は大称・小称（大称一斤は小称三斤）の二系列の秤が公定され、銖・分・両・斤の単位で重さを表した。大蔵省の管轄のもと、国衙や官司に銅製の基準器をおいて統制していた。ところが、平安時代以降、「本斤」「国斤」「蔵人所斤」など、一斤の質量が異なる秤が出現する。さらに、匁（一匁は十分の一両）、貫（一貫は千匁）の新しい計量単位の使用が確認される。なお、発掘調査では、十六世紀半ば以前の天秤の部品や分銅は出土していない。近世になると、江戸幕府は座制によって計量統制を実施した。天秤の使用は両替屋のみに許可され、分銅の製造・検定は金座の後藤家の専管となった。銀秤・皿秤・千木《ちぎ》などの棹秤の製作・販売・補修は、京都と江戸の秤座が独占した。ただし、秤座であつかう錘の調整は後藤家の分銅を基準としていた。検定をうけた分銅や衡器には刻印をもつものが多い。十八世紀の西洋で考案された台秤・ばね秤が日本にもたらされたのは幕末ごろとみられる。

参考文献　宮本佐知子「国内出土の権衡資料」（『大阪市文化財論集』所収、一九九四、大阪市文化財協会）。小泉袈裟勝『秤』（『ものと人間の文化史』四八、一九八二、法政大学出版局）。

（大隅亜希子）

はぎおうかん　萩往還　萩城下（山口県萩市）と瀬戸内の港三田尻《みたじり》（山口県防府《ほうふ》市）を直線的に結ぶ萩藩の主要道。全長十二里（約五三キロ）。藩主が参勤交代などに通行する「御成道」として整備されたが、日本海側と瀬戸内側を結ぶ陰陽連絡道として重要な交通路であった。近現代に至り国道や県道として整備されたが、部分的には古道（山道や廃道）となり忘れられていた。一九八〇年（昭和五十五）、山口県教育委員会の手で実態調査が進められ、翌年から道の通過する萩市、阿武郡旭村、山口市、防府市によって古道と関連遺跡が整備された。一九八九年（平成元）には、整備事業が終了した区間を中心とした九・二キロの道路と涙松跡、悴坂《かせがさか》一里塚跡、悴坂駕籠建場跡（以上、萩市）、上長瀬《かみながせ》一里塚跡、逆修石（以上、旭村）、国境の碑、一ノ坂一里塚跡、一ノ坂建場跡（以上、山口市）、宮市本陣兄《こう》部《べ》家、三田尻御茶屋旧構内、三田尻御船倉跡、住吉神社石造灯台（以上、防府市）の関連遺跡が国史跡に指定された。未発掘。

参考文献　『萩往還』、一九八二、山口県教育委員会。

（渡辺　一雄）

はきこうごいし　杷木神籠石　筑前国に築かれた古代山城。福岡県朝倉市杷木林田・杷木穂坂所在。国指定史跡。筑後平野東端部で、針目《はりめ》山から筑後川に派生した尾根の先端に立地する。ドライブイン建設を端緒として一九六七年（昭和四十二）に発見された。列石・土塁・水門が確認され、土塁線内に二つの谷を取り込んだ包谷式山城で、

外郭線の長さは約二・二五キロと推定される。水門は二ヵ所存在し、第二水門は堤体幅一一・七メートルの規模を有する。列石に用いられた石材は凝灰角礫岩と熔結凝灰岩を主体とし、日田・玖珠《くす》・耶馬渓《やばけい》一帯にかけて分布することが明らかとなった。従前の調査では、神籠石の築造年代を示す遺物が発見されていないので築造時期は明らかではないが、筑前と豊後を結ぶ交通の要衝で、筑後川の水運を押える場所に占地すること、杷木町志波《しわ》地区に朝倉橘《あさくらのたちばなの》広庭宮《ひろにわのみや》の所在が推定されていることから軍事上重要な役割を担った古代山城と推測される。

参考文献　杷木町教育委員会編『杷木神籠石』(『杷木町文化財調査報告書』一、一九七〇)。同編『史跡杷木神籠石』(『杷木町文化財調査報告書』五、二〇〇二)。小田和利「朝倉橘広庭宮の再検討」(『九州歴史資料館研究論集』一八、一九九三)。　(小田　和利)

はぎじょう　萩城　山口県萩市にあった萩藩主毛利氏の居城。一六〇四年(慶長九)から四年をかけて築城。以来、毛利氏十三代の居館と萩藩の政庁であったが、一八六三年(文久三)に藩府は山口に移された。廃藩後に廃城、近代国家への変革を示すため、全国の城郭にさきがけて破却された。城郭は阿武川河口の指月《しづき》山(標高一四三メートル)とその南麓に立地した平山城で、別名指月城。阿武川の分流橋本川と松本川を天然の堀とみなし、詰丸・本丸・二ノ丸・三ノ丸などを配置した。山頂部の詰丸は七棟の櫓からなる要害。本丸には五層の天守閣・藩主居館・主要政庁が置かれていた。内堀を隔てた本丸の周囲は神社仏閣や蔵元役所・厩舎などが配置された二ノ丸。中堀を隔てて南から東にかけては上級武士の居住地である三ノ丸があり、外堀を挟んで南と東に配置された城下町とは三つの総門で結ばれた。一九九〇年(平成二)に詰丸の角櫓と辰巳櫓の発掘調査が行われている。国指定史跡。

資料館　萩博物館(山口県萩市)

参考文献　『萩市史』三、一九八七。　(渡辺　一雄)

はぎじょうじょうかまち　萩城城下町　山口県萩市にあった萩藩の城下町。萩城の東側、日本海に注ぐ阿武川下流の三角州上に形成された。萩城三ノ丸の中ノ総門に通じる御成道を中心として、碁盤目状の町筋が整備され、町人町と寺町が発達した。またその南部から東部にかけては中下級武士の屋敷が配置された。現在、町筋はそのまま残っていて、よく城下町の面影をとどめているが、特に御成道沿いとその南側の慶安橋筋をつなぐ三小路(江戸屋横丁・伊勢屋横丁・菊屋横丁)沿いには、町筋や家並みの配置の状況がよく保存されており、菊屋家住宅(重要文化財)や久保田家住宅などの商家、木戸孝允旧宅(国史跡)、高杉晋作旧宅、青木周弼・研蔵・周蔵の旧宅などがある。国指定史跡。また、江戸時代中期に萩城外堀を埋め立てて形成された「北片河町」「南片河町」の発掘調査が一九九七年(平成九)からされ、城下町の生活文化や流通・経済の一端が明らかにされた。

資料館　菊屋家住宅(山口県萩市)、萩博物館(同)

参考文献　『萩市史』三、一九八七。　(渡辺　一雄)

はぎはんおふなぐら　萩藩御船倉　萩藩藩主の御座船を係留する船倉で、江戸時代初期の萩城築城後まもなく建てられた。山口県萩市東浜崎町にその遺構が残る。現在は大船倉が一棟残っているが、その構造は、両側と奥に玄武岩の切石や自然石で堅固な壁を築き、その上に桁行二六・九メートル、梁間八・八メートルの切妻本瓦葺きの屋根をかけ、前面には木製の扉を設けたものである。高さは八・八メートル。もとはこの大船倉を挟んで北と南に各一棟の小船倉があったが、明治初年に北側の一棟、一九六二年(昭和三十七)に南側の一棟が取り壊された。往時は松本川の河口に面し、内部まで水が入り、御座船が自由に出入りできるようになっていたが、現在は明治時代以後の埋め立てのため河岸から離れた所に立地しており、昔日の面影はなくなっている。しかしながら、このような上屋を往時のままの姿で残している藩政時代の船倉としては、唯一のものであり重要な遺跡である。国指定史跡。未発掘。

参考文献　『萩市史』三、一九八七。　(渡辺　一雄)

はぎはんこうめいりんかん　萩藩校明倫館　萩藩の藩校。遺構は、山口県萩市江向《えむかい》の市立明倫小学校敷地内に残る。明倫館は五代藩主毛利吉元が一七一九年(享保四)に萩城三ノ丸に創建した藩校であり、一八四九年(嘉永二)に江向の地に移設された。新明倫館は敷地一万五千百八十四坪、建物総坪数一万千三百二十八坪、練兵場三千二十坪の広大な規模をもち、外観、内容とも全国有数の藩校であった。周囲を玄武岩の石垣で築いた水練池、木造平屋入母屋造りの剣槍稽古場であった有備館、六代藩主毛利宗広が明倫館の由来を記した碑と十三代藩主毛利敬親《たかちか》が新明倫館の開校を記念して記した碑が、「明倫館水練池および有備館附明倫館碑」として国史跡に指定されていたが、二〇〇三年(平成十五)に「旧萩藩校明倫館」に名称変更され、遺構が確認された南門をはじめ、指定地域が面的に拡大された。藩校遺構の敷地と当時の建造物、遺構の一部がよく保存されており、藩校の形を知る上で重要な遺跡である。

参考文献　『萩市史』三、一九八七。　(渡辺　一雄)

はぎはんしゃろ　萩反射炉　幕末期の萩藩の反射炉跡。反射炉は金属の溶解・精錬に用いる洋式溶鉱炉の一種。山口県萩市大字椿東《ちんとう》字上ノ原にある。伊豆韮山とともにわが国に残るただ二つの反射炉の一つとして、一九二四年(大正十三)に国の史跡に指定された(一九八〇年(昭和五十五)に追加指定)。現在、炉本体はなく、上部が二つに分かれている高さ約一一・五メートルの煙突部分のみが残存する。煙突は、基底部から三分の二までを粘土と玄武岩で、それから先は煉瓦で構築され、表面には漆喰《しっくい》が塗られている。一九七八年から四次にわたる発掘調査で炉底部分が確認されたが、その構造は明らかでない。一八五八年(安政五)に造られたとされる萩反射炉の築造や操業を裏付ける史料はなく、築造時期や構造・機能についてはさまざまな論議がある。現在、史跡指定地は萩市により公有化され、炉体の保存修理や環境整備が行われている。反射炉の周囲には発掘調査で発見された五棟の建物跡も表示されている。

参考文献 『萩市史』三、一九六七。（渡辺　一雄）

はぎはんしゅもうりけぼしょ　萩藩主毛利家墓所　山口県萩市の旧天樹院、大照院、東光寺、および山口市香山《こうざん》町の四ヵ所にある萩藩主毛利氏の墓所。旧天樹院墓所は毛利輝元の墓所。輝元や夫人などの墓三基がある。大照院墓所は初代藩主秀就《ひでなり》と二代から十二代までの偶数代にあたる七藩主の墓所で、藩主・夫人・一族などの墓五十二基がある。東光寺墓所は三代藩主吉就のほか十一代までの奇数代にあたる五藩主の墓所。藩主と夫人および一族などの墓四十基がある。香山墓所は幕末の藩府移転により設けられたもので、十三代藩主敬親《たかちか》以降の毛利家の墓所となっている。墓の形式は旧天樹院墓所と大照院墓所が五輪塔形、東光寺墓所が笠石付き角柱形の石造物を中心とするのに対し、香山墓所は土饅頭形の盛土の前に墓石を建てる形式である。本遺跡は近世大名家墓所の代表的なものの一つであり、大名家の墓制や葬制を知るうえで重要である。国指定史跡。未発掘。

参考文献 『山口市史』、一九八二。『萩市史』三、一九六七。（渡辺　一雄）

はきもの　履物　足に装着するものを総称していう。履は「足でふむ」ことをさし、平安時代ころから総称として用いられたようである。形態的には、開放性のものと閉塞性《へいそくせい》のものに大別でき、前者を鼻緒履物、後者を被甲履物ということもある。開放性の履物は、おもに温暖な農耕地帯に出現したサンダル類で、平らな台に趾《あしゆび》で挟む緒や棒をつけたものと甲に渡す細いベルトや紐をつけたものがある。閉塞性の履物は、おもに寒冷な狩猟・牧畜地帯に出現した靴類で、甲や脛部を覆う位置から長靴・深靴・短靴・浅靴などに分けられる。このほか、靴下・襪《しとうず》など補助的に用いられるものもある。日本の足袋は襪の趾股《ゆびまた》を分けたものといえる。素材にはいずれも木・皮革・植物繊維・布などがあげられる。日本は、開放性履物の分布では北限に位置するが、緒や棒を趾で挟む鼻緒履物が稀有な発達をみせている。木製の台の下駄、植物繊維を編んだ台の草履や草鞋《わらじ》が長く多用されており、稲わらなどを編んだわら沓類にも、被甲性でありながら、前緒が装着される例がみられた。中国や朝鮮半島では趾を覆う形で用いる浅くつである草鞋は、日本では台先端から出した長い芯縄を趾で挟む緒として、更にそれを足首に巻きとめて用いる鼻緒付き浅くつともいえるものに変わっている。また、履物は足を保護するためにも用いるが、裸足の歩行に代わるというより、富や権威の象徴として発達してきており、それを衣服としての履物—footwear—とみるなら、特定の役目を果たすために工夫された足に着ける道具—footgear—ともいえる履物もある。

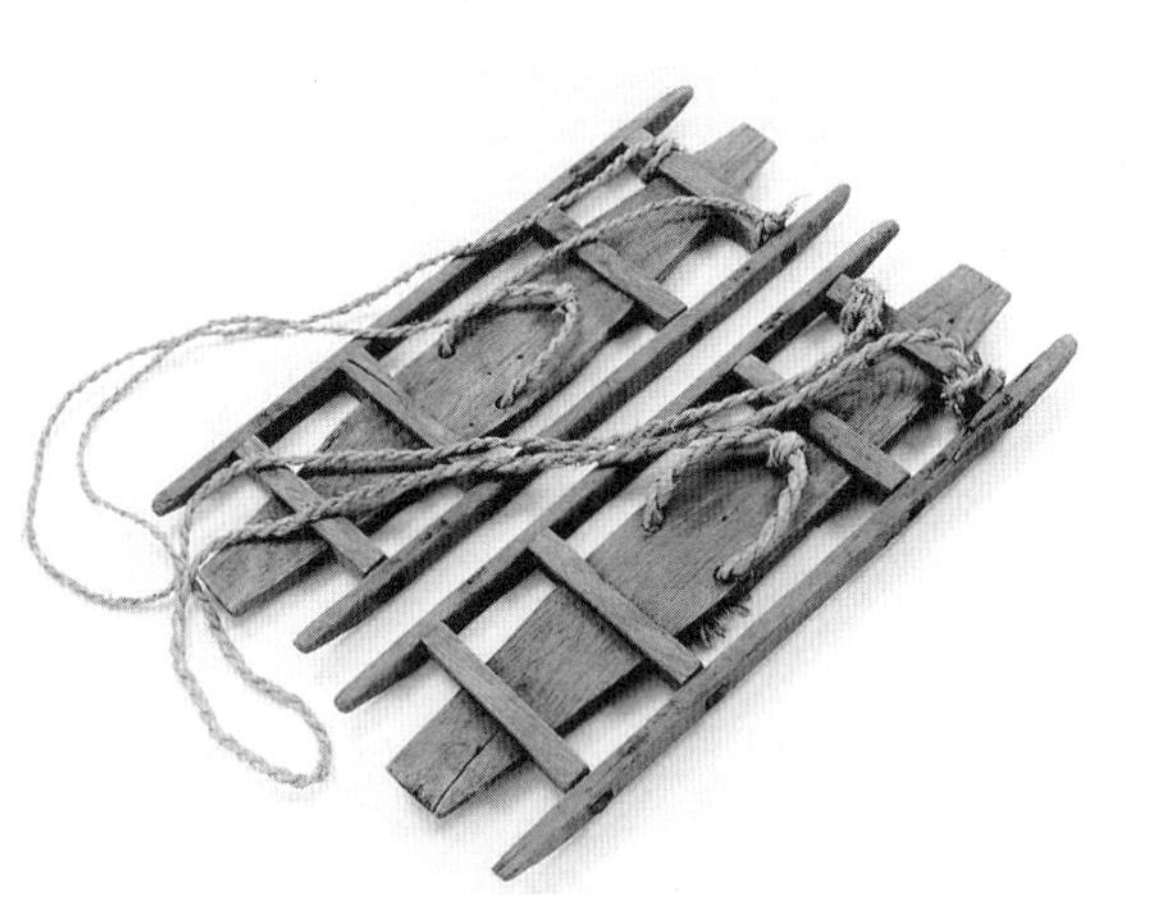

田下駄（おおあし）

日本では特に後者が発達しており、弥生時代から用いられていた田下駄類や足桶・かんじき・踏俵など地域性や職種によって多様にみられ、竹馬・筒下駄・滑り下駄など遊戯に用いるものも含めて、鼻緒を挟むことが機能的に利用されている。直接歩行に用いる履物に比して、このような道具として用いられる履物は間接的履物類ともされる。

参考文献 宮本勢助『民間服飾誌履物篇』、一九三三、雄山閣。（市田　京子）

はぎやき　萩焼　桃山時代以降、山口県で焼かれた陶器。無文の土灰釉・藁灰釉・粉引製品を主体とし、江戸時代後期以降には大型品も増加するが、当初は碗・皿・鉢などが主に生産された。文禄・慶長の役に際して渡来した李勺光《りしゃくこう》とその弟（助八、初代坂高麗左衛門）を中心に、毛利輝元が萩に入城した一六〇四年（慶長九）以降に松本村（萩市椿東）に窯場が開かれた（松本御用窯）。しかし一六五七年（明暦三）には、李勺光の孫山村平四郎光俊をはじめ勺光系の陶工が深川三ノ瀬（長門市）に移って新たに窯場を開いたため（深川御用窯）、以後松本御用窯は坂家によって代々運営された。また、これに伴い一六六三年（寛文三）には新たに三輪家と佐伯家が御雇い細工人として召し抱えられ、両窯場も御用窯となった。新設された深川御用窯は、一部自家売りが認められるなど当初から民窯的性格も兼備していたが、十七世紀末には藩直営から庄屋支配となり民窯となった。

参考文献 山口県教育委員会編『萩焼古窯』、一九九〇。『萩焼四〇〇年展』、二〇〇一、朝日新聞社。（村上　伸之）

ばぐ　馬具　ウマの祖先は、北アメリカで進化した奇蹄目のエクウス（ウマ）属の内、ユーラシア大陸に移動してヨーロッパ・アフリカで生き残った種が現世種の起源とされている。ウマは人類によって耕作・牽引・騎乗・戦闘などに利用され、それぞれの機能に応じたさまざまな装具が製作された。これらの装具と各所に付加された装飾具を馬具と呼んでいる。日本考古学における馬具の名称は、平安時代に成立した『和名類聚抄』にみえる名称と中世以降に製作された奈良市手向山八幡宮所蔵の鎌倉時代の唐鞍などに残る名称に基づいている。最古の現存品は、奈良県東大寺正倉院に伝世する奈良時代の馬装である。なお、中国考古学では車に関わる挽馬用装具は、車馬具として騎馬用装具と区別されることが多い。馬具は、機能面から四つの群に分類することができる。第一は、馬を制御するための轡《くつわ》および面繋《おもがい》である。轡は、口腔の臼歯と前歯の間隙(歯槽間縁)にくわえさせる銜《はみ》と引手からなり、銜を馬口両端で固定する面繋と銜を操作する手綱が付属する。轡の内、銜留として有機質の鑣《ひょう》を付けた轡を鑣《はみえだ》(銜枝)轡という。二連・三連銜の結合部を啣《くくみ》金、引手との結合部を銜先環とよぶ。銜先環と引手の間に遊環を介するものも多い。手綱と結びつけられる引手端部は引手壺と呼ばれ、別造りの引手壺は古相を呈する。面繋は頭絡とも呼ばれ、轡を革帯などで馬頭に固定する役割をもつ。第二は、騎乗用または駄載用の鞍で、居木《いぎ》と前輪・後輪《しずわ》から構成される鞍橋《くらぼね》を中心として、馬体を保護する下鞍とこれらを固定する腹帯《はるび》・胸繋・尻繋が付属する。騎乗用では、さらに鐙と人体を保護する鞍敷・障泥《あおり》が加わる。前輪・後輪には海金具・磯金具や胸繋・尻繋を居木に連結する鞖《しおで》(四方手)金具、鐙には居木から垂下する鐙力革に連結する鉸《かこ》具・兵庫鎖からなる鐙靼《みずお》などの金属製部分がある。なお、面繋・胸繋・尻繋をあわせて三繋ともいう。第三は、これらに付随するさまざまな装飾具である。それ自身が装具の一部として機能するものとしては、銜留の機能をもつ鏡板や面繋・尻繋の交点に着装する四脚の辻金具、尻繋中央の交差点に取付ける多脚の雲珠《うず》などがある。これに対し、馬の鼻筋に着装する馬面や額に取付ける馬冠(鍚《よう》)、胸繋・尻繋に垂下して装着する杏葉・馬鐸・馬鈴などは、純粋に装飾として付加された馬具である。第四は、馬体を護る戦闘用の武具で、馬冑・馬甲などの馬鎧がある。鉄製馬冑は馬面・頬などの形状にあわせた板金を鋲留や蝶番で連結したもので、馬甲は大型の方形板(小札《こざね》)を綴合せた綴甲である。このほか、鞍の後方に旗などを取付けるための寄生などの付属具がある。旧石器時代後期のヨーロッパの洞窟絵画には、しばしばウマ科の動物が描れており、主な狩猟対象の一つであったことが知られる。氷河期末期には、野生馬の出土例は急速に減少し、急激な気候変動と人類による乱獲により、新大陸では一万年ほど前までに絶滅したと考えられている。奇蹄動物の家畜化は、ヤギ・ヒツジ・ウシなどに比べ、遅れて約六千年前ごろから始められ、中心地はカスピ海北岸のスキタイ・ステップ地帯が有力視されている。中国でも紀元前三〇〇〇年ごろには家畜馬が存在する。挽車は、紀元前四〇〇〇年紀後半ごろにシュメールで橇《そり》に続いて発明され、紀元前三〇〇〇年ごろの南メソポタミアのウルク出土粘土板に記された橇とともに記された絵文字が最古の荷車である。紀元前二五〇〇年ごろにはウル出土のロバが輓く板輪四輪の一種の戦車が描かれた絵画があり、紀元前二〇〇〇年ごろのイランのスーサからは車輪を回転させる車軸端の銅製轄《かつ》が出土している。紀元前一八〇〇年ごろになると、ヒクソスから伝えられた馬が輓く輻《や》(スポーク)輪二輪の戦車がエジプト・メソポタミア・ミュケナイ・ヨーロッパで発達した。人が乗る輿(車体・籠)を牽引させる繋駕《けいが》法は、一本の輈《ちゅう》で行う方法で始まり、二本の轅《えん》による方法に移行する。いずれの方法でも、牽引動物は軛《くびき》で輈や轅に繋がれるが、中国では殷代後期に戦車の使用が始まり、戦国時代末ごろには轅を用いる繋駕法に移行したとみられる。しかし、ヨーロッパでは八世紀までみられず、ヨーロッパ・西アジア・南アジアではその後も継続され、地理的にユーラシア大陸を二分している。なお、有蹄動物の蹄は、冷湿な環境では歪みや裂けを生じ炎症を起こしてしまうため、ローマ時代には馬蹄用のサンダルが考案され、九世紀になると釘で固定される蹄鉄が装着されるようになった。最古の轡は、紀元前十八―十七世紀のヨーロッパの鹿角製角型鑣とされ、青銅器時代に青銅製品が現れ、ヨーロッパ・コーカサス・中国などに拡大した。イラン地方の青銅製品には一本棒の銜があるが、通常は二連銜である。乗馬の明確な証拠は、紀元前一〇〇〇年以降に西アジア、とくにイラン地方で次第に明確になり、これらを騎馬民族が改良してスキタイなどに影響を与え、轡・鞍・馬面・鐸鈴・帯金具などが整備され、紀元前五世紀にはローマでは重装歩兵とともに騎兵が一般的となった。しかし、いずれも鐙の使用はみられず、鐙は乗馬の風習の普及より相当遅れて発生したと考えられている。一方、鞍に関する用語は、ヨーロッパでは古代ギリシャ語やラテン語にはみられず、古代英語においても、鐙(stirrup)は馬に乗るロープを意味するstige-rapに由来する。最古とされる鐙は七世紀ごろのハンガリーの墓出土品で、ヨーロッパにおいては八世紀ごろに封建制下でイスラム騎馬隊に対抗して整備された中世重装騎兵隊の装備として発生した可能性が指摘されている。中国の轡は、西周末に青銅製の二連銜がみられ、漢代には三連銜が盛行した。紀元前四世紀末ごろに、遊牧民族の匈奴が騎馬戦法を用いて燕・趙・秦に侵入し、紀元前三

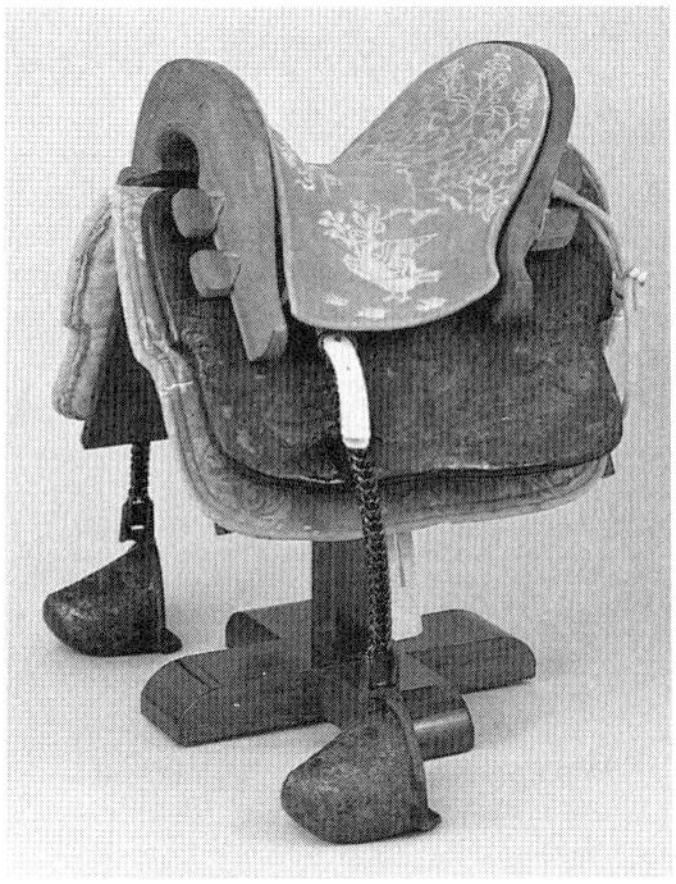

馬鞍（正倉院宝物）

世紀末には西域・モンゴル全域から東胡・月氏・丁零を排除して強大となり、前漢と対峙した。中国の騎馬用馬具はこれらに源流が求められ、漢代以降に鐙を加えて完成され、その後、四―五世紀に朝鮮半島・日本列島に伝えられた。なお、馬面は獣面形・三角形・馬頭形・抽象形があり、シベリアのアルタイ・パジリク文化(紀元前五〇〇年―紀元一〇〇年)には、複雑な文様をもつ革製品が知られている。中国では、殷周代から青銅製品が製作された。三角形や複雑な抽象文様を象ったものは漢代に製作された。日本では出土例は知られていない。日本における馬具の研究は、江戸時代に始まり、明治時代末ごろから具体的な馬具の種類・構成について進められ、研究初期には馬形埴輪・石馬資料を活用した高橋健自・後藤守一らの研究が嚆矢となった。第二次世界大戦後、樋口隆康・増田精一・小野山節らによって研究が深められ、昭和三十年(一九五五)代からは古墳出土資料の増加により、器種ごとの個別研究が進展した。また、一九七〇年代以降には中国・韓国での資料増加を受け、東アジアにおける系統や実年代に関する資料が紹介され、研究が活発化している。日本列島の馬具は、弥生時代中・後期の西北九州地方における箱式石棺などから出土する馬鐸・車馬具を除けば、五世紀前半に古墳出土資料として現れる。兵庫県加古川市行者塚古墳の鏡板付轡・鑣轡や福岡県甘木市池ノ上六号墳出土の鑣轡などである。ついで、五世紀中ごろには大阪府誉田丸山古墳出土金銅装鏡板付轡・同透彫鞍・飾金具や滋賀県新開一号墳出土金銅製鏡板付轡・鉄装鞍・輪鐙などの資料が増加するが、いずれも朝鮮半島や中国東北部に類例が辿れるもので舶載品と考えられている。五世紀末ごろになると、和歌山県大谷古墳出土金銅製鈴付f字形鏡板付轡・同剣菱形杏葉や福井県十善森古墳出土鈴付透彫楕円形鏡板付轡など、当初特殊な素材・金工技術をもつ馬具が出現し、間もなくS字状鑣から発達したとみられるf字形鏡板と剣菱形杏葉のセットや楕円形鏡板付轡の国内生産が始まる。以後、六世紀を通じて実用的な円環式(素環)鏡板付轡とともに、金銅装を中心とした楕円形・鐘形・心葉形などの鏡板・杏葉が同形でセットをなす馬装が発達した。六世紀後半には、再び朝鮮半島の影響を受け、銜先・引手の結合部を外側に設ける心葉形鏡板が盛行したが、七世紀には金銅板製の杏葉が発達するなど急速に転換した。一方、円環式(素環)鏡板は六世紀以降、立聞の有無に加え、立聞形状も蛸頭形や鉸具造りなどのほか、指金の有無などのバラエティのある実用的轡として普及した。奈良・平安時代を通して、複環式鏡板とともに盛行し、七世紀中ごろの群馬県御門一号墳例、同末ごろ以降の茨城県熊の山遺跡例のような複環式に類似したいわゆる茨《いばら》薆轡とよばれる新式の眼鏡状鏡板も出現した。平安時代には、杏葉轡に続き、京都府平安京法住寺跡出土の透彫りなどの金工技法を駆使する鏡轡が製作された。また、六世紀以降に日本列島で発達した木製壺鐙は、同末ごろには福岡県宮地嶽古墳例のような金銅製品が現れ、七世紀以降も木芯鉄板張壺鐙とともに鉄製輪鐙・壺鐙が盛行した。鉄製壺鐙は、奈良時代には奈良県法隆寺・正倉院の伝世品のような踏込《ふんごみ》部分が後方に延長された舌部分をもつものが現れ、平安時代に長大な舌部分をもついわゆる半下(舌長)鐙に発達したとみられる。また、平安時代以降は、儀礼用の唐鞍《からぐら》と平常・軍事用の和鞍(大和鞍)、また公用馬の移《うつし》鞍や略装の水干鞍などがあるが、和鞍は壺鐙とともに以後、中近世の日本の馬装の基礎となった。なお、奈良時代の記紀には、馬具の語彙がきわめて少なく、用例も普通名詞のみで特別な呼称などは皆無である。とくに『日本書紀』では、允恭・雄略紀以降にしかみえないことは、当時の奈良時代以前の馬具に対する意識が反映している可能性があり注目される。

参考文献 高橋健自「我国古代の馬具」(『考古界』五ノ九、一九〇六)。後藤守一「上古時代の杏葉について」(『考古学評論』四、一九三八)。江上波夫『騎馬民族国家』(『中公新書』、一九六七、中央公論社)。小林行雄「上代日本における乗馬の風習」(『史林』四三ノ三、一九五二)。小野山節「日本発見の初期の馬具」(『考古学雑誌』五二ノ一、一九六六)。小野山節「正倉院宝物馬具の性格」(『仏教芸術』二〇〇、一九九二)。鈴木治「正倉院十鞍について」(『書陵部紀要』一四、一九六二)。秋山進午「楽浪前期の車輿具」(考古学研究会十周年記念論文集編集委員会編『日本考古学の諸問題』所収、一九六四)。増田精一「埴輪馬にみる頭絡の結構」(『考古学雑誌』四五ノ四、一九六〇)。増田精一「考古学からみた東亜の馬具の発達」(森浩一編『馬』所収、一九七四、社会思想社)。穴沢和光・馬目順一「安陽孝民屯晋墓の提起する問題」(『考古学ジャーナル』二二七・二二八、一九八四)。千賀久「日本出土初期馬具の系譜」(『橿原考古学研究所論集』九所収、一九八八、吉川弘文館)。千賀久「馬具」(石野博信他編『古墳時代の研究』八所収、一九九一、雄山閣出版)。坂本美夫『馬具』(『考古学ライブラリー』三四、一九八五、ニューサイエンス社)。日本馬具大鑑編集委員会編『日本馬具大鑑』一・二、一九九二、日本中央競馬会・吉川弘文館。古代武器研究会・鉄器文化研究会連合研究集会実行委員会編『馬具研究のまなざし―研究史と方法論―』、二〇〇五、古代武器研究会・鉄器文化研究会。

(古谷　毅)

はくさん　白山　御前峰(二七〇二メートル)・大汝峰・剣ヶ峰・別山などを中心とする火山の総称。福井・岐阜・石川の三県にまたがる。一六六〇年(万治三)まで数度の火山活動が記録される。シラヤマと呼ばれ積雪の白色の山頂が望まれ、大河の水源でもあることから、加賀・越前・飛騨・美濃の各方面から信仰が形成された。『延喜式』神名帳の加賀国石川郡に白山比咩《しらやまひめ》神社と記すように、対象は漠然とした神格であったと考えられるが、九世紀前半に円珍の弟子宗叡が登山しているから(『三代実録』元慶八年(八八四)三月二十六日条)、天台系の山岳修行ルートに

白山　御前峰山頂の祠

組み込まれていったらしい。九五八年(天徳二)ごろ成立の『泰澄和尚伝記』では、七一七年(養老元)泰澄が開山し、御前峰《ごぜんがみね》は伊邪那美《いざなみ》神・白山妙理大菩薩・本地十一面観音、大汝峰《おおなんじがみね》は大己貴《おおなむち》神・本地阿弥陀如来、別山《べつさん》は小白山別山大行事・本地聖観音が鎮座することを感得したと伝え、これらを白山三所権現という。修行者の入山による神仏習合の進展とともに、各峰と神仏が体系化された結果を示すのであろう。その過程で、各登山道の麓に信仰の拠点である加賀馬場《ばんば》(白山本宮)・越前馬場(平泉《へいせん》寺)・美濃馬場(長滝《ちょうりゅう》寺)が形成されたとみられる。いずれものちに延暦寺末寺となった。山頂遺跡の調査では、御前峰山頂、転法輪窟、室堂センター付近、大汝峰山頂、別山、笈《おいずる》ヶ岳山頂などで土器や懸仏・古銭・金属製品などが採集された。古代の土器は九世紀後半、十世紀後半、十一世紀末にピークがみられ、また灰釉陶器が多いことから当初は美濃方面からの入山者が多かったらしい。十一世紀末からは十一面観音像や法具・経筒などがみられ、神仏習合の進展と経塚の隆盛がうかがわれる。近代にはいり神仏分離により仏教色は失われたが、仏像が各所に残る。なお、『日本霊異記』に加賀国加賀郡の山を経巡って修行する優婆塞《うばそく》が登場し、金沢市東郊に奈良時代の三小《みつこ》牛《うじ》ハバ遺跡などの山林寺院遺跡あり、福井県でも泰澄が居住したという越知《おち》山などで古代の山岳寺院遺跡が発見されている。

参考文献　国学院大学考古学資料館白山学術調査団「白山山頂学術調査報告」(『国学院大学考古学資料館紀要』四、一九八八)。白山総合学術書編集委員会編『白山』、一九九二、北国新聞社。小嶋芳孝「加賀白山山系」(『季刊考古学』六三、一九九八)。石川県教育委員会編『信仰の道』(『歴史の道調査報告書』五、一九九八)。『シンポジウム(山と地域文化を考える)記録集』、二〇〇五、第二〇回国民文化祭越前町実行委員会。

(鈴木　景二)

はくさんへいせんじ　白山平泉寺　福井県勝山市平泉寺町に所在する。一九三五年(昭和十)に白山平泉寺城跡として国史跡に指定され、一九九七年(平成九)に二〇〇ヘクタールが「白山平泉寺旧境内」と名称を変更して追加指定された。古来、白山は立山・富士山とともに日本三霊山として厚く信仰されてきた山である。七一七年(養老元)泰澄は、白山修験信仰の越前登拝口に平泉寺を開いたという。八三二年(天長九)には、白山三馬場(越前の平泉寺・加賀の白山寺・美濃の長滝寺)が開かれ、別当寺も成立した。平安時代になると比叡山延暦寺の末寺となり、中世には神仏習合の影響で白山中宮平泉寺と称されている。戦国時代には、朝倉氏と結び平泉寺衆徒八千人を擁する白山信仰の一大拠点として繁栄をみたが、一五七四年(天正二)、村岡山城を拠点とした七山家をはじめとする一向一揆との戦いに敗れ、四十八社三十六堂六千坊の建物群は灰燼に帰した。一九八九年から遺跡の範囲確認調査が開始された。その結果、旧境内の範囲は東西約二キロ、南北約一キロの広大な面積を有し、尾根上には砦が三ヵ所、白山神社関係の平坦地約三十ヵ所、石垣・土塁で区画された無数の坊院跡(伝承では、南谷には三千六百坊、北谷には二千四百坊あったとされる)、また、縦横に走る石敷の道路跡、地籍名の「安ヶ市」からは市町のあったことなど「中宮白山平泉寺境内絵図」に描かれた様相とさほど変わらない規模であることが想定できた。出土遺物の中で最古のものは、九世紀の須恵器破片がある。十二世紀ごろから少しずつ増加し、十五世紀中ごろから十六世紀初めにかけてピークを迎え、十六世紀終末ごろのものはほとんど出土しない。貯蔵具、食器、調理具、暖房・燈火具、茶道具、仏具、文房具、銅銭など多種多様の遺物が、破片数にして数万点出土している。今後発掘調査がさらに進めば、白山平泉寺旧境内は、寺社を中核とした都市構造を解明する上で重要な遺跡になるであろう。

参考文献　勝山市教育委員会編『史跡白山平泉寺旧境内保存管理計画書』、一九九七。

(水野　和雄)

はくじ　白磁　珪酸分を多く含み、鉄分などの不純物をほとんど含まない白色の素地に透明釉を施し、摂氏一二〇〇度以上の高温で焼成した白色の磁器。半磁器質のものや、灰白色の素地の表面に白土を塗り掛ける白化粧が施されたものも、広く白磁に含めることが多い。中国で六世紀後半に華北地方において完成され、唐時代には河北省の邢州窯《けいしゅうよう》などで量産されるようになった。宋時代には河北省の定窯《ていよう》、江西省の景徳鎮窯《けいとくちんよう》をはじめ中国南北各地の窯でさかんに作られた。元時代には景徳鎮窯で枢府手と呼ばれる純白の白磁が焼かれ、明時代初期の景徳鎮官窯ではきわめて質の高い白磁が作られている。朝鮮半島では高麗時代に少量ながら白磁の生産が始まり、朝鮮時代になると、京畿道の広州に置かれた官窯において白磁が量産されるようになった。日本では江戸時代初頭に現在の佐賀県有田町において白磁の焼成に成功した。また、染付や色絵などの絵付け磁器の多くは、素地として白磁を用いている。

参考文献　蓑豊『中国の陶磁』五、一九六八、平凡社。

（今井　敦）

はくそうれい　薄葬令　⇩大化薄葬令《たいかのはくそうれい》

はぐち　羽口　金属の製錬・精錬・鋳造さらに鍛造などの作業では必要に応じて火力を高めるために鞴《ふいご》を用いるが、鞴本体で発生させた風は送風管を経て炉に送られる。羽口は送風管の先端に装着する筒状の付属品で、作業に際し、いずれも送風管は炉壁の小孔に接する形で燃焼部に向けて固定される。したがって素材は高い耐火度が求められる。古くから粘土を筒状に成形したものや滑石製・鉄製のほか、古代には土製高坏の脚部を転用した例が知られる。近世に完成した鑪《たたら》では鉄製の羽口が用いられ、鋳造品と鍛造品があった。羽口は古くは弥生時代中期の奈良県唐古・鍵遺跡や大阪府茨木市東奈良遺跡で青銅器の鋳型とともに出土しており、鞴《ふいご》使用を示唆している。

参考文献　東奈良遺跡調査会『東奈良遺跡発掘調査概報』、一九七六。

（三宅　博士）

はくど　白土　⇩漆喰《しっくい》

はくどう　白銅　白銅の定義は、古代と現代では異なるので注意を要する。古くは、銅-スズ合金の青銅で、スズを二〇%程度以上含み銀白色を示すものを白銅といった。いわゆる高スズ青銅で、『正倉院文書』などに出てくる「白銅」はこれにあたる。主に鋳造に使われ、硬くて脆いがシャープな鋳上がりを示し、研磨によって鏡面に仕上げると反射率が高いため、鏡として使われた。現代における白銅は、二五%のニッケルを含んだ銅-ニッケル合金のことをさす。古代中国や中近東において、銅-ニッケル系の白銅が使われたといわれるが、日本では確認されていない。現代の銅-ニッケル系の白銅は、銀を思わす金属光沢とともに耐久性も高く、フォークやナイフなどの食器や硬貨などに使われている。日本でも、現行の百円、五十円の硬貨に使われている。従来の五百円硬貨は、この白銅であったが、新五百円硬貨は、亜鉛を混ぜることによって、少し黄色味を帯びさせている。

参考文献　村上隆『金工技術』(『日本の美術』四四三、二〇〇三、至文堂)。

（村上　隆）

はくぶつかん　博物館　一九五一年(昭和二十六)に制定された博物館法の定義では「歴史、芸術、民俗、産業、自然科学等に関する資料を収集し、保管し、展示して教育的配慮の下に一般公衆の利用に供し、その教養、調査研究、レクリエーション等に資するために必要な事業を行い、あわせてこれらの資料に関する調査研究をすることを目的とする機関」とある。博物館の歴史は古く、紀元前三世紀ごろエジプト王プトレマイオス一世がアレクサンドリアに創設したムーセイオン Mouseion に始まるとされる。日本では、幕末から、博物館の名称が登場するが、一八七一年(明治四)、文部省に博物局が設置され、翌年、湯島聖堂の大成殿を文部省博物館として博覧会を開催したことをはじまりとする。これは、東京国立博物館の前身で、その後、複雑な変遷を辿りつつ、京都・奈良にも国立博物館がおかれた。大正から昭和初期にかけて、各地に、社寺や城郭関係などの各種博物館が設立され、さらに第二次大戦後は、経済成長や社会教育の普及に伴って、全国各地に公私立の博物館や美術館が設置されていったが、なかでも大型の県立博物館がつぎつぎと建設されたことが注目される。現在、全国の博物館総数は、二千五百館以上を数える。博物館には、人文系から自然科学の資料まですべてを扱う総合博物館や、収集資料やテーマ別による専門博物館などさまざまのものがある。博物館の専門職員は、学芸員と呼ばれ、その資格は大学の博物館学講座などにおいて単位を取得するか、資格認定試験に合格したものに与えられる。現在の博物館は、地域の社会教育機関としての役割を果たすべく、収集・保管・展示・研究のほかに講演会・講習会・映画会・見学会や各種出版物の印刷発行など普及啓蒙活動にも積極的に取り組んでいる。二〇〇三年(平成十五)からは、公立博物館など、地方自治法に基づく公の施設に指定管理者制度が導入された。これは、博物館の運営などに民間業者を参画させ、民間活力による博物館の活性化を意図したものである。

参考文献　加藤有次他編『博物館学概論』(『(新版)博物館学講座』一、二〇〇〇、雄山閣出版)。

（田辺　征夫）

はくほうぶんか　白鳳文化　白鳳は孝徳天皇の年号白雉(六五〇—五四)の別称であるが、美術史上では、天武天皇による壬申の乱(六七二年)以降の天武・持統・文武天皇の三代にわたる七世紀後半から八世紀初頭までの時代を指す。飛鳥の地での最後の都になる天武朝の飛鳥浄御《きよみ》原宮《はらのみや》から、唐の都長安に倣った本格的な都城である持統・文武朝の藤原京に都がおかれた時代。朝鮮半島を主な先進文化の導入路としていた飛鳥文化に対し、白村江の戦い(六六三年)以降、圧倒的な大唐文化の直接的受容と国際的な政治・文化の環境に参画してゆく初期の段階。本格的な交流の成果が実る奈良(天平)時代に先駆けて、大陸に比肩する政治体制・文化を模索した先取の気性にあふれた時代。よって奈良時代前期と位置づける説もある。美術史的には若々しい清新な作風にあふれた初唐文化の影響が強く、山田寺仏頭、薬師寺薬師三尊像、法隆寺金堂壁画、高松塚古墳壁画などがある。キトラ古墳壁画も発見され、考古学でいう終末期古墳の時代にも重なる。畿内はもちろん、全国で地方豪族による寺院の造立が行われ、伽藍配置や建築様式には独特の変化がある。法隆寺金堂や五重塔などは飛鳥時代の若草伽藍の焼亡以降、白鳳時代に再建された。薬師寺東塔(七三〇年(天平二))は白鳳様式を踏襲しているとされる。山田寺金堂や夏見廃寺など、全国の白鳳寺院跡からは堂塔の礎石のほか、多くの磚仏や押出仏、塑像断片さらには上淀廃寺や安倍寺跡から壁画断片などが出土する。全国的な白鳳寺院の造立は、先進的な中央様式の文化が全国に伝播普及する大きな要因となった。また七一〇年(和銅三)の平城宮移転によって寺院の堂塔のみならず、仏像・仏画など、多くの宝物や文化財が平城京に移され、やがて奈良時代の東大寺大仏を頂点とする国分寺造立や正倉院宝物に集積される古代文化の下地となった。 →飛鳥時代《あすかじだい》 →奈良時代《ならじだい》

(百橋 明穂)

はぐろさん 羽黒山 月山《がっさん》、湯殿山とともに出羽三山と総称される東北地方の修験道の代表的霊場。山形県鶴岡市羽黒町所在。月山の北方約二〇キロほどの、月山火山の泥流原の末端に位置する低山で標高は四一九メートルだが、全山が深い杉木立に覆われている。鎌倉時代には組織化が進んで武家勢力とも対抗したことが、『吾妻鏡』をはじめとする諸史料に記されている。江戸時代には社領千五百石余を安堵され、山内には非妻帯の清僧修験の三十三院、山外(麓の手向《とうげ》集落)には妻帯の修験三百六十坊が居住し、関東・東北一円から講を結んで参詣する道者《どうしゃ》の先達《せんだつ》として活動した。明治政府による神仏分離政策では多くの堂舎が破却され、宝物を失ったが、荒沢寺正善院の堂塔だけが仏地としてわずかに残された。山頂には月山と湯殿山と羽黒山の三神を合祀する三神合祭殿《さんしんごうさいでん》があるが、この建物は元来、羽黒修験の根本道場として大堂と呼ばれていたものである。その前には御手洗池《みたらしいけ》が広がるが、この池は近世の絵図に「いけのみたま」と記されており、池自体が御神体としての性格をもっていたが、明治後期から昭和初期にかけて数次にわたって行われた池の工事の際、大量の和鏡が出土した。「羽黒鏡」と呼ばれるこれらの和鏡群は、現在確認されているものだけでも六百十面を数え、一遺跡からの出土数としては国内で最も多い。大半が散逸したため、出羽三山神社に百九十面、京都府の細見美術財団に四十面、兵庫県の黒川古文化研究所に百四十五面、東京国立博物館に五十八面、大阪府の久保惣記念美術館に二十面所蔵されているほか、個人や海外の所有となったものもある。製作年代は平安時代末から江戸時代に及ぶが、十四世紀まで下るものは少なく、十二、十三世紀のものが大半を占める。とくに平安時代に属するものは鏡胎《きょうたい》が薄く、鏡背には花鳥を題材とした柔らかな文様が浮き出されており、優雅な美しさが珍重されている。こうした特徴から、多くは京都で製作され、平安貴族層らの依頼を受けた修験者が日本海を北上して、この地までもたらしたのではないかと推測する説もある。また大量の鏡が池の中から出土する点に関しては、漆黒の色調を帯びることから、池畔に建つ堂内に奉献され、長い間燈明や護摩の油煙に燻されたのちに池に埋没したのではないかとする説もあるが、池の各所から広く出土する点からみると、羽黒山の御霊池に投供《とうぐ》という供献形態で投げ入れられた可能性が高い。いずれにしてもこれらの鏡は、羽黒山修験が隆盛を迎えた年代の古さと、その信仰圏の広さを端的に物語るものとして貴重である。このほかに御手洗池東側の杉の巨木の根元から、中世前期の経塚群も発見されている。建長四年(一二五二)と文保三年(一三一九)の紀年銘をもつ青銅製経筒が出土し、埋納品には懸仏《かけぼとけ》や銅鏡・銭貨などがある。とくに懸仏は羽黒山の本地仏と同じ観音菩薩像が多い。また三神合祭殿に向かう参道の南側の丘の頂上に近い寂光寺山からも経塚群が発見されており、中世から近世にかけての羽黒山信仰の様相を具体的に示すものである。 →出羽三山《でわさんざん》

参考文献 阿部正巳「羽黒山鏡ヶ池の古鏡」(『考古学雑誌』三〇ノ四、一九四〇)。大場磐雄「出羽神社発見の古鏡について」(『神道考古学論攷』所収、一九四三、葦牙書房)。木口勝弘「出羽三山神社鏡が池隣地発見の経塚遺物に就いて」(『歴史考古』一三、一九六五)。前田洋子「羽黒鏡と羽黒山頂遺跡」(『考古学雑誌』七〇ノ一、一九八四)。時枝務「出羽三山の考古学的諸問題」(『山岳修験』三四、二〇〇四)。原田昌幸『山岳信仰の美術出羽三山』(『日本の美術』四六六、二〇〇五、至文堂)。

(増尾伸一郎)

はけ 刷毛 毛や植物繊維などを柄の先端に束ねて植え付けたもの。出土品では毛を用いた七世紀後半以降のものが知られる。ただ、埼玉県寿能遺跡の縄文時代漆器表面には刷毛の痕跡があるとされ、起源はかなり古くさかのぼると考えられる。奈良県飛鳥池遺跡の七世紀後半の漆刷毛は、毛を欠失したものまで含めると四十点近く出土し、幅一・五～二センチ前後、厚さ〇・五～一センチ前後、長さ二〇センチ前後の柄の先を縦に割り、毛を挟み、紐などで縛るものである。このようないわゆる平刷毛は奈良県平城宮・京跡からも漆の付着品が発見され、平安京での様相は不明だが、新潟県八幡林遺跡では八世紀末から九世紀前半に二枚の板の間に毛を挟んで紐で縛るものがあり、古代の漆工では一般的に使用されたようである。平城宮跡では角棒の先端に作り出した突起に毛を束ねるようにした丸刷毛と呼ぶものがある。富山県井口城跡からは十五世紀の漆工用平刷毛が出土、古代の伝統が中世以降も引き続き認められる。

参考文献 永嶋正春「縄文時代の漆工技術」(『国立歴史民俗博物館研究報告』六、一九八五)。町田章編『木器集成図録』近畿古代編、一九八五、奈良国立文化財研究所。

(小池 伸彦)

はこ 箱 ものを納めたり移送などする容器で、木・草・蔓・革・銅・紙などでつくられる。比較的小型のものをいうが大きさはさまざまで、脚付きの大型品は櫃として、また小型品は合子と呼び区別するものもある。草・木製編物箱の初源は弥生時代以前にさかのぼると考えられるが確実な出土品がない。木製組合箱は弥生時代に部材を枘《ほぞ》結合するものが、弥生時代末から古墳時代には部材を紐で結合するものがある。こうした指物の箱は特に弥生V期以降著しい発達を遂げるとされ、古墳時代の三重県北堀池遺跡などのいわゆる四方転びの箱は高度な技術を窺わせる。奈良県平城宮・京跡出土の木製組合箱は、杉

あるいは檜の板を枘結合し木釘で留めるものが一般的である。また、平城宮・京跡出土の刳抜箱は檜の角材を刳り抜いて長さ二〇～三五㌢前後の身とし、甲盛で内面側が突出した一種の合わせ蓋がつく。刳抜箱は長屋王邸宅跡および平城京二条大路上の濠状土坑から多数出土、文書の移送や仮保管に用いたと考えられる。これに形態の類似する金銅箱(匣)が奈良県文禰麻呂墓から発見され、中に墓誌が入れられていた。正倉院には木・革・草製などの箱が多数伝わる。木製箱は檜、杉、イチイなどの材を用い、螺鈿、金銀絵などで加飾したものなどさまざまで、長方形、六角形などのほか錫杖や麈尾用など独特な形のものもある。革箱は牛革などが用いられたと推定され、木型で成形し漆で固めるいわゆる漆皮技法による。編物箱には楊木を使う柳箱、い草などを使用した葛箱などがある。令制下では宮内省筥陶司に属する雑戸として筥戸が毎年定められた木箱を制作、筥陶司に納入した。革箱は『延喜式』内匠寮式に記されるが、平安時代後期以降には衰退した。平安時代末期に成立した故実書『類聚雑要抄』に櫛、鋏、毛抜きなどを納める「櫛筥」がみえるが、福井県家久遺跡の鎌倉時代の墓で銅鏡、鋏、毛抜が納められた黒漆化粧箱が出土、鎌倉時代には鋏や毛抜を入れる化粧箱がより一般化すると考えられる。

参考文献　上原真人「四方転びの箱—古代木工技術の変革(予察)—」(杉山信三先生米寿記念論集刊行会編『平安京歴史研究』所収、一九九三、杉山信三先生米寿記念論集刊行会)。小林行雄『古代の技術』(『塙選書』二四、一九六二、塙書房)。町田章編『木器集成図録』近畿古代編、一九八五、奈良国立文化財研究所。

(小池　伸彦)

はごいた　羽子板　正月の遊戯具、またはそれを用いた遊び。「羽根つき」「つく羽根」ともいう。二人以上で羽根のやり取りをする「追い羽根」と一人で突いて回数を競う「突き羽根」があるが、中世にはもっぱら追い羽根が行われた。一四四四年(文安元)成立の辞書『下学《かがく》集』では「羽子板」に「はごいた」「こぎいた」の両様の読みを充てる。羽根はムクロジの実に羽毛を挿したもので、中世には「羽子」「こぎの子」といった。「こぎ」は「胡鬼」すなわちはるか西方胡国の鬼の意で、羽根は鬼の目玉であり、胡鬼板にはそれを打って鬼を払う呪意が込められている。文献上の羽子板の初見は貞成《さだふさ》親王(伏見宮)の『看聞日記』永享四年(一四三二)正月五日条の「こぎの子」勝負の記事であり、一四三四年にも「こぎ板」の名がみえるが、遺跡出土遺物としては、神奈川県鎌倉市蔵屋敷東遺跡や同佐助ヶ谷遺跡の鎌倉時代後期(十三世紀後半ごろ)の例、広島県草戸千軒町遺跡の鎌倉時代末期から南北朝時代にかけて(十三世紀末—十四世紀中葉)の例が早い。おそらく鎌倉時代後期ごろから、町びとの遊びとして流行り始めたのではないか。以後漸増し、中世後期では福井県一乗谷朝倉氏遺跡や京都府長岡京市今里城跡に出土例がある。草戸千軒町遺跡では、羽子とおぼしい、穿孔されたムクロジの実が出土している。

参考文献　『遊・戯・宴—中世生活文化のひとこま—』(『広島県立歴史博物館展示図録』八、一九九三、広島県立歴史博物館)。

(馬淵　和雄)

ばこう　馬甲　馬に装着する甲冑。馬冑と頸・胴部用の馬甲がある。鉄製馬冑は面覆部・頰部と庇部を鋲留および蝶番で連結し、鉄製馬甲は大型方形板(小札《こざね》)を革紐で綴合せる。漢代以前には多くの革製品があった。紀元前十五世紀ごろのエジプト・西アジアなどでは、戦闘の中心は戦車であったが、同十世紀ごろに騎馬技術がイラン付近から急速にユーラシア大陸に普及し、騎兵に移行した。中国では、紀元前五世紀ごろに戦車用馬冑・馬甲が出現するが、後漢末ごろには騎兵用が現れ、五胡十六国時代に東アジア全体に拡大した。中国東北地方では四世紀後半、朝鮮半島・日本では五世紀に出現するが、これらは北方騎馬民族から前燕や高句麗に伝えられ、百済などを経てもたらされたとみられる。馬冑は韓国で十六例以上、日本で和歌山県大谷古墳・埼玉県埼玉将軍山古墳など三例がある。中国では六世紀以降、戦闘の中心が軽装騎兵に移り、実用的機能から儀礼的装備に変化した。

参考文献　樋口隆康・西谷真治・小野山節『大谷古墳—和歌山市大谷—』、一九五九、和歌山市教育委員会。若松良一「将軍山古墳出土の馬冑」(『埼玉県立さきたま資料館調査研究報告』四、一九九一)。神谷正弘「中国・韓国・日本出土の馬冑と馬甲」(文化財研究所奈良文化財研究所編『東アジア考古論叢—日中共同研究論文集—』所収、二〇〇五)。

(古谷　毅)

馬冑（大谷古墳出土）

はこざきぐう　筥崎宮　福岡市東区箱崎に鎮座する延喜式内社。応神天皇・神功皇后・玉依姫命《たまよりひめのみこと》を祭神とする八幡宮である。九二三年(延長元)筑前国穂波郡の大分宮《だいぶぐう》(福岡県嘉穂郡筑穂町大分)から遷宮されたのが筥崎宮の創起。遷宮の背景には新羅来寇の危機感と対外貿易の拠点としての発展を画した大宰府官人が存在したとされる。以後、大宰府との密接な関係で勢力をのばしていった。一〇五一年(永承六)には石清水八幡宮の別当が筥崎大検校《だいけんぎょう》職に任官され同宮の別宮となる。一一五一年(仁平元)の大宰府官人による筥崎・博多大追捕は、日宋貿易をめぐる当宮内の主導権争いと当宮の掌握強化をめざす府官の意向により行われたとされる。大追捕を記す『宮寺縁事抄《ぐうじえんじしょう》』には両地区が対外貿易の要地で宋人居留地が存在すると記す。また『宇治拾遺物語《うじしゅういものがたり》』『今昔《こんじゃく》物語』などには十一世紀初め、筥崎宮が対外貿易に強く関係した説話が記される。一二七四年(文永十一)の蒙古襲来の際、筥崎宮は焼失したが直ちに再建された。一二八一年(弘安四)の再度の襲来では亀山上皇は国家安泰を念じ紺紙金泥で「敵国降伏」の宸筆書三十七枚を寄進した。一三二三年に韓国新安沖で沈没した船の内部から「筥崎宮」銘の木簡が発見され、この時期も引き続き対外貿易の拠点であったことがわかる。中世後半期にも『海東諸国紀《かいとうしょこくき》』『筑紫道記』『宗湛日記《そうたんにっき》』などに箱崎の地名が散見される。最近筥崎宮を中心とした箱崎遺跡群の発掘調査が進展し、筥崎宮の門前町を端緒とした貿易都市の状況が判明してきた。成立過程の概略は、Ⅰ期(十世紀前半―十一世紀中ごろ)は筥崎宮の背面南東側の限定された地域に門前町の成立、「箱崎の津」との関連が考えられる。Ⅱ期(十一世紀後半―十二世紀前半)はⅠ期の範囲を含み砂丘尾根から東側に拡大。Ⅲ期(十二世紀中―後半)・Ⅳ期(十三―十四世紀初頭)はともに砂丘全域に拡大、都市化が進む。Ⅳ期は砂丘両側の積極的活用がみられる。Ⅴ期(十四世紀中ごろ―十六世紀)は範囲が前代に比し集約されるが不明な点が多い。

参考文献　福岡市教育委員会編『箱崎』二―一五、一九九一―二〇〇三。

(山崎　純男)

はこねきゅうかいどう　箱根旧街道　東海道の内、小田原宿から箱根を通り、三島宿へとぬける八里(三二キロ)の区間を箱根旧街道という。箱根旧街道は、ひとたび雨や雪などが降ると、道は旅人の脛までつかる泥道となり歩くのが困難であった。そこで、旅人の便宜を図るために石畳が敷設された。しかし、最初から石畳であったわけではなく、箱根山中に群生する箱根竹と呼ばれる細竹を敷き詰めた竹道であった。ところが、竹は腐ってしまうため、毎年敷き替えなければならず、竹道を維持していくのはたいへん困難なことであった。この竹道に石畳が敷かれたのは一六八〇年(延宝八)のことである。この時、徳川幕府は千四百両余りの公金を出し、箱根峠から三島宿に至る箱根西坂に一〇キロにわたり石畳を敷いた。一方、箱根峠から小田原宿へと下る東坂には、現在三・二キロにわたり石畳が残されているが、それがいつ敷かれたのかは不明である。

参考文献　箱根町教育委員会『箱根旧街道杉並木の保護』(『箱根町文化研究紀要』二四、一九九三)。大和田公一・伊藤潤『箱根旧街道石畳と杉並木』(『箱根叢書』二七、一九九七、神奈川新聞社)。

(伊藤　潤)

はこねのせき　箱根関　江戸時代、相模国箱根山芦ノ湖畔(神奈川県足柄下郡箱根町)に徳川幕府により設置された関所。箱根関所が芦ノ湖と屏風山とに挟まれた芦ノ湖畔の現在の位置に設置されたのは、一六一九年(元和五)であると推定されている。徳川幕府は江戸防衛のため、全国五十三ヵ所に関所を設置したが、箱根関所はその中でも、東海道の新居、中山道の碓井、木曾福島と並び、四大関所の一つとして、一八六九年(明治二)、関所制度が廃止されるまで重要視されてきた。特に、箱根は東海道の中で江戸に最も近い要害の地として、箱根関所の他、根府川・矢倉沢・仙石原・川村・谷《や》ケ村に裏関所を置くなど、箱根全山の防御体制を取っていた。静岡県韮山《にらやま》町の江川文庫から発見された一八六五年(慶応元)に行われた箱根関所の解体修理の詳細な報告書である『相州箱根《そうしゅうはこね》御関所御修復出来形帳《おせきしょごしゅうふくできがたちょう》』や『箱根関所絵図』などによると、箱根関所には、芦ノ湖側に関所改めを行なった大番《おおばん》所《しょ》・上番《かみばん》休息所、厩《うまや》、上番所下雪隠《せっちん》、外屋番所、御制札《ごせいさつ》場《ば》、面番所長柄建《めんばんしょながえだて》、面番所鑓建《やりだて》が並び、屏風山側には、足軽番所、足軽番所雪隠、鑓・三つ道具建、外繋が並んでいた。また、屏風山側の高台には、芦ノ湖の舟での通行を監視する遠見番所があった。さらに、東海道を遮るように、明六つ(午前六時)に開門し、暮六つ(午後六時)に閉門した京口御門と江戸口御門があり、その外側には旅人の溜り場である京口千人溜りと江戸口千人溜りがあった。京口御門と江戸口御門には、その外側に石垣が取り付き、その上には角柵が廻らされていた。さらに、そこからは、丸太柵が屏風山中や芦ノ湖中にまで延びていた。箱根関所には、小田原藩により、伴頭《ばんがしら》一人、目付一人、侍三人、足軽十五人、中間《ちゅうげん》二人、定番《じょうばん》人一人、人見《ひとみ》女《おんな》一人、下番《しもばん》二人が置かれ、人質として江戸に置いた大名の妻子の帰国を取り締まるため、「出女」に対し厳しい監視の目を光らせた。しかし、実際は、農家の女性までも、関所手形がないと通れなかった。

参考文献　加藤利之『箱根関所物語』(『箱根叢書』一、一九八五、神奈川新聞社)。

(伊藤　潤)

はこねようすい　箱根用水　芦ノ湖の水を湖尻峠にトンネルを掘り静岡県へと導いた灌漑用水。箱根用水は、箱根外輪山の中腹に掘られた約一・三キロのトンネルを通じて、芦ノ湖の水を、静岡県の黄瀬《きせ》川へと引いている。一六六六年(寛文六)、深良《ふから》村(静岡県裾野市)の名主大庭源之亟《おおばげんのじょう》らが水田を開発し、年貢の増収を図ろうとした。その要請に応えて江戸の商人友野与右衛門《とものよえもん》らが、灌漑用のトンネルを掘り芦ノ湖から水を引く工事を請け負い、替わりに、完成した後に用水の使用料を得て利益を挙げようとした。四年間に亘る難工事の末、一六七〇年(寛文十)にようやく工事が完成した。トンネル工事は山の両側から進められ、合流地点ではわずか約一メートルの誤差しかなかった。この工事により黄瀬川が増水したため、下流では、それぞれの村の水田に水を引く堰や、用水路の工事が次々と行われ、一六七二年(寛文十二)には全ての工事が完成した。この工事の完成により、流域の水田は約二〇〇ヘクタールも増えた。

参考文献　佐藤隆『箱根用水史』、一九八三。

(伊藤　潤)

はさみ　鋏　二枚の刃を向かいあわせて物を挟み切る道具。鉄製、銅製などがある。いわゆる和鋏や握鋏のように手前がバネの支点となり中央を握って挟み切るものと、

金銅鋏（韓国雁鴨池遺跡出土）

中央に支点があり手前の握りを上下し先端の刃を交差させて切るものが一般的であるが、先端に支点があって刃を握りと支点の間に位置させ挟み切るものもある。中国では握鋏が後漢代には認められ、河南省東史馬出土のものはバネを八字形につくり刃を外向きに付けて交差させる「交股式」と呼ぶものである。陝西省法門寺の地下石室からは金銅蹀躞《ちょうしょう》十具が出土、その中に八字形バネの握鋏があり、当時の僧侶の生活用具となっていたようである。朝鮮半島では、七世紀代の新羅、慶州芬皇寺石塔の供養品中に、バネがU字形ないしC字形で刃を外向きに付け全体をX字形に交差させた鉄製握鋏がある。一方、八字形バネのものは八―九世紀の統一新羅にあり、慶州雁鴨池遺跡では長さ一二～二七センチの鉄製実用品とともに鉛製の儀器が出土している。同じ雁鴨池では、西洋鋏のように中央に支点をもつ金銅製品が知られ、燈芯を切るために短い刃部を受け皿のようにし、握りには唐草文と魚々子を刻む。これと形が酷似する金銅の鋏が正倉院南倉に一口残るが文様はない。日本では、奈良県珠城山一号墳出土の六世紀代の鉄製鋏が古く、バネが円形で刃が外向きに付いて交差しており芬皇寺例に似る。これと類似しバネが卵形に伸びる握鋏が奈良県平城京左京九条三坊九坪東堀河跡(奈良時代末以降)などから出土している。鎌倉時代になると刃を内向きに付け全体をU字形につくる鉄製鋏が見られるようになり、福井県家久遺跡では礫槨状の施設を持つ墓に銅鏡、毛抜とともに黒漆化粧箱に納められていた。この形態の鋏は中世以降一般的となるようで、徳川家康の遺品と伝えられる十六―十七世紀のものや、山口県萩城跡外堀地区出土の江戸時代のものが知られる。江戸時代以降見られる西洋鋏やいわゆる種子鋏は中央に支点をもつが、正倉院例などとは系譜を異にするのであろう。

参考文献 岡本誠之『鋏』(『ものと人間の文化史』三三、一九八六、法政大学出版局)。河南省博物館他「河南漢代冶鉄技術初探」(『考古学報』、一九八七、第一期)。国立慶州博物館編『国立慶州博物館』、一九九八、通川文化社。

（小池　伸彦）

はし　箸　主に食事に用いる細長い二本の棒状品で、ピンセット形の鉗《かなはし》や筴《はさみばし》は含めない。中国では、戦国中期から前漢初めの雲南省大波那銅棺墓出土の銅箸が古く、漢代には箸が一般化していたようである。朝鮮半島では古くは三国時代の青銅製箸が知られる。日本には仏教とともに仏具の一つとして招来されたとするが、出土品は七世紀以降のものである。奈良県飛鳥池遺跡の青銅(佐波理)製箸は七世紀後半ごろのもので、正倉院には銀製鍍金の箸が伝わる。木箸は奈良県藤原宮・京跡ではほとんどみられず、平城宮跡には多いが平城京跡ではあまり多くなく、京都府長岡・平安京跡では普通にみられるようになる。平城宮跡の木箸は両端が細く一般に本と末の区別がなく、長さ一七～二二センチ程度、檜や杉が用いられる。鎌倉―室町時代の集落跡である秋田県洲崎遺跡では白木の箸が一万本近く出土しており、中世には白木の箸の使用が地域的にも広く浸透し、かなり一般的となっていたことが窺える。

参考文献 太田昌子『箸の源流を探る』、二〇〇一、汲古書院。佐原真『食の考古学』、一九九六、東京大学出版会。毛利光俊彦「飛鳥池遺跡出土の箸と匙」(『季刊　明日香風』七六、二〇〇〇)。

（小池　伸彦）

はし　橋　川や谷などを渡るための施設。橋には、いくつかの種類がある。橋と呼ばれた中でもっとも簡単なものは、「飛ぶ鳥の明日香の川の上つ瀬に石橋渡し下つ瀬に打橋渡す」(原万葉仮名、『万葉集』二―一九六)などと詠まれた石橋《いわはし》(「いしはし」とも)であるが、これは浅瀬に大きめの石を並べたものである。またこの歌にみえる打橋は、板をさし渡しただけの簡便なもので、棚橋というのも同種の橋であろう。板橋を橋杭で支えていくつかつなげたものは継橋という。また川に船を浮かべて岸から綱などで繋ぎ、その上に板を渡したものは舟橋とか浮橋と呼ばれた。これらの簡便な橋に対し、主桁を渡しその上に床板を載せる本格的な橋は桁橋といい、長くなれば橋脚を造り桁を支えた。六国史に名のみえる橋としては、勢多橋・宇治橋・佐比川橋・泉橋・山崎橋・高瀬橋・長柄橋などがあるが、これらは淀川水系に連なる都の近辺の橋で、いずれも大規模な桁橋である。六七二年(天武天皇元)の壬申の乱では瀬田川にかかる勢多橋が戦闘の舞台になり、大友皇子方は大海人皇子方の軍を防ぐために、橋板を長さ三丈にわたって取り外した。この時の勢多橋の橋脚の基礎遺構は現橋の下流約八〇メートルの川底で見つかった。それは丸太を並べた上に平面が扁平な六角形を呈するように檜の角材を組んだものである。この基礎構造は新羅の王京跡である韓国慶州市に残る月精橋の石製のそれと似ており、六六三年(天智天皇二)の白村江の敗戦後に多く亡命してきた百済人の技術を活用して造られたとみられる。律令制下では架橋の主体は行政組織と民間レベルに分けられる。律令国家は要路の津済では橋ないし渡船で交通を保証することになっていた(雑令要路津済条)。これによって国・郡司が雑徭を用いて架橋・修造事業を担い(同令津橋道路条)、また京内では大規模な橋と宮城門の前の橋は木工寮が、それ以外の橋は京職が架橋や修造を担当し(営繕令京内大橋条)、いずれも民部省が管掌した(職員令民部省条)。国家的架橋の主目的は調庸運京を保証することにあった。しかし交通を制限する本貫地主義をとっていた律令国家は、浮浪・逃亡の惹起を防ぐため、国・郡境となる河川への架橋や渡船の整備には消極的であった。そのため税の貢進に支障をきたすこともあり、その対策として八〇一年(延暦二十)五月には調庸運京の時期のみ津済に渡船や浮橋を設けるように諸国に命じ(『日本紀略』同月甲戌条)、また八三五年(承和二)六月には貢調担夫が渡河できるように東海・東山道の要路である富士川・阿倍(安倍)川・大井川・矢作川・墨俣川などに浮橋や渡船の整備を指示している(『類聚三代格』同月二十九日太政官符)。それに対し民間レベルの架橋としては共同体などによってなされたものもあるが、注目されるのは僧侶が知識を募って行なった架橋である。すでに七世紀にその例が見え、宇治橋は七世紀後半に道昭が創造したと伝える一方(『続日本紀』文武天皇四年(七〇〇)三月己未条)、京都府宇治市橋寺放生院にある宇治橋断碑は六四六年(大化二)に道登が架橋したとする。当時の架橋技術からすれば、橋はしばしば流されたから、両者は時期を違えて架橋したと理解されよう。行基も山崎橋・泉大橋・高瀬橋をはじめ多くの架橋事業を行なった(『行基年譜』)。また故人の供養のために個人で架橋することもあった。こうした知識架橋においては、現実世界における架橋が彼岸への架橋と重ね合わせて観念されたが、その一方では大規模河川を渡って墾田開発や交易などを行おうとした有力者層の現実的要求も背景にあった。僧侶による架橋は中世にも顕著で、重源・叡尊・忍性らが著名。知識架橋の場合、橋の傍らの寺院が橋の維持に関わることも多く、そうした寺を橋寺という。中世は渡河施設はあまり整備されていなかったが、織田信長・豊臣秀吉は橋梁の整備を進め、江戸幕府も整備に努めた。しかし東海道の大井川には橋が架けられず渡船も置かれなかった。これについては幕府が江戸防衛のために架橋を禁じたという政治的理由説が有力だが、急流のため安定した橋脚構築が困難という技術的理由説や川越し人足の収入確保のためという経済的理由説もある。なお源頼朝は一一九八年(建久九)冬に、稲毛重成が亡妻追善のために相模川に架けた橋の橋供養に出席した帰途に落馬し、翌年正月に没した。一九二三年(大正十二)関東大震災と翌年の地震の際に水田中からこの橋の橋脚が現れ、国史跡に指定された(神奈川県茅ヶ崎市下町屋、旧相模川橋脚)。

↓宇治橋《うじばし》　↓相模川橋脚《さがみがわきょうきゃく》　↓橋寺《はしでら》　↓舟橋《ふなばし》

参考文献　上田篤『橋と日本人』(『岩波新書』、一九八四、岩波書店)。小笠原好彦編『勢多唐橋―橋にみる古代史―』(『ロッコウブックス』、一九九〇、六興出版)。鈴木充・武部健一『橋』(『日本の美術』三六二、一九九六、至文堂)。舘野和己『日本古代の交通と社会』、一九九八、塙書房。

(舘野　和己)

はじき　**土師器**　酸化焔焼成による素焼きの土器で、比較的簡単な施設で焼成する。各地で長い年代にわたり使用されたことから、多くの種類があり、その内容や変遷も明らかとなっている。古代においては杯《つき》・皿・椀・高《たか》杯《つき》などの食器、壺の貯蔵器、甕・鍋・甑《こしき》・竈《かまど》などの煮炊具があり、畿内ではそれぞれさらに形態や法量によって多くの器種に分かれる。これは律令制の確立によって成立した多数の官人層に給食するためであり、古代の土器を「律令的土器様式」と呼ぶこともある。杯類は金属器の模倣形態として成立したとされ、七世紀から八世紀前半の畿内では、口縁部外面は丁寧に磨き、内面に暗文を施すものが多い。このような土器はしばしば地方でも出土しており、「畿内系土師器」として中央との関係を示すものとして注目されている。平城宮における器種構成では、食器が八割から九割を占めることが多く、残りのほとんどは煮炊具である。一方、一般の集落では杯類と煮炊具の単純な構成となる傾向にある。土師器の製作は粘土紐の輪積みや手づくねによるもので、杯・皿類の成形は板状の底部に口縁部を付す工程をとり、その後に内面と口縁部外面にナデ調整を行う。外面に削りを施すこともあるが、底部外面を削らない場合は木葉痕を残すものも見られる。また、甕の製作は、平底で成形したものを叩きにより球形の体部に整形する技法が復原されている。食器類の製作技法は八世紀中ごろに大きな変化が生じ、それまでの口縁部をナデ調整で仕上げる手法に加え、外面全体を削りで調整する手法が出現する。これは省力化による大量生産を可能にした作業への転換ともみられ、以後は陶邑窯の衰退とも相まって須恵器に対する土師器の比率は増加していくとともに、食器類は粗雑化していく。また、八世紀後半以降に畿内以外の地域では食器類の製作にロクロによる成形を採用するが、畿内では一貫して非ロクロ成形を継続する。土師器の生産体制は、古墳時代までの地域的なものから、古代では専業の生産者集団が成立し、税や商品としての生産を行なった。『延喜式』には土師器の貢納国として大和・河内が定められており、「玉手土師」や「贄土師」「杯作土師」が生産にあたったことが知られる。その製品は遷都とともに供給先を移動しており、古代国家との密接な結びつきを示している。一方、長屋王家木簡には「土師女」や「瓮造女」「奈閉作」と記したものがあり、邸宅内に土師器の工人が居たことがわかる。出土した土師器の組成は一般のそれとは大きく異なるもので、有力貴族が行なっていた独自の生産の例である。土師器の生産遺跡は、大阪府や三重県をはじめ各地で見つかっているものの、須恵器窯に比して数は少ない。また、須恵器では器面に貢納者や地名を記すものがあるのに対し、土師器ではそうした例はなく、具体的な生産体制の解明は今後の課題となる。『正倉院文書』には土師器の売買の記録が残っており、それによれば値段は口径に応じて決められ、蓋の付くものは無蓋のものの倍となっている。また土師器は土杯、須恵器は陶杯として区別しているが、値段は口径が同じであれば同額であった。器面を丁寧に磨き、炭素を吸着させる黒色土器は土師器の系譜上にあるもので、六・七世紀の東日本では内面を黒色処理するものが盛行する。九世紀以降には、中国産磁器への指向により緑釉陶器や灰釉陶器の量産が始まり、また吸水性の少ない黒色土器や瓦器の登場、あるいは漆器の一般化によって、土師器は日常の食膳具としての役割を次第に失っていく。十四・十五世紀の南都諸大寺では、赤焼・白焼の土師器食器類を大量に使用していたが、これらは儀式の際に使い捨てとしていたものと考えられる。また、近世では杯・皿類はもっぱら燈火器として用いられるなど、土師器食器類の用途は特殊なものに限られていく。一方、耐火性が求められる煮炊具では引き続き土師器の使用が盛んで、さまざまな甕や羽釜がみられ、近世の焙烙《ほうろく》もその一種である。

参考文献 関根真隆『奈良朝食生活の研究』、一九六九、吉川弘文館。西弘海「土器様式の成立とその背景」(小林行雄博士古稀記念論文集刊行委員会編『考古学論考―小林行雄博士古稀記念論文集―』所収、一九八二、平凡社)。

(玉田 芳英)

はしご 梯子 板梯子(一木梯子)と組梯子がある。板梯子は板材の表面に足先を掛ける突起を削り出し、裏面を平らに仕上げる。組梯子は二本の支柱を横木で繋ぐもの。弥生―古墳時代には板梯子が一般的で、多くは全長一五〇～二〇〇《センチ》前後、幅一〇～三〇《センチ》前後で、奥行きが数～一〇《センチ》足らずの足掛け突起が五～六段ほどつく。静岡県山木遺跡例(弥生Ⅴ期)のように上端に出枘《ほぞ》や枘穴を作るもの、三重県北堀池遺跡例(四世紀前半)のように下端を鋭角に尖らせるものもある。京都府温江《あつえ》遺跡(弥生Ⅴ期)では貯蔵穴の底部に逆凹形の下端が突き立てられた状態で出土した。奈良県平城宮跡下層出土の組梯子(四世紀後半)は、全長一・一《メートル》、幅約四〇《センチ》あり、横木は三段で支柱片面の浅い抉り部に固定される。近世では、板梯子(雁木梯子)が『佐州金銀採製全図』など鉱山図巻にみえ、組梯子は民家で二階との行き来に使われた。このほか、縄梯子は城攻めなどに使用されたが、出土品にはない。

参考文献 上原真人編『木器集成図録』近畿原始篇、一九九三、奈良国立文化財研究所、斎藤宏「山木遺跡と梯子」一・二(『考古学ジャーナル』二九・三〇、一九六九)。

(小池 伸彦)

はしでら 橋寺 宇治川に架かる宇治橋の東詰に位置する雨宝山放生院《ほうじょういん》常光寺《じょうこうじ》の俗称。京都府宇治市宇治東内所在。橋寺は一般に橋の傍らにありその管理維持に関与した寺のことであるが、これも宇治橋の橋寺である。真言律宗。寺伝(沙門真空『城州宇治川橋寺之縁起』)によれば六〇四年(推古天皇十二)聖徳太子三十三歳の時、山背の楓野《かどの》(葛野)へ行幸した際に秦川勝《はたのかわかつ》が宇治川に仮橋を設けて迎えたと宇治橋の起源を述べ、さらに弘安年中(一二七八―八八)に西大寺僧叡尊(興正菩薩)が宇治橋を再興した際に、竜神の冥助を感得し伽藍を建立し不動尊を安置し、橋寺と号したという。『山州名跡志』は宇治橋を造営した道昭が開基で、叡尊を中興とする。叡尊は一二八一年に橋寺の堂供養を行なった。叡尊は一二八四年宇治川の網代停止の太政官符を実現させ、また一二八六年浮島に十三重石塔を築造するとともに宇治橋を修築して橋供養を行なったが、橋寺はこれらにも関わりを持ち、放生院の名も網代の停止によるものであろう。境内には宇治橋断碑がある。→宇治橋《うじばし》 →宇治橋断碑《うじばしだんぴ》

参考文献 『宇治市史』一・二、一九七三・七四。

(舘野 和己)

はじとみ 半蔀 ⇨蔀《しとみ》

はしのこうろあと 橋野高炉跡 幕末に造られた洋式高炉跡。岩手県釜石市橋野町大字橋野に所在する。国指定史跡。幕末に国防の緊張が高まり、艦船の建造や大砲の鋳造が盛んになる中で鉄鉱石を原料とした銑鉄を得るために造られた高炉である。一八五七年(安政四)以降南部藩士大島高任《たかとう》らによって、釜石周辺の大橋《おおはし》に三基、橋野に三基のほか一八六七年(慶応三)までに、佐比内《さひない》に三基、砂子沢《いさござわ》・栗林《くりばやし》に各一基造られた。これらの高炉は銭座《ぜにざ》を併設し、藩営と民営によって操業した。遺跡は北上高地の山間にあり、西裾斜面で南北に長い帯状の平坦面に高炉が三基配されている。高炉は花崗岩の切石による基盤の上に外壁を組み立て、内部は耐火煉瓦で円筒状に築かれている。外壁の一部に羽口《はくち》を設けその外に鞴座《ふいござ》を置き、水車による送風が行われた。現在も外壁、鞴座、湯口《ゆぐち》、水車場が残され、『橋野高炉絵巻』(『両鉄鉱山御山内並高炉之図』)と相まって、その機能を知ることができる。

(高橋 信雄)

はしはまえんでん 波止浜塩田 愛媛県今治市内堀・中堀(伊予国野間郡《のまぐん》波方村《はかたむら》)に所在した入浜《いりはま》塩田。一六八三年(天和三)波方浦役の長谷部九兵衛の企画によって、郡代官園田藤太夫の指揮で、松山藩の藩営工事として入浜塩田が開発された。塩田技術は長谷部九兵衛が対岸にある竹原《たけはら》(広島県)から持ち帰った。長谷部は竹原の塩田から製法の秘密を持ち帰るため、浪人に身をやつして雇われ、日々の信用を得、やっとの思いで製塩技術を習得したと伝えられている。伊予国松山藩最初の入浜塩田で、開発当時の塩田面積は三十六町一反であり、その後増築された。生産された塩は、船で江戸・大坂・北陸などへ送られた。享保年間(一七一六―三六)ころの塩生産は十五万石であった。第二次世界大戦後になると、入浜式から流下《りゅうか》式になり生産量は増大したが、安い海外の塩や国内市場の生産過剰により、採算が合わなくなり、一九五九年(昭和三十四)の第三次塩業整備により操業を止めた。

参考文献 森光繁編『波止浜塩業史』一九六八、波止浜興産。

(岩本 正二)

はじもいはいじ 土師百井廃寺 鳥取県八頭郡八頭町土師百井に所在する奈良時代の寺院跡。千代川の支流私《きさ》都《いち》川の北岸、霊石山の山裾に形成された小平坦地に所在する。私都川対岸には因幡国八上《やかみ》郡衙と推定される万代《まんだい》寺《じ》遺跡が存在する。以前より塔基壇と礎石が良好な状態で現れており、一九三一年(昭和六)塔跡が国史跡に指定

されている。その後、一九七九年から実施された発掘調査により金堂・講堂・中門・回廊の一部が確認され、一九八〇年には指定名称の変更と追加指定が行われている。伽藍配置は、金堂の東側に塔、北側に講堂を配する法起寺式。塔基壇は一辺一六メートルの基壇上に塔心礎と十六個の礎石が原位置を保っている。構造は明確ではないが、基壇基部に河原石と瓦を建て並べる。寺域を画する施設は明確ではないが、周辺の地形から南北一町半、東西一町が推定される。創建期の軒丸瓦は外縁に重圏文を配する山田寺式の系統に属するもの。軒平瓦は出土していない。

資料館 鳥取県立博物館(鳥取市)

参考文献 郡家町教育委員会編『土師百井廃寺跡発掘調査報告書』一・二、一九七九—八〇。 (真田 廣幸)

ばしゃく 馬借 馬の背に荷物を載せて運んだ運送業者。「十三匹で一類」といわれるように集団で活動していた。十一世紀に作られた『新猿楽記《しんさるがくき》』に車借《しゃしゃく》とともにその名がみえる。越前敦賀《つるが》、若狭小浜《おばま》、近江大津《おおつ》・坂本《さかもと》・草津《くさつ》、山城木津《きづ》・淀《よど》・鳥羽《とば》など、水陸交通の接点など交通の要衝を拠点として、荷物の積み替えや京都への搬入などを行なっていた。その多くは問《とい》や山門《さんもん》などの寺社の支配下にあったが、院や権門の御厩《みまや》に属し力役を奉仕した厩舎《うまやのと》人《ねり》や居飼《いかい》などもその実態は馬借たちであった。特定の交通路を独占し、近江坂本や大津の馬借が米を商い、越前敦賀の馬借が塩や榑《くれ》の独占販売権を握っていたように、商人的側面も帯びており、洛中の商人や問と対立することもあった。近世、幕府や藩により組織された伝馬制《てんませい》下で活躍した運送業者も馬借と呼ばれた。なお、土一揆関係史料にみえる「馬借」は、運送業者としての馬借ではなく、土一揆勢そのものをさすと指摘されている。

参考文献 脇田晴子『日本中世商業発達史の研究』、一九六九、御茶の水書房。豊田武『中世の商人と交通』(『豊田武著作集』三、一九八三、吉川弘文館)。 (髙橋 典幸)

はせでら 長谷寺 奈良県桜井市初瀬《はせ》に所在する寺院。山号は豊山神楽院。真言宗豊山派の総本山。初瀬山の中腹に位置し、初瀬川の谷に面する山林寺院である。舞台造りの本堂に、本尊の十一面観音像を安置する。当寺の創建については諸説があり、縁起にも異伝が多い。縁起の多くは、道明・徳道が、奈良時代前期の神亀年間(七二四—二九)ごろまでに創建したとする。確実な史料では『続日本紀』神護景雲二年(七六八)十月庚申(二十日)条にみえ、奈良時代の後期には存在が確認できる。その後、平安時代の八四七年(承和十四)に定額寺に列している。当初は東大寺末に属していたが、平安中期時代以降は興福寺末となり、平安時代後期以降は興福寺の大乗院の末寺となっている。本尊の十一面観音は『日本霊異記』下第三話にも登場し、古くから霊験あらたかな観音として知られていた。平安時代には観音の霊場として著名な地位を確立し、平安時代中期以降は長谷詣として、皇族・貴族をはじめ多くの人々が参詣したことが知られる。『枕草子』や『源氏物語』などにも登場し、現在も西国三十三所霊場の第八番札所となっている。当寺は平安時代から室町時代にかけて、計十一回に及ぶ火災に遭っており、現在の本尊は室町時代後期、本堂(重要文化財)は江戸時代初期の再建である。しかし現存する文化財も多く、特に創建当初の遺品である、国宝の銅板法華説相図は著名である。この銅板には銘文があり、道明が「清御原大宮治天下天皇」(天武もしくは持統天皇)のために造ったことが記されている。当寺の創建の事情とも関わる資料として注目されている。

参考文献 逵日出典『長谷寺史の研究』、一九七九、巌南堂書店。『長谷寺編年資料』、一九七四、長谷寺。『長谷寺文献資料』、一九七五、長谷寺。『国文論叢』三二六(特集長谷寺研究)、二〇〇六。 (吉川 聡)

銅板法華説相図《どうばんほっけせっそうず》 『法華経』見宝塔品を表現した白鳳時代の鋳銅製レリーフ。長谷寺蔵。国宝。縦八四センチ、横七五センチ、厚さ二・三センチ。上辺左右に紐を作る(右側欠失)。右下角を欠損。画面は全体を三段にわけ、中央に二段抜きで三重の多宝塔、上段には三尊仏と千体仏、中段には如来・菩薩などの群像、下段は金剛力士と銘文で構成。千体仏は押出仏《おしだしぶつ》の貼り付け、塔内の如来は別鋳の塡め込み、そのほか部分的に装飾金具を取り付ける。三尊仏の作風は石位寺《いしいでら》石仏に近似する。欧陽詢様の書風の銘文には、この「千仏多宝仏塔」は戊年七月、道明が八十余人の浄財により飛鳥清御原大宮治天下天皇のため作り、豊山に安置したとある。戊年は、六八六年(朱鳥元)、六九八年(文武天皇二)、天皇は天武天皇、持統天皇などにあてる説がある。豊山と『日本霊異記』の泊瀬《はっせ》上山《かみやま》寺(長谷寺)との関係は未詳。

長谷寺銅板法華説相図

銘文 惟夫霊□(応)［　　］／立称已乖□［　　］／真身然大聖［　　］／不図形表刹福［　　］／日夕畢功慈氏□［　　］／仏説若人起窣堵(波其量下如)／阿摩洛菓以仏駄都(如芥子許)／安置其中樹以表刹□(量)(如大針)／上安相輪如小棗葉或造仏□(像)／下如穬麦此福無量粤以奉為／天皇陛下敬造千仏多宝仏塔／上厝舎利仲擬全身下儀並坐／諸仏方位菩薩囲繞声聞独覚／翼聖金剛師子振威伏惟聖帝／超金輪同逸多真俗双流化度／无央庶冀永保聖蹟欲令不朽／天地等固法界无窮莫若崇拠／霊峯星漢洞照恒秘瑞巌金石／相堅敬

銘其辞曰／遙哉上覚至矣大仙理帰絶妙／事通感縁釈天真像降茲豊山／鷲峯宝塔涌此心泉負錫来遊／調琴練行披林晏坐寧枕熟定／乗斯勝善同帰実相壱投賢劫／倶値千聖歳次降婁漆兎上旬／道明率引捌拾許人奉為飛鳥／清御原大宮治天下天皇敬造　（［　　］は欠失部分、［　］内は『甚希有経』により補う）

資料館　奈良国立博物館（奈良市）

参考文献　奈良国立文化財研究所飛鳥資料館編『飛鳥・白鳳の在銘金銅仏』、一九七九、同朋舎。片岡直樹「長谷寺銅板法華説相図再考」（『仏教芸術』二二五、一九九六）。

（鈴木　景二）

はせべことんど　長谷部言人　一八八二―一九六九　人類学者。一八八二年（明治十五）六月十日、東京に生まれる。一九〇六年東京帝国大学医科大学卒業。京都帝国大学医科大学助教授、新潟医学専門学校教授をへて一九一六年（大正五）から東北帝国大学医学部助教授、一九二〇年に教授となり、一九三八年（昭和十三）東京帝国大学理学部教授となって人類学科の創設にかかわった。一九一七年ころから単純な石器時代人アイヌ説に疑問をいだくようになり、石器時代人と現代日本人との形質のちがいは、生活環境の変化によって生じたのであり、石器時代以来日本人の体質を一変させるほどの外来者の流入はなかったとする説（変形説）を唱えた。長谷部説は清野謙次《きよのけんじ》の混血説とともに二十世紀前半の日本人起源論の双璧とされる。また石器時代人アイヌ説批判とのかかわりで、蝦夷アイヌ説をも批判し、蝦夷辺民説のさきがけをなした。一九六九年十二月三日没。八十七歳。主要著書に『先史学研究』（一九二七）、『日本民族の成立』（『新日本史講座』一、一九四九、中央公論社）などがある。

参考文献　「略年表・主要著作目録」（江坂輝弥編『長谷部言人集』所収、一九七五、築地書館）。寺田和夫『日本の人類学』、一九七五、思索社。工藤雅樹『東北考古学・古代史学史』、一九九八、吉川弘文館。

（工藤　雅樹）

はそう　𤭯　⇨須恵器《すえき》

はた　機　⇨織機《しょっき》

はたえだがよう　幡枝瓦窯　一九三〇年（昭和五）に、木村捷三郎が京都府愛宕《おたぎ》郡岩倉村大字東幡枝（現在の京都市左京区岩倉幡枝町）で発見した平安時代の瓦窯跡。平安宮大内裏《だいだいり》所用瓦と同形式の軒瓦や、「栗」「木工」などの文字瓦が出土することなどから、『延喜式《えんぎしき》』木工寮に記載のある「小野栗栖野両瓦屋」のうち、栗栖野《くるすの》瓦屋にあたるものと考えられている。一九三一年と翌年に発掘調査が実施され、一九三四年には「栗栖野瓦窯跡」として国の史跡に指定された。一九七八年以降進められた発掘調査や分布調査を通して、周辺には飛鳥・白鳳時代から平安時代後期にわたる多数の瓦窯跡のほか、平安時代の二彩・緑釉陶器窯の存在も確認されており、今日ではそれらの総称として「岩倉幡枝古窯跡群」の呼称も用いられている。この古窯跡群で焼かれた瓦は、平安宮内の諸施設のほか、東寺《とうじ》・西寺《さいじ》をはじめとする平安京内各所や、京域外の六勝寺・鳥羽離宮などへも少なからず供給されていた。

参考文献　木村捷三郎「山城幡枝発見の瓦窯址―延喜式に見えたる栗栖野瓦屋―」（『史林』一五ノ四、一九三〇）。梅原末治他『栗栖野瓦窯址発掘調査報告』（『京都府史蹟名勝天然記念物調査報告』一五、一九三四）。京都市埋蔵文化財研究所編『栗栖野瓦窯跡発掘調査概報』、一九八六。

（尾野　善裕）

はたけ　畠　水田以外の乾燥耕地をさす。畑とも書く。「畠」は水田に対する白田という意味の国字で、八世紀初頭に見られる。「畑」は焼畑を意味する国字で、平安時代末期に現れる。律令には畠に関する規定がなかったため、官符や正史では陸田《りくでん》という語が使用されたが、九世紀には消滅し、以後畠が一般的に使用された。近年の発掘の成果によれば、畠作を示す畝状遺構が縄文時代から発見されており、かつ稗・粟・黍・大麦の種子も縄文時代の遺跡から確認されるから、文字の使用年代とは異なって原始時代から畠作が行われていたことがわかる。奈良時代になると備荒対策としてではあるが粟・稗・蕎麦・大小麦など畠作物の栽培が奨励されているから、国家もその重要性を認識するようになったと考えられる。平安時代後期には夏作―大豆、冬作―麦という畠地二毛作が確認され、生産力も上昇した。それに伴って、荘園制下では畠も検注され始め、中世の土地台帳である大田文の一部でも記載されたが、水田に比べると生産力が低かったため、中世を通じて畠に対する国家的な収奪は弱かった。一方、農民の生活にとっては重要な位置を占め、史料には「畠を点ぜらるれば、土民いづこに居住し、課役を勤仕せん」（『鎌倉遺文』九一二号文書）とか、「作麦をもって農業を遂げるの条、諸国もって例なり」（東寺百合文書ハ一三一―二〇号文書）などという文言が散見する。また、『貞永式目』によれば、水田裏作の麦＝田麦は農民の「依沽（自由）」と規定されており、畠作が農民の生活基盤であったことがわかる。太閤検地では田と並んで石高制に組み込まれることになったが、石高は田よりも低く、上田一石五斗に対して上畠一石二斗であった。近世期においては雑穀栽培の場とともに、木綿・菜種・藍・桑などの商品作物や蔬菜栽培の場として重要性を高めた。

参考文献　木村茂光『日本古代・中世畠作史の研究』、一九九二、校倉書房。

（木村　茂光）

はたはいじ　幡多廃寺　岡山市赤田《あこだ》に所在する古代寺院跡。備前国府の推定地に近接した位置にある。塔心礎は長径二・五メートルと現存する礎石では県下最大のものである。一九七二年（昭和四十七）・七三年に岡山市教育委員会が発掘調査を行い、金堂・塔の基壇・中門・南門・北門と築地塀が確認された。瓦・鴟尾・奈良三彩・円面硯などが出土している。講堂が未確定のため、伽藍配置は不明。寺域は東西約一二三メートル、南北一三八メートル。塔跡のみ国史跡。

参考文献　岡山市教育委員会編『幡多廃寺発掘調査報

告』、一九七五。

（金田　明大）

はち　**鉢**　底部から口縁部にかけて大きく広がる形態の容器で、皿よりも深いものを鉢という。盤と呼ばれる容器も類似した形態であるが、一般に鉢よりも浅いものを指すことが多い。土製・陶製・石製・木製・金属製などがあり、調理具・食膳具として多用されるが、そのほかにも、火鉢・手水鉢・植木鉢など多様な用途がある。陶製の片口鉢は、中世以降擂鉢《すりばち》として広く利用された。擂鉢には、内面に擂目を刻むものと刻まないものとがあり、後者を捏鉢《こねばち》と呼ぶこともある。ただし、出土品の使用痕からは擂目のないものも擂鉢として利用されたことが確認でき、捍鉢という用語は木製・石製を含む内容物を手で捏ねるための鉢に用いるべきであろう。また、暖房・煮炊具として利用された火鉢は奈良興福寺火鉢座の製品が有名で、畿内の中世遺跡を中心に出土する瓦質火鉢がこれに相当すると考えられ、韓国新安沖沈没船の引き揚げ資料にも含まれている。また、土製・陶製の鉢の底部に穿孔し、植木鉢として利用したものもある。

（鈴木　康之）

備前焼擂鉢（広島県草戸千軒町遺跡出土）

はちおうじじょう　**八王子城**　戦国大名北条氏照《ほうじょううじてる》の居城。東京都八王子市元八王子町に所在。国史跡。氏照は北条氏の関東進出により武蔵の豪族大石氏の養子になり、由《ゆ》井源三《いげんぞう》と名乗った。その後あとを襲い、大石氏の築城した滝山城《たきやまじょう》を拠点に、関東にその支配地域を拡大していく。この滝山城にかわって居城としたのが、南西方約八キロの八王子城である。この移転は、一五六九年（永禄十二）に武田信玄の攻撃を受けた滝山城が、落城寸前にまで追い込まれたことや、甲斐の武田氏への対抗から、武相国境の八王子城の位置が重要と考えられたことなどによる。最近の研究では、豊臣秀吉の関東侵出を予測していたという見方もある。しかし、実際に築城が本格化したのは、武田氏滅亡の一五八二年（天正十）以降で、まもなくここに居城を移したようである。そのころの氏照は、北条氏の関東支配の総指揮をとっており、城に安息する時間は多くなかった。八王子城の縄張り（設計）と城下町形成は、防衛・行政・商業活動を充分考慮したつくりで、氏照が命じた普請奉行《ふしんぶぎょう》が活躍した。ただこれは完成する前に落城し、城下三宿は甲州道に移されたのである。八王子城の調査は、史跡整備が本格化した一九七六年（昭和五十一）から継続的に行われ、主に根古屋《ねごや》地区が対象となっていたが、一九八七年には、氏照居館の全面的な発掘が行われ、一挙に城館跡の核心部分が明らかにされたのである。八王子城の城域は、深沢山《ふかざわさん》と呼ばれる独立峰を囲む、山岳と谷部が展開した複雑な地形を利用しており、山頂・山腹の要害地区、山裾に沿う居館地区、谷部に細長く形成された根古屋地区、さらに東方の台地上に開けた城下町地区が配置されている。根古屋地区では明確な屋敷地などはまだ不明で、ここは未完成であったことが知られる。居館地区で検出された遺構は、石段虎口《こぐち》・大形の礎石建物・石敷通路・水路・工房跡などがあり、庭園遺構も発見された。居館建物は、六間×十一間、九間×十五間の壮大なもので、会所《かいしょ》と主殿《しゅでん》と考えられている。この二棟の間に庭園を設ける。瓦が出土しないことから、板葺の屋根をもつものであった。出土遺物は、居館だけで七万点を超え、中国製陶磁器や瀬戸・美濃・常滑の陶器、鉄製武器・金属鋳造品など各種のものがある。一五九〇年、八王子城は豊臣秀吉の関東侵攻によって、前田・上杉軍に攻められ、一日にして落城、居館は炎上した。発掘調査によって、被熱した陶磁器や炭化穀類が大量に出土し、その事実を物語っている。八王子城の落城は、氏照も籠城していた本拠小田原城に打撃を与え、北条氏の開城、降伏へとつながった。↓滝山城《たきやまじょう》

参考文献　八王子市教育委員会編『八王子城』、一九八三。八王子市郷土資料館編『北条氏照と八王子城』、一九九〇。八王子市教育委員会編『八王子城跡御主殿』、二〇〇二。

（服部　敬史）

はちおかでら　**蜂岡寺**　⇨広隆寺《こうりゅうじ》

はちがたじょう　**鉢形城**　埼玉県大里郡寄居町大字鉢形の荒川と深沢川の急崖に挟まれた河岸段丘上の城郭遺跡。国指定史跡。山内上杉氏の拠点の城郭、そして、一五六二年（永禄五）ごろから後北条領国圏内の支城群の一つとして重要な役割を担った城郭である。林業試験場の西側を掘切って城郭としたのが初期段階の城郭と見られる。その後、永禄期に北条氏邦が入ると、二の曲輪《くるわ》、三の曲輪が整備されたと考えられる。二の曲輪と三の曲輪の間を仕切る空堀は大規模な障子堀に作られ、御金蔵跡といわれている小さな郭は馬出郭となる。三の曲輪は秩父郭と逸見郭に分かれ、秩父郭の土塁内側には石積みが確認されているが、このほかにも土塁内側の裾には大規模な石積が各所に発見されている。この曲輪西に続いて存在する諏訪神社の部分が大手と見られ、完全な馬出郭として造られている。深沢川の東側は外曲輪になり、城下を形成していた内宿に接する。発掘調査では山内上杉系と

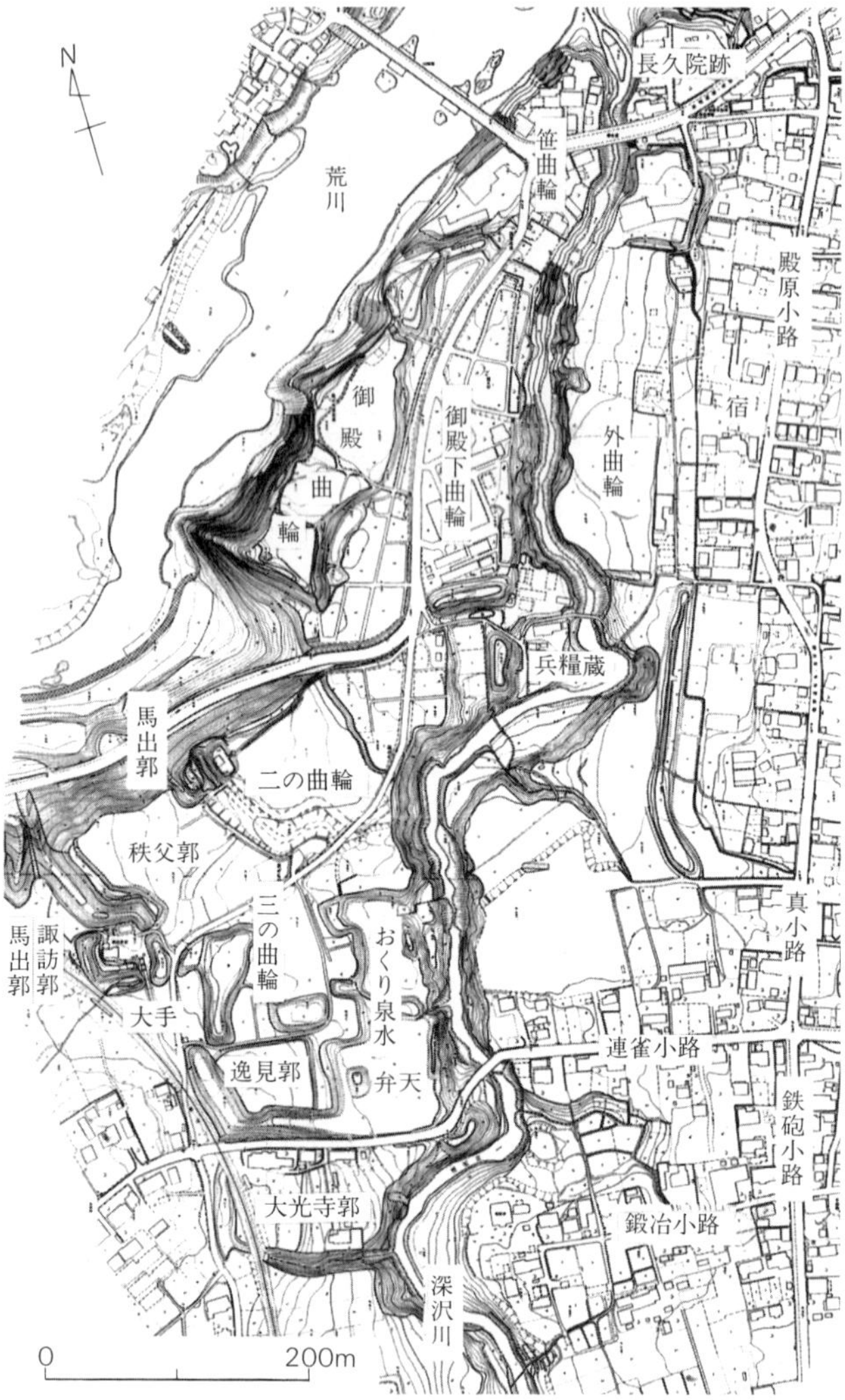

鉢形城跡実測図

見られるカワラケも出土し注目される。

[資料館] 鉢形城歴史館(埼玉県大里郡寄居町)

(梅沢太久夫)

はちまんしんこう 八幡信仰　宇佐八幡宮に始まる鎮護国家、軍神の信仰。八幡神は、当初は、八世紀の初頭に律令国家が薩摩・大隅地方の隼人をその支配下に完全に組み込む過程で、宇佐の地に出現した対隼人神であり、早くから仏教と融合した神であった。ところが、七三一年(天平三)ころから再度高まった新羅との軍事緊張の中で、第二神として朝鮮と日本の境神であった宗像の三女神を組み込み、対新羅神の顔も持つようになった。七三七年四月、遣新羅使の帰国の後、新羅の無礼を有力神社に報告したとき、伊勢・大神・住吉・香椎などとともに八幡社の名がみえる。この年四月の八幡神の託宣で翌年に、神宮寺弥勒寺が八幡宮境内に移される。これは、遣新羅使が新羅からもたらしたともいわれる天然痘の流行に対処するためであったと考えられる。七四〇年の広嗣の乱の翌年、軍事的危機と天然痘の危機の中で、鎮護国家のために、国分寺建立の詔が発せられると、八幡宮にも金光明最勝王経と法華経の安置と造塔が認められ、西方鎮守神としての位置が鮮明になる。七四九年(天平勝宝元)十二月、聖武太上天皇は、鋳造が終わった東大寺大仏を拝顔させるために八幡神を入京させ、日本全国の神々を仏世界へ誘う神仏習合の国家神の地位に据える。しかし、まもなく政争に巻き込まれ、その地位を失いかけるが、孝謙天皇の下で復権し、道鏡事件に関与する。桓武朝では、八幡は八幡大菩薩を称するようになり、恒久の都平安京では、国家護持のために建立された神護寺や東寺など空海が関わった寺に八幡社が置かれる。九世紀初頭から後半にかけて、新羅海賊・流民問題で、第三神目の大帯姫《おおたらし》(神功皇后霊)が祀られ、八幡は応神天皇霊と認識され、さらに若宮が登場する。その帰結として行教による王城鎮護としての石清水八幡宮の創建が位置づけられる。この時期以後、各国府にも国府鎮守として八幡宮が勧請され、八幡系の荘園にも八幡若宮が鎮守として勧請される。やがて、石清水八幡宮は、宇佐宮と肩を並べるようになり、十一世紀はじめには、弥勒寺講師と石清水別当が兼帯されるようになり、八幡宮寺として一体化が進み、さらに八幡社は各地に広がる。十二世紀末、鎌倉幕府が成立すると、源家の氏神として、鶴岡八幡宮(若宮)を中心に保護され、八幡神はモンゴル軍襲来の際も、異国調伏祈禱に重要な役割を演じる。しかし、室町幕府や江戸幕府は氏神として積極的には保護せず、衰退を余儀なくされた。しかも江戸時代中期に復興した宇佐への勅使は、皮肉にも神仏分離の推進役となり、そして、明治の神仏分離政策で、衰退は極に達した。

[参考文献] 中野幡能『八幡信仰史の研究』、一九七六、吉川弘文館。同編『宇佐神宮史』、一九八四-二〇〇一、宇佐神宮庁。飯沼賢司『八幡神とはなにか』(『角川選書』三六六、二〇〇四、角川書店)。

(飯沼　賢司)

はちまんづくり 八幡造　大分県宇佐市の宇佐神宮の本殿に代表される神社建築の形式の一つ。同規模の切妻造、平入りの建物二棟を前後に軒を接するように建てて、二棟の間の部分(相の間)も室内として用いる。軒の取り合いには樋を渡して雨仕舞をする。前殿・後殿ともに神座が設けられる。宇佐神宮のほか、京都石清水八幡宮・愛媛伊佐爾波《いさにわ》神社などで用いられている。宇佐神宮は桁行三間の本殿三棟を独立して横に並べるが、石清水八幡宮・伊佐爾波神社は、三棟を一体化して全体で桁行十一間もしくは九間の大規模な建物となっている。宇佐神宮において、一〇三〇年(長元三)にはこの本殿形式が成立していたことが確認できるが、それ以前、どれだけさかのぼるかは不明である。全国に多数祀られる八幡社の一般的な本殿形式として採用されているものではなく、きわめて特殊な形式である。

参考文献　『日本建築史基礎資料集成』一、一九九八、中央公論美術出版。土田充義『八幡宮の建築』、一九九二、九州大学出版会。

（山岸　常人）

はちまんばやしかんがいせき　八幡林官衙遺跡　奈良・平安時代の古志《こし》郡家《ぐうけ》などを主とした官衙複合《かんがふくごう》遺跡。新潟県長岡市島崎字八幡林にある。国指定史跡。一九九〇年（平成二）国道一一六号線バイパス工事の事前調査で発見され、一九九一—九三年度に事前総合調査が行われた。遺跡の低い所は標高一二メートル、高い所は三〇～五〇メートル、丘陵や谷などを含むA～Iの九調査区からなる。各区の主な点を掲げる。A区は、奈良時代養老年号を伴う画期的な「沼垂城《ぬたりのき》」を記した木簡や完形の郡司符木簡、人形・斉串が出土した溝、井戸からなる。B区は、奈良時代前半の二時期からなる二間×五間などの掘建柱建物五棟、竪穴住居二基があり、これを囲むようにあった五〇メートルほどの堀と土塁は平安時代であった。C区は、標高三〇メートルの丘陵中央に二間×五間の四面庇《ひさし》付建物が出土し、北側背後を画する土塁があるが、九世紀と判明した。D区は、以前より長者原《ちょうじゃはら》と周知されていた地名の谷筋の地区で、八世紀前半の「田長」の墨書無台杯や煮沸用の土師器の甕が卓越して出土し厨地区と見られる。G区は、すでに掘削が多かったが、土塁・堀・道路・奈良時代の竪穴住居一基が確認され、B区に連続する。近接のG南区もG区に連続する。H区は標高一七メートルの低地にあり、奈良時代の道路状遺構と板材列、東西に向かう木道、須恵器、土師器、「大家駅」の墨書土器が出土した。I区は、C区の四面庇付建物に南面する。多くの建物柱穴、「射水臣」「内子鮭《こごもりのさけ》」などを記す多数の木簡や二十五点に及ぶ封緘《ふうかん》木簡、「石屋大領」「石屋木」などを記す墨書土器が大量に出土した。また『三代実録』貞観五年（八六三）六月十七日条の越中・越後の大地震記事に関わると見られる噴砂と被害遺構もあった。E・F区に遺構・遺物はない。およそ以上の郡家・城柵・駅家など複合的官衙の様相を呈する本遺跡は、一九九四年四月研究者や地元の要請もあり、国の史跡指定で保存されることとなった。なお、下ノ西遺跡と一体のものとして機能していたと考えられている。

参考文献　和島村教育委員会編『八幡林遺跡』（『和島村埋蔵文化財調査報告書』一—三、一九九二—九四。『木簡研究』一四・一七、一九九二・九五。

（小林　昌二）

はちりょうきょう　八稜鏡　鏡の外形の名称。中国では葵式鏡と呼ばれる。八花鏡《はっか》とともに唐式鏡の時代に登場し、飛仙騎獣八稜鏡や花枝双鸞《そうらん》八稜鏡などの鏡式が見られる。九世紀には京都府鳥取古墓鏡のように唐式鏡をまねた日本製の八稜鏡が登場する。九世紀以降は円鏡が主流を占めるが、十一世紀後半に双鳥文を主文とする八稜鏡が再び多く見られるようになる。十二世紀代には円形の和鏡について多く見られる鏡式となる。十二世紀代の八稜鏡には祭祀的な使用を顕著に見ることができる。栃木県日光市男体山山頂の祭祀遺跡からは百十五面の八稜鏡が出土し、出土鏡の八六％を占める。また同様な山頂祭祀遺跡として著名な金峯山山頂遺跡からも多くの鏡が出土しており、そのうちの半数強が八稜鏡である。また鏡面の形が蓮弁に似ているため鏡像として八稜鏡が用いられることも多い。

参考文献　東京国立博物館編『鏡像』、一九七五。

（杉山　洋）

ばちる　撥鏤　象牙・動物の角を紅・紺・緑などの色に染めた後、彫刻刀の先を跳ね上げるようにして彫る、いわゆる撥ね彫りによってその地色を出して文様を描く工芸上の技法。染料としては、紅には蘇芳や紅花、臙脂や茜などが、紺には藍などがそれぞれ用いられたとの説がある。染料の浸透度は深さに応じて異なるので、彫りの工程で刃先の角度を調整することにより、色の濃淡の差を活かした繊細な文様表現が可能となる。地の白い部分にはさらに別色で点彩を施す場合が多い。『大唐六典』中尚署令の注によれば毎年二月に撥鏤尺を皇帝に献上する儀礼があり、また、『冊府元亀』帝王部立制度一によれば八一三年に官人への布告に用いる紙の装丁として恩賜の際を除いて紅花牙撥鏤鈿軸の使用が禁じられていることなどから、唐代においては特別な意味を有する第一級の工芸技法であったことが窺われる。奈良時代の日本においても珍重されたと考えられ、正倉院宝物には、尺、琵琶の撥、碁石、箱、如意、刀子の鞘、杖の石突、飛鳥形などにその使用例を見出すことができる。代表的な撥鏤製品である撥鏤尺は、紅牙六本、緑牙一本、紺牙一本が伝存し、鳳凰・鹿・獅子・花喰鳥などの動物文、宝相華文、花卉文などの文様が緻密に表現されている。正倉院以外にも、法隆寺や慧日寺に伝来した撥鏤尺が残されており、中国では河南偃師杏園唐墓（七二九年）からの出土品も報告されている。技法としては中世以降完全に途絶しているが、昭和になってから正倉院宝物を手掛かりに技法の復興が試みられている。

（飯田　剛彦）

はっかくふん　八角墳　わが国の終末期古墳にみられる特有な墳形。現在、測量図や発掘調査で判明している確実な八角墳は、奈良県段ノ塚古墳（舒明陵）、同野口王墓古墳（天武・持統陵）、同中尾山古墳、京都府御廟野古墳（天智陵）などの天皇陵と目される古墳である。他方、広島県尾市一号墳、兵庫県中山荘園古墳、群馬県三津屋古墳、同一本杉古墳、東京都稲荷塚古墳、山梨県経塚古墳など、七世紀代の地域有力豪族墓に採用されているのも事実である。畿内の天皇陵が七世紀半ばに方墳から八角墳に変化したとされるのに対し、地方の八角墳はそれよりやや古く、七世紀前半に前方後円墳の築造が停止した後に出現したと考えられる。また、初期の八角墳は方形壇に載り稜角を正面とするが、後には方形壇がなくなり側辺を正面とするようになる。八角墳の意義については、仏教の影響とする見方よりも、中国古来の政治思想に基づく国土・国家を示すとする説が有力である。

参考文献 網干善教「八角方墳とその意義」(『橿原考古学研究所論集』五所収、一九七九、吉川弘文館)。白石太一郎「畿内における古墳の終末」(『国立歴史民俗博物館研究報告』一、一九八二)。猪熊兼勝『飛鳥の古墳を語る』、一九九四、吉川弘文館。 (卜部 行弘)

はっきゃくもん 八脚門 ⇩やつあしもん

はっくつちょうさ 発掘調査 遺跡・埋蔵文化財の内容を解明するために、土を掘り起こすなどして行う考古学的な調査。日本では古墳や城館などを除くと、遺跡・遺構が地表面に顕在していないものが一般的であり、遺跡の所在・範囲・性格・時期などを具体的に把握するために、発掘調査は不可欠であり重要な意義をもつ。発掘現場の作業のみを指す場合もあるが、出土品や記録類の整理作業と調査成果をまとめた報告書作成を行い、発掘調査は完結する。発掘では、慎重かつ的確に作業を進めながら、土壌の特徴から表土・遺物包含層・地山などの層位を正しく見極めて、そこに埋蔵された遺構と遺物の存在およびその相互関係を明らかにする必要がある。発掘は遺跡の解体を伴うため、繰返しがきかない作業であり、必要な情報は測量図面や写真などにより正確な記録を残さなければならない。近年、古代以降中世・近世の歴史時代の発掘調査は相対的に増加しており、かなりの割合を占めている。この時代は、木簡や墨書土器などの文字資料が出土する場合や、関連する文書・地名・地割などが残されている場合があり、発掘調査の実施や成果の検討に十分生かす必要がある。現在行われている全国の発掘調査は、道路・農地・住宅などの土木工事に伴うもの(事前調査・緊急調査・記録保存調査ともいう)が年間約八千件、学術や保存目的のものは約五百件程度である(二〇〇二年(平成十四)度)。埋蔵文化財は国民共有の財産であることから、土木工事を行う場合、文化財保護法の規定により、必要な場合は記録の作成のための発掘調査が行われることになっている。この場合、一般的には、部分的な発掘を行う試掘・確認調査により、遺跡の範囲や内容をあらかじめ確認したのち、工事により影響を受ける部分を全面的に発掘する(本発掘調査)。現在、発掘調査の多くは、都道府県・市町村の教育委員会およびその設置に係る財団法人により行われている。発掘調査の原因にかかわらず、考古学などの水準を踏まえて行い、ほかの資料や文化財とともに各地域の歴史・文化を明らかにしなければならない。

参考文献 文化庁編『埋蔵文化財発掘調査の手びき』、一九六六、国土地理協会。 (坂井 秀弥)

はつせのあさくらのみや 泊瀬朝倉宮 雄略天皇の宮。『古事記』では「長谷朝倉宮」と記す。雄略天皇の名代《なしろ》である長谷部はこの宮に奉仕した部民集団である。埼玉県行田市の稲荷山古墳出土鉄剣(国宝)銘文にあるワカタケル大王(雄略天皇)のシキ宮はこの宮を指すと考えられている。シキ(磯城)は三輪山周辺の初瀬川扇状地一帯を指す広域地名で、朝倉もその一部に含まれる。有力候補地として奈良県桜井市脇本の脇本遺跡がある。一九八四年(昭和五十九)の発掘調査により、春日神社の南西約八〇メートルの水田から大規模整地を伴う五世紀後半の大型建物跡が出土した。その後の調査で六世紀後半と七世紀後半の大型建物跡も確認されている。泊瀬の地名を冠する宮はこのほかに泊瀬列城《なみき》宮(武烈天皇)、泊瀬柴籬《しばがき》宮(欽明天皇)などがあり、崇峻天皇は泊瀬部皇子と称した。天武・持統天皇も泊瀬に行幸しており、二世紀にわたって大王の宮として継承された可能性がある。

参考文献 和田萃『日本古代の儀礼と祭祀・信仰』、一九九五、塙書房。 (竹内 亮)

はとやまようせきぐん 鳩山窯跡群 古代武蔵国の四大窯(末野《すえの》・南比企《ひき》・東金子・南多摩窯)の一つであった南比企窯跡群(埼玉県比企郡の鳩山町・嵐山町・玉川村域に展開)の中心をなす鳩山町地域の須恵器・瓦生産窯跡群。発掘調査の結果、八世紀前後に操業を開始し、十世紀初頭ごろ閉窯まで継続して操業していたことが明らかになった。武蔵国分寺の造営に使用された瓦の生産も確認されており、これまでに武蔵国比企郡はもとより、秩父・児玉・那珂・榛沢《はんざわ》・幡羅《はら》・男衾《おぶすま》・大里・埼玉・入間《いるま》・豊《と》島《しま》・荏《え》原《はら》各郡の郡名を記した文字瓦が出土している。また、窯跡に隣接して須恵器・瓦生産に従事していた工人の集落跡も検出され、この時代の窯業生産の実態が構造的に把握された点において貴重である。鳩山窯で生産された須恵器製品は、埼玉県内はもとより群馬県・東京都・千葉県・神奈川県下の数多くの遺跡から出土し、関東地方各地への広域流通がうかがわれる。

参考文献 鳩山窯跡群遺跡調査会・鳩山町教育委員会編『鳩山窯跡群』I—IV、一九八八-九二。渡辺一「南比企窯跡群の須恵器の年代—鳩山窯跡の年代を中心に—」(『埼玉考古』二七、一九九〇)。鳩山町教育委員会編『考古資料』(『鳩山町埋蔵文化財調査報告』一一、一九九二)。 (宮瀧 交二)

はな 花 植物を花瓶に挿す室内装飾から展開し、造形芸術の一分野となっている生花《いけばな》や華道をいう。古代から人々は植物には固有の霊《たま》が存在するとして、それを利用してきた。また、松・檜・杉のような常緑樹や榊《さかき》には天界の神が降臨するとしていた。したがって、平安時代までは仏前供花《くげ》は行われても、生の植物を室内に持ち込むことには慎重であった。鎌倉時代には会所を唐物《からもの》で飾るのがあたりまえになり、床《とこ》の間《ま》の原型である押板《おしいた》が成立し、飾り方も禅院の室礼《しつらい》を手本にするようになった。この形式を下敷きに、和歌を詠む席に松の盆栽を置いた様子が『慕帰絵詞《ぼきえことば》』(西本願寺所蔵)には描かれている。しかし、唐物花瓶に植物を挿すことはなかったことが『祭礼草紙』(前田育徳会所蔵)の淋汗《りんかん》茶の湯の場にみられる。南北朝時代になり、唐物を使い捨てにするバサラ(婆娑羅)の流行のなかで、唐物花瓶に松をはじめとする木物を真っ直ぐに立てて草花を添え、立花《たてはな》と称するようになった。この時期に立花が成立した様子を『太平記』三六にもみることができる。室町に将軍家の御所が置かれると、座敷飾の形式化に伴い、立花も形式化した。足利義政が東山に居を構えると、同朋衆により唐物花瓶と調和する立花と小座敷にふさわしい抛入花《なげいればな》が追及された。戦国時代になると、連歌の心を立花に導入した池坊の立花が人気を得た。なかでも、十六世紀に活躍した専応《せんのう》(一五四三年没)の伝書は有名である。豊臣政権期に活躍した初代専好《せんこう》(一六二一年没)は立花を儒教の宇宙論で構成し、大名たちに好評であった。それを継承した二代専好(一六五八年没)は儒教と仏教との宇宙論の融和を立花の構成論にし、後水尾天皇の宮廷で活躍した。二代専好後は、立花を基礎に七つ道具(後に九つ道具)で構成する立花《りっか》(立華)を創出し、町人をも巻き込み流行した。徳川吉宗による享保の改革は町人を立華から遠ざけ、抛入花に向かわせた。十八世紀後半の明和・安永年間(一七六四―八一)には抛入花の流派が乱立し、立華師から批判された。これに対して、源氏流家元の千葉龍卜《りゅうぼく》は法橋《ほっきょう》を取得して、花の家としての由緒と家元制度とを整え、批判を封じた。この方法は他流派にも真似され、多くの流派が寺社と結びついた。しかし、花の構成論はなく、批判の対象になった。これに応えて、松月堂《しょうげつどう》古流の家元是心軒一露《ぜしんけんいちろ》(一七八〇年没)と門弟五大坊卜友《ぼくゆう》とは植物の出生《しゅっしょう》を仏教で理論化し、五つの役枝《やくえだ》で構成する生花《いけばな》を創出した。これも他流派に真似されたが、天明の飢饉と松平定信による寛政の改革のなかで、生花を朱子学で説明する方法がとられ、天地人の三つの役枝を基本とする生花へと変化した。十九世紀の文化・文政年間(一八〇四―三〇)になると、江戸における粋《いき》の文化の流行に伴い、花材費と手間のかかる遠州流の生花が粋な花としてもてはやされた。一方上方《かみがた》においては、理論的な生花が好まれ、規矩《きく》に正確にあてはめていく未生《みしょう》流が流行した。幕末から明治初期にかけて生花は衰退したが、生花を高等女学校の教科目に導入したことにより復活した。明治以降の欧米からの園芸植物の輸入を新しい生花の世界に導入したのが、池坊家元教授の小原雲心《おはらうんしん》(一九一六年没)であった。雲心は一九一二年(明治四十五)に国風盛花《もりはな》を称し、池坊から独立した。この花は他流派においても盛花《もりばな》・投入《なげいれ》と称され、大正から昭和初期に流行し、その後の新しい生花の基礎になった。昭和初期生花評論で有名になった重森三玲《みれい》のもとに新しい生花を目指す者が集まり、実験を重ねたが、戦争で中断され、一九四五年(昭和二十)以降に展開することになった。なかでも、中山文甫《ぶんぽ》・勅使河原蒼風《てしがわらそうふう》・小原豊雲《ほううん》らの作品が注目された。彼らの作品にはシュールリアリズム論・アブストラクト論・アバンギャルド論・オブジェ論などが導入された。この花を自由花やオブジェ生花と称し、造形芸術の一分野となった。それを古典的な生花にも導入し、一九五〇年代後半には、新しい規矩で構成される生花が誕生した。現在では、植物の生命にこだわる生花が追求されている。

参考文献 『図説いけばな大系』、一九七〇―七二、角川書店。『図説いけばな文化史』、一九七九、主婦の友社。細川護貞他編『いけばな美術全集』、一九八二、集英社。
（波戸　祥晃）

はながわら 花瓦 ⇩軒丸瓦《のきまるがわら》

はなざわだて 花沢館 ⇩上之国《かみのくに》勝山館《かつやまだて》

パナリやき パナリ焼 沖縄県八重山諸島に分布する土器の一種。八重山諸島の中で、パナリ(離れ)と呼ばれ、字新城《あらぐすく》を構成する上地《かみじ》島・下地《しもじ》島で作られたという伝承が残ることから、パナリ焼と呼ばれる。実際には八重山諸島各地で焼かれていたものと考えられるが、明確な焼成遺跡は調査されていない。やや粗めの石灰岩粒を含み、器表面はザラついて、赤みを帯びた、厚めの焼き上がりを示す製品が多い。十七―二十世紀の所産とされるが、八重山諸島では陶器の生産が十八世紀代まで行われなかったため、土器の系譜を引くパナリ焼の生産が続けられ、陶器生産の開始後も、その伝統が根強く残ったものと考えられる。壺をはじめとして、甕・鉢・香炉・火取・手焙り・箱など各種の日常容器がある。また、中にはこれらの日常容器を転用、もしくは専用容器として作られた蔵骨器も見られる。（池田　榮史）

はなわほきいち 塙保己一 一七四六―一八二一 江戸時代後期の国学者。一七四六年(延享三)五月五日、武蔵国児玉郡保木野村(埼玉県児玉郡児玉町保木野)に生まれる。当地に現存するその生家は、「塙保己一旧宅」として国指定史跡。七歳で失明したが、十五歳で江戸に出て賀茂真淵らに師事して国学などを学ぶ。一七八六年(天明六)からは、古代以来の記録・文学作品などの古典籍の公刊・普及を目的とした『群書類従』の刊行を開始し、一七九三年(寛政五)には和学講談所を開設してここを舞台に古典籍の収集・調査・研究を行い、一八一九年(文政二)までの間に全六百七十冊を刊行した。ほかにも幕府の要請によりわが国の対外関係史料を編纂した『蛍蠅抄《けいようしょう》』などの編著書がある。一八二一年(文政四)二月、総検校となったが九月十二日に七十六歳で没した。一九〇四年(明治三十七)の教科書の国定化に伴い刊行された『尋常小学国語読本』に保己一に関する逸話が掲載されたことから、その人物・事績は広く知られることとなった。↓群書《ぐんしょ》類従《るいじゅう》

参考文献 太田善麿『塙保己一』(『人物叢書』、一九八八、吉川弘文館)。さいたま文学館編『塙保己一と『群書類従』』、一九九九。
（宮瀧　交二）

はばき 鎺 ⇩刀剣《とうけん》

はふ 破風 切妻造や入母屋造の屋根における棟と直交する端面(妻)の合掌部分、または合掌部分に打つ幅広で長い厚板のこと。古くは博風《はくふ》(「はくふう」とも)・搏風とも書き、破風板とも称した。左右の板の接合部は拝《おが》み、板の下端を木尻《こじり》という。棟や母屋《もや》桁の端断面を納める役割のほか、装飾的な意味合いも強い。屋根形状では、内側

に反った形を照り破風、外にふくらんだ形を起《むく》り破風、照り起りのある反転曲線をもつ形を唐破風といい、特に軒から起る唐破風は軒唐破風という。切妻造では切妻破風または切破風、入母屋造では妻側の三角部分を入母屋破風と称する。また、棟に平行な平《ひら》側屋根面の中途に付ける小さな三角破風は千鳥破風、孫庇や向拝《ごはい》の屋根で主屋屋根から片側に垂れかかる破風を縋《すがる》破風という。このほか、位置や形状により招き破風、流れ破風、障泥《あおり》破風など呼ばれるものもある。なお、伊勢神宮にみえる唯一神明《しんめい》造社殿の破風は屋根上に突き出て千木《ちぎ》となっている。

参考文献　近藤豊『古建築の細部意匠』、一九七二、大河出版。橋場信雄『建築用語図解辞典』、一九七〇、理工学社。

（平澤麻衣子）

はまだこうさく　浜田耕作　一八八一―一九三八　考古学者。号は青陵《せいりょう》。一八八一年（明治十四）二月二十二日、大阪府古市郡古市村（羽曳野市）生まれ。東京帝国大学文科大学で西洋史を専攻したが、その中身は美術史であった。一九〇九年京都帝国大学講師になり、日本美術史とともに考古学を講義した。一九一三年（大正二）助教授となりヨーロッパへ留学、主としてロンドン大学のペトリー教授の指導を受け考古学の基本を学んだ。一九一六年帰国し、新設された考古学講座を担当、翌年教授となる。『通論考古学』（一九二二）を著し、モンテリウス『考古学研究法』を翻訳して考古学の方法論を広めるとともに、研究室が行なった各地の遺跡の発掘調査報告書をつぎつぎに刊行、報告書の規範を示した。その中には臼杵《うすき》磨崖仏《まがいぶつ》やキリシタン墓碑の調査が含まれる。また、東亜考古学会を組織し、東アジア考古学の研究を促進した。一九三七年（昭和十二）、京都帝国大学総長に就任したが、翌一九三八年七月二十五日、過労がたたって没した。五十八歳。

参考文献　有光教一「学史上における濱田耕作の業績」（『日本考古学選集』一三所収、一九七四、築地書館）。

（山本　忠尚）

はまとんべつクッチャロこはんたてあなぐん　浜頓別クッチャロ湖畔竪穴群　白鳥の飛来地として有名なクッチャロ湖の東岸にある縄文時代早期から擦文時代までにわたる重層遺跡。北海道宗谷地方の枝幸郡浜頓別町字浜頓別にある。道史跡。標高約二〇メートルの台地上に、百七十三ヵ所の竪穴住居跡が分布している。一九五八年（昭和三十三）・五九年の発掘調査によると、竪穴は擦文時代の住居跡である。深さは約一メートルで、一辺が約五メートルの方形のものが多い。竪穴の配列状態から、集落の基本単位を推測することができる。竪穴の中には、縄文時代中期の北筒式土器の住居と重複しているものもある。輪郭が不明瞭な浅い窪みは縄文時代の竪穴住居跡の可能性がある。付近には縄文時代の貝塚がある。オホーツク海沿岸の縄文時代貝塚は類例が少なく、貴重である。貝は、マガキ・ホタテ・エゾボラなどが多く、縄文時代早期から晩期までの各時期の土器、石鏃・石槍・石小刀・石斧・砥石などが出土している。

参考文献　北海道教育委員会「浜頓別クッチャロ湖畔竪穴群」（『北海道の文化財』、一九六九）。「史跡〔道〕浜頓別クッチャロ湖畔竪穴群」（北海道新聞社編『北海道の文化財』所収、一九九二）。

（畑　宏明）

はままつじょう　浜松城　静岡県浜松市元城町にあった近世の平山城。JR浜松駅の北西約一キロの地点。三方原《みかたがはら》台地東南端に築かれた今川氏の支城引馬《ひくま》城（東側に引馬宿が想定されている）を前身に、一五七〇年（元亀元）、遠江経営の拠点として徳川家康が築城した城。家康は一五八六年（天正十四）十二月の駿府転進までここを居城とした。西の天守曲輪が一番高く、本丸・二ノ丸・三ノ丸と東に低くなる。浜松市役所の裏手となる現在の天守閣は、一九五八年（昭和三十三）に鉄筋コンクリートでつくられたもの。天守曲輪と本丸の石垣の一部が市指定の史跡。天守曲輪の石垣は斜面の上部のみに積まれている。家康段階にどの程度の拡張・整備がなされたかは、引馬城の実態とともに明らかでない。家康の後は、豊臣秀吉家臣の堀尾吉晴が入城し、幕府成立後は譜代大名の居城となった。幕府役職の昇進に伴って就封する城地に組みこまれたため、出世城と呼ばれたとされる。一八一七年（文化十四）に入封した。水野忠邦はのち老中に就任。明治に入って藩主井上正直は上総に移封され、一八七三年（明治六）廃城。

参考文献　『浜松市史』二、一九六八。浜松市教育委員会編『浜松市指定文化財浜松城跡―考古学的調査の記録―』、一九六八。

（佐藤　正知）

はまりきゅうていえん　浜離宮庭園　東京都中央区にある浜御殿と呼ばれた廻遊式庭園。国指定特別名勝・特別史跡。一六六九年（寛文九）徳川家光《いえみつ》の次男甲府宰相松平《まつだいら》綱重《つなしげ》によって築庭された。元禄地震（一七〇三）罹災後の一七〇七年（宝永四）から翌年にかけて将軍家の別邸として大修理が行われ、中島茶屋や海手茶屋などが設置され、現在に残る桝形門の遺構は、穴太頭《あのおがしら》の戸波弥次兵衛《となみやじべえ》によって修築されたものである。庭園は徳川家斉《いえなり》の時代に特に整備された。新銭座鴨場や燕茶屋・松茶屋・鷹茶屋などが設けられ、内堀に現存する石積の階段は、松平定信《まつだいらさだのぶ》の進言により設置された籾蔵への荷揚場の遺構である。明治時代に宮内省の所管となって浜離宮となり、第二次世界大戦後東京都に下賜されて一般に公開されている。大名庭園の代表的名園であり、将軍家にとって江戸市中唯一の別邸であった。江戸城外堀の延長線上に位置し、江戸防衛上の戦略的条件を満たしており、江戸城の出城でもあった。

参考文献　東京市編『東京市史稿』遊園篇一、一九二九。中島卯三郎「浜離宮と其庭園に就て」（『造園研究』二一―四、一九三一―三二）。吉川需『古庭園のみかた』、一九六八、第一法規出版。浜御殿遺跡調査会編『浜御殿遺跡』、一九六八。

（亀田　駿一）

はやあがりかわらがまあと　隼上り瓦窯跡　京都府南部

の宇治市莵道《とどう》東隼上りに位置する七世紀前半の瓦窯跡。一九八二年(昭和五十七)に発掘調査され、四基の窯跡や工房跡、灰原《はいばら》などが確認されるとともに、奈良県明日香村豊浦寺《とゆらでら》跡出土瓦と同笵の軒丸瓦が多数発見され、五〇キロも離れた寺院に供給した飛鳥時代の瓦窯跡であることが明らかとなった。瓦窯跡は丘陵南斜面に四基並び、一号窯は有階有段式登窯、二号窯は須恵器窯通有の階段のない窖《あな》窯、三号窯は当初有階有段式登窯で、のちに無階段に改修されている。四号窯は窖窯である。出土遺物のうち軒丸瓦(軒平瓦はまだ出現していない)は六種あり、五種が大和豊浦寺と同笵である。ほかの一種は山城北野廃寺(幡枝《はたえだ》瓦窯産)と同笵だが、製作時期は異なる。土器では須恵器の出土量が多く、瓦との関係で須恵器の編年と実年代を考える上でも貴重な資料である。一九八六年

隼上り瓦窯跡　1号窯出土状況

に国指定史跡となった。

参考文献　宇治市教育委員会『隼上り瓦窯跡発掘調査概報』(『宇治市埋蔵文化財発掘調査概報』三、一九八三)。

(山崎　信二)

はやしざきぶんこ　林崎文庫　江戸時代に創設され、明治時代まで存続した文庫。三重県伊勢市宇治今在家町に所在。国指定史跡。伊勢神宮内宮《ないくう》(皇太神宮《こうたいじんぐう》)の神主・禰《ね》宜《ぎ》やその子弟の教育の場として創建され、書庫と講堂からなり、図書館と学校の性格を併せ持つ。神宮の文庫は古代以来存在したものと考えられるが、一三四七年(貞和三)には、宇治郷岡田村に作られた岡田文庫が火災にあったという記録がある。江戸時代の一六八六年(貞享三)に宇治会合所の大年寄らの発起で、幕府からの百両の援助により、現伊勢市内の丸山に内宮文庫が創設された。この文庫が一六九〇年(元禄三)に、より環境のよい北隣の林崎に移転して、林崎文庫と呼ばれるようになる。天明年間(一七八一―八九)には書庫・講堂・塾舎などが増築された。数多くの学者や大名・公家などが書の寄贈を行い、講師には本居宣長や伊藤東涯、寄贈者には徳川斉昭や大塩平八郎などがいる。一八七三年(明治六)、元の宇治会合所年寄から文庫・書籍ともに神宮に献納され、現在の神宮文庫の基となった。

(榎村　寛之)

はやと　隼人　古代の南九州に居住し、政府から夷狄視された人々。日向神話にも登場するが、実態としては六八二年(天武天皇十一)の阿多隼人・大隅隼人の朝貢開始記事を初見とする。以後も朝貢を行い、朝廷での儀式などに参加した。七一六年(霊亀二)以降、朝貢の間隔は六年ごとを原則とした。律令支配の浸透をはかる政府に対してしばしば抵抗を試み、六九九年(文武天皇三)、七〇二年(大宝二)、七一三年(和銅六)、七二〇年(養老四)に政府と軍事衝突を起こしている。薩摩・大隅国成立後は、令制国を単位に薩摩隼人・大隅隼人として把握された。八世紀代を通じて律令制度の完全適用は留保されていたが、八〇〇年(延暦十九)の薩摩・大隅両国への班田制導入、八〇五年の朝貢終了により、完全に公民化したようで、以後南九州の住民を隼人と呼ぶことは行われなくなった。一方、畿内近国に移住させられた隼人は、その後も朝廷の儀式に関わり続けた。

参考文献　中村明蔵『隼人の研究』、一九七七、学生社。永山修一「隼人と律令制」(『新版古代の日本』三所収、一九九一、角川書店)。中村明蔵『隼人の古代史』(『平凡社新書』、二〇〇一、平凡社)。鹿児島県教育委員会編『先史・古代の鹿児島』通史編、二〇〇六。

(永山　修一)

はやといし　隼人石　奈良市法蓮町大黒ヶ芝、聖武天皇皇太子那《な》富《ほ》山墓《やまのはか》の四隅に四基が現存する石彫像。本来この墓に付属するものかどうかは明らかでない。近世、図像を狗面を付けた隼人とみたことによりこの名があり、「犬石」「狐石」「七匹狐」とも呼ばれた。石材は両輝安山岩で、褌をつけた獣頭人身の裸体像を線刻する。北西像が最も遺存状況が良く、像高七九センチの立像。北東像が像高六九センチ、南東像が像高五七センチの踞像であることがうかがえる。南西像は像高四九センチで下半身を省略する。いずれの像も両手を胸前で左上にして重ね、北西像は杖状の持物上に手を重ねる。北西像上部に「北」、南東像上部に

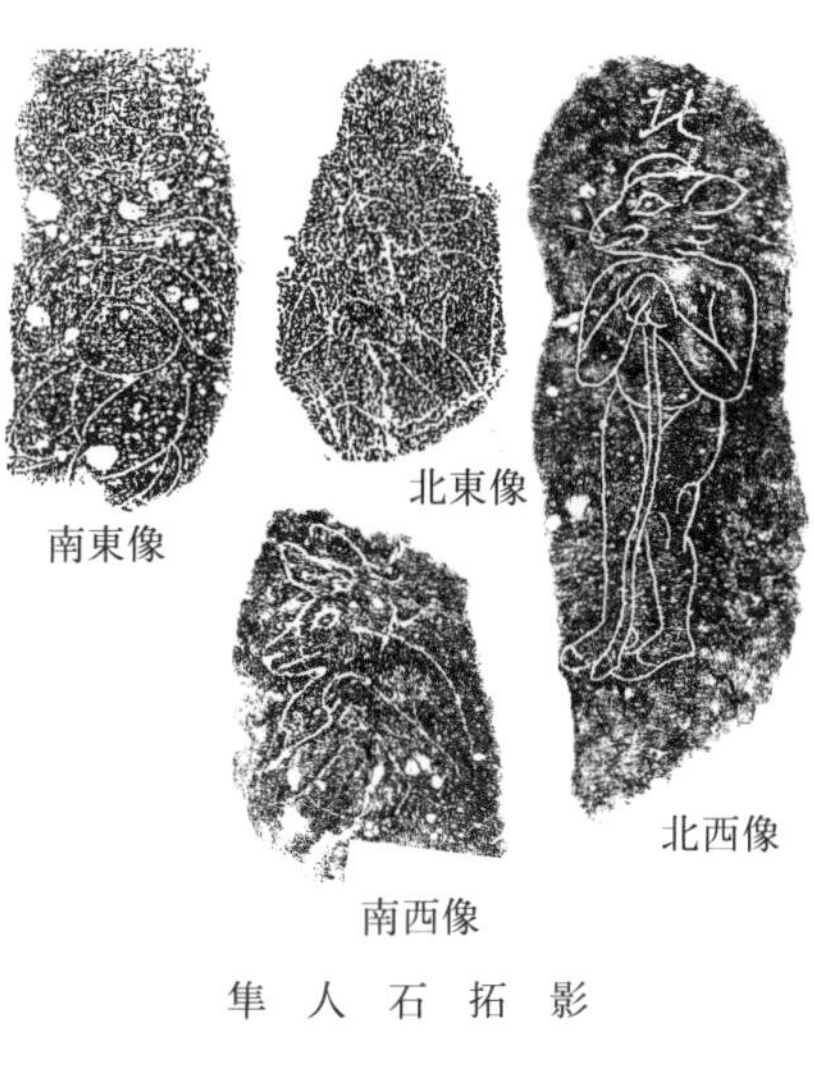

隼　人　石　拓　影

「東」字を彫る。「北」字を彫る北西像が子像、「東」字を彫る南東像が卯像、北東像が丑像、南西像が戌像とみられる。東西南北の四方像ではなく、十二支肖像の残存である可能性が高く、新羅の墓制にみられる十二支腰石の系統を引く八世紀の石像と考えられている。

参考文献 斎藤忠「新羅の墓制とそのわが国への影響―十二支彫像をもつ墓制を中心として―」(『日本古代遺跡の研究』論考編所収、一九七六、吉川弘文館)。宮内庁書陵部陵墓調査室「元明天皇陵内陵碑・那富山墓内「隼人石」・檜隈墓内「猿石」の保存処理及び調査報告」(『書陵部紀要』五一、一九九九)。橿原考古学研究所編『古代大和の石造物―図録石の文化―』、二〇〇一。

(森下 惠介)

はやとづか 隼人塚 朝廷と戦い敗れた熊襲・隼人の霊を慰めるためにつくられたとされる塚。二ヵ所が知られる。鹿児島県霧島市隼人町内山田の隼人塚の呼称は、明治以降に用いられたもので、『古事記』『日本書紀』などに記載されている熊襲・隼人の反乱にちなむとして、一九二一年(大正十)に国の史跡に指定された。一九九四年(平成六)から四次にわたり本格的な発掘調査が行われ(山跡遺跡)、石造四天王像(四体)・石造五重塔(三基)・塚が復元・整備されている。塚の創建年代は明確でないものの、大隅国分寺跡の一一四二年(康治元)の石塔や隼人町の正国寺跡から発見された康治元年銘を持つ二体の石像との関連から、隼人塚の石像物は平安時代の末ころにつくられたと考えられる。鹿児島県霧島市国分重久の止上《とがみ》神社の近くの隼人塚に関して、江戸時代の地誌『三国名勝図会』は隼人の首塚として紹介しており、現在は国分市教育委員会によって「隼人塚伝説の碑」が建てられている。

参考文献 隼人町教育委員会編『山跡遺跡I―隼人塚発掘調査編―』、二〇〇〇。

(永山 修一)

はやとのたて 隼人楯 隼人が儀式の時に用いたとされる木製の楯。『延喜式』隼人司には、「凡そ威儀に須いる所の横刀一百九十口、楯一百八十枚、(枚別に長さ五尺、広さ一尺八寸、厚さ一寸、頭に馬髪を編著し、赤白の土墨を以て鈎形を画す)」(原漢文)とある。一九六四年(昭和三十九)に、平城宮域の南西隅で検出された井戸の枠の土留めの板に転用された形で八枚の完形の楯が出土した。大きさの平均は、全長一五一・一センチ、幅四八・六センチ、厚さ一・二～一・三センチ。中央に逆S字状の渦巻き文、上下に鋸歯文を配し、上端部には多くの小さな穴があけられていた。その形態・模様が『延喜式』の記述に一致したため、隼人楯であることが判明した。楯の裏面には、文字、記号、鳥・魚の絵などが描かれている。

参考文献 奈良国立文化財研究所編『平城宮発掘調査報告』IX、一九七八。中村明蔵「隼人の楯 隼人の赤色」(『古代隼人社会の構造と展開』所収、一九八八、岩田書院)。

(永山 修一)

はらじょう 原城 一六三七年(寛永十四)に勃発した島原の乱の主戦場となった城。長崎県南島原市南有馬町に所在し、一九三八年(昭和十三)国指定史跡となる。原城の創始は、一四九六年(明応五)日野江城の支城として領主有馬《ありま》貴純《たかずみ》による築城とされるが詳細は不明である。一六一四年(慶長十九)に有馬晴信の子、直純《なおずみ》の日向国臼杵郡(宮崎県延岡市)への転封で廃城となる。城は海岸に突き出した標高三一メートルの丘に築かれ、本丸・二ノ丸・三ノ丸・天草丸・鳩山出丸などから構成されており、周囲は約四キロ、東は有明海、西および北は一部を除き一面泥土の天然要害であった。本丸は石垣で囲まれ枡形《ますがた》の虎口《こぐち》となり、三ノ丸の東側海岸に面した所に大手門がある。発掘調査は、一九九二年(平成四)度から実施しており、これまでに本丸地区を中心に多くの遺物が出土している。特に人骨とともに出土する十字架、メダイ、ロザリオの珠、花十字紋瓦などのキリシタン関係遺物は島原の乱にまつわる資料である。また、乱後幕府による現地処理で、徹底的に壊され埋め込まれた虎口や、櫓台石垣、本丸の正面玄関に相当する虎口などを検出した。石垣は、慶長年間(一五九六―一六一五)前期の織豊系城郭《しょくほうけいじょうかく》の影響を色濃く受けた石垣であり、城は高い石垣や天守相当の櫓を備え、城門で防御した近世的な城郭であったことが判明した。ほかに、籠城した一揆軍が使用した竪穴建物群跡を検出し、籠城の実態の一端が明確なるなど、原城築城の際の遺構や島原の乱を見直す資料を発見した。

参考文献 南有馬町教育委員会編『原城跡』(『南有馬町文化財調査報告』二、一九九六)。石井進・服部英雄編『原城発掘』、二〇〇〇、新人物往来社。

(松本 慎二)

はらまき 腹巻 中世の甲。初見は一一〇七年(嘉承二)ころと考えられる『僧頼源解』という文書で、それ以前の成立がわかる。なお、『扶桑略記』(『吏部王記』逸文)延長六年(九二八)十二月五日条に「腹巻」がみえるが、これは鷹飼装束の「勒肚巾《はらまき》」で甲の腹巻とは別物である。本来は構造は、胴を一周する右引合《ひきあわせ》の衡胴《かぶきどう》に草摺《くさずり》八間。歩兵用に成立し、冑や袖は付属せず、付属具は両肩の杏《ぎょう》葉《よう》とよぶ金具廻《かなぐまわり》だけであった。ただし、肩に杏葉が付属する腹巻の遺品は伝世しておらず、確認できるのは絵巻物だけである。十四世紀以降、大鎧《おおよろい》に代わって腹巻が甲の主流となり、騎兵も使用するのに伴って、筋冑《すじかぶと》と両袖を完備し、杏葉は両胸に下がるようになった。これを三《みつ》物完備《ものかんび》の腹巻といい、遺品はおおむねこの様式である。なお、現在では、右引合・草摺八間の甲を胴丸《どうまる》、背中引合・草摺七間の甲を腹巻というが、これは戦国時代の混乱の中で腹巻と胴丸の名称と構造が逆転した結果である。

参考文献 鈴木敬三「腹巻の名称と構造」(『国学院雑誌』六三ノ一〇・一一、一九六二)。同「腹巻・胴丸・腹当考」(『国学院高等学校紀要』一六、一九七六)。

(近藤 好和)

はらまきよろい 腹巻鎧 右引合《ひきあわせ》・草摺《くさずり》八間の腹巻の胴に、鳩尾板《きゅうびのいた》・栴檀板《せんだんのいた》・弦走《つるばしり》・両袖・障子板《しょうじのいた》・逆板《さかいた》・総角《あげまき》という大鎧《おおよろい》の特徴を兼ね備えた折衷様式の中世の甲。船戦用の甲という説がある。一方、『平家物語』の異本(長門本巻八・猿目赤髭男事と南都本巻十・熊谷平山諍一谷先陣事)に名称がみえ、南都本では騎兵が、長門本では歩兵が使用している。また、『平治物語絵巻』三条殿夜討巻・信西巻にもみられ、歩兵が星冑《ほしかぶと》とともに使用している。さらに愛媛大山祇神社には赤糸威の遺品が伝世する。現存唯一の遺品で、時代は平安時代末期といい、源義経奉納の伝承があるが、金具《かなぐ》廻《まわり》と札板《さねいた》の連結方法などに特殊様式を含む遺品で、袖が札板七段である点などから、十三世紀後半以前にはさかのぼらないと考えられている。なお、遺品の草摺は現状では一間欠失して七間である。この遺品は国宝に指定されており、指定名称は赤糸威鎧である。また、近世以降は、腹巻と胴丸の名称と構造の対応関係の逆転から、「胴丸鎧《どうまるよろい》」といわれているが、中世では胴丸鎧という名称は存在しない。

参考文献 鈴木敬三「腹巻の名称と構造」(『国学院雑誌』六三ノ一〇・一一、一九六二)。同「腹巻・胴丸・腹当考」(『国学院高等学校紀要』一六、一九七六)。同「文献理解のための武装用語の検討」(『国学院大学大学院紀要』一五、一九六四)。

(近藤　好和)

はり　梁　柱を固定するため、または上部の荷重を支えるために、柱上で柱をつなぐように架ける水平材のこと。狭義には、棟と直交する短手方向のものを梁、棟と平行な長手方向のものを桁《けた》と区別して呼ぶ。構造的には、二つの支点により、材に対して直角または斜方向の荷重を受け、材が曲がることにより生じた剪断《ぜんだん》力を支点に伝える。位置的には梁には、束《つか》・叉首《さす》・蟇股《かえるまた》など、桁には垂《たる》木《き》などがのる。場所や形により、上に反った形の海老虹《こう》梁《りょう》や大虹梁、民家で用いられる「つ」の字形に曲がったチョウナ梁などさまざまな呼び方がある。また、民家における梁と桁の置き方では、柱上に梁を置き門状に組んだ後、桁でつなぐ折置《おりおき》組と、柱上に桁を置き小屋組の土台を組んだ後、梁を乗せる京呂《きょうろ》組がある。折置組の方が古式で、梁を支えるために柱を密に置かねばならないが、京呂組では、長い桁を用いれば部分的に柱や梁を省略することが可能となる。　↓桁《けた》

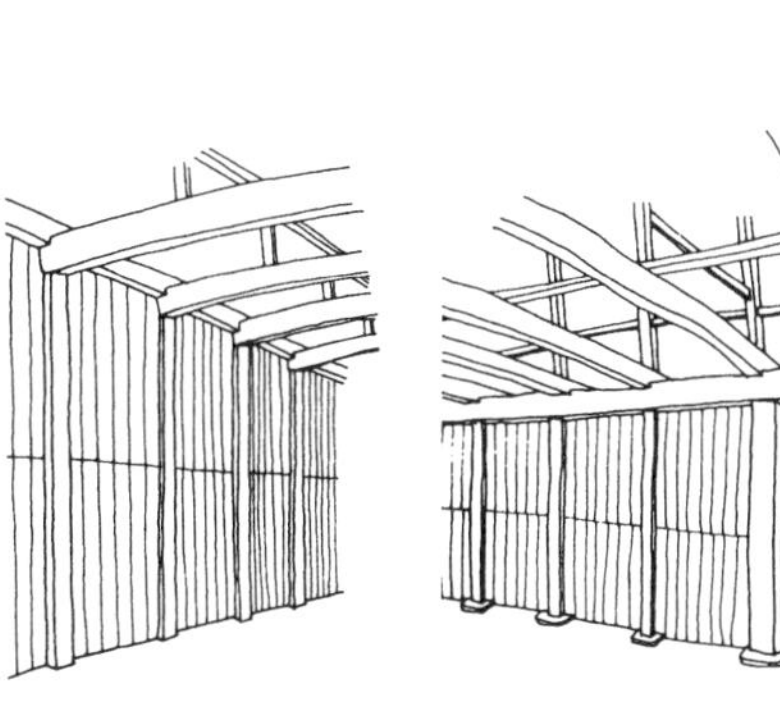
折置組　京呂組

梁

参考文献 西和夫『図解古建築入門―日本建築はどう造られているか―』、一九九〇、彰国社。日本民俗建築学会編『図説民俗建築大事典』、二〇〇一、柏書房。

(平澤麻衣子)

はりがき　針書　⇩刻書《こくしょ》

はりまこくぶんじ　播磨国分寺　七四一年(天平十三)聖武天皇の国分寺・国分尼寺造営発願の詔によって建立された寺院。姫路市御国野町国分寺にあった。国指定史跡で現在、高野山真言宗午堂山国分寺がある。市川左岸の台地上に立地し、寺地の南面近くを東西に旧山陽道が走る。創建年代は不詳だが、詔が出されてまもなく八世紀中葉には造営が始まったと考えられる。一九六八年(昭和四十三)から一九九一年(平成三)まで十三次にわたる発掘調査の結果、築地で囲まれた方二町の寺域が確定され、中門と金堂を回廊が結び、その東南に塔を配し、南門・中門・燈籠・金堂・講堂が一直線上に並ぶ国分寺型の伽藍配置が判明した。出土瓦はⅠ期(播磨国府系、八世紀中葉―九世紀前半)・Ⅱ期(続播磨国府系、九世紀後半―十一世紀中葉)・Ⅲ期(播磨国衙系、十一世紀後半―十二世紀末葉)に区分され、その期間が播磨国分寺の存続期間とされる。文字瓦として、「嶋主」「英」「因」「牛亮」「牛」「秦木」「田」「七(?)」があり、瓦の寄進者名と推測される。残存礎石に焼痕が認められることから、焼失した可能性がある。一九九三年「ふるさと歴史の広場」として整備された。　↓国分寺《こくぶんじ》

参考文献 高橋美久二「山陽道古瓦の系譜」(角田文衞編『新修国分寺の研究』四所収、一九九一、吉川弘文館)。今里幾次『播磨古瓦の研究』、一九九五、真陽社。

(福原栄太郎)

はりまのくに　播磨国　古代山陽道の東端に位置し、兵庫県西南部の大部分を占める。東は摂津・丹波、北は但馬・因幡、西は備前・美作の諸国に接し、南は播磨灘に面する。畿内に接する交通の要所を占め、地味豊かなため古くから重視され大国とされた。国府・国分僧寺・尼寺はいずれも飾磨郡に所在。表記は、「針間」が古体である。郡は『延喜式』で、明石・賀古・印南《いなみ》・飾磨《しかま》・揖保《いいぼ》・赤穂・佐用・宍粟《しさわ》・神埼・多可・賀茂・美嚢《みなぎ》の十二郡となるが、美嚢郡が八世紀の初めには明石郡に含まれていたと考えられ変遷があった。また、藤原京跡出土本簡に「□(志?)加麻評」「宍粟評」「神前評川辺里」、飛鳥池遺跡出土木簡に「加毛評柞原里」「粒評石見□」がみえ、建評の様子が知られる。播磨平野は東から明石川・加古川・市川・夢前川・揖保川・千種川が南流し、それぞれの流域に沿って発展したことが遺跡の分布によっても裏付けられる。旧石器時代の遺跡として藤江川添遺跡、西脇遺跡、山之上遺跡、縄文時代の遺跡として中安積《なかあづみ》遺跡、福本遺跡、丁《よろ》柳ヶ瀬遺跡などが知られる。弥生時代の遺跡としては、大規模集落跡である大中《おおなか》遺跡、新宮宮内遺跡

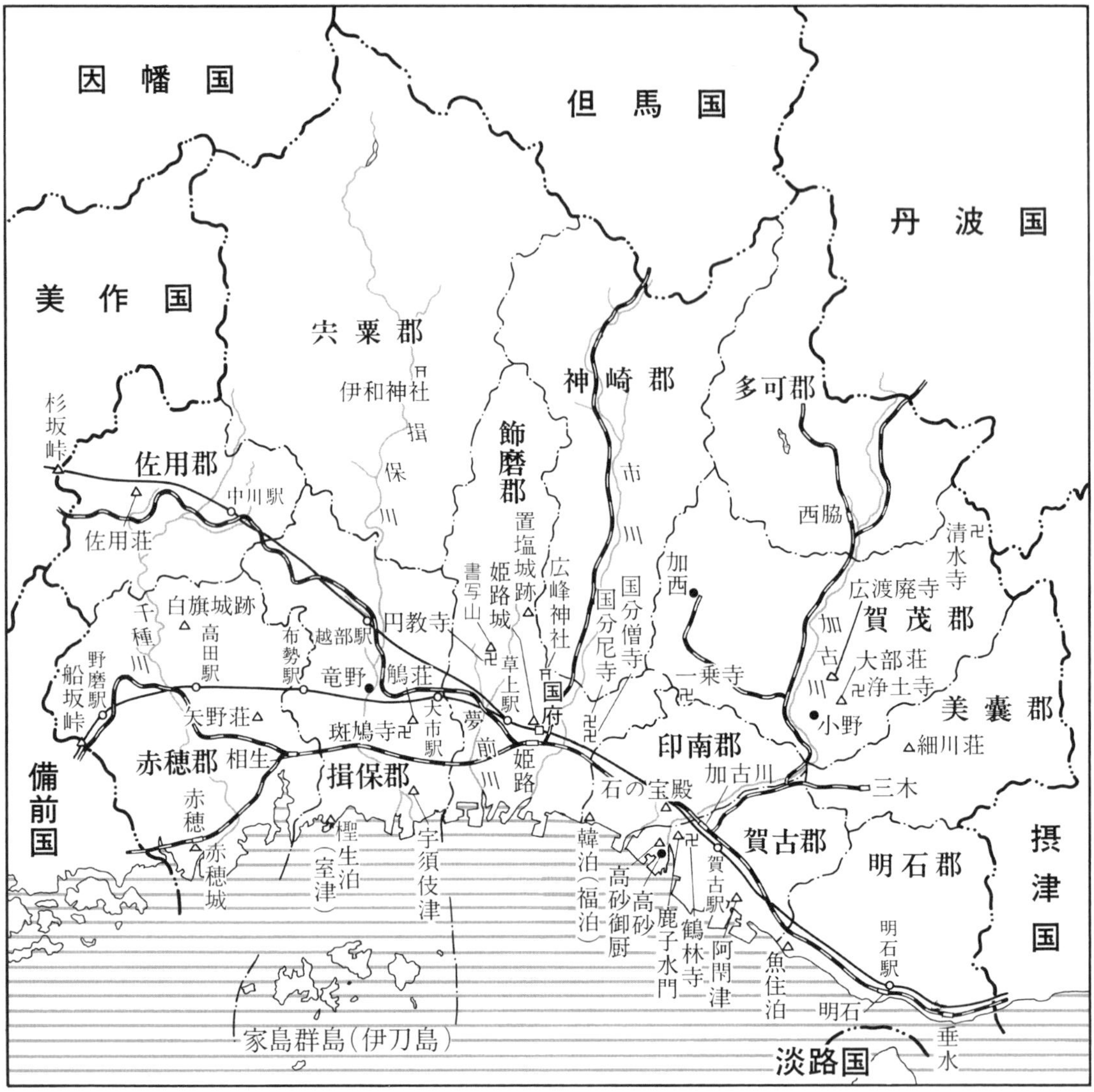

播磨国略図

が国史跡に指定されているほか、住居・水田・墓地がそろう玉津田中遺跡、鎌倉時代までの遺構が検出された坂元遺跡などがある。大規模な前方後円墳として、五色塚古墳、玉丘古墳・行者塚古墳、壇場山古墳・宮山古墳などがあり、明石、針間鴨、針間三国造との関係が指摘されている。大和政権とのつながりは、益気《やけ》・飾磨・縮見《しじみ》などの屯倉の存在から窺える。奈良・平安時代の遺跡として、官衙、寺院、窯跡などの遺構が多く調査されている。国府跡とされる本町遺跡、賀古郡家跡とされる溝ノ口遺跡、明石郡家あるいは明石駅家に比定される吉田南遺跡などがある。交通の要衝であった当国には『延喜式』に九駅が記されるほか『延喜式』以前に廃止された二駅が知られ、賀古駅家(古大内遺跡に比定)は馬四十疋を常置する全国最大の駅家であった。また落地《おろち》飯坂遺跡(野磨駅家)、小犬丸遺跡(布施駅家)では駅家の構造が明らかとなった。海上交通では、魚住泊・韓泊(福泊)・樫生《むろう》泊(室津)などの良港が多く知られているほか、河川を利用した交通も近世まで盛んであった。仏教も早くに受容され、飛鳥時代にさかのぼる小神《おがみ》廃寺、白鳳期の野口廃寺・広渡《こうど》廃寺・西条廃寺など多くの寺院跡が存在するほか、斑鳩寺・鶴林寺や平安山岳仏教に淵源を持つ円教寺・一乗寺・清水寺などがある。荘園は法隆寺領・東大寺領などの初期荘園が早くから成立し、中世末までの総延数は三百四十に及ぶ。法隆寺領鵤《いかるが》荘の一部(福田片岡遺跡)が発掘調査されている。平氏政権下では、平清盛らの知行国となった。鎌倉時代には、梶原景時・小山朝政ら有力御家人が守護に任命されたが、文永・弘安の役以降は得宗家の支配となり、鎌倉時代末には六波羅探題北方の兼帯となった。鎌倉時代末期には悪党の活動が活発となり(『峰相記』)、赤松則村はその勢力を結集して倒幕に参加し、足利政権の樹立に貢献して播磨守護に任じられた。赤松氏は一四四一年(嘉吉元)の嘉吉の乱によって没落し、山名氏に地位を奪われたが、応仁の乱で細川勝元に与した赤松政則が回復した。この間、一四二九年(永享元)や一四八〇年(文明十二)には徳政一揆が起こっている。戦国時代になると赤松氏の勢力は後退し、浦上則宗が主家を凌ぐようになり、やがて別所、小寺、龍野赤松、宇野、上月など各氏が割拠するようになった。織田信長の命によって播磨に進出した羽柴秀吉は、一五八〇年(天正八)に播磨を平定し、天下統一後は、姫路城に羽柴秀長を入れるなど領国として支配し太閤検地が実施された。一六〇〇年(慶長五)の関ヶ原の戦の後は池田輝政が姫路城に入り一国支配したが輝政の死後分割され、十八世紀中期には姫路、明石、龍野、赤穂、三日月、林田、小野、山崎、安志、三草の十藩のほか幕府直轄領、大坂城代領などが入り組んで存在した。産業としては、竜山石製の長持形石棺・家型石棺の分布が畿内地方を中心に広がることに始まり、五世紀に起る須恵器の生産が、総数七百基以上の窯跡が発見されるなど盛行をみせ、平安時代末には、神出窯・魚住窯製の片口鉢が特産品として全国に出荷され、瓦は鳥羽離宮や尊勝寺などでも使用された。中世には杉原《すいばら》紙、野里鍋、千種鉄などを産出し、近世初頭には木綿の生産が興り、十八世紀中ごろには姫路木綿・竜野醤油・三木金物などの商品生産が発達した。

参考文献 『兵庫県史』、一九七四。今里幾次『播磨考古学研究』、一九六〇、精文社。『兵庫県の地名』二(『日本歴史地名大系』二九ノ二、一九九九、平凡社)。兵庫県埋蔵文化財調査事務所編『ひょうごの遺跡』一—五八、一九八四—二〇〇六。大平茂「兵庫県下の重要遺跡とその出土品」(『兵庫県埋蔵文化財研究紀要』四、二〇〇五)。（福原栄太郎）

はりまのくにふどき　播磨国風土記　七一三年(和銅六)五月、諸国に下された地誌編纂の官命に応じて進上された報告書のうち播磨国のもの。解文の書式をとる。「風土記」の称の用例は九一四年(延喜十四)の三善清行意見封事十二箇条が最も古く、平安時代以降のものであろう。成立時期は、郡里の記載から郷里制施行の七一七年(養老元)以前とみられ、現存五風土記では最も早い。編集者として、この間の播磨国守だった大石王、石川君子と大目だった楽浪河内の名があがる。いずれも文人として著名。和文風の残る漢文で書かれ、内容的特色として、郡名・里名をはじめとする地名の由来、里ごとに土品を九等に記すことなどがあげられる。現伝本は平安時代後期の書写とされる三条西家本(天理大学附属図書館蔵、国宝)のみで、巻頭の明石郡と賀古郡の一部を欠き、巻末の美嚢郡も未整備。また、赤穂郡の記事があった形跡はない。全体に誤字・脱字が多く、稿本との指摘がある。テキストに、『日本古典文学大系(新装版)』二、『新編日本古典文学全集』五、沖森卓也・佐藤信・矢嶋泉編『播磨国風土記』などがある。また、三条西家本は『天理図書館善本叢書』和書之部一に収められている。（福原栄太郎）

はるのつじいせき　原の辻遺跡　九州の北、玄界灘の壱岐島に所在する遺跡。長崎県壱岐市芦辺町・石田町にある。国特別史跡。島内最大の平野、深江《ふかえ》田原《たばる》に突き出た舌状台地を中心にひろがっており、『魏志』倭人伝にみえる「一支国」の中心集落と考えられているが、古代についても、散発的に重要な発掘成果がある。遺跡北側の川原畑地区では、両側に側溝をもつ幅約五メートルの道路状遺構が検出され、覆土から八世紀後半ごろの瓦と布目瓦が出土している。遺跡東側、石田高原地区では、「白玉六□」「赤万呂七八升」と書かれた木簡五点が出土。さらに遺跡南側の大川地区では、墨書土器・円面硯とともに初期貿易陶磁がまとまって出土している。壱岐島は、『延喜式』では下国で、壱岐・石田の二郡とあり、『和名類聚抄』では、国府は石田郡とある。歴史地理学においては、国府の位置について、郡境の興触《こうふれ》周辺が有力な候補地として想定されていた。原の辻遺跡の発掘成果は、これに一石を投じるものとして注目されている。

資料館 壱岐・原の辻展示館(長崎県壱岐市)

参考文献 『原の辻遺跡・安国寺前A遺跡・安国寺前B遺跡』(『原の辻遺跡調査事務所調査報告』一、一九九七、長崎県教育委員会)。（川口　洋平）

ばれい　馬鈴　馬具として使用された鈴を指す。丸(鈴子)を入れ鈴口を備えた体部に、方形・半円形の鈕をもつ。鍛造品は、鈕・上下二分割の体部を合せて製作するため、中位に突帯を有する。鋳造品でも、中位に数条の突帯(腹帯)を有する例が多く、体部に稜をもつ八角鈴や円文・珠文・十字文などの文様をもつ例もある。六世紀初めごろに舶載品と考えられる例が出現し、同前半に鈴杏葉・馬鐸などとともに国産化されたとみられる。同後半には八角形や腹帯を有する例が盛行し長胴の鋳造大型品も現れるが、七世紀には消滅する。また、鈴は主に吊下げて使用する形態が想定されるが、金銅製鈴には花弁形座金具に鈕を下にして差し込んだ例があり、五世紀末ごろ以降はその座金具とみられる金具もある。六世紀の人物埴輪・金銅製大帯などでは装身具としても用いられているため、起源や使用形態については検討が必要である。なお、スズは和名で中国のレイは舌を有する鐸も含む。鐸は中国、鈴は北方の系譜とする説もある。

参考文献 駒井和愛「古代の鈴について」(『滝川博士還暦記念論文集』一所収、一九六三)。加古千恵子「古墳出土の鈴について」(兵庫県教育委員会文化課編『二見谷古墳』所収、一九七五、城崎町教育委員会)。白木原宣「古墳時代の鈴—主として鋳造鈴について—」(『HOMINIDS』一、一九九七)。（古谷　毅）

ばん　幡　軍陣の標識、宮廷儀式や祭祀儀礼の装飾用として、あるいは仏教の荘厳具などとして種々使用された旗のこと。和訓は「波太(ハタ)」(『和名類聚抄』)。律令の規定によれば、軍幡は私家に置くことが禁じられ(軍防令)、親王・貴族の葬儀に使用する幡は官給するとある(喪葬令)。元日朝賀・即位儀に大極殿の前に青龍・朱雀・玄武・白虎の四神幡を立てて威儀を高めていたことは『延喜式』

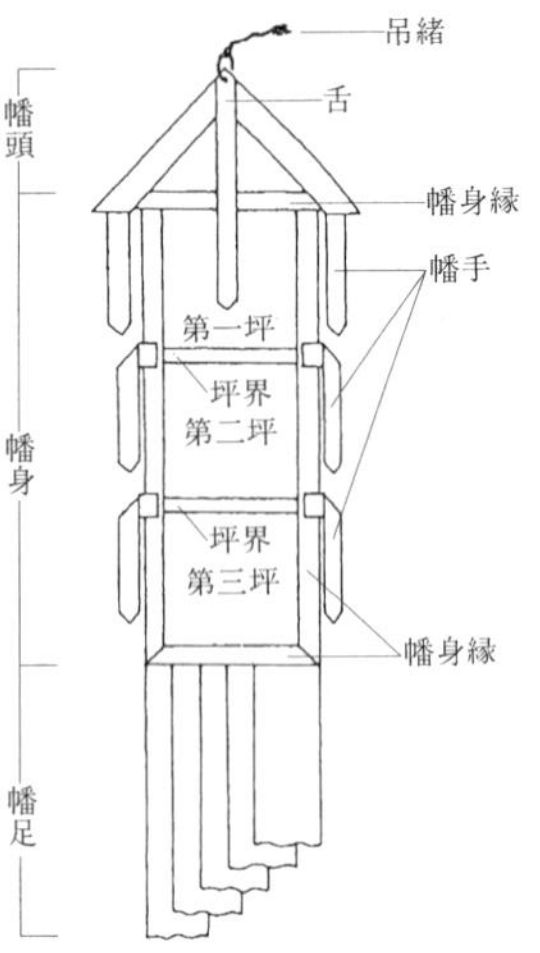

幡

『文安御即位調度図』などから知られ、特に『続日本紀』大宝元年(七〇一)正月元日条にみえる幢幡記事は有名であり、平城宮跡、長岡宮跡では四神幡を含む幢幡七基を据えた遺構が見つかっている。仏教荘厳具としての幡は仏教伝来とともに招来されたと思しい。『日本書紀』推古天皇三十一年(六二三)条に新羅・任那が仏像・金塔・舎利とともに大灌頂幡・小幡を献上、四天王寺に納めるとある。法隆寺・大安寺の資財帳の記載に散見されるほか、法隆寺や正倉院などには飛鳥・奈良時代の幡が多数伝来する。 (山下信一郎)

はんぎ　版木　印刷を行うために文字や絵などを彫り付けた板。板木とも書く。材としては桜の板が最もよく使われている。横長の一枚板の両面に逆文字の凸版で彫られ、両面で版本四頁分となるように作られることが多い。その文字を訂正する時、あるいは文字が摩滅した時には、その部分を新たに彫った文字と入れ換え埋め木する。両端には、乾燥による反りを防ぐために添え木をする。わが国で版木を使って印刷が大量に行われたのは鎌倉時代に入ってからで、大きな寺院で仏典が印刷されることが大半であった。大量に現存する版木としては、春日版板木(奈良興福寺所蔵)、西大寺版板木(奈良西大寺所蔵)、高野版板木(和歌山金剛峰寺、金剛三昧院所蔵)などがある。室町時代には印刷文化が地方にも浸透したが、大内版法華経板木(山口県所蔵)の残存はそれを物語る。安土桃山時代には活字が作られ活版印刷も始まったが、江戸時代には依然として版木による印刷が主流であった。その遺品として知られるのは、群書類従版木(東京温故学会所蔵)、鉄眼《てつがん》版一切経版木(京都宝蔵院所蔵)、集古十種板木(三重鎮国守国神社所蔵)などである。しかし、十九世紀後半になって金属製の活字による活版印刷が普及してくると、版木は急速に使用されなくなり、作られることもなくなった。そのため、廃棄されたものも数多いが、最近になって文化財としての価値が見出され、各地で保存措置がとられるようになっている。 ↓活字《かつじ》

重要文化財指定の版木一覧

名　　称	員数(枚)	時代・年代	所　　蔵　　者
論語集解版木	32	室町時代	東京国立博物館
群書類従版木	17,244	江戸時代	東 京 都　社団法人温故学会
塩山和泥合水集版木	37	1386年(至徳 3)	山 梨 県　向嶽寺
抜隊得勝遺誡版木	1	南北朝時代	同
集古十種版木	1,451	江戸時代	三 重 県　鎮国守国神社
鉄眼版一切経版木	48,275	江戸時代	京 都 府　宝蔵院
十七条憲法版木	1	1285年(弘安 8)	奈 良 県　法隆寺
春 日 版 版 木	2,778	鎌倉時代	同　興福寺
西大寺版版木	124	鎌倉～江戸時代	同　西大寺
高 野 版 版 木	486	鎌倉時代	和歌山県　金剛三昧院
高 野 版 版 木	5,488	鎌倉時代	同　金剛峯寺
阿弥陀経版木	2	1236年(嘉禎 2)	広 島 県　御調八幡宮
金剛寿命陀羅尼経版木	1	1237年(同　3)	同
法華経普門品版木	2	1236年(同　2)	同
大内版法華経版木	59	室町時代	山口県文書館

参考文献　高野版板木調査委員会編『高野版板木調査報告書』、一九八六、和歌山県高野町。『法隆寺の至宝』七、一九九七、小学館。 (安達　直哉)

はんきょう　版経　版木などを用いて印刷された仏教経典。摺経《すりぎょう》とか刊経ともいう。奈良時代の称徳天皇の命によって製作され、奈良の十大寺に寄進された百万塔に納入された『陀羅尼経』が現存最古の遺品である。藤原道長の日記『御堂関白記』寛弘六年(一〇〇九)十二月十四日条には千部の法華経を摺って供養する記事がみられる。遺品としては、一〇五三年(天喜元)の奥書のある『仏説六字神呪王経』(滋賀石山寺所蔵)、一〇八〇年(承暦四)の加点奥書のある『法華経』巻二(個人所蔵)などが古い。平安時代後半には『法華経』を中心に版経が追善供養や病気平癒祈願のために広く用いられた。ただし、当時の貴族にとっては写経が最も功徳があるとされ、版経はあくまでも補完的なものであった。鎌倉時代に入ると、奈良の興福寺や西大寺、高野山などの大寺院で経典が大量に印刷されるようになっていく。

参考文献　兜木正亨『法華版経の研究』(『兜木正亨著作集』一、一九八二、大東出版社)。神奈川県立金沢文庫編『特別展写経と摺経』、一九九五。 (安達　直哉)

はんこう　藩校　近世諸藩が、藩士とその子弟の教育のために設けた学校。藩学・藩黌・藩学校ともいうが、これらの用語自体は、藩校廃止後に近代学校と区別する意味で使われるようになった。狭義には儒学(漢学)学習の学校をさすが、広義には武芸稽古所のほか、医学校、洋学校、国学校などの諸学の学校も、藩立であれば藩校・藩立学校に含める。寛永期に起源をもつ尾張藩を最古として、一八七一年(明治四)廃藩置県で全廃されるまでに、二百九十近い藩校が設置された。二百五十五藩で藩校の存在が確認できるから、ほとんどの藩で藩校が設けられたことになる。藩校の実態は、時代や藩情によって多様であった。以下、三期に区分する。(一)前期(享保期以前)は総数二十六校とごく少数であった。いまだ藩校の必要性が一般には認識されていなかった時代である。そのほとんどはみずから儒学を学び徳治政治をめざす好学藩主の意思によるもので、そのため藩主代替わりとともに沈

藩校一覧

国	藩名	大名家	藩校名(設立年)	教科
蝦夷地	松前藩(福山藩)	松前氏	**徽典館**(一八二二・文政五) **威遠館**(一八四六・弘化三) **済衆館**(一八五三・嘉永六) 文武館(一八六八・明治元) 徽典館、威遠館、済衆館を合併	漢字、習字 蘭学 医学
陸奥	盛岡藩(南部藩)	南部氏	稽古所(一六三六・寛永十三)→明義堂(一八四二・天保十三)→**作人館**(一八六二・文久二)	和学、漢学、洋学、漢洋医学、珠算、筆算
陸奥	会津藩	松平(保科)氏	稽古堂(一六六四・寛文四)→講所(一六七四・延宝二)→**日新館**(一七九九・寛政十一)	和学、漢学、洋学、医学、算術、習字、習礼
陸奥	二本松藩	丹羽氏	家塾(元禄年間一六八八—一七〇四)→**敬学館**(一八一七・文化十四) **文学校**(宝暦年間一七五一—六四) 江戸藩邸に設置	漢学、医学 漢学
陸奥	仙台藩	伊達氏	学問所(一七三六・元文元)→**養賢堂**(一七七二・安永元) **順造館**(一八一〇・文化七) 江戸藩邸に設置	漢学、算術、筆道、習礼、魯学、蘭学、歌学 漢学、洋医学
陸奥	守山藩	松平氏	**養老館**(宝暦年間一七五一—六四)	和漢学
陸奥	平藩	安藤氏	**施政堂**(宝暦年間)→佑賢堂(一八六九・明治二)	漢学、習字
陸奥	一関藩	田村氏	**教成館**(一七八三・天明三)→教成寮(一八六九・明治二)	漢学、国学、算術
陸奥	三春藩	秋田氏	**講所**(天明年間一七八一—八九) 明徳堂とも称す	漢学、習字、習礼
陸奥	弘前藩	津軽氏	**稽古館**(一七九六・寛政八)	和学、漢学、習字、算術、習礼、蘭学、[英語]
陸奥	相馬藩	相馬氏	**育英館**(一八二二・文政五)	漢学、国学
陸奥	八戸藩	南部氏	**学校**(一八二八・文政十一)	和学、漢学、英学、習礼
陸奥	福島藩	板倉氏	**講学所**(文政年間一八一八—三〇) 明治二年の三河国重原に転封後に養正館を設置	和学、漢学
陸奥	湯長谷藩	内藤氏	**致道館**(一八四三・天保十四)	漢学、和学
陸奥	黒石藩	津軽氏	**経学教授所**(天保年間一八三〇—四四か)	漢学
陸奥	泉藩	本多氏	**汲深館**(一八五二・嘉永五)	漢学、算術、筆道、習礼
陸奥	下手渡藩	立花氏	**修道館**(一八五七・安政四)	漢学
出羽	米沢藩	上杉氏	学校(一六九七・元禄十)→**興譲館**(一七七六・安永五)	漢学、筆道、習礼、医学、[皇学、洋学、数学]
出羽	亀田藩	岩城氏	**長善館**(一七八六・天明六)	漢学、医学、習字、[和学、洋学、算術]
出羽	新庄藩	戸沢氏	講堂(天明年間一七八一—八九)→**明倫堂**(一八五八・安政五)	漢学
出羽	本荘藩	六郷氏	**修身館**(天明年間)→総教館(明治維新後)	漢学、[皇学、算術、習字]
出羽	秋田藩(久保田藩)	佐竹氏	明道館(一七八九・寛政元)→明徳館(一八一一・文化八) **日知館**(成立年不詳) 江戸藩邸に設置	漢学、医学、和学、算術、習礼 漢学
出羽	庄内藩	酒井氏	**致道館**(一八〇五・文化二)	皇学、漢学
出羽	上山藩	松平(藤井)氏	天輔館(一八〇九・文化六)→**明新館**(天保年間一八三〇—四四)	漢学、[国学]
出羽	天童藩	織田氏	**養正館**(一八二八・文政十一)	漢学
出羽	山形藩	水野氏	**立誠堂**(一八四五・弘化二)	漢学、国学、算術
出羽	矢島藩	生駒氏	**日新堂**(安政年間一八五四—六〇)→矢島藩学校(一八六八・明治元)	漢学、習字、[算術、医学]
出羽	岩崎藩	佐竹氏	**勅典館**(一八六八・明治元)	[和学、漢学、算術、習字]
出羽	松山藩	酒井氏	**一貫堂**(一八六九・明治二)→のち里仁館	[漢学]
下野	壬生藩	鳥居氏	**学習館**(一七一三・正徳三)	漢学、習字、算術
下野	烏山藩	大久保氏	**学問所**(一七二六・享保十一)	漢学
下野	宇都宮藩	戸田氏	**修道館**(文化年間一八〇四—一八)	漢学、数字
下野	黒羽藩	大関氏	何陋館(一八二〇・文政三)→**作新館**(一八五七・安政四)	和学、漢学、算術、習字、蘭学
下野	喜連川藩	喜連川氏	翰林館(一八三五・天保六)→**広運館**(一八四六・弘化三か)	漢学
下野	大田原藩	大田原氏	**時習館**(一八五〇・嘉永三)	不詳
下野	佐野藩	堀田氏	**観光館択善堂**(一八六四・元治元)	漢学、[洋学、算術、習礼]
下野	足利藩	戸田氏	**求道館**(一八六八・明治元) 足利学校の再興	[皇漢学、習字、医学、洋学]
下野	吹上藩	有馬氏	**学聚館**(一八六九・明治二)	[皇漢学]
上野	沼田藩	土岐氏	**沼田学舎**(一七四二・寛保二) 中絶後、天保年間(一八三〇—四四)再興 **敬修堂**(天保年間一八三〇—四四) 江戸藩邸に設置	漢学 漢学
上野	高崎藩	松平(大河内氏)氏	遊芸館(宝暦年間一七五一—六四) 一七七四年(安永三)に焼失→**文武館**(一八六八・明治元)	漢学、和学、医学
上野	伊勢崎藩	酒井氏	**学習堂**(一七七五・安永四)	漢学、習礼
上野	小幡藩	松平(奥平)氏	**小幡学校**(一七九一・寛政三)	漢学、筆道、習礼
上野	安中藩	板倉氏	**造士館**(一八〇八・文化五)	漢学
上野	七日市藩	前田氏	**成器館**(一八四二・天保十三)	漢学
上野	館林藩	秋元氏	求道館(一八四七・弘化四)→**造士書院**(一八五七・安政四)→館林藩学校(一八六九・明治二)	漢学、医学、算術、習礼、習字、[和学、洋学]
常陸	谷田部藩	細川氏	**弘道館**(一七九四・寛政六)	漢学
常陸	土浦藩	土屋氏	**郁文館**(一七九九・寛政十一)	漢学、医学、和学

国	藩名	大名家	藩校名(設立年)	教科
常陸	笠間藩	牧野氏	家塾欽古堂(寛政年間一七八九—一八〇一)→**時習館**(一八一七・文化十四)	漢学、医学、国学、習礼
			忠誠館(寛政年間) 江戸藩邸に設置。一八六二年(文久二)廃止	漢学
	水戸藩	徳川氏	**弘道館**(一八四一・天保十二)	漢学、国学、医学、算術、音楽、天文学、習礼
	麻生藩	新庄氏	**精義館**(一八六九・明治二)	[漢学]
下総	古河藩	土井氏	**盈科堂**(一七二三・享保八) 肥前国唐津藩時代に設置。一七六二年(宝暦十二)転封により古河に移設	漢学、習字、[英学]
	佐倉藩	堀田氏	温故堂(一七九二・寛政四)→**成徳書院**(一八三六・天保七)	漢学、習字、算術、習礼、医学、洋学
			成徳書院(一八四二・天保十三) 江戸藩邸に設置	漢学、習字、算術、習礼、医学
	関宿藩	久世氏	**教倫館**(文政年間一八一八—三〇)	漢学
	多古藩	松平(久松)氏	**学問所**(一八三〇・天保元) 江戸藩邸に設置	漢学、算術、筆道
	高岡藩	井上氏	**学習館**(一八六二・文久二) 江戸藩邸に設置	和学、漢学、算術、筆道
上総	佐貫藩	阿部氏	誠道館(一七九六・寛政八)	漢学、筆道
			撰秀館(一七九六・寛政八) 江戸藩邸に設置	漢学、筆道
	柴山藩	太田氏	**徳造書院**(一八〇二・享和二) 遠江国掛川藩時代に設置。明治元年の柴山入封後も継続	漢学、習字、習礼、[和学、洋学、医学、算術]
	久留里藩	黒田氏	家塾三近塾(一八〇三・享和三)→**三近塾**(一八四二・天保十三)→三近堂(一八六九・明治二)	漢学、算術、習字、[国学、洋学]
	菊間藩	水野氏	**明親館**(文化年間一八〇四—一八) 駿河国沼津藩時代に設置。明治元年の菊間入封後も継続	漢学、習礼、習字、洋学
	鶴牧藩	水野氏	藩主中心の**修来館**、士卒中心の修成館(天保年間一八三〇—四四)	漢学
	鶴舞藩	井上氏	**克明館**(一八四六・弘化三) 遠江国浜松藩時代に設置。明治元前の鶴舞入封後も継続	漢学
	一宮藩	加納氏	学問所(安政年間一八五四—六〇)→**崇文館**(一八六九・明治二)	漢学、和学、算術
	小久保藩	田沼氏	**盈進館**(一八六九・明治二)	[漢学]
	大多喜藩	松平氏(大河内氏)	望庵(成立年不詳)→**明善堂**(一八七〇・明治三)	[漢学、洋学、算術、習字、皇学]
安房	花房藩	西尾氏	学問所(一八一一・文化八) 遠江国横須賀藩時代に設置。明治元年の花房入封後も継続→**修道館**(一八七〇・明治三)	国学、漢学、[洋学、算術]

国	藩名	大名家	藩校名(設立年)	教科
安房	館山藩	稲葉氏	**敬義館**(一八六九・明治二) 立教局とも称す	[漢学]
	加知山藩	酒井氏	**育英館**(一八六九・明治二)	[漢学]
武蔵	川越藩	(越前)松平氏	**博喩堂**(一八二七・文政十) 一八六三年(文久三)上野国前橋へ転封後の慶応年間(一八六五—六八)前橋移建	漢学、和学、[算術、習字、洋学]
	岩槻藩	大岡氏	**遷喬館**(文政年間一八一八—三〇)	漢学、[算術、習字]
	忍藩	松平(奥平)氏	**進修館**(文政年間一八一八—三〇)	漢学、算学、筆道、[洋学、国学]
	六浦藩	米倉氏	**明允館**(一八六八・明治元)	[漢学、算術、習字]
相模	小田原藩	大久保氏	**集成館**(一八二二・文政五) 諸稽古所とも称す→文武館(一八六九・明治二)	漢学、医学、算術、習字、習礼、[英学]
	荻野山中藩	大久保氏	**興譲館**(一八六八・明治元) 同館と武館とを総称して文武館	[漢学、算術]
越後	三日市藩	柳沢氏	**秉彝館**(一七二三・享保八以降か)	皇漢学、習字、算術
	新発田藩	溝口氏	**道学堂**(一七七二・安永元)	漢学、医学、[和学、算法、習字、習礼]
	村上藩	内藤氏	塾(寛政年間一七八九—一八〇一) 学館とも称す→**克従館**(安政年間一八五四—六〇)	漢学、[算術]
	長岡藩	牧野氏	**崇徳藩**(一八〇八・文化五) 館内に成章堂、遷善館を設置	漢学
	三根山藩	牧野氏	学問所(天保年間一八三〇—四四か)→**入徳館**(明治維新後)	漢学、和学、算法、習字
	与板藩	井伊氏	学問所(成立年不詳)→**正徳館**(一八六〇・万延元)	漢学、和学
	高田藩	榊原氏	**修道館**(一八六六・慶応二)	漢学、習字、[洋学、算術]
	村松藩	堀氏	**樗散堂**(一八六八・明治元)→文学所(一八六九)→**自強館**(一八七一)	[漢学、国学、習字、算術]
	糸魚川藩	(越前)松平氏	**明道館**(一八六九・明治二)	[漢学、和学、洋学]
越中	富山藩	前田氏	**広徳館**(一七七三・安永二)→藩学校(一八六九・明治二)	漢学
			徳聚堂(一八六九・明治二)	[皇学、漢学、洋学、数学]
			英学校(一八六九・明治二)	[英学]
加賀	金沢藩	前田氏	**明倫堂**(一七九二・寛政四)	漢学、和学、医学、算学、習字、習礼、歴史、天文暦学、法律、本草学
			壮猶館(一八五四・安政元)	西洋軍事技術学、蘭医学
			道済館(一八六八・明治元)	[仏学、英学、漢学、数学、習字]
			致遠館(一八六九・明治二)	[英学、習字、洋算]

国	藩名	大名家	藩校名(設立年)	教科
加賀			**掲注館**(一八六九・明治二) 中学東校、西校(一八七〇・明治三)→**金沢中学校**(一八一七) **医学館**(一八七〇・明治三)	[英学、漢学] [皇学、漢学、洋学] [語学、数学、蘭医学、理化学]
	大聖寺藩	前田氏	学問所(一八三三・天保四)→**時習館**(一八五四・安政元)→大聖寺藩学校(一八六九・明治二)	和学、漢学、漢洋医学、算法、習字、習礼、[洋学]
越前	鯖江藩	間部氏	家塾(一七八八・天明八)→**進徳館**(一八一四・文化十一) 稽古所(一八一三・文化十) 江戸藩邸に設置→**惜陰堂**(一八四一・天保十二)	漢学 漢学
	丸岡藩	有馬氏	**平章館**(一八〇四・文化元)→藩校(一八六九・明治二)→会社校(一八七一)	漢学
	福井藩(越前藩)	(越前)松平氏	正義堂(一八一九・文政二)→**明道館**(一八五五・安政二)→明新館(一八六九・明治二) **立教館**(一八五三・嘉永六) 付家老本多氏が越前府中(のち武生)に設置→進修書院(一八六二・文久二)	漢学、歴史、典礼、詠歌、詩文、習書、算術、暦学、医学、蘭学、兵学 和学、漢学、算術、習礼
	勝山藩	小笠原氏	読書堂(一八四一・天保十二)→**成器堂**(一八四三)	漢学、医学、習礼
	大野藩	土井氏	**明倫館**(一八四三・天保十四) 洋学館(一八五六・安政三)	皇漢学、蘭学、医学、習字、習礼 蘭学
若狭	小浜藩	酒井氏	**順造館**(一七七四・安永三) **信尚館・必観楼・講正館**(成立年不詳) 江戸藩邸の上屋敷、中屋敷、下屋敷にそれぞれ設置	漢学、習字、習礼、[洋学、算術] 漢学
信濃	松本藩	戸田氏	新町学問所(宝暦年間一七五一—六四か)→**崇教館**(一七九三・寛政五)→藩学(一八七〇・明治三)	漢学、筆道、習礼、[和学、医学、算術]
	松代藩	真田氏	文学館(宝暦年間一七五一—六四)→**文武学校**(一八五二・嘉永五) **文武舎**(一八五一・嘉永四) 江戸藩邸に設置	漢学、医学、習礼、[洋学] 漢学、和学、習礼、医学
	須坂藩	堀氏	教倫館(天明年間一七八一—八九末年) →**立成館**(文化年間一八〇四—一八) **五教館**(文化年間一八〇四—一八) 江戸藩邸に設置	心学 心学、皇学、漢学 皇学、漢学
	飯田藩	堀氏	読書場(寛政年間一七八九—一八〇一)→**学校**(一八六八・明治元)	漢学

国	藩名	大名家	藩校名(設立年)	教科
信濃	小諸藩	牧野氏	**明倫堂**(一八〇二・享和二)→明倫学校(一八七〇・明治三)	漢学、国学、[洋学]
	諏訪藩(高島藩)	諏訪氏	稽古所(一八〇三・享和三)→**長善館**(改称年不詳)	漢学、習字、習礼
	上田藩	松平(藤井)氏	**国学校**(一八六九・明治二) **明倫堂**(一八一一・文化八)	[国学、習字] 和学、漢学、習礼、洋学、医学、習字
	田野口藩(龍岡藩)	松平(大給)氏	修業館(一八五四・安政元) 三河国奥殿藩時代、江戸藩邸に設置→**尚友館**(一八六八・明治元) 藩地田野口に移す	漢学、筆道、算術
	飯山藩	本多氏	**長道館**(一八五七・安政四)→飯山校(一八七一・明治四)	漢学、[算術、習字]
	高遠藩	内藤氏	**進徳館**(一八六〇・万延元)	和学、漢学、算法、習字、[洋学]
	岩村田藩	内藤氏	**達道館**(一八六四・元治元)	皇学、漢学
美濃	岩村藩	松平(大給)氏	文武所(元禄年間一六八八—一七〇四)→**知新館**(改称年不詳)	和学、漢学、算法、筆道、習礼
	高須藩	松平氏	**日新堂**(享保年間一七一六—三六)	皇漢学、算術、習字
	郡上藩(八幡藩)	青山氏	講堂(天明年間一七八一—八九) この頃、江戸藩邸にも講堂を設置→**潜龍館**(改称年不詳)→文武館(慶応年間一八六五—六八)→集成館(一八六九・明治二)	漢学、習字、算術、習礼
	加納藩	永井氏	学問所(成立年不詳)→**憲章館**(文政年間一八一八—三〇)→文武館(文久年間一八六一—六四)	和学、漢学、算術、習字
	大垣藩	戸田氏	**致道館**(一八三七・天保八)→敬教堂(改称年不詳)→北校、南校(ともに明治維新後)	漢学、漢洋医学、算術、習字、[国学、洋学]
	高富藩	本庄氏	**教倫学校**(弘化年間一八四四—四八) 江戸藩邸、のち藩地に移す	漢学
	野村藩	戸田氏	済美館(一八六三・文久三) 江戸藩邸に設置→**典学寮**(一八六八・明治元) 藩地大垣に移して改称。二年後藩地野村へ移す	[漢学、洋学、習字、算術]
	苗木藩	遠山氏	**日新館**(一八六八・明治元)	[漢学、国学、算術、筆道]
	今尾藩	竹腰氏	文武館(一八六九・明治二)→**格致堂**(改称年不詳)	[和学、漢学、英学、算術、習字]
駿河	沼津藩	水野氏	矜式館(文化年間一八〇四—一八)→**明親館**(一八六一・文久元) 明治元年に上総国菊間へ転封後も継続	漢学、礼式、洋学
	田中藩	本多氏	**日知館**(一八三七・天保八)	和学、漢学、医学、算術、習字、習礼
	静岡藩	徳川氏	**沼津兵学校**(一八六八・明治元)	[英仏語、数学、機械学、洋式兵学]

国	藩名	大名家	藩校名(設立年)	教科
駿河			**学問所**(一八六九・明治二)	[国学、漢学、洋学、算術]
遠江	浜松藩	水野氏	**経誼館**(一八〇一・享和元) 肥前国唐津藩時代に設置。一八一七年(文化十四)浜松入封後も継続。四五年(弘化二)出羽国山形へ転封後は立誠堂と改称	漢学、国学、算術
		井上氏	**克明館**(一八四六・弘化三) 明治元年の上総国鶴舞へ転封後も継続	漢学
	掛川藩	太田氏	**徳造書院**(一八〇二・享和二) 明治元年の上総国柴山へ転封後も継続 **拭目館**を江戸上屋敷、**曙戒堂**を江戸下屋敷に設置(成立年不詳)	漢学、習字、習礼
	横須賀藩	西尾氏	**学問所**(一八一一・文化八) 明治元年安房国花房へ転封、二年後に修道館と改称	国学、漢学、習礼
三河	吉田藩(豊橋藩)	松平氏(大河内氏)	**時習館**(一七五二・宝暦二以前)	漢学、和学、算術、[洋学]
	刈谷藩	土井氏	**文礼館**(一七八三・天明三) 一時中絶後、明治元年に再興	和学、漢学、習礼
	挙母藩	内藤氏	**崇化館**(一七八七・天明七)→皇道寮(一八六九・明治二)	漢学、算法、筆道、[皇学]
	田原藩	三宅氏	**成章館**(一八一〇・文化七)	漢学、習礼
	重原藩	板倉氏	講学所(文政年間一八一八―三〇) 陸奥国福島藩時代に設置→**養正館**(一八六九・明治二)	和学、漢学
	西尾藩	松平(大給)氏	**修道館**(一八五四・安政元)	漢学
	岡崎藩	本多氏	**允文館**(一八六九・明治二)	[漢学、筆道、数学]
	半原藩	安部氏	**学聚館**(明治初期)	[漢学]
尾張	尾張藩(名古屋藩)	徳川氏	学問所(寛永年間一六二四―四四)→**明倫堂**(一七八三・天明三)	和学、漢学、算法、筆道、習礼
	犬山藩	成瀬氏	**敬道館**(一八四〇・天保十一)	皇学、漢学、算法、筆道、習礼
伊勢	桑名藩	松平(久松)氏	学校(寛永年間一六二四―四四) のち越後国高田、陸奥国白河への転封に際しても継続→**立教館**(一七九一・寛政三) 一八二三年(文政六)桑名への再封後も続く	漢学、習字、数学、洋学
	長島藩	増山氏	**文礼堂**(一七二二・享保七)	漢学
	亀山藩	石川氏	**明倫舎**(一七九〇・寛政二)→明倫館(一八六九・明治二)	漢学、習字、算術、[皇朝学、洋学、兵制学、経世]
	神戸藩	本多氏	学校(寛政年間一七八九―一八〇一か)→**教倫堂**(一八一二・文化九) **進徳堂**(文化年間一八〇四―一八か) 江戸藩邸に設置	国学、漢学、筆道、習礼 漢学

国	藩名	大名家	藩校名(設立年)	教科
伊勢	菰野藩	土方氏	麗沢館(一八一六・文化十三)→**修文館**(天保年間一八三〇―四四)→顕道館(一八六九・明治二)	漢学、習字、習礼、[国学、洋学、算術]
	津藩	藤堂氏	**有造館**(一八二〇・文政三) **崇広堂**(一八二一・文政四) 藩地伊賀国上野に設置	漢学、習字、算術、医学、習礼、[国学、洋学] 漢学、習字、習礼、[国学、洋学]
	久居藩	藤堂氏	句読所(一八六六・慶応二)→**久居藩学校**(一八六九・明治二)	国学、漢学、習字、医学
志摩	鳥羽藩	稲垣氏	**尚志館**(一八二四・文政七) **三計塾**(一八七〇・明治三)	漢学、[算術、洋学] [国学、漢学、洋学]
近江	大溝藩	分部氏	**修身堂**(一七八五・天明五)	漢学、算術、習字、習礼
	仁正寺藩	市橋氏	**日新館**(一七九六・寛政八)	漢学、習字、珠算、習礼
	彦根藩	井伊氏	稽古館(一七九九・寛政十一)→**弘道館**(一八三〇・天保元)→文武館(一八六九・明治二)→学館(一八七〇)→学校(同)	漢学、国学、習字、習礼、算術、医学、天文学、地理学、[医科、洋学]
	膳所藩	本多氏	**遵義堂**(文化一八〇四―一八初年)	漢学、習字、習礼、算術、[国学、蘭学]
	水口藩	加藤氏	**翼輪堂**(一八五五・安政二)→尚志館(一八七一・明治四)	和学、漢学、算術、筆道
	山上藩	稲垣氏	**学問場**(文久年間一八六一―六三か) 江戸藩邸に設置 **文武館**(一八六九・明治二)	漢学 [和学、漢学、算術、筆道]
	宮川藩	堀田氏	**学問所**(成立年不詳)	不詳
山城	淀藩	稲葉氏	藩校名不明(一八五八・安政五) 江戸藩邸に設置 **明新館**(一八六〇・万延元)	不詳 漢学、習字、算術、[国学、洋学]
丹波	亀山藩(亀岡藩)	松平(形原)氏	学校(元禄年間一六八八―一七〇四) 丹波国篠山藩時代に設置、亀山入封後の一八二四年(文政七)校内に**邁訓堂**(漢学)、広徳館(句読、数学)、鉄門館(習字)を設置	
	柏原藩	織田氏	学問所(元禄年間一六八八―一七〇四)および新館(一八五〇・嘉永三)→**崇広館**(一八五七・安政四)	漢学
	綾部藩	九鬼氏	**進徳館**(一七一五・正徳五)→篤信館(一八六五・慶応元)	漢学、筆道、習礼
	篠山藩	青山氏	**振徳堂**(一七六六・明和三)	漢学、習字、算術、習礼、[和学、洋学]
	園部藩	小出氏	**講堂**(寛政年間一七八九―一八〇一か)→教先館(一八七〇・明治三)	漢学、習字

国	藩名	大名家	藩校名(設立年)	教科
丹波	福知山藩	朽木氏	**惇明館**(一八〇九・文化六)	漢学、習字、習礼、[算術、英学]
丹波	山家藩	谷氏	学問所(成立年不詳)→**致道館**(改称年不詳)	漢学、習字、習礼
丹後	田辺藩(舞鶴藩)	牧野氏	明倫斎(天明年間一七八一—八九)→**明倫館**(文久年間一八六一—六四)	漢学、算術、習字、習礼
丹後	峰山藩	京極氏	読書手跡稽古場(一八〇四・文化元以前)→**敬業堂**(文政一八一八—三〇末年頃)→敬業館(明治初年)	漢学、筆道、算術、[洋学]
丹後	宮津藩	本庄氏	**礼譲館**(一八一八・文政元)→文武館(一八七一・明治四)	漢学、習字、算術、[英学、医学]
摂津	三田藩	九鬼氏	国光館(一六九四・元禄七)→**造士館**(一八一八・文政元)	漢学、習字、習礼、洋学
摂津	高槻藩	永井氏	**菁莪堂**(寛政年間一七八九—一八〇一)	漢学、筆道、習礼
摂津	麻田藩	青木氏	**直方堂**(寛政年間一七八九—一八〇一)	漢学、筆道、算術、習礼
摂津	尼崎藩	松平(桜井)氏	**止善舎**(一八一五・文化十二) 江戸藩邸に設置 **正業館**(一八六九・明治二)	漢学 [漢学、洋学、算術、習字]
河内	狭山藩	北条氏	**簡修館**(嘉永年間一八四八—五四)	和学、漢学
河内	丹南藩	高木氏	**丹南学校**(一八六八・明治元)	[漢学、筆道]
和泉	伯太藩	渡辺氏	**伯太仮学校**(天保年間一八三〇—四四)	漢学、筆道
和泉	岸和田藩	岡部氏	**講習館**(一八五二・嘉永五)→文学館(一八七〇・明治三)	和学、漢学、[洋学、数学、医学]
但馬	出石藩	仙石氏	**学問所**(一七七五・安永四)→弘道館(一七八二・天明二)	和学、漢学、筆道
但馬	村岡藩	山名氏	**明倫館**(一八三二・天保三)→日新館(一八六九・明治二)	和学、漢学、算術、筆道
但馬	豊岡藩	京極氏	**稽古堂**(一八三四・天保五) 江戸藩邸にも同年稽古堂を設置 **女学校**(一八七〇・明治三)	漢学、国学、筆道、習礼、蘭学、数学、雅楽 漢学、筆道 [女子教訓書、習字、裁縫、女礼、作文]
播磨	姫路藩	酒井氏	**好古堂**(一六九一・元禄四) 上野国厩橋藩時代に設置。一七四九年(寛延二)姫路入封後も継続。支校として仁寿校、熊川舎、申義堂、印南郡国包村校あり	和学、漢学、医学、筆道、習礼
播磨	赤穂藩	森氏	**博文館**(一七〇六・宝永三) 命名は一七七七年(安永六) 一八六九年(明治二)付属の新修塾を設置 **開成義塾**(一八六八・明治元)	漢学、習字、算術 [国学、習礼、算術、雅楽] [英学]

国	藩名	大名家	藩校名(設立年)	教科
播磨	安志藩	小笠原氏	学問所(一七一八・享保三)→**明倫堂**(一八四四・弘化元)	漢学、習字、習礼
播磨	明石藩	(越前)松平氏	家塾景徳館(一七一九・享保四)→**敬義館**(一八六九・明治二)	漢学
播磨	三草藩	丹羽氏	仮学校(成立年不詳) 江戸藩邸に設置→**顕道館**(寛保年間一七四一—四四) 維新後、藩地に移転	漢学、習字、算術
播磨	三日月藩	森氏	**広業館**(一七九六・寛政八)→総務所(一八六九・明治二)	和学、漢学、習礼
播磨	林田藩	建部氏	**敬業館**(寛政年間一七八九—一八〇一)	和学、漢学、洋学、医学、算術、習字、習礼
播磨	龍野藩	脇坂氏	文武稽古所(一八三一・天保二)→学館(改称年不詳)→**敬楽館**(改称年不詳)	漢学、医学、習字、習礼、[国学、洋学]
播磨	小野藩	一柳氏	博習館(成立年不詳)→**帰正館**(一八三七・天保八)	和学、漢学、算術、習字
播磨	山崎藩	本多氏	学問所(天保年間一八三〇—四四)→**思斉館**(明治初年)	和学、漢学、算術、習字、習礼、[洋学、医学、洋算]
播磨	福本藩	池田氏	学問所(成立年不詳)→**乾々館**(一八五五・安政二)→時習館(一八六九・明治二)	漢学、習字、[算術、洋学、医学]
大和	芝村藩	織田氏	**遷喬館**(一六九六・元禄九)→明喬館(一八七〇・明治三)	漢学、習字、算術、[皇学]
大和	郡山藩	柳沢氏	**文武教場**(元禄年間一六八八—一七〇四) 江戸藩邸に設置 **総稽古所**(一七二四・享保九)→啓明館(一八六九・明治二)→造士館(一八七〇)	漢学 漢学、医学、算法、筆道、習礼、[和学、洋学]
大和	田原本藩	平野氏	稽古所(一八四一・天保十二)→明倫堂(一八六八・明治元)→**択善館**(改称年不詳)	和学、漢学、筆道
大和	櫛羅藩	永井氏	**藩立学校**(一八六四・元治元)	漢学、皇学、筆道
大和	柳本藩	織田氏	**明倫館**(一八六八・明治元)	[漢学、習字、算術]
大和	小泉藩	片桐氏	**修道館**(一八六八・明治元)	[漢学、習字、算術]
大和	柳生藩	柳生氏	**修文館**(一八七〇・明治三)	[漢学、皇学、洋学]
大和	高取藩	植村氏	**明倫館**(一八七〇・明治三)	[漢学]
紀伊	紀州藩(和歌山藩)	徳川氏	講釈所(一七一三・正徳三) 数年後、講堂と改称→**学習館**(一七九一・寛政三)→学校(一八六九・明治二) **医学館**(一七九二・寛政四) **明教館**(一七九二) 江戸藩邸に設置 **学問所**(一八〇四・文化元) 藩地伊勢国松坂に設置→学習館(一八六六・慶応二) **国学所**(一八五六・安政三) 江戸藩邸および城下和歌山に設置	漢学、国学、習礼、蘭学、医学、洋算、[洋学] 漢医学 漢学、国学、蘭学、洋算、習礼 漢学、国学 国学

国	藩名	大名家	藩校名(設立年)	教科
紀伊	新宮藩	水野氏	**蘭学所**(安政年間一八五四―六〇) 江戸藩邸に設置	蘭学
			漢学所(文化年間一八〇四―一八)→育英堂(一八六九・明治二)→学校(一八七〇・明治三)	漢学、習字、[国学]
	田辺藩	安藤氏	講堂(文政年間一八一八―三〇)→**修道館**(安政年間一八五四―六〇初年)→学校(一八七〇・明治三)	漢学、和学、[洋学、算術]
因幡	鳥取藩	池田氏	**尚徳館**(一七五六・宝暦六)	和学、漢学、算法、医学、習字
			学問所(一八四三・天保十四) 江戸藩邸に設置	漢学、筆道
	若桜藩	池田氏	**藩学校**(成立年不詳)	不詳
出雲	松江藩	(越前)松平氏	**文学所**(一七四八・寛延元) 江戸藩邸に設置	漢学(ほか不詳)
			文明館(一七五八・宝暦八)→明教館(一七八四・天明四)→**修道館**(一八六五・慶応元)	皇漢学、医学、算術、仏・英・蘭学
			存済館(一八〇六・文化三)	漢洋医学
			女学校(一八六三・文久三)	素読、筆道、算術
	母里藩	(越前)松平氏	**漢学校**(明和年間一七六四―七二)	漢学、算術、習字、皇学(ただし、各家塾に分散)
	広瀬藩	(越前)松平氏	**漢学所**(一八〇一・享和元)	漢学、医学、算術、[皇学、筆道、洋学]
石見	津和野藩	亀井氏	**養老館**(一七八六・天明六)	漢学、和学、医学、蘭学、算術、習礼
美作	勝山藩	三浦氏	学問所(一七六四・明和元)→**明善館**(一八六九・明治二)	漢学、[習字、算術]
	津山藩	(越前)松平氏	学問所(一七六五・明和二)→**修道館**(一八七〇・明治三)	漢学、洋学、算術、習字、[国学]
	鶴田藩	松平(越智)氏	**道学館**(一八六七・慶応三)	漢学、習字
備前	岡山藩	池田氏	石山仮学館(一六六六・寛文六)→**学校**〈岡山藩学校〉(一六六九・寛文九)	漢学、習字、習礼、[皇学、英学]
備中	足守藩	木下氏	学舎(一六七九・延宝七)→**追琢舎**(一七九二・寛政四)	漢学、算法、習礼、筆道、医学
	庭瀬藩	板倉氏	学館(一六九九・元禄十二)→**誠意館**(一八二三・文政六か)	漢学、習字
	松山藩(高梁藩)	板倉氏	学校(一七四六・延享三)→**有終館**(寛政年間一七八九―一八〇一)	漢学、国学
			学問所(嘉永年間一八四八―五四以前) 江戸藩邸に設置	漢学、国学
			野山学問所(一八五七・安政四)	漢学
	新見藩	関氏	**思誠館**(一七五五・宝暦四)	漢学、習字、習礼

国	藩名	大名家	藩校名(設立年)	教科
備中	成羽藩	山崎氏	**勤学所**(明和年間一七六四―七二)→文武館(一八六七・慶応三)→確摯校(一八六九・明治二)	漢学
	岡田藩	伊東氏	**敬学館**(一七九五・寛政七)	漢学、習字、習礼
備後	福山藩	阿部氏	弘道館(一七八六・天明六)→**誠之館**(一八五四・安政元)	皇学、漢学、蘭学、漢・蘭医学、算術、習字、習礼、[英・仏学]
			学校(一八一七・文化十四) 江戸藩邸に設置→**江戸誠之館**(一八五三・嘉永六)	藩地誠之館にほぼ準ずる
安芸	広島藩(安芸藩)	浅野氏	天津源之進家塾(元禄年間一六八八―一七〇四)→稽古屋敷(延享年間一七四四―四八)→**学問所**(一七八二・天明二)→修道館(一八六六・慶応二)	漢学、国学、洋学、医学、算法
			講学所(宝暦年間一七五一―六四) 広島城下国家老上田邸に設置	和学、漢学
			修業堂(一七九〇・寛政二) 広島藩香川南浜家塾	漢学、医学
			明善堂(一八二〇・文政三) 国家老浅野氏が三原城下に設置	和学、漢学
			講学所(成立年不詳) 江戸藩邸に設置	漢学
周防・長門	長州藩(萩藩)	毛利氏	**時観園**(一六二八・寛永五) 国家老毛利氏が佐波郡右田村に設置→学文堂(一八五〇・嘉永三)	漢学、算術、筆道、習礼
			明倫館(一七一九・享保四) 萩に設置	漢学、習字、算術、習礼、漢洋医学、天文、地理、国学
			越氏塾(享保年間一七一六―三六)→明倫堂三田尻支校学習堂(一八六〇・万延元)→**講習堂**(一八六四・元治元)	漢学、礼式、音楽、天文学、地理学、算術
			憲章館(一八〇五・文化二) 国家老毛利氏が吉敷村に設置	漢学、習字、習礼
			徳修館(一八〇九・文化六) 国家老宍戸氏が熊毛郡安田村に設置	漢学、算法、筆道、習礼
			家塾講習堂(文化年間一八〇四―一八) 山口に設置→**鴻城明倫館**(一八六三・文久三) 山口明倫館ともいう	皇学、漢学
			医学校好生館(一八四〇・天保十一) 萩に設置。のち山口ついで三田尻に移し、済生堂、好生館、好生堂、好生局、医院、医学校と改称	漢洋医学
			有備館(一八四一・天保十二) 江戸藩邸に設置	漢学

国	藩名	大名家	藩校名(設立年)	教科
周防・長門			**洋学所博習堂**(一八五六・安政三) 萩、のち三田尻に移す	洋学、西洋航海術
	岩国藩	吉川氏	講堂(一七五四・宝暦四)→**養老館**(一八四六・弘化三)	和学、漢学
			医学館(一八五四・安政元)→**愛知館**(一八六一・文久元)→医学校(一八六九・明治二)	漢洋医学
	徳山藩	毛利氏	**鳴鳳館**(一七八五・天明五)→興譲館(一八五二・嘉永五)	国学、漢学、漢洋医学、算術、筆道
	清末藩	毛利氏	**育英館**(一七八七・天明七)	漢学、習字、習礼
	長府藩	毛利氏	**敬業館**(一七九二・寛政四)	漢学、算術、習字、習礼、音楽
阿波・淡路	徳島藩(阿波藩)	蜂須賀氏	学校(天明年間一七八一—八九) 藩家老稲田氏が淡路国洲本に設置→**益習館**(一八五四・安政元)	漢学
			学問所(一七九一・寛政三)→長久館(一八六九・明治二)	漢学、[国学、医学、洋学、算術]
			医学校(一七九五・寛政七) 一八六九年(明治二)に長久館に併合	漢洋医学
			学問所(一七九八・寛政十) 淡路国洲本に設置→文武学校(一八六八・明治元)	漢学、[筆道]
			長久館(一八五六・安政三) 江戸藩邸に設置	漢学、洋学、筆道、算術
			洋学校(一八六五・慶応元) 一八六九年(明治二)に長久館に併合	蘭学
讃岐	高松藩	松平氏	講堂(一七〇二・元禄十五)→**講道館**(一七七九・安永八)	漢学、筆道、音楽、習礼、蘭・英・仏学、和学
			江戸学問所(延享年間一七四四—四八) 江戸藩邸に設置	漢学
	丸亀藩	京極氏	**正明館**(一七九四・寛政六)→明倫館(一八六九・明治二)	皇学、漢学、習字
			敬止堂(一八二五・文政八) 主に庶民対象。一八六九年(明治二)明倫館に併合	皇学、漢学
			集義館(一八二七・文政十) 江戸藩邸に設置	皇学、漢学、習字
	多度津藩	京極氏	**自明館**(一八六八・明治元)→文武館(一八七一)	[漢学、皇学、習字]
伊予	大洲藩	加藤氏	**止善書院明倫堂**(一七四七・延享四)	漢学、国学
			習知堂(一八一〇・文化七) 江戸藩邸に設置	漢学
	宇和島藩	伊達氏	内徳館(一七四八・寛延元)→敷教館(一七九四・寛政六)→**明倫館**(一八一九・文政二)	漢学、習字、[和学、洋学、医学]
	新谷藩	加藤氏	**求道軒**(一七八三・天明三)→求道館(一八六九・明治二)	漢学、習字、習礼

国	藩名	大名家	藩校名(設立年)	教科
伊予	吉田藩	伊達氏	**時観堂**(一七九四・寛政六)→文武館(一八六九・明治二)	漢学、国学、習字
	小松藩	一柳氏	培達校(一八〇二・享和二)→**養正館**(一八〇三・享和三)	漢学、習字
	松山藩	松平(久松)氏	興徳館(一八〇五・文化二)→修来館(改称年不詳)→**明教館**(一八二八・文政十一)	漢学、習字、[皇学、算術]
			三省館(一八〇九・文化六) 江戸藩邸に設置	漢学、習字
	今治藩	松平(久松)氏	講書場(一八〇五・文化二)→**克明館**(一八〇七・文化四)	漢学、[皇学、洋学、医学、習字]
	西条藩	松平氏	**択善堂**(一八〇五・文化二)	漢学
土佐	土佐藩(高知藩)	山内氏	**教授館**(一七六〇・宝暦十)→致道館(一八六二・文久二)	漢学、国学、習字、習礼、医学
			名教館(一七七二・安永元) 国家老深尾氏が高岡郡佐川に設置	漢学、医学、算法、筆道、習礼
			医学館(一八四三・天保十四)→沢流館(一八四五・弘化二)→**開成館**(一八六六・慶応二)	医学、洋学、西洋技術学
筑前	秋月藩	黒田氏	稽古亭(一七七五・安永四)→稽古観(一七八四・天明四)→**稽古館**(一八一〇・文化七)	漢学、和学、習字、算術
	福岡藩(筑前藩)	黒田氏	西学問稽古所・東学問稽古所(一七八四・天明四) 西学〈甘棠館〉・東学とも称す。一七九八年(寛政十)西学廃絶→**修猷館**(一七九九)→文武館(一八六八・明治元)→藩学(一八七〇)	和学、漢学、算法、法学、[国学、医学]
			江戸学問所(一七八四・天明四)	漢学、和学
筑後	久留米藩	有馬氏	講談所(一七八五・天明五) 修道館とも称す→**明善堂**(一七九六・寛政八)→学館(一八六〇・万延元)	和学、漢学、算術、習礼、[英語、医学]
	柳川藩	立花氏	講堂(寛政年間一七八九—一八〇一か)→**伝習館**(一八二四・文政七)→文武館(一八六九・明治二)	漢学、国学、習礼、[皇学、洋学、算術]
	三池藩	立花氏	**修道館**(一八五七・安政四)	漢学
肥前	大村藩	大村氏	集義館(一六七〇・寛文十)→静寿館(一六九四・元禄七)→**五教館**(一七九〇・寛政二)	漢学、習礼、算術、和学
	鹿島藩	鍋島氏	学校(寛文年間一六六一—七三)→徳譲館(一八〇五・文化二)→**弘文館**(一八五九・安政六)→鎔造館(一八七〇・明治三)	漢学、和学、筆道、算術、漢洋医学、洋学、習礼
	佐賀藩(肥前藩)	鍋島氏	**東原庠舎**(一六九九・元禄十二) 国家老多久氏が小城郡多久村に設置→多久郷学校(一八六九・明治二)	和学、漢学、筆道、和算
			聖堂(一七〇八・宝永五)→**弘道館**(一七八一・天明元)	漢学、和学、筆道、習礼、算術、洋学

国	藩名	大名家	藩校名(設立年)	教科
肥前			**身教館**(享保年間一七一六—三六) 国家老鍋島氏が杵島郡武雄村に設置	和学、漢学、筆道、習礼
			好古館(一七八三・天明三) 国家老諫早氏が高来郡諫早に設置	和学、漢学、文法学、習字、算学、礼容学
			明善堂(一八二三・文政六) 江戸藩邸に設置	漢学、習礼、筆道、算術、和学、洋学
			医学館好生館(一八三四・天保五)	漢洋医学
	五島藩(福江藩)	五島氏	**成章館**(一七〇一・元禄十四) 富江領に設置	和学、漢学、筆道
			稽古所(一七八〇・安永九か)→至善堂(天明年間一七八一—八九)→**育英館**(一八二一・文政四)	漢学、和学、算術、[洋学]
	唐津藩	土井氏	**盈科堂**(一七二三・享保八) 一七六二年(宝暦十二)下総国古河に転封後も継続	漢学
		水野氏	**経誼館**(一八〇一・享和元) 一八一七年(文化十四)遠江国浜松へ転封後も継続	漢学、国学、算術
		小笠原氏	**志道館**(文政年間一八一八—三〇)	漢学
	蓮池藩	鍋島氏	**橘葉医学館**(一八三六・天保七)	漢医学、[洋医学]
			学寮(延享年間一七四四—四八)→**成章館**(一七八四・天明四)→育英館(一八六八・明治元)	和学、漢学、算術、筆道、習礼、[英学、医学]
	平戸藩	松浦氏	**維新館**(一七七九・安永八)	和学、漢学、筆道、算術、習礼、[洋学、医学]
	小城藩	鍋島氏	**学館**(寛政年間一七八九—一八〇一初年) 江戸藩邸に設置	漢学
			学寮(一七八七・天明七)→**興譲館**(寛政年間一七八九—一八〇一初年)	漢学、算術、筆道、習礼
	島原藩	松平(深溝)氏	**稽古館**(一七九三・寛政五)→学校(一八七〇・明治三)	漢学、和学、算法、筆道、習礼、医学、[洋学]
			済衆館(一八二一・文政四)	漢洋医学
肥後	熊本藩(肥後藩)	細川氏	**時習館**(一七五五・宝暦五)	漢学、国学、筆道、習礼、算術、故実
			再春館(一七五六・宝暦六)	漢洋医学
			伝習堂(一七五六・宝暦六) 藩家老松井氏が八代城内に設置	漢学、筆道、習礼
			洋学所(一八六九・明治二)→**洋学校**(一八七一)	[英学]
	宇土藩	細川氏	**温知館**(一七六三・宝暦十三)	漢学、筆道、習礼
			樹徳斎(一八六五・慶応元)	漢学
	人吉藩	相良氏	**習教館**(一七八六・天明六)	漢学、筆道、習礼
豊前	小倉藩(豊津藩)	小笠原氏	思永斎(一七五八・宝暦八)→**思永館**(一七八九・寛政元)→育英館(一八六九・明治二)	漢学、和学、医学、習礼、[算法、筆道、洋学]
			思永館出張所(一七九一・寛政三) 江戸藩邸に設置	小倉の思永館に同じ

国	藩名	大名家	藩校名(設立年)	教科
豊前	中津藩	奥平氏	**進脩館**(一七九〇・寛政二)	漢学、和学、漢洋医学、洋学、筆道、算術
			学館(天保一八三〇—四四末か) 江戸藩邸に設置	漢学、筆道、習礼
豊後	佐伯藩	毛利氏	学習所(一七〇四・宝永元)→**四教堂**(一七七七・安永六)	和学、漢学、医学、習礼
	岡藩	中川氏	輔仁堂(一七二六・享保十一)→由学館(一七七六・安永五)→**修道館**(一八六八・明治元)	皇学、漢学、洋学、漢洋医学、筆道、数学、習礼
			学問所(一七八七・天明七) 江戸藩邸に設置	漢学、医学、習礼、歌学
	府内藩	松平(大給)氏	学問所(一七七一・明和八)→采芹堂(一八四〇・天保十一)→**遊焉館**(一八五七・安政四)	漢学、医学、算法、筆道、習礼
			共和斉治館(一八五四・安政元)→**稽全館**(一八六五・慶応元)	漢洋医学
	杵築藩	松平(能見)氏	**学習館**(一七八八・天明八)	漢学、筆道、算術、[和学、洋学]
	臼杵藩	稲葉氏	儒学会(一八〇四・文化元)→学古館(一八四二・天保十三)→**集成館**(一八六八・明治元)	漢学、筆道、[国学、漢洋医学、洋学、算術]
	日出藩	木下氏	稽古堂(文化年間一八〇四—一八) 帆足万里家塾とも称す →学問所(天保年間一八三〇—四四)→**致道館**(一八五八・安政五)	漢学、和学、洋学、漢洋医学、算学、筆道、習礼
	森藩	久留島氏	**修身舎**(一八三五・天保六)	漢学、算学、筆道、習礼
	立石藩	木下氏	**無逸館**(一八三七・天保八)	漢学、筆道
日向	延岡藩(県藩)	内藤氏	学寮(一七六八・明和五)→**広業館**(一八五〇・嘉永三)	漢学、数学、筆道、医学、[和学、洋学]
			崇徳館(一八一五・文化十二) 江戸藩邸に設置	漢学、算術、筆道、医学、[皇学、洋学]
	高鍋藩	秋月氏	**明道館**(一八五七・安政四)	医学
			明倫堂(一七七八・安永七)	漢学、医学、算術、習礼、筆道、[国学、洋学]
	飫肥藩	伊東氏	学問所(一八〇一・享和元)→**振徳堂**(一八三一・天保二)	漢学、皇学、洋学、筆道、算術
	佐土原藩	島津氏	**学習館**(一八二五・文政八)	漢学、算術、筆道、[国学、洋学]
薩摩・大隅	薩摩藩(鹿児島藩)	島津氏	**造士館**(一七七三・安永二)	漢学、和学、筆道、洋学、[算術]
			医学院(一七七四・安永三)	漢医学
			文行館(一七七六・安永五) 垂水に設置	漢学
			稽古館(一七七八・安永七) 日向国都城に設置→**明道館**(安政年間一八五四—六〇)	漢学、筆道

国	藩名	大名家	藩校名(設立年)	教科
薩摩・大隅			**明時館**(一七七九・安政八)	天文、暦数
			育英館(一七八四・天明四) 加治木に設置	漢学
			学文所(天明年間一七八一―八九) 串木野に設置	漢学
			蘭学講習所(一八五五・安政二)→**開成所**(一八六四・元治元)	洋学
			盈進館(一八五八・安政五) 宮之城に設置	漢学
			揆奮館(一八六一・文久元) 出水に設置	漢学
			学問所(一八六二・文久二) 国分に設置	漢学
			知新館(一八六四・元治元) 末吉に設置	漢学

(一)旧国域ごとに藩単位に配列し、藩の順序は藩校の開設年代順とした。
(二)通常、いわゆる郷学として分類されている施設であっても、その形態および機能が事実上藩校と異ならないものは、原則として掲載した(民衆教化を目的とした教諭所の類は除いた)。
(三)兵学および諸武芸の類のための施設および教科目は除いた。

国	藩名	大名家	藩校名(設立年)	教科
対馬	対馬藩(厳原藩)	宗氏	**小学校**(一六八五・貞享二)	漢学、習字
			講学方(一七八八・天明八)→**思文館**(一八一三・文化十) のち日新館に併合	漢学、習字
			日新館(一八六四・元治元) 二月開校、十一月閉校	漢学、習字、医学
			藩学校(一八六八・明治元)	[修身、歴史、習字、医学、洋学]
琉球		尚氏	学問所(一七九八・寛政十)→**国学**(一八〇一・享和元)	漢学

(四)藩校名に改称や変遷がある場合は、→で順に明示し、代表的と思われる名称は太字にした。
(五)教科名のうち、[ ]で括ったものは明治維新後の科目であることを示す。
(六)本表作成にあたり、文部省編『日本教育史資料』(一八八九―九二年)、笠井助治『近世藩校に於ける学統学派の研究』上・下(一九七〇年、吉川弘文館)、その他各都道府県教育史などを参照した。

滞・廃絶するのが普通であった。思想的にはほぼ朱子学にもとづいていた。形態は設立経緯によって、孔子を祀る聖廟設立を契機とする「聖堂型藩校」、藩主らへの講釈の場(講堂)が学校化した「講堂型藩校」、儒者の家塾や私塾への保護の形で始まった「家塾型藩校」の三つに分類されている。この時期の藩校の規模はおおむね小さく、藩主や上層武士が良き為政者をめざして儒学の経書(四書五経など)講釈を受講する程度の教育であった。したがって藩士一般に藩校教育が普及することはなく、藩に定着した存在にはならなかった。尾張藩のほかに、会津藩保科正之による稽古堂、岡山藩池田光政による石山仮学館などがこの時期の著名な藩校である。(二)中期(享保―文化)は藩校教育が武士に本格的に浸透した時期。幕藩体制動揺の中、藩政を担う武士官僚の育成と藩士の意識改革を主な目的にして、時には民衆教化まで含めて、藩校教育が政治改革の一環に位置づけられた。武士に学習は必須との意識も浸透した。思想的には、当初は経世論に傾斜した徂徠学や折衷学が主導したが、寛政前後から民心教化による社会秩序再構築をめざす正学派朱子学が主流になった。米沢藩興譲館・金沢藩明倫堂・和歌山藩学習館・萩藩明倫館・熊本藩時習館・薩摩藩造士館など著名な藩校が多い。会津藩日新館・仙台藩養賢堂・名古屋藩明倫堂など、沈滞していた前期藩校が面目を一新したのもこの時期。明確な教育理念と実用的な学科を含めた体系的なカリキュラムを持つことが多かった。(三)後期(文政―維新期)は内憂外患と社会の変革期。社会の激変に対応できる政治実践主体の育成と軍事科学などの実用的技術習得が身分を越えて求められ、藩校の絶えざる改革と中小藩への普及が顕著となり、藩士への入学強制と低年齢化も進んだ。なお儒学教育が強化されたことはあっても、放棄した藩は皆無であった。藩校教育が儒学思想の枠内で終始したことを物語っている。天保期開設の水戸藩弘道館はこの期の藩校の代表例である。総じて藩校教育は時代状況への領主的対応であった。多くの藩校で庶民の聴講を認めたが、それは民衆教化のためであり、教育の機会均等化に向かうものとはいえない。なお明治期に設けられた中等教育機関の母胎となった藩校も少なくない。藩校の建築は、時代や成立経緯、学派などによって異なっていた。一般的には講堂、学舎、武芸稽古場(中期以後普及)、事務所、教官住宅、寄宿寮、食堂と厨房があった。講堂は大人数収容可能な主に講釈用の広間形式が多かったが、中小の藩校では書院形式も珍しくなかった。講釈重視の朱子学系藩校では、講堂が中心施設となることが多かったが、徂徠学系の藩校では、個別学習形式を重視したから、多くの小学習室を備えた学舎を中心の施設にすることが多かった。このほかの重要建築に、孔子を祀った廟(聖堂・聖廟・大成殿ともいう)があり、五十四の藩校にその存在が確認できる(『日本教育史資料』)。聖堂では孔子を祀る春秋の釈奠《せきてん》の礼が行われた。宋代以後の中国の孔子廟が参考にされつつ、各々の実情に応じて独自の工夫が見られる。中国式に前面に泮水(半円形の池)を配した藩校もあった。

[参考文献] 石川謙『日本学校史の研究』、一九六〇、小学館。笠井助治『近世藩校の総合的研究』、一九六〇、吉川弘文館。和島芳男『昌平校と藩学』、一九六六、至文堂。城戸久・高橋宏之『藩校遺構』、一九七五、相模書房。城戸久『藩学建築』、一九四五、養徳社。

(辻本 雅史)

ばんこやき 万古焼 元文年間(一七三六―四一)伊勢国桑名の豪商で陶工でもあった沼波弄山が、小向《おぶけ》村(三重県三重郡朝日町)に興した陶器窯を起源とする。「萬古」「萬古不易」などの印銘から万古焼と称された。主に京・唐津・伊賀・美濃などの写し茶器や色絵、銅緑釉で青磁風に仕立てた銅青磁などが作られた。将軍家御用となり、宝暦年間（一七五一—六四）には、江戸の向島小梅（墨田区向島）に窯場が移され（江戸万古）たが、弄山の没後天明年間（一七八一—八九）ごろに廃窯になったと伝う。しかし、別の経営者によって文政年間（一八一八—三〇）ごろまで存続したという説もある。その後、一八三一年（天保二）に桑名の陶工森有節らが再興、当初は弄山に倣い写しものに傾注したが、後には型押し成形の急須・土瓶・徳利などを主産品とした。また幕末から明治以降、これを模して伊勢周辺で射和《いざわ》万古・桑名万古・四日市万古・松阪万古・鈴鹿万古・安東焼などが興り、ほかに足利万古・松沼万古（栃木県）、田島万古・二本松万古（福島県）、秋田万古（秋田県）なども知られる。（村上 伸之）

はんさつ　藩札　江戸時代、各藩が幕府の許可を得て発行した紙幣。通常は通用が領内に制限されていたが、幕末には藩領域を越えて通用した。主に銀札が中心で他に金札や銭札もあった。銀札はほぼ十匁までの少額紙幣であった。最初の藩札は一六六一年（寛文元）の越前福井藩の銀札とされていたが、近年、新史料により一六三〇年（寛永七）の備後福山藩が最初とされている。ただし、福井藩の銀札は現物が残っているが、福山藩の藩札は残っていない。発行理由は領内の貨幣不足や藩の財政難であるが、江戸時代後半になると大部分が藩の財政難であった。幕府は元禄・宝永の改鋳に際し、一七〇七年（宝永四）に藩札の発行を禁止したが、正徳・享保の改鋳に伴い、一七三〇年（享保十五）に解禁した。この時、藩札発行期間は二十万石以上の藩で二十五年、二十万石以下の藩で十五年と定めた。発行に際しては、地元の富裕な商人や大坂の有力商人が札元となることが多かった。領内に役所を設け、正貨（金貨・銀貨）と若干の増歩《ましぶ》をつけて交換し、発行した。したがって、藩札の発行によって藩が領内の正貨を吸収することになる。領内では、少額の銭貨を除いて、原則として藩札の通用が強制された。しかし、すべての藩で成功したわけではなかった。藩札は正貨と兌換《だかん》可能で、そのことが藩札の信用の裏付けとなっていた。しかし、江戸時代後半には藩財政の悪化により、藩札が乱発されたため藩札の価値が暴落した。これを「札《さつ》崩《くず》れ」と呼んでいる。この暴落により物価が上昇し、領内に混乱を引き起した藩が多かった。藩札は江戸時代を通じて、大部分の藩が発行し、天領や旗本領でも発行した場合があった。一八六九年（明治二）、明治政府は藩札の発行を禁止し、一八七一年廃藩置県の実施に伴い、流通も禁止した。翌一八七二年から新紙幣との交換が始まり、一八七九年終了した。

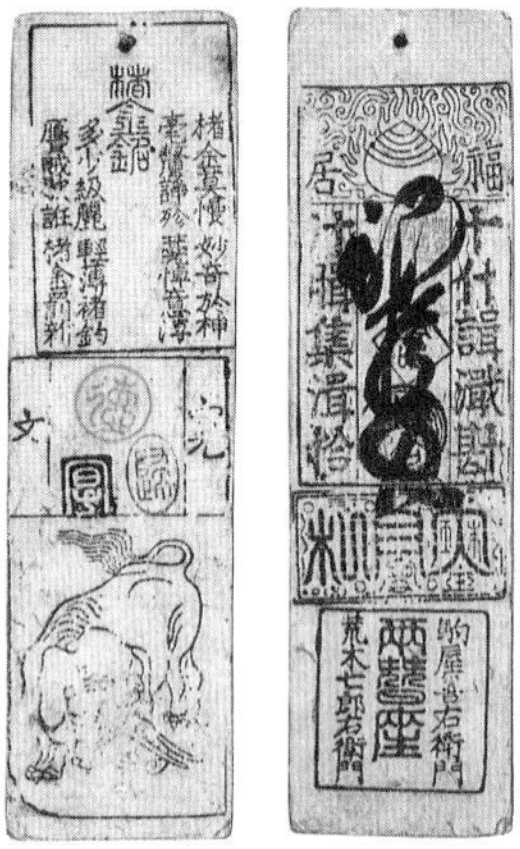
福井藩藩札（寛文元年発行）

参考文献　日本銀行調査局編『図録日本の貨幣』五・六、一九七四・八〇、東洋経済新報社。（浦長瀬 隆）

はんしゃろ　反射炉　燃焼室の炎の熱を天井で反射させて間接的に材料を溶解させる構造の炉。日本ではオランダ人ヒューゲンが一八二六年に著した『ロイクのリェージュ国立鋳砲所における鋳造法』が輸入・翻訳されることで紹介され、大砲鋳造用の溶解炉として導入された。燃焼室と溶解室が並び、溶解室の奥から大型の煙突が立ち上がる。動力は用いず、煙突の効果で通風する。日本で本格的な煙突を備えた最初の構造物である。佐賀藩の築地（佐賀市）で一八五〇年（嘉永三）に着工され、翌年に操業を開始したのをはじめ、同藩の多布施（佐賀市）、薩摩藩集成館（鹿児島市吉野町）、長州の萩（山口県萩市大字椿東）、島原藩豊前飛地の安心院《あじむ》（大分県宇佐郡安心院町宇佐田）、幕府の伊豆韮山（静岡県）と滝野川（東京都北区）、水戸藩の那珂湊（茨城県ひたちなか市）、鳥取藩領の六尾（鳥取県東伯郡大栄町六尾字配竹）、岡山藩の大多羅（岡山市）で築造された。このうち萩と韮山のものが地上に明確な遺構を遺し、ほかも何らかの遺構や遺物を残しているが、滝野川と築造説がある福岡博多では全く確認されていない。一炉の溶解能力は三トンないし三トン半で、大型砲の鋳造のためには二炉（鹿児島・那珂湊・六尾）あるいは四炉（築地・多布施・韮山）を組合わせて設置された。明治に入って、大阪砲兵工廠は一八八二年（明治十五）までに六トンの反射炉を設けたのをはじめ、一八八五年までに四基を建設して大砲鋳造に用いた。工部省釜石鉱山分局（岩手県釜石市）では一八八二年までに錬鉄製造用のパドル炉として反射炉が作られたが、実験的な操業にしか用いられなかった。一八八四年に設置された古河の本所熔銅所が反射炉で精銅を行なったのをはじめ、鉛や錫などの精錬にも用いられ、三菱の直島製錬所（香川県香川郡）では一九一八年（大正七）に二九メートル余の大型の反射炉での銅の溶鉱を始めた。現在でも反射炉は銅やアルミのリサイクルなどに活躍している。

参考文献　大橋周治『幕末明治製鉄論』、一九九一、アグネ。三宅宏司『大阪砲兵工廠の研究』、一九九三、思文閣出版。鉱山懇話会編『日本鉱業発達史』（『明治百年史叢書』、一九九三、原書房）。（鈴木 淳）

ばんじろ　番城　戦国大名などが領国支配のために設けた支城の運用方法。領国内にある城館で特定の城主を持たず、交代制の番衆などによって管理される。番衆の派遣は「境目《さかいめ》の城」や敵領内に確保された城館などに多い。後北条氏では北条氏照《ほうじょううじてる》が関係した清戸《きよと》番所《ばんしょ》（東京都清瀬市）・金讃《かなさな》御嶽《みたけ》城《じょう》（埼玉県神川町）・祇園《ぎおん》城《じょう》（栃木県小山市）などが番城として著名。いずれも「三番衆」などと数字で順番が示された番衆が派遣されており、清戸番所は十五日、祇園城では三十日が派遣される日数であった。番衆の支度は自弁で行われた。領国の境目には「半手」「半納」などといわれる年貢を半分だけ納入するというような不安定な帰属状態が設定される場合もあり、番衆は領国内部から送られた。

参考文献　齋藤慎一『中世東国の領域と城館』、二〇〇二、吉川弘文館。

（齋藤　慎一）

ハンダ　⇨鑞《ろう》

ばんだいなごんえまき　伴大納言絵巻　平安時代後期制作の絵巻物。八六六年（貞観八）に起きた応天門の変を題材にする。応天門放火の罪を左大臣源信にきせて失脚をねらった伴善男《とものよしお》が、偶然のささいな出来事からその悪事が露見し、逆に失脚するまでを描く。この説話は『宇治拾遺物語』にも収録されている。炎に包まれた応天門と火事場見物をする群衆の生き生きとした表現、異時同図法を用いて運動感を示す子どもの喧嘩場面、伴善男を捕らえる検非違使《けびいし》一行の緻密な描写など、絵画的に高い完成度を誇る。絵の筆者は後白河法皇の周辺で活躍した常磐光長と伝えられるが、確証はない。中世には若狭国松永荘の新八幡宮に伝わり、江戸時代には領主酒井家の所有となり、現在は出光美術館が所蔵する。三巻、国宝。『新修日本絵巻物全集』五、『日本絵巻大成』二、『新編名宝日本の美術』一二に収める。

参考文献　黒田日出男『謎解き伴大納言絵巻』、二〇〇二、小学館。

（加須屋　誠）

はんちく　版築　建物の基壇や築地塀《ついじべい》を築く工法。土留めの堰板《せきいた》間に土を薄く盛り、突棒（杵）で突き固めて層状に盛り上げる。堰板は幅三〇センチほどで、その両端を添柱で止め、一枚の堰板を上方に移動させつつ必要な高さに築く。七―八世紀の堂塔基壇に版築を示す添柱跡を残す例は奈良法輪寺塔、福岡天台寺金堂、兵庫奥村廃寺金堂、新潟寺泊廃寺金堂・塔などで、法輪寺塔以外は添柱と堰板を基壇外装とした可能性がある。築地塀には必ず添柱の掘立柱穴を伴い、版築層を残さなくても添柱穴から築地塀の存在を確認できる例が多い。基壇の場合は堰板を用いずに盛土突固めを繰返し、周縁部を切除整形する方法が一般的である。佐賀吉野ヶ里遺跡墳丘墓（弥生時代後期）・奈良高松塚古墳に突棒痕跡をもつ層状土層が認められ、基壇版築はこの伝統を引く。中国では夯土《こうど》と呼び龍山文化期に始まり、東周時代には横棒・楔・縄を用いて堰板を固定する方法が開発され秦漢時代に普及。

（宮本長二郎）

はんでんしゅうじゅ　班田収授　律令国家が人民に田地を分配し用益させる制度。課役負担の有無に関係なく、男女・奴婢すべてを対象に口分田を班給し、死亡後に収公する。班給の対象年齢は六歳以上とするのが通説。六年ごとに戸籍に基づいて収授を行うが、校田（田地調査）を間に挾むため、実施は戸籍作成の二年後となる。諸国は班給に先立って校田帳・授口帳を太政官に送り、実施の許可を受ける必要があった。『飛鳥浄御原令』で法制化されたと推測され、六九〇年（持統天皇四）の『庚寅年籍《こういんねんじゃく》』に基づく六九二年の班給が、制度の開始とみられる。八世紀半ば以降、戸籍作成から班給までの期間が延び、九世紀には、六年ごとの全国一斉実施という原則が破綻。十世紀以降は完全に形骸化する。唐の均田制に範をとった制度だが、収授の実施年限（唐では毎年実施）や班給の対象者（唐では租庸調を負担する良民の成人男子が主体）などで重大な相違がある。

参考文献　虎尾俊哉『班田収授法の研究』（『日本史学研究叢書』、一九六一、吉川弘文館）。村山光一『研究史班田収授』、一九七八、吉川弘文館。宮本救『律令田制と班田図』（『日本史学研究叢書』、一九九八、吉川弘文館）。

（三谷　芳幸）

はんどうじ　飯道寺　滋賀県甲賀郡の飯道《いいみち》山上にある神仏習合寺院で、南山腹に飯道神社と飯道寺があった。飯道山は標高六六四メートルの神体山として山岳信仰の対象とされた。飯道神社は信楽町の飯道山山頂の二ノ峰にあり、式内社の「飯道神社」にちなむものといわれる。飯道寺は『近江輿地志略《おうみよちしりゃく》』によると、和銅年間（七〇八―一五）に建てられたと伝え、中世・近世は神仏習合によって一体にまつられ、修験道寺院として隆盛となったが、明治初年の廃仏毀釈で廃寺になった。今は山麓の水口町三大寺で法燈を伝える。現在の飯道神社本殿は、擬宝珠《ぎぼし》の銘に慶安二年（一六四九）があり、そのころに建てられたものである。本殿は重要文化財で、一九七六年（昭和五十一）の解体修理工事の際に、内陣内側から千点を超す懸仏《かけほとけ》が見つかった。完形品は少ないが、釈迦如来、薬師如来、阿弥陀如来など平安時代後期から江戸期時代ものまである。

参考文献　肥後和男「甲賀郡　飯道山」（『滋賀県史蹟調査報告』八、一九三三）。

（小笠原好彦）

ばんなじ　鑁阿寺　栃木県足利市中心部を南東流する渡良瀬川左岸の微高地上、市街地のほぼ中央に位置する中世寺院。足利市家富町所在。国指定史跡。源姓足利氏の館跡として平安時代末期に建てられ、その後氏寺の鑁阿寺となったとされる。「堀の内」と呼ばれた堀と土塁に囲まれた館中心部は、東西約二二〇メートル、南北約二〇七メートルを測り、方二町以上と大規模である。この中には、重要文化財となっている大御堂、鐘楼、経堂のほか、県・市指定文化財の建造物が十一棟残されており、中世以来の景観を現在に伝えている。方形館の周囲、東、西、北の三方には、寺院の運営を行なっていた十二坊があった。館跡内部の発掘調査は、建物の建て替えや防災工事に伴い実施されており、中世の遺物としては少量のかわらけや瓦が出土している。また、周囲の十二坊跡の調査では、近世の溝跡や礎石建物跡のほか、中世後半に十二坊東側を区画した溝跡や柱穴、土壙、方形竪穴遺構などが確認されている。出土遺物は、舶載・国産陶磁器、瓦質土器、

鑁阿寺

かわらけ、瓦、古銭など。地方豪族の館を代表する史跡として、また中世以来の法燈を伝える寺院として貴重である。

参考文献　足利市教育委員会編「鑁阿寺庫裏建設に伴う発掘調査」(『平成十一年度文化財保護年報』、二〇〇〇)。同編「鑁阿寺十二坊跡第八次発掘調査」(『平成十二年度文化財保護年報』、二〇〇二)。

(大澤　伸啓)

はんにくぼり　半肉彫　浮彫りは後壁より彫出される高さの程度により厚肉彫り(高肉彫り・高浮彫りとも)・半肉彫り・薄肉彫り・線彫りに分類される。半肉彫りは絵画的構図を基調とし、そこに施した肉付けの微妙な高低の差により三次元的な空間表現を行うもので、飛鳥時代後期から奈良時代にかけては、塼仏・押出仏や東大寺八角燈籠火袋の音声菩薩像などの遺品に、大陸や朝鮮半島の影響を受けた高度な表現がみられる。ただし日本では浮彫そのものがあまり行われず、半肉彫りによる空間表現も目立つ展開をみせていない。石仏には半肉彫りによるものが多く、ことに鎌倉時代以降ではその主流形式となっている。

(奥　健夫)

はんにゃじ　般若寺　奈良市般若寺町に所在する真言律宗の寺院。山号は法性山。創建については諸説あるが、境内より奈良時代の瓦が出土したこと、七五六年(天平勝宝八)の「東大寺山堺四至図」に般若寺と思われる寺が記されていること、『三代実録』貞観五年(八六三)九月十六日条に「添上郡般若寺近傍山内」の伐採を禁じる記事があることから、八世紀中ごろ以前に創建されたとみられる。一一八〇年(治承四)に南都焼打ちの被害に遭った同寺は、現在、重要文化財である石造十三重塔を完成させた良恵や、西大寺僧叡尊らの手で十三世紀後半に復興され、西大寺の末寺となった。その過程で、貧孤苦悩の衆生となって行者の前に現れるという文殊菩薩の像が造られ、般若寺は北山宿の非人救済事業の拠点とされたのである。一五六七年(永禄十)の松永久秀と三好三人衆の戦乱などにより伽藍が焼失したが、江戸時代には徳川家康から寺領三十石を与えられ、のち本堂も再建されている。明治初年の廃仏毀釈により一時、廃寺となったが間もなく旧に復した。なお、鎌倉時代の建造物とされる楼門は国宝、経蔵は重要文化財に指定されている。

(西村さとみ)

はんのきはらいせき　榿木原遺跡　大津市南志賀一丁目にある史跡南滋賀町廃寺跡の寺域の西側に隣接した付属瓦工房跡。一九七四(昭和四十九)—一九七八年に滋賀県教育委員会によってほぼ全容が解明された。遺跡の東端では南滋賀町廃寺の西を限る築地塀が検出され、工房はその西外側に広がる。山丘斜面には大津宮時代ごろの五基の登窯が三支群に分かれてあり、奈良—平安時代の平窯五基も三支群に分かれて存在する。平坦部には大津宮時代ごろから平安時代の工房跡があるが、大津宮時代ごろの遺構には九間×三間、二間×二間の掘立柱建物や瓦

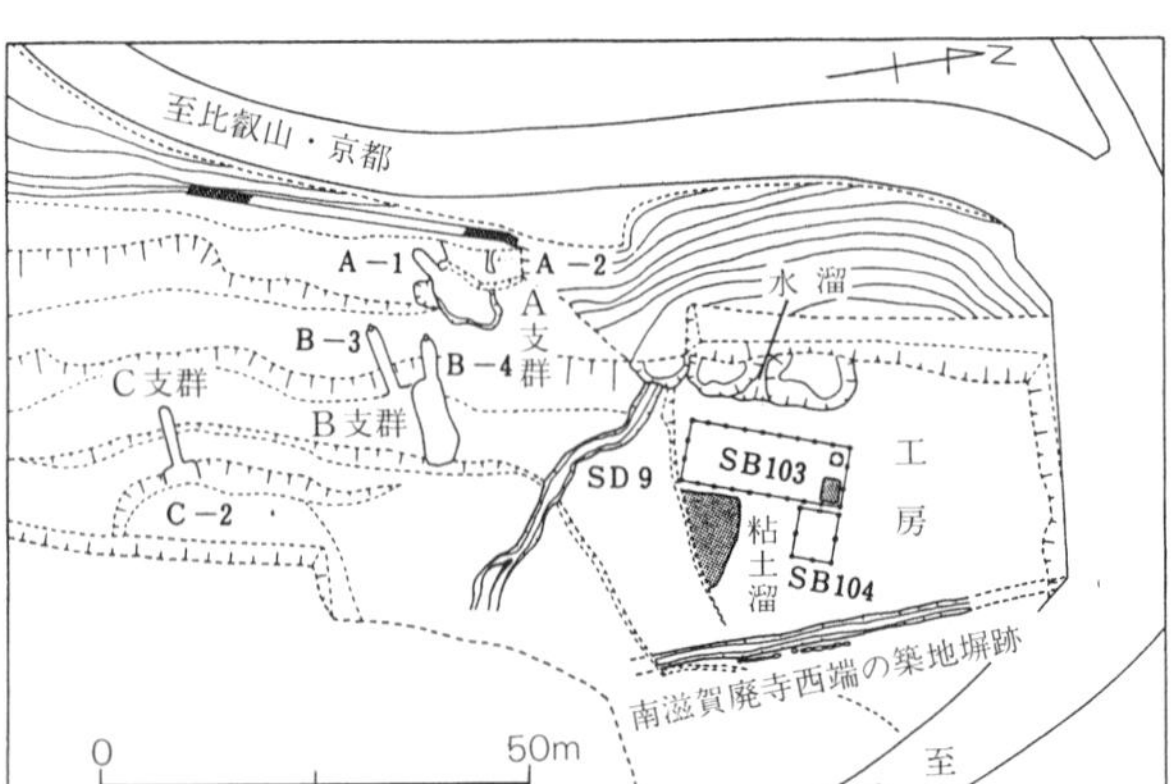

榿木原遺跡(大津宮時代)

製作に用いた粘土溜り、山裾の小さな谷川を利用した水溜めなどの工房跡が検出されている。この調査によって複弁系瓦類(大和川原寺式の瓦類)と単弁系瓦類(俗称サソリ文瓦などの方形系統瓦を含む)は大津宮時代ごろに同時に焼成・使用されたことが判明し、大津京や京内寺院を考えるうえで不可欠の遺跡といえる。↓南滋賀町廃寺《みなみしがちょうはいじ》

参考文献　滋賀県教育委員会編『榿木原遺跡発掘調査報告—南滋賀廃寺瓦窯—』I—III、一九七五・七六・八一。林博通『大津京跡の研究』、二〇〇一、思文閣出版。

(林　博通)

ばんのぶとも　伴信友　一七七三—一八四六　江戸時代後期の国学者。号は特《ことい》、事負《ことい》。一七七三年(安永二)二月二十五日に生まれ、父は小浜藩士山岸惟智《やまぎしこれとも》であったが、同藩士伴信当《のぶまさ》の養子となり、一七八八年(天明八)以降、藩主に仕えながら学問に努めた。藩主からの信任厚く、禄高は九十石から百五十石に順次加増され、近習物頭、

御文庫預となる。主に江戸・京都(藩主が京都所司代であったため)に住み、一八二一年(文政四)に隠居したのちはもっぱら研究・著述に力を注いだ。一八四六年(弘化三)十月十四日、京都の所司代屋敷にて没。七十四歳。『日本書紀』をはじめとする典籍の研究、歴史考証に多くの業績がある。著述は『伴信友全集』巻一(『神名帳考証《じんみょうちょうこうしょう》』ほか)、巻二(『神社私考《じんじゃしこう》』『瀬見小河《せみのおがわ》』『蕃神考《ばんしんこう》』『正卜考《せいぼくこう》』ほか)、巻三(『高橋氏文考注《たかはしうじぶみこうちゅう》』『残桜記《ざんおうき》』ほか)、巻四(『比《ひ》古婆衣《こばえ》』『長等《ながら》の山風《やまかぜ》』)、巻五(『宝鏡秘考《ほうきょうひこう》』『倭姫命世記《やまとひめのみことせいき》考《こう》』『若狭旧事考《わかさくじこう》』ほか)として刊行されている(一九〇七—〇九、国書刊行会、のち一九七七、ぺりかん社復刊)。このうち『神名帳考証』は『延喜式』九・十所載の神社の関連史料を掲出したもので、古代神社史研究の上で重要な意味をもった。『比古婆衣』二十巻は典籍・史実・事物などの考証を集めたもので、冒頭の『日本書紀考』ほか、今日でも参照される論説が少なくない。『長等の山風』は壬申の乱の敗者である大友皇子(弘文天皇)に関する浩瀚な考証である。このほか古風土記の収集・検証など、多くの典籍の校訂も行なっている。逸文のみが伝わる『高橋氏文』の注釈も基礎的研究の成果として注目される。信友は村田春門《むらたはるかど》を介して本居宣長《もとおりのりなが》への入門を願ったが、宣長死去のため実現せず没後の門人とされた。宣長によって樹立された国学のなかでも、史籍の考証面を大きく前進させたのが信友の学問であった。

参考文献 森田康之助『伴信友の思想』、一九七九、ぺりかん社。川瀬一馬・大鹿久義編『伴信友研究』(『伴信友全集』別巻、一九七九、ぺりかん社)。

(早川 万年)

ひ

ひ 匙 ⇩鍵《かぎ》

ひうちがね 火打金 打撃式の発火具。火打石に打ちあてた鉄片で、火口《ほくち》との組合せで使用。別名、燧金・火打鉄・火打鎌とも称し、発火具の一つとして火打袋に携行した。発火の方法は、鋼鉄の火打金(硬度四~五)を石英やチャートの火打石(硬度六~七)に打ちつけ、酸化鉄の火花を植物繊維の火口に受け火種とした。古墳時代後期に朝鮮半島から伝来したとみられ、古代から中世にかけて携行用の山形製品が普及した。中世後期には、木片の持ち手が付き、明治時代にマッチが流通するまで、一般的な発火具であった。江戸時代には、京都の明珍や上州の吉井が有名となった。

(垣内光次郎)

ひうんかく 飛雲閣 ⇩本願寺《ほんがんじ》

ひえ 稗 イネ科の一年草。日本では「五穀」の一つ。東南アジアないし中国原産と考えられ、日本には縄文時代に粟《あわ》とともに渡来した稲作以前の古い穀物である。湿地を好み、寒冷地でも栽培できるため、最近まで東北の冷水田や焼畑で栽培された。また、用水の取り入れ口である水口に稗を植えて水温を高めることにも用いられた。『日本書紀』の農耕神話によれば、死んだ保食《うけもち》神の目から稗が生じたとあり、粟・麦・豆とともに陸田《はたけ》種子《つもの》の一つに数えられている。古代においては救荒作物として重要視されており、八四〇年(承和七)の「陸田《りくでん》」(畠作)を奨励した太政官符には「天の時により、地の利につき」(原漢文)黍・稷・麦・大小豆・胡麻などとともに稗の栽培が奨励されている(『類聚三代格』)。稗は粥として食することが多かったようで、『延喜式』主水司《もいとりのつかさ》によれば、宮中の各所で正月十五日に給された「七種粥」は米・粟・黍・稗など七種の穀物によって作ると規定されている。

参考文献 鋳方貞亮「稗」(『日本古代穀物史の研究』所収、一九七七、吉川弘文館)。

(木村 茂光)

ひえいざん 比叡山 琵琶湖の西に南北に細長く連なる山並みで、近江と山城の境界をなす。北には比良山系が、南には長等山・如意ヶ岳が繋がり、最高峰の大比叡《おおびえ》(大嶽)が八四八・三メートル、西の四明《しめ》岳が八三八・八メートル、釈迦ヶ岳が七六七メートル、水井山が七九四・一メートル、三石岳が六七四メートルをはかる(五峰)。この山を山号とする延暦寺は、三塔十六谷といわれるように、広範囲に堂舎が立ち並び大伽藍を構成している。三塔の中心をなす東塔《とうどう》は、大比叡の東部を中心に京都側にも広がり、延暦寺の総本堂にあたる根本中堂をはじめ、大講堂・阿弥陀堂・大乗戒壇院・文殊楼などの主要伽藍が広い敷地を占め、周辺の各谷には、坊跡が並んでいる。東塔は一山の中心で、古い登山路のほとんどが東塔に通じている。東塔の北一キロの西塔は、人の訪れることも少なく、鳥類の繁殖地としても知られ、静かで美しい自然環境を残している。西塔《さいとう》には、転宝輪堂(釈迦堂)・常行堂および法華堂・瑠璃堂・居士林・相《そう》輪樘《りんとう》などが並んでいる。西塔からさらに北四キロの横川《よかわ》は奥比叡と呼ばれるように、長く宗教上の秘所とされてきたが、自動車道の開通により、身近な存在となった。横川には、横川中堂をはじめ、四季講堂・恵心堂などが並んでいる。三塔に建つ建物の多くは、堂内に祀られる諸仏とともに、現在国ないし県の指定文化財になっているほか、境内全体が国指定史跡となっている。延暦寺への参道は、かつて京都・近江から二十ないし三十近くあったとされるが、現在では、近江側の坂本から根本中堂へ登る本坂のほか、無動寺《むどうじ》路・飯室《いいむろ》路・大宮谷路、京都側の雲母《きらら》坂越をはじめ松尾坂・走出坂・青山越・山中越などが著名である。このうち雲母坂越は、京からの本坂で、勅使が登る勅使坂でもあった。比叡山はその高さと山容の美しさから、古代人の畏敬するところとなり、早くから信仰の対象となっていた。『古事記』神代に「大山咋《おおやまくい》命、亦の名は山末《やますえ》之《の》大主《おおぬし》神、此の神は近淡海国の日枝の山に坐し」（原漢字）とあるように、山そのものが神と見られていた（日吉大社）。また『懐風藻』にも、近江国守藤原仲麻呂が比叡山に登った時に、同行した麻田連陽春が、「稗叡は寔に神山」とし、藤原武智麻呂が「禅院」と呼ばれる、修行を目的とする施設を建てたことを詠んでいる。おそらく比叡山の麓坂本の地で生まれた最澄が、山林修行の地として比叡山を選び比叡山寺（延暦寺）を創建したのは、そのような伝統がすでにあったからであろう。なお、最澄は俗名を、三津首広野といい、その家は六世紀ころから琵琶湖の南、大津北郊に定住することになった、渡来氏族志賀漢人の一族と見られ、大津北郊には、坂本八条廃寺・穴太《あのう》廃寺・南滋賀廃寺など、その氏寺とみられる白鳳寺院が確認されている。志賀漢人は倭漢氏配下として、琵琶湖の水運を活用して、大和政権の物流ルートの管理運営にあたっていたとされるが、そうした財力と環境が、最澄の思想と行動に深く関わっていたと考えられる。最澄は七七七年（宝亀八）十二才で近江国分寺に入り、七八五年（延暦四）に国分寺を離れ、比叡山中に隠遁したとされる。最澄は山中で仏典の研究をすすめ天台仏教の樹立をめざした。七九四年、都が平安京に移り、新都にふさわしい仏教を求める桓武天皇により見出された最澄は、七九七年、朝廷に登用されるが、八〇四年、遣唐使に同行して、渡唐している。帰国後も朝廷に働きかけ八〇六年（大同元）日本天台宗は確立した。最澄は八二二年（弘仁十三）に亡くなるが、没後ようやく大乗戒壇設立の勅許が下り、翌年、比叡山寺は延暦寺と改称された。延暦寺は平安京の鬼門にあたることから、王城の鎮護とされ、朝廷・政府の大きな庇護を受けることになり、天台宗はその後も発展を続け、わが国最大の教団となった。そしてその中からは、法然・親鸞・一遍・栄西・道元・日蓮などその後の日本仏教の新しい潮流を生み出す人々を輩出している。比叡山と延暦寺のかかわりを示すものに、山頂や横川などで相ついで発見された経塚と墓地がある。比叡山における経塚の発見は、一九二三年（大正十二）の横川埋納遺物に始まり、翌一九二四年の横川での発見、一九三〇年（昭和五）の山頂における発見とつづき、さらに一九六五年と一九七七年にも横川で新たな発見があり、信仰と山のつながりを示している。特に一九二三年の、横川の如法塔再建の基礎工事中に発見された資料は、銅製尖塔一、銅製経筒四、陶製・石製外容器各二など多数にのぼり、中でも銅製尖塔内から発見された金銅製の経箱は、蓋と身に宝相華唐草文を配した豪華な意匠のもので、当時の高い工芸技術を示すものとして、国宝に指定されている。しかも銅製尖塔は、一〇三一年（長元四）横川で、覚超らが相談して、円仁の如意経を護持すべく納入したものとされ、金銅経箱も「如法堂銅筒記」に、「奉納院御経小銅筐」とある一条天皇の中宮上東門院（藤原道長の娘彰子）の写経を納めたものとされている。また一九七七年の発見は、慰霊塔建設に先立ち調査されたもので、正規の発掘調査によるものとして貴重であるが、その周辺において、十四世紀から十六世紀ごろの陶製や瓦質土器の蔵骨器を土坑に納めた二十四基の墓も発見されており、経塚と墓地の関わりを示すものである。→延暦寺《えんりやくじ》

参考文献　景山春樹『比叡山』（『角川新書』、一九六六、角川書店）。広瀬都巽「横川経塚」（『考古学雑誌』一四ノ五、一九二四）。景山春樹「横川における如法写経と埋経」（『考古学雑誌』五四ノ三、一九六九）。（大橋　信弥）

ひえいせき　比恵遺跡　福岡市博多区博多駅南三丁目から四丁目に所在する弥生時代から古墳時代を中心とする遺跡群。国指定史跡。福岡平野の中央部、那珂《なか》川と御笠《みかさ》川に挟まれた低平な洪積台地上に位置し、遺跡の範囲は約八〇万平方メートルに及ぶ。弥生時代の集落と古墳時代後期の三本単位の柵列を伴う官衙的建物群（那津官家《なのつのみやけ》か）が注目される。一九三八年（昭和十三）の調査で三ヵ所の環濠が検出された。全面が判明している一号環濠は一辺三〇～三六メートルの方形、内部に隅丸方形竪穴住居五、井戸二、柱穴群が検出され、弥生時代中期の集落構造を示す典型例とされている。その後の調査で弥生時代初頭から終末の生活遺構が判明しつつあるが削平攪乱が著しい。台地が開析された各部には水田遺構が検出され、多量の木器も出土している。第六次調査の弥生時代中期前半の甕棺から細形銅剣が出土し絹布が巻かれていた。この甕棺を含む甕棺群を墳丘墓とみる説もある。ほかに青銅器鋳型・銅鋤・銅鏃なども出土。→那津官家《なのつのみやけ》

参考文献　福岡市教育委員会編『比恵』三―二二、一九八三―二〇〇三。（山崎　純男）

ひえじんじゃ　日吉神社　⇩日吉大社《ひよしたいしゃ》

ひえじんじゃ　日枝神社　東京都千代田区永田町にある神社。旧称は日吉山王権現。主祭神は大山咋神。一四七八年（文明十）、太田道灌が武蔵国川越の無量寿寺より江戸城内に勧請し、城の鎮守としたことに始まるという説と、一三六二年（貞治元）に江戸氏が建立したという説がある。その後、一五九〇年（天正十八）の徳川家康入封で、城の拡張のため、近江坂本の日吉大社とともに紅葉山に祀られた。さらに半蔵門外に遷座したが、明暦の大火（一六五七年）で焼失し、一六五九年（万治二）に現在地に竣工した。歴代将軍は本社を崇敬し、将軍宣下などで祈願するほか、たびたび参詣した。朱印地は六百石で、一九一五年（大正四）には官幣大社となった。六月十五日の例祭（山王祭、別名天下祭）は、江戸の大祭の一つとして親しまれている。近世遺跡の発掘調査が稀であった一九七四年（昭和四十九）に、境内の掛茶屋のものと推定される十九世紀中葉のゴミ穴が調査された。また一九九三年

(平成五)—九七年に禰宜千勝興文・金丸忠兼、巫女谷左近の屋敷と社僧円乗院が発掘され(溜池遺跡)、十八世紀の建築遺構を中心に、十七世紀末の造成、および溜池埋め立てによる敷地拡張が確認された。江戸の神社の発掘例は少なく、貴重な調査といえる。

参考文献　地下鉄七号線溜池・駒込間遺跡調査会編『溜池遺跡』II(『地下鉄七号線溜池・駒込間遺跡発掘調査報告書』七—二、一九九七)。

(岩淵　令治)

ひえだいせき　稗田遺跡　奈良盆地中央部に位置する古墳時代から中世にかけての複合遺跡。奈良県大和郡山市稗田町・若槻町に所在。橿原考古学研究所により一九七六年(昭和五十一)と一九八〇年に発掘調査が行われ、奈良時代の下ツ道と河川跡、ならびにその交差するところで橋の遺構を検出した。奈良時代の河川跡は平城京の左京から流れてくるもので、約四〇〇メートルにわたって検出。墨書人面土器、ミニチュアかまど、土馬、斉串《いぐし》、人形《ひとがた》、絵馬など大量の祭祀遺物が出土した。下ツ道は東西側溝を検出。溝芯々幅約二三メートル。平城京の朱雀大路の下層で検出されている下ツ道の南への延長に正しく位置する。東側溝の規模が大きく運河の可能性がある。河川にかかる橋は、橋脚が遺存していた。河川の流れる方向にあわせ、平面は菱形を呈し幅一八メートル、長さ一九メートル、東西七間、南北三間であった。奈良時代の交通体系や祭祀を考えるうえで重要な遺跡。

資料館　奈良県立橿原考古学研究所附属博物館(奈良県橿原市)

参考文献　奈良県立橿原考古学研究所編「稗田遺跡発掘調査概報」(『奈良県遺跡調査概報』一九七六年度、一九七七)。同編「稗田・若槻遺跡発掘調査概報」(『奈良県遺跡調査概報』一九八〇年度、一九八二)。

(林部　均)

ひえづくり　日吉造　神社建築の形式の一つ。滋賀県大津市の日吉大社の東本宮・西本宮と摂社宇佐宮の本殿にのみ見られる。入母屋造、平入りの屋根の背面の軒先を切り取ったような形状になっている。したがって背面隅には隅木を入れず、背面の傍軒の破風《はふ》に側面の垂木を取り付ける。母屋の正面と両側面の三方に庇《ひさし》をつけ、背面には庇の付かない平面形式に対応した屋根形式である。その成立は無動寺相応和尚が東・西本宮を造営した八八七年(仁和三)にさかのぼるとされている。床下に、仏像に対する祭祀や参籠に用いられる下殿があり、縁の下に低い縁状の床がある点も特徴。日吉大社のほかの社殿も、各地に勧請された日吉神社には用いられない特殊な形式である。聖帝《しょうたい》造と呼ぶこともある。

参考文献　『日本建築史基礎資料集成』一、一九六八、中央公論美術出版。黒田龍二『中世寺社信仰の場』、一九九九、思文閣出版。

(山岸　常人)

比江廃寺塔心礎

ひえはいじ　比江廃寺　白鳳時代後期創建の古代寺院跡。高知県南国《なんごく》市比江《ひえ》に所在し、国分川《こくぶがわ》の右岸側に立地する。塔心礎《とうしんそ》が残り、塔跡は一九三四年(昭和九)に国の史跡に指定され、一九八二年に周辺地が追加指定された。寺院名等などは不詳。一九六九年の発掘調査で、塔心礎は創建時の位置であることが確かめられている。塔跡の東側から、かつて多量の瓦類が出土しており、金堂《こんどう》跡を推定する説もある。一九九〇年(平成二)・九五年の調査では、心礎の周囲から掘込地業《ほりこみじぎょう》など心礎の固定と地固めの痕跡が確認され、また塔跡の北西側の区域から同時期とみられる掘立柱建物跡などが確認されたが、塔跡東側の遺構については撹乱されていた。なお、『長宗我部地検帳』には「アマシャ内」(尼寺ケ内)の小字をもつ土地がみられることから、土佐国分尼寺として転用されたとする説もある。法隆寺系の軒平瓦や土佐国分寺跡と同型の瓦類なども出土し、瓦窯として香美郡土佐山田《とさやまだ》町植《うえ》のタンガン窯跡などが知られている。

参考文献　岡本健児「土佐」(角田文衛編『新修国分寺の研究』五上所収、一九六七、吉川弘文館)。高知県教育委員会編『比江廃寺跡発掘調査概報』、一九九一。

(山本　哲也)

「大宅里大宍」の墨書ある檜扇(平城京二条大路跡木簡溝出土)

ひおうぎ　檜扇　柾目の細長い檜の薄板を数枚から二十数枚重ね、下端を穿孔して要とし、上方は開閉できるように糸で綴じ合わせて扇としたもの。細骨に紙をはる紙扇(蝙蝠《かわほり》扇)より古く、起源については、木簡を綴集することに着想を得て考案されたとする説、蒲葵《ほき》の葉形と檜扇の骨との形態的類似から模造したとする説などがあるが、定説をみない。出土品は奈良県平城宮・京跡、京都府長岡・平安京跡など都城跡からが多く、十二―十三世紀の経塚埋納品もある。平城京二条大路跡木簡溝からは「大宅里大宍」の墨書を留める奈良時代前半の七枚骨のものが、同左京三条二坊八坪の井戸からは天平勝宝七年（七五五）十月の年紀をもつものが出土している。奈良時代のものは白木で骨の形には多様性が認められる。平安時代以降、骨は単純な形態のものが多くなるとともに数も増え、宮中で使用されるうち形式化や装飾化が進んだとみられ、女房檜扇のような泥絵《だみえ》のものも生じ、威儀具として長く使用された。

参考文献　加藤真二「檜扇考―奈良時代から平安時代初頭の檜扇について―」（西野元先生退官記念会編『考古学雑渉』所収、一九九六）。関根真隆『奈良朝服飾の研究』、一九七九、吉川弘文館。中村清児『扇と扇絵』（『日本の美と教養』二三、一九六九、河原書店）。（小池　伸彦）

ひおきまえはいじ　日置前廃寺　滋賀県高島市今津町日置前字西出口にある古代寺院。奈良県法隆寺や鳥取県上淀廃寺など類例の少ない彩色壁画が出土した特異な地方寺院跡である。今津町教育委員会の調査により確認調査が行われた結果、金堂とみられる乱石積み基壇一基だけが検出され、基壇上に自然石の礎石数個とその抜き跡が確認された。基壇の規模は、西辺は未確認であるが、東西推定約一八・六メートル、南北約一五・二メートルで、建物は五間（約一二・二メートル）×四間（約八・七メートル）の規模と推定される。出土遺物から創建は七世紀末ごろで、九世紀代に瓦葺きから檜皮《ひわだ》葺きに造り替えられ、十世紀後半代に焼失したとみられている。彩色のある壁画片は十一点あるがいずれも細片で描かれたモチーフなどは明らかでない。ベンガラや緑青などが熱で変化したとみられる褐色や黒褐色の線が認められる。ほかに塼仏《せんぶつ》片や塑像片なども出土している。この寺院に東接して広範な広がりを見せる官衙跡、日置前遺跡があるが、これと密接な関連を持つ寺院とみられる。

参考文献　今津町教育委員会編『日置前廃寺発掘調査概要報告書』、二〇〇〇・〇一。（林　博通）

ひがしいち　東市　右京域の西市と並んで、都城の左京域に設置された官設の市。国家が必要とする物資の調達を主たる目的に設置され、左京職管轄下の東市司によって管理された。東市司は正一人、佑一人、令史一人、価長五人、物部二十人、使部十人、直丁一人からなり、財貨の交易、器物の真偽、売買の估価、非違の検察などを掌った。鼓の音を合図に正午から日没まで開かれた。九世紀以降は、月の後半に開かれる西市に対し、月の前半のみに開設されるようになる。内部は「行」と呼ばれる区画に分けられ、国家公認の「行肆」や、机を並べた程度の仮設的な「案肆」が立ち並んだ。行肆には市人や外五位・六位以下の派遣する家人や奴婢などによって物品が並べられ、私的な交換の場合は時価に従い、官と私の場合は中估価を基準とした。東市司は十日ごとに三等の時価を記録し、季節ごとに左京職に報告した。また東市は、雨乞いなどの行事や刑罰執行の場としても利用された。東市の設置は藤原京において七〇三年（大宝三）とされ、宮の北方に位置した可能性がある。平城京以後は宮の南方に設置される。紫香楽・難波・由義《ゆげ》の各宮では市はあったが、東西には分かれていなかったらしい。平城京では左京八条三坊五・六・十一・十二坪、平安京では左京七条二坊五・六・十一・十二坪の四町を占め、十世紀になると四周に二町ずつの外町が付属して計十二町となる。平城京の東市は発掘調査が進み、四つの坪は一体の敷地ではなく、条坊道路によって分割されること、周囲には築地塀がめぐること、東半部中央には幅一〇メートルに及ぶ南北溝（東堀河）が貫流すること、六坪の北西角には楼閣風建物が存在したこと、などが判明している。『延喜式』によれば、東市の店舗は、東絁・羅・巾子・帯・布・苧・木綿・沓・筆・墨・丹・珠・玉・薬・太刀・弓・箭・兵具・香・鞍橋・鞍褥・韉・鐙・障泥・鞦・鉄幷金器・漆・木器・麦・醤・蒜・馬・海菜（以上、東市の独占）、絲・綿・幞頭・縫衣・紵・櫛・針・韮・油・染草・米・塩・索餅・心太・海藻・菓子・干魚・生魚（西市と共通）の五十一店である。平安京の東市は、衰退傾向の著しい西市とは対照的に、鎌倉時代まで存続した。

参考文献　奈良市教育委員会編『平城京東市跡推定地の調査』I―XVI、一九八三―九六。栄原永遠男『奈良時代流通経済史の研究』、一九九二、塙書房。佐藤信『日本古代の宮都と木簡』、一九九七、吉川弘文館。森明彦「日本古代の市について」（続日本紀研究会編『続日本紀の時代』所収、一九九四、塙書房）。（市　大樹）

ひがしえぞちなんぶはんじんやあと　東蝦夷地南部藩陣屋跡　幕末の幕府蝦夷地再直轄に際し警備を命じられた南部藩が築いた陣屋跡などの史跡指定名称。江戸時代中期にロシア船が頻繁に蝦夷地周辺に現れ、その対応策として江戸幕府は松前藩から一七九九年（寛政十一）に東蝦夷地を、一八〇七年（文化四）に西蝦夷地を上知して直轄領とし、南部（盛岡）藩と津軽藩にその警護を命じた。南部藩は函館に元陣屋を置き、根室、クナシリ、エトロフに勤番所を設けた。幕府は一八二一年（文政四）に蝦夷地を一時松前藩に返還したが、一八五五年（安政二）再び直轄し、松前藩のほか南部、津軽、仙台、庄内四藩に警護にあたらせた。南部藩は、函館を中心に恵山《えさん》岬から幌別《ほろべつ》間の沿岸警備を担当し、函館に元陣屋、室蘭に出張陣屋、砂原《さわら》とヲシャマンベに分屯所を置いた。その後、一八六八年（明治元）明治維新の際に各陣屋は廃棄された。土塁、壕などが残る次の三ヵ所が史跡となっている。砂原陣屋跡（茅部郡砂原町所在、一八五六年構築）、一九七四年（昭和四十九）国指定史跡。モロラン陣屋跡（室蘭市陣屋町所在、一八五五年構築）、一九三四年国指定史跡、一九七四年追加指定。ヲシャマンベ陣屋跡（長万部《おしゃまんべ》町所在、一八五六年構築）、一九七四年国指定史跡。

参考文献　『日本城郭大系』一、一九八〇、新人物往来社。

『北海道の文化』二〇、一九七二、北海道文化財保護協会。
（越田賢一郎）

ひがしさんじょうどの　東三条殿　平安左京三条三坊一・二町、現在の京都市中京区の上・下松屋町を中心とする南北二町に所在した摂関家の名邸。藤原良房邸に始まる。宇多朝に陽成上皇、醍醐朝に宇多上皇が御所として用いたり、藤原忠平の女婿重明親王が居住したりするなど、摂関家との関係で皇族の居住した事例が多い。東三条殿と称された兼家時代には、彼とその娘たち、彼女たち所生の皇子たちが居住。超子(冷泉天皇女御)は居貞(後の三条天皇)・為尊・敦道親王、詮子(円融天皇女御)は懐仁親王(後の一条天皇)を生んだ。九八四年(永観二)焼失。九八六年(寛和二)の一条天皇践祚に伴う居貞親王立太子は東三条殿の南院で行われ、当時すでに南北二町の敷地であったことがわかる。『大鏡』は兼家が西対を清涼殿と同じ造りとし、世人の批判を受けたと記すが、九八七年(永延元)再建時の建築のことであろう。兼家の子道隆の時代には、九九一年(正暦二)皇太后詮子が同邸にちなんで東三条院の院号を与えられた。南院は九九三年に焼失し、翌年再建されるが、道隆は九九五年(長徳元)同院で没。本院は道長時代に新造され、一〇〇五年(寛弘二)—〇六年と三条朝の一〇一一年に里内裏となるが(のち後朱雀・近衛・後白河・二条朝にも里内裏)、一〇一三年(長和二)焼失。南院は一〇〇六年に焼失し、二年後に再建。頼通時代には、本院は一〇三一年(長元四)新造移徙目前での焼失後、一〇四三年(長久四)再建。師実時代以降、元服・大饗・立后など摂関家の重要な儀式の場としての性格を強め、平安時代末期には一一五〇年(久安六)忠実が同邸で忠通から氏長者を奪って頼長に与え、保元の乱(一一五六年)では後白河天皇が接収するなど、政変の舞台となった。忠通から娘の皇嘉門院聖子に伝領され、一一六六年(仁安元)東宮憲仁親王(後の高倉天皇)御在所として焼失して以降再建されなかった。『兵範記』『台記』『類聚雑要抄』『年中行事絵巻』などで建築の詳細が知られ、寝殿造研究上重要。国立歴史民俗博物館と京都文化博物館に復原模型がある。

東三条殿復元模型

参考文献　川本重雄「東三条殿と儀式」(『日本建築学会論文報告集』二八六、一九七九)。高群逸枝『平安鎌倉室町家族の研究』、一九八五、国書刊行会。太田静六『寝殿造の研究』、一九八七、吉川弘文館。
（古藤　真平）

ひがしほんがんじ　東本願寺　⇨本願寺《ほんがんじ》

ひがしやまいせきがとう・がどう　東山遺跡瓦塔・瓦堂　一九七六年(昭和五十一)、関越自動車道の建設に先立って発掘調査された埼玉県児玉郡美里町甘粕の東山遺跡から出土した、九世紀初頭ごろの素焼きの土製仏塔と仏堂。両者がほぼ完全な形で揃って出土した事例は少なく、須恵器二箇・土師器二十一箇とともに重要文化財。所有は埼玉県教育委員会。掘立柱建物跡の周辺に散乱した状態で出土したことから、当時は、瓦塔・瓦堂とも、この鞘《さや》堂《どう》とみられる建物の中に収められていたと考えられている。瓦塔・瓦堂ともに、実際の仏塔・仏堂建築を細部に至るまで忠実に模倣して製作されている点が特徴的である。瓦塔は九輪の相輪《そうりん》を持つ五重塔に復原され、復原高は一〇三・二センチを測る。入母屋造の重層の金堂とみられる瓦堂は、復原高四五・八センチを測り、大棟の上には鴟尾《しび》が据えられている。

瓦塔・瓦堂（埼玉県東山遺跡出土）

参考文献　『甘粕山』(『埼玉県遺跡発掘調査報告書』三〇、一九八〇、埼玉県教育委員会)。埼玉県立歴史資料館編『埼玉県児玉郡美里町東山遺跡出土瓦塔・瓦堂解体修復報告書』、一九九三、埼玉県教育委員会。
（宮瀧　交二）

ひがしやまおぶんこ　東山御文庫　京都御所内に存在する御物を収蔵する文庫。「ひがしやまごぶんこ」とも。「東山」の名称は、一八八二年(明治十五)に近衛忠熙《ただひろ》からの献上により移築された倉の名前に由来する。後陽成天皇以降大正天皇に至るまでの歴代天皇によって整備・蒐集・保存されてきた書籍・文書・道具類など約六万点が収蔵されている。「東山御文庫本」と呼ばれるこれら収蔵品の中には、宸記や和歌懐紙など歴代天皇の宸翰、歴代天皇の蒐集にかかる古写本・古文書、後西天皇や霊元天皇の命によって当時の禁裏・伏見宮家や公家・社寺等所蔵の善本を書写した古記録・典籍・文書類の江戸時代前期写本、江戸時代の禁裏・仙洞で作成された文書・記録類などがあり、いずれも高い価値を有する。なかでも江戸時代前期写本の中には書写後に親本が焼失したり所在不明になったものがあり、また書写の精度の高さからも注目されている。東山御文庫本は明治初年より数次にわたって整理が進められていたが、一九二四年(大正十三)に設けられた臨時東山御文庫取調掛により一九二七年(昭和二)に調査が完了した。その後若干大正天皇宸翰類などが追加され、現在は宮内庁侍従職の管理となっている。勅封とされ原則非公開であり、その内容は毎年秋の曝涼時に宮内庁書陵部によって撮影されているマイクロフィルムや東山御文庫本を部分的に書写した『京都御所東山御文庫記録』(東京大学史料編纂所所蔵)によって知ることができるが、未撮影のものも少なくない。なお、現在国立歴史民俗博物館所蔵となっている高松宮家伝来禁裏本は後西・霊元両天皇が有栖川宮家に分与した蔵書が中心となっており、宮内庁書陵部や国立国会図書館には明治初年に京都御所より移送された書籍が蔵されている。これらは本来、東山御文庫本と一体のものであった。このほか、京都御所内には「聖徳太子画像」『法華義疏』や江戸時代中後期の『御湯殿上日記』など、東山御文庫本とは別に保管されている御物も存在する。

参考文献　田島公編『禁裏・公家文庫研究』一・二、二〇〇三・〇六、思文閣出版。毎日新聞社「至宝」委員会事務局編『東山御文庫御物』一―五(『皇室の至宝』、一九九九―二〇〇〇、毎日新聞社)。田島公「禁裏文庫の変遷と東山御文庫の蔵書」(大山喬平教授退官記念会編『日本社会の史的構造』古代・中世所収、一九九七、思文閣出版)。

(小倉　慈司)

ひぎょうしゃ　**飛香舎**　平安宮内裏の後宮に所在した七殿五舎のうちの一つ。後宮の中では南西の位置にあたり、清涼殿・後涼殿のすぐ北にある。東西五間、南北二間の身舎に四面庇が付く建物で、南正面に小さな坪があり、藤が植えられていたことから、藤壺ともいう。平安時代の和歌では、藤のほか、菊・紅葉・女郎花《おみなえし》なども詠まれており、風雅な庭が窺われる。『拾芥抄《しゅうがいしょう》』によれば、八一三年(弘仁九)にはまだ存在しなかったと推定され、そのころから造営されたとみられる。藤原安子(村上天皇中宮)、藤原彰子(一条天皇中宮)、藤原威子(後一条天皇中宮)、章子内親王(後冷泉天皇中宮)などがここを在所とした。藤原道長の直廬《じきろ》が置かれたこともあり、『日本紀略』によれば、一〇一五年(長和四)十月にはその直廬で京官の除《じ》目《もく》が行われたことが知られる。

参考文献　古代学協会他編『平安京提要』、一九九四、角川書店。

(鐘江　宏之)

ひきり　**火鑽**　火鑽杵《ひきりきね》を火鑽臼《ひきりうす》(板)の上で摩擦させて火を起こす道具の総称。古くは静岡県登呂遺跡や富山県江上A遺跡など弥生時代中期から後期の出土資料が知られ、古墳時代では山梨県銚子塚古墳や群馬県上戸塚《かみとつか》正上寺《しょうじょうじ》遺跡などで発見されている。火鑽杵の回転法の違いによって鑽揉《きりもみ》式・紐鑽《ひもぎり》式・弓鑽《ゆみぎり》式・舞鑽《まいぎり》式の四種に分類されるが、出土資料では火鑽杵と火鑽臼の組合せが多いことから鑽揉式発火法が一般的であったことが推定される。火鑽臼には火鑽杵の足掛りとなる浅い窪みが彫られ、板側辺に摩擦で生じる発火直前の木糞(火種)を溜めるためのV字状の溝が設けられる。中世では、十数点に及ぶ出土資料が新潟県上越市一之口遺跡から発見されており、同県白根市浦廻《うらまわり》遺跡では、壊れた下駄の歯を火鑽臼として転用された例が知られる。神事としては、愛知県豊田市坪崎町津島神社や福岡県うきは市三春天満宮、静岡県富士宮市浅間神社の火鑽神事、島根県松江市八雲町熊野大社の鑽火祭、京都府八坂神社の鑽火式など各地に伝わる。

参考文献　高嶋幸男『火の道具』、一九六五、柏書房。

(内川　隆志)

ひこさん　**英彦山**　福岡県田川郡添田町と大分県中津市山国町との境に所在する標高一一九九・六メートルの山。頂部は豊肥火山活動に属する安山岩の火山砕屑岩と溶岩である。この安山岩の柱状節理がよく発達した部分を材木石いう。頂上は北岳・中岳・南岳の三峰があり、南岳が主峰である。平安時代初期までは「日子山」と呼ばれたが、嵯峨天皇の勅により「彦山」、さらに一七二九年(享保十四)霊元上皇から「英彦山」の尊号を受け、以後この文字を使っている。古代より修験道の山として知られ、北魏の善《ぜん》正《しょう》、役小角《えんのおづぬ》、寿元《じゅげん》、法蓮《ほうれん》などの開祖伝承がある。一二一三年(建保元)の『彦山流記《ひこさんるき》』によると七里四方の四至と霊仙寺《れいせんじ》には講衆・先達の集団が存在したという。一三三三年(正慶二)の世襲座主の成立以後、行者方の三季入峰、衆徒方《しとがた》の台密系修法、惣方《そうがた》の祈年神幸祭などが整った。春・夏の入峰は胎蔵界彦山から金剛界宝満山へ、秋の入峰は彦山から金剛界福智山《ふくちやま》へとされた。一五〇九年(永正六)日光山から来山した阿吸房即伝《あきゅうぼうそくでん》によって彦山修験道の教儀と実践論が集大成された。一六九六年(元禄九)以降は天台修験別本山となり、九州一円に約四十二万戸の檀那と約七十ヵ所の末山をかかえていたが、明治初期の神仏分離令で打撃を受け、神社として存続し、神幸祭《じんこうさい》・御《おん》田祭《だまつり》などの修験道儀礼の一部が残されている。また、旧山伏の坊跡も残り、階段状の石垣とともに往時の景観をとどめている。山内には、重要文化財の奉幣殿(旧霊仙寺大講堂)や銅鳥居の江戸時代初期の建造物や室町時代作の修験板笈《いたおい》、鎌倉時代作の銅造御正体、仁王般若経が残る。また鬼伝説が残る国天然記念物の英彦山の鬼杉や県指定文化財の板倉・梵鐘が所在している。山の中腹には高住神社(豊前坊)・大南神社(不動窟)・玉屋神社(玉屋窟)が所在し、多くの修行窟が残る。旧座主院は、九州大学生物学研究所として残り、九州で一、二を争うほどの植物の宝庫である英彦山の植物・動物の研究が行われている。

参考文献　中野幡能『英彦山と九州の修験道』、一九七七、名著出版。田川郷土研究会編『(増補)英彦山』、一九七八、葦書房。朝日新聞西部本社『英彦山発掘』、一九八三、葦書房。

（磯村　幸男）

ひこねじょう　彦根城　井伊家歴代の居城。滋賀県彦根市金亀町所在。国指定特別史跡。天守は国宝、天秤櫓・太鼓門・西ノ丸三重櫓・佐和口多聞櫓・馬屋は重要文化財。一六〇〇年(慶長五)関ヶ原合戦の論功行賞により、井伊直政は近江に十八万石を賜り、一旦佐和山城に入城した。そして嫡子直継によって一六〇三年ころより新たな居城として彦根山に築城が開始された。築城にあたっては公儀より奉行が遣わされ、『井伊年譜』によると七ヵ国十二大名に助役が賦課される公儀普請であった。その構造は彦根山の山頂に本丸を置き、東に太鼓丸、西に西ノ丸を配し、その外方には近世城郭としては珍しい堀切を設けていた。本丸北西にある三層三階の天守は、『井伊年譜』に「此殿守ハ遂ニ落不申目出度」とあり関ヶ原合戦の前哨戦で落城しなかった大津城の天守を移したものであった。南東側堀切を隔てて鐘ノ丸が設けられ、木橋で結ばれていた。一方、北西側堀切を隔てて観音台が配されているが、これは馬出し的機能を有する小曲輪である。こうした山上曲輪群に対して山麓には東側に表御殿が設けられ、南側には米蔵が建ち並び、北西端には山崎曲輪が設けられ、これらを囲い込むように内堀がめぐらされていた。なお、彦根城の構造の特徴の一つとして注目できるものに、山上と山麓を結ぶ登り塀が五ヵ所にわたって築かれている点がある。石垣と竪堀を伴うもので、城の斜面移動を封鎖する施設であり、文禄・慶長の役で多用された竪石垣の影響を受けたものである。内堀と中堀に囲まれた一画は内曲輪と呼ばれ、基本的には大身の家臣屋敷地であるが、藩主別邸の槻《けやき》御殿、作事小屋・馬屋なども置かれていた。中堀には佐和口・京橋口・船町口・長橋口が設けられ、北方は松原内湖に通じていた。一八七四年(明治七)に解体された表御殿や内曲輪では、発掘調査が実施されている。特に表御殿では、御殿の外観が復元され、彦根城博物館として、彦根城・井伊家関係の資料が展示されている。

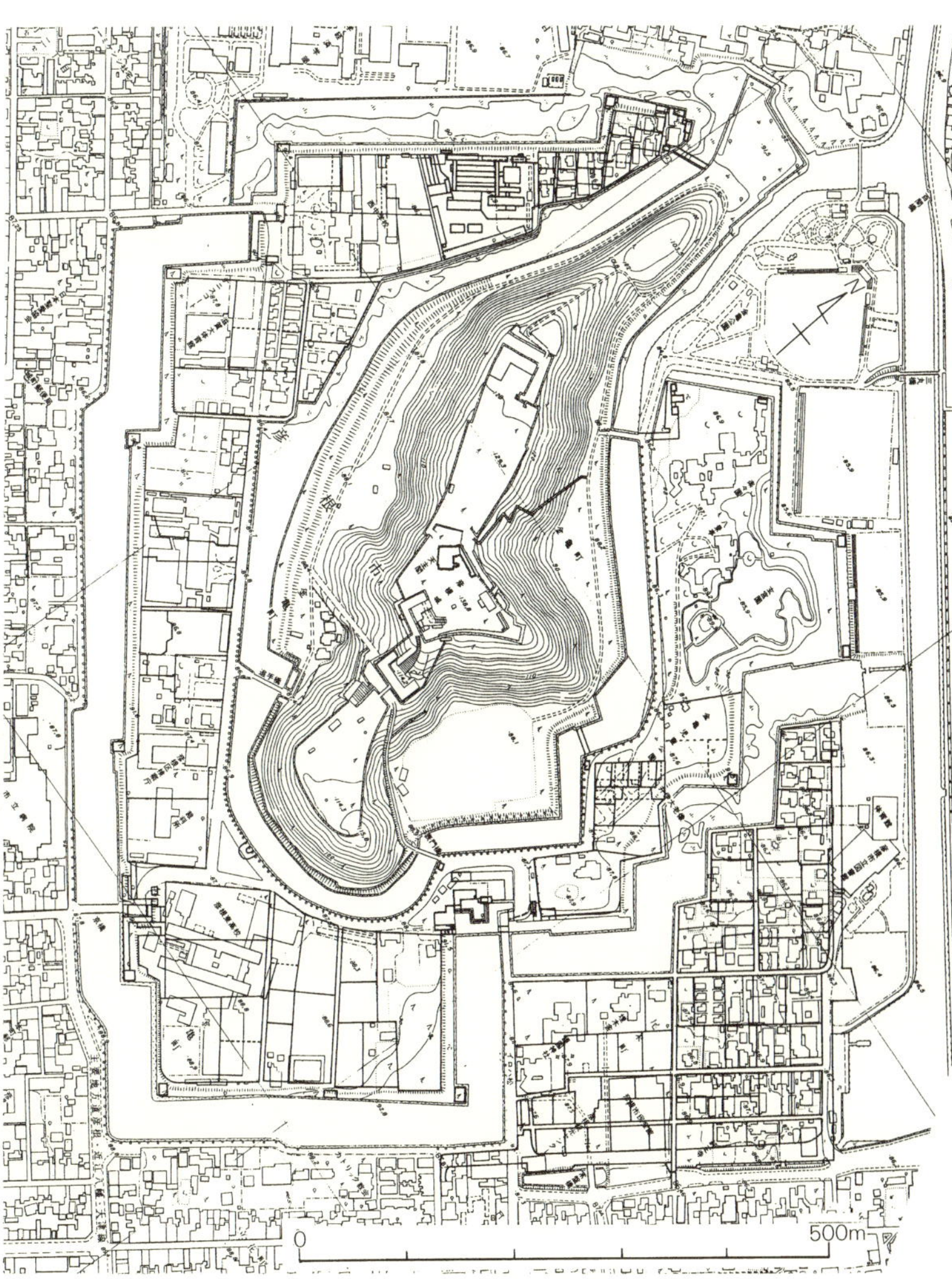

彦根城現状図

参考文献　彦根城博物館編『特別史跡彦根城跡表御殿発掘調査復元工事報告書』(『彦根城博物館調査報告』一、一九八八)。谷口徹「彦根城の絵図を読む」(西田弘先生米寿記念論集刊行会編『近江の考古と歴史』所収、二〇〇二、真陽社)。

（中井　均）

ひごのくに　肥後国　西海道《さいかいどう》の一国。現在の熊本県。玉名《たまな》・山鹿《やまが》・菊池《きくち》・阿蘇《あそ》・合志《こうし》・飽田《あきた》・託麻《たくま》・益城《ましき》・宇土《うと》・八代《やつしろ》・天草《あまくさ》・葦北《あしきた》・球磨《くま》の十三郡からなる上国《じょうこく》であった。『日本紀略《にほんきりゃく》』によると、七九五年(延暦十四)九月に大国《たいこく》とされ、『三代実録《さんだいじつろく》』によると、八五九年(貞観元)五月に合志郡を分けて山本《やまもと》郡を置き、十四郡となった。郷数は『和名類聚抄《わみょうるいじゅうしょう》』では九十九郷(元和古活字那波道圓本による。高山寺本では九十八郷)が知られる。『古事記《こじき》』神代では、九州は筑紫島《つくしのしま》といわれ、一身に四面があり、面ごとに筑紫国《つくしのくに》・豊国《とよのくに》・肥国《ひのくに》・熊曾国《くまそのくに》という名であるとされている。七世紀以前には肥後国は肥前国《ひぜんのくに》とあわせて、肥国(火国)であった。肥国の由来について、『肥前国風土記』と『肥後国風土記』逸文によると、崇神天皇《すじんてんのう》の世に肥後

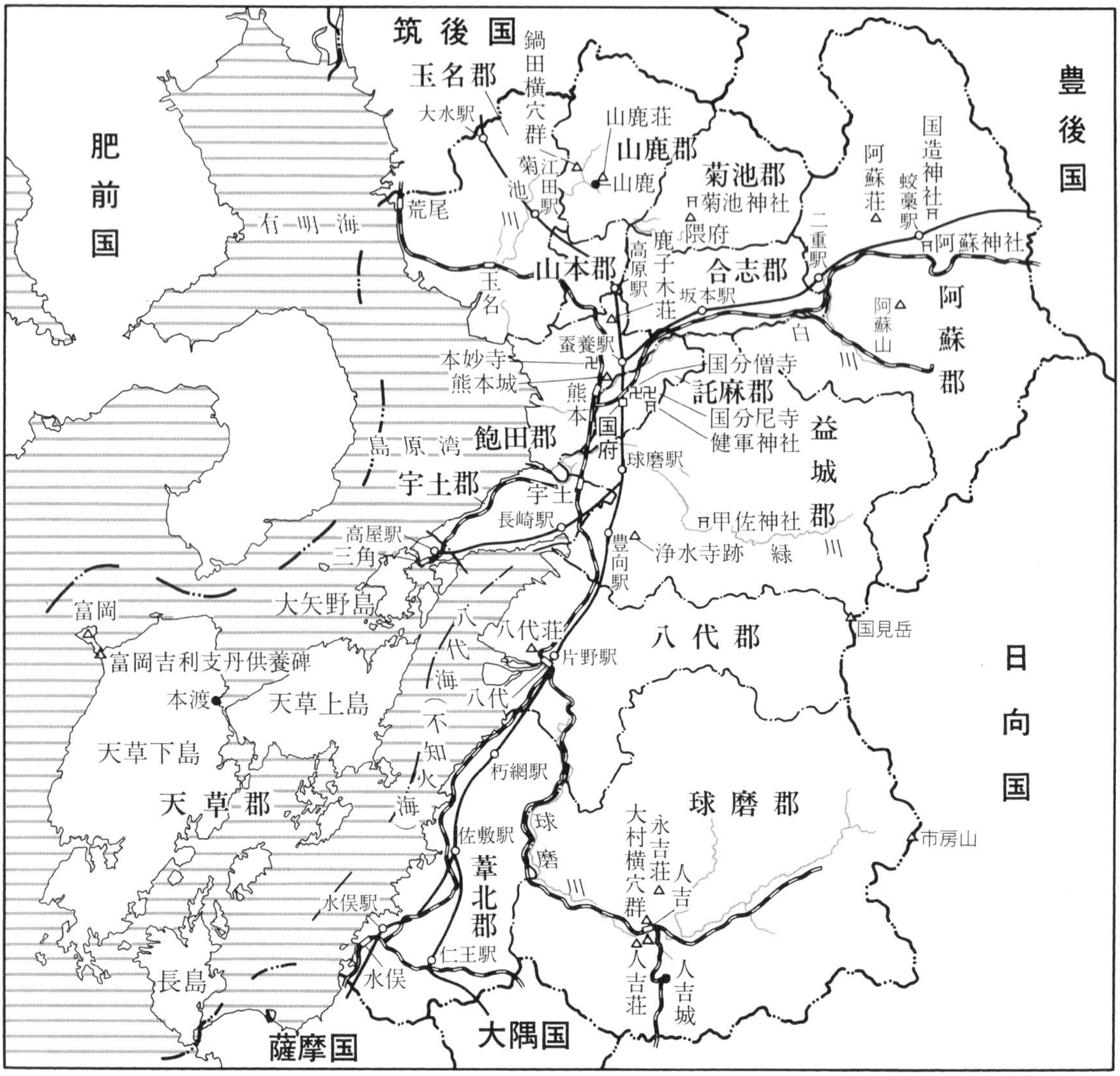

肥後国略図

国益城郡の朝来名《あさくな》の峰に、土蜘蛛《つちぐも》の打猴《うちさる》・頸猴《うなさる》二人があり、皇命《こうめい》にさからうので、肥君《ひのきみ》らの祖、健緒組《たけおくみ》を遣わして討たせたとし、健緒組がこれを平定して八代郡の白髪《しらかみ》山《やま》に至った時、日が暮れて虚空《おおぞら》に火が燃えるのが見えたので、天皇に奏上《そうじょう》したところ、天皇は火の下る国であるから、この国を火国というようにといい、健緒組に火君《ひのきみ》の姓を賜ったという。また『日本書紀《にほんしょき》』景行天皇《けいこうてんのう》十八年五月条では、天皇が葦北から船出し、火国に至ったところ、日没になった。遥かに火の光を見て、そこを目指して行くと着岸することができた。天皇が火の光のところを尋ねたところ、八代県豊村《やつしろのあがたとよのむら》であったので、その国を火国と名づけたという。のちの八代郡と火君との関連性や火君と倭王権《やまとおうけん》との結びつきをうかがわせる。『旧事本紀《くじほんぎ》』の『国造本紀《こくぞうほんぎ》』によると、火国の領域には火国造・阿蘇国造・葦分《あしきた》国造・天草国造・松津《まつつ》国造・末羅《まつら》国造・葛津《ふじつ》国造がいたとされるが、筑紫君磐井《つくしのきみいわい》の乱後、火君はのちの肥前国松浦《まつら》郡やのちの肥前国養父《やぶ》郡まで進出しており、この火君の勢力圏が七世紀における肥国の領域になったと考えられている。七世紀後半に至り、筑紫国・肥国・豊国はそれぞれ前後に分割された。肥後国の初見は『日本書紀』持統《じとう》天皇十年(六九六)四月条である。『続日《しょくに》本紀《ほんぎ》』によると、筑前国《ちくぜんのくに》と豊後国《ぶんごのくに》が近い時期の六九八年(文武天皇二)にみえているので、六九六年以前に肥国が前後に分割されていたとして大過ないであろう。筑紫・豊・肥の前後分割が六八九年六月の飛鳥浄御原令《あすかきよみはらりょう》施行に伴うとする見解もある。また六六三年(天智天皇二)における白村江《はくすきのえ》の戦いでの敗北により、唐《とう》・新羅《しらぎ》の侵攻に対処するための防衛施設として、七世紀後半にはのちの肥後国に鞠智城《きくちじょう》が築かれた。国府《こくふ》は、当初は益城郡に属する現在の熊本県下益城郡城南町にあり、ついで託麻郡に属する現在の熊本市出水にあり、これが発掘調査の成果から九世紀半ばに洪水で被災して飽田郡に移り、その後一時期、益城郡に復したとする見解や、初期は託麻郡にあったが、九世紀中ごろの洪水で『和名類聚抄』国郡部に記す益城郡に移転し、平安時代末には『伊呂波字類抄《いろはじるいしょう》』に記載されるように飽田郡に移ったとする見解がある。『拾芥抄《しゅうがいしょう》』中には飽田郡と益城郡に国府があったとされている。国分僧寺《こくぶんそうじ》は託麻郡にあり、現在の水前寺公園の西南、熊本市出水に方二町の範囲で想定されている。一九五七年(昭和三十二)以来の松本雅明らによる調査によって、回廊《かいろう》で囲まれた塔の東に金堂《こんどう》があり、その北側に講《こう》堂《どう》・僧房《そうぼう》・小子房《しょうしぼう》を配する甲可寺《こうがでら》にちかいプランで復元されており、瓦の年代から瓦葺きの建物は平安時代末から鎌倉時代初期まで存続したようである。国分尼寺《こくぶんにじ》も託麻郡に所在し、水前寺公園の南東にある陣山《じんやま》に遺跡がある。一九六六年に熊本日日新聞社の調査団が発掘調査を行い、中門《ちゅうもん》から北に金堂と講堂が並び、これらを回廊で囲み、中門と講堂に回廊が接続し、中門の南に南門《なんもん》を配し、五百七十尺平方の寺域を持つ伽藍《がらん》配置が復元された。瓦葺きの国分尼寺は平安時代前期まで存続したが、十世紀ごろ焼亡し、その後、瓦葺伽藍は復興しなかったと考えられている。肥後国は、平安時代には阿蘇《あそ》氏や菊池《きくち》氏が勢力を持っていたが、平清盛が肥後守や大宰大弐になって以降、十二世紀には平氏に制圧された。鎌倉時代には名越《なごえ》氏、安達《あだち》氏の後、得宗家が守護となった。南北朝時代には、討幕に際して活躍した菊池氏や征西将軍宮懐《せいせいしょうぐんのみやかね》良親王《よししんのう》など南朝方が優勢であったが、一三七〇年(応安三)に九州探題《きゅうしゅうたんだい》となった今川了俊《いまがわりょうしゅん》が下向した後、南朝方は衰微した。戦国時代には、薩摩の島津《しまづ》氏、肥前の竜造寺《りゅうぞうじ》氏、豊後の大友《おおとも》氏が肥後国の支配を争った。一五八六年(天正十四)に島津氏が肥後国を統一したが、翌年の豊臣秀吉の九州征伐によって島津氏が降伏、佐々成政《さっさなりまさ》が肥後国の国守となる。しかし、成政が検地の実施を契機に肥後国衆《くにしゅう》と対立して国衆の一揆を招いたため、秀吉は一揆を鎮圧して成政を自刃させるとともに、一五八八年、肥後国を南北に分け、加藤清正と小西行長に与えた。関ヶ原の戦い後は、清正が肥後国全体を支配するに至る。一六三二年(寛永九)、清正の子の忠広《ただひろ》が出羽国に配流された後は、豊前国小倉から細川忠利《ただとし》が肥後に移り、一八六九年(明治二)設置の熊本藩を経て、廃藩置県が行われた一八七一年まで細川氏が統治した。

参考文献 原田敏明『熊本県の歴史』(『新日本郷土史大系』、一九五七、文画堂)。『国立歴史民俗博物館研究報告』一〇・二〇、一九八六・八九。角田文衞編『新修国分寺の研究』五下、一九八七、吉川弘文館。長洋一「筑紫・火・豊の国の成立」(『新版古代の日本』三所収、一九九一、角川書店)。

(酒井 芳司)

ひさし 庇 廂とも書く。古代において、宮殿あるいは寺院における金堂や塔婆のように組物を三手先《みてさき》とする建物以外の構造は、中核となる身舎《もや》に対し、その外側に取り付く部分を庇という。簡単な建物では身舎のみで、より広い空間を必要とするときは、二面、三面あるいは四面に庇を付け加えた。さらに広い空間を必要とするときは、庇の外にさらに庇を付加することもあった。この庇のことを孫庇《まごびさし》という。古代において成立した神社本殿形式も身舎・庇の構成となっている。身舎だけの形式には神明造《しんめいづくり》・大社造《たいしゃづくり》・住吉造《すみよしづくり》、庇を身舎の平側に一面取り付けたものは流造《ながれづくり》、妻側の片面に取り付けたものが春日造《かすがづくり》となる。中世以降、身舎・庇構造は消滅し、庇は建物周辺の出入口、縁などの上部に設けた片流れの屋根状のものを指すようになる。濡れ縁などの上部に設ける庇で、普通の庇より軒の出が大きいため独立した柱と桁で構成するものを特に土庇《つちびさし》という。

参考文献 岡田英男『日本建築の構造と技法』、二〇〇五、思文閣。濱島正士『寺社建築の鑑賞基礎知識』、一九九二、至文堂。

(村田 健二)

ひし 斐紙 ジンチョウゲ科の落葉低木である雁皮《がんぴ》の樹皮を用いた紙で、雁皮紙ともいう。中国では雁皮から紙は製造されなかったので、わが国独自の製紙原料である。『正倉院文書』にしばしば斐紙のことがみえるので、すでに奈良時代から使われていたことが明らかである。その繊維は楮《こうぞ》より短く、紙質は光沢があり滑らかで、墨もにじみにくい。そのため、平安時代には、仮名書きの和歌集などの典籍、写経や絵巻の料紙として広く使用された。その際には素紙のみでなく、各種の色紙、飛雲《とびくも》や打曇《うちぐもり》を漉きこんだ加工紙も用いられた。古文書では、鳥の子紙と呼ばれる斐紙が多く使われるようになるのは南北朝時代以降のことで、戦国時代になってようやく武将の書状を中心に本格的に用いられるようになった。

参考文献 寿岳文章『日本の紙』(『日本歴史叢書』一四、一九六七、吉川弘文館)。

(安達 直哉)

ひじき 肘木 ⇩組物《くみもの》

ひしゃく 柄杓 円形曲物《まげもの》を身にして、棒状の柄をとりつけたもの。出土品では、しばしば柄を欠くが、身の側板部分の口縁近くに比較的大きな方孔が、相対する側面の底近くに小さな方孔ないし円孔が、柄を身に対して斜めに装着するために穿たれており、柄杓であることが知られる。身の大きさは口径一二センチほどの小型のものから二〇センチを超える大型品までさまざまであり、深さにも六センチから一五センチに及ぶものなどがある。柄の長さは、例えば身の口径が一四・六センチのもので六五・八センチという出土例がある。正倉院文書に「杓廿柄」などとあり、『和名類聚《わみょうるいじゅう》抄《しょう》』木器類条には「杓」としてヒサゴと訓じている。また『延喜式《えんぎしき》』内匠寮《たくみりょう》に「杓一柄 茎長一尺七寸受㆔三合㆓」

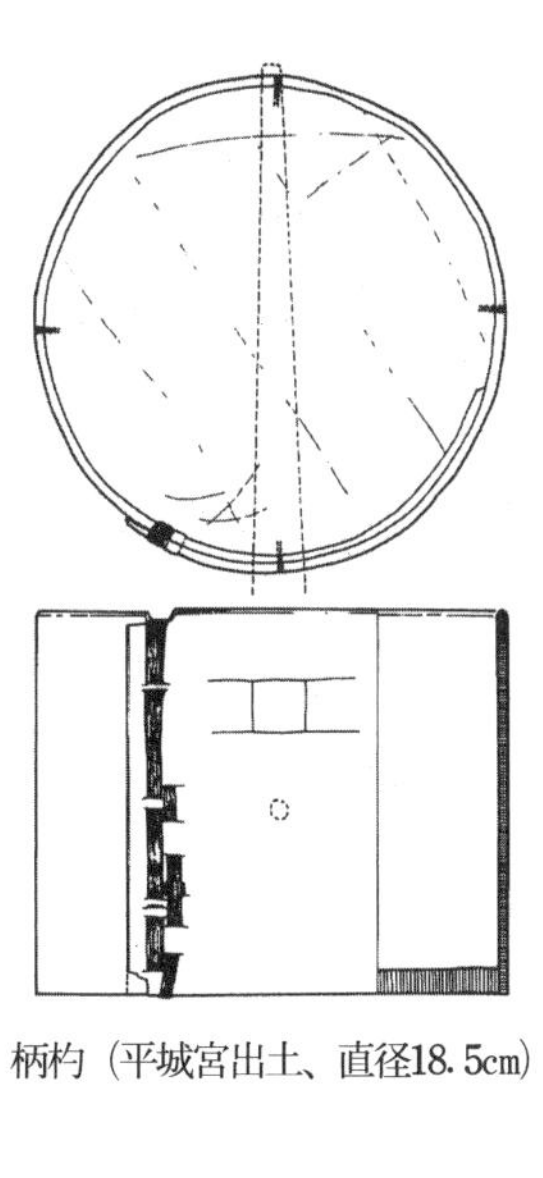

柄杓（平城宮出土、直径18.5cm）

と、三合の器に一尺七寸の柄の付いた杓が示されている。古代においては杓と呼ばれ、柄を単位としてかぞえられていたことが知られる。

参考文献 関根真隆『奈良朝食生活の研究』、一九六九、吉川弘文館。　（井上　和人）

ひすい　翡翠　翡翠の語源はカワセミの羽の色に由来する。翡はカワセミの雄、翠は雌を指す。翡翠には、軟玉（ネフライト）と硬玉（ヒスイ輝石）の二種類があるが、両者は化学的、鉱物学的に異なる物質である。一般に日本考古学では、五〇％以上のヒスイ輝石を含んだ硬玉に限定して「翡翠」を用いている。色調は様々あるが、遺物にはとくに緑色や青色、乳褐色系が多い。「硬玉《こうぎょく》」は、硬度が六・五～七・〇で、比重は三・二一～三・四。新潟県西部から富山県東部にかけて所在する産地が有名。新潟県糸魚川市の小滝川硬玉産地と青海《おうみ》川硬玉産地が国の天然記念物に指定されている。産地を流れる河川が注ぐ富山湾の東海岸で漂石が採拾できる。当地域では、縄文時代前期末葉から翡翠の玉類加工が始まり、弥生時代を経て古墳時代中期まで継続し、後期に衰退する。一方、古墳時代中期後葉の奈良県橿原市の曾我遺跡では、滑石や碧玉などを用いた勾玉、管玉、小玉などの製作が行われ、勾玉素材の一つとして糸魚川産翡翠が搬入されている。糸魚川市周辺の玉作遺跡と同じ施溝分割技法が認められ、玉作工人の移動が推測される。古代の加工遺跡は知られていないが、寺院の鎮壇具や荘厳具に翡翠の玉類が用いられている。都城造営などで破壊された古墳の副葬品が再利用されたものと考えられている。飛鳥寺塔心礎の舎利荘厳具に翡翠勾玉、赤瑪瑙勾玉、碧玉管玉、琥珀玉などがある。元興寺塔跡の鎮壇具に翡翠勾玉、赤瑪瑙勾玉、碧玉勾玉、琥珀玉などがある。正倉院にも翡翠勾玉の伝世が知られている。東大寺三月堂（法華堂）の本尊不空羂索観音像（七二〇―三〇年ごろ制作）の宝冠は翡翠勾玉で飾られている。この宝冠を最後として都城周辺での翡翠は見られなくなった。一方、北海道では擦文時代（六世紀―十三世紀）後半まで一部で翡翠勾玉の使用が残る。奥尻町青苗遺跡の墳墓や根室市の穂香《ほにおい》遺跡の住居跡から翡翠勾玉が出土している。韓国慶州市の皇南大塚北墳などでは五―六世紀の新羅古墳から出土する金冠飾りに翡翠勾玉が顕著に見られる。七世紀前葉の慶州芬皇寺石塔の舎利荘厳具にも翡翠勾玉がある。韓国出土の翡翠勾玉素材について韓国産説があるが、日本固有とされる丁字頭勾玉が含まれていることなどから、大和政権を介した将来品とする説が有力視されている。

参考文献 寺村光晴『日本の翡翠』、一九九五、吉川弘文館。藤田富士夫『玉とヒスイ』、一九九二、同朋舎出版。　（藤田富士夫）

ひぜんこくふ　肥前国府　佐賀県佐賀郡大和町久池井《くちい》に所在する。国史跡。一九七五年（昭和五十）―八四年に実施された佐賀県教育委員会による発掘調査で、嘉瀬川《かせがわ》東岸の標高一四メートルの自然堤防上で国庁跡が確認された。国庁は八世紀前半から十世紀にかけて、三期の変遷が認められ、築地に囲繞された南北一〇四・五メートル、東西七七・二メートルの国庁域の南北中軸線上に後殿・正殿・前殿・南門を南北に、また前殿の左・右に各二棟の脇殿を整然と配置する。正殿の左右には回廊が取り付き、南門は八脚門である。Ⅰ・Ⅱ期は掘立柱建物で、Ⅲ期には礎石建物に変化することが推定されている。鴻臚館《こうろかん》式軒瓦の出土や大宰府政庁プランと類似性が認められる二棟縦列の両脇殿、回廊の存在はその背後に大宰府Ⅱ期政庁の強い影響を伺うことができる。曹司は政庁跡を中心にして嘉瀬川東岸沿いに展開する。国庁北東の久池井B遺跡はⅠ期以降の国司館跡と推定され、鍵形に配置された廂付建物など三棟の建物群の背後に穎稲《えいとう》倉と考えられる小規模な倉庫群五棟を並べる。同じく北方の惣座《そうざ》遺跡では八世紀後半から十世紀前半に至る十五棟の掘立柱建物が確認された。八世紀前半―中ごろには柱筋を揃えた三間×三間の総柱建物七棟が鍵形に配置され、正倉的な曹司と考えられている。これらの各曹司は遺構の計画方位が一致せず、こうした曹司のあり方は整然とした都市計画的な国府域の存在を否定するものであり、筑後国府の場合と同様に国庁を中核としてその周辺に任意に曹司を配置したものと考えられる。近年、国庁域の保存整備を目的とした発掘調査を実施した大和町教育委員会は八世紀後半代から十世紀末に至る、従来の国庁復元・変遷案とは異なる案を示している。Ⅰ期は掘立柱塀による小規模な国庁で、Ⅱ期には国庁域の拡大と殿舎の礎石化、翼廊の出現、築地の復活が認められ、Ⅲ期は国庁の衰退期とする。内容については今後の検討を要しよう。

参考文献 高瀬哲郎「肥前国府跡の調査」（『日本歴史』四二四、一九八三）。高瀬哲郎他『肥前国府跡』Ⅰ―Ⅲ（佐賀県教育委員会編『佐賀県文化財調査報告書』三九・五八・七八、一九七六・八一・八五）。　（松村　一良）

びぜんこくぶんじ　備前国分寺　岡山県赤磐市馬屋《まや》に所在する古代寺院跡。七四一年（天平十三）の聖武天皇の詔を受けて諸国で建立された国分寺の一つ。古代山陽道の推定位置の北側に位置する。現在は鎌倉時代のものと考えられている石塔のみが残る。一九七四年（昭和四十九）の岡山県教育委員会による発掘調査で金堂・講堂・僧坊・南門・中門などが確認された。二〇〇三年（平成十五）から整備に向けた発掘調査が進められており、金堂の基壇、礎石や回廊などの詳細が判明しつつある。伽藍配置は国分寺式で、塔を中門東側に配する。寺域は東西約一八〇メートル、南北約二四〇メートル。約三〇〇メートル南に備前国分尼寺が想定されている。国史跡。→国分寺《こくぶんじ》

参考文献 備前国分寺発掘調査団編『備前国分寺緊急発掘調査概報』（『岡山県埋蔵文化財発掘調査報告』一〇、一九七五、岡山県教育委員会）。　（金田　明大）

ひぜんじきかまあと　肥前磁器窯跡　⇩肥前焼《ひぜんやき》

ひぜんとうきかまあと　肥前陶器窯跡　⇩肥前焼《ひぜんやき》

ひぜんのくに　肥前国　西海道の一国。九州島の北西部に位置し、ほぼ現在の佐賀県と長崎県(壱岐島・対馬島を除く)に相当する。古くは肥後国(現在の熊本県に相当)とともに火国(肥国)と称された。国名の初見は、養老二年(七一八)の年紀を記す平城宮木簡第二九四号(第三〇五号も養老)であるが、肥後国の初見は『日本書紀』持統天皇十年(六九六)四月戊戌条であり、天武朝後半の全国的な国境確定作業により分割されたと考えられる。八七六年(貞観十八)には松浦郡庇羅《ひら》郷・値嘉《ちか》郷が値嘉島として肥前国から独立したが、まもなく旧に復したようである。『延喜式』では遠国に分類され、国の等級は七五七年(天平宝字元)五月に中国から上国に昇格したと考えられる。『和名類聚抄』は国府の所在を小城郡とするが、佐賀県佐賀市大和町で政庁跡などが確認され(国史跡)、国分僧寺跡も国庁跡の南東に所在し、金堂・塔・中門などの遺構が確認されるほか、国分尼寺跡もその西方に推定される。古代山城として基肄《きい》(椽)城が佐賀県三養基《みやき》郡基山町に所在し(国特別史跡)、佐賀市に帯隈山《おぶくまやま》神籠石《こうごいし》、武雄市におつぼ山神籠石(いずれも国史跡)が残る。『肥前国風土記』では郡十一、郷七十、里百八十七、駅十八、烽《とぶひ》二十、城《き》一、寺二であり、『和名類聚抄』においても十一郡を数え(『延喜式』も同じ)、基肄郡に姫社《ひめこそ》、山田、基肄、川上、長谷、養父《やぶ》郡に狭山、屋田、養父、鳥栖《とす》、三根《みね》郡に千栗《ちりく》、物部、米多《めた》、財部《たからべ》、葛木、神埼郡に蒲田、三根、神埼、宮処《みやこ》(所)、佐嘉《さが》郡に城埼《きさき》、巨勢、深溝《ふかむぞ》、防所、小津、山田、小城《おぎ》郡に川上、甕調《みかつき》、高来《たく》、伴《とも》部、松浦《まつら》郡に庇羅、大沼《おおぬ》、値嘉、生佐《いきさ》、久利《くり》、杵島《きしま》郡に多駄《ただ》、杵島、能伊《のい》、島見、藤津郡に塩田、能美《のみ》、彼杵《そのぎ》郡に大村、彼杵、高来《たかく》郡に山田、新居《にいい》、神代《こうじろ》、野鳥《のとり》の諸郷が属したが、郷名の脱落が推定されている郡もある。駅路はすべて小路で各駅に駅馬五疋を置く原則であり、『延喜式』などから駅名が判明するほか、吉野ヶ里遺跡(佐賀県神埼市・神埼郡吉野ヶ里町、国特別史跡)で官道の切り通し部が発見されるなど、考古学・歴史地理学により道路網の復原が行われている。『延喜式』では、複雑な海岸線や島嶼部を抱える地勢を反映して調・庸・中男作物に海産物が多く、式内社として松浦郡の田島坐神社、志志伎《ししきの》神社、基肄郡の荒穂神社、佐嘉郡の与止日《よどひ》女《め》神社が記される。鎌倉幕府成立後、武藤(少弐)氏が守護に就任したが、鎮西探題の設置以後はその兼任となった。当国は美弥良久《みみらく》之埼(長崎県五島市三井楽町)が遣唐使の寄港地となるなど、古くから朝鮮半島・中国大陸へ向かう要衝であり、平安時代後期に松浦地域に発生した在地武士団の松浦党にも水軍的要素が強い。弘安の役の際には長崎県松浦市鷹島付近が海戦の舞台となり、近年の海底調査により「てつはう」など関係遺物が発見された。中世には国内に諸権門の荘園が所在したが、その一つ神埼荘は蒙古襲来(元寇)後、合戦勲功の恩賞地として配分された。

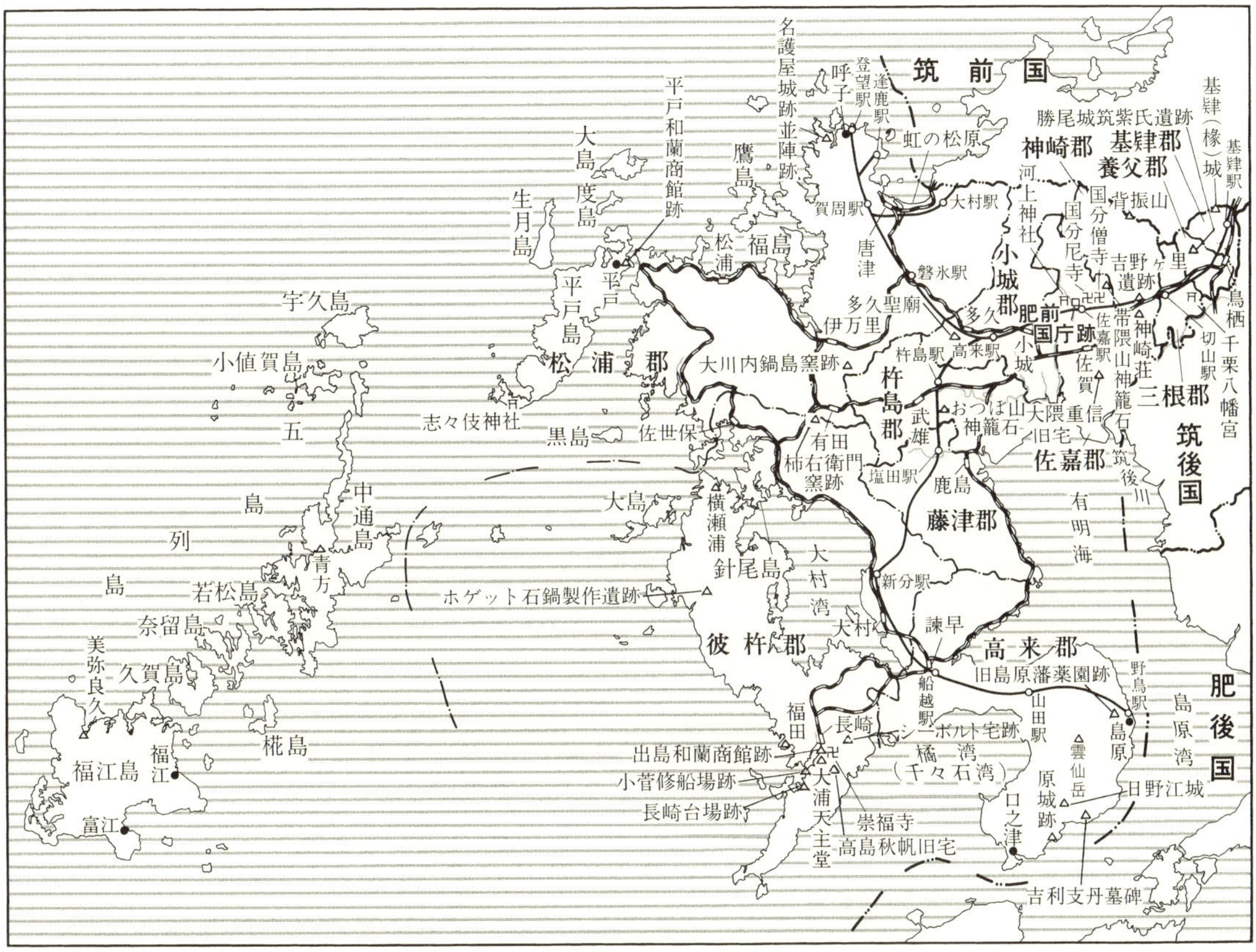

肥前国略図

南北朝の内乱が収束すると大内氏と少弐氏が対立し、少弐氏の滅亡後は龍造寺氏、松浦氏、有馬氏、大村氏らによる群雄割拠の状況となった。戦国時代の城郭遺跡として佐賀県鳥栖市の勝尾城筑紫氏遺跡(国史跡)が知られる。一五五〇年(天文十九)のポルトガル船の平戸入港以降、平戸にオランダ商館が設置され(国史跡)、横瀬浦(長崎県西海市西海町)・口之津(同南島原市口之津町)・長崎(長崎市)などが貿易港として開かれた。大村純忠も戦国大名として最初の洗礼を受けるなどキリスト教が浸透し、南島原市西有家町には吉利支丹《キリシタン》墓碑(国史跡)が残るほか、一六三七年(寛永十四)には天草四郎時貞を中心とする農民たちが、南島原市南有馬町の原城(国史跡)に立て籠もった(島原の乱)。豊臣秀吉による朝鮮出兵の際、拠点として松浦半島の先端部に名護屋城が築かれたが(国特別史跡)、出兵に際して連れてこられた朝鮮人陶工により、佐賀県西松浦郡有田町の天狗谷で磁器生産が始まったとされる(肥前磁器窯跡・国史跡)。また、佐賀県唐津市・武雄市・多久市には、肥前陶器窯跡(国史跡)が分布する。江戸時代には佐賀藩(本藩、小城・蓮池・鹿島の三支藩など)、唐津藩、平戸藩、五島藩、大村藩、島原藩のほか、対馬藩田代領が所在した。一六四一年、オランダ商館は平戸から長崎の出島に移され、天領(幕領)長崎は外国貿易の窓口となり、佐賀藩は福岡藩とともに長崎警備を担当した。市内には出島和蘭《おらんだ》商館跡、シーボルト旧宅、長崎台場跡(いずれも国史跡)や崇福寺などの唐寺が残る。一八五五年(安政二)、幕府は海軍創設のためオランダの協力で長崎に海軍伝習所を開設した。その後、明治維新を迎え、版籍奉還・廃藩置県を経て一八八三年(明治十六)、佐賀県・長崎県が成立した。当国の地誌として、古代の『肥前国風土記』、近世の『肥前古跡縁起』(一六六五年)、『北肥戦誌』(『九州治乱記』)(一七二〇年)、『唐津拾風土記』(一七六七年)、『長崎志正編』(一八〇四―一八年)、『長崎志続編』(一八三九年)、『太宰管内志』(一八四一年)、『郷村記』(『大村郷村記』)(一八六二年)などがある。

参考文献　杉谷昭・佐田茂・宮島敬一・神山恒雄『佐賀県の歴史』(『県史』四一、一九六八、山川出版社)。瀬野精一郎・新川登亀男・佐伯弘次・五野井隆史・小宮木代良『長崎県の歴史』(同四二、一九九八)。『角川日本地名大辞典』四一・四二、一九八三・八七、角川書店。『佐賀県の地名』(『日本歴史地名大系』四二)、一九八〇、平凡社。『長崎県の地名』(同四三、二〇〇一)。

(森　哲也)

びぜんのくに　備前国　山陽道の一国。現在の岡山県の東南地域にあたる。同国付近は畿内につづく古代の先進地域である。最古期古墳の浦間茶臼山古墳(岡山市)は一三八メートルの前方後円墳で、大和の箸墓《はしはか》古墳の設計企画の二分の一ともいわれ、同時期の列島内の古墳としては大和を除くと最大の規模をもつ。四・五世紀では、両宮山《りょうぐうさん》古墳(岡山県赤磐市)が墳長一九二メートルの墳丘と周濠をもち、備前国最大の古墳である。六世紀には、全長約一八メートルの横穴式石室をもつ牟佐《むさ》大塚《おおつか》古墳(岡山市)がある。これらの古墳はこの地域に本拠をもつ吉備一族(特に上道《かみつみち》臣・三野臣など)の営んだものと推定される。特に上道氏に関しては『日本書紀』に反乱伝承が記述されている。このほか、牛窓湾を囲んで五基の首長的古墳があるが、吉備海部直氏のものと推定されている。備前国は天武朝の後半から持統朝にかけて、これまで存在した「吉備国」を分割したことによって成立した。七一三年(和銅六)には備前国六郡を割いて美作《みまさか》国が置かれ、邑久《おく》・赤坂・上道・御野《みの》・津高・児島の六郡となったが、七二一年(養老五)藤原郡(のち藤野郡さらに和気郡に改称)、七八八年(延暦七)磐梨《いわなす》郡がおかれて計八郡となった。『和名類聚抄』によれば、備前国の読みは「きびのみちのくち」。国府は岡山市国府市場付近に所在したと考えられており、国分寺は赤磐市馬屋、国分尼寺はその南の穂崎に比定されている。国分寺の伽藍配置は中軸線上に中門・金堂・講堂・僧坊が南北に並び、塔は伽藍の東南に位置している。式内社は二十六座で安仁《あに》神社のみが名神大社。一宮は吉備津彦神社(岡山市)。『延喜式』によれば国の等級は上国、京との行程では近国とされ、駅家としては東から坂長・珂磨《かま》・高月・津高の四駅が記されている。このうち高月駅は赤磐市馬屋に比定される。古代寺院も多く、賞田廃寺、幡多《はた》廃寺などが知られている。中央への貢納物として、木簡からは米・塩・鉄などが知られ、『延喜式』からは年料舂米《ねんりょうしょうまい》・絹・綿・土器などが知られている。このうち土器(須恵器)が作製された窯跡としては寒風《さぶかぜ》古窯跡群(岡山県瀬戸内市)が挙げられる。須恵器の技術は備前焼に継承され、室町時代後期には伊部《いんべ》(岡山県備前市)に大窯が作られる。古代山城として知られる大廻・小廻山城跡(岡山市草ヶ部)は標高約二〇〇メートルの小廻山を中心とする丘陵上にあり、版築土塁が約三・二キロにわたってめぐっている。八世紀代からの荘園としては大安寺の墾田百五十町、西大寺の大豆田《まめだ》荘、唐招提寺の津高郡内のものがあり、平安時代には摂関家殿下渡領の鹿田《かだ》荘をはじめとして、後白河院領の豊原荘、長講堂領の鳥取荘、東大寺領の野田荘、額安寺領の金岡荘など中央貴族や有力寺院のものが挙げられる。このうち鹿田荘の比定地付近(岡山市鹿田)では発掘調査が行われており、大型掘立柱建物や中国製陶磁器などが見つかっている。平安時代末期に平正盛・忠盛が国司になったことから、平氏全盛時には平氏関係者の知行国となった。鎌倉時代には土肥《どひ》実平《さねひら》、ついで佐々木氏・長井氏などが守護となる。一一九三年(建久四)に備前国は東大寺再興の造営料国となるが、その時の俊乗坊重源の活躍は名高い。万富東大寺瓦窯跡(岡山県赤磐郡瀬戸町)からは「東大寺」と刻印された軒瓦が見つかっている。刀の産地としても知られ、鎌倉時代には福岡が、室町時代以降は長船が刀鍛冶の中心地となる。室町時代には赤松氏・山名氏が守護となり、戦国時代末期に浦上氏の被官であった宇喜多氏の領国となる。関ヶ原の戦後小早川秀秋が入国、その後池田氏が岡山藩

備前国略図

主となる。一八七一年(明治四)の廃藩置県により岡山県となり、数度の統合を経て一八七六年旧美作国・備中国を合わせた現在の岡山県となる。

参考文献 『岡山県史』、一九八一‐九一。藤井学他『岡山県の歴史』(『県史』三三、二〇〇〇、山川出版社)。『角川日本地名大辞典』三三、一九八九、角川書店。『岡山県の地名』(『日本歴史地名大系』三四、一九八八、平凡社)。『吉備考古ライブラリィ』一‐、一九九八‐、吉備人出版。門脇禎二他編『古代を考える吉備』、二〇〇五、吉川弘文館。

(浅野　啓介)

ひぜんのくにふどき　肥前国風土記　古代の地誌。鎌倉時代の書写とされる猪熊本(猪熊真美子氏所蔵、国宝)をはじめ、伝本はいずれも抄略本である。体裁や記載内容が『豊後国風土記』と類似すること、西海道諸国の風土記逸文中に同様の事例が存在することから、ある時期に一定の編纂方針に基づいて作成されたと考えられる。『日本書紀』を参照しており、郷里制下の行政区画に従っている点から、七二〇年(養老四)から七四〇年(天平十二)の成立であり、軍事的な内容を記す点で節度使設置期間に作成された七三三年二月三十日勘造の『出雲国風土記』と類似するので、その編纂に西海道節度使藤原宇合《うまかい》の関与が指摘されているが、いわゆる藤原四子政権下の国家的政策による産物とする説もある。肥前国内を基《き》肄《い》郡(所属の郷六、里十七、駅一、城《き》一)、養父郡(郷四、里十二、烽《とぶひ》一)、三根郡(郷六、里十七、駅一)、神埼郡(郷九、里二十六、駅一、烽一、寺一)、佐嘉郡(郷六、里十九、駅一、寺一)、小城郡(郷七、里二十、駅一、烽一)、松浦《まつら》郡(郷十一、里二十六、駅五、烽八)、杵島《きしま》郡(郷四、里十三、駅一)、藤津郡(郷四、里九、駅一、烽一)、彼杵《そのぎ》郡(郷四、里七、駅二、烽三)、高来《たかく》郡(郷九、里二十一、駅四、烽五)の順で、地名の由来などについて記述する。『日本古典文学大系』二や『新編日本古典文学全集』五その他に活字化されている。

参考文献 井上通泰『肥前風土記新考』(『井上通泰上代関係著作集』一二、一九八六、秀英書房)。小田富士雄編『風土記の考古学』五、一九九五、同成社。 (森 哲也)

ひぜんやき **肥前焼** 肥前の焼物は陶器と磁器があるが、その総称として肥前焼の呼称がある。乾山の『江戸伝書』に「南京焼又肥前焼ノ通ニ類シ候」とあり、南京焼は中国景徳鎮磁器のことであるから、この場合の肥前焼は磁器をさす。記録上では確実に陶器と推測できるものはないが、肥前の陶磁器の総称として使われた可能性がある。肥前陶器は磁器より早く、一五八〇年代ころには始まったと推測される。以後、肥前一帯に窯の分布は拡がったが、このうち武雄地域の小峠、大谷、錆谷の窯跡と土師場物原山が肥前陶器窯跡として国史跡指定を受けている。肥前磁器のはじまりは慶長の役の際、連れ帰られた朝鮮人陶工の一人であり、磁器の技術をもっていた金ヶ江三兵衛が有田に入ったのが一六一六年(元和二)であるという記録や、消費地遺跡での出土状況から一六一〇年代ころと考えられ、陶器窯の中で焼成が始まった。泉山磁石場は記録から金ヶ江三兵衛によって発見されたと考えられ、この良質・豊富な埋蔵量の石場の発見で、磁器の量産が可能になったとみられる。三兵衛は泉山の石場を発見し、近くの天狗谷窯跡(国史跡)で磁器生産を行なったことが記録などから推測できる。一六三七年(寛永十四)日本人陶工八百二十六人が陶業から追放され、伊万里の窯場四ヵ所すべてと、有田の窯場のうち七ヵ所が取り潰され、有田の十三の窯場に統合した。この時、取り潰されたと推測される窯は、原明《はらあけ》窯、小溝《こみぞ》窯、天神森《てんじんもり》窯などがあり、残された窯としては山辺田窯、百間《ひゃっけん》窯がある。この原明、山辺田、百間をはじめ、天狗谷、不動山《ふどうやま》の窯と泉山磁石場跡が肥前磁器窯跡として国史跡指定を受けている。この伊万里・有田地方の窯場の整理・統合事件により、陶器生産は消え、磁器中心の生産体制ができあがる。一六四四年、中国の王朝交替に伴う内乱で、中国磁器の輸入が激減し、代わって国内の磁器市場を肥前磁器が押さえてしまう。さらに、一六四四年以降、一六五〇年代にかけて、朝鮮的技術から中国的技術への著しい変化がある。その代表的技術が色絵であり、初期色絵にかかる窯として山辺田《やんべた》窯、猿川《さるがわ》窯、丸尾窯、楠木谷窯などがある。その後、鍋島藩は一六六〇年代ころに赤絵業者を赤絵町に集住させ、技術漏洩の防止につとめた。十七世紀後半には海外輸出も盛んになり、肥前磁器窯は有田では西部の柿右衛門窯などが開窯し、長崎県波佐見でもいくつかの窯が一六六〇年代ころに開窯した。さらに有田から遠隔の佐賀県嬉野市吉田山窯、不動山窯などに拡大する。柿右衛門窯は一六六〇年代ころに築かれ、高い水準の技術で優れた磁器を作り出した。特に一六七〇年代ころ、乳白色の濁し手と呼ばれる完成度の高い素地をサヤ詰め法で作り上げる。これに繊細な色絵を施したものが典型的な柿右衛門様式であり、南川原《なんがわら》窯《かま》ノ《の》辻《つじ》窯に移りながら、一六七〇―九〇年代に一世を風靡する。一六八四年、中国の貿易禁止が解かれ、中国磁器の輸出再開によって、東南アジア市場などは中国磁器によって奪回される。その結果、不動山窯をはじめ、廃絶した窯は少なくない。波佐見窯は十八世紀には有田とは違った安価な磁器生産に成功し、製品は国内に広く流通する。この波佐見諸窯のうち、畑ノ原、三股青磁、長田山、中尾上登、永尾本登の窯跡と皿山役所跡、三股砥石川陶石採石場が国史跡指定を受けている。十八世紀前半で肥前陶器窯の碗・皿の生産は終わり、十八世紀後半には庶民に至るまで磁器が普及した結果、磁器需要が増大し、磁器窯は嬉野市塩田町志田窯、有田町広瀬山の茂右衛門《もえもん》窯、鹿島市浜皿山《はまさらやま》窯など新たに開窯した窯が少なくない。さらに江戸時代後期には全国各地に磁器窯が拡がっていく。

染付山水文輪花大皿

参考文献 大橋康二『肥前陶磁』一九八九、ニュー・サイエンス社。同『世界をリードした磁器窯・肥前窯』二〇〇四、新泉社。 (大橋 康二)

びぜんやき **備前焼** 中世六古窯の一つで、丹波焼、信《しが》楽《らき》焼、瀬戸(美濃)焼、常滑《とこなめ》焼、越前焼などとともに知られている焼き物。その生産は、岡山県備前市伊部《いんべ》周辺で平安時代後半から現代まで焼き継がれている。古代末から中世の窯跡は、百基近く存在している。基本的に初期から現代に至るまで釉薬《ゆうやく》を用いない焼締《やきしめ》陶器である。初期のころは須恵器の影響を受けており、窯構造・胎土などは須恵器に似ているが、製作手法・器種などが異なる。鎌倉時代中ごろ以降になると、壺・甕・擂鉢《すりばち》の三器種がその主な生産品となり、器表面は酸化炎焼成によって赤褐色を呈するようになる。室町時代になると窯の構造が徐々に大きくなり、伊部片上湾に近いところ数ヵ所に集約される。壺・甕・擂鉢が大量に生産され西日本各地に流通するようになる。それまで西日本に流通していた東播製品・常滑製品を駆逐する。十六世紀後半には先の三器種に加え茶花器が作られ、京都・堺などの茶会記に備前の出品が多く見られる。緋襷《ひだすき》、牡丹餅《ぼたもち》、胡麻《ごま》など釉薬とは異なる独特の手法が用いられるようになる。また二石・三石・三石九斗入りなど、とてつもなく大きい大甕が作られている。十七世紀初頭には巨大な登窯が作られる。その最も大きなものは南大窯東側窯で、全長五三・八メートル、最大幅五・二メートルに達する。江戸時代は、備前岡山藩の保護・規制を受け、南大窯、北大窯、西大窯で明治時代初期まで焼かれる。明治時代以降一時衰退を見せるが、常滑から導入された土管・耐火煉瓦などを作っている。第二次世界大戦後茶陶の隆盛にのり、金重陶陽《かねしげとうよう》・藤原啓《ふじわらけい》などの人間国宝を生み、二〇〇六年現在四百名を超える作家・窯元が陶芸を続けている。

参考文献　間壁忠彦『備前焼』(『考古学ライブラリー』六〇、一九九一、ニューサイエンス社)。伊藤晃・上西節雄「備前」(『日本陶磁全集』一〇、一九七七、中央公論社)。間壁忠彦・間壁葭子「備前焼研究ノート」一―四(『倉敷考古館研究集報』一・二・五・一八、一九六六・六・一四)。

(伊藤　晃)

ひそでら　比曾寺　奈良南部を流れる吉野川の右岸丘陵上にある古代寺院。吉野寺・世尊寺《せそんじ》などの別称をもつ。奈良県吉野郡大淀町大字比曾に所在。現在は曹洞宗の寺院である。一九二七年(昭和二)に国史跡となる。創建期の南門は現総門の下に想定される。現中門の左右には礎石のある土壇があり、東西の塔跡にあたる。東塔の心礎は一メートル前後の花崗岩に浅い彫り込みを設け、中央に椀形の孔を備える。西塔の心礎は三角形で、中央に同様の椀形の孔がある。両塔跡の前方には中門跡、金堂跡には円形の柱座を造りだした礎石が残る。また、現本堂の下には講堂跡が残るといわれている。伽藍配置は中門の内に東西両塔を置いた薬師寺式とみられ、当初の寺域は一町四方程度と考えられる。出土瓦に飛鳥―室町時代のものがある。寺伝では五八七年(用明天皇二)、聖徳太子によって建立されたとあり、役小角も練行したという。平安時代には清和・宇多両天皇の行幸や藤原道長の参詣が行われている。

参考文献　天沼俊一「比蘇寺址」(『奈良県史跡勝地調査会報告』四所収、一九二七、奈良県)。石田茂作『飛鳥時代寺院址の研究』、一九三六、聖徳太子奉賛会。

(今尾　文昭)

ひだかいせき　日高遺跡　群馬県高崎市日高町に所在する弥生時代から古墳時代にかけての水田遺跡。国指定史跡。榛名山の山麓から前橋台地にかけて侵食された開析《かいせき》谷《こく》の中に営まれた水田で、水田面は四十八面が検出されているが、水田面の造成は少なくほとんどが自然傾斜に沿った不定形の区画を持つ。谷の中はほぼ開田化されており、谷の縁辺に給水用の水路が造られている。排水は田越しである。この水田は浅間山の噴火に伴う軽石層で埋まっていた。この軽石層は浅間C層と呼ばれ、発掘当初は四世紀初頭の年代観が与えられていたが、現在では三世紀末との見解もある。いずれにしても、浅間C層の下から古墳時代の遺物が出土する例があることから、この水田は弥生時代に開田されて火山災害のあった古墳時代の初頭まで継続していたものである。なお、上層からは一一〇八年(天仁元)浅間山噴火の火山灰で埋まった条里制の地割りをもつ平安時代の水田も見つかっている。

参考文献　高崎市教育委員会編『日高遺跡発掘調査報告』Ⅲ(『高崎市文化財調査報告書』二〇、一九八二)。群馬県教育委員会・群馬県埋蔵文化財調査事業団編『日高遺跡』(『関越自動車道(新潟線)地域埋蔵文化財発掘調査報告書』五、一九八二)。

(能登　健)

ひだこくぶんじ　飛驒国分寺　七四一年(天平十三)の聖武天皇の詔を受けて建立された東山道飛驒国の国分僧寺。岐阜県高山市に所在。法燈を伝える真言宗飛驒国分寺があり、境内の一部は国指定史跡。西方約一キロの国分尼寺とほぼ一直線上に並ぶ。創建時期は不明だが、『日本逸史』に、八一九年(弘仁十)八月焼失の記事。その後、斉衡年間(八五四―五七)に再建されたが、応永年間(一三九四―一四二八)に再び兵火にあい、今日飛驒国分寺本堂として残るものは室町時代のものである。周辺に小字「塔の下」「大門前」などの小字があり、条理型地割の復原から、二町四方の寺域であったと推定される。発掘調査の結果金堂は四×七間、東西二六・一三メートル、南北一三・六六メートルで、国分尼寺金堂とほぼ同規模である。塔心礎が残るが原位置を失っている。北西三五キロにある赤保木瓦窯は登窯で、単弁蓮華文軒丸瓦・均整唐草文軒平瓦・垂木先瓦・鬼板など所用瓦を焼成している。「国分寺」と印刻した平瓦も知られている。国分尼寺は岡本町に所在する辻ヶ森三社境内にある。金堂は身舎五間×二間、四面庇の礎石建物で、東西二六・二一メートル、南北一三・一一メートルある。国分寺瓦窯産の単弁八葉蓮華文軒丸瓦や鬼瓦が採集されている。

→国分寺《こくぶんじ》

参考文献　角田文衞編『新修国分寺の研究』七、一九九七、吉川弘文館。

(山中　章)

びたせん　鐚銭　正規の銭と比較して見栄えや質の悪い銭貨の俗称で、主に古銭界や文献史学で使われることが多い。概して表面の銭文が読みにくく、銭厚も薄いために、薄鐚《うすびた》銭と呼ばれることもある。現在の会話で使用される「鐚一文《びたいちもん》まけられない」の語源でもある。製作技術的には、全く新たな銭種を鋳型から鋳造した新規鋳造鐚銭、流通銭を母銭にした鋳型の銭文の一部を加除筆して鋳造した加刀鐚銭、流通銭をそのまま踏み返して鋳造しただけの鋳写し鐚銭に大別される。近年、国内の中世遺跡で発見され注目を集めている銭鋳型から鋳造される模鋳銭はこの内の鋳写し鐚銭に該当するが、近世初頭になると、加刀鐚銭を母銭に採用して、それをさらに鋳写した銭貨も存在するので複雑であるとともに注意を要する。なお、従来から、永楽通宝が東国で多く流通するのに対し、西国では鐚銭が多く流通することを指摘する象徴的な言葉として、「東の永楽遣い、西の鐚銭遣い」が存在するが、ここでいう鐚銭の実態把握に関しては、模鋳銭の分布状況を考古学的に再検討していく必要があろう。

参考文献　坂詰秀一編『出土渡来銭―中世―』(『考古学ライブラリー』四五、一九八六、ニュー・サイエンス社)。東北中世考古学編『中世の出土模鋳銭』(『東北中世考古学叢書』一、二〇〇一、高志書院)。

(嶋谷　和彦)

ひたちこくぶんじ　常陸国分寺　常陸国茨城郡に建造された古代寺院。茨城県石岡市府中に所在。国指定史跡。現在、真言宗智山派の国分寺がある。寺域内には金堂跡、講堂跡、回廊跡の基壇・礎石が残るが、一九八一年（昭和五十六）以降の調査で、金堂跡、講堂跡は、後世のものであることがわかった。中門は一九〇八年（明治四十一）に焼失した仁王門付近にあり南北九・九メートル、東西約二二メートルである。回廊は、幅六・九メートルで、中門北側の間に接続している。金堂跡は、基壇は一・二メートル掘り込んで構築されたもので、東西幅は推定三六メートルである。回廊は金堂の東西中央やや南寄りに接続する。講堂は、現土壇から南にずれ、東西推定幅三六メートル、南北約二一・六メートルである。塔の心礎は、寺域内にあるが、実際は東側築地の外にあったと想定されている。想定寺域は東西九百十尺、南北七百八十尺としている。瓦は、松山瓦窯跡（かすみがうら市）、一丁田瓦窯跡（かすみがうら市）、瓦塚遺跡（石岡市部原）から供給されている。　→国分寺《こくぶんじ》

資料館　石岡市民俗資料館（茨城県石岡市）

参考文献　斎藤忠『常陸国分僧寺の堂塔跡と寺域の研究』、一九六二、吉川弘文館。石岡市教育委員会編『常陸国分寺書院新築予定地発掘調査報告』、一九七八。同編『特別史跡常陸国分僧寺跡発掘調査報告書』、一九八〇・八二・八三・八九。和田千吉「国分寺址」（『古蹟』二ノ八、一九〇三）。太田静六「常陸国分僧寺阯考」（『考古学雑誌』三〇ノ四、一九四〇）。

（阿久津　久）

ひたちこくぶんにじ　常陸国分尼寺　常陸国茨城郡に建立された古代の寺院。茨城県石岡市若松に所在。国指定史跡。遺跡公園整備事業により主要伽藍が復元され公開されている。小学校の校舎建設に伴う調査で、南大門の西方で幅一・九メートル、深さ〇・八メートルの版築《はんちく》遺構がみられ南大門に取り付く築地跡と確認されている。伽藍配置は、南大門・中門・金堂・講堂が一直線上に配される。寺域は東西一町、南北一町半と考えられている。南大門は、中門跡より南に八〇メートルのところで、東西三間、南北二間の掘立柱によるものである。中門は、礎石の状況から東西五間、南北二間を推定している。金堂跡は、中門跡から北に約三四・五メートルのところに、礎石が九個残る。想定される建物は、五間×四間である。講堂は、金堂跡の北三〇メートルにあり、基壇は東西二七メートル、南北約一二メートルで二十五個の礎石が残る。回廊はこの側面に取り付く。　→国分寺《こくぶんじ》

資料館　石岡市民俗資料館（茨城県石岡市）

参考文献　石岡市教育委員会編『特別史跡常陸国分尼寺址調査報告』、一九七〇－七二・七九。堀越徹「常陸国分尼寺跡について」（『婆良岐考古』六、一九八四）。

（阿久津　久）

ひたちのくに　常陸国　東海道の東端に位置する国。常州。現在の茨城県の大部分（南西部は下総国）を占める。大化の国郡制に始まる国で、『常陸国風土記』は新治《にいはり》・筑波・茨城《うばらき》・那賀・久慈《くじ》・多珂《たか》の六国域を孝徳朝に合わせて成立したと記し、『国造本紀』もこの六国造を載せる。国名の由来について、『常陸国風土記』は往来の道路が津《わ》済《たり》（渡し場）を隔てず、直通（ひたみち）に続いているためとする説と、倭武天皇《やまとたけるのみこと》が井戸で手を洗った際に、衣の袖が漬《ひた》ったことにちなむとの二説を載せるが、道奥（みちのく）に直に接するところから「常道」、それが陸奥の呼称が定着するとともに「常陸」に変わったとする説が有力である。国府は現在の石岡市内に置かれ、国分寺、国分尼寺の遺跡や総社が現存する。『延喜式』では十一郡を管し、大国で遠国であった。また、官稲の出挙《すいこ》百八十四万六千束は全国最大、健児《こんでい》数二百は第二位である。『和名類聚抄』では、田積は四万九十二町余で陸奥国に次ぎ、百五十二郷を記している。奈良時代には藤原宇合《うまかい》、百済王《くだらのこにきし》敬福《きょうふく》、石上宅嗣《いそのかみのやかつぐ》など中央でも活躍した人物が国司に任命され、一方、陸奥に隣接することから、長く朝廷による東北経営の基地としての役割を担った。八二六年（天長三）には、上総・上野とともに親王任国となり、遥任《ようにん》の親王が守（大守）に任ぜられるのが慣例となった。承平・天慶年間（九三一－四七）の平将門《たいらのまさかど》の乱は、東国を揺るがす兵乱として朝廷を震撼させたが、その発端は常陸・下総地域に下向し土着した平氏、源氏、藤原氏ら貴種の子孫による勢力争いであった。この乱の勝利者となった大掾《だいじょう》氏（常陸平氏）は、その後国内各地に力を伸ばし、一方源頼義・義家父子による奥羽経略に伴い、源氏の勢力も流入してきた。平安時代末には北の佐竹氏（清和源氏）と、石岡から水戸にかけての大掾氏を二大勢力とし、その他小勢力の武士が離合集散を繰り返すことになる。鎌倉時代に入ると、佐竹氏は源頼朝によって討伐され力を弱めたが、大掾氏はいまだ健在であり、守護は有力御家人小田氏とその一門の宍戸《ししど》氏が務めた。しかし、政争に与して没落した武士の所領は得宗家に帰し、国内の要地は次第に北条氏の占めるところとなっていった。南北朝時代には、常陸国は南朝方の小田氏、北朝方の佐竹氏に大きく色分けされるが、小田氏は次第に劣勢となり、室町時代には佐竹氏が守護を務めることとなった。戦国時代には新たに登場した江戸氏、下総から進出した結城氏などが加わり、激しい勢力争いが繰り広げられるが、末期には豊臣秀吉の承認のもと、佐竹氏が常陸一国をほぼ手中にした。しかし、関ヶ原の戦の後、佐竹氏は秋田に移封され、代わって徳川氏一門、譜代大名が配された。一六〇九年（慶長十四）には徳川頼房が水戸に入り、御三家の一つとなった。国内では、水戸藩のみが三十五万石と突出した石高を有し、その支藩である府中・宍戸藩、譜代の土浦・笠間・牛久《うしく》・下館・下妻藩、外様の谷田部《やたべ》・麻生《あそう》藩など十藩があり、その間には他藩領の飛地《とびち》や天領、旗本領が点在していた。天保期の総石高は百万五千七百余石、村数は千七百二十三村である。特産品としては、結城紬《ゆうきつむぎ》、西ノ内紙、水府煙草《すいふたばこ》、久慈のこんにゃく、土浦藩領の灯心用いぐさなどが知られている。水戸藩は定府《じょうふ》であったが、二代光圀《みつくに》、八代斉昭《なりあき》はそれぞれ常陸太田・水戸で長期にわたり政務を主導した。その治績には、『大日

常陸国略図

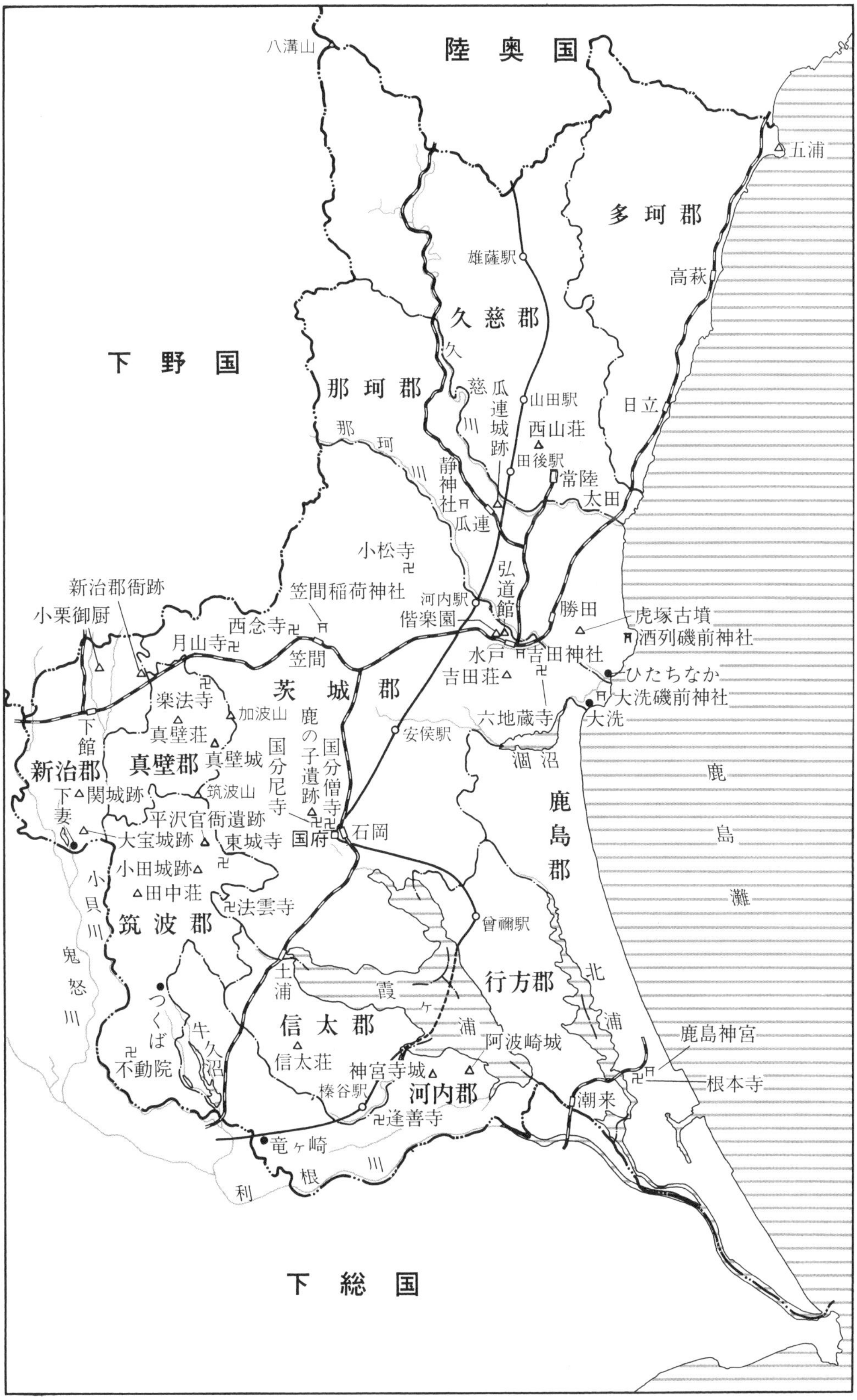

本史』編纂事業を行い、その過程で多くの学者(水戸学)を輩出したこと、弘道館・偕楽園・彰考館の設置など見るべきものが多い。しかし、幕末の動乱期には尊皇攘夷運動の魁《さきがけ》となりながらも親藩として佐幕を脱しえず、天狗・諸生両党による激しい内紛によって力を失っていった。一八七一年(明治四)七月の廃藩置県で国内の藩はそのまま県に移行したが、同年十一月に南部を新治県、北部を茨城県に統合し、さらに一八七五年五月に両県と千葉県の一部を併せて、現在の茨城県が成立した。

参考文献　中山信名編『新編常陸国誌』。『茨城県の地名』(『日本歴史地名大系』八、一九八二、平凡社)。『角川日本地名大辞典』八、一九八三、角川書店。所理喜夫他編『図説茨城県の歴史』(『図説日本の歴史』八、一九九五、河出書房新社)。『茨城県史』、一九八四−八六。（中村　光一）

ひたちのくにふどき　常陸国風土記　七一三年(和銅六)の風土記撰進の命により編纂され、今日まで伝えられた五風土記の一つ。「常陸国司解申古老相伝旧聞事」とあるように、解《げ》の体裁をとる。成立時期は、菊多郡の分立に触れず石城《いわき》国が記されていないことから七一八年(養老二)以前、行政区画がおおむね郡里制で記されているので、郷里制が成立する七一五年(霊亀元)以前と推定されるが、完成の後、さらに手が加えられたと見る説もある。編者は、その成立年代から当時の常陸守石川難波麻呂、介春《かす》日老《がのおゆ》に擬することができるが、四六駢儷《べんれい》体の華麗な文章から、養老年間(七一七−二四)に守・按察使《あぜち》であった藤原宇合《うまかい》と吏僚の万葉歌人高橋虫麻呂など、文人の手による文飾を考える説もある。冒頭の総記で常陸国の沿革を述べ、続いて、新治《にいはり》・筑波・信太《しだ》・茨城《うばらき》・行方《なめかた》・香島《かしま》・那賀・久慈・多《た》珂《か》の順に、各郡の地名起源説話や土地の状況、産物などを記す。大串貝塚(水戸市塩崎町)の成立を巨人による貝食の残殻の堆積とする説話は、文献の上に貝塚を記した最古の例として知られており、ほかに、祖神《おやがみ》や倭武天皇《やまとたけるのみこと》の巡幸、開発をめぐる夜刀《やと》(蛇)神との争い、哺時臥《くれふし》の山の神婚説話など豊富な伝承を伝えている。また、孝徳朝の惣領《そうりょう》による建郡(評《こおり》)を記した部分は、律令制的地方支配の成立を考える上での重要な史料であり、嬥歌《かがい》(歌垣)の記事や歌謡は文学・民俗史料として貴重である。現存のものは、総記と行方郡については記述に省略のないことを注記するが、それ以外の郡は抄録であり、白壁・河内両郡は、郡ごと省かれている。抄録本成立の理由については諸説があるものの、いずれも定説とはなっていない。現伝本の祖本は加賀前田家本とそれを模写した水戸彰考館本(いずれも江戸時代)であるが、両者ともすでになく、これらの系統に属する菅政友本、武田祐吉本、松下見林本などが現存する。江戸時代の刊本には、群書類従本、西野宣明校訂本がある。活字本には、『日本古典文学大系』二、『茨城県史料』古代編、『新編日本古典文学全集』五などがある。

参考文献　井上辰雄『常陸国風土記にみる古代』、一九八九、学生社。植垣節也・橋本雅之編『風土記を学ぶ人のために』、二〇〇一、世界思想社。（中村　光一）

ひだのくに　**飛驒国**　現在の岐阜県北部にあたる地域の旧国名。北は越中国、東は信濃国、南は美濃国、西は越前国・加賀国に接し、森林がかなりの面積を占める。冬の降雪が多く、概して寒冷である反面、山の恵みは豊かである。律令制下、東山道に属し、益田《ました》郡(八七〇年(貞観十二)十二月に大野郡より分置)・大野郡・荒城《あらき》郡を管した。東山道から飛驒に向かうルートは、美濃国内の武《む》義《げ》駅・加茂駅を経て、下留《しもつとまり》駅(現在の下呂付近)からほぼ飛驒川に沿って北上したと見られ、宮峠を越えて高山盆地に入る。国府の所在は明確でないが、高山市内に比定する説が有力である。縄文時代にさかのぼる遺跡は少なく、飛驒市宮川町の宮の前遺跡は旧石器時代から縄文時代にかけての重層的な遺跡であって、高山市丹生川町西田遺跡・牛垣内《うしがいと》遺跡、飛驒市古川町中野山越遺跡、高山市の垣内遺跡などが知られている。また、高山市久《く》々《ぐ》野《の》町堂之上《どうのそら》遺跡(国史跡)は広場を中心にもった集落の遺跡である。古墳時代になると、高山市国府町の三日町大塚古墳が前方後円墳として注目され、六・七世紀代には数も増え、高山市国府町の、こう峠口古墳や飛驒市古川町の高野水上古墳など、規模の大きな横穴式石室を有する古墳が注目される。現在の高山市内にも五世紀代からの古墳が存在し、特に飛驒川支流の川上川左岸などに群集墳が見られる。およそ国府・古川から高山にかけての盆地に有力集団が存在したと見られるが、この傾向は古代寺院の分布でもほぼ同様であって、特に古川盆地には、七世紀末から八世紀にかけて創建されたと見られる寺院跡が少なくない。なかでも杉崎廃寺(飛驒市古川町)は発掘調査の結果、小規模ながら塔・金堂・講堂などの主要伽藍を有した法起寺《ほっきじ》式の配置が知られ、伽藍内部に人頭大の玉石を敷き詰めていたことも判明した。その近くの寿楽寺廃寺も七世紀後半の創建と考えられている。高山市内の三仏寺廃寺の創建も七世紀後半にさかのぼり、「大寺　山田寺」と箆《へら》書きされた平瓦が出土している。国分寺は高山市内の現国分寺の場所にあったと見られ、国分尼寺はその西方、現辻ヶ森三社において金堂跡が見出されている。したがって、奈良時代には高山盆地に行政の中心があり、都との交流も活発であったと考えられる。律令制下の飛驒は、『養老令』賦役令にみられるように、調庸免除の代わりに匠丁《しょうてい》を差し出す国とされ、彼ら飛驒《ひだの》工《たくみ》は平城京や平安京における、多くの殿舎・寺院などの営造に携わったのであろう。のちに飛驒工は木工の名手を指すようになる。平安時代から鎌倉時代の飛驒地方は不明の部分が大きいが、加賀との国境にある白山の信仰が広がったと見られ、摂関家領白川荘とともに白山修験の拠点である長滝寺領の河上荘が置かれた。南北朝時代には姉小路氏が飛驒国司となり、戦国時代には北部の江馬氏、南部の三木《みつき》氏が勢力をもち、複雑な争乱を経ながら一五八二年(天正十)に、三木氏が飛驒の大部分を平定した。なお飛驒市神岡町の江馬氏城館跡(国史跡)は近年、発掘調査・整備が進められている。その後まもなく豊臣《とよとみ》秀吉《ひでよし》の意を受けた金森長近《かなもりながちか》が飛驒に攻め入って三木氏を追放し、高山の天神山に居城を築いた。金森氏の時代約百年間には、城下町の形成、林業・鉱業の振興が図られるとともに、京風の上方文化を受け入れ、春慶塗《しゅんけいぬり》や木工など伝統工芸の基礎も築かれた。一六九二年(元禄五)、金森氏は移封、幕府による直轄支配が始められ、高山陣屋に代官、のちに郡代が派遣されることになった。天領

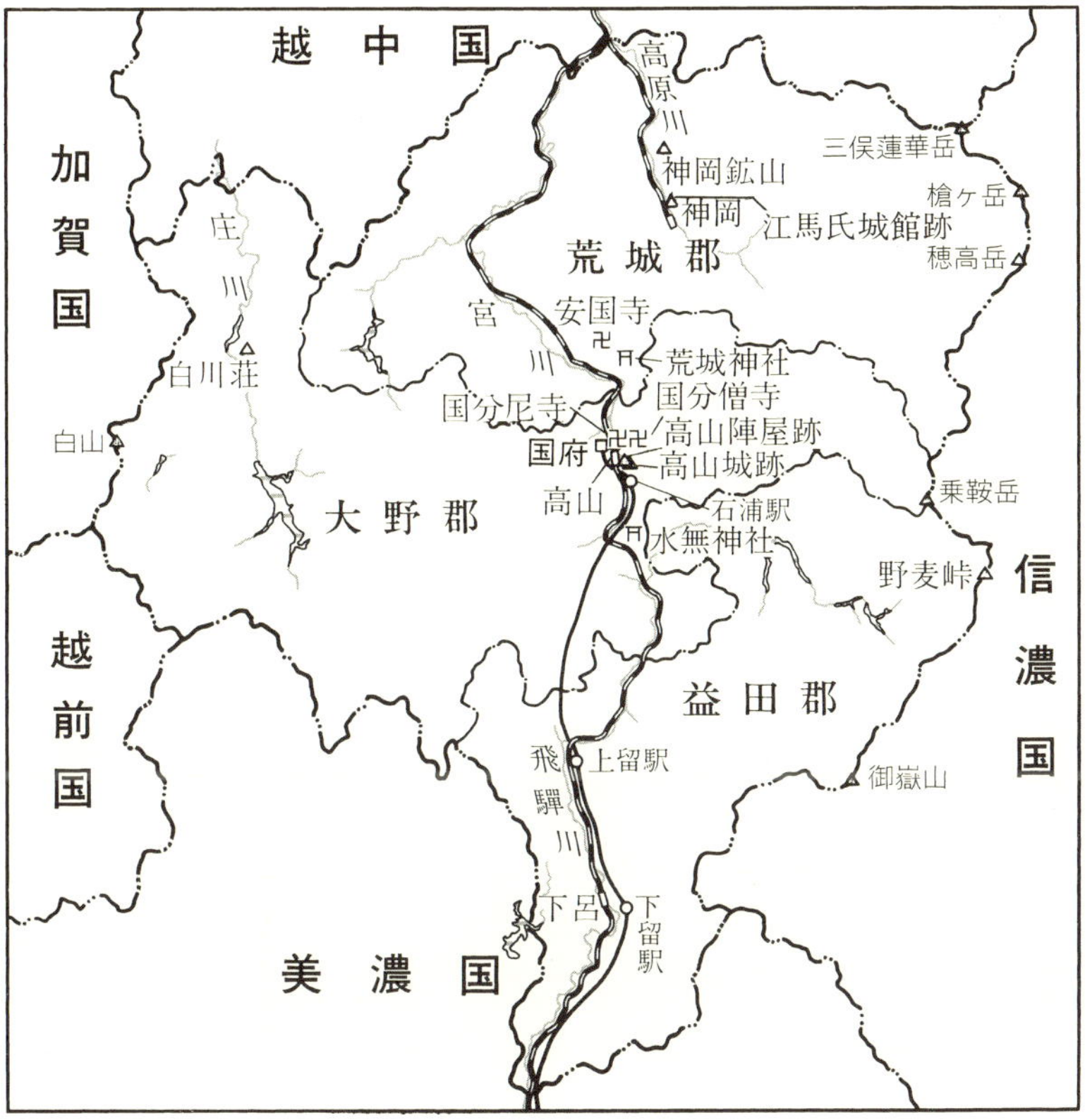

飛驒国略図

時代の著名な事件が大原騒動であり、十八世紀後半、三度にわたって一揆・打ちこわしが起こっている。明治維新の際も、初代高山県令梅村速水《うめむらはやみ》と飛驒の民衆との間で衝突が生じている(梅村騒動)。一八七一年(明治四)の廃藩置県にあたっては、いったん筑摩県に併合されたが、五年後岐阜県に統合された。鉄道は東海道線岐阜から高山に向かう路線が設けられたが、信濃、北陸との交渉も古くから活発であった。第二次大戦後、高山を中心に林業・木工業が盛んとなり、現在では、高山とともに下呂温泉・白川郷が多くの観光客を集めている。

参考文献 八賀晋編『美濃・飛驒の古墳とその社会』、二〇〇一、同成社。森浩一・八賀晋編『飛驒』、一九九七、大巧社。松田之利他『岐阜県の歴史』(『県史』二一)、二〇〇〇、山川出版社)。『岐阜県史』通史編・補遺編、一九六八-二〇〇三。

(早川 万年)

ひだのたくみ **飛驒工** 律令制下、飛驒国から都に赴いた匠丁《しょうてい》のこと。『養老令』賦役令に、飛驒は庸調を免じるかわりに里(郷)ごとに匠丁を十人差し出し、一年ごとに交替すべきこと、他の課丁は匠丁の食米を輸することが定められている。飛驒国に十～十三の郷があったことからすれば、およそ毎年、百人から百数十人の匠丁が都に差し出されたとみられる。飛驒工は木工寮《もくりょう》、修理職《しゅりしき》などに配属され、都宮の殿舎の造営から物品調達に至るさまざまな労務に従事した。平安時代初期には、飛驒工の逃亡とその捜索を命ずる記録がみられるようになり、八三四年(承和元)の官符には飛驒工を出す飛驒国の窮乏も語られている(『類聚三代格』)。都に赴いた匠丁たちがしばしば過酷な労役を課され、飛驒にとっても匠丁の継続的差遣が大きな負担であったことは間違いない。一方、『今昔物語集』二四にみられるように、飛驒工といえば名工伝説の主人公とされるようになり、飛驒から都に赴いた技術労働者たちが高い評価を受けていたことも事実であろう。

参考文献 彌永貞三「飛驒工」(『日本古代社会経済史研究』所収、一九八〇、岩波書店)。『新・飛驒の匠ものがたり』二〇〇三、飛驒木工連合会。

(早川 万年)

びちくせん **備蓄銭** 中世にみられる蓄財など経済的目的のため土中に一括して埋められた大量の銭貨。十三世紀にはすでに日本列島の南北で均質な備蓄銭が出現しており、このことから貨幣経済の全国展開がこの時期にわが国で成立していたことがわかる。備蓄銭は流通貨幣の実態解明に役立つ重要な考古資料である。時期的には、十三世紀末から十六世紀末までに埋められたものが大半で、壺や甕などの陶質容器や、木箱・桶・曲げ物《まげもの》などの木質容器に納められたもの、繊維質のものに包まれていた可能性はあるが容器を伴わず出土するものなどがある。中世の日本では公式な貨幣が発行されていなかったこともあり、備蓄銭の内容は五十～六十種類ほどの中国銭が混合したもので、数千枚から数万枚というまとまりをもって、財産の安全性や隠密性を保つため土中に埋められている。過去に出土した事例のうち枚数の多いものは、北海道函館市の志海苔《しのり》から三つの甕に納められて約三十七万枚、兵庫県宝塚市の堂坂遺跡では七つの甕に約十九万枚が納められていた例などがある。銭貨の中央の穴に緡紐《きしひも》を通し束ね、九十七枚前後がひとまとまりの「連《れん》」、さらに「連」が十個繋がった一貫文《かんもん》という単位の緡銭《さしぜに》状態で埋められているものが多い。広島県福山市の草戸《くさど》千《せん》軒町《げんちょう》遺跡第二十九次調査で出土した銭貨のかたまりは、五十本の緡からなる五貫文緡(約五千枚)であり、これは「洛中洛外図屏風」(舟木本)などの絵画に描かれた細紐で梱包された銭塊と同様のもので、考古資料と絵画資料の双方から当時の銭貨の保管のあり方や輸送時の流通形態を確認できる資料である。これまでの備蓄銭出土地を見てみると、中世の港湾都市、寺院の境内ないしはその近く、神社に付属する門前町、城跡、農村における有力者の居所、都市の商業地域などである。したがって、これらの備蓄銭を埋めた主体は、土倉《どそう》などの金融業者や祠堂《しどう》銭《せん》金融を営んでいた寺院、有徳人《うとくじん》と呼ばれる在地の有力農民、交易地の商人や支配者などであると考えられている。これらの銭貨を埋めた本人が死亡するなど、何らかの理由で掘り出されることがなかったものが、今日備蓄銭として出土すると考えられている。しかし、備蓄銭と呼ばれている一括大量出土銭の一部は祭祀目的の埋納銭の可能性もあり、その判別は難しいのが現状である。大量の銭貨を埋めた目的については大半が蓄財のための備蓄銭であると考えられるが、出土遺構の歴史地理的状況、共伴遺物などの出土状況から総合的に判断するしかない。いずれにしても、中世社会において銭貨が広範に流通し、貨幣として重要な役割を演じていたからこそ、それを蓄えた備蓄銭は存在する。備蓄銭は道路工事や建築工事などの際、偶然に発見され、散逸してしまうものも多く、近年まで学術調査・研究が十分になされる状況にはなかった。備蓄銭を掘り出した記録は、中世当時から残されている。一三三五年(建武二)若狭国太良荘《たらのしょう》で覚秀という人物によって掘り出された二十五貫文の銭貨の事例や、鎌倉時代の終わりごろの『一遍聖絵《いっぺんひじりえ》』に描かれた常陸国で銭を掘り出している光景などから備蓄銭の存在を確認できる。近世においても一七一二年(正徳二)に常陸国那珂郡正宗寺で発見された約二十二万の銭貨が有名で、これは近藤守重の『銭録《せんろく》』に詳細な記録が残されている。明治時代になるとこの備蓄銭に関する研究が始まり、中川近禮は備蓄銭に含まれている銭種の違いに注目し、時期区分を行なった上で埋められた意味を考察した。入田整三は考古資料である備蓄銭の銭種組成の数量的構成比を明らかにするなど、これらを研究資料として萌芽的に利用した。第二次大戦後、矢島恭介が『日本考古学講座』七で「日本出土銭貨一覧」をまとめ、全国から出土した備蓄銭について個々の総枚数や銭種ごとの枚数など有効なデータを提供した。一九八〇年代になり、坂詰秀一によって出土備蓄銭研究の重要性についての問題提起がなされ、ここに本格的な研究が始まった。鈴木公雄はこれを受け、とりわけ経済史の研究資料として備蓄銭をはじめとする出土銭貨の活用を試みた。鈴木は数量的に安定した研究結果を得るため、千枚(一貫文)以上のものを備蓄銭と規定している。鈴木の研究成果によると、備蓄銭の出土例は北海道から鹿児島県まで広い範囲にわたって分布しており、一九九八年(平成十)時点で全国に二百七十五例、総数で約三百五十三万枚が知られている。詳細な内容がわからない過去の発掘例などを含めると、この数倍は存在していたと考えられる。備蓄銭は含まれる最も新しい発行年代を持つ銭貨によって上限年代が決定でき、この最新銭と容器の編年などによって備蓄銭を埋めた時期区分ができる。備蓄銭を構成する銭種は、中国歴代王朝銭のうちでも北宋銭がもっとも多く全体の約七七%を占め、明銭が約八・七%、唐銭が約七・六%、南宋銭が約一・九%と続く。わずかながら朝鮮や安南(ベトナム)、琉球の銭貨や古代律令制府が発行した皇朝十二銭を含んでいるものもある。北宋銭の中では皇宋通宝(一〇三九年初鋳)・元豊通宝(一〇七八年初鋳)・熙寧元宝(一〇六八年初鋳)が上位を占めている。銭種構成は全国ほぼ均質であり、これは中国におけるさまざまな銭種の混合状態が基礎にあるためと考えられるが、十五世紀以降の永楽通宝など明銭が流入した後は、全体に占める明銭の割合が増加し、地域によっては北宋銭主体ではなく明銭の洪武通宝や永楽通宝の割合が高いものが出現するなど、銭種に偏差が見られるようになる。関東において十六世紀の後半に永楽通宝がほかの銭種と異なった高い評価を獲得していく過程を、備蓄銭からも確認できる。全備蓄銭の約九五%は、十枚以上存在する銭種が五十種以内で構成されている。ただし、中国で流通していた大型銭や鉄銭はほとんど含まれておらず、日本の流通銭貨が中国とまったく同様ではないことを示している。鈴木は備蓄銭を八期に区分し、一期は十三世紀の第Ⅳ四半期から十四世紀第Ⅰ四半期、二期は十四世紀第Ⅱ四半期から第Ⅲ四半期、三期は十四世紀第Ⅳ四半期から十五世紀第Ⅰ四半期、四期は十五世紀第Ⅱ四半期から第Ⅲ四半期、五期は十五

『一遍聖絵』常陸国で銭を掘り出す場面

木箱の例（長野県中野市西条・岩船遺跡群出土）

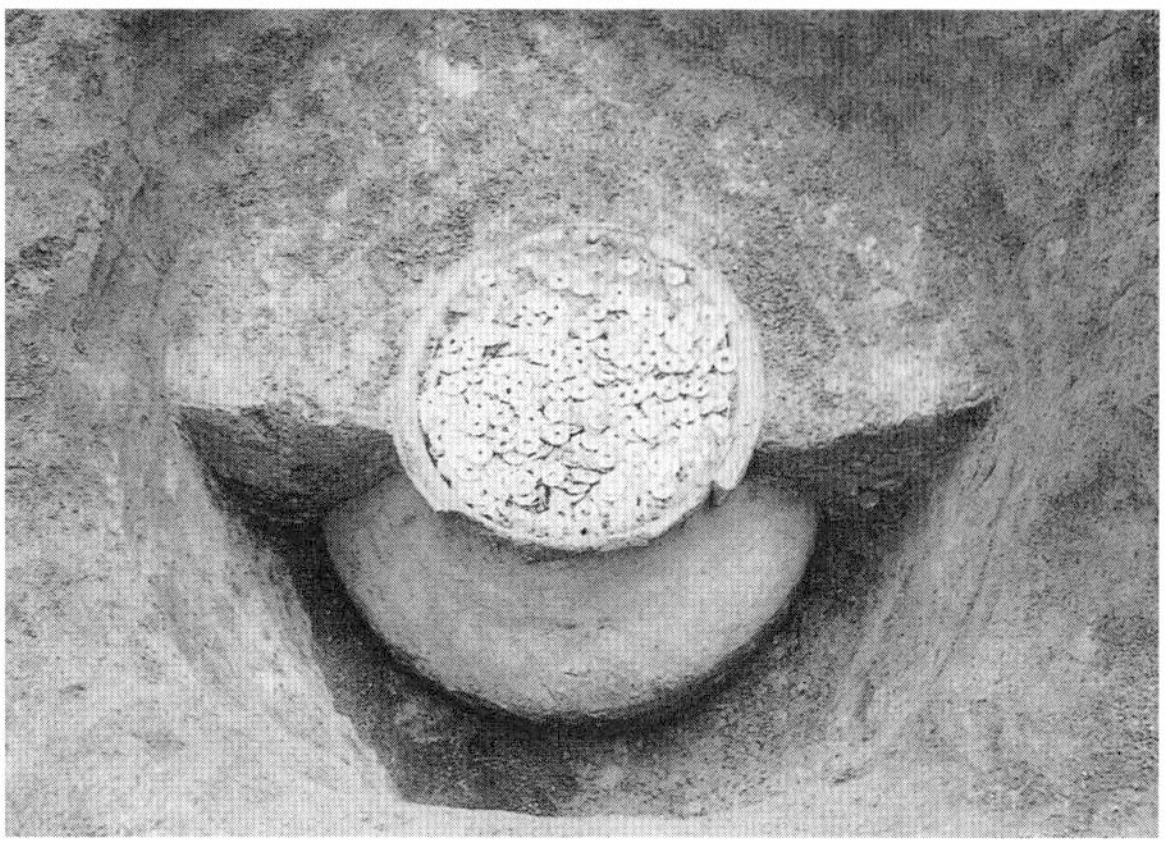

大甕の例（東京都府中市大国魂神社参道出土）

備　蓄　銭

世紀第Ⅳ四半期、六期は十六世紀第Ⅰ四半期から第Ⅱ四半期、七期は十六世紀第Ⅲ四半期、八期は十六世紀第Ⅳ四半期にそれぞれ実年代を対応させている。そして、一期・二期は比較的小規模の備蓄銭である備蓄銭展開期、三期から五期の備蓄銭は、一件あたりの枚数が十万枚以上と多くなる大規模備蓄銭期、六期は小規模備蓄銭が多数出現する備蓄銭普及期、七期・八期は備蓄銭の規模と例数双方が減少傾向を示す備蓄銭衰退期と捉えている。中世といっても時期によって銭貨使用が一様でなかったことを、この備蓄銭研究は示している。近年では、不時発見以外にも発掘調査によって東京都多摩ニュータウン、福井県一乗谷、京都市八条三坊、広島県草戸千軒、山口県下右田などで遺存状態が良好な備蓄銭が出土しており、資料の蓄積とともに研究が深化してきた。一乗谷第五十七次調査の出土例は、嘉靖通宝（一五二二年初鋳）を最新銭とする約一万六千枚の銭貨が井戸の底から発見されており、朝倉氏滅亡（一五七三年）前後に投棄されたものと考えられている。さらに、二つの具体的な備蓄銭の出土事例をあげると、一九九八年四月、東京都府中市の大国《おおくに》魂《たま》神社参道沿いから、愛知県常滑《とこなめ》産の大甕に入った大量の銭貨が四・五メートルほどの距離をおいて二つ発見された。それぞれの大甕には平石を丸く加工した蓋がかぶされており、一方には約九万一千枚、他方には約六万二千枚の銭貨がぎっしりと詰まっていた。含まれている最新銭は永楽通宝（一四〇八年初鋳）で、十五世紀後半から十六世紀初頭に埋められたものと考えられている。長野県中野市西条《にしじょう》・岩船遺跡群の一九八九年（平成元）平成元年度調査では、針葉樹の板材で作った箱に収められた銭貨が出土した。箱型容器は横四三センチ、縦三三センチ、深さ二一センチで、杉皮のようなもので蓋がしてあった。至大通宝（一三一〇年初鋳）が最新銭で、約三万四千枚の銭貨が緡縄で通された状態で出土した。緡は三百四十一本あり、ひと緡ごとの銭貨の枚数は九十七枚が二百三十六緡と最も多かった。備蓄銭研究は、銭貨そのものの分析だけではなく、文献史料との比較研究も必要となる。例えば、一四八五年（文明十七）以降に出されたことが確認できる撰銭令《えりぜにれい》などの文献記録から、粗悪な銭貨（悪銭《あくせん》）が実際に流通していたことは明らかであるが、備蓄銭には文字のない無文《むもん》銭《せん》や割れた銭など状態の悪い銭貨はほとんど含まれていないことから、備蓄銭は当時良質の銭貨（精銭《せいせん》）と認識されていた銭貨が備蓄されていたものと考えられる。この点では、備蓄銭は流通銭貨そのものではない可能性が高いと考えられる。中国でも日本と同様、窖蔵銭《こうぞうせん》とよばれる大量に備蓄された銭貨が存在し、西洋でもおもに金貨・銀貨を蓄えた同様の備蓄銭（hoard）が存在する。中国やイギリスでは、戦乱やバイキング侵攻などで社会が混乱していた際に、これらの銭貨が埋められたことが明らかになっている。また、西洋学界の研究成果によると、流通貨幣の実態は備蓄銭のように意図的に埋められた貨幣からでは正確な状況が把握できず、遺跡などから個別に発見される貨幣は流通時に遺失されたものが多いと考えられるので、個別発見貨（single-find）こそがより正しい流通貨幣の姿を示す資料とされる。日本でも、備蓄銭研究と個別発見貨研究の分析結果を比較し、実際の貨幣流通の姿を明らかにすることが今後の課題である。→埋《まい》納銭《のうせん》

［参考文献］坂詰秀一編『出土渡来銭』、一九八六、ニュー・サイエンス社。鈴木公雄『出土銭貨の研究』、一九九九、東京大学出版会。同『銭の考古学』、二〇〇二、吉川弘文館。『季刊考古学』七八、二〇〇二。

（櫻木　晋一）

ひちりき　篳篥　雅楽などで使われるダブルリードの縦型の管楽器。管の長さはおよそ一八センチで表に七孔裏に二孔の指穴があり、芦製のリードを管頭にはめて吹く。ほかに平安時代には大篳篥があった。七、八世紀ころ中国から伝えられたと考えられる。律令制雅楽寮唐楽師の中に篳篥師一人、篳篥生四人が置かれた（『養老令』職員令

雅楽寮条)。平安時代中期以降、管弦や舞楽の唐楽・高麗楽の主要楽器とされ主旋律を奏でた。『枕草子』笛は、に「篳篥はいとかしがましく、秋の虫をいはば、轡虫《くつわむし》などの心地して、うたてけぢかく聞かまほしからず、ましてわろく吹きたるはいとにくきに」などとみえる。近くで聞くけたたましさなど嫌う人もいたようで貴族が掌る例はまれで、地下の楽人によって奏されることが多かった。『源氏物語』末摘花には大篳篥のことがみえ、『教訓抄』八などには九六六年(康保三)のころ、良岑行正が大篳篥を吹き源博雅がこれを伝えて吹いたとあるように、大篳篥は十世紀まで実用されていたことが知られる。

参考文献　増本喜久子『雅楽—伝統音楽への新しいアプローチ—』、一九六八、音楽之友社。芸能史研究会編『日本の古典芸能』二、一九七〇、平凡社。林謙三『東アジア楽器考』、一九七三、カワイ楽譜。『雅楽・声明・琵琶楽』(『日本古典音楽大系』一、一九八二、講談社)。

(荻　美津夫)

ひつ　櫃　収納具の一種で蓋のある大形、あるいは中形の箱。大きなものは縦一五〇センチ、横七五センチ、深さ四〇センチくらいで、中形はこれより少し小さい。櫃は中国語の櫃《き》子《つ》が変化した言葉である。古墳時代には存在していたと考えられるが、実際に現物が残っているのは奈良時代からで、正倉院には多数の櫃が残っている。木製で漆塗のもの、何も塗らない明櫃《あかひつ》、漆皮製のものがある。脚つきの唐櫃と脚のない和櫃があり、和櫃には台が付いているものもある。ただし一般に櫃という場合は脚のない方をさす。蓋はかぶせ蓋のほか、印籠合口造《いんろうあいくちつくり》がある。近世になって簞笥や戸棚が出てくるまでは櫃が収納具の中心であったから、食料品から衣類、文書、書物、経巻、武具、銭貨などあらゆる物入れとして、また運搬具としても用いられた。しかし持ち運ぶための取っ手などがついていないため、近世になって長持が登場すると、櫃はもっぱら小形の衣類入れとして使われるようになった。→唐《から》櫃《びつ》　→長持《ながもち》

(小泉　和子)

びっちゅうこくぶんじ　備中国分寺　岡山県総社市上林に所在する寺院。七四一年(天平十三)の聖武天皇の詔を受けて諸国で建立された国分寺の一つ。中世に一度廃絶するが、領主蒔田氏の援助を得て江戸時代に日照山国分寺として再興された。五重塔は江戸時代後期の代表的な塔建築である。一九七一年(昭和四十六)の岡山県教育委員会による発掘調査で古代の国分寺の南門・中門・築地塀や建物が確認されたが、中心施設の大部分が現国分寺の境内地にあるために金堂・講堂の詳細は不明である。このため、伽藍配置は法起寺式と推定されるが、確実ではない。寺域は東西約一六〇メートル、南北約一七八メートル。東約四五〇メートルに備中国分尼寺がある。国史跡。→国分寺《こくぶんじ》

参考文献　角田文衞編『新修国分寺の研究』四、一九九一、吉川弘文館。

(金田　明大)

びっちゅうこくぶんにじ　備中国分尼寺　岡山県総社市上林に所在する古代寺院跡。七四一年(天平十三)の聖武天皇の詔を受けて諸国で建立された国分尼寺の一つ。発掘調査は行われていないが、礎石や築地跡の高まりなどが良好に残存しており、南門・中門・金堂・講堂が南北に一直線に並ぶ伽藍配置が復元できる。廃絶時期は不詳だが、一三三六年(延元元)の福山合戦で、足利直義によって焼かれたとの伝承がある。寺域は東西約一〇八メートル、南北約二二五メートル。国史跡。→国分寺《こくぶんじ》

参考文献　角田文衞編『新修国分寺の研究』四、一九九一、吉川弘文館。

(金田　明大)

びっちゅうのくに　備中国　山陽道の一国。現在の岡山県の西半部にあたる。同国付近は畿内につづく古代の先進地域である。弥生時代後期中葉には吉備地域特有の墳丘墓と、その埋葬儀礼にかかわる特殊器台などが集中的に分布する。楯築《たてつき》遺跡(岡山県倉敷市)がその代表である。古墳時代に入ると一〇〇メートルを超える大前方後円墳が数多く作られ、その中でも三六〇メートルの造山古墳(岡山市)や二八六メートルの作山古墳(岡山県総社市)は全国的にもそれぞれ四位、九位の規模である。六世紀中葉には巨大な横穴式石室をもつこうもり塚古墳(総社市)や箭田《やた》大塚古墳(倉敷市)がある。これらの古墳はこの地域に本拠をもつ吉備一族(下道《しもつみち》臣・賀陽《かや》臣・苑《その》臣・笠臣など)のものであろう。特に下道氏に関しては『日本書紀』雄略紀に反乱伝承がある。備中国は天武朝の後半から持統朝にかけて、これまで存在した「吉備国」を分割したことによって成立した。七世紀後半の飛鳥池遺跡出土木簡に「吉備道中国」と書かれたものがあり、『和名類聚抄』の読み「きびのみちのなか」に対応する。また、八世紀初頭の藤原宮木簡には「吉備中国」と書かれたものがある。備中国は都宇《つう》・窪屋・賀夜《かや》・下道・浅口・小田・後月《しつき》・哲多《てた》・英賀《あが》の九郡からなるが、鎌倉時代に賀夜(賀陽)郡の北方を上房《じょうぼう》郡、下道郡の北方を川上郡とした。国府は諸説あるが、総社市金井戸付近である可能性が高まっている。また、国府の北方、総社市奥坂には、七世紀後半には朝鮮式山城である鬼《き》ノ城《じょう》が築かれている。郡家遺跡としては、英賀郡家とされる小殿遺跡(岡山県真庭市)・窪屋郡家とされる三須遺跡(総社市)が挙げられる。国分寺・国分尼寺は総社市上林に遺構や礎石が残る。古代寺院には栢寺《かやでら》廃寺、秦廃寺などがある。また、倉敷市の安養寺の裏山からは一〇八六年(応徳三)と記された瓦経が見つかっている。式内社は十八社であり、名神大社は一宮である吉備津神社(岡山市)のみ。『延喜式』では、国の等級は上国、京からの行程は中国、駅家は東から、津峴《つさか》・河辺・小田・後月の四駅が記載されている。このうち、小田駅と推定される毎戸遺跡(岡山県小田郡矢掛町)からは「馬」と線刻された土師器の盤が出土している。中央への貢納物は年《ねん》料舂米《りょうしょうまい》・絹・鍬・鉄・塩などである。このうち、鉄に関して述べれば、吉備南部は古代からの一大製鉄地域で、六世紀後半に操業されていたとされる千引カナクロ谷遺跡(総社市)はその一例である。七三九年(天平十一)の『備

中国大税負死亡人帳』があり、都宇・窪屋両郡の一部が残されている。また、下道郡地域に本拠をもつ下道氏からは吉備真備が出ており、その祖母の骨蔵器が現在の小田郡矢掛町から出土している。また、同じく下道郡からは墓地を買ったことを記す七六三年(天平宝字七)の矢田部益足売地券が出土している(倉敷市)。鎌倉時代に入り、一一八四年(元暦元)に土肥《どひ》実平《さねひら》が守護に任命され、その後、一二七二年(文永九)から一二七六年(建治二)ころまで得宗領となる。このころになると、国内には荘園が多く存在するようになり、なかでも東寺領新見荘・東福寺領上原郷は豊富な史料を残す。また一一六九年(嘉応元)の「足守庄図」(神護寺領)や一二九八年(永仁六)写の「服部郷図」(国衙領)などの荘園図も残されている。室町時代には細川氏が守護職を相承し、戦国時代には毛利氏・尼子氏・宇喜多氏などが割拠した。関ヶ原の戦後は江戸幕府領となり、備中松山藩・浅尾藩・足守《あしもり》藩などの大名領や旗本領が設定され、倉敷・笠岡・久世に代官所が置かれた。一八七一年(明治四)の廃藩置県で鴨方・生坂・足守・新見・庭瀬・岡田・浅尾・高梁・成羽・倉敷の十県が成立し、同年に備後の一部を含めて深津県に統合。一八七二年小田県と改称し、一八七五年岡山県に合併された。

参考文献 『岡山県史』、一九八一−九一。藤井学他『岡山県の歴史』(『県史』三三、二〇〇〇、山川出版社)。『角川日本地名大辞典』三三、一九八九、角川書店。『岡山県の地名』(『日本歴史地名大系』三四、一九八八、平凡社)。『吉備考古ライブラリィ』一一、一九九八−、吉備人出版。門脇禎二他編

備中国略図

『古代を考える吉備』、二〇〇五、吉川弘文館。
（浅野　啓介）

ひづめだて　比爪館　古代から断続的に使用されているが、平安時代末期には巨大な堀を伴う居館に発展している遺跡。岩手県紫波郡紫波町北日詰地内に所在し、JR東北本線日詰駅の南東五〇〇メートルに位置する。川によって開析された微高地に遺跡は広がり、総面積は約一〇万平方メートル。古代から戦国時代までの遺構群が検出され、各種遺物が出土している。中でも九―十世紀の竪穴建物跡と十二世紀の遺構が充実している。竪穴建物跡からは灰釉や緑釉陶器も発見されている。十二世紀の遺構としては掘立柱建物跡や井戸跡や堀跡などが挙げられ、遺物としては多数のかわらけや常滑や渥美、中国産磁器や木製品がある。岩手県内では平泉町以外で十二世紀の遺物が最も出土する遺跡として知られる。これらから『吾妻鏡』にみえる平泉藤原氏一族の比爪氏の比爪館と目されている。奥大道近隣の交通の要衝に位置するため、九世紀から繁栄し十二世紀に藤原氏が一族を配したものと推定される。

参考文献　紫波町教育委員会編『比爪館』、一九九二。
（八重樫忠郎）

ひでんいん　悲田院　仏教の福田思想にもとづき、貧窮者・病人・孤児などを収容、救済する施設。中国では隋唐以来行われ、日本においては聖徳太子により大阪四天王寺に四箇院の一つとして設置されたと伝えられるが定かではない。平城京では七二三年(養老七)に奈良興福寺に施薬院・悲田院が設置され、財源として封戸・水田・稲が施入された。さらに七三〇年(天平二)には光明子によって皇后宮職の管下に施薬院とともに置かれたと思われる。平安京では施薬院別所として九条南に東西悲田院が設けられ、封戸のほか綿・古弊幄・古弊畳や臨時の支給物が財源とされた。院司・預(預僧)以下雑使・乳母・養母などが属し、京中路傍の病者孤児を収容するといった本来の業務のほか、放置遺体の埋火葬などにも従事した。その後水害や火災などで移転、衰退し、次第に国家の手を離れて寺院化した。鎌倉時代には安居院悲田院が建立され、室町時代には律宗泉涌寺の末寺となった。

参考文献　新村拓『日本医療社会史の研究―古代中世の民衆生活と医療―』(『叢書・歴史学研究』、一九八五、法政大学出版局)。網野善彦「古代・中世の悲田院をめぐって」(北西弘先生還暦記念会編『中世社会と一向一揆』所収、一九八五、吉川弘文館)。井山温子「施薬院と悲田院について―竪子(内竪)との関係から―」(薗田香融編『日本古代社会の史的展開』所収、一九九九、塙書房)。
（藤田　琢司）

ひとがた　人形　人形代《ひとかたしろ》の略。人の姿形を象ることは偶像崇拝に関わり、宗教によっては厳しく禁じる。日本では旧石器時代に萌芽があり、大分県岩戸遺跡の石偶は偶像を示唆する。縄文時代も前期以降には各地で多様な土偶をみる。玩具説から病気治療、呪詛説などがある。遺跡によって多数あることや解体を意識した作りなど、共同体の祭祀に用いたとの見方がある。土偶は水稲農耕が本格化する弥生時代には消滅する。思想の変化であろう。ただし、土偶とは別に粘土細工風の人形が少数あり、また木偶が滋賀県大中の湖南遺跡などにある。豊作祈願の祖霊像かともいう。土製人形は古墳時代には類例が増し、四世紀代にさかのぼるかという静岡県明《みょう》ヶ島《じま》五号墳では各種の動物・器物の模造品とともにある。その起源は弥生時代の土製人形か、他の器物と同様に埴輪とみるべきか課題である。なお、人物埴輪は偶像であるが、通常、人形には含めない。七世紀末以降には藤原・平城京など古代都城が成立し、前代とは異なる木製の扁平正面全身像が出現し、祭祀とともに各地に拡大する。類品に銅人形や鉄人形がある。『延喜式《えんぎしき》』(九二七年)成立にみえる金人・銀人・鉄人像の祖形であろう。扁平俑の一群は中国の俑にある。古代の扁平正面像は前代の伝統とは別で、成立は大陸の影響と思う。用法にも一部共通性がある。人形の用法は病気治療や呪詛、祓《はらえ》、鎮物《しずめもの》などに大別できる。病気治療とは、病気の原因をある種の鬼(死者霊)とし、身代わりの人形に移したり封じることで回復を図る方法である。眼病に関わる平城宮東大溝の人形には「左目病作今日」と墨書がある。平城京一条三坊の人形は疫病対策であろうか。八十九点すべてに「伊勢竹川」「伊勢宗子」「秦奈良子又名粟日」と墨書し、一部は木釘を胸と腹部に打ち、紐巻きにし井戸に投じていた。疫病の原因の疫鬼を井戸の人形に封じたのであろう。伴った石には「嘉祥元年(八四八)」と墨書がある。この方法は七世紀中葉にさかのぼる。大阪府前期難波宮の西北隅にある石組遺構の人形(横型)は、頭部に五本の木釘を打つ。頭病対策か。最新の治療法として前後に伝来したのであろう。人形による呪詛は中国では古くから例があり、漢武帝の戻太子《れいたいし》が連座した巫蠱《ふこ》の獄《ごく》(紀元前九一年(征和二))は有名である。五八七年(用明天皇二)の物部・蘇我戦争では彦人《ひこひと》皇子・竹田《たけだ》皇子像を厭う記事があり、八世紀の平城宮大膳《だいぜん》職《しき》の井戸の人形は人名を墨書し、目と胸に釘を打つ。唐《とう》令《れい》では呪詛の方法に手足を縛り、目と胸に釘を打つとある。人形の一般的な用法は祓である。祓は人々の罪穢を攘うもので、漢代の扁平俑には死者生前の罪を贖う墨書がある。時代を隔てるが何らかの関わりがあろう。祓には段階があり、延暦二十五年(八〇一)五月十四日付「太政官符　定准犯科祓例事」(『類聚三代格』一)に大上中下がみえるが、八世紀初頭は神祇令の祭祀の懈怠《けたい》に対する罰則などからみて、大中小の三段階だった可能性がある。大祓は恒例と臨時があり、恒例行事は六・十二月の晦日《みそか》に宮城正門の朱雀門《すざくもん》前で行う。平城宮朱雀門の東隣、壬《み》生門《ぶもん》前の溝で出土した二百七点の人形は八世紀後半の臨時大祓の跡であり、これにより祓人形は複数で用い、大小など組合せたことが判明した。兵庫県袴狭《はかざ》遺跡群では十三点の組合せがある。祓の場(祓所)では木製の馬形・

刀形・斎串《いぐし》なども組合せた。福岡県元岡遺跡の「解除法」木簡(七・八世紀の交)には人方(形)七十七隻、馬(鳥?)形六十隻、須加□(利大刀カ)、水船十隻、弓廿張、矢卅隻などがみえる。人形による祓跡は平城・長岡京など道路側溝や川跡などにあり、祓の隆盛を物語る。これが諸国に広まる。但馬国府に接する袴狭遺跡の人形は千十六点、馬形が千四百七十五点。対岸の砂入遺跡では人形が六百四十八点、馬形が四百七十四点があり、複数遺跡にまたがる祓を示唆するように人形の作りや顔の墨描表現に類似したものがある。祓を反復し効果を高めるのであろう。陰陽師《おんみょうじ》が鴨川の七ヵ所の瀬など行う平安期七瀬《ななせの》祓《はらえ》を彷彿させる。

参考文献 水野正好「まじないの考古学・事始」(『季刊どるめん』一八、一九七八)。西宮秀紀『律令国家と神祇祭祀制度の研究』、二〇〇四、塙書房。 (金子 裕之)

ひとよしじょう　人吉城　室町時代から江戸時代末まで肥後国球磨《くま》郡の領主であった相良《さがら》氏の居城。別名、球麻城・三日月ノ城・繊月城。熊本県人吉市麓町《ふもとまち》から上原町《うえはらまち》一帯のシラス台地を城域とする大規模な山城で、国指定史跡。中世時期の主郭《しゅかく》である上原城は大規模な横堀《よこぼり》や堀《ほり》切《きり》に囲まれ、中心部の方形に削り出された区画に居館《きょかん》とみられる掘立柱《ほったてばしら》建物群や半地下式建物跡が検出されている。戦国時代末期になると人吉城の主郭は球磨川に近い内城《ないじょう》と呼ばれた台地とその麓に移り、代々の当主が改修を進め、一五八九年(天正十七)からは石垣を使用した近世的な山城に改修された。整備のための発掘調査が進み、重臣であった相良清兵衛《せいべえ》屋敷からは、持仏堂《じぶつどう》の地下施設と推定される井戸を備えた地下室など、特異な遺構も検出されている。幕末に欧州の城郭技術であるハネ出し工法の石積みを導入し、在来の石垣を嵩上げした事例も残る。

資料館 人吉城歴史館(熊本県人吉市) (鶴嶋 俊彦)

ひなわじゅう　火縄銃　⇩鉄炮《てつぼう》

人吉城跡縄張り図

ヒヌカン 火の神　かまどなどの火を司る神。沖縄では各家庭の台所にある「かまど」のそばに、ヒヌカン（火の神）またはヒヌカンガナシ（ガナシは敬称）と呼び、三個の石または塩を鼎状に盛ったものをシンボルとしてつくり、毎朝主婦がお茶または水を供え線香を焚いて拝む慣行がある。沖縄土着の信仰と中国の竈神信仰とが融合したものと思われる。生活に欠かせない火に対する信仰であるが、沖縄の神歌集『おもろそうし』などには、火の神を「あかぐち」（赤口）などと表記され、それは海のかなたにあると神じられている世界で浄土的なイメージをもつ「ニライカナイ」からもたらされたという信仰があり、太陽信仰とのかかわりがみられる。火の神信仰と中国の竈神信仰とのかかわりは、火の神が旧暦十二月二十四日に上天し一月四日に下りてくるという信仰や、竈の前での夫婦喧嘩など争いごとをタブー視することなどに示されている。ヒヌカンは家の象徴であり、分家儀礼に本家のヒヌカンの香炉の灰を分ける慣行がある。

（比嘉　政夫）

ひのえじょう 日野江城　戦国大名有馬氏の本城である。長崎県南島原市北有馬町所在。一九八二年（昭和五十七）国指定史跡となる。島原半島の東岸南部に位置し、創築は建保年間（一二一三―一九）、有馬経澄《つねずみ》によるとされているが、南北朝時代の構築と思われる。キリシタン大名有馬晴信《はるのぶ》時代には、城下町にセミナリヨが創立されるなど、キリスト教布教の中心地となる。城は、丘陵の頂部を本丸とし、東に二ノ丸と大手口、西に三ノ丸、丘陵の南西端に出丸を配し、丘陵の南側は海蝕崖によって区切られる。発掘調査は一九九五年（平成七）より行われ、掘立柱建物跡や大手門から二ノ丸までの約一〇〇メートルにも及ぶ直線的な階段、仏教の五輪塔・宝篋印塔《ほうきょういんとう》を多量に使用した階段、外来系の技術を駆使した石垣が検出されている。また、鳥伏間《とりぶすま》と呼ばれる金箔瓦や土師器、貿易陶磁器などが出土しており、出土遺物は、十三世紀から十七世紀前半までのものである。

参考文献　北有馬町教育委員会編『日野江城跡』（『北有馬町文化財調査報告書』四、二〇〇二）。

（松本　慎二）

ひのくま 檜隈　奈良県高市郡明日香村檜前《ひのくま》一帯の古代の地名。檜隈寺の寺域が位置する。『日本書紀』雄略紀には檜隈野を呉原《くれはら》と名付けたとする記事があり、これは現在の栗原《くりはら》と考えられることから、かなり広い地域を示した地名と考えられる。宣化天皇の檜隈廬入野宮《ひのくまのいおりののみや》もこの地であったとされる。また、王族の墓も多く営まれた。檜隈が初期の渡来人の居住地であったことは、同じく雄略紀にみえる檜隈民使博徳《ひのくまのたみのつかいはかとこ》の名からも推定できる。『続日本《しょくにほん》紀《ぎ》』宝亀三年（七七二）の坂上大忌寸《さかのうえのおおいみき》苅田麻呂《かりたまろ》の奏言には、阿智使主《あちのおみ》が檜前の地を応神天皇から賜って居《す》んだとある。檜隈は、阿智使主を祖とし、飛鳥南部の渡来系集団を統率して政治的にも大きな影響力をもった東漢直《やまとのあやのあたい》氏の本拠地であったとみられる。

参考文献　奈良国立文化財研究所飛鳥資料館編『渡来人の寺―檜隈寺と坂田寺―』、一九八三。加藤謙吉「東漢氏と檜前」（『東アジアの古代文化』一一一、二〇〇二）。

（安田龍太郎）

ひのくまでら 檜隈寺　奈良県高市郡明日香村檜前《ひのくま》にある七世紀前半創建の寺院跡。国史跡。阿智使主《あちのおみ》をまつる於美阿志《おみあし》神社境内を中心とする丘陵上に位置する。これまでの発掘調査により、金堂と講堂が回廊で結ばれ、回廊内の中央東寄りに塔を配し、西の回廊中央に門が開くという特異な伽藍配置が明らかとなった。しかし、これは七世紀後半の遺構であり、七世紀前半の瓦を葺いた建物は不明である。金堂は五間×四間の四面庇建物。基壇は二重基壇で、下成基壇は玉石敷である。東西一七・九五メートル、南北一五・五メートル、高さ一・三メートルで、地山を削り出した上に版築する。礎石は花崗岩製で、円形柱座がつくり出される。講堂は七間×四間の四面庇建物で、瓦積み基壇である。東西三五・三メートル、南北二一・二メートル、高さ一・二メートル。礎石は自然石。塔は一辺三間。基壇は一辺約一二メートルである。塔基壇上には平安時代の十三重石塔（重要文化財）が建つ。門は遺存状況が悪いが、三間×三間と推定される。出土する瓦では、七世紀前半の火炎紋を飾る軒丸瓦が特色である。文献では『日本書紀』朱鳥元年（六八六）の、軽寺《かるでら》・大窪寺《おおくぼでら》とともに封百戸を三十年に限って与えられた記事が最も古い。檜隈寺は、立地・遺構・遺物からみて東漢直《やまとのあやのあたい》氏の氏寺と考えられている。

参考文献　奈良国立文化財研究所飛鳥藤原宮跡発掘調査部編『飛鳥・藤原宮発掘調査概報』一〇―一三、一九八〇―八三。奈良国立文化財研究所飛鳥資料館編『渡来人の寺―檜隈寺と坂田寺―』、一九八三。

（安田龍太郎）

ひのでやまがようせき 日の出山瓦窯跡　八世紀前半期に多賀城・多賀城廃寺などに瓦・須恵器を供給した窯跡群。宮城県加美郡色麻《しかま》町四釜字東原に所在し、A～Fの六地点、東西一キロの分布が確認されている。A地点（国史跡）は一九六九年（昭和四十四）に、C地点西部は一九九〇（平成二）―九二年に調査が行われ、A地点で七基の地下式窖窯《あながま》、C地点西部で六基の地下式窖窯跡と一基の半地下式窖窯跡が検出された。このうち半地下式窖窯は焼成に用いられた形跡がない。出土した瓦には、重弁蓮花文軒丸瓦八種・重弧文軒平瓦・重弁蓮花文鬼板のほか平城宮の瓦と酷似する細弁蓮花文軒丸瓦・均整唐草文軒平瓦がみられる。平瓦は桶巻き作りが主体で、一部一枚作り、丸瓦は粘土紐巻きが主体で、一部粘土板巻き作りがみられる。文字瓦も多く、笵による「小田建万呂」、ヘラ書きの「新田伊□」「下」「常」「毛」などがある。瓦類はいずれも多賀城創建期のものであるが、重弁蓮花文軒丸瓦八種には下伊場野《しもいばの》窯跡に似た古い様式のものから最も新しい様相を帯びたA地点のものまであることなどから、窯群としての操業期間にはかなり幅があるものと思われる。本窯の製品は、城生柵《じょうさく》跡・菜切谷《なぎりや》廃寺跡（宮城県加美郡加美町）、名生館《みょうだて》官衙遺跡・伏見廃寺（大崎市）、一の関遺跡

(色麻町)などにも供給されている。

参考文献 宮城県教育委員会編『日の出山窯跡群』(『宮城県文化財調査報告書』二二、一九七〇)。色麻町教育委員会編『日の出山窯跡群―詳細分布調査とC地点西部の発掘調査―』(『色麻町文化財調査報告書』一、一九九三)。

(髙野 芳宏)

ひのとしもとのはか 日野俊基墓 元弘の変で処刑された公卿日野俊基(?―一三三二)のものとされる塚墓。神奈川県鎌倉市梶原所在。国指定史跡。鎌倉市街地西側山上の葛原《くずはら》ヶ《が》岡《おか》にあり、一辺三・六メートルの石製玉垣に囲まれている。塚上には総高一・一メートルほどの安山岩製宝篋印塔が置かれているが、これは明治以後、一・五キロほど東の大御堂《おおみどうが》谷《やつ》(勝長寿院のあった谷)にあったいくつかの個体から適当な大きさの部材を選んで組み上げたもの。とはいえ塔身や基礎など各部分は南北朝時代初期の関東形式の要件を備えており、むしろこの時期の大御堂谷の動向を知る一助と考えるべきであろう。日野俊基は大学頭《だいがくのかみ》日野種範の子。一三二三年(元亨三)蔵人頭《くろうどのとう》。後醍醐の側近で、日野資朝とともに討幕を計画するも、一三二四年(正中元)露顕(正中の変)、資朝とともに鎌倉に送られた。このときは赦免されるが、一三三一年(元弘元、元徳三)再度の倒幕計画が失敗し(元弘の変)、捕えられて鎌倉に送られ、一三三二年(元弘二年、正慶元年)六月、葛原ヶ岡で処刑された。明治になって忠臣として称える動きが強くなり、塚の北約二〇〇メートルに彼を祀る葛原ヶ岡神社が創建された。

参考文献 『鎌倉国宝館図録』二二、一九七八、鎌倉市教育委員会。

(馬淵 和雄)

ひばち 火鉢 屋内で使用される可搬の火所。中に灰を入れて火を燃す。火舎《かしゃ》・火桶《ひおけ》・火櫃《ひびつ》・手焙りなどともいう。基本的には暖房器具だが、副次的に鉄瓶などをかけて湯沸しも行う。中世遺跡からは囲炉裏など作り付け火所の検出例に比べて圧倒的に多く出土するので、このころは煮炊器具としての性格も強かったと考えられる。古くは正倉院に大理石製の白石《はくせき》火舎、金銅・白銅火舎と呼ばれるものがあるが、庶民に普及するのは住居が竪穴から平地式に変わる平安時代後期以後のことであろう。囲炉裏や鍋とともに中世の生活風景を構成する要素の一つである。材質はさまざまだが、出土傾向でみれば、鎌倉時代は土師質および瓦質がほとんどで、浅い八葉輪花型のものが多い。鎌倉時代末期以後中世後期にかけては深めの瓦質のものが主体をなす。四足のついた土師質・瓦質の方形大型品が中世を通じて存在するが、これなどは火櫃の原形であろう。中世には曲物・刳物もあった。近世以後は木製指物と陶製が主流となる。工人としては、興福寺大乗院門跡に所属する奈良西京火鉢造座が著名で、各地の中世遺跡出土の土製火鉢にはその技術系譜が色濃く認められる。彼らの風炉火鉢は京都永楽家の土風炉に継承された。

参考文献 今尾文昭「花かたにやくなら火鉢・考」(森浩一編『考古学と生活文化』所収、一九九二、同志社大学考古学シリーズ刊行会)。馬淵和雄「中世都市鎌倉の煮炊様態」(『青山考古』五、一九八七)。

(馬淵 和雄)

びびはちいせき 美々8遺跡 太平洋にそそぐ美々川の支流、美沢川流域の遺跡群の一つで、縄文時代からアイヌ文化期の遺跡。北海道千歳市美々所在。樽前b火山灰層(一六六七年(寛文七)降下)と樽前c火山灰層(二千二百年前降下)にはさまれた第Ⅰ黒色土層からは、台地上で擦文文化期の大量の土器と柱穴群が検出されている。竪穴住居がみつからず、平地住居の存在が想定される特殊な状況である。また、アイヌ文化期には樽前a火山灰層(一七三九年(元文四)降下)と樽前b火山灰層にはさまれた第0黒色土層から第Ⅰ黒色土層の上面にかけて、道跡や掘立柱建物跡とともに、中世から近世初頭の珠洲系擂鉢などの陶磁器、内耳鉄鍋《ないじてつなべ》、刀子などの鉄製品、骨角器、漆器などが出土している。道跡は台地上から川岸へ続き、その周囲に広がる低湿部からは、船着場跡、家跡などと大量の木製品がみつかった。十八・十九世紀の文献や絵画記録を百年以上さかのぼる時期のアイヌ文化の様相を知ることのできる遺物群である。また、この遺跡は、日本海側と太平洋側を結ぶルートの中継点であったと考えられる。当遺跡から出土した木製品、漆製品、陶磁器、鉄製品などが、二〇〇五年(平成十七)重要文化財に指定された。

参考文献 財団法人北海道埋蔵文化財センター編『美沢川流域の遺跡群』一五―一八・二〇、一九九三―九六・九七。

(越田賢一郎)

ひびりにしいせき 日秀西遺跡 下総国相馬郡家の正倉。千葉県我孫子市日秀所在。手賀沼北岸の台地東部に立地。県立湖北高校建設に伴う発掘調査で、四期の変遷を確認。Ⅰ期(六世紀―七世紀後半)は、正倉成立の前段階。竪穴建物百八十六棟が確認され、建物は西に傾く。Ⅱ期(八世紀前半)は正倉が出現。七棟の掘立柱の倉と屋を確認し、建物は西に傾く。正倉域を中心とした区画の北溝と南溝を確認(溝間距離は約二八〇メートル)。郡庁はその南側の将門神社周辺に推定。Ⅲ期(八世紀後半―九世紀初め、火災により終末)は二十四棟の倉と、Ⅱ期の北溝より南側で、正倉北側の区画する溝を確認。方位はほぼ正方位で、Ⅳ期も同じ。倉は規則的に建てられ、八×三間、十×四間という長大な倉がある。Ⅳ期(九世紀中ごろまで)は倉の占地が東側に縮小し、七棟の掘立柱の倉を確認。Ⅲ期の正倉北側の溝は埋まる。Ⅱ期の区画溝が十世紀半ばまで機能するので、郡家はその時期まで機能したらしい。周辺には八世紀初めの瓦葺きの寺や、於賦《おふ》駅家が推定される。

資料館 県立湖北高校日秀西展示室(千葉県我孫子市)

参考文献 千葉県文化財センター編『千葉県我孫子市日秀西遺跡発掘調査報告書』、一九八〇、千葉県教育委員会。千葉県史料研究財団編『千葉県の歴史』資料編考古三、一九九八。辻史郎「下総国相馬郡家正倉をめぐる一考察」(『古代東国の考古学―大金宣亮氏追悼論文集―』所収、

慶友社、二〇〇五)。　　(山路　直充)

ひみこ　卑弥呼　『三国志《さんごくし》』の『魏志』倭人伝に登場する倭の女王。「ひめこ」とも。二世紀後半ごろの倭国大乱を収拾するため、それまでの男王に替わって「共立」された。邪馬台国《やまたいこく》を都とし、「女王国」とも称された。卑弥呼について倭人伝は「鬼道につかえ、よく衆を惑わす」と記し、宗教的権威による統治が行われていたことがわかる。また、夫をもたず、多くの兵士に守られながら宮殿の奥深くに住み、その姿を見るものはほとんどいなかったことや、わずかに辞を伝える男性がいたほか、実際の政治は弟が行なっていたことなども記されている。二三九年(景初三)、卑弥呼が魏の洛陽《らくよう》に使者を遣わすと、魏の皇帝は卑弥呼に「親魏倭王」の称号と金印紫綬を授け、同時に銅鏡百枚、織物、真珠、大刀などが下賜された。翌二四〇年(正始元)にも使いを送るが、かねて不和であった狗奴《くな》国と戦争状態に入り、二四八年(正始九)ごろに卑弥呼は没した。下賜された銅鏡百枚の型式や径百余歩といわれる卑弥呼の冢の比定をめぐっては、古墳時代の開始時期ともからんで議論がある。　→邪馬台国《やまたいこく》

参考文献　石原道博編訳『新訂魏志倭人伝・後漢書倭伝・宋書倭国伝・隋書倭国伝』(『岩波文庫』、一九八五、岩波書店)。　　(三上　喜孝)

ひむろ　氷室　夏期にも氷が利用できるように、結氷するのに適した池に張った氷を冬期に採取して貯蔵する穴室。『日本書紀』仁徳天皇六十二年条に大和国山辺郡の都《つ》介《げ》氷室(奈良県天理市福住《ふくすみ》町)に関する伝承がみえ、地面を一丈余り掘った穴の底部に茅《ち》・荻《すすき》を厚く敷き、池から採取した氷をその上に置き、上部を草で覆うとあり、夏期の熱月に氷を取り出して水酒に漬すと記されている。『延喜式』主水司にはこのほかに山城国葛野《かどの》郡徳岡(京都市右京区御室《おむろ》)、愛宕《おたぎ》郡小野(左京区上高野氷室山)、栗栖《くるす》野《の》・土坂《はにさか》(北区西賀茂氷室町)、賢木原《かたぎはら》(西京区樫原)、石前《いわさき》(北区衣笠氷室町)、河内国讃良《ささら》郡讃良(大阪府四条畷市南野室池)、近江国志賀郡龍華(大津市上竜華・下竜華町)、丹波国桑田郡池辺(京都府船井郡八木町神吉)などに氷室があったことが記されており、供御《くご》の氷を貯蔵した。また八三一年(天長八)八月、供御の欠乏のため、山城・河内国にそれぞれ氷室三宇を加え置いたという。都介氷室は闘鶏国造《つげのくにのみやつこ》(稲置)が管理していたとあり、山城国愛宕郡の氷室は上賀茂《かみがも》神社周辺に集中しているので、主水司の氷(水)部としても奉仕した鴨県主《かものあがたぬし》が管理したものと考えられ、いずれも律令制成立以前から氷の貢進が行われていたと見なされる。律令の規定では親王・三位以上が暑月に死去した時には氷を給付することになっており(喪葬令)、氷室は朝廷の占有であったかに思われるが、平城京跡左京三条二坊で出土した長屋王《ながやおう》家木簡には、和銅五年(七一二)二月一日に都祁《つげ》氷室の設営を行なったことを示す木簡や「都祁氷進始日」とあり、六～九月に氷を進上した記録が含まれており、王族所有の氷室もあった。長屋王家の氷室は二処で、おのおの深さ一丈、廻六丈、氷の厚さは二寸半～三寸、草は各五百束で、草苅人夫二十人を駆使して調達しており、氷室には扉があり、鎹《かすがい》が付いていた。都祁司と呼ばれる家政機関の部署が管理にあ

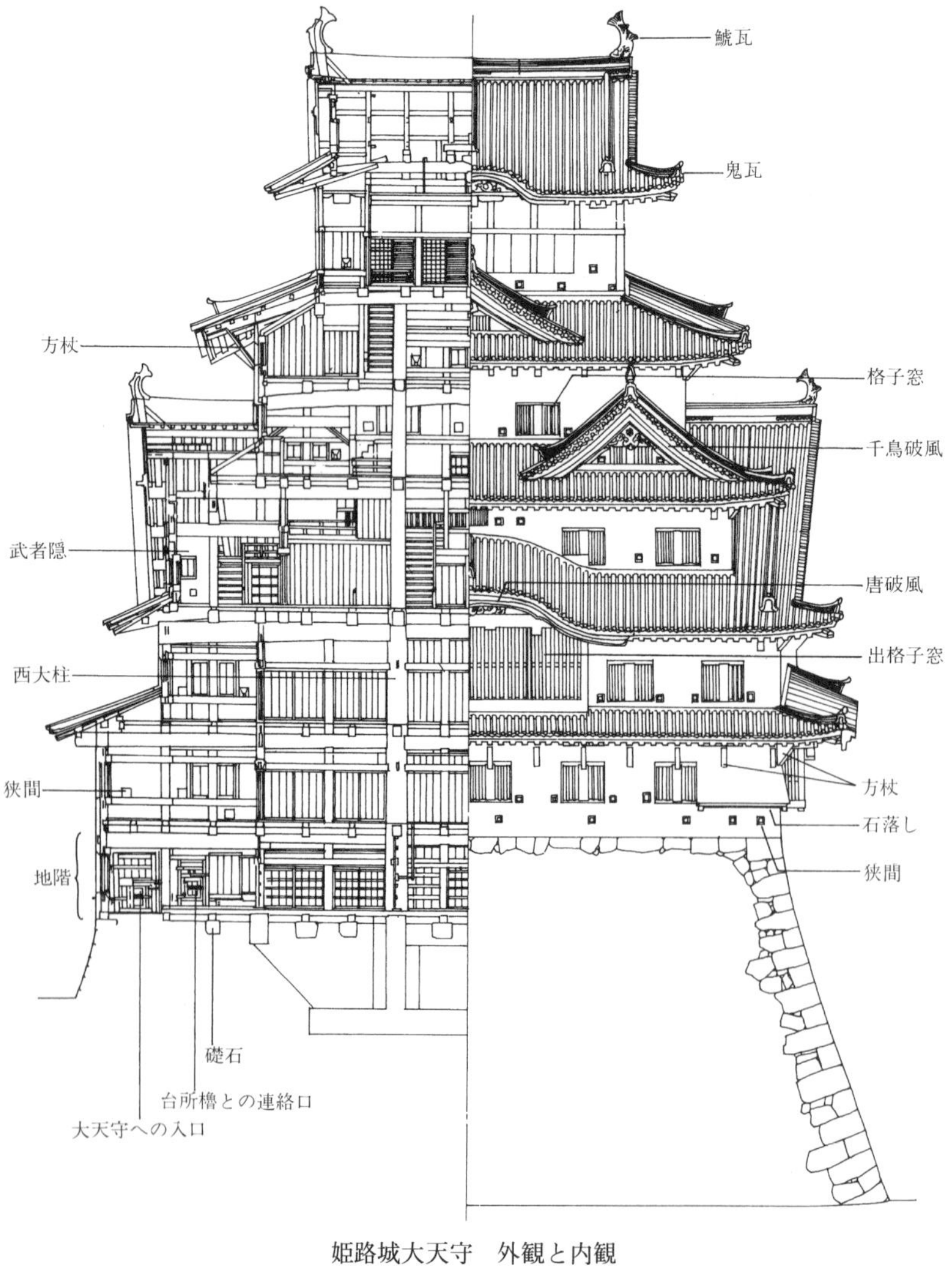

姫路城大天守　外観と内観

たり、氷のほかに柑《こうじ》の貢上も行なった。

参考文献　井上光貞「カモ県主の研究」(『日本古代国家の研究』所収、一九六五、岩波書店)。井上薫「都祁の氷池と氷室」(『ヒストリア』八五、一九七九)。高橋和宏「古代日本の氷室制度について」(『山形大学史学論集』一二、一九九二)。　(森　公章)

ひめじじょう　姫路城　兵庫県姫路市に所在する近世城郭。播磨国の中央部、市川の下流に位置する姫路の地は、山陽道とそこから分岐する但馬・美作・因幡・丹波の各方面の諸道が出入りする交通の要所であり、古代には国政の中心としての国府がおかれていた。南北朝時代、赤松貞範《さだのり》が当地を押さえるため、隣接する二丘(姫山・鷺山)を選んで縄張《なわばり》を施したのが姫路城のはじまりとされている。標高四〇メートル余の小丘のため、要害としての期待はさほど高いものではなかったが、政治的には絶好の城地を確保できたと思われる。その後、黒田氏による築城が戦国時代の末に行われ、羽柴秀吉による毛利氏攻略の際には、その拠点城郭に位置づけられた。一五八〇年(天正八)、三木城の別所氏を滅ぼして播磨国の平定を完了した秀吉は、姫路城主であった黒田孝高《よしたか》の勧めもあり、以後の本拠地を近江国長浜から播磨国府の由緒をもつ姫路へと移し、三重の天守を備えた新たな城郭の改修を図った。本能寺の変で混乱した難局を乗り切った秀吉は、明智光秀を下して天下人の地位を獲得。出世城としての姫路城は弟の秀長、妻お禰《ね》の兄である木下家定が相ついで入城し、大坂城に座す秀吉の足元を身内が守り固めている。姫路城に部分的に残る野面《のづら》積みの古様の石垣は、この時代に築かれたものである。姫路城を今日の形に構築したのは、関ヶ原の戦いの論功行賞《ろんこうこうしょう》で播磨一国五十二万石余の所領を得た池田輝政であった。豊臣氏の大坂城に近い戦略上の枢要の地を任せるにあたり、徳川家康の女婿である輝政が姫路城主に抜擢されたものと思われる。輝政は入城とともに築城工事に取りかかり、一六〇九年(慶長十四)、秀吉の天守を取り壊した跡に新規の連立式天守の竣工を果たす。五重六階地下一階の大天守と三つの小天守を、渡櫓《わたりやぐら》でロの字に繋いだ天守曲輪《くるわ》は、数百人の籠城を想定した堅固な造りであり、厚い土壁の上を白漆喰《しっくい》総塗籠《ぬりご》めで仕上げた美観は、華麗な白鷺《しらさぎ》の姿に例えられている。また、家紋の揚羽蝶《あげはちょう》をあしらった軒瓦には、大陸風の滴《てき》水《すい》瓦を用いて目地《めじ》を漆喰で塞ぐなど、最新の建築様式を採り入れた姫路新城の創出に向けての意欲が感じられる。一方、輝政は城下の整備も積極的に行い、世に西国将軍とまで称された自身の権勢を、内・中・外からなる三重の堀の囲郭を渦巻状の配置に見立てる壮大な縄張構想に示した。そして、内曲輪に狭義の城郭部分と城主の御殿(江戸時代には前者を「山城」、後者を「居城」と把握)、中曲輪に藩士の屋敷、外曲輪に町屋・寺社と下級武士の住区を置き、姫路城下に集約された都市生活の場を、それぞれの空間に秩序づけた階層の編成にまとめ上げた。ただし、内曲輪の北半分を占める狭義の城郭部分は、羽柴・木下時代の古い縄張を温存しており、均整のとれた

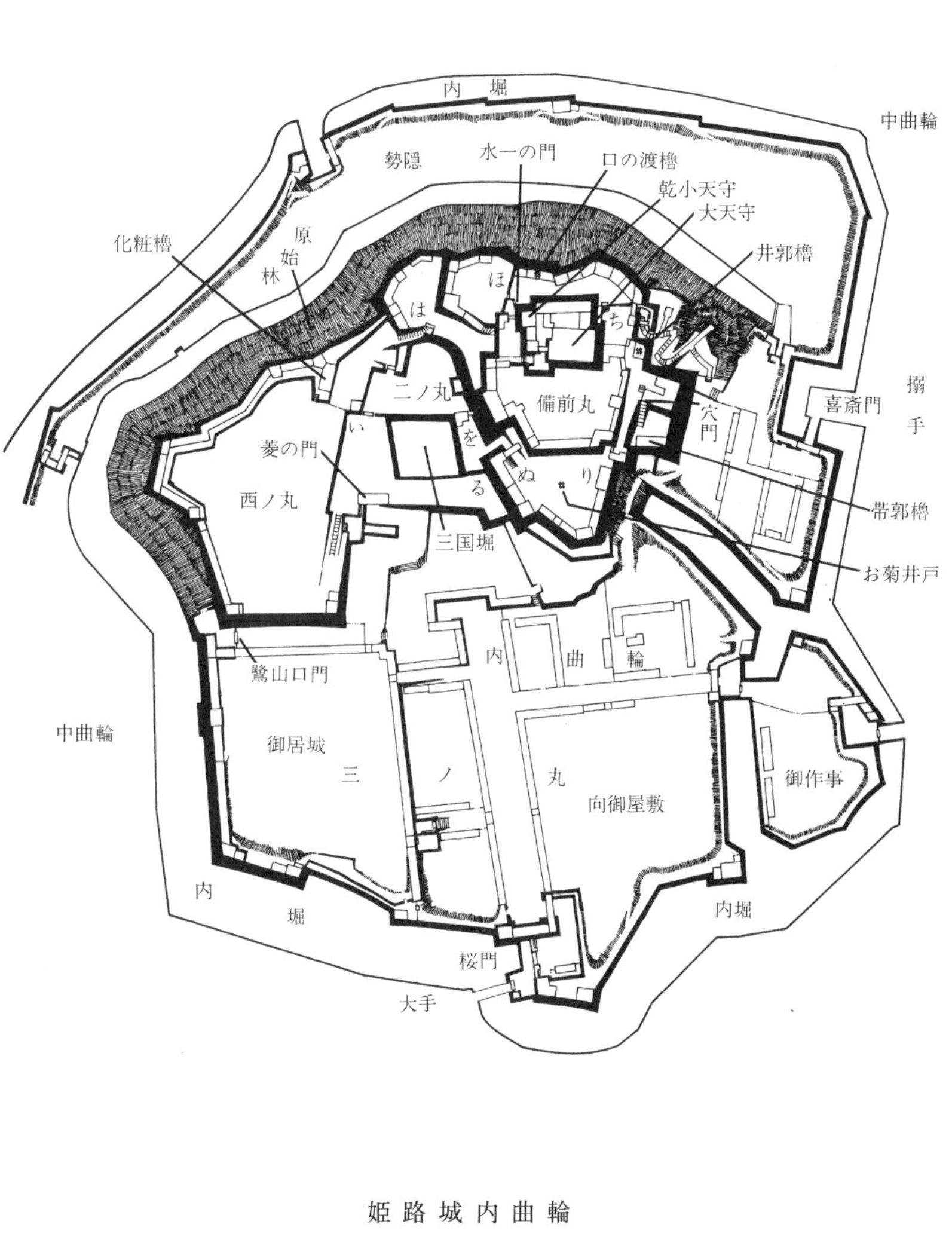

姫路城内曲輪

曲輪の少数・拡大化を基調とする近世城郭一般の平面プランとは、趣を異にする。あえて旧来の「武」の形に固執した輝政の姿勢に、精神的な「見せる」城郭を希求する強い意識が窺える。一六一七年(元和三)、池田氏のあと城主となった本多氏により西ノ丸の改造が行われ、輿入れする千姫を迎えるために化粧櫓などの殿舎が整えられた。以後、姫路城は奥平松平氏・越前松平氏・榊原氏・酒井氏といった有力な家門・譜代大名の入城が続き、西国を監視する江戸幕府の要城として明治へと至る。近代以降の姫路城は、破却や空襲の危機をくぐり抜けて、狭義の城郭部分の遺構を現在に伝えており、国宝(天守群)・重要文化財(櫓二十七棟、門十五棟、塀三十二棟)のメンテナンスは今日も継続中である。昭和三十年代には天守の解体修理も施され、地下の地盤調査の際、羽柴秀吉の天守の遺構(礎石・石垣の一部)が確認されるという成果があった。ほぼ中堀以内の全てが特別史跡の指定を受けて姫路城跡の立地環境も保たれており、一九九三年(平成五)には、法隆寺とともにわが国初の世界文化遺産の登録がなされ、まさしく日本を代表する城郭となった。

参考文献　橋本政次『(新訂)姫路城史』、一九九四、臨川書店。『姫路市史』一四、一九八八。加藤得二編『姫路城』(『日本名城集成』、一九八四、小学館)。『復元大系日本の城』六、一九九二、ぎょうせい。『姫路城』(『(歴史群像)名城シリーズ』一〇、二〇〇〇、学習研究社)。

(堀田　浩之)

びゃくごうじ　白毫寺　奈良市白毫寺町に所在する真言律宗の寺院。山号は高円山。天智天皇の皇子施基皇子の離宮を寺としたとの説や、大安寺僧勤操の創建と伝える石淵寺の一院であったとの説などがあるが、文献上その存在が確認されるのは鎌倉時代からである。一三三五年(建武二)の『南都白毫寺一切経縁起』によれば、鎌倉時代に西大寺の叡尊が当寺を再興し、その後、道照が宋から一切経を将来して、白毫寺一切経の転読が恒例化したという。また、『大乗院寺社雑事記』からは、同寺が花見の名所であったことが知られるが、一四九七年(明応六)に火災により全山が焼失、寺運も衰えたらしい。徳川家康より肘塚《かいのつか》村・法華寺《ほっけじ》村に寺領五十石を与えられ、再興された。重要文化財に指定されている太山王像は康円の作であり、胎内に正元元年(一二五九)造立の銘がある。

(西村さとみ)

ひゃくさいじ　百済寺　湖東三山の南端に位置する天台寺院。滋賀県東近江市所在。「くだらでら」ともよむ。寺号の由来は明らかでないが、愛知郡は渡来氏族の依知秦《えちのはた》氏《うじ》の本拠で、奈良・平安時代の郡大領・少領はほぼ同氏が独占しており、寺号や創建との関わりも推測される。寺伝によると、六〇六年(推古天皇十四)聖徳太子が創建したとし、室町時代の「勧進帳序文」(百済寺文書)には、太子が百済の龍雲寺に倣って堂を建て、高麗僧恵慈を呪願に、百済僧道欣を導師として供養したとある。なお当寺の初見は、一二一三年(建暦三)の「慈鎮所領譲状案」で、延暦寺の無動寺の末寺としてみえる。その後も戦乱を避けた公家や僧の滞在がたびたびみられる。また兵乱や火災などによる堂塔の焼失も多く、そのたびに再興の勧進がなされている。現在の本堂・仁王門・山門は一六五二年(慶安五)に再建されたもので、本尊は十一面観音菩薩像(平安時代)である。ほかに明応七年(一四九八)の墨書銘を持つ聖観音像、その翌年に造立された如意輪観音坐像があり、重要文化財の絹本著色日吉山王神像(鎌倉時代)・絹本著色如意輪観音像(南北朝時代)・金銅唐草文磬(鎌倉時代)、応永十六年(一四〇九)の銘をもつ紺紙金泥妙法蓮華経入黒漆蒔絵函、建長八年(一二五六)の銘をもつ銅鑼・鈸子など当寺の来歴を窺わせる資料が伝えられている。

(大橋　信弥)

ひゃくまんとう　百万塔　法隆寺《ほうりゅうじ》に現存する木造小塔のこと。『続日本紀《しょくにほんぎ》』には木造小塔、三重小塔とある。宝亀元年(七七〇)四月戊午条の百万塔完成記事によると、天平宝字八年(七六四)の藤原仲麻呂《ふじわらのなかまろ》叛乱後に、称徳天皇が関係者の鎮魂料として製作したもので、露盤《ろばん》の下に根本《こんぽん》・慈心《じしん》・相輪《そうりん》・六度《ろくど》などの陀羅尼経《だらにきょう》を納める。百万塔の語は百万基という製作数にちなみ、東大寺《とうだいじ》・興福寺《こうふくじ》・薬師《やくし》寺《じ》など十大寺に分かった。諸寺では小塔堂・小塔院を建立した。平城宮内裏にも安置したようで、相輪部の一部が内裏東の東大溝から出土している。百万塔は横軸轆轤《ろくろ》で製作したもので、塔身部、相輪部からなり総高は二一・五センチ、内訳は塔身部が高さ一三・五センチ、底径一〇・五センチ、相輪部が高さ八・六センチである。『続日本紀』宝亀元年条の「高四寸五分、径三寸五分」は、塔身部の高さと径である。百万塔は白土による化粧仕上げを行ったが、化粧の下には「云元十一月十一日池守／右」など年月日、人名、左右の墨書がある。人名は製作工人の名であり(穂井田忠友《ほいだただとも》説)、年月日は製作日、左右は工房名であろう。一九八二年(昭和五十七)に始まる法隆寺昭和資財帳関連調査により、百万塔の総数やその製作技術や墨書などの詳細が判明した。現存する塔身部は約四万六千基、相輪部が約二万六千基である。墨書の日付は天平神護三年(七六七)から神護景雲二年(七六八)の約一年半、工人名は略称が多いが二百五十名余り。墨書は本来はすべての製品に行う規則だったようであるが、左右の工房と時期によって墨書比率に違いがある。工房の管理体制を反映するものであろうか。墨書の意味については工人に支給する賃金の基礎とする説、工房での製品管理のためとする説があるが、同時代の写経所における写経事業のあり方からみて、後者の可能性が高い。製作工房は未製品の出土などから、平城宮西南部の西池宮周辺にあった可能性がある。陀羅尼経は世界最古の印刷物といわれたが、中国西安の唐墓には七世紀初頭前後の陀羅尼経がある。

参考文献　平子鐸嶺『百万小塔肆攷』、一九〇八。金子裕之「百万塔」(『法隆寺の至宝　昭和資財帳』五所収、一九九一、小学館)。

(金子　裕之)

ひゃくれんしょう　百錬抄　古代から後深草天皇(一二五

九年)までの私撰編年体史書。本来の書名は『百練抄』であったとみられる。全十七巻であったが、巻一から巻三までは散逸しており、現存するのは冷泉天皇九六八年(安和元)以降の十四巻。成立時期・編者については諸説あるが、最終的編纂は鎌倉時代後期で、現存写本の祖本である一三〇四年(嘉元二)金沢貞顕《かねざわさだあき》書写校合(吉田定房《さだふさ》および万里小路《までのこうじ》宣房《のぶふさ》所持本を転写)の金沢文庫本(現存せず)の段階にはすでに原『百錬抄』に『小右記《しょうゆうき》』などによる書入れがなされていたと考えられている。古代の部分は全般的に簡略な記事にとどまるが、徐々に記事の量が増え、高倉天皇以降は一巻一代となり(後深草天皇は二巻)、十二世紀後半から十三世紀半ばにかけての公家社会の動向を研究する上での重要な史料となっている。刊本に『(新訂増補)国史大系』などがある。

参考文献 近藤成一「百錬抄」(皆川完一・山本信吉編『国史大系書目解題』下所収、二〇〇一、吉川弘文館)。平田俊春『私撰国史の批判的研究』、一九八二、国書刊行会。森万数子「『百練抄』の性格と編者について」(『法政史学』四六、一九六四)。

(小倉 慈司)

ひやまあんどうしじょうかんあと 檜山安東氏城館跡

秋田県能代市に所在する檜山安東氏関係の城館群。檜山安東氏は、十五世紀中ごろに下国《しものくに》安東氏が蝦夷地より米代川下流の檜山地方に入ったことに始まるとされ、以後檜山郡、檜山城を拠点として戦国大名となり周辺を支配した。檜山安東氏の居城檜山城跡を中心として、その支城的役割を果たしたと考えられる大館《おおだて》跡や茶臼館《ちゃうすだて》跡、安東氏の菩提寺であった国清寺《こくせいじ》跡が一九八〇年(昭和五十五)に国指定史跡となった。檜山城跡は檜山字古城外に所在。別称を霧山《きりやま》城跡または堀内《ほりうち》城跡ともいう。米代川支流檜山川南の霧山からその山麓にかけて築城された大規模な山城である。最頂部の標高は約一六五㍍で、西方に開口するように馬蹄形《ばていけい》に巡る稜線を中心におよそ二㌔にわたって連鎖状に分布する多数の曲輪が確認される。曲輪《くるわ》は尾根と斜面を利用し、平場・土塁・堀切などにより構成される。城の中核とされる通称本丸・二ノ丸・三ノ丸は南側の最頂部に位置する。公園整備の際などに中国産の青磁・染付類、国産の瀬戸・美濃系陶器や唐津系陶器などが採集されている。その築城は一四九五年(明応四)安東忠季《ただすえ》によるとされ、一五八九年(天正十七)の湊騒動では安東(秋田)実季《さねすえ》が籠城し、豊島道季《としまみちすえ》を破った。一六〇二年(慶長七)に実季が常陸宍戸に転封後、佐竹氏一族の小場《おば》氏が、一六一〇年には多賀谷《たがや》氏が入城し治めたが、一国一城令により一六二〇年(元和六)に破却された。茶臼館跡は檜山字茶臼館所在。檜山城からその城下町であった現檜山町を隔てて約一・三㌔西の標高約六〇㍍の台地上に位置する。平場と台地上を切り通した堀切のほか、台地縁には段築、腰曲輪が確認される。大館跡は田床内《たどこない》字大館所在。檜山城の北西約三・五㌔、標高約四五㍍の大館台地上に位置する。一九七一年から七六年にかけて能代市教育委員会が発掘調査を実施し、大規模な平場と空堀のほか、土塁・柵列などが確認されている。また、古代の遺跡と重複しており、「野代営《のしろのたむら》」疑定地ともされている。

参考文献 能代市教育委員会『檜山安東氏城館跡保存管理計画』、一九八七。同『大館遺跡発掘調査報告書』、一九七八。『能代市史』資料編考古、一九九五。

(伊藤 武士)

ひゅうがこくぶんじ 日向国分寺

奈良時代、聖武天皇の詔を受けて七四一年(天平十三)の全国に建立された国分寺の一つ。日向国分僧寺は宮崎県西都市大字三宅字国分に所在し、現在は五智堂が建つ。七五六年(天平勝宝八)十二月に灌頂幡などを頒下された二十六ヵ国中に、日向がみえるので、このころまでに主要伽藍は建立されたらしい。西都市教育委員会などによる発掘調査の結果、二〇〇五年(平成十七)までに中門とそれに取りつく回廊、講堂と推定される建物跡、金堂の掘込事業跡と推定される遺構、伽藍西側の回廊に取りつく四脚門などが見つかった。中門と回廊は少なくとも三回の、推定講堂は二回の建替えが確認されており、いずれも二回目までは掘立柱建物であったようである。また中心伽藍より北側では、食堂《じきどう》あるいは僧坊と推定されている掘立柱建物が検出された。近辺には、礎石と思われる石が集められている。創建瓦は単弁八葉蓮華十六珠文の軒丸瓦と唐草文の軒平瓦であった。なお国分尼寺は、尼寺坂という地名や瓦の出土などから、現在の宮崎県立妻高校敷地が推定地であるが、関連する遺構は確認されていない。→国分寺《こくぶんじ》

資料館 西都市歴史民俗資料館(宮崎県西都市)

参考文献 角田文衛編『新修国分寺の研究』五下、一九八七、吉川弘文館。西都市教育委員会編『日向国分寺跡—市内遺跡発掘調査概要報告書XI—』(『西都市埋蔵文化財発掘調査報告書』四六、二〇〇六)。

(柴田 博子)

ひゅうがのくに 日向国

現在の宮崎県の全域および鹿児島県の一部をふくむ旧国名。九州の南東部に位置し、北部から西部にかけては九州山地、南西部に霧島山地があり、北隣の豊後国、西の肥後国との国境は、険しい山地で隔てられている。主要な河川である五ヶ瀬川・耳川・小丸川・一ッ瀬川・大淀川・広渡川・福島川などは、右の山地から東流し、東の日向灘にそそぐ。山林が七割を越えており、平地は河川に沿った地域や、小林盆地・都城盆地、霧島山のカルデラにより形成された加久藤《かくとう》盆地などがある。「日向」の地名は、『日本書紀』景行紀の筑紫西征のなかに、「子湯《こゆ》県」に行幸した景行天皇が東を望んで「この国は直に日出づる方に向けり」といったので、「この国を号して日向といふ」という起源説話がみえる。児湯郡地域には、九州最大の前方後円墳である女狭穂《めさほ》塚古墳を擁する西都原古墳群(西都市)や、椿井大塚山古墳や黒塚古墳出土と同范とみなされている三角縁神獣鏡を出土したと伝えられる持田古墳群(児湯郡高鍋町)などの大古墳群があり、また令制下には日向国府・国分寺が置かれ、少なくとも古墳時代中期以後の中心地であった。

なお古墳時代前期には、生目《いきめ》古墳群(宮崎市)において生目一号墳や三号墳など日向で最大規模の前方後円墳が造営されていること、柄鏡型前方後円墳である檍《あおき》1号墳(宮崎市)に、奈良県ホケノ山古墳をしのぐ規模の木槨が造られていたことなどから、大淀川下流域の勢力が大和と強い結びつきをもっていたと考えられる。また、南九州に特徴的な地下式横穴墓は、近年の下耳切《しもみみきれ》遺跡(高鍋町)での発見により、北限が小丸川流域まで北上した。「日向」の範囲は、『古事記』『日本書紀』のいわゆる天孫降臨の段にみえる日向の襲《そ》(曾於《そお》)や笠沙《かささ》、吾田《あた》(阿多)といった名称から、現在の宮崎県域と、肥後との国境に近い出水《いずみ》地域を除く鹿児島県域であったと考えられる。行政区としての日向国の初見は、『続日本紀』文武天皇二年(六九八)九月乙酉条で、朱沙《すさ》を献上した。薩摩国が七〇二年(大宝二)に設置され、大隅国は七一三年(和銅六)に日向国の四郡を割いて成立するので、七世紀末の日向国の範囲も、九州山地の南側全体であったとみなされている。律令制下の日向国は、臼杵《うすき》・児湯《こゆ》・那珂《なか》・宮崎・諸県《もろかた》の五郡から構成されていた。『律書残篇』には「郡五、郷二十六、里七十一」とあり、『和名類聚抄』に五郡二十八郷の名がみえる。『延喜式』では中国に位置づけられ、神名帳には小社四社が記載されている。国府は『和名類聚抄』に児湯郡所在とある。西都市の妻《つま》北地区に所在する寺崎遺跡では、九世紀初頭から十世紀前半にかけての時期の平面「品」字型配置の官衙遺構が検出され、日向国府跡として国の史跡に指定された。寺崎遺跡の東には式内社である都万《つま》神社、西の段丘上に西都原古墳群、南の三宅地区には国分寺や印鑰《いんやく》神社があり、古代日向国の中心地域であった。なお郡家をはじめとするほかの官衙、児湯郡三納《みのう》郷(西都市三納)に築かれていたと推定される三野城(『続日本紀』文武天皇三年十二月甲申条)などの遺跡・遺構は、いまだ明らかでない。また官道と断定できるものは未発見であるが、道路遺構が並木添《なみきぞえ》遺跡(都城市)、湯牟田《ゆむた》遺跡(児湯郡川南町)、草刈田《くさかりだ》遺跡(えびの市)で検出されており、このうち草刈田遺跡は想定駅路ルートに沿う。『延喜式』にみえる十六の駅名から、駅路は豊後国から海岸沿いを南下し、国府以南では分岐して、現在の東諸県郡綾《あや》町・西諸県郡野尻《のじり》町・小林市・えびの市を通って熊本県人吉市へ抜けるルートと、都城市を通って大隅国府へ出るルートがあったと想定されている。一一九七年(建久八)の『日向国図田帳』によると、日向国では宇佐宮領荘園がおもに北部に、八条院領荘園がおもに中部に、摂関家領島津荘がおもに南部に広がり、それぞれ広大な面積を占めていた。中世には、各地の在地領主を糾合させつつ、土持氏・伊東氏・島津氏・大友氏といった勢力が対立して、侵攻と合戦を展開する。一五七八年(天正六)の耳川合戦で大友軍を潰走させた島津軍は、日向国全域をいったん手中に収めたが、豊臣秀吉による島津攻めに敗北し、一五八七年日向国でも国割が実施されて、小藩分立体制が成立する。江戸時代の日向国はこれを基本的に継承し、延岡・高鍋・佐土原・飫肥《おび》・鹿児島の諸藩領に分かれ、そこに幕領が入り組んでいた。明治政府による廃藩置県では、まず大淀川を境に美々津《みみつ》県・都城県の二県に統合し、一八七三年(明治六)に二県を合わせて宮崎県が設けられたが、一八七六年、難治県対策

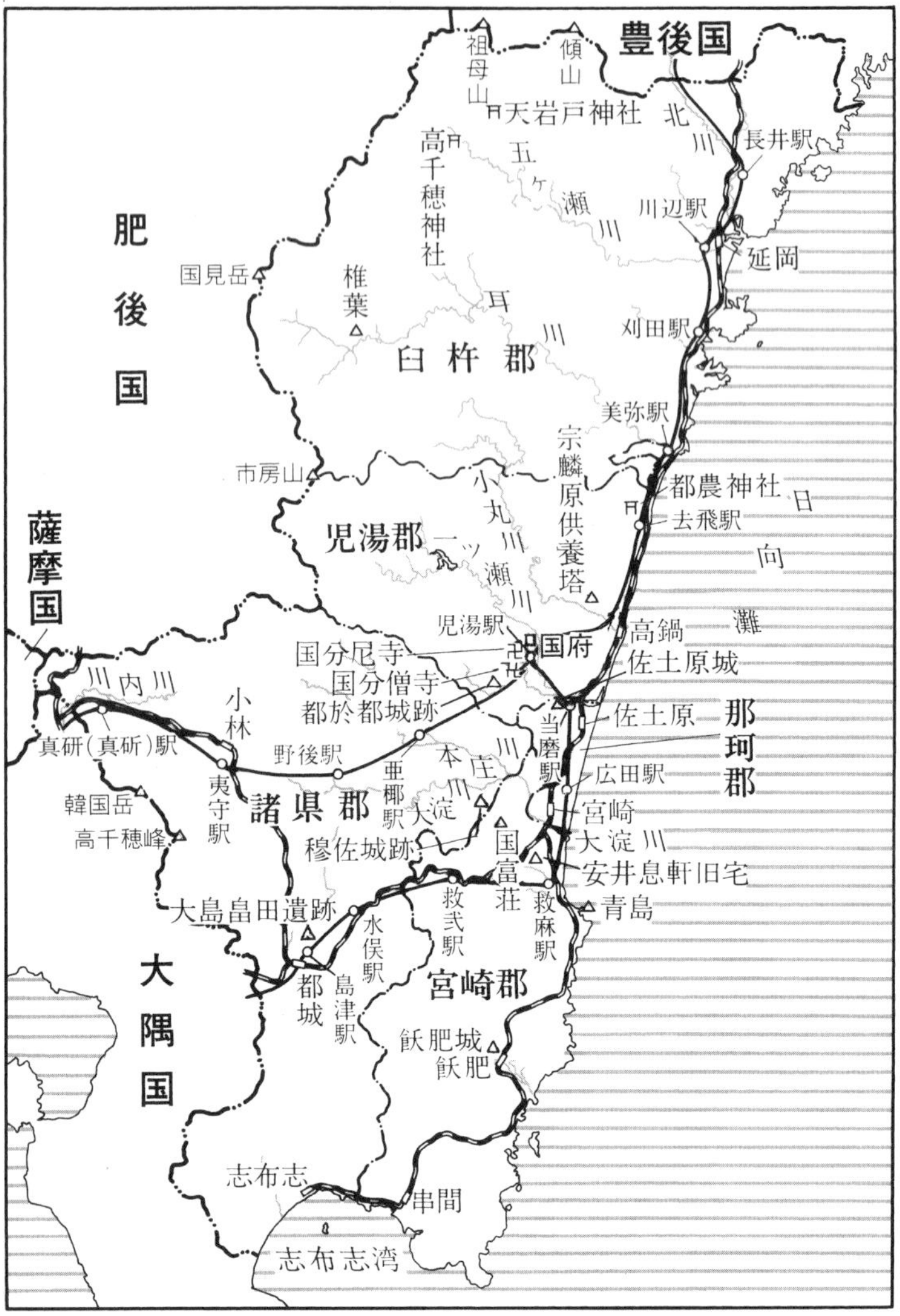

日向国略図

のため鹿児島県に併合された。西南戦争を経て分県運動が起こり、一八八三年五月、鹿児島県に残った南諸県地方を除き、宮崎県が再設置され、今日に至っている。

参考文献 『宮崎県史』、一九六九–二〇〇〇。坂上康俊・長津宗重・福島金治・大賀郁夫・西川誠『宮崎県の歴史』(『県史』四五、一九九九、山川出版社)。宮崎県教育委員会編『寺崎遺跡―日向国庁を含む官衙遺跡―』(『国衙跡保存整備基礎調査報告書』二〇〇一)。

（柴田 博子）

ひょう 評 七世紀の地方行政単位で、国の下位の区画にあたる。訓は「こおり」で、朝鮮半島で大野を意味する語であり、高句麗や新羅で軍事的地方編成の単位としてみられた評の制度が参照されたとみられる。『常陸国風土記』の記述などを根拠として、七世紀半ばの孝徳天皇の時期に、国造の支配領域を再編して設置されたと考えられ、改新の詔との関係が想定される。その施行をめぐっては、当初は地域的な施行がその後に拡大したとする見方と、孝徳天皇時期からすでに全国的に施行されたとする見方がある。孝徳天皇時期の施行についても、『常陸国風土記』によれば二段階の整備が想定できる。評ごとに設置された支配拠点は「評家」と呼ぶべきもので、史料上の表記はみられないが、研究上は「こおりのみやけ」として想定され、後の郡家《ぐうけ》に系譜としてつながる。七世紀にまでさかのぼる郡家遺跡の例では、七世紀段階のこれらが「評家」にあたるといえるだろう。また、藤原宮木簡をはじめ、全国各地の遺跡から出土する七世紀末から八世紀初頭にかけての木簡の表記では、八世紀になって「評」の表記が「郡」に切り替えられており、その契機は七〇一年(大宝元)の大宝令施行と考えられる。

参考文献 鎌田元一『律令公民制の研究』、二〇〇一、塙書房。森公章『古代郡司制度の研究』、二〇〇〇、吉川弘文館。

（鐘江 宏之）

ひょうごきたせきいりふねのうちょう 兵庫北関入船納帳 兵庫津(神戸市兵庫区)に所在した東大寺領兵庫北関に一四四五年(文安二)に入船した船に対して関銭が徴収された際の基本帳簿である。登録船数はのべ二千に近く、その船一艘ごとに㈠入船月日、㈡船の所属地、㈢貨物名、㈣その数量、㈤関銭とその納入日、㈥船頭名、㈦問丸名が記録されている。一・二月の残簡(東京大学文学部所蔵本)は古くから知られていたが、林屋辰三郎が古書店で入手した三月から翌年一月十日分を、一九八一年(昭和五十六)に前者も含め写真付きで公刊したことで、飛躍的に研究が進んだ。後者は、京都市歴史資料館が現蔵している。船の所属地を主な本拠地として活躍した船頭は、貨物を積み出して、兵庫北関を通関して入船納帳に登録された後、さらに京都方面に向かったと考えられる。この点を生かして、瀬戸内流通の求心的な実態に迫る研究が進められている。さらに、同年の『雑船納帳』との関係も含め、東大寺による兵庫北関の経営に関わる基本的性格も議論されている。

参考文献 林屋辰三郎編『兵庫北関入船納帳』、一九八一、中央公論美術出版。藤田裕嗣「『入船納帳』研究の成果と課題」(『歴史と神戸』四一ノ二、二〇〇二)。

（藤田 裕嗣）

ひょうごのつ 兵庫津 神戸市兵庫区の兵庫港一帯の地名。兵庫の名は、古代にはみえず、『平家物語』九「樋口被討罰」に、四国から攻め上った平家の軍勢が福原の旧都に居住し、西は一ノ谷から東は生田の森の間、十万余騎でこもったという記事の中に「福原、兵庫、板宿、須磨」と登場する。平清盛が整備に努めた大輪田泊の詳細な位置は未だ確定しがたいが、兵庫津から和田岬にかけての一帯が候補となる訳で、清盛による福原京・和田京の造営も、兵庫津の前身との関係で理解されるべきであろう。中世には兵庫三箇荘が置かれ、港には兵庫南北両関が設置されたように、瀬戸内の物資が集まり、京都に積み替えられる中継地の一つとして栄えたが、次第に堺に繁栄を奪われた。戦国時代末期に領地として与えられた池田恒興《つねおき》は、城を構築し、町の外郭に都賀堤《とがのつつみ》を築いた。近世には堤の内部の町場が地子方《じしかた》、外側が地方《じかた》と呼ばれた。前者は、さらに西国街道の宿駅としての岡方《おかがた》と港湾機能をもつ浜方《はまかた》から成り、浜方は築島《つきしま》船入江を境に北浜・南浜に分かれ、岡方と合わせて三方《みかた》とされた。北前船などにより物資が集散する港町として栄えた。支配関係は、一六一七年(元和三)に尼崎藩領を経て、一七六九年(明和六)に幕府領となり、そのまま明治に至った。尼崎藩は、城の跡に陣屋を設置、幕府領になると、勤番所が建てられ、大坂町奉行所から勤番与力・同心が派遣された。維新後の勤番所跡には数ヵ月間、兵庫県庁も置かれた。その後、幕末に開港された神戸港にその繁栄を譲る形となった。兵庫津遺跡における発掘調査は、阪神・淡路大震災の影響もあって近年急速に進み、発見された遺構・遺物は奈良時代から江戸時代にまで及ぶ。特に江戸時代の町屋跡や寺院跡などが注目される。出土遺物の時期別増減は、兵庫津の盛衰におおむね対応しており、十六世紀末から十七世紀初頭、幕末期が多い。中世の遺物も、整理が進められている。

参考文献 兵庫県教育委員会埋蔵文化財調査事務所編『兵庫県遺跡』(『兵庫県文化財調査報告』二七〇、二〇〇四、兵庫県教育委員会)。

（藤田 裕嗣）

びょうどういん 平等院 京都府宇治市にある単立寺院。山号は朝日山《あさひさん》。宇治川の西岸、京都からは宇治川を渡った側に位置する。宇治は平安京郊外の景勝の地として平安貴族たちの別荘地であった。左大臣源 融《みなもとのとおる》の宇治の別業(別荘)が宇多天皇の別業となって宇治院となり、左大臣源重信《みなもとのしげのぶ》を経て、藤原道長からその子頼通《よりみち》が伝領する。頼通は晩年この宇治の別業に籠り、宇治殿、宇治関白と呼ばれた。末法の初年とされた一〇五二年(永承七)、頼通は別業を寺院に改め、寝殿を仏殿(本堂)とし大日如来を本尊として平等院と号した。翌一〇五三年(天喜元)には阿弥陀如来坐像を安置する阿弥陀堂(鳳凰堂《ほうおうどう》)を建立、以後、法華堂、多宝塔、五大堂、経蔵等を加えた。頼通の没後は、娘で後冷泉天皇の皇后となった四条宮藤原寛《かん》子《し》が住した。藤原氏の氏寺として崇敬を集め、代々の氏の長者が管理にあたって諸堂の建立も続き、興隆を極める。「極楽いぶかしくば、宇治の御寺を礼《うやま》へ」(『後拾遺往生伝』下)と児童歌《わざうた》にうたわれ、一切経《いっさいきょう》を納めた経蔵とともに、天下の名宝を納めているという伝承を持つ宝蔵も有名であった。しかし交通の要衝宇治に所在することから、しばしば戦乱に巻き込まれることになる。一一八〇年(治承四)、平家打倒の兵を挙げて破れた源三位《げんざんみ》頼政《よりまさ》は平等院観音堂の側で自害、一三三六年(建武三)、楠木・足利の戦いで阿弥陀堂、観音堂、鐘楼を残し焼失する。摂関家の衰退とともに支配も衰え、一四八六年(文明十八)の山城国一揆の国人たちの集会が行われるなどした。創建当初は天台宗寺門派に属したが、室町時代以降は浄土宗僧が復興につとめ、真言宗も進出して、江戸時代を通じて争いが続いた。現在は浄土宗の浄土院と天台宗の最勝院とが共同で管理する。創建当時のまま現存する阿弥陀堂は、確実な定朝《じょうちょう》作として現存する唯一の作である寄木造りによる丈六阿弥陀仏を安置し、大棟の両端に一対の金銅の鳳凰をあげる中堂《ちゅうどう》、その左右に対称型をした翼《よく》廊《ろう》、背後の尾廊《びろう》からなる。中堂内部は本尊を中心として華やかな天蓋《てんがい》、扉・板壁の来迎図《らいごうず》、また長押《なげし》の上の小壁にあって、さまざまな姿態で仏を賛美する雲中供養菩薩《うんちゅうくようぼさつ》など、壁面から天井の隅々まで極彩色で飾られ、絵画・工芸・彫刻によって豪華絢爛たる浄土世界を現世に出現させるように作られている(堂、仏像、絵画等、すべて国宝)。阿弥陀堂は江戸時代初期から鳳凰堂《ほうおうどう》とよばれたが、屋根の鳳凰の飾りによるとか、建物の形が翼を広げた鳳凰を思わせるところからその名があるといわれる。阿弥陀堂は浄土思想に基づいて、西方極楽浄土の側、宇治川に東面するように建てられていて、前面には阿字池が広がる。一九九〇年(平成二)から二〇〇一年度にかけて、庭園保存整備にかかわる発掘調査が行われ、創建当初やその後の変遷が明らかになってきた。道長の時から園池は整備されていたようであるが、その後改修が繰り返されている。創建当時の庭園は、広い池の中の中島いっぱいに阿弥陀堂が立ち、水上に浮かぶような景観であった。池辺は小石を敷き詰めた州浜である。庭園は平安期の浄土庭園の遺構として、史跡・名勝に指定されている。阿弥陀堂から東を見ると池の向こうに宇治川とその背後の山々が借景となり、宇治川東岸からは阿弥陀堂が水面に浮かぶように見えたであろう。中堂正面の格子戸は中央上部に格子をはめない部分があり、そこから阿弥陀像の顔を直接望むことができるようになっている。優美な形で知られる梵鐘《ぼんしょう》(国宝)も平安時代の遺品である。

[参考文献] 宇治市歴史資料館編『史跡及び名勝 平等院庭園保存整備報告書』、二〇〇三、平等院。『平等院大観』一—三、一九八七・八八・九二、岩波書店。『宇治市史』一、一九七三。

(榎 英二)

びょうぶ **屏風** 風をさえぎったり室内を仕切るための調度のうち、ジグザグに屈曲させて一人で立つようにしたもの。折れ曲がる数によって、二曲、四曲、六曲、八曲、十曲屏風などがあり、一対で一組のものを一双と数え、一つだけのものを一隻と称する。六曲がもっとも普通で、二曲は室町時代の末に新しくできたとされる。同じ目的を持つものに衝立《ついたて》という一面に脚部をつけて立てるものがあり、これには視線をさえぎる用途のほかに貴人の背後に立てて威厳を高める効果もある。禅宗寺院ではその小型のものを座屏と称して用いる。屏風は中国で生まれ主に中国文化圏で用いられたが、ポルトガル・スペイン語にも「biombo」という屏風を指す言葉があるところから、大航海時代以後は日本を経由して西洋にも広まり、西洋でも似た形式のものが制作されている。正倉院には今なお多くの屏風が残されていて、鳥毛によって文字や婦人の姿を象った著名な「鳥毛篆書屏風」や「鳥毛立女図屏風」をはじめとして、纐纈《こうけち》・臈纈《ろうけち》染めで図様を表わしたものなど中国古代の屏風の多彩な実態を今日に伝えている。また、韓国には刺繡を施した屏風があり、中国の墳墓には石製の屏風がある。沖縄の門と建物の間の石製の風除け「ひんぷん」は屏風の中国読みに近い。一般には直接に絵画や文字を書き付けたものが普通で、画面が大きいこともあって障壁画とともに独自の画面構成の発達をうながしてきた。正倉院宝物に次ぐものとして、東寺に伝来した六曲一隻の「山水《せんずい》屏風」(現在は京都国立博物館所蔵、国宝)がある。山水屏風は主題にもとづく名称ではなく、所蔵先がいずれも密教寺院であることが示すとおり、灌頂の儀式の必需品の一つであった山水屏風という名をそのまま用いている。主題は隠棲する白楽天を訪れる貴公子であるが、背景となるなだらかな川の流れと広がる湖が占める部分が大きい。主題や山水の表現法からみて典型的な唐絵である。おそらく十一世紀初期の制作になるもので、当時を代表する宮廷絵師によって描かれたものに違いない。十三世紀初めのころの屏風として六曲一隻の「山水屏風」(神護寺蔵、国宝)があるが、主題は一転して日本の建築や風俗になっており、ミニアチュールのような表現法ともどもまったくの倭絵《やまとえ》になっている。六曲の画面の一つ一つを一扇と呼ぶが、これは正倉院の屏風や二つの「山水屏風」が一扇ごとに縁取りがとられていることが示すように、一扇に一図ずつ描き分けていた古代の絵画制作法の名残である。鎌倉時代には仏画で屏風形式のものがいくつかあり、東寺の「十二天図」屏風(国宝)や金戒光明寺の「山越阿弥陀図・地獄極楽図」屏風(重文)がある。鎌倉時代には二扇ずつふちどりした絵巻の画中画の例があるが、南北朝時代に六扇分を一つに縁取るようになっている。これは、大画面という形式を生かそうとする動きに呼応しているのだろう。この時代になると現存作品の数も増え、醍醐寺の「山水屏風」(重文)、文化庁の「浜松図」(重文)、当麻寺奥院の「十界図」(重文)などの六曲一双屏風がある。室町時代になると水墨画の山水・花鳥・人物図屏風も盛んに制作されたが、中国への贈答品として遣明使節に託されたのはもっぱら彩色が華やかな大和絵で、金剛寺の「日月山水図」(重文)のような傑作もこの時代に生まれている。海外へ輸出されたことからもわかるように、屏風は日本絵画を代表する形式の一つとして一貫して重んじられてきた。織田信長も「安土城下図」屏風を狩野永徳に描かせ、これを宣教師に託してローマに贈っているほどである。都市の景観図としては洛中洛外図屏風が広く流布しているが、これは土佐光信が一五〇六年(永正三)に朝倉貞景の依頼を受けて描いた「京中図」が淵源となっている。人物をクローズアップした風俗画も盛んに描かれ、「彦根屏風」(彦根城博物館蔵、国宝)などの傑作が残されている。江戸時代の諸大家も必ずといってよいほど屏風を手がけており、近代になってからも日本画家は会場芸術にふさわしいとして積極的にこの形式を取りあげている。 ↓障壁画《しょうへきが》 ↓別刷〈屏風〉

参考文献 村重寧「二曲一双」(『日本美術襍稿』所収、一九六八、明徳出版社)。 (宮島 新一)

ひよしたいしや　日吉大社 比叡山系の東麓、大津市坂本に鎮座する古社。国指定史跡。日吉社・日吉山王とも呼ばれるが、山王総本宮日吉大社が現在の公称となっている。全国に三千八百余の末社をもつ総本社で、延暦寺とともにわが国の歴史上、宗教・文化さらには政治・経済などの分野に、大きな足跡を残している。日吉のほか比叡・稗衣・日枝などの表記があるが、『延喜式』神名帳は「ヒエ」「ヒヨシ」の両訓を付している。本来は比叡山にちなんで「ヒエ」と呼ばれ、後に好字「日吉」をあてたため、「ヒヨシ」とも呼ばれるようになったと考えられている。『古事記』神代に「大山咋《おおやまくい》命、亦の名は山末《やますえ》之《の》大《おお》主《ぬし》神、此の神は近淡海国の日枝の山に坐し」(原漢字)とあるように、古くから中央にも知られた古社で、大山咋命は東本宮に和魂《にぎみたま》が、牛尾社(八王子社)に荒魂《あらみたま》が祭られる。牛尾社の所在する牛尾山(八王子山)は、比叡山の東に突き出た尾根の一つであり、大山咋命の別名、山末之大主神の名は、それにちなんでいるとする見解が有力である。ただ「此の神は近淡海国の日枝の山に坐す」とあるように、本来は比叡山そのものを神体山としたとみられ、牛尾社はその遙拝所であるとともに、神体山としての信仰を受けたとみられる。牛尾山山頂には、牛尾社と大山咋命の妃鴨玉依姫の荒魂を祀る三宮社がある(奥宮)。その背後に「金大巌《こがねのおおいわ》」と呼ばれる巨岩があり、磐座《いわくら》の典型として、古い信仰形態を示している。牛尾山の山麓には、約七十基に及ぶ、横穴式石室をもつ後期古墳群(六・七世紀)が所在し、これに隣接する形で、東本宮と妃鴨玉依姫の和魂を祀る樹下《このもと》神社(十禅師)の社殿(里宮)が所在している。東本宮を中心とする信仰が産土《うぶすな》神・地主神的であるのに対し、牛尾山の南麓に所在する西本宮は、天智天皇が近江大津宮に遷都した二年後の六六八年(天智天皇七)に、大津宮の守護神として大和の三輪明神(大己貴神)を勧請したとされている。そして西本宮は後に延暦寺の守護神・護法神となったことから、日吉社の中心的位置を占めることになり、大比叡宮・大宮と呼ばれたのに対し、東本宮は小比叡宮・二宮と呼ばれることになった。事実文献にみる神階も、『三代実録』には、八五〇年(嘉祥三)に日吉社西本宮が従二位、東本宮が従五位下、八五九年(貞観元)に大比叡神が正二位、小比叡神が従五位上、八八〇年(元慶四)には西本宮が正一位小比叡神(東本宮)が従四位上に昇叙されたことがみえ、両宮の地位を示している。 ↓延暦寺《えんりゃくじ》 ↓比叡山《ひえいざん》

参考文献 景山春樹『神体山』、一九七一、学生社。岡田精司『神社の古代史』(『朝日カルチャーブックス』五〇、一九八五、大阪書籍)。 (大橋 信弥)

ひらいずみ　平泉 陸奥国の地名。いまは岩手県西磐井郡平泉町。北上平野の南部、北上川の西岸、衣川の南岸に広がる。十二世紀、奥州藤原氏四代、約九十年間に及ぶ東日本随一の都市として繁栄した。藤原氏初代清衡《きよひら》が、江刺《えさし》郡豊田館《とよだのたち》を捨て、平泉に宿館《しゅくかん》(政庁)を移設したのは、康和年中(一〇九九―一一〇四)と考えられる。安倍・清原両氏から継承した軍事首長権をもって君臨していた奥六郡(胆沢《いさわ》・江刺・和賀《わが》・稗貫《ひえぬき》・紫波《しわ》・岩手)を出て、衣川の境界を越えた平泉の地に都市建設を開始したのは、奥六郡に加えて、南方に広がる国内一般の諸郡をも、勢力下に置こうとする姿勢のあらわれだったと見られる。清衡は、中尊寺多宝塔を造営して、奥州世界の中心を定めた。その後、中尊寺境内に、二階大堂(大長寿院)、釈迦堂(「鎮護国家大伽藍」)、金色堂など、七堂伽藍を整備した。それによって、大檀那としての清衡の評判が上がり、政権の安定度が高められた。ただし、清衡の宿館は具体的な場所を特定しがたい。中尊寺近辺かもしれない。最近の発掘・調査によって、清衡期の遺構(大堀)・遺物

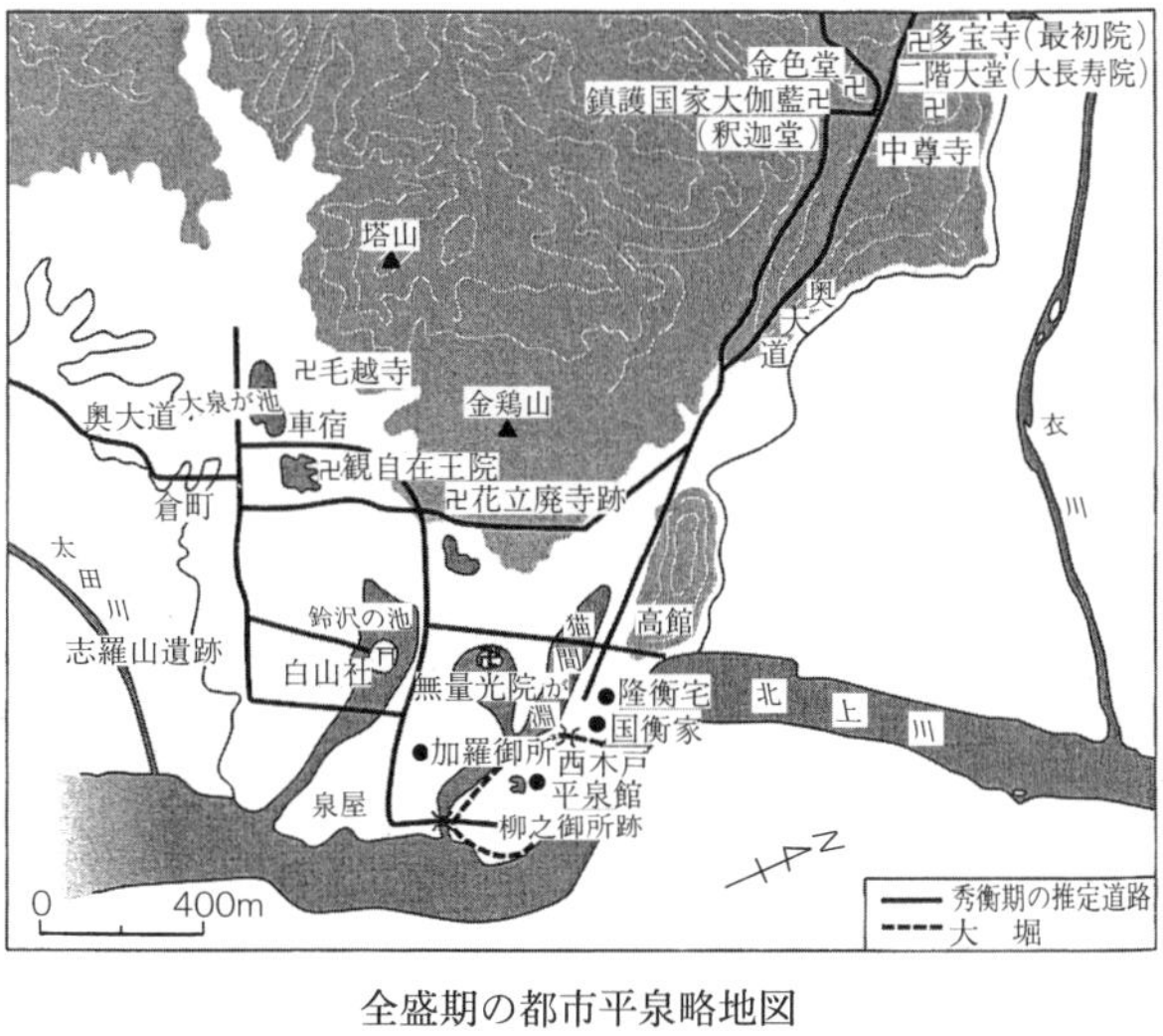

全盛期の都市平泉略地図

(かわらけ等)が北上川を見下ろす柳之御所《やなぎのごしょ》遺跡から検出されている。あるいは、そちらかもしれない。藤原氏二代基衡《もとひら》は、平泉に入る南東の玄関口に、毛越寺《もうつう》の大伽藍《がらん》を造営した。白河法勝寺《ほっしょうじ》が京都の東の玄関口に造営されて、「国王の氏寺」として、威容を誇っていたことに倣ったものである。毛越寺の東隣には、観自在王院の阿弥陀堂が、基衡の妻によって造営された。周辺の街区も整備され、縦横の大路が敷設された。基衡の宿館は、場所を特定しがたい。観自在王院が造営される以前の敷地か、付近の八花形の半島状台地か。意見が分かれている。藤原氏三代秀衡《ひでひら》は、都市平泉の東域、北上川を見下ろす柳之御所遺跡の段丘上に、宿館(「平泉館《ひらいずみのたち》」)を造営した。清衡期の大堀が巡らされた区画を再利用して、大規模な掘立柱建物や園池が造成されていた。宿館からは、中尊寺金色堂が遙拝された。宿館の西隣には、無量光院の阿弥陀堂が造営され、宇治平等院を凌駕する規模を誇った。宿館の南隣には、加羅御所《からのごしょ》が造営され、秀衡の「常居所《つねのきょしょ》」(日常の居所)として利用された。そのうえに、秀衡の息子らが居住する家・宅も、宿館に近接して建てられた。宿館の辺りからは、大量の京都風かわらけ(土器)、渥美・常滑《とこなめ》焼の壺・甕類、輸入白磁が出土して、盛大な儀礼(宴会)が行われたことを物語っている。「磐前村《いわさきむら》」の銅印、硯ほか、行政官庁に相応しい遺物も出土している。周辺の街区も整備され、都心に相応しい威容が現出された。「数十町」に及ぶ「倉町」、「数十宇高屋(宝蔵)」など、物流拠点が形成されたことも知られる(『吾妻鏡』文治五年九月十七日条「寺塔已下注文」)。それらの建物の遺構が、毛越寺周辺の大路に沿って検出され始めている。同じく、「数十宇の車宿《くるまやどり》(牛車の格納庫)」の遺構も検出されている。近郊農村部にも、都市生活を支援する施設が形成された。一一八九年(文治五)、藤原氏四代泰衡《やすひら》は、鎌倉殿源頼朝に攻められて、宿館に火を放ち、北走した。しかし、都市平泉の大部分は無傷で残され、鎌倉幕府の下で、それなりの繁栄を維持できた。幕府から派遣された奥州惣奉行葛西氏が平泉に常駐して、取り仕切りにあたったことが知られる。都市平泉の発掘・調査は、毛越寺・観自在王院・中尊寺・無量光院など、個別の寺院跡を対象として部分的に開始された。そして、一九八八年(昭和六十三)、北上川改修工事に伴って柳之御所遺跡が発掘・調査の対象とされるころからは、都市生活の全体を見据えた本格的な段階に高められた。発掘・調査によって、都市の中核をなす宿館の様子がはじめて開示されたことによるものである。それによって、柳之御所遺跡の保存を求める声が高まり、国史跡に指定された。あわせて、平泉の都市生活に対する学界内外の関心を高めることにもなった。今では町内各地で発掘・調査が実施され、都市生活の様子を物語る遺構・遺物がつぎつぎと出土している。二〇〇一年(平成十三)には、「平泉の文化遺産」が、ユネスコ世界遺産センター(パリ)において、世界遺産暫定リストに登載されている。二〇〇八年には、世界遺産として正式に登録されることが期待されている。

資料館 平泉郷土館(岩手県西磐井郡平泉町)、柳之御所資料館(同)

参考文献 高橋富雄『奥州藤原氏四代』(『人物叢書』、一九五八、吉川弘文館)。斉藤利男『平泉—よみがえる中世都市—』(『岩波新書』、一九九二、岩波書店)。平泉文化研究会編『奥州藤原氏と柳之御所跡』一九九二、吉川弘文館。同編『日本史の仲柳之御所跡』一九九三、吉川弘文館。高橋富雄他編『図説 奥州藤原氏と平泉』一九九三、河出書房新社。藤島亥治郎『平泉建築文化研究』一九九五、吉川弘文館。大石直正『奥州藤原氏の時代』二〇〇一、吉川弘文館。入間田宣夫・本澤慎輔編『平泉の世界』、二〇〇二、高志書院。入間田宣夫『都市平泉の遺産』、二〇〇三、山川出版社。藤島亥治郎編『平泉—毛越寺と観自在王院の研究—』、一九六一、東京大学出版会。文化財保護委員会『無量光院跡』(『埋蔵文化財発掘調査報告書』三、一九五四、吉川弘文館)。平泉遺跡調査会『中尊寺—発掘調査の記録—』、一九八三、中尊寺。平泉町教育委員会『柳之御所跡発掘調査報告書』、一九九四。岩手県埋蔵文化センター『柳之御所跡』、一九九五。

(入間田宣夫)

ひらいでいせき 平出遺跡 縄文時代中期から平安時代に至る集落遺跡。長野県塩尻市宗賀平出にある。国指定史跡。江戸時代には石鏃の出土地として知られていたが、昭和初年の地元の教師らによる発掘調査をへて、一九五〇年(昭和二十五)・五一年の第一次から第四次に及ぶ大場磐雄らによる本格的発掘調査で、縄文時代中期の竪穴式住居十七基、古墳時代ないし平安時代の住居四十九基が発見され、南北三〇〇メートル、東西一キロに及ぶ大規模な集落遺跡であることが判明した。縄文時代の住居の特徴は、形はおおむね円形で、中央に石囲炉を持つ点にあり、古墳・平安時代住居は方形で、竈が用いられるようになるという変遷が明らかになった。また、それまでになかった集落遺跡がはじめて明らかになったという点に大きな意義があり、同じころ発掘調査が行われた静岡県の登呂遺跡、長野県の尖石遺跡とあわせて「日本三大遺跡」と称され、教科書にも登場した。また、考古学のみならず、地学・古生物学・建築学・社会学・民俗学・歴史学による総合調査として実施された点も画期的であった。遺跡の近くには塩尻市立平出博物館があり、また史跡公園としての整備が進められている

資料館 塩尻市立平出博物館(長野県塩尻市)

参考文献 小林康男『五千年におよぶムラ—平出遺跡—』(『シリーズ「遺跡を学ぶ」』六)、二〇〇四、新泉社。

(福島 正樹)

ひらか 平瓶 須恵器の一器種。偏球形の胴部の上部中心ではなく、一方に偏った部分に口縁部をつけた形状のものである。胴部の成形などは他の壺・瓶類との共通点が多いが、口縁部の取り付け位置に違いがある。古墳時代後期より出現し、平安時代まで生産された。出現当

初のものは胴部断面が楕円形を呈するものが多く、時代を経るに従って肩部が明瞭に屈曲して稜を持つものが増加し、また提梁と呼ばれる把手や高台の付くものが出現する。用途については酒器から尿瓶まで多様な意見があり、小型化したものは水滴の可能性が指摘されている。特殊品として、平安時代に尾張で生産された水鳥紐蓋付平瓶があり、鳥の頭をかたどった蓋を付け、提梁や胴部に尾羽の表現を加えたものである。（金田　明大）

ひらがま　平窯　焼成室の床面が平坦な窯をいう。平地上に構築された地上式と、丘陵斜面を掘り窪めて平らな床面を造成し、天井を築く半地下式、そして、丘陵斜面に横穴を掘りぬいて構築する地下式のものがある。一般的に瓦を焼成するための窯で、基本構造は焚口・燃焼室・焼成室・煙道部からなり、燃焼室と焼成室の境には段が設けられる。瓦の生産技術は、六世紀後葉に朝鮮半島から日本に伝わったが、この際もたらされた窯構造は床面に傾斜をもつ窖窯であった。平窯構造となる窯体が、瓦生産において登場したのは七世紀末のことで、その源流については中国もしくは朝鮮半島のいずれかに求められる。その後、八世紀前半には平窯が瓦窯の主流を占めるようになり、八世紀後半には焼成室の床面が分炎床となるものが出現する。これは、燃焼室と焼成室の境を遮断し、数ヵ所に炎を通すための穴を穿ち、それに続く炎道(分炎道)が焼成室床面に設けられたもので、ロストル式平窯とも呼ばれる。

参考文献　大川清『日本の古代瓦』(『考古学選書』三、一九七二、雄山閣)。森郁夫『瓦』(『考古学ライブラリー』四三、一九八六、ニューサイエンス社)。（河合　君近）

ひらかわはいじ　平川廃寺　京都府城陽市平川に所在した寺院で、一九七三年(昭和四十八)以来の発掘調査で見つかった。国指定史跡。文献史料にみえない。平川廃寺の西隣には赤塚古墳があり、この古墳が造られてから約百年以上経過した七世紀後半になって、寺院が造られた。平川廃寺の所在する地域は旧久世郡になり、久津川車塚古墳を盟主とする久津川古墳群が築かれるなどした地域である。伽藍配置は塔を西に、金堂を東にして回廊が囲む形式で、講堂が見つかっていないものの、法隆寺式伽藍配置とみられる。堂宇の化粧基壇は瓦積みで、地方寺院にはよく見られる形態である。塔基壇がかなり大規模であることから、三間×三間の総柱七重塔が存在したと考えられている。また、金堂の基壇と塔の基壇がわずか八・六メートルしか離れていないことから、中心伽藍がかなり狭い。その上、築地塀が回廊の西端と近く、東には別の堂宇が建つ余地があるなど、伽藍が西寄りになっている。しかも、築地の西端に接するように赤塚古墳があり、かつて古墳を造営した氏族と平川廃寺を建立した氏族とがどのような関係にあるのかなど、今後に残された研究課題は多い。

参考文献　中谷雅治「平川廃寺址(京都府久世郡)」(『古代文化』一七ノ一、一九六六)。「平川廃寺発掘調査概報」(『城陽市埋蔵文化財調査報告書』一―三・八・一〇・一二、一九七三―七五・七九・八一・八三)。（土橋　誠）

ひらがわら　平瓦　本瓦葺に使う瓦の一つ。女瓦・牝瓦・瓪瓦・板瓦ともいう。平面台形で、断面は緩やかな円弧をなす。凹面を上にして狭端を軒側に向け、軒から棟に向けて順次葺き重ねる。各平瓦列の間は、丸瓦列で覆う。現在に伝わる本瓦葺技術では、重ねた時に露出する長さ(葺足)は、(平瓦全長 − 一寸) ÷ 三の「平瓦三枚重ね」を理想とする。しかし、凹面の風化部分を観察すると、古代の葺足は平瓦全長の二分の一弱程度が多い。六世紀末に朝鮮半島から伝わった平瓦製作技術は、桶型成形台の外面に巻いた粘土円筒を四分割する桶巻作りであった。八世紀の平城宮において、凸型成形台で平瓦一枚分の粘土板を彎曲させる一枚作りを採用し、国分寺造営をおもな契機に日本各地に伝播する。ただし、朝鮮半島や中国大陸では、桶巻作りの伝統が現代まで残る。一旦、一枚作りを採用した北部九州が平安時代に桶巻作りに回帰したり、現代沖縄の造瓦民俗に桶巻作りが残るのは、新羅・高麗や明・清の新たな影響の結果である。

参考文献　佐原眞「平瓦桶巻作り」(『考古学雑誌』五八ノ二、一九七二)。（上原　真人）

ひらこたくれい　平子鐸嶺　一八七七―一九一一　明治期の仏教美術史家。一八七七年(明治十)五月四日、三重県津町(津市)生まれ。本名尚《ひさし》、別号昔瓦。一八九七年東京美術学校日本画科を卒業後、同校西洋画科に再入学。一九〇一年卒業後、哲学館(現東洋大学)で仏教学を学んだ。一九〇三年東京帝室博物館嘱託および内務省嘱託を兼務し、一九一〇年には古社寺保存会委員となった。この間、一八九九年に「本邦墳墓の沿革」を発表するなど、東京美術学校在学中から仏教史研究を開始。一九〇五年に建築史家関野貞の論文「法隆寺金堂塔婆及中門非再建論」に端を発した、法隆寺の再建・非再建論争では、同年に「法隆寺草創考」を発表し、非再建論の立場をとった。また根岸短歌会誌『馬酔木《あしび》』の編集委員をつとめるなど、三十五歳の早逝ながら、多才を発揮した。著書に、没後刊行された『仏教芸術の研究』(一九一四年)など。また法隆寺山内に、鐸嶺の供養塔がある。一九一一年五月十日没。

参考文献　野田充太編『鐸嶺平子尚先生著作年表・略歴』一九一四、癸丑会。平子恵美編「平子鐸嶺略年譜」(平子鐸嶺『(増訂)仏教芸術の研究』付載、一九七六、国書刊行会)。（佐藤　道信）

ひらさわかんがいせき　平沢官衙遺跡　常陸国筑波郡の奈良・平安時代の役所跡。茨城県つくば市平沢に所在。国指定史跡。筑波山を基準にして施工された北条条里は、後世の整備事業の中にわずかにその姿を残し、遺跡は条里北端の舌状台地に位置する。施設は、大溝に囲まれた中に、掘立柱建物跡四十九棟(内総柱建物四十棟)、礎石建ち建物四棟で北側大溝の外側にも建物は展開する。配置状況は北側の大溝に平行して東西に並ぶ五間×三間の二棟の建物が中心と考えられる。それに付属するように四間×三間・四間×二間・三間×三間・二間×一間の建物がある。総柱建物群の方位は中心的建物に対して二〇度西に振れるものと、南北方向に一致するものに分けられる。建物の配置・性格から郡衙の正倉群と考えられる。しかし、中心となる政庁はみられない。このことから、近接したところに政庁があると思われる。同じ時期の寺院として西南方向の台地縁辺部に筑波廃寺がある。

[参考文献] 茨城県住宅供給公社編『茨城県筑波町平沢遺跡』、一九七九。上原雄吉「茨城県平沢遺跡保存と調査の問題点」(『考古学研究』二四ノ二、一九七七)。西宮一男「平沢遺跡」(『常総の歴史』三所収、一九八八、崙書房)。

(阿久津　久)

ひらじろ　平城　地形による戦国時代以降の城館分類の一つ。江戸時代の軍学から生まれた分類。高低差がほとんどない平地に築かれ、河川や湖沼などを城域の一部に取り込んで縄張りされる。戦国時代までは軍事的機能が重要視され山城が多く築かれたが、次第に統治的な比重が高まり、平山城や平城が築かれるようになったと理念的に考えられている。しかし近世以前でも関東平野中央部などのように、山が無い地域ではこの類型に属する城館は多数築かれており、山城―平山城―平城の発展論は必ずしも実態にそぐわない。平城では河岸や港、街道との関連が重視されて都市設計が行われ、領国統治の中心となっている場合が多い。分類上は地形条件のみを用件としているが、選地に際して政治・経済的要因が大きく影響している。松本城・名古屋城・駿府《すんぷ》城などがこの形式。

(齋藤　慎一)

ひらたぶね　艜船　平安時代から明治時代にかけて用いられた大型の川船。平田船・平駄船とも書く。『和名類聚《わみょうるいじゅう》抄《しょう》』には「艇薄而長者曰艜」とあり、中世の絵巻物には船首・胴・船尾の三材の刳船《くりぶね》部材を前後につないだ複材刳船が描かれている。『玉葉』『兵範記《へいはんき》』などにみえる「二《ふたつ》瓦《かわら》」は船首・胴・胴・船尾の四材構成の大型の艜船のことで、胴の刳船部材が瓦を思わせるところから生じた称らしい。近世以後の艜船は、平底の薄板構造の船という点では共通するものの、河川の状況に応じて船型・構造・大きさはさまざまに異なっていた。たとえば、淀川の過書船は二枚水押《みよし》の二階造りであるのに対して、荒川水系の川越艜や上利根川水系の上州艜は一本水押の二階造りであった。とりわけ関東の艜船は大型で、世事の間と呼ぶ乗組員の居住区を設け、海船に近い帆装を有するなど川の大きさを反映した独特の構造・艤装《ぎそう》を有していた。

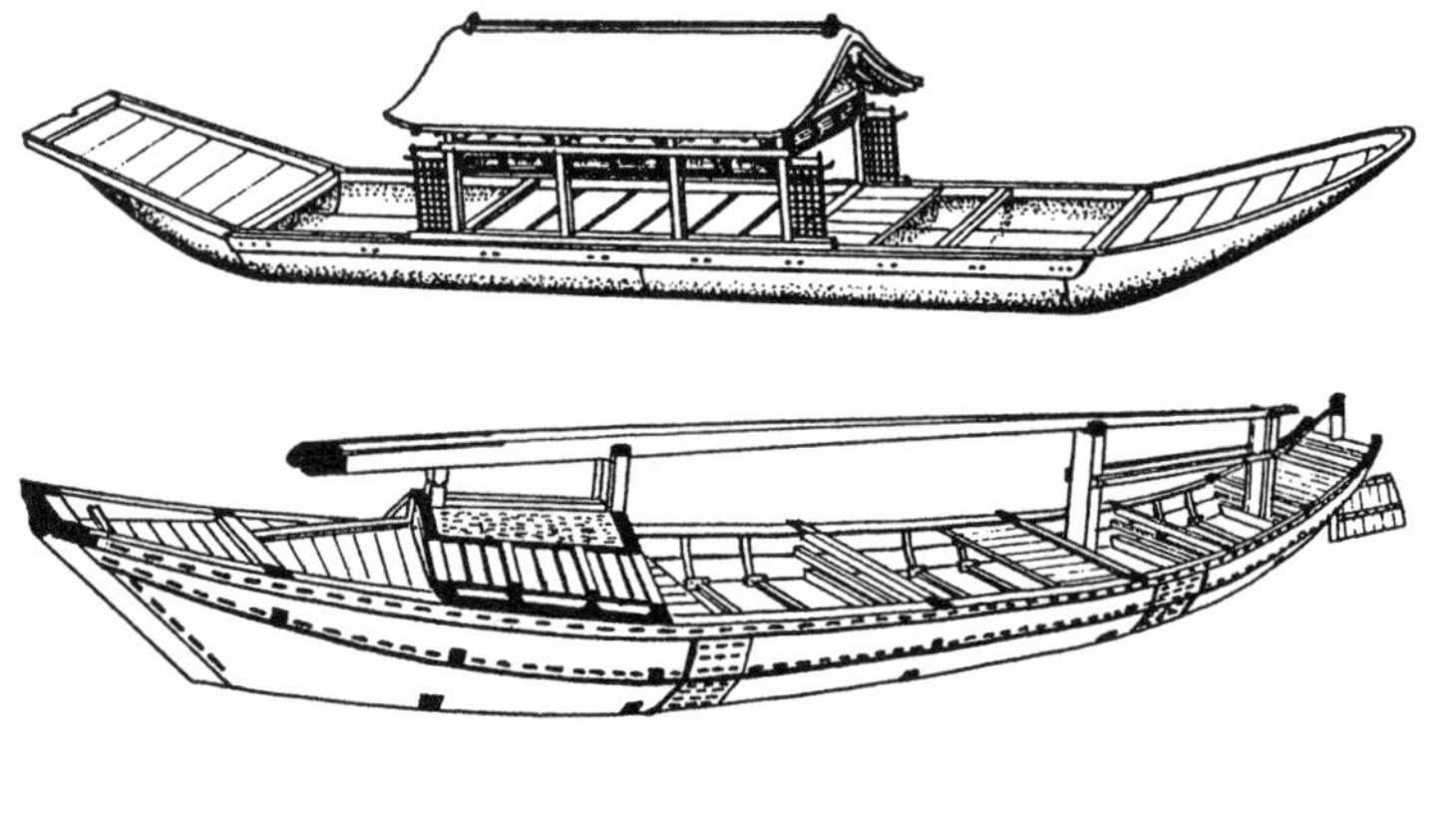

鎌倉時代の淀川水系の艜船

[参考文献] 石井謙治『図説和船史話』(『図説日本海事史話叢書』一、一九八三、至誠堂)。川名登『近世日本の川船研究』、二〇〇三・〇五、日本経済評論社。日野照正『畿内河川交通史研究』、一九八六、吉川弘文館。

(安達　裕之)

ひらど　平戸　現在の長崎県平戸市の地名。古代には肥前国松浦郡に属し、庇《ひ》羅《ら》・庇《ひ》良《ら》と書かれていたが、鎌倉時代以降は平戸が一般的となる。遣唐使船の寄航地であり、古くから海外交通の要地であった。平安時代の一時期、庇羅郷と値嘉郷を郡に昇格させ、値賀島として肥前国から独立させたことがある。これも中国や朝鮮半島との交流が重視されたものと考えられる。中世には松浦党諸氏が平戸周辺に割拠し、倭寇の拠点でもあった。戦国時代には平戸松浦氏が周辺地域を統一し戦国大名に成長し、豊臣秀吉の九州平定後に所領を安堵され、明治維新まで続く平戸藩の基礎が確立された。平戸松浦氏の急成長の背景は、海外交流による富の蓄積と鉄砲など最新兵器にあったと考えられる。一五五〇年(天文十九)には、ポルトガル船が平戸に入港し、従来の中国・朝鮮に加え、西洋諸国との交易が始まった。この後、スペイン・オランダ・イギリス船が相ついで入港した。特に、オランダ・イギリス両東インド会社は平戸に商館を設置し、江戸時代初期には長崎港と並ぶ西洋貿易港であり、貿易のみならず日本の対外交流史に重要な役割を果たした。ポルトガル貿易はキリスト教布教と連動したもので、ザビエルなどの宣教師の布教により多くの人々がキリスト教に改宗したが、後の禁教令によって悲劇を生むことになる。松浦氏は関ヶ原の戦で徳川方に属し、幕藩体制の中に組み込まれることになる。平戸藩領は当初六万三千二百石であったが、一六六四年(寛文四)松浦信貞に今福(旗本領)を分知し、六万千七百石となった。一六八九年(元禄二)には松浦昌《まさる》に新田の一部を分知し、支藩平戸新田藩一万石が成立した。松浦氏の居城および藩庁は、館山城、白狐山城、日之岳(平戸古)城、御館、亀岡(平戸新)城と変遷したが、いずれも平戸港の周辺部に位置している。このため、港の周辺に商人や外国人が居住し、背後の兵陵に藩士の屋敷があり、城下町を形成していた。平戸新城は、旧城の跡地に松浦棟《たかし》が一七〇七年（宝永四）に着工し一七一八年（享保三）に完成したもので、本丸・二ノ丸・外郭および白浜郭から成っている。オランダ商館の長崎移転により海外貿易の利を失い、藩財政は打撃を受けたが、捕鯨や窯業を盛んにするとともに新田を開き、財政の建て直しを図った。

参考文献 『平戸市史』自然考古編・民俗編・歴史史料編Ⅰ―Ⅲ・海外史料編Ⅰ―Ⅲ・通史編、一九九五‐二〇〇五。 （萩原 博文）

ひらどおらんだしょうかんあと 平戸和蘭商館跡 オランダ東インド会社の東アジアにおける最前線基地で、長崎県平戸市の平戸港などに所在。一六〇九年（慶長十四）に設置され、一六四一年（寛永十八）の長崎出島移転までの間、日蘭交流の拠点であった。平戸港に倉庫・住居・水門など十数棟の建物、川内浦に倉庫、古館に製材所、横島に綱づくり作業場などがあった。このうち平戸港の主体部は国史跡に指定されている。発掘調査によって、一六三七年・一六三九年築造の洋風石造倉庫、一六一二年築造の住居などの建物基礎地業、石造塀の基礎部、護岸石垣などが検出されている。特に、一六三九年築造倉庫は復元に伴い全面調査を実施した。石壁基礎地業は、砂岩や玄武岩を石灰モルタルによって積み上げた、日本に例のない特殊な遺構であった。このほか、礎石地業、階段地業、排水溝などが発掘されており、一部にレンガを使用している。

参考文献 平戸市教育委員会編『平戸和蘭商館跡の発掘』Ⅰ―Ⅸ、一九八八‐二〇〇五。萩原博文『平戸オランダ商館―日蘭・今も続く小さな交流の物語―』、二〇〇三、長崎新聞社。 （萩原 博文）

ひらのじんじゃ 平野神社 京都市北区平野宮本町に鎮座する神社。平安遷都（七九四年（延暦十三））前後に山城国葛野《かどの》郡上林《かむつはやし》郷の地に創祀され、今日に至る（ただし移転の所伝もある）。当初今木《いまき》・久度《くど》・古開《ふるあき》の三神を祭神としたが、『貞観式』で相殿比売《ひめ》神が加わり、『延喜式』神名帳では四神がともに名神大社で、月次祭・新嘗祭に預かった。今木神を桓武天皇の外祖父乙継を出した百済系渡来氏族和《やまと》氏、久度・古開の二神を外祖母真妹を出した土《は》師《じ》氏の奉斎神とするなど諸説がある。『延喜式』では四月・十一月上申の日の平野祭に皇太子が参列する規定があり、平安時代中期には天皇行幸や平野臨時祭も行われるようになるなど、朝廷から篤く尊崇され、二十二社の上七社に数えられた。源・平・大江ほか多くの氏が氏神として崇拝。歌枕「平野」は同社を指して詠まれることが多い。現在の社殿は第一・二殿が一六二六年（寛永三）、第三・四殿が一六三二年造営の比翼春日造で重要文化財。旧官幣大社。桜の名所としても有名。

参考文献 『式内社調査報告』一、一九七九、皇学館大学出版部。義江明子『日本古代の氏の構造』、一九八六、吉川弘文館。岡田荘司『平安時代の国家と祭祀』、一九九四、続群書類従完成会。 （古藤 真平）

ひらばやしじょう 平林城 阿賀北の有力国人領主色部氏の戦国時代における居城。国史跡。新潟県岩船郡神林村平林に所在する。城は、麓の居館部と山頂の山城部分からなる。十六世紀末の『越後国瀬波郡絵図』に描かれていることでも著名である。居館は、尾根の先端部を切盛して階段状に郭を整備している。郭群の総面積は六万平方メートル以上に及び、最も北奥の土塁・空堀に囲まれた範囲を殿屋敷、大土塁および堀で区切られた東方（山側）を中曲輪、西方を岩館と大別している。一九九九年（平成十一）度から史跡整備のための発掘調査が開始され、徐々に様相が明らかになりつつある。遺跡の存続時期は、十五世紀末から十六世紀末と考えられている。山城は、発掘調査が行われていないため存続時期が不明であるが、一五〇八年（永正五）に「色部要害」が落城したことが古文書にみられ、郡絵図には「加護山古城」と記されている。なお、城での諸行事を記した『色部氏年中行事』は、戦国時代の様相を示して余りない貴重な史料であり、遺跡とともに重要である。

参考文献 田島光男編『越後国人領主色部氏史料集』、一九七九、神林村教育委員会。神林村編『国史跡平林城跡整備基本計画書』、二〇〇一。神林村教育委員会編『国史跡平林城跡確認調査概報』一・二、二〇〇三・〇五。 （水澤 幸一）

ひらやまじろ 平山城 地形による戦国時代以降の城館分類の一類型。江戸時代の軍学から生まれた。一般に戦国時代後半以降にこのタイプが多くなると考えられている。平野の小高い丘陵、もしくは尾根の先端に主郭を置き、全山に縄張する。山麓までをも城域とし、家臣団の屋敷などが構えられる。山や屋敷地を囲むように外郭線を廻らすこともある。山の高さについての厳密な定義はないが、おおよそ標高差二〇メートル～一〇〇メートル程度の山に築かれた場合を指すことが多い。江戸時代にむけて城館の機能が次第に軍事優先から領国統治を重視するようになった。このことが背景にあると理念的に考えられている。しかし近世以前でもこの類型に属する城館は多数築かれており、山城―平山城―平城の発展論は必ずしも実態にそぐわない。丸岡城・犬山城・彦根城・姫路城などがこの類型に属する。 （齋藤 慎一）

ひろさきじょう 弘前城 ⇩津軽《つがる》氏《し》城跡《しろあと》

ひろさわのいけ 広沢池 京都の西方、嵯峨野に存在する周囲約一キロの池沼。寛朝僧正（九一六―九八）が広沢山荘を改めて寺と成した遍照寺の名にちなんで遍照寺池とも呼び、池の北岸には遍照寺山が控える。仁明天皇（八一〇―五〇）が嵯峨行幸に際して池畔で休憩を取ったとする記録（『九暦』）があるほか、九八五年（寛和元）には円融上皇が西山での観桜の道すがら広沢山荘に立ち寄ったとの記録（『小右記』）がある。大沢池とともに古くから都に近在の景勝地として多くの和歌に謳われ、特に西行の和歌である「宿しもつ月の光の大沢はいかにいへども広沢の池」をはじめ、月見の名所として知られた。一九六六年(昭和四十一)に制定された古都における歴史的風土の保存に関する特別措置法(通称「古都法」)のもとに、一九六七年に広沢池を含む北嵯峨の地域が歴史的風土特別保存地区に指定され、広沢池およびその周辺の田園景観を含め、古来の嵯峨野の風景が保護の対象とされた。

(本中　眞)

ひろしまじょう　広島城　豊臣大名毛利輝元が築城後、福島氏、ついで浅野氏が江戸時代を通じて居城した平城。鯉城・在間城・当磨城と別称される。広島市中区基町に所在。国史跡。広島城は郡山城にいた毛利輝元が、一五八九年(天正十七)領国の政治・経済の中心的施設として広島湾の五ヵ村に築城を始め二年後に入城本拠とした。しかし、一六〇〇年(慶長五)の毛利氏の防長移封により福島正則が入城して城の拡張・改修を行なった。一六一九年(元和五)、福島正則は石垣の無断改修を理由に改易、代って浅野長晟が入城、以後明治の廃城まで浅野氏十二代が居城した。その後一八九四年(明治二十七)・九五年の日清戦争の際には大本営がおかれたが、一九四五年(昭和二十)の原爆投下によりすべてが破壊された。現在、内堀に囲まれた本丸・二ノ丸が保存され、天守閣や二ノ丸の表御門・平櫓・多門櫓・太鼓櫓などが復元・整備されている。この整備のほか、中堀・外堀の内側では各種工事に先立って発掘調査も行われている。城は太田川のデルタ上に縄張したもので、方八町の範囲を川や堀・石垣で区画し、本丸・二ノ丸・三ノ丸・外郭をおく。本丸と二ノ丸は内堀で囲まれ、本丸は東西九十五間、南北百二十間で、北半の一段高い御館には本丸御殿があり、北西隅には五重五階の建物の東と南に三重三階の建物を連ねた複合天守が立つ。二ノ丸は本丸の南につく馬出で、東西四十三間、南北二十五間の規模を持つ。三ノ丸は内堀を東・南・西から「コ」の字状に囲み、その外を中堀で囲む。東西五町五十間、南北四町四十間の規模を持ち、藩主一族や重臣の屋敷地として使用された。外郭は東南を外堀、西を本川で囲み、東西八町三十間の規模を持つ。場内には八十八の櫓と二十一の門があったとされる。

資料館　広島城天守閣(広島市)

参考文献　『新修広島市史』一、一九六二。『図説広島市史』、一九八九。広島市文化財団『史跡広島城跡本丸遺構保存状況調査報告』(『広島市文化財団発掘調査報告書』一〇、二〇〇四)。

(小都　隆)

ひろむらていぼう　広村堤防　一八五四年(安政元)の大津波の後、浜口《はまぐち》梧陵《ごりょう》によって築かれた防波堤。国指定史跡。和歌山県有田郡広川町広の湯浅湾に面した海岸に所在。湯浅湾は津波が高くなる条件を備えており、中世に畠山《はたけやま》氏によって築かれた石堤があったにもかかわらず大津波のたびに被害をうけていた。梧陵は、津波により荒廃した村の復旧作業にあたるとともに、私財を投じ、一八五五年二月から三年十ヵ月の歳月と、延べ五万六千七百三十六人の人員、銀九十四貫《かん》三百四十四匁《もんめ》を費やし、中世石堤の後方に堤防を完成させた。延長約六六〇《メートル》、基底幅約二〇《メートル》、高さ約五《メートル》で、砂礫《されき》を交えた粘土で築かれ、海側には松、陸側には櫨《はぜ》が植えられている。浜口梧陵は、広村に生まれ、千葉県銚子で醤油醸造を営んだ実業家で、和歌山藩勘定奉行、和歌山県の初代県会議長を務め、明治政府においては駅逓《えきてい》頭となった。同町にある梧陵の墓も国指定史跡となっている。

参考文献　安藤精一編『和歌山県の文化財』二、一九八一、清文堂出版。

(寺本　就一)

びわ　琵琶　古典音楽に用いられたリュート系の撥弦楽器。ペルシャのバルバトを源流とし、中国で生まれた。日本へは七、八世紀ごろ唐楽とともに伝えられたと考えられる。一般的には糸蔵の部分が曲頸で四弦、いくつかの柱《じゅう》(フレット)をもつ。正倉院には螺鈿紫檀琵琶一、螺鈿楓琵琶一、木画紫檀琵琶二、紫檀琵琶一の計五面が収蔵されている。律令制雅楽寮唐楽師の中に当初から置かれていたかは未詳だが、八〇九年(大同四)三月二十一日付太政官符には唐楽師の中に琵琶師一人、琵琶生三人(後に二人)が定められている(『類聚三代格』)。以後も、藤原貞敏が九世紀前半の八三八年(承和五)の遣唐使として入唐し、劉二郎より二三の調や妙曲を伝えられ、譜数十巻や紫檀・紫藤の琵琶各一面を贈られたという(『三代実録』貞観九年(八六七)十月四日条)。平安時代中期以降には琵琶は箏とともに管弦の主要弦楽器とされ、独奏楽器としても使われた。啄木・流泉・楊真操の曲が秘曲とされた。このような雅楽で用いる琵琶は楽琵琶という。十一世紀ごろ琵琶を伴奏に物語を語る琵琶法師があらわれ、やがて『平家物語』を語るようになるが、楽琵琶を小型にした平家琵琶が使われた。しかし、次の盲僧琵琶との関係も考えられ、未詳である。楽琵琶とは別に、奈良時代ごろ、北九州に盲僧琵琶が伝えられ、仏教法会などに奏されたと考えられている。また盲僧が民間において荒ぶる神である土公神を鎮めるため『地神経』を唱える時に盲僧琵琶が使われた。この伴奏には小形の琵琶が使われたと思われる。近世以降には盲僧琵琶によって軍記物などの物語が語られ、薩摩琵琶・筑前琵琶が生みだされた。薩摩琵琶は四弦四柱で楽琵琶より大きく、筑前琵琶は薩摩琵琶より小型で四弦と五弦があり五柱となっている。

参考文献　増本喜久子『雅楽―伝統音楽への新しいアプローチ―』、一九六八、音楽之友社。芸能史研究会編『日本の古典芸能』二、一九七〇、平凡社。林謙三『東アジア楽器考』、一九七三、カワイ楽譜。『雅楽・声明・琵琶楽』(『日本古典音楽大系』一、一九八二、講談社)。

(荻　美津夫)

ひわだぶき　檜皮葺　⇩屋根《やね》

びんごのくに　備後国　中国地方中央部に所在した令制

国。山陽道に属し、備中・安芸・伯耆ならびに出雲の諸国に接し、南は瀬戸内海をはさんで讃岐国に面する。芦田川東岸の平野部を除き、山がちの地形である。『延喜式』主計上では平安京まで上り十一日下り六日、海路十五日とし、調として白絹十疋・帛一百疋・糸九十絇・縹糸二十絇のほか絹・鍬・鉄・塩、庸として白木韓櫃三合のほか米・塩・鉄・鍬、中男作物として紙・木綿・紅花・黄蘗皮・黒葛・漆・胡麻油・押年魚・煮塩年魚・許都魚皮・大鰯・雑腊などを、十一月末までに輸納する中国とする。宮都の出土木簡からは「中男黒葛」「庸米」「調鍬」「赤米」「鈹」の輸納が確認される。吉備地域の後背部にあたり、『国造本紀』にみえる吉備穴国造・吉備品治《ほむち》国造などの盤

備後国略図

踞が想定され、芦田川中流域や服部川流域には二子塚古墳(福山市駅家町)などの後期古墳や尾市古墳(福山市新市町)などの終末期古墳が造営されている。吉備穴国造は和《わ》邇《に》臣と、吉備品治国造は多遅麻《たじま》君などと同祖関係にあり、いわゆる吉備一族と系譜関係を有していないので、大和王権から吉備勢力への牽制が期待されていたと考えられる。備後国は七世紀後半の「吉備国」の分割を経て成立したが、史料上の初見は備後国司が亀石《かめし》郡で捕獲した白雉を献上したという『日本書紀』天武天皇二年(六七三)三月壬寅条の記事であるが、史料的にはやや疑問もある。奈良県高市郡明日香村の石神遺跡の調査で「神石評小近五十□」との墨書をもつ天武朝の木簡が出土しているので、七世紀後半には評制が施行されていた。『延喜式』によれば、安那《やすな》・深津《ふかつ》・神石《かめし》・奴可《ぬか》・沼隈《ぬまくま》・品治《ほむち》・葦田《あしだ》・甲奴《かふぬ》・三上《みかみ》・恵蘇《えそ》・御調《みつぎ》・世羅《せら》・三谿《みたに》・三次《みよし》の十四郡が所管であるが、『続日本紀』には、七〇九年(和銅二)に葦田郡・甲奴郡分割、七二一年(養老五)には安那郡・深津郡の分割記事があり、また『和名類聚抄』では沼隈郡内である諌山《いさやま》郷について「備後国御調郡諌山里」と記す平城宮木簡もあるので、備後国南部では八世紀前半に行政区画が再三変更された。『延喜式』では上国とし、『和名類聚抄』は本田数を九千三百一町とし、国府所在地を葦田郡としている。一九八二年(昭和五十七)以降の継続的な調査で、奈良・平安時代の建物跡の確認や硯・緑釉陶器・輸入陶磁器の出土が相ついでいる広島県府中市内に、国府がおかれていた可能性が高い。特に、国司館跡あるいは寺院跡と考えられる金龍寺東遺跡(府中市元町)や、平安時代の国衙関連遺跡の可能性が高いツジ遺跡(同)のほか、砂山遺跡や寺ノ前遺跡などが注目される。この結果、従来想定されてきた神辺《かんなべ》平野東部国府説は可能性がきわめて低くなったが、一九七二年からの調査で遺構が確認されている備後国分寺(福山市神辺町下御領)との距離関係が新たな問題として浮上している。管内十四郡の

郡家のうち、発掘調査で具体的な遺構・遺物が確認されたものは三次郡家に比定される下本谷遺跡(広島県三次市西酒屋町)のみで、東西五四メートル・南北一一四メートルの柵内に四期にわたる庁屋と副屋・向屋などが確認され、緑釉陶器・転用硯などが出土した。このほか、掘立柱建物跡が確認され軒丸瓦・墨書土器・緑釉陶器などが出土した府中市上下町の下郷桑原遺跡・大和遺跡の周辺に甲奴郡家、大型柱穴が確認され円面硯などが出土した世羅郡世羅町田龍遺跡周辺に世羅郡家、福山市神辺町御領・大宮遺跡付辺に安那郡家が想定できるが、そのほかは地名から推定される程度である。南部の安那・品治・葦田・御調諸郡に古代山陽道(駅路)が推定されるが、九条家本『延喜式』では安那・品治・看度の三駅家を記している。従来国史大系本『延喜式』の「者度《いっと》」駅名から、駅路を府中市よりさらに内陸部に北行する考えもあったが、可能性は極めて低くなった。駅子負担の軽減を命じた八〇七年(大同二)の官符には「備後国五駅」とあるので、『延喜式』までに二駅が廃止された。この二駅は、『和名類聚抄』で「駅家」郷の記載のある葦田郡(葦田駅と仮称)と、御調川上流部を経て安芸国真良《しんら》駅に至る区間に想定される。山陽道駅家は八〇六年の勅に「備後、安芸、周防、長門等の国の駅館は、もと蕃客に備え、瓦葺粉壁とする」(原漢文)とみえ、兵庫県小犬丸遺跡(布勢駅家)など瓦葺きの駅家跡が確認されたことから、備後国駅家も、「瓦葺粉壁」であったことが想定されている。奈良時代中期の国府系軒平瓦や布目瓦・円面硯が出土し掘立柱建物跡などが確認されている大宮遺跡C地点(福山市神辺町湯野)が安那駅に、三期の掘立柱建物遺構を検出し平城宮式類似の軒丸・軒平瓦や鬼瓦などが出土した最明寺跡南遺跡(広島県福山市駅家町中島)を品治駅に比定する説が有力である。また築地・溝のほか大形の掘立柱建物跡や礎石建物跡の基壇が確認され、軒丸・軒平・鬼瓦などが出土した前原(父石)遺跡(府中市父石町)を葦田駅に比定する意見もある。このほか備後南部の古代瓦の出土地としては、瓦文様や伽藍配置などで相互の関連性がうかがえる伝吉田寺跡(府中市元町)・宮の前廃寺(福山市蔵王町)・栗柄《くりがら》廃寺(府中市栗柄町)のほか、神辺平野の中谷廃寺(福山市)・内《うち》砂《ざ》子《こ》廃寺(同市)・小山池廃寺(同市)、御調川流域の本《ほん》郷《ごう》平《びら》廃寺(尾道市御調町)などがあり、川原寺や法隆寺、藤原宮など畿内系瓦の強い影響が指摘されている。これに対し備後国北部では、法起寺式の伽藍配置をもち『日本霊異記』の三谿寺に比定される寺町廃寺(三次市向江田町)を中心に、地域性の豊かないわゆる水切り瓦を出土する廃寺が散在している。式内式は、神石郡をのぞく各郡に鎮座していたが、平安時代後期には山陽道の要衝にある非式内社吉備津神社が一宮として国衙在庁の崇拝をうけるようになった。この吉備津神社社領は平安時代末期に京都祇園社領として立券されたが、このほか小童保・大田荘・長和荘・津口荘・塩田荘・勝田荘などが成立し、荘園公領体制が確立した。鎌倉時代には土肥実平ついで大江広元長子長井時広が守護となったが、その庶子家が在地に定着していった。鎌倉時代の海上交通の進展のなかで、大田荘の倉敷地であった尾道が、瀬戸内海有数の港町となり、浄土寺などが建立される一方、その権益をめぐって争乱の舞台となることもあった。南北朝時代以降は、山名常熙による尾道を守護所とした領国支配も浸透せず、国人が割拠する状態がつづき、戦国時代には尼子・大内への分属をへて毛利元就による統治が実現した。毛利氏転封後は、福島正則統治をへて北部・西部は浅野長晟領、東南部は水野勝成領となったが、水野領はさらに松平氏・阿部氏の福山藩領と天領に分割され、明治維新に至った。

参考文献 『広島県史』原始・古代、一九八〇。岸田裕之編『広島県の歴史』(『県史』三四、一九九九、山川出版社)。

(西別府元日)

びんまんじ　敏満寺　滋賀県犬上郡多賀町の名神高速多賀サービスエリアから胡宮《このみや》神社付近にあった寺院。磐座《いわくら》のある青竜山西麓に位置し、奈良時代の東大寺領水沼庄開田図の比定地に接する。一一二五年(天治二)の「平等院長吏坊政所下文案」が初見。平等院領大与度《おおよど》荘に含まれていたが、創建は九世紀以前、伊吹山修験系の山岳寺院とされる。一一九八年(建久九)、東大寺大仏再建にあたった重源が舎利を収めた金銅製三角五輪塔を寄進し、舎利信仰の霊場となり、室町時代には延暦寺末寺となっていた。当時の景観が多賀大社参詣曼荼羅に描かれる。一五六二年(永禄五)、浅井長政の兵火で炎上。もと鎮守の胡宮神社に、舎利塔・仏像・古文書などが伝存。発掘調査により同社境内で仁王門跡の礎石、登り線サービスエリアの北で十六世紀を中心とする堀切・門跡などの城郭的な遺構(史跡公園)、区画溝・掘立柱建物・埋甕などの手工業施設、「史跡敏満寺石仏谷《いしぼけだに》墓跡」では十二―十六世紀の墳墓群が出土。

資料館 多賀町立博物館(滋賀県犬上郡多賀町)

参考文献 多賀町教育委員会編『敏満寺遺跡石仏谷墓跡』、二〇〇五、サンライズ出版。同編『敏満寺は中世都市か?』、二〇〇六、サンライズ出版。

(鈴木　景二)

ふ

ぶ　分　質量の単位。量目が一両の四分の一と、一匁(銭)の十分の一との、二系統が存在した。前者の初見は、中国南北朝期に成立した『本草経集注』で、六銖《しゅ》＝一分、四分＝一両、十六両＝一斤とする。中国では、おもに本草学の分野で使用していたらしい。日本では、七世紀ごろから、本草学の分野に限定せずに、このような分の単位が普及していた。たとえば、飛鳥池《あすかいけ》遺跡出土の七世紀代の木簡や、正倉院文書にそれを確認することができる。また、鎌倉時代成立の『拾芥抄《しゅうがいしょう》』にも六銖＝一分、四分＝一両、十六両＝一斤、三斤＝大一斤とみえる。ただし、日中ともに、律令などにこのような分の単位を公的な質量単位として定めていない。後者の分の単位は、唐代に開元通宝《かいげんつうほう》銭の鋳造に伴い発明されたもので、開元通宝一枚の質量(二銖四絫《るい》)を一銭とし、一銭＝十分とする。宋代以降に公認され、日本では、銭の単位を匁と表記したことから、中世以降は一匁の十分の一として、分の単位を使用した。

参考文献　大隅亜希子「日本古代の権衡制度」(『ヒストリア』一七四、二〇〇二)。　(大隅亜希子)

ぶ　歩　長さおよび土地面積の単位。『大宝令』では雑令にて五尺を一歩、三百歩を一里とする。さらに田令では長さ三十歩、広さ十二歩の土地面積三百六十歩を一段と定める。この場合の基準尺は高麗尺《こまじゃく》(一尺＝〇・三五五メートル)だが、七一三年(和銅六)の高麗尺廃止により、唐大尺六尺(一尺＝〇・二九六メートル)が一歩となった。しかし、唐大尺六尺は高麗尺五尺に相当するので、実際の長さに変化はない。中世以降、長さの歩は、柱間を示す間の単位が用いられるようになったが、地域ごとにその絶対値は異なった。土地面積の単位である歩は、太閤検地において、六尺三寸平方を一歩、三百歩で一段に統一されるが、江戸時代には六尺平方を一歩(坪)、三十歩で一畝、十畝で一段となった。一八九一年(明治二十四)に一歩(坪)は六尺平方に統一された。これは、現行の三・三平方メートルにあたる。

参考文献　亀田隆之「古代の田租田積」(『奈良時代の政治と制度』所収、二〇〇一、吉川弘文館)。　(大隅亜希子)

ふいご　鞴　精錬・製錬・鋳造・鍛造などの作業に際し、人工的に風を送り、火力を高める装置。「鞴」「吹子」とも書く。平安時代の『和名類聚抄《わみょうるいじゅうしょう》』には「踏鞴」を多々《たた》良《ら》、「鞴」を布岐加波《ふきかわ》と呼称し、使用方法によって区別している。踏鞴《たたら》の例としては、関東地方に多い奈良時代の竪型製鉄炉に伴う、木製の箱形の本体を地中に埋設し、上部の踏み板により送風するもので、同様の構造はのちに鋳物師が用いたものに似る。踏鞴としてはこのほか、近世中国山地で盛んになる鑪《たたら》で使用された足踏み式の天《てん》秤《びん》鞴がある。鞴に類するものは後世鍛冶などで普遍的にみられる箱形吹差鞴にあたるものである。わが国ではいつから使用されたか明らかではないが、弥生時代の中期の青銅器、ガラス製の玉類を生産する工房跡で羽口《はぐち》が出土し、その存在を示唆している。

参考文献　今井泰男「鞴(ふいご)」(『講座・日本技術の社会史』五所収、一九八三、日本評論社)。　(三宅　博士)

ふうかんもっかん　封緘木簡　紙の文書を二枚の木札ではさんで封緘する機能を果たす木簡。短冊形の木簡の下端を羽子板の柄状に加工し、上部には左右から一～三ヵ所の切欠きを入れる形態をとる。二枚の同形の木簡で紙

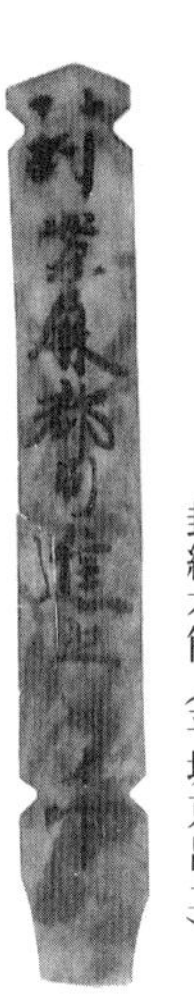

封緘木簡（平城京出土）

の文書をはさみ、切欠きの箇所を紐で綴じ、表面の紐の上から「封」字などを書くとともに宛先を記している。作成方法は、分厚い一枚の材の下端部を羽子板の柄状に加工し、外面をすべて平滑に調整したうえで、上端から二枚に割り裂いて二枚セットの木簡を造っている。宛先などを書く表簡と墨痕の残らない裏簡とからなるが、両者とも接合する内面は割りのままとする。八幡林官衙遺跡(新潟県長岡市島崎)や平城京(奈良市)の二条大路木簡など各地で出土例が知られ、古代に一般的に用いられていた。特に前者の出土例では、八世紀初めの越後国古志郡において、郡司以下のレベルの人々から郡司宛てに紙の書状がよく送られていたことを示しており、漢字文化の地方波及を物語っている。

参考文献　佐藤信「封緘木簡考」(『日本古代の宮都と木簡』所収、一九九七、吉川弘文館)。　(佐藤　信)

ふうじけん　風字硯　平面形が「風」の字の構えに似ていることから命名された硯。箕形硯とも呼ばれる。墨をためる海部(硯頭)と墨を摺る陸部(硯面)にわけられ、陸端を硯尻と呼ぶ。硯尻裏面に独立した脚を二脚つける形が基本形で、硯面は傾斜する。硯頭裏面に一～二脚を付けるものや、側面に高台状の脚を付けるものなど、脚には多様性がある。硯頭の平面形や海部と陸部を区分する堤(突帯)の有無およびその位置を基準として細分類案が提示されている。材質は焼き物と石製があり、焼き物では須恵器製が最も多く、ほかに緑釉陶器・灰釉陶器製、黒色土器製などがある。また、石製風字硯として滑石製風字硯が平安京跡や福岡大宰府跡から出土している。日本の風字硯は唐からの舶載およびその模倣として成立した器形であり、奈良時代後半に出現し、平安時代を通し

て使用され、平安時代前期にはそれまでの円面硯に替わって硯の主流となるが、その後、石製方形硯にその地位を譲る。伝世品としては正倉院御物である須恵器風字硯(青斑石硯)が著名である。

参考文献 楢崎彰一「日本古代の陶硯—とくに分類について—」(小林行雄博士古稀記念論文集刊行委員会編『考古学論考』所収、一九八二、平凡社)。吉田恵二「長方形硯の成立」(『国学院大学考古学資料館紀要』一一、一九九五)。

(川越　俊一)

ふうすい **風水** 方位や地勢をもとにして、都城や住居、墳墓などの場所を占定する技法。中国では気《き》の概念に卜《ぼく》占《せん》や陰陽五行《いんようごぎょう》説を融合した地相術が、漢代には成立していたとみられ、「風水」の語は晋の郭璞《かくはく》に仮託された『葬書』に由来する。身体の中を流れる気の経絡《けいらく》が、大地にも同様に流れていると想定して龍脈《りゅうみゃく》とよび、大地の生気が龍脈のなかでも特に濃密に滞留しているところを龍穴といい、これを探し出すのが風水の眼目とされる。風水のことを別に地理とか堪輿《かんよ》ともいうが、日本への伝来記事としては『日本書紀』推古天皇十年(六〇二)十月条に、百済僧の観勒《かんろく》が、天文や遁甲《とんこう》とともに地理書を伝えた、とあるのが最も早い。ついで六八四年(天武天皇十三)に、畿内と信濃で新たに都城を設ける地を「視《み》占《し》」めさせたとあり、六九四年(持統天皇八)には、飛鳥浄御原《あすかきよみはら》宮への遷都が行われた。以後、七九四年(延暦十三)の平安京遷都までの古代都城の造営に際しては、風水術を用いて四《し》神《じん》相応の地が選ばれたが、その占定にあたったのは陰陽寮の官人である。相地は陰陽師の職掌として重視され、官衙や寺院などの造営も彼らの占定に基づいて行われた。十三世紀ごろに安倍晴明《あべのせいめい》に仮託して書かれた『簠簋《ほき》内伝』などの日本撰述の陰陽書にも、風水に関する記事は若干含まれるが、その内容は住居の立地に関する陽宅《ようたく》風水が中心で、墓地の選定に関わる陰宅《いんたく》風水や、都城や集落の立地をめぐる風水についての言及はみられない。風水信仰は、日本の本土へは飛鳥時代前後に次いで鎌倉時代に禅宗に付随して伝えられたほか、江戸時代中期から後期にかけて、琉球を経由して伝来した。琉球では久米村人に風水師が多く、中国に渡って風水術を体得した者もおり、首里《しゅり》や那覇《なは》の都市造営地の占定をはじめ、集落や家宅、墓地の占定に活躍した。日本では宅地の地相を占う陽宅風水は行われたが、中国や朝鮮半島をはじめとする東アジア各地に広まったような、死者の安寧が生者である子孫の繁栄をもたらすという発想に基づいて墓地を占定する陰宅風水は、沖縄を除いてはほとんど根付かなかったようである。

参考文献 渡邊欣雄『風水思想と東アジア』、一九九〇、人文書院。窪徳忠編『沖縄の風水』、一九九〇、平河出版社。三浦國雄『風水講義』(『文春新書』四八八、二〇〇六、文藝春秋社)。

(増尾伸一郎)

ふうそう **風葬** ⇨葬制《そうせい》

ふうたく **風鐸** 音響具の一種で、入母屋造・寄棟造・宝形造などの屋根をもつ建物の隅木の端や、塔の相輪から下げる。古代では宮殿や寺院、中世以降は主として寺院で用いた。身・舌・風招・吊金具からなる。身は倒立コップ形で下縁が弧状に湾入し、横断面が杏仁形ないし菱形を呈す。舌は棒を十字形に組み合わせたものが多く、板状逆扇形の風招で風を受けて舌を揺り動かす。隅木用の大型と相輪用の小型がある。大型は身の外面を縦横の帯で片面あたり四区に区画し、上半の二区を多数の乳で満たすものが多い。小型は無文が多い。身と風招は青銅か金銅製、舌と吊金具は鉄製が多い。風招の形態に時期差がよく表れ、上辺が単純な円弧、下辺が二連弧形に湾入するA、上辺の左右下端が反り上がり、下辺が三連弧形に突出するB、Bの下辺突出部のそれぞれが三葉形となったCに分けると、Aは七世紀、Bは七世紀後半から八世紀前半、Cは八世紀中ごろ以降に見られる。

参考文献 岩本正二・西口寿生「飛鳥・藤原地域の出土遺物」(『考古学雑誌』六三ノ一、一九七七)。

(岩永　省三)

ふえ **笛** 横笛・尺八などの気鳴楽器の総称。横笛を指す場合が多い。縄文時代には土笛や石笛の存在が考えられる。埼玉県桶川市の後谷遺跡から出土した後・晩期の土笛、宮城県刈田郡蔵王町湯坂山B遺跡出土の土笛、長野県上伊那郡箕輪町の箕輪遺跡や山梨県笛吹市の釈迦堂遺跡から出土の土笛などがある。しかし釈迦堂遺跡出土の土笛は人間の可聴範囲を越えた超音波を発する犬笛の可能性が指摘されているように、楽器として使用されたかどうかは常に問題となる。後谷遺跡出土の土笛は土器や土偶・土版・土製耳飾とともに出土しており、その近くからは石棒も出土しているように土笛が呪術的祭祀に使われた可能性が考えられる。弥生時代には土を焼いて作った陶塤《とうけん》が出土している。最初に検出された山口県綾《あや》羅木郷《らぎごう》台地遺跡出土のものは弥生時代前期の貯蔵用とみられる竪穴から発見され、卵形で前面に四孔、背面に二孔あり、全長約七・六センチ、最広部の径六・四センチの大きさである。現在まで西日本の日本海側において五十数例出土している。一九八五年(昭和六十)五月、奈良県天理市星塚一号墳から形状が普通の横笛とは異なり、三孔で吹口が真中にある粗雑な加工の笛状木製品が発見された。三孔で吹口が真中にある横笛の類例として、現在の台湾の漢族などが使っている民族楽器の口笛(コウデイ)や、中国雲南省に住む景頗(チンポー)族の民族楽器の吐良(トゥリャン)があり、高句麗の古墳壁画(輯安五塊墳第五号墓)には吹口が真中にある笛が描かれていることから、未完成ながら横笛の可能性が考えられるが、否定する説もある。文献史料には、『日本書紀』継体天皇七年九月条の春日皇女の歌謡に、「竹の　茂み竹　よ竹　本辺をば　琴に作り　末辺をば　笛に作り　吹き鳴す」とあり、同天皇二十四年条に、近江臣毛野の葬送のとき、その妻の歌が、「枚方ゆ　笛吹き登る　近江のや　毛野の若子い　笛吹き上る」とある。前者は竹製の横笛の可能性も考えられるが、後者の笛については、角ブェの可能性が指摘されている。正倉院には七孔の指穴をもつ竹製の横笛が二口、同じく牙製一口、石製一口が収蔵されている。これに対し六孔の指穴をもつ横笛が福島県玉川村の江平遺跡から出土しており、奈良時代までさかのぼるものと考えられている。また宮城県名取市の清水遺跡、同県多賀城市の多賀城跡の南側の市川橋遺跡からはやはり六孔の指穴をもつ平安時代の横笛が出土している。律令制雅楽寮には唐楽に横笛師一人、横笛生四人、百済楽や高麗楽にも横笛師が置かれた。ほかに古来の歌舞についても笛師二人、笛生六人などとみえる(『養老令』職員令雅楽寮条など)。平安時代中期以降には七孔の竜笛、細身の管の六孔の高麗笛、太い管をもつ六孔の神楽笛の存在が知られており、遅くとも律令制の時期には数種類の横笛が存在していたものと考えられる。中世の田楽・猿楽能などでも横笛が使われ、その後の猿楽能や歌舞伎囃子では能管という七孔横笛が用いられた。ほかに、歌舞伎囃子や民俗芸能に用いられる篠笛がある。七孔の指孔がふつうだが、民俗芸能では六孔や五孔のものも用いられる。吹口が頭端に近いという特徴がある。縦笛には古代尺八、普化尺八、一節切などがある。古代尺八は七・八世紀に唐楽とともに伝えられ、正倉院には竹・石・玉・牙製の尺八が収蔵されている。普化尺八は鎌倉時代、禅宗の法器として伝えられたと察せられるが詳細は未詳である。十八世紀以降、他楽器との合奏など遊芸化が進む。普通「尺八」という場合はこれをさす。一節切は節を一つ含んだ細い一尺余の尺八をいう。十七世紀後半には盛行するが、十八世紀以降、次第に衰えていった。

参考文献　増本喜久子『雅楽―伝統音楽への新しいアプローチ―』、一九六八、音楽之友社。芸能史研究会編『日本の古典芸能』二、一九七〇、平凡社。『雅楽・声明・琵琶楽』(『日本古典音楽大系』一、一九八二、講談社)。宮崎まゆみ『埴輪の楽器―楽器史からみた考古資料―』、一九九三、三交社。山田光洋『楽器の考古学』、一九九八、同成社。笠原潔『埋もれた楽器』、二〇〇四、春秋社。

(荻　美津夫)

フェノロサ　Ernest Francisco Fenollosa　一八五三―一九〇八　アメリカの東洋日本美術研究家。一八五三年二月十八日、マサチューセッツ州セイラム生まれ。ハーバード大学卒業後、一八七八年に来日し東京大学で哲学、政治学、理財学を教える。日本美術を研究し、多くの美術品を収集、のちにそのコレクションをボストン美術館に寄贈する。一八八二年に「美術真説」を講演し、日本美術の復興を提唱。一八八四年には鑑画会を組織し、狩野芳崖とともに新日本画運動を展開する。その流れの上に一八八七年岡倉天心とともに東京美術学校を設立(一八八九年開校)。美術史を講義し、その美術教育理論は、アーサー＝ダウら二十世紀初めのアメリカの美術教育にも影響を与えた。一八九〇年帰国。ボストン美術館日本美術部主管として、一八九六年まで勤務。一九〇八年九月二十一日没。五十五歳。没後、『東亜美術史綱』(一九二一年)が刊行された。仏教に傾倒し、滞日中に園城寺桜井敬徳から受戒したため、同寺法明院に墓がある。

参考文献　山口静一『フェノロサ―日本文化の宣揚に捧げた一生―』、一九八二、三省堂。村形明子編訳『アーネスト・F・フェノロサ資料―ハーヴァード大学ホートン・ライブラリー蔵―』、一九八二―八七、ミュージアム出版。

(佐藤　道信)

ふきじ　富貴寺　大分県豊後高田市蕗《ふき》に所在する天台寺院。阿弥陀堂の建物は国宝。内部の壁画と本尊阿弥陀如来は重要文化財。建物は、正面三間、奥四間の本瓦葺宝形造。屋根は本瓦行基葺で、当初の軒丸瓦は堂内外陣の壁画に対応して、薬師・釈迦・阿弥陀・弥勒の四種があったと考えられる。堂内は、中央よりやや後方に四天柱を立てて、その中に高欄つきの須弥壇をしつらえ、内陣とする。方一間の内陣に一間幅の庇の間を四方につけ外陣とした一間四面堂形式の常行堂の形式を踏襲しているが、奥の柱間を一つ増やし、内陣を後方に下げ、前方に礼拝のための空間をつくりだしているのが特徴である。堂内には、剝落は激しいが、内陣の四天柱・長押上の小壁に多くの仏菩薩、須弥壇の仏後壁の表は浄土変相図、裏は千手観音、さらに外陣の四方の長押上の小壁に四方浄土の世界が描かれている。図像は浄土図とともに千手観音や明王像など密教的要素が混じり、建物が天台密教における常行堂的要素を残しつつ、浄土観想の場としての阿弥陀堂を指向していることと対応するといわれる。建立者・建立年代を記した記録はない。十二世紀半ばから後半の時期、宇佐の大宮司家の一族によって建てられたと推定されるが、鎌倉時代末には、天台六郷山の寺院に組みこまれた。境内には、鎌倉時代中期の笠塔婆、南北朝時代の国東塔などもある。

資料館　大分県立歴史博物館(大分県宇佐市)

参考文献　『豊後高田市史』特論編・通史編、一九九六・九八。

(飯沼　賢司)

ぶぐ　武具　防御具と攻撃具の総称。防御具は甲冑・小《こ》具足《ぐそく》・楯等があり、攻撃具は弓箭と打物(刀剣・棒類の総称)があり、十六世紀後半以降には火器(鉄炮類)が伝来・普及した。現在ふつうに攻撃具を武器、防御具を武具というが、前近代では両者は武具の一語で総称された。武具と同類の用語は、他にも古代を中心に兵《つわもの》・兵器・軍器・器仗《きじょう》・仗・兵具《ひょうぐ》等がある。これに対し、武器の用は、文治五年(一一八九)二月九日源頼朝袖判下文にみえるが、それ以外は、一六〇三年(慶長八)刊行の『日葡辞書』などの古辞書をはじめ用例は乏しく、前近代では一般的ではなかったらしい。前近代戦と近代戦の相違点のひとつに、甲冑などの身体着用の防御具の有無がある。前近代の戦場では基本的に甲冑・小具足を着用し、防御具と攻撃具は表裏一体で発達してきた。ところが、近代戦では、火器を中心に攻撃具のみがさまざまな方向に進化し、個人使用の防御具は無意味となり、防弾チョッキなどもあるが、戦場ではヘルメット程度になってしまった。かかる状況のなかで攻撃具に対する武器という用語も一般的になったらしい。ひるがえって、それまで狩猟や漁猟具であった弓箭や打撃具を、武具として戦闘に使用したのは弥生時代からで、武具の性能を格段に進化させたのは鉄器の利用である。鉄器は当時の先端技術で、中国や朝鮮半島との関係のなかでまずは九州北部に伝来した。鉄鏃は紀元前二世紀前半、鉄剣・鉄鉾・鉄戈《か》が紀元前一世紀前半、鉄刀が紀元前一世紀後半からみえる。なお、青銅製の刀剣や鏃は日本では祭器や宝器としての扱いが強い。鉄製の防御具は攻撃具に遅れ、三世紀後半に小鉄板製冑《かぶと》が伝来し、四世紀後半に鉄板製甲《よろい》が現れる。五世紀後半から六世紀は古墳時代の武具の画期で、朝鮮半島南部との技術的接触から、鉄札《てつざね》製甲・長頸鏃《ちょうけいぞく》・直刀・鉾等が成立・普及し、それらが七世紀後半以降の律令制下に継承されていく。同時期、実用的な鉄製馬具(銜《くつわ》・鐙《あぶみ》)も普及し、日本でも騎兵が成立する。世界史的に戦士には騎兵と歩兵がおり、飛び道具と衝撃具のどちらを主要兵器にするかで四種の戦士形態ができ、日本では弓射騎兵・弓射歩兵・打物騎兵・打物歩兵となる。六世紀の騎兵は、馬具と鏃がセットで出土することから弓射騎兵と考えられ、一方、歩兵は弓射・打物の両者がいた。武具の様式と同様、この状況は律令制下に継承されている。律令国家は軍事国家であり、当時の文献に武具関係の記載が多く、正倉院を中心に遺品もある程度伝世し、僅少ながら発掘品もある。それらによれば、鉄札製の挂甲《けいこう》・短甲《たんこう》と布帛製らしい綿甲《めんこう》があり、七八〇年(宝亀十一)の詔以降、鉄札から革札への転換が図られた。冑は文献に固有名称はみえないが、鉄板縦矧鋲留式鉢であったらしい。攻撃具は、木製弓・長頸鏃矢・胡籙《やなぐい》・靫《ゆき》・直刀・鉾等があり、弩《ど》や抛石機《ほうせきき》もあった。かかる律令制下の武具を母胎に十世紀以降に中世の武具が成立するが、同時に、実戦用の兵仗《ひょうじょう》と儀式用・威儀用の儀仗《ぎじょう》に分化した。この武具の両面性は国や時代を問わないが、儀仗といっても多くは実戦使用が可能なのに対し、この時期に成立した儀仗は、外見だけで実戦の役には立たないもので、束帯《そくたい》などの公家装束で佩帯され、また、神宝《じんぽう》の中心的な器財ともなった。十世紀には武士も成立する。この武士は六世紀以来の騎兵の伝統を継承する弓射騎兵であり、一方の歩兵は打物歩兵主体となる。この時期に成立した兵仗は、大鎧《おおよろい》・腹巻《はらまき》・星冑《ほしかぶと》・湾刀《わんとう》・長刀《なぎなた》・箙《えびら》等で、鏃は大型な短頸鏃となり、十二世紀ころには外竹《とだけ》弓が成立した。十四世紀は武具の大転換期で、新たに打物騎兵が成立し、伝統的な弓射騎兵が衰退。歩兵は打物歩兵のほかに弓射歩兵が復活する。この時期に成立・普及した武具に、胴丸《どうまる》・腹当《はらあて》・筋冑《すじかぶと》・鑓《やり》・打刀《うちがたな》(成立は十一世紀)があり、鏃は小型化し、弓は三枚打《さんまいうち》弓が主体となり、空穂《うつぼ》が軍陣で使用される。この状況が基本的に十六世紀まで続き、鉄炮の伝来を経て、当世具足《とうせいぐそく》と総称される近世様式の甲冑が成立し、豊臣秀吉の刀狩り令を経て、打刀大小二本差が鑓とともに近世武士を象徴する武具となっていくのである。

参考文献　松木武彦・宇田川武久編『戦いのシステムと対外戦略』(『人類にとって戦いとは』二、一九九六、東洋書林)。近藤好和『中世的武具の成立と武士』、二〇〇〇、吉川弘文館。

(近藤　好和)

ふくいじょう　福井城　徳川家康次男の結城秀康により、越前六十八万石支配の拠点として、一六〇一年(慶長六)から六年をかけて柴田氏の北庄城を全面改修して築かれた城。当初は北庄城と称された。本丸跡(福井市大手三丁目)には県庁舎が建つ。城は、四～五重に堀を廻らす構成で、足羽《あすわ》川と吉野川を付け替えた新川(現荒川)を外堀として利用する。天守は本丸の西北隅に位置し、外観四重、内部五階であったが、一六六九年(寛文九)に焼失し、以後再建されていない。武家地を周囲に配置するとともに、町場をその西および北部に設定し、これに足羽川の南に存在した中世以来の歴史を持つ木田などを加えた構成。城郭石垣は全て近くで産する凝灰岩(笏谷《しゃくだに》石)切石を積む。当時の遺構としては、本丸部の堀・石垣が残るほか、藩主の別邸として整備された御泉水《おせんすい》邸(国名勝)も保存されている。また、一九九八年(平成十)から二〇〇二年に実施された北陸線高架化事業など大規模公共事業に伴う発掘調査により、多くの関連遺構が検出されている。二〇〇四年には外郭門の一つ舎人門の遺構も保存・復元整備された。　→北庄城《きたのしょうじょう》

参考文献　『福井市史』資料編一、一九九〇。福井市教育委員会編『福井城跡』I・II、一九九三・九四。

(吉岡　泰英)

ふくおかじょう　福岡城　黒田長政が関ヶ原の合戦の功により筑前一国五十二万石を与えられて新たに築いた城。黒田家十二代二百七十年の居城で、別名舞鶴城ともいう。福岡の名は、黒田氏の出身地である備前邑久《おく》郡福岡の地名に由来する。一六〇〇年(慶長五)黒田如水・長政父子は小早川隆景が築いた名島城に入城したが城下町を形成するには狭かったため、新たな築城の地として博多の西に位置する那珂郡警固《けご》村福崎の地を選んで一六〇一年築城工事に着手し、七年の歳月を経て一六〇七年に完成した。広さは約八〇万平方メートル(二十四万坪)で本丸・二ノ丸・三ノ丸からなる。内堀の外周が四七〇〇メートルに及ぶ平山城で、前方に海、南側に山を配し、西は草ヶ江の入り江、東は中堀・肥前堀で那珂川につながり、商人の町博多とは那珂川に築いた高さ六間の石垣と桝形門で区画した。北側の大手門をはじめ十数ヵ所の門と大小四十七の櫓が築かれたという。天守は築かれなかったといわれているが、当初天守も築かれたが早い時期に破却されたという見方がある。現在天守台には東西六列、南北九列合わせて四十二個の礎石が残っている。一九五七年(昭和三十二)国の史跡に指定されているが、唯一原位置を保っている

南西角の南丸多聞櫓は二層二階建て切妻造りの角櫓と桁行三十間分つづく西平櫓の構造で、一九七一年重要文化財に指定され、一九七五年に復元整備されている。明治時代以降払下げで移築されていた櫓のうち祈念櫓が復元されており、花見櫓・潮見櫓と下橋大手門(渦見門)(いずれも県指定文化財)などの復元整備が検討されている。このほか、城内には母里《もり》太兵衛長屋門(県指定文化財)と名島門(市指定文化財)が移築保存されており、櫓跡や大手門、肥前堀などの発掘調査が断続的に行われている。

参考文献　三木隆行『福岡城の櫓』、一九九四、福岡市教育委員会。同「福岡城物語」(『はかた学』七、一九九六、葦書房)。佐藤正彦『甦れ！　幻の福岡城天守閣』、二〇〇一、河出書房新社。　(柳田　純孝)

福岡城　南丸多聞櫓(復元)

ふくおかのいち　福岡市　鎌倉・室町時代に備前国福岡荘内の吉井川流域にあった市場。一二九九年(正安元)成立の『一遍聖《ひじり》絵』に市場の姿が詳細に描かれている。道の両脇に草葺き・板葺き屋根の掘立柱の小屋五軒が建ち並び、米・魚・鳥・反物《たんもの》・履き物・備前焼の大甕・刀剣などが売られており、手前には係留された舟と吉井川が描かれている。また、一三七一年(応安四)に今川了俊は、「ふく岡につきぬ、家ども軒をならべて民のかまどにぎはひ」(『道ゆきぶり』)と、福岡が町場として繁栄している姿を記している。しかし、戦国時代末期の吉井川の氾濫《はんらん》によって衰退したと伝えられている。福岡市の位置は、現在の岡山県瀬戸内市長船《おさふね》町福岡・岡山市一日《ひと》市周辺の地域が有力視されている。このうち瀬戸内市長船町福岡にある福岡遺跡で数度調査が行われ、一部の地点では鎌倉・室町時代の遺構面が確認されているが、福岡市に結びつくかどうかは不明である。

参考文献　『長船町史』史料編上、一九九八。京都国立博物館編『国宝・一遍聖絵』、二〇〇二。　(横山　定)

ふくげん　復元　地上または地下に遺存する遺構の一部または全部を旧態に戻すこと。残存部材などを含む遺構の痕跡・文献史料・古写真・旧態を実測した図面など、根拠となる資料の状況により復元の精度は千差万別である。遺構に直接関わる復元は、遺構の解体などにあたり解体直前の状況に復する「復旧(修理)」の一環として行われることが多く、特に古建築の解体修理において、部材に残された痕跡などに基づき旧態の意匠・構造に復するなど、きわめて確度の高い復元を行うものについては「復原」と呼ぶ場合がある。また、地上部が失われ、基礎構造が地下にのみ残されている建築物または工作物について、地下遺構を覆土などにより確実に保存し、その直上に元の建築物または工作物の姿を再現することも復元の範疇に含めて捉えられている。このような復元については、蓋然性に基づく部分を含む場合が多く、すでに地上部が失われてしまったことの歴史性を尊重する立場から、国内外を問わず否定的意見も見られる。しかし、地下遺構の確実な保存、復元根拠の明示、伝統的技術の継承を前提として、復元後における建築物または工作物の適切な活用は遺跡全体の保存に資するとの肯定的な意見も強い。　(本中　眞)

ふくしまじょう　福島城　青森県五所川原市相内《あいうち》実取《みとり》に所在する遺跡で、現在のところ構築年代などは不詳である。十三湖の北岸標高約二〇メートルの段丘上に立地しており、土塁で囲まれた二〇〇メートル四方の内郭と、部分的な土塁が見られる一辺一キロの三角形外郭からなっている。発掘調査は、一九五五年(昭和三十)に東京大学東洋文化研究所、一九九二年(平成四)・九三年に国立歴史民俗博物館が実施している。しかし、伝承上の安藤氏関連城郭であるとの確証は得られていない。内郭における土塁・堀跡を中心とする調査では、若干の土師器片が出土したのみで中世の痕跡はなかった。外郭では柵列と竪穴建物跡や井戸跡など古代遺構の検出とともに、市浦村教育委員会が青磁・白磁・珠洲焼などの中世遺物を表採している。そのため内郭を平安時代後半の城柵に類似した防御性集落、外郭の一部を安藤氏関連居館と考える説も存在する。

資料館　五所川原市市浦歴史民俗資料館(青森県五所川原市)

参考文献　『青森県史』資料編考古四、二〇〇三。国立歴史民俗博物館「青森県十三湊遺跡・福島城跡の研究」(『国立歴史民俗博物館研究報告』六四、一九九五)。　(工藤　清泰)

ふくしまのせき　福島関　長野県木曽郡木曽福島町に所在する中山道の関所。東海道の箱根、中山道の碓氷《うすい》と並ぶ代表的な関所である。木曽は両側が切り立った山となっているために、通路が限定され、関所の設置には好条件であった。飛驒街道の分岐点でもあり、交通の要衝である。関所の立地は、木曽福島宿の東端にあたり、前面は木曽川、背後は関山がせまり、幅四〇メートルほどの平地以外は通行には適さない。関所の創設は慶長年間(一五九六

―一六一五)と推定されている。尾張藩の木曾代官で福島宿に居館を構えていた山村氏が代々管轄していた。古図や発掘調査によると、敷地は南北約十六間、東西約二十五間で、敷地の東西には門を設け、敷地全体を柵で囲んでいる。上番所、下番所、番小屋などの建物の存在が確かめられている。一九七九年(昭和五十四)国史跡に指定されている。復元整備され公園化されている。

資料館 福島関所資料館(長野県木曾郡木曾町)

参考文献 『福島関所―長野県史跡福島関所跡整備にともなう調査報告書』、一九七七、木曾福島町教育委員会。

(小林　秀夫)

ふくしょく　服飾　個人が社会に対する自己表現の手段として、衣服・かぶりもの・はきもの・装飾品などを身に着けて装うこと、または装いをこらした姿。その視覚的効果の高さから、社会通念として、ある種の服飾が特定の階級に属するものと観念され、身分を識別する指標となる傾向がある。また、公的制度として、衣服の構成・形状・色などを体系的に規定し、その衣服を着る者の地位・身分を可視的に表示することも、広く行われてきた。日本でも江戸時代までは、性別・年齢・地位・職業・家格など、その人の置かれた社会的位置によって数多くの制約があり、誰もが、思いのままの衣服を着ることはできなかった。しかしそのために、着ている衣服によって、その人の社会における位置関係を推定することが可能となっていた。装身具の存在は縄文時代にさかのぼり、翡《ひ》翠《すい》、軟玉《なんぎょく》、琥珀《こはく》、木、土、動物の骨・角・牙などを利用して、耳飾り(玦《けつ》状耳飾り・耳栓《じせん》・耳環《じかん》)、耳飾り(垂飾《すいしょく》・管玉や勾玉などの玉類)、腕輪、腰飾り、櫛、簪《かんざし》、ヘアピンなどが作られた。最古の漆塗りの装飾品(ヘアバンド型の髪飾り、肩当て、腕輪、足飾りなど)は約九千年前のものという。死者が身につけた装身具には男女差がみられ、耳飾りと貝製腕輪は女性に多く、鹿角製の叉状角器《さじょうかっき》は男性に多い。従来、縄文の社会は平等と考えられてきたが、翡翠製の大珠《たいしゅ》や精巧な漆製品など、質・量ともに豪華な装飾品をまとった特別な人々の存在が確認されており、社会階層の有無を検討し直す動きもある。縄文時代の衣料には動物の皮革や編布《あんぎん》(大麻など植物繊維の織物)が想定されているが、弥生時代には麻類や絹の平織物が主流となる。『魏志』倭人伝に記された男女の衣服(横幅衣と貫頭衣)の形態については諸説あるが、両者は同形態で、袖なし・膝丈のワンピース形式であったと思われる。装身具の素材には青銅や鉄、ガラスなども加わる。耳飾りは姿を消し、指輪が出現する。貝釧《くしろ》を複数着装するなど腕輪が盛行。玉類は多様化し、衣服に縫い付けられた例もある。階層分化が進み、首長層は高度な職布・裁縫技術を要する袖つきの衣服や精巧な装身具などを専有し、階級的優位を示していたと考えられる。貝紫や茜で紫や赤に染められた絹織物も発見されている。埴輪にみられる古墳時代の首長層の衣服は、男女とも左前に合わせ襟紐で結ぶ筒袖の上衣だが、男性は幅広ズボン状の下衣、女性はスカート状の裳《も》で、区別が徹底した。巫女は襷をかけ、腰に鈴鏡を下げたりする。衣料は麻が中心だが、絹や簡単な錦《にしき》、舶来の羅《ら》なども用いた。男女とも金・銀・金銅製の耳飾りや指輪をし、勾玉などの多彩な玉を緒に連ねて首、腕、足首に飾る。金銅製の王冠や冠帽、沓《くつ》なども作られ、服飾を誇示して権威を競い合っていた様子が窺える。当時の東アジアの国際関係は、冊封体制という中国王朝と周辺諸民族の支配者との間に結ばれた君臣関係の秩序で成り立っており、その関係を具体的に示すものとして、中国皇帝から官職に対応する印綬や衣服が賜与されていた。中国では身分や地位を表象するための衣服の制度が定められており、周辺諸国の社会内部でも、視覚的効果の高い衣服に身分標識としての機能を担わせる傾向があった。周辺諸国はやがて、中国に対して国家としての独自性を主張するため、自国の礼的秩序を顕示する衣服の制度の整備を急ぐことになる。日本でも対隋外交を契機として冠位十二階を制定して、冠と服の色や髻花《うず》の形で官人の位階を示し、男女とも袴や裳の上にスカート型の褶《ひらみ》を着ける独自の服制を整えていった。その後国際関係上の必要から、唐の制度に倣った律令的位階秩序に対応する服制が整備されていき、男性は漆紗冠《しっしゃかん》に袍《ほう》裳、女性は袍裳を着けるようになる。しかし、これはあくまで官人層・有位者階層の衣服の制度で、一般庶民は貫頭衣系統の衣服をまとい続けた。奈良時代に『大宝令』『養老令』の衣服令で確立した服制も位階秩序を主に服色で示したもので、有位者の儀礼用の礼服《らいふく》、日常参朝用の朝服《ちょうふく》、無位の官人や庶人が公用をつとめる際に着用する制服からなる。律令国家の公的な次元では全階層にわたる男性が一律に袴を着用することになったため、袴の着用がいわば王民たることの身分標識的意味を担うようになった。衣服令では天皇の衣服に関する規定はないが、即位式や朝賀の際は白の礼服や冕服《べんぷく》を着用したようである。また、天皇の服飾には男女差がなかったと推察される。正倉院や法隆寺に伝えられた染織品には綺《き》・綾《あや》・錦・羅・絁《あしぎぬ》などの絹織物や麻布があり、臈纈《ろうけち》・夾纈《きょうけち》・纐《こう》纈《けち》といった文様染や刺繡、摺文《すりもん》、描き絵など当時の技法が確認されている。平安時代になると、袞冕十二章《こんべんじゅうにしょう》や黄《こう》櫨染《ろぜん》衣が天皇の衣服とされ、皇后や女帝の装束も規定されていった。唐文化の和様化が進む十世紀以降、衣服は直線裁ち式に戻り、全体に長大化していく。重ね着形式の衣服が発達し、表地と裏地などの色の調和が重視され、装身具はほとんど姿を消す。朝服は束帯《そくたい》や女房装束《にょうぼうしょうぞく》とよばれる形態になり、礼服の代わりとして儀式にも用いられた。束帯を簡略化した布袴《ほうこ》や衣冠《いかん》は宿直《とのい》装束となる。私服には男性の直衣《のうし》や狩衣《かりぎぬ》、女性の重ね袿《うちき》などがある。童子は童水干《わらわずいかん》、童女は衵《あこめ》や汗衫《かざみ》、幼児は細長《ほそなが》を着用した。下級官人や下仕えの人の公服は白張《はくちょう》・退紅《たいこう》・水干《すいかん》・褐衣《かちえ》で、このうち衛府や検非違使の官人が着る水干は童水干と同じく菊綴《きくとじ》や括り紐を付けるのを特徴とする。武士は

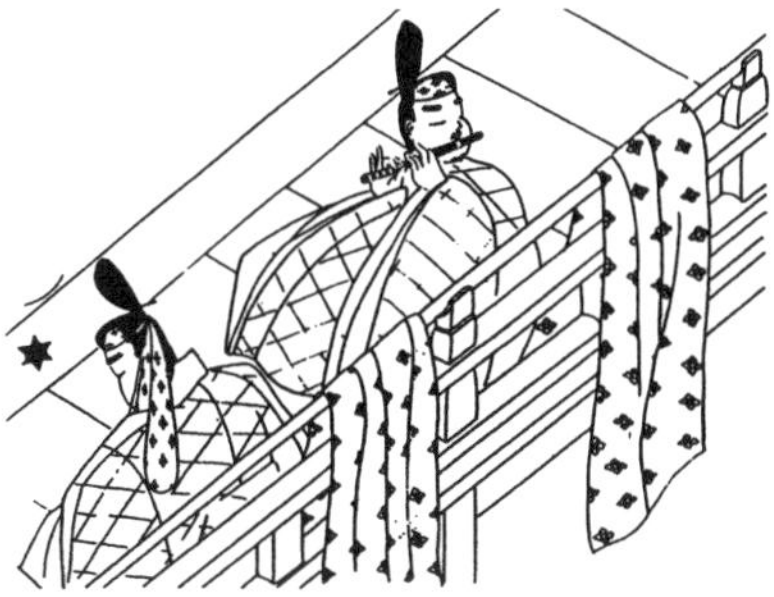
直衣布袴姿（『源氏物語絵巻』より）

束帯（平安様式）

奈良・平安時代の礼服

上頸の水干姿
（『伴大納言絵巻』より）

狩　衣
（『伴大納言絵巻』より）

女房装束（佐竹本「三十六歌仙切」より）

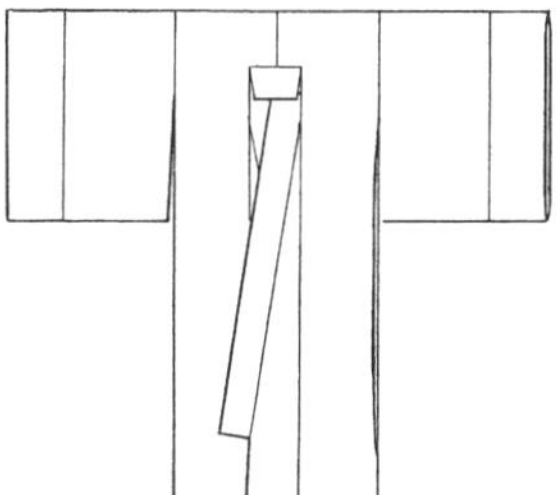
被　衣

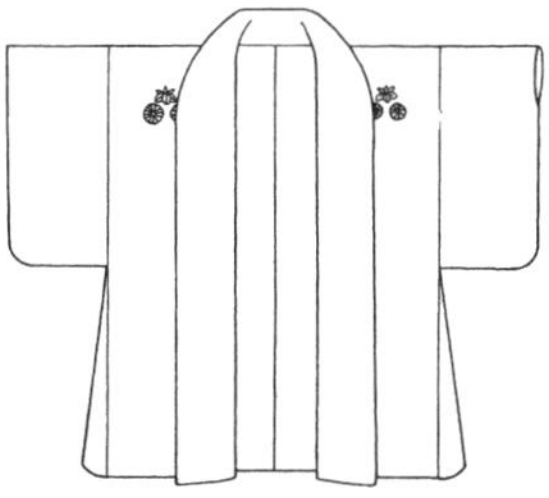
胴　服

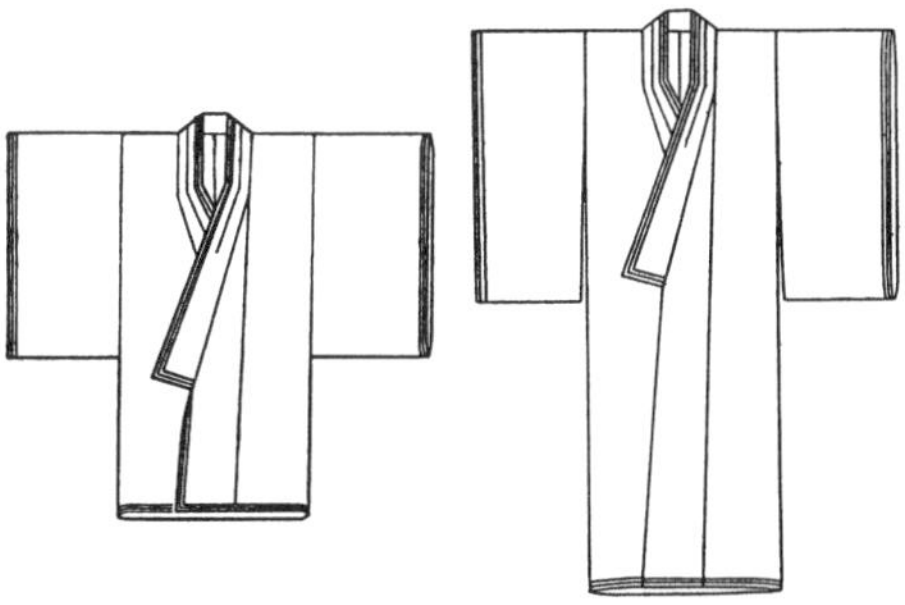
小　袿

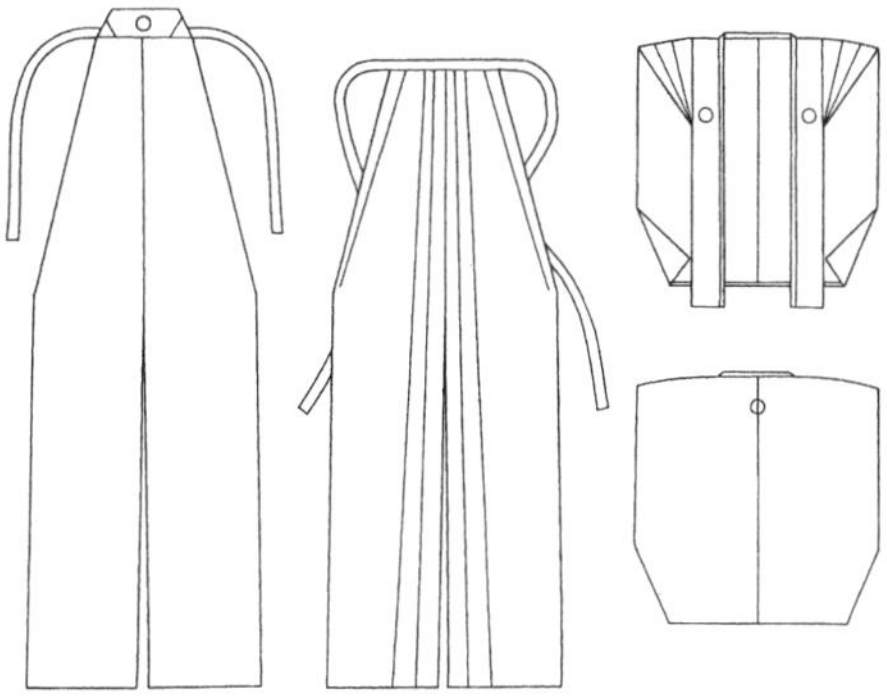
江戸時代後期の長袴

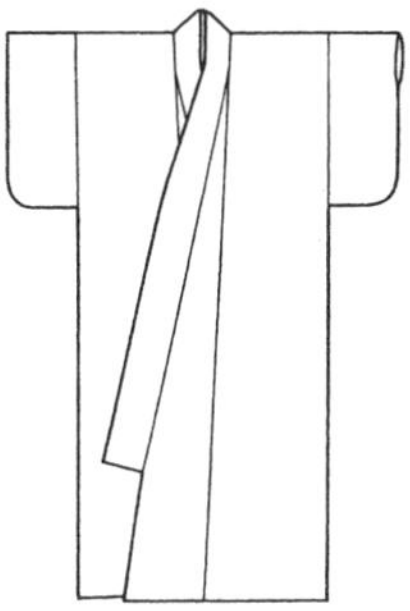
安土桃山時代の打掛

大　紋

新しく成立した社会的身分で、私服として狩衣・水干・直垂《ひたたれ》を用いた。庶民は男性が文様染にした直垂や筒袖の着物(公家が小袖とよぶ下着と同形態)に括り袴をはき、女性は筒袖の着物の着流しで、白い布製が多く、腰布を巻くことも。成人男性が何もかぶらない露頂を他人に見せることは恥辱とされ、烏帽子《えぼし》は、身分に関係なく不可欠なかぶりもの、いわば普遍的な人間存在の指標として機能することになった。また、貫頭衣系の衣服は、烏帽子をかぶらぬほどの下層民の服制として固定化されていった。十二世紀末に強装束《こわしょうぞく》が流行すると、通常の参内は男性が冠直衣や衣冠、女性は小袿《こうちき》で代用され、天皇が雑袍宣旨や禁色勅許などで特例を許可するという新たな服制の形が出現した。鎌倉時代には武家内部でも公家の様式に倣った服制が整えられる。将軍は大儀に束帯で臨み、上級武士は狩衣を礼装とし、準礼装の水干では襟を内側に折り込んで着用し、狩衣と同形の袴を用いた。直垂は仕事着が通常服として愛用されるようになったもので、武士の衣服という認識が強まったため、もともと公家のお仕着せであった水干に代えて用いられるようになった。体裁は水干様式に倣って整えられた。強装束の烏帽子は落ちやすいため、直垂では折烏帽子(侍烏帽子)を用いた。鎧の下に着る鎧直垂は一期の晴着として戦場での存在の標識となるよう、錦・綾などで華麗に仕立てた。公家女性が通常の参内に袿袴《けいこ》を用いるのに倣い、武家の女性は袿に長袴か、袿を略した白小袖に長袴を着用した。公家の中・下級女性が御湯殿《おゆどの》奉仕の湯巻《ゆまき》を日常着に用いると、中級武家女性の間でもこれが広まった。外出には壺装束に市女笠をかぶる。一般の武家女性の多くは小袖の着流し姿で、外出の際に被衣《かずき》を被った。上着の小袖には、肌着と見まちがわれないよう色や文様が付けられるようになっていき、庶民も筒袖の着物を小袖とよぶようになった。室町時代には国内の染織が衰退し、金襴《きんらん》・緞子《どんす》・繻子《しゅす》などの舶載品が珍重された。定紋が流布し、私服の直垂に大紋《だいもん》と素襖《すおう》の区別が生じる。戦国時代には月代《さかやき》を剃る髪形に合わせて納豆烏帽子が作られたが、公家以外の男性の間では露頂が普通となり、直垂の略装として肩衣《かたぎぬ》・袴が愛用された。戦国武将の異国趣味やキリシタンの影響で南蛮風の服装が流行。襟を外側に折り返す形式の胴《どう》服《ふく》(羽織)は私服として上級武士にも広まり、陣羽織が華麗に仕立てられた。上級武家や富裕な町衆の間では、身幅が広く袖幅の狭い絹織物の小袖が流行、括《くくり》染・型染などの染色や摺箔《すりはく》・繡箔技術が一段と発達し、文様を肩裾・片身替り・段替りなどに配する。帯にも趣向がこらされた。上流武家の女性は打掛《うちかけ》姿や腰巻姿で、小袖の重ね着による武家風の服装美を生む。武家の日常着は男女とも小袖の着流しが多かった。江戸時代には武家の小袖も袖幅と身幅を同寸に仕立てるようになり、庶民の小袖と基本的な形式に差がなくなったため、材質と色と文様で格差を示す傾向が強まった。町人文化のもとで染織技術が向上し、各地で鹿の子絞りなど特色ある織物・染物が生産される。生地は絹織物が多くなり、帯も次第に立派になって、結び方にも趣向を凝らすようになる。木綿産地が急速に増え、庶民に木綿小袖が普及する。幕府は町人や農民の服飾統制に乗り出し、衣服の生地や染織技法に厳しい禁令を布いた。これに対し染織界は友禅染など禁令に触れない新たな手法をつぎつぎに生み出した。女性の結髪の流行により櫛・笄《こうがい》・簪なども発展するが、高価で貴重なものは武家階級に専有されていく。幕府内では室町幕府の服制を継承し、将軍以下平士以上の正装は束帯・衣冠・直垂・狩衣・大紋・布衣《ほい》・素襖。通常は裃《かみしも》が用いられた。幕末以降、西洋文明の摂取が緊急・最大の国家的課題となる。明治政府は文明を率先して体現する天皇を権威化することにより、文明開化を推し進めようとした。大日本帝国憲法発布には天皇・皇后が洋装で臨み、天皇は王権の開明性を表象する最も有効な手段として、みずから洋装することにより、西欧の専制君主のイメージを先取りしたのである。軍隊・郵便・警察・鉄道など西洋の制度を導入した分野で洋風の制服が用いられ、礼装や社交服に洋装が採り入れられる。人々は和服に洋風の要素を採り入れることによって文明を体現し、和洋混交のさまざまな服装を生み出した。時間をかけてまず男性の洋装化、続いて女性の洋装化が進み、和服は民族衣装として認識されるようになった。現代は歴史の生んだ服飾を自由に消化して楽しめる時代となっている。

参考文献 村上信彦『服装の歴史』、一九七四‐七五、理論社。高田倭男『服装の歴史』、一九九五、中央公論社。

(武田佐知子)

ふくちやまじょう　福知山城 京都府福知山市内記の横山丘陵に所在する平山城。織田信長から丹波国を与えられた明智光秀が、一五七九年(天正七)に中世の横山城跡の地に築いた近世城郭である。豊臣政権下では杉原家次・小野木重勝、また徳川政権下では有馬豊氏・岡部長盛・稲葉紀通・松平忠房が相継いで城主となり、一六六九年(寛文九)に朽木稙昌《くつきたねまさ》(三万二千石)が入った後は同氏代々の居城となって明治維新に至る。縄張は梯郭式・連郭式を併用しており、本丸および天守丸、二ノ丸、伯耆丸(三ノ丸)、内記丸(西ノ丸)などからなる。大天守閣の石垣は光秀時代のものであり、そこには多数の墓石が使用されている。本丸や天守丸における発掘調査では、築城当初から江戸時代に至るまでの石垣の変遷が解明されている。また、城の北端部における発掘調査では、十八世紀後半の庭園遺構が検出されている。なお、本丸には銅《あかがね》門続櫓が移築され、一九八六年(昭和六十一)には大天守閣と小天守閣が復元された。

資料館 福知山城(郷土資料館)(京都府福知山市)

参考文献 福知山市教育委員会編『福知山市文化財調査報告書』二八・四〇、一九九五・二〇〇一。京都府埋蔵文化財調査研究センター編『京都府遺跡調査概報』九二・一〇七、二〇〇〇・〇三。『日本城郭大系』一一、一九八〇、新人物

往来社。　　　　　　　　　　　　　　　　　　　　　　（山田　邦和）

ふくとせい　複都制　首都以外に複数の京を同時に維持する制度。中国の隋や唐・遼・金などで実施され、日本や渤海にも導入された。長安を首都、洛陽を副都（陪都）とする隋・唐の場合が典型的。日本でも、六八三年（天武十二）に複都制の詔が出され、首都の倭京以外に難波京が副都とされた。以後、七八四年（延暦三）の長岡遷都に伴う難波京の廃止まで続く。奈良時代後半には保良宮《ほらのみや》を北京、由義宮《ゆげのみや》を西京とすることも一時行われた。副都は京とされても、首都のような特別行政区画としての京職は置かれず、郡のままの扱いとされた。複都制採用の最大の理由は、単なる中国制度の模倣とするのが通説。しかし、中国においても皇帝が伝統的な権威と軍事的権力を掌握する過程において出現することを重視するならば、難波京の場合も外交・経済の要素だけでなく、官人層の首都集住が不完全な段階に採用された未熟な都城段階と位置付けることもできる。

参考文献　滝川政次郎「複都制と太子監国の制」（『法制史論叢』二所収、一九六七、角川書店）。仁藤敦史「複都制と難波京」（『古代王権と都城』所収、一九九八、吉川弘文館）。

（仁藤　敦史）

ふくはらきょう　福原京　一一八〇年（治承四）六月の福原遷都による「都」を福原京と呼ぶ。現在の神戸市兵庫区付近。この遷都は平清盛によるもので一般に福原遷都といわれるが、実際には福原に都を造るのではなく、福原に後白河法皇・高倉上皇・安徳天皇が行幸し、隣接する和田（輪田）に新京を建設するという計画であった。したがって福原行幸・和田新京遷都計画とでもいうべきものである。しかし和田は狭隘のため新京に適さず、遷都計画は放棄される。結局、平安京に首都として機能を残したまま福原を離宮とし、天皇はしばらく福原に滞在するという計画になった。これをもって平安京を主都、福原を平氏のための軍事と貿易の機能を持つ副都と位置づけ、事実上の複都制が採られたと評価する説もある。福原では清盛邸が安徳天皇御所、平頼盛邸が高倉上皇御所、平教盛邸が後白河法皇御所にあてられた。清盛邸は兵庫区雪御所町の湊山小学校付近、頼盛邸は荒田町の荒田八幡神社付近と推定される。発掘は祇園遺跡と楠・荒田町遺跡の二遺跡で行われている。祇園遺跡は清盛邸の近接地にあり、庭園遺構のほか、中国吉州窯で焼かれた玳玻《たいひ》天目小碗と呼ばれる最高級品も出土しており、平氏の中でも有力者の邸宅であったか清盛邸の一部であったといわれている。楠・荒田町遺跡は神戸大学医学部付属病院の敷地内にあり、平安時代末期の邸宅跡や二重堀の遺構などが確認されている。荒田にあることから頼盛関係の遺構であったと考えられている。福原関連遺跡は発掘事例が少なく今後の調査が期待される。福原行幸の半年後、延暦寺衆徒からの還都要求、高倉上皇の病気、源頼朝の挙兵、富士川合戦の敗北などの状況を受けて清盛は平安京へ還都する。その後一一八三年（寿永二）の平氏都落ちの際には平氏の手によって福原は焼き払われてしまう。このような事情のため福原京の実態については未解明の点が多いのである。

参考文献　富山直人「福原と和田新京」（『歴史と地理』五六二、二〇〇三）。歴史資料ネットワーク編『歴史のなかの神戸と平家』、一九九九、神戸新聞総合出版センター。山田邦和「「福原京」に関する都城史的考察」（中山修一先生喜寿記念事業会編『長岡京古文化論叢』二所収、一九九二、三星出版）。『兵庫県史』二、一九七五。元木泰雄「「福原遷都」考」（『院政期政治史研究』所収、一九九六、思文閣出版）。『古代文化』五七ノ四（特輯平家と福原）、二〇〇五。歴史資料ネットワーク編『平家と福原京の時代』（『岩田書院ブックレット』、二〇〇五、岩田書院）。

（戸川　点）

楠・荒田町遺跡　二重堀遺構

祇園遺跡出土の吉州窯玳玻盞天目茶碗

ふくはらのとまり　福原泊　⇨大輪田泊《おおわだのとまり》

ふくやまじょう　福山城　㈠岡山県総社市西郡の標高三〇二メートルの福山山頂にある中世の山城。鎌倉時代末期真壁《まかべ》氏によって築城されたとの伝承をもつ。『太平記』一六の「備中福山合戦事」によると、一三三六年（建武三）五月、後醍醐天皇方の新田義貞の武将大井田氏経が、京都に攻め上ろうとする足利尊氏の弟直義の大軍を迎え撃ち、落城したことが記されている。城郭は、尾根上にある連続する五つの曲輪《くるわ》から構成され、全長三〇〇メートルを越える。門跡とされる石組み基壇《きだん》や直径一・七メートルほどの井戸などの遺構が認められる。福山山頂には平安時代から山上寺院があったが、福山合戦の際焼失し、その後再建されたとされる。福山城は、この以前から存在する寺院を城郭として利用し築城された可能性がある。また、一五八二年(天正十)の高松城水攻めの際、毛利方陣所となっており、この時の遺構も複合していると考えられる。一九三六年(昭和十一)国の史跡に指定されている。

参考文献 『日本城郭大系』一三、一九八〇、新人物往来社。

(横山 定)

(二)一六一九年(元和五)福島正則の改易により水野勝成が備後国十万石の領主として入封して築城した平山城。以後、水野氏五代、松平氏、阿部氏十代が江戸時代を通じ居城した。国史跡。城は芦田川三角州の常興寺山を利用したもので、常興寺山の南・東・西に高石垣と内堀で囲んだ本丸・二ノ丸を、南の三ノ丸は平坦地を外堀で囲んでいる。本丸の北側には五重六階の建物に二重三階の付櫓を付けた複合天守を築き、その南側には伏見城の遺構である伏見御殿をおき城主の屋敷とした。二ノ丸には勝成の隠居屋敷、三ノ丸には家老などの侍屋敷が置かれた。天守閣の石落しや石垣に防御施設が見られず背後も自然地形を利用したもので、この時期以前の城と比べて防御力は弱い。本丸西南隅の伏見櫓、筋鉄《すじがね》御門(重要文化財)を除いて、城郭建物の大部分は第二次世界大戦の戦災で焼失したが、一九六六年(昭和四十一)以降、本丸の天守閣・御湯殿・月見櫓・鏡櫓・鐘櫓が復元されている。

資料館 福山城博物館(広島県福山市)

参考文献 『福山市史』上・中・下、一九六三―七三。村上正名『福山城』(『福山文化財シリーズ』九、一九六六、福山市文化財協会)。

(小都 隆)

(三) ⇩松前《まつまえ》氏《し》城跡《しろあと》

ふくやまとしお 福山敏男 一九〇五―九五 文献史料に基づく建築史研究に傑出した進展をもたらした建築史家。一九〇五年(明治三十八)四月一日福岡県山門郡城内村(現柳川市)に生まれ、一九二七年(昭和二)に京都帝国大学工学部建築学科を卒業。内務省造神宮使庁に勤務し伊勢神宮の歴史的研究を行うとともに、正倉院文書を復原的に研究し、奈良時代の寺院造営や写経所の組織や活動を解明。江田舟山古墳出土太刀銘をはじめとする古代の金石文の精確な釈読と解釈にも先鞭を付けた。一九四二年より文部省宗教局に転じ、美術研究所(後の東京文化財研究所)を経て、一九五九年に京都大学工学部教授となる。第二次大戦前、足立康らとともに日本建築史研究会の同人としても活躍。寺院、神社、宮殿、住宅、古絵図・絵巻など幅広い分野にその研究は及び、徹底した史料批判と史料博捜は他の追随を許さず、建築史・日本史・美術史・考古学など各分野にまたがる四百編を越える論文は、歴史学全般の基礎的な文献となっている。朝日賞・学士院恩賜賞受賞、日本学士院会員。一九九五年(平成七)五月二十日没。九十歳。著書に、『神社古図集』(大場磐雄・近藤喜博と共編。一九四二、日本電報通信社)、『日本建築史の研究』(一九四三、桑名文星堂)、『伊勢神宮の建築と歴史』(一九七六、日本資料刊行会)、『日本建築史研究』(一九六八、墨水書房)、『日本建築史研究続編』(一九七一、墨水書房)、『福山敏男著作集』全六巻(一九八二―八四、中央公論美術出版)などがある。

(山岸 常人)

ふくろとじ 袋綴 書物の装丁方法の一つ。線装本ともいう。各料紙を縦に半折して重ね、折目の反対側の端に穴をあけて糸で綴じたもので、一紙一紙が袋状になる。多くの場合、料紙を重ねて紙縒《こより》によって上下二ヵ所を仮綴じした後、表紙と裏表紙を付けて糸で本綴じする。袋の外側の面に書写、あるいは印刷されるので、紙の片面のみの利用になる。四穴で綴じたものは中国明時代に流行したのにちなんで明朝装と呼び、五穴のものを朝鮮装という。この装丁は室町時代から江戸時代にかけて普及した。

参考文献 杉浦克己『書誌学』、二〇〇三、放送大学教育振興会。

(安達 直哉)

ぶけやしき 武家屋敷 武士の住居。ただし、都市における集住の状況に対して用いられることが多く、都市の武士居住地区(武家地)の意味で用いられる場合もある。このため、鎌倉や、室町時代以降の京都を除き、兵農分離によって武士が集められ、武家地・町人地・寺社地を区分して計画的に建設された近世城下町の形成以降について主に使用される。近世城下町の場合、城郭の近くから順次身分の高い者の屋敷を配置していくのが通例で、個々の屋敷は、上級家臣の場合は千坪以上のものもあるが、中・下級家臣で数百坪、下士・足軽層では百坪内外がおおよその平均的な数値である。屋敷地は拝領地として与えられるが、拝領者同士による交換が行われ(相対替)、実質上、売買行為に至る場合もあった。建物の建築費用はみずから負担することが多いが、門・主屋の形式から屋根・壁の仕様まで家格によって規制をうけた。江戸では、藩主の参勤交代・隔年居住によって、大規模な大名屋敷が多数置かれた。参府時に藩主が居住する上屋敷の場合、大名とその家族の住居や執務空間である殿舎と庭園・馬場などが屋敷の中心に配され(御殿空間)、その外側に藩士たちが住む長屋のほか諸役所や蔵などが置かれた(詰人《つめにん》空間)。大名は、上屋敷のほか、世子・隠居らの殿舎や上屋敷に入りきれない藩士の長屋、また広大な庭園が置かれた下屋敷を拝領した。さらに、中屋敷、あるいは複数の下屋敷を拝領し、加えて百姓地を購入して抱《かかえ》屋敷《やしき》・抱地《かかえち》として所持する大名もあった。一八六九年(明治二)の段階で、江戸の総面積の約七〇%弱が武家地に相当し、二万家以上の幕臣の屋敷に対して、約二百六十家の大名屋敷が武家地の五六%を占めていた。このように武家屋敷、とりわけ大名屋敷は江戸の空間の多くを占めた。さらに近代に入ってもその敷地割を大きく改変せずに、跡地を官庁・学校・軍用地などに利用するケースも多かった。このため、一九八〇年代後半の都心部における大規模な再開発では多くの武家屋敷跡が対象となり、緊急発掘調査が実施された。こうした調査によって、屋敷内での大規模な土地造成の実態、能舞台・庭園・上下水道や、建築で用いられる尺度などの技術、絵図に描かれない施設も含めた土地利用の実際、さまざまな消費の実情、国元との物資の流通、屋敷内における生産活動など、新たな事実がつぎつぎと明らかにされていった。武家屋敷の発掘調査は、本格化してきた近世考古学の進展に大きな役割を果たし、さらに調査における協業を通じて、文献史学においても武家屋敷・武家地への関心を育んだのである。

参考文献　矢守一彦『都市プランの研究』、一九七〇、大明堂。佐藤巧『近世武士住宅』、一九七九、叢文社。宮崎勝美「江戸の土地—大名・幕臣の土地問題」(『日本の近世』九所収、一九九二、中央公論社)。宮崎勝美・吉田伸之編『武家屋敷』、一九九四、山川出版社。吉田伸之『巨大城下町江戸の分節構造』、二〇〇〇、山川出版社。岩淵令治『江戸武家地の研究』、二〇〇四、塙書房。（岩淵　令治）

ふじいでら　葛井寺　大阪府藤井寺市にある真言宗御室《おむろ》派の寺院。紫雲山三宝院剛琳寺《ごうりんじ》。剛林寺とも記す。西国三十三所観音霊場第五番札所。寺地は羽曳野《はびきの》丘陵北端部にあり周辺を大津道や古市大溝などの水路網が走る。『拾芥抄《しゅうがいしょう》』は従三位藤井給子創建とする。『西国三十三所名所図会』『藤井寺勧進帳』(いずれも一五一〇年(永正七))は聖武天皇御願建立、阿保《あぼ》親王再興とするが、聖武天皇の葛井広成《ふじいのひろなり》宅行幸、広成妻が県犬養《あがたいぬかい》氏、阿保親王母が葛井氏などの関連が指摘される。一〇九六年(永長元)に藤井安基《やすもと》が再興し(『名所図会』)、久安三年(一一四七)銘修理瓦も残る。王辰爾《おうしんに》後裔氏族の葛井(白猪《しらい》)氏の氏寺とされる。本尊十一面千手観音像(国宝)は千四十二本の手をもつ真数千手の乾漆像で天平後期の作。現存寺構は豊臣氏の復興で秀頼《ひでより》建立の四脚門(重要文化財)が現存するが、塔心礎などの礎石も残っている。なお七世紀後半の瓦もあり、『葛井寺参詣曼荼羅』に描かれた伽藍は東西二つの三重塔を持っている。

参考文献　『大阪府の地名』II(『日本歴史地名大系』二八、一九八六、平凡社)。『藤井寺市史』一、一九九七。（須原　祥二）

ふじさわてきみかたくようとう　藤沢敵御方供養塔　神奈川県藤沢市西富の時宗総本山清浄光寺《しょうじょうこうじ》(通称遊行寺《ゆぎょうじ》)境内にある根府川石製の角柱型の板碑。怨親平等碑とも呼ばれている。国史跡。上杉氏憲(禅秀)の乱後の一四一八年(応永二十五)に戦死者の三回忌供養のために建立された。総高一三〇(台座含め一四九)センチ、幅二八センチ。建立者は遊行第十四世太空上人(一三七五—一四三九)と推定されている。正面中央に大きく「南無阿弥陀仏」とあり、その下に建立由来が記されている。剥落があって読み取りが困難なので銘文については諸案あるが、橘俊道『時宗史論考』(一九七五年)によれば、以下である(/は改行)。「自応永廿三年十月六日兵乱至同/廿四年於在々所々敵御方為前/刀水火落人畜亡魂皆悉往生浄土/故□(過ヵ)此塔婆之前僧俗可有十念者也　応永廿五年十月六日」

なお、『新編相模国風土記稿』は、全文を読み取ることは困難であるが四十年前までは鮮明であったとして、次の敗者方死者の禅秀、足利満隆・持仲らと勝者(足利持氏)方死者の計十七名の名が刻まれていたと伝える。「満隆公　持仲公　上杉右衛門佐氏憲入道禅秀　上杉五郎憲春　上杉兵庫助氏春　岩松治部大輔満氏　上杉伊豆守憲方　武田安芸守信満(以上敗者方)　上田上野助　今川三河守　疋田右京進　椎津出羽守　今川修理亮　上杉弾正少弼氏定　木戸将監満範　一色兵部大輔憲元　一色左馬助(以上勝者方)」。しかし、現在、塔身のいずれの面にもその銘文やそのような銘文があった痕跡はない。『藤沢市史』は、現在のものとは違う基台石に刻まれていた可能性を指摘している。禅秀の父の上杉朝宗は遊行寺に客殿を、持氏は仏殿を寄進するなど勝者敗者とも遊行寺に縁深かったことが、敵・味方ともあわせて供養した背景にあろうが、同様な供養塔類では最古のものとされている。

資料館　遊行寺宝物館(神奈川県藤沢市)

参考文献　『藤沢市史』四、一九七二。神奈川県教育委員会編『神奈川県文化財図鑑』史跡名勝天然記念物編、一九七八。（荒井　秀規）

ふじしんこう　富士信仰　立山《たてやま》・白山《はくさん》とともに日本三霊山の一つである富士山に対する信仰。富士山は静岡・山梨両県境にそびえるわが国最高峰の円錐状成層火山(標高三七七六メートル)である。美しい裾野を引く山容は世界に冠たる名峰であり、特別名勝に指定されている。富士山を霊地たる山として扱うことは縄文時代にさかのぼるともいわれている。奈良時代の『常陸国風土記』や『万葉集』には霊山としての記述が認められる。富士山の噴火は残された記録からもたびたび繰り返して来たが、『延喜式』に登載される元官幣大社であり駿河国一の宮ともいわれる富士山本宮浅間神社(静岡県富士宮市宮町)が八〇六年(大同元)現在地に遷座したころから富士山を霊的存在とみなす富士信仰は、浅間神社を中心に拡がっていった。富士山頂経塚(静岡県富士宮市富士山)から発見された「末代聖人」の銘がある奥書の断片は『本朝世紀』や『本朝文集』などから一一四九年(久安五)に富士山頂に一切経を埋納したことを示すもので、このころから仏教とも習合して修験道の霊山となっていった。富士講は江戸の町人や近郊農民を中心とした富士山を信仰する講社で、開祖は長谷川角行《はせがわかくぎょう》(一五四一—一六四六)といわれている。享保年間(一七一六—三六)に角行直系の食行身禄《じきぎょうみろく》(伊藤伊《いとうい》兵衛《へえ》)と藤原光清《ふじわらこうせい》(村上三郎右衛門《むらかみさぶろうえもん》)によって富士講の基礎は築かれた。特に身禄(一六七一—一七三三)は、呪術的な加持祈禱を排し、士農工商の四民が富士の神である仙《せん》元大菩薩《げんだいぼさつ》の直接の支配を受け、各自の職業に専心することによって救われるとその信仰を説いた。富士講は先達《せんだつ》・

講元《こうもと》・世話人《せわにん》の三役によって運営される。呪文を唱え、炊き上げを行う先達の行法は修験《しゅげん》と同じであるが、修験には属さない。修験は修験寺に帰属し身分を保証されているが、富士先達はおのおのに家業を持つ俗人であり、先達を業とすることは禁じられていた。身禄以前には「講」はなく、身禄の弟子達によって講づくりが組織されていった。高田藤四郎《たかだとうしろう》は、身禄三十三回忌に富士塚《ふじづか》の築造を発願し、一七七九年(安永八)に完成した。これが江戸最初の富士塚「高田富士」(東京都新宿区西早稲田一丁目)である。富士塚は、江戸時代後期から明治時代にかけて「江戸八百八講、講中八万」とも呼ばれる富士講によって、東京都・神奈川県・埼玉県・千葉県を中心に各地に築かれた。特にその分布が最も濃く、形態的にも完成度が高いといわれる東京都には百を越える富士塚があったといわれている。

参考文献　東京都新宿区教育委員会編『新宿区文化財総合調査報告書』四、一九七八。岩科小一郎『富士講の歴史』、一九八三、名著出版。　（亀田　駿一）

ふじたりょうさく　藤田亮策　一八九二―一九六〇　考古学者。一八九二年(明治二十五)八月二十五日、新潟県古志郡上北谷村(見附市)に生まれる。一九一五年(大正四)東京帝国大学医科大学医学科に入学したが、視力に問題があり、文科大学史学科に転じて国史学を専攻した。一九一八年に卒業し、まず文部省維新史料編纂所に所属。以後宮内省諸陵寮、朝鮮総督府を経て、一九二六年京城帝国大学助教授、一九三二年(昭和七)教授。朝鮮の古蹟調査事業の中心となってその基礎を築いた。戦後引き上げ、しばらく浪人時代があったが、一九四九年東京芸術大学教授、一九五九年奈良国立文化財研究所所長となり、平城宮跡の調査研究を推進した。この間、一九四八年日本考古学協会が設立されるや、その初代委員長に選ばれるなど、史跡調査、文化財保護行政に多大な貢献をなした。彼の研究の舞台は朝鮮考古学にあったが、歴史考古学に関しては、奈文研の所長として平城宮跡の調査研究と保存の基礎を築いた点が特筆される。一九六〇年十二月十二日没。六十八歳。　（山本　忠尚）

ふじづか　富士塚　江戸時代後期から第二次世界大戦前まで富士山を信仰する富士講の人々によって東京、神奈川、千葉、埼玉を中心に築造された塚のひとつ。富士講の開祖は、一六四六年(正保三)富士の人穴《ひとあな》で断食して入滅した長谷川角行《はせがわかくぎょう》である。富士講中興の祖といわれる食《じき》行《ぎょう》身禄《みろく》の弟子で高田藤四郎《とうしろう》という植木職人が、造園技術を生かして一七七九年(安永八)水稲荷神社の別当寺である宝泉寺(東京都新宿区西早稲田一丁目)に築造した「高田富士」が江戸の最初の富士塚といわれている。『遊歴雑《ゆうれきざつ》記《き》』によると築造の目的は、単に遠くの富士の代わりに近い所に参詣できるようにしたものではなく、「男女老少ともに心安く登山する様に」するためであり、ことに富士へ行けない婦人たちのためであった。山体は富士五合目以上の姿として、黒朴石《くろぼくいし》(富士山の溶岩)を張りつけ、山頂近くに烏帽子岩《えぼしいわ》をかたどった立石を設け、塚の裾部に人穴《ひとあな》と呼ばれる小窟が穿がたれている。

参考文献　日本常民文化研究所編『日本常民文化研究所調査報告』二・四、一九七八・七九。岩科小一郎『富士講の歴史』一九八三、名著出版。福田アジオ『時間の民俗学・空間の民俗学』、一九八九、木耳社。　（亀田　駿一）

ふじのきこふん　藤ノ木古墳　奈良県生駒郡斑鳩町法隆寺にある、直径約四〇メートルの円墳。国史跡。発掘調査で、未盗掘の横穴式石室が見つかった。内部には刳抜き家型石棺が安置されていた。石室の床面の玄門付近には埋葬時のままに多数の須恵器・土師器があり、石棺と奥壁の間には金銅装の馬具三組が置かれ、そのほか挂甲・鉄鏃・鉄刀などの武器・武具類も置かれていた。石棺内部には二体の骨の一部が残っていた。この遺体の周りに、各種金属製の玉の首飾りがあり、南側の被葬者にはガラスの足玉が、北側の被葬者の頭部から背にかけてガラス玉を玉すだれ状に連ねた装身具があった。頭部には四面の鏡があり、金銅製冠、大帯、二対の履は被葬者の足下に置かれていた。刀剣類は六口。また布などの残片も多くあった。特に馬具の鬼面・鳳凰・象・兎などの透かし彫りの装飾文様は、中国南朝に源流があるもので、おそらく百済から入手されたものだと考えられている。古墳時代後期の葬送儀礼などが確認できる好例となった。

参考文献　奈良県立橿原考古学研究所編『斑鳩藤ノ木古墳第一次調査報告書』、一九九〇、斑鳩町・斑鳩町教育委員会。同編『斑鳩藤ノ木古墳第二・三次調査報告書』、一九九五、斑鳩町・斑鳩町教育委員会。　（河上　邦彦）

藤ノ木古墳　石棺内部

ふしみじょう　伏見城　京都市伏見区桃山町付近に所在した城。豊臣秀吉は一五九四年(文禄三)伏見丘陵南端の指月《しげつ》に築城を始め、淀城の天守と矢倉を移して、城下町を備えた大規模な城郭を建設したが、一五九六年(慶長元)閏七月十三日に大地震の発生により大破倒壊。直後より本丸の位置を木幡《こはた》山に移して再建に入り、翌年には、秀吉・秀頼父子が大坂城から移って豊臣氏の本拠とした。秀吉が一五九八年に没し、秀頼が大坂城に移ると徳川家康が預かり、上洛中の本拠としていくが、一六〇〇年関ヶ原の戦いの前哨戦で大坂方の攻撃を受けて、鳥居元忠ほかが戦死落城。その後再び復旧整備され、二条城とともに徳川家康の居城となった。一六〇六年家康が駿府に移り、その後、家光の第三代将軍拝任式後の一六二三年

(元和九)廃城となった。櫓などの建物は西本願寺など各地に移建され、安土桃山文化を今に伝える。

参考文献 京都市編『史料京都の歴史』一六、一九九一、平凡社。 (有井 広幸)

ふしょうじいせき 普正寺遺跡 犀《さい》川河口付近の左岸にある、室町時代の港湾遺跡。金沢市普正寺地内に所在。一九六五年(昭和四十)、護岸工事中に遺跡を発見し、石川考古学研究会が緊急調査を実施。延長約五〇〇㍍にわたって砂丘下に包含層が確認され、五輪塔や宝篋印塔と板碑《いたび》などを置いた墓地が発掘された。また、一九八二年に野鳥園建設に伴う緊急調査を県立埋蔵文化財センターが実施し、鍛冶工房跡や建物跡などを発掘している。これらの調査で出土した多数の青磁・白磁などの中国製磁器は、犀川河口を利用した港町の豊かな生活を物語っている。この遺跡は十五世紀後半に砂丘下に埋もれ、現在は遺跡上に約一〇㍍の砂丘が堆積している。畑が砂に覆われて生活が困窮した人々の様子は、普正寺周辺を所領としていた臨川《りんせん》寺の文書に残された年貢減免願いにみることができる。

参考文献 石川考古学研究会編『普正寺』、一九七〇。石川県立埋蔵文化財センター編『普正寺遺跡』、一九八四。 (小嶋 芳孝)

ふじわらきゅう 藤原宮 六九四年(持統天皇八)から七一〇年(和銅三)まで首都であった藤原京の中心部に営まれた天皇の居所および役所。現在の奈良県橿原市に所在する。宮および京の造営は、天武天皇の時代に「新城」造営に関する一連の記事がみえることや、藤原宮大極殿北方で見つかった宮に先行する条坊道路や物資運搬用の運河の年代から、天武朝末年にはすでに始まっていたと推測されている。天武天皇の死没により造営は一時中断、持統天皇が再開、六九〇年に持統天皇・高市皇子が藤原の宮地を視察、六九二年に鎮祭などがあり、六九四年十二月に飛鳥浄御原宮から遷都した。造宮官と呼ばれる役所が置かれ、木材は田上山(滋賀県)から水運で輸送したことが『万葉集』の藤原宮役民の歌から知られる。寺院建築以外では宮殿の屋根にはじめて瓦葺きが採用された。宮の故地については、江戸時代に賀茂真淵や本居宣長が『万葉集』の藤原宮の御井の歌などから大和三山に囲まれた地にあるとし、後に大極殿跡と判明する高殿町の大宮土壇周辺に宮を擬定して以来有力視され、近代に入って喜田貞吉がやや西北方の地を宮跡とする説を出したが、一九三四年(昭和九)より黒板勝美率いる日本古文化研究所が大宮土壇一帯を発掘調査して大極殿・朝堂院の建物群を発見するに至った。しかし、宮の範囲や構造が明確になるのは、一九六六年、国道バイパス計画に伴う範囲確認調査とそれ以後継続して行われている調査によってである。宮の規模は、東西約九二五㍍、南北約九〇七のほぼ正方形を呈する面積約八四㌶。掘立柱大垣によって外部と画された。大垣は七㍍以上の巨大な柱を約二・七㍍間隔で地面に立てた土壁・瓦葺き、高さ約五・五㍍。大垣の外側には幅五～六㍍の外濠が、内側にも幅約二・一㍍の内濠が設けられた。外濠と宮の周辺の条坊街路との間に外周帯という広い空閑地を有するのは藤原宮固有の特徴である。宮の四面には門が三ヵ所ずつ合計十二の宮城門が開く。宮の南面中門が朱雀門(大伴門)で、その他に猪使門・海犬養門など門を守護する氏族にちなんだ門名が付けられていた。宮内の構造は、中軸線に沿って北から内裏・大極殿院・朝堂院・朝集殿が配され、その東西には、宮城門から碁盤目状に延びる宮内道路を基準に官衙群が配されていた。天皇の居住した内裏の状況は未詳であるが、内裏外郭は東西約三〇〇㍍、南北約三八〇㍍の規模。天皇が国家儀式を執り行なった大極殿院は東西約一一五㍍、南北約一五五㍍の規模で回廊がめぐり、その中央に宮内最大級の建物である九間(約四五㍍)四間(約二〇㍍)の大極殿があった。大極殿院の南正面に大極殿門があって朝堂院に開く。貴族や役人たちが儀式や政務に携わった朝堂院は東西約二三〇㍍南北約三二〇㍍の規模であり、古代都城のなかでも最大の広さを誇る。院内には左右対称にそれぞれ六つ、合計十二の朝堂があり、役所ごとの座席が設けられた。朝堂院の外に官人が出勤する際の控え場所であった朝集殿が建ち、その南、宮南面正門(朱雀門)を出ると朱雀大路が真っ直ぐ延びていた。大極殿・朝堂院などは瓦葺き・礎石建ちである。宮内官衙については、東方官衙北地区・内裏東官衙地区・西方官衙南地区で発掘調査が進んでいる。床を持っていたり、長大な建物が並列してみられるのが特徴の一つである。内裏東官衙の調査では一辺約七〇㍍の区画が南北に三つ並んでいたこと、建物に前後二時期あり、後期は出土木簡から七〇一年の大宝律令施行以後であること、前期に比べ後期は建物数が増え官衙区画も明確になることなど、大きく変化しており、大宝律令による官僚機構の整備を反映したものとも考えられている。各官司が宮内の何処に所在したかは具体的には不明であるが、西方官衙南地区は馬寮との推定もあり、薬物木簡が出土した内裏北方や西南官衙地区は典薬寮に推定されている。一九四六年に国史跡、一九五二年に特別史跡。

参考文献 八木充『研究史飛鳥藤原京』、一九九六、吉川弘文館。小澤毅『日本古代宮都構造の研究』、二〇〇三、青木書店。 (山下信一郎)

ふじわらきょう 藤原京 六九四年(持統天皇八)から七一〇年(和銅三)までの首都。現在の奈良県橿原市・桜井市・高市郡明日香村にまたがって所在。わが国初の本格的な都市である。文献には「新益京」「藤原宮」とみえ、一般的な呼称「藤原京」は喜田貞吉による。天武天皇の時代、律令国家建設の進捗に伴い従来飛鳥地域に展開していた天皇の宮と官司群は整備拡大して壮大な宮を必要とし、中国都城の条坊制にならい碁盤目状に整然と区画された市街地をもつ都城の造営が構想されたと考えられる。『日本書紀』天武紀に「新城」造営の計画(六七六年)

や「宮室」の地を定めた(六八四年)とみえ、条坊施工の時期は大極殿北方の発掘調査所見によれば天武朝末年をさかのぼることが判明している。天武天皇の死没により造都は中断したが、六九〇年以降、持統天皇の藤原の宮地視察、鎮祭、官人への宅地班給などがあり、六九四年十二月遷都した。造営には造京司・造宮官という役所が置かれた。宮の南方の日高山丘陵では朱雀大路を造るため山を削り谷を埋め、古墳を削り取り、横穴墓は埋納物を取り出し丁寧に埋め戻してあったが、これは、造営に際し掘り出した墓の屍を収容せよと命じた『日本書紀』六九三年の記事とも符合する。京の規模は、中ツ道・下ツ道などの古道を基準にして畝傍山・天香具山・耳成山の大和三山に囲まれた範囲に南北十二条(約三・二キロ)、東西八坊(約二・一キロ)が計画され、約一キロ四方の宮域が中央やや北よりに位置したとする岸俊男の復原が長らく通説であった。その後、復原京域の外側で条坊道路が相ついで見つかったことから、岸説京域とその外延部との関係をめぐって外京説、縮小説、拡大説などの「大藤原京論」が展開した。近年では、東京極および西京極が見つかり京の東西幅が約五・三キロと確定したことを受けて、南北の京極についても同様とみなし、『周礼』の造営思想を下敷きにして、宮を中心にした約五・三キロの方画京域であったとする復原説が有力である。京内は碁盤目状の条坊道路によって整然と区画されており、道路の規格は大路四十五大尺(約一五・九メートル)、坊・条間路二十五大尺(約八・九メートル)、小路二十大尺(約七・一メートル)(側溝の心心幅)の三種と考えられている。京のメインストリートである朱雀大路は幅約二四メートルと京内最大規模だが平城京の三分の一の規模である。朱雀大路南端の羅城門はなく、京域と郊外を画する城壁(羅城)も確認されていない。平城京のような何条何坊という数詞呼称はせず、左京小治町、林坊、左京軽坊という固有名で呼称していたようである。なお、七〇一年までは京は左右に分かれていなかった。京内の土地は宅地として貴族・役人に分け与えられ、六九一年詔によれば、右大臣に四町、直広弐以上に二町、直大参以下は一町、勤以下無位の官人には家族数に応じて上戸一町、中戸半町、下戸四分の一町とされた(一町の規模は約一二〇メートル四方)。発掘調査によっても、四町、二町、一町、二分の一町、四分の一町、八分の一町という宅地利用形態が確認され、宮周辺に一町以上の占地が多いようである。

人口は二〜三万人とも、四〜五万人とも推定されている。京内には、大官大寺や本薬師寺などの官立寺院のほか、公設の市場が設けられていた。藤原宮北面中門内のゴミ棄て穴出土の木簡から、市は宮の北方に位置していたと推測され、現在の米川や中の川がかつての堀河(人工運河)として大和川と繋がっていたらしい。特筆すべき遺物として発掘調査によって多量の木簡が出土しているほか、

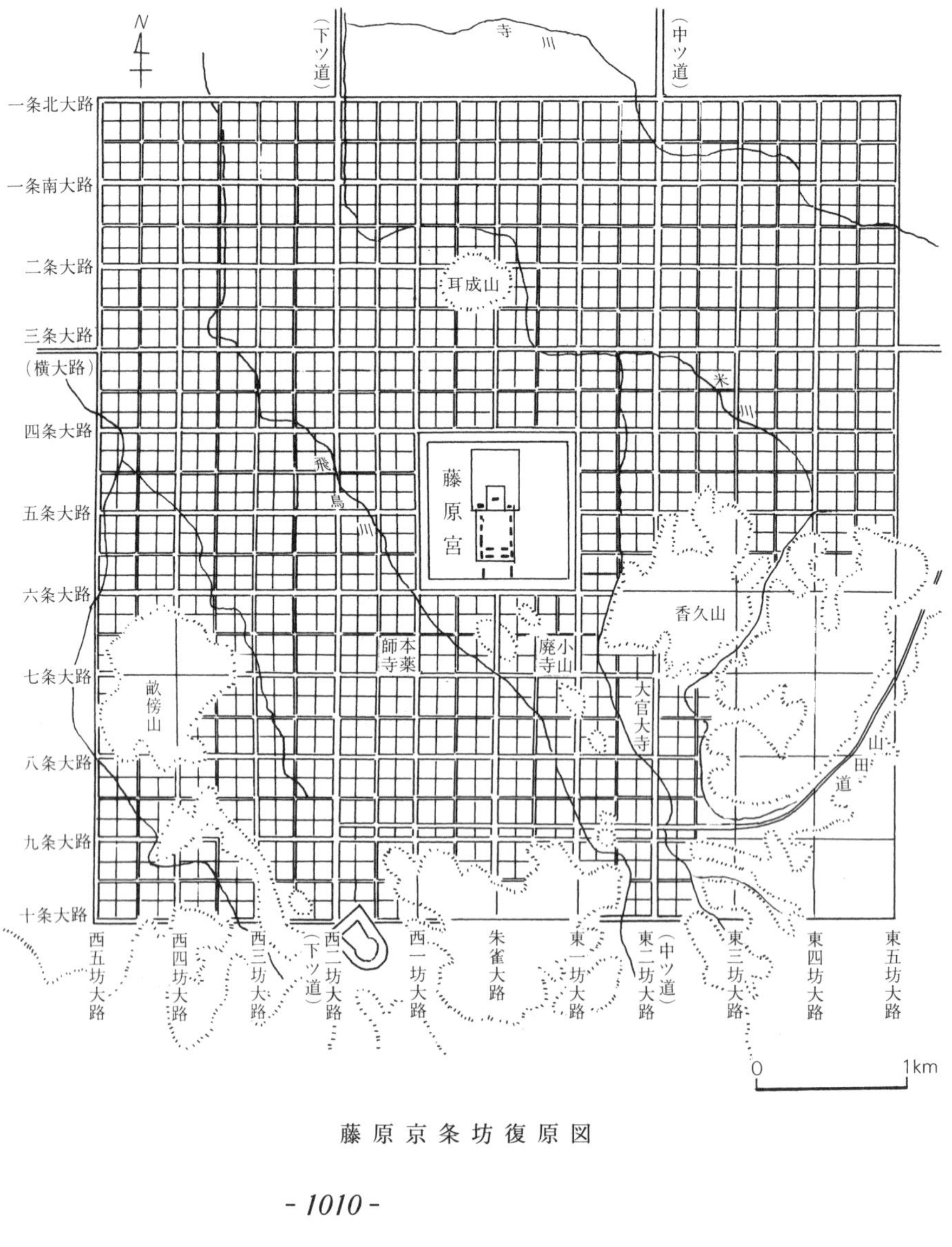

藤原京条坊復原図

多様な遺構・遺物が見つかっている。トイレ遺構も見つかり、当時の食生活の実態が窺える。七〇六年には都の内外に「多く穢臭あり」とあり、早くも都市問題が生じていた。宮域が高地に立地せず排水処理上問題があったこと、朱雀大路が丘陵地にかかり都城を荘厳する空間になっていないこと、遣唐使がもたらした最新の唐長安城の知見を模倣しようとしたことなど、都城としての不備を克服するため、平城京遷都に至ったものと考えられる。

参考文献　八木充『研究史飛鳥藤原京』、一九九六、吉川弘文館。小澤毅『日本古代宮都構造の研究』、二〇〇三、青木書店。

朱雀大路跡《すざくおおじあと》　宮の南面中門である朱雀門から真っ直ぐ南に延び京の正門である羅城門に至る中央街路。中国都城制を模して碁盤目状の街区を建設した平城京・平安京では、京内最大規模の道路としてほかの京内道路に比し群を抜く規模で造営され(平城京の場合幅約七四メートル)、街路樹として柳などを植え、都のメインストリートとしてその偉容を誇り、時に儀礼の場として使われていた。藤原京の場合は平城京に比べ道路幅が狭く、宮南方の日高山丘陵北麓(奈良県橿原市)で行われた発掘調査では、大路の東西両側溝の心々距離は約二四メートル、路面幅は約一八メートルを測り、西側溝は玉石を三段以上積む護岸を有し、東側溝は素掘りの溝であったが、側溝が日高山の北裾で終わっており、施工状況に明確でない点が多い。飛鳥川以南では不明であり、飛鳥川以北の宮の正面に限り造営されたとも考えられている。藤原京朱雀大路跡は一九七八年(昭和五十三)、平城京朱雀大路跡は一九八四年国史跡。

参考文献　『飛鳥・藤原宮発掘調査概報』七、一九七七、奈良国立文化財研究所。『平城京朱雀大路発掘調査報告』、一九八三、奈良市教育委員会。　(山下信一郎)

ふすま　襖　平安時代には目隠しに使うものをすべて障《しょう》子《じ》と呼んだが、そのうち格子の両面に布や紙を貼り、漆塗りの縁《ふち》と軟錦《ぜいきん》と呼ばれる布を四周にまわしたものを寝具の衾《ふすま》に似ていることから衾(襖)障子と呼んだ。平安時代後期に鴨居《かもい》と敷居で挟んで引違戸にしたものが生まれた。衾障子に描かれる絵は、最初は唐絵《からえ》と呼ばれる中国式の絵や文章であり、十世紀以降は大和絵《やまとえ》が主流となった。鎌倉時代に軟錦が省略されて画面が広がり、宋から伝来した水墨画も描かれるようになった。引手《ひきて》は、紐《ひも》や皮を垂らす形式が本来であり、現存最古の襖(格子のみ残る)である鎌倉時代末期の高野山金剛峰寺《こんごうぶじ》不動堂のものや、近世の書院造《しょいんづくり》の住宅にある帳台構《ちょうだいがまえ》でも使われている。埋込式金具の引手も古くからあるが、鎌倉時代までは杉戸や墨絵障子、唐紙《からかみ》障子などの目立たぬところに用いられ、小さなものであった。しかし、近世になると数寄屋建築を中心に趣向をこらしたものが出現し、現在の襖の形式が完成した。　→障子《しょうじ》

参考文献　高橋康夫『建具のはなし』(『物語ものの建築史』、一九八五、鹿島出版会)。　(藤田　盟児)

ふせのうまや　布勢駅家　⇩小犬丸遺跡《こいぬまるいせき》

ふせや　布施屋　古代に貢調運脚夫や役民などのため、峠の登口や渡河・渡海地点などに設置された救済施設。福田思想に基づき僧の主導で設営された。行基が畿内に設置した九ヵ所(『行基年譜』)、七六一年(天平宝字五)、東大寺が大和国十市郡に設置したもの(『東南院文書』)、八一五年(弘仁六)、最澄が信濃神坂《みさか》峠の双方に設置した広拯院・広済院(『叡山大師伝』)、八二二年、国分寺尼法光が越後渡戸浜に渡船・墾田と併置したもの(寺泊、『袖中抄』)、八三五年(承和二)、政府が預大安寺僧忠一に修造させた東海・東山両道連絡路の墨俣《すのまた》川渡しに併置のもの(『類聚三代格』)が知られる。東大寺の布施屋には十五間の建物や倉、馬具のほか、柿・桃・楮などの果樹も植栽された。布施屋では供養なども行われた可能性があり、行路死人歌や『東大寺諷誦文稿』の亡霊供養文との関係が考えられ、中世の道路寺や路頭堂(『言泉集』)、辻堂や接待所もその思想的系譜に属すると考えられる。

参考文献　井上薫「行基の布施屋と貢調運脚夫」(平岡定海・中井真孝編『行基・鑑真』所収、一九八三、吉川弘文館)。鈴木景二「都鄙間交通と在地秩序」(『日本史研究』三七九、一九九四)。　(鈴木　景二)

ぶぜんこくぶんじ　豊前国分寺　福岡県京都郡豊津町に所在する奈良時代に全国に設置された国分寺の一つ。国史跡。寺跡は、今川と祓川とに挟まれた台地上にあり、周辺には国府推定地(惣社付近)、国分尼寺跡、徳政瓦窯跡などが所在する。一九七四年(昭和四十九)住宅建設に伴う調査で、講堂跡とみられる遺構が検出され保存された。遺構は、中世以降の削平が著しいが、一帯からは奈良時代後期を中心とした多量の軒平・軒丸・鬼瓦などが出土している。調査の結果からは、現在の国分寺の裏手から講堂跡と想定される基壇および中世の寺域を示す東西に連なる大溝などが検出された。境内には、一八九五年(明治二十八)に再建された三重塔(県指定建造物)が所在する。初層は奈良時代の塔の規模に合わせたらしく広大で、二・三層は小さいので整わない外観となっている。現国分寺境内を除き整備事業が実施されている。　→国《こく》分寺《ぶんじ》

参考文献　豊津町教育委員会『豊前国分寺発掘調査概報』、一九七五。森貞次郎・横田義章「豊前」(角田文衞編『新修国分寺の研究』五ノ下所収、一九八七、吉川弘文館)。　(磯村　幸男)

ぶぜんのくに　豊前国　西海道の一国。現在の福岡県の東部および大分県の北部にあたる。西は筑前国、南は豊後国(大分県)に接し、東は周防灘に臨んでいる。筑前・豊前・豊後の三国境に標高約一二〇〇メートルの英彦山《ひこさん》が聳える。西側に南北に走る福智山地で筑前との境をなし、東西に走る英彦山山地で福岡県と大分県に分かれる。瀬戸内海を通じて大和に近く、宇佐は畿内との門戸として九州最古の古墳群をもつ。『豊後国風土記』には、豊後国と合わせて豊国《とよのくに》といったとある。豊前国の初見は『日本書

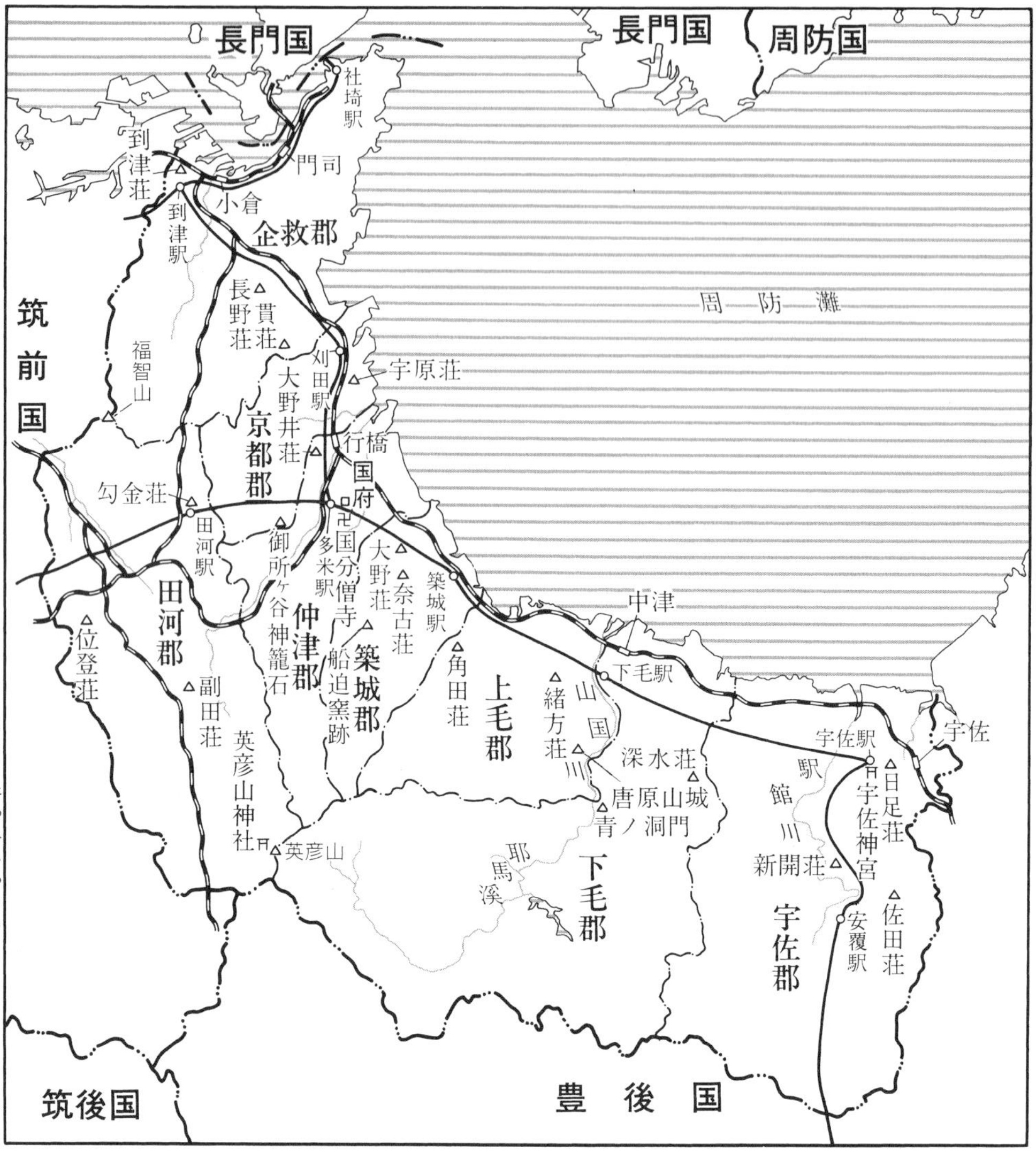

豊前国略図

紀』景行天皇十二年九月条であるが、律令制後の初見は七〇二年(大宝二)の『豊前国戸籍』である。『続日本紀』文武天皇二年(六九八)九月条に「豊後国」がみられ、持統朝の『浄御原令《きよみはらりょう》』により分割されたとする。『和名類聚抄』には「止与久爾乃美知乃久知《とよくにのみちのくち》」と訓じており、郡は田河・企救《きく》・京都《みやこ》・仲津《なかつ》・築城《ついき》・上毛《かみつみけ》・下毛《しもつみけ》・宇佐の八郡がみえる。『延喜式』兵部省諸国駅伝馬条では、社崎《もにさい》・到津《いたむつ》・田河・多米《ため》・刈田《かりた》・築城・下毛・宇佐・安覆《あしぶ》の駅が確認される。国府の所在地は旧仲津郡(京都郡みやこ町豊津の惣社・国作付近)とし、付近の国分に国史跡の豊前国分寺跡が所在する。なお豊前守の初見は七二〇年(養老四)である。古代豊前の特色は、朝鮮系渡来人の活動とその影響が強いことである。国内の古代寺院は新羅系・百済系の古瓦が主流をなす。『豊前国戸籍』にも渡来人系氏姓を冠する者が多く、「上三毛」の陰刻銘のある国宝の観世音寺梵鐘の鋳造や香春《かわら》岳の採銅などにも新羅系渡来人の参加が考えられている。また古代から中世の豊前国の特色の一つに山岳信仰(修験道)の展開がある。九州の霊山は豊前が最も分布が多く、なかでも英彦山と求菩提《くぼて》山は著名である。また九州を代表する宗教勢力として豊前一宮の八幡宇佐宮とその神宮寺の弥勒寺がある。この宇佐宮と弥勒寺は、豊前国内に多くの荘園を持っていた。鎌倉時代の豊前守護は、武藤氏・北条氏およびその一門が補任され、南北朝時代には武藤(少弐)氏が守護職を回復し、宮方守護に任ぜられると幕府方も大友・宇都宮氏を守護に任じ対立した。一三八三年(永徳三)に大内義弘が守護を兼任して以降は大内氏が続き、大内氏が滅ぶと、大友義鎮(宗麟)が豊前守護を兼任し、毛利氏と争った。一五八七年(天正十五)の豊臣秀吉の九州平定の後、企救・田川二郡を毛利勝信に与えて小倉に、残り六郡を黒田孝高に与えて中津に入らせた。この時、豊前国の有力豪族であった宇都宮氏は、伊予転封を拒み、黒田孝高によって誘殺されている。一六〇〇年(慶長五)の関ヶ原の戦後、細川忠興を豊前国一国と豊後国二郡に封じ中津城に入らせた。忠興は一六〇二年本拠を小倉城に移し、小倉藩が成立した。一六三二年(寛永九)細川氏は肥後国に移封、同十月播磨国から小笠原長次が中津八万石(上毛・下毛・宇佐)、小笠原忠真が九州押えの重責を担って小倉十五万石(企救・田川・仲津・京都・築城・上毛)として入封した。一六七一年(寛文十一)忠真の子真方に上毛郡内の一万石を分与して小倉新田藩(のち千束《ちづか》藩と改称)が成立した。中津藩は一七一六年(享保元)まで小笠原氏が封じられていたが、一七一七年に奥平昌成が中津藩十万石(上毛・下毛・宇佐三郡の外に飛地領地も含めて)の大名として入封し、幕末まで続いた。なお小倉藩は長州征討戦争の中で藩庁を一八六六年(慶応二)に田川郡香春に、一八七〇年(明治三)に仲津郡豊津に移している。一八七一年の廃藩置県により、中津県・豊津県・千束県となり、同年三県は小倉県に、一八七六年に福岡県に合併したが、同年八月下毛・宇佐二郡だけは大分県に編入された。

参考文献 『福岡県史資料』、一九三二‐四三。『福岡県史』、一九六二‐二〇〇三。川添昭二他『福岡県の歴史』(『県史』四〇、一九九七、山川出版社)。

(磯村 幸男)

ぶぞうじきょうづか 武蔵寺経塚 平安時代に筑前国に築かれた経塚群。福岡県筑紫野市武蔵所在。太宰府の西南にある天拝山の麓に位置する武蔵寺の南の小丘陵(通称堂山)の頂部に築かれた経塚群。一九六五年(昭和四十)ごろに二本の経筒が盗掘されたことから、一九六八年と一九七九年に発掘調査が行われ、十一基の経塚が確認された。銅製経筒が七個出土しており、銅鋳製積上式経筒と銅板製経筒の二種がある。五号経塚は、底石の上に二段積上式経筒を置き、甕を逆さに被せる。経筒の身に大治元年(一一二六)の銘がある。四号経塚は、底石の上に銅板製経筒を置き、長頸壺を逆さに被せ、周囲を板石で囲い蓋石で覆っている。経筒は銅板を円筒形に曲げて鋲留めし、上中下に金箔の帯を巻いている。蓋は無鈕の傘形で、軒は八花形をなし、花弁の先端には瓔珞《ようらく》を垂下する。盗掘された経筒には寛治八年(一〇九四)の銘を持つものがあることなどから、本経塚群は十一世紀末から十二世紀中ごろにかけて築かれたものと考えられる。

参考文献 小田富士雄・宮小路賀宏『武蔵寺経塚』、一九七〇、武蔵寺史編纂会。奈良国立博物館編『経塚遺宝』、一九七七、東京美術。

(望月 幹夫)

ふそうりゃっき 扶桑略記 神武天皇から堀河天皇一〇九四年(寛治八)三月二日までを収める私撰編年体史書。『本朝書籍目録《ほんちょうしょじゃくもくろく》』に「阿闍梨皇円抄《あじゃりこうえんしょう》」とみえるところから延暦寺の学僧皇円を編者とする説が有力であったが、皇円は抄本の作者であり、藤原師通《もろみち》が主催し大江匡房《おおえのまさふさ》以下複数の人物によって編纂されたとする説も提出されている。全三十巻であったが、現存するのは巻二―六(神功皇后―聖武天皇七三六年(天平八))と巻二十(陽成天皇)以降と神武天皇より平城天皇までの抄本である(その他、『濫《らん》觴抄《しょうしょう》』『水鏡《みずかがみ》』『阿娑縛抄《あさばしょう》』などに逸文を見出せる)。前半は六国史を基本材料とし、後半は「外記日記」を基本材料として伝記類や往生伝・縁起などの史料をもって補っており、特に仏教関係記事が多い。引用記事の多くに出典を注記しており、本書によって知られる逸文も数多い。部分的に古写本が伝存する。刊本に『(新訂増補)国史大系』などがあり、天理図書館所蔵金勝院本(抄出本)は影印本が刊行されている。

参考文献 堀越光信「扶桑略記」(皆川完一・山本信吉編『国史大系書目解題』下所収、二〇〇一、吉川弘文館)。平田俊春『私撰国史の批判的研究』、一九八二、国書刊行会。

(小倉 慈司)

ふたいじ 不退寺 奈良市法蓮町に所在する寺院。不退転法輪寺と号する。山号は金竜山。真言律宗。寺伝では八四七年(承和十四)、在原業平の開基で、それは平城上皇の旧宮、萱の御所を改めて寺としたものと伝えている。史料上確実な初見は、『三代実録』貞観二年(八六〇)十月十五日条。その史料によれば、もと平城上皇の皇女たちが所有していた田地を、平城上皇の皇子である真如親王の申請により、不退寺・超昇寺に施入している。平城上皇ゆかりの寺院と考えられよう。平安時代には十五大寺の一つに挙げられている。本尊の聖観音菩薩像は平安時代中期の作。また本堂安置の五大明王像も平安時代後期の作で、ともに重要文化財。

参考文献 『大和古寺大観』五、一九七八、岩波書店。

(吉川 聡)

ふたがみやまのはか 二上山墓 ⇩大津皇子墓《おおつのみこのはか》

ふたつきのみや 両槻宮 奈良県高市郡明日香村東方にある多武峯《とうのみね》・田身嶺《たむのみね》にあったとされる古代の離宮。二槻宮・双槻宮とも書き、「なみつきのみや」とも呼ばれる。『日本書紀』斉明天皇二年(六五六)是歳条によると「田身嶺に、冠らしむるに周れる垣を以てす、(田身は山の名なり、此をば大務と云ふ)、復、嶺の上の兩つの槻の樹の邊に、觀《たかどの》を起つ、號けて兩槻宮とす、亦は天宮と曰ふ」(原漢文)とある。「觀」については道観(道教寺院)、「天宮」については天上世界の宮殿をさすとされ、ともに道教に関連した施設とする考えもある。両槻宮について具体的な遺構は確認されていないが二〇〇〇年(平成十二)に伝飛鳥板蓋宮跡の東側にある酒船石遺跡で大規模な石垣遺構や亀形石槽が発見され、両槻宮との関連が注目されている。『日本書紀』には斉明朝以降では持統天皇七年(六九三)九月条に「多武嶺に幸す」とあり、また同十年三月条には「二槻宮に幸す」と記されている。さらに『続日本紀』の大宝二年(七〇二)三月条には「大倭国をして二槻離宮を繕治せしむ」とあり、文武朝まで存続していたことがわかる。両槻宮のあった場所については多武峯の談山《たんざん》神社付近とする説などもあるが詳細については不明である。

↓酒船石遺跡《さかふねいしいせき》

(西光 慎治)

ふたらさんじんじゃ 二荒山神社 ㈠宇都宮市馬場通りに所在する神社。正しくは「ふたあらやま」と称する。祭神は豊城入彦命《とよきいりひこのみこと》・大物主命《おおものぬしのみこと》・事代主命《ことしろぬしのみこと》。『延喜式《えんぎしき》』神名帳に名神大社として載る下野国河内郡の二荒山神社を当社とする説と、日光の二荒山神社とする両説があるが、明確にはし難い。『続古事談』は宇都宮を二荒権現の別宮とする所伝を載せる。宇都宮の初見は一一六五年(永万元)神祇官諸社年貢注文に「宇豆宮」とあるもので、中世には宇都宮明神と呼ばれ、下野国一宮であった。社務職を世襲する宇都宮氏が奉斎を担当し、一二八三年(弘安六)に宇都宮景綱が制定した宇都宮弘安式条によれば、当社および関係寺院の奉斎やその維持管理・修営や神事祭礼への奉仕が、宇都宮氏の権威や被官統制・所領支配と一体のものとして機能している。豊臣秀吉により宇都宮氏が改易されると社勢は衰退したが、徳川家康により社領が寄進されて復興、以後は広く下野国内の庶民の信仰をあつめた。

参考文献 『宇都宮市史』中世通史編、一九八一。『宇都宮二荒山神社誌』通史編、一九九〇。

(二)栃木県日光市に所在する神社。祭神は大己貴命《おおなむちのみこと》・田心《たごり》姫命《ひめのみこと》・味耜高彦根命《あじすきたかひこねのみこと》。山内地区の本社と、神体山である男体山《なんたいさん》山頂の奥宮《おくみや》、中禅寺湖畔の中宮祠《ちゅうぐうし》の三社から構成される。日光を開山した勝道《しょうどう》が、七六六年(天平神護二)に山菅《やますげ》の橋(神橋《しんきょう》)を渡って神を祀り、七八二年(延暦元)男体山頂と中禅寺湖畔に祠を建てたことに始まるとされる。二荒神の初見は八三六年(承和三)の神階授与の記事(『続日本後紀《しょくにほんこうき》』)であるが、『延喜式《えんぎしき》』神名帳にみえる二荒山神社とあわせ、当社か宇都宮の二荒山神社かのいずれかは決定しがたい。二荒山の名は日光市清滝《きよたき》町清瀧寺《せいりゅうじ》蔵の大般若一切経の奥書《おくがき》に「大治四年 二荒山一切経」とあるのが初見。このように二荒山神社は神仏習合の山岳信仰の場であった日光の中心的神社として発展した。戦国時代末には小田原の後北条氏に加勢したため豊臣秀吉によって社領が没収されたが、東照社(宮)の創建以後は同宮の地主神として幕府の保護を受けた。明治の神仏分離により神社として独立。本殿・神橋など重要文化財二十三棟を有する。国史跡「日光山」および世界遺産「日光の社寺」を構成する一つ。

参考文献 『日光市史』上・中、一九七九。 （増渕 徹）

ふちゅう 府中 中世において国衙を中心に形成された都市的な領域。諸国の大半に関してその存在が確認される。古代以来の国府は平安時代末期には衰退に向かい、かわって目代や在庁官人を中心とする中世国衙が、しばしば所在地をより交通至便の地へと移して形成され、その周辺に居住区や市場などを伴うに至った。周辺地区を含め、国衙の直接支配権が及ぶ一体的領域を「府中」と称したのである。府中の中核には、中心政庁である留守所や在庁官人の館群が存在し、在庁官人は公文所《くもんじょ》・田所《たどころ》・税所《さいしょ》・国掌所・調所《ずしょ》・弁済所・健児所《こんでいしょ》・検非違所《けびいしょ》・出納所・細工所などの部署を分掌し、各々の館で政務を執った。また、鎌倉時代以降は、守護が国衙在庁機構の重要性に注目してこれを掌握しようとしたため、その館である守護所が府中内部もしくは近隣に設置されることが多く見られた。府中内部の守護館や守護代所などの守護権力の拠点は、留守所・在庁官人館群とは離れて置かれ別の核が形成される場合と、同一の地区に設置される場合とがあった。国府・在庁官人の鎮守神的性格の強い総社(惣社)、守公社や、国務の象徴である印鑰《いんやく》を祀る印鑰社、一宮・二宮、国分寺などの主要寺社もまた、府中の重要な構成要素であった。さらに、交通・物流の中心となる市・宿・津・湊なども、府中に内包されることが一般的であった。このように多様な核を持って発達した府中は、在庁官人や守護・守護代、それらに従属する家臣・下人、国衙・守護所に附属する工房の職人、神官・寺僧、市・宿・津・湊の作業に従事する者など、多くの人々が居住する都市となっていたのである。戦国時代には、戦国大名の城下町が主要都市となったため、都市としての機能が停滞した府中もあるが、逆に戦国大名が府中に拠点を構え、戦国期城下町へと転化した、甲斐(武田氏)、越後(上杉氏)、能登(畠山氏)、豊後(大友氏)などの事例もある。

参考文献 小川信『中世都市「府中」の展開』、二〇〇一、思文閣出版。斉藤利男「荘園公領制社会における都市の構造と領域—地方都市と領主制—」(『歴史学研究』五三四、一九八四)。義江彰夫「中世前期の都市と文化」(『講座日本歴史』三所収、一九八四、東京大学出版会)。 （高橋慎一朗）

ふちゅう・やまのうちかわらがまあと 府中・山内瓦窯跡 八世紀なかごろの瓦窯跡。香川県坂出市府中町前谷から高松市国分寺町新名にまたがって所在する。一九二二年(大正十一)に国の史跡に指定。約十基が確認されているが、うち完形に近い状態で残存するのは一基のみで、民家の敷地内に覆屋が設けられ保存されている。残存する瓦窯跡は地下式有段構造で、焚き口、燃焼室の一部を失っているが、燃焼室・焼成室が二・七メートルの長さで残っている。燃焼室の残存部は幅一・四メートル、高さ一メートルで床は平らである。焼成室が直接接続する。焼成室の床は四五度の傾斜をもち、階段状に削り出されており、現在三つの段が確認される。各段奥行き三〇メートル、段差二〇メートルを測る。本窯跡周辺からは、七葉複弁蓮華文軒丸瓦や八葉複弁蓮華文軒丸瓦・均整唐草文軒平瓦といった讃岐国分寺跡・国分尼寺跡からの出土品と同文の瓦を出土しており、二つの寺の創建に際し、その堂宇に葺く瓦を生産するために営まれたものと考えられる。

参考文献 『さぬき国分寺町誌』、二〇〇五。 （渋谷 啓二）

ぶつがん 仏龕 材面を穿つか、もしくは材を組上げて設えた小空間に仏像を安置し、あるいは彫残して表すものをいう。中国の石窟寺院には仏龕の多様な形式がみられる。日本では八世紀以前の遺品に法隆寺の玉虫厨子および橘夫人念持仏厨子がある。こうした堂宇を象った厨子は宮殿と称され、本来は器物などを収納する箱である厨子の名で呼ばれるのは平安時代後期ごろになってである。鎌倉時代になると仏像を厨子に入れることが奈良地方を中心に流行する。また檀木の内部を穿って像を彫残すいわゆる檀龕仏は入唐僧らによりもたらされ、日本でも奈良時代後期よりこれにならったものが造られた。請来檀龕仏の代表的な遺品に和歌山金剛峯寺の諸尊仏龕がある。 （奥 健夫）

ぶっきょうこうこがく　仏教考古学　仏教に関わる資料によって、その歴史を復元することを目的とする考古学。わが国に仏教が伝えられたのは六世紀前半であるが、寺院建立は六世紀末葉なので、仏教考古学の対象は基本的にはそれ以降である。ただし、外国との関連を除くことはできないので、対象はさらにさかのぼる。対象とする資料が仏教に関わるものであるから、現代文化の根底に仏教が存在することからみても、きわめて多岐にわたる。仏教考古学の大系づけが試みられたのは、『仏教考古学講座』全十五巻(一九三六・三七、雄山閣)である。構成は経典編、仏像・仏画編、法要・行事編、墳墓編、建築編などであったが、直接考古学に結びつかない項目も含まれており、統一性に欠ける面があった。しかし、後藤守一《ごとうしゅいち》・森貞成《もりさだしげ》による「奈良時代の墳墓」など、その分野を学問的に大系づけたものも含まれている。寺院跡をはじめとする仏教関係の遺跡に発掘調査が進むに従って、研究成果があげられるようになった。とくに一九五六年(昭和三十一)・五七年に行われた飛鳥寺、一九五八・五九年に行われた川原寺の発掘調査は従来のトレンチ調査ではなく、寺院遺跡の全面調査であったことから、その後の調査に大きな影響を与え、それぞれの発掘調査報告書もその後の指針となった。戦後の仏教考古学の成果は『新版仏教考古学講座』全七巻(一九七五―七七、雄山閣出版)である。その構成は総説、寺院、塔・塔婆、仏像、仏具、経典・経塚、墳墓である。仏教全般にわたる資料を対象としたものであるから、必ずしも発掘調査によって検出・出土した資料だけではなく、伝世された広範囲の資料を大系づけている。仏教遺跡だけでなく、宮殿・都城・官衙などの遺跡から出土する瓦類の研究は、型式学的、技法的な面から大きく進展している。また、中世はもとより、近世の資料も研究対象として積極的に取り入れられている。

（森　郁夫）

ぶっきょうでんらい　仏教伝来　仏教の受容は単に信仰上の問題にとどまらず政治上大きな意味をもち、日本における仏教の伝来は公伝と私伝があると考えられている。仏教は公伝以前に民間ルートの「私伝」という形ですでに伝わっていたことが推測される。古墳時代に出土した鏡の中に「仏獣鏡《ぶつじゅうきょう》」と呼ばれる、仏像を表現した漢式鏡が知られるが、それを仏教信仰の存在を示すものとするのには疑問がある。また、長崎県対馬には興安二年(四五三)銘の如来坐像が存在するが、対馬に伝わった時期は定かでない。欽明朝以前における仏教の伝来を示す例として『扶桑略記《ふそうりゃっき》』に、五二二年(継体天皇十六)のこととして、渡来人の司馬達止《しばたっと》が大和国高市郡坂田原に草堂を開いて信仰したという記事があるが、年代については疑問がある。一方、仏教の「公伝」については、『日本書紀』の五五二年(欽明天皇十三年＝壬申年)十月に百済聖明王が伝えたとする説と、『上宮聖徳法王帝説《じょうぐうしょうとくほうおうていせつ》』『元興寺《がんこうじ》伽藍《がらん》縁起並流記資財帳《えんぎならびにるきしざいちょう》』の五三八年(欽明天皇七年＝戊午年)の二説が存在する。そのほかにも百済側史料から新たな仏教伝来の年次を探る研究もある。戊午年が欽明天皇の治世の年代に見られず、また欽明朝の紀年に錯簡もあるところから、欽明と安閑・宣化両王朝の並立があり、それを『日本書紀』の編者が隠蔽しようとしたという説が提示されている。また欽明天皇十三年条の記事は『金光《こんこう》明最勝王経《みょうさいしょうおうきょう》』寿量品《じゅりょうぼん》と四天王護国品《してんのうごこくぼん》が用いられており、文章上に明らかな修飾があるが、この年は南都三論宗系の教説で計算すれば末法一年にあたり、それゆえこの年を公伝の年とした、という説がある。しかしいずれの説にせよ、仏教伝来の年次は欽明朝という認識は変わらないから、壬申・戊午両説の二者択一は意味がない、という指摘もある。なお『日本書紀』の仏教伝来の記事には、説話的部分と史実的部分とが認められるとし、蘇我・物部氏の対立には説話的要素があるとしつつも、崇仏・排仏論争を史実と指摘する説もある。また最近では、朝鮮半島の軍事的緊張から、百済が日本に軍事援助を求めた代償として、仏像・経典などを送ったとする説もあり、そうした客観的情勢からみて欽明朝の仏教公伝の可能性は高く、したがってこの『日本書紀』の記事も、原伝承が存在したと思われる。

〔参考文献〕　林屋辰三郎「継体欽明朝内乱の史的分析」(『古代国家の解体』所収、一九五七、岩波書店)。笠井倭人「三国遺事百済王暦と日本書紀」(『朝鮮学報』二四、一九六二)。井上薫「日本書紀仏教伝来記載考」(『日本古代の政治と宗教』所収、一九六一、吉川弘文館)。益田宗「欽明天皇十三年仏教渡来説の成立―日本書紀の編纂について―」(『日本古代史論集』上所収、一九六二、吉川弘文館)。田村圓澄「欽明天皇十三年仏教伝来説話の成立」(『飛鳥仏教史研究』所収、一九六九、塙書房)。同「仏教伝来の史実と説話」(『飛鳥仏教史研究』所収、一九六九、塙書房)。速水侑『日本仏教史　古代』、一九八六、吉川弘文館。

（三舟　隆之）

ぶつぞう　仏像　彫刻や絵画にあらわされた仏教の尊像。通常は彫像を指し、画像は仏画と呼ぶ。西暦一世紀に、インドのガンダーラにおいて、仏教の創始者釈迦《しゃか》の姿を造形化したのが仏像のはじまりである。その後アジア諸地域に展開し、各地域固有の風土や文化伝統によって変容していった。日本には六世紀半ばに朝鮮半島を通じて、すでに中国的な変容を経た仏像が伝えられた。まもなく日本でも仏像が造られ始め、その後も中国の影響を受けながらも、日本独自の展開を見せ、日本人の立体的な造形感覚の変遷をみる恰好の資料となる。主題の上では、狭義には仏陀《ぶつだ》すなわち如来《にょらい》の像をいうが、菩薩《ぼさつ》・明王《みょうおう》・天《てん》などの仏教諸尊の像を含めて広義に仏像というのが一般的である。如来は悟りを開いた者のことで、釈迦のほか、薬師《やくし》・阿弥陀《あみだ》などが仏教教義の展開につれて考え出された。頭部の肉髻《にっけい》・螺髪《らほつ》・白毫《びゃくごう》など三十二相八十種好と呼ばれる身体的特徴があるとされるが、すべてが造形化されたわけではない。菩薩は悟りを求めて修行する者

仏　像

阿弥陀如来

不動明王

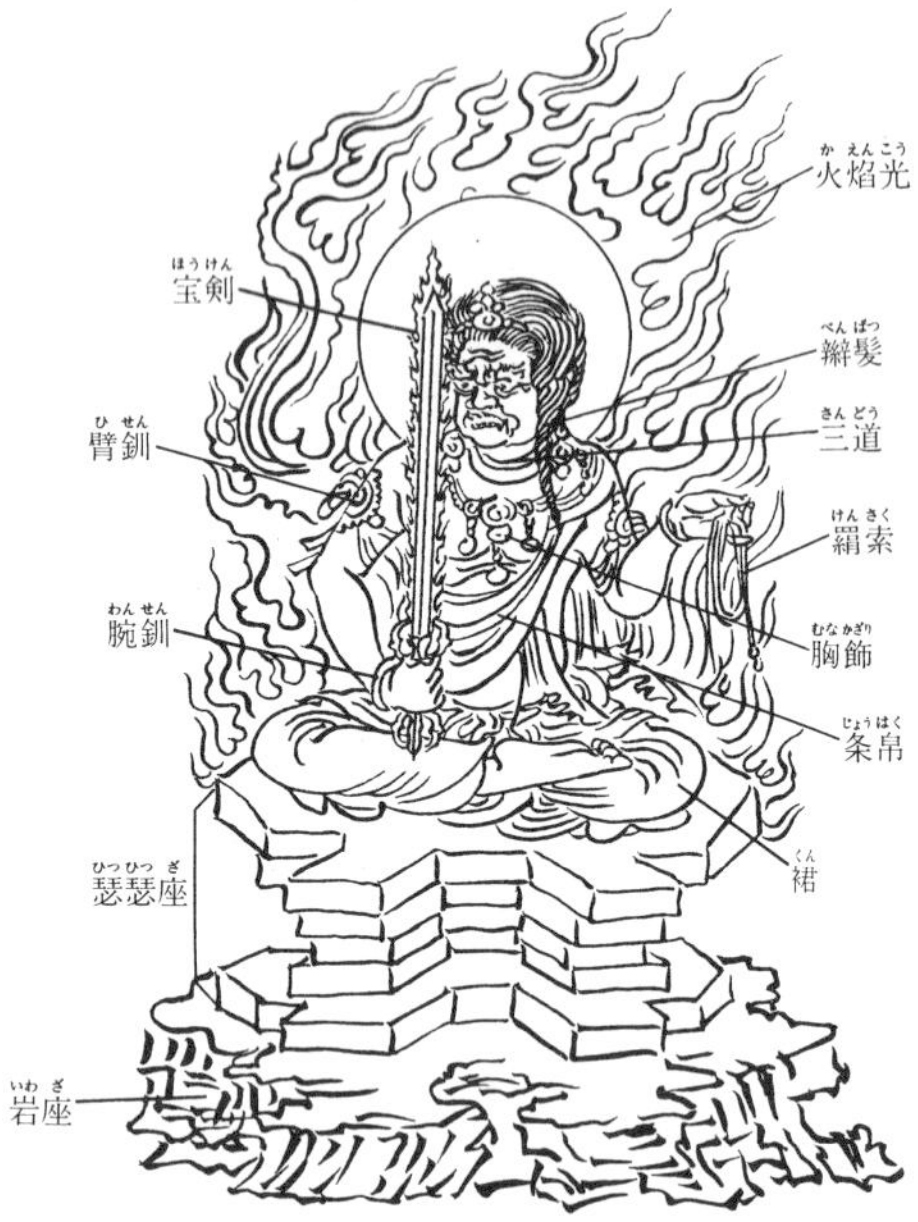

十一面観音菩薩

弁才天

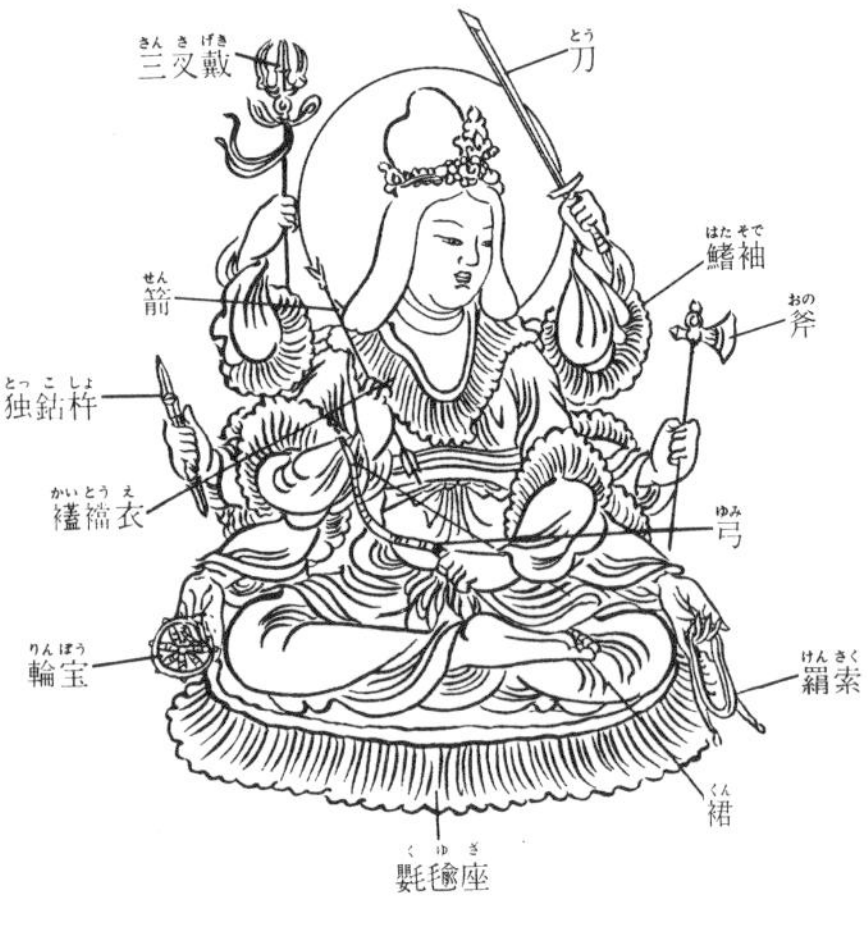

で、初めは成道前の釈迦を指し、多くの如来の誕生に伴い、それに従う多くの菩薩が考え出された。菩薩二尊を如来の両脇にあらわす三尊形式が多いが(釈迦—普賢《ふげん》・文《もん》殊《じゅ》、薬師—日光・月光《がっこう》、阿弥陀—観音《かんのん》・勢至《せいし》など)、単独の菩薩像も多い。観音菩薩には、その働きを多面多臂などの異形であらわす変化《へんげ》観音(千手・十一面・如意輪など)がある。明王は密教特有の尊像で、救いがたい衆生を威力をもって仏教に導くために如来が変身したもの。不動明王はその代表で、このほかこれに四明王を加えた五大明王、また愛染《あいぜん》明王などが知られる。天は、多くは仏教以前の異教の神が仏教に取り込まれて護法神とされたもの。四天王や金剛力士《こんごうりきし》(二王)などのほか、吉祥《きちじょう》天・毘沙《びしゃ》門《もん》天・弁才《べんざい》天など独自の信仰を集めたものも多い。日本における仏像製作の代表的な素材・技法には、木彫、金銅仏、塑像、乾漆像がある。木彫は仏像製作の初期から行われていたが、特に平安時代以後は仏像製作の主流となり、日本的な仏像表現の醸成に寄与した。木彫の技法は、幹部の構造に即して一木造り・割矧《わりは》ぎ造り・寄木造りの三種に大別される。金銅仏は銅で鋳造して、表面に鍍金を施した仏像。飛鳥・奈良時代に盛んに製作され、平安時代には減少するが、鎌倉時代以後は再び盛んに製作される。鋳造の方法は原型の材質によって蠟型・土型・木型に分けられる。なお、仏像製作に用いられた金属は銅以外にも金・銀・鉄などがある。塑像は土(塑土)を素材とする仏像。七世紀後半ごろから中国の影響下に造られていたが、八世紀に全盛をむかえる。乾漆像は、漆で貼り重ねた麻布の上に、漆に麦粉を入れて粘り気を与え、木粉や繊維をまぜた木屎漆《こくそうるし》(乾漆)を盛り上げて造った仏像。内部を空洞とする脱活乾漆造と、木を心にした木心乾漆造に分けられる。前者は飛鳥時代後期から奈良時代、後者は奈良時代後半から平安時代初期に作例がある。仏像の置かれる場を飾る荘厳具として光背・台座がある。光背は仏から発する光明を意匠化したもので、像の背後

に配される。如来・菩薩の光背は、頭の後ろの頭光《ずこう》と体部の後ろの身光《しんこう》からなる二重円相の周囲に光・火・雲・蓮華などの意匠をつけた形が基本である。不動明王などの明王は全体が火焔の形をした火焔光背をつける。また天は頭部の後ろに輪光《りんこう》と呼ばれる簡素な光背をつけるが、光背のないものも多い。台座は像を置く台。これも尊像の性格に応じて形が変化する。如来・菩薩の台座には一般的な蓮華座のほかに、須弥山をかたどった宣字座《せんのじざ》やこれに衣の端を懸ける裳懸座《もかけざ》がある。明王や天には岩座が用いられ、不動明王には岩を意匠化した瑟瑟座《しつしつざ》が用いられる。そのほかに獅子・牛・孔雀などを用いた鳥獣座もみられる。

参考文献 町田甲一『仏像—イコノグラフィ』、一九八三、岩波書店。佐和隆研編『仏像図典（増補版）』、一九九〇、吉川弘文館。水野敬三郎監修『（カラー版）日本仏像史』、二〇〇一、美術出版社。山本勉『仏像のひみつ』、二〇〇六、朝日出版社。

（山本 勉）

ぶっそくせき 仏足石 仏足跡すなわち釈迦の足跡の図様を刻んだ石。仏足跡は、インドでは仏像の造形化以前から、釈迦の表徴として礼拝の対象であった。仏像が製作されるようになってからも仏足跡崇拝の風は続き、インドから東南アジア・中国・日本に伝えられた。奈良薬師寺所蔵の仏足石（国宝）は、日本に現存する最古の遺品である。直方体に近い形の角礫岩の上面に仏足跡の各種文様、側面四方に長文の銘を刻む。銘によると、唐の王玄策がインド鹿野園の仏足跡を転写し、それを日本から入唐した黄文本実《きぶみのほんじつ》が長安普光寺で転写して将来したものが平城京右京四条一坊の禅院に伝えられ、さらに転写した第三本に基づいて、この仏足石は造られたという。銘には、さらに七五三年（天平勝宝五）七月十五日から二十七日までの十三日間で造られたこと、檀主は文屋智努《ふんやのちぬ》であること、さらに画師越田安万《こしだのやすまろ》、書写神石手《みわのいしで》の名などを記す。他の遺品は近世後半以後のものがほとんどである。

参考文献 吉村怜「薬師寺仏足石記と書者「神直石手」について」（『美術史研究』八、一九七二）。加藤諄『仏足石のために—日本見在仏足石要覧—』、一九八〇、築地書館。安田暎胤・大橋一章編『薬師寺』、一九九〇、里文出版。『奈良六大寺大観（補訂版）』六、二〇〇〇、岩波書店。

（山本 勉）

ぶっそくせきかひ 仏足跡歌碑 仏足跡にちなむ歌や仏教を讃える歌を刻んだ石碑。奈良薬師寺所蔵。国宝。小溝の橋になっていたものが、仏足跡を詠んだ歌があることから薬師寺の仏足石と結び付けられ、薬師寺に納められたという伝承があるが、原所在地については諸説があり、江戸時代以来の論争がある。扁平な黒い粘板岩を碑としたもので、計二十一首の歌を上下二段に、一字一音式の万葉仮名で一首一行に刻む。年紀はないが、歌の内容・用語・用字などから、仏足石と同時期のものと考えられている。奈良時代の金石文として、また仏教文学として、貴重である。歌はすべて、短歌形式の終末句の後にもう一つ七言句を加えた五・七・五・七・七・七の形式で、仏足石の周囲を巡る行道の際に、これらの歌が諷誦唱和されたものと推測される。ほかには例が少ないため、この形式の歌体を「仏足石歌体」と称している。歌の中には仏足石造立や行道の情景を詠じたところもある。

参考文献 広岡義隆「仏足石歌碑」（上代文献を読む会編『古京遺文注釈』所収、一九八九、桜楓社）。安田暎胤・大橋一章編『薬師寺』、一九九〇、里文出版。『奈良六大寺大観（補訂版）』六、二〇〇〇、岩波書店。

（山本 勉）

ふで 筆 竹あるいは木の柄の先端に毛などを束ねた穂先を付け、墨や顔料を含ませて文字・絵画をかく道具。古代の遺例としては正倉院に伝世されている十九本の筆がある。そのうち天平宝物筆と称される長さ五六・六センチの大型の筆は、七五二年（天平勝宝四）の東大寺大仏開眼会《かいげんえ》に際し、開眼導師であったインド僧菩提僊那《ぼだいせんな》が手にしたといわれる。同サイズのもう一本のほかは一七〜二〇センチほどの実用的な大きさで、筆管は竹製であり、天然の斑紋をもつ斑竹《はんちく》と、人工的に斑紋を付された仮斑竹が多くを占める。材質調査によると、トウチク属の一種またはマダケ属の一種だとするものが十三例と最も多く、そのほかにハチク、マダケがある。穂先の毛は、ほとんどが失われているが、兎、鹿、狸などの毛が使用されている。穂先の構造は、毛だけを束ねる現代のものとは異なり、麻紙と毛を交互に重ねて巻いた巻筆と呼ばれるもの。発掘によるものとしては、平城京右京五条四坊三坪の宅地跡からの出土品がある。穂先は失われているが、筆管はマダケ製で一端に節をとどめる。長さ一四・九センチ、太さは一・二センチほどで、節のないほうの端に筆毛を嵌めたらしく、内縁に刃物で刳りを加えて内径を広げている。この筆管は建物の戸口に埋められた須恵器壺に墨挺一丁、和同開珎四枚、絹布とともにおさめられていた。産育儀礼にともなう習俗の一種で、胞衣《えな》を入れたものと考えられている。

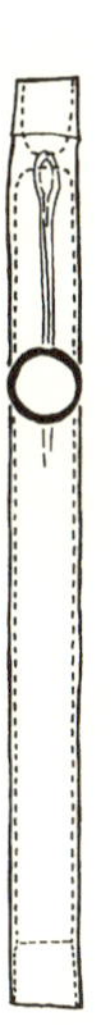

筆（平城京跡出土）

参考文献 小松大秀『文房具』（『日本の美術』四二四、二〇〇一、至文堂）。

（井上 和人）

ぶどうからくさもん 葡萄唐草文 ⇩唐草文《からくさもん》

ふどき 風土記 七一三年（和銅六）の詔により、諸国の地名・伝承・産物などを報告した解《げ》（上申文書）。八世紀の地方状況を伝える地誌・伝承の宝庫として貴重であり、風土記による現地比定や景観復原も盛んである。体裁は国ごとの個性があるが、おおむね冒頭に総記を置き、続いて郡ごとの具体的内容におよぶと考えられる。現存状況により、大部分の残る常陸・播磨・出雲・豊後・肥前の五風土記と、他の文献に引用されて残った逸文《いつぶん》に大別される。『常陸国風土記《ひたちのくにふどき》』は九郡の記載からなり、二郡が失われている。漢籍に取材した語句に特徴があり、「倭武天皇」(ヤマトタケル)の巡幸や土地開墾をめぐる夜刀神《やとのかみ》の伝承(行方《なめかた》郡)がよく知られている。『播磨国風土記《はりまのくにふどき》』は九郡の記載からなり、総記と二郡を欠く。水田の肥瘠を九等級(上上~下下)で注記し、記載傾向のちがいからは国造の勢力圏との対応も推測されている。石棺材に用いられた竜山石の伝承(賀古《かこ》郡)も目を引く。『出雲国風土記《いずものくにふどき》』は唯一完存の風土記で、国引き(意宇《おう》郡)などの神話や神社の記載も多い。郡家《ぐうけ》を基準に距離方角を示し、郡ごとに郡司、巻末には国造の位置があるなど書式が整っている。『豊後国風土記《ぶんごのくにふどき》』は八郡、『肥前国風土記《ひぜんのくにふどき》』は十一郡を載せるが、ともに省略本である。景行天皇《けいこうてんのう》巡幸での地名説話・漢籍を駆使した表現などの共通性がある。また九州風土記には甲乙二種あることが指摘されていて、乙類では郡を県、方位を乾坤巽艮であらわす。甲乙の前後関係はなお議論がある。逸文は江戸時代以来収集されており、水江《みずのえ》の浦の嶼子《しまこ》(丹後)・蘇民将来《そみんしょうらい》(備後)・湯の岡の碑文(伊予)・磐井《いわい》の墓(筑後乙類)など重要なものも多い。逸文は奈良時代のものであるか否かの認定が必要である。五風土記は『新編日本古典文学全集』五(『風土記』、一九九七、小学館、植垣節也校注・訳)、逸文では上代文献を読む会編『風土記逸文注釈』(二〇〇一、翰林書房)が最新のテキストである。

[参考文献] 秋本吉郎『風土記の研究』、一九六三、大阪経済大学後援会。植垣節也『風土記の研究並びに漢字索引』、一九七二、風間書房。関和彦『風土記と古代社会』、一九八四、塙書房。茂木雅博他編『風土記の考古学』一—五、一九九四‐九五、同成社。植垣節也・橋本雅之編『風土記を学ぶ人のために』、二〇〇一、世界思想社。荊木美行『風土記逸文の文献学的研究』、二〇〇二、皇学館大学出版部。

(遠藤 慶太)

ふどきのおか　風土記の丘　文化庁の提唱により始まった広域の遺跡整備事業。各地方の歴史性を豊かにあらわす遺跡が多く存在する地域や、広大な指定範囲をもつ史跡のある地域を対象として、それらの遺跡群の広域保存と環境整備を行うとともに、資料館・展示館を併設して歴史資料・考古資料・民俗資料などの収蔵・展示を行い、遺跡と資料の一体的な保存と活用を目指す構想。土地開発の進展により、個々の史跡の公有化や整備では多数の史跡を含む地域の遺跡保存が困難となったことと、文化財の理解のための整備・活用面が重要視されるようになったことを背景に、西都原《さいとばる》古墳群(宮崎県)を第一号として一九六六年(昭和四十一)から始められた。現在、府県立の設置数は十六ヵ所。ほかに市などの地方自治体が遺跡や資料館を整備し、風土記の丘と名付けているものもある。

風土記の丘一覧 (府県立の施設)

名称	所在地	主要施設	主な文化財
うきたむ風土記の丘	山形県高畠町	山形県立うきたむ風土記の丘考古資料館	日向洞窟
しもつけ風土記の丘	栃木県下野市	栃木県立しもつけ風土記の丘資料館	下野国分寺跡・国分尼寺跡
なす風土記の丘	栃木県那珂川町・大田原市	栃木県立なす風土記の丘資料館	上侍塚古墳・下侍塚古墳・那須官衙遺跡など
さきたま風土記の丘	埼玉県行田市	埼玉県立さきたま資料館	埼玉古墳群
房総風土記の丘	千葉県栄町	千葉県立房総のむら	竜角寺古墳群
甲斐風土記の丘	甲府市	山梨県立考古博物館	銚子塚古墳・丸山塚古墳・大丸山古墳など
立山風土記の丘	富山県立山町	富山県立立山博物館	立山中宮雄山神社関係遺跡(閻魔堂・姥堂跡・布橋・旧教算坊・石仏群など)
近江風土記の丘	滋賀県安土町	滋賀県立考古博物館	安土城跡・観音寺城跡・瓢箪山古墳など
近つ飛鳥風土記の丘	大阪府河南町	大阪府立近つ飛鳥博物館	一須賀古墳群
紀伊風土記の丘	和歌山市	和歌山県立紀伊風土記の丘資料館	岩橋千塚古墳群
八雲立つ風土記の丘	松江市	島根県立八雲立つ風土記の丘資料館	出雲国分寺跡・出雲国府跡・岡田山古墳など
吉備風土記の丘	岡山市・総社市	岡山県立吉備路郷土館	備中国分寺・備中国分尼寺跡・作山古墳など
みよし風土記の丘	広島県三次市	広島県立歴史民俗資料館	浄楽寺・七ッ塚古墳群
肥後古代の森	熊本県山鹿市・和水町	熊本県立装飾古墳館	岩原古墳群
宇佐風土記の丘	大分県宇佐市	大分県立歴史博物館	川部・高森古墳群
西都原風土記の丘	宮崎県西都市	西都原考古博物館	西都原古墳群

[参考文献] 河原純之・安原啓示編『整備・復原された遺跡』(『図説発掘が語る日本史』別巻、一九八六、新人物往来社。『文化財保護法五十年史』、二〇〇一、文化庁。

(増渕 徹)

ふなおかやま　船岡山　京都市北区の大徳寺西南、紫野にある標高一一二メートルの孤立した丘陵。一九六八年(昭和四十三)国史跡に指定。この山は、形が船に似ていることから名づけられたという。低い丘陵であるが、景勝地であり、「岡は船岡」(『枕草子』)といわれたように有名であった。山頂には巨石があって、祭祀遺跡(磐座《いわくら》)であったらしい。その位置は、平安京朱雀大路《すざくおおじ》の北の延長線上であり、平安京造営に際しての基準点になったと推定されている。平安時代中ごろまでは、疫病除去のための御霊会や修法が行われたり(『日本紀略』正暦五年(九九四)六月丁未条など)、貴族の子《ね》日遊びなどが行われ、歌枕にもなっていた。平安時代後期以降は、山麓西の葬地である蓮台野の影響や刑場となったことから同じく葬地となった。また、京都北西から洛中に入る要地に位置するため、しばしば合戦場にもなった。たとえば、応仁の乱では、西軍の一色義直・山名教之がここに陣を構え、東軍の細川

屏　風

屏風は元来風よけや空間を仕切る調度品であった。中国漢代に見られるが、わが国でもすでに『日本書紀』に見られるように、古くから使われていた。中でも儀式や儀礼を行う空間を他から遮る役割として多く使用された。時代とともに製作法も整えられ、また描かれる画題も多様化し、室町時代には今日見る形式が整った。同時に儀式用・実用であったものに鑑賞的要素が加わり、装飾品として飾られることも多くなった。

ほかにお産のとき、産所を屏風で取り囲むこともあった。このときは鶴や亀などおめでたい図柄の屏風が使われた。また、人が亡くなった場合、遺体を屏風で取り囲むことも行われた。このときは屏風を裏返しにしたり、逆さまに立てるなど、普通とは異なる立て方をされた。

安土桃山時代以降は特に盛んで、山水や花鳥風月の画題に加え、洛中洛外図・江戸図・南蛮図・合戦図・世界図・日本図・街道図・四季耕作図などさまざまな対象が描かれた。実景描写そのものではない場合も多いが、生活・風俗・時代景観などを知るうえでも貴重なものとなっている。

（水藤　真）

戦国時代の京都　洛中洛外図（右隻第３扇中）６曲１双　国宝　　山形県米沢市上杉博物館所蔵

画面中央に左右（南北）に描かれた室町通りに面して多数の店が営まれ多くの人々が行き交っている。ちょうど今四条室町の辻（交差点）を祇園祭の山鉾が巡行し見物人が群がっている。

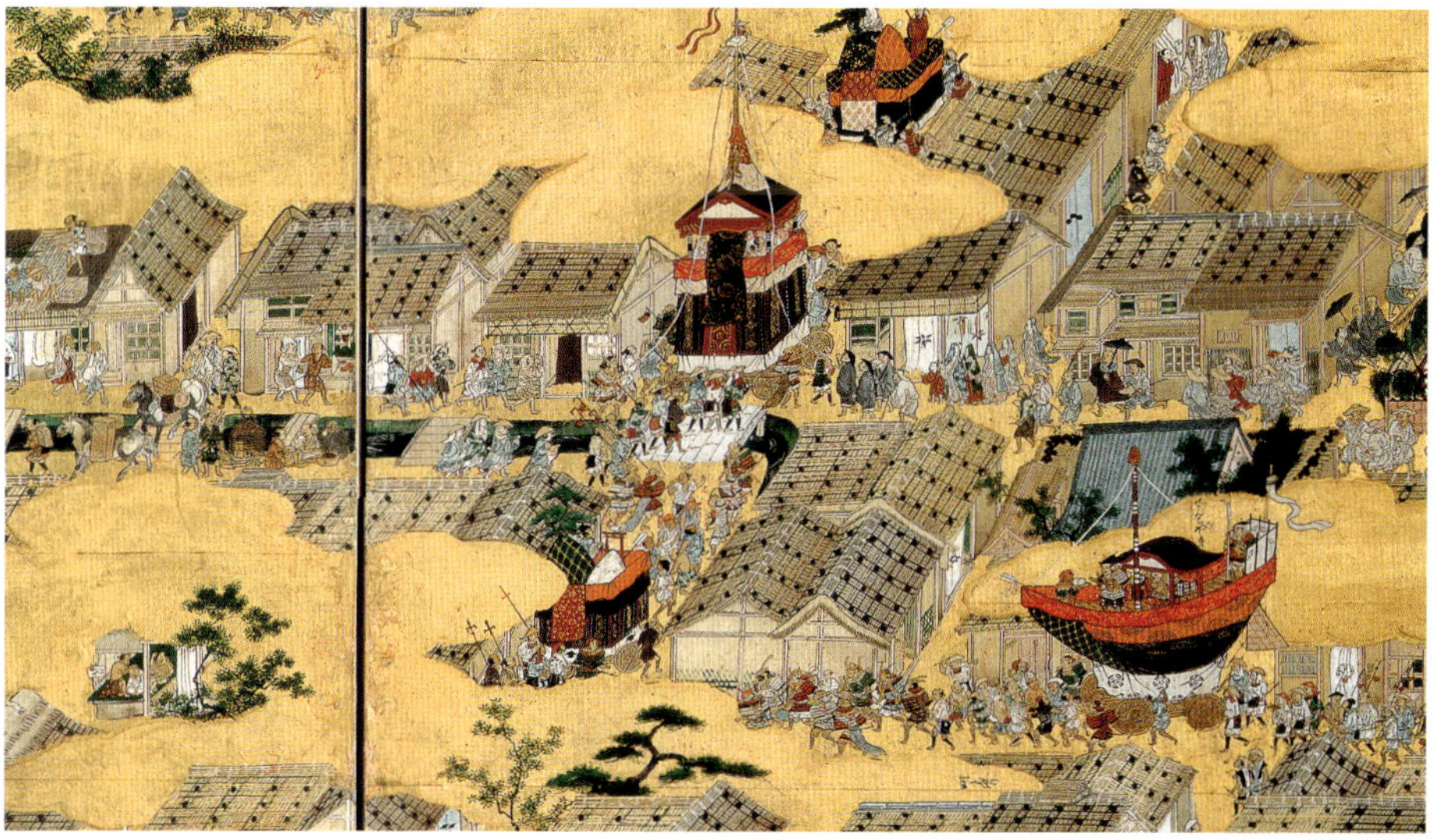

江戸の賑わい　日本橋

江戸図屛風（左隻第２扇下）　６曲１双　　千葉県佐倉市　国立歴史民俗博物館所蔵

橋から人がこぼれそうになるほど日本橋は通行人でごった返している。橋詰めには高札が立てられさまざまなことが周知された。川岸では江戸湾で採れた海産物が荷揚げされている。

江戸城天守閣　江戸図屏風(左隻第１・２扇)　国立歴史民俗博物館所蔵
今では失われた天守閣をはじめ江戸城内の様子がよくわかる。天守閣の左下「御本丸」とある押紙の下が大奥で、それより左側に表向きの建物が並ぶ。将軍が大名に面会するなどの政務はここで執り行われた。

南蛮屏風(右隻)　狩野内膳筆　６曲１双　　神戸市立博物館所蔵
はじめて見たヨーロッパ人やアフリカ人、それに彼らがもたらした文物は、人々の興味をかき立てて止まなかった。

長篠合戦図屛風（第２～５扇）　６曲１隻　　愛知県犬山市　犬山城白帝文庫所蔵
はじめて本格的に鉄砲が使用された長篠合戦（設楽原合戦）の様子が生き生きと伝わってくる。

農耕春秋屛風（左隻第２～５扇）　６曲１双　　福島県会津若松市　会津酒造歴史館所蔵
この屛風は６曲１双で、右隻には春から夏の代掻き・田植え・灌漑の農作業が、左隻には秋の収穫そして年貢の納入の場面が描かれる。四季耕作図と呼ばれることが多い。ほかにも陶器生産や鯨場など産業を描いた屛風もある。

当麻曼荼羅縁起絵（上巻第３段）　国宝　　神奈川県鎌倉市　光明寺所蔵
横佩大臣の姫君が井戸端で蓮糸を染めようとしているところ。このように屏風は屋外でも一定の空間を区切るとき使用された。

駒競行幸絵巻　重要文化財　　東京都世田谷区　静嘉堂文庫所蔵
今、太皇太后（上東門院彰子）が藤原頼通の自邸高陽院の寝殿に入ろうとする場面。寝殿は屏風や几帳で室礼されている。ところで、この屏風、開かれ方が少し変わっていると思われるかもしれない。このように屏風は内側にも外側にも開閉できた。これが屏風仕立てである。

装飾古墳・壁画古墳

九州の装飾古墳

福岡県と熊本県を中心に約260基ほどの装飾古墳が知られている。５世紀後半の石人山古墳(福岡県八女郡広川町、史跡）では、家形石棺の蓋上面に直弧文や同心円文が刻まれている。６世紀代には横穴式石室の石屋形や奥壁に、幾何学文や武具などを赤・黒・緑などで描く例が多い。石屋形ではチブサン古墳(熊本県山鹿市、史跡)の内壁に描かれた幾何学文が有名である。横穴式石室では王塚古墳(福岡県嘉穂郡桂川町、特別史跡)と竹原古墳(同若宮市、史跡)に描かれた絵画的構成の壁画が有名である。王塚古墳では両袖石に飾馬や騎馬の人物像が描かれ、石室内壁や石屋形・燈明台は各種の幾何学文や双脚輪状文・蕨手文などが描かれている。竹原古墳の横穴式石室奥壁には、下に波頭を、左右に翳、中央に引馬、上方に竜を描く。左右袖石には朱雀と玄武らしき壁画も見られる。６世紀後半から７世紀にかけては横穴墓の内面や入り口に装飾を持つ例が、熊本県下に多く見られる。

王塚古墳　横穴式石室奥室入口袖石

竹原古墳　横穴式石室奥室奥壁

東日本の装飾古墳

北関東から東北南部にかけて装飾古墳が分布する。なかでも茨城県ひたちなか市の虎塚古墳(史跡)が著名である。全長56.5mの前方後円墳で、軟質凝灰岩の横穴式石室玄室と玄門には、白色粘土で下塗りされた上に、ベンガラで、円文、環状文、連接三角文などの幾何学文様と太刀、靫、鞆などの武器・武具が赤色で描かれている。築造年代は7世紀初頭と考えられている。九州と画題などが類似し、装飾古墳の東日本への伝播を考える上でも重要である。このほか、奥壁に人物や騎馬人物・鳥などを赤彩や線刻で描く横穴墓が知られている。

虎塚古墳　石槨式石室側壁・奥壁

高松塚古墳

現文武天皇陵古墳から北西に延びる丘陵の南西斜面に築造されている。江戸時代には一時文武天皇陵に比定されたこともある。二段築成の円墳で、下段部の直径23.01m、上段部の直径17.7mに復元される。1972年（昭和47）の調査で壁画の存在が明らかになり、世上の注目を集めた。

石室は墳丘のほぼ中央に位置する。二上山産の凝灰岩切石で構築され、天井4石、床3石、側壁各3石、奥壁・扉石各1石の15石で構成される。石室内面には漆喰を塗った上に極彩色の壁画が描かれる。東壁には中央に青竜、その上に日象を描き、北壁側に女子群像、南壁側に男子群像を描く。西壁には中央に白虎、その上に月象を描き、東壁同様、北壁側に女子群像、南壁側に男子群像を描く。北壁には玄武を描くが南壁に朱雀は描かれていなかった。天井中央には星宿図を描く。

石室前面に保存施設が作られたが、近年カビによる壁画の劣化が憂慮される事態となり、石室を解体して壁画の修復を行う新たな保護活動が進められている。古墳は特別史跡、壁画は国宝。

北壁中央玄武図

西壁北側女子群像

東壁中央青竜図

キトラ古墳

高松塚古墳の南約1.2kmに位置する。北西に延びる丘陵の南斜面に立地する。1983年（昭和58）のファイバースコープによる調査によって、奥壁に玄武の壁画があることが判明した。その後1996年（平成８）には墳丘の発掘調査が行われ、直径13.8mの二段築成の円墳であることが明らかになった。さらに1998年に再度石室内に小型カメラを挿入し、青竜（東壁）・白虎（西壁）・天文図（天井）の存在が新たに明らかとなった。2001年の調査では朱雀（南壁）の存在が明らかになった。

石室は床と天井は4石、北壁2石、東壁4石、西壁3石、南壁1石、計18石の凝灰岩切石を組み合わせて構成される。石材には割付のための朱線が残り、内面全面に漆喰が塗られている。

壁画の状態が予想以上に悪いことがわかり、2002年から文化庁が主体となって保存事業が始まり、壁画を取り外して保存処置を行う作業が行われている。特別史跡。

天井天文図

東壁獣頭人身像

南壁朱雀

（杉山　洋）

勝元との間に攻防をくりひろげ、一五一一年(永正八)にも細川澄元・細川政賢がここに布陣し、細川高国・大内義興の軍勢と戦っている。明治になって、織田信長を祭る建勲《たけいさお》神社が山頂東側に建てられ、それ以外は、京都市の船岡山公園となっている。

(磯野　浩光)

ふなだいせき　船田遺跡　古代集落跡。東京都八王子市長房町の南浅川左岸段丘上にあったが、都営住宅団地建設により大半は消滅。この遺跡は一九二七年(昭和二)に後藤守一らの調査で縄文時代後期の敷石住居跡が発見されたことで著名なものとなり、翌年に国史跡となった。その後、一九六八年から一九六九年に、団地建設に伴い周辺約一一万平方㍍の範囲が発掘調査され、弥生時代後期、古墳時代前・後期、平安時代の重複する集落跡が発見された。検出遺構は、住居跡・方形周溝墓・配石遺構など三百四十余りになり、多摩川上流域では今も屈指の大集落である。一九七一年、都営住宅の増設に伴って遺跡南西部の調査が行われ、七世紀前半の円墳一基、平安時代の住居跡十一軒が加えられている。出土遺物は土器が主体だが、鉄製品や祭祀具、摺石《すりいし》や編み物に使う石器などもあり、民俗具的な生活用具も確認された。弥生集落には墓地が伴い、古墳時代後期の集落は、二百軒を超える住居跡が検出されるなど、拠点集落の様相を示す重要遺跡である。二〇〇一年(平成十三)からは、さらに遺跡西部で旧団地の改築工事に伴う調査が行われ、奈良時代から平安時代の住居群が多数発見された。ここでは掘立柱建物跡が多いことなど集落の構造が異なる面を示している。

参考文献　八王子市船田遺跡調査会編『船田』I・II、一九七〇・七三。同編『船田—東京都八王子市船田遺跡の第二次調査—』、一九七二。

(服部　敬史)

ふなばし　舟橋　大きな河川に多数の小舟を浮かべて、綱や鎖で連結し、その上に板を敷いて通路とする橋のこと。浮橋《うきはし》ともいう。古くは『万葉集』一四に「上毛野《かみつけの》佐野の舟橋」がみえるが、行幸《ぎょうこう》などで必要な際に臨時に設けられるものと、急流などで橋が建設しにくい場合に常設の橋として設ける場合の二通りがある。前者としては、平安時代の石清水八幡宮や春日大社、松尾大社などへの行幸に際して臨時に設置されたことが、当時の公家の日記に散見される。後者としては先述の佐野の浮橋のほか、中世では『吾妻鏡』暦仁元年(一二三八)二月六日条に頼《より》経《つね》将軍の上洛にあたって天竜川の浮橋を渡った記事がみえる。記事内容からみて常設であったと思われるが、『一遍上人絵伝』巻六第五紙に描かれた富士川の舟橋と同類のものであったと推測される。近世になると、越中富山城下の神通川に架けられた舟橋などが街道筋の常設のものとしてよく知られているが、交通の発達と架橋技術の向上によって減少した。

(藤田　盟児)

ふなやまこふん　船山古墳　⇨江《え》田《た》船《ふな》山《やま》古《こ》墳《ふん》出《しゅつ》土《ど》太刀《たち》

ふね　船　水上航行具の一つ。日本の船の歴史は縄文時代の一本の木を刳り抜いて造った丸木船にはじまるが、風土的な条件、つまり使用しうる船材の相違によって瀬戸内海・太平洋と日本海における船の大型化は異なる過程をたどった。古代・中世の瀬戸内海・太平洋で多用されたのは、三材の楠の刳船《くりぶね》部材を前後に継いだ船底部に棚板をつけた準構造船である。前後継ぎは、優れた船材である楠が低いところで枝分かれして幅は広いが長い材が得られないための技術で、弥生時代に水稲技術や金属器などとともに南中国から伝来したと考えられている。棚板の枚数を増やして深さを増し、棚板を外に開かせて幅を広げることによって大型化がはかられ、遅くとも十六世紀には船底の刳船部材を板材に置き換えた棚板造りの船が出現した。棚板造りの船が準構造船と違うのは船底材だけであるが、楠の刳船部材という特殊な材が不要になれば、それだけ船材の選択範囲が広がり、造船が容易になったはずで、大型船に必要な楠の大木の不足が棚板造りの船を出現させた可能性がある。一方、楠の生育しない日本海では杉・草槇・檜葉などの長大大径木を刳った船底部に棚板をつけた準構造船が用いられていたらしく、この船底部を左右に分けて面木《おもき》とし、間に船底材を入れて幅を広げ、面木に舷側材を接ぎ合わせて深さを増すことによって面木造りの船が生まれたのだろう。大型船では、通例、片舷分の面木を一本の木から刳り出す。梁材と板材だけですむ棚板造りの船に対して、面木という特殊な部材を必要とするところに面木造りの特色がある。帆装は棚板造りの船も面木造りの船も基本的には変わらず、船首に弥帆《やほ》と呼ぶ補助帆をあげ、船体中央に大きな本帆を張る中世以来の形式を踏襲していた。近世前期には棚板造りの商船と面木造りの商船が並存していたが、近世初頭以来の空前の材木需要によって森林資源が枯渇し、面木が入手しがたくなったため、十八世紀前期に面木造りの商船は急激に衰退し、代わって大木が不足しても接合わせの枚数をふやせばすむ棚板造りの弁才船《べざいせん》が全国に普及した。鎖国のために幕府は帆柱を一本に限り、竜骨《りゅうこつ》を禁じたと説かれることがあるが、これは幕末から明治に行われた俗説が学説化した附会の説にすぎない。幕末に洋式帆船が導入されると、洋式帆船の高い建造費に加えて明治時代に西洋形商船のみに適応される法令の制定が相ついだため、国内海運では経済性と実用性に優れ、法制上も有利な和洋折衷の帆船が盛行し、昭和初期に機帆船に取って代わられるまで活躍した。折衷の様態は多種多様であり、肋材《ろくざい》を入れ、舵《かじ》を洋式にするなど船体の一部を洋式化したり、洋式の補助帆を船首尾に張ったりするいわば在来形の改良船から、一部洋式化した和式の船体にスクーナー式の帆を揚げる船やスクーナーもどきの船まで現れた。和船なる語は、船型を問わず、日本の船を意味するほか、幕末には洋式帆船に対して在来形船を指した(日本船・日本形船も同義)。幕末の和船の主流は弁才船に代表される棚板造りの船であり、洋式帆船とは船体から艤装《ぎそう》に至るまでことごとく違っていたから、和船の一語で彼我の区別は十分についた。しかし、洋式船が導入されて程なくして、和洋の技術を折衷した船が現れ、明治中期ともなると多少とも洋式技術を折衷していない在来形船はないといっても過言ではないので、おそらく当時は帆装・上廻りに在来形式をとどめる船を和船と呼んだのだろう。今日、各地に残る和船と称される船は、むろん、和洋を折衷した技術で造られている。国語辞典は和船を日本在来形式の木造船の意とするが、時代により、地域により在来形式は変わるので、辞典の語釈は曖昧といわざるをえない。なお、明治政府の管船上の区分としての日本形船は、一八九六年(明治二十九)までは船体が完全な洋式構造でない帆船をいう。

参考文献 石井謙治『図説和船史話』(『図説日本海事史話叢書』一、一九八三、至誠堂)。安達裕之『異様の船—洋式船導入と鎖国体制—』(『平凡社選書』一五七、一九九五)。同『日本の船』和船編、一九九八、船の科学館。

(安達 裕之)

ふねのおうごぼし　船王後墓誌　七世紀の渡来系氏族出身官人船王後の墓誌。江戸時代に現在の大阪府柏原市国分松岳山から出土したと伝え、長く大阪府羽曳野市西琳寺に所蔵されていた。現在、三井文庫蔵。長さ約二九・八センチ、幅約六・九センチ、厚約〇・一センチ、重さ約二〇〇グラムの長方形の銅製鍛造《たんぞう》短冊形の薄板の表裏面にわたって各四行ずつ計百六十二文字が記されている。船氏は河内国丹比郡《たじひぐん》を本拠とした渡来系氏族で、代々文筆をもって朝廷に仕えた。内容は、「墓主・船王後は船氏中興の祖である王智仁の孫、那沛古《なへこ》の子で、推古・舒明両朝に仕え、大仁位(冠位十二階第三階)に列せられ、去る辛丑年(六四一)十二月三日に没した。去る戊辰年(六六八)に至って松岳山に内室の安理故能刀自《ありこのとじ》とともに合葬し、その隣には長兄刀羅古《とらこ》の墓を並べて造営し、長く後代にこれを伝えんとする」との意である。現存墓誌で最古の紀年銘を有するが、文中で、「冠位」が「官位」と記され、字音仮名にも新しい要素が見られるなどの点から、実際の制作年代を七世紀末から八世紀初頭ごろまで下げる考え方もある。一九六一年(昭和三十六)、国宝指定。

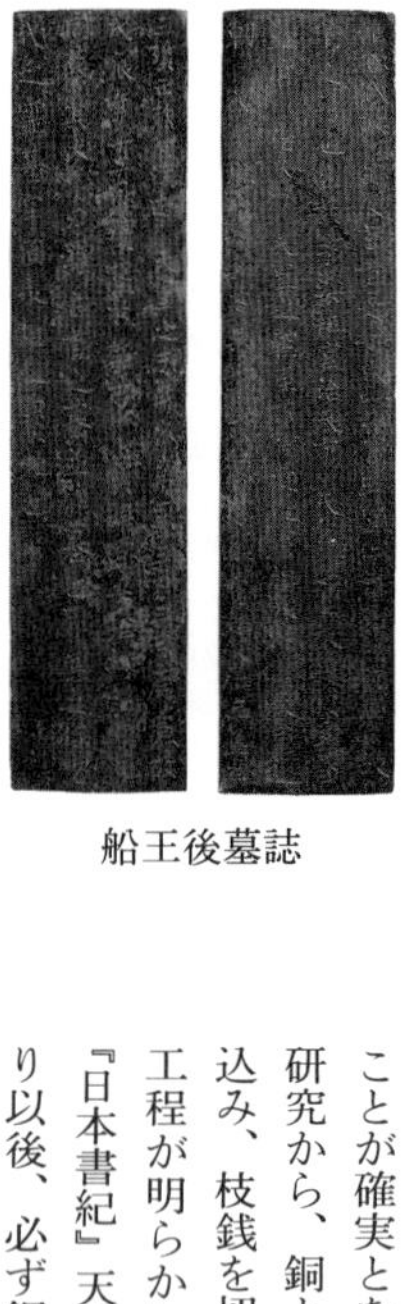

船王後墓誌

銘文 (表)惟船氏故　王後首者是船氏中租王智仁首児那沛故／首之子也生於乎娑陁宮治天下　天皇之世奉仕於等由／羅宮　治天下天皇之朝至於阿須迦宮治天下天皇之／朝　天皇照見知其才異仕有功勲　勅賜官位大仁品為第

(裏)三殯亡於阿須迦　天皇之末歳次辛丑十二月三日庚寅故／戊辰年十二月殯葬於松岳山上共婦　安理故能刀自／同墓其大兄刀羅古首之墓並作墓也即為安保万／代之霊基牢固永劫之宝地也

参考文献 奈良国立文化財研究所飛鳥資料館編『日本古代の墓誌』、一九七九、同朋舎。大阪府立近つ飛鳥博物館編『古墳から奈良時代墳墓へ—古代律令国家の墓制—』、二〇〇四。

(高島 英之)

ふほんせん　富本銭　日本古代の鋳造銅銭。円形方孔で、方孔の上下に「富」「本」の文字を、左右には陰陽五行思想にもとづく七曜文を配する。江戸時代に絵銭《えせん》として登場していることから、古くは近世につくられた絵銭と考えられてきたが、戦後の平城京、藤原宮などの発掘調査などで富本銭が出土するようになり、和同開珎《わどうかいちん》とほぼ同時代に使用された銅銭であることが判明した。さらに一九九九年(平成十一)に、奈良県飛鳥池《あすかいけ》遺跡の七世紀後半代の遺構から富本銭とその未完成品、鋳型、るつぼ、ふいごの羽口、鋳棹《いざお》などの鋳造遺物が大量に発見され、和同開珎発行以前の七世紀後半代に鋳造された銅銭であることが確実となった。さらに成分分析や製作技術の復原研究から、銅とアンチモンの合金を鋳棹から鋳型へ流し込み、枝銭を切り離して仕上げる、という具体的な製作工程が明らかになった。富本銭の評価をめぐっては、『日本書紀』天武天皇十二年(六八三)四月壬申条に「今より以後、必ず銅銭を用いよ、銀銭を用いることなかれ」(原漢文)とみえる銅銭に相当するものとし、天武朝において、藤原京建設のための財源として発行されたものとみなす説がある。銭文の「富本」が「富民の本は食貨にあり」という中国の経済思想にもとづくと考えられることや、富本銭の規格が唐の開元通宝《かいげんつうほう》とほぼ同じであること、飛鳥池遺跡で大量に生産されていたと考えられることなどをその根拠とする。これに対して、天武朝には銭貨流通を促進されるための政策が全くうちだされていないことや、富本銭の文様がその後の本朝十二銭とは一線を画すること、製作方法が丁寧で必ずしも大量生産を想定していないと考えられることなどを根拠に、むしろ厭《よう》勝銭《しょうせん》として使用されたとし、富本銭を通貨とする説を疑問視する立場もある。これまでの出土地は、平城京、藤原京といった都城のほか、大阪府大阪市細工谷《さいくだに》遺跡、長野県高森町武陵地《ぶりょうち》古墳、長野県飯田市座光寺《ざこうじ》地区、群馬県上栗栖《かみくりす》遺跡などである。

参考文献 東野治之『貨幣の日本史』(『朝日選書』五七四、一九九七、朝日新聞社)。松村恵司「富本七曜銭の再検討」(『出土銭貨』一一、一九九九)。三上喜孝『日本古代の貨幣と社会』、二〇〇五、吉川弘文館。奈良文化財研究所・朝日新聞社事業本部大阪企画事業部編『飛鳥・藤原京展』、二〇〇三、朝日新聞社。栄原永遠男「貨幣の発生」(桜井英治・中西聡編『流通経済史』(『新体系日本史』一二、二〇〇三、山川出版社)。

(三上 喜孝)

ふみのねまろのはか　文禰麻呂墓　飛鳥時代の官人文禰麻呂の火葬墓。奈良県宇陀市榛原区八滝所在。この火葬墓が発見されたのは江戸時代の一八三一年(天保二)で、当時の文書によれば、八滝村笠松の畑を耕作中に偶然発見された。火葬墓の詳しい構造は不明であるが、穴を掘って、ガラス製の骨壺を入れた金銅壺と墓誌を納めた銅箱を置き、周囲を木炭で覆っていたらしい。骨壺は取り出したときに壊してしまったが、中に灰が入っていたという。骨壺は鉛ガラス製で緑色を呈する。身は、ほぼ球形の胴部に低く小さな口頸部がつき、蓋は、宝珠鈕をもつ小さな被せ蓋。総高一七・二センチ。金銅壺は銅鋳製で鍍金を施す。身と蓋は合欠きの印籠蓋造り。身は低い高台がつき、蓋は宝珠鈕をもつ。総高二六・八センチ。銅箱は銅鋳製で、長二九・一センチ、幅五・九センチ、高四・八センチを計り、蓋裏には低い四方桟をつける。墓誌は銅鋳製で長二六・二センチ、幅四・三センチを計る短冊形の銅板で、一行十七字、二行三十四字の銘文「壬申年将軍左衛士府督正四位上文禰麻／呂忌寸慶雲四年歳次丁未九月廿一日卒」が刻まれている。文禰麻呂は、渡来系の西文氏からでた官人である。その名は『日本書紀』や『続日本紀』にみえる。それによると禰麻呂は、六七二年(天武天皇元)の壬申の乱に際し、大海人皇子(のちの天武天皇)を助けて活躍し、功臣として高位を得た。その功により、七〇七年(慶雲四)の死に際し正四位上を贈られた。当時、ガラス製の骨壺は貴重であり、禰麻呂にふさわしいものといえよう。また、火葬墓に伴う最古の墓誌として重要である。出土品は一九五二年(昭和二十七)に国宝に指定され、遺跡も一九八四年に国史跡に指定された。

資料館　東京国立博物館(東京都台東区)

参考文献　奥村秀雄「国宝文禰麻呂墓出土品(奈良県宇陀郡榛原町八滝出土)」(『MUSEUM』二七〇・二七三、一九七三)。飛鳥資料館編『日本古代の墓誌』、一九七九、同朋舎。時枝務「文禰麻呂墓出土品」(『日本の国宝』四六、一九九七、朝日新聞社)。

(望月　幹夫)

ぶらくいん　豊楽院　平安宮に設けられた国家的饗宴のための施設。平安宮(大内裏)の南西部、朝堂院の西隣に位置し、四周を画する築地の規模は南北百三十四丈(約四〇〇メートル)・東西五十七丈(約一七一メートル)を測る。築地には南の豊楽門、北の不老門など四門が開き、その内に天皇が出御する正殿豊楽殿(旧称は乾臨閣)、東朝堂の顕陽堂・観徳堂、西朝堂の承観堂・明義堂、南門の儀鸞門が複廊で結ばれて建ち、内郭を形作って朝庭を囲繞した。このほか豊楽殿後殿の清暑堂、東西の栖霞楼・霽景楼、朝堂院朝集堂に相当する延英堂・招俊堂があった。平城宮の中央区朝堂院がこれによく似た形状をもち、饗宴に用いられた可能性があるが、長岡宮における様相は明らかでない。平安遷都とともに豊楽院が新造され、七九九年(延暦十八)以降に竣工した。当初は主として外国使節来朝時の饗宴、および大嘗祭豊明節会に利用され、嵯峨朝になると正月三節・大射・新嘗会にも使われた。かくして饗宴施設としての機能が高まり、『内裏式』『儀式』などに定着したが、九世紀中葉以降、節会や大射が内裏で開催されるようになると、豊楽院の役割は後退していった。十―十一世紀には倒壊や火災が相つぎ、そのたびに修造が行われた。一〇六三年(康平六)の焼亡後は殿舎利用の例を見ず、そのまま退転したと考えられる。豊楽院の遺跡は京都市上京区千本丸太町西方にあり、古くから瓦や凝灰岩切石が出土していたが、一九八七年(昭和六十二)の発掘調査において、豊楽殿北西部および北廊の遺構が良好な状態で発見された。凝灰岩切石による壇上積基壇、礎石の据付痕跡、北側階段が検出され、豊楽院が七間四面の平面形式をもつこと、造営当初は清暑堂につながる北廊が存在しなかつたことなどが判明した。緑釉を施した鴟尾や軒瓦も出土し、豊楽殿の意匠をうかがわせた。このほか豊楽院各所で発掘がなされているが、全貌の解明には至っていない。

参考文献　古代学協会・古代学研究所編『平安京提要』、一九九四、角川書店。京都市埋蔵文化財研究所編『平安宮』Ⅰ(『京都市埋蔵文化財研究所調査報告』一三、一九九五)。橋本義則『平安宮成立史の研究』、一九九五、塙書房。

(吉川　真司)

ふるさとれきしのひろば　ふるさと歴史の広場　文化庁の史跡整備事業として一九八九年(平成元)から始まった事業の通称で、正式には史跡等活用特別事業という。「ふるさと創生」の政治的スローガンや、地方自治体の史跡整備への要望の増大、より視覚性の高い整備への要求、保存技術面での技術の蓄積などを背景とする。遺構の保存修理や環境整備、遺構の露出展示施設の設置、遺跡の全体模型の設置、古墳などを含む歴史的建造物・構造物の復元、ガイダンス施設の設置などを内容とする、従来の事業の枠を超える大型整備として推進された。とくに歴史的建造物の復元を補助事業として展開していく点では、一定の資料の存在を前提としつつも、それ以前の史跡整備の方針を大きく変化させている。本事業は、大規模な遺跡の保存整備の必要性の増大や活用面の充実から、これ以後に展開された地域中核史跡等整備特別事業、大規模遺跡等総合整備事業、あるいは両者を統合した地方拠点史跡等総合整備事業など、史跡の大型整備事業の先駆に位置づけられる。

参考文献　『文化財保護法五十年史』、二〇〇一、ぎょうせい。

(増渕　徹)

ふるしまとしお　古島敏雄　一九一二―九五　昭和時代の日本史学者。明治時代以前の農業史研究に成果をあげ、第二次世界大戦後の日本史研究に大きな影響を与えるとともに、日本農業史研究に偉大な足跡を残した。一九一二年(明治四十五)四月十四日、長野県下伊那郡飯田町(現、飯田市)に父喜悦、母ひろの長男として生まれ、第八高等学校を経て一九三三年(昭和八)東京帝国大学農学部農業経済学科に入学。同大学院を経て一九三九年同学部講師、一九四八年に東京大学農学部助教授となる。翌一九四九年、『日本農学史』一で農学博士(東京大学)を得、一九五九年には同学部教授。一九六三年同大学大学院経済学研究科を担当。一九七三年に同大学教授を退官し、翌一九七四年専修大学経済学部教授となる。一九八三年同大学教授を退職。この間、日本農業経済学会会長をはじめ、土地制度史学会・社会経済史学会・地方史研究協議会などの役員を歴任し、農業経済史研究の発展に寄与する。学問的には、一九四八年『日本農学史』一で日本農学会農学賞、一九四九年『日本農業技術史』、一九五〇年『山村の構造』で二度毎日出版文化賞を受賞する。一九九五年(平成七)八月二十九日死去。八十三歳。主要業績は『古島敏雄著作集』全十巻(一九七四-八三、東京大学出版会)に収録。

[参考文献] 古島敏雄・百合子御夫妻追悼文集刊行会編『わたしたちに刻まれた歴史―追想の古島敏雄・百合子先生―』、一九九六。
(木村 茂光)

フルストばるいせき フルスト原遺跡 石垣島にあるグスクに類似した十四世紀から十五世紀終末の防御的性格の集落跡。国指定史跡。沖縄県石垣市に所在する。一五〇〇年(弘治十三)に首里《しゅり》王府の八重山支配に抵抗して滅ぼされたオヤケアカハチの本拠ともいわれている。宮良《みやら》川に沿った琉球石灰岩丘陵の断崖付近に形成されている。南北九〇〇メートル東西一四〇メートルの範囲に多数の石塁が細胞のように連接している。現在のところ十五基の石塁が確認されているが、石塁上部は破壊され基底部のみが残存している。発掘された四基の石塁は幅二メートル前後の石垣で囲まれた方形ないしはいびつな方形で、出入り口が確認されたものもある。面積は二五〇～六〇〇平方メートル。内部には炉跡や多数の柱穴が確認されているが建物形態は不明。出土遺物は外耳《がいじ》土器を中心に中国青磁・白磁、褐釉陶器、骨製鏃、勾玉《まがたま》、鉄鍋片、鉄鎌、釘、炭化米や麦などがある。

[参考文献] 石垣市教育委員会編『フルスト原遺跡発掘調査報告書』、一九八四。下地傑「発掘された村・フルストバル村」(国立歴史民俗博物館編『村が語る沖縄の歴史』所収、一九九九、新人物往来社)。
(安里 進)

ふるぽっけさんぞんせきぶつ 古法華三尊石仏 兵庫県加西市西長町《にしおさちょう》に所在する白鳳時代の凝灰岩製石仏。一九五五年(昭和三十)に田岡香逸をはじめとする甲陽史学会によって発見された。縦一〇二センチ、横七二センチの凝灰岩の板石に三尊を刻んでいる。中尊は椅子に坐り、上に天蓋があり垂れ飾の一部が残る。両脇侍は蓮華座の上に立ち、頭上には三重塔を配する。また、中尊の下には香爐形、その左右に向いあう獅子を表す。この板石を奥壁として左右に側壁を立て、その上に凝灰岩製の屋蓋を載せている。中尊の光背や椅子の装飾の作風から、初唐様式の影響をうけた作品であり、石材が地元産のものであることから、この石仏が白鳳時代に、当地で作成されたと推定されている。この地方は古墳時代の石棺の石材産地としても著名であり、そうした伝統のもとに新来の仏教彫刻が花開いたことが、本例や加西市繁昌町《はんじょうちょう》の天神森石仏などに示されている。この石仏は一九六一年に重要文化財に指定された。

古法華三尊石仏

[参考文献] 高井悌三郎・田岡香逸・宮川秀一『播磨古法華山石仏と繁昌天神石仏』、一九五九、甲陽史学会。
(五十川伸矢)

ふろ 風呂 入浴方法には、蒸した蒸気で汗をだし体を拭き取る蒸し風呂と、温めた湯で体を洗ったり、浸かったりする二通りがある。湯槽に温めた湯を満たして、その中にどっぷりと体を浸ける入浴方法が主流となったのは比較的新しく近世後期以降のことといわれている。すなわち、古代・中世から近世の半ばまで、風呂といえば蒸し風呂を指すと考えられている。しかし、わが国は火山国であり温泉は至る所にあった。事実、湯山・湯谷・湯川・湯沢・湯田など、温泉にちなむ名前も多い。「つくしの国にゆあみにまからむ」(『竹取物語』)は温泉に浸かって療養する湯治をさしていると思われる。また「ゆあみなどせむとて、あたりのよろしき所におりてゆく」(『土佐日記』)も「湯浴み」とあるので、蒸し風呂ではないかもしれない。また、「ゆかけをせばや」(『源平盛衰記』)の表現もあり、湯そのものを利用した入浴法も、湯の蒸気を利用した蒸し風呂と同様相当古くから並行して利用されていた可能性が高い。同じように「湯船(湯槽)」(『和名類聚抄』)・「産湯」(『源氏物語』)の語もあり、蒸気とともに湯そのものについても再考の余地が多い。さて、風呂は密室空間であるムロ(室)が転訛したものらしく、元来は蒸し風呂を指していた。温室・温屋あるいは湯屋・湯殿とも記されている。しかしその維持には水や燃料の確保などが必要で大寺院や貴族が営んだ。また仏教の功徳をかねて、皮膚病患者などに施されることもあった。ようやく、庶民に一般的になるのは十六世紀ごろからで、江戸時代には徐々に銭湯が普及し、やがて『浮世風呂』(式亭三馬)にみられるように庶民の交流の場になっていった。なお、自家風呂は費用からいっても難しく、ほとんどの庶民は行水や銭湯ですませていた。また交代で風呂を沸かし貰い湯したり、村共同で惣湯を営んだりすることもあった。ようやく自家風呂がゆきわたったのは一九六〇年代以降のことである。
(水藤 真)

ふろ 風炉 茶の湯で、釜を掛ける金属・焼物・石製などの置き炉。金属製では、鼎形に似た鬼面や獅子嚙環付きをもつ唐銅の切掛風炉が重用され、台子皆具としてもちいられた。土風炉では、炭素を吸着させ器面を黒く仕上げた金属製品模倣の瓦質土器を生産した奈良火鉢職人による奈良風炉が著名で、火鉢や銅器模倣の香炉・花生などとともに広く流通した。また、地方ではそれをモデルとした複製品が生産された。発掘資料には、切掛風炉を模した土風炉が多く、その甑口には唐銅の透かし文様をまねて菊花や花菱、巴文などのスタンプが回り、肩には木瓜や楕円形の火窓と風通しが開けられる。遺跡からの出土では、全国の城館を中心に十五世紀から増加し、所有に階層性を示す。『君台観左右帳記』には唐銅の切掛風炉が飾られた茶の湯棚が図示され、『慕帰絵詞』や『祭礼草紙』などの絵巻資料には土風炉でお茶が点てられる場面が描かれる。また、「洛中洛外図屛風」や「高雄観楓図屛風」には、天秤棒で振売りする一服一銭茶売りが、『七十一番歌合』には煎じ物売が描かれ、多様な使われ方がわかる。（小野 正敏）

フロイス Luis Frois 一五三二—九七 ポルトガル出身のイエズス会士で、安土・桃山時代の日本に三十数年滞在し、日本に関する大量の通信と著作を残した。フロイスは一五三二年リスボンに生まれ、インド・マラッカなどで布教に従事して司祭となり、一五六三年(永禄六)に来日した。平戸から畿内地域に移ったフロイスの布教は、織田信長の厚遇を得てから順調に進み、その後豊後地方の布教にも努めた。一五七九年(天正七)日本巡察使ヴァリニャーノの通訳として信長と謁見、一五八二年からは、ヴァリニャーノが設けた定期的布教報告である『日本年報』の主たる執筆者となった。さらに翌年には、日本布教史である『日本史』の編纂も命じられて、死の直前までその執筆を続けた。一五八七年豊臣秀吉の伴天連追放令後も、一時マカオに赴いたほかは日本にとどまり、一五九七年(慶長二)長崎の二十六聖人の殉教を目撃して報告を送った後、同年五月二十四日(西暦七月八日)その地で没した。覚書『日欧文化比較』、多数の書簡なども残している。

参考文献 松田毅一『近世初期日本関係南蛮史料の研究』、一九六七、風間書房。
（久留島典子）

ふろく 符籙 道教の修行者である道士に対して授与される免許状。道士の位階に応じて上級の籙が授けられ、主宰できる儀礼や教団内での地位が明示された。後漢の張道陵《ちょうどうりょう》に始まる天師道《てんしどう》において、早くから重視された。『隋書《ずいしょ》』経籍志《けいせきし》には、最初に『五千文籙《ごせんもんろく》』を受け、次に『三洞籙《さんどうろく》』、続いて『洞玄籙《どうげんろく》』、さらに『上清籙《じょうせいろく》』を受けるとされ、籙はみな白絹に書かれ、道士が使役できる神将や神兵(下役)の名称や人数が記されるが、その間には諸種の符図が交えてあり、文章は奇怪で世人には不明な内容であるという。籙は気が自然に結成して文字となったものとされ、道教の経典を集大成した『道蔵《どうぞう》』には、『太上三五正一盟威籙《たいじょうさんごしょういつめいいろく》』をはじめとして多種多様な籙を集めたものが収められている。なお、符籙を呪術的な符《おふだ》と混用する例が見うけられるが、呪句や符号などを札に記したものは符呪と称すべきであろう。

参考文献 アンナ＝ザイデル「符籙の源泉について」(『東方宗教』五六、一九八〇)。松本浩一「符籙呪術論」(田中文雄他編『道教の教団と儀礼』所収、二〇〇〇、雄山閣出版)。
（増尾伸一郎）

ふわのせき 不破関 古代東山道の美濃国と近江国の国境に設けられた関。現在の岐阜県不破郡関ヶ原町松尾に関跡がある。鈴鹿《すずか》関(伊賀国と伊勢国の境)・愛発《あらち》関(近江国と越前国の境)とならぶ古代の三関《さんげん》の一つ。『養老令』軍防令(置関条)には、三関に鼓吹・軍器を設け、国司が交替で守固するとある。通常の関と同様に、往来の人々を検察を行うとともに、都に争乱が生じたり天皇崩御などの際には、固関使《こげんし》が遣わされ関が閉じられたことから、不破関を含む三関は軍事拠点的な意味が大きかったとみられる。畿内の争乱が東国に波及することを防止する目的もあったとされ、その立地からして、主に畿内方向を意識した施設であるとの見解も出されている。不破関の成立時期は明確でないが、壬申の乱の際にはまだ関としての整備がなされていなかった可能性が高く、天武朝になってから、不破の地の軍事的重要性が強く認識されて関が設けられたとも考えられる。七二一年(養老五)の元明太上天皇の崩御以降、しばしば実際に固関がなされており、畿内東辺の要地としてその軍事的な役割を果たしていた。ところが七八九年(延暦八)に三関は停廃されることになる。軍事的な必要性が薄れ、むしろ交通の障害となるとの理由からであった。その後も、儀式としての固関は長く続くが、関門としての恒常的な機能はなくなったと見られる。関跡の周辺には現在でも土塁状の遺構が残っており、これを手がかりに一九七四年(昭和四十九)から一九七七年にかけて五次にわたる発掘調査が行われた。その際、掘立柱建物群などが見出され、和同開珎《わどうかいちん》や多数の須恵器が出土した。遺構の年代としては、およそ八世紀第I四半期と八世紀後半に整備・改修が加えられていると推測され、特に後者においては、軍事施設としての性格が強められたと考えられる。ただし発掘は部分的にしか行われておらず、明確なことはわかっていない。現在、不破関跡近くに資料館があり、出土品などを展示している。

資料館 不破関資料館(岐阜県不破郡関ヶ原町)

参考文献 『美濃不破関』二、一九七八、岐阜県教育委員会・不破関跡調査委員会。舘野和己「日本古代の交通政策」(『日本古代の交通と社会』所収、一九九八、塙書房)。飯沼暢康・早川万年「美濃不破関の再検討」(『岐阜大学教育学部研究報告(人文科学)』五〇ノ二、二〇〇二)。
（早川 万年）

ぶんえい・こうあんのえき 文永・弘安の役 ⇨蒙古襲《もうこしゅう》来《らい》

ぶんかざい 文化財 戦前、生産財に対する語として、あるいは自然に対置して人間の作り出すものという意味で用いられていたとされるが、一九四九年(昭和二十四)

からの文化財保護法案の検討過程で同法の対象となるものとして定義され、現在では文化財保護法第二条第一項に掲げられているものを指すとされている。文化財保護法は、文化・芸術・政治・軍事など広範な人間の諸活動またはその所産およびこれらと密接に関係する自然的環境であって、わが国にとって芸術上、歴史上、学術上などの観点から価値が高いものを総括的に文化財として捉えているものと考えられ、具体的には次の六類型が挙げられている。㈠有形文化財　建造物・絵画・工芸品などの有形の文化的所産で歴史上または芸術上価値の高いもの、考古資料、学術上価値の高い歴史資料など。㈡無形文化財　演劇・音楽・工芸技術などの無形の文化的所産で歴史上または芸術上価値の高いもの。㈢民俗文化財　衣食住・生業・信仰などに関する風俗慣習、民俗芸能、これらに用いられる器具などの物件で国民の生活の推移の理解のため欠くことのできないもの。㈣記念物　貝塚・古墳・城跡などの遺跡で歴史上または学術上価値の高いもの、庭園・峡谷などの名勝地で芸術上または観賞上価値の高いもの、および動植物・地質鉱物で学術上価値の高いもの。㈤文化的景観　地域における人々の生活・生業と地域の風土により形成された景観地で国民の生活・生業の理解に欠くことができないもの。㈥伝統的建造物群　周囲の環境と一体をなして歴史的風致を形成している伝統的な建造物群で価値の高いもの。各類型に属する文化財のうち法的保護の対象とすべきものは、文部科学大臣・都道府県教育委員会(伝統的建造物群については市町村長等)により、指定・仮指定などの行政行為(たとえば有形文化財についての重要文化財指定など)によって抽出・特定される(いわゆる選択保護主義)。なお、土地に埋蔵されている文化財は、その状態に着目した「埋蔵文化財」という別個の類型とされ、独自の制度の対象とされている。以上の関係を図示すると図のとおりである。↓国宝保存法《こくほうほぞんほう》　↓史蹟名勝天然紀念物保存法《しせきめいしょうてんねんきねんぶつほぞんほう》　↓文化財《ぶんかざい》保護法《ほごほう》

参考文献　竹内敏夫・岸田実『文化財保護法詳説』、一九五〇、刀江書院。川村恒明他『文化財政策概論』、二〇〇二、東海大学出版会。

（和田　勝彦）

文化財の類型等と指定等の種別

（文化財の種類・類型）		（指定等による種別）	
①有形文化財		重要文化財	国　宝
		登録有形文化財	
②無形文化財		重要無形文化財	
③民俗文化財	有形のもの	重要有形民俗文化財	
		登録有形民俗文化財	
	無形のもの	重要無形民俗文化財	
④記　念　物	遺　跡	史　跡	特別史跡
	名勝地	名　勝	特別名勝
	自　然	天然記念物	特別天然記念物
		登録記念物	
⑤文化的景観		重要文化的景観	
⑥伝統的建造物群		伝統的建造物群保存地区	重要伝統的建造物群保存地区
○埋蔵文化財		周知の埋蔵文化財包蔵地	

ぶんかざいほごいいんかい　文化財保護委員会　文化財保護法の制定当初、同法により一九五〇年(昭和二十五)八月に文部省の外局として設けられた国の文化財保護行政を所掌する機関。五人の委員からなる行政委員会で、重要文化財・史跡などの指定をはじめとする諸措置の執行権限を有していた。常勤の委員長(一名)、非常勤の委員(四名)および事務・事業を担当する事務局で構成され、附属機関として国立博物館、同奈良分館、美術研究所(のちには東京・京都・奈良の三国立文化財研究所)が置かれていた。一九六八年、国の行政機構の合理化(いわゆる一省一局削減)のため文部本省の文化局と統合して同省の外局の文化庁となり、委員会の所掌事務は、保護対象文化財(重要文化財、史跡など)の指定・解除の事務は文部大臣(現文部科学大臣)、その他は文化庁長官が執行することとされた。↓文化財《ぶんかざい》保護法《ほごほう》　↓文化庁《ぶんかちょう》

参考文献　文化財保護委員会編『文化財保護の歩み』、一九六〇。文化庁『文化財保護法五十年史』、二〇〇一、ぎょうせい。川村恒明他『文化財政策概論』、二〇〇二、東海大学出版会。

（和田　勝彦）

ぶんかざいほごほう　文化財保護法　わが国の文化財保護制度の基本となる法律。第二次世界大戦後の混乱期における国宝・重要美術品などの保護に関する多くの課題、特に法隆寺金堂の火災を大きな動因として、参議院文部委員会を中心に新しい制度が検討され、山本勇造《やまもとゆうぞう》委員長ほか十七名の議員の発議により制定、一九五〇年(昭和二十五)五月三十日公布された。それまでの国宝保存法、史蹟名勝天然紀念物保存法、重要美術品等ノ保存ニ関スル法律を統合し、それに無形文化財、埋蔵文化財を保護対象として加えるとともに国の文化財行政の執行機関(文化財保護委員会)の組織に関する制度などを内容としていたが、その後、社会の変容に対応し、あるいは行政機構改革などに応じて逐次改正が行われて現在に至っている。主要な改正は、一九五四年の無形文化財の指定・保持者認定制度の新設、民俗資料保護制度の有形文化財からの分離と重要民俗資料指定制度の新設、埋蔵文化財包蔵地における工事に関する制度の新設など、一九六八年の行政機構改革に伴う文化財保護委員会の文化庁への改組とそれに伴う制度整備など、一九七五年の伝統的建造物群

の保護制度の新設、重要無形民俗文化財の指定制度の新設、埋蔵文化財関係制度の充実、文化財の保存技術保護制度の新設など、一九九六年(平成八)の登録有形文化財制度の新設など、一九九九年の地方分権に伴う機関委任事務の廃止、埋蔵文化財関係事務の地方委譲など、二〇〇二年のいわゆるユネスコ条約批准に伴う重要有形民俗文化財の輸出規制の強化、二〇〇四年の文化的景観の保護制度、記念物および有形の民俗文化財に係る登録制度の新設などである。同法による文化財保護制度は、対象となる文化財を有形文化財、無形文化財、民俗文化財、記念物、文化的景観および伝統的建造物群の六類型に分け、各類型ごとに文部科学大臣等による指定(たとえば、有形文化財類型における重要文化財の指定や記念物類型における史跡の指定。伝統的建造物群については市町村による伝統的建造物群保存地区の決定)によって抽出・特定されたものについて具体的な保護制度が適用される構造となっている(選択保護主義。なお、土地に埋蔵された状態にある文化財(埋蔵文化財)の所在地(埋蔵文化財包蔵地)は指定などによる特定ではなく、その所在が周知されていることにより保護の対象とされる)。指定は、保護対象を価値の観点から抽出・特定して国民に対し明示する行政行為であり、文部科学大臣が文化審議会(文化財分科会)に諮問し、官報告示と所有者らへの通知によって行うこととされている。指定された文化財の「保護」は、「保存」と「活用」を内容とするものとされ、有形の文化財(有形文化財・有形の民俗文化財・記念物・文化的景観・伝統的建造物群)に関しては、管理、修理・復旧、現状変更・保存に影響を及ぼす行為の規制、輸出の禁止、公開・出品などの制度、無形の文化財(無形文化財・無形の民俗文化財)に関しては後継者の養成、記録の作成、公開などの制度が設けられている。保護の主体者は、指定や現状変更の規制などの公権力に属するものについては文化庁長官や地方公共団体の教育委員会であるが、管理・修理・公開などの行為は基本的にはその文化財の所有者または所有者に代わる管理団体(文化庁長官が指定する地方公共団体など)が行い、国や地方公共団体は原則としてそれらに対する指導・援助などにあたることとされている。埋蔵文化財に関しては発掘調査の規制、埋蔵文化財包蔵地における工事の規制などの制度があり、また、文化財を保存する上で欠くことのできない伝統的な技術(文化財保存技術)については、別の保護制度が設けられている。文化財保護法による制度に関しては、文化財の六つの類型を総合的に捉えた保護あるいは文化財とその環境との一体的な保護の仕組みの採用、保護対象範囲の拡大、埋蔵文化財に関する諸制度の充実などの課題があるとされている。↓国宝《こくほう》保存法《ほぞんほう》　↓重要美術品《じゅうようびじゅつひん》　↓文化財《ぶんかざい》　↓文《ぶん》化庁《かちょう》　↓埋蔵文化財《まいぞうぶんかざい》

参考文献　文化庁『文化財保護法五十年史』、二〇〇一、ぎょうせい。川村恒明他『文化財政策概論』、二〇〇二、東海大学出版会。和田勝彦「文化財保護制度概説」(児玉幸多・仲野浩編『文化財保護の実務』所収、一九七九、柏書房)。

(和田　勝彦)

ぶんかさんりょうず　文化山陵図　⇩山陵図《さんりょうず》

ぶんかじんるいがく　文化人類学　アメリカでは、人間を総合的に研究する学問である「人類学」のなかに、自然人類学・考古学・文化人類学が含まれている。文化人類学(cultural anthropology)は、世界の民族・文化を研究対象とし、民族学と同義語として用いられる。ドイツ語圏における民族学は、主としていわゆる無文字社会に研究対象が限定される傾向にあるが、文化人類学では、近代の文明社会に引き起こされた開発・公害・医療・経済・民族紛争や性の差別など、人間行動をめぐる多様な現代的課題を研究の視野に入れる。ヨーロッパにおいては大航海時代以降、非ヨーロッパ社会の人々の風俗・社会に関心が高まり、多くの探検記や人種区分の研究が著され、十九世紀に入ると一つの学問体系としての民族学が誕生した。アメリカでは十九世紀半ば、モルガンがイロクォイ・インディアンの研究を行なって『古代社会』を著し、十九世紀末にアメリカ人類学の祖とされているボアズがアメリカ先住民の調査を行なったほか、多くの人類学者を育てた。日本においては、一八八四年(明治十七)に坪井正五郎らによってつくられた東京人類学会は、自然人類学や考古学ばかりでなく、文明開化期の日本社会において急速に変化する習俗の分析など、文化人類学的研究を行なったが、その後、もっぱら自然人類学研究に対象を移した。一九三四年(昭和九)、文化・社会研究を目的とする日本民族学会がつくられ、戦時をはさんだ変動期を経て、一九五〇年代半ばから徐々に国外での調査やアメリカで文化人類学を学ぶことも可能になった。一九七〇年代半ばには民族学研究所としての国立民族学博物館が開館し、大学では文化人類学・民族学などの講義が行われている。日本民族学会は二〇〇四年(平成十六)に日本文化人類学会と改称し、その目標は「人類文化の在り方を専門的な視座から調査研究し、文化の理解を通して広く人類社会に貢献して行く」である。日本先史時代の編年体系を確立した山内清男《やまのうちすがお》は、文化人類学や民族学への関心も深く、縄文時代の食生活はサケ・マスによって成り立っていたと考える、山内のいわゆる「サケ・マス論」は、北アメリカ北西海岸先住民の文化人類学的研究成果による書物から導き出されたことを付け加えておく。↓民族学《みんぞくがく》

参考文献　祖父江孝男『文化人類学入門(増補改訂版)』(『中公新書』、一九九一、中央公論社)。石川栄吉他編『文化人類学事典』、一九八七、弘文堂。

(大塚　和義)

ぶんかちょう　文化庁　国の文化・文化財行政を所掌する行政機関。文部科学省の外局である。一九六八年(昭和四十三)、文部省の外局であった文化財保護委員会と同省文化局を統合して設置された。文化庁の組織は、二〇〇六年(平成十八)現在、長官官房ならびに文化部および文

化財部で構成され、関係の機関として日本芸術院、独立行政法人国立国語研究所、同国立美術館、同国立博物館、同文化財研究所、同日本芸術文化振興会(国立劇場・新国立劇場など)が属している。また、諮問機関として文化審議会(国語分科会・著作権分科会・文化財分科会・文化功労者選考分科会で構成)および宗教法人審議会が置かれている(二〇〇六年四月現在の組織構成は図のとおりである)。文化庁による行政は、芸術文化の振興(芸術創造活動の推進・地域文化の振興)、国語に関する施策、宗務行政、著作権に関する行政、文化財の保護、美術館・歴史博物館の振興、国際文化交流など多岐にわたり、その予算は平成十八年度で約千六億四千八百万円(国の一般会計予算の〇・一三%。内訳は芸術文化関係が三九・三%、文化財関係が五七・〇%、その他が三・七%)である。

(和田　勝彦)

文化庁組織図

- 長官
  - 次長
    - 長官官房
      - 審議官
      - 政策課
        - 会計室
      - 著作権課
        - 著作物流通推進室
      - 国際課
        - 国際文化交流室
    - 文化部
      - 部長
        - 芸術文化課
          - 支援推進室
          - 文化活動振興室
        - 国語課
        - 宗務課
          - 宗教法人室
    - 文化財部
      - 部長
        - 文化財鑑査官
        - 伝統文化課
          - 文化財保護企画室
        - 美術学芸課
          - 美術館・歴史博物館室
        - 記念物課
        - 参事官(建造物担当)
  - 日本芸術院
  - 独立行政法人〔国立国語研究所、国立美術館（東京国立近代美術館・京都国立近代美術館・国立西洋美術館・国立国際美術館)、国立博物館（東京国立博物館・京都国立博物館・奈良国立博物館・九州国立博物館)、文化財研究所（奈良文化財研究所・東京文化財研究所)、日本芸術文化振興会〕
  - 文化審議会
    - 国語分科会
    - 著作権分科会
    - 文化財分科会(第一～五専門調査会・企画調査会)
    - 文化功労者選考分科会
    - 文化政策部会
  - 宗教法人審議会

ぶんかてきけいかん　文化的景観　一九九二年(平成四)に世界遺産条約に位置付けられた遺産の種別。「人間と自然との共同作品」と定義され、自然性の程度や自然に対する人間の行為の程度・性質によって三つの領域に区分される。第一領域は、庭園や公園など人間の設計意図の下に創造された景観を指す。第二領域は「有機的に進化する景観」と呼ばれ、㈠継続する景観と㈡化石景観に区分される。㈠は産業と関連して現在もなお進化の過程にあるものを指し、㈡は記念物などと一体となって当時の景観が進化を停止した状態で残されているものを指す。「コルディレラの棚田」(フィリピン)や「ブレナボンの産業景観」(イギリス)などがある。第三領域は信仰・芸術活動などと直接関連する景観。豪州の先住民族アボリジニーの聖地である「ウルル・カタジュタ国立公園」や「紀伊山地の霊場と参詣道」(日本)などがある。このように、世界遺産条約における文化的景観は、人間と自然との物理的・精神的な関係を表す遺産として広い範囲を包括し、人間と自然との持続可能な関係を表す遺産として注目されている。これに対し、二〇〇五年(平成十七)に日本の文化財保護法に位置付けられた文化的景観は、「地域における人々の生活又は生業及び当該地域の風土により形成された景観地で我が国民の生活又は生業の理解のため欠くことのできないもの」(文化財保護法第二条)と定義され、さまざまな土地利用の在り方を表す景観を対象としている。農耕、採草・放牧、森林の利用、漁労、水の利用、採掘・製造、流通・往来、居住に関する景観地とそれらが複合した景観地のうち、わが国民の基盤的な生活・生業の特色を示すもので典型的なものまたは独特のものについて、地方公共団体の申出に基づき、重要文化的景観に選定することができることとされている。選定にあたっては、地方公共団体が当該地を景観法に基づく景観計画区域または景観地区に含めるとともに、文化的景観保存計画を策定し、法律に基づく条例により保護措置を講じていることなどが条件となる。

(本中　眞)

ぶんきゅうさんりょうず　文久山陵図　⇨山陵図《さんりょうず》

ぶんごこくぶんじ　豊後国分寺　奈良時代に建立された寺院跡。国指定史跡。大分川左岸の河岸段丘上、大分市大字国分にある。その中心部は現在も国分寺の名をもつ寺院の境内である。遺跡の内で最も保存がよいのは塔跡で、現在の観音堂の基壇に礎石が残る。発掘調査の結果、基壇の一辺は一八メートルで、全国の国分寺の中でも屈指の規模を持つことが判明している。このほか推定金堂・講堂・食堂などの遺構が発掘されている。東西の大溝で区画された伽藍域は東西一八〇メートル余、南北三〇〇メートル以上となる。創建時の瓦は複弁十葉蓮華文軒丸瓦と大宰府系の偏行唐草文軒平瓦の組み合わせである。また寺域の西北部では、大溝の外側で四軒の掘立柱建物跡が検出されているが、ここから「天長九尼寺」の墨書を持つ土器が出土しており、国分尼寺が近くに所在した可能性を示している。これらの成果をふまえ一帯は史跡公園として整備され、大分市歴史資料館が併設されている。 →国分寺《こくぶんじ》

資料館 大分市歴史資料館(大分市)

参考文献 大分市教育委員会編『豊後国分寺跡』、一九七九。

(後藤 宗俊)

ぶんごのくに 豊後国 西海道の一国。豊後国は、飛鳥時代に九州の東、関門海峡から豊後水道域にあった豊《とよ》国の南半分が分立し成立した。その初見は、六九八年(文武天皇二)。確かな史料はないが、豊国が前後に分かれたのは六九〇年(持統天皇四)ごろとされている。『延喜式』によれば、上国で、守一人、介一人、掾一人、目《さかん》一人、史生三人が配置された。国府は大分郡に置かれ、大分市古《ふる》国府《ごう》地区、高国府《たかごう》と呼ばれた上野地区にあったことはまちがいない。これまでの調査では、国庁などの確実な施設は確認されていない。国分寺は大分市国分にあり、金堂、塔跡が残り、講堂・食堂跡などが発掘され、資料館を併設する史跡公園として整備されている。国分尼寺は確認されていないが、国分寺の発掘で「尼寺」の墨書土器が発見されている。郡・郷は、『律書残篇』『豊後国風土記』では、八郡四十郷であり、大分・速見・国埼・日田・玖珠・直入・大野・海部《あま》の八郡である。駅は、高坂駅(大分郡)・石井駅(日田郡)・由布駅(速見郡)・長湯駅(速見郡)・丹生駅(海部郡)・小野駅(大野郡)・三重駅(大野郡)・直入駅(直入郡)・荒田駅(玖珠郡)で、烽《とぶひ》は、大野郡・大分郡・速見郡に各一、海部郡二の五ヵ所に置かれた。瀬戸内海の西南の出入り口に位置する豊後は、豊前とともに海路の要衝で、国府津の機能をもった坂門《さかと》津や

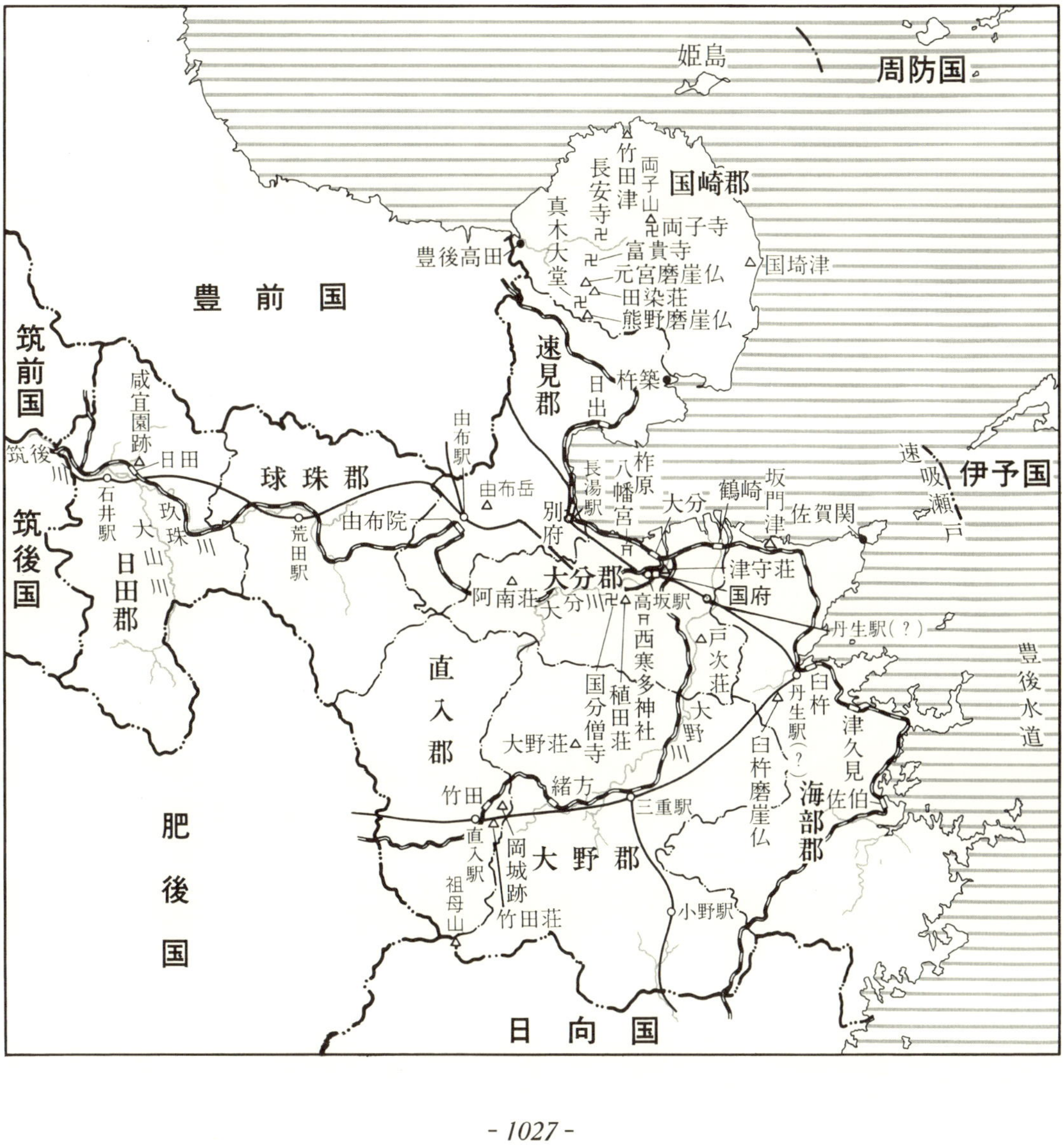

豊後国略図

官津として大宰府や宇佐宮と関係した国埼《くにさき》津がある。近年の発掘では、大野川に近い大分市城原《じょうはる》の遺跡(中安遺跡・城原遺跡)は、七世紀代から八世紀代の官衙遺跡であり、海部郡衙や戍(豊後水道の国境警備施設)や坂門津(大分市坂ノ市か)の関係施設として注目されている。また、国埼津のあったとみられる田深川河口の飯塚遺跡では、倉庫群が見つかり、多数の木簡・墨書土器が発見された。このように、古代から海の国としての特色をもち、承平・天慶の乱の際は、反乱の将藤原純友は伊予と豊後の海賊衆を率いた。一方、野焼きに象徴される広大な「野」が重要な特色となった国である。官牧は存在していないが、七二七年(天平九)の『豊後国正税帳』と太宰府遺跡出土木簡などによれば、直入郡には国司牧があり、直入郡・玖珠郡・海部郡では、「野」を利用した「紫草」の栽培が行われていた。「紫草」は貴重な染料で、「紫草園」は大宰府の直接管理下に置かれていた。また、八二六年(天長三)十一月三日の官符によれば、大野・直入両郡は「騎猟之児」が多く、大宰府を護る「選士」の供給地であり、「野」は狩猟の場でもあった。治承・寿永の内乱で、九州に下った平家を追い詰めた緒方氏・臼杵氏・佐賀氏などの豊後大神氏の一族の海陸の機動性は、海部の海賊衆を傘下に置き、草原の「騎猟之児」の末裔を組織していたからと考えられる。豊後大神氏は当初、後白河院と結び源頼朝に協力していたが、院と頼朝が対立すると、源義経を支援したため、鎌倉から睨まれ、所領を奪われる。頼朝は、豊後を関東御分国とし、初期の混乱期までは天野遠景を鎮西奉行とするが、その後、鎮西奉行として武藤資頼と中原親能を配し、豊後は中原親能が管轄し、その権限は大友氏に継承される。大友氏は代々守護として君臨し、十五世紀前半には国内の郷荘に政所と呼ばれる代官を配置するようになり、十六世紀には有力国人をつぶし、直轄領をふやしながら、戦国大名に脱皮してゆく。大友宗麟の時代、その勢力は、筑後・筑前・豊前・肥後・日向に及び、キリスト教の洗礼を受けた宗麟は、豊後府内を中心にポルトガル・スペインと積極的な交易を行なった。近年の大分市内の発掘で、中世の府内の国際都市としての実像が明らかにされてきている。当時のヨーロッパの宣教師の描いた地図でも、豊後は日本の半分を占める大きな教区として描かれた。しかし、宗麟・義統父子の拡大政策は、領国内の国人の反発を招き、一五八七年(天正十五)の島津氏の豊後侵攻で、領国崩壊の危機を迎えた。宗麟は豊臣秀吉の応援を依頼し、九州は秀吉によって平定され、大友氏は豊後一国を辛うじて安堵されるが、文禄の朝鮮出兵の失敗でそれも失う。豊後は、島津などの大名を抑える上でも、博多とともに九州支配の要であることもあり、秀吉も豊後を直接の支配下に置き、蔵入地を設置し、要所に直臣を配した。このような大名配置は江戸幕府にも受け継がれ、幕府直轄地と譜代・外様の小大名が分立することになった。それらは、日田郡代の管轄下の幕府領、森藩、日出藩、杵築藩、大分藩、臼杵藩、岡藩、佐伯藩、島原藩分領、熊本藩分領であった。江戸時代、もはや国という単位は事実上、行政や支配の上では意味を失い、明治に至って、県の成立でその歴史は終わった。しかし、今日でもさまざまな場面で「豊後」の称は使用される。

(飯沼　賢司)

ぶんごのくにふどき　豊後国風土記　八世紀前半に作られた豊後国の地誌。七一三年(和銅六)、中央政府は、郡郷名に好字を付け、郡内の産物を記録し、土地の肥沃状態・山川原野の名称の由来・古老の伝える旧聞異事を報告することを各国に命じた。風土記の編述は各国の国衙で行われ、中央に進達し、各国では副本が保管されたといわれる。『豊後国風土記』は、『肥前国風土記』と同じく、巻首と各郡首は揃っているが、その記述ははなはだ不完全である。内容は、豊後の地名の由来の話がその中心で、特に景行天皇の九州遠征にまつわるものが多いのが特色となっている。それが本来のものか、後の省略かは不明であるが、今のところ、鎌倉時代末の書写の際に省略されたという説が有力である。写本は一二九七年(永仁五)、一五九五年(文禄四)、年紀の記載がないものに分かれるが、天理図書館と冷泉家時雨亭文庫に所蔵される永仁本が最古である。九州の風土記は、『常陸国風土記』の記述に類似性があることから、この風土記に関係した藤原宇合《うまかい》が西海道節度使に任じられた七三二年(天平四)から数年の間に成立したといわれる。テキストは日本古典文学大系本など。

(飯沼　賢司)

ぶんごふないまち　豊後府内町　戦国時代、大友氏が築いた都市。大分川河口左岸の微高地に形成され、大分市錦《にしき》町・顕徳《けんとく》町・元町に位置する。町は南北二二〇〇《メートル》、東西七〇〇《メートル》ほどの規模で、中央に方二町の大友氏館跡、その南側には蔵場跡、南東には菩提寺となる臨済宗万寿寺跡、西側には教会・病院・高等神学院などのキリシタン関連施設が配置される。町は南北四本、東西五本の道路で方形に区画された中に、短冊型地割の町家が復原さ

府内古図B類

れ、四十三ほどの町名が確認される。道幅は約六〜一二メートルあり、建物（礎石と掘立柱）は道路に面し、裏手に井戸や広場などを配する構造をとる。碁盤目に区画され、街路の両側に短冊形に並ぶ町家群の景観は、いわゆる戦国期城下町というより「洛中洛外図屏風」に描かれる京都の町並みに近い空間構造といえる。また、キリシタン施設や渡来人居住域と考えられる唐人町、膨大な東南アジアの陶磁器などの出土品は、国際色豊かな貿易都市府内の姿を如実に伝える。→大友氏館《おおともしやかた》

参考文献 『南蛮都市・豊後府内—都市と交易』、二〇〇一、大分市教育委員会・中世都市研究会。大分県教育庁文化課編『発掘された宗麟の城下町』、二〇〇三。

（玉永　光洋）

ふんどう　分銅　棹秤や天秤で重量を量るときのおもり。金属製が多く、滑石などの石製や陶磁器製などもある。紐をもつ錘型と繭型や太鼓型のいわゆる分銅型のものがある。錘の出土品には、鎬《しのぎ》をもつ傘型のものと球にくびれをもち裾広がりの台がつく形のものがあり、古くは八世紀に出雲国庁と平城京左京九条一坊の出土におのおのの例が確認できる。出雲国庁例は一五七・七グラム（四両）、平城京例は三二九・一グラム（八両）に相当する。十二世紀中ごろの会津陣ヶ峯城の例は、平城京例と類似した錘で精巧な造りである。こうした館がもつ政庁的機能を反映した遺物といえる。重量は一二三・三グラムで、大宝令制の大両（小両四一・一グラム×三）に相当し、中世の初期までは、『大宝令』や『延喜式』の制が使われていたことがわかる。中世後期になる鎌倉からは木製の棹が発掘されている。中世後期になると、前者は鎬をもつ棗《なつめ》型、後者は丸や多面体のくびれをもつ形へと変化するが、両者とも各地の城館や都市遺跡などで出土例が増加する。十六世紀後半になると、堺や豊後府内などの都市遺跡で、天秤に使われた定量化した繭型や太鼓型の分銅が確認される。堺では天秤の棹や木瓜・指針・皿などの部品も出土している。堺や博多の繭型分銅には、壱両、弐両などの打刻を持つ例があり、また大坂城では「後藤」の極印をもつ例も発掘されている。なお、堺や豊後府内では分銅を鋳造した町屋が確認されている。絵画資料では、『七十一番職人歌合』の綿売や薫物売の棹秤、「洛中洛外図屏風」の両替屋の天秤などが使用状況の参考になる。

参考文献 小泉袈裟勝『秤』（『ものと人間の文化史』四八、一九八二、法政大学出版局）。宮本佐知子「国内出土の権衡資料」（『大阪市文化財論集』所収、一九九四、大阪市文化財協会）。

（小野　正敏）

ぶんぶがっこう　文武学校　長野県長野市松代町松代にある幕末の学校。国史跡。文武学校は一八五五年（安政二）に仮開校した松代藩が設けた学校。現在の建物は、松代藩主真田幸教によって一八五三年（嘉永六）に完成されたもの。敷地面積は三〇八九平方メートル、建物面積は一五〇五平方メートル。剣術所・柔術所・弓術所・槍術所（現在は長国寺に移されている）・文学所・教室二棟（東序・西序という）・文庫蔵・藩主居間・御用所・掛役人控所・番所・門からなり、ほとんど開設当時そのままの構造と面影を残している。松代藩ではここで家臣の子弟に文武両道を教え、特に幕末には西洋砲術と洋式教練が取り入れられた。明治維新の廃藩により松代県学校に、松代県廃県で廃校となった。その後、建物は松代小学校校舎として使われた。一九五三年（昭和二十八）に旧文武学校として国の史跡に指定された。

資料館 長野市松代文化施設管理事務所（長野市）

参考文献 『長野市誌』四、二〇〇四。

（福島　正樹）

ふんぼ　墳墓　⇩葬制《そうせい》　⇩墓制《ぼせい》

ぶんぼうぐ　文房具　読書や執筆の時に必要な道具で、筆、ペン、鉛筆、墨、インク、紙、ノート、定規、はさみなどをさす。もとは中国で文人が書斎で使う用具をいい、そのうち最も重要なもの、すなわち筆、墨、紙、硯を文房四宝と呼んでいる。その他に下敷、文鎮、筆を置いたり掛けたりする筆立・筆架、筆を洗う筆洗、水入れである水滴などがあげられる。唐時代以降、高品質の硯、墨、紙などが製造され、北宋時代に蘇易簡が『文房四譜』五巻を著述して文房具への関心が一層高まった。わが国への伝来は、『日本書紀』によれば六一〇年（推古天皇一八）に高句麗の僧曇徴が筆と紙を伝えたこととされるが、すでにそのころには朝鮮を経由して伝わっていたものと考えられる。わが国独自の文房具として注目されるのは、硯・筆・墨などを入れた硯箱である。現存の遺品としては、東京国立博物館所蔵の男山蒔絵硯箱、本阿弥光悦作の舟橋蒔絵硯箱、尾形光琳作の八橋蒔絵螺鈿硯箱などがよく知られている。その他には、墨壺と筆筒を組み合わせた矢立があり、携帯に便利なため多く作られていた。

参考文献 西林昭一・玉村霽山編『文房具』（『ヴィジュアル書芸術全集』一〇、一九九三、雄山閣出版）。小松大秀『文房具』（『日本の美術』四二四、二〇〇一、至文堂）。

（安達　直哉）

ぶんろく・けいちょうのえき　文禄・慶長の役　一五九二年（文禄元）から一五九八年（慶長三）に、二次にわたって、豊臣秀吉政権が明征服を目指して朝鮮に侵略した戦争。日本側史料には「朝鮮陣《ちょうせんじん》」「高麗陣《こうらいじん》」などとみえるが、早くも近世前期から「朝鮮征伐《ちょうせんせいばつ》」という呼称が登場。一九一〇年（明治四十三）、韓国併合《かんこくへいごう》とともに朝鮮人を同胞視する傾向が強まると、「文禄・慶長の役」と呼ばれるようになる。朝鮮側では干支によって「壬辰倭乱《イムジンウェラン》」「丁酉再《チョンユチェ》乱《ラン》」といい、中国では「万暦《ばんれき》日本役」「万暦朝鮮役」と呼ぶ。豊臣秀吉がなぜ朝鮮侵略を企てたのかについては江戸時代以来の議論があるが、近代に入って池内宏《いけうちひろし》が秀吉の功名心や領土拡張欲求に原因を求め（大陸征服構想説）、これが現在に至る通説となった。第二次世界大戦後、太《たい》閤検地論争《こうけんちろんそう》とともに豊臣政権の研究が深化すると、この朝鮮侵略が、国内的には全国統一事業の延長線上にあること、対外的には国際的国家主権の確立を目指す動きと

位置づけられることが解明された。前者は、その後、藤《ふじ》木久志《きひさし》が唱えた「豊臣の平和」（その実態は武力の独占）をアジアに拡張させる動きと解釈でき、後者は、後期倭寇の猖獗《しょうけつ》以降、明（中華帝国）の位置が相対化され、中国周辺の各国・各地域で華夷秩序意識《かいちつじょいしき》が急速に育まれたことにつながる（明清交替後とくに顕著）。しかし、秀吉の当初の構想は、中国や天竺を征服し、天皇を北京に移して自身は寧波に居するなど（「三国国割《さんごくくにわり》」構想）、むしろ世界大の侵略構想（妄想）であった。秀吉は、一五八七年（天正十五）九州平定の直後、自身への朝鮮国王の服属・朝貢を対馬宗氏《つしまそうし》に工作させた。従来、日朝貿易で利を上げていた宗氏は、日朝間の亀裂を避けるべく、これを通信使派遣要請にすり替え、朝鮮国王使節の招聘に成功した。しかし、朝鮮が自分に服属したと錯覚した秀吉は朝鮮王朝に「征明」の先導を命じ、一五九二年春、釜山《プサン》より朝鮮侵攻を開始。加藤清正《かとうきよまさ》・小西行長《こにしゆきなが》・宗義智《そうよしとし》らが先鋒を務め、多くの豊臣大名が渡海・出兵した（文禄の役）。朝鮮軍は緒戦《しょせん》で敗北を重ね、五月に漢城《ハンソン》（ソウル）が陥落、朝鮮国王は明に向け義州《ウィジュ》まで都落ち。日本軍は朝鮮全土の占領支配を目指し、朝鮮南海沿岸地域に倭城（わじょう・ウェソン）などを設けたが、朝鮮義僧《ぎそう》・義兵《ぎへい》の抵抗や李舜《イスン》臣《シン》ら率いる朝鮮水軍の活躍、李如松《りじょしょう》ら明軍の救援によって翌年正月、平壌《ピョンヤン》で敗北を喫する。しかし、続く碧蹄館《ペクチェグワン》の戦いで日本軍は反撃、戦線は膠着《こうちゃく》状態に陥って、明と日本とは、和平に反対する朝鮮王朝を無視して講和交渉に入った。明皇女の日本天皇への降嫁、朝鮮割譲などの日本側提示条件が容れられず交渉は決裂、一五九七年、再度出兵（慶長の役）。日本軍は苦戦し、翌年、秀吉が没すると日本軍が撤退、戦争は終結した。この侵略戦争の被害は甚大であったが、その原因は複数存在する。まず、侵略以前、対馬宗氏が中心となって仕立てた偽使が朝鮮に大量通交し、事実と懸け離れた日本情報を伝えていた。そのため、朝鮮側は豊臣政権の存在すら知らず、豊臣軍の侵略は青天の霹靂《へきれき》だった。また、朝鮮国内で深刻化していた党争《とうそう》（政治抗争）も、戦争に対する有効な対策を打ち出せない原因であった。こうした悪条件が重なって朝鮮王朝は不意を衝かれたといえる。戦争中、朝鮮人陶工らが日本に連行され、彼らが肥前焼《ひぜんやき》や薩摩焼《さつまやき》、萩焼《はぎやき》などの基盤を作ったことは、文化史上極めて重要である。また、日本軍が持ち込んだ耳切《ミミギ》り・鼻削《ハナソ》ぎなど身体刑的な残虐行為は、侵略の事実とともに日朝間に大きな禍根を遺し、江戸時代以降、一部の例外を除いて日本人を首都ソウルまで踏み込ませない片面通交、すなわち通信使外交を結果させることとなった。

参考文献　池内宏『文禄慶長の役』、一九三六、東洋文庫。中村栄孝『日鮮関係史の研究』中、一九六九、吉川弘文館。李烱錫『壬辰戦乱史』、一九七七、東洋図書出版。藤木久志『豊臣平和令と戦国社会』、一九八五、東京大学出版会。北島万次『豊臣秀吉の朝鮮侵略』（『日本歴史叢書』）、一九九五、吉川弘文館）。池享編『天下統一と朝鮮侵略』（『日本の時代史』一三、二〇〇三、吉川弘文館）。

（橋本　雄）

ぶんろくつうほう　文禄通宝　一五九二年（文禄元）初鋳の銀銭。明銭永楽通宝の「永楽」を削り取り、新たに「文禄」の銘を加えて母銭にして鋳造したところは天正通宝と同様。銭銘は大字、「通」の横一画が省略された「十字通」に分類でき、対読である。銭径は二・四センチ、重量は三・九グラム。金銭もあったといわれるが確証はない。天下統一を果たした豊臣秀吉が作らせた数多くの金銀銭の一つ。一五九二年からはじまる文禄の役の名護屋出陣時にこれを家臣への褒章用に作らせたものであり、流通貨幣としての使用はない。出土例は確認されていない。

参考文献　日本銀行調査局編『図録日本の貨幣』一、一九七三、東洋経済新報社。

（竹尾　進）

へ

へい　塀　敷地などを区画する構造物。古くは「垣」の呼称が一般的であったが、今日では背後が見通せない形式のものを特に塀と呼ぶ傾向がある。古代では、構造形式により掘立柱塀と築地塀とに分類される。宮殿や住宅の区画に用いられた掘立柱塀は、一列の掘立柱列からなり、軸部を土壁ないし板壁として屋根をかける。構造の安定が得られるものの、耐久性に問題があるため、次第に礎石建となったが、一列では自立しないため控柱が添えられるようになった。築地塀は宮殿や寺院などの主要な区画の囲繞装置として用いられた。両側に木の型枠を設置して間に土を層状に突き固めて造る版築を主体とし、屋根をかける。一間ごとに須柱《すばしら》を入れる形式もあり、端部は貝型という板で押さえる。古代の宮殿の中心区画である大極殿院や内裏などでは、築地の両側に独立柱を並べ一体の屋根をかけた築地回廊が用いられることもあった。絵巻物には築地上に板を置き、土を載せる上土塀の形式もみられる。古代以降、種々の塀が発生した。掘立柱塀の系譜と築地塀の系譜に二分され、前者には主体構造を柱列とする板塀・土塀、後者には主体構造を土や石などとする練《ねり》塀（土と瓦を交互に積み重ねる塀）・煉瓦塀・石塀がある。板塀にはとりわけ多数の形式が生まれた。屋根形式に由来する笠木塀、猿頭塀（屋根に猿頭を設ける塀）、板の材料と張り方に由来する大和塀（杉皮を竪張にした塀）、簓子《ささらこ》塀（簓子下見付きの塀）、柵板塀（柵に裏板を張る塀）などのほか、腰板上を連子ないし菱格子で透か

塀

した形式を透し塀といい、透かしの形状と板の種類により櫛形塀(櫛形欄間付きの塀)、源氏塀(腰を竹の目板張りとし透かしに襷を入れる塀)といった呼び分けがある。築地塀の系譜では、上塗りに横筋を入れたものを筋塀と呼ぶようになり、表面に方形の瓦を海鼠《なまこ》張りにした瓦塀も登場する。形式による呼び分けのほか、神社の鳥居正面などに目隠しとして置かれた蕃塀のように場所による呼称もある。

参考文献 岸熊吉『日本門牆史話』、一九四六、大八洲出版。宮本長二郎『平城京—古代の都市計画と建築—』(『日本人はどのように建造物をつくってきたか』七、一九八六、草思社)。 (清水 重敦)

へいあんいぶん 平安遺文 竹内理三《たけうちりぞう》の編集による平安時代の文書・文献を集めた史料集。古文書編十一冊、金石文編一冊、題跋《だいばつ》編一冊、索引二冊の全十五冊からなり、一九四六年(昭和二十一)—八〇年にかけ東京堂出版から刊行、その後も訂補が重ねられた。七八一年(天応元)から一一八五年(元暦二)までを対象として、既刊の典籍を除く文書を網羅的に集めており、収載史料の大半は編者が筆写により集成したものである。古文書編において五千通を越す文書が公刊されたことは、平安時代の文字史料が広く利用しうる基盤となり、『平安遺文』の刊行が経済史・社会史の分野に及ぼした影響と恩恵は計り知れない。索引編は人名・地名・寺社名・件名で立項しており、一九九八年(平成十)に出されたCD—ROM版とあわせて、検索の便がはかられている。なお本文校訂の面では原典の確認を必要とするが、すでに所在が不明となった史料もあり、やはり平安時代を研究するうえでは必須の史料集である。

参考文献 「竹内理三人と学問」編集委員会編『竹内理三人と学問』、一九九八、東京堂出版。 (遠藤 慶太)

へいあんきゅう 平安宮 平安京の中央北端部に位置し、朝堂院・豊楽《ぶらく》院・内裏および各種の官衙が集中する、京の中枢部。大内裏とも呼ぶ。東西八町(三百八十四丈、約一一四六メートル)、南北十町(四百六十丈、約一三九二メートル)の範囲を占める。その構造は、鎌倉時代の写本である九条家本『延喜式』付図の「宮城図」や陽明文庫本『宮城図』の指図によって知ることができる。ただし、これらの指図に描かれた平安宮の様相は平安時代中期以降の姿であり、それ以前の平安宮がどのような姿であったのかは今後の検討課題である。また、平安宮の遺跡は現在の京都市の市街地の中心にあるため、遺構の残存状況が悪く、さらに大規模な発掘調査を実施することもできない。それでも、小規模な調査の積み重ねに指図の情報を加えることにより、平安宮の構造を推測することができる。平安宮の中央には朝堂院(平安時代中期には八省院と改称)が置かれた。正殿である大極殿の南側に朝堂十二堂が並び、さらにその南側には朝集堂院が付設されている。大極殿は現在の千本通丸太町の交差点の北側に所在したと推定される。遺構はほとんど残っていないが、同交差点における立会調査により、大極殿の基壇にとりつく階段部の痕跡が確認されている。その他、大極殿院北廊、大極殿東軒廊、承光堂、明礼堂、暉章堂、修式堂、延禄堂、宣政門、朝堂院東廻廊の東北角の雨落溝、同東廻廊などの遺構が断片的に確認されている。朝堂院の西側には、公式の宴会場であった豊楽院が位置する。ここでは、一九八七年(昭和六十二)に行われた発掘調査により、正殿である豊楽殿の北西部の遺構が良好に残存していることが確認された(国指定史跡)。この成果により、豊楽殿は東西百五十五尺(約四六八メートル)、南北七十八尺(約二三メートル)の壇上積基壇に建てられた九間四面の建築であることが確実になった。また、豊楽殿の中央北側には、造営当初には階段が造られていたけれども、その後にこれを撤去し、北側にあった清暑堂との間をつなぐ北廊が新造されたことも判明している。平安宮の中央やや東寄りには、天皇の日常の住居である内裏が位置している。ただし、内裏の中心部は豊臣秀吉による聚楽第造営の際に破壊されており、内裏正殿である紫宸殿《ししんでん》などは、おそらく遺構をとどめていないと推定される。一方、内裏の南半では、内裏内郭廻廊の基壇、内裏内郭の正門である承明門の北側雨落溝、蔵人所町屋の雨落溝などが検出されている。内裏内郭廻廊跡(国指定史跡)では、桓武天皇の造営した平安時代初期の基壇、それを埋め立てた平安時代中期の基壇、源頼朝による鎌倉時代初期の再建にかかる基壇が重複して確認された。承明門跡では、門の北側において地鎮の祭祀を行なった土坑が発掘されている。さらに、平安宮内に存在した各種の官衙においては、中務省跡、民部省跡、造酒司跡などにおいて、建物遺構や官衙周囲の築地《ついじ》遺構が検出されている。

資料館 京都市考古資料館(京都市上京区)

参考文献 古代学協会・古代学研究所編『平安京提要』、一九九四、角川書店。京都市埋蔵文化財研究所編『平安宮』I(『京都市埋蔵文化財研究所調査報告』一三、一九九五)。同編『平安京研究資料集成』一、一九九四、柳原書店。

(山田 邦和)

内裏内郭回廊跡《だいりないかくかいろうあと》 内裏を区画する二重の郭(内郭回廊・外郭築地)の内郭にあたる建物跡。現在までに西・東・南面回廊および内郭の正門である承明門《しょうめいもん》に関する基壇遺構が明らかになっている。内郭の具体的位置は一九六三年(昭和三十八)に京都市上京区田中町で西面回廊西縁の地覆石列が検出されたことを端緒に判明し、同東縁雨落溝の検出によって基壇幅が約一〇・五メートルであること、一九八九年(平成元)には東面回廊の西縁地覆石列の検出によって東西回廊の心々距離が約一六八・四メートルを測ることが明らかになった。造営時の遺構は一九九四年検出の西回廊西縁基壇の遺存状態が良好で、ここでは十一石の二上山産凝灰岩製地覆石が全長七・二メートルにわたって並び、その外側には河原石を敷き並べた雨落溝がめぐる状態が確認された。一九八四年には内郭回廊四門のうちの南門にあたる承明門の北側雨落溝の一部が検出され、その北側では地鎮遺構四基が同時に発見されている。なお現在、西面回廊の一部は国史跡に指定され公園になっている。

参考文献 京都市埋蔵文化財研究所編『平安京研究資料集成』一、一九九四、柳原書店。丸川義広「平安宮跡の調査 内裏」(『京都市埋蔵文化財研究所調査報告』一三平安宮I所収、一九九五)。

(吹田 直子)

へいあんきゅうぶらくでんあと 平安宮豊楽殿跡 ⇩豊《ぶ》楽院《らくいん》

へいあんきょう 平安京 七九四年(延暦十三)に桓武天皇によって造営された古代都城。現在の京都市上京区・中京区・下京区を主とし、南区・右京区・北区の一部にまたがる東西約四・五キロ、南北約五・二キロの範囲を占める。平安京の構造は、十世紀に編纂された『延喜式』左右京職の京程条、九条家本『延喜式』付図の「左京図」「右京図」などによって知ることができる。京の中央北端には平安宮(大内裏)が位置する。中央を南北に貫く道路が朱雀大路であり、その南端には京の正門としての羅城門が開く。朱雀大路を境界として東を左京、西を右京と呼ぶ。平安京はきわめて整然とした条坊制によって設計されており、その構成単位となるものは「町《ちょう》」と呼ばれる正方形のブロックであった。平安京の場合に特徴的なことは、この「町」がすべて四十丈(約一一九・四メートル)四方で統一されていたことである。平安京の遺跡はそのすべてが現在の京都市の市街地と重複しているため、発掘調査は困難を極める。そこでは、小規模な調査成果をつなぎ合わせながら京の全体像を推定していかなくてはならないのである。平安京跡の発掘調査は、一九二七年(昭和二)の京都府史蹟勝地調査会による淳和院跡(西田直二郎担当)、一九五七年の古代学協会による勧学院跡の調査を嚆矢として始められた。一九七六年には京都市埋蔵文化財研究所が設立され、その後の平安京跡の発掘調査を主導することになる。その間に挙げられた成果の中でも特筆されるべきものの一つは、平安京の造営尺と基準方位の解明であろう。すなわち、京都市埋蔵文化財研究所は発掘調査で検出された道路遺構と『延喜式』左右京職の記載とをコンピューター解析することにより、造営尺の一尺＝二九・八四六六八センチ、造営方位＝国土平面直角座標系(Ⅳ系)の座標北に対して〇度一四分二七秒だけ西に振っていると推定したのである。平安京跡の主要な調査としては、次のようなものがあげられる。右京一条三坊九町跡(北区大将軍坂田町の京都府立山城高校構内)では、整然とした「コ」の字形建物配置を示す平安時代初期の大規模な貴族邸宅跡が検出された(京都府指定史跡)。右京六条一坊五町跡(下京区中堂寺南町の京都リサーチ・パーク構内)でも一町四方を占める平安時代前期の貴族邸宅跡が発見され、寝殿造の前段階ともいえる、渡廊で主要な殿舎を結んだ建物配置が確認された。右京三条二坊十六町跡(中京区西ノ京東中合町の京都市立西京高校構内)では、大規模な池を中心とした庭園を造り、その周囲に庭園を鑑賞するための建物群を配置した邸宅跡が発掘された。出土した墨書土器により、この邸宅は平安時代中期に伊勢斎宮を勤めた内親王の御所であったことが判明した。左京二条二坊九・十・十五・十六町跡(中京区丸太町通堀川東入ル丸太町付近)では、小規模な調査の繰り返しによって、その中央に巨大な池を持つ庭園が存在することが判明し、平安時代中期の関白藤原頼通の邸宅であった高陽院《かやのいん》のありさまに迫ることができた。こうした調査を総合し、それぞれの時期における平安京の様相を復元しようという研究も進められているし、遺物研究においても軒瓦や土器の精緻な編年研究が積み重ねられている。

資料館 京都市考古資料館(京都市上京区)

参考文献 古代学協会・古代学研究所編『平安京提要』、一九九四、角川書店。京都市埋蔵文化財研究所編『平安京跡発掘資料選』、一九八〇。同編『平安京跡発掘資料選』二、一九八六。同編『平安京右京六条一坊』(『京都市埋蔵文化財研究所調査報告』一一、一九九二)。同編『平安京左京二条四坊十町』(同一九、二〇〇一)。『平安京右京三条二坊十五・十六町』(同二一、二〇〇二)。京都府教育庁編『埋蔵文化財発掘調査概報』一九八〇ノ三・一九八一ノ一、一九八〇・八一。平安博物館編『平安京古瓦図録』、一九七七、雄山閣出版。山田邦和「『前期平安京』の復元」(仁木宏編『都市—前近代都市論の射程—』所収、二〇〇二、青木書店)。小森俊寛『京から出土する土器の編年的研究』、二〇〇五、京都編集工房。

(山田 邦和)

へいあんじだい 平安時代 政治権力の所在地による時代区分。始期は名称に従えば七九四年(延暦十三)十月の

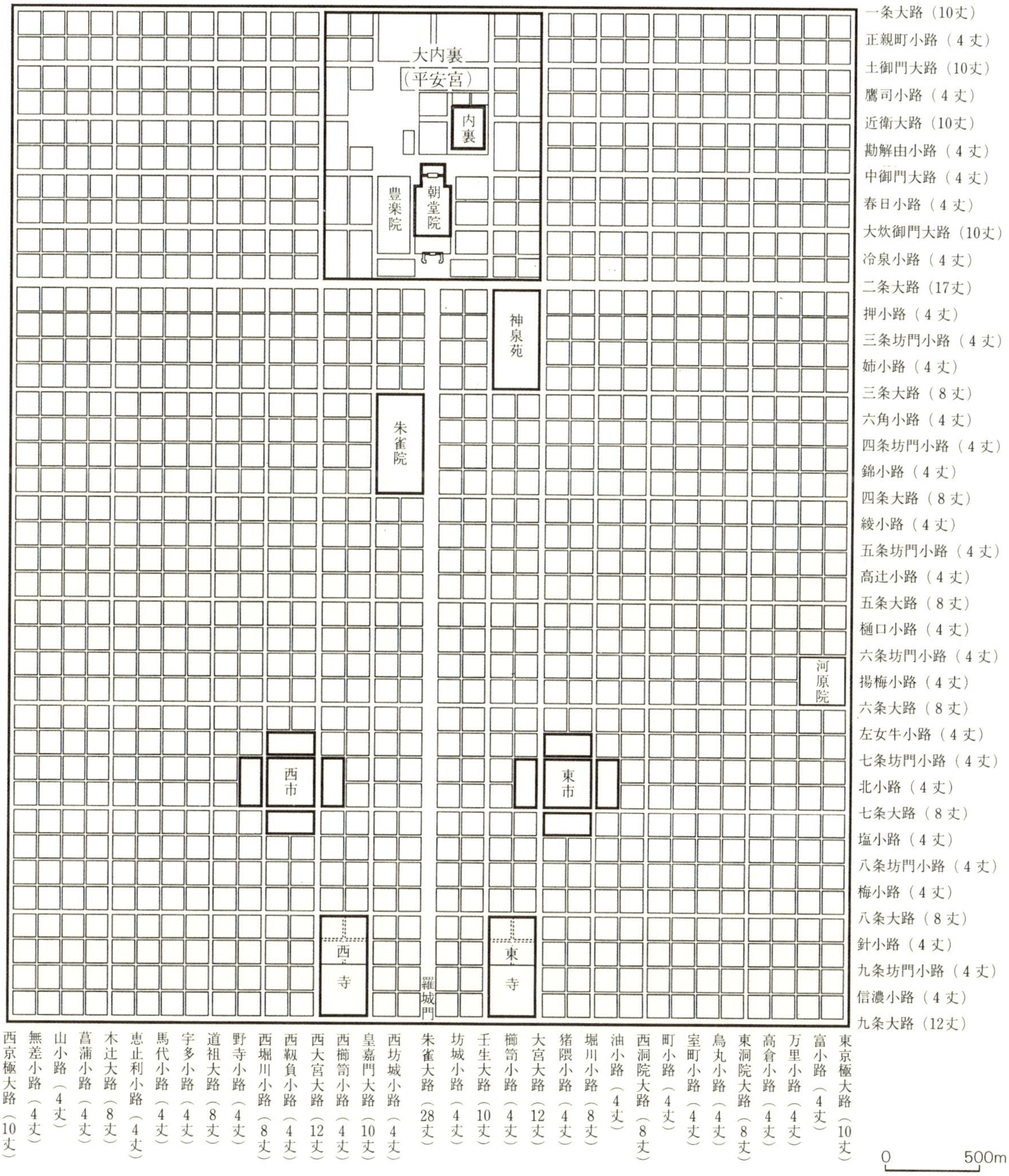
大内裏
（平安宮）
内裏
朝堂院
豊楽院
神泉苑
朱雀院
河原院
西市
東市
西寺
東寺
羅城門
一条大路（10丈）
正親町小路（4丈）
土御門大路（10丈）
鷹司小路（4丈）
近衛大路（10丈）
勘解由小路（4丈）
中御門大路（4丈）
春日小路（4丈）
大炊御門大路（10丈）
冷泉小路（4丈）
二条大路（17丈）
押小路（4丈）
三条坊門小路（4丈）
姉小路（4丈）
三条大路（8丈）
六角小路（4丈）
四条坊門小路（4丈）
錦小路（4丈）
四条大路（8丈）
綾小路（4丈）
五条坊門小路（4丈）
高辻小路（4丈）
五条大路（8丈）
樋口小路（4丈）
六条坊門小路（4丈）
揚梅小路（4丈）
六条大路（8丈）
左女牛小路（4丈）
七条坊門小路（4丈）
北小路（4丈）
七条大路（8丈）
塩小路（4丈）
八条坊門小路（4丈）
梅小路（4丈）
八条大路（8丈）
針小路（4丈）
九条坊門小路（4丈）
信濃小路（4丈）
九条大路（12丈）
西京極大路（10丈）
無差小路（4丈）
山小路（4丈）
菖蒲小路（4丈）
木辻大路（8丈）
恵止利小路（4丈）
馬代小路（4丈）
宇多小路（4丈）
道祖大路（8丈）
野寺小路（4丈）
西堀川小路（8丈）
西靫負小路（4丈）
西大宮大路（12丈）
西櫛笥小路（4丈）
皇嘉門大路（10丈）
西坊城小路（4丈）
朱雀大路（28丈）
坊城小路（4丈）
壬生大路（10丈）
櫛笥小路（4丈）
大宮大路（12丈）
猪隈小路（4丈）
堀川小路（8丈）
油小路（4丈）
西洞院大路（8丈）
町小路（4丈）
室町小路（4丈）
烏丸小路（4丈）
東洞院大路（8丈）
高倉小路（4丈）
万里小路（4丈）
富小路（4丈）
東京極大路（10丈）
0
500m

平安京復元図

平安京遷都であるが、七八四年の長岡京遷都からとする理解もある。終期は鎌倉幕府の成立をもってするが、その実年については諸説ある。いずれの場合も八世紀末から十二世紀末までの約四百年間で、日本における古代から中世への移行期にあたる。かつての平安時代像は、初期の天皇専制のもとでの律令制再建策にもかかわらず律令制による支配は解体・崩壊。幼少天皇の即位、天皇家と外戚関係を深めた藤原北家による他氏排斥などにより、荘園を経済基盤に摂関政治が成立するが、藤原氏と外戚関係にない後三条天皇の即位により藤原氏は勢威を失い、さらに白河上皇が始めた院政が鳥羽上皇・後白河上皇に受け継がれ、荘園寄進も上皇に集中。この間に地方に勃興した武士が力を蓄え、平氏政権を経て鎌倉幕府の成立に至る、というものであったが、研究の進展によりその理解は大きく改められた。寛平・延喜期の支配体制再編を経て、十世紀以降には負名《ふみょう》体制・受領制などによる律令制とは異質の支配が行われていたことが明らかにされ、十世紀以降の国家を律令国家と区別して「王朝国家」とする学説が提唱された。支配の変容に対応して国政の内容、政務処理のあり方も変わり、国家機構は律令制のそれに比べ縮小したが、太政官はなお国政の中心として機能し、その上に立つ天皇には国政の最終的決定が求められたために、それを代行・補佐するものとして摂関政治・院政が成立したと考えられるようになった。荘園についても国家の支配と関連づけた理解が進み、中世的荘園制は封戸《ふこ》などの国家的給付の代替を主な契機とする国家・貴族層による荘園設定の動きと、同時期に王朝国家の支配との結合あるいはそれへの抵抗から成立する在地領主層の動向があいまって十一世紀半ばから十二世紀以降に形成されると理解されるようになった。武士についても反乱鎮圧・治安維持などのための国家的暴力装置で、その動員や褒賞は天皇大権に由来するとの理解が示された。外交面では、八九四年(寛平六)任命の遣唐使が派遣されないままとなって以降、唐・渤海・新羅が滅亡し、その後勃興した国々との間で国家的使節の往来は行われなかったが、来日する宋商人との交易は活況を呈し、近年は国家の交易統制や日本人渡宋僧を通じた仏教受容、背景にある東アジア交易圏などについてあらためて研究が深められている。

参考文献 石母田正『中世的世界の形成』(『石母田正著作集』五、一九八八、岩波書店)。戸田芳実『日本領主制成立史の研究』、一九六七、岩波書店。坂本賞三『日本王朝国家体制論』、一九七二、東京大学出版会。同『荘園制成立と王朝国家』、一九八五、塙書房。土田直鎮『奈良平安時代史研究』、一九九二、吉川弘文館。下向井龍彦「国衙と武士」(『(岩波講座)日本通史』六所収、一九九五、岩波書店)。玉井力『平安時代の貴族と天皇』、二〇〇〇、岩波書店。山内晋次『奈良平安期の日本とアジア』、二〇〇三、吉川弘文館。

(今 正秀)

へいあんつうし　平安通志　一八九五年(明治二十八)、平安遷都千百年を記念して刊行された研究書。京都市参事会の編および発行。全六十巻、和装本二十冊、二千七百五十三頁に及ぶ大冊である。執筆には、鳥取出身の国学者で平安通志編纂委員会主事であった湯本文彦らがあたった。第一編(巻之一―十九)は平安京の概説、第二編(巻之二十―四十八)は平安京・京都の文化および史跡に関する解説、第三編(巻之四十九―五十四)は京都の歴史の概説、第四編(巻五十五―六十)は平安京・京都の年表にそれぞれあてられている。これは近代に入ってはじめて著された平安京と京都の歴史の総合的な研究書であった。中でも、八千三百分の一の京都市街図に平安京を重ね合わせた「平安京旧址実測全図」は、近代的な測量術に拠った最初の平安京復元研究として不滅の価値を持つ。また、平安宮朝堂院の復元鳥瞰図である「大極殿全図」などの独創的な図を多数掲載していることも特筆される。本書は一九七七年(昭和五十二)に洋装本一冊に縮刷の上、復刻された。

参考文献 京都市参事会編・角田文衞解説『平安通志』、一九七七、新人物往来社。井上満郎『研究史平安京』、一九七八、吉川弘文館。

(山田 邦和)

へいあんはくぶつかん　平安博物館　⇩古代学協会《こだいがくきょうかい》

へいけのうきょう　平家納経　平清盛が一門三十二人とともに広島県佐伯郡宮島町の厳島神社に奉納した装飾経。一一六四年(長寛二)九月に奉納された。『法華経』二十八品(品は章の意味)と開経《かいきょう》の『無量義経』、結経《けっきょう》の『観普賢経』、それに具経として『阿弥陀経』と『般若心経』、さらに願文の三十三巻からなる。ただし『般若心経』一巻は奥書に一一六七年(仁安二)清盛書写とあり、のちに入れ替えられたものである。願文は清盛自身が清書したものであるが、一門の繁栄を感謝し、来世の極楽往生を願って平清盛、重盛、頼盛、教盛、経盛ら一門ならびに郎党合わせて三十二人が結縁《けちえん》して厳島神社の本地仏十一面観音に奉納する旨述べている。平安時代半ばごろから貴族社会では法華信仰が浸透し、『法華経』を八日間にわたって講説する法華八講などが盛んになった。そしてそれに伴って『法華経』を一人一巻ずつ分担して写経供養する『法華経』一品経《いっぽんきょう》供養(または結縁経供養ともいう)が行われるようになった。そして経文も美しく荘厳《しょうごん》する装飾経が作られたのだが、平家納経もその装飾経の一つである。結縁者は各巻を分担し、装飾も含めた製作に携わっているが、実際に経文を結縁者自身が書写したのは堤波品を担当した平頼盛だけである。ほかはおおむね能書家の代筆による。装飾に関しては各巻とも当時最高の技術が用いられている。表紙は金銀箔や砂子を撒いたものや綾を格子状に貼り付けたものなど多様なものがあり、見返しには経文の内容を表した経意絵が描かれている。題簽は銀板に題字を彫って鍍金したものを用い、軸首は水晶に透彫金具を重ねたものなどを用いている。各巻とも同じものはなく、絢爛・華麗なものである。経文はす

法華経　提婆達多品第十二

平清盛願文

平家納経

べて金銀荘雲竜文銅製経箱と呼ばれる三段重箱形式の銅製経箱に納められ、その上で一六〇二年（慶長七）安芸守となった福島正則が寄進したという蔦蒔絵唐櫃一合に納められている。そしてこれらがすべて一括して国宝となっている。

参考文献　小松茂美『平家納経の世界』、一九七六、六興出版。同『平家納経の研究』、一九七六、講談社。野坂元良編『厳島信仰事典』、二〇〇二、戎光祥出版。（戸川　点）

べいざんじきょうづかぐん　米山寺経塚群　平安時代に岩代国に築かれた経塚群。福島県須賀川市西川所在。日枝神社社殿の裏山に築かれた経塚群で、十基が確認されている。一八八四年（明治十七）の本殿改修工事の際に遺物が出土している。三号経塚は直径約六メートルで、中央に土坑を掘って方形の石室を構築したと推定される。ここから銅製経筒、陶製外容器、和鏡、鉄刀、鍔、鉄鏃が出土した。陶製外容器の外面には銘文が刻まれており、大勧進僧行祐、大檀主僧円珍、および糸井国数らの施入者の名前と承安元年（一一七一）八月廿八日の年号があり、またここに米山寺という寺があったことがわかる。同じ年号と施入者銘をもつ陶製外容器が、福島県福島市天王寺経塚と桑折町平沢寺経塚から出土しており、当時の埋経活動を理解する上で貴重である。これらの遺物は一九三六年（昭和十一）に重要文化財に、経塚群は一九三七年に国史跡に指定された。

参考文献　東京国立博物館編『経塚―関東とその周辺』、一九六八。（望月　幹夫）

へいし　瓶子　一般には、径の狭い口頸部が短く立ち上がり、やや縦長の胴部が上半でふくれて下半ですぼまる小型貯蔵器を指す。「かめ」「へいじ」とも呼ばれ、古瀬戸をはじめとする土器・陶磁器類のほか、漆器や銀・錫などの金属製のものもある。考古学では、注口を持つ「水注」に対して注口を持たないものを「瓶子」と区別することが多いが、史料にみえる瓶子は注口の欠如を必要条件とするわけではない。奈良時代までは小型貯蔵壺の用語として「瓶」が用いられ、九世紀以降、その中の特定の器形を「瓶子」と呼んだようである。古瀬戸などでは、胴部の最大径が上半にあり、下半が大きくくびれるもの（締腰形）、張りの強い肩部から胴部が直線的に伸びて底部にいたるもの（梅瓶型）、締腰の形態で高い台脚を持ち、内傾気味の口頸部の上端が丸く肥厚するもの（根来型）がある。酒器のほか仏器・神具としても用いられている。注口のあるものはそのまま注器として用い、注口のないものは一時的貯蔵器として紙などで蓋をし、使用の際には、提子《ひさげ》などに移して用いることが多かった。

瀬戸灰釉瓶子

参考文献　野場喜子「中世の絵画作品にみる中国製陶磁器」（『貿易陶磁研究』一五、一九九五）。同「大饗の食器」（『国立歴史民俗博物館研究報告』七一、一九九七）。（高橋　照彦）

へいじょうきゅう　平城宮　七一〇年（和銅三）三月から七八四年（延暦三）十一月までの平城京の大内裏。その間七四〇年（天平十二）から七四五年までは恭仁《くに》宮・難波宮・紫香楽《しがらき》宮へと都が動いた。奈良市佐紀町に所在。七〇八年二月元明天皇が平城遷都の詔を出し、翌月造宮省が発足して造営を担当した。平城山《ならやま》丘陵の南麓、平城京の中央部北端にあり、八町四方に東辺の一部が東へ張出し、東西約一・三キロ、南北約一キロで、その東南部を欠いた形をとる。約一三〇ヘクタールを占めるほぼ全域が特別史跡に指定され国有地となり、奈良文化財研究所が一九五九年（昭和三十四）以来発掘調査を継続している。朱雀大路の北端にあたる宮南辺中央の朱雀門の北側と、朱雀門の東の壬生門の北側に中枢施設が並ぶ。前者を中央区、後者を東区とすると、中央区には北から当初の大極殿（第一次大極殿）と四棟の朝堂が建つ朝堂院が、東区には内裏、奈良時代後半の大極殿（第二次大極殿）、十二棟の朝堂が建つ朝堂院がある。しかも発掘調査によって東側の大極殿・朝堂院地区には、二時期の遺構があり、遷都当初からほぼ同規格の施設があることがわかった。かつては藤原京と同じく奈良時代前半は中央区に北から内裏・大極殿・朝堂院が配置されたが、五年間の中断期をはさみ平城還都後に東区に移ったと考え、第一次・第二次の内裏・大極殿・朝堂院と呼ばれていたが、東区の構造が奈良時代当初にまでさかのぼること、両地区の朝堂院にある朝堂の数が異なること、内裏は一貫して東区にあったことなどが判明し、第一次・第二次という呼び方は大極殿以外はふさわしくなくなった。第一次大極殿院は南北三一八メートル(千八十尺)、東西一七七メートル(六百尺)の範囲を築地回廊で囲み、その北三分の一ほどが比高差二メートルほどの壇(龍尾壇)となり、その東西両側には南の広場へと続く斜道(龍尾道)がある。壇や斜道は塼積擁壁となっている。壇の上には東西九間(四四メートル、百四十九尺)、南北四間(一九・五メートル、六十六尺)の四面庇に復元される礎石建ち瓦葺きの大極殿が建ち、その北側には後殿がある。大極殿は藤原宮大極殿を移築したものとみられる。また大極殿南門の両側には東西五間(二三メートル、七十七・五尺)、南北三間(一一・五メートル、三十九尺)の総柱建物の楼閣がある。西楼周辺の整地土層からは和銅三年の年紀をもつ伊勢国からの荷札木簡が出土したため、同年の遷都当初はまだ大極殿院は完成していないことがわかった。したがって『続日本紀』の同年の元日朝賀にみえる大極殿は藤原宮のもので、その後平城宮に移築され、平城宮における初見である七一五年(霊亀元)の元日朝賀までに完成したものである。大極殿院の南には、南北二八三・五メートル(九百六十尺)、東西二一三メートル(七百二十尺)の範囲を掘立柱塀で囲み、その中に東西二棟ずつ長大な朝堂が南北に並ぶ。北側は南北十間(四四メートル、百五十尺)、東西四間(一三・五メートル、四十六尺)、南側は南北二十一間(九二・四メートル、三百十五尺)、東西四間(一二・九メートル、四十四尺)ある。七四〇年に恭仁京に遷都すると、大極殿とその東西両側の回廊は恭仁宮に移築された。七四五年の平城還都後は第一次大極殿の跡地は南北両面の築地回廊を内側に動かし、南北一八六メートル(六百三十尺)に縮めるとともに壇を南に広げ、その上に二十七棟の掘立柱建物が建ち並ぶ内裏的な施設に変わった。また南面回廊が北に寄ったことにより朝堂院は北に広がるとともに区画施設が築地塀に変わった。北の内裏的施設は、称徳天皇が亡くなるまで居所とした西宮にあたるとみられる。一方壬生門北の東区を見ると、まず内裏は六時期にわたる遺構変遷が確認されている。当初は一七七メートル(六百尺)四方を掘立柱塀で囲んだが、まもなく南北両辺を南に移動させ、かつ南北は一八六メートル(六百三十尺)と広がった。奈良時代後半になると、区画施設は掘立柱塀から築地回廊になった。その内部の建物は各時期に建て替えられたが、中央部とその南にはそれぞれ回廊や塀で画された中に正殿と脇殿がコ字型建物配置を示す区画があり、平安宮内裏の仁寿殿・紫宸殿へつながっていく。また内裏内には元明・元正などの太上天皇の居所が置かれたとみられる。皇后宮については聖武天皇皇后の藤原光明子の宮は平城京内に営まれていたが、光仁天皇皇后の井上内親王や桓武天皇皇后の藤原乙牟漏になると、その宮は内裏内に造られるようになり、平安宮内裏の先駆けとなった。内裏の南は奈良時代後半の大極殿院となる。築地回廊で囲まれた南北八〇メートル(二百七十尺)、東西七一メートル(二百四十尺)の区画の中に基壇が築かれ、その上に東西九間(三八メートル、百二十九尺)、南北四間(一六メートル、五十四尺)の四面庇で礎石建ち瓦葺きの大極殿が建つ。そのすぐ北には北面回廊に取り付く後殿があり、両者は軒廊でつながる。また南には南面回廊に開く南門が迫り、その南が朝堂院となる。奈良時代後半の朝堂院は南北二八三・五メートル(九百六十尺)、東西一七七メートル(六百尺)の範囲を築地塀で囲んだ中に、南北棟が東西両側に南北に四棟、四棟目の内側に東西棟が二棟ずつ二列の計十二棟の朝堂が並び、いずれも基壇を持つ礎石建ち瓦葺きの建物である。第一次大極殿は内裏と分離した位置を占めるが、第二次大極殿は内裏の外郭築地塀の内部に含まれるとともに、南の朝堂院の正殿でもあるという藤原宮の大極殿と同じ構造を有する。また朝堂院の南には、南北幅一三〇メートル(四百四十尺)の築地塀で囲まれた中に礎石建ち瓦葺きの南北棟建物が東西に一堂ずつ建つ朝集殿院がある。しかるに第二次大極殿・朝堂の下層には、ほぼ同位置にほぼ同規模の掘立柱建物があることがわかった。第二次大極殿の下層建物は東西七間(三一メートル、百五尺)、南北四間(一七・七メートル、六十尺)の四面庇建物であり、大極殿院・朝堂院とも下層の区画施設は掘立柱塀であった。また朝集殿院の下層は東西幅が一九五メートル(六百六十尺)とやや広く掘立柱塀で区画するが、建物は確認されていない。こうして遷都当初から中央区の大極殿と四堂からなる朝堂院と、東区の大極殿下層建物と十二堂からなる朝堂院とが並立しており、中央区と東区との間には機能の違いがあったのである。すなわち遷都当初は中央区が即位式や朝賀の儀などの国家的儀礼の場、東区は日常的政治の場であり、大極殿と東区の大極殿下層建物に天皇が出御したが、奈良時代後半になると東区の大極殿に国家的儀礼と政治の場とが収斂されたのである。第二次大極殿の下層建物は、冬至の賀や正月十六日の饗宴などが行われたことが『続日本紀』にみえる大安殿にあたる可能性が高い。また東区の朝堂院の朝庭では五時期の、中央区の朝堂院では一時期の大嘗宮の跡が見つかっている。東区は元正・聖武・淳仁・光仁・桓武天皇、中央区は称徳天皇の大嘗宮に比定され、『続日本紀』の記事との照合から、奈良時代後半に東区の朝堂院は太政官院(乾政官院)と呼ばれていたことがわかった。これら中枢施設の周囲には多くの官衙(曹司)があった。奈良時代後半には、壬生門を入った地点の東に式部省、西に兵部省が並び建っていた。朝堂院の南に両省があるという配置は、朱雀門の北ではあるが平安宮の両省の位置に踏襲される。式部省の東には神祇官があった。なお両省の位置には奈良時代前半は官衙がなく、後の神祇官の位置に式部省があったが、兵部省の位置は不詳。内裏の東側には奈良時代を通して造酒司があり、宮西辺には左・右馬寮が南北に並んだ。さらに奈良時代後半には中央区西宮の北側に大膳職が、東区の内裏の北側に内膳司があった。また宮外の北側には大蔵省があったとみられる。こうした官衙配置は長岡・平安宮に引き継がれた面が大きく、確認された遺構の官衙名の比定には、平安宮の宮城図が大きな手がかりを提供するが、木簡や墨書土器によるところが大きい。東張出し部の南半は当初は東宮と呼ばれ、奈良時代後半には東院と呼ばれたとみられるが、東南隅には逆L字形の平面形をもつ苑池がある。この地区からは緑釉瓦が出土しており、七六七年(神護景雲元)に完成した琉璃《るり》の瓦を葺いた東院玉殿や、宝亀年間(七七〇―八一)にその名がみえる楊梅宮《やまもものみや》はこの付近に比定される。宮内にはそのほかにも、北西部や南西部に苑池がある。前者は現在の佐紀池に痕跡をとどめ、当時は西池・鳥池と呼ばれ西池宮があった(『続日本紀』天平十年七月癸酉条)。こうした池では曲水の宴が行われた。宮の北側には大蔵省を隔てて松林宮(松林苑)があり、曲水の宴や騎射が行われた。七八四年(延暦三)長岡京遷都後も平城宮の施設の一部は残り、七九一年になって諸門が長岡宮に移築された。八〇九年(大同四)平城宮に平城上皇が移り住み、平安宮と並び二所朝廷といわれた。その御所は中央区西宮の地を改造したものである。八一〇年(弘仁元)上皇は平城遷都を企てたが失敗し剃髪したが(薬子の変)、その後も平城宮に住み八二四年(天長元)上皇の死で平城宮は命脈を終え、跡地は上皇の子供たちに与えられた。なお東側の朝集殿は唐招提寺講堂として移築された(『扶桑略記』天平宝字三年(七五九)八月三日条)。改造されたが現在残る唯一の平城宮建築である。平城宮跡の研究は幕末の北浦定政による「平城宮大内裏跡坪割之図」(一八五二年(嘉永五))の作成に始まり、関野貞『平城京及大内裏考』(一九〇七年(明治四十))が本格的な研究の基礎を築いた。明治から大正年間にかけて地元の棚田嘉十郎や溝辺文四郎らによる顕彰活動が盛んに行われ、一九二二年(大正十一)東区の大極殿・朝堂院跡が史跡に指定され、さらに第二次世界大戦後の文化財保護法により一九五二年特別史跡になった。一九六〇年代に近鉄の検車区と国道二四号線バイパス建設計画がきっかけで、宮跡の東への張出しが判明するとともにほぼ全域の史跡指定・国有地化が実現し、一九九八年(平成十)には「古都奈良の文化財」の一つとして世界遺産に登録された。宮跡では朱雀門・東院庭園・第二次大極殿基壇などが復元され、また第一次大極殿の復元事業が二〇一〇年の完成をめざし進行している。

資料館　平城宮跡資料館(奈良市)

参考文献　岸俊男『日本古代宮都の研究』、一九八八、岩波書店。今泉隆雄『古代宮都の研究』(『日本史学研究叢書』、一九九三、吉川弘文館)。橋本義則『平安宮成立史の研究』、一九九五、塙書房。舘野和己『古代都市平城京の世界』(『日本史リブレット』七、二〇〇一、山川出版社)。小澤毅『日本古代宮都構造の研究』、二〇〇三、青木書店。

(舘野　和己)

へいじょうきょう　平城京　八世紀の都城。七〇八年(和銅元)二月元明天皇が平城の地への遷都を宣言、翌月造宮省、九月に造平城京司の官人を任命して造営が進み、七一〇年三月に藤原京から平城京へ遷都した。以後七八四年(延暦三)十一月に桓武天皇が長岡京に遷都するまで、七代の天皇の都城となった。七四〇年(天平十二)に大宰府で起きた藤原広嗣の乱を契機に聖武天皇は恭仁《くに》宮へ移り、その後難波宮・紫香楽《しがらき》宮へと遷都を行なったが、七四五年に平城京に戻った。平城京は奈良盆地を南北に貫く計画道路の一つである下ッ道を朱雀大路設定の基準に利用し、奈良盆地北端に建設された。京域の大半は奈良市に属するが、西南部は大和郡山市に入る。奈良盆地北端の平城山《ならやま》丘陵南麓には佐紀盾列《さきたたなみ》古墳群が分布するが、京造営にあたっては京域に入る古墳は一部を除き破壊された。古墳を破壊した際は、遺骸を埋葬し幽魂を祭るようにとの措置が七〇九年十月に出されている。京内にありながら残った古墳としては、宝来山古墳(垂仁天皇陵)・開化天皇陵古墳・大安寺旧境内の杉山古墳などがあり、また平城宮に北接する市庭古墳(平城天皇陵)はもと前方後円墳であったが、宮内に入る前方部が破壊され後円部のみが残ったものである。平城遷都の詔には、選地の理由として「平城の地、四禽図に叶い、三山鎮をなし、亀筮並びに従う」と地勢の良さを述べる。藤原京から平城京への遷都の理由については、歴代遷宮の伝統、藤原京の南高北低という立地の悪さ、大宝律令に対応する都城の必要性、唐長安城についての新情報の入手などの諸説があるが、一つに絞るのは困難で複合的理由によるのであろう。平城遷都は文武天皇がすでに計画していたが七〇七年(慶雲四)死去により頓挫、次の元明天皇によって実現された。唐長安城をモデルに条坊制を施工した平面形は、平城宮朱雀門から京南端の羅城門まで続く朱雀大路を中心に左・右京とも南北九条、東西四坊の長方形を基本とするが、左京は二条から五条までは七坊まで東に張出す。平城京の先駆的研究者である関野貞は、この部分を外京《げきょう》と仮称した。右京では二坊以西の北端に半条分の北辺坊があるが、奈良時代から京の一部として位置づけられていたか問題が残る。右京の西端は丘陵部にかかるため、条坊制が施工されていない部分もあるとみられる。ところが二〇〇五年(平成十七)左京の南京外にあたる大和郡山市下三橋《しもみつはし》遺跡で、条坊道路の延長上にあたり奈良時代中ごろに廃止された道路遺構が見つかった。この「左京十条」問題は平城京の成立過程に新たな問題を提起している。条坊道路には大路と小路があるが、大路は千五百大尺(千八百小尺、約五三三(メートル))ごとに基準線をひいて敷設され、またその間を四等分する三百七十五大

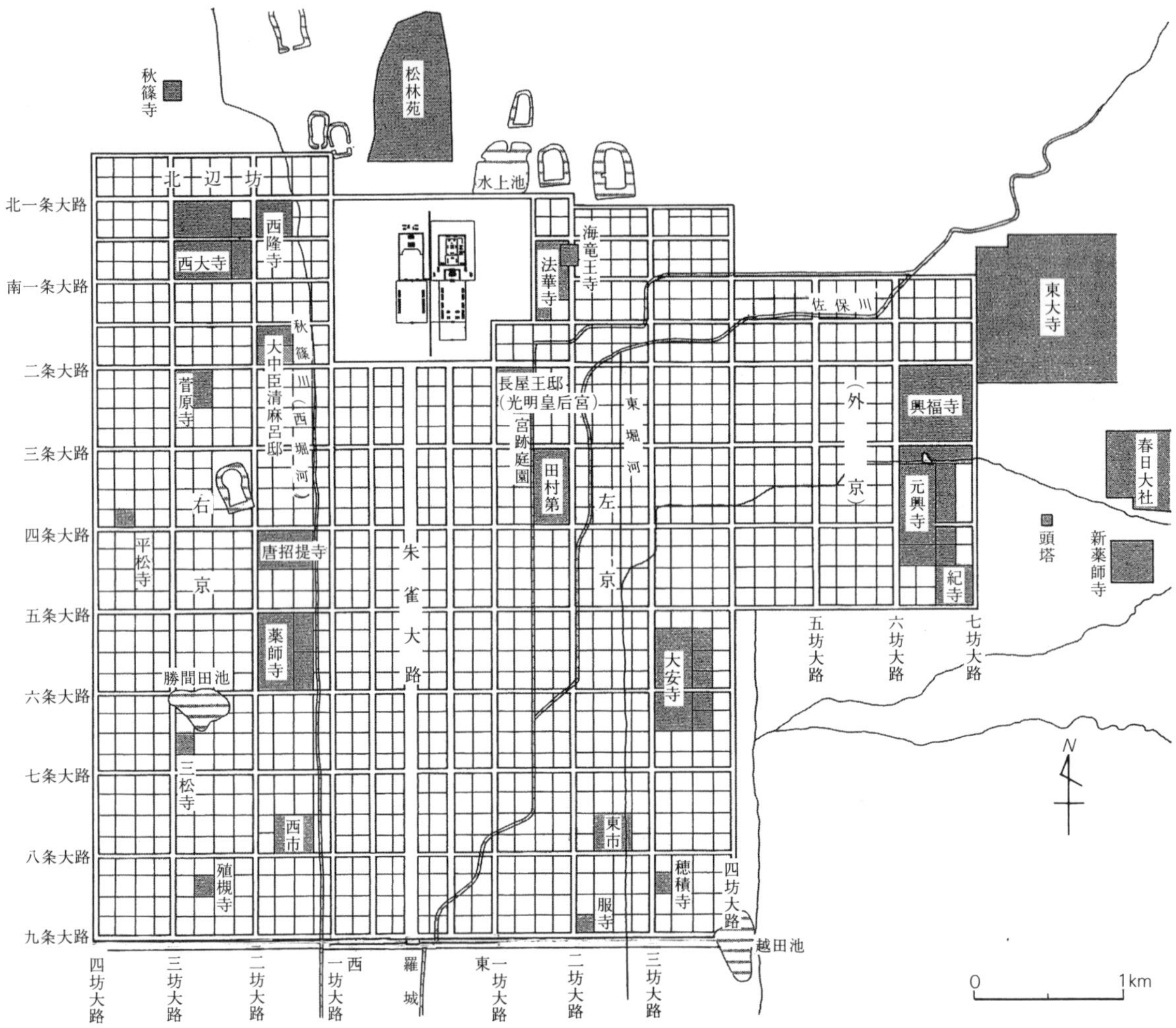

平城京復元図

尺(四百五十小尺、約一三三メートル)ごとの基準線によって小路が造られた。東西方向の大路は北から一条北大路・一条南大路・二条大路となり九条大路まであり、南北方向は朱雀大路から離れるに従って東(西)一坊大路・二坊大路などとなる。最も幅の広い大路は朱雀大路で、両側溝心々間距離は約七四メートル(二百十大尺)あった。ついで平城宮南辺に沿って東西に走る二条大路が広く、宮南辺で朱雀大路の半分の幅で、そこからはずれるとやや狭くなった。二条大路の東端には東大寺の西大門があった。総じて大路は二〇メートルを越える規模のものが多い。それに対し小路の多くは約七メートル。なお大路は土地の測量に用いられた大尺で測られたが、小路には大尺によらないものも見られる。これは小尺(唐尺)の一・二倍の長さの大尺(高麗尺)が、七一三年(和銅六)二月の度量の改訂によって廃止されたことに関わり、七一〇年に造営が開始された平城京は大尺で設計されたが、小路の中にはこの改訂以後に設計されたものがあるためとみられる。道路にはその両側に側溝が掘られ、街路樹としては大伴家持の歌にみえる柳(『万葉集』一九―四一四二)のほか、二条大路木簡に京内各所からの槐花進上を伝える木簡が多くあり、槐《えんじゅ》の存在もわかった。柳・槐は長安城でも街路樹として植えられていた。中国都城では四周に羅城が造られたが、平城京では羅城門の両側にのみ造られた。下三橋遺跡で検出された羅城は掘立柱造りで東一坊大路までにとどまっていた。したがって軍事的意味はほとんどない。普通名詞ともいうべき羅城門が特定の門の名称になっていることも、羅城に開く門が一つしかないことを示す。大路で周囲を囲まれた区画を坊といい、その中は小路で坪と呼ぶ十六の小区画に分割された。坊の中の坪は朱雀大路に近い側の北端から南へ進む千鳥式により、一坪から十六坪まであった。これによって特定の坪の位置は、左京三条二坊六坪のように数詞で表すことができたが、これは平城京で実現したものである。ただし奈良時代の史料では坊までの記載しかなく、坪の名称が明確に成立するのは九世紀中ごろ以降で、旧京域周辺の条里制呼称に倣ったものであろう。官営市である東・西市はそれぞれ左京八条三坊、右京八条二坊の五・六・十一・十二坪を占めたとみられる。いずれも毎日午の時から日没まで開いた。平城京内を流れる主な河川としては、東北方から左京へ流入する佐保川、東方からの能登川・岩井川、北方から右京を南下する秋篠川などがある。また左京三坊では幅約一〇メートルの人工河川である東堀河が検出されている。これは東市東半部を南北に貫流しており、水運に利用されたとみられる。また秋篠川は西一坊大路のほぼ一町西を直流するが、同川は『今昔物語集』一二第二十話に「西堀河」とみえ、やはり人為的に流路を整えたとみられる。なお道路側溝の中にも、東一坊大路西側溝や西一坊坊間路西側溝など、幅五メートルを超えるようなきわめて規模の大きいものがあり、基幹排水路としての役割を果たした。また平城京域東南隅には越田池(現在の五徳池)が位置するが、これは唐長安城東南隅の曲江池を模倣したものとみられている。左・右京を管轄するのはそれぞれ左・右京職で、その下には東・西市を管理する東・西市司があり、また各坊には坊長が、東西に並ぶ四つの坊(外京がある所は七つの坊)ごとに坊令が置かれた。京内の戸籍に登録された戸は京戸といい、畿内とともに庸は免除され、調は半減された。京戸の実態を示すものとして七三三年(天平五)の『右京計帳』が一部残る。京内には多くの寺院があったが、平城遷都当初に造営されたものとしては、左京の大安寺、外京部の興福寺・元興寺、右京の薬師寺などがあるが、このうち大安寺・薬師寺は官寺であり、藤原京における前身寺院である大官大寺・本薬師《もとやくし》寺の位置をほぼ踏襲したものである。それに対し外京の興福寺・元興寺はもと氏寺としての性格をも持つことから、外京域の設置はこれら純粋に官寺でない寺院を納めるためであるとの説もある。その後外京には佐伯寺、右京域には唐招提寺・西大寺・西隆寺、左京東郊には東大寺・新薬師寺、右京北郊に秋篠寺などが造られた。一方神社は京内にはほとんどなく、奈良時代に存在が確認できるのは率川《いさがわ》神社のみである。平城京の人口はせいぜい十万人ほどとみられる。京は官人が集住すべき場であり彼らには宅地が班給されたが、その基準を語る史料は残っていない。しかし藤原京における班給基準(『日本書紀』持統天皇五年(六九一)十二月条)をほぼ踏襲し、五位以上には一町(一坪の面積)以上の宅地が与えられたとみられる。発掘調査では四町・二町・一町・二分の一町・四分の一町・八分の一町・十六分の一町・三十二分の一町などの面積の宅地が検出されているが、宮に近い所に大規模な宅地があり、また時代が下るにつれ小規模な宅地が現れるという傾向がうかがわれる。宝亀年間(七七〇―八一)に写経所の経師たちが提出した月借銭解には質物として十六分の一、三十二分の一町、六十四分の一町の宅地がみえる。また左京三条二坊の西北には、奈良時代前半に四町を占める長屋王邸があったが、七二九年の長屋王の変後に没官され光明皇后の宮となったことが大量に出土した長屋王家木簡・二条大路木簡により知られた。光明皇后宮の北側の左京二条二坊五坪にはその兄の藤原麻呂の邸宅があり、南接する左京三条二坊六坪からは奈良時代後半のS字状の苑池とそれに臨む建物が見つかり、それらを復元整備し「平城京左京三条二坊宮跡庭園」として特別史跡・特別名勝に指定されている。また藤原仲麻呂の田村第は左京四条二坊に八町を占めたとみられる。諸国から上京した仕丁・衛士らも京内に居住した。諸司の持つ宿泊施設は平安京では厨町と呼ばれたが、平城京での様相はよくわかっていない。しかし左京七条一坊付近に衛門府の施設があったらしいことが出土木簡からうかがえる。なお藤原麻呂邸では道路側溝から木樋で宅地内に分流する施設がみつかっているが、これは下流が再び側溝に流れ込むトイレ遺構とみられる。都城内で埋葬することは禁止されていたため(喪葬令皇都条)、京戸の葬地は京外周辺部に営まれ、平城山丘陵南麓の奈保山・佐保山には歴代天皇や光明皇后などの陵墓が営まれ、東部山間地の田原の地には太安万侶、志貴親王やその子の光仁天皇らが葬られた。また長屋王・吉備内親王や行基の墓は、西方生駒山東麓の平群《へぐり》谷に営まれた。都が長岡京・平安京に移った後、八〇九年(大同四)病気のため弟の嵯峨天皇に譲位した平城上皇が平城宮に移り住み、平安宮と並び二所朝廷といわれた。八一〇年(弘仁元)上皇は平城遷都を企てたが失敗(薬子の変)、その後も八二四年(天長元)に亡くなるまで平城宮に住み続けた。そのためそのころまで平城京は京としての扱いが続いたようである。その後八六四年(貞観六)十一月段階では「都城の道路変じて田畝となる」(原漢文、『三代実録』)といわれるように、まずは道路上から平城京内は次第に水田化が進んでいった。しかし条坊区画はそのまま維持されたため、現在の道路や地割に条坊制の痕跡を残す所も多い。また前述したように周辺の条里呼称が水田化の進んだ旧京域内にも影響し、坪呼称が生まれたとみられる。長岡・平安京への遷都にあたっては平城京寺院の移転は行われず、東大寺や興福寺は依然として仏教教学の中心であり、また元興寺・春日社などが存在したため、外京地区を中心に奈良は南都・南京と呼ばれるようになった。平城京の研究は幕末の北浦定政がみずから踏査測量して作成した京の復原図である「平城宮大内裏跡坪割之図」(一八五二年(嘉永五))に始まり、関野貞『平城京及大内裏考』(一九〇七年(明治四十))が本格的な研究の基礎を築いた。京域内の史跡指定地としては平城宮跡・宮跡庭園のほか、興福寺・元興寺・大安寺・法華寺・唐招提寺・薬師寺・西大寺の境内地、朱雀大路跡などがある。また一九九八年(平成十)には春日大社・興福寺・薬師寺・唐招提寺・元興寺・平城宮跡・春日山原始林が「古都奈良の文化財」として世界遺産に登録された。

参考文献　岸俊男『日本古代宮都の研究』、一九八八、岩波書店。舘野和己『古代都市平城京の世界』(『日本史リブレット』七、二〇〇一、山川出版社)。渡辺晃宏『平城京と木簡の世紀』(『日本の歴史』四、二〇〇一、講談社)。井上和人『古代都城制条里制の実証的研究』、二〇〇四、学生社。

(舘野　和己)

朱雀大路《すざくおおじ》跡《あと》　奈良市二条大路南に所在。国指定史跡。一九八四年(昭和五十九)指定。全長約三・七キロに及ぶ平城京朱雀大路のうち、北端約二二〇メートル分(朱雀門前から三条条間大路まで)、面積約一万九三〇〇平方メートルが指定地。奈良市が管理・整備。指定地のうち約七割の公有化が終了。東側溝・東側築地が復元され、朱雀大路下層に存在する下ッ道側溝の表示、奈良盆地および平城京の展示解説板などが設置されている。奈良の主要道路である通称大宮通りと、復元された朱雀門をつなぐ場所に位置し、朱雀門・二条大路と一体となって宮南面の空気をよく伝える。また、遷都祭などのイベントの主要会場として活用されることも多い。一方、西側が未整備のため、本来の規模は体感しがたい点などが課題として残る。なお、平城遷都一三〇〇年事業では、羅城門までの全区間を整備する、朱雀大路パークアベニュー構想の実現を謳っている。

↓朱雀大路《すざくおおじ》

参考文献　『図説日本の史跡』四、一九九一、同朋舎出版。奈良市教育委員会編『史跡平城京朱雀大路跡』(『奈良市埋蔵文化財調査研究報告』二、一九九九)。

(馬場　基)

左京三条二坊宮跡庭園《さきょうさんじょうにぼうきゅうせきていえん》　平城京の中心部・左京三条二坊六坪で発掘された庭園。奈良市三条大路一丁目所在。国指定特別史跡・特別名勝。『続日本紀《しょくにほんぎ》』などの文献史料に記載された庭園との具体的な照合はできないが、出土した瓦が平城宮のものと同じであったことなどから、公的宴遊施設であったと見られる。曲水宴《きょくすいのえん》のような季節行事や海外使節の接待などに用いられたものか。一辺約一三〇メートルの敷地の中央部に位置する庭園は、奈良時代中期(八世紀中期)に築造され、平安時代初頭(八世紀末―九世紀初頭)まで存続。庭園の中心をなす南北方向の流れ状の池は、実長五五メートル、幅二～七メートル、竜の形状を模したように蛇行する。池底は平石敷きで、汀線には二〇～三〇センチの玉石を立て並べ、要所には石組を施す。植物遺体から推定できる植栽はクロマツ・ウメ・センダンなど。護岸や池底の手法に飛鳥時代的要素も残すが、全体形状や石組は奈良時代の庭園の特徴を示す。園池に伴う中心建物は、大きく二時期に区分されるが、いずれも池の西岸に配置されており、池を西から東にのぞむ構想であったことがうかがえる。園池部分は遺構そのものを展示する手法で復元整備、池の西側の建物も復元し公開されている。

平城京左京三条二坊宮跡庭園（発掘直後の園池）

参考文献　奈良国立文化財研究所編『平城京左京三条二坊六坪発掘調査報告』(『奈良文化財研究所学報』四四、一九八六)。

(小野　健吉)

へいぜいてんのうりょう　平城天皇陵　宮内庁が楊梅陵に指定する、奈良市佐紀町に所在する市庭古墳のこと。奈良国立文化財調査研究所の行なった第十一次調査によって、平城宮の下層で前方部の周濠が確認され、現在治定されている部分を後円部にもつ大型前方後円墳であることがわかった。前方部は平城宮造営によって削平されたと考えられる。岸本直文によると墳丘全長約二五三メートル、その形態は誉田御廟山古墳(応神天皇陵古墳)の五分の三に設計されているという。埴輪の特徴から五世紀前葉に築造されたことがわかり、古市・百舌鳥の両古墳群に巨大な前方後円墳が営まれるようになってから最初に築かれた大和北部の大型前方後円墳ということができる。なお、それまで北西側の丘陵地に営まれていた大型古墳が、以後、この古墳の東側に造墓地を移す転機となる古墳としても注目される。

参考文献　岸本直文「市庭古墳の復元」(『文化財論叢』二所収、一九九五、同朋舎出版)。

(高橋　克壽)

へいせんじ　平泉寺　⇩白山平泉寺《はくさんへいせんじ》

へいちじゅうきょ　平地住居　竪穴住居と同じ構造で地表面を床とする住居。竪穴住居と同様に伏屋式と壁立式がある。後期旧石器時代から近世までの全時代にわたって存続する。集落遺跡の多くは旧地表が後世の削平・攪乱を受けて主柱以外の住居痕跡を残さないため、主柱のない小形住居は遺物でその存在を想定するほかなく、旧石器時代の住居は石器の集中範囲を平地住居とする。主柱穴が残る場合は同時代・同地方竪穴住居の主柱と同じ配置と柱穴の深さを示すが、意味不明のピットとして報告される例が多い。縄文・弥生時代のピット群遺構は、小さくて浅い壁支柱を間隔狭く配置して、小形円形・中形楕円形・大形長方形平面となり、中・大形住居は床面中央に棟持柱一～二本をもつ。弥生時代に水田開拓の沖積平野への進出に伴って平地住居集落が営まれ、住居周囲に大溝とその内側の床面との間に土堤を巡らせた伏屋式平地住居とする(静岡県登呂遺跡)。近世では富山・岐阜県に根葺《ねぶき》小屋の現存例がある。

(宮本長二郎)

へいはく　幣帛　神への捧げ物をさし、「みてぐら」ともいう。みてぐらは御手座の意で、その古態は記紀神話にみえ、榊に「にきて」と称する繊維を垂らし、それに鏡と玉という首長権の象徴を付けることによって誕生した。ヤマト王権の全国支配の中で、大王の神への捧げ物を特に「みてぐら」と称するようになった。古墳時代に武器類が加わり、また例えば糸は布製品というように加工品に変化していった。六四五年（大化元）に神幣製作に関すると思われる記事がみえており（『日本書紀』）、天武・持統朝に律令制負担・貢納体系が整備され、それによって集められたものを中心として、神祇祭祀の際に幣帛として神宮や神社に奉られた。代表的な祈年祭を例に見ると基本となる布製品のほか、武器・鍬・酒・魚介・海藻・塩・酒坩《さかつぼ》・葉薦などが挙がっている。同じ神祇祭祀でも社格によって、また各祭祀によって量・質・種類が異なっており、その内容は『延喜式』四時祭・臨時祭に詳しい。

参考文献 西宮秀紀『律令国家と神祇祭祀制度の研究』、二〇〇四、塙書房。 （西宮 秀紀）

へいへい 平瓶 ⇩ひらか

へきが 壁画 堂宇の内外の壁面に描いた絵をいう。壁体としては土壁、石壁、板壁などがあり、襖や障子などの紙張りの壁面も加えることがある。柱間の壁面だけでなく、柱や天井・扉・長押《なげし》や組物の装飾文様や建築彩色も含む場合がある。建物に組み込まれた一部をなし、一般に絵は公開された空間にあって、常に多数の人に同時的に鑑賞されることを前提としている。そのため、画題や構図も建築の用途や規模に合致したものとなる。大画面にふさわしく個々のモチィーフは大きく、構図は明瞭・簡潔で、背景などは省略されることも多い。建築の一部をなすため、その間取りを利用して高さや遠近表現に特有の立体的な工夫が必要である。保存状態は壁体の材質に依存することが多く、古墳壁画のように密閉した空間内の壁画を除いて、一般に儀式や生活の場にあって常に露出しており、風雨や剝落、損傷の被害を受けやすい。仏堂における壁画は仏像の本尊を荘厳し、本尊の働きを明示して、より複合的な意味空間を構成したり、あるいはそこで行われる儀式にとって不可欠の意味を補強するもので、おのずと本尊や建物に従属的である。古墳壁画としては、九州地方に多い、装飾古墳壁画があるが、主題的にも、用いられた顔料や技法の点からみても、飛鳥時代以降の作例とは一線を異にする。終末期古墳から高松塚古墳やキトラ古墳などの壁画墓が発見されたが、技法と顔料の点からすれば、法隆寺金堂壁画などと同時代・同系列といえる。また最近上淀廃寺や山崎院跡から壁画断片が出土しているが、法隆寺金堂壁画と相前後する時代の壁画資料である。いずれも土壁壁画で、ただ同じ土壁でもその下地層は古墳壁画では漆喰で、寺院壁画の場合では白土である。奈良時代後半期から、唐招提寺建築装飾や栄山寺八角堂壁画、さらには室生寺金堂板絵や醍醐寺五重塔など、奈良時代の堂塔内部建築彩色の絵画技法の延長上に板絵技法が主流となる。観経による阿弥陀の九品往生を描いた平等院鳳凰堂壁画はまさに板絵壁画の頂点である。主題としては四方四仏浄土変などや密教曼荼羅諸尊があり、祖師像や祖師絵伝が描かれることもある。柱間壁面に両界曼荼羅や祖師像の障子絵や掛幅絵をかけて、壁画のごとくにすることも行われた。また仏教寺院以外では、紙張りの屏風や衝立、障子、襖などに描いた絵画を立ててあたかも壁画のようにした。平安時代以降、賢聖屏風や荒海障子など、唐絵、大和絵を主題とする壁画が描かれた。さらに中世以降になると山水画や蓮池図などの花鳥画なども壁画や襖絵として描くようになる。 ↓障壁画《しょうへきが》 ↓屏風《びょうぶ》 （百橋 明穂）

へきがこふん 壁画古墳 一九七一年（昭和四十六）に高松塚古墳で古墳内部に本格的な壁画が見つかったので、壁画古墳という呼び方をされるようになった。これ以前にも古墳の石室などに絵画が描かれていることがあり、これらは総称して装飾古墳と呼んでいた。しかし高松塚古墳の壁画はあまりにも画材の内容が異なっていたので壁画古墳と呼ぶようになったのである。長く高松塚古墳のような古墳がほかになかったが、同じ飛鳥の地域で、キトラ古墳にも壁画があることが判明したので、日本の壁画古墳としては二例ということになる。壁画の内容は、中国に起源がある、四神（玄武・青龍・朱雀・白虎）、二十八宿の天文図、日月図があり、キトラ古墳では人身獣頭の十二支図があった。高松塚では四組の群像があり、朝賀の儀式を描いたものかとの説がある。これらの壁画古墳は画材だけでなく画法も中国の影響のもとに描かれたもので、強く中国文化の影響が窺える。 ↓別刷〈装飾古墳・壁画古墳〉 （河上 邦彦）

へきりちじんや 戸切地陣屋 ⇩松前藩《まつまえはん》戸切地陣屋《へきりちじんや》

べざいせん 弁才船 中世末期から瀬戸内海を中心に発達し、十八世紀前期から昭和初期まで国内海運の主役として活躍した商船。弁財船とも書くが、ともに当て字。

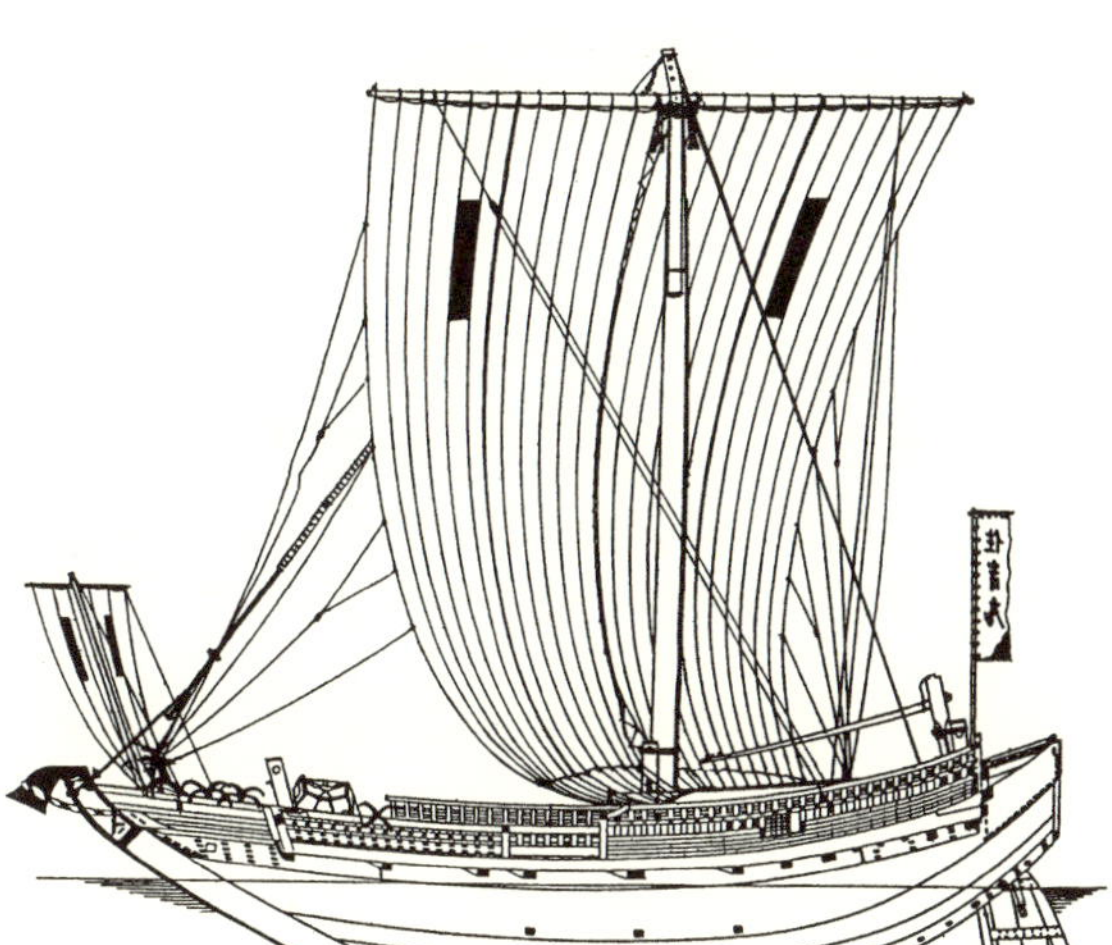

18世紀末期の千石積弁才船の全装備図

今日では千石船とも称される。名称の由来については諸説あるも臆説の域をでない。船体は棚板造りで、水押《みよし》造りの船首に特徴がある。当初は関船《せきぶね》同様の総矢倉を設けていたが、十七世紀後期には独特の上廻り形式を確立し、十八世紀にはいると上棚の上縁に矧付《はぎつけ》と称する舷側材を垣立《かきたつ》の高さまで接ぎ合わせ、船首近くに合羽《かっぱ》と呼ぶ水密甲板を設けて耐航性を向上させた。中世以来の伝統的な帆装形式を踏襲して、船首に小さな弥帆《やほ》を張り、船体中央に大きな本帆を揚げるが、十八世紀後期には弥帆と本帆の間に中帆、船尾に艫帆《ともほ》を装備する船も現われた。用途により区別される派生型や地方的な特徴を有する地方型も多い。たとえば、菱垣《ひがき》廻船は派生型、北前《きたまえ》船は地方型である。

参考文献 石井謙治『和船』一(『ものと人間の文化史』七六ノ一、一九九五、法政大学出版局)。安達裕之『日本の船』和船編、一九六八、船の科学館。 (安達 裕之)

べっこう 鼈甲 ⇩玳瑁《たいまい》

べっしゅうふせんしょう 別聚符宣抄 十世紀ごろに発給された太政官符・宣旨などを集めた法制関係文書集。本書本来の名称は不明で、唯一の伝本で鎌倉時代中期の書写とされる広橋家旧蔵本(国立歴史民俗博物館所蔵)では「符宣抄 別本」とされているが、同本は首尾を欠いており、この書名は明らかに後補されたものとみられる。また本書は、『類聚符宣抄』に対する別本にあたる性格のものではない。現在用いられている『別聚符宣抄』という書名は、『(新訂増補)国史大系』に収められた際に付されたものである。編者や成立年代なども未詳。現存部分に収められた文書は九〇二年(延喜二)から九七一年(天禄二)のもので、現状が九七一年以降の姿であるのは確かだが、所収文書の年代分布から、複数段階にわたる編纂過程を想定する説もある。また、分類項目名が示されている箇所もあるが、全体として整然とした分類が行われてはおらず、あるいは未定稿のまま伝えられてきたものとも考えられる。所収文書には、文書の原形を忠実に伝えようとする意図はほとんどみられないが、政務運営上の細則的なものが多い『類聚符宣抄』と比較して、国政上の重要度がより高い内容のものが少なくない。刊本としては新訂増補国史大系本がある。

参考文献 清水潔「別聚符宣抄」(皆川完一・山本信吉編『国史大系書目解題』下所収、二〇〇一、吉川弘文館)。 (石田 実洋)

べにばな 紅花 あざみ・キク科の植物、花からとる紅は、古くから顔料・染料・薬用に用いられ、江戸時代は主に染料用として発達した。紅花は大和国家時代に、染色・織物技術などとともに大陸から伝来したと考えられ、『古事記』や『万葉集』にも「紅染の紐」「末摘む花」などの表現で多く登場する。十世紀に編集された『延喜式』によれば、紅花は神前供物として奉納され、各種の祭服・式服の染料に定められていたことが知られる。また麻・紙・茜などとともに徴税品に指定され、それは全国二十四ヵ国に及んでいる。しかし九州・四国・東北の国々にはみえない。これが江戸時代になると特産地化が進み、『日本鹿子』(一六九一年)によれば、紅花産地は相模・伊賀・上総・出羽・筑後・薩摩の六ヵ国とし、『和漢三才図会』(一七一二年(正徳二))では、この中でも羽州最上が最も良く、伊賀・筑後がこれに次ぐとある。江戸時代を通じて紅花の最大の市場は京都の西陣織であった。江戸時代後期の紅花全国産額は約二千駄(一駄三十二貫匁)といわれたが、最上紅花の江戸時代中期以後の産額(干花)は約千駄で、約半分を占めていた。

参考文献 今田信一『最上紅花史の研究』、一九七三、井場書店。 (横山 昭男)

へぬし 戸主 古代都城における宅地の最小単位。都市住民である京戸への宅地斑給の基準であったと考えられている。平安京の場合、一町《ちょう》(四十丈四方)を三十二分割したものである(『拾芥抄』)。一戸主は東西十丈(約二九・八メートル)、南北五丈(約一四・九メートル)の約四四四平方メートルであった。この分割の方式は「四行八門制」と呼ばれる。同様の分割方法は、平城京の段階に起源を持っていた。平安京跡の考古学的調査では、四行八門制にしたがった宅地割溝や柵列がしばしば検出される。たとえば、平安京右京三条三坊四町跡では区割溝で囲まれた東西三七メートル以上、南北一四メートルの小規模宅地が発掘されているが、これなどは東西二戸主の宅地であったということができよう。ただし、平安時代前期の宅地遺構であっても戸主で割り切ることができない場合も多く、現実の宅地割においてはすべてにわたって四行八門制の原則が貫徹されていたわけではない。

参考文献 秋山国三・仲村研『京都「町」の研究』、一九七五、法政大学出版局。高橋康夫『京都中世都市史研究』、一九八三、思文閣出版。京都市埋蔵文化財研究所編『平安京右京三条三坊』(『京都市埋蔵文化財研究所調査報告』一〇、一九九〇)。 (山田 邦和)

へび 蛇 爬虫綱有鱗目ヘビ亜科に属する四肢の退化消失した爬虫類の総称。日本列島には琉球諸島にハブが、本州諸島にマムシが毒蛇として恐れられ、北海道には分布しない。貝塚や洞穴遺跡の土壌を水洗選別すると、小さなヘビの椎骨が単独、もしくは数個ずつ採取されることが多く、この特徴は食用になったことが明らかな魚類と共通し、やはり食用となったものであろう。ヘビは冬眠し、脱皮を繰り返すことから、再生・豊穣と結びついてさまざまな蛇信仰を生み出した。蛇の意匠は、石川県真脇遺跡の縄文時代前期末土器の口縁部の三角形の頭部を持つマムシを表現した装飾突起に始まり、中部高地から関東地方の縄文時代中期、藤内・井戸尻・曾利の各土器型式の装飾突起や胴部に粘土紐を貼りつけた文様として多く見られ、後期には姿を消す。また長野県藤内遺跡や山梨県坂井遺跡出土の土偶の頭には、マムシがとぐろを巻く。少数ではあるが北陸地方の新崎式土器、仙台湾を中心とする大木七・八式土器や青森県の円筒上層式土器にも蛇身装飾が見られ、いずれも縄文時代中期に盛行し、後期には姿を消す。考古資料として蛇が次に姿をあらわすのは弥生時代中期で、桜ヶ丘五号銅鐸のカエルを食べる蛇をはじめ、土器絵画にも蛇が描かれるが後期には姿を消し、竜に変化するという。古代人は蛇を神として崇め、『常陸国風土記』行方郡の項には「夜刀之神」として、頭に角のある蛇が語られ、『日本書紀』崇神紀には、三輪山の神、大物主神の妻となった倭《やまと》迹《と》迹《と》日《び》百《もも》襲《そ》姫《ひめ》命が、夫の姿が小さな蛇の姿をしていたことを見て驚いて死に至った説話がある。ヘビはその姿から川や稲妻を連想させ、中国の竜神信仰とも結合して水神となり、農耕とも関連して祈雨の対象となる。山神としては焼畑と、水神としては水田稲作との関連が議論される。現代でも埼玉県鶴ヶ島市脚折《すねおり》に、竹と藁で作った長さ三六メートル、重さ二トンの竜蛇を大勢の人たちが担いで池の中を泳ぎまわる雨乞行事が無形文化財として残る。

参考文献　野口義麿「縄文文化と蛇身装飾」(『古代文化』一五ノ五、一九六五)。吉野裕子『蛇―日本の蛇信仰―』(『講談社学術文庫』一三七八、一九九九、講談社)。

（松井　章）

へらがき　箆書　⇩刻書《こくしょ》

へらきり　へら切り　ロクロ(轆轤)などを用いて土器・陶磁器類を成形した後、ロクロに固定された器をへら状の工具によって切り離す手法を指す。通常、ロクロを回転しながら行うこと(回転へら切り)が多いが、へら状工具を器の底部に差し込んで起こすようにしてロクロから器をはずすこともあり、それを「へら起し」と呼ぶ場合もある。なお、切り離し手法のへら切りと、切り離し後の整形手法としての「へら削り」は別の工程の技術である。須恵器の場合、古墳時代以来、一般的にはへら切りが用いられていたが、奈良・平安時代ころより糸切りを採用する例が確認されるようになり、へら切りから転換していく。その転換時期には地域差があり、例えば畿内周辺の場合は一般的には平安時代以降に下るが、東海や出雲地方などでは奈良時代以前にさかのぼる。また、一地域の中でも焼物の種類や器形・法量によって転換時期に差があり、両手法が併存する場合などもある。なお、ロクロからの底部切り離し手法の差異は、器そのものの成形手法の差と必ずしも対応するものではない。　↓糸《いと》切《き》り

参考文献　阿部義平「ロクロ技術の復元」(『考古学研究』一八ノ二、一九七二)。古代の土器研究会編『古代の土器研究―律令的土器様式の西・東―』六、二〇〇一。

（高橋　照彦）

へんい　版位　政務や儀式に際して行事など特定の所役の官人や位次に従って列立する参列者が立つ位置に置かれた目印。版《へん》ともいう。儀制令版位条に「凡版位、皇太子以下各方七寸、厚五寸、題云其品位、並漆字」と規定される。『延《えん》喜《ぎ》式《しき》』をはじめとした史料には、尋常版・宣命版などが散見するほか、令規と異なるさまざまな寸法の版位があり、『令集解《りょうのしゅうげ》』同条古記が「以火焼作字」なる「今行事」を伝えるなど、その寸法・形態などは一定しない。平城宮跡内裏東外郭から二点の文字塼が出土しており、版位の実物と推測されている。それぞれ、「公事」「私事」の文字が焼成前に刻まれ、計測値は、「公事」塼が最大長二四・四センチ、幅二五センチ、最大厚さ八・六センチ、「私事」塼が最大長一八・三センチ、幅二七・五センチ、最大厚さ一〇・二センチ。また、平城京二条大路路面に掘られた溝状土坑SD5300から出土した木簡に、直方体の器物の前に立つ官人が描かれており、版位を描いた可能性が指摘されている。

参考文献　横山浩一「古代の文献に見える「版位」とその実物」(『古代技術史攷』所収、二〇〇三、岩波書店)。奈良文化財研究所編『平城京木簡』三(『奈良文化財研究所史料』七五、二〇〇六)。

（山本　崇）

へんがく　扁額　板・紙・絹などに書いた書画を門殿上部や室内壁面上部などに掛けたものである。中国古代では、宮殿や寺院の殿舎の名称を記した額を掲げた。名筆の墨書のみでなく、陽刻彩絵の文字も用いられた。宋時代以降には貴人や文人の邸宅などの入口にも掛けられ、室内にも木枠にはめた額を掲げた。わが国には、中国からその扁額形式が伝来し、現存するものでは、奈良の唐招提寺、東大寺西大門や海龍王寺に掲げられた扁額が最も古い。平安時代の扁額では、三跡の一人藤原行成(九七二―一〇二七)の筆とされる龍華樹院額(東京国立博物館所蔵)などが知られる。平安時代後期からは神社に絵馬を奉納することが行われる。絵馬とは、祈願や報恩のために馬の図などを描き、祈願者の氏名や目的などを記した額である。一方、室町時代以後には、僧侶の僧房や俗人の書斎にその名称を書いた額が盛んに掲げられた。さらに江戸時代には、文人画の発展とともに室内における書や画の額も流行した。また、絵馬のほかに和算の問題の解法を示した算額、和歌や俳諧を詠んだ額も神社などに献上された。古い時代の扁額は、能書の筆になるものが多いとされるが、筆者が確実に判明するものは少ない。唐招提寺の額は孝謙天皇(七一八―七〇)の直筆と伝えられるが、寺の記録である『招提本源記』には、孝謙天皇が寺に「唐招提寺」と書いた額を施入したことが記されるのみで、天皇の直筆であることの確証はない。その意味で、東京都国立市の谷保《やほ》天満宮に現存する「天満宮」の文字のある扁額は、額の裏面に「建治元年(一二七五)乙亥六月廿六日乙丑書之」「正三位藤原朝臣経朝」と刻まれ、一二七五年世尊寺流の当主の経朝(一二一五―七六)が書いたことが明らかになる稀有な例である。　↓絵馬《えま》

参考文献　松平定信編『集古十種』扁額。岩井宏實『絵馬』(『ものと人間の文化史』一二、一九七四、法政大学出版局)。

（安達　直哉）

ベンガラ　赤色顔料の一種。弁柄、弁殻とも書く。狭義には赤色酸化鉄(α-Fe_2O_3、三酸化二鉄・赤鉄鉱)のこと

であるが、歴史学・考古学の分野では、赤鉄鉱としての結晶度は小さいものであっても、三価の鉄を主たる発色因子とする赤色系顔料として広義に捉えることが多い。赤色土に近いものまで含まれるため、発色の良否には大きな幅が生じる。広義の意味では、旧石器時代から使用され、縄文時代の早くから(早期・前期)は発色の良好なベンガラが使用されている。なかでも古墳時代まで使用されていたパイプ状の粒子形態を持つ優良なベンガラは、その生産や流通の点で注目すべき資料となる。ベンガラは、朱とは異なり耐火性に優れているため、土器や陶器などの焼成前に塗布されることもある。縄文時代後期以降は、朱との競合関係が生じ、それぞれ目的に応じた棲み分けをはかっている。江戸時代後期に入ると、焙焼法による吹屋(岡山県)の弁柄が有名になる。　↓朱《しゅ》

参考文献　R・J・ゲッテンス・G・L・スタウト『絵画材料事典』(森田恒之訳)、一九七三、美術出版社。長尾隆『ふきやの話』、一九七六。

(永嶋　正春)

べんじょ　便所　⇩トイレ

へんねん　編年　一定の空間から出土した遺物を種類ごとに層位学や型式学の方法によって年代順に並べ、さらに一括遺物の概念などを導入して、他の器種や他の遺物との組み合わせによって、遺物群の時間的位置づけを行うこと、およびその結果としての遺物の序列。これにより遺物の変化の方向を見定めることが可能となり、考古学にとって最も重要な作業である。遺構についても掘り込み面、切り合い関係、方位などに基づいて編年する。一遺跡から始め、隣接する諸遺跡との相関を捉え、さらに範囲を拡げて一地域全体の編年を目指す。異なった地域どうしの編年を結びつけるには交差年代決定法が有効である。編年は昭和初年ごろから先史考古学の分野でおおいに発達したが、歴史考古学にとっても有効でありかつ必要な作業である。

(山本　忠尚)

ほ

ほ　保　律令制における家(戸)を秩序立てる制度の一つ。また、転じて都城制の行政区画の単位としても使われた。「ほう」とも訓む。『養老令』の戸令では五家をもって一つの保とすることから、「五保」とも呼ばれる。さらに、㈠保には保長一人を置くこと、㈡一つの保に属する戸は互いに犯罪を監視し合うこと、㈢外部の人間が保内に宿泊したり、また保内の人間が保外で宿泊したりするようなことがあれば、互いに知らせ合うこと、㈣逃亡者が出たら五保が連帯して追跡すること、などを定めている。都城制の保は本来の意とはやや異なっている。平安京の土地区画は左右両京・条・坊・保・町に分けられていた。保は坊(十六町)を四分割したものであり、四つの町を併せたものであった。平安京の保では、居住者の中の適任者を保長とし、京職の管轄のもとで日常行政にあたらせていた。

参考文献　井上光貞他校注『律令』(『日本思想大系』三、一九七六、岩波書店)。

(山田　邦和)

ほいだただとも　穂井田忠友　一七九一—一八四七　江戸時代後期の故実家・歌人。通称は久間次郎。のちに靫負、縹助・元次郎・源助と改める。号は蓼莪。『穂井田先生文集』(序例)によれば、一七九一年(寛政三)正月二十三日生まれ(一七九二年生まれとする説もある)。父は備中国下道郡新本村(岡山県総社市)出身の小原東作で、摂津国生玉《いくたま》神社社司穂井田家の養子となる。一八一一年(文化八)平田篤胤に入門し国学を学び、文政年間(一八一八—三〇)後半には京都に居を構えたが、伴信友・赤尾可官・松岡帰厚らとの交流が書簡によって知られる。禁裏付武家梶野良材の知遇を得、一八三一年(天保二)、奈良奉行となった梶野に従って奈良に移り、大和地域の調査に専心した。正倉院宝庫修理に際して、一八三五年から宝庫中の文書の調査に着手し、『正倉院文書』正集四十五巻の整理・成巻に従事した。一八四〇年、『正倉院文書』と『新造舎古文書』のなかから奈良時代の印影七十を集めた印譜集『埋麝発香《まいじゃはっこう》』を刊行したほか、古銭、考古遺物、古暦についても関心をもち、それぞれ『中外銭史』、『文氏墓誌考実』や『観古雑帖』、『古暦抄写』などを刊行したほか、『御位記略注』『皇朝古印譜』などが自筆本で伝えられている。古代の文物を蒐集の対象として整理・類型化するところに彼の研究の特徴があり、事物に即した実証や考証の方法が貫かれている。晩年は京都に住み、一八四七年(弘化四)九月十八日、五十七歳で死去した(十九日とする説もある)。墓所は京都市中京区の誓願寺。

参考文献　橋本進吉「穂井田忠友の伝記資料」(『橋本進吉博士著作集』一二所収、一九七二、岩波書店)。皆川完一「正倉院文書の整理とその写本—穂井田忠友と正集—」(坂本太郎博士古稀記念会編『続日本古代史論集』中所収、一九七二、吉川弘文館)。簗瀬一雄「穂井田忠友研究序説」(『古代文化』三九ノ三、一九六七)。多治比郁夫「穂井田忠友雑記」(『大阪府立図書館紀要』二六、一九九〇)。

(加藤　友康)

ほう　烽　⇩とぶひ

ぼう　坊　古代都城において四周を大路で囲まれた一区画。『大宝令』『養老令』によればそれを管轄するのは坊長で坊内の白丁から選ばれた。また東西に四つ並んだ坊を統括する坊令は、正八位以下の者をあて、両者とも戸口の検校や奸非の督察、賦徭の催駆という里長に相当する職務を果たした。京の構造が未確定の藤原京を除き、

それ以降の都城では坊の内部は東西・南北三本ずつの小路によって十六の小区画に分割され、平城京ではそれを坪、平安京では町と呼んだ。ただし平城京の坪呼称は、確実なところでは九世紀後半以降である。平城京では四周の大路の中心間距離は千八百尺、小路の中心間距離は四百五十尺であり、道路幅に差があるため坪内部の広さは場所によって異なった。長岡京では宮の南にあたる坊と、そうでない坊とで異なる。平安京では町の大きさはすべて四十丈四方として、その大きさを統一した。坊は左・右京○条×坊と数詞を用いて呼ばれたが、藤原京では林坊・小治坊などの固有名詞が知られ、平安京では横に並ぶ四坊を総括して桃花坊・銅駝坊などの中国風固有名詞が付けられた。朱雀大路に面する坊では、朱雀大路側に坊城が築かれた。　↓坊城《ぼうじょう》

参考文献　岸俊男『日本古代宮都の研究』、一九八八、岩波書店。山中章『日本古代都城の研究』、一九九七、柏書房。
（舘野　和己）

ほうあんじ　法安寺　愛媛県西条市北川にある飛鳥時代創建の寺院。国指定史跡。現在の法安寺の境内に塔跡、金堂跡などがある。塔跡には基壇の上に礎石が十六個残っている。礎石は緑泥片岩、一部に花崗岩の自然石を使用。塔跡の北二八メートルの現在薬師堂が建てられているところに金堂跡と思われる礎石が十七個ある。かつてはその北二八メートルに礎石が五個、また塔跡の南約二七メートルのところに礎石が八個残存していたといわれ、それぞれ講堂跡、中門跡に比定されている。さらに塔跡の東三七メートル、西三八メートルのところに中軸線と並行して古瓦埋没層があり、築地ないしは回廊関係遺構と推定されている。こうしたことから当初の伽藍配置は四天王寺式と想定される。出土瓦は素弁蓮華文軒丸瓦、複弁蓮華文軒丸瓦、重弧文軒平瓦など十九種類あり、時期は飛鳥時代から平安時代中期に及んでいる。

参考文献　石田茂作『飛鳥時代寺院址の研究』、一九三六、聖徳太子奉賛会。『愛媛県史』資料編考古、一九八六。
（寺内　浩）

ほうい　方位　⇩風水《ふうすい》

ほうおう　鳳凰　中国で成立した想像上の鳥で、鳳凰の名は漢代に定着した。殷代以来の図像において、孔雀・金雞・雉などをモデルとして成立した、頸が細長く頭上に羽や鶏冠などを付け尾羽が長い鳳・翟・鸞など数種の鳥が、漢代に混同されて鳳凰と総称されるに至ったもので、四神の朱雀とも姿が共通する。南北朝から唐代の墓室壁画に優れた作例が多い。漢代から仁君の聖政に当たって現れる瑞徴とみなされるようになり、さらには仁鳥、羽族の長、梧桐に住み竹の実を食す、などの属性が付与されていった。日本では、古墳時代に舶載された馬具・環頭大刀の文様が初現で、七世紀以降、鏡・調度品など各種の器物に表現され、正倉院宝物に優れた作例が多い。聖天子の治世の象徴として、古代には宮殿の鬼瓦や鴟尾に表され、中世以降は、寺社・御殿の装飾や障壁画などの素材としても好まれた。全身像を屋根に載せた建築として、宇治平等院鳳凰堂、鹿苑寺金閣、慈照寺銀閣が著名である。

参考文献　出石誠彦「鳳凰の由来について」（『東洋学報』一九、一九三三）。林巳奈夫「鳳凰の図像の系譜」（『考古学雑誌』五二ノ一、一九六六）。
（岩永　省三）

ほうおうざんよこあなこふん　法皇山横穴古墳　六世紀中葉から七世紀末の横穴墓群。国指定史跡で、石川県加賀市勅使町に所在。これまでに七十七基の横穴墓が確認されている。この横穴墓群の墓室は長方形の玄室と前室を伴う構造が一般的で、副室を伴う事例もある。玄室内には奥壁に沿って棺台が設けられている。土器のほかに直刀、鉄鏃、金環、ガラス玉などが副葬されていた。六世紀代の横穴墓は玄室断面が家型を呈し規模は大きいが、七世紀末の横穴墓は断面がカマボコ型になり、規模が小型化している。横穴墓群は三～四基を単位として群集しており、古墳時代後期の家族や世帯のありかたを反映していると考えられている。

参考文献　加賀市教育委員会編『法皇山横穴古墳群』、一九七一。
（小嶋　芳孝）

ほうおうもんせん　鳳凰文塼　鳳凰を文様としてレリーフ状にあらわした塼。岡寺《おかでら》（奈良県高市郡明日香村岡寺）出土。壺阪寺《つぼさかでら》（南法華寺）蔵。重要文化財。平面ほぼ正方形（縦三九・五センチ、横三九・三センチ、厚さ八・〇センチ）の瓦質の塼。文様面には幅三・八センチの外縁がめぐる。文様面の内区には翼を大きく広げ、尾を巻きたてて立つ鳳凰と瑞雲をレリーフ状にあらわしている。鳳凰は両脚を力強く踏んばり、首を後ろに反らし、頭をややうつむきかげんにしているが、内冠の後方が逆立ち、肉髭も首とともに後ろに引かれている様子は、瑞雲を呼びながら天空から舞い降りた情景といえよう。尾は大きな尾羽根が広げられ、文様が目立たないようであるが、羽根の細部を細かい線であらわし、尾の中央には一條の凸線が通り、珠文が六個ほど見られる。瑞雲は左に三つ、右に二つ見られ、それぞれ鳳凰に向かって流れる。雲の頭は珠状にあらわされる。堂内の壁面、あるいは人の踏み込まない須弥壇などに用いられたものであろう。

参考文献　森郁夫「天人塼・鳳凰塼」（『日本の古代瓦』所収、一九九一、雄山閣出版）。
（森　郁夫）

ほうかいじ　法界寺　京都市伏見区日野西大道町に所在する真言宗醍醐派の寺。山号は東光山。日野薬師の名で有名。藤原資業が出家した一〇五一年（永承六）ごろ、薬師如来像（最澄ゆかりの薬師像を胎内に納む）を本尊とする薬師堂を建立したのがはじまり。資業の一流が日野を家名とするのは当寺の所在地名にちなむ。その後日野家が観音堂（資業の息実綱）・五大堂・阿弥陀堂など、同家に繋がる藤原宗忠（母が実綱の娘）が塔・弥勒堂・新阿弥陀堂などを造営して伽藍が栄えたが、中世にたびたびの火災で諸堂を失い、天台宗から真言宗に改宗した。現存

する阿弥陀堂は鎌倉時代前期の建築で国宝。平安時代後期定朝様の国宝阿弥陀如来坐像を本尊とし、堂内装飾画は鎌倉時代前期の作で重文。康正二年(一四五六)の棟木銘を持つ薬師堂は一九〇四年(明治三十七)に奈良県の龍田伝燈寺から移築したもので、本尊薬師如来立像とともに重文。親鸞はこの地に生まれたと伝えられ、西本願寺派の日野誕生院が隣接する。

参考文献　中野玄三『法界寺』、一九七四、中央公論美術出版。『法界寺』(『古寺巡礼京都』二九、一九七八、淡交社)。河野房男『右府藤原宗忠と日野法界寺』、一九七九、広雅堂。

(古藤　真平)

ほうかんじ　法観寺　京都市東山区八坂上町に所在する臨済宗建仁寺派の寺。山号は霊応山。聖徳太子が如意輪観音の告げによって五重塔を建てて仏舎利を安置したのがはじまりと伝える。五重塔の周辺で出土した古瓦は飛鳥時代のものとされる。古くは八坂寺としてみえ、山城国愛宕郡八坂郷を本拠とした渡来系豪族八坂造氏の氏寺であったと推定する説もある。『神皇正統録』は六七八年(天武七)に八坂塔が建てられたと記す。『延喜式』大膳下では盂蘭盆供養料を受ける七寺の一つ。天暦年間(九四七―五七)に浄蔵が加持で塔の傾きを直したという伝承は有名。一二四〇年(仁治元)建仁寺の済翁証救が禅刹に改め、南北朝時代には同寺の塔が山城国の利生塔とされた。一一七九年(治承三)、一二九一年(正応四)、一四三六年(永享八)と三度焼失し、一四四〇年に足利義教が再建した塔と江戸時代の太子堂・薬師堂が現存。五重塔と室町時代後期の寺観を示す「八坂塔絵図」が重要文化財に指定されている。

参考文献　魚澄惣五郎『古社寺の研究』、一九三三、星野書店。田中重久『日本壁画の研究』、一九四四、東華社書房。

(古藤　真平)

ほうきいちのみやきょうづか　伯耆一宮経塚　鳥取県のほぼ中央、東伯郡湯梨浜《ゆりはま》町宮内に鎮座する倭文《しどり》神社境内に所在する平安時代の経塚。一九一五年(大正四)、盗掘により多くの遺物が出土した。経塚は長径一六メートル、高さ一・六メートルほどの円丘状。そのほぼ中央、深さ二メートル弱の所に石槨がつくられ、鋳銅製経筒一口をはじめ多くの供養品が納められていた。供養品は、金銅製観音菩薩立像一軀・銅造千手観音菩薩立像一軀・銅板線刻弥勒立像一軀・草花蝶鳥六稜鏡一面・素文鏡一面・短刀・刀子・檜扇残片・ガラス玉など多数。経筒は総高四二センチ、蓋・筒身・台座からなり、円筒形の筒身に十五行二三七字の銘文を刻む。銘文には釈迦入滅後二千五十二年にあたる一一〇三年(康和五)、僧京尊が「伯耆国河村郡御坐一宮大明神」の御前に如法経一部八巻を供養し、神社南東山中に埋納したことが記される。経塚は国史跡、遺物は国宝に指定され、東京国立博物館に寄託されている。

銘文　釈迦大師壬申歳入寂日本年代記康和/五年癸未歳粗依文籍勘計年序二千/五十二載也今年十月三日己酉山陰道/伯耆国河村東郷御坐一宮大明神御前/僧京尊奉供養如法経一部八巻即社辰巳/岳上所奉埋納也願以此書写供養之功/結縁親疎見聞群類縦使雖異受生之/所昇沈必定値遇慈尊之出世奉堀顕/此経巻自他共開仏之知見仍記此而已/願以此功徳普及於一切我等与衆生皆共成仏道/釈迦舎那成道場成正覚一切法界中転於无上輪/正遍知者大覚　辺際智満方知断/補処今居都率天　下生当坐竜花樹/願我生生見諸仏　世世恒聞法華経/恒修不退菩薩行　自他法界証菩提

参考文献　奈良国立博物館編『経塚遺宝』、一九七七。安藤孝一「伯耆一宮経塚と倭文神社の文化財」(『仏像を旅する山陰線』所収、一九八八、至文堂)。

(真田　廣幸)

ほうきこくふ　伯耆国府　鳥取県倉吉市の西郊、天神川の支流国府《こう》川の右岸に迫る丘陵を中心に国庁跡や法華寺《ほっけじ》畑《ばた》遺跡・不入岡《ふにおか》遺跡など、奈良から平安時代の官衙遺跡が所在する。また、国分寺跡や四王寺跡、集落跡の宮ノ下遺跡・向野遺跡などが分布する。国庁跡と法華寺畑遺跡は一九七一年(昭和四十六)から、不入岡遺跡は一九九三年(平成五)からの発掘調査で内容が明らかになった。国庁跡は、標高四〇メートルほどの丘陵頂部に占地。東西二七三メートル、南北二二七メートルを溝で区画し、東辺に東西五一メートルほどの張り出し部を設ける外郭と、中心部の内郭とからなる。内郭は溝によって東西八四メートル、南北九三メートルに区画され、中軸線上に南から南門・前殿・正殿・後殿を配置し、正殿の東西に長大な南北棟の脇殿と南北端部に楼閣風建物を設ける。外郭の全容は不明であるが数棟単位でまとまる建物群が分布する。時期は八世紀後半代から十世紀代。その間四時期の造替・変遷が認められる。遺物は土器類や硯・石帯・鏡の鋳型、伯耆国内の郡名が書かれた墨書土器など。瓦類の出土は少なく、軒瓦は伯耆国分寺と同系のもの。国庁の北東約三五〇メートルの所に法華寺畑遺跡が所在する。一五〇メートル四方を溝と柵列で区画し、中央の北側に東西棟の掘立柱建物三棟を配置する。区画の中央には同型同規模の四脚門が開き、中央建物の南側は広場となる。時期は八世紀中ごろから十世紀代。位置的に官衙から国分尼寺に転用されたと考えられる。不入岡遺跡は、国庁から北西約一・五キロ離れて位置。五十棟余りの建物群からなる遺跡だが、大きく八世紀前半代と八世紀後半代で様相が異なる。前半代は官衙的な色彩が強く、後半代は倉庫群的な特徴を有する。前者は前身国庁、後者は国庁に付属する倉庫群と考えられている。これらの三遺跡は、伯耆国府跡として国指定史跡。周辺の遺跡は、掘立柱建物群や竪穴式住居跡・道路状遺構など。ただし、国府域や街路などに規制を受けた状況は示していない。

資料館　倉吉博物館(鳥取県倉吉市)

参考文献　山中敏史・佐藤興治『古代の役所』(『古代日本を発掘する』五、一九八五、岩波書店)。『新編倉吉市史』一、一九九六。

(真田　廣幸)

ほうきこくぶんじ　伯耆国分寺　奈良時代に造営された伯耆国の国分僧寺。七四一年(天平十三)の聖武天皇の詔を受けて諸国で建立された国分寺の一つ。鳥取県倉吉市の西郊、国分寺集落に迫る丘陵端部に所在する。国指定史跡。北側には国分尼寺跡と推定される法華寺畑遺跡が近接して位置し、西側には国庁跡が存在する。一九七〇年(昭和四十五)から実施された発掘調査によって、主要伽藍配置が明らかになった。寺域は東西一八二㍍、南北一六〇㍍の方形。周囲に溝が廻らされ、溝で区画された内側のうち、南側に築地塀、ほかの東・西・北に土塁をつくる。寺域の西寄り三分の一に、南から南門・中門(推定)・金堂・講堂を一直線に配し、塔を南東隅近くに置く。主要建物以外の僧房跡などは確認されていない。出土遺物は、風鐸や多量の屋根瓦類。瓦類のうち、創建期の軒丸瓦や軒平瓦の中には、伯耆国内に分布する寺院跡の軒瓦と共有関係が見られ注目される。『続左丞抄』によれば、九四八年(天暦二)に焼失したという。→国分寺《こくぶんじ》

資料館　倉吉博物館(鳥取県倉吉市)

参考文献　倉吉市教育委員会編『伯耆国分寺跡発掘調査報告』一、一九七一。真田広幸「伯耆」(角田文衞編『新修国分寺の研究』七所収、一九九七、吉川弘文館)。

(真田　廣幸)

ほうきのくに　伯耆国　山陰道に属し、現在の鳥取県の中・西部地区を占める。北は日本海に面し、東は因幡国、南は美作国・備中国・備後国、西は出雲国に接する。南側には急峻な中国山地が連なり、その中央には中国地方最高峰の大山《だいせん》(標高一七〇九㍍)がそびえる。大山の裾野には火山灰性の丘陵が広がり、丘陵東端部には天神川、西端部には日野川が北流し日本海に注ぐ。天神川と日野川の流域にはそれぞれ倉吉平野と米子平野が展開するが、河口近くには砂州や潟湖が形成されている。旧石器時代や縄文時代に属する遺跡の多くは大山の裾野丘陵に営まれ、弥生時代前期の遺跡は潟湖の周辺に分布する。弥生時代中期以降、妻木晩田《むきばんだ》遺跡(国史跡、米子市・西伯郡大山町)に代表されるように丘陵部を中心に遺跡が分布しその数は増大する。また、この時期の土器などの遺物は山陰地方特有の形態のものが多くなるとともに、四隅突出型墳丘墓など地域色の強い墓制がみられるようになる。つづく古墳時代には天神川河口近くの東郷池や日野川下流の淀江平野を望む丘陵上に大型の前方後円墳が築かれる。前者は古墳時代前期、後者は古墳時代後期を中心とする。律令制下の伯耆国は、『延喜式』によると上国とされ、都との距離では中国、行程を上り十三日、下り七日とする。伯耆国内の山陰道には、笏賀《くつか》・松原、清水・和奈《わな》・相見《あうみ》の各駅が置かれるが、道路の遺構などは確認されていな

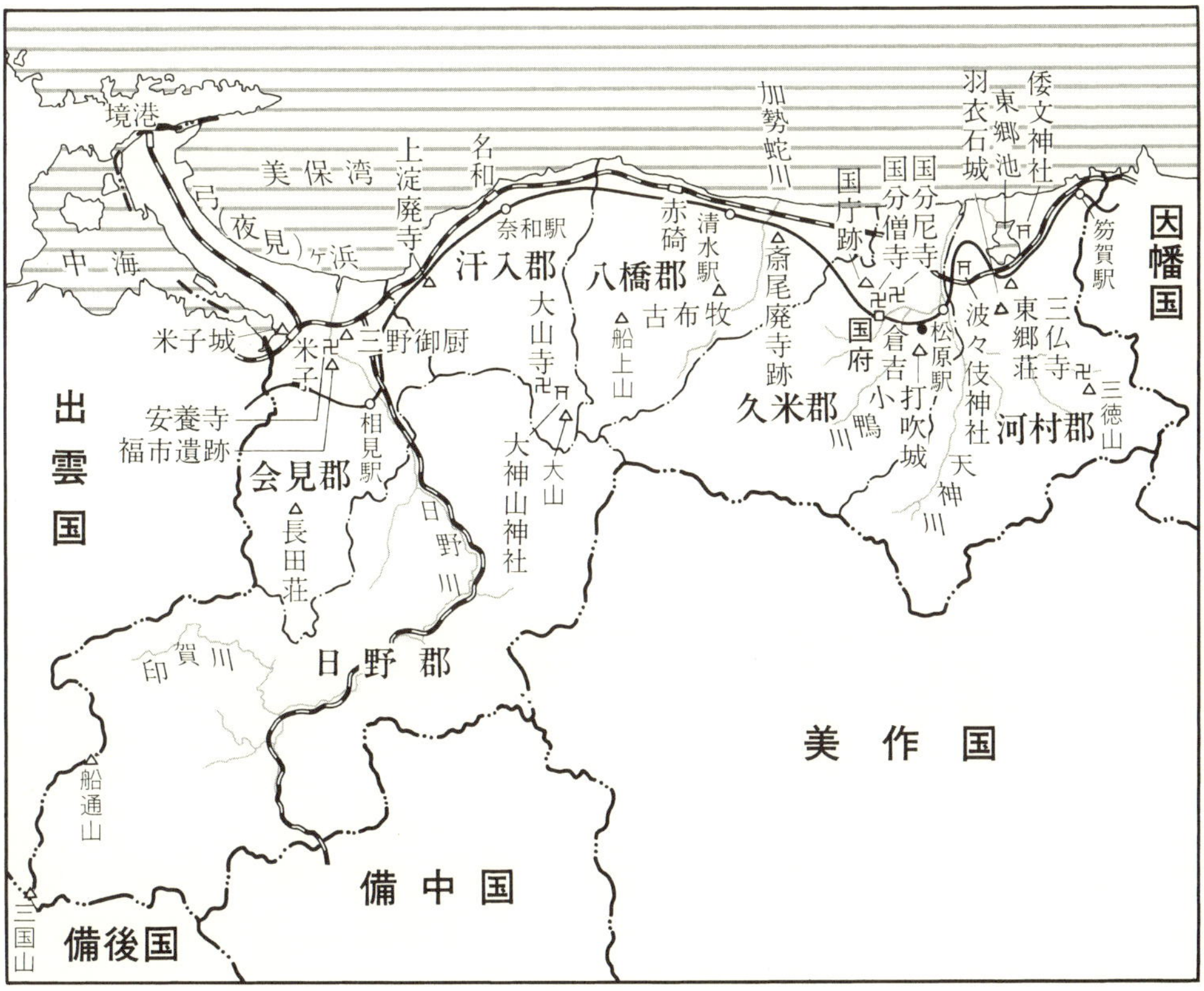

伯耆国略図

い。正税・公廨各二十五万束や国分寺料や俘囚料等計六十五万五千束が課せられるほか、庸として白木韓櫃・綿・鍬など、調は白絹・緋帛・鉄など、中男作物は紙・紅花・乾年魚などがあった。また、『和名類聚抄』によれば、東より河村・久米・八橋《やばせ》・汗入《あせり》・会見《あうみ》・日野の六郡からなり、各郡には六〜十の郷がおかれていた。国府は東よりの久米郡八代郷(倉吉市)に設けられた。丘陵に位置する国庁跡(国史跡)の実態は発掘調査により解明されているほか、周辺に所在する国分寺跡(国史跡)やのちに国分尼寺に転用されたと考えられる法華寺畑遺跡、大規模な倉庫群からなる不入岡《ふにおか》遺跡などが明らかとなっている。これに対して郡衙遺跡は、八橋郡衙の正倉である大高野遺跡(東伯郡琴浦町)と会見郡衙との関連性が考えられる長者屋敷遺跡(西伯郡伯耆町)が知られる程度。奈良時代の寺院跡は、国分寺を除いて十一ヵ寺。日野郡を除く各郡に寺院が造営されているが、東部の河村・久米郡に集中する。このうち大御堂廃寺跡(国史跡、倉吉市)は「久米寺」と郡名を冠する寺院であり、八橋郡に所在する斎尾《さいのお》廃寺跡(国特別史跡、東伯郡琴浦町)は法隆寺式の軒平瓦を有し、汗入郡の上淀廃寺跡(国史跡、米子市)は三塔が建立される特異な伽藍配置と壁画の出土でよく知られる。また、東部の寺院跡から出土する軒瓦は畿内系が多く、西部は地方色が強いものが多い傾向がある。なお、山岳寺院の三仏寺(東伯郡三朝町)と大山寺(西伯郡大山町)は平安時代後期から鎌倉時代にかけて栄え、特に大山寺は多くの僧兵を擁するなど、活動が活発化する。一方、式内社は河村郡・久米郡・会見郡に二社ずつ計六社と少ない。鎌倉時代の末期、伯耆西部の在地領主名和氏一族らは隠岐に流されていた後醍醐天皇を大山北麓の船上山に迎え倒幕の戦いを興し、建武新政に大きく寄与した。その後、新政が崩れ南北朝時代になると山名時氏が伯耆守護として入部する。守護所は天神川とその支流の国府《こう》川の合流点近くの田内《たうち》城(倉吉市)に置き、のちに嫡男の師《もろ》義《よし》が打吹《うつぶき》城に移したという。一五二四年(大永四)、出雲国の戦国大名尼子経久《つねひさ》が伯耆に侵攻し国内を支配下に置いた。ついで安芸国の毛利元就が山陰地方に経略の手を伸ばし、一五六六年(永禄九)以降、尼子氏に代わって伯耆国内を制圧した。しかし、織田氏との対立から一五八二年(天正十)、東部の三郡は羽柴秀吉の支配下のもと羽《う》衣石《えし》城主の南条元続が、西部三郡は毛利氏一族の吉川元春が領することになった。関ヶ原の合戦後、駿河府中の城主中村忠一が米子城に入部するが、一代で断絶。一六一七年(元和三)、池田光政が鳥取城に入り因幡・伯耆の両国を領したが、一六三二年(寛永九)同族の岡山城主池田光仲との国替が行われた。以後、幕末まで池田氏の支配下に置かれる。

(真田　廣幸)

ほうきょういんとう　宝篋印塔　宝篋印陀羅尼経を安置するための塔とされる。わが国では基本的に石造の塔婆を指す。呉越国の王であった銭弘俶が造立した金属製の宝篋印塔が日本に伝わり、その影響のもとに作られたとする説、木製の籾塔に求める説、中国福建省に確認される石造宝篋印塔を原型とする説がある。現在では、中国の石造宝篋印塔に原型を求める説が有力とされる。その影響を受けて造立されたのが京都市伏見区妙真寺(北村美術館蔵)、京都市右京区高山寺などの宝篋印塔であり、十三世紀前半のこととされる。その後、一二六〇年代には奈良県生駒市興山往生院、大和郡山市額安寺など大和を中心に造立が見られ、類似のものが京都市右京区為因寺、茨城県つくば市宝鏡山などにもみられる。本格的に各地で造立され始めるのは十三世紀後半以降のこととされる。構造的には下から反花座、基礎、塔身、笠、相輪と積み上げられている。四面四角で各面に金剛界四仏を仏像や梵字で配する。定型化した宝篋印塔は、笠を階段状に刻んだ六段の造りが多く、四隅の隅飾りは直角に立つほど古い形式とされる。東日本と西日本に形態的差が見られ、奈良・京都を中心とした関西形式と、鎌倉を中心とした関東形式がある。基礎の反花座は関東形式の方が顕著に発達し、関西形式には設けないものもある。塔身は関東形式では輪郭を取るのが普通であるのに対して、関西形式は輪郭を取らず、梵字は月輪中、または蓮華座上の月輪におく場合が多い。笠は、関東形式には露盤を造るが関西形式では露盤は無地である。地域により笠や塔身の形態に差が見られるとともに、時代が下ると、小型化され各部位の表現などが簡略化される傾向がある。五輪塔とともに中世を代表する供養塔として発達したが、複雑な造りでありその数は五輪塔に比較すると少ない。その機能としては、追善供養・逆修供養などのほか墓標の場合もある。埼玉県東松山市光福寺宝篋印塔には、元亨三年(一三二三)銘と「宝篋印塔」の文字が刻まれており、宝篋印塔の名称は普遍化していたと思われる。

宝篋印塔(鶴の塔)　南北朝時代

参考文献　山川均「石造室篋印塔の祖形を探る」(『考古学と中世史研究』三所収、二〇〇六、高志書院)。

(浅野　晴樹)

ほうきょうじはいじ　法鏡寺廃寺　七世紀末から八世紀初頭に建立された寺院跡。国指定史跡。大分県宇佐市大字法鏡寺、駅館《やっかん》川左岸の微高地にある。同市大字山本の虚空蔵寺跡、宇佐神宮境内にある弥勒寺跡とともに、古代の宇佐地方を代表する寺院跡として知られる。これまでの調査により、金堂および講堂とみられる基壇が確認されているが、塔跡などは発見されておらず、伽藍配置や寺域は必ずしも明らかでない。出土する瓦は百済系単弁軒丸瓦と法隆寺系忍冬唐草文軒平瓦を主体とする。軒平瓦は虚空蔵寺跡と共通するが、軒丸瓦は虚空蔵寺跡で主体をなす川原寺系の複弁蓮華文七葉瓦はほとんどなく、百済系を主体とする点が興味深い。『八幡宇佐宮御託宣集』五によれば、隼人の乱と放生会に関わるくだりに、僧法蓮らと並んで僧花(華)厳の名がみえる。同書は、この花厳が宇佐の郡瀬の地に如意輪観音を祀ったという。これが法鏡寺廃寺を指すと思われる。

参考文献 大分県教育委員会編『法鏡寺跡・虚空蔵寺跡』(『大分県文化財調査報告』二六、一九七三)。

(後藤　宗俊)

ほうぎょうづくり　宝形造　隅棟と屋根面が建物頂上一点に集まり、角錐状を呈する屋根の総称。江戸時代以降には方形造とも書いた。現在、宝形造は主に正方形平面の屋根形式を指すが、古くは平面正多角形、すなわち八角平面の八角堂や、六角平面の六角堂の屋根も宝形造と呼ばれた。通常、雨仕舞いと装飾性の両方のために、屋根面の頂上に露盤と宝珠をのせて棟と屋根面を納めるが、鎌倉時代にはこれらを総じて宝形と称した。宝形造との名称はこの部分から発しているかもしれない。なお、屋根面の名称は、頂上から雨水が流れる方向で、その後に注ぐ意味の「注」を付けて表現する場合があった。たとえば、寄棟造や正方形平面の宝形造では四注、六角形平面では六注、八角形平面では八注と呼ばれた。

宝形造

参考文献 近藤豊『古建築の細部意匠』、一九七二、大河出版。西和夫『図解古建築入門―日本建築はどう造られているか―』、一九九〇、彰国社。

(平澤麻衣子)

ぼうぎょせいしゅうらく　防御性集落　主に北奥から道南に所在する古代の環壕・環柵集落に、防御機能重視から付けられた呼称。この遺跡は明治時代から知られており、チャシ・館《たて》・蝦夷館《えぞだて》などと呼ばれていた。一九八五年(昭和六十)以降、発掘の増大に伴い三浦圭介が古代の一般集落と区別するため、さらに中世の館跡と区別するために高地性防禦集落(のちに防御性集落)と呼んだことに始まる。保塞集落・囲郭集落・環壕集落とも呼ぶ。道南では①原口館《はらぐちたて》(松前町)・②小茂内《おもない》(乙部町)、青森県では③蓬田大館《よもぎだおおだて》(東津軽郡蓬田村)・④中里城《なかさとじょう》(北津軽郡中泊町)・⑤高屋敷館《たかやしきだて》(青森市浪岡)・⑥風張《かぜはり》I遺跡(八戸市)・⑦早稲田(弘前市)、岩手県では⑧暮坪《くれつぼ》(岩手郡西根町)・⑨子飼沢山《こがいさわやま》(同)、秋田県では⑩太田谷地館《おおたやちだて》(鹿角市)・⑪妻ノ神《さいのかみ》I(同)などの遺跡が知られ、調査の進展に伴いさらに多くなる状況である。遺跡の年代は平安時代後半の十世紀後半から十一世紀あるいは十二世紀前半まで継続すると想定される。形態や立地として、集落全域を環壕や柵列で囲むもの(②③④⑤⑩⑪)と集落の一部だけを囲むもの(⑥)などがあり、さらに低丘陵に立地するもの(③⑤)、舌状台地の先端部に位置するもの(⑥⑩)、海岸部(①②)や沖積平野部(⑦)、山稜部(④⑧⑨)に立地するなど多様性は著しい。出土遺物の特徴として、土師器甕・壺のほかに把手付《とってつき》土器や内耳《ないじ》土器という鉄器写しの土器と擦文土器が共伴する事例も増え、南と北の文化の融合関係がみられる。防御性集落の性格に関しては、農耕社会の進展によって蝦夷の部族対立が激化したことによる自己防衛のための施設と考える人が多いものの、初期の環壕自体に防御的な意図が少ないことから宗教的な結界から派生したと考える人もいる。今後は、中世の館《たて》やチャシとの系譜関係に注目すべきであろう。高屋敷館遺跡は二〇〇一年(平成十三)国史跡に指定されている。

参考文献 三浦圭介「北奥・北海道地域における古代防御性集落の発生と展開」(『国立歴史民俗博物館研究報告』六四、一九九五)。工藤清泰「環壕集落とは何か」(入間田宣夫・本澤慎輔編『平泉の世界』所収、二〇〇三、高志書院)。

(工藤　清泰)

ほうこうじ　放光寺　⇩山王廃寺《さんのうはいじ》

ほうこうじ　法興寺　⇩飛鳥寺《あすかでら》

ほうこうじせきるい　方広寺石塁　現在の京都市東山区茶屋町の地に、豊臣秀吉《とよとみひでよし》が方広寺の大仏殿を取り巻く築地塀の基礎として、巨石を用いて築かせた石垣。方広寺は、奈良の東大寺《とうだいじ》に倣って大仏を安置するべく一五八八年(天正十六)に造営され始め、一五九五年(文禄四)にはほとんど完成していたが、翌年に畿内を襲った大地震で大破し、築地塀は崩壊した。秀吉没後の一六〇〇年(慶長五)に、子の秀頼が再建を志すも工事中の失火で炎上、一六〇八年に再び復興が企てられ、大仏は四年後にほぼ完成をみた。秀頼によって再建された際に、石垣上の築地塀は回廊に造り変えられ、その姿は数多くの『洛中洛外《らくちゅうらくがい》図屏風《ずびょうぶ》』などに描き込まれている。回廊は現存していないが、石垣は一九六九年(昭和四十四)に「方広寺石塁」の名称で国の史跡に指定された。修復工事等に伴って、発掘調査も数度にわたって行われており、多数の石仏・石塔類が破砕されて、巨石の裏込めとされていることがわかっている。

参考文献 京都国立博物館編「史跡方広寺石塁修復工事報告」(『京都社寺調査報告』七、一九六七)。

(尾野　善裕)

ほうこんごういん　法金剛院　京都市右京区花園扇野町にある真言律宗寺院。平安時代初期に右大臣清原夏野《きよはらなつの》の別荘を寺に改め、双丘寺《そうきゅうじ》と称したのが起源という。のちに天安寺《てんあんじ》と名を改め、さらに一一三〇年(大治五)に待賢《たいけん》門院《もんいん》の発願により仁和寺《にんなじ》の新御堂として整備し、法金剛院と改めた。現本尊の木造阿弥陀如来坐像(重文)は当時の造立とされる。境内は池泉式の浄土式庭園を中心に九体阿弥陀堂や待賢門院の御所を配していたという。庭園は長く荒廃していたが、一九六八年(昭和四十三)からの発掘調査によってその全貌が明らかになり、整備が行われた(名勝)。青女《せいじょ》滝および五位《ごい》山は特別名勝。重要文化財として、ほかに厨子入木造十一面観音菩薩坐像・木造僧形文殊菩薩坐像・木造地蔵菩薩立像・蓮華式香炉がある。

参考文献 京都市文化観光局文化部文化財保護課『京都の庭園―遺跡にみる平安時代の庭園―』(『京都市文化財ブックス』五、一九九〇)。 (田良島 哲)

ほうさぶんこ　蓬左文庫　名古屋市所属の博物館施設で尾張藩文庫の後身。徳川家康の旧蔵書である駿河御譲本《するがおゆずりぼん》約三千冊を中心に、尾張藩初代藩主徳川義直《よしなお》が名古屋城二ノ丸に文庫を創設した。義直自身も和漢書を盛んに集め、蔵書数は約一万九千点におよんだ。これに歴代藩主やその夫人の蔵書等が加わった。収蔵書は藩主の関心や時代の学問傾向などによって、医学書、兵学書、地図類、蘭書等におよぶ。また藩の学者・文人の献本も多く、近年は名古屋ゆかりの作家・学者の旧蔵書の寄贈・寄託が加わっている。明治初年に蔵書の一部を売却したが、一九三五年(昭和十)、財団法人尾張徳川黎明会《れいめいかい》(現、財団法人徳川黎明会)のもとで蓬左文庫として公開された。一九五〇年(昭和二十五)名古屋市の所有となる。重要文化財七件百五十四点をはじめ、蔵書約十万点。中国・朝鮮の古版本、日本の古写本と尾張藩関係資料に優れたものが多い。なお「蓬左」は名古屋の雅名で、「蓬左文庫」と命名されたのは大正元年ごろ。

参考文献 『古典の宝庫　蓬左文庫展』、一九五五、名古屋市博物館。 (榎　英一)

ぼうじいし　牓示石　荘園を立券する手続きとして設定された四角い領域、東・西・南・北の四至《しいし》(「しし」「しじ」とも)の界線が交差する地点に打たれた境界標識のうち、石で作られた場合を指す。四至は四辺形の各辺にあたるのに対し、四頂点に対応しており、艮(丑寅)、巽(辰巳)、坤(未申)、乾(戌亥)の方位が与えられている。たとえば、法隆寺領播磨国鵤荘《いかるがのしょう》を描いた一三二九年(嘉暦四)と一三八六年(至徳三)の「鵤荘絵図」(法隆寺所蔵)で黒丸が前者で十三ヵ所、後者は九ヵ所打たれ、その一部に「御牓示石」と注記されている。現在、その後身と考えられる石四ヵ所が、兵庫県の文化財に指定されている(参考地五ヵ所)。地元の言い伝えでは、これらの石は聖徳太子が自分の領地の境界を決めるため檀特山(兵庫県揖保郡太子町と姫路市の境)の上から投げた「聖徳太子の投げ石」とされてきた。ほかに、新潟県岩船郡関川村の史跡に指定されている「土沢の牓示石」は、現存する「越後国荒河保上土河・奥山荘桑柄堺相論和与絵図」(個人蔵)に描き込まれているとは即断しかねる。なお、札の形式を持つのが、牓示札である。

参考文献 谷岡武雄『聖徳太子の牓示石』、一九七六、学生社。 (藤田　裕嗣)

ぼうじふだ　牓示札　古代、何らかのメッセージを不特定もしくは特定多数の人々に伝達することを目的に、掲示された木札。官司の意志・命令を広く民衆に伝達する手段にとどまらず、闌遺物《らんいぶつ》の持ち主、あるいは身元不明の死者の身内を探す目的や、私有地の範囲・境界を明確にし、介入を禁止する目的でもしばしば実施されたことが、史料上や木簡の出土例から知られる。従来、都城遺跡から出土した冒頭「告知」の文言からはじまる闌遺物の探索に関わる牓示木簡の出土例が「告知札」として有名であり、令で規定され、現存する官符にしばしばみられる官司の意志・命令を広く民衆に伝達するための牓示については、実行性を疑問視する見方もあった。しかしながら、二〇〇〇年(平成十二)、石川県河北郡津幡町の加茂遺跡から農業に励むべき農民の日頃の心得や禁止事項が列記された八四九年(嘉祥二)加賀郡牓示札が出土したことによって、そのような規定が実施されていたことが判明した。

参考文献 佐藤信「告知札と闌遺物」(『日本古代の宮都と木簡』所収、一九九七、吉川弘文館)。佐々木恵介「法令の下達と告知」(黛弘道編『古文書の語る日本史』一、一九九〇、筑摩書房)。高島英之「牓示木簡試論」(『古代出土文字資料の研究』、二〇〇〇、東京堂出版)。清水みき「律令政府と告知札」(『日向市埋蔵文化財センター年報都城』一〇、一九九九)。石川県埋蔵文化財センター編『発見!古代のお触れ書き―石川県加茂遺跡出土加賀郡牓示札―』、二〇〇一、大修館書店。 (高島　英之)

ほうしゃせいたんそねんだいそくてい　放射性炭素年代測定　⇩年代測定法《ねんだいそくていほう》

ほうじゅ　宝珠　正確には如意宝珠であり、頂部がとがった球形をなしており、本来仏典ではあらゆる願いをかなえるとされるものであった。平安時代後期ころから、舎利と同じものとの意識が盛んになった。その嚆矢は空海が著したと伝えられる『御遺告《ごゆいごく》』で、そこに舎利・宝珠同体説が述べられている。一般に言いならわしている宝珠は、球形宝珠と尖頂宝珠とに分けられる。円堂や塔の頂部、あるいは方形造《ほうぎょうづくり》の頂部に載っている宝珠は、おおむね尖頂宝珠である。古くは塔の相輪《そうりん》頂部の宝珠とその下の龍車《りゅうしゃ》を合わせて瓠形《ひさごがた》と呼んでおり、『東大寺要録』「東大寺権別当実忠二十九介条事」に舎利十粒と金字の最《さい》勝王経《しょうおうきょう》を東塔の瓠形に安置したことがみえる。宝篋印塔《ほうきょういんとう》や五輪塔に見られる宝珠はわずかに中央が尖っているが、おおむね球形宝珠である。そのほか、経筒や仏器類の鈕に宝珠が用いられる。

参考文献 奈良国立博物館編『仏舎利と宝珠―釈迦を慕う心―』、二〇〇一。 (森　郁夫)

ほうじゅうじ　法住寺　九八八年(永延二)に右大臣(後に太政大臣)藤原為光《ふじわらのためみつ》が建立した寺院。所在地については、跡地が後白河法皇の院御所《いんのごしょ》である法住寺殿の敷地内に取り込まれたと推定されることから、かつてその一部を構成していた蓮華王院《れんげおういん》(通称三十三間堂《さんじゅうさんげんどう》・京都市東山区)の近傍と考えられるが、詳細は不明。『扶桑略記《ふそうりゃっき》』永延二年三月二十六日条の供養記事から、創建当初の法住寺は、五間堂舎(本堂)・法華三昧堂《ほっけざんまいどう》・常行三昧堂《じょうぎょうざんまいどう》各一宇を有していたことがわかる。以後、『日本紀略《にほんきりゃく》』『御堂関白記《みどうかんぱくき》』『小右記《しょうゆうき》』『栄花物語《えいがものがたり》』などにこの寺に関する記事が散見されるが、創建から半世紀も経たない一〇三二年(長元五)十二月八日に、春宮大夫藤原頼宗《ふじわらのよりむね》邸からの類焼で焼亡した。再建についての明確な記録はないが、『兵範記《へいはんき》』や『山槐記《さんかいき》』などの記述から、十二世紀代には跡地近辺に藤《ふじ》原清隆《わらのきよたか》や藤原通憲《ふじわらのみちのり》(信西《しんぜい》)の妻、朝子《ちょうし》が建立した小堂が建っていたことが知られる。

参考文献 杉山信三『院家建築の研究』、一九八一、吉川弘文館。 (尾野　善裕)

ほうじゅうじどの　法住寺殿　十二世紀半ば過ぎに、平安京外(鴨川東岸)の七条大路末(現在の京都市東山区)に営まれた後白河上皇の院御所《いんのごしょ》で、東山御所とも呼ばれた。十余町に及んだという広大な敷地の中には、一一六一年(永暦二)四月十三日の上皇移徙後、逐次殿舎や御堂《みどう》が造営され、御所としての北殿・南殿《なでん》の他に、御堂としての蓮華王院《れんげおういん》と最勝光院《さいしょうこういん》が隣接して建てられていた。法住寺殿という呼称は、広義にはこれらの総称であるが、史料上では南殿を限定的に指す用例も少なくない。院御所としての法住寺殿は、一一八三年(寿永二)十一月十九日の木曾義仲《きそよしなか》による襲撃の際に放火されたが、八年後、源《みなもとの》頼朝《よりとも》の命により修理・再造営された。跡地は、数度にわたって発掘調査されており、十二世紀後半ごろの土器や瓦が多数出土している。特筆される遺構としては、平安時代後期の甲冑が埋納された土坑があり、義仲の襲撃で討死した院近臣《いんのきんしん》の武人の墓ではないかと推測されている。

参考文献 杉山信三『院家建築の研究』、一九八一、吉川弘文館。寺島孝一・片岡肇編『法住寺殿跡』(『平安京跡研究調査報告』一三、一九八四、古代学協会)。 (尾野　善裕)

ほうしゅへい　鳳首瓶　口頸部を鳳凰の首にみたてて造形した瓶。中国陶磁のほか、正倉院宝物の漆胡瓶もその一種であり、法隆寺伝来の鋳銅製竜首瓶も変異形とみなせ、種々の材質のものが存在した。一般には、細い頸部からなだらかに胴部へと続き、口縁部と胴部をつなぐ把手を有し、底部に台脚を付す。隋唐代の陶磁器では、蓋を鳳首形にするもの(鳳蓋型)と、口頸部自体を鳳首形につくるもの(無蓋型)に大別され、前者には白磁、後者には三彩が多い。鳳蓋型は、胴部が長卵形のものと胴下半部が膨らむ下蕪形があり、前者は全面に貼花・劃花による装飾文を施し、後者は加飾しないものが一般的である。無蓋型も、胴が長卵形を呈するものと範型成形で扁平な胴部のもの(扁壺形)の二種に細分され、さらに前者は鳳凰の頭部に口縁部を付加するものとそうでないものがある。宋・遼代では、無蓋型で頭頂に付加された口縁が花形をなすものが一般的であり、肩部に注口を持つものも少なくない。宋代は白磁、遼代は緑釉・褐釉陶器が多く、宋代の例では東南アジアからの出土が特徴的である。鳳首瓶は史料上では「鳳瓶」あるいは単に「胡瓶」と呼ばれる。平安時代末の『年中行事絵巻』には東三條殿での大臣家大饗の場面で立作《たちつくり》の幄舎に二本の鳳首瓶が描かれ、

三彩鳳首瓶

また千手観音の持物としても一般的な器形であり、酒器・浄水器などの機能が想定される。鳳首瓶の起源は、流(注ぎ口)と把手を有するササン朝ペルシャやソグドの銀器にあり、中国で鳳凰の造形が組み合って成立したものと推測される。

参考文献 百田篤弘「鳳首瓶について(一)―隋・唐代鳳首瓶の東南アジア的性格を中心に―」(『東京富士美術館研究誌ミューズ』二、一九九四)。亀井明徳「隋唐陶瓷器の研究―弁口瓶・鳳首瓶」(『大和文華』一〇一、一九九九)。 (高橋　照彦)

ぼうじょう　坊城　都城における都市区画である坊を囲む築地塀。坊垣とも。衛禁律によると、坊垣を不法に越えると笞五十の刑に処せられた。『延喜式』左右京職には、大路に面して門屋を築くことへの制限規定があり、三位以上と四位の参議は許されたが、それでも坊城の垣に門を開くことは許されなかった。このことからすると、坊城の垣はすべての坊の周囲の築地塀のことではなく、特定の坊の垣をさすとみられる。この点で注意されるのは、平安京では左右京とも、朱雀大路に面する一坊の中央を走る一坊坊間大路(左京は壬生大路、右京は皇嘉門大路)より一筋内側の南北小路が、坊城小路と呼ばれていることである。このことから、坊城とは、左右京の朱雀大路に面する東西半坊分の区画を取り囲む築地塀のことと考えられる。朱雀大路に沿って朱雀門から羅城門まで、宮城前面に設けられた坊城は都城の威信を示すものであった。平安京では坊城の修理維持のため修理左右坊城使が置かれ、八五二年(仁寿二)木工寮に併合されたが、八七三年(貞観十五)に復置された。しかし八九〇年(寛平二)には廃され修理職が置かれた。なお朱雀大路から各条の中央を東西に走る条間路に入る部分には、坊門が設けられた。

参考文献 岸俊男『日本古代宮都の研究』、一九八八、岩波書店。 (舘野　和己)

ほうしょういん 宝生院 ⇩真福寺《しんぷくじ》

ほうしょうじ 法性寺 ⇩ほっしょうじ

ほうしょうじ 法勝寺 ⇩ほっしょうじ

ほうじょうじ 法成寺 藤原道長が自邸土御門殿の東に建立した寺。その敷地は四〜六町で、現在の京都市上京区東桜町付近一帯と推定され、京都府立鴨沂高校の校地から出土した平安時代中期の古瓦は同寺のものと見られる。一〇一九年(寛仁三)に出家した道長は九体阿弥陀堂の建立を発願し、地名によって中河御堂と呼ばれた阿弥陀堂は翌年無量寿院として供養された。一〇二二年(治安二)には金堂・五大堂が供養され、伽藍全体の名が法成寺と定められた。道長はほかに十斎堂・薬師堂・釈迦堂などを建立し、一〇二七年(万寿四)無量寿院で没した。妻源倫子は西北院を建立(一〇二一年)。道長没後は、娘上東門院彰子が東北院・八角堂、息頼通が五重塔を建立。一〇五八年(康平元)の全焼後は、頼通・師実が伽藍復興に尽力した。諸堂の配置は時期ごとに大きく変動したと推定される。平安時代後期以降修造が滞るようになり、鎌倉時代末期まで存続した無量寿院が一三三一年(元徳三)に焼失して廃絶したらしい。

参考文献 家永三郎『(新訂版)上代仏教思想史研究』、一九六六、法蔵館。杉山信三『院家建築の研究』、一九八一、吉川弘文館。福山敏男『寺院建築の研究』下、一九八三、中央公論美術出版。

(古藤 真平)

ほうじょうしときわていあと 北条氏常磐亭跡 神奈川県鎌倉市常盤に所在する国史跡で、鎌倉幕府七代執権の北条政村(一二〇五—七三)の別業の跡とされている。一九七七年(昭和五十二)に遺構が確認され、一九七八年に国史跡に指定、現在付近一帯は歴史的風土特別保存地区に指定され、鎌倉市によって公有化が図られている。鎌倉七口の一つの大仏坂切通しに通じる谷の北に位置し、「御所之内」「殿之入」の字名が残っている。鎌倉防御の要衝であり、北条氏が鎌倉に通じる入り口の近くに一族を配して切通しの防衛にあたらせたものの一つ。広大な敷地は、一部が発掘調査されていて、東西五間・南北三間以上の礎石建ち建物や多くの硯・土器・金銅製の水滴などが出土した。また、谷奥の崖にはやぐら跡が残る。『吾妻鏡』弘長三年(一二六三)二月八日条に和歌会が開かれたことがみえ、『新後撰和歌集』には藤原景綱・平時範らの「常盤の山荘」での歌が載っている。

参考文献 貫達人「北条氏亭址考」(『金沢文庫研究紀要』八、一九七二)。奥田直栄「北条政村の常盤別業について」(『神奈川県文化財調査報告書』三四、一九七三)。

(荒井 秀規)

ほうじょうしやかた 北条氏館 静岡県伊豆の国市韮山寺家に所在する中世の館跡。同町を北流する狩野川が形成した沖積平野に立地。背後に標高約一〇二《メートル》の守山があり、伝堀越御所跡・願成就院跡が隣接している。北条氏館跡・円成寺跡・伝堀越御所跡を含めた守山北麓の一〇万平方《メートル》余を御所之内遺跡と総称している。史跡公園整備のための発掘調査が一九九八年(平成十)より実施され、現在約五千平方《メートル》ほどの調査が完了している。北条氏館は、守山北西の谷ほとんどを占拠する規模が推定される。調査により十二—十三世紀の塀を伴う三棟の掘立柱建物・倉庫群・井戸・溝状遺構が検出された。建物跡は、柱間七尺を測る十棟の掘立柱建物群が確認され、鎌倉今小路西遺跡の南側武家屋敷との共通項が指摘される。建物跡と溝状遺構の関係から半町単位の屋敷地の地割りが想定される。また、屋敷地は北側から目隠し塀を持つ大型建物群、付属屋・倉庫群と整然と区画されていた。屋敷地縁辺部では、多数の溝状遺構と小鍛冶跡、かわらけ溜りも確認されており、周辺域の性格が想定される。谷部の最奥部では、屋敷地の水処理を伺わせる遺構も検出された。出土遺物の九割は、かわらけが占めている。かわらけは、十二世紀後半代から認められ、京都系の手づくね製品が十三世紀後半に消失することも判明した。鎌倉からの搬入品の白かわらけが若干量みられ、その模倣品も一定量存在している。貿易陶磁類は、同安窯系と龍泉窯劃花文系の青磁碗が多く、白磁は碗Ⅱ—Ⅷ類、皿Ⅲ—Ⅷ類が一定量出土。これにより、十二世紀末—十三世紀前半がそのピークと判断される。その後は、減少傾向を示すものの、十五世紀代まで存在が認められる。国産陶磁の内、瀬戸・美濃製品は、古瀬戸後期様式が全体の八割弱を占めている。また、常滑製品は、二—三形式が最も多い。総じて出土遺物は、鎌倉にやや先行するため、奥州平泉と鎌倉の隙間を埋める資料となっている。鎌倉幕府滅亡後、本地には円成寺が建立された。

参考文献 韮山町史跡整備委員会編『韮山町史跡整備基本構想—豊かな史跡を活かした新しい韮山をめざして—』Ⅰ、一九九七。池谷初恵「史跡北条氏館跡の陶磁器組成」(『日本貿易陶磁研究会第二二回研究集会資料集』所収、二〇〇二)。

(加藤 理文)

ほうしょし 奉書紙 楮紙《ちょし》系統の紙の一種。白土か白米の粉を混ぜて漉くので、厚みがあり、しなやかな紙となる。その名は、将軍などの上意を奉じて出す奉書に用いられたのに由来する。近世には大奉書・中奉書・小奉書などと呼ばれる文書が多く、広範に公文書に用いられたことがわかる。それに伴い、全国各地で生産され、特に越前国今立郡五箇(福井県越前市)の越前奉書は有名である。

参考文献 柳橋真「和紙—七—越前奉書・檀紙」(『日本美術工芸』四八四、一九七九)。

(安達 直哉)

ぼうすいしゃ 紡錘車 弥生時代以降用いられてきた、織物生産に際して必要な糸を紡ぐための道具。水稲耕作の技術とともに伝来したものと考えられる。紡錘《つむ》は孔を穿った錘《おも》りに軸となる棒を挿入したもので、これを吊り下げ回転させることによって撚り糸を得た。紡錘車はこの錘りのことである。径は三〜五《センチ》程度。弥生時代には土器の破片を加工したものを含む土製と石製のものが用いられ、古墳時代以降はもっぱら石製となるが、奈良・平安時代の遺跡からは鉄製の紡錘車の出土例もある。形態は弥生時代では円盤形のものが、古墳時代中期以降の石製品には回転を安定させるため截頭円錐形のものが用いられるようになった。鉄製は円盤形である。群馬県矢田遺跡からは百十四個もの出土が報じられ、生産集団の存在も推定される。「綜麻石《へそいし》」の古称は、臍との形態上の類似ではなく、『和名類聚抄』にあるように機織具としての「巻子《へそ》」に由来するものか。なお、一般に軸は腐朽してか、残らないが、鉄製の紡錘は車軸一体化し出土例が多い。

参考文献　潮見浩『技術の考古学』(『有斐閣選書』、一九六八、有斐閣)。群馬県埋蔵文化財調査事業団編『矢田遺跡』I―VII、一九九〇―九七。

（唐澤　至朗）

ほうそうげもん　宝相華文　北宋の李明仲が一一〇〇年に撰修した建築技術書『榮造方式《えいぞうほうしき》』に示された華紋九品の一つ。海石榴華、蓮荷華、牡丹華などは同定が容易であるが、宝相華は種を同定できない空想的かつ合成的な花文を指すようだが、実態は不明。唐代のさまざまな花文にあてはめようとする研究は多く、中でも蓮華円花文を中心に、牡丹とも思える豊麗な八重咲きの花形を円形に構成したいわゆる団華文形式の花形を指すとする説が有力だが、対葉花をその基本要素とし、左右・上下に対称になるように構成した空想的な花唐草を宝相華と見るのが妥当。中国盛唐代に隆盛し、朝鮮においては統一新羅時代の瓦塼類に多用された。わが国へは七世紀末までには伝わったと考えられ、高松塚古墳出土の飾金具や大宰府出土の塼《せん》などに見える。東大寺造営を中心とした天平期に大いに愛好された。正倉院宝物は宝相華文の宝庫で、銀平脱八角鏡や多くの錦に見ることができる。

参考文献　林良一『東洋美術の装飾文様』、一九九二、同朋舎出版。

（山本　忠尚）

ほうそうじぞう　疱瘡地蔵　⇨正長元年柳生徳政碑《しょうちょうがんねんやぎゅうとくせいひ》

ほうだい　砲台　一般的には築城された火砲陣地のこと。日本で砲台が築かれるようになるのは外国船の接近が相ついだ江戸時代後期になるが、ペリー来航以後は対外危機の高まりの中で幕府や諸藩が海防のために台場と称する火砲を備えた要塞を造営し、特に一八六四年(元治元)の攘夷決行の前後には諸藩が各地に築造した。明治後期には、特にロシアとの対決を視野に入れて、横須賀・舞鶴・佐世保などの海軍鎮守府の拠点基地周辺や、函館・対馬など海峡を見渡す要所などに大規模な要塞としての砲台が築かれた。第二次世界大戦中には、こうした海岸砲台に加えて防空のための対空砲台なども築かれた。江戸時代の台場としては、幕府の品川台場(東京都)・和田岬砲台(兵庫県)・西宮砲台(同)・長崎台場跡(長崎市)、諸藩のうち丸岡藩砲台跡(福井県)・小浜藩台場跡(同)・鳥取藩台場跡(鳥取県)・土佐藩砲台跡(高知県)・徳島藩台場跡(兵庫県)などが国史跡に指定されているが、近年は明治以後のものも近代の遺産として調査・評価の対象になってきている。

参考文献　『図説日本の史跡』七、一九九一、同朋舎出版。

（増渕　徹）

ほうとう　宝塔　⇨多宝塔《たほうとう》

ほうとうざんこふん　宝塔山古墳　前橋市総社町に所在する総社古墳群の一つ。七世紀末に築造された一辺五四メートルを越す大型の方墳。墳丘は二段築造と推定され、墳頂は墓地として削平されているが現状での高さは一二メートル前後である。周辺は道路と人家であるが、一部で幅二四メートル前後の周堀状の低地を確認できる。主体部は截石切組積で両袖型の横穴式石室で、複室の構造で羨道・前室・玄室が配されている。石室の構築には切組や天井石の落とし込み技法のほかに、一部に水磨きがみられるなどの精緻な技法が駆使されており、さらに漆喰が塗布されていた。玄室には家形石棺が置かれているが、底部に格狭間が削り出されており仏教との関連性が論議されている。また、蛇穴山《じゃけつざん》古墳とともに山王廃寺の石材加工技術との共通点があることに注目する意見も多い。なお、本古墳群は愛宕山古墳・宝塔山古墳・蛇穴山古墳と三基の大型方墳が連続して築造され、群馬県内の古墳築造が終焉をむかえる。

参考文献　石川正之助「宝塔山古墳」(『群馬県史』資料編三所収、一九八二)。

（能登　健）

ぼうのさわよんいせき　房の沢IV遺跡　多数の鉄製品が出土した平安時代前半の古墳群。岩手県下閉伊郡山田町山田十四地割内に所在し、JR山田線陸中山田駅の北約二キロ付近の尾根上から沢にかけて広がっている。山田湾が一望でき、眼下に山裾が見渡せる立地である。事前調査により約八〇〇〇平方メートルが発掘され、縄文時代中期大木九～十式期の集落跡と八―九世紀の古墳群が検出されている。当時エミシと蔑まれていた人々の古墳であり、四～五メートル前後の墳丘をもつものが多い。その他に土壙墓と馬墓も検出されている。古墳群から刀類を中心とした多数の鉄製品と岩手県南で生産された須恵器などが出土している。刀類は大刀や蕨手《わらびて》刀や刀子に大別され、また鉄鏃や轡《くつわ》も多い。本遺跡とほぼ時期を同じくし、周辺では製鉄や鍛冶が行われていたことが判明している。鉄製品を使用し、また海を利用して交易も行っていたエミシの遺跡である。

参考文献　岩手県文化振興事業団埋蔵文化財センター編『房の沢IV遺跡発掘調査報告書』、一九九八。

（八重樫忠郎）

ぼうのつ　坊津　薩摩半島の南西端に位置する湊で、一六二一年に中国で編まれた『武備誌』は、伊勢安濃《あの》津、筑前博多津と並んで、日本三津の一とする。鹿児島県南さつま市坊津町所在。リアス式の海岸には、南から北に向かって坊・泊《とまり》・久志《くし》・秋目《あきめ》の港が並ぶが、広義の坊津はこれらの総称、狭義には坊をさす。七五三年(天平勝宝五)に鑑真の乗った遣唐使船が秋妻屋浦《あきめやのうら》(秋目)に着いたとするが、古代にこれらの港が対外的に大きな役割を果たしたという徴証はない。考古学の調査の面で、坊津の輸入陶磁器が増えるのは十四世紀以降とされる。一三〇六年(嘉元四)の千竈時家譲状に「ハうのつ」とみえ、坊津の港は、遣明船の寄港地、有力輸出品であった硫黄の積換え港、あるいは倭寇の根拠地として、中世後期に最盛期を迎えた。また坊にあった真言宗寺院一乗院は、島津氏の保護を受け、近世にかけて大寺として栄えた。近世も坊津は、中国との密貿易で栄えたが、享保の唐物崩れ(密貿易取締)以降、衰退した。

参考文献 坊津町郷土誌編纂委員会編『坊津町郷土誌』上、一九六九。坊津歴史資料センター輝津館編『坊津—さつま海道—』、二〇〇五。

(永山 修二)

ほうまんざん 宝満山 福岡県太宰府市・筑紫野市・粕屋郡宇美町にまたがる標高八六八・七メートルの山で三郡山地の南端に位置する。山は花崗岩で形成され、中腹から露岩が多く、山頂は急峻である。西側から見る山容は円錐形で美しく、古代御笠山とも称された。古代より山全体が信仰の対象となり、六—七世紀ごろには祭祀が行われ、奈良三彩・皇朝銭などが出土している。大宰府の北東の鬼門守護の山として祀られ、平安時代初期には山頂上宮の神を遷して玉依姫・八幡神・神功皇后を祀る式内社、竈門《かまど》神社が創建された。また宝満山は、九州において英彦山・求菩提《くぼて》山とともに修験道の山として知られ、白鳳時代の心蓮を開山とし役行者《えんのぎょうじゃ》来山伝説を伝える。最澄が宝満山麓竈門山寺において入唐求法の安全を祈ってから、宝満山は天台の霊場となり栄えた。鎌倉時代末から入峰行が始まり、宝満を金剛界、英彦山を胎蔵界とするコースが室町時代中期に確立する。一部戦国時代にとだえるが、近世に再興し、明治初期の神仏分離令で山伏も追われ消滅した。山中の経塚からは重要文化財の経筒などが出土している。また戦国時代には大友方の高橋氏の居城であった宝満城が築かれた。

参考文献 中野幡能『筑前国宝満山信仰史の研究』、一九八〇、名著出版。

(磯村 幸男)

ぼうみち 棒道 八ヶ岳西南麓を山梨県側(南東)から長野県(北西)に向かう、おおむね直線的な三本の古道を呼ぶ。これらは、武田信玄が北信攻略のために整備した軍用道路と江戸時代にはいわれ、それぞれ上・中・下の棒道と呼ばれる。起点は、上が北杜市須玉町若神子、中が韮崎市小田川、下が北杜市長坂町渋沢と考えられており、三本とも途中で合流し、終点は大門峠を越えた長窪である(『甲斐国志』)。この棒道を武田信玄が造ったとする根拠が天文二十一年(一五五二)十月六日付武田晴信朱印状である。笹本正治は「自然発生的にできた道を、武田信玄が信濃攻略にあたって改修して利用したが、それが背景となって棒道を信玄が作ったという伝承が生まれた」と指摘した。一方、芝辻俊六は、一六五一年(慶安四)の逸見筋小淵沢村四ヶ村山論裁許絵図に「ぼう道」「中道」の記載があることから、「信玄開設説も有力な意見である」と述べている。

参考文献 奥野高廣『武田信玄』(『人物叢書』、一九八五、吉川弘文館)。笹本正治「棒道についての一考察」(『甲斐路』六七、一九八九)。芝辻俊六「武田信玄の『棒道』関連文書について」(『甲斐路』六九、一九九〇)。笹本正治「再び棒道について—柴辻俊六氏の批判に応えて—」(『武田氏研究』七、一九九二)。八巻与志夫「棒道」(萩原三雄編『戦国武将武田信玄』、一九八八、新人物往来社)。

(八巻与志夫)

ほうみょう 法名 仏教に帰入した者に与えられる法名をいう。インドでは俗名のままであったが、中国や日本では、俗名を改めて法名を用いるようになった。戒名と法名は区別なく用いられたが、のちに浄土真宗が広まるにつれ、宗祖親鸞《しんらん》は妻帯によって戒律を破ったので、戒名とはいわずに法名というようになり、法名は戒名をも含める広義の場合と戒名に対する法名という狭義の場合という二通りの意味をもつようになった。二字が法名であったが、後に法号とよび、法号を狭義に、法名を広義にとるようになった。在家の戒名ないし法名は、法号の上に院殿号・院号・宗派法号・道号、法号の下に居士《こじ》・大姉《だいし》・信士《しんじ》・信女《しんにょ》といった位号や、性別を表わす尊称・性称がつくようになり拡大の一途を辿り、増字がいくつかの位階を構成するようになった。しかし、真宗ではかたくなに法号の二字を守り、法号の上に釈の字を冠し、その下に尊称・性称を付さないのが通例である。

参考文献 藤井正雄編『仏教儀礼辞典』、一九七七、東京堂出版。藤井正雄『戒名のはなし』(『歴史文化ライブラリー』二一七、二〇〇六、吉川弘文館)。

(藤井 正雄)

ぼうもん 坊門 都城において朱雀大路に開いた門。平安京では三条以南の各条内を走る三本の東西小路のうち、中央の条間小路を坊門小路と呼んだことからすると、坊門は坊門小路の朱雀大路への入口に設けられたとみられる。朱雀大路に沿う坊では東西半坊分の範囲で、坊城と呼ぶ築地塀が周囲を廻っていたが、坊門は坊城に開いていた。宮衛令分街条にみえる「夜鼓」について、『令集解』同条所引の古記は「坊門には皆鼓有るべし」(原漢文)とあることから、平城京でも坊門は設けられたらしい。『令集解』開閉門条所引の諸法家の説によれば、坊門は暁鼓が鳴れば開き、夜鼓で閉じられ、その鎰は坊令が管理した。平安京では七九七年(延暦十六)八月地震と暴風で倒壊した坊門があった。八六二年(貞観四)三月の太政官符で坊門ごとに十二人の兵士を置き、朱雀大路の警護にあたらせ、夜行の兵衛にその兵士の勤務状況を巡検させるようになった。八七四年八月には風雨激しく豊財坊門が倒覆したが、豊財坊は右京三条の東西に並ぶ四坊全体の呼称であるから、豊財坊門とは右京三条の坊門のことである。

参考文献 岸俊男『日本古代宮都の研究』、一九八八、岩波書店。

(舘野 和己)

ほうりゅうじ 法隆寺 聖徳太子建立七ヵ寺の一つと伝

える。南都七大寺の一つ。奈良県生駒郡斑鳩町所在。斑鳩寺・鵤寺・伊可留我寺・法隆学問寺ともいう。聖徳宗総本山。伽藍は西院と上宮王院とも呼ばれる東院に分かれる。創建については、正史に記載がなく不明な点が多い。『日本書紀』には、六〇六年(推古天皇十四)斑鳩寺へ播磨国の水田百町を施入したとある。また、金堂薬師如来像の光背銘には、用明天皇の病気回復を念じて寺と薬師像を造ることを誓願したが、天皇が没したので、六〇七年に推古天皇と聖徳太子が完成させたとある。瓦の編年によれば、飛鳥寺と四天王寺の造営の中間に位置することが明らかとなっている。少なくとも七世紀の初頭に上宮王家の氏寺として建立されたことは間違いない。聖徳太子の没後には、金堂釈迦三尊像や天寿国繡帳が作成された。『日本書紀』には六七〇年(天智天皇九)に法隆寺が全焼したと記されるが、再興についての記載がみられないことから、法隆寺再建・非再建論争が明治期以降において展開された。一九三九年(昭和十四)の若草伽藍の発掘、さらにはその後の防災工事に伴う発掘調査などの結果、旧法隆寺(若草伽藍)は主軸が北から西へ二〇度傾き、塔と金堂が一直線にならぶ四天王寺式伽藍配置をとること、西院伽藍と若草伽藍が同時並存することは不可能で、若草伽藍の焼失後に金堂と五重塔を東西に配置する西院伽藍が造営されたことが明らかになった。中門の仁王像や五重塔内の塑像群が造られた七一一年(和銅四)までに西院の主要伽藍は完成していたと考えられる。奈良時代における様子は、七四七年(天平十九)の『法隆寺伽藍縁起幷流記資財帳』により知ることができる。上宮王院とも称される法隆寺東院は、八角円堂の夢殿と伝法堂・絵殿・舎利殿などから構成される。創建は、七六一年(天平宝字五)の『東院縁起資財帳』によれば、聖徳太子が居住し、六四三年(皇極天皇二)蘇我入鹿らの手により焼亡した斑鳩宮の跡に、七三九年に僧行信が、夢殿を中心とした上宮王院を建立し、救世観音立像を安置したとある。一九三九年に行われた解体修理に伴う発掘調査では、大規模な柱穴を持つ掘立柱建物が検出され、斑鳩宮の一部であることが確認された。伝法堂は、橘三千代の冥福を祈って、その旧宅を施入したものと伝える。平安時代には、太子信仰の高まりにより、聖霊会が始まり、一切経の書写なども行われた。鎌倉時代と慶長年間(一五九六―一六一五)および元禄年間(一六八八―一七〇四)には伽藍の大修理が行われている。一八七八年(明治十一)には寺宝の一部が皇室へ献納された。これらは法隆寺献納宝物として、現在東京国立博物館の法隆寺宝物館に陳列・保管されている。一九四九年金堂壁画が焼失、翌年聖徳宗を開宗、総本山となる。一九五一年には法隆寺旧境内が国の史跡となり、一九八一年、『法隆寺昭和資財帳』の編纂に着手、一九九三年(平成五)には「法隆寺地域の仏教建築群」がユネスコの世界文化遺産に登録された。

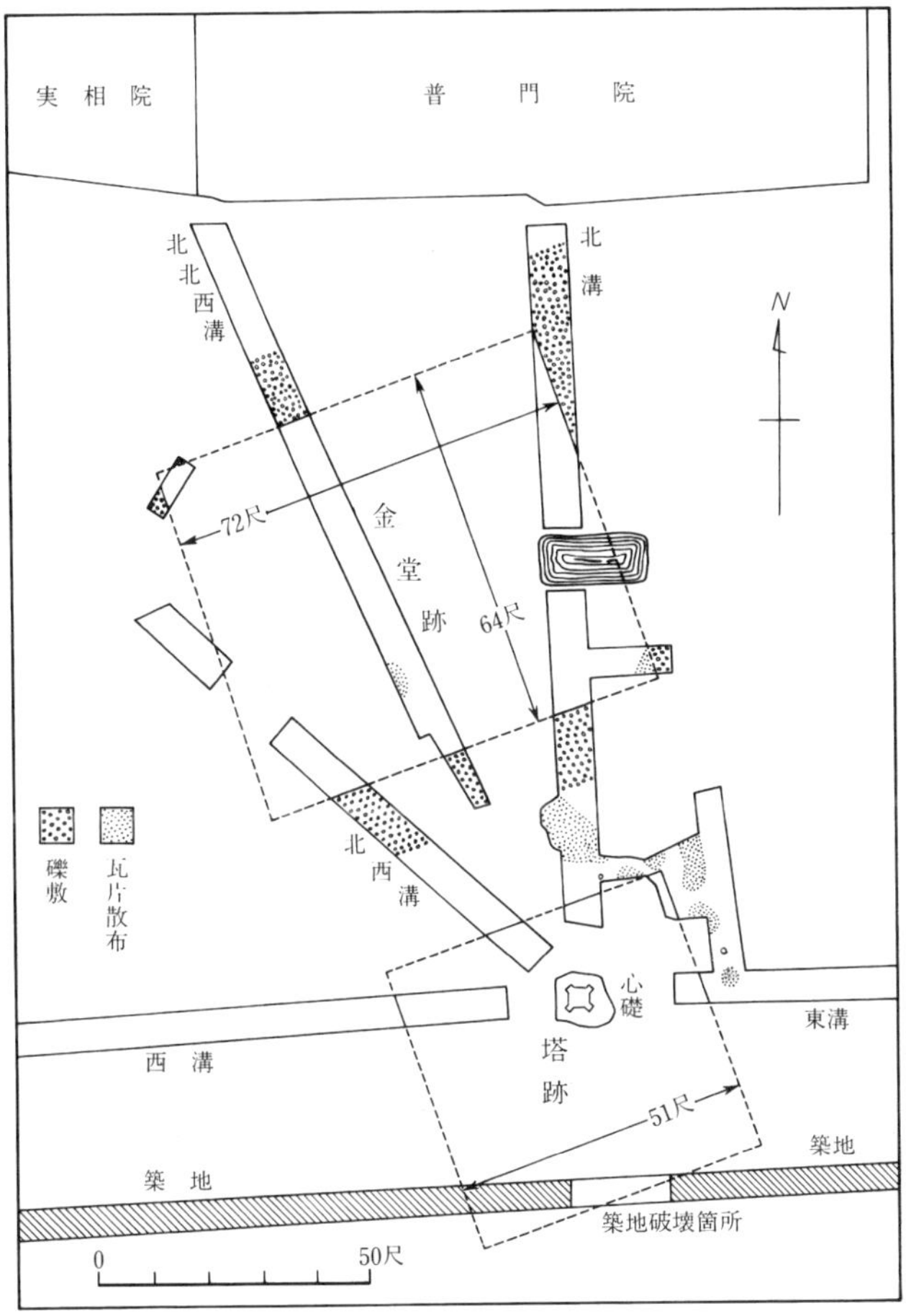

法隆寺　若草伽藍跡発掘実測図

重要な金石文としては、まず金堂本尊の釈迦三尊像(国宝)の銘がある。六朝風の書風により聖徳太子の没後、六二三年に后や王子たちが司馬鞍首止利に作らせたとある。また、金堂本尊の左手に位置する薬師如来像(国宝)の銘には六〇七年に推古天皇と聖徳太子が父の用明天皇のために造らせたとある。ただし天皇の用字や様式などが同時代のものとするには疑問があることから、天智朝以降の擬古作とする説が有力。観音菩薩銘(重要文化財)には、甲午年に大原博士《ふひと》という出自を同じくする鵤大寺の徳聡、片岡王寺の令弁、飛鳥寺の弁聡という三人の僧らが、父母への報恩のため観音像を造ったとある。百済王への賜姓が記載されることから甲午年は、六九四年(持統天皇八)と考えられている。四天王像(国宝)の銘には『日本書紀』にもみえる「山口大口費」ら四人の作者が刻まれている。

[資料館] 法隆寺大宝蔵館(奈良県生駒郡斑鳩町)

参考文献 『奈良六大寺大観』一、一九七二、岩波書店。奈良国立文化財研究所飛鳥資料館編『飛鳥・白鳳の在銘金銅仏』、一九七九、同朋舎。浅野清『法隆寺東院に於ける発掘調査報告書』、一九四八、国立博物館。村田治郎『法隆寺の研究史』、一九六七、中央公論美術出版。奈良国立文化財研究所・奈良県教育委員会編『法隆寺防災施設工事・発掘調査報告書』、一九八五。

献納宝物《けんのうほうもつ》 明治時代初期に法隆寺から皇室に献上された三百余件に及ぶ宝物。現在は東京国立博物館の法隆寺宝物館に収蔵・展示される。明治維新後、神道国教化政策、神仏分離政策による仏教排斥運動、いわゆる廃仏毀釈により寺勢が衰微した法隆寺は、一八七六年(明治九)に住職千早定朝が献上書『古器物献備御願』を提出して、宝物の保護をはかるとともに、献納の報酬金により堂塔を修理することを計画した。一八七八年に献上は裁可され、内務省博物局が引き受けることとなった。これに対する御報金一万円は伽藍修繕などに用いられた。一八八一年、正倉院に一時保管されていた宝物は海路により東京まで運ばれた。第二次世界大戦後の皇室財産整理により、一九四七年(昭和二十二)に国有となり東京国立博物館に保管となる。この時、法隆寺にゆかりが深い五重塔の銅造覆鉢、金堂安置の持国天・増長天所持の七星文銅大刀と無文銅大刀、聖霊院安置の聖徳太子像の沓の四点は返還され、明治天皇ゆかりの品として『法華義疏』、聖徳太子二王子像など十件は継続して宮内庁保管となった。その後、一九八九年(平成元)に聖徳太子像と『法華義疏』を除く八件が国に譲渡され、宮内庁の三の丸尚蔵館に収納された。一九六四年に法隆寺宝物館が開館し、一括して保管・展示されることとなった。一九九九年には新しい法隆寺宝物館が開館し、週一回の公開から、毎日の公開に変更された。その内容は、飛鳥時代から江戸時代に及び、大部分は法隆寺で使用された仏教関係の遺品であるが、正倉院宝物よりも古い飛鳥時代にさかのぼるすぐれた美術工芸品などが含まれている点が特色となっている。国宝としては『聖徳太子絵伝』、『法隆寺献物帳』、灌頂幡、竜首水瓶などがあり、重要文化財としては、四十八体仏、伎楽面、法隆寺印、鵤寺倉印などがある。

参考文献 東京国立博物館編『法隆寺献納宝物目録(改訂増補版)』、一九九〇。東京国立博物館編『生まれかわった法隆寺宝物館』、一九九九。

再建《さいけん》非《ひ》再建論争《さいけんろんそう》 法隆寺西院伽藍の創建時期をめぐる明治時代以来の古代史論争。『日本書紀』には、六七〇年(天智天皇九)に法隆寺が全焼したと解釈できる記事がある。ところが、天平期の『法隆寺縁起幷流記資財帳』には、この火災について全く触れられていない。以後の文献でも火災に言及したものはない。そのため西院伽藍は寺の創立時期から存在したとする非再建説と、七世紀末に旧法隆寺が焼失したのちに再建されたとする再建説が提起された。主に喜田貞吉らの文献史家は『日本書紀』の記載を信用して再建説を、足立康らの建築学者は建築様式論から非再建説を主張した。一九八二年(昭和五十七)の防災施設工事に伴う発掘調査により、非再建説は否定されることになった。具体的には、若草伽藍西側の寺域を示す柵と、南に流れる二本の川跡が見つかり、東側の川は七世紀初めまでの土器と木材の削り屑が多数出土し、川の中からは柵列が発見された。一方、西側の川からは若草伽藍に用いられたのと同種の瓦が多数出土した。これによればまず東側の川が七世紀前半に若草伽藍の造営のため伽藍造営時の廃材(木材の削り屑)を含んだ土砂で埋め立てられ、その迂回路としてその西側に新しい溝が掘られた。その後、若草伽藍が焼失した後、西院伽藍が建てられ、周辺が整備される七世紀末から八世紀ごろに若草伽藍の瓦を含む土砂で埋め立てられたと考えられる。したがって、西院伽藍と若草伽藍が同時並存することは不可能で、若草伽藍の焼失後に西院伽藍が造営されたことが明らかになった。若草伽藍は発掘調査からも七世紀初期の建立開始、七世紀後半の羅災、その後の西院建立という流れが確認され、文献の記載を裏付けることになった。

参考文献 村田治郎『法隆寺の研究史』、一九六七、中央公論美術出版。奈良国立文化財研究所・奈良県教育委員会編『法隆寺防災施設工事・発掘調査報告書』、一九八五。

(仁藤 敦史)

ほうりんじ 法輪寺 奈良県生駒郡斑鳩町三井《みい》にある寺院。聖徳宗。三井寺・御井寺・法琳寺ともいう。御井寺の別名は聖徳太子創掘と伝える井戸(国史跡)にちなむ。創建については二つの伝承があり、『聖徳太子伝私記』所引の『寺家縁起』には六二二年(推古天皇三十)、厩戸皇子の病気回復を願い山背大兄王と由義王らが発願したと伝える。一方、『聖徳太子伝補闕記』には、天智朝の法隆寺焼失後、百済の聞(開)法師・円明法師・下氷君雑物ら三人による建立と伝える。発掘調査によれば、七世紀半ばにさかのぼる多数の瓦が出土し、下層からは掘立柱穴を検出している。これによれば、創建時期は推古朝にさかのぼり、天武朝にかけて伽藍が整備されたと考えられる。伽藍は法隆寺西院と同型式で、その三分の二の規模。現在の建物は、三重塔・金堂・妙見堂・鐘楼・講堂などから構成される。三重塔は、一九四四年(昭和十九)に落雷により焼失し、一九七五年に再興された。

参考文献 『大和古寺大観』一、一九七七、岩波書店。

(仁藤 敦史)

ほうろく 焙烙 土師《はじ》質や瓦質の焼物、柄のないフライパン状の形態で、主に焙煎《ばいせん》をするための調理具と考えられている。出現するのは十六世紀で、戦国時代の城館跡・城下町、とりわけ江戸時代の都市遺跡から多く出土する。古い民家の納屋などには今でも保管されていることもあり、農村部では二十世紀後半まで使用されていた。東西を問わず、中世後半の土製鍋と、形態の上で同一系譜にあるものと考えられる。関西方面の焙烙は、底が丸く器面に叩き痕を残すものが主体である。関東周辺では瓦質で内面に耳を有した平底のものと土師質で耳を持たない丸底のものがある。前者は江戸近郊の遺跡での確認が多く、囲炉裏《いろり》に吊るして使用したものと思われる。後者は江戸府内の遺跡からの出土が多く、都市の火処が炭と焜《こん》炉《ろ》類の使用に傾倒して行ったことを物語っており、関西から技術導入されたものと思われる。→内耳鍋《ないじなべ》

参考文献 両角まり「内耳鍋から焙烙へ―近世江戸在地系焙烙の成立―」(『考古学研究』四二ノ四、一九九六)。

(浅野　晴樹)

ほかい　行器　食物を入れて持ち運ぶ容器であるが、食物以外にも用いられる。外居とも書く。ほかは内・外《そと》の外の意であり、いは居る、滞在するの居で、よそに滞在する時の弁当容器ということである。古くから使われているが、形がわかるのは平安時代からである。いろいろな形、大きさがあったようだが、曲物の桶で、外側に四本の反り脚をつけた足高ほかいが代表的である。脚には紐通しがあり、ここに紐を通し、その紐を天秤棒に結びつけて担ぐ。中世までは旅や戦場などへ食物を運ぶ実用的な容器だったが、近世になると用途が変わり、婚礼などハレの際に餅や菓子などを入れて配る儀式的・形式的なものとなって作り方も豪華になった。深い円筒形の身で甲盛《こうも》りのある蓋、四本の反り脚がつく。身の胴回りに縞のように桂《かつら》(箍《たが》)がはめてあることが特徴である。漆塗、脚には飾金具がつく。房のついた飾り紐で結び、物を贈るときは上に美麗な袱紗《ふくさ》をかける。

(小泉　和子)

ぼきえ　慕帰絵　南北朝時代制作の絵巻物。本願寺三世覚如上人の伝記を描く。一三五一年(観応二)その帰寂(入寂)を恋い慕うゆえに、上人の次子慈俊が詞書をつくり、絵は巻二・五・六・八巻を藤原隆章が、第三・四・九・十巻を藤原隆昌が描き制作された。巻一・七巻は足利義政のもとで紛失、一四八二年(文明十四)に飛鳥井《あすかい》雅康(詞書)・藤原久信(絵)によって補作されている。その題名が示すとおり、本絵巻は本願寺の創立者覚如の祖師としての伝記であるよりむしろ、子の慈俊からみた父覚如の生涯への畏敬を語っていて、いわゆる通例の祖師絵伝絵巻とは一線を画する。対して、覚如の門弟乗専は祖師としての覚如の事績をまとめた絵巻『最須敬重《さいしゅきょうじゅう》絵《え》詞《ことば》』を制作した。これは詞書のみを残し、絵は絵師に対する制作の際の指南書の写しのみが今日伝わる。慕帰絵の当初の巻の絵は南北朝時代の宮廷絵所《えどころ》絵師の様式を示し、当時の大和絵の伝統の継承の仕方や日常生活の捉え方を知る上の資料として貴重である。西本願寺蔵。十巻。重要文化財。『新修日本絵巻物全集』一〇、『続日本絵巻大成』四、『真宗重宝聚英』一〇に収める。

(加須屋　誠)

ほくえつせっぷ　北越雪譜　近世後期、世界的な豪雪地越後国(新潟県)魚沼郡塩沢の縮《ちぢみ》商人鈴木《すずき》牧之《ぼくし》による地元住民生活の哀感を豊かに綴った随筆風風土記。魚沼を中心とした越後の地勢・気象・行事・産物・歴史・民俗・人物・伝説、あるいは越後縮・鮭採・雪具・雪中行事などに及ぶ最初の刊本として評判をなす。出版にあたっては、山東京伝・滝沢馬琴らとの交渉に始まり、文は京山《きょうさん》人百樹《じんひゃくき》(山東京山)の校訂、画は別冊にて、牧之の原画を京山息子の百鶴《ひゃっかく》(京水)の手により、初編上中下三冊が一八三六年(天保七)九月を、第二編春夏秋冬四冊が一八四二年孟春《もうしゅん》を奥付にし、実際には初編は翌一八三七年、二編は前年一八四一年末ごろから江戸の書肆《しょし》文溪堂《ぶんけいどう》より刊行されたと見られている。同書は、明治以降も版木を引き継いだ書肆により版を重ね、一九三六年(昭和十一)に岩波文庫に収められた。気象学・歴史学・民俗学の江戸時代後期の絶好の資料として注目されている。

参考文献 宮栄二監修『(校注)北越雪譜(改訂版)』一九四三、野島出版。『鈴木牧之全集』上、一九八三、中央公論社。荒木常能訳『(現代語訳)北越雪譜』、一九九六、野島出版。宮栄二編『図説北越雪譜事典』、一九八二、角川書店。高橋実『北越雪譜の思想』、一九八一、越書房。井上慶隆「近世越後文化と雪」(『文学』五四ノ一二、一九八六)。

(小林　昌二)

ぼくしょどき　墨書土器　焼成後の土器に墨で文字を書いたもの。朱墨の場合も含むことがある。焼成前にヘラや印で文字を記した製作段階の文字とは区別され、多くは流通・貢納段階、保管段階、使用段階に関係して墨書されたものである。流通・貢納に関わる文字としては、例えば平城京跡出土の漆運搬容器としての須恵器長頸壺に、漆の貢進地、貢進者名、量などを墨書したものが挙げられる。保管に関わる文字としては、平城宮跡出土の土師器《はじき》皿に、櫃内に収めた土器の種類・数量を書き上げたものがあり、管理用の帳簿としての機能が想定できる。また、都城・官衙遺跡出土の事例に、官司名・官職名などを墨書したものが多いが、これらも土器の管理に関わる可能性が高い。一方、平城宮跡出土墨書土器中の「近衛供」と記した資料や、地方出土「厨」銘墨書土器のように、饗饌(内容物)を弁備した主体を示しているものも存在し、これは保管時よりは使用時点に関わる文字である。その他、使用段階に関係する文字としては、内容物名や量を記載したものがある。また、集落遺跡出土の墨書土器の場合は、ほとんどが使用段階に関わるとみられ

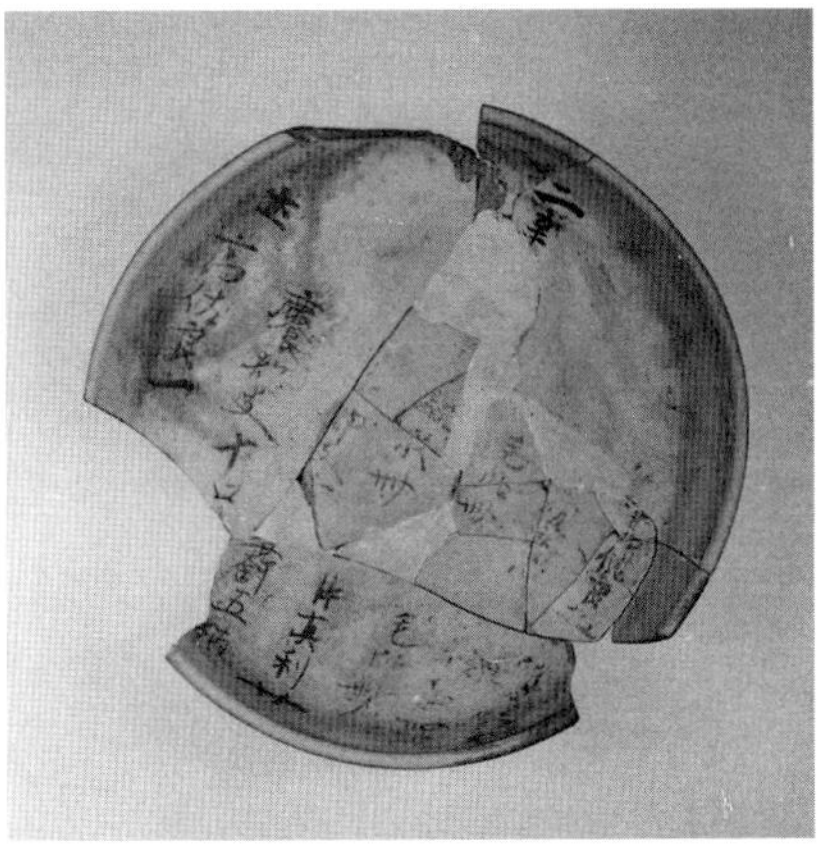

墨書土器（平城宮跡出土）

る。まとまった数の文字を記したものは、神仏への供献に関わることが多く、供献主体名、供献対象の神名、「召代」「形代」などの文言、「奉」「進」などの供献文言を含む場合がある。単一の文字や記号を墨書したものは、吉祥的な文字を記した場合が多い。文字の種類が限定されており、複数の遺跡で文字の種類が共通し、しかも極度に変形された字形のまま伝播しているため、集落内で文字を自由に使いこなしていたのではなく、特定の儀礼に際し、特定の文字が用いられていたものと考えられる。

参考文献 平川南『墨書土器の研究』、二〇〇〇、吉川弘文館。

（古尾谷知浩）

ほくといせき 北斗遺跡 北海道東部の釧路市北斗に所在する擦文《さつもん》文化主体の集落遺跡。標高一〇〜四二メートル。東西二・五キロの南斜面を利用し、第一〜第八地点に分けられる。三百三十四個の竪穴が確認されているが、擦文期のものは二百三十二個を数える。第五〜第八地点が国史跡となっているが、その整備事業で第八地点の十二個の竪穴が調査され、五個を復元している。調査された二十一号竪穴の出土品の中には織機の一部が炭化木製品として出土し注目されている。筬《おさ》二点と上下糸分離機二点などがある。当遺跡は旧石器時代、縄文時代早期・中期などにも利用されており、複合遺跡として重要であるとともに、「北斗遺跡ふるさと歴史の広場」として付近の湿原展望台・環境庁温根内《おんねない》ビジターセンター・東北海道国立公園野生生物保護センターとのネットワーク化で史跡北斗遺跡展示館とともに活用されているという特色をもつ。

資料館 史跡北斗遺跡展示館（北海道釧路市）

参考文献 釧路市教育委員会『史跡北斗遺跡整備事業報告書』一九九八。釧路市教育委員会『釧路市北斗遺跡』II、一九九二。

（宇田川 洋）

ほくりくどう 北陸道 古代律令国家における地方行政区画の一つであり、またその中を貫く駅路の名称。『延喜《えんぎ》式《しき》』民部省によれば、北陸道に所属する国は、若狭・越前・加賀・能登・越中・越後・佐渡の七ヵ国であった。このうち加賀国は、八二三年（弘仁十四）に越前国から分離独立したものである。また能登国は、七一八年（養老二）に越前国から分離独立したが、七四一年（天平十三）に越中国に併合され、さらに七五七年（天平宝字元）に再分置された。なお、七一二年（和銅五）に越後国から分立した出羽国は、『延喜式』では東山道に所属しているが、当初は北陸道だった可能性が高い。駅路としての北陸道は、厩牧令《くもくりょう》の規定によれば小路に相当するので、各駅家に原則として五匹ずつの駅馬を配置していた。『延喜式』兵部省諸国駅伝馬条における北陸道の経路を概観すると、平安京を発した駅路は、近江国の三尾《みお》駅付近で若狭国への支路を分岐し、越前国の松原駅で再びこの支路と合流する。次に加賀国の深見駅で能登国への支路を分岐し、越後国の水門《みと》駅で信濃国との連絡路を分岐する。そして、越後国の渡戸《わたりべ》駅から日本海を渡って佐渡国府の付属駅と考えられる雑太《さわだ》駅を終点とするが、伊神《いかみ》駅への支路も存在した。『延喜式』以前の変遷としては、八〇三年（大同三）に能登国の越蘇《えそ》駅以遠の六駅が廃止されたが、『延喜式』では越蘇駅のみ復活している。また、『日本紀略《にほんきりゃく》』によると、八二三年（弘仁十四）には加賀国の駅は八駅であったが、『延喜式』では七駅になっている。なお、北陸道の駅家は海岸にあるものが多く、木下良は積雪期に船を使ったからではないかとしている。発掘された北陸道としては、金沢市の観法寺遺跡が幅約八メートル、石川県津幡町の加茂遺跡が、八世紀代に幅約九メートルだったものが、九世紀代には幅約六メートルに狭まっている。また、富山県小矢部市の桜町遺跡で発掘された幅六メートルの道路については、伝路とする解釈もある。

参考文献 浅香年木『古代地域史の研究』、一九七八、法政大学出版局。木下良「北陸道の国津と国府津」（『日本海学会誌』四、一九八〇）。金坂清則「北陸道—その計画性および水運との結びつき」（木下良編『古代を考える古代道路』所収、一九九六、吉川弘文館）。

（木本 雅康）

ほげい 捕鯨 鯨類を捕獲すること、広義には鯨類を捕獲して利用する漁業。小型種のイルカのみを対象とする場合はイルカ漁業と呼び分ける。日本列島周辺海域では、春から夏にかけて大型鯨類が南から回遊し、秋から冬にかけて北から回遊してくるため、死傷して偶発的に沿岸に浮遊した寄り鯨や流れ鯨を受動的に捕獲することは古くから行われていたと考えられる。近世期にはいるとこれらに加えて、人びとが海に乗り出して回遊してくる鯨類を積極的に捕獲することが継続的に行われるようになった。伊勢湾沿岸で始まったとされる突き取りによる組織的な捕鯨は、紀州から土佐、ついで九州の肥前などに伝播したといわれる。これらの地域はいずれも入り組んだ海岸線を有しており、動物プランクトンや小魚などを餌とするハクジラ類が回遊してくる地域であった。ハクジラ類はヒゲクジラ類に比べて皮下脂肪が少ないため捕獲後に水没してしまうという難点があったが、一六七五年（延宝三）に太地頼治が銛と網とを併用する網取り法を考案してからは、それまで主に捕獲対象としていた捕獲後も水没しにくいセミクジラやマッコウクジラに加えて、ザトウクジラやイワシクジラなども捕獲対象となり、各地に恒常的な捕鯨拠点が形成されていくことになった。網取り法による捕鯨は全国的な展開をみせたが、その受容状態に地域差があり、ハクジラ類のツチクジラを主要捕獲鯨種としていた安房勝山の醍醐組のように近世を通じて突き取り法による捕鯨に終始した地域もあった。捕獲対象鯨類の差異や海岸・海底地形などの生態学的事由、鯨肉などの生産と消費といった経済学的事由等から、捕鯨拠点ごとに多様な捕鯨活動が展開されたことが近世捕鯨の特徴であった。近世捕鯨の経営組織は一般に鯨組と呼ばれたが、水軍などの系譜を有する特定の一族を中心とするものと、藩が直営するものとに大別され、鯨類の発見から捕獲・解体に至るまでの作業には多くの職能集団が参画しており、地域社会内の季節的な産業として位置づけられるようになった。近代にはいるとノルウェーで一八六四年に考案された推進力の大きい動力船の舳先に搭載した捕鯨砲で綱の付いた捕鯨銛を発射する近代捕鯨法が一八九九年(明治三十二)に日本にも導入され、その後急速に普及し、沿岸捕鯨にかわって南氷洋を主漁場とする遠洋捕鯨が主流となった。近世期からの沿岸捕鯨拠点であった長崎県・山口県・高知県・和歌山県などの出身者を統合するようにして日本の南氷洋捕鯨は大いに発展を遂げ一九五九年(昭和三十四)には日本の捕獲高が世界一となった。しかし、捕鯨オリンピックと呼ばれた捕獲競争の間に鯨類の減少が顕著になり、一九七二年の国連人間環境会議において商業捕鯨の十年間モラトリアムが採択され、ついで一九八二年に国際捕鯨委員会において商業捕鯨のモラトリアム(一時停止)が決議され、日本でも一九八七年から実施された。現在では南極海と北西太平洋においてミンククジラを対象とした調査捕鯨が、国内では小型沿岸捕鯨が国際捕鯨委員会の管轄外の鯨種を対象に、日本政府の管理下で操業を続けている。

参考文献 山下渉登『捕鯨』I・II(『ものと人間の文化史』一二〇、二〇〇四、法政大学出版局)。渡邊洋之『捕鯨問題の歴史社会学―近現代日本におけるクジラと人間―』、東信堂、二〇〇六。

(小島 孝夫)

ホゲットいしなべせいさくいせき ホゲット石鍋製作遺跡 長崎県西海市大瀬戸町にある古代末より中世末ごろまでにわたる滑石製石鍋製作の遺跡。国指定史跡。地名のホゲットとは坑道をさす鉱山用語で、付近には坑口をさすマブノクチという地名もある。製作跡は雪浦川の上流、標高一二〇メートルの山塊頂部にあり、一九七九年(昭和五十四)に実態調査が行われて露天、半坑道掘りなど十一カ所のグループが集約される。最大規模の第六製作跡は滑石層の亀裂部を利用した半坑道掘りで、開口部から二〇メートルまでの地表から高さ四メートル、深さ三メートルの両壁面には取り残しの未成品や無数の鑿痕がある。製作は一般的には対象面に三〇~五〇センチの方眼割付を行い、四角錐台形の祖型を切出してから鍋の加工を行う。製作年代は検出された炉跡の炭化物の測定値からは西暦一〇〇〇年前後となり、生活跡での出土年代や石鍋記載の古文書資料との年代とも大差がない。

参考文献 下川達彌「西北九州の石鍋とその伝播」(網野善彦編『海と列島文化』四所収、一九九二、小学館)。同「生活を変えた職人たち―石鍋―」(網野善彦編『中世の風景を読む』七所収、一九九五、新人物往来社)。

(下川 達彌)

ほこ 矛 長い柄のついた刺突用武器である。鉄製の矛先は弥生時代からあるが例は少なく、主として古墳時代中期以降、槍に代わって古墳の副葬品として普及する。以後、奈良時代、平安時代を通し、主たる長柄の攻撃用武器であったが、戦闘方法の変化とともに、鎌倉時代末期以降に槍が普及すると、実際の武器としての機能は失われる。同じ刺突用の武器である槍が剣身状の茎部分を柄にはめ込むのに対し、矛は袋状につくった身の基部に柄を挿入する。また、装着をより一層強固にするため、袋穂の下端近くに目釘を打つことも行われた。身の形状は、断面形が菱形のものが一般的であるが、三角形や四角形、紡錘形をしたもの、また、全体が刀身状をしたものもある。袋穂は断面が円形をしているものが多いが、六角形や八角形のものもある。柄の下端に付く石突は、断面円形のほかに、八角形などがある。また、正倉院には、身と袋の境に鉤状の支刃が付く矛がある。なお、正倉院に伝わる手鉾は、後世に付けられた呼称である。

(小林 謙一)

ぼさつ 菩薩 覚者である仏に至る前段階の修行者であり、また衆生救済を行う者として信仰を集める尊格。サンスクリットの音訳である菩提薩埵《ぼだいさった》の略称。仏像製作が始まると如来同様盛んに造形化される。造形化に際しては、阿弥陀如来に付随する観音・勢至菩薩のように如来像の脇侍《きょうじ》の場合も多いが、独尊像として製作されることもかなり認められる。その姿は、釈迦出家前の形姿を基本とし、髻《もとどり》を結い、宝冠、胸飾、臂釧《ひぜん》・腕釧《わんぜん》といった装身具で身を飾るのが一般的であるが、地蔵菩薩のように比丘《びく》形の簡素な姿のものもある。日本では、観音(観世音)・文殊・普賢・虚空蔵・弥勒・地蔵といったものが造形化された主要な菩薩であるが、ことに観音は古くから広く信仰を集めており、十一面・千手・如意輪といった数々の変化《へんげ》観音《かんのん》が生み出されており、独尊像としての造像も最も多い。→如来《にょらい》 →明王《みょうおう》

参考文献 速水侑『菩薩』(『東京美術選書』三〇、一九八二、東京美術)。『国宝・重要文化財大全』三、一九九八、毎日新聞社。田中義恭・星山晋也『目で見る仏像(完全普及版)』、二〇〇〇、東京美術。

(根立 研介)

ぼし 墓誌 金属製・石製・塼《せん》製などの長方形板状材・直方体材ないし骨蔵器《こつぞうき》に死者の名前、生前の地位・官職、系譜・経歴、埋葬地名、追悼文などを記し、墓に埋納したもの。墓碑が墓外に立てられるのに対し、墓内に埋納されるところに特徴がある。墓誌を埋納する風習は中国に由来し、中国では後漢代から行われていた。魏・晋代に墓前に顕彰碑を立てることがたびたび法令によって禁止されたことによって、墓内に埋納する墓誌が盛行するようになったといわれている。わが国では七世紀から八世紀にかけて行われた。現存する墓誌は十六例あり、さらに現物は現在のところ失われているが、記録により存在が確認できるものが他に二例ある。現存する古代の墓誌の中で最古の年紀を有するものは、大阪府柏原市国分松岳山出土の船首王後《ふねのおびとおうご》墓誌で、戊辰年(＝六六八年)の年紀を有する。また、最も新しい年紀を有するものは大阪府南河内郡太子町春日出土の紀吉継《きのよしつぐ》墓誌で、延暦三年(七八四)である。形態は長方形板型・直方体型・有蓋椀型・筒型などが見られ、長方形板型と有蓋椀型は金属製

日本古代墓誌一覧

被葬者名	年紀	位階・官職	材質	形状	法量(cm)	字数	出土地	指定
船首王後	六六八年(戊辰)	大仁	銅製鍛造	長方形板	縦二九・七五×横六・八八	一六二(表裏)	大阪府柏原市国分松岳山	国宝
小野朝臣毛人	六七七年(丁丑)	大錦上刑部卿	鋳銅製鍍金	長方形板	縦五八・九五×横五・九	四八(表裏)	京都市左京区上高野	国宝
文忌寸禰麻呂	七〇七年(慶雲四)	正四位上左衛士督	鋳銅製	長方形板	縦二六・二×横四・三五	三四	奈良県宇陀市榛原区八滝	国宝
威奈真人大村	七〇七年(慶雲四)	正五位下少納言	鋳銅製鍍金	骨蔵器蓋	高二四・二×径二四・六	三九一	奈良県香芝市穴虫	国宝
下道朝臣圀勝國依母	七〇八年(和銅元)		鋳銅製	骨蔵器蓋	高二三・一×径二三・七	四七	岡山県小田郡矢掛町東三成	重要文化財
伊福吉部臣徳足比売	七一〇年(和銅三)	従七位下采女	鋳銅製	骨蔵器蓋	高一七・一×径二三・七	一〇八	鳥取市国府町宮下	重要文化財
道薬	七一四年(和銅七)		銀製	長方形板	縦一三・七×横二・三	三二(表裏)	奈良県天理市岩屋町西山	重要文化財
太朝臣安萬侶	七二三年(養老七)	正四位下	銅製	長方形板	縦二九・一×横六・一	四一	奈良市此瀬町	重要文化財
山代忌寸真作	七二八年(戊辰年)	従六位上	鋳銅製鍍金	長方形板	縦二七・九五×横五・七	七六	奈良県五條市東阿田町	重要文化財
小治田朝臣安萬侶	七二九年(神亀六)	正四位下	鋳銅製鍍金	長方形板	縦二九・七×横六・二五	六四	奈良市甲岡	重要文化財
美努連岡萬	七三〇年(天平二)	従五位下主殿頭	銅製鍛造	長方形板	縦二九・七×横二〇・七	一七三	奈良県生駒市萩原町	重要文化財
下道朝臣真備母楊貴氏	七三九年(天平十一)	子は従五位上	塼製	方形	縦一九・四×横三五・二	四三	奈良県五條市大沢町	(現物不明)
行基	七四九年(天平二十一)	大僧正	鋳銅製	筒状	縦一〇・六×横六・八(残欠)	二一	奈良県生駒市有里町	
石川朝臣年足	七六二年(天平宝字六)	正三位御史大夫神祇伯	鋳銅製鍍金	長方形板	縦二九・七×横一〇・四	一三〇	大阪府高槻市真上	国宝
宇治宿禰	七六八年(神護景雲二)?	不明	銅製鍛造	長方形板?	縦九・三×横五・六(残欠)	一八	京都市西京区大枝塚原町	
高屋連枚人	七七六年(宝亀七)	正六位上常陸大目	砂岩製	直方体	縦二六・二×横一八・六×高二一・九	三七	大阪府南河内郡太子町太子	重要文化財
紀吉継	七八四年(延暦三)	従四位下参議陸奥按察使	塼製	直方体	縦二六・二×横一八・六×高六・一五	四七	大阪府南河内郡太子町春日	重要文化財
日置部公	不明	外少初位下玉名郡権擬少領	銅製?	長方形板?	縦二九・七×横六・六(伝)	三三(伝)	熊本県玉名郡和水町瀬川(伝)	(現物不明)

のものに限られ、一方、直方体型は石製・塼製のものに限られている。有蓋椀型は骨蔵器であり、骨蔵器に墓誌を記されたものは、現時点で出土しているものではいずれも蓋部に記入されている。金属製の骨蔵器は、仏教の舎利容器の影響によるものである。形状・内容ともに、同時代の中国の墓誌に比べて非常に小型かつ簡素であり、そこにわが国古代の墓誌の特色がある。同時代の中国の墓誌の文体を完全に踏襲した例としては、奈良県香芝市穴虫から出土した威奈真人大村《いなのまひとおおむら》(七〇七年(慶雲四)没、正五位下少納言)墓誌の例のみである。現存するわが国古代の墓誌は、いずれも貴族・官人・高僧に限られているが、たとえば七二三年(養老七)没の太安萬侶《おおのやすまろ》(従四位下)と七二九年(神亀六)没の小治田安萬侶《おはりだのやすまろ》(従四位下)の墓誌のように、同時期の同位階の貴族の墓誌でも、墓誌の製作技法や記載内容、付属品などに差異がある。また六位以下の下級官人や地方豪族の墓誌が形態・文内容ともに必ずしも簡素というわけではない。官位や身分に伴う序列や差は規定されていなかったようである。

参考文献 奈良国立文化財研究所飛鳥資料館編『日本古代の墓誌』、一九七九、同朋舎。大阪府立近つ飛鳥博物館編『古墳から奈良時代墳墓へ—古代律令国家の墓制—』二〇〇四。

(高島 英之)

ぼせい 墓制 墓・墓地の構造および制度についていう言葉。死者を墓に葬るまでの儀礼的方法・制度をいう「葬制」と併せて「葬墓制」ともいう。古墳時代の石室空間は伊弉諾《いざなぎ》の黄泉《よみ》国訪問譚にみられるようにあの世として認識されていたと考えられるが、火葬の導入以後、古墳的マウンドも含め墓は基本的には塔＝ストゥーパと、蔵骨容器は舎利容器と認識されており、遺骨埋納は舎利埋納に準ずるものと意識された。古代の火葬墓に伴う墓誌埋納・買地券埋納は中国の道教・陰陽道から受容したもので、仏教文化と中国文化との融合受容といえる。奈良時代以降、平安時代を通じて上部に墓塔が伴う例も少数ながらみられる。古代の墓の上部構造は土盛り(土饅頭)が基本であるが、平安時代を通じて平面が円形から周溝を有した方形へと展開していく。さらに京都では単なる土盛りから周囲を石で組み、補強したものも現れる。『餓鬼草紙』の墓地風景は両者の混交した平安時代末の状況をみせている。中世初頭の墓制展開は静岡県磐田市一ノ谷遺跡に典型的にみられるように方形の周溝墓から石組墓へと展開するが、その時点で土葬から火葬への転換がみられる。中世の石組墓は火葬墓に伴う仏塔を意識した墓制として全国的に展開し定着する。石組墓は中世を通じて次第に高さを減じ、同時に塔としての意義を失い、単なる墓の区画に変じていく。その傾向と並行して墓上の石塔配置が多くなる。個人墓としての石組墓は夫婦墓の場合、二基一対墓としたり、連接したりする。また二区画の間隔の両側辺を新しい墓の左右両辺として利用して連結したり、すぐ横に連接したりしながら、連結を繰り返す。最終的には墓域として長方形区画を先に造り、順に個人墓に区画していくような変化をみせるが、背景には中世的家形成の展開がみられる。墓上の石塔は奈良時代には層塔、平安時代には宝塔、平安時代最末には五輪塔・板碑、鎌倉時代には宝篋印塔が初現し、以降それらが混交しながら展開する。関東では板碑、関西では五輪塔が中心に分布し、その他の石塔も地域ごとの分布特徴を示す。中世後半になると石塔の小型化と数量的増大現象が顕著で造墓階層の下への広がりを示す。関西の一石五輪塔、関東の板碑の小型化などはその典型である。中世後半になると、墓塔が次第に墓標的意義を強め、法名・戒名・命日などを塔に刻むことが増えてくる。その延長線上に墓塔から墓標への転換があり、近世初頭に圭頭形墓標を経て櫛形墓標に転換する。この変化は葬制の土葬への転換により、墓が塔である必然性を失ったことによるもので、近世の墓石は墓塔ではなく墓標と称すべきである。近世に確立した両墓制下においては墓標は埋墓ではなく詣墓に置かれ、仏壇の位牌と同様に、野に立つ位牌として祭祀対象の役割を果たしている。近世墓標と位牌の形態変化が大筋で共通する点に両者の通底する性格をみることができる。墓石は破風形・屋形型などバラエティをみせながら、近世後期には方柱形墓標が増え、近代には方柱形墓標が主流となる。現代は火葬がほぼ一〇〇%近く行われる中で、多くの両墓制墓は解体し、埋墓が放置されたり、埋墓にも墓石を配置するようになり、単墓制に移行している。墓石の形も方柱形からの脱却の動きも見え始めている。

参考文献　勝田至『日本中世の墓と葬送』、二〇〇六、吉川弘文館。『国立歴史民俗博物館研究報告』一一二(特集地域社会と基層信仰)、二〇〇四。坪井良平「山城木津惣墓墓標の研究」(『歴史考古学の研究』所収、一九八四、ビジネス教育出版社)。藤澤典彦「墓地景観の変遷とその背景—石組墓を中心として—」(『日本史研究』三三〇、一九九〇)。

(藤澤　典彦)

ほぞ　枘　⇩継手《つぎて》・仕口《しくち》

ほぞんかがく　**保存科学**　文化財資料の劣化機構を解明し、その保存対策を講じる、あるいは保存修理のために材料や技術を開発・研究する分野をいう。一九一六年(大正五)、法隆寺金堂壁画の保存方法調査委員会を設置し、壁画の保存修復に関する自然科学的研究が行われた。この事業が日本における保存科学発展の有力な契機のひとつになった。保存科学の研究方法は四項目に分けられる。㈠文化財資料の起源や由来を確認し、その学術的芸術的価値判断・評価を行うために、あるいは保存修理のために材質調査を行う。分析は非破壊的方法によることが望ましく、蛍光X線分析法が一九六〇年ごろから導入されはじめた。ごく微量の試料を定性・定量分析するには放射化分析法・原子吸光分光分析法、繊維・染料・漆などの有機物同定には赤外線分光分析法などが有力。㈡仏像の内部構造や絵画の下絵など、肉眼で見えない部分を調査するために、赤外線・紫外線・X線・γ線などを利用した光学的方法による構造調査を行う。X線は一八九五年ドイツのレントゲンによって発見されたが、わずか四十年後に大阪府阿武山古墳出土の棺を透過撮影し、貴重な研究成果をあげている。㈢遺跡に埋もれた多くの遺物はある種の平衡状態に達した環境にあるが、発掘調査され、遺物が空気に触れると劣化が急速に進展する。環境の安定化をはかり、あるいは環境を制御することによって劣化を抑制し、恒久的保存をはかる。展示・収蔵施設における温度・湿度や照明などの適切な条件設定、黴・微生物・虫害などの駆除・予防対策もまた環境調査の重要課題。㈣保存修理には伝統的な材料や技術を応用するのだが、これらをサポートし、補足するために現代科学の粋を集めた保存材料や技術の開発研究を行う。最近では、以上のような保存科学研究とは別の視点から、文化財が劣化・破損する前に先手を打つ、防護のための保存科学(preventive conservation)がクローズアップされている。

参考文献　京都造形芸術大学編『文化財のための保存科学入門』、二〇〇二、角川書店。沢田正昭『文化財の保存科学ノート』、二〇〇五、近未来社。

(沢田　正昭)

ぼっかい　**渤海**　六九八年から九二六年にかけて、中国東北地方から朝鮮半島北部・ロシア沿海地方に広がった国家。七世紀末に営州(遼寧省朝陽市)でおこった李尽忠《りじんちゅう》の乱に乗じて、高句麗《こうくり》滅亡後に営州に移されていた粟末《ぞくまつ》靺鞨《まっかつ》人や高句麗人が東走して、東牟山(吉林省敦化市)を拠地に建国した。初代王の大祚栄《だいそえい》は、振(震)国王と自称したが、七一三年に唐から渤海郡王に冊封されると、国号を渤海と称するようになった。七一九年に王位を継いだ大武芸《だいぶげい》(諡は武王)は、領域拡大を図って新羅《しらぎ》や北方の黒水《こくすい》靺鞨と対立し、七三二年には唐と新羅とも戦争状態になった。しかし七三五年ころ、武芸は唐への朝貢を再開して紛争は収束した。こうした国際情勢に対応して、武芸は七二七年(神亀四)、日本へ初めての使節を派遣して外交関係を樹立した。七三七年、第三代王となった大《だい》欽茂《きんも》(文王)は、唐との関係を強化し、諸制度や文物を受容して国家体制を整えた。王都も敦化地方から顕州(吉林省和竜県河南屯古城あるいは西古城)を経て、七五五年に唐の長安城をモデルに上京(黒竜江省寧安市渤海鎮)を造営した。ただし七八五年に東京(吉林省琿春市八連城)に一時遷都をし、七九三年に欽茂が没すると上京に還都した。この時期、王位継承に伴う混乱がおきたが、八一八年に即位した第十代王大仁秀《だいじんしゅう》(宣王)のころには、最も領域は拡大し、九世紀半ばには、唐から「海東の盛国」と称えられた。地方行政の単位として、五京十五府六十二州が設けられた。しかし十世紀初頭には、内紛が相ついでおきて王権の弱体化を招き、九二六年、契丹(遼)に攻められると、第十五代王大諲譔《だいいせん》は降伏して渤海は滅亡した。

参考文献 酒寄雅志『渤海と古代の日本』(『歴史科学叢書』、二〇〇一、校倉書房)。中国社会科学院考古研究所編著『六頂山与渤海鎮—唐代渤海国的貴族墓地与都城遺址』、一九七七、中国大百科全書出版社。
(酒寄 雅志)

ほっかいどうしきこふん 北海道式古墳 遺体を納めた木棺を土壙内あるいは地表に安置し、直径四～五《メートル》、高さ一《メートル》前後の墳丘を築き、周囲に周溝を巡らせる北海道特有の小型円墳。北海道石狩地方の江別《えべつ》市元江別の後藤遺跡(江別古墳群)と恵庭市柏木《かしわぎ》の柏木東遺跡にある。後藤遺跡には、三十以上分布していたらしいが、一九八〇年(昭和五十五)の発掘調査により二十一ヵ所が再確認された。現在、十八ヵ所が国史跡となっている。後藤遺跡では、環状と馬蹄形の二種類の周溝があり、鋤先《すきさき》とみられる掘り具の痕跡を確認している。また、墳丘の復元実験によれば、周溝の掘り上げ土を墳丘に用いた場合、その高さは一・五《メートル》前後になるという。柏木東遺跡では、確認された十四ないし十五ヵ所すべてが発掘調査されている。古墳からは土師器、須恵器をはじめ、蕨手刀《わらびてとう》、直刀、刀子《とうす》、鏃《やじり》、鋤先、斧、鑷子《ちょうし》、環《かん》などの鉄器が出土している。築造された年代は、八世紀末ないし九世紀前半とみられていたが、最近は一世紀ほど古くみる傾向がある。

参考文献 後藤寿一「古墳の発掘について 江別遺跡調査報告第一報」(『蝦夷往来』八、一九三三)。同「胆振国千歳群恵庭村の遺跡について」(『考古学雑誌』二四ノ二、一九三四)。曾根原武保・天野哲也「曾根原武保ノート(前茂漁墳墓群(柏木東遺跡)その他」(『北海道考古学』二八、二〇〇三)。北海道江別市教育委員会編『元江別遺跡群』(『江別市文化財調査報告書』一三、一九六二)。
(畑 宏明)

ほっかいどうちょうきゅうほんちょうしゃ 北海道庁旧本庁舎 一八八六年(明治十九)に設置された北海道庁の本庁舎として建設。通称、道庁赤レンガ庁舎。札幌市中央区北三～四条西六丁目。一八八八年竣工、煉瓦《れんが》造二階建、地下一階。国指定史跡、重要文化財。東西二町、南北二町を占める敷地中央に東を正面にして建つ。設計は道庁土木課の平井晴二郎《ひらいせいじろう》。外観意匠は米国系ネオ＝バロック様式で、南北翼部と玄関を突出し、天然スレート葺き寄棟《よせむね》屋根の中央に八角ドームを掲げる。外壁は煉瓦化粧積みで、地階外壁や玄関ポーチに札幌硬石《さっぽろこうせき》を用いる。構造の不安定から一八九六年に八角ドームを解体撤去、一九〇九年に失火により内部を焼失。一九六八年(昭和四十三年)の復原改修工事で八角ドームを復原した。現在は北海道立文書館《ほっかいどうりつもんじょかん》を設置し、開拓使《かいたくし》などの行政文書等を所蔵・公開している。建物北側に前身組織である開拓使札幌本庁舎跡を遺構表示している。

参考文献 『重要文化財北海道庁旧本庁舎復原改修工事報告書』、一九七〇、北海道。
(長尾 充)

ほっきじ 法起寺 奈良県生駒郡斑鳩町岡本にある寺院。聖徳宗。池尻寺・岡本寺ともいう。聖徳太子建立七ヵ寺の一つと伝える。当初は塔と金堂を東西に配する法起寺式伽藍配置。六〇六年(推古天皇十四)に厩戸皇子は岡本宮で法華経を講じたとある。『日本霊異記』中巻第十七話によれば「大倭国平群郡鵤村岡本尼寺」とあり、宮をもって尼寺としたと伝える。六二二年、聖徳太子の遺命により岡本宮を山背大兄王が寺に改め、六三八年(舒明天皇十)福亮僧正が弥勒像を敬造し金堂を建立、六八五年(天武天皇十四)恵施僧正が三重塔を建立、七〇六年(慶雲三)竣工したと伝える。発掘調査によれば、現存する伽藍の下層から北から西へ約二〇度の傾きを持つ礫石溝・柵列・掘立柱列・掘立柱建物・広場と屋根を伴う井戸などが発見され、現在の伽藍とほぼ重なる範囲を囲むこと、八葉素弁蓮華文軒丸瓦がこれら一連の遺構に使用されたらしく、瓦の時期からも『日本書紀』に記す岡本宮である可能性が高いこと、などが報告されている。

参考文献 『大和古寺大観』一、一九七七、岩波書店。
(仁藤 敦史)

ほっけじ 法華寺 奈良市法華寺町に所在する寺院。法華滅罪之寺と号する。真言律宗の尼寺。平城宮東張り出し部(東院地区)に隣接する。当地には、元来は藤原不比等邸が存在しており、それを娘の光明皇后が伝領し、皇后宮としていた。七四五年(天平十七)、聖武天皇は紫香楽宮から平城京に戻るが、その際、平城京の旧皇后宮を「宮寺」としている。これが当寺のはじまりで、七四七年には宮寺は法華寺に改称している。創建後は大和国の国分尼寺とされ、また日本国の総国分尼寺と位置づけられた。平安時代には徐々に衰退したが、鎌倉時代中期には、西大寺の叡尊によって復興されている。その後、金堂・講堂・塔などを失うが、江戸時代前期に豊臣秀頼によって現在の本堂(重要文化財)などが造営され、現在に至っている。本尊の十一面観音菩薩(平安時代前期、国宝)をはじめとして、多くの仏像・古記録などを伝存する。

参考文献 『大和古寺大観』五、一九七八、岩波書店。
(吉川 聡)

ほっけどうあと 法華堂跡 神奈川県鎌倉市西御門にある源頼朝の墳墓堂跡とされる場所。国指定史跡。鶴岡八幡宮東方、大倉幕府跡と伝える場所の北側山腹にあり、現在頼朝墓とされる石造層塔が立っている。『吾妻鏡』によれば、一一八九年(文治五)七月十八日、頼朝は専光房を召して、奥州討伐のためにひそかに願を立てたと述べ、自分の出発後二十日経ったら、幼少からの持仏である正観音を安置するため、屋形(大倉亭)の後山に一宇を建立すること、その際大工を使わず柱を立てることを命じた。八月八日、専光房は後山にのぼり、仮柱四本を立て観音堂と号した。これが頼朝持仏堂のもととなった。一一九五年(建久六)十月二十一日持仏堂事始。さきの仮柱の観音堂を改めたものであろう。一一九九年(正治元)に頼朝が没すると、遺骸は持仏堂に葬られ墳墓堂となった。翌年の一周忌仏事は「法華堂」で行われており、以後もっぱら「法華堂」の名で諸記事に現われる。鎌倉時代初期には一般に有力者は死後火葬され、埋葬場所に墳墓堂が営まれた。墳墓堂では法華経供養が行われたから法華堂とも呼ばれた。一二四七年(宝治元)の三浦合戦のとき三浦泰村らが頼朝法華堂に立てこもっているが、この間北条の兵が石段を競い上ったこと、三浦の兵が防戦したことが記されているので、堂は現在頼朝墓のある山腹の平場でよいだろう。江戸時代には頼朝墓下の現白旗神社の場所に法華堂という寺があったので、頼朝法華堂と混同される事態も生じた。東隣には北条義時の法華堂もあり、近年の発掘調査で椽《ひさし》のついた三×三間の礎石建物が発見されている。なお現在頼朝墓とされている層塔は、安永年間(一七七二―八一)に薩摩藩主島津重豪《しげひで》が造立したもの(『塵塚談』、一部は近年の補塡)。

参考文献　赤星直忠『中世考古学の研究』、一九八〇、有隣堂。

（馬淵　和雄）

ぼっこつ　卜骨　動物の肩甲骨を灼いて吉凶を占う方法。裏面を削り骨を薄く加工し灼を入れ、表面に生じた亀裂の形状によって吉凶を占う方法と、熱した棒状のものを押し当てる点状焼灼法《てんじょうしょうしゃくほう》がある。中国では山東省章丘県竜山鎮竜山城子崖《じょうしがい》遺跡など、新石器時代にさかのぼる遺跡から牛・鹿の肩甲骨の卜骨の出土例が知られ、殷代に至って亀卜が多用された。卜骨の方法は、日本を含む紀元前後の東北アジア一帯に拡散し、韓国江原道江陵市江門《かんむん》洞《どん》遺跡などでも牛・豚を中心とした卜骨が発見されている。日本では、弥生時代後期に比定される神奈川県三浦市間口洞窟での鹿・猪・イルカの卜骨の発見を契機に各地の遺跡で確認され、近年では鳥取市青谷上寺地《あおやかみじち》遺跡で実に二百二十七点もの卜骨がまとまって検出されている。弥生時代の卜骨の六割は鹿の肩甲骨が用いられるが、奈良・平安時代の一時期には八割をイルカの脊椎骨が占め、その後亀卜が主流となる。

参考文献　斎藤忠編『呪法と祭祀・信仰』(『日本考古学論集』三、一九八六、吉川弘文館)。

（内川　隆志）

ほっしょうじ　法性寺　藤原忠平の建立以来、摂関家代々から帰依を受けた天台宗寺院。平安京東南の山城国紀伊郡、現在の東福寺(京都市東山区本町)の地に建立され、広大な領域を占めた。忠平の日記『貞信公記』延長二年(九二四)二月十日条の同寺で鐘の音を試聴した記事に初見。翌年にかけて鐘楼・五大堂の建築が進み、すでに南堂・東堂が完成していたことが知られる。承平年間(九三一―三八)には朱雀天皇が御願堂を二棟建立し、九四五年(天慶八)には皇太后藤原穏子が多宝塔を供養した。忠平は九四九年(天暦三)に没し、同寺の東北の地に葬られた。九五四年には村上天皇が塔を建立したが、同寺は九五八年(天徳二)に焼失し、その復興のため造法性寺使が任命された。九八一年(天元四)には、円珍門徒の余慶の座主補任に対し、忠平時代の初代弁日以来九代続けて任じられていた円仁門徒が訴え、余慶が辞して正算が補任される事件が起きた。一〇〇四年(寛弘元)―〇七年には、道長主導による朱雀天皇御願堂の再興、道綱・道長・公季などの忠平一門による堂宇建立がなされ、伽藍の拡充が進んだ。東福寺塔頭《たっちゅう》同聚院の不動明王坐像(重要文化財)は一〇〇六年に道長が供養した五大堂の中尊であったとみられている。一一五〇年(久安六)に至り、法性寺の領域の大半は最勝金剛院(二年前に忠通が妻藤原宗子の発願を受けて建立)領となり、法性寺は中核寺院としての性格を失う。忠通は法性寺殿、その子で九条家の祖兼実は月輪殿を建てて月輪殿・後法性寺殿と呼ばれた。一二三六年(嘉禎二)兼実の孫道家が最勝金剛院の地に東福寺建立を発願し、同寺が禅宗の大寺院となることによって法性寺の衰退はさらに進んだものと考えられる。東山区本町に所在する法性寺(浄土宗西山禅林寺派)は旧法性寺の寺名を継ぐ寺として江戸時代中期の地誌類からみえており、本尊の木造千手観音立像(国宝、平安時代中期)は旧法性寺灌頂堂本尊と伝える。

参考文献　西田直二郎『京都史蹟の研究』、一九六一、吉川弘文館。杉山信三『院家建築の研究』、一九八一、吉川弘文館。福山敏男『寺院建築の研究』下、一九八三、中央公論美術出版。

（古藤　真平）

ほっしょうじ　法勝寺　現在の京都市左京区岡崎の地に営まれた白河天皇の御願寺。いわゆる六勝寺の第一番目の寺院。この寺院のあったところは、頼通が伝領し、藤原氏の氏長者が代々持っていた白河殿という別業があった場所で、藤原師実から白河上皇へ献上された邸宅があった。工事は、一〇七五年(承保二)六月から金堂が造営されはじめ、翌年六月には阿弥陀堂の建立も始まった。『法勝寺供養記』によれば、一〇七七年(承暦元)ごろには大部分の堂塔が完成したらしく、十二月十八日に金堂・五大堂・阿弥陀堂・法華堂・鐘楼・経蔵といった堂宇の供養が行われた。しかし、塔の完成が遅れ、一〇八三年(永保三)十月一日に九重塔・薬師堂・八角堂の供養が行われ、緒堂がそろうこととなった。その二年後には常行堂も完成し、相当規模の寺院となった。しかし、一〇九一年(寛治五)の大地震やたびたびの落雷などで少しずつ破損した。それでも、塔が一二〇八年(承元二)五月十五日の落雷で完全に破損した後も、一二一三年(建保元)にほかの堂宇とともに補修されて元の形に戻ったといわれている。その後も、たびたびの天災や人災に見舞われ、南北朝時代の一三四二年(康永元)の大火災で塔・金堂などが灰燼に帰した。その後、一部は復興したようであるが、応仁の兵火により、ほとんど壊滅した。最終的には一五三一年(享禄四)の足利義晴・細川高国と木沢長政との合戦に巻き込まれて炎上し、戦国時代とともに、寺院は消え去った。寺院が存在した場所は二条大路を突き当たると法勝寺の西大門にあたり、南北は冷泉小路と押小路に挟まれたところになる。発掘調査もなされており、徐々に寺院全体の地割りや多数の遺構が見つかっている。

→六勝寺《りくしょうじ》

参考文献　京都市文化観光局文化財保護課編『法勝寺

跡』(『京都市埋蔵文化財年次報告』一九七四ノ二、一九七五)。福山敏男「法勝寺跡」(『仏教芸術』一一五、一九七五)。福山敏男「六勝寺の位置」(『日本建築史研究』所収、一九六六、墨水書房)。

(土橋　誠)

ほっそうるいりん　法曹類林　平安時代後期の法制書。編者は藤原通憲《みちのり》(信西《しんぜい》。一一〇六―五九)とされるが、編纂の契機や時期などは未詳。もと二百三十巻あるいは七百三十巻と伝えられ、巻一から巻十が序文や目録、巻十一から少なくとも巻百十までが神事断罪、巻百七十六から少なくとも巻百九十二までが寺務執行、巻百九十三から少なくとも巻二百二十六までが公務であったと推定されている。そこからさらに、全体を神事・仏事・俗事の三つに大別し、さらにそれぞれを細かく分類する構成をとっていたと推測されるが、現存するのは巻百九十二(寺務執行十七)・巻百九十七(公務五(考選、解任不上等事))・巻二百(公務八(座次二))・巻二百二十六(公務三十四・吏務六(戸貫))・巻次未詳断簡(公務の借物にあたる巻か)のみで、しかも完存するのは巻百九十七・巻二百の二巻にすぎない。内容は、問答体の明法勘文を集成・分類したもので、一部の固有名詞は甲・乙などと置き換えられているが、勘申年月日・勘申者名などはそのまま記載されている。律令などの逸文を多く含むことでも貴重。古写本としては、一三〇四年(嘉元二)に金沢貞顕によって書写された金沢文庫旧蔵本があり、その他の写本はいずれも、金沢文庫旧蔵本を近世以降に転写したもの。刊本としては新訂増補国史大系本などがあるが、西岡芳文「法曹類林」(皆川完一・山本信吉編『国史大系書目解題』下所収、二〇〇一、吉川弘文館)に新訂増補国史大系本に未収であった部分の翻刻がある。

参考文献　石井良助「金沢文庫を探りて」(『国家学会雑誌』四七ノ一〇、一九三三)。太田晶二郎「『法曹類林巻第二百廿六』辨」(『太田晶二郎著作集』二所収、一九九二、吉川弘文館)。西岡芳文「金沢文庫新出の『法曹類林』残巻について」(『金沢文庫研究』二九二、一九九四)。同「金沢文庫新出の『法曹類林』残巻について」(補遺)(『金沢文庫研究』二九三、一九九四)。

(石田　実洋)

ほったてばしらたてもの　掘立柱建物　柱を地中に掘立て、側面や内部間仕切りなどの軸部構造柱とする建物。壁立式の竪穴・平地住居の側壁は壁全体で屋根荷重を受けるのに対して、掘立柱建物は側柱に荷重を集中させる構造上の差から区別する。掘立柱建物は高床建築と平屋建物に大別され、高床建築は梁間一間型と総柱型に、平屋建物は梁間一間型、梁間二～五間の多柱梁間型、律令型、総柱型に小区分される。軸部構造材としての掘立柱の掘立深さは地上高に比例して、地上高を深さの三～四倍とするのが縄文時代以来の通例と考えられ、梁間一間型の場合は掘立深さの差や柱配置の精度差などから高床と平屋が区別される。総柱型平屋建物は十世紀後半以後に新たに出現し、中世には梁間一間型平屋建物とともに住居建築の主流となる。律令型は律令時代に唐の建築技法を採用して都城・宮殿・官衙・社寺建築として普及し、規模の大小に関わらず梁行二間とし、弥生時代以後の多柱梁間型とは構造形式を異にする。

(宮本長二郎)

ほったのさく　払田柵　出羽国北部に置かれた平安時代の城柵遺跡。秋田県大仙市・美郷町所在。国指定史跡。横手盆地南東部の真山《しんざん》・長森《ながもり》の二つの低丘陵を中心として、北側を川口川・矢島川、南側を丸子川によって挟まれた低地に立地する。遺跡は外柵《そとさく》・外郭《がいかく》の二重の区画施設と政庁《せいちょう》からなる。外柵は東西一三七〇《メートル》、南北七八〇《メートル》で楕円形をなし、総面積は八七・五《ヘクタール》に及ぶ。角材を密接した材木塀からなり、東西南北にそれぞれ門を備えているが、建て替えた痕跡はなく、存続期間はそれほど長くない。外柵内部の南部には東から西に流れる河川があり、この河川と交差する外柵南門の西側材木塀の一部には開口部がある。外柵南門と外郭南門を幅一二《メートル》の道路が通じている。外郭は長森丘陵とその北側の低地を範囲として長楕円形をなし、東西七六五《メートル》、南北三二〇《メートル》で、総面積は一六・三《ヘクタール》。外郭南側の丘陵裾部は当初は石塁《せきるい》・築地土塀《ついじどべい》、のちには北側の低地部と同じく材木塀で区画され、東西南北に門が設けられる。また外柵とは異なり、外郭の一部には櫓《やぐら》状建物が付設されている。これら外郭施設は三回の建て替えがある。長森丘陵の中央平坦部に、東西南北に門をもち板塀で区画された政庁があり、正殿《せいでん》・東西脇殿《わきでん》や付属建物群が配置される。政庁は四回の建て替えがあり、Ⅰ期が九世紀初頭から前半、Ⅱ期が九世紀後半、Ⅲ期が十世紀前葉、Ⅳ期が十世紀中葉、Ⅴ期は十世紀後葉を中心として十世紀末か十一世紀初頭までと推

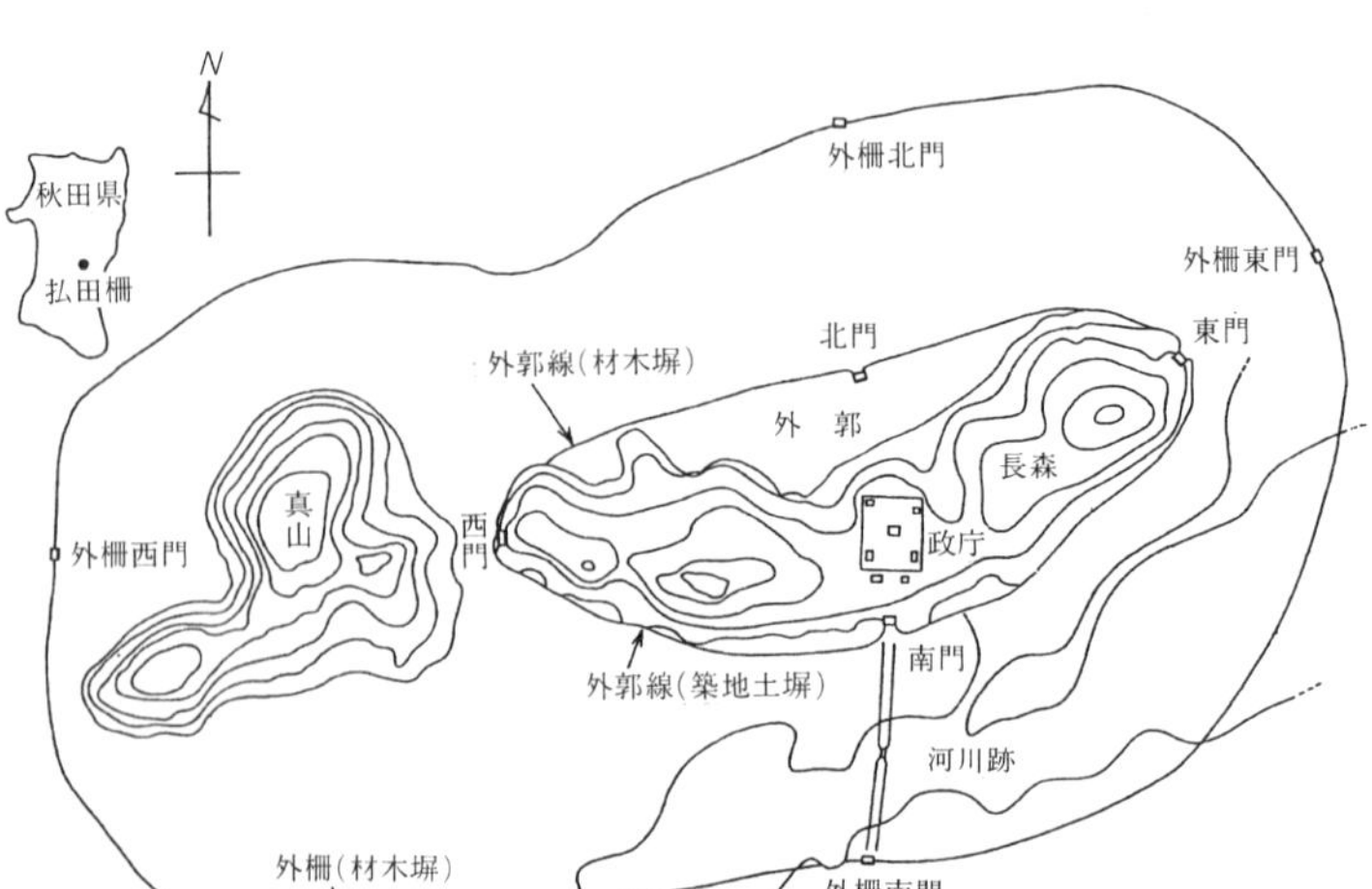

払田柵跡全体図

定されており、政庁域としては東西六四メートル、南北七六メートルを測るⅢ・Ⅳ期が最も広い。払田柵については、雄勝城や出羽国府(河辺府《かわのべのふ》)に比定する説などがあったが、外柵・外郭の材木の年輪年代測定などにより創建年代が九世紀初頭であることが判明したため、創建期の雄勝城ではありえない。また出羽国府説にも批判があり、近年では創建期の雄勝城を北方に移転した第二次雄勝城とする有力説が出されている。→雄勝城《おがちじょう》

参考文献 秋田県教育委員会・払田柵跡調査事務所編『払田柵跡調査事務所年報』(『秋田県文化財調査報告書』、一九七四–)。新野直吉・船木義勝『払田柵の研究』、一九九〇、文献出版。鈴木拓也『古代東北の支配構造』、一九九八、吉川弘文館。 (熊田 亮介)

ぼひ　墓碑　被葬者名などを記して墓所に立てられた碑。喪葬令立碑条《そうそうりょうりつびじょう》に、墓にはみな墓主の官姓名を記した碑を立てるべきことが規定されているが、同令の三位以上条の規定や『令集解《りょうのしゅうげ》』によれば、この立碑規定は三位以上および別祖氏宗に限られていたと解釈してよい。わが国古代の厳密な意味における墓碑で現存するものは、元明太上天皇の遺詔によって立てられたという養老五年(七二一)の元明天皇陵碑(奈良市奈良阪町、石製、「大倭國添上郡平城／之宮馭宇八洲／太上天皇之陵是其／所也／養老五年歳次辛酉／冬十二月癸酉朔十／三日乙酉葬」)と、養老七年(七二三)の阿波国造碑(徳島県名西郡石井町、塼製、「(正面)阿波国造／名方郡大領正七位下／粟凡直弟臣《あわのおおしのあたいおとおみ》墓、(側面)養老七年歳次癸亥／年立」)の二例のみである。また史料上にみえる例としては、『日本霊異記《にほんりょういき》』上の一に載せる小子部栖軽《ちいさこべのすがる》墓碑(雄略朝、「生之死之捕雷栖軽之墓也」)があるのみで、喪葬令立碑条が規定通りに広く実行されたとは考えにくい。現在みられるような墓主の名や戒名が記された石製・木製の墓碑が出現するのは中世以降である。

参考文献 新川登亀男「古代東国『石文』系譜論序説—東アジアの視点から—」(あたらしい古代史の会編『東国石文の古代史』所収、一九九九、吉川弘文館)。大阪府立近つ飛鳥博物館『古墳から奈良時代墳墓へ—古代律令国家の墓制—』、二〇〇四。 (高島 英之)

ほらがい　法螺貝　フジツガイ科の巻貝で、紀伊半島以南に分布。インド、東南アジアから東アジア各地において、楽器や合図、宗教儀礼に広く用いられる。修験道《しゅげんどう》では法螺貝の音は「如来の説法(獅子吼《ししく》)」とされ、一切の猛獣が声を静め、諸天善神《しょてんぜんしん》が歓喜して集まると考えられて、修行や法会の重要な法具《ほうぐ》とされた。中世には罪や穢《けが》れをはらい、敵を調伏する力があると信じられ、刑罰の執行時や徳政一揆の蜂起、あるいは戦闘の際などに広く用いられた。近世になると修験道の俗化がすすみ、山伏の聖性が後退するのに伴って、法螺貝とその音の認識も変化し、呪術的な力への信仰が薄れた結果、法螺は「大げさな嘘」を意味するようになり、法螺話、法螺吹きなどの笑いを誘うような道化として受容されるようになった。

参考文献 柳田國男『不幸なる芸術』、一九五三、筑摩書房。宮家準『山伏—その行動と組織—』、一九七三、評論社。藤原良章「法螺を吹く」(網野善彦他編『ことばの文化史』中世三、一九八九、平凡社)。 (増尾伸一郎)

ほらのみや　保良宮　淳仁朝(七五八—六四年)に藤原仲麻呂が中心となって近江国に平城宮の陪都として建設された宮都。七五九年(天平宝字三)、保良宮の造営が開始され、二年後には史生以上の諸官に宅地が班給され、遷都の功労として仲麻呂などに報奨が与えられ、宮に近い二郡は畿県として京と同様に、庸を免じ、調を二分の一に減免するなど、その造営の進展が窺われる。七六二年正月段階では宮室はまだ未完成で、三月に至って諸国に督促してほぼ完成させている。しかし、淳仁天皇・仲麻呂と弓削道鏡を信任する孝謙上皇との対立が決定的となり、この五月には天皇・上皇ともに奈良に帰ったため、保良宮は廃都となった。この宮の経営と同じころ進められていた新羅侵攻計画は仲麻呂による連動した政策とみる見解もある。保良宮の位置については長らく不明であったが、近年の発掘調査で大津市石山国分台地の一画で関連する遺構・遺物が発見されている。

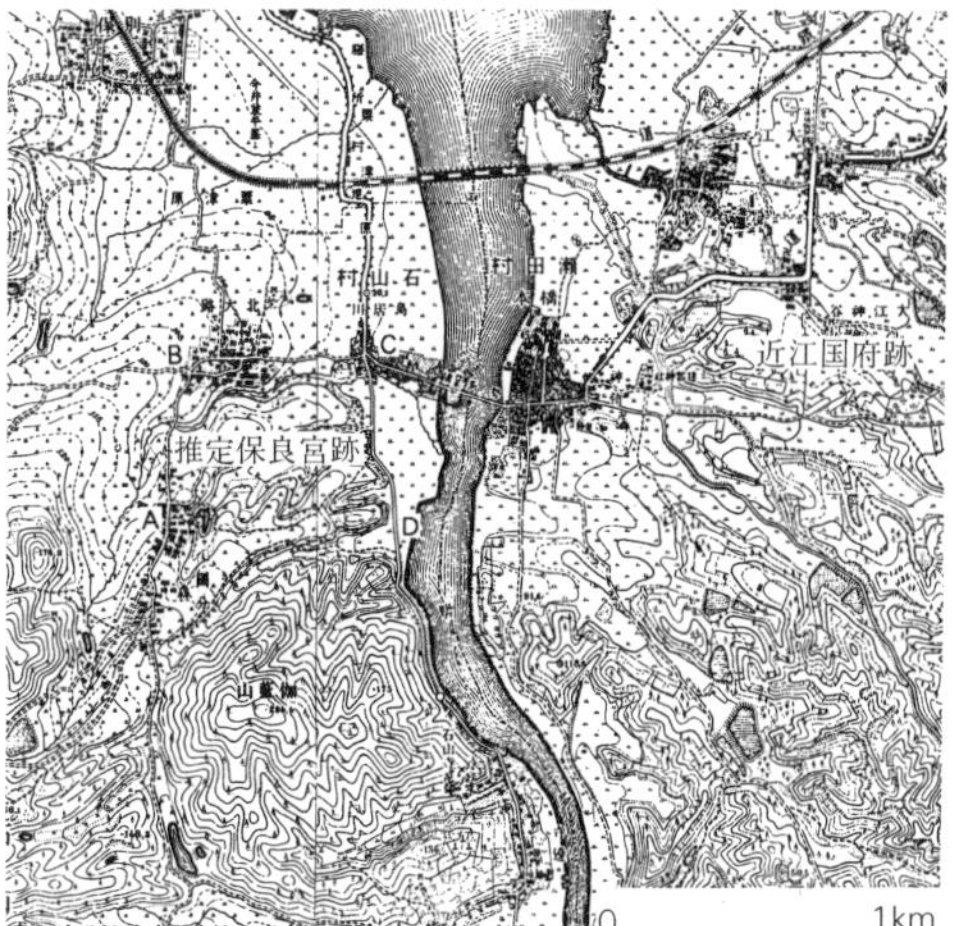

保良宮周辺地図

参考文献 林博通「保良宮小考」(『考古学と文化史—安井良三博士還暦記念論集—』所収、一九九四)。同「近江における平城宮式軒瓦の二・三の問題」(『堅田直先生古希記念論文集』所収、一九九七、真陽社)。大津市教育委員会編『石山国分遺跡発掘調査報告書』、二〇〇三。 (林 博通)

ほり　堀　土を掘って溝とした施設を呼び、古くは、吉野ヶ里遺跡など弥生時代の集落を囲む堀が確認されている。壕・濠とも記す。近世城郭などに多く見られる水が湛えられている水堀を濠、中世山城などに設けられた水がない空堀を壕と表す。堀底の形状から、薬研堀《やげんぼり》・箱堀《はこぼり》・畝堀《うねぼり》・障子堀《しょうじぼり》などの名称がある。薬研堀は、堀の断面形状がV字状を呈する空堀で、特に左右の勾配が違うと片《かた》薬研《やげん》と呼ぶ。箱堀は、堀底が平で断面形状が箱形に近い

堀

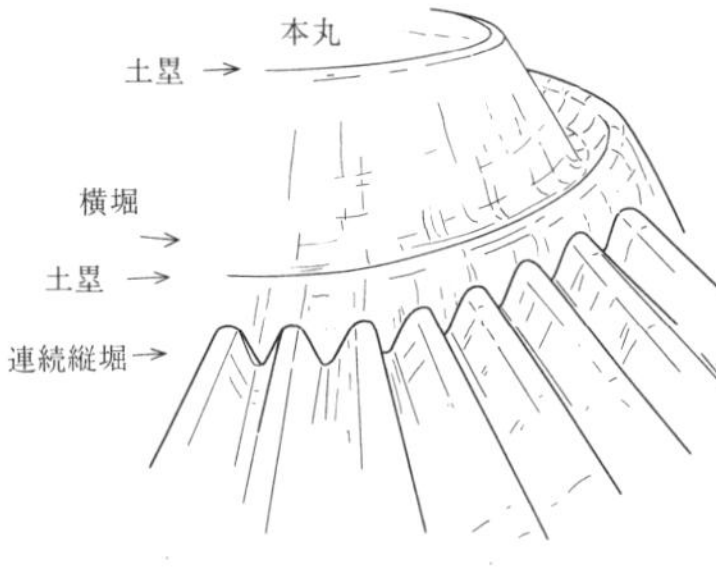

連続縦堀と横堀

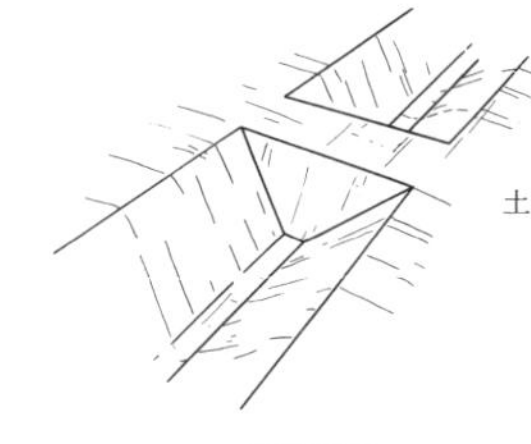

薬研堀

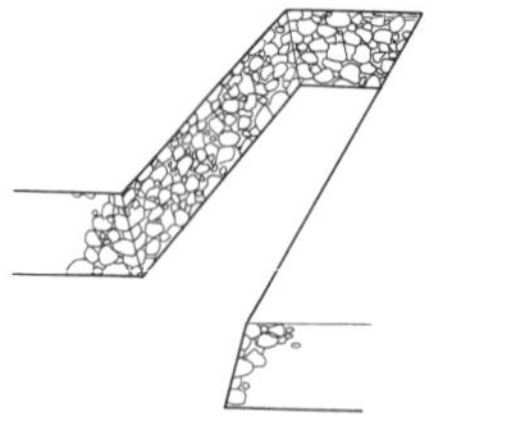
箱　堀

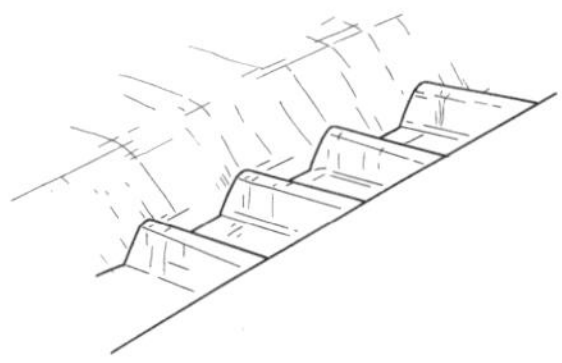
畝　堀

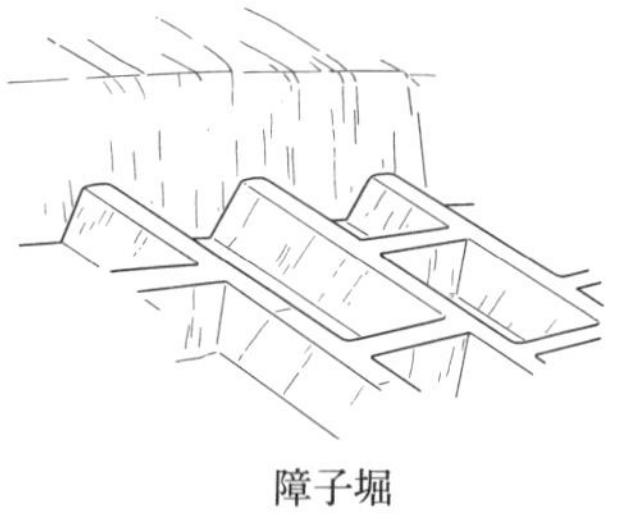
障子堀

もので、多くの場合は水堀であるが、山城では堀底が通路として活用される。畝堀は、堀底を横断したり縦走することを阻むことを目的に、堀底を横断する畝状の土手を一定間隔で設けた堀を呼び、多くの場合は空堀である。障子堀は、後北条氏が築いた山中城に見られるように、畝堀の発達した形態で、障子の桟のような土手を堀底に設けて、堀底を渡り難くしたものである。なお、近世城郭の水堀には、一定の水深を保つための堀中に堰を設けたものがある。

参考文献 『日本城郭大系』別巻II、一九八一、新人物往来社。 (八巻与志夫)

ほりかた　掘形　掘立柱を地面に掘立てるための穴。二本以上の柱や板塀・柵などのための連続する掘形を布掘《ぬのほり》形《かた》とする。古代寺院・官衙の礎石建物に設ける掘形の場合は、壺掘《つぼほり》地形《じぎょう》・布掘地形、基壇全体を掘込地形という。掘立柱掘形に伴う遺構には、掘形埋土《うめつち》、柱痕跡、柱根《ちゅうこん》(掘形内に残る柱)、柱抜取穴がある。律令時代の都城・宮殿・官衙・寺院建築の掘立柱掘形は平面方形、深さは平面径の一・二倍ほどとし、平面径は柱径の三~四倍とする。全時代を通して集落遺跡の掘形は、円形平面で径は狭く、軟弱地盤の場合は掘形を設けずに柱を打ち込む打込式、浅い掘形の底面から柱を打ち込む半打込式、掘形底部に厚板や木組の礎盤・枕木を敷き柱の沈下を防ぐ例がある。特に弥生時代の低地集落の梁間一間型高床建築では、桁行を布掘形として一本の枕木上に側柱を立てる例が多い。この枕木式は奈良平城宮跡では柱を貫き通した腕木の両端を枕木で支える形式となる。 (宮本長二郎)

ほりかわ　堀河　平安京の左京・右京の中央をそれぞれ流れる川で、堀川とも書く。右京が早くから廃絶したことや、左京の堀川小路の中央を堀川が流れていることもあって、東堀川と書かず、単に堀川とする場合も東堀川を指す。西堀川は紙屋川の旧流路といわれている。かつては、東堀川の流れているところが、鴨川の本流と見られていたが、最近の地質学的な研究によって、全く別の河川で、それを改修して堀川としたことがわかってきた。現在は伏流になっていて水が見えないが、かつては水をたたえていて、『文徳実録』天安二年(八五八)五月壬午(二十二日)条に洪水になったことを記し、その水が冷泉院や左衛門陣にまで及んだ。また、『三代実録』貞観八年(八六六)六月二十八日条では、飢えた民衆が堀川で競って鮎を捕獲したことを記録している。その他、水上交通の拠点となり、物資の集散地として近世まで栄えた。幕末の禁門の変で、京都の町は三分の二まで兵火で炎上したが、西はこの堀川で火が止まり、堀川小路西にある二条城も炎上せずに残ることとなった。

参考文献 佐々木英夫「平安京堀川小路の路幅について」(『古代文化』三〇ノ四、一九七八)。 (土橋　誠)

ほりかわようすいおよびあさくらようすいしゃ　堀川用水及び朝倉揚水車　福岡県朝倉市にある堀川用水は筑後川四大用水の一つで、一六六三年(寛文三)、福岡藩士木村長兵衛、魚住五郎右衛門によって着工され、翌年に竣工をみた。この結果百五十町余が開田された(『筑前国続風土記』『上座郡堀川宝暦御普請記録』)。その後六十年を経た一七二二年(享保七)取水口に土砂が堆積したので、取入口の移動が行われ、右岸の岩盤に長さ十一間、内法五尺四方のトンネルが穿たれた。これが切貫水門である。この工事は難工事であったため、水門の上に守護神として水神社を祭って祈念した。その後、一七五九年(宝暦九)、突堤井堰の嵩揚げが実施され、切貫水門は十尺四方に切拡げられた。現在残る遺構はこの拡張された時のものである。この結果灌漑面積は二百十八町九反歩に増加した。堀川用水は流速も早く水量も豊富な用水であったため、上流部には揚水車が設置された。一八二五年(文政八)筑後川絵図(大内哲夫氏所蔵)には堀川に上流より二連、三連、二連、二連の水車が画かれているが、後三者が現存する菱野《ひしの》三連水車、三島《みしま》二連水車、久重《ひさしげ》二連水車である。『上座下座両郡御境目並大川筋古今雑書』に、「一、堀川筋養水車(壱挺ハ菱野村/壱挺ハ(菱野村/古毛村)催合)但片柄杓付/但天明九酉年、壱挺菱野村へ願増、此時より都合三挺共に両柄杓付に相成(下略)」とあり、一七八八年(天明八)以前には菱野村水車一挺、菱野・古毛《こも》村催《も》合《やい》(共用)の水車が一挺、計二挺あったが、一七八九年(天明九、寛政元)に菱野村水車が一挺加わったこと、それまで片柄杓であったが、この時から三挺とも両柄杓になったことがわかる。今日の揚水車の原形は一七八八年以前にさかのぼり得る。宝暦改修後ほどなくこれらの揚水車が設置された。菱野揚水車の灌漑面積は十三町五反、三島揚水車は十町五反、久重揚水車は十一町、計三十五町であるが、この水車設置により、自然流入では灌漑不可能であった高燥地が水田化された。堀川用水開鑿後も漸次開田は進行し、近代には灌漑面積六百四十九町余まで増加した。揚水車自体の歴史は文献上では古代末期にまでさかのぼり得るとはいえ、それらの多くは自然河川に設けられたため災害に弱く、維持・経費もかかり、長期にわたる安定利用の事例は少なかった。安定水路で、かつ流速が早く、水量も豊富な大規模農業用水が開鑿されるようになる江戸時代に至って、はじめて揚水車は安定的に利用されるようになる。朝倉揚水車はそのことを具体的に示す存在である。一九九〇年(平成二)国指定史跡。

(服部　英雄)

ほりごえごしょ　堀越御所　堀越公方の館跡。静岡県伊豆の国市四日町から寺家《じけ》にかけて伝承地があり、伝堀越御所として国史跡に指定されている。関東の混乱を収拾するため、室町幕府将軍足利義政は弟政知《まさとも》を還俗させて鎌倉に下向させるが、鎌倉に入ることができず、足利政知は伊豆堀越に館を構えた。西側を狩野川が流れ、南側に独立丘陵の守山が位置する。一九八二年(昭和五十七)から一九八四年にかけて発掘調査が実施され、室町時代の遺構として園池・掘立柱建物・柵列・井戸などが検出された。園地は全長一五〇《メートル》とも推定され、汀線に縁石をめぐらす。遣水の一部も検出。堀越御所の庭にあったとされる巨石(七ッ石)も現存。館の中心建物や範囲の究明は今後の課題である。出土遺物には常滑《とこなめ》、瀬戸、美濃窯産の国産陶器のほか、明代の青磁碗や染付などの輸入陶磁器がある。守山の北麓には北条氏の館跡も存在しており(国史跡北条氏邸跡)、両者は一部重複しているものと考えられる。→北条《ほうじょう》氏《し》館《やかた》

参考文献　『韮山町史』一〇、一九九五。『静岡県史』通史編二、一九九七。

(佐藤　正知)

ほりこみじぎょう　掘込地業　建物を建設する前の段階で地山や整地土を掘り下げ、粘土や砂利などを混ぜた土で強固な地盤を造成すること。軟弱な地盤や礎石建物・大型建物を建てる場合など、堅固な基壇が必要な際に用いられ、通常は掘込地業の上部内側に基壇が設けられた。古代において掘込地業や基壇築成には通常、粘土や砂利、石などを混ぜた土を一定の厚さ(四、五《センチ》から十数《センチ》)に叩き締めながら重ねる版築構法が採用されたが膨大な材料や労力を要した。したがって、掘込地業は基壇建物が多く造られた飛鳥—奈良時代では汎用されたが、基壇築成方法が簡略化された中世以降には次第に用いられなくなった。なお、発掘遺構では基壇土が削平され掘込地業しか検出できない例も多い。発掘事例では、七世紀前半建立とされる吉備池廃寺《きびいけはいじ》金堂や、八世紀前半の平城宮跡東区朝集殿院《ちょうしゅうでんいん》南門、亀腹《かめばら》状基壇をもつ院政期の金剛心院《こんごうしんいん》釈迦堂などがある。→基壇《きだん》　→版築《はんちく》

参考文献　奈良文化財研究所『吉備池廃寺発掘調査報告—百済大寺跡の調査—』、二〇〇三。古代学協会・古代学研究所編『平安京提要』、一九九四、角川書店。

(平澤麻衣子)

ほりのうち　堀ノ内　十三世紀以降の古文書にみられる語彙。寺社・武家両方に関連してみられ、排他的な空間を主張する際などによく使用される。地名でも残る。一九三八年(昭和十三)以降、今井林太郎ほかにより堀と土塁を伴う一辺六〇～二〇〇《メートル》の方形居館が堀ノ内と考えられた。方形居館は用水を堀に廻らして水を貯え、灌漑用水にすることにより、地域開発の拠点となっていたことが観察される。この状況を中世成立期の領主の居館と認定し、古文書にみえる「堀之内」と位置づけていたのである。今井館(群馬県伊勢崎市)や長岡(茨城県桜川市真壁町)などは代表事例として考えられていた。しかし、考古学調査の進展により、一九九〇年代に至り、橋口定志がこの用水を廻らす方形居館は主として中世後期の遺跡であり、中世初頭にまではさかのぼらず、「堀之内」とは異なるという批判的研究を展開した。堀之内論争である。方形居館の再点検はこの機会に大きく進展した。しかし「堀之内」の実態は明らかにはなっていない。文献資料の分析から、「堀之内」には居館型・村型の二類型があることが指摘された。また考古学からは宇津木台遺跡(東京都八王子市)ほかで、谷を囲むように山の尾根に掘られた堀が検出され、「堀之内」との関連が模索されている。しかし結論を得るには至っていない。文献資料では主として十三世紀初頭から十五世紀前半に至るまでみられる。時代ごとの変遷も想定されるが、この点も定かではない。

参考文献　橋口定志「中世居館の再検討」(『東京考古』五、一九八七)。同「方形居館(散村から集村へ)」(『季刊自然と文化』三〇、一九九〇)。

(齋藤　慎一)

ぼんおんぐ　梵音具　法会などに用いられる、音を出すことのできる仏具の総称。錫杖《しゃくじょう》・磬《けい》・鐃鈸《にょうはち》・鏧《きん》・引鏧《いんきん》・梵鐘・鰐口《わにぐち》・木魚・法螺《ほら》・太鼓などがある。錫杖は杖の上端に金属製の大鐶が設けられ、左右の二股に三個の小鐶がかけられた形状をもつが、二個の大鐶をあわせ四股にし、十二個の小鐶をもつものもある。正倉院宝物の中に最古のものが残されている。杖部分を上下に動かすことによって音を発し、元来は山野を巡る修行僧が毒蛇や

害虫を避けるために使用したとされるが、法会などでは声明《しょうみょう》の伴奏としても用いられた。磬は中国では雅楽に使われたが、日本では読経や声明などに用いられ、銅製で左右対称の山形の形状をもつ。興福寺の龍などの装飾が施された華原磬、三井寺の孔雀文磬、東京国立博物館蔵白銅蓮池文磬など、国宝・重要文化財に指定されたものも多い。鐃鈸は銅鑼《どら》と鈸のことで、銅鑼は盆のような縁のついた円盤形で中央部がこぶ状隆起をもつもの、多数のいぼ状隆起をもつものなどがある。紐で吊り下げ棒の先端を布で球状に包んだ桴《ばち》で打つ。鈸はシンバル類の楽器で銅鈸ともいう。鏧は椀状のベルで開口部を上にして置き木製の桴で打鳴らす。宗派により、かね・打鳴らし・佐波理・打金などとも称される。大きさは直径一八〜四五センチのものが多いが、禅宗では三〇〜六〇センチ、在家では一〇センチほどのものが使われる。引鏧は小型の鏧を短い棒の先端につけたもので、僧侶の先導者が歩きながら打鳴らす。高野山中院には空海が入唐の際唐皇帝から贈られたとされる象牙製の桴が付されたものが秘蔵されている。梵鐘は境内の鐘楼内に吊るされ、その外側を撞木《しゅもく》で突いて鳴らし種々の合図などに用いられる。釣鐘などとも称される。鰐口は中空で円形の形状をもち半周にわたって裂け目があけられている。仏堂や社殿などに吊るされ、その前に吊るされた太い綱を打ちあてて鳴らす。木魚は木製で中空鰐口形の響孔をもつ。直径六センチほどから一メートルに及ぶものまであり、小型のものは短い棒状の桴で直接叩くが、大型のものは棒の頭部を皮または布で包んだ棒状の桴を使う。法螺は巻貝に金属製または木製の吹口をつけたもので、修験道の入峰修行や修二会の呪師作法などに用いられる。（荻　美津夫）

ほんがわらぶき　本瓦葺　⇩屋根《やね》

ほんがんじ　本願寺　浄土真宗の本山。真宗の開祖親鸞《しんらん》は一二六二年(弘長二)に亡くなると火葬され、京都東山鳥辺野《とりべの》の北、大谷に納骨された。一二七二年(文永九)末娘の覚信尼《かくしんに》や門弟は、その遺骨を大谷の北、吉水《よしみず》の地に改葬し、草堂を建て、親鸞像を安置した。この草堂が大谷廟堂と呼ばれ、本願寺の起源である。覚信尼の孫、覚《かく》如《によ》は、廟堂を寺院とし、専修寺、のちに本願寺と称した。一三二一年(元亨元)の史料に本願寺の名がみられる。また覚如は、真宗の法統の継承を主張して、みずからを三世とした。八世蓮如の時の一四六五年(寛正六)比叡山の衆徒によって大谷の本願寺は破却されるが、蓮如は越前国吉崎などを拠点に、平易な文書(御文《おふみ》)で教義を説いて畿内・北陸などに布教して勢力を拡大し、一四八〇年(文明十二)京都山科《やましな》に本願寺を建立《こんりゅう》した。このころから教団は大きな力を持つようになり、さらに一四九六年(明応五)、大坂にも石山本願寺《いしやまほんがんじ》が建立された。石山や山科の本願寺には寺内町や自治組織ができ、真宗教団は戦国大名とも争い、一揆によって加賀一国を支配するほどの巨大な勢力へと成長した。一五三二年(天文元)山科本願寺は、細川晴元《ほそかわはるもと》や法華宗徒などの攻撃を受けて焼失したので、十世証如《しょうにょ》は石山本願寺に本拠を置き、十一世顕《けん》如《によ》の時の一五五九年(永禄二)門跡の称号を得た。顕如は一五七〇年(元亀元)から織田信長と抗争を続けたが、一五八〇年(天正八)朝廷の斡旋により講和して石山本願寺を退去、紀伊鷺森等に移った。その後、一五九一年(天正十九)豊臣秀吉から京都堀川七条の地を与えられ、本願寺を再興(西本願寺)した。顕如の死後、長男の教如《きょうにょ》と三男の准如《じゅんにょ》が後継を争い、一五九三年(文禄二)准如が秀吉から後継と認められた。しかし、隠退していた教如は、一六〇二年(慶長七)徳川家康から京都烏丸六条の地を与えられ、本願寺を建立(東本願寺)し、本願寺と教団は東西に分割され現在に至っている。西本願寺境内は一九九四年(平成六)、山科本願寺の南殿跡と土塁跡の一部は二〇〇二年に国史跡に指定。

参考文献　井上鋭夫『本願寺』(『日本歴史新書』、一九六三、至文堂)。

西本願寺《にしほんがんじ》　京都市下京区堀川通七条上ル、ＪＲ京都駅の北西にある浄土真宗本願寺派の本山。山号龍谷山。通称は西本願寺。境内は、一九九四年(平成六)国史跡に指定。世界文化遺産「古都京都の文化財」を構成する一七社寺城の一つ。京都東山大谷の親鸞《しんらん》の大谷廟堂を起源とし、京都山科《やましな》、大坂石山《いしやま》などを経て、本願寺十一世顕如《けんによ》が、一五九一年(天正十九)に豊臣秀吉から当地を寄進されて建立《こんりゅう》。顕如死後の一五九三年(文禄二)、秀吉により顕如の三男准如《じゅんにょ》が後継と認められた。しかし、一六〇二年(慶長七)長男教如《きょうにょ》は徳川家康から烏丸六条の地を与えられ、別に本願寺(東本願寺)を建立したため、本願寺と真宗教団は東西に分裂した。西本願寺はその後、江戸時代初期に火災などで被害を受けたが順次、再建された。京都市内中心部の広大な境内に、真宗伽藍《がらん》の典型的配置として南北に巨大な本堂(阿弥陀堂、一七六〇年竣工)と大師堂(御影堂《ごえいどう》、一六三六年竣工)が廊下で結ばれて建ち(北が本堂、南が大師堂)、その他多くの建造物が存在す

西本願寺　大師堂と本堂

る。飛雲閣《ひうんかく》、北能舞台、唐門、書院(対面所及び白書院)、黒書院・伝廊の五件が国宝に、本堂、大師堂、玄関等、浴室、能舞台、鐘楼の六件が重要文化財に、大書院庭園(虎渓《こけい》の庭)が特別名勝及び史跡、飛雲閣の所在する滴翠《てきすい》園《えん》が名勝にそれぞれ指定されている。寺宝の美術工芸品も数多く、絵画の鎌倉時代の親鸞聖人像(鏡御影《かがみのみえい》)、書跡・典籍の熊野懐紙、『三十六人家集』、親鸞筆の『観無量寿経註』『阿弥陀経註』の五件が国宝に、その他、絵画、工芸品、書跡・典籍、古文書の計十九件が重要文化財に指定されている。

飛雲閣《ひうんかく》 京都市の浄土真宗本願寺派本山の本願寺(西本願寺、下京区堀川通七条上ル)境内にある建造物。同寺院の東南隅の滴翠園《てきすいえん》の中にあり、滄浪池に望み、北面する柿葺《こけらぶ》きの三階建て楼閣。変化を付けた屋根や軒、軍配型の窓、非対称に配置された各階など数寄《すき》をこらし、全体的に軽快な感じを持つ建築で、国宝に指定されている。

飛　雲　閣

一階は招賢殿、八景の間、船入の間、茶室(憶昔《いくじゃく》)、二階は歌仙の間、三階は摘星楼などで構成されており、各室内の装飾、意匠は優秀である。特に招賢殿の床の間の意匠や船入の間から直接滄浪池へ出入りできる船遊びの設備が特徴。二階の杉戸と板扉には三十六歌仙が描かれている。豊臣秀吉の聚楽第《じゅらくだい》の遺構と伝えられるが、確証はない。同じく京都の金閣、銀閣とともに京の三閣といわれる。附属する浴室(黄鶴台《おうかくだい》)は蒸風呂《むしぶろ》で、重要文化財に指定されている。滴翠園は、飛雲閣に付随する園池(滄浪池)と茶室(憶昔)の露地および園内西北部の茶室の露地からなり、名勝に指定されている。

(磯野　浩光)

大書院庭園《おおしょいんていえん》 本願寺(西本願寺)大書院の東面に位置する枯山水。京都市下京区本願寺門前町所在。国指定史跡・特別名勝。東西約二二メートル、南北約三三メートルの規模で、「虎渓の庭」とも呼ばれる。本願寺は一五九一年(天正十九)に現在地に移転。大書院の建築が一六三二年(寛永九)の完成であり、この庭園もそのころの築造と考えるのが妥当か。大書院から見て左手奥(北東)には枯滝《かれたき》石組を据え、そこから渓流が護岸石組をほどこした白砂敷きの海(枯池)に流れ下る様相で、枯池には亀島《かめじま》、鶴島《つるじま》を配置。枯池北岸から亀島、亀島から鶴島へは四メートルにも及ぶ花崗岩《かこうがん》切石の反石橋《そりいしばし》を架け、鶴島から枯池東岸へは自然石の石橋を架ける。明快な空間構成や大ぶりで色彩豊かな石を多数用いる手法、巨大な切石橋、異国情緒漂うソテツの群植などのデザインには、江戸時代初期の庭園らしい豪華な雰囲気が感じられる。『都林泉名勝図会』(一七九九年(寛政十一)刊)に図がある。

参考文献　本願寺史料研究所編『本願寺史』一・二、一九六一・六八、浄土真宗本願寺派宗務所。

(小野　健吉)

東本願寺《ひがしほんがんじ》 京都市下京区烏丸通七条上ル、JR京都駅の北側にある浄土真宗大谷派の本山。通称は東本願寺。京都東山大谷の親鸞《しんらん》の大谷廟堂を起源とし、京都山科《やましな》、大坂石山《いしやま》などを経て、本願寺は、一五九一年(天正十九)堀川七条に再興された(西本願寺)。十一世顕如の後継は豊臣秀吉により三男准如《じゅんにょ》と決められたが、長男の教如《きょうにょ》も一六〇二年(慶長七)徳川家康から当地を与えられ、上野国妙安寺の親鸞聖人木像を迎えて、本願寺(東本願寺)を建立、本願寺と真宗教団は東西に分裂した。東本願寺はその後、一六四一年(寛永十八)徳川家光から河原町六条付近の地を与えられ、別邸、渉成園(枳殻邸《きこくてい》)などを築造した。さらに、江戸時代に四度火災などで被害を受けたが、一八九五年(明治二十八)に現在の阿弥陀堂、御影堂《ごえいどう》が完成した。京都市内中心部の広大な境内には、真宗伽《が》藍《らん》の典型的配置として南北に巨大な阿弥陀堂と御影堂が廊下で結ばれて建ち(北が御影堂、南が阿弥陀堂。西本願寺とは南北が逆)、その他多くの建造物が存在する。明治時代の御影堂は現存するなかで最大の建築面積をもつ木造建造物であり、同時期建立の阿弥陀堂など十六件が国の登録文化財。石川丈山が作庭に関与したと伝える渉成園は名勝に指定。寺宝の美術工芸品のうち、親鸞筆(坂東《ばんどう》本《ぼん》)の教行信証《きょうぎょうしんしょう》が国宝、その他、絵画の親鸞聖人像、本願寺聖人伝絵、本願寺聖人親鸞伝絵、親鸞筆の『一念多念文意』の四件が重要文化財に指定。

(磯野　浩光)

ぼんじ　梵字 日本で使われている梵字は「悉曇《しったん》」と称し、インドの古代文字に起源がある。紀元前よりあった古代文字ブラーフミーが時代とともに変化し、グプタ朝の隆盛とともにグプタ型ブラーフミー文字が普及した。六世紀ごろから八世紀ごろに仏典の書写に使われたのがシッダマートリカーで、この字形が悉曇文字として日本に伝来する。この文字で書かれたサンスクリット経典が中国に将来されたが、その多くは漢文に翻訳され、飛鳥時代以降日本人が梵字経典を直接用いることはほとんどなかった。しかしすでに法隆寺などに伝えられた貝葉《ばいよう》経典に見るように、数点の梵字経典は日本に請来されていた。やがて日本で本格的に梵字が意義のある文字として使用されるのは空海《くうかい》(七七四―八三五)の密教請来以降で、

梵字悉曇字母一覧

(一)摩多 十二字

悉曇文字 / 異体字(別体)

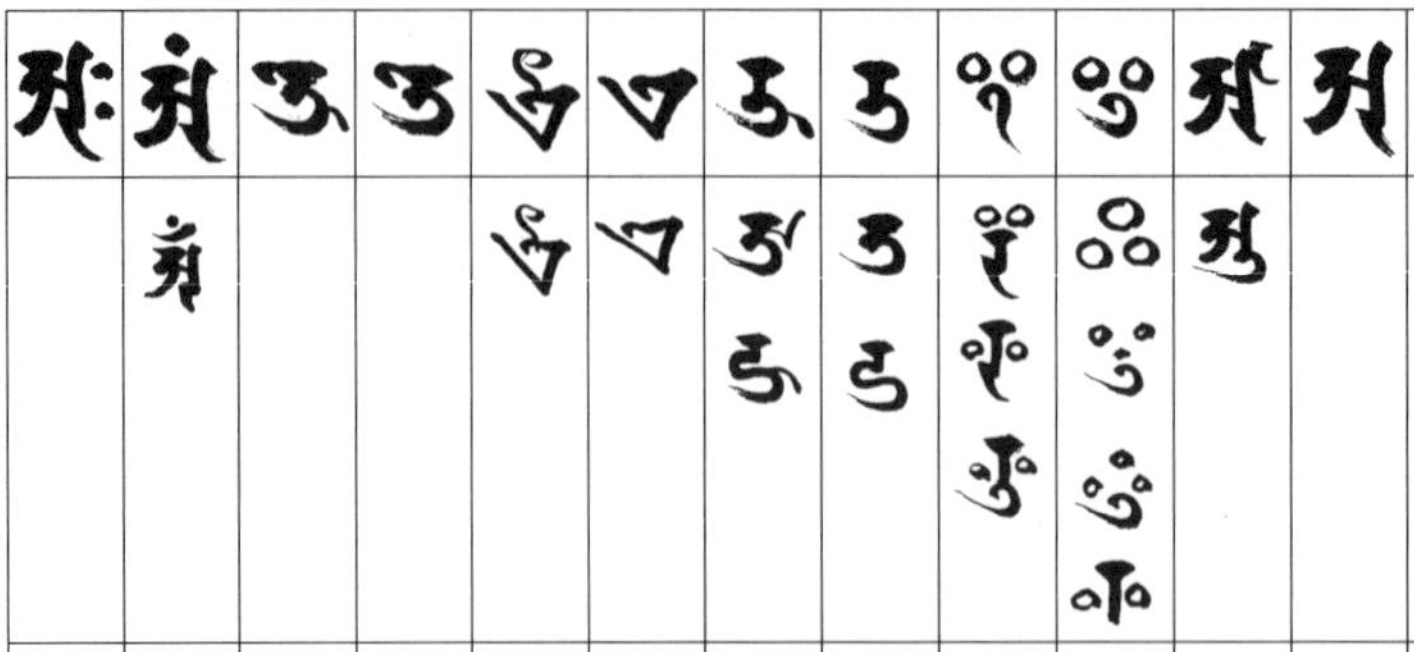

漢字音訳	ローマ字表記	読法 中天音	読法 南天音
阿	a	ア	ア
阿引	ā	アー	アー
伊	i	イ	イ
伊引	ī	イー	イー
塢	u	ウ	ウ
汚引	ū	ウー	ウー
曀	e	エー	エ
愛	ai	アイ	エー
汚	o	オー	オ
奥	au	アウ	オー
闇	aṃ	アン	アン
悪	aḥ	アク	アク

(二)別摩多 四字

悉曇文字 / 異体字(別体)

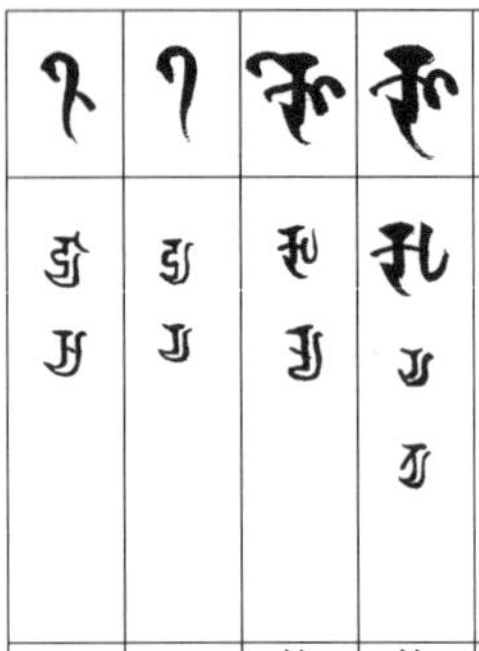

漢字音訳	ローマ字表記	読法 中天音	読法 南天音
紇哩	ṛ	リ	キリ
紇梨	ṝ	リー	キリ
哩	ḷ	リヨ	リ
梨	ḹ	リヨー	リ

(三)体文 三十三字

悉曇文字 / 異体字(別体)

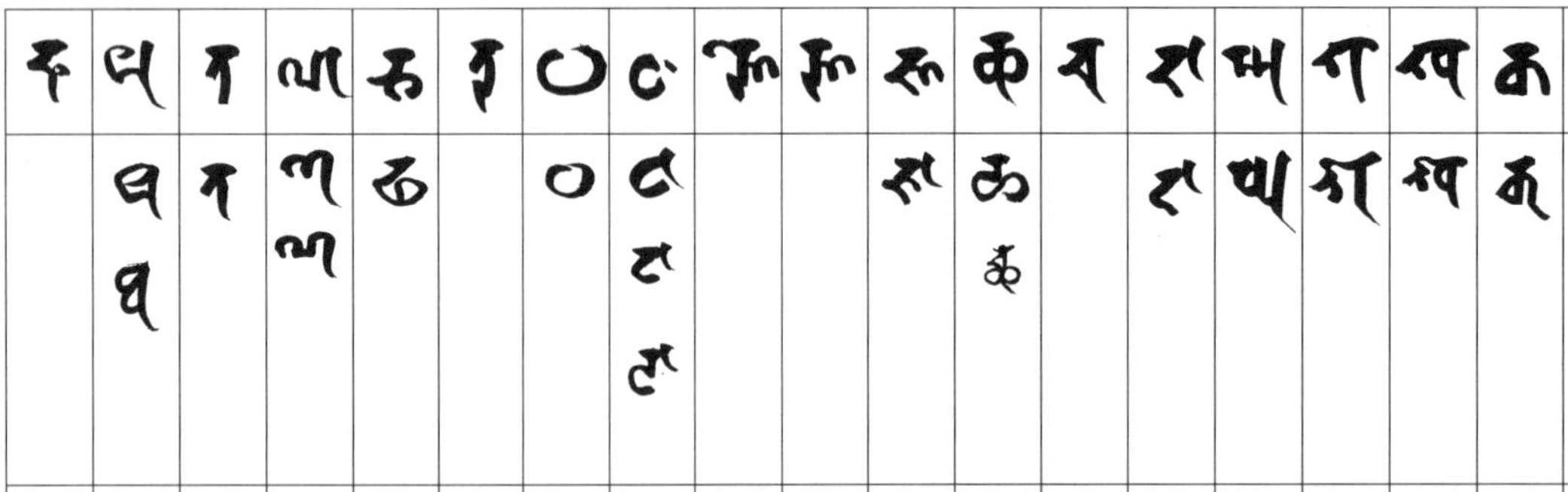

漢字音訳	ローマ字表記	読法 中天音	読法 南天音
迦	ka	キャ	カ
佉	kha	キャ	カ
誐	ga	ギャ	ガ
伽	gha	ギャ	ガ
仰	ṅa	ギャウ	ガ
遮	ca	シャ	サ
磋	cha	シャ	サ
惹	ja	ジャ	ザ
酇	jha	ジャ	ザ
孃	ña	ジャウ	ザ
吒	ṭa	タ	タ
咃	tha	タ	タ
拏	ḍa	ダ	ダ
荼	ḍha	ダ	ダ
拏	ṇa	ダウ	ダ
多	ta	タ	タ
他	tha	タ	タ
娜	da	ダ	ダ

悉曇文字 / 異体字(別体)

漢字音訳	ローマ字表記	読法 中天音	読法 南天音
駄	dha	ダ	ダ
曩	na	ナウ	ナ
跛	pa	ハ	ハ
頗	pha	ハ	ハ
麼	ba	バ	バ
婆	bha	バ	バ
莽	ma	マウ	マ
野	ya	ヤ	ヤ
囉	ra	ラ	ラ
邏	la	ラ	ラ
嚩	va	バ	バ
捨	śa	シャ	シャ
灑	ṣa	シャ	シャ
娑	sa	サ	サ
賀	ha	カ	カ

(四)重字 二字

悉曇文字 / 異体字(別体)

漢字音訳	ローマ字表記	読法 中天音	読法 南天音
濫	llaṃ	ラン	ラン
乞叉	kṣa	キシャ	サ

主要諸尊種子一覧

種子	読法	諸尊名
	ア	諸仏通種子・胎蔵大日・宝幢・多宝・弥勒・文殊・日天・火天・地天・光明真言・法華経・他
	アー	開敷華王
	アン	無量寿(胎)・普賢・一字文殊
	アク	天鼓雷音・不空成就・金剛薩埵・普賢・釈迦・業波羅蜜
	アーク	胎蔵大日・大仏頂・光明真言
	アーンク	胎蔵大日・五点具足のア字
	イ	地蔵・伊舎那天
	イー	地蔵・帝釈天
	イー	地蔵
	ウ	宇賀神・弁財天・伎芸天
	ウー	金剛拳
	オン	金剛宝・金剛華・金剛薩埵
	キャ	十一面・日天・日光
	キ	緊那羅
	クン	軍荼利
	ケン	金剛業
	コンカラ	矜迦羅
	キリタ	金剛舞
	キシャ	広目天
	キャ	慢金剛
	ケン	両部不二大日
	ギャ	仏眼仏母
	ギー ギーク	金剛歌
	ゲン	香王菩薩
	ギャク	聖天・金剛塗香

種子	読法	諸尊名
	ギャクギャク	双身歓喜天
	シャ	月天・月光
	シ	太山府君
	セン	月天
	シリキエン シラキエン	一髻文殊
	ジャク	金剛王・金剛鉤
	ジャクジャク	不空金剛
	ジニヤ	般若菩薩・大般若経
	チ	氷迦羅天
	タン タラ	多羅
	チリ	大自在天
	チリキエン	一髻文殊
	タラン	金剛幢
	タラーク	宝生・虚空蔵
	タラークタラーク	如意輪
	タラタ	金剛鬘
	ダ	水月観音
	ヂーク	金剛燈
	ヂク ヂーク	般若菩薩
	ダン	五字文殊・金剛利
	ヂクマ	般若菩薩・心経
	ヂリ	持国天
	ドボウ(ダバン)	滅悪趣
	ナ	水天・火天
	ニ	羅刹天・風天

読法	諸尊名
ニリ	羅刹天
ハラ	梵天・月天・随求・般若菩薩
ヒリ	地天
バ	水天・金剛薩埵
バー	風天
ビ	増長天
ビー	広目天
ブ	梵天・准胝・仏眼
バイ	毘沙門天
ベイシラマンダヤ	毘沙門天
バン	金剛界大日・理趣経・法界虚空蔵・孔雀明王
バーンク	金剛界大日
ボラ	梵天
バイ	薬師
バク	釈迦・法華経・准胝
ボロン	一字金輪・仏眼仏母・熾盛光仏頂
マ	大黒天・孔雀明王・摩利支天・大自在天・那羅延天
モウ	不空羂索
マン	文殊(八字)・金剛因・不空三蔵
マカーキャラ	大黒天
マリシエイ	摩利支天
ユ	弥勒・孔雀(経)・明王・弘法大師
ユク	普賢延命
エン	焔摩天
ロ	諸天通種子・北斗星・星宿の通種子

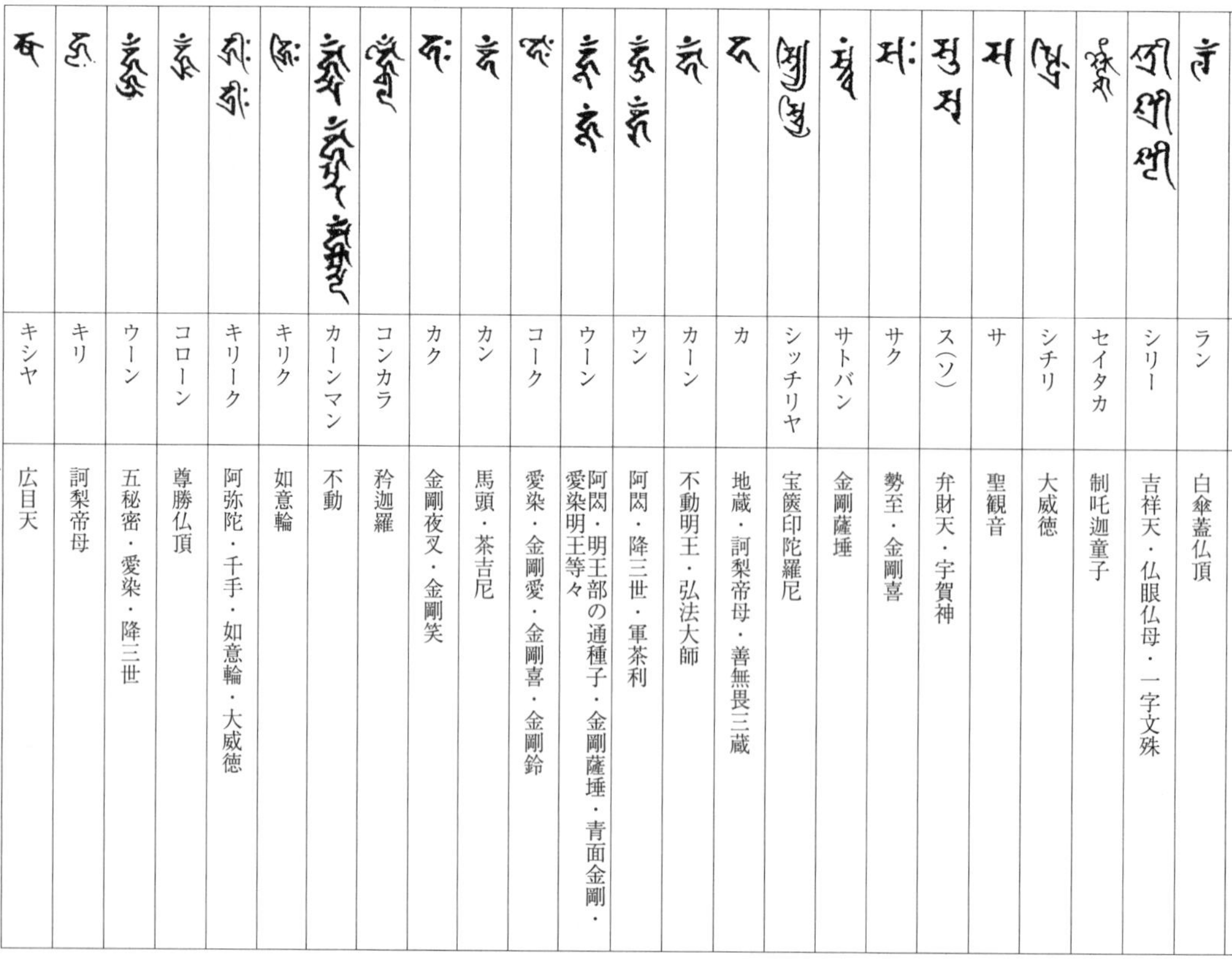

読法	諸尊名
ラン	白傘蓋仏頂
シリー	吉祥天・仏眼仏母・一字文殊
セイタカ	制吒迦童子
シチリ	大威徳
サ	聖観音
ス(ソ)	弁財天・宇賀神
サク	勢至・金剛喜
サトバン	金剛薩埵
シッチリヤ	宝篋印陀羅尼
カ	地蔵・訶梨帝母・善無畏三蔵
カーン	不動明王・弘法大師
ウン	阿閦・降三世・軍荼利
ウーン	阿閦・明王部の通種子・金剛薩埵・青面金剛・愛染明王等々
コーク	愛染・金剛愛・金剛喜・金剛鈴
カン	馬頭・荼吉尼
カク	金剛夜叉・金剛笑
コンカラ	矜迦羅
カーンマン	不動
キリク	如意輪
キリーク	阿弥陀・千手・如意輪・大威徳
コローン	尊勝仏頂
ウーン	五秘密・愛染・降三世
キリ	訶梨帝母
キシヤ	広目天

なお、同一尊でもさまざまな種子であらわされることがあるので、詳しくは種智院大学密教学会編『梵字大鑑』の「種子集と一覧表」を参照

主に真言陀羅尼《しんごんだらに》と仏菩薩を表す種子《しゅじ》として用いられた。以降入唐八家《にっとうはっか》をはじめ多数の梵字経典や資料が請来され、字形は和様化の道を辿り始め、やがて五大院安然《ごだいいんあんねん》(八四一ころ—九一五)によって日本における悉曇学は大成された。悉曇文字は字母に母音にあたる「摩多《また》」と子音にあたる「体文《たいもん》」があり、普通摩多は十六文字、体文は三十五文字の五十一文字を立てるのを通説としている。この文字を基本として二文字以上の字母を結合して各種の音を表す綴字法《てつじほう》を切継《きりつぎ》と称し、その綴字法として「切継十八章」がある。梵字の筆法も毛筆と朴筆の両様があり、時代によって多少の変遷を重ねながらも中世に定型化された和様の書体は、江戸時代に至って澄禅《ちょうぜん》(一六一三—八〇)、浄厳《じょうごん》(一六三九—一七〇二)、慈雲《じうん》(一七一八—一八〇四)らによって研究され澄禅流や慈雲流と称する書風を確立した。梵字は主に真言や陀羅尼を記述するのに用いられるほか、仏菩薩天を表す種子としても用いられており、一応各尊別の種子は定型化されているが、密教の口伝《くでん》によってはその解釈に相違の見られる場合もある。考古資料として発見される梵字資料としては葬祭関係資料(葬具・塔婆・骨壺など)、施餓鬼《せがき》・流灌頂《ながれかんじょう》資料(塔婆《とうば》・幡《ばん》)、護符《ごふ》関係資料(護符・呪符の木簡)、石造物(石仏・各種石塔・板碑《いたび》・磨崖仏《まがいぶつ》)、法具(金剛鈴《こんごうれい》・厨子《ずし》・華鬘《けまん》・香炉《こうろ》・幡《ばん》・梵鐘《ぼんしょう》)、曼荼羅《まんだら》、梵夾《ぼんきょう》、絵画などがある。

参考文献 種智院大学密教学会編『梵字大鑑』、一九八三、名著普及会。松本俊彰『梵字入門』基礎編・応用編、一九七六・七八、三密堂書店。

（木下 密運）

ぼんしょう **梵鐘** 仏教寺院で時を知らせるために打つ鐘。洪鐘、鳧鐘《ふしょう》、華鯨《かげい》などの呼び名もある。口径三〇センチ以下の小形の鐘を喚鐘、半鐘と呼ぶ。また製作された地域ごとに特徴があり、日本の梵鐘を和鐘、朝鮮半島の梵鐘を朝鮮鐘ないし韓国鐘、中国の梵鐘を中国鐘と呼ぶ。和鐘は双頭形の竜頭、鐘身の袈裟襷文などが特徴となる。飛鳥時代末の文武天皇二年(六九八)妙心寺鐘が在銘最古の和鐘。この妙心寺鐘と大きさや文様構成の酷似する梵鐘が観世音寺鐘で、同じ時期・同じ工房の生産と推定される。当麻寺鐘は無銘であるが妙心寺鐘と観世音寺鐘より古く、当麻寺創建の六八一年(天武天皇十)ごろの制作と推定されている。奈良時代にはいると東大寺・興福寺・薬師寺など南都の著名な寺々に奈良時代の梵鐘が残る。なかでも東大寺鐘は無銘であるが口径二・七一メートル、高さ三・八六メートル、重さ約二七トンの古代最大の梵鐘である。造東大寺司鋳所の製作と推定され、東大寺戒壇院前で一九九一年(平成三)に行われた発掘調査で、この梵鐘の鋳造跡と考えられる遺構が見つかった。妙心寺鐘に次ぐ古い銘文を持つ梵鐘が、神亀四年(七二七)銘興福寺鐘である。竜頭の意匠・全体の形などが酷似する新薬師寺鐘も同じ工房で制作されたと推定され、奈良時代にすでに何ヵ所かで梵鐘制作が行われていたと考えられる。平安時代前期には平安京周辺に多くの梵鐘が残される。なかでも京都市神護寺鐘と奈良県五條市栄山寺鐘はともに雄渾な銘で有名である。神護寺鐘は別名三絶の鐘とも呼ばれ、銘文の序が橘広相、銘が菅原是善の作で、藤原敏行の筆によるとされる。栄山寺鐘はもと京都市深草の道澄寺にあった鐘で、銘文は菅原道真の作で、小野道風の筆であると伝えられる。この後十世紀中ごろから十二世紀中ごろまでの約二百年間は梵鐘の遺例がなく、空白の二世紀と呼ばれる。十二世紀中ごろの奈良県廃世尊寺鐘や京都府平等院鐘の登場によって再び梵鐘が史上に登場する。鎌倉時代にはいると河内鋳物師の活動が特筆される。大阪府美原町を中心とし丹治氏や物部氏が著名である。丹治氏は地元を中心に生産活動を行うが、物部氏は一部が関東へ移動し北条氏との結びつきを強め、建長寺鐘や円覚寺鐘といった鎌倉時代を代表する梵鐘の生産に携わった。南北朝時代から室町時代にかけては、全国各地に梵鐘生産が拡大していき、各地で特徴的な梵鐘が生産される。福岡県太宰府市鉾之浦遺跡で発見された梵鐘鋳造遺構では、従来肥前鐘と称されてきた特徴をもつ梵鐘を生産していたことが明らかになった。肥前鐘は佐賀県唐津市金屋付近で製作されたとの銘文を持つ。大宰府周辺で生産を確立した鋳物師が九州各地へ分散していった可能性を示唆する。竜頭の型式に特徴を持つ小倉鋳物師は、北部九州に製品を供給するが、十五世紀後半には琉球国で盛んになった梵鐘鋳造に力を貸し、製品の供給や現地生産である出吹きを行ったと推定されている。芦屋釜で有名な芦屋鋳物師は、朝鮮鐘の特徴をもつ和韓混交鐘を製作した。江戸時代になるとさらに梵鐘生産が盛んとなり、多くの梵鐘が鋳造されたが、第二次大戦中の戦時供出で多くの梵鐘が失われた。中国鐘は和鐘との類似を指摘できる祖型鐘と、中国独特の荷葉鐘があり、前者は南方系で、後者は北方系と考えられている。荷葉鐘は明代以降の類例が多数残されている。竜頭は複雑で写実的な双龍形となり、鐘身は縦横に区画され多くは銘文を有する。鐘身下端は八葉形を呈する。朝鮮鐘は竜頭が単龍形となる点と、鐘身の区画が乳郭のみで、飛天や仏像が配される点がほかの梵鐘と異なる特徴である。

参考文献 坪井良平『日本の梵鐘』、一九七〇、角川書店。同『日本古鐘銘集成』、一九七二、角川書店。

（杉山 洋）

ぼんしょうちゅうぞういこう **梵鐘鋳造遺構** 梵鐘鋳造の時に鋳型《いがた》を設置するための鋳造土坑、および溶解炉や送風装置などからなる鋳造関連の遺構。大型鋳物の梵鐘を鋳造するためには、大量の溶湯を一度に鋳型に注入する必要があるため、あらかじめ穴を掘り、そのなかに鋳型を設置する。この鋳造土坑は、一辺約二～三メートルの隅丸方形、あるいは円形の平面形をしており、深さは約一メートル程度のものが多い。これまでに発見されている最古の梵鐘鋳造土坑は、滋賀県草津市の木瓜原《ぼけわら》遺跡のもので、七世紀末から八世紀初頭ごろに操業していたと推定されている。また、九世紀末から十世紀初頭ごろの京都大学総合人間学部構内ＡＰ二二区の鋳造土坑ＳＫ二五七では、外型《そとがた》と内型《うちがた》（中子《なかご》）を置くための粘土製の底型《そこがた》が完存していた。また、奈良県御所市の巨勢寺跡例では、土坑の底部に木板を四枚敷き並べた、底型を設置するための定盤《じょうばん》が残っていた。このほか、大分市豊前国分寺跡の梵鐘鋳造遺構では、底型、外型や内型が原位置で残存し、鋳造のあり方を知ることができた。しかし、多くの梵鐘鋳造土坑では、土坑の底部に数条の溝が残るのみの場合が多い。これは、定盤の下に設置した掛木《かけぎ》の痕跡とみられ、その上に設置された定盤や底型が撤去されたものとみられる。底部の掛木は、外型の最上部に掛けたものと縄で結び合わせて、湯入れの時に溶湯からの圧力によって鋳型が動くのを防ぐためのものである。また、土坑の隅に柱穴がみられるが、これはできあがった製品をつり上げる高架材を建てるためのものである。まれに、柱穴のないものがあり、その場合は、土坑の一辺から引きずりだしたのであろう。出土鋳型をみると、粗型《あらがた》に真土《まね》を塗りつけ引型を用いて本体を作り、龍頭《りゅうず》、乳《ち》、撞座《つきざ》などは、別に鋳型を作り、本体に埋め込んでいる。溶解炉は、粘土製で内径六〇～七〇センチの円筒形をなす上部と半球状の湯だまりの部分からなり、大型の羽口が斜め下方向に炉内に突出しているものが多い。

参考文献　神崎勝「梵鐘の鋳造遺跡とその変遷」（『考古学研究』四〇ノ一、一九九三）。五十川伸矢「梵鐘の鋳造遺跡」（『考古学ジャーナル』三七二、一九九四）。

（五十川伸矢）

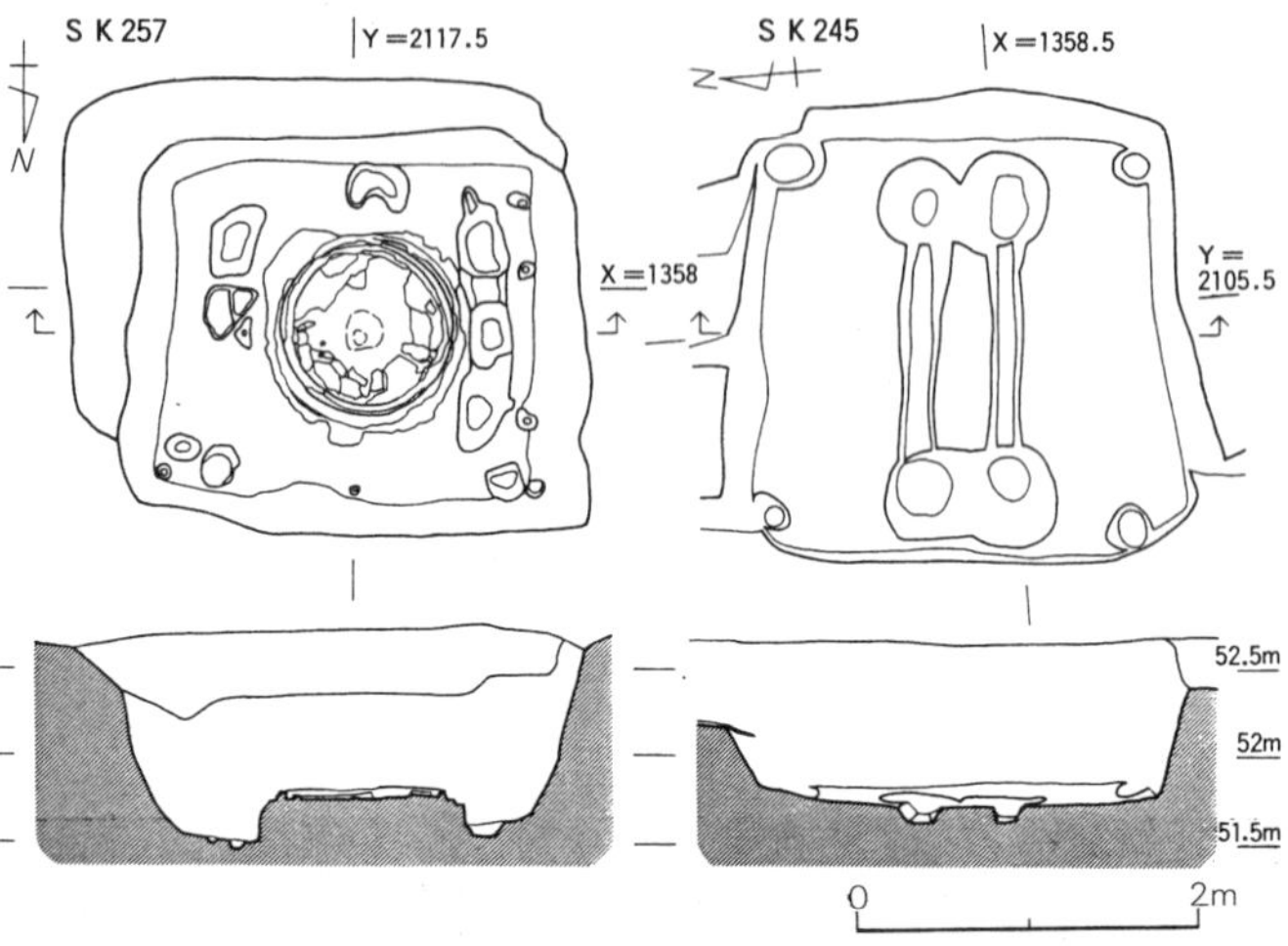

梵鐘鋳造土坑 SK257・SK245（京都大学総合人間学部構内）

ほんちょうじゅうにせん　本朝十二銭　日本の古代において律令国家が発行した銅銭の総称。「皇朝十二銭」ともいう。銅銭のほかに七〇八年（和銅元）に和同開珎《わどうかいちん》銀銭、七六〇年（天平宝字四）に開基勝宝《かいきしょうほう》金銭と太平元宝《たいへいげんぽう》銀銭が発行されており、また、文献には登場しないが、七世紀後半の奈良県飛鳥池《あすかいけ》遺跡から富本銭《ふほんせん》とその鋳造遺物が発見され、奈良市西大寺町で「□賈行□」の文字をもった銀銭の破片も発見されるなど、十二種の銅銭以外にも古代国家の発行したと思われる貨幣は存在する。日本における銅銭記事の初見は、『日本書紀』天武天皇十二年（六八三）四月壬申（十五日）条の「今より以後、銅銭を用いよ」（原漢文）という記事だが、飛鳥池遺跡における富本銭発見以降、この「銅銭」を富本銭にあてる説が有力視されている。ただし古代国家による銭貨発行が明記されていない点に問題が残る。ついで六九四年（持統天皇八）や六九九年（文武天皇三）に「鋳銭司《じゅせんし》」の記事がみえるが、ここにも具体的な銭貨発行記事はみえない。古代国家による銭貨鋳造が本格化したのが、七〇八年（和銅元）発行の和同開珎である。このとき銀銭と銅銭が発行されるが、やがて銅銭に一本化され、銅銭中心の貨幣発行政策が確立する。和同開珎の発行は私鋳銭の発行ともあいまって物価の高騰、貨幣価値の低下を招き、この事態を打開するために万年通宝《まんねんつうほう》（七六〇年（天平宝字四））、神功開宝《じんぐうかいほう》（七六五年（天平神護元））といった新銭を鋳造し、和同銭十倍の価値を付与して発行する。こうした貨幣発行政策は慢性的なインフレを招き、平安時代以降も引き続き旧銭の十倍の価値を付与された銅銭が発行され続けることになる。平安時代に発行された銅銭は、隆平永宝《りゅうへいえいほう》（七九六年（延暦十五））、富寿神宝《ふじゅしんぽう》（八一八年（弘仁九））、承和昌宝《じょうわしょうほう》（八三五年（承和二））、長年大宝《ちょうねんたいほう》（八四八年（嘉祥元））、饒《じょう》益神宝《えきしんぽう》（八五九年（貞観元））、貞観永宝《じょうがんえいほう》（八七〇年）、寛平《かんぴょう》大宝《たいほう》（八九〇年（寛平二））、延喜通宝《えんぎつうほう》（九〇七年（延喜七））、乾元大宝《けんげんたいほう》（九五八年（天徳二））である。当初は平安京造営と銭貨発行が不可分の関係にあったが、九世紀半ば以降、造都が一段落すると、銭貨は京内の消費活動としての役割に重きを置き始め、流通範囲も次第にその範囲を狭め、最終的には平安京を中心とする地域に限定されるようになる。平安京の都市民には賑給《しんごう》などを通じて銭貨が下層まで行き渡るが、物価の高騰により銭貨による物品の購入は必ずしも容易ではなかった。古代国家の銭貨発行は、改元などと同様、天皇の代替わりの儀礼的な意味合いが強くなり、銭貨の質も、時代がくだるにつれ、径が小さくなり、銅の含有量が減って鉛が増えるようになるなど、著しく低下した。このため「文字の不全と称して、十のうち二、三を嫌い」(原漢文、『三代実録』貞観七年六月十日条)というように、民間では銭貨を忌避する風潮が高まり、律令国家の銭貨鋳造意欲の低下、原料の銅の産出量減少ともあいまって十世紀後半に銭貨発行を諦めることとなる。ただし実際には、十世紀後半以降も平安京内で銭貨は使用されており、九六六年(康保三)の「清胤王書状」(九条家本『延喜式』紙背文書、『山口県史』史料編古代)には、銭貨の恒常的な使用をうかがわせる記載がある。おそらくは十一世紀初頭ころまで銭貨は平安京内で価値表示の基準としての役割を果たしていたものと思われる。その後、列島内で銭貨の使用は途絶え、京において銭貨の果たした機能は絹や米にとってかわられるようになる。そして十二世紀半ばになって、中国からの良質な渡来銭の流入により銭貨が再び列島内で流通するようになるのである。本朝十二銭は全国から出土するものの、平城京、平安京などの都を中心とする畿内に集中しており、古代社会に広く用いられていた貨幣ではなく、都を中心とした地域の消費活動と密接に関係があったものであることがわかる。都以外の地域社会では実際には布や米といった物品貨幣が根強く存在しており、銭貨はむしろ厭勝銭《ようしょうせん》として呪術的な使用のされ方をする場合が多かった。

参考文献 栄原永遠男『日本古代銭貨流通史の研究』、一九九三、塙書房。三上喜孝『日本古代の貨幣と社会』、二〇〇五、吉川弘文館。

(三上　喜孝)

ほんちょうせいき　本朝世紀　平安時代後期に編まれた編年体の史書。編者は藤原通憲《みちのり》(信西《しんぜい》。一一〇六―五九)で、鳥羽上皇の内命を承け、『三代実録』の後をつぐため、一一五〇年(久安六)冬から編纂に着手した。当初宇多天皇から堀河天皇の十五代の国史として編まれる計画であったが、後に鳥羽天皇・崇徳天皇・近衛天皇の三代が加えられ、十八代に拡張されたとみられる。ただし、完成したのは宇多天皇一代分のみで、残りは未定稿のままに終わったらしい。現存するのは九三五年(承平五)から一一五三年(仁平三)であるが、欠年も多く、三十数年にわたる記事のみである。外記《げき》の職掌日記である『外記日記』や『大外記師遠《もろとお》記』『少外記重憲《しげのり》記』などの外記の私日記が主な編纂材料であったと考えられるが、その他に、『江記《ごうき》』『長光記』『成通卿記』『経宗卿記』『伊通卿記』などの公家日記がそのまま本文に続けて引載されている箇所もある。古写本としては、鎌倉時代の書写とされる伏見宮家旧蔵本があり、もとは四十巻以上存したが、現在は宮内庁書陵部に二十二巻、天理大学附属天理図書館に一巻が蔵されている。刊本としては新訂増補国史大系本などがあるが、新訂増補国史大系本のうち巻八・巻九・巻十四・巻十八・巻十九の五巻は、伝来の過程等で混入した他書であるか、あるいはその可能性がある。また、『御産部類記』などに逸文が収められている。

参考文献 宮内庁書陵部編『図書寮典籍解題』歴史篇、一九五〇、養徳社。橋本義彦「本朝世紀解題」(『平安貴族社会の研究』所収、一九七六、吉川弘文館)。

(石田　実洋)

ほんちょうぞくもんずい　本朝続文粋　平安時代後期の漢詩文集。『本朝書籍目録』の記載から藤原季綱《すえつな》の編とされてきたが、現在ではほぼ否定されており、編者未詳。体裁上の不備などから未定稿のまま終わったとみられるが、現行本の成立時期も、近衛天皇の治世(一一四一―五五)とする説や一一五六年(保元元)八月以降とする説などがあり、定説をみない。全十三巻で、二百三十三編の漢詩文を二十七の文体ごとに配列する。『本朝文粋』と比べて、文体の総数は三分の二近くに減少しているにもかかわらず、勘文・施入状・都状・定文の四つが新たに採用されているのが一つの特徴といえる。所収漢詩文の作者は約四十名で、やはり儒者を中心とする。なかでも大江匡房《まさふさ》の作が多い。年代としては十一世紀前期から十二世紀前期にわたる。諸写本の中では、古写本として唯一の完本である国立公文書館所蔵の金沢文庫旧蔵本が重要な位置を占める。刊本としては新訂増補国史大系本などがある。

参考文献 後藤昭雄「本朝続文粋」(皆川完一・山本信吉編『国史大系書目解題』下所収、二〇〇一、吉川弘文館)。

(石田　実洋)

ほんちょうぶんしゅう　本朝文集　徳川光圀《みつくに》(一六二八―一七〇〇)の命により、水戸の彰考館において一六七六年(延宝四)から編纂が開始された漢文集。『大日本史』を補うことを目的とし、「本朝文人諸作」が集められた。本来『(本朝)詩集』と合わせ『本朝詩文集』として計画されたが、増補・改訂を繰り返すうちに未定稿のままに終わったらしい。正式な書名も付されておらず、彰考館では『文集』『新撰文集』などと呼ばれたが、現在では『(新訂増補)国史大系』で採用された『本朝文集』が通用している。原本は『(本朝)詩集』とともに彰考館文庫に現存し、目録三冊を合わせて八十三冊。神武天皇より江戸時代初期に至る六百余人の三千編を超える文が作者別に集められ、作者の配列は死没年代順、同一作者内部は文の種類によって並べられている。諸書からの引用のほか、彰考館による史料採訪の結果新たに見出された原本からの収録もあり、また現在本書によってのみ伝えられたものも少なくない。刊本としては新訂増補国史大系本がある。

参考文献 飯田瑞穂『古代史籍の研究』上(『飯田瑞穂著作集』二、二〇〇〇、吉川弘文館)。 (石田 実洋)

ほんちょうもんずい 本朝文粋 平安時代中期の成立とされる漢詩文集。書名は『唐文粋』に倣ったものとされる。編者は『本朝書籍目録』の記載から藤原明衡《あきひら》とされる。成立は天喜・康平年間(一〇五三―六五)とみるのが通説であるが、なお異論もある。全十四巻で、四百編を超える漢詩文を賦・雑詩・詔・勅書など三十八(対冊を策問・対策に分けると三十九)の文体ごとに配列。その分類は『文選』などに倣ったものとされるが、仏教関係のものや和歌序など独自の部分も少なくない。また、約三分の一の文体が一編のみであることなどから、文体集としての性格も強かったと考えられる。収録された漢詩文の作者は約七十名で、儒者を中心とする。年代的には九世紀前期から十一世紀前期にわたるが、勅撰三集(『凌雲集』『文華秀麗集』『経国集』)が編まれた時期にあたる九世紀前期のものは少ない。古写本に恵まれているが、その多くは零本であることから、最も完本に近く、一二七六年(建治二)の書写奥書をもつ身延山久遠寺所蔵本が重要な位置を占めている。刊本としては『新日本古典文学大系』などのほか、土井洋一・中尾真樹編『本朝文粋の研究』校本編・漢字索引編(一九九八、勉誠出版)がある。

参考文献 大曾根章介『王朝漢文学論攷―『本朝文粋』の研究―』、一九九四、岩波書店。後藤昭雄「本朝文粋」(皆川完一・山本信吉編『国史大系書目解題』下所収、二〇〇一、吉川弘文館)。 (石田 実洋)

ま

まいきはいじ 舞木廃寺 愛知県豊田市北部、猿投《さなげ》山東南の低丘陵上の古代寺院跡。豊田市舞木町所在。塔跡の心礎と三個の礎石が地表面に露出し、また周辺に瓦類が散布していることから、一九二九年(昭和四)に「舞木廃寺塔跡」として国史跡に指定された。採集された瓦類のうち軒丸瓦は新羅様式の複弁六葉蓮華文で中房に十字形の花文があり、白鳳時代後期のものと考えられる。現在は、指定地周辺が農地造成によって削平されており、寺域、伽藍配置は不詳である。また、三個の礎石も原位置を保っていない可能性があり、塔の規模も不明である。 (赤羽 一郎)

まいきょう 埋経 経典を地中に埋める仏教の作善業の一種。中国で創始されたとする説もあるが、十世紀末ころに日本で生み出された可能性が高く、埋経した経塚は日本のみで確認されている。一〇〇七年(寛弘四)に藤原道長が金峯山《きんぷせん》に埋経した際に用いた経筒の銘文には、五十六億七千万年後に弥勒如来が現れて説法する時に備えて経典を保存した旨が説かれており、埋経が弥勒出現の時まで経典を保存するという意図をもっていたことが知られる。しかし、その銘文には極楽往生や現世利益などさまざまな願意も籠められており、埋経が経典保存という目的のみに限定できないことがうかがえる。一〇三一年(長元四)に比叡山横川《よかわ》の僧覚超らは慈覚大師円仁が書写した如法経を埋納して保存しようと図った。それ以後、如法経を書写・供養した後に埋経することが流行し、如法経信仰にもとづく経塚が各地に造営された。如法経は密教的な作法であるが、その担い手の思想を反映して浄土教的な性格を帯び、埋経も浄土教の影響を強く蒙った。『玉葉』には藤原兼実《かねざね》が皇嘉門院聖子の菩提を弔うために最勝金剛院山に経塚を造営したことがみえるが、その遺跡は京都市稲荷山経塚に比定され、化粧道具など豊富な副納品を伴う経塚遺物が知られている。ここでは、埋経が追善供養を目的に行われており、経典保存とはまったく異なる意趣をもつものに変化したことが確認できる。埋経は十二世紀に盛んに行われ、瓦経のような保存に適した材質の経典を埋経する方法も生み出されたが、十三世紀には下火となり、十四世紀以降衰退する。十六世紀に隆盛した廻国納経の経塚は社寺や聖地への納経を目的とし、地中へ埋経するとは限らず、近世の礫石経塚も埋経という意識は薄弱である。経塚のすべてが埋経の遺跡とは限らないのであり、埋経と経塚は密接な関係にありながらも、一応別の概念として理解しなければならない。

→経塚《きょうづか》

参考文献 石田茂作『経塚』(『考古学講座』二〇、一九二七、雄山閣)。三宅敏之『経塚論攷』、一九八三、雄山閣出版。 (時枝 務)

まいぞうぶんかざい 埋蔵文化財 土地に埋蔵されている文化財をいう(文化財保護法第九十二条第一項)。「文化財」は、文化財保護法第二条第一項に列記されているものを指し、埋蔵文化財はこれが土地に埋蔵されているという状態に着目した概念である。文化財のうち土地に埋蔵されうるものとしては、「有形文化財(美術工芸品・考古資料・歴史資料など)」、「有形の民俗文化財(生活・生業などに使われる用具など)」、「記念物(遺跡・名勝地など)」があり、文化財保護法上これらの文化財について、有形文化財にあっては重要文化財に、記念物にあっては史跡などに指定することなどによる保護制度があるが、文化財が土地に埋蔵されている状態にある場合は、別個の保護制度の対象とされる。埋蔵文化財に関する制度としては、発掘調査の規制(文化財保護法第九十二条)、埋蔵文化財を包蔵する土地として周知されている土地(周知の埋蔵文化財包蔵地)における工事などの規制(同法第九十三条、第九十四条)、遺跡が新たに発見された場合の現状変更規制・調査など(同法第九十六条、第九十七条)、埋蔵文化財であって発見後遺失物法の適用を受けるもの(動産物件)の所有権の原則都道府県帰属(同法第百一条以下)などがある。埋蔵文化財包蔵地については、史跡指定による以外はこれを現状保存する制度的仕組みはなく、開発行為などとの調整の結果現状で保存できないものについては、発掘調査による記録保存が行われることとされている。埋蔵文化財包蔵地は全国に四十四万ヵ所以上あるとされ、開発行為との調整、記録保存のための発掘調査などは、国・地方公共団体の文化財行政における財政および体制の最大部分を占めている(二〇〇四年(平成十六)度で、埋蔵文化財の発掘調査経費は約八百三十八億四千万円、発掘調査件数は約八千六百八十件、発掘調査その他に従事する地方公共団体の職員数は約六千九百六十人)。埋蔵文化財に関しては、法制度の構成・内容、行政上の体制などについて多くの課題があるとされている。↓文化財《ぶんかざい》　↓文化財保護法《ぶんかざいほごほう》

参考文献　高橋一夫編『激動の埋蔵文化財行政』、二〇〇二、ニュー・サイエンス社。川村恒明他『文化財政策概論』、二〇〇二、東海大学出版会。和田勝彦「文化財保護制度概説」(児玉幸多・仲野浩編『文化財保護の実務』所収、一九七九、柏書房)。

(和田　勝彦)

まいぞうぶんかざいちょうさセンター　埋蔵文化財調査センター　埋蔵文化財の調査および出土遺物の整理・収蔵を担当する専門機関として、一九七四年(昭和四十九)以降、公立あるいは財団法人組織として地方公共団体につぎつぎに設立されたもの。高度経済成長期における全国的な国土開発の進展、とくに昭和四十年代以降の開発工事の急増や大規模化に対応して、調査の迅速化とそのための発掘調査体制の整備とが求められたことを背景とする。文化庁はこの対策として、調査技術・専門職員研修の中核的機能をもつ機関として奈良国立文化財研究所(当時)内に埋蔵文化財センターを設立するとともに、地方公共団体における同機関の設置を推進した。当初は開発にかかる埋蔵文化財の事前調査が中心であったが、近年は調査と遺物の整理・収蔵の拠点という機能に加え、遺物の展示・活用・普及事業や専門職員の研修も含むものへと機能が拡大・変化している。

(増渕　徹)

まいのうせん　埋納銭　前近代社会において、呪術《じゅじゅつ》・宗教的な目的で土中に埋められた銭貨。貨幣は価値尺度や価値保蔵などの経済的機能以外にも、呪術・宗教性などの経済外的機能を本来不可分にもっている。祭祀《さいし》などに際して、このような経済外的目的で意図的に埋められた銭貨が存在し、埋納銭と総称している。埋納銭は貨幣の民俗学的習俗を研究する際に重要な資料となる。具体的事例としては、出産後の胎盤《たいばん》とともに五枚の銭貨と筆や墨などを壺に入れて、子供の無事な成長を願う胞衣壺《えなつぼ》埋納銭が、古代上流社会の習俗として成立し、近世に至っても広範に見られる。また、経典を土中に収めた十二世紀以降の経塚《きょうづか》には、その主体となる経筒《きょうづつ》の内外に奉賽銭《ほうさいせん》や地鎮《じちん》・魔除《まよ》けの意味を持たせて銭貨を埋めた経塚埋納銭の例も存在する。地鎮《じしず》めのため建物の基壇や柱穴、あるいは近接する場所に小土壙《どこう》を掘って銭貨を意図的に埋めた事例や、墓に副葬された六道銭《ろくどうせん》、井戸や便壺《べんつぼ》の廃棄儀礼に伴う銭貨なども、埋納銭の一種である。中世においては、土にものを埋めることは呪術的な行為であり、埋められたものは土地の神に対し捧げられた供物《くもつ》としての性格があるとされ、数千枚から数万枚と大量に一括出土する銭貨の一部は、土地の開発を祈願するため、あるいは土地の結界《けっかい》を示すため神に捧げる目的で埋めた埋納銭であると考えられている。京都府福知山城の天守閣近くで発見された事例のように、約千枚の銭貨とともに和鏡、小刀、竹筆などが壺などに入れられて埋められたものは、その組み合わせ関係から間違いなく呪術的な埋納銭といえるが、大量の銭貨が単独で出土した場合、これが埋納銭なのか、財産保全のために隠匿《いんとく》された備蓄銭なのかを判別することは難しい。両者を峻別するためには、出土状況、遺跡・遺構の歴史地理的背景などの分析が不可欠である。↓備蓄銭《びちくせん》

参考文献　歴史学研究会編『越境する貨幣』、一九九九、青木書店。鈴木公雄『銭の考古学』(『歴史文化ライブラリー』一四〇、二〇〇二、吉川弘文館)。

(櫻木　晋一)

まいりばか　詣り墓　⇩両墓制《りょうぼせい》

まえばしじょう　前橋城　現在の群馬県前橋市大手町に所在した近世城郭。十五世紀末から十六世紀初頭ごろに在地豪族の長野氏が築城したと伝えられる厩橋《まやばし》城を前身とする。厩橋の名は、古代東山道駅路上に設置された群馬駅家に由来するという。一五六〇年(永禄三)上杉謙信《うえすぎけんしん》が入城し、関東進出拠点とする。その後、武田方、織田方、北条方と変転し、徳川家康《とくがわいえやす》の関東入封に伴って平岩《ひらいわ》親吉《ちかよし》が封じられ、一六〇一年(慶長六)に酒井重忠《さかいしげただ》が封じられ、大規模な近世城郭として整備され、一六四九年(慶安二)までに「前橋城」と名を改められた。一七四九年(寛延二)、酒井氏の姫路移封に伴って、旧姫路藩主松平朝矩《まつだいらとものり》が入封するが、城の西側を流れる利根川の度重なる氾濫により本丸の崩壊が進んだため、一七六七年(明和四)松平氏は川越城に移り前橋城は破却された。その後、一八六七年(慶応三)、松平直克《まつだいらなおかつ》が再築するが、半年後に大政奉還、廃藩置県により廃城。現在、本丸跡が群馬県庁となる。再築前橋城の遺構としては、本丸跡に所在する群馬県庁敷地の東・北・西面の一部を囲む土塁と、市街地に車橋門の基礎石垣(前橋市指定史跡)が現存する。一九九二(平成四)―九六年に群馬県庁舎の建設に伴って群馬県教育委員会によって本丸跡の一部が発掘調査され、

戦国期厩橋城、酒井氏時代前橋城、幕末の再築前橋城などの遺構が発見された。

参考文献　山崎一『群馬県城古塁址の研究』上、一九七一、群馬県文化事業振興会。群馬県教育委員会文化財保護課編『前橋城遺跡』一―二、一九九七―九九。

（高島　英之）

まえわ　前輪　⇩鞍《くら》

まがいぶつ　磨崖仏　岩壁に刻まれた石仏のこと。彫込みの程度により線彫り、薄肉彫り、半肉彫り、厚肉彫りに大別される。最古の遺品として、奈良滝寺磨崖仏および同飯降磨崖仏がともに損傷著しいものの図様から七世紀にさかのぼる可能性が考えられる。奈良時代の磨崖仏として特筆されるのは五丈に及ぶ大きさをもつ京都笠置の弥勒像で、中央アジア起源の巨大弥勒石仏の流れが及んだ例であるが、線彫りされた図様が後世の火災により消滅している。同じく笠置にある線彫り虚空蔵磨崖仏も奈良時代説がある。滋賀狛坂《こまさか》磨崖仏は作風および花崗岩を用いる点に統一新羅風が顕著で、最近では渡来系工人による八世紀造立とみるのが一般的である。奈良宇智川涅槃経碑に付随する線刻菩薩像は図様が判然としないが七七八年（宝亀九）の年紀を伴う点で重要である。八世紀後半に造営が開始されたとみられる栃木大谷《おおや》磨崖仏以降、平安時代には大型で丸彫りに近く像を彫出する磨崖仏の造営が各地で行われた。前期にさかのぼる例として福島薬師堂石仏がある。平安時代後期になると豊後地方の各地に大型の磨崖仏が造営されており、臼杵磨崖仏は規模・出来映えともにそれらを代表する遺品で、ほかに菅生《すがお》磨崖仏・元町石仏などがある。これらにおいては頭部はほぼ丸彫りとし、両足部も短縮法を用いずに十分な奥行きをとって表され、各部の彫り口も同時代の木彫像とさほど変わらない。鎌倉時代に入っても各地で磨崖仏は造られ、規模の大きなものには笠置弥勒像の模刻である奈良大野寺石仏や神奈川元箱根磨崖仏群などがあるが、鎌倉時代の遺品は元箱根の地蔵菩薩像（六道地蔵）など一部を除き薄肉彫りか半肉彫りになり、同時代の石仏一般に通じる簡素な造形を示している。磨崖仏の起源はインドから大陸・朝鮮半島に伝わった石窟寺院造営の風習に求められる。日本では本格的な石窟寺院は造営されなかったが、奈良時代以来近世に至るまで、山岳仏教との結びつきによる磨崖仏造営が続けられており、たとえば立山修験との関連が想定される富山大岩日石寺磨崖仏がその代表例として挙げられる。↓石仏《せきぶつ》

（奥　健夫）

まがたま　勾玉　日本列島で独自に発達した玉類。玉は記紀などに「多麻」の訓みがみえ、用字には玉・珠・璵・璁などがある。勾玉は曲玉などとも表記される。全長はおよそ一〜一〇センチで、全体がC字形をなす。丸く膨らんだ頭部に穿孔し、尾部を丸く仕上げる。縄文時代には獣形勾玉と呼ばれる不規則な形状をもつ例があるが、弥生・古墳時代には精美な形状を示す。古墳時代には、穿孔部から三〜四本の細溝をもつ丁字頭《ちょうじがしら》型式や子持勾玉という特殊な形式も出現した。弥生時代以降、墳墓副葬品として多数出土するが、祭祀遺跡・寺院跡などの宗教的遺跡から埋納品としても出土する。材質には、硬玉（翡翠《ひすい》）・碧玉《へきぎょく》・瑪瑙《めのう》・蛇紋岩・滑石・ガラスなどがあり、弥生時代から古墳時代には硬玉・ガラスが用いられ、次第に多様化した。なお、朝鮮三国時代の新羅地方には硬玉製勾玉が分布し、生産地論争がある。また、奈良時代仏像の宝冠や中近世の琉球王国神女であるノロ（祝女）の首飾りなどにも使用される例がある。

参考文献　両角守一「石器時代勾玉の研究」（『考古学』二ノ三―六、一九三一）。小林行雄「まがたま勾玉」（『図解考古学辞典』、一九五九、東京創元社）。門田誠一「日本と韓国における硬玉製勾玉についての再吟味」（日本海文化を考える富山シンポジウム実行委員会編『日本海文化研究』所収、一九八九、富山市他）。藤田富士夫『玉とヒスイ』、一九九二、同朋社出版。早乙女雅博・早川泰弘「日韓硬玉製勾玉の自然科学的分析」（『朝鮮学報』一六二、一九九七）。

（古谷　毅）

まかべじょう　真壁城　筑波山地西麓の微高地に立地する平城で、十五世紀以降、一六〇二年（慶長七）までの真壁氏の居城とされる。茨城県桜川市所在。真壁氏は平安時代末に真壁郡司となった平長幹《たいらのたけもと》を祖とする国人領主で、戦国時代には佐竹氏の与党として活躍した。真壁城跡は、一九九四年（平成六）に約一二・五ヘクタールが国指定史跡となった。指定に先立つ一九八一年（昭和五十六）には主曲輪《くるわ》が調査され、一九九五年度以降は整備に伴う調査が続いている。調査では、戦国時代の遺構面を主として、縄張りの詳細が判明しつつあり、建物、園池、木樋、導水路などの遺構が確認され、土器・陶磁器を主とした遺物が出土した。遺物では、かわらけや土鍋などの在地土器が大量に出土すること、木製品の遺存が良好であることに特色がある。また、真壁氏については『真壁文書』などの中世文書が多く残っており、中世武家の活動を考古学と文献史学の両面から追究できる点でも、注目される。

参考文献　真壁町編『真壁氏と真壁城―中世武家の拠点―』、一九九六、河出書房新社。真壁町歴史民俗資料館編『真壁城への誘い』、一九九六、真壁町教育委員会。

（石橋　充）

まき　牧　馬牛を放牧して飼育・育成するための土地および施設。〔乗馬の導入と牧〕古墳の副葬品としての馬具の出土状況から、日本列島で馬を乗用に供することが始まったのは四世紀末から五世紀初めと考えられる。馬具の分布は北九州から畿内に広がり、五世紀後半には東日本が他を凌駕するに至る。人の手を加えることで効率的に馬の飼育・育成を行う牧の存在は、乗馬が導入されたかなり早い段階までさかのぼるであろう。馬の飼育に関する伝承や、馬飼部の分布などから、畿内周辺にはヤマト王権による牧経営が展開し、地方でも国造層が牧を経営していたと思われる。〔律令制の牧制度〕七〇〇年（文

武天皇四)、諸国に牛馬の牧の設置が命じられた。各地の牧が律令制の牧として国家に把握されるようになったのであろう。牧の設置国は当初二十三ヵ国であった。律令では牧や公私馬牛は国司が管轄し、中央では兵部省管下の兵馬司が統括した。乗用に適する牧馬は軍団に送ることとされ、軍事力としての騎馬の供給が律令制の牧の主目的であった。また牧馬の中には中央政府に貢進されるものもあった。中央官司での馬の飼育は左右馬寮が担当し、馬寮《めりょう》の厩《うまや》が存在したが、多数の馬を常時そこで飼育することは困難であり、畿内近国の地域では必要に応じて都に馬を牽進し、用が済むともとの牧に戻して飼育する形態がとられ、こうした形のとれない遠国からの貢馬は、適宜畿内近国の牧に引き取られて飼育されたであろう。〔内厩寮の成立と馬寮の改変〕藤原仲麻呂の乱後の七六五年(天平神護元)、新たな馬の飼育官司として内厩寮が設置されたことで、政府による牧の管理に新たな方式が導入された。令制の左右馬寮が中央での馬の飼育のみを担当したのに対し、内厩寮は信濃国伊那郡に所管牧を保有していたことが知られ、馬の調達から飼育までを一貫して管理することができた。このの ち、七八〇年(宝亀十一)ごろに従来の左右馬寮が統合されて主馬寮となり、八〇八年(大同三)に兵馬司と内厩寮・主馬寮が統合・再編されて改めて左右馬寮が設置されるが、内厩寮と同様の性格は再編された左右馬寮に継承された。〔御牧の成立と牧制度の再編〕この時期は、貢馬の遅延や質の低下など、牧の経営上の問題が顕在化した時期でもあり、その中で公的な牧の制度は御牧《みまき》(勅旨牧)・諸国牧(官牧)・近都牧の三種に再編された。御牧は甲斐・武蔵・信濃・上野四ヵ国に置かれ、その体制は九世紀初期に確立された。御牧は左右馬寮の所管とされ、直轄性の強い形をとることで馬の供給確保が図られた。これらの国には御牧の経営・管理のため、国司とは別に専任官としての牧監(武蔵のみ別当)が任じられた。御牧の多くは既存の牧を利用して設定され、牧馬に捺される焼印の文字の分析から、前身が律令制の牧である場合や、院(後院)の牧などである場合が知られる。御牧からの貢馬は『延喜式《えんぎしき》』段階で全体で年に二百四十頭で、八月の牧や国ごとに定められた日が貢上の期限とされた。新たな御牧の設定は十世紀前期まで見られた。『延喜式』では、御牧以外の遠国の牧は、兵部省所管の諸国牧となり(十八ヵ国に牛牧を含め三十九牧)、貢上数は貢繋飼馬牛の形で規定されたが、公的な経営の実質は失われていたようである。同じく畿内近国の牧は近都牧となり、遠国からの貢馬の飼育を担当する形となった。畿内近国が必要に応じて馬を牽進して朝廷の用に供する形は、国飼馬として規定されている。都に到着した御牧からの貢馬を内裏に引き入れる駒牽《こまひき》の儀式は十世紀中期まで盛行したが、十一世紀半ば過ぎには一部を除いてほぼ行われなくなった。牧の経営の公的な把握は形骸化したが、牧の現地での経営は更なる展開を続けており、権門による私牧の経営や、牧の荘園化の展開がうかがわれる。牧は武士発生の舞台でもあった。〔牧の実態〕牧には、牧長・牧帳・牧子あるいは牧司などと称される職員が置かれた。厩牧令に牧長らの職務や責任・処遇が具体的に定められている。牧の立地は、山麓や扇状地などの傾斜地あるいは独立丘陵で、河川や山・崖などに囲まれた地形、川原、島などに設けられる場合が多い。格(柵)や土塁・湟などで囲まれた放牧場、厩舎、調教のための馬場、選別や繁殖のための施設、事務的建物・倉庫、牧の経営集団の居住域や耕作地が、一定の範囲に展開していたであろう。

参考文献 高橋富雄編『古代—馬と日本史一』(『馬の文化叢書』二、一九九五、馬事文化財団)。山口英男「文献から見た古代牧馬の飼育形態」(『山梨県史研究』二、一九九四)。川尻秋生「院と東国」(千葉歴史学会編『古代国家と東国社会』、一九九四、高科書店)。『山梨県史』通史編一、二〇〇四。

(山口 英男)

まきえ 蒔絵 漆工芸の加飾の一技法。漆で文様を描き、金銀、青金《あおきん》(金と銀の合金)、錫などの蒔絵粉を蒔きつけて固着させたものをいう。蒔絵の源流は奈良時代までさかのぼることができ、金銀鈿荘唐大刀《きんぎんでんそうのからたち》(東大寺・正倉院)の鞘《さや》上に施された末金鏤《まっきんる》、法隆寺献納宝物の利箭《とがりや》、山科西野山古墳出土沃懸地《いかけじ》断片が知られるが、これらが大陸渡来の技術であったか否かは定かでない。その後、九一九年(延喜十九)に制作された迦陵頻伽蒔絵冊子箱《かりょうびんがまきえさっしばこ》(仁和寺)を出発点に、蒔絵は、平安貴族の財力と美意識を背景に、奈良時代の唐風の装飾様式から脱皮して独自の表現様式を獲得していった。蒔絵・螺鈿《らでん》(貝の象嵌《ぞうがん》による加飾)の装飾は山水蒔絵箏《さんすいまきえそう》(春日大社)、片輪車蒔絵螺鈿手箱《かたわぐるままきえらでんてばこ》(東京国立博物館)のような調度品から、一一二四年(天治元)の中尊寺金色堂にみられるような建築装飾に至るまで著しい流行をみる。十二世紀末ごろからは、従来の研出蒔絵《とぎだしまきえ》(蒔絵粉を蒔いたあとに全体を漆で塗り込め、研ぎ出して仕上げる技法)に加えて平蒔絵《ひらまきえ》(漆で塗り込めず、表面のみを磨く技法)が、さらに十三世紀からは高蒔絵《たかまきえ》(レリーフ状に盛り上がった蒔絵)が登場して、基本三技法が出揃った。室町時代には、当時の教養趣味を反映した文学的主題が、高蒔絵や平文《ひょうもん》(金属板の象嵌による加飾)を用いた重厚で複雑な蒔絵で表現されるが、近世になると、一転して平蒔絵を主体とした明快な様式による高台寺蒔絵《こうだいじまきえ》が一世を風靡し、また、本阿弥光悦や尾形光琳ら琳派の蒔絵が新風を吹き込んだ。その一方で、格調高い伝統様式を受け継いだ幸阿弥派、五十嵐派や個性ある作家たちの活躍により、江戸時代の蒔絵は巧緻さと多彩さを極めていった。螺鈿や平文技法とは異なり、中国をはじめとする他の地域で行われなかった蒔絵は、常に日本の漆工技法の主流を保ち続けた技法であった。古代・中世には中国や朝鮮半島、近世以降はヨーロッパ向けに輸出され、高い評価を得た点も特筆される。

参考文献 小松大秀・加藤寛『漆芸品の鑑賞基礎知

識』、一九七七、至文堂。中里壽克『中尊寺金色堂と平安時代漆芸技法の研究』、一九八〇、至文堂。沢口悟一『日本漆工の研究』、一九六六、美術出版社。

（日高　薫）

まぐわ　馬鍬　牛馬に引かせて田植え前の水を張った田を搔いて泥を細かく砕いて均す農具で、一《メートル》ほどの台木に十本前後の鉄の歯が櫛のように付けられ、台木の上面には鳥居形の把手《とって》がついて人が押さえ、台木の両端から引手の棒が出ていてこの先端に引綱を付けて牛馬に引かせる。馬鍬は全国的にマグワ・マンガ・ウマグワ・モガなどウマグワ系の呼称が使われていて、伝来当初は馬に引かせていたものと推定される。馬鍬は中国・韓国・東南アジアでもひろく使われているが、牛か水牛に引かせていて、馬に引かせるのは日本独特の特殊例である。このことから牛に引かせたかったにもかかわらず、日本には牛はおらず馬しか飼われていなかった時代に伝来したと考えられ、伝来時期は五世紀と推定される。馬鍬は五世紀以降全国的に出土しており、長い木製歯をもち台木は太くて長く、全体的に大振りである。また把手支柱をはめる位置の枘穴《ほぞあな》が上下方向ではなく前後方向にあいたものが多く、ここから鳥居形把手をもつ現行馬鍬の復原は困難で、二連、三連といった平枠馬鍬の可能性も考えられる。考古学者には馬鍬は朝鮮半島伝来とする意見が根強いが、最初に朝鮮半島から渡来人が持ち込んだのなら牛も伴うことになり、ウマグワとはならない。また当時の朝鮮半島の稲作は田植えを行なっていなかった可能性が高く、代搔き用の馬鍬の発祥地としての条件に欠ける。また福岡県カキ遺跡出土の馬鍬は幅の広い木製歯をもつが、これは中国長江流域に見られる竹製の広歯馬鍬にならった均し馬鍬と考えれば辻褄が合う。中国では四世紀初頭に晋《しん》王朝が黄河流域を追われて長江流域に大挙して南下する事件があり、このとき北方の畑作用具が江南地方に持ち込まれて水田用に改良されるという技術革新が進行していた。馬鍬はその過程で開発され、その開発途上のものが日本に伝えられたものと考えられる。なおこれは初伝の故郷の問題であり、六世紀以降の朝鮮系渡来人が犂とともに馬鍬を持ち込んだ可能性は十分に考えられる。馬鍬の木製歯は、奈良時代以降、鉄製歯に置き換わっていったと考えられる。江戸時代には歯の前に回転歯をつけた車馬鍬や、レンゲの根を切る鎌刃の馬鍬が発明された。近代に入ると、飛行機の翼のような枠に薙《なぎ》刀歯《なたば》を並べて人が乗って体重をかける飛行機馬鍬や、引手を取り去った形の馬鍬を人が左右に振って土塊を砕く振《ふ》り馬鍬《まんが》が発明され、二毛作の広がりとともに広まった。

参考文献　河野通明『日本農耕具史の基礎的研究』（『日本史研究叢刊』四、一九九四、和泉書院）。松井和幸「馬鍬の起源と変遷」（『考古学研究』五一ノ一、二〇〇四）。

（河野　通明）

まげもの　曲物　檜・杉などの薄い板を円形あるいは楕円形、ときには方形・長方形に曲げて、その合わせ目を桜や樺《かば》の皮を薄く細い帯状にしたもので縫い合わせて側板とし、それに底板をとりつけた容器。綰物《わげもの》ともよぶ。曲物の遺物はすでに弥生時代の遺跡から出土しているが、側板だけで底板をとりつけた痕跡のないものが多く見受けられる。はじめは土器皿の器台として円形の側板を用い、次に板の上に側板をのせて、板に盛った食物のこぼれを防ぐための結界として用いた。さらに底板を側板の口径より大きく円形に切り、随所に穴を開けて樹皮や蔓で側板を底板に綴じつけたものになった。次に底板の内側を厚くし、側板に接する部分から外側を薄くし、底板が側板によく納まるようにした搔き入れ底に似たものになり、そこから底板を完全に側板の中に納めた今日の曲物の形になった。底板が側板の口径より大きい大型の曲物は中世の絵巻物に多く描かれており、近世以降も大型の曲物は底板の上に側板をのせて接合したものが多い。神饌の容器には今日もこの形式がよくみられる。曲物の用途はきわめて広く生活全般にわたる。神器祭具では御《み》樋代《ひしろ》と称する御神体筥《ごしんたいばこ》・鏡筥・忌桶・土器の敷輪・三方《さんぼう》・折敷《おしき》・折櫃《おりびつ》・懸盤・行器《ほかい》など、仏具では経筒内容器・布《ふ》薩盆《さつぼん》・浄菜盆・閼伽桶《あかおけ》・閼伽柄杓《ひしゃく》など、年中行事においては若水汲みの桶・柄杓、年神祭器の三方・折敷、盆の無縁仏祭具としての篩《ふるい》などがある。人の生死にかかわるものには出生の際の湯桶《ゆとう》・水桶・汚物桶・胞衣桶《えなおけ》、育児のエジコ、葬送の納骨器などがある。飲食用具には面桶《めんつう》・鉤筥《ちげ》・調味料桶・鮨桶・折敷・提子《ひさげ》・湯桶・水嚢・裏漉・蒸籠《せいろう》などがある。そのほか装身具の容器あるいは携帯品に冠筥・印籠《いんろう》・煙草《たばこ》入。紡織用具では苧桶《おぼけ》・糸車・糸枠・地機《じばた》の腰当。暖房・燈火具の火桶・丸行燈《あんどん》・提燈《ちょうちん》の枠・火袋。便器としての筥・お虎子《まる》もある。その他特筆すべき生活用具として篩や各種の桶、井戸側・釣瓶《つるべ》・水桶・柄杓、水車の揚水桶などがある。

参考文献　岩井宏實『曲物』（『ものと人間の文化史』七五、一九九四、法政大学出版局）。

（岩井　宏實）

まさもとこうたびひきつけ　政基公旅引付　戦国時代の公家九条政基が、家領の和泉国日根荘《ひねのしょう》滞在中に記した日記。一五〇一年（文亀元）三月から一五〇四年（永正元）十二月までの自筆日記で全五冊からなる。宮内庁書陵部所蔵。前関白氏長者九条政基は、和泉国守護細川氏の押領で危機に瀕した日根荘を再建するために同地に下向し、在荘して直務支配を行なった。日記には、そうした政基の出京から帰洛直前までの三年九ヵ月間の出来事が日次に記され、荘務の証拠書類や同地で詠んだ和歌・漢詩なども挿入されている。内容は荘務に関係する記事を中心に、幕府・守護・守護被官・紀伊国根来寺《ねごろじ》・荘民などの政治的動向、さらに村落内の日常の出来事や生活の諸相を記している。特に政基の視点からではあるが、戦争・一揆・飢饉・災害・祭礼など村落の実態が詳細に記述され、戦国時代の村落史研究の貴重な史料となっている。一九九六年（平成八）『日本史史料叢刊』一として刊行。

また、『新修泉佐野市史』五(二〇〇一年)にも所収。 （播磨　良紀）

まし　麻紙　大麻や苧麻を原料とする紙。繊維が丈夫で、虫害に強く、かつ重厚な風合をあわせ持っている。中国では前漢時代の遺跡から発掘されているように、古くから用いられていた。わが国では奈良時代に写経の料紙に多く使用されていたことが数々の遺品から判明する。黄《おう》檗《ばく》などの染色が施されたものも目立つ。製紙技術の粋を集めた律令制下の官営工房において作られていた。しかしながら、麻の繊維を切ったり、柔らかくするのに手間がかかり、さらに紙の表面が粗いなどの理由によって、次第に楮紙《ちょし》や斐紙《ひし》に代わられていった。

参考文献　吉野敏武「肉眼観察による素材研究　麻紙」(『和紙文化研究』四、一九九六)。 （安達　直哉）

ます　斗　⇩組物《くみもの》

ます　枡　容積をはかる器具。その形状は、日本では木製の箱形が一般的だが、円筒形もある。量器を「枡」と表記するようになったのは室町時代中期以降で、それ以前は斗、升、器、器物と表現していた。日本における枡の発生時期は明らかでない。八世紀の律令国家は、唐制にならい、『大宝令』にて大升、小升(大升一升は小升三升)の二制をとりいれ、全国に公定枡として頒下した。唐制や式制同様に小升の使用は湯薬に限定され、一般には大升が普及した。大升一升は京枡(現行枡)の約四・七合(八五〇cc)。平安時代以降、荘園制の確立とともに、枡は地域や使用者、または計量対象物の用途によって使い分けられ、荘枡・領主枡・下行枡・国枡・本枡など多様な枡が出現した。そのため、後三条天皇は、荘園整理政策の一環として、一〇七二年(延久四)に宣旨枡を定め、その後鎌倉時代末期ごろまでは朝廷を中心に公定枡的地位を維持した。これは京枡の六・三合(一一二九cc)。しかしながら、中世社会を通じて、尺度基準の異なる枡を複雑に使い分ける状況は続き、さらに枡や斗掻き(概)の操作による計量行為の不正もしばしば問題となった。一方、室町時代における商品経済の発達は、市場における量制統一の気運を促した。織田信長は、京都市場の商業枡であった十合枡を公定枡とし、さらに豊臣秀吉は太閤検地に際して、この京枡を石高の基準枡とした。江戸幕府は江戸と京都に枡座を創設し、京枡の製造販売権を与えたが、両枡座のみならず諸藩においても異量の枡が製作されたことから、一六六九年(寛文九)に京枡の規格を京都枡座製作のものに統一した。この一升枡の規格は縦横四寸九分、深二寸七分、容積六万四千八百二十七立方分。一八六八年(明治元)、明治政府は度量衡の整備にあたって、両枡座を廃止したものの、京枡を公定枡とした。一九五九年(昭和三十四)一月一日のメートル法実施に伴って、旧来の尺貫法は廃止され、公定計量器としての枡も廃止された。

参考文献　宝月圭吾『中世量制史の研究』、一九六一、吉川弘文館。稲葉継陽「枡と計量行為―中世的計量から近世的計量へ―」(井上勲編『日本史の環境』所収、二〇〇四、吉川弘文館)。 （大隅亜希子）

ますかがみ　増鏡　十四世紀後半の成立とされる、中世の歴史物語。後鳥羽天皇の誕生した一一八〇年(治承四)から、後醍醐天皇が配流先の隠岐より脱出して帰京した一三三三(元弘三)までの歴史を、仮名書きの編年体で記す。作者は不明であるが、二条良基とする説が有力。十七巻本と、十九もしくは二十巻本の、二系統の伝本が伝わり、前者が古本で後者は加筆改編された増補本とされる。『大鏡』にはじまる「鏡物」の最後の作品。『日本古典文学大系』八七所収。

参考文献　池田亀鑑『古典の批判的処置に関する研究』第二部、一九四一、岩波書店。松村博司『歴史物語(改訂版)』(『塙選書』一六、一九七九、塙書房)。 （三枝　暁子）

ますだしじょうかんあと　益田氏城館跡　豊富な中世文書を伝えた石見国最大の武士団益田氏の南北朝時代から戦国時代にかけての城館跡。島根県益田市所在。国指定史跡。平地居館の三宅御土居《みやけおどい》と、山城の七尾城《ななおじょう》からなる。一六〇〇年(慶長五)の関ヶ原の戦の後、益田元祥《ますだげんしょう》が長門国須佐へ移住し、廃絶した。益田氏は本姓藤原氏を称し、石見国衙の在庁官人として益田平野とその周辺部の開発を進め、これを摂関家に寄進して十二世紀中ごろに益田荘が成立した。藤原氏の惣領家が益田荘の荘官に任じられ、支配拠点を石見国府地域(中世伊甘《いかみ》郷、現在の浜田市上・下府町)から益田郷に移して以来益田氏を称し、中世の全時期を通じて石見国内で大きな勢力を保持した。三宅御土居は、十四世紀後半に築造されたといわれ、一五八三年(天正十一)ごろに改修された記録が残る(『益田家文書』)。居館跡の大部分を寺院境内地が占め、館跡の両端に土塁が現存する。発掘調査によって館内で掘立柱建物跡や井戸跡、周囲で堀跡が発見されている。七尾城は急峻な丘陵上に築かれた全長六〇〇メートルに及ぶ山城で、曲輪群、畝状空堀群、井戸跡などが残るが、石垣は築かれていない。十四世紀前半に「北尾崎木戸」が三隅氏に攻撃された記録(『益田家文書』)があり、その後、一五五一年(天文二十)の陶隆房の挙兵に深く関わり、毛利氏との緊張が高まる中で益田藤兼《ふじかね》が改修したといわれる。主郭部の発掘調査によって主殿、庭園を備えた会所、瓦葺きの櫓門、倉庫などの礎石建物跡が発見され、十六世紀中ごろから後半にかけての遺物が豊富に出土した。多量のかわらけは主従間の儀礼を裏付けるもので、遺構と遺物の両面から領主の藤兼が城内に居住していたことが確実となった。藤兼・元祥父子は、一五八三年ごろに下城し、三宅御土居に再び居を移した(『益田家文書』)。医光寺総門(県指定有形文化財)は、七尾城の大手門と伝えられる。

↓三宅御土居《みやけおどい》

参考文献　益田市教育委員会編『七尾城跡・三宅御土居跡』、一九九八。 （木原　光）

ますだのいけ　益田池　大和国高市郡に造営された平安

時代前半の灌漑用の池。奈良県橿原市久米町から白橿町にかけて所在したと推定される。ニュータウン開発に伴い、堤の一部が残るのみで現存しない。高取川が奈良盆地に出たところを堰き止めて池とする。面積は四〇ヘクタールといわれる。造営過程は、空海によって撰述された「大和州益田池碑銘並序」で知ることができる。八二二年(弘仁十三)、藤原三守・紀末成らを指導監督として、旱魃への備えと用水確保のため造営を開始、八二五年(天長二)に完成した。一九六一年(昭和三十六)に発見された樋管は長さ約五・七メートル、幅約一・二メートル、高さ〇・七メートルで、檜の一木をU字型に刳りぬく。一九八二年に残存していた堤の発掘調査が行われ、現状において基底幅約二八メートル、高さ約九・一メートルであることが明らかとなった。律令国家の灌漑用水事業を知るうえで重要な遺跡。現在、堤の一部は公園として整備されている。

資料館 奈良県立橿原考古学研究所附属博物館(奈良県橿原市)

参考文献 亀田隆之「大和益田池の造営工事」(『日本古代治水史の研究』所収、二〇〇〇、吉川弘文館)。泉森皎「益田池の考古学的研究」(『橿原市千塚資料館館報』一所収、一九七九)。 (林部 均)

ますだのいわふね　益田岩船　奈良県橿原市南妙法寺町の貝吹山東峰の頂上付近にある巨大な石造物。花崗岩製の巨石(東西一一メートル、南北八メートル、高五メートル)の上面には、一・六メートル幅の溝がほぼ東西方向に彫られており、その中央に正方形の穴(一辺一・六メートル、深さ一・三メートル)が二つ並んで彫り込まれている。石造物の側面には、縦溝や横溝、およびその両者が組み合う格子状の溝が残されており、石材加工技術の一端がうかがえる。平安時代に築堤された灌漑用ため池「益田池」の造池記念碑の台石との憶説からこの名がつけられたが、現在は石室未完成品廃棄説が有力である。すなわち南五〇〇メートルには牽牛子塚古墳《けんごしづかこふん》があるが、その埋葬主体である東西二室を有する石室構造が本例と酷似することから、本例が第一次的な石室材であったとする理解である。本例の方形穴底部には大きな亀裂が走っており、それが廃棄の原因か。硬質な花崗岩の加工をあきらめたのか、牽牛子塚古墳の石室はより加工の容易な凝灰岩製である。

参考文献 奈良国土文化財研究所飛鳥資料館編『あすかの石造物』、二〇〇〇。 (黒崎 直)

まちだひさなり　町田久成　一八三八―九七　明治時代の官僚、博物館行政の先駆者。一八三八年(天保九)正月、薩摩国日置《ひおき》郡石谷《いしだに》(鹿児島県日置郡松元町)の薩摩藩の名家に生まれる。父は町田久長。昌平黌《しょうへいこう》などに学び、イギリス留学を経て、明治維新後政府に出仕した。一八六九年(明治二)外務大丞となり、集古館建設を建議し、大学大丞を経て一八七一年に文部省設置により文部大丞となり、新設の博物局を統轄した。一八七二年には、翌年に開催されるウィーン万国博覧会の博覧会事務局御用掛となり、その準備もかねて同年三月から湯島聖堂で博覧会を開催し、これが東京国立博物館の出発点とされる。また同年には正倉院など近畿・東海地方の社寺宝物調査を行い、近代的な文化財調査の端緒を開いた。その後博覧会事務局が内務省所管に移り、一八七五年に内務省第六局長(のち博物館長、博物局長)となり、上野に博物館建設をすすめ、竣工後の一八八二年博物局長を辞任。一八八五年元老院議官となったが、同年辞職し、僧侶となり、のち園城寺塔頭光浄院住職、僧正に任じられた。一八九七年九月十五日没。六十歳。

参考文献 東京国立博物館編『東京国立博物館百年史』、一九七三、第一法規出版。 (中村 順昭)

まちや　町屋　都市や町場の商人・職人すなわち町人たちが居住する建物をいう。これらは居住だけではなく、店舗や作業場としても利用されることが多いが、居住専用の町屋もある。そうした町屋は近世では仕舞屋《しもたや》と呼ばれるようになる。一般には、町人たちが一定区間の街路の利用を核に地縁的な共同体を形成したことに照応して、町屋は街路に沿って線形に集合する場合が多い。街路をはさんでその両側に町屋が展開するかたちを両側町と呼び、街路の片側だけに展開するかたちを片側町あるいは片町と称する。たとえば、京都においては、こうした町屋の集合的展開をもって、古代的都市空間から中世的都市空間への転換があったと考えることができる。中世の絵巻物などの図像史料をみると、その建築形式には地域差もあるが、個々の町屋は板葺・切妻の小規模な平屋の建物で、街路に対しては戸口や窓などの開口部をもち、内部には土間と板敷部分とが設けられるといった例が多い。その後、町人社会の発展とともに町屋の形式も発達した。戦国時代の京都の景観を描いた「洛中洛外図屏風」

町屋(「洛中洛外図屏風」より)

町屋　駿河町三井呉服店（『江戸名所図絵』より）

には二階建の町屋もみえる。一部の町屋が大規模化・壮麗化していったことの到達点として、近世初期の江戸・大坂・京都などで建てられた、三階櫓をもつ町屋がある。十七世紀なかばになると、町屋に対する建築規制が変化し、これらの城郭風の町屋は姿を消す。その後の巨大城下町においては、人口過密に対応して、街路に面した表側の部分だけでなく、その裏手にも町屋が建てられていく。裏店《うらだな》と呼ばれるこうした町屋は主に都市民衆の生活の場となった。一方、有力な大商人の場合は、裏店を作らずに土地区画の表側と裏側とを併せて敷地とする巨大な町屋を建てる場合があった。あるいは、隣接する複数の土地区画にまたがる町屋が彼らによって作られることもあった。こうした巨大な町屋も、身分支配にもとづく建築規制の範囲内において建てられていて、その巨大さをのぞくと、一般の町屋の建築様式から大きく隔たった外観はもたないのが普通である。

参考文献　高橋康夫他編『図集日本都市史』、一九九三、東京大学出版会。　（小林　信也）

まちわり　町割　町を設けるために都市計画によって土地を区切ること。都市プランを意味するほか、個々の町の地割を指す場合の両義がある。両義ともに都市が都市の主催者によって計画的に設定されたことを前提としている。都市プランについては歴史地理学の分野を主として研究がなされ、矢守一彦の研究が著名。矢守は惣構えや街道のあり方を基準にして、戦国時代から江戸時代に至る城下町を、戦国期型・総郭型・内町外町型・郭内専士型・開放型に分類した。しかし近年においては、町割の語は後者の行為を意味して使用することが多い。個々の町を設定するに際、計画された道および住居部分の街区を実際の地面に割り当てる。これに際しては山や天守などの地物を見通して、実際の土地に線引きがされた。軸となる幹線道路を設定し、その上で直行する街路を引き、地割・屋敷割を行う。この行為を指す。設定された街区には正方形と長方形がある。正方形は京都の街区とされ、通常の城下町では長方形街区であった。個々の屋敷割については商職人の居住地とされる短冊型地割が注目されている。また都市の設計に際しては基準竿としてどのような数値が使用されたかが問題とされている。基本寸法としては「尺」と「間」があり、間には六・五尺間（京間）・六尺間（田舎間）と六・三尺間（中京間）がある。考古学では町割に関する具体的な検討が一乗谷《いちじょうだに》朝倉《あさくら》氏《し》遺跡（福井市、国指定史跡、特別名勝）で行われている。調査地内では谷を縦貫する南北に幹線道路を通し、この道路から東西幹線道路を通して道路網を廻らす。この際に基準となる寸法は間口三〇メートル《メートル》が基本とされている。基準竿については六・五尺間とする説と尺もしくは丈（＝十尺）とする説がある。また、町割には、江戸時代の城下町に見られるような武家地・町人地・寺社地などの職層による住み分けの問題もある。江戸では身分による住み分けが明確にされており、城下町の展開の視点となっている。

参考文献　玉井哲雄『江戸―失われた都市空間を読む―』（『イメージリーディング叢書』、一九八六、平凡社）。小野正敏『戦国城下町の考古学―一乗谷からのメッセージ―』（『講談社選書メチエ』一〇八、一九九七、講談社）。吉岡泰英「一乗谷の都市構造」（『環日本海歴史民俗学叢書』一一所収、二〇〇三、高志書院）。　（齋藤　慎一）

まつえじょう　松江城　宍道湖の北東岸、標高二八メートル《メートル》の亀田山に築かれた江戸時代の平山城。別名千鳥城。中世末次城のあった場所という。島根県松江市殿町に所在。国指定史跡。関ヶ原合戦後、出雲国に移封され富田城に入った堀尾吉晴が一六〇七年（慶長十二）に築城に着工し、一六一一年に完成した。縄張りは『太閤記』の著者小瀬《おぜ》甫庵《ほあん》が担当。堀尾氏は吉晴、忠氏、忠晴の三代、ついで京極忠高一代、そして徳川家康の孫松平直政が一六三八年（寛永十五）信州松本から入部。松江藩（出雲藩）は一八万六千石。以後松平氏の十代定安まで居城とした。縄張りは本丸、二ノ丸、三ノ丸などからなる。本丸に高さ三〇メートル《メートル》、五層六階、付櫓のある本瓦葺き望楼式天守閣がある。内部に大井戸があり、二層目までは黒下見板張り、各所に袋狭間があり、内部階段は桐材で実戦向きの造り。柱は鉄輪による寄せ木柱。周囲に多聞で連絡した祈禱櫓、武具櫓など六ヵ所の櫓がつくられた。本丸の南、二ノ丸には御書院、御月見御櫓、上御臺所など藩主の私的な御殿が並び、この東には儀式や藩主が政務をとる御広間、御式臺、南櫓、中櫓、太鼓櫓、番所などがつくられていた。本丸の東にある二ノ丸下の段は米蔵、大手門、馬溜、井戸など。三ノ丸は四方を堀で囲まれ、三代綱近からの居館となった（現在島根県庁）。遺構復元や石垣修理などに伴い、武具櫓跡、二ノ門脇石垣、二ノ丸の御殿跡、井戸跡、南・中・太鼓の各櫓跡、二ノ丸下の段の米蔵、大手門跡、馬溜、堀沿いの石垣などの発掘調査が実施されている。出土遺物は瓦類、染付など陶磁器などがあり、軒丸瓦、軒平瓦は各十類に分類されている。石垣には幾度かの変遷がある。堀は内堀、外堀などがあり、さらに大橋川などが周囲を囲み天然の要害をなしている。松江城の絵図史料には「松江城縄張図」、「松江城正保年間絵図」、文献史料に「竹内右兵衛書付」、『御城内惣間数』などがある。松江城の史跡整備は二ノ丸に南櫓、中櫓、太鼓櫓が復元され、二ノ丸下の段には井戸館の復元や米倉遺構の整備がされている。城の整備過程や城下町の調査は今後の課題。

参考文献 河井忠親『松江城』、一九七七、松江今井書店。島根県教育委員会『島根県文化財調査報告』一〇、一九七五。『日本城郭大系』一四、一九八〇、新人物往来社。松江市教育委員会『史跡松江城整備事業報告書』、二〇〇一。内藤正中編『図説島根県の歴史』、一九九七、河出書房新社。

(勝部 昭)

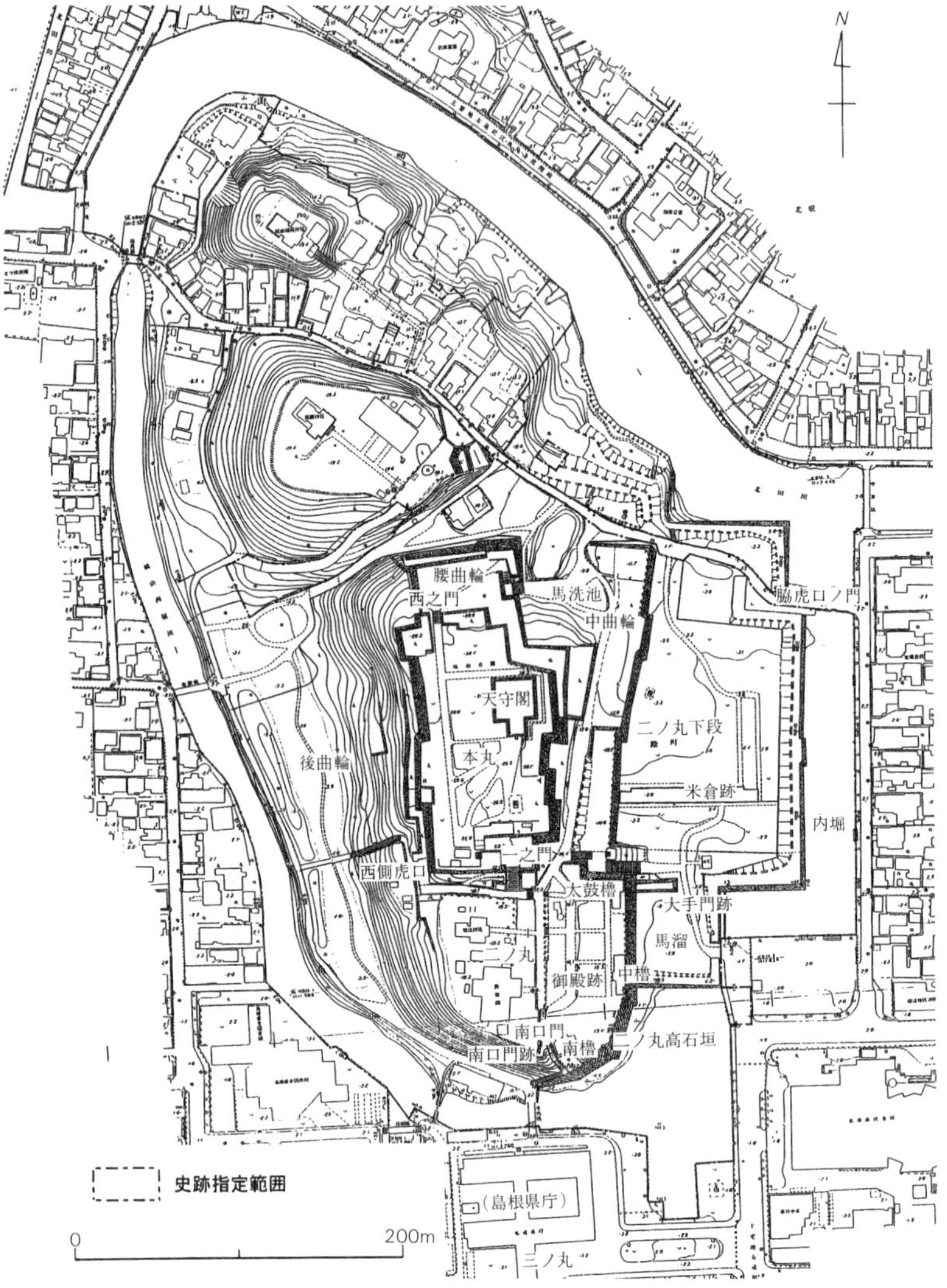

松 江 城 図

まつおでら 松尾寺 大阪府和泉市松尾寺町の丘陵部にある寺院。『日本往生極楽記』に初見。念仏者尋祐《じんゆう》の道場であり、里人の集会の場でもあった。十二世紀後半には関東祈禱所になっており、十三世紀には「公家仙院法親王」の祈願所に寄進され、金堂観音堂の隣に真言の灌頂《かんじょう》堂《どう》が建立される。天台浄土教と真言密教を兼修する一山《いっさん》寺院《じいん》として成長し、松尾川流域の春木庄《はるきのしょう》を寺領とする。南朝の祈禱所、さらに室町幕府の祈禱所ともなり、十五世紀には興福寺大乗院や延暦寺西谷《にしだに》との本末関係を確認。一五八一年(天正九)に織田信長により破却《はきゃく》、所領を糾明されるが、文禄検地で朱印地・除地・年貢地を与えられ、慶長ごろに本堂再建。領主は幕府から元禄期に下総関宿《せきやど》藩《はん》にかわる。境内に百姓の村である松尾寺村ができ、子院十二院のうち四院、百姓三十二人のうち五人が高持ちであとは無高。明治時代の廃仏毀釈《はいぶつきしゃく》では寺院を強調してまぬがれ、現在は天台宗、本尊如意輪《にょいりん》観音、子院は宝瓶《ほうびょう》院《いん》と明王院《みょうおういん》の二院。松尾明神祭《みょうじんさい》が古式により毎年行われている。重要文化財の孔雀経《くじゃくきょう》曼荼羅図や大阪府指定文化財の松尾寺文書などがある。

参考文献 山下有美「古代中世の寺院社会と地域」(『歴史評論』六二三、二〇〇二)。塚田孝「近世・寺院社会の地域史」(同)。和泉市史編さん委員会『松尾寺所蔵史料調査報告書』(『和泉市史紀要』三、一九九九)。大澤研一「松尾寺の歴史」(同所収)。和泉市史編さん委員会『松尾寺地域の歴史的総合調査研究』(『和泉市史紀要』五、二〇〇〇)。

(山下 有美)

まつがおかかいこんじょう 松ヶ岡開墾場 明治初年に、荘内平野の鶴岡東方で行われた旧荘内藩士による殖産のための開拓の史跡。山形県鶴岡市羽黒町所在。戊辰戦争で降伏した荘内藩は、一八七一年(明治四)の廃藩置県で酒田県(のち山形県)となり、県庁幹部(旧藩家老)の菅実秀らは西郷隆盛の指導のもと、藩士の救済や殖産のため大規模な開拓を行なった。一八七二年、旧藩士三百六十人が刀を鍬にかえ荒れ地三万坪を一ヵ月ほどで開墾、ついで士卒三千余人で月山山麓の山林百余町歩を五十八日で開墾した。困難な事業に脱落者もあったが、現地の経塚山麓に開墾の本部として藤島村本陣を移築し、旧藩主酒井忠発の命名で松ヶ岡を称した。翌年から茶・桑の生産を始め、さらに二百四町歩の山林原野を拓いて、新政府からも賞賜された。一八七四年から本陣のとなりに群馬県式の大蚕室を築きはじめ、のち計十棟の蚕室群を築いた。西南戦争では政府ににらまれ、県からの支給金が途絶えるなか、規模を一部縮小しつつ事業を継続した。一八八七年には鶴岡に製糸工場を設けて生糸生産を始めるが、その後は次第に水田経営に重点を移した。今も二二五万平方メートルの開墾地を保ち、開墾士族の子孫が協力して水田・畑などの経営を継承している。経塚周辺には、本陣、一番―五番蚕室、蚕業稲荷神社などの建物群が明治初年の面影をそのままとどめており、その中心部が国史跡に指定されている。

資料館 松ヶ岡開墾記念館(山形県鶴岡市)

参考文献 田中正造編『松ヶ岡開墾事歴』、一九二九、松ヶ岡開墾場。武山省三『松ヶ岡開墾百年の歩み』、一九六八、丕顕会。 (佐藤　信)

まつかつ　靺鞨　中国東北部から朝鮮半島北部、ロシア沿海地方に居住していた民族。五六三年に、北斉にはじめて朝貢してその名を知られ、隋・唐時代には「靺鞨」と史書には記された。この「靺鞨」は、『尚書《しょうしょ》』などの中国古典にみえる「粛真」の後裔とされ、また五世紀後半に北魏に朝貢した「勿吉《もっきつ》」と同音異字と考えられる。『隋書《ずいしょ》』靺鞨伝によれば、粟末《ぞくまつ》・白山《はくさん》・伯咄《はくとつ》・安車骨《あんしゃこつ》・払《ふつ》涅《でつ》・号室《ごうしつ》・黒水《こくすい》の七部に分かれ、一部は高句麗《こうくり》に服属していた。七世紀末に渤海《ぼっかい》が誕生すると、多くの靺鞨諸部は八世紀末までに服属して府州制が施行された。ただ最も北方に位置した黒水靺鞨だけは、唐と結んで抵抗をつづけ、八世紀中ごろには渤海の支配下に入ったものの府州制が施行されることはなかった。今日、松花江・黒竜江・牡丹江の流域には、五―十世紀の勿吉・靺鞨の遺跡が分布するが、中国ではこれを同仁文化、ロシアでは靺鞨文化と呼んでいる。

参考文献 菊池俊彦「靺鞨文化と同仁文化」(『北東アジア古代文化の研究』所収、一九九五、北海道大学図書刊行会)。日野開三郎「靺鞨七部考」(『日野開三郎東洋史学論集』一五所収、一九九一、三一書房)。 (酒寄　雅志)

まつさかじょう　松阪城　三重県松阪市殿町にある安土桃山時代から江戸時代の城跡。一五八八年(天正十六)に南伊勢の大名蒲生氏郷《がもううじさと》が築城したとされる。その後、服《はっ》部《とり》一忠《かずただ》、古田重勝《ふるたしげかつ》が入り、一六一九年(元和五)には紀伊徳川藩の支城となった。一九八九(平成元)・九〇年度に天守台と本丸上段の発掘調査を行なった結果、天守台で大規模な集石遺構が確認されたほか、「天正七年」のヘラ描きのある軒平瓦、鬼瓦、金箔瓦のほか多数の瓦、釘隠しなどの金属製品、十六世紀から十七世紀半ばまでの土師器・陶器が出土した。「天正七年」銘の瓦については、田丸城《たまるじょう》(三重県度会郡玉城町)や松ヶ島《まつがしま》城(松阪市)で使用されていたものが持ちこまれた可能性がある。一九五二年(昭和二十七)に三重県史跡に指定されている。

参考文献 松阪市教育委員会編『松阪城本丸跡上段発掘調査報告書』、一九九二。 (竹田　憲治)

まつざきてんじんえんぎえまき　松崎天神縁起絵巻　紙本著色の絵巻。全六巻。山口県防府天満宮所蔵。重要文化財。天神縁起絵の異本。第六巻奥書などにより同社に所蔵される経緯と、本絵巻の成立が一三一一年(応長元)前後であったことが知られる。内容は、北野天満宮(京都府)の縁起『北野天神縁起絵巻』の諸本・丙類と、別個の利生譚二編、防府天満宮(防府松崎神社)の創立譚からなる。本絵巻には二つの注目される場面がある。第一点は巻三、九三〇年(延長八)六月二十六日の清涼殿落雷の場面。本絵巻では紫宸殿南端の殿上間が、南上方からの俯瞰で、非常に正確かつ詳細に描かれている。類例の少ない構図であり貴重である。なお一連の天神縁起絵では建築としての清涼殿を正確には描写せず、東庭の漢竹・呉竹を描くことで天皇の居所＝清涼殿を示す傾向にある。第二点は北野社造営(巻四)、松崎社造営(巻六)の各場面で、両者とも造営のプロセスが明瞭に描かれている。特に後者では、牛の牽く荷車から建築用部材が降ろされている場面があり、不明な点の多い荷車の構造や牛と荷車の結合部分の描写が精細である。また、両造営の場面では、建築用の工具・道具類、部材を含め、その加工された状態や形状など貴重な画像が数多く見受けられる。

参考文献 『続日本絵巻物大成』一六(一九八三、中央公論社)所収。奈良国立博物館監修『社寺縁起絵』、一九七五、角川書店。谷信一「松崎天神縁起絵巻に就て」(『国華』四九〇、一九三二)。 (佐多　芳彦)

まつしろじょう　松代城　長野市松代町にある城郭。海津城ともいう。国史跡「松代城跡附新御殿跡」。松代城は当初は海津城といい、川中島合戦に際し、武田信玄が北信濃攻略の拠点として築いたものである。信玄は一五五六年(弘治二)、真田幸綱(幸隆)らに命じて雨飾城を攻略し、幸綱・小山田昌行らに守らせた。その後、千曲川のほとりに平城を築き、春日虎綱(高坂弾正忠)に守らせたが、これが起源である。築城の年代は明確でないが、一五五七年ごろから始め、一五六一年(永禄四)の信玄・上杉謙信が激突した第四回の川中島合戦のころには完成したと考えられ、武田軍の根拠地となった。一五八二年(天正十)の武田氏滅亡後、織田信長の家臣森長可が城主となったが、信長の死後上杉景勝の手に属し、村上景国・上条義春・須田満親らが相ついで城将となった。一五九八年(慶長三)景勝に代わった田丸直昌、森忠正のころに城を拡張した。本丸は当初土塁であったが、田丸直昌によって石塁が築かれたといわれている。一六二二年(元和八)真田信之が上田城から移って以後、真田氏十代が城主として続き、明治維新に至った。海津城の呼称は一六〇三年、松平忠輝が「松城」と改め、真田幸道の一七一三年(正徳三)、「松代」と改めた。外郭は現在の松代市街地の大部分を含む壮大なもので、本丸・二ノ丸・三ノ丸・花ノ丸で構成されていたが、現在は本丸跡が残る。石塁は正方形で、内寸七二・四メートル、高さ三・七二メートル、南北中央に枡形が、東北の隅にも大枡形があった。本丸には一七六五年(明和二)まで本丸御殿があったが、御殿が花ノ丸に移って以降、櫓門などが残った。一九九五年(平成七)度から本丸太鼓門・北不明門の復元と本丸石垣・内堀・二ノ丸土塁の整備工事を実施し、二〇〇四年四月から公開している。なお、新御殿(旧真田家別邸)は、一八六二年(文久二)、参勤交代の廃止に伴って、江戸から松代に帰った藩主の義母のために、御用屋敷を増改築したものである。敷地面積約二千六百坪(約八五八〇平方メートル)、建坪約五百坪で、入り口の冠木門の両側に中間長屋二棟、邸内に土蔵七棟が建ち、真田家伝来の宝物を収蔵している。松代城と新御殿は一九八一年(昭和五十六)に国史跡となった。

参考文献 『長野市誌』三・四、二〇〇三。『新訂長野市の文化財』、一九九一。 (福島　正樹)

まつしろだいほんえいあと　松代大本営跡　長野市松代町に予定された戦争末期の大本営跡。善光寺平の南東端の象山《ぞうざん》・舞鶴山・皆神山《みなかみやま》に三ヵ所の地下壕が遺存する。アジア太平洋戦争末期に陸軍が極秘裏に「松代倉庫工事」と称し、本土決戦に備えて東京の大本営と天皇の御座所の地下疎開施設を構築した。一九四四年(昭和十九)十一月に着工し、地下壕と半地下建造物の建設を予定し、建設会社の労務者とともに、強制連行を含む延べ七千人の朝鮮人が動員された。地下壕の構築は発破工法で、過酷な労働条件で行われたので、多くの犠牲者が出た。壕の延長一〇キロ、工程の七〇%が進んだところで一九四五年八月敗戦となり、工事は中止された。戦後高校生の呼びかけから松代大本営の調査と保存運動が始まり、象山地下壕が一九九〇年(平成二)から公開され、年間十三万人が見学する戦争遺跡となっている。壕内からハングルの落書やダイナマイトの遺物が発見されている。民間団体が史跡指定と平和祈念館設立を目指している。

参考文献 松代大本営の保存をすすめる会編『フィールドワーク松代大本営―学び・調べ・考えよう―』、二〇〇三、平和文化。 (十菱　駿武)

まつしろはんしゅさなだけぼしょ　松代藩主真田家墓所　長野市松代町松代にある曹洞宗の名刹長国寺は、その起源は真田家の初代幸隆が一五四七年(天文十六)に小県郡真田の地に寺を建立し、長谷寺としたことにある。一六二二年(元和八)、真田信之が松代に移封されたとき上田から松代城下に移し「長国寺」とした。真田家の菩提寺であり、幸隆以下、同家歴代の墓や霊屋がある。墓所の面積八〇〇平方メートル、霊屋の裏に接し、白土塀に囲まれて立地している。墓碑は宝篋印塔二十一基、地蔵型碑二基のほか十二基の献燈が整然と並んでいる。特に初代松代藩主真田信之の墓には石の鳥居が加えられている。墓碑のある歴代の藩主は、信之にはじまり、信政・幸道・信弘・信安・幸弘・幸専《ゆきたか》・幸貫《ゆきつら》・幸教・幸民《ゆきもと》ら十代である。このほかに真田家中興の祖であり信之の祖父にあたる幸隆、その長子の信綱、信之の父昌幸、信之の弟の幸村とその子の幸昌らの供養塔が建てられている。一九八七年(昭和六十二)に国史跡となった。

参考文献 『新訂長野市の文化財』、一九九一。 (福島　正樹)

まつだいらさだのぶ　松平定信　一七五八―一八二九　江戸幕府老中。白河藩主。田安宗武の第三子、八代将軍徳川吉宗の孫として、一七五八年(宝暦八)十二月二十七日江戸に生まれる。一七七四年(安永三)、白河藩松平定邦の養子となり、一七八三年(天明三)、同十一万石を襲封、一七八七年、老中へ任ぜられ、一七九三年(寛政五)、同職を辞するまで、いわゆる三大改革の一つ、寛政の改革を主導する立場にあった。天明大火(一七八八)後の内裏造営へも関わっている。『宇下人言』をはじめ多くの著作を手がけるとともに、『寛政重修諸家譜』『徳川実紀』など幕府編纂事業の緒を開き、『集古十種』などの編纂、『ハルマ和解』『ドドネウス和蘭本草書』などの翻訳、『白河風土記』などの編纂へも関わっている。絵画・書道へ通じ、自画像(鎮国守国神社蔵)を伝える。小峰城下の南湖(国史跡・名勝、福島県白河市)は、一八〇一年(享和元)、四民共楽の場として開かれたもので、近代公園の先駆的存在と評される。白河関跡(国史跡、福島県白河市)の考証へも取り組み、一八〇〇年、「古関蹟」の碑の建立へ至っている。一八二九年(文政十二)五月十三日没。七十二歳。墓(国史跡、東京都江東区)は霊岸寺境内にある。

白河関の碑

→集古十種《しゅうこじゅっしゅ》　→南湖公園《なんここうえん》

参考文献 渋沢栄一『楽翁公伝』、一九三七、岩波書店。 (藤尾　直史)

まつのおたいしゃ　松尾大社　京都市西京区嵐山宮町の山麓に鎮座する神社。もとは松尾神社と称し、全国松尾神社の総本社。背後の松尾山は巨大な磐座《いわくら》のある神体山。平安京造営以前に山背《やましろ》盆地に大きな勢力を持っていた渡来系氏族、秦《はた》氏の祀った神社。『古事記』上にはこの神社の祭神の大山咋《おおやまくい》神が葛野《かどの》の松尾に鎮座することが記される。また、七〇一年(大宝元)に社殿が造営されて、秦氏が奉仕し、七三〇年(天平二)大社となったという記録(『江《ごう》家《け》次第《しだい》』松尾祭)もある。桓武天皇は長岡京遷都にあたってこの神社を従五位下に叙位し、平安時代以降は王城鎮護の神として東の賀茂社と並び崇められた。『延喜式《えんぎしき》』で名神大社となり、二十二社の一つともなった。中世以降は酒の神としても崇拝され、全国に多くの社領を有して繁栄し、現在も京都市街地の広い範囲が氏子区域となっている。境内は広く、本殿は一五四二年(天文十一)の建《こん》立《りゅう》で重要文化財。その他、江戸時代の宝庫、拝殿、回廊、楼門などの建造物がある。平安時代の木造神像三軀は神像彫刻の優品で重要文化財に指定。また、平安時代以来の多数の古文書が伝わり、貴重な史料となっている。毎年四月の松尾祭は有名で、境外摂社の月読《つきよみ》神社も『続日《しょくに》本紀《ほんぎ》』大宝元年四月丙午条などにみえる古社。

（磯野　浩光）

まつのりがわほくがんいせき　松法川北岸遺跡　北海道東部の知床半島の羅臼《らうす》町に所在するオホーツク文化の集落遺跡。扇状地状に広がる標高約六メートルの沖積低地に立地。国道改良工事に伴い町教育委員会が一九八二年(昭和五十七)に一部を調査。十五個の竪穴の一部を検出したが、粘土紐の貼付文土器を出土した十二号・十三号竪穴に伴って多量の木製品が出土し、オホーツク文化の内容を再考させるきっかけとなった。その中でも圧巻はクマの頭部をもつ大型の注口木器である。使用時にはクマは倒立し、喉から口にかけて注口になっている容器で、口縁部にはシャチ(アイヌ社会ではレプンカムイ＝沖の神)を記号化した印が表現され、クマ(キムンカムイ＝山の神)とともに位の高い神を同一容器に表現した稀有な例である。他に椀・蓋・皿・把手つき容器・中型槽・樹皮容器・船と櫂のミニチュア品・匙・クマ頭部つき木鎖状品・矢筒・把手・筋子潰し具・弓などがあり、北方のニヴフ族との類似がみられる。

参考文献　涌坂周一・豊原熙司他『松法川北岸遺跡』(『羅臼町文化財報告』八、一九八四)。涌坂周一「羅臼町松法川北岸遺跡」(『考古学ジャーナル』三七一、一九九四)。

（宇田川　洋）

まつばらきゃっかんあと　松原客館跡　福井県敦賀市に所在するが、別宮神社や西福寺、来迎寺、現在の法務局、気比神宮の北側、中遺跡付近などの候補地があり、場所は未確定。『続日本紀』には七三二年(天平四)「初めて造客館司を置く」(原漢文)と、七五八年(天平宝字二)揚承慶以下二十三人の渤海使を越前国に滞在させたという記事があり、その間に治部省管轄の施設として敦賀津に配置されたと思われる。渤海からの正式な使節は三十四回であるが、客館の設置目的は、外国からの使節を一時留めおいてもてなすとともに監視、あるいは隔離し、都からの指示を仰ぎ国司や気比神宮司が検校することにあった。『扶桑略記』九一九年(延喜十九)に「松原駅館」とみえることから、平安時代には北陸道の松原駅家に併設されたとも考えられる。石川県の福良津にある能登客院や博多津の大宰府鴻臚館《こうろかん》(筑紫館)・摂津・難波津の高麗館・平城京の相楽館・平安京の鴻臚館なども同様の施設と考えられるが、すべてが迎賓館と一概にいえるかどうかについては今後の研究課題である。

参考文献　気比史学会編『松原客館の謎にせまる』、一九九四。水野和雄「越前敦賀の復権」(『敦賀市立博物館紀要』一四、一九九九)。

（水野　和雄）

まつまえしろあと　松前氏城跡　福山城跡と館城《たてじょう》跡からなる国指定史跡。福山城は松前城ともいい、北海道渡島半島の南端、松前町にあった一八五四年(安政元)完成の城で、日本式城郭最後の築城。松前郡松前町字松城《まつしろ》所在。館城は渡島半島の中部厚沢部《あっさぶ》町に松前氏が明治に造った同氏最後の本城。檜山郡厚沢部町字城丘所在。北海道における幕末・維新期の情勢や松前氏の歴史を示す史跡として、二〇〇二年(平成十四)福山城跡に館城跡を追加、一括指定された。松前氏は十五世紀中ごろ渡島半島日本海側南部上ノ国地方に勝山館を築いた武田(蠣崎《かきざき》)信広を初代とする。『新羅之記録』は信広は若狭武田氏武田国信の嫡子で、新羅三郎義光をその祖とする。一五一四年(永正十一)松前に進出した二代蠣崎光広は安藤氏の旧居館大館《おおだて》を徳山館と改め居した。一五九九年(慶長四)アイヌ語地名マトマナイ(女のいる沢)に由来する松前に改姓した五代慶広(初代松前藩主)は翌年徳山館の南に新城を築き、福山と名付けて移住し、以後藩政の拠点となった。一六一九年(元和五)大館にあった寺町などを移転、城下を整えた。福山城(下)と呼称されるが、陣屋ないし館とされた。松前氏は豊臣秀吉や徳川家康から安堵された蝦夷地における船役徴収権や交易独占権を基盤にする石高のない、蝦夷地(北海道)唯一の大名。初期、藩主は主要な地域を直領として交易船を派遣、上級家臣にも商場での交易権が知行として与えられた。十八世紀以降、商場の経営は商人へ委ねられる。福山城は出没する外国船に備えるため一八四九年(嘉永二)幕府から築城を命じられた松前氏が、翌年高崎藩士市川一学の縄張りにより着手、一八五四年に完成。本丸・二ノ丸・三ノ丸からなり、内堀・外堀・三重櫓・塀・柵・門土居などがあり、面積二万千三百七十四坪余(松前家本『御新城縄張調』)とされた。南、海に面する三ノ丸に作られた砲台七座などが時代背景を示す。一八七五年(明治八)三重櫓・本丸御門・同御殿などを除いて取り壊され、石材は波止場の築造に転用された。一九〇〇年本丸御殿解体。三重櫓は一九四九年(昭和二十四)焼失再建。現存する本丸御門は重要文化財指定。城域は一九三五年国史跡に指定され、一九七五・九六年度策定の保存管理計画書に基づき遺構確認調査と整備が進行中。遺構調査に基づき二ノ丸・三ノ丸内の天神坂門・搦手二ノ門・土居・櫓跡などの復元・整備を実施。館城跡は松前の北六〇キロ、海岸から一七キロの内陸に位置し、一八六八年クーデターで藩政を掌握した正義隊が主導し、人心一新、北上する戊申戦争戦線避難、農業重視への転換などから九月築城に着手、十一月三日藩主入城、同十五日旧幕府軍の攻撃で落城。一部遺構確認調査を実施したが、史跡指定を機に整備事業に着手すべく保存管理計画を策定中。松前は設計の市川一学が函館近郊への築城を提言したように、以前から城地不敵と指摘された地であり、福山城が完成した翌年には幕府の蝦夷地直轄に続いて五稜郭の建設が進められ、館城は藩内にあった石狩川流域や函館近郊への城地移転案に対し、江差商人の資金援助が奏功したともいわれるが、ともに時代に応え得る術はなかった。

資料館 松前城資料館(北海道松前郡松前町)・厚沢部町郷土資料館(檜山郡厚沢部町)

参考文献 『櫻鳥―厚沢部町の歩み―』、一九六九、厚沢部町。『江差町史』六、一九八三。『松前町史』通説編一上・下、一九八四・八九。

(松崎 水穂)

まつまえはんしゅまつまえけぼしょ 松前藩主松前家墓所 江戸時代北海道にあった唯一の藩、松前藩の歴代藩主、一族などの墓所。後代に作られた蠣崎季繁や初代武田(蠣崎)信広から六代盛広の墓をはじめ、十九代修広までの歴代当主の墓など五十基あまりがある。東に隣接して河野系松前氏の墓所がある。松前郡松前町字松城所在。一五一四年(永正十一)松前に進出した松前氏の前身蠣崎《かきざき》氏は大館《おおだて》に入ったが、一六〇〇年(慶長五)第五代(初代松前藩主)松前慶広は大館南の台地で新館の築造に着手、一六一九年(元和五)七代公広は大館周辺の寺町を福山館の北に移転した。墓所はこの寺町にある松前家菩薩寺曹洞宗法幢寺の境内、墓地の一角にある。墓所の形成年代は明らかではないが、先の寺町移転や公広(一六四一年(寛永十八)没)の墓が墓所内の中心的位置にあることから、公広代以降とされる。盛広から十七代崇広(一八六六年(慶応二)没)までの藩主の墓などの過半に屋形と称する石製の覆屋がかけられ、中に五輪塔、方柱型、宝篋院塔の墓石が納められている。覆屋の形態は、切妻造妻入りを最多に切妻造平入り、唐破風造反屋根などがあり独特の景観を作っている。また松前藩家老松前広長の建白により、第六代盛広以前の歴代当主らの墓石などを追建した寛政年中(一七八九―一八〇一)以降、その石材が越前笏谷石(緑色凝灰岩)から瀬戸内産花崗岩に変わることは、蝦夷地と本州を航行する北前船の大坂回航時期に関係するとされているが、松前産凝灰岩使用の可能性も指摘されている。一九八一年(昭和五十六)国史跡指定。

参考文献 遠藤明久・小林孝二「松前家藩公歴代の墓所」(『北海道の文化』四五、一九八一)。『史跡松前藩主松前家墓所保存修理報告書』、一九九〇、松前町教育委員会。

(松崎 水穂)

まつまえはんへきりちじんや 松前藩戸切地陣屋 一八五四年(安政元)神奈川条約の締結により、北方警備の重要性を再確認し翌年蝦夷地を直轄地とした幕府から、東北四藩とともに警備を命じられた松前藩が、函館近郊防備のため築いた陣屋。北斗市上磯市街の北北東四㌔、標高七〇㍍の台地上にあり、西から南は函館湾に注ぐ戸切地川に臨んで急崖をなし、北東に渡島平野が開ける。南東一二㌔に函館湾を介して、函館市街を望む。北海道北斗市字野崎に所在。野崎陣屋、穴平陣屋、清川陣屋とも。松前藩士藤原康茂の設計とされる(異説もある)。一八五四年六月着工、十月完成。上幅・高さ二間(三・六㍍)の土塁と、その外側の幅・深さ三間の空壕で作る、東西南北に稜を突き出す日本最初の西洋式「稜堡型城郭」「四稜郭」。東稜部に砲台部を突き出し、六門の砲を据える。東西三四九㍍・南北三一九㍍、面積九万八二〇九平方㍍。西稜部にも一門砲座があったとも。一八六八年(明治元)十月、旧幕府軍が鷲ノ木に上陸、陣屋近郊大野での戦闘に敗北した松前藩兵の放火により焼失した。一九六五年(昭和四十)国史跡指定、一九七〇・八七年追加指定。一九七九―八六年、一九九五年(平成七)・九六年史跡事業に伴う発掘調査を実施。備頭・目付詰所跡、諸士詰所跡、足軽詰所跡、表・裏門跡などの遺構を検出。また肥前・瀬戸産の陶磁器など多数の遺物が出土した。表・裏門の実物復元、陣屋内検出遺構の平面表示、土塁・空壕などの修復を終え、公開中。出土品の一部は北斗市総合文化センターかなでーるに展示。

参考文献 『日本城郭大系』、一九八〇、新人物往来社。『史跡松前藩戸切地陣屋跡郭内遺構概要確認調査報告』、一九八二、上磯町教育委員会。

(松崎 水穂)

まつもとじょう 松本城 長野県松本市にある城。松本市丸の内に所在する。本丸・二ノ丸および外堀以内は国史跡で、本丸の天守・乾小天守・渡櫓・辰巳付櫓・月見櫓は国宝に指定。前身は、一五〇四年(永正元)に当地を支配していた小笠原氏の武将であった島立氏が築いたといわれる深志《ふかし》城で、平地に築かれた方形館であった。現在の本丸の北辺や東辺が一直線の城壁となっているのは、

松本城天守

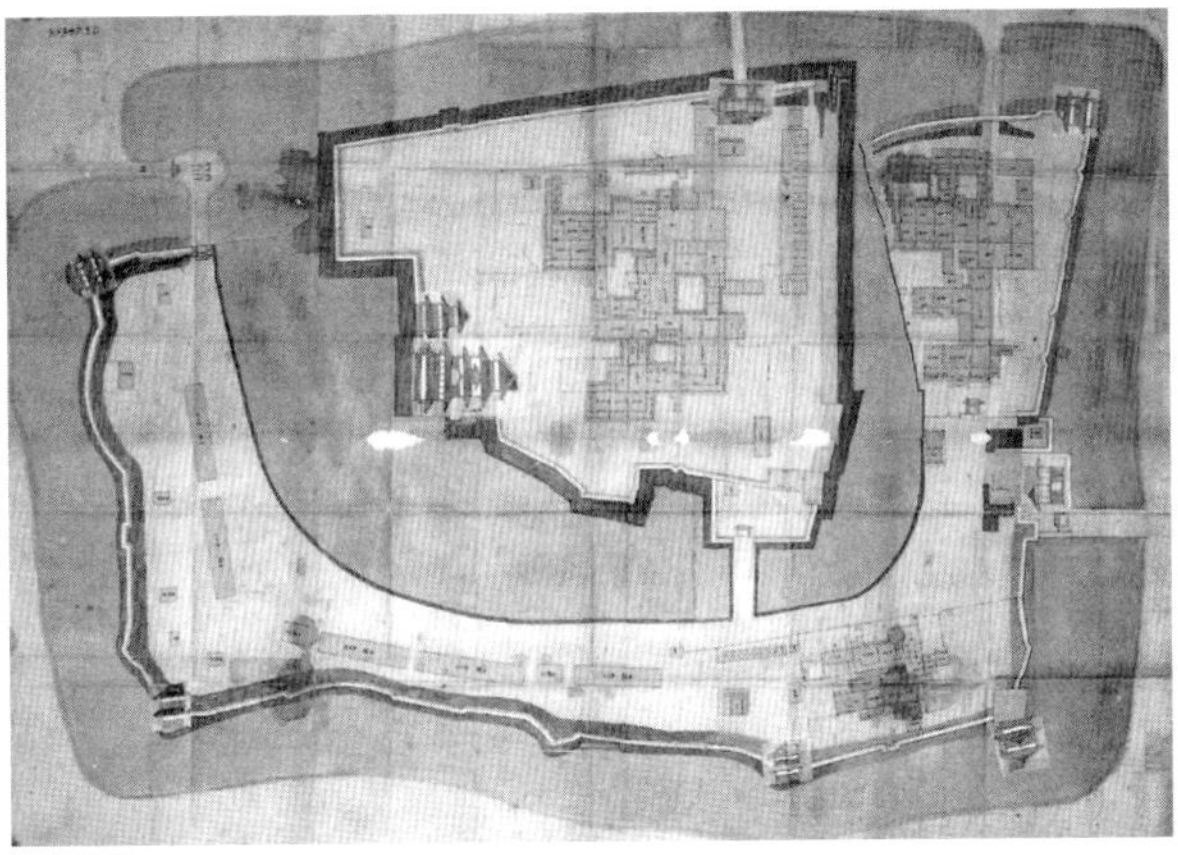

信州松本城之図

この方形館の形状を継承しているものと考えられている。一五五〇年(天文十九)の武田信玄の深志城攻略により武田氏の支配下になり、城域の拡大がなされたものと推定される。一五八二年(天正十)の武田氏滅亡後、旧領主の小笠原氏が入り、松本城と名を改めた。小笠原氏の後、一五九〇年石川数正が城主として入り改修を開始、子の康長もそれを受け継いだ。本丸の石垣化、天守(当初の天守は一五九三年ごろで、現在の乾小天守と推定)の創建などである。現在の五重天守の創建は石川氏改易後、小笠原秀政の時代の一六一五年(元和元)ごろと推定される。その後、戸田氏の支配を経て家康の孫である松平直政が城主となり、天守に辰巳付櫓と月見櫓を増築し、現在の天守群の形が成立した。松本城天守は、外観五重内部六階で、姫路城とともに全国で二基しか現存しない五重天守である。天守の北西(乾)には三重四階の乾小天守を建て、二重二階の渡櫓で結んでいる。天守の東南(巽=辰巳)には二重二階の辰巳付櫓を付け、その東に月見櫓を建てている。天守と乾小天守とは渡櫓で結ぶ連結式天守、天守と辰巳付櫓は直結する複合式天守である。これはほかに例がなく、複合連結式と呼ばれている。史跡内の調査としては二ノ丸の発掘調査と黒門の復元(一九六〇年)、太鼓門の発掘調査・復元(一九九九年)が行われ、また城下町の調査としては、三ノ丸の武家屋敷跡、伊勢町や東町の町屋跡など継続的な調査が行われている

参考文献 松本城保存工事事務所編『国宝松本城—解体調査編—』、一九五四、松本市教育委員会。『松本市史』二、一九九五。

(福島 正樹)

まつやまじょう 松山城 (一)岡山県高梁《たかはし》市の高梁川東岸にそびえる臥牛《がぎゅう》山一帯に存在する中世から近世の城郭。臥牛山は、北から大松山・天神丸・小松山・前山の四つのピークから構成される。そのうち、大松山・天神丸に中世城郭の遺構が残り、小松山は石垣造りの近世城郭に改築されている。承久の乱後入部した秋庭《あきば》氏が大松山に築城したのが最初との伝承がある。戦国時代は、備中支配の拠点として上野氏・庄氏・三村氏らが相ついで城主となり、その後、毛利氏の手に渡った。関ヶ原の戦後、一六〇〇年(慶長五)備中国奉行として入城した小堀正次が一部修築をすすめ、一六八三年(天和三)松山藩主水谷《みずのや》勝宗《かつむね》が小松山を天守閣や平櫓《やぐら》などを配した本格的な近世城郭に改築した。現在、二重の天守閣、その北にある二重櫓、三の平櫓東土塀が残存し、重要文化財に指定されている。また、高梁市によって本丸にあった建造物のほとんどが復元されている。国指定史跡。

参考文献 村田修三編『図説中世城郭事典』三、一九八七、新人物往来社。

(横山 定)

(二)松山市に所在。山上の本丸郭と山裾の居館が合体した平山城。松山平野の中央にそびえる勝山と呼ばれる独立丘陵の二、三の峰を削平し谷を埋め、標高一三二メートルの山頂に本丸が築かれた。築城は加藤嘉明によって一六〇二年(慶長七)に始められ、嘉明の会津転封後、一六二七年(寛永四)に城主となった蒲生忠知によって工事が引継がれた。二ノ丸の藩主屋敷はこの時代の創建と推定されている。一六三五年松平定行が藩主となって以後、十四代にわたり引継がれていく。本丸天守は築城当初は五層六重の威容を誇ったが、一六三九年松平定行はこれを三層三階地下一階の層塔型天守に改築した。一六八七年(貞享四)には松平定直により三ノ丸御殿が造られ、二ノ丸の機能を移した。なお二ノ丸から本丸の南端と西端にかけて登り石垣が構築され守りを固めている。嘉明は山麓の東・北・西の主要地点には重臣屋敷を、堀之内には中堅の家臣をそれぞれ配した。また城下町造りも同時に進められた。近年の調査によって二ノ丸跡が発掘され一部復元整備が行われている。また城の西山麓で、一六三五年の絵図にみられる松平定行随行重臣の一人水野甚左衛門か蒲生時代の家臣である岡山杢の屋敷地跡を発掘した。遺存状態はあまり良くなかったが、礎石建物の一部や水琴窟跡などが検出されている。堀之内の中堅家臣屋敷も一部調査され、「松山城下嘉永図」の幹線道路三本と十一区画の武家屋敷が該当した。廃棄土坑からは「戸田」「戸」「ト」などの墨書がみられる焼き物が出土しており、「戸田傳衛門三百五十石」屋敷地が絵図の通りであることが証明された。一方、二〇〇一年(平成十三)の芸予地震の影響で傷んだ石垣の修復が行われ、二ノ丸南面石垣の裏から横穴式石室の古墳が検出された。羨道部は削平されているが石室は盛土で埋められ丁寧に埋納されており、石垣普請に際して特別に気を使った様子がうかがえる。天守閣など二十一棟が重要文化財。城跡は国史跡。

参考文献 「松山城」(北野隆他編『復元大系日本の城』七所収、一九九三、ぎょうせい)。愛媛県埋蔵文化財調査センター編『若草町遺跡』II、一九九六。同編『史跡「松山城跡」内県民館跡地』、二〇〇〇。

(中野 良一)

まつやまにしぐちかんもん 松山西口関門 奈良県宇陀

市大宇陀区下茶にある。近世の陣屋町松山の西出入口の門。松山城の大手門にあたる。もと西口門、大手門、春日門があったが、この西口門だけ今に残る。屋根を持つ門としてはもっとも簡素化されたもの。角柱を二本立て、その上に冠木《かぶき》を置き、さらに腕木・桁を置いて切妻屋根を上げ、本瓦葺、また後方に控柱を立て本柱から繋貫を入れ、その上に同様の切妻屋根を上げている。城門らしくすべて黒塗とされていることから、通称黒門と呼ばれている。一六〇〇年(慶長五)福島正則の弟福島掃部守高晴が、伊勢長島から三万石でこの地に入部し、松山城下の建設に力を注ぎ、城下町の出入口として建築したもので、宇陀川から春日神社へぬける道に位置し、その付近には枡型が見られる。一九三六年(昭和六)に国の史跡に指定された。（吉井　敏幸）

まましきどき　真間式土器　千葉県市川市真間遺跡出土資料を標式とする土器型式。一九三六年(昭和十一)に杉原荘介によって設定された。杉原は一九三三―三五年に行なった市川市須和田遺跡の発掘調査で出土した土師器を真間式と呼び、その後南関東地方の土師器編年の中で鬼高式と国分式の間を埋める型式と位置づけ、飛鳥時代から奈良時代前期に属するものと考えた。坏・皿・高坏《たかつき》・甕《かめ》・甑《こしき》などの器種があり、盤状皿と長胴甕など特色的な器形のものが含まれるが、型式学的には鬼高式と連続しており、明瞭な境界を引くことはできない。坏や甕には地域色が濃厚にみられ、真間式の分布範囲を限定することは困難であるが、杉原は関東地方の型式ととらえていた。近年では古代の土器型式の細分化が進んだ結果、真間式土器の用語が使用される機会はほとんどなくなり、学史上の用語となった。

参考文献　杉原荘介『原史学序論』、一九四六、葦牙書房。（時枝　務）

まみやりんぞう　間宮林蔵　一七七五―一八四四　近世後期幕臣、北方探検家。諱は倫宗。一七七五年(安永四)常陸筑波郡上平柳村(茨城県つくばみらい市)の農家に生まれ、数学的才能を付近へ普請に来ていた幕臣に認められ、一七九〇年(寛政二)ごろ江戸へ出、村上島之丞に地理を学び、一七九九年村上の蝦夷地派遣に随行。翌年蝦夷地御用雇となり、蝦夷来訪中の伊能忠敬から測量術を学ぶ。一八〇三年(享和三)より蝦夷地測量に従事、一八〇七年(文化四)にはロシア人蝦夷地襲撃に遭遇する。一八〇八年と翌年に樺太方面調査でアムール川下流に達し、樺太が島であることを確認、その事跡はシーボルトによって間宮海峡として記録されることとなった。一八二二年(文政五)松前奉行廃止により江戸へ帰還、普請役。一八二四年房総御備場掛手附となり伊豆諸島などを調査。晩年は幕府隠密として密貿易摘発や、シーボルト事件に関わったとされる。一八四四年(弘化元)二月二十六日江戸で死去。七十歳。墓所は江戸本立院とつくばみらい市専称寺にある。著書に『東韃《とうだつ》地方紀行』(『東洋文庫』四八四、一九八八、平凡社)などがある。

参考文献　洞富雄『間宮林蔵』(『人物叢書』、一九八六、吉川弘文館)。（木村　直樹）

まやばしじょう　厩橋城　⇩前橋城《まえばしじょう》

まゆみのおか　真弓岡　奈良県高市郡の高取川の西に広がる小丘陵。現在の地名では、北から明日香村越、真弓、高取町佐田、森の東西一キロ、南北二キロほどの範囲を指すと考えられ、多くの終末期古墳が存在する。越には岩屋山古墳、牽牛子塚《けんごしづか》古墳、真弓には真弓鑵子塚《かんすづか》古墳、マルコ山古墳、佐田には束明神《つかみょうじん》古墳があり、森には宮内庁の指定する真弓丘陵《まゆみのおかのみささぎ》がある。『日本書紀』皇極天皇二年(六四三)に皇祖母命《すめみおやのみこと》(吉備姫王《きびつひめのおおきみ》)を「檀弓崗《まゆみのおか》」に葬るとあるが、『延喜式』諸陵寮ではその墓を「檜隈墓《ひのくまのはか》、在大和国高市郡檜隈陵域内」とし、明日香村平田に比定されている。『万葉集』などに、六八九年(持統天皇三)に薨じた草《くさ》壁皇子《かべのおうじ》を葬ったのが「真弓の岡」であると記す。その比定地には諸説あるが、一九八四年(昭和五十九)に発掘調査された束明神古墳が有力視されている。同古墳は、墳丘が三〇メートルほどの対角長をもつ八角墳と推定され、凝灰岩切石を家形に組み立てた横口式石槨《せっかく》をもち、その規模は長さ三・一メートル、幅二・一メートル、復元高二・五メートルと大規模である。出土した歯から被葬者が三十歳前後と推定されたことも、その根拠の一つとなっている。

参考文献　『明日香村史』、一九七四。（寺崎　保広）

マリアかんのん　マリア観音　潜伏キリシタンが祀り信仰した観音像。清代の中国福建省あたりから渡来した白磁や青磁の慈母観音像や子安観音像がサンタ＝マリアに仮託されて、禁制下の長崎浦上や西彼杵半島の外海《そとめ》、五島において信仰された。潜伏キリシタンの間にはマリア信仰が根強く浸透して定着していたことから、キリスト教の信仰を偽装するために慈母観音像がマリア像に、子安観音像が聖母子像に見立てられたようである。潜伏キリシタンやキリン類族の家で祀られていた。出所の明確なものだけがマリア観音と呼ばれるに相応しい。東京国立博物館には、一八五六年(安政三)の浦上三番崩れで長崎奉行所に没収されたマリア観音像四十点前後が保管されている。特に中野郷の帳方吉蔵が所有していた白焼仏立像一体は、「先祖共より持伝信仰いたし来候ハンタマルヤ」と称され逸品である。キリシタンの信仰道具の一つであり、キリシタンの遺物でもある。↓キリシタン遺《い》物《ぶつ》

参考文献　松田毅一『キリシタン―史実と美術―』、一九六九、淡交社。『東京国立博物館図版目録』キリシタン関係遺品篇、二〇〇一。（五野井隆史）

まるおかじょう　丸岡城　福井県坂井市丸岡町霞町の標高一七メートルの孤丘上に所在する平山城。柴田勝家の甥柴田勝豊は、はじめ一向一揆の拠点であった豊原寺に築城したが、翌一五七六年(天正四)、国神神社の鎮座地であるこの地に移城した。霞ヶ城とも称され、「一筆啓上、火の用心、お仙泣かすな馬肥やせ」でよく知られている。柴

丸岡城天守

田氏滅亡後は青山氏が在城し、一六〇一年(慶長六)結城秀康が越前北ノ庄城に入国すると家臣の今村氏、本多氏が在城。一六九五年(元禄八)には有馬清純が入封し、明治維新に至った。城下は、本丸・二ノ丸を巨大な内堀で囲み、四周の三ノ丸には外堀を廻らし、城下の北半分は侍屋敷、南半分は寺や町屋を主とした同心円状の城下町構造である。天守は、高さ六メートルの野面積石垣の上に建ち、二重三重の小天守で屋根瓦は越前特産の青石(笏谷石)で葺かれている。天守は、天正創建説、慶長十八年以降創建説、勝豊時代は一階の御殿風で本多時代に二・三階が増築されたとする説などがある。一九四八年(昭和二十三)の福井大地震で倒壊し七年後に再建された。日本の古い天守の一つに数えられている。

参考文献 吉田純一『ふくいの建築』(『野の花文庫』六、二〇〇二、福井県文化振興事業団)。 (水野 和雄)

まるおかはんほうだいあと 丸岡藩砲台跡 福井県坂井市三国町梶の梶浦に所在。この地は一六二四年(寛永元)福井藩領から丸岡藩領になり、漁業や廻船業に従事するものが多かった。幕末の一八五二年(嘉永五)、丸岡藩は異国船渡来に備えて沿岸防備のため当浦に砲台を築いた。砲台は前面を海に接し、後方の丘陵に連なるわずかな平地に位置し、外面は土作り、内面および側面は石積で、東西約三三メートル、高さ約一・八メートルの規模を有し、弓形に築かれている。砲眼は五個あり、北方に砲眼が向くように配置されている。なお、東から一つ目と二つ目の砲眼を繋ぐ壁面底には排水の溝が作られている。西側砲眼の内面下方の平石には「嘉永壬子(一八五二年)春二月随栗原氏之縄規築之 原貞熙 原貞睦 南常太郎 黒鍬長左衛門」の銘文が刻まれている。面積七七二・五六平方メートルの国有地が、一九三〇年(昭和五)八月に国史跡に指定されている。

参考文献 上田三平編『福井県史蹟勝地調査報告』二、一九二二、福井県内務部。 (水野 和雄)

まるがめじょう 丸亀城 香川県丸亀市一番丁に所在する近世の城郭。一九五三年(昭和二十八)、内濠の内側が国の史跡に指定された。別名、亀山城または蓬莱城。讃岐国を領した生駒親正が、西讃岐を治めるための支城として一五九七年(慶長二)に着工し、子である一正を配置した。一六一五年(元和元)の一国一城の制が定められると一時期廃城になったが、生駒氏改易の後、一六四一年(寛永十八)に西讃岐五万石余に山崎家治が封ぜられると、城の縄張りはほぼ生駒時代のものが受け継がれ再建された。山崎家断絶の後、一六五八年(万治元)に京極高和が丸亀城に入り、以後京極氏の居城となった。亀山と呼ばれる小山とその周囲を取り入れた平山城で、亀山を利用し螺旋式に天守に向かう構造である。重要文化財である天守は三層からなり、一六六〇年に完成した。石垣は扇の勾配とよばれる優美な曲線を描いている。近年、現在の石垣の内側に、古い石垣が発見され、生駒時代の築城を語るものとして注目されている。大手は当初、城の南側であったが、京極氏入城後に北へ移った。大手門(一の門・二の門)は重要文化財である。

丸亀城天守

資料館 丸亀市立資料館(香川県丸亀市)

参考文献 香川県教育委員会編『香川県埋蔵文化財調査年報平成十一年度』、二〇〇一。 (渋谷 啓二)

まるがわら 丸瓦 本瓦葺における平瓦列の隙間に葺き重ねる半円筒形の瓦。古代には、棟に積んだ二列の熨斗《のし》瓦の間をふさぐ衾瓦にもなった。男瓦・牡瓦・甋《とう》瓦・筒瓦ともいう。おもに円筒形の内型に巻いた粘土円筒を半截して作るが、内型なしで粘土紐を巻き上げて半截する場合、半円筒形の内型で一枚ずつ作る場合もある。内型にかぶせた布は、一枚布・筒状布・袋状布などに細分でき、中近世には粘土がずり落ちないように吊り紐を通す。丸瓦には、葺き重ねるために端部を一段低くした有段式(玉縁式)と、段がなく一端に向けて細くなる無段式(行基葺式)とがある。六世紀末の朝鮮半島直伝の大和飛鳥寺創建瓦においては、弁端が桜花状の素弁十葉蓮華紋軒丸瓦は無段式、弁端に珠紋を置く素弁十一葉蓮華紋軒丸瓦は有段式で、両者は技術系統を異にしていた。七世紀後半に日本各地に伝播した造瓦技術においては無段式が主流だったが、七世紀末の藤原宮造営以降の都城に関わる造瓦工房は、もっぱら有段式を採用し、以後、無段式が主流を占めることはなかった。

参考文献 大脇潔「丸瓦の製作技術」(『奈良国立文化財研究所学報』四九、一九九一)。 (上原 真人)

マルコやまこふん マルコ山古墳 奈良県高市郡明日香村真弓《まゆみ》所在の終末期古墳。国史跡。径約一五メートル、高さ約五メートルの二段築成の円墳で、墳丘は版築で築かれる。墳丘中央部に凝灰岩切石を組み合わせた石棺系横口式石槨があり、一九七七年(昭和五十二)—七八年に発掘調査された。床・天井各四石、側壁各三石、奥壁二石、扉石一石で構成し、内法の長さ二・七二メートル、幅一・二九メートル、高さ一・四三メートル。天井は深さ七センチの屋根形に刳り込み、側石の組み合わせのための目印として朱線が確認されている。床面を含め内面全面に漆喰を塗るが、壁画はない。大規模な盗掘を被っていたが、漆塗木棺片・鉄釘・銅釘・金銅六花形飾金具・金銅製大刀金具・山形金物・露金物・責金具・尾錠《びじょう》などが出土した。高松塚古墳・キトラ古墳と同様、七世紀末から八世紀初頭の所産と考えられる。

参考文献 明日香村教育委員会『マルコ山古墳』、一九七八。 (岡林 孝作)

まるとも 丸鞆 ⇩帯金具《おびかなぐ》

まるやまこようせき 丸山古窯跡 ⇩弥勒寺《みろくじ》

まんだのつつみ 茨田堤 古代に構築された淀川左岸の堤防。大阪府門真市宮野町の堤根《つつみね》神社の境内に堤とされるものが現存する。『古事記《こじき》』仁徳天皇段・『日本書紀《にほんしょき》』仁徳天皇十一年十月条には、茨田堤が築かれ、茨田屯倉《みやけ》が設置されたとある。年代は検討の必要があるが、茨田屯倉のための堤防であったことは事実である。『古事記』では秦人を動員して構築したとある。『日本書紀』には武蔵の人強頸《こわくび》は堤の構築のために神をまつり、泣き悲しんで水没して死んだが、河内国の人茨田連衫子《まんだのむらじころものこ》は匏を浮かべて、沈むかどうかで神を試し、沈まなかったため死を免れ、堤もなったという伝承がみえる。茨田屯倉は淀川の支流古川の周辺の低湿地に広がると考えられる。堤根神社も古川の左岸に位置する。神社に隣接する宮野遺跡は古川の自然堤防上に立地し、室町時代の盛り土を伴った木組が検出され、茨田堤と直接関係をもつ遺構として注目される。五、六世紀の土器なども出土している。

参考文献 鷺森浩幸『日本古代の王家・寺院と所領』、二〇〇一、塙書房。門真市教育委員会『宮野遺跡発掘調査概要』、一九六二(『門真市史』一、一九六八に再録)。 (鷺森 浩幸)

まんだら 曼荼羅 「本質を得る」を意味するサンスクリットを漢字に置き換えた語で、仏教の経典に基づいて経意を視覚化したものを指す。絵画的なもののほかに諸尊を象徴する梵字によって表わされた種子曼荼羅や、諸尊の持物による三昧耶曼荼羅、彫像による立体的な羯磨《かつま》曼荼羅がある。本来は大日如来を中心とした両界曼荼羅や、ほかの仏・菩薩・明王・諸天部を中心とした別尊曼荼羅などのように、密教の本尊として表現されたものであるが、日本では仏・菩薩をはじめとする諸尊が数多く表現されていれば、垂迹画のうち本地仏を集めた図や浄土を表現した変相図も曼荼羅と称している。前者で言えば春日曼荼羅・熊野曼荼羅、後者では当麻曼荼羅などが代表格である。また、日蓮は法華経にもとづき文字による曼荼羅本尊を創出しているが、少ないながらもそれを絵画で表現した絵曼荼羅も弟子たちによって制作されている。

参考文献 石川尚豊『曼荼羅のみかた』、一九八四、岩波書店。 (宮島 新一)

まんとくいんあと 万徳院跡 戦国武将吉川元長の別邸。死後廟所となった。広島県山県郡北広島町舞綱所在。吉川氏城館跡の一つとして国史跡。万徳院跡は吉川氏の本

金剛界

胎蔵界

両界曼荼羅図(子島曼荼羅)

拠日山《ひのやま》城南西の山中にある。発掘調査により境内の改修や寺域の拡大が確かめられた。万徳院は一五七四年(天正二)の史料(『吉川家文書』別集一四八・一八七)によると、元長がみずからの日常の行いを罪深いとし「アマタノ加勢(=万徳)」を得るため「諸宗兼学」の寺院を建立し、死後は廟所とすることを意図して建立を企画し、翌年竣工した。庵・別邸として使用されたが、一五八七年の元長の死後は弟の広家によって廟所・菩提寺に改修された。以後の記録はないが、一六〇〇年(慶長五)の吉川氏の岩国移転までここに存続したらしい。寺院の遺構は、本堂・庫裏《くり》などのある境内のほか、西側には墳墓群や寺院と思われる建物跡、南側には長さ二一〇メートルに及ぶ参道とそれに付随した建物跡など広域に広がる。境内は間口七二メートル(四十間)、奥行四五メートル(二十五間)で、南側前面は石垣で画し中央と東側に門を開く。境内のほぼ中央には本堂があり、北側に霊屋、東側に庫裏・風呂屋、南側に番所の建物があり、本堂の西側には谷川を改修した池に中島を配した池庭がある。発掘調査によると、この境内には当初本堂と庫裏しかなかったが、谷川を改修し前面に石垣を築いて池庭をもつ境内地として造成・拡張し、庫裏の増築や新たな建物を加えたことが確かめられており、参道や周辺の墳墓群・建物なども境内の造成に伴って企画的、計画的に整備されたようである。この改修は、出土遺物から推定される十六世紀第Ⅳ四半期という時期から考えても、広家による元長の菩提寺への改修と考えられる。なお、境内からは法華経の版木、竹製の裏目物差し、竹製の水道管など祭祀や土木技術を明らかにする貴重な遺物も出土している。↓吉川氏城館跡《きっかわしじょうかんあと》

参考文献　広島県教育委員会編『万徳院跡―史跡吉川氏城館跡発掘調査概要―』一―三、一九九三―九五。同編『万徳院跡の研究』(『中世遺跡調査研究報告』一、二〇〇〇)。

(小都　隆)

まんどころ　政所　日常の政治実務を行う政庁。奈良時代、大宰府・国あるいは大寺社などに置かれ、財政・訴訟などの事務を取り扱った。一方、律令制では親王および職事の三位以上の家に、家政にあたる家令(後には家司)が官給され、彼らの執務所も政所と呼ばれた。平安時代中期以降、政所は諸家の家政機関として整えられていくが、特に摂関家政所は、別当以下多くの家司を抱え家領支配ばかりでなく国家的機能をも果たした。貴族社会では三位になると政所設置が慣例となり、妻も政所を別置したので、後世、貴族の妻を政所・北政所と称するようになった。鎌倉幕府を開いた源頼朝も、資格を得ると公文所を政所に改め、政所は行政事務の管理、鎌倉市中支配の機関となった。その後、執権政治下で機能を財政事務に限定されるが、室町幕府においても継承され、伊勢氏がその執事(長官)を世襲し始めた十四世紀末ごろから、政所は幕府財政と京都市政に重要な役割を果たすようになった。

参考文献　桑山浩然『室町幕府の政治と経済』、二〇〇六、吉川弘文館。

(久留島典子)

まんとみとうだいじかわらがまあと　万富東大寺瓦窯跡　岡山県赤磐郡瀬戸町万富に所在する生産遺跡。鎌倉時代初期の東大寺再建瓦を焼成した窯である。一一八〇年(治承四)平重衡の南都焼き討ちにより消失した東大寺の再建を俊乗房重源が勧進職となって開始すると、備前国は一一九三年(建久四)東大寺造営料国となった。遺跡周辺では古くから「東大寺大仏殿」銘の軒丸瓦、「東大寺」と押印された平瓦が出土しており、鎌倉再建期の東大寺所要瓦の生産地として注目されていたが、一九七九年(昭和五十四)・二〇〇五年(平成十七)に磁気探査や発掘調査が行われ、瓦窯や付属施設が確認された。国史跡。

参考文献　岡山県教育委員会編『泉瓦窯跡・万富東大寺瓦窯跡』(『岡山県埋蔵文化財発掘調査報告』三七、一九八〇)。

(金田　明大)

まんねんつうほう　万年通宝　古代国家が発行した銅銭。本朝十二銭の第二。七六〇年(天平宝字四)三月に藤原仲麻呂政権によって発行された。この時、同時に金銭の開《かい》基勝宝《きしょうほう》と銀銭の太平元宝《たいへいげんぽう》も発行されている。私鋳銭の横行や物価騰貴に伴い、和同開珎《わどうかいちん》の価値が低下したため、旧銭の十倍の価値を付与した万年通宝を新たに発行することで銭貨流通の促進をはかったとされるが、同時に政府の財政上の利益をもねらったものであろう。また、唐ではこの二年前に旧銭開元通宝《かいげんつうほう》との比率を一対十に定めた乾元重宝《けんげんちょうほう》が発行されており、この点も意識されていたと考えられる。さらに藤原仲麻呂は七五八年に鋳銭の権限を与えられており、この権限を最大限に行使する意味で金銭・銀銭・銅銭がセットで発行されたのであろう。畿内を中心に出土例がある。↓開基勝宝《かいきしょうほう》

参考文献　栄原永遠男『日本古代銭貨流通史の研究』、一九九三、塙書房。

(三上　喜孝)

まんのういけ　満濃池　香川県仲多度郡まんのう町に位置する池。金倉川の流れをせき止めた、貯水量一五四〇万トンを誇るため池である。万濃池とも記された。寛仁四年(一〇二〇)の年紀をもつ「讃岐国万濃池後碑文」(『続群書類従』雑部所収)によれば、讃岐国司道守朝臣によって大宝年中(七〇一―〇四)に築かれたとある。その後、八一八年(弘仁九)、八五一年(仁寿元)に洪水によって決壊。弘仁の際には空海が修築の別当に任命された(『日本紀略』弘仁十二年五月壬戌条、『弘法大師行化記』)。八五二―五三年には讃岐守弘宗王によって修築された。その後、一一八四年(元暦元)の堤防決壊以後再築されず池底に池内村ができたが、一六二八年(寛永五)―三一年に領主生駒氏の家臣西島八兵衛らによって復興した。江戸時代末に、堤の中を通して貯水を放流する樋管を木製から石製に変えたが、一八五四年(安政元)六月の地震で漏水し決壊。一八七〇年(明治三)に堤西隅地下の岩盤に水路用のトンネルを貫通させ復活した。その後、明治末・昭和初期・一九四〇年(昭和十五)―五九年と三次にわたってかさ上

げがなされ、また隣接する水系からの取水工事を行い、現在の姿となった。

参考文献 香川県教育委員会編『香川の文化財』、一九九六。『讃岐のため池誌』、二〇〇〇、香川県農林水産部土地改良課。 （渋谷 啓二）

まんぷくじ 万福寺 ㈠京都府宇治市にある黄檗《おうばく》宗の大本山。山号は黄檗山。明《みん》から来日した隠元隆琦《いんげんりゅうき》（一五九二―一六七三）が、一六六一年（寛文元）、将軍徳川家綱らの援助を得て創建した。隠元が住持していた福建省福州府の黄檗山万福寺（古黄檗）にちなんで山・寺号とした（中国に対して新黄檗と呼んで区別する）。伽藍配置や建築はすべて明・清の様式を模し、三門、天王殿、大雄宝殿《だいおうほうでん》、法《はっ》堂《とう》など主要な建物が一直線上に並び、左右対照に諸堂を配する。チーク材を用い、床に塼《せん》を敷き、窓や高欄に中国式の組子を使うなど、黄檗様《おうばくよう》と呼ばれ特異なものとして知られる。本尊釈迦如来をはじめとする諸仏や法式もすべて中国式であり、読経も唐音《とうおん》によった。煎茶や普茶《ふちゃ》料理も伝えられ、異国的雰囲気をもたらした。ほぼ代々中国からの渡来僧が住持となるが、二十二世以降は日本僧が住持となる。黄檗宗特有の書や画像などの文化財を伝える。

参考文献『宇治市史』三、一九七六、宇治市役所。平久保章『隠元』（『人物叢書』、一九六二、吉川弘文館）。 （榎 英二）

㈡南北朝時代に創建された時宗寺院。島根県益田市東町所在。一三七四年（応安七）に益田兼見《ますだかねみ》が、益田川河口部の中須《なかず》地域にあった安福《あんぷく》寺を現在地に移し、みずからの菩提寺として建立したといわれる。重要文化財の本堂は鎌倉時代の手法を残した桁行七間、梁行七間の単層の堂で、一九三三年（昭和八）の解体修理に伴い旧形の寄棟造に復元された。応安七年銘、応永五年（一三九八）銘を含む棟札七枚は附指定。国指定史跡および名勝の池泉観賞回遊式の庭園は、須弥山を象徴する石組群を中心に構成された室町時代の名園で、同市の医光寺庭園とともに雪舟の作庭と伝えられる。同寺には、一三七四年の「益田沙弥浄阿（兼見）寄進状」をはじめとする中世文書、鎌倉時代後期の優品とされる絹本著色二河白道図（重要文化財）、雪舟様式を継承した雲谷派による書院襖絵三十二面（県指定有形文化財）なども伝わる。一八六六年（慶応二）の第二次長州征討に伴う石州口の戦で浜田藩の本営が置かれた。 （木原 光）

まんようしゅう 万葉集 現存最古の歌集。二十巻。本編四千四百六十二首のほか、異伝歌七十三首（全形を有するもの）を収める。また収載歌に関連して、若干の漢詩・文章・序・書簡なども含まれる。歌体としては短歌、長歌、旋頭歌、仏足石歌などがあるが、そのうち短歌が九割を超える。短歌以外の歌体は時代が下るほど減少傾向にある。収載歌の作歌年代は仁徳朝から淳仁朝の七五九年（天平宝字三）正月に及ぶが、推古朝以前の作は伝承に仮託されたもので、実作とは認めがたい。編纂方法については、『文選』などの漢詩集に倣った雑歌・相聞・挽歌などの部立《ぶだて》による内容別類聚方式が広く知られるが、こうした方針が貫かれているのは巻一―十六までで（巻十五は例外。ただし、内容別の編纂方針は貫かれている）、巻十七―二十の末四巻は部立を一切立てず、内容にかかわらず年月日順に配列されていて、編纂時期の相違を推測させる有力な根拠となっている。また、内容的にみても、巻十七以下の末四巻は大伴家持《おおとものやかもち》の作品を中心として編まれており、それ以前の巻とは性質を異にする。全二十巻は一回的に成ったわけではなく、歌集の構造や編纂方法などの内部徴証から、その編纂過程は数次にわたることが確かめられている。現在の姿に整えられたのは平安朝初期の桓武・平城朝ごろと推定されている。原核となった歌集の最初の結集は持統―文武朝のことで、持統上皇存命中の文武朝に現巻一前半部の五十三首本（国歌大観番号一～五三）として成立を見たことが、五三以前と五四以降とで編纂方針を異にする巻一の内部徴証からうかがえる。編纂の発意は持統上皇で、その意図は舒明皇統とその繁栄を寿ぐところにあったとされる。ついで元明―元正朝にかけて元明上皇の発意による追補があったことも巻一の内部徴証から（五四以降は元明朝を現在として記述されている）うかがえる。この段階で巻一の原形（後補である巻末歌八四を除く八十三首本）と巻二の原形（後補の巻末歌群二二八～二三四を除く百四十三首本）とが形成され、ここに雑歌（原巻一）、相聞・挽歌（原巻二）の部立が出揃う。さらに聖武朝の七四五年（天平十七）ごろ、元正上皇の意を受けて再度本格的な増補が行われ、本編十五巻（現巻一―十五）付録一巻（現巻十六）からなる大部の歌集へと成長を遂げる。古くから編者の一人とされてきた大伴家持の関与はこの七四五年ごろの増補以降のことであった。元明・元正による追補・増補も持統の意思を継承するものであった。さらに時をへて桓武朝の七八一年（天応元）、春宮大夫を兼務することになった大伴家持により、二十巻本に向けた本格的な作業が開始される。皇太子早良親王を強く意識しつつ、皇統讃美歌集として成長を遂げてきた『万葉集』は集大成への道を見出したのである。なお、『万葉集』という書名がどの時点でつけられたかは不明だが、右の経緯を考慮すれば、「万世」「万代」の意とする説に従うべきであろう。テキストは『日本古典文学全集』二―五など。

参考文献 伊藤博『万葉集の構造と成立』、一九七四、塙書房。原田貞義『万葉集の編纂資料と成立の研究』、二〇〇二、おうふう。 （栃尾 有紀）

み

みい　三井　聖徳太子の開掘と伝えられる古井戸。斑鳩法輪寺の旧境内にあたる奈良県生駒郡斑鳩町大字三井に所在する。一九四四年(昭和十九)に国史跡となる。井戸の深さは約四・二メートル、上端の直径九七センチ、中膨れの円形で、底は中央を約二〇センチさらに掘り窪め、四個の石を組んで枡とする。下位の一・五メートル分は石組み、それから上位は塼《せん》積みとなる特異な構造をもつ。塼は扇形の形状で長さ二五センチ、井戸側表面での幅二三センチ、裏面の幅二九センチ、厚さ七・六センチ。奈良時代を大きくは降らないとされてきたが、類例の稀少なこともあり、検討の必要がある。室町時代の『太子《たいし》伝玉林抄《でんぎょくりんしょう》』には「東井・前栽・赤染」の三井の存在が示されている。江戸時代の「法輪寺伽藍図」にも三基の井戸がみえる。史跡指定の井戸はそのうちの一基で、明治初年に埋められたものを一九三二年五月に掘り出したという。法輪寺は別に、井戸や湧水にちなんで御井寺・三井寺とよばれることもあり、井泉の存在は法輪寺にとって重要な意味をもつものといえよう。

参考文献　小島俊次『奈良県の考古学』、一九六五、吉川弘文館。『図説日本の史跡』四、一九九一、同朋舎出版。

（今尾　文昭）

みいがようせき　三井瓦窯跡　斑鳩法輪寺と法起寺のあいだの「瓦塚《かわらづか》」とよばれる低丘陵の西斜面に造られた奈良時代の瓦窯跡。奈良県生駒郡斑鳩町《いこまぐんいかるがちょう》大字三井に所在。一九三一年(昭和六)、果樹園の開墾中に発見されて同年に調査。一九三二年に国史跡となる。焚口《たきぐち》を西南方向に向けた有段式の窖窯《あながま》で燃焼室は平面半円形、焼成床面は約四〇度の勾配で十段余あったものと思われる。天井部は穹窿状《きゅうりゅうじょう》になるとみられる。現存する水平距離は約四・九メートル、現存高約三・八メートル。窯跡内からは平瓦・丸瓦が多数、焚口の下方では軒丸瓦が一点、それらに炭や焼土が混じって出土した。軒丸瓦は複弁八葉蓮華文、中房《ちゅうぼう》部分と蓮《れん》弁《べん》は大振りに作られたものである。法隆寺や法輪寺所用に同類の瓦がある。当瓦窯から供給された可能性も考えられる。現在、窯跡には覆屋《おおいや》が設けられ、窯跡内部を見学することができる。なお周辺には未確認の窯跡が遺存する可能性が高い。

参考文献　岸熊吉「三井窯阯及び額田部窯阯調査報告」(『奈良県史蹟名勝天然紀念物調査報告』一三所収、一九三五、奈良県)。

（今尾　文昭）

みいだににごうふんしゅつどたち　箕谷二号墳出土大刀　兵庫県養父郡八鹿《ようか》町小山字箕谷所在の箕谷二号墳より出土した銘入りの大刀。重要文化財。五基からなる箕谷古墳群の二号墳は、小支谷の谷奥部の南斜面に築かれ、開口部を南に持つ横穴石室古墳である。一九八三年(昭和五十八)、この石室奥壁部に平行して、三本の鉄刀と須恵器が出土した。その鉄刀の一本は、出土時には五片に折れていたが、幸いにも切先から鐔までが現存していた。その長さ六八・八センチ、刀身六五センチ、幅二・九センチ、厚さ六・〇センチ、鞘幅三・三センチ、厚さ一・七センチ、柄幅二・八センチ、厚さ二・〇センチ、鐔長径三・八センチ、短径二・六センチで、刀身は反りのない直刀で、柄の部分は存在しなかった。この刀身の基部にみられる干支年を表す「戊辰年五月□」の六文字は、タガネで溝を彫り、銅線を埋め込んだ銅象嵌である。大刀が作られた戊辰年は、出土品の須恵器などから六〇八年が妥当と考えられている。なお、五基の古墳は、国指定史跡として整備・公開されている。

参考文献　八鹿町教育委員会編『箕谷古墳群』(『兵庫県八鹿町文化財調査報告書』六、一九八七)。同編『史跡・箕谷古墳群』(『兵庫県八鹿町文化財調査報告書』一一、一九九四)。

（大村　敬通）

みいでら　三井寺　⇨園城寺《おんじょうじ》

みうらばいえんきゅうたく　三浦梅園旧宅　江戸時代の学者三浦梅園(一七二三―八九)の旧宅。国指定史跡。大分県国東市安岐町大字富清にある。三浦梅園は、一時の修学などの時を除いて、生涯国東の地を離れることなく過ごし、条理学という哲学体系を樹立した。その主著『玄語《げんご》』『贅語《ぜいご》』『敢語《かんご》』は梅園三語として知られる。その論及するところは天文学、生物学、医学、政治経済学、文学から歴史学に及んだ。脇蘭室、帆足万里、広瀬淡窓ら豊後の多くの学者も、その思想的・学問的影響を受けている。旧宅は寄棟茅葺の重厚な建物で、梅園みずから設計したと伝えられる。梅園は宝暦年間(一七五一―六四)にその屋敷内に梅園塾を開いたが、その塾跡は竹林となっている。旧宅の屋敷の南に三浦梅園墓地(国指定史跡)がある。旧宅に接して、梅園の世界を紹介した資料館が併設され、かつて旧宅に保管されていた著書・遺稿などの資料が展示公開されている。

資料館　三浦梅園資料館(大分県国東市)

参考文献　田口正治『三浦梅園』(『人物叢書』、一九六九、吉川弘文館)。大分県教育委員会編『大分県の文化財』、一九九一。

（後藤　宗俊）

箕谷二号墳出土大刀

みかさだんいん　御笠団印　⇩軍団印《ぐんだんいん》

みかのはらのみや　甕原宮　京都府南部の木津川に面したところに存在した奈良時代の離宮。初見は『続日本紀』和銅六年(七一三)六月乙卯(二十三日)条。以後、元明天皇が、七一四年閏二月、七一五年(霊亀元)三月、同年七月の三回行幸している。また、聖武天皇も、七二七年(神亀四)五月、七三六年(天平八)三月、七三九年三月に一ヵ月に二回も行幸したばかりか、二度目は元正太上天皇ともに滞在しており、八世紀前半に集中して行幸している。また『続日本紀』にはみえないが、『万葉集』四には笠金村が七二五年三月の行幸時に詠んだ歌が載せられている。恭仁京が七四〇年から造営されるのも、近くに甕原宮が存在したことが大きく、七四一年閏三月には、平城宮にあった兵器をこの離宮に運ばせている。七四五年には平城京へ還都され、恭仁京は廃都となる。その後の甕原宮ははっきりしないが、七七〇年(宝亀元)十一月には光仁天皇が「御鹿原」へ行幸していることから、何かの行幸に供するような施設は存在していたようである。正確な場所は不明であるが、七四二年八月に恭仁京以南大路の西頭と甕原宮より東に大橋を造らせたとあることから、だいたい現在の相楽郡加茂町法華寺野のあたりと推定されている。今後の発掘調査などの進展で明らかになるであろう。　↓恭仁京《くにきょう》　(土橋　誠)

みかわこくふ　三河国府　古代三河国の宝飯《ほい》(宝飫《ほお》)郡に所在した国の役所。近年の発掘調査で、愛知県豊川市白《しろ》鳥《とり》町一帯の台地上に律令期の国府が営まれたことが判明。現三河総社東側の調査地点では、国庁の正殿・後殿・前殿・東西脇殿と推定される建物跡と四周を囲む掘立柱塀の跡が検出され、八世紀前半から十世紀中ごろまで三期以上にわたる遺構の変遷が明らかとなった。このほか、区画整理事業に伴う白鳥遺跡の発掘調査で台地上の各所から国府関連遺構が検出されており、このうち国庁跡の北東約二〇〇㍍の地点では、国司館の可能性を有する十世紀前半の掘立柱建物群も検出されている。また、国庁跡周辺では、「国厨《くにのくりや》」と墨書された土器や蹄脚円面硯《ていきゃくえんめんけん》、「賀□□」と刻印された陶製印など、国庁跡ならではの遺物が多数出土しており、台地東縁部からは羊形硯《ひつじがたすずり》の出土もみている。

[資料館]　三河天平の里資料館(愛知県豊川市)

[参考文献]　林弘之「三河国府跡とその周辺の調査」(『日本歴史』六二八、二〇〇〇)。豊川市教育委員会編『三河国府跡確認調査報告書』、二〇〇三。豊川市教育委員会生涯学習課編『豊川市内遺跡発掘調査概報』Ⅸ、二〇〇六。　(前田　清彦)

みかわこくぶんじ　三河国分寺　奈良時代、聖武天皇の詔により建立された古代寺院であり、愛知県豊川市八幡《やわた》町本郷に所在。その跡地は国史跡で、現在も国分寺を称する曹洞宗の寺院があり、平安時代初頭の鋳造と推定される重要文化財の銅鐘が伝世されている。過去の確認調査により、築地塀に囲まれた方六百尺の寺域と伽藍《がらん》配置の概要が判明。寺域の東西を三等分した東寄りに伽藍中軸線が定められ、回廊は複廊で中門から金堂に接続し、塔を回廊外の西方に置く。塔は特殊な木製の基壇化粧が施され、青銅製の水煙《すいえん》破片が出土した。各伽藍の周囲からは多量の瓦や土器が出土し、出土遺物の年代から、三河国分寺は十世紀後半代に廃絶したと推定される。なお、近年国分寺跡に北接する国分寺北遺跡の調査で、伽藍地の北側周囲に展開していた付属院地の状況が明らかとなってきており、こうした経営地域から「金寺」や「僧寺」と墨書された土器の出土をみている。　↓国分寺《こくぶんじ》

[資料館]　三河天平の里資料館(愛知県豊川市)

[参考文献]　豊川市教育委員会編『三河国分寺跡』、一九六九。林弘之「三河国府跡とその周辺の調査」(『日本歴史』六二八、二〇〇〇)。　(前田　清彦)

みかわこくぶんにじ　三河国分尼寺　三河国分寺とともに奈良時代に建立された古代寺院であり、愛知県豊川市八幡《やわた》町忍地《にんじ》に所在。三河国分寺の北東約三〇〇㍍に位置し、その跡地は国史跡。過去の発掘調査や近年の史跡整備に伴う調査で、方五百尺の寺域と伽藍配置の大要が判明。回廊は複廊で中門から講堂に接続し、回廊内には金堂および鐘楼・経蔵を配す。金堂は七間×四間と国分寺クラスの規模を有し、基壇化粧は乱石積で、基壇上面からは須弥壇《しゅみだん》跡も検出された。三河国分尼寺では基本的に国分寺と同型式の軒瓦を採用しており、遺存状態の良好な鬼瓦や、「僧寺」や「東」と墨書された土器、泥塔《でいとう》なども出土。出土遺物の年代から、三河国分寺と同じく十世紀後半代には主要伽藍の多くがその機能を失ったと推定される。なお当史跡では、中門・回廊の復元工事を伴う保存整備事業が進められ、二〇〇五年(平成十七)十一月に資料館を併設した史跡公園がオープンした。　↓国分寺《こくぶんじ》

[資料館]　三河天平の里資料館(愛知県豊川市)

[参考文献]　豊川市教育委員会編『三河国分尼寺跡』、一九九一。豊川市教育委員会編『史跡三河国分尼寺跡保存整備事業報告書』、二〇〇六。　(前田　清彦)

みかわのくに　三河国　東海道の一国。現在の愛知県東部の旧国名。三川・参河・参川とも書く。東は遠江国、西は尾張国、南は三河湾・太平洋に面し、北は美濃・信濃国との山並みに接する。旧石器時代を経て、縄文時代の貝塚や弥生時代の集落遺跡などが見られ、古墳時代には二子古墳(安城市)を中心とする桜井古墳群や三河地方最大の船山一号墳(豊川市)などがあり、それぞれ『旧事本紀』にみえる三河国造・穂国造の勢力地との関係が考えられる。七世紀中ごろ評制が施行され、七世紀末には「三川国」も確立した。八世紀前後に持統(太上)天皇が二度三河に行幸している。白鳳寺院としては北野廃寺(岡崎市)などがある。『延喜式』では上国で国府は宝飯《ほい》郡(豊川市白鳥町)にあり「国厨」と記した墨書土器が出土している。国分寺と国分尼寺も国府の東北に位置する。式内社

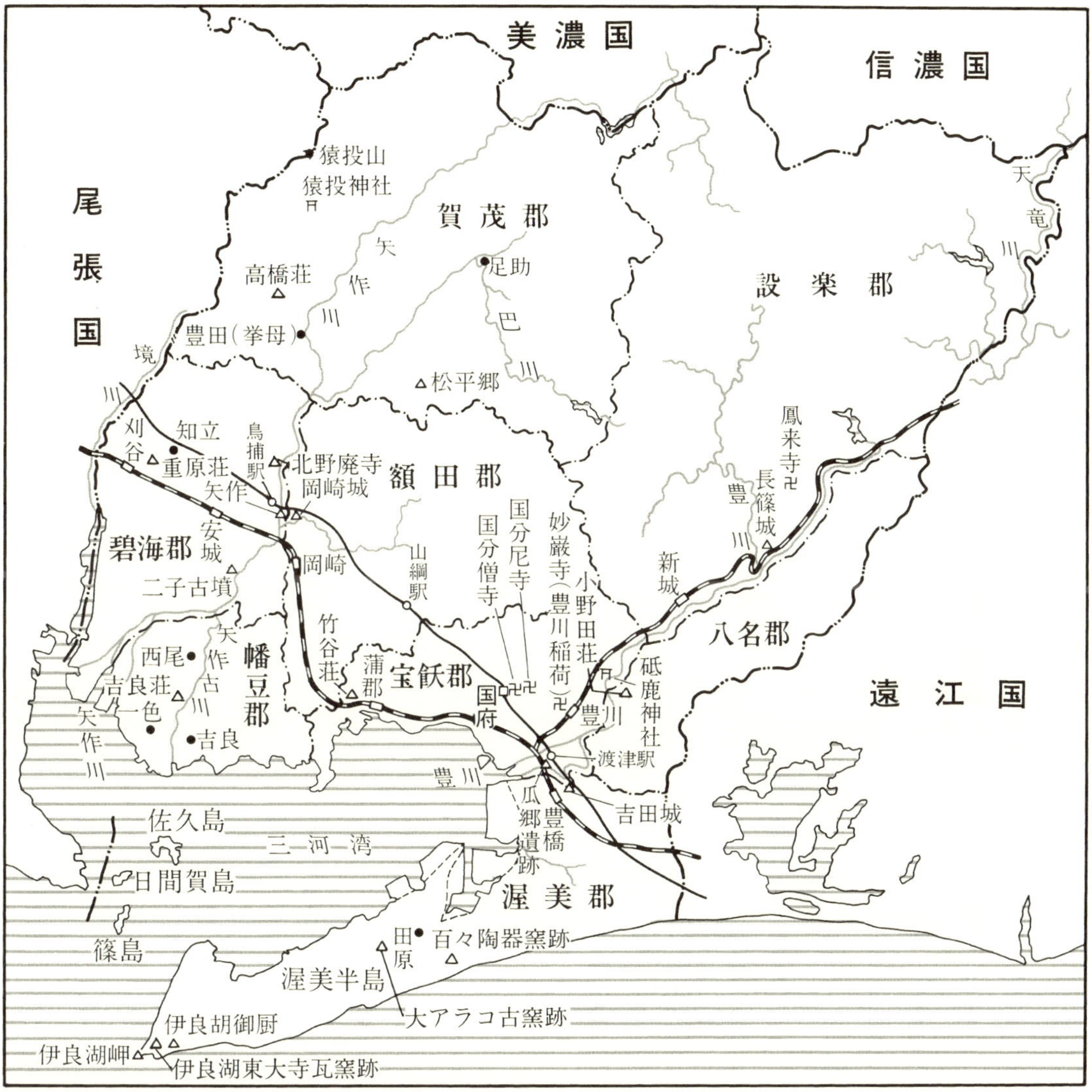

三河国略図

は二十六座存在したが全て小社で、一宮は砥鹿《とが》神社(豊川市)、二宮は知立《ちりゅう》神社(知立市)、三宮は猿投《さなげ》神社(豊田市)である。天理図書館蔵本『和名類聚抄』によれば郡名と郷数は碧海《あおみ》十五・賀茂八・額田《ぬかた》七・幡豆《はず》八・宝飯十二・八名《やな》七・渥美六・設楽《したら》四(大東急文庫本・名古屋市立博物館蔵本では駅家郷三郷が加わる)で計六十七郷あった。九〇三年(延喜三)宝飯郡から設楽郡が分かれ八郡となった(土御門本『延喜式』頭註など)という。駅家は鳥捕《ととり》・山綱・渡津の三駅で、駅馬は各十疋、伝馬は碧海・宝飯両郡に各五疋配置された。伊場木簡にはほかに宮地駅もみえる。官船は矢作川と飽海川(豊川)に備えられた。なお、海上交通も盛んで、持統太上天皇の行幸のおりは、伊勢から海路が利用され直接御津《みと》(御津町)に上陸したと思われる。十世紀段階には『和名類聚抄』によると公田面積が六千八百二十町余で、鎌倉時代初期までに成立した『伊呂波字類抄』によると七千五十四町とあり、ほとんど変化がなかった。特産物としては犬頭白糸・白絹が挙げられ、天皇の御服料としても進上されていた。幡豆郡に属する佐久島(現幡豆郡一色町)・篠島(現知多郡南知多町)・日間賀島(同)からの海産物の贄に付けられた荷札木簡が、平城宮から多数出土している。平安時代に入ると荘園が成立し、西三河に志貴荘・重原荘(以上碧海郡)、吉良荘(幡豆郡)、高橋荘(賀茂郡)など、東三河に小野田荘(八名郡)、竹谷荘(宝飯郡)などが知られる。東三河は伊勢神宮と関係が深く、神宮領として本神戸《もとかんべ》(渥美神戸)・新神戸(飽海《あくみ》神戸)・新封戸のほか橋良御厨《みくりや》など九所の御厨・御《み》園《その》が立てられていた。鎌倉幕府の成立により、三河守護に安達盛長が任命されたが、代官を置いた。承久の乱が起こると京方につく者が多く、乱後没収地は東国御家人が補任され、守護には足利義氏が任命され、守護所は矢作近辺(岡崎市)に置かれた。その後足利氏は一族を西三河各地に配置し、彼らはのちに独立して仁木・細川・今川・一色・吉良氏を名のり、尊氏が室町幕府を開くといずれも要職を占めた。応仁・文明の乱のころ、三河国内では内戦となり、その後群雄割拠の時代となった。西三河の松平郷(豊田市)から出た松平氏が、一族を各地に封じて三河統一を図ったが、一五三五年(天文四)の守山崩れで瓦解し今川義元の支配下に入った。一五六〇年(永禄三)桶狭間の戦いで義元が織田信長に敗れると、松平(徳川)家康は岡崎に帰り三河一向一揆との対決を経て三河一国を掌握した。しかし小田原攻めのあと家康が江戸に封されたため、一時期豊臣方の大名が封された。関ヶ原の戦いの後、江戸幕府が開かれると、三河は徳川氏発祥の地として多くの譜代大名が配置され、ほかに天領・旗本領・寺社領が錯綜していた。幕末には各藩内で対立も起こったが、明治維新政府に帰順した。一八七一年(明治四)七月の廃藩置県により豊橋・西尾・岡崎・重原・刈谷・挙母《ころも》・田原・西端・西大平・半原の十県が成立、同年十一月に額田県に統合され、翌年十一月には愛知県に併合された。

参考文献 『愛知県の地名』(『日本歴史地名大系』二三、一九八一、平凡社)。林英夫編『図説愛知県の歴史』(『図説日本の歴史』二三、一九六七、河出書房新社)。『角川日本地名大辞典』二三、一九八九、角川書店。岩野見司・赤塚次郎『日本の古代遺跡』四八、一九九四、保育社。三鬼清一郎編『愛知県の歴史』(『新版県史』二三、二〇〇一、山川出版社)。西宮秀紀「古代参河国と犬頭系・白絹」(『安城市史研究』七、二〇〇六)。

(西宮　秀紀)

みきじょう　三木城　兵庫県三木市に所在する室町時代後期に築城された中世の城郭。美嚢《みのう》川南岸の河岸段丘上に立地し、比高二〇メートル余の高台に本丸相当の「上《うえ》ノ丸」と、それに付随する「南構《みなみがまえ》」「新城《しんじょう》」を合わせて中心の曲輪《くるわ》群を構成した。また、背後に続く鷹尾《たかお》山・八幡山へも城内に準じた要害としての設定がなされており、東播磨の守護代とされる別所氏の拠点城郭にふさわしい規模を誇った。一五七八年(天正六)、織田信長から毛利氏攻略のため派遣された羽柴秀吉に背いた別所長治《ながはる》は、三木城に籠城して戦うが、「三木の干殺《ひごろ》し」と称される厳しい兵糧攻めに耐えきれず、一五八〇年正月に降伏・開城するに至った。近年の発掘調査では、「南構」跡地から三石入りの備前焼の大甕《おおがめ》群が地中に並んだ形で出土し、かつての城内生活の一端が明らかとなったほか、三木城周辺に展開する羽柴秀吉軍の付城《つけじろ》にも調査が及び、三木城攻防の実戦を踏まえた総合的な城郭研究が進められている。

参考文献 兵庫県教育委員会編『兵庫県の中世城館・荘園遺跡』、一九八二。同編『加佐山城跡・慈眼寺山城跡』(『兵庫県文化財調査報告』一四四、一九九五)。

(堀田　浩之)

みくにみなと　三国湊　福井県坂井市三国町に所在する。越前国には嶺南の敦賀津と嶺北の三国湊があり、両者はいずれも古代から外港として栄えた。三国湊は、敦賀津の松原浜堤と同様、三里浜に浜堤が誕生すると外海から遮断され潟湖が形成された。この潟湖は、現在の坂井平野全域に拡がっていたと考えられ、九頭竜川、竹田川、兵庫川、日野川、足羽川など内陸からの土砂で急速に埋めたてられていった。坂井平野における弥生時代の遺跡が細長い微高地上に立地していることや、坂井平野の治水事業に継体大王の伝承説話が多いことなどから、古墳時代以降広大な坂井平野が形成されたものと考えられる。坂井平野の東辺は継体大王の母振姫の出身地とされ、三国公・三国真人など豪族の根拠地とされる横山古墳群、松岡古墳群、南辺には足羽臣の根拠地とされる足羽山古墳群、三里浜砂丘の南端には免鳥古墳群など巨大な前方後円墳を中心とした古墳群が坂井平野を取り巻くように立地している。奈良時代になると、坂井平野には桑原荘や鯖田国富荘、溝江荘、子見荘、高串荘などの東大寺領荘園が多く営まれ、三国湊の名も『続日本紀』宝亀九年(七七八)条にみえる。鎌倉時代になると、坂井郡は坂南郡と坂北郡の二郡となり、興福寺領の川口荘と坪江荘が設置された。川口荘の荘域は、本庄・新庄・新郷・大口・兵庫・荒居・王見・関・溝江・細呂宜《ほそろぎ》の十郷、坪江荘の荘域は、丸岡町から三国町にまたがる上下の二郷であり、三国湊もその荘域に含まれ、興福寺は湊雑掌、宮内省内膳司は率分関を置いて互いに管理した。戦国時代の一四七一年(文明三)、本願寺の蓮如が細呂宜郷吉崎に居住してからは吉崎の地に寺内町が成立し、蓮如が退去した後も、一五〇六年(永正三)のように九頭竜川をはさんで越前朝倉氏と加賀の一向一揆との抗争が幾度となく繰り返された。なお、三国湊には、一五五一年(天文二十)唐船が一度入港している。

(水野　和雄)

みくりや　御厨　古代・中世において天皇家や伊勢神宮・賀茂社などに食料や供祭物を貢納した所領。厨は本来台所を意味することばだが、そこから食料や神饌として魚貝類などを供進する人々(贄人、のちには供御人という)やその居住地域・活動範囲を御厨と呼ぶようになった。天皇家の御厨ははじめ宮内省大膳職に属し、八世紀以降は内膳司の所管となった。御厨は本来土地など含まないものだったが、平安時代中期以降に荘園化した。律令制では魚介類をとる山野河海は公私共利の地とされていた。しかし贄人らが供祭物などを優先的にとるために禁海などの一般の採取を禁止する措置がとられるようになった。そしてその禁猟区が恒常化したり、院宮・王臣家の私的な御厨が増加して九世紀には社会問題となった。そのために九〇二年(延喜二)、延喜の荘園整理令で内膳司の御厨以外、院宮・王臣家の御厨が禁止されたが、現実には御厨の排他的囲い込みなどは止まなかった。一〇六九年(延久元)には諸国の贄が停止され、贄は御厨子所《みずしどころ》預の管理する御厨が負担するという贄貢進制の転換があった。そしてこの転換と関連してこのころから御厨の荘園化、中世的な御厨への変化が始まる。これ以前の御厨は贄人の活動する水面や根拠地を指すものであったが、このころより贄人たちは供御人と呼ばれ、荘園の下司と同じよ

諸国御厨一覧

国名	郡名	御厨名	領家・本家など
山城	久世	狭山江御厨	天皇家
河内	河内	大江御厨	御厨子所領、内蔵寮、官衙領
	若江	河俣御厨	内蔵寮、官衙領、山科家
和泉	和泉	網曳御厨	内膳司
	同	和泉御厨	内膳司、官衙領
摂津	河辺	尼崎御厨	賀茂社
	西成	大江御厨	御厨子所領、内蔵寮、官衙領
	東生	国分寺御厨	伊勢神宮、内宮
	島下	吹田御厨	天皇家
	河辺	大物御厨	賀茂社
	島上	津江御厨	御厨子所領、官衙領
	河辺	長洲御厨	賀茂社、東大寺、皇太后宮職領、官衙領
	東生	中村御厨	藤井中納言家、伊勢神宮、外宮、大炊寮、官衙領
	武庫	武庫御厨	平家領、一条能保室領
伊賀	伊賀	穴太御厨	伊勢神宮、内宮、外宮
	山田	阿波御厨	伊勢神宮、内宮
	伊賀	長田御厨	伊勢神宮、内宮
	同	比志岐御厨(御園)	伊勢神宮、内宮、外宮、二宮
	名張	布乃宇御厨	伊勢神宮
	山田	喰代御厨	伊勢神宮、内宮
	未勘	(広瀬山田)本御厨	伊勢神宮、内宮
伊勢	未勘	会賀御厨	按察二品局領
	飯高	会田御厨	伊勢神宮
	員弁	饗庭御厨	伊勢神宮、内宮、外宮、建仁寺、室町幕府御料所
	飯高	英太御厨	伊勢神宮、内宮、外宮、二宮
	三重	飽良河御厨	伊勢神宮、内宮、外宮、二宮
	員弁	阿下喜御厨	伊勢神宮、内宮、外宮、二宮
	壱志	阿射賀御厨	伊勢神宮、外宮、平家没官領
	多気	朝束御厨	伊勢神宮
	河曲	畔光御厨	伊勢神宮
	安濃	跡部御厨	伊勢神宮
	員弁	穴太(阿奈宇)御厨	伊勢神宮、内宮、外宮、二宮
	鈴鹿	安乃田(安濃田)御厨	伊勢神宮、内宮、藤原氏子
	安濃	安濃津御厨	伊勢神宮
	度会	有滝御厨	伊勢神宮、外宮
	飯高	有矢御厨	伊勢神宮、内宮
	鈴鹿	安楽御厨	伊勢神宮、内宮、外宮、二宮
	安濃	宅所御厨	伊勢神宮
	同	五百野御厨	伊勢神宮、外宮
	桑名	猪飼御厨	伊勢神宮、外宮
	朝明	鵤御厨	伊勢神宮、内宮
	壱志	生田御厨	伊勢神宮、内宮
	三重	飯倉御厨	伊勢神宮、外宮
	度会	伊介御厨	伊勢神宮、内宮、外宮、二宮
	三重	池底御厨	伊勢神宮、内宮、外宮、二宮
	飯野	池田御厨	伊勢神宮
	員弁	石河御厨	平正弘、後院、天皇家、伊勢神宮、内宮、外宮、二宮
	同	石榑御厨	伊勢神宮、内宮、久我家
	朝明	石田御厨	伊勢神宮、外宮
	奄芸	石丸御厨	伊勢神宮、内宮
	鈴鹿	井後御厨	伊勢神宮、内宮、外宮、二宮
	安濃	一身田御厨	伊勢神宮、内宮
	奄芸	一身田御厨	伊勢神宮、内宮、室町幕府御料所
	員弁	和泉御厨	伊勢神宮、内宮、外宮、二宮
	三重	泉御厨	伊勢神宮
	度会	伊蘇御厨	伊勢神宮、内宮
	朝明	市御厨	伊勢神宮、内宮
	河曲	井戸御厨	伊勢神宮、外宮
	三重	稲田御厨	伊勢神宮、内宮、外宮、二宮
	桑名	稲光御厨	伊勢神宮、内宮
	三重	今河御厨	伊勢神宮、内宮
	飯高	井村御厨	伊勢神宮、内宮、外宮、二宮
	同	岩蔵御厨	伊勢神宮
	安濃	岩崎御厨	伊勢神宮、外宮
	同	岩田御厨	伊勢神宮、外宮
	同	岩坪御厨	伊勢神宮、外宮
	奄芸	上野御厨	伊勢神宮、内宮、得宗領
	飯野	魚見御厨	伊勢神宮、内宮
	員弁	宇賀御厨	伊勢神宮、内宮、外宮、二宮、東大寺、尊勝院
	度会	浮島御厨	伊勢神宮、内宮、外宮、二宮
	員弁	宇治野御厨	伊勢神宮、内宮
	度会	牛庭御厨	伊勢神宮、内宮、外宮、二宮、成恩院
	壱志	牛目野御厨	伊勢神宮、内宮
	飯高	臼井御厨	伊勢神宮、外宮
	三重	采女御厨	伊勢神宮、内宮、外宮、二宮
	桑名	梅田御厨	伊勢神宮、外宮
	員弁	梅津御厨	伊勢神宮、内宮、外宮、二宮
	同	梅戸御厨	伊勢神宮、内宮、外宮、二宮、臨川寺、日野家
	壱志	苽生御厨	伊勢神宮、内宮
	三重	潤田御厨	没官領、院領、伊勢神宮、内宮、外宮、二宮
	奄芸	江島御厨	伊勢神宮
	河曲	江島御厨	伊勢神宮、内宮、藤原頼実
	三重	衣比原御厨	伊勢神宮、外宮
	朝明	衣平御厨	伊勢神宮、内宮
	員弁	大泉御厨	伊勢神宮、内宮、外宮、二宮
	同	大井田御厨	平正弘、天皇家、伊勢神宮、内宮、臨川寺、日野家
	安濃	小稲羽御厨	伊勢神宮、内宮、外宮、二宮
	多気	麻生御厨	近衛家、摂関家
	員弁	麻生田御厨	伊勢神宮、内宮、外宮
	奄芸	越知御厨	伊勢神宮、内宮、外宮、二宮
	壱志	大阿射賀御厨	伊勢神宮、外宮
	飯高	大石御厨	伊勢神宮
	未勘	大枝御厨	石清水八幡宮
	度会	大方御厨	伊勢神宮、内宮
	員弁	大墓御厨	伊勢神宮、内宮、外宮、二宮
	度会	大口御厨	伊勢神宮、内宮
	安濃	大口御厨	伊勢神宮、内宮
	壱志	大口御厨	伊勢神宮
	三重	大強原御厨	伊勢神宮、内宮、外宮、二宮
	安濃	大谷御厨	伊勢神宮、内宮
	員弁	大谷御厨	伊勢神宮、内宮、外宮、二宮
	飯高	大苗代御厨	伊勢神宮、外宮
	朝明	大矢智御厨	伊勢神宮、内宮
	度会	大淀御厨	伊勢神宮、内宮
	員弁	岡田御厨	伊勢神宮、内宮
	桑名	奥村御厨	伊勢神宮、内宮
	壱志	小社御厨	伊勢神宮、内宮、外宮、二宮
	奄芸	大古曾御厨	伊勢神宮、内宮、外宮、二宮
	同	尾崎御厨	伊勢神宮
	朝明	小島御厨	伊勢神宮、内宮、外宮、二宮
	員弁	小田中御厨	伊勢神宮、内宮、外宮、二宮
	安濃	乙部御厨	伊勢神宮、内宮
	員弁	小中上御厨	伊勢神宮、外宮、西園寺家、冷泉家
	安濃	小野平御厨	伊勢神宮、内宮、外宮、二宮
	度会	小俣御厨	伊勢神宮、外宮
	員弁	小山田御厨	伊勢神宮、内宮
	三重	小山田御厨	伊勢神宮、内宮、外宮、二宮
	同	小山新御厨	赤堀孫次郎、瀬尾彦太郎
	安濃	開田御厨	伊勢神宮、内宮
	朝明	開田御厨	伊勢神宮、内宮
	同	柿御厨(神田)	伊勢神宮、内宮
	員弁	笠田御厨	伊勢神宮、内宮、外宮、二宮、国衙領
	度会	固上御厨	伊勢神宮、内宮
	員弁	片火御厨	伊勢神宮、内宮
	奄芸	片淵御厨	伊勢神宮、内宮、法泉寺
	未勘	鹿土浦御厨	豊受大神宮
	朝明	金綱御厨	伊勢神宮、内宮、外宮、二宮
	壱志	鎌田御厨	伊勢神宮、内宮
	朝明	萱生御厨	伊勢神宮、内宮
	壱志	河方御厨	伊勢神宮、内宮

国名	郡名	御厨名	領家・本家など
伊勢	河曲	河北御厨	伊勢神宮、内宮
	員弁	河島御厨	伊勢神宮、内宮、外宮、二宮
	三重	河後御厨	伊勢神宮、内宮、外宮、二宮
	未勘	彼出御厨	伊勢神宮、内宮
	河曲	河南御厨	伊勢神宮、内宮、平家没官領
	飯高	河南河北御厨	伊勢神宮、内宮
	同	岸江御厨	伊勢神宮、内宮
	奄芸	北黒田御厨	伊勢神宮、外宮
	壱志	北黒野御厨	伊勢神宮、外宮
	朝明	北富田御厨	伊勢神宮、外宮
	三重	北山田御厨	伊勢神宮、内宮
	安濃	切田御厨	伊勢神宮、内宮、外宮、二宮
	度会	久具御厨	伊勢神宮
	安濃	草生御厨	伊勢神宮、外宮
	多気	櫛田御厨	伊勢神宮
	飯野	櫛田河原御厨	伊勢神宮、内宮、外宮、二宮
	飯高	櫛比御厨	伊勢神宮、内宮
	奄芸	楠原御厨	伊勢神宮、内宮、法泉寺
	度会	久津賀御厨	伊勢神宮、内宮
	奄芸	窪田御厨	伊勢神宮、内宮
	員弁	倉垣御厨	伊勢神宮、内宮、外宮
	三重	栗原御厨	伊勢神宮、内宮、外宮、二宮
	鈴鹿	黒田御厨	伊勢神宮、内宮、得宗領
	奄芸	黒田御厨	伊勢神宮、得宗領
	壱志	黒野御厨	伊勢神宮、外宮
	河曲	黒野御厨	伊勢神宮、内宮
	飯野	黒部御厨	伊勢神宮、内宮、外宮、二宮、天皇家、上西門院、宣陽門院
	壱志	小阿射賀御厨	伊勢神宮、外宮、冷泉家、藤原定家
	員弁	小泉御厨	伊勢神宮、内宮、外宮、二宮
	三重	小泉御厨	伊勢神宮、内宮、外宮、二宮
	朝明	小泉御厨	伊勢神宮、外宮、新長講堂、金蓮院、天皇家、西山地蔵院
	安濃	河智御厨	伊勢神宮、内宮
	鈴鹿	河内御厨	伊勢神宮
	飯高	高志御厨	上西門院、宣陽門院、天皇家、法金剛院
	員弁	小島御厨	伊勢神宮、内宮
	未勘	木本御厨	伊勢神宮
	奄芸	小林御厨	伊勢神宮、外宮
	三重	小林御厨	伊勢神宮
	飯高	五真加利御厨	伊勢神宮、内宮、九条家、摂関家
	三重	小松御厨	伊勢神宮、内宮
	飯高	菰生御厨	伊勢神宮、内宮
	三重	鷹野御厨	伊勢神宮
	壱志	小森御厨	伊勢神宮、内宮
	度会	坂手御厨	伊勢神宮、内宮
	飯高	坂奈井御厨	伊勢神宮
	三重	坂部御厨	伊勢神宮、内宮、久我家
	朝明	坂部御厨	伊勢神宮、内宮、外宮、二宮、久我家
	同	坂本御厨	伊勢神宮、内宮
	三重	桜御厨	伊勢神宮、内宮、外宮、二宮
	員弁	佐佐田御厨	伊勢神宮、内宮
	安濃	佐佐礼石御厨	伊勢神宮、内宮
	度会	塩会御厨	伊勢神宮、内宮
	安濃	塩浜御厨	伊勢神宮、内宮
	員弁	志竈御厨	伊勢神宮、内宮
	三重	志賀摩御厨	伊勢神宮、外宮
	多気	四ケ里御厨	伊勢神宮、内宮
	同	志貴御厨	伊勢神宮、内宮
	飯高	芝井御厨	伊勢神宮
	壱志	渋川御厨	伊勢神宮、内宮
	飯高	渋河御厨	伊勢神宮
	員弁	島田御厨	伊勢神宮、内宮、外宮、二宮
	朝明	島田御厨	伊勢神宮、内宮
	員弁	島富御厨	伊勢神宮、内宮、外宮、二宮
	壱志	島抜御厨	伊勢神宮、内宮、外宮、二宮
	朝明	霜野御厨	伊勢神宮、内宮、外宮
	鈴鹿	庄野御厨	伊勢神宮、内宮、外宮、二宮
	飯高	白加志御厨	伊勢神宮、内宮
	度会	汁島御厨	伊勢神宮、外宮
	員弁	志礼石御厨	平家没官領、伊勢神宮、内宮、建仁寺
	三重	新開御厨	伊勢神宮、内宮
	安濃	新長(永)松御厨	伊勢神宮、外宮
	朝明	末富御厨	伊勢神宮、内宮
	桑名	末永御厨	伊勢神宮、内宮
	朝明	末永御厨	伊勢神宮、内宮、外宮、二宮
	鈴鹿	末弘御厨	伊勢神宮、内宮
	河曲	須可崎御厨	伊勢神宮、外宮
	鈴鹿	須可崎御厨	伊勢神宮
	安濃	宿奈部御厨	伊勢神宮、外宮
	三重	須久(宿)野御厨	伊勢神宮、内宮、西芳寺
	員弁	曾井御厨	伊勢神宮、内宮
	三重	曾井御厨	伊勢神宮、内宮、外宮、二宮
	壱志	蘇原御厨	伊勢神宮、内宮、外宮、二宮、八条院、天皇家
	員弁	曾原御厨	伊勢神宮、外宮
	河曲	多賀宇田御厨	伊勢神宮、内宮
	三重	高岡御厨	伊勢神宮、外宮
	桑名	高苦御厨	伊勢神宮
	三重	高角御厨	伊勢神宮、内宮、外宮、二宮
	河曲	高富御厨	伊勢神宮、内宮、外宮、二宮
	奄芸	高成御厨	伊勢神宮、内宮
	河曲	高成御厨	伊勢神宮、外宮
	朝明	高野御厨	伊勢神宮、内宮
	度会	高羽江御厨	伊勢神宮、内宮、外宮、二宮
	員弁	高日御厨	伊勢神宮、内宮
	同	高柳御厨	伊勢神宮、外宮、室町幕府御料所
	三重	高柳御厨	伊勢神宮、外宮
	桑名	高吉御厨	伊勢神宮、内宮
	鈴鹿	高和里(田)御厨	伊勢神宮、内宮
	壱志	宕野御厨	伊勢神宮
	飯高	瀧野御厨	伊勢神宮、内宮
	朝明	田口御厨	伊勢神宮、内宮、外宮、二宮
	度会	竹鼻御厨	伊勢神宮、内宮
	安濃	建部御厨	伊勢神宮、内宮、外宮、二宮
	朝明	鶴野御厨	伊勢神宮、内宮
	鈴鹿	立見御厨	伊勢神宮、内宮
	安濃	辰口御厨	伊勢神宮、内宮、外宮、二宮
	員弁	多度御厨	伊勢神宮、外宮
	桑名	多度御厨	伊勢神宮、外宮
	員弁	田中御厨	伊勢神宮、外宮
	三重	田長御厨	伊勢神宮、二宮
	河曲	玉垣御厨	伊勢神宮、内宮、妙香院門跡領、源国基
	三重	多米御厨	伊勢神宮、内宮、外宮
	奄芸	為光御厨	伊勢神宮、内宮、外宮、二宮
	同	為元御厨	伊勢神宮、内宮、外宮、二宮、平家没官領、関東御領
	壱志	垂水御厨	伊勢神宮、外宮
	三重	垂見(水)御厨	伊勢神宮、外宮
	同	智積御厨	伊勢神宮、内宮、中御門家、醍醐寺
	飯高	茅原田御厨	伊勢神宮、内宮
	員弁	鶴沢御厨	伊勢神宮、内宮
	朝明	鶴沢御厨	伊勢神宮、内宮
	安濃	塔世御厨	大友氏
	員弁	東禅寺御厨	伊勢神宮
	奄芸	得田御厨	伊勢神宮、内宮、外宮、二宮
	壱志	徳友御厨	伊勢神宮、内宮
	朝明	徳光御厨	伊勢神宮、内宮
	鈴鹿	鷲岡御厨	伊勢神宮、内宮
	員弁	富津御厨	伊勢神宮、内宮
	桑名	富津御厨	平正弘、天皇家、大宮院、昭慶門院、伊勢神宮、内宮、外宮、臨川寺、北畠親房、天竜寺
	多気	富墓御厨	伊勢神宮、内宮
	三重	遠保御厨	伊勢神宮、内宮、外宮、二宮
	度会	泊浦御厨	伊勢神宮、内宮
	朝明	富田御厨	伊勢神宮、外宮、皇嘉門院、九条家、摂関家、一条家
	同	留田御厨	摂関家、成恩院
	員弁	留米御厨	伊勢神宮、内宮、外宮、二宮
	三重	豊岡御厨	伊勢神宮、内宮、外宮、二宮

国名	郡名	御厨名	領家・本家など
伊勢	奄芸	豊久野御厨	伊勢神宮、内宮、外宮、二宮
	鈴鹿	豊田御厨	伊勢神宮、内宮
	三重	豊久御厨	伊勢神宮、内宮
	朝明	長井御厨	伊勢神宮、内宮、外宮、二宮、祭主領、仙洞料所、天皇家、鶴岡八幡宮
	員弁	長尾御厨	伊勢神宮、外宮
	河曲	永男御厨	伊勢神宮
	三重	長尾御厨	伊勢神宮、外宮
	安濃	長岡御厨	伊勢神宮、内宮、外宮、二宮
	飯高	永方御厨	伊勢神宮、内宮
	員弁	中河御厨	伊勢神宮、内宮、外宮、二宮
	河曲	長沢御厨	伊勢神宮、内宮
	三重	長沢御厨	伊勢神宮、内宮、外宮、二宮
	安濃	長野御厨	伊勢神宮、内宮
	度会	永野御厨	伊勢神宮、内宮
	朝明	長橋御厨	伊勢神宮、内宮
	壱志	中浜御厨	
	員弁	長深御厨	伊勢神宮、内宮、外宮、二宮
	河曲	長藤御厨	伊勢神宮、内宮、外宮、二宮、平家没官領、関東御領
	鈴鹿	永藤御厨	伊勢神宮、内宮
	三重	長松御厨	伊勢神宮、外宮
	朝明	長松御厨	伊勢神宮、内宮、外宮
	壱志	中村拝野御厨	伊勢神宮、内宮
	同	中村拝野東御厨	伊勢神宮、内宮、外宮、二宮
	同	永用御厨	伊勢神宮、内宮
	同	永用神田御厨	伊勢神宮、内宮
	度会	長屋御厨	伊勢神宮
	同	梨子御厨	伊勢神宮
	未勘	奈波利御厨	室町院、天皇家
	鈴鹿	成高御厨	伊勢神宮、外宮、平家没官領、関東御領
	員弁	丹生河御厨	伊勢神宮、内宮、久我家
	桑名	苦木御厨	伊勢神宮、内宮
	度会	丹河御厨	伊勢神宮、外宮、岡崎範景

国名	郡名	御厨名	領家・本家など
	未勘	錦島御厨	七条院、修明門院、天皇家、
	壱志	西園御厨	伊勢神宮、内宮、外宮、二宮、関東御領
	奄芸	西野村御厨	伊勢神宮、内宮
	壱志	西浜御厨	伊勢神宮
	員弁	仁大御厨	伊勢神宮、内宮
	三重	庭田御厨	伊勢神宮、外宮
	飯野	沼田御厨	伊勢神宮、外宮
	安濃	野田御厨	伊勢神宮、内宮、外宮、二宮
	壱志	野田御厨	伊勢神宮、外宮
	朝明	能登御厨	伊勢神宮
	鈴鹿	非鼓御厨	伊勢神宮、外宮
	河曲	野日御厨	伊勢神宮、内宮
	員弁	野辺御厨	伊勢神宮、内宮
	河曲	野辺御厨	妙香院、山門領、伊勢神宮
	度会	鮠川御厨	伊勢神宮
	員弁	萩原御厨	伊勢神宮、内宮、外宮、二宮
	鈴鹿	土師御厨	伊勢神宮、内宮
	壱志	八太御厨	伊勢神宮、外宮
	鈴鹿	八野御厨	伊勢神宮、内宮
	員弁	治田御厨	伊勢神宮、内宮、外宮、二宮
	三重	治田御厨	伊勢神宮、内宮、外宮、二宮
	飯野	八田御厨	伊勢神宮、外宮
	壱志	波出御厨	伊勢神宮、内宮
	朝明	鳩野御厨	伊勢神宮、内宮
	奄芸	林前御厨	伊勢神宮、内宮
	河曲	林崎御厨	伊勢神宮、内宮、外宮、二宮
	奄芸	林御厨	伊勢神宮、内宮
	桑名	原御厨	伊勢神宮
	鈴鹿	原御厨	伊勢神宮、内宮、外宮、二宮、平家没官領、関東御領、得宗領、祭主領
	飯野	治田御厨	伊勢神宮、外宮
	鈴鹿	葉若御厨	伊勢神宮、内宮、外宮、二宮
	員弁	東富津御厨	伊勢神宮、内宮
	桑名	東富津御厨	伊勢神宮、外宮、梅畑姫宮領、高山寺
	鈴鹿	東開御厨	伊勢神宮、内宮

国名	郡名	御厨名	領家・本家など
	三重	日長御厨	伊勢神宮、内宮、外宮、二宮
	同	日長新御厨	伊勢神宮、外宮
	飯高	平生御厨	伊勢神宮、内宮、外宮、二宮
	員弁	平田御厨	伊勢神宮、内宮、外宮、二宮
	奄芸	昼生御厨	伊勢神宮、内宮、外宮、二宮
	朝明	弘永御厨	伊勢神宮、内宮
	員弁	深瀬御厨	伊勢神宮、内宮、外宮、二宮
	河曲	深馬路御厨	伊勢神宮、内宮
	三重	深町御厨	伊勢神宮、内宮
	鈴鹿	深溝御厨	伊勢神宮、内宮、外宮、二宮
	飯高	福木御厨	伊勢神宮
	同	福末御厨	伊勢神宮
	朝明	福永御厨	伊勢神宮、内宮、建国寺
	飯高	深長御厨	伊勢神宮、内宮
	壱志	藤方御厨	伊勢神宮、内宮、外宮、二宮
	度会	藤倉御厨	伊勢神宮
	同	二見御厨	伊勢神宮、内宮、外宮、二宮
	安濃	部田御厨	伊勢神宮、内宮
	奄芸	部田御厨	伊勢神宮、内宮
	安濃	別保御厨	伊勢神宮、内宮
	鈴鹿	某若御厨	伊勢神宮、内宮
	員弁	星河御厨	伊勢神宮、内宮、外宮、二宮
	朝明	保保御厨	伊勢神宮、内宮、外宮、二宮、室町幕府御料所、朝倉氏領
	未勘	洞田御厨	
	飯高	勾御厨	伊勢神宮、内宮、外宮、二宮、承久没官領、得宗領、園城寺
	河曲	斛光御厨	伊勢神宮、内宮
	安濃	松崎御厨	伊勢神宮、外宮
	度会	松下御厨	伊勢神宮、内宮
	河曲	松永御厨	伊勢神宮、内宮
	員弁	松尾御厨	伊勢神宮、内宮、外宮、二宮
	安濃	松本御厨	伊勢神宮、内宮
	三重	松本御厨	伊勢神宮、内宮、外宮、二宮

国名	郡名	御厨名	領家・本家など
	飯高	松山御厨	伊勢神宮、内宮、外宮、二宮、久米多寺
	同	真弓御厨	伊勢神宮、内宮
	河曲	箕田御厨	伊勢神宮、内宮
	同	箕田永富御厨	伊勢神宮、外宮
	同	箕田安田御厨	伊勢神宮
	飯高	光用御厨	伊勢神宮、内宮、外宮、二宮
	同	南黒田御厨	伊勢神宮
	奄芸	南黒田御厨	伊勢神宮、外宮、醍醐寺、遍智院、三宝院門跡領、花園院太政大臣家領
	壱志	南黒野御厨	伊勢神宮、外宮
	河曲	南黒野御厨	伊勢神宮
	同	南職田御厨	伊勢神宮
	朝明	南富田御厨	伊勢神宮、外宮
	三重	南山田御厨	伊勢神宮、外宮
	壱志	都御厨	伊勢神宮、内宮、外宮、二宮
	桑名	宮永西林御厨	伊勢神宮、内宮
	壱志	宮野御厨	伊勢神宮、内宮
	度会	村松御厨	室町院、天皇家、伊勢神宮、外宮
	同	無漏(御園)御厨	伊勢神宮、外宮
	員弁	茂永御厨	伊勢神宮、内宮、外宮、二宮
	朝明	茂永御厨	伊勢神宮、外宮、金蓮院、西山地蔵院
	同	茂福御厨	二品尊性法親王家、妙法院門跡、山門領、伊勢神宮、内宮
	同	本能登御厨	伊勢神宮
	壱志	焼出御厨	伊勢神宮、外宮
	奄芸	社御厨	伊勢神宮
	桑名	八太御厨	伊勢神宮、外宮
	多気	矢田御厨	伊勢神宮
	河曲	柳(楊)御厨	伊勢神宮、内宮、得宗領、足利尊氏、室町幕府御料所
	同	柳新御厨	伊勢神宮、外宮
	員弁	山田御厨	伊勢神宮、内宮、南滝院、門跡、室町幕府御料所、実相院、山門領
	三重	山田御厨	伊勢神宮、内宮、外宮、二宮

国名	郡名	御厨名	領家・本家など
伊勢	朝明	山田御厨	伊勢神宮、外宮
	河曲	山鳥御厨	伊勢神宮、内宮
	鈴鹿	山部御厨	伊勢神宮
	河曲	山辺新御厨	伊勢神宮、内宮
	朝明	山村御厨	伊勢神宮、内宮
	飯高	山室松山御厨	伊勢神宮、外宮
	三重	寛御厨	民有年領、伊勢神宮、外宮
	同	寛丸御厨	伊勢神宮、外宮
	多気	四藺生御厨	伊勢神宮
	飯高	横北御厨	伊勢神宮
	三重	良河御厨	伊勢神宮、内宮
	壱志	吉清御厨	伊勢神宮、内宮
	奄芸	吉清御厨	伊勢神宮、内宮
	鈴鹿	吉清御厨	伊勢神宮、内宮
	三重	吉沢御厨	伊勢神宮、内宮、外宮、二宮、祇園社
	鈴鹿	吉沢御厨	伊勢神宮、内宮
	度会	吉津御厨	七条院、修明門院、天皇家、伊勢神宮、四辻宮親王家
	朝明	吉沢御厨	伊勢神宮、内宮
	桑名	若江御厨	伊勢神宮、内宮
	安濃	若栗御厨	伊勢神宮
	度会	若田井辺御厨(御園)	伊勢神宮、外宮
	飯野	若菜御厨	伊勢神宮、内宮、外宮、二宮、堀川局、宏徳寺
	壱志	若松御厨	伊勢神宮、内宮
	河曲	若松御厨	伊勢神宮、内宮、外宮、二宮、平家没官領、七条院、天皇家
	飯高	若松御厨	伊勢神宮、内宮
	河曲	若松南御厨	伊勢神宮、内宮、外宮
	鈴鹿	和田御厨	伊勢神宮、外宮
志摩	英虞	合賀御厨	伊勢神宮、按察二品局、鎌倉二品法印
	同	安瀬御厨	伊勢神宮
	答志	畦蛸(羽畔蛸)御厨	伊勢神宮、外宮、得宗領
	同	畔乗御厨	内膳司
	英虞	伊熊御厨	伊勢神宮
	未勘	伊介浮島御厨	伊勢神宮、外宮
	答志	伊志賀御厨	伊勢神宮、内宮、外宮、二宮
	英虞	伊奈瀬御厨	伊勢神宮
	同	入江御厨	伊勢神宮
	同	鵜方御厨	伊勢神宮
	同	相可御厨	伊勢神宮
	答志	麻生浦(麻浦)御厨	伊勢神宮、斎宮寮領、官衙領
	英虞	大久田御厨	伊勢神宮、外宮
	同	大吹御厨	伊勢神宮、外宮
	答志	小(大)浜御厨	伊勢神宮、内宮、外宮、二宮、九鬼氏領、法楽寺
	英虞	片田(方)御厨	伊勢神宮、外宮
	答志	片田御厨	伊勢神宮、内宮、外宮、二宮
	同	竃子御厨	伊勢神宮、外宮
	英虞	木本合賀島御厨	伊勢神宮
	同	切原御厨	伊勢神宮、内宮
	同	小路御厨	伊勢神宮
	同	小久田御厨	伊勢神宮、外宮
	同	越賀御厨	伊勢神宮
	同	木本御厨	伊勢神宮、外宮、按察二品局家、二品鎌倉法印
	同	上津長御厨	伊勢神宮、内宮
	未勘	坂倉御厨	伊勢神宮
	答志	坂崎御厨	伊勢神宮、内宮
	同	坂手御厨	伊勢神宮、外宮
	英虞	佐佐良御厨	伊勢神宮
	答志	猿田御厨	伊勢神宮
	同	菅島御厨	伊勢神宮、外宮
	英虞	須賀利御厨	伊勢神宮、外宮
	同	立神御厨	伊勢神宮
	同	土具御厨	伊勢神宮、外宮
	答志	泊浦御厨	伊勢神宮、内宮、外宮、二宮
	英虞	中井須山御厨	伊勢神宮
	同	中島御厨	伊勢神宮、仁和寺
	同	長瀬御厨	伊勢神宮
	未勘	長瀬御厨	伊勢神宮
	同	中津御厨	天皇家、昭慶門院、大宮院
	英虞	中津浜御厨	伊勢神宮、内宮
	同	中浜御厨	伊勢神宮
	英虞	奈波利御厨	室町院、天皇家、伊勢神宮
	同	錦御厨	伊勢神宮、外宮
	同	丹島御厨	伊勢神宮、外宮
	同	迫御厨	伊勢神宮、外宮
	同	東船越御厨	伊勢神宮、外宮
	未勘	寿根御厨	
	英虞	比志加(賀)御厨	伊勢神宮、内宮、外宮、二宮
	同	笛御厨	伊勢神宮、外宮
	未勘	船木原御厨	伊勢神宮
	英虞	船越御厨	伊勢神宮
	答志	的屋御厨	伊勢神宮、内宮
	英虞	南浜御厨	伊勢神宮
	同	南船越御厨	伊勢神宮、内宮、外宮、二宮
	同	布浜御厨	伊勢神宮、外宮
	同	焼野御厨	伊勢神宮
尾張	愛智	一楊御厨	伊勢神宮、内宮
	海部	伊福部御厨	伊勢神宮、内宮、外宮、二宮
	同	伊福部花正御厨	伊勢神宮
	中島	奥村御厨	伊勢神宮、内宮
	同	下津御厨	伊勢神宮、内宮
	丹羽	搗栗御厨	伊勢神宮、内宮、石清水八幡宮
	中島	賀野御厨	伊勢神宮
	丹羽	上搗栗御厨	伊勢神宮
	未勘	上生栗御厨	伊勢神宮、内宮
	同	清河御厨	伊勢神宮
	春部	清須御厨	伊勢神宮
	未勘	清納御厨	伊勢神宮
	中島	陸田御厨	伊勢神宮
	同	草部御厨	伊勢神宮、内宮、外宮、二宮
	同	酒見御厨	伊勢神宮、外宮
	葉栗	佐手原御厨	伊勢神宮
	未勘	佐平原御厨	伊勢神宮
	丹羽	下搗栗御厨	伊勢神宮
	山田	末御厨	伊勢神宮
	同	瀬戸御厨	洞院家、醍醐寺
	丹羽	瀬辺御厨	伊勢神宮、外宮、醍醐寺
	未勘	瀬部御厨	洞院家
	未勘	千丸垣内御厨	伊勢神宮
	同	高瀬御厨	伊勢神宮、外宮
	丹羽	高屋御厨	伊勢神宮、外宮
	同	詫美御厨	伊勢神宮、外宮
	未勘	竹河御厨	伊勢神宮
	葉栗	田代喬島楊津御厨	伊勢神宮、内宮
	海部	立石御厨	伊勢神宮、内宮、外宮、二宮
	中島	玉江御厨	伊勢神宮、内宮
	未勘	治開田御厨	伊勢神宮、内宮、外宮、二宮
	同	生栗御厨	伊勢神宮、内宮、外宮、二宮
	丹羽	新溝御厨	伊勢神宮、外宮
	中島	野田御厨	伊勢神宮、内宮、外宮、二宮
	同	篦(笶)生御厨	伊勢神宮、内宮、外宮、二宮
	未勘	羽禰田御厨	伊勢神宮、外宮
	葉栗	前野御厨	伊勢神宮、内宮
	山田	水野上御厨	熱田社
	中島	御母板倉御厨	伊勢神宮、内宮、外宮、二宮、七条院、室町院、天皇家
	丹羽	楊橋御厨	伊勢神宮、内宮
	同	渡辺御厨	伊勢神宮
三河	幡豆	饗庭御厨	伊勢神宮、外宮
	宝飫	赤坂御厨	伊勢神宮、内宮
	渥美	今橋御厨	
	同	伊良胡御厨	伊勢神宮、外宮
	同	岩熊御厨	伊勢神宮、外宮
	同	院内御厨	伊勢神宮、外宮
	同	大草御厨	伊勢神宮、外宮
	宝飯	大墓御厨	伊勢神宮
	碧海	刑部御厨	伊勢神宮
	未勘	乙河御厨	
	八名	神谷御厨	伊勢神宮、内宮、外宮、二宮
	渥美	上谷御厨	伊勢神宮、内宮、外宮、二宮
	幡豆	蘇美御厨	伊勢神宮、外宮、前左大臣家
	渥美	勢谷御厨	伊勢神宮、内宮
	同	高師(足)御厨	伊勢神宮、内宮

国名	郡名	御厨名	領家・本家など
三河	幡豆	角平御厨	伊勢神宮、外宮
	渥美	野依御厨	伊勢神宮、内宮、外宮、二宮
	同	橋良御厨	伊勢神宮、内宮
	同	細谷御厨	伊勢神宮
	同	弥熊御厨	伊勢神宮、外宮
	同	吉胡御厨	伊勢神宮
遠江	磐田	池田御厨	伊勢神宮、内宮、外宮、二宮
	麁玉	宇治乃御厨	伊勢神宮
	長上	大墓御厨	伊勢神宮、外宮
	未勘	小坂御厨	伊勢神宮、外宮
	引佐	刑部(小刑)御厨	伊勢神宮、内宮、外宮、二宮、二品尊性法親王
	佐野	小高御厨	伊勢神宮、内宮、外宮、二宮、大金剛院
	同	小高下御厨	伊勢神宮、外宮、冷泉家
	浜名	尾(小)奈御厨	伊勢神宮、内宮、九条家、宜秋門院、摂関家
	未勘	方田御厨	伊勢神宮
	長上	蒲御厨	伊勢神宮、内宮、東大寺、得宗領、室町院、天皇家
	山名	鎌田御厨	伊勢神宮、内宮、外宮、二宮
	蓁原	小杉御厨	伊勢神宮
	同	小牧御厨	伊勢神宮、内宮
	佐野	小松御厨	伊勢神宮、内宮
	未勘	土田御厨	伊勢神宮
	同	豊永御厨	伊勢神宮、内宮、外宮、二宮
	浜名	浜名御厨	伊勢神宮
	敷智	浜松御厨	伊勢神宮、内宮、外宮、二宮
	引佐	祝田御厨	伊勢神宮、内宮、外宮、二宮
	長上	美園御厨	伊勢神宮、内宮、外宮、二宮、昭慶門院、興善院、天皇家
	引佐	都田御厨	伊勢神宮、内宮、洞院家
	佐野	山口御厨	伊勢神宮、外宮
駿河	駿河	藍沢御厨	
	志太	大津御厨	伊勢神宮、内宮、外宮、二宮、太皇太后宮藤原璋子
	同	大津新御厨	伊勢神宮、内宮、外宮、二宮
	駿河	大沼鮎沢御厨	伊勢神宮、内宮、外宮、二宮
	志太	岡部御厨	伊勢神宮、外宮
	益頭	小楊(柳)津御厨	伊勢神宮、外宮、西園寺家、冷泉家
	同	蕩津御厨	伊勢神宮、外宮
	同	方上御厨	伊勢神宮、内宮
	富士	北山御厨	
	志太	小杉(枌)御厨	伊勢神宮、外宮
	益頭	小摂津御厨	西園寺家
	廬原	高部御厨	伊勢神宮、内宮
伊豆	賀茂	蒲屋御厨	伊勢神宮、外宮
	田方	塚本御厨	伊勢神宮、内宮
	同	三津御厨	皇嘉門院、九条家、摂関家、最勝金剛院
甲斐	山梨	石禾御厨	伊勢神宮、外宮
相模	未勘	井口御厨	大中臣清世
	高座	大庭御厨	伊勢神宮、内宮
武蔵	豊島	飯倉御厨	伊勢神宮、内宮
	埼玉	大河土(戸)御厨	伊勢神宮、内宮、外宮、二宮
	大里	恩田御厨	伊勢神宮、内宮、外宮、二宮、長福寺
	未勘	鎌倉御厨	伊勢神宮、内宮
	橘樹	橘御厨	伊勢神宮
	大里	七板(坂)御厨	伊勢神宮、内宮、外宮、二宮
	未勘	七松御厨	伊勢神宮、内宮、外宮、二宮
	都筑	榛谷御厨	西園寺、摂関家、伊勢神宮、内宮、実相院門跡南滝院
安房	長狭	阿摩津御厨(白浜御厨)	伊勢神宮
	同	東条御厨	伊勢神宮、外宮
	朝夷	丸御厨	伊勢神宮
上総	山辺	武射御厨	伊勢神宮
下総	葛飾	葛西御厨	伊勢神宮、内宮、外宮、二宮、神官占部氏領
	同	葛西猿俣御厨	伊勢神宮、内宮
	千葉	萱田御厨	
	同	萱田神保御厨	伊勢神宮
	相馬	相馬御厨	伊勢神宮、内宮、外宮、二宮、後白河院、天皇家
	埴生	遠山方(形)御厨	伊勢神宮、北畠具行菩提料所、大徳寺
	葛飾	夏見御厨	伊勢神宮、内宮
	相馬	布瀬墨崎御厨	伊勢神宮、前大蔵卿領、平経繁
	葛飾	船橋御厨	後白河院、天皇家、伊勢神宮、内宮
常陸	新治	小栗御厨	伊勢神宮、内宮、九条家、宜秋門院、摂関家、一条家
近江	浅井	浅井御厨	伊勢神宮、内宮、外宮、二宮
	高島	安曇河御厨	賀茂社、賀茂別雷社
	滋賀	粟津御厨	天皇家、藤原基嗣、内膳司、青蓮院、尊助法親王、後嵯峨院、昭慶門院、内侍所
	甲賀	柏木御厨	伊勢神宮、外宮、称名寺
	同	柏木新御厨	伊勢神宮、外宮
	滋賀	堅田御厨	賀茂社、鴨御祖社
	蒲生	蒲生御厨	伊勢神宮
	愛智	岸下御厨	伊勢神宮、外宮、得宗領、足利尊氏、室町幕府御料所
	蒲生	黒丸御厨	伊勢神宮、内宮、外宮、二宮
	坂田	坂田御厨	伊勢神宮
	蒲生	佐佐木御厨	伊勢神宮、外宮
	栗太	勢多御厨	内膳司、官衙領
	坂田	筑摩御厨	内膳司
	栗太	橋本御厨	藤原基嗣、青蓮院尊助、天皇家、臨川寺
	坂田	福永御厨	伊勢神宮、外宮
	同	山室新御厨	伊勢神宮、外宮
	滋賀	和迩御厨	内膳司、官衙領
美濃	安八	青柳御厨	伊勢神宮
	可児	池田御厨	伊勢神宮、内宮
	安八	小泉御厨	平家没官領、一条能保室家領、伊勢神宮、内宮、外宮、二宮
	席田	郡戸御厨	伊勢神宮、外宮
	石津	止岐多良御厨	伊勢神宮、内宮
	武芸	下有智(地)御厨	伊勢神宮、内宮、摂関家、九条家
	安八	津布良開発御厨	伊勢神宮、内宮、御裳濯河堤防役河籠米料所、摂津親秀
	安八	中河御厨	伊勢神宮、内宮、外宮、二宮、得宗領
飛騨	大野	穴野御厨	伊勢神宮、内宮
信濃	筑摩	会田御厨	伊勢神宮、内宮、荒木田永量、永尚、永家
	伊那	麻続御厨	
	同	麻績御厨	平正弘、後院、伊勢神宮、内宮
	未勘	富都御厨	
	更級	富部御厨	伊勢神宮
	諏訪	富部御厨	伊勢神宮
	高井	長田御厨	伊勢神宮、外宮、橘俊貞
	安曇	仁科御厨	伊勢神宮、内宮、荒木田氏経
	高井	芳美御厨	伊勢神宮
	更級	藤長御厨	伊勢神宮、内宮、外宮、二宮
	同	布施御厨	伊勢神宮
	高井	保科御厨	
	更級	村上御厨	伊勢神宮、内宮
	安曇	矢原御厨	伊勢神宮、内宮、外宮、二宮
上野	勢多	青柳御厨	伊勢神宮、内宮
	邑楽	邑楽御厨	伊勢神宮、内宮
	山田	須永御厨	伊勢神宮
	同	園田御厨	伊勢神宮、内宮、外宮、二宮
	同	薗田御厨	伊勢神宮
	緑野	高山御厨	伊勢神宮、内宮、外宮、二宮、摂津親秀領
	那波	玉村御厨	伊勢神宮、内宮、円覚寺、得宗領、長福寺、極楽寺
	山田	広沢御厨	伊勢神宮、内宮、足利家、室町幕府御料所、鎌倉府料所
	勢多	細井御厨	伊勢神宮、内宮、外宮、二宮、来迎院
	山田	寮米御厨	伊勢神宮、内宮
下野	梁田	片梁田御厨	伊勢神宮、内宮、外宮、二宮
	那須	佐久山御厨	伊勢神宮、外宮
	寒川	寒河御厨	後白河院、天皇家、伊勢神宮、内宮、外宮、二宮
	那須	稗田御厨	伊勢神宮、外宮
	梁田	簗田御厨	伊勢神宮、内宮、外宮、二宮

国名	郡名	御厨名	領家・本家など
若狭	三方	向笠御厨	伊勢神宮、内宮、相国寺、毘沙門堂
越前	足羽	安居御厨	伊勢神宮、内宮
	同	足羽御厨	伊勢神宮、内宮、九条家、摂関家、一条家、昭慶門院、天皇家
	丹生	泉北御厨	伊勢神宮、外宮
	今立	山本御厨	伊勢神宮、外宮
加賀	石川	富永御厨	伊勢神宮、内宮、外宮、二宮、臨川寺
能登	鳳至	櫛比(代)御厨	伊勢神宮、内宮
	羽咋	富来御厨	伊勢神宮、内宮、外宮、二宮
	能登	能登島御厨	伊勢神宮、内宮、外宮、二宮
越中	射水	伊(射)水御厨	伊勢神宮、内宮
	婦負	鵜坂御厨	伊勢神宮、内宮
	新川	新保御厨	賀茂社、賀茂別雷社、天皇家、長講堂、宣陽門院

国名	郡名	御厨名	領家・本家など
	新川	弘田御厨	伊勢神宮、内宮、外宮、二宮
越後	未勘	色鳥御厨	伊勢神宮、内宮
丹波	何鹿	漢部御厨	伊勢神宮、内宮
	多紀	桑原御厨	
丹後	与謝	大垣御厨	伊勢神宮、内宮
	同	太田御厨	伊勢神宮
	加佐	岡田御厨	伊勢神宮、内宮
但馬	出石	大垣御厨	伊勢神宮、内宮、綾小路僧正、妙法院、山門領
	二方	田公御厨	伊勢神宮、内宮、修理大夫家領
	気多	太多御厨	伊勢神宮、外宮
伯耆	久米	久永御厨	長講堂、八条院、宣陽門院、天皇家、伊勢神宮、内宮、大弐三位家
	日野	久古御厨	大山寺西明院
	久米	久米御厨	
	会見	三野御厨	伊勢神宮、内宮

国名	郡名	御厨名	領家・本家など
	会見	三野久永御厨	伊勢神宮、内宮
出雲	島根	三津厨	延暦寺、山門領、良源領
播磨	印南	伊保崎御厨	賀茂社
	飾磨	国分寺御厨	伊勢神宮、内宮
	未勘	三箇御厨	賀茂社、賀茂別雷社
	揖保	塩屋御厨	賀茂社、賀茂別雷社
	賀古	高砂御厨	高砂神社
	揖保	室御厨	賀茂社、賀茂別雷社
備前	邑久	永沼御厨	伊勢神宮、内宮、外宮、二宮
備中	哲多	神代野部御厨	伊勢神宮、内宮
周防	熊毛	牛島御厨	賀茂社、賀茂御祖社
	同	竈門御厨	
	未勘	小江御厨	
	熊毛	佐合御厨	賀茂社、賀茂御祖社
	同	佐川御厨	賀茂社、賀茂御祖社
	吉敷	仲河御厨	
	熊毛	長島御厨	

国名	郡名	御厨名	領家・本家など
長門	大津	三隅御厨	伊勢神宮、内宮
紀伊	海部	紀伊浜御厨	賀茂社、賀茂別雷社
	牟婁	木本御厨	
阿波	那賀	桑乃御厨	伊勢神宮、内宮
讃岐	三野	内海御厨	
	香川	笠居御厨	伊勢神宮、内宮、九条家、摂関家
伊予	宇和	内海御厨	賀茂御祖社
	未勘	釜網御厨	
	越智	玉河御厨	伊勢神宮、内宮、外宮、二宮
	未勘	千富御厨	伊勢神宮、内宮、外宮、二宮
	周敷	丹生河御厨	伊勢神宮、内宮、外宮、二宮
筑前	未勘	宇野御厨	
肥前	松浦	宇野御厨	天皇家、西園寺

国立歴史民俗博物館データベース「日本荘園」、「荘園一覧」(瀬野精一郎編『日本荘園史大辞典』、二〇〇三年、吉川弘文館)、阿部猛・佐藤和彦編『日本荘園大辞典』、一九九七年、東京堂出版、「伊勢神宮御厨一覧」(『国史大辞典』一三巻、一九九二年、吉川弘文館)などを参照した。

うに在家や免田が与えられるようになった。そして御厨はこの供御人免田を基本とする荘園となったのである。さらに四至も定められ、これ以降、中世荘園となっていくのである。神社の御厨の場合、ほとんどのものが伊勢二宮領と賀茂社領である。伊勢神宮の場合、神戸・神郡に由来するもののほか、十一世紀以降に口入神主と呼ばれる神官が在地領主たちから所領寄進を募り、御厨としたものがあった。伊勢神宮、賀茂社とも中世荘園としての御厨を多く持っていた。

参考文献 網野善彦『日本中世土地制度史の研究』、一九九一、塙書房。同『日本中世の非農業民と天皇』、一九八四、岩波書店。戸田芳実『初期中世社会史の研究』、一九九一、東京大学出版会。

(戸川 点)

みこがやいせき 御子ヶ谷遺跡 ⇩志太郡家《しだぐうけ》

みこもとじまとうだい 神子元島燈台 明治時代初期に建てられた、現存するわが国最古の官設洋式石造燈台。国史跡。静岡県下田港の南約一〇キロの海上に位置する神子元島に建つ。神子元島は、ペリーの『日本遠征記』にロックアイランドとして登場する周囲約二キロの小島。一八六六年(慶応二)調印の改税約書第十一条により設置が義務づけられた八ヵ所の燈台のうちの一つで、当初の建造物を残す唯一のもの。イギリス人スティブンソン兄弟の基本設計にもとづき、技師ブラントンが監督。一八六九年(明治二)一月着工、一八七〇年十一月に竣工・点燈された。完成と同時に気象観測も実施。下田エビス崎付近の伊豆石を使用、接着には賀茂郡河津町梨元の石灰岩が使われた。斜切頭円錐形、高さ約二三メートル、白色仕上げ。一八八三年に燈塔に幅広の黒線が二条入れられた。一九九六年(平成八)に耐震補強工事を実施。北に坂を降った平場には吏員退息所や倉庫などの遺構も残る。海上保安庁が管理。

参考文献 海上保安庁燈台部『日本燈台史』、一九六九、燈光会。静岡県教育委員会文化課編『静岡県の近代化遺産』、二〇〇〇。

(佐藤 正知)

みさかとうげいせき 神坂峠遺跡 長野県と岐阜県の境界にある神坂峠に営まれた祭祀遺跡。長野県下伊那郡阿智村智里の神坂山・恵那山間の鞍部にあたる標高一五七一メートルの地点に所在する。一九六七年(昭和四十二)―六八年の発掘調査で石積遺構・柱穴などが確認され、剣形・有孔円板・鏡・勾玉・臼玉など大量の石製模造品、土師器・黒色土器・須恵器・緑釉陶器・灰釉陶器・中国陶磁などの焼き物・銅鏡・鉄製品などが出土し、古墳時代から中世に及ぶ複合遺跡であることが判明した。神坂峠は「信濃坂」「神の御坂」と呼ばれた東山道の要衝で、難所でもあったことから、長野県北佐久郡軽井沢町入山峠遺跡と同様、荒ぶる峠神を対象とした祭祀遺跡であると考えられる。国史跡。

参考文献　阿智村教育委員会編『神坂峠』、一九六九。

（時枝　務）

みささぎ　陵　⇩陵墓《りょうぼ》

みしまジーコンボこふんぐん　**見島ジーコンボ古墳群**　七世紀後半から十世紀初頭の間に築かれた約二百基からなる積石塚《つみいしづか》の群集墳。山口県萩市の沖合四〇㌔の海上に浮かぶ見島の、東南の海岸礫浜堆上に位置する。ほぼ接するように累々と築かれた墓群は、積石のわずかな墳丘を有し、その内部主体は、大部分が玄室と羨道《せんどう》との区別が明確でなく、羨道上方に開口する横口式石室に似た、一種の退化した横穴式石室であるが、時代が下がると、箱式石棺に近い形状となる。副葬品には、蕨手刀《わらびてとう》を含む刀剣・鉄鏃などの武器類が顕著で、ほかに金銅製容器・佐波理《さはり》製容器や匙・銅帯・石帯・和同開珎・隆平永宝・緑釉陶器・貝製装身具などがあり、これらは当時の島人の所持した生活具と解するよりは、本土から渡島し西国辺境の防備にあたった防人《さきもり》軍団に関わるものと推定した方がよいと考えられている。一九二六年（昭和元）に小川五郎、一九六〇年に斎藤忠・小野忠熈、一九八二年に中村徹也・乗安和二三により二十一基が発掘調査された。国指定史跡。

参考文献　小川五郎・四田直・弘津史文・三宅宗悦「阿武郡見島文化の研究」（『山高郷土史研究会考古学研究報告書』、一九二七）。小野忠熈・斎藤忠「見島古墳群の発掘調査」（『見島総合学術調査報告』、一九六四）。山口県埋蔵文化財センター編『見島ジーコンボ古墳群』、一九八三。

（中村　徹也）

見島ジーコンボ古墳群　第72号墳と積石

みずいけどきせいさくいせき　**水池土器製作遺跡**　奈良時代前半代の土師器製作工房の跡。三重県多気《たき》郡明和町明星字水池の標高一〇・五㍍の低位段丘上にある。一九七六年（昭和五十一）に町教育委員会が約一五〇〇平方㍍を発掘調査した結果、土器焼成壙十六基、掘建柱建物四棟、竪穴住居三棟、井戸一基、粘土溜二基などが検出された。企画性を持つ焼成壙の配列や工房と推測される建物配置などから、土師器生産の実態を類推できる稀有な遺跡。多気郡有爾《うに》郷に属した当地域は平安時代に伊勢神宮への祭祀土器を貢納した歴史的背景があり、当遺跡の南方一二〇〇㍍の所には今も神宮土器調整所がある。国史跡斎宮跡周辺には当遺跡を含め北野遺跡など十八遺跡で同様の土器焼成壙が確認されているが需給関係は不詳である。一九七七年に九七三一平方㍍が国史跡に指定され、出土遺物は町教育委員会が保管、現地は史跡公園として整備・保存されている。

参考文献　斎宮研究会編『斎王宮跡発掘』、一九七八、光書房。三重県埋蔵文化財センター編『北野遺跡発掘調査概報』、一九九六。『有爾日記』（『続群書類従』神祇部）。

（田阪　仁）

みずおちいせき　水落遺跡　⇩飛鳥水落遺跡《あすかみずおちいせき》

みずかがみ　水鏡　『大鏡』をはじめとする鏡物の一つで、鎌倉時代初期の成立と考えられている歴史物語。神武天皇の時代から仁明天皇の時代までを取扱っているが、その内容の多くは『扶桑略記』に依拠しており、信憑性に乏しい。また構成については、『大鏡』を模倣し、老尼が厄年にあたって大和の竜蓋寺へ詣でたのち、長谷寺に参籠したところ、夢に修行者が現れ、その修行者が葛城山中で神仙から聞いた話を、老尼に語り聞かせるという流れになっている。前田尊経閣文庫所蔵本と高田専修寺所蔵本の、二系統の伝本が伝えられている。『（新訂増補）国史大系』二一下所収。

参考文献　平田俊春『日本古典の成立の研究』、一九五九、日本書院。松村博司『歴史物語（改訂版）』（『塙選書』一六、一九七九、塙書房）。

（三枝　暁子）

みずき　水城　大宰府防衛施設の一つとして筑前国に築かれた土塁。福岡県太宰府市国分・吉松、大野城市下大《しもおお》利《り》所在。国指定特別史跡。『日本書紀』によると、「筑紫

水　城　跡

に大堤を築きて水を貯えしむ、名けて水城という」(原漢文)とあり、白村江敗戦の翌六六四年(天智天皇三)に築かれた。東の四王寺山《しおじやま》と西の背振《せふり》山系から伸びた丘陵とを繋ぐ形で東西に横たわり、交通の要衝である福岡平野南端の狭隘部を塞いでいる。全長約一・二㌔、基底部幅約八〇㍍、土塁本体幅約二〇㍍、土塁高約九㍍の威容を誇る。発掘調査以前は大宰府側に貯水した(水城ダム説)と考えられていたが、水城跡第十次調査の結果、幅約六〇㍍の濠を検出し、博多側に貯水していたことが明らかとなった。水城は人工の土構造物で、土塁のベースとなる基底部とその上に乗る土塁本体の二重構造をなす。東西両端の取付部付近は旧地形の丘陵を包み込んだ盛土を施し、御笠川《みかさがわ》周辺の低湿地においては軟弱地盤の改良と作業足場確保のために粗朶《そだ》を敷込んでいた。樹種同定の結果、クスノキ・タブノキほか十三種が同定され、葉の特徴から晩春から夏ごろにかけて伐採されたものと判明した。基底部の盛土は層の厚さが一〇㌢前後と割合雑であるが、土塁本体の盛土には粘質土と砂質土を交互に突固めた版築技法を用いており、土質は非常に緻密・堅固である。水城は外敵の侵攻を遮断する土塁であると同時に大宰府郭内を防御する城壁でもあり、東西両端には物資輸送のための門が設けられた。西門跡の調査では、三時期の門遺構が確認された。当初の門は間口一間(幅四・二㍍)の狭小で簡易な構造の門(冠木《かぶき》門)であるが、土塁壁面には石垣を築き、通路としての側面より防御機能を優先した堅牢な門である。二番目の門は八世紀前半に築造された礎石形式の八脚門で、大宰府の表玄関に相応しい瓦葺の壮麗な門を築造している。三番目の門は防御的な楼門で、再燃した新羅との緊張関係に即して改築された。また、土塁の前面一帯には六〇㍍幅の外濠が存在するため東西両門の前には木橋が架かっていると想定されたが、西門跡前面では大宰府と鴻臚館《こうろかん》を結ぶ道路が発見され、外濠は西官道の東側部分から始まることが確実となった。さらに、土塁下部には外濠に導水するための木樋が四ヵ所確認されているが、水城を貫流する御笠川と両門側とは約六㍍の比高差があるので、外濠に貯水するには階段状に堰を設けて貯水したものと推測される。

資料館 九州歴史資料館(福岡県太宰府市)

参考文献 福岡県教育委員会編『水城—昭和五〇年度発掘調査報告—』、一九七六。九州歴史資料館編『大宰府史跡発掘調査概報』平成八—九年度、一九九七—九八。小田和利「神籠石と水城大堤」(『九州歴史資料館研究論集』二二、一九九七)。

(小田　和利)

みずとけい 水時計 ⇩漏刻《ろうこく》

みずぬまかまあと 水沼窯跡 平安時代の後半に営まれた瓷器系陶器窯。宮城県石巻市水沼字寺前地内、北上川旧河口近隣に所在する。窖窯三基と五基の炭窯が調査されている。大甕や壺、片口鉢、椀といった中世の基本的な器種を生産していた。特殊なものとして袈裟襷《けさだすき》文三耳壺や羽釜《はがま》が出土している。袈裟襷文壺を生産していたことから、渥美窯の工人が関わっていたことは明白であり、その背景には平泉藤原氏の存在が推定されている。操業年代は十二世紀中葉。東海諸窯の技術が地方に伝播する最も早い例として知られる。水沼窯製品は岩手県西磐井郡平泉町平泉遺跡群と、宮城県多賀城市山王遺跡でしか確認されていない。平泉遺跡群から出土している瓷器系陶器には、水沼窯製品に類似するが明らかに異なるものが含まれている。このことから、発見されずに埋れている水沼窯同様の窯が、まだあることは疑いない。

参考文献 石巻市教育委員会編『水沼窯跡発掘調査報告』、一九八四。

(八重樫忠郎)

みすはいじ 三栖廃寺 紀伊国牟婁《むろ》郡の西北部、左会津川右岸の丘陵山麓の丘尾に造営された奈良時代前期の古代寺院跡。和歌山県田辺市下三栖所在。一辺約九・二㍍の瓦積基壇をもつ塔跡は国指定史跡。塔跡基壇のほか掘立柱建物などが発掘調査で確認されているが、寺域・伽藍配置などは不明。塔跡周辺から出土する創建期の軒瓦には川原寺式の複弁八弁蓮華文軒丸瓦とこれに伴う四重弧文軒平瓦、凸面布目平瓦のほか巨勢《こせ》寺式軒瓦も確認されている。川原寺式軒丸瓦は和歌山県伊都郡かつらぎ町所在の佐野《さや》廃寺の軒丸瓦と製作技法に共通点をもち、巨勢寺式軒丸瓦は佐野廃寺出土瓦と同笵瓦であるなど、ほかの数ヵ寺とともに佐野廃寺の瓦組成と極似する。発掘調査以前の出土品に金銅製風招・砂岩製相輪《そうりん》などがあり、一九三七年(昭和十二)に重要美術品の認定を受け近傍の報恩寺ほかに保管されている。相輪は内輪内径二二㌢、外輪外径七二・五㌢を計測する。類例に奈良県山村廃寺・兵庫県多田廃寺出土品がある。

参考文献 和歌山県教育委員会編『史跡三栖廃寺塔跡保存管理計画策定報告書』、一九七六。田辺市教育委員会『田辺市三栖廃寺遺跡発掘調査概要』I—V、一九七八—八二。藤井保夫「紀伊の白鳳寺院における川原寺式・巨勢寺式軒瓦の採用について」(『古代』九七、一九九四、早稲田大学考古学会)。

(藤井　保夫)

みぞべぶんしろう 溝辺文四郎 一八五二—一九一八 明治時代後期から大正年間にかけて平城宮跡の保存に尽力した人物。一八五二年(嘉永五)大和国添下郡超昇寺村(奈良市佐紀町)に生まれる。生年を一八五三年とする説もある。宮跡の地元である佐紀村に居住していた溝辺は、奈良在住の棚田嘉十郎《たなだかじゅうろう》が、一九〇〇年(明治三十三)に奈良新聞に掲載された関野貞《せきのただし》の文章に触発されて平城宮跡の保存運動を始めると、一九〇一年の初対面以降、棚田に協力してともに運動を推進した。一九〇二年には都跡村ほか周辺住民有志の協力を取りまとめて平城神宮建設会を組織し顕彰運動を展開、一九一〇年には平城遷都千二百年祭および建碑地鎮祭を挙行、一九一三年(大正二)には奈良大極殿址保存会(会長徳川頼倫《とくがわよりみち》)を設立する。同会は大極殿跡周辺の土地を購入して保存を図ったが、溝辺は棚田に先立ち、事業の完成を見ることなく一九一八年に死去した。その後一九二二年に平城宮址保存記念碑が建てられ、大極殿朝堂院地区が国の史蹟に指定されることで溝辺と棚田の遺志は実を結ぶこととなった。↓棚田《たなだ》嘉十郎《かじゅうろう》

参考文献　奈良国立文化財研究所編『平城宮跡保存の先覚者たち』、一九七六。　（古尾谷知浩）

みたけじょう　三嶽城　静岡県浜松市引佐町に所在する、標高四六七メートルの三岳山山頂を中心として築かれた南北朝時代以降の中世の山城。国史跡。築城年代は不明だが、一三三六年（建武三）宗良親王を井伊氏が迎えたことで遠江国南朝方の有力拠点となった。その後、一五一〇年（永正七）井伊氏が前守護斯波氏に組し、当城に籠り新守護今川氏に抵抗している。現在残る城跡に、明瞭な地形改変の痕跡は認められず、自然地形をそのまま利用した天嶮の城であったと推定される。ただ、山頂中心部西側斜面に、階段状の平場と土塁状の高まりが確認されるが、近代の改変の可能性もあり、調査が未実施の現状では何ともいいがたい。頂部東側約三五メートル下った鞍部から続く東尾根上には、明瞭に堀切、喰い違い虎口、土塁が確認され、戦国時代の改修利用が指摘される。堀切・土塁の配置などから、一五七〇年（元亀元）から一五七六年（天正四）にかけて、徳川家康によって改修された可能性が高い。家康は、三河国から侵入する武田軍に備え、峠越えのルートを押えることを目的に改修したのである。

参考文献　静岡県教育委員会編『静岡の中世城館跡』、一九八一。　（加藤　理文）

みっきょうほうぐ　密教法具　密教で使われた修法具。唐より帰国した空海によってもたらされた密教は、それまでの奈良時代の仏教とは異なる教義をもち、独特の修法具を使用した。それが密教法具で、空海をはじめ最澄・円珍・円仁など平安時代初期に入唐した僧によって、経典・儀軌とともに日本にもたらされた。密教の修法の中心となるのは、口で真言を唱え、手に印契を結んで仏の所作をし、心に仏の実相を念ずることであり、また本尊と曼荼羅を前にして、この法具を手に執って加持祈禱を行うことであった。本尊あるいは曼荼羅の前に、木製黒漆塗の正方形の大壇を置き、その上の四隅に四本の橛《けつ》を立て、五色の紐を撚った壇線をそれに結んで結界し、橛《けつ》の内側に四方を護持する羯磨《かつま》を一個ずつ配置する。四辺には、火舎を中心にして左右に三口ずつの六器、華瓶《けびょう》、飲食器《おんじきき》、正面に独鈷杵・五鈷杵・五鈷鈴を金剛盤に載せ、中央に輪宝を配置するのが基本的な構成であり、修法の内容によって、中央に宝塔を安置し、独・三・五・塔・宝珠の各金剛鈴や金剛杵を配するなどさまざまな形式がある。また真言、天台さらにはそれらの各流派でも配備が異なることも多い。これらが密教法具の主要なものであるが、法具そのものの起源は古代インドの武器から転化したと考えられ、鋭い突起や刃を持つ金剛杵や輪宝・羯磨は煩悩の敵を破砕することを象徴している。また、金剛鈴はその音によって仏菩薩を喜ばせ、人の眠れる仏性を覚醒させると意味付けされている。遺品としては東寺に空海請来の金剛盤と五鈷鈴・五鈷杵が伝存し、それを請来様と称して、現代まで写しが作られている。また大壇具がすべて揃っているものでは奈良室生寺の鎌倉時代末期の金剛界と胎蔵界用の二具がもっとも古い。これらは空海請来以降の正式な密教で用いられたものであるが、奈良時代の雑密時の遺品として、正倉院に鉄および白銅製の三鈷杵が伝わっている。　（原田　一敏）

金銅密教法具と大壇　胎蔵界（奈良県室生寺）

みつくりげんぽきゅうたく　箕作阮甫旧宅　岡山県津山市西新町にある、蘭学者箕作阮甫が少年期を過ごした生家。箕作阮甫は、一七九九年（寛政十一）津山藩医の家に生まれ、一八三九年（天保十）津山藩医のまま江戸幕府天文台訳官となった。一時職を辞したが、一八五六年（安政三）洋学所に出仕し（のち蕃書調所《ばんしょしらべしょ》教授）、一八六二年（文久二）幕臣になった。箕作家は藩医ながら町宅で開業することを許可されていたので、町家造りとなっている。敷地約二八四平方メートル、木造平屋建て桟《さん》瓦葺きの母屋《おもや》は建築面積約一〇〇平方メートル、木造平屋建て本瓦葺きの土蔵は建築面積約二三平方メートル。このほか桟瓦葺きの便所・渡り廊下・勝手・井戸や塀などからなる。母屋は土間の広い質素な造りで、診察所と居間を兼ね、渡り廊下によって便所や土蔵に行けるようになっている。江戸時代後期の街道筋町家の特徴をよく伝えている。一九七五年（昭和五十）国の史跡に指定される。

参考文献　『岡山県大百科事典』下、一九八〇、山陽新聞社。　（横山　定）

みつだえ　密陀絵　古代絵画の顔料で、黄色に発色する密陀僧《みつだそう》（一酸化鉛）を植物油に加えて加熱し、乾燥性を高めそれを用いた絵。油絵の一種である。これを密陀絵第一種とする。密陀僧とはペルシャ語の音訳とされる。黄土とともに、黄色の顔料として用いられるが発色が鮮やかではなく、またやがて白く退色する。法隆寺玉虫厨子

や金堂壁画などにも見出される。また栄山寺八角堂や醍醐寺五重塔の内部の建築彩色にも使用されている。ほかに密陀僧を膠《にかわ》に溶いて絵画の表面を保護するために塗布した場合もある。密陀絵第二種とする。正倉院の琵琶の捍撥絵《かんばちえ》、赤漆櫃の表面に塗布された例がある。密陀絵盆と称される盆十七枚については、ほぼ第二種の技法になるとされるが結論を見ない。

参考文献 山崎一雄「宝物の調査」「正倉院絵画の技法と顔料」(『古文化財の科学』所収、一九六七、思文閣出版)。

(百橋 明穂)

みつづかはいじ　三ッ塚廃寺　兵庫県丹波市市島町上垣・三ッ塚・上田に所在する白鳳時代創建の古代寺院跡。一九七二年(昭和四十七)―八〇年に五次にわたる調査を、一九九七年に南東約二五〇メートルの天神窯跡の調査を行い、一九七六年に国指定史跡となっている。東塔、金堂、西塔が東西一直線に並び、茨城県新治《にいはり》廃寺に類似する伽藍《がらん》配置を示す。金堂基壇は東西約一三メートル、南北約一〇メートルで、桁行五間、梁行四間の四面庇《ひさし》付の建物である。東塔基壇は大きく壊れているが、地下に柱座と舎利《しゃり》孔をもつ地下式心礎が残る。東塔の東側と金堂の南側に二本の掘立柱による東門と中門の遺構を確認した。軒瓦は単弁八葉軒丸瓦と三重弧文軒平瓦があり、軒丸瓦には一本造りによるものがある。天神窯跡の一・二号窯は階段付きの瓦を焼いた窖窯《あながま》、三号窯は鴟尾《しび》を焼成した小型の窯、そして四号窯は階段のない窖窯で、当初須恵器と瓦を焼成し、最終段階で二個の鴟尾を焼成していた。出土須恵器から七世紀末の年代が推定される。

参考文献 市島町『丹波三ッ塚遺跡』I―IV、一九七三・一九七五・一九八一・二〇〇〇。

(五十川伸矢)

みどうかんぱくき　御堂関白記　藤原道長の日記。『入道殿御暦』『法成寺摂政記』など多くの異称がある。ただし道長は関白にはなってはおらず、『御堂関白記』という呼称は正確ではない。政権を獲得した九九五年(長徳元)から記し始め、一〇〇四年(寛弘元)からは継続的に書き続けている。現存するものは、九九八年(長徳四)から一〇二一年(治安元)の間の記事である。もともとは半年分を一巻とした具注暦に記した暦記が三十六巻あったと考えられる。京都市の陽明文庫に自筆本十四巻、平安時代の古写本十二巻が伝わっているが、自筆本は現存する日本最古の自筆日記として貴重である。また、本記から抄出した『御堂御記抄』数種がある。記載内容は比較的簡単であるが、他者に見せることを意識せず、自由奔放に自分の関心の高い記事を書きつけたという感が強い。誤字や当て字なども目立ち、正格の漢文を用いていない箇所も多いため、きわめて難解である。『大日本古記録』『陽明叢書』に収められている。

参考文献 山中裕編『御堂関白記全註釈』、一九八五―、高科書店・思文閣出版。

(倉本 一宏)

みとくさん　三徳山　鳥取県東伯郡三朝町の東部、伯耆国と因幡国の国境近くに位置する標高約九〇〇メートルの山岳。北側の山麓には、天台宗の古刹三仏寺が所在する。新生代鮮新世ごろ噴出した安山岩類よりなる溶岩円頂で形成されているが、安山岩類は基盤の花崗岩およびその上層の凝灰岩を貫いて噴出している。したがって、標高六〇〇メートルから上は安山岩類、下は凝灰岩という地質構造の特徴を有する。この地形の特徴から、山麓を西流する三徳川の急流と渓谷美が生まれ、鋭い山の稜線や急勾配の山腹には断崖や洞窟が随所にみられ、険阻で変化に富んだ景観が形成されている。江戸時代に著された『伯耆民談記』の美徳山の項には、七〇六年(慶雲三)役優婆塞《えんのうばそく》(役小《お》角《づの》)が新たに神窟を開き、子守・勝手・蔵王の三所を安置したと記す。岩窟内に建つ投入堂(国宝)や尾根上に三仏寺の諸堂が点在するなど、三徳山全体が山岳仏教の史跡として貴重であり、国の名勝及び史跡に指定されている。

→三仏寺《さんぶつじ》

資料館 三仏寺宝物殿(鳥取県東伯郡三朝町)

参考文献 三朝町教育委員会編『三徳山三仏寺』、一九八三、サン文庫。

(真田 廣幸)

みとじょう　水戸城　江戸時代、御三家の一つ水戸徳川家の城。水戸市三の丸に所在。一部県指定史跡。敷地のほとんどは、四つの学校と旧県庁が占有している。昭和まで残っていた建物は、一七六九年(明和六)八月に再建された二ノ丸の三階櫓、「慶長六年辛辰七月吉日」の銘がある大手門、薬医門であったが、一九四五年(昭和二十)の戦災で焼失してしまい、薬医門だけは本丸にある学校の玄関付近に復元されている。二ノ丸に御殿が置かれ、南の庭先に三階櫓を建てている。三ノ丸と二ノ丸の間にある堀切には大手橋が架かり、大手門があった場所には土塁がよく残っている。三ノ丸には、藩主斉昭《なりあき》が藩政改革の一環としてつくった藩校弘道館が残る。正門には戊辰戦争の天狗・書生最後の決戦でついた弾痕が残っている。三ノ丸は、約一七万平方メートルの敷地を持ち、重臣の屋敷があった所で、それらを移して真中に孔子廟・鹿島神社を配し、正門右に文館、左に武館、西側に調練場、武館の外側に天文台や医学館などを配置している。

参考文献 今瀬文也「水戸城」(『日本城郭大系』四所収、一九七九、新人物往来社)。阿久津久・玉川里子「水戸城」(『復元大系日本の城』二所収、一九九三、ぎょうせい)。

(阿久津 久)

みどろこふん　水泥古墳　奈良県御所市水泥に所在する後期古墳。水泥南古墳とも呼ばれる。北東約一〇〇メートルにある水泥塚穴(水泥北)古墳とあわせて水泥の双墓《ふたはか》として知られる。国史跡。径約二五メートルの円墳で、横穴式石室が南に開口する。一九九五年(平成七)に発掘調査が実施された。石室は両袖式で、玄室《げんしつ》の長さ四・六八メートル、幅二・四メートル、高さ二・六八メートル、羨道《せんどう》の長さ六・二メートル、幅一・六八メートル。玄室・羨道にそれぞれ刳抜式家形石棺を納める。玄室棺は二上山凝灰岩、羨道棺は竜山石《たつやまいし》製。羨道棺の蓋両小口面に付く縄掛突起の垂直面に六弁単弁蓮華文を浮彫する。両側面の縄掛突起は棺搬入時に垂直面を削り落としており、出土した破片には彫刻のあるものがある。築造年代は六世紀後半、羨道棺の追葬は七世紀前半と考えられる。

参考文献　網干善教「水泥蓮華文石棺古墳及び水泥塚穴古墳の調査」(『奈良県史跡名勝天然記念物調査抄報』一四、一九六二)。

(岡林　孝作)

みなとふねちょう　湊船帳　『金沢文庫古文書』として伝来し、「壬申、湊船帳　自正月至于八月、品河付分」の端裏書から始まり、船三十艘について船名・船主名・問名が列記された史料。関連史料の検討から、伊勢国大湊の船や船主が含まれていることが解明された。一三七八年(永和四)から一三九六年(応永三)にかけて、神奈河(川)・品河(川)以下、武蔵国浦々出入の船を対象に賦課され、称名寺金堂修理などに充当された帆別銭徴収に際し、一三九二年(明徳三)正月から同年八月まで武蔵国品河(川)湊に入港した船を書き上げた徴税台帳とみる見解と、「湊」は「大湊」の略称で、大湊を基地に伊勢神宮からの保障を得て関東へ通航した神船(大廻船)のうち一三九二年正月から八月にかけ品河に所属した三十艘分の免税証明のための書き上げであるとみる見解がある。翻刻史料は『金沢文庫古文書』七、『神奈川県史』資料編三上などに所収。

参考文献　綿貫友子『中世東国の太平洋海運』、一九九八、東京大学出版会。宇佐見隆之『日本中世の流通と商業』、一九九九、吉川弘文館。

(綿貫　友子)

みなとまち　港町　港湾の発達に伴って陸上交通と水上交通の結節点に形成された町、都市。港は、古くは津《つ》・泊《とまり》・湊《みなと》などと呼ばれ、京へ貢納物《こうのうぶつ》などを輸送するために各国に国津《こくつ》が設置された。荘園制の展開とともに、畿内周辺の港が整備され、問丸《といまる》などの商業・運輸組織や商品流通の発展に伴い、中世後期には港町が各地に形成される。なかでも瀬戸内の兵庫《ひょうご》・堺《さかい》、日本海側の敦賀《つるが》・小浜《おばま》、琵琶湖の大津・坂本などは京への中継地として発展し、ほかにも関東と畿内の結節点となった伊勢大湊《おおみなと》や、九州だけでなく対外交易の拠点ともなった博多《はかた》などの例が見られる。こうした港町の発展は近世にも受け継がれ、寛《かん》文《ぶん》年間(一六六一—七三)の西廻《にしまわ》り・東廻《ひがしまわ》り航路などの整備や、幕藩体制下の全国市場形成のもと、北前船で知られる酒田《さかた》・新潟《にいがた》など日本海の港や、各藩の外港として整備された港などが大きな発展を示すとともに、利根川《とねがわ》などの内陸河川にも港町が開発された。一方で船舶構造の変化や航海技術の発達により、中世の河港やラグーン状の港から海岸線上の港へと変化するのに伴い、衰退していく港町も見られた。港町には、藩や問屋の蔵が設けられ、卸売業者、小売商人、海運関係者、遊女たちが居住し、経済的拠点となったが、中世末の堺に象徴されるように、城下町よりも政治的規制から離れて発展した。近代に入ると、汽船の登場により水深の浅い港がすたれ、大都市に近く陸上輸送に便利な横浜・神戸などの都市が成長し、また横須賀《よこすか》・佐世保《させぼ》などの軍港都市も発達した。なお、主要な港町では、後も都市化したことや、河川や海岸線の移動の影響などにより、広域の発掘調査は多くはないが、草戸千軒《くさどせんげん》町(広島県福山市)や十三湊《とさみなと》(青森県五所川原市)のように近世以降衰退した港町の発掘によって、港町の構造や居住層が解明されている。

参考文献　徳田釼一『増補中世における水運の発達』、一九六六、巖南堂書店。新城常三『中世水運史の研究』、一九九四、塙書房。牧野隆信『北前船の研究』、一九八九、法政大学出版局。斎藤善之『海の道、川の道』、二〇〇三、山川出版社。宇佐見隆之「港町の成立過程をめぐって」(『国立歴史民俗博物館研究報告』一一三、二〇〇四)。

(宇佐見隆之)

みなみかわらいしとうば　南河原石塔婆　埼玉県行田市南河原観福寺に所在する大形の二基の板碑。以前は観福寺の北の畑にあったが現在は境内に移されている。国指定史跡。文応二年(一二六一)銘のものは、高さ二二五・〇センチ、幅六四・〇センチ、厚さ八・五センチ。蓮座上に阿弥陀如来を示すキリークを表わし、その下に円光背を伴い蓮座に乗る阿弥陀如来像、左右に観音菩薩像、勢至菩薩像が配置されている。銘の両側に「弥藤太並妻女、二平次並妻女、四郎入道並妻女、新平次」などの俗名が刻まれている。もう一基の文永二年(一二六五)銘のものは、高さ一七六・〇センチ、幅五八・〇センチ、厚さ六・五センチ。上部に天蓋を吊るし、右手に錫杖、左手に宝珠を持った地蔵菩薩坐像で、下部に司命・司禄の像を陰刻する。銘の左右に「願阿弥陀仏、浄阿弥陀仏」など十一名の法名などが刻まれている。『新編武蔵風土記稿』には、この地を本貫とし、源平合戦で戦死した河原高直・忠家兄弟の供養塔とする伝承が記されている。

銘文

(キリーク)

(蓮座)
観音菩薩像
(蓮座)
(阿弥陀如来像)
(蓮座)
勢至菩薩像
(蓮座)
仲四郎入道并妻女一万□□□
二平次并□□□弥藤太并妻女□
交佛坊□□□女四郎入道并妻女
文應二年辛酉貳月日
弥平太并妻女〈剝離〉
三郎太郎并妻〈剝離〉
新平次後家〈剝離〉

(天蓋)
(地蔵菩薩像)
(岩座)
脇侍像
脇侍像
新阿弥陀佛　〈欠〉
願阿弥陀佛　藤原氏
浄阿弥陀佛　佐伯氏
定阿弥陀佛　藤原氏
見阿弥陀佛　藤原氏
平氏
□敬
文永二年大才乙丑二月　月　日
衆白
完人氏
如阿弥陀佛　高□氏
迎阿弥陀佛　日前氏
定阿弥陀佛　西阿弥陀佛
念阿弥陀佛　□□氏
妙阿弥陀佛　〈欠〉

(浅野　晴樹)

みなみしがちょうはいじ　南滋賀町廃寺　滋賀県大津市南志賀一・二丁目にある白鳳寺院跡。南志賀廃寺ともいう。一九二八年(昭和三)と一九三八年に大津宮の所在地を探索するのに関連して発掘調査され、白鳳寺院であることが判明した。中門の北の東西に塔と小金堂、その北に金堂、さらに北に講堂、食堂、三面僧房などを配した川原寺式伽藍である。金堂、小金堂、塔基壇には、割石の地覆石《じふくいし》を据え、半截《はんさい》した平瓦を平積みした瓦積み外装が施され、金堂は二重基壇をなしていた。葺《ふ》かれた軒丸瓦には、単弁系と複弁系の川原寺式の二系統があり、単弁系には蓮華を側面から表現した方形軒瓦もある。瓦積基壇を採用し、付近の丘陵地に玄室の平面が矩形で、断面が穹窿《きゅうりゅう》型をなし、ミニチュアの土製炊飯具を副葬する横穴式石室をもつ古墳群が築造されているので大友村主の氏寺とみてよい。瓦類は寺域の西側にある榿木《はんのき》原《はら》瓦窯で生産されている。国指定史跡。

参考文献　柴田実「大津京阯」上(『滋賀県史蹟調査報告』九、一九四〇)。　(小笠原好彦)

みなみたまかまあとぐん　南多摩窯跡群　武蔵南部の古代陶瓦生産窯跡群の総称。大丸窯跡群《おおまるかまあとぐん》(東京都稲城市)・瓦尾根《かわらおね》窯跡群(東京都町田市)・百草和田《もぐさわだ》窯跡群(東京都日野市)・御殿山《ごてんやま》窯跡群(東京都八王子市・町田市)のほか、小山窯《おやまよう》(町田市)・谷野窯《やのよう》(八王子市)などの支群によって構成されている。これらは多摩丘陵内に立地し、東西一五キロの広がりがある。窯跡は、長さ四〜八メートル・幅一メートル前後で、床が傾斜をもつ窖窯《あながま》構造であり、瓦専用窯は、窯底が階段状となる。初期をのぞいて多くは群集して操業される。この窯跡群の調査は大正期から、主に大丸窯跡の造瓦窯について踏査が行われている。その後一九五五年(昭和三十)から大川清による大丸・瓦尾根・御殿山各窯の発掘調査が行われ、瓦のほか、平安時代の須恵器生産の実態も明らかにされた。一九七八年から開発に伴う事前調査が活発化し、窯跡群の確認数は増加した。なかでも一九八二年から行われた大丸窯跡は十五基、一九八八年から一九九六年までにわたった御殿山窯跡の調査では四十四基にものぼる窯跡を調査した。この間に百草和田窯跡・瓦尾根窯跡・小山窯跡なども調査が行われている。南多摩窯跡群で最初に築窯されたのは小山窯跡で、七世紀後半。須恵器が焼かれた。八世紀はじめ、大丸窯跡群の一部で、前半には百草和田窯で須恵器が生産された。八世紀中葉に入ると、武蔵国分寺・国府の屋根瓦生産が本格化し、大丸・瓦尾根(一部)・谷野窯跡が稼働した。特に大丸窯跡群は、国府の瓦屋で、中心的な役割をもった。瓦尾根窯跡には九世紀操業の窯底が水平な平窯がみとめられ、相模国分寺用の瓦が焼かれた。南多摩窯跡の操業は、九世紀に入ると西方の御殿山窯跡に移動する。ここでは須恵器を専門に生産し、ほぼ十世紀半ばまで武蔵・相模地域の集落などに供給した。また十世紀前半に、一部の窯で瓦生産が行われ、武蔵・相模の国分寺などの補修瓦にあてられた。南多摩窯跡群は、多摩丘陵の資源を巧みに活用し、山野開発を先導した点で大きな意味をもつ。

参考文献　町田市教育委員会編『瓦尾根瓦窯跡』、一九六九。東京都埋蔵文化財センター編『多摩ニュータウン遺跡』昭和六〇年度(第四分冊)、一九八七。同編『多摩ニュータウン遺跡』平成三年度(第五分冊)、一九九三。八王子市南部地区遺跡調査会編『南多摩窯跡群』Ⅰ―Ⅳ、一九九七―二〇〇一。　(服部　敬史)

みなみのおおでら　南大寺　⇩大安寺《だいあんじ》

みなみほっけじ　南法華寺　⇩壺阪寺《つぼさかでら》

みなもとのよりとものはか　源頼朝墓　⇩法華堂跡《ほっけどうあと》

みぬまだいようすい　見沼代用水　埼玉県東部から南部を流れる農業用水路。見沼溜井を干拓し、その代わりの用水路として一七二七年(享保十二)八月から工事が開始され、翌年二月に完成した。行田市須加地内の利根川から取水し、星川の流路を用いたのち、元荒川と交叉(柴山伏越)、綾瀬川と交叉(瓦葺伏越)するため、サイフォン式で川の下を通る。上尾市瓦葺で東縁《ひがしべり》用水と西縁《にしべり》用水に分かれる。総延長は八〇キロ、灌漑面積は、一万二〇〇〇ヘクタール。工事は、井沢弥惣兵衛為永により用水と排水を分離するという紀州流を用いて行われた。一九七八年(昭和五十三)から始まった埼玉合口二期事業により、大部分が三面舗装水路となり、埼玉・東京の水道用水としての機能も果たすようになった。

参考文献　見沼土地改良区編『見沼土地改良区史』、一九八八。『蓮田市史』通史編一、二〇〇三。　(野崎　雅秀)

みぬまつうせんぼり　見沼通船堀　さいたま市緑区大間木・下山口新田にある堀で一九八二年(昭和五十七)に国指定史跡となる。見沼代用水の東縁《ひがしべり》用水・西縁《にしべり》用水と中央を流れる芝川(見沼中悪水)をつなげる閘門《こうもん》式運河。見沼代用水と芝川には、約三メートルの水位差があり、堀の中間に二ヵ所の関枠を設けて水位を調整させて通船を行なった。見沼代用水の開削に功績のあった高田茂右衛門・鈴木文平らによって一七三一年(享保十六)に完成する。見沼代用水沿岸地域からの下り荷と東京(江戸)からの上り荷を積載した船の通路として、また、東西を貫く赤山街道沿いには船頭が多く住んでおり、盛況を呈していた。

見沼通船堀

文化庁の「ふるさと歴史の広場」の指定を受け、一九九五年(平成七)には遺構が復元された。

参考文献 『浦和市史』民俗編・通史編二、一九八〇・八八。浦和市立郷土博物館編『見沼・その歴史と文化』、一九九八。 (野崎 雅秀)

みのこくふ 美濃国府 東山道美濃国の行政・軍事・文化の中心施設。美濃国には不破関が所在し、三関国《げんこく》の一つとして大国に位置づけられる。岐阜県不破郡垂井町所在。国指定史跡。政庁は八世紀前半に建設され、二度の建て替えを経て十世紀中ごろまで存続。発掘調査により正殿、東・西脇殿、南門を検出。政庁の規模が東西六七・二メートル、南北七二・九メートルと全国の国府政庁の中で最小規模。前殿または後殿を欠く点も特異。『続日本紀』天平十七年(七四五)四月甲寅条によれば大地震により中心施設が倒壊。八世紀後半に礎石建物に建て替えられるが、軒瓦など瓦類は少なく、屋根の一部分に限定して使用か。政庁南門から南七二メートルにわたり幅一八メートルの南北道を確認。政庁東側から「政所」の墨書土器出土。国府の事務機構が所在した。ほかに「曹」「厨」などの墨書土器が出土し、政庁周辺に各種実務機関が展開。国府域は藍川左岸段丘上の東西三三〇メートル、南北六〇〇メートルに展開したものと推定される。

資料館 タルイピアセンター(岐阜県不破郡垂井町)

参考文献 垂井町教育委員会編『美濃国府跡発掘調査報告』一―三、一九九六-二〇〇五。 (山中 章)

みのこくぶんじ 美濃国分寺 七四一年(天平十三)の聖武天皇の詔を受けて建立された東山道美濃国の国分僧寺。岐阜県大垣市所在。国指定史跡。七世紀後半から八世紀前半建立の前身寺院の一部を利用して建立。『三代実録』仁和三年(八八七)六月五日条によれば、火災により焼失し、国分寺の機能は席田郡定額尼寺(現弥勒寺)に移したという。伽藍配置は中央に金堂、金堂から出る回廊が中門にとりつき、内部南東に塔が置かれた大官大寺式。回廊規模は東西一二〇・六メートル、南北九三・九メートル。僧坊などは前身寺院の施設を利用。寺域は東西二三一メートル、南北二五〇メートル以上と推定されている。周辺に「塔の下」「金道」「後当殿」「古堂」「十王堂」の小字がある。出土瓦には三型式認められ、前身寺院が複弁八葉蓮華文軒丸瓦と重弧文軒平瓦、国分寺創建瓦が細弁十六弁蓮華文軒丸瓦と均整唐草文軒平瓦、再建瓦が単弁六弁蓮華文軒丸瓦と均整唐草文軒平瓦である。ほかに鬼瓦や「美濃国」刻印須恵器杯蓋、「東内」「村富」などの墨書土器、土製百万塔、銅製巡方などがある。→国分寺《こくぶんじ》

資料館 大垣市歴史民俗資料館(岐阜県大垣市)

参考文献 角田文衛編『新修国分寺の研究』七、一九九七、吉川弘文館。八賀晋『史跡美濃国分寺寺跡』、二〇〇五、大垣市教育委員会。 (山中 章)

みののおかまろぼし 美努岡万墓誌 古代の官人の墓誌。東京国立博物館所蔵。重要文化財。七三〇年(天平二)制作。縦二九・七センチ、横二〇・九センチの鍛造銅板の表面に、十一行十七字詰めで百七十三字の銘文を刻む。一八七二年(明治五)、現在の奈良県生駒市青山台の丘陵地にある火葬墓から出土。岡万は『続日本紀』に美努連《むらじ》岡麻呂とみえる人物で、本墓誌では中国風に名を二字に整えている。姓の連を名の下に付けて「岡万連」と記すのは、敬意を込めた書き方。銘文前半によれば、岡万は六八四年(天武天皇十三)に連の姓を賜り、七〇一年(大宝元)に遣唐使の一員として渡唐、帰国後、従五位下に叙されるとともに主殿寮の長官を務め、七二八年(神亀五)六十七歳で没している。銘文後半は『古文孝経』孔安国伝や『論語』の字句を利用して述作され、四六文風の対句で岡万の人柄と功績を讃えている。縦横の罫線を引く形式とあわせ、中国の影響が濃厚な墓誌である。

銘文 我祖美努岡万連飛鳥浄御原 天皇御世／甲申年正月十六日勅賜連姓藤原宮御宇／大行 天皇御世大宝元年歳次辛丑五月／使乎唐国平城宮治天下大行 天皇御世／霊亀二年歳次丙辰正月五日授従五位下／任主殿寮頭神亀五年歳次戊辰十月廿日／卒春秋六十有七其為人小心事帝移孝為／忠忠簡帝心能秀臣下成功広業照一代之／高栄揚名顕親遺千歳之長跡令聞難尽余／慶無窮仍作斯文納置中墓／天平二年歳次庚午十月□(一カ)日

参考文献 奈良国立文化財研究所飛鳥資料館編『日本古代の墓誌』、一九七九、同朋舎。東野治之『日本古代木簡の研究』、一九八三、塙書房。上代文献を読む会編『古京遺文注釈』、一九八九、桜楓社。 (三谷 芳幸)

みののくに 美濃国 現在の岐阜県南部にあたる旧国名。北は飛驒国・越前国、東は信濃国、南は三河国・尾張国・伊勢国、西は近江国に接し、濃尾平野の北部を含むが、東部・北部は丘陵・森林が広がっている。畿内と東国の中間に位置することから、承久の乱における木曾川の戦い、さらには関ヶ原合戦に示されるように、しばしば東西両勢力の接点となった。律令制下における東山道の一国で、『延喜式《えんぎしき》』には多芸《たき》・石津・不破《ふわ》・安八《あはちま》・池田・大野・本巣・席田《むしろだ》・方県《かたがた》・厚見・各務《かがみ》・山県《やまがた》・武義《むげ》・群上《ぐじょう》・賀茂・可児《かに》・土岐《とき》・恵奈《えな》の十八郡がみられる。西美濃地域から木曾川中流域右岸にかけて、多くの郡が設けられているのに対し、北部・東部には群上郡、賀茂郡、恵奈郡など数郡が見られるにすぎない。国府が置かれていたのも西端の不破郡であった。早くは揖斐《いび》川・長良《ながら》川・木曾川のいわゆる木曾三川の流域に沿って開発が進んだと考えられるが、同時に河川沿いは洪水の被害に遭うことも少なくなく、流路の変化も住民の生活に大きな影響を与えた。縄文時代の遺跡として、岐阜市御望《ごも》遺跡、可児市宮之脇遺跡、揖斐郡揖斐川町徳山上原遺跡などが知られるが、弥生時代になると、大垣市の今宿遺跡において、多くの遺構面のなかに水田跡が検出されており、傾斜する微高地に畦が築かれ、広範囲に水田耕作がなされていたことがわかっている。同じく大垣市内の荒尾南遺跡では、弥生時代の墓域が見つかっており、大量に発掘され

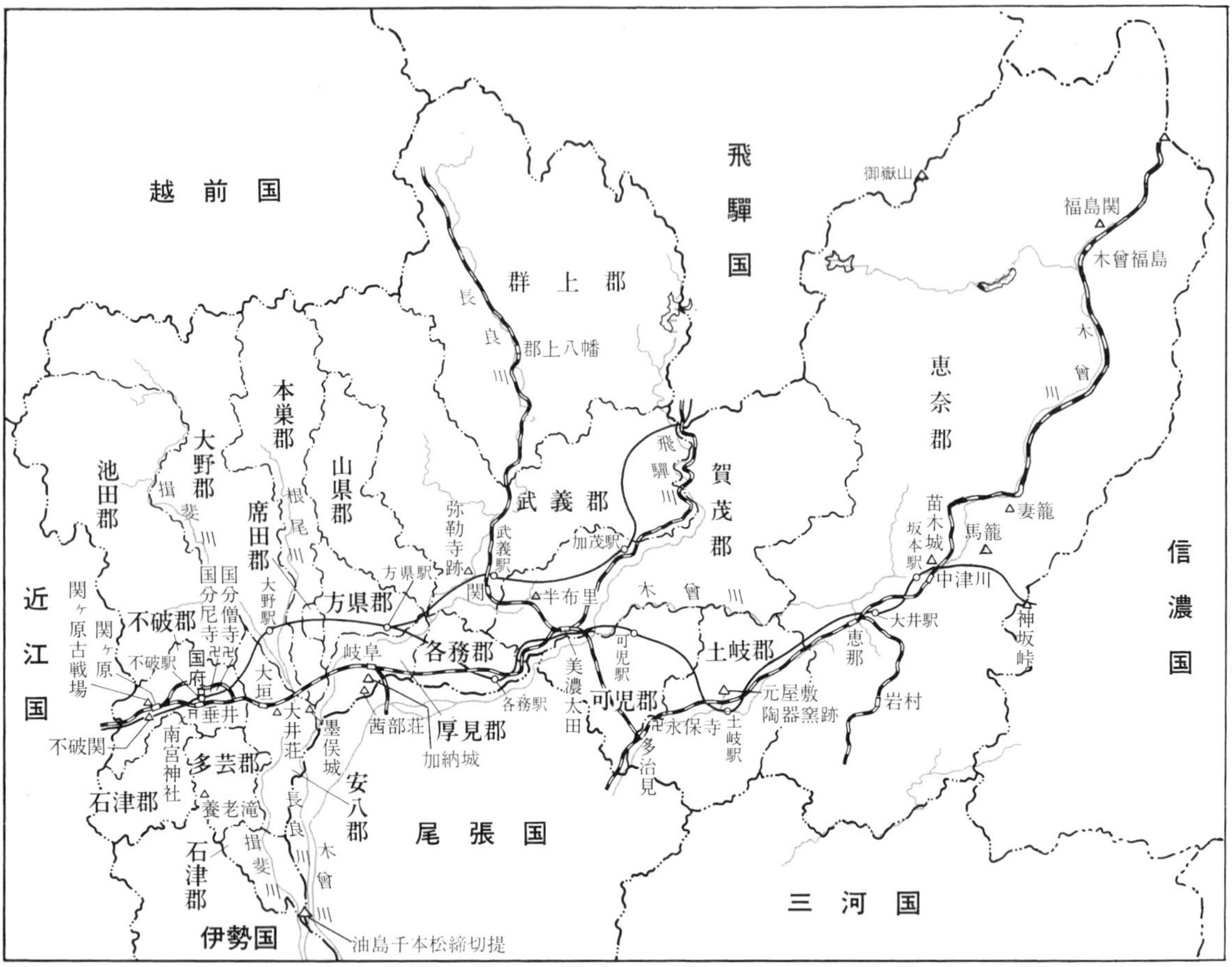

美濃国略図

た土器の中には、八十二本の櫂をもつ大型船が描かれていた。およそ四世紀には養老郡養老町の象鼻山《ぞうびさん》一号墳をはじめ、可児市前波古墳群などにおいて前方後方墳が作られはじめ、近年調査が行われた大垣市の昼飯《ひるい》大塚《おおつか》古墳(国史跡)は、全長一五〇メートルに及ぶ大型の前方後円墳であり四世紀末ごろの築造と考えられている。西美濃地域以外にも、木曾川水系にあたる可児市の長塚古墳(国史跡)、各務原市の坊《ぼう》の塚《づか》古墳・衣装塚古墳などがあり、各地に首長墓が築造されていることがわかる。古墳時代中期から後期にかけては、岐阜市の琴塚古墳(国史跡)や揖斐郡大野町の野古墳群(国史跡)に見られるように、新たな首長層の誕生と拠点的な造墓がなされた。その後、関市の池尻大塚古墳のように二〇～三〇メートルの大型方墳が作られる時期を経て終末を迎える。七世紀の後半には各地に寺院が次々に建立されていくが、現在の各務原市蘇原地区に山田寺《さんでんじ》跡など五ヵ所の寺院跡が見られるように、古代寺院がいくつか集中する地域がある。これと関連して、六七二年(天武天皇元)の壬申の乱に際して、大海人皇子の湯沐《とうもく》が西美濃の安八磨(安八)郡にあり、在地氏族の多くが大海人側に属したことに注目できよう。このような畿内東辺地域の政治的重要性から、近江との境に不破関《ふわのせき》が設けられ、天皇崩御や政変時などに関を閉じる固関《こげん》が行われた。八世紀はじめには、美濃国刻印須恵器が老洞《おいぼら》窯(岐阜市)で焼成されていたように、須恵器の一大産地となっている。国府は現在の不破郡垂井《たるい》町府中に置かれたと見られ、近年、発掘調査が進みつつある。国分寺は現在の大垣市青野にあり史跡公園として整備されている。国分尼寺はその西に比定されているが本格的な調査は行われていない。なお七〇二年(大宝二)の『御野(美濃)国戸籍』が奈良正倉院に残され、加茂郡半布里をはじめ約二千七百人にのぼる人名が記録されており、古代社会を考える重要な史料となっている。荘園は東大寺領大井荘、茜部《あかなべ》荘が早くから成立しており、戦国時代まで継続する。

東美濃においては、九世紀に官道である東山道の疲弊が顕著になるが、ほぼそのころに施釉陶器の生産も始まり、それは次第に特色をもちつつ盛んになる。中世には土岐《とき》氏が勢力を有していたが、戦国時代に斎藤道三《さいとうどうさん》が台頭した。その後、織田信長《おだのぶなが》が尾張から入り稲葉山城を修築し、城下を岐阜と命名した。関ヶ原合戦の後は、徳川家が要所を直轄支配するとともに、大垣藩・加納藩・郡上藩・岩村藩などが置かれたが、概して中小の所領が多かった。宝暦年間(一七五一—六四)には、郡上藩において大規模な一揆が起き、また、木曾三川下流では薩摩藩の関与のもとで治水工事が行われた。明治の廃藩置県の際には、いったん笠松県ほか八県が置かれたが、まもなく美濃国内は岐阜県に統合された。

参考文献 『岐阜県史』通史編・補遺編、一九六八—二〇〇三。松田之利他『岐阜県の歴史』(『県史』二一、二〇〇〇、山川出版社)。八賀晋編『美濃・飛驒の古墳とその社会』、二〇〇二、同成社。『わかりやすい岐阜県史』、二〇〇三、岐阜新聞社。新川登亀男・早川万年編『美濃国戸籍の総合的研究』、二〇〇三、東京堂出版。

(早川 万年)

志野茶碗　銘卯花墻

みのやき 美濃焼 広義には岐阜県土岐市・多治見市・瑞浪市・可児市の東濃地方で生産された陶磁器の総称。ただし、史料的には織豊期から江戸時代にかけての美濃焼は瀬戸焼として流通しており、美濃焼の名称が定着するのは明治以降である。東濃地方における窯業生産の成立は、古くは七世紀までさかのぼり須恵器窯が十基程度確認されるが、八世紀中葉には一旦中断する。その後、九世紀後葉には灰釉陶器が尾張の猿投窯あるいは尾北窯からの技術導入により生産され、東日本を中心に流通する。十二世紀中葉には無釉の山茶碗生産へと転換し、十二世紀末から十三世紀初頭にかけての一時期、古瀬戸に類似した施釉陶器の生産が認められるものの、十五世紀後葉にかけて東濃型山茶碗・小皿の生産が継続する。一方で、十五世紀中葉には、瀬戸窯の拡散により土岐市域において八基の古瀬戸系施釉陶器窯が出現し、その一部は多治見市の小名田地区において大窯生産へと転換するが、美濃窯が本格的な施釉陶器生産地として確立するのは十六世紀中葉以降で、これは再び瀬戸窯からの工人集団の移動による。十六世紀後葉から十七世紀初頭にかけて土岐川以北と東部の瑞浪市側との二地域に集中し、土岐川以北の地域では黄瀬戸・瀬戸黒・志野などいわゆる桃山茶陶の生産が行われる。そして、土岐川以北の久尻元屋敷窯では、一六〇七年(慶長十二)ごろにいち早く肥前から連房式登窯を導入し、量産化に適したこの窯式は、瞬く間に瀬戸・美濃地方に広まったとされる。なお、古瀬戸系施釉陶器以降の瀬戸窯製品と美濃窯製品は、胎土・生産技術の類似性から瀬戸・美濃焼と一括されることが多いが、織豊期以降、器種構成などの違いによる地域差が確実に存在し、特に江戸時代に入るとその傾向は強く、両者は厳然と区別されるべきもので、狭義の美濃焼はこの時期以降とすることができる。なお、窯業地の名称としては山茶碗生産までを東濃窯、古瀬戸系施釉陶器以降を美濃窯とすることが多い。 →瀬戸焼《せとやき》

参考文献 美濃古窯研究会編『美濃の古陶』、一九七六、光琳社出版。

(藤澤 良祐)

みのわじょう 箕輪城 群馬県西部、榛名山南麓の群馬県高崎市箕郷《みさと》町西明屋市街地の北にある戦国時代の平山城。国史跡箕輪城跡。当初、西上野最大の在地領主、長野氏が築城。長野氏は在原氏の末と伝えるが、石上布留神を奉じる物部系氏族であろうか。箕輪城の東に隣接する高崎市御布呂《おふろ》地域には関連する居館跡が多い。築城は、明応—文亀、あるいは永正のころ、長野業尚かその子憲業の代とされるが、最近の発掘調査の成果は、十五世紀後半という年代観を報じている。城は西を榛名白川、東を早瀬川、南を椿名沼に拠った低い尾根を占め、要害を欠く北面を堀切で遮断している。当初は東を大手としていたが、一五六六年(永禄九)、武田信玄の侵攻による落城後、西を大手とする縄張りの改変がなされたとみられるが、その時期については今後の検証が必要である。武田氏、北条氏、一五九〇年(天正十八)以降は徳川氏の支配を受け、一五九八年(慶長三)に廃城。東西軸約四五〇メートル、南北軸約一・二キロ。現存する遺構は、井伊直政による廃城時のものである。

箕輪城

参考文献 『群馬県史』通史編三、一九八九。群馬県教育委員会文化財保護課編『群馬県の中世城館跡』、一九八九。箕

郷町教育委員会編『史跡箕輪城跡』V、二〇〇五。 （唐澤 至朗）

みはるじょう 三春城 戦国時代から江戸時代にかけて田村地方を治めた大名の居城。福島県田村郡三春町字大町所在。大志多《おおしだ》山と呼ばれる標高四〇七メートル、比高差約九〇メートルの独立丘に位置する。一五〇四年（永正元）に、田村義顕が守山（郡山市田村町）から大志多山へ居城を移したと伝えられ、田村氏三代の居城となる。一五九〇年（天正十八）の奥羽仕置で田村氏は改易され、翌年から会津藩の支城などを経て、一六四五年（正保二）に常陸宍戸から秋田俊季が五万五千石で転封し、明治維新まで三春藩主秋田氏の居城となる。本丸では、十五世紀末ごろの多量のかわらけや梅瓶・青花皿などを含む、焼土層を含む整地層が検出され、山腹では戦国時代の在地技法と推測される石積み石垣、本丸周囲には十六世紀末の蒲生氏よる織豊系の石垣が一部遺存している。また、城下の中枢にあたる近世追手門前通遺跡群では、藩施設・武家屋敷・町屋跡など多くの遺構・遺物が発見されている。

参考文献 三春町教育委員会編『三春城総合調査報告書』、一九九一。同編『三春城下町関連遺跡発掘調査報告書』、二〇〇〇。同編『三春城下近世追手門前通遺跡群E地点―町民センター関連遺跡発掘調査報告書―』、二〇〇三。 （平田 禎文）

みほじんじゃ 美保神社 島根半島美保湾の西側、島根県八束郡美保関町美保関に位置する神社。美保両大明神とも関の明神ともいう。主な祭神は国譲り神話に登場する事代主《ことしろぬし》神と三穂津姫《みほつひめ》。旧国幣中社で、出雲大社や熊野大社に次ぐ社格を誇った。『出雲国風土記』島根郡の美保社や『延喜式』神名帳にみえる出雲国島根郡の美保神社に比定され、中世においては日本海水運の発展に伴い海上交通の守護神として尊崇を受けたが、一五六九年（永禄十二）の隠岐為清の乱により社殿や宝物類は焼失したとされている。その後、吉川広家により再建され、近世以降、松江藩主の崇敬を受けた。一七五二年（宝暦二）、一八〇〇年（寛政十二）に大火に見舞われたが、それぞれ一七六八年（明和五）と一八一三年（文化十）に再建されている。美保神社の本殿は大社造の変形で、切妻妻入りの本殿二棟を左右に並立連結し、その前に拝殿をつけるという形式をとり、美保造と呼ばれている。同神社では、四月七日の青柴垣《あおふしがき》神事や十二月三日の諸手船《もろたぶね》神事など国譲りにちなんだ神事が行われる。

参考文献 黒沢長尚『雲陽誌』（『大日本地誌大系』二七）。島根県神社庁編『神国島根』、一九八一。『美保関町誌』上、一九八六。 （森田喜久男）

みまさかこくふ 美作国府 七一三年（和銅六）に創設された美作国を統治するための地方官庁。岡山県津山市総《そう》社《じゃ》の段丘面上に立地する。発掘調査で検出された遺構の時期は、I期（七世紀後葉ごろ―八世紀初頭ごろ）、II期（八世紀初頭ごろ―九世紀前半ごろ）、III期（九世紀後半ごろ―十三世紀前半ごろ）の三期に大別される。このうちII期遺構が国府である。政庁は区画塀で囲まれた内部に桁行七間、梁間二間の東西棟建物が南北に相対する。東を正面とすると推定されている。国司館《たち》はその北西約一五〇メートルの築地《ついじ》で囲まれる区画である。その一角の井戸から「少目《しょうさかん》」銘墨書土器が出土した。七七五年（宝亀六）美作国に「大目・少目」各一員が置かれたが、これはその国司第四等官に相当しよう。III期遺構は小規模な掘立柱建物から構成されるので、これを一般集落とみる見解もあるが、平安宮跡や美作国分寺跡と同笵の軒瓦の存在などから、やはり国府の遺構とみるべきだろう。

参考文献 岡山県教育委員会編『美作国府』（『岡山県埋蔵文化財発掘調査報告』六、一九七三）。津山市教育委員会編『美作国府跡』（『津山市埋蔵文化財発掘調査報告』五〇、一九九四）。津山郷土博物館編『美作国府跡―埋もれた古代の役所―』（『津山郷土博物館特別展図録』八、一九九六）。 （湊 哲夫）

みまさかこくぶんじ 美作国分寺 七四一年（天平十三）の国分寺建立詔によって創建された諸国国分寺の一つ。岡山県津山市国分寺の低丘陵上に立地する。遺跡の東辺に一六二三年（元和九）再興と伝える天台宗龍寿山《りょうじゅざん》国分寺がある。発掘調査の成果によれば、伽藍配置はいわゆる国分寺式で、およそ二一〇メートル四方の寺域中央に南門・中門・金堂・講堂が南北一直線に並び、回廊が中門と金堂を結んで広い内庭を構成し、その東南外に塔を配する。塔は基壇規模からみて七重と推定される。伽藍中軸線は座標北に対して約一度西偏する。軒丸瓦は五型式七種、軒平瓦は五型式十種が出土した。軒瓦から窺える沿革は次のとおりである。創建は八世紀中葉ごろで、このとき主要伽藍のほとんどが完成した。その後、八世紀末ごろに塔・中門を中心とする主要伽藍、十一世紀前葉ごろには金堂・講堂がそれぞれ修復されたと推定される。廃絶時期は明確ではないが、おそらく十三・十四世紀ごろと思われる。 →国分寺《こくぶんじ》

参考文献 津山市教育委員会編『美作国分寺跡発掘調査報告』、一九八〇。同編『美作国分寺跡―塔跡発掘調査報告書―』、二〇〇三。湊哲夫・亀田修一『吉備の古代寺院』（『吉備考古ライブラリィ』一三、二〇〇六、吉備人出版）。 （湊 哲夫）

みまさかのくに 美作国 岡山県北東部にあった古代・中世の地方行政区画。七一三年（和銅六）備前国六郡を割いて新立された。『延喜式』によると、山陽道の近国で国の等級は上国である。六郡の内訳は、東から英多《あいだ》・勝田《かつた》・苫田《とまた》・久米《くめ》・大庭《おおば》・真島《ましま》。英多郡は吉井川の支流吉野川流域を中心とする地域で、東は播磨国に接する。高山寺本『和名類聚抄』によると、英多・江見《えみ》・大野《おおの》・讃甘《さなほ》・大原《おおはら》・栗井《くりい》・広井《ひろい》・楢原《ならばら》・林野《はやしの》・巨勢《こせ》・川会《かわい》の十一郷からなるが、東急本・刊本は吉野郷を加え、また栗井郷を粟井郷とする。『日本霊異記』下には、落盤事故にあった英多郡鉄山の役夫が法華経の功徳により命を全うする説

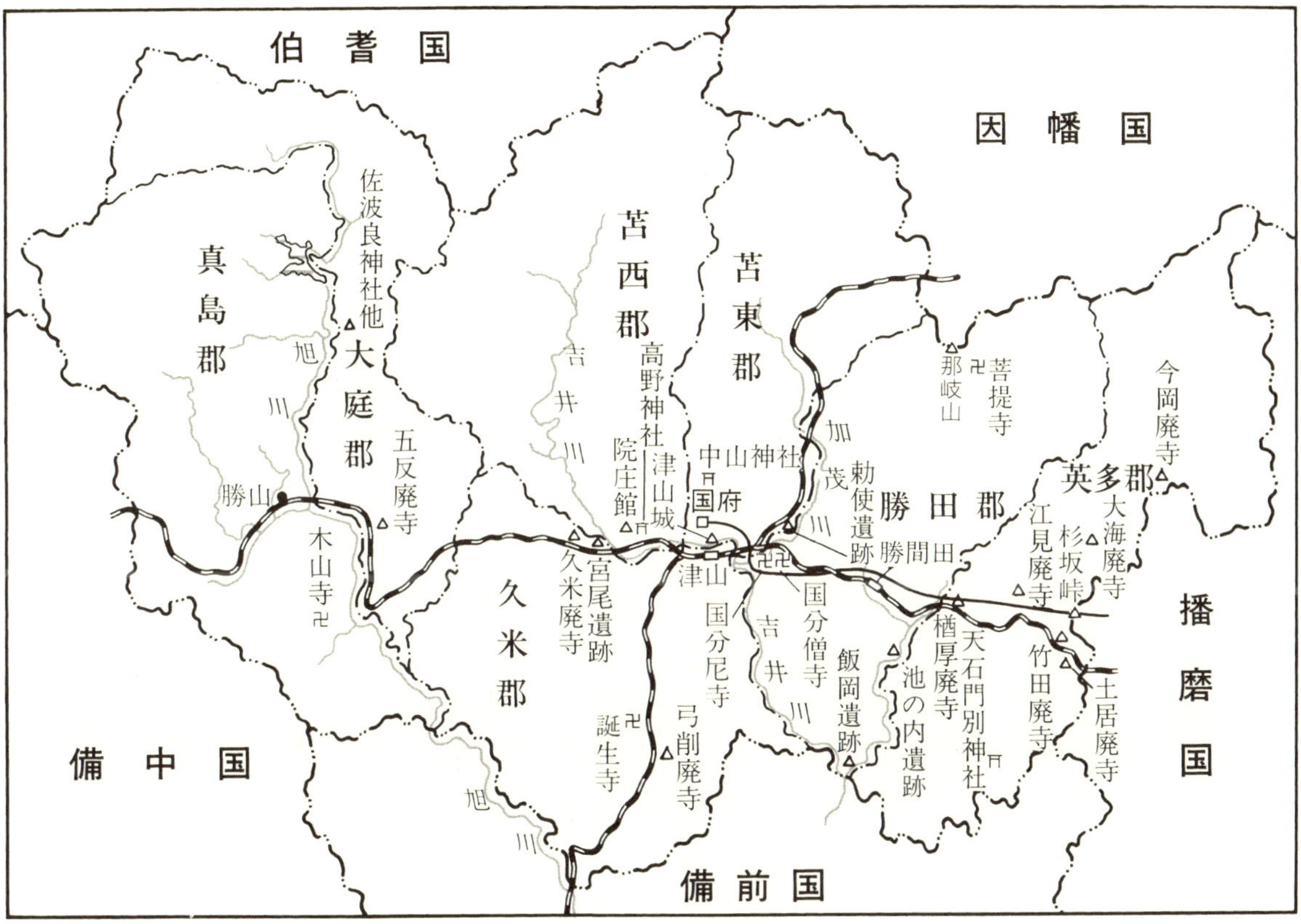

美作国略図

話がある。古代寺院に江見・竹田・土居・大海・今岡・楢原の六廃寺、式内社に天石門別神社がある。中世、英多郡北部に吉野郡が置かれた。勝田郡は吉野川の支流梶並川以西、吉井川の支流加茂川以東を中心とする地域である。勝田《かつまた》・飯岡《いおか》・塩湯《しおゆ》・殖月《うえつき》・香美《かがみ》・吉野《よしの》・広岡《ひろおか》・豊《とよ》国《くに》・新野《にいの》・賀茂《かも》・川辺《かわなべ》・鷹取《たかとり》・和気《わけ》の十四郷からなる。高山寺本は広野郷を欠くが、平城宮木簡によって同郷の存在が確認できる。郡家は勝田郷の勝間田遺跡と推定される。古代寺院として、飯岡《ゆうか》遺跡・池の内遺跡・美作国分寺跡・美作国分尼寺跡がある。なお、塩湯郷の郷名は湯郷《ゆのごう》温泉に由来する。十一世紀ごろ、勝北・勝南の二郡に分割された。苫田郡は吉井川本流を中心とする地域である。八六三年(貞観五)苫東《とまひがし》・苫西《とまにし》二郡に分割された。『拾芥抄』では苫東・苫西・苫北・苫南の四郡が記され、近世以前に苫東郡が東北条・東南条二郡、苫西郡が西北条・西西条二郡にそれぞれ分割された。苫東郡は苫田《とまた》・高田《たかた》・高野《たかの》・綾部《あやべ》・美和《みわ》・賀茂・林田《はいだ》・高倉《たかくら》の八郷からなるが、東急本・刊本は高田郷を欠き、賀和《かわ》郷を加える。国府は苫田郷に置かれた。古代寺院に勅使遺跡、式内社に中山神社がある。『今昔物語』二六第七話の「中参」は中山神社の中山を音読したもので、中世には一宮とされた。苫西郡は田中《たなか》・田辺《たなべ》・田邑《たのむら》・布原《ぬのはら》・能鶏《のけ》・大野・香《かが》美《み》の七郷からなる。「東急本」は田邑郷を欠くが、長岡京木簡によって同郷の存在が確認できる。式内社に高野神社がある。『延喜式』は同社を苫東郡にあるとするが誤記であろう。『今昔物語』二六に「高野」神がみえ、中世には二宮とされた。久米郡は苫田郡の南にある郡で、南は備前国に接する。大井・倭文《しとり》・錦織《にしごり》・長岡・賀茂・弓削《ゆげ》・久米《くめ》の七郷からなる。東急本・刊本は賀茂郷を賀美郷とする。郡家は久米郷の宮尾《みやお》遺跡と考えてよい。古代寺院に久米廃寺と弓削廃寺がある。前者は宮尾遺跡に東接する。浄土宗の開祖法然は久米南条郡稲岡荘に久米押領使漆間《うるま》時国の子として生まれている。時国は美作中央部の有力武士で国衙の在庁官人を兼ねていたと推定される。中世、久米北条・久米南条の二郡に分割された。大庭郡は旭川左岸を中心とする地域で、北は伯耆国に接する。大庭・美和・河内《こうち》・久世《くせ》・田原《たわら》・布勢《ふせ》の六郷からなる。七六八年(神護景雲二)美作国大庭郡人白猪《しらい》臣証人が大庭臣を賜姓されていること、白鳳寺院の五反廃寺から高句麗系の特異な軒丸瓦が出土していることなどから、『日本書紀』にみえる白猪屯倉を大庭郡に比定する説がある。式内社に佐波良《さわら》・形部《かたべ》・壹粟《いちあわ》(二座)・横見《よこみ》・久刀《くと》・菟上《うなかみ》・長田の八社があり、現在すべて岡山県真庭市社《やしろ》の地に集中している。真島郡は旭川右岸を中心とする地域で、西は備中国に接する。真島・垂水《たるみ》・鹿田《かた》・大井・栗原・美甘《みかも》・建部《たけべ》・月田《つきだ》・井原《いわら》・高田の十郷からなる。『続本朝往生伝』に平安時代後期の山林寺院に「美作国真島山」がみえるが、これは真庭市木山《きやま》の木山寺(神社)である可能性がある。中世の美作守護所は院庄に置かれた。通説ではこれを院庄跡に比定する。しかし、これは一六八八年(元禄元)津山藩が『太平記』四にみえる後醍醐天皇と児島高徳《たかのり》のいわゆる院庄の故事の場所を院庄館跡と考定した事による俗説で史料的根拠に乏しい。院庄館跡は中世の豪族居館であり、守護所は館跡に南約六〇〇㍍にある院庄構城跡とみるべきだろう。戦国時代、美作からは戦国武将は出現せず、尼子氏・毛利氏・宇喜多氏などの支配下に多数の国人が割拠した。その主な国人の山城として、後藤氏の三星《みつぼし》城(美作市明見)、草刈氏の矢筈《やはず》城(津山市加茂町知和他)、中村氏などの岩屋《いわや》城(津山市中北上)、三浦氏の高田城(真庭市勝山)などがある。一六〇三年(慶長八)森忠政《もりただまさ》は美作一国十八万六千五百石に封ぜられて入国した。翌年から津山城の築城を開始し、一六一六年(元和二)に完成した。森氏は四代続くが、一六九七年(元禄十)の後嗣断絶のため除封となり、翌年松平秀康を祖とする松平宣富《のぶとみ》が十万石で入封した。その後、一時五万石に減じられるが、再び十万石に復帰した。松平氏は九代つづき、一八七一年(明治四)廃藩となった。城は一八七三年に廃城となり、翌一八七四年から一八七五年にかけて城内のすべての建物が撤去された。

参考文献 『津山市史』一―四、一九七三―九五。『岡山県の地名』(『日本歴史地名体系』三四、一九八八、平凡社)。

(湊　哲夫)

みまな 任那 ⇩伽耶《かや》

みみかわらけ 耳土器 通用の皿の側縁を内側に折り曲げた形態のもの。耳皿ともいう。主に古代の遺跡から出土する。九世紀に灰釉陶器、緑釉陶器製のものの生産が開始され、以後、土師器《はじき》、黒色土器、須恵器、さらに中世前半の山茶碗や瓦器でも作られている。初期のものは折り曲げた両側に指で襞《ひだ》を付けているが、次第に襞を作らなくなり、さらに高台を付さないものが主体となる。平安京・樫原《かたぎはら》遺跡(京都市西京区)出土の緑釉陶器のものは内面に蓮葉文が施されており、中国陶磁の白磁に蓮葉文を陰刻する耳皿があることから、その模倣とも考えられる。緑釉陶器や灰釉陶器製品は各地にもたらされ、その形態を模倣した在地産の土師器製品が各地に認められる。用途は箸置で、現在でも伊勢神宮では、箸置として土師器の耳土器が神事に使用されている。近世の江戸遺跡でも同種の製品が希に見られる。

(浅野　晴樹)

みみづか 耳塚 豊臣秀吉《とよとみひでよし》が朝鮮半島へ侵攻した慶長の役に際して、戦功の証として首級に代えて送られてきた鼻を供養した塚。耳塚の通称で知られているが、本来は鼻塚と呼ばれるべき性格のもの。現在も、京都市東山区茶屋町の豊国神社《とよくにじんじゃ》門前(西側)に残っており、塚の上には梵字が刻まれた巨大な石製五輪塔《ごりんとう》が建てられている。秀吉の朝鮮出兵、とりわけ慶長の役で、配下の将士が盛んに鼻切りを行ったことは、軍目付から諸大名あてに出された鼻の請取状《うけとりじょう》が吉川家文書《きっかわけもんじょ》や鍋島家文書《なべしまけもんじょ》などの中に多数残されていることから確認でき、鼻は塩漬けにして日本へ送られたらしい。『義演准后日記《ぎえんじゅごうにっき》』や『鹿苑日録《ろくおんにちろく》』の記述から、秀吉が「大明・朝鮮闘死の衆」の供養と称して、一五九七年(慶長二)九月に相国寺《しょうこくじ》の僧西笑承兌《せいしょうじょうたい》を導師として施餓鬼《せがき》を執り行わせたことが知られており、耳塚もこの時に築かれたという。秀吉の事跡を象徴する遺跡として、一九六九年(昭和四十四)、方広寺石塁とともに国の史跡に指定された。

参考文献 藤木久志「朝鮮出兵と民衆」(佐々木潤之介編『日本民衆の歴史』三所収、一九七四、三省堂)。北島万次『朝鮮日々記・高麗日記 秀吉の朝鮮侵略とその歴史的告発』(『日記・記録による日本歴史叢書』近世編四、一九八二、そしえて)。

(尾野　善裕)

みみなしやま 耳成山 ⇩大和三山《やまとさんざん》

みや 宮 住居、家屋を示す「や」に接頭語「み」がついたもの。一般に神や天皇(大王)、皇親などの貴人の住居を指すが、通常の住居にとどまらず、行幸時の行宮や離宮などを指す場合や、貴人の家産制的経営体を総体として含む場合もある。律令制導入以前、大王(天皇)や皇親は独自の経営基盤を持ち、それぞれ大王宮、皇子宮を構えていた。のちの史料・事例からではあるが、厩戸《うまやと》皇子の斑鳩宮《いかるがのみや》や、草壁《くさかべ》皇子の島宮《しまのみや》はその実態の一端を示し、平城京の時代において皇子宮の系譜を引く長屋王《ながやおう》宮も、大量に出土した木簡からそのあり方が判明する。これらの事例から当時の皇子宮の姿を復元すると、住居や倉庫といった施設があるほか、居宅周辺に開発した田地・園地や遠方に与えられた田地を持ち、クラには農具のほか、農業の営料や出挙《すいこ》の原資となる稲を蓄え、奴婢《ぬひ》をも所有するという経営のあり方がうかがえる。こうした皇子宮は諸豪族のヤケとも共通する性格を持ち、皇親の経済的拠点であるとともに軍事的拠点ともなり、場合によっては寺院なども附属して信仰の拠点ともなった。本主が即位した場合には大王宮に移行することになるが、諸氏族がそれぞれの職掌に従って大王宮に奉仕するという形で国政が運営されることになった。いわゆる大化改新に際して造営された難波長柄豊碕宮《なにわのながらとよさきのみや》(前期難波宮の遺構にあたると推定される)は、公権力の施設として個々の皇子宮とは質的に隔絶したものであった。その後、律令制の確立とともに中央集権の中心である天皇の居所であり、かつ儀礼や政務を行う場である宮の構造は整備されていった。前期難波宮の遺構は朝政の場と天皇の居住の場が未分化であったが、藤原宮になると大極殿《だいごくでん》・朝堂《ちょうどう》の区画が内裏《だいり》から独立して設けられた。発掘調査の進んでいる平城宮に基づいてその内部構造をみると、宮の中央の区画に即位儀や元日朝賀を行う大極殿と朝庭(奈良時代前半の大極殿は後に恭仁《くに》宮に移築され、奈良時代後半には大極殿は東の区画に新たに造営され、その機能は東区で果たされることになる)、その南に四朝堂からなる饗宴施設、中央区の東にある区画には、北部に天皇が住む内裏、その南に十二朝堂からなる朝政の場が設けられた。その周囲には各官司の曹司が造られ、個別の業務を行なっていた。また、内裏のほかにも天皇およびそれに準ずる地位の人物の居所や、庭園を伴う饗宴施設も存在し、それぞれ「宮」と称されていた。これらの施設全体を大垣が取り囲み、宮の南方に広がる京とは隔絶した空間を形づくっていた。長岡宮、平安宮に至ると、さらに内裏と大極殿・朝堂院《ちょうどういん》との空間的分離が進み、機能の上でも、日常的重要政務は内裏において行われるようになり、朝堂院での政務は形骸化していく。一方、奈良時代以降の一般の皇子宮については、長屋王宮のように前代からのあり方を残す例はあるものの、次第に自立性を喪失していく。律令の規定では東宮、中宮のほか、親王などにも公的に家政機関が置かれるが、国家から支給されたものとして位置づけられている。現実の居住形態をみても、皇親および諸氏族は律令制導入とともに京内に宅地を与えられて官人として天皇に奉仕することとなり、藤原宮以降、平安宮に至るまで遷都を重ねる中で、京内にその経済的、政治的拠点としての比重を移し、京外に自立した宮・宅を営むことがなくなっていく。律令制の深化と都城制の進展に伴う宮の変化は、皇子宮の自立性喪失、天皇の宮への一元化ととらえることができ、島宮の解体や長屋王宮の滅亡は、このことを象徴的に示すものと位置づけることができる。

↓内裏《だいり》　↓都城制《とじょうせい》　↓難波宮《なにわのみや》　↓藤原《ふじわら》宮《きゅう》　↓平安宮《へいあんきゅう》　↓平城宮《へいじょうきゅう》

参考文献　岸俊男『日本古代宮都の研究』、一九八八、岩波書店。狩野久『日本古代の国家と都城』、一九九〇、東京大学出版会。今泉隆雄『古代宮都の研究』(『日本史学研究叢書』、一九九三、吉川弘文館)。橋本義則『平安宮成立史の研究』、一九九五、塙書房。北村優季『平安京―その歴史と構造―』(『古代史研究選書』、一九九五、吉川弘文館)。佐藤信『日本古代の宮都と木簡』(『日本史学研究叢書』、一九九七、吉川弘文館)。山中章『日本古代都城の研究』(『ポランティア選書』四六、一九九七、柏書房)。仁藤敦史『古代王権と都城』、一九九八、吉川弘文館。古瀬奈津子『日本古代王権と儀式』、一九九八、吉川弘文館。鬼頭清明『古代木簡と都城の研究』、二〇〇〇、塙書房。亀田博『日韓古代宮都の研究』、二〇〇〇、学生社。林部均『古代宮都形成過程の研究』、二〇〇一、青木書店。小澤毅『日本古代宮都構造の研究』、二〇〇三、青木書店。

(古尾谷知浩)

みやけ　屯倉　倭王権が列島各地に設置した直轄地で、官家・屯家・屯宅・三宅・御宅・三家などとも記す。その本質については、稲穀収取を主目的とする倭王権の経済的基盤とみる見解や、多目的の政治的・軍事的拠点とする見解がある。まず屯倉の基本要件として田《た》・宅《やけ》・倉《くら》を考える前者では、四・五世紀に開発によって成立した屯田《みた》を本体とする開墾地系屯倉(茨田《まんだ》堤造営にかかる河内「茨田屯倉」や依網《よさみ》池掘削に伴う同「依網屯倉」など)が近畿に置かれ、ついで六世紀初頭に王権へ献上された貢進地系屯倉(筑紫国造磐井《いわい》の子葛子《くずこ》が贖罪のため貢進した「糟屋《かすや》屯倉」や武蔵国造笠原直《おみ》使主が謝礼として献上した「横渟《よこぬ》屯倉」ら四処など)が現れたとする。これらは在地首長が管理したことから前期屯倉と称されるが、六世紀後半になると中央から派遣された田令《たつかひ》が直接管理する後期屯倉が出現して列島全域に拡がり、その機能も筑紫「那津《なのつ》官家」の港湾・軍事、吉備「白猪《しらい》屯倉」の採鉄地、同「児島《こじま》屯倉」の港湾・塩浜などと多様になった。ただし「白猪屯倉」で王辰爾《おうじんに》の甥胆津《いつ》が「田部丁籍《たべのよほろのふみた》」を作成し、耕作者を「田戸《たへ》」に編成したとあるように、屯倉の基本は水稲耕作にあったとする。一方、このような理解は「倉」字に引きずられた誤解とみるのが後者で、『日本書紀』以外ではヤケに「家」「宅」を用いることから、その本義は倭王権が六世紀に設置した地方支配の拠点施設(A型)で、のち田地を伴うB型(首長層の田地を割取したB1型から、王権自身の開発によるB2型へ展開)が出現したとする。後者が指摘するように、記紀のみにもとづいて前期屯倉を評価するのは危険であるが、和歌山市鳴《なる》滝《たき》遺跡や大阪市法円坂《ほうえんざか》遺跡のような巨大倉庫群の存在は、五世紀代の旺盛な経済活動を窺わせる。ただしいずれも管理棟を欠き、建て替えが確認できないことは、それらが一時的施設であったことを示しており、当時の屯倉については慎重な検討が必要であろう。

参考文献　平野邦雄「六世紀の国家組織」(『大化前代政治過程の研究』所収、一九八五、吉川弘文館)。鎌田元一「屯倉制の展開」(『律令公民制の研究』所収、二〇〇一、塙書房)。舘野和己「ヤマト王権の列島支配」(歴史学研究会・日本史研究会編『日本史講座』一所収、二〇〇四、東京大学出版会)。

(佐藤　長門)

みやけおどいあと　三宅御土居跡　石見国の有力国人益田氏の居館跡。島根県益田市三宅町所在。国指定史跡。益田川沿いの微高地上に立地し、館跡の両端に高さ五メートルに及ぶ大規模な土塁が現存する。十四世紀後半に益田《ますだ》兼《かね》見《み》が築造したとされ、天文年間(一五三二―五五)末ごろから七尾城《ななおじょう》に本拠を移した益田藤兼《ふじかね》・元祥《げんしょう》が、一五八三年(天正十一)ごろに三宅御土居を改修し、下城して再び拠点とした。関ヶ原の戦の後に廃絶したが、一六一四年(慶長十九)に遺臣によって寺院が創建された。発掘調査によって館の周囲に幅一〇～一六メートルの堀が、巡っていたことが確認され、堀跡を除く敷地は東西で最大一九〇メートル、南北で最大一一〇メートルの規模を有していた。館内からは掘立柱建物跡、井戸跡、礎石建物の鍛冶場跡などが発見されたが、主殿など中心建物は確認されていない。築造の時期とされる南北朝時代をさかのぼる十二世から十三世紀にかけての遺物が普遍的に出土することから、益田氏館の前身として益田荘の政所が存在した可能性が指摘されている。→益田氏城館跡《ますだしじょうかんあと》

参考文献 益田市教育委員会編『七尾城跡・三宅御土居跡』、一九九八。同編『三宅御土居跡』、二〇〇三。（木原 光）

みやけよねきち 三宅米吉 一八六〇―一九二九 歴史学者、考古学者。一八六〇年(万延元)五月十三日、紀伊国(和歌山県)に生まれる。一八七二年(明治五)上京して慶応義塾に入学、一八七五年学則改正により退学、官立新潟英語学校教員心得となる。一八七九年再度上京、徳川家の蔵書を借覧して歴史研究を志す。一八八一年東京師範学校助教諭、一八八八年に金港堂に入り雑誌『文』の編集などにたずさわり、那珂通世《なかみちよ》の紀年論を支持する論陣をはった。一八九〇年帝国博物館陳列品取調を嘱託され、一八九一年高等師範学校歴史教授を嘱託され、これ以後、帝国博物館(のちに帝室博物館)と高等師範学校(のちに東京高等師範学校)と関係を持ち続け、一九二〇年(大正九)には東京高等師範学校長、一九二二年には帝室博物館総長を兼務し、一九二九年(昭和四)には東京文理科大学学長となった。この間、一八九五年には考古学会を創設し、一九〇一年からは会長をつとめた。『日本史学提要』第一編(一八八六)は近代歴史学草創期の代表的作品。「漢委奴国王印考」などの主要論文は『考古学研究』(一九二九)、『文学博士三宅米吉著述集』(一九二九)に収録されている。一九二九年十一月十一日没。七十歳。

参考文献 「略年表・主要著作目録」(木代修一編『三宅米吉集』所収、一九七四、築地書館)。白鳥庫吉「文学博士三宅米吉君小伝」(『白鳥庫吉全集』一〇所収、一九七一、岩波書店)。小沢栄一『近代日本史学史の研究』明治編、一九六八、吉川弘文館。工藤雅樹『東北考古学・古代史学史』、一九九八、吉川弘文館。（工藤 雅樹）

みやこ 都 一般に天皇の宮のある場所を指すが、宮の外周に条坊制に基づく本格的都城が建設されたのは藤原宮に伴う新益京《あらましのみやこ》以降である。かつての知見では横大路《よこおおじ》を北辺、中つ道、下《しも》つ道を東西辺とする範囲と推定されていたが、近年の発掘調査によりその外側からも条坊道路の遺構が検出され、さらに広い範囲に及ぶことが判明した。続く平城京の知見によって都の構成要素をみると、京の北辺中央に天皇の居所と政治行政の中枢を含む平城宮があり、条坊道路によって区画された京内には、官人が宅地を与えられて集住したほか、東西の市、官衙町、寺院、庭園などが存在した。一方、京内には水田や墓地を作ることは禁じられていた。京内は朱雀《すざく》大路により左京・右京に分けられ、それぞれ左右京職が行政を担当した。このような律令制に基づく都城は、当初は政治的理由から作られたという性格が強く、経済的中心地に成立した都市ではなかったため、必要物資は租税などの形で公権力を媒介に調達しなければならなかった。また、都への官人の集住は、諸氏族を旧来の経済的・政治的基盤から切り離し、天皇に奉仕させるという意味を持ったが、この性格が貫徹するのは長岡京を経て平安京になってからであり、平城京の段階では、いまだ官人は京外に旧来からの拠点を残している段階として評価されている。→京《きょう》 →都城制《とじょうせい》 →宮《みや》

参考文献 岸俊男『日本古代宮都の研究』、一九八八、岩波書店。狩野久『日本古代の国家と都城』、一九九〇、東京大学出版会。今泉隆雄『古代宮都の研究』(『日本史学研究叢書』、一九九三、吉川弘文館)。橋本義則『平安宮成立史の研究』、一九九五、塙書房。北村優季『平安京―その歴史と構造―』(『古代史研究選書』、一九九五、吉川弘文館)。佐藤信『日本古代の宮都と木簡』(『日本史学研究叢書』、一九九七、吉川弘文館)。山中章『日本古代都城の研究』(『ポランティア選書』四六、一九九七、柏書房)。仁藤敦史『古代王権と都城』、一九九八、吉川弘文館。古瀬奈津子『日本古代王権と儀式』、一九九八、吉川弘文館。鬼頭清明『古代木簡と都城の研究』、二〇〇〇、塙書房。亀田博『日韓古代宮都の研究』、二〇〇〇、学生社。林部均『古代宮都形成過程の研究』、二〇〇一、青木書店。小澤毅『日本古代宮都構造の研究』、二〇〇三、青木書店。（古尾谷知浩）

みやこめいしょずえ 都名所図会 一七八〇年(安永九)に刊行された最古の名所図会。六巻十一冊。京都の町人吉野屋為八《ためはち》が計画し、読本作家で俳諧師の秋里籬島《あきさとりとう》が編者となり、絵師の竹原春朝斎《しゅんちょうさい》が挿し絵を描く。先に刊行されていた『京童《きょうわらべ》』や『東海道名所記』などの名所記に比べ、写生に基づく春朝斎の鳥瞰図的な細密画が多数配されており、本文を参照しながら見て楽しむ工夫がなされている。本書は刊行当初から爆発的に売れたと伝えられる。吉野屋為八は本書が好評をもって迎えられたことにより、同じく秋里籬島編・竹原春朝斎画による『拾遺《しゅうい》都名所図会』『都林泉《りんせん》名勝図会』や、河内・摂津・和泉など国別の名所図会を引き続いて刊行した。編者の秋里籬島は京都の人、本名は池田仁左衛門。日本各地を調査旅行し、『天橋立《あまのはしだて》紀行』『大和名所図会』など数多くの読本や名所図会を著した。『都名所図会』は『増補京都叢書』や『大日本名所図会』『日本名所風俗図会』などに収録されている。（伊藤 寿和）

みやざわいせき 宮沢遺跡 宮城県大崎市古川宮沢・長岡・川熊に所在する古代城柵跡。大崎平野北端の丘陵地を中心に一部沖積地に立地する。外郭は築地塀や土塁・大溝などで不整長方形に区画され、規模は東西約一四〇

宮沢遺跡　丘陵中腹をめぐる築地塀跡

〇メートル、南北約八五〇メートルほどで、東北の古代城柵で最大である。築地塀や土塁に取り付く櫓《やぐら》跡、郭内からは多数の掘立柱建物跡、竪穴住居跡、内郭を区画する築地塀跡などが発見されている。遺跡の年代は八世紀中ごろから十世紀中ごろと推定される。本遺跡をどの城柵にあてるかについては、『続日本紀』天平九年(七三七)四月戊午(十四日)条初見の玉造柵説や宝亀十一年(七八〇)条に散見する覚鱉《かくべつ》城説などがあるが、確定していない。前者ではこの地が古代に玉造郡ではなく長岡郡に属していたと見られる点が難点であり、後者では開始年代が符合しない。古代律令国家と蝦夷との歴史を解明する上で重要な遺跡として、一九七六年(昭和五十一)に北西隅の愛宕山地区が国史跡に指定された。　↓覚鱉城《かくべつじょう》　↓玉造柵《たまつくりのさく》

[参考文献]　宮城県教育委員会「宮沢遺跡」(『東北自動車道遺跡調査報告書』III、一九八〇)。　(白鳥　良一)

みやじだけこふん　宮地嶽古墳　筑前国の古墳時代終末期の古墳。福岡県福津市津屋崎所在。宮地嶽神社境内にある径三四メートルの大型円墳で、巨石を用いて築かれた全長二二メートルの横穴式石室は九州最大である。『筑前国続風土記拾遺』によれば、一七四一年(寛保元)に山が崩れて石室が開口した。その際に、副葬品を取り出して前庭部に埋めたと思われ、一九三四年(昭和九)の社務所の工事の際に多量の遺物が出土している。馬具・頭椎大刀《かぶつちのたち》・冠・鉛ガラス板・鉛丸玉・銅鋺などがあるが、古墳時代終末期(七世紀)における第一級の資料ということで一括して国宝に指定されている。轡《くつわ》・鞍金具・杏葉《ぎょうよう》・壺鐙《つぼあぶみ》はいずれも金銅装の見事な造りであり、金銅装頭椎大刀は全長三メートル弱と推定される全国最大級の飾り大刀である。また、緑色の鉛ガラス板は玉類などのガラス製品の原料と考えられる特異なものである。『日本書紀』によれば、胸形君徳善の娘の尼子娘《あまこのいらつめ》が大海人皇子(のちの天武天皇)の妃となり、高市皇子(長屋王の父)を生んだとある。宮地嶽古墳の被葬者は、巨大な石室や豪華な副葬品から、胸形君徳善とする説が有力である。

[参考文献]　小田富士雄「宮地嶽古墳」(『探訪日本の古墳』西日本編所収、一九八一、有斐閣)。佐田茂「宮地嶽古墳出土品」(『日本の国宝』一二四、一九九七、朝日新聞社)。　(望月　幹夫)

みやじま　宮島　⇩厳島《いつくしま》

みやたきいせき　宮滝遺跡　『日本書紀』『続日本紀』にみえる「吉野宮」「吉野離宮」の有力な候補地。奈良県吉野郡吉野町宮滝に所在。国指定史跡。吉野川(紀ノ川)が形成した河岸段丘上に立地する。一九三〇年(昭和五)から一九三八年にかけて、末永雅雄を中心として発掘調査が行われ、奈良時代の石敷遺構が検出された。第二次世界大戦後は一九七五年から橿原考古学研究所による調査が再開され、現在に至る。遺構は主に河岸段丘の上位面と下位面に分布する。上位面では飛鳥時代から奈良時代の掘立柱建物や苑池遺構が検出されている。下位面では奈良時代の掘立柱建物や石敷遺構が見つかっている。前者は出土土器などから、六五六年(斉明天皇二)に造営された「吉野宮」、後者は出土した瓦や土器の年代から聖武天皇が行幸した「吉野(芳野)離宮」の可能性が高い。とともに詳しい建物配置や宮の範囲は確定していない。なお、飛鳥・奈良時代の遺構とともに縄文・弥生時代の遺構も確認されている。

[資料館]　吉野町立吉野歴史資料館(奈良県吉野郡吉野町)

[参考文献]　末永雅雄『宮滝の遺跡(増補版)』、一九八六、木耳社。奈良県立橿原考古学研究所編『宮滝遺跡』遺構編(『奈良県史跡名勝天然記念物調査報告』七一、一九九六)。　(林部　均)

みやのまえはいじ　宮の前廃寺　広島県福山市蔵王町の小丘陵上に所在する古代寺院跡。八幡神社本殿前に遺構が展開しているので宮の前廃寺跡といい、また『備陽六郡志』の記述から廃海蔵寺跡ともいう。一九三〇年(昭和五)に塔心礎の確認と軒丸瓦が採集されて保存がはかられるようになり、一九四七年の予備的調査を経て一九五〇・五一年ならびに一九六七年と一九七六年に発掘調査が実施された。この結果、丘陵斜面を整地して東側に一辺一二・六メートルの塼積みの塔基壇と、その西側に金堂跡と考えられる東西二五・三メートル南北一五・五メートルの塼積み基壇が検出され、法起寺式の伽藍配置が想定されているが、講堂・中門などは確認されていない。八形式の軒丸瓦と九形式の軒平瓦が出土し、最古のものは七世紀後半のもので国府周辺の伝吉田寺跡出土瓦との類似が指摘され、九世紀前半までは存続したようである。「紀臣和古女」「紀臣石女」「軽部君黒女」などの文字瓦のほか、塼仏片や須恵器も出土している。一九六九年国史跡に指定された。

[参考文献]　『史跡宮の前廃寺跡―調査と整備―』、一九七七、福山市教育委員会。　(西別府元日)

みやのもといせき　宮ノ本遺跡　日本で二例目の買地券を出土した遺跡。福岡県太宰府市大字向佐野字宮ノ本に所在。遺跡は大宰府史跡の西方二・三キロの微高地に位置し、四基の墳墓が発見された。買地券を出土した一号墳墓は、外周を花崗岩で二段石積みし、東西二・〇メートル、南北一・五メートルで、低い墳丘を築き、墳丘上には拳大の花崗岩を並べ葺石としている。主体部は、東西〇・八メートル、南北一・〇メートル、深さ〇・五メートルの長方形竪穴で、炭と灰を混ぜた埋土で、ほぼ中央部に立った状態で買地券が検出された。買地券は

周辺部を若干欠くが、残存長三五・二センチ、残存幅九・五センチ、厚さ〇・二センチの墨書鉛券である。文体は幅約一・七センチ間隔で罫線が引かれ、六行内に楷書で約百三十六字が刻まれている。年代は九世紀中ごろ以降。買地券は、肝心の被葬者名・年月日などを欠くが、埋葬習俗・土俗信仰の在り方に大きな手懸かりを得た。⇩買地券《ばいちけん》

参考文献 太宰府町教育委員会編『宮ノ本遺跡』、一九八〇。

（高橋　章）

みやまちいせき　宮町遺跡　⇩紫賀楽宮《しがらきのみや》

みやもとつねいち　宮本常一　一九〇七―八一　フィールドワークに徹し、そこから民衆史の構築を目指し、民具学を提唱するなど絶えず問題を提起してきた民俗学者。一九〇七年（明治四十）八月一日、山口県大島郡家室西方村（東和町）に生まれる。一九三四年（昭和九）沢田四郎作・岩倉市郎・桜田勝徳・水木直箭・小谷方明らとともに大阪民俗談話会（のち近畿民俗学会）を結成。また一九三五年民間伝承の会（のち日本民俗学会）の設立にも参画。このころから渋沢敬三の知遇を得、渋沢の主宰するアチック＝ミューゼアム（のち日本常民文化研究所）の同人となり、『周防大島を中心としたる海の生活誌』（一九三六）、『河内国滝畑左近熊太翁旧事談』（一九三七）を刊行。一九三九年からアチック＝ミューゼアムの所員となり、日本全国を歩き民俗調査を行い、数多くの調査報告書をまとめた。第二次世界大戦後、一九四五年からは農業指導に全国を歩き、一九四九年からは水産資料調査に瀬戸内海の漁村を歩き、一九五三年全国離島振興協議会が結成されるや、その幹事長・事務局長として離島振興のため積極的に活動、また林業金融調査会理事となり、山村の社会経済調査とその指導にあたった。一九六五年から武蔵野美術大学教授となるとともに、日本観光文化研究所を設立、その所長として研究者を育成した。また民具研究に本格的に取り組み、一九七四年日本常民文化研究所主催の第一四民具研究講座において民具学会の設立を提案、翌年日本民具学会設立とともに幹事として指導的役割を果たした。一九八一年一月三十日没。七十三歳。宮本の学問は広く全国を歩いて培われた該博な知識をもとに、経世済民の実践的な学問であり、同時に日本民衆史、日本文化形成史を構築しようとするものであった。宮本の著作は『宮本常一著作集』全五十巻・別集二巻（一九六七―）にほぼ収録されている。

（岩井　宏實）

みょうえきしゅういせきそとば　明恵紀州遺跡卒塔婆　鎌倉時代の僧明恵の紀伊国でのゆかりの地に造立された卒塔婆。明恵八所遺跡ともいう。国指定史跡。明恵の弟子喜海《きかい》は一二三六年（嘉禎二）に木製卒塔婆を有田郡の吉原・筏立《いかだち》・糸野・神谷《かみたに》・崎山（和歌山県有田川町）、西白上・東白上（同湯浅町）、星尾（同有田市）の各遺跡地に建立したが、その後朽損したため、一三四四年（康永三）弁《べん》迂《う》が石造卒塔婆で再建した。現在は崎山以外の七ヵ所に、高さ約一・五メートルの砂岩の石造卒塔婆が残り、同年の銘文が刻まれている。この卒塔婆が八ヵ所に立てられたのは、華厳経の主要法要の本尊八体にちなんだもので、その撰定にあたっては、有田郡の武士団である湯浅党の保田宗《やすだむね》光《みつ》が関わったものとされている。また各遺跡地には保田氏と関係する館が建てられていたようで、一九九二年（平成四）には吉原遺跡卒塔婆西側から十三世紀の居館跡の一部も発掘された。

参考文献 高橋修「武士団の支配論理とその表象―「明恵八所遺跡」の成立―」（『歴史評論』六一一、二〇〇二）。中西正雄編『明恵上人紀州八所遺跡』、一九六四、湯浅町明恵上人賛仰会。和歌山県埋蔵文化センター編『明恵上人遺跡発掘調査概報』、一九九二。

（播磨　良紀）

みょうおう　明王　密教特有の尊格で、如来の命を受けて一切の魔障をうち破るとされ、また守護神的性格も有する。日本では体系的な密教が空海らによって唐よりもたらされて、平安時代以後本格的な造形化が始まる。造形化された遺品の多くは、その元となるインド固有の忿怒神から採られた形が多く、その代表的な尊格である不動明王は一面・二眼・二臂の姿が一般的であるが、多面・多眼・多臂像も多い。なお、不動明王は降三世《ごうさんぜ》・軍荼利《ぐんだり》・大威徳《だいいとく》・金剛夜叉《こんごうやしゃ》（烏枢沙摩《うすさま》）を従える五大明王の中尊として製作されることも多いが、独尊像としても盛んに製作されている。このほか、さまざまな修法《すほう》に応じて各種尊像を用いる別尊法が平安時代後期ころから密教で盛んになると、不動・愛染・大元帥・孔雀明王などがこの修法の本尊として活用されることも増大し、また特殊な像容を示すものも数々生み出されていった。⇩如来《にょらい》　⇩菩薩《ぼさつ》

参考文献 佐和隆研・濱田隆編『密教美術大観』三、一九八四、朝日新聞社。『国宝・重要文化財大全』四、一九九八、毎日新聞社。田中義恭・星山晋也『目で見る仏像（完全普及版）』、二〇〇〇、東京美術。

（根立　研介）

みょうおういん　明王院　大津市葛川坊村町《かつらがわぼうむらちょう》にある天台宗寺院。息障《そくしょう》明王院ともいう。その起源は、延暦寺僧相応が当地の山中に修行に入り、滝の中に不動明王を感得して、八五九年（貞観元）、明王堂を建立したことに始まるとされる。以後、中世を通じて天台系修験の回峰行《かいほうぎょう》の根拠地として存続した。鎌倉時代以降、青蓮院門跡の支配下にあり、葛川には明王堂を管理するための僧侶である常住が置かれた。周辺の山々は回峰行の行者の修行地で、その聖域を維持するため若干の住民が特権を与えられて居住し、明王に奉仕していた。鎌倉時代になると「浪人」と呼ばれる新住民が増加して山林の開発や炭焼、材木の交易を行い、しばしば近隣の荘園と相論を起こした。特に文保年間（一三一七―一九）に起こった葛川と隣接する伊香立庄《いかたちのしょう》との境相論は、関係文書が一括して伝来したため、その経過の詳細が明らかである。一三三四年（建武元）には「息障明王院」の寺号を受けるとともに、

山僧が別当に任じられた。回峰行は織田信長の叡山焼討による途絶の後復活し、現在に至るまで行われている。本堂(重文)は江戸時代前期の建築であるが、閉鎖的な内陣を持つ中世仏堂の特徴をよく示す。かつては行者などが奉納した参籠札(重文)が掲げられていた。参籠札の中には足利義満、日野富子・足利義尚《よしひさ》母子が奉納したものも含まれている。境内は天台修験の霊地としての雰囲気をよく残し、地主神である志古渕《してぶち》神を祀る地主《じしゅ》神社(本殿は重文)が隣接する。毎年七月に行われる蓮華会の行事

明王院（葛川与伊香庄相論絵図より）

「太鼓回し」が著名である。葛川明王院文書(重文)は、天台門跡による在地支配関係の文書で、文保年間の相論に際して作成された絵図(重文)とともに、中世山村の社会とその支配に関する代表的な史料である。

参考文献　叡山文化綜合研究会編『葛川明王院—葛川谷の歴史と環境—』、一九六〇、芝金声堂。村山修一『葛川明王院史料』、一九六四、吉川弘文館。大津市歴史博物館編『回峰行と聖地葛川—比叡山・明王院の寺宝』、二〇〇四。

(田良島　哲)

みょうごう　名号　仏・菩薩の名前。仏教では仏・菩薩の名号は特別な力があると信じられ、阿弥陀仏や観音菩薩の名号を唱えることが信者の間で行われ、浄土信仰においては阿弥陀仏の名号を唱えて浄土に往生することができると考えられていた。そのため書かれた名号を本尊とすることも行われ、特に真宗信徒においては六字名号(南無阿弥陀仏)・八字名号(南無不可思議光仏)・九字名号(南無不可思議光如来)・十字名号(帰命尽十方無碍光如来)などが本尊として用いられ、開祖親鸞が紙本墨書または籠文字・絹本着色の六字・八字・十字の名号を信徒に授与したことが知られている。のちに周囲に光明、下に蓮台を描くなど様式を整えるようになり、本願寺蓮如は金泥・籠文字・絹本着色の、光明や蓮台をもつ十字名号を門徒に授与した。また真宗門徒に限らず、武士が仏の加護や死後の救済を期して阿弥陀仏の名号を頸にかけて戦場に赴く慣習も存在した。

参考文献　信仰の造形的表現研究会『真宗重宝聚英』一、一九八八、同朋舎出版。神田千里「中世の「道場」における死と出家」(『史学雑誌』九七ノ九、一九八八)。

(神田　千里)

みょうしんじ　妙心寺　京都市右京区花園にある臨済宗妙心寺派の総本山。山号正法山。一九六九年(昭和四十四)塔頭《たっちゅう》を含んで国史跡に指定。なお、妙心寺庭園と塔頭の玉鳳院《ぎょくほういん》、東海庵、霊雲院《れいうんいん》、退蔵院《たいぞういん》、桂春院の各庭園もおのおの重複して国の名勝および史跡に指定。一三三七年(延元二・建武四)ごろに、平安京の西北隅に位置した花園上皇の離宮萩原殿を、関山慧玄《かんざんえげん》を開山とし、妙心寺としたものである。その後、応永の乱との関連や応仁の乱の兵火のために衰微、荒廃したが、雪江宗深《せっこうそうしん》によって復興された。宗深は、復興に際して、一年間の出納を「正法山妙心禅寺米銭納下帳」の制度において厳格に管理、記録した。この記録は、一四七六年(文明八)から一八八五年(明治十八)までの長期に及び、妙心寺発展の経済的な裏付けにもなった。雪江の門下からは、妙心寺四派を形成する名僧が現われ、大徳寺の末寺的な扱いから独立し、細川、今川、織田、武田などの戦国大名の帰依《きえ》をうけて勢力を伸ばした。一六二七年(寛永四)の紫衣《しえ》事件では、一時江戸幕府と対立することもあったが、塔頭の多くが大名の菩提寺《ぼだいじ》となって、その援助をうけて繁栄を極めた。その後も高僧を輩出し、江戸時代中期には、白隠《はくいん》慧鶴《えかく》が白隠禅を確立して臨済宗最大の勢力となり、現在も全国に末寺約三千四百を有している。南門、山門、仏殿、法堂、方丈、庫裏《くり》が南北に並ぶ典型的な禅宗の伽藍《がらん》配置をよく残し、周囲には四十余の塔頭が甍《いらか》をつらね、多数の松が植えられて、名刹《めいさつ》にふさわしい景観を保っている。建造物のうち仏殿、法堂、山門、大方丈《おおほうじょう》、庫裏など十三棟と塔頭の玉鳳院開山堂、四脚門、霊雲院書院、天球院本堂、衡梅院本堂、退蔵院本堂は、重要文化財に指定されている。寺宝の美術工芸品も数多く(塔頭を含め、国宝・重要文化財四十八件)、戊戌年(＝六九八年)銘の梵鐘、大燈国師墨蹟二幅、淡彩瓢鮎図《ひょうねんず》(退蔵院蔵)は国宝。その他、仏画、歴代天皇の宸翰なども多い。

(磯野　浩光)

玉鳳院庭園《ぎょくほういんていえん》　玉鳳院は、花園法皇が参禅のために方丈の北に禅宮を建てたのが起こりである。妙心寺山内の塔《たっ》頭《ちゅう》の中では別格で、管長が持住を兼ねる。南面の築地塀に二つの唐門を開き、その北に開山堂と方丈が南面して

東西に並び、渡り廊下で結ばれる。開祖関山慧玄《かんざんえげん》をまつる開山堂微笑庵《みしょうあん》は一五三八年(天文七)に東福寺から、堂前の四脚門は一四〇九年(応永十六)に御所からそれぞれ移築したものといわれ、ともに重要文化財。方丈は一六五六年(明暦二)の再建で、法皇の御法体の宸像《しんぞう》を奉安する。庭園は開山堂と方丈の前庭、両建物と廊下に囲まれた中庭、開山堂東側の「鶏足嶺《けいそくれい》」と称される築山部分に分かれ、方丈が再建された明暦年間(一六五五—五八)の作庭と考えられている。前庭は白砂を一面に敷き詰め、各門から北へ延びる通路と東西につなぐ通路に切石の延段を設ける。築地沿いに松を配し、区切られた区画ごとに異なる紋様の砂紋を施す幾何学的な意匠である。中庭の奥には豊臣秀吉の子棄丸《すてまる》(法名祥雲院)の霊屋があり、枯山水石組みや井戸、手水鉢、飛び石が施される。庭園は国の名勝および史跡に指定されている。

参考文献　中根金作『中根金作京都名庭百選』、一九九八、淡交社。

桂春院庭園《けいしゅんいんていえん》　桂春院は、一五九八年(慶長三)織田信忠(織田信長の長男)の次男である津田秀則により見性院として創建され、秀則没後、石川壱岐守貞政が一六三二年(寛永九)亡父の追善のために建物などを整備し、名称を改めたものである。南北に方丈と書院が並び、それらの東と方丈の南に庭園が展開する。書院の北東隅に隠れるように茶室既白庵《きはくあん》がある。妙心寺では座禅修行が重要視されたことから茶席が設けられたことはなかったが、桂春院創建の石川貞政が茶の湯を好んだためにここでのみ許された。このため書院と茶室の間は二重の襖によって仕切られ、露地の蹲踞《つくばい》も土蔵の壁に目立たぬように設えてある。方丈の東庭は、東へ下る傾斜地に庭石や飛び石を配し既白庵の外露地となっている。方丈の南庭は、軒下の四半敷から一メートルほど下る急勾配の法に躑躅を植え、南面の生垣との間の平坦地に若干の庭石と古木を配する枯山水の庭である。庭園は国の名勝および史跡に指定されている。

参考文献　中根金作『中根金作京都名庭百選』、一九九八、淡交社。

退蔵院庭園《たいぞういんていえん》　退蔵院は、妙心寺第三世無因宗因を開祖とする塔頭《たっちゅう》で、波多野出雲守重通が邸宅内に建立し、一四五九年(長禄三)までに山内に転じた。一五〇九年(永正六)以降、中興の亀年禅愉の代に山内でも移転し、現在地に移る。退蔵院は「瓢鮎図《ひょうねんず》」(国宝)を有することでも有名。本堂の方丈(重要文化財)は一六〇二年(慶長七)の建立で、南面と西面に庭園が展開する。南庭は燈籠の松のみを配した平庭で、主庭は西面にある。方丈の西辺は鞘の間と呼ばれ、その窓越しに主庭を見下ろすようになっており、庭園は絵画的な構成に特徴がある枯山水である。北寄りに築山を設け、その中央部に蓬萊石組みを配する。手前には枯滝石組を施し、小石を並べ渓谷を表現する。流れは枯池に繋がり、そこには石橋の架かる亀島(蓬萊山)があり、南寄り手前の岬の鶴石組《つるいわぐみ》と対置する。『都林泉名勝図絵』では作庭者を画聖狩野元信とし人口に膾炙されるが、これを裏付ける史料も否定する史料もない。庭園は国の名勝および史跡に指定されている。

参考文献　重森完途「退蔵院庭園」(『日本庭園史大系』六所収、一九七四、社会思想社)。

東海庵書院庭園《とうかいあんしょいんていえん》　東海庵の創建は、妙心寺中興の祖雪《せつ》江《こう》禅師が一四八四年(文明十六)悟渓宗頓《ごけいそうとん》に敷地を与え、草庵を営んだことに始まる。書院には二つの枯山水の庭がある。書院の西庭は、その設計図とみられる絵図「花園東海庵書院仮山図」が残されており、一八一四年(文化十一)に紀州の海蔵寺東睦《とうぼく》が作庭したものであることが知られる。北寄りの低い三つの盛り土には三神仙島の蓬萊島、方丈島、瀛州《えいしゅう》島が名付けられ、東海一連の庭と呼ぶ。庭園景観の中心になっている三尊石組は滝石組にもなっており、配石におのおの付された名称からは作者の意図を知ることができる。軒下には橋脚を転用した橋杭手水鉢と、横長の一文字手水鉢が据えられる。書院の南には、方丈と書院、その渡り廊下に囲まれた、四方から眺めることができる坪庭がある。矩形の敷地の中心に小振りな庭石を据え、ほぼ一直線になるように東西に三石ずつ配し、白砂には中心から同心円の箒目を立てる。庭園は国の名勝および史跡に指定されている。

参考文献　中根金作『中根金作京都名庭百選』、一九九八、淡交社。

霊雲院庭園《れいうんいんていえん》　霊雲院は、薬師寺備後守国長の夫人、霊雲院清範尼が大休宗休請じ一五二六年(大永六)に創建したものである。後奈良天皇は大休に帰依しており、参禅でしばしば行幸するため、一五四三年(天文十二)に霊雲院の御座所として書院(重要文化財)が造られた。霊雲院文書に記されるとおり、庭園は西堂と号す相国寺の石立《いしだて》僧子建《そうしけん》がこのころに作ったものと考えられる。庭園は書院の南から西に展開するが、庭園を囲む南面と西面の築地塀まで四メートルほどしかなく、わずか十八坪である。書院は三畳の上段の間や四畳半の部屋など小さく区切られており、庭園の狭さに違和感を覚えないようになっている。庭園は枯山水で、東部に枯滝石組を配置し、これが景観の中心となっている。庭園は国の名勝および史跡に指定されている。

参考文献　重森完途「霊雲院庭園」(『日本庭園史大系』六所収、一九七四、社会思想社)。

（内田　和伸）

みょうだてかんがいせき　名生館官衙遺跡　宮城県大崎市古川大崎に所在する古代城柵跡ないしは官衙跡と考えられる遺跡。東に大崎平野を望む火砕流台地上に立地し、規模は東西約六〇〇メートル、南北約一四〇〇メートルほどで、七世紀後半から十世紀初頭ころにかけて数時期の変遷を持つ竪穴住居跡や官衙遺構などが発見されている。中枢部である政庁は時期により位置を移動させており、第III期とされる城内地区政庁の正殿は山田寺系の瓦で葺かれていることから、官衙遺構の開始年代は七世紀末にさかのぼ

名生館官衙遺跡　城内地区
政庁の瓦葺き掘立柱正殿跡

るものと考えられる。遺跡の性格については出土した「玉厨」の墨書土器などから、『続日本紀』天平九年(七三七)四月戊午(十四日)条初見の玉造柵ないしは玉造郡家・丹取評家などが考えられ、東北地方における律令国家の支配過程を知る上で重要な遺跡として一九八七年(昭和六十二)に城内地区が国史跡に指定された。なお、約一キロ南には本遺跡にあった官衙に附属した寺院跡とみられる伏見廃寺跡がある。

参考文献　宮城県多賀城跡調査研究所編『名生館遺跡』I―VI(『多賀城関連遺跡発掘調査報告書』六―一一、一九八一―八六)。古川市教育委員会編『名生館官衙遺跡』VII―、一九八七―。高橋誠明「名生館官衙遺跡の概要」(第二九回古代城柵官衙遺跡検討会資料)、二〇〇三。

(白鳥　良二)

みろくじ　弥勒寺　(一)ムゲツ氏の氏寺に比定されている白鳳時代建立の寺院跡。岐阜県関市池尻の長良川畔に所在。弥勒寺所用の軒平瓦が確認された丸山古窯跡(同県美濃市大矢田)とともに、一九五九年(昭和三十四)に国史跡

弥勒寺(一)　塔心礎

弥勒寺西遺跡出土墨書土器(「大寺」)

「弥勒寺跡附丸山古窯跡」の指定を受けた。ムゲツ氏は、軍事的・祭祀的な役割を担ってヤマト王権と深く結びついた伝統的な美濃の地方豪族で、記紀などの史料には牟義都・牟下津などさまざまな表記がみえる。六七二年(天武天皇元)に起きた壬申の乱で活躍した身毛君広《むげつきみひろ》(大海人皇子の舎人《とねり》)の功績によって、郡領としての地位を確立した。寺院を中心に池尻大塚古墳(ムゲツ氏が築造したと考えられる古墳時代終末期の方墳)・弥勒寺東遺跡(七世紀後半の同氏の拠点および律令制下の武義郡家《ぐうけ》跡)・弥勒寺西遺跡(八世紀後半から九世紀の祭祀跡)が隣接する。法起寺式の伽藍《がらん》配置を採る金堂・塔・講堂、南門・南門に取り付く掘立柱塀の一部、僧坊や造営に関わる工房と思われる掘立柱建物・竪穴住居が確認されている。堂宇は瓦葺きで、川原寺式の複弁蓮華文軒丸瓦・四重弧文軒平瓦・凸面布目平瓦が出土した。弥勒寺東遺跡(一九九四―二〇〇〇年調査)は、東西約五〇メートル×南北約六〇メートルの掘立柱塀で囲まれた範囲に、正殿と東西の脇殿を「品」字形に配置した郡庁院・東西約一三〇メートル×南北約四〇メートルの溝で囲まれた倉庫が建ち並ぶ正倉院・館《たち》や厨家《くりや》の段階的な変遷過程を示すと考えられる建物群、さらに郡庁院や正倉院の下層で、居宅や評家《ひょうけ》と考えられる大形の掘立柱建物群が見つかり、地方豪族の拠点が郡の役所へと発展していく過程が明らかにされた。弥勒寺西遺跡(二〇〇二年調査)では、古代の谷川と方形に突き出た人工の浜・湧水を誘う井泉《せいせん》遺構・掘立柱列が見つかり、人形代《ひとかたしろ》・斎串《いぐし》などの木製祭祀具や木簡、二百点を超える墨書土器が出土した。このように「弥勒寺遺跡群」は、寺院造営を契機とする在地支配の変容や、律令制下の地方官衙の営みの全容を遺跡から読み取ることができる稀な例として注目されている。二〇〇七年(平成十九)、弥勒寺東遺跡が追加指定され、これに伴い史跡の名称も「弥勒寺官衙遺跡群」に変更された。→郡家《ぐうけ》

参考文献　石田茂作「美濃弥勒寺の発掘」(『MUSEUM』三六―三八、一九五四)。楢崎彰一「美濃市大矢田丸山古窯址群の調査」(『日本考古学協会第二一回総会研究発表要旨』、一九五七)。八賀晋「地方寺院の成立と歴史的背景―

美濃の川原寺式瓦の分布―」(『考古学研究』一二ノ一、一九七三)。関市教育委員会編『弥勒寺跡』、一九六六。同編『弥勒寺跡―範囲確認発掘調査報告書―』I―III、一九六八-七〇。同編『美濃国武義郡衙　弥勒寺東遺跡―第一～五次発掘調査概要―』、一九九九。

(田中　弘志)

(二)宇佐神宮の神宮寺として奈良時代に建立された寺院。その遺跡は大分県宇佐市大字南宇佐の宇佐神宮境内(国指定史跡)にある。『八幡宇佐宮御託宣集』などによれば、七三七年(天平九)にその造営が開始されたという。『続日本紀』には七四一年、藤原広嗣の反乱鎮定の功に報いるために、秘錦の冠、金字の最勝王経・法華経などのほか三重塔を八幡神宮に寄進したとある。弥勒寺の建立は律令政府の支援の下で推進されたのである。これまでの調査により、いわゆる薬師寺式の伽藍配置を持つ堂塔のうち、金堂、講堂、東西の塔跡、鐘楼、経蔵などの主要遺構が明らかにされている。出土瓦は大宰府系の軒丸・軒平瓦のほか法隆寺系忍冬唐草文軒平瓦などがある。また「弥寺」と箆《へら》描きした奈良時代の土師器が出土している。弥勒寺は、その後、九州の各地に荘園を有し、宇佐神宮とともに大きな勢力を誇った。日本の神仏習合の歴史を考える上でも注目される寺院である。↓宇佐神宮《うさじんぐう》

資料館　宇佐神宮宝物館(大分県宇佐市)、大分県立歴史博物館(同)

参考文献　『弥勒寺　宇佐宮弥勒寺旧境内発掘調査報告書』(『大分県立宇佐風土記の丘歴史民俗資料館報告書』七、一九八九)。

(後藤　宗俊)

みろくしんこう　弥勒信仰　弥勒菩薩および弥勒如来に対する信仰。弥勒はサンスクリットのマイトレーヤの音写。慈氏《じし》、慈尊《じそん》などとも訳す。将来この世に出現して人々を救済するという未来仏。弥勒についての経典には、『仏説弥勒菩薩上生兜率天経《ぶっせつみろくぼさつじょうしょうとそつてんきょう》』(『上生経』)と、『仏説弥勒下《ぶっせつみろくげ》生成仏経《しょうじょうぶつきょう》』などの『下生経』の系統がある。前者に基づくのが弥勒上生信仰で、弥勒が説法している兜率天《とそつてん》に死後に往生したいと願う信仰。後者は弥勒下生信仰で、弥勒が五十六億七千万年後にこの世に下生して、龍華樹《りゅうげじゅ》のもとで説法するのを聴聞したいとする信仰。中国・朝鮮半島で盛んであった弥勒信仰は日本にも伝えられたが、その初期の様相については不明の部分が多い。法隆寺、中宮寺、広隆寺などの菩薩の半跏思惟像を弥勒菩薩像と見る説が有力であるが、その根拠となる野中寺《やちゅうじ》像の台座銘が後世のものである可能性があり、なお確定することができない。天智天皇創建の川原寺《かわはらでら》の裏山遺跡からは、「弥勒」とヘラ書きされた如来三尊塼仏《せんぶつ》が出土し、『延暦《えんりゃく》僧録《そうろく》』『崇福寺縁起《すうふくじえんぎ》』には天智天皇の弥勒信仰や造像が記されている。川原寺や崇福寺には弥勒仏がまつられていたと考えられる。また七世紀後期創建の当麻寺《たいまでら》の本尊は弥勒仏であり、近隣の石光寺《しゃっこうじ》弥勒堂からは、発掘調査により石仏が出土し、七世紀後期の弥勒仏坐像だと推定されている。奈良・平安時代には弥勒信仰は日本に定着し、仏像・仏画が製作され、関係経典が書写され、兜率天浄土への往生が祈願された。『日本霊異記』にみえる弥気堂《みけどう》(天平古写経では「弥気寺《みけでら》」)のように地方寺院でも弥勒菩薩像が作られた。平安時代後期には、金峯山《きんぶせん》を弥勒浄土とする観念が生まれ、盛んに埋経《まいきょう》が行われた。経典は、未来の弥勒出現の時まで保持しておくため、金属・陶器などの容器に入れて埋納された。藤原道長が埋納した経筒は江戸時代に発掘されて現存。中世・近世も弥勒信仰は日本の仏教信仰の重要な要素として続いていった。↓川原寺《かわはらでら》　↓経塚《きょうづか》　↓金峯山寺《きんぶせんじ》　↓石光寺《しゃっこうじ》　↓埋経《まいきょう》

参考文献　速水侑『弥勒信仰―もうひとつの浄土信仰―』(『日本人の行動と思想』一二、一九七一、評論社)。宮田登編『弥勒信仰』(『民衆宗教史叢書』八、一九八四、雄山閣)。奈良県立橿原考古学研究所編『当麻石光寺と弥勒仏概報―日本最古の石仏と白鳳寺院―』、一九九二、吉川弘文館。

(吉田　一彦)

みわやま　三輪山　奈良盆地東南部、奈良県桜井市三輪にある山。標高四六七メートル。美和山とも記し、記紀では三《み》諸《もろ》山・御諸山・三諸岳と称される。南は初瀬川、北は巻《まき》向《むく》川が流れ、東に巻向山、初瀬山が連なる。端正な円錐状の山容で、西麓には当山を神体とする大神《おおみわ》神社がある。山麓には山辺《やまのべ》の道が南北に通る。山中・山麓には磐座《いわくら》などの祭祀遺跡がある。一九一八年(大正七)に発見された山の神遺跡は巨石を中心とする祭祀遺跡で、鏡・勾玉・管玉・臼玉・土器・土製模造品などの祭祀遺物が大量に出土した。西北麓一帯には、倭王権の中枢部と考えられる纏向《まきむく》遺跡や、最初期の大王陵に比定される大規模な前期古墳群が分布する。『日本書紀』崇神紀には、皇子の豊《とよ》城命《きのみこと》と活目尊《いくめのみこと》がそれぞれ御諸山の頂に登る夢を見、その内容で夢占《ゆめうら》をして活目尊(垂仁天皇)に皇位を継承させたとあり、山上での祭祀に大王自身が関与していたことをうかがわせる。また、三輪山の神には神婚説話がある。崇神紀には、孝霊天皇の皇女で大物主神の妻となった倭《やまと》迹迹日百襲姫命《ととひももそひめのみこと》は、神が蛇体の正体をあらわしたのを見て驚き、神はそれを恥じて三諸山に登ったとある。『古事記』崇神天皇段には、大物主神の妻である活玉依媛《いくたまよりひめ》が夫の正体を怪しみ、夫の衣に麻糸を通した針を刺しておいたところ、糸が三輪山の社で留まっていたために夫が大物主神と知ることができたが、その糸が三勾《みわ》残っていたためこの地を美和と称するようになった、とある。これは異類婚姻譚の一類型である「蛇聟入」の原形で、同様の説話は全国に分布する。三輪山の神は竜蛇神の姿をとる雷神であり、その起源は山麓の湧水を聖視した信仰であろう。また、活玉依媛は茅渟県陶邑《ちぬのあがたすえむら》の陶津耳《すえつみみ》の娘とされており、山中・山麓から陶邑古窯跡群(大阪府南部)産の祭祀用須恵器が出土することから、陶邑出身の初期須恵器生産集団が神婚伝承流布に関与した可能性が指摘されている。

参考文献　和田萃編『大神と石上』、一九八八、筑摩書房。

同『日本古代の儀礼と祭祀・信仰』、一九九五、塙書房。

（竹内　亮）

みん　明　モンゴルの元朝を倒し、朱元璋《しゅげんしょう》(太祖洪武帝《たいそこうぶてい》)が建国した中国の王朝(一三六八―一六四四)。首都は北京。成立期の政治体制は元朝に倣った点が多いが、六部《りくぶ》など政府中枢機関を皇帝に直属させるなど、強力な皇帝独裁型中央集権国家を作り上げた。統一期の洪武・永楽《えいらく》年間には、沿岸防備のために「下海通蕃《かかいつうばん》」(海に下って蕃族と通じること)を禁じ(海禁《かいきん》)、積極的に周辺諸王の朝貢《ちょうこう》を促した。特に永楽帝は、宦官《かんがん》の鄭和《ていわ》を南海遠征に派遣して東南アジア諸国の朝貢を促したことで知られる。また、北方では常にモンゴル勢力との角逐《かくちく》が焦点となり、一四四九年には親征に赴いた正統帝《せいとうてい》がかえってオイラート部に捉えられてしまった(土木《どぼく》の変)。その後、万里長城《ばんりのちょうじょう》を修築。十六世紀に入ると、北のモンゴル、南の倭寇の活動が活発になり(「北虜南倭《ほくりょなんわ》」)、財政難も高じて農民反乱が興起(李自成《りじせい》の乱)、明朝は滅亡。混乱に乗じて入関《にゅうかん》した女真《じょしん》族の金《きん》(のちの清《しん》)に中華を奪われた。→清《しん》　→倭寇《わこう》

参考文献　岸本美緒・宮嶋博史『明清と李朝の時代』(『世界の歴史』一二、一九九八、中央公論社)。岸本美緒編『東アジア・東南アジア伝統社会の形成』(『岩波講座世界歴史』一三、一九九八、岩波書店)。田中健夫『倭寇と勘合貿易』(『日本歴史新書』、一九六一、至文堂)。

（橋本　雄）

みんか　民家　広い意味では人の住む家の意味であるが、一般的には庶民の住宅の意味として使用する。近世以前では、貴族や武士以外の被支配者階層の住宅となる。農民や町人の住宅で、土着的な伝統様式で建てられた住宅の意味となるが、近代以降になると階層の境界が明確でなくなり、さらに多様な様式が折衷されるため、どこまでを民家の範疇に含めるかは難しくなる。民家は、農民の住宅である農家《のうか》、町人の住宅(宿場町の旅籠《はたご》などを含む)である町家《まちや》に大別され、職人や漁民や樵《きこり》などの住宅はその立地環境によって、農家的形式であったり、町家的形式であったりする。民家の研究は大正期に始められ、大正から昭和戦前期の調査記録は、現在では存在しない民家の貴重な記録資料となっている。柳宗悦《やなぎそうえつ》を中心に提唱された民芸運動《みんげいうんどう》のなかでは、民家が日本の伝統的な日常の美として評価され、現在でも素朴な美しさの対象として民家が語られることが多い。第二次世界大戦後になると建築史としての民家研究が盛んとなり、各地で精力的な調査・研究が行われ、主として間取り《まどり》・形式・意匠などの面から分類・編年研究がすすんだ。さらに、急激に失われる民家の保護を目指して、一九六六年(昭和四十一)から一九七八年にかけて、文化財保護委員会(文化庁)が主導となって全国的な民家調査が行われ、研究資料の蓄積が進むと同時に、保存の措置がとられるようになった。また、民家の解体修理工事での詳細な調査を通して、技法面での研究が進むとともに、調査・記録方法も確立された。一九七四年から始まった伝統的建造物群保存対策調査(現在も、各地で行われている)では、民家に関する資料の蓄積に加え、民家そのものの研究にとどまらず町並みや集落の形態に関する研究や景観に関する研究に展開するとともに、町並み保存が促進されている。さらに、現在では従来の間取りや形式の分類・編年研究から、構造手法の研究、生産システムに関する研究、集落・都市構造論、起源論的研究、家相の研究、生活と関連した研究など、民家をめぐる研究内容が多様化している。近年は、現存の民家形式の成立過程を中近世の発掘調査遺構との関連から検討する研究も始まっている。なお、学会内では、これらの研究を総括した民家に関する通史の必要性を説く声がある。中世以前にさかのぼる民家は数棟しか残っておらず、現存する民家の最古例は、十五世紀の建築と推定されている箱木家住宅《はこぎけじゅうたく》(兵庫県神戸市)である。資料から建築された年代が明確なものの最古例は、棟札《むなふだ》によって一六〇七年(慶長十二)の建築であることが明らかな栗山家住宅《くりやまけじゅうたく》(奈良県五條市)である。現在残る農家の形式は近世に成立したと考えられる。中世の住むための小屋的な建物から、住まいに加えて、労働力としての家族の空間、納屋、馬屋などの機能をあわせもつ空間として発展したもので、その契機を寛文年間(一六六一―七三)ごろの本百姓《ほんひゃくしょう》の成立とみる考えもある。十八世紀になると、民家においても接客空間の充実がはかられ、座敷空間の整備が始まり、十九世紀には座敷空間がある程度の階層まで普及したと考えられる。なお、地主的家格をもった農家は、いわゆる庶民の家とは規模・形式ともに別格で、現在文化財に指定されているものの多くは、この階層の民家であることに留意する必要がある。農家については、それぞれの地方の気候風土や生業に適応した建物が建てられ、その形態は地方色が豊かで、○○造などと呼ばれるその地方独特の形式がある。東北地方の日本海側から北越地方にかけては、中門造《ちゅうもんづくり》が分布する。土間・居室部分の本体から出入口部分が突出し(中門)、L字形の平面をもつ。突出部分の正面が入口で、突出部分が室内へ入る緩衝地帯となり、ここに馬屋が設けられる。中門は家格を示すようになり、格式の高いものでは入口部分と座敷部分の両方を突出する事例もみられる。東北地方の太平洋側では、岩手県を中心に曲屋《まがりや》が分布する。中門造と同様にL字形の平面形であるが、曲屋の突出部は入口でなく畜舎が付加されたものである。現存する最古のものは十八世紀末ごろの建築で、その成立は比較的遅いと考えられていたが、近年発掘調査で、十七世紀にさかのぼる曲屋に類似した平面の遺構が発見されている。山梨県には屋根を部分的に一段切り上げた押上造《おしあげづくり》、北関東には正面の軒全体を切り上げて二階建てのようにみせる、かぶと造が分布する。いずれの地域ともに、屋根裏(二階)で養蚕を行なっており、屋根裏の採光を確保するために発生した形式である。長野県には、切妻造《きりづまづくり》妻

鈴木家住宅（秋田県羽後町）　中門造の農家

箱木家住宅（神戸市）　最古の農家

中家住宅（奈良県安堵町）　大和棟の民家

荻町集落（岐阜県白川村）　合掌造りの集落

中村家住宅（長野県塩尻市）　中山道奈良井宿の旅籠

今西家住宅（奈良県橿原市）　奈良の町家

入て、板葺《いたぶき》の大きな屋根をもった本棟造《ほんむねづくり》が分布する。これはある程度以上の家格を示す様式として、成立したものである。岐阜県北部から富山県南部の山間地には、合《がっ》掌造《しょうづくり》が分布する。大規模な合掌(屋根を支える斜めの太い部材)を組み、切妻造の茅葺《かやぶき》屋根をかけ、二階・三階を養蚕などに使用する。荻町《おぎまち》集落(岐阜県大野郡白川村)、相《あいの》倉《くら》集落(富山県南砺市)、菅沼《すがぬま》集落(富山県南砺市)は合掌造の集落として有名で、世界文化遺産に登録されている。近畿地方中部の大阪府東部から奈良県北部にかけては、大和棟《やまとむね》と称する形式の屋根をもった民家が特徴的である。大和棟は切妻造茅葺の屋根の妻壁を茅葺屋根の上に突出させて瓦を葺いたもので、特徴ある農村景観を形成している。一方、近畿地方の北部では外観は入母屋《いりもや》造茅葺の一般的な形式であるが、妻入《つまいり》とする民家が多いことが特徴である。近畿南部、四国や九州の峻険な山間部では、土間と各部屋を横一列に並べる民家が点的に分布する。奈良県十津川《とつがわ》、徳島県祖谷《いや》、宮崎県椎葉《しいば》地方では平地がほとんどないために、急峻な地形に則して、急斜面に沿うように細長い建物となったものである。九州では、九州北部の佐賀平野を中心に分布する、くど造が特徴的な存在である。本体部分の背面の両側に部屋や土間を突出させて、凹形の平面となる。その発生原因として、梁間《はりま》を二間に制限した禁令などの理由が考えられている。広範囲に分布する形式として、南九州から四国、東海、関東地方の太平洋側に分布する分棟型民家《ぶんとうがたみんか》がある。土間部分と居室部分を別棟とするものである。ふたつの棟を接して、樋をかけて、内部を連続した空間とするものもあり、東海地方では釜屋建《かまやだて》と称する。町家は街路に面して建つことが基本で、その形態は、古くは平安時代末期の『年中行事絵巻』で確認できる。中世に店売りの商売が定着するにつれ、商家の建築として発展する。中世末期から近世初頭に盛んに描かれた洛中洛外図屏風には、京都の町家の様子が具体的に描かれている。この時期は、まだ板葺屋根が基本で、中世末期には平屋建を基本としたものが、時代が降るにつれて二階建の町家が見られるようになる。町家は、街路に面して軒を連ねることから、その形式は必然的に決まってしまい、農家ほど形態的上の多様性はない。間取りは、片側を土間、片側を居室とし、この構成はすでに『年中行事絵巻』でもみられる。屋根形式は、隣家と接するために切妻造平入《ひらいり》(道路に面して屋根面が見える形式)とする形式が一般的である。妻入《つまいり》(道路に面して屋根の妻面が見える形式)の町家が連なる町としては篠山《ささやま》(兵庫県)の城下町が有名で、中国地方から九州北部にかけても、平入と妻入の町家が混在する町が多く見られる。屋根葺材は、中世から十七世紀までは板葺が主流であったが、十七世紀末期以降に瓦葺が普及する。なお、東北地方や中部地方の寒冷地では、瓦は普及せずに、板葺が基本である。外観上は、柱などの木部をみせる真壁造《しんかべづくり》と、柱などを壁に塗り込んだ大壁造《おおかべづくり》の町家があり、なまこ壁は大壁造の壁の保護のためにタイル状の瓦が貼り付けられたものである。大壁造の町家のなかに、土蔵造《どぞうづくり》と呼ばれる形式がある。土蔵造は耐火建築で、外壁を土蔵のように土壁で厚く塗り固めたもので、その開口部には土戸や鉄扉を使用する。これは近世に成立した形式ではあるが、土蔵造の町並で有名な川越《かわごえ》(埼玉県)や高岡《たかおか》(富山県)などは、明治期の大火で多くの町家が焼失し、その復興の際に都市防災の一環として土蔵造の町家が建ち並ぶようになったものである。また、山口県から福岡県にかけても、外壁を厚い壁で塗り込める町家が連なる町並みがみられるが、この地方では居蔵造《いぐらづくり》と称している。なお、格子が町家の象徴的なデザインと思われているが、商家や旅籠では、昼間には一階の店先を開放できる、揚戸《あげど》や蔀戸《しとみど》と呼ばれる建具を使用して、格子はあまり使用されなかった。それが、町家がしもたや家(商売などを行わない住宅)化してゆく過程で、一階の表構にも格子が普及したものである。全国の民家を移築した屋外博物館として、一九五六年設立の日本民家集落博物館(大阪府豊中市)、一九六七年設立の川崎市立日本民家園(神奈川県川崎市)がある。

参考文献　石原憲治『日本農民建築』一―一六、一九三四-四三、聚楽社。太田博太郎他編『民家』(『日本建築史基礎資料集成』二一、一九七六、中央公論美術出版)。鈴木嘉吉他編『日本の民家』、一九八〇-八一、学習研究社。日本建築学会民家語彙集録部会編『日本民家語彙解説辞典』、一九九三、日外アソシエーツ。『日本の民家調査報告書集成』、一九九七-九九、東洋書林。日本民俗建築学会編『図説民俗建築大事典』、二〇〇一、柏書房。

（島田　敏男）

みんせん　明銭　中国明王朝(一三六八―一六四四)が発行した銭貨。明朝の貨幣は銭・紙幣・銀が主要通貨であるが、銭と紙幣は相互にリンクされずに信用を喪失し、海外からの銀流入が本格化した十六世紀中葉以降は、銀が内部貨幣として確立すると考えられている。銭貨については一三六八年初鋳の洪武通宝から始まるが、明建国前の元末地方政権の一つである呉が一三六一年に発行した大中通宝をも、洪武通宝との共通性から明銭に含めることが一般的である。明代の銭貨の鋳造高は年二十万貫程度と少なく、明国内では元以前の歴代の王朝銭も広く流通していた。日本には洪武通宝・永楽通宝・宣徳通宝がかなり多量に渡来し、大量出土銭(備蓄銭・埋納銭)の最新銭による時期区分の指標にもなっているが、一五〇三年初鋳の弘治通宝以後の銭種は渡来量が極端に少なくなり、一五七六年初鋳の万暦通宝以後の明朝末期の諸銭は近世の寛永通宝に混在して流通していることがある。なお、大中通宝・洪武通宝の背面には鋳造地を示す「北平」「福」「豫」「桂」「京」などの文字を有するものもある。

参考文献　国立歴史民俗博物館編『東アジア中世海道―海商・港・沈没船―』、二〇〇五、毎日新聞社。鈴木公雄『出土銭貨の研究』、一九九九、東京大学出版会。永井久美男編『中世の出土銭―出土銭の調査と分類―』、一九六四、兵庫埋蔵銭調査会。同編『中世の出土銭』補遺一、一九六六、兵庫埋蔵銭調査会。

(嶋谷　和彦)

みんぞくがく　民俗学　民俗学は伝統的な生活文化の変容また喪失への注目と関心から起こってきた学問であり、日常の生活文化の歴史を民俗資料を用いて再構成する学問である。この点は各国で共通するが、それぞれの成立の事情により国ごとにその性格には差異がある。欧米では十九世紀末から二十世紀初頭にかけての近代化・文明化の中で、都市の知識人から見た田園地帯など民間の失われていく風俗習慣や信仰や俚諺や民謡などに関心が集まり、イギリスでは一八四六年にJ・W・トムズがはじめてそれらに対してフォークロア Folklore という語を用い、一八七八年にはロンドンに民俗学協会 Folklore Society が作られ、一八九〇年にはG・L・ゴンムが『民俗学ハンドブック』を著している。フランスではフォークロアとともにトラディシオン・ポピュレール Traditions Populaires の語が用いられ、A・V・ジェネップやP・サンティーヴなどにより民俗学の概論書が刊行されている。一方、ドイツではフォルクスクンデ Volkskunde と呼ばれ、一八五八年にはW・H・リールが『科学としての民俗学 Volkskunde』を著し、フォルクスクンデをドイツの国民文化を研究する学問だと位置づけている。一八七一年の普仏戦争の勝利を契機としてプロイセンを中心に統合され成立したドイツという近代国家にとって、フォルクス Volks という概念は国家と国民という二つの異なる意味をはじめから託された政治性を帯びた語であった。それらに対して、柳田国男が創始した日本の民俗学は、イギリスやフランスのフォークロアのような田園地帯の古風な風俗習慣や信仰や民話などの収集と回顧を主とするものではなく、またドイツのフォルクスクンデのような政治性を含んだ国民性や国民生活についての文化論的研究ではなかった。柳田が注目したのは民間の生活伝承の中に蓄積されている歴史情報性であり、のちには民間という階層性にとらわれず広く人びとのこと、さらに記録に保存されることのなかった日常生活の中に伝えられている生活文化の歴史的側面に注目して、民俗資料を素材としてその変遷を跡づけ、そこから歴史に拘束されている現代社会の諸問題に答えようとするものであった。柳田は民俗伝承を有形文化・言語芸術・心意現象と三部分類したが、後継者たちによって民俗伝承とは、生業や衣食住や交易などの経済伝承、村落や家族をはじめとする社会伝承、人生儀礼や年中行事や民間信仰などの信仰・儀礼伝承、昔話や伝説や舞踊や歌謡などの言語・芸能伝承、という四つの側面から整理する案も提示され、それらの総体的な歴史的変遷を分析解明する学問として今日に継承されている。具体的な民俗学の方法としては比較論的研究法と民俗誌的研究法とがある。比較論的研究法というのは特定の民俗事象や特定地域の民俗事象の相互連関のしくみを対象としてその類例を収集し、比較と類型的整理を試みることによって民俗の地域差の意味を地理的歴史的側面を含めて解明しようとするものである。民俗誌的方法というのは、特定地域社会に対する集約的で精密な民俗調査を行い、民俗誌を作成する作業の中で、その地域社会における民俗事象の相互連関のしくみや、それを通して見えてくる地域社会の民俗的個性や民俗の歴史的展開などを析出するものである。この両者は一見互いに異なるものではあるが、めざすところは共通しており相互補完の関係にある。なお、日本の民俗学は現在抱えている強みと弱みを自覚すべきであろう。強みとは身近な民俗事象への現場的な鋭い観察力と感受性であり、弱みとは術語と概念の厳密性と理論的抽象化の不十分さであり、地球規模での文化比較の視点の不十分さである。それらは、今後、日本民俗学の国際交流の推進によって克服されていくであろう。

参考文献　『柳田國男全集』、一九九七―、筑摩書房。折口信夫全集刊行会編『折口信夫全集』、一九九五―、中央公論社。『日本民俗学大系』、一九五八―六〇、平凡社。網野善彦他編『日本民俗文化大系』、一九八三―八七、小学館。新谷尚紀『柳田民俗学の継承と発展―その視点と方法―』、二〇〇五、吉川弘文館。

(新谷　尚紀)

みんぞくがく　民族学　人類の歴史は多様な集団・民族を生み出し、これに伴って、多彩な文化を形成してきた。これらの民族と文化を比較研究する学問が民族学(ethnology)である。民族学は、ヨーロッパ人にとって未知な非ヨーロッパ世界への探検・交易・侵略・布教などの目的で開始された大航海時代から蓄積された情報や資料をもとに、当時「未開民族」と呼んだ文化を中心に研究がなされてきた。ことに一八六〇年にドイツのバスティアン(A. Bastian)が『歴史における人類』を出版した影響が大きく、この時期に民族学が成立したといえる。現在、民族学という学問の概念は、いくつか内容の異なる使い方がされている。第一にヨーロッパ大陸のドイツ語圏を中心に用いられてきたもので、民族史・文化史、それに民族誌などを含む広い概念の用法であり、アメリカの学問体系による文化人類学とほぼ同義的に用いられる。日本においては、日本民族学会が一九三四年(昭和九)に成立し、『民族学研究』を刊行してきたが、二〇〇四年(平成十六)四月から日本文化人類学会と改称した。第二は、いわゆる「無文字社会」において記録された民族誌を基礎にして、諸民族の文化的要素の諸特徴を相互に比較研究し、そこにみられる人類文化の普遍性と特殊性を明らかにすることをめざすことにあった。諸民族文化は、歴史的な時間軸の中で、文化変容、文化接触・伝播はもとより、集団や社会や国家などの組織原理も変化し、同時に空間的あり方も、巨大な広がりをもったり、萎縮したり、あるときは消滅するなどの変動をしてきた。こうした人類のたどってきた文化史や民族史を世界的視点あるいは特定の地域において研究することが主たる目的であった。

この民族誌の記録は、大航海時代以降の社会を描いたものであり、時間的に隔たり、また条件の異なる生活文化遺産である考古学的遺物・遺跡の解釈に安易に用いることには注意しなければならない。→文化人類学《ぶんかじんるいがく》

参考文献　岡正雄『異人その他』、一九七九、言叢社。

（大塚　和義）

む

むえん　無縁　元来は仏教用語で前世に仏・菩薩に因縁を結んだことのないことをさす。また、一般には頼るべき身寄りのないこと、孤児など天涯孤独の境遇を意味し、縁のないこと、無関係であるという意味で用いられる。このことは世俗世界と関係がないという意味に通じ、中世ではしばしば世俗権力の支配下にないことも意味した。この点に注目した網野善彦は主に戦国時代の無縁所と呼ばれる寺院の特徴を洗い出し、世俗の世界から遮断された不可侵の聖なる場所・平和領域（アジール）の存在を発見し、日本中世社会の自由と可能性を追求しようとした。一方、中世史料の用例による限り、無縁の基本的な語義は「頼るべきものがない」という意味であるという見解もある。問題は一般的意味に加え、確かに権力の支配の及ばないという意味での「無縁」の使用例もあることである。何故、権力がみずからの支配の及ばない無縁所の存在を認めたか、という点の解明が重要。

参考文献　網野善彦『（増補）無縁・公界・楽』（『平凡社ライブラリー』、一九九六、平凡社）。植田信広「中世前期の「無縁」について―日本における「自由と保護」の問題によせて―」（『国家学会雑誌』九六ノ三・四合併号、一九八三）。

（水藤　真）

むえんぼとけ　無縁仏　無縁仏とは、普通の人間としての生を全うし、祖霊化コースに乗って、帰るべき家をもつ霊である本仏とは区別された霊をいう。柳田国男《やなぎたくにお》は帰るべき家のない遊魂と祀る子孫のない霊との異質の二種の霊が含まれるという。このほかに奉公人や多少面倒をみた非血縁者の霊、屋敷地に祀られてきた屋敷ボトケや、嫁が実家の親・兄弟、他家に嫁した姉妹などの新精霊を迎えて祀る紀ノ川筋の客ボトケの民俗などがある。また、三多摩を中心とした関東ほか各地には盆中に墓詣りするルスマイリ・ルスミマイの民俗と関連して、なかでも福島・山梨・岐阜・兵庫などの各地で、盆を迎えて本仏が精霊棚に移されて空になった仏壇、あるいは三十三年忌を経てゴセンゾサマになった位牌をそのまま仏壇に残して、本仏とは別に供え物をすることからルスイサマ・ルスボトケといって無縁仏に数える場合もあるのは、いずれも本仏との差別から発する誤解にもとづくものである。

参考文献　柳田国男「先祖の話」（『定本柳田国男集』一〇所収、一九六二、筑摩書房）。『西郊民俗』一三（無縁仏特輯号）、一九六〇。藤井正雄「無縁仏考」（『祖先祭祀の儀礼構造と民俗』所収、一九九三、弘文堂）。浅野久代「御霊と無縁仏」（『仏教民俗学大系』八所収、一九九二、名著出版）。大島建彦編『無縁仏』（『双書フォークロアの視点』一一、一九八八、岩崎美術社）。

（藤井　正雄）

むぎ　麦　イネ科の大麦・小麦・裸麦・ライ麦・燕麦など麦類の総称。日本では大麦と小麦が中心である。中央アジア・西南アジアないし中国南西部が原産地と考えられ、日本では大麦が縄文時代の遺跡から出土している。畠作物の中でも稗・粟などと並んで多く栽培され、五穀の一つとして重要な位置を占めた。特に奈良時代に入ると、飢饉対策として大小麦の栽培が奨励されるようになり、平安時代以降においては畠作物の代表となる。十世紀前半に編纂された『延喜式』によれば、大麦は畿内四ヵ国から、小麦は畿内四ヵ国と和泉・阿波の六ヵ国から朝廷に納入された。平安時代後期には夏作―大豆、冬作―麦という畠地二毛作が、また水田の裏作として麦が栽培される水田二毛作も確認される。二毛作は鎌倉時代に入って全国的に普及し、裏作麦は「田麦」と称され、

『貞永式目』では農民の「依沽(自由)」された。

参考文献 木村茂光『日本古代・中世畠作史の研究』、一九九二、校倉書房。 (木村 茂光)

むくはらでら 向原寺 ⇩豊浦寺《とゆらでら》

むこうじまひゃっかえん 向島百花園 仙台に生まれ、日本橋住吉町で骨董屋を営んでいた佐原菊塢《さわらきくう》が、一八〇四年(文化元)向島寺島村《てらしまむら》(東京都墨田区)に作庭した文人庭。国指定名勝・史跡。大名庭園とは全く趣を異にしており、草本類と池と樹木だけの平庭で、庶民的な庭園構成を特徴としている。当初は梅園として営まれたが、一八〇九年ころから百花園と呼ばれるようになった。初代園主の佐原菊塢は『群芳暦《ぐんぽうれき》』『春野七草考《はるのななくさこう》』『秋野七草考《あきのななくさこう》』など百花園に栽培されていた植物の名鑑を著しており、特に春・秋の七草は『浮世風呂《うきよぶろ》』『遊歴雑記《ゆうれきざっき》』『江戸名所花暦《えどめいしょはなごよみ》』に載るなど「春夏秋冬花不断」を心掛けていた。また大田南畝《おおたなんぽ》・大窪詩仏《おおくぼしぶつ》など文人達の構想で詩歌にゆかりの深い草木類を多数栽培した。池泉、園路、御成座敷、一八一四年の「墨沱梅荘記碑《ぼくだばいそうきひ》」(亀田鵬斎《かめだほうさい》撰文)をはじめ三十余基の石碑などを巧みに配した地割は特に優れており、園内の景観はなお旧時の趣きを保っている。

参考文献 相関芳郎「現代の群芳暦―向島百花園の植物」(『都市公園』三九、一九六六)。前島康彦『向島百花園(改訂版)』(『東京公園文庫』、一九九四、東京都公園協会)。 (亀田 駿一)

むこのとまり 武庫泊 ⇩大輪田泊《おおわだのとまり》

むさしこくふ 武蔵国府 律令制下、武蔵国多麻郡に置かれた国府。東京都府中市宮町所在。一九七五年(昭和五十)以降の発掘調査で、諸説あった国庁・国衙《こくが》の位置は京所地区にほぼ確定。築地塀で区画された規模は東西一五〇メートル以上、南北二三〇メートルで八世紀初頭に成立。国庁の建物配置等詳細は不明。当地区東半部は建物基壇・出土文字瓦等の発見から郡名寺院の「多磨寺」および近隣に郡家の存在が推定される。国府域は湧水源の府中崖線に沿って東西二二〇〇メートル南北一五〇〇メートルあり、西限の東山道および国衙北方の東西・南北直線道路に規制され、井戸・掘立柱建物・竪穴《たてあな》住居が計画的に配置される。これらの中には溝に囲まれた建物群があり、「神」「戌亥」「大目館」「守」「南曹」「市」の墨書土器から社、国司の館、官衙、市などに推定される。広域調査の進展により、国府の成立・変遷や国府域の都市計画の実態解明に重要な資料を提供している。

参考文献 『古代の武蔵国府』(『府中郷土の森博物館ブックレット』二、二〇〇二、府中郷土の森博物館)。 (有吉 重蔵)

むさしこくぶんじ 武蔵国分寺 七四一年(天平十三)聖武天皇の詔《みことのり》により創建された諸国国分寺の一つ。武蔵国分僧寺とも称する。東京都国分寺市西元町所在。国指定史跡。遺跡への関心は江戸時代末期に始まるが、一九五五年(昭和三十)以降の発掘調査で判明した国分寺の構造は、僧・尼寺を含む南溝(約八八〇メートル)中心線上の僧寺金堂を中心に、中央部の僧寺が幅一二メートルの東山道を西限とする寺院地(東西七一六メートル、南北五八〇メートル)・伽藍地(東西三五六メートル、南北四二八メートル)・中枢部(東西一五六メートル、南北一三二メートル)の三重に、東山道に沿う南西部の尼寺が伽藍地・中枢部の二重にそれぞれ区画され、周囲の集落(寺地)を含め東西一五〇〇メートル、南北一〇〇〇メートルである。これは寺観が整った九世紀初頭のもので、創建期の塔中心伽藍からの造寺計画変更を経たものである。伽藍配置は、中門から伸びる一本柱塀と溝で区画される中枢部に金堂・講堂・鐘楼・経蔵・東西両僧坊が置かれ、また塔は中枢部の南東にやや離れてあり、回廊を伴う一般的配置と異なる。伽藍地・寺院地には寺の管理運営機関の「院・所」を構成する遺構群があり、墨書土器などにより東院・花園院・修理院・中院などに推定される。天平十三年国分寺創建記事および『続日本後紀』承和十二年(八四五)七重塔再建記事などから年代決定の有効資料を提供する遺跡として注目されてきたが、遺構および出土瓦から創建期(八世紀後半代の造寺計画変更と終了)、整備・拡充期(九世紀後半代の塔再建と二寺の大改修)、衰退期(十―十一世紀の伽藍地溝等埋没と竪穴住居進出)の変遷が想定される。創建期の造寺計画変更は、七四七年の郡司層の協力要請を受けての全郡体制の確立(新羅郡を除く二十郡の郡名文字瓦に象徴される)と造営進展にあったと考えられる。主な出土品に銅造観音菩薩立像(白鳳期)、銅製小型海獣葡萄鏡《かいじゅうぶどうきょう》、唐草四獣文銅蓋、種字印刻緑釉花文皿などがある。 ➡国分寺《こくぶんじ》

参考文献 有吉重蔵「武蔵国分寺」(関東古瓦研究会編『聖武天皇と国分寺』所収、一九九八、雄山閣出版)。国分寺市史編さん委員会編『国分寺市史』上、一九八六。 (有吉 重蔵)

むさしこくぶんにじ 武蔵国分尼寺 七四一年(天平十三)聖武天皇の詔《みことのり》により創建された諸国国分尼寺の一つ。東京都国分寺市西元町所在。国指定史跡。僧寺寺院地西限の東山道に沿って西側に配置。一九六五年(昭和四十)以降の発掘調査で伽藍《がらん》地・中枢部の二重の区画が判明。伽藍地の規模は東西約一五〇メートル、南北一六〇メートル以上で、推定南門跡南側に土橋状の通路を伴う。僧寺と同様に、中門から伸びる一本柱塀と溝で区画される中枢部(東西約八九・一メートル、南北一一八・八メートル)の中には、金堂・尼坊が置かれ、鐘楼・経蔵は未発見。中門は棟門から基壇付のものに変化する。また、金堂と尼坊の前面に幢竿柱跡、金堂東の一本柱塀に東門(棟門)跡を検出。伽藍地周辺には同時代の遺構群があり、北西台地上の武蔵台遺跡から創建年代に係わる七五七年(天平勝宝九)の具注暦《ぐちゅうれき》(漆紙文書)が出土。尼寺は出土瓦の様相から僧寺よりやや遅れて造営に着手したと考えられる。 ➡国分寺《こくぶんじ》

参考文献 国分寺市教育委員会『武蔵国分尼寺跡』Ⅰ―Ⅳ、一九九四―九七。 (有吉 重蔵)

むさしのくに 武蔵国 旧国名。現在の東京都・埼玉県

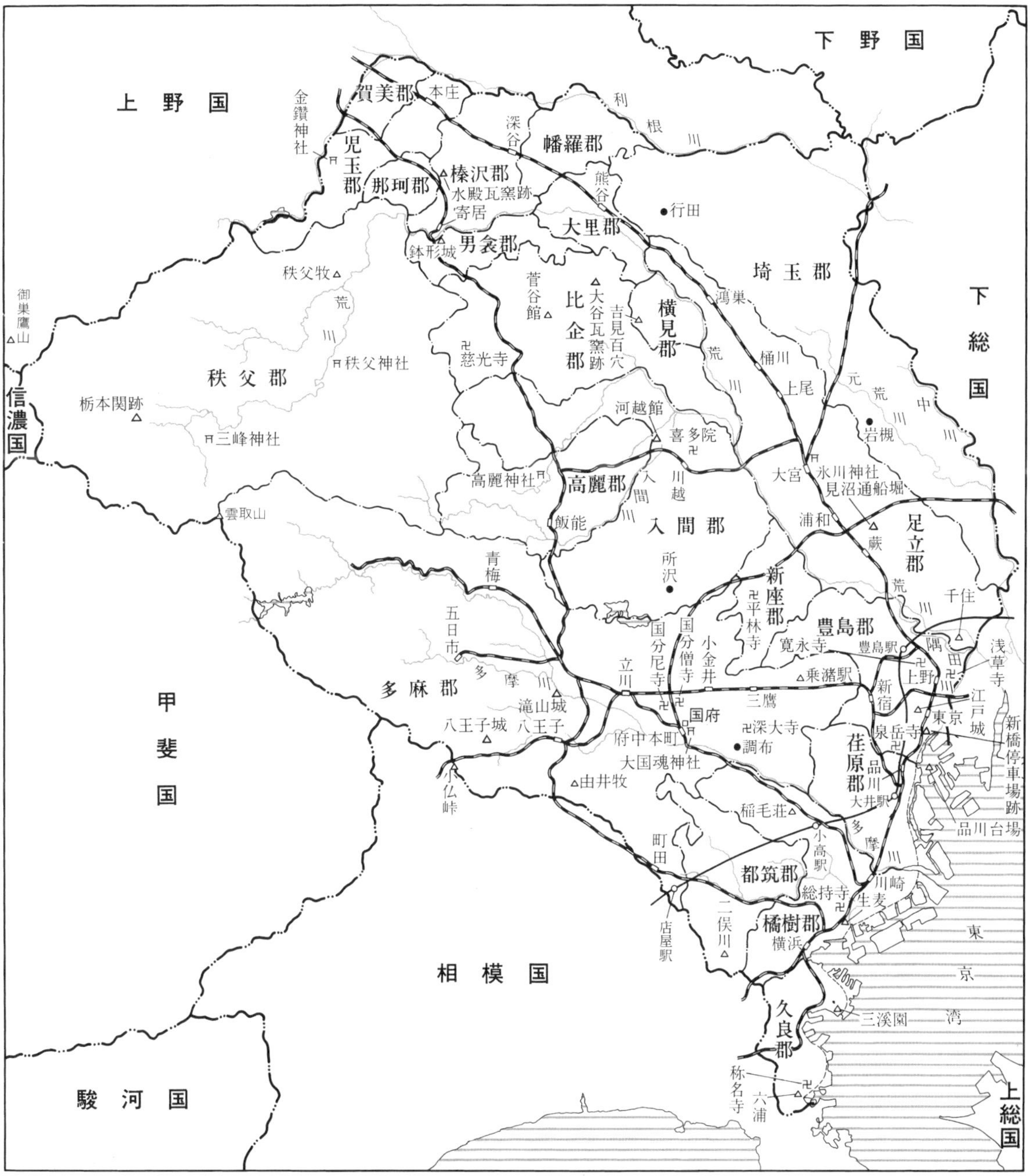
上野国
下野国
下総国
信濃国
甲斐国
相模国
駿河国
上総国
賀美郡
本庄
金鑚神社
深谷
幡羅郡
利根川
児玉郡
那珂郡
榛沢郡
水殿瓦窯跡
寄居
熊谷
行田
大里郡
男衾郡
鉢形城
埼玉郡
秩父牧
御巣鷹山
荒川
菅谷館
大谷瓦窯跡
吉見百穴
比企郡
横見郡
鴻巣
秩父郡
秩父神社
慈光寺
荒川
桶川
上尾
元荒川
中川
岩槻
栃本関跡
三峰神社
河越館
喜多院
大宮
氷川神社
見沼通船堀
高麗神社
高麗郡
入間川
川越
雲取山
飯能
入間郡
浦和
蕨
足立郡
青梅
所沢
新座郡
荒川
千住
五日市
平林寺
豊島郡
国分尼寺
国分僧寺
小金井
寛永寺
豊島駅
隅田川
浅草寺
多摩川
多麻郡
滝山城
八王子城
八王子
立川
乗潴駅
新宿
上野
三鷹
江戸城
国府
深大寺
東京
府中本町
調布
泉岳寺
新橋停車場跡
大国魂神社
荏原郡
品川
由井牧
大井駅
品川台場
小仏峠
稲毛荘
多摩川
小高駅
町田
都筑郡
総持寺
川崎
生麦
二俣川
橘樹郡
横浜
店屋駅
東京湾
三溪園
久良郡
称名寺
六浦

武蔵国略図

と神奈川県の東北部にあたる。『国造本紀』では知々夫《ちちぶ》・无邪志《むさし》・胸刺《むなさし》の三国造がみえ、秩父・北武蔵・南武蔵に有力首長が存在したことが知られる。『日本書紀』安閑天皇元年是歳条には笠原直《かさはらのあたい》使主《おみ》と同族小杵《おき》が国造をめぐって争い、勝利した使主が横渟・橘花・多氷・倉巣の四屯倉を献上したとみえる。四屯倉は南武蔵地域に置かれたとみられる。飛鳥京跡出土木簡や影向寺跡出土文字瓦などから評が七世紀後半には成立しており、「无射志国」「无耶志国」の国名表記が知られる。大宝令制では久良・都筑・橘樹・多磨・荏原・豊島・足立・入間・比企・横見・埼玉・大里・男衾・播羅《はら》・榛沢《はんざわ》・那珂《なか》・児玉・加美・秩父の十九郡とみられ、七一六年（霊亀二）には高麗郡、七五八年（天平宝字二）には新羅郡（後に新座郡）が渡来人を核として置かれた。『延喜式』では二十一郡を管する大国、遠国で、京への行程は上りが二十九日、下りは十五日。『和名類聚抄』には田数は三万五千五百七十四町余、正税・公廨は各四十万束、本稲百一万三千七百五十束余、雑稲三十一万三千七百五十束余とみえる。国府は多磨郡（東京都府中市）に所在し、国庁は未確定だが、周囲の国衙域、国府集落の様相が知られる。国府域は中世の府中、近世の甲州街道府中宿へとつながる。国分寺・国分尼寺も多磨郡（東京都国分寺市）にあり、発掘調査でその姿が明らかになっている。郡家は榛沢（中宿・熊野遺跡）、播羅（播羅遺跡）、豊島（御殿前・七社神社前遺跡）、橘樹（千年伊勢山台遺跡）、都筑（長者原遺跡）郡で確認されており、榛沢・豊島・都筑郡では評段階の遺構もみられる。当初は東山道に属したが、七七一年（宝亀二）に東海道へと所属替えがなされた。このため東山道から武蔵国府へ到る武蔵支路＝東山道武蔵路が存在し、東の上遺跡、国府跡・国分寺跡内などで道路遺構が発見されている。八三三年（天長十）に設置が許可された悲田処はこの官道沿いとみられる。また『延喜式』には諸国牧として檜前牧と神崎牧（牛牧）、御牧として石川・小川・由比・立野牧がみえ、九三一年（承平元）には小野牧、九三三年には秩父牧が院の牧から御牧となり、駒牽儀に馬を貢進しており、武蔵国は馬の産地としても重視された。平安時代後期以降、平忠常の乱と一一〇八年（天仁元）の浅間山噴火による荒廃を復興するなかで、三十余の荘園が成立し、横山・猪俣・児玉・西・丹（丹治）・村山・野与など「武蔵七党」と称される中小規模の同族武士団が成長した。平忠常の弟将恒を祖とする秩父平氏も勢力を伸ばし、畠山・河越・江戸・豊島・葛西・榛谷などの諸氏を生み出した。彼らは鎌倉幕府の基盤となるとともに、倒幕にも活躍した。鎌倉時代には関東御分国となり、幕臣が国守に任じられたが、一二〇七年（承元元）以降は北条氏が独占した。室町時代には関東公方と管領との抗争が続くが、中小領主の多い武蔵国では国人による多くの一揆が起こった。争乱は後北条氏により収拾され、武蔵は相模国とともにその基盤となった。一五九〇年（天正十八）の後北条氏滅亡後、江戸城に入った徳川家康は江戸を中心に支配体制を整備していく。武蔵国は天領と二十家の大名領、六百七十余の旗本領、多数の寺社領で構成されたが、蔵入地と小知行所が混在し、大名領が点在する複雑な形であった。また五街道と脇往還の整備により、国内には道路網が作られ、五街道の江戸からの第一宿（品川・内藤新宿・板橋・千住宿）は関門的性格をもった。新田開発も進められ、特に玉川用水の開削により武蔵野が開発され、広大な畑作地が生み出された。江戸地回り経済圏にも組み込まれ、蔬菜や海産物、木材など各地で独自の生産地域ができあがった。十八世紀後半からは、農民層が在郷商人層を攻撃する一揆が増加し、一八六六年（慶応二）には、多摩・北武蔵を中心に大規模な武州一揆が起こっている。王政復古後、一八六八年（明治元）に江戸府、ついで東京府、神奈川県が置かれ、一八七一年の廃藩置県後に変遷を経て、東京府・埼玉県・神奈川県へと統合された。

参考文献　『新編埼玉県史』、一九七九-九三。『神奈川県史』、一九七〇-八三。小野文雄『埼玉県の歴史』、一九七一、山川出版社。児玉幸多・杉山博『東京都の歴史』、一九六九、山川出版社。『角川日本地名大辞典』一一・一三・一四、一九八〇・七八・八四。

（平野　卓治）

むつかみかいどう　陸奥上街道　奥州街道一関（岩手県一関市）から西に分岐し、岩ヶ崎（宮城県栗原市栗駒）、真坂（同県栗原市一迫《いちはさま》）を経て、岩出山（同県大崎市岩出山）で出羽仙台街道に出る街道。国道四五七号線の一部と宮城県道一七号線が機能を継承している。古くから松山道と呼称され、『吾妻鏡』文治五年（一一八九）八月二十一日条の記述から源頼朝は奥州藤原氏攻略の軍を率いて、ここを平泉に向かったことが知られる。戦国時代までは奥大道あるいは東街道と呼ばれる広域幹線の一部をなしていたと考えられ、一五九五年（文禄四）、岩出山に居城していた伊達政宗が発給した伝馬状は、この街道を対象にしている。近世では奥州街道を補完する脇街道となり、一六八九年（元禄二）、『奥の細道』の旅で芭蕉はこの陸前上街道を利用して平泉から出羽方面に向かった。現在、岩出山町内の約二・八キロが国の史跡に指定されており、一里塚や千本松長根と称される松並木など近代以前の街道景観をよくとどめている。

参考文献　宮城県県民生活局編・金沢規雄著『『おくのほそ道』をたずねて―伊達の大木戸・松島・平泉・尿前―』、一九七三、宝文堂。渡辺信夫『みちのく街道史』、一九九〇、河出書房新社。

（千葉　正樹）

むつこくぶんじ　陸奥国分寺　七四一年（天平十三）の聖武天皇の詔を受けて諸国で建立された国分寺の一つ。遺跡は仙台市若林区木ノ下に所在。古代律令制下諸国国分寺の中でも最北に在る。仙台市街中心部から南東二・五キロほど、国府多賀城の西南九・五キロに位置する。一九二二年（大正十一）に国の史跡指定を受け、一九五五年（昭和三十）―五九年にかけて行われた学術調査で伽藍の概要が明らかになった。発掘調査の結果、東西八百尺（二四二メートル）、

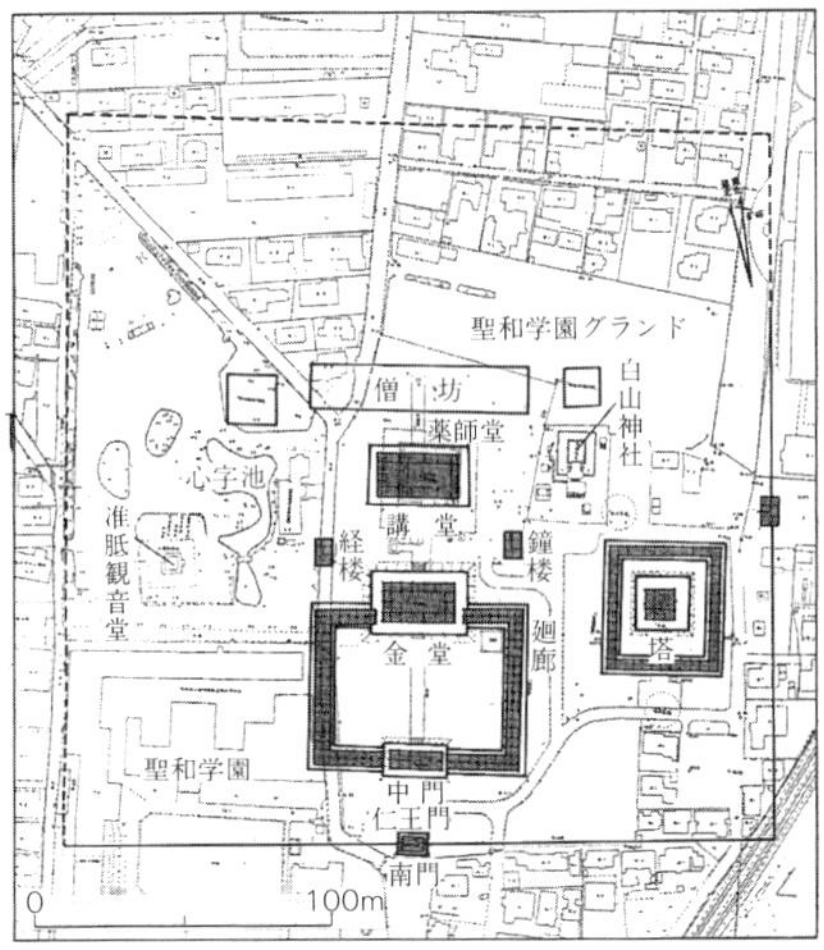

陸奥国分寺伽藍平面図

南北は北辺が不明であるが八百尺以上の築地塀で囲まれた大規模な伽藍を有することが判明した。伽藍配置は南から南大門、中門、金堂、講堂、僧房が中軸線上に並び、中門と金堂は複廊による回廊で結ばれている。金堂と講堂の間には東に鐘楼、西に経楼があり、金堂の東には回廊の巡る七重塔を配置する塔院が別にある。南大門は基壇をもつ礎石建ちの八脚門である。棟通り延長の東西両方に外郭築地塀が接続する。金堂は基壇のある礎石建ちで、桁行七間、梁行四間の四面廂《ひさし》付東西棟建物である。廻廊は金堂の左右から出て中庭を囲み、前面の中門の左右に接続する礎石建ちの複廊である。講堂は基壇のある礎石建ちで、桁行七間、梁行四間の四面廂付東西棟建物である。講堂基壇北側中央から北の僧房にむかい軒廊が延びる。僧房は瓦積み基壇をもつ礎石建ち建物と推定された。塔は七重塔で、金堂の東に位置する。基壇上中央には心礎がある。塔回廊は基壇のある礎石建ちの単廊である。鐘楼は金堂・講堂間の東にあり、西面する東西棟の礎石建ち総柱建物で、経楼とほぼ対象の位置にあり、経楼は鐘楼と同様の建物が東面する。東門は基壇のある礎石建ちの八脚門である。出土する軒丸瓦は、重弁蓮華文などがあり、軒平瓦は、偏行唐草文などがある。土師器は轆轤《ろくろ》調整のものと非調整のものがあり、非調整のものは奈良時代東北地方南域の土師器標準資料となっている「国分寺下層式」土師器である。↓国分寺《こくぶんじ》

参考文献　陸奥国分寺跡発掘調査委員会編『陸奥国分寺跡』、一九六一。木村浩二「陸奥国分寺跡」（『仙台市史』特別編二所収、一九九五）。

（木村　浩二）

むつこくぶんにじ　陸奥国分尼寺　七四一年（天平十三）の聖武天皇の詔を受けて諸国で建立された国分尼寺の一つ。遺跡は仙台市若林区白萩町・宮城野区宮千代に所在。古代律令制下諸国国分尼寺の中でも最北に在る。仙台市街の東部にあたり、市街中心部から市東部の商工業地帯に通じる県道が推定寺域の中央北寄りを東西に貫いている。県道沿いは商業地域となっており、寺院中心部とみられる県道南側地区の一部が一九四八年（昭和二十三）国史跡に指定されている。陸奥国分寺の東五〇〇メートルほどに位置する。中心部と考えられる一画には、かつて「観音塚」とよばれる、礎石が露出した土壇があり、一九六四年に発掘調査が行われた。調査の結果、南面する桁行五間（九・八五メートル）、梁行四間（八・四八メートル）の礎石建ちの建物跡が確認され、この建物は金堂と考えられた。基壇は版築により造られており、調査前は周囲より約一メートル高くなっていたが、周囲はかなり削平され基壇全体の規模は不明である。礎石は元の位置を保っているものが六個あり、ほかは動いたり、抜き取られていた。建物方向は磁北に対して東に約四度ずれている。基壇上の建物内部にあたる部分の北側から基壇に埋め込まれて土師器甕が一個出土している。この甕は金堂造営に際しての地鎮に使われたものと考えられた。出土する瓦は陸奥国分寺跡と同型式で軒丸瓦は重弁蓮華文など、軒平瓦は重弧文などである。金堂建物中心を通る南北軸線は陸奥国分寺伽藍中軸線とほぼ同方向であることから、同時代に同一規準で造営されたものと考えられる。伽藍配置や寺域全体については不明であるが、推定金堂跡をほぼ中心として、東西六百尺、南北八百尺ほどと推定される。二〇〇一年（平成十三）県道の拡張工事に伴い、八地点で調査を行なった結果、奈良時代の掘立柱建物が二棟発見された。内一棟は東西長四五メートル以上の建物とみられる。この建物は推定金堂跡の北に位置し、長大なことから「尼房」と推定される。また、推定地域内の北側にも多くの遺構が広がり、関連諸施設の存在が想起される。↓国分寺《こくぶんじ》

参考文献　仙台市教育委員会編『史跡陸奥国分尼寺跡環境整備並びに調査報告書』、一九九六。木村浩二「陸奥国分尼寺跡」（『仙台市史』特別編二所収、一九九五）。

（木村　浩二）

むつのくに　陸奥国　東山道最北の国。現在の福島・宮城・岩手・青森の各県と、秋田県の一部（鹿角《かづの》郡）にあたる。南北に長大な国域を持ち、その中心に位置する仙台平野には、南から阿武隈《あぶくま》川、北から北上《きたかみ》川が流れ込む。国府の多賀城（宮城県多賀城市）は宮城郡にあり、七二四年（神亀元）に創建された（多賀城碑）。それ以前の国府は名取郡の郡山遺跡（仙台市太白区）と推定される。律令制下では黒川郡以北が蝦夷の居住地であるが、大化前代の国造《くにのみやつこ》の分布がのちの伊具《いぐ》郡・亘理《わたり》郡を北限とするので、本来は名取郡・宮城郡も蝦夷の居住地であったとみられる。南の常陸国から東海道が、下野国から東山道が通じ、それぞれの国境には菊多《きくた》関・白河関が置かれた。国分寺・国分尼寺（仙台市若林区）は宮城郡にある。陸奥国の成立は、六四九年（大化五）―六五三年（白雉四）と推定される。当初は「道奥国」と表記したが、六七六年（天武天皇五）までに「陸奥国」となった。「陸奥」は本来「みちのおく」と読まれたが、これは東海道・東山道の奥という意味である。奈良時代には「みちのく」とも読まれ、平安時代になると「陸州」の表記が起こり、さらに「六州」とも表記されるようになって、ここから「むつ」の読み方が発生したといわれる。成立当初の国域は、現在の福島県域と宮城県南部までであったが、城柵の設置と柵戸《きのへ》の移

配による建郡を通して、国域は北へ拡大した。七世紀末までに大崎平野(仙台平野北部)と山形県内陸部に国家の支配が及び、七一二年(和銅五)には出羽国の成立に伴って最上郡《もがみ》・置賜郡《おきたま》が出羽国に移管された。七一八年(養老二)には石城《いわき》国(石城・標葉《しねは》・行方《なめかた》・宇太《うだ》・曰理・常陸国菊多の六郡)と石背《いわせ》国(白河・石背・会津・安積《あさか》・信夫《しのぶ》の五郡)が分置され、陸奥国は宮城県中南部のみの狭い国となる。しかし七二〇年の蝦夷の反乱を契機として、七二四年ごろに、石城・石背両国の再併合、大崎平野における城柵の整備と黒川以北十郡の成立、新たな国府としての多賀城の創建など、支配体制の強化が図られた。他国兵で組織される鎮兵制と、それを統括する鎮守府が置かれたのもこのころで、鎮守府は多賀城に併置され、陸奥・出羽両国を管轄する陸奥按察使《あぜち》(七二〇年初見)とともに、陸奥国特有の官職として長く存続した。奈良時代後半には桃生《ものう》城(宮城県石巻市)・伊治《これはり》城(同栗原市)が設置され、桃生郡・栗原郡が置かれたが、蝦夷との対立が激化し、七七四年(宝亀五)—八一一年(弘仁二)には征夷が繰り返された。八〇二年(延暦二十一)には胆沢《いさわ》城(岩手県奥州市)、翌年には志波《しわ》城(盛岡市)が造営される。これによって胆沢・江刺《えさし》・和我《わが》・薭縫《ひえぬい》・斯波《しわ》の五郡が成立し、のちに成立した岩手郡とともに奥六郡と呼ばれ、胆沢城に移された鎮守府が管轄した。『延喜式』では大国とされ、所管郡は、白河・磐瀬《いわせ》・会津・耶麻《やま》・安積・安達《あだち》・信夫・刈田《かった》・柴田・名取・菊多・磐城《いわき》・標葉・行方・宇多《うだ》・伊具・曰理・宮城・黒川・賀美《かみ》・色麻《しかま》・玉造・志太《しだ》・栗原・磐井・江刺・胆沢・長岡・新田・小田・遠田・登米《とよま》・桃生・気《け》

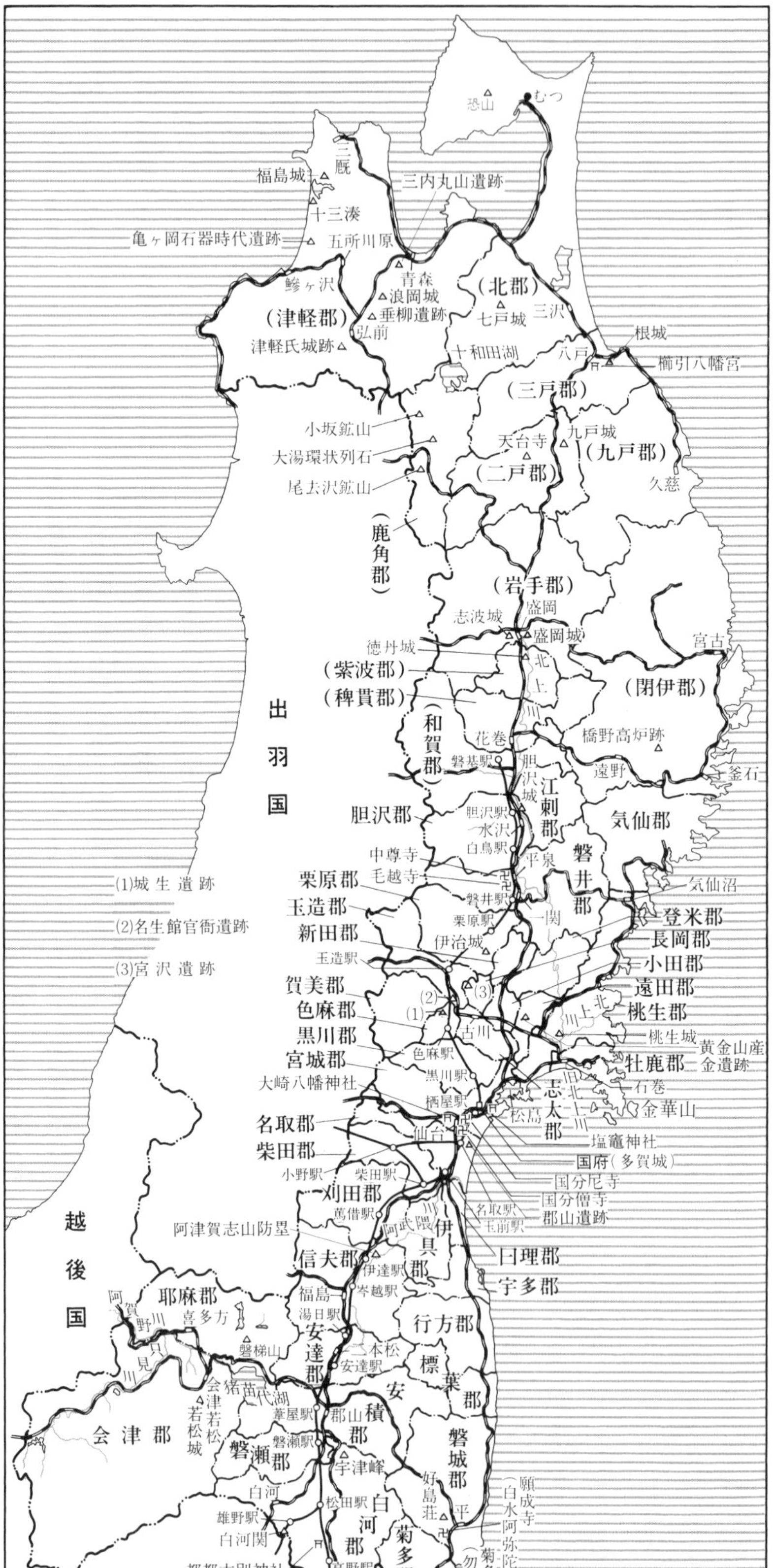

陸奥国略図

仙《せん》・牡鹿《おしか》の三十五郡で、和我・薭縫・斯波・岩手の四郡はみえない。式内社は百座。調庸物は布と米で、蝦夷の禄や食料などとして、令制当初からその一部が、七七〇年代以降は全部が国内で消費された。交易雑物は砂金・毛皮・昆布。金は七四九年(天平勝宝元)に小田郡で発見されて以来の特産物であり、毛皮・昆布は、馬・鷹とともに蝦夷との交易によって入手される北方系の特産物である。『和名類聚抄』では大沼郡が加わって三十六郡となっている。奥六郡では俘囚系豪族の安倍氏が成長するが、前九年合戦(一〇五一—六二年)で滅亡し、代わって奥六郡を支配した清原氏も、後三年合戦(一〇八三—八七年)で滅亡した。その結果、藤原清衡が覇権を握り、以後奥州藤原氏が磐井郡平泉を本拠として陸奥国を支配した。本州北端に閉伊《へい》・鹿角・津軽平賀《ひらか》・津軽鼻和《はなわ》・津軽田舎《いなか》などの諸郡や、九戸四門からなる糠部《ぬかのぶ》(のちの北・二戸・三戸・九戸郡)が成立するのは、遅くとも十二世紀前半と考えられている。奥州藤原氏は、一一八九年(文治五)の奥州合戦で滅亡し、鎌倉幕府は奥州総奉行を置いて陸奥国を管轄した。室町時代には行政機関として奥州探題が置かれ、主に大崎氏がこれに補任されたが、戦国時代には伊達氏が任じられた。江戸時代には、現宮城県域以北に伊達氏(仙台藩)・南部氏(盛岡藩)・津軽氏(弘前藩)などの外様大名が、現福島県域に保科(松平)氏(会津藩)などの譜代大名が配置され、中間の伊達郡・信夫郡に幕府領が置かれた。一八六八年(明治元)、陸奥国は磐城・岩《いわ》代《しろ》・陸前・陸中・陸奥の五国に分割された。

参考文献 須藤隆他編『(新版)古代の日本』九、一九九二、角川書店。熊谷公男「養老四年の蝦夷の反乱と多賀城の創建」(『国立歴史民俗博物館研究報告』八四、二〇〇〇)。長谷川成一他『青森県の歴史』(『県史』二、二〇〇〇、山川出版社)。細井計他『岩手県の歴史』(同三、一九九九)。渡辺信夫他『宮城県の歴史』(同四、一九九九)。丸井佳寿子他『福島県の歴史』(同七、一九九七)。

(鈴木　拓也)

むつのみあがた　六御県　大和に所在した行政区分で、大王家の家政と直結して物資貢納や労役提供を行なったと推定される、高市《たけち》・葛木《かつらぎ》(葛城)・十市《とおち》・志貴《しき》(磯城)・山辺《やまのべ》・曾布《そう》(添)の六県。県《あがた》や首長の県主《あがたぬし》が創設されたのは、それらが西日本を中心に分布していることから、いまだ倭王権が列島全域に一律の行政区分を組織するほどの力量を有していない時期(五世紀前後か)と考えられるが、『延喜式《えんぎしき》』祝詞《のりと》の祈年《としごい》祭条などには「六御県に生ひ出づる甘菜《あまな》・辛菜《からな》」を貢進したこと、龍田風神《たつたふうじん》祭条にも「六県の刀禰《とね》・男女」が祭に奉仕したことが記されており、国郡里制が施行された八世紀以降も何らかの意義を持たされていたことがわかる。なお六御県には式内社《しきないしゃ》として、高市御県神社(橿原市四条町)・葛木御県神社(葛城市葛木)・十市御県坐神社(橿原市十市町)・志貴御県坐神社(桜井市金屋)・山辺御県坐神社(天理市別所町・西井戸堂町に二座)・添御県坐神社(奈良市歌姫町・三碓町に二座)が存在する。

参考文献 鎌田元一「評制施行の歴史的前提」(『律令公民制の研究』所収、二〇〇一、塙書房)。吉田晶『古代日本の国家形成』、二〇〇五、新日本出版社。

(佐藤　長門)

むながい　胸繫　⇩馬具《ばぐ》

むなかたじんじゃ　宗像神社　福岡県宗像市に所在する国家鎮護・航海安全の神として祀られてきた神社。宗像神社境内として国史跡。記紀神話にみえる天照大神の三女神、市杵島《いちきしま》姫神・瑞津《たぎつ》姫神・田心《たごり》姫神を祀る神社で、それぞれ宗像市(旧玄海町)田島の辺津宮《へつみや》、大島の中津宮《なかつみや》、玄界灘に浮かぶ沖ノ島にある沖津宮《おきつみや》の三宮に鎮座し、三宮を総称して現在は宗像大社と称している。この宗像三神は、天照大神から神勅を受けて北部九州から朝鮮半島に至る海北道の要衝に鎮座したと伝え、古来より崇められてきた。神位は八四〇年(承和七)に従五位に叙され、九四一年(天慶四)には正一位勲一等に叙されている。宗像三神を祀る神社は全国で六千社余あり、その総本社である。宗像神社境内の遺跡として、その価値を高めたのは、海上交通にかかわる沖ノ島の祭祀遺跡である。一九五四年(昭和二十九)からの三次にわたる調査により、巨岩群の祭祀遺跡の実態が明らかになった。遺跡は四世紀末から始まり、岩上→岩陰→露天の順に祭祀の場所が変遷して行われたことが確認された。遺物としては岩上祭祀跡は、鏡や石製品など前期古墳の副葬品と共通するものが多く、岩陰祭祀跡では新羅からもたらされた金銅製品が多い。露天祭祀跡になると土器を中心としたものに変化し、奈良三彩を多量に含む。これらの出土品は一括して国宝に指定されている。ここでの祭祀は国家的規模のもとに行われており、出土品の性格や規模から海の正倉院とも呼ばれる。辺津宮は釣川沿いに展開し、宗像山から山麓にかけて、上高宮・下高宮・第二宮・第三宮・正三位社・内殿・第一宮・浜宮が順次に設けられている。本来の辺津宮は高宮にあったが、八世紀後半ごろに山麓の大宮司邸に移り、はじめて三神を一ヵ所に祀り、本格的な社殿が造営されたとする。その後宝塔院・東塔・西塔・弥勒堂などの諸堂群が整備され、その様子は一五七八年(天正六)の絵図に詳しい。宗像神を奉斎した宗像氏は、古代の有力氏族であり、神郡である宗像郡の大領であった。神主も兼ね後には太政官符《だじょうかんぷ》・院庁下文《いんのちょうのくだしぶみ》によって宮司・大宮司職《だいぐうじしき》に任ぜられた。中世以後は各有力諸氏の支配下にあったりもしたが、その地位をよく守り、神社の規模も維持した。なお辺津宮の本・拝殿は重要文化財。→沖ノ島《おきのしま》

参考文献 宗像神社復興期成会編『沖ノ島』、一九五八・六一。『宗像神社史』、一九六一—七一、宗像神社復興期成会。第三次沖ノ島学術調査隊編著『宗像沖ノ島』、一九七九、宗像大社復興期成会。

(磯村　幸男)

むながわら　棟瓦　屋根の棟部の雨仕舞には、斜面部の平瓦・丸瓦とは異なる形態の道具瓦を使用する。また、大棟は屋根の中でも際立つため、高くしたり装飾を施し

て建物を立派に見せた。棟に使う道具瓦を棟瓦と総称するならば、棟構造の基本となる熨斗《のし》瓦・鳥衾《とりぶすま》瓦(雁振《がんぶり》瓦)・面戸《めんと》瓦、棟端を装飾する鬼瓦・鳥衾瓦・獅子口(御所鬼)・鴟尾《しび》、棟内に込める装飾瓦である甍《いらか》巴・甍唐草・輪違・菊丸・青海波・松皮菱などが含まれる。ただし、瓦業界では棟頂を覆う形態的に特殊化した瓦のみを棟瓦と呼ぶ場合もある。古代の総瓦葺屋根では、熨斗瓦を棟に沿って二列に積み、その隙間を丸瓦でふさいだ。中世に棟頂をふさぐ衾瓦が成立するが、それは丸瓦と両側の熨斗瓦とが一体化したものである。鬼瓦を鳥衾瓦で固定することも中世に一般化するが、古代には軒丸瓦がその役割を担ったはずである。なお、棟端を覆う鬼瓦の平面形が棟の断面形と対応するなら、七世紀には平瓦を何枚か積んで棟頂をふさぐことが多かったと推定できる。一方、檜皮葺屋根を瓦棟とする場合は、熨斗瓦だけを積んだ熨斗棟に対して、下に軒瓦を込めた甍棟が格上だった。この軒丸瓦・軒平瓦が形態的に特殊化したのが、近世以降の甍巴・甍唐草である。また、古代檜皮葺屋根の瓦棟棟端は、露出した熨斗瓦積みの端を小型軒丸瓦などで装飾し、漆喰で固定したらしい。これが中世に獅子口として確立する。なお、中世末から近世初頭には、輪違・菊丸をはじめとする棟込瓦や、家紋を施した板瓦、鯱瓦や棟全体を覆う龍を造形した瓦など、各種の装飾用棟瓦が成立するが、その出現年代や成立経過は考古学的に十分解明されていない。

参考文献 坪井利弘『日本の瓦屋根』、一九七六、理工学社。上原真人「平安貴族は瓦葺の家に住んだか」(『争点日本の歴史』三所収、一九九一、新人物往来社)。

(上原 真人)

むなふだ 棟札 建物の新築や修理の際に作成する板札で、建物の由緒、工事年月日、施主、檀越、工事関係者、願文や偈《げ》の章句を記す。棟木・棟束などに打ち付けることが多いが、内陣や厨子に奉安することもある。同様の内容を棟木に直接書き付ける場合は棟木銘と呼ぶ。棟札の形状は長方形、もしくは長方形の頂部が尖った細長い将棋の駒形が多く、呪術的な意図から下隅を欠く場合もある。禅宗寺院では錫杖彫形の板を虹梁の下に打ち付ける梁銘が用いられる。大工が書くこともあるが、識字層であった僧侶・神職が記す例が多い。棟札の銘から、寺社や村落の組織、造営の社会的背景などを読みとることができる。地域や建物(特に神社)によっては前身建物の棟札をすべて保存している例がある。現存最古の棟札は一一二二年(保安三)の中尊寺所蔵棟札、棟木銘の最古の例は一一二四年(天治元)の中尊寺金色堂のものである。

参考文献 福山敏男「棟札考」(『寺院建築の研究』下所収、一九八三、中央公論美術出版)。国立歴史民俗博物館編『棟札銘文集成』、一九九三―九七。佐藤正彦『天井裏の文化史』、一九九五、講談社。水藤真『棟札の研究』、二〇〇五、思文閣出版。

(山岸 常人)

むね 棟 屋根の二つの斜面が合わさって分水嶺になる部分を指す。屋根の最も高い稜線の部分は大棟、入母屋造や寄棟造の隅の稜線は隅《すみ》棟、隅棟のさらに続きに付けた短い隅棟を稚児《ちご》棟、切妻造や入母屋造の屋根の両端で箕甲《みのこう》との境の部分は降《くだり》棟と呼ぶ。屋根葺き材の仕舞いの部分を塞いで雨仕舞をよくするため、瓦葺では熨斗《のし》瓦を重ね、雁振《がんぶり》瓦で蓋をし、端には鬼瓦・鳥衾《とりぶすま》・鴟尾《しび》を据える。檜皮《ひわだ》葺や柿《こけら》葺きも同様に瓦を積むか、太い角材を置くか箱棟を載せ、茅葺では茅を編んで棟を包む。神社では棟の上に千木《ちぎ》・堅魚木《かつおぎ》を飾る。建物の棟と平行な面を平《ひら》、棟に直角に対する面を妻という。屋根の頂部で垂木の上端を支持する棟木を棟と呼ぶこともある。

(山岸 常人)

むねよしがよう 宗吉瓦窯 香川県三豊市三野町吉津宗吉に所在。一九九六年(平成八)に国の史跡に指定された。全部で二十二基の窯跡が確認され、なかでも一七号窯跡は、全長約一三メートル、最大幅約二メートル、復元最大高約一・二～一・四メートルの窖窯《あながま》で、地方の瓦窯跡としては最大級の大きさである。三号窯の灰原から見つかった複弁八葉蓮華文軒丸瓦は、藤原宮出土のものと同笵である。日本最古の瓦葺宮殿である藤原宮の造営時には、大和盆地だけでなく近隣から瓦が供給されたと考えられているが、藤原宮とは約二〇〇キロ離れた本窯跡もそうした瓦窯の一つで、現在確認される最も遠隔地の窯跡である。一方、一七号窯跡からは単弁八葉蓮華文軒丸瓦が出土しており、これらは直線距離で約六キロ離れた妙音寺(三豊市豊中町)出土の瓦と同笵である。このことから、本窯跡がまず地方寺院の瓦生産に携わり、その後藤原宮造営の際に瓦供給地となったことが判明し、藤原宮の造瓦に大きく関わっていた当地の豪族の存在が推定される。

参考文献 香川県教育委員会編『香川の文化財』、一九九六。『平成十七年度三豊市内遺跡発掘調査事業報告書—宗吉瓦窯跡—』(『三豊市埋蔵文化財発掘調査概報』一、二〇〇六、三豊市教育委員会)。

(渋谷 啓二)

むほうとう 無縫塔 塔婆の一種。塔身が一つの石で造られ、縫い目がないのでこう呼ばれた。また、塔身が卵形をしているところから卵塔とも呼ばれた。僧侶専用の墓塔とされている。鎌倉時代に中国から禅宗とともに伝えられ、禅宗の開山塔・歴代塔として造立されたが、その後宗派を越えて普及し、現在に受け継がれている。京都市泉涌寺の無縁塔はその代表的なもので、一二二七年(安貞元)に没した俊芿上人の墓塔とされる。無縫塔には、下から基礎、竿、中台と積んだ六角形または八角形の背の高い複雑な台座を持つ重制無縫塔と、基礎の上に塔身をおく単制無縫塔とがある。五輪塔や宝篋印塔のように逆修や追善などの供養塔と異なって、当初から僧侶の墓に立てられ、また先師の追善を目的として敬慕するための造立であり、厚く供養されていたと思われ、中近世の発掘調査で、この石塔が出土する例はまれである。

(浅野 晴樹)

むもんぎんせん　無文銀銭　中央に小孔をもつ径三センチ前後、厚さ約二ミリの銀製小円板。古代の定量貨幣とみられ、重量調整のための銀片を貼付したものが多い。この銀銭の発見は古く、一七六一年（宝暦十一）に大阪の真宝院から百枚ばかりが、また一九四〇年（昭和十五）には滋賀県崇福寺塔跡から舎利容器とともに十一枚が出土し、その性格や年代をめぐって幾多の議論が戦わされてきた。江戸・明治時代には、『日本書紀』顕宗紀にみえる銀銭と考えられたが、現在は六八三年（天武天皇十二）に使用を禁止された銀銭とみる説が有力である。これまでに十七遺跡から出土し、出土遺跡は七世紀後半に宮都の置かれた近江・大和両国に集中する。その製作年代は川原寺や崇福寺の塔跡出土品から、天智朝にさかのぼる可能性が高い。無文銀銭は、銀一両の四分の一にあたる一分（六銖＝一〇・五グラム）に重量調整されており、新羅で製作された一分銀とする説が提唱されている。七〇八年（和銅元）発行の和同開珎の銀銭は、無文銀銭の地金価値を継承し、四文で銀一両の価値が公定されている。また無文銀銭は、平城京や滋賀県尼子西遺跡の平安時代の遺構からも出土し、六八三年の使用禁止後も銀地金として継続使用されたことがわかる。

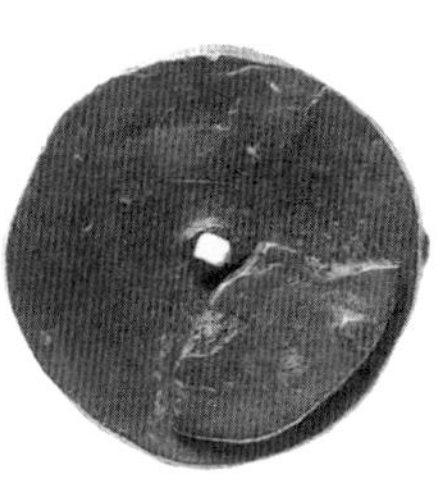

無文銀銭（奈良県石神遺跡出土）

参考文献　松村恵司「無文銀銭考」（大塚初重先生喜寿記念論文集刊行会『新世紀の考古学―大塚初重先生喜寿記念論文集―』所収、二〇〇三、纂集堂）。今村啓爾「無文銀銭の流通とわが国初期貨幣の独自性」（『史学雑誌』一〇九ノ一、二〇〇〇）。

（松村　恵司）

むらえず　村絵図　江戸時代に作成された村の絵図。江戸幕府による国絵図作成や幕府巡見使の派遣などに際して作成を命じられた村絵図をはじめとして、藩や旗本など領主の交替に際して作成された村絵図、村境をめぐる争論に際して作成された絵図など、多様な機会に大小さまざまな村絵図が作成された。一般的な村絵図には、集落はもとより、田畠・山林・街道・河川・用水路・溜池・寺社など、村の全体が平面的に描かれている。測量された明治以後の近代的な地図類に比べれば、縮尺・方位や描かれた図像の描写などが正確ではないために、一見幼稚な見取り図のように見受けられるが、戦後の高度経済成長期を経てかつての古い景観が失われている地域も多く、当時の景観を復原・検討する場合にきわめて有益である。近年は、各地の県史や市町村史において絵図集が刊行されており、研究の便宜を与えている。

参考文献　白井哲哉「近世村絵図の史料学的研究」（『明治大学刑事博物館年報』一九、一九八八）。川村博忠『近世絵図と測量術』、一九九二、古今書院。

（伊藤　寿和）

むらかみじょう　村上城　越後国阿賀北の有力国人領主本庄氏の戦国期城郭で、同氏の改易後春日元忠が入った戦国時代末の『越後国瀬波郡絵図』に「村上ようがい」として描かれていることで著名である。上杉氏の国替に伴い、近世には村上氏・堀氏・松平氏などが封され、一七二〇年（享保五）以後は明治維新まで内藤氏が治めた。新潟県村上市二之町に所在する。国史跡。一九九九年（平成十一）度から部分的な発掘調査が開始されている。遺構は、独立丘陵の臥牛山（お城山）山頂・山腹および城下に認められ、中世では東側が中心であり、近世には西側が現城下町と一体化して発展していったと想定されている。石垣は、山頂部を中心に残っているが、多くが近世後期のものとされており、みせる城としての用途が考えられている。城下町は、市街地化しているが、重要文化財若林家住宅をはじめとする武家屋敷が多数残っており、城下町の面影を色濃く残している。

参考文献　村上市編『史跡村上城跡整備基本計画』資料編、一九九八。小島道裕「村上城の中の中世と近世」（国立歴史民俗博物館編『天下統一と城』所収、二〇〇〇）。金子拓男「村上城跡の遺構からみた中世の村上要害」（『新潟考古』一三、二〇〇二）。

（水澤　幸一）

むらたせいふうきゅうたく　村田清風旧宅　江戸時代後期に萩藩の藩政改革を担当した村田清風の旧宅。山口県長門市三隅下字垣頭にある。宅地には母屋（山荘）、籾貯蔵庫・厩・納屋・湯殿などがあり、母屋は木造茅葺き平屋造りで、八畳一室、六畳五室、三畳五室からなる。現在敷地の一角に復元されている尊聖堂は、清風が晩年地元青年の文武講習所として建てた私塾である。村田清風は一七八三年（天明三）にこの家に生まれ、十五才の時萩に移り住んだ。そして経済官僚として毛利斉房以後五代にわたる藩主に仕えたが、とりわけ毛利敬親《たかちか》に重用され、藩財政の整理・産物専売制の推進・越荷方の拡充など、いわゆる天保の改革を主導した。辞任後、一八四五年（弘化二）に三隅に帰り、この家で老後を過ごしたが、一八五五年（安政二）萩の別宅で病死した。墓は旧宅の西約一〇〇メートルの大歳《おおとし》山麓にある。「村田清風旧宅および墓」として国史跡に指定されている。

資料館　長門市立村田清風記念館（山口県大津郡三隅町）

参考文献　山口県教育委員会文化課編『山口県の文化財』長門部編、一九九五。

（渡辺　一雄）

むりょうこういん　無量光院　奥州藤原氏三代秀衡《ひでひら》が建立した寺院。別に新御堂《しんみどう》とも称した。国の特別史跡。岩手県西磐井郡平泉町平泉字花立《はなだて》に所在し、北上川右岸の台地に広がる平泉遺跡群の中央部に位置する。北は猫間《ねこま》が淵《ふち》を挟んで柳之御所《やなぎのごしょ》遺跡、西は花館廃寺《はなだてはいじ》、南東は伽羅《きやら》の御所遺跡など重要な遺跡に囲まれている。遺跡は、南北約三〇〇メートル、東西約二二〇メートルに広がりをもち、東方・西方および北方に土塁が残され、北方から西方にかけてはその外側に堀跡がみられる。『吾妻鏡』文治五年(一一八九)九月条によると、本尊は丈六の阿弥陀如来であり、三重の塔や院内の荘厳《しょうごん》ことごとく宇治の平等院を模すとされる。一九五二年(昭和二十七)に文化財保護委員会によって発掘調査が行われている。本堂の基壇は南北一九メートル東西一七メートルであり、本堂は南北五間、東西四間で翼廊《よくろう》をもつ。本堂左右の翼廊は、桁行《けたゆき》は折れ曲り延長九間、梁行《はりゆき》一間で礎石を有する。本堂と翼廊との土壇に雨落溝の化粧石が検出されている。本堂の前庭に大型の塼《せん》が敷かれていた。屋根瓦は発見されていないことから檜皮葺《ひわだぶき》か板葺とされている。中島は平坦な三角状の平面で、西方・中間・東方の三ヵ所に建物が確認されている。中心となる建物は、一辺七・九メートルの方三間の建物である。本堂および翼廊の前面に広い池を設けて中島を配し、この中心線上に本堂から中島へ、中島から対岸へと架橋して東門に通ずる苑路をつくっている。また、堂の背後にも池があり、小型の中島が付属している。池は阿弥陀堂前で広くなり、北東に突出して猫間が淵に接し、池の水を落としている。宇治の平等院との比較では、規模はほぼ同じであるが、本堂の基壇は、鳳凰《ほうおう》堂よりわずかに広く、翼廊も鳳凰堂より桁行が二間大きい。自然環境も猫間が淵を宇治川に、束稲山《たばしねやま》を宇治の朝日山に模すなど、平等院を模したことが裏付けられている。極楽浄土をこの世に具現化した浄土庭園の形式をとっている。出土品には、金銅製透彫瓔珞《ようらく》、金銅製装飾金具、かわらけ、白磁、常滑陶器、塼などがみられる。 →平泉《ひらいずみ》

参考文献 文化財保護委員会『無量光院跡』、一九五四、吉川弘文館。『いわて未来への遺産—古代・中世を歩く』、二〇〇一、岩手日報社。

(高橋 信雄)

むろうじ 室生寺 奈良県宇陀市室生区室生に所在する山林寺院。山号は宀一《べんいつ》山。創建は平安時代前期。江戸時代中期以降は女人高野として信仰を集める。寺は室生川に面して、室生山の中腹に立地する。室生川の上流には、古代に請雨の神として名高い式内社、室生竜穴神社が鎮座し、その裏山には竜穴が現存する。急峻な山岳と清流、さらに竜穴信仰の霊場でもあるこの地が、山林寺院の適地とされたのだろう。九三七年(承平七)の「宀一山年分度者奏状」によると、宝亀年中(七七〇—八一)に、皇太子だった桓武天皇の病気平癒のために山中で延寿法を修し、その後程なく、興福寺僧の賢璟が室生寺を創建したという。その弟子の興福寺僧修円のころには伽藍の整備も進み、寺観を整えていく。そのような経緯から、興福寺の末寺に位置づけられていた。ただし九世紀には、空海の弟子の真泰や、最澄の弟子の円修が入寺するなど、密教的な色彩を色濃くしてゆく。鎌倉時代後期には密教の堂である灌頂堂も造営される。その後近世に至り、一六九八年(元禄十一)、護持院隆光の運動により、興福寺から分離して真義真言宗豊山派となった。さらに第二次世界大戦後に真言宗室生寺派の大本山となり、現在に至っている。現在も、国宝・重要文化財などを多く所有している。建造物では、五重塔(国宝、奈良時代末—平安時代初期)、金堂(国宝、平安時代前期)、本堂(灌頂堂、国宝、鎌倉時代後期)などが著名である。また仏像も、本堂(灌頂堂)の本尊の釈迦如来坐像(国宝)、金堂の本尊の釈迦如来立像(伝薬師如来像、国宝)など、平安時代前期の一木造り・翻波式の典型的な仏像を多く安置する。

参考文献『大和古寺大観』六、一九七六、岩波書店。逵日出典『室生寺史の研究』、一九七九、巌南堂書店。堀池春峰『南都仏教史の研究』下、一九八二、法蔵館。

(吉川 聡)

むろのつ 室津 五泊《いつのとまり》の西端に位置する港。榁生《むろう》泊とも表記され、兵庫県揖保《いぼ》郡御津《みつ》町室津に存したと考えられる。室津は室津湾という自然条件がよく、『播磨国風土記』揖保郡室原泊条に「室原泊、所ニ以号レ室者、此泊、防レ風如レ室、故因為レ名」とみえ、室津の立地条件が良港に適していたことが知られる。こうしたことは、治承四年(一一八〇)の『高倉院厳島御幸記』にも「むろのとまりにつき給、山まはりて、そのなかに池などのやうにぞみゆる、ふねどもおほくつきたる」とみえて確認できる。その後の榁生泊については、十四世紀初頭製作の『法然上人絵伝』三四に室泊の遊女が法然が乗っている船に小舟で漕ぎ寄せている絵が描かれており、中世においても港として発展・栄えていたことが知られる。

参考文献 千田稔『埋れた港』、一九七四、学生社。

(松原 弘宣)

むろまちじだい 室町時代 京都に足利氏の幕府が置かれた時代を、将軍の邸宅が室町に所在し、将軍自身も室町殿とよばれていたことから室町時代とよぶ。足利尊氏が幕府を開いた一三三六年(建武三)から、織田信長によって足利義昭が京都を追放された一五七三年(天正元)まで、二百三十七年に及ぶが、吉野の南朝が健在だった最初の時期を南北朝時代、幕府の勢威が衰えて内乱が展開したおわりの時期を戦国時代とよび、その間の時代のみを室町時代ととらえるのが一般的である。南北両朝の合一は一三九二年(明徳三)なので、これから室町時代が始まるともいえるが、足利義満が将軍となった一三六八年(応安元)のころには、南朝方の動きは鎮静化し、足利政権は確立期を迎えているから、このころから室町時代が始まるとみるのが適切ともいえる。一方の戦国時代の始期についてもさまざまな意見がありうるが、管領細川政元が将軍を排斥し(明応の政変)、将軍家の分裂が始まった一四九三年(明応二)から、本格的な戦国時代が始まるとみるのが一般的のようである。狭義の室町時代は十四世紀の後半から十五世紀の末期までだが、それでも百二十年ほどの長きに及んでいる。足利義満・義持・義教と続く将軍の時代が室町幕府の全盛期であるが、一四四一年(嘉吉元)の将軍義教暗殺後は幕府の支配も揺らぎはじめ、一四六七年(応仁元)には大名が二分して争う内乱が勃発した(応仁の乱)。応仁の乱勃発ののちは、幕府の衰

退が決定的になった時代として、室町後期と表現されることが多い。京都に拠点を置いた室町幕府は、朝廷の権限をほとんど吸収して、公武を統括する政権として確立したが、関東や東北の管理は鎌倉府という政庁に委ね、畿内と西国にその支配の範囲を限定していた。将軍と守護大名の連携のもとで、それなりの平和が築かれた時代で、地域の百姓たちの自治的組織である惣が形成され、また京都や堺・博多などの町も繁栄した。門前市場の草《くさ》戸千軒《どせんげん》(広島県福山市)の遺跡からは、この時代の遺構や遺物が出土し、当時の人々の生活のありさまを今に伝えている。 (山田　邦明)

め

めいげついん　明月院　神奈川県鎌倉市山ノ内にある臨済宗建長寺派の寺院。室町時代前期の創建で、開基は上杉憲方、開山は密室守厳。当初は禅興寺の塔頭で、明月庵と称した。禅興寺は、鎌倉時代に北条時宗が蘭渓道隆を開山に迎えて建立した禅宗寺院で、室町時代には関東十刹の一つに数えられた。さらに禅興寺は、北条時頼が山ノ内の邸宅に隣接して建立した最明寺の旧跡を、時宗が再興したとも伝えられる(『新編相模国風土記稿』)。禅興寺の塔頭としては、明月院のほか宗猷庵、黄竜庵などが知られているが、江戸時代には禅興寺本体は衰退して逆に明月院に附属する形で存続し、明治になってついに廃絶、明月院のみ現存している。室町時代の「明月院絵図」では、宗猷庵のほか本来は禅興寺のものである経蔵・三重塔が境内に取り込まれている。この絵図および紙本著色玉隠英璵像、木像上杉重房坐像が重要文化財。本堂背後には上杉憲方の墓と伝える宝篋印塔が残る。境内は国史跡。

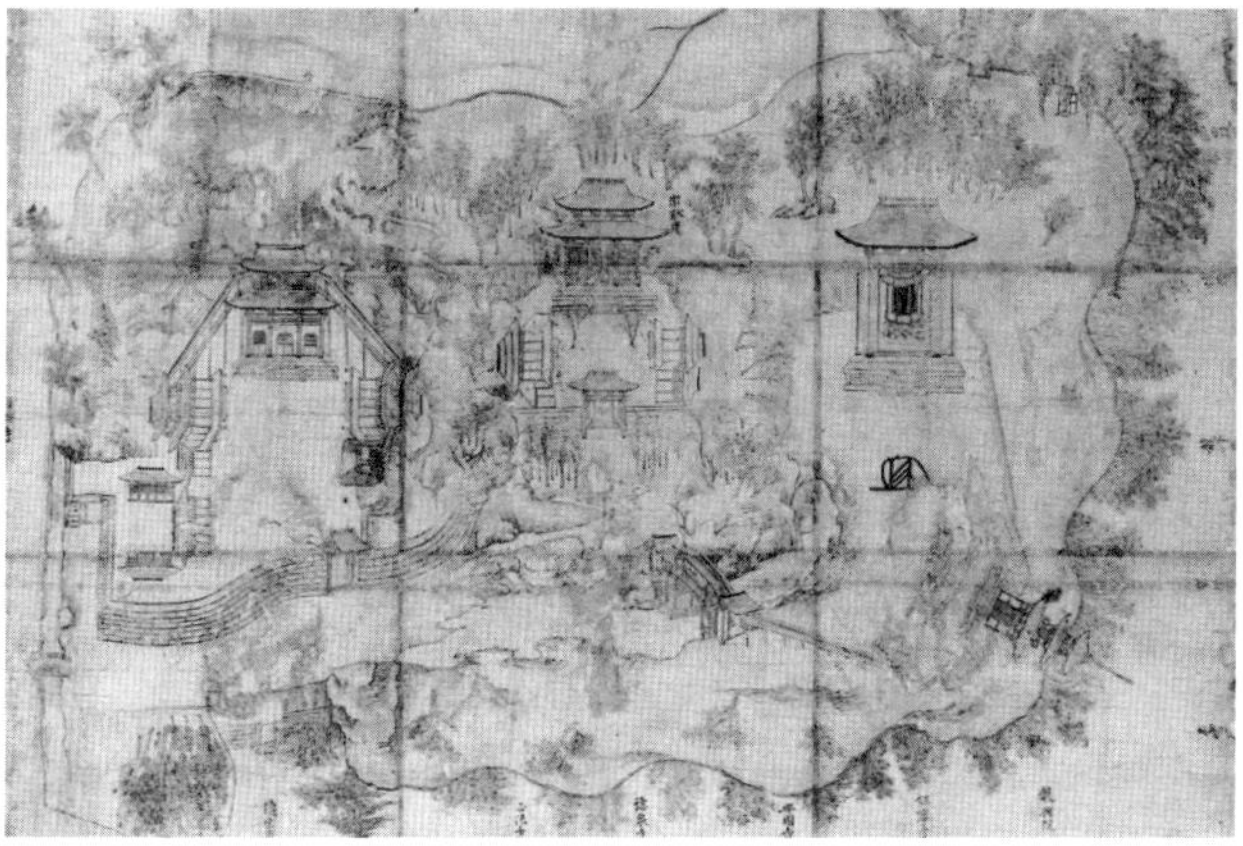

明月院絵図（部分）

参考文献　貫達人・川副武胤『鎌倉廃寺事典』、一九八〇、有隣堂。三浦勝男編『鎌倉の古絵図』、一九六六、鎌倉国宝館。 (高橋慎一朗)

めいしょずえ　名所図会　江戸時代の中期から後期にかけて刊行された挿し絵のついた名所のガイドブック。各

主要名所図会一覧

書名	刊行年	巻数
郡名所図会	一七八〇年(安永九)	六巻
大和名所図会	一七九一年(寛政三)	六巻
和泉名所図会	一七九六年(同　八)	四巻
摂津名所図会	同 一七九八年(同　十)	三巻 六巻
東海道名所図会	一七九七年(同　九)	六巻
伊勢参宮名所図会	同	七巻
河内名所図会	一八〇一年(享和元)	六巻
木曾名所図会	一八〇五年(文化二)	六巻
唐土名勝図会	同	六巻
近江名所図会	一八一四年(文化十一)	四巻
鹿島名所図会	一八二三年(文政六)	二巻
江戸名所図会	一八三四年(天保五) 一八三七年(同　七)	三巻 四巻
厳島名所図会	一八四二年(天保十三)	十巻
尾張名所図会	一八四四年(弘化元)	七巻
善光寺道名所図会	一八四九年(嘉永二)	五巻
成田名所図会	一八五八年(安政五)	五巻

地の著名な名所や旧跡、古い寺社や景勝地などを平易に解説する。名所図会と題されたものは一七八〇年(安永九)に刊行された『都名所図会』を初見とするが、これより先に『京童《きょうわらべ》』(一六五八年)や『江戸雀《えどすずめ》』(一六七七年)などの名所記が刊行されていた。江戸時代前期の名所記では中世以来の名所《などころ》が文学的に叙述されていたが、中期以後に刊行された名所《めいしょ》図会では鳥瞰図的な多くの挿し絵を配して、各種の関連史料も引かれている。江戸神田雉子町の町名主であった斎藤家三代(幸雄・幸孝・幸成)三十年余の年月をかけて天保年間(一八三〇—一八四四)に刊行された『江戸名所図会』は、長谷川雪旦《せったん》の見事な挿し絵とも相まって、名所図会の傑作である。代表的な名所図会は『日本図会全集』(十四巻、名著普及会)、『日本名所風俗図会』(二十巻、角川書店)などに収録されている。名所図会は明治以後もしばらくは刊行され、銅版の挿し絵や写真なども採用され、江戸時代の名所図会の伝統が残されていた。

参考文献　鈴木章生『江戸の名所と都市文化』、二〇〇一、吉川弘文館。千葉正樹『江戸名所図会の世界』、二〇〇一、吉川弘文館。

(伊藤　寿和)

めいぴん　梅瓶　中国宋代から明代に多く生産された瓶の一種。肩の張った長胴に細く短い頸と小さな口をもつ特徴的な器形である。鉄釉や青花(染付)もあるが、主体は青白磁・白磁である。特に日本の遺跡出土品には、十三世紀代の青白磁・白磁の渦巻文、唐草文、唐草唐子文の例が多い。『慕帰絵詞』や『一遍上人絵伝』などの十四世紀ごろの様子を描いた絵画資料には、寺院や武家の宴会の場に、提子《ひきげ》や銚子などとともに酒器セットとして描かれ、酒の容器として使われたことがわかる。東国の発掘事例では、白磁の梅瓶や四耳壺《しじこ》などの器種が一定のランクの武士の館に多い傾向があり、社会的階層性を象徴すると理解されている。また、同じ梅瓶や四耳壺などが戦国時代の館や城からも出土し、中世の武家社会に永く伝世されたことがわかる。

(小野　正敏)

めがわら　女瓦　⇩平瓦《ひらがわら》

めどう　馬道　古代寺院では僧房などの細長い建物の中央に設けた土間通路で、僧房と講堂・食堂の間を結ぶ軒《こん》廊《ろう》(土間廊下)に通じる。寝殿造では殿舎間をつなぐ細長い床敷き二軒廊《ふたのきろう》の一部を土間通路としたもので、常には厚板を敷き、馬などを引き入れるときには厚板を取りはずして通路とした。のちには幅広の板敷き縁または長廊下の別称となり、「めど」「面廊」「面道」ともいう。

(宮本長二郎)

めなしどまりいせき　目梨泊遺跡　オホーツク海に突き出す神威《かむい》岬の南側に広がる標高約二〇メートルの海岸段丘にあるオホーツク文化の集落跡。北海道宗谷地方の枝幸《えさし》郡枝幸町字ヤムワッカにある。出土品は重要文化財。昭和四十年代以降、北海道大学と町が数次にわたり発掘調査している。一九九〇年(平成二)—一九九二年に町が行なった発掘調査では、五角形の竪穴住居跡四ヵ所、甕かぶりの長方形土壙墓三十九ヵ所、柵列一ヵ所、魚獣骨塚一ヵ所が確認されている。土器はソーメン文のオホーツク式土器が主で少量の擦文土器や土師器が混じる。ほかに鏃・有孔の錘などの石器、蕨手刀・直刀・剣・鉾・鎌・刀子などの鉄器、銛・針などの骨角器、銀製耳飾り・ガラス玉・琥珀玉などの装身具のほか、青銅製の帯金具や鐸、そして穀物ではオオムギが出土している。同じ鋳型の帯金具は網走市のモヨロ貝塚でも出土しており、両遺跡間の直接的な人の移動や交流など密接な関係を伺わせる。

資料館　オホーツクミュージアムえさし(北海道枝幸郡枝幸町)

参考文献　枝幸町教育委員会編『目梨泊遺跡』、一九九四。

(畑　宏明)

めぬき　目抜　⇩刀剣《とうけん》

めのう　瑪瑙　玉髄《ぎょくずい》の一種で石英などの微細結晶が集まってできた鉱物。独特の縞模様を有しガラス光沢や脂肪光沢を呈する。硬度が六・五～七・〇で、比重は二・六二～二・六四。色調には赤色、橙色、乳白色などがある。古墳時代前期後半から後期の玉作遺跡で主に勾玉の素材として用いられている。それらには、茨城県土浦市の烏山《からすやま》遺跡や島根県松江市の布志名《ふじな》狐廻《きつねざこ》遺跡などがある。奈良—平安時代では松江市の大庭《おおば》玉作遺跡で勾玉未成品が出土している。島根県松江市の花仙山《かせんざん》で産出する碧玉《へきぎょく》(ジャスパー)を俗に青瑪瑙と称することがある。ただし碧玉は、玉髄の一種で微細石英の集合体に酸化鉄などの不純物が混じったもの。瑪瑙が半透明なのに対して碧玉は不透明である。飛鳥時代の官営工房である奈良飛鳥池遺跡では瑪瑙原石が持ち込まれて宝玉加工が行われている。飛鳥寺塔心礎の舎利荘厳具には瑪瑙勾玉や赤瑪瑙丸玉、碧玉管玉が含まれている。奈良時代の鎮壇具として、元興寺塔跡では瑪瑙勾玉や碧玉勾玉が、興福寺金堂跡では瑪瑙念珠玉などが見られる。『延喜式』(九六七年施行)弾正台式には、五位以上の官人、貴族が用いる帯飾りの材質の一つに「瑪瑙」が規定されている。官衙遺跡などから出土する瑪瑙製の石帯と規定との関連性が注目されている。

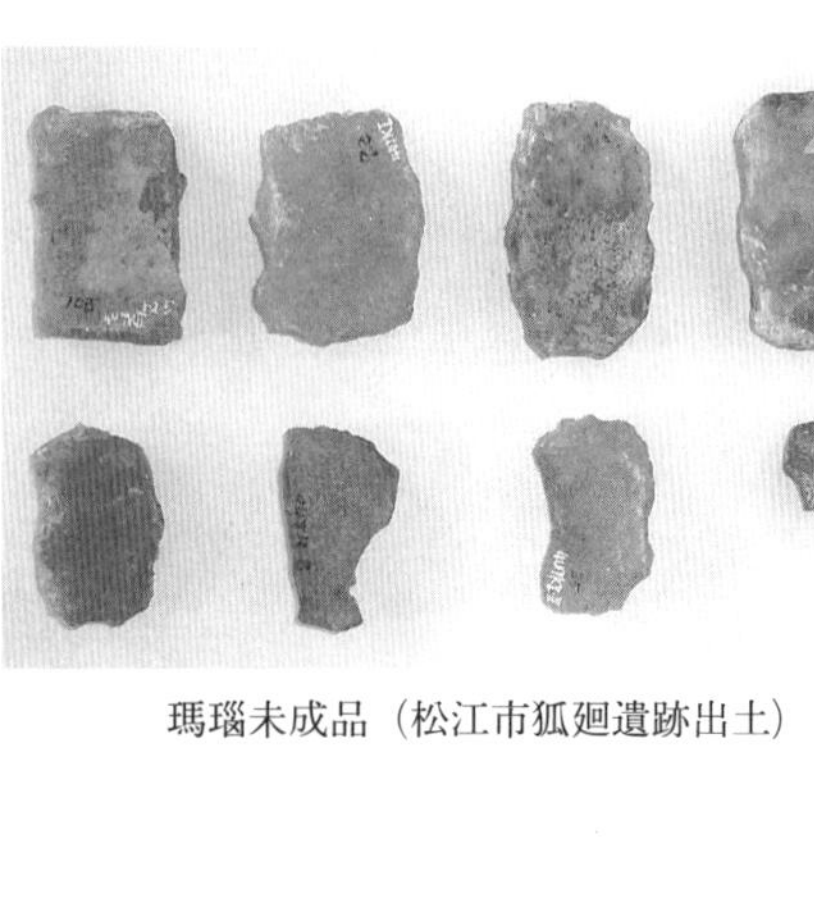

瑪瑙未成品（松江市狐廻遺跡出土）

参考文献 亀田博「銙帯と石帯—出土銙・石銙の研究ノート—」(『関西大学考古学研究室開設参拾周年記念考古学論叢』、一九八三、関西大学)。藤田富士夫『玉とヒスイ』、一九九二、同朋舎出版。寺村光晴編『日本玉作大観』、二〇〇四、吉川弘文館。

(藤田富士夫)

めん　面　人、鳥獣、神霊などの顔面を表す仮装具。原初的には、宗教儀礼のなかで神霊に扮したり、魔除けに用いる呪具であった。日本は仮面の宝庫といわれるほど遺品が多く、まず縄文時代後期・晩期の土面が六十点ほど、貝製、石製のものも数点発掘されている。次に現れるのは、飛鳥時代以後、大陸から伝来した伎楽、舞楽、行道《ぎょうどう》(寺社の儀式で演じられる仮装行列)に用いる外来系芸能仮面である。伎楽面は飛鳥時代のものが法隆寺《ほうりゅうじ》に、東大寺《とうだいじ》大仏開眼会《だいぶつかいげんえ》で用いられたものが東大寺や正倉院《しょうそういん》に伝来。舞楽面・行道面では、平安時代のものに当時の仏像彫刻に通じる秀作が多い。中世の能・狂言も仮面を使う芸能で、特に能面は造形的に純和風仮面の到達点を示すが、その祖形と見られる山間僻地の社寺伝来の古面(古能面)や、追儺《ついな》の行事に用いられた鬼面なども戦後大量に発見された。江戸時代には能・狂言面を庶民的に崩した神楽面が生まれ、仮面を使う民俗芸能も各地に残っている。

参考文献 京都国立博物館編『古面』、一九八二、岩波書店。田辺三郎助『日本の面』、一九六七、毎日新聞社。

(石橋健一郎)

めんぐ　面具　顔面を防御する小具足《こぐそく》の総称。冑《かぶと》の代用として使用され、また、内冑《うちかぶと》とよぶ顔面は冑では防御できないため、冑を被る場合も内冑の防御として使用された。中世前期と後期で種類が異なり、前期では半首《はつぶり》が使用され、後期に頰当《ほおあて》が成立して、それがふつうとなった。半首は、額から両頰を防御するもので、頰当は逆に顎から両頰を防御した。ただし、頰当には、鼻までも覆うものと覆わないものがあり、鼻を覆うものは特に目下《めのした》頰当といった。また、頰当には家地《いえじ》に札板を三段程威し下げた垂《たれ》が下がり、咽喉部の防御も兼ねた。ただし、咽喉部の防御には喉輪《のどわ》という別の小具足もあり、それと併用された。その他、中世後期には、顔面全体を覆う総面《そうめん》や額だけを覆う額金《ひたいがね》などの面具もあった。これらの面具は、鉄製黒漆塗がふつうで、半首では画革《えがわ》包もあり、目下頰当には、装飾と敵への威嚇も含めて鼻髭などが施されたものも多い。

参考文献 鈴木敬三『武装図説』(『(改訂増補)故実叢書』三五、一九九三、明治図書)。

(近藤　好和)

めんこ　面子　近世以降の子供の玩具の一種。江戸時代から明治時代の初めにかけては土製の泥面子が流行した。江戸遺跡出土の泥面子は、円盤形のものと面・人物・神像・動植物・器物などを型抜きしたものに大別できる。前者は文献にみえる「面打《めんちょう》」にあたり、後者は「面摸《めんかた》」と指の腹に付けて遊んだ小さな土製面の「芥子《けし》面」が含まれていると思われる。また、前者のモチーフには、家紋、十二支、名所や遊び・火消し・役者・相撲・食べ物などの風俗、年中行事や縁起物などさまざまなものが見られる。一八三〇年(天保元)に著された喜多村筠庭《いんてい》の『嬉《き》遊笑覧《ゆうしょうらん》』によれば、泥面子の遊びは元来「意銭《ぜにうち》」という銭を投げる遊びであり、地面に掘った穴に泥面子を投げて入ったら勝ちとする「穴一」などの遊び方があった。一八三二年および一八四四年には泥面子遊びの禁令が出されている。明治時代には鉛製の面子が現われ、その後、紙製に変わった。　→相撲《すもう》

参考文献 首藤岩泉「江戸趣味泥面譜」一—一一(『武蔵野』一一ノ五—一九ノ一、一九二八—三三)。仲光克顕「墨田区江東橋二丁目遺跡にみる江戸の土製品生産」(『東京考古』一六、一九九八)。

(谷川　章雄)

めんこう　綿甲　古代の甲。初見は、七三四年(天平六)の『出雲国計会帳』にみえる天平五年十月十五日節度使符で、「応造綿甲料布」として「調狭絁」と「綿」がみえる。ついで『続日本紀』天平宝字六年(七六二)二月六日条に「綿甲冑一千領」を造らせ、「鎮国衛府」に貯えさせたとあり、『続日本後紀』承和二年(八五三)三月十二日条には、大宰府に仰せて「綿甲一百領・冑一百口・袴四百腰」を「遣唐船不虞」の備えに充てたとある。一方、『続日本紀』天平宝字六年正月二十八日条には、「東海・南海・西海等道節度使料」の「綿襖冑二万二百五十具」を「唐国新様」で大宰府に製造させ、それは「甲板之形」を五行の色分けで描いたものという。史料は以上で、綿甲がいかなる構造か、また綿甲と綿襖が同一か否かについては、近世以来議論があり、結論は得ていない。しかし、綿甲は繭綿《まわた》布帛包の甲形《よろいがた》で、綿襖は綿甲を簡略化した防寒着に近いもので、いずれも対新羅一般兵士用であったという説があり、また綿襖は、対新羅海戦用ともいう。

参考文献 鈴木敬三「綿甲冑と綿襖冑」(『国学院雑誌』六二ノ九、一九六二)。上田宏範「綿襖冑」(『橿原考古学研究所論集』五所収、一九七九、吉川弘文館)。

(近藤　好和)

めんとがわら　面戸瓦　本瓦葺屋根における平瓦列と丸瓦列とが棟に接した部分で、積み上げた熨斗《のし》瓦の下に生ずる隙間をふさぐ瓦。棟だけを瓦で覆う場合も、熨斗瓦の下に軒瓦を込めた甍《いらか》棟には面戸瓦が必要である。『和漢三才図会』(一七一二年)は女牟度瓦と書く。隙間の形に合わせて焼成前に成形した専用品と、丸瓦などを打ち欠いた転用品とがある。古代・中世は転用品が主流で、専用品も焼成前の丸瓦を加工した例が多い。大和巨勢《こせ》寺では、蓮華紋で飾った平坦で厚手の専用面戸瓦(七世紀後半)が出土している。近・現代の専用品は、大棟に使う蟹面戸、隅棟に使う隅面戸などを作りわける。桟瓦《さんがわら》葺にも面戸瓦があるが、漆喰でふさぐことが多い。近・現代の本瓦葺でも、漆喰や瓦片でふさぐ場合がある。

(上原　真人)

も

もうこしゅうらい　蒙古襲来　二回にわたる蒙古(元)の日本への襲来。一二六八年(文永五)正月、高麗使が通好を求める蒙古皇帝フビライの国書を持って大宰府に到着。その後も高麗使・蒙古使はたびたび来日したが、いずれも返書をもらえず、帰国した。一二七一年には元・高麗に反乱を起こしている高麗の三別抄《さんべつしょう》軍から救援要請の文書が来たが、日本側は対応しなかった。一二七二年二月には、鎌倉幕府によって北部九州沿岸を警備する異国警固番役の制度が始まった。一二七四年十月、元・高麗の大軍が対馬・壱岐・松浦を経て博多湾に襲来した(文永の役)。博多周辺における合戦の有様は、竹崎季長『蒙古襲来絵詞』に詳しい。十月二十日の合戦で苦戦した日本軍は大宰府の水城《みずき》まで撤退したが、翌日には元軍が博多湾から姿を消したという。その原因としては、神風が吹いたとされていたが、近年では自主撤退説が浮上している。翌一二七五年(建治元)には異国警固番役の制度が強化された。一二七六年には高麗を攻める異国征伐が計画されたが、中止された。同年、博多湾沿岸一帯に石築地(元寇防塁)が築造され、ここを九州の武士たちが警備したり修理したりすることになった。現在もその遺構の一部が残っている。一二八一年(弘安四)に再び元軍が襲来した。五月に高麗から元・高麗軍が対馬・壱岐に襲来し、一部志賀島や長門にも襲来した(東路軍)。やや遅れて中国本土から元・旧南宋軍が九州に襲来した(江南軍)。両者は平戸で合流し、博多に向けて移動していたところ、鷹島周辺で台風のため多くが沈んだ。これがいわゆる神風である。鷹島周辺海域の水中調査で、元軍の武器・陶磁器・船材・碇などが大量に引き揚げられている。

参考文献　龍粛『蒙古襲来』(『日本歴史新書』、一九五九、至文堂)。川添昭二『蒙古襲来研究史論』(『中世史選書』一、一九七七、雄山閣出版)。佐伯弘次『モンゴル襲来の衝撃』(『日本の中世』九、二〇〇三、中央公論新社)。

(佐伯　弘次)

もうつうじ　毛越寺　奥州藤原氏の二代基衡《もとひら》が創建し、三代秀衡が完成させた寺院。岩手県西磐井郡平泉町平泉字大沢にある。天台宗別格本山。国の特別史跡・特別名勝。北上川右岸の台地に広がる平泉遺跡群の西側に位置する。金堂円隆寺《こんどうえんりゅうじ》跡を中心として、その西南隣りに嘉勝《かしょう》寺《じ》跡、北西隣りに講堂跡、東側に常行堂《じょうぎょうどう》と法華堂《ほっけどう》跡、南側に南大門などの主要伽藍《がらん》の礎石が残されている。また、円隆寺跡と南大門跡の間に広がる大泉《おおいずみ》ヶ池は今も池水をたたえ、中島や景石《けいせき》も旧態をとどめている。北は塔山《とうやま》、東西と南は土塁で画されている。東に隣接して基衡の妻が建立したとされる観自在王院《かんじざいおういん》がある。『吾妻鏡』文治五年(一一八九)の寺塔已下注文《じとういかのちゅうもん》には、毛越寺は堂塔四十余宇、禅坊は五百余宇で金銀をちりばめ万宝を尽くして造られたとされる。建立時期は諸説あるが、十二世紀中ごろと考えられている。奥州藤原氏滅亡後も寺領は安堵《あんど》される。しかし、一二二六年(嘉禄二)に円隆寺と嘉勝寺を焼失し、残る堂宇も一五七三年(天正元)に焼失した。金堂円隆寺は石の壇積み基壇をもち、七間×六間の巨大な五十四個の礎石が現存する。南側にコの字状に翼廊が延びる。雨落ち溝は粘板岩で化粧され、大泉ヶ池に排水される。溝の落ち口付近には景石が配されている。西に隣接する嘉勝寺跡もほぼ同規模の造りである。南大門跡は、

毛越寺跡

毛越寺　発掘調査中の遺水（南から）

桁行三間、梁行二間で南側基壇に前廂が付加される。南大門から中島への池橋、中島から金堂正面への池橋、そして金堂という南北にとられた軸線は、寺域の中心基準線となっている。典型的な浄土庭園の中心をなす大泉ヶ池は、東西約一九〇メートル、南北が中央部で七〇メートル、不整形で東が広くなっている。池の護岸の斜面は、拳大から頭大の円礫川原石が敷き詰められ、大型の景石が護岸の各所に配される。水路の全長が八〇メートルにも及び、蛇行を繰り返す玉石敷きの遣水《やりみず》跡も発見されている。遣水の山際は滝石組となり、『作庭記』の記述にあてはまる。↓観《かん》自在王院《じざいおういん》 ↓平泉《ひらいずみ》

参考文献 藤島亥治郎編『平泉―毛越寺と観自在王院の研究』、一九六一、東京大学出版会。平泉町教育委員会『特別史跡特別名勝毛越寺庭園発掘調査報告書』、一九八一-九一。『いわて未来への遺産―古代・中世を歩く』、二〇〇一、岩手日報社。

（高橋 信雄）

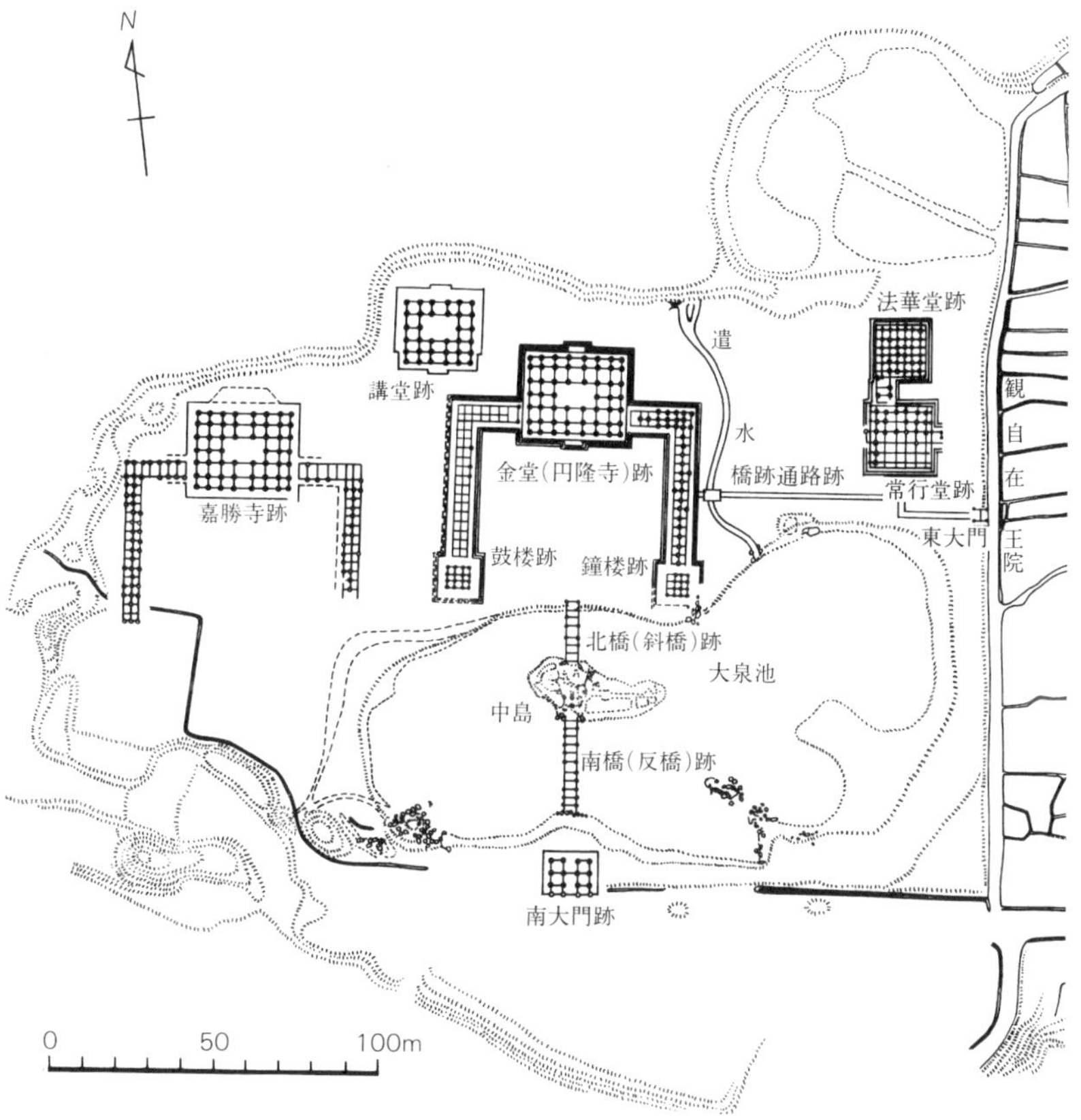

毛越寺伽藍配置図

もうりしろあと　毛利氏城跡 安芸国吉田庄の地頭から戦国大名に成長した毛利氏の本拠。郡山城跡と多治比猿掛城跡とからなる。広島県安芸高田市吉田町に所在。国史跡。郡山城跡は、吉田盆地の北を画す比高約二〇〇メートルの郡山に築かれた山城で、室町・戦国時代を通じ毛利氏の本拠として使われた。毛利氏は東国武士で十四世紀の時親のとき安芸吉田庄に下向したとされるが、城の維持管理を示す「城誘《こしらえ》」の記述がみられるのは一四五三年(享徳二)までなく、本拠城としての使用は十五世紀に入ってからとも考えられる。このころの城は郡山東南支尾根の「本城」で一五二三年(大永三)には当主となった元就が入城、一五四〇年(天文九)には尼子軍が郡山城を攻めるが(「毛利元就郡山籠城日記」『毛利家文書』二八六)、翌年には撤退する。その後、一五五一年ころ、「本城」の麓の堀が西へ拡張され、城は「本城」から郡山全域に城域を拡大、元就は郡山山頂の「かさ」に住むようになる。元就の死後は輝元が継ぐが、一五七二年(元亀三)には「年寄衆・奉行之者」に郡山への「在城」が割り当てられている。一五八四年(天正十二)の文書には麓の堀浚え、城内の普請の記述(「二宮就辰宛毛利輝元書状」『萩藩閥閲録』六四、二宮太郎右衛門)があり、このころ城内の整備が行われたらしい。しかし一五八九年には広島湾頭に広島城の築城を始め二年後には移っている。城は山上の「城」と山麓の「里・麓」の二つの空間からなる。「城」には当主のほか年寄衆・奉行之者が居住し、「里・麓」には近習衆が居住(里居)した。「城」を構成する総数二百七十の郭はそれぞれまとまって郭群を構成する。「城」は、郡山頂上付近を堀切や通路などで区画して主要な郭を置き石垣を巡らした中枢部、中枢部を囲む放射状の尾根に主要な郭群を配置した内郭部、内郭部の尾根から派生した尾根に郭群を独立的に配置した外郭部の三つのグループにまとめることができ、中枢部を核とした求心的な重層構造をなす。「里・麓」は「城」を囲む山麓の堀までの空間である。郡山城跡の北西約四キロにある多治比猿掛城跡は毛利元就が幼少期を過ごした山城である。山上の中心部郭群、寺屋敷郭群、物見丸と山麓の出丸とからなり、とくに出丸は堀切で区切られて広大な郭をも

つ独立性の強い館城である。

資料館　吉田歴史民俗資料館(広島県安芸高田市)

参考文献　吉田町教育委員会編『史跡毛利氏城跡(郡山城跡・多治比猿掛城跡)保存管理計画策定報告書』、一九六八。秋山伸隆「郡山城とその城下の構造」(『戦国大名毛利氏の研究』所収、一九九八、吉川弘文館)。小都隆「郡山城跡の構造的研究」(『中世城館跡の考古学的研究』二〇〇五、渓水社)。　(小都　隆)

モース　Edward Sylvester Morse　一八三八―一九二五　生物学者。一八三八年六月十八日アメリカ合衆国メイン州ポートランドに生まれ、ハーバード大学のアガシーの助手を勤めたのち、フロリダの貝塚調査を行い、腕足類の研究に関心を深めた。一八七七年(明治十)六月腕足類の研究のために日本を訪れ、横浜から東京への車窓で大森貝塚を発見した。帝国大学(現東京大学)理学部生物学科の教授となったのち、同年九月から翌年三月まで東京府荏原郡大井村(東京都品川区大井六丁目)の大森貝塚の発掘調査を行なった。一八七九年報告書『大森介墟《かいきょ》古物編』"Shell Mounds of Omori"を刊行した。帝大では欧米流の考古学・動物学を教え、進化論を紹介したが、二年間で帰国し、その後マサチューセッツ州セーラムのピーボディ博物館長となり、陶器・民俗資料を収集し、また回想記『日本その日その日』を出版した。大森貝塚の発掘と報告書は、土器・石器・骨角器の正確な観察と原始種族プレアイヌ説や貝塚の時期を解釈し、日本の科学的な考古学の発祥と評価される。一九二五年二月二十日、セーラムで没。八十七歳。

参考文献　モース『大森貝塚』(近藤義郎・佐原真編訳、『岩波文庫』、一九八三、岩波書店)。　(十菱　駿武)

モース

もがみとくない　最上徳内　一七五五―一八三六　近世後期幕臣、北方探検家。諱は常矩。一七五五年(宝暦五)出羽村山郡楯岡村(山形県村山市)の農家に生まれ、一七八一年(天明元)江戸で幕府医師山田宗俊の弟子となり、後に本多利明に天文測量術を学ぶ。一七八五年本多の推薦で幕府東蝦夷地調査に竿取として参加。一七八九年(寛政元)クナシリ・メナシのアイヌ人蜂起の調査に派遣されるが、同行の青島俊蔵の不正行為に連座し一時投獄されるが無罪。一七九〇年普請役下役、普請役となり、翌年以後蝦夷地に派遣され山丹交易調査などを行い、近藤重蔵らとエトロフ島に標柱を立てる。一八〇〇年より一八〇四年(文化元)まで材木御用掛として全国を調査。一八〇五年遠山影晋の蝦夷地調査を案内、一八〇六年普請役元締格、一八〇七年箱館奉行支配調役並、支配調役となり一八〇九年まで対露防備に関わる。一八二六年(文政九)シーボルト江戸来訪時に蝦夷地情報を教示する。一八三六年(天保七)九月五日、浅草で死去。八十二歳。墓所は駒込蓮光寺。

参考文献　島谷良吉『最上徳内』(『人物叢書』、一九八九、吉川弘文館)。　(木村　直樹)

もがり　殯　古代に人の死後から埋葬までの間、遺骸を棺に納めて喪《も》屋に安置し、近親らが奉仕する葬送儀礼。荒城《あらき》ともいう。特に天皇・皇族のための喪屋を殯宮《もがりのみや》と称した。わが国での初源は定かではないが、『魏志《ぎし》』倭人伝《わじんでん》には葬家での歌舞飲食など後の殯と共通する習俗がすでに見えている。六世紀以降、中国の殯《ひん》の影響を受けて儀式として整備された。特に天皇・皇族の殯の場合は、儀礼期間が長期化し、一年以上に及ぶこともまれではなく、敏達天皇や斉明天皇の場合のように五年を越えた例もある。六四六年(大化二)の薄葬令《はくそうれい》により王以下庶人の殯は禁止され、天皇の殯宮儀礼も仏教的な葬送儀礼の影響や、火葬の導入などによって、文武天皇以降は行われなくなった。民俗事例として、古代の殯儀礼の一部に類似する葬送習俗の存在が確認できるケースもある。

参考文献　折口信夫「上代葬儀の精神」(『折口信夫全集』二〇所収、一九九六、中央公論社)。田中久夫「殯宮考」(『仏教民俗と祖先祭祀』所収、一九八六、神戸女子大学東西文化研究所)。和田萃「殯の基礎的考察」(『日本古代の儀礼と祭祀・信仰』上所収、一九九五、塙書房)。　(高島　英之)

もくぎょ　木魚　梵音具の一つ。木魚鼓・魚鼓・魚版ともいう。元来は魚の形をした長い板状のもので、禅林の食堂・庫堂の長廊などに水平に懸けられ、食事の合図のほか僧衆を集めるときに木槌で撃いた。魚を象《かたど》った理由は、魚は寝ることがなく常に目覚めているからとされる。明代に読経・唱題の調子を取るための長魚形を屈曲させた木魚が考案された(椰・桑製が多い)。球形の胴体を内刳りし、口を付けて鈴状に整形し、表面に魚を象り魚鱗を配し、両端から頭・尾がでて中央で連なり取手を形成する。清代になると、取手部分が魚頭尾から双竜が中央で珠を銜《くわ》えるものに変化する。梵鐘の鈕の影響が考えられる。小型の布団の上に安置し、先を布・皮を巻いた杖で敲《たた》いて鳴らす。通常は一尺から二尺大のものが使用されるが、行道や施餓鬼《せがき》などでは三寸から五寸の小型が使用される。日本では室町時代に禅宗で使用され始め、江戸時代に天台・浄土などの他宗派に広がった。特に浄土宗では念仏を唱えるのに重用された。

参考文献　蔵田蔵『仏具』(『日本の美術』一六、一九六七、至文堂)。　(藤澤　典彦)

もくしんかんしつ　木心乾漆　⇩乾漆造《かんしつぞう》

もくたんかく　木炭槨　近畿地方を中心に八・九世紀に行われた、木炭を大量に使用する墳墓構造。墓壙内に安置した木棺あるいは骨蔵器を木炭で被覆するもので、木炭は単に詰め込むだけではなく、立て並べたり積んだりすることがある。木棺墓の事例は八世紀後半から九世紀前半を中心とし、京都市山科区西野山《にしのやま》古墓、同西京区沓《くつ》掛《かけ》古墓、京都府向日市長野古墓、奈良県御所市巨勢《こせ》山室《やまむろ》古墓などがある。また八世紀前半の大阪府太子町伽山《とぎやま》古墓は凝灰岩切石の石槨内に木棺を安置し、周囲に木炭を詰めた例である。鏡・銙帯《かたい》・装身具類・刀剣類・土器などの豊富な副葬品を伴うことが特徴である。火葬墓の事例は木櫃(奈良市太安万侶《おおのやすまろ》墓)、施釉陶器(奈良県天理市白川火葬墓群)などを骨蔵器とする。このほか、古墳の埋葬施設にも木炭槨と呼ばれるものがあり、東日本の前期古墳を中心に実例がみられるが、歴史時代の事例とは系譜的な関連性は薄いと思われる。（岡林　孝作）

もこし　裳階　社寺建築において主屋の柱の途中に取り付いて主屋の大屋根の下に庇状に屋根が取り付く部分。古代建築では法隆寺金堂・五重塔の初層、薬師寺三重塔の各層にみられ、中世にも海住山寺五重塔(京都府)・安楽寺八角三重塔(長野)の初層に用いており、多宝塔の初層や禅宗仏殿には通有である。構造的には民家の下屋に相当する副次的な部分であることから、柱は角柱を用い組物の形式も簡単で軒の出が小さいなど主体部に比較して簡易な形式とし、重厚な主体部に対して軽やかな意匠とする。鎌倉時代後期には裳階にも円柱を用いるなど本格的な構造を採り入れたものも現れる。また、室町時代以降には喜光寺本堂(奈良県)のように構造的には一重裳階付であっても主屋の柱を高く立ち上げて裳階の屋根より上に扉や窓を構えて概観は二重仏堂と変わらない形式も見られる。（清水　真二）

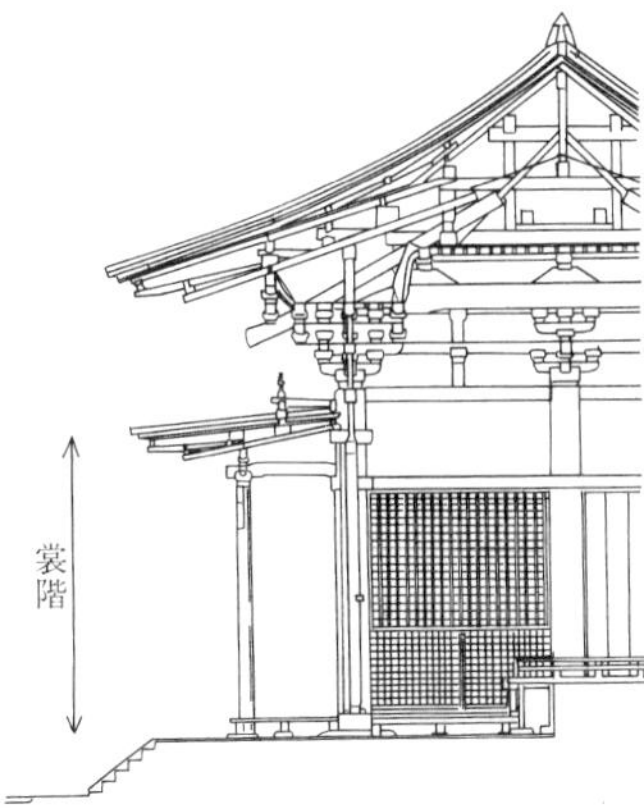

裳階（平等院鳳凰堂）

もじ　文字　言語伝達手段の一つとして、一定の形を具えて、一定の言語音との対応が社会的な共通理解として定着しているもの。日本では漢字伝来以前に神代文字と称する固有の文字があったとする説が中世以来唱えられ、近世には多種の神代文字が示されたが、いずれも上代特殊仮名遣いに合致せず、後代の臆説・偽作である。中国の史書には紀元前一世紀ごろから倭人の動静が記されており、そのころには漢字文化の中心である中国とも交流が存したことがわかる。中国との通交には漢文による文書が必要であり、また金印や外交文書の形で漢字・漢文が到来したはずである。現在国内では三重県安芸《あげ》郡安濃《あのう》町内多大城《だいしろ》遺跡出土土器の刻書「奉」(二世紀中葉)、福岡県前原《まえばる》市三雲遺跡の甕の線刻「竟(鏡)」(三世紀中葉)、長野県下高井郡木島平《きじまだいら》村根塚遺跡土器片の刻書「大」(三世紀後半)、熊本県玉名市河崎柳町遺跡の木製短甲留具墨書「田」(四世紀初頭)、三重県嬉野《うれしの》町片部《かたべ》遺跡の土器墨書「田」(四世紀前半)などが最古の遺例であるが、これらはいずれも記号的に使用されたものである。文章としては五世紀中葉の千葉県市原市稲荷台《いなりだい》一号墳出土鉄剣銘、五世紀後半の埼玉県行田市稲荷山《いなりやま》古墳出土鉄剣銘(辛亥年＝四七一)や熊本県玉名郡菊水町江田船山《えたふなやま》古墳出土大刀銘があり、後二者では人名・地名の和語が音仮名表記されており、漢字に依拠した日本語表記の萌芽が見られる。その後、訓仮名の成立や音訓交用の段階を経て、和文表記が確立し、七世紀後半には散文では宣命《せんみょう》大書体・小書体、歌表記では万葉仮名文が出現した。また仏教伝来とともに学僧の間に漢文に訓点を記入することが起こり、万葉仮名を極端に草書化したものや篇旁などの一部を省略したものが考案され、それらが片仮名や平仮名の起源となり、九世紀末ごろには平仮名・片仮名による仮名文表記が発達する。その後、十六世紀にヨーロッパ人がローマ字をもたらし、現在の日本語表記の文字が出揃った。

参考文献　沖森卓也『日本語の誕生』(『歴史文化ライブラリー』一五一、二〇〇三、吉川弘文館)。『文字と古代日本』、二〇〇四–〇七、吉川弘文館。
（森　公章）

もじ　門司　現在の福岡県北九州市門司区門司で、関門海峡を渡海する港。門司の初見は、山口県美禰郡美東町の長登《ながのぼり》銅山跡出土の和銅―天平初年の木簡に「豊前門司」とみえるものである。長登銅山で精錬した銅塊が豊前門司へ運ばれたことを示すもので、豊前門司を経由して豊前国府や大宰府へ運ばれたのであろう。七九六年(延暦十五)十一月二十一日の太政官符によると、「当処勘過不レ可三更経二門司一」とみえ、東九州の港から出航する際、出航津での過所《かしょ》の勘過があれば門司での勘過を不要とする決定を下している。こうしたことは、奈良時代には、西海道諸国の津から出航する全ての船は豊前国門司での検察を必要としていたことを示している。西海道諸国の船が瀬戸内海に入るときには門司で、瀬戸内海地域から関門海峡を通過する際は長門国で過所勘過が行われるように、関門海峡を挟んだ両地点での検察は、関門海峡を流れる潮流の存在を利用したものである。

参考文献　松原弘宣「水上交通の検察システム」(『続日本紀研究』三三七、二〇〇二)。
（松原　弘宣）

もじがわら　文字瓦　文字を記した瓦。平城宮跡出土「参河国賀茂郡挙母郷」銘墨書平瓦のように、焼成後に墨書した例もあるが、多くは焼成前にヘラ状の工具で文字を刻むか、文字を刻んだ印を捺したものである。つまり、瓦工房における製作段階で記されたことになる。内容から、㈠工人名などを記したもの(恭仁《くに》宮跡出土刻印瓦)、㈡郡郷など、律令制的行政単位を記したもの(東国の国分寺跡出土瓦など)、㈢個人名を記し、行政単位を伴わない

土塔出土　　武蔵国分寺跡出土

文字瓦

もの（堺市大野寺土塔出土瓦など）㈣官司名、寺院名を記したものなどに分類できる。㈠は、瓦工人の労務管理に関わると推定されている。㈡は、国分寺が律令制的行政単位を媒介に収奪を行うことにより造営されたことを示すとされ、これに対し㈢は行基発願の土塔が女性や僧侶も含め、個人の知識により造営されたことを示すとされる。㈣は、瓦の供給先を示すと考えられ、これらの官司などが瓦工房に対し何らかの関係を持っていたことを示している。文字瓦は瓦窯においても供給先の寺院においても出土し、場合によっては同種の文字が瓦窯・供給先の両者から、または複数の供給先から出土することもある。こうした文字資料を用い、瓦当笵や製作技法の検討をあわせて行うことで、瓦を生産した窯と供給先との関係や瓦の流通の問題、寺院造営体制の解明などを進めることができる。

参考文献　森浩一「大野寺の土塔と人名瓦について」（『文化史学』一三、一九五七）。大川清『武蔵国分寺古瓦塼文字考』、一九八六、小宮山書店。同「東国国分寺造営における造瓦組織の研究」（『国士舘大学人文学会紀要』五、一九七三）。森郁夫「奈良時代の文字瓦」（『日本史研究』一三六、一九七三）。同「平城宮の文字瓦」（『奈良国立文化財研究所研究論集』六、一九八〇）。上原真人「天平一二、一三年の瓦工房」（同七、一九八四）。同「東国国分寺の文字瓦再考」（『古代文化』四一ノ一二、一九六九）。田熊清彦「下野国府と文字瓦」（同）。

（古尾谷知浩）

モシリヤチャシ　明治時代から知られていたアイヌ文化期の代表的遺跡。北海道釧路市城山町に所在。国史跡。別名ポロチャシ、サルシナイチャシ。釧路川下流部の半島状に突き出した標高一八メートル、比高一五メートルの小さな丘陵を幅一五メートル、深さ七メートルの一条の壕で区切り、テラス部を設けているのでお供え餅型チャシに見える。南東部の本砦は南西側が二段、北東側が三段になっている。頂部は一八×二五メートルの広さをもつ。北西部の副砦は南西側が急な崖で、北東側が三段である。頂部は一二×三七メートルの広さをもつ。このチャシに関連する遺物が採集されているが、刀・鉄鍋のほか、エゾシカ・魚骨・ウバガイ・オオノガイ・カワシンジュガイなどや多量の円礫が出土しているとされる。築造者は宝暦年間（一七五一―六四）に実在したトミカラアイノとされ、その息子タサニセも居住していたことが松浦武四郎の『東《ひがし》蝦《え》夷《ぞ》日誌《にっし》』などにみえる。

参考文献　『日本城郭大系』一、一九八〇、新人物往来社。

（宇田川　洋）

もちゅうせん　模鋳銭　踏み返しの技術によって模倣鋳造した銭貨のことで、主に中世の日本国内においては中国銭種を母銭に採用して鋳型で鋳写した銭貨を指す。鐚《びた》銭《せん》の中の鋳写し鐚銭に該当する。同じ銭文を有する銭貨でも、中国の正規銭（中国本銭）、中国で私鋳された銭貨（中国私鋳銭）、国内で模鋳された銭貨（模鋳銭）の三種が存在するが、中国私鋳銭の考古学的実態が判然としないため、現状では中国本銭と国内模鋳銭の識別・検討が実施されている。中世の模鋳銭の国内生産を考古学的に実証する資料としては、十三世紀後半と十四世紀前半の京都市平安京左京八条二坊および三坊、十五世紀初頭の鎌倉市今小路西遺跡、十五―十六世紀の博多遺跡群、十六世紀中ごろから後半の堺環濠都市遺跡から銭鋳型が、茨城県東海村村松白根遺跡から時期不明の永楽通宝枝銭がそれぞれ出土しているが、とりわけ堺出土の模鋳銭鋳型は開元通宝から洪武通宝まで計二十一種二百二点と質量ともに豊富であり、中世は「渡来銭の時代」とされていたそれまでの教科書的認識に再考を迫るとともに、従来の銭種のみの初鋳年を用いた年代決定法に警鐘を鳴らす重大発見となった。堺出土の銭鋳型・枝銭・鋳放銭・湯道バリなどの銭貨鋳造資料の検討から判明した模鋳銭の特徴としては、直径が小さい、厚さが薄い、銭文や外縁・内郭の段差が弱い、裏面が平坦であるといった外見的要素と、錫（Sn）がほとんど含有されず、銅（Cu）の純度がきわめて高いといった金属組成分析結果が存在する。また、国内の大量出土銭（備蓄銭・埋納銭）の詳細な観察結果では、模鋳銭は元銭の至大通宝（一三一〇年初鋳）を最新銭とする十四世紀前半以降の資料から登場し、南宋銭を最新銭とする一群には存在していない。なお、堺出土の銭鋳型には当初から表裏ともに文字を持たない無文銭鋳型が多量に確認されているが、ここでは多くを語らないことにする。

参考文献　国立歴史民俗博物館編『東アジア中世海道―海商・港・沈没船―』、二〇〇五、毎日新聞社。嶋谷和彦「中世日本の銭生産」（『アエラムック考古学がわかる』所収、一九九七、朝日新聞社）。嶋谷和彦「模鋳銭の生産と普及」（小野正敏・萩原三雄編『戦国時代の考古学』所収、二〇〇三、高志書院）。東北中世考古学会編『中世の出土模鋳銭』（『東北中世考古学叢書』一、二〇〇一、高志書院）。

（嶋谷　和彦）

もっかん　木簡　発掘調査などによって地中から見つかる墨書のある木片の総称。最も代表的な出土文字資料。非出土品は、正倉院に伝来した古代の伝世品を除き、棟《むな》札《ふだ》なども含めて原則として木簡とは見なしていない。墨書媒体としての木の使用は近代まで連綿と続く。狭義には、文書木簡と荷札木簡を主体とする古代律令期のものに限ることも珍しくないが、墨書媒体としての木の使用の連続性を重視し、時代や資料としての性格による分別は行なっていないため、近代の木簡も稀ではない。点数では古代のものが圧倒的に多いが、件数では、おおむね古代と中世・近世が拮抗する。また、内容的には狭義の木簡ばかりではなく、中世・近世の呪符や柿経《こけらきょう》、卒塔婆、さらには将棋の駒に至るまで、さまざまなタイプの資料が含まれる。情報伝達媒体のうち、特に木を用いたものの出土品を、特に木簡と称しているわけで、その意味では、情報伝達媒体として作られた木製品としての性格が色濃い。木簡の存在が広く認識されるようになったのは、一九六一年(昭和三十六)の平城宮跡での出土を嚆矢とするが、一九三〇年代の秋田県払田柵跡と三重県柚井遺跡における発見など、これ以前のものもかなりの数に上る。二〇〇五年度末までに全国で出土した木簡とその概数は、千遺跡、計三十二万点を超える。主なものとしては、都城では、平城宮跡五万点、平城京跡十三万点(うち長屋王家木簡三万五千点、二条大路木簡七万四千点)、藤原宮跡八千点、藤原京跡一万四千点、飛鳥地域一万点、長岡宮・京跡一万点、宮町遺跡(紫香楽宮跡)七千点などがあり、地方官衙では(以下点数略)、大宰府跡・多賀城跡など律令国家の地方支配拠点遺跡や市川橋遺跡・山王遺跡などその周辺の都市遺跡、栃木県下野国府跡・徳島県観音寺遺跡(阿波国府関連遺跡)・秋田城跡など国府関連遺跡、静岡県伊場遺跡群(遠江国敷智郡家関連遺跡)・新潟県八幡林遺跡(越後国高志郡家関連遺跡)・長野県屋代遺跡群(信濃国埴科郡家関連遺跡)・兵庫県袴狭《はかざ》遺跡群(但馬国出石郡家関連遺跡)など郡家関連遺跡、滋賀県西河原遺跡群などの七世紀の地方拠点遺跡、長登《ながのぼり》銅山跡などの生産遺跡がある。中世以降では、広島県草戸千軒町遺跡・福井県一乗谷朝倉氏遺跡などの中世の居館・集落遺跡、大坂城跡・大坂城下町跡、江戸城下町跡などをはじめとする近世城跡・城下町跡から多くの木簡が出土している。木簡出土事例のない都道府県はなく、条件さえよければ地域・時代を問わず出土が期待できる。木簡がそれぞれの時代の研究で果たす資料としての役割は、時代が降るにしたがって相対的に小さくなるが、遺跡との関わりにおいて、木簡が果たす役割はどの時代においても何ら変わりはない。日本における木簡使用の起源は、出土事例による限り、七世紀の第Ⅱ四半期まではさかのぼる。奈良県坂田寺跡・山田寺跡・上之宮遺跡、大阪府難波宮跡・桑津遺跡などの木簡である。しかし、これらは遺構や共伴遺物からの判断で、年紀を有する最古のものは難波宮跡出土の戊申年(六四八年)の木簡であり、内容的にまとまりをもつものに限ると、石神遺跡出土の美濃国の乙丑年(六六五年)の荷札木簡が現在最古となろう。日本の木簡使用に大きな影響を及ぼしたと考えられる百済・新羅では六世紀にさかのぼる木簡の使用が確認されているので、日本の木簡使用の開始までには約一世紀の間隙があることになる。日本における木簡使用の最盛期は、律令国家建設に邁進した七世紀末の天武・持統朝に始まり、八世紀の平城京の時代、それに続く長岡京の時代までの約一世紀間である。九世紀以降は、出土事例にみる限り、木簡使用は相対的に減少していく。今後、日本において六世紀あるいはそれ以前にさかのぼる木簡の出土が期待できないわけではないが、日本の木簡は基本的に律令制の施行と深く結びついているのが大きな特徴であり、六世紀以前に七、八世紀と同様の規模での使用が確認できる見込みはほとんどないと考えられる。木簡が出土する主な遺構は、溝、井戸、土坑などである。木簡は地下水によって湿潤な状態を保ちつつ日光と空気から遮断されて土中にパックされて伝わるか、自然乾燥状態で伝わるかのいずれかである。日本の木簡はほとんど全てが前者である。したがって、その保存に乾燥は禁物で、水に漬けた状態(かつてはホルマリンを使用。現在は防腐剤としてのホウ酸・ホウ砂の薄い水溶液を用いるのが一般的)での細心の管理を必要とする。真空凍結乾燥法・高級アルコール法など科学的な保存処理を行うことも多いが、その場合も安定した温湿度管理下に保管するのが望ましい。木簡の形態は、短冊型を基本とする。上下両端または一端(多くは上端)の左右に一対の切り込みを施したり、一端を尖らせたりするなど、物に取り付けるための工夫をもつものもある。大きさは長さ数㌢から一㍍を超える大型のものまでさまざまであるが、一五～三〇㌢程度、幅は二～四㌢程度のものが多い。厚さは二～五㍉程度と比較的薄く、一㌢を越えるものは多くない。材はヒノキが七、八割、スギが一、二割程度で、若干の広葉樹がみられるが、使用樹種の偏りを示す地域もある(隠岐国のスギ、西海道京進木簡の広葉樹など)。木取りは板目・柾目《まさめ》ともにあり顕著な傾向はない。加工は左右の側面は削って平滑にする場合が多いが、上下両端は刃物を入れて切り折りしたままの場合もある。表面は文字が書きやすいよう平滑に調整する場合がほとんどで、保管用の紐を通す孔を穿つ場合もある。木製品として特定の用途をもつ木簡以外は、文字を削って再利用するのが一般的で、削り取られたカンナ屑状の薄片に文字が残る場合がある。これを削屑と呼ぶ。木簡は、従来その内容から、文書、付札、習書・落書、その他、のように分類されている。そして、文書は、差し出しから宛先に充てられて移動する狭義の文書(手紙)木簡と、記載者の手控えとして作成される帳簿・伝票木簡に二分され、また付札は主として税物の荷物に付けられて差し出しから宛先に移動する荷札木簡と、整理・保管の際の識別用のいわばラベルの働きをする狭義の付札木簡に二分されることが多い。しかし、この分類に収まりきらない木簡群の存在にも注意を要する。墨書がなくても木製品としての機能を果たし得るが、墨書によってその機能の発揮が一層円滑になる、いわば「墨書木製品」とも称すべき一群である。具体的には、題籤《だいせん》軸《じく》・棒軸、封緘《ふうかん》、文書箱、キーホルダーなどである。人名の書かれた人形《ひとがた》、番付の書かれた井戸枠なども、同じ範疇に入れられよう。製品としての機能を補完する役割を果たす墨書という点では、墨書土器と共通するものがある。このように、木簡には紙のようにもともと墨書することを前提としたものと、土器のように墨書することを前提としないものとがある。つまり、木簡の素材である木は、素材としての紙と土器の性格を兼ね備えた墨書素材といえる。また、墨書を前提としたものでも、荷札や付札(狭義)、あるいは呪符の類などは堅牢性を重視して木を使用しているのであり、木製品としての性格を強くもつといえる。紙木併用という状況での木簡使用の隆盛の背景には、木簡が本質的にもつこのような木製品としての機能の存在があることを忘れてはならない。もっとも、中国においては紙の発明とその後の律令制の整備に伴って、木製品としての機能を必要としない木簡の多くは次第に紙に移行していった。日本においてなぜ律令制とともに木簡の使用が最盛期を迎えたかは、なお検討すべき大きな課題である。木簡の史料としての特質は大きく二つに整理できる。一つは、文献史料としてのはたらきである。これは史料の限られた日本古代史においてことに計り知れない。既存の史料の解釈に木簡は大きな役割を果たすし、また木簡の解釈には既存の史料の十分な活用が肝要である。既存文献史料との絶え間ないフィードバックが木簡の史料としての理解には欠かせない。二つめは、遺跡の性格・年代の指標としてのはたらきである。木簡はあくまでも出土遺物しての属性を永久に持ち続けるのであって、出土地点、すなわち遺跡との関係を抜きにしては、その存在価値を失うといっても過言ではない。どの地点のどの層から出土したかが、木簡の文字が書かれた状況を知らせ、木簡に書かれた文字に息吹を与えられるかどうかのカギになる。木簡の内容から遺跡・遺構の性格を考え、遺跡・遺構の性格から木簡の内容の理解を深める、そうした遺跡・遺物相互のフィードバックもまた重要である。なお、二〇〇三年(平成十五)には、一九六一年平城宮跡出土の木簡群が、「平城宮跡大膳職推定地出土木簡」として、木簡でははじめて重要文化財指定を受け、また二〇〇四年には、広島県草戸千軒町遺跡出土木簡が、考古遺物としてほかの遺物とともに重要文化財に指定されている。 →別刷〈木簡〉

参考文献 山本崇・寺崎保広編『全国木簡出土遺跡・報告書綜覧』、二〇〇四、木簡学会。『木簡研究』一―、一九七九―。木簡学会編『日本古代木簡選』、一九九〇、岩波書店。木簡学会編『日本古代木簡集成』、二〇〇三、東京大学出版会。

(渡辺　晃宏)

もっき　木器 木質の材料を用いてつくられた道具。木製品ともいう。木器はもっとも普遍的な利器の一つとして、人類出現のころから使用され続けている。日本列島において最古とされる旧石器時代の木器については評価が定まっていないとみるべきだが、縄文時代以降になると、多様な木製の道具が使用されていたことが遺跡からの出土品によって知られる。古代の木器については一九八五年に編集された『木器集成図録』近畿古代篇の項目だけを拾ってみても、一工具(斧・木槌《きづち》・掛矢《かけや》・鏝《こて》・楔《くさび》・墨壺・墨刺《すみさ》し・刀子《とうす》・刀子鞘《さや》・鉇《やりがんな》柄・鑿《のみ》柄・鋸《のこ》柄・錐《きり》・刷毛《はけ》・箆《へら》・木釘・木針・座金《ざがね》形木器・鋲《びょう》形木器・叩板《たたきいた》)、二農具(鋤《すき》・鍬《くわ》・えぶり・馬鍬《まんが》・鎌・鉈《なた》柄・横槌・唐臼《からうす》の杵《きね》・竪杵《たてぎね》・木錘・田下駄《たげた》)、三紡織具(糸巻・紡輪《つむ》・織機)、四運搬具(車輪・軛《くびき》)、五漁猟具(攩網《たも》・浮子・簎《さく》形木器・櫂《かい》)、六武器(丸木弓・鳴鏑《なりかぶら》・鞘尻《さやじり》金具形・刀・楯《たて》)、七服飾具(檜扇《ひおうぎ》・櫛・留針・草鞋《わらじ》・木履《ぼくり》・下駄)、八容器(挽物《ひきもの》・刳物《くりもの》・円形曲物・曲物《まげもの》柄杓《ひしゃく》・楕円形曲物・長方形曲物・把手《とって》・枠・蓋板・栓《せん》)、九籠編物、一〇食事具(刳物匙《さじ》・匙形木器・杓子《しゃくし》形木器・異形杓子・箸・擂粉木《すりこぎ》・俎《まないた》)、一一文房具(算木《さんぎ》・物差・版木・筆管・木印)、一二遊戯具(琴柱《ことじ》・独楽《こま》)、一三祭祀具(斎串《ゆぐし》・正面全身人形《ひとがた》・側面全身人形・顔形《かおがた》・立体人形《ひとがた》・刀形・刀子形・剣形・鎌形・鉈《なた》形・下駄形・鋤形・船形・馬形・牛形・鳥形・陽物《ようぶつ》形・仏具他)、一四建築模型部材、一五部材(支脚・天板・脚座・台座・台脚・箱・その他の部材)、となっており、実に多種多様な木製品が製作され使用されていたことがわかる。このほかに、少なからぬ木器が用途不明品として分類されている。しかし、薄い板状品の多くは、排便後に尻を拭うための用具である籌《ちゅう》(捨て木)であることが判明し、また細長い板の片側面ないしは両側面に細かい刻みを施したものの一部は、楽器としてのササラの類であることが論じられているなど用途、機能の解明作業が進められている。また、古代において、木器は手工業生産品であることから、工房や生産体制のあり方を追究することによる歴史解明作業も進められている。

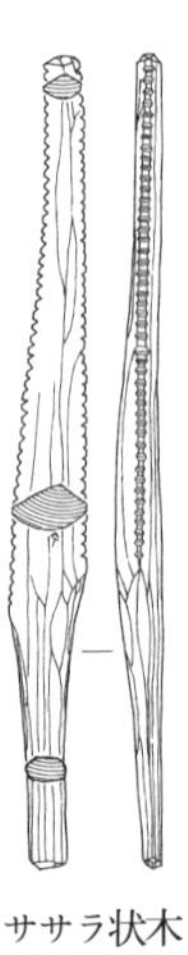

ササラ状木製品（平城宮跡出土）

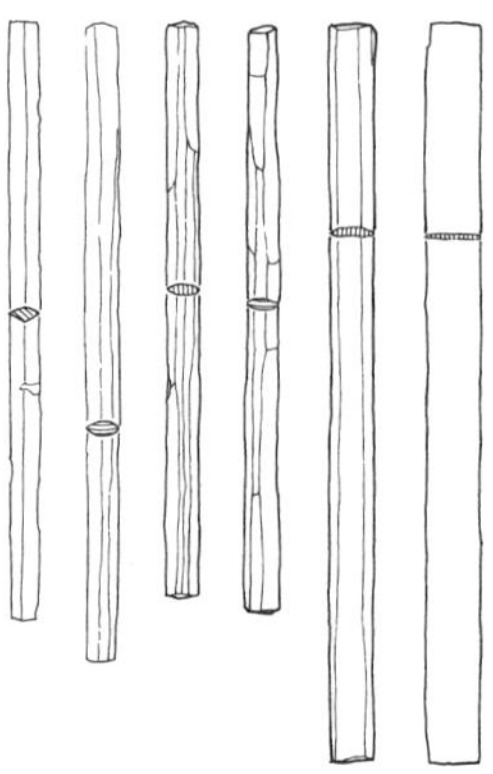

籌（平城宮跡出土）

参考文献 奈良国立文化財研究所『木器集成図録』近畿古代篇、一九八五。金子裕之「百万塔の工房」(『官営工房研究会会報』一、一九九四、奈良国立文化財研究所)。飯塚

武司「古代手工業生産における木工」(『考古学研究』四七ノ三、二〇〇〇)。　（井上　和人）

もとおりのりなが　本居宣長　一七三〇—一八〇一　江戸時代の代表的な国学者。一七三〇年(享保十五)五月七日、父小津《おづ》定利《さだとし》、母かつの子として伊勢国松坂に生まれ、少年のころは商家に働いたものの、その道を断念、一七五二年(宝暦二)、医者になるべく京都に赴き、修業を積むとともに、和漢の古典に接した。五年余りを経て松坂に帰り、医師として診察、施薬にあたりながら『源氏物語』、『万葉集』などの講釈をはじめた。一七六三年、賀《か》茂《もの》真淵《まぶち》と出会い、『古事記』の研究に正面から取り組むことになる。主著は一七九八年(寛政十)年完成の『古事記伝』四十四巻であり、三十二年の歳月を費やして成し遂げた画期的な古事記注釈書である。実証的、厳密な研究態度と漢意《からごころ》を排して古道を明らかにする姿勢が示されている。ほかに、もののあわれ論を展開した『源氏物語玉《たま》の小櫛《おぐし》』、『続日本紀《しょくにほんぎ》』所載の宣命を解釈した『続紀歴朝《しょっきれきちょう》詔詞解《しょうしかい》』、研究随筆集である『玉勝間《たまかつま》』など、多くの著述がある。晩年には約四百九十人もの門人が集まるなど、直接教えを受けた門人も多いが、著作を通じてのちの国学運動、古典文学の研究に与えた影響も多大である。伴《ばん》信友《のぶとも》も没後の門人。『古事記伝』をはじめとして、その著作の多くは今日でもしばしば参照されるところとなっている。一八〇一年(享和元)九月二十九日没。七十二歳。松坂の山室山《やまむろやま》(三重県松阪市山室町字高峯)に奥墓《おくつき》が設けられそこに葬られた。一族の墓は市内新町の樹敬寺《じゅきょうじ》にあるが、樹敬寺の隠居寺が山室山にあり(妙楽寺《みょうらくじ》)、奥墓もその境内地に含まれる。葬送のしかた、奥墓の場所や墓碑銘(「本居宣長之奥墓」)など、生前の宣長自身による詳しい指示があり、墓所には山桜と松が植えられた。国の特別史跡に指定されている宣長旧宅は、一六九一年(元禄四)に建てられたものであるが、宣長は十二歳の時から死去に至るまでこの家に住んだ。市内魚町《うおまち》にあったが、一九六七年(昭和四十二)に松阪城跡公園内に移築、復元された。宅跡には礎石、裏庭、井戸が残されている。数多くの自筆本をふくむ関係資料は、移築された旧宅に隣接する本居宣長記念館に収蔵、展示されている。

参考文献　子安宣邦『本居宣長』(『岩波新書』、一九九二、岩波書店)。岩田隆『本居宣長の生涯』、一九九九、以文社。本居宣長記念館編『本居宣長事典』、二〇〇一、東京堂出版。　（早川　万年）

もとさくらじょう　本佐倉城　千葉県印旛郡酒々井町《しすいまち》・佐倉市に所在する中世城郭。国指定史跡。一九九〇年(平成二)以降、部分的な発掘調査を実施している。千葉氏本宗家の滅亡後、本宗家を継いだ馬加《まくわり》系千葉氏により文明年間(一四六九—八七)に築かれ、千葉氏が滅亡する一五九〇年(天正十八)まで居城として使われた。印旛沼に面する台地を堀や土塁で区画したⅠ～Ⅹ郭で構成され、城域は東西約七〇〇㍍、南北約八五〇㍍に及ぶ。特にⅠ・Ⅱ・Ⅲ郭では多数の掘立柱建物や佐倉妙見宮跡が確認され、主殿や常御殿など城の中核が存在したと考えられる。出土遺物には、青・白磁、染付などの貿易陶磁器、十五世紀後半から十六世紀代の瀬戸美濃窯・常滑窯製品、在地系の土器・カワラケ、刀装具、碁石、硯、茶臼、火箸、石塔類などがある。

参考文献　印旛郡市文化財センター編『本佐倉城跡発掘調査報告書—戦国佐倉城の調査—』、一九九五。　（笹生　衛）

もとはこねせきぶつぐん　元箱根石仏群　磨崖仏《まがいぶつ》(俗称六道地蔵)を中心とする鎌倉時代に成立した大規模な仏教遺跡。神奈川県足柄下郡箱根町元箱根に所在。国指定史跡。現存する石造物は大きく七群に分かれ、南側から、道沿いに、磨崖仏(俗称六道地蔵)、磨崖仏(俗称応長地蔵)、宝篋印塔《ほうきょういんとう》残欠(俗称八百比丘尼《やおびくに》の墓)、宝篋印塔(俗称多田《ただの》満仲《みつなか》の墓)、磨崖仏(俗称二十五菩薩)、五輪塔(俗称曾我兄弟・虎御前の墓)がある。この地は、鎌倉時代の街道である湯坂道の最も険しい峠にあたり、厳しい気候と火山性の荒涼とした景観であったためか、地獄の地として広く知られていた。室町時代までは盛んに信仰されていたが、戦国時代には顧みられることがなくなり衰退した。やがて、江戸時代に入ると、信仰の地として、また物見遊山の地として人々が集まるようになり、その後、明治時代になると、観光地として知られるようになった。一九八八年(昭和六十三)から十年間をかけて、保存修理や防災工事が行われた。

参考文献　箱根町教育委員会『元箱根石仏・石塔群の調査』(『箱根町文化財研究紀要』二五、一九九三)。　（伊藤　潤）

覆　屋（復元）

地蔵菩薩座像（六道地蔵）

元箱根石仏群

もとやくしじ　本薬師寺　奈良県橿原市城殿《きどの》町にある七世紀後半創建の寺院跡。特別史跡。天武天皇が皇后の病気平癒のため建立を発願した。藤原京右京八条三坊に位置する。平城京に移った後、本薬師寺と呼ばれた。平城京薬師寺とほぼ同規模、同様の伽藍配置で、中門と講堂をつなぐ回廊内に金堂、その南に東西二基の塔が配置される。一九九〇年代に入り、中心伽藍の一部が調査された。金堂は現存する礎石から七間×四間と推定され、庇の側面に裳階《もこし》がついていたことも考えられる。基壇は東西二九・五メートル、南北一八・二メートルで、周囲に玉石敷の犬走りと雨落溝がめぐる。東塔は心礎と礎石十五個がほぼ現位置を保つ。基壇は一辺一四・二メートルに復原される。西塔は出《で》枘《ほぞ》の心礎が残るのみである。基壇は一辺約一三・五メートルで掘込地業が確認された。両塔とも玉石敷の犬走りと雨落溝がめぐる。中門は三間×二間、回廊は単廊である。玉石敷の参道が中門から金堂・南大門、両塔間にのびる。また、中門周辺の調査では、下層から条坊道路の西三坊坊間路と、その東に南北掘立柱塀、西に掘立柱建物を検出した。これは一九七六年(昭和五十一)の寺域西南隅での見解と異なる結果であり、寺と京の造営時期を考察する重要な資料である。『日本書紀』では、六八〇年(天武天皇九)発願後、次の記事は天武天皇崩御後の六八八年(持統天皇二)の無遮大会《むしゃだいえ》である。その後も造営は続き、六九八年(文武天皇二)に造営がほぼ終了した。これまでの発掘調査で堂塔ごとの所用瓦が明らかにされてきている。この成果によると、最初に建てられた金堂の所用瓦は藤原宮最初の造営瓦とほぼ同時期とされる。藤原宮の造営は、大極殿《だいごくでん》下層の運河出土の木簡から、天武末年には進行しており、条坊道路はこれより古いことがわかっている。寺の造営が天武天皇の発願からほどなく始まったことが推定される。平城京移転に際しては、主要伽藍が移築されたか否かの論争があるが、これまでの発掘調査では、奈良時代の補修瓦の出土や中門規模の違いなどが指摘されている。→薬師寺《やくしじ》

参考文献　花谷浩「本薬師寺の発掘調査」(『仏教芸術』二三五、一九九七)。奈良国立文化財研究所飛鳥藤原宮跡発掘調査部編『飛鳥・藤原宮発掘調査概報』二一・二三―二六、一九九一・九三―九六。『奈良国立文化財研究所年報』一九九七―II、一九九七。

(安田龍太郎)

もとやしきとうきかまあと　元屋敷陶器窯跡　岐阜県土《と》岐《き》市泉町久尻《くじり》上竈に所在する江戸時代初期(桃山時代)の窯跡。久尻を中心とした土岐川北岸の丘陵には十六世紀後半から十八世紀にかけて多数の窯が築かれるが、本窯は一六八六年(貞享三)の奥書をもつ「瀬戸大窯焼物並唐津窯取立来由書」にみえるように、加藤景延《かとうかげのぶ》によって唐津からもたらされた連房式登窯を美濃窯で最初に採用し、優れた織部製品を量産したことで知られる。窯体は、燃焼室と最大幅二・四メートルを測る十四の焼成室からなる全長二四メートル以上の有段横狭間の構造をもつ。焼成品は、沓形碗・鉢・向付を中心に、茶入・水指・香炉・香合など茶陶関連の器種が圧倒的に多い。特に織部製品は、織部黒・黒織部・志野織部・青織部・鳴海織部・赤織部・美濃伊賀・美濃唐津などきわめて多彩な意匠・形態をもち、近年では該期の京焼との関連も注目されている。本窯の操業期間は、紀年銘資料や消費地遺跡の出土事例から慶長年間中ごろから末葉と考えられる。一九六七年(昭和四十二)に国史跡に指定。

参考文献　土岐市教育委員会・土岐市埋蔵文化財センター編『元屋敷陶器窯跡発掘調査報告書』、二〇〇二。

(金子　健一)

ものいみ　物忌　神事や凶事に際して一定期間、心身を潔斎し、宗教的な禁忌を厳守すること。斎忌・諱忌とも書く。『日本書紀』には神武天皇が斎忌《ものいみ》して諸神を祀ったとあり、『常陸国風土記』では祖神《おやがみ》が諸神を巡行した際、富士の神は新嘗《にいなめ》の祭のため諱忌《ものいみ》をしていることを理由に祖神の宿泊を断ったが、筑波の神は歓待したという。律令制では神祇令に大祀は一ヵ月、中祀は三日、小祀は一日の斎と規定され、神事の前後の散斎《あらいみ》と当日の致斎《まいみ》についても、散斎では弔問・病気見舞・肉食・刑罰・音楽・触穢などが禁じられ、致斎では神事以外の一切を控えることになっていた。平安時代に入ると陰陽師の六壬式占《ろくじんちょくせん》による物忌が広まり、物忌の期間は陰陽師が書いた物忌簡を門や陣に立てて閉門し、外来者を断って忌み籠りをした。また蔵人所《くろうどどころ》が書いた物忌札《ものいみふだ》を殿舎の簾《すだれ》などに懸けたり、冠や髪や袖に柳の木などで作った物忌札を付けて外出する場合もあった。平安時代中期以降になると、陰陽師のほかにも、僧侶や儒者の易筮による物忌や、宿曜《すくよう》師《じ》の占星法による物忌も行われ、院政期には祇園《ぎおん》や賀茂の祭で物忌札を門口に貼ったり、身に付けたりすることも広まったが、これは物忌札によって行疫神や邪鬼を退散させ、身を守るという発想に基づく。中世の遺跡からは「固物忌」「今日物忌」などと記した物忌札が多数出土するが、近年の発掘調査では京都府の長岡京跡や大分県国東《くにさき》市国東町の飯塚遺跡において、八世紀後半から九世紀にかけての木簡が確認されており、始用期は奈良時代までさかのぼることになった。

参考文献　岡田重精『古代の斎忌―日本人の基層信仰―』、一九八二、国書刊行会。奥野義雄『まじない習俗の文化史』、一九九七、岩田書院。小坂眞二「物忌と陰陽道の六壬式占―その指期法・指方法・指年法―」(古代学協会編『後期摂関時代史の研究』所収、一九九〇、吉川弘文館)。

(増尾伸一郎)

ものうじょう　桃生城　奈良時代後半に律令政府が蝦夷支配を目的として陸奥国沿岸部に造営した城柵で、桃生柵ともみえる。『続日本紀』に比較的多くの記事があり、七五八年(天平宝字二)に造営が開始されて翌年には完成し、七六〇年正月には造営に功のあった按察使兼鎮守将軍の恵美朝獦らに論功行賞が行われたこと、七七四年(宝亀五)に海道の蝦夷の攻撃に遭い西郭が敗られたこと

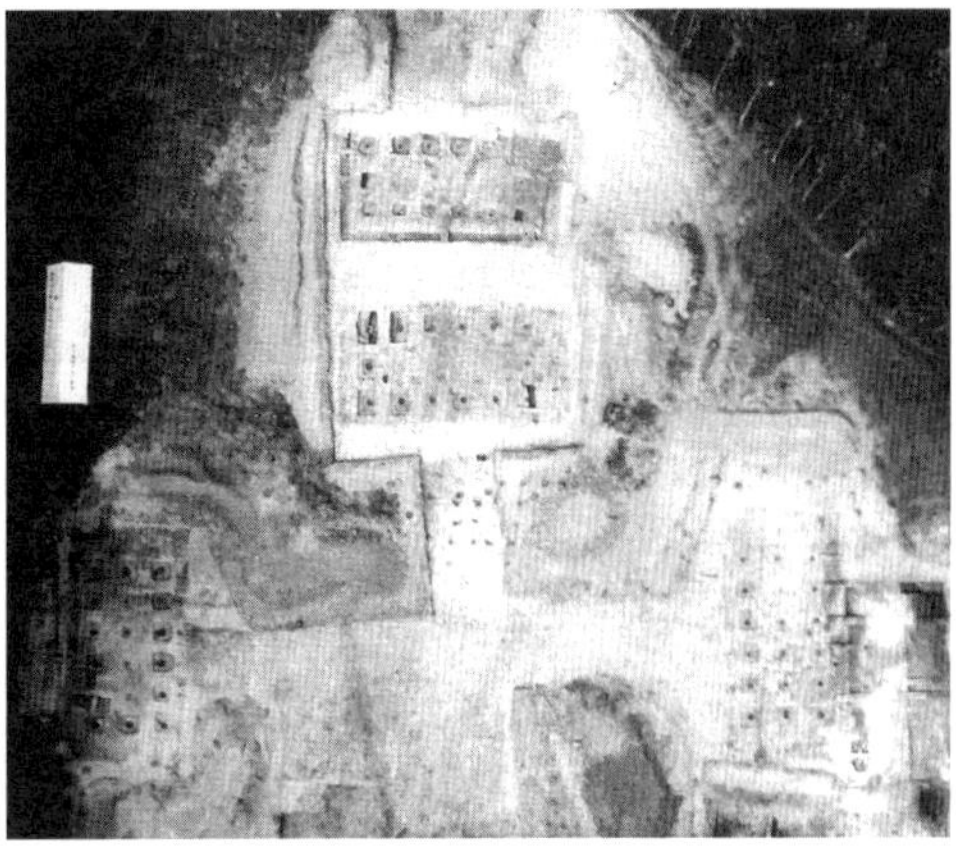

桃生城　政庁地区の東西脇殿・正殿・後殿跡

などが知られる。遺跡は宮城県石巻市飯野・桃生町太田の標高六五メートルほどの丘陵上に立地する。これまでの発掘調査により、桃生城は東西約八〇〇メートル、南北約六五〇メートルの不整方形で、築地塀や材木塀などで区画されており、内部が外に大溝を伴う築地塀で東西に二分されていたこと、東の郭には築地塀を方形に巡らし、正殿と両脇殿をコの字形に配置した政庁があり、八世紀後葉ころに火災により廃絶していること、城内には官衙ブロックがいくつか存在することなどが判明している。

参考文献　宮城県多賀城跡調査研究所編『桃生城跡』一・二・二Ⅰ―Ⅹ(『多賀城関連遺跡発掘調査報告書』一〇―二七、一九七五・七六・九五―二〇〇三)。吾妻俊典・白鳥良一他「桃生城跡第一次～第一〇次発掘調査の概要」(『考古学ジャーナル』四九四、二〇〇三)。

（白鳥　良二）

ものさし　物差　物体の長さを測る道具で、様々な素材の細長い板に目盛ないしは刻み目が付される。正倉院には十点をこえる物差が奈良時代以来、伝世されている。その多くは象牙《ぞうげ》を加工した扁平な薄板の表面に毛彫りの文様を施しており、撥鏤尺《ばちるしゃく》と呼ばれ、法隆寺献納宝物の中にもある。一尺あたりの実長は二九・四五センチから三〇・七センチの間にあり、一定しない。『続日本紀《しょくにほんぎ》』大宝二年(七〇二)三月乙亥条に「始めて度量を天下の諸国に頒《わか》つ」とあり、和銅六年(七一三)四月戊申条にも「新格幷《あ》わせて権《ごん》衡《こう》・度量を天下の諸国に頒つ」とある。また『大宝令』雑令に「度量権を用いる官司には皆、様《ためし》を給《たま》え、その様は皆、銅にて作れ」とある。この場合の「官司」は『令《りょうの》義解《ぎげ》』の注釈では大蔵省および諸国の類とされている。したがって、『続日本紀』養老四年(七二〇)五月癸酉条に「尺の様を諸国に頒つ」とあるように、銅製の物差を各国に頒布して、度制の徹底をはかったことが知られる。古代遺跡から出土する物差は限られている。いずれも木製品であるが、一寸ごとに刻みを入れたもの、五分刻みの目盛りのもの、一分刻みのものがあり、常用のものと一時の使用のために仮に作ったものとの違いがみられる。平城宮出土例では、細長い板の上面をやや甲高にして、両側に分刻みの目盛りを入れ、寸刻みの刻線は両側縁を横断する。さらに一端から五寸目の寸刻線上にコンパスで針描きした縁を二個入れるなど、きわめて精緻に作られている。単位長については埋没環境の影響による伸縮が考えられるので、本来の長さとは限らないが、寸長では二・九四一センチから二・九六九センチのばらつきがあり、平均をとると二・九五二センチとなる。平安京西市跡から出土した一寸刻み目盛りの例では寸長で二・八、三・二、二・九センチであり、ばらつきが大きいが、平均二・九六七センチとなる。また平安時代末期のものである岩手県柳之御所《やなぎのごしょ》遺跡出土の寸刻みの物差は一寸平均二・九三九センチであり、従来、古代にあっては物差は時期とともに延びる傾向にあると説明されがちであったが、必ずしもそうとはいえないことに注意すべきである。古代の出土物差には、上記の天平尺系統以外の尺長をもったものもある。たとえば平城宮出土例では折敷《おしき》の側板を転用した物差で、目盛りは墨描されている。墨罫の間隔は四・三～四・七センチであり、一寸五分の目盛りとみられる。あるいは前記、柳之御所出土例では一刻みの単位が三・七四センチであり、裁衣尺ではないかと考えられている。山形県古志田《ふるしだ》東遺跡からは九世紀代に使用され廃棄された物差が出土している。やや厚味のある角棒の両面に分ごとの刻みがやや粗く施されるが、一方は一寸約三・一センチで、反対側の面の寸長は三・五センチある。これは大宝令小尺と大尺に対応するものであることも考えられる。→天平尺《てんぴょうじゃく》

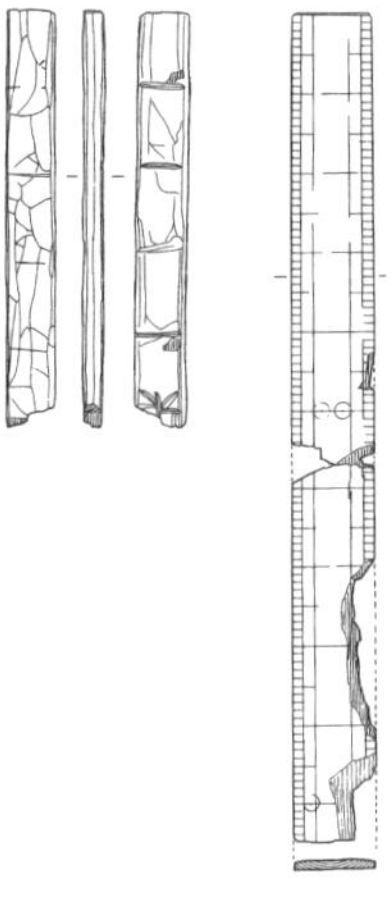

物差（平城宮跡出土）

参考文献　榧本杜人「奈良時代の尺度について」(『MUSEUM』九九・一〇〇、一九五九)。

（井上　和人）

もべつたて　茂別館　北海道南部、津軽海峡沿いに立地する中世後期の館。道南十二館の一つ。北斗市矢不来《やふらい》所在。茂辺地《もへじ》館、下国館とも。国史跡。茂辺地川左岸に位置し、河口まで約五〇〇メートル。右岸は入江をなし泊《とまり》の地名が残る。函館湾の東入り口を押さえ下北・津軽半島を望む。南の大館と北の小館からなり、中館の存在も指摘される。標高一〇～四〇メートル、面積約三万一〇〇〇平方メートル。北東を掘り切り、北から南に土塁を廻らす。西は川に面して急崖をなす。内部に段差が見られ、虎口なども想定される。空壕・土塁の規模は屈指。北東一・五キロにある矢不来館跡から十五世紀末・十六世紀初頭の陶磁器が出土する。北条氏の夷島《えぞがしま》代官下国《しものくに》安藤氏の末裔盛季、あるいは一四五四年(享徳三)夷島へ渡った安藤政季の居館ともされる。『新羅之記録《しんらのきろく》』などによると、一四五六年(康正二)政季が秋田の小鹿《おが》島へ移る時、夷島を松前・下之国・上之国に三分、弟茂別家政を下之国守護としたという。茂別館は翌一四五七年(長禄元)のコシャマインの攻撃に

も陥落を免れているので、このころまでには成立したと思われる。一五六二年(永禄五)落城(一五〇八年(永正五)説あり)、一族は、上ノ国から松前に一五一四年進出した蠣崎《かきざき》氏に臣従、家老職を務め近世松前藩政を支えた。

参考文献 「安倍姓下国氏系譜」(海保嶺夫編『中世蝦夷史料』一九八三、三一書房)。八巻孝夫「北海道の館—縄張り研究からの視点—」(『中世城郭研究』五、一九九二)。市村高男「茂別館跡についての考察—調査の中間報告—」(『地域史研究はこだて』三二、二〇〇〇)。

(松崎 水穂)

もみじやまぶんこ　紅葉山文庫 江戸幕府により江戸城内に設けられた文庫。慶長年間(一五九六—一六一五)ごろまでに徳川家康が収集した典籍を納めた富士見の亭を前身とし、一六三九年(寛永十六)以降は江戸城内紅葉山の麓に書物蔵が置かれた。江戸時代には御文庫・官庫などと称されたが、明治以降にその所在地にちなむ紅葉山文庫の称が定着した。その蔵書は、家康が収集した典籍および家康の死後駿府より江戸に分譲された典籍を基礎とし、江戸時代を通じて拡充がなされ、六代将軍家宣の蔵書、八代将軍吉宗の収集した古逸書や輸入漢籍、林家など諸家からの献上本などからなる。三代将軍家光のときに書物奉行が置かれるなど管理体制が整備された。その管理・運営の沿革は『幕府書物方日記』に詳しい。明治以降、文庫の所管部局は政府内でたびたび変遷し、またその間火災による焼失や、宮内省への一部移管などがあったが、蔵書の多くは太政官文庫から内閣文庫へと引き継がれ、現在は国立公文書館に所蔵される。

参考文献 福井保『紅葉山文庫—江戸幕府の参考図書館—』(『東京郷学文庫』、一九八〇、郷学舎)。国立公文書館編『内閣文庫百年史(増補版)』、一九八六、汲古書院。森潤三郎『紅葉山文庫と書物奉行』、一九七八、臨川書店。

(新井 重行)

もみすりうす　籾摺臼 稲の実である籾から籾殻を外して米を取り出す作業を籾摺りという。弥生時代には竪臼に乾燥させた稲穂を入れ、竪杵でついて、穂から籾を外す脱穀、籾摺り、米ぬかをとる精白作業を連続して行なっていたが、古代以降は籾摺臼を使うようになった。籾摺臼には木製で放射状の目を切った木摺臼《きずるす》と、籠枠に粘土を詰め、薄板を縦に何枚も埋め込んで石臼のような分画の臼目をつくる土摺臼《どずるす》がある。木摺臼は古くはスルス(摺臼)と呼ばれていたもので、古代に朝鮮系渡来人によって持ち込まれたと考えられる。朝鮮半島には二人が向かい合って立ち、上臼から突き出た棒を握って往復回転させるタイプであるが、日本伝来後に高さは低く、直径は大きくなって、二人が向き合って足を投げ出してすわり、左右の縄を引き合うタイプとなった。土摺臼はヤリギと呼ぶT字形の駆動木を天井から吊し、その横木を二～三人で前後に押し引きしながら上臼を全回転させて摺るもので一六二四年(寛永元)に中国の土摺臼職人が長崎にきて製法を伝えた(『百姓伝記』)とされるが、画中に天正元年(一五七三)銘をもつ堀家本「四季耕作図巻」には粉本模写ではない土摺臼使用場面が描かれており、戦国末期には京都・近江には伝わっていたことは確実である。関西ではトウス(土臼・唐臼)、徳島ではタウス、関東ではカラウス(唐臼)と呼ばれていた。この土摺臼の普及によって多くの地方では木摺臼は使われなくなったが、長野・山梨県地方では、明治以降に寄せ木造りの大口径木摺臼、摺り面を木っ端詰めにした木摺臼など、独自の進化をとげた。なお木摺臼・土摺臼は東北地方の呼称であるが、内容を的確に表現しているので、標準名として使用するに相応しいとの考えから、ここでは採用した。

→石臼《いしうす》　→臼《うす》

参考文献 大宮守人「二つの木臼—民俗博物館収蔵品から—」(『奈良県立民俗博物館研究紀要』二一、一九八〇)。『唐臼』(『埼玉県民俗工芸緊急調査報告書』一、一九八四、埼玉県立民俗文化センター)。大島暁雄「籾摺臼をめぐる諸問題—木摺臼と土摺臼—」(木下忠・網野善彦・神野善治編『日本歴史民俗論集』二所収、一九九三、吉川弘文館)。佐々木長生「籾摺臼の変遷をめぐって」(栃木県立博物館『稲作—用具と儀礼—』所収、一九九六)。河野通明「平安時代の籾摺臼」(大阪大学文学部日本史研究室編『古代中世の社会と国家』所収、一九九八、清文堂)。河野通明「東北地方の木摺臼の全域調査」(神奈川大学21世紀COEプログラム「人類文化研究のための非文字資料の体系化」研究推進会議編『人類文化研究のための非文字資料の体系化年報』一、二〇〇四)。

(河野 通明)

もみとう　籾塔 籾を舎利に見立てて塔内に納め、降雨祈願すなわち五穀豊穣を祈ったもの。籾塔の遺例は奈良県室生寺と大御輪《おおみわ》寺が著名である。室生寺では、一九五三年(昭和二十八)に弥勒堂の須弥壇下から総数三万八千基余りが発見された。塔形はすべて宝篋印塔で、杉・檜《ひのき》・柳・桐の材を用いており、一基ずつ手彫りしている。平均的な高さは約九・〇㌢、基礎部分の幅は約二・〇㌢で、底部に径約一・〇㌢、深さ約三・〇㌢の納入孔を穿ち、そこに摺本の「宝篋印陀羅尼」を中心とした梵文陀羅尼と籾を納める。一部に彩色するものが含まれており、白土下地を施したのちに、朱・群青・緑青・黄土・白土の五顔料を用いるものが多い。また塔心部分に梵字を墨書する例も見られる。塔は縦横五基ずつ、あるいは縦二基、横五基で一組とし、蔓紐で一括りにするものが知られ、

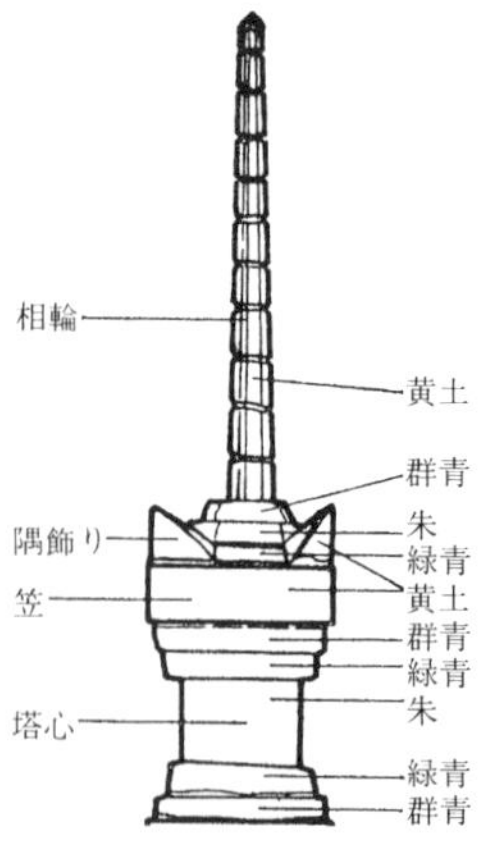

籾 塔

奉納の形態を窺わせる。造塔時期は塔形から室町時代とみられ、大御輪寺のものは鎌倉時代末期と考えられている。

参考文献　元興寺仏教民俗資料研究所編『室生寺籾塔の研究』、一九七六、中央公論美術出版。木下密運「小塔」(『(新版)仏教考古学講座』三所収、一九七六、雄山閣出版)。

(狭川　真一)

もも　桃　弥生時代に中国から直接か朝鮮半島を経由して伝えられた外来のモモ属の一種で、主として果実・種子(仁と呼ぶ)を食用に、花を観賞用に利用する有用植物である。弥生時代以降、遺跡からは大量の内果皮(核)が出土することから、頻繁な利用が知られている。弥生時代から古代のモモの内果皮は全般に小さく、『延喜式』に仁が薬用として諸国から献上されたとあるように、内果皮の中の仁の利用が一般的であったと考えられる。古代から中世にかけて果実の大きなモモが伝えられるとともに多様化し、果肉食が一般化したと考えられる。古代以降は花も観賞の対象になった。モモは、邪気をはらい、不老不死をもたらす植物として重要視された。各地の遺跡の祭祀場などからは、焼け焦げた内果皮がしばしば出土するが、これは吉兆を占う呪術に使われたと考えられる。中国では、木材も桃符・桃人として正月に邪気をはらうために門口に立てられた。

参考文献　前川文夫『日本人と植物』、一九七三、岩波書店。

(辻　誠一郎)

もよろかいづか　最寄貝塚　北海道網走市の網走川河口左岸の砂丘上に存在するオホーツク文化期の集落・土坑墓・貝塚遺跡。続縄文時代の竪穴跡も確認されている。国史跡。一九四七(昭和二十二)・四八・五一年に貝塚、土坑墓、七号・十号竪穴が調査され、オホーツク文化の特異な内容が注目された。竪穴住居跡は五～六角形を呈し、コの字形の粘土貼り床をもち、石組み炉をもつ。クマとシカの頭骨数十個を祭壇状に形成した骨塚を奥壁に残しており、当文化の特殊性が学界の注目を集めた。墓域は集落の外側に形成され、北西頭位の被り甕葬が一般的であることも確認されている。二〇〇三年(平成十五)に史跡整備事業の一環として再発掘が開始され、刻文系土器群の九号竪穴と刻文および粘土紐貼付文系土器群の墓域が調査された。住居跡からは海獣やクマなどの骨塚が発見され、クマ頭部・シャチの土製品が出土し、動物儀礼のアイヌ文化への橋渡しとして注目されている。舟の土製品もアムール下流域のナナイ族などの板船を連想させるものである。墓域部分では四五〇平方メートルの発掘区内に七十基以上が検出された。二〇〇四年度以降も調査が継続され八号竪穴や貝塚の一部が確認されている。

→オホーツク文化《ぶんか》

資料館　モヨロ貝塚館(北海道網走市)

参考文献　米村喜男衛『モヨロ貝塚』、一九六九、講談社。網走市教育委員会『モヨロ貝塚試掘調査概報―平成一四年度―』、二〇〇三。

(宇田川　洋)

もり　銛　⇩漁具《ぎょぐ》

もりおかじょう　盛岡城　陸奥盛岡藩の藩庁が置かれた近世城郭。盛岡市内丸に所在し、北上川とその支流中津川との合流点、標高一四〇メートルの独立丘陵上に立地する。藩主は累代南部氏で、信直の代に豊臣秀吉の奥羽仕置により一五九〇年(天正十八)岩手郡など七郡の領有が安堵される。一五九八年(慶長三)被官であった福士氏の不来方城を攻めて、本格的な築城を開始し、一六三三年(寛永十)に南部氏の居城と定めた。また新たな街づくりも行われ盛岡藩の城下町として都市基盤も整備され、「不来方《こずかた》」の地名が「盛岡」と改められたのもこのころである。城

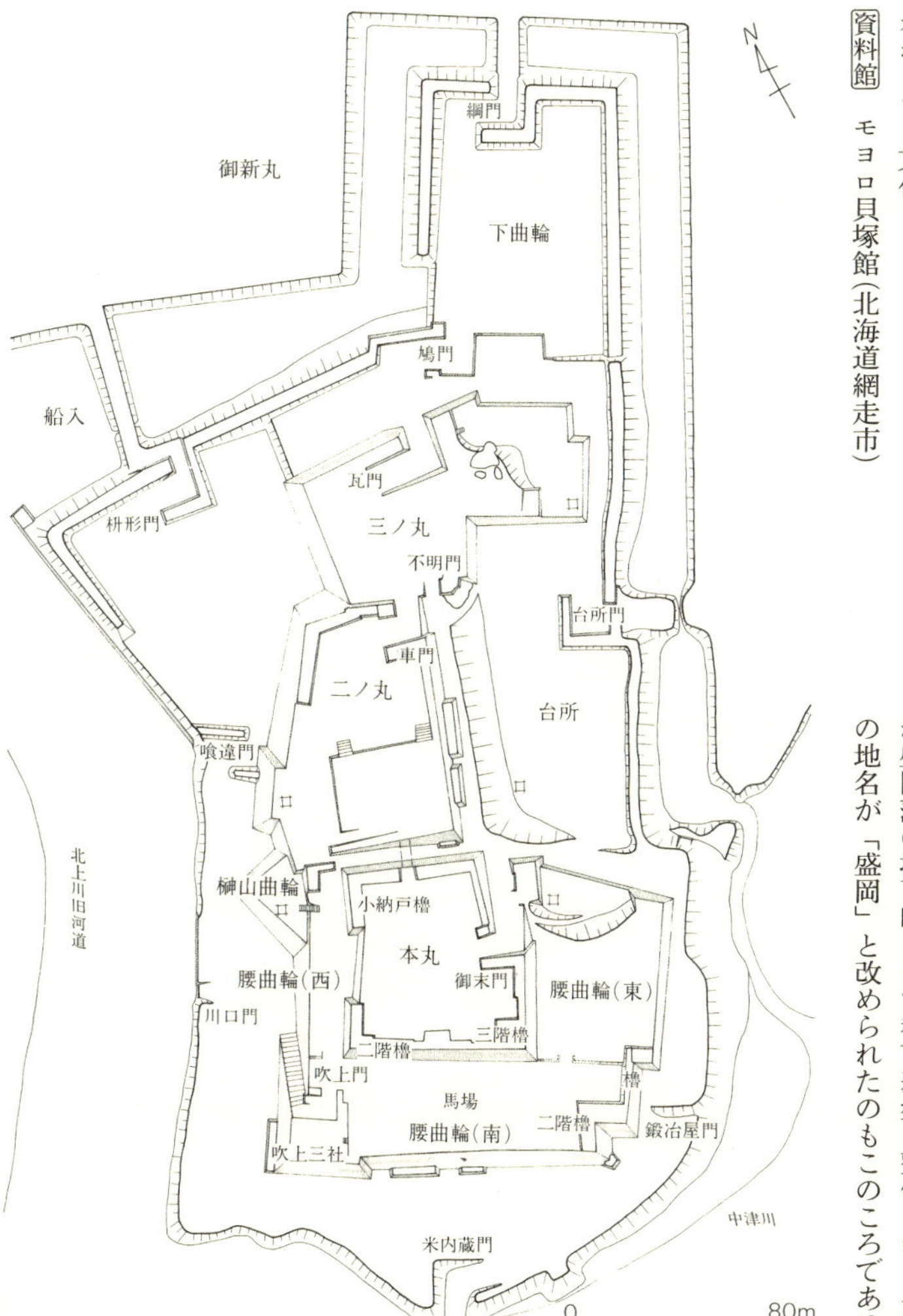

盛岡城図

中心部の縄張りは、南から本丸・二ノ丸・三ノ丸と並ぶ連郭式で、本丸は約七〇メートル四方の方形を呈し、南東隅に三層櫓、南西隅と北西隅に角櫓があり、それらの間に多聞櫓が設けられていた。二の丸は東西六八メートル、南北八七メートルで、南西部に中ノ丸と呼ばれる一段高い部分があり、大書院が建てられていた。本丸と二ノ丸の間は堀切で画され、その上に廊下橋が渡される。三ノ丸は東西一〇七メートル、南北六五メートルの逆L字形を呈し、また本丸周辺には本丸より七メートルほど低い腰曲輪（淡路丸・馬場）を配し、西側に榊山曲輪と呼ばれる三角形の小曲輪もつくられた。さらにまわりには米内《よない》蔵・台所・勘定所なども設けられた。本丸から三ノ丸および腰曲輪は花崗岩の割石を使った石垣で支えられている。高さは本丸南腰曲輪で一一メートル、二ノ丸西側で一四メートルをはかる。城内の周囲は北上川と中津川および堀で囲まれ、さらに城内の外側にも外曲輪・遠曲輪をかこむ堀が二重にめぐらされ、城下の中枢部を区画していた。盛岡城の基本構造は豊臣期の大坂城の構造に似ており、築城にあたって大きく影響を受けたことが指摘されている。また石垣の普請時期によって積み方が異なっていることも明らかとなっている。明治に入り建物は取り壊されたが、現在国史跡、岩手公園として開放されている。

参考文献 盛岡市教育委員会『盛岡城跡』I、一九九一。

（八木 光則）

もりのきゅうやくえん　森野旧薬園　奈良県宇陀市大宇陀区に所在する薬園。国指定史跡。森野藤助（賽郭）により享保年間（一七一六—三六）に創始された薬園で、近世薬園の旧態をとどめる貴重なものとされている。藤助は一七二九年（享保十四）に幕府御薬草御用植村左平次の御薬草見習となり、植村に同行して室生・吉野をはじめとして近畿周辺の各地を採薬踏査。この間に幕府から駒場薬園などで栽培されていた薬草木の種苗を下賜され、自宅裏の山に植え付けて薬園を創始した。現在なお藤助が始めたカタクリ粉（葛粉）製造を家業とする森野家の所有で、敷地内には藤助の書斎兼研究室であった桃岳庵が残り、薬園では薬草類が栽培されている。また本草書・植物標本など多数の薬園関係資料を保存している。

参考文献『図説日本の史跡』八、一九九一、同朋舎出版。

（増渕 徹）

もりもとろくじ　森本六爾　一九〇三—三六　日本考古学者。一九〇三年（明治三十六）三月二日、奈良県で生まれる。一九二〇年（大正九）に奈良県立畝傍中学校を卒業、尋常高等小学校代用教員を経て、一九二四年から東京高等師範校長三宅米吉の副手となる。一九二七年（昭和二）に考古学研究会を創立、一九二九年に同会を東京考古学会と改称。一九二九年に三宅の急逝により東京高等師範学校副手を辞任し、一九三一年からフランスに留学するも、病を得て一九三二年に帰国。一九三六年一月二十二日に死去。三十四歳。古墳および古代の墳墓、弥生時代の土器・青銅器・武器形石器、原始農業の研究を推進した。二十歳代前半に奈良時代の火葬墓や墓誌を研究している。著書に『金鎧山古墳の研究』（一九二六、雄山閣）、『川柳村将軍塚の研究』（一九二九、岡書院）、『日本青銅器時代地名表』（一九二九、岡書院）、『日本原始農業』（一九三三、東京考古学会）、『日本原始農業新論』（一九三四、東京考古学会）、遺稿集に『日本農耕文化の起源』（藤森栄一編、一九四一、葦牙書房）、論文集に『日本考古学研究』（小林行雄編、一九四三、桑名文星堂）がある。

参考文献 藤森栄一『二粒の籾』、一九六七、河出書房。

（岩永 省三）

もん　門　敷地の囲繞装置の開口部ないし、敷地の入口を示す場所に設けられる構造物。本柱筋に門扉を入れ、その前後に控柱を置き、屋根を架ける形式が一般的で、平面規模、構造形式によって種々の呼び分けがある。平面は通常、正面柱間を奇数とし、奥行は一間ないし二間とする。規模は正面柱間と戸口の数により、「三間一戸」のように表現される。構造形式は、重層門と単層門に二分される。重層門は一般に楼門と呼ばれてきたが、近年はその構造形式により、上下層ともに屋根を持つものを二重門、下層に屋根を架けずに縁を廻す楼造形式のものを楼門と呼び分けている。二重門は最も格式が高く、古代の宮殿・寺院の正門や、禅宗寺院の三門などに用いられ、楼門は寺院・神社の主要な門として用いられた。単層門は棟門《むなもん》・四脚門・八脚門を基本とする。棟門は二本の本柱間を冠木《かぶき》で繋ぎ、屋根を載せる形式で、古代の掘立柱門に起源を持つ。棟門の本柱の両側に控柱を二本ずつ置き、屋根を架けた形式が四脚門である。本柱が丸柱であるのに対し、控柱は方柱となるのが一般的である。八脚門は正面三間、奥行二間の門で、宮殿や寺院の大門に用いられた。古代には、東大寺転害門のように正面側、背面側の天井をともに舟底型とする三棟造の形式を採った。正面五間以上の規模を持つ門は、五間門など、柱間数で呼ぶ。中世以降には、本柱の背面のみに控柱を配し、梁間の中央を棟通りとする薬医門の形式も現れる。棟門・薬医門・四脚門には屋根形式による呼び分けもあり、屋上に土を載せる上土《あげつち》門、反転曲面の屋根を持つ平唐門、同じく妻入の向唐門、控柱上に小屋根をかける高麗門などと区別される。その他の形式として、武家屋敷などに用いられる長屋門、上層を鐘楼とする楼門である鐘楼門、本柱のみを建て扉を吊る塀中門、その二柱間を横材で繋ぐ釘貫門および冠木門、建物の一部に開けた出入口である穴門や渡櫓門などもある。以上の構造形式による分類に加え、門の位置による羅城門・中門・表門・大手門など、方位による朱雀門・南大門など、機能による三門・御成門・随神門などの呼称も用いられる。　→楼門《ろうもん》

参考文献 岸熊吉『日本門牆史話』、一九四六、大八洲出版。岡田英男編『門』（『日本の美術』二一二、一九八四、至文堂）。

（清水 重敦）

もんこう　聞香　香を聞くこと。「ぶんこう」ともいう。聞香には、一炷の香を深く味わう一炷聞《いっちゅうぎき》、両者の香の優劣を競う香合、何炷かの香を聞き当て勝負する闘香、連歌に倣って香を継ぐ炷継香《たきつぎこう》、ある文学的主題にしたがって数種の香を組んで炷きそれを聞き当てた成績を競う組香がある。現在の香道は一炷聞と組香が主である。聞香札は香札ともいい、香席において、順番に聞いた香の結果を札で答える際に使用する。材質は紫檀・黒檀が多い。香札は十二枚一組で小箱に納められ、十客一組、計百二十枚が札箱に納められる。札の大きさは縦二・七センチ、横一・二センチが標準で、札の表はさまざまであるが花形文が一般的である。札の裏は数字の一～三が記されたものが各三枚で、そのうち「月」と「花」の模様がついたものが各一枚ある。加えて三枚には「客」の字が記されている。聞香札と考えられる木札が中世遺跡から発見されている。たとえば広島県福山市の草戸千軒町遺跡では、十五世紀末から十六世紀初頭に埋め立てられたと思われる石組井戸から出土している。木札の形状は駒形および方形をしており、木札の片面にのみ香の種類を示す「一」「二」「三」を墨書したものと、両面に見られる墨書のうち表面に香の種類を示す「一」「二」「三」のいずれかと、裏面に参会者の名乗りを示す「春満《すま》」「王可奈《わかな》」「あふひ」「者《は》ゝ《は》木《き》ゝ《ぎ》」など『源氏物語』の巻名のいずれかを墨書したものとがある。また、福井市の一乗谷朝倉氏遺跡では方形・駒形の木札の両面に墨書があるものが朝倉館跡北側外濠から出土している。表面に香の種類を表す「一」「二」「ウ」のいずれかと、裏面に参会者の名乗りを表す「春」「秋」「花」のいずれかを墨書している。

参考文献　神保博行『香道ものがたり』、一九九二、めいけい出版。同『香道の歴史事典』。二〇〇三、柏書房。朝倉氏遺跡調査研究所編『特別史跡一乗谷朝倉氏遺跡発掘調査報告』Ⅰ、一九七六、福井県教育委員会。広島県草戸千軒町遺跡調査研究所編『草戸千軒町遺跡発掘調査報告』Ⅳ、一九九五、広島県教育委員会。

（志田原重人）

もんしょう　紋章　各族党、各家、各自が特定の図案を用いて表徴とした他と区別するための標識・図形。家紋・紋所・定紋・紋印《じるし》ともいう。紋章は武士が加護を祈願する氏神《うじがみ》を戦場に勧請するために、高く掲げた幡の依代《よりしろ》がはじまりと考えられるが、他に大将の居所を囲む陣幕の五布の染め分け模様も大将家の紋章の源流となる。一方、公家の紋章の起源は、十一世紀前半、衣服・調度・牛車に各自が好みの複数連続文様を用いたのが原初の形体であったが、武家のように単独の図形による敵味方識別の意図はなかった。紋章の描かれる布・板などは戦塵風雨に曝され、劣化する故、神の依代とされた真の幡は大切に格納されたが、多数常備の数幟《かずのぼり》などは生新に調製するのが慣例であった。幡・旗は絹・麻・木綿地に、神号・

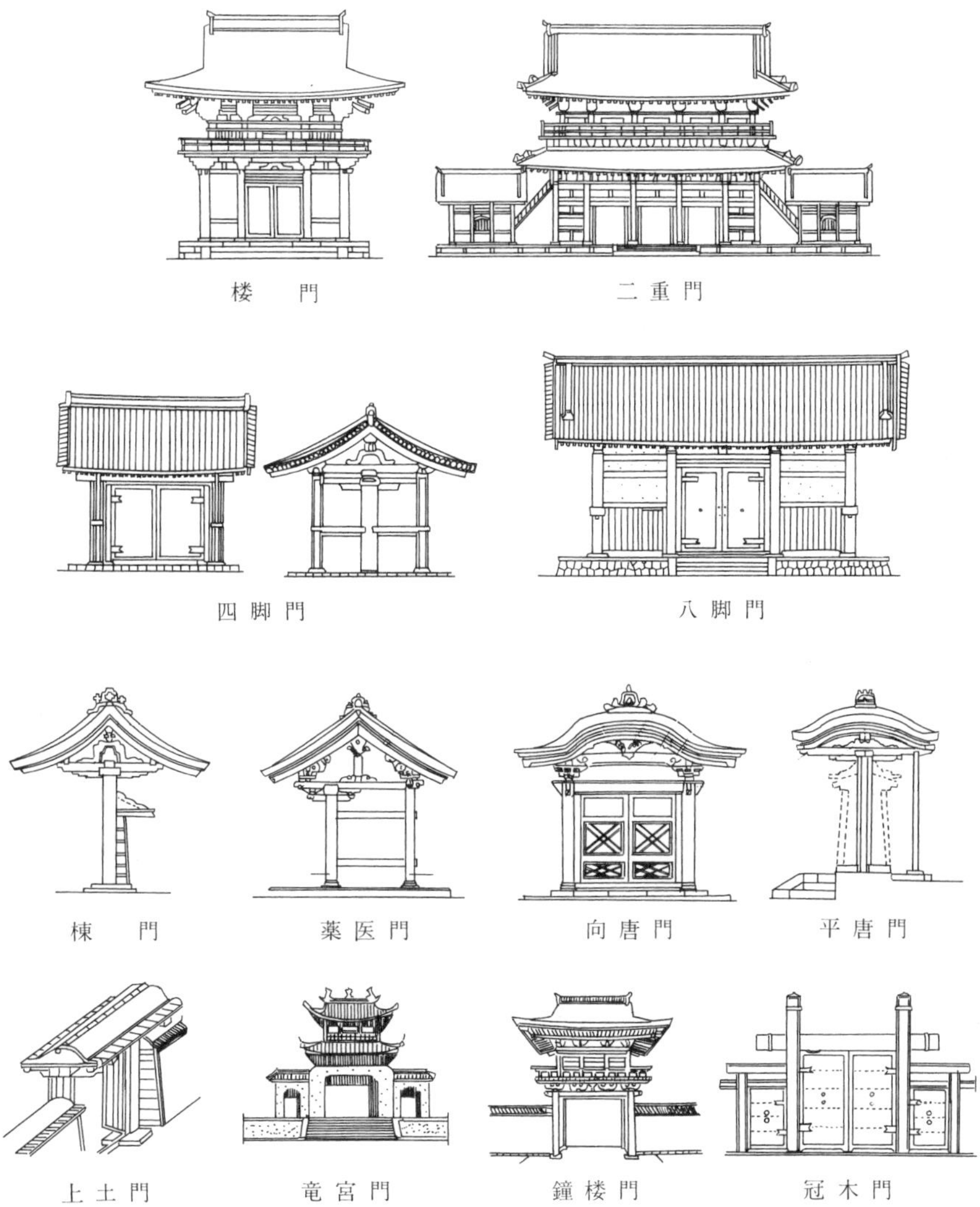

門

紋章〔植物紋〕

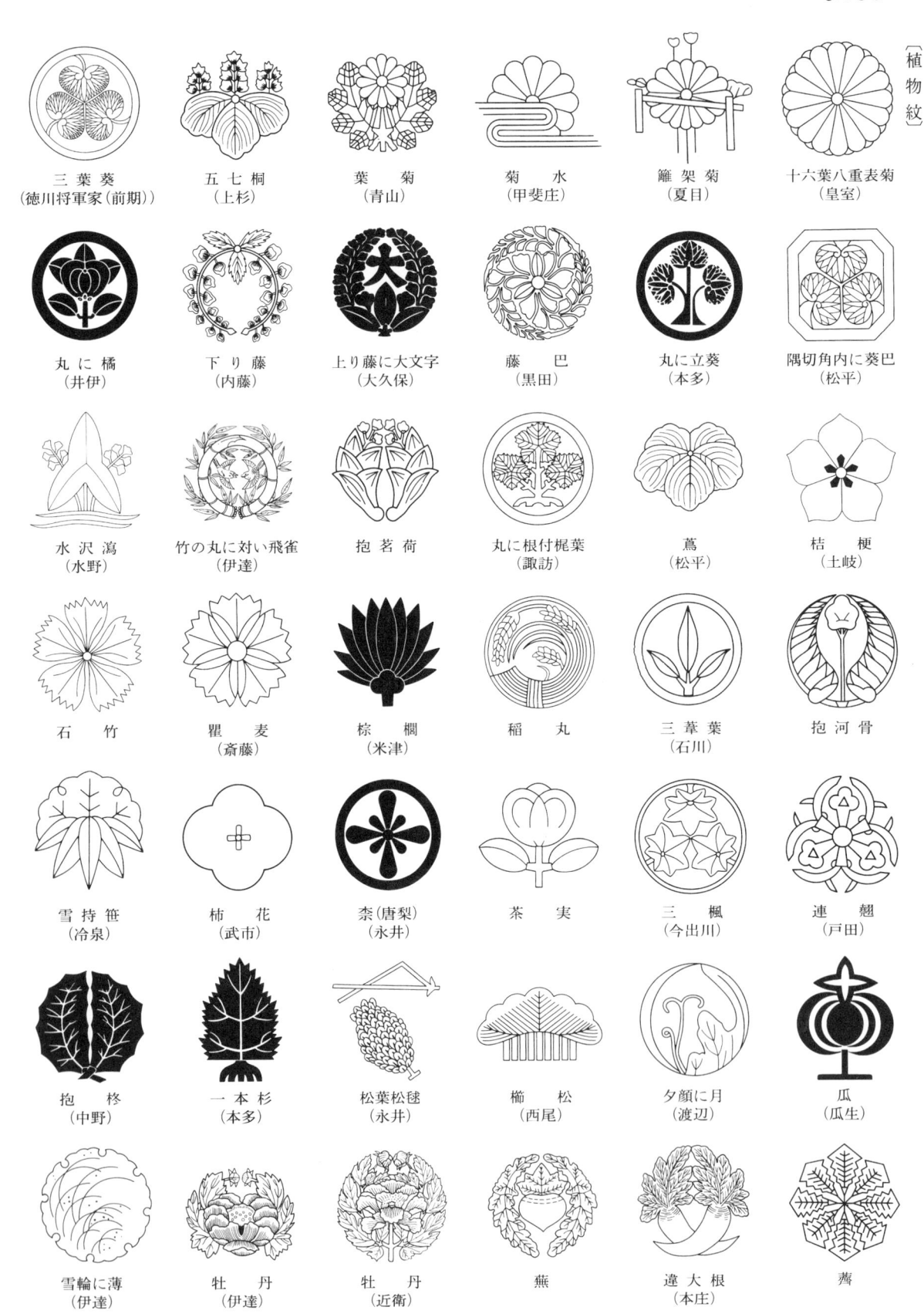

三葉葵（徳川将軍家（前期））
五七桐（上杉）
葉菊（青山）
菊水（甲斐庄）
籬架菊（夏目）
十六葉八重表菊（皇室）

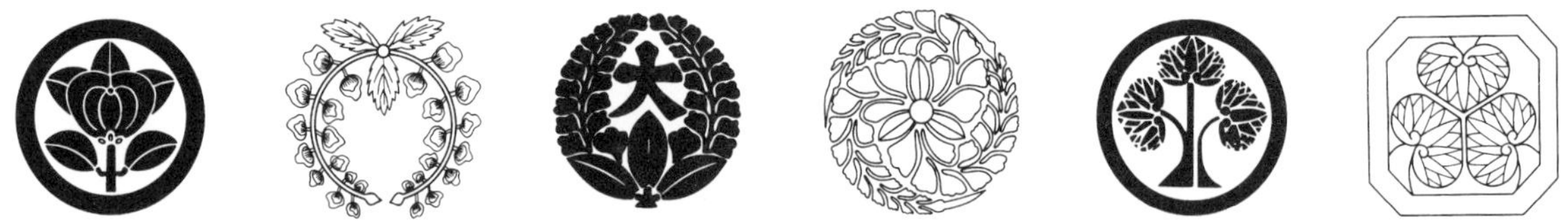

丸に橘（井伊）
下り藤（内藤）
上り藤に大文字（大久保）
藤巴（黒田）
丸に立葵（本多）
隅切角内に葵巴（松平）

水沢瀉（水野）
竹の丸に対い飛雀（伊達）
抱茗荷
丸に根付梶葉（諏訪）
蔦（松平）
桔梗（土岐）

石竹
瞿麦（斎藤）
棕櫚（米津）
稲丸
三葦葉（石川）
抱河骨

雪持笹（冷泉）
柿花（武市）
柰（唐梨）（永井）
茶実
三楓（今出川）
連翹（戸田）

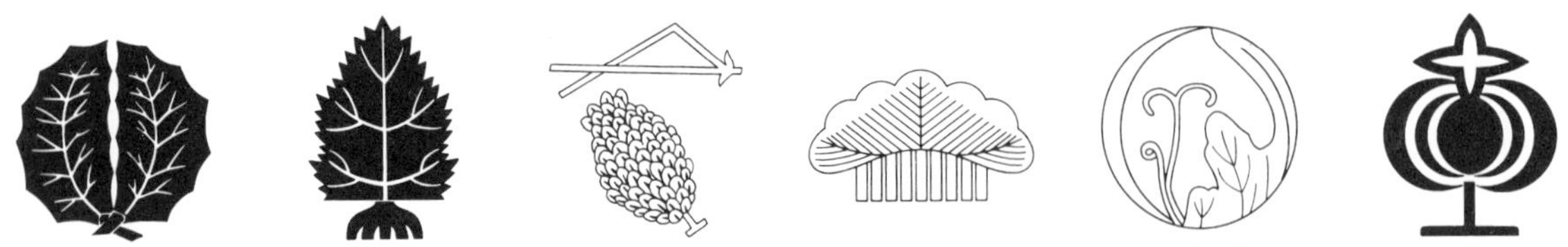

抱柊（中野）
一本杉（本多）
松葉松毬（永井）
櫛松（西尾）
夕顔に月（渡辺）
瓜（瓜生）

雪輪に薄（伊達）
牡丹（伊達）
牡丹（近衛）
蕪
違大根（本庄）
薺

丁子車（松平）　車前草（田村）　羊歯丸　石持内に蕨　葉菊草（青山）　葛花

五竜胆車（久我）　竜胆（高倉）　剣梅鉢（前田）　八重桜　三銀杏　一梛葉

抱柏（中川）　丸に三葉柏（山内）　立杜若　虎杖（中山）　田字草（花勝見）（四条）　南天車

一つ蓮の花　麻の葉　地楡に雀（柳生）　鉄線（永井）　剣酢漿草（酒井）　丸内に酢漿草（酒井）

〔動物紋〕

蝙蝠　兎　寓生に鳩　丸に二つ遠雁（柴田）　対鶴丸胸に九曜（南部）　違鷹羽（浅野）

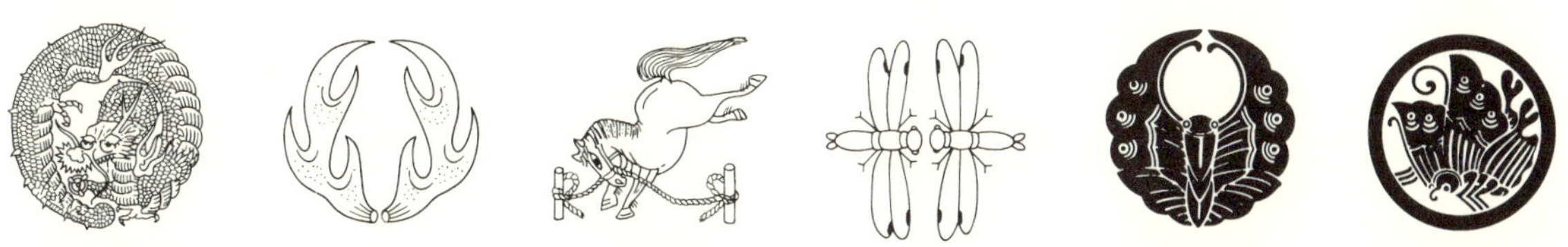

巻竜（竜丸）（田村）　抱角丸（近藤）　二杭繋馬（相馬）　対蜻蛉　海老丸　丸に揚羽蝶（池田）

対鷲（鷲尾）　丸に獅子（大塩）　牡丹に獅子（秋田）　法螺貝　二半辺蚶　蓑亀丸

〔器具紋〕

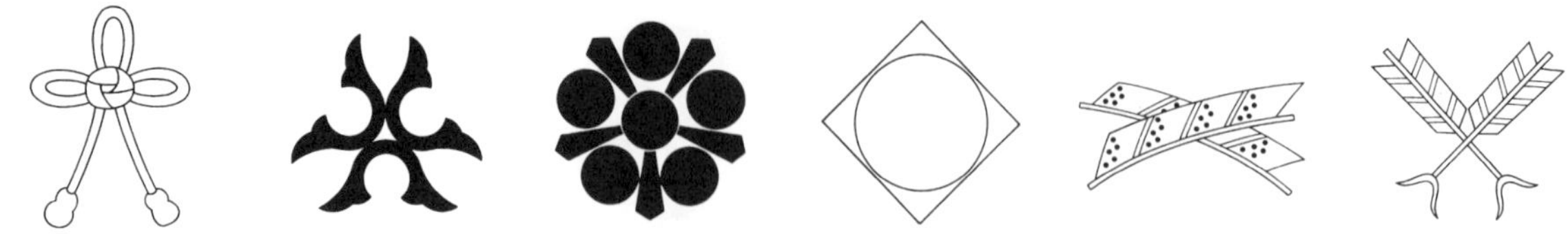

総角　三寄鍬形　長剣梅鉢（相良）　的角　違片矢羽（片桐）　違矢（太田）

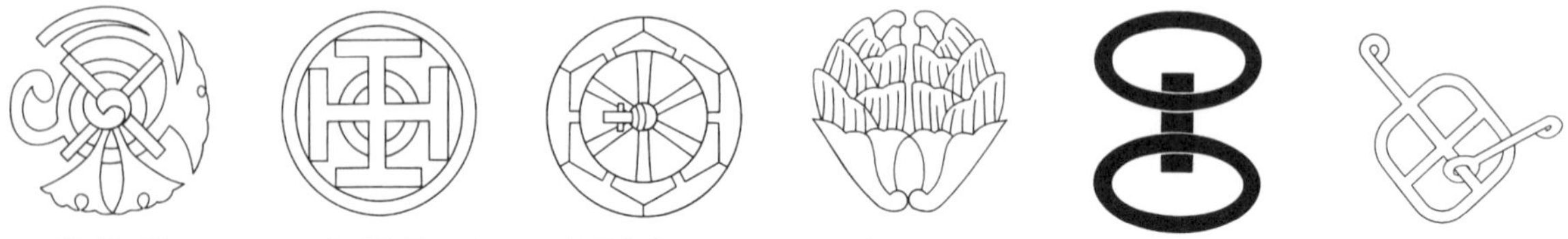

祇園守（池田）　久留子（中川）　轂付六本骨車（榊原）　杏葉（鍋島）　旋子（柴田）　轡（馬場）

幣　赤鳥　額（小出）　洲浜　八剣輪宝（三宅）　打板（安藤）

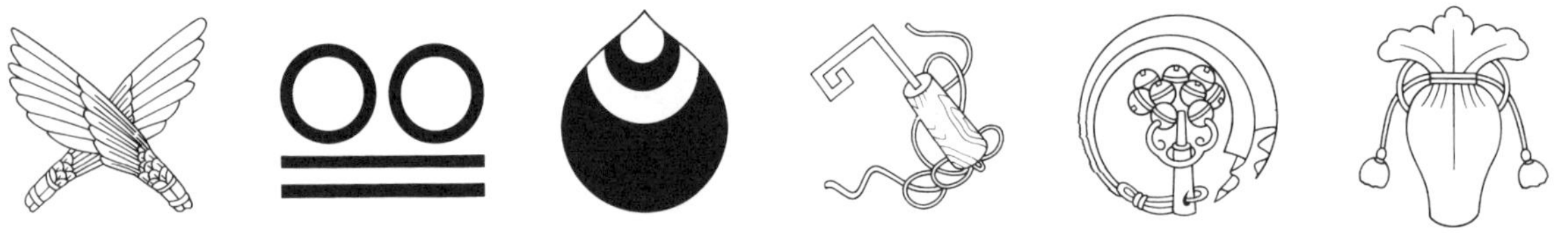

違羽箒　合子に箸（蜷川）　宝珠　宝鑰　鈴丸　一瓶子

軍配団扇（奥平）　花筏（本多）　碇丸　三違櫂　舵　五徳

帆懸船（名和）　黒餅（黒田）　三地紙　扇に月（佐竹）　九枚羽団扇　檜扇（本庄）

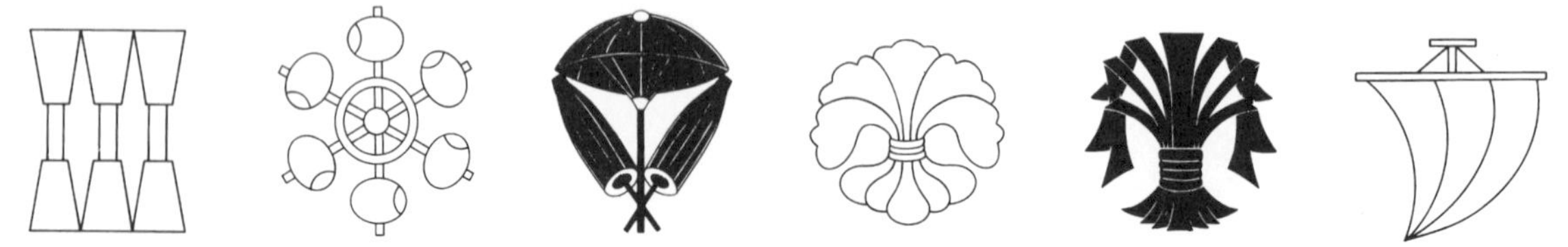

三手杵　水車（六柄杓車）（土井）　傘（名越）　一結綿　一束熨斗　一帆

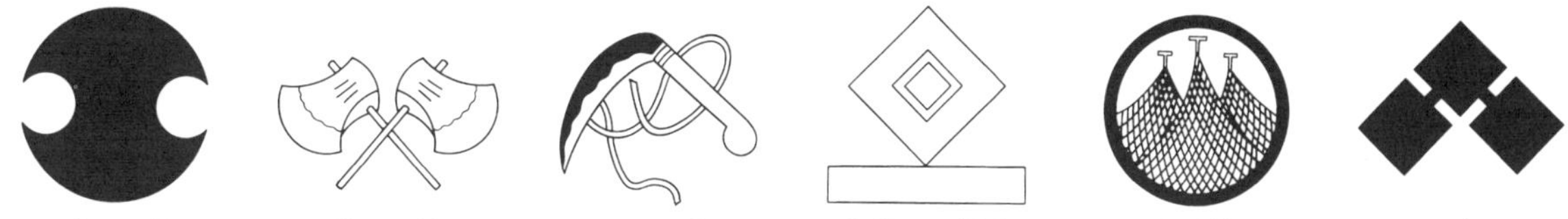

分銅　違鉞　一鎌　釘抜座に挺子　三つ千網　縢

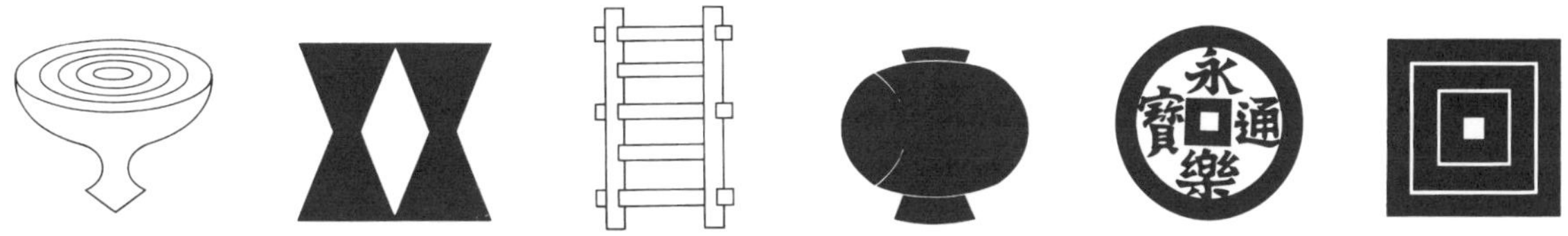

独楽（木下）　二輪鼓　五段梯子（牧野）　一槌（稲葉）　永楽通宝（水野）　三入子枡

〔天文・地理紋〕　〔建造物紋〕

朧月（太田原）　半月（天野）　井筒（井伊）　庵内に木瓜（内田）　瑞籬（大岡）　鳥居（鳥居）

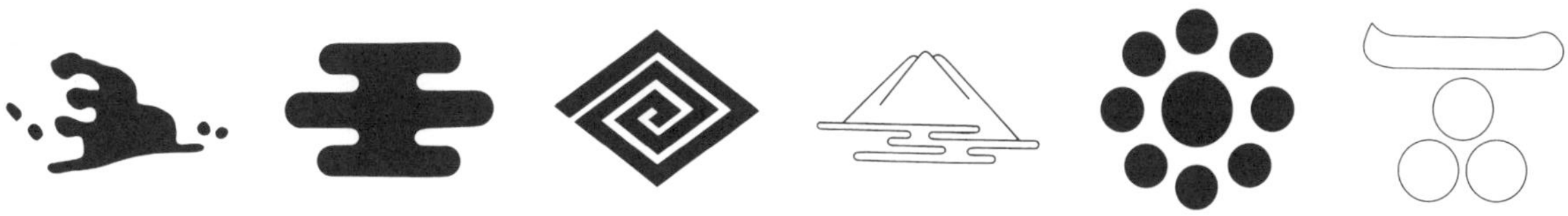

三頭波（山内）　霞（喜多）　折入菱（稲妻菱）　富士山に霞（青木）　九曜　一文字三星（毛利）

〔文様紋〕

三引両　木瓜（織田）　四花菱（幸菱）（柳沢）　四割菱（武田）　子持亀甲に唐花（堀）　三頭右巴

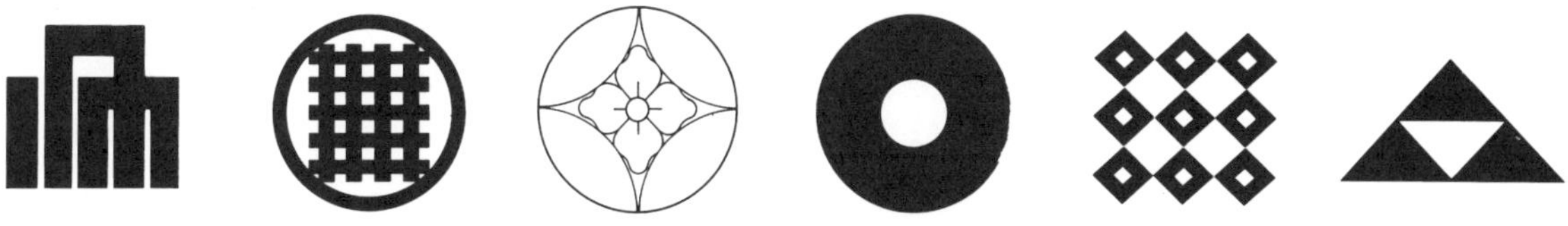

源氏香図（花散里）（佐竹）　九字（遠山）　唐花輪違　一蛇目（加藤）　九目結（本庄）　三鱗（北条）

〔文字紋〕

吉文字　無文字（仙谷）　左万字　丸に十文字（島津）　折敷に鎌形三文字（一柳）　安倍晴明判

標徴などが墨・紺・赤・朱などで筆書き、染色された。時代とともに、集団の中枢、大将の表徴である真の幡・大馬印・大幟より、個人の章・差物《さしもの》へと小型化され、各人の背・腰に移るようになる。甲の前立・袖、各種の武具・馬具・刀剣にも家紋を据えることがあった。武具は実用に備え、絶えず補修改造が行われたので、装飾的な紋章は時代を鑑別するには困難もある。城郭殿舎・社寺などの瓦の紋はその時代の領主を明示している。戦国・近世初頭に旗差物として個人の標章と化した紋章は、江戸幕府への家譜書上げに際し、家の紋・幕の紋として書出され、格式化、儀礼の整備、大紋・裃の式服化に伴い、紋服の章としてあるべき所に欠くべからざるものとして重要視された。家格・出自の表徴として整済化することにより、源平藤橘などの名族として家系を潤色・捏造するに際して、その紋はかくあるものと誤信・誤用されるなど、また旧家は賜与・婚姻などにより多数持つものとされ、本来の敵味方識別の単純なものより変容することとなる。また、その時代の形体的特徴をとり、遡源的に創作されるものもある。個々については今後検討されるべきもの、描き居《す》えられた素材の科学的研究がなされるべきものもある。

参考文献　沼田頼輔『日本紋章学』、一九二六、明治書院。

（加藤　秀幸）

もんぜんまち　門前町　社寺を中核としてその周囲に形成された町のうち、社寺参詣者の増加が主な要因となって形成された町場のこと。古代末期における社寺の荘園領主化を契機とし、社寺境内に形成された社寺関係者や管下諸職人の集住地が淵源となって拡大した町場は「門《もん》前郷《ぜんごう》」とされ、門前町とは区別される。門前町の発達は近世以降に顕著だが、社寺への参詣者は中世以降漸次増加の方向にあり、中世後期以降は、伊勢神宮門前の宇治・山田や信濃善光寺門前・安芸厳島《いつくしま》神社門前・大和長谷寺《はせでら》門前など、巨大な巡礼センターと化す場も出現する。東《とう》大寺《だいじ》・興福寺《こうふくじ》・元興寺《がんごうじ》の複合門前郷である大和奈良は、その発生契機からは門前郷に含まれるが、中世後期にはこれらの門前郷でも参詣者の増加が見られる。門前郷と門前町の違いとは参詣者をどの程度重視するかにあり、近世より前に発達する門前町では、門前郷と同様な都市構造を持つものが多い。中世に起源を持つ門前町は、僧侶・神官や管下諸職人等の集住と、彼らが関与した市庭《いちば》（門前市《もんぜんいち》）の成立が契機である。恒常的な店舗の形成は、門前郷の奈良では十二世紀代に始まり、門前町でもおおむね十五世紀前半代には成立し、各種の座や商人の活動が知られる。中世後期以降に顕著となる参詣者の増加は、伊勢神宮や熊野三山の場合、商人を兼帯した御師《おんし》層による参詣誘引活動の浸透による。その結果、門前町には参詣者の「精進落とし」を名目に宿所・遊興施設が増加した。また、列島規模での参詣者を集めるにあたり、彼らが為替《かわし》や交換レートなどの金融機構を整備したことで、門前町の持つ経済的効果は列島規模で波及することとなった。また、このころには社寺と町場との対立が恒常化し、十五世紀中葉ころには各地で自治組織が成立している。門前町は、下級神官・門徒や諸職人・商人など地下《じげ》人《にん》層の活動によって発達したが、その都市化に際して上部権力の介在はきわめて希薄である。そのためか、都市空間としての規則性・統合性はきわめて乏しいといえる。

参考文献　藤本利治『門前町』、一九七〇、古今書院。新城常三『新稿社寺参詣の社会経済史的研究』、一九八二、塙書房。西山克『道者と地下人』、一九八七、吉川弘文館。伊藤毅他『図集日本都市史』、一九九三、東京大学出版会。

（伊藤　裕偉）

や

や　矢　弓とセットとなる具。簳《やがら》・矢筈《やはず》・矢羽・鏃からなり、使用目的で、軍陣用の征矢《そや》、狩猟用の狩矢《かりや》（野矢《のや》とも）、歩射の競技用の的矢《まとや》に大別され、他に引目矢《ひきめや》などがある。簳は矢本体で、日本では篠竹製をふつうとし、篠竹製の簳を箆《の》ともいう。簳は、中国では楊製もあり、日本でも東北地方では葦製などもあった。篠竹は成長ごとに強度を増すが、一年竹をうきす箆、二年竹を片うきす箆、三年竹を堅箆《かたの》という。箆の製作工程は、枝を払い、曲がりを矯正した新箆《あらの》を砂摺りしただけを白箆《しらの》といい、これに朱漆や黒漆を塗布した塗箆《ぬりの》、節だけを黒漆塗として上下をぼかした節影《ふしかげ》（節黒とも）、朱漆を拭い塗（塗布後乾燥前に拭う）した拭箆《ぬぐいの》、艶消しした黒漆塗の醂箆《きわしの》、節部分を焼き焦がした焦箆《こがしの》などがある。塗箆や節影は征矢、その他は主に狩矢や的矢に用いた。箆の節は三節・四節・五節があり、五節は鏃側から、各節をすげ節（射付節《いつけのふし》とも）・おっとり節・箆中節《のなかぶし》・袖摺節《そですりぶし》・羽中節《はなかぶし》という。箆の鏃側（箆口《のぐち》という）と矢筈側には補強のために樺の甘皮を巻き、箆口側は口巻《くちまき》（沓巻《くつまき》とも）・根太巻《ねたまき》（両者は一体の場合も）、筈側は筈巻《はずまき》といい、矢羽の上下にも接着の補強として巻いて本矧《もとはぎ》（鏃側）と末矧《うらはぎ》という。簳の長さが矢束《やつか》で、手量《たばか》りといって、指一本を一伏《ひとぶせ》、一拳（四伏）を一束《いっそく》として数え、中世では十二束を標準としたが、手の大きさは人それぞれであるからあくまで目安である。矢筈は弦を掛ける彫《えり》とよぶ細溝を入れた部分で、簳に直接彫を入れた箭《よ》筈《はず》（箆筈とも）と、矢筈部分を別に作った継筈《つぐはず》があり、征

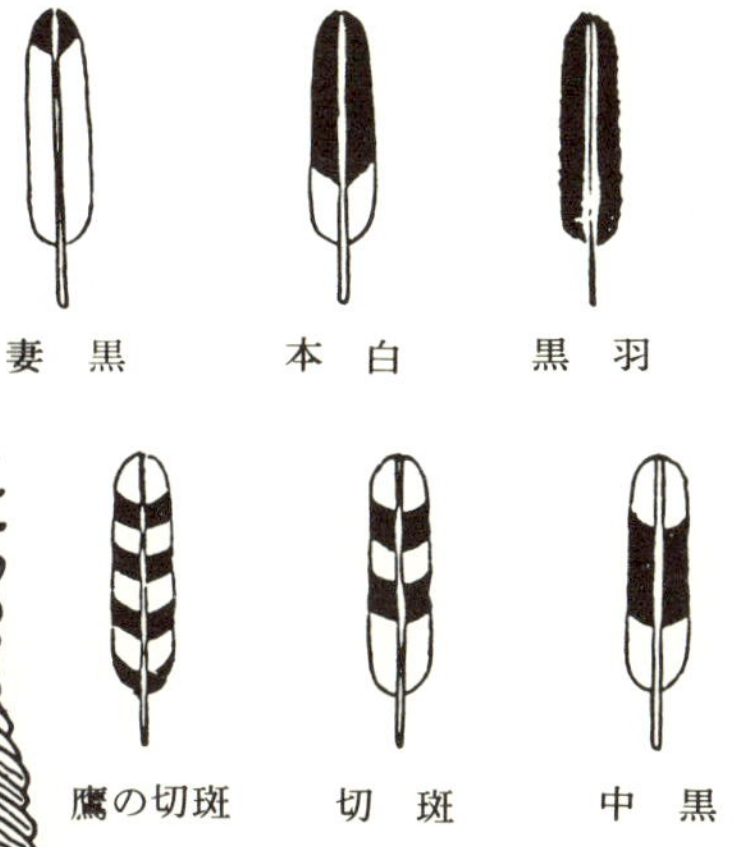

鷲の羽の斑文

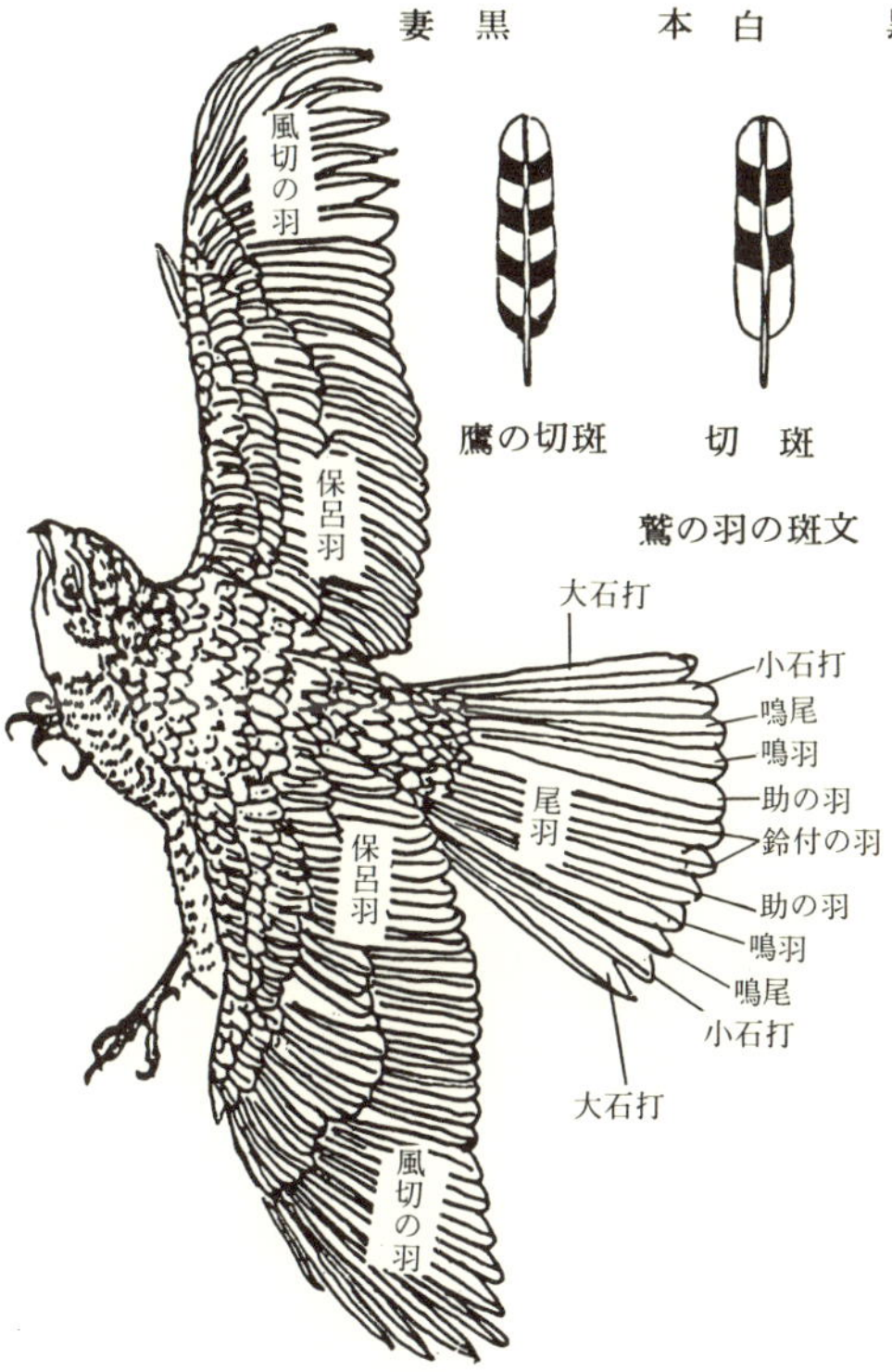

鷹の羽の名所

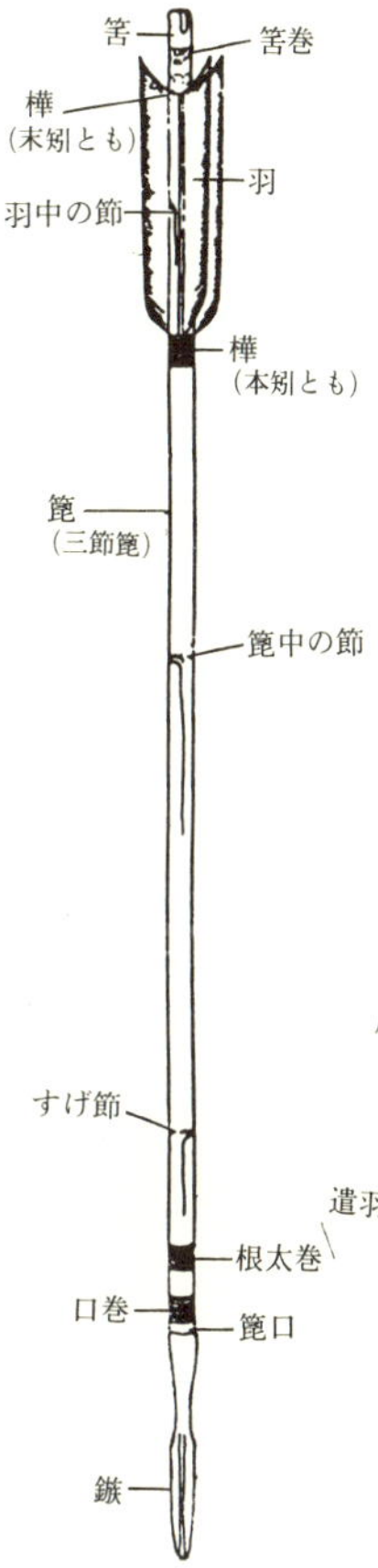

矢の名所

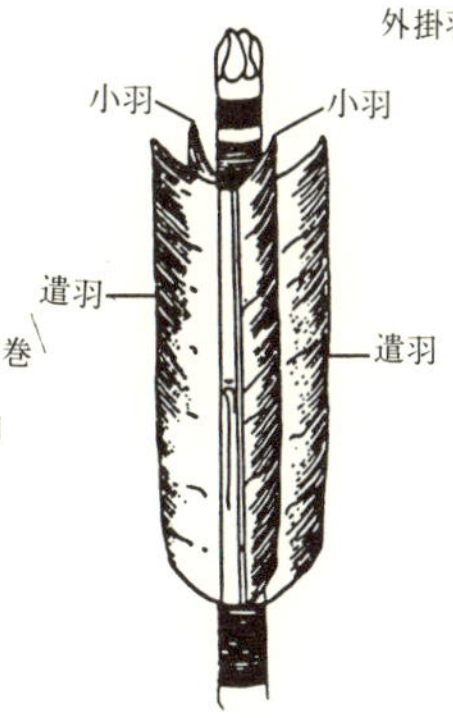

四立羽

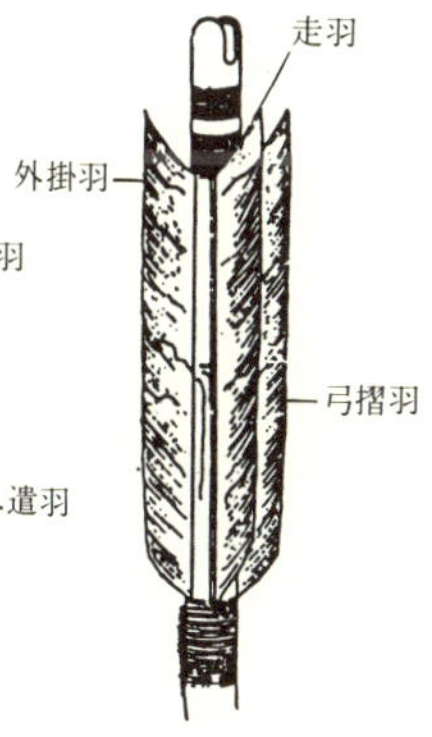

三立羽

矢は箙筈で、特に彫を直角に切り込んだ直筈《すぐはず》(射手筈《いてはず》とも)である。継筈は主に狩矢や的矢で使用され、竹節製の節《ふし》筈《はず》、鹿角製の鈍筈《ぬたはず》、黄楊《つげ》製の木筈のほか、儀仗では、金属・水晶・牛角(角筈という)なども使用した。矢羽は矢の軌道の安定化をはかるもので、大・中型の鳥の翼や尾羽を羽茎《はぐき》から半裁して使用した。中世では鷲・鷹・鴇《とき》(朱鷺)が最上で、他の羽は雑羽《ぞうのは》という。羽は鷹狩りの鷹を基礎として名称があり、翼を保呂羽《ほろば》、その外側十枚を風切《かざきり》、風切の内側三枚を折目《おりめ》(鉈《なた》とも)という。鷹の尾羽は十二枚で、中央で二分して、内側からそれぞれ鈴付《すずつけ》・助《たすけ》・鳴羽《ならしば》・鳴尾《なるお》・小石打《こいしうち》(石打とも)・大石打(芝引《しばひき》とも)という。このうち風切と大・小の石打は強靱な羽として珍重された。鷲・鷹・鶴は翼と尾羽を用い、鴇・鵠・雁などは風切や折目、山鳥・雉は尾羽をおもに使用した。また、幅狭の保呂羽は縁を切揃えずに使用して、「するもぎ」(「いそ」とも)といい、鴨の風切は特に幅狭で櫂形《かいなり》羽(瓢簞《ひょうたん》羽とも)という。なお、室町時代の武家故実では、鳶・梟・青鷺を忌羽《いみば》とする。矢羽の矧ぎ方は三立羽《みたてば》と四《よ》立羽《たてば》があり、三立羽は、矢を旋回させる目的で、羽三枚を表裏を揃えて鼎状に矧いだ。三枚は、筈通りを走羽《はやりば》、弓側を弓摺羽《ゆすりば》、逆を外掛羽《とがけば》といい、走羽の表を外側として右旋回する甲矢《はや》(外向矢《とむきば》とも)と、走羽の表を内側とした左旋回の乙矢《おとや》(内向矢とも)がある。両者は二隻一手で諸矢《もろや》といい、征矢と的矢は三立羽のため、佩帯の矢数は偶数となった。四立羽は、矢が旋回しないように、筈通りの大羽二枚と左右の小羽二枚からなり、狩矢は四立羽である。矢の名称は矢羽で表示され、鷲は部位と斑文《ふもん》で表示し、その他は鳥名で表示した。これは鷲の斑文(白と黒褐色の配色)が一羽ずつ相違するためである。鷲は真鳥《まどり》といい、羽を真鳥羽《まどりば》というが、大鳥という大鷲と小鳥という尾白鷲がある。大鷲は尾羽十四枚で、斑文は、翼が本白か黒(黒保呂《くろぼろ》という)、尾羽は白尾(白羽)・黒羽・本白・妻黒・中黒・切斑《きりふ》などとさまざまである。羽の先端を妻、根元を本といい、妻のみ黒が妻黒、本のみ白が本白であり、真中が黒が中黒、白・黒交互が切斑である。尾白鷲は尾羽十二枚で、斑文は、翼が黒保呂、尾羽は本黒だが、白・黒の境が不明瞭で黒みが薄く、薄部尾《うすびょう》(護田鳥尾とも)といい、その幼鳥は全体にかすれた斑文で糟尾《かすお》という。なお、鷲のうち斑文不定のものを常斑《じょうのふ》という。ちなみに他鳥の場合、鷹は切斑、鶴の保呂羽は本白である。

参考文献 鈴木敬三「矢の構成」(『国学院高等学校紀要』一、一九五九)。同「征矢野矢的矢考」(『国学院雑誌』六〇ノ一一、一九五九)。同『武装図説』(『(改訂増補)故実叢書』三五)。

(近藤 好和)

やかた 館 一般的に、中世の領主・土豪などの堀や土塁で区画された屋敷のこと。「たち」ともいう。恒常的な城の成立以前である古代末から鎌倉時代の武士の本拠における政治や生活空間は、館(屋形)・家・宅などと呼ばれた。その直接的な系譜は、古代の国司の在国拠点における公的な政治空間である庁(たち)とセットとなる「館《たち》」にあり、中世初期にも、政庁を意味する語として、館の主人が地域で公的な地位をもち、そこが政庁的な機能を持つときに呼称したとされ、武士に限定されたものではない。地域支配の武士の拠点としての館に注目すると、十二世紀末から十三世紀にかけておよそ一辺半町から一町に区画された館が、東国・西国で普遍的に成立するのが大きな画期である。西国では条里地割に則った堀による方形区画が基本で、大阪府長原遺跡・和気《わけ》遺跡のように堀で区画された方一町程の規模をもち、さらに和気遺跡では機能差をもつ複郭の空間から構成される。東国では、神奈川県宮久保遺跡・上浜田遺跡のように、丘陵上や丘陵裾の段切りに溝や柵で方形に区画される館がある。埼玉県大久保山遺跡では、溝で区画された不整形な館が、十三世紀になると薬研堀《やげんぼり》の方形の館へ変化すること、また同じ丘陵裾に複数の館と寺や祠などが並存することなど、武士の本拠をめぐる複合的な景観や変遷が発掘された。十三世紀末には、茨城県赤浜堀の内遺跡、大阪府日置庄遺跡など、東国・西国ともに堀と土塁をもつ方形の館が一般的となり、防御性とともに、支配拠点としての象徴性を高めていった。文献にみる呼称では、鎌倉時代から南北朝時代には、「堀の内」「土居」などが多く、南北朝時代以後「屋形」「館」「城」などが増え、城郭との関連が深まる。この文献史料の「堀の内」を堀と土塁で囲まれた方形の館に比定し、鎌倉時代の開発領主・武士の居館と位置づけた学史があった。特に東国では館の堀がもつ灌漑用水の支配機能に注目し、館を核とする開発領主像が描かれたが、発掘資料の分析による年代観などから否定された。こうした系譜とは別に、律令国家の直接的支配を受けなかった東北北部では、独自の展開があった。律令期の奥羽支配の拠点であった多賀城・胆沢《いさわ》城や秋田城・払田柵《ほったのさく》などがその機能を停止するなかで、十一・十二世紀には在庁官人として勢力を伸ばした安倍氏による岩手県鳥海柵《とのみのさく》や清原氏の秋田県大鳥井山遺跡が営まれた。これらはこの地域に特徴的な律令期の城柵や環壕をもつ防御性集落に系譜をもち、館とともに多重の堀をめぐらす山城を伴う。藤原氏の平泉柳の御所と高館《たかだち》のセットは、この清原氏の城館の系譜をひくものとされる。十五世紀以後、守護や戦国大名の居館は、政庁としての機能を充実させた。西国では、山口県大内館や大分県豊後府内大友館、東国では、山梨県武田館や福井県朝倉館などにみるように、方一〜二町の大型の方形館を典型とした。館の構造は、東面または西面に表門を開き、内部は、南半をハレの空間、北半をケの空間とした。ハレの空間には主殿と会所、大きな庭園が併設されるのが特徴で、「洛中洛外図屏風」に描かれた足利将軍邸・細川管領邸と類似する。中央の将軍邸などをモデルとして規範化が進んだことが特徴である。こうした館では、出土遺物にみる唐物《からもの》や儀式に使われたかわらけなどのあり方にも共通点があり、地域の政治拠点として、館がもつ権威表徴が強く意識され、規範化したことがわかる。この規範性は、岐阜県江馬氏館・長野県高梨氏館などの一部の国人クラスの館にも受容されたが、他方、各地には地域や階層の違いなどを反映した多様な館が多く残された。戦国時代には、多くの館は城の一部となっていくが、大名クラスでも館がもつ政庁的機能と景観を、方形の館として積極的に残した権力と山城に吸収した権力があり、さらに前者には大友館のように、堀や土塁をもたず街区に接した築地塀や板塀による区画施設を用いた京都的な景観を選ぶなど、おのおのの権力の出自と関係した特徴も指摘される。なお、館を、地域支配の拠点として防御性・階層性を誇示した屋敷という機能から規定するとき、古墳時代の豪族居館が注目される。一九八一年(昭和五十六)の群馬県三ツ寺遺跡発掘以来、方形を基本とした堀と土塁・柵塀をもつ館の類例が全国的に確認されるようになった。なかには堀斜面に石積みを持つ例や出入り口を突出させ、木橋・土橋で防備施設とした例もあり、その機能は中世の館と変わらない。これらの館は、在地の首長の祭祀や政治の場となり、首長相互の抗争にも備えたものと推定されるが、七—八世紀にかけて中央集権国家が成立するころにはみられなくなる。古墳時代は中世とならぶ館の時代ともいえる。

参考文献 橋口定志「中世居館の再検討」(『東京考古』五、一九八七)。朝日新聞社編『中世の館と都市』(『歴史を読みなおす—ミクロの空間から—』七、一九九四、朝日新聞社)。中澤克昭『中世の武力と城郭』、一九九九、吉川弘文館。国立歴史民俗博物館編『再現・古代の豪族居館—企画展示—』、一九九〇。室野秀文「城館の発生とその機能」(小野正敏・萩原三雄編『鎌倉時代の考古学』所収、二〇〇六、高志書院)。

(小野 正敏)

やきいん 焼印 牛馬などの家畜や木材・木製品などに所有の表示や識別ために文字や記号を焼き記す印章。多

木　簡

木簡は発掘調査などで地中から見つかる墨書のある木片の総称。その使用は７世紀第Ⅱ四半期から近代まで連綿と続くが、日本の木簡は、紙木併用であること、律令制に付随してその使用を確立したことが大きな特徴である。７世紀の木簡は、飛鳥池遺跡、石神遺跡、飛鳥京跡苑池遺構などの木簡の発見によって、飛躍的に豊かになった。六朝風のゆったりとした大振りの文字で、しかも全体のバランスをあまり考慮せずに記すのが、この時期の木簡の特徴。なお、以下の木簡写真の縮尺は、特記した場合を除き、原寸の約43％。（渡辺　晃宏）

七世紀の「評─五十戸」制を示す文書木簡（滋賀県西河原森ノ内遺跡出土木簡）　原寸の三〇％

年紀から書き出す七世紀の文書木簡（静岡県伊場遺跡出土木簡）

七世紀の「前白」形式の文書木簡（飛鳥京跡苑池遺構出土木簡）

漢詩（五言絶句）を記す木簡（飛鳥池遺跡出土木簡）

漢字の読みを注記する音義木簡（飛鳥池遺跡出土木簡）

わさびの付札（飛鳥京跡苑池遺構出土木簡）

最古の紀年銘（乙丑年・六六五）をもつ美濃国の荷札（石神遺跡出土木簡）

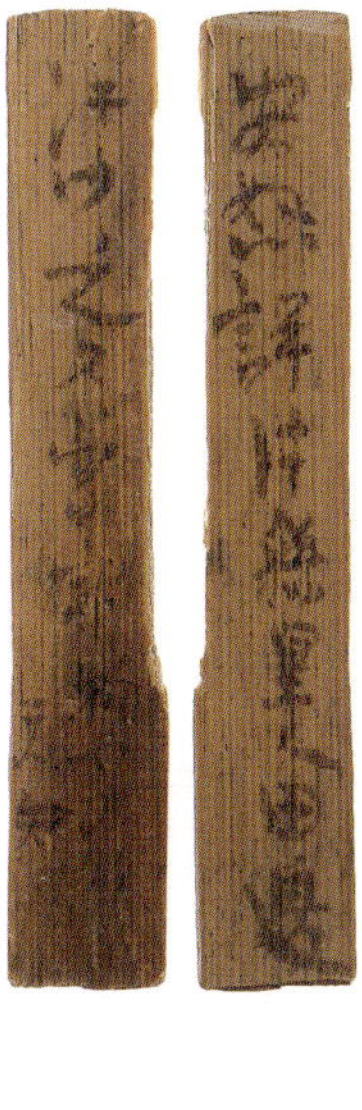

七世紀の「評─里」制を示す荷札（飛鳥京跡苑池遺構出土木簡）

七世紀の伊豆国の堅魚の荷札（石神遺跡出土木簡）

最古の削屑（奈良県上之宮遺跡出土木簡）

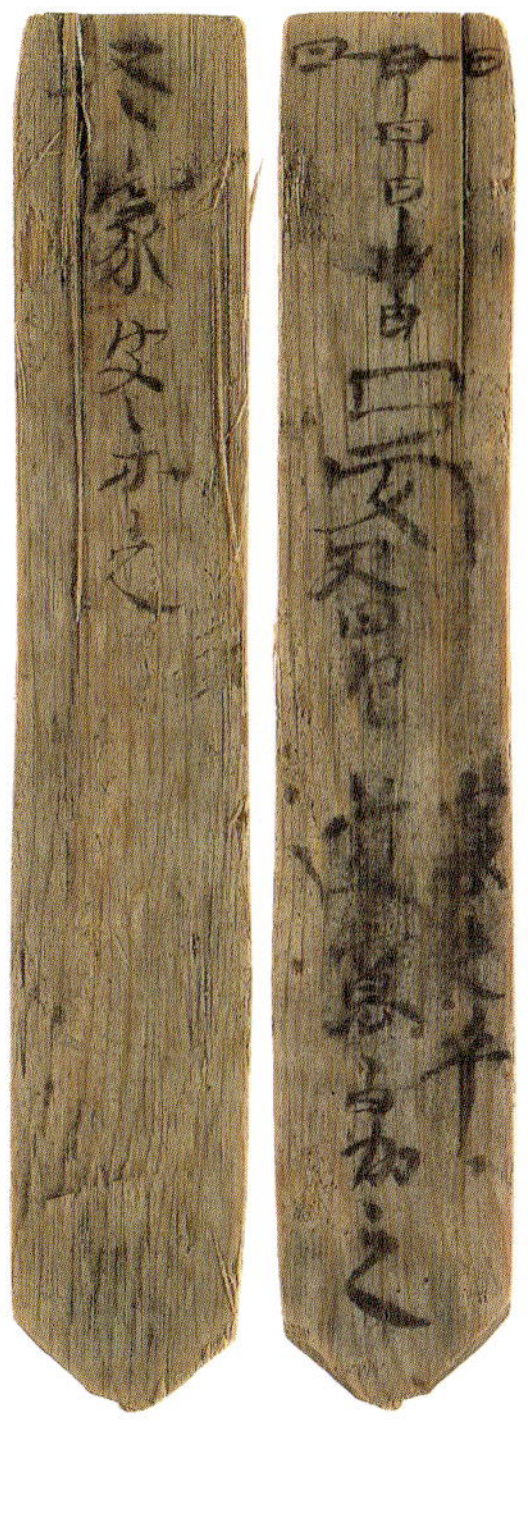

↗風を残していた書風も、養老・神亀年間（717－729）以降次第に唐風化する。

平城宮跡のすぐ東南に位置する地で発見された長屋王家木簡・二条大路木簡計11万点の出現により、木簡の研究は新しい段階に入った。地方官衙跡などでの木簡の出土もあいつぎ、１遺跡で100点を超える事例も多くなった。

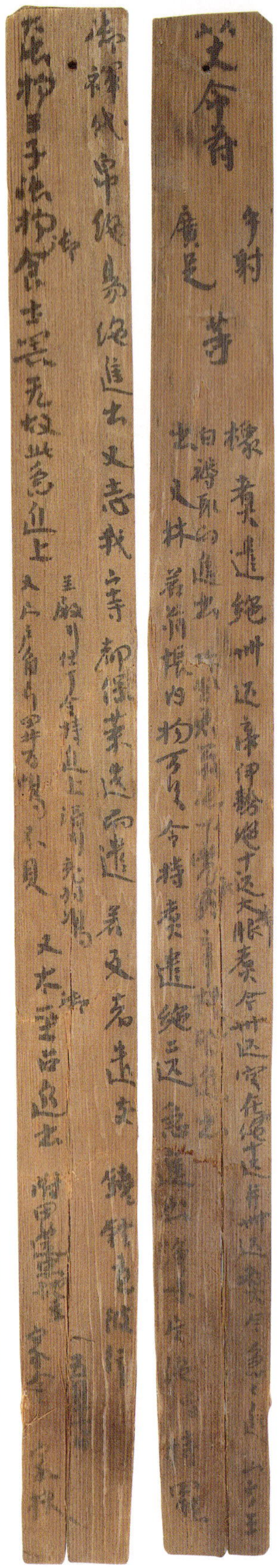

長屋王の命を伝える長大な文書木簡（長屋王家木簡）

画工司解による門牓木簡（藤原京跡出土木簡）

御贖所の請求による柏の支給木簡（平城宮跡出土木簡）

牛乳煎人（蘇の調製者）への米支給の伝票木簡（長屋王家木簡）

小便禁止の看板（平城宮跡出土木簡）

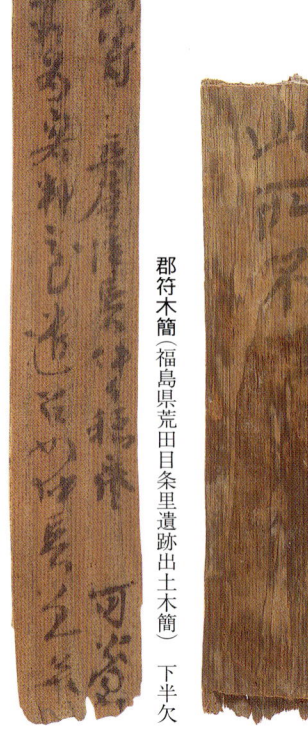

郡符木簡（福島県荒田目条里遺跡出土木簡）　下半欠

選叙木簡　位階昇進予定者の勤務実績（平城京跡出土木簡）

考選木簡の削屑　人名・年齢・本貫地（平城宮跡出土木簡）

選叙木簡の削屑　長上官の評定（平城宮跡出土木簡）

考課木簡の削屑　番上官の評定文言（平城宮跡出土木簡）

７世紀末以降の律令制の整備に伴って、木簡の使用は増大する。公式令の書式に準拠した文書木簡が作成され、税制の確立によって荷札木簡の定型化も進む。封緘木簡、題籤軸、棒軸、文書箱、キーホルダー木簡など、墨書木製品とも称すべきさまざまなタイプの木簡も使用され、８世紀はまさに木簡の世紀と呼ぶに相応しい。和銅・霊亀年間（708－717）ごろまで七世紀の遺↗

両端に切り込みをもつ封緘木簡（藤原宮跡出土木簡）

大倭国の計帳歴名の棒軸（平城京跡出土木簡）　木口のみ原寸の六八％

木簡を二次的に転用した贄帳の題籤軸（二条大路木簡）

倉のカギのキーホルダー木簡（平城京跡出土木簡）

贄として貢進された因幡国の鮭の荷札（二条大路木簡）

調として貢進された安房国の鰒の荷札（二条大路木簡）

大税出挙に関わる木簡（静岡県大蒲村東Ⅰ遺跡出土木簡）

播磨国の庸米の荷札（二条大路木簡）

内臓付きの鹿肉の付札（平城宮跡出土木簡）

上総国の蘇の荷札（二条大路木簡）

羽子板状の封緘木簡（兵庫県市辺遺跡出土木簡）

9世紀以降木簡の出土事例は相対的に減少するが、木簡の使用そのものは近代に至るまで連綿と続く。中世の出土例は、呪符や柿経・卒塔婆などの宗教資料が卓越するが、近世の遺跡からは木の特性に応じたさまざまな木簡が出土する。江戸・大坂をはじめとする各地の都市・城下町遺跡出土の近世木簡は、木簡研究の新たな宝庫といってよい。木簡は、歴史考古学において、時間的にも空間的にも大きな広がりをもつ資料となった。

長大な物忌札（長岡京跡出土木簡）　原寸の二〇％

咄天罡呪符（兵庫県屏風遺跡出土木簡）

寛喜三年（一二三一）銘笹塔婆（青森県高間（一）遺跡出土木簡）

筆筒のカギのキーホルダー木簡（福井県一乗谷朝倉氏遺跡出土木簡）

中世の牛頭天王信仰に関わる神仏習合の笹塔婆（山梨県上窪遺跡出土木簡）

近世の鑞（錫）の荷札（大坂城跡出土木簡）

蘇民将来呪符（静岡県中村遺跡出土木簡）

中世の竹の付札（愛知県下津城跡出土木簡）

寿永三年（一一八四）銘題籤軸（大阪府上清滝遺跡出土木簡）

陶磁器

陶磁器(焼物)は、広くは土器・陶器・磁器を指すが、土器を除く陶器・磁器に限定して呼ばれることが多い。陶器は、古墳時代中期(5世紀前半)に出現した須恵器を源流とし、古代、中世、近世の主要な容器としての役割を担っている。陶器は粘土を原料とし、焼成温度は1100～1200℃であり、施釉陶器と無釉焼締陶器に分けられる。一方、江戸時代初期(17世紀初頭)には肥前磁器が登場し、以後の全国各地の磁器生産を先導していく。磁器は主に陶石を用い、焼成温度は1300℃前後であり、多くは施釉されている。

考古学の発掘調査・研究にとって、不可逆性(通常では、粘土や陶石の状態に戻らない)、普遍性(どの時代・地域でも使われている)、および変化の法則性(時代・地域によって、型式や技術に違いが見られる)を備えた陶磁器は最も有用な資料のひとつであり、各々の時代・地域の陶磁器についての編年作業が進められてきている。　　　(赤羽　一郎)

古代の陶磁器

古墳時代中期(5世紀前半)に朝鮮半島の陶質土器の生産技術がもたらされ、陶邑窯(大阪府堺市)などで須恵器生産が始められ、その生産技術は急速に全国各地に広がった。須恵器は古墳の副葬品などに使用された。東海地域でも、猿投窯(愛知県)を中心に須恵器生産が活発に行われた。この猿投窯で8世紀中葉に技術革新が行われ、焼成前に木灰を器面に塗布した灰釉陶器が登場する。猿投窯など東海地域産の椀、瓶(へい)、壺といった灰釉陶器は、平城京、平安京をはじめ、全国各地の官衙や寺院に供給された。他方、古代の焼物には、奈良時代(8世紀前半)に唐三彩の影響を受けた奈良三彩、平安時代前期(10世紀)に出現した緑釉がある。いずれも祭祀性の強い非日常的な焼物であった。

須恵器　台付装飾壺　兵庫県たつの市西宮山古墳出土　6世紀　京都国立博物館所蔵

須恵器　手付壺　大阪府堺市深田遺跡出土　5世紀　大阪府教育委員会所蔵

灰釉　多口瓶　愛知県三好町黒笹36号窯出土　9世紀　重要文化財　愛知県陶磁資料館所蔵

須恵器　双耳壺　奈良県天理市佐井寺僧道薬墓出土　和銅7年銘銀製墓誌伴出　8世紀　重要文化財　奈良国立博物館所蔵

緑釉　手付水注・椀・皿　前橋市山王廃寺跡出土　11世紀　重要文化財　群馬県立歴史博物館所蔵

三彩　鉢　8世紀　正倉院宝物

中世の陶磁器

平安時代末期(12世紀初頭)から祭祀的・規格的色彩の濃い古代の焼物に代わって、壺・甕・鉢などの容器の生産が活発となった。その背景には、農業技術の発達に伴う大型容器、経塚や中世墓の造営に要するあらたな宗教的容器への需要の高まりがあった。中世の焼物は、古代の須恵器の生産技術を踏襲した須恵器系中世陶器(珠洲・備前など)と、猿投窯で登場した灰釉陶器の伝統に連なる灰釉陶器系中世陶器(瀬戸・美濃・常滑・渥美・越前・信楽・丹波など)に大別することができる。後者のうち、瀬戸・美濃は灰釉や鉄釉を施した施釉陶器、他は無釉焼締陶器に分類される。これらは、煮沸用の土師器系の土器、大量に輸入された中国陶磁とともに、中世の人びとの生活を支えていた。

珠洲　秋草文壺　石川県珠洲市出土　14世紀
石川県立歴史博物館所蔵

渥美　秋草文壺　川崎市出土　12世紀　国宝
東京都　慶応義塾所蔵

瀬戸　灰釉魚波文瓶子　岩手県一関市宝寿院伝世　14世紀　重要文化財　名古屋市博物館所蔵

常滑　壺　埼玉県朝霞市宮戸経塚出土
12世紀　東京国立博物館所蔵

丹波　壺　16世紀　　兵庫県　丹波古陶館所蔵

越前　双耳壺　15世紀　　福井県陶芸館所蔵

備前　櫛目波状文壺　15世紀
岡山県立博物館所蔵

信楽　刻文壺　14世紀　　愛知県陶磁資料館所蔵

近世の陶磁器

近世初頭の焼物としては、まず中世の焼物を踏襲した瀬戸・美濃・常滑・越前・信楽・丹波・備前(美濃を除いて「六古窯」と呼ばれている)の陶器が挙げられる。また、文禄・慶長の役に際して朝鮮半島から連れてこられた李朝の陶工によって広められた陶器(唐津・高取・薩摩・萩など)、同じく文禄・慶長の役で朝鮮半島から連れてこられた李参平が開窯したと伝えられる伊万里、藩窯として著名な鍋島などの有田(佐賀県)の磁器が挙げられる。これらのうち、美濃、唐津や萩などは茶陶として珍重され、染付伊万里や鍋島は藩の献上品としての役割を担っていった。近世後期には全国に数多くの民窯が営まれるが、その大半はこれらの近世初頭の焼物にルーツを求めることができる。

伊万里　染付花卉文徳利　17世紀
静岡県　MOA美術館所蔵

伊万里　色絵花鳥文鉢　柿右衛門様式　17世紀
重要文化財　　東京国立博物館所蔵

唐津　蘆唐草文壺　17世紀　　東京都　出光美術館所蔵

鍋島　色絵桃花文皿　17世紀　重要文化財
MOA美術館所蔵

鼠志野　鶺鴒文鉢　16世紀　重要文化財
東京国立博物館所蔵

くは鉄製。七〇七年(慶雲四)三月、官牧の牛馬に用いる鉄印(焼印)が給されたことが見えるのが史料上の初見(『続《しょく》日本紀《にほんぎ》』慶雲四年三月甲子条)。厩牧令駒讀条《くもくりょうこまとくじょう》に、官牧に所属する馬では左股、牛では右股のそれぞれ外側に「官」の字の焼印を押すことが定められている。また、賊盗律《ぞくとうりつ》外印条《げいんじょう》には、太政官印・諸司諸国印と並んで官牧の焼印を盗んだ際の罰則規定があり、官牧の焼印が官印としての扱いを受けていたことがわかる。さらに、私有牛馬に押す焼印の印面の大きさについて、長さ二寸・幅一寸五分以内と規制されている(延暦十五年(七九六)二月二十五日付太政官符)。また、焼印が押された木製品が各地から出土しており、押印対象が令や格に規定された牛馬などの家畜以外に広く使用されていたことが判明している。古代の焼印の出土例は、現在のところ関東地方を中心に約二十例ほどが報じられている。

参考文献 高島英之「古代の焼印についての覚書」(『古代出土文字資料の研究』所収、二〇〇〇、東京堂出版)。

(高島 英之)

やきしおつぼ 焼塩壺 「焼塩壺」の呼称は、一九三一年(昭和六)ごろ、大阪府堺市小谷方明《こたにみちあき》・前田長三郎が冠したものである。一六八四年(貞享元)刊行『堺鑑《さかいかがみ》』には、「湊《みなと》壺塩」とあり、天文年間(一五三二―五五)に京都「畠《はた》枝《えだ》村」から堺の湊村に居住して「紀州雑賀塩《さいかしお》」を入れて諸国に商売をした。その人物は、「壺塩屋藤太郎《とうたろう》」と名乗り、その子孫が一六五四年(承応三)「天下一」の美号、一六七九年(延宝七)「伊織」号を受ける。生産窯は、不明である。堺環濠都市遺跡では、十六世紀第Ⅲ四半期から出土し十六世紀末葉には全国流通した。十七世紀後半には、貝塚・大坂・江戸・金沢・仙台などで独自のタイプが誕生する。焼塩壺の使用図として「ペリー来航饗応図」が有名である。焼塩壺編年は、遺跡の年代決定に役立っている。

参考文献 小谷城郷土館・関西近世考古学研究会『焼塩壺の旅―ものの始まり堺―』(シンポジウム資料集)、二〇〇〇。江戸遺跡研究会編『図説江戸考古学研究事典』、二〇〇一、柏書房。

(森村 健一)

やぎしぼし 楊貴氏墓誌 奈良時代の貴族吉備真備《きびのまきび》(六九五年(持統天皇九)―七七五年(宝亀六))の母の墓誌。吉備真備は下道《しもつみち》朝臣氏の出身、入唐留学生、東宮学士・遣唐副使などを経て、称徳朝に右大臣、正二位。江戸時代の一七二八年(享保十三)、現在の奈良県五條市大沢町火打から出土したと伝えられるが、一八九七年(明治三十)以降所在不明。現存する拓本から長さ一九・四センチ、幅二五・二センチ、塼《せん》製で七行にわたり四十三文字が刻書されていたことが判明する。銘文は、「従五位上守右衛／士督兼行中宮亮／下道朝臣真備葬／亡妣楊貴氏之墓／天平十一年八月十／二日記／歳次己卯」。真備の母、楊貴(八木)氏の墓であることを示しただけの内容である。「楊貴氏」と記すのは「八木」氏の中国風標記であろう。現存する拓本を偽作とする見方もあるが、墓誌に記された真備の位階・官職は、墓誌に記された年代である七三九年(天平十一)当時のものとして他の史料と矛盾しない。

参考文献 岸俊男「楊貴氏の墓誌」(『日本古代政治史研究』所収、一九六六、塙書房)。近江昌司「楊貴氏墓誌の研究」(『日本歴史』二一一、一九六五)。奈良国立文化財研究所飛鳥資料館編『日本古代の墓誌』、一九七九、同朋舍。大阪府立近つ飛鳥博物館編『古墳から奈良時代墳墓へ―古代律令国家の墓制―』、二〇〇四。

(高島 英之)

やきもの 焼物 粘土や岩石の粉で形をつくり、高い温度で焼き固めた器物の総称。焼くと固まるのは、土や岩石粉に含まれている珪酸塩(長石・珪石)の作用による。また、粘土や岩石粉を練ったものが可塑性を有し、さまざまな形に成形できるのは、粘土鉱物ともいわれる酸化アルミニウムなどの塩基類の働きによるもので、これらは、珪酸塩の溶解温度を低下させる役割もある。これらを主成分とする火成岩が、焼物の素材の母岩である。地殻変動で地球表面近くに現れた母岩の火成岩は、その後の地殻変動や風食作用を受け、永い時間をかけて低地の海川に向かって流れ出し堆積する。母岩から離れるにしたがって、珪酸や粘土鉱物の量が次第に減少し、有機質成分などの不純物を多く含むようになる。焼物は、素地がガラス化する度合いによって、大きく土器、炻器《せっき》、陶器、磁器の四種に分類されるが、これは、使用する粘土の違いに由来する。焼物は、歴史的には、この順序で生まれ、互いに影響を及ぼし合いながら発展を遂げてきた。

〔土器〕 人類が最初に発明した焼物で最も永い歴史を持つ。世界史的に見れば、農耕が始まった新石器時代に穀物の調理(煮炊き)・貯蔵用に発明されたものである。わが国では、農耕が始まる以前の採集経済社会の時代(縄文時代草創期)にすでに存在する。土器は、母岩から遠く離れた場所の地表近くに堆積した粘土(漂白《ひょうはく》粘土)を胎土《たいど》に用いる。漂白粘土は、珪酸や粘土鉱物の含有量は少なく、有機質を多く含むため、焼き締まりが不充分で多孔質な胎体に焼きあがる。そのため、透水性が高く水漏れする欠点を抱えるが、通気性が良く、火に掛けても壊れないという長所もある。また、素材の粘土は、至るところにあり、八〇〇度前後の低温で焼成できるため、燃料も少なくて済み、失敗品も少なく、大量生産に適した焼物であり、より高度な焼物が生まれても淘汰されることなく、各時代、ほかの焼物部門との間で、それぞれの特性を生かした器形・用途別分業生産が行われてきた。歴史時代の土器は土師器と呼ばれ、後述の炻器(須恵器)との間で、食器を双方で、煮沸具はもっぱら土師器部門で、貯蔵器は須恵器部門で分業する体制が生まれた。東国ではすでに古墳時代後期には、水漏れを防ぎ、滑らかな器表に仕上げるため、器表に炭素を吸着させた焼物(黒色土器)が出現していたが、畿内地域では八世紀後半ごろにこの技法を採用し、改良型土師器ともいうべき黒色土器を専焼する部門が生まれる。当初は、内面だけを黒色処理する

A類のみを生産していたが、十一世紀に入ると窯を使って内外両面を黒色処理するB類が生み出され、旧来からある土師器部門との間で、土師器―煮沸具・小皿類、黒色土器―椀という形の分業生産体制が確立し、中世の瓦《が》器《き》へと引き継がれていく。中世末期には、瓦器部門は、椀生産から火鉢や壺・井戸枠などの大型器種の生産に転換する。

〔炻器〕 母岩から比較的近い場所に堆積し、珪酸塩基や粘土鉱物が多く含まれる耐火度の高い粘土(一次粘土・蛙目《がいろめ》粘土)を胎土とする。小型器種は轆轤《ろくろ》を使って、大型品は粘土紐を巻き上げ、叩き出して成形し、窯で一一〇〇度程度の還元炎で焼成する焼物である。五世紀前半ごろに朝鮮半島からわが国に伝わった須恵器がこれにあたる。土器に比べよく焼き締まり、硬質で透水性が低く、貯蔵器に適する焼物であり、当初は煮沸具の生産も行われていたが、次第に土師器部門との間で分業生産が行われるようになり、古代には、食器類とともに多種多様の貯蔵器形が生産されている。中世には、還元炎焼成から酸化炎焼成に転じ、焼締陶といわれる硬質の焼物に変わるものも見られ、後述の陶器の系列を引く無釉の焼物(白瓷《しらし》系陶器)も炻器部門に加わる。ともに生産器種を限定し、壺・甕・擂鉢《すりばち》の雑器生産を行い、在地民衆の需要に対応するが、白瓷系部門からは常滑焼、須恵器系からは備前焼のように大型の甕類を専焼し、全国各地に及ぶ広い商圏を持つ炻器部門も成立する。戦国時代末期には、信楽《しがらき》・伊賀・備前などの炻器諸窯では、茶人の要請を受け、侘茶《わびちゃ》の道具類(茶碗・花生け・茶壺)生産も行われた。

〔陶器〕 素地《そじ》に上薬《うわぐすり》を掛け、その表面にガラスの皮膜を焼き付ける焼物をいう。炻器とよく似た胎土組成であり、当初は、上薬の発色を良くするため、鉄分の少ない白色粘土を使用しているが、やがて陶器の需要が高まると須恵器と変わらない有色粘土を使用する窯場も現れる。わが国では、七世紀後葉にはじめて朝鮮半島から鉛釉《えんゆう》陶器技法が伝わり、緑釉単彩陶器の生産が始まる。八世紀初めごろには、同じく鉛釉陶器の系列を組む中国唐三彩の影響を受け、多彩陶器(奈良三彩)が生まれ、九世紀初めごろまで存続する。七世紀の鉛釉陶器は一度焼きと思われるが、奈良三彩は、先に素焼した生地に施釉して本焼きを行う二度焼きで作られている。九世紀初めごろには、三彩を生産していた鉛釉陶器部門は、緑釉単彩陶器の生産に転換し、中国唐様式の器種を生産するようになるが、これとほぼ軌を一にして、これとは別系統の陶器生産が始まる。灰釉《かいゆう》を上薬とする高火度焼成の灰釉陶器であり、緑釉陶器と同じ器種を生産する。釉料の灰は無尽蔵で一度焼きで済むことから、緑釉陶器よりもはるかに生産性が高く、それを補完する役割を果たした。鉛釉陶器は、十一世紀ごろには消滅するが、灰釉陶器の技術は、その後、中世に唯一施釉陶器を生産した古瀬戸《こせと》に受け継がれていく。古瀬戸部門では、灰釉の外に褐釉が加わり、主として中国宋瓷器形の写しを生産し、輸入品を補完する役割を果たし、台頭した武士層、寺社貴族の古代勢力の需要に応じた。戦国時代末期には、瀬戸から美濃に移った陶工たちは、侘茶の流行に呼応して、茶道具(志野《しの》茶碗・向付《むこうづけ》)の生産に転じる。文禄・慶長の役やそれより前の時期に、李朝朝鮮から連行されてきた陶工により連房《れんぼう》式登り窯を駆使した新しい陶器技術が肥前地域で始まる(唐津焼のはじまり)。連房式登り窯の採用と、その後の窯場の拡大により生産量が著しく増大し、陶器の普及が一段と進展する。また、九州各地の有力大名による御用窯の経営が始まる(薩摩焼・上野《あがの》焼など)。磁器の成立以後には侘茶の衰退とも相俟って、各地の窯場では次第に民間雑器の生産に転じていくが、京都では後述の色絵磁器の技法(上絵付《うわえつけ》)を採り入れた高級な色絵陶器(京焼)が生まれ、各地に広まる。また、江戸時代後期には、商品経済の進展を背景に諸藩が殖産業として陶業の奨励を打ち出し、各地に藩窯や豪商経営の民窯が出現する。

〔磁器〕 母岩の磁石(陶石)を胎土とし、釉薬はもちろん、素地全体がガラス化する焼物で、わが国では十七世紀初め、肥前有田の地で李朝朝鮮の陶工によって生産されたのがはじまりである。生産された磁器は、白磁と青磁、釉薬の下に呉須《ごす》(コバルト)で絵付けする染付《そめつけ》があり、有田焼、伊万里焼ともいわれる。本来中国元に始まった染付磁器技術が朝鮮を通じて伝わったもので、のちには明の赤絵技法を取り入れ色絵磁器(鍋島焼・柿右衛門)を生み、清初の混乱に乗じ、清に代わって染付とともに東オランダ会社を通じて欧州に輸出された。当初、有田の地で鍋島藩の直営で独占的に生産されていたが、十九世紀初めには尾張瀬戸に磁器技術が移植され、やがて有田を凌ぐ生産量を誇るようになり、磁器の普及に大きな役割を果たした。また、幕末から明治初期には、陶器と同様に、全国各地で磁器生産の試みがなされたが、陶石に恵まれない地域では生産を継続することができず直に廃窯に至った。 ↓別刷〈陶磁器〉

参考文献 矢部良明編『やきものの鑑賞基礎知識』、一九九三、至文堂。江口滉『陶芸入門』(『文研リビングガイド』、一九七三、文研出版)。内藤匡『新訂古陶磁の科学』、一九八六、雄山閣出版。

(巽 淳一郎)

やく 鎰 ⇩鍵《かぎ》

やくえん 薬園 疾病治療に要する薬草木類の栽培・製法を担当する施設。律令制下では典薬寮に薬園師などの職員が配置され、平城宮南の「南薬園」、平安京東鴻臚院の地に設けられた薬園の存在が知られる。薬園制度の発展は江戸時代に入ってからで、寛永年間(一六二四―四四)には江戸に幕府御用の麻布(一六八四年(貞享元)に小石川に移転)・大塚(後に廃止)の二薬園、京都に禁裏御用の鷹ヶ峰薬園が開設され、尾張藩・南部藩などでも江戸時代前期に薬園が設置されている。八代将軍徳川吉宗の主導の下に幕府の薬草政策が展開された享保期になると、小石川薬園が幕府の中核的薬園として拡大・整備されるとともに、江戸(駒場薬園)、駿府・佐渡などに幕府直轄の薬園が開設され、また幕府の指導・援助の下に森野薬園などの民間の薬園も誕生し、享保期・寛政期における幕府の薬草栽培の奨励策によって諸藩の薬園開設も相つぐことになった。明治以降は、これら多くの薬園が幕府・藩の保護を失って衰退した。森野旧薬園(奈良県宇陀市)・旧島原藩薬園跡(長崎県島原市)・佐多旧薬園(鹿児島県南大隅町)の三薬園が国史跡に指定されている。

参考文献 上田三平『(増補改訂)日本薬園史の研究』、一九七二、渡辺書店、『図説日本の史跡』八、一九九一、同朋舎出版。 (増渕 徹)

やくしじ 薬師寺 ㈠奈良市西ノ京町にある法相宗の寺院。南都七大寺の一つ。六八〇年(天武天皇九)に、天武天皇が皇后の病気平癒を祈願して、藤原京において造営をはじめ、持統《じとう》朝に主要伽藍が完了したのが薬師寺の始まり。その場所は、奈良県橿原市城殿《きどの》町で、本薬師寺《もとやくしじ》跡として、礎石が残り、発掘調査も継続して実施されている。平城京遷都に際し、七一八年(養老二)に右京六条二坊の現在地に移ったという(『薬師寺縁起』)。この藤原京から平城京に薬師寺が移ったことに関しては、建物や本尊をともに移建したとする説、いずれか一方のみを移建したという説、あるいは寺籍を移しただけで、平城京の薬師寺は建物や本尊ともに新造という説などがあり議論が分かれる。それは、後述する薬師寺東塔や金堂本尊薬師三尊像が白鳳文化の代表的作品とされており、その年代を七世紀と見るか、八世紀と見るか、という問題に連動している。近年の本薬師寺跡の発掘によれば、同寺は奈良時代になっても、西塔の造営などが続けられており、両寺の併存は動かしがたく、したがって平城京薬師寺は新造という見方が有力になった。七二二年には薬師寺を僧綱の住居と定められ(『続日本紀』)、七三〇年(天平二)には現存する東塔が建立された(『扶桑略記』)。以後、京内の官大寺として重きをなし、七四九年(天平勝宝元)には大安寺《だいあんじ》や東大寺《とうだいじ》などとともに墾田などの施入にあずかっている。民間布教で有名な行基《ぎょうき》は当初この寺に属していたと伝え、また、平安時代初期に成立した仏教説話集『日本霊異記《にほんりょういき》』の著者である景戒《きょうかい》も当寺の僧であった。八三〇年(天長七)、最勝会《さいしょうえ》が当寺で催され、以後、興福寺《こうふくじ》の維摩会《ゆいまえ》、宮中の御斎会《ごさいえ》とともに南京三会《なんきょうのさんえ》として発展した。九七三年(天延元)に火災で多くの殿舎を失ったが、十一世紀初頭には再興し、それを記念して一〇一五年(長和四)に『薬師寺縁起』が著された。その後、十四・十五世紀に地震・大風で金堂が大破、一五二八年(享禄元)の兵乱で主要伽藍が再び焼失した。その後は、仮金堂・講堂の再建を経て近代に至った。一九七一年(昭和四十六)以来、創建当初の伽藍復興を目指し、発掘調査の成果にもとづき、復元工事が続けられ、金堂・西塔・回廊・中門・講堂の建設が終わっている。境内は、一九九七年(平成九)に国史跡に指定。奈良時代の寺地は、右京六条二坊の五―十六坪の東西三町、南北四町を占めていたらしく、主要伽藍はその西南、方二町を占める。六条大路に面して南大門があり、中門から講堂に取り付く回廊(複廊)の内側に金堂と、東西塔が並び立つ。講堂の北には食堂、その左右に僧坊がある。このほか、東回廊の外側に東院堂が立つ。これは養老年間(七一七―二四)に吉《き》備《び》内親王《ないしんのう》が元明《げんめい》太上天皇のために建立したと伝える。これらのうち、現存する古建築は、東塔のみが創建当初のもので、東院堂は一二八五年(弘安八)の再建で、ともに国宝。ほかに十六世紀初頭再建の南大門は重要文化財である。東塔は、基壇上にたつ、方三間、本瓦葺の三重塔で、各重に裳階《もこし》がつく。塔の規模は一辺一一・五メートル、総高三四・一メートル、露盤下までの棟高二三・八メートル、相輪《そうりん》部の高さが一〇・三メートルある。塔の細部、組物の形式が奈良時代よりも古いとされ、八世紀に建立されたとはいえ、本薬師寺の様式を踏襲した可能性は高い。現存する仏像の中では、金堂に安置される薬師三尊像が名高い。銅造塗金で、中尊は高さ二・五五メートル、脇侍日光菩薩・月光菩薩はそれぞれ三・一七メートル、三・一五メートルある。東院堂の聖観音《しょうかんのん》菩薩像も銅造塗金で、高さ一・八九メートル。薬師三尊像とともに、旧山田《やまだ》寺《でら》仏頭よりは様式的にも新しく、東院堂建立時の作と見て不自然ではない。ほかに、東院堂にある麻布着色の絵画である吉祥天像《きちじょうてんぞう》、寛平年間(八八九―九八)に薬師寺の鎮守として勧請された八幡社の本殿に祀られた僧形八幡《そうぎょうはちまん》像・神功皇后《じんぐうこうごう》像・仲津姫命《なかつひめのみこと》像の三体の木造彩色像が国宝に指定されている。

薬師寺㈠東塔

参考文献 『奈良六大寺大観』六、一九七〇、岩波書店。『薬師寺発掘調査報告』、一九八七、奈良国立文化財研究所。大橋一章『薬師寺』(『日本の古寺美術』四、一九八六、保育社)。 (寺崎 保広)

㈡ ⇩下野薬師寺《しもつけやくしじ》

やくししんこう 薬師信仰 薬師如来に対する信仰。薬師如来はサンスクリットのバイシャジュヤグルの漢訳。薬師瑠璃光如来《やくしるりこうにょらい》、大医王仏、医王善逝《いおうぜんぜい》とも。『仏説薬師如来本願経《ほんがんきょう》』(隋、達摩笈多《だつまぎゅうた》訳)、『薬師瑠璃光如来本願功徳経』(唐、玄奘《げんじょう》訳)では、薬師如来はもと菩薩であった時に十二の大願を発し、のち修行が完成してブッダとなった。ゆえに十二大願は達成されたと説かれる。世界を光明で照らし、不具・病気を治し、女人に男性の相をもたらし、空腹の者に食を、貧者に衣服や娯楽を与えるという仏。

十二神将を眷属とする。『薬師瑠璃光七仏本願功徳経』(唐、義浄《ぎじょう》訳)では、七仏薬師の信仰が説かれる。日本では七世紀後期ごろから信仰され、天武天皇は皇后(のちの持統天皇)の病気平癒を祈願して薬師寺の建立を開始し、のち事業を継続した持統天皇が藤原京に完成した。天皇・皇族・貴族たちは病気平癒を祈ってしばしば薬師如来を信仰し、誦経・写経・造像がなされた。仏像では薬師寺像、新薬師寺像、神護寺像が名品として知られ、延暦寺も薬師像をまつるところから開始された。聖武天皇の病気に際しては、薬師悔過《やくしけか》が行われ、京および諸国で薬師仏像七軀が造立され、写経が行なわれた。七仏薬師の信仰が行われたと考えられる。以後、疫病流行の際に薬師悔過がしばしば行われた。薬師信仰は、国家や貴族の仏教ばかりでなく、地方豪族の仏教や民衆の仏教でも盛んであった。『日本霊異記』には、盲目の女人が地域の仏堂の薬師如来の木像に祈願したところ眼が見えるようになったという話(下一一)や、地域社会で知識《ちしき》(仏教を信仰する集団)が薬師仏の木像を完成し、仏堂にまつったという話(中三九)などがみえる。福島県の勝常寺《しょうじょうじ》像は地方の薬師如来像の名品として知られている。薬師信仰は、中世・近世を通じて日本社会に定着し、地域の仏堂や山岳寺院で薬師信仰が展開した。神社の本地仏としてもしばしば薬師如来像がまつられた。

参考文献 五来重編『薬師信仰』(『民衆宗教史叢書』一二、一九八六、雄山閣)。伊東史朗『薬師如来像』(『日本の美術』二四二、一九八六、至文堂)。

(吉田 一彦)

やくしどうせきぶつ 薬師堂石仏 福島県南相馬市小高区に所在する磨崖仏。近在の観音堂石仏・阿弥陀堂石仏とあわせて大悲山《だいひさ》磨崖仏と通称される。国史跡(阿弥陀堂石仏は附指定)。南向きの砂岩層の岩壁に、後壁上部が前方に湾曲する龕を穿ち、後壁に如来坐像三軀とその両脇の菩薩立像二軀、左(向かって右)側壁に如来坐像一軀を、いずれも台座仰蓮とともに丸彫りに近く厚肉彫りし、光背は二重円相光で壁に薄肉彫する。如来像は丈六で、最も大きい後壁中尊の像高が二・七八メートル。また左菩薩像の右方に菩薩立像、右菩薩像の右方に比丘形立像を薄肉彫りし、余白には化仏や飛天を薄肉彫りする。諸像は面部がほとんど欠失するなど風化により像容を著しく損ねているが、幅広で量感に富んだ体型に平安時代初期の作風がうかがえ、製作は九世紀とみられる。菩薩が三面宝冠をつける点や如来像光背に三重塔を表すのはより古い要素である。像には彩色が施されるが後補とみられる。観音堂石仏は龕内に千手観音坐像と化仏群を半肉彫りするが、本体は頭部上半と脇手上方分が残る以外は風化により形状が不分明で、製作年代は薬師堂石仏より降る。阿弥陀堂石仏はさらに風化著しく、龕内に坐像一軀が彫られることがわかる程度である。

↓観音堂石仏《かんのんどうせきぶつ》

(奥 健夫)

やぐら 鎌倉時代後期から室町時代前期にかけて造営された横穴式墳墓窟。鎌倉とその周辺に集中的に分布するためこの地方特有のものと思われがちだが、房総地方には現在までに約五百基が確認され、多賀城や瑞巌寺を中心とした仙台湾一帯にもかなりの数がみられる。能登半島の石川県羽咋郡志賀町や北部九州にも散見されるので、石窟という形態に着目すれば、列島の相当広い範囲に存在するとみなければならない。かつては鎌倉のたいていの谷戸《やと》にみられ、三千基を超える数があったと推測されるが、崖面に造られているため、近年の急傾斜地崩壊対策事業により急速に失われつつある。年代的にはほぼ十三世紀中葉からの二百年間に集中する。名称の由来は定かではないが、一六八五年(貞享二)の『新編鎌倉志』には「窟」の字に「ヤグラ」と振られているから、このころまでにはもうそう呼ばれていたようである。大きさや形態は一様でなく、主室の一辺が一メートルに満たないものから、五メートルを超えるもの、方形のもの、長方形のもの、羨道と玄室との間にくびれを持つものなど個性に富む。主室内部も、何も施設を持たないものから、奥壁や側壁に壇を持つもの、納骨用らしき穴のあるもの、壁に五輪塔や仏像・十王像などの浮彫りのあるもの、床に穴が掘られていたり地蔵が安置されていたりするものなど千差万別で、ときには天蓋と瓔珞で荘厳《しょうごん》されている例もある(神奈川県鎌倉市大町「日月やぐら」)。崖面に開口しているが、本来入口は扉で閉塞されていたであろう。やぐらは寺と切り離して考えることができない。ほとんどが谷奥の崖裾に立地するのは、その谷にかつて寺院が存在したことを示すものとみてよい。たいてい数基で群を形成し、単独で存在する例は少ない。多くは中心部に大ぶりな一穴があり、それを取り囲むようにやや小さめのものが展開する。それは開山とその弟子たち、および寺の世代を反映したものとみられる。宗派は一見多様に見えても、基本的には禅と律、およびこの二宗を軸とした諸宗兼学のもとで営まれたと考えられる。おそらく東アジアの石窟文化が、鎌倉時代後期の禅や律による大陸との交渉の中で日本に波及したものだろう。かつていわれた、「府中」に墓所を営むことを禁じた法令(一二四二年(仁治三)豊後府中で発令されたもの)の作用とする見解は、現在ではほぼ否定されている。なお、やぐら造営と宗派の関連について論じるなら、寺院の宗派は中世から近代までに転変があるので、現在の宗派によって判断する愚は避けなければならない。

参考文献 田代郁夫「中世石窟「やぐら」の盛期と質的転換」(『考古論叢神奈河』七、一九九八)。

(馬淵 和雄)

やぐら 櫓 一般に材木などを組み合わせて高く作った建物や屋根のない台。集落・城郭・屋敷・寺院などの防御施設として、物見や射撃拠点としての役を担った。縄文時代集落跡の三内丸山遺跡(青森県)や弥生時代集落跡の吉野ヶ里遺跡(佐賀県)では、太い掘立柱を用いた遺構を櫓と解釈した建物が復元されている。中世の城郭では、塀の背後や門の上部などに簡単な足場を設けた程度の簡単な工作物が主であったらしい。『粉河寺縁起』や『一遍聖絵』には門の上を櫓とした簡易な櫓門が描かれている。周囲に犬走りを設けずに石垣の天端いっぱいに建てる建て方は多聞あるいは多聞造と呼ばれ、永禄年間（一五五八—七〇）に松永久秀が築いた大和の多聞城に始まるとされる。この建て方は犬走りがないことから寄せ手に足掛りを与えず、また石垣内部への雨水の浸透による石垣のゆるみを避ける点で有利であり、城郭建築が著しい発展を遂げた近世初期にはこの建て方が通例となり、外壁や軒裏に木部を現さない塗籠造として防火性を高めたり、また、外壁の一部を張り出して床の隙間から石などを投下するための石落しや、矢や鉄砲を射るための小窓である狭間を備えた防備性の強いものとなる。一方、日常的には武器や兵糧を納める倉など多目的に使用され、上層を住宅風に作ったものもある。現存最大の櫓は熊本城宇土櫓で、三重五階、地下一階に達する。櫓の名称には備中松山城（岡山県）二重櫓・彦根城天秤櫓・大洲城（愛媛県）高欄櫓など構造形式やその特色によるもの、明石城巽櫓・姫路城ホの櫓など配置やその順番によるもの、岡山城月見櫓・大洲城台所櫓など用途や貯蔵物によるものがある。多聞櫓の名は福岡城南丸多聞櫓・大坂城多聞櫓など城内でも特に長大な櫓に宛てられた。（清水　真一）

やこうがい　夜光貝　巻き貝の一つ。分類学的には腹足綱前さい亜綱原始腹足目リュウテンサザエ科に属する。貝殻の径が二〇センチにも達する大型の貝で、太めの肋が走る。外面は緑色を呈し、これを剝がすと真珠色の光沢を持つ体層があらわれる。奄美大島以南の熱帯インド太平洋に分布し、サンゴ礁などの浅い岩礁地帯に生息する。多肉質のため、食用として捕獲されるほか、先史時代の琉球列島や台湾などでは、貝殻の真珠層を利用した貝匙が作られた。また、夜光貝は東大寺正倉院御物や岩手県平泉中尊寺金色堂の螺鈿細工の原料として用いられたことでも知られる。平安時代には貴族の贈答品として用いられ、盃や螺鈿細工の原料だけでなく、砕粉を壁土の装飾としてつき混ぜていた記録が残る。奈良—平安時代並行期の琉球列島では、奄美大島奄美市小湊フワガネク遺跡など、夜光貝大量出土遺跡が確認されており、夜光貝は東シナ海を経由して、広く交易されていたものと推測される。なお、先史時代の琉球列島では夜光貝の蓋を敲打器として用いる例があり、これは螺蓋製貝斧と呼ばれる。

参考文献　高梨修「ヤコウガイ交易の考古学—奈良～平安時代並行期の奄美諸島、沖縄諸島における島嶼社会—」（『現代の考古学』五所収、二〇〇〇、朝倉書店）。（池田　榮史）

やさかでら　八坂寺　⇨法観寺《ほうかんじ》

やしきばか　屋敷墓　屋敷内に設けられる墓。第一に屋敷内もしくは隣接地に埋葬し石塔もそこに建てる例、第二に屋敷内に遺体は埋葬するが石塔は別に建てる例、第三に逆に屋敷内には石塔を建てるが埋葬は別の埋葬墓地に行う例、第四に土葬ではなく火葬で屋敷内の石塔の下部に火葬骨を納骨する例などがある。第一の例は東北から九州まで各地にみられる。第二の例は京都府綾部市於《お》与岐《よき》町など、第三の例は静岡県天龍川流域地方など、第四は島根県出雲平野などにそれぞれみられる。明治政府による墓地埋葬取締規則などによって新たに共同墓地が設営されても旧来の屋敷附属の墓地をそのまま旧墓などと呼んで残している例も多い。この屋敷墓の慣行は屋敷先祖や屋敷神の祭祀との連続性など幅広い問題を秘めている。そこには死者の遺体と霊魂がその霊威力をもって屋敷を守護するという考え方がうかがえるが、これは一般に死穢忌避の観念とは対照的であり、日本各地に双方の矛盾しあう事例が伝承されている点が注目される。（新谷　尚紀）

やしま　屋島　高松市の東部にある瀬戸内海に突き出た屋根形をした独立丘陵。標高約二九〇メートルの平坦な頂上を絶壁が巡るメサ型の溶岩台地である。一九三四年（昭和九）に国史跡および天然記念物に指定された。平坦ながらも大きく北嶺と南嶺の二地区に分かれる。江戸時代の塩田干拓などにより埋め立てられ、高松湾の東を限る半島になっているが、中世以前は浅瀬で隔たられた島で、各時代において瀬戸内海交通の要衝と位置づけられた。屋島北端にある長崎鼻の標高五〇メートル付近に五世紀代の前方後円墳、長崎鼻古墳がある。後円部中心に竪穴式石室があり、阿蘇熔結凝灰岩製の舟形石棺が見つかっている。古墳時代前—中期の瀬戸内海を通じた畿内と九州の双方との交流がうかがえる。六六三年（天智天皇二）の白村江の敗戦後、九州から瀬戸内海沿岸部に山城が築かれるが、『日本書紀』天智天皇六年十一月是月条に「倭国高安城、讃吉国山田郡屋島城、対馬国金田城を築く」（原漢文）とあるように、屋島にも山城が築かれた。屋島西部の浦生《うろ》地区東方の、北嶺と南嶺を分ける谷部に石塁・土塁が確認されており、また近年の発掘調査により南嶺の南西斜面に、幅五・四メートル、奥行き一〇メートルの規模を持つ城門が見つかり、周囲約七キロの外郭線が想定されている。東麓には「檀の浦」という地名があり、古代に軍団が置かれたという伝承がある。南嶺山頂にある四国霊場第八十四番札所の屋島寺は、七五四年（天平勝宝六）に鑑真による創建が伝えられている。北嶺にある千間堂跡は創建時の屋島寺に関わる寺院跡と考えられ、九—十世紀の多口瓶が見つかっている。屋島寺の本尊千手観音坐像は九世紀の作。鎌倉時代作の梵鐘や江戸時代の本堂とともに重要文化財に指定されている。また『讃岐国名勝図会』には、南嶺に経塚があるとの記載がみえ、南嶺の麓にある大宮神社の境内付近にある経塚からは、平安時代後期の制作とみられる火焰宝珠型の鈕をもつ銅板製の経筒が見つかっている。平安時代末には、源平合戦で都から西走した平氏が拠点を置いた。平氏は、九州から阿波民部大夫重能

(成良)に導かれて屋島に拠り、一時は都をうかがうまで勢力を盛り返したが、一一八五年(文治元)の屋島合戦で、阿波より攻め上った源義経軍に背後を襲われ敗走し、一ヵ月後に滅亡する。屋島東麓各所には、安徳天皇の行宮などの伝承地が残るが、これらの故地は、伝承の地を江戸時代、高松藩主となった松平頼重が整備したものが多い。

参考文献 香川県教育委員会編『香川の文化財』、一九九六。高松市教育委員会編『史跡天然記念物屋島』(『高松市埋蔵文化財調査報告』六二、二〇〇三)。（渋谷 啓二）

やじり 鏃 矢の部位。矢の部位のうち古代と中世で大きく相違するのが鏃である。鏃には多彩な種類があるが、使用目的と機能で分類すれば、征矢《そや》は「射通す」、狩矢《かりや》は「射切る」、的矢《まとや》や引目矢《ひきめや》は「射当てる」で、的矢の機能を征矢に応用すれば「射砕く」となる。射通すために征矢の鏃は細長い素矢尻《すやじり》となり、長根《ながね》・尖根《とがりね》・柳葉《やないば》・槇葉《まきのは》・鳥舌《とりのした》等があり、長根には丸根《まるね》と角根《かくね》があり、釘尾《じょうのお》・先細《さきぼそ》・桁刃《けたば》等がある。狩矢は射切るために扁平な鏃で、二股の狩俣《かりまた》と尖根があり、尖根に平根《ひらね》と腹抉《わたくり》がある。腹抉は鋒《きっさき》と逆方向にも逆刺《かえり》が付き、刺さると抜けなくなる。狩矢には鏑《かぶら》(鳴鏑《なりかぶら》)を取り付けた。鏑は内部が空洞の球体で、先端に数個の孔(目という)を開けて弓射すると音を発し、その音響効果で獲物を射《い》竦《すく》めるためとした。鹿角製の䚡《ぬた》目《め》鏑と木製塗漆の塗鏑がある。鏑を取り付けた狩俣矢を狭義で鏑矢《かぶらや》といい、狩矢の範疇を離れて特別な矢と解され、征矢の表差《うわざし》として軍陣の嚆矢《こうし》(最初の矢)となり、宮中の騎射《うまゆみ》や武士の流鏑馬《やぶさめ》にも使用された。鏃を入れずに大型鏑だけの矢が引目(響目)矢で、笠懸《かさがけ》や犬追物《いぬおうもの》、また産所の呪術にも用いた。なお、四つ目の小型の引目矢は四目矢《しめや》といい、武家の的矢となった。征矢・狩矢の鏃は鉄製・茎《なかご》式で、特に茎が長寸なのを「箆代《のしろ》がある」という。一方、『国家珍宝帳《ちんぽうちょう》』や正倉院遺品によれば、律令制下の征矢尻は、蟇口《ひきぐち》・小爪懸《こつまがけ》・三稜小爪懸《みかどのこつまがけ》・偏鋭《かたするど》・鑿箭《のみや》等がある。いずれもケラ首の長い長頸鏃《ちょうけいぞく》で刃部は小型、小爪懸や偏鋭のように片刃のものもあった。狩矢は乎比《おい》多禰《たね》・加理麻多(狩俣)・腋深箭《わきぶかや》・保居箭《ほこや》・斧箭・久流理《くるり》(鈇)等で、乎比多禰や加理麻多には鏑(古代では哮《こう》という)が付いた。また骨鏃や竹鏃もあった。的矢は鏃ではなく、箆先端が平面で円柱状の平題《いたつき》(古代は伊多都伎)を用い、箆口を平題に差し込んだ。律令制下の伊多都伎は木製や角製(鹿角や水牛角)であったが、中世では公家と武家でわかれ、公家は金属で箆口を包み込む様式となり、木製や角製は武家に継承されて神頭《じとう》(矢頭)とよばれた。この神頭様式を軍陣応用に応用した鏃に、木鋒《きほう》(木製)・角木割《つのきわり》(角製)・金神頭《かなじとう》(鉄製・茎式)等がある。

参考文献 鈴木敬三「矢の構成」(『国学院高等学校紀要』一、一九五九)。同「征矢野矢的矢考」(『国学院雑誌』六〇ノ一一、一九五九)。同『武装図説』(『(改訂増補)故実叢書』三五、一九九三、明治図書)。近藤好和『中世的武具の成立と武士』、二〇〇〇、吉川弘文館。（近藤 好和）

やす 簎 ⇩漁具《ぎょぐ》

やすいそっけんきゅうたく 安井息軒旧宅 幕末の儒学者安井息軒の生家。国指定史跡。宮崎県宮崎郡清武町大字加納の、上中野《かみなかの》地区に所在。息軒(一七九九―一八七六)は、日向飫肥《おび》藩士で、のちに昌平坂学問所教授などを勤めた。旧宅は清武川を南にひかえた丘陵上に位置し、飫肥藩の清武地頭所を中心とする武家屋敷群の中にある。主屋は平屋、桁行九・三三メートル、梁行四・九一メートルの寄棟造、茅葺きで、玄関は道路のある北に面する。四室の座敷のほか、東北隅に三畳の書斎があった。ここは息軒が一八三一年(天保二)、父滄洲とともに藩校振徳堂の創建に際して飫肥城下へ移るまでの居宅であったが、この転居の際に隣人へ譲渡され、その後二度移築された。一九九二年(平成四)―九三年、清武町によって現存する旧宅主屋を原位置に復旧し、当初形式に復原するとともに、旧宅地内の構築物を復旧あるいは撤去する整備工事が行われ、息軒の黎明期および生育した環境がよく示されるようになった。息軒は、道をはさんで北隣にあった郷校明教堂の創立にも父とともにかかわったが、その跡地にきよたけ歴史館が建てられ、息軒関係の資料も展示されている。

参考文献 文化財建造物保存技術協会編『史跡安井息軒旧宅保存修理工事報告書』、一九九四。（柴田 博子）

やすだじょう 安田城 戦国時代の城館遺跡。国史跡。富山市婦中町安田字殿町割所在。白鳥城跡のある呉羽丘陵の東南麓、神通川支流井田川左岸の自然堤防上に「オオシロ」「コシロ」などの地名とともに畦畔に地割が残り、文化年間(一八〇四―一八)の測量絵図と対応することが知られていた。一九七七年(昭和五十二)に圃場整備の事前発掘調査で、一辺が八〇メートル前後の方形の本丸・二ノ丸・右郭の三曲輪、土塁、堀が検出され、水濠が取り巻く複郭式の平城であることが判明した。燈明皿や陶器、鍛冶関係遺物などが出土。一五八五年(天正十三)豊臣秀吉が富山城の佐々成政を攻めるため白鳥城に陣を進めた際に、麓に前進拠点の安田城・大峪《おおがけ》城を配置したとみられる。『越登賀三州志』によれば、その際に白鳥城にいた前田氏

安田城

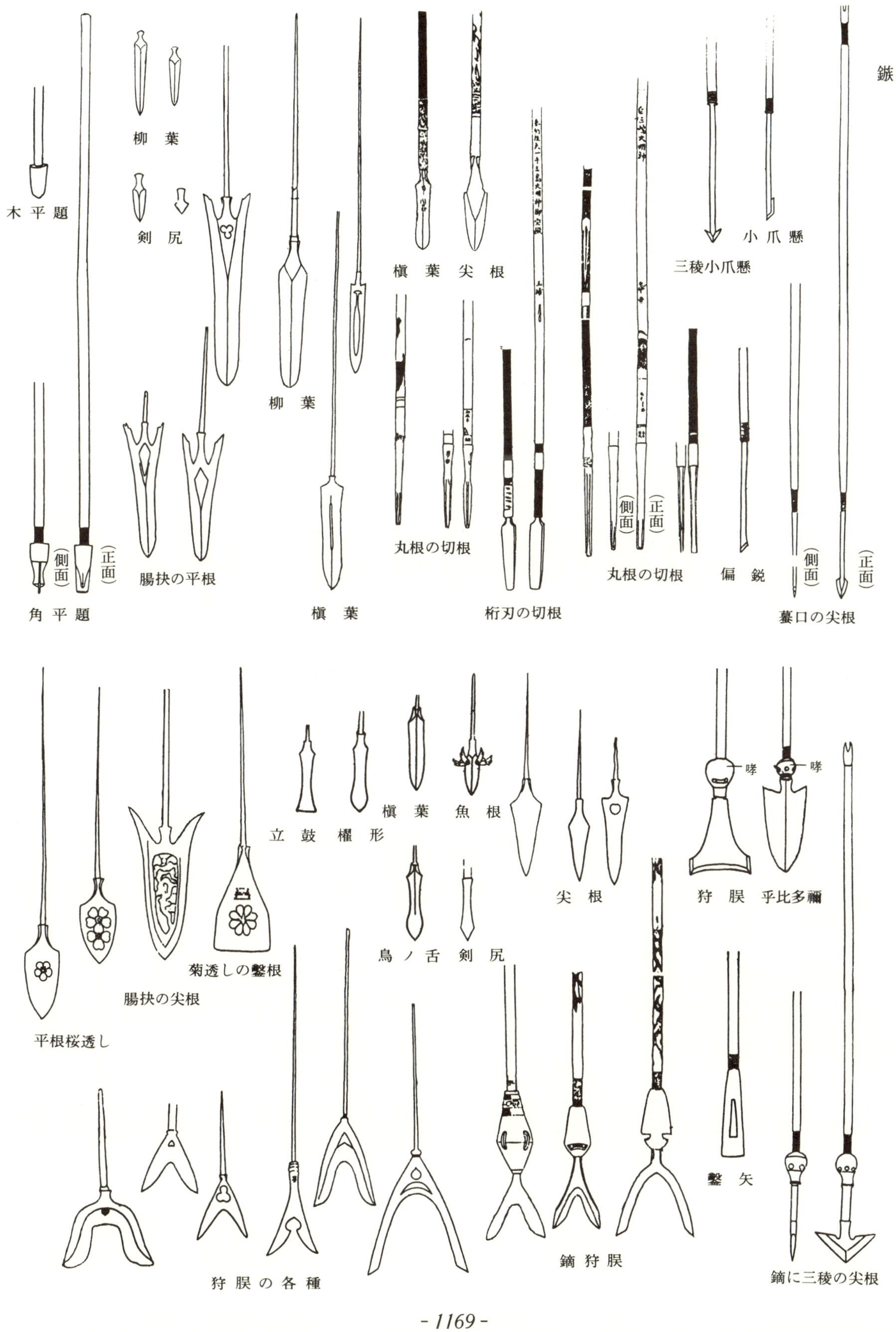
鏃
木平題
柳葉
剣尻
柳葉
槇葉尖根
小爪懸
三稜小爪懸
丸根の切根
(側面)
(正面)
腸抉の平根
角平題
槇葉
桁刃の切根
丸根の切根
偏鋭
蟇口の尖根
平根桜透し
腸抉の尖根
菊透しの鑿根
立鼓
櫂形
槇葉
魚根
鳥ノ舌
剣尻
尖根
哮
哮
狩股
平比多禰
狩股の各種
鏑狩股
鑿矢
鏑に三稜の尖根

家臣岡島一吉らが安田城に移ったという。その後、一吉が金沢へ移り代官平野三郎左衛門が入ったが、やがて廃城になったらしい。「安田城跡歴史の広場」として整備されている。

資料館 安田城跡資料館(富山市)

参考文献 富山県教育委員会『婦中町安田城跡・魚津市佐伯城跡—富山県ほ場整備関連事業埋蔵文化財発掘調査概要—』、一九七九。富山県埋蔵文化財センター編『富山県中世城館遺跡総合調査報告書』、二〇〇六。(鈴木 景二)

やすり 鑢 金属や木などさまざまな材質のものを研磨する道具。建築工事との関連では、ソマヒト(杣人)・コヒキ(木挽)・コタクミ(木工)・カジ(鍛冶)などが鋸の歯を研磨するために用いる。古代・中世の文献では、「鍛冶調度字」の項に「鑪・也須利」(『新撰字鏡』)が、「鍛冶具」の項に「鑢子・ヤスリ」「利鋸歯」(『和名類聚抄』)が、それぞれ見られる。十八世紀初めの文献(『和漢三才図会』)には、「生鐵」を混入せず「鋼」だけで製作すること(材質)、「表裏」に「畳扇」のような「細刻目」をつくること(形状・構造)、「鑯器」を「摩剝」するもの(目的)は「大小数種」(種類)あり、「鋸歯」用の中で「大鋸・ヲガ」を「利」するものは「歯三稜」(形状・構造)であること、などが記されている。五世紀の出土遺物(奥坂随庵古墳)の中に、ヤスリと推定される鉄製品があり、十四世紀の絵画(『東北院職人歌合』)に、鍛冶職の道具の一つとしてヤスリが描かれている。

参考文献 吉川金次『鍛冶道具考』(『神奈川大学日本常民文化叢書』二、一九九一、平凡社)。(渡邉 晶)

やたてはいじ 矢立廃寺 出羽国北東端に位置する十二世紀後半代の寺院跡とされる遺跡。秋田県大館市白沢にあり、津軽・外浜に向かう奥大道沿いの段丘面に立地する。寺院の存在は、古くは菅江真澄が複数の著作に記録を残す。一九六四年(昭和三十九)からの発掘調査により、方丈・法堂・仏殿が東西一列に並ぶ禅宗伽藍跡とされた。その後、史跡公園整備に伴う一九八四年以降の調査により、遺構の配置や掘立柱建物から礎石建物への変遷などが明確となり、従来の禅宗伽藍説は否定された。出土遺物には、中国産白磁、須恵器系陶器、かわらけがあり、同時代の平泉遺跡群と共通する。また『吾妻鏡』にみる大館地方は、藤原泰衡が肥(比)内郡贄柵《にえのさく》で討たれた土地であり、奥州藤原氏との関連が注目される。

参考文献 大館市教育委員会『矢立廃寺発掘調査報告書』、一九六七。板橋範芳「平成十三年度矢立廃寺跡発掘調査概報」(『火内—大館郷土博物館研究紀要』三、二〇〇二)。(高橋 学)

やたべのますたりばいちけん 矢田部益足買地券 備中国下道《しもつみち》郡八田郷の戸主であった矢田部石安の戸口、白髪《しらか》部《べの》毗《ひ》登《と》富《とみ》比《ひ》売《め》の墓地を、天平宝字七年(七六三)十月十六日に八田郷長矢田部益足が購入したことを記す買地券。買地券は死者の関係者が、墓地が安全に永続することを願い、土地や冥界の神からその土地を購入する契約を結んだことを記したものである。本資料は、長さ約四〇センチ、幅二〇センチ、厚二センチの塼《せん》に刻されており、ほぼ同型同文のものが計二点ある。売買の両当事者のために一通ずつ作った可能性がある。一八二〇年(文政三)に、下道郡尾崎村(現岡山県倉敷市真備《まび》町尾崎)。かつての八田郷に比定される地の付近)で発見されたといわれる。現在倉敷考古館が保管。→買地券《ばいちけん》

銘文 備中国下道郡八田郷戸主矢田部石安□/口白髪部毗登富比売之墓地以/天平宝字七年々次癸卯十月十六日八田郷/長矢田部益足之買地券文

参考文献 間壁忠彦・間壁葭子「「矢田部益足之買地券文」の検討」(『倉敷考古館研究集報』一五、一九八〇)。岸俊男「「矢田部益足買地券」考釈」(『遺跡・遺物と古代史学』所収、一九八〇、吉川弘文館)。奈良国立博物館編『発掘された古代の在銘遺宝』、一九八九。(古尾谷知浩)

やちゅうじ 野中寺 大阪府羽曳野《はびきの》市にある真言宗金剛峯寺派の寺院。青龍山徳蓮院。聖徳太子の命で蘇我馬子が造立したとの寺伝を持ち、叡福寺《えいふくじ》(上太子《かみのたいし》)・大聖勝軍《だいしようしようぐん》寺《じ》(下太子《しものたいし》)と並んで中太子《なかのたいし》と呼ばれる。羽曳野丘陵を竹内街道(丹比《たじひ》道)が横切る埴生《はにう》坂上に立地し、東は野々上《ののうえ》遺跡や古市大溝と近接する。伽藍は法隆寺式ないし川原寺式の変形で、塔心礎は三つの添柱穴を持ち飛鳥の橘寺と類似する。庚戌年(六五〇年=白雉元年)の刻銘瓦が創建年代の指標となる。史料では『日本霊異記』下に野中堂の名がみえるが、菅野真道《すがののまみち》奏言(『日本後紀』延暦十八年(七九九)条)に寺地の南に王辰爾《おうしんに》後裔氏族(葛井・船・津氏)の墓地が所在するとあり同氏族の氏寺説が有力で、船恵釈《ふねのえさか》を通して蘇我氏との関係(『日本書紀』皇極天皇四年(六四五)条)も推測されている。南北朝の兵乱による焼失を経て江戸時代に律宗の戒律道場として復興された。現存寺構は享保期のもので、境内には多くの礎石を残し国指定史跡となっている。

参考文献 『羽曳野市史』一、一九九七。『藤井寺市史』一、一九九七。

弥勒菩薩像銘《みろくぼさつぞうめい》 一九一八年(大正七)野中寺宝蔵から発見された銅製半跏思惟《はんかしい》像(重要文化財)の台座框《かまち》に刻まれた銘文(計六十二文字)。完成後の後刻とされる。内容は「丙寅年」に「栢寺」の「智識」らが、「中宮天皇」の病気平癒を願い本像(「弥勒御像」)を造ったというもの。丙寅年は六六六年(天智天皇五)が定説。栢寺は諸説あるが不詳。中宮天皇は斉明天皇または間人《はしひと》皇女に比定される。仏像は様式もあいまって白鳳時代初期の基準作例とされるが、銘文には偽銘説もしくは追刻説が出されており、天皇号使用開始時期との関わりから関心を集めている。『河内国名所図会』の野中寺の項に聖徳太子悲母追福のため造像されたいう弥勒像の記述があり、像をこれに比定する余地もある。

銘文 丙寅/年四/月大/旧八/日癸/卯開/記栢/寺智/識之/等詣/中宮/天皇/大御/身労/坐之/

時誓／願之／奉弥／勒御／像也／友等／人数／一百／十八／是依／六道／四生／人等／此教／可相／之也

参考文献 奈良国立文化財研究所飛鳥資料館『飛鳥・白鳳の在銘金銅仏』、一九七六、同朋舎。東野治之「天皇号の成立年代について」(『正倉院文書と木簡の研究』所収、一九七七、塙書房)。麻木脩平「野中寺弥勒菩薩半跏像の制作時期と台座銘文」(『仏教芸術』二五六、二〇〇二)。

(須原　祥二)

やつあしもん　八脚門　柱が前列、中列(棟通り)、後列に各四本、計十二本立つ単層の門。棟通りの四本が親柱、前後列の各四本が控柱で、控柱が計八本立つことからこの名称がある。文献史料では「八足門」とも書かれる。棟通り中央間に扉を設けた三間一戸(桁行柱間三間のうち扉口が一間)が標準的な形式だが、山田寺南門(奈良県桜井市、七世紀)は、礎石に残る軸摺穴から、棟通りの三間すべてに扉を吊る三間三戸の形式と考えられる。親柱・控柱とも円柱でほぼ同径とし、下部に唐居敷《からいじき》を置いて扉の軸を受けるのが通例である。東大寺転害《てがい》門(奈良市、天平宝字(七五七—六五)ごろ)と法隆寺東大門(奈良県生駒郡斑鳩町、奈良時代)が古代の現存建築遺構。寺社の主要な門として用いられ、鎌倉時代以後の現存遺構には両脇間に仁王や随身をまつる例が多い。

参考文献 佐藤理『門のはなし』(『物語ものの建築史』、一九六五、鹿島出版会)。岡田英男『門』(『日本の美術』二一二、一九八四、至文堂)。

(箱崎　和久)

やながわじょう　梁川城　中世の伊達氏に関わる城。福島県伊達市梁川町鶴が岡所在。広瀬川と塩野川が阿武隈川に合流する地点で、茶臼山と呼ばれる丘陵の先端に位置する。南は広瀬川、西は崖、北は三ノ丸外堀、東は金沢堀により区画される。本丸は、南北一三〇メートル、東西一〇〇メートルの不整長方形で、二ノ丸・三ノ丸などの郭がそれを囲む。本丸跡では、庭園と櫓台とされる織豊系石垣が発掘調査後整備され、県の史跡・名勝に指定されている。一一八九年(文治五)に伊達朝宗が築いたとされるが、主に十五世紀前半から十六世紀第Ⅰ四半期に伊達稙宗が桑《こ》折《おり》西山城へ移るまで、本城として使用された。その後、伊達氏の支城から、一五九一年(天正十九)に会津藩の支城となり、上杉、幕府領などたびたび城主が替わる。発掘調査は、本丸跡、北・西三ノ丸跡や茶臼山西・北遺跡などで行われ、本丸庭園や建物跡のほか、寺院・武家屋敷跡などが発見され、主に十五・十六世紀の遺物が出土している。

参考文献 梁川町教育委員会編『遺跡梁川城本丸・庭園—発掘調査・復元整備報告書—』(『梁川町文化財調査報告書』六、一九八六)。同編『梁川城跡Ⅲ—北・西三の丸跡の調査』(『梁川町文化財調査報告書』一六、一九九三)。福島県教育委員会編『福島県の中世城館跡』(『福島県文化財調査報告書』一九七、一九八八)。

(平田　禎文)

やなぎたくにお　柳田国男　一八七五—一九六二　日本民俗学の創始者。一八七五年(明治八)七月三十一日兵庫県神東郡田原村辻川(神崎郡福崎町西田原辻川)に、父松岡操と母たけの六男として生まれる。一八八七年高等小学校を終えたのち、茨城県北相馬郡布川町(利根町布川)で開業医をしていた長兄鼎のもとに身を寄せる。三年後、東京市下谷区徒士町の三兄井上通泰宅に同居し第一高等中学を経て一八九七年東京帝国大学法科大学政治科に入学する。一九〇〇年に大学を卒業し農商務省に勤務。翌年旧信州飯田藩士で大審院判事の柳田直平の養嗣子として入籍し一九〇四年に四女孝と結婚。官僚としての生活は一九一九年(大正八)貴族院書記官長をもって終わる。民俗学への取り組みはその官僚時代の一九〇九年三十五歳の時の『後狩詞記《のちのかりことばのき》』、翌年の『遠野物語』から始まる。その後、国際連盟委任統治委員としての二度の訪欧を経て、一九二七年(昭和二)五十三歳の時の「蝸牛考」、一九二九年五十五歳の時の「聟入考」によって方言周圏論と重出立証法という独自の民俗資料の解読方法を提示する。そして、その民俗学の体系が整えられるのは一九三四年六十歳の時の『民間伝承論』、一九三五年六十一歳の時の『郷土生活の研究法』の刊行によってであった。柳田の民俗学のアンチテーゼは旧来の狭い意味での文献史学であり、生活文化の歴史と変遷を語る資料として全国各地の民俗資料に注目すべきだとして、その幅広い収集を行いその資料情報群が伝承されているその意味を比較論的方法で解読して、列島に居住した人びとの生活文化の変遷を歴史的に把握しようとした点にその特徴がある。一九六二年八月八日没。八十七歳。

(新谷　尚紀)

柳之御所跡

やなぎのごしょあと　柳之御所跡　平安時代末期の十二世紀、東北地方に勢力を誇った平泉藤原氏関連の遺跡。JR東北本線平泉駅北約六〇〇メートル、岩手県西磐井郡平泉町字柳御所地内から字伽羅楽地内に所在。地勢としては北上川右岸の自然堤防上に位置する。北西—南東に細長く、最大長約七五〇メートル、最大幅約二二〇メートル、その面積はおよそ一一万平方メートルの広がりを有す。発掘調査は昭和初期から断続的に行われてきた。しかし遺跡全体からすれば調査は局部的なものであり、全容を把握するに至っていなかった。バイパス・堤防の工事計画が持ち上がり、一九八八年(昭和六十三)から事前調査が開始されている。数年に及んだこれらの大規模調査は多大な成果を挙げ、工事計画は変更され、遺跡の大半は柳之御所遺跡として国史跡に指定された。調査の結果、柳之御所跡は、堀に囲まれた約六万平方メートルと堀外部の約五万平方メートルによって構成されていることが判明。堀は一部で二重のように二条検出されている。十二世紀初頭から遺跡は機能しており、この段階で堀が掘られている。しかし遺跡が最も繁栄するのは、十二世紀後半のことである。このころ堀は、大半が埋まっているものの囲郭施設としては残っており、内部はさらに板塀によって区画される。建物の数も非常に多くなり、園池も設けられる。しかし遺跡は、『吾妻鏡』文治五年(一一八九)条の藤原氏の滅亡に同調し、十二世紀末に突如機能を停止する。再び遺跡が胎動を開始するのは、中世末まで待たねばならない。京都系を主体としたかわらけが二〇トン前後、ほかに無数の東海産陶器、中国産陶磁器の甕や壺、多数の木製品、文字資料などが出土している。和鏡や印章など特殊な遺物も多い。これらの状況から、藤原氏の政庁、平泉館ではないかと目されるようになった。古代から中世への過渡期の希少な遺跡として注目されている。

[資料館] 柳之御所資料館(岩手県西磐井郡平泉町)

[参考文献] 岩手県文化振興事業団埋蔵文化財センター編『柳之御所跡』、一九九五。

（八重樫忠郎）

やなぐい　胡籙　古代の矢の容器。「ころく」ともいう。表記も胡籙・胡禄・小六なども。胡籙とは、容器に矢を収納した皆具《かいぐ》をいう場合と、容器だけをいう場合がある。正倉院には、白葛《つづら》胡籙三具・黒漆葛胡籙十一具・赤漆葛胡籙十五具・白葛平胡籙四具の合計三十三具が伝世する。材質は、葛と総称する蔓系植物の繊維を編んだもので、白葛は漆を塗らず、赤漆葛は蘇芳塗に生漆を掛けたものである。奈良法隆寺伝世の遺品は木製彩色である。構造は、方立《ほうだて》とよぶ鏃を収納する箱と背後に立ち上がった背板《せいた》からなり、背板には上から前緒《まえお》・表帯《うわおび》(帯とも)・後緒《うしろお》が付く。矢は前緒(二～四条の韋緒)に搦めて垂直に差し込み、表帯(韋緒か布帛の絎帯《くけおび》)と後緒(韋緒)で右腰に佩帯した。表帯は収納した矢を跨ぐ形で取り付けられ、矢の固定も兼ねていた。この同一構造で、全体が扁平なのが平葛胡籙である。古代の矢の容器には、胡籙に先行して靫《ゆき》があるが、七五六年(天平勝宝八)に光明皇太后が聖武天皇の遺愛品を東大寺に献納した際の目録である『国家珍宝帳《ちんぽうちょう》』では、「御箭壱百具」のうち胡籙九十六具に対して、靫は四具であり、武官や軍団兵士などの料も律令制下では胡籙が主体であった。胡籙に収納する矢数は、狩矢《かりや》ではさまざまだが、征矢《そや》は五十隻が軍防令の規定で、八七四年(貞観十六)以降、日常的には三十隻となった(『日本三代実録』同年九月十四日条)。十世紀以降、公家の武具(甲《よろい》・弓箭・剱《たち》・鉾《ほこ》)は儀仗《ぎじょう》化するが、儀仗を含めた公家の矢の容器に平《ひら》胡籙・壺《つぼ》胡籙・狩《かり》胡籙がある。平胡籙は、平葛胡籙が板製漆塗に儀仗化したもので、壺胡籙は靫から派生した儀仗の容器である。胡籙からは兵《ひょう》仗《じょう》の箙《えびら》が成立すると考えられるが、箙に狩矢を中差《なかざし》として入れたのが狩胡籙である。平胡籙と壺胡籙は皆具名と同時に容器名でもあり、狩胡籙は皆具名であるが、平胡籙の容器は箙ともいう。なお、平胡籙・壺胡籙は武官が身分の別なく使用し、狩胡籙は下級武官や舎人層が用いた。

[参考文献] 鈴木敬三「靫と胡籙」(国学院大学編『古典の新研究』二所収、一九五四、明治書院)。近藤好和『中世的武具の成立と武士』、二〇〇〇、吉川弘文館。

（近藤　好和）

やね　屋根　建物の上部を覆って降雨や日照を遮るもの。雨が多いわが国では軒の出のある傾斜した面を持つ勾配屋根が一般的。勾配屋根を構成する屋根面が一面のものを片流れ、大棟から振り分けに二面からなるものを切妻造という。大棟の両端から斜め方向に延びる隅棟《すみむね》を境に四面からなるものを寄棟《よせむね》造という。多角形平面を覆う多角錐状の屋根は、雨仕舞を兼ねて屋頂に宝形《ほうぎょう》を飾ることから宝形造という。四角錐状をなす場合は方形《ほうぎょう》造ともいう。切妻造の屋根の周囲にさらに屋根を葺き下ろした形式を入母屋《いりもや》造といい、葺き下ろし部分が切妻の屋根から一段低く切り離されたものは錣葺《しころぶき》といい入母屋造の古式を示す。屋根面は平坦ではなく凹曲面とすることが多く、これを照り屋根という。凸曲面となるものは起《むく》り屋根、凹曲面から凸曲面に反転するものを照り起り屋根という。また、軒先など凹曲線となることを反りという。屋根の勾配は、底辺一尺に対する高さで表して何寸勾配といい、曲面の場合は屋根面の上端から軒先を結ぶ仮想直線の勾配で表し、これを引通し勾配という。屋根勾配は葺材や

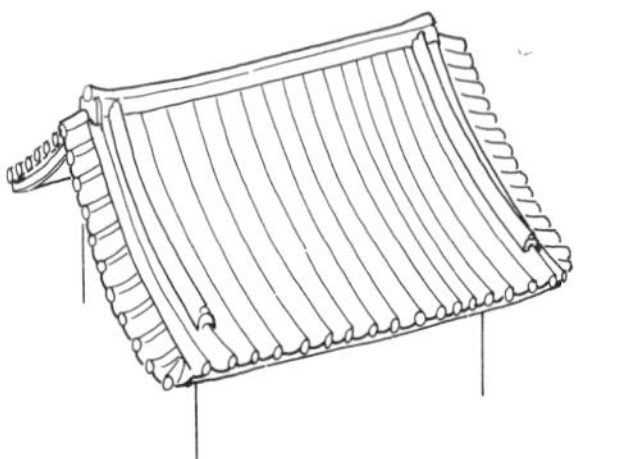

切妻造

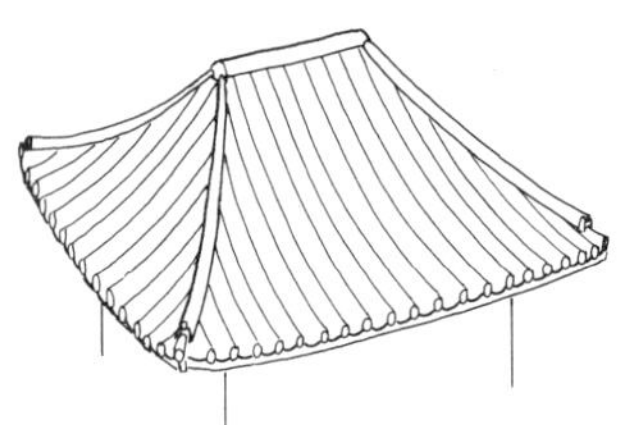

寄棟造

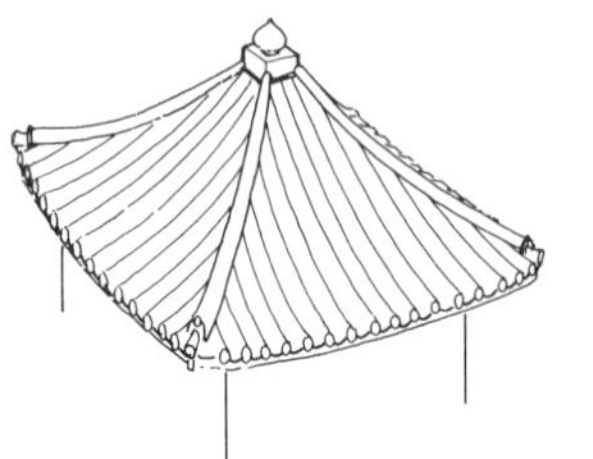

宝形造

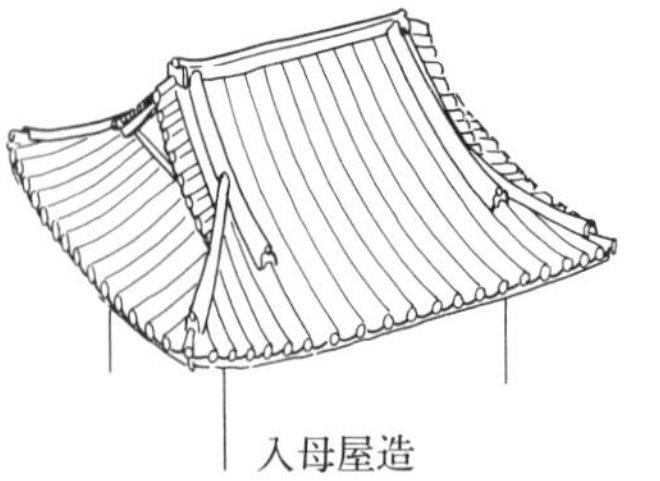

入母屋造

屋　根

葺方により雨仕舞いの関係から一定範囲内に規定されるが、小屋組の架構技術や趣向により時代的な傾向が現れることもある。容易に入手しやすい茅や藁などで葺いた草葺は、竪穴住居以来の長い歴史があるが、群馬県の中筋遺跡や黒井峯遺跡などのように草葺を下地として土で覆ったものもあったらしい。古代の草葺屋根については埴輪屋、伊勢神宮正殿、大嘗会の記録などに窺うことができ、民家では近世にも広く使用されるなど風土に育まれて地域に固有の形式が生まれた。板葺は、皇極天皇の飛鳥板蓋宮（『日本書紀』皇極天皇二年（六四三）条）が早い例である。正倉院文書にみる矢口吉人屋や藤原豊成殿の記録からは、打ち割った幅五寸程度の厚板を縦に用いた流し板葺と考えられる。流し板葺には板の合わせ目に目板を打った目板葺と、隣り合う縦板を上下交互に並べた大和葺があり、大和葺は法隆寺金堂・五重塔の裳階にみられる。目板を半円筒形の丸瓦状にしたものは木瓦《こがわら》葺といい、中尊寺金色堂（一一二四年（天治元））、当麻寺本堂閼伽棚《あかだな》（一二六八年（文永五））などが残り、平安・鎌倉時代に好んで用いられた。若王寺神社本殿（兵庫県、一四〇八年（応永十五））などのように厚板を横に並べたものは段葺という。薄い板材を一定の長さに切り揃えて葺き重ねたものは、板厚三ミリ程度のものを柿葺《こけらぶき》、四～六ミリ程度のものを木賊葺《とくさぶき》、一〇～三〇ミリ程度のものを栩葺《とちぶき》という。柿葺の残存古例に、法隆寺聖霊院内部の厨子（鎌倉時代中期）、覆屋内にあったため保持された大山祇神社本殿（京都）がある。樹皮で葺いたものに檜皮葺・杉皮葺がある。檜皮葺は正倉院文書や平城宮跡出土例から奈良時代には存在したことが知られる。軒の部分を厚くみせる手法は奈良時代後半か平安時代になって考案されたと考えられており、白山神社本殿（長野県木曾郡大桑村）に中世の手法を残す。杉皮葺は檜皮葺に比較して耐用年数が短いためか次第に用いられなくなっているが、法隆寺西園院客殿や長岳寺庫裏（奈良県）に古い手法が残る。瓦葺は、飛鳥寺建立（五八八年）の際、百済の工人により伝えられた。凹面からなる平瓦の合わせ目に半円筒形の丸瓦をかぶせる形式であり、江戸時代中期に発明された桟瓦と区別して本瓦葺という。丸瓦は元から末まで同じ太さのものを合い欠き状に付き合わせる。元口を細くして末口を重ね合わせる形式の行基葺は、元興寺極楽坊禅室などにわずかに遺例があるものの早くに廃れた。七二四年（神亀元）には「板屋、草舎、中古遺制」（『続日本紀』）として瓦葺が奨励され、平安時代には瓦葺が寺の忌み言葉とされた。しかし、瓦葺は大寺院の中心的な建物などに限られ、地方の一般寺院では植物性材料が主であった。瓦葺が一般に普及するのは、軽量な桟瓦が発明され、防火のために一般の町屋にも奨励された江戸時代中期からである。

参考文献 平井聖『屋根の歴史』、一九七三、東洋経済新報社。原田多加司『屋根―檜皮葺と柿葺―』（『ものと人間の文化史』一一二、法政大学出版局、二〇〇三）。

（清水　真一）

やはず　矢筈　⇨矢《や》

やまがたじょう　山形城　山形市の中心部に所在し、国指定史跡として整備されている平城。一三五六年（延文元）ごろ、斯波兼頼《しばかねより》が築いたと伝える。斯波氏は当地山形に勢力を扶植し、出羽南半を領有する戦国大名最上《もがみ》氏へと系譜を続ける。現在残る城郭は戦国時代に最上義光《よしあき》が整えたものが基本となっている。規模は本丸東西約一五〇メートル南北約一六〇メートル、二ノ丸東西約三九六メートル南北約四二七メートル、三ノ丸東西約一四八〇メートル南北約一八八一メートルといい、現在二ノ丸と水堀、三ノ丸の一部が残る。本丸は現存しないが電波探査で確認された。ここが斯波兼頼の構築した舘という。二ノ丸は一六二二年（元和八）鳥居《とりい》忠政《ただまさ》が入部すると改修され、十八世紀中ごろ秋元氏も改修を加えた。現存遺構はこの時のものである。明治初年に破却されたが、東大手に高麗門・多門櫓・櫓門・土塀が残り、近年の整備によって往時に復原されている。三ノ丸は堀と大規模土塁で囲まれるが、市街地化でごく一部が残るにすぎない。

参考文献『山形県史』一、一九八二。

（山口　博之）

やまきいせき　山木遺跡　静岡県伊豆の国市山木・四日町・韮山の微高地と後背湿地に展開する弥生時代後期から平安時代に至る複合遺跡。のちに韮山城が築かれる山の北側一帯の地域。一九五〇年（昭和二十五）の排水路工事に伴い、土器や木製品が出土し、後藤守一の指導によって発掘調査が実施された。ねずみ返しが嵌めこまれたままの状態で出土した柱材や梯子は高床倉庫の復元資料となり、大足は田植えの存在を示すものと考えられた。木製品二百三十九点は一九六六年に「山木遺跡の生産・生活用具」として重要有形民俗文化財に指定。一九六七年の第二次調査から第十五次調査まで記録保存のための調査が実施されている。第十四次調査では古墳時代前期の集落跡や方形周溝墓群が検出され、微高地に集落が、その東西に水田が広がる様相が明らかとなった。初期の調査で河川とされた溝は環濠の可能性があるともされる。上層には平安時代の田方《たがた》条里の遺構が検出されている。

資料館 伊豆の国市韮山郷土史料館（静岡県伊豆の国市）

参考文献 木下忠編『湿田農耕』、一九六八、岩崎美術社。静岡県教育委員会編『静岡県の重要遺跡』、一九九八。

（佐藤　正知）

やまごや　山小屋　武田信玄印判状《たけだしんげんいんぱんじょう》（元亀三年（一五七二）八月十日）などの戦国時代の史料において、戦乱と関連してみられる語彙。一九八三年（昭和五十八）以降、この語の解釈を巡って、山小屋論争が起こった。論争の発端は、井原今朝男が「山城とは別に民衆が大名によって消耗用の軍勢として配置される『山小屋』があった」とし、城郭の階級的性格を論じたことによる。これに対して笹本正治は井原の城郭説を否定し、「社会慣習として存在したアジール性を前提として、戦乱から避難するために用意された建物」と主張した。さらに小穴芳実は笹本を批判し、個々の事例から「山小屋」と山城の等質性を唱えた。多様な性格の「山小屋」について、視点を変えて実態が追求された論争である。この論争は「村の城」論や「隠物・預物」などにも影響を与え、民衆レベルでの戦争論を豊かにする契機となった。

参考文献 笹本正治『中世的世界から近世的世界へ―場・音・人をめぐって―』、一九九三、岩田書院。井原今朝男『中世のいくさ・祭り・外国との交わり―農村生活史の断面―』、一九九九、校倉書房。小穴芳実「山小屋は逃避小屋か―笹本正治氏の『戦国時代の山小屋』を読んで―」(『信濃』三六ノ一〇、一九八四)。 (齋藤 慎一)

やましなほんがんじ 山科本願寺 本願寺第八世蓮如が、山城国宇治郡山科郷野村(京都市山科区)に建設した寺院。一四七八年(文明十)から建設が始まり、一四八〇年八月には御影堂が完成し、十一月に大津近松御堂に安置してあった親鸞影像がここに移されてこの年の報恩講が行われて以来、一五三二年(天文元)八月に法華宗徒に率いられた京都住民および細川晴元や六角定頼の軍勢に焼討ちされ、本山が大坂本願寺に移されるまで、真宗本願寺教団の本山となった。一四八一年に阿弥陀堂の棟上が行われ、やがて竣工されて寺院の概要は整ったとみられる。蓮如が何故山科の地を本山としたかについては諸説あり、親鸞の大谷廟を西方に拝する位置にあること、北陸・東海の門徒が上洛する通路にあたること、また建設の推進力となった真宗仏光寺派からの転宗者の影響があることなどの指摘がなされているが、京都の至近距離にあり幕府の保護を受けることのできる位置にあったことが結果的には本山の繁栄につながったとみられる。本願寺の外郭には寺内町が建設され、餅・酒・塩・魚など食料品を扱う町人や絵師などが居住し活動していたこと、琵琶法師や猿楽法師など芸能者が本願寺などに出入りしていたこと、縫製を行う工房や鍛冶場があり、風呂などの公共的施設が設営され、諸国から参詣してくる門信徒のための旅館などが存在したことが史料や発掘成果などから窺われる。「寺中広大無辺、荘厳ただ仏国の如」く、「在家洛中に異なら」ず、「居住の者各々富貴、よつて家々随分の美麗を嗜む」(『二水記』、原漢文)との証言もあり、都市として繁栄していたとみられている。本願寺はこの寺内町を領主として支配していた。諸国から警固の番衆として上番する本願寺門徒が常駐する番屋が寺内町の中に設けられ、そこに寺内町の掟が掲げられていた。そうした掟により、たとえば本願寺の仏事の際には、他宗派の住民も含めて日常活動の規制が行われるなど本願寺の統制が行われていた。現存する山科寺内町の絵図には本願寺のある「御本寺」と記される内郭を包みこむように「内寺内」と記される第二郭、さらにその外部に「外寺内」と記される第三郭がみえ、これが寺内町の構造を示すものとされるが、当初からこのような大規模な寺内町があったかどうか疑問であり、当初は第一郭の寺院のみが存在したとする説も有力視されている。現存する絵図は大まかにいって光照寺本と洛東高校本・西宗寺本との二種類に分けることができる。明治・大正期の地籍図から寺内を復元した結果と合致するのは後者であり、より実態に近いものとみる見解がある一方、前者も江戸時代以前の古態を伝える可能性があるとみる見解もあり、絵図の史料批判は今後の課題といえよう。かつての寺内区域とされる場所には現在、蓮如の墓所(山科西野大手先町)、また内寺内と外寺内とを分かつとされる土塁(山科中央公園)が残っている。第二次世界大戦前橋川正による寺内町跡調査が行われ、戦後になって京都府教育委員会による調査が、また井口尚輔による調査が行われてのち、一九七三年(昭和四十八)に最初の本格的な発掘調査が行われ、一九九一年(平成三)に山階小学校体育館建設地における発掘調査が、さらに一九九七年に住宅建設に伴う発掘調査が京都市埋蔵文化財研究所によって行われた。これらの調査から土居跡・石垣・寺院建築物跡・鍛冶場跡・また大甕をすえつけた建物跡などが発掘され、また土師器・瓦器・陶磁器・瓦類・銅銭などが発掘されたことは、寺内町の実態を知る上で貴重な成果である。発掘後土塁などは破壊されたが、二〇〇二年(平成十四)に山科本願寺と寺内町遺跡の一部である土塁が「山科本願寺南殿跡附山科本願寺土塁跡」として国史跡に指定された。

参考文献 大澤研一・仁木宏編『寺内町の研究』二、一九九八、法蔵館。山科本願寺・寺内町研究会編『戦国の寺・城・まち―山科本願寺と寺内町―』、一九九八、法蔵館。同編『本願寺と山科二千年―掘る・読む・あるく―』、二〇〇三、法蔵館。岡田保良・浜崎一志「山科寺内町の遺跡調査とその復元」(『国立歴史民俗博物館研究報告』八、一九八五)。高橋慎一朗「寺社と中世都市」(『新体系日本史』六所収、二〇〇二、山川出版社)。 (神田 千里)

やまじろ 山城 地形による城館分類の一つ。江戸時代の軍学から生まれた分類。戦時の防御を意識して、山という天険の地の利を十分に生かし、普請する。代表事例としては要害山城(山梨県)・春日山城(新潟県)・岐阜城(岐阜県)などがあげられる。『陸奥話記《むつわき》』にみえる金沢柵も山城とされ、中世成立期の城館も天険の山に構えられる場合があった。鎌倉時代末・南北朝時代も千早《ちはや》城のように山城が活用されている。戦国時代に至るまでの山城は戦時に際して、臨時に取り立てられており、恒常的に構えられてはいなかった。そのため、南北朝時代までの山城は具体的な遺構で確認されていない。十五世紀になると本拠の重要拠点として山城が築かれ始める。この時の山城は恒常的に維持される城館であり、戦時を意識したものであった。そのため当初は従前の居館が維持されており、必要に応じて山城が活用されるという利用形態であった。十五世紀末ころになると次第に山城の麓に居館が移転し、山城を中心とした本拠となる。十六世紀になると領域の中心拠点のほかに戦略上の重要拠点にも山城が築かれるようになる。概して恒常的な要害は戦国時代に築かれた。城館が築かれる山は、見通しのよい山が多く、築城以前に霊地など信仰の対象であることがあった。中澤克昭や飯村均は地域霊場を把握することにより地域支配の正当性を把握する意味があったとする。戦国時代末になると軍事性よりも統治的な機能に比重が高まり、次第に山城を廃城として、平山城や平城を使用するようになった。一般に城館は山城—平山城—平城へと発展するとされるが、近世でも村上城(新潟県村上市)など山城の事例も存在し、必ずしもこの発展論は実態にそぐわない。

参考文献 齋藤慎一『中世東国の領域と城館』、二〇〇二、吉川弘文館。（齋藤　慎一）

やましろこくぶんじ　山城国分寺　京都府相楽郡加茂町大字例幣の寺院および寺院跡。七四一年(天平十三)の聖武天皇の詔を受けて諸国で建立された国分寺の一つ。一九五七年(昭和三十二)国史跡指定。京都府の南端、西に流れる木津川北岸の、三方を山に囲まれた台地に位置する。『続日本紀《しょくにほんぎ》』天平十八年(七四六)九月戊寅条によると、恭仁《くに》宮大極殿《だいごくでん》が国分寺に施入されている。大極殿が施入される以前の詳細は不明。その後、八八二年(元慶六)に焼失、昌泰年間(八九八—九〇一)に再建されたらしい(『興福寺官務牒疏』)。中世以降は衰退著しく、現在は大極殿跡に建つ小規模な本堂のみで、海住山寺《かいじゅうせんじ》が管理。遺跡は、京都府教育委員会などが発掘調査を実施。寺域は、四面すべての築地《ついじ》遺構が部分的に検出され、東西約二・五町(約二七三メートル)、南北約三町(約三三〇メートル)を計る。金堂跡は大きな土壇として残り、『続日本紀』の記事どおり恭仁宮の大極殿を再利用したことが確認されている。規模は、東西約五三・一メートル、南北約二八・二メートルの瓦積基壇に東西九間×南北四間の大規模な建物で、現在四個の礎石が残る。金堂の東で金堂院の回廊が一部分出土。塔跡は、一辺約一七メートルの瓦積基壇で、直径約一・二メートルの心礎を含めて一五個の礎石が残り、七重塔であったらしい。周囲から築地遺構の一部が検出され、塔院を形成。南大門は、金堂跡の真南の中軸線上で基壇の一部が見つかっている。出土遺物には、大量の瓦類、土器類、風鐸《ふうたく》の風招などがある。出土瓦類の中には恭仁宮造営時の千点以上の人名を刻印した文字瓦があり、この文字は瓦を製作した工人の名と考えられている。↓恭仁京《くにきょう》　↓国分寺《こくぶんじ》

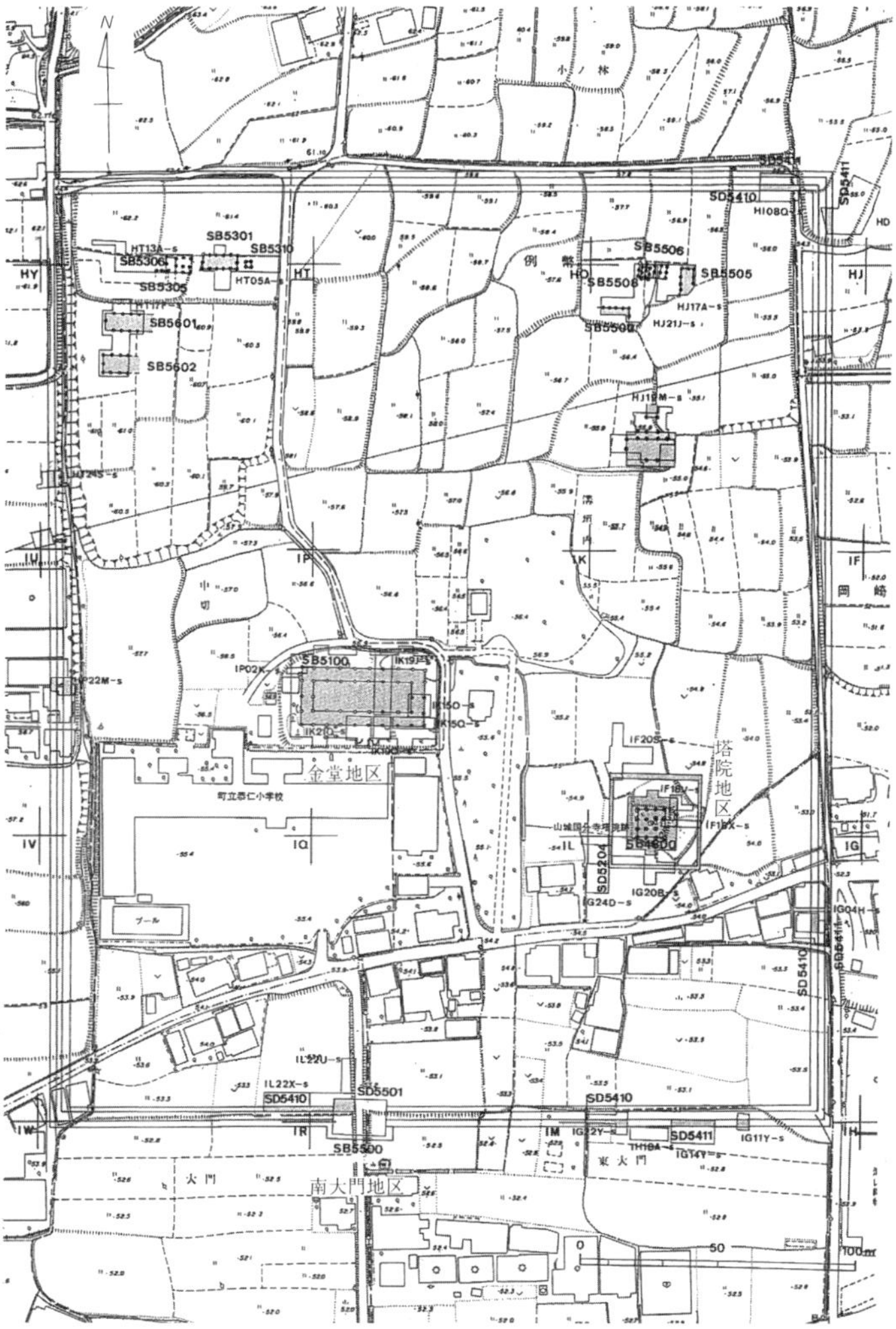

山城国分寺主要検出遺構図

参考文献 角田文衞「山背国分寺」(『国分寺の研究』上所収、一九三八、考古学研究会)。加茂町史編さん委員会編『加茂町史』一、一九六八。中谷雅治・磯野浩光「山城」(角田文衞編『新修国分寺の研究』二所収、一九九一、吉川弘文館)。『恭仁宮跡発掘調査報告』II、二〇〇〇、京都府教育委員会。（磯野　浩光）

やましろし　山城志　⇩五畿内志《ごきないし》

やましろのくに　山城国　古代から近世の国名。おおむね京都府の京都市以南の範囲。巨椋池《おぐらいけ》(一九四一年干拓で消滅)と宇治川によって北山城と南山城に二分される。丹波、近江、伊賀、大和、河内、摂津国に接し、北は低い丘陵に囲まれた盆地、南は細長い平地で、鴨川、桂川、宇治川、木津川、淀川などの河川が流れる。国名の用字は、『古事記』が「山代」で、後には「山背」が用いられたが、平安京遷都の詔《みことのり》で、「山城」と定められた(『日本紀略』延暦十三年十一月丁丑条)。縄文時代では北白川(京都市)、森山(城陽市、国史跡)、弥生時代では深草(京都市)、鶏冠井《かいで》(向日市)、雲宮《くものみや》(長岡京市)などの遺跡が知られ、梅ヶ畑(京都市)、式部谷(八幡市)、相楽山(木津町)からは銅鐸が出土。古墳では、椿井大塚山《つばいおおつかやま》(山城町)、久

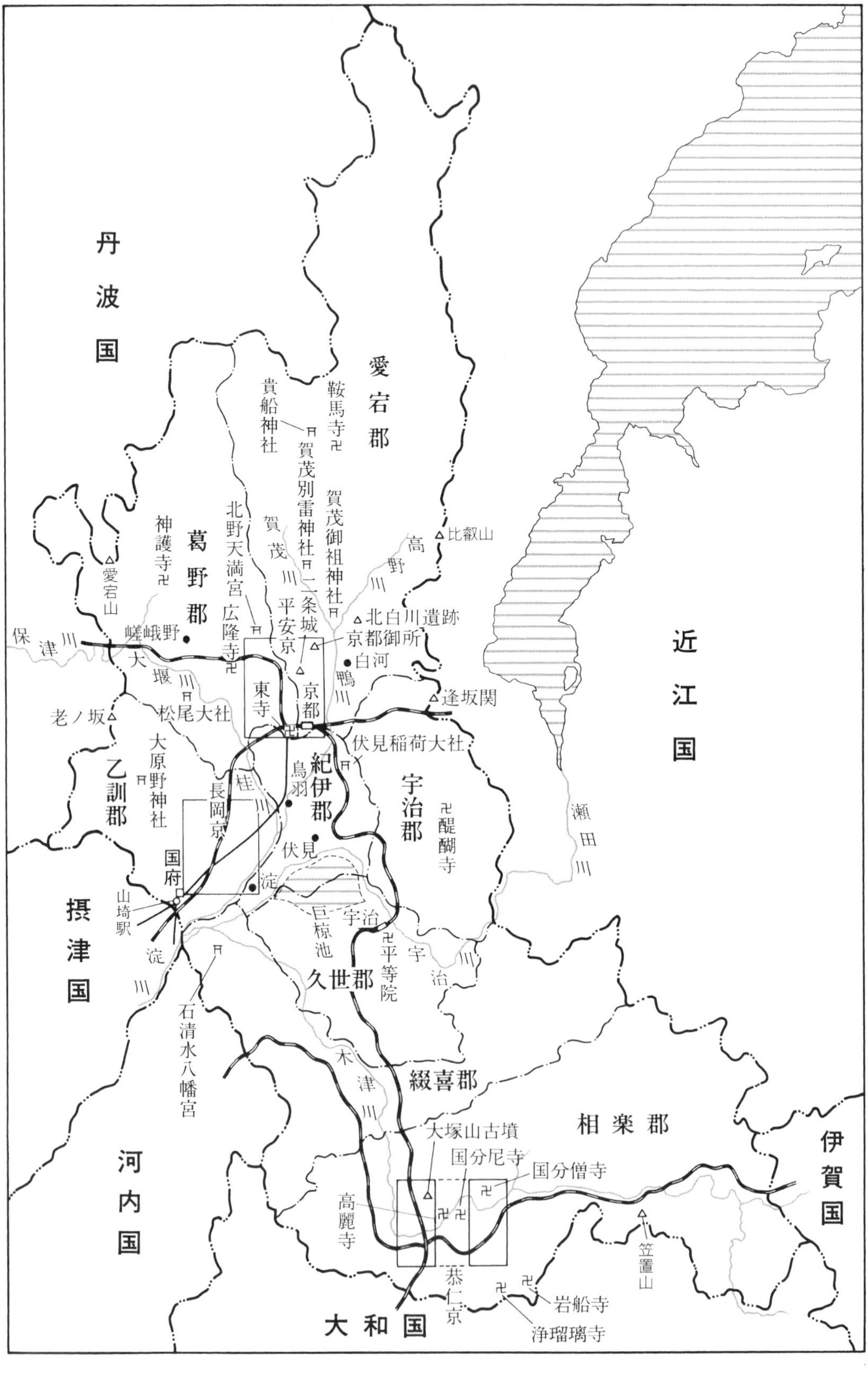
丹波国
愛宕郡
貴船神社
鞍馬寺
賀茂別雷神社
賀茂御祖神社
比叡山
高野川
賀茂川
北野天満宮
神護寺
葛野郡
愛宕山
二条城
平安京
北白川遺跡
京都御所
白河
保津川
嵯峨野
広隆寺
大堰川
鴨川
逢坂関
近江国
老ノ坂
松尾大社
東寺
京都
伏見稲荷大社
大原野神社
乙訓郡
桂川
長岡京
鳥羽
紀伊郡
宇治郡
醍醐寺
瀬田川
伏見
国府
山崎駅
淀
摂津国
巨椋池
宇治
平等院
宇治川
淀川
石清水八幡宮
久世郡
木津川
綴喜郡
相楽郡
伊賀国
大塚山古墳
国分尼寺
国分僧寺
河内国
高麗寺
笠置山
恭仁京
岩船寺
浄瑠璃寺
大和国

山城国略図

津川車塚(城陽市)、恵解山《いげのやま》(長岡京市)、天皇の杜《もり》、蛇塚(京都市、いずれも国史跡)などの前方後円墳が有名。椿井大塚山からは三角縁神獣鏡三十二面が出土し、被葬者は倭王権と密接な繋がりを持っていたと考えられ、蛇塚は秦氏との関連が指摘できる。最古の寺院は北野廃寺跡、広隆寺(京都市)、高麗寺《こまでら》跡(山城町、国史跡)で飛鳥時代前期の創建である。倭王権の時代、鴨県主《あがたぬし》、栗隈《くりくま》県主、山代国造や渡来系氏族の秦氏《はたうじ》などが勢力を持っていた。賀茂社や鴨県主にかかわる賀茂伝承(『山城国風土記』逸文)が有名で、秦氏は桂川に「葛野大堰《かどのおおい》」を造る(『政事要略』)など盆地を開発し大きな勢力を蓄えた。推古朝の秦河勝の住宅が平安宮内裏の紫宸殿《ししんでん》となったという伝承(『拾芥抄《しゅうがいしょう》』)もある。『日本書紀』には、栗隈大溝の開削(仁徳朝、推古朝)、筒城《つつき》宮、弟国《おとくに》宮への宮居(継体朝)、高句麗使の相楽館(欽明朝)、深草屯倉《みやけ》(皇極朝)などが記され、宮都のある大和から北陸、山陰方面へ至る官道が通過し、交通上も重要な位置を占めていた。国府は、当初南端の相楽郡におかれたと想定され、長岡、平安京遷都により、葛野郡、長岡京南、河陽離宮《かやりきゅう》(乙訓郡大山崎町)と三回移転したらしい。奈良時代、聖武天皇が七四〇年(天平十二)恭仁宮(加茂町)に遷都、三年余の都となった。国分寺は加茂町の木津川北岸にあり(国史跡)、七四六年恭仁宮大極殿が施入された(『続日本紀』)。国分尼寺は国分寺と木津川を挟んだ南岸の同町法花寺野付近に比定されている。桓武天皇は、七八四年(延暦三)長岡京(向日市付近)に、ついで七九四年(延暦十三)平安京(京都市)に遷都。平安京は、八一〇年(弘仁元)嵯峨天皇によって平城太上天皇の変(薬子の変)が鎮圧、平城京還都が阻止されてから、明治維新まで約千百年、王城の地であった。畿内国の一つであり、愛宕《おたぎ》、葛野《かどの》、紀伊、宇治、久世《くせ》、乙《おと》訓《くに》、綴喜《つづき》、相楽《さがらか》の八郡が属し、八郡には、『律書残篇』では九十郷、『和名類聚抄』には七十二郷(高山寺本、古活字本では七十八郷)、田積八千九百六十一町余が記されている。『延喜式』では上国、正税数十五万束、式内社は、平安宮中三十六座、京中三座、山城国百二十二座。遷都前から祭られていた賀茂社、伏見稲荷大社、松尾大社《まつのおたいしゃ》(京都市)のほか遷都後造営された北野天満宮(京都市)、石清水八幡宮《いわしみずはちまんぐう》(八幡市)などは朝廷から厚い崇敬を受けた。一宮《いちのみや》は、賀茂別雷《かもわけいかずち》神社(上賀茂神社)と賀茂御祖《かもみおや》神社(下鴨神社、ともに国史跡)。また京外の嵯峨野、宇治と院政期になって白河、鳥羽《とば》には皇族、貴族の離宮、別業《べつごう》、寺院が建立され、山崎、淀、鳥羽、宇治は京の外港の役割を担った。鎌倉時代以降も武家政権によって、六波羅探《ろくはらたん》題《だい》、室町幕府、聚楽第《じゅらくだい》、御土居《おどい》、伏見城、淀城、京都所司代、二条城、淀藩などが設置、造営され、京都五山、本願寺など各宗派の本山、寺院も多数建立された。一方、源平の内乱、承久《じょうきゅう》の変、南北朝の内乱、応仁・文明の乱、山城国一揆、戦国時代の争乱、戊辰《ぼしん》戦争など数々の戦乱の舞台ともなった。一八六八年(明治元)京都府が設置され、一八七一年(明治四)の廃藩置県により山城国は消滅。千百年の間王城の地であったことから文化財はすこぶる多く、一九九四年(平成六)京都市、宇治市等の十七社寺城(賀茂別雷神社、賀茂御祖神社、教王護国寺、清水寺《きよみずでら》、延暦寺、醍醐寺《だいごじ》、仁和寺《にんなじ》、平等院、宇治上神社、高山寺、西芳寺《さいほうじ》、天龍寺、鹿苑寺《ろくおんじ》、慈照寺、龍安寺《りょうあんじ》、西本願寺、二条城)が世界文化遺産「古都京都の文化財」に登録。国宝二百二十八件、重要文化財千七百五十件(建造物、美術工芸品)、国史跡と名勝が計百三件、重要伝統的建造物群保存地区四件、遺跡数(周知の埋蔵文化財包蔵地)二千ヵ所弱を数える(二〇〇六年七月現在)。重要無形民俗文化財祇園祭の山鉾《やまぼこ》行事は、日本三大祭りの一つとして有名。

参考文献 井上満郎「古代山城国雑考」(『日本政治社会史研究』上所収、一九八四、塙書房)。 (磯野 浩光)

やましろのくにかどのぐんはんでんず 山城国葛野郡班田図 嵯峨荘の基図として使用された山城国葛野郡一・二条の班田図。現存図は十三断簡に分離し、一一〇一年(康和三)の成立と考えられており、「栖霞寺《せいかじ》」「檀林寺《だんりんじ》」「宇智内親王御墓」など、九世紀後半から十世紀初めごろの事象が加えられているが、基図が八二八年(天長五)山城国葛野郡班田図の九里分と考えられている。里名は欠落しているが、『(旧典類纂《きゅうてんるいさん》)田制篇《でんせいへん》』所載「山城国葛野郡班水陸田図巻第一」の里名および現地比定の結果から、葛野郡一条と二条を示しているとみられる。「巻第一」つまり一条は北から小倉西里・小倉里・社里・櫟原《いちはら》西里・大井里と並ぶがその南側四里分である。葛野郡の条は郡の西端から東へ数詞で数え進むが、同図が表現しているのは、京都盆地北西隅の嵯峨野付近一帯であり、一・二条ともに渡月橋《とげつきょう》付近の桂川の北岸と南岸にわたる。このうちの桂川北岸部分では、現在の渡月橋と栖霞寺の位置を踏襲した清凉寺《せいりょうじ》とを結ぶ直線道と同じく、約一六度西に傾いた条理プランであったと考えられる。

参考文献 金田章裕『条里と村落の歴史地理学研究』、一九八五、大明堂。宮本救『律令田制と班田図』、一九九八、吉川弘文館。 (金田 章裕)

やましろのまつくりぼし 山代真作墓誌 河内国石川郡山代郷の従六位上山代忌寸《いみき》真作および其の妻蚊屋忌寸秋《かやのいみきあき》庭《にわ》の墓誌。「やましろのまさか」とも。材質は銅製鍍金で、縦二七・九センチ、横五・七センチを測る。銘文は四本の罫線で三行に区切られ、判読不能文字二字を含めて七十六字からなる。周縁には魚々子《ななこ》地を施す。内容は、文武天皇以来四代の天皇に仕えた真作が戊辰年(七二八年＝神亀五年)十一月二十五日に、妻の秋庭が壬戌年(七二二年＝養老六年)六月十四日に死去したことを記す。一九五二年(昭和二十七)、奈良県宇智郡大阿太村(五條市東阿太町)の大阿太小学校内で発見されたが、正確な埋納地点は不明である。現在奈良国立博物館が所蔵する。重要文化財。↓墓誌《ぼし》

銘文 所知天下自軽天皇御世以来至于四継仕奉之人河内国石川郡／山代郷従六位上山代忌寸真作 戊辰十一

月廿五日□□逝去/又妻京人同国郡郷移蚊屋忌寸秋庭壬戌六月十四日□□逝

参考文献 奈良国立文化財研究所飛鳥資料館編『日本古代の墓誌』、一九七九、同朋舎。奈良国立博物館編『発掘された古代の在銘遺宝』、一九六九。 (古尾谷知浩)

やましろめいしょうし 山城名勝志 一七一一年(正徳元)に刊行された山城国の歴史地誌。二十一巻三十冊。著者の大島武好(源朝臣武好)は若いころより歴史や地理に興味を抱き、山城国内の古い寺社をはじめ、各地の名所・旧跡を調査した。『日本書紀《にほんしょき》』や『枕草子《まくらのそうし》』など、古寺社や名所・旧跡に関する関連史料を広く探し、第一巻の宮城《きゅうじょう》、第二―五巻の洛陽の後、第六巻以降で郡ごとに考証を加えている。本書では、各種の史料を引きながら、自説は「今按」、その土地の人の説を「土人言」、他の人の説を「或云」と慎重に書き分けており、信頼に足りる記述となっている。本書は一六八四年(貞享元)に刊行された『雍州府志《ようしゅうふし》』に続く山城国の詳細な歴史地誌であり、その資料的価値も高い。本書は『増補京都叢書』や『(改訂)史籍集覧』などに収録されている。 (伊藤 寿和)

やまたいこく 邪馬台国 二、三世紀の日本列島に存在したとされる国の一つ。『三国志』の『魏志』倭人伝によれば、三世紀の日本列島には三十の国があり、その中でも邪馬台国は女王卑弥呼《ひみこ》が住んでいた都とされ、倭国連合の中心的な存在であった。邪馬台国に至る道程は、帯方郡(韓国ソウル市付近)から出発して、朝鮮半島南部の狗邪韓《くやかん》国(韓国慶尚南道金海郡)から、対馬国(長崎県対馬島)、一《い》大(支《き》)国(長崎県壱岐島)へと海を渡り、末盧《まつら》国(佐賀県唐津市付近)に上陸後、陸行して伊都《いと》国(福岡県糸島郡)、奴《な》国(福岡県福岡市)、不弥《ふみ》国(福岡県宇美町)を経て、投馬《つま》国、邪馬台国に至る。それぞれ行程には方角と里数が書かれているが、投馬国、邪馬台国へは、南という方角と、里数ではなく水行と陸行の日数が漠然と書かれており、その所在地については明確ではない。邪馬台国は戸数七万余戸あり、倭国のなかで最大の人口を誇る。伊支馬《いきま》・弥馬升《みましょう》・弥馬獲支《みまかくき》・奴佳鞮《ぬかてい》の四つの官があり、さらに女王国以北の諸国を統率するための一大率《いちだいそつ》を伊都国に置いたという。邪馬台国の南には狗奴《くな》国があり、男王「卑弥弓呼《ひみきゅうこ》」が統治して女王に属さなかった。女王卑弥呼は倭の盟主として魏と国交を結び、二三九年(景初三)とその翌年に魏に使いを送り、魏の皇帝から「親魏倭王」の称号を得るが、かねて不仲であった狗奴国と戦争状態になり、その過程で卑弥呼の死、男王による統治、国中混乱、卑弥呼の宗女「台与《とよ》」の擁立という激動の時代を迎え、ついに史上から姿を消してしまう。邪馬台国の所在地については諸説があり、なかでも有力なものとして北部九州にあったとする九州説と奈良県の大和盆地にあったとする畿内説が古来対立している。古くは『日本書紀』神功皇后摂政三十九・四十・四十三年条の分注記事に『魏志』倭人伝が引用されており、『日本書紀』編纂当時は神功皇后を卑弥呼に比定し、邪馬台国を大和王権と結びつけて考えられていたらしい。その後江戸時代になって学問的な議論が始まり、新井白石《あらいはくせき》や本居宣長《もとおりのりなが》によって畿内説や九州説の先駆けが形作られた。近代に入り、一九一〇年(明治四十三)に東洋史学者の白鳥庫吉《しらとりくらきち》が「倭女王卑弥呼考」(九州説)、内藤虎次郎《ないとうとらじろう》(湖南《こなん》)が「卑弥呼考」(畿内説)を発表し、近代における所在地論争の出発点となった。文献史学の立場からは、「邪馬台」の発音である「やまと」を畿内大和とするか、筑後国山門《やまと》郡とするか、また、倭人伝の行程記事を重視するか、方角記事を重視するかによって畿内説、九州説が分かれた。考古学の立場からは、梅原末治《うめはらすえじ》が三角縁神獣鏡が魏により倭にもたらされた鏡とし、この鏡が近畿地方に多く分布することから畿内説を支持し、のちに小林行雄《こばやしゆきお》は三角縁神獣鏡分有論というさらに精緻な研究によって畿内説を補強した。所在地の決め手ともなる卑弥呼の冢(墓)について、笠井《かさい》新也《しんや》は卑弥呼を倭迹迹日百襲姫命《やまとととひももそひめのみこと》とみなし、奈良県桜井市にある箸墓《はしはか》古墳に比定した。戦後、皇国史観からの呪縛から解放され邪馬台国研究は盛んになり、所在地のみならず、精緻な文献研究により国家体制や政治構造の研究も進んだ。考古学的調査も飛躍的に進み、邪馬台国所在地論争に大きな影響を与えることになった。一九八九年(平成元)に発見された佐賀県吉野ヶ里遺跡からは弥生時代中期―後期の大規模環濠集落跡が見つかり、この景観が倭人伝にみえる「宮室・楼観・城柵を厳かに設けた」という卑弥呼の居館の記述と一致することから九州説が取りあげられ、邪馬台国所在地論争が再燃した。一方で、近年では古墳の成立時期を従来よりも古くみて、卑弥呼の時代にはすでに古墳時代であったとする説も強く主張されるようになり、箸墓古墳をはじめとする大和盆地の初期古墳を卑弥呼の墓にあてる説も有力視される。卑弥呼が魏の皇帝から下賜された銅鏡の可能性がある三角縁神獣鏡については、これを舶載鏡とみる説と国産鏡とみる説が対立しており、邪馬台国の所在地の決定的な決め手にはなっていない。→卑弥呼《ひみこ》

参考文献 石原道博編訳『新訂魏志倭人伝・後漢書倭伝・宋書倭国伝・隋書倭国伝』(『岩波文庫』)、一九八五、岩波書店)。佐伯有清『研究史邪馬台国』、一九七一、吉川弘文館。同『研究史戦後の邪馬台国』、一九七二、吉川弘文館。 (三上 喜孝)

やまだぐんでんず 山田郡田図 七〇九年(和銅二)『弘福寺水陸田目録』にみえる「讃岐国山田郡弐拾町」について、弘福《ぐふく》寺が七三五年(天平七)に作成した田図。現存する図は平安時代後期に作られた精巧な写本と考えられる。弘福寺は平安時代前期に東寺の末寺となり、十二世紀には寺領も含めて東寺長者の所領となった。『弘福寺文書』も『東寺文書』の一部として伝来し、「讃岐国山田郡司牒案」(『東寺百合文書』)、「讃岐国山田郡川原寺田内校出田注文」(『東寺文書』)と連貼されて東寺に伝わったが江戸時代後期に分離し寺外に流出。一八八二年(明治十五)

に多和神社宮司の松岡調が入手し多和文庫に現蔵されている。縦二九・四センチ、横一二四・八センチ、三紙からなり、「弘福之寺」印が十三顆捺されている。図は、「山田郡林郷船椅里」と記されている上田(南地区)と下田(北地区)の二つの部分からなり、一町方格の地割中に田の名・地目・面積・直米が記され、二地区ごとに面積・直米が集計されている。地目や土地の状態によって彩色が施されており、古代の集落、耕地の景観と開発、経営の様子を伝える史料である。高松平野の条里復元と関連文書に記載される条里の坪付から、南地区は高松市林町、北地区は林町から木太町周辺に比定されている。一九九一年(平成三)、重要文化財に指定された。

参考文献 香川県教育委員会編『香川の文化財』、一九九六。石川英一『古代荘園史料の基礎的研究』上、一九九七、塙書房。

(渋谷 啓一)

やまだでら 山田寺 奈良県桜井市山田にある古代寺院跡。特別史跡。塔・金堂・講堂の基壇だけが地上に残っていたが、奈良国立文化財研究所が一九七六年(昭和五十一)度から一九九六年(平成八)度にかけて約一万五〇〇〇平方メートルを発掘調査し、伽藍《がらん》配置や造営から廃絶に至る経緯などが明らかとなった。伽藍は塔と金堂を南北に置いて回廊で囲み、北に講堂や僧坊・宝蔵を配置し、外周を大垣で区画していた。大垣の正面には南門があり、このすぐ南には古道である山田道《やまだみち》が東西に通っていたことも判明。特筆に値するのは㈠塔の階段外壁(羽目石《はめいし》)に有翼の獅子を浮彫りしていたこと、㈡金堂は身舎《しんしゃ》・庇《ひさし》とも桁行《けたゆき》三間、梁行《はりゆき》二間という類例の少ない平面形式で、構造的に法隆寺玉虫厨子《たまむしのずし》のようなものになること、㈢回廊は十一世紀前半の山崩れで倒壊したまま残り、法隆寺に比肩しうる最古級の建築資料となったこと、㈣主要建物の礎石には蓮華座を彫出し、塔・金堂内部は金箔張りの塼仏《せんぶつ》で飾っていたこと、㈤宝蔵からは押出仏《おしだしぶつ》や厨子、経典の貸出を示す木簡などが出土したことなどである。山田寺は『日本書紀』や『上宮聖徳法王帝説』裏書によると、六四三年(皇極天皇二)に蘇我倉山田石川麻呂《そがのくらのやまだのいしかわまろ》が発願者となって金堂を建立、六四八年(大化四)に僧侶が住みはじめるが、翌年に石川麻呂が自害、その後六六三年(天智天皇二)に塔の建設にかかるが、中断したらしく六七六年(天武天皇五)に塔が完成、そして六八五年に講堂の丈六仏が開眼供養され、ほぼ寺観が整った。この天武朝の造営は石川麻呂の孫にあたる皇后(のちの持統天皇)が強力な後盾となったもので、寺も官寺的性格を帯びるが、八世紀に入ると傍系の石川氏の氏寺にもどったと推測している。発掘成果によると、十一世紀前半に大垣・回廊・宝蔵が倒壊した後の十二世紀後半、おそらく一一八七年(文治三)の興福寺僧兵の乱入によって塔・金堂・講堂が焼亡したこと、そして鎌倉時代前半に旧講堂を中心として再興され、室町・江戸時代にも存続したことなども明らかになっている。

資料館 奈良文化財研究所飛鳥資料館(奈良県高市郡明日香村)

参考文献 大脇潔『飛鳥の寺』(『日本の古寺美術』一四、一九八九、保育社)。奈良国立文化財研究所飛鳥資料館『山田寺』(『飛鳥資料館カタログ』一一、一九九六)。奈良文化財研究所『山田寺発掘調査報告』(『奈良文化財研究所学報』六三、二〇〇二)。

(毛利光俊彦)

やまだみずのみいせき 山田水呑遺跡 千葉県東金市山田に所在する古代の集落遺跡。千葉東金道路山田インターチェンジの建設に伴い、一九七四年(昭和四十九)から一九七五年にかけて約三・六ヘクタールの発掘調査が行われ、八世紀前半から九世紀後半にかけての竪穴住居跡百四十三軒、掘立柱建物五十二棟、土壙三基などが発見された。出土遺物には、土師器、須恵器、灰釉陶器をはじめ、紡錘車や鉄製農工具、銅製帯金具、砥石、転用硯、鉄滓、鞴羽《ふいごは》口《ぐち》、墨書土器などがある。中でも「山邊」「山邊大」「山口館」と記された墨書土器から、本遺跡が『和名類聚抄』にみえる上総国山辺郡山口郷の構成集落であることが判明した。出土文字資料から所属郷を特定できた初の集落遺跡調査例として重要。また出土土器の型式細分・編年作業により、五期に及ぶ集落変遷過程や集落景観が復原されている。この遺跡に関しては、「山口館」を山辺郡衙の別院とみる説や、郡領級の豪族による開墾の拠点施設とみる説がある。

参考文献 山田遺跡調査会編『山田水呑遺跡—上総国山辺郡山口郷推定遺跡の発掘調査報告書—』、一九七七。松村恵司「古代のムラを掘る」(熊野正也編『古代を発掘する』所収、一九九二、六興出版)。

(松村 恵司)

やまだみち 山田道 奈良県桜井市中心部の安倍《あべ》から南西に向かい、山田寺のある桜井市山田、明日香村雷《いかづち》を経て、橿原市南部の軽《かる》に達する古代の主要道路の一つ。東端は古道の横大路《よこおおじ》と交わって上ツ道《かみつみち》につながり、西端は古道の下ツ道《しもつみち》と直交する。阿倍山田道ともいう。この古道の大半は現在も道路として踏襲されている。史料としては『日本霊異記』上第一話に雄略天皇の命を受けた少《ちいさ》子部栖軽《こべのすがる》が鳴雷を求めて「阿倍山田の前の道」「豊浦寺の前の道」を通り「軽の諸越《もろこし》の衢《ちまた》」に至った記事がある。『万葉集』一三―三二七六にも「山田の道」と歌われている。山田寺の発掘調査では、南門の前で側溝をもつ新旧二条の山田道を検出。新道は山田寺建立に伴って七世紀中ごろに整備された幅約一〇・八メートルの東西道路、旧道は山田寺創建以前につくられた推定幅約一〇メートルの斜行する道路である。現在の道路は山田寺の北を通っているが、これは山田寺が廃絶した中世以降のものである可能性が高い。

参考文献 岸俊男「大和の古道」(橿原考古学研究所編『日本古文化論攷』所収、一九七〇、吉川弘文館)。西口壽生「石神・小墾田・山田道」(『季刊明日香風』七九、二〇〇一)。小沢毅「阿倍山田道について」(奈良文化財研究所『山田寺発掘調査報告』、二〇〇二)。

(毛利光俊彦)

やまぢゃわん 山茶碗 東海地方の中世窯で生産された碗で、山にゴロゴロ転がっている粗末なものであることから、窯跡の発掘調査が盛んに行われるようになった昭和初期から使われ始めた名称。一般的には無釉のものを指すが、古代灰釉陶器の碗形態の一つであるため、十一世紀代のものは灰釉が施される。東海地方では、これまでに尾張の瀬戸窯・猿投窯・尾北窯・知多窯、三河の藤岡窯・幸田窯・足助窯・東栄窯・渥美窯、美濃の美濃須衛窯・兼山窯・東濃窯・恵南窯・恵那・中津川窯、遠江の湖西窯・宇志窯・宮口窯・西脇窯・清ヶ谷窯・金谷窯・土器谷窯・皿山窯・相良窯、駿河の旗指窯と二十四ヵ所で中世の窯業地の存在し、いずれも灰釉陶器の流れを汲む分炎柱を有する窖窯(瓷器系中世窯)が構築され、総基数は数千基に達する。山茶碗とそのセットとなる小碗(小皿)は各中世窯における普遍的存在で、重ね焼き焼成により大量生産された。瀬戸・猿投・知多窯にみられる尾張型、東濃窯を中心に瀬戸窯の一部にまで拡がる東濃型、渥美窯や湖西窯を中心に生産された渥美・湖西型、遠江東部の諸窯で生産された東遠型など生産地によってさまざまな類型があり、それらは胎土や焼成方法が異なるばかりでなく、それぞれ異なる型式変化をたどる。また、尾張型や東濃型が十五世紀後葉まで生産が継続するのに対し、渥美・湖西型や東遠型は十三世紀後葉までとその消長も異なる。中世集落の調査によれば、尾張型は尾張・美濃・伊勢北部、東濃型は美濃・尾張、渥美・湖西型は三河・伊勢南部・遠江西部、東遠型は遠江東部を中心に流通しており、主要流通圏は伊勢を除けば生産地のある東海地方が中心で、基本的には生産地の近い山茶碗が流通し、その地域における山茶碗生産の終焉は流通の終焉でもある。したがって、十五世紀まで山茶碗が流通した地域は尾張と美濃の二地域にほぼ限定され、山茶碗需要の衰退の背景には木製挽物(漆器)の大量搬入が想定されている。

参考文献 『瀬戸市史』陶磁史篇一、一九六九。藤澤良祐「土に生きる「職人」」(網野善彦・石井進編『中世の風景を読む』三所収、一九九五、新人物往来社)。
(藤澤 良祐)

やまでら 山寺 清和天皇の勅許を得て慈覚大師円仁が開いたと伝える天台宗の古刹。宝珠山立石寺《りっしゃくじ》。山形市の東奥羽山脈麓に位置する。ここは風食で形成された奇岩怪石の地である。一二五七年(正嘉元)の『私聚百因縁集《しじゅうひゃくいんねんしゅう》』は立石寺を訓じて「タテイシテラ」という。タテイシは百丈岩と呼ばれる露岩を指す。ここに開基慈覚大師円仁の入定《にゅうじょう》伝承がある。「入定窟」には金棺が納められ、平安時代の頭部肖像彫刻と人骨が発見された。日蓮の一二八〇年(弘安三)の書状太田入道殿御返事には、ここに慈覚大師の頸があるとみえ、木彫は円仁自身の面影を伝えている可能性がある。近世の『出羽国風土略記』には「奥の高野」とみえ霊魂の帰る山と目されていた。今も立ち並ぶ石造遺品、岩塔婆、風穴の小五輪塔、後生車は、寄り集う霊魂のために用意されたものなのである。開創以来不滅の法燈は、織田信長焼き打ち後比叡山延暦寺再建に分火されたことでも知られている。国指定史跡・名勝。

参考文献 『山形県史』一、一九六二。
(山口 博之)

やまとえ 大和絵 倭絵とも、和画とも書く。平安時代以降、広く中国伝来の主題や様式を持った絵に対して、日本的主題や様式を持つ絵を意味する用語として使われる。平安時代では、中国的主題の唐絵《からえ》に対して、日本の風景や風俗を描いた絵を指して用いられ、様式的概念はなかった。屛風や障子に描かれた四季絵や名所絵、さらに絵巻や冊子に描かれた物語絵や歌絵を指して使われた。やがて、鎌倉時代に宋元絵画がもたらされ、新来の水墨を基調とする絵画主題や様式を唐絵とよび、平安時代以来の伝統的な主題や様式の絵画を大和絵と呼んだ。また室町時代以降中国画題の絵画を漢画とし、それを得意とする狩野派などがあり、一方日本的主題とそれにふさわしい様式を持つ絵画を大和絵として、土佐派や住吉派などの画派が分立した。江戸時代以降も大和絵の概念は日本的主題とそれに合致した技法や様式を指して用いられることが多い。ことに様式的には装飾的なモティーフや色彩配置、柔かい筆致、奥行のない平面的な構図などをその個性とする。大和絵の厳密な概念規定はなく、使う人や適応される時代や流派によっても相違があり、注意を要する。

参考文献 家永三郎『上代倭絵全史(改訂版)』、一九六六、墨水書房。秋山光和「平安時代の唐絵とやまと絵」(『平安時代世俗画の研究』所収、一九六四、吉川弘文館)。
(百橋 明穂)

やまとこおりやまじょう 大和郡山城 奈良県大和郡山市の西京丘陵南端付近に位置する、大和を代表する近世城郭である。奈良県史跡。一五八〇年(天正八)、織田信長は郡山城以外の城郭の破却を命じた。この命により、大和国守護の筒井順慶《じゅんけい》は居城であった筒井城を出て、郡山城に移った。廃城となっていた多聞城の石が郡山に運ばれ、また天守が造られるなど(『多聞院日記』)、郡山城は近代的な織豊系城郭として構築された。発掘調査においても、筒井氏城主期の瓦が出土しており、この段階で本格的な瓦葺建物が存在したことが知られる。順慶死後の一五八五年、豊臣秀長が郡山城主に封ぜられたが、その石高は百万石にも及び、郡山城もそれにふさわしい整備がなされた。追手向櫓においてこの秀長段階の礎石列や瓦などが出土している。一五九五年(文禄四)、豊臣氏に代わって城主となった増田長盛《ましたながもり》は総延長が約五・五キロに及ぶ外堀(惣堀)の普請を行なった。発掘調査によって確認された外堀(幅約一八メートル)は十六世紀末に掘削され、十七世紀前葉には人為的に埋め戻されていた。一六〇〇年(慶長五)、関ヶ原の戦の後、郡山城は廃城となり、一六一五年に水野勝成が入部、城の整備を行なった。その後、本多氏や松平氏などの徳川譜代大名が城主を勤め、一七二四年(享保九)、柳沢吉里《よしさと》が甲府より入部、以後郡山では幕末まで柳沢氏の治世が続く。

参考文献 『大和郡山市史』、一九六六。村田修三「郡山城」(『日本城郭大系』一〇所収、一九八〇、新人物往来社)。山川均「郡山城および城下の発掘調査について」(高田徹・谷本進編『大和高取城』所収、二〇〇一、城郭談話会)。

(山川 均)

やまとさんざん 大和三山 奈良盆地の南部に鼎立する小山。北の耳成《みみなし》山、東南の香具《かぐ》山、西南の畝傍《うねび》山を指す。耳成山は、耳梨山とも書き、和州三山、三ッ山とも呼ぶ。耳成山は、青菅《あおすが》山、梔子《くちなし》山とも歌に詠まれた。標高一四〇メートル。香具山は香久山、賀久山、香山とも書き、「あめのかぐやま」と呼ばれる場合は上に「天」字がつく。一五二メートル。畝傍山は畝火山とも書き、慈明寺《じみょうじ》山、お峰山ともいう。一九九メートル。耳成山と畝傍山はトロイデ火山形をした独立した山であるのに対して、香具山は火山ではなく、竜門《りゅうもん》山地の末端部にあって浸食に耐えて残った丘陵。三山ともに『万葉集』などに多く詠まれている。巻一の中大兄皇子《なかのおおえのおうじ》の三山の歌では「香具山は 畝火雄々しと 耳梨と 相あらそひき 神代より 斯くにあるらし(下略)」(原万葉仮名)とあり、また同じ巻一の藤原宮の御井《みい》の歌として「(上略)大和の 青香具山は 日の経《たて》の 大御門《おおみかど》に 春山と 繁《しみ》さび立てり 畝火の この瑞山《みづやま》は 日の緯《よこ》の 大御門に 瑞山と 山さびいます 耳成の 青菅山は 背面《そとも》の 大御門に 宜《よろ》しなべ 神さび立てり(下略)」(原万葉仮名)と歌われている。それだけ、飛鳥に住む古代の人々になじみのある山々であり、また信仰の山でもあった。特に藤原宮の御井の歌からは、この三山に囲まれたところに藤原宮が営まれたことがうかがわれ、江戸時代以来、同宮の所在地を研究する際に常に参照されてきたところである。式内社として、耳成山に耳成山口《みみなしやまぐち》神社、香具山に天香山坐櫛真命《あめのかぐやまにいますくしまのみこと》神社・畝尾《うねおに》坐健土安《いますたけはにやす》神社・畝尾都多本《うねおつたもと》神社、畝傍山に畝火山口《うねびやまぐち》坐神社がある。また、『延喜式』諸陵寮には、畝傍山を冠する陵墓として「畝傍山東北陵《うねびやまのうしとらのみささぎ》」(神武天皇)、「畝傍山西南御陰井上陵《うねびやまのひつじさるみほどのいのえのみささぎ》」(安寧天皇)、「畝傍山南繊沙渓上陵《うねびやまのみなみのまさごのたにのえのみささぎ》」(懿徳《いとく》天皇)を挙げている。

(寺崎 保広)

やまとし 大和志 ⇩五畿内志《ごきないし》

やまとしりょう 大和志料 大正年間に刊行された大和国の歴史地誌。斎藤美澄著。上下二巻。奈良県桜井市に鎮座する大神《おおみわ》神社の宮司であった斎藤美澄は、一八九〇年(明治二十三)に奈良県知事の小牧昌業の依頼を受けて県内各地の古い寺社や旧家・旧跡などを調査した。一八九四年に原稿が完成するも刊行に至らず、ようやく一九一四年(大正三)に上巻が、翌一九一五年に下巻が奈良県教育会より刊行された。本書は大和国(十五郡)の郡ごとに、村里・山川・城塁・神社・仏寺・旧跡・陵墓の七項目に分けて考証が加えられている。六国史《りっこくし》をはじめとする各種史料はもとより、寺社や旧家に当時伝えられていた古文書や縁起、金石文や絵図など多くの史料が引かれており、現在においても歴史地誌としての史料的価値は高い。大和国を研究する場合に繙《ひもと》くべき歴史地誌である。本書は歴史図書社から一九七〇年(昭和四十五)に、臨川書店から一九八七年に再刊されている。

(伊藤 寿和)

やまとのくに 大和国 大和国は畿内に属し、現在の奈良県にあたる。県域の大半は山地で、北西部の奈良盆地が早くから集中的に開発された。県の中央を横断する吉野川より南の山地は吉野と称され、大峰・大台ヶ原の山脈が展開し、修験道の霊場として奈良時代に開かれた。『和名類聚抄』によると大和国は、添上郡・添下郡・平群郡・広瀬郡・葛上郡・葛下郡・忍海郡・宇智郡・吉野郡・宇陀郡・城上郡・城下郡・高市郡・十市郡・山辺郡からなる。吉野郡は天平年間(七一九―四九)に国に準じる扱いを受けて吉野監《よしののげん》とされたが、まもなく大和国に復した。『延喜式』では大国とされ、式内社は二百八十六座(大百二十八座、小百五十八座)がみえる。国府所在地は『和名類聚抄』には「国府在高市郡」とあり、高市郡にあった国衙が平安時代中期に平群郡(現在の大和郡山市今国府)に移転したとする説が有力である。奈良盆地には飛鳥時代に造られた古道が今なお残っている。下ッ道・中ッ道・上ッ道は盆地を南北に通る直線道路であり、横大路は盆地を東西に横断する直線道路で六一三年(推古天皇二十一)に造られたことが『日本書紀』にみえる。さらに飛鳥と斑鳩を結ぶ太子道と呼ばれる古道もある。また下ッ道を基準に奈良盆地に碁盤目状の地割である条里制が設定されている。条里の地割は現在まで継承されているが、平城京域には条里制は施行されず条坊制の遺存地割がよく残る。さて、奈良盆地は旧石器時代までは湖沼であり、盆地内に人々が生活を開始するのは縄文時代からで、弥生時代になると田原本町唐古・鍵遺跡や御所《ごせ》市鴨都波《かもつば》遺跡などの大規模なムラが出現するようになる。古墳時代になると奈良盆地東南部を拠点とする政権が出現し、ヤマト政権へとつながったらしい。桜井市纒向《まきむく》遺跡がその中心とみられている。奈良盆地周縁部には大和古墳群・佐紀盾列《さきたたなみ》古墳群・馬見古墳群などの大古墳群が営まれた。飛鳥時代になると天皇の宮殿が飛鳥に継続的に造られるようになり、大化の改新を経て律令国家の形成が始まる。天武・持統朝には『浄御原令』が編纂され、初の本格的な宮都として藤原宮が造営される。さらに七〇一年(大宝元)『大宝律令』が制定され律令国家の制度が確立し、七一〇年(和銅三)に都が平城京に遷された。京内には東大寺・興福寺・大安寺・薬師寺・元興寺・西大寺が建立され、法隆寺と合わせて七大寺と称された。七八四年(延暦三)に長岡京へ遷都し、さらに平安京へ遷都された後は、寺社が大きな勢力を保持した。特に興福寺は春日社を取り込み、諸社寺の末寺化・末社化をはかるとともに興福寺領を拡大した。吉野では金峯詣が盛行し、宇多法皇・藤原道長などが参詣した。平安時代末には平氏と南都の対立により一一八〇年(治承四)に南都焼き討ちが行われ、

山城国
伊賀国
伊勢国
河内国
紀伊国
紀伊国
添下郡
平群郡
添上郡
山辺郡
城下郡
広瀬郡
葛下郡
十市郡
城上郡
高市郡
宇陀郡
忍海郡
葛上郡
宇智郡
吉野郡
法華寺（国分尼寺）
東大寺（国分僧寺）
興福寺
多聞城
平城京
西大寺
唐招提寺
薬師寺
郡山
大安寺
春日大社
頭塔
元興寺
正暦寺
柳生
円成寺
月瀬
大川遺跡
名張川
都祁氷室
石上神宮
天理
唐古・鍵遺跡
纒向遺跡
大和神社
大野寺磨崖仏
生駒山
信貴山
法隆寺
額安寺
大和川
竜田神社
広瀬神社
大神神社
室生寺
長谷寺
桜井
二上山
当麻寺
高田
藤原京
山田寺跡
森野旧薬園
談山神社
葛城山
御所
鴨都波神社
金剛山
葛木神社
川原寺
高松塚古墳
飛鳥京跡
飛鳥寺
飛鳥水落遺跡
高取城
宮滝遺跡
吉野川
丹生川上神社中社
高見山
高鴨神社
五条
栄山寺
賀名生
吉野神宮
金峯山寺（蔵王堂）
金峯神社
龍泉寺
丹生川上神社下社
丹生川上神社上社
山上ケ岳（金峯山）
（川上郷）
（北山郷）
天辻峠
天川
天川神社
阪本
弥山
大台ケ原山
北山川
前鬼
釈迦ケ岳
（十津川郷）
十津川
玉置神社

大和国略図

多くの寺社が焼失した。鎌倉時代になると源頼朝が東大寺復興に援助した。また興福寺を大和守護職とし興福寺による大和一国支配権が確立した。鎌倉時代末、大和国は南北朝の内乱の舞台となり、後醍醐天皇は吉野に移り南朝を樹立した。室町時代には筒井・古市・箸尾・十市などの衆徒国民が武士化した。一五五九年(永禄二)松永久秀は信貴山城に入り三好長慶より大和一国を与えられ、翌年、東大寺の西に多聞城を築き居住した。一五六七年、松永久秀と主家三好三人衆との戦いで東大寺が焼失した。その後、織田信長・豊臣秀吉の支配により大和国の興福寺による支配は終焉を迎えた。江戸時代になって、元和偃武直後には郡山・竜田・小泉・高取・新庄・御所・松山・戒重《かいじゅう》・柳本藩が配置され、一六一三年(慶長十八)に奈良奉行所が設置された。一六六四年(寛文四)には奈良代官所が新設されたが一七三七年(元文二)に廃止、一七九五年(寛政七)に五條代官所が設けられ高市・葛上・宇陀・宇智・吉野郡の幕府領を支配した。幕末には蒲生君平や北浦定政らにより陵墓の調査が盛んに行われた。一八六三年(文久三)尊皇攘夷を掲げる天誅組が五條代官所を襲撃し、南大和は天誅組の変の舞台となった。明治時代になり廃藩置県が実施され、一八六八年(明治元)五月にはじめて奈良県が設置された。一八七六年には堺県に合併され、さらに一八八一年堺県が大阪府に合併されたが、一八八七年に奈良県が再設置されて現在に至っている。

参考文献 『奈良県史』、一九八四-九六、名著出版。奈良県教育会編『大和志料』、一九一四、弘道館。同編『(改訂)大和志料』、一九四四-四六、養徳社。

(鶴見 泰寿)

やまとのくにのおおみや 大養徳恭仁大宮 ⇩恭仁《くに》京《きょう》

やまなかじょう 山中城 戦国・安土桃山時代の山城。静岡県三島市山中新田・田方郡函南町城山に所在する。山中城は小田原城の西方の防御のために北条氏によって標高五八〇メートルという箱根山中に築城された。その創建は明らかでないが、一五六九年(永禄十二)に武田信玄に襲撃されていることや、発掘調査による出土遺物から永禄年間(一五五八―七〇)には築城されたものと考えられる。一五八七年(天正十五)、豊臣秀吉との関係が緊迫すると、豊臣軍の来襲に備え、一五九〇年二月の開戦間際まで大規模な改修工事が進められた。一五九〇年三月二十九日未明に豊臣軍七万人による攻撃により、わずか半日で落城し、以後廃城となった。山中城の特徴は土塁・空堀中心で石垣は一切使われていないことで、特にその堀は複列型を含む各種障子堀により構築されており、北条氏の築城技術を見ることができる。一九三四年(昭和九)に国の史跡に指定され、一九七三年より全面的な発掘調査ののち、史跡公園として整備されている。

(諏訪間 順)

やまねとくたろう 山根徳太郎 一八八九―一九七三 難波宮の研究・保存に尽力した歴史学者。文学博士。一八八九年(明治二十二)一月十二日、大阪府西区(現大阪市西区)生まれ。一九一四年(大正三)、東京高等師範学校卒業。神戸市立高等女学校教諭を経て、大阪市で商業学校教諭、市民博物館歴史部を担当。その間、上町台地北端の法円坂、陸軍被服支廠構内で古代瓦の出土を聞き、難波宮発見の夢を抱いたという。一九二七年(昭和二)、あらためて京都帝国大学文学部を卒業。一九四九年、大阪市立大学教授。一九五二年、大阪市立大学教授を退官。同年、大坂城址研究会(のち難波宮址研究会)の一員として難波宮研究に取り組む。一九五四年、大阪市東区(現中央区)法円坂で第一次発掘調査を開始、一九六一年、奈良時代の大極殿跡を発見し、難波宮が上町台地に存在したことをはじめて明らかにした。一九六〇年には大阪市教育委員会に難波宮址顕彰会を発足させ、精力的に発掘調査を主導、現在の研究の基礎を築いた。この間、一九六二年の第二合同庁舎建設問題以降、一九六五年の大阪府立第二整肢学院建設、一九六八年の大阪市立教育青年センター建設など、難波宮跡は再三にわたって開発の対象となり、破壊の危機に瀕したが、支持者と共に保存運動に献身的な努力を傾け、大都市の中心部に史跡公園として保存することに成功した。一九七三年七月二十八日没。八十四歳。著書に『難波の宮』(一九六四、学生社(新装版、二〇〇二))、『難波王朝』(一九六九、学生社)などがある。

山根徳太郎

参考文献 山本邦『もぐら一生』、一九八三、文芸事務所。

(古市 晃)

やまのうえひ 山ノ上碑 群馬県高崎市山名町字山神谷に所在する古代の碑。同町に現存する金井沢碑、群馬県多野郡吉井町に所在する多胡碑とともに、上野三碑に数えられる。碑身は輝石安山岩の細長い自然石で、高さ約一・一メートル、幅約〇・四七メートル、厚さは約〇・五二メートル。銘文は四行にわたり五十三字が丸彫りされている。「辛己(巳)歳集月三日記／佐野三家定賜健守命孫黒売刀自此／新川臣児斯多々弥足尼孫大児臣娶生児／長利僧母為記定文也 放光寺僧」。辛巳歳(天武天皇十年＝六八一年)に、佐野三家の子孫である黒売刀自《くろめのとじ》のためにその子である放光寺僧の長利が建立した碑であることが記されている。従来、東側に隣接する山ノ上古墳を黒売刀自の墓と見て、墓碑的なものと見る考え方が支配的であったが、近年では碑に記された年代より古墳の方がやや先行するとの見方が有力であり、墓碑というよりは顕彰碑的な性格が強いと見た方がよいだろう。また、碑文中にみえる「放光寺」は、群馬県前橋市総社町に所在する山王廃寺にあたることが判明している。一九五四年(昭和二十九)に山ノ上古墳とともに国指定特別史跡。

参考文献 尾崎喜左雄『上野三碑の研究』、一九八〇、尾崎先生著作刊行会。篠川賢「山上碑を読む」(あたらしい古代史の会編『東国石文の古代史』所収、一九九九、吉川弘文館)。東野治之「上野三碑」(『日本古代金石文の研究』所収、二〇〇四、岩波書店)。 (高島 英之)

やまのべぐんいん 山辺郡印 一九六七年(昭和四十二)に千葉県八街《やちまた》市滝台《たきだい》の畑より出土した「山邊郡印」と陽刻された銅印。重要文化財。現存高五・五センチ、印面は四・七センチ四方。弧鈕《こちゅう》無孔。楷書《かいしょ》体で、彫りが深く、天平宝字年間(七五七―六五)の典型的な書体とされる。印面に顔料は残存していないが、印面の摩滅度はほかの出土銅印に比べて低く、あまり使用された痕跡はない。この印は地表下約六〇センチのローム土上より採集されたもので、出土地周辺に官衙などの遺跡が想定できる。山辺郡は上総《かずさ》国北部に位置し、現在の千葉県山武《さんぶ》市・千葉市・八街市・東金《とうがね》市付近とされる。出土あるいは伝世した印の中で「〇〇郡印」と刻字されたものは、ほかに「御笠《みかさ》郡印」「牟《む》妻《ろ》郡印」「児湯郡印」が知られている。それぞれ鋳造された年代が異なり、郡印の形状や印面の書体などの変遷を考える上で、この銅印も貴重な資料の一つといえる。国立歴史民俗博物館所蔵。 ↓郡印《ぐんいん》

山辺郡印

参考文献 丸子亘「新発見の『山邊郡印』をめぐって」(『古代文化』二一ノ一、一九六九)。『八街町史』、一九七四。 (北條 朝彦)

やまのべのみち 山辺道 ⇩上ツ道《かみつみち》

やまむらはいじ 山村廃寺 奈良市山町ドドコロに所在する七世紀後半の寺院跡。ドドコロ(堂所)廃寺とも呼ばれる。丘陵支谷の谷間に立地し、金堂跡の東北に八角円堂跡と塔跡が推定され、不規則な伽藍配置をとる。一九二六年(大正十五)に塔跡の一部が発掘調査され、一辺約八・四メートルの瓦積基壇が確認されている。凝灰岩を刳り抜いた石製相輪《そうりん》の出土が知られ、九輪《くりん》は径八一・三センチ、外輪・内輪・六本の繋から成り立ち、外輪下に風鐸《ふうたく》の釣金具痕跡を残す。円筒状の擦管《さつかん》、九輪に取り付けた金銅風鐸、鐸舌、鉄製釣金具も出土しており、重要文化財に指定される。出土瓦は山村廃寺式と呼ばれる単弁八弁蓮華紋軒丸瓦と法隆寺式の均整忍冬唐草紋軒平瓦が代表的で、軒丸瓦と同じ蓮華紋一個を主紋として飾る棟先飾瓦(鬼瓦)は白鳳期の代表例としてよく知られる。なお、本遺跡の西一キロにある七世紀後半の寺院跡、塔の宮廃寺も山村廃寺と呼んでいる場合があり注意を必要とする。

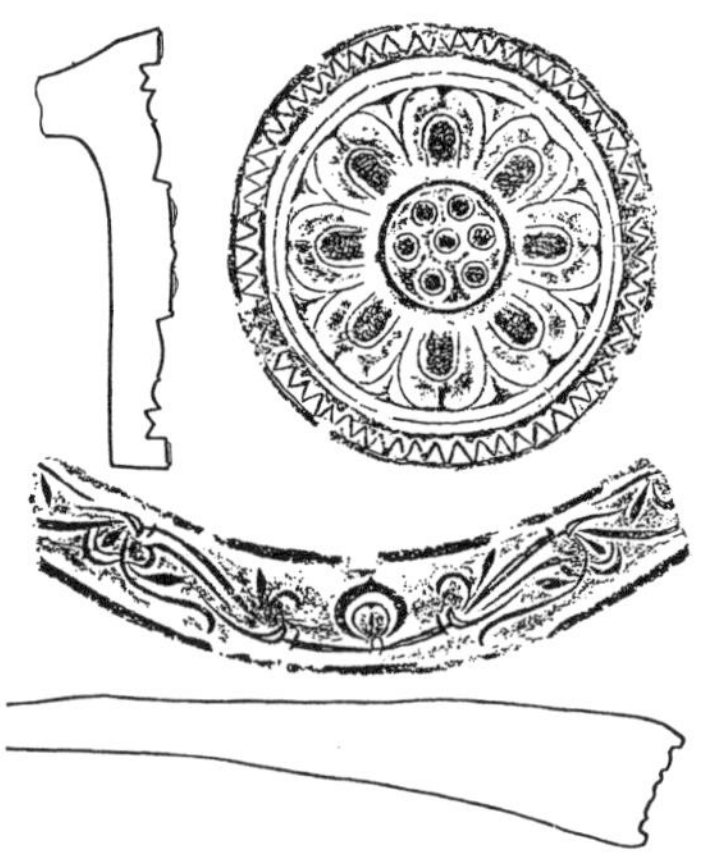
山村廃寺出土軒瓦

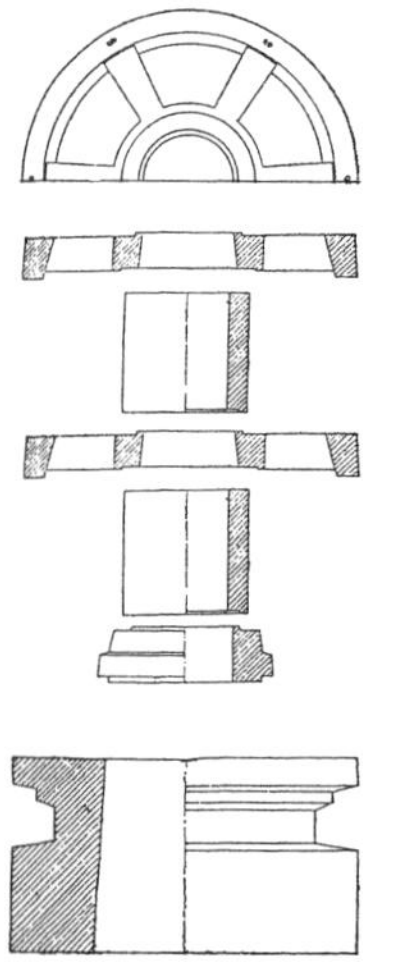
山村廃寺出土石製相輪

参考文献 岸熊吉「ドドコロ廃寺跡出土石造相輪等の調査」(『奈良県史蹟名勝天然記念物調査会第十回報告』、一九二八)。 (森下 惠介)

やまもものみや 楊梅宮 奈良時代後期に、平城宮内に存在した宮殿。七七三年(宝亀四)二月に完成。光仁天皇の時代(七七〇―八一)には、この宮が儀式の場として多用されている。また光仁天皇は、完成直後にこの宮に居住したこともあった。称徳天皇の時代(七六四―七〇)に多用された「東院」を改作した宮殿と思われる。東院も楊梅宮も、華やかで整った施設を持っていた。その場所は、平城宮の東張り出し部の、宇奈多理坐高御魂神社(旧称は桜梅天神・楊梅天神)付近に比定されている。東張り出し部東南隅からは、発掘調査によって大規模な園池が発見されており、それが文献史料にみえる「楊梅宮南池」にあたるのだろう。文献史料からは、楊梅宮の中枢部には「安殿」があり、その外側に「閤門」、その外側に「朝堂」が存在したと想定することができる。 ↓東《とう》院《いん》

参考文献 岩本次郎「楊梅宮考」(『甲子園短期大学紀要』一〇、一九九二)。奈良文化財研究所『平城宮発掘調査報告』XV、二〇〇三。 (吉川 聡)

やまもん 山門 ⇩宮城十二門《きゅうじょうじゅうにもん》

やめこようせきぐん 八女古窯跡群 筑後地方を代表する古窯跡群。福岡県八女市大字忠見字塚ノ谷・牛焼谷・中尾谷・管ノ谷・立山山に所在。一九六八年(昭和四十三)から四ヵ年間発掘調査を行い、計十二基の窯跡を確認。須恵器を主とした窯跡群であるが、七世紀末ごろには屋瓦の生産も行なっており、さらに立山山窯跡群では埴輪生産窯が検出され注目されている。須恵器窯跡群は六世紀中ごろに築窯され八世紀代まで存続。六世紀代(中尾谷一―三号、塚ノ谷三・四号)、七世紀代(塚ノ谷一・二号、牛焼谷)、八世紀代(管ノ谷)と操業が重複しながら推移していった。窯の規模も六世紀代は全長一〇～一五メートルに対

し八世紀代は全長五～六メートルとなり、床面は四〇度ほどに急傾斜となる。埴輪窯跡の発見は西日本地域における埴輪生産の需給や組織を考える上で重要な問題であり、八女古墳群（六十基以上存在）と併せて考える必要がある。

参考文献　八女市教育委員会『立山山窯跡群』、一九七三。

（高橋　章）

やり　**鑓**　近世で隆盛した長柄の刀剣。鎗とも。初見は元弘四年（一三三四）正月十日「曾我乙房丸代道為合戦手負注文」。刀身は茎《なかご》式・無反り・両刃の平三角造《ひらさんかくづくり》か両鎬造の直鑓《すぐやり》が基本で、他に笹穂《ささほ》・十文字などの種類があった。いずれも刃長一尺以下がふつうで、長寸のものは大身鑓《おおみやり》という。柄《え》は断面円形の木製か木芯竹包の打柄《うちえ》で、円錐型の石突《いしづき》を入れ、その他の装飾はさまざまだが、柄は太刀打《たちうち》とそれ以下に分かれ、その境に鏑巻《かぶらまき》などを施した。太刀打には目釘を打ち、敵の攻撃を受ける鍵類などを施した。鏑巻以下は滑らかに仕立てた。これは鑓の使用法が「しごく」といい、石突近くを右手で握り、左掌上を滑らせて繰り出し繰り込むためである。十六世紀後半には、足軽使用の総長二～三間で粗末な作りの数鑓《かずやり》と、武将使用の総長九尺以下で入念な作りの持鑓《もちやり》（手鑓とも）の区別も生まれた。なお、槍の表記は近世以降の誤用で、槍は古代・中世では「ほこ」であり、「ほこ」と鑓は異なる武具である。

参考文献　沼田鎌次『新版日本の名槍』、一九七四、雄山閣出版。『新版日本刀講座』外装編、一九九七、雄山閣出版。近藤好和『中世的武具の成立と武士』、二〇〇〇、吉川弘文館。

（近藤　好和）

やりかんな　**鐁**　わが国で建築部材表面の仕上げ切削用として使われてきた、二つのカンナのうちの一つ。古代・中世の文献では「鉇」（『万葉集』）、「錠・カナ」（『新撰字鏡』）、「鍦・カンナ」（『和名類聚抄』）、「鍦・カンナ」（『下学集』）などの記述があり、近世の文献では「鐁・ヤリカンナ」の記述がある。十八世紀中ごろの文献（『和漢船用集』）に「大棹」「中棹」「止久利」「裏白」などの種類が記されている。鐁は、弥生時代以降の出土遺物に見られるが、古墳時代までは小型のものが多い。建築の主要部材の切削が可能な大きさのものは、古代以降の仏教寺院建築造営とともに使われはじめたと考えられる。中世の絵画資料には、仕上げ切削用道具として鐁が描かれ続ける。近世に入ると、十七世紀初めの絵画の同一画面に、鐁と鉋《かんな》の両方が描かれ、十八世紀以降は鉋だけの描写となる。ただ、十九世紀初めごろの伝世道具一式の中に、小型の鐁が含まれていたことから、脇役の切削道具として使われ続けたと推定される。　↓鉋《かんな》　↓台鉋《だいかんな》

参考文献　渡邉晶『大工道具の日本史』（『歴史文化ライブラリー』一八二、二〇〇四、吉川弘文館）。

（渡邉　晶）

やりみず　**遣水**　庭園に水を導き入れ、自然の流れを象った施設。古くは禊ぎの場として意匠された水の流れを起源とし、後に庭園の施設として完成した。古代の遺構では、推古朝小墾田《おはりだ》宮跡とも推定される古宮遺跡で発見されたS字状の石組溝をはじめ、平城宮東院庭園の蛇行石組溝などがある。十一世紀後半の『作庭記』によると、寝殿造住宅庭園では東北の方向から水を導き入れることを原則としたことが知られ、絵巻物などにも寝殿と東対とを結ぶ渡殿の下から南の園池へと蛇行しつつ連続する遣水を描くものがある。毛越寺庭園（岩手県西磐井郡平泉町）の十二世紀の流れの遺構は、小礫を敷き詰め、随所に景石を配した蛇行する遣水の代表的な事例である。その後の日本庭園の遣水には、円礫を敷き詰め、随所に石を組んだ意匠・構造が多く見られるが、大沢池北東岸で発見された九―十世紀の嵯峨院の遣水は、緩やかに蛇行する幅三・五～八メートルの大規模な素掘溝であったことが判明している。

（本中　眞）

ゆ

ゆいがはまみなみいせき　**由比ガ浜南遺跡**　神奈川県鎌倉市由比ガ浜の海浜公園地下にあった、鎌倉時代後期を主体とする都市遺跡。数千体の人骨や獣骨が、大型礎石建物や多数の竪穴建物などとともに発見された。滑川河口右岸の海岸汀線近くに位置し、現在は県営地下駐車場となっている。調査面積約一万平方メートル。中世鎌倉の海岸部は前浜と呼ばれ、都市生活を支えるさまざまな職能民が活動する場であったと同時に、死者や動物の遺体を埋葬・遺棄する空間でもあった。この時期の前浜は律宗寺院極楽寺の管理下にあり、「浜悲田」「無常堂」といった孤児や病者の救護施設も置かれていた。人骨には土器皿《かわらけ》など副葬品を伴う明確な埋葬遺体もあれば、単に遺棄されたように見えるもの、単体葬もあれば、何百体もが一緒に埋められている場合もある。また、刀創のあるものや癩《らい》などの骨病変をとどめるもの、骨からは死因の窺えないものなど多種多様で、要するに老若男女を問わず都市鎌倉の市中で発生した死者の多くが浜に運ばれたのだろう。このような状況は、十三世紀中葉から十四世紀中葉ごろまでのほぼ百年間に集中する。礎石建物は間口七間の大きな堂で、東西を築地に、海側（南面）を柵に囲まれている。建物内からは嘉元二年（一三〇四）二月銘の板碑や五輪塔部材が出土した。前面（海側）には牛馬とイルカの頭骨三十八体をL字形に並べた遺構もある。殺生に関わる何らかの祭祀だろう。中世人の穢れ観や死生観、空間認識を知る上で稀有な遺跡といわねばならない。

参考文献　由比ヶ浜南遺跡発掘調査団編『由比ヶ浜南遺跡』、二〇〇一・〇三。馬淵和雄『鎌倉大仏の中世史』、一九九八、新人物往来社。

（馬淵　和雄）

ゆうきはいじ　結城廃寺　下総国結城郡の八世紀初頭に創建された奈良時代から室町時代までの寺院。茨城県結城市上山川に所在。二〇〇二年(平成十四)九月二十日、結城廃寺附結城八幡瓦窯跡が国指定史跡となる。廃寺は鬼怒川右岸台地上にある。古代の寺の規模は、南北二五〇メートル、東西一八〇メートルである。伽藍配置は、南面して西に金堂、東に塔が建つ法起寺式である。中門は、南北一二メートル、東西一六メートルで礎石は見られない。両側から回廊がでて講堂につく。回廊跡には礎石の根石が残る。金堂跡は、東西一五・五メートル、南北一二・八メートルである。塔跡は、東西・南北とも一一メートルで、塔心礎は花崗岩製で一辺一・六メートルの隅丸方形である。中央の柱坐は直径九〇メートルの円形で、深さ四メートル、その中心に花崗岩製の石蓋が残る。蓋には五弁の蓮華文が描かれ赤と緑で彩色している。講堂跡は、東西約三〇メートル、南北約一七・三メートルである。僧坊、その他の建物は確認されていない。回廊内側の瓦溜めから塼《せん》仏が多数出土している。結城廃寺の瓦は、八幡瓦窯跡で生産されたものである。平瓦に「法成寺」(『将門記』には「法城寺」がみえる)の篦《へら》書文字があるものが出土しているが、結城寺の法名であろう。一四四〇年(永享十二)―四一年(嘉吉元)の結城合戦で焼失。

参考文献　結城市教育委員会編『結城市文化財発掘調査報告書』八、一九九九。斎藤伸明「結城廃寺」(『茨城県史料』考古資料編奈良・平安時代所収、一九九五)。

（阿久津　久）

ゆうそくこじつ　有職故実　本来は有識故実と表記し、有識と故実からなる。故実とは公事《くじ》実践の知識(マニュアル)であり、故実をよく知り、その可否を判断できることが有識である。なお、有識は本来「ゆうしょく」と訓読したようで、そこから表記も、有職に転じたらしい。日本の律令制は九世紀に官僚機構の確立と国家儀礼の整備が進み、格《きゃく》・式《しき》(弘仁格式・貞観格式・延喜格式)や儀式(内裏儀式・内裏式・貞観儀式)などの施行細則が編纂された。じつはこれらに則れば有職故実は不必要であった。ところが、九世紀末以来、天皇とのミウチ関係を構成原理とする政治機構(摂関制)が発展する。そこでは、摂政・関白・蔵人・検非違使・殿上人などの天皇個人との関係を重視する宣旨職《せんじしょく》や身分が重視され、同時に公事《くじ》が成立する。公事とは、儀式化した政務や国家儀礼に、天皇の私的行事を含むもので、公事の場も天皇の私的空間である内裏に集中した。これは律令制の変質を示すが、変質の重点は天皇の「私」部分の公化といえる。律令には本来天皇に関わる規定はない。そこで令・格・式・儀式などからはみ出す部分が生まれ、そこに天皇・摂関などの公事の主導者の内意による臨時・臨機の新例が成立する。この新例が先例化し、次代の故実となる。こうした流れのなかで有職故実が成立したと考えられる。その成立時期は十世紀前半の藤原忠平の時代と考えられる。その後、忠平の口伝《くでん》と教命《きょうみょう》が子孫に継承された。しかし、故実は当事者の判断により、本来は柔軟なもので、解釈の相違から忠平の次代には家流が成立する。実頼の小野宮流と師輔の九条流である。同時に公事の記録として私日記が執筆され、私撰の儀式書が編纂された。私日記は現在では古記録と総称され、忠平の『貞信公記』や師輔の『九暦』をはじめ膨大な数があり、また宇多天皇以降、天皇自身も日記を書いた。儀式書も多数存在するが、そのうち源高明の『西宮記』、藤原公任の『北山抄』、院政期の大江匡房の『江家次第』が後世の規範とされた。院政期以降、仙洞や摂関家等の権門の行事も公事化し、故実が増加、複雑化・形式化し、柔軟な先例重視から先例墨守となり、官司請負制や家の成立などと相俟って故実の細分化と専門化が進んだ。専門化のうち装束の強装束《こわしょうぞく》化などに伴う服飾部門の独立は注目され、衣紋《えもん》の家流が成立し、中世後期に高倉家や山科家を輩出することになる。故実の細分化に伴い、種別ごとに故実を分類した部類記や故実集成の類が多く編纂される。しかし、公事の場の里内裏への集中や、また、幕府の成立以後、承久の乱や皇統の分裂等のなかで公事は形骸化していく。一方、鎌倉時代中期以降、古典(平安文学)理解を目的とした学問研究の有職故実が成立する。これは時代の変化のなかで、鎌倉時代の実情で平安時代の様式が理解しづらくなったからである。ここに実践(①)と学問(②)という有職故実の二つの流れが成立し、両者は相関性を持ちつつ室町時代まで続いた。このうち②の流れは戦国時代を経て江戸時代には考証学として隆盛するが、①の流れは応仁の乱以降は衰退・中絶した。なお、幕府成立以降、武家故実が成立する。これは弓馬《きゅうば》・軍陣故実と、幕府内での座作進退を扱う柳営《りゅうえい》故実にわかれ、後者は室町時代には公家故実と融合し、江戸時代には礼法となった。①の流れは平和の回復とともに復活した。主導者は関白であった豊臣秀吉・秀次や後水尾天皇であり、後陽成天皇の聚楽第行幸、徳川和子(秀忠女)の後水尾天皇への入内、同天皇の二条城行幸などの行事を通じ、有職故実が復活していった。しかし、復興の有職故実は本来とはほど遠く、後世寛永有職と蔑称された。しかし、これを契機に、貞享・元禄期の近衛基熙《もとひろ》をはじめ、朝廷では本来の有職故実に近づける研究と努力が江戸期を通じて行われ、一七九〇年(寛政二)の保元内裏様式での土御門東洞院内裏の新造(現在の京都御所の原型)などを経て、孝明天皇の時代に復興は頂点に達した。しかし、明治維新による天皇制の欧風化と近代的学問の導入により、①の流れは、一部の行事を除いては空中分解し、②の流れも各専門分野に分散し、装束・輿車・調度・武具などといった、どの分野にも入りにくいものだけが、有識故実の分野として残っていった。なお、明治以後の有職故実研究の担い手として日本画家がおり、その研究成果は作品に反映されている。

参考文献 鈴木敬三編『有識故実大辞典』、一九九六、吉川弘文館。

（近藤　好和）

ゆうやく　釉薬　陶磁器の素地の表面に融着した薄いガラス状の被膜のこと。焼成温度によって低火度釉と高火度釉とに大別される。前者は紀元前五四〇〇年ごろにエジプトでソーダ・ガラスの応用として発生し、その後シリアで鉛釉、メソポタミアで錫釉が開発されるなど西アジアを中心に拡がり、後者は紀元前一五〇〇年ごろ、中国商代に自然釉から考案された灰釉として成立し、朝鮮・日本など東アジアで発達したとされる。日本では七世紀後葉に最初の施釉陶器が出現する。それは鉛を溶媒剤とし酸化銅を呈色剤とした低火度釉の緑釉で、朝鮮半島南部からの技術導入により成立したと考えられている。八世紀初めには唐三彩の影響を受けて奈良三彩が誕生する。緑青《ろくしょう》(酸化銅)の緑釉に加え、赤土(酸化鉄)を呈色剤に使用した褐釉、呈色剤を加えない透明釉(素地が白いので白釉という)があり、白釉に緑釉と鉄釉を施したものが三彩、白釉に緑釉を施したものが二彩、緑釉を主体に白釉・褐釉を単独で用いたものを単彩と呼び、それらの総称が奈良三彩で正倉院に優品が伝世している。ともに平城京内の官営工房で八〇〇～八五〇度前後の低火度で二度焼きされたものであるが、九世紀になると素地を須恵器と同様一二〇〇度前後の高火度焼成し、その上に低火度で緑釉を施した緑釉陶器が登場し、十一世紀まで畿内から近江・長門・尾張・美濃で生産される。これら緑釉陶器や奈良三彩は、鉛を溶媒剤とすることから鉛釉陶器と総称される。低火度釉は十二世紀以降ほとんど見ることはできないが、十六世紀後葉に京都で軟質施釉陶器(楽焼を含む)として復活し、江戸時代以降もその伝統は継続する。一方、高火度釉は植物の灰を溶媒剤とする灰釉がその初現で、九世紀の初めごろ尾張の猿投窯で成立し、十一世紀にかけて東海地方を中心に生産された。灰釉陶器は二度焼きではなく釉薬は無尽蔵で、植物灰の溶融する一二〇〇度を超える温度が出せる窖窯により量産されたため、緑釉陶器の普及品として全国に流通した。なお猿投窯では、灰釉出現直前に原始灰釉と呼ばれる自然釉が掛かることを予測して焼成された製品が存在し、初期の灰釉の焼成には三叉トチンなど奈良三彩にみられる窯道具が使用されている。古代の灰釉陶器は一旦釉を失うが、その伝統は十二世紀末に成立する古瀬戸に受け継がれ、十三世紀末ごろには灰釉に鬼板・水打ち(酸化鉄)を加えることによって鉄釉が作り出される。当時の鉄釉は、その色調からは黒釉・褐釉・飴釉などとも称されるが、必ずしも意図的であるとはいえないため鉄釉で一括している。また、灰釉もより安定した釉調を示すようになり、酸化炎焼成により黄味掛かる灰釉を黄釉とする意見もあるが、これも灰釉の範疇に含めている。十六世紀中葉になると、美濃窯では銅を呈色剤とする高火度釉での緑釉が出現し、のちに黄瀬戸の胆礬《たんばん》や織部焼に使用され、また錆釉の上に灰釉を掛けることにより考案された黄瀬戸釉は、その後灰釉に黄土を加えた単独の釉薬として成立する。十六世紀後葉には従来の鉄釉より鉄分の多い失透性の黒釉が登場するが、引き出し黒の手法により艶のある漆黒色の瀬戸黒が完成するのは十六世紀末で、その手法は織部黒や黒織部に受け継がれる。さらに新たに灰釉に長石を多めに加えることにより灰志野釉、その直後には長石を主要原料とした志野釉が登場し、続く織部焼では鉄絵の文様を際立たせるため長石に土灰を加えることによる透明釉が誕生する。他方、十六世紀末以降、朝鮮半島の技術を導入した唐津系の諸窯では、新たに透明な灰釉に藁灰を配合した失透性の白濁釉である藁灰釉が出現し、灰釉や鉄釉、長石釉とともに使用される。藁灰釉は瀬戸窯では兎の斑釉と呼ばれ、それに酸化銅を加えたものが上野釉である。また十七世紀前葉には有田で磁器生産が開始され、透明釉をはじめ酸化鉄を呈色剤とする青磁釉、酸化コバルトを呈色剤とする瑠璃釉など還元炎焼成に伴う釉薬が出現する。江戸時代の基本的な高火度釉はこの時点でほとんどが出揃ったといえるが、各窯業地では原料の調合や釉薬の組み合わせを工夫することによりさまざまな釉薬が開発され、さらに原料の種類や素地との関係における色調の違いからさまざまな名称が与えられている。

参考文献 内藤匡『新訂古陶磁の科学』、一九八六、雄山閣。巽淳一郎編『陶磁』原始・古代編(『日本の美術』二三五、一九八五、至文堂)。矢部良明他編『角川日本陶磁大辞典』、二〇〇二、角川書店。

（藤澤　良祐）

ゆえんぼく　油煙墨　⇩墨《すみ》

ゆか　床　建物内部の生活面をいう。地盤面よりも低い竪穴の床、地盤面とほぼ同高の平地床(土間)、地盤面よりも高い高床の区別がある。狭義には、高床は正倉院正倉(奈良市)のような床下空間をもつ倉庫建築を指し、床下空間が小さい仏堂や民家などの床を揚床、または単に床とよぶ。飛鳥・奈良時代寺院の中心建築は基壇上の土間を基本とし、仕上げをたたき、もしくは石敷きや磚《せん》敷きとする。このとき石や磚の目地を建物に平行とするものを布敷、四五度と傾けるものを四半敷という。古代の四半敷は、河内国分寺塔跡(大阪府柏原市)や平等院鳳凰堂(京都府宇治市)に例があるものの、布敷が一般的である。四半敷は中世になると禅宗様建築で多用された。床を張る古代の現存仏堂は、住宅建築を転用した法隆寺東院伝法堂(奈良県生駒郡斑鳩町)で、東大寺法華堂正堂(奈良市)にもその痕跡がある。法隆寺東院伝法堂から復原される床構造は、床の構造を支持するための短柱(床束)を柱に添わせ(添束または際束ともよぶ)、頂部を桁行方向につないで(床桁もしくは大引と称する)、厚さ一〇センチ程度の細長い床板を梁行方向に敷きならべており、いわば建物本体とは別構造としていた。発掘遺構では、断面長方形の床束柱根を検出した飛鳥浄御原宮跡(飛鳥京跡上層

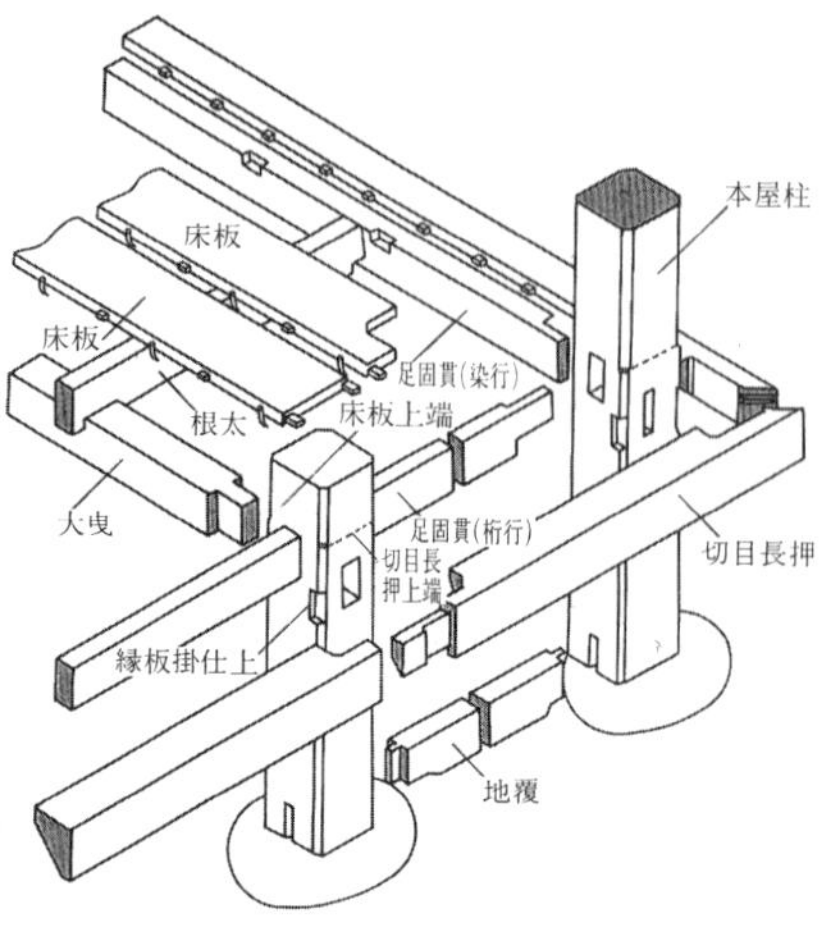

中世以後の床構造（法隆寺北室院本堂）

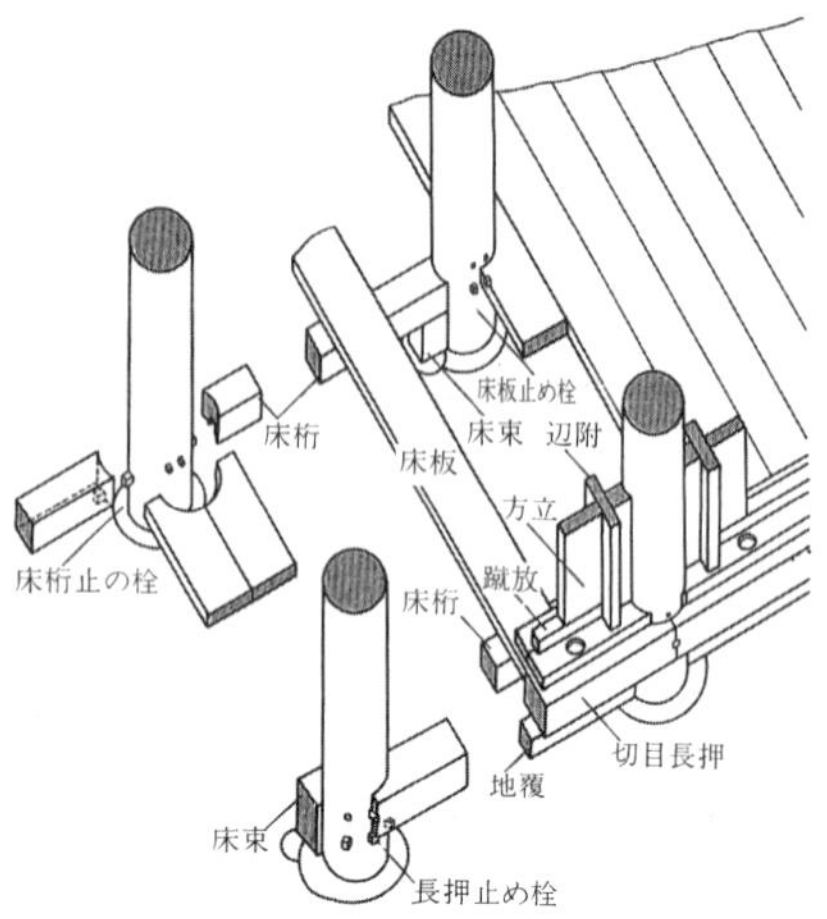

古代の床構造（法隆寺伝法堂）

遺構)SB6010、床束の礎石を検出した藤原宮西方官衙SB1020(建物主柱は掘立柱)、床束の掘立柱穴を明確に検出した桃生《ものう》城正庁西脇殿SB17(宮城県石巻市)などが代表的な事例である。いずれも建物内部の柱筋交点や側柱際などに床束を立てており、法隆寺東院伝法堂と同様の床構造と考えられる。これらの床束は建物の主柱より浅く小さいが、建物内部の柱穴が側柱と同径の場合は、高床の建築と考えられる。現存する正倉院正倉(校倉《あぜくら》)や法隆寺綱封蔵(土壁の倉)、春日大社本社宝庫(板倉、奈良市)といった倉庫建築では、床板を張ってステージ状の躯体をつくってから壁体を組むため、同径同長の太短い丸柱を用いるのが通例である。鎌倉時代に貫を用いるようになると、貫に床板を受ける根太《ねだ》をかけたり、貫が床板を直接受けたりするようになり(浄土寺浄土堂、兵庫県小野市)、さらに、比較的細かく根太を配して薄い床板を張り、この根太を大引で受ける近世―現代の床構法に引き継がれてゆく。なお、平等院鳳凰堂中堂のように、地面に直接根太を置く転ばし根太や、民家で使われる土間に筵を敷いた土座などの場合、考古学的な痕跡は残りにくい。

参考文献 浅野清『日本建築の構造』(『日本の美術』二四五、一九八六、至文堂)。浅野清『奈良時代建築の研究』一九六九、中央公論美術出版。『古代の官衙遺跡』I遺構編、二〇〇三、奈良文化財研究所。

(箱崎 和久)

ゆかつか 床束 ⇩床《ゆか》

ゆき 靫 古代の矢の容器。胡籙《やなぐい》に先行し、記紀神話にもみえるが、律令制下では胡籙が主流となった。古代の遺品はないが、『国家珍宝帳《ちんぽうちょう》』の注記、伊勢神宮の式年遷宮神宝の靫、平安時代に靫から派生した壺胡籙《つぼやなぐい》の遺品等から、筒状で、上の口から矢を入れ、正面の窓(手形《てがた》という)から矢を取り出す構造であったことがわかる、また、佩帯の緒は、背後に左右二個ずつ鐶を打ち、鐶を左右それぞれで帯執《おびとり》で繫ぎ、帯執に帯を取り付けたらしい。材質は、『珍宝帳』では木製塗漆、神宮神宝では、姫靫(木製錦張)・蒲靫(蒲編製)・革靫(革製、のちに木製布帛張)がある。矢数は『珍宝帳』では胡籙同様に征矢《そや》五十隻である。左右衛門府の官人は伝統的に靫を負い、靫負《ゆぎい》といったが、平安時代以降、靫から壺胡籙が派生し、靫は検非違使の下級官人である看督長《かどのおさ》だけの使用となった。両者は基本構造はほぼ同様で、中差《なかざし》五隻に手形の外から表《うわ》差《ざし》二隻を差したのを壺胡籙、中差二隻または四隻差したのを靫と区別した。

参考文献 鈴木敬三「靫と胡籙」(国学院大学編『古典の新研究』二所収、一九九四、明治書院)。近藤好和『中世的武具の成立と武士』、二〇〇〇、吉川弘文館。

(近藤 好和)

ゆきでん 悠紀殿 ⇩大嘗宮《だいじょうきゅう》

ゆきのでら 雪野寺 滋賀県蒲生郡竜王町川守の龍王寺境内に所在する古代寺院跡。一九三四年(昭和九)―三五年の発掘で塔跡が、一九八九―九一年の発掘で講堂跡とその北西にある建物跡が検出され、方一町の寺域と法起寺式の中心伽藍配置が推定できる。塔跡および講堂跡の背後から菩薩・天部・侍者・童子などをかたどった塑像がまとまって出土しており、その容姿や法量から、法隆寺五重塔と同様、仏伝図などを表現した塔本塑像群を構成していたことがわかる。川原寺式軒丸瓦と四重弧紋軒平瓦の組合せが創建瓦となるので、塔本塑像としては大和川原寺と法隆寺の中間の時期に位置づけられる。なお、龍王寺の梵鐘は数少ない奈良時代の遺品で、塔跡から出土した風鐸とともに雪野寺に関わる梵音具となる。

参考文献 柏倉亮吉『雪野寺阯発掘調査報告』(『日本古文化研究所報告』七、一九三七)。京都大学考古学研究室『塑像出土古代寺院の総合的研究』、一九九二。

(上原 真人)

ユクエピラチャシ 利別《としべつ》川右岸の、弧状壕で区画された三郭からなる面崖式のチャシ跡。北海道十勝地方の足寄郡陸別《りくべつ》町字トマムにある。国史跡。大正時代の写真によれば頂上を巡る壕があり、もとは丘頂式のチャシ跡であったらしい。現存する郭は、北から順に南北一五×東西一〇メートルのA郭、二五×一〇メートルのB郭、一五×一二メートルのC郭がある。中央にあるB郭の頂上は高さ約二五〇メートルで、川との比高約五〇メートル。発掘調査により壕の縁に柵列を思わせる柱穴や、B郭の西側に埋没した短い壕が確認されている。壕内に一六九四年(元禄七)の駒ヶ岳C火山灰が堆積しているので、築造はそれ以前とみられる。洪武通宝、矢の中柄、弦楽器「トンコリ」の部品、根付け、鎧の小札、刀子、鍋などとともに大量のシカ骨が出土している。「ユク・エ・ピラ」を直訳すると「シカ・食べる・崖」となるが、シカの骨を送ったところなのであろうか。アイヌの英雄カネランの伝説からカネランのチャシともいわれる。

参考文献　藤本英夫「ユクエピラチャシ」(『日本城郭大系』一所収、一九八〇、新人物往来社)。陸別町教育委員会編『史跡ユクエピラチャシ跡―平成十一・十二年度試掘調査報告書―』(『陸別町文化財調査報告』一、二〇〇二)。　(畑　宏明)

ゆぐし　斎串　⇨いぐし

ゆげでら　弓削寺　奈良時代、弓削氏の氏寺としての創建が考えられる寺院。大阪府八尾市東弓削所在か。当寺については、七四二年(天平十四)の優婆塞貢進解(『大日本古文書』二)に初見し、七六五年(天平神護元)には、称徳天皇が礼仏したことや当寺の僧でもあった道鏡を太政大臣禅師としたことがみえ、七七〇年(宝亀元)には由義寺(由義は弓削の好字)の塔の造立なども記されているが、発掘調査の事例は少なく所在についても諸説あって詳細は不明である。『八尾市史』では東弓削と都塚の間に大門の小字が残り、発見瓦が鎌倉時代ごろの布目瓦ではあるが法燈を継いだ寺院跡の存在を推定していて、同じく市の文化財分布図も東弓削遺跡内の当地をあてているが今後の調査に期待したい。建立氏族の弓削氏は、弓を製作していた弓削部の伴造氏族で、旧姓は連《むらじ》で六八四年(天武天皇十三)に宿禰《すくね》姓となっている。道鏡は弓削氏の出身で、その栄達と由義倉造営に関連した氏族の盛衰や当時の歴史を知る上で重要な遺跡である。

参考文献　『八尾市史』、一九五八。　(堀江　門也)

ゆげのみや　由義宮　奈良時代、称徳天皇が道鏡の出身地の弓削行宮の地に建設に着手した宮で西の京とも称された。大阪府八尾市八尾木ほか所在。「由義宮旧址碑」は現在、八尾木《やおぎ》北五丁目の由義神社境内に建立されている。しかしこれまでのところ発掘調査では由義宮に関連する遺構などは周辺を含めて何ら確認されていない。『続日本紀』によると、七六五年(天平神護元)十月、称徳天皇がはじめて弓削行宮に行幸し道鏡を太政大臣禅師に任じたこと、七六九年(神護景雲三)十月、河内国を河内職とし、七七〇年(宝亀元)正月、宮域内の百姓への補償のことや、同年四月に造由義大宮司を任命したことが記されていて、この時点で由義宮造営に着手したことは十分窺える。しかし天皇が発病し八月に崩御した後は由義宮に関する記述はみられなくなる。歴史地理学からの三町四方の京域の復原の試みもあるが、今後の研究が待たれる。行宮や宮の設置・造営や当時の歴史と道鏡を研究する上で重要な遺跡である。

参考文献　『八尾市史』、一九五八。足利健亮「由義宮の宮域および京域考」(『考証・日本古代の空間』所収、一九八五、大明堂)。　(堀江　門也)

ゆしませいどう　湯島聖堂　東京都文京区にある聖堂。国指定史跡。聖堂は孔子《こうし》廟・聖廟ともいわれ、孔子を祭った祀堂であり、孔子の祭祀である釈奠《せきてん》や釈菜《せきさい》を行う儒礼の場である。聖堂の起源は、一六三〇年(寛永七)林羅《はやしら》山《ざん》が上野忍岡《しのぶがおか》に別宅、書庫、塾舎を建設して開いた私塾にある。一六三二年邸内に尾張藩主徳川義直《とくがわよしなお》の寄進により孔子廟(先聖殿)を建設した。一六六〇年(万治三)から翌年にかけて幕府により修築が行われている。一六九〇年(元禄三)五代将軍徳川綱吉《つなよし》が官学の拠点として儒学の振興を図るため現在地に移転して規模を拡大・整備した。先聖殿を大成殿《たいせいでん》と改称し、この時から学寮や附属舎の建物を含めて「聖堂」と呼称されるようになった。総奉行高崎藩主松平輝貞《まつだいらてるさだ》による造営で、幕府と林家による半官半民の運営であった。一七〇三年の江戸大火(水戸様火事)で罹災し、一七〇四年(宝永元)に谷村藩主秋元喬知《あきもとたかとも》、宇和島藩主伊達宗贇《だてむねよし》、大工棟梁甲良宗員《こうらむねかず》らによって再建された。この時の入徳門《にゅうとくもん》は現存している。一七九七年(寛政九)松平定信《まつだいらさだのぶ》の寛政改革の一環で、聖堂および林家の家塾を切り離して幕府直轄の学問所である「昌平坂学問所《しょうへいざかがくもんじょ》(昌平黌《しょうへいこう》)」が開設された。学問所は幕府の教育施設であり、直参旗本の子弟の教育を目的に「寄宿寮」を設け、後に「書生寮」を設けて藩士、郷士、浪人などの入寮を許可し、広く天下の学府となった。「聖堂」は「昌平坂学問所」の中の一施設となったが「昌平坂学問所」は「聖堂」または「湯島聖堂」と呼ばれることが多い。一七九九年に大成殿も改修され、杏壇門《きょうだんもん》・入徳門・仰高門《ぎょうこうもん》を整備した。一万千六百坪(三万八三四九平方メートル)と現在の本郷通りから東京医科歯科大学構内に及ぶ地域を廟学の地とし、大成殿西側に庁堂、学舎、講堂、書庫、教官住宅を備えた。元禄の創建以来聖堂隣地との境に設けられている土塁は、防火対策のためさらに高く廻らせて樹木で覆いバッファゾーンとした。この時、大成殿ほか諸門の色調を黒漆塗に統一した。現在の大成殿は、伊東忠太《いとうちゅうた》の設計により一九三四年(昭和九)十二月に完成した鉄筋コンクリート造りの建物である。

参考文献　『文京区史』二、一九六八。文部省編『日本教育史資料』七、一九七〇、臨川書店。内山知也・本田哲夫編『湯島聖堂と江戸時代』、一九九〇、斯文会。橋本昭彦「江戸時代の教育と湯島聖堂」(『斯文』九九、一九九〇)。　(亀田　駿一)

ゆづきじょう　湯築城　中世伊予国守護である河野氏の本城。松山市の観光名所の一つ道後温泉の前面に築かれた城で、平地との比高三六メートルの独立丘陵を二重の堀と土塁によって囲み込んだ平山城である。築城年代は定かではないが、十四世紀前半の文書(忽那一族軍忠次第)には湯築城の名称が認められる。当初は中央の丘陵部のみの城であったものが、一五三五年(天文四)に外堀を掘り(『国分寺文書』『仙遊寺文書』)現在の形態となったと考えられる。一九八八年(昭和六十三)から行われた発掘調査によって城の南半分の様相が明らかとなった。外堀土塁の内

湯　築　城

側には幅二～三メートルの道路と石積の排水溝が巡り、外堀土塁と内堀土塁の間の空間には居住域が設けられている。その空間はさらに三つの機能に分けられ、西地区は土塀や石列などで八～九の区画に分割され、礎石建物などが配されている家臣団居住区であり、中央は池が造られた庭園区、東地区は土塀による小区画の存在しない広い空間に礎石建物数棟が建てられた上級武士居住区である。またこの地区には、宴会や儀式の際に一度だけの使い捨てにされる素焼きの皿を大量に廃棄した穴が数ヵ所あった。城の北半については部分的に試し掘りが行われ、平地・丘陵部ともに礎石建物の存在が確認された。搦手《からめて》の調査では、外堀を木橋で渡ってすぐのところに四脚の門が設置されていたが、その後外堀が埋められ土橋となり、門も約一〇メートル城内に移動し、瓦葺の四脚門に造り変えられていることが判明した。大手を入った箇所から土佐国大名の長宗我部氏の居城である岡豊《おこう》城と中村城で出土した瓦と同笵の瓦が出土したことから、長宗我部氏が四国を統一した物証として注目されるが、一五八五年（天正十三）小早川隆景軍の前に開城した。二〇〇二年（平成十四）国史跡に指定され、発掘成果を展示する資料館の建設や、武家屋敷の一部が復元され、市民に親しまれる都市公園として再整備が行われ無料開放されている。

［参考文献］川岡勉『河野氏の歴史と道後湯築城』、一九九二、青葉図書。愛媛県埋蔵文化財調査センター編『湯築城跡』第一―五分冊、一九九八―二〇〇二。

（中野　良二）

ゆどのさん　湯殿山　⇨出羽《でわ》三山《さんざん》

ゆのおくきんざん　湯之奥金山　戦国時代から江戸時代前期に操業された甲州金山の一つ。中山《なかやま》・茅小屋《かやごや》・内山《うちやま》の三金山の総称。山梨県南巨摩郡身延町と静岡県富士宮市の境にそびえる標高一九四六メートルの毛無《けなし》山の中腹に所在し、うち中山金山は標高一四〇〇メートルから一六〇〇メートル付近に展開している。黒川金山とともに国指定史跡。一五七一年（元亀二）の武田氏印判状にみえる「中山之金山衆拾人」が史料上の初見。中山金山は、一九八九年（平成元）から一九九一年にかけて総合調査され、金山《かなやま》沢を中心に雛壇状に広がる百二十四のテラスと尾根上に残る露天掘り跡などが確認された。テラス内からは中国産や瀬戸・美濃などの国内産陶磁器、各種の鉱山臼のほかさまざまな生活用具が出土し、十六世紀初期から十七世紀後半の操業の実態が明らかにされた。茅小屋および内山の両金山も調査され、造成されたテラスから墓石などの石造物や鉱山臼、ユリカスなどの金鉱石の残滓が発見されている。→黒川金山《くろかわきんざん》

［資料館］湯之奥金山博物館（山梨県南巨摩郡身延町）

［参考文献］湯之奥金山遺跡学術調査団編『湯之奥金山遺跡の研究』、一九九二。

（萩原　三雄）

ゆのやまごてんあと　湯山御殿跡　神戸市北区有馬町所在の湯治御殿跡。六甲山の北麓にある有馬温泉は、一八九六年（明治二十九）まで湯山《ゆのやま》町に属し、『日本書紀』に「蟻間《ありま》の湯」として知られた湯治場である。飛鳥時代に舒明天皇と孝徳天皇が訪れた記録がある。また、平安時代の仁西上人、安土桃山時代に山津波や火災で荒廃した湯山の復興に尽力した豊臣秀吉と、湯山を最初に整備したと伝えられる行基の三人は、有馬の三恩人として土地の人々に崇敬を受けている。有馬温泉街を見下ろす高台の寺町と呼ばれる地で、阪神・淡路大震災の復興事業に伴う発掘調査ではじめて、豊臣秀吉によって造営された湯山御殿跡の一部が確認された。「湯山御殿」は、豊臣秀吉が湯山に湯治に訪れ、北政所と千利休をともなって茶会を楽しむために建てられた御殿で、検出された遺構は湯屋敷の一部と庭園、また、背後の山腹に造成された帯曲輪と石垣である。特に蒸し風呂、泉源、湯溜め、岩風呂と湯樋、水風呂が顕著な遺構である。なお、調査後は復原整備され一般に公開されている。

［資料館］太閤の湯殿館（神戸市）

［参考文献］風早恂編『有馬温泉史料』上・下、一九八一・八八、名著出版。神戸市教育委員会編『ゆの山御てん―有馬温泉・湯山遺跡発掘調査の記録―』、二〇〇〇。

（大村　敬通）

ゆみ　弓　矢とセットとなる具。弓幹《ゆがら》と弦《つる》からなる。弓幹は弓本体で、日本では木製弓と木・竹の合せ弓である伏竹弓《ふせたけゆみ》がある。弓幹の弦側を腹（弓腹《ゆはら》）、逆側を背、弓幹の両端の弦を掛ける部分を弭《はず》（弓弭《ゆはず》）といい、弓射の際の把握部分を弓把《ゆつか》（弣・握《にぎり》などとも）といって韋・布帛・糸等を巻いた。木製弓は、弦を外すと湾曲のない直線弓で、古代以来中世になっても使用された。木製弓は広義で丸《まる》木弓《きゆみ》ともいわれるが、厳密には適当な長さと太さの自然木を用いたのが丸木弓で、大木を割り削ったのは木弓《きゆみ》である。材質は、『国家珍宝帳《ちんぽうちょう》』や『延喜式』兵庫寮によれば、梓《あずさ》・槻・檀《まゆみ》・柘《つみ》などである。正倉院遺品によれば、梓は特定は難しいようだが現在の梓とは異なる樹木のようで、槻は現在の欅であり、また、檀は和紙の材料ともなる樹木である。いずれにしろいずれも強靱な木質を持つ樹木であることは確かである。なお、正倉院遺品によれば、かかる材質の甘皮を剝いで研磨し、各種の塗漆を施している。木の成長側を末《すえ》、根元側を本《もと》といい、木製弓は末を上、本を下に用い、上下端は抉り込んで弭とし、上端を末弭《うらはず》、下端を本弭《もとはず》という。弦は末弭に掛けてから

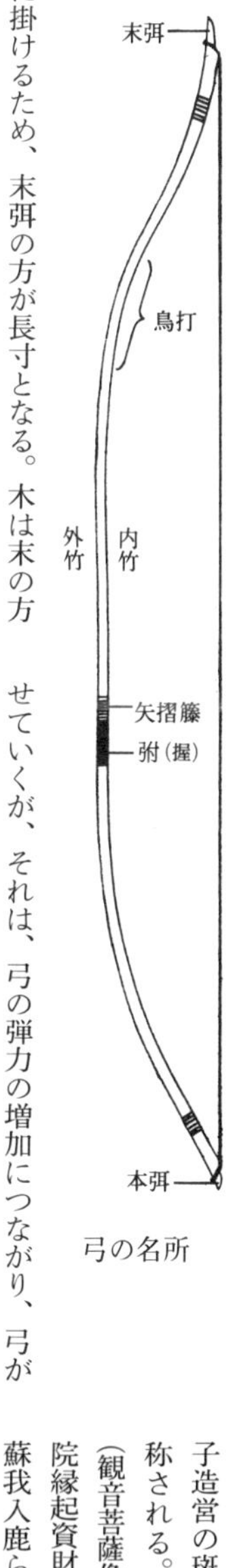

弓の名所

本弭に掛けるため、末弭の方が長寸となる。木は末の方が本よりも弾力があり、弓把を弓幹の真ん中に置くと末ばかりが湾曲する。そこで本末の弾力差の平均化のために、弓把は真ん中よりも本弭寄りに置き、また、弓腹の下半に浅く樋《ひ》を入れた。なお、この弓把の位置は、不動点といい、弓射の際の振動がもっとも少ない位置でもあるらしい。とはいえ、木製弓は伏竹弓ほどは撓らない。そこで威力増加のために長寸とした。『珍宝帳』の弓はおおむね七尺以上で、正倉院遺品もおおむね二㍍以上、『延喜式』兵庫寮では梓弓が「七尺六寸」とみえる。かかる木製弓の特徴(部位名称・弓把の位置・長寸)は、弓腹の樋をのぞいてそのまま伏竹弓に継承された。伏竹弓は、弦を外しても湾曲している湾弓《わんきゅう》だが、その湾曲は裏反りといい、その湾曲のままに弦を掛けるのではなく、押し撓めて逆の湾曲を作って弦を掛ける。そこで強い弾力が得られる。伏竹弓の強度はこの弦を張る時に必要な人数で示し、軍記物語には五人張《ばり》もみえるが、実際には三人張が限度のようである。かかる伏竹弓は、当初は背側に苦竹《まだけ》を張り合わせた外竹弓《とだけゆみ》(背側の竹を外竹という)で、十二世紀頃に成立した。やがて腹側にも苦竹をはめ込んだ三枚打弓《さんまいうちゆみ》(腹側の竹を内竹《うちだけ》という)が成立し、遺品から中世では一般的な弓であったことがわかる。なお、外竹は両弭の先端まで続くが、内竹は弭まで届かない。また外竹は内竹よりも幅も広い。一条兼良の『尺素往来《せきそおうらい》』には四方竹弓《しほうちくゆみ》がみえ、これは木の四方を苦竹で囲った弓である。中世末期以降、弓胎《ひご》とよぶ竹片や木片を芯に外竹・内竹を合わせ、左右に側木《そばき》を加えた、木と竹を複合的に組み合わせた弓胎弓が成立し、現在の弓道でも使用されている。こうした変遷のなかで、伏竹弓は竹部を増加させていくが、それは、弓の弾力の増加につながり、弓が撓り、より引き絞れる弓になっていった。その結果、矢の飛距離も増加していった。ただし、いずれの伏竹弓も木製弓と同様に、長寸であることは不変で、中世でも七尺五寸を定寸とした。伏竹弓は木と竹を鰾膠《にべ》(高級な膠)で接合するが、補強で糸を巻き塗漆したのを糸裹弓《いとつづみゆみ》という。それにさらに補強と装飾を兼ねて籐を巻いた。基本巻は、末弭から弓把までが、弭巻《はずまき》(二ヵ所)・千段巻《せんだんまき》(鏑巻《かぶらまき》とも)・日輪巻《にちりんまき》・星巻《ほしまき》・矢摺籐《やすりとう》で、弓把から本弭までが、引目叩《ひきめたたき》・月輪巻《げつりんまき》・千段巻(鏑巻とも)・弭巻(一ヵ所)となり、日輪巻から星巻と、引目叩から月輪巻の間の籐の巻き方に各種の巻き方があり、繁く巻いた重籐《しげとう》、二個(三個)ずつ巻いた二所《ふたところ》(三所《みところ》)籐、引目叩から月輪巻だけを繁く巻いた本重籐《もとしげとう》、重籐に赤漆を掛けた笛籐《ふえとう》、技巧的な匂重《においしげ》籐《とう》等があった。なお、室町時代の武家故実では、同じく「しげとう」でも、弓把上を三十六ヵ所、下を二十八ヵ所巻いたのを式正《しきしょう》として重籐と表記し、そうした規定外のものを滋籐と表記するという説が一部にあった。弦は、正倉院に残欠が伝世するが、苧《からむし》や麻等の繊維を撚って松ヤニで固め、中世ではさらに塗漆や糸巻を施した。

参考文献　鈴木敬三「木弓と伏竹の弓」(国学院大学編『古典の新研究』三所収、一九五七、明治書院)。近藤好和『中世的武具の成立と武士』、二〇〇〇、吉川弘文館。

(近藤　好和)

ゆめどの　夢殿　法隆寺東院伽藍の中心的な建物で、八角仏殿の名称。国宝。奈良県生駒郡斑鳩町所在。本来は斑鳩宮のうちで聖徳太子が瞑想するため籠もったと伝える建物を夢殿といい、平安時代初期にはこの仏殿の名称ともなった。形状は八角円堂で一重の瓦葺建物。聖徳太子造営の斑鳩宮跡と伝承され、東院伽藍は上宮王院とも称される。聖徳太子等身像とされる秘仏救世観音立像(観音菩薩像)を祀る。創建は七六一年(天平宝字五)の『東院縁起資財帳』に、聖徳太子が居住し、六四三年(皇極二)蘇我入鹿らの手により焼亡した斑鳩宮の跡に、七三九年(天平十一)僧行信が、夢殿を中心とした上宮王院を建立し、救世観音立像を安置したとある。一九三九年(昭和十四)に行われた解体修理に伴う発掘調査では、大規模な柱穴を持つ掘立柱建物が検出され、斑鳩宮の一部であることが確認された。一二三〇年(寛喜二)の修理で屋根の勾配を改め現状となる。伝法堂は、橘三千代の冥福を祈って、その旧宅を施入したものと伝える。→斑鳩宮《いかるがのみや》　→法隆寺《ほうりゅうじ》

参考文献　『奈良六大寺大観』一、一九七二、岩波書店。『法隆寺東院に於ける発掘調査報告書』、一九四八、国立博物館。

(仁藤　敦史)

ゆや　湯屋　寺院内の入浴施設で、禅宗寺院では浴室と称する。宗教儀式の一つとして僧尼が使用するほか、施《せ》浴《よく》として一般民衆に開放することもあった。平城京の法《ほっ》華寺《けじ》には光明《こうみょう》皇后の千人施浴の伝承がある。湯沸かしの竈と火焚場、湯を使う浴室があり、蒸し風呂を備えることがある。古代寺院における入浴作法は詳らかでないが、『一遍聖人絵伝《いっぺんしょうにんえでん》』(一二九九年(正安元))、『慕帰絵詞《ぼきえことば》』(一三〇八年(延慶元))、『是害房絵巻《ぜがいぼうえまき》』(十四世紀)などの中世絵巻に当時の湯屋の構造や使用法をみることができる。現存遺構としては一四〇八年(応永十五)建設の東大寺大湯《おおゆ》屋《や》(奈良市)と興福寺大湯屋(応永年間(一三九四—一四二八)、奈良市)が最古級である。東大寺大湯屋は桁行八間、梁行五間の入母屋造で、内部は前室、浴室、焚場からなり、重源が一一九七年(建久八)に鋳造した鉄湯船を据える。発掘例に願徳寺湯屋跡(京都府向日市、十世紀初期)、法華寺湯屋(奈良市)などがある。

参考文献　国宝建造物東大寺大湯屋法華堂北門修理工

事事務所編『国宝建造物東大寺大湯屋・法華堂北門修理工事報告書』、一九六八。（長尾　充）

ゆりのさく　由理柵　出羽国北部にあった古代の城柵。『続日本紀』宝亀十一年(七八〇)八月乙卯条に「由理柵は賊の要害に居《あ》りて、秋田の道を承《う》く」(原漢文)などとあるのが史料上唯一の記録。この年の三月、陸奥国で伊治公《これはりのきみ》呰麻呂《あざまろ》の乱が起こり、その影響が出羽国にも及んで雄勝《おがち》・平鹿《ひらか》二郡の郡家《ぐうけ》が襲撃された。本条によれば、秋田に至る要地にある由理柵の周辺が反乱軍の拠点になっているため、兵士を派遣して防御することが命じられている。所在地については秋田県由利本荘市内の古雪《ふるゆき》町を古柵《ふるき》の遺存地名とする説や、子吉《こよし》川右岸にある上谷地《かみやち》遺跡に比定する説などがある。上谷地遺跡は本荘市土谷の台地・水田地帯に立地する八―十世紀の遺跡で、大正年間(一九一二―二六)に角材列が発見され、近年では掘立柱建物・竪穴住居跡や井戸跡、墨書土器・硯《すずり》や大量の土師器・須恵器・木製品などが出土しているが、今のところ決め手に欠ける。

参考文献　『本荘の歴史(普及版)』、二〇〇三。（熊田　亮介）

よ

よいちふくはらぎょば　余市福原漁場　北海道余市郡余市町浜中町に所在。明治から大正期の鰊《にしん》漁場建築が保存・復元されている。当漁場は、明治中期に福原家が鰊漁に使用した番屋に始まる。初代の福原才七は安政年間(一八五四―六〇)から出稼ぎ鰊漁に従事し、一八八四年(明治十七)に余市浜中に定住して事業を拡大したが、二代才七は一九〇三年に経営に行き詰まり漁業権を小黒家に譲渡。小黒家も一九一二年(大正元)に川内家に漁業権を売却し、現在の建築は一九一七年に川内家が従来の建築材を転用して新築したもの。網元の住居と出稼ぎ漁夫数十人の寝泊りを兼ねた主屋をはじめ、三階建の文書庫、米味噌倉、網倉、石倉、釜屋、カズノコ・白子を製品化する干場《かんば》などが保存・復元されている。主屋はいわゆる「鰊御殿」としてはやや小規模だが、各種の建築がセットで保存され、近代の鰊漁場労働の実態や網元・出稼ぎ者の生活を詳細に伝える貴重な事例。一九八二年(昭和五十七)に国史跡指定を受けた。（蓑島　栄紀）

よう　庸　律令制下の税制のひとつで、和訓は「ちからしろ」。正丁が年に十日間中央政府のもとで力役奉仕する歳役の代納物である。長さ一丈三尺・幅二尺四寸の布を正丁は二枚、次丁は一枚負担した。少丁および京・畿内の民は免除された。京への輸送は運脚によった。代表的な品目は布であるが、絹・米・塩などでも納められた。布は主に東国地域で、絹は主に西国地域で貨幣的な役割をもって流通した品目であった。庸は民部省で管理され、衛士・仕丁・采女・女丁の食料に充てられるとともに、中央政府が雇役した人夫への雇直や食料としても使用された。こうした歳役の代納物としての庸が成立するのは、『大宝令』段階のことである。それ以前には、大化改新詔第四条によると、戸ごとに布一丈二尺もしくは米五斗を負担させ、仕丁・采女らへの資養物に充てることになっていた。飛鳥・藤原地域から出土する七世紀後半―末の木簡にも、「庸」ではなく「養」とみえ、仕丁・采女らへの資養物としての側面が強かったことが知られる。ところが、『大宝令』段階になって京・畿内を中心とする地域の人々を有償で徴発する雇役制が成立すると、庸の使途は拡大され、雇役民への雇直や食料にも充てられるようになった。そののち、七〇六年(慶雲三)に庸の負担量は半減される。七一七年(養老元)には、長さ二丈八尺・幅二尺四寸の調布に対して、庸布は長さ一丈四尺・幅二尺四寸と改正され、正丁一人分の調布・庸布を合成した長さ四丈二尺の布を一端と呼ぶことになった。こうして庸は使途による調との違いが不明瞭になる。八世紀末以降は、庸・調ともに粗悪・違期・未進が増大し、正税交易によって調庸相当の物品を購入する交易雑物の制度が拡大した。また庸米の不足を補うため、租穀を進上させ民部省を通さずに直接諸司に納入させる年料租舂米の制度が、九世紀以降制確立されるようになる。

参考文献　石上英一「日本古代における調庸制の特質」(『歴史学研究　歴史における民族と民主主義』一九七三)。青木和夫『日本律令国家論攷』、一九九二、岩波書店。狩野久『日本古代の国家と都城』、一九九〇、東京大学出版会。（市　大樹）

ようがい　要害　けわしい地形で、守りやすく攻めにくい場所。また、そのような場所に構築された城塞。本来は、味方にとっては「要」で、敵にとっては「害」となるという意で用いられた語であったが、中世には城塞の一部や防御施設を指す場合が多い。現在の城郭研究においては、ある種の城郭遺構を指す場合と城郭遺構内の特定部分を指す場合とがあり、前者は居館や城下集落に対して砦・堡塁《ほうるい》などのような臨時に詰める防御性の高い城郭遺構を呼ぶ場合に用い、後者は城の内部で特に防御性の高い区画を指すもので、城域を居住部分と要害部分に分けて論ずることがある。しかし、中世においても「要害」がこうした術語として通用していたわけではないということに注意が必要であろう。齋藤慎一は、在地領主の本拠の分析から、「城郭」と「要害」の段階差を指摘した。それによれば、十四世紀までは「城郭」と呼ばれる空間が恒常的に維持されず、日常的には居館が存在し、必要に応じて臨時に「城郭」が構築されている。その後、十五世紀に在地領主の存在形態が変化するのに伴って、防御施設を恒常的に維持し、それを「要害」と称する例が増えるという。そうした「要害」は険しい山の上に構築された場合が多く、山梨県甲府市の「要害山」、新潟県岩船郡神林村の「要害山」など、各地に「要害」地名が残る。構築物としては違いがなかったと考えられるにもかかわらず、「城郭」「要害」と呼び分けられたのは、中世には私的に構築された「城」は不穏なものという観念があり、破却すべき敵の軍事施設を「城」、守るべき味方の軍事施設は「要害」と呼びわける故実があったことによる。一五九七年(慶長二)以前成立の「越後国郡絵図」の注記は、破却された城を「古城」、みずからの政権にとって重要な城を「要害」と書き分けた。また、一国一城令のもと、仙台藩では仙台城以外の城を「要害」の名で存続させた。これらも中世的な「城」と「要害」という語の使い分けを前提にしたものであったといえよう。

参考文献　村田修三編『図説中世城郭事典』、一九八七、新人物往来社。齋藤慎一「本拠の展開―居館と「城墎」・「要害」―」(『中世東国の領域と城館』所収、二〇〇二、吉川弘文館)。中澤克昭「城郭観の展開」(『中世の武力と城郭』所収、一九九九、吉川弘文館)。

(中澤　克昭)

ようぎょう　窯業　窯業とは、非金属鉱物を窯炉などで高温処理(焼成)して製品化する工業のことで、日本古代では土器・陶器や瓦塼の生産に相当し、ガラスなどの生産を含むこともある。そのうち土器・陶器生産を中心にみていくと、飛鳥・奈良時代には、古墳時代以来の土師器と須恵器が主な製品で、新出の鉛釉陶器もごく少量生産される。地域によって差はあるが、供膳具では土師器と須恵器が併存し、煮炊具は土師器、貯蔵具類は須恵器が基本である。宮都では七世紀初めごろから土師器・須恵器供膳具が金属器を模倣した新形態に変化し、同一形態で法量が大小に分化したり、暗文を施す土師器が多くなったりして、それが各地の土器生産にも影響を与えている。宮都以外の各地では、一般に七世紀代から須恵器の在地生産が拡大し、食膳具において須恵器が次第に多数を占める傾向にある。土師器は器作りを女性が担い、単婚家族による生産が畿内では基本であるのに対して、須恵器は窯の構築・焼成などに集団の協業を要し、一般に郡司層などを主掌者としたものとみなされている。鉛釉陶器では、七世紀後半に朝鮮半島系の技術によって緑釉陶器の生産が始まり、八世紀には唐の技術を取り入れて三彩陶器(奈良三彩)へと発展する。奈良三彩は、中央において官営の体制により生産され、主な用途は仏具・祭祀具などとみられる。平安時代になると、土師器・須恵器のほかに黒色土器・緑釉陶器・灰釉陶器なども生産される。土師器は供膳具に暗文を施さず、法量の分化も少なくなり、畿外では宮都の影響が薄れて手捏《づく》ね成形のものからロクロ土師器(回転台土師器)が一般的になる。須恵器は西日本では八世紀後半から九世紀ごろ、東日本でも十世紀ごろには一般に各地の生産が衰退し、供膳具からは撤退傾向を辿るが、一部地域では集中生産・広域流通化を果たす。黒色土器は、土師器から派生した製品で、須恵器を補完するように各地で主要な土器構成を占めるようになる。九世紀代は内面のみ黒色のものが通例だが、畿内などでは十世紀ごろから全面黒色のものへと変化する。緑釉陶器は、奈良三彩の技術系譜を引きつつ単彩化したもので、中国文物模倣のもとに食膳具を中心とする生産に転換する。近畿・東海や山口県などで生産され、中央への貢納のために生産の一部を国衙工房が担うが、そのほかは全国へと広域供給される。灰釉陶器は、緑釉陶器の技術を取り入れて愛知県の猿投《さなげ》窯で誕生し、東海諸窯で量産化されて広域流通する。十一世紀中ごろになると、黒色土器は畿内などで瓦器へと変質し、緑釉陶器は特殊品を除いて衰退し、灰釉陶器も無釉のいわゆる山茶碗《やまちゃわん》へと変容し、中世的な窯業生産に変化する。土器・陶器以外では、瓦生産は飛鳥寺造営を機に百済から技術を導入して開始し、寺院の増加に伴い各地に広まり、さらに藤原宮以降、宮殿や官衙関係での瓦の使用も開始する。飛鳥時代には須恵器との兼業窯が目立ち、有段式の窖窯《あながま》構造が一般的であるが、奈良時代には瓦専焼の有牀(いわゆるロストル)式平窯が採用されていく。ガラス生産は、七世紀後半ごろには、国産原料による鉛ガラス生産が開始する。奈良・平安時代は製品の中心が玉類などで、容器類は多くを輸入品に依存する。原料鉛は主に長門産のものが使われ、官営の生産体制がとられていたようである。

参考文献　巽淳一郎『陶磁』原始・古代編(『日本の美術』二三五、一九八五、至文堂)。上原真人『瓦を読む』(『歴史発掘』一一、一九七七、講談社)。肥塚隆保「化学組成からみた古代ガラス―日本・韓国・中国のガラスに関して―」(『古代文化』四八ノ八、一九九六)。

(高橋　照彦)

日本の窯業生産は平安時代末から鎌倉時代初に著しい技術変化があった。高火度の酸化炎焼成であり、焼締めの壺・甕・鉢を量産することになる。窯は常滑《とこなめ》焼(愛知県)、信楽《しがらき》焼(滋賀県)、越前焼(福井県)などがある。備前焼(岡山県)、丹波焼(兵庫県)、古代からの須恵器の技術系譜、つまり還元炎焼成で叩き成形の窯も九州の熊本や鹿児島、宮崎などにあり、岡山の亀山焼、東海地方でも渥美《あつみ》窯や山茶碗を生産する窯があり、北陸では珠洲《すず》窯(石川県)があり、東北にも福島の大戸窯がある。後者の窯の多くは中世前半までに消えていった。このように中世の六古窯とも呼ばれる広域流通の窯業地の中で、唯一、釉薬を施した高級陶器を焼造したのが瀬戸窯(愛知県)である。古代の灰釉陶器など瓷器《しき》の技術系譜の中から発展した。室町時代になると美濃にも拡大し、碗・皿・鉢・壺・瓶などの陶器を作った。釉薬は基本的に灰釉と鉄釉であり、成形は轆轤成形が主である。当時、碗・皿類は中国磁器が輸入され、上流階層の中で使われていたが、九州から輸入される中国磁器は東日本には供給量が不足したから、その代わりとして瀬戸焼が東日本中心に供給された。十六世紀には窯構造が大窯になり、美濃に生産の中心が移り、生産量は増大する。十六世紀後半には茶の湯がさかんになり、高麗茶碗や新たな陶器の誕生がある。中世から近世陶磁器への画期であり、志野(岐阜県)や肥前の唐津焼など筆で絵文様を表す陶器が始まることや、肥前磁器の誕生がある。近世陶磁をリードするのは陶器では京焼、磁器では肥前の伊万里焼であった。京都では楽焼が、十六世紀末に長次郎が土器の素地に低火度釉を施した茶陶などを作り始め、楽家が代々引き継いでいく。本格的な高火度焼成の京焼が日本陶器の主座の地位を得たのは、仁清《にんせい》によってであり、一六五〇年代から色絵をはじめとする瀟洒な陶器を作りだした。仁清の後に京焼をリードしたのは乾山《けんざん》であり、十八世紀以降、京焼の陶器生産は増大し、広く食器などが普及していった。磁器は朝鮮の技術者により肥前で陶石が発見され、一六一〇年代ころに磁器焼成が始まる。一六四四年(正保元)、中国の王朝交替に伴う内乱のため、中国磁器の輸入が止まる。代わって、国内の磁器市場を肥前磁器が席巻し、東南アジアへの海外輸出も始まる。一六五九年(万治二)からはオランダ東インド会社によるヨーロッパへの輸出が始まり、十八世紀前半にかけて肥前磁器の海外輸出が行われた。一六八四年(貞享元)、中国清朝が国内統一を果たして貿易禁止を解くと中国磁器の輸出が本格化し、東南アジア市場などはたちまち中国磁器によって奪回される。市場を失った肥前磁器の生産力は国内での新たな市場開拓に向かい、より安価な磁器の開発が進み、十八世紀後半には庶民までもが磁器で食事をとるようになる。この磁器の普及は各地で磁器の殖産の動きを引き起こし、京焼、瀬戸・美濃窯、九谷焼(石川県)をはじめ各地で磁器焼成が行われた。こうして肥前磁器が磁器市場を独占した時代は終わり、次第に瀬戸・美濃が安価な磁器市場で主流となる。

(大橋　康二)

ようしゅうふし　雍州府志　一六八四年(貞享元)に刊行された山城国の歴史地誌。十巻。書名の雍州は中国唐代の都長安が所属する州名であり、唐の都に倣《なら》って平安京の右京を長安城、左京を洛陽城と呼んだことに由来する。著者の黒川道祐《どうゆう》は経学を林羅山《はやしらざん》、医学を堀杏庵《ほりきょうあん》に学んだ広島藩の藩医。藩医を辞してのち京都に住み、山城各地へ調査に訪れて著述に専念した。本書は中国の官撰地誌である『大明一統志《だいみんいっとうし》』に倣い、古代日本の『風土記《ふどき》』も意識して編まれた歴史地誌である。建置沿革の後、形勝・郡名・城池・風俗・山川・神社・寺院・土産・古蹟・陵墓の十門に分けて記述されている。『和名類聚抄《わみょうるいじゅうしょう》』をはじめとする各種の史料が引かれ、その記述は詳細であり、江戸時代前期の山城国の歴史地誌として価値は高い。本書は『増補京都叢書』や『続々群書類従』地理部などに収録されている。なお、黒川道祐の著作には、本書の他に『本朝医考《ほんちょういこう》』や『本草弁疑《ほんぞうべんぎ》』などがある。

(伊藤　寿和)

ようしゅうよう　耀州窯　中国陝西省銅川市黄堡鎮・陳炉鎮などに所在した、唐代に始まる窯。唐代には黒釉・黄釉をはじめ三彩や黒釉白斑文などが見られるが、やがて五代に入ると青磁が中心となり、以後いわゆる北方青磁の中心的生産地となった。北宋中・晩期が最盛期であり、やや黄色味がかった青磁釉の下に、片切り彫りによる刻花文様が施されるスタイルが確立した。また宋代中期には、印花文様が加わり生産量も増加した。その影響は、磁州窯系の技術を培っていた陝西・河南のいくつかの窯に拡がり、旬邑窯・汝窯・禹県鈞窯なども北方青磁を焼造するようになり、耀州窯系として把握されている。河南の広州西村窯や広西永福窯の青磁にも、耀州窯の影響が指摘されている。また耀州窯系の青磁は小数ではあるが海外に輸出されて、南アジアやエジプトでも出土例がある。一方耀州窯では、金代には鈞窯風の月白釉が、元代に入ると磁州窯風の白地鉄絵も焼造されるようになる。　→鈞窯《きんよう》　→磁州窯《じしゅうよう》　→汝窯《じょよう》

参考文献　陝西省考古研究所編『唐代黄堡窯址』、一九九二、文物出版社。同編『五代黄堡窯址』、一九九七、文物出版社。陝西省考古研究所・耀州窯博物館編『宋代耀州窯址』、一九九八、文物出版社。

(金沢　陽)

ようしょうせん　厭勝銭　銭貨本来の機能である交易や流通を目的として使用される銭ではなく、銭貨のもつ呪術的な効力を期待して、まじないを目的として使用される銭。「えんしょうせん」とも。従来厭勝銭は、貨幣流通が発達し、銭貨のもつ不思議な力が注目された結果出現したものと考えられてきたが、近年では、銭貨が出現した当初から、すでに銭貨をまじないに使用することが行われていたことが指摘されている。前漢の五銖銭《ごしゅせん》には吉祥句を入れたものが同時代に作られるし、朝鮮半島や日本では、中国から流入した五銖銭が古墳の副葬品として使用されるなど、流通貨幣として使用される以前に厭勝銭として銭貨が受容されている。七世紀後半に鋳造されたとされる富本銭《ふほんせん》についても、これを厭勝銭とみる説がある。ただし、流通貨幣と厭勝銭は厳密に分けられるものではなく、流通貨幣として使用されたことが確実な和《わ》同開珎《どうかいちん》も、墓の副葬品や地鎮などに用いられる例が多い。

時代が下るにしたがって厭勝銭は趣味品としての役割も付与され、江戸時代には絵銭《えせん》として広く親しまれるようになった。 →絵銭《えせん》

参考文献 東野治之『貨幣の日本史』(『朝日選書』五七四、一九九七、朝日新聞社)。 (三上 喜孝)

ようすい 用水 飲料水・灌漑・工業などさまざまな用途のため遠くから水を引いてくるシステム。工場や発電用の工業用水は、当然のことながら、近代産業革命以後に発達したものである。前近代までは、ヨーロッパなどでは、ローマ帝国の各都市に引かれた水道に代表される大規模な飲料水などの生活の用水が中心であるが、アジアでは、生活用水は井戸が中心で、農業のための灌漑用水が発達する。乾燥地帯のカレーズ、中国北部の畑への灌漑システム、中国南部・東南アジア・朝鮮半島・日本などに展開する水田の灌漑用水である。日本では、水稲耕作の伝播とともに、大陸から灌漑法も取り入れられたとみられる。いわゆる縄文時代晩期から弥生時代の水田は、旧河道や湿地を利用したものであるが、福岡県の板付遺跡や静岡県の登呂遺跡、滋賀県の大中《だいなか》湖《こ》南《みなみ》遺跡の大規模水田区画などかなり発達した水路灌漑がみられるものから、青森県の垂柳遺跡の小区画の水田で水路のほとんどない田越し灌漑水田まで、立地によってすでにさまざまのタイプが見られる。古墳時代に入ると、古墳築造の土木技術の発展もあり、堰や水路も発達し、池灌漑も展開する。弥生時代にはみられなかった導水施設や水に関する祭祀遺物・遺跡も多く発見されている。たとえば、大阪府東大阪市の神並《こうなみ》・西ノ辻遺跡、奈良県桜井市の纒《まき》向《むこ》遺跡、同県御所市南郷遺跡群では、導水施設や治水跡、それに伴う祭祀遺物などが確認されており、これらは、単なる取水施設ではなく、清浄なカミの水を祀ることと関係するものと考えられ、その土器の特質から渡来人との関係も指摘される。また、古墳から出土する埴輪や土製品にも木樋型埴輪など導水施設埴輪ともいうべきものがかなり出土しており、この時代にみられるミニチュア土器も湧水地から発見されることが多く、埴輪や土器と水祀りとの関係が注目されている。七世紀から八世紀に律令国家が整備されると、唐の均田制を模して、班田制が施行され、その基盤整備として、条里水田が全国で造られる。しかし、唐の「田」は、灌漑施設をもった畠の制度であり、日本の条里水田は、単に中国の水利の技術を模倣し、整備を行なったというより、むしろ前代からの水田灌漑技術の上に位置づけられると考えられる。条里水田では、平野部に大規模な方形の水田区画が造られ、一町区画を坪とし、それを十等分し、牛馬の犂耕作を基本とした。一つの水系の条里プランは数十町から数百町に及んだため、大規模な堰や池、長大な水路が構築されることになった。ここに、古墳時代にはじまった水への祭祀は、神社を「うなで」と呼ばれる水源や取水口に建てることによって、神社信仰の中に吸収されるようになる。平安時代中後期、律令制の崩壊していく中で、京都の都市領主(貴族)と在地の領主が一定の領域を荘園という単位所領として重層的に支配する荘園制が展開する。荘園制は、田を支配するシステムであり、水利灌漑の中心に古代以来の伝統に則り、神社が置かれ、荘鎮守と呼ばれた。荘園では、水田支配すなわち用水支配をめぐり、在地領主、京都の領主、百姓が争った。在地領主は用水支配のため、水路を舘の中を貫通させたり、直営田といわれた門田などを取水口に近い水路沿いに設置し、百姓は鎮守社に結集し、それに対抗した。用水システムも荘園を単位に整備され、それ以降のムラの原型ができ上がった。ここでの灌漑システムは、水路と田越し灌漑を組み合わせ、田に水をかける用水と悪水を出す排水が兼用されものであり、一つの水利系統の住民は、水の管理・運用で運命をともにし、これが村落共同体の重要な存立基盤となった。中世後期・近世・近代の共同体は主に水の管理・運用を中心に成り立っていたといっても過言ではない。しかし、一九六〇年(昭和三十五)代半ばから始まる圃場整備事業は、狭小な日本の水田を機械化農業に対応させ、大区画の水田に改造していった。これは単に規模を大きくしただけではなく、灌漑システムを根本から変えることになった。水路は用排水分離型となり、田越し灌漑は完全に消滅し、村落共同体の基盤は大きく損なわれることになり、伝統的なムラ社会は消滅の方向に向かっている。

参考文献 寶月圭吾『中世灌漑史の研究』、一九四三、吉川弘文館。服部英雄『景観にさぐる中世』、一九九五、新人物往来社。飯沼賢司『環境歴史学とはなにか』(『日本史リブレット』二三、二〇〇四、山川出版社)。東日本埋蔵文化財研究会山梨大会実行委員会編『治水・利水遺跡を考える』、一九九八。『カミよる水のまつり』、二〇〇三、奈良県立橿原考古学研究所附属博物館。 (飯沼 賢司)

ようたい 腰帯 ⇨帯《おび》

ようはい 腰佩 腰飾り。砥石・刀子《とうす》を腰に提げる習慣は中国北方諸民族に由来するものとされる。韓国慶州市皇南洞の天馬塚や同市路西洞の金冠塚など、五―六世紀の新羅古墳から出土した帯には垂飾の下に金・銀製の耳搔き・鑷子《ちょうし》・針筒・網袋・砥石・刀子・魚形・双龍形・短冊・勾玉・印籠などが装着されていた。日本の古墳からも金銅板製の魚形をはじめ多数の出土品がある。南北朝や隋・唐期の中国では文武官人に対して刀子・礪石・針筒・火石袋・手巾・魚符などの携行が定められ、身分・官位の高低などを表示するほか、魚符のように門鑑としての役割を果たすものもあったが、やがて実用的な意味は薄れ装飾品として定着した。奈良時代の日本でも装飾品として貴顕に愛用され、そのうち東大寺や法隆寺に献納されたものが今日まで伝わっている。正倉院に残されたものとしては、刀子、玉(琥珀、水晶、瑪瑙製)、小合子(琥珀、水晶、斑犀、紫檀製)、小尺(ガラス、斑犀製)、魚形(ガラス、琥珀、水晶、犀角製。口の部分に孔をあけ、

組紐に繋着)、香袋などが挙げられる。これらは紐に結んだり網で括ったりしたうえで帯に繋いで垂下するもので、腰佩を提げるための組緒の痕跡のみが残る帯も伝存する。ほかに、東大寺・興福寺・元興寺など寺院の堂塔の鎮壇具の中にも腰佩と考えられる品が確認できる。

参考文献　原田淑人『唐代の服飾』、一九七〇、東洋文庫。関根真隆『奈良朝服飾の研究』、一九七四、吉川弘文館。　（飯田　剛彦）

ようはん　鎔范　⇩鋳型《いがた》

ようふくじ　永福寺　神奈川県鎌倉市二階堂字三堂付近を中心にかつて存在した寺院。現在は廃寺。源頼朝が、奥州平泉藤原氏を滅ぼした後、源義経・藤原泰衡をはじめ数万の戦死者の怨霊を鎮めるために建立を発願した。『吾妻鏡』文治五年(一一八九)十二月九日条に「今日永福寺の事始めなり」(原漢文)とあり、この時に創建が決定したことがわかる。同条は、平泉の大長寿院(二階大堂)を模したことから永福寺を「二階堂」と号したことも記す。一一九一年(建久二)に寺地の選定が行われ、ほどなく二階堂と庭園の造作が開始された。一一九二年十月には惣門が建てられ、同年十一月二十五日には堂供養が行われた。導師には三井寺の公顕が招請されている。永福寺の伽藍は、本堂(二階堂)を中心に、向かって右(北)に薬師堂、左(南)に阿弥陀堂という二つの脇堂が並ぶ構成で、地字の「三堂」もこれにちなむと思われる。脇堂は、二階堂完成後、一一九四年までには建立されているが、『吾妻鏡』の記事には混乱があり、阿弥陀堂と薬師堂のどちらが先に完成したかは定めがたい。その後、一二四四年(寛元二)から一二四八年(宝治二)にかけて大規模な修理が行われ、当初の木造基壇から石積み基壇に改められた。鎌倉時代を通じて、将軍の御願寺として鶴岡八幡宮寺・勝長寿院と並んで幕府の保護を受け、別当や供僧は幕府主催の法会に参勤した。毎年三月の一切経会が代表的な法会で、代々の将軍も桜見物を兼ねて聴聞に訪れている。堂前の庭園は『東関紀行』などにも描かれており、発掘調査により苑池には中島や立石が築かれ、橋が架けられていたことが判明している。室町時代も鎌倉五山の上に位置付けられ十五世紀前半までは確実に存続していたが、いつしか廃絶した。伽藍正面の山から経塚が発見されているほか、周辺地域からは古瓦が多数出土している。伽藍跡地と周辺の山を含む範囲が国指定史跡となっている。

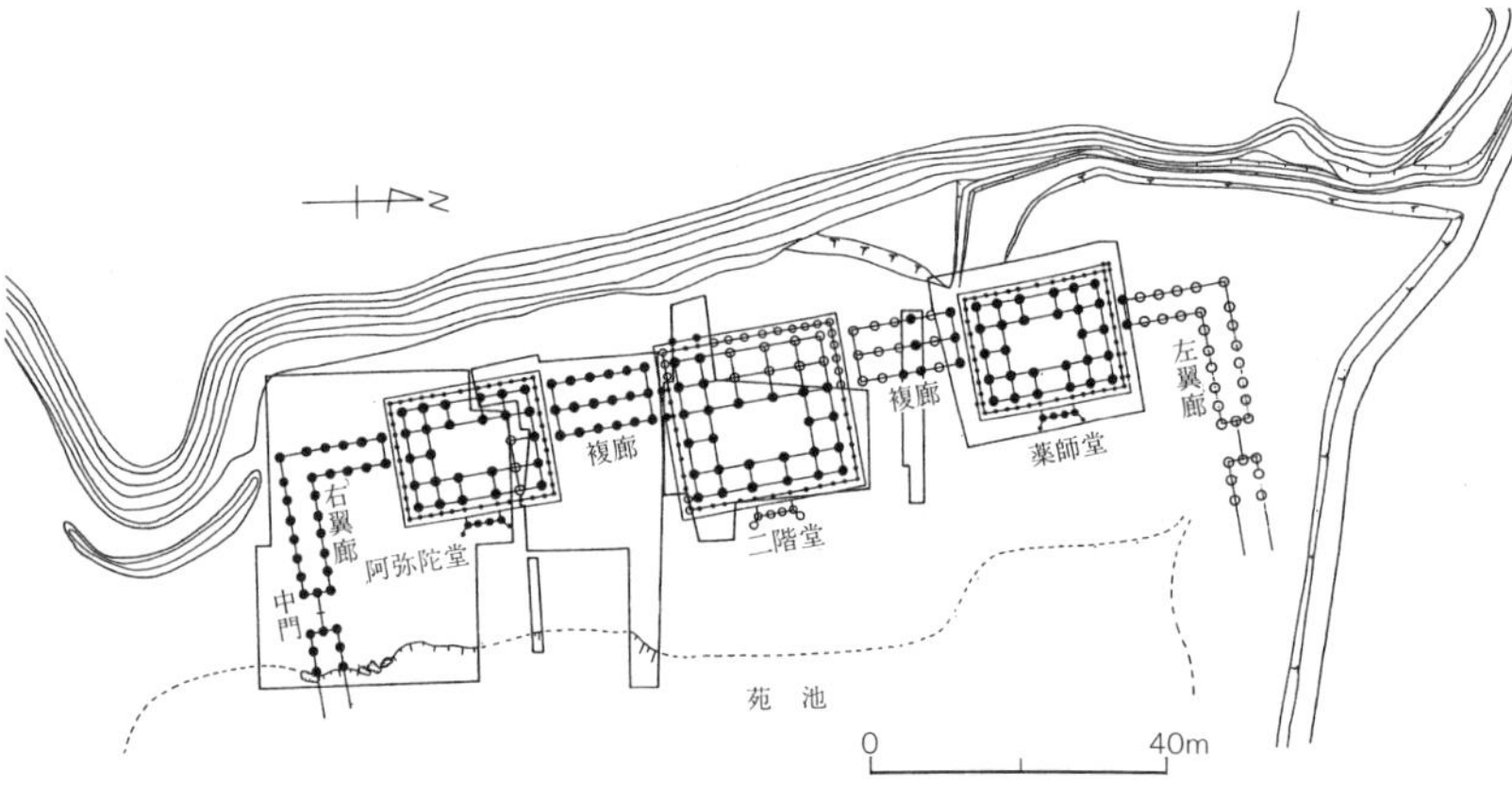

永福寺建物配置図

参考文献　貫達人・川副武胤『鎌倉廃寺事典』、一九八〇、有隣堂。鎌倉市教育委員会・鎌倉考古学研究所編『集成鎌倉の発掘』七、一九九五、新人物往来社。鎌倉市教育委員会編『鎌倉市二階堂国指定史跡永福寺跡―国指定史跡永福寺跡環境整備事業に係る発掘調査報告書―』、二〇〇二・〇三。　（高橋慎一朗）

ようめいぶんこ　陽明文庫　藤原北家の嫡流で五摂家の一つである近衛家に長年にわたって伝襲された古文書・古記録・古典籍・古美術品などを保存管理する特殊図書館。近衛家はその家柄により、各歴代のほとんどが摂政・関白の要職に就き、廟堂に重きをなしたがため、必然的に記録・文書類の多大な蓄積をみた。また各時代を通して多くのすぐれた人物を輩出、これらの歴代の勉学研鑽の果実としての資料類も多数伝承された。加えて近衛家では、応仁の乱などの戦時にはこれらをすみやかに疎開させるなど、代々その保全に努め、幸い散佚罹災を免れた結果、膨大な資料が現在に至るまで伝襲されてきた。これらの資料は明治以後一時期、宮内省図書寮・京都帝国大学図書館などに分割寄託されていたが、一九三八年(昭和十三)近衛文麿によって財団法人が設立され、現在地京都市右京区宇多野上ノ谷町にすべて一括保存されている。「陽明」は近衛家の別称。その収蔵点数は、国宝八件、重要文化財五十九件を含め約二十万点。主なものは、藤原道長自筆日記『御堂関白記』・藤原師通の日記『後二条関白記』・古代音楽資料『神楽和琴秘譜』・古筆の宝庫『大手鑑』(以上いずれも国宝)など。　（名和　修）

ようめいもん　陽明門　⇩宮城十二門《きゅうじょうじゅうにもん》

ようろうごねんこせき　養老五年戸籍　⇩戸籍《こせき》

ようろうりつりょう　養老律令　『大宝律令』の次の律令。律十巻令十巻。編纂過程は不明な点が多いが、七一八年(養老二)ごろ編纂開始し、天平年間(七二九―四九)中ごろまで編纂事業や修正が続いたらしい。施行は七五七年(天平宝字元)。以後、律令は編纂・施行されず、明治まで長く現行法令となった。律は多くが散逸。一方、令は倉庫令・医疾令以外は注釈書の『令義解』『令集解』が伝わり、ほぼその全容が知られる。律・令ともに散逸部分の復原も積み重ねられている。『大宝律令』と基本的に差異はなく、体裁を整えたり、字句を修正したものとされてきた。しかし、近年では、『大宝律令』を実際に施行して明らかになった不備を修正したものと積極的に評価する見解が有力。ただし、和銅―養老年間(七〇八―一四)以降、単行の改正規定によって主要な修正は行われたため、施行の実質的意義はそれほど高くない。『養老律令』の施行に伴った木簡の書式の変化なども知られていない。上記のような性格によろう。ただし、平城宮内では『養老律令』施行に先立って大規模な改作がなされている点には留意してもよいであろう。　→大宝律令《たいほうりつりょう》　→律令格《りつりょうきゃく》式《しき》

参考文献　『律令』(『日本思想大系』三、一九七六、岩波書店)。榎本淳一「養老律令試論」(笹山晴生先生還暦記念会編『日本律令制論集』上所収、一九九三、吉川弘文館)。

(馬場　基)

よこあなしきせきしつ　横穴式石室　古墳の埋葬施設の一形式。石材を用いて構築した墓室(玄室《げんしつ》)と外部から墓室に至る通路(羨道《せんどう》)からなり、横口部を設けることで繰り返し埋葬を行うこと(追葬)が可能である。玄室の入口を袖部と呼び、その形態や有無によって両袖式、片袖式、無袖式に大別される。系譜的には朝鮮半島の影響下に成立した大陸系の埋葬施設で、先駆的なものは四世紀後半の北部九州にみられる。五世紀後半までに九州から近畿地方にかけて複数の系統のものが広がった。六世紀には各地の群集墳に採用されて急速に普及し、古墳の埋葬施設として一般化した。その後西日本の群集墳では七世紀半ばころまでに古墳築造の停止とともに造営されなくなる。一方、七世紀の有力古墳では用石・石材加工技術の発達を背景に、奈良県明日香村石舞台《いしぶたい》古墳に代表される巨石石室や明日香村岩屋山《いわややま》古墳に代表される切石積み石室が築造された。

(岡林　孝作)

よこあなぼ　横穴墓　古墳時代の墳墓の一種。凝灰岩・砂岩や硬い粘土層などの丘陵斜面や崖面に穿った洞穴を墓室とする。通常無墳丘であるが、ごく少数ながら小円墳を伴う例がある。玄室《げんしつ》と短い羨道《せんどう》を備え、棺を安置するための棺台や棺身そのものを掘り残して造り付けたり、天井に建築物の構造を表現する場合も多い。また彩色や線刻による壁画を描くものが各地に見られ、装飾横穴と呼ばれる。一般に群集することが多く、総数千五百基余に達する福岡県行橋市竹並《たけなみ》横穴群のように盛土墳と混在して大規模な群集墳を形成する場合もある。五世紀前半ごろに北部九州で出現し、六世紀後半までに南九州から山陰、近畿、東海から仙台平野までの太平洋沿岸に伝播した。分布に地域的な偏りが著しいことが特徴である。東日本の一部では七世紀後半から八世紀前半まで造営が続き、九世紀まで追葬が行われたことが知られている。

(岡林　孝作)

よこいはいじ　横井廃寺　奈良市東南部、横井町トドコロに所在する七世紀前半の飛鳥時代寺院跡。堂所千坊廃寺、藤原村廃寺とも呼ばれる。これまで寺域の発掘調査は実施されておらず、遺存していた礎石と、千坊・カネツキアト・ヤケモンなどの地名から西面する四天王寺式の伽藍配置が推定されている。一八九五年(明治二十八)に金堂跡推定地から出土した金銅観音菩薩立像、双鸞鏡、佐波理椀片、刀装金具、銅銭は重要文化財に指定される。創建時の瓦は奥山久米寺や中宮寺からも出土する単弁八弁蓮華紋軒丸瓦で、金堂跡推定地付近からは飛鳥時代の鴟尾《しび》片、幾何学紋様塼も採集されている。過去に中臣寺(法光寺、藤原寺)とする見解があるが、近年、和邇《わに》系氏族の大宅氏の造営とみる考えも出されている。寺域北側丘陵には瓦窯群があり、一基が一九八五年(昭和六十)に発掘調査され、七世紀前半から八世紀初頭に操業された有段式の地下式窖窯であることが明らかになっている。

参考文献　石田茂作『飛鳥時代寺院址の研究』、一九七七、第一書房。奈良市教育委員会編『奈良市埋蔵文化財調査報告書』昭和五九年度、一九八五。

(森下　惠介)

よこえのしょう　横江荘　石川県白山市横江町(旧松任市)付近にあった東大寺領の荘園。「横江荘」の名は、八一八年(弘仁九)三月二十七日付「酒人《さかひと》内親王家施入状」(『東大寺文書』)に初見し、そこには朝原《あさはら》内親王(平城天皇妃)の遺領である「横江荘」の墾田百八十六町余を、母の酒人内親王(桓武天皇妃)が東大寺に献納したことを記す。これにより横江荘は、八世紀末に親王の賜田として成立し、九世紀初頭に施入されて東大寺領となった初期荘園であることがわかる。一九七〇年(昭和四十五)に実施された鉄工団地造成工事に伴う発掘調査でその関連遺構が確認された。そこでは東西約三五㍍、南北約二〇㍍の範囲に、南廂をもつ五間×三間の主屋を中心に六棟の掘立柱建物が整然と配置されており、周辺からは「三宅」の墨書土器や緑釉・灰釉土器、円面硯、下駄、櫛などの遺物が出土した。土器の年代もおおむね九世紀前葉を前後するもので、発掘地を中心に約四〇〇〇平方㍍の範囲が「東大《とうだい》寺領横江荘荘家跡《じりょうよこえのしょうしょうけあと》」として一九七二年国史跡に指定された。しかし史跡外にも関連の遺構は広がっており、その保存と性格解明が今後の課題である。

参考文献　松任市教育委員会他編『東大寺領横江庄遺跡』I・II、一九八三・九六。

(黒崎　直)

よこおおじ　横大路　奈良盆地を東西に走る古代の計画的道路で、天香具山《あめのかぐやま》の北側、耳成山《みみなしやま》の南側、畝傍山《うねびやま》の北側を通り、上ツ道《かみつみち》、中ツ道《なかつみち》、下ツ道《しもつみち》と直交する。大阪府の南河内から竹内峠を経て奈良県葛城市長尾(旧當麻《たいま》町)に至った当麻道《たいまみち》(竹内街道)は、横大路となって式内大社の長尾神社付近から奈良盆地を横断し、桜井市仁王堂《におうどう》に至る約一二・七㌔の間は直線道路となり、さらに東へ墨坂を越えて伊賀・伊勢に通じている。横大路の呼称は、建

久四年(一一九三)の「葛下郡《かつげぐん》平田御荘総追捕使清原正秀注進状」(談山神社文書《たんざんじんじゃもんじょ》)が初見であるが、『日本書紀』天武天皇元年(六七二)の壬申の乱の記事に、大伴吹負《おおとものふけい》が近江方の大野果安《おおのはたやす》と戦い墨坂に敗走したこと(七月四日条)や金綱井《かなつない》(橿原市小綱町《しょうこ》に比定)、當麻衢《ちまた》がみえていること(七月是日条)から横大路がこのころにはすでに存在していたことが推定できる。また、設置年代については、『日本書紀』推古天皇二十一年(六一三)十一月条の「難波より京に至る大道を置く」(原漢文)との記事にみえる大道が奈良盆地では横大路にあたるとして、推古朝のころに設置されたと考えるのが有力である。しかし、六世紀後半に成立した倉人の分布が横大路から竹内街道沿いに集中すること、欽明天皇の磯城島金刺宮《しきしまのかなさしのみや》の比定地が横大路を経て初瀬谷への途中にあることや、敏達天皇の磐余《いわれの》訳語田《おさだの》幸玉宮《さきたまのみや》(桜井市戒重《かいじゅう》付近か)、用明天皇の磐余《いわれの》池辺《いけべの》双槻宮《なみつきのみや》、崇峻天皇の石村神前宮《いわれのこうざきのみや》などが、横大路周辺に所在したと考えられることから、六世紀代に前身となる東西道(プレ横大路)が存在し、推古朝になって官道として整備されたとの説もある。近世には初瀬街道(伊勢街道)として利用された。なお、横大路の幅員は約三五メートルや二八メートルとの説があるが、遺存地割の計測によれば「条里余剰帯《じょうりよじょうたい》」の考えに基づくと道路敷きは約四二・五メートルとなり、高麗尺の百二十尺にあたるとして令前二十歩での設定と考える説もある。

参考文献 和田萃「横大路とその周辺」(『古代文化』二六ノ六、一九七四)。奈良県教育委員会編『奈良県「歴史の道」調査報告書―横大路(初瀬道)―』、一九八三。岸俊男「古道の歴史」(『古代の日本』五所収、一九七〇、角川書店)。

(出田 和久)

よこぐちしきせっかん　横口式石棺　古墳時代の石棺の一種。石棺式石槨・石棺式石室とも呼ばれる。棺身の妻《つま》部(短辺)または平《ひら》部(長辺)に横口を設け、通常横口部は板状の切石で閉塞する。石棺の形式としては組合式または刳抜式の家形石棺に属するものが基本である。横口式石棺そのものを内部主体とする場合と、横穴式石室内に安置する場合とがある。前者には横口部の前面に羨道を付加したり、それが発達して一種の複室構造をとるものがある。五世紀後半から六世紀の熊本県を中心とした九州地方、六世紀後半から七世紀の出雲を中心とする山陰地方、七世紀の河内・大和に特徴的に見られ、それぞれに地域性がある。山陰では平入りが卓越し、横穴墓に安置される場合もある。河内・大和の終末期古墳の事例としては、大阪府富田林市お亀石古墳、太子町松井塚古墳、羽曳野市徳楽山古墳などがあるが、分類上は横口式石槨に含めるのが一般的である。

(岡林 孝作)

よこすかじょう　横須賀城　小笠山の南に延びる山塊の松尾山(標高二六メートル)を中心として築かれた近世の平山城。静岡県掛川市に所在。一五七八年(天正六)高天神城奪還の前線基地として徳川家康が築城した。国史跡。一九八四年(昭和五十九)からの発掘調査により、一五九〇年に入城した渡瀬繁詮による大改修が確実となった。豊臣系大名の渡瀬氏は、天守を築き、石垣・瓦葺き建物を持つ近世城郭を完成させたのである。城内主要部に築かれた石垣は、全国でも珍しい砂岩の丸石積みであった。天守台の発掘調査も実施されており、付櫓を呈す入口部分が南側で、土塁の痕跡が後方にあたる北側で確認された。これにより、天守一階部分は、北側を土塁上に架けた特異な形をしていたことが明らかとなってきている。また、出土瓦の同笵・同系関係から、瓦の共同製作、もしくは工人の使い回しの事実が判明している。これは、豊臣政権からの命令で、駿河・遠江両国の豊臣系大名の共同作業であった。

参考文献 加藤理文「横須賀城出土瓦から見た豊臣政権の城郭政策」(大須賀町教育委員会『史跡横須賀城跡史跡等活用特別事業報告書』所収、一九九九)。

(加藤 理文)

よこたきやまはいじ　横滝山廃寺　新潟県三島郡寺泊町竹森にある白鳳寺院跡。沖積平野に突出した丘陵上にあり、一八一二年(文化九)の『北越奇談《ほくえつきだん》』に所在を注目する記載がある。一九七六年(昭和五十一)から数回にわたって調査され、木製基壇外装《もくせいきだんがいそう》の建物跡、その北に基壇および総柱建物などが検出された。木製基壇外装建物跡は台地のほぼ中央部にあり、東西一二メートル、南北一〇メートルのもので、金堂に推定される。この基壇は四周に細い溝がめぐり、木製外装がなされたものとみなされる。その北一五メートルにある北基壇は、東西一五メートル、南北一二・八メートルで、金堂と若干方位を異にしたもので、講堂に想定され、廃絶後に総柱建物が建てられていた。これらの二つの基壇建物は、七世紀後半から八世紀初頭に構築されたものと想定される。軒瓦には単弁八葉蓮華文軒丸瓦二種、四重弧文軒平瓦、ほかに鴟尾《しび》片、塼仏《せんぶつ》片などが出土した。一九八五年、県史跡に指定。

参考文献 『寺泊町史』通史編上、一九九二。

(小笠原好彦)

よこぶえ　横笛　⇩笛《ふえ》

よこみはいじ　横見廃寺　七世紀中ごろに建立され奈良時代にかけて営まれた古代寺院跡。広島県三原市本郷町下北方所在。国史跡。丘陵を背にした平坦地に立地し、寺域の規模は東西に一〇〇メートル、南北八〇メートルと想定されている。一九七一年(昭和四十六)から広島県教育委員会の三次の調査で、講堂跡と推定される東方建物基壇とこの基壇に取り付く回廊跡、東門跡と推定される講堂東方の瓦堆積、塔跡と推定される西方建物基壇、北面築地跡などが発見された。金堂は未確認で、西向きの四天王寺式《してんのうじしき》伽藍配置と推定されているが明確でない。軒丸瓦のうち、子葉の周辺に火炎状の毛羽のついた山田寺《やまだでら》式単弁瓦は奈良県檜隈寺《ひのくまでら》の軒丸瓦と同范《どうはん》であり、パルメット(忍冬)文の軒丸瓦は奈良県法隆寺若草伽藍跡などとの密接な関連を示す。広島県西部(安芸国)最古の寺院跡。金銅製金具・

九輪片も出土し、広島県教育委員会に保管されている。

[参考文献] 広島県教育委員会編『安芸横見廃寺の調査』Ⅰ―Ⅲ、一九七一―七四。 （岩本　正二）

よしざきごぼうあと　吉崎御坊跡　福井県あらわ市の北端、石川県に接した吉崎山、通称御山《おやま》の上に所在。国史跡。比叡山僧徒によって京の大谷本願寺を破却された本願寺八世蓮如は、近江堅田の本福寺に一時身をよせ、一四七一年（文明三）北陸教化の拠点として越前のこの地に簡素な坊舎を建立した。蓮如がこの地を選んだ理由としては、朝倉氏が寄進したとする説がある一方、最近では川口庄細呂宜《ほそろぎ》郷を領有する奈良興福寺大乗院門跡経覚と蓮如との血縁関係、さらには細呂宜郷別当である和田本覚寺の勧誘によるとの説が有力である。一四七三年八月二日の蓮如消息によれば、他屋と称した参詣者のための宿坊も建並び、門前町が形成されていたようであるが、翌一四七四年三月二十八日の出火によって本坊・他屋が焼失している。一四七五年八月二十一日、蓮如は吉崎御坊を退出し和田本覚寺を留守職とした。一五〇六年（永正三）、朝倉貞景は越前の一向宗寺院門徒を加賀へ追放し吉崎の坊舎を破却したため、廃坊となった。江戸時代、蓮如旧跡に堂を建立することで東西本願寺が争い、結局両派の吉崎御坊は山下に建立され、一八七二年（明治五）には、山上は両派の共有地とさだめられた。吉崎御坊は、北潟湖畔に北・南・西の三方を突き出した標高三二㍍余の丘陵上にあり、中世寺院としては天然の要塞に相応しい立地を備えている。しかし、防御施設としての土塁や堀、堀切などの遺構は、以後の寺内町に比較して顕著ではなく、西川幸治は寺内町の系譜という観点から「原・寺内町」と評している。江戸時代には、記録や伝承に基づいて吉崎御坊絵図（照西寺本、本覚寺本など）が作成され、最近では、この絵画をはじめとして地籍図や御坊跡に残存している礎石、さらには吉崎山周辺の考古学的調査によって、吉崎寺内町の総合的な解明が期待されつつある。

[参考文献]『中世大阪の都市機能と構造に関する調査研究』（大阪市立博物館編『大阪学調査研究報告書』二、一九九九）。 （水野　和雄）

よしだかわにしいせき　吉田川西遺跡　八世紀から十八世紀まで連続して形成された集落跡で、松本平南部の開発をリードした遺跡である。長野県の中部松本平の塩尻市と松本市境に位置する。奈良井川と田川によって形成された台地上に立地する。平安時代を中心に竪穴住居跡二百六十六基、多数の土坑、五千箱の出土品などが出土した。土器を中心に十四期に区分し、集落の変遷・性格・歴史的意義を分析し、奈良井川流域の他の遺跡との比較から、九世紀から十二世紀の集落のあり方の解明に成功した。在地富豪層の成長、在庁官人層の武士化、律令体制下における古代村落の解体化、中世的秩序化のあり方など、発掘調査の成果をもとにまた、遺物の分析から問題提起がなされた。なおＳＫ一二八号（土壙墓）出土の一括遺物は重要美術品に指定されている。

[参考文献] 長野県埋蔵文化財センター編『中央自動車道長野線埋蔵文化財発掘調査報告書』三、一九九〇。 （小林　秀夫）

よしだしょういんゆうしゅうのきゅうたく　吉田松陰幽囚の旧宅　一八五五年（安政二）吉田松陰が謹慎を命じられ、幽囚された建物。山口県萩市椿東《ちんとう》の松陰神社境内の一角にある。建物は木造瓦葺き平屋建てで、面積二一四平方㍍、典型的な中・下級武士の屋敷構えである。八畳三室、六畳三室、四畳、三畳七分、三畳半、三畳および二畳各一室のほか板間、物置、土間があり、幽囚室は建物東側にある三畳半の部屋であった。吉田松陰は、一八五四年伊豆下田での密航未遂事件で獄中にあったが、翌年許され父杉百合之助預けとなり、この幽囚室に謹慎して読書と『講孟余話』などの著述に専念した。また、一八五七年に宅地内にある小舎を修補して松下村塾の塾舎とするまでの約二年間、この幽囚室でも近親者や近隣の子弟たちに『孟子』や『武教全書』を講じた。この建物は当時と同じ位置に旧態を保って保存されており、明治維新に関する貴重な遺跡である。国指定史跡。未発掘。

[参考文献]『萩市史』三、一九八七。 （渡辺　一雄）

よしのあんぐう　吉野行宮　奈良県吉野郡吉野町吉野山の蔵王堂北西尾根にあった南朝方宮跡。一三三六年（延元元）十二月、吉野に逃れた後醍醐天皇は、吉水院宗信の誘引により一時吉水神社に逃れたが、金峯山寺蔵王堂に隣接する実城寺を皇居と定め、金輪王寺と寺号を改めた。天皇の御座所をはじめ南朝方の諸機関がここに置かれた。一三四八年（正平三）正月二十八日、高師直の攻撃にあって、蔵王堂もろとも焼失し、後村上天皇の吉野行宮は賀《あ》名生《のう》に移された。その後復興したが近世のはじめ、徳川家康は大坂在陣の時に、南光坊天海を金峯山寺頭に任じ、金輪王寺の寺号を日光に移し、この地をもとの実城寺とし、金峯山寺一山を支配する学頭を置いた。明治初年に廃寺となり荒廃していたが、一九五七年（昭和三十二）ここに南朝妙法殿を建立し、八角三重塔内に後醍醐・後村上・長慶・後亀山の各天皇と、南朝はじめ太平洋戦争の戦没者の霊を祀った。 （吉井　敏幸）

よしのがりいせき　吉野ヶ里遺跡　弥生時代前期から後期にかけての国内最大規模の環濠集落遺跡として著名だが、歴史時代の遺構が広範に分布する複合遺跡でもある。佐賀県神埼市神埼町・神埼郡吉野ヶ里町に跨る国指定特別史跡。遺跡の中心をなす吉野ヶ里段丘の北域には、東西一五〇㍍にわたる切通状地形が走向しているが、一九八六年（昭和六十一）・八七年実施の発掘調査によって二条の平行する側溝に挟まれた道路跡が検出され、古代官道の残存が確認された。道路幅は一三～一六㍍を測り、側溝より八世紀代から九世紀前半にかけての遺物が出土している。また、丘陵西側斜面から低地にかけての一帯では、奈良時代を中心とする二百基以上の掘立柱建物跡と井戸跡(四十基)、土壙群(二百二基)が検出されているが、官道北側では道路の方向軸に規制された状態で三間×六間、三間×八間といった大型建物群が集中しており、あわせて周囲に敷石を施した石組井戸跡なども発見された。これらの遺構群には竪穴式住居跡がほとんど併存せず、木簡・墨書土器・転用硯・水滴といった特徴的な遺物が出土しており、一般集落跡ではなく駅路および官衙に付随する生活空間としての可能性が高い。中世になると吉野ヶ里を含む神崎郡は皇室領荘園神崎荘として開発が進み、平氏政権や院にとっての重要荘領となるが、鎌倉時代には元寇恩賞配分地とされ、在地領主層の分立成長が促された。丘陵の南半域には、東妙寺・妙法寺・石塔院などの幕府と領主層の帰依を受けた寺院も建立された。この歴史的推移を背景に形成された道路・区画溝・土壙墓などの遺構が丘陵各所で検出されており、南端の妙法寺跡では十五世紀代を中心とする建物跡や境内地を画する溝跡などが検出され、北西端(志波屋《しわや》六の坪乙II区)では十六世紀代の方形館跡が発見されている。また、北墳丘墓地区から段丘西側にかけては戦国時代の日吉《ひよし》城跡の比定地区となっており、堀跡などの関連遺構が分布する。

参考文献 佐賀県教育委員会編『吉野ヶ里』、一九九二。同編『古代官道・西海道肥前路』、一九九五。同編『佐賀県文化財年報』一、一九九六。 (宮武 正登)

よしののみや 吉野宮 ⇩宮滝遺跡《みやたきいせき》

よしのやま 吉野山 大峯山系の北端、青根ケ峯《あおねがみね》(八五七・九メートル)から北西へ吉野川まで続く約一〇キロの尾根の総称。国指定史跡。山岳修行者の群集する修行の場。金峯山寺《きんぷせんじ》蔵王堂《ざおうどう》を中心に、東南院や喜蔵院などの護持院《ごじいん》や水分《みくまり》神社、金峯神社などの神社仏閣が尾根筋に点在する。平安時代には藤原道長が参詣するなど貴族の間で御岳詣《みたけもうで》でこの山への参詣が盛んになった。また桜の名所としても有名。桜は蔵王権現の神木として大切にされ、下・中・上・奥の千本があり、毎年四月には花供会式《はなくえしき》が行われる。西行法師の桜の和歌や一五九四年(文禄三)豊臣秀吉の太閤吉野花見は有名。源頼朝に都を追われた源義経が吉野山に逃れたり、南北朝時代に後醍醐天皇などの南朝の拠点になるなど、数々の悲劇が生まれた。鎌倉時代末には後醍醐天皇の皇子大塔宮護良親王が倒幕の兵を起こし、吉野山に城郭を構えたために、山全体が吉野城と呼ばれる山城でもあった。 (吉井 敏幸)

よしみひゃくあな 吉見百穴 埼玉県比企《ひき》郡吉見町北吉見の丘陵西側斜面に所在する古墳時代(六世紀末―七世紀代)に営まれた横穴墓群。国指定史跡。現在では二百二十二基の存在が確認されている。横穴の存在はすでに江戸時代から知られていたが、一八八七年(明治二十)、当時、東京帝国大学理科大学大学院生であった、のちの人類学者坪井正五郎《つぼいしょうごろう》(一八六三―一九一三)が、地元の豪農であり在野の考古学者、そして吉見百穴の土地所有者でもあった根岸武香《ねぎしたけか》(一八三九―一九〇二)らとともに発掘調査を行い、二百三十七基の横穴を検出した。坪井は、これらの横穴を「わが国の先住民族「土蜘蛛」(コロボックル人)の住居跡」と考え(古代穴居説)、墳墓説を唱えた白井《しらい》光太郎《みつたろう》(一八六三―一九三二)らと論争になったが、この吉見百穴の発掘調査が契機となって全国各地の横穴群の発掘調査・研究が進展する中で、墳墓としての性格が確定していった。

参考文献 金井塚良一『吉見百穴横穴墓群の研究』、一九七五、校倉書房。宮瀧交二「大里町冑山・根岸家の「蒐古舎」について―埼玉県博物館発達史の研究1―」(『埼玉県立博物館紀要』二九、二〇〇四)。 (宮瀧 交二)

よしわらさんのういせき 吉原三王遺跡 千葉県香取市丁子字天ノ宮に所在する古代集落と中世墓地の遺跡。一九八三年(昭和五十八)・八四年に発掘調査を実施。六世紀後半から十一世紀前半までの集落が確認された。竪穴住居数は、古墳時代が十二軒、奈良・平安時代が九十二軒である。八・九世紀代が集落の最盛期で、集落内は溝により五つの方形区画に区切られている。この時期には「□香取郡大坏郷中臣人成女之替承□」「吉原大畠」など、百七十四点の墨書土器が出土している。香取神宮は遺跡の北西約一・五キロの至近距離にあり、この遺跡は香取神宮と密接な関係を持った古代の神戸集落跡と考えられる。集落の消滅後、遺跡内は墓域へと変化するが、十二世紀後半ごろの土坑墓からは和鏡、青白磁合子、毛抜、手鋏、短刀、同安窯系青磁碗がセットで出土している。 ↓香《か》取神宮《とりじんぐう》

参考文献 千葉県文化財センター編『佐原市吉原三王遺跡』、一九九〇。 (笹生 衛)

よせぎづくり 寄木造 日本の木彫像の造像技法の一つ。頭体の幹部を、ほぼ同等の役割を持つ複数の部材を接合して造る方法。正中線で左右材を接合するもの、あるいは体側で前後材を接合するようなもの、あるいは頭部と体部を別の材から造るものが基本形で、また内部は内刳《うちぐ》りを施して空洞にするのが一般的である。この技法の初発的な例は飛鳥彫刻にもみられるが、ある程度規則性を持つ技法が認められるのは平安時代も十世紀後半ころからで、十一世紀前半に定朝によってこの技法が大成したとする見解が有力視されている。この技法の利点としては、まず用材の大きさに制約されずに大像が製作できる点が挙げられ、分業化も一木造に比べれば容易になると見られる。したがって、初期の使用例は等身を超える大像に用いられたものが多く、それ以下の大きさのものまでこの技法で造られるのが一般化するのは、鎌倉時代も中ごろからと見られる。 ↓一木造《いちぼくづくり》 ↓割矧造《わりはぎづくり》

参考文献 西川杏太郎「木彫仏」II(『重要文化財』二所収、一九七三、毎日新聞社)。同編『一木造と寄木造』(『日本の美術』二〇二、一九八三、至文堂)。 (根立 研介)

よせむねづくり 寄棟造 木造建築の屋根形式の一つ。大棟《おおむね》の両側の流れに加えて大棟両端から妻側にも屋根面

寄棟造

を葺き下ろす形式。中国では「四阿」と呼び、格の高い建物に用いられた主流の形式であった。日本古代では「四阿」に加えて「阿舎」「東屋」の語を用いていずれも「あづまや」と訓じ、切妻造の「真屋《まや》」と対比的に称されていた。「あづまや」の訓については、東国の庶民住居が寄棟造であったことに由来するものと考えられ、日本では格の高い建物には寄棟造よりも「真屋」の系統にある入母屋造の方が好まれた。近世には「四阿」などの語に加え、工匠用語として「四注」「小棟作」(『匠明』堂記集)という呼称が登場し、明治期まではこれらの語が一般的に使用されていた。「寄棟造」の語は近世の大工用語集である『紙上蜃気』(一七五八年)にも表れず、明治以降に一般化した。→入母屋造《いりもやづくり》 →切妻造《きりづまづくり》 (清水 重敦)

よつあしもん 四脚門 二本の親柱の前後にそれぞれ控柱が立つ単層の門。控柱が計四本立つことからこの名称がある。親柱を円柱とし、控柱はやや細い角柱とするのが一般的で、親柱に添わせて唐居敷《からいじき》を置き、扉を設ける。屋根は切妻造とするのが通例で、安土桃山時代になると、正面に凸字曲線をもつ屋根(唐破風)をみせて荘厳するなど複雑化する。法隆寺内にある宗源寺四脚門(奈良県生駒郡斑鳩町、一二三七年(嘉禎三))が建立年代の判明しているもっとも古い現存建築遺構。平安時代以前にさかのぼる現存遺構はないが、文献史料には「四足門」「四足」などとみえ、絵巻物にも描かれる。ただし絵巻物にみえる四脚門の多くは、本柱と控柱の頂部をつなぐ水平材(頭貫)がなく、親柱二本のみで立つ棟門の梁の先端を控柱で支持する形態で、頭貫をもつ宗源寺四脚門などとは上部構造にやや違いがある。頭貫をもたない形態の実例は、東福寺六波羅門(京都市)や新薬師寺東門(奈良市)で、いずれも鎌倉時代前期の遺構である。発掘事例では、主として官衙跡や寺院跡などに掘立柱の遺構がある。

参考文献 佐藤理『門のはなし』(『物語ものの建築史』、一九九五、鹿島出版会)。岡田英男『門』(『日本の美術』二一二、一九八四、至文堂)。村田和弘「発掘調査によって検出された四脚門の検討」(『京都府埋蔵文化財情報』七五、二〇〇〇)。 (箱崎 和久)

よどじょう 淀城 京都市伏見区にあった室町時代後期から江戸時代の城。淀は巨椋池《おぐらいけ》の池尻に位置し、淀川および桂川・木津川・宇治川に通じていた。長岡京・平安京の外港として、西日本からの物資の陸揚げ地として栄えた。中世の淀城(古淀城)は管領細川政元が築城、のち岩成友通が入ったが、一五七三年(天正元)織田信長によって攻め滅ぼされた。一五八二年山崎の合戦で明智光秀が淀城に入るが敗退。一五八九年豊臣秀吉が側室茶々の出産のために修築してこれを与えた。以後茶々は「淀殿」と呼ばれる。この淀城は一五九四年(文禄三)伏見城の築城に伴い廃城となった。一六一九年(元和五)の伏見城廃城に伴い、江戸幕府は松平定綱に築城を命じる。古淀城から南一キロの地に一六二三年(元和九)着工、一六二五年(寛永二)に竣工。その後、永井氏、石川氏、戸田氏、松平氏、稲葉氏が居城した。一八六八年(明治元)戦災で焼失。天守台、石垣、堀などが残る。

参考文献 西川幸治編『淀の歴史と文化』、一九九四、淀観光協会。京都市編『史料京都の歴史』一六、一九九一、平凡社。 (榎 英一)

よなごじょう 米子城 鳥取県米子市久米町に所在する近世城郭。中海に面する湊山(標高九〇メートル)を中心に築城された平山城。応仁—文明年間(一四六七—八七)のころ、山名氏により湊山の東側に位置する飯山に砦が築かれたのがはじまりという。一五九一年(天正十九年)、伯耆三郡と出雲三郡などを領す吉川広家が築城を開始。しかし、完成をまたず一六〇〇年(慶長五)周防国岩国に転封。変わりに駿河国府中より中村忠一が米子に入部し米子城を整備した。その後、加藤貞泰へ城主が変わり、さらに池田光政の家臣池田由之が城を預かった。一六三二年(寛永九)、国替えにより池田光仲の筆頭家老荒尾成利が米子城を預かり、以後明治維新まで十二代続く。湊山の山頂に天主郭・水手郭・遠見郭・番書郭を配し、北側山裾に二ノ丸・三ノ丸を設ける。また、湊山に続く飯山には采女丸、丸山には内膳丸が築かれる。天主郭は、五重の天主と吉川時代の四重櫓が並ぶ特異な構造。明治維新後の一八七三年(明治六)、城郭の建物類は解体された。国史跡。

資料館 米子市立山陰歴史館(鳥取県米子市)

参考文献 『新修米子市史』二、二〇〇四。 (真田 廣幸)

よねざわじょう 米沢城 山形県米沢市街地の中心部に位置する平城。本丸・二ノ丸・三ノ丸から構成されるが、約一〇〇メートル四方の本丸部分が現存する。米沢城は長井時広によって鎌倉時代の初めに構えられたと伝えられている。次にこの地を支配する伊達氏、さらには蒲生・直江・上杉氏によって営まれ続けた。長井あるいは伊達時代の城郭の位置については諸説がある。現米沢城の成立時期については確実な記録に恵まれていないが、発掘調査は本丸の濠と二ノ丸部分で行われ、ここでは十六世紀代から遺構と遺物量が増加し、この時期に大規模な整備が行われたことがわかる。伊達晴宗が米沢城を根拠とするのは一五四八年(天文十七)と伝えられ、このころから城下町としての形態が整備されたものと考えられる。その後一六〇一年(慶長六)には、上杉景勝が会津からここ米沢に根拠を移す。一六〇四年景勝は城郭を本格的に整備し、米沢城を中心とする近世城下町として発展することになった。

参考文献 『山形県史』一、一九六二。 (山口 博之)

よねざわはんしゅうえすぎけぼしょ 米沢藩主上杉家墓所 国指定史跡の江戸時代大名墓。山形県米沢市街地の西に位置している。方形区画内に杉木立に囲まれ、歴代米沢藩主と上杉謙信の墓所が営まれている。墓域は東西約一一〇メートル南北約一八〇メートルである。謙信の霊廟を中心として左右対称に各藩主の霊廟が基壇上に立ち並ぶ。左側は景勝(初代)・綱勝(三代)・吉憲(五代)・宗房(七代)・治憲(九代)、奥に顕孝(治憲世子)・斉定(十一代)の奇数代藩主。右側は定勝(二代)・綱憲(四代)・宗憲(六代)・重定(八代)・治広(十代)の偶数代藩主の順序である。各は一間四面の小堂であり規模は大略同様で総数は十三となる。堂内には石製五輪塔、壁には木製五輪塔婆が並ぶ。屋根の形は宗房(これ以前火葬)までが入母屋《いりもや》造、重定(以降土葬)以降が宝形《ほうぎょう》造である。一八七六年(明治九)景勝廟と定勝廟間の奥に謙信廟(城内より移転)を営み、参道と拝殿が変更されている。一八一七年(文化十四)の「御廟所絵画」の墓域と違いを見せている。

参考文献 文化財建造物保存技術協会編『史跡米沢藩主上杉家墓所保存修理工事報告書』上、二〇〇四。 (山口 博之)

よもぎだおおだて 蓬田大館 陸奥湾西岸の青森県東津軽郡蓬田村大字蓬田字宮本に所在する古代の環壕集落であり、中世前期の遺跡でもある。発掘調査は、一九八一年(昭和五十六)に金沢大学が、一九八四―八六年に早稲田大学が実施しており、十一―十四世紀までの遺構や遺物を検出している。微高地の突端部に内壕部分と外壕部分がみられ、内壕を中心にトレンチ調査を行なっている。その結果、内壕内部には土師器(甕や内耳・把手付土器など)と擦文土器の混在する竪穴建物跡が重複しており、この建物群を囲むように幅四〜七メートル深さ二〜三メートルの薬研《やげん》状の環壕が周る。いわゆる古代の防御性集落である。また土坑などから、てづくねカワラケや珠洲《すず》焼甕、さらに龍泉窯系青磁劃花《かっか》文碗や白磁碗・皿、渥美焼と推定される甕が出土し、十二世紀後半代から十四世紀前半代までは中世遺跡として成立していた。

参考文献 佐々木達夫「津軽・蓬田大館の発掘―一九八一年―」(『日本海文化』一〇、一九八三)。桜井清彦・菊池徹夫編『(早稲田大学文学部考古学研究室報告)蓬田大館遺跡』、一九八七。 (工藤 清泰)

よろい 鎧 ⇩甲冑《かっちゅう》

ら

ら 羅 織物の四原組織(平《ひら》組織《そしき》、綾《あや》組織、繻子《しゅす》組織、綟《もじり》組織)の一つ。経糸《たていと》四本を組とし、隣り合う経糸が交互に搦《から》み合う中に、緯糸《ぬきいと》を通しながら地と文様を織りだしたもの。地は籠綟《かごもじり》状で粗く、文様部分は網綟状で密に表されるのが特徴。中国では、湖南省長沙馬王堆の前漢墓より、菱文系の文様を絹で織りだした多数の紋羅の出土例がある。日本における紋羅の遺品は、飛鳥時代の天寿国《てんじゅこく》繍帳《しゅうちょう》の下地裂として、また奈良時代では正倉院や法隆寺に数多く遺っており、襷《たすき》や菱文系の文様に混じって、正倉院には唐花《からはな》文を織りだした精巧なものもみられ注目される。羅は夾纈《きょうけち》(染物の一つ)や刺繍の下地裂をはじめ、袈裟、帯、羅の道場幡《ばん》(聖武天皇一周忌用)などに用いられている。羅は中国では、明・清時代に至るまで引き続き製織されていたが、日本では平安時代以降次第に衰微し、室町時代の紋羅の裳(熱田神宮蔵)を最後に姿を消したようで、その後は無紋の羅が漆紗冠《しっしゃかん》に用いられているのみである。 (沢田むつ代)

らいざんこうごいし 雷山神籠石 筑前国に築かれた古代山城。福岡県前原《まえばる》市雷山・飯原《いいばる》所在。国指定史跡。雷山神籠石の研究は江戸時代の貝原益軒に端を発し、小田部隆叙・島田寅次郎・原田大六らによって調査・研究が進められた。原田は築造年代を六世紀末とし、城塞としての機能に乏しいため「神籠石愚城論」を展開し、のちの神籠石研究に大きな影響を与えた。雷山神籠石は博多湾や玄界灘を一望する雷山の尾根線に土塁・列石を巡らし、外郭線約二・六キロの長さ。二つの谷部を取り込んだ包谷式山城で、南水門は崩壊しているが、北水門は尾根先端部の崖面上にあり、長さ一二メートル、幅一〇メートル、高さ三メートルで、花崗岩の長方形切石を整然と積み上げたもので、三つの石組暗渠を設ける。北水門からは列石が八字形に開き尾根頂部に至る。立地が玄界灘を一望する景勝地にあることから、玄界灘の哨戒的役割を担った山城と推測される。

参考文献　貝原益軒「筒城」(『筑前国続風土記』)。島田寅次郎「雷山神籠石」(福岡県編『福岡県史蹟名勝天然紀念物調査報告書』二所収、一九二六)。原田大六「神籠石の諸問題」(『考古学研究』六ノ三、一九五九)。

(小田　和利)

らいさんよう　頼山陽　一七八〇―一八三二　江戸時代後期の儒学者。『日本外史《にほんがいし》』の著者として有名であるが、同時に漢詩や書画についても造詣が深かった。儒学者として高名な春水《しゅんすい》の長男として、一七八〇年(安永九)十二月二十七日、大坂で生まれた。山陽の祖父惟清《ただすが》は、製塩の地、竹原(広島県)で紺屋《こうや》を営む富裕な町人であった。山陽は六歳から広島で暮らし、九歳で学問所に入り、読書の課程を学ぶかたわら漢詩や書画に親しんだ。一七九七年(寛政九)江戸詰となった叔父で藩儒の杏坪《きょうへい》に従って遊学、尾藤二洲《びとうにしゅう》に師事した。一八〇〇年精神的に不安定であった山陽は、藩儒を継ぐ立場を捨てて脱藩したが、京都から連れ戻され、広島の杉ノ木小路《しょうじ》(広島市中区袋町)の屋敷の座敷牢に幽閉された。やがて門の傍らの「仁室《じんしつ》」と呼ばれる居室に移され、ここで『日本外史』の草稿を仕上げた。一八〇三年(享和三)幽閉をとかれ、廃嫡となった。山陽は一時菅茶山《かんちゃざん》の廉塾《れんじゅく》に迎えられたが、満足できず、一八一一年(文化八)上京した。以後、京都を拠点に儒者・文人墨客と交流し、その地位を確立した。京都市上京区東三本木通丸太町上ル南町にある山紫水明処は、その書斎の遺構である(国史跡)。朱子学《しゅしがく》的大義名分論《たいぎめいぶんろん》で武士の興亡を述べた『日本外史』(一八二六)は時期的に尊王論を鼓吹する意味をもった。名分があっても善政を行わない為政者を糾弾している『日本政記《にほんせいき》』(一八四五)は、幕末志士の共感を呼んだ。九州旅行中、感動した渓谷の絶景を描いた図に紀行文を添えた『耶馬渓図巻《やばけいずかん》』(一八一九)などは代表的な著作である。一八三二年(天保三)九月二十三日没。五十三歳。頼春水は、一七八九年杉ノ木小路の屋敷を賜り、翌年移った。山陽十一歳の時である。「茶ノ間十三畳」の北側の部屋からは、新庄《しんじょう》(広島市西区)山頂の宗箇松《そうこまつ》を望むことができた。現在、頼山陽史跡資料館がその屋敷跡に立ち、一角にある「仁室」と呼ばれていた「頼山陽居室」は国史跡である。平家《ひらや》建ての質素な建物であったが、原爆で焼失したので一九五八年(昭和三十三)に復元された。

参考文献　『広島県史』近世二、一九八四。頼祺一編『日本の近世』一三、一九九三、中央公論社。頼山陽先生遺蹟顕彰会編『頼山陽全書』、一九三一-三二。

(藤井　昭)

らく　楽　元来は、心身に苦しみがなく、安らかで楽しいことをさす。また、たやすいこと、容易なこと、生活にゆとりのあることなどの意味で使われる。さらに、例えば「気楽で良いですね」「楽にして下さい」の用例からは、自由に考え行動できること、秩序や規律から自由であることを示す言葉であることが分かる。こうした俗世間の常識や規範にとらわれない状態や地域を指して中世では楽ということがあった。それは世俗の支配権力は直接には及び得ないという無縁という語とも通じるものがある。実際、伊勢国の桑名は十楽の津と呼ばれており、楽市・楽座の楽も同じ意味である。中でも、十六世紀の中ごろから、それまで中世を通じて商業活動を長く支えた座の特権に対し、その弊害・束縛から、誰でもが自由に商業活動を営めるという意味で盛んに用いられるようになった。織田信長による楽市楽座令は特に有名である。

参考文献　網野善彦『(増補)無縁・公界・楽―日本中世の自由と平和―』(『平凡社ライブラリー』、一九九六、平凡社)。

(水藤　真)

らくいちらくざ　楽市楽座　楽市楽座令は、これ以前の座に属する者のみが商業活動を営むことができた中世的商業のあり方を打破し、座の特権を廃止し、新興の商人も自由に商業活動が行えるようにした、画期的な法令と理解されている。しかし、その実態は不明な部分が多く、いわゆる座の特権を否定して自由商業をもたらしたという説(豊田武)、新城下町の建設政策の一環という説(小野均)、寺内町特権に対する大名権力の市場への浸透と理解する説(藤木久志)、市場はもともと世俗の権力から無縁の地に営まれたのであり、楽市令はその追認にすぎなかったという説(勝俣鎮夫)など、さまざまな理解の仕方がある。こうした中、佐々木銀弥は楽市楽座条項は市場や都市法の中で重要であるが一つの条項にすぎない、としている。事実、この法令が出された十六世紀の後半から十七世紀の初頭にかけては、すでに常設店舗による商業が大きなウェートを占めていた。したがって、常設店舗とはいえない市場に対する法令が、中世と近世を画する商業政策の根幹に関わる画期的なものであったか否かは再検討の余地がある。一五六七年(永禄十)十月、美濃国加納市場に宛てた織田信長の楽市令には、「定め　楽市場、一つ、当市場越し居の者、分国往還煩い有るべからず、幷びに借銭・借米・地子・諸役免許せしめ訖んぬ、譜代相伝の者たりと雖も、違乱有るべからざるの事、一つ、押し買い・狼藉・喧嘩・口論するべからざるの事、一つ、理不尽の使入るべからず、宿を執り非分懸け申すべからざるの事、右の条々、違犯の輩においては、速に厳科に処すべきものなり、仍って下知件の如し、永禄十年十月」(原漢文)とあり、最後に信長の花押(署判)がある。いかにも簡略な内容である。それだけにいろいろな解釈を生んだのである。一方、この法令の発令を受けた市場の商人と利用者たちは、狼藉・喧嘩・口論などの絶えることのなかった無秩序な市場が否定され、平和が保証された訳で、歓迎すべきものであったと思量される。なお、楽市令はいずれも加納市場同様個別の市場に宛て出されている。

参考文献 勝俣鎮夫「楽市場と楽市令」(『戦国法成立史論』所収、一九七九、東京大学出版会)。 (水藤 真)

らくちゅうらくがいずびょうぶ 洛中洛外図屏風 中世末から近世まで制作された、京都の諸相を多角的な視点から描いた都市図。「洛中」とは京都の都市部、「洛外」は郊外を意味する。六曲一双の屏風仕立てを基本とする風俗画の一形式。本図には人、装い、道具・持ち物といったものから、寺社・政庁・邸宅・町屋といった建築物、町並みや賀茂川とこれを取り囲む遠景としての山並みなどの景観が一覧的に配置もしくは布置され、人間とその生活・風俗・習慣、政治権力の中枢を示す施設、さまざまな歳事、遠景としての山々や植栽に表現される四季の推移なども描かれている。また中・近世の都市京都の町屋や街路の景観復元、文献資料には現れにくい事家も知りえるのでその歴史資料としての価値は計り知れない。美術史はもとより、都市史・建築史・社会史・芸能史・宗教史・国文学史など、さまざまな分野からの研究が蓄積されつつあるが、観る者の視点によってさまざまな情報を抽出・生成可能な巨大画像データベースと理解してもよい。しかし、洛中洛外図屏風の画面を読み込んでいくには注意するべき点がある。本図の初期の作例(町田家本・東京国立博物館所蔵模本・上杉本など)では、実際の京都の地理を踏まえて景観が描かれる。その後の作例では変化が生じ、林原美術館所蔵本(旧池田家本)を例にとると、基本的な遠景は実際の地理を作画するが、中・近景は名所・寺社などのモチーフが実際の地理を無視して布置される例が多くなる。また画面における、御所・室町将軍邸・室町幕府管領邸・方広寺・豊国神社・二条城・伏見城などの建造物の有無や組みあわせ、個々の図像の

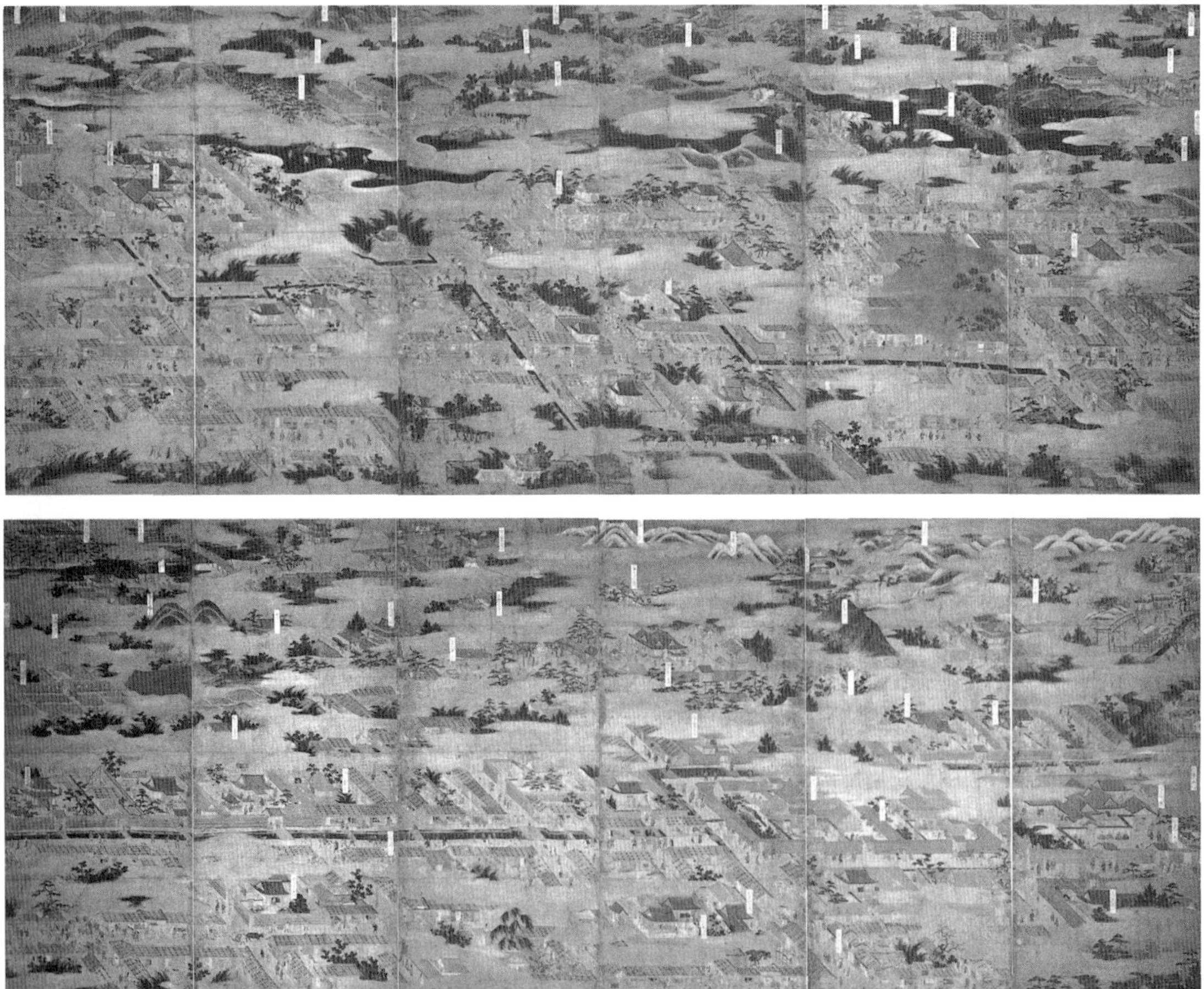

「町田家本洛中洛外図屏風」(上)右隻 (下)左隻

大小は、政治情勢や世情を反映しているとみられる。こうした点から本図はあくまでも心象風景的な都市図であり、地理・地勢を正確に再現する意味での地図ではありえない。今後、研究分野を超えた対話のなされる事によりさらなる成果が期待できる絵画史料といえるだろう。

なお、著名な同図の諸本は岡見正雄・佐竹昭広『標注洛中洛外屏風』(一九八三、岩波書店)、『近世風俗図譜』三・四(一九八三、小学館)、石田久豊・内藤昌・森谷尅久監修『洛中洛外図大観』(一九八七、小学館)、京都国立博物館編『洛中洛外図』(一九九七、淡交社)などにより観ることが可能だが、これらに収載されないものの方が多い。精細な図版による、より多くの本図諸本の公刊が望まれる。

参考文献 高橋康夫『洛中洛外―環境文化の中世史―』(『イメージリーディング叢書』、一九八八、平凡社)。黒田日出男『謎解き洛中洛外図』(『岩波新書』新赤版四三五、一九九六、岩波書店)。辻惟雄編『洛中洛外図』(『日本の美術』一二一、一九七六、至文堂)。今谷明『京都・一五四七年―描かれた中世都市―』(『イメージリーディング叢書』、一九八八、平凡社)。奥平俊六『洛中洛外図舟木本―町のにぎわいが聞こえる―』(『アートセレクション』、二〇〇一、小学館)。杉森哲也「描かれた中世都市」(『日本史リブレット』、二〇〇三、山川出版社)。
（佐多 芳彦）

らくやき **楽焼** 低火度の鉛釉を用いた軟質施釉陶器で、主に茶の湯に用いられる。なかでも楽茶碗はロクロをあえて使わない手づくね(手びねり)成形により、柔らかく温かみの感じられるかたちに仕上げられている。楽焼の創始は桃山時代の天正年間(一五七三―九二)に、侘び茶の大成者である千利休の創意を受けて、楽家初代の長次郎が茶の湯の茶碗を制作したことに始まる。利休は長次郎に命じて、それまでの唐物茶碗や高麗茶碗とは大きく異なる破格の造形を誕生させた。それがロクロを否定し、手づくねと篦削りによってつくられた茶碗である。楽茶碗は長次郎の指の動きが使用者にそのまま伝わるもので、

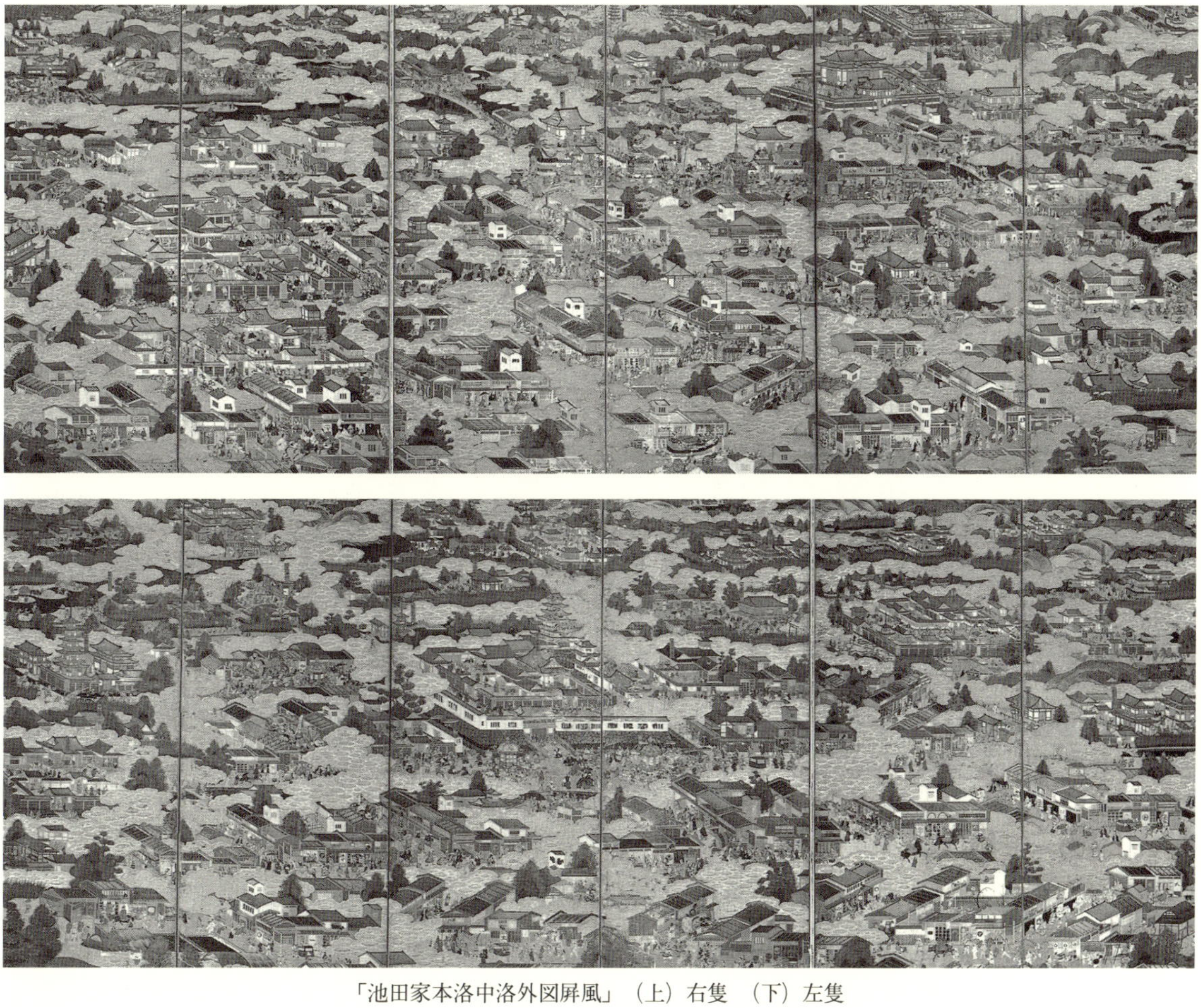

「池田家本洛中洛外図屏風」（上）右隻 （下）左隻

土のもつ質感を生かした軽やかで円やかなかたちはいかにも土器を思わせる。侘茶の世界で尊ばれた無垢の「麁《そ》相《そう》」「無味」を感じさせる造形を表現したといえよう。焼成は大窯や登窯による量産性をとらずに、内窯と称される屋内の小規模な窯で一碗ずつ焼成される。鉛釉を施釉する技法は、初期楽焼のうちに「二彩瓜文平鉢」(東京国立博物館蔵)のように緑釉や黄釉を用いた作があることからも、中国華南地方の素三彩の技術的系譜を引くと推定されている。長次郎の楽茶碗は、つくられた当初は「今焼茶碗」あるいは「宗易(千利休)形の茶碗」というほかに、「聚楽焼」とよばれていた。それは、豊臣秀吉が建てた聚楽第の付近の土(聚楽土)を使ってつくられたことから、このようによばれていたといわれている。つまり楽茶碗は、聚楽第という豊臣秀吉の創造した地上の楽園を象徴する茶碗であり、聚楽土でつくられているところに、大きな意味を有したと思われる。楽家以外にも楽焼を焼く陶家、例えば金沢の大樋焼や京都の玉水焼などがあり、それらは脇窯とよばれている。

(荒川　正明)

らじょう　**羅城**　羅は「めぐる」と訓じ、羅城とは中国の都城にあって字義通り都市＝城を廻《めぐ》る大規模な城壁のことをいう。たとえば唐長安城の周囲をとりまく外郭城＝羅城の遺構は、版築の土垣であり、残りのよい部分では高さ三メートル前後をとどめる。基底部の幅は場所によって異なり九～一二メートルである。また羅城の外側には外濠がめぐっており、南面中央の明徳門付近では羅城の約三メートル外側に幅三メートル前後、深さ一・八メートルの外濠が確認されている。また、八世紀に建設された渤海《ぼっかい》の上京龍泉府では、東西四・五キロ、南北三・三キロの都城域の四周のほとんどに高さ三メートル前後の壮大な羅城跡が遺存している。わが国では『日本書紀』天武天皇八年(六七九)十一月条に「竜田山、大坂山の関の設置に伴い、難波《なにわ》に羅城を築く」という記事がみられる。孝徳朝に造営された前期難波宮に付随する京域については存否両論があるが、この「羅城」が京域の外郭施設として実在したとする見解と、京域ではなく難波宮域の囲郭施設であったとする見解がある。わが国最初の都城であった可能性の強い藤原京では、地形的にみて、少なくとも南辺に羅城の存在していた可能性はない。次の平城京では京域の南面、東西四・二キロの全面に、高さが約五メートルほどと推定される平城宮の大垣に匹敵する規模の築地塀が羅城として設定されており、両側に三・五メートルの溝＝濠をともなっていたとみられる。平安京では『延喜式』左京職式京程の項に「羅城外二丈　垣基半三尺。犬行七尺。溝広一丈。」とあり、これは「南極大路」の南側に設定されたものであることから、平城京と同様の状況であったことがわかる。

参考文献　井上和人「平城京羅城門再考」(『条里制・古代都市研究』一四、一九九六、条里制・古代都市研究会)。

(井上　和人)

らじょうもん　**羅城門**　都城の周囲を囲郭する城壁つまり羅城に開く門。唐長安城では四周の各面に三門ずつ、合計十二の城門つまり羅城門があった。平城京では『続《しょく》日本紀《にほんぎ》』に固有名詞としての「羅城門」がみえ、遺存地割などから復元される平城京での京城門は、京域南面の中央に開く一門だけであったと考えられる。藤原京では、地形的にみて、京域南面に羅城および羅城門があった可能性はない。平城京の羅城門については部分的な発掘調査が行われ、桁行《けたゆき》(正面)五間の規模と復元されていた。しかし、周辺の条坊遺構の発掘結果も考慮すると、実際には桁行七間の規模であり、この場合、中央の五間が扉口となる。この状況は唐長安城の南面中央門である明徳門の場合、通路である門道が五本であることに通じ、また平城宮朱雀門が桁行五間、扉口三間であり、唐長安城皇城の朱雀門の門道が三本であることとも共通した対応関係をみせている。平安京羅城門については、裏松固禅《うらまつこぜん》『大内裏図考証《だいだいりずこうしょう》』では桁行九間説であった。その後、平城京での羅城門と朱雀門が同規模であるとの説に従って絵図資料などから明らかな平安宮朱雀門と同じ七間とされ、いくつかの復元模型が製作されているが、正しくは九間であったとみられる。

参考文献　井上和人「平城京羅城門再考」(『古代都城制条里制の実証的研究』、二〇〇四、学生社)。

(井上　和人)

らでん　**螺鈿**　貝殻を文様の形に切るか、あるいはモザイクのように小片を文様の形に集めて、漆器あるいは木製品に嵌め込んだり、貼って文様を表わす漆工の技法。螺は巻貝、鈿は装飾を意味する。使用する貝は夜光貝、鮑貝が使われることが多く、砥石で研磨して薄くして使用する。貝を嵌める方法は、厚く塗った漆地に貝を押し付けて固着するのと、素地に貝を貼り、漆を塗って埋め、研ぎ出す法とがある。中国では唐時代に鏡の裏面の文様装飾に行われており、正倉院には、鏡のほか、箜篌《くご》、玉帯箱が伝存している。平安時代には蒔絵と螺鈿を併用することが盛んとなり、東京国立博物館の片輪車蒔絵螺鈿手箱、金剛峰寺の沢千鳥蒔絵螺鈿小唐櫃のほか、中尊寺の金色堂は柱や須弥壇に三鈷杵や花文を大きく夜光貝を用いた螺鈿で飾られている。鎌倉時代では鶴岡八幡宮の籬菊蒔絵螺鈿硯箱やサントリー美術館の浮線綾蒔絵螺鈿手箱のような地を金地として蒔絵螺鈿を施した、より豪華な手法が行われた。鎌倉時代末期に螺鈿加飾は衰えるが、桃山時代には薄い貝を使用した輸出用として作られた漆器に再び螺鈿は活用されるようになり、江戸時代には光悦や光琳など琳派系の工人たちによって斬新な螺鈿表現も試みられた。螺鈿は貝であるが、貝にかわって金や銀の薄板を文様の形に切って貼った加飾法を平脱《へいだつ》、あるいは平文《ひょうもん》といい、奈良から平安時代に流行した。

(原田　一敏)

らほつ　**螺髪**　⇩仏像《ぶつぞう》

らんとう　**卵塔**　⇩無縫塔《むほうとう》

り

り 里 ㈠律令制下の地方組織。戸令では五十戸を一里と規定。各地出土の木簡に七世紀半ば過ぎから「五十戸」の表記がみられ、この表記は六七〇年(天智天皇九)の『庚午年籍』より前にさかのぼるので、六四六年(大化二)の改新之詔の時期ごろに編戸が開始されて「五十戸」単位が創られた可能性がある。「五十戸」は六八三(天智天皇十二)—八七年(持統天皇元)ごろに「里」表記に切り替えられ、七〇一年(大宝元)施行の大宝律令制では国—郡—里という地方組織の最末端にあたる。郡には郡家《ぐうけ》という行政拠点があるが、その下部の里を単位とした里家と呼べる行政拠点の存在は史料からは窺われない。里は人為的な編成単位で、仕丁・兵士徴発のために戸数が整うよう編戸段階で調整されたとする見方も出されている。七一七年(養老元)に始まる郷里制では、それまでの「里」を「郷」と改称し、その下に細分化した組織を編成してこれを「里」としたが、七四〇年(天平十二)ごろの郷里制の停止に伴い、「里」という組織名は消失した。以後、従来の五十戸の規模の組織は郷として存続していく。

参考文献 佐々木恵介「律令里制の特質について—日・唐の比較を中心として—」(『史学雑誌』九五ノ二、一九八六)。 (鐘江 宏之)

㈡距離の単位。中国では、もともと一里の面積をもつ方形の一辺をさしたが、唐令では五尺を一歩、三百六十歩を一里と規定した。日本では、これをうけて、『大宝令』で五尺(高麗尺)を一歩、三百歩を一里としたが、七一三年(和銅六)に高麗尺《こまじゃく》を廃止したために、一歩は六尺(唐大尺)となり、このとき一里の歩数も唐制にならって三百六十歩になったとみられる。条里制の展開とともに六十歩(間)一町、六町一里がひろまる(小里)。各地で確認される条里地割の一町は約一〇九㍍なので、六町一里は約六五四㍍となる。ところが、鎌倉時代ごろから、一里の面積が三十六町であることから、それを距離に転じて三十六町を一里とする例が確認される(大里)。この一里は約三九〇〇㍍。徳川家康は五街道の整備に伴って、一間六尺、六十間一町、三十六町一里と定め、各地に一里塚をおいたが、必ずしも一里の町数は一定しなかった。一八六九年(明治二)に三十六町一里に統一され、約三九二七㍍となった。

参考文献 小泉袈裟勝『ものさし』(『ものと人間の文化史』二二、一九七七、法政大学出版局)。 (大隅亜希子)

りきゅう 離宮 皇居以外の場所に設けられ、行幸時に使用される宮殿。用例上での厳密な区別はないが、おおよそ行宮・頓宮が一回的な使用なのに対して、恒常的な使用を前提とする場合に用いられる。行幸時における新規の造営だけでなく、臣下邸宅・官衙・駅家・寺などを臨時に使用した場合が多い。和泉(茅渟《ちぬ》)宮・吉野宮・島宮など恒常的に維持されたものや難波宮・紫香楽宮・保《ほ》良《ら》宮・小墾田宮《おはりだのみや》など一時的に内裏として扱われた例もある。奈良時代には行幸臨時官司として造行宮司・造離宮司・造頓宮司などが設置され、ほぼ同義に用いられた。ちなみに、七二四年(神亀元)の紀伊行幸では、造離宮司により明光浦《あかのうら》に離宮が造営されたが、遠行をいとわず遊覧するに足たる場所として守戸が設置され、恒常的に維持する離宮と那賀《なが》郡玉垣勾頓宮《たまかきのまがりのかりみや》や海部《あま》郡玉津嶋頓宮《たまつしまのかりみや》など仮設的な行宮(頓宮)との区別した記載がなされている。平安時代には行幸の衰退とともに平安京周辺に限定される。 ↓行宮《あんぐう》

参考文献 仁藤敦史「古代王権と行幸」(『古代王権と官僚制』所収、二〇〇〇、臨川書店)。 (仁藤 敦史)

りきゅういん 離宮院 伊勢神宮の三節祭に参向する斎王の御座所・勅使の宿坊・大神宮司の政庁・度会郡の駅《うま》家《や》などがあった古代中世の官衙遺跡。三重県度会郡小俣《おばた》町字離宮山、宮川左岸の標高約一〇㍍の洪積台地に立地する。国指定史跡。七九七年(延暦十六)に対岸の沼木《ぬき》郷高河原(伊勢市宮後町)から移転し十五世紀ごろまで存続した。史跡内の発掘調査は過去三回実施。八脚門と柵列が確認され、根元まで炭化した状態で検出された控柱は、八三九年(承和六)に官舎百余宇が焼失したという『続日本後紀』の記事を裏付けるかと注目された。一九九八年(平成十)に当遺跡の北東五〇〇㍍の法楽町地内で検出された平安時代前期の掘立柱建物群が八脚門の棟方向とほぼ一致することなどから、遺跡の範囲はさらに北側へ広がると推定される。八二四年(天長元)から先の火災焼失まで十五年間、この地に斎宮が置かれた。九世紀初頭ごろから斎宮寮の行政的機能が変容したと推測され、斎宮跡の調査結果と関連づけて考察すべき遺跡である。 ↓斎宮《さいくう》

参考文献 大西源一「離宮院」(『三重県に於ける主務大臣指定史蹟名勝天然記念物』一所収、一九三六)。小俣町教育委員会編『離宮院跡発掘調査報告』、一九八〇。同編『離宮院跡(法楽町地区)発掘調査報告』、二〇〇〇。田阪仁「離宮院年表」(『あすの三重』八三、一九九二)。 (田阪 仁)

りくしょうじ 六勝寺 鴨川東側の白河の地、現在の京都市左京区岡崎に、院政期に建立された六つの御願寺。寺院名に「勝」の文字が付くことから六勝寺と総称された。この場所は平安京外ではあるが、条坊制が東へと延びた「外京」とする説もあるほど、古くから開けたところで、これらの寺院が建立されたところも、南北が大炊御門末以南三条坊門小路末以北の四町分、東西が白川から西の七町分と推定され、その中に六つの寺院が建って

六勝寺一覧

寺院名	願主	供養年次	出典	規模
法勝寺	白河天皇	1077年(承暦元)12月18日	『法勝寺供養記』	四町四方
尊勝寺	堀河天皇	1102年(康和4)7月21日	『中右記』	四町四方
最勝寺	鳥羽天皇	1118年(元永元)12月17日	同	一町四方
成勝寺	崇徳天皇	1139年(保延5)10月26日	『帝王編年記』	一町四方?
延勝寺	近衛天皇	1149年(久安5)3月20日	同	東西二町
円勝寺	待賢門院璋子	1128年(大治3)3月13日	同	一町四方

いた。建立された寺院名や御願者・規模は別表のとおりである。このうち、もっとも早く建立されたのが法勝寺であり、ここでは八角九重塔や金堂に密教の諸仏を安置したことから、その後のほかの五つの寺院も密教を基調としていたといわれる。しかも、これらの寺院は受領層の「成功《じょうごう》」によって造営工事が行われたのが大きな特徴となっており、院政期の仏教の特色や、政権と受領層の関係をうかがえる点が興味深い。六勝寺は現存しないため、正確な位置があまり明確ではないが、一九五九年(昭和三十四)の京都会館建設に伴う発掘調査で、尊勝寺跡の一部が見つかったのをはじめ、六勝寺の各部分部分ではあるが、調査が積み重ねられてきている。その結果、九百種類を越える瓦類が出土しており、西日本や北九州・東海地方で生産されて京都へ来たものや、京都洛北の官窯で焼かれたもののあることがわかってきた。そのうち、地方で生産されたものはその地方の受領層が献上したものと見られ、これらの寺院が受領層の成功で建立されたことを具体的に証明する資料となった。また、六勝寺の建立に伴い、「六勝寺領」と呼ばれる寄進地系荘園が成立した。これらは本家職として院政政権の長である院(上皇)がもち、寺院建立を受領層が請け負う形で成立した所領である。これらの荘園は承久の乱で後鳥羽上皇が配流された後、鎌倉幕府から後高倉院へ還付され、以後戦国時代まで名目的にせよ存続したことが確かめられている。→円勝寺《えんしょうじ》 →延勝寺《えんしょうじ》 →最勝寺《さいしょうじ》 →白河《しらかわ》 →成勝寺《せいしょうじ》 →尊勝寺《そんしょうじ》 →法勝寺《ほっしょうじ》

参考文献 福山敏男「六勝寺の位置」(『日本建築史研究』所収、一九六八、墨水書房)。竹内理三「六勝寺建立の意義」(『律令制と貴族政権』二所収、一九五八、御茶の水書房)。平岡定海「六勝寺の成立について」(『日本寺院史の研究』所収、一九八一、吉川弘文館)。

(土橋　誠)

りちょう　里長　里の統率を担う者として里内から選ばれた。「五十戸長」とも記され、「さとおさ」とも呼ばれる。戸令では、位階を持たない者の中から清廉で力強い者を選び、里内の人々を調査・監督したり、農業・養蚕の推進や賦役の督促なども担当するよう規定している。六八三年(天武天皇十二)以前の木簡の事例では、律令制下の里は「五十戸」と表記され、その時期には「五十戸造」という名称も知られる。おそらく「五十戸造」は系譜的に「里長」へとつながるものとして、六八三―八七年(持統天皇元)ごろに「里長」表記に切り替えられたとみられる。七一七年(養老元)に始まる郷里制では、それまでの「里」を「郷」と改称し、その下に細分化した組織を置いて「里」とし、それぞれに郷長と里正を置いて統率させた。七四〇年(天平十二)ごろの郷里制の停止によって「里正」は廃止されるが、郷里制以前の「里長」は「郷長」としてその後も存続していく。

参考文献 奈良国立文化財研究所埋蔵文化財センター編『律令国家の地方末端支配機構をめぐって―研究集会の記録―』、一九九八。

(鐘江　宏之)

りっこくし　六国史　奈良時代から平安時代前期に編纂された国史の総称。『日本書紀』『続日本紀』『日本後紀』『続日本後紀』『日本文徳天皇実録』『日本三代実録』の六書を指し、いずれも漢文体で叙述され、記述年代は神代から光孝天皇の八八七年(仁和三)にわたる。中国の正史に倣うところが大きかったとみられるが、その典型的な体裁である紀伝体(本紀・志・表・列伝などから構成される)ではなく、ほぼ編年体といってよい体裁が採られている。ただし、各天皇紀の冒頭部分に即位前紀を置くことなどから、中国における紀伝体の本紀部分、あるいは歴代皇帝の実録に近い、ともいえる。令の規定では、中務《なかつかさ》卿《のかみ》の職掌に「監修国史」が、図書頭《ずしょのかみ》の職掌に「修撰国史」がみえるが、実際には個別に任命された官人が編纂に従事した。おそらく当初から「撰日本紀所」「撰国史所」などと呼ばれた臨時の組織が編成されたものと思われるが、『新儀式』五(臨時下　修国史事)には、第一大臣・執行参議一人・大外記ならびに儒士のうち筆削に堪える者一人が制作にあたり、諸司官人の事に堪える者四、五人がこれを補助するという体制がみえる。内容面では、神代の記述なども含む『日本書紀』は別に位置付ける必要があるが、後に編纂されたものほど体裁や叙述の方法が整備されていき、また、歴代天皇の実録としての性格を強めていくとされる。中国の正史が、政治的事件などに大きな比重をおき、歴史を動的に把握して、そこから教訓を得ようとするのに対し、恒例行事でも省筆することなく詳細に記録するなど、静的に歴史を叙述すること、あるいは実用的な散文に終始しており、文学面での抑制が顕著であることなどが、日本の正史の特徴とされている。

なお、『日本三代実録』完成後も「撰国史所」が置かれ、編纂事業が進められた。諸書に『新国史』あるいは『続三代実録』という書名でみえるものがその成果と考えられており、最初宇多天皇・醍醐天皇の二代を四十巻に、後に朱雀天皇を加えて五十巻にまとめられたが、結局完成に至らず未定稿のまま終わったと推定されている。

参考文献　坂本太郎『六国史』(『坂本太郎著作集』三、一九八九、吉川弘文館)。同『修史と史学』(『坂本太郎著作集』五、一九八九、吉川弘文館)。笹山晴生「続日本紀と古代の史書」(『新日本古典文学大系』一二所収、一九八九、岩波書店)。池田温「中国の史書と続日本紀」(『新日本古典文学大系』一四所収、一九九二、岩波書店)。

(石田　実洋)

りっしゃくじ　立石寺　⇩山寺《やまでら》

りっしょざんぺん　律書残篇　古代の刑律に関する文献。原題・著者ともに不明。現存本は、もと東大寺東南院に伝来し、現在お茶の水図書館所蔵の巻子本一巻のみで、重要文化財に指定されている。首尾欠で欠葉もあり、転写による錯簡誤脱と思われる部分も多い。本書の成立は平安時代前期を下らず、七九八年(延暦十七)―八一二年(弘仁三)とする説があるが、諸国郡郷里程数部分には奈良時代前半の様相が残され、成立後の書き入れもあるとされる。内容は、贖法を中心に律本文を離れて自由に論じられており、贖銅と稲・布との換算法、三流の距離、八逆罪・七逆罪など独特な内容を含み、当時の刑律の実態を知る上で興味深い。しかし変則漢文や万葉仮名による助詞表記、錯簡誤脱などのため難解で、研究は進んでいない。本文は『(改定)史籍集覧』二七に収められるが、誤植・脱字が多い。複製本に『古律書残篇』(山田孝雄解説、一九二四、古典保存会)がある。

参考文献　坂本太郎「律書残篇の一考察」(『坂本太郎著作集』七所収、一九八九、吉川弘文館)。横山貞裕「律書残篇について―唐律の摂取斟酌過程―」(『国士館大学教養論集』八、一九七九)。東野治之「『古律書残篇』試訓」(『南都仏教』四六、一九八一)。

(稲田奈津子)

りつのしゅうげ　律集解　日本律の条文解釈を集成した注釈書。『本朝書籍目録』は明法博士惟宗直本の撰とする。平安時代前期の成立か。『令集解』とともに高い評価を受けて中世まで利用されたが、現存せず、詳細は不明である。『本朝法家文書目録』が記す本書一部三十巻の構成は、『唐律疏議』のそれとほぼ一致する。『政事要略』などに逸文が残されており、和田英松・利光三津夫らによって収集が進められ、現在では国書逸文研究会編『(新訂増補)国書逸文』(一九九五、国書刊行会)に百四十五項目が集成されている。大字一行で記した律本文に、細字双行で日唐律の疏文および諸家の注釈を列記していく体裁で、『大宝律』の注釈とされる「古答」、明法家の私記とされる「物記」「穴記」、唐人による唐律の注釈とされる「律附釈」「張」「宋」などが記される。日本律は唐律をほぼそのまま継受したため、本書でも唐の律疏や注釈書が日本の諸注釈と同格に扱われ、日本律の注釈に役立てられている。

参考文献　和田英松『本朝書籍目録考証』、一九三六、明治書院。利光三津夫「律集解逸文の探求」(『律の研究』所収、一九六一、明治書院)。国学院大学日本文化研究所編『日本律復原の研究』、一九八四、国書刊行会。

(稲田奈津子)

りつりょうきゃくしき　律令格式　七―十世紀に編纂・施行された四種の成文法典の総称であり、その法体系をいう。『弘仁格式』(八二〇年(弘仁十一)撰進)の序に「律は懲粛を以て宗とし、令は勧誡を以て本とし、格はすなわち時を量りて制を立て、式はすなわち闕を補いて遺を拾う、四者あいまちて以て範を垂るるに足る」(原漢文)とあるように、律は刑罰規定、令は官人への教令という性格を持つ行政法規、格は単行法令として出された律令の修正・補足を集成したもの、式は律令格の施行細則である。これらは元来中国で発達し、隋唐期に至って四者完備した法体系として確立した。その影響は周辺諸国へと波及し、日本でもその体系に学びつつ独自の法典が編纂され、七―八世紀に律令が、九―十世紀に格式が順次整えられた。律令の編纂については、『近江令』(六六八年(天智天皇七)制定・施行)、『飛鳥浄御原律令』(六八九年(持統天皇三)施行)、『大宝律令』(七〇一年(大宝元)・〇二年制定・施行)、『養老律令』(七一八年(養老二)ごろ制定、七五七年(天平宝字元)施行)が知られるが、このうち『近江令』と『飛鳥浄御原律』はその存在が疑われており、威奈真人大村墓誌に「大宝元年を以て律令初めて定む」(原漢文)とあることからも、『大宝律令』の完成が大きな画期と認識されていた。『養老律令』は、政治社会状況の変化などに応じて部分的に修正を加えているものの、ほぼ『大宝律令』と同内容といえる。現在、『養老律』の部分的写本を除くと律令の原文は伝わらないが、『養老律』は逸文と『唐律疏議』との対照によって、『養老令』は『令義解』『令集解』などから、その大部分を復原することができる。また『大宝令』についても部分的に復原可能である。日本律令は、唐の『永徽《えいき》律令』(六五一年制定)を基本とし、日本の実情を踏まえた改変が加えられているため、日唐律令を比較することによって当時の社会状況を推測することができる。律の改変は令に比べると小規模にとどまるが、刑を全般的に軽くしている点、『永徽律疏』(六五三年制定)の機能を律本文中に取り込んだ点が特徴といえる。なお、『刪定律令《さんていりつりょう》』(七九一年(延暦十)施行、八一二年廃止)・『刪定令格《さんていりょうきゃく》』(七九七年施行、八一二年ごろ廃止か)はともに『養老律令』の簡略な修正法にすぎず、『養老令』以降は新たな律令が制定されることはなく、格式による修正のみが行われるようになる。単行法令としての格や式は、律令の編纂とともに出されるようになり、『養老令』の施行細則を集めた『八十一例』や石川年足の『別式』など、式の先蹤ともいえる法令集も作成された。しかし国家事業としての法典編纂は桓武朝に始まり、地方官の交替に関する単行法令を集成した『延暦交替式』(八〇三年制定・施行、式と称するが格の体裁を持つ)が編纂されたのを契機に、弘仁・貞観・延喜の三代の格式が編纂された。『弘仁格式』(八二〇年撰進、八三〇年(天長七)施行、八四〇年(承和七)改正施行)編纂によってはじめて律令格式がそろい、以後、格では『貞観格』(八六九年(貞観十一)制定・施行)と『延喜格』(九〇七年(延喜七)制定・九〇八年施行)が、式では『貞観式』(八七一年制定・施行)と『延喜式』(九二七年(延長五)制定・九六七年(康保四)施行)が編纂され、それぞれ三代の格、三代の式と称された。このほかに、交替式も貞観・延喜にひきつづき編纂され、朝廷の儀式に関する細則は弘仁の『内裏儀式』『内裏式』、『貞観儀式』、『延喜儀式』などにまとめられた。現在、格については『類聚三代格』などによってかなりの部分を知ることができ、式については『弘仁式』の一部と『延喜式』全体が残されている。三代の交替式と『貞観儀式』も伝存しており、『内裏儀式』『内裏式』は部分的に残っている。『養老律令』と『延喜格式』は、名目上は国家の基本法として長く効力を保ったが、政治社会情勢の変化を受け、各分野で新たな慣習法が生まれるようになり、公家法といわれる法体系が形成されていった。

参考文献 井上光貞「日本律令の成立とその注釈書」(『律令』所収、一九七六、岩波書店)。律令研究会編『訳註日本律令』、一九七五-九六、東京堂出版。仁井田陞『唐令拾遺(復刻版)』、一九八三、東京大学出版会。虎尾俊哉『延喜式』(『日本歴史叢書』八、一九六四、吉川弘文館)。

(稲田奈津子)

りつりょうせい　律令制　律令法体系にもとづく統治制度・国家体制。中国で発達した法体系に学び、日本でも七世紀後半より律令の導入がはかられ、『大宝律令』(七〇一年(大宝元)・〇二年制定・施行)および若干の改変を加えた『養老律令』(七一八年(養老二)ごろ制定、七五七年(天平宝字元)施行)として結実した。ここに規定された諸条項を基軸に形成された国制を律令制と称する。中国史分野では、古く秦漢時代から律令が存在すること、律令は国制の一部にすぎず、礼楽をより重視することなどにより、国制概念としての律令制はなじまないとする考えもあるが、特に律令制度の整備された隋―唐前期の国家体制を律令制ととらえる場合もある。以下は律令の内容に沿って見ていきたい。律では、笞杖徒流死の五種の刑罰や、国家や君主・父母への犯罪を重くする八虐、特権身分に刑罰軽減を認める六議などを規定するが、ほぼ唐律の体系を継承しており、量刑を全般的に軽くしている点が特徴といえるものの、その実効性は限定的であったと考えられる。令では、まず官位令・職員令で官位相当制にもとづく中央・地方の官司・官人組織を示す。中央には二官(神祇官・太政官)・八省(中務・式部・治部・民部・兵部・刑部・大蔵・宮内)・一台(弾正台)・五衛府(衛門府・左右衛士府・左右兵衛府)およびその下部機関が置かれ、おのおのに四等官(長官・次官・判官・主典)が配された。畿内の有力豪族は議政官となり、太政官を中心とした政務体系が形成された。地方は国・郡・里(里はのちに郷・里、ついで郷とされる)に編成され、中央から派遣される国司のもとに、地域豪族出身の郡司が登用され、伝統的権力を背景にした在地支配が行われた。獄令や捕亡令では犯罪が発生した場合の裁判や科刑、逃亡者の追捕などについて規定するが、律令の行政機構は同時に司法機構でもあり、刑の軽重によって下級・上級官司で裁判および刑の執行が行われた。選叙令・考課令・禄令では官人の登用や俸禄、勤務評定や叙位任官の手続きについて規定する。蔭位《おんい》の制は、高位高官者が位階を子孫に継承することを容認するもので、特権的支配身分の固定化につながった。文書行政の基本は公式令に定められ、駅伝制による交通整備とあわせて、中央と地方との迅速な情報伝達を可能とした。戸令・田令・賦役令は公民支配について規定する。公民は戸を単位に編成され、戸籍・計帳に登録されたが、これが班田収授や賦役・兵役のための基礎台帳となった。税制には調・庸・義倉などの賦税、歳役・雇役・仕丁などの力役、田租などがあり、公民には良賤の区別や儒教的な家秩序が求められた。軍制については宮衛令・軍防令で、宮城・都城の警護にあたる衛士や諸国の軍団兵士、辺防を担う防人などが置かれた。都城を中心とした建物や物品の製作・修繕については営繕令、官の諸施設の管理・運営については倉庫令・厩牧令、関や市の管理については関市令が規定する。また神祇令・僧尼令では神祇祭祀の大綱や僧尼の統制について述べている。継嗣令は皇族身分について規定するが、天皇自身は律令制を超越する存在として位置づけられた。医疾令・学令は医療関係者および大学や国学の学制に関して規定するが、大学では各種の経書が学ばれ、儒教の体系的受容が目指された。そもそも中国の律令は、伝統的な社会規範たる礼を前提とするものであったが、固有の伝統を持つ日本では、礼典そのものを直接的に継受し編纂することはなかった。しかし儀制令・衣服令は朝廷儀式に関する規定や官人間・親族間での礼的秩序、身分に応じた服制について規定し、仮寧令・喪葬令は官人の休暇や喪葬儀礼についての礼にもとづいた対応を述べている。また雑令にも儒教的要素が多く存在し、中国的礼秩序は律令規定の範囲内ではあるが確実に受容されていた。

参考文献 井上光貞他校注『律令』(『日本思想体系』三、一九七六、岩波書店)。石母田正『日本の古代国家』(『石母田正著作集』三、一九八九、岩波書店)。吉田孝『律令国家と古代の社会』、一九八三、岩波書店。

(稲田奈津子)

りつりんこうえん　栗林公園　高松市栗林町に所在する大名庭園。総面積七四・八七ヘクタール。一九五三年(昭和二十八)に国の特別名勝に指定。紫雲山東麓にあり、紫雲山を借景とし、香東川の伏流水を利用した六つの池、十三の山坂が配置されている。全体が北と南に大きく二分。南庭は回遊式の大名庭園である。北庭は、雑木などが茂る沼地や藩主が臨む檜御殿などが配置されたが、一九一一年(明治四十四)から整備が始まり、宮内省内苑技師の市川之雄の設計による洋式庭園となった。南西部に、「小普陀」とよばれる古い様式の石組があり、室町時代に造園が始められたと考えられている。文献上では、江戸時代初期に生駒氏による庭園整備や、「栗林」という呼称が確認できる。大名庭園としての本格的な整備は松平家の高松入部以降。三代藩主松平頼豊は「栗林荘」に御殿や茶屋などの建物を充実させ、五代藩主頼恭《よりたか》の時、一七四五年(延享二)に大名庭園として完成した。植物研究のための薬草園が園内に設置され平賀源内が関わったと伝えられている。

参考文献 香川県教育委員会編『香川の文化財』、一九九六。

(渋谷 啓一)

りゅう 竜 古代中国における想像上の蛇身の霊獣。頭にはその特徴である辛字形の冠飾りがある(『字統』)。水に潜み降雨をもたらし、時至らば昇天する。そこから黄《こう》帝《てい》が竜に乗り、あるいは死者が竜車で昇天するなどの信仰が生じた。竜の誕生時期は紀元前五千年の新石器時代以前にさかのぼり、原型を鹿や虎、蛇、牛などに求める説があるが、考古学的な検討では特定の動物ではなく、宇宙のエッセンスを含む霊的な存在という(林巳奈夫説)。竜は五行《ごぎょう》思想と結びつき青竜《せいりゅう》、朱雀《すざく》(鳳)、白虎《びゃっこ》、玄武《げんぶ》の四神として方位を正した(『礼記』曲礼)。不祥を避け陰陽を整えるのであろう。竜の属性にあやかる図像、絵画、工芸などは多く、竜単独、あるいは四神や十二支の一端としても用いた。日本へは弥生時代末には伝来した。大阪府池上曾根《いけがみそね》遺跡の弥生第Ⅴ様式の土器にヘラ書き図像がある。古墳時代には中国鏡の文様としてあり、五・六世紀には武器・武具などにも類例をみる。竜を飾る大刀には柄頭の環の中に頭部側面形を、環周に竜の体部などを表すものがある。環の単竜を百済系、双竜を高句麗系とする見方もある。四神相応は福禄、長寿などをもたらす貴い地相であり、古代都城の藤原・平城・平安京選地の背景をなす。これは京・宮城・宮城中枢部(大極殿《だいごくでん》)の三重構造をなし、宮城の正門には朱雀門を配し、中枢部の大極殿院《だいごくでんいん》の正面は四神の幡によって荘厳した。藤原宮における「其儀、於正門樹烏形幢、左日像、青龍、朱雀幡、右月像、玄武、白虎幡。蕃夷使者陳列左右、文物之儀、於是備矣」(『続日本紀《しょくにほんぎ》』大宝元年(七〇一)正月朔日条)はその嚆矢であり、元日朝賀《ちょうが》や即位儀等の大儀に宮殿を荘厳した。平城宮第二次大極殿南庭部には八世紀後半に降る幢幡支柱の遺構がある。地下(死者)宮殿の荘厳例には高松塚・キトラ古墳壁画の四神像がある。十二支像も同様に地上と地下世界を荘厳した。平安宮大極殿では朝賀(大儀)に繍額(帽額《もこう》)を引きめぐらす(『延喜式《えんぎしき》』大蔵省)。原田淑人は正倉院十二支布幕をもとに、大儀では錦繍・平絹を、凶礼では麻布を用いること、この風が奈良時代中葉にさかのぼるとした。宋代以降、二角五爪が竜として天子の独占物となり、それ以外は蟒蛇《うわばみ》とされた。近世の竜は多くが四爪・三爪などの蟒蛇である(宮崎市定説)。

参考文献 林巳奈夫『龍の話』(『中公新書』、一九九三、中央公論社)。

(金子 裕之)

りゅうがいじ 竜蓋寺 ⇩岡寺《おかでら》

りゅうかくじ 龍角寺 六五〇―六六〇年代に創建された房総最古の瓦葺きの寺。一部国史跡。千葉県印旛郡栄町龍角寺(下総国埴生郡)所在。天台宗龍角寺に遺跡があり、寺名は龍による降雨伝説に由来する(『竜角寺縁起』)。立地は印旛沼東岸の台地北部で、南側に埴生郡家(大畑Ⅰ遺跡・向台遺跡)や龍角寺古墳群が広がる。遺構は金堂と塔跡が東西に並び、塔には心礎が残る。金堂南側に時期不明の八脚門の礎石が残り、金堂北側で講堂らしき基壇が確認される。創建は六四九年(大化五)の建評が契機で、造営に関わった周辺の地域や集団名を記した文字瓦が多数出土している。その銘文には「朝布」「服止」など後の郷名に通じるものがあり、創建の経緯は古墳から寺へ、印波国造のクニから評・郡へ、五十戸から里・郷への変遷を在地から知る上で貴重。創建期の軒先瓦は大和山田寺の影響を受ける。本尊薬師如来座像は頭部が白鳳様式で、重要文化財。頭部以外は後世の補修で、頭部も火災の損傷を受ける。中世は金沢称名寺との関わりが深く、「談義処」「談処」などと記され(『法華文句私抄』など)、学問交流の寺として存立した。中世以降たびたび火災にあい、多くの寺物が失われている。

資料館 千葉県立房総のむら風土記の丘資料館(千葉県印旛郡栄町)

参考文献 荻野三七彦「竜角寺縁起に就いて」(『史観』三三、一九五〇)。大野政治『下総国龍角寺・龍腹寺・龍尾寺三山縁起について』、一九九七。植野英夫「中世下総国埴生庄と龍角寺」(千葉歴史学研究会編『中世東国の地域権力と社会』所収、一九九六、岩田書院)。千葉県史料研究財団編『千葉県の歴史』資料編考古三・通史編古代二、一九九八-二〇〇一。山路直充「文字瓦の生産―七・八世紀の坂東諸国と陸奥国を中心に―」(山中章編『文字と古代日本』三所収、二〇〇五、吉川弘文館)。

(山路 直充)

りゅうかくじこふんぐん 龍角寺古墳群 千葉県印旛郡栄町龍角寺・成田市大竹に所在する古墳群。印旛沼を望む下総台地上に位置し、大型方墳など方墳六基と前方後円墳三十七基・円墳七十基の百十三基以上から構成される。南方に隣接し大型方墳を複数含む大竹・上福田古墳群、公津原古墳群と合わせると約三百七十基に達し、下総国最大の古墳集中地帯をなす。さらに北方約一キロには、白鳳仏と法起寺式伽藍配置をもつ龍角寺が所在する。奈良県百済大寺と同様な山田寺系の軒瓦が用いられ、創建年代は七世紀後半とみられる。隣接する律令期埴生郡家と推定されている大畑Ⅰ遺跡などとともに、印波国造の背景をなす遺跡群と考えられる。最後の前方後円墳とみられる浅間山《せんげんやま》古墳（全長七八メートル）と大型方墳の岩屋古墳（一辺約八〇メートル）が最大で、調査された古墳はいずれも後期以降に属する。主要古墳の変遷は、浅間山古墳→岩屋古墳→ミソ岩屋古墳（一辺三五メートル）などの方墳群とみられ、前方後円墳から大型方墳への転換や古代寺院建立への連続性を具体的に示す重要遺跡である。

[資料館] 千葉県立房総のむら（千葉県印旛郡栄町）

[参考文献] 甘粕健「前方後円墳の性格についての一考察」（考古学研究会十周年記念論文集刊行委員会編『日本考古学の諸問題』所収、一九六四）。大塚初重「千葉県岩屋古墳の再検討」（『駿台史学』三七、一九七五）。千葉県史料研究財団編『印旛郡栄町浅間山古墳発掘調査報告書』（『千葉県史編さん資料』、二〇〇二、千葉県）。

（古谷　毅）

りゅうきゅう　琉球　リュウキュウの語が史料上初めて登場するのは『隋書』の流求国伝である。それによれば、流求という国が建安郡（今の福建北部）の東方、船で五日を要するところにあったという。そこには王がおり、王の居所は波羅檀洞と呼ばれた。国には四、五人の帥がいて諸洞を統轄したが、洞にはそれぞれ小王がいた。またところどころに村があり、戦に長けた者が鳥了帥として村を治めていた。流求の人は戦争が好きで、闘死者の人肉を食すとか、人が死ぬと村人がともにこれを食すといった、食人の風習を伝えている。これ以外にも土人の特徴、風俗、物産、地勢などの記事がある。同書陳稜伝には、流求遠征に関する戦闘の様子が書かれている。こうした「流求」の位置については、沖縄か、台湾か、はたまた台湾と沖縄を含む諸島の総称か、台湾南部か、長期にわたる論争があり、未だ決着していない。「流求」の語は『諸蕃志』、『通典』（北宋版）、『北史』、『宋史』および北宋末の元符年間（一〇九八―一一〇〇）に編纂された『歴代地理指掌図』などにもみえるが、リュウキュウの音声表記にはこのほか、中国側文献に「流球」（『諸蕃志』）、「流鬼」（『新唐書』）、「瑠求」（『元史』）、「琉求」（『新元史』）、「留仇」（『続文章正宗』）、「流虬」（『皇明世法録』）などがあり、日本側の文献には、「流球」（『漂到流球国記』）、「琉球」（『今昔物語集』、「円珍奏状」（『平安遺文』四四九二号））、「留求」（「大使の為に福州の観察使に与ふる書」（『性霊集』））、「流綝」（『智証大師伝』（『日本高僧伝要文抄』））などがある。こうしたリュウキュウがどこをさすか必ずしも明確ではない。たとえば、『元史』の「瑠求」は、記載内容が『宋史』までの正史が伝える流求とも、『明史』以後の琉球とも異なっていることから、台湾をさすとみなされている。また智証大師円珍が乗った船は八五三年（仁寿三）八月九日に肥前国松浦郡の値嘉島から海に出るが、十三日申時、北風に煽られて「人を食（喫）ふ国」であるリュウキュウに漂着する。円珍和尚が不動明王を念ずると俄に巽（辰巳）からの風が吹き、十五日の午時に福州連江県堺に着くが、『今昔物語集』と「円珍奏状」は琉球、『智証大師伝』は「流綝」と、それぞれ表記が異なっているが、ここでのリュウキュウは日程からすれば台湾をさすとみられる。八〇四年（延暦二十三）十月に唐の福州で空海が起草したといわれる「大使の為に福州の観察使に与ふる書」では、「凱風朝に扇げば、肝を耽羅《たんら》の狼心に摧き、北気夕べに発れば、膽を留求の虎性に失う」（原漢文）とあるが、ここでは耽羅すなわち済州島と対置されていることから台湾よりも沖縄と見た方がよい。『漂到流球国記』は一二四三年（寛元元）に肥前国松浦を出港した渡宋者一行が、翌年六月一日に帰国するまでの出来事を僧慶政が聞き書きしたものである。その渡宋船は同年九月八日値嘉島を出発したが猛風により流され、十七日ある島に漂着する。当初はそこがどこかわからず、貴賀国か南蕃か流球国か、乗船人の間でも意見が分かれたが、仮屋の炭爐の中に人骨があるのを見て流球と判断したとある。ここでもリュウキュウを食人の国とする『隋書』流求国伝の影響が見られる。二十三日に流球を脱出したものの、好風に恵まれず二十五日まで流球の海域に止まっていたが、翌日好風が吹き、二十九日に福州龍盤嶼に到着したというから、流球から福州まで四～六日要していること、また流球人が米を知らず、芋を食べていること、仮屋の柱に赤木が用いられ、渡宋者が赤木を持ち出そうとしていたことなどを考えた場合、ここでの流球は沖縄の可能性が高いと思われる。なお『歴代地理指掌図』は東夷の海中の国の一つとして流求を挙げているが、「古今華夷区域総要図」では、北から南に倭奴、日本、毛人、流求、蝦夷が描かれている。当時の中国地図では日本を南に倒置した形で描くのが一般的であるが、そうだとすれば流求は、沖縄でも台湾でもない日本の東北地方あたりに比定されることになる。以上のように、明代以前の文献にみえるリュウキュウを特定の島に限定することはできない。これに対して『明史』、『大明一統志』、『明実録』、および『通典』（清版）、『文献通考』などにみえる琉球はまぎれもなく沖縄の公称として用いられている。沖縄島が中山・南山・北山の三山に分立していた時代に、まず中山が一三七二年（洪武五）に初めて明に入貢し、中国の冊封体制に組み込まれる。南山・北山も同様の経緯を辿るが、一四二九年（宣徳四）、尚巴志《しょうはし》によって三山は統一され琉球王国が成立する。尚巴志の王統はその後、尚円王統に代わるが、一六〇九年（慶長十四）の島津氏の侵入によって日本の幕藩体制に組み入れられ、一八七九年（明治十二）に明治政府の琉球処分によって日本の一県となる。琉球という表記はこの三山時代から王国解体までの約五百年間をさす。朝鮮側史料では琉球の語は『高麗史』恭譲王元年（一三八九）八月条に初見するが、一五〇一年成立の『海東諸国紀』には、琉球は南北に長く、東西に短く、国都が治むるところ三十六島とある。このように王国をなした琉球は、地理的には奄美諸島・沖縄諸島・先島（宮古・八重山）諸島を包括する地域で、琉球諸島と称される。なお、こうした琉球は中国側からの呼称で、琉球の人々はみずから

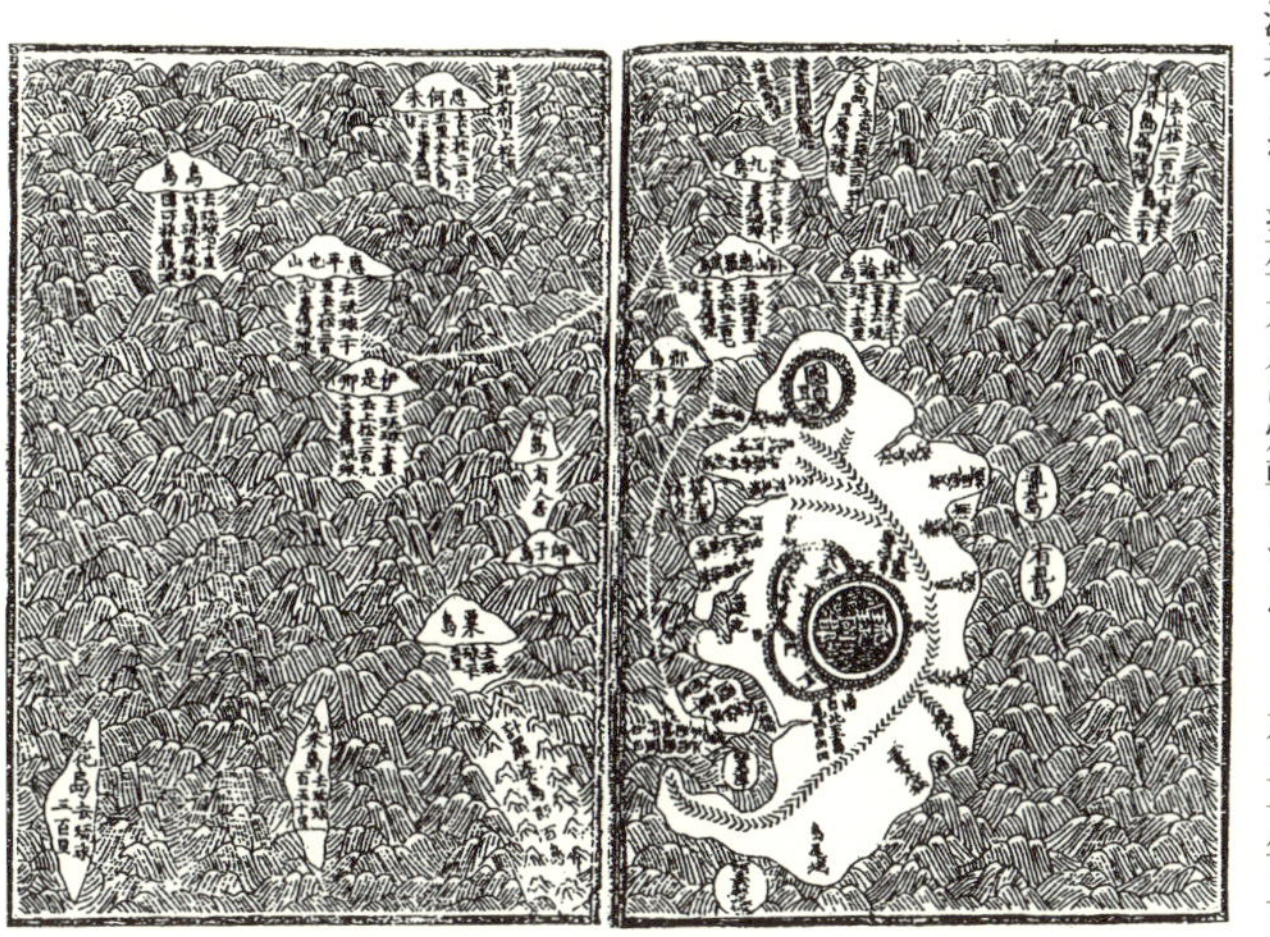

琉球国之図（『海東諸国紀』より）

を「おきなわ」と呼んだ。琉球の歌謡集『おもろさうし』には「おきなわ」の表記がみえ、一五三四年（嘉靖十三）冊封正使として来琉した陳侃の『使琉球録』は「倭急拿」に、また一七一九年（康熙五十八）冊封副使として来琉した徐葆光の『中山伝信録』には「屋其惑」にそれぞれ作る。沖縄の漢字をあてたのは新井白石『南島志』が最初である。この地域は古代日本では当初「掖玖《やく》」と称されていた。『日本書紀』推古天皇二十四年（六一六）条に、三月に三人、五月に七人、七月に二十人、都合三十人の掖玖人がやってきたので、彼らを朴井《えのい》に安置しておいたところ、帰還することができないまま全員死亡したというのがその語の史料上の初見である。また四年後の六二〇年にも掖玖人二人が伊豆島に流れ着いたとある。さらに六二九年（舒明天皇元）四月に田部連某なる人物が掖玖に派遣され、翌年九月に帰朝しており、六三一年二月には掖玖人が帰化している。『隋書』流求国伝には、六〇八年（大業四、推古天皇十六）、朱寛が流求から持ち帰った「布甲」をみて、入貢中の倭国使（遣隋使小野妹子一行）が「これは夷邪久国人の用いるところなり」と言ったと記され、夷邪久の夷は夷狄の意味であるから、邪久と掖玖は同じ概念とみてよい。したがって正史に登場する以前から大和の人々は掖玖人に関する知識を得ていたことになる。『日本書紀』天武天皇六年（六七七）二月条から多禰《たね》島が登場し、同十一年七月条には、多禰人・夜玖人・阿麻弥《あまみ》人に禄を賜った記事がみえるが、ここからヤク（夜玖）は屋久島に限定された用語となる。「掖玖」に代わって用いられるようになるのが「南島」である。それは『続日本紀』文武天皇二年（六九八）四月壬寅条に初見する。ただ「掖玖」も「南島」も天皇の徳の及ばない、すなわち班図外の地域をさす用語で、当初は種子島・屋久島を中心とした大隅諸島も当然含まれていた。しかし七〇一年（大宝元）の大宝律令の施行後まもなく多褹島という一つの行政区が設置され、その地域は「南島」の範疇からはずれることになった。したがって厳密には「南島」が地理的に琉球の範囲と重なるようになるのはそれ以後ということになる。南島という語は『延喜式』民部下の年料別貢雑物条の大宰府の項に「赤木、南島進む所。其の数得るに随う」とあるのを最後にみえなくなるが、近世に新井白石が『南島志』を著すようになって復活する。なお『唐大和上東征伝』や『思託伝』（『日本高僧伝要文抄』第三）には遣唐使船の到着場所として「阿児奈波島」がみえる。『続日本紀』には、そこを発ち「奄美島」を目指したとあるので、「阿児奈波島」は奄美大島の南に位置する沖縄本島に比定するが穏当であろう。「阿児奈波」は島民の語音ウチナワを表記したものと考えられているが、アコナワ、アジナバ、アルナハなど、さまざまな読みが想定されている。ところで、琉球を大琉球・小琉球と区別して呼ぶ場合もある。この呼称はすでに元の周致中の『異域志』上にみえ、中国に入貢し、風俗は「倭夷」と相似するとある。『使琉球録』には、使船が福建の沿岸を離れ外海に出て翌日かすかに見えてきた一つの小さな島が小琉球であると記され、また士大夫が常に「晴れた日に鼓山に登れば琉球が見える」と言っていることについて、「みえているのは小琉球であろう。もし大琉球であれば、いかに離婁の視力といえども万里も離れた遠方をみることができようか」という記述もある。明の厳従簡が著した『殊域周咨録』には、「小琉球は往来不通で、未だかつて朝貢していない。今、勅によって中山王を冊封しているのは大琉球である」と記されている。これらの記事によれば小琉球は台湾、大琉球は沖縄をさすことは明白である。『海東諸国紀』に附録として収められた「琉球国」にも、国の東南水路七、八日ほどの距離に小琉球があり、君長なく、人は長大で衣服の制がなく、人が死ぬと親族でその肉を食べ、頭蓋骨に金を塗って飲食の容器としていると記されている。ただし小琉球については異なる用例もみられる。たとえば『中山伝信録』には、奄美大島が小琉球を自称しているとある。豊臣秀吉の時代、台湾を高山国、呂宋（フィリッピン）を小琉球と呼んだことも往復書簡の存在によって明らかになっている。なお現在、小琉球は台湾の一島嶼名として残っている。

参考文献　野口鐵郎『中国と琉球』、一九七七、開明書院。

（山里　純一）

りゅうきゅうしせつ　琉球使節　琉球国の政権は、国家形成期から沖縄県が設置されるまでのあいだ、日本の武家政権や明治政府に対して外交使節を派遣した。十五世紀には琉球国王から足利将軍への使節が派遣された。一四〇四年（応永十一）から一四六六年（文正元）にかけて少なくとも十数回を確認できる。使節は兵庫津から上洛し、一四六六年には将軍邸の庭で足利将軍に謁見した。外交文書の様式は、琉球国王から将軍宛ては和様漢文であり、将軍からは仮名書きの御内書が用いられた。十六世紀末には琉球国王尚寧から太閤豊臣秀吉に使節が派遣された。一五八九年(天正十七)には天龍寺桃庵が派遣され、聚楽第で秀吉に謁見した。朝鮮出兵前年の一五九一年にも建善寺大亀が派遣された。外交文書は、尚寧から秀吉宛ては漢文体であり、豊臣政権も足利政権とは異なり漢文体を使用した。十七世紀以降、琉球国王は徳川将軍に使節を派遣した(江戸上り)。将軍就任を祝う慶賀使と琉球国王の即位を感謝する謝恩使があった。一六三四年(寛永十一)から一八五〇年(嘉永三)にわたり、十八回を数える。第一回は上洛した徳川家光に二条城で謁見したが、第二回(一六四四年)以降は江戸城で将軍に謁見した。第二回から第四回(一六五三年)までは日光東照宮に参詣した。徳川政権の承認のもと、薩摩藩が琉球支配を展開したこの時期、薩摩藩主に引率されて江戸へ参府するなど、使節派遣には薩摩藩が主導的な役割を果たした。第七回(一七一〇年)に島津吉貴が従四位上少将に叙任されて以来、琉球使節を引率した参府での昇進が慣例となった。一方徳川政権は、薩摩藩の働きかけもあり、第七回以降、琉球が清朝の朝貢国であることを重視し、参府を将軍の威信をより高める装置とした。琉球国王から徳川将軍宛ての外交文書の様式には変遷があった。第八回(一七一四年)では、徳川政権がそれまでの漢文体を問題視し、和文体に改めさせている。これに対して徳川政権は老中奉書を使用した。一八五〇年以降にも慶賀使は二回計画されたが、安政大地震や幕末の政争のため延期(中止)された。徳川慶喜に対しては慶賀使の派遣自体が計画されなかった。明治政府は廃藩置県の翌年の一八七二年(明治五)、鹿児島県を通じて琉球使節の派遣を要請した。東京に派遣された維新慶賀使は宮中で明治天皇に謁見したが、琉球国王尚泰を琉球藩王に冊封する旨が詔書で通達された。

↓琉球《りゅうきゅう》

参考文献　伊藤幸司「一五・一六世紀の日本と琉球―研究史整理の視点から―」(『九州史学』一四四、二〇〇六)。紙屋敦之『大君外交と東アジア』、一九九七、吉川弘文館。真栄平房昭「幕藩制国家の外交儀礼と琉球―東照宮儀礼を中心に―」(『歴史学研究』六二〇、一九九一)。

(深澤　秋人)

りゅうしゅへい　竜首瓶　口頸部を竜にかたどる瓶。法隆寺献納宝物(東京国立博物館蔵)の竜首水瓶(国宝)が著名。瑞獣などを口頸部に造形した瓶としては、竜のほかには鳳凰が一般的であり、花弁状の角を持つ花鹿のものが中央アジア高昌国の壁画に描かれている。これら獣首瓶は、中国において古代ペルシャ系統の器形に瑞獣をあしらって成立したものと推測される。ただ、瓶類で竜を造形する場合は把手や注口に用いられることが多く、竜首瓶は類品が乏しい。竜首瓶を代表する法隆寺献納宝物の例は、総高四九・八センチの大型の水瓶。青銅製で、全面に鍍金した上で鍍銀し、さらに竜首や竜身の把手、胴部の紐帯、胴部の文様部分などに鍍金を施すものとされる。細長い首に下膨れの胴を持ち、台脚を付している。蓋のある口辺部は竜頭をかたどり、目にはガラス製の吹玉を嵌める。細長い把手は竜身を表現し、口縁部から一ひねりして胴部に付き、把手の上端部には蓋を蝶番留めとする。胴部には四頭の翼を広げる天馬が線刻される。台脚はくびれた中位に約帯が巡り、折損後の修補と判断される鋲が認められる。胴部に墨書があり、「北堂丈六貢高一尺六寸」と判読できる。この北堂の実態は不明であるが、法隆寺の西円堂あるいは大講堂前身建物(食堂)、上御堂などと推測されており、そこに安置された丈六仏に供えられていたものと想定される。近年では七世紀中ごろの日本製という説が有力視されている。

竜首水瓶（法隆寺献納宝物）

参考文献　中野政樹「法隆寺献納宝物　竜首水瓶について」(『MUSEUM』四五七、一九八九)。東野治之「橘夫人厨子と橘三千代の浄土信仰」(同五六五、二〇〇〇)。

(高橋　照彦)

りゅうせんよう　龍泉窯　中国浙江省龍泉市一帯を中心とする青磁の産地で、その系統の窯は、製品の積出路である甌江《おうこう》水系や閩江《びんこう》水系の上流に分布すると同時に、貿易の利を求めて、福建や広東の沿海地方に多数の倣龍泉窯が拡大した。中心地である龍泉県では北宋初期までには青磁生産が開始され、北宋後期までには越州窯に取って代わる青磁の主産地に成長してゆく。窯は「龍窯」と呼ばれる登窯で、十二―十三世紀には一〇〇メートルを超えるような長大なものも登場して、生産量も飛躍的に増大した。それと同時に中国の輸出陶磁器の中心的製品となり、およそ十六世紀までの間連綿として輸出され続けたため、その編年的研究によって陶磁の道に沿った各国の歴史研究にとっても貴重な資料となっている。日本では、釉色が最も鮮やかになった十三―十四世紀の優品が「砧《きぬた》青磁」と呼ばれて唐物として珍重されたのをはじめ、各時代の伝世品・出土品が豊富に見られる。

↓越州窯《えっしゅうよう》

参考文献　浙江省軽工業庁編『龍泉青瓷研究』、一九八九、文物出版社。朱伯謙『龍泉窯青瓷』、一九九八、芸術家出版社。

(金沢　陽)

りゅうびどう　竜尾道　平安宮朝堂院において、大極殿前庭と朝庭(竜尾道南庭)を区画するために設けられた壇状の施設。のち竜尾壇とも称された。長岡宮までの諸王宮では、天皇の空間(大極殿院)と臣下の空間(朝堂院)が大極殿閤門《こうもん》および東西廊によって分離されたが、これが平安宮で撤去されて竜尾道に代わり、両空間は連続する壇上・壇下の空間に変化した。元来は唐大明宮含元殿《たいめいきゅうがんげんでん》の屈曲する昇降路の名であるが、その形状は平城宮第一次大極殿地区の塼積擁壁・東西斜道に受けつがれており、平安宮にも影響がうかがわれる。各種の八省院指図や『年中行事絵巻』によれば、竜尾道は昌福堂・延休堂の北七丈三尺(約二二メートル)の位置にあり、大極殿正面の擁壁上には朱塗の高欄が設置され、その東西に幅八丈(約二四メートル)の階段が付き(竜尾道東西階)、それぞれの東西にも朱塗高欄と小階が設けられ朝堂院東西廊に及んでいた。

参考文献 裏松固禅『大内裏図考証』三上(『(新訂増補)故実叢書』二六)。奈良国立文化財研究所『平城宮発掘調査報告』XI(『奈良国立文化財研究所学報』四〇、一九八二)。橋本義則『平安宮成立史の研究』、一九九五、塙書房。(吉川 真司)

りょう　両　古代中国に由来する質量の単位。『漢書』律暦志によると、音律の基準となる黄鐘管《こうしょうかん》を満たす黍《きび》千二百粒の重さを十二銖《しゅ》と定め、それを二つあわせた二十四銖を一両、十六両を一斤とする。隋代以降、漢以来の一両を小両とし、一般にはその三倍の大両が普及した。日本では、唐令を継受して、『養老令』(『大宝令』も同じか)にて二十四銖＝一両、小三両＝大一両、十六両＝一斤と定める。大両・小両の使い分けは判然としない。なお、正倉院文書や木簡などには、両の下級単位として、令には規定のない分《ぶ》の単位(四分＝一両)がみられる。一方、中国では、唐から宋代にかけて、開元通宝《かいげんつうほう》一枚の質量(二銖四絫《るい》)を一銭とし、両以下を十銭＝大一両と換算する新しい単位が創出された。日本では、銭の単位を匁と表記したため、十匁＝一両となった。正倉院宝物から古代の大一両は約四一・九グラムと復原されるものの、時代や地域により、その絶対値は一定していない。

参考文献 小泉袈裟勝『秤』(『ものと人間の文化史』四八、一九八二、法政大学出版局)。大隅亜希子「日本古代の権衡制度」(『ヒストリア』一七四、二〇〇一)。(大隅亜希子)

りょうあんじ　龍安寺　京都市右京区竜安寺御陵ノ下町に所在する臨済宗妙心寺派の寺。山号大雲山。衣笠山の西南麓にある龍安寺は、平安時代末の藤原実能の営んだ徳大寺山荘あとに、細川勝元が一四五〇年(宝徳二)に妙心寺八世義天玄詔を招請して建立。義天は、みずからは二世となって師の日峰宗舜を開山とした。細川氏の保護を受け、同氏の歴代墓所がある。応仁の乱で伽藍を焼失するが、勝元の子政元の援助を受けた特芳禅傑により再興され、以降塔頭が多く建ち並ぶなどしたが、一七九七年(寛政九)に堂塔伽藍とともにその大半を焼失。現在の方丈(本堂)は、塔頭西源院の一六〇六年(慶長十一)建立方丈を焼失後移築したもの。入母屋造柿葺、重要文化財。方丈前の庭は、龍安寺方丈庭園として国指定史跡および特別名勝となっており、「虎の子渡しの庭」「十六羅漢遊行の庭」などと呼ばれる枯山水庭園。方丈の南面に東西に長く、約二五〇平方メートルの方形平庭は、東・南・西の三方を油土塀(築地塀)で囲まれ、白砂敷の中に五群十五個の石を配し、草木のない独創的なもの。作庭年代、作者などについて根本史料を欠いているため、作庭意図も含め現在まで諸説ある。一般的には室町時代の作庭とされているが、江戸時代とする説もある。一九七七年(昭和五十二)度の築地塀修理において、基礎部の発掘調査が行われ、庭園の地盤になっている整地層が確認され、整地層と築地基礎の関係から、築地と作庭面は同時期の築造と推定されたが、築地などと庭石の据え付け面との関係は不明。また、築地の屋根は、桟瓦葺から柿葺に復元的に変更された。境内地内の鏡容池および総門から中門までは、別に国指定名勝龍安寺庭園となっている。鏡容池中の島には真田幸村の墓がある。『太平記』(十二巻)は重要文化財になっており、このほか頂相なども多数所蔵されている。

参考文献 『図説日本の史跡』六、一九九一、同朋舎出版。(有井 広幸)

りょうぜん　霊山　福島県伊達郡霊山町と相馬市にまたがる海抜八〇〇メートルの山。国指定史跡および名勝。阿武隈高地の北端部に位置し、花崗閃緑岩を貫いて噴出堆積した海底火山角礫岩が突兀《とっこつ》として奇峰を形成する。青葉若葉また紅葉の景勝地であり、山頂部に霊山城跡・国司館跡・霊山寺跡があり、山麓部に霊山神社がある。平安時代の初めに、慈覚大師円仁が霊山寺を建立。山王二十一社をはじめ数十の堂塔、三千六百坊をかかえていたという。一三三七年(延元二)陸奥守北畠顕家は義良親王を奉じて霊山寺に入り、霊山城を築いて陸奥国の南朝勢の拠点となった。北朝勢との攻防のなかで霊山は兵火のために廃れた。現在これらの遺跡遺構は発掘調査がすすみ、根本中堂跡・僧坊跡などが判明している。霊山寺は現在、山麓に移されていて、多くの古文書を伝え、また北畠顕家を祭神とする霊山神社にも、多くの遺品が所蔵されている。

参考文献 福島県教育委員会編『福島県の文化財―国指定文化財要録』、一九六九。(山名 隆弘)

りょうせんじ　了仙寺　幕末開港期に日米の交渉が行われた場所。国史跡。静岡県下田市三丁目、伊豆急行下田駅より南八〇〇メートルの市街地に位置する日蓮宗寺院。一八五四年(安政元)三月の日米和親条約により下田が開港すると、了仙寺が応接所となり、ペリーとの交渉が重ねられた。同年五月、日米和親条約の細則十三ヵ条(付属条約あるいは下田条約と呼ばれる)が取り決められ、了仙寺は玉泉寺《ぎょくせんじ》とともにアメリカ人の休息所となった。了仙寺の創建は一六三五年(寛永十二)で、火災のため一八二六年(文政九)に再建された。本堂は間口五間、奥行六間の寄棟造桟瓦葺で、条約締結時の旧態をよくとどめている。寺内の墓地には、了仙寺を創建し、さらに私財を投じて浪除け(防波堤)を建設した第二代下田奉行今村伝四郎正長をはじめとする今村家三代の墓がある(市指定史跡)。また本堂裏の海食洞窟から古墳時代の遺物が出土。了仙

寺に関する資料は宝物館に展示されている。　↓玉泉寺《ぎょくせんじ》

参考文献　『静岡県史』通史編四、一九九七。下田市史編纂委員会編『図説下田市史(増補版)』、二〇〇四。

(佐藤　正知)

りょうのぎげ　令義解　『養老令』の官撰注釈書。右大臣清原夏野《きよはらのなつの》・文章博士菅原清公《すがわらのきよとも》・明法博士讃岐永直《さぬきのながなお》ら十二人によって編纂される。一部十巻三十篇。法解釈の混乱を受け、八二六年(天長三)明法博士額田今足《ぬかたのいまたり》の上申を契機に編纂が始められ、八三三年に上奏、八三四年(承和元)に施行された。令の本文・本注を掲げ、その語句の間に解釈(義解)を記していく体裁で、ここから現存しない『養老令』を復原できる。本書は注釈書ながら令法典として機能し重視された。写本は鎌倉時代以降の書写にかかる数種があり、紅葉山文庫本(内閣文庫所蔵)が七巻で最もまとまっている。現存諸写本では二巻九篇目が欠けるが、職員令・後宮職員令・東宮職員令・家令職員令・厩牧令・仮寧令・喪葬令は『令集解』より復原可能。倉庫令・医疾令は逸文から復原が試みられている。刊本には『(新訂増補)国史大系』二二があり、令本文については『律令』(『日本思想大系』三、一九七六、岩波書店)がある。

参考文献　石上英一「令義解」(皆川完一・山本信吉編『国史大系書目解題』下所収、二〇〇一、吉川弘文館)。吉岡眞之「古代の史書と法典」(『古代文献の基礎的研究』所収、一九九四、吉川弘文館)。

(稲田奈津子)

りょうのしゅうげ　令集解　『養老令』の私撰注釈書。惟《これ》宗直本《むねのなおもと》が明法家諸説を集成したもの。五十巻編成中三十五巻が現存するが、うち三巻はほかと異なる記載形式で異質令集解と称される。現存諸写本で欠ける軍防令・倉庫令・医疾令・関市令・捕亡令・獄令・雑令の七篇目は『政事要略』所引の逸文などから復原が試みられている。成立年代は未詳で、格や式の引用から『貞観格式』が施行される八六九年(貞観十一)以前とする説が有力だが、直本が明法博士として活躍する延喜年間(九〇一―九二三)とする説もある。令の本文・本注の間に、義解、大宝令注釈書の古記(七三八年(天平十)ごろ成立)、養老令注釈書の令釈・穴記・跡記・讃記などの諸説をあげ、漢籍からの引用も多い。『養老令』の復原のみならず、古記から『大宝令』の復原も一部可能になる。現存写本の多くは金沢文庫伝来の二種(ともに佚亡)を祖とする。刊本には田中本(国立歴史民俗博物館蔵)を底本とする『(新訂増補)国史大系』二三・二四がある。

参考文献　水本浩典「令集解」(皆川完一・山本信吉編『国史大系書目解題』下所収、二〇〇一、吉川弘文館)。吉岡眞之「古代の史書と法典」(『古代文献の基礎的研究』所収、一九九四、吉川弘文館)。

(稲田奈津子)

りょうぼ　陵墓　天皇・皇后・皇族・外戚《がいせき》などに関わる墓。埋葬地に限らず分骨所・火葬塚・灰塚・髪歯爪塔・殯斂《ひんれん》地、また陪冢《ばいちょう》(飛地)や陵墓参考地などを含む。陵墓一覧表として『陵墓要覧』が随時刊行される。最新版(一九九三年(平成五)刊行)には陵一八七、墓五五一、分骨所・火葬塚・灰塚四二、髪歯爪塔(塚)・殯斂地・白鳥陵および皇族の分骨塔六八、陵墓参考地四六、総計八九四の記載があり、範囲は山形県から鹿児島県まで一都二府三十県に及ぶ。国有財産たる皇室用財産として宮内庁によって管理されるが、古墳時代の大王墓とみられる奈良や大阪の巨大前方後円墳をはじめとする天皇陵古墳(陵墓古墳ともいう)や現陵墓域が城郭遺構と重複する例など文化財が多く含まれている。法律上の規定は皇室典範第二十七条(陵墓)に「天皇、皇后、太皇太后及び皇太后を葬る所を陵、その他の皇族を葬る所を墓とし、陵及び墓に関する事項は、これを陵籍及び墓籍に登録する。」とある。さらに附則三に「現在の陵及び墓は、これを第二十七条の陵および墓とする。」ことが規定される。もっとも古代には陵墓の別が截然としていなかったようで、『日本書紀』崇神天皇十年九月条には倭《やまと》迹《と》迹《と》日《ひ》百《もも》襲《そ》姫命《ひめのみこと》を大市《おほち》に葬り、時の人は「箸墓」と名付くと記す一方、天武天皇元年(六七二)七月条では「箸陵」と表記するなど混淆がある。しかし『令集解《りょうのしゅうげ》』所引の「古記」には、即位の天皇を除く以外は、みな悉く墓と称するとあるから、少なくとも令制下の当初においては、「陵」は即位の天皇に限定されたものと考えられよう。その後、『続日本紀《しょくにほんぎ》』七六〇年(天平宝字四)十二月の勅により、太皇太后(藤原宮子《みやこ》)・皇太后(光明子《こうみょうし》)の「御墓《みはか》」を天皇と同じく「山陵」と改称することとなった。以降、これに倣うことになったようで『延喜式《えんぎしき》』諸陵寮では、たとえばこれ以前の継体天皇皇后の手白香《たしらか》皇女墓を「衾田墓《ふすまだのはか》」と号するのに対して、宮子の墓を「佐保山西陵」、光明子の墓を「佐保山東陵」とする。「山陵」(陵)のよみは『和名類聚抄《わみょうるいじゅしょう》』では「美佐々岐」(通例ではミササキ)と清音に、『類聚名義抄《るいじゅみょうぎしょう》』では「ミサザキ」と第三音節に濁点がある。清濁両形が併用された。ただし今日では「ミササギ」とよむのが一般的である。表記は『令義解《りょうのぎげ》』喪葬令《そうそうりょう》に帝王の墳墓は「山の如し、陵《おか》の如し」であるゆえに「山陵」というと注釈する。次に陵墓管理についてふれると、陵墓の公的守衛制度の確立は、七世紀後葉から末葉の天武・持統期にあるとみられる。六九一年(持統天皇五)十月詔に「先皇《せんおう》陵《りょう》」に「五戸以上」、「自余王等有功者《じよのおうらのゆうこうのもの》」に「三戸以上」の陵戸を置くこと、もし陵戸が不足の際には「百姓」を充当して、徭役を免じて三年交替とするとある。『養老令』の公的注釈書の『令義解』喪葬令には「先皇陵」に陵戸を配置して守衛すること、陵戸でない場合は十年で交替させることとあるから、守戸の任命期間は三年から十年に変更されたものと考えられる。具体的には、『令集解』諸陵司条に引かれた「古記所引別記《こきしょいんべっき》」に「常陵守及墓守《つねのみささぎもりおよびはかもり》幷《あわせて》八十四戸」、「借陵守及墓守幷《かりのみささぎもりおよびはかもりあわせて》百五十戸」が、倭《やまと》国(大和)と川内《かわち》国(河内・和泉)および周辺の陵墓に配置されたことがみえる。この際、百舌鳥《もず》・古市《ふるいち》古墳群の巨大前方後円墳に代表される古墳時代の大王墓の多くも、律令期陵墓として位置づけられたものと推測する。令制下では

天皇陵一覧

	諡号・追号・諱など	陵名	生没年	在位年	現陵所在地	備考（葬法・既掘・追号時期・記事など）
1	神武	畝傍山東北陵			奈良県橿原市大久保町	一八六三年(文久三)に勅裁によって陵地を決定。『日本書紀』に壬申の乱の際、兵馬奉幣の記事
2	綏靖	桃花鳥田丘上陵			奈良県橿原市四条町	一八七八年(明治十二)に治定
3	安寧	畝傍山西南御陰井上陵			奈良県橿原市吉田町	
4	懿徳	畝傍山南纖沙渓上陵			奈良県橿原市西池尻町	
5	孝昭	掖上博多山上陵			奈良県御所市大字三室	
6	孝安	玉手丘上陵			奈良県御所市大字玉手	
7	孝霊	片丘馬坂陵			奈良県北葛城郡王寺町本町三丁目	
8	孝元	剣池嶋上陵			奈良県橿原市石川町	
9	開化	春日率川坂上陵			奈良市油阪町	『延喜式』では陵墓守衛に京戸十烟を配置。平城京内に位置する
10	崇神	山辺道勾岡上陵			奈良県天理市柳本町	『古事記』は陵所在を「山辺道勾之岡上」とする。『日本書紀』・『延喜式』は「山辺道上陵」。陵(守)戸は衾田墓を兼守
11	垂仁	菅原伏見東陵			奈良市尼辻西町	『日本書紀』陵号「菅原伏見陵」。『続日本紀』七一五年(霊亀元)に「櫛見山陵」への守戸増置記事。現陵は既掘、一八五二年(嘉永五)
12	景行	山辺道上陵			奈良県天理市渋谷町	『日本書紀』陵号「山辺道上陵」。『諸陵雑事注文』に「大和渋谷」がみえ、現治定地に該当か
13	成務	狭城盾列池後陵			奈良市山陵町	『日本書紀』陵号「狭城盾列陵」。八四三年(承和十)、神功皇后陵と誤認　既掘、一〇六三年(康平六)以降、数度
14	仲哀	恵我長野西陵			大阪府藤井寺市藤井寺四丁目	『日本書紀』では筑紫橿日宮に崩じ、穴門豊浦宮に殯斂→河内の「長野陵」に移葬
15	応神	恵我藻伏崗陵			大阪府羽曳野市誉田六丁目	『日本書紀』に「誉田陵」の土馬の取り替えの記事。南側に応神天皇を祀る誉田八幡宮
16	仁徳	百舌鳥耳原中陵			大阪府堺市大仙町	現陵は既掘、一八七二年(明治五)に前方部埋葬施設。『日本書紀』に寿陵の記事。陵号「百舌鳥野陵」。
17	履中	百舌鳥耳原南陵			大阪府堺市西区石津ヶ丘	『日本書紀』陵号「百舌鳥耳原陵」
18	反正	百舌鳥耳原北陵			大阪府堺市堺区北三国ヶ丘町二丁	『日本書紀』陵号「耳原陵」
19	允恭	恵我長野北陵			大阪府藤井寺市国府一丁目	『日本書紀』陵号「長野原陵」
20	安康	菅原伏見西陵			奈良市宝来四丁目	『日本書紀』陵号「菅原伏見陵」。『続日本紀』七一五年(霊亀元)に「伏見山陵」に守戸増置記事
21	雄略	丹比高鷲原陵			大阪府羽曳野市島泉八丁目	『日本書紀』には隼人の哭死と陪葬を記す
22	清寧	河内坂門原陵			大阪府羽曳野市西浦六丁目	
23	顕宗	傍丘磐坏丘南陵			奈良県香芝市北今市	『日本書紀』陵号「傍丘磐杯丘陵」
24	仁賢	埴生坂本陵			大阪府藤井寺市青山三丁目	
25	武烈	傍丘磐坏丘北陵			奈良県香芝市今泉	『日本書紀』陵号「傍丘磐杯丘陵」
26	継体	三嶋藍野陵	四五〇—五三一	五〇七—五三一	大阪府茨木市太田三丁目	『諸陵雑事注文』に「摂津島上郡継体天皇」がみえる
27	安閑	古市高屋丘陵	四六六—五三五	五三四—五三五	大阪府羽曳野市古市五丁目	『日本書紀』では皇后春日山田皇女と皇妹神前皇女を合葬
28	宣化	身狭桃花鳥坂上陵	四六七—五三九	五三六—五三九	奈良県橿原市鳥屋町	『日本書紀』では皇后橘仲皇女および其孺子と合葬
29	欽明	檜隈坂合陵	五〇九—五七一	五三九—五七一	奈良県高市郡明日香村大字平田	『日本書紀』では六一二年(推古二十)に妃堅塩媛を皇太夫人とし、合葬の可能性。六二〇年(推古二十八)に砂礫の施工と大柱の記事
30	敏達	河内磯長中尾陵	五三八—五八五	五七二—五八五	大阪府南河内郡太子町大字太子	『日本書紀』に妣の石姫(欽明天皇皇后)の「磯長陵」と同一とする
31	用明	河内磯長原陵	五四〇—五八七	五八五—五八七	大阪府南河内郡太子町大字春日	磐余池上陵→改葬(河内磯長陵)

諡号・追号・諱など	陵名	生没年	在位年	現陵所在地	備考（葬法・既掘・追号時期・記事など）
32 崇峻	倉梯岡陵	?—五九二	五八七—五九二	奈良県桜井市大字倉橋	『延喜式』は「倉梯岡陵」を収載するが、陵地・陵戸の無しと記す
33 推古	磯長山田陵	五五四—六二八	五九二—六二八	大阪府南河内郡太子町大字山田	子の竹田皇子と合葬。『古事記』に大野岡上→改葬（科長大陵）
34 舒明	押坂内陵	五九三?—六四一	六二九—六四一	奈良県桜井市大字忍阪	滑谷岡→改葬。陵内に田村皇女の押坂墓、陵域内に大伴皇女の押坂内陵、陵域内東南に鏡女王の押坂墓
35 皇極 / 37 斉明（重祚）	越智崗上陵	五九四—六六一	六四二—六四五 六五五—六六一（重祚）	奈良県高市郡高取町大字車木	孝徳天皇皇后間人皇女および天智天皇皇子建王（斉明天皇四年詔）と合葬 六九九年（文武三）に修造記事
36 孝徳	大阪磯長陵	五九六?—六五四	六四五—六五四	大阪府南河内郡太子町大字山田	
38 天智	山科陵	六二六—六七一	六六一—六六八（称制） 六六八—六七一（在位）	京都市山科区御陵上御廟野町	六七二年（天武元）、近江方は山陵営造のため美濃・尾張の人夫を準備。壬申の乱の直接的契機のひとつ。六九九年（文武三）に修造記事
39 弘文	長等山前陵	六四八—六七二	六七一—六七二	大津市御陵町	史料に山陵の存在の記載なし。一八七〇年（明治三）追諡、一八七七年に治定
40 天武	檜隈大内陵	?—六八六	六七三—六八六	奈良県高市郡明日香村大字野口	『阿不幾乃山陵記』（一二三五年）により墳形、墓室、副葬品、遺骸の状況が判明。一八八一年（明治十四）に文武陵から治定変更
41 持統	檜隈大内陵	六四五—七〇二	六八六—六八九（称制） 六九〇—六九七（在位）	奈良県高市郡明日香村大字野口	「飛鳥岡」に火葬、のち夫・天武天皇の檜隈大内陵に合葬。天皇火葬の嚆矢
42 文武	檜隈安古岡上陵	六八三—七〇七	六九七—七〇七	奈良県高市郡明日香村大字栗原	「飛鳥岡」に火葬、のち当陵に葬る
43 元明	奈保山東陵	六六一—七二一	七〇七—七一五	奈良市奈良阪町	薄葬の遺詔により「蔵宝山雍良岑」に火葬、喪儀また改葬を行わず同所を「椎山陵」（「直山陵」）とする。「刻字之碑」（函石）を立てる
44 元正	奈保山西陵	六八〇—七四八	七一五—七二四	奈良市奈良阪町	「佐保山陵」に火葬→「奈保山陵」に改葬
45 聖武	佐保山南陵	七〇一—七五六	七二四—七四九	奈良市法蓮町	『続日本紀』には「佐保山陵」（後佐保山陵）に葬送。『東大寺要録』に本願山陵と称し奉祀、山陵守を置く。陵下に眉間寺を創建
46 孝謙 / 48 称徳（重祚）	高野陵	七一八—七七〇	七四九—七五八 七六四—七七〇（重祚）	奈良市山陵町	『続日本紀』によれば、畿内・近国の役夫六千三百人を徴発して営陵に供す。陵所に鈴鹿王の旧宅を充てる
47 淳仁	淡路陵	七三三—七六五	七五八—七六四	兵庫県南あわじ市賀集字岡ノ前	配地先の淡路に没する。七七二年（宝亀三）に墓を改葬、七七八年（宝亀九）に山陵に列す
草壁皇子（岡宮御宇天皇）	真弓丘陵	六六二—六八九		奈良県高市郡高取町大字森	『万葉集』に柿本人麻呂、舎人の挽歌。七五八年（天平宝字二）追尊
舎人親王（崇道尽敬皇帝）	陵未分明	六七六—七三五			七五九年追号
49 光仁	田原東陵	七〇九—七八一	七七〇—七八一	奈良市日笠町	「広岡山陵」に埋葬→改葬（「田原陵」）
施基皇子（春日宮天皇）	田原西陵	?—七一六		奈良市矢田原町	七七〇年（宝亀元）追尊
50 桓武	柏原陵	七三七—八〇六	七八一—八〇六	京都市伏見区桃山町永井久太郎	山城国葛野郡宇多野に点定するが、災異により紀伊郡「柏原山陵」に埋葬→改葬（「柏原陵」）。既掘、一二七四年（文永十一）
早良親王（崇道天皇）	八嶋陵	七五〇—七八五		奈良市八島町	淡路に移配中に高瀬橋西に死去、遺骸を淡路に葬る。八〇〇年（延暦十九）追尊、→改葬（「八嶋陵」）
51 平城	楊梅陵	七七四—八二四	八〇六—八〇九	奈良市佐紀町	
52 嵯峨	嵯峨山上陵	七八六—八四二	八〇九—八二三	京都市右京区北嵯峨朝原山町	薄葬の遺詔により、山北幽僻不毛の地を選択、坑を穿つこと浅深縦横棺を容るべし、封を築かず、永く祭祀を絶つ
53 淳和	大原野西嶺上陵	七八六—八四〇	八二三—八三三	京都市西京区大原野南春日町	山城国乙訓郡物集に火葬、薄葬の遺詔により山陵を営まず京都大原野の西山嶺に散骨、国忌・荷前を停止
54 仁明	深草陵	八一〇—八五〇	八三三—八五〇	京都市伏見区深草東伊達町	陵域に樹木を列栽、陀羅尼を納めた卒塔婆を立てる。陵側に嘉祥寺、次いで貞観寺を建立
55 文徳	田邑陵	八二七—八五八	八五〇—八五八	京都市右京区太秦三尾町	山城国葛野郡田邑郷真原岡「真原山陵」を「田邑山陵」に改名
56 清和	水尾山陵	八五〇—八八〇	八五八—八七六	京都市右京区嵯峨水尾清和	洛東の上粟田山に火葬、水尾山上に埋納。薄葬の遺詔により、山陵を起こさず。『帝王編年記』は粟田山陵と称する（火葬所か）
57 陽成	神楽岡東陵	八六八—九四九	八七六—八八四	京都市左京区浄土寺真如町	遺骸を円覚寺に移送、のち神楽岡の東地に葬る
58 光孝	後田邑陵	八三〇—八八七	八八四—八八七	京都市右京区宇多野馬場町	小松山陵に葬送、四至を定め陵域内の八寺を壊す。兆域内に仁和寺創建。現陵号は『延喜式』による

諡号・追号・諱など	陵名	生没年	在位年	現陵所在地	備考（葬法・既掘・追号時期・記事など）
59 宇多	大内山陵	八六七—九三一	八八七—八九七	京都市右京区鳴滝宇多野谷	大内山に火葬、拾骨なく山中平坦な地を陵所とする。薄葬により、国忌・荷前の停止を遺詔
60 醍醐	後山科陵	八八五—九三〇	八九七—九三〇	京都市伏見区醍醐古道町	棺、副葬品（硯・書・筥・琴・箏・笛など）を校倉に納め土葬、陵上に卒塔婆を立てる。のち陵湟掘削。醍醐寺が陵墓監守
61 朱雀	醍醐陵	九二三—九五二	九三〇—九四六	京都市伏見区醍醐御陵東裏町	山城国紀伊郡来定寺北野か愛宕郡法性寺東（中尾南原陵）に火葬、醍醐天皇陵傍に埋納。薄葬により国忌・荷前の停止を遺詔
62 村上	村上陵	九二六—九六七	九四六—九六七	京都市右京区鳴滝宇多野谷	山城国葛野郡田邑郷北中尾に土葬。陵に植樹
63 冷泉	桜本陵	九五〇—一〇一一	九六七—九六九	京都市左京区鹿ヶ谷法然院町　鹿ヶ谷西寺ノ前町	桜本寺前野に火葬、のち遺骨をその山傍に埋納
64 円融	後村上陵	九五九—九九一	九六九—九八四	京都市右京区宇多野福王子町	円融寺北原に火葬、のち遺骨を父の村上天皇の陵傍に埋納。薄葬により国忌、山陵の停止を遺詔
65 花山	紙屋上陵	九六八—一〇〇八	九八四—九八六	京都市北区衣笠北高橋町	紙屋川上、法音寺北・大和寺東辺に葬る。遺詔により葬儀は凡人に同じ
66 一条	円融寺北陵	九八〇—一〇一一	九八六—一〇一一	京都市右京区竜安寺朱山　竜安寺内	火葬、のち遺骨を円城寺に安置→父の円融天皇の陵傍（火葬所か）に埋納
67 三条	北山陵	九七六—一〇一七	一〇一一—一〇一六	京都市北区衣笠西尊上院町	船岡山の西岩陰に火葬、のち遺骨を北山の小寺に納める
68 後一条	菩提樹院陵	一〇〇八—一〇三六	一〇一六—一〇三六	京都市左京区吉田神楽岡町	神楽岡東辺に火葬、のち遺骨を浄土寺に安置→火葬所に陀羅尼を納め、石卒塔婆を立てる。国忌・荷前の停止を遺詔
69 後朱雀	円乗寺陵	一〇〇九—一〇四五	一〇三六—一〇四五	京都市右京区竜安寺朱山　竜安寺内	香隆寺の乾原に火葬、のち遺骨を仁和寺内の円教寺に安置、さらに新堂（円乗寺）を設けて安置
70 後冷泉	円教寺陵	一〇二五—一〇六八	一〇四五—一〇六八	京都市右京区竜安寺朱山　竜安寺内	船岡の西野に火葬、のち遺骨を仁和寺内の円教寺に安置→『中右記』によると、後三条天皇陵近在に陵所が存在
71 後三条	円宗寺陵	一〇三四—一〇七三	一〇六八—一〇七二	京都市右京区竜安寺朱山　竜安寺内	神楽岡の南の原に火葬、のち遺骨を禅林寺内の旧房に安置→円融寺四至内。山陵・国忌・荷前の停止を遺詔
72 白河	成菩提院陵	一〇五三—一一二九	一〇七二—一〇八六	京都市伏見区竹田浄菩提院町	衣笠山の東麓に火葬、のち香隆寺に仮安置→鳥羽三重塔に埋納。調査で一辺五六メートル、幅八・五メートルの堀を検出、内部から琴出土
73 堀河	後円教寺陵	一〇七九—一一〇七	一〇八六—一一〇七	京都市右京区竜安寺朱山　竜安寺内	香隆寺南西の野に火葬、のち遺骨を香隆寺僧房に仮安置→仁和寺円融院内
74 鳥羽	安楽寿院陵	一一〇三—一一五六	一一〇七—一一二三	京都市伏見区竹田内畑町	寿陵の安楽寿院三重塔（本御塔）の塔下に埋葬
75 崇徳	白峯陵	一一一九—一一六四	一一二三—一一四一	香川県坂出市青海町	配流先の讃岐の白峰山頂の火葬所を山陵と称す。陵側に讃岐国法華堂を建立
76 近衛	安楽寿院南陵	一一三九—一一五五	一一四一—一一五五	京都市伏見区竹田内畑町	船岡の西の山作所に火葬、のち遺骨を知足院に安置→当時、空塔の鳥羽東殿の塔（新御塔）に改葬。一九九六年、多宝塔内仏像調査
77 後白河	法住寺陵	一一二七—一一九二	一一五五—一一五八	京都市東山区三十三間堂廻り町	蓮華王院の東の法華三昧堂下に埋葬。一一九四年（建久五）、鳴動。既掘、一八六四年に石櫃検出、陵所を検証
78 二条	香隆寺陵	一一四三—一一六五	一一五八—一一六五	京都市北区平野八丁柳町	香隆寺東北の野に火葬、のち香隆寺本堂に安置→香隆寺境内三昧堂に改葬
79 六条	清閑寺陵	一一六四—一一七六	一一六五—一一六八	京都市東山区清閑寺歌ノ中山町	清閑寺小堂に埋葬
80 高倉	後清閑寺陵	一一六一—一一八一	一一六八—一一八〇	京都市東山区清閑寺歌ノ中山町	清閑寺法華堂に埋葬、六条天皇陵に合葬
81 安徳	阿弥陀寺陵	一一七八—一一八五	一一八〇—一一八五	山口県下関市阿弥陀寺町	平氏滅亡時に壇ノ浦に入水。一八七五年（明治八）菩提を弔う阿弥陀寺御影堂に新規築陵
82 後鳥羽	大原陵	一一八〇—一二三九	一一八三—一一九八	京都市左京区大原勝林院町	配流先の隠岐の苅田で火葬、のち山城大原勝林院（一説に西林院）に安置→大原の法華堂
83 土御門	金原陵	一一九五—一二三一	一一九八—一二一〇	京都府長岡京市金ヶ原金原寺	配置の阿波の里浦に火葬、のち遺骨を山城金原の御堂に埋納
84 順徳	大原陵	一一九七—一二四二	一二一〇—一二二一	京都市左京区大原勝林院町	配流の佐渡の真野山に火葬、のち遺骨を京都大原陵に納める
85 仲恭	九条陵	一二一八—一二三四	一二二一	京都市伏見区深草本寺山町	即位礼、大嘗祭なく、短時に譲位。九条殿に崩じる。陵所を伝える史料なし。一八八九年（明治二十二）に新規築陵
86 後堀河	観音寺陵	一二一二—一二三四	一二二一—一二三二	京都市東山区今熊野泉山町　泉涌寺内	東山観音寺の傍らの法華堂に埋葬

諡号・追号・諱など	陵名	生没年	在位年	現陵所在地	備考（葬法・既掘・追号時期・記事など）
守貞親王(後高倉院)	陵不分明	一一七九—一二二三			一二二一年(承久三)に不即位ながら太上天皇宣下
87 四条	月輪陵	一二三一—一二四二	一二三二—一二四二	京都市東山区今熊野泉山町　泉涌寺内	月輪陵(以下、二十陵)の嚆矢。九重石塔を立てる
88 後嵯峨	嵯峨南陵	一二二〇—一二七二	一二四二—一二四六	京都市右京区嵯峨天竜寺芒ノ馬場町　天竜寺内	亀山殿の別院薬草院に火葬、遺骨を浄金剛院に仮安置→同院法華堂に納める
89 後深草	深草北陵	一二四三—一三〇四	一二四六—一二五九	京都市伏見区深草坊町	深草に火葬、遺骨を安楽行院仏壇下に安置→法華堂に納骨。深草十二帝陵の嚆矢
90 亀山	亀山陵	一二四九—一三〇五	一二五九—一二七四	京都市右京区嵯峨天竜寺芒ノ馬場町　天竜寺内	亀山殿の後山に火葬、遺骨を分骨して浄金剛院(のちに法華堂を建て本陵とする)・南禅寺・高野山金剛峯寺に納骨
91 後宇多	蓮華峯寺陵	一二六七—一三二四	一二七四—一二八七	京都市右京区北嵯峨朝原山町	生母藤原佶子ほかを合葬。蓮華峯寺傍に火葬、遺骨を同寺の五輪石塔地輪に納骨。周囲に皇考・皇妣・皇后・皇子の遺骨を安置
92 伏見	深草北陵	一二六五—一三一七	一二八七—一二九八	京都市伏見区深草坊町	深草に火葬、後深草院法華堂に納骨
93 後伏見	深草北陵	一二八八—一三三六	一二九八—一三〇一	京都市伏見区深草坊町	嵯峨野に火葬、遺骨を後深草院法華堂に納骨
94 後二条	北白河陵	一二八五—一三〇八	一三〇一—一三〇八	京都市左京区北白川追分町	北白川殿に火葬、山陵とする。父の後宇多天皇の陵に分骨
95 花園	十楽院上陵	一二九七—一三四八	一三〇八—一三一八	京都市東山区粟田口三条坊町	十楽院上山に山作所を構えて、葬る
96 後醍醐	塔尾陵	一二八八—一三三九	一三一八—一三三九	奈良県吉野郡吉野町大字吉野山字塔ノ尾　如意輪寺内	『太平記』に円丘を高く築き、北向きに葬るとある。陵所は如意輪寺の御堂の後山にある
光厳(北朝1)	山国陵	一三一三—一三六四	一三三一—一三三三	京都市右京区京北井戸町丸山　常照皇寺内	丹波の常照寺後山に火葬、山陵とする。石塔を置かず楓・柏・椿の植樹を遺命。河内金剛寺に分骨所、嵯峨金剛院に髪塔がある
光明(北朝2)	大光明寺陵	一三二一—一三八〇	一三三六—一三四八	京都市伏見区桃山町泰長老	大和長谷寺に崩じ火葬、伏見の大光明寺に納骨
97 後村上	檜尾陵	一三二八—一三六八	一三三九—一三六八?	大阪府河内長野市寺元　観心寺内	摂津住吉に崩じ、河内観心寺後山に葬る
崇光(北朝3)	大光明寺陵	一三三四—一三九八	一三四八—一三五一	京都市伏見区桃山町泰長老	伏見殿に崩じ、伏見の大光明寺に火葬、納骨
後光厳(北朝4)	深草北陵	一三三八—一三七四	一三五二—一三七一	京都市伏見区深草坊町	泉涌寺に火葬、深草法華堂に納骨
98 長慶	嵯峨東陵	一三四三—一三九四	一三六八—一三八三	京都市右京区嵯峨天竜寺角倉町	在位論争を経て、一九二六年(大正十五)に皇統に加列。陵所を伝える史料なく、一九四四年(昭和十九)に嵯峨慶寿院跡地に新規築陵
後円融(北朝5)	深草北陵	一三五八—一三九三	一三七一—一三八二	京都市伏見区深草坊町	泉涌寺に火葬、深草法華堂に納骨。山陵・国忌・荷前などの停止を遺詔
99 後亀山	嵯峨小倉陵	?—一四二四	一三八三—一三九二	京都市右京区嵯峨鳥居本小坂町	陵所を伝える史料なく、現陵の治定は近世地誌類による
100 後小松	深草北陵	一三七七—一四三三	一三八二—一四一二	京都市伏見区深草坊町	泉涌寺に火葬、深草法華堂に納骨
101 称光	深草北陵	一四〇一—一四二八	一四一二—一四二八	京都市伏見区深草坊町	泉涌寺に火葬、深草法華堂に納骨
102 後花園	後山国陵	一四一九—一四七〇	一四二八—一四六四	京都市右京区京北井戸町丸山　常照皇寺内	上京悲田院に火葬、本堂前に埋納→光厳天皇陵傍に移し納骨、宝篋印塔を立てる。別に大原法華堂に分骨か
貞成親王(後崇光院)	伏見松林院陵	一三七二—一四五六		京都市伏見区丹後町	一四四七年(文安四)に太上天皇宣下。伏見の大光明寺に火葬。現治定は伏見宮家ゆかりの月橋院過去帳による
103 後土御門	深草北陵	一四四二—一五〇〇	一四六四—一五〇〇	京都市伏見区深草坊町	泉涌寺に火葬、深草法華堂に納骨。山陵・国忌の停止を遺詔。朝廷の経済窮乏のため、御車は賀茂祭の絲毛車を代用
104 後柏原	深草北陵	一四六四—一五二六	一五〇〇—一五二六	京都市伏見区深草坊町	泉涌寺に火葬、深草法華堂に納骨
105 後奈良	深草北陵	一四九六—一五五七	一五二六—一五五七	京都市伏見区深草坊町	泉涌寺に火葬、深草法華堂に納骨
106 正親町	深草北陵	一五一七—一五九三	一五五七—一五八六	京都市伏見区深草坊町	泉涌寺に火葬。深草法華寺に納骨。山陵・国忌の停止を遺詔
107 後陽成	深草北陵	一五七一—一六一七	一五八六—一六一一	京都市伏見区深草坊町	泉涌寺に火葬、深草法華堂に納骨
誠仁親王(陽光院)	月輪陵	一五五二—一五八六		京都市東山区今熊野泉山町　泉涌寺内	一五八六年(天正十四)以降に太上天皇追贈。泉涌寺山内に埋葬
108 後水尾	月輪陵	一五九六—一六八〇	一六一一—一六二九	京都市東山区今熊野泉山町　泉涌寺内	土葬を採用、泉涌寺山内に埋葬。山陵・国忌の停止を遺詔。九重石塔を立てる
109 明正	月輪陵	一六二三—一六九六	一六二九—一六四三	京都市東山区今熊野泉山町　泉涌寺内	土葬を採用、泉涌寺山内に埋葬。九重石塔を立てる

諡号・追号・諱など	陵名	生没年	在位年	現陵所在地	備考（葬法・既掘・追号時期・記事など）
110 後光明	月輪陵	一六三三—一六五四	一六四三—一六五四	京都市東山区今熊野泉山町　泉涌寺内	火葬を停止、土葬を復活、泉涌寺山内に埋葬。以降、当所に後水尾天皇—仁孝天皇の歴代十三代の山陵が連続で営まれる
111 後西	月輪陵	一六三七—一六八五	一六五四—一六六三	京都市東山区今熊野泉山町　泉涌寺内	土葬を採用、泉涌寺山内に埋葬。九重石塔を立てる
112 霊元	月輪陵	一六五四—一七三二	一六六三—一六八七	京都市東山区今熊野泉山町　泉涌寺内	土葬を採用、泉涌寺山内に埋葬。九重石塔を立てる
113 東山	月輪陵	一六七五—一七〇九	一六八七—一七〇九	京都市東山区今熊野泉山町　泉涌寺内	土葬を採用、泉涌寺山内に埋葬。九重石塔を立てる
114 中御門	月輪陵	一七〇一—一七三七	一七〇九—一七三五	京都市東山区今熊野泉山町　泉涌寺内	土葬を採用、泉涌寺山内に埋葬。九重石塔を立てる
115 桜町	月輪陵	一七二〇—一七五〇	一七三五—一七四七	京都市東山区今熊野泉山町　泉涌寺内	土葬を採用、泉涌寺山内に埋葬。九重石塔を立てる
116 桃園	月輪陵	一七四一—一七六二	一七四七—一七六二	京都市東山区今熊野泉山町　泉涌寺内	土葬を採用、泉涌寺山内に埋葬。九重石塔を立てる
117 後桜町	月輪陵	一七四〇—一八一三	一七六二—一七七〇	京都市東山区今熊野泉山町　泉涌寺内	土葬を採用、泉涌寺山内に埋葬。九重石塔を立てる
118 後桃園	月輪陵	一七五八—一七七九	一七七〇—一七七九	京都市東山区今熊野泉山町　泉涌寺内	土葬を採用、泉涌寺山内に埋葬。九重石塔を立てる
119 光格	後月輪陵	一七七一—一八四〇	一七七九—一八一七	京都市東山区今熊野泉山町　泉涌寺内	土葬を採用、泉涌寺山内に埋葬。九重石塔を立てる。諡号再興、後月輪山陵と称する
典仁親王（慶光天皇）	廬山寺陵	一七三三—一七九四		京都市上京区北ノ辺町　廬山寺内	一八八四年（明治十七）に太上天皇を追贈。土葬を採用、廬山寺に埋葬。石造多宝塔を立てる
120 仁孝	後月輪陵	一八〇〇—一八四六	一八一七—一八四六	京都市東山区今熊野泉山町　泉涌寺内	土葬を採用、泉涌寺山内に埋葬。九重石塔を立てる。弘化山陵（弘化廟）と称する
121 孝明	後月輪東山陵	一八三一—一八六六	一八四六—一八六六	京都市東山区今熊野泉山町　泉涌寺内	土葬を採用、泉涌寺の後山（月輪山）の山腹に埋葬。高塚式の山陵を復活、直径約四五メートルの円丘を築く。墳頂に巨石を置く
122 明治	伏見桃山陵	一八五二—一九一二	一八六七—一九一二	京都市伏見区桃山町古城山	東京青山練兵場に大喪の礼、京都伏見に移送。土葬を採用、天智天皇陵を範とする一辺約六〇メートルの上円下方形を築く
123 大正	多摩陵	一八七九—一九二六	一九一二—一九二六	東京都八王子市長房町　武蔵陵墓地内	新宿御苑に大喪の礼、土葬を採用、一九二六年（大正十五）公布の皇室陵墓令の規定により上円下方形を築く
124 昭和	武蔵野陵	一九〇一—一九八九	一九二六—一九八九	東京都八王子市長房町　武蔵陵墓地内	新宿御苑に大喪の礼、土葬を採用、一辺二七メートルの上円下方形を築く。大正天皇陵と同規模。皇室陵墓令廃止により参考とする

(一)数字は現在、宮内庁で定められている歴代数。
(二)追尊天皇および不即位・追尊太上天皇については（　）内に諡号、院号を記す。
(三)陵名、所在地は『陵墓要覧』一九九三年版にもとづく。
(四)便宜上、生没年、在位年の表記は大王墓が特定できる継体以降とした。（大阪府高槻市郡家新町所在今城塚古墳とみられる）
(五)合葬関係は現在の治定状況にもとづく。ただし別に史料により合葬の可能性が認められる場合は、出典明示のうえ備考に表示した。
(六)改葬および火葬後の遺骨の安置などは→で備考に表示した。
(七)参考文献

上野竹次郎編『新訂版山陵』、一九八九年、名著出版。和田軍一「皇陵」（『岩波講座日本歴史』五所収、一九三四年）。米田雄介編『歴代天皇年号事典』、二〇〇三年、吉川弘文館。田中聡「七～十二世紀『陵墓』関連年表」（日本史研究会・京都民科歴史部会編『「陵墓」からみた日本史』所収、一九九五年、青木書店）。

陵墓に関することは治部省諸陵寮《じぶしょうしょりょうりょう》（七二九年（天平元）、諸陵司を改名）が所管した。公的守衛の濫觴《らんしょう》が古墳時代に遡及するか、古墳時代の王墓管理、追祭祀の実態究明が待たれる。さらにはその連続性の検討、律令期陵墓の被葬者の仮託の問題など多くの課題がある。ところで、『養老《ようろう》律《りつ》』衛禁律《えごんりつ》には闌入山陵兆域門条として山陵の「垣」を越えた闌入者と不覚の陵戸などへの刑罰が規定されていたとされ、兆域内外を画する施設としては「垣」が設けられた。「垣」の実効例は、墳丘の後背丘陵上に柵列を設け、維持管理されたことが判明した奈良県橿原《かしはら》市植山《うえやま》古墳の発掘調査事例などが参考となろう。陵墓祭祀については、まず職員令《しきいんりょう》治部省諸陵司条にみえる諸陵正《かみ》の職務の一つに陵霊を祭ることがある。具体的には元旦の四方《しほう》拝《はい》、十二月の荷前使《のさきのつかい》、先天皇・皇族・外戚の忌日に行われる国忌《こっき》などが毎年、実施された。荷前には内裏の建礼門前で使人発遣の儀式後、五位以上の官人が荷前使となって、特定の陵墓に錦・綾など多量の高級絹織物や生糸など幣物を献上する荷前別貢幣《べっこうへい》と、当年の少量の五色帛・庸布・調布などの調庸の初荷を大蔵省の正倉に別置し、各陵墓の預人《あずかりびと》に班給する荷前常幣《じょうへい》がある。荷前常幣は、継体・欽明期前後の六世紀代に先皇山陵祭祀として開始されたとみなす見解もあるが、陵歴名の未成立、陵守戸の未整備、常幣用幣物に関わる諸制度の未確認から奈良時代中期以降に令の定めに従って実施されたとみる考えもある。九世紀前半ごろには荷前別貢幣が常幣以上に重視されるようになる。また外国からの貢献物、信物の奉物、使者の来訪、祈雨、即位や立廃太子、天変地異などが生じた際には臨時に特定の陵墓に親閲・奉告・祈請が行われた。やがて奉幣する陵墓を特に選択して固定化する近陵近墓《きんりょうきんぼ》(時の天皇の血縁に近い人物の陵と、近い歴代の天皇の外戚、功臣の墓)が成立する。その過程には、七三〇年(天平二)九月の渤海《ぼっかい》の信物を「山陵六所」と藤原不比等墓に供したことなど先行事例がある。そして、八五八年(天安二)十二月に荷前別貢幣を献じる十陵四墓が制定された。ただし天皇の即位や父母・皇后などの死没によってしばしば変更された。除された陵墓は遠陵遠墓《えんりょうえんぼ》に移る。この制度も平安時代末期には死穢《しえ》観念の強まりとともに荷前奉幣使の懈怠《けったい》が顕在化する。やがて荷前使の発遣儀式のみを行う形に形骸化し、ついには一三五〇年(観応元)十二月を最後に荷前奉幣は停止を迎えた。九二七年(延長五)に完成の『延喜式』諸陵寮には七十三陵・四十七墓が収載されるが、平安時代末期の陵墓管理の実情を示すといわれ一二〇〇年(正治二)に成った「諸陵雑事注文《しょりょうぞうじちゅうもん》」(諸陵寮被官の各陵田から納められる年中公事《くじ》の供物品目・数量などを記す)にあがる陵墓はわずかに十八ヵ所のみとなる。先立っては九三四年(承平四)に醍醐天皇陵が諸陵寮を離れ、醍醐寺の監守するところとなる。一〇七〇年(延久二)の「興福寺大和国雑役免坪付帳《こうふくじやまとのくにぞうやくめんつぼつけちょう》」には、荘園となった場所に陵墓管理に関係したとみられる「陵戸田」「山陵田」の坪固有名が認められることなどがあげられる。陵墓の公的守衛制度は中世後半期にはほぼ崩壊し、近世にはほとんどの陵墓で所伝を喪失した。たとえば一二三五年(文暦二)の『阿不幾乃山陵記《あおきのさんりょうき》』の野口《のぐち》王墓《おうのはか》古墳(天武・持統天皇陵)ですら、被葬者の手掛かりをなくす。一六九七年(元禄十)、江戸幕府の陵墓探索の廻状への野口村の回答には「字皇之墓」を武烈《ぶれつ》陵とする伝えを記すが、「檜隈大内《ひのくまのおおうち》」については不明とする。現陵墓の大半は江戸時代の元禄・享保・文化の探索、考定を経て幕末の文久―慶応年間(一八六一―六八)に決定された。一八六二年(文久二)には宇都宮藩主戸田忠恕《ただひろ》による建議、山陵奉行戸田(間瀬《ませ》)忠至《ただゆき》を得て翌年、修築事業が開始される。明治期にも修築事業、治定作業は継続した。垂仁天皇皇后の日葉酢媛《ひばすひめ》陵が、一八七五年(明治八)に佐紀《さき》陵山《みささぎやま》古墳に決定されるなど皇后陵・皇子墓など範囲を拡大した治定作業が継続する。また大阪府藤井寺《ふじいでら》市津堂《つどう》城山《しろやま》古墳のように、埋葬施設などの発見を契機に、人物の特定に至らないまでも陵墓の候補地として准じた扱いをうける陵墓参考地(当初は御陵墓見込地とよばれる)になったものもある。陵墓参考地は近代の陵墓政策のなかで生じた陵墓の新たな類型である。そして一九四四年(昭和十九)の長慶《ちょうけい》天皇(南朝第三代)の嵯峨東陵の決定を最後に歴代天皇陵の考定・治定は終了した。次に陵墓形態の変遷についてふれると、古墳時代の大王墓は原則として前方後円墳であるが、六世紀末葉以降には方墳や円墳に変化する。さらに七世紀中葉には八角墳を採用する。平面形や外観に相違はあるが、律令期までは墳丘の顕著な高塚が築かれる。八世紀代には薄葬への思想が醸成され、七二一年(養老五)の元明《げんめい》天皇の遺詔は、蔵宝山雍良《さほやまよらの》岑《みね》に火葬し、改葬することなく植樹して「刻字之碑」を立てるべきというものであった。碑は「函石《はこいし》」と称され、現存する。自然の山丘を利用して陵墓としたもので、桓《かん》武《む》天皇陵も同様の形態ではないかと考えられている。平安時代初期の仏式の葬法を用いた薄葬は火葬の後、京都大原野《おおはらの》西山嶺《にしやまのみね》の山上に散骨した淳和《じゅんな》天皇に極まる。つづく嵯峨《さが》天皇の場合は棺を納めるばかりの浅い壙穴を設けたのみで盛土はされなかった。宇多《うだ》、醍醐《だいご》天皇陵、中尾《なかお》陵(仁明《にんみょう》天皇女御贈皇太后澤子《さわこ》陵)では、山陵周囲に湟が設けられた。八五〇年(嘉祥三)の仁明天皇陵には、陀羅《だら》尼《に》を納めた卒都婆《そとば》が立てられた。仏教的構築物はこの九世紀半ばごろから採用されるようになる。山陵側には文《もん》徳《とく》天皇によって嘉祥寺《かしょうじ》が草創される。山陵と一体化した陵寺の存在がこれ以降、顕著となる。一〇三六年(長元九)の後一条天皇陵では火葬所にのちに「菩提樹院《ぼだいじゅいん》」と称する仏堂が営まれた。一一二九年(大治四)の白河《しらかわ》天皇の場合は鳥羽《とば》に三重塔を設け、のちに遺骨は塔下に納められた。木造の堂塔の場合と石塔の場合があるが、このような形態の山陵は「堂塔式山陵」と称され、以降、江戸時代後期の仁孝《にんこう》天皇陵に至るまで多用された。周溝をめぐらせた墳墓上に石塔を配置した例は、発掘調査例にも指摘できる。京都府長岡京市西陣町遺跡では、火葬塚と考えられる中世墳墓が確認された。十一世紀中葉の年代観が与えられている。平面正方形の墳墓で溝内からは凝灰《ぎょうかい》岩《がん》製の相輪《そうりん》が出土した。墳上に宝塔が立てられていたと推測される。そして、幕末の一八六七年(慶応三)の孝明《こうめい》天皇陵の営造にあたっては、戸田忠至の建白書が受容され、墳壟が備わる円丘による山陵の復興がなった。明治天皇陵は上円下方墳として築造される。つづいて一九二六年(大正十五)には皇室陵墓令が制定され、陵形は「上円下方」または「円丘」とされる。一九四七年にこれが廃止された以降は、準用されて現在に至る。↓天皇陵古墳《てんのうりょうこふん》

参考文献 和田軍一『皇陵』(『(岩波講座)日本歴史』、一九三四、岩波書店)。上野竹次郎編『山陵(新訂版)』、一九八九、名著出版。今井堯「明治以降陵墓決定の実態と特質」(『歴史評論』三二一、一九七七)。日本史研究会・京都民科歴史部会編『「陵墓」からみた日本史』、一九九五、青木書店。外池昇『事典陵墓参考地』、二〇〇五、吉川弘文館。山田邦和「平安時代天皇陵研究の展望」(『日本史研究』五二一、二〇〇六)。

(今尾 文昭)

りょうぼせい 両墓制 埋葬墓地とは別に石塔墓地を設営する墓制。一人の死者に対して埋葬地点の装置と、それとは別の場所に石塔が建てられるために、二つの墓があることになり、この呼称が用いられた。この語の使用は大間知篤三《おおまちとくぞう》が最初であるが、柳田国男は消極的であった。埋葬墓地に石塔を立てるのが一般的であるのに対して、特異な景観を見せるためにこれを両墓制と呼び、一

般的なかたちを単墓制と呼んだ。その分布は特徴的で、若狭を含む近畿地方の圏内に濃密な分布をみせながら、西では瀬戸内の塩飽《しわく》諸島、荘内半島、伯耆大山《だいせん》の山麓、東では房総から常陸、下野の一部にそれぞれ点々とみられる。この墓制を「発見」した民俗学では、まず死穢忌避の観念と霊肉別留の古い観念が典型的にこの墓制から見出せるとする解釈が示された。一方、考古学の国分直一は、この両墓制は南島地方の洗骨改葬習俗とともに古代の二重葬制の系譜を引くものであると論じた。それに対して宗教民俗学の原田敏明は、両墓制は従来は死穢を忌避していたのが近世以降に仏教信仰にもとづく死者供養の考え方が起こり、そのために寺院の境内などに石塔を建てるようになって生じたものであり、歴史的にも新しいものだと論じた。その後、両墓の呼称・立地・形態・景観・参り方・物的関係などの側面からの実地調査が積み上げられて、現在では、原田の指摘したように、旧来の石塔のない時代の埋葬墓地に対して、中世末から近世初頭にかけて石塔が新しく建てられるようになったときに、それがどこに建てられるかによって、単墓制、両墓制、無石塔墓制の三者に分かれたとする見解が支持されている。したがって、それぞれの村落社会における石塔の初現期の動向に注目する研究が進められており、考古学と民俗学の協業の必要性も高まっている。もちろん、村落社会の動向や寺院や石塔の移動ということも考慮に入れねばならず、文献史学との協業も不可欠である。なお、両墓への参り方の分析からは、埋葬墓地を忌避してかえりみず、墓参は石塔墓地にのみ行うという事例が、近畿地方の周縁部にほぼ円環状に分布しているという事実が明らかとなった。それにより、両墓制の成立の背景に、天神地祇の祭祀のために徹底して清浄性を求めて死穢を忌避する天皇と貴族を中心とする朝廷権力とその後の公武顕密の支配の影響を歴史的に強く受けてきた近畿地方の村落において特に現象化した墓制であり、その意味では宮座祭祀の分布とも民俗の底流としては関係があるのではないかとの指摘も行われるようになってきている。ただし、近年の圧倒的な火葬の普及によって、土葬墓制を基本とする両墓制の事例は急速に失われつつあり、精密な調査を進めるのが困難な状態となってしまう前に、民俗学・考古学・文献史学の協業により組織的で重点的な大規模調査の実施が急がれる状況にある。

参考文献 最上孝敬『詣り墓(増補版)』(『名著選書』一、一九八〇、名著出版)。竹田聴洲『民俗仏教と祖先信仰』、一九七二、東京大学出版会。新谷尚紀『両墓制と他界観』(『日本歴史民俗叢書』、一九九一、吉川弘文館)。同『柳田民俗学の継承と発展』、二〇〇五、吉川弘文館。関沢まゆみ『宮座と墓制の歴史民俗』、二〇〇五、吉川弘文館。白石太一郎編『近畿地方における中・近世墓地の基礎的研究』、二〇〇一、国立歴史民俗博物館。

(新谷　尚紀)

りょうぼようらん　陵墓要覧　宮内省・宮内庁の編纂による陵墓の一覧書。宮内庁(省)が管理する陵墓について、職員の手引き書として管理事務用に作成されてきているもので、非売品。明治期には同種のものとして、一八八四年(明治十七)および一九〇一年に『陵墓一覧』が発行されているが、一九一五年(大正四)に『陵墓要覧』として発行され、以後改訂版が一九三四年(昭和九)、一九五六年、一九七四年、一九九三年(平成五)に作成されている。現行の平成五年版は宮内庁書陵部編纂で、歴代順に掲げられた天皇、およびそのもとに掲げられた各后妃・皇族につき、陵墓名、その所在地、陵墓の形状その他の事項を記載し、また監区・部及び部外一覧表、地方別陵墓表、索引があり、陵位置図、陵墓要覧付録(陵墓参考地一覧表・式年表等を掲載)が付属する。

(北　啓太)

りょくでいへんがん　緑泥片岩　緑色の石のなかで特に緑泥石という鉱物を多く含むもので、鉱物学的には緑泥石片岩という。緑色の片岩は緑泥石のみでなく緑簾石を含む緑簾片岩などもある。また、片岩の中には泥質片岩・砂質片岩などがあり、結晶質の片岩という意味で結晶片岩とも呼ばれている。俗称としては青石といい、各地の地名を冠し秩父青石・下里青石・紀州青石・伊予青石・阿波青石と呼ばれている。薄く板状に剝がれる性質があり、古くからさまざまな使われ方をした。縄文時代の打製石斧・石皿、古墳時代の古墳の石室、古代の竪穴住居跡の竈《かまど》の補強材、近世には和歌山城や徳島城などの石垣にも使われている。なかでも中世の板碑として使用された秩父青石、阿波青石は著名である。埼玉県の秩父郡長瀞町野上、比企郡小川町下里には、山の斜面を露天掘りした石切場の跡がテラス状に残っており、付近にはたがねと思われる痕跡をとどめた緑泥片岩が散乱する。採石は付近の川を利用して搬出されたものと推測される。

(浅野　晴樹)

りょくゆう　緑釉　⇩釉薬《ゆうやく》

りょくゆうこつつぼ　緑釉骨壺　緑釉陶器製の火葬骨を納める容器。奈良時代以前は、焼物製骨壺として須恵器が一般的だが、緑釉を含む多色彩の三彩陶器(奈良三彩)を用いた例がごく少数ながら確認される。大阪府茨木市安威、和歌山県橋本市(旧高野口町)北名古曾の各出土例などが著名である。奈良三彩例は短く立ち上がる口頸部に球形の胴部をもつもので、正倉院宝物の須恵器製薬壺にみられる形態(薬壺形)である。平安時代以降は、須恵器骨壺のほか灰釉陶器製が増加するが、緑釉骨壺は量的に少なく、京都市山科区大日廃寺跡・和歌山県高野町金剛峯寺真然堂の各出土例などがある。前者は奈良時代以来の薬壺形ながら肩の張りが弱くなったもので、後者は平安時代以降の新出形態であり、胴部四方に縦方向の突帯が口頸部の下から延びて四足につながるものである。後者は青磁をはじめ中国製品にみられる水滴の形状を模して大型化させたものとみられ、胴部にさらに三条ほどの横方向の突帯を巡らすものがむしろ一般的である。朝鮮半島でも緑釉骨壺は出土するが、蓋と身を合わせて球

緑釉骨壺（金剛峯寺真然堂出土）

形を呈するものや蓋と身を連結する突起を有するものなどがあり、日本の緑釉製品とは形状が異質である。なお、朝鮮半島では、慶州朝陽洞で唐三彩の三足壺(鍑《ふく》)を蔵骨器とする例も出土する。→蔵骨器《ぞうこつき》

参考文献 『世界陶磁全集』二・一七、一九七九、小学館。愛知県陶磁資料館・五島美術館『日本の三彩と緑釉』(展示図録)、一九九八。高橋照彦「日本古代における三彩・緑釉陶の歴史的特質」(『国立歴史民俗博物館研究報告』九四、二〇〇二)。

(高橋　照彦)

りんしぼち　林氏墓地　江戸幕府に朱子学をもって仕えた林羅山《はやしらざん》(信勝)を初代とする林家一族の墓所。東京都新宿区市谷山伏町所在。国指定史跡。初代の羅山、羅山夫人、長男左門、三男で二代目を継いだ鵞峰《がほう》は、当初上野忍岡《しのぶがおか》の林家の屋敷内に埋葬された。一六九八年(元禄十一)中堂火事《ちゅうどうかじ》の後、市谷山伏町に下屋敷を拝領し、上野の墓所も改葬された。林家は幕末には八重洲河岸に屋敷を拝領しており、この下屋敷は墓所地として位置付けられた特異な武家屋敷であった。この地には羅山から十二代学斎までの当主とその家族、二代鵞峰の弟読耕斎《どっこうさい》(守勝《もりかつ》)を祖とする第二林家、四代榴岡《りゅうこう》の弟確軒《かくけん》(信智《のぶのり》)によって分立した第三林家歴代の当主や家族の墓など八十一基の墓石が保存されている。明治時代以降たびたび墓所の縮小が行われ、八代述斎《じゅっさい》、九代檉宇《ていう》、十代壮軒《そうけん》、十一代復斎《ふくさい》の四基のみが儒葬で埋葬されている。儒葬形式の墓所が保存されている事例はきわめて少なく貴重である。

参考文献 『文京区史』二、一九六八。東京都新宿区教育委員会編『国史跡林氏墓地調査報告書』一九七八。

(亀田　駿一)

りんのうじ　輪王寺　栃木県日光市山内に所在する天台宗の寺院。山号は日光山。鎌倉時代に光明院として日光山内に創設されたもので、以後日光山本坊の地位を継承、豊臣秀吉時代の山領没収により一時衰退したが、徳川家康の保護を受け、天海が貫首になって再興、東照社(宮)が創建されると日光山の中心寺院として復興した。輪王寺の名称は一六五五年(明暦元)に輪王寺宮門跡《みやもんぜき》が創出され、後水尾天皇の皇子尊敬(守澄)親王が下向して日光山と上野寛永寺の門主を兼ねたことによる。この間、一六五三年(承応二)には徳川家光を祀る大猷院廟《たいゆういんびょう》が造営された。明治の神仏分離により東照宮・二荒山神社と分立された。大猷院霊廟の本殿・相の間・拝殿が国宝に指定されており、ほかに重要文化財三十七棟を有する。国史跡「日光山」および世界遺産「日光の社寺」を構成する一つ。

参考文献 『日光市史』中、一九七九。

(増渕　徹)

りんぽう　輪宝　車輪形の法具。円盤形の投擲《とうてき》用武器に起源を求めることができる。外輪の輞《もう》部と中央の轂《こく》部とを八本の輻《ふく》でつなぐ形で構成され、八角形に作られた外縁に刃を立てたもの、八方に独鈷杵《とっこしょ》の先端の鋒《ほう》をもつもの、八方に三鈷《さんこ》をもつものの三種があり、それぞれ八角輪宝、八鋒輪宝、三鈷輪宝と呼ぶ。前二者は密教の修法に用いられ、大壇の中央に置かれる。三鈷輪宝はもっぱら地鎮・鎮壇供養の際に用いられ、地下に埋納される。三鈷輪宝は仁和寺金堂跡から出土した金銅製のものも見られるが、おおむね薄い金属板を打ち抜いた作りである。地鎮具として出土したものの中には、平安宮内裏承明門《しょうめいもん》跡北側から出土したもののように、八角輪宝が用いられたものがある。

参考文献 奈良国立博物館監修『密教法具』一・二、一九九三、臨川書店。

(森　郁夫)

る

るいじゅうこくし　類聚国史　菅原道真《すがわらのみちざね》の編集により六《りっ》国史《こくし》の記事を項目別に再編集した類書。もと二百巻で、現存の六十一巻、逸文の一巻、あわせて六十二巻が残る。八九二年(寛平四)に完成したとされるが、九〇一年(延喜元)完成の『三代実録』をも含むため、後人が記事を追補したとの推定もある。『類聚国史』はいわば国史記事のデータベースであり、その独自性は分類の大系にある。神祇部から殊俗部までの大項目・その下部に細目を設けて六国史の記事を配列しており、同一記事を重出した場合は関連項目を「事見某々部」と指示する。忠実に原文を再録して省略箇所も「云々」と明示するため、個々の記事をもとの国史にもどすことが可能で、六国史の本文校訂・散逸した『日本後紀《にほんこうき》』の復原で効果を発揮してきた。写本には壬生家《みぶけ》旧蔵の十二世紀の巻子本があり、国宝に指定されている(東北大学附属図書館・尊経閣文庫)。尊経閣文庫本の影印は『尊経閣善本影印集成』三二―三四に収められている。テキストには編年索引を備えた新訂増補国史大系本がある。

参考文献　吉岡眞之「類聚国史」(皆川完一・山本信吉編『国史大系書目解題』下所収、二〇〇一、吉川弘文館)。

(遠藤　慶太)

るいじゅうざつようしょう　類聚雑要抄　平安時代中ごろに編纂された貴族の儀式の際の饗膳・室礼《しつらい》・装束に関する資料集。全四巻。巻一は宮中や摂関家で開かれた儀式の時の饗宴の内容をまとめたもので、献立に加えて宴席の配置など建築指図とともに示されている。巻二は家具調度とその鋪設に関する資料をまとめたもので、ここにも家具調度の配置を示す建築指図が収められている。巻三は一一一五年(永久三)の内大臣藤原忠通五節の舞姫進上の際の雑事の定文を中心とした資料で、調度から装束、禄に至るまで、五節に関する細々としたことが記述されている。巻四は蠻絵螺鈿沃懸地という当時最高の調度の目録を中心とした資料で、ここには各調度の大きさ、製作に必要な材料や費用についても詳しく記載されている。川本重雄によると左衛門権佐《すけ》藤原親隆(一〇九九―一一六五)が一一四六年(久安二)ごろに編纂したという。『群書類従』雑部所収。十七世紀後半にこれを立体的に絵画化したものが作られている。

参考文献　川本重雄「『類聚雑要抄』と『類聚雑要抄指図巻』」(川本重雄・小泉和子編『類聚雑要抄指図巻』所収、一九九八、中央公論美術出版)。

(小泉　和子)

るいじゅうさんだいきゃく　類聚三代格　古代の法令集。個別の格(追加法)を集成した『弘仁格《こうにんきゃく》』『貞観格《じょうがんきゃく》』『延喜《えんぎ》格《きゃく》』の三代の格を新たに項目別に再編集したもの。現存本では十二巻本・二十巻本(二種)があるが、完本ではなく一割程度を欠く。撰者は不明で、成立時期は十一世紀頃と推定されている。三代の格は官司ごとに配列され、しかも相互に併用する必要があった。それを『類聚三代格』では内容別にまとめ直し、原拠は「弘神」(弘仁神祇格)のように鼇頭標目《ごうとうのひょうもく》で示している。三代の格は散逸したため、古代の法令集としての本書の価値はきわめて高い。なお収録された格については、編纂時での効力を加味して字句の改削が加えられたことに注意する必要がある。テキストには新訂増補国史大系本があり、その後、大系未収部分を含む関晃監修、熊田亮介校注解説『狩野文庫本類聚三代格』(一九八九、吉川弘文館)が公刊された。

参考文献　渡辺寛「類聚三代格の基礎的研究」(『藝林』二〇ノ三、一九六九)。同「類聚三代格の鼇頭標目」(『皇学館大学紀要』八、一九七〇)。吉田孝「類聚三代格」(坂本太郎・黒板昌夫編『国史大系書目解題』上所収、一九七一、吉川弘文館)、米田雄介編『類聚三代格総索引』、一九九一、高科書店。

(遠藤　慶太)

るいじゅうふせんしょう　類聚符宣抄　七三七年(天平九)から一〇九三年(寛治七)の間に発給された太政官符・宣旨などを集めた法制関係文書集。別名『左丞抄《さじょうしょう》』。全十巻であったらしいが、現存するのは巻二・巻五の二巻を除く八巻。ただし、このうち巻六・巻八・巻九の三巻は、後世の推定により現在の巻次とされたもので、本来の巻次は不明。所収文書は、国政上の重要な政策というよりも、政務運営上の細則的なものが多い。また、もとになった文書の原形やその施行手続きに関わる追記などもかなり忠実に伝えているとみられ、本書の大きな特徴の一つとなっている。一一二一年(保安二)・一一二二年に書写された壬生家旧蔵本が最古写本で、現在確認されている写本は全てこの本から派生したものとみられる。このような内容や伝来から、壬生家＝小槻官務家において編まれた可能性が考えられていたが、源経頼(九八五―一〇三九)によって編纂され、その後増補されたとする有力な新説も出されている。刊本としては新訂増補国史大系本などがある。

参考文献　宮内庁書陵部編『図書寮典籍解題』続歴史篇、一九五一、養徳社。橋本義彦「類聚符宣抄解題」(『平安貴族社会の研究』所収、一九七六、吉川弘文館)。清水潔『類聚符宣抄の研究』、一九八二、国書刊行会。

(石田　実洋)

るいじゅうみょうぎしょう　類聚名義抄　平安時代後期の成立とされる部首引きの辞書。篇目と仏・法・僧の三部とからなり、編者は法相宗・真言宗・天台宗関係の僧と推測される。原撰本と改編本とに大別され、後者には『三宝類字集』『三宝類聚名義抄』などの名もある。原撰本は、平安時代末期の書写とされる宮内庁書陵部所蔵の水谷川家旧蔵本一帖が唯一の伝本だが、法部の一部が存するのみ。単字よりも熟語を多く見出しとし、音・語義・和訓を注す。和訓には、片仮名のほかに万葉仮名表記のものを含む。古い訓のあり方を比較的忠実に伝えているとされ、また多く出典名を明記し、逸書の引用も豊富であることなどが大きな特徴となっている。改編本には、完本として東寺観智院旧蔵本十一帖があり、宝菩提院本はこれと近い関係にあるとされる。その他、蓮成院本・高山寺本・西念寺本などがしられる。全体を百二十の部首に分け、その内部は字形の類似性を基準に配列しているらしい。原撰本と比較して、和訓・異体字の増補、見出しに占める単字の割合の増加、漢文による注や万葉仮名による訓注の減少、出典名の省略など、漢和辞書としての性格がより強められている。ただし改編本の中でも、それぞれ性格を異にする点もみられる。西崎亨編『日本古辞書を学ぶ人のために』(一九九五、世界思想社)末尾の「古辞書影印刊行目録」に本書の影印本十二種が掲載されており、それ以後のものとして倉島節尚編『宝菩提院本―類聚名義抄―』(二〇〇二、大正大学出版会)がある。

参考文献 望月郁子『類聚名義抄の文献学的研究』、一九九二、笠間書院。岡田希雄『類聚名義抄の研究―手沢訂正本―』、二〇〇四、勉誠出版。

(石田 実洋)

ルソンつぼ 呂宋壺 中近世に海外から輸入された茶壺をさし、考古遺物の黒褐釉や黄色釉を施釉した四耳壺《しじこ》に比定される。「るすん壺」の名称は、一五九四年(文禄三)が初出で、また『フィリピン諸島誌』(アントニオ＝デ＝モルガ)などの現地史料にも、このころにルソンより大量の壺が日本に招来された様子が詳述される。これらの壺の多くは広東・福建などの中国南部で生産されたもので、本来は液体や粉粒などの商品容器として東南アジア各地へ運ばれたものである。日本における茶壺の記事は、十四世紀中葉からで「茶壺」「大壺」の総称や「清香《せいこう》」「冬《とう》瓜《か》」「真壺《まつぼ》」などの種類名称がみられるようになる。一三二三年(貞応二)に沈没した日元貿易船(韓国新安沈船)からはスタンプのついた褐釉四耳壺数点が引き上げられており、その形や同船の容器としての褐釉長胴瓶の大量さに比較し、茶壺として積載された可能性が高い。瀬戸窯でこれら中国製茶壺をコピーした「祖母懐」茶壺などの生産が始まるのも十四世紀中ごろからである。

参考文献 徳川義宣「茶壺鑑賞史」(徳川美術館・根津美術館編『茶壺』所収、一九八二)。

(小野 正敏)

るつぼ 坩堝 鋳造作業に際し、鋳型に流し込む用材を溶融するための容器で、土製や鉄製のものがある。鋳銭司跡、玉作工房跡、梵鐘鋳造工房跡などから出土する。土製のものは、耐火度の高い粘土に石英や籾殻、スサ、砂粒などで構成される。壺形や碗形さらに砲弾形のものなどがあり、蓋を伴う場合もある。大きさの割に器肉が厚い作りとなっており、奈良県飛鳥池遺跡例では外面に叩き成形の痕跡がみられることから型作りと推定される。坩堝は内外面にガラス質のスラグや余滴が付着し、口縁部に片口状の注ぎ口が付いている例もある。使用に際し溶融用炉内で木炭などを燃焼させた中に置き、ガラスや金属片などの用材を入れ、送風によってさらに温度を上昇させ坩堝内の用材の溶融を促した。また坩堝に蓋をすると内部の用材は燃料と接触することがないため、化学的汚染物の混入が避けられるという利点がある。

参考文献 神崎勝「銅の生産とその展開」(佐々木稔編『鉄と銅の生産の歴史』所収、二〇〇二、雄山閣)。

(三宅 博士)

るり 琉璃 (一)瑠璃色(紫紺色)を意味したり、貴石としてのラピスラズリをさす。ラピスラズリは古代から西アジア・ヨーロッパ・中央アジアなどで壁画の青色顔料として用いられた。(二)琉璃・瑠璃・流璃・玻璃《はり》・硝子・ビイドロ・ギヤマンは一般的にガラスをさしている。七宝のガラスにも用いられる。地域や時代などによって、それぞれの言葉で表された。瑠璃・玻璃の語源については明確ではないが、インドがその起源とする説があり、それが中国、やがて日本へ伝えられたと考えられている。日本で最初にガラスが作られるようになったのは、飛鳥時代が終るころである。国産原料を用いた鉛ガラスの製造が始まり、緑釉《りょくゆう》などにも鉛ガラスが用いられた。奈良時代以降はガラスそのものが衰退するが、江戸時代になって、ポルトガル・オランダによるガラス、いわゆるビードロ・ギヤマンが一般庶民にも流行した。

(肥塚 隆保)

れ

れいうんいんていえん　霊雲院庭園　⇩妙心寺《みょうしんじ》

れいぜいいん　冷泉院　平安京左京二条二坊三・四・五・六町、大炊御門・二条・大宮・堀川の各大路に囲まれた後院・院。冷然院とも。初見は『類聚国史』弘仁七年(八一六)八月二十四日条の嵯峨天皇の行幸記事。その前身を桓武天皇が七九五年(延暦十四)に行幸した「近東院」とみる説もある。八二三年四月、嵯峨天皇は譲位に際して冷然院に遷り、八三四年(承和元)に嵯峨院へ移るまで居所とした。仁明朝以降、冷然院は内裏修造に際しての仮御所などとして用いられ、天皇の累代の御院とされた。『文華秀麗集』に収められた詩文によると、創建間もない院には、東西の釣台(釣殿)をもつ池水を廻らした庭園が設けられており、『三代実録』によると、八七五年(貞観十七)の罹災は「五十四宇」に及んだという。院の管理を任とする冷然院司が設置され、太政官の史生が侍直したことも確認できる。九四九年(天暦三)の罹災の後再興された第三次冷泉院は(この時火に通じる然字を避け、冷泉院と改称)、庭園および殿舎の構造に詳しく貴重である。九七〇年(天禄元)、一〇一六年(長和五)、一〇五〇年(永承五)にも罹災記事がみえるが、院そのものは鎌倉時代にも確認される。

参考文献　太田静六「冷然院の考察」(『寝殿造の研究』所収、一九八七、吉川弘文館)。所京子「平安前期の冷然院と朱雀院—「御院」から「後院」へ—」(『平安朝「所・後院・俗別当」の研究』所収、二〇〇四、勉誠出版)。遠藤慶太「後院の名称—冷然・嵯峨の語義をめぐる覚書」(『日本歴史』六二五、二〇〇〇)。　(山本　崇)

れいぜいためすけはか　冷泉為相墓　神奈川県鎌倉市扇ヶ谷二丁目の浄光明寺の裏山山頂に所在する冷泉為相(一二六三?—一三二八)の墓。国史跡。安山岩製の宝篋印塔で、総高一五三・五センチ。水戸光圀が建てたとも伝わるが、形態からして南北朝時代のもので、光圀は修理・整備したものと考えられる。なお、現在の相輪は後補のもの。為相は権中納言で、和歌の家冷泉家の祖。藤原為家の第四子で定家の孫。母は『十六夜日記《いざよいにっき》』の作者の阿仏尼。播磨国細川荘をめぐる異母兄二条為氏との争いを幕府に訴えるため、まず母阿仏尼が鎌倉に下向し、ついで正応年間(一二八八—九三)以降は為相もしばしば下向、浄光明寺の傍らの藤ヶ谷に住んだことから藤谷殿、中納言であることから藤谷黄門と呼ばれた。勝訴したのちは鎌倉歌壇の指導者となって『拾遺風体和歌集』『柳風和歌抄』を撰んだ。また、門弟の遠江国武士勝間田長清に依頼して選ばせた一三一〇年(延慶三)ころの成立の『夫木和歌抄』は、勅撰集未収歌一万七千余首を収める貴重なもの。

参考文献　神奈川県教育委員会編『神奈川県文化財図鑑』史跡名勝天然記念物編、一九七八。外村展子『鎌倉の歌人』(『鎌倉叢書』五、一九八六)。　(荒井　秀規)

れきしこうこがく　歴史考古学　〔定義と対象範囲〕文字史料が登場する歴史時代を対象とする考古学のことをいう。日本では、考古学的時期区分として、かつて、先史時代・原史時代・有史時代という区分が用いられてきた。先史時代は縄文時代以前、原史時代は中国の文献に倭国や邪馬台国が登場する弥生時代および稲荷山鉄剣など出土資料に金石文の登場する古墳時代、有史時代は、『日本書紀』や『古事記』の文献史料によって歴史が構築できるようになる飛鳥時代以降のことを呼んだ。歴史考古学は、原理的には原史時代も含みうるが、通常、有史時代を対象とし、七世紀以降から現代までを対象範囲とする。〔歴史考古学のはじまり〕そもそも考古学は、ヨーロッパにおいては、十七世紀以来、ギリシャローマ時代を対象とする古典考古学として出発しており、これは、文字史料を伴う歴史考古学である。しかし、その内容は、美術史的色彩が強かった。一方、別途、北ヨーロッパを中心に先史考古学が形成され、層位学と型式学が確立する。やがて先史考古学と歴史考古学が相互に関係し、歴史考古学にも二つの方法論が定着する。〔歴史考古学の方法論と特徴〕考古学である以上その方法論は先史考古学同様、遺跡・遺物に立脚して歴史や過去の社会を研究・復元する。その方法論は、考古学の基本である層位学と型式学を両輪とし、発掘調査によって遺跡の解明をするが、文字史料をも対象とすることで文献史学の方法論と密接な関係をもつ分野である。文献記録の長所は、考古資料からは明らかにすることの困難な、歴史的・政治的事件や制度、思想などについて具体的なことがわかることである。しかし一方、文献記録には、作者の思想・目的など、作為が必ず反映する。とくに記紀のような歴史書は、明確な目的の下に編纂され、記述にあたっては、内容が意図的に取捨選択されるため、史料批判が必要である。また、ここに日常的なありふれた出来事が記録されることはほとんどない。これに対して考古学的な資料は、むしろ日常生活の舞台である住まいであったり、食器であったり、そこで毎日使われる文房具であったり、ごくありふれたふつうのものが最も重要な研究対象となる。歴史考古学は、考古学的研究に文献史学の方法・成果を加えることで、より具体的な歴史の解明が可能となる。また、木簡や墨書土器のような出土文字資料が、増加の一途を辿っている。これらは考古遺物であるとともに、文献史学の重要な史料でもあり、考古学と文献史学が交差する場所である。〔歴史考古学の役割〕歴史考古学の重要な役割を遺憾なく発揮したのは、平城宮跡をはじめとする古代都城、地方官衙、寺院などの発掘である。四十年間以上続く平城宮跡の発掘では、宮城内の建物配置や変遷が明らかとなり、多量の木簡の発見によって、役所内の勤務実態が解明されつつある。また、長屋王の邸宅跡の発掘では、それまでまったくわからなかった奈良時代貴族の実態を、邸宅の構造や日常生活だけでなく、家族関係・経済的基盤・支配関係など、多角度から解明できる資料がみつかった。地方官衙や古代寺院については、各地で行われる発掘調査により、古代の地方支配の実態や、仏教の伝播の様子について解明するための膨大な資料がすでに蓄積されつつある。一般に考古学は、文字史料の少ない時代ほど威力を発揮し、文字史料が増えるにつれその活躍の舞台が少なくなる。古代にあっては、歴史考古学の役割はきわめて大きいが、近現代においては、歴史を構築する主要な学問分野とはならない。しかし、近年の歴史考古学は、たとえば江戸の大名屋敷内部における生活実態や大阪の市場の日常を知る資料などを明らかにしてきており、生活に密着した歴史の解明という点では、文献史学にはない大きな役割を担っている。

参考文献 坂詰秀一『歴史考古学研究』、一九六九・八二、ニュー・サイエンス社。

（田辺　征夫）

れきしちりがく　歴史地理学　時間的に継起する事象を取り扱う歴史学と、空間的に並存する事象を取り扱う地理学という古典的定義に対し、時間・空間を同時に視野に入れ、同格に位置付ける研究分野。地理学的視角ないし空間現象の分析視角を取り込んだ歴史学と、歴史事象の分析視角を取り込んだ地理学、あるいは時間の要素を重視した地理学という表現が可能であろう。日本の歴史地理学は、歴史的な場所・地名の現地比定への強い関心から始まり、一九三〇年(昭和五)代における文化景観の形態学の視角の導入によって新たな段階を迎えた。その流れの中で設定され、広く認知されたのが「時の断面」の描写を目的とする歴史地理学であった。英語圏での歴史地理学の研究対象は、㈠過去の地理、㈡景観変遷、㈢現在における過去、㈣地理的変化、に分類されるのが古典的見解である。㈢は、現在も遺存する過去の要素、㈣は、位置や面積、地形条件や交通条件といった地理的な要素が主たる要因となった変化、と見てよい。日本の歴史地理学は、厚みのある「時の断面」の時間による変化を記述する景観変遷史法へと展開した。英語圏の㈡の視角と時に同一視されるが、㈡は特定の年といった薄い時間幅のクロスセクションを基礎とし、景観変遷史法の「時代」程度の時間幅を基礎とする視角とは大きく異なる。一九七〇年代に入ると、前記の四類型の研究対象にはそれぞれ、過去における現実の世界、認識された世界、理論的世界という相互に関連し合いつつも同時に並存する三つの世界があるとの理解が一般化し、研究対象は計十二類型となった。日本においても、自然環境を含む復原の手法の多様化と精緻化が進むとともに、方法論の有効性と限界についても議論が進んだ。研究の関心は、景観の変遷とパターン、形態と構造、表現と認識、機能と生態へと展開している。人間によって認識された過去の世界への関心の流れは、日本においてもこの分野の重要な一部分となっている。

参考文献 藤岡謙二郎『先史地域及び都市域の研究』、一九五五、柳原書店。金田章裕『古代景観史の探究』、二〇〇二、吉川弘文館。H. C. Darby: Historical geography, H. P. R. Finberg ed.: Approaches to history, 1962, University of Toronto Press. Alan R. H. Baker ed.: Progress in historical geography, 1972, David & Charles.

（金田　章裕）

れきしとちり　歴史と地理　㈠一九一七年(大正六)十一月に創刊した京都を中心として組織された史学地理学同攷会の月刊の機関誌。第一巻第一号から第四巻第四号までは大鐙閣(東京)から刊行され、その後は星野書店(肇文社、京都)から刊行された。日本史・東洋史・西洋史および地理学に関する論文を主とし、新刊紹介も附載するという体裁であった。初期には別誌名を『教授資料歴史と地理』とし、歴史学・地理学を歴史教育・地理教育との密接な関係のもとに捉えようとし、中等学校および小学校での資料提供も意図していたことをうかがわせる。半年を一期一巻として一九三四年(昭和九)十月の第三十四巻第四・五号合併特集号まで続き、通巻二百四冊を刊行して休刊し、翌年六月に総目録及索引を第三十四巻第六号として刊行した後、廃刊した。㈡一九六八年(昭和四十三)五月に創刊された山川出版社が編集・発行する月刊学術雑誌。『日本史の研究』、『地理の研究』、『世界史の研究』を継続前誌とする、三誌の合併誌で、創刊号である第一巻五月号が通巻一五二号にあたる。各号は内容的に地理、世界史、日本史のいわば特輯号となっており、この順に刊行され、年間各四冊ずつ発行している。構成は論文・解題・史料紹介・講座・新刊紹介などで、歴史教育および地理教育に重点がおかれ、現在に至っている。

参考文献 栗田元次『綜合国史研究』、一九三六、同文書院。

（出田　和久）

れきだいびょうりょうこう　歴代廟陵考　江戸時代の天皇御陵調査書。一冊。一六九九年(元禄十二)成立。神武天皇より天皇を歴代順に掲げ、その下に各々の葬所と陵の所在地を列記する。江戸幕府は一六九七—九九年に山陵の調査と周垣工事を行なったが、その結果を受けて作成されたもので、京都所司代松平信庸《のぶつね》から幕府・朝廷に献じられた。その経緯について所司代と武家伝奏間の往復文書を付載する写本もある。なお一八五五年(安政二)京都西町奉行浅野長祚《ながよし》は、一八五二—五四年(嘉永五—安政元)の調査の結果決定された嵯峨天皇以下十五帝の御陵・火葬所についての考証を絵図とともに記した『歴代廟陵考補遺』を著した。これにはその上牋書、上記の『歴代廟陵考』および『享保年中再考諸陵』の写しと沿革説明、今次調査についての地元の書上げが付属しているが、『歴代廟陵考補遺』を本編とするこの書も『歴代廟陵考』と称されることがある。

参考文献　『図書寮典籍解題』続歴史篇、一九五一、養徳社。（北　啓太）

れぶんふなどまりいせき　礼文船泊遺跡　日本最北の離島である礼文島の北部、船泊湾に面する砂丘にある縄文時代後期の集落跡。北海道宗谷地方の礼文郡礼文町大字船泊村字ウエンナイホにある。一九四九年(昭和二十四)に北海道大学が発掘調査したときは、浜中《はまなか》—大備間《おしょんない》の四地点を総称して船泊砂丘遺跡としているが、現在はその内の第三および第四地点を船泊遺跡と呼んでいる。一九九九年(平成十一)に町が行なった発掘調査では、主に縄文時代中期後半から後期中葉の遺物が出土し、住居跡および作業場二十四ヵ所、墓壙二十四ヵ所、土坑十九ヵ所、屋外炉八十七ヵ所などの遺構が確認されている。墓からはビノス貝製の平玉や硬玉製大珠《たいしゅ》を身につけた人骨が出土した。メノウの小型ドリルも大量に出土することから、貝製平玉の生産遺跡であることがわかった。また、銛先などの骨角製品も豊富である。骨角器と石器の接着剤として使われたアスファルトは、分析の結果、国外産の可能性が高いといわれる。

参考文献　礼文町教育委員会編『礼文町船泊遺跡発掘調査報告書』、二〇〇〇。（畑　宏明）

れん　輦　本来は人がひく車の意味で、特に秦漢代以来天子の乗る車を輦という。日本では天皇の乗る輿を輦輿《れんよ》(鳳輦《ほうれん》、葱花輦《そうかれん》とも)と呼び、輿に車輪をつけて人が轅《ながえ》をひく乗物を輦車と呼んだ。輦車は手車、腰車、小車ともいう。乗用の車が日本でいつごろから実際に用いられたかは不明であるが、八世紀の例として宝亀初年に羽栗翼《はぐりのつばさ》が老年のため小車に乗って公門の出入りを聴されたことがみえる(『西宮記』臨時五勅授輦車)。輦車は宮中専用の乗物で、乗用には勅許を必要とした。これを輦車宣旨という。皇太子、後宮の女性をはじめ、老親王・摂関・大臣・僧正らが輦車宣旨を得て乗用。『延喜式』内匠寮が示す「腰車」の構造は、屋形の長さ六尺、広さ五尺、屋根は八の字形の緩やかな曲線をもつ唐破風《からはふ》で、植物の葉で葺き覆う毛車(葺車)に復原できる。屋形の形状は太上天皇・摂関などが乗用する最高格の牛車である唐車に似て、その原型か。『延喜式』内匠寮が示す「輿」(葱花輦)に比べると約三倍の床面積をもち、車輪をつけることによって大きな重い屋形の運行を容易にした。中世の絵画資料として鎌倉時代末期に成立した『石山寺縁起』に描かれる輦車がある。↓牛車《ぎっしゃ》　↓輿《こし》

参考文献　松平定信『輿車図考』(『(新訂増補)故実叢書』三六)。『古事類苑』器用部二。清水みき「古代輿の復原」(杉山信三先生米寿記念論集刊行会編『平安京歴史研究』所収、一九九三)。（清水　みき）

れんげおういん　蓮華王院　京都市東山区三十三間堂廻町に所在する天台宗寺院。現在は妙法院《みょうほういん》の管理下にある。後白河《ごしらかわ》上皇の発願によって一一六四年(長寛二)に法住寺《ほうじゅうじ》殿の跡に建立された。広壮な伽藍を誇ったが、源平合戦や火災などによって破壊と再建を繰り返し、主要建物で現存するのは本堂(三十三間堂、国宝)と慶長年間(一五九六—一六一五)造営の南大門、築地塀(太閤塀)のみである。本堂は一二六六年(文永三)の再建だが、見る者を圧倒する柱の連続と堂内の空間は安置された千一軀の千手観音立像(重要文化財)とともに、平安時代後期の貴族の信仰における数量重視を示す典型的な建築である。世界文化遺産の構成要素である。堂内には本尊の千手観音坐像(国宝)、千手観音立像のほか、二十八部衆立像、風神・雷神像(いずれも国宝)が安置される。

参考文献　三崎義泉編『三十三間堂』、一九六一、三十三間堂奉賛会。（田良島　哲）

れんげざ　蓮華座　⇩仏像《ぶつぞう》

れんげもん　蓮華文　ハスの花をかたどった紋様。通常は開花状態を表現するが、蕾状態の蓮蕾文やハス葉の表現を含む場合もある。通説ではエジプトのロータスを起源とし、インドで仏教美術と融合して西域経由で東アジアに伝わったとする。しかし、漢鏡の鈕座や漢墓天井の花紋が、天の中心(太一)を象徴するハスの花で、蓮華文の起源は一元的ではないとする説もある。仏教伝来以降は仏像や石燈籠などの台座、仏像の光背、梵鐘の撞座、瓦当紋様などに蓮華文がある。台座(蓮華座)には弁端が上を向く受花(請花)座と下向きの反花座があり、彫刻では立体表現、絵画では横から見た平面表現となる。光背・撞座・瓦当は、おもに上から見た平面表現で、蓮子を置いた中房の周囲に花弁を放射状に配する。瓦当の蓮華文は、主弁の形を基準に、主弁上に子葉がない素弁(無子葉弁)、一枚の子葉を持つ単弁(単子葉弁)、複数の子葉を持つ複弁(複子葉弁)に大別し、弁数を加えて呼称とする。主弁の間から覗く間弁は、原則として重なった下の花弁の中軸部分を表現し、複弁蓮華文では楔形や撥形で表現することが多い。なお、近江南滋賀廃寺の方形瓦当は、横から見たハスの花を表現しておりめずらしい。

参考文献　上原真人「蓮華紋」(『日本の美術』三五九、一九九六、至文堂)。（上原　真人）

蓮華文　法隆寺献納金銅仏の蓮華座

れんじまど　連子窓　小断面の角材を隙間をとりながら

竪に密に並べた窓。一本一本の竪材を連子子《れんじこ》といい、上下の枠に差し込んで建て込む。飛鳥時代に寺院建築とともに伝来したものと考えられ、古代寺院建築の窓は一般にこの形式による。断面正方形の連子子を正面に角材の稜を見せるように上下の枠に嵌め込むのが古式で、後世には断面を菱形などとする例も現れる。また連子子を横に組み込んだものも連子窓と呼ぶことがある。通常は開閉機構をもたず、連子子の間は常時開放で、通風・採光が確保される。彩色する場合は枠を朱、連子子を緑とする。現存遺構では法隆寺金堂が最古例で、上層は各面の端間を除いて連子窓とし、裳階《もこし》は全周に連子窓を設ける。山田寺(奈良県桜井市)の東面廻廊跡出土部材では、対角九センチの連子子を二・六センチ間隔に二十本並べており、法隆寺西院廻廊における連子子対角六・五センチ、四・六センチ間隔に比べて閉塞度が高く、古式を示す可能性がある。

参考文献 法隆寺国宝保存委員会編『国宝法隆寺金堂修理工事報告』、一九五六-六二。奈良文化財研究所編『山田寺発掘調査報告―創立五十周年記念―』、二〇〇二。

(長尾 充)

れんじゅく 廉塾 菅茶山《かんちゃざん》(一七四八―一八二七)が開いた私塾。一七八一年(天明元)ごろ、備後国神辺駅《かんなべ》(広島県福山市神辺町)に開いた黄葉夕陽村舎《こうようせきようそんしゃ》が前身である。茶山は、六度の京・大坂遊学をし、朱子学は那波魯堂《なわろどう》に学んだ。廉塾の教育は、漢籍の素読・講釈や詩文創作を中心においた。茶山は、塾で蒔《ま》く「学種《がくしゅ》」(弟子)が各地で結実することを期待して民衆教育に尽した。塾生は貧富の別なく入寮を原則とし、貧しい塾生には「学僕《がくぼく》」として仕事を与え就学の保障をするなど、教育条件を等しくし、人材の育成に努めた。塾生は奥州・九州をはじめ西日本一円から参集し、出自も多様であった。塾の経営は、塾田からの納米を中心としていたが、一七九六年(寛政八)、永続をはかって塾と塾田を福山藩に献上し、藩の郷塾《ごうじゅく》となった。このころ、神辺学問所ともよばれ、廉塾の雅称がついた。塾は茶山没後も明治初期まで存続した。現在、講堂・寮舎・茶山居宅が旧観をとどめ、郷塾の全国的に数少ない遺例として、特別史跡に指定されている。

参考文献 『広島県史』近世二、一九八四。

(藤井 昭)

れんじゅもん 連珠文 小さな円を数多く連ねた紋様。主紋の周囲に配して、紋様面を区画する補助的紋様として使うことが多い。殷周青銅器の円圏紋や前漢星雲鏡の星宿文、縄文・弥生土器の竹管文も一種の連珠文である。しかし、特に大和法隆寺や正倉院に伝来した錦に見る狩猟図等の周囲に、小円が密に円形に巡る紋様の起源や系譜にかかわる紋様群を指すこともある。すなわち、ササン朝ペルシャに起源し、隋唐を経由して七・八世紀の日本に影響した、聖樹・動物・鳥・人面・狩猟図などを主紋とする一群、あるいは中央アジアや中国で仏教美術と結びついた蓮華文・仏像を主紋とする一群である。日本では蓮華文軒丸瓦に先んじて、大和豊浦《とゆら》寺や奥山廃寺の素弁蓮華文鬼板(七世紀前半)などに、すでにその影響が認められる。

参考文献 山本忠尚「瓦と連珠円紋」(『文化財論叢』II所収、一九九五、同朋舎出版)。

(上原 真人)

ろ

ろう 蠟 燃えやすい脂肪に似た物質の総称。水をはじき、独特のつやと硬度をもつ。八〇度前後で溶けるものが多い。主成分は、高級脂肪酸エステルで、ワックスともいう。実際には動植物から抽出するため、化学的な組成も多様である。ミツバチの腹部から分泌される蜜蠟、イボタノキに群生するイボタロウカイガラムシが分泌するイボタ蠟、さらに鯨油も蠟の一種である。櫨《はぜ》から抽出する木蠟は厳密には高級脂肪酸グリセルドに属するが、和蠟燭の原料として有名であり、慣習的に蠟として扱う。日本では、古くは蜜蠟を輸入したが、松ヤニ蠟を経て、木蠟が主流となる。櫨の実を、蒸籠で蒸して得た生《き》蠟を太陽に晒した晒蠟《さらし》から、蠟燭に仕上げる。蠟の需要が高まると、熊本などの西南諸藩では櫨の実の専売制を取るようになった。会津藩などでは、漆蠟も生産した。蠟は、つや出し剤や化粧品にも使われる。また、古くからロウケチ染めにも応用されている。

(村上 隆)

ろう 鑞 金属同士を接合する方法として、鋲や針金などで継ぐ機械的な方法、金属を部分的に溶かす溶接法、最近では接着剤を使う方法などが挙げられる。溶接法の一つに鑞接がある。これは、母材の金属同士を溶融して結合するのではなく、結合しようとする母材の金属より低い温度で溶ける金属・合金を溶加材として接合部で溶融し、これが凝固することにより母材を接合する技術である。この時に用いる溶加材で、溶融温度が四五〇度以上のものを鑞、四五〇度未満のものをハンダと呼ぶ。鑞接の技術は古く、代表的な鑞である銀鑞(銀と銅の合金)が、日本でも六世紀後半の中空耳環の銅板の重なり部分の接合や刀子の鞘の合わせ目の接合に使われていたことを確認している。また、ハンダは、現代でもスズと鉛の合金が最も一般的であるが、江戸時代の刀装具などでは銅板の接合にスズだけを使用した事例も多い。現代では、さまざまな用途に対応する鑞が開発され、宇宙工学においても重要な材料である。 ↓鑞付《ろうつけ》

参考文献 村上隆『金工技術』(『日本の美術』四四三、二〇〇三、至文堂)。 (村上 隆)

ろうかくけんちく 楼閣建築 先史・古代宮殿の高床建築で、高床倉庫と区別して高殿《たかどの》とも称される。中国では楼は重層建築を表わして、台榭《だいしゃ》(楼台・楼榭)と楼観建築がある。台榭は階段ピラミッド状土壇に寄せて、その周囲と頂上に建物を建てる形式。日本では奈良市頭塔《ずとう》(八世紀)が唯一の台榭遺構である。楼観は望楼建築で漢代の画像石・画像塼、唐代壁画などに描かれる。奈良県唐古・鍵遺跡出土線刻絵画土器(弥生時代中期後)に描く二重屋根三層建築は、屋根上に鳥を描くことから祭殿と考えられ、佐賀県吉野ヶ里遺跡(弥生時代後期)北内郭の大形総柱建物復元形式に採用される。南・北内郭の環濠に接して復元された物見櫓は、『魏志』倭人伝の邪馬台国の「宮室・楼観」に相当するものとして、漢墓出土明器陶楼に倣っている。陶楼は礎石建て、瓦葺、柱上に組物《くみもの》をもつ漢代の発達した建築技法を示すが、弥生時代の日本には瓦屋根も礎石建物も伝わらずに、掘立柱建物の簡略な構造形式に復元される。古墳時代豪族居館の楼閣は古墳出土の家形はにわにその具体的な形式が示される。首長のまつりごと(祭事・政事)を司る祭殿は高床建築に、祭殿は平屋建物として表現される例が多いようである。祭殿は縄文時代前期以後の拠点集落に発生しているが、楼閣建築として大形化するのは弥生時代以後で、漢代建築の影響を受けたものと考えられる。奈良時代以後は平城宮第一次大極殿院の南門両脇と大極殿東・西に設けた高殿や平等院鳳凰堂の翼廊角楼閣などの例は、中国唐代の建築様式に倣い、機能的な意味よりも大極殿や仏堂を荘厳する装飾的な扱いとなる。 (宮本長二郎)

ろうがた 蠟型 金属・合金を用いて、金工品を製作する方法の一つに鋳造がある。鋳造の基本は、自由に形を作ることができる素材(一般には粘土など)でできた原型を元に鋳型を作り、その鋳型に溶けた合金を流し込む技術である。従って、鋳型を作れば、基本的に原型はそのまま残すことができる。蠟型は、この原型に蠟を用いる。蠟製の原型を粘土などの鋳型材で封じ込め、熱を加えると蠟が溶け出し、原型の部分が空洞となる。この空洞部を鋳型にして合金を流し込んで作品を作る方法が、蠟型鋳造である。細かい細工が可能であるとともに、鋳上がりの精度と鋳肌の美しさに特徴があるが、蠟で作った原型は消失するので、失蠟法(ロストワックス法)とも呼ばれる。しかし、あらかじめ作った鋳型を用いて蠟型を作れば、同じ作品を複数個製作することは可能である。蠟型技法の歴史は古く、日本でも古代の青銅鏡や仏像などに事例が認められている。現代でも精密鋳造の基本は蠟型である。 ↓鋳型《いがた》 ↓鋳物《いもの》

参考文献 村上隆『金工技術』(『日本の美術』四四三、二〇〇三、至文堂)。 (村上 隆)

ろうけち 﨟纈 蠟《ろう》を防染剤に用いて、文様を表した染物の一つ。現存する遺品は、奈良時代の正倉院の染物に多々みられ、版型に蠟をつけて布帛《ふはく》に捺す場合が多い。蠟のつき具合により、文様のつぶれやかすれ、ひび割れが生じる。また、大型の屏風のなかには、筆描きと版型を併用した作品もみられる。文様の周りの状況から、凸型に彫った木版型を使用したものとみなされているが、近年、正倉院で行われた﨟纈作品の復元によると、インドネシアのバティックで使われている金属の型も採用されたようである。小さな文様の場合は、複数をまとめて一つの型にして捺したものもみられる。また、二種類以上の型を併用して大きな文様を表したり、同じ型をそれぞれ違った文様と組み合わせるなど、バリエーションは豊富である。﨟纈の欠点は使用できる色数に制約が生じ、色数を多くすると地の部分が濁ってくるため三色程度が限度。なかには表と裏から別な文様を捺して変化をつけた複雑な文様構成の作品も正倉院に遺っている。 (沢田むつ代)

ろうこく 漏刻 細い管や孔から流れ出る水量によって時刻を測定する仕掛けの時計。水時計ともいう。中国での起源は、『周礼』に軍隊で水時計を扱う役人名として「挈壺氏《けいこし》」がみえ、戦国時代までさかのぼる。前漢代の満城漢墓などには、青銅製の「挈壺」すなわち手提げつきの壺形水時計が副葬される。前漢末ごろ、水を流し出す「漏壺」と、その水を受けて貯め時刻目盛を刻んだ「刻箭《こくせん》」を浮かべる「箭壺《せんこ》」とを分離した構造の水時計が出現する。「漏壺」と「刻箭」とを主要要素として構成されることから、中国では水時計のことを「漏刻」と呼ぶ。その後、後漢の天文学者、張衡が漏壺の水位を一定にするために、漏壺二段式漏刻を発明。三六〇年ごろ、晋の孫綽が三段式を、唐の呂才が貞観年間(六二七—四九)に四段式を発明し、多段式漏刻は発達の頂点に達する。漏壺の水位を一定にする問題は、十一世紀はじめに宋の燕粛が漏壺内の一定量以上の水を減水する装置を備えた減水壺方式の漏刻を発明して最終的な解決を見る。呂才の漏刻は黒漆塗りの漏壺と箭壺を使い、細い銅管によるサイフォン式で通水する構造のものであった。日本における漏刻の初造は『日本書紀』斉明天皇六年(六六〇)五月条の「皇太子(中大兄皇子)初めて漏剋(漏刻)を造り、民をして時を知らしむ」とある記事である。その遺跡が一九八一年(昭和五十六)奈良県明日香村飛鳥の水落遺跡で発見された。特異な基礎工法で建てられた楼状建物と、それと一体で設けられた黒漆塗木箱、導水用木樋暗渠など水利

用の諸施設の構造から、二階建て建物の階下に黒漆塗木箱による多段式漏刻を置き、階上に京内に報時するための鐘・鼓が設置されたと復原できる。付近には大型の掘立柱建物群があり、この一郭は、時刻、暦、天文、占などの仕事を合わせ行う律令制下の陰陽寮の前身にあたる役所の施設であった可能性が高い。天智天皇十年(六七一)四月辛卯条には、近江大津宮で新台に漏刻を設置し、鐘鼓を打って報時したとある。これらは「漏刻」の語に示されるように、その技術や時刻制は中国制を導入したものであった。平安宮陰陽寮に設置された漏刻は、青銅製で、竜を象った通水管を用いたことが『三代実録』や『延喜式』陰陽寮などの記載から分かる。藤原京・平城京・平安京など律令制下の都城では、宮城諸門の開閉、役人の出退、夜間の往来、東西市の開閉など、政治や都で暮す人々の生活は、陰陽寮の漏刻を基軸とした時刻制・報時制によって規制された。飛鳥や近江大津の宮都に設置された漏刻も、政治の道具として出現し律令制下の漏刻時刻制の起源となった。奈良時代以降には、地方官衙にも漏刻が設置されるようになる。『続日本紀』宝亀五年(七七四)十一月条には、大宰府に漏刻があったとあり、また、陸奥国多賀城にも事件の伝奏の時刻を記すにあたり漏刻の設置が必須であることを記載する。平安時代では、『三代実録』などの記事から、出羽国や鎮守府・胆沢城にあり、美作国にもあった可能性がある。漏刻は、平安時代以降も近世に大名時計が導入されるまで用いられた。沖縄首里城では、漏刻門上に漏刻が設置され、首里の町に太鼓によって報時した。↓飛鳥《あすか》水落《みずおち》遺跡《いせき》

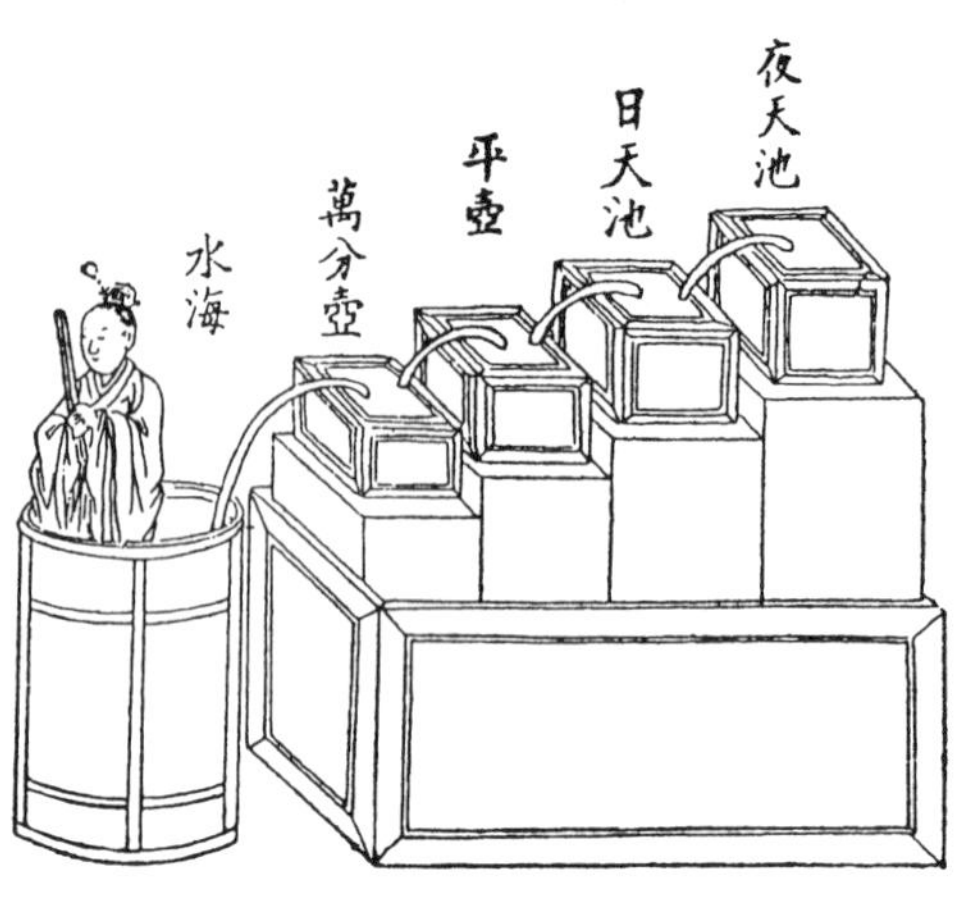

呂才の漏壺四段式水時計

参考文献　狩野久・木下正史『飛鳥藤原の都』(『古代日本を発掘する』一、一九九五、岩波書店)。木下正史『飛鳥・藤原の都を掘る』、一九九三、吉川弘文館。今泉隆雄「飛鳥の漏刻台と時刻制の成立」(『古代宮都の研究』所収、一九九三、吉川弘文館)。奈良国立文化財研究所『飛鳥・藤原宮発掘調査報告—飛鳥水落遺跡の調査—』四、一九九五。木下正史「古代の水時計と時刻制」(高岡市万葉歴史館編『時の万葉集』所収、二〇〇一、笠間書院)。（木下　正史）

ろうそく　蠟燭　藺草《いぐさ》の髄や綿糸などを芯にして、蠟を円柱形に固め、芯に火をつけて明りとする燈火具。蠟燭の普及がわが国の照明に一大革命をもたらした。蠟燭は仏教伝来とともに儀式用として用いられた蜜蠟《みつろう》蠟燭にその始源が求められるが、中国との交通が途絶えてからはその輸入がなくなり、あらためて南北朝時代に松脂《まつやに》蠟燭が使われはじめた。これは粽《ちまき》のように、笹の葉に松脂をこねて包んだもので、近年まで東北地方で使われていた。室町時代になって、漆の実を絞って漆蠟をとって蠟燭とするようになり、さらに南方から櫨《はぜ》の木が移入されて、櫨蠟が多量にとれるようになり、いわゆる和蠟燭ができたのである。だが江戸時代までは産地の藩の財源として統制されており、一般庶民にとっては贅沢な明りであったため、ながらく燈芯による明りと併用された。この和蠟燭の芯は燈芯と同じく藺草の髄を用いたのである。明治時代からは石油精製の副産物としてできたパラフィンで作ったパラフィン蠟燭ができ、それを西洋蠟燭と呼んでいろいろ用いられた。芯は木綿の編糸を用いたので糸芯蠟燭とも呼ばれた。それでもなお神仏の儀式用にはながらく和蠟燭が用いられ、また絵をほどこした絵蠟燭も作られた。

参考文献　宮本馨太郎『燈火—その種類と変遷—』、一九六四、六人社。岩井宏實『民具の博物誌』、一九八〇、河出書房新社。（岩井　宏實）

ろうつけ　鑞付　金属と金属を接合する手法で、接合する金属に適した金属を溶かして、接合面に塗布して固着させる。鑞は金属の接着材で、ハンダ付がよく知られているが、ハンダは銅と錫の合金である。一般的に鑞は接着しようとする金属よりも融点が低いもの、金属と鑞の相性がよいものが選ばれる。金には金と銀もしくは金と銅、銀には銀と銅、銅は銅と白目(アンチモン)が鑞として使われる。稲葉通龍の『装剣奇賞』には、銅に金や銀の薄板を鑞付けする色絵という技法に用いる鑞は銀十、銅二、白目四の割合の合金を使うとしており、銀鑞は銀十、真鍮を六の割合が良いと記している。↓鑞《ろう》（原田　一敏）

ろうもん　楼門　門の形式の一つで、楼造の構造形式を持つ門を指す。二階建で、上層のみに屋根を架け、上下層間には屋根を設けずに高欄付きの縁を巡らせて腰組で支える。屋根は入母屋造とするのが一般的である。上層柱は下層組物以上に廻した柱盤上に立つ。上層柱間寸法を下層に対して逓減させることが一般的で、この場合、柱盤が下層柱筋からずれることとなるため、上層床板を敷いた上に柱盤を置く。近世には上下層の柱を通し柱とする形式も登場する(岩木山神社楼門、青森県、一六二八年(寛永五))。特殊例として、上層を鐘楼とした鐘楼門、下層を袴腰風漆喰大壁とするいわゆる竜宮造の形式もある。現存楼門の古例としては大野神社楼門(滋賀県、鎌倉時代前期)があり、絵巻物では『伴大納言絵詞』(十二世紀後半)に描かれる平安宮会昌門が楼門形式を採る。楼門の

語はかつては二階建の門の総称であり、近世の大工技術書において楼造の門を特に楼門と呼び分けるようになった。 →門《もん》

参考文献 岡田英男編『門』(『日本の美術』二一二、一九八四、至文堂)。 (清水 重敦)

ローマじいん ローマ字印 印章のうち印文がローマ字で刻されたものをいう。現存最古のローマ字印は、一五七九年(天正七)四月三日の耶蘇会宣教師バリニアーノの書状に捺された楕円黒印(印文「IHS」)である。続いてキリシタン大名が使用した印がみられる。豊後の大友義鎮(宗麟)が用いた「IHS FRCO」楕円印、「FRCO」円印や黒田孝高(如水)が使用した「Simeon Josui」円印などはよく知られている。十七世紀に入ってからはキリシタンでない人々も常用した。たとえば、黒田長政の楕円印(印文「Curo NGMS」)や細川忠興の「tada uoqui」円印などがある。一時キリシタン禁教政策によってすたれたが、一七二〇年(享保五)に徳川吉宗によって禁書を緩和する法令が出された後には蘭学が流入し、それとともに蘭語印が使用された。秋田藩藩主で秋田蘭画の創始者としても知られる佐竹義敦(曙山)は、「Siozan」という印文を持つ蘭語印を用いた。

参考文献 荻野三七彦『印章』(『日本歴史叢書』、一九六六、吉川弘文館)。相田二郎『戦国大名の印章―印判状の研究―』(『相田二郎著作集』二、一九七六、名著出版)。 (安達 直哉)

ろくおんじ 鹿苑寺 京都市北区金閣寺町にある臨済宗相国寺派寺院。金閣寺と通称される。鎌倉時代以降、この地には関東申次として権勢を振るった藤原(西園寺)公経の山荘と菩提寺である西園寺があった。征夷大将軍、太政大臣を辞職、出家した足利義満はこの地を西園寺家から譲り受け、一三九七年(応永四)、別邸として北山第を造営した。同年四月に上棟が行われ、翌年四月には義満が移り住んだ。義満は出家後も院に准じた権勢を保ったので、北山第は事実上の中央政庁として機能し、政務や修法、外交儀礼などが行われた。建物の詳細は不明だが、総金箔張りの三層楼閣である舎利殿(金閣)を中心に護摩堂・織法堂・紫宸殿・公卿間(殿上間)・天鏡閣・泉殿・看雪亭などがあったという。一四〇八年(応永十五)に義満が死去すると、足利義持がこれを寺に改め、その院号にちなんで鹿苑寺と称した。応仁の乱では西軍の陣となり、堂宇の多くや庭園が破壊された。さらに一四八五年(文明十七)には不動堂(護摩堂)が焼失しており、中世末には主要な建物として金閣を残すのみであったらしい。江戸時代になると、一六一〇年(慶長十五)に北山をはじめとする寺領三百五十石を安堵され、西笑承兌《さいしょうじょうたい》や鳳《ほう》林承章《りんじょうしょう》が住持として復興に努めた。金閣は旧国宝保存法により国宝に指定されていたが、一九五〇年(昭和二十五)、放火により足利義満像(旧国宝)とともに焼失。現在の金閣は旧規による再建である。庭園は西園寺以来の遺構と伝えられ、特別史跡・特別名勝。世界文化遺産の構成要素になっている。一九八八年から、京都市埋蔵文化財研究所が工事等に伴う境内の発掘調査を継続的に行なっており、金閣周辺からは北山第の建物跡と推定される遺構が出土している。

参考文献 関野克編『金閣と銀閣』(『日本の美術』一五三、一九七九、至文堂)。京都市埋蔵文化財研究所編『特別史跡特別名勝鹿苑寺(金閣寺)庭園―防災防犯施設工事に伴う発掘調査―』、一九九七。 (田良島 哲)

ろくごうまんざん 六郷満山 大分県国東半島に開かれた天台宗の山岳寺院群。本山《もとやま》、中山、末山の三山形式をとっていた。確かな史料における「六郷山」の称は十二世紀前半からであるが、行場としての六郷山は八世紀以前にさかのぼる。六郷山は、養老年間(七一七―二四)に八幡大菩薩の化身仁聞《にんもん》菩薩によって開かれたといわれるが、宇佐宮の神宮寺弥勒寺の初代別当法蓮以来、弥勒寺の僧侶の山林修行の場であった。八世紀末から九世紀にかけて、弥勒寺傘下の寺院が開かれ、十一世紀末までには、宇佐に近い半島部の入口に寺院群の最初のまとまりができたと考えられる。豊後高田市の内野観音堂の観音菩薩像や熊野磨崖仏や真木の大堂の仏たちは、この初期の六郷山の遺産とみられる。十二世紀に入ると、九州における天台僧の経塚造営の活動が引き金となり、修行僧らが宇佐宮から自立する動きを見せる。『六郷山年代記』では、一一一三年(永久元)、天台無動寺を号し、一一二〇年(保安元)に延暦寺に寄進されたとあり、十二世紀の初頭には、天台六郷山が成立する。衆議が行われた惣山の屋山寺には、一一三〇年(大治五)、惣大行事の権現像である太郎天像が置かれ、一一四一年(永治元)には、彦山・求菩提《くぼて》山と同じ作者の銅板法華経が埋納され、一一五六年(保元元)には、二メートルを超える大梵鐘が完成した。『六郷山年代記』の記録では、十二世紀半ばには「衆徒先達」が五百八十人を数え、満山大衆の衆議によって、山内の運営が行われていたと書かれており、十二世紀後半には、三山体制が完成したとみられる。十三世紀に入ると、延暦寺の組織の中に六郷山別当職が置かれ、三山にはそれぞれ権別当職が置かれ、その中から六郷山を統括する六郷山執行が出現した。鎌倉時代末には、六郷山は宇佐の神官系の菩提寺なども糾合し、八十ヵ寺を超える寺院の集合体となり、坊は屋敷であり、寺院は坊集落、ムラという側面をもつようになった。南北朝内乱期には、執行を中心に、兵力をもち、豊後大友氏の軍事力の一旦を担うようになっていた。室町時代には、国東の有力国人田原氏(大友氏の一族)から執行が出るようになり、やがてその支族吉弘氏が六郷山の中山の寺領を支配するようになり、戦国時代には、その当主や一族が権別当職や執行職に就任した。しかし六郷山は、大友氏の没落と幕藩体制の成立とともに全体の組織をもたない個々の寺院となり、衰退した。十八世紀半ば、両子《ふたご》寺を中心として各寺院と霊地を廻る峰入り行が行事として再興され、六

郷山の復興が目指された。

資料館　大分県立歴史博物館(大分県宇佐市)

参考文献　『豊後高田市史』特論編・通史編、一九九六・九八。飯沼賢司「中世六郷山の組織の成立と展開」(鎌倉遺文研究会編『鎌倉期社会と史料論』所収、二〇〇二、東京堂出版)。櫻井成昭『六郷山と田染荘遺跡』、二〇〇五、同成社。

(飯沼　賢司)

ろくじぞう　六地蔵　六道《ろくどう》にあって衆生を済度する六体の地蔵菩薩《ぼさつ》。六道とは生前の行為の善悪によって輪廻転生する地獄・餓鬼・畜生・阿修羅・人間・天上の六つの世界。菩薩とは悟りを目指している人の意で、釈尊入滅後、次の仏である弥勒《みろく》の出現までの無仏時代に現れて、輪廻するあらゆる世界にあって、そこの住者をすべて救うと信ぜられてきた。葬列の先頭に、「六道能化《のうけ》地蔵尊」や「南無六道能化地蔵願王菩薩」と書いた位牌にローソク六本を立てて竹竿にさしたものをもって行くのを俗に「六道」といったり、祭壇に立てた六本のローソクを六丁立といったり、葬送民俗の上で亡者の重要な導き手とみなされ信仰された。地蔵堂が各地で立てられるのが十五世紀ごろからで葬祭の庶民化とともに地蔵信仰は葬祭になくてはならぬものになった。江戸時代には主街道の出口に建立された江戸六地蔵をはじめ、各地の寺、墓、辻に石の地蔵尊が建てられるなど庶民の生活に根づいている。

参考文献　五来重『葬と供養』、一九九二、東方出版。

(藤井　正雄)

ろくしょう　緑青　㈠緑色顔料の一種で、天然のものは岩緑青ともいわれる。高松塚古墳や法隆寺金堂壁画にみられるように飛鳥時代に伝えられたと考えられている。素材となる孔雀石(塩基性炭酸銅)を粉砕し、水簸《すいひ》して粒度を揃えて一定の色調にする。より細かく粉砕したものは淡い色調を呈するので白緑《びゃくろく》といわれる。より濃い深い色調を作り出すため焼成して黒味を得たものは黒緑青・焼緑青といわれる。原料素材となる孔雀石は、銅鉱床の酸化帯にみられ、藍銅鉱《らんどうこう》・赤銅鉱・方解石などを伴い、塊状・皮殻状・放射線繊維状を呈する、モース硬度で三・五を示す柔らかい鉱物である。美しい縞文様を呈するものは彫刻され飾り物とされる。㈡銅および銅合金に生じる緑色の腐食生成物(さび)を総称した呼び方である。本来は塩基性炭酸銅をさしていたが、野外の銅像に生じる硫酸銅についても緑青といわれる。また、銅屋根などに人工的に生じさせる緑青は酢酸銅などである。

(肥塚　隆保)

ろくしょうじ　六勝寺　⇩りくしょうじ

ろくたんじ　鹿谷寺　大和と河内にまたがる二上山の山麓に営まれた古代の石窟寺院。河内側の山麓で雌岳《めだけ》の南側を迂回する岩屋越《いわやご》えと、より南で大和側では横大路《よこおおじ》につながる竹内街道が分岐する。分岐点の北側、大阪府南河内郡太子町に所在する。一九四八年(昭和二十三)一月に国史跡。尾根先端を切り開いた平坦地に造られた。基盤の凝灰岩《ぎょうかいがん》を削り込んで十三重塔を造り出す。現存高約五・七メートル、初層の軸部台石の下幅約一・七メートル、厚さ約一・〇四メートル、上層に行くに従い幅と厚みを減じる。均整のとれた見事な石塔である。塔の東側の岩壁には石窟が穿たれ、間口約二・一八メートル、高さ一・七五メートル、奥行き六六センチ、西南西向き、内部には像高約一・二五メートルの如来座像三体を線刻する。西側の岩壁には仏立像の浮き彫りがある。塔の頂部や平坦地の東西の岩壁の高さが、本来の尾根の稜線であったとすると、寺院造営の作業は膨大なものとなる。また東側の断崖の肩部に高さ約一・五メートルの尖塔様の石造物がある。遺物として奈良時代の須恵器・土師器・和同開珎の出土が伝えられている。

参考文献　大阪府学務部編「鹿谷寺址」(『大阪府史蹟名勝天然紀念物』一所収、一九二七)。藤沢一夫「鹿谷寺跡」(大阪府教育委員会編『大阪府の文化財』所収、一九六二)。

(今尾　文昭)

ろくどうせん　六道銭　⇩六文銭《ろくもんせん》

ろくはら　六波羅　現在の京都市東山区のうち五条大和大路周辺にあたる地名。平安時代以降、鴨川の東岸で、旧五条大路末(現松原通りから清水坂へかけて)より南、旧六条大路末(現渋谷通り)より北の地域を、六波羅と称している。そもそもの地名の由来は、「東山の山麓の原」すなわち「麓原」によるとの説、葬送地であったことから「髑髏《どくろ》原」が転じたとする説、六波羅蜜寺がこの地に建立されたことによるとの説などがあるが、定かではない。平安時代よりこの地は、平安京の葬送地たる鳥辺野の入り口に位置していることから、珍皇寺・西光寺(のちの六波羅蜜寺)・念仏寺などの多くの寺院や、墳墓堂が立ち並んでいた。平安時代後期に、平忠盛が六波羅の地に邸宅を構え、武士の居住地となった。その子清盛の代にさらに整備拡充がはかられ、平氏の一族郎党が集住する一大拠点となるが、一一八三年(寿永二)の平氏都落ちに際して、平氏六波羅邸は焼失した。六波羅の地が選ばれたのは、大和大路や渋谷越えの通じる交通の要所であり、一族が集住する空間的余裕があったためと思われる。後白河法皇の法住寺殿が平氏の拠点六波羅の南隣に位置していることは、両者の緊密な関係をうかがわせる。平氏滅亡後は、六波羅の地は没官《もっかん》領として鎌倉幕府の管轄下におかれ、源頼朝の宿所が設けられるが、これは程なくして焼失した。一二二一年(承久三)の承久の乱後は、六波羅探題府が設置され、探題の宿所を中心に、探題被官や六波羅評定衆、在京人などの多くの武士が六波羅に集住するようになった。さらに六波羅探題府は、六波羅の地を一円的に支配して被官らに分与し、この地はいわば武家地となっていた。一三三三年(元弘三)の足利尊氏の六波羅探題攻略により一帯は焼失、しばらくは焼け野原として放置されたが、やがて六波羅蜜寺などの寺院を核とする信仰の場として再生し、江戸時代以降は遊楽の場としての性格も持つようになった。

参考文献　高橋昌明『清盛以前―伊勢平氏の興隆―』（『平凡社選書』八五、一九八四、平凡社）。高橋慎一朗『中世の都市と武士』、一九九六、吉川弘文館。堀内明博「権門の都から洛中辺土の京へ―武家地と町の展開にむけて―」（網野善彦・石井進編『中世の風景を読む』五所収、一九九五、新人物往来社）。野口実・山田邦和「六波羅の軍事的評価と法住寺殿を含めた空間復元」（『京都女子大学宗教・文化研究所研究紀要』一七、二〇〇四）。

（高橋慎一朗）

ろくはらみつじ　六波羅蜜寺　京都市東山区轆轤《ろくろ》町に所在する。空也《くうや》（光勝）が九五一年（天暦五）に建立した西光寺《さいこうじ》を起源とする。空也没後、寺名を改め六波羅蜜寺と称した。中世は天台寺院であったが、近世以降智積院《ちしやくいん》末の新義真言宗に属し、現在に至る。本尊十一面観音立像（国宝）は空也自刻との伝があり、西国三十三所観音札所の第十七番として広く信仰を集めた。また当寺はいわゆる「六道の辻」に位置し、木造地蔵菩薩立像（重要文化財）もその霊験を喧伝された。寺蔵の古文書の中には一三六三年（貞治二）の修造勧進状があり、現在の本堂（重要文化財）はこの時の造営とされる。一九六五（昭和四十）―六八年の本堂修理中には泥塔《でいとう》約八千点など庶民信仰にかかる多数の資料が出土し、一括して重要有形民俗文化財に指定された。このほか、木造空也上人立像、木造僧形（伝平清盛）坐像（いずれも重要文化財）など仏教彫刻の優品を多く所蔵する。

参考文献　元興寺仏教民俗資料研究所『六波羅蜜寺民俗資料緊急調査報告書』、一九七一。

（田良島　哲）

ろくもんせん　六文銭　死者を葬るときに棺内や墓壙内に納める銭。六道銭（ろくどうせん・りくどうせん）ともいう。六文銭は「三途《さんず》の川の渡し賃」とされ、頭陀袋《ずだぶくろ》の中に一文銭を六枚入れた。最近でも紙に描かれた六文銭を死者に副葬することがある。こうした六文銭の習俗は、発掘資料から見ると少なくとも中世後半にさかのぼり、近世に入り普及したことがわかる。出土した六文銭の枚数や銭種には時間差や地域差が認められる。近世の大名墓の六文銭には小判や一分金《いちぶきん》を用いる例があり、この習俗には階層性があったことがうかがわれる。六文銭の成立の背景には、六道に迷うものを救済する地蔵菩薩への奉斎という思想があったとされる。また、発掘された六文銭の銭種において、渡来銭と古寛永通宝の組み合わせがほとんどないことから、江戸幕府が寛永通宝へ急速に切り替える政策を実施したという見解がある。なお、六文銭の紋章は、真田《さなだ》氏などの家紋としても用いられた。

参考文献　藤沢典彦「六道銭の成立」（『出土銭貨研究』二、一九九四）。鈴木公雄『出土銭貨の研究』、一九九九、東京大学出版会。

（谷川　章雄）

ろくろ　轆轤　轆轤は回転を利用して対象物を研削、研磨する装置のことで、木器、金属器、土器、陶磁器の製作に用いられた。木器の場合、轆轤で成形された製品は挽物《ひきもの》と呼ばれる。中世の絵巻物に描かれた木工用轆轤は横軸形式で、軸台、軸受け、軸竿からなり、軸竿の一端に加工する素材を固定するための爪を付けている。軸竿に綱ないしは帯状の紐を巻き付け、一人が紐の両端を交互に挽いて回転を与え、もう一人が一方向の回転ごとに素材に研削用の刃物を当てて成形する。日本列島において轆轤で成形した木器が確認されるのは弥生時代後期の容器類で、石川県西念南新保《さいねんみなみしんぼ》遺跡出土の高杯は内外面を轆轤成形した後に、口縁部の耳部や外面の六花浮彫を手で彫刻したものであることが明らかにされている。弥生時代、古墳時代の容器の中に轆轤成形品が散見されるものの、木製容器の中で挽物が広く普及するようになるのは八世紀以降のことである。出土品としては木皿などの食器類が多く、漆器の多くも轆轤で成形した杯、皿、椀、壺、高杯などに漆をかけたものである。また各地の古代遺跡から、他の木器とともに、轆轤製作の際に生じた残材が出土することがあり、木器生産遺跡であることの根

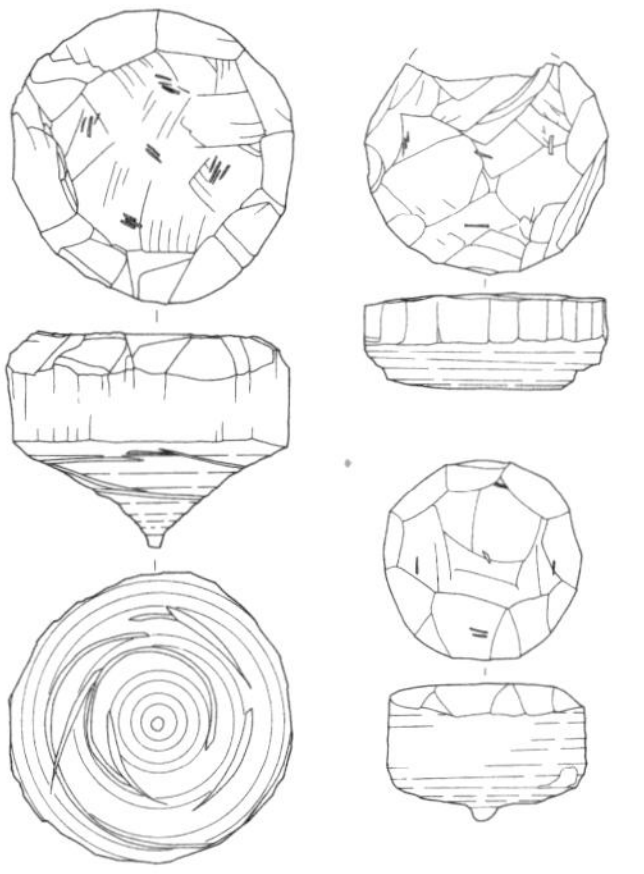

轆轤残材（福島県大猿田遺跡出土）

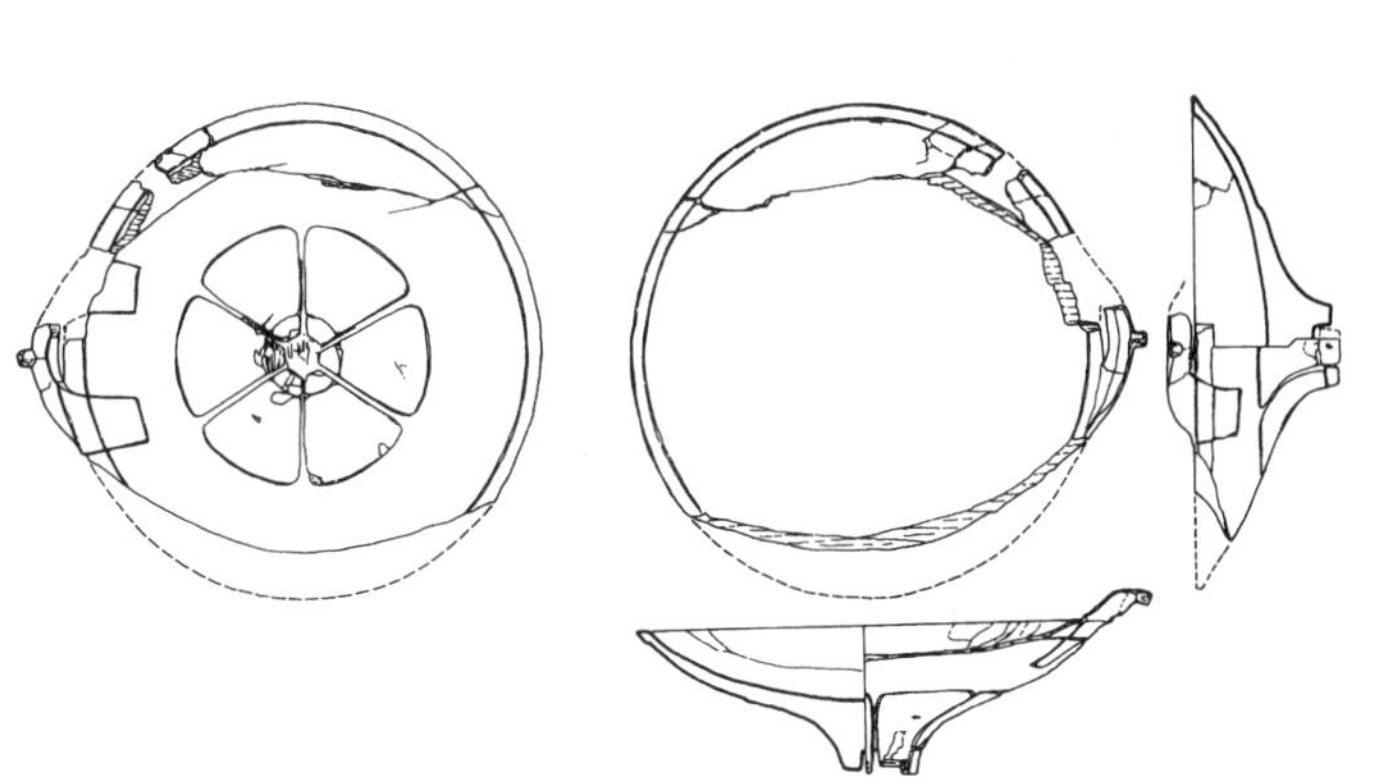

弥生時代後期の木製高杯（石川県西念南新保遺跡出土）

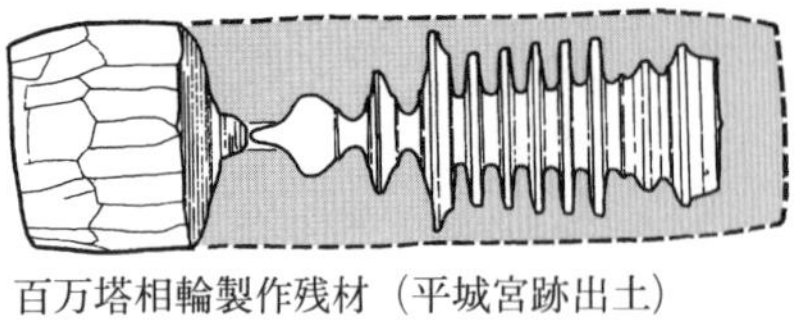

百万塔相輪製作残材（平城宮跡出土）

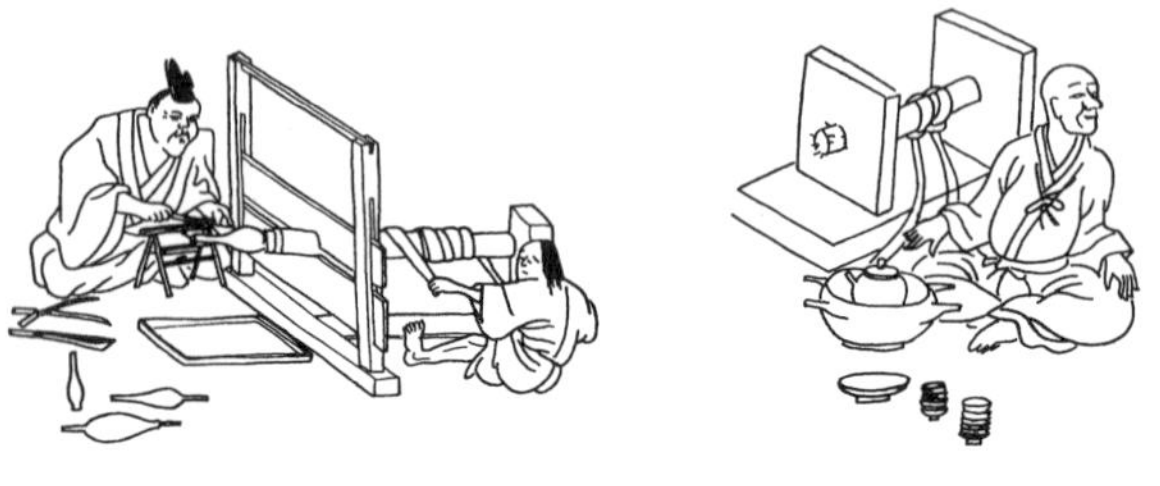

中世の轆轤　(右)『七十一番職人歌合絵巻』より
(左)『東北院職人歌合絵巻』三熊思考本より

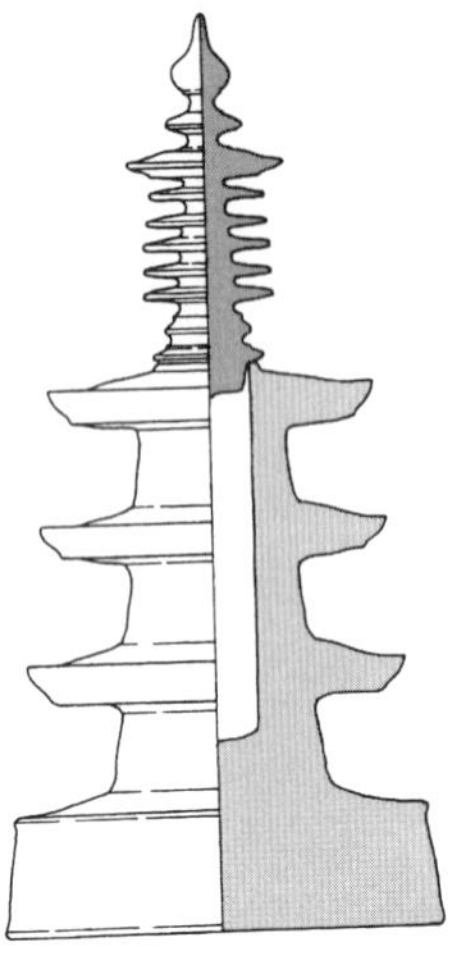

百万塔実測図（法隆寺蔵）

拠ともみなされる。奈良県法隆寺に伝わるおよそ四万六千基の百万塔は、『続日本紀《しょくにほんぎ》』宝亀《ほうき》元年(七七〇)条に「(称徳)天皇、八年(中略)、弘願を発して三重小塔一百万基を造らしむ」とあり、中に無垢浄光大陀羅尼経《むくじょうこうだいだらにきょう》を納め元興《がんごう》寺、東大寺など十大寺に分置したと伝えられる木製小塔であるが、すべて轆轤製品である。塔身の頂部にほぞ穴をうがち、別に作った相輪《そうりん》部を挿入する。塔身部はすべてヒノキを素材とするが、相輪部には堅緻な広葉樹材が使用されている。かつて栓《せん》状木製品あるいは独楽《こま》形木製品と分類されていた広葉樹材の轆轤残材は相輪部製作に伴うものであり、この場合、加工材の轆轤軸竿への装着は爪式ではなく嵌《は》め型式であったことがわかる。金属器への轆轤の導入は七世紀代の青銅製容器に認められる。佐波理《さはり》と称される銅椀は、概形を鋳造したのちに、轆轤で表面を研削、研磨するが、この際に内面に縦方向の微細な線状光沢が生じる。土器の類では、轆轤の高速回転を利用して粘土塊から製品を挽き出す水挽《みずび》き技法は、五世紀代に朝鮮半島から導入された須恵器製作技術に伴うもので、杯の成形に用いられ、八世紀後半に至り壺の成形に採用されたと考えられている。

参考文献　工楽善通「木製高杯の復元」(『古代史復元』五所収、一九八九、講談社)。桜岡政信「金属器模倣と金属器指向」(『群馬県埋蔵文化財調査事業団研究紀要』一五、一九九八)。上原真人「木製容器の種類と画期」(『三九回埋蔵文化財研究集会　古代の木製食器』所収、一九九六、埋蔵文化財研究会)。

(井上　和人)

ろっかくどう　**六角堂**　京都市中京区堂之前町に所在する天台宗寺院。山号寺名は紫雲山頂法寺で、本尊は如意輪観音。西国三十三所観音霊場十八番札所。通称の六角堂は本堂の形によるが、現在のような六角形の外観を示すのは十八世紀からで、それ以前の六角堂は覆屋の中にあったものと推定されている。『六角堂縁起』などによれば、四天王寺建立のための材木を求めて山城国愛宕杣に来た聖徳太子が持仏の観音像を安置したのが始まりで、平安京造営に際して六角堂が東西路の中央に当たって造京使が立ち往生した時、黒雲が立ちこめてたちまち堂が五丈(一五《メートル》)ほど北に動くという霊験があったため、六角小路の名が付けられたという。このような所伝により、六角堂の創建は平安遷都以前で、京内には東寺・西寺以外に寺院建立を認めない仏教政策の唯一の例外とされていたが、一九七四年(昭和四十九)―七五年の発掘調査と文献史料の見直しに基づいた十世紀後半創建説が提起されている。平安京の条坊では左京四条三坊十六町。十一世紀初めには貴族による六角堂信仰の存在が『小右記』で確認され、十二世紀中ごろには広く庶民まで及び、『梁塵秘抄』の今様で「観音験を見する寺」に数えられた。親鸞が一二〇一年(建仁元)比叡山から下りて六角堂に百日間参籠し、九十五日目の暁に聖徳太子の示現を得て法然の門に入ったことは浄土真宗史上有名である。平安時代末までには延暦寺の末寺となっていたらしい。戦国時代以降、下京の町衆が自治組織として構成する町組の中心となる町堂の性格を帯びた。火災に遭うこと記録に残るだけでも十八回に及び、現本堂は一八七七年(明治十)の建造。平安時代末期の木造毘沙門天立像が重要文化財に指定。当寺の執行を務め、六角堂の後方に住坊を有した池坊家(小野妹子を始祖とする。池坊とは聖徳太子が沐浴したと伝える池のほとりの坊の意)は、室町時代中期の専慶以来代々立花の名手を輩出し、華道の家元として今日に至る。

参考文献　『平安京六角堂の発掘調査』(『平安京跡研究調査報告』二、一九七七、古代学協会)。

(古藤　真平)

ろっき　六器　⇩密教法具《みっきょうほうぐ》

ろばん　**露盤**　仏塔の相輪、宝形造や八角・六角の建物屋上の宝形の最下部の材。古くは鑪盤とも書く。ただし、東大寺大仏殿碑文に「塔二基　並七重(中略)露盤高各八丈八尺二寸」、また『法隆寺縁起幷資材帳』に「瓦葺八角仏殿壱基(中略)在露盤」とあるように古くは相輪や宝形全体をさした。平面は方形(八角・六角建物の場合は八角・六角)で側面にはふつう格狭間《こうざま》を造る。青銅製が多いが鉄製のほか瓦製・石製もある。建立時の銘文を刻む場合も多く、法起寺三重塔の慶雲三年(七〇六)の露盤銘写、旧粟原寺三重塔の和銅八年(七一五)の鑪盤銘などが知られている。後者は伏鉢の刻銘であるが、前者はどの材に刻まれていたのか不明。相輪の場合は上に伏鉢・受花がのり九輪が続くが、宝形の場合は伏鉢・宝珠で終り宝珠には火炎を付けたりする。法隆寺夢殿(七三九年(天平十一))の宝形は独特の形式をもった華麗なもので、露盤の上に宝瓶・宝蓋などがのり宝珠には光明が付く。

(濱島　正士)

わ

わあぶみ　輪鐙　⇩鐙《あぶみ》

わおうけん　倭王権　律令制に基づく古代国家が七世紀末に成立する以前、日本列島を支配した政治権力の呼称。ヤマト(大和)王権、あるいは倭(ヤマト・大和)政権などとも称されるが、政治権力の中枢が常時、現在の奈良盆地を中心とする「ヤマト」地域にあった確証はなく、「大和」の表記も奈良時代後半の七五八年(天平宝字二)にはじめて『続日本紀』にあらわれること、王の存在を不可欠とするこの時代の特質を表すうえで、汎時代的に使用可能な「政権」の語は用いるべきでないことから、『漢書《かんじょ》』に記されて以来、日本列島およびそこに住む住民の呼称として用いられてきた「倭」「倭人」という表記に従って「倭王権」と称すべきであろう。この用語には、律令制国家成立以前の政治体制を国家とはみなさないという考えが含まれており、それ以前を初期国家あるいは前方後円墳国家ととらえる見解とはおのずから一線を画している。倭王権がいつごろ成立したかについては、二世紀後半の倭国乱を経て王に「共立」された卑弥呼《ひみこ》が二三九年(魏《ぎ》の景初《けいしょ》三)に「親魏倭王《しんぎわおう》」の称号を授与されたこと(「邪馬台国王」ではなく「倭王」であることに留意)、倭王と政治的同盟関係を有する者のみに築造が許されたと考えられる前方後円墳が、三世紀初めに近畿で出現してから比較的短期間のうちに列島各地の首長墓として採用されたことなどから、三世紀前半以降とみなしてよい。四世紀後半になると、倭王権は百済《くだら》と同盟関係をむすんで朝鮮半島に派兵し、数次にわたる戦闘を高句麗《こうくり》と交えたことが知られるが、その目的は高句麗の南下政策に対抗し、半島南部の加耶《かや》地域から産出される鉄資源を確保することにあった。当時、鉄資源は首長位を象徴する代表的な威信財《いしんざい》の一つであり、しかも列島からは産出しなかったため、その安定供給をはかることは首長層の地位保全に直結していたのである。よってこの時期以後、各地域の首長は威信財の安定供給という共同利害を貫徹するため、倭王を最高首長にいただく政治秩序を最終的に選択し、みずからの外交・軍事権を倭王に委譲することとなった。また五世紀には、中国の権威を借りて半島情勢を有利に展開するため劉宋《りゅうそう》への遣使も行われ、倭の五王は皇帝から列島および半島南部の軍事権と列島の統治権を承認(委任)されたが、事態が好転することはなかった。このように五世紀の倭王権は、巨大王墓の偉容さから受ける印象とは異なり、権力構造的には地域首長と中国皇帝から権限の一部を委任されることで成り立つ政治体制であったと考えられ、しかも『宋書《そうじょ》』夷蛮伝の記載から明らかなように、いまだに世襲王権は確立しておらず、倭王の人格・資質が王権の共同利害を体現し得ない場合、王統は容易に他に転移する可能性を有していたのである。しかし六世紀にはいると、百済と新羅《しらぎ》による加耶地域の併合によって威信財の安定供給が途絶し、それに依拠していた地域首長の政治的地位が不安定になったことで、威信財に代わる権威として倭王への求心力が高まり、それまで相対的自立を保っていた地域首長が王権の地方官(国造)に退転するという権力構造上の大きな変化が生じることとなった。その結果、列島内の貢納・奉仕関係が倭王に一元化され、王権の行政事務が量的に拡大したことで、倭王権にはトモ―ベ制に基づく統治機構が成立し、その管轄権を分与された有力階層(王族・群臣)による合議制が創設されていく。またこの時期にはすでに中国への遣使は中止されており、継体《けいたい》没後に起きた継承争い(辛亥《しんがい》の変)ののち、王位が欽明《きんめい》の子孫に限定されたこととも相まって、ここにようやく自律的で専制的な世襲王権が誕生することとなる。ただ当時の王権構造は有力階層による職務分掌体制であったため、その矛盾が七世紀に土地や民衆の分有という形であらわれたことから、焦眉の課題として律令制に基づく集権体制の構築が求められていくのである。

参考文献　大平聡「日本古代王権継承試論」(『歴史評論』四二九、一九八六)。佐藤長門「倭王権の列島支配」(都出比呂志・田中琢編『古代史の論点』四所収、一九九八、小学館)。同「倭王権の転成」(鈴木靖民編『日本の時代史』二所収、二〇〇二、吉川弘文館)。遠山美都男『大化改新』(『中公新書』一一一九、一九九三、中央公論社)。吉田晶『倭王権の時代』(『新日本新書』四九〇、一九九八、新日本出版社)。　(佐藤　長門)

わかいぬかいもん　若犬養門　⇩宮城十二門《きゅうじょうじゅうにもん》

わかえじま　和賀江島　神奈川県鎌倉市、材木座海岸東端の旧称飯島に残る鎌倉時代の築港跡。国指定史跡。鎌倉市材木座所在。正確な大きさは不明だが、大潮の干潮時には、幅一〇〇《メートル》を超える岩礁が先端まで一五〇《メートル》ほども続く。一二三二年(貞永元)七月、念仏僧往阿弥陀仏が築港を発願し、翌八月に竣工した。由比ガ浜は波が荒く遠浅で、船の発着に憂いがあった。前年に筑前鐘ヶ崎の泊を築いた往阿弥陀仏は、執権北条泰時をはじめ諸人の助力により、二十四日間という異例の速さで工事を終えた。おそらくもともと小さな岬が突き出していたのを平らに削って石を載せ、前方にも石を継ぎ足して築いたのだろう。石は相模川や酒匂川の中流域のものが運ばれた。和賀江は鎌倉時代後期には忍性の極楽寺の管理下にあった。さらに一三四九年(貞和五)には、極楽寺は忍性の先例に任せて修理を施し津料を徴収する権利を足利尊氏から保証されているので、南北朝時代にもその権益は確保されていたようである。江戸時代には飯島と逗子小坪村の漁師の間で帰属をめぐってしばしば争論が起きており、このころまでは港として機能していたらしい。

参考文献　赤星直忠『中世考古学の研究』、一九八〇、有隣堂。　(馬淵　和雄)

わかくさがらん　若草伽藍　奈良県生駒郡斑鳩《いかるが》町法隆寺山内、法隆寺境内にある寺院跡。若草伽藍は創建法隆寺、すなわち斑鳩寺の別名である。同寺子院の実相院《じっそういん》と普門《ふもん》院《いん》の裏庭に、塔心礎一基が遺っている。この心礎は明治時代に寺外に出されたが、一九三九年(昭和十四)寺に戻されるにあたり、原位置確認の発掘調査が行われ、塔・金堂が南北に配置されていたことが基壇の掘込地業によって確かめられた。ここに創建法隆寺の存在が明らかにされ、約半世紀続いた法隆寺の再建・非再建論争に一応の終止符がうたれた。塔心礎には、心柱を据える柱座の四方に添木用の穴が穿たれている。一九六八・六九年度にわたり再調査が行われ、造営当初の整地と掘込地業の状況から金堂の造営工事が先行し、これに続いて塔の工事が進められたことが確認された。しかし、旧地表の削平が著しいこともあって、回廊や講堂などの遺構に関しては明らかにされなかった。↓法隆寺《ほうりゅうじ》

参考文献　奈良国立文化財研究所・奈良県教育委員会編『法隆寺防災施設工事・発掘調査報告書』、一九八五、法隆寺。　(森　郁夫)

わかさこくぶんじ　若狭国分寺　福井県小浜市国分に所在する現国分寺一帯の発掘調査が一九七二年(昭和四十七)から三ヵ年をかけて実施され、現本堂下に正面五間一二・六《メートル》、側面四間一五《メートル》の規模の建物跡や、その南東に三間等間八・一《メートル》の塔跡を確認し、加えて南大門や中門の基壇土と考えられる痕跡なども検出したことから、一九七六年に境内などが若狭国分寺跡として国史跡に指定されている。確認された金堂・塔跡はいずれもやや小規模であること、瓦の細片が極少量検出されたのみであり瓦葺ではなかったと考えられること、伽藍内南東部に径約五〇《メートル》の円墳と考えられている墳丘が存在することなど、やや特異である。なお、報告では北方で検出された掘立柱建物を講堂や関連建物としているが、これらについてはその検出レベルなどについて再検討の余地もあり、国府関連遺構とする説もある。また、近くには紀寺様式・平城宮第二次朝堂院様式の瓦を持つ太興寺廃寺が存在するなど、再検討すべき課題も多い。↓国分寺《こくぶんじ》

参考文献　小浜市教育委員会編『若狭国分寺跡』I・II、一九七四・七五。　(吉岡　泰英)

わかさのくに　若狭国　現在の福井県西部にあたる、北陸道に属する国。東は越前国、南は近江・丹波国、西は丹後国に接し、北は若狭湾に面する。若狭湾は陥没湾で、海岸線は敦賀半島・常神半島・大島半島など出入りが大きく漁業が盛ん。国域は東西に長く、山地が多く平野は狭小。古くは若狭国造が置かれ、膳氏がなった。その本拠は若狭地域の主要な古墳が集中している三方上中郡若狭町の北川中流域で、中塚古墳・向山一号墳・上ノ塚古墳・西塚古墳・十善の森古墳・上船塚古墳・下船塚古墳などの大型前方後円墳が分布する。律令制下では西の遠《おに》敷《ゆう》郡と東の三方《みかた》郡から構成されたが、八二五年(天長二)七月遠敷郡西半部が分かれ大飯《おおい》郡となり、『延喜式』によれば三郡で中国に位置づけられた。行程は上三日、下二日で近国。『和名類聚抄』は国府は遠敷郡にあるとし、総社のある小浜市府中付近に比定されるが未詳。郡家の位置も不明だが、旧三方郡に属する若狭町三方からは「郡厨」「郡」などと書かれた墨書土器が出土し、郡家との関連が注目される。『和名類聚抄』によれば遠敷郡は遠敷・丹生・玉置・余戸・安賀《あか》・野里・神戸《かんべ》・志麻(摩)郷(ただし高山寺本には余戸・神戸郷はない)、大飯郡は大飯・佐《さ》文《ぶ》(分)・木津・阿遠郷、三方郡は能登・弥美《みみ》・余戸・三方・駅家郷(高山寺本には余戸・駅家郷はない)から成る。しかし藤原・平城京跡などから出土した木簡にはこれらのほか、遠敷郡(後の大飯郡域を含む)には岡田里・三家

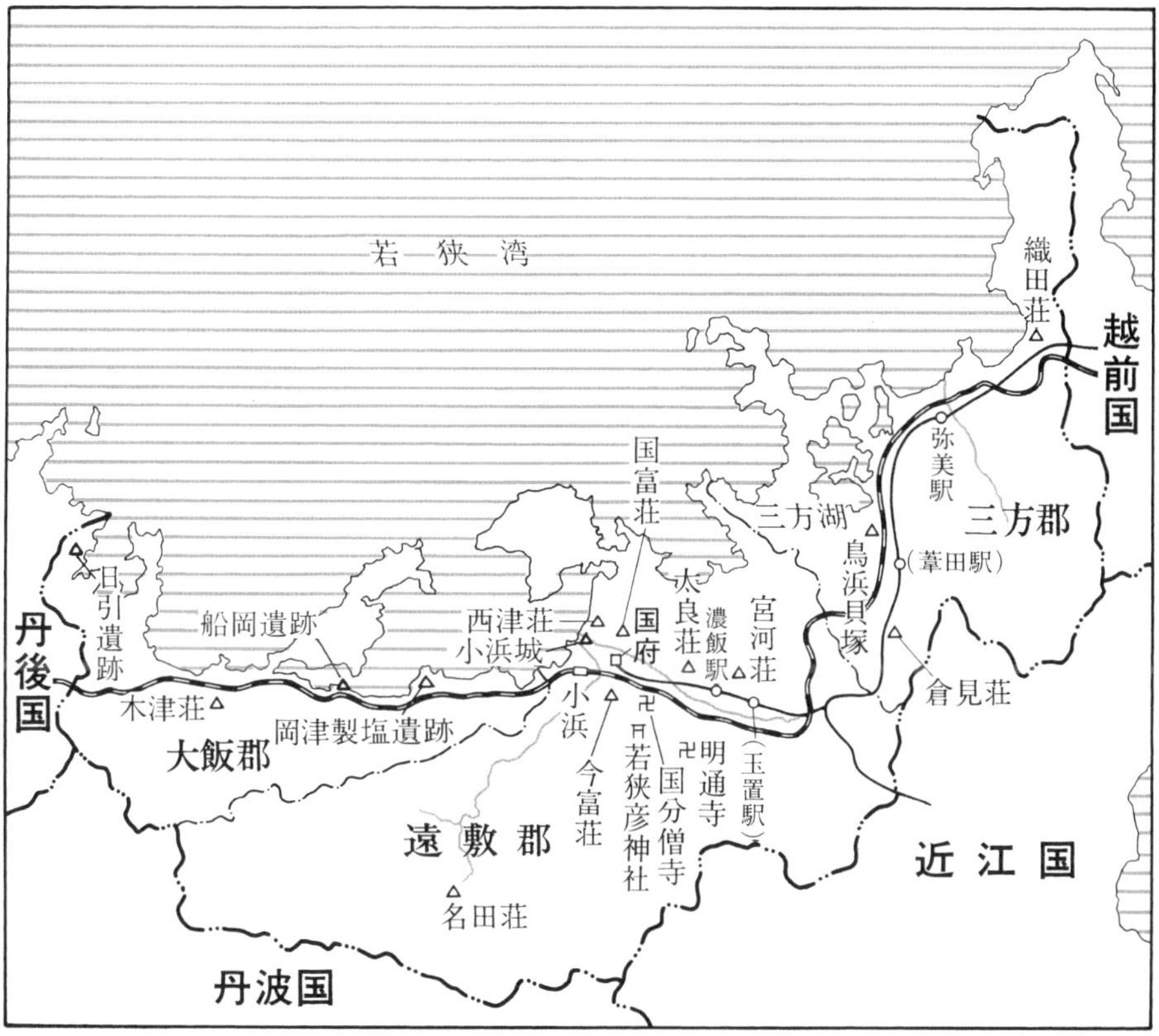

若狭国略図

里・車持郷、三方郡には竹田(竹田部)里(郷)・葦田駅の名がみえる。また木簡では遠敷郡阿遠《あお》郷は青と表記されるのが通例である。同国内には『延喜式』によれば弥美駅と濃飯《のい》駅の二駅がありいずれも五疋の駅馬を擁し、近江から越前に入った最初の駅である松原駅から分かれて北陸道の支道が若狭へ伸びていた。しかし平城宮跡出土木簡には玉置駅と葦田駅がみえ、濃飯駅は七五二年(天平勝宝四)に玉置郷が東大寺の封戸に編入されたため、同郷にあった玉置駅に代わって設置されたとみられる。当初の北陸道は近江―若狭―越前と続いていたが、七九五年(延暦十四)閏七月に改変され『延喜式』駅路になったのであろう。古くより製塩が盛んで、古墳時代には浜禰《はまね》遺跡(大飯郡おおい町)・阿納塩浜遺跡(小浜市)などの製塩遺跡があるが、八世紀代には日引《ひびき》遺跡(大飯郡高浜町)・船岡遺跡(大飯郡おおい町)・岡津《おこつ》遺跡(小浜市)などが加わりその数が急増した。また大型で盥形をした船岡式製塩土器が登場し、若狭における製塩はピークに達したが、八世紀末以降、遺跡は急減し土器も小型化した。平城宮・京跡出土木簡によると若狭の調の品目は基本的に塩に限られていること、『延喜式』主計上では調は絹・薄鰒・烏賊・熬海鼠《いりこ》・雑腊《きたい》・鰒甘鮨・貽貝保夜交鮨《いがいほやまぜずし》・甲嬴《かせ》・凝菜・塩と規定され多彩になっていることと、右の製塩遺跡・土器の動向とは関連するとみられる。また木簡によると贄《にえ》として鯛・鰯・貽貝の鮓や腊、細螺《しただみ》など多様な海産物を貢進しているが、その中心は遠敷郡(後の大飯郡)青郷であった。こうした塩や贄の貢進の背景には、膳氏が若狭国造を勤めた時代以来の歴史があるのであろう。なお『延喜式』では庸は米、中男作物は紙・蜀椒子《なるはじかみ》・海藻《め》・鯛楚割・雑鮨・雑腊。また贄として毛都久《もづく》・於期《おご》・稚海藻《わかめ》・生鮭・雑魚・山薑《わさび》が定められている。延喜式内社は遠敷郡は多太神社・若狭比古神社二座など十六座、大飯郡は青海神社・伊射奈伎神社など七座、三方郡は御方神社・弥美神社など十九座。一宮は遠敷郡の若狭彦神社(小浜市遠敷)。鎌倉時代には東寺領太良《たら》荘などの荘園が置かれた。守護は鎌倉時代に津々見(若狭)氏・北条氏と替わり、室町時代には当初の布志名氏・斯波氏をはじめまぐるしく替わったが、一三六六年(貞治五)以後は一色氏が、一四四〇年(永享十二)以後は武田氏が守護となり一五六八年(永禄十一)まで続いた。江戸時代には小浜藩が置かれ、はじめ京極氏が、一六三四年(寛永十一)以後は酒井氏が十四代にわたって支配した。一八七一年(明治四)の廃藩置県の際は小浜藩は小浜県となったが、同年鯖江県を合わせて敦賀県に変わり、一八七六年には敦賀県が廃され滋賀県に編入され、さらに一八八一年に越前七郡とともに福井県となった。

参考文献 『福井県史』通史編、一九九三―九六。福井県編『図説福井県史』、一九九八。

(舘野 和己)

わかとねりめいいしびつ　若舎人銘石櫃　静岡県田方郡伊豆長岡町北江間所在の大北横穴群中の二十四号横穴から出土した石櫃。重要文化財。凝灰岩製の身のみが遺存し、側面に「若舎人」と読める刻銘がある。外寸は、縦五二・一センチ、横五〇・六センチ、高さ二七・四センチ。大北横穴群は、国指定史跡北江間《きたえま》横穴群の一つで、七世紀末から八世紀前半にかけて営まれた墳墓群。石棺一例、木棺二十例、火葬骨を納めた石櫃二十例と蓋四例がみつかり、火葬出現期の埋葬の様相を示す。本石櫃は、ともに出土した須恵器から出土石櫃中で最も古式に属し、本墳墓群成立期に関わるものと考えられている。内部に少量の火葬骨片が残されていた。「若舎人」の銘は、本墳墓の被葬者の地位をうかがわせ、地方の豪族と中央との関係やその葬制との関係を示す数少ない資料である。本品は、伊豆長岡町の所蔵で、町立あやめ会館に展示されている。

若舎人銘石櫃

参考文献　伊豆長岡町教育委員会編『大北横穴群』II、一九七九。　（田辺　征夫）

わかのうら　和歌浦　和歌山市の紀ノ川河口平野南部に位置する古代以来の景勝地。『続日本紀』によると、七二四年(神亀元)に当地に行幸した聖武天皇が、その風光に感激して、それまでの「弱浜《わかはま》」を「明光浦《あかのうら》」と改め、景観の保存を命じた。その後、称徳天皇も七六五年(天平神護元)に当地に行幸している。この二回の行幸には、多くの貴族が従駕し、当地で多くの万葉歌を残している。そのため、「明光浦」は「和歌浦」に転じた。平安遷都後の八〇四年(延暦二十三)にも、桓武天皇が当地に行幸しており(『日本後紀』)、古代の畿外行幸は当地に集中している。平安時代になると行幸は途絶えるが、このころから隆盛する熊野参詣の往還の路次に多くの貴族がこの地を訪れた記録がある。盆地に位置する平城京や平安京に暮らす天皇や貴族が、当地の温暖な海の見える景観に憧れたものと思われる。中・近世においても歌枕《うたまくら》の景勝地であった。なお、現行行政地名の訓は「わかうら」である。

参考文献　薗田香融・藤本清二郎『歴史的景観としての和歌乃浦』、一九九一。藤本清二郎・村瀬憲夫編『和歌の浦―歴史と文学』、一九九三、和泉書院。　（寺西　貞弘）

わかまつじょう　若松城　鶴ヶ城とも呼ばれ、中近世会津領主の居城。国指定史跡。福島県会津若松市追手町所在。会津盆地南東部で、東から流れる湯川(黒川)扇状地上の丘陵に立地する。葦名直盛が一三五四年(文和三)あるいは一三八四年(至徳元)に、小高木《おだがき》館(黒川城)を築いたのが若松城のはじまりとされるが、当時の遺構は確認されておらず、位置も不明である。しかし、その城下とされる黒川の町は、十五世紀半ばまでには成立している。一五八九年(天正十七)に、伊達政宗が葦名氏を滅ぼして黒川城に入城し、石垣普請を含めた改築工事を行なったとされるが、翌年の奥羽仕置により、蒲生氏郷の領地となる。氏郷は、名称を若松に改めるとともに大規模な工事を行い、現在の若松の基礎を築いた。本丸には七層の天守を建設し、帯郭で囲んだ東に二ノ丸・三ノ丸を構えた内郭、その外に東西十六町二十間(約一八〇〇メートル)、南北十一町四十間(約一三〇〇メートル)の外郭を築いた。その後、領主が上杉氏(百二十万石)、蒲生氏(六十万石)、加藤氏(四十万石)と替わり、一六四三年(寛永二十)に保科正之が入部すると、明治維新まで保科(松平)氏会津藩(二十三万石)の居城となる。歴代の城主により改修が行われるが、大きなものとしては、加藤氏時代に天守を五層にし、本丸の馬出しを拡張して北出丸・西出丸を築いている。石垣は、天守台や本丸北側の一部に一六九〇年代に蒲生氏が築いたものが残るが、一六一一年(慶長十六)の地震でほとんどが崩れ、現在見られる石垣の大部分は寛永期の加藤氏による改築以降のものである。城内の建築物は、戊辰戦争で失われたが、一九六五年(昭和四十)に天守が復元され、その後は干飯櫓・走長屋などが発掘調査を経て復元されている。発掘調査は復元整備などに伴い城内各所で実施され、特に瓦については詳細な分類・編年が行われている。また、城下の城東町遺跡などでは近世初頭の貴重な陶磁器などが多数出土している。

資料館　若松城天守閣(福島県会津若松市)

参考文献　会津若松市編『史跡若松城跡総合整備計画書』、一九九七。会津若松市教育委員会編『若松城下城東町遺跡』、一九九四。同編『史跡若松城跡』I―IV、一九九五―二〇〇一。　（平田　禎文）

わかみやおおじ　若宮大路　鎌倉を鶴岡八幡宮から南の海岸に向かって直線的に貫く都市の主軸道路。国指定史跡。『吾妻鏡』寿永元年(一一八二)三月十五日条に、鶴岡八幡宮社頭から由比浦まで「曲横」を直して「詣往道」を造ったとある。この時源頼朝が妻政子の安産祈願のためみずから指揮し、北条時政以下家臣も土石を運んだという。名称は鶴岡八幡宮若宮に由来する。ただし、大路と表記するのは『吾妻鏡』だけで、ほかの中世文書・記録はいずれも小路と称する。中世後期以降は七度小(行)路、千度小路、千度壇とも呼ばれた。真北から二六度四〇分東に傾いているが、鎌倉時代にはしばしば子午線代わりとされた。海側の一ノ鳥居から八幡宮社頭の三ノ鳥居まで三つの鳥居があり、また下《しも》ノ下馬から中ノ下馬・上《かみ》ノ下馬の三つの下馬名が残る。現在の一ノ鳥居北方約一八〇メートルの地点に戦国時代の大鳥居の柱根が見つかっており、中世の一ノ鳥居は今よりもかなり北にあった可能性がある。今、段葛《だんかずら》と呼ぶ中央部の一段高い部分は、江戸時代以前には置石、作道《つくりみち》などと称されていた。現在は二ノ鳥居までだが、明応年間(一四九二―一五〇一)ごろの『善宝寺寺地図』には下馬四つ角交差点(下ノ下馬)まで描かれている。近年の発掘調査によれば、大路の幅は約三三メートル、両側に幅三メートルの側溝がつく。側溝は初期が素掘りの深い逆台形で、鎌倉時代中期以降箱型の木枠を持つようになる。御家人名の書かれた木簡が出土したことから、側溝作事は御家人役で施工されたことが判明した。

参考文献　石井進・大三輪竜彦編『武士の都鎌倉』(『よみがえる中世』三、一九八九、平凡社)。　(馬淵　和雄)

わかやまじょう　和歌山城　紀ノ川河口平野の標高四八・九メートルの岡山《おかやま》(虎伏山《とらふすやま》、吹上《ふきあげ》の峰)にそびえる平山城。伏虎城《ふっこじょう》ともいう。国指定史跡。和歌山市所在。創建は、一五八五年(天正十三)。羽柴秀吉《はしばひでよし》は、紀州攻略の太田城《おおたじょう》水攻めの最中に羽柴秀長《ひでなが》に築城を命じた。落城と相前後して普請が始められ、藤堂高虎《とうどうたかとら》などが普請奉行《ふしんぶぎょう》を勤めたと伝える。紀伊国は秀長が領有し、城代には桑山重晴《くわやましげはる》を置いた。この時代にどの程度城郭《じょうかく》が築かれていたかは明らかでない。一六〇〇年(慶長五)の関ヶ原合戦後、浅野幸長《あさのゆきなが》が紀州の領主として入国。ただちに城郭・城下町の建設に取りかかったと思われる。浅野氏が広島へ転封《てんぽう》されたときの引継目録によると、徳川期の和歌山城の原形がすでにできており、武家屋敷・城下町についても十分に整備されていたと考えられる。このほかにも、各郭《くるわ》の呼称が徳川期と異なることやその時点ではまだ工事中であったことがうかがい知れる。一六一九年(元和五)紀州に入府した徳川頼宣《とくがわよりのぶ》は、居城を御三家にふさわしい城郭に増改築しようとした。将軍秀忠《ひでただ》からの拝領金によって大規模な普請が進められた。南ノ丸の拡張、高石垣構築が記録にみられ、二ノ丸・砂ノ丸の拡張などもこの時と推定される。天守閣は、大天守・小天守・御台所・乾櫓《いぬいやぐら》・二の門櫓・二の門(楠門)を多門で連結した連立式天守であったが、一八四六年(弘化三)の落雷により焼失、四年後に再建された。明治時代、和歌山城は陸軍省の管轄となり、一九一二年(明治四十五)、旧和歌山城跡は和歌山市に払い下げられた。一九四五年(昭和二十)七月の空襲により岡口門《おかぐちもん》(重要文化財)・追廻門《おいまわしもん》を除いて焼失。天守閣は、一九五八年に焼失前の姿を鉄筋コンクリートで復興され、内部には資料を展示している。その後、岡口門・追廻門の解体修理、西ノ丸庭園(国指定名勝)の整備、大手門の復元および一の橋の架け替え、石垣の修復などが行われ、二ノ丸と西ノ丸をつなぐ御橋廊下《おはしろうか》の復元など整備が続けられている。

参考文献　三尾功『近世都市和歌山の研究』、一九九四、思文閣出版。『和歌山市史』二、一九八九。和歌山市教育委員会・和歌山市文化体育振興事業団編『史跡和歌山城石垣保存修理報告書』、一九九九。　(寺本　就一)

わかやまはんしゅとくがわけぼしょ　和歌山藩主徳川家墓所　御三家の一つ、紀伊徳川家歴代藩主の墓所で、和歌山県海南市下津町の長保寺《ちょうほうじ》境内にある。国指定史跡。長保寺は、一条天皇の勅願所として一〇〇〇年(長保二)に創建されたといわれている古刹である。初代徳川頼宣《とくがわよりのぶ》が一六六六年(寛文六)熊野巡見の帰途長保寺に立ち寄り、菩提所《ぼだいしょ》に定めたとされている。本坊に付属する御霊屋《おたまや》後方の山の東南斜面一帯に、初代頼宣の墓所を中心として歴代藩主らの墓所が点在して築かれている。斜面を切り取り石垣を築いて造成し、墓碑を建て、玉垣で囲い、石門を設け、石燈籠を並べる。墓碑は二十八基あり、そのうち十二基が藩主の墓碑で、ほかは婦人や子息らのものである。五代吉宗《よしむね》と十三代慶福《よしとみ》は将軍となったので墓碑はない。この墓所は、規模が大きく、墓碑などの石造遺構も豪華で、近世大名墓所の代表的なものであり、大名の墓制葬制を知る上でも貴重なものである。

参考文献　安藤精一編『和歌山県の文化財』二、一九八二、清文堂出版。　(寺本　就一)

わかん　倭館　朝鮮が日本人使節の接待と貿易管理のために設置した施設。十五世紀初めから十九世紀後半まで続き、日朝の外交、貿易の公館、商館的役割を担った。十五世紀前半ごろ、漢城(ソウル)に置かれたが、後に半島南岸の薺浦《せいほ》・釜山浦《ぶさんほ》・塩浦《えんほ》(あわせて三浦《さんぽ》と呼ぶ)に設けられた。三浦には、恒居倭人(在留日本人)が多数居住し、近海の漁業権も認められた。しかし、恒居倭人が増加すると、朝鮮側は貿易統制を厳重にし、これを圧迫した。一五一〇年(永正七)、恒居倭人による武装蜂起が起こったため(三浦の乱)、日朝の通交は一時断絶し、倭館も閉鎖された。後に薺浦・釜山浦に倭館が復活したが、豊臣秀吉の朝鮮出兵で再び断絶した。徳川政権になって一六〇一年(慶長六)、釜山浦に倭館が再興された。近世倭館は、基本的に日朝の外交実務にあたった対馬宗氏の管轄であった。当初場所が数度変遷したが、一六七八年(延宝六)、現在の釜山市竜頭山公園周辺にあたる、草梁倭館が築造され、以後二百年間機能することになった。草梁倭館は、東西約七〇〇メートル、南北四五〇メートルの敷地を持ち、西館と東館の二つの居住区域で構成されていた。西館には、日本側使節の客館と使節随行員の宿泊施設が整然と配置されていた。一方、東館には館内を統轄する館守屋・開市大庁(貿易会所)・裁判屋などの公的施設があり、幕府および対馬藩による外交実務の場となった。東館は、港を持ち、町屋・倉庫が設置され、事実上の日本人居住区域を呈していた。ただし、草梁倭館の周囲は石垣と土手が巡らされ、日本人の活動範囲は制限されていた。一八七三年(明治六)、草梁倭館は外務省の管轄下となり、大日本公館と改称された。

参考文献　中村栄孝『日鮮関係史の研究』上、一九六五、吉川弘文館。田代和生『倭館―鎖国時代の日本人町―』（『文春新書』、二〇〇二、文藝春秋）。鶴田啓「釜山倭館」（荒野泰典編『日本の時代史』一四所収、二〇〇三、吉川弘文館）。　（福島　克彦）

わかんさんさいずえ　和漢三才図会　日本における挿絵入り百科事典の草分け。明の王昕《おうき》編『三才図会』を模したもの。刊年は所載がないが、大学頭林信篤の序（一七一三（正徳三））をはじめ、和気伯雄の叙（一七一三）、自序（一七一二）、清原宣通の後序（一七一三）がある。編纂へは三十余年を要したという。編纂者は寺島良安。和気仲安の門弟で、大坂城医へ任ぜられ、法橋へ叙せられた医家である。全百五巻八十一冊。全て漢文体。巻一のみ『和漢三才図会略』と「略」を付す。「三才」とは天・地・人をさし、内容はそれぞれ巻一―六が天文・暦法、巻七―三十六が社会・人体・民族・民俗、巻三十七―五十四が動物、巻五十五―六十一が地・山・水・火・金石、巻六十二―八十が中国・日本ほかの地誌、巻八十一が建築、巻八十二―百四が植物、巻百五が醸造に関するものとなっている。夥しい文献が引用・参照されており、近世的な学際知の一端が窺えるほか、博物学研究の資料としても活用できる。

和漢三才圖會畧卷第一
攝陽　城醫法橋寺島良安尚順編
天部
天　蒼天　旻天
天理也氣也據遠視之蒼蒼然曰蒼天天之主宰謂之帝
天之功用謂之鬼神天之性情謂之乾一大極別而清輕
者上爲天是陽也濁重者下爲地是陰也冲和氣者爲人
謂之天地人三才

『和漢三才図会』巻一

参考文献　島田勇雄『和漢三才図会』解説（『東洋文庫』四五一・四五六、一九八五・八六、平凡社）。　（藤尾　直史）

わかんろうえいしゅう　和漢朗詠集　藤原公任《きんとう》（九六六―一〇四一）によって編まれたとされる詞華撰集。朗詠に適した漢詩文の秀句と和歌とを収める。全二巻で、上巻に四季、下巻に雑部を配する。編纂の契機や成立年代などは未詳だが、『十訓抄《じっきんしょう》』六には公任が藤原教通《のりみち》を聟とする際の引出物として編んだとする説話がみえる一方、藤原道長の三女威子の入内に際し進献された屏風に配されていたとも推定されることから、一〇一八年（寛仁二）の妹威子の入内に際し、教通が岳父公任に屏風の色紙形を書いてもらったのが契機となって成立したものか、とも推測されている。漢詩文では白楽天のものが、和歌では紀貫之・凡河内《おおしこうちの》躬恒《みつね》らの作が多い。写本はかなりの数にのぼり、伝藤原行成筆の御物粘葉本二帖、同じく伝行成筆の御物雲紙本二巻、伝公任筆の御物巻子本二巻、藤原伊行筆の葦手下絵本二巻等々、平安・鎌倉時代書写の古写本も少なくない。また、古筆切として伝存する断簡もかなりの数にのぼる。刊本として新編日本古典文学全集本などがある。

参考文献　三木雅博『和漢朗詠集とその享受』、一九九五、勉誠社。田中幹子『『和漢朗詠集』とその受容』（『研究叢書』三四四、二〇〇六、和泉書院）。　（石田　実洋）

わきょう　和鏡　日本の鏡の歴史は当初中国からの輸入とその模倣に始まるが、平安時代中期に一時鏡の生産と使用が減少する時期を経て、平安時代後期に日本的な文様をもった鏡、和鏡が登場する。和鏡成立当初の文様は双鳥文系唐式鏡の文様構成を受け継ぐ双鳥文を基本にする場合が多い。その後も双鳥文を基本に、自然の景物や幾何学文がそれに加わる文様構成を基本に発達する。その始まりは九世紀前半の双鳥文系唐式鏡にさかのぼることができる。九世紀前半までは双鳥文系唐式鏡が踏返《ふみかえし》鋳造によって生産されるが、この文様構成を模倣した京都府鳥取古墓鏡を典型とする八稜鏡が新たに日本で生産される。ただこの時期ではまだ和鏡といえるほど文様の和様化が進行しておらず、十一世紀代に登場する八稜鏡の祖型となる。その後、少数の双鳥文系の八稜鏡や円鏡が現れるが、鏡の生産と使用が少数にとどまる時期が二世紀弱続く。十一世紀代に再び鏡の生産と使用が活発となり本格的な和鏡の成立を見る。まず十一世紀後半代に双鳥文系の八稜鏡が多く見られるようになる。ただしこの時期の八稜鏡は唐式鏡の影響から脱却し得ず、鈕を挟んで点対称に双鳥文が配置され、その間の瑞花文も唐式鏡の影響を濃厚にとどめる。続く十二世紀には八稜鏡の生

瑞花双鳳八稜鏡（奈良県金峯山出土）

洲浜双鳥鏡（山形県羽黒山御手洗池出土）

産が拡大するとともに、瑞花双鳥文系円鏡や蒲鉾式縁で内外区の区別のない多度式鏡など種々の鏡式が成立すると同時に、それ以後の和鏡の基準型式となる、双鳥文と景物を描いた円鏡が登場する。この時期に成立した和鏡の特徴は以下である。鏡胎は比較的薄く鈕も扁平で鈕座を有する。界圏を有するが文様は界圏を超えて内区外区一体となる例が多い。文様は双鳥文を基本とする。鳥は雀、鴛鴦《おしどり》、鶴などさまざまな姿態で表され、種々の植物や流水、籬《まがき》、網代《あじろ》などの景物が鏡背を飾る。これら鏡背の文様が絵画的な構成となるのが和鏡の著しい特徴である。その後基本的に十二世紀代に成立した鏡式を中心に展開していく。十四世紀から十五世紀にかけては大小の圏線を幾重にも配し輻線文や鋸歯文を入れた擬漢式鏡が登場する。十六世紀にはいると、厚い鏡胎に亀鈕を有し、流水から佇立する岩礁に松が生え鶴二羽を配する独特の文様構成となる和鏡が登場し蓬萊鏡と称される。同じく十六世紀には、宋鏡や湖州鏡の影響を受けて和鏡にも柄を持つものが登場する。柄鏡《えかがみ》と称し、以後江戸時代に実用の姿見として流行する。柄鏡ではこれまで鏡背文様の中央に存在した鈕がなくなり、鏡背全面を文様面とするより多用な文様構成が登場する。和鏡の類例としては、寺社奉納鏡が伝世された場合と出土鏡とがある。前者は鏡自体の保存状態が良好であり、後者は使用法や時代の推定が可能であるという特徴を有する。寺社奉納鏡としては法隆寺西円堂奉納鏡群や春日大社・大山祇神社・香取神宮など各地の神社に相当数の和鏡が収蔵されている。出土鏡としては、初期には墳墓の副葬品として埋納される例が多い。十二―十三世紀代では鏡箱に他の化粧道具とともに収められた状態で副葬される例も知られている。信仰遺跡から出土する例も多い。栃木県日光男体山山頂や奈良県天川村金峯山山頂からは数百面の和鏡が出土しており、特に男体山山頂では八稜鏡の出土が多い。また湖沼に投げ込まれた鏡が出土する例も多い。山形県羽黒山鏡池や群馬県赤城山小沼などからの出土和鏡が有名である。信仰遺跡として経塚から出土する和鏡の存在も重要である。経塚では銘文の存在によって埋納時期が判明する事例が多い。初期の和鏡においては経塚出土鏡の存在によって時期的な位置づけがはっきりする場合も多い。

→柄鏡《えかがみ》

参考文献　中野政樹編『和鏡』(『日本の美術』四二、一九六九、至文堂)。久保智康『中世・近世の鏡』(同三九四、一九九九)。

(杉山　洋)

わきょう　倭京　七世紀後半、倭に所在した京をいう。近江国の大津京・摂津国の難波京と区別し、倭(大和)国に所在した京たる「やまとのみやこ」の意味で用いられた。通常は単に京・京師と表記される。六世紀末から七世紀末にかけて奈良盆地南部に宮室が集中し、政治の中心地となった状況を『日本書紀』編者が律令制下の都城に準じて京と総称したもの。律令制下の京とは異なり、条坊制および位階による宅地班給はない。明確な行政区画を持たず、大王宮の周辺に宮・宅・市・寺などが集積・散在する景観を示す。倭京の用語は、難波や近江に京が置かれた期間、すなわち孝徳朝から天武朝初期までの間に限定的に用いられた。当時の地方行政区画である評制の特徴と同じく、「京」は行政区画としての均質な領域性の保持は考慮されず、宮・宅・市・寺など特定の奉仕先と人間集団の存在に規定された。領域的には条坊制下の特別行政区画としての京域よりも広く、斑状の分布や飛び地的なあり方を呈したと考えられる。

参考文献　岸俊男『日本古代宮都の研究』、一九八八、岩波書店。仁藤敦史「首都平城京」(広瀬和雄他編『古代王権の空間支配』所収、二〇〇三、青木書店)。

(仁藤　敦史)

わこう　倭寇　中国・朝鮮史料にみえる、倭人による侵略行為、あるいはその集団を指す言葉。(一)前期倭寇。十四世紀(主に一三五〇年以降)、朝鮮半島や山東半島などを襲撃した海寇集団のこと。「三島倭寇」と史料に表記されることから、かつては対馬・壱岐・松浦(あるいは博多)の日本人のみの構成とされてきたが(その場合の統率者は征西府や肥後菊池氏)、近年、禾尺《かしゃく》・才人《さいじん》など朝鮮人賤民や済州島の海人など、境界人《マージナルマン》と呼ぶべき人間類型が相当数含まれていたとする見方もある。さらにこれを批判して小弐《しょうに》氏が兵糧獲得のために送りこんだ日本人兵力が倭寇だとする異説も出されている。それぞれの史料解釈や前提理解の溝は容易に埋まらないが、朝鮮国内(陸上)における倭寇の進撃ルートの解明など、着実に倭寇研究は進歩している。なお、朝鮮王朝が倭寇を懐柔するために日本人を通交者に編制したことはよく知られており、多数の日本人倭寇が存在したことは確実である。(二)後期倭寇。十六世紀中葉以降、中国浙江・福建沿岸地方を襲った海寇集団のこと。日明勘合船貿易の途絶後、石見《いわみ》銀山などの日本産銀に引き寄せられるように、海商船団の日中往来が活発化した。その武装商船団が、中国沿岸では遭運ルートや官庫を襲撃したため、倭寇と認識された。この後期倭寇の主体はもっぱら中国人で、日本人やポルトガル人なども含む、諸民族混淆勢力であった。一五五三年までに、明朝政府の攻撃によって彼らの拠点の福建月港・浙江双嶼が陥落すると、「倭寇王」王直は五島や平戸などに根拠地を移し、王直不在の間隙をぬって徐海らがさらに大規模な海寇・海商活動を展開した(一一五五六年、「嘉靖《かせい》大倭寇」)。なお、朝鮮半島南岸にもその余波は及び、「荒唐船《こうとうせん》」として記録にみえる。一五六七年ころ、日本への渡航を禁止することを条件に海禁《かいきん》政策が緩和されると、後期倭寇も鎮静化。東南アジア方面の流通が活性化し、「交易の時代」が本格化することになる。→通《つう》信使《しんし》　→文禄《ぶんろく》・慶長《けいちょう》の役《えき》

参考文献　田中健夫『倭寇―海の歴史―』(『教育社歴史新書』日本史六六、一九六六、教育社)。同『東アジア通交圏と国際認識』、一九九七、吉川弘文館。李領『倭寇と日麗関係史』、一九九九、東京大学出版会。村井章介『海から見

た戦国日本』(『ちくま新書』一二七、一九九七、筑摩書房)。大石直正・高良倉吉・高橋公明『周縁から見た中世日本』(『日本の歴史』一四、二〇〇一、講談社)。（橋本　雄）

わごん　和琴　⇩琴《こと》

わし　和紙　⇩紙《かみ》

わじまぬり　輪島塗　能登半島北岸、石川県輪島市の地場産業で、木製漆器としては全国一の生産量。その特徴は地《じ》の粉《こ》(海成珪藻土《けいそうど》)の焼成粉末に漆・米糊を混ぜて下地とすることにある。微細な孔の珪藻殻に漆がよくしみこみ、化学的に安定した吸収増量材となり、断熱性にも優れている。百回以上の工程を経て堅牢な塗膜が形成され、沈金《ちんきん》や蒔絵《まきえ》など優美な加飾が施される。起源は十五世紀の地の粉漆下地《うるししたじ》椀の出土、一四七六年(文明八)の棟《むな》札《ふだ》に塗師《ぬし》名があること、一五二四年(大永四)といわれる神社の朱塗扉の存在などから、十六世紀までには小規模な漆器生産が行われていたと考えられる。十七世紀以降は輪島近辺に産する漆、ヒバ(地方名アテ)、ケヤキ、地の粉などの豊富な材料を使って、分業生産と港湾機能を生かして、広域的な市場を形成して発展した。一九七七年(昭和五十二)「輪島塗の技術」が国指定重要無形文化財、同年「製作用具および製品」が国指定重要有形民俗文化財。

資料館　輪島漆器資料館(石川県輪島市)

参考文献　四柳嘉章・中室勝郎編『輪島塗』(CD-ROM版)、二〇〇〇、輪島漆器商工業協同組合。（四柳　嘉章）

わじょう　倭城　豊臣秀吉による朝鮮出兵の際、日本軍が現地で築いた城郭を指す。秀吉は、文禄・慶長の役(一五九二―九八)にて、朝鮮半島へ大軍を派遣したが、その際半島の海岸線に沿って、地域支配の拠点および物資の補給基地として、日本式の城郭を築いた。史実的には、一五九二年(文禄元)に小西行長が築いた熊川倭城、一五九七年(慶長二)に加藤清正らが籠城した蔚山倭城などが有名である。現在、倭城の大半は、朝鮮半島南沿岸および島嶼で二十数ヵ所で確認されている。大半が山城で、港湾や入江を抑える姿勢が強く、なかには西生浦倭城のように、斜面に外郭線を築き、山城と港を連結するタイプもみられた。日本からの物資補給に強く執着したことを如実に示している。石垣や虎口は、日本の技術を忠実に採用し、朝鮮支配を意識した恒久的な構造である。倭城跡は、後世積極的な改修を受けずに残っているため、日本城郭史の標準化石として注目されてきた。ただし、国内で使い分けていた石垣・構堀・竪堀などの遮断施設を、倭城では積極的に併用し、戦国期日本の防御技術を総動員して築いた印象が強い。一方、城跡の採集・出土瓦は、大半に魚鱗紋が付いており、現地製作瓦を調達したと推定される。また、固城倭城のように、現地の邑城の石垣を併用した遺構も見られる。植民地時代、蔚山倭城跡や釜山倭城跡などは、国指定史跡として認定された。また、在留日本人による保存会なども設立され、地域の観光振興、秀吉の朝鮮出兵の顕彰に活用された。一九九六年(平成八)、大韓民国は、植民地時代の史跡指定を見直し、倭城を地方自治体文化財へ改めた。遺跡保護の強制力が後退しつつある今、韓国側に還元できる視点や研究が期待される。蔚山城跡など、一部の倭城跡にて発掘調査が行われている。

参考文献　『倭城』I、一九七九、倭城址研究会。『文禄・慶長の役城跡図集』、一九八五、佐賀県教育委員会。『倭城の研究』一―五、一九九七―二〇〇二、城郭談話会。（福島　克彦）

わせん　和船　⇩船《ふね》

わたどの　渡殿　離れた建物をつなぐ渡り廊下の名称。特に平安時代の寝殿造《しんでんづくり》の住宅では、建物をつなぐために多用された。廊《ろう》、細殿《ほそどの》などとも呼ばれる。壁や建具がないものは透渡殿《すきわたどの》もしくは透廊、梁間を二間として面積を拡げ、居住空間としたものは二棟廊《ふたむねろう》と呼ばれた。出入り口に用いられる中門廊《ちゅうもんろう》も渡殿の一種である。中世になると建物同士を直接つなげる建築技術が発達したので渡殿は次第に不要になる。十五世紀の仁和寺常瑜伽院《じょうゆかいん》の指図《さしず》では風呂屋への渡り廊下を「つりや」と記し、大山祇《おおやまずみ》神社(愛媛県)所蔵の室町時代の境内図では、東西回廊を「釣殿」と記している。このように中世後期には渡殿を「つりや」、「つりどの」と呼ぶ場合も多くみられる。釣殿《つりどの》については、寝殿造の住宅で庭の池に臨む亭であるとの説がよくみえるが、確実な例は少なく、これが渡殿を釣殿とも呼ぶ習慣の起源とは考えにくい。むしろ、床を地面からもち上げた構造ゆえ吊り屋あるいは吊り殿などと呼ばれたことが広まったかと思われる。　→寝殿造《しんでんづくり》（藤田　盟児）

わだみさきほうだい　和田岬砲台　神戸市兵庫区和田岬町一に所在する砲台。国指定史跡。幕末の一八六二年(文久二)、国防不安を抱いた幕府が、勝海舟の建策を入れて大阪湾沿岸に砲台を築いたうちの一つである。この砲台は勝海舟の設計で、西宮砲台と同じ一八六三年四月に築造が始まり、一八六四年(元治元)九月に完成した。砲台は花崗岩で造られた二層の丸い石堡塔で、内径が一二・二一メートル、高さ一一・五メートル。十一ヵ所の砲眼が造られる。しかし、実際に砲を装備することなく明治維新を迎えた。また設計図によると、石堡塔を中心に五稜の星形砲樃があった。内部の木組みは諏訪山や布引・北野の辺りから大木を伐りだして用いた。当時は、お台場といわれて人々に注目されていた。現在、五稜形砲樃は取り除かれ、石堡塔のみが残り、堡塔砲台の石積み状況が見られる。

参考文献　神戸市教育委員会編『神戸の史跡』、一九八一、神戸新聞出版センター。『日本城郭大系』一二、一九八一、新人物往来社。（大村　敬通）

わちゅうさんほんぽ　和中散本舗　江戸時代における宿場と宿場に置かれた間《あい》の宿の製薬販売を兼ねた小休本陣(原則として宿泊禁止)を今日に伝える住宅。滋賀県栗東市六地蔵の旧東海道筋にある。敷地全体は「旧和中散本舗」として国史跡に、建物は「大角《おおすみ》家住宅」として重要文化財に、庭園は国名勝に指定されている。この建物は街道に面して大きな間口を構え、軒には漆塗りの看板を吊り、店先には客をもてなす湯沸釜も備える。主屋は三十畳を越す店舗や土間を隔てて二十数畳ほどの西店、その奥に薬を作る仕事場がある。主屋と接して東側には少し角度を振って格式高い書院建築があり、その裏には庭園が作られている。和中散は評判の高い道中薬で、徳川家康も服用して腹痛が即座におさまったためこの名を賜ったと伝えられる。シーボルトも長崎から江戸への往路・復路にここに寄り和中散ほかの薬を買い求めている。また一八六八年(明治元)には明治天皇もここで休憩している。

[参考文献]「国指定史跡　旧和中散本舗」(滋賀県文化財保護協会編『近江の遺跡―国・県指定の史跡、考古資料―』、一九九〇)。
(林　博通)

わどうかいちん　和同開珎　日本古代の銭貨。本朝十二銭の第一。銭文「和同」は発行年号と吉祥句を意識したもので、「開珎」の読みは「カイホウ」「カイチン」の両説があるが、「カイチン」が有力視されている。『続《しょく》日本《にほん》紀《ぎ》』によれば、七〇八年(和銅元)正月に武蔵国秩父郡から和銅が献上され、同二月に「催鋳銭司」が設置されたことを受けて本格的に鋳造が行われ、同年の五月に初めて和同開珎の銀銭を発行し、つづく八月に和同開珎の銅銭を発行した。律令国家は銅銭に重きを置いたが、当初銀銭を発行した理由としては、前代の銀の貨幣的機能を銅銭に受け継がせるための媒介の役割を果たしたとする見方や、銅銭発行が間に合わず銀銭をまず発行することで貨幣発行高を大きくしたとする見方などがある。その後七〇九年八月とその翌年の九月の二回にわたって銀銭禁止令が出されるが、これは銅銭鋳造が軌道に乗ったことや、銀銭の私鋳銭がたちまち横行したことなどが背景にあったと考えられる。律令国家が和同開珎をこの時期に発行した大きな理由は、平城京建設に伴う費用の捻出にあった。とりわけ人件費を銅銭でまかなうことで、平城京周辺の消費や流通を円滑にする必要があった。と同時に、地金の銅より高い法定価値を銅銭に付与することにより、銭貨発行による政府の収入を図るねらいもあった。ただし和同銭を流通するためにはそのための政策を周到に行う必要があり、七一一年には穀六升を銭一文と定め、翌年には銭五文を布一常と定め、現物貨幣である布や米との交換基準が示される。また七一一年には蓄銭《ちくせん》叙位法《じょいほう》を定めて蓄銭者を報奨するなど、流通のための施策を怠らなかった。一方で、私鋳銭の横行が発行当初から問題化していたことから、私鋳銭への厳罰規定を定め、首謀者を死刑とした。和同銭が畿内とその周辺に広まったことは、畿内と周辺諸国から調として銭を納めさせたことからもうかがえる。また、『日本霊異記《にほんりょういき》』中巻第二四では、聖武天皇の時代のこととして、平城京左京六条五坊の住人である楢磐嶋《ならのいわしま》が、大安寺《だいあんじ》の修多羅《すたら》銭三十貫を借り、奈良から越前の敦賀津に行き、交易を行なって利益を得たという話を伝えている。だが発行数の増加や私鋳銭の横行が物価の高騰、銭貨価値の下落を招き、七六〇年(天平宝字四)に和同銭の十倍の価値を付与した「万年《まんねん》通宝《つうほう》」が発行されるに至った。現存する和同開珎は、直径が二・三八～二・五二センチ、重さが一・五九～三・七六グラムである。その形態や銭文の字形の特徴から、「古和同」と「新和同」とに分類し、鋳造時期が異なるという説もある。出土遺跡は、平城京をはじめとする畿内に集中するが、その出土状況はさまざまである。興福寺《こうふくじ》金堂建立の際には和同開珎が地鎮のために埋納された例が確認できるし、八世紀前半の小治田安萬侶《おはりだのやすまろ》の墓からは、七二九年(神亀六)の紀年名をもつ墓誌とともに、副葬品として埋納された和同銀銭十枚が出土している。また、嬰児の成長を願う胞衣壺にも銭貨が入れられた例があるなど、厭勝銭《ようしょうせん》としても広く使用されていたことがわかる。畿外の諸国からも出土するが、畿内にくらべて格段に少なく、現実には流通貨幣として浸透していたとは言い難い。地方社会では特別な力を持つ呪術的な厭勝銭として受容されたらしい。さらに海外では、渤海国上京龍泉府や唐長安南郊の何家村遺跡から出土している。

[参考文献]栄原永遠男『日本古代銭貨流通史の研究』、一九九三、塙書房。
(三上　喜孝)

わにぐち　鰐口　社寺の拝殿・本堂などの前面中央に懸垂され、布綱に付けた槌を揺らして鳴らす梵音具。鋳銅製が多いが、鋳鉄製もある。金鼓・金口・打響・打具・打鳴・打金などの称もある。在銘遺品の分布から金鼓・金口は関西、鰐口は関東方面での呼称であったものが室町時代以降次第に鰐口に収斂したとされる。大きさは径一尺から二尺大のものが一般的だが、建物の規模により大小がある。二重または三重線の凸帯で三重または四重の同心円区画を作り、中央から撞座《つきざ》区・内区・外区・銘帯と称し最外周凸帯が縁となる。中央に主に蓮華文からなる撞座を配す。重圏線の割付は撞座区の半径が基準になるようで、各区の幅と等しい遺品が多い。表裏の合わせ目の鎬立った部分を肩と呼ぶ。銘帯部分に年紀・寄進先寺社名・施入者名などが記されることが多い。合わせ目下半分が開口している。この点に関し『和漢三才図会』は「口を裂くの形、たまたま鰐の首に似たるが故に之を名づくるか」と記す。口の両脇の突出部分を目と呼ぶが、近世になると左右に大きく突出する。全体形は古い遺品ほど平坦な円盤形であるが、時代が降るほど中央が盛り上がる傾向がある。文様的には初期の遺品に唐草を配すことあるが、多くは重圏線だけで、近世になり蓮華文・唐獅子文などを配し装飾的になる。この装飾傾向は磬《けい》なども共通する。京都府智恩寺の至治二年(一三二二)銘遺品に「禁口」とある。「金鼓」に通じ、鰐口の源流の一つに金鼓が考えられる。福岡県太宰府市太宰府史跡一一九次調査では九世紀代と考えられる金鼓の鋳型が出土している。表裏合わせで裏面中央に大きく円形開口した形に復元できる。形態的には韓国慶尚南道発見の咸通六年(八六五)銘金鼓に似る。日本における在銘最古の遺品は長保三年(一〇〇一)銘の長野県松本市出土のもの(東京国立博物館所蔵)で耳が鉦鼓と通ずる人耳形を呈す。これらから鰐口は金鼓的な鳴り物や鉦鼓《しょうこ》を元に成立したと考えられる。

参考文献 久保常晴「鰐口」(雄山閣編集部編『仏教考古学講座』四所収、一九七一、雄山閣出版)。

(藤澤 典彦)

わのごおう 倭の五王 五世紀に中国南朝の劉宋《りゅうそう》に使いを遣わした讃《さん》・珍《ちん》・済《せい》・興《こう》・武《ぶ》の五人の倭王。『晋書《しんじょ》』安帝紀などには、倭国あるいは倭王賛(讃)が四一三年(義熙《ぎき》九)に高句麗《こうくり》など東晋《とうしん》に遣使した記事を載せるが、当時の倭と高句麗は敵対関係にあってそろって朝貢できる環境にはなく、倭が献じたとされる貂皮《ちょうひ》や人参《にんじん》も高句麗の特産物であることから、高句麗が戦闘で捕虜にした倭人を使節に仕立てたものとみなすべきであろう。よって倭の五王による最初の対中外交は、『宋書《そうじょ》』夷蛮列伝倭国条(いわゆる倭国伝)にみえる四二一年(永初二)の倭讃による遣使ということになる。讃の朝貢に対して、武帝(高祖)は遠誠を喜んで除授したとあるが、爵号の具体的内容は不明である。ただ珍以下の例を勘案すると、「安東将軍《あんとうしょうぐん》・倭国王《わこくおう》」であった可能性が高い。讃はその後、四二五年(元嘉《げんか》二)に司馬曹達《しばそうたつ》を遣わして文帝(太祖)に上表し、四三〇年にも方物を献じている。讃が死ぬと弟の珍が立ち、四三八年に遣使・上表して「使持節《しじせつ》・都督《ととく》倭《わ》百済《くだら》新羅《しらぎ》任《み》那《まな》秦韓《しんかん》慕韓《ぼかん》六国諸軍事《ろっこくしょぐんじ》・安東大将軍《あんとうだいしょうぐん》・倭国王」の除正を求め、「安東将軍・倭国王」に叙爵された。珍はこの時、倭隋《ずい》ら十三人に対しても平西《へいせい》・征虜《せいりょ》・冠軍《かんぐん》・輔国《ほこく》の各将軍号の除正を求めているが、隋の「平西将軍」は珍自身の一級下にすぎず、ほかの将軍号も「安東将軍」と同じ第三品であることから、当時の倭国は王とその他にそれほどの格差がない、比較的フラットな構造だったのではないかと考えられている。倭王は臣従者を将軍府の属僚である府官《ふかん》(長史《ちょうし》・司馬《しば》・参軍《さんぐん》)に任命し、彼らに応分の爵号を仮授《かじゅ》・推薦することによって、政治的・身分的秩序の創出をはかろうとしていたのである。次の済は文帝の四四三年と四五一年、および孝武帝(世祖)の四六〇年(大明四)に遣使し、四五一年には「使持節・都督倭新羅任那加羅秦韓慕韓六国諸軍事」が加えられ、『宋書』文帝本紀によれば「安東大将軍」に進号したとある。また済はこの時、二十三人に「軍郡」(将軍と郡太守)号の除正をも求めている。なお讃・珍と済の続柄に関して、倭国伝にある「倭讃」「倭隋」に対して文帝本紀には「倭王倭済」とあることから、両者は「倭」を姓とする同一集団の出身であったとする見解もあるが、倭王の倭姓は高句麗王の高姓や百済王の余(扶余)姓と同じく、当時の中国が国号の一部や種族名を周辺君長の姓として認識していたことを示すものにすぎず、政治権力(倭王)としての連続性は認めつつも、両者は異なる血縁集団に所属していたとみるべきであろう。済の死後には世子《せいし》興が立ち、四六二年に貢献して「安東将軍・倭国王」に叙せられ、続いて弟の武が立って「使持節・都督倭百済新羅任那加羅秦韓慕韓七国諸軍事・安東大将軍・倭国王」と自称した。武は順帝の四七八年(昇明《しょうめい》二)に上表し、倭は宋の冊封《さくほう》を受けて代々朝貢してきたが、高句麗が妨害するので征討を計画したものの、父兄の相つぐ死によって成就していないことを述べ、みずから「開府儀同三司《かいふぎどうさんし》」を、その余にもそれぞれ称号を仮授して、皇帝の助力を求めた。結局武には済と同じ「使持節・都督倭新羅任那加羅秦韓慕韓六国諸軍事・安東大将軍・倭王」が叙爵され、その後も南斉《なんせい》から四七九年(建元《けんげん》元)に「鎮東大将軍《ちんとうだいしょうぐん》」が、梁《りょう》から五〇二年(天監《てんかん》元)に「征東大将軍《せいとうだいしょうぐん》」が贈られるが、それらは建国に伴う任官で、武の遣使に対するものではなかった。倭の五王の対中外交は、半島情勢を有利に運ぶため高句麗王・百済王の爵位を常に意識したものであったが、その差は最後の武に至っても埋まることはなかった。なお倭の五王の比定については、記紀にみえる当時の天皇の実在性が証明できない以上、倭王武を雄略《ゆうりゃく》とする以外は慎重になるべきであろう。

参考文献 大平聡「世襲王権の成立」(鈴木靖民編『日本の時代史』二所収、二〇〇二、吉川弘文館)。鈴木靖民「倭国と東アジア」(同所収)。川口勝康「五世紀の大王と王統譜を探る」(原島礼二他編『巨大古墳と倭の五王』所収、一九八一、青木書店)。坂元義種『倭の五王』、一九八一、教育社。鈴木靖民「武(雄略)の王権と東アジア」(佐伯有清編『雄略天皇とその時代』所収、一九八八、吉川弘文館)。

(佐藤 長門)

わみょうるいじゅうしょう 和名類聚抄 平安時代の分類体漢和辞書。「和名抄」「順《したごう》和名」とも呼ぶ。「倭」「鈔」字を用いることがある。源順《みなもとのしたごう》編。承平年間(九三一—三八)初期成立。漢字・漢語を天地・草木等の意味で分類し、その字音・和訓(和名)・語義を示す。形式、内容とも充実しており、その後の辞書に大きな影響を与えた。和訓は万葉仮名で記されており、古代の語彙を知ることができる。十巻本(掲出語約二千六百語)と二十巻本(同約三千四百語)の二系統あり、どちらが原型かについては両説ある。二十巻本には十巻本にない職官、国郡、郷等の部門があり、特に多数の和訓を付した四千五百もの郡郷名は有用である。十巻本については、諸本を比較検討し注を付した、狩谷棭斎《かりやえきさい》の『箋注倭名類聚抄』(一八八三年刊)がある。二十巻本は、室町時代中期写の大東急記念文庫本、それを整理統合した流布刊本である那波道円による古活字本(一六一七刊)、零本であるが平安時代末書写の高山寺本(天理図書館所蔵)、一五六六年(永禄九)書写の名古屋市博物館本などがあり、すべて影印版が出版されている。

参考文献 池辺彌『和名類聚抄郡郷里駅名考證』、一九八一、

吉川弘文館。西崎亨編『日本古辞書を学ぶ人のために』、一九九五、世界思想社。（榎　英二）

わようけんちく　和様建築　日本の建築様式の一つ。飛鳥・奈良時代に中国・朝鮮半島からもたらされた建築様式が、奈良・平安時代を通じて整備された様式。醍醐寺五重塔（九五二年＝天暦六年）・平等院鳳凰堂（一〇五三年＝天喜元年建立）などが代表例。柱を長押《なげし》で繋いで緊結し、貫《ぬき》は柱頂部の頭貫《かしらぬき》を用いるだけで、柱頂部に装飾部材のない組物を載せ、組物間に置く中備は間斗束《けんとづか》や蟇股《かえるまた》、虹《こう》梁《りょう》は断面が上幅の広い長方形、垂木《たるき》は平行に配する平行垂木、窓は連子《れんじ》か蔀《しとみ》、扉は板扉を用い、天井は組入天井や格《ごう》天井を用いる。建物全体を構成する部材が木太く、装飾の少ない簡明な意匠が特徴である。奈良時代後半から平安時代後期にかけて、組物や軒廻りの寸法体系が垂木間隔を基準寸法とするように整備され、鎌倉時代後期に六枝掛《ろくしがけ》の技法となって完成する。また平安時代中期に野小屋が考案され、平安時代末期には構造補強に筋違《すじかい》を用いるなど、和様独自の技術革新があった。鎌倉時代に導入された大仏様・禅宗様は、長押を用いず、貫を多用し、木鼻《きばな》などに装飾的な彫刻を付すなど、和様と大きく異なる。鎌倉時代以降も和様は用いられるが、大仏様・禅宗様の影響を受け、貫を併用したり、細部に大仏様・禅宗様の装飾部材を用いる例が多くなる。和様に大仏様の要素を融合した様式を新和様と呼び、奈良長弓寺本堂（一二七九年＝弘安二年建立）が典型例、禅宗様の要素を融合したものを折衷様と呼び、栃木鑁阿寺《ばんなじ》本堂（一二九九年＝正安元年建立）が代表的な遺構である。中世後期以降は様式の折衷が著しく、純粋な和様建築は存在しない。一つの建物の層ごとに様式を使い分けた鹿苑寺金閣なども見られる。江戸時代の大工技術書では日本様と呼んでいる。↓禅宗様建築《ぜんしゅうようけんちく》　↓大仏様建築《だいぶつようけんちく》

参考文献　大森健二『社寺建築の技術』、一九九八、理工学社。（山岸　常人）

わらびてとう　蕨手刀　柄頭《つかがしら》の形が春季の早蕨の巻いた形に似ている鉄刀。刀は茎《なかご》と身を一体に作るものであるが、曲線的な茎に把木を用いずそのまま柄として用いる。柄元の幅は身元の幅とほぼ同じで柄頭に向かって幅が細くなる。柄間《つかあい》には紐や樺・葛などの樹皮を巻き、柄頭には小孔をあけて菊座金に鵐目《しとどめ》金具を付け手貫緒《てぬきのお》を通す懸《かけ》通孔《どおしあな》とする。柄元に喰出鐔《はみだしつば》と鎺《はばき》を付ける。刀身は幅広で鎬《しのぎ》のない平造りが多く、刃の先端部は魳《かます》切先となる。鞘《さや》は木製あるいは皮製で、双脚式または単脚式の足物《あしもの》金具と責《せめ》金具、鞘尻《さやじり》金具を装着する。金具は鉄製のものが多いが青銅製もある。この鞘装具は古墳時代終末期の方頭《ほうとうの》大刀《たち》・圭頭《けいとう》大刀の外装に由来すると考えられる。外装を完備した蕨手刀の完形品は唯一正倉院に伝世している。蕨手刀の出土分布は北海道から九州地方まで広範囲にわたっているが、中部・関東・東北・北海道の東日本に多く、特に北海道・東北地方に集中している。そのため文献史料にみえる蝦夷が製作・使用したものとする説が根強い。石室を有する規模の小さい古墳や横穴に副葬されているものが多いが、住居跡から出土している例もある。北海道出土例は札幌付近から南部にかけてのいわゆる北海道式古墳と呼ばれる土坑を埋葬施設とする小円墳が多い。東京国立博物館所蔵の恵庭市茂《も》漁《いざり》古墳群出土例はその代表的なもので外装を有しているものがある。蕨手刀は奈良時代から平安時代初期にかけての短い期間に製作されたものと考えられている。蕨手刀の起源については、大場磐雄の刀子《とうす》起源説など諸説がある。

参考文献　大場磐雄「蕨手刀に就いて」（『考古学雑誌』三四ノ一〇、一九四七）。石井昌国『蕨手刀』、一九六六、雄山閣出版。（松浦宥一郎）

わりはぎづくり　割矧造　日本の木彫像の造像技法の一つ。頭体の幹部を一本の木から木取りし、製作の過程でおおむね体側で前後に割り、内刳《うちぐ》りを施して内部を空洞にして頸部をさらに割るものが一般的であるが、まれに正中線あたりで割るものもある。九世紀初めに造られたとみられる福島県勝常寺《しょうじょうじ》薬師如来像（国宝）あたりが初例と思われるが、十一世紀ころから等身以下の比較的小さな像の造像技法として採用されることが多くなり、鎌倉時代初期の快慶の作例などにもしばしば用いられている。この造像技法の発生についてはなお検討すべきところがあるが、一木彫像の製作作業工程の円滑化の工夫から発生していったと見られる。なお、完成像を見ると、一見寄木造の技法と見分けが付きにくく、平安時代後期から鎌倉時代前期にかけて造られた寄木造と目された遺品の中には、この技法で造られたものもかなり含まれている。↓一木造《いちぼくづくり》　↓寄木造《よせぎづくり》

参考文献　西川杏太郎「木彫仏」II（『重要文化財』二所収、一九七三、毎日新聞社）、同編『一木造と寄木造』（『日本の美術』二〇二、一九八三、至文堂）。（根立　研介）

わろうだ　円座　⇩えんざ

わん　椀　杯《つき》、皿とセットをなす古代・中世の食器。埦《かん》、マリ（盌・麻利・真利）、モヒ（毛比）とも称す。水、汁、粥などの水分を含む食物を入れ、口を着け啜るための容器であり、材質素材によって埦、椀、鋺と表記し、それぞれ焼物、木器、金属器を表す。また、蓋を伴わない椀と蓋付きの椀があり、前者は「片椀」と表し、数量は「口」で表す。後者は、特別な呼び方をしないが、底部に低い高台《こうだい》を付し、数量は「合」で表す。七・八世紀の椀は鋺《かなまり》形で、側面形が箱型を呈し、広く平らな底部から直角に近い角度で立ち上がる深い縁部からなる。九世紀前半には、この形式の椀のほかに、現在の飯茶碗のように、底が狭く、縁部が内湾気味に開く形の椀が現れ、次第に前者にとって代わり、十世紀には前者の椀は姿を消す。

参考文献　西弘海「奈良時代の食器類の器名とその用途」（『奈良国立文化財研究所研究論集』五所収、一九七九）。（巽　淳一郎）

製版印刷　株式会社　東京印書館
本文用紙　三菱製紙株式会社
表紙クロス　株式会社　八光装幀社
製本　誠製本株式会社
製函　株式会社光陽紙器製作所

装幀　山崎　登

歴史考古学大辞典

二〇〇七年(平成十九)二月二十日 第一版第一刷印刷
二〇〇七年(平成十九)三月二十日 第一版第一刷発行

編　集　小野正敏　佐藤　信
　　　　舘野和己　田辺征夫

発行者　前田求恭

発行所　株式会社　吉川弘文館
〒一一三—〇〇三三
東京都文京区本郷七丁目二番八号
☎(〇三)三八一三—九一五一(代表)
振替口座〇〇一〇〇—五—二四四

落丁・乱丁本はお取替えいたします

ISBN978—4—642—01437—3

索　引

〈凡　例〉

＊本索引は，『歴史考古学大辞典』所収の見出し語と，本文より抽出した主要な語句を採取し，配列は現代仮名遣いの五十音順とした．

＊文献を示す索引語には，『　』「　」を付した．

＊同じ表記で異なる内容を示すのもには，(　) 内に注記した．

＊寺社・地名索引語には，(　) 内に国名・都道府県名を入れ，その所在を示した．

＊同訓異字は〖　〗内に適宜まとめ，同じ表記については - を用いて省略した．

＊索引項目のうち，行頭の・印は見出し語を示し，数字は頁を，a b c はそれぞれ上段・中段・下段を示す．見出し語・カラ見出し語の頁は太字とした．

＊見出し語・カラ見出し語には読みを示した．

あ

い

う

え

お

か

き

く

け

こ

さ

し

す

せ

そ

た

ち

つ

て

と

な

に

ぬ

ね

の

は

へ

ほ

ま

み

む

め

も

ゆ

よ

ら

り

る

れ

ろ

わ

図　版　目　録

凡　例

◉　国宝
◎　重要文化財
〔特史〕　国指定特別史跡
〔史〕　国指定史跡

本　文　図　版　目　録

図版目録

大友氏館跡〔史〕　大分市　大分市教育委員会提供 …… 189
大　野　城〔特史〕　大宰府口城門跡　福岡県太宰府市　福岡＝九州歴史資料館提供 …… 190
大鎧の名所　東京＝鈴木敬三提供 …… 195
緒方宮迫西石仏〔史〕　大分県豊後大野市 …… 197
緒方宮迫東石仏〔史〕　大分県豊後大野市 …… 197
岡田山一号墳出土大刀◎　島根＝六所神社所蔵 …… 198
岡益石堂　鳥取市　「平成11年度陵墓関係調査報告」(『書陵部紀要』52、2000)より(一部改変) …… 199
隠岐国略図 …… 201
奥山荘城館遺跡　江上館跡〔史〕　新潟県胎内市 …… 203
結　　桶　広島＝北広島町教育委員会所蔵(同町吉川元春館跡出土) …… 204
折　　敷　『春日権現記』より …… 207
『病草子』より …… 207
平城京出土品実測図 …… 207
押　出　仏　阿弥陀三尊及び比丘形像◎　東京国立博物館所蔵 …… 207
鬼　　瓦　蓮華文鬼瓦(奈良県高市郡明日香村奥山廃寺出土)　奈良文化財研究所所蔵 …… 211
鬼面文鬼瓦(奈良市平城宮跡出土)　同上所蔵 …… 211
帯　金　具　奈良文化財研究所所蔵(奈良市平城京跡出土) …… 214
苧引き鎌の変遷　『浪岡町史』1、2000より …… 214
飫肥城縄張り図(江戸時代前期)　日南市教育委員会編『飫肥城跡』(『日南市埋蔵文化財調査報告書』3、1994)より …… 215
飫肥城下古図(承応年間)　宮崎＝日南市教育委員会所蔵 …… 216
織部獅子鈕香炉　慶長17年銘◉　東京国立博物館所蔵 …… 218
折　　本　大般若経　京都＝知恩院所蔵 …… 218
尾張国略図 …… 222
海獣葡萄鏡◎　奈良文化財研究所所蔵(奈良県高市郡明日香村高松塚古墳出土) …… 226
甲斐国略図 …… 230
回　　廊 …… 233
蟇　　股　板蟇股　法隆寺東院伝法堂◉ …… 234
本　蟇　股　中尊寺金色堂◉ …… 234
金装花押散兵庫鎖太刀◉　奈良＝春日大社所蔵 …… 234
花押状文大壺　石川＝岩倉寺所蔵　石川＝珠洲市立珠洲焼資料館提供 …… 235
加賀国略図 …… 236
鍵　グルル鍵　兵庫県豊岡市但馬国分寺跡出土 …… 238
錠・鍵　神奈川県海老名市本郷遺跡出土 …… 238
柿右衛門窯跡〔史〕　B窯跡　佐賀県西松浦郡有田町 …… 238
瓦経(願文)　兵庫＝極楽寺所蔵 …… 239
金銅虚空蔵菩薩懸仏◎　岐阜＝新宮神社所蔵 …… 242
上総国分僧寺〔史〕　B期寺院地全体図　千葉県市原市　『千葉県の歴史』資料編考古3、1998より …… 248
上総国分尼寺遺跡全体図　千葉県市原市　同上より …… 249
上総国略図 …… 250
平城宮壬生門前の大祓跡における木製形代類 …… 252
瓦　　当　単弁軒丸瓦・重弧文軒平瓦　奈良文化財研究所所蔵(奈良県桜井市山田寺出土) …… 258
瓦　　塔　静岡県浜松市三ヶ日出土　高崎光司「瓦塔小考」(『考古学雑誌』74ノ3、1989)より …… 259
東京都東村山市出土　同上より …… 259
花　頭　窓　円覚寺舎利殿◉ …… 259
瑞巌寺本堂玄関◉ …… 259
金　山　城　「寛政太田金山絵図」(寛政4年)　群馬＝堀江邦彦所蔵 …… 261
鹿の子C遺跡　掘立柱建物跡　茨城県石岡市　茨城県教育財団提供 …… 263
田籍文書　同上所蔵 …… 263
遺構構成図 …… 264
鎌倉遺跡地図　松尾剛次『中世都市鎌倉の風景』、1993、吉川弘文館より …… 268
上岩田遺跡〔史〕　「平塚」基壇　福岡県小郡市 …… 273
髪　　形　上美豆良(群馬県赤堀村出土埴輪)　東京国立博物館所蔵 …… 275
宝髻(薬師寺吉祥天像◉)　奈良＝薬師寺所蔵 …… 275
目刺(扇面古写経下絵より)　東京国立博物館所蔵 …… 275
桂包(『七十一番職人歌合』模本より)　同上所蔵 …… 275
茶筅髷(「彦根屏風」◉より)　滋賀＝彦根市所蔵 …… 275
唐輪髷(同上より)　同上所蔵 …… 275
兵庫髷　東京国立博物館所蔵 …… 275
島田髷(短冊持立美人)　同上所蔵 …… 275
勝山髷(浮世美人花見立)　同上所蔵 …… 275
上神主・茂原官衙遺跡〔史〕　政庁域全景　栃木県河内郡上三川町・宇都宮市 …… 276
加茂遺跡出土牓示札　石川県埋蔵文化財センター保管 …… 281
石製唐居敷　教王護国寺北大門 …… 284
唐　津　焼　型紙刷毛目唐花唐草文大皿(二彩手)

佐賀県立九州陶磁文化館所蔵 ……… 287
勢多の唐橋　『石山寺縁起絵』◎より　滋賀＝石山寺所蔵 ……… 288
伽藍配置　飛鳥寺伽藍配置復原図 ……… 289
吉備池廃寺伽藍配置復原図 ……… 289
法隆寺伽藍配置復原図 ……… 289
山田寺伽藍配置復原図 ……… 289
四天王寺伽藍配置復原図 ……… 289
薬師寺伽藍配置復原図 ……… 289
川原寺伽藍配置復原図 ……… 289
興福寺伽藍配置復原図 ……… 289
借宿廃寺　複弁蓮華文軒丸瓦　福島＝白河市教育委員会所蔵 ……… 290
塼　仏　重要美術品　東京国立博物館所蔵 ……… 290
河越館〔史〕　遺構図　埼玉県川越市　川越市教育委員会『河越館跡』Ⅸ、1990より ……… 292
河内国略図 ……… 294
瓦(一)　奈良県高市郡明日香村飛鳥寺創建瓦（花組）　奈良文化財研究所所蔵 ……… 296
奈良県生駒郡斑鳩町法隆寺創建瓦（星組）　同上所蔵 ……… 296
奈良県高市郡明日香村豊浦寺「高句麗系」軒丸瓦　同上所蔵 ……… 296
奈良市百済大寺創建軒瓦　同上所蔵 ‥ 296
奈良県高市郡明日香村川原寺創建軒瓦　同上所蔵 ……… 296
奈良県生駒郡斑鳩町法隆寺西院創建瓦　同上所蔵 ……… 296
奈良県高市郡明日香村小山廃寺（紀寺）創建瓦　奈良県立橿原考古学研究所附属博物館所蔵 ……… 296
奈良県橿原市藤原宮瓦　奈良文化財研究所所蔵 ……… 296
奈良市梅谷窯出土興福寺創建瓦　京都＝木津町教育委員会所蔵　京都府埋蔵文化財調査研究センター提供 ……… 296
奈良市平城京第Ⅱ期大極殿所用瓦　奈良文化財研究所所蔵 ……… 296
大阪市後期難波宮大極殿創建瓦　大阪市文化財協会所蔵 ……… 296
奈良市東大寺創建瓦　奈良国立博物館所蔵 ……… 296
京都市平安京豊楽殿瓦　京都市埋蔵文化財研究所所蔵 ……… 296
京都府宇治市平等院鳳凰堂創建瓦　京都＝平等院所蔵　京都＝宇治市歴史博物館提供 ……… 296
京都市六波羅蜜寺瓦　京都＝六波羅蜜寺所蔵 ……… 296
瓦(二)　神奈川県鎌倉市永福寺出土瓦　神奈川＝鎌倉市教育委員会所蔵 ……… 297
京都市常盤仲ノ町集落跡出土瓦　京都市埋蔵文化財研究所所蔵 ……… 297
大阪府堺市新金岡更池遺跡出土瓦　大阪＝堺市教育委員会所蔵 ……… 297
沖縄県浦添市浦添ようどれ出土瓦　沖縄＝浦添市教育委員会所蔵 ……… 297
福岡県太宰府市観世音寺子院出土瓦　福岡＝九州歴史資料館所蔵 ……… 297
奈良県生駒郡斑鳩町法隆寺出土瓦　奈良文化財研究所所蔵 ……… 297
元興寺伽藍復元図　奈良市　岩城隆利『元興寺の歴史』、1999、吉川弘文館より ……… 301
元興寺極楽坊本堂◉　奈良市 ……… 302
干　支　乙丑年（天智天皇４）12月三野国ム下評木簡　奈良文化財研究所所蔵（奈良県高市郡明日香村石神遺跡出土）‥‥ 303
十二支方位・時刻表 ……… 304
観自在王院〔特史〕　遺構図　岩手県西磐井郡平泉町　藤島亥治郎編著『平泉建築文化研究』、1995、吉川弘文館より ……… 304
巻数板　『法然上人絵伝』◉より　京都＝知恩院所蔵 ……… 305
広東碗　染付宝珠雲龍文蓋付碗　佐賀県立九州陶磁文化館所蔵　柴田夫妻コレクション ……… 308
漢委奴国王印◉　印影　福岡市博物館所蔵 ……… 309
観音寺遺跡出土木簡「五十戸税」　徳島県立埋蔵文化財総合センター所蔵 ……… 309
「難波津の歌」　同上所蔵 ……… 309
「板野国守」　同上所蔵 ……… 309
「論語」　同上所蔵 ……… 309
「勘籍」　同上所蔵 ……… 309
漆紗冠　奈良文化財研究所所蔵（奈良市平城京東二坊坊間路西側溝跡出土）……… 311
紀伊国分寺〔史〕　伽藍配置図 ……… 313
紀伊国略図 ……… 314
菊水の旌旗　奈良＝信貴山朝護孫子寺所蔵 ……… 316
久米官衙遺跡群〔史〕　北回廊部分　松山市 ……… 318
北野天満宮本殿◉　京都市 ……… 321
壇正積基壇　日本建築学会編『（新訂）日本建築史図集』、1988、彰国社より ……… 323
毬　杖　『西行物語絵巻』◎より　大阪＝萬野記念文化財団所蔵 ……… 325
毬杖と毬　広島県立歴史博物館所蔵（広島県福山市草戸千軒町遺跡出土）……… 325
城輪柵跡〔史〕　山形県酒田市 ……… 328
儀鳳暦による天平十八年具注暦　奈良＝正倉院所

蔵 …… 330

擬宝珠　各部の名称 …… 331

瓦製擬宝珠　奈良文化財研究所所蔵（奈良市平城京二条大路橋跡出土） …… 331

宮城十二門（平安宮）位置図 …… 332

教王護国寺　五重塔◉　京都市 …… 336

行基墓誌　奈良国立博物館所蔵 …… 336

校書殿　『年中行事絵巻』より …… 336

京都七口略図 …… 341

漁具　釣り針　福岡市海の中道遺跡出土　福岡市教育委員会編『海の中道遺跡』（『福岡市埋蔵文化財調査報告書』87、1982）より …… 344

釣り針（碇形）　広島県福山市草戸千軒町遺跡出土　広島県草戸千軒町遺跡調査研究所編『草戸千軒町遺跡発掘調査報告』1、1993、広島県教育委員会より …… 344

銛　福岡市海の中道遺跡出土　福岡市教育委員会編『海の中道遺跡』（『福岡市埋蔵文化財調査報告書』87、1982）より …… 344

たこつぼ　大阪府堺市陶邑古窯跡群出土　大阪府立泉北考古資料館編『陶邑』5、1980、大阪府教育委員会より …… 344

清須村古城絵図（部分）　名古屋市蓬左文庫所蔵 …… 346

切支丹墓碑（伏碑）の形式 …… 349

切妻造　西和夫『図解古建築入門』、1990、彰国社より …… 349

草津宿本陣〔史〕　平面図　滋賀県草津市　草津市教育委員会編『史跡草津宿本陣保存管理計画報告書』、1985より …… 356

草戸千軒町遺跡　調理具　広島県立歴史博物館所蔵 …… 358

木簡　同上所蔵 …… 358

グスク　糸数城の城壁（馬面）〔史〕　沖縄県南城市 …… 361

長徳四年具注暦（『御堂関白記』◉）　京都＝陽明文庫所蔵 …… 364

履　納御礼履　奈良＝正倉院所蔵 …… 365

繡線鞋　同上所蔵 …… 365

草鞋　広島＝日本はきもの博物館所蔵 …… 365

綱貫　同上所蔵 …… 365

木沓　同上所蔵 …… 365

靴（かのくつ）　京都市考古資料館所蔵 …… 365

恭仁宮　恭仁宮範囲図　パンフレット「恭仁京」、2002、京都府教育委員会より …… 367

恭仁宮復元図（足利健亮説）　足利健亮『景観から歴史を読む』、1998、日本放送出版協会より …… 368

九戸城〔史〕　本丸隅櫓石垣　岩手県二戸市 …… 370

熊野街道関連地図　小山靖憲『熊野古道』（『岩波新書』、2000、岩波書店）より …… 372

熊野磨崖仏〔史〕　如来像　大分県豊後高田市 …… 372

不動明王像 …… 372

熊本城　熊本市 …… 374

組物 …… 375

鞍馬寺経塚出土保安元年銘経筒◉　京都＝鞍馬寺所蔵 …… 378

下駄　連歯下駄（奈良市平城京出土）　広島＝日本はきもの博物館所蔵 …… 416

露卯差歯下駄（広島県福山市草戸千軒町遺跡出土）　広島県立歴史博物館所蔵 …… 416

中刳り下駄　広島＝日本はきもの博物館所蔵 …… 416

元嘉暦　持統天皇三年木簡暦　奈良文化財研究所所蔵（奈良県高市郡明日香村石神遺跡出土） …… 420

復元された生の松原地区の元寇防塁〔史〕　福岡市 …… 420

間面記法 …… 424

広開土王碑 …… 428

格狭間　坂田寺金堂跡須弥壇格狭間　奈良文化財研究所提供 …… 436

中尊寺金色堂須弥壇格狭間◉ …… 436

上野国略図 …… 441

格天井　折上格天井（二条城二ノ丸御殿大広間◉） …… 442

小組格天井（霊山寺本堂） …… 442

興福寺五重塔◉　奈良市 …… 445

金剛三昧院多宝塔◉　和歌山県伊都郡高野町 …… 447

高山城跡〔史〕　史跡指定範囲図　鹿児島県肝属郡肝付町 …… 448

高麗末期の版図 …… 449

広隆寺弥勒菩薩像◉　京都＝広隆寺所蔵 …… 450

牛玉宝院　那智滝宝印　東京＝早稲田大学図書館所蔵 …… 452

郡里廃寺〔史〕　徳島県美馬市 …… 453

郡山遺跡　II期官衙の復元図（木村浩二画）　仙台市教育委員会提供 …… 454

外側を区画する材木塀の跡　仙台市　同上提供 …… 454

黄金山産金遺跡出土丸瓦　宮城＝東北歴史博物館所蔵 …… 455

武蔵国分寺〔史〕　調査図　東京都国分寺市　国分寺市遺跡調査団『武蔵国分寺跡発掘

調査概報』14、1989より …… 471
湖西古窯跡群　谷上第二地点窯跡　静岡県湖西市 …… 476
赤漆欟木胡床　奈良＝正倉院所蔵 …… 480
琥珀玉と未成品　岩手＝久慈市教育委員会所蔵（岩手県中長内遺跡出土） …… 489
狛坂磨崖仏〔史〕　滋賀県栗東市 …… 493
暦　明応六年七曜暦（写本）　愛知＝岩瀬文庫所蔵 …… 496
　延暦二十二年具注暦（岩手県胆沢城跡出土漆紙文書）　岩手＝水沢市教育委員会所蔵 …… 496
　建仁二年具注暦（『猪隈関白記』◎）　京都＝陽明文庫所蔵 …… 496
　安貞二年仮名暦（『民経記』紙背）　東京＝東洋文庫所蔵 …… 496
　永享九年三島暦版暦（『周易』◎見返）　栃木＝足利学校遺蹟図書館所蔵 …… 496
　延宝九年江戸暦　東京＝岡田芳朗所蔵 …… 496
　天保十年大経師暦（大坂松浦版）　同上所蔵 …… 496
　安政四年伊勢暦　三重＝神宮文庫所蔵 …… 496
　慶応四年薩摩暦　東京＝岡田芳朗所蔵 …… 496
五輪塔　釈尊院五輪塔◎　岩手県西磐井郡平泉町 …… 499
　文永寺五輪塔◎　長野県飯田市 …… 499
伊治城　竪穴住居跡出土の青銅製弩機　宮城＝栗原市教育委員会所蔵 …… 499
権現堂遺跡出土の泥塔 …… 500
斎宮跡〔史〕　第119次調査区　大型掘立柱建物　三重県多気郡明和町　三重＝斎宮歴史博物館提供 …… 506
西大寺㈠　叡尊五輪塔　奈良市 …… 509
　食堂院跡出土の井戸　奈良文化財研究所提供 …… 509
発掘された堺（復元図） …… 511
坂戸城〔史〕　新潟県南魚沼市 …… 512
相模国略図 …… 515
薩摩国略図 …… 521
佐渡国分寺跡伽藍〔史〕　新潟県佐渡市 …… 523
佐渡国略図 …… 524
讃岐国略図 …… 527
「栃木桟瓦」の軒桟瓦　今泉潔「栃木桟瓦の造瓦器具と製作技術」（『物質文化』42、1984）より …… 532
算木　奈良＝東大寺所蔵 …… 532
三十三間堂官衙遺跡〔史〕　高床倉庫礎石群　宮城県亘理郡亘理町 …… 534
識名園　那覇市 …… 543
志太郡家〔史〕　静岡県藤枝市　静岡＝藤枝市教育委員会提供 …… 551
七支刀◉　奈良＝石上神宮所蔵 …… 552
蔀詳細図　法隆寺聖霊院　伝統のディテール研究会編『伝統のディテール』、1972、彰国社より …… 556
信濃国略図 …… 559
鴟尾　唐招提寺金堂◉鴟尾 …… 562
　四天王寺講堂鴟尾　大阪＝四天王寺所蔵 …… 562
志摩国略図 …… 565
下総国略図 …… 568
下野国府〔史〕　II期政庁建物配置図　栃木県栃木市　戸沢充則・笹山晴生編『新版古代の日本』8、1992、角川書店より …… 570
下野国分寺〔史〕　伽藍地変遷図　栃木県下野市『国分寺町史』、2003より …… 570
下野国略図 …… 572
下野薬師寺〔史〕　伽藍配置模式図　栃木県下野市　下谷淳「下野薬師寺跡」（『栃木県埋蔵文化財保護行政年報』28、2006）より …… 573
下道圀勝母骨蔵器◎　岡山＝圀勝寺所蔵 …… 574
修羅◎　大阪府藤井寺市三ツ塚古墳出土『大阪府史』1、1978より …… 589
首里古地図　沖縄県立図書館所蔵 …… 589
首里城〔史〕　正殿（復元）　那覇市 …… 590
　正殿基壇遺構 …… 590
書院造　慈照寺東求堂◉　日本建築学会編『（新訂）日本建築史図集』、1988、彰国社より …… 592
城鳥瞰図　千田嘉博他『城館調査ハンドブック』、1993、新人物往来社より …… 599
城下図　「越後国瀬波郡絵図」（村上ようがい）　山形＝米沢市立上杉博物館所蔵 …… 600
　「出羽国米沢城絵図」（正保城絵図◎より）　東京＝国立公文書館内閣文庫所蔵 …… 600
　石川流宣「宝永江戸図鑑」　宮城＝東北大学附属図書館所蔵 …… 601
相国寺法堂◎　京都市 …… 604
城柵　志波城南門（復元）　盛岡市 …… 605
正長元年柳生徳政碑〔史〕　拓影　奈良市 …… 611
城生柵〔史〕　築地跡・北門跡　宮城県加美郡加美町 …… 615
称名寺絵図◎　神奈川＝称名寺所蔵 …… 617
条里制 …… 619

錦、びろうどを織る図(『都名所図会』一より) …… 626
白河郡家　関和久遺跡〔史〕 正倉建物跡　福島県西白河郡泉崎村　福島県文化財センター白河館提供 …… 628
白須たたら場吹屋　『先大津阿川村山砂鉄洗取之図』より　東京大学工学部所蔵　山口県埋蔵文化財センター提供 …… 630
志波城跡〔史〕　構造図　盛岡市　『志波城古代公園パンフレット』、2003、盛岡市教育委員会より …… 633
神護寺鐘◉　京都＝神護寺所蔵 …… 634
真　言　院　『年中行事絵巻』より …… 635
神社建築 …… 635
寝　殿　造　東三条殿復原平面図　日本建築学会編『(新訂)日本建築史図集』、1988、彰国社より …… 638
瑞泉寺庭園　神奈川県鎌倉市 …… 643
水前寺成趣園〔史〕　熊本市 …… 643
瑞　鳳　殿　空襲焼失前 …… 645
同石室発掘状況 …… 645
陶陶窯跡〔史〕　ハマリ坂支群１～３号窯　山口市 …… 647
周防国略図 …… 649
菅尾石仏◎〔史〕　大分県豊後大野市 …… 651
菅　谷　城〔史〕　埼玉県比企郡嵐山町 …… 652
人物画象鏡　『紀伊国名所図絵』より …… 656
頭　　塔〔史〕　奈良市　奈良文化財研究所提供 …… 656
住吉大社本殿◉　大阪市 …… 658
駿河国略図 …… 661
星　　宿　キトラ古墳星宿図(奈良県高市郡明日香村)　奈良文化財研究所提供 …… 664
天球儀(渋川春海作)　東京＝永青文庫所蔵 …… 664
格子月進図(土御門家旧蔵) …… 665
井真成墓誌　拓本　中国＝西北大学文博学院所蔵 …… 666
関ヶ原古戦場〔史〕　遺跡の分布 …… 670
石製模造品　東京＝国学院大学考古学資料館所蔵(茨城県東茨城郡大洗町常陸鏡塚古墳出土) …… 671
摂津国略図 …… 675
瀬　戸　焼　古瀬戸灰釉画花文広口壺◎　東京国立博物館所蔵 …… 677
銭屋遺跡　「美祢郡赤村新銭鋳造木屋普請差図」山口県文書館所蔵　山口県埋蔵文化財センター提供 …… 677
銭　　貨　五銖銭　北海道＝市立函館博物館所蔵 …… 679
開元通宝　千葉＝国立歴史民俗博物館所蔵 …… 679
富本銭　長野＝高森町教育委員会所蔵 …… 679
和同開珎　東京＝日本銀行所蔵 …… 679
万年通宝　同上所蔵 …… 679
神功開宝　同上所蔵 …… 679
隆平永宝　同上所蔵 …… 679
富寿神宝　同上所蔵 …… 679
承和昌宝　同上所蔵 …… 679
長年大宝　同上所蔵 …… 679
饒益神宝　同上所蔵 …… 679
貞観永宝　同上所蔵 …… 679
寛平大宝　同上所蔵 …… 679
延喜通宝　同上所蔵 …… 679
乾元大宝　同上所蔵 …… 679
天聖元宝　同上所蔵 …… 679
淳熙元宝　同上所蔵 …… 679
至正通宝　同上所蔵 …… 679
洪武通宝　同上所蔵 …… 679
永楽通宝　同上所蔵 …… 679
慶長通宝　同上所蔵 …… 679
元和通宝　同上所蔵 …… 679
寛永通宝　同上所蔵 …… 679
天保通宝　同上所蔵 …… 679
善光寺(二)本堂◉　長野市 …… 681
銭弘俶八万四千塔◎　福岡＝誓願寺所蔵 …… 682
千　字　文　薬師寺出土木簡　奈良文化財研究所提供 …… 682
禅宗様建築　円覚寺舎利殿 …… 683
仙　台　城〔史〕　本丸北面石垣　仙台市 …… 685
仙台藩花山村寒湯番所〔史〕　表門・役宅　宮城県栗原市 …… 686
草　　履　「板金剛」の芯(広島県福山市草戸千軒町遺跡出土)　広島県立歴史博物館所蔵 …… 697
東大寺お水取りの板草履　広島＝日本はきもの博物館所蔵 …… 697
草履(竹皮・稲わら)・足半草履　同上所蔵 …… 697
相　輪　橖 …… 697
則天文字　前橋市二之宮宮下東遺跡出土墨書土器　群馬県埋蔵文化財調査事業団所蔵 …… 700
台　　座　蓮華座　法界寺阿弥陀如来像◉　京都＝法界寺所蔵 …… 708
裳懸座　薬師寺薬師如来像◉　奈良＝薬師寺所蔵 …… 708
岩座　興福寺天燈鬼像◉　奈良＝興福寺所蔵 …… 708
大　社　造　出雲大社本殿◉ …… 709
『儀式』による大嘗宮の建物配置　『奈良文化財研究所紀要』、2005より …… 710

図版目録

図版目録

別　刷　図　版　目　録

絵　巻　(202: 203)

一遍上人絵伝(御影堂本)◎　7巻　34.2×799.0cm　東京都目黒区＝前田育徳会所蔵

慕帰絵詞(第5巻)◎　画藤原隆章、隆昌、久信筆　10巻　32.0×840.0cm　京都市＝西本願寺所蔵

春日権現験記絵披見台　1隻　42.5×200.0cm　奈良市＝春日大社所蔵

伴大納言絵巻(上巻)◉　3巻　30.4×828.1cm　東京都千代田区＝出光美術館所蔵

同上(中巻)◉　3巻　30.4×851.1cm　同上所蔵

信貴山縁起(延喜加持の巻)◉　3巻　31.5×1273.0cm　奈良県生駒郡平群町＝朝護孫子寺所蔵

一遍上人絵伝(第4巻)◉　円伊筆　12巻　1299年(正安元)　38.2×1108.0cm　神奈川県藤沢市＝清浄光寺所蔵

蒙古襲来絵詞(前巻第23紙・第24紙)　2巻　39.3×119.3cm　東京都千代田区＝宮内庁所蔵

甲　冑　(202: 203)

眉庇付冑・鉄板甲◎　古墳時代　熊本県鹿本郡植木町マロ塚古墳出土　千葉県佐倉市＝国立歴史民俗博物館所蔵

衝角付冑・方領系鉄札甲　古墳時代　大阪府藤井寺市長持山古墳出土　京都大学総合博物館所蔵

武人埴輪◎　古墳時代　群馬県太田市世良田出土　奈良県天理市＝天理参考館所蔵

両当系挂甲図　鎌倉時代　鈴木敬三編集解説『中村春泥遺稿甲冑写生図集』、1979、吉川弘文館より

赤糸威大鎧・同星冑◉　鎌倉時代　東京都青梅市＝御獄神社所蔵

赤糸威腹巻鎧◉　鎌倉時代　愛媛県今治市＝大山祇神社所蔵

黒韋威腹巻・同筋冑◉　南北朝時代　奈良市＝春日大社所蔵

色々威胴丸◎　室町時代　千葉県佐倉市＝国立歴史民俗博物館所蔵

銀伊予札縫延白糸素懸威胴丸具足◎　桃山時代　仙台市博物館所蔵

南蛮胴具足◎　桃山時代　和歌山市＝東照宮所蔵　和歌山県立博物館提供

荘 園 図　(602: 603)

越前国坂井郡高串村東大寺大修多羅供分田図◎　766年(天平神護2)　紙本墨画淡彩　56.8×113.4cm　奈良国立博物館所蔵

越前国足羽郡糞置村地図　759年(天平宝字3)　麻布製墨画淡彩　77.5×110.5cm　奈良市＝正倉院所蔵

紀伊国桛田庄図◎　平安時代(12世紀)　紙本墨画淡彩　95.2×114.5cm　京都市＝神護寺所蔵

西大寺与秋篠寺堺相論絵図◎　1302年(正安4)　紙本著色　78.5×151.8cm　東京大学文学部所蔵

和泉国日根野村絵図　1316年(正和5)　紙本著色　86.0×58.7cm　東京都千代田区＝宮内庁所蔵

法隆寺領播磨国鵤庄絵図◎　1329年(嘉暦4)　紙本著色　129.7×125.0cm　奈良県生駒郡斑鳩町＝法隆寺所蔵

正倉院宝物　(602: 603)

円鏡　平螺鈿背　第9号(北倉42)　1面　径27.3cm　縁厚0.8cm

螺鈿紫檀五絃琵琶(北倉29)　1面　長さ108.1cm　胴幅30.7cm

木画紫檀棊局(北倉36)　1具　高さ12.7cm　盤面各辺長さ48.7cm

繡線鞋　第2号(北倉152)　1両　長さ27.6cm　幅8.2cm

筆　第2号(中倉12)　1枝　管長18.5cm　管径2.3cm　帽長9.9cm

馬鞍　第6号(中倉12)　1具　前輪高さ28.0cm　後輪高さ22.5cm

白瑠璃碗(中倉68)　1口　高さ8.5cm　口径12cm

赤銅柄香炉　第3号(南倉52)　1口　長さ44.0cm　高さ7.5cm　炉口径12.3cm　炉高4.8cm

子日手辛鋤　第1号(南倉79)　1柄　全長131.0cm　曲長154.0cm

伎楽面　木彫　第72号　迦楼羅(南倉1)　1面　縦38.6cm　横23.5cm　奥行35.1cm

屛　風　(1018：1019)

洛中洛外図(右隻第3扇中)◉　6曲1双　紙本金地著

色　(各)159.5×363.5㎝　山形＝米沢市上杉博物館所蔵
江戸図屏風(左隻第2扇下)　6曲1双　紙本金地著色　(各)162.5×366.0㎝　千葉県佐倉市＝国立歴史民俗博物館所蔵
同上(左隻第1・2扇)　同上所蔵
南蛮屏風(右隻)　狩野内膳筆　6曲1双　紙本金地著色　(各)154.5×363.2㎝　神戸市立博物館所蔵
長篠合戦図屏風(第2～5扇)　6曲1隻　紙本著色　165.2×350.8㎝　愛知県犬山市＝犬山城白帝文庫所蔵
農耕春秋屏風(左隻第2～5扇)　6曲1双　福島県会津若松市＝会津酒造歴史館所蔵
当麻曼荼羅縁起絵(上巻第3段)◉　2巻　紙本著色　48.8×773.9㎝　神奈川県鎌倉市＝光明寺所蔵
駒競行幸絵巻◎　1巻　紙本著色　31.5×154.9㎝　東京都世田谷区＝静嘉堂文庫所蔵

装飾古墳・壁画古墳　(1018：1019)

王塚古墳〔特史〕　横穴式石室奥室入口袖石　福岡県嘉穂郡桂川町
竹原古墳〔史〕　横穴式石室奥室奥壁　福岡県若宮市
虎塚古墳〔史〕　石槨式石室側壁・奥壁　茨城県ひたちなか市
高松塚古墳〔特史〕　奈良県高市郡明日香村
　西壁北側女子群像◉
　北壁中央玄武図◉
　東壁中央青竜図◉
以上東京都千代田区＝文化庁提供
キトラ古墳〔特史〕　奈良県高市郡明日香村
　東壁獣頭人身像
　天井天文図
　南壁朱雀
以上奈良文化財研究所提供

木　簡　(1162：1163)

漢字の読みを注記する音義木簡(飛鳥池遺跡出土木簡)　187×15×5㎜
漢詩(五言絶句)を記す木簡(同上)　213×24×11㎜
以上奈良文化財研究所所蔵
7世紀の「前白」形式の文書木簡(飛鳥京跡苑池遺構出土木簡)　293×31×6㎜　奈良県立橿原考古学研究所所蔵
年紀から書き出す7世紀の文書木簡(静岡県伊場遺跡出土木簡)　(305)×39×4㎜　静岡＝浜松市博物館所蔵　奈良文化財研究所提供
7世紀の「評－五十戸」制を示す文書木簡(滋賀県西河原森ノ内遺跡出土木簡)　410×35×2㎜　滋賀＝野洲市教育委員会所蔵　奈良文化財研究所提供
最古の呪符(大阪府桑津遺跡出土木簡)　216×39×4㎜　大阪市文化財協会所蔵
最古の削屑(奈良県上之宮遺跡出土木簡)　(183)×(18)×(2)㎜　奈良＝桜井市教育委員会所蔵　奈良文化財研究所提供
7世紀の伊豆国の堅魚の荷札(石神遺跡出土木簡)　161×21×4㎜　奈良文化財研究所所蔵
7世紀の「評－里」制を示す荷札(飛鳥京跡苑池遺構出土木簡)　151×25×4㎜　奈良県立橿原考古学研究所所蔵
最古の紀年銘(乙丑年・665)をもつ美濃国の荷札(石神遺跡出土木簡)　152×29×4㎜　奈良文化財研究所所蔵
わさびの付札(飛鳥京跡苑池遺構出土木簡)　81×14×3㎜　奈良県立橿原考古学研究所所蔵
長屋王の命を伝える長大な文書木簡(長屋王家木簡)　515×43×4㎜
画工司解による門牓木簡(藤原京跡出土木簡)　295×29×5㎜
御贖所の請求による柏の支給木簡(平城宮跡出土木簡)　270×30×3㎜
牛乳煎人(蘇の調製者)への米支給の伝票木簡(長屋王家木簡)　157×18×2㎜
小便禁止の看板(平城宮跡出土木簡)　203×55×6㎜
以上奈良文化財研究所所蔵
郡符木簡(福島県荒田目条里遺跡出土木簡)　(230)×42×3㎜　福島＝いわき市教育委員会所蔵
選叙木簡　位階昇進予定者の勤務実績(平城京跡出土木簡)　291×30×9㎜
考選木簡の削屑　人名・年齢・本貫地(同上)
選叙木簡の削屑　長上官の評定(同上)
考課木簡の削屑　番上官の評定文言(同上)
両端に切り込みをもつ封緘木簡(藤原宮跡出土木簡)　201×37×8㎜
木簡を二次的に転用した賛帳の題籤軸(二条大路木簡)　356×23×7㎜
大倭国の計帳歴名の棒軸(平城京跡出土木簡)　長さ315×径19㎜
以上奈良文化財研究所所蔵
羽子板状の封緘木簡(兵庫県市辺遺跡出土木簡)　530×48×8㎜　兵庫県教育委員会所蔵　奈良文化財研究所提供
大税出挙に関わる木簡(静岡県大蒲村東Ⅰ遺跡出土木簡)　318×37×7㎜　静岡＝浜松市博物館

所蔵　奈良文化財研究所提供

調として貢進された安房国の鰒の荷札(二条大路木簡)　308×25×5㎜

倉のカギのキーホルダー木簡(平城京跡出土木簡)　77×28×7㎜

贄として貢進された因幡国の鮭の荷札(二条大路木簡)　203×23×6㎜

播磨国の庸米の荷札(同上)　153×14×6㎜

内臓付きの鹿肉の付札(平城宮跡出土木簡)　51×18×5㎜

上総国の蘇の荷札(二条大路木簡)　56×17×2㎜

以上奈良文化財研究所所蔵

長大な物忌札(長岡京跡出土木簡)　1104×43×7㎜　大阪＝向日市埋蔵文化財センター所蔵　奈良文化財研究所提供

咄天罡呪符(兵庫県屛風遺跡出土木簡)　500×50×8㎜　神戸市教育委員会所蔵　奈良文化財研究所提供

寛喜3年(1231)銘笹塔婆(青森県高間(一)遺跡出土木簡)　190×40×3㎜　青森市教育委員会所蔵　奈良文化財研究所提供

中世の牛頭天王信仰に関わる神仏習合の笹塔婆(山梨県上窪遺跡出土木簡)　(128)×18×2㎜　山梨＝中央市教育委員会所蔵　奈良文化財研究所提供

蘇民将来呪符(静岡県中村遺跡出土木簡)　(73)×29×5㎜　静岡＝浜松市博物館所蔵　奈良文化財研究所提供

簞笥のカギのキーホルダー木簡(福井県一乗谷朝倉氏遺跡出土木簡)　42×8×2㎜　福井県立一乗谷朝倉氏歴史資料館所蔵　奈良文化財研究所提供

中世の竹の付札(愛知県下津城跡出土木簡)　152×13×1㎜　愛知＝稲沢市教育委員会所蔵　奈良文化財研究所所蔵

近世の鑞(錫)の荷札(大坂城跡出土木簡)　209×50×10㎜　大阪市文化財協会所蔵

寿永3年(1184)銘題籤軸(大阪府上清滝遺跡出土木簡)　361×19×5㎜　大阪＝四條畷市教育委員会所蔵　奈良文化財研究所提供

陶 磁 器　(1162：1163)

須恵器　手付壺　大阪府堺市深田遺跡出土　5世紀　高さ14.1cm　口径9.0cm　底径10.5cm　大阪府教育委員会所蔵

須恵器　台付装飾壺　兵庫県たつの市西宮山古墳出土　6世紀　高さ37.2cm　口径20.9cm　底径20.4cm　京都国立博物館所蔵

須恵器　双耳壺◎　奈良県天理市佐井寺僧道薬墓出土　8世紀　高さ20.0cm　胴径26.2cm　底径15.0cm　奈良国立博物館所蔵

灰釉　多口瓶◎　愛知県西加茂郡三好町黒笹36号窯出土　高さ21.7cm　口径6.6cm　底径9.1cm　愛知県陶磁資料館所蔵

緑釉　手付水注・椀・皿◎　前橋市山王廃寺跡出土　11世紀　水注高さ24.4cm　椀(最大)口径16.1cm　皿(最大)口径12.8cm　群馬県立歴史博物館所蔵

三彩　鉢　8世紀　高さ16.0cm　口径26.9cm　奈良市＝正倉院所蔵

渥美　秋草文壺◉　神奈川県川崎市出土　12世紀　高さ40.5cm　口径17.6cm　底径14.2cm　東京都港区＝慶応義塾所蔵

常滑　壺　埼玉県朝霞市宮戸経塚出土　12世紀　東京国立博物館所蔵

珠洲　秋草文壺　石川県珠洲市出土　14世紀　高さ32.2cm　胴径24.6cm　底径8.7cm　石川県立歴史博物館所蔵

瀬戸　灰釉魚波文瓶子◎　岩手県一関市宝寿院伝世　14世紀　高さ36.0cm　口径9.3cm　胴径26.2cm　底径12.0cm　名古屋市博物館所蔵

越前　双耳壺　15世紀　高さ40.3cm　口径17.0cm　胴径37.5cm　底径14.8cm　福井県陶芸館所蔵

信楽　刻文壺　14世紀　高さ29.5cm　口径10.6cm　胴径27.4cm　底径13.5cm　愛知県陶磁資料館所蔵

丹波　壺　16世紀　高さ37.0cm　口径12.5cm　胴径27.5cm　底径14.0cm　兵庫県篠山市＝丹波古陶館所蔵

備前　櫛目波状文壺　15世紀　高さ49.3cm　口径19.8cm　胴径39.6cm　底径23.5cm　岡山県立博物館所蔵

伊万里　色絵花鳥文鉢◎　柿右衛門様式　17世紀　高さ21.3cm　口径30.3cm　底径16.3cm　東京国立博物館所蔵

伊万里　染付花卉文徳利　17世紀　高さ32.0cm　口径5.4cm　底径10.2cm　静岡県熱海市＝MOA美術館所蔵

唐津　蘆唐草文壺　17世紀　高さ16.1cm　口径15.5～16.7cm　底径10.5cm　東京都千代田区＝出光美術館所蔵

鍋島　色絵桃花文皿◎　17世紀　高さ8.0cm　口径31.7cm　底径15.3cm　静岡県熱海市＝MOA美術館所蔵

鼠志野　鶺鴒文鉢◎　16世紀　高さ8.9cm　径26.8cm　東京国立博物館所蔵